“广东省高水平科技期刊建设项目”支持

中国显微外科

中英文文献目录索引

（1960—2021）

顾立强　张方晨　杨建涛　主编

Microsurgery Index (China)

A Bilingual List of Chinese Literatures in Microsurgery

(1960-2021)

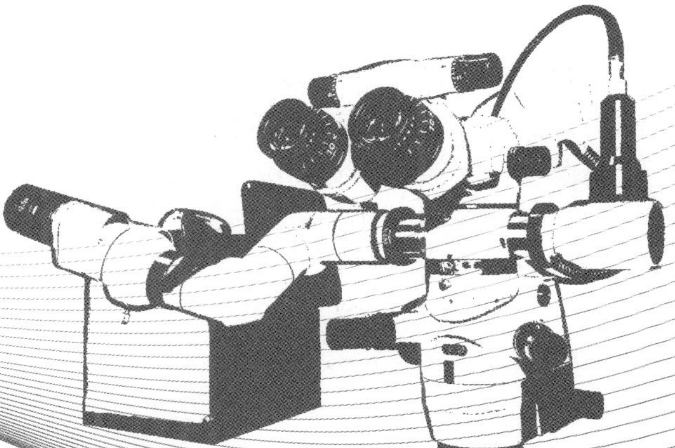

科学技术文献出版社
SCIENTIFIC AND TECHNICAL DOCUMENTATION PRESS
·北京·

图书在版编目（CIP）数据

中国显微外科中英文文献目录索引：1960—2021 = Microsurgery Index（China）——A Bilingual List of Chinese Literatures in Microsurgery（1960–2021）/ 顾立强，张方晨，杨建涛主编. —北京：科学技术文献出版社，2023. 12

ISBN 978-7-5235-1108-4

Ⅰ. ①中… Ⅱ. ①顾… ②张… ③杨… Ⅲ. ①显微外科学—目录索引—中国—1960—2021—汉、英 Ⅳ. ① Z88：R616.2

中国国家版本馆 CIP 数据核字（2023）第 231265 号

中国显微外科中英文文献目录索引（1960—2021）

策划编辑：袁婴婴　　责任编辑：崔凌蕊　袁婴婴　　责任校对：张永霞　　责任出版：张志平

出 版 者　科学技术文献出版社
地　　址　北京市复兴路15号　邮编　100038
编 务 部　（010）58882938，58882087（传真）
发 行 部　（010）58882868，58882870（传真）
邮 购 部　（010）58882873
官方网址　www.stdp.com.cn
发 行 者　科学技术文献出版社发行 全国各地新华书店经销
印 刷 者　北京时尚印佳彩色印刷有限公司
版　　次　2023 年 12 月第 1 版　2023 年 12 月第 1 次印刷
开　　本　889 × 1194　1/16
字　　数　6618千
印　　张　52　彩插2面
书　　号　ISBN 978-7-5235-1108-4
定　　价　358.00元

《中国显微外科中英文文献目录索引（1960—2021）》第一次编委会合影（2020 年 7 月 10 日）

第一排左起：徐达传教授、张长青教授、顾立强教授、侯春林教授、刘小林教授、徐永清教授

第二排左起：章一新教授、朱庆棠教授、唐举玉教授、芮永军教授、汪华侨教授

《中国显微外科中英文文献目录索引（1960—2021）》中山大学附属第一医院工作小组合影（2021 年 5 月 1 日）

第一排左起：吕璐璐博士生、顾凡彬博士生、张方晨编辑、顾立强教授、杨建涛教授、刘泳君硕士生、王坤靓硕士生

第二排左起：范景元博士生、陈剑平博士生、李旭博硕士生、廖法伟硕士生、李贞鹏博士生、梁晶硕士生、蒋熠飞博士生、邓佩军博士生、周子荐硕士生

编委会

顾　　问： 朱家恺　钟世镇　顾玉东　邱贵兴　侯春林　程国良　曾炳芳　庞水发

主　　编： 顾立强　张方晨　杨建涛

编　　委（按姓氏拼音排序）：

蔡志刚　崔树森　顾立强　侯建玺　刘小林　芮永军　唐举玉　唐茂林　汪华侨　王保山
王增涛　徐达传　徐永清　张世民　张长青　章一新　朱庆棠

青年委员（按姓氏拼音排序）：

陈　超　陈　洁　冯少清　付　华（日语）　韩昕光（俄语）
胡锦莹（西班牙语）　黄广涛　蒋子平　刘彦希　吕晓鸣
潘　丁　钱　运　武竞衡　谢　哲（法语）　杨建涛
余　欣　张　帆　张滋洋（德语）　赵　钎　郑　磊（德语）
郑灿镔　朱　磊

工作小组（按姓氏拼音排序）：

常湘珍　陈剑平　邓佩军　范景元　封　静　顾凡彬　蒋熠飞　冷　柏　李波翰
李旭博　李贞鹏　梁　晶　廖法伟　刘泳君　陆丽清　吕璐璐　秦本刚　石恩献
王坤靓　杨俐敏　詹昭颖　周子荐　祝孟海

咨询专家： 中华医学会显微外科学分会第十届委员会委员
《中华显微外科杂志》第十届编辑委员会委员

支持单位：《中华显微外科杂志》编辑部
中华医学会显微外科学分会
中山大学附属第一医院显微创伤手外科
西安凤城医院
郑州仁济医院

编委会名单与单位

（按姓氏拼音排序）

编写要点说明

一、编写目的

1. **历史回顾**：全面、系统梳理中国显微外科发展进程，中国学者在每个时间段发表的中英文文献，尤其是1960—1985年的文献（即“盘家底”）。

2. **感怀前辈**：明确中国显微外科先驱们的历史功勋及其客观依据，补充遗漏的史料（即“查漏补缺”）。

3. **对外交流**：向国际同行传递每个时间段中国显微外科工作信息，克服以往因为中文语言、中文杂志现刊、中文数据库检索等造成的障碍；为引导国际友人客观、公正认识中国学者对世界显微外科的贡献提供坚实基础（即“秀肌肉”）。

4. **激励后学**：让年轻一代同行加深对我国和国际显微外科的了解，激发年轻一代在显微外科领域奋发有为，再攀高峰，并建议广大学者今后积极向中文核心期刊、显微外科相关统计源期刊、潜在培育期刊投稿（即“鞭策引导”）。

二、存在的问题

（1）所有有关显微外科基础研究、临床应用中文文献，须增加中文文献对应的英文标注，要符合国际惯例（Medline），方可获得国际友人认可，但工作量大，学术质量要求高。

（2）出版时间较紧，原定2021年底在中华医学会显微外科学分会全国学术大会前面世，只有18个月编撰时间（注：后因新型冠状病毒疫情干扰推迟至2022年）。

（3）以单一主题词“股前外侧皮瓣”为例进行中文文献检索（1984—2020年），万方医学网共1997条（656条有双语著录，1341条无双语著录），中国知网共750条（均无双语著录）。

（4）检索近20年的文献数量非常多，学术质量参差不齐，低水平小宗普通病例总结、常规显微外科技术、常规护理占多半，重复多，没有太多技术含量。由此造成工作量大，还影响中国显微外科的形象。

三、解决对策

1. 细分不同时间段，选择合适的中文期刊及其文献

（1）1985年以前所有显微外科相关文献都要收录，主要参考《中华显微外科杂志》编辑部于1986年编撰的《显微外科文献索引》，对照中文期刊原刊，并加英文标注。

（2）第一版《中文核心期刊要目总览》于1992年出版，因此有理由从1992年开始从严选择科技期刊。

（3）2004年第四版《中文核心期刊要目总览》，我与朱家恺教授、刘小林教授都参加了专家评审。2004年以后科技期刊选择更要从严。

（4）本书收录了各版次《中文核心期刊要目总览》，包括其前身《显微外科》《显微医学杂志》《中华显微外科杂志》等都有收录。

（5）国内出版的英文版核心期刊（被 SCI 收录）本书都有收录，如 *Chin Med J*、*Chin J Traumatol*、*Neural Regen Res*、*Orthop Surg*、*Burns Trauma*。

（6）非核心期刊参考中国科学技术信息研究所（ISTIC）最新版《2019 年版中国科技期刊引证报告（核心版）：自然科学卷》中医学类（ISTIC 核心版 – 医药卫生）期刊目录，但只收录论著（已有英文题目、英文摘要）。

（7）非核心期刊入选很慎重，共分为两类。一类是显微外科专业或骨科类、手外科、整形外科、口腔颌面外科、修复重建外科、应用解剖类统计源期刊（ISTIC 核心版）：如《中国骨与关节外科杂志》《中国骨与关节损伤杂志》《中国骨与关节杂志》《中华关节外科杂志（电子版）》《中华肩肘外科电子杂志》《中华老年骨科与康复电子杂志》《实用骨科杂志》《临床骨科杂志》《创伤外科杂志》《中华损伤与修复杂志（电子版）》《组织工程与重建外科杂志》《中国口腔颌面外科杂志》《现代口腔医学杂志》《神经损伤与功能重建》《中华解剖与临床杂志》《局解手术学杂志》等。另一类为潜在培育杂志，即业界口碑佳、学术水平高的单位新创期刊、有刊号的中（英）文版杂志，如北京积水潭医院等主办的《骨科临床与研究杂志》（统计源期刊扩展版）、沈阳市手外科研究所等主办的《实用手外科杂志》（统计源期刊扩展版）、北京协和医院主办的 *Bone & Joint Investigation*（筹备）等。这也为我们以后办英文杂志 *Clinical Orthopaedic Microsurgery Review & Case Report* 做准备。

2. 选用中文期刊论文数据库（中文期刊论文检索系统）

选用的中文期刊论文数据库主要以万方数据（WANFANG DATA）为主，辅以中国知网。

（1）万方数据："万方数字化期刊群"（准国家级）；中国科学技术信息研究所每年出版的《中国科学引文索引》为依托数据库之一，包括中华医学会系列医学杂志，有 DOI 号，大部分有英文题目。

（2）中国知网：检索一级主题词"断肢再植"发现，1960 年就有相关文献，非常了不起。

（3）维普资讯：对 1977 年以前显微外科历史（1960—1977）有补充作用，可以参考，1986 年以后就不用了，但对 1977—1985 年酌情参考。

（4）超星期刊、北京大学图书馆"未名学术搜索"等暂不参考。

3. 确定中国显微外科中英文文献索引主题词

主要参考以下图书或杂志进行确定。

（1）《显微外科学名词》（2016）。

（2）《中华医学百科全书：显微外科学》（2016）。

（3）朱家恺主编的《显微外科学》（2008），以及侯春林、顾玉东主编的《皮瓣外科学（第三版）》（2019）。

（4）《中华显微外科杂志》关键词。

（5）*J Reconstr Microsurg* 和 *Microsurgery* 关键词。

（6）*Operative Microsurgery*（2015）。

（7）其他。

4. 对中国显微外科中英文文献作标识

（1）收录所有中文文献，对应原本期刊纸质版，摘录原文所有作者英文名、英文题目、杂志名称（杂志汉语拼音名＋杂志英文缩写名）、出版时间（年，1973 年以前到年月）、卷期、起止页。

（2）作者英文名采用通用汉语拼音，“姓”拼音均用大写字母，“名”拼音首个字母用大写，其余小写。

（3）中文杂志用 MEDLINE 英文标注惯例：如《中华显微外科杂志》（Chin J Microsurg）——Zhonghua Xian Wei Wai Ke Za Zhi[Chin J Microsurg（Article in Chinese or Article in Chinese and English; Abstract in Chinese and English or Abstract in Chinese or No abstract available）]。

（4）中英文文献目录索引范例如下。

范例 1： 陈中伟，鲍约瑟，钱允庆．前臂创伤性完全截肢的再植 [J]．中华医学杂志，1963，49（10）：615-618．{CH'EN CHUNG-WEI(CHEN Zhongwei),PAO YUEH-SE (BAO Yuese),CH'IEN YUN-CH'ING(QIAN Yunqing). Salvage of the forearm following complete traumatic amputation. Report of a case[J]. Zhonghua Yi Xue Za Zhi[Natl Med J China(Article in Chinese;Abstract in Chinese)],1963,49(10):615-618.}

范例 2： 葛竞，诸晓朝，王臻，陆耘，王刚，刘建，张烈，武宇赤，陆裕朴，黄耀添，胡蕴玉，李稔生，石凯军，尹烈．十指再植全部成活一例报告 [J]. 中华骨科杂志，1986，6（6）：401-403. {GE Jing,ZHU Xiaochao,WANG Zhen,LU Yun,WANG Gang,LIU Jian,ZHANG Lie,WU Yuchi,LU Yupu,HUANG Yaotian,HU Yunyu,LI Rensheng,SHI Kaijun,YIN Lie. Successful replantation of all ten digits in one patient[J]. Zhonghua Gu Ke Za Zhi[Chin J Orthop(Article in Chinese;Abstract in Chinese and English)],1986,6(6):401-403.}

范例 3： 张世民．穿支皮瓣的类型及其临床应用 [J]．中华创伤杂志，2017，33（2）：97-99．DOI：10.3760/cma.j.issn.1001-8050.2017.02.001．{ZHANG Shimin. Types of perforator flap and its clinical appliction[J]. Zhonghua Chuang Chang Za Zhi[Chin J Trauma(Article in Chinese; No abstract available)],2017,33(2):97-99. DOI:10.3760/cma.j.issn.1001-8050.2017.02.001.}

范例 4： 中华医学会显微外科学分会．新型冠状病毒肺炎疫情期间开展显微外科手术专家共识 [J]．中华显微外科杂志，2020，43（2）：105-111．DOI:10.3760/cma.j.cn.441206-20200402-00188．{Microsurgery Society of Chinese Medical Association. Experts Consensus on Performing Microsurgery during the Epidemic Situation of COVID-19[J]. Zhonghua Xian Wei Wai Ke Za Zhi[Chin J Microsurg(Article in Chinese and English; Abstract in Chinese and English)],2020,43(2):105-111. DOI:10.3760/cma.j.cn.441206-20200402-00188.}

范例 5： CH'EN CHUNG-WEI(CHEN Zhongwei),CH'IEN YUN-CH'ING(QIAN Yeqing）,PAO YUEH-SE(BAO Yuese). Salvage of the forearm following complete traumatic amputation. Report of a case[J]. Chin Med J,1963,82(10):632-638.

范例 6： SONG Yeguang,CHEN Guozhang,SONG Yeliang. The free thigh flap: a new free flap concept based on the septocutaneous artery[J]. Br J Plast Surg,1984,37(2):149-159. DOI:10.1016/0007-1226(84)90002-x.

范例 7： Zhou G(ZHOU G),Qiao Q(QIAO Q),Chen GY(CHEN GY),Ling YC (LING YC),Swift R. Clinical experience and surgical anatomy of 32 free anterolateral thigh flap transplantations[J]. Br J Plast Surg,1991,44(2):91-96. DOI: 10.1016/0007-1226(91)90038-L.

范例 8（港澳地区，1997/1999 年以后）： Ng Raymond WM,Li George KH(LI George KH),Chan Jimmy YW(CHAN Jimmy YW), Mak Josephine YW. Posterior chest wall reconstruction with a free anterolateral thigh flap[J]. J Thorac Cardiovascul Surg, 2007,134(2):537-538. DOI: 10.1016/j.jtcvs.2007.04.026.

范例 9（与国外学者合作）： Agostini Tommaso,Russo Giulia Lo,Zhang Yi Xin (ZHANG Yixin),Spinelli Giuseppe,Lazzeri Davide. Davide. Adipofascial anterolateral thigh flap safety: applications and complications.[J]. Arch Plast Surg,2013,40(2):91-96. DOI: 10.5999/aps.2013.40.2.91.

范例 10： Liu Wei-Wei(LIU Weiwei),Li Hao(LI Hao),Guo Zhu-Ming(GUO Zhuming),Zhang Quan(ZHANG Quan),Yang An-Kui(YANG Ankui),Liu Xue-Kui(LIU Xuekui),Song Ming(SONG Ming). Reconstruction of soft-tissue defects of the head and neck:radial forearm flap or anterolateral thigh flap?[J]. Eur Arch Oto-Rhino-Laryngol, 2011, 268(12): 1809-1812. DOI: 10.1007/s00405-011-1548-4.

范例 11： Liu Wei Wei(LIU Weiwei),Peng Han Wei(PENG Hanwei),Guo Zhu Ming(GUO Zhuming),Zhang Quan(ZHANG Quan),Yang An Kui(YANG Ankui). Immediate reconstruction of maxillectomy defects using anterolateral thigh free flap in patients from a low resource region[J]. Laryngoscope, 2012, 122(11): 2396-2401. DOI: 10.1002/lary.23416.

范例 12： Si Loubin(SI Loubin),Zeng Ang(ZENG Ang),Qiao Qun(QIAO Qun),Liu Zhifei(LIU Zhifei),Zhao Ru(ZHAO Ru),Wang Yang (WANG Yang),Zhu Lin(ZHU Lin),Wang Xiaojun(WANG Xiaojun). Microsurgical correction of progressive facial hemiatrophy using free anterolateral thigh adipofascial flap[J]. J Craniofac Surg, 2012, 231: 2051-2056. DOI: 10.1097/SCS.0b013e318256662d.

范例 13： Zhang Gong-Lin(ZHANG Gonglin),Chen Ke-Ming(CHEN Keming),Zhang Jun-Hua(ZHANG Junhua),Wang Shi-Yong (WANG Shiyong). Repair of a soft tissue defect of medial malleolus with cross-leg bridge free transfer of anterolateral thigh muscle flap: a case report[J]. Chin J Traumatol, 2012, 15(5): 306-308.

范例 14： Jia-Ao Yu(YU Jiaao),Hong-Jing Lin(LIN Hongjing),Zheng-Hua Jin(JIN Zhenghua),Kai Shi(SHI Kai),Zhen-Hai Niu(NIU Zhenhai). Reconstruction of a large pediatric scalp defect with skull exposure by a free anterolateral thigh flap[J]. Plast Reconstr Surg, 2012, 129(1): 178E-180E. DOI: 10.1097/PRS.0b013e3182365d8a.

敬请大家讨论，提出宝贵意见和建议。

顾立强

2020 年 3 月 14 日

目 录 Contents

---

* 本书文献按照主题词条进行归类，并对一些有显著学科特色的主题词进行细分以便突出显示，如血管吻合器、十指离断再植、足外侧穿支皮瓣、脊髓损伤后膀胱功能重建实验研究与临床应用等。故在对主题词条进行编码时，直接列入到下一个新的题级，如：1.4.3.1 血管吻合器、2.2.6.2.1 十指离断再植、4.5.4.6.1 足外侧穿支皮瓣、6.7.1 脊髓损伤后膀胱功能重建实验研究与临床应用等。然而，作者发现这些细分领域目前只有一个，虽然暂时缺少 1.4.3.2、2.2.6.2.2、4.5.4.6.2、6.7.2 等与之配对，但是为了清晰表达其层级逻辑关系，我们对这些数字编码予以保留。考虑到显微外科学未来发展，以期将来填补新的配对词条。

1 显微外科总论
general introduction of microsurgery

1.1 显微外科历史
history of microsurgery

[1] 裴国献. 中国显微外科 50 年 [J]. 中华显微外科杂志，2013，36（1）：4-6. {PEI Guoxian. 50 years of microsurgery in China[J]. Zhonghua Xian Wei Wai Ke Za Zhi[Chin J Microsurg(Article in Chinese;No abstract available)],2013,36(1):4-6.}

[2] 顾立强，刘小林，汪华侨. 见微知著震古烁今——广东省显微外科的发展 [J]. 中华显微外科杂志，2014，37（1）：5-9. {GU Liqiang,LIU Xiaolin,WANG Huaqiao. Know its nature and the trend when first see,Shake the ancient times and show off in the present world-Development of microsurgery in Guangdong Province[J]. Zhonghua Xian Wei Wai Ke Za Zhi[Chin J Microsurg(Article in Chinese;No abstract available)],2014,37(1):5-9.}

[3] 贺长清，裴国献，吴学建，周明武，侯建玺，杨瑞甫. 半世回眸 蔚成大观——河南省显微外科的发展 [J]. 中华显微外科杂志，2015，38（1）：3-7. {HE Changqing,PEI Guoxian,WU Xuejian,ZHOU Mingwu,HOU Jianxi,YANG Ruifu. Look back for half a lifetime,Rich and colorful scenery-Development of microsurgery in Henan Province[J]. Zhonghua Xian Wei Wai Ke Za Zhi[Chin J Microsurg(Article in Chinese;No abstract available)],2015,38(1):3-7.}

[4] 王子华，王威，赵德伟. 研精阐微铸辉煌 继往开来谱新章——辽宁省显微外科的发展历程 [J]. 中华显微外科杂志，2015，38（3）：214-217. {WANG Zihua,WANG Wei,ZHAO Dewei. Research and analysis,micro-casting,carrying on the past and opening up the future to write a new chapter-The development of microsurgery in Liaoning Province[J]. Zhonghua Xian Wei Wai Ke Za Zhi[Chin J Microsurg(Article in Chinese;No abstract available)],2015,38(3):214-217.}

[5] 徐永清，侯春林，范新宇. 回首雪泥鸿爪 继承发展创新——全军显微外科的发展 [J]. 中华显微外科杂志，2015，38（6）：524-525. {XU Yongqing,HOU Chunlin,FAN Xinyu. Looking back on the traces left by the past,inheriting,developing and innovating-The development of microsurgery in the whole army[J]. Zhonghua Xian Wei Wai Ke Za Zhi[Chin J Microsurg(Article in Chinese;No abstract available)],2015,38(6):524-525.}

[6] 侯春林，刘小林. 中国显微外科历史回顾 [J]. 中华显微外科杂志，2015，38（5）：417-419. {HOU Chunlin,LIU Xiaolin. A review of the history of microsurgery in China[J]. Zhonghua Xian Wei Wai Ke Za Zhi[Chin J Microsurg(Article in Chinese;No abstract available)],2015,38(5):417-419.}

[7] 徐永清，范新宇，何晓清. 励精图治求发展 继往开来铸辉煌——云南省显微外科的发展历程 [J]. 中华显微外科杂志，2020，43（3）：221-226. {XU Yongqing,FAN Xinyu,HE Xiaoqing. Make every effort to develop,carry on the past and forge ahead into the future to create brilliance-The development of microsurgery in Yunnan Province[J]. Zhonghua Xian Wei Wai Ke Za Zhi[Chin J Microsurg(Article in Chinese;No abstract available)],2020,43(3):221-226.}

1.2 显微外科学术组织、会议、人物、进展
Academic organisations,conferences,figures and progress in microsurgery

[8] Tang JB. The Fourth National Conference of the Hand Surgery Section of the Chinese Orthopedic Society[J]. Chin Med J,1991,104(6):516-518.

[9] Jin LJ,Zhou ZH. The Third Sino-American Conference on Burns and Trauma. August 16-19,Guangzhou[J]. Chin Med J,1994,107(8):636-640.

[10] Tang JB. The Sixth National Meeting of the Chinese Society of Hand Surgery[J]. Chin Med J,1994,107(11):872-874.

[11] Hou CL,Chang SM,Zhang F. The seventh congress of the Chinese Society of Microsurgery[J]. Microsurgery,2003,23(6):539-546. doi:10.1002/micr.10207.

[12] Zhong Wei Chen(1929-2004),Shanghai,CHINA. In:Terzis JK. History of Microsurgery[M]. 2009:8-18.

[13] Wang Wei,Shanghai,CHINA. In:Terzis JK. History of Microsurgery[M]. 2009:828-829.

[14] 河北省医学会显微外科学组成立 [J]. 中华显微外科杂志，2012，35(6)：515. {Microsurgery Group of Hebei Medical Association established[J]. Zhonghua Xian Wei Wai Ke Za Zhi[Chin J Microsurg(Article in Chinese;No abstract available)],2012,35(6):515.}

[15] 顾立强. 周围神经学组建设与学术进展 [J]. 中国修复重建外科杂志，2018，32（7）：786-791. {GU Liqiang. Construction of Chinese peripheral nerve society and progress in repair and reconstruction of peripheral nerve injury[J]. Zhongguo Xiu Fu Chong Jian Wai Ke Za Zhi[Chin J Repar Reconstr Surg(Article in Chinese;Abstract in Chinese and English)],2018,32(7):786-791.}

[16] 中国显微外科先驱——陈中伟院士 [J]. 中华显微外科杂志，2020，43（1）：插页 1-5，1-6. {The Pioneer of Chinese Microsurgery——Professor CHEN Zhongwei[J]. Zhonghua Xian Wei Wai Ke Za Zhi[Chin J Microsurg(Article in Chinese and English;No abstract available)],2020,43(1):insert 1-5,1-6.}

[17] 中国显微外科先驱——杨东岳教授 [J]. 中华显微外科杂志，2020，43（2）：插页 2-7，2-8，2-9，2-10. {The Pioneer of Chinese Microsurgery——Professor YANG Dongyue[J]. Zhonghua Xian Wei Wai Ke Za Zhi[Chin J Microsurg(Article in Chinese and English;No abstract available)],2020,43(2):insert 2-7,2-8,2-9,2-10.}

[18] 中国显微外科先驱——王志先教授 [J]. 中华显微外科杂志，2020，43（3）：插页 3-8，3-9. {The Pioneer of Chinese Microsurgery——Professor WANG Zhixian[J]. Zhonghua Xian Wei Wai Ke Za Zhi[Chin J Microsurg(Article in Chinese and English;No abstract available)],2020,43(3):insert 3-8,3-9.}

[19] 中国显微外科先驱——屠开元教授 [J]. 中华显微外科杂志，2020，43（4）：插页 4-7，4-8. { The Pioneer of Chinese Microsurgery——Professor TU Kaiyuan[J]. Zhonghua Xian Wei Wai Ke Za Zhi[Chin J Microsurg(Article in Chinese and English;No abstract available)],2020,43(4):insert 4-7,4-8.}

[20] 中国显微外科先驱——崔之义教授 . 中华显微外科杂志，2020，43（5）：插页 5-3，5-4. {The Pioneer of Chinese Microsurgery——Professor Cui Zhiyi. Zhonghua Xian Wei Wai Ke Za Zhi[Chin J Microsurg(Article in Chinese and Englih;No abstract available)],2020,43(5):insert 5-3,5-4.}

[21] 中国显微外科先驱——王澍寰院士 [J]. 中华显微外科杂志，2020，43（6）：插页 6-3，6-4，6-5，6-6，6-7. {The Pioneer of Chinese Microsurgery——Professor Wang Shuhuan[J]. Zhonghua Xian Wei Wai Ke Za Zhi[Chin J Microsurg(Article in Chinese and English;No abstract available)],2020,43(6):insert 6-3,6-4,6-5,6-6,6-7.}

[22] 中国显微外科先驱——黄承达教授 [J]. 中华显微外科杂志，2021，44（1）：插页 1-5，1-6. {The Pioneer of Chinese Microsurgery——Professor Huang Chengda[J]. Zhonghua Xian Wei Wai Ke Za Zhi[Chin J Microsurg(Article in Chinese and English;No abstract available)],2021,44(1):insert 1-5,1-6.}

[23] 中国显微外科先驱——孔令震教授 [J]. 中华显微外科杂志，2021，44（2）：插页 2-3，2-4. {The Pioneer of Chinese Microsurgery——Professor Kong Lingzhen[J]. Zhonghua Xian Wei Wai Ke Za Zhi[Chin J Microsurg(Article in Chinese and English;No abstract available)],2021,44(2):insert 2-3,2-4.}

[24] 中国显微外科先驱——杨铁教授 [J]. 中华显微外科杂志，2021，44（3）：插页 3-8，3-9. {The Pioneer of Chinese Microsurgery——Professor YANG Tie[J]. Zhonghua Xian Wei Wai Ke Za Zhi[Chin J Microsurg(Article in Chinese and English;No abstract available)],2021,44(3):insert 3-8,3-9.}

[25] 中国显微外科先驱——张涤生院士 [J]. 中华显微外科杂志，2021，44（4）：插页 4-6，4-7，4-8，4-9. {The Pioneer of Chinese Microsurgery——Academician ZHANG Disheng[J]. Zhonghua Xian Wei Wai Ke Za Zhi[Chin J Microsurg(Article in Chinese and English;No abstract available)],2021,44(4):insert 4-6,4-7,4-8,4-9.}

[26] 中国显微外科先驱——陆裕朴教授 [J]. 中华显微外科杂志，2021，44（5）：插页 5-3，5-4，5-5，5-6. {The Pioneer of Chinese Microsurgery——Professor LU Yupu[J]. Zhonghua Xian Wei Wai Ke Za Zhi[Chin J Microsurg(Article in Chinese and English;No abstract available)],2021,44(5):insert 5-3,5-4,5-5,5-6.}

[27] 中国显微外科先驱——顾玉东院士 [J]. 中华显微外科杂志，2021，44（6）：718-720. {The Pioneer of Chinese Microsurgery——Professor GU Yudong[J]. Zhonghua Xian Wei Wai Ke Za Zhi[Chin J Microsurg(Article in Chinese and English;No abstract available)],2021,44(6):718-720.}

[28] 王澍寰. 我所走的路 . 中华损伤与修复杂志电子版，2007，2（1）：1-6. {WANG Shuhuan. The road I have walked. Zhonghua Sun Shang Yu Xiu Fu Za Zhi Dian Zhi Ban[Chin J Injury Repair Wound Healing(Electr Edit)(Article in Chinese;No abstract available)],2007,2(1):1-6.

[29] 张涤生. 我与中国显微外科 [J]. 中华显微外科杂志，2011，34（1）：6-7. DOI：10.3760/cma.j.issn.1001-2036.2011.01.004. {ZHANG Disheng. Me and Chinese microsurgery[J]. Zhonghua Xian Wei Wai Ke Za Zhi[Chin J Microsurg(Article in Chinese;No abstract available)],2011,34(1):6-7. DOI:10.3760/cma.j.issn.1001-2036.2011.01.004.}

[30] 黄恭康. 显微外科近三年来的进展 [J]. 中华外科杂志，1978，16（1）：52-57. {HUANG Gongkang. Advances in microsurgery in the past three years[J]. Zhonghua Wai Ke Za Zhi[Chin J Surg(Article in Chinese;No abstract available)],1978,16(1):52-57.}

[31] 王迺谦，刘贤君，于忠毓. 显微外科技术在下颌骨肿瘤手术切除后神经损伤修复中的应用 [J]. 中华口腔科杂志，1978，13（2）：68-70. {WANG Naiqian,LIU Xianjun,YU Zhongyu. The application of microsurgical technique in repair of nerve injury after resection of mandible tumor[J]. Zhonghua Kou Qiang Ke Za Zhi[Chin J Stomatol(Article in Chinese;No abstract available)],1978,13(2):68-70.}

[32] 黄承达. 关于开展显微外科的几点意见 [J]. 中华外科杂志，1979，17（3）：145-146. {HUANG Chengda. Some opinions on the development of microsurgery[J]. Zhonghua Wai Ke Za Zhi[Chin J Surg(Article in Chinese;No abstract available)],1979,17(3):145-146.}

[33] 陈中伟. 开展显微外科的概况 [J]. 山西医药杂志，1979，33（5）：1-3. {CHEN Zhongwei. General development of microsurgery[J] Shanxi Yi Yao Za Zhi[Shanxi Med J(Article in Chinese;No abstract available)],1979,33 (5):1-3.}

[34] 钟世镇 . 显微外科的进展与应用解剖学的关系 [J]. 广东解剖学通报，1980，2（1）：1-9. {ZHONG Shizhen. The relationship between progress of microsurgery and applied anatomy[J]. Guangdong Jie Pou Xue Tong Bao[Anat Res(Article in Chinese;No abstract available)],1980,2 (1):1-9.}

[35] 张涤生. 努力把显微外科提高到一个新水平 [J]. 中华外科杂志，1981，19（3）：129-130. {ZHANG Disheng. Strive to raise microsurgery to a new level[J]. Zhonghua Wai Ke Za Zhi[Chin J Surg(Article in Chinese;No abstract available)],1981,19(3):129-130.}

[36] 程达人，刘伯亮. 显微技术在隐性脊柱裂手术中的应用 [J]. 江苏医药，1981，16（11）：56. {CHENG Daren,LIU Boliang. Microsurgery in spina bifida occulta[J]. Jiangsu Yi Yao[Jiangsu Med J(Article in Chinese;No abstract available)],1981,16 (11):56. DOI:10.19460/j.cnki.0253-3685.1981.11.036.}

[37] 黄宏前，董仲陵，刘方刚，高贤铭. 显微外科技术在骨科应用的体会 [J]. 江苏医药，1981，16（11）：56. {HUANG Hongqian,DONG Zhongling,LIU Fanggang,GAO Xianming. Microsurgery in orthopedics[J]. Jiangsu Yi Yao[Jiangsu Med J(Article in Chinese;No abstract available)],1981,16 (11):56. DOI:10.19460/j.cnki.0253-3685.1981.11.038.}

[38] 方志沂. 显微外科与肿瘤 [J]. 中国肿瘤临床，1981，19（4）：243-244. {FANG Zhiyi. Microsurgery and tumor[J]. Zhongguo Zhong Liu Lin Chuang[Chin J Clin Oncol(Article in Chinese;No abstract available)],1981,19(4):243-244.}

[39] 朱家恺. 我国显微外科的任务与发展 [J]. 中华外科杂志，1982，20（12）：705-706. {ZHU Jiakai. The task and development of microsurgery in China[J]. Zhonghua Wai Ke Za Zhi[Chin J Surg(Article in Chinese;No abstract available)],1982,20(12):705-706.}

[40] 中国医学科学院首都医院骨科. 显微外科的进展 [J]. 中华医学杂志，1973，53（6）：375-380. {Department of Orthopedics,Capital Hospital,Chinese Academy of Medical Sciences. Advances in microsurgery[J]. Zhonghua Yi Xue Za Zhi[Natl Med J China(Article in Chinese;No abstract available)],1973,53(6):375-380.}

[41] 干季良，关文祥，张涤生. 澳大利亚显微外科专家 Owen 来沪讲学内容摘要 [J]. 上海医学，1982，5（7）：390. {GAN Jiliang,GUAN Wenxiang,ZHANG Disheng. Summary of Australian microsurgery expert Owen's lecture in Shanghai[J]. Shanghai Yi Xue[Shanghai Med J(Article in Chinese;No abstract available)],1982,5(7):390.}

[42] 孙博，程军平，陈子华，张发惠. 乙状结肠游离移植阴道成形术的显微外科解剖学研究 [J]. 广东解剖学通报，1982，4(2)：141-143. DOI：CNKI：SUN：GDJP.0.1982-02-002. {SUN Bo,CHENG Junping,CHEN Zihua,ZHANG Fahui. Microsurgical anatomy of vaginoplasty by sigmoid colon free transplantation[J]. Guangdong Jie Pou Xue Tong Bao[Anat Res(Article in Chinese;No abstract available)],1982,4(2):141-143.}

[43] 王炜，张涤生. 显微外科技术在整复外科的应用 [J]. 上海第二医学院学报，1982，25（增刊 1）：57-59. {WANG Wei,ZHANG Disheng. Application of microsurgical technique in plastic surgery[J]. Shanghai Di Er Yi Xue Yuan Xue Bao[Acad J Shanghai Second Med Coll(Article in

Chinese;No abstract available)],1982,25 (S1):57 - 59.}

[44] **赵银春．显微外科技术在口腔颌面外科的应用 [J]．白求恩医科大学学报，1982，24（1）：117－121．** {ZHAO Yinchun. Application of microsurgery in oral and maxillofacial surgery[J]. Baiqiuen Yi Ke Da Xue Xue Bao[Acad J Bethune Med Univ(Article in Chinese;No abstract available)],1982,24 (1):117 - 121.}

[45] **于天泉．脊柱疾病和显微外科专题座谈（一）[J]．黑龙江医药，1982，(1)：49－50．** {YU Tianquan. Symposium on spinal diseases and microsurgery (Part I). Heilongjiang Yi Yao [Heilongjiang Med J(Article in Chinese;No abstract available)],1982,(1):49 - 50.}

[46] **于天泉．脊柱疾病和显微外科专题座谈（二）[J]．黑龙江医药，1982，(2)：49－50．** {YU Tianquan. Symposium on spinal diseases and microsurgery (Part II). Heilongjiang Yi Yao [Heilongjiang Med J(Article in Chinese;No abstract available)],1982,(2):49 - 50.}

[47] **于天泉．脊柱疾病和显微外科专题座谈（三）[J]．黑龙江医药，1982，(4)：40．** {YU Tianquan. Symposium on spinal diseases and microsurgery (Part III). Heilongjiang Yi Yao [Heilongjiang Med J(Article in Chinese;No abstract available)],1982,(4):40.}

[48] **于天泉．脊柱疾病和显微外科专题座谈（四）[J]．黑龙江医药，1982，(7)：42－43．** {YU Tianquan. Symposium on spinal diseases and microsurgery (Part IV). Heilongjiang Yi Yao [Heilongjiang Med J(Article in Chinese;No abstract available)],1982,(7):42 - 43.}

[49] **朱盛修．我国显微外科的新进展 [J]．中华外科杂志，1983，21（11）：658－661．** {ZHU Shengxiu. New development of microsurgery in China[J]. Zhonghua Wai Ke Za Zhi[Chin J Surg(Article in Chinese;No abstract available)],1983,21(11):658 - 661.}

[50] **孙弘，陈必胜，王文崔，姜晓钟，胡墨丽，李传义．用两块组织瓣瓦合整复面颊部洞穿缺损（附四例报告）[J]．第二军医大学学报，1983，4（3）：189－192．** {SUN Hong,CHEN Bisheng,WANG Wencui,JIANG Xiaozhong,HU Moli,LI Chuanyi. Reconstruction of full thickness defects of the check with two tiling tissue flaps[J]. Di Er Jun Yi Da Xue Xue Bao[Acad J Second Mil Med Univ(Article in Chinese;Abstract in Chinese)],1983,4 (3):189 - 192.}

[51] **钟世镇，孙博，陈遥良．显微外科应用解剖学的进展 [J]．临床应用解剖学杂志，1984，2（2）：3－4．DOI：10.13418/j.issn.1001－165x.1984.02.001．** {ZHONG Shizhen,SUN Bo,CHEN Yaoliang. Advances in applied anatomy in microsurgery[J]. Lin Chuang Ying Yong Jie Pou Xue Za Zhi[J Clin Appl Anat(Article in Chinese;No abstract available)],1984,2(2):3 - 4. DOI:10.13418/j.issn.1001 - 165x.1984.02.001.}

[52] **钟世镇，孙博，顾玉东．手功能重建术及其应用解剖学的进展 [J]．临床应用解剖学杂志，1984，2（3）：201－204．DOI：10.13418/j.issn.1001－165x.1984.03.031．** {ZHONG Shizhen,SUN Bo,GU Yudong. Progress in hand functional reconstruction and its applied anatomy[J]. Lin Chuang Ying Yong Jie Pou Xue Za Zhi[J Clin Appl Anat(Article in Chinese;No abstract available)],1984,2(3):201 - 204. DOI:10.13418/j.issn.1001 - 165x.1984.03.031.}

[53] **鲁开化，汪良能，罗锦辉．显微外科在急诊创伤修复中的应用 [J]．中华外科杂志，1984，22（12）：753－754．** {LU Kaihua,WANG Liangneng,LUO Jinhui. Application of microsurgery in emergency trauma repair[J]. Zhonghua Wai Ke Za Zhi[Chin J Surg(Article in Chinese;No abstract available)],1984,22(12):753 - 754.}

[54] **朱士俊．显微手术在泌尿外科应用的一些体会 [J]．解放军医学杂志，1984，9（2）：139－140．** {ZHU Shijun. Some experience of microsurgery in urology[J]. Jie Fang Jun Yi Xue Za Zhi[Med J Chin PLA(Article in Chinese;No abstract available)],1984,9(2):139 - 140.}

[55] **顾玉东．显微外科手术的生物力学问题 [J]．中华外科杂志，1985，23（11）：697－700．** {GU Yudong. Biomechanical problems of microsurgery[J]. Zhonghua Wai Ke Za Zhi[Chin J Surg(Article in Chinese;No abstract available)],1985,23(11):697 - 700.}

[56] **李庆多，魏仲恩，夏福祥．采用显微外科技术治愈胰腺完全断裂伤 1 例报告 [J]．解放军医学杂志，1985，10（4）：318．** {LI Qingduo,WEI Zhongen,XIA Fuxiang. Microsurgical technique in treatment of pancreatic complete rupture:a case report[J]. Jie Fang Jun Yi Xue Za Zhi[Med J Chin PLA(Article in Chinese;No abstract available)],1985,10(4):318.}

[57] **钟世镇，孙博，孟宪玉．我国显微外科解剖学近况 [J]．临床解剖学杂志，1986，4（3）：129－131．DOI：10.13418/j.issn.1001－165x.1986.03.001．** {ZHONG Shizhen,SUN Bo,MENG Xianyu. Recent development of microsurgical anatomy in China[J]. Lin Chuang Jie Pou Xue Za Zhi[J Clin Anat(Article in Chinese;No abstract available)],1986,4(3):129 - 131. DOI:10.13418/j.issn.1001 - 165x.1986.03.001.}

[58] **朱盛修，张伯勋．把我国显微外科的研究工作提高到一个新的水平 [J]．中华医学杂志，1986，66（8）：450－452．** {ZHU Shengxiu,ZHANG Boxun. Raise the research work of microsurgery in China to a new level[J]. Zhonghua Yi Xue Za Zhi[Natl Med J China(Article in Chinese;No abstract available)],1986,66(8):450 - 452.}

[59] **李主一，周中英，李其训，翁龙江，朱盛修，姚建祥．显微外科技术在手部严重火器伤晚期修复中的应用（附 17 例报告）[J]．中华整形烧伤外科杂志，1986，2（3）：175－176．** {LI Zhuyi,ZHOU Zhongying,LI Qixun,WENG Longjiang,ZHU Shengxiu,YAO Jianxiang. Microsurgery in repair of serious firearm injury in hand at late period(17 reported cases)[J]. Zhonghua Zheng Xing Shao Shang Wai Ke Za Zhi[Chin J Burn(Article in Chinese;No abstract available)],1986,2(3):175 - 176.}

[60] **周礼荣．县医院开展显微外科手术的体会 [J]．中级医刊，1986，36（8）：57－59．** {ZHOU Lirong. Experience of microsurgery in county hospital[J]. Zhong Ji Yi Kan[Chin J Med (Article in Chinese;No abstract available)],1986,36(8):57 - 59.}

[61] **朱盛修．显微外科基础与临床研究的进展 [J]．中华医学杂志，1990，70（12）：711－712．** {ZHU Shengxiu. Progress in basic and clinical research of microsurgery[J]. Zhonghua Yi Xue Za Zhi[Natl Med J China(Article in Chinese;No abstract available)],1990,70(12):711 - 712.}

[62] **鲁开化．四年来皮瓣、肌皮瓣移植的进展 [J]．中华显微外科杂志，1991，14（1）：4－8．DOI：10.3760/cma.j.issn.1001－2036.1991.01.104．** {LU Kaihua. Progress in transplantation of skin flap and myocutaneous flap in the past four years[J]. Zhonghua Xian Wei Wai Ke Za Zhi[Chin J Microsurg(Article in Chinese;No abstract available)],1991,14(1):4 - 8. DOI:10.3760/cma.j.issn.1001 - 2036.1991.01.104.}

[63] **潘达德．四年来显微外科在手外科应用进展 [J]．中华显微外科杂志，1991，14（1）：9－12．DOI：10.3760/cma.j.issn.1001－2036.1991.01.106．** {PAN Dade. Progress in the application of microsurgery in hand surgery in the past four years[J]. Zhonghua Xian Wei Wai Ke Za Zhi[Chin J Microsurg(Article in Chinese;No abstract available)],1991,14(1):9 - 12. DOI:10.3760/cma.j.issn.1001 - 2036.1991.01.106.}

[64] **陈振光．四年来显微外科在修复骨与关节缺损方面的进展 [J]．中华显微外科杂志，1991，14（1）：13－15．DOI：10.3760/cma.j.issn.1001－2036.1991.01.107．** {CHEN Zhenguang. Progress of microsurgery in repairing bone and joint defects in the past four years[J]. Zhonghua Xian Wei Wai Ke Za Zhi[Chin J Microsurg(Article in Chinese;No abstract available)],1991,14(1):13 - 15. DOI:10.3760/cma.j.issn.1001 - 2036.1991.01.107.}

[65] **田奉宸．四年来显微外科在头颈及腹部外科等进展 [J]．中华显微外科杂志，1991，14（1）：15－16．DOI：10.3760/cma.j.issn.1001－2036.1991.01.108．** {TIAN Fengchen. Advances in microsurgery in head,neck and abdominal surgery in the past four years[J]. Zhonghua Xian Wei Wai Ke Za Zhi[Chin J Microsurg(Article in Chinese;No abstract available)],1991,14(1):15 - 16. DOI:10.3760/cma.j.issn.1001 - 2036.1991.01.108.}

[66] **胥少汀．显微外科在骨科的应用 [J]．中华显微外科杂志，1992，15（3）：144－145．** {XU Shaoting. Application of microsurgery in orthopaedics[J]. Zhonghua Xian Wei Wai Ke Za Zhi[Chin J Microsurg(Article in Chinese;No abstract available)],1992,15(3):144 - 145.}

[67] **顾玉东．我国手外科进展 [J]．中华手外科杂志，1994，10（1）：129－132．DOI：10.3760/cma.j.issn.1005－054X.1994.03.101．** {GU Yudong. Progress of hand surgery in China[J]. Zhonghua Shou Wai Ke Za Zhi[Chin J Hand Surg(Article in Chinese;No abstract available)],1994,10(1):129 - 132. DOI:10.3760/cma.j.issn.1005 - 054X.1994.03.101.}

[68] **顾玉东．皮瓣进展 20 年（1973 ~ 1993）[J]．中华手外科杂志，1994，10（2）：67－68．DOI：10.3760/cma.j.issn.1005－054X.1994.02.101．** {GU Yudong. Development of skin flap in the past 20 years (1973 - 1993)[J]. Zhonghua Shou Wai Ke Za Zhi[Chin J Hand Surg(Article in Chinese;No abstract available)],1994,10(2):67 - 68. DOI:10.3760/cma.j.issn.1005 - 054X.1994.02.101.}

[69] **朱盛修．显微外科 [J]．中华医学杂志，1994，74（1）：29－30．** {ZHU Shengxiu. Microsurgery[J]. Zhonghua Yi Xue Za Zhi[Natl Med J China(Article in Chinese;No abstract available)],1994,74(1):29 - 30.}

[70] **顾玉东．显微外科进展 [J]．中华显微外科杂志，1995，18（3）：232－235．DOI：10.3760/cma.j.issn.1001－2036.1995.03.143．** {GU Yudong. Advances in microsurgery[J]. Zhonghua Xian Wei Wai Ke Za Zhi[Chin J Microsurg(Article in Chinese;No abstract available)],1995,18(3):232 - 235. DOI:10.3760/cma.j.issn.1001 - 2036.1995.03.143.}

[71] **陈振光．我国显微外科骨移植的进展 [J]．中华显微外科杂志，1995，18（4）：306－309．DOI：10.3760/cma.j.issn.1001－2036.1995.04.144．** {CHEN Zhenguang. Progress of microsurgical bone transplantation in China[J]. Zhonghua Xian Wei Wai Ke Za Zhi[Chin J Microsurg(Article in Chinese;No abstract available)],1995,18(4):306 - 309. DOI:10.3760/cma.j.issn.1001 - 2036.1995.04.144.}

[72] **钟世镇．我国显微外科进展有关的解剖学研究 [J]．中华手外科杂志，1996，12（1）：1．DOI：10.3760/cma.j.issn.1005－054X.1996.01.101．** {ZHONG Shizhen. Anatomical study related to the progress of microsurgery in China[J]. Zhonghua Shou Wai Ke Za Zhi[Chin J Hand Surg(Article in Chinese;No abstract available)],1996,12(1):1. DOI:10.3760/cma.j.issn.1005 - 054X.1996.01.101.}

[73] **朱盛修．全军显微外科的发展 [J]．解放军医学杂志，1996，21（1）：78．** {ZHU Shengxiu. The development of microsurgery in the whole army[J]. Jie Fang Jun Yi Xue Za Zhi[Med J Chin PLA(Article in Chinese;No abstract available)],1996,21(1):78.}

[74] **陈振光．显微外科在骨移植应用方面的回顾与进展 [J]．中华显微外科杂志，1997，20（3）：10－13．DOI：10.3760/cma.j.issn.1001－2036.1997.03.105．** {CHEN Zhenguang. Review and progress in the application of microsurgery in bone transplantation[J]. Zhonghua Xian Wei Wai Ke Za Zhi[Chin J Microsurg(Article in Chinese;No abstract available)],1997,20(3):10 - 13. DOI:10.3760/cma.j.issn.1001 - 2036.1997.03.105.}

[75] **程国良．显微外科在手外科应用的进展 [J]．中华显微外科杂志，1997，20（3）：16－18．DOI：10.3760/cma.j.issn.1001－2036.1997.03.107．** {CHENG Guoliang. Progress in the application of microsurgery in hand surgery[J]. Zhonghua Xian Wei Wai Ke Za Zhi[Chin J Microsurg(Article in Chinese;No abstract available)],1997,20(3):16 - 18. DOI:10.3760/cma.j.issn.1001 - 2036.1997.03.107.}

[76] **朱盛修．显微外科的现状及 21 世纪发展的展望 [J]．中华显微外科杂志，1997，20（3）：6－8．DOI：10.3760/cma.j.issn.1001－2036.1997.03.103．** {ZHU Shengxiu. The present situation of microsurgery and the prospect of its development in the 21st century[J]. Zhonghua Xian Wei Wai Ke Za Zhi[Chin J Microsurg(Article in Chinese;No abstract available)],1997,20(3):6 - 8. DOI:10.3760/cma.j.issn.1001 - 2036.1997.03.103.}

[77] **钟世镇，徐达传．显微外科基础研究概况 [J]．中华显微外科杂志，1997，20（3）：8－10．DOI：10.3760/cma.j.issn.1001－2036.1997.03.104．** {ZHONG Shizhen,XU Dachuan. A survey of basic research on microsurgery[J]. Zhonghua Xian Wei Wai Ke Za Zhi[Chin J Microsurg(Article in Chinese;No abstract available)],1997,20(3):8 - 10. DOI:10.3760/cma.j.issn.1001 - 2036.1997.03.104.}

[78] **周良辅．显微外科在神经外科的应用进展和展望 [J]．中华显微外科杂志，1998，21（3）：161．DOI：10.3760/cma.j.issn.1001－2036.1998.03.001．** {ZHOU Liangfu. Application progress and prospect of microsurgery in neurosurgery[J]. Zhonghua Xian Wei Wai Ke Za Zhi[Chin J Microsurg(Article in Chinese;No abstract available)],1998,21(3):161. DOI:10.3760/cma.j.issn.1001 - 2036.1998.03.001.}

[79] **陈中伟．显微外科的现状与展望 [J]．中华显微外科杂志，1998，21（1）：3－5．DOI：10.3760/cma.j.issn.1001－2036.1998.01.101．** {CHEN Zhongwei. Present situation and prospect of microsurgery[J]. Zhonghua Xian Wei Wai Ke Za Zhi[Chin J Microsurg(Article in Chinese;No abstract available)],1998,21(1):3 - 5. DOI:10.3760/cma.j.issn.1001 - 2036.1998.01.101.}

[80] **周祥吉，范启申．显微外科最新进展 [J]．中国矫形外科杂志，2002，10（12）：1214－1216．DOI：10.3969/j.issn.1005－8478.2002.12.023．** {ZHOU Xiangji,FAN Qishen. The latest progress in microsurgery[J]. Zhongguo Jiao Xing Wai Ke Za Zhi[Orthop J China(Article in Chinese;No abstract available)],2002,10(12):1214 - 1216. DOI:10.3969/j.issn.1005 - 8478.2002.12.023.}

[81] **胡军，刘小林．骨髓基质干细胞分化为神经细胞的研究进展 [J]．中国矫形外科杂志，2003，11（16）：1129－1131．DOI：10.3969/j.issn.1005－8478.2003.16.018．** { HU Jun,LIU Xiaolin. Research progress on differentiation of bone marrow stromal cells into neural cells[J]. Zhongguo Jiao Xing Wai Ke Za Zhi[Orthop J China(Article in Chinese;No abstract available)],2003,11(16):1129 - 1131. DOI:10.3969/j.issn.1005 - 8478.2003.16.018.}

[82] **张世民，顾玉东，侯春林．神经假体在脊髓损伤患者中应用的研究进展 [J]．中国脊柱脊髓杂志，2003，13（6）：372－375．DOI：10.3969/j.issn.1004－406X.2003.06.016．** {ZHANG Shimin,GU Yudong,HOU Chunlin. Research Progress on the Application of nerve prosthesis in patients with Spinal Cord injury[J]. Zhongguo Ji Zhu Ji Sui Za Zhi[Chin J Spine Spinal Cord(Article in Chinese;No abstract available)],2003,13(6):372 - 375. DOI:10.3969/j.issn.1004 - 406X.2003.06.016.}

[83] **张键，陈中伟．骨科显微外科的回顾与展望 [J]．上海医学，2003，26（2）：83－88．DOI：10.3969/j.issn.0253－9934.2003.02.002．** {ZHANG Jian,CHEN Zhongwei. Review and prospect of orthopedic microsurgery[J]. Shanghai Yi Xue[Shanghai Med J(Article in Chinese;No abstract available)],2003,26(2):83 - 88. DOI:10.3969/j.issn.0253 - 9934.2003.02.002.}

[84] **顾立强．亚太地区上肢周围神经损伤治疗进展 [J]．中华创伤骨科杂志，2005，7（1）：75－78．DOI：10.3760/cma.j.issn.1671－7600.2005.01.020．** {GU Liqiang. Progress in treatment of peripheral nerve injuries of upper extremity in Asian - Pacific[J]. Zhonghua Chuang Shang Gu Ke Za Zhi[Chin J Orthop Trauma(Article in Chinese;No abstract available)],2005,7(1):75 - 78. DOI:10.3760/cma.j.issn.1671 - 7600.2005.01.020.}

[85] **顾玉东．国际手外科学术进展 [J]．中华骨科杂志，2005，25（4）：254－256．DOI：10.3760/j.issn：0253－2352.2005.04.019．** { GU Yudong. International academic progress in hand surgery[J]. Zhonghua Gu Ke Za Zhi[Chin J Orthop(Article in Chinese;No abstract available)],2005,25(4):254 - 256. DOI:10.3760/j.issn:0253 - 2352.2005.04.019.}

[86] **顾玉东．我国手外科近期进展 [J]．中华创伤杂志，2005，21（1）：21－24．DOI：10.3760/j：issn：1001－8050.2005.01.007．** {GU Yudong. Recent episodic progress in research on hand surgery in China[J]. Zhonghua Chuang Shang Za Zhi[Chin J Trauma(Article in Chinese;No abstract available)],2005,21(1):21 - 24. DOI:10.3760/j:issn:1001 - 8050.2005.01.007.}

[87] **曾炳芳．努力提高急诊显微外科修复的技术水平 [J]．中华显微外科杂志，2006，29（5）：321．DOI：10.3760/cma.j.issn.1001－2036.2006.05.001．** {ZENG Bingfang. Strive to improve the technical level of emergency microsurgical repair[J]. Zhonghua Xian Wei Wai Ke Za Zhi[Chin J Microsurg(Article in Chinese;No abstract available)],2006,29(5):321. DOI:10.3760/cma.

j.issn.1001-2036.2006.05.001.}

[88] 蒋雷，丁嘉安，高文，姜格宁. 肌瓣、皮肌瓣填塞术治疗慢性脓胸的研究进展 [J]. 中华外科杂志，2007，45（16）：1145-1147. DOI：10.3760/j.issn：0529-5815.2007.16.022. {JIANG Lei,DING Jiaan,GAO Wen,JIANG Gening. Research progress of muscle flap and myocutaneous flap packing in the treatment of chronic empyema[J]. Zhonghua Wai Ke Za Zhi[Chin J Surg(Article in Chinese;No abstract available)],2007,45(16):1145-1147. DOI:10.3760/j.issn:0529-5815.2007.16.022.}

[89] 钟世镇. 显微外科应用解剖与数字虚拟人的回顾与展望 [J]. 中华显微外科杂志，2007，30（1）：2-3. DOI：10.3760/cma.j.issn.1001-2036.2007.01.002. {ZHONG Shizhen. Review and prospect of applied anatomy and digital virtual human in microsurgery[J]. Zhonghua Xian Wei Wai Ke Za Zhi[Chin J Microsurg(Article in Chinese;No abstract available)],2007,30(1):2-3. DOI:10.3760/cma.j.issn.1001-2036.2007.01.002.}

[90] 陈振光. 显微外科在骨移植方面的回顾与展望 [J]. 中华显微外科杂志，2007，30（2）：81-83. DOI：10.3760/cma.j.issn.1001-2036.2007.02.001. {CHEN Zhenguang. Review and prospect of microsurgery in bone transplantation[J]. Zhonghua Xian Wei Wai Ke Za Zhi[Chin J Microsurg(Article in Chinese;No abstract available)],2007,30(2):81-83. DOI:10.3760/cma.j.issn.1001-2036.2007.02.001.}

[91] 钟世镇. 显微外科基础研究的回顾与展望 [J]. 中华显微外科杂志，2007，30（4）：242-243. DOI：10.3760/cma.j.issn.1001-2036.2007.04.004. {ZHONG Shizhen. Review and prospect of basic research on microsurgery[J]. Zhonghua Xian Wei Wai Ke Za Zhi[Chin J Microsurg(Article in Chinese;No abstract available)],2007,30(4):242-243. DOI:10.3760/cma.j.issn.1001-2036.2007.04.004.}

[92] 顾玉东. 显微外科在手外科领域的应用与发展 [J]. 中华显微外科杂志，2007，30（4）：243-244. DOI：10.3760/cma.j.issn.1001-2036.2007.04.005. {GU Yudong. Application and development of microsurgery in the field of hand surgery[J]. Zhonghua Xian Wei Wai Ke Za Zhi[Chin J Microsurg(Article in Chinese;No abstract available)],2007,30(4):243-244. DOI:10.3760/cma.j.issn.1001-2036.2007.04.005.}

[93] 侯春林. 我国对世界显微外科发展的贡献 [J]. 中华显微外科杂志，2007，30（4）：246-249. DOI：10.3760/cma.j.issn.1001-2036.2007.04.007. {HOU Chunlin. China's contribution to the development of microsurgery in the world[J]. Zhonghua Xian Wei Wai Ke Za Zhi[Chin J Microsurg(Article in Chinese;No abstract available)],2007,30(4):246-249. DOI:10.3760/cma.j.issn.1001-2036.2007.04.007.}

[94] 熊良俭. 香港特别行政区显微外科 30 年回顾 [J]. 中华显微外科杂志，2007，30（5）：398-399. DOI：10.3760/cma.j.issn.1001-2036.2007.05.030. {XIONG Liangjian. Review of microsurgery in the Hong Kong in the past 30 years[J]. Zhonghua Xian Wei Wai Ke Za Zhi[Chin J Microsurg(Article in Chinese;No abstract available)],2007,30(5):398-399. DOI:10.3760/cma.j.issn.1001-2036.2007.05.030.}

[95] 庞水发，常湘珍，张方晨，汪华侨. 显微外科在手外科的应用与进展 [J]. 中华显微外科杂志，2009，32（3）：177-180. DOI：10.3760/cma.j.issn.1001-2036.2009.03.001. {PANG Shuifa,CHANG Xiangzhen,ZHANG Fangchen,WANG Huaqiao. Application and progress of microsurgery in hand surgery[J]. Zhonghua Xian Wei Wai Ke Za Zhi[Chin J Microsurg(Article in Chinese;No abstract available)],2009,32(3):177-180. DOI:10.3760/cma.j.issn.1001-2036.2009.03.001.}

[96] 徐秀玥，劳杰，赵新，顾玉东. 肌腱粘连的防治研究进展 [J]. 中华创伤骨科杂志，2009，11（2）：181-183. DOI：10.3760/cma.j.issn.1671-7600.2009.02.020. {XU Xiuyue,LAO Jie,ZHAO Xin,GU Yudong. Prevention and treatment of adhesion of tendon[J]. Zhonghua Chuang Shang Gu Ke Za Zhi[Chin J Orthop Trauma(Article in Chinese;No abstract available)],2009,11(2):181-183. DOI:10.3760/cma.j.issn.1671-7600.2009.02.020.}

[97] 钟世镇. 从开拓显微外科解剖学研究中体验转化医学理念 [J]. 中华显微外科杂志，2011，34（1）：7-9. DOI：10.3760/cma.j.issn.1001-2036.2011.01.005. {ZHONG Shizhen. Realize the concept of translational medicine from the development of microsurgical anatomy research[J]. Zhonghua Xian Wei Wai Ke Za Zhi[Chin J Microsurg(Article in Chinese;No abstract available)],2011,34(1):7-9. DOI:10.3760/cma.j.issn.1001-2036.2011.01.005.}

[98] 侯春林. 从事显微外科工作 35 年回顾——学习、继承、发展和创新 [J]. 中华显微外科杂志，2011，34（1）：9-10. DOI：10.3760/cma.j.issn.1001-2036.2011.01.006. {HOU Chunlin. A Review of 35 years of work in microsurgery—Learning,inheritance,development and innovation[J]. Zhonghua Xian Wei Wai Ke Za Zhi[Chin J Microsurg(Article in Chinese;No abstract available)],2011,34(1):9-10. DOI:10.3760/cma.j.issn.1001-2036.2011.01.006.}

[99] 徐永清. 我与《中华显微外科杂志》共成长 [J]. 中华显微外科杂志，2017，40（1）：15. DOI：10.3760/cma.j.issn.1001-2036.2017.01.006. {XU Yongqing. I grew up with the Chinese Journal of Microsurgery[J]. Zhonghua Xian Wei Wai Ke Za Zhi[Chin J Microsurg(Article in Chinese;Abstract in Chinese)],2017,40(1):15. DOI:10.3760/cma.j.issn.1001-2036.2017.01.006.}

[100] 侯春林. 从事显微外科 40 年回顾——学习、继承、发展、创新 [J]. 中华显微外科杂志，2017，40（1）：4-5. DOI：10.3760/cma.j.issn.1001-2036.2017.01.002. {HOU Chunlin. A Review of 40 years of work in microsurgery—Learning,inheritance,development and innovation[J]. Zhonghua Xian Wei Wai Ke Za Zhi[Chin J Microsurg(Article in Chinese;No abstract available)],2017,40(1):4-5. DOI:10.3760/cma.j.issn.1001-2036.2017.01.002.}

[101] 顾立强，汪华侨，封静，朱庆棠，刘小林. 传承 创新 团结 合作 国际化——《中华显微外科杂志》2020 年新使命 [J]. 中华显微外科杂志，2020，43（1）：1-2. DOI：10.3760/cma.j.issn.1001-2036.2020.01.001. {GU Liqiang,WANG Huaqiao,FENG Jing,ZHU Qingtang,LIU Xiaolin. Inheritance,Innovation,Unity,Cooperation and internationalization—the New Mission of Chinese Journal of Microsurgery in 2020[J]. Zhonghua Xian Wei Wai Ke Za Zhi[Chin J Microsurg(Article in Chinese;Abstract in Chinese and English)],2020,43(1):1-2. DOI:10.3760/cma.j.issn.1001-2036.2020.01.001.}

[102] 范存义，顾玉东. 创伤性肘关节僵硬的国内研究进展 [J]. 中华手外科杂志，2020，36（1）：1-2. DOI：10.3760/cma.j.issn.1005-054X.2020.01.001. {FAN Cunyi,GU Yudong. Domestic research progress of traumatic elbow ankylosis[J]. Zhonghua Shou Wai Ke Za Zhi[Chin J Hand Surg(Article in Chinese;No abstract available)],2020,36(1):1-2. DOI:10.3760/cma.j.issn.1005-054X.2020.01.001.}

1.3 从显微外科技术到显微外科学

from microsurgical technique to microsurgery

[103] Zhong SZ,Kong JM. Basic and clinical researches in microsurgery[J]. Chin Med J,1991,104(10):799-802.

[104] Chang TS. Experiences in microsurgery in The People's Republic of China[J]. J Microsurg,1979,1(2):154-157. doi:10.1002/micr.1920010211.

[105] Zhong SZ,Kong JM. Microsurgical anatomy in China[J]. Surg Radiol Anat,1989,11(2):115-122. doi:10.1007/BF02096466.

[106] Chen ZW,Ni AM. Microsurgery in China[J]. Microsurgery,1994,15(5):293-296. doi:10.1002/micr.1920150502.

[107] Cai JF. The development of foot microsurgery:the past and the future[J]. Chin J Traumatol,2003,6(1):45-53.

[108] Zhao D. Introduction:Microsurgery in China[J]. Microsurgery,2013,33(8):591-2. doi:10.1002/micr.22180.

[109] Wang ZT,Zheng YM,Zhu L,Hao LW,Zhang YB,Chen C,Xia LF,Liu LF. Exploring new frontiers of microsurgery:from anatomy to clinical methods[J]. Clin Plast Surg,2017,44(2):211-231. doi:10.1016/j.cps.2016.11.001.

[110] Tang JB,Saint-Cyr M. Microsurgery half a century after establishment:global perspectives[J]. Clin Plast Surg,2017,44(2):xiii-xiv. doi:10.1016/j.cps.2017.01.001.

[111] Tang CH. Development and historical evolution half a century ago at the dawn of microsurgery[J]. Clin Plast Surg,2017,44(2):xix-xxv. doi:10.1016/j.cps.2017.01.003.

[112] Zhao D. The development of microsurgery in china:retrospective and prospective views[J]. Ann Plast Surg,2020,84(5S Suppl 3):S161-S164. doi:10.1097/SAP.0000000000002280.

[113] FANG Jie,ZHANG Wenlong. Comment to the history of microsurgery[J]. Eur J Orthop Surg Traumatol,2020,30(8):1523-1524. doi:10.1007/s00590-020-02693-4.

[114] Pons G,Tang JB. Major changes in lymphatic microsurgery and microvascular surgery in past 20 years[J]. Clin Plast Surg,2020,47(4):679-683. doi:10.1016/j.cps.2020.07.004.

[115] Tang JB,Saint-Cyr M. Microsurgery:global perspectives:an update[J]. Clin Plast Surg,2020,47(4):xiii. doi:10.1016/j.cps.2020.07.003.

[116] Tang CH. Development and historical evolution half a century ago at the dawn of microsurgery[J]. Clin Plast Surg,2020,47(4):xv-xxi. doi:10.1016/j.cps.2020.06.001.

[117] 张涤生，王炜，孙以鲁，关文祥，程开祥，黄偶麟. 应用显微外科技术进行肠段移植修复食管缺损（附动物实验结果和 3 例临床病例报告）[J]. 上海医学，1978，1（6）：321. {ZHANG Disheng,WANG Wei,SUN Yilu,GUAN Wenxiang,CHENG Kaixiang,HUANG Oulin. Microsurgical intestinal segment transplantation in repairing esophageal defects (with reports of animal experiment result and 3 clinical cases)[J]. Shanghai Yi Xue[Shanghai Med J(Article in Chinese;No abstract available)],1978,1(6):321.}

[118] 张涤生，黄偶麟，王炜，关文祥，孙德魁. 应用显微外科技术进行空肠移植修复食管缺损（附七例报告）[J]. 中华外科杂志，1979，17（3）：154-159. {ZHANG Disheng,HUANG Yulin,WANG Wei,GUAN Wenxiang,SUN Dekui. Repair of esophageal defect by jejunal transplantation with microsurgical technique (report of 7 cases)[J]. Zhonghua Wai Ke Za Zhi[Chin J Surg(Article in Chinese;No abstract available)],1979,17(3):154-159.}

[119] 张兆武，王希文，郑金荣. 应用显微外科技术以阑尾修补尿道（附 2 例报告）[J]. 中华泌尿外科杂志，1981，2（3）：132-134. {ZHANG Zhaowu,WANG Xiwen,ZHENG Jinrong. Application of microsurgical technique to repair urethra with appendix (report of 2 cases)[J]. Zhonghua Mi Niao Wai Ke Za Zhi[Chin J Urol(Article in Chinese;Abstract in Chinese)],1981,2(3):132-134.}

[120] 程绪西. 对发展显微外科技术的一些看法 [J]. 中华外科杂志，1983，21（11）：641-642. {Cheng Xuxi. Some views on the development of microsurgical techniques[J]. Zhonghua Wai Ke Za Zhi[Chin J Surg(Article in Chinese;No abstract available)],1983,21(11):641-642.}

[121] 徐友和，朱士俊，黄凤瑞. 显微外科技术修补尿道瘘的体会（附 3 例报告）[J]. 中华泌尿外科杂志，1985，6（3）：191. {XU Youhe,ZHU Shijun,HUANG Fengrui. Experience of repairing urethral fistula with microsurgical technique(report of 3 cases)[J]. Zhonghua Mi Niao Wai Ke Za Zhi[Chin J Urol(Article in Chinese;No abstract available)],1985,6(3):191.}

[122] 张颖杰，章文素，郭云秀，芦兰. 输卵管结扎术后应用显微外科技术复通初步结果 [J]. 中华医学杂志，1986，66（7）：434-435. {ZHANG Yingjie,ZHANG Wensu,GUO Yunxiu,LU Lan. Preliminary results of microsurgical recanalization after tubal ligation[J]. Zhonghua Yi Xue Za Zhi[Natl Med J China(Article in Chinese;No abstract available)],1986,66(7):434-435.}

[123] 郑英键. 显微外科技术在胰十二指肠切除术中防止胰瘘的应用体会 [J]. 中华外科杂志，1987，25（6）：F02. {ZHENG Yingjian. Application of microsurgical technique in prevention of pancreatic fistula in pancreaticoduodenectomy[J]. Zhonghua Wai Ke Za Zhi[Chin J Surg(Article in Chinese;No abstract available)],1987,25(6):F02.}

[124] 王望生，吴仲和，易建军. 显微外科技术切除腰椎间盘的体会 [J]. 修复重建外科杂志，1987，1（1）：36. {WANG Wangsheng,WU Zhonghe,YI Jianjun. Experience of microsurgical resection of lumbar intervertebral disc[J]. Zhongguo Xiu Fu Chong Jian Wai Ke Za Zhi[Chin J Repar Reconstr Surg(Article in Chinese;No abstract available)],1987,1(1):36.}

[125] 徐月敏，张子杨，陈曾德，乔勇，金三宝，徐佑璋. 应用显微外科技术吻合输精管（附 25 例报告）[J]. 中华泌尿外科杂志，1988，9（4）：246-247. {XU Yuemin,ZHANG Ziyang,CHEN Zengde,QIAO Yong,JIN Sanbao,XU Youzhang. Microsurgical anastomosis of vas deferens(report of 25 cases)[J]. Zhonghua Mi Niao Wai Ke Za Zhi[Chin J Urol(Article in Chinese;Abstract in Chinese)],1988,9(4):246-247.}

[126] 荆海，梁春泉. 用显微外科技术建立血液透析内瘘 25 例 [J]. 中华器官移植杂志，1988，9（2）：81-82. DOI：10.3760/cma.j.issn.0254-1785.1988.02.016. {JING Hai,LIANG Chunquan. Construction of internal Ateriovenous Fistula with Microsurgery for Hemodialysis (report of 25 cases)[J]. Zhonghua Qi Guan Yi Zhi Za Zhi[Chin J Organ Transplant(Article in Chinese;Abstract in Chinese)],1988,9(2):81-82. DOI:10.3760/cma.j.issn.0254-1785.1988.02.016.}

[127] 宁金龙. 应用显微外科技术进行眶睑重建一例 [J]. 修复重建外科杂志，1988，2（2）：31. {NING Jinlong. Application of microsurgical technique in eyelid reconstruction:a case report[J]. Zhongguo Xiu Fu Chong Jian Wai Ke Za Zhi[Chin J Repar Reconstr Surg(Article in Chinese;No abstract available)],1988,2(2):31.}

[128] 谢国瑞，王心良. 用显微外科技术重建手部功能 [J]. 修复重建外科杂志，1988，2（2）：67. {XIE Guorui,WANG Xinliang. Reconstruction of hand function by microsurgical technique[J]. Zhongguo Xiu Fu Chong Jian Wai Ke Za Zhi[Chin J Repar Reconstr Surg(Article in Chinese;No abstract available)],1988,2(2):67.}

[129] 张树桧. 应用显微外科技术进行手部修复的体会 [J]. 修复重建外科杂志，1988，2（2）：69. {ZHANG Shugui. Experience of hand repair with microsurgical technique[J]. Zhongguo Xiu Fu Chong Jian Wai Ke Za Zhi[Chin J Repar Reconstr Surg(Article in Chinese;No abstract available)],1988,2(2):69.}

[130] 薛正钦. 显微外科技术在神经损伤的应用 [J]. 修复重建外科杂志，1988，2(2)：93. {XUE Zhengqin. Application of microsurgical technique in nerve injury[J]. Zhongguo Xiu Fu Chong Jian Wai Ke Za Zhi[Chin J Repar Reconstr Surg(Article in Chinese;No abstract available)],1988,2(2):93.}

[131] 陈惠萍. 显微外科技术复通输卵管手术体会 [J]. 修复重建外科杂志，1988，2（2）：171. {CHEN Huiping. Experience of recanalization of fallopian tube with microsurgical technique[J]. Zhongguo Xiu Fu Chong Jian Wai Ke Za Zhi[Chin J Repar Reconstr Surg(Article in Chinese;No abstract available)],1988,2(2):171.}

[132] 易传勋. 用显微外科技术行输卵管复通术 [J]. 修复重建外科杂志，1988，2（2）：172.

{YI Chuanxun. Recanalization of fallopian tube with microsurgical technique[J]. Zhongguo Xiu Fu Chong Jian Wai Ke Za Zhi[Chin J Repar Reconstr Surg(Article in Chinese;No abstract available)],1988,2(2):172.}

[133] 戴松茂. 显微外科技术在骨肿瘤治疗中的应用 [J]. 修复重建外科杂志，1988，2（2）：190. {DAI Songmao. Application of microsurgical technique in the treatment of bone tumor[J]. Zhongguo Xiu Fu Chong Jian Wai Ke Za Zhi[Chin J Repar Reconstr Surg(Article in Chinese;No abstract available)],1988,2(2):190.}

[134] 孙致升. 显微外科技术在工矿医院的应用 [J]. 修复重建外科杂志，1988，2(2)：190. {SUN Zhisheng. Application of microsurgical technique in industrial and mining hospitals[J]. Zhongguo Xiu Fu Chong Jian Wai Ke Za Zhi[Chin J Repar Reconstr Surg(Article in Chinese;No abstract available)],1988,2(2):190.}

[135] 余安定. 应用显微外科技术治疗骨肿瘤切除后的骨质缺损 [J]. 修复重建外科杂志，1988，2（2）：191. {YU Anding. Application of microsurgical technique in the treatment of bone defect after resection of bone tumor[J]. Zhongguo Xiu Fu Chong Jian Wai Ke Za Zhi[Chin J Repar Reconstr Surg(Article in Chinese;No abstract available)],1988,2(2):191.}

[136] 康忠茂. 显微外科技术在基层医院的临床应用 [J]. 修复重建外科杂志，1988，2（2）：195. {KANG Zhongmao. Clinical application of microsurgical technique in grass-roots hospitals[J]. Zhongguo Xiu Fu Chong Jian Wai Ke Za Zhi[Chin J Repar Reconstr Surg(Article in Chinese;No abstract available)],1988,2(2):195.}

[137] 罗永湘. 显微外科技术在四肢骨肿瘤中的应用 [J]. 修复重建外科杂志，1988，2（2）：196. {LUO Yongxiang. Application of microsurgical technique in bone tumors of extremities[J]. Zhongguo Xiu Fu Chong Jian Wai Ke Za Zhi[Chin J Repar Reconstr Surg(Article in Chinese;No abstract available)],1988,2(2):196.}

[138] 王微. 应用显微外科技术处理神经残端 [J]. 修复重建外科杂志，1988，2（2）：191-192. {WANG Wei. Application of microsurgical technique in the treatment of nerve stump[J]. Zhongguo Xiu Fu Chong Jian Wai Ke Za Zhi[Chin J Repar Reconstr Surg(Article in Chinese;No abstract available)],1988,2(2):191-192.}

[139] 王定成. 显微外科技术临床应用 [J]. 修复重建外科杂志，1988，2(2)：196-197. {WANG Dingcheng. Clinical application of microsurgical technique[J]. Zhongguo Xiu Fu Chong Jian Wai Ke Za Zhi[Chin J Repar Reconstr Surg(Article in Chinese;No abstract available)],1988,2(2):196-197.}

[140] 钟麟，陈绍基. 显微外科技术在小儿泌尿外科的应用 [J]. 修复重建外科杂志，1988，2（3）：39-42. {ZHONG Lin,CHEN Shaoji. Application of microsurgical technique in pediatric urology[J]. Zhongguo Xiu Fu Chong Jian Wai Ke Za Zhi[Chin J Repar Reconstr Surg(Article in Chinese;No abstract available)],1988,2(3):39-42.}

[141] 刘彦. 应用显微外科技术行输卵管功能重建 8 例 [J]. 修复重建外科杂志，1989，3（1）：27. {LIU Yan. Reconstruction of fallopian tube function by microsurgical technique:a report of 8 cases[J]. Zhongguo Xiu Fu Chong Jian Wai Ke Za Zhi[Chin J Repar Reconstr Surg(Article in Chinese;No abstract available)],1989,3(1):27.}

[142] 樊文甫，张德方，黄永山，刘平礼，袁风江. 应用显微外科技术输精管吻合术 10 例报告 [J]. 修复重建外科杂志，1989，3（2）：68. {FAN Wenfu,ZHANG Defang,HUANG Yongshan,LIU Pingli,YUAN Fengjiang. Vasovasostomy with microsurgical technique:a report of 10 cases[J]. Zhongguo Xiu Fu Chong Jian Wai Ke Za Zhi[Chin J Repar Reconstr Surg(Article in Chinese;No abstract available)],1989,3(2):68.}

[143] 孙弘. 显微外科技术在颌面外科应用的评价 [J]. 中华显微外科杂志，1990，13（1）：57-59. {SUN Hong. Evaluation of the application of microsurgical techniques in maxillofacial surgery[J]. Zhonghua Xian Wei Wai Ke Za Zhi[Chin J Microsurg(Article in Chinese;No abstract available)],1990,13(1):57-59.}

[144] 陈振光. 应用显微外科技术修复下肢软组织缺损 [J]. 中华显微外科杂志，1990，13（2）：113-116. {CHEN Zhenguang. Repair of soft tissue defects of lower extremities with microsurgical technique[J]. Zhonghua Xian Wei Wai Ke Za Zhi[Chin J Microsurg(Article in Chinese;No abstract available)],1990,13(2):113-116.}

[145] 孙洪礼，李桂芝. 应用显微外科技术治疗原发性三叉神经痛 [J]. 中华显微外科杂志，1990，13（4）：204-205. {SUN Hongli,LI Guizhi. Application of microsurgical technique in the treatment of primary trigeminal neuralgia[J]. Zhonghua Xian Wei Wai Ke Za Zhi[Chin J Microsurg(Article in Chinese;No abstract available)],1990,13(4):204-205.}

[146] 徐月敏，陈曾德，乔勇. 应用显微外科技术治疗泌尿外科疾病的经验 [J]. 中华外科杂志，1990，28（8）：484-486. {XU Yuemin,CHEN Zengde,QIAO Yong. Experience in the application of microsurgical techniques in the treatment of urological diseases[J]. Zhonghua Wai Ke Za Zhi[Chin J Surg(Article in Chinese;Abstract in Chinese)],1990,28(8):484-486.}

[147] 孙弘. 显微外科技术在面颌部血管瘤的应用 [J]. 修复重建外科杂志，1990，4（2）：76-77，126-131. {SUN Hong. Application of microsurgical technique in facial and maxillofacial hemangioma[J]. Zhongguo Xiu Fu Chong Jian Wai Ke Za Zhi[Chin J Repar Reconstr Surg(Article in Chinese;Abstract in Chinese)],1990,4(2):76-77,126-131.}

[148] 黄金林，程国良. 显微外科技术在食管外科应用 29 例报告 [J]. 中华显微外科杂志，1991，14（1）：31-33. DOI：10.3760/cma.j.issn.1001-2036.1991.01.118. {HUANG Jinlin,CHENG Guoliang. Application of microsurgical technique in esophageal surgery:a report of 29 cases[J]. Zhonghua Xian Wei Wai Ke Za Zhi[Chin J Microsurg(Article in Chinese;Abstract in Chinese)],1991,14(1):31-33. DOI:10.3760/cma.j.issn.1001-2036.1991.01.118.}

[149] 郑文忠，马国棣. 显微外科技术修复四肢软组织损伤 [J]. 修复重建外科杂志，1991，5（4）：207. {ZHENG Wenzhong,MA Guodi. Repair of soft tissue injuries of extremities by microsurgical technique[J]. Zhongguo Xiu Fu Chong Jian Wai Ke Za Zhi[Chin J Repar Reconstr Surg(Article in Chinese;No abstract available)],1991,5(4):207.}

[150] 徐成钧，李树春. 显微外科技术在头颈部重建术中的应用 [J]. 中华显微外科杂志，1992，15（2）：63-69. {XU Chengjun,LI Shuchun. Application of microsurgical technique in head and neck reconstruction[J]. Zhonghua Xian Wei Wai Ke Za Zhi[Chin J Microsurg(Article in Chinese;No abstract available)],1992,15(2):63-69.}

[151] 黎一鸣，秦兆寅. 显微外科技术在胎儿器官移植术中的应用 [J]. 中华显微外科杂志，1992，15（2）：65-67. {LI Yiming,QIN Zhaoyin. Application of microsurgical technique in fetal organ transplantation[J]. Zhonghua Xian Wei Wai Ke Za Zhi[Chin J Microsurg(Article in Chinese;No abstract available)],1992,15(2):65-67.}

[152] 孙弘. 显微外科技术在颌面外科应用的现状与展望 [J]. 中华显微外科杂志，1992，15（3）：146-148. {SUN Hong. The present situation and prospect of the application of microsurgical techniques in maxillofacial surgery[J]. Zhonghua Xian Wei Wai Ke Za Zhi[Chin J Microsurg(Article in Chinese;No abstract available)],1992,15(3):146-148.}

[153] 朱向辉，李卫平. 显微外科技术修复屈指肌腱损伤 [J]. 中华显微外科杂志，1992，15（3）：160-161. {ZHU Xianghui,LI Weiping. Microsurgical repair of flexor tendon injury[J]. Zhonghua Xian Wei Wai Ke Za Zhi[Chin J Microsurg(Article in Chinese;No abstract available)],1992,15(3):160-161.}

[154] 余楠生. 显微外科技术在手外科的应用 [J]. 中华显微外科杂志，1992，15（4）：247-248. {YU Nansheng. Application of microsurgical technique in hand surgery[J]. Zhonghua Xian Wei Wai Ke Za Zhi[Chin J Microsurg(Article in Chinese;No abstract available)],1992,15(4):247-248.}

[155] 杨志明，黄富国. 显微外科技术修复肌腱的实验研究——（二）成人屈指肌腱血管密度研究 [J]. 中国修复重建外科杂志，1992，6（3）：174-176. {YANG Zhiming,HUANG Fuguo. Experimental study on repairing tendon with microsurgical technique—(2) The study of vascular concentration of flexor tendo in finger from human[J]. Zhongguo Xiu Fu Chong Jian Wai Ke Za Zhi[Chin J Repar Reconstr Surg(Article in Chinese;Abstract in Chinese and English)],1992,6(3):174-176.}

[156] 黄富国，杨志明，裴福兴. 显微外科技术修复肌腱的实验研究——（三）屈趾肌腱游离移植与转移的比较研究 [J]. 中国修复重建外科杂志，1992，6（4）：236-238，250. {HUANG Fuguo,YANG Zhiming,PEI Fuxing. Experimental study on repairing tendon with microsurgical technique—(3) Comparative study on healing between the free tendon graft and tendon transfer in the reconstruction of flexor tendon in zone Ⅱ [J]. Zhongguo Xiu Fu Chong Jian Wai Ke Za Zhi[Chin J Repar Reconstr Surg(Article in Chinese;Abstract in Chinese and English)],1992,6(4):236-238,250.}

[157] 张孝斌，玲珑. 应用显微外科技术一期成形治疗尿道下裂 [J]. 中华显微外科杂志，1993，16（4）：242-243. {ZHANG Xiaobin,LING Long. Application of microsurgical technique in the treatment of hypospadias[J]. Zhonghua Xian Wei Wai Ke Za Zhi[Chin J Microsurg(Article in Chinese;No abstract available)],1993,16(4):242-243.}

[158] 徐成钧，刘德贵. 显微外科技术在下咽及颈段食管重建中的应用 [J]. 中华显微外科杂志，1993，16（4）：244-245. {XU Chengjun,LIU Degui. Application of microsurgical technique in the reconstruction of hypopharynx and cervical esophagus[J]. Zhonghua Xian Wei Wai Ke Za Zhi[Chin J Microsurg(Article in Chinese;No abstract available)],1993,16(4):244-245.}

[159] 周围，赵胡瑞. 显微外科技术在边疆寒区的临床应用 [J]. 中华显微外科杂志，1993，16(4)：253-255. {ZHOU Wei,ZHAO Hurui. Clinical application of microsurgical technique in frontier cold region[J]. Zhonghua Xian Wei Wai Ke Za Zhi[Chin J Microsurg(Article in Chinese;No abstract available)],1993,16(4):253-255.}

[160] 黄夫荣，蔺月庆，王英民，童小斌. 应用显微外科技术治疗手部反射性交感神经性营养不良症 [J]. 中华手外科杂志，1993，9（4）：247-247. DOI：10.3760/cma.j.issn.1005-054X.1993.04.133. {HUANG Furong,LIN Yueqing,WANG Yingmin,TONG Xiaobin. Application of microsurgical technique in the treatment of reflex sympathetic dystrophy of the hand[J]. Zhonghua Shou Wai Ke Za Zhi[Chin J Hand Surg(Article in Chinese;No abstract available)],1993,9(4):247-247. DOI:10.3760/cma.j.issn.1005-054X.1993.04.133.}

[161] 汪彩仙. 应用显微外科技术治疗多发性卵巢囊肿一例 [J]. 中国修复重建外科杂志，1993，7（1）：59. {WANG Caixian. Application of microsurgical technique in the treatment of multiple ovarian cyst:a case report[J]. Zhongguo Xiu Fu Chong Jian Wai Ke Za Zhi[Chin J Repar Reconstr Surg(Article in Chinese;No abstract available)],1993,7(1):59.}

[162] 黄富国，杨志明，裴福兴. 显微外科技术修复肌腱的实验研究——（四）切除纤维鞘管及腱纽对肌腱愈合的影响 [J]. 中国修复重建外科杂志，1993，7（1）：35-37，63-65. {HUANG Fuguo,YANG Zhiming,PEI Fuxing. Experimental study on microsurgical repair of tendon (4) Effect of excision of fibrous sheath and tendon vinculum on tendon healing[J]. Zhongguo Xiu Fu Chong Jian Wai Ke Za Zhi[Chin J Repar Reconstr Surg(Article in Chinese;Abstract in Chinese and English)],1993,7(1):35-37,63-65.}

[163] 刘为民，奚季秋. 显微外科技术修复四肢血管损伤 [J]. 中国修复重建外科杂志，1993，7（2）：122-123. {LIU Weimin,XI Jiqiu. Repair of vascular injuries of extremities by microsurgical technique[J]. Zhongguo Xiu Fu Chong Jian Wai Ke Za Zhi[Chin J Repar Reconstr Surg(Article in Chinese;No abstract available)],1993,7(2):122-123.}

[164] 王长印，孙联珍. 显微外科技术用于输卵管吻合的体会 [J]. 中华显微外科杂志，1994，17（2）：154. {WANG Changyin,SUN Lianzhen. Experience of microsurgical technique in fallopian tube anastomosis[J]. Zhonghua Xian Wei Wai Ke Za Zhi[Chin J Microsurg(Article in Chinese;No abstract available)],1994,17(2):154.}

[165] 赵高贤，乔保平，屈淼林，魏金星，杨俊福. 用显微外科技术矫治尿道下裂 [J]. 中华显微外科杂志，1994，17（2）：165-166，236. {ZHAO Gaoxian,QIAO Baoping,QU Miaolin,WEI Jinxing,YANG Junfu. Microsurgical repair of hypospadias[J]. Zhonghua Xian Wei Wai Ke Za Zhi[Chin J Microsurg(Article in Chinese;No abstract available)],1994,17(2):165-166,236.}

[166] 任志勇，王成琪，范启申. 显微外科技术在手部严重创伤修复中应用 [J]. 中华显微外科杂志，1994，17（2）：92-93，155. {REN Zhiyong,WANG Chengqi,FAN Qishen. The management of severe hand in-jury with microsurgical techniques[J]. Zhonghua Xian Wei Wai Ke Za Zhi[Chin J Microsurg(Article in Chinese;No abstract available)],1994,17(2):92-93,155.}

[167] 任晓平，霍英斌. 显微外科技术在屈肌腱损伤修复中的应用 [J]. 中华显微外科杂志，1994，17（1）：72-73. {REN Xiaoping,HUO Yingbin. Application of microsurgical technique in the repair of flexor tendon injury[J]. Zhonghua Xian Wei Wai Ke Za Zhi[Chin J Microsurg(Article in Chinese;No abstract available)],1994,17(1):72-73.}

[168] 陈汝昌. 应用显微外科技术进行输卵管复通手术 [J]. 中华显微外科杂志，1994，17（3）：223-224. {CHEN Ruchang. Application of microsurgical technique in fallopian tube recanalization[J]. Zhonghua Xian Wei Wai Ke Za Zhi[Chin J Microsurg(Article in Chinese;No abstract available)],1994,17(3):223-224.}

[169] 王熙荣，李宝琪. 显微外科技术修复尺神经离断伤 26 例 [J]. 中华显微外科杂志，1994，17（4）：290-291. {WANG Xirong,LI Baoqi. Microsurgical repair of ulnar nerve injury:a report of 26 cases[J]. Zhonghua Xian Wei Wai Ke Za Zhi[Chin J Microsurg(Article in Chinese;No abstract available)],1994,17(4):290-291.}

[170] 王玲珑，吴漾光，杨嗣星. 应用显微外科技术行肾窦内肾盂输尿管成形术治疗小儿肾盂闭锁 [J]. 中华外科杂志，1994，32（9）：568-569. {WANG Linglong,WU Yangguang,YANG Sixing. Application of microsurgical technique in the treatment of renal pelvic atresia in children with intrarenal sinus pyeloureteroplasty[J]. Zhonghua Wai Ke Za Zhi[Chin J Surg(Article in Chinese;Abstract in Chinese and English)],1994,32(9):568-569.}

[171] 朱盛修. 1995 年中国医学科学进展 - 显微外科学 [J]. 中华医学杂志，1995，75（12）：740-742. {ZHU Shengxiu. Advances in medical science in China in 1995-Microsurgery[J]. Zhonghua Yi Xue Za Zhi[Natl Med J China(Article in Chinese;No abstract available)],1995,75(12):740-742.}

[172] 朱盛修. 显微外科学 [J]. 中华医学杂志，1996，76（12）：909-911. {ZHU Shengxiu. Microsurgery[J]. Zhonghua Yi Xue Za Zhi[Natl Med J China(Article in Chinese;No abstract available)],1996,76(12):909-911.}

[173] 朱家恺. 显微外科学 [J]. 中华医学杂志，1997，77（12）：31-32. {ZHU Jiakai. Microsurgery[J]. Zhonghua Yi Xue Za Zhi[Natl Med J China(Article in Chinese;No abstract available)],1997,77(12):31-32.}

[174] 朱盛修. 显微外科学 [J]. 中华医学杂志，1998，78（12）：913-914. DOI：10.3760/j：issn：0376-2491.1998.12.020. {ZHU Shengxiu. Microsurgery[J]. Zhonghua Yi Xue Za Zhi[Natl Med J China(Article in Chinese;No abstract available)],1998,78(12):913-914. DOI:10.3760/j:issn:0376-2491.1998.12.020.}

[175] 钟世镇. 新世纪显微外科学基础研究的展望 [J]. 中华显微外科杂志，2001，24（1）：5-6. DOI：10.3760/cma.j.issn.1001-2036.2001.01.001. {ZHONG Shizhen. Prospect of basic research of microsurgery in the new century[J]. Zhonghua Xian Wei Wai Ke Za Zhi[Chin J Microsurg(Article in Chinese;No abstract available)],2001,24(1):5-6. DOI:10.3760/cma.j.issn.1001-2036.2001.01.001.}

[176] 朱家恺. 显微外科学可持续发展的思考 [J]. 中华显微外科杂志，2006，29（1）：4-5. DOI：10.3760/cma.j.issn.1001-2036.2006.01.002. {ZHU Jiakai. Considerations on the sustainable development of microsurgery[J]. Zhonghua Xian Wei Wai Ke Za Zhi[Chin

J Microsurg(Article in Chinese;No abstract available)],2006,29(1):4-5. DOI:10.3760/cma.j.issn.1001-2036.2006.01.002.}

1.4 显微外科工作条件
essentials for microsurgery

1.4.1 放大设备
magnifying equipment

1.4.1.1 手术显微镜
operating microscope

[177] Jiang S，Liu YF，Wang XM，Liu KF，Zhang DH，Li YD，Yu AP，Zhang XH，Zhang JY,Xu JG，Gu YD，Xu WD，Zeng SQ. Automated，highly reproducible，wide-field，light-based cortical mapping method using a commercial stereo microscope and its applications[J]. Biomed Opt Express，2016，7(9)：3478-3490. doi：10.1364/BOE. 7. 003478.

[178] 刘运章，孟昭和，虞宝南，朱雪敏，毛承樾，刘富德. 手术显微镜下翼管神经切断术（附43例初步报告）[J]. 中华耳鼻咽喉科杂志，1981，16（1）：29-32. {LIU Yunzhang,MENG Zhaohe,YU Baonan,ZHU Xuemin,MAO Chengyue,LIU Fude. Neurotomy of pterygoid canal under operating microscope (preliminary report of 43 cases)[J]. Zhonghua Er Bi Yan Hou Ke Za Zhi[Chin J Otorhinolaryngol(Article in Chinese;No abstract available)],1981,16(1):29-32.}

[179] 赵锦潮. 介绍一种简易耳用手术显微镜[J]. 中华耳鼻咽喉科杂志，1981，16（2）：121. {ZHAO Jinchao. Introduce a simple ear operating microscope[J]. Zhonghua Er Bi Yan Hou Ke Za Zhi[Chin J Otorhinolaryngol(Article in Chinese;No abstract available)],1981,16(2):121.}

[180] 姜加维，林武旺. 手术显微镜下筛窦切除术[J]. 中华显微外科杂志，1992，15（4）：234-235. {JIANG Jiawei,LINn Wuyan. Ethmoidectomy under operating microscope[J]. Zhonghua Xian Wei Wai Ke Za Zhi[Chin J Microsurg(Article in Chinese;No abstract available)],1992,15(4):234-235.}

[181] 张小伯，王忠植，杨继生，刘丹丹. 内窥镜和手术显微镜下鼻内手术[J]. 中华耳鼻咽喉科杂志，1992，27（4）：234-236. {ZHANG Xiaobo,WANG Zhongzhi,YANG Jisheng,LIU Dandan. Intranasal surgery under endoscope and operating microscope[J]. Zhonghua Er Bi Yan Hou Ke Za Zhi[Chin J Otorhinolaryngol(Article in Chinese;Abstract in Chinese)],1992,27(4):234-236.}

[182] 萧壁君，王海青，曹茂良，叶青，陆书昌. 手术显微镜下上颌窦自然口扩大术[J]. 第二军医大学学报，1994，15（4）：554-556. DOI：10.16781/j.0258-879x.1994.06.025. {XIAO Bijun,WANG Haiqing,CAO Maoliang,YE Qing,LU Shuchang. The usage of microscope in the functional maxillary sinus surgery[J]. Di Er Jun Yi Da Xue Xue Bao[Acad J Sec Mil Med Univ(Article in Chinese;Abstract in Chinese and English)],1994,15(4):554-556. DOI:10.16781/j.0258-879x.1994.06.025.}

[183] 徐法松，赵嘉宝，邱昆辉. 显微镜下泪小管吻合术[J]. 中华显微外科杂志，1996，19（2）：150-151. {XU Fasong,ZHAO Jiabao,QIU Kunhui. Microscopic lacrimal canaliculostomy[J]. Zhonghua Xian Wei Wai Ke Za Zhi[Chin J Microsurg(Article in Chinese;No abstract available)],1996,19(2):150-151.}

[184] 薛惠祥，程晋崎. 网球肘的微血管神经支显微镜下切断术[J]. 中华显微外科杂志，1997，20（1）：73. DOI：10.3760/cma.j.issn.1001-2036.1997.01.141. {XUE Huixiang,CHENG Jinlin. Microvascular nerve branch amputation of tennis elbow under microscope[J]. Zhonghua Xian Wei Wai Ke Za Zhi[Chin J Microsurg(Article in Chinese;No abstract available)],1997,20(1):73. DOI:10.3760/cma.j.issn.1001-2036.1997.01.141.}

[185] 胡永成，王继芳，卢世璧. 股骨头缺血性坏死的偏光显微镜观察[J]. 中国矫形外科杂志，1997，4（1）：59-60. {HU Yongcheng,WANG Jifang,LU Shibi. Polarizing microscopic observation of avascular necrosis of the femoral head[J]. Zhongguo Jiao Xing Wai Ke Za Zhi[Orthop J China(Article in Chinese;No abstract available)],1997,4(1):59-60.}

[186] 张岑山，王庆一，杨铁军，刘清和，李之芳. 小切口辅以显微镜腰椎间盘摘除术在临床上的应用[J]. 中华医学杂志，1997，77（9）：715. {ZHANG CENshan,WANG Qingyi,YANG Tiejun,LIU Qinghe,LI Zhifang. Clinical application of small incision combined with microscopic lumbar discectomy[J]. Zhonghua Yi Xue Za Zhi[Natl Med J China(Article in Chinese;No abstract available)],1997,77(9):715.}

[187] 陈明振，王海军，何东升. 显微镜内导航系统及观察棒辅助颅脑手术初步体会[J]. 中华显微外科杂志，1998，21（3）：163. DOI：10.3760/cma.j.issn.1001-2036.1998.03.002. {CHEN Mingzhen,WANG Haijun,HE Dongsheng. Preliminary experience of craniocerebral surgery assisted by microscope navigation system and observation rod[J]. Zhonghua Xian Wei Wai Ke Za Zhi[Chin J Microsurg(Article in Chinese;No abstract available)],1998,21(3):163. DOI:10.3760/cma.j.issn.1001-2036.1998.03.002.}

[188] 史仲初. 手术显微镜下切除掌腱膜治疗掌腱膜挛缩症的方法及体会[J]. 中国矫形外科杂志，1999，6（1）：59. {SHI Zhongchu. The method and experience of excision of palmar aponeurosis under operating microscope in the treatment of palmar aponeurosis contracture[J]. Zhongguo Jiao Xing Wai Ke Za Zhi[Orthop J China(Article in Chinese;No abstract available)],1999,6(1):59.}

[189] 王笑茹，张炎，陈启新，霍峰，薛景凤. 选择性手术显微镜下腮腺切除减少面瘫发生的实验研究[J]. 中国微创外科杂志，2001，1（4）：247-248. DOI：10.3969/j.issn.1009-6604.2001.04.030. {WANG Xiaoru,ZHANG Yan,CHEN Qixin,HUO Feng,XUE Jingfeng. Experimental study on reducing the morbidity of the facial paralysis after parotidectomy by selective microsurgery[J]. Zhongguo Wei Chuang Wai Ke Za Zhi[Chin J Minim Inva Surg(Article in Chinese;Abstract in Chinese and English)],2001,1(4):247-248. DOI:10.3969/j.issn.1009-6604.2001.04.030.}

[190] 刘家帮，相盘生. 手术显微镜下治疗肘管综合征[J]. 中华显微外科杂志，2002，25（3）：80. {LIU Jiabang,XIANG Pansheng. Treatment of cubital tunnel syndrome under operating microscope[J]. Zhonghua Xian Wei Wai Ke Za Zhi[Chin J Microsurg(Article in Chinese;No abstract available)],2002,25(3):80.}

[191] 于建农，肖鲁伟，陈正形，吴煜. 脊髓损伤显微镜下清创修复之评价[J]. 中华显微外科杂志，2002，25（3）：80. {YU Jiannong,XIAO Luwei,CHEN Zhengzheng,WU Yu. Evaluation of debridement and repair of spinal cord injury under microscope[J]. Zhonghua Xian Wei Wai Ke Za Zhi[Chin J Microsurg(Article in Chinese;No abstract available)],2002,25(3):80.}

[192] 王震，卢英杰，孙广霖. 鼻内镜在垂体腺瘤显微镜下手术中的应用[J]. 中华耳鼻咽喉科杂志，2002，37（1）：52. DOI：10.3760/j.issn：1673-0860.2002.01.020. {WANG Zhen,LU Yingjie,SUN Guanglin. Application of nasal endoscope in microscopic surgery of pituitary adenomas[J]. Zhonghua Er Bi Yan Hou Ke Za Zhi[Chin J Otorhinolaryngol(Article in Chinese;No abstract available)],2002,37(1):52. DOI:10.3760/j.issn:1673-0860.2002.01.020.}

[193] 陈文文，邓亚新，童军. 慢性鼻窦炎鼻息肉显微镜下手术中出血控制的观察[J]. 中华耳鼻咽喉科杂志，2002，37（2）：130-132. DOI：10.3760/j.issn：1673-0860.2002.02.016. {CHEN Wenwen,DENG Yaxin,TONG Jun. Bleeding control in sinonasal microsurgery[J]. Zhonghua Er Bi Yan Hou Ke Za Zhi[Chin J Otorhinolaryngol(Article in Chinese;Abstract in Chinese and English)],2002,37(2):130-132. DOI:10.3760/j.issn:1673-0860.2002.02.016.}

[194] 于建农，马云霞，吴煜，庄汝杰，肖鲁伟. 显微镜下脊髓损伤微创处理[J]. 中华创伤骨科杂志，2003，5（3）：179-181. DOI：10.3760/cma.j.issn.1671-7600.2003.03.007. {YU Jiannong,MA Yunxia,WU Yu,ZHUANG Rujie,XIAO Luwei. Evaluation of debridement and repairing in microsurgical operation microscope for spinal cord injury[J]. Zhonghua Chuang Shang Gu Ke Za Zhi[Chin J Orthop Trauma(Article in Chinese;Abstract in Chinese and English)],2003,5(3):179-181. DOI:10.3760/cma.j.issn.1671-7600.2003.03.007.}

[195] 陆志方，张咸中，黄显军，刘建文，邢志刚，肖义，沈莉，沈美华. 手术显微镜下取出异物的临床体会[J]. 中华显微外科杂志，2004，27（4）：270. DOI：10.3760/cma.j.issn.1001-2036.2004.04.042. {LU Zhifang,ZHANG Xianzhong,HUANG Xianjun,LIU Jianwen,XING Zhigang,XIAO Yi,SHEN Li,SHEN Meihua. Clinical experience of removing foreign body under operating microscope[J]. Zhonghua Xian Wei Wai Ke Za Zhi[Chin J Microsurg(Article in Chinese;No abstract available)],2004,27(4):270. DOI:10.3760/cma.j.issn.1001-2036.2004.04.042.}

[196] 郑秀娟. 显微镜下泪小管断裂吻合术[J]. 创伤外科杂志，2004，6（6）：447-447. DOI：10.3969/j.issn.1009-4237.2004.06.035. {ZHENG Xiujuan. Anastomosis of lacrimal canaliculi repture under microscope[J]. Chuang Shang Wai Ke Za Zhi[J Traum Surg(Article in Chinese;Abstract in Chinese)],2004,6(6):447-447. DOI:10.3969/j.issn.1009-4237.2004.06.035.}

[197] 张雷，范正钢，汤建国，朱先理，王义荣. 鼻内镜和显微镜结合下鼻中隔蝶窦径路垂体瘤切除术[J]. 中华耳鼻咽喉科杂志，2004，39（2）：121. DOI：10.3760/j.issn：1673-0860.2004.02.018. {ZHANG Lei,FAN Zhenggang,TANG Jianguo,ZHU Xianli,WANG Yirong. Resection of pituitary adenomas by nasal endoscope and microscope combined with transsphenoidal approach under nasal septum[J]. Zhonghua Er Bi Yan Hou Ke Za Zhi[Chin J Otorhinolaryngol(Article in Chinese;No abstract available)],2004,39(2):121. DOI:10.3760/j.issn:1673-0860.2004.02.018.}

[198] 陈贤明，甄泽年，赵敏，王守森. 鼻内镜联合显微镜经鼻腔蝶窦及中颅窝手术[J]. 中国微创外科杂志，2005，5（11）：954，956. DOI：10.3969/j.issn.1009-6604.2005.11.040. {CHEN Xianming,ZHEN Zenian,ZHAO Min,WANG Shusen. Transnasal operations on the sphenoidal sinus and the middle fossa under nasal endoscope combined with microscope[J]. Zhongguo Wei Chuang Wai Ke Za Zhi[Chin J Minim Inva Surg(Article in Chinese;Abstract in Chinese and English)],2005,5(11):954,956. DOI:10.3969/j.issn.1009-6604.2005.11.040.}

[199] 李春坡，王丽敏，谭振美，王志明，冯斌. 内镜与显微镜下经单鼻孔－蝶窦入路切除垂体瘤的比较[J]. 解放军医学杂志，2005，30（12）：1063. DOI：10.3321/j.issn：0577-7402.2005.12.032. {LI Chunpo,WANG Limin,TAN Zhenmei,WANG Zhiming,FENG Bin. Comparison of endoscopic and microscopic resection of pituitary adenomas by single nostril-sphenoid approach[J]. Jie Fang Jun Yi Xue Za Zhi[Med J Chin PLA(Article in Chinese;No abstract available)],2005,30(12):1063. DOI:10.3321/j.issn:0577-7402.2005.12.032.}

[200] 汪渡华，曹明根，沙婉芬. 声带疾病在喉显微镜下手术124例报道[J]. 实用医学杂志，2005，21（15）：1732. DOI：10.3969/j.issn.1006-5725.2005.15.067. {WANG Donghua,CAO Minggen,SHA Wanfen. Surgical treatment of vocal cord diseases under laryngoscope:a report of 124 cases[J]. Shi Yong Yi Xue Za Zhi[J Pract Med(Article in Chinese;No abstract available)],2005,21(15):1732. DOI:10.3969/j.issn.1006-5725.2005.15.067.}

[201] 张涛，姜文学，胡茂忠，周海昱，潘子翔，姚树源. 显微镜下腰椎间盘切除术治疗腰椎间盘突出症[J]. 中国脊柱脊髓杂志，2006，16（2）：128，132. DOI：10.3969/j.issn.1004-406X.2006.02.021. {ZHANG Tao,JIANG Wen,HU Maozhong,ZHOU Haiyu,PAN Zixiang,YAO Shuyuan. Microsurgical lumbar discectomy for the treatment of lumbar disc herniation[J]. Zhongguo Ji Zhu Ji Sui Za Zhi[Chin J Spine Spinal Cord(Article in Chinese;No abstract available)],2006,16(2):128,132. DOI:10.3969/j.issn.1004-406X.2006.02.021.}

[202] 谭斌，万四妹. 显微镜下操作指动脉岛状皮瓣修复指端软组织缺损[J]. 中国骨伤，2006，19（3）：176. DOI：10.3969/j.issn.1003-0034.2006.03.012. {TAN Bin,WAN Simei. Repair of soft tissue defect at the finger tips with island flaps of digital artery operated under microscope[J]. Zhongguo Gu Shang[China J Orthop Trauma(Article in Chinese;No abstract available)],2006,19(3):176. DOI:10.3969/j.issn.1003-0034.2006.03.012.}

[203] 徐琼，凌均棨，麦穗，刘建伟. 手术显微镜联合超声技术在塑化根管再治疗中的应用评价[J]. 上海口腔医学，2006，15（2）：117-120. DOI：10.3969/j.issn.1006-7248.2006.02.002. {XU Qiong,LING Junqi,MAI Sui,LIU Jianwei. Root canal therapy of resinified teeth with surgical operating microscope and ultrasonic instruments[J]. Shang Hai Kou Qiang Yi Xue[Shanghai J Stomatol(Article in Chinese;Abstract in Chinese and English)],2006,15(2):117-120. DOI:10.3969/j.issn.1006-7248.2006.02.002.}

[204] 颜滨，朴庆右，肖建德，李振宇，闫洪印. 显微镜直视下经前路颈椎间盘切除及椎间融合术[J]. 中国矫形外科杂志，2007，15(5)：334-336. DOI：10.3969/j.issn.1005-8478.2007.05.005. {YAN Bin,PU Qingyou,XIAO Jiande,LI Zhenyu,YAN Hongyin. Microscope anterior discectomy for the treatment of cervical spinal intervertebral disk herniation[J]. Zhongguo Jiao Xing Wai Ke Za Zhi[Orthop J China(Article in Chinese;Abstract in Chinese and English)],2007,15(5):334-336. DOI:10.3969/j.issn.1005-8478.2007.05.005.}

[205] 田新华，张俊卿，陈辉，黄延林，吕新兵，刘禹冰，杨芳裕，李泉清，邓志鸿，张峰林，孙瑾，康俊龙. 显微镜与神经内镜下经单鼻孔蝶窦垂体腺瘤切除术的比较[J]. 中华神经外科杂志，2007，23（3）：182-184. DOI：10.3760/j.issn：1001-2346.2007.03.008. {TIAN Xinhua,ZHANG Junqing,CHEN E,HUANG Yanlin,LU Xinbing,LIUu Yubing,YANG Fangyu,LIi Quanqing,DENG Zhihong,ZHANG Fenglin,SUN Jin,KANG Junlong. Comparison of resection of pituitary adenomas via single nostril sphenoid sinus under microscope and neuroendoscope[J]. Zhonghua Shen Jing Wai Ke Za Zhi[Chin J Neurosurg(Article in Chinese;No abstract available)],2007,23(3):182-184. DOI:10.3760/j.issn:1001-2346.2007.03.008.}

[206] 张玉琪. 手术显微镜在神经外科的应用历史和作用[J]. 中华神经外科杂志，2007，23（12）：881-883. DOI：10.3760/j.issn：1001-2346.2007.12.001. {ZHANG Yuqi. Application history and function of operating microscope in neurosurgery[J]. Zhonghua Shen Jing Wai Ke Za Zhi[Chin J Neurosurg(Article in Chinese;No abstract available)],2007,23(12):881-883. DOI:10.3760/j.issn:1001-2346.2007.12.001.}

[207] 陈晓东，王振宇，谢京城，刘彬，马长城. 显微镜下直切口锁孔微创治疗高血压性脑出血[J]. 中国微创外科杂志，2007，7（2）：189-190. DOI：10.3969/j.issn.1009-6604.2007.02.043. {CHEN Xiaodong,WANG Zhenyu,XIE Jingcheng,LIU Bin,MA Changcheng. Minimally invasive treatment for hypertensive intracerebral hemorrhage through a straight incision and keyhole craniotomy[J]. Zhongguo Wei Chuang Wai Ke Za Zhi[Chin J Minim Inva Surg(Article in Chinese;Abstract in Chinese and English)],2007,7(2):189-190. DOI:10.3969/j.issn.1009-6604.2007.02.043.}

[208] 姚莉莉，高云松，牛方，汪涌，张富华. 应用根管显微镜处理阻塞根管的疗效评价[J]. 上海口腔医学，2007，16（4）：395-398. DOI：10.3969/j.issn.1006-7248.2007.04.016. {YAO Lili,GAO Yunsong,NIU Fang,WANG Yong,ZHANG Fuhua. Evaluation of the use of dental operating microscope in the management of blocked canals[J]. Shang Hai Kou Qiang Yi Xue[Shanghai J Stomatol(Article in Chinese;Abstract in Chinese and English)],2007,16(4):395-398. DOI:10.3969/j.issn.1006-7248.2007.04.016.}

[209] 温世锋，刘恩志，郭东明，蔡维山，钟波夫，严翰，陈珊茗，徐中和. 显微镜与椎间盘镜辅助腰椎间盘切除术治疗腰椎间盘突出症疗效的对比分析[J]. 中华显微外科杂志，2008，31（2）：104-106. DOI：10.3760/cma.j.issn.1001-2036.2008.02.009. {WEN Shifeng,LIU Enzhi,GUO Donming,CAI Weishan,ZHONG Bofu,YAN Han,CHEN Shanming,XU Zhonghe. Comparison of surgical outcomes between microsurgery lumbar discectomy and

microendoscopic discectomy for lumbar disc herniation[J]. Zhonghua Xian Wei Wai Ke Za Zhi[Chin J Microsurg(Article in Chinese;Abstract in Chinese and English)],2008,31(2):104-106. DOI:10.3760/cma.j.issn.1001-2036.2008.02.009.}

[210]　李兵，胡朝晖，谢湘涛，梁博伟．显微镜下手术治疗退变性腰椎管狭窄症[J]．中国脊柱脊髓杂志，2008，18(5)：345-348．DOI：10.3969/j.issn.1004-406X.2008.05.011．{LI Bing,HU Zhaohui,XIE Xiangtao,LIANG Bowei. Microscope-assisted decompression for degenerative lumbar spinal canal stenosis[J]. Zhongguo Ji Zhu Ji Sui Za Zhi[Chin J Spine Spinal Cord(Article in Chinese;Abstract in Chinese and English)],2008,18(5):345-348. DOI:10.3969/j.issn.1004-406X.2008.05.011.}

[211]　陈志勇，陈善成，赖睿佳．显微镜下经单鼻孔蝶窦入路切除垂体腺瘤51例分析[J]．实用医学杂志，2008，24(10)：1765-1766．DOI：10.3969/j.issn.1006-5725.2008.10.040．{CHEN Zhiyong,CHEN Shancheng,LAI Ruijia. Microsurgical resection of pituitary adenomas via single nostril transsphenoidal approach:an analysis of 51 cases[J]. Shi Yong Yi Xue Za Zhi[J Pract Med(Article in Chinese;No abstract available)],2008,24(10):1765-1766. DOI:10.3969/j.issn.1006-5725.2008.10.040.}

[212]　郭凤芹，高云松，牛方，孙艳．根管显微镜下三氧化物多聚体封闭根端的疗效观察[J]．上海口腔医学，2008，17(2)：129-131．DOI：10.3969/j.issn.1006-7248.2008.02.005．{GUO Fengqin,GAO Yunsong,NIU Fang,SUN Yan. Treatment of teeth with open canal system using mineral trioxide aggregate as apical barrier under the dental operating microscope[J]. Shang Hai Kou Qiang Yi Xue[Shanghai J Stomatol(Article in Chinese;Abstract in Chinese and English)],2008,17(2):129-131. DOI:10.3969/j.issn.1006-7248.2008.02.005.}

[213]　赵冬，刘祺，姬云翔，冯洪涛，袁磊，王业忠．眶上锁孔入路内镜辅助显微镜应用解剖研究[J]．中国临床解剖学杂志，2009，27(2)：123-125．DOI：10.13418/j.issn.1001-165x.2009.02.003．{ZHAO Dong,LIU Qi,JI Yunxiang,FENGg Hongtao,YUAN Lei,WANG Yezhong. Endoscopic-assisted clinical anatomy of supraorbital keyhole approach[J]. Zhongguo Lin Chuang Jie Pou Xue Za Zhi[Chin J Clin Anat(Article in Chinese;Abstract in Chinese and English)],2009,27(2):123-125. DOI:10.13418/j.issn.1001-165x.2009.02.003.}

[214]　李立钧，谭军，钱列，杨明杰，周炜，曾诚，贾连顺．颈椎间盘突出类型的术中显微镜下观察[J]．中华骨科杂志，2009，29(8)：744-748．DOI：10.3760/cma.j.issn.0253-2352.2009.08.008．{LI Lijun,TAN Jun,QIAN Li,YANG Mingjie,ZHOU Wei,ZENG Cheng,JIA Lianshun. Sagittal observation of cervical disc herniation under microscope during anterior decompression[J]. Zhonghua Gu Ke Za Zhi[Chin J Orthop(Article in Chinese;Abstract in Chinese and English)],2009,29(8):744-748. DOI:10.3760/cma.j.issn.0253-2352.2009.08.008.}

[215]　菅凤增，陈赞，凌锋．显微镜下一侧入路双侧减压治疗腰椎管狭窄的初步临床报告[J]．中华显微外科杂志，2009，32(1)：6-8，插1．DOI：10.3760/cma.j.issn.1001-2036.2009.01.003．{JIAN Fengzeng,CHEN Zan,LING Feng. Preliminary clinical report of bilateral decompression under microscope via unilateral approach for the treatment of lumbar stenosis[J]. Zhonghua Xian Wei Wai Ke Za Zhi[Chin J Microsurg(Article in Chinese;Abstract in Chinese and English)],2009,32(1):6-8,insert 1. DOI:10.3760/cma.j.issn.1001-2036.2009.01.003.}

[216]　郭兵，邵增务，熊蠡茗，徐蔚蔚，刘之川．显微镜与显微内窥镜下微创手术治疗腰椎间盘突出症的疗效比较[J]．中国脊柱脊髓杂志，2009，19(5)：360-364．DOI：10.3969/j.issn.1004-406X.2009.05.10．{GUO Bing,SHAO Zengwu,XIONG Liming,XU Weiwei,LIU Zhichuan. Comparision of surgical outcomes between microsnrgical lumbar discectomy and microendoscopic discectomy for lumbar disc herniation[J]. Zhongguo Ji Zhu Ji Sui Za Zhi[Chin J Spine Spinal Cord(Article in Chinese;Abstract in Chinese and English)],2009,19(5):360-364. DOI:10.3969/j.issn.1004-406X.2009.05.10.}

[217]　陆晓生，彭昊，韦文，凌尚准．显微内窥镜与显微镜下手术治疗腰椎管狭窄症的对比研究[J]．中国脊柱脊髓杂志，2009，19(9)：671-675．DOI：10.3969/j.issn.1004-406X.2009.09.09．{LU Xiaosheng,PENG Hao,WEI Wen,LING Shangzhun. Comparative study of lumbar vertebral canal stenosis treated by microendoscope and microscope as-sisted decompression[J]. Zhongguo Ji Zhu Ji Sui Za Zhi[Chin J Spine Spinal Cord(Article in Chinese;Abstract in Chinese and English)],2009,19(9):671-675. DOI:10.3969/j.issn.1004-406X.2009.09.09.}

[218]　陆晓生，彭昊，凌尚准，韦文．显微镜下手术治疗腰椎管狭窄症的前瞻性研究[J]．中国矫形外科杂志，2009，17(17)：1358-1360．{LU Xiaosheng,PENG Hao,LING Shangjun,WEI Wen. Prospective study of microsurgery decompression for lumbar spinal stenosis[J]. Zhongguo Jiao Xing Wai Ke Za Zhi[Orthop J China(Article in Chinese;Abstract in Chinese)],2009,17(17):1358-1360.}

[219]　李江，周庆九，林琳，刘波，李大志．早期或超早期小骨窗开颅显微镜下治疗高血压脑出血[J]．中华实验外科杂志，2009，26(7)：848．DOI：10.3760/cma.j.issn.1001-9030.2009.07.011．{LI Jiang,ZHOU Qingjiu,LIN Lin,LIU Bo,LI Dazhi. Early or ultra-early small bone window craniotomy under microscope in the treatment of hypertensive intracerebral hemorrhage[J]. Zhonghua Shi Yan Wai Ke Za Zhi[Chin J Exp Surg(Article in Chinese;No abstract available)],2009,26(7):848. DOI:10.3760/cma.j.issn.1001-9030.2009.07.011.}

[220]　彭靖，袁亦铭，张志超，宋卫东，辛钟成，高冰，金杰．显微镜下输精管附睾吻合术治疗梗阻性无精子症的初步效果[J]．中华泌尿外科杂志，2009，30(10)：710-713．DOI：10.3760/cma.j.issn.1000-6702.2009.10.023．{PENG Jing,YUAN Yiming,ZHANG Zhichao,SONG Weidong,XIN Zhongcheng,GAO Bing,JIN jie. The efficacy of microvasoepididymostomy for the treatment of obstructive azoospermia[J]. Zhonghua Mi Niao Wai Ke Za Zhi[Chin J Urol(Article in Chinese;Abstract in Chinese and English)],2009,30(10):710-713. DOI:10.3760/cma.j.issn.1000-6702.2009.10.023.}

[221]　姚永平，吴鹏，张德辉，张光强，郭家杏，姚瑞．小骨窗显微镜手术治疗高血压脑出血56例体会[J]．中国微创外科杂志，2009，9(10)：958-959．DOI：10.3969/j.issn.1009-6604.2009.10.035．{YAO Yongping,WU Peng,ZHANG Dehui,ZHANG Guangqiang,GUO Jiaxing,YAO Rui. Surgical treatment of hypertensive intracerebral hemorrhage with small bone window under the microscope:a report of 56 cases[J]. Zhongguo Wei Chuang Wai Ke Za Zhi[Chin J Minim Inva Surg(Article in Chinese;No abstract available)],2009,9(10):958-959. DOI:10.3969/j.issn.1009-6604.2009.10.035.}

[222]　陈新，葛许峰，严亮．显微镜下微创减压治疗下腰退变性椎管狭窄症[J]．中国骨伤，2009，22(10)：757-758．DOI：10.3969/j.issn.1003-0034.2009.10.011．{CHEN Xin,GE Xufeng,YAN Liang. Microscope-assisted minimally invasive decompression for degenerative lower lumbar spinal stenosis[J]. Zhongguo Gu Shang[China J Orthop Trauma(Article in Chinese;Abstract in Chinese and English)],2009,22(10):757-758. DOI:10.3969/j.issn.1003-0034.2009.10.011.}

[223]　昌耘冰，刘晖，尹庆水，夏虹，肖丹．显微镜辅助下颈椎前路减压术[J]．中国骨与关节损伤杂志，2009，24(6)：487-489．{CHANG Yuanbing,LIU Hui,YIN Qingshui,XIA Hong,XIAO Dan. Application of Microscope in Anterior Cervical Decompression[J]. Zhongguo Gu Yu Guan Jie Sun Shang Za Zhi[Chin J Bone Joint Injury(Article in Chinese;Abstract in Chinese and English)],2009,24(6):487-489.}

[224]　陆晓生，彭昊，凌尚准，韦文．显微镜下手术治疗单节段腰椎间盘突出症的前瞻性研究[J]．中国修复重建外科杂志，2009，23(8)：909-912．{LU Xiaosheng,PENG Hao,LING Shangzhun,WEI Wen. Therapeutic effect of microsurgery lumbar discectomy on single-level lumbar disc protrusion[J]. Zhongguo Xiu Fu Chong Jian Wai Ke Za Zhi[Chin J Repair Reconstr Surg(Article in Chinese;Abstract in Chinese and English)],2009,23(8):909-912.}

[225]　鲁晓杰，陈开来，王清，季卫阳，李兵，孙继勇．内镜和显微镜下经鼻入路鞍区的解剖学对比研究[J]．中华显微外科杂志，2010，33(2)：140-142，后插六．DOI：10.3760/cma.j.issn.1001-2036.2010.02.019．{LU Xiaojie,CHEN Kailai,WANG Qing,JI Weiyang,LI Bing,SUN Jiyong. Comparison between microscope and endoscope in the endonasal transsphenoidal approach to the sellar:Anatomical study[J]. Zhonghua Xian Wei Wai Ke Za Zhi[Chin J Microsurg(Article in Chinese;Abstract in Chinese and English)],2010,33(2):140-142,insert 6. DOI:10.3760/cma.j.issn.1001-2036.2010.02.019.}

[226]　谭军，李立钧，周炜，杨明杰，沈彬，严浩然，谢宁，周许辉，贾连顺，刘铁龙，滕红林，钱列．显微镜下颈前路经颈椎间隙减压的手术技巧[J]．第二军医大学学报，2010，31(11)：1201-1205．DOI：10.3724/SP.J.1008.2010.01201．{TAN Jun,LI Lijun,ZHOU Wei,YANG Mingjie,SHEN Bin,YAN Haoran,XIE Ning,ZHOU Xuhui,JIA Lianshun,LIU Tielong,TENG Honglin,QIAN Lie. Anterior cervical decompression technique via intervertebral space under microscope[J]. Di Er Jun Yi Da Xue Xue Bao[Acad J Sec Mil Med Univ(Article in Chinese;Abstract in Chinese and English)],2010,31(11):1201-1205. DOI:10.3724/SP.J.1008.2010.01201.}

[227]　叶树楠，杨述华，邵增务，杨操，许伟华，刘建湘，部勇，熊蠡茗，冯勇，张波，郭兵．手术显微镜下与椎间盘镜下治疗腰椎间盘突出症的比较研究[J]．中华骨科杂志，2011，31(10)：1138-1143．DOI：10.3760/cma.j.issn.0253-2352.2011.10.026．{YE Shunan,YANG Shuhua,SHAO Zengwu,YANG Cao,XU Weihua,LIU Jianxiang,LUO Yong,XIONG Liming,FENG Yong,ZHANGg Bo,GUO Bing. Comparison of clinical outcomes between microsurgical lumbar discectomy and microendoscopic discectomy[J]. Zhonghua Gu Ke Za Zhi[Chin J Orthop(Article in Chinese;Abstract in Chinese and English)],2011,31(10):1138-1143. DOI:10.3760/cma.j.issn.0253-2352.2011.10.026.}

[228]　周健，马易群，董健，李熙雷，周晓岗，王会仁．带头灯的手术显微镜辅助与开放式髓核摘除术治疗腰椎间盘突出症的疗效比较[J]．中华骨科杂志，2011，31(10)：1144-1146．DOI：10.3760/cma.j.issn.0253-2352.2011.10.027．{ZHOU Jian,MA Yiqun,DONG Jian,LI Xilei,ZHOU Xiaogang,WANg Huiren. Comparison of microscope with headlamp and open nucleotomy in the treatment of Lumbar Intervertebral Disc Herniation[J]. Zhonghua Gu Ke Za Zhi[Chin J Orthop(Article in Chinese;Abstract in Chinese and English)],2011,31(10):1144-1146. DOI:10.3760/cma.j.issn.0253-2352.2011.10.027.}

[229]　黄奕霞，黄梓材，李虹霓，李洪龙，张君敏，林晓峰，金泰．显微镜下行硅胶管双路植入治疗泪小管断裂[J]．中华显微外科杂志，2011，34(1)：71-73．DOI：10.3760/cma.j.issn.1001-2036.2011.01.032．{HUANG Yixia,HUANG Zicai,LI Hongni,LI Honglong,ZHANG Junmin,LIN Xiaofeng,JIN Tai. Double implantation of silicone tube under microscope for the treatment of lacrimal canaliculi rupture[J]. Zhonghua Xian Wei Wai Ke Za Zhi[Chin J Microsurg(Article in Chinese;Abstract in Chinese)],2011,34(1):71-73. DOI:10.3760/cma.j.issn.1001-2036.2011.01.032.}

[230]　王富元，李爱民，孙维晔，马逵，陈覃，陈军．神经内镜与显微镜下单鼻孔切除垂体腺瘤的对比研究[J]．中国微创外科杂志，2011，16(6)：547-550．DOI：10.3969/j.issn.1009-6604.2011.06.020．{WANG Fuyuan,LI Aimin,SUN Weiye,MA Kui,CHEN Qin,CHEN Jun. Comparison of neuroendoscopy and microscopy for transnasal resection of pituitary tumors[J]. Zhongguo Wei Chuang Wai Ke Za Zhi[Chin J Minim Inva Surg(Article in Chinese;Abstract in Chinese and English)],2011,16(6):547-550. DOI:10.3969/j.issn.1009-6604.2011.06.020.}

[231]　袁磊，王敢，陈鑫，张朋奇，田恒力．内镜辅助显微镜下经乙状窦后入路的解剖学观察及临床应用[J]．中国微创外科杂志，2011，11(11)：1002-1004．DOI：10.3969/j.issn.1009-6604.2011.11.015．{YUAN Lei,WANG Gang,CHEN Xin,ZHANG Pengqi,TIAN Hengli. Endoscopic anatomy and microanatomy of the retrosigmoid approach and clinical application[J]. Zhongguo Wei Chuang Wai Ke Za Zhi[Chin J Minim Inva Surg(Article in Chinese;Abstract in Chinese and English)],2011,11(11):1002-1004. DOI:10.3969/j.issn.1009-6604.2011.11.015.}

[232]　郭韬，李文玲，武江，赵文清，康进生，杜亚丽，董长征，岳向勇．脑磁图描记联合术中唤醒用于显微镜下切除功能区胚胎发育不良性神经上皮瘤[J]．第二军医大学学报，2011，32(2)：198-201．DOI：10.3724/SP.J.1008.2011.00198．{GUO Tao,LI Wenling,WU Jiang,ZHAO Wenqing,KANG Jinsheng,DONG Yali,DONG Changzheng,YUE Xiangyong. Magnetoencephalography and awaking anesthesia in microsurgical resection of dysembryoplastic neuroepithelial tumor in function areas[J]. Di Er Jun Yi Da Xue Xue Bao[Acad J Sec Mil Med Univ(Article in Chinese;Abstract in Chinese and English)],2011,32(2):198-201. DOI:10.3724/SP.J.1008.2011.00198.}

[233]　薛明，詹福良，于静涛，仇丽鸿．根管显微镜下应用连续波热垂直加压技术充填根管的疗效分析[J]．上海口腔医学，2011，20(1)：97-100．DOI：CNKI：SUN：SHKY.0.2011-01-023．{XUE Ming,ZHAN Fuliang,YU Jingtao,CHOU Lihong. Effect of root canal filling with warm vertical condensation under dental operating microscope[J]. Shang Hai Kou Qiang Yi Xue[Shanghai J Stomatol(Article in Chinese;Abstract in Chinese and English)],2011,20(1):97-100. DOI:CNKI:SUN:SHKY.0.2011-01-023.}

[234]　王玉强，王利民，张玮，张鹏，谭洪宇，刘屹林．利用手术显微镜教学观察镜接口组装视频输出系统及其临床应用[J]．中国修复重建外科杂志，2011，25(3)：323-326．{WANG Yuqiang,WANG Limin,ZHANG Wei,ZHANG Peng,TAN Hongyu,LIU Yilin. Assembling and clinical application of video output system utilizing teaching sight glass of surgical microscope[J]. Zhongguo Xiu Fu Chong Jian Wai Ke Za Zhi[Chin J Repair Reconstr Surg(Article in Chinese;Abstract in Chinese and English)],2011,25(3):323-326.}

[235]　严军，茅泳涛，段文旭，刘晓峰，李涧．显微镜下经椎间孔椎体间融合术治疗下腰椎疾病[J]．中华显微外科杂志，2012，35(4)：315-317．DOI：10.3760/cma.j.issn.1001-2036.2012.04.017．{YAN Jun,MAO Yongtao,DUAN Wenxu,LIU Xiaofeng,LI Jian. Microscopically transforaminal interbody fusion for the treatment of lower lumbar diseases[J]. Zhonghua Xian Wei Wai Ke Za Zhi[Chin J Microsurg(Article in Chinese;Abstract in Chinese)],2012,35(4):315-317. DOI:10.3760/cma.j.issn.1001-2036.2012.04.017.}

[236]　梁博伟，殷国前，赵劲民，李宁宁，胡朝晖．显微镜下精准减压术治疗退变性腰椎管狭窄症[J]．中国矫形外科杂志，2012，20(5)：397-401．DOI：10.3977/j.issn.1005-8478.2012.05.05．{LIANG Bowei,YIN Guoqian,ZHAO Jinmin,LI Ningning,HU Zhaohui. Microscope-assisted precise decompression for treatment of single-level degenerative lumbar spinal stenosis[J]. Zhongguo Jiao Xing Wai Ke Za Zhi[Orthop J China(Article in Chinese;Abstract in Chinese and English)],2012,20(5):397-401. DOI:10.3977/j.issn.1005-8478.2012.05.05.}

[237]　茅泳涛，段文旭，刘晓峰，李涧，严军．显微镜和显微内镜下髓核摘除术治疗腰椎间盘突出症[J]．中国矫形外科杂志，2012，20(11)：968-971．DOI：10.3977/j.issn.1005-8478.2012.11.03．{MAO Yongtao,DUAN Wenxu,LIU Xiaofeng,LI Jian,YAN Jun. Microdiscectomy versus microendoscopic discectomy for lumbar disc herniation[J]. Zhongguo Jiao Xing Wai Ke Za Zhi[Orthop J China(Article in Chinese;Abstract in Chinese and English)],2012,20(11):968-971. DOI:10.3977/j.issn.1005-8478.2012.11.03.}

[238]　姚晓辉，吉宏明，张世渊，张刚利，丁新民，张艳．神经内镜辅助及显微镜下锁孔治疗小型听神经瘤的比较[J]．中华实验外科杂志，2012，29(7)：1247．DOI：10.3760/cma.j.issn.1001-9030.2012.07.014．{YAO Xiaohui,JI Hongming,ZHANG Shiyuan,ZHANG Gangli,DING Xinmin,ZHANG Yan. Comparison of neuroendoscope-assisted and microscopic keyhole in the treatment of small acoustic neuroma[J]. Zhonghua Shi Yan Wai Ke Za Zhi[Chin J Exp Surg(Article in Chinese;No abstract available)],2012,29(7):1247. DOI:10.3760/cma.j.issn.1001-9030.2012.07.014.}

[239]　陈赞，王坤，吴浩，胡鹏，菅凤增．显微镜下一侧入路双侧减压治疗老年腰椎管狭窄[J]．中华神

经外科杂志，2012，28(6)：546-550. DOI：10.3760/cma.j.issn.1001-2346.2012.06.003. {CHEN Zan,WANG Kun,WU Hao,HU Peng,JIAN Fengzeng. The bilateral decompression under microscope via unilateral approach for the lumbar spinal stenosis in elder patients[J]. Zhonghua Shen Jing Wai Ke Za Zhi[Chin J Neurosurg(Article in Chinese;Abstract in Chinese and English)],2012,28(6):546-550. DOI:10.3760/cma.j.issn.1001-2346.2012.06.003.}

[240] 宋红浦，郭峭峰，张晓文，张春. 显微镜下减压融合术治疗脊髓型颈椎病[J]. 中国骨伤，2012，25(9)：708-710. DOI：10.3969/j.issn.1003-0034.2012.09.002. {SONG Hongpu,GUO Qiaofeng,ZHANG Xiaowen,ZHANG Chun. Anterior cervical decompression and fusion by microscope for the treatment of cervical spondylotic myelopathy[J]. Zhongguo Gu Shang[China J Orthop Trauma(Article in Chinese;Abstract in Chinese and English)],2012,25(9):708-710. DOI:10.3969/j.issn.1003-0034.2012.09.002.}

[241] 崔满意，刘会仁，刘德群. 显微镜下手指血管吻合的手术技巧[J]. 实用手外科杂志，2012，26(4)：357-358. DOI：10.3969/j.issn.1671-2722.2012.04.021. {CUI Manyi,LIU Huiren,LIU Dequn. Surgical skills of finger blood vessel suture under microscope[J]. Shi Yong Shou Wai Ke Za Zhi[Chin J Pract Hand Surg(Article in Chinese;Abstract in Chinese and English)],2012,26(4):357-358. DOI:10.3969/j.issn.1671-2722.2012.04.021.}

[242] 冯旺强，查屹，韩晓晖，郑海华. 显微镜下 Crawford 泪道置管术治疗儿童泪小管断裂临床观察[J]. 中华显微外科杂志，2013，36(5)：514-516. DOI：10.3760/cma.j.issn.1001-2036.2013.05.035. {FENG Wangqiang,CHA Yi,HAN Xiaohui,ZHENG Haihua. Clinical observation of Crawford lacrimal duct catheterization under microscope in the treatment of lacrimal canaliculus rupture in children[J]. Zhonghua Xian Wei Wai Ke Za Zhi[Chin J Microsurg(Article in Chinese;Abstract in Chinese)],2013,36(5):514-516. DOI:10.3760/cma.j.issn.1001-2036.2013.05.035.}

[243] 宗绪毅，吴永刚，李储忠，桂松柏，王飞，鲁润春，张亚卓. 应用神经内镜结合显微镜治疗颅内表皮样囊肿[J]. 中华神经外科杂志，2013，29(7)：663-666. DOI：10.3760/cma.j.issn.1001-2346.2013.07.006. {ZONG Xuyi,WU Yonggang,LI Chuzhong,GUI Songbai,WANGg Fei,LU Runchun,ZHANG Yazhuo. Neuroendoscopic surgery combined with micronurosurgery for intracranial epidermoid cysts[J]. Zhonghua Shen Jing Wai Ke Za Zhi[Chin J Neurosurg(Article in Chinese;Abstract in Chinese and English)],2013,29(7):663-666. DOI:10.3760/cma.j.issn.1001-2346.2013.07.006.}

[244] 李兵，鲁晓杰，李江安，王清，王鹏. 神经内镜联合显微镜治疗小脑脑桥角表皮样囊肿[J]. 中华神经外科杂志，2013，29(7)：677-679. DOI：10.3760/cma.j.issn.1001-2346.2013.07.010. {LI Bing,LU Xiaojie,LI Jiangan,WANG Qing,WANG Peng. Neuroendoscopy combined with microscope in the treatment of epidermoid cyst of cerebellopontine angle[J]. Zhonghua Shen Jing Wai Ke Za Zhi[Chin J Neurosurg(Article in Chinese;No abstract available)],2013,29(7):677-679. DOI:10.3760/cma.j.issn.1001-2346.2013.07.010.}

[245] 王洪伟，孙连星，段洪凯，王尚忠，陈广辉，赵湘军，阮美树. 显微镜辅助下小切口治疗腰椎间盘突出症[J]. 中国微创外科杂志，2013，13(1)：56-58. DOI：10.3969/j.issn.1009-6604.2013.01.016. {WANG Hongwei,SUN Lianxing,DUAN Hongkai,WANG Shangzhong,CHEN Guanghui,ZHAO Xiangjun,RUAN Meishu. Microscopic-assisted small-incision surgery for lumber disc herniation[J]. Zhongguo Wei Chuang Wai Ke Za Zhi[Chin J Minim Inva Surg(Article in Chinese;Abstract in Chinese and English)],2013,13(1):56-58. DOI:10.3969/j.issn.1009-6604.2013.01.016.}

[246] 史庆，祝海，王新生，王沛涛，侯四川. 显微镜下精索静脉曲张 3 种手术效果的对比研究（附 120 例报告）[J]. 中华男科学杂志，2013，19(10)：931-934. DOI：10.13263/j.cnki.nja.2013.10.016. {SHI Qing,ZHU Hai,WANG Xinsheng,WANG Peitao,HOU Sichuan. Comparison of 3 microsurgical approaches to the treatment of varicocele:report of 120 cases[J]. Zhonghua Nan Ke Xue Za Zhi[Natl J Androl(Article in Chinese;Abstract in Chinese and English)],2013,19(10):931-934. DOI:10.13263/j.cnki.nja.2013.10.016.}

[247] 冯立卫，芦健民，杨圣，廉皓屹，付大鹏. 显微镜辅助下后路责任间隙有限减压治疗高龄退行性腰椎侧凸合并椎管狭窄[J]. 中国骨与关节损伤杂志，2013，28(3)：219-221. DOI：10.7531/j.issn.1672-9935.2013.03.007. {FENG Liwei,LU Jianmin,YANG Sheng,LIAN Haoyi,FU Dapeng. Microscope-assisted posterior liability gap limited decompression in treatment of elderly degenerative lumbar stenosis associated with scoliosis[J]. Zhongguo Gu Yu Guan Jie Sun Shang Za Zhi[Chin J Bone Joint Injury(Article in Chinese;Abstract in Chinese and English)],2013,28(3):219-221. DOI:10.7531/j.issn.1672-9935.2013.03.007.}

[248] 刘昊楠，林欣，闫家智，王磊，崔维，曾峥. 经皮椎间孔镜与显微镜下手术治疗腰椎间盘突出症近期疗效对比[J]. 中国骨与关节杂志，2013，2(1)：30-35. DOI：10.3969/j.issn.2095-252X.2013.01.007. {LIU Haonan,LIN Xin,YAN Jiazhi,WANG Lei,CUI Wei,ZENG Zheng. A comparison of preliminary surgical results between percutaneous transforaminal endoscopic discectomy and microsurgical lumbar disc discectomy for lumbar disc herniation[J]. Zhongguo Gu Yu Guan Jie Za Zhi[Chin J Bone Joint(Article in Chinese;Abstract in Chinese and English)],2013,2(1):30-35. DOI:10.3969/j.issn.2095-252X.2013.01.007.}

[249] 蔡林鸿，杨述华，肖宝钧，许伟华，吴强. 显微镜下巨大型腰椎间盘突出症的手术治疗[J]. 实用骨科杂志，2013，19(7)：577-578. DOI：10.3969/j.issn.1008-5572.2013.07.001. {CAI Linhong,YANG Shuhua,XIAO Baojun,XU Weihua,WU Qiang. Surgical treatment of the huge lumbar intervertebral disc herniation under microscope[J]. Shi Yong Gu Ke Za Zhi[J Pract Orthop(Article in Chinese;Abstract in Chinese and English)],2013,19(7):577-578. DOI:10.3969/j.issn.1008-5572.2013.07.001.}

[250] 陆晓生，赵劲民，彭昊，凌尚准，韦文. 显微镜与显微内窥镜下手术治疗腰椎管狭窄症的疗效比较[J]. 临床骨科杂志，2013，16(4)：377-380. DOI：10.3969/j.issn.1008-0287.2013.04.007. {LU Xiaosheng,ZHAO Jinmin,PENG Hao,LING Shangzhun,WEI Wen. Comparison of microscope-assisted and microendoscope decompression for lumbar stenosis[J]. Lin Chuang Gu Ke Za Zhi[J Clin Orthop(Article in Chinese;Abstract in Chinese and English)],2013,16(4):377-380. DOI:10.3969/j.issn.1008-0287.2013.04.007.}

[251] 罗敏，张明，赵绍伟. 显微镜下微创术与传统髓核摘除术治疗腰椎间盘突出症的疗效比较[J]. 临床骨科杂志，2013，16(4)：389-391. DOI：10.3969/j.issn.1008-0287.2013.04.012. {LUO Min,ZHANG Ming,ZHAO Shaowei. Clinical comparative study on effect about treating lumbar intervertebral disc herniation by minimally invasive operation in microscope with traditional discectomy operation[J]. Lin Chuang Gu Ke Za Zhi[J Clin Orthop(Article in Chinese;Abstract in Chinese and English)],2013,16(4):389-391. DOI:10.3969/j.issn.1008-0287.2013.04.012.}

[252] 曾京华，胡卫列，罗汉宏，王鑫，曹建雄，谢俊杰，鲁亦君，彭怡华. 显微镜下经腹股沟途径与传统 Palomo 精索静脉结扎术治疗陆军精索静脉曲张患者术后并发症的比较[J]. 南方医科大学学报，2013，33(1)：138-141. DOI：10.3969/j.issn.1673-4254.2013.01.31. {ZENG Jinghua,HU Weilie,LUO Hanhong,WANG Xin,CAO Jianxiong,XIE Junjie,LU Yijun,PENG Yihua. Postoperative complications of microscopic versus Palomo varicocelectomy for varicocele in army personnel[J]. Nan Fang Yi Ke Da Xue Xue Bao [J South Med Univ(Article in Chinese;Abstract in Chinese and English)],2013,33(1):138-141. DOI:10.3969/j.issn.1673-4254.2013.01.31.}

[253] 张文志，段丽群，尚希福，许翔，胡业丰，贺瑞. 显微镜辅助下微创经椎间孔腰椎椎间融合术治疗腰椎退行性疾病的疗效观察[J]. 中国修复重建外科杂志，2013，27(3)：268-273. DOI：10.7507/1002-1892.20130062. {ZHANG Wenzhi,DONG Liqun,SHANG Xifu,XU Xiang,HU Yefeng,HE Rui. Effectiveness of minimally invasive transforaminal lumbar interbody fusion assisted with microscope in treatment of lumbar degenerative disease[J]. Zhongguo Xiu Fu Chong Jian Wai Ke Za Zhi[Chin J Repar Reconstr Surg(Article in Chinese;Abstract in Chinese and English)],2013,27(3):268-273. DOI:10.7507/1002-1892.20130062.}

[254] 张敏，王玉强，谭洪宇，刘屹林，赵亮，宋瑞鹏，鲍恒，廖文胜，王利民. 手术显微镜辅助下经口入路寰枢关节成形术 17 例分析[J]. 中华显微外科杂志，2014，37(2)：134-138. DOI：10.3760/cma.j.issn.1001-2036.2014.02.010. {ZHANG Min,WANG Yuqiang,TAN Hongyu,LIU Yilin,ZHAO Liang,SONG Ruipeng,BAO Heng,LIAO Wensheng,WANG limin. Analysis of 17 cases treated by atlantoaxial joint plasty via transoral approach with operative microscope[J]. Zhonghua Xian Wei Wai Ke Za Zhi[Chin J Microsurg(Article in Chinese;Abstract in Chinese and English)],2014,37(2):134-138. DOI:10.3760/cma.j.issn.1001-2036.2014.02.010.}

[255] 王凯，刘仲奇，马芙蓉，潘胜发，李涛，曾进. 显微镜下 CO_2 激光手术修复颈椎术后难治性咽瘘 1 例报告[J]. 中国微创外科杂志，2014，14(3)：259-261. DOI：10.3969/j.issn.1009-6604.2014.03.020. {WANG Kai,LIU Zhongqi,MA Furong,PAN Shengfa,LI Tao,ZENG Jin. Microsurgical repair of refractory pharyngeal fistula after cervical surgery with CO_2 laser:a case report[J]. Zhongguo Wei Chuang Wai Ke Za Zhi[Chin J Minim Inva Surg(Article in Chinese;No abstract available)],2014,14(3):259-261. DOI:10.3969/j.issn.1009-6604.2014.03.020.}

[256] 刘泽飞，朱兴宝，詹东，国震，陈国龙，陆地，范泉水. 便携式视频显微镜在经眉弓额叶底入路解剖研究中的应用[J]. 中华解剖与临床杂志，2014，19(2)：114-116. DOI：10.3760/cma.j.issn.2095-7041.2014.02.007. {LIU Zefei,ZHU Xingbao,ZHAN Dong,GUO Zhen,CHEN Guolong,LU Di,FAN Quanshui. Application of portable video microscope in anatomical study of supraorbital subfrontal approach[J]. Zhonghua Jie Pou Yu Lin Chuang Za Zhi[Chin J Anat Clin(Article in Chinese;Abstract in Chinese and English)],2014,19(2):114-116. DOI:10.3760/cma.j.issn.2095-7041.2014.02.007.}

[257] 朱智，甘晓琴，郑朝敏. 显微镜下经翼点入路动脉瘤夹闭的手术配合[J]. 局解手术学杂志，2014，23(1)：91-92. DOI：10.11659/jjssx.1672-5042.201401040. {ZHU Zhi,GAN Xiaoqin,ZHENG Chaomin. Operation matching during microsurgery on clipping of intracranial aneurysm through pterional approach[J]. Ju Jie Shou Shu Xue Za Zhi[J Reg Anat Oper Surg(Article in Chinese;No abstract available)],2014,23(1):91-92. DOI:10.11659/jjssx.1672-5042.201401040.}

[258] 姚晓辉，吉宏明，张世渊，丁新民，张刚利，张艳. 神经内镜辅助及显微镜下治疗小型听神经瘤的对比研究[J]. 中华医学杂志，2014，94(35)：2757-2759. DOI：10.3760/cma.j.issn.0376-2491.2014.35.010. {YAO Xiaohui,JI Hongming,ZHANG Shiyuan,DING Xinmin,ZHANG Gangli,ZHANG Yan. Comparative analysis of neuroendoscope-assisted microsurgery and microscope treatment for small acoustic neuroma[J]. Zhonghua Yi Xue Za Zhi[Natl Med J China(Article in Chinese;Abstract in Chinese and English)],2014,94(35):2757-2759. DOI:10.3760/cma.j.issn.0376-2491.2014.35.010.}

[259] 丁英胜，张文志，段丽群，李旭，张锋. 显微镜辅助下微创经椎间孔腰椎间融合术治疗腰椎滑脱症的疗效观察[J]. 中国修复重建外科杂志，2014，28(5)：535-539. DOI：10.7507/1002-1892.20140120. {DING Yingsheng,ZHANG Wenzhi,DONG Liqun,LI Xu,ZHANG Feng. Effectiveness study on minimally invasive transforaminal lumbar interbody fusion assisted with microscope in treatment of lumbar spondylolisthesis[J]. Zhongguo Xiu Fu Chong Jian Wai Ke Za Zhi[Chin J Repar Reconstr Surg(Article in Chinese;Abstract in Chinese and English)],2014,28(5):535-539. DOI:10.7507/1002-1892.20140120.}

[260] 赵辉，寇红伟，刘宏建，张卫红，张敏. 后路显微镜下硬脊膜切开治疗高位腰椎间盘突出症疗效分析[J]. 中华显微外科杂志，2015，38(4)：393-394. DOI：10.3760/cma.j.issn.1001-2036.2015.04.025. {ZHAO Hui,KOU Hongwei,LIU Hongjian,ZHANG Weihong,ZHANG Min. Analysis of the efficacy of posterior dura mater incision in the treatment of high lumbar disc herniation[J]. Zhonghua Xian Wei Wai Ke Za Zhi[Chin J Microsurg(Article in Chinese;Abstract in Chinese)],2015,38(4):393-394. DOI:10.3760/cma.j.issn.1001-2036.2015.04.025.}

[261] 姚京辉，肖扬，童作明，邱水波，王穗源，蒋聚华. 指背逆行岛状皮瓣蒂部显微镜下处理临床疗效观察[J]. 中华显微外科杂志，2015，38(5)：513-514. DOI：10.3760/cma.j.issn.1001-2036.2015.05.035. {YAO Jinghui,XIAO Yang,TONG Zuoming,QIU Shuibo,WANG Suiyuan,JIANG Juhua. Clinical observation on the management of retrograde island flap pedicle of dorsal finger under microscope[J]. Zhonghua Xian Wei Wai Ke Za Zhi[Chin J Microsurg(Article in Chinese;No abstract available)],2015,38(5):513-514. DOI:10.3760/cma.j.issn.1001-2036.2015.05.035.}

[262] 赵亮，涂响安，陈羽，王文卫，庄锦涛，曾令友. 改良显微镜下单针缝线纵向套叠输精管附睾吻合术中操作技巧[J]. 中华外科杂志，2015，53(11)：865-866. DOI：10.3760/cma.j.issn.0529-5815.2015.11.015. {ZHAO Liang,TU Xiangan,CHEN Yu,WANG Wenwei,ZHUANG Jintao,ZENG Lingyou. Operative skills of longitudinal invagination of vas deferens and epididymal anastomosis with single needle suture under modified microscope[J]. Zhonghua Wai Ke Za Zhi[Chin J Surg(Article in Chinese;No abstract available)],2015,53(11):865-866. DOI:10.3760/cma.j.issn.0529-5815.2015.11.015.}

[263] 张红瓒，邢振义，孙来广. 神经内镜与显微镜下经鼻蝶垂体瘤切除术的对比[J]. 中华实验外科杂志，2015，32(3)：618-620. DOI：10.3760/cma.j.issn.1001-9030.2015.03.062. {ZHANG Hongyun,XING Zhenyi,SUN Laiguang. Comparative study of endonasal endoscopic surgery vs.microsurgery for pituitary adenoma[J]. Zhonghua Shi Yan Wai Ke Za Zhi[Chin J Exp Surg(Article in Chinese;Abstract in Chinese and English)],2015,32(3):618-620. DOI:10.3760/cma.j.issn.1001-9030.2015.03.062.}

[264] 邓志海，潘斌，洪余德，梁蔚波，陈洁. 显微镜手术联合麒麟丸治疗精索静脉曲张致弱精子症[J]. 中华实验外科杂志，2015，32(6)：1454-1455. DOI：10.3760/cma.j.issn.1001-9030.2015.06.087. {DENG Zhihai,PAN Bin,HONG Yude,LIANG Weibo,CHEN Jie. Therapeutic effectiveness of microsurgical varicocelectomy and Qilin pill for varicocele-induced asthenospermia[J]. Zhonghua Shi Yan Wai Ke Za Zhi[Chin J Exp Surg(Article in Chinese;Abstract in Chinese and English)],2015,32(6):1454-1455. DOI:10.3760/cma.j.issn.1001-9030.2015.06.087.}

[265] 白吉伟，李储忠，桂松柏，赵澎，曹磊，乌优图，李振业，洪礼传，张亚卓. 内镜与显微镜经鼻腔蝶窦入路切除垂体腺瘤疗效比较的前瞻性研究[J]. 中华神经外科杂志，2015，31(4)：325-328. DOI：10.3760/cma.j.issn.1001-2346.2015.04.001. {BAI Jiwei,LI Chuzhong,GUI Songbai,ZHAO Peng,CAO Lei,WU YouTu,LI Zhenye,HONG Lichuan,ZHANG Yazhuo. Comparison of endoscopic and microscopic transsphenoidal pituitary surgery[J]. Zhonghua Shen Jing Wai Ke Za Zhi[Chin J Neurosurg(Article in Chinese;Abstract in Chinese and English)],2015,31(4):325-328. DOI:10.3760/cma.j.issn.1001-2346.2015.04.001.}

[266] 顿志平，王成伟，马传青. 显微镜下整体切除中低位骶部脊索瘤的临床研究[J]. 中华神经外科杂志，2015，31(8)：803-806. DOI：10.3760/cma.j.issn.1001-2346.2015.08.013. {DUN Zhiping,WANG Chengwei,MA Chuanqing. En bloc resection of middle-lower sacral chordomas under the microscope:a clinical study[J]. Zhonghua Shen Jing Wai Ke Za Zhi[Chin J Neurosurg(Article in Chinese;Abstract in Chinese and English)],2015,31(8):803-806. DOI:10.3760/cma.j.issn.1001-2346.2015.08.013.}

[267] 杨红航，闵继康，袁永健，王丹，徐旭纯，徐毅. 显微镜下颈前路椎间隙减压治疗老年脊髓型颈椎病[J]. 中国骨伤，2015，28(1)：36-38. DOI：10.3969/j.issn.1003-0034.2015.01.009. {YANG Honghang,MIN Jikang,YUAN Yongjian,WANG Dan,XU Xuchun,XU Yi. Anterior cervical intervertebral space decompression under microscope for cervical spondylotic myelopathy in elderly patients[J]. Zhongguo Gu Shang[China J Orthop Trauma(Article in Chinese;Abstract in Chinese and English)],2015,28(1):36-38. DOI:10.3969/j.issn.1003-0034.2015.01.009.}

[268] 赵世俊，于兰，吕敏敏，张岩，褚青松，张彦升. 口腔显微镜下带上皮层的结缔组织瓣移

植治疗牙龈退缩的临床疗效观察[J]. 现代口腔医学杂志，2015，29(2)：97-100. {ZHAO Shijun,YU Lan,LV Minmin,ZHANG Yan,CHU Qingsong,ZHANG Yansheng. A clinical efficacy investigation on the treatment of gingival atrophy by transplantation of connective tissue flap with the epithelial layer under an oral microscope[J]. Xian Dai Kou Qiang Yi Xue Za Zhi[J Mod Stomatol(Article in Chinese;Abstract in Chinese and English)],2015,29(2):97-100.}

[269] 段丽群，张文志，贺瑞，李旭，葛畅，张锋，蔡海平，王立生. 经皮椎间孔镜与显微镜下微创手术治疗单节段腰椎间盘突出症的对比研究[J]. 中华解剖与临床杂志，2015，20(6)：504-509. DOI：10.3760/cma.j.issn.2095-7041.2015.06.006. {DONG Liqun,ZHANG Wenzhi,HE Rui,LI Xu,GE Chang,ZHANG Feng,CAI Haiping,WANG Lisheng. Comparison of minimally invasive percutaneous transforaminal endoscopic discectomy and microsurgical lumbar discectomy for lumbar disc herniation[J]. Zhonghua Jie Pou Yu Lin Chuang Za Zhi[Chin J Anat Clin(Article in Chinese;Abstract in Chinese and English)],2015,20(6):504-509. DOI:10.3760/cma.j.issn.2095-7041.2015.06.006.}

[270] 崔虎山，李勋，李光浩，韩磊. 显微镜下单侧入路双侧椎管扩大减压治疗高龄腰椎管狭窄症[J]. 中国脊柱脊髓杂志，2016，26(6)：559-561. DOI：10.3969/j.issn.1004-406X.2016.06.14. {CUI Hushan,Li Xun,LI Guanghao,HAN Lei. Microscopic unilateral approach bilateral decompression for lumbar spinal stenosis in elderly patients[J]. Zhongguo Ji Zhu Ji Sui Za Zhi[Chin J Spine Spinal Cord(Article in Chinese;No abstract available)],2016,26(6):559-561. DOI:10.3969/j.issn.1004-406X.2016.06.14.}

[271] 吴信波，范国鑫，顾昕，张海龙，虞舜志，黄龙飞，管晓菲，贺石生. 显微镜辅助下行颈前路椎间盘切除植骨融合术（ACDF）治疗神经根型颈椎病的疗效分析[J]. 中国矫形外科杂志，2016，24(19)：1740-1744. DOI：10.3977/j.issn.1005-8478.2016.19.03. {WU Xinbo,FAN Guoxin,GU Xin,ZHANG Hailong,YU Shunzhi,HUANG Longfei,GUAN Xiaofei,HE Shisheng. Microscope-assisted anterior cervical discectomy with fusion in treating single-segmental cervical spondylotic radiculopathy[J]. Zhongguo Jiao Xing Wai Ke Za Zhi[Orthop J China(Article in Chinese;Abstract in Chinese and English)],2016,24(19):1740-1744. DOI:10.3977/j.issn.1005-8478.2016.19.03.}

[272] 李锋，刘启峰，陈春美，王锐，石松生. 经皮微通道显微镜下治疗局灶性胸椎黄韧带骨化症[J]. 中国矫形外科杂志，2016，24(24)：2286-2290. DOI：10.3977/j.issn.1005-8478.2016.24.16. {LI Feng,LIU Qifeng,CHEN Chunmei,WANG Rui,SHI Songsheng. Microsurgical resection of focal ossification of thoracic ligamentum flavum through percutaneous microchannel[J]. Zhongguo Jiao Xing Wai Ke Za Zhi[Orthop J China(Article in Chinese;Abstract in Chinese and English)],2016,24(24):2286-2290. DOI:10.3977/j.issn.1005-8478.2016.24.16.}

[273] 彭仁君，黄鹤，丁锡平，姜冰，袁贤瑞，奚健. 显微镜下椎板开窗减压术治疗腰椎椎管狭窄[J]. 中华神经外科杂志，2016，32(12)：1225-1228. DOI：10.3760/cma.j.issn.1001-2346.2016.12.008. {PENG Renjun,HUANG he,DING Xiping,JIANG Bing,YUAN Xianrui,XI Jian. Laminectomy decompression under microscope for lumbar spinal stenosis[J]. Zhonghua Shen Jing Wai Ke Za Zhi[Chin J Neurosurg(Article in Chinese;Abstract in Chinese and English)],2016,32(12):1225-1228. DOI:10.3760/cma.j.issn.1001-2346.2016.12.008.}

[274] 赵亮宇，李朋，陈慧兴，田汝辉，黄煜华，智二磊，张雪梅，高峰，薛云婧. 显微镜下保留睾丸的良性肿瘤切除术（附1例报告）[J]. 中华男科学杂志，2016，22(6)：572-575. DOI：10.13263/j.cnki.nja.2016.06.020. {ZHAO Liangyu,LI Peng,CHEN Huixing,TIAN Ruhui,HUANG Yuhua,ZHI Erlei,ZHANG Xuemei,FENG,Xue Yunjing. Resection of benign tumor with preservation of testis under microscope(report of 1 case)[J]. Zhonghua Nan Ke Xue Za Zhi[Natl J Androl(Article in Chinese;No abstract available)],2016,22(6):572-575. DOI:10.13263/j.cnki.nja.2016.06.020.}

[275] 种衍学，李明，朱中姣，李勇，刘涛. 显微镜下MI-TLIF与传统PLIF治疗腰椎退行性疾病的疗效比较[J]. 中国骨与关节损伤杂志，2016，31(5)：457-460. DOI：10.7531/j.issn.1672-9935.2016.05.003. {ZHONG Yanxue,LI Ming,ZHU Zhongjiao,LI Yong,LIU Tao. Microscope-assisted minimally invasive transforaminal lumbar interbody fusion versus traditional posterior lumbar interbody fusion in treatment of lumbar degenerative diseases[J]. Zhongguo Gu Yu Guan Jie Sun Shang Za Zhi[Chin J Bone Joint Injury(Article in Chinese;Abstract in Chinese and English)],2016,31(5):457-460. DOI:10.7531/j.issn.1672-9935.2016.05.003.}

[276] 蒋显锋，陈旭义，韩广，云晨，汤锋武. 经皮椎间孔镜与显微镜治疗不同类型腰椎间盘突出近期疗效比较[J]. 中国骨与关节杂志，2016，5(5)：387-390. DOI：10.3969/j.issn.2095-252X.2016.05.014. {JIANG Xianfeng,CHEN Xuyi,HAN Guang,YUN chen,TANG Fengwu. The short-term clinical observation in patients of lumbar disc herniation with stenosis of intervertebral foramen between percutaneous transforaminal endoscopic discectomy and microscope operation[J]. Zhongguo Gu Yu Guan Jie Za Zhi[Chin J Bone Joint(Article in Chinese;Abstract in Chinese and English)],2016,5(5):387-390. DOI:10.3969/j.issn.2095-252X.2016.05.014.}

[277] 王先伟，陈东，黄家明，陈峰，李树芃. 缺血性脑卒中早期显微镜下颈动脉内膜切除术的疗效分析[J]. 中华显微外科杂志，2017，40(1)：104，后插1. DOI：10.3760/cma.j.issn.1001-2036.2017.01.033. {WANG Xianwei,CHEN Dong,HUANG Jiaming,CHEN Feng,LI Shupeng. The effect of microscopic carotid endarterectomy in the early stage of ischemic stroke[J]. Zhonghua Xian Wei Wai Ke Za Zhi[Chin J Microsurg(Article in Chinese;No abstract available)],2017,40(1):104,insert 1. DOI:10.3760/cma.j.issn.1001-2036.2017.01.033.}

[278] 郝建伟，石红林，徐豪，米法洋. 显微镜下行左精索内-腹壁下静脉吻合术治疗左肾静脉压迫综合征并精索静脉曲张[J]. 中华显微外科杂志，2017，40(6)：600-603. DOI：10.3760/cma.j.issn.1001-2036.2017.06.027. {HAO Jianwei,SHI Honglin,XU Hao,MI Fayang. Microsurgical treatment of left renal vein compression syndrome with varicocele by anastomosis of left spermatic cord and inferior epigastric vein[J]. Zhonghua Xian Wei Wai Ke Za Zhi[Chin J Microsurg(Article in Chinese;Abstract in Chinese)],2017,40(6):600-603. DOI:10.3760/cma.j.issn.1001-2036.2017.06.027.}

[279] 宋飞，容威，杨华东，付立功，徐凯，肖嵩华. 显微镜辅助下前路经口松解治疗难复性寰枢椎脱位[J]. 中国矫形外科杂志，2017，25(10)：932-936. DOI：10.3977/j.issn.1005-8478.2017.10.15. {SONG Fei,RONG Wei,YANG Huadong,FU Ligong,XU Kai,XIAO Songhua. Microscope-assisted transoral release for treatment of irreducible atlantoaxial dislocation[J]. Zhongguo Jiao Xing Wai Ke Za Zhi[Orthop J China(Article in Chinese;Abstract in Chinese and English)],2017,25(10):932-936. DOI:10.3977/j.issn.1005-8478.2017.10.15.}

[280] 宁金波，刘渝，姚明木，黄峥嵘，魏光大. 显微镜辅助小儿拇指扳机指松解术32例疗效分析[J]. 中华手外科杂志，2017，33(5)：348. DOI：10.3760/cma.j.issn.1005-054X.2017.05.012. {NING Jinbo,LIU Yu,YAO Mingmu,HUANG Zhengrong,WEI Guangda. Clinical analysis of 32 cases of thumb trigger finger release assisted by microscope in children[J]. Zhonghua Shou Wai Ke Za Zhi[Chin J Hand Surg(Article in Chinese;No abstract available)],2017,33(5):348. DOI:10.3760/cma.j.issn.1005-054X.2017.05.012.}

[281] 苏卢海，张世渊，沈波，胡昌辰. 神经内镜与显微镜手术治疗脊髓拴系综合征的回顾性研究[J]. 中华神经外科杂志，2017，33(10)：1008-1010. DOI：10.3760/cma.j.issn.1001-2346.2017.10.009. {SU Luhai,ZHANG Shiyuan,SHEN Bo,HU Changchen. Retrospective study of neuroendoscopic and microscopic surgery in the treatment of tethered cord syndrome[J]. Zhonghua Shen Jing Wai Ke Za Zhi[Chin J Neurosurg(Article in Chinese;No abstract available)],2017,33(10):1008-1010. DOI:10.3760/cma.j.issn.1001-2346.2017.10.009.}

[282] 高庆强，徐志鹏，陈海，宋涛，戴玉田，陈赟. 显微镜下治疗胡桃夹现象合并左侧精索静脉曲张的临床诊疗体会[J]. 中华男科学杂志，2017，23(8)：692-696. DOI：10.13263/j.cnki.nja.2017.08.004. {GAO Qingqiang,XU Zhipeng,CHEN Hai,SONG Tao,DAI Yutian,CHEN Yun. Microscopic spermatic vein ligation for nutcracker phenomenon complicated with left varicocele[J]. Zhonghua Nan Ke Xue Za Zhi[Natl J Androl(Article in Chinese;Abstract in Chinese and English)],2017,23(8):692-696. DOI:10.13263/j.cnki.nja.2017.08.004.}

[283] 陈国晓，张祥生，朱晓博，陈鑫. 显微镜下分流术治疗精索静脉曲张合并“胡桃夹”综合征的临床研究[J]. 中华男科学杂志，2017，23(9)：798-803. DOI：10.13263/j.cnki.nja.2017.09.006. {CHEN Guoxiao,ZHANG Xiangsheng,ZHU Xiaobo,CHEN Xin. Microsurgical bypass for varicocele with nutcracker syndrome[J]. Zhonghua Nan Ke Xue Za Zhi[Natl J Androl(Article in Chinese;Abstract in Chinese and English)],2017,23(9):798-803. DOI:10.13263/j.cnki.nja.2017.09.006.}

[284] 冯强，邱明星. 显微镜下精索静脉结扎术对精索静脉曲张患者的治疗效果[J]. 中华男科学杂志，2017，23(12)：1080-1084. DOI：10.13263/j.cnki.nja.2017.12.005. {FENG Qiang,QIU MingXing. Microscopic spermatic vein ligation for the treatment of varicocele[J]. Zhonghua Nan Ke Xue Za Zhi[Natl J Androl(Article in Chinese;Abstract in Chinese and English)],2017,23(12):1080-1084. DOI:10.13263/j.cnki.nja.2017.12.005.}

[285] 李涛，刘少军，王微慎，王攀，杜随勇，梁少青，张惠丽，周莹. 显微镜下修复硬脊膜破裂在AO-C型胸腰椎骨折术中的应用价值[J]. 中国骨与关节损伤杂志，2017，32(5)：458-460. DOI：10.7531/j.issn.1672-9935.2017.05.003. {LI Tao,LIU Shaojun,WANG Weishen,WANG Pan,DU Suiyong,LIANG Shaoqing,ZHANG Huili,ZHOU Ying. Application of repairing dural rupture under microscope in treatment of AO type C thoracolumbar fractures[J]. Zhongguo Gu Yu Guan Jie Sun Shang Za Zhi[Chin J Bone Joint Injury(Article in Chinese;Abstract in Chinese and English)],2017,32(5):458-460. DOI:10.7531/j.issn.1672-9935.2017.05.003.}

[286] 黎宁，徐宝山，许海委，程招军，姜洪丰，刘越，吉宁，张春虹. 显微镜与可动式椎间盘镜辅助下颈椎前路减压的对比研究[J]. 中华骨科杂志，2018，38(15)：935-942. DOI：10.3760/cma.j.issn.0253-2352.2018.15.006. {LI Ning,XU Baoshan,XU Haiwei,CHENG Zhaojun,JIANG Hongfeng,LIU Yue,JI ning,ZHANG Chunhong. Clinical study of anterior cervical decompression assisted with microscope versus mobile microendoscopic discetomy for cervical spondylotic myelopathy[J]. Zhonghua Gu Ke Za Zhi[Chin J Orthop(Article in Chinese;Abstract in Chinese and English)],2018,38(15):935-942. DOI:10.3760/cma.j.issn.0253-2352.2018.15.006.}

[287] 李明，种衍学，宋将，朱中蛟，康立新，张少成. 显微镜下带蒂脂肪瓣转位治疗骶管囊肿的临床疗效[J]. 中国矫形外科杂志，2018，26(9)：858-860. DOI：10.3977/j.issn.1005-8478.2018.09.19. {LI Ming,ZHONG Yanxue,SONG Jiang,ZHU Zhongjiao,KANG Lixin,ZHANG Shaocheng. Clinical effect of transposition of pedicled fat flap in the treatment of sacral canal cyst under microscope[J]. Zhongguo Jiao Xing Wai Ke Za Zhi[Orthop J China(Article in Chinese;Abstract in Chinese and English)],2018,26(9):858-860. DOI:10.3977/j.issn.1005-8478.2018.09.19.}

[288] 窦建卫，任选义，周云飞，毛东方，张会朋. 改良外环小切口显微镜高选择精索静脉结扎术[J]. 中华实验外科杂志，2018，35(6)：1168. DOI：10.3760/cma.j.issn.1001-9030.2018.06.053. {DOU Jianwei,REN Xuanyi,ZHOU Yunfei,MAO Dongfang,ZHANG Huipeng. Microscopically spermatic vein high selective ligation via modified inguinal ring mini-incision[J]. Zhonghua Shi Yan Wai Ke Za Zhi[Chin J Exp Surg(Article in Chinese;No abstract available)],2018,35(6):1168. DOI:10.3760/cma.j.issn.1001-9030.2018.06.053.}

[289] 刘屹林，王玉强，杨浩，阮天臣，李朋飞，熊英杰，王利民，张杨. 3D显微镜下经口松解复位二期后路内固定治疗难复性寰枢关节脱位[J]. 中华创伤骨科杂志，2018，20(4)：280-285. DOI：10.3760/cma.j.issn.1671-7600.2018.04.002. {LIU Yilin,WANG Yuqiang,YANG Hao,RUAN Tianchen,LI Pengfei,XIONG Yingjie,WANG limin,ZHANG Yang. Secondary posterior internal fixation after transoral anterior atlantoaxial release under 3D operative microscopy for irreducible atlantoaxial dislocation[J]. Zhonghua Chuang Shang Gu Ke Za Zhi[Chin J Orthop Trauma(Article in Chinese;Abstract in Chinese and English)],2018,20(4):280-285. DOI:10.3760/cma.j.issn.1671-7600.2018.04.002.}

[290] 唐启胜，王磊，李瑞晓，王禾，马建军. 腹腔镜下高选择性精索静脉高位结扎与显微镜下低位精索静脉结扎术的疗效对比[J]. 中华男科学杂志，2018，24(9)：782-787. DOI：10.13263/j.cnki.nja.2018.09.003. {TANG Qisheng,WANG Lei,LI Ruixiao,WANG he,MA Jianjun. Laparoscopic selective varicocelectomy versus microscopy-assisted low ligation of the spermatic vein in the treatment of varicocele[J]. Zhonghua Nan Ke Xue Za Zhi[Natl J Androl(Article in Chinese;Abstract in Chinese and English)],2018,24(9):782-787. DOI:10.13263/j.cnki.nja.2018.09.003.}

[291] 李行，陈芳，王顺德，代宏，李美材，王澍弘，龙腾博，谢孟凌，文家渝，彭燕. 显微镜下输精管交叉端侧吻合治疗无精子症1例报告[J]. 中华男科学杂志，2018，24(9)：861-863. DOI：10.13263/j.cnki.nja.2018.09.018. {LI Xing,CHEN Fang,WANG Shunde,DAI Hong,LI Meicai,WANG Shuhong,LONG Tengbo,XIE Mengling,WEN Jiayu,PENG Yan. Microscopic end-to-side anastomosis of vas deferens in the treatment of azoospermia:a case report[J]. Zhonghua Nan Ke Xue Za Zhi[Natl J Androl(Article in Chinese;No abstract available)],2018,24(9):861-863. DOI:10.13263/j.cnki.nja.2018.09.018.}

[292] 王洪伟，段洪凯，高飞，孙连星，赵湘军，郭现辉，刘晓强，李铠湘，钟章华，谷昌伟. 显微镜辅助颈前路减压植骨融合内固定术治疗颈椎病的效果分析[J]. 中国骨与关节损伤杂志，2018，33(7)：676-678. DOI：10.7531/j.issn.1672-9935.2018.07.002. {WANG Hongwei,DUAN Hongkai,GAO Fei,SUN Lianxing,ZHAO Xiangjun,GUO Xianhui,LIU Xiaoqiang,LI Kaixiang,ZHONG Zhanghua,GU Changhwei. Effectiveness of anterior cervical decompression and internal fixation for cervical diseases under microscope[J]. Zhongguo Gu Yu Guan Jie Sun Shang Za Zhi[Chin J Bone Joint Injury(Article in Chinese;Abstract in Chinese and English)],2018,33(7):676-678. DOI:10.7531/j.issn.1672-9935.2018.07.002.}

[293] 李建美，周明伟，胡小峰，郑晓飞，陈建民. 显微镜下应用踇趾腓侧皮瓣移植修复手指指腹缺损创面[J]. 临床骨科杂志，2018，21(2)：223-224. DOI：10.3969/j.issn.1008-0287.2018.02.037. {LI Jianmei,ZHOU Mingwei,HU Xiaofeng,ZHENG Xiaofei,CHEN Jianmin. Application of the great toe fibular skin flap in repair of finger ventral defect under microsco-py[J]. Lin Chuang Gu Ke Za Zhi[J Clin Orthop(Article in Chinese;Abstract in Chinese and English)],2018,21(2):223-224. DOI:10.3969/j.issn.1008-0287.2018.02.037.}

[294] 张吉涛，陈佳，王文涛，李政，郝定均，单乐群. 显微镜辅助后路经肋横突入路胸椎管内外哑铃形肿瘤切除术16例[J]. 中华解剖与临床杂志，2018，23(3)：178-183. DOI：10.3760/cma.j.issn.2095-7041.2018.03.002. {ZHANG Jitao,CHEN Jia,WANG Wentao,LI Zheng,HAO Dingjun,DAN Lequn. Clinical analysis of dumbbell tumors inside and outside the thoracic spinal canal using microscope assisted resection by costotransverse approach:report of 16 cases[J]. Zhonghua Jie Pou Yu Lin Chuang Za Zhi[Chin J Anat Clin(Article in Chinese;Abstract in Chinese and English)],2018,23(3):178-183. DOI:10.3760/cma.j.issn.2095-7041.2018.03.002.}

[295] 朱军，王钟，靳宇飞，金怀剑，王颖博，刘明永，范伟力，刘鹏，赵建华. 显微镜辅助下寰枢关节后路钉棒固定融合术——改良Goel术式的临床应用[J]. 中华解剖与临床杂志，2018，23(3)：184-189. DOI：10.3760/cma.j.issn.2095-7041.2018.03.003. {ZHU Jun,WANG Zhong,JIN Yufei,JIN Huaijian,WANG Yingbo,LIU Mingyong,FAN Weili,LIU Peng,ZHAO Jianhua. The clinical application of microscope-assisted atlantoaxial arthrodesis with screw-rod system via posterior approach:modified Goel's procedure[J]. Zhonghua Jie Pou Yu Lin Chuang Za Zhi[Chin J Anat Clin(Article in Chinese;Abstract in Chinese and English)],2018,23(3):184-189.

DOI:10.3760/cma.j.issn.2095-7041.2018.03.003.}

[296] 张永峰，张世磊，袁斌，王哲，罗卓荆，闫铭．显微镜辅助下经椎间孔椎间融合微创治疗腰椎退变性疾病的临床疗效比较[J]．中华解剖与临床杂志，2018，23（3）：198-202．DOI：10.3760/cma.j.issn.2095-7041.2018.03.005．{ZHANG Yongfeng,ZHANG Shilei,YUAN Bin,WANG Zhe,LUO Zhuojing,YAN Ming. Clinical effects of microscope assisted minimal invasive surgery-transforaminal lumbar inter-body fusion in the treatment of lumbar degenerative disease[J]. Zhonghua Jie Pou Yu Lin Chuang Za Zhi[Chin J Anat Clin(Article in Chinese;Abstract in Chinese and English)],2018,23(3):198-202. DOI:10.3760/cma.j.issn.2095-7041.2018.03.005.}

[297] 刘鹏飞，张文志，贺瑞，李旭，段丽群．显微镜辅助下颈前路精细化减压治疗脊髓型颈椎病的临床研究[J]．中华解剖与临床杂志，2018，23（3）：203-208．DOI：10.3760/cma.j.issn.2095-7041.2018.03.006．{LIU Pengfei,ZHANG Wenzhi,HE Rui,LI Xu,DONG Liqun. Clinical research of elaborative decompression under microscope through anterior cervical approach in the treatment of cervical spondylotic myelopathy[J]. Zhonghua Jie Pou Yu Lin Chuang Za Zhi[Chin J Anat Clin(Article in Chinese;Abstract in Chinese and English)],2018,23(3):203-208. DOI:10.3760/cma.j.issn.2095-7041.2018.03.006.}

[298] 张锋，张文志，段丽群，李旭，贺瑞，黄炎，葛畅，蔡海平．通道显微镜下颈后路椎间孔扩大成形术治疗单节段神经根型颈椎病的临床疗效[J]．中华解剖与临床杂志，2018，23（3）：209-213．DOI：10.3760/cma.j.issn.2095-7041.2018.03.007．{ZHANG Feng,ZHANG Wenzhi,DONG Liqun,LI Xu,HE Rui,HUANG Yan,GE Chang,CAI Haiping. Clinical outcomes of minimally invasive posterior cervical foraminotomy for single segment cervical spondylotic radiculopathy[J]. Zhonghua Jie Pou Yu Lin Chuang Za Zhi[Chin J Anat Clin(Article in Chinese;Abstract in Chinese and English)],2018,23(3):209-213. DOI:10.3760/cma.j.issn.2095-7041.2018.03.007.}

[299] 姜畅，杨群，刘阳，王博，张锐，杨军．显微镜辅助下经固定通道手术治疗巨大游离脱垂型腰椎间盘突出症的疗效分析[J]．中华解剖与临床杂志，2018，23（3）：214-218．DOI：10.3760/cma.j.issn.2095-7041.2018.03.008．{JIANG Chang,YANG Qun,LIU Yang,WANG Bo,ZHANG Rui,YANG Jun. Effects analysis of massive sequestrated prolapse of lumbar disc herniation assisted by microscope via fixed channel[J]. Zhonghua Jie Pou Yu Lin Chuang Za Zhi[Chin J Anat Clin(Article in Chinese;Abstract in Chinese and English)],2018,23(3):214-218. DOI:10.3760/cma.j.issn.2095-7041.2018.03.008.}

[300] 刘阳，姜畅，杨群，马凯，李利南，王博，杨军．显微镜辅助下固定通道手术治疗腰椎间盘突出症的临床疗效分析[J]．中华解剖与临床杂志，2018，23（3）：219-222．DOI：10.3760/cma.j.issn.2095-7041.2018.03.009．{LIU Yang,JIANG Chang,YANG Qun,MA Kai,LI Linan,WANG Bo,YANG Jun. Clinical analysis of surgical treatment of lumbar disc herniation by microscope combined with fixed channel[J]. Zhonghua Jie Pou Yu Lin Chuang Za Zhi[Chin J Anat Clin(Article in Chinese;Abstract in Chinese and English)],2018,23(3):219-222. DOI:10.3760/cma.j.issn.2095-7041.2018.03.009.}

[301] 田汝辉，陈慧兴，赵亮宇，杨超，李朋，万众，黄煜华，智二磊，刘纳川，姚晨成，汪小波，薛云婧，公跃华，洪艳，李铮．显微镜下精索静脉结扎术治疗非梗阻性无精子症伴精索静脉曲张的疗效与安全性[J]．中华医学杂志，2018，98（46）：3737-3740．DOI：10.3760/cma.j.issn.0376-2491.2018.46.003．{TIAN Ruhui,CHEN Huixing,ZHAO Liangyu,YANG Chao,LI Peng,WAN Zhong,HUANG Yuhua,ZHI Donglei,LIU Nachuan,YAO Chencheng,WANG Xiaobo,XUE Yunjing,GONG Yuehua,HONG Yan,LI zheng. Efficacy and safety study of microsurgical varicocelectomy in the treatment of non-obstructive azoospermia with varicocele[J]. Zhonghua Yi Xue Za Zhi[Natl Med J China(Article in Chinese;Abstract in Chinese and English)],2018,98(46):3737-3740. DOI:10.3760/cma.j.issn.0376-2491.2018.46.003.}

[302] 唐松喜，周辉良，丁一郎，杨鹏，陈强，陈希．显微镜下单针缝线纵向套叠输精管-附睾吻合术的复通率影响因素分析及失败原因探讨[J]．中华医学杂志，2018，98（46）：3741-3745．DOI：10.3760/cma.j.issn.0376-2491.2018.46.004．{TANG Songxi,ZHOU Huiliang,DING Yilang,YANG Peng,CHEN Qiang,CHEN Xi. Retrospective analysis of factors affecting patency rates and causes of failure in use of single-armed two-suture microsurgical vasoepididymostomy[J]. Zhonghua Yi Xue Za Zhi[Natl Med J China(Article in Chinese;Abstract in Chinese and English)],2018,98(46):3741-3745. DOI:10.3760/cma.j.issn.0376-2491.2018.46.004.}

[303] 张斌，邹华，孔维军，王翀，伍富俊，叶盛，王信，敖俊．Mini-open后路显微镜下椎管减压治疗伴重度椎管狭窄的胸腰椎爆裂性骨折[J]．中国修复重建外科杂志，2018，32（4）：468-475．DOI：10.7507/1002-1892.201711052．{ZHANG Bin,ZOU Hua,KONG Weijun,WANG Li,WU Fujun,YE Sheng,WANG Xin,AO Jun. Decompression by mini-open posterior approach assisted with microscope for thoracolumbar burst fracture with severe spinal canal stenosis[J]. Zhongguo Xiu Fu Chong Jian Wai Ke Za Zhi[Chin J Repar Reconstr Surg(Article in Chinese;Abstract in Chinese and English)],2018,32(4):468-475. DOI:10.7507/1002-1892.201711052.}

[304] 王晶，杜江，梁耀中，卢陈欢，朱铠睿，江宓翁，余慧欢．显微镜辅助经前路颈椎间盘切除融合术治疗颈椎病37例[J]．中华显微外科杂志，2019，42（3）：241-245．DOI：10.3760/cma.j.issn.1001-2036.2019.03.008．{WANG Jing,DU Jiang,LIANG Yaozhong,LU Chenhuan,ZHU Kailui,JIANG Miweng,YU Huihuan. The efficacy of microscope-assisted anterior cervical discectomy and fusion with cervical spondylosis for 37 cases[J]. Zhonghua Xian Wei Wai Ke Za Zhi[Chin J Microsurg(Article in Chinese;Abstract in Chinese and English)],2019,42(3):241-245. DOI:10.3760/cma.j.issn.1001-2036.2019.03.008.}

[305] 薛云涛，丁涛，杨惠林，顾晓峰，冯德宏，张亚峰，刘浩，汤峰林，汪晚怡，陆淼．微显镜下over-the-top技术治疗腰椎管狭窄症[J]．中国矫形外科杂志，2019，27（13）：1233-1235．DOI：10.3977/j.issn.1005-8478.2019.13.18．{XUE Yuntao,DING Tao,YANG Huilin,GU Xiaofeng,FENG Dehong,ZHANG Yafeng,LIU Hao,TANG Fenglin,WANG Wanyi,LU Miao. Treatment of lumbar spinal canal stenosis with over-the-top technique under microscope[J]. Zhongguo Jiao Xing Wai Ke Za Zhi[Orthop J China(Article in Chinese;Abstract in Chinese and English)],2019,27(13):1233-1235. DOI:10.3977/j.issn.1005-8478.2019.13.18.}

[306] 姜福全，时景伟，刘明，孔庆阔，晋学飞．引带静脉结扎对显微镜下精索静脉结扎术的影响[J]．中华实验外科杂志，2019，36(5)：971-972．DOI：10.3760/cma.j.issn.1001-9030.2019.05.063．{JIANG Fuquan,SHI Jingwei,LIU Ming,KONG Qingkuo,JIN Xuefei. Effect of ligation of lead vein on microscopic ligation of spermatic vein[J]. Zhonghua Shi Yan Wai Ke Za Zhi[Chin J Exp Surg(Article in Chinese;No abstract available)],2019,36(5):971-972. DOI:10.3760/cma.j.issn.1001-9030.2019.05.063.}

[307] 丁哲昱，王清，鲁晓杰，李兵，钱心炜．经颞下锁孔硬膜下入路神经内镜与显微镜显露后颅窝的解剖学对比研究[J]．中华神经外科杂志，2019，35（12）：1266-1270．DOI：10.3760/cma.j.issn.1001-2346.2019.12.017．{DING Zhicheng,WANG Qing,LU Xiaojie,LI Bing,QIAN Xinwei. A comparative study of endoscopy and microscopy in exposure of posterior fossa through the intradural subtemporal keyhole approach[J]. Zhonghua Shen Jing Wai Ke Za Zhi[Chin J Neurosurg(Article in Chinese;Abstract in Chinese and English)],2019,35(12):1266-1270. DOI:10.3760/cma.j.issn.1001-2346.2019.12.017.}

[308] 蒋伟宇，陈丹果，胡旭栋，陈云琳，许楠健，阮超越，王扬，徐顶立，马维虎．显微镜下徒手磨钻置钉与徒手手钻置钉治疗不稳定寰椎爆裂骨折的疗效比较[J]．中华创伤杂志，2019，35（11）：991-997．DOI：10.3760/cma.j.issn.1001-8050.2019.11.006．{JIANG Weiyu,CHEN Danguo,HU Xudong,CHEN Yunlin,XU Nanjian,RUAN Chaoyue,WANG Yang,XU Dingli,MA Weihu. Efficacy comparison between microscope-assisted atlantal pedicle screw placement by hand and drill for unstable atlas burst fracture[J]. Zhonghua Chuang Shang Za Zhi[Chin J Trauma(Article in Chinese;Abstract in Chinese and English)],2019,35(11):991-997. DOI:10.3760/cma.j.issn.1001-8050.2019.11.006.}

[309] 王洪伟，高飞，段洪凯，赵湘军，孙连星，郭现辉．显微镜辅助颈前路减压自锁式颈椎融合器治疗颈椎病20例[J]．中国微创外科杂志，2019，19（5）：455-457，461．DOI：10.3969/j.issn.1009-6604.2019.05.017．{WANG Hongwei,GAO Fei,DUAN Hongkai,ZHAO Xiangjun,SUN Lianxing,GUO Xianhui. Treatment of 20 cases of cervical spondylosis with microscope-assisted anterior cervical decompression and self-locking cervical fusion cage[J]. Zhongguo Wei Chuang Wai Ke Za Zhi[Chin J Minim Inva Surg(Article in Chinese;No abstract available)],2019,19(5):455-457,461. DOI:10.3969/j.issn.1009-6604.2019.05.017.}

[310] 林国中，马长城，吴超．显微镜下微通道锁孔技术在椎管肿物手术中的应用[J]．中国微创外科杂志，2019，19(6)：494-497．DOI：10.3969/j.issn.1009-6604.2019.06.004．{LIN Guozhong,MA Changcheng,WU Chao. Application of microchannel keyhole approach microscopic operation for intraspinal tumors[J]. Zhongguo Wei Chuang Wai Ke Za Zhi[Chin J Minim Inva Surg(Article in Chinese;Abstract in Chinese and English)],2019,19(6):494-497. DOI:10.3969/j.issn.1009-6604.2019.06.004.}

[311] 段洪凯，王洪伟，高飞，赵湘军，刘晓强，钟章华，谷昌伟，李铠湘，郭现辉．显微镜辅助经可扩张通道锁孔技术治疗神经根型颈椎病10例[J]．中国微创外科杂志，2019，19（9）：849-852．DOI：10.3969/j.issn.1009-6604.2019.09.020．{DUAN Hongkai,WANG Hongwei,GAO Fei,ZHAO Xiangjun,LIU Xiaoqiang,ZHONG Zhanghua,GU Changhui,LI Jiexiang,GUO Xianhui. Treatment of cervical spondylotic radiculopathy with microscope-assisted keyhole technique through expandable channel:a report of 10 cases[J]. Zhongguo Wei Chuang Wai Ke Za Zhi[Chin J Minim Inva Surg(Article in Chinese;Abstract in Chinese)],2019,19(9):849-852. DOI:10.3969/j.issn.1009-6604.2019.09.020.}

[312] 卢文灿，莫家栋，陈奋勇，段春光，杨阳，陶惠人，仉建国．显微镜在微创经椎间孔腰椎椎体间融合术中的应用价值[J]．中华骨与关节外科杂志，2019，12（7）：509-514．DOI：10.3969/j.issn.2095-9958.2019.07.04．{LU Wencan,MO Jiadong,CHEN Fenyong,DUAN Chunguang,YANG Yang,TAO Huiren,ZHANG Jianguo. Effect of microscope in minimally invasive transforaminal lumbar interbody fusion surgery[J]. Zhonghua Gu Yu Guan Jie Wai Ke Za Zhi[Chin J Bone Joint Surg(Article in Chinese;Abstract in Chinese and English)],2019,12(7):509-514. DOI:10.3969/j.issn.2095-9958.2019.07.04.}

[313] 廉克强，王忠仁，张晨冲，周园家．显微镜辅助下经通道固定融合术治疗腰椎间盘突出症[J]．临床骨科杂志，2019，22(5)：530-532，535．DOI：10.3969/j.issn.1008-0287.2019.05.007．{LIAN Keqiang,WANG Zhongren,ZHANG Chenchong,ZHOU Yuanjia. Microscopically assisted trans-channel fixation fusion for the treatment of lumbar disc herniation[J]. Lin Chuang Gu Ke Za Zhi[J Clin Orthop(Article in Chinese;Abstract in Chinese and English)],2019,22(5):530-532,535. DOI:10.3969/j.issn.1008-0287.2019.05.007.}

[314] 聂治军，张文芳，袁启令，常彦海．显微镜辅助下微创经椎间孔腰椎间融合术治疗单节段腰椎滑脱症的疗效观察[J]．中华解剖与临床杂志，2019，24（3）：257-262．DOI：10.3760/cma.j.issn.2095-7041.2019.03.011．{NIE Zhijun,ZHANG Wenfang,YUAN Qiling,CHANG Yanhai. Effects observation of microscope-assisted minimally invasive transforaminal lumbar interbody fusion in the treatment of single-segment spondylolisthesis[J]. Zhonghua Jie Pou Yu Lin Chuang Za Zhi[Chin J Anat Clin(Article in Chinese;Abstract in Chinese and English)],2019,24(3):257-262. DOI:10.3760/cma.j.issn.2095-7041.2019.03.011.}

[315] 秦勇，魏梁锋，丁陈禹，肖德勇，袁邦清，林昆哲，王守森．鞍底开窗对显微镜下经蝶入路垂体腺瘤切除术的影响[J]．中国临床解剖学杂志，2020，38（2）：212-216．DOI：10.13418/j.issn.1001-165x.2020.02.022．{QIN Yong,WEI Liangfeng,DING Chenyu,XIAO Deyong,YUAN Bangqing,LIN Kunzhe,WANg Shousen. Influence of the sellar floor fenestration on the endonasal transsphenoidal surgery for pituitary adenoma under the microscope[J]. Zhongguo Lin Chuang Jie Pou Xue Za Zhi[Chin J Clin Anat(Article in Chinese;Abstract in Chinese and English)],2020,38(2):212-216. DOI:10.13418/j.issn.1001-165x.2020.02.022.}

[316] 葛畅，方璜，蔡海平，张文志．显微镜辅助椎板椎间孔切开术治疗神经根型颈椎病[J]．中国矫形外科杂志，2020，28（11）：876-880．DOI：10.3977/j.issn.1005-8478.2020.11.03．{GE Chang,FANG Huang,CAI Haiping,ZHANG Wenzhi. Microscopy-assisted posterior laminoforaminotomy for cervical spondylotic radiculopathy[J]. Zhongguo Jiao Xing Wai Ke Za Zhi[Orthop J China(Article in Chinese;Abstract in Chinese and English)],2020,28(11):876-880. DOI:10.3977/j.issn.1005-8478.2020.11.03.}

[317] 韩志桐，张瑞剑，王忠，陈云照，张义松，赵卫平，安惠韬，张晓军．神经导航辅助下内镜和显微镜治疗高血压脑出血的效果比较[J]．中华实验外科杂志，2020，37（4）：742-744．DOI：10.3760/cma.j.cn421213-20190910-01370．{HAN Zhitong,ZHANG Ruijian,WANGg Zhong,CHEN Yunzhao,ZHANG Yisong,ZHAO Weiping,An Huitao,ZHANG Xiaojun. Comparison of endoscopic and microscopic treatment of hypertensive intracerebral hemorrhage with neuronavigation[J]. Zhonghua Shi Yan Wai Ke Za Zhi[Chin J Exp Surg(Article in Chinese;Abstract in Chinese and English)],2020,37(4):742-744. DOI:10.3760/cma.j.cn421213-20190910-01370.}

[318] 贾贵军，吉宏明，闫晓鹏，张刚利，吉磊．显微镜下微创通道手术切除腰椎椎管内占位性病变的疗效[J]．中华神经外科杂志，2020，36（6）：607-611．DOI：10.3760/cma.j.cn112050-20200101-00002．{JIA Guijun,JI Hongming,YAN Xiaopeng,ZHANG Gangli,JI lei. Efficacy of microsurgical resection of lumbar intraspinal lesions using minimally invasive tubular retractor system[J]. Zhonghua Shen Jing Wai Ke Za Zhi[Chin J Neurosurg(Article in Chinese;Abstract in Chinese and English)],2020,36(6):607-611. DOI:10.3760/cma.j.cn112050-20200101-00002.}

[319] 林国中，马长城，吴超．显微镜下微通道锁孔技术切除脊髓腹侧肿瘤[J]．中国微创外科杂志，2020，20(1)：52-54，57．DOI：10.3969/j.issn.1009-6604.2020.01.013．{LIN Guozhong,MA Changcheng,WU Chao. Microscopic resection of ventral intradural spinal cord tumors through microchannel keyhole approach[J]. Zhongguo Wei Chuang Wai Ke Za Zhi[Chin J Minim Inva Surg(Article in Chinese;Abstract in Chinese and English)],2020,20(1):52-54,57. DOI:10.3969/j.issn.1009-6604.2020.01.013.}

[320] 聂治军，袁启令，张文芳，李全义，常彦海．显微镜辅助下微创与开放经椎间孔腰椎间融合术治疗单节段腰椎退行性疾病的疗效比较[J]．中华骨与关节外科杂志，2020，13（3）：219-224．DOI：10.3969/j.issn.2095-9958.2020.03.08．{NIE Zhijun,YUAN Qiling,ZHANG Wenfang,LI Quanyi,CHANG Yanhai. Comparison of microscope-assisted minimally invasive and open transforaminal lumbar interbody fusion in the treatment of single segmental lumbar degenerative diseases[J]. Zhonghua Gu Yu Guan Jie Wai Ke Za Zhi[Chin J Bone Joint Surg(Article in Chinese;Abstract in Chinese and English)],2020,13(3):219-224. DOI:10.3969/j.issn.2095-9958.2020.03.08.}

1.4.1.2 手术放大镜
operating loupe

[321] 谭瑞诚．介绍一种额式手术放大镜[J]．中华外科杂志，1981，19（3）：146．{TAN Ruicheng. Introduction of a frontal surgical magnifier[J]. Zhonghua Wai Ke Za Zhi[Chin J Surg(Article in Chinese;No abstract available)],1981,19(3):146.}

[322] 李明，王爱莲．推荐"带无影光源的解剖放大镜"[J]．临床解剖学杂志，1986，4（1）：64.

DOI：10.13418/j.issn.1001-165x.1986.01.028. {LI Ming,WANG Ailian. Recommend "anatomical magnifying glass with shadowless light source"[J]. Lin Chuang Jie Pou Xue Za Zhi[J Clin Anat(Article in Chinese;No abstract available)],1986,4(1):64. DOI:10.13418/j.issn.1001-165x.1986.01.028.}

[323] 李炎唐．在手术放大镜下作尸体肾血管修整 [J]．中华器官移植杂志，1993，14（2）：61-62．DOI：10.3760/cma.j.issn.0254-1785.1993.02.007．{LI Yantang. Reconstruction Procedures on the Donor Kidney Vessels with Operation Magnifier[J]. Zhonghua Qi Guan Yi Zhi Za Zhi[Chin J Organ Transplant(Article in Chinese;No abstract available)],1993,14(2):61-62. DOI:10.3760/cma.j.issn.0254-1785.1993.02.007.}

[324] 黄方涛，陈健．应用手术放大镜施行输精管吻合术 61 例 [J]．中华显微外科杂志，2002，25（2）：157-158．DOI：10.3760/cma.j.issn.1001-2036.2002.02.039．{HUANG Fangtao,CHEN Jian. Vasovasostomy with surgical magnifying glass:a report of 61 cases[J]. Zhonghua Xian Wei Wai Ke Za Zhi[Chin J Microsurg(Article in Chinese;Abstract in Chinese)],2002,25(2):157-158. DOI:10.3760/cma.j.issn.1001-2036.2002.02.039.}

[325] 刘沂，李晋，于一民，黄载国．应用双目放大镜下微创手术治疗腰椎间盘突出症 [J]．中华显微外科杂志，2008，31(1)：52-53．DOI：10.3760/cma.j.issn.1001-2036.2008.01.019．{LIU Yi,LI Jin,YU Yimin,HUANG Zaiguo. Minimally invasive surgery under binocular magnification for the treatment of lumbar disc herniation[J]. Zhonghua Xian Wei Wai Ke Za Zhi[Chin J Microsurg(Article in Chinese;Abstract in Chinese)],2008,31(1):52-53. DOI:10.3760/cma.j.issn.1001-2036.2008.01.019.}

[326] 田伟，韩骁，何达，刘波，李志宇，马赛，于杰，阎凯，靳培浩．手术显微镜与放大镜辅助下腰椎间盘摘除技术临床效果的比较 [J]．中华骨科杂志，2011，31（10）：1132-1137．DOI：10.3760/cma.j.issn.0253-2352.2011.10.025．{TIAN Wei,HAN Xiao,HE Da,LIU Bo,LI Zhiyu,MA Sai,YU Jie,YAN Kai,JIN Peihao. Clinical results following microsurgical discectomy:comparison of microscope and loupes[J]. Zhonghua Gu Ke Za Zhi[Chin J Orthop(Article in Chinese;Abstract in Chinese and English)],2011,31(10):1132-1137. DOI:10.3760/cma.j.issn.0253-2352.2011.10.025.}

[327] 温世锋，尹庆水，李菊根，郭东明，徐中和，肖文德，陈珊茗，张光明．放大镜辅助与常规开放颈椎前路减压治疗脊髓型颈椎病临床效果的比较 [J]．中华显微外科杂志，2013，36（3）：232-236．DOI：10.3760/cma.j.issn.1001-2036.2013.03.007．{WEN Shifeng,YIN Qingshui,LI Jugen,GUO Dongming,XU Zhonghe,XIAO Wende,CHEN Shanming,ZHANG Guangming. Clinical results following anterior cervical decompression for the treatment of cervical spondylotic myelopathy:comparison of loupes and traditional methods[J]. Zhonghua Xian Wei Wai Ke Za Zhi[Chin J Microsurg(Article in Chinese;Abstract in Chinese and English)],2013,36(3):232-236. DOI:10.3760/cma.j.issn.1001-2036.2013.03.007.}

[328] 谢湘涛，胡朝晖．放大镜下颈胸段原发性椎管内肿瘤切除术 112 例报告 [J]．中国微创外科杂志，2019，19（11）：1007-1011．DOI：10.3969/j.issn.1009-6604.2019.11.013．{XIE Xiangtao,HU Chaohui. Resection of primary intraspinal tumors in cervicothoracic region under magnifying glass:report of 112 cases[J]. Zhongguo Wei Chuang Wai Ke Za Zhi[Chin J Minim Inva Surg(Article in Chinese;Abstract in Chinese and English)],2019,19(11):1007-1011. DOI:10.3969/j.issn.1009-6604.2019.11.013.}

1.4.2 显微外科手术器械
microsurgical instruments

[329] 陈荣殿，喻义永，徐振宽．一种新的血管吻合侧壁钳 [J]．中华外科杂志，1957，5（12）：955-956．{CHEN Rongdian,YU Yiyong,XU Zhenkuan. A new lateral wall forceps for vascular anastomosis[J]. Zhonghua Wai Ke Za Zhi[Chin J Surg(Article in Chinese;No abstract available)],1957,5(12):955-956.}

[330] 崔之义，冯友贤，汤钊猷，陈长春，应越英．国产纺绸（丝织物）作人造血管的动物实验 [J]．中华外科杂志，1961，9(1)：37-40．{CUI Zhiyi,FENG Youxian,TANG Zhaoyou,CHEN Changchun,YING Yueying. Animal experiment of domestic spinning (silk fabric) as artificial blood vessel[J]. Zhonghua Wai Ke Za Zhi[Chin J Surg(Article in Chinese;No abstract available)],1961,9(1):37-40.}

[331] 崔之义，冯友贤，汤钊猷，陈稼．纺绸（丝织物）人造血管移植治疗动脉疾患 5 例报告 [J]．中华外科杂志，1961，9（1）：40-43．{CUI Zhiyi,FENG Youxian,TANG Zhaoyou,CHEN Jia. Textile (silk fabric) artificial vascular graft in the treatment of arterial diseases:a report of 5 cases[J]. Zhonghua Wai Ke Za Zhi[Chin J Surg(Article in Chinese;No abstract available)],1961,9(1):40-43.}

[332] 冯友贤，余业勤，汤钊猷，崔之义．纺绸（丝织物）修补巨大腹壁缺损 5 例报告 [J]．中华外科杂志，1961，9（1）：43-45．{FENG Youxian,YU Yeqin,TANG Zhaoyou,CUI Zhiyi. Repair of huge abdominal wall defect with spinning (silk fabric):a report of 5 cases[J]. Zhonghua Wai Ke Za Zhi[Chin J Surg(Article in Chinese;No abstract available)],1961,9(1):43-45.}

[333] 冯友贤，余业勤，陈长春，汤钊猷，崔之义．纺绸修补巨大腹壁缺损 [J]．中华外科杂志，1963，11（5）：386-388．{FENG Youxian,YU Yeqin,CHEN Changchun,TANG Zhaoyou,CUI Zhiyi. Repair of huge abdominal wall defect with spun silk[J]. Zhonghua Wai Ke Za Zhi[Chin J Surg(Article in Chinese;No abstract available)],1963,11(5):386-388.}

[334] 蔡迺哲．介绍几种简单的小血管吻合器械 [J]．中华外科杂志，1964，12（8）：794-795．{CAI Naizhe. This paper introduces several simple instruments for small vascular anastomosis[J]. Zhonghua Wai Ke Za Zhi[Chin J Surg(Article in Chinese;No abstract available)],1964,12(8):794-795.}

[335] 汤钊猷，陈稼，李建明，陈长春，余业勤，冯友贤，崔之义，沈彼得．小血管外科器械用品的研究 Ⅰ、小血管缝线的研究 [J]．中华外科杂志，1965，13（10）：917-920．{TANG Zhaoyou,CHEN Jia,LI Jianming,CHEN Changchun,YU Yeqin,FENG Youxian,CUI Zhiyi,SHEN Bide. Studies on surgical instruments for small vessels Ⅰ. Study on small vessels sutures[J]. Zhonghua Wai Ke Za Zhi[Chin J Surg(Article in Chinese;No abstract available)],1965,13(10):917-920.}

[336] 汤钊猷，李建明，余业勤，冯友贤，崔之义，沈彼得，罗野生．Ⅱ．介绍小血管手术常用器械 [J]．中华外科杂志，1965，13（10）：921-923．{TANG Zhaoyou,LI Jianming,YU Yeqin,FENG Youxian,CUI Zhiyi,SHEN Bide,LUO Ye. II. Introduce the commonly used instruments for small vessel surgery[J]. Zhonghua Wai Ke Za Zhi[Chin J Surg(Article in Chinese;No abstract available)],1965,13(10):921-923.}

[337] 中山医学院第一附属医院骨科．从血管的显微损伤论小血管缝合的器械和技术 [J]．中华外科杂志，1978，16（1）：12-15．{Department of Orthopaedics,First Affiliated Hospital of Sun Yat Sen University. Discussion on the instruments and techniques of small vessel suture from the microdamage of blood vessels[J]. Zhonghua Wai Ke Za Zhi[Chin J Surg(Article in Chinese;No abstract available)],1978,16(1):12-15.}

[338] 臧人和，刘文耀，武健，宋家伦，孙士高．几种自制的显微神经外科器械和用具 [J]．中华外科杂志，1979，17（3）：207-208．{LI Renhe,LIU Wenyao,WU Jian,SONG Jialun,SUN Shigao. Several self-made microneurosurgical instruments and appliances[J]. Zhonghua Wai Ke Za Zhi[Chin J Surg(Article in Chinese;No abstract available)],1979,17(3):207-208.}

[339] 刘英炳，陈受谦，杨恒文，刘怀林，谭正中，吴滋峰．73-2 型血管吻合器的动物实验和临床应用 [J]．解放军医学杂志，1979，4（2）：76-80，131．{LIU Yingbing,CHEN Shouqian,YANG Hengwen,LIU Huailin,TAN Zhengzhong,WU Zifeng. Animal experiment and clinical application of Type 73-2 vascular anastomat[J]. Jie Fang Jun Yi Xue Za Zhi[Med J Chin PLA(Article in Chinese;No abstract available)],1979,4(2):76-80,131.}

[340] 杨文质．三项医疗器械小革新 [J]．中华泌尿外科杂志，1980，1（4）：229．{YANG Wenzhi. Three minor innovations in medical devices[J]. Zhonghua Mi Niao Wai Ke Za Zhi[Chin J Urol(Article in Chinese;No abstract available)],1980,1(4):229.}

[341] 谭瑞诚．介绍一种额式手术放大镜 [J]．医卫通讯，1980，8（1）：66．{TAN Ruicheng. Introduction of a frontal surgical magnifier[J]. Yi Wei Tong Xun [Med Heal Comm(Article in Chinese;No abstract available)],1980,8(1):66.}

[342] 臧人和，刘文耀，雪来提，徐基义．手术显微镜紫外线消毒器 [J]．中华神经外科杂志，1985，1（4）：254-255．{ZANG Renhe,LIU Wenyao,XUE Laiti,XU Jiyi. Operation microscope ultraviolet sterilizer[J]. Zhong Hua Shen Jing Wai Ke Za Zhi[Chin J Neurosurg(Article in Chinese;No abstract available)],1985,1(4):254-255.}

[343] 侯春林，盛志坚，卢建熙，曹梅讯，吴清基．几丁质缝合线体内吸收的实验研究 [J]．第二军医大学学报，1994，15：452-453．{HOU Chunlin,SHENG Zhijian,LU Jianxi,CAO Meixun,WU Qingji. In vivo absorption of chitin suture:an experimental study[J]. Di Er Jun Yi Da Xue Xue Bao[Acad J Sec Mil Med Univ(Article in Chinese;No abstract available)],1994,15:452-453.}

[344] 王振军．机械缝合器械使用中存在的问题及其预防和处理 [J]．中国实用外科杂志，2007，27（12）：1011-1013．DOI：10.3321/j.issn：1005-2208.2007.12.027．{WANG Zhenjun. Problems existing in the use of mechanical suture instruments and their prevention and treatment[J]. Zhongguo Shi Yong Wai Ke Za Zhi[Chin J Pract Surg(Article in Chinese;No abstract available)],2007,27(12):1011-1013. DOI:10.3321/j.issn:1005-2208.2007.12.027.}

[345] 胡玮，顾汉卿．美国医疗器械标准简介 [J]．中国修复重建外科杂志，2007，21（11）：1263-1267．{HU Wei,GU Hanqing. Standards used in the regulation of medical device in usa[J]. Zhongguo Xiu Fu Chong Jian Wai Ke Za Zhi[Chin J Repar Reconstr Surg(Article in Chinese;Abstract in Chinese)],2007,21(11):1263-1267.}

[346] 董帅，蔡喜雨，朱征威．吻合血管游离腓骨移植治疗股骨头缺血性坏死技术总结及手术器械改进 [J]．中国修复重建外科杂志，2017，31（2）：129-133．DOI：10.7507/1002-1892.201608131．{DONG Shuai,CAI Xiyu,ZHU Zhengwei. Technical summary and modified instruments of free vascularized fibular grafting for osteonecrosis of femoral head[J]. Zhongguo Xiu Fu Chong Jian Wai Ke Za Zhi[Chin J Repar Reconstr Surg(Article in Chinese;Abstract in Chinese)],2017,31(2):129-133. DOI:10.7507/1002-1892.201608131.}

[347] 韩倩倩，李茂，王春仁，杨昭鹏．医用增材制造医疗器械的质控重点与标准化工作进展 [J]．组织工程与重建外科杂志，2018，14（3）：121-122，135．DOI：10.3969/j.issn.1673-0364.2018.03.001．{HAN Qianqian,LI Mao,WANG Chunren,YANG Zhaopeng. The Progress of Standardization and Quality Control of Additive Manufacturing Medical Device[J]. Zu Zhi Gong Cheng Yu Chong Jian Wai Ke Za Zhi[J Tissue Eng Reconstr Surg(Article in Chinese;No abstract available)],2018,14(3):121-122,135. DOI:10.3969/j.issn.1673-0364.2018.03.001.}

[348] 寇文剑，李栋正，杨淑红，朱燕宾，吕红芝，徐昊鹏，张英泽．新型冠状病毒疫情期间骨科患者手术器械消毒灭菌与管理的流程与策略 [J]．中华创伤骨科杂志，2020，22（5）：416-421．DOI：10.3760/cma.j.cn115530-20200306-00149．{KOU Wenjian,LI Dongzheng,YANG Shuhong,ZHU Yanbin,LV Hongzhi,XU Haopeng,ZHANG Yingze. Procedures and strategies for sterilization and management of surgical instruments for patients with orthopaedic trauma during COVID-19 epidemic[J]. Zhonghua Chuang Shang Gu Ke Za Zhi[Chin J Orthop Trauma(Article in Chinese;Abstract in Chinese)],2020,22(5):416-421. DOI:10.3760/cma.j.cn115530-20200306-00149.}

1.4.3 显微缝合（吻合）材料与方法
materials and methods of microsurgical suture(microsurgical anastomosis)

[349] 陆裕朴，石凯军，邵振海，潘建华，李稔生．小动脉缝合方法和缝合材料的研究 [J]．中华外科杂志，1964，12（z1）：267-269．{LU Yupu,SHI Kaijun,SHAO Zhenhai,PAN Jianhua,LI Rensheng. Study on suture methods and suture materials of arterioles[J]. Zhonghua Wai Ke Za Zhi[Chin J Surg(Article in Chinese;Abstract in Chinese)],1964,12(z1):267-269.}

[350] 陈卫平，高学书，何清濂．微小血管吻合技术培训方法体会 [J]．修复重建外科杂志，1990，4（2）：108．{CHEN Weiping,GAO Xueshu,HE Qinglian. Experience in training methods of microvascular anastomosis[J]. Zhongguo Xiu Fu Chong Jian Wai Ke Za Zhi[Chin J Repar Reconstr Surg(Article in Chinese;No abstract available)],1990,4(2):108.}

[351] 佟小光．显微神经外科微小血管吻合技术培训方法 [J]．中华神经外科杂志，2009，25（2）：185-187．DOI：10.3760/cma.j.issn.1001-2346.2009.02.033．{TONG Xiaoguang. Training methods of microvascular anastomosis in microneurosurgery[J]. Zhonghua Shen Jing Wai Ke Za Zhi[Chin J Neurosurg(Article in Chinese;No abstract available)],2009,25(2):185-187. DOI:10.3760/cma.j.issn.1001-2346.2009.02.033.}

[352] 蔡振刚．显微外科微血管吻合训练方法研究进展 [J]．中国普通外科杂志，2017，26（12）：1618-1622．DOI：10.3978/j.issn.1005-6947.2017.12.017．{CAI Zhengang. Progress of microsurgical training methods for microvascular anastomosis[J]. Zhongguo Pu Tong Wai Ke Za Zhi[Chin J Gen Surg(Article in Chinese;Abstract in Chinese)],2017,26(12):1618-1622. DOI:10.3978/j.issn.1005-6947.2017.12.017.}

[353] 刘思怡，谭金海，陶圣祥．基于虚拟现实技术的显微血管吻合虚拟手术系统的研究 [J]．中华实验外科杂志，2018，35（1）：53-57．DOI：10.3760/cma.j.issn.1001-9030.2018.01.019．{LIU Siyi,TAN Jinhai,TAO Shengxiang. Study on virtual surgery system of microvascular anastomosis based on virtual reality technology[J]. Zhonghua Shi Yan Wai Ke Za Zhi[Chin J Exp Surg(Article in Chinese;Abstract in Chinese)],2018,35(1):53-57. DOI:10.3760/cma.j.issn.1001-9030.2018.01.019.}

1.4.3.1 血管吻合器
devices for vascular anastomosis

[354] Liu L,Liu J,Zhu M,Hu S. Experimental study of one-shot vascular anastomostic device for proximal vein graft anastomoses[J]. Ann Thorac Surg,2006,82(1):303-306. doi:10.1016/j.athoracsur.2006.01.099.

[355] Zhang T,Lubek J,Salama A,Caccamese J,Coletti D,Dyalram D,Ord R. Venous anastomoses using microvascular coupler in free flap head and neck reconstruction[J]. J Oral Maxillofac Surg,2012,70(4):992-996. doi:10.1016/j.joms.2011.02.111.

[356] Zhang T,Dyalram-Silverberg D,Bui T,Caccamese JF Jr,Lubek JE. Analysis of an implantable venous anastomotic flow coupler:experience in head and neck free flap reconstruction[J]. Int J Oral Maxillofac Surg,2012,41(6):751-755. doi:10.1016/j.ijom.2012.03.002.

[357] Li R,Zhang R,He W,Qiao Y,Li W. The use of venous coupler device in free tissue transfers for oral and maxillofacial reconstruction[J]. J Oral Maxillofac Surg,2015,73(11):2225-2231. doi:10.1016/j.joms.2015.06.153.

[358] Assoumane A,Wang L,Liu K,Shang ZJ. Use of couplers for vascular anastomoses in 601 free flaps for reconstruction of defects of the head

and neck:technique and two-year retrospective clinical study[J]. Br J Oral Maxillofac Surg,2017,55(5):461-464. doi:10.1016/j.bjoms.2016.10.001.

[359] Wang WM,Huang L,Gao X,Yuan YX,Chen XQ,Jian XC. Use of a microvascular coupler device for end-to-side venous anastomosis in oral and maxillofacial reconstruction[J]. Int J Oral Maxillofac Surg,2018,47(10):1263-1267. doi:10.1016/j.ijom.2018.04.012.

[360] Wang J,Yao F,Yao J,Xu L,Qian JL,Shan LM. 21-versus 25-mm circular staplers for cervical anastomosis:a propensity-matched study[J]. J Surg Res,2020,246:427-434. doi:10.1016/j.jss.2019.09.021.

[361] Chen Z,Yu M,Huang S,Zhang S,Li W,Zhang D. Preliminary report of the use of a microvascular coupling device for arterial anastomoses in oral and maxillofacial reconstruction[J]. Br J Oral Maxillofac Surg,2020,58(2):194-198. doi:10.1016/j.bjoms.2019.11.011.

[362] Guo Z,Cui W,Hu M,Yu B,Han B,Li Y,Tang X,Li C,Li L. Comparison of hand-sewn versus modified coupled arterial anastomoses in head and neck reconstruction:a single operator's experience[J]. Int J Oral Maxillofac Surg,2020,49(9):1162-1168. doi:10.1016/j.ijom.2020.01.019.

[363] 方玉华，宁天枢，邓晓洪. 73-2型血管吻合器行精索静脉－腹壁下静脉转流术治疗精索静脉曲张[J]. 中华外科杂志，1988，26(4)：229. {FANG Yuhua,NING Tianshu,DENG Xiaohong. Spermatic-inferior epigastric vein anastomosis with type 73-2 vascular stapler for the treatment of varicocele[J]. Zhonghua Wai Ke Za Zhi[Chin J Surg(Article in Chinese;Abstract in Chinese)],1988,26(4):229.}

[364] 陈扬波，杨忠明，杨庆雄. 应用血管吻合器治疗四肢血管伤的体会[J]. 中国矫形外科杂志，2001，8(3)：267. DOI：10.3969/j.issn.1005-8478.2001.03.044. {CHEN Yangbo,YANG Zhongming,YANG Qingxiong. Experience in the treatment of vascular injuries of extremities with vascular stapler[J]. Zhongguo Jiao Xing Wai Ke Za Zhi[Orthop J China(Article in Chinese;Abstract in Chinese)],2001,8(3):267. DOI:10.3969/j.issn.1005-8478.2001.03.044.}

[365] 王东，郑灿镔，王洪刚，秦本刚，李平，劳镇国，顾立强，刘小林，朱庆棠. 微血管吻合器在口径不等血管吻合中的应用[J]. 中华显微外科杂志，2014，37(2)：106-109. DOI：10.3760/cma.j.issn.1001-2036.2014.02.002. {WANG Dong,ZHENG Canbin,WANG Honggang,QIN Bengang,LI Ping,LAO Zhenguo,GU Liqiang,LIU Xiaolin,ZHU Qingtang. The application of microvascular anastomotic device in microvascular anastomosis with diameter discrepancy[J]. Zhonghua Xian Wei Wai Ke Za Zhi[Chin J Microsurg(Article in Chinese;Abstract in Chinese)],2014,37(2):106-109. DOI:10.3760/cma.j.issn.1001-2036.2014.02.002.}

[366] 梁久龙，刘晓燕，黄威，时杰，邱涛，边志超，陶凯. 微血管吻合器在游离皮瓣修复下肢组织缺损中的应用[J]. 中华显微外科杂志，2014，37(2)：110-112. DOI：10.3760/cma.j.issn.1001-2036.2014.02.003. {LIANG Jiulong,LIU Xiaoyan,HUANG Wei,SHI Jie,QIU Tao,BIAN Zhichao,TAO Kai. The clinical valve of microvascular anastomotic devices in the repair defects of lower extremity with free flap[J]. Zhonghua Xian Wei Wai Ke Za Zhi[Chin J Microsurg(Article in Chinese;Abstract in Chinese)],2014,37(2):110-112. DOI:10.3760/cma.j.issn.1001-2036.2014.02.003.}

[367] 孙鹏，战杰，王思夏. 微血管吻合器在上肢血管损伤修复中的应用[J]. 中华显微外科杂志，2014，37(2)：113-115. DOI：10.3760/cma.j.issn.1001-2036.2014.02.004. {SUN Peng,ZHAN Jie,WANG Sixia. Application of microvascular anastomotic device in vascular injury of upper limb[J]. Zhonghua Xian Wei Wai Ke Za Zhi[Chin J Microsurg(Article in Chinese;Abstract in Chinese)],2014,37(2):113-115. DOI:10.3760/cma.j.issn.1001-2036.2014.02.004.}

[368] 张大明，张彬，王友元，李劲松，王建广，赵小朋，陈伟良. 微血管吻合器在头颈部缺损皮瓣移植静脉端端吻合中的应用[J]. 中华显微外科杂志，2014，37(2)：116-118. DOI：10.3760/cma.j.issn.1001-2036.2014.02.005. {ZHANG Daming,ZHANG Bin,WANG Youyuan,LI Jinsong,WANG Jianguang,ZHAO Xiaopeng,CHEN Weiliang. End-to-end venous anastomosis using the microvascular anastomotic in head and neck detects reconstruction with free flaps[J]. Zhonghua Xian Wei Wai Ke Za Zhi[Chin J Microsurg(Article in Chinese;Abstract in Chinese)],2014,37(2):116-118. DOI:10.3760/cma.j.issn.1001-2036.2014.02.005.}

[369] 张文超，张仑，王旭东，李威，刘晓楠. 微血管吻合器在游离皮瓣修复头颈部肿瘤性缺损中的初步应用[J]. 中华显微外科杂志，2014，37(2)：119-122. DOI：10.3760/cma.j.issn.1001-2036.2014.02.006. {ZHANG Wenchao,ZHANG Lun,WANG Xudong,LI Wei,LIU Xiaonan. The preliminary application of microvascular anastomotic device for free flap transfer in head and neck cancer patients with locally advanced lesion[J]. Zhonghua Xian Wei Wai Ke Za Zhi[Chin J Microsurg(Article in Chinese;Abstract in Chinese)],2014,37(2):119-122. DOI:10.3760/cma.j.issn.1001-2036.2014.02.006.}

[370] 孙涛，魏鹏，费剑荣，刘林海，王扬剑，陈薇薇，周晓玲，李学渊. 微血管吻合器对四肢血管损伤修复的疗效分析[J]. 中华显微外科杂志，2014，37(2)：123-125. DOI：10.3760/cma.j.issn.1001-2036.2014.02.007. {SUN Tao,WEI Peng,FEI Jianrong,LIU Linhai,WANG Yangjian,CHEN Weiwei,ZHOU Xiaoling,LI Xueyuan. Clinical effect analysis of the limb blood vessel reconstruction with microvascular anastomotic devices[J]. Zhonghua Xian Wei Wai Ke Za Zhi[Chin J Microsurg(Article in Chinese;Abstract in Chinese)],2014,37(2):123-125. DOI:10.3760/cma.j.issn.1001-2036.2014.02.007.}

[371] 王宇，嵇庆海，朱永学，黄彩平，孙国华，王玉龙，安勇，张凌，向俊. 游离股前外侧皮瓣修复头颈部肿瘤术后缺损中微血管吻合器的应用[J]. 中华显微外科杂志，2014，37(2)：166-167. DOI：10.3760/cma.j.issn.1001-2036.2014.02.018. {WANG Yu,JI Qinghai,ZHU Yongxue,HUANG Caiping,SUN Guohua,WANG Yulong,AN Yong,ZHANG Ling,XIANG Jun. Application of microvascular stapler in repairing of tissue defect after head and neck tumor operation with free anterolateral thigh flap[J]. Zhonghua Xian Wei Wai Ke Za Zhi[Chin J Microsurg(Article in Chinese;Abstract in Chinese)],2014,37(2):166-167. DOI:10.3760/cma.j.issn.1001-2036.2014.02.018.}

[372] 陈元庄，黄远翘，莫华贵. 微血管吻合器在游离皮瓣移植术中的应用[J]. 中华显微外科杂志，2014，37(2)：167-169. DOI：10.3760/cma.j.issn.1001-2036.2014.02.019. {CHEN Yuanzhuang,HUANG Yuanqiao,MO Huagui. Application of microvascular stapler in free skin flap transplantation[J]. Zhonghua Xian Wei Wai Ke Za Zhi[Chin J Microsurg(Article in Chinese;Abstract in Chinese)],2014,37(2):167-169. DOI:10.3760/cma.j.issn.1001-2036.2014.02.019.}

[373] 张雷，黄秀玲，单晓峰，卢旭光，蔡志刚，俞光岩. 微血管吻合器在头颈部缺损修复重建中的应用[J]. 中华显微外科杂志，2014，37(5)：427-431. DOI：10.3760/cma.j.issn.1001-2036.2014.05.003. {ZHANG Lei,HUANG Xiuling,DAN Xiaofeng,LU Xuguang,CAI Zhigang,YU Guangyan. Application of microvascular anastomotic device in head and neck reconstruction[J]. Zhonghua Xian Wei Wai Ke Za Zhi[Chin J Microsurg(Article in Chinese;Abstract in Chinese)],2014,37(5):427-431. DOI:10.3760/cma.j.issn.1001-2036.2014.05.003.}

[374] 黄胜，陈颖，李琳，陈嘉莹，汤立晨，陈嘉健，杨犇龙，余科达，沈镇宙. Coupler静脉吻合器用于乳腺癌游离腹部皮瓣乳房重建疗效分析[J]. 中国实用外科杂志，2014，34(11)：1083-1085，1089. DOI：10.7504/CJPS.ISSN1005-2208.2014.11.25. {HUANG Sheng,CHEN Ying,LI Lin,CHEN Jiaying,TANG Lichen,CHEN Jiajian,YANG Benlong,YU Keda,SHEN Zhenzhou. Assessment of the Coupler therapeutic effect for venous anastomosis in abdominal free flap breast reconstruction[J]. Zhongguo Shi Yong Wai Ke Za Zhi[Chin J Pract Surg(Article in Chinese;Abstract in Chinese)],2014,34(11):1083-1085,1089. DOI:10.7504/CJPS.ISSN1005-2208.2014.11.25.}

[375] 王友元，张大明，范松，林钊宇，周斌，钟江龙，陈伟良，李劲松. 微血管吻合器在放射性下颌骨坏死游离腓骨瓣移植静脉吻合中的应用[J]. 中华显微外科杂志，2015，38(1)：16-19. DOI：10.3760/cma.j.issn.1001-2036.2015.01.005. {WANG Youyuan,ZHANG Daming,FAN Song,LIN Zhaoyu,ZHOU Bin,ZHONG Jianglong,CHEN Weiliang,LI Jinsong. End-to-end venous anastomoses using the anastomotic microvascular device in mandibular reconstruction with free fibular flap following osteoradionecrosis ablation[J]. Zhonghua Xian Wei Wai Ke Za Zhi[Chin J Microsurg(Article in Chinese;Abstract in Chinese)],2015,38(1):16-19. DOI:10.3760/cma.j.issn.1001-2036.2015.01.005.}

[376] 王思夏，战杰，石强，吴锦生. 应用微血管吻合器吻合动脉与静脉的临床体会[J]. 中华显微外科杂志，2015，38(1)：84-85. DOI：10.3760/cma.j.issn.1001-2036.2015.01.023. {WANG Sixia,ZHAN Jie,SHI Qiang,WU Jinsheng. Clinical experience of anastomosis of artery and vein with microvascular stapler[J]. Zhonghua Xian Wei Wai Ke Za Zhi[Chin J Microsurg(Article in Chinese;Abstract in Chinese)],2015,38(1):84-85. DOI:10.3760/cma.j.issn.1001-2036.2015.01.023.}

[377] 夏雷，许玉本，张红星，宋保平，白杰，李鹏，周海振，赵攒栋. 微血管吻合器在上肢离断再植中的应用[J]. 中华显微外科杂志，2015，38(2)：182-184. DOI：10.3760/cma.j.issn.1001-2036.2015.02.025. {XIA Lei,XU Yuben,ZHANG Hongxing,SONG Baoping,BAI Jie,LI Peng,ZHOU Haizhen,ZHAO Zandong. Application of microvascular stapler in replantation of amputated upper limb[J]. Zhonghua Xian Wei Wai Ke Za Zhi[Chin J Microsurg(Article in Chinese;Abstract in Chinese)],2015,38(2):182-184. DOI:10.3760/cma.j.issn.1001-2036.2015.02.025.}

[378] 罗朝阳，陈仲伟，王启朋，朱李军，冯航，江穗，徐冬贵. 微血管吻合器在颌面部缺损修复口径差异血管吻合中的应用[J]. 中华显微外科杂志，2015，38(2)：196-198. DOI：10.3760/cma.j.issn.1001-2036.2015.02.031. {LUO Chaoyang,CHEN Zhongwei,WANG Qipeng,ZHU Lijun,FENG Hang,JIANG Sui,XU Donggui. Application of microvascular stapler in caliber differential vascular anastomosis in the repair of maxillofacial defects[J]. Zhonghua Xian Wei Wai Ke Za Zhi[Chin J Microsurg(Article in Chinese;Abstract in Chinese)],2015,38(2):196-198. DOI:10.3760/cma.j.issn.1001-2036.2015.02.031.}

[379] 李越霄，谭学新，吴海丽，陆凯，徐中飞，代炜，段维轶，戚忠政，孙长伏. 微血管吻合器在口腔颌面部缺损重建中的应用[J]. 中华显微外科杂志，2015，38(4)：412. DOI：10.3760/cma.j.issn.1001-2036.2015.04.035. {LI Yuexiao,TAN Xuexin,WU Haili,LU Kai,XU Zhongfei,DAI Wei,DONG Weiyi,QI Zhongzheng,SUN Changfu. Application of microvascular stapler in the reconstruction of oral and maxillofacial defects[J]. Zhonghua Xian Wei Wai Ke Za Zhi[Chin J Microsurg(Article in Chinese;Abstract in Chinese)],2015,38(4):412. DOI:10.3760/cma.j.issn.1001-2036.2015.04.035.}

[380] 滕晓峰，陈宏，李斯宏. 微血管吻合器在游离皮瓣修复上肢组织缺损中的应用[J]. 中华显微外科杂志，2015，38(4)：385-387. DOI：10.3760/cma.j.issn.1001-2036.2015.04.021. {TENG Xiaofeng,CHEN Hong,LI Sihong. Application of microvascular stapler in repairing tissue defect of upper limb with free skin flap[J]. Zhonghua Xian Wei Wai Ke Za Zhi[Chin J Microsurg(Article in Chinese;Abstract in Chinese)],2015,38(4):385-387. DOI:10.3760/cma.j.issn.1001-2036.2015.04.021.}

[381] 黄圣运，李文刚，张世周，郑培惠，陈占伟，张天奇，张东升. 微血管吻合器在游离皮瓣移植修复口腔颌面部缺损的初步应用[J]. 中华显微外科杂志，2015，38(4)：389-391. DOI：10.3760/cma.j.issn.1001-2036.2015.04.023. {HUANG Shengyun,LI Wengang,ZHANG Shizhou,ZHENG Peihui,CHEN Zhanwei,ZHANG Tianqi,ZHANG Dongsheng. Preliminary application of microvascular stapler in repairing oral and maxillofacial defects with free skin flap[J]. Zhonghua Xian Wei Wai Ke Za Zhi[Chin J Microsurg(Article in Chinese;Abstract in Chinese)],2015,38(4):389-391. DOI:10.3760/cma.j.issn.1001-2036.2015.04.023.}

[382] 陈洁，蒋灿华，李宁，高兴，廖亚洲，翦新春. 静脉改形联合微血管吻合器在头颈部缺损重建口径不等血管吻合中的应用[J]. 中华显微外科杂志，2015，38(6)：546-549. DOI：10.3760/cma.j.issn.1001-2036.2015.06.008. {CHEN Jie,JIANG Canhua,LI Ning,GAO Xing,LIAO Yazhou,JIAN Xinchun. Application of phleboplasties combined with microvascular anastomotic device in venous anastomosis with diameter discrepancy in head and neck defects reconstruction[J]. Zhonghua Xian Wei Wai Ke Za Zhi[Chin J Microsurg(Article in Chinese;Abstract in Chinese)],2015,38(6):546-549. DOI:10.3760/cma.j.issn.1001-2036.2015.06.008.}

[383] 黄圣运，李文刚，张世周，郑培惠，陈占伟，李胜锋，张东升. 腓骨肌皮瓣重建颌骨缺损中微血管吻合器的应用[J]. 中国口腔颌面外科杂志，2015，13(4)：348-351. {HUANG Shengyun,LI Wengang,ZHANG Shizhou,ZHENG Peihui,CHEN Zhanwei,LI Shengfeng,ZHANG Dongsheng. Application of microvascular anastomotic device for fibular flap transfer in reconstruction of oral and maxillofacial defects[J]. Zhongguo Kou Qiang He Mian Wai Ke Za Zhi[Chin J Oral Maxillofac Surg(Article in Chinese;Abstract in Chinese)],2015,13(4):348-351.}

[384] 付坤，高宁，李文鹿，李锐，裴飞，谢卫红，乔永明，何巍. 微血管吻合器在口腔颌面部游离皮瓣修复重建中的应用[J]. 中华显微外科杂志，2016，39(1)：66-69. DOI：10.3760/cma.j.issn.1001-2036.2016.01.017. {FU Kun,GAO Ning,LI Wenlu,LI Rui,PEI Fei,XIE Weihong,QIAO Yongming,HE Wei. Application of microvascular stapler in the repair and reconstruction of oral and maxillofacial with free skin flap[J]. Zhonghua Xian Wei Wai Ke Za Zhi[Chin J Microsurg(Article in Chinese;Abstract in Chinese)],2016,39(1):66-69. DOI:10.3760/cma.j.issn.1001-2036.2016.01.017.}

[385] 车敏，李崇杰，王岩峰. 微血管吻合器在四肢血管损伤修复的应用分析[J]. 中华显微外科杂志，2016，39(4)：375-377. DOI：10.3760/cma.j.issn.1001-2036.2016.04.018. {CHE Min,LI Chongjie,WANG Yanfeng. Analysis of the application of microvascular stapler in the repair of vascular injury in extremities[J]. Zhonghua Xian Wei Wai Ke Za Zhi[Chin J Microsurg(Article in Chinese;Abstract in Chinese)],2016,39(4):375-377. DOI:10.3760/cma.j.issn.1001-2036.2016.04.018.}

[386] 杨中元，刘学奎，刘巍巍，张星，张济，宋明. 微血管吻合器在头颈缺损修复吻合动脉和静脉中的应用[J]. 中华显微外科杂志，2016，39(6)：548-551. DOI：10.3760/cma.j.issn.1001-2036.2016.06.009. {YANG Zhongyuan,LIU Xuekui,LIU Weiwei,ZHANG Xing,ZHANG Ji,SONG Ming. Arterial and venous coupling by microvascular anastomotic coupling device in head and neck reconstruction[J]. Zhonghua Xian Wei Wai Ke Za Zhi[Chin J Microsurg(Article in Chinese;Abstract in Chinese)],2016,39(6):548-551. DOI:10.3760/cma.j.issn.1001-2036.2016.06.009.}

[387] 朱非亚，陈林，皮会丰，王铠. 微血管吻合器在游离股前外侧皮瓣修复口腔癌术后软缺损中的应用[J]. 局解手术学杂志，2016，25(5)：335-338. DOI：10.11659/jjssx.12E015185. {ZHU Feiya,CHEN Lin,PI Huifeng,WANG Kai. Clinical value of microvascular anastomotic devices in repairing oral carcinoma defects by anterolateral thigh flap[J]. Ju Jie Shou Shu Xue Za Zhi[J Reg Anat Oper Surg(Article in Chinese;Abstract in Chinese)],2016,25(5):335-338. DOI:10.11659/jjssx.12E015185.}

[388] 孙强，赵军方，方政，王海斌，韩新光，李新明，孙明磊. 血管吻合器在游离皮瓣修复口腔颌面部缺损中的应用[J]. 上海口腔医学，2016，25(2)：195-198. {SUN Qiang,ZHAO Junfang,FANG Zheng,WANG Haibin,HAN Xinguang,LI Xinming,SUN Minglei. The application of microvascular anastomotic device for free flap transfer in reconstruction of oral and maxillofacial defects[J]. Shang Hai Kou Qiang Yi Xue[Shanghai J Stomatol(Article in Chinese;Abstract in Chinese)],2016,25(2):195-198.}

[389] 钟外生，陈杰，黄文孝，李赞，喻建军，凌航，崔捷．微血管吻合器在游离组织瓣修复头颈部缺损中的临床应用[J]．中华显微外科杂志，2017，40（1）：25-29．DOI：10.3760/cma.j.issn.1001-2036.2017.01.009．{ZHONG Waisheng,CHEN Jie,HUANG Wenxiao,LI Zan,YU Jianjun,LING Hang,CUI Jie. Application of microvascular device in free-tissue flap reconstruction of head-and-neck defects[J]. Zhonghua Xian Wei Wai Ke Za Zhi[Chin J Microsurg(Article in Chinese;Abstract in Chinese)],2017,40(1):25-29. DOI:10.3760/cma.j.issn.1001-2036.2017.01.009.}

[390] 吴屹冰，任甜甜，王扬，宋庆华，魏鹏．微血管吻合工具与技术的研究进展[J]．中华整形外科杂志，2018，34(9)：781-784. DOI：10.3760/cma.j.issn.1009-4598.2018.09.021．{WU Yibing,REN Tiantian,WANG Yang,SONG Qinghua,WEI Peng. Research progress on the tools and techniques of microvascular anastomosis[J]. Zhonghua Zheng Xing Wai Ke Za Zhi[Chin J Plast Surg(Article in Chinese;Abstract in Chinese)],2018,34(9):781-784. DOI:10.3760/cma.j.issn.1009-4598.2018.09.021.}

[391] 关术，余东，李日绍，林广宜，张海武，王自锋，吴辛定．手工吻合结合微血管吻合器在同时游离两块皮瓣修复四肢创面中的应用[J]．中华显微外科杂志，2018，41（4）：378-380．DOI：10.3760/cma.j.issn.1001-2036.2018.04.017．{GUAN Shu,YU Dong,LI Rishao,LIN Guangyi,ZHANG Haiwu,WANG Zifeng,WU Xinding. Application of manual anastomosis combined with microvascular stapler in repairing wounds of extremities with two free flaps at the same time[J]. Zhonghua Xian Wei Wai Ke Za Zhi[Chin J Microsurg(Article in Chinese;Abstract in Chinese)],2018,41(4):378-380. DOI:10.3760/cma.j.issn.1001-2036.2018.04.017.}

[392] 刘林海，胡浩良，周晓玲，李一，毛维晟，俞淼，陈宏，李学渊．临时性血管分流术和微血管吻合器在四肢大血管损伤中的应用[J]．中华显微外科杂志，2019，42（2）：179-181．DOI：10.3760/cma.j.issn.1001-2036.2019.02.020．{LIU Linhai,HU Haoliang,ZHOU Xiaoling,LI Yi,MAO Weisheng,YU Miao,CHEN Hong,LI Xueyuan. Application of temporary intravascular shunts and microvascular stapler in the treatment of main vascular injuries of extremities[J]. Zhonghua Xian Wei Wai Ke Za Zhi[Chin J Microsurg(Article in Chinese;Abstract in Chinese)],2019,42(2):179-181. DOI:10.3760/cma.j.issn.1001-2036.2019.02.020.}

[393] 于淼，陈占伟，黄圣运，张东升．微血管吻合器在头颈部游离皮瓣移植动脉吻合中的初步应用[J]．上海口腔医学，2019，28（4）：435-438．DOI：10.19439/j.sjos.2019.04.020．{YU Miao,CHEN Zhanwei,HUANG Shengyun,ZHANG Dongsheng. Application of microvascular coupling device for arterial anastomosis in head and neck reconstruction[J]. Shang Hai Kou Qiang Yi Xue[Shanghai J Stomatol(Article in Chinese;Abstract in Chinese)],2019,28(4):435-438. DOI:10.19439/j.sjos.2019.04.020.}

1.4.4 显微外科基本技术训练（基本功）

basic skill training of microsurgery (basic skills)

[394] Liu HL. Microvascular anastomosis of submillimeter vessels-a training model in rats[J]. J Hand Microsurg,2013,5(1):14-17. doi:10.1007/s12593-013-0089-z.

[395] Zhou S,Li E,He J,Weng G,Yuan H,Hou J. Staged microvascular anastomosis training program for novices:transplantation of both kidneys from one rat donor[J]. Chin Med J,2014,127(4):712-717.

[396] Chen T,Vamos AC,Dailey SH,Jiang JJ. CUSUM analysis of learning curves for the head-mounted microscope in phonomicrosurgery[J]. Laryngoscope, 2016,126(10):2295-300. doi:10.1002/lary.25863.

[397] Tang JB. Microsurgical technical training:differences between china and the united states[J]. Clin Plast Surg,2017,44(2):xvii-xviii. doi:10.1016/j.cps.2017.01.002.

[398] Zhang Z,Zhou M,Liu K,Zhu B,Liu H,Sun X,Xu X. Development of a new valid and reliable microsurgical skill assessment scale for ophthalmology residents[J]. BMC Ophthalmol,2018,18(1):68. doi:10.1186/s12886-018-0736-z.

[399] Zhang R,Li Y,Liu S,Liu X,Sun H,Wang Z,Zheng Y,Chen X,Liu Q,Zhu Z,Xu L. FA01.03:Use of 'non-tube no fasting' eras protocol in patients after mie with li's anastomosis:outcomes in the first 113 patients performed by a surgeon after training course[J]. Dis Esophagus,2018,31(13):1-2. doi:10.1093/dote/doy089.FA01.03.

[400] Kwon SH,Goh R,Wang ZT,Ting-Hsuan Tang E,Chu CF,Chen YC,Chuieng-Yi Lu J,Wei CY,Ting-Wei Hsu A,Nai-Jen Chang T. Tips for making a successful online microsurgery educational platform:the experience of international microsurgery club[J]. Plast Reconstr Surg,2019,143(1):221e-233e. doi:10.1097/PRS.0000000000005109.

[401] Boecker A,Kornmann J,Xiong L,Harhaus L,Aman M,Koepple C,Fischer S,Will PA,Kneser U,Hirche C. A Structured,Microsurgical training curriculum improves the outcome in lower extremity reconstruction free flap residency training:the ludwigshafen concept[J]. J Reconstr Microsurg,2021,37(6):492-502. doi:10.1055/s-0040-1720960.

[402] Xiao Z,Samii M,Wang J,Pan Q,Xu Z,Ju H. Training model for the intraluminal continuous suturing technique for microvascular anastomosis[J]. Sci Rep,2021,11(1):4862. doi:10.1038/s41598-021-84619-6.

[403] 朱家恺，于国中，刘均墀，庞水发．显微外科基本功介绍（Ⅰ）显微外科技术训练规程[J]．显微外科，1979，2(1)：19-20. DOI：10.3760/cma.j.issn.1001-2036.1979.01.105．{ZHU Jiakai,YU Guozhong,LIU Junchi,PANG Shuifa. Introduction of basic skills in microsurgery (I) Training procedures for microsurgical techniques[J]. Xian Wei Wai Ke[Chin J Microsurg(Article in Chinese;No abstract available)],1979,2(1):19-20. DOI:10.3760/cma.j.issn.1001-2036.1979.01.105.}

[404] 于国中，朱家恺．显微外科基本功介绍（Ⅱ）整形外科的基本技术[J]．显微外科，1979，2（2）：52-55．DOI：10.3760/cma.j.issn.1001-2036.1979.02.104．{YU Guozhong,ZHU Jiakai. Introduction of basic skills in microsurgery(Ⅱ)the basic skills in plastic surgery[J]. Xian Wei Wai Ke[Chin J Microsurg(Article in Chinese;No abstract available)],1979,2(2):52-55. DOI:10.3760/cma.j.issn.1001-2036.1979.02.104.}

[405] 朱家恺，于国中．显微外科基本功介绍（Ⅲ）开展显微外科的基本工作条件之一：手术显微镜和放大眼镜及镜下操作要点[J]．显微外科，1979，2（3）：108-112．DOI：10.3760/cma.j.issn.1001-2036.1979.03.109．{ZHU Jiakai,YU Guozhong. Introduction of basic skills in microsurgery (Ⅲ)one of the basic working conditions of microsurgery:surgical microscope and magnifying glasses and the key points under microscope[J]. Xian Wei Wai Ke[Chin J Microsurg(Article in Chinese;No abstract available)],1979,2(3):108-112. DOI:10.3760/cma.j.issn.1001-2036.1979.03.109.}

[406] 朱家恺．显微外科基本功介绍（Ⅳ）小血管吻合的基本原则：从小血管吻合的实验研究、找出小血管吻合的规律[J]．显微外科，1979，2（4）：146-151．DOI：10.3760/cma.j.issn.1001-2036.1979.04.104．{ZHU Jiakai. Introduction of basic skills in microsurgery (Ⅳ) the basic principles of small vessel anastomosis:find out the laws of small vessel anastomosis from experimental research[J]. Xian Wei Wai Ke[Chin J Microsurg(Article in Chinese;No abstract available)],1979,2(4):146-151. DOI:10.3760/cma.j.issn.1001-2036.1979.04.104.}

[407] 朱家恺．显微外科基本功介绍（Ⅴ）周围神经束膜缝合术[J]．显微外科，1980，3（1）：24-29．DOI：10.3760/cma.j.issn.1001-2036.1980.01.107．{ZHU Jiakai. Introduction of basic skills in microsurgery (V) Peripheral fascicular membrane suture[J]. Xian Wei Wai Ke[Chin J Microsurg(Article in Chinese;No abstract available)],1980,3(1):24-29. DOI:10.3760/cma.j.issn.1001-2036.1980.01.107.}

[408] 刘均墀，朱家恺．显微外科基本功介绍（Ⅵ）显微外科手术中常用的几种血管解剖[J]．显微外科，1980，3（2）：124-128．DOI：10.3760/cma.j.issn.1001-2036.1980.02.115．{LIU Junchi,ZHU Jiakai. Introduction of basic skills in microsurgery (Ⅵ)several kinds of commonly used vascular anatomy in microsurgical operation[J]. Xian Wei Wai Ke[Chin J Microsurg(Article in Chinese;No abstract available)],1980,3(2):124-128. DOI:10.3760/cma.j.issn.1001-2036.1980.02.115.}

[409] 朱家恺．显微外科基本功介绍（Ⅶ）小管道缝合手术[J]．显微外科，1980，3（3）：157-160．DOI：10.3760/cma.j.issn.1001-2036.1980.03.108．{ZHU Jiakai. Introduction of basic skills in microsurgery(Ⅶ)suture in small duct[J]. Xian Wei Wai Ke[Chin J Microsurg(Article in Chinese;No abstract available)],1980,3(3):157-160. DOI:10.3760/cma.j.issn.1001-2036.1980.03.108.}

1.5 显微外科无创技术

atraumatic techniques in microsurgery

1.5.1 显微血管吻合

microvascular anastomosis

[410] Ts'ui CY,Feng YH,T'ang CY,Li CM,Yü YC,Ch'en CC,Shih YF,Wang WH,Chiang LP,Ch'iu HP,et al. Microvascular anastomosis and transplantation. Experimental studies and clinical application[J]. Chin Med J,1966,85(9):610-617.

[411] Guo J,Chao YD. Low power CO2 laser-assisted microvascular anastomosis:an experimental study[J]. Neurosurgery,1988,22(3):540-543. doi:10.1227/00006123-198803000-00015.

[412] Fang GY. An effective method of anastomosis of the nasolacrimal canal[J]. Aust N Z J Ophthalmol,1991,19(2):137-140. doi:10.1111/j.1442-9071.1991.tb00641.x.

[413] Zhong C,Tang NX,Zheng CF,Xu YW,Wang TD. Experimental study on microvascular anastomosis using a dissolvable stent support in the lumen[J]. Microsurgery,1991,12(2):67-71. doi:10.1002/micr.1920120202.

[414] Huang CD,Sharkey NA,Szabo RM. Coupled suturing:a new technique for microvascular anastomosis[J]. Microsurgery,1991,12(2):72-75. doi:10.1002/micr.1920120203.

[415] Wang ZG,Pu LQ,Li GD,Du W,Symes JF. Polydioxanone absorbable sutures in vascular anastomoses:experimental and preliminary clinical studies[J]. Cardiovasc Surg,1994,2(4):508-513.

[416] Wang B,Tang JB. Embedded cross-stitch suture:an alternative to current cross-stitch peripheral suture[J]. J Hand Surg Br,2003,28(5):471-474. doi:10.1016/s0266-7681(03)00148-7.

[417] Qu L,Jing Z,Wang Y. Sutureless anastomoses of small and medium sized vessels by medical adhesive[J]. Eur J Vasc Endovasc Surg,2004,28(5):526-533. doi:10.1016/j.ejvs.2004.07.018.

[418] Hong T,Qiuhong D,Haipeng C. Brachioradial arteries with anastomotic arteries connecting to brachial arteries bilaterally[J]. Hellenic J Cardiol,2010,51(4):358-361.

[419] Hang J,Sui L,Zhou J,Lu S,Song F,Zhang Y,Zhu Y,Zhang J,Wang X. The experimental study of hemodynamic changes and pathological morphology after artery anastomosis[J]. Int J Low Extrem Wounds,2012,11(3):231-234. doi:10.1177/1534734612457029.

[420] Liang X,Sun G,Hu B,Li J. Microvascular sutureless adhesive bonding anastomosis with a new soluble hollow stent[J]. J Craniofac Surg,2013,24(5):1823-1827. doi:10.1097/SCS.0b013e318285d36f.

[421] Liu J,Chen B,Ni Y,Zhan Y,Gao H. Application of a three-dimensional microsurgical video system for a rat femoral vessel anastomosis[J]. Chin Med J,2014,127(2):348-352.

[422] Huang Y,Tong D,Zhu S,Wu L,Mao Q,Ibrahim Z,Lee WPA,Brandacher G,Kang JU. Evaluation of microvascular anastomosis using real-time,ultra-high-resolution,Fourier domain Doppler optical coherence tomography[J]. Plast Reconstr Surg,2015,135(4):711e-720e. doi:10.1097/PRS.0000000000001124.

[423] Jia YC,Chen HH,Kang QL,Chai YM. Stimulation of nitric oxide production contributes to the antithrombotic effect of stromal cell-derived factor-1 in preventing microsurgical anastomotic thrombosis[J]. J Reconstr Microsurg,2016,32(6):470-475. doi:10.1055/s-0036-1571797.

[424] Zhao D,Wang Z,Wang B,Qiu X,Liu B,Yang L,Zhang Y. Revascularization of the femoral head by anastomosis of superior retinacular vessels for the treatment of femoral neck fracture:A case report[J]. Microsurgery,2016,36(5):426-429. doi:10.1002/micr.30029.

[425] Ren ZH,Wu HJ,Ji T,Wang K,Gokavarapu S,Zhang CP. Clinical application of an original vascular anastomosis:a clinical multicenter study[J]. J Oral Maxillofac Surg,2016,74(11):2288-2294. doi:10.1016/j.joms.2016.04.014.

[426] Yang L,Yin A,Liu W. Variation of flow rate and angle of injected venous needle on influencing intimal hyperplasia at the venous anastomosis of the hemodialysis graft[J]. Australas Phys Eng Sci Med,2017,40(1):239-248. doi:10.1007/s13246-017-0526-6.

[427] Chen L,Xu B,Wang Y,Liao Y,Pan H,Wang Y. Preoperative evaluation of moyamoya spontaneous anastomosis of combined revascularization donor vessels in adults by duplex ultrasonography[J]. Br J Neurosurg,2018,32(4):412-417. doi:10.1080/02688697.2017.1406450.

[428] Zhu Z,Wang X,Huang J,Li J,Ding X,Wu H,Yuan Y,Song X,Wu Y. Mechanical versus hand-sewn venous anastomoses in free flap reconstruction:a systematic review and meta-analysis[J]. Plast Reconstr Surg,2018,141(5):1272-1281. doi:10.1097/PRS.0000000000004306.

[429] Liang X,Liu S,Fang Z,Sun G,Guo Z. Prevention of vascular anastomotic stenosis with 2-octylcyanoacrylate[J]. J Craniofac Surg,2019,30(1):74-80. doi:10.1097/SCS.0000000000004725.

[430] Wang L,Cai L,Qian H,Tanikawa R,Lawton M,Shi X. The re-anastomosis end-to-end bypass technique:a comprehensive review of the technical characteristics and surgical experience[J]. Neurosurg Rev,2019,42(3):619-629. doi:10.1007/s10143-018-1036-z.

[431] Yin X,Ye G,Lu J,Wang L,Qi P,Wang H,Wang J,Hu S,Yang X,Chen K,Wang D. A Novel rat model for comprehensive microvascular training of end-to-end,end-to-side,and side-to-side anastomoses[J]. J Reconstr Microsurg,2019,35(7):499-504. doi:10.1055/s-0039-1679957.

[432] Liu Z,Yang G,Nan S,Qi Y,Pang Y,Shi Y. The effect of anastomotic angle and diameter ratio on flow field in the distal end-to-side anastomosis[J]. Proc Inst Mech Eng H,2020,234(4):377-386. doi:10.1177/0954411919894410.

[433] Liu M,Hu C. Retrograde versus anterograde palm venous anastomosis in avulsion distal fingertip trauma:functional and therapeutic outcomes (FTO) analysis[J]. Asian J Surg,2020,43(11):1062-1068. doi:10.1016/j.asjsur.2019.12.010.

[434] Zou Y,Liu H,Cheng Zhou,Wu J. Sleeve technique is superior to end-to-end anastomosis and cuff technology in mouse model of graft vascular disease[J]. Ann Vasc Surg,2021,73:438-445. doi:10.1016/j.avsg.2021.01.055.

[435] Li B,Li H,Wang L,Liu C,Dai L,Li Q,Gu C. The main trunk of RCA may be the best choice of sequential vein graft distal end-to-side anastomosis[J]. Perfusion,2021,21:267659121990571. doi:10.1177/0267659121990571. Online ahead of print.

[436] 钱允庆，林擎天，陈中伟. 小血管吻合术（文献综述）[J]. 中华外科杂志，1964，12（1）：88-92. {QIAN Yunqing,LIN Jingtian,CHEN Zhongwei. Small vessel anastomosis (literature review)[J]. Zhonghua Wai Ke Za Zhi[Chin J Surg(Article in Chinese;No abstract available)],1964,12(1):88-92.}

[437] 崔之义，冯友贤，汤剑猷，李建明，余业勤，陈长春，陈稼. 小血管吻合技术的研究 Ⅰ. 外径 1.6 ~ 3.0 mm 小动脉显微镜下和肉眼下缝合法的对比观察 [J]. 上海第一医学院学报，1964（3）：319-325. {CUI Zhiyi,FENG Youxian,TANG Jianyou,YU Yeqin,CHEN Changchun,CHEN Jia. Anastomosis of small vessels:I. comparative studies in suture anastomosis of small arteries with external diameter from 1.6 and 3.0 millimeter under microscope and naked-eye[J]. Shanghai Di Yi Yi Xue Yuan Xue Bao[Acta Acad Med Primae Shanghai(Article in Chinese; Abstract in English)],1964(3):319-325.}

[438] 陈维佩. 人体四肢皮肤血管的分布研究 [J]. 中华外科杂志，1964，12（12）：1175. {CHEN Weipei. Distribution of blood vessels in the skin of limbs[J]. Zhonghua Wai Ke Za Zhi[Chin J Surg(Article in Chinese;Abstract in Chinese)],1964,12(12):1175.}

[439] 崔之义，冯友贤，汤钊猷，李建明，余业勤，陈长春，陈稼. 小血管吻合技术的研究：Ⅱ. 外径 1.0 ~ 2.0 毫米小动脉用丝线和尼龙单丝吻合的对比观察 [J]. 中华外科杂志，1965，13（3）：268-271. {CUI Zhiyi,FENG Youxian,TANG Zhaoyou,LI Jianming,YU Yeqin,CHEN Changchun,CHEN Jia. Study on small vessel anastomosis: Ⅱ .Comparison between silk thread and nylon monofilament suture in arterioles with diameter of 1.0-2.0 mm[J]. Zhonghua Wai Ke Za Zhi[Chin J Surg(Article in Chinese;No abstract available)],1965,13(3):268-271.}

[440] 崔之义，冯友贤，汤钊猷，余业勤，李建明，陈长春. 小血管吻合技术的研究Ⅲ、外径 1.5 ~ 5.0 mm 小血管缝合法与套管法吻合的对比观察 [J]. 中华外科杂志，1965，13（12）：1082-1085. {CUI Zhiyi,FENG Youxian,TANG Zhaoyou,YU Yeqin,LI Jianming,CHEN Changchun. Study on small vessel anastomosis: Ⅲ .Comparison between cuff-technique and suture method in small vessel anastomosis with diameter of 1.5-5.0 mm[J]. Zhonghua Wai Ke Za Zhi[Chin J Surg(Article in Chinese;No abstract available)],1965,13(12):1082-1085.}

[441] 卢家泽，王澍寰. 指动脉吻合术的初步经验 [J]. 中华外科杂志，1965，13（2）：179-180. {LU Jiaze,WANG Shuhuan. Primary experience in digital artery anastomosis[J]. Zhonghua Wai Ke Za Zhi[Chin J Surg(Article in Chinese;No abstract available)],1965,13(2):179-180.}

[442] 宋祥明. 血管吻合术的并发症和远期随诊 [J]. 中华外科杂志，1965，13(7)：625. {SONG Xiangming. Complications and long-term follow-up of vascular anastomosis[J]. Zhonghua Wai Ke Za Zhi[Chin J Surg(Article in Chinese;No abstract available)],1965,13(7):625.}

[443] 梁荣锋，梁珍珍，胡炳中. 用羽毛柄作套管法小血管吻合术的动物实验初步报告 [J]. 中华外科杂志，1965，13（9）：847-848. {LIANG Rongfeng,LIANG Zhenzhen,HU Bingzhong. Preliminary report on animal experiment of small vessel anastomosis using feather stalk as cannula[J]. Zhonghua Wai Ke Za Zhi[Chin J Surg(Article in Chinese;No abstract available)],1965,13(9):847-848.}

[444] 蔡乃哲，陈国瑞，尹延生. 介绍一种小血管吻合牵引翻转器 [J]. 中华外科杂志，1965，13（11）：1016-1018. {CAI Naizhe,CHEN Guorui,YI Yansheng. A traction overturning apparatus for small vessel anastomosis[J]. Zhonghua Wai Ke Za Zhi[Chin J Surg(Article in Chinese;No abstract available)],1965,13(11):1016-1018.}

[445] 许竞斌，沈晓秋. 小血管缝合技术中的几点体会 [J]. 解放军医学杂志，1965，2（3）：224-225. {XU Jingbin,SHEN Xiaoqiu. Experience of microvascular anastomosis[J]. Jie Fang Jun Yi Xue Za Zhi[Med J Chin PLA(Article in Chinese;No abstract available)],1965,2(3):224-225.}

[446] 葛宝丰，李芹，常文忠，刘淑贤，朱玉恩. 中间带刺式小血管吻合套管 [J]. 解放军医学杂志，1965，2（3）：228-229. {GE Baofeng,LI Qin,CHANG Wenzhong,LIU Shuxian,ZHU Yuen. Microvascular anastomosis anastomotic cannula with thorn in the midpiece[J]. Jie Fang Jun Yi Xue Za Zhi[Med J Chin PLA(Article in Chinese;No abstract available)],1965,2(3):228-229.}

[447] 徐印坎，张文明，贾志勤. 介绍一种倒刺式血管套管 [J]. 解放军医学杂志，1965，2（3）：226-228. {XU Yinkan,ZHANG Wenming,JIA Zhiqin. Introduction of vascular cannula with thorn[J]. Jie Fang Jun Yi Xue Za Zhi[Med J Chin PLA(Article in Chinese;No abstract available)],1965,2(3):226-228.}

[448] 王鹤令，韩例苑. 开放性肢体血管损伤的治疗 [J]. 中华外科杂志，1965，13（3）：215. {WANG Heling,HAN Liyuan. Treatment of open vascular injury in limbs[J]. Zhonghua Wai Ke Za Zhi[Chin J Surg(Article in Chinese;Abstract in Chinese)],1965,13(3):215.}

[449] 崔之义，冯友贤，汤钊猷，李建明，余业勤. 介绍一种动脉吻合口漏血止血方法 [J]. 中华外科杂志，1966，14（1）：43. {CUI Zhiyi,FENG Youxian,TANG Zhaoyou,LI Jianming,YU Yeqin. A method of hemostasis for arterial anastomotic leakage[J]. Zhonghua Wai Ke Za Zhi[Chin J Surg(Article in Chinese;No abstract available)],1966,14(1):43.}

[450] 崔之义，冯友贤，汤钊猷，李建明，余业勤，陈稼. 小血管吻合的研究Ⅳ、右旋醣酐静脉滴注对通畅率的影响 [J]. 中华外科杂志，1966，14（5）：316-317. {CUI Zhiyi,FENG Youxian,TANG Zhaoyou,LI Jianming,YU Yeqin,CHEN Jia. Study on small vessel anastomosis:IV effect of dextran intravenous infusion on patency rate[J]. Zhonghua Wai Ke Za Zhi[Chin J Surg(Article in Chinese;No abstract available)],1966,14(5):316-317.}

[451] 蔡乃哲，尹延生. 小血管吻合用的笔式持针器 [J]. 中华外科杂志，1978，16（3）：138. {CAI Naizhe,YIN Yansheng. Pen needle holder for small vessel anastomosis[J]. Zhonghua Wai Ke Za Zhi[Chin J Surg(Article in Chinese;No abstract available)],1978,16(3):138.}

[452] 陈中伟，黄慕洁，张玲，陈其三，韩蕴华. 100 条直径 1 mm 以下小血管吻合的实验研究 [J]. 上海医学，1979，2（11）：7-9. {CHEN Zhongwei,HUANG Mujie,ZHANG Ling,HAN Yunhua. Experimental study on 100 small microvascular anastomosis with diameter less than 1 mm[J]. Shanghai Yi Xue[Shanghai Med J(Article in Chinese;No abstract available)],1979,2(11):7-9.}

[453] 林增禄，李建明，张光健，吴家芸，陈福真，冯友贤. 外径小于 1 mm 动脉吻合后通畅率的实验研究 [J]. 上海医学，1979，2（11）：10-12. {LIN Zenglu,LI Jianming,ZHANG Guangjian,WU Jiayun,FENG Youxian.Experimental study on patency rate after arterial anastomosis with an outside diameter less than 1 mm[J]. Shanghai Yi Xue[Shanghai Med J(Article in Chinese;No abstract available)],1979,2(11):10-12.}

[454] 马富，钟世镇，刘牧之，陶永松. 面动脉（面段）的调查 [J]. 广东解剖通报，1979，1（1）：30-35，93-95. {MA Fu,ZHONG Shizhen,GAO Yongsong,LIU Muzhi,Investigation of facial artery(segment)[J]. Guang Dong Jie Pou Xue Tong Bao[Anat Res(Article in Chinese;No abstract available)],1979,1(1):30-35,93-95.}

[455] 朱家恺. 显微外科小血管吻合的基本原则 [J]. 新医学，1980，11（7）：376-379. {ZHU Jiakai. Basic principles of microvascular anastomosis in microsurgery[J]. Xin Yi Xue[J New Med(Article in Chinese;No abstract available)],1980,11(7):376-379.}

[456] 朱仕钦，高根五，罗方华. 介绍一种带冲洗器的小血管吻合镊 [J]. 中华外科杂志，1981，19（7）：390. {ZHU Shiqin,GAO Genwu,LUO Fanghua. A small vessel anastomosis forceps with irrigation device[J]. Zhonghua Wai Ke Za Zhi[Chin J Surg(Article in Chinese;No abstract available)],1981,19(7):390.}

[457] 陈家勋，朱炯明，马金龙，张新力. 腹壁下动脉 - 阴茎海绵体吻合术治疗尿道外伤后阳痿 [J]. 中华外科杂志，1981，19（9）：535. {CHEN Jiaxun,ZHU Jiongming,MA Jinlong,ZHANG Xinli. Anastomosis of inferior epigastric artery and corpus cavernosum for the treatment of erectile dysfunction after urethral trauma[J]. Zhonghua Wai Ke Za Zhi[Chin J Surg(Article in Chinese;Abstract in Chinese)],1981,19(9):535.}

[458] 李世骐，江让. 严重肢体复合伤的血管重建 78 例分析 [J]. 浙江医科大学学报，1981，10（4）：183. {LI Shiqi,JIANG Rang. Vascular reconstruction of severe combined injury of limbs:analysis of 78 cases[J]. ZHE Jiang Yi Ke Da Xue Xue Bao[J Zhejiang Univ(Med Sci)(Article in Chinese;No abstract available)],1981,10(4):183.}

[459] 陈子华，钟世镇，陶永松，刘牧之，徐达传. 头面部浅静脉的应用解剖学研究 [J]. 广东解剖学通报，1981，3（1）：76-78. {CHEN Zihua,ZHONG Shizhen,GAO Yongsong,LIU Muzhi,XU Chuanda.Applied anatomic research of superficial vein of head and face[J]. Guang Dong Jie Pou Xue Tong Bao[Anat Res(Article in Chinese;No abstract available)],1981,3(1):76-78.}

[460] 刘志雄，陈士安. 介绍一种小血管吻合的槽式冲洗支撑器 [J]. 中华外科杂志，1982，20(7)：386. {LIU Zhixiong,CHEN Shian. A groove type rinsing support for small vessel anastomosis[J]. Zhonghua Wai Ke Za Zhi[Chin J Surg(Article in Chinese;No abstract available)],1982,20(7):386.}

[461] Huang CD,Chow SP,Chan CW. Experience with anastomoses of arteries approximately 0.20 mm in external diameter[J]. Plast Reconstr Surg,1982, 69(2):299-305. doi:10.1097/00006534-198202000-00020.

[462] 黄承达，周肇平，陈智荣，刘均墀. 从微细血管结构的特点探讨外径 0.15 ~ 0.30 mm 动脉缝合技术 [J]. 中华医学杂志，1982，62（10）：602-604. {HUANG Chengda,ZHOU Zhaoping,CHEN Zhirong,LIU Junchi. Discussion on the technique of artery suture with diameter of 0.15-0.30 mm from the characteristics of microvascular structure[J]. Zhonghua Yi Xue Za Zhi[Natl Med J China(Article in Chinese;Abstract in Chinese)],1982,62(10):602-604.}

[463] 周肇平，黄承达，陈智荣，刘均墀. 小动脉张力缝合的进一步探讨 [J]. 中华外科杂志，1982，20（12）：719-721. {ZHOU Zhaoping,HUANG Chengda,CHEN Zhirong,LIU Junchi. Further study of arteriole tension suture[J]. Zhonghua Wai Ke Za Zhi[Chin J Surg(Article in Chinese;Abstract in Chinese)],1982,20(12):719-721.}

[464] 陈隆恩，李鸿儒. 显微血管吻合的扫描电子显微镜观察 [J]. 国外医学 . 创伤与外科基本问题分册，1982,（4）：206-209. {CHEN Longen,LI Hongru. Scanning electron microscope observation of microvascular anastomosis[J]. Guo Wai Yi Xue[Foreign Med Sci(Trauma)(Article in Chinese;No abstract available)],1982,(4):206-209.}

[465] 石重明，张涤生. 应用钛合金套管吻合小血管的实验研究 [J]. 上海第二医学院学报，1982，25（S1）：75-78. {SHI Zhongming,ZHANG Disheng.Experimental study on the application of titanium alloy cannula for microvascular anastomosis[J].Shanghai Di Er Yi Xue Yuan Xue Bao[Acad J Shanghai Second Med Coll(Article in Chinese;No abstract available)],1982,25(S1):75-78.}

[466] 侯在恩，赵贵德，余定勋. 小血管端侧吻合的新方法——端角侧边吻合法 [J]. 贵州医药，1982，7（6）：19-21. {HOU Zaien,ZHAO Guide,YU Dingxun. A new method of end to side microvascular anastomosis——angled end-side anastomosis[J]. Guizhou Yi Yao[Guizhou Med J(Article in Chinese;No abstract available)],1982,7(6):19-21.}

[467] 胡嘉彦，王继铭，金耀清. 四肢血管损伤 [J]. 中华骨科杂志，1982，2（3）：153. {HU Jiayan,WANG Jiming,JIN Yaoqing. Vascular injury of limbs[J]. Zhonghua Gu Ke Za Zhi[Chin J Orthop(Article in Chinese;Abstract in Chinese)],1982,2(3):153.}

[468] 邓世良，姜礼庆. 血管吻合挽救锐伤性濒死撕脱皮肤一例 [J]. 中华外科杂志，1982，20（11）：687. {DENG Shiliang,JIANG Liqing. Vascular anastomosis in saving severe sharp skin avulsion:a case report[J]. Zhonghua Wai Ke Za Zhi[Chin J Surg(Article in Chinese;No abstract available)],1982,20(11):687.}

[469] 魏长仁，张天宝，砂进忠，张文臣. 上肢血管大段缺损移植修复一例 [J]. 中华外科杂志，1982，20（12）：739. {WEI Changren,ZHANG Tianbao,SHA Jinzhong,ZHANG Wenchen. Transplantation and repair of large vascular defect in upper limb:a case report[J]. Zhonghua Wai Ke Za Zhi[Chin J Surg(Article in Chinese;No abstract available)],1982,20(12):739.}

[470] 刘均墀，于国中，朱兰英，尤黎明. 皮下动、静脉瘘在血液透析中的应用 [J]. 显微外科，1982，5（3-4）：87. {LIU Junchi,YU Guozhong,ZHU Lanying,YOU Liming. Application of subcutaneous arteriovenous fistula in hemodialysis[J]. Xian Wei Wai Ke[Chin J Microsurg(Article in Chinese;Abstract in Chinese)],1982,5(3,4):87.}

[471] 伍祖馨，等. 显微血管外科麻醉 [J]. 中华麻醉学杂志，1982，2（2）：84. {WU Zuxin,et al. Anesthesia of microvascular surgery[J]. Zhonghua Ma Zui Xue Za Zhi[Chin J Anesthesiol(Article in Chinese;No abstract available)],1982,2(2):84.}

[472] 王炜，张涤生. 显微血管外科危象的诊断及处理 [J]. 上海第二医学院学报，1982，25（S1）：54-56. {WANG wei,ZHANG Disheng.Diagnosis and management of microvascular surgical crisis/Microsurgical vascular crisis[J]. Shang Hai Di Er Yi Yuan Xue Bao[J Shanghai Second Med Coll(Article in Chinese;No abstract available)],1982,25(S1):54-56.}

[473] 李文琪，张崇义，孙慧宽，苏华. 小血管套入法吻合的实验研究 [J]. 中华外科杂志，1983，21（11）：664-666. {LI Wenqi,ZHANG Chongyi,SUN Huikuan,SU Hua. Experimental study on anastomosis by small vessel entrapment[J]. Zhonghua Wai Ke Za Zhi[Chin J Surg(Article in Chinese;Abstract in Chinese)],1983,21(11):664-666.}

[474] 侯春林，屠开元，徐印坎，张文明，周志华. 微小动脉端 - 侧和端 - 端显微吻合比较的实验研究 [J]. 第二军医大学学报，1983，4（S1）：119-123. {HOU Chunlin,TU Kaiyuan,XU Yinkan,ZHANG Wenming,ZHOU Zhihua. Experimental study of the comparison between end-to-side and end-to-end anastomosis in 1 mm arteries[J]. Di Er Jun Yi Da Xue Xue Bao[Acad J Second Mil Med Univ(Article in Chinese; Abstract in English)],1983,4(S1):119-123.}

[475] 陈名扬，曲延征. 实验性显微小血管缝合体会 [J]. 福建医药杂志，1983，5（3）：52-53. {CHEN Mingyang,QU Yanzheng. Experience of experimental microvascular anastomosis[J]. Fujian Yi Yao Za Zhi[Fujian Med J(Article in Chinese;No abstract available)],1983,5(3):52-53.}

[476] 李之邦，张由己，张向国. 544 次外径 1 mm 以下小血管端侧吻合的动物实验分析 [J]. 安徽医学院学报，1983，29（3）：51-54. {LI Zhibang,ZHANG Youji,ZHANG Xiangguo.544 times end-to-side anastomosis of small vessels with diameter less than 1 mm[J]. Anhui Yi Xue Yuan Xue Bao[Acta Acad Med Anhui(Article in Chinese;No abstract available)],1983,29(3):51-54.}

[477] 邹永清．阴茎头、阴茎海绵体内瘘分流术治疗阴茎异常勃起 [J]．中华泌尿外科杂志，1983，4（2）：105．{ZOU Yongqing. Internal fistula shunt of glans and corpus cavernosum in treating priapism[J]. Zhonghua Mi Niao Wai Ke Za Zhi[Chin J Urol(Article in Chinese;Abstract in Chinese)],1983,4(2):105.}

[478] 朱晞，俞寿民，韩永坚．人体腰椎骨的营养动脉 [J]．解剖学报，1983，14（1）：8．{ZHU Xi,YU Shoumin,HAN Yongjian. Nutrient arteries of the lumbar vertebra in man[J]. Jie Pou Xue Bao[Acta Anatomica Sinica(Article in Chinese;Abstract in Chinese and English)],1983,14(1):8.}

[479] 谭启富．脊髓血管畸形显微手术切除一例报告 [J]．中华外科杂志，1983，21（3）：173．{TAN Qifu. Microsurgical resection of vascular malformation of spinal cord:a case report[J]. Zhonghua Wai Ke Za Zhi[Chin J Surg(Article in Chinese;Abstract in Chinese)],1983,21(3):173.}

[480] 徐恩多，陈郡，韩子玉，孙琦运．350 例国人手血管的外科解剖 [J]．中华骨科杂志，1983，3（6）：377．{XU Enduo,CHEN Jun,HAN Ziyu,SUN Qiyun. Surgical anatomy of hand vessels of Chinese people in 350 cases[J]. Zhonghua Gu Ke Za Zhi[Chin J Orthop(Article in Chinese;Abstract in Chinese)],1983,3(6):377.}

[481] 陈以慈，沈其卫，吴孟欣，严伟新，沈时镛．手部血管的观察 I 动脉来源、掌浅弓的构成和分支 [J]．临床应用解剖学杂志，1983，1（1）：56．DOI：10.13418/j.issn.1001-165x.1983.01.022．{CHEN Yici,SHEN Qiwei,WU Mengxin,YAN Weixin,SHEN Shiyong. Observation of hand vessels Ⅰ :origin of arteries,composition and branches of superficial palmar arch[J]. Lin Chuang Ying Yong Jie Pou Xue Za Zhi[Chin J Clin Anat(Article in Chinese;Abstract in Chinese)],1983,1(1):56. DOI:10.13418/j.issn.1001-165x.1983.01.022.}

[482] 顾玉东．微小血管壁的机能解剖及其缝合后的愈合过程 [J]．中华外科杂志，1984，22（4）：245-248．{GU Yudong. Functional anatomy of microvascular walls and the healing process after suture[J]. Zhonghua Wai Ke Za Zhi[Chin J Surg(Article in Chinese;Abstract in Chinese)],1984,22(4):245-248.}

[483] 高建华，罗力生．连续缝合间断打结的小血管吻合法 [J]．临床应用解剖学杂志，1984，2（1）：59-65．{GAO Jianhua,LUO Lisheng. Small vessel anastomosis with continuous suture and intermittent knot[J]. Lin Chuang Ying Yong Jie Pou Xue Za Zhi[J Clin Appl Anat(Article in Chinese;Abstract in Chinese)],1984,2(1):59-65.}

[484] 袁训书．腹壁下动脉 - 阴茎海绵体吻合术治疗血管源性阳痿 [J]．中华泌尿外科杂志，1984，5（3）：153．{Yuan Xunshu. Anastomosis of inferior epigastric artery and corpus cavernosum for the treatment of vascular erectile dysfunction[J]. Zhonghua Mi Niao Wai Ke Za Zhi[Chin J Urol(Article in Chinese;Abstract in Chinese)],1984,5(3):153.}

[485] 刘正津．手部动脉的解剖 [J]．临床应用解剖学杂志，1984，2（2）：124．DOI：10.13418/j.issn.1001-165x.1984.02.024．{LIU Zhengjin. Anatomy of hand arteries[J]. Lin Chuang Ying Yong Jie Pou Xue Za Zhi[Chin J Clin Anat(Article in Chinese;No abstract available)],1984,2(2):124. DOI:10.13418/j.issn.1001-165x.1984.02.024.}

[486] 陈以慈，沈其卫，吴孟欣，严伟新，沈时镛，卢为善．手部血管的观察 II 掌深弓的构成和分支等 [J]．临床应用解剖学杂志，1984，2（1）：11．DOI：10. 13418/j. issn. 1001-165x. 1984. 01. 003 {CHEN Yici,SHEN Qiwei,WU Mengxin,YAN Weixin,SHEN Shiyong,LU Weishan. Observation of hand vessels Ⅱ :composition and branches of deep palmar arch[J]. Lin Chuang Ying Yong Jie Pou Xue Za Zhi[Chin J Clin Anat(Article in Chinese;Abstract in Chinese)],1984,2(1):11. DOI:10.13418/j.issn.1001-165x.1984.01.003.}

[487] 朱仕钦，李世英．多普勒定位下肢深浅静脉交通支结扎 [J]．中华外科杂志，1984，22（10）：612．{ZHU Shiqin,LI Shiying. Ligation of communicating branch of deep and superficial vein of lower limb under doppler positioning[J]. Zhonghua Wai Ke Za Zhi[Chin J Surg(Article in Chinese;Abstract in Chinese)],1984,22(10):612.}

[488] 吴晋宝，秦月琴，程心恒，王永珍．第一跖背动脉的分布和吻合 [J]．临床应用解剖学杂志，1984，2（1）：6．DOI：10.13418/j.issn.1001-165x.1984.01.002．{WU Jinbao,QIN Yueqin,CHENG Xinheng,WANG Yongzhen. Distribution and anastomoses of first dorsal metatarsal artery[J]. Lin Chuang Ying Yong Jie Pou Xue Za Zhi[Chin J Clin Anat(Article in Chinese;Abstract in Chinese)],1984,2(1):6. DOI:10.13418/j.issn.1001-165x.1984.01.002.}

[489] 张成友，陈榕．360 次大白鼠尾动脉吻合实验的体会 [J]．蚌埠医药，1985，3（1）：43-45．{ZHANG Chengyou,CHEN Rong. Experience of 360 tail artery anastomoses in rats[J]. Bengfu Yi Yao[Bengfu Med J(Article in Chinese;No abstract available)],1985,3(1):43-45. DOI:10.14126/j.cnki.1008-7044.1985.01.019.}

[490] 汤大侃，蒋有铭，戎志盛．微血管管径动态变化的实时测量方法 [J]．上海第一医学院学报，1985，12（3）：205-208．{TANG Dakan,JIANG Youming,RONG Zhisheng. Real time measurement of the changes in the diameter of microvessels[J]. Shanghai Di Yi Yi Xue Yuan Xue Bao(Acta Acad Med Primae Shanghai(Article in Chinese;Abstract in English),1985,12(3):205-208.}

[491] 高学书，袁相斌，高建华．小动脉端端吻合与端侧吻合的临床应用体会 [J]．中华整形烧伤外科杂志，1985，1（2）：14-16，75．{GAO Xueshu,YUAN Xiangbin,GAO Jianhua. Clinical application between end-to-end anastomosis and end-to-side arterioles anastomosis[J]. Zhonghua Zheng Xing Shao Shang Wai Ke Za Zhi[Chin J Plast Surg Burns(Article in Chinese; Abstract in English],1985,1(2):14-16,75.}

[492] 陈以慈，沈其卫，吴孟欣，严伟新，沈时镛．手部血管的观察 III：手部的静脉 [J]．临床应用解剖学杂志，1985，3（2）：108．DOI：10.13418/j.issn.1001-165x.1985.02.021．{CHEN Yici,SHEN Qiwei,WU Mengxin,YAN Weixin,SHEN Shiyong. Observation of hand vessels Ⅲ:veins of the hand[J]. Lin Chuang Ying Yong Jie Pou Xue Za Zhi[Chin J Clin Anat,(Article in Chinese;Abstract in Chinese)],1985,3(2):108. DOI:10.13418/j.issn.1001-165x.1985.02.021.}

[493] 张巧德，张伯稳，岳少英．足背动脉的变异及临床意义 [J]．临床应用解剖学杂志，1985，3（2）：128．DOI：10. 13418/j. issn. 1001-165x. 1985. 02. 032 {ZHANG Qiaode,ZHANG Bowen,QIU Shaoying. Variation and clinical significance of dorsalis pedis artery[J]. Lin Chuang Ying Yong Jie Pou Xue Za Zhi[Chin J Clin Anat(Article in Chinese;No abstract available)],1985,3(2):128. DOI:10.13418/j.issn.1001-165x.1985.02.032.}

[494] 刘均墀，于国中，朱兰英，尤黎明．用于血液透析的动、静脉内瘘术 50 例报告 [J]．显微医学杂志，1985，8（2）：81．{LIU Junchi,YU Guozhong,ZHU Lanying,YOU Liming. Arteriovenous fistula in hemodialysis:a report of 50 cases[J]. Xian Wei Yi Xue Za Zhi[Chin J Microsurg(Article in Chinese;Abstract in Chinese)],1985,8(2):81.}

[495] 苗华，尹正银，黄恭康．臀上血管的应用解剖学 [J]．临床应用解剖学杂志，1985，3（2）：78．DOI：10.13418/j.issn.1001-165x.1985.02.006．{MIAO Hua,YIN Zhengyin. HUANG Gongkang. Applied anatomy of superior gluteal vessels[J]. Lin Chuang Ying Yong Jie Pou Xue Za Zhi[Chin J Clin Anat(Article in Chinese;Abstract in Chinese)],1985,3(2):78. DOI:10.13418/j.issn.1001-165x.1985.02.006.}

[496] 吴仁秀，董吟林，陆一农，李嘉寿．臀上血管深上支显微外科解剖学研究 [J]．中华骨科杂志，1985，5（6）：374．{WU Renxiu,DONG Yinlin,LU Yinong,LI Jiashou. Microsurgical anatomy of deep superior branches of superior gluteal vessels[J]. Zhonghua Gu Ke Za Zhi[Chin J Orthop(Article in Chinese;Abstract in Chinese)],1985,5(6):374.}

[497] 黄宏前，刘方刚，董仲陵，丁玉林．处理显微血管外科术后循环危象的体会 [J]．显微医学杂志，1985，8（4）：223．{HUANG Hongqian,LIU Fanggang,DONG Zhongling,DING Yulin. Management of circulatory crisis after microvascular surgery[J]. Xian Wei Yi Xue Za Zhi[Chin J Microsurg(Article in Chinese;Abstract in Chinese)],1985,8(4):223.}

[498] 陈德理，杜淮生，简雍，余波，唐胜．阴茎海绵体血管旁路术的显微外科技术改进（附 4 例报告）[J]．中华显微外科杂志，1986，9（4）：234-235．DOI：10.3760/cma.j.issn.1001-2036.1986.04.124．{CHEN Deli,DU Huaisheng,JIAN Yong,YU Bo,TANG Sheng. Microsurgical technique improvement of cavernous vascular bypass[J]. Zhonghua Xian Wei Wai Ke Za Zhi[Chin J Microsurg(Article in Chinese;Abstract in Chinese)],1986,9(4):234-235. DOI:10.3760/cma.j.issn.1001-2036.1986.04.124.}

[499] 黄金梁，李慎惠，邓启发．用显微外科技术治疗先天性动静脉瘘一例 [J]．中华显微外科杂志，1986，9（2）：110．{HUANG Jinliang,LI Shenhui,DENG Qifa. Using microsurgical technique to treat congenital arteriovenous fistula:a case report[J]. Zhonghua Xian Wei Wai Ke Za Zhi[Chin J Microsurg(Article in Chinese;No abstract available)],1986,9(2):110.}

[500] 赫荣国，卢世璧．激光吻合血管 [J]．中华外科杂志，1987，25（11）：664-667．{HE Rongguo,LU Shibi. Laser anastomosis[J]. Zhonghua Wai Ke Za Zhi[Chin J Surg(Article in Chinese;Abstract in Chinese)],1987,25(11):664-667.}

[501] 卢世璧，赫荣国，朱盛修，刘兴春，郭中和，周萍，李元敏，肖路．小血管 CO_2 激光吻合与缝合吻合比较的实验研究 [J]．中华外科杂志，1988，26（2）：117-120．{LU Shibi,HE Rongguo,ZHU Shengxiu,LIU Xingchun,GUO Zhonghe,ZHOU Ping,LI Yuanmin,XIAO Lu. Experimental study on comparison of CO_2 laser anastomosis and suture anastomosis in small vessel[J]. Zhonghua Wai Ke Za Zhi[Chin J Surg(Article in Chinese;Abstract in Chinese)],1988,26(2):117-120.}

[502] 黄新凡．低功率 CO_2 激光在显微吻合中的实验研究 [J]．修复重建外科杂志，1988，2（2）：244．{HUANG Xinfan. Experimental study of low power CO_2 laser in microscopic anastomosis[J]. Zhongguo Xiu Fu Chong Jian Wai Ke Za Zhi[Chin J Repar Reconstr Surg(Article in Chinese;No abstract available)],1988,2(2):244.}

[503] 高永华，Robert W Rana．以毫瓦二氧化碳激光辅助吻合 1 mm 以下大白鼠股动脉和静脉 [J]．修复重建外科杂志，1988，2（2）：245．{GAO Yonghua,Robert W Rana. Milliwatt carbon dioxide laser anastomosis of the femoral artery and vein in rats with diameter below 1 mm[J]. Zhongguo Xiu Fu Chong Jian Wai Ke Za Zhi[Chin J Repar Reconstr Surg(Article in Chinese;No abstract available)],1988,2(2):245.}

[504] 陈荣生．微小血管悬吊式二定点吻合法的实验研究与临床应用 [J]．修复重建外科杂志，1988，2（2）：246．{CHEN Rongsheng. Experimental study and clinical application of microvascular suspension two fixed point sutures[J]. Zhongguo Xiu Fu Chong Jian Wai Ke Za Zhi[Chin J Repar Reconstr Surg(Article in Chinese;No abstract available)],1988,2(2):246.}

[505] 王丽，熊泽华．高频双极电凝吻合小血管的实验研究 [J]．修复重建外科杂志，1988，2（2）：249．{WANG Li,XIONG Zehua. Experimental study of small vessel anastomosis with high-frequency bipolar coagulation[J]. Zhongguo Xiu Fu Chong Jian Wai Ke Za Zhi[Chin J Repar Reconstr Surg(Article in Chinese;No abstract available)],1988,2(2):249.}

[506] 刘晋才，蒋祖言，李万卿，李林．0.3 ~ 0.5 mm 小动脉套入法与间断缝合法的实验观察 [J]．修复重建外科杂志，1988，2（4）：32-33．{LIU Jincai,JIANG Zuyan,LI Wanqing,LI Lin. Experimental observation of cuff-technique and interrupted suture with diameter of 0.3-0.5 mm[J]. Zhongguo Xiu Fu Chong Jian Wai Ke Za Zhi[Chin J Repar Reconstr Surg(Article in Chinese;No abstract available)],1988,2(4):32-33.}

[507] 王国若．应用剪开套接法吻合指血管再植 159 例 287 个断指体会 [J]．修复重建外科杂志，1988，2（2）：49-50．{WANG Guoruo. Anastomosis of finger vessels by Cut the Socket method:experience of replantation of 287 severed fingers in 159 cases[J]. Zhongguo Xiu Fu Chong Jian Wai Ke Za Zhi[Chin J Repar Reconstr Surg(Article in Chinese;No abstract available)],1988,2(2):49-50.}

[508] 陈荣生．悬吊二定点法吻合微小血管 [J]．中华外科杂志，1989，27（12）：710．{CHEN Rongsheng. Microvascular suspension two fixed point sutures[J]. Zhonghua Wai Ke Za Zhi[Chin J Surg(Article in Chinese;No abstract available)],1989,27(12):710.}

[509] 陈荣生，许良豪，李悠萍，雷风生，程嘉骧．微小血管悬吊式两定点缝合法的实验研究与临床应用 [J]．修复重建外科杂志，1989，3（1）：38-40，52．{CHEN Rongsheng,XU Lianghao,LI Youping,LEI Fengsheng,CHENG Jiaxiang. Experimental study and clinical application of microvascular suspension two fixed point sutures[J]. Zhongguo Xiu Fu Chong Jian Wai Ke Za Zhi[Chin J Repar Reconstr Surg(Article in Chinese;Abstract in Chinese)],1989,3(1):38-40,52.}

[510] 黄力，陆颱骥．实验性感染与静脉吻合畅通的关系 [J]．中华显微外科杂志，1990，13（3）：148-149．{HUANG Li,LU Dieji. Relationship between experimental infection and smooth venous anastomosis[J]. Zhonghua Xian Wei Wai Ke Za Zhi[Chin J Microsurg(Article in Chinese;Abstract in Chinese)],1990,13(3):148-149.}

[511] 张聪，唐农轩．小血管腔内可溶性生物材料支撑吻合的实验研究 [J]．中华外科杂志，1990，28（8）：470-472．{ZHANG Cong,TANG Nongxuan. Experimental Study on microvascular anastomosis with soluble Intravascular Stent[J]. Zhonghua Wai Ke Za Zhi[Chin J Surg(Article in Chinese;Abstract in Chinese)],1990,28(8):470-472.}

[512] 谭颖徽，周树夏，刘宝林，刘荫秋，程学明，李曙光．颌面部高速投射伤区小血管损伤效应及早期吻合的研究 [J]．中华医学杂志，1990，70（2）：82-84．{TAN Yinghui,ZHOU Shuxia,LIU Baolin,LIU Yinqiu,CHENG Xueming,LI Shuguang. Injury effect and early anastomosis of small vessels in maxillofacial high-speed projection injury area[J]. Zhonghua Yi Xue Za Zhi[Natl Med J China(Article in Chinese;Abstract in Chinese)],1990,70(2):82-84.}

[513] 葛祥祯．尺、桡动脉返转吻合重建肢体血循环 [J]．修复重建外科杂志，1990，4（2）：110．{GE Xiangzhen. Reverse anastomosis of ulnar and radial arteries to reconstruct blood circulation in limbs[J]. Zhongguo Xiu Fu Chong Jian Wai Ke Za Zhi[Chin J Repar Reconstr Surg(Article in Chinese;Abstract in Chinese)],1990,4(2):110.}

[514] 刘晋才，李林，杨晓荣．改良式偏心性两定点血管吻合法的实验研究及临床应用 [J]．修复重建外科杂志，1990，4（2）：95-96，127-128．{LIU Jincai,LI Lin,YANG Xiaorong. Experimental study and clinical application of modified eccentric two fixed point sutures in vascular anastomosis[J]. Zhongguo Xiu Fu Chong Jian Wai Ke Za Zhi[Chin J Repar Reconstr Surg(Article in Chinese;Abstract in Chinese)],1990,4(2):95-96,127-128.}

[515] 刘乃军，陈卫平，何清廉．显微血管缝合顺序的动物实验体会 [J]．修复重建外科杂志，1990，4（4）：231．{LIU Naijun,CHEN Weiping,HE Qinglian. Experimental experience of microvascular suture sequence in animals[J]. Zhongguo Xiu Fu Chong Jian Wai Ke Za Zhi[Chin J Repar Reconstr Surg(Article in Chinese;Abstract in Chinese)],1990,4(4):231.}

[516] 杜文山．后壁悬吊血管吻合法 [J]．修复重建外科杂志，1991，5（3）：133．{DONG Wenshan. Vascular anastomosis by posterior wall suspension[J]. Zhongguo Xiu Fu Chong Jian Wai Ke Za Zhi[Chin J Repar Reconstr Surg(Article in Chinese;Abstract in Chinese)],1991,5(3):133.}

[517] 郑长福，衡代忠，肖征．小动脉全层与非全层缝合的实验研究 [J]．修复重建外科杂志，1991，5（3）：182-183，192．{ZHENG Changfu,HENG Daizhong,XIAO Zheng. Experimental study of whole-layer and part-layer anastomosis of small artery[J]. Zhongguo Xiu Fu Chong Jian Wai Ke Za Zhi[Chin J Repar Reconstr Surg(Article in Chinese;Abstract in Chinese)],1991,5(3):182-183,192.}

[518] 雷刚刚，吴德贤．小动脉张力缝合的形态学研究 [J]．手外科杂志，1992，8（4）：225-227．{LEI Ganggang,WU Dexian. Morphological study of arteriole tension suture[J]. Shou Wai Ke Za Zhi[J Hand Surg(Article in Chinese;Abstract in Chinese)],1992,8(4):225-227.}

[519] 王书城，卢传新，王和驹，陈彦堃，叶桂东，吴多能．小血管外膜牵引吻合法实验研究及临床应用 [J]．中国修复重建外科杂志，1992，6（1）：54-55．{WANG Shucheng,LU Chuanxin,WANG Heju,CHEN Yankun,YE Guidong,WU Dongneng. Experimental study and clinical application of traction anastomosis of small vessel outer membrane[J]. Zhongguo Xiu Fu Chong Jian Wai Ke Za Zhi[Chin J Repar Reconstr Surg(Article in Chinese;Abstract in Chinese)],1992,6(1):54-55.}

[520] 郑长福，衡代忠，张聪．小动脉非全层缝合吻合法的临床应用 [J]．中国修复重建外科杂志，1992，6（3）：164．{ZHENG Changfu,HENG Daizhong,ZHANG Cong. Clinical application of part-layer suture of arterioles[J]. Zhongguo Xiu Fu Chong Jian Wai Ke Za Zhi[Chin J Repair Reconstr Surg(Article in Chinese;Abstract in Chinese)],1992,6(3):164.}

[521] 张成树，李柱林，王守才．介绍一种吻合小血管的 T 形助缝器 [J]．中国修复重建外科杂志，1992，6（3）：186．{ZHANG Chengshu,LI Zhulin,WANG Shoucai. A T-shaped instrument aid for microvascular anastomosis[J]. Zhongguo Xiu Fu Chong Jian Wai Ke Za Zhi[Chin J Repair Reconstr Surg(Article in Chinese;Abstract in Chinese)],1992,6(3):186.}

[522] 焦怀远，王翰章，王模堂，王大章，温玉明．术前静脉造影对静脉管壁及其吻合效应的实验研究 [J]．中国修复重建外科杂志，1992，6（3）：171-173，192-193．{JIAO Huaiyuan,WANG Hanzhang,WANG Motang,WANG Dazhang,WEN Yuming. Experimental study of preoperative venous angiography on venous wall and anastomosis effect[J]. Zhongguo Xiu Fu Chong Jian Wai Ke Za Zhi[Chin J Repair Reconstr Surg(Article in Chinese;Abstract in Chinese)],1992,6(3):171-173,192-193.}

[523] 何风春，唐农轩．可溶材料支撑下激光吻合小动脉的血流量研究 [J]．中华显微外科杂志，1993，16（1）：48-49．{HE Fengchun,TANG Nongxuan. Study on blood flow of small artery by laser anastomosis with soluble Intravascular Stent[J]. Zhonghua Xian Wei Wai Ke Za Zhi[Chin J Microsurg(Article in Chinese;Abstract in Chinese)],1993,16(1):48-49.}

[524] 王爱民，李德群．电磁场对吻合后微血管作用的实验研究与临床应用 [J]．中华显微外科杂志，1993，16（2）：113-115．{WANG Aimin,LI Dequn. Experimental study and clinical application of the effects of electromagnetic field on microvessels after anastomosis[J]. Zhonghua Xian Wei Wai Ke Za Zhi[Chin J Microsurg(Article in Chinese;Abstract in Chinese)],1993,16(2):113-115.}

[525] 程国良，张宁埠．不同口径血管吻合通畅率与愈合过程的光镜及扫描电镜观察 [J]．中华显微外科杂志，1993，16（4）：275-277．{CHENG Guoliang,ZHANG Ningbu. The patency rate and healing process after different diameter vessels anastomosis under light microscope and scanning electron microscope[J]. Zhonghua Xian Wei Wai Ke Za Zhi[Chin J Microsurg(Article in Chinese;Abstract in Chinese)],1993,16(4):275-277.}

[526] 肖春凌，黄智勇，梁云峰，李月生．动静脉转流式血管吻合的临床应用 [J]．中国修复重建外科杂志，1993，7（2）：84-85，126-127．{XIAO Chunling,HUANG Zhiyong,LIANG Yunfeng,LI Yuesheng. Clinical application of arteriovenous bypass vascular anastomosis[J]. Zhongguo Xiu Fu Chong Jian Wai Ke Za Zhi[Chin J Repair Reconstr Surg(Article in Chinese;Abstract in Chinese)],1993,7(2):84-85,126-127.}

[527] 王爱民，蒋祖言，杜全印，孙红振．提高微血管吻合通畅率的实验研究及临床应用 [J]．中国修复重建外科杂志，1993，7（4）：198-200，267-275．{WANG Aimin,JIANG Zuyan,DONG Quanyin,SUN Hongzhen. Experimental study and clinical application of improving patency rate of microvascular anastomosis[J]. Zhongguo Xiu Fu Chong Jian Wai Ke Za Zhi[Chin J Repair Reconstr Surg(Article in Chinese;Abstract in Chinese)],1993,7(4):198-200,267-275.}

[528] 孙贝加，施旭东，郝易风，郝易白，王巧莲，刘星星，孔庆尧，李国贵．显微血管吻合兔肾移植模型实验研究 [J]．中华显微外科杂志，1994，17（2）：124-125，158．{SUN Beijia,SHI Xudong,HAO Yifeng,HAO Yibai,WANG Qiaolian,LIU Xingxing,KONG Qingyan,LI Guogui. The experimental study about rabbit's kidney transplantation by microvascular anastomsis[J]. Zhonghua Xian Wei Wai Ke Za Zhi[Chin J Microsurg(Article in Chinese;Abstract in Chinese)],1994,17(2):124-125,158.}

[529] 程国良，张宁埠，林宗礼，陈学娟．小动脉张力缝合的实验研究 [J]．中华手外科杂志，1994，10（2）：217-220，257．{CHENG Guoliang,ZHANG Ningbu,LIN Zongli,CHEN Xuejuan. Anastomosis of small artery under tension:an experimental study[J]. Zhonghua Shou Wai Ke Za Zhi[Chin J Hand Surg(Article in Chinese;Abstract in Chinese)],1994,10(2):217-220,257.}

[530] 何风春，唐农轩．小血管腔内支撑辅助 CO_2 激光吻合的实验研究 [J]．解放军医学杂志，1994，19（5）：383-385．{HE Fengchun,TANG Nongxuan. Experimental study of CO_2 laser anastomosis assisted by intravascular stent[J]. Jie Fang Jun Yi Xue Za Zhi[Med J Chin PLA(Article in Chinese;Abstract in Chinese)],1994,19(5):383-385.}

[531] 何风春，唐农轩，詹光永．可溶性生物材料支撑下二氧化碳激光吻合小动脉的实验研究 [J]．中国修复重建外科杂志，1994，8（10）：83-85．{HE Fengchun,TANG Nongxuan,ZHAN Guangyong. The experimental study on carbon dioxide laser for small artery anastomosis wth degradable intraluminal biomaterial support[J]. Zhongguo Xiu Fu Chong Jian Wai Ke Za Zhi[Chin J Repair Reconstr Surg(Article in Chinese;Abstract in Chinese)],1994,8(10):83-85.}

[532] 高伟阳，黄佳温，廖孔荣，厉智．三针缝合套入法显微血管吻合的临床研究 [J]．中华骨科杂志，1995，15（4）：335-338．{GAO Weiyang,HUANG Jiawen,LIAO Kongrong,LI Zhi. A clinical study of the three stitches sleevesuture technique in microvascular anastomosis[J]. Zhonghua Gu Ke Za Zhi[Chin J Orthop(Article in Chinese;Abstract in Chinese)],1995,15(4):335-338.}

[533] 黄恭康，李豪青．用可吸收 MAXON 缝线施行显微动脉吻合的研究 [J]．中华显微外科杂志，1995，18（2）：143-145．{HUANG Gongkang,LI Haoqing. A study on microvascular anastomosis of arteries with absorbable maxon suture[J]. Zhonghua Xian Wei Wai Ke Za Zhi[Chin J Microsurg(Article in Chinese;Abstract in Chinese)],1995,18(2):143-145.}

[534] 陈伟南，于仲嘉，何鹤皋，黄慕洁．显微血管快速缝合的实验研究与临床应用 [J]．中华显微外科杂志，1995，18（3）：220-221．{CHEN Weinan,YU Zhongjia,HE Hegao,HUANG Mujie. Experimental study and clinical application of rapid microvascular suture[J]. Zhonghua Xian Wei Wai Ke Za Zhi[Chin J Microsurg(Article in Chinese;Abstract in Chinese)],1995,18(3):220-221.}

[535] 魏世津，马腾骧，王文成，胡月华，孟昭利．血液透析用钛轮钉血管吻合术四年临床总结 [J]．中华泌尿外科杂志，1995，16（7）：228-229．{WEI Shijin,MA Tengxiang,WANG Wencheng,HU Yuehua,MENG Zhaoli. A 4 years experience on vessel anastomosis with titanium wheel nail for hemodialysis patieuts[J]. Zhonghua Mi Niao Wai Ke Za Zhi[Chin J Urol(Article in Chinese;Abstract in Chinese)],1995,16(7):228-229.}

[536] 杨振九．大鼠动脉粥样硬化的微小血管吻合技术 [J]．中华创伤杂志，1995，11（1）：56-57．{YANG Zhenjiu. Microvascular anastomosis of rat atherosclerosis[J]. Zhonghua Chuang Shang Za Zhi[Chin J Trauma(Article in Chinese;Abstract in Chinese)],1995,11(1):56-57.}

[537] 陈良万，郭加强．外源基因在小血管吻合口中的表达 [J]．中华显微外科杂志，1996，19（2）：119-121．{CHEN Liangwan,GUO Jiaqiang. The expression of an exogenous gene in a small blood vessel match[J]. Zhonghua Xian Wei Wai Ke Za Zhi[Chin J Microsurg(Article in Chinese;Abstract in Chinese)],1996,19(2):119-121.}

[538] 葛祥祯，陈定．血管反转逆行吻合术在显微外科领域中的应用 [J]．中华显微外科杂志，1996，19（2）：138-139．{GE Xiangzhen,CHEN Ding. Application of reverse vascular anastomosis in microsurgery[J]. Zhonghua Xian Wei Wai Ke Za Zhi[Chin J Microsurg(Article in Chinese;Abstract in Chinese)],1996,19(2):138-139.}

[539] 向志，时德．中小血管吻合的连续缝合和间断缝合法对比研究 [J]．中华实验外科杂志，1996，13（4）：326．{XIANG Zhi,SHI De. Comparative study of continuous suture and discontinuous suture for small and medium-sized vascular anastomosis[J]. Zhonghua Shi Yan Wai Ke Za Zhi[Chin J Exp Surg(Article in Chinese;Abstract in Chinese)],1996,13(4):326.}

[540] 王拴科，戴刚，张祥生，王宏沛，万麟．等距对称分叶法吻合小血管的实验及临床应用研究 [J]．中华显微外科杂志，1997，20（1）：47-49．{WANG Shuanke,DAI Gang,ZHANG Xiangsheng,WANG Hongpei,WAN Lin. Clinical application and experiment studies on vascular anastomosis with lobulated end sinisometvic and symmetry[J]. Zhonghua Xian Wei Wai Ke Za Zhi[Chin J Microsurg(Article in Chinese;Abstract in Chinese)],1997,20(1):47-49.}

[541] 沈干，冷永成，荣国华．小血管套叠粘接吻合法在血液透析者中建立动静脉内瘘的应用 [J]．中国修复重建外科杂志，1997，11（2）：121-123．{SHEN Gan,LENG Yongcheng,RONG Guohua. Telescopic adhesive anastomosis of small blood vessel applied in formation of arteriovenous fistula for hemodialysis[J]. Zhongguo Xiu Fu Chong Jian Wai Ke Za Zhi[Chin J Repair Reconstr Surg(Article in Chinese;Abstract in Chinese)],1997,11(2):121-123.}

[542] 许家军，陈尔瑜，章玲，余汇洋．动脉吻合区肽能神经变化的实验研究 [J]．中国临床解剖学杂志，1998，16（1）：70-72．{XU Jiajun,CHEN Dongyu,ZHANG Ling,YU Huiyang. Reinnervation of npy,cgrp nerves in anastomosis site of rat saphenous artery[J]. Zhongguo Lin Chuang Jie Pou Xue Za Zhi[Chin J Clin Anat(Article in Chinese;Abstract in Chinese)],1998,16(1):70-72.}

[543] 曾宪森，张宝贵，高雅．用可溶性血管内支架辅助小血管缝合的实验研究 [J]．中华显微外科杂志，1998，21（2）：129．DOI：10.3760/cma.j.issn.1001-2036.1998.02.019．{ZENG Xiansen,ZHANG Baogui,GAO Ya. Experimental Study on microvascular anastomosis with soluble Intravascular Stent[J]. Zhonghua Xian Wei Wai Ke Za Zhi[Chin J Microsurg(Article in Chinese;Abstract in Chinese)],1998,21(2):129. DOI:10.3760/cma.j.issn.1001-2036.1998.02.019.}

[544] 李善会．剪开套接法在断指血管吻合中的应用 [J]．中华显微外科杂志，1998，21（3）：240．DOI：10.3760/cma.j.issn.1001-2036.1998.03.050．{LI Shanhui. Application of cutoff and sleeve method in vascular anastomosis of severed finger[J]. Zhonghua Xian Wei Wai Ke Za Zhi[Chin J Microsurg(Article in Chinese;No abstract available)],1998,21(3):240. DOI:10.3760/cma.j.issn.1001-2036.1998.03.050.}

[545] 陈荣生，刘蔡波，胡永生．显微血管缝合术 98 例 [J]．中华显微外科杂志，1998，21（4）：292．DOI：10.3760/cma.j.issn.1001-2036.1998.04.023．{CHEN Rongsheng,LIU Caibo,HU Yongsheng. Microvascular suture:a report of 98 cases[J]. Zhonghua Xian Wei Wai Ke Za Zhi[Chin J Microsurg(Article in Chinese;No abstract available)],1998,21(4):292. DOI:10.3760/cma.j.issn.1001-2036.1998.04.023.}

[546] 邱水波，王愉恩．牵引扩张及导针法吻合小血管的研究 [J]．中华实验外科杂志，1998，15（4）：362．{QIU Shuibo,WANG Yudong. Study on traction dilatation combined with guid pin in small vessels anastomosis[J]. Zhonghua Shi Yan Wai Ke Za Zhi[Chin J Exp Surg(Article in Chinese;Abstract in Chinese)],1998,15(4):362.}

[547] 钟伟强，杨铁城，刘冠贤，杨永铭，谭志明．血液透析动静脉内瘘显微吻合不同口径的影响 [J]．中华显微外科杂志，1999，22（2）：154-155．DOI：10.3760/cma.j.issn.1001-2036.1999.02.149．{ZHONG Weiqiang,YANG Tiecheng,LIU Guanxian,YANG Yongming,TAN Zhiming. Complication in different diameter microanastomosis of arteriovenous internal fistula for hemodialysis[J]. Zhonghua Xian Wei Wai Ke Za Zhi[Chin J Microsurg(Article in Chinese; No abstract available)],1999,22(2):154-155. DOI:10.3760/cma.j.issn.1001-2036.1999.02.149.}

[548] 冯亚高，王栓科，汪功久．改良剪开套接法吻合小血管的实验及临床应用 [J]．中华显微外科杂志，1999，22（3）：220．DOI：10.3760/cma.j.issn.1001-2036.1999.03.025．{FENG Yagao,WANG Shuanke,WANG Gongjiu. Experimental and clinical application of modified clipping sleeve anastomosis for small vessels[J]. Zhonghua Xian Wei Wai Ke Za Zhi[Chin J Microsurg(Article in Chinese;Abstract in Chinese)],1999,22(3):220. DOI:10.3760/cma.j.issn.1001-2036.1999.03.025.}

[549] 徐斌，曹贵松，景在平，高瀚．腔内光动力疗法对血管吻合口内膜增生的抑制作用 [J]．第二军医大学学报，1999，20（11）：857-859．DOI：10.3321/j.issn：0258-879X.1999.11.011．{XU Bin,CAO Guisong,JING Zaiping,GAO Han. Inhibitory effect of intravascular photodynamic therapy on intimal hyperplasia of vascular anastomosis[J]. Di Er Jun Yi Da Xue Xue Bao[Acad J Sec Mil Med Univ(Article in Chinese;Abstract in Chinese)],1999,20(11):857-859. DOI:10.3321/j.issn:0258-879X.1999.11.011.}

[550] 吴庆华．血管吻合口局部条件的选择 [J]．中国实用外科杂志，2000，20（6）：331-332．DOI：10.3321/j.issn：1005-2208.2000.06.005．{WU Qinghua. Selection of local condition of vascular anastomotic stoma[J]. Zhongguo Shi Yong Wai Ke Za Zhi[Chin J Pract Surg(Article in Chinese;Abstract in Chinese)],2000,20(6):331-332. DOI:10.3321/j.issn:1005-2208.2000.06.005.}

[551] 黄英，张培华．血管外科缝合技术与血管重建术 [J]．中国实用外科杂志，2000，20（6）：378-380．DOI：10.3321/j.issn：1005-2208.2000.06.026．{HUANG Ying,ZHANG Peihua. Vascular surgical suture technique and vascular reconstruction[J]. Zhongguo Shi Yong Wai Ke Za Zhi[Chin J Pract Surg(Article in Chinese;Abstract in Chinese)],2000,20(6):378-380. DOI:10.3321/j.issn:1005-2208.2000.06.026.}

[552] 耿孟录，何贵生．小血管张力测量与小血管减张缝合技术研究 [J]．中国骨伤，2000，13（7）：398-400．DOI：10.3969/j.issn.1003-0034.2000.07.005．{GENG Menglu,HE Guisheng. Tensile strength measurement and relaxation suture of small blood vessels[J]. Zhongguo Gu Shang[China J Orthop Trauma(Article in Chinese;Abstract in Chinese)],2000,13(7):398-400. DOI:10.3969/j.issn.1003-0034.2000.07.005.}

[553] 朱星红，余汇洋，陈尔瑜．动脉吻合后的顺应性特点和结构成份的变化 [J]．中国修复重建外科杂志，2000，14（3）：142-144．{ZHU Xinghong,YU Huiyang,CHEN Dongyu. Property of compliance and change of structural components in anastomosed artery[J]. Zhongguo Xiu Fu Chong Jian Wai Ke Za Zhi[Chin J Repair Reconstr Surg(Article in Chinese;Abstract in Chinese)],2000,14(3):142-144.}

[554] 冯亚高，董清芳．梯形对称二等分叶法吻合小血管的实验及临床应用 [J]．中华显微外科杂志，2001，24（2）：156．DOI：10.3760/cma.j.issn.1001-2036.2001.02.055．{FENG Yagao,DONG Qingfang. Application of small vascular anastomosis with two trapezoid and symmetrical lobulated flap[J]. Zhonghua Xian Wei Wai Ke Za Zhi[Chin J Microsurg(Article in Chinese;Abstract in Chinese)],2001,24(2):156. DOI:10.3760/cma.j.issn.1001-2036.2001.02.055.}

[555] 杨润功，周明武，赵东升，李坤德．任意定点顺序转圈血管吻合法在组织瓣移植中的应用 [J]．中华显微外科杂志，2001，24（2）：155-156．DOI：10.3760/cma.j.issn.1001-2036.2001.02.036．{YANG Rungong,ZHOU Mingwu,ZHAO Dongsheng,LI Kunde. Application of vascular anastomosis with arbitrary fixed point clockwise or counterclockwise suture in tissue flap transplantation[J]. Zhonghua Xian Wei Wai Ke Za Zhi[Chin J Microsurg(Article in Chinese;Abstract in Chinese)],2001,24(2):155-156. DOI:10.3760/cma.j.issn.1001-2036.2001.02.036.}

[556] 陈华勇，崔春爱，赵东海，金红莲，金范学，杨镇洙．动脉化静脉皮瓣套叠吻合区血管壁的动态变化 [J]．中华显微外科杂志，2001，24（3）：205-206．DOI：10.3760/cma.j.issn.1001-2036.2001.03.016．{CHEN Huayong,CUI Chunai,ZHAO Donghai,JIN Honglian,JIN Fanxue,YANG Zhenzhu. Dynamic changes of vascular wall in intussusception anastomosis area of arterialized venous flap[J]. Zhonghua Xian Wei Wai Ke Za Zhi[Chin J Microsurg(Article in Chinese;Abstract in Chinese)],2001,24(3):205-206. DOI:10.3760/cma.j.issn.1001-2036.2001.03.016.}

[557] 冯亚高，付丽华，杨静．梯形对称二等分叶法吻合小血管 [J]．临床骨科杂志，2002，5（1）：30-32．DOI：10.3969/j.issn.1008-0287.2002.01.009．{FENG Yagao,FU Lihua,YANG Jing. Small vascular anastomosis with two trapezoid and symmetrical lobulated flap[J]. Lin Chuang Gu Ke Za Zhi[J Clin Orthop(Article in Chinese;Abstract in Chinese)],2002,5(1):30-32. DOI:10.3969/j.issn.1008-0287.2002.01.009.}

[558] 姚国川，游戊己，郎振为，刘福安，郭氧，周焱，杜谦，陈文辉，孙雪峰．高压氧对大白鼠颈动脉吻合口愈合的影响 [J]．中华手外科杂志，2003，19（2）：106-108．DOI：10.3760/cma.j.issn.1005-054X.2003.02.020．{YAO Guochuan,YOU Wuji,LANG Zhenwei,LIU Fuan,GUO Yang,ZHOU Miao,DONG Qian,CHEN Wenhui,SUN Xuefeng. Influence of hyperbaric oxygen on healing of carotid artery anastomosis in rats[J]. Zhonghua Shou Wai Ke Za Zhi[Chin J Hand Surg(Article in Chinese;Abstract in Chinese)],2003,19(2):106-108. DOI:10.3760/

cma.j.issn.1005-054X.2003.02.020.}

[559] **余汇洋，张天飞，左艳芳，陈尔瑜. 张力吻合对动脉顺应性影响的实验研究 [J]. 局解手术学杂志，2003，12(5)：326-328. DOI: 10.3969/j.issn.1672-5042.2003.05.003.** {YU Huiyang,ZHANG Tianfei,ZUO Yanfang,CHEN Dongyu. Experimental study of effects of compliance in tensional anastomotic arteries[J]. Ju Jie Shou Shu Xue Za Zhi[J Reg Anat Oper Surg(Article in Chinese;Abstract in Chinese)],2003,12(5):326-328. DOI:10.3969/j.issn.1672-5042.2003.05.003.}

[560] **邱全光，余汇洋，郭光金，左艳芳，张集建，张天飞. 动脉吻合术后弹性纤维的修复 [J]. 解放军医学杂志，2003，28(10)：904-906. DOI: 10.3321/j.issn: 0577-7402.2003.10.020.** {QIU Quanguang,YU Huiyang,GUO Guangjin,ZUO Yanfang,ZHANG Jijian,ZHANG Tianfei. The repair of elastic fiber after anastomosis of artery[J]. Jie Fang Jun Yi Xue Za Zhi[Med J Chin PLA(Article in Chinese;Abstract in Chinese)],2003,28(10):904-906. DOI:10.3321/j.issn:0577-7402.2003.10.020.}

[561] **曲乐丰，王玉琦，景在平. 中小血管无缝线胶粘吻合的可行性实验研究 [J]. 上海医学，2003，26(8)：543-545. DOI: 10.3969/j.issn.0253-9934.2003.08.005.** {QU Lefeng,WANG Yuqi,JING Zaiping. Experimental study on feasibility of sutureless anastomosis of small-medium vessels by medical adhesive[J]. Shanghai Yi Xue[Shanghai Med J(Article in Chinese;Abstract in Chinese)],2003,26(8):543-545. DOI:10.3969/j.issn.0253-9934.2003.08.005.}

[562] **曲乐丰，王玉琦，景在平. 兔颈动脉无缝线胶黏吻合与传统缝线吻合的对比研究 [J]. 中华实验外科杂志，2004，21(4)：411-413. DOI: 10.3760/j.issn: 1001-9030.2004.04.009.** {QU Lefeng,WANG Yuqi,JING Zaiping. Comparative study on sutureless adhesive anastomosis and conventional suturing anastomosis of carotid artery in rabbits[J]. Zhonghua Shi Yan Wai Ke Za Zhi[Chin J Exp Surg(Article in Chinese;Abstract in Chinese)],2004,21(4):411-413. DOI:10.3760/j.issn:1001-9030.2004.04.009.}

[563] **叶俊强，杨大志. 在污染或感染条件下行小血管吻合的实验观察 [J]. 实用骨科杂志，2004，10(3)：221-223. DOI: 10.3969/j.issn.1008-5572.2004.03.014.** {YE Junqiang,YANG Dazhi. Animal experimental study of the effect in contaminative or infectious area on anastomosis of small vessels[J]. Shi Yong Gu Ke Za Zhi[J Pract Orthop(Article in Chinese;Abstract in Chinese)],2004,10(3):221-223. DOI:10.3969/j.issn.1008-5572.2004.03.014.}

[564] **邱全光，余汇洋，郭光金，左艳芳，张集建，张天飞. 弹性纤维在吻合后动脉修复中的作用 [J]. 局解手术学杂志，2004，13(1)：12-14. DOI: 10.3969/j.issn.1672-5042.2004.01.006.** {QIU Quanguang,YU Huiyang,GUO Guangjin,ZUO Yanfang,ZHANG Jijian,ZHANG Tianfei. Roles of elastic fiber in repair of postanastomosed artery[J]. Ju Jie Shou Shu Xue Za Zhi[J Reg Anat Oper Surg(Article in Chinese;Abstract in Chinese)],2004,13(1):12-14. DOI:10.3969/j.issn.1672-5042.2004.01.006.}

[565] **丰贵文，赵显国. 动静脉内瘘缝合术的改进 [J]. 第一军医大学学报，2004，24(9)：1058-1060. DOI: 10.3321/j.issn: 1673-4254.2004.09.026.** {FENG Guiwen,ZHAO Xianguo. Improvement of suture technique for arteriovenous fistula[J]. Di Yi Jun Yi Da Xue Xue Bao[J First Mil Med Univ(Article in Chinese;Abstract in Chinese)],2004,24(9):1058-1060. DOI:10.3321/j.issn:1673-4254.2004.09.026.}

[566] **宋开芳，陈艺新，张云强，李青松，秦杰. 定点牵引医用胶粘结吻合微小血管的实验与临床应用 [J]. 中华显微外科杂志，2005，28(4)：346-347. DOI: 10.3760/cma.j.issn.1001-2036.2005.04.022.** {SONG Kaifang,CHEN Yixin,ZHANG Yunqiang,LI Qingsong,QIN Jie. Experiment and clinical application of adhesion of microvessels by medical glue with fixed-point traction[J]. Zhonghua Xian Wei Wai Ke Za Zhi[Chin J Microsurg(Article in Chinese;Abstract in Chinese)],2005,28(4):346-347. DOI:10.3760/cma.j.issn.1001-2036.2005.04.022.}

[567] **刘珍，王奕，李孝荣，于惠秋，刘铜军. 低功率 CO_2 激光吻合大鼠颈动脉的组织学研究 [J]. 中华整形外科杂志，2006，22(5)：397-398. DOI: 10.3760/j.issn: 1009-4598.2006.05.024.** {LIU Zhen,WANG Yi,LI Xiaorong,YU Huiqiu,LIU Tongjun. Histological study of anastomosis of carotid artery by low power CO_2 laser in rats[J]. Zhonghua Zheng Xing Wai Ke Za Zhi[Chin J Plast Surg(Article in Chinese;Abstract in Chinese)],2006,22(5):397-398. DOI:10.3760/j.issn:1009-4598.2006.05.024.}

[568] **宋开芳，陈艺新，张云强，李青松，秦杰. 醋胶粘接法与针线法吻合细小血管的比较研究 [J]. 实用手外科杂志，2006，20(3)：157-159，封四. DOI: 10.3969/j.issn.1671-2722.2006.03.009.** {SONG Kaifang,CHEN Yixin,ZHANG Yunqiang,LI Qingsong,QIN Jie. Comparitive study of medical adhesive and suture in microvascular anastomosis[J]. Shi Yong Shou Wai Ke Za Zhi[Chin J Pract Hand Surg(Article in Chinese;Abstract in Chinese)],2006,20(3):157-159,cover 4. DOI:10.3969/j.issn.1671-2722.2006.03.009.}

[569] **范恒华，伍骥，张伯勋. 血管直接粘接吻合方法的实验研究 [J]. 中华显微外科杂志，2007，30(4)：291-293. DOI: 10.3760/cma.j.issn.1001-2036.2007.04.021.** {FAN Henghua,WU Ji,ZHANG Boxun. Experimental study on the method of direct vascular adhesion and anastomosis[J]. Zhonghua Xian Wei Wai Ke Za Zhi[Chin J Microsurg(Article in Chinese;Abstract in Chinese)],2007,30(4):291-293. DOI:10.3760/cma.j.issn.1001-2036.2007.04.021.}

[570] **何君君，李小军，张华胜，李长根，方震. 前置贵要静脉与桡动脉吻合内瘘术的临床应用 [J]. 中华显微外科杂志，2007，30(6)：462-463. DOI: 10.3760/cma.j.issn.1001-2036.2007.06.025.** {HE Junjun,LI Xiaojun,ZHANG Huasheng,LI Changgen,FANG Zhen. Clinical application of anastomosis between basilic vein and radial artery in internal fistulas[J]. Zhonghua Xian Wei Wai Ke Za Zhi[Chin J Microsurg(Article in Chinese;Abstract in Chinese)],2007,30(6):462-463. DOI:10.3760/cma.j.issn.1001-2036.2007.06.025.}

[571] **徐立群，范秦寅，张宝亮，张罗莲，张陈平，胡广洪. 桡静脉吻合方式对前臂皮瓣血液流场影响的计算流体力学分析 [J]. 上海口腔医学，2011，20(3)：246-250.** {XU Liqun,FAN Qinyin,ZHANG Baoliang,ZHANG Luolian,ZHANG Chenping,HU Guanghong. Computational-fluid-dynamical analysis of the flow field of forearm flap with four types of venous anastomotic techniques[J]. Shang Hai Kou Qiang Yi Xue[Shanghai J Stomatol(Article in Chinese;Abstract in Chinese)],2011,20(3):246-250.}

[572] **王晋峰，孙长英，樊长安. 睾丸动脉与腹壁下动脉吻合治疗睾丸动脉断裂二例 [J]. 中华外科杂志，2012，50(11)：1056. DOI: 10.3760/cma.j.issn.0529-5815.2012.11.029.** {WANG Jinfeng,SUN Changying,FAN Changan. Two cases of testicular artery rupture treated by anastomosis of testicular artery and inferior epigastric artery[J]. Zhonghua Wai Ke Za Zhi[Chin J Surg(Article in Chinese;Abstract in Chinese)],2012,50(11):1056. DOI:10.3760/cma.j.issn.0529-5815.2012.11.029.}

[573] **王天祥，于鸿潜，刘屹嵩，邱明. 两种血管吻合方式对游离组织瓣修复口腔颌部缺损中皮瓣成活的影响 [J]. 现代口腔医学杂志，2012，26(6)：370-373.** {WANG Tianxiang,YU Hongqian,LIU Yisong,QIU Ming. The effect of two vascular anastomosis methods on free flap survival in instant reconstruction for oral and maxillofacial defect[J]. Xian Dai Kou Qiang Yi Xue Za Zhi[J Mod Stomatol(Article in Chinese;Abstract in Chinese)],2012,26(6):370-373.}

[574] **周忠信，刘正军. "降落伞式"缝合技术在鼻烟窝动静脉内瘘中的应用 [J]. 局解手术学杂志，2012，21(4)：400-402. DOI: 10.3969/j.issn.1672-5042.2012.04.024.** {ZHOU Zhongxin,LIU Zhengjun. The application of parachute-style running suture for radio-cephalic fistulae in anatomical snuff-box[J]. Ju Jie Shou Shu Xue Za Zhi[J Reg Anat Oper Surg(Article in Chinese;Abstract in Chinese)],2012,21(4):400-402. DOI:10.3969/j.issn.1672-5042.2012.04.024.}

[575] **刘光军，王成琪，谭琪，张大伟，李振，王谦，杨磊，高志刚. 显微血管吻合方法的临床对比研究 [J]. 实用手外科杂志，2012，26(4)：338-340，385. DOI: 10.3969/j.issn.1671-2722.2012.04.013.** {LIU Guangjun,WANG Chengqi,TAN Qi,ZHANG Dawei,LI Zhen,WANG Qian,YANG Lei,GAO Zhigang. Clinical comparison study of the four microvascular anastomosis techniques[J]. Shi Yong Shou Wai Ke Za Zhi[Chin J Pract Hand Surg(Article in Chinese;Abstract in Chinese)],2012,26(4):338-340,385. DOI:10.3969/j.issn.1671-2722.2012.04.013.}

[576] **王立宇，孟镔，崔英健，张丽康，徐江发. 家兔显微血管横断优先吻合动静脉选择的对比研究 [J]. 局解手术学杂志，2013，22(5)：506-508. DOI: 10.11659/jjssx.1672-5042.201305020.** {WANG Liyu,MENG Bin,CUI Yingjian,ZHANG Likang,XU Jiangfa. Comparative study on anastomosis choice of microsurgical vascular in rabbits[J]. Ju Jie Shou Shu Xue Za Zhi[J Reg Anat Oper Surg(Article in Chinese;Abstract in Chinese)],2013,22(5):506-508. DOI:10.11659/jjssx.1672-5042.201305020.}

[577] **祁峰，李杰，祁晓，郭承炎，肖鲁伟. 四肢血管拉伸延长的力学特性及在显微吻合中的应用进展 [J]. 中华显微外科杂志，2014，37(1)：96-97. DOI: 10.3760/cma.j.issn.1001-2036.2014.01.035.** {QI Feng,LI Jie,QI Xiao,GUO Chengyan,XIAO Luwei. Mechanical properties of vascular elongation of extremities and its application in microanastomosis[J]. Zhonghua Xian Wei Wai Ke Za Zhi[Chin J Microsurg(Article in Chinese;No abstract available)],2014,37(1):96-97. DOI:10.3760/cma.j.issn.1001-2036.2014.01.035.}

[578] **陈军辉，柏冰，赵立娟，牛素珍，梁砚芳，曹晋，侯勇，邵新中. 单边内翻套入缝合法吻合兔颈动脉的实验研究 [J]. 实用手外科杂志，2014，28(4)：435-437. DOI: 10.3969/j.issn.1671-2722.2014.04.031.** {CHEN Junhui,BAI Bing,ZHAO Lijuan,NIU Suzhen,LIANG Yanfang,CAO Jin,HOU Yong,SHAO Xinzhong. Experimental study on unilateral varus sleeve anastomosis of rabbit carotid artery[J]. Shi Yong Shou Wai Ke Za Zhi[Chin J Pract Hand Surg(Article in Chinese;Abstract in Chinese)],2014,28(4):435-437. DOI:10.3969/j.issn.1671-2722.2014.04.031.}

[579] **刘仕琪，雷鹏，吕毅，关正，高睿，姚维杰，党国辛，刘艳奎. 犬股动脉磁吻合技术与传统吻合技术的比较研究 [J]. 中国修复重建外科杂志，2014，28(7)：885-890. DOI: 10.7507/1002-1892.20140195.** {LIU Shiqi,LEI Peng,LV Yi,GUAN Zheng,GAO Rui,YAO Weijie,DANG Guoxin,LIU Yankui. A comparative study on magnetic compressive anastomosis and traditional hand-suturing technology in canine femoral artery anastomosis[J]. Zhongguo Xiu Fu Chong Jian Wai Ke Za Zhi[Chin J Repar Reconstr Surg(Article in Chinese;Abstract in Chinese)],2014,28(7):885-890. DOI:10.7507/1002-1892.20140195.}

[580] **虢宏昌，赵广宾，刘亚雄，胥光申，严小鹏，薛飞，马锋，吕毅，李涤尘. 磁吻合术在外科手术中的研究现状及应用 [J]. 中国修复重建外科杂志，2014，28(12)：1551-1554. DOI: 10.7507/1002-1892.20140335.** {GUO Hongchang,ZHAO Guangbin,LIU Yaxiong,XU Guangshen,YAN Xiaopeng,XUE Fei,MA Feng,LV Yi,LI Dichen. Research status and application of magnetic compression anastomosis in surgery[J]. Zhongguo Xiu Fu Chong Jian Wai Ke Za Zhi[Chin J Repar Reconstr Surg(Article in Chinese;Abstract in Chinese)],2014,28(12):1551-1554. DOI:10.7507/1002-1892.20140335.}

[581] **曾昂，朱琳，刘志飞，王晓军，张海林，白明，王智. 保留肋骨的胸廓内血管显露及吻合技术在腹壁下动脉穿支皮瓣重建乳房中的应用 [J]. 中国修复重建外科杂志，2014，28(11)：1376-1379. DOI: 10.7507/1002-1892.20140298.** {ZENG Ang,ZHU Lin,LIU Zhifei,WANG Xiaojun,ZHANG Hailin,BAI Ming,WANG Zhi. Rib-sparing technique for internal mammary vessels exposure and anastomosis in breast reconstruction with deep inferior epigastric perforator flap[J]. Zhongguo Xiu Fu Chong Jian Wai Ke Za Zhi[Chin J Repar Reconstr Surg(Article in Chinese;Abstract in Chinese)],2014,28(11):1376-1379. DOI:10.7507/1002-1892.20140298.}

[582] **顾立强，朱庆棠，汪华侨. 显微外科血管吻合新技术专题座谈会专家意见 [J]. 中华显微外科杂志，2014，37(2)：105. DOI: 10.3760/cma.j.issn.1001-2036.2014.02.001.** {GU Liqiang,ZHU Qingtang,WANG Huaqiao. Expert opinions on the symposium on new techniques of Vascular Anastomosis in Microsurgery[J]. Zhonghua Xian Wei Wai Ke Za Zhi[Chin J Microsurg(Article in Chinese;No abstract available)],2014,37(2):105. DOI:10.3760/cma.j.issn.1001-2036.2014.02.001.}

[583] **侯毅，顾立强. 显微血管吻合技术的现状与展望 [J]. 中华显微外科杂志，2014，37(2)：201-204. DOI: 10.3760/cma.j.issn.1001-2036.2014.02.037.** {HOU Yi,GU Liqiang. Present situation and prospect of microvascular anastomosis[J]. Zhonghua Xian Wei Wai Ke Za Zhi[Chin J Microsurg(Article in Chinese;No abstract available)],2014,37(2):201-204. DOI:10.3760/cma.j.issn.1001-2036.2014.02.037.}

[584] **常兴华，夏冬雪，李敏. 无缝合牵线粘合法动静脉内瘘术 47 例 [J]. 中华显微外科杂志，2015，38(6)：595-598. DOI: 10.3760/cma.j.issn.1001-2036.2015.06.021.** {CHANG Xinghua,XIA Dongxue,LI Min. Internal arteriovenous fistula by suture-free adhesion method:a report of 47 cases[J]. Zhonghua Xian Wei Wai Ke Za Zhi[Chin J Microsurg(Article in Chinese;Abstract in Chinese)],2015,38(6):595-598. DOI:10.3760/cma.j.issn.1001-2036.2015.06.021.}

[585] **刘仕琪，雷鹏，吕毅，宋宇龙，高睿，姚维杰，党国信. 磁吻合技术实现下腔静脉吻合组织与电镜观察 [J]. 中华实验外科杂志，2015，32(2)：258-260. DOI: 10.3760/cma.j.issn.1001-9030.2015.02.015.** {LIU Shiqi,LEI Peng,LV Yi,SONG Yulong,GAO Rui,YAO Weijie,DANG Guoxin. Histologic and scanning electron microscopic study for inferior vena cava anastomosis by magnetic compressive anastomosis[J]. Zhonghua Shi Yan Wai Ke Za Zhi[Chin J Exp Surg(Article in Chinese;Abstract in Chinese)],2015,32(2):258-260. DOI:10.3760/cma.j.issn.1001-9030.2015.02.015.}

[586] **刘继全，王磊，黄毅，贾琳娇，邓萌，韩智培，翟保平，张斌，李文涛. 大鼠游离 DEP 皮瓣穿支血管"盘侧吻合"模型的构建 [J]. 中华显微外科杂志，2016，39(1)：58-60. DOI: 10.3760/cma.j.issn.1001-2036.2016.01.014.** {LIU Jiquan,WANG Lei,HUANG Yi,JIA Linjiao,DENG Meng,HAN Zhipei,DI Baoping,ZHANG Bin,LI Wentao. Establishment of a model of disc-to-side anastomosis of deep epigastric perforator in rats[J]. Zhonghua Xian Wei Wai Ke Za Zhi[Chin J Microsurg(Article in Chinese;Abstract in Chinese)],2016,39(1):58-60. DOI:10.3760/cma.j.issn.1001-2036.2016.01.014.}

[587] **庄加川，张振伟，李征，陈乐锋，陈国荣，熊懿，柯于海，叶学浪，林慧鑫. 穿支皮瓣血管吻合方式改良的临床应用 [J]. 中华手外科杂志，2016，32(1)：77-78.** {ZHUANG Jiachuan,ZHANG Zhenwei,LI Zheng,CHEN Lefeng,CHEN Guorong,XIONG Yi,KE Yuhai,YE Xuelang,LIN Huixin. Clinical application of modified vascular anastomosis of perforator flap[J]. Zhonghua Shou Wai Ke Za Zhi[Chin J Hand Surg(Article in Chinese;Abstract in Chinese)],2016,32(1):77-78.}

[588] **仇申强，王增涛，贾堂宏，孙文海，张迪. 褥式缝合在微血管吻合中的临床应用 [J]. 中华显微外科杂志，2017，40(3)：285-287. DOI: 10.3760/cma.j.issn.1001-2036.2017.03.024.** {CHOU Shenqiang,WANG Zengtao,JIA Tanghong,SUN Wenhai,ZHANG Di. Clinical application of mattress suture in microvascular anastomosis[J]. Zhonghua Xian Wei Wai Ke Za Zhi[Chin J Microsurg(Article in Chinese;Abstract in Chinese)],2017,40(3):285-287. DOI:10.3760/cma.j.issn.1001-2036.2017.03.024.}

[589] **姜家玺，李雪礁，张硕. 动脉化静脉吻合回流静脉治疗皮肤逆行剥脱伤 [J]. 中华显微外科杂志，2017，40(4)：405-406. DOI: 10.3760/cma.j.issn.1001-2036.2017.04.030.** {JIANG Jiaxi,LI Xuejiao,ZHANG Shuo. Anastomosis of arterialized vein and reflux vein in the treatment of retrograde skin exfoliation injury[J]. Zhonghua Xian Wei Wai Ke Za Zhi[Chin J Microsurg(Article in Chinese;Abstract in Chinese)],2017,40(4):405-406. DOI:10.3760/cma.j.issn.1001-2036.2017.04.030.}

[590] **肖宗宇，汪继，潘琪，徐智敏. 大鼠腹部血管侧侧吻合训练模型的建立 [J]. 中华显微外科杂志，2019，42(1)：50-52. DOI: 10.3760/cma.j.issn.1001-2036.2019.01.013.** {XIAO Zongyu,WANG Ji,PAN Qi,XU Zhimin. Establishment of a training model of side-to-side anastomosis of abdominal vessels in rats[J]. Zhonghua Xian Wei Wai Ke Za Zhi[Chin

J Microsurg(Article in Chinese;Abstract in Chinese)],2019,42(1):50-52. DOI:10.3760/cma.j.issn.1001-2036.2019.01.013.}

[591] 胡爽，彭侃夫，梅玫，尹娜，余文洪. 自体动静脉内瘘侧侧吻合的临床运用优势[J]. 局解手术学杂志，2019，28(3)：229-232. DOI：10.11659/jjssx.11E018056.{HU Shuang,PENG Kanfu,MEI Mei,YIN Na,YU Wenhong. Clinical advantages of side-to-side anastomosis of arteriovenous fistula[J]. Ju Jie Shou Shu Xue Za Zhi[J Reg Anat Oper Surg(Article in Chinese;Abstract in Chinese)],2019,28(3):229-232. DOI:10.11659/jjssx.11E018056.}

[592] 吴召森，侯建玺，谢书强，韩颖干，张华峰，董其强，邵高升. 三定点和四定点褥式外翻血管吻合法在断指（肢）再植中的应用[J]. 中华显微外科杂志，2019，42(1)：75-77. DOI：10.3760/cma.j.issn.1001-2036.2019.01.023.{WU Zhaosen,HOU Jianxi,XIE Shuqiang,HAN Yinggan,ZHANG Huafeng,DONG Qiqiang,SHAO Gaosheng. Application of three-point and four-point mattress valgus vascular anastomosis in replantation of amputated finger (limb)[J]. Zhonghua Xian Wei Wai Ke Za Zhi[Chin J Microsurg(Article in Chinese;Abstract in Chinese)],2019,42(1):75-77. DOI:10.3760/cma.j.issn.1001-2036.2019.01.023.}

[593] 侯彪，谢松林，刘鸣江，刘昌雄，肖湘君. 一种新型光敏粘合剂联合泊洛沙姆行血管吻合的实验研究[J]. 中华显微外科杂志，2020，43(1)：61-64. DOI：10.3760/cma.j.issn.1001-2036.2020.01.015.{HOU Biao,XIE Songlin,LIU Mingjiang,LIU Changxiong,XIAO Xiangjun. Experimental study on vascular anastomosis with a new photosensitive adhesive combined with Poloxamer[J]. Zhonghua Xian Wei Wai Ke Za Zhi[Chin J Microsurg(Article in Chinese;Abstract in Chinese)],2020,43(1):61-64. DOI:10.3760/cma.j.issn.1001-2036.2020.01.015.}

1.5.1.1 血管端－端吻合法
end-to-end vessel anastomosis

[594] Zhan F,Fan Y,Deng X,Xu Z. The beneficial effect of swirling flow on platelet adhesion to the surface of a sudden tubular expansion tube:its potential application in end-to-end arterial anastomosis[J]. ASAIO J,2010,56(3):172-179. doi:10.1097/MAT.0b013e3181d0ea15.

[595] Zhang Y,Wang T,Liu Y,He J,Dong J,Xu H. Three end-to-end techniques for microvascular anastomosis of vessels with different size discrepancy[J]. Ann Plast Surg,2020,85(2):141-145. doi:10.1097/SAP.0000000000002158.

[596] Lu Q,Liu K,Zhang W,Li T,Shi AH,Ding HF,Yan XP,Zhang XF,Wu RQ,Lv Y,Wang SP. End-to-end vascular anastomosis using a novel magnetic compression device in rabbits:a preliminary study[J]. Sci Rep,2020,10(1):5981. doi:10.1038/s41598-020-62936-6.

[597] 原林，李汉云，孙博，刘牧之，钟世镇. 近段肾静脉与远段脾静脉端端吻合术的应用解剖学[J]. 临床应用解剖学杂志，1983，1(1)：48-51.{YUAN Lin,LI Hanyun,SUN Bo,LIU Muzhi,ZHONG Shizhen. Applied anatomy of end-to-end anastomosis between proximal renal vein and distal splenic vein[J]. Lin Chuang Ying Yong Jie Pou Xue Za Zhi[J Clin Appl Anat(Article in Chinese;Abstract in Chinese)],1983,1(1):48-51.}

[598] 张晨. 端－端，端一侧微血管吻合的比较研究[J]. 修复重建外科杂志，1987，1(1)：23.{ZHANG Chen. A comparative study of end-to-end and end-to-side microvascular anastomosis[J]. Zhongguo Xiu Fu Chong Jian Wai Ke Za Zhi[Chin J Repar Reconstr Surg(Article in Chinese;No abstract available)],1987,1(1):23.}

[599] 王国君，王首夫，陈羽. 小血管剪套法与端端法血流量对比研究[J]. 中华外科杂志，1989，27(5)：297-298.{WANG Guojun,WANG Shoufu,CHEN Yu. A comparative study of blood flow between small vessel shearing method and end-to-end method[J]. Zhonghua Wai Ke Za Zhi[Chin J Surg(Article in Chinese;Abstract in Chinese)],1989,27(5):297-298.}

[600] 胡存根，曹盛俊，席光庆，郑高飞，李朝红. 三针法动脉端端吻合实验研究[J]. 修复重建外科杂志，1989，3(3)：132-133，145.{HU Cungen,CAO Shengjun,XI Guangqing,ZHENG Gaofei,LI Chaohong. Experimental study on end-to-end anastomosis of artery with three needles[J]. Zhongguo Xiu Fu Chong Jian Wai Ke Za Zhi[Chin J Repar Reconstr Surg(Article in Chinese;Abstract in Chinese)],1989,3(3):132-133,145.}

[601] 王爱民. 显微血管端端吻合的研究进展[J]. 中华显微外科杂志，1997，20(1)：78-80.{WANG Aimin. Research progress of microvascular end-to-end anastomosis[J]. Zhonghua Xian Wei Wai Ke Za Zhi[Chin J Microsurg(Article in Chinese;No abstract available)],1997,20(1):78-80.}

[602] 安智全，顾玉东，王涌，华秀云. 大鼠颈总动脉端端吻合术后的血流动力学动态观察[J]. 中国修复重建外科杂志，1998，12(5)：312-314.{AN Zhiquan,GU Yudong,WANG Yong,HUA Xiuyun. The hemodynamic changes after end-to-end anastomosis of the small arteries in rats[J]. Zhongguo Xiu Fu Chong Jian Wai Ke Za Zhi[Chin J Repar Reconstr Surg(Article in Chinese;Abstract in Chinese)],1998,12(5):312-314.}

[603] 颉强，李军. 人体四肢动脉伤端端吻合术后血流动力学变化[J]. 中华骨科杂志，1999，19(9)：547-550.{JIE Qiang,LI Jun. Hemodynamic changes after end-to-end anastomosis of injured arteries in human extremities[J]. Zhonghua Gu Ke Za Zhi[Chin J Orthop(Article in Chinese;Abstract in Chinese)],1999,19(9):547-550.}

[604] 安智全，顾玉东，王涌. 硝苯地平对大鼠颈总动脉端端吻合术后血流速度的影响[J]. 中华手外科杂志，2000，16(3)：187. DOI：10.3760/cma.j.issn.1005-054X.2000.03.021.{AN Zhiquan,GU Yudong,WANG Yong. Effect of nifedipine on blood flow velocity after end-to-end anastomosis of common carotid artery in rats[J]. Zhonghua Shou Wai Ke Za Zhi[Chin J Hand Surg(Article in Chinese;Abstract in Chinese)],2000,16(3):187. DOI:10.3760/cma.j.issn.1005-054X.2000.03.021.}

[605] 陈一心，陈隆恩，宋知非，Anthony V Seaber，James R Urbaniak. 微小血管端端连续吻合与间断吻合的比较研究[J]. 中华手外科杂志，2001，17(1)：48-51. DOI：10.3760/cma.j.issn.1005-054X.2001.01.122.{CHEN Yixin, CHEN Longen, SONG Zhifei, Anthony V Seaber, James R Urbaniak. Comparison of continuous and interrupted suture technique in end-to-end anastomosis of small sized vessels[J]. Zhonghua Shou Wai Ke Za Zhi[Chin J Hand Surg(Article in Chinese;Abstract in Chinese)],2001,17(1):48-51. DOI:10.3760/cma.j.issn.1005-054X.2001.01.122.}

[606] 李光昭，杨卫民，张克斌，李星洪，许哲，王乐浩，林建群，曾斌，郑会丰. 改良桡动脉头静脉端端吻合内瘘术的临床应用[J]. 中华显微外科杂志，2008，31(5)：380-381. DOI：10.3760/cma.j.issn.1001-2036.2008.05.022.{LI Guangzhao,YANG Weimin,ZHANG Kebin,LI Xinghong,XU Zhe,WANG Lehao,LIN Jianqun,ZENG Bin,ZHENG Huifeng. Internal fistula surgery through modified end-to-side anastomosis of cephalic vein and radial artery[J]. Zhonghua Xian Wei Wai Ke Za Zhi[Chin J Microsurg(Article in Chinese;Abstract in Chinese)],2008,31(5):380-381. DOI:10.3760/cma.j.issn.1001-2036.2008.05.022.}

[607] 李健，黄赤兵，张艮甫，郑峻松，王琦，范明齐. 内支架法原位端－端吻合大鼠移植肾静脉[J]. 中华实验外科杂志，2008，25(12)：1571-1573. DOI：10.3321/j.issn:1001-9030.2008.12.012.{LI Jian,HUANG Chibing,ZHANG Genfu,ZHENG Junsong,WANG Qi,FAN Mingqi. A method for end-to-end anastomosis of veins of the renal allograft in rats with endoprostheses[J]. Zhonghua Shi Yan Wai Ke Za Zhi[Chin J Exp Surg(Article in Chinese;Abstract in Chinese)],2008,25(12):1571-1573. DOI:10.3321/j.issn:1001-9030.2008.12.012.}

[608] 付强，庄永青，傅小宽，杜冬. 端端吻合术和端侧吻合术在桡动脉－头静脉造瘘术中的比较研究[J]. 中华显微外科杂志，2013，36(1)：83-85. DOI：10.3760/cma.j.issn.1001-2036.2013.01.028.{FU Qiang,ZHUANG Yongqing,FU Xiaokuan,DONG Dong. A comparative study of end-to-end and end-to-side anastomosis in radial arterial-cephalic ostomy[J]. Zhonghua Xian Wei Wai Ke Za Zhi[Chin J Microsurg(Article in Chinese;Abstract in Chinese)],2013,36(1):83-85. DOI:10.3760/cma.j.issn.1001-2036.2013.01.028.}

[609] 李学渊，王扬剑，章伟文，胡浩良，周晓玲，陈宏，王欣. 端侧吻合与端端吻合法在游离穿支皮瓣修复手部软组织缺损病例中的对比研究[J]. 中华显微外科杂志，2016，39(1)：8-11. DOI：10.3760/cma.j.issn.1001-2036.2016.01.003.{LI Xueyuan,WANG Yangjian,ZHANG Weiwen,HU Haoliang,ZHOU Xiaoling,CHEN Hong,WANG Xin. Comparison of end-to-side and end-to-end microvascular anastomosis in free perforator flap transfer for hand skin and soft tissue defect[J]. Zhonghua Xian Wei Wai Ke Za Zhi[Chin J Microsurg(Article in Chinese;Abstract in Chinese)],2016,39(1):8-11. DOI:10.3760/cma.j.issn.1001-2036.2016.01.003.}

1.5.1.2 血管端侧吻合法
end-to-side vessel anastomosis

[610] Mao H,Xu G. A retrospective study of end-to-side venous anastomosis for free flap in extremity reconstruction[J]. Int J Surg,2015,17:72-8. doi:10.1016/j.ijsu.2015.03.016.

[611] Weigang T,Wei X,Lifeng G,Jingkui L,Yani L,Huaqin J,Hui L. A meta-analysis of traditional and functional end-to-side anastomosis in radiocephalic fistula for dialysis access[J]. Int Urol Nephrol,2021,53(7):1373-1382. doi:10.1007/s11255-020-02691-9.

[612] 高学书，高建华，刘麒，章惠兰，袁湘斌，何清濂. 小动脉端侧吻合的实验研究与临床应用[J]. 中华外科杂志，1983，21(2)：113-117.{GAO Xueshu,GAO Jianhua,LIU Qi,ZHANG Huilan,YUAN Xiangbin,HE Qinglian. Experimental study and clinical application of end-to-side anastomosis of arterioles[J]. Zhonghua Wai Ke Za Zhi[Chin J Surg(Article in Chinese;Abstract in Chinese)],1983,21(2):113-117.}

[613] 孔抗美，许振华. 不同角度小动脉端侧吻合后血流量的实验观察[J]. 中华外科杂志，1986，24(9)：560-561.{KONG Kangmei,XU Zhenhua. Experimental observation of blood flow after end-to-side anastomosis of small arteries at different angles[J]. Zhonghua Wai Ke Za Zhi[Chin J Surg(Article in Chinese;Abstract in Chinese)],1986,24(9):560-561.}

[614] 洪曼杰，冯振华. 端侧吻合的动静脉内瘘术体会[J]. 中华显微外科杂志，1993，16(4)：295-296.{HONG Manjie,FENG Zhenhua. Experience of internal arteriovenous fistula with end-to-side anastomosis[J]. Zhonghua Xian Wei Wai Ke Za Zhi[Chin J Microsurg(Article in Chinese;No abstract available)],1993,16(4):295-296.}

[615] 张绪生，冯光珍，白兰新. 侧壁横切口小动脉端侧吻合法[J]. 中华实验外科杂志，1994，11(7)：188.{ZHANG Xusheng,FENG Guangzhen,BAI Lanxin. End-to-side anastomosis of arterioles through lateral wall transverse incision[J]. Zhonghua Shi Yan Wai Ke Za Zhi[Chin J Exp Surg(Article in Chinese;Abstract in Chinese)],1994,11(7):188.}

[616] 冯光珍，张绪生，张晓萍，薛小冬，刘明华，白兰新. 侧壁横切口小动脉端侧吻合的实验研究与临床应用[J]. 中华整形烧伤外科杂志，1994，10(2)：101-104. DOI：10.3760/j.issn：1009-4598.1994.02.002.{FENG Guangzhen,ZHANG Xusheng,ZHANG Xiaoping,XUE Xiaodong,LIU Minghua,BAI Lanxin. Experimental study and clinical application of end-to-side anastomosis of arterioles through lateral wall transverse incision[J]. Zhonghua Zheng Xing Shao Shang Wai Ke Za Zhi[Chin J Plast Surg Burns(Article in Chinese;Abstract in Chinese)],1994,10(2):101-104. DOI:10.3760/j.issn:1009-4598.1994.02.002.}

[617] 董长举，杨恩祥，蔡学侬，王光勇，吴宁，李义. 小血管端侧镶嵌缝合法的实验研究与临床应用[J]. 中国修复重建外科杂志，1994，8(3)：86-88.{DONG Changju,YANG Dongxiang,CAI Xuenong,WANG Guangyong,WU Ning,LI Yi. Experimental study and clinical application of end-to-side mosaic suture of small vessels[J]. Zhongguo Xiu Fu Chong Jian Wai Ke Za Zhi[Chin J Repar Reconstr Surg(Article in Chinese;Abstract in Chinese)],1994,8(3):86-88.}

[618] 郭立新，侯春林，张文明. 动脉分支处血小板流变行为与小动脉端侧吻合[J]. 中华手外科杂志，1996，12(2)：110-112.{GUO Lixin,HOU Chunlin,ZHANG Wenming. Platelet rheological behavior at arterial branches and end-to-side anastomosis of arterioles[J]. Zhonghua Shou Wai Ke Za Zhi[Chin J Hand Surg(Article in Chinese;Abstract in Chinese)],1996,12(2):110-112.}

[619] 郭立新，侯春林，张文明. 动脉分支处的红细胞流变学研究与小动脉端侧吻合[J]. 中国修复重建外科杂志，1996，10(2)：106-108.{GUO Lixin,HOU Chunlin,ZHANG Wenming. Experimental study on RBC rheology at arterial bifurcation and end-to-side anastomosis of small arteries[J]. Zhongguo Xiu Fu Chong Jian Wai Ke Za Zhi[Chin J Repar Reconstr Surg(Article in Chinese;Abstract in Chinese and English)],1996,10(2):106-108.}

[620] 丁亮华，夏兆骥，李静平，周茂华，贾铁利. 小血管端侧吻合的顺序的研究[J]. 中华显微外科杂志，1998，21(1)：3-5.{DING Lianghua,XIA Zhaoji,LI Jingping,ZHOU Maohua,JIA Tieli. Study on the sequence of end-to-side anastomosis of small vessels[J]. Zhonghua Xian Wei Wai Ke Za Zhi[Chin J Microsurg(Article in Chinese;Abstract in Chinese)],1998,21(1):3-5.}

[621] 梁兆煜，谢学翠，区小卫，范文奎. 头静脉桡动脉端侧吻合内瘘术38例分析[J]. 中华显微外科杂志，2001，24(3)：217-218. DOI：10.3760/cma.j.issn.1001-2036.2001.03.025.{LIANG Zhaoyu,XIE Xueyi,QU Xiaowei,FAN Wenkui. Analysis of 38 cases of internal fistula surgery through end-to-side anastomosis of cephalic vein and radial artery[J]. Zhonghua Xian Wei Wai Ke Za Zhi[Chin J Microsurg(Article in Chinese;No abstract available)],2001,24(3):217-218. DOI:10.3760/cma.j.issn.1001-2036.2001.03.025.}

[622] 李小军，庄永青，童静. 动脉端侧吻合在游离组织瓣移植术的应用[J]. 中华显微外科杂志，2002，25(4)：262-263. DOI：10.3760/cma.j.issn.1001-2036.2002.04.008.{LI Xiaojun,ZHUANG Yongqing,TONG Jing. Application of end-to-side arterial anastomosis in transplantations of free tissue flap[J]. Zhonghua Xian Wei Wai Ke Za Zhi[Chin J Microsurg(Article in Chinese;No abstract available)],2002,25(4):262-263. DOI:10.3760/cma.j.issn.1001-2036.2002.04.008.}

[623] 卢耀军，洪光祥. 神经端侧吻合的腓肠神经营养血管皮瓣修复足踝部缺损的临床研究[J]. 中华显微外科杂志，2005，28(1)：11-13. DOI：10.3760/cma.j.issn.1001-2036.2005.01.005.{LU Yaojun,HONG Guangxiang. Clinical study of nerves end to side anastomosis about sural neurovascular flap to repair the tissue defect in ankle[J]. Zhonghua Xian Wei Wai Ke Za Zhi[Chin J Microsurg(Article in Chinese;Abstract in Chinese)],2005,28(1):11-13. DOI:10.3760/cma.j.issn.1001-2036.2005.01.005.}

[624] 张功林，章鸣，郭翱，胡玉祥，丁法明. 小血管端侧吻合新方法[J]. 中国骨伤，2008，21(11)：879. DOI：10.3969/j.issn.1003-0034.2008.11.028.{ZHANG Gonglin,ZHANG Ming,GUO Ao,HU Yuxiang,DING Faming. Introduction of a new method for end-to-side microvascular anastomosis[J]. Zhongguo Gu Shang[China J Orthop Trauma(Article in Chinese;Abstract in Chinese)],2008,21(11):879. DOI:10.3969/j.issn.1003-0034.2008.11.028.}

[625] 张毅，陈欣欣，许扬滨，曾瑞曦，杨俐敏，卢昊，程钢. 头静脉－桡动脉端侧吻合内瘘术378例早期疗效分析[J]. 中华显微外科杂志，2009，32(3)：252-254. DOI：10.3760/cma.j.issn.1001-2036.2009.03.038.{ZHANG Yi,CHEN Xinxin,XU Yangbin,ZENG Ruixi,YANG Limin,LU Hao,CHENG Gang. Early effect of internal fistula surgery through end-to-side anastomosis of cephalic vein-radial artery:a report of 378 cases[J]. Zhonghua Xian Wei Wai Ke Za Zhi[Chin J Microsurg(Article in Chinese;Abstract in

Chinese)],2009,32(3):252-254. DOI:10.3760/cma.j.issn.1001-2036.2009.03.038.}

[626] 管圣，包文，段永亮，刘小庆，张鸿源. 机能性端侧吻合与传统端侧吻合在建立动静脉内瘘术中的随机对照研究[J]. 第二军医大学学报，2010，31(10)：1065-1067. DOI：10.3724/SP.J.1008.2010.01065. {GUAN Sheng,BAO Wen,DONG Yongliang,LIU Xiaoqing,ZHANG Hongyuan. Functional and traditional end-to-side anastomosis for arteriovenous fistula plasty in hemodialysis patients:a randomized controlled study[J]. Di Er Jun Yi Da Xue Xue Bao[Acad J Sec Mil Med Univ(Article in Chinese;Abstract in Chinese)],2010,31(10):1065-1067. DOI:10.3724/SP.J.1008.2010.01065.}

[627] 冒海军，王爱国，廖明新. 长段小隐静脉移植端侧吻合修复股动脉损伤一例[J]. 中华显微外科杂志，2012，35(3)：200. DOI：10.3760/cma.j.issn.1001-2036.2012.03.008. {MAO Haijun,WANG Aiguo,LIAO Mingxin. Long small saphenous vein graft with end-to-side anastomosis to repair femoral artery injury:a case report[J]. Zhonghua Xian Wei Wai Ke Za Zhi[Chin J Microsurg(Article in Chinese;No abstract available)],2012,35(3):200. DOI:10.3760/cma.j.issn.1001-2036.2012.03.008.}

[628] 王爱国，邱勇，冒海军. 端侧吻合动脉进行组织瓣游离移植修复四肢组织缺损[J]. 中华显微外科杂志，2012，35(5)：419-421. DOI：10.3760/cma.j.issn.1001-2036.2012.05.025. {WANG Aiguo,QIU Yong,MAO Haijun. Repair of tissue defects of extremities by free tissue flap transplantation with end-to-side anastomosis of arterioles[J]. Zhonghua Xian Wei Wai Ke Za Zhi[Chin J Microsurg(Article in Chinese;Abstract in Chinese)],2012,35(5):419-421. DOI:10.3760/cma.j.issn.1001-2036.2012.05.025.}

[629] 伍美艺，黎耀文，梁伟强，张德军，李冠军，徐亚非. 端侧吻合血管进行胸脐皮瓣游离移植12例[J]. 中华显微外科杂志，2013，36(2)：181-182. DOI：10.3760/cma.j.issn.1001-2036.2013.02.028. {WU Meiyi,LI Yaowen,LIANG Weiqiang,ZHANG Dejun,LI Guanjun,XU Yafei. Transplantation of free thoracic-umbilical flap with end-to-side anastomosis:a report of 12 cases[J]. Zhonghua Xian Wei Wai Ke Za Zhi[Chin J Microsurg(Article in Chinese;No abstract available)],2013,36(2):181-182. DOI:10.3760/cma.j.issn.1001-2036.2013.02.028.}

[630] 李钢，李小兵，张静琦. 新型端侧吻合游离肩胛皮瓣在下肢软组织创伤中的应用[J]. 中华创伤杂志，2013，29(8)：776-777. DOI：10.3760/cma.j.issn.1001-8050.2013.08.032. {LI Gang,LI Xiaobing,ZHANG Jingqi. Application of free scapular flap combined with new end-to-side artery anastomosis in soft tissue trauma of lower extremities[J]. Zhonghua Chuang Shang Za Zhi[Chin J Trauma(Article in Chinese;Abstract in Chinese)],2013,29(8):776-777. DOI:10.3760/cma.j.issn.1001-8050.2013.08.032.}

[631] 冒海军，王爱国，廖明新. 静脉端侧吻合法在组织瓣移植的临床应用[J]. 中华显微外科杂志，2014，37(3)：309. DOI：10.3760/cma.j.issn.1001-2036.2014.03.038. {MAO Haijun,WANG Aiguo,LIAO Mingxin. Clinical application of vein end-to-side anastomosis in tissue flap transplantation[J]. Zhonghua Xian Wei Wai Ke Za Zhi[Chin J Microsurg(Article in Chinese;No abstract available)],2014,37(3):309. DOI:10.3760/cma.j.issn.1001-2036.2014.03.038.}

[632] 王相，张威凯，毛根莲，王海兵，何涛，龚永清，朱燕丽. 端侧吻合动脉的游离上臂内侧皮瓣修复手背皮肤缺损[J]. 中华手外科杂志，2014，30(1)：72-73. DOI：10.3760/cma.j.issn.1005-054X.2014.01.027. {WANG Xiang,ZHANG Weikai,MAO Genlian,WANG Haibing,HE Tao,GONG Yongqing,ZHU Yanli. Repair of skin defect of dorsum of hand with free medial upper arm skin flap combined with end-to-side artery anastomosis[J]. Zhonghua Shou Wai Ke Za Zhi[Chin J Hand Surg(Article in Chinese;Abstract in Chinese)],2014,30(1):72-73. DOI:10.3760/cma.j.issn.1005-054X.2014.01.027.}

[633] 王相，张威凯，毛根莲，王海兵，何涛. 端侧吻合动脉髂腹股沟皮瓣修复足踝部创面七例[J]. 中华烧伤杂志，2014，30(1)：79-80. DOI：10.3760/cma.j.issn.1009-2587.2014.01.023. {WANG Xiang,ZHANG Weikai,MAO Genlian,WANG Haibing,HE Tao. Repair of foot and ankle wounds with free ilioinguinal flap combined with end-to-side artery anastomosis:a report of 7 cases[J]. Zhonghua Shao Shang Za Zhi[Chin J Burns(Article in Chinese;Abstract in Chinese)],2014,30(1):79-80. DOI:10.3760/cma.j.issn.1009-2587.2014.01.023.}

[634] 贾赛雄，吴迪，喻林波，利春叶，相文龙，陈金仁. 前臂下段动静脉端侧吻合内瘘术的临床分析[J]. 实用手外科杂志，2016，30(4)：444-446. DOI：10.3969/j.issn.1671-2722.2016.04.023. {JIA Saixiong,WU Di,YU Linbo,LI Chunye,XIANG Wenlong,CHEN Jinren. Clinical analysis of Lower forearm arteriovenous fistula adopting end-to-side anastomosis[J]. Shi Yong Shou Wai Ke Za Zhi[Chin J Pract Hand Surg(Article in Chinese;Abstract in Chinese)],2016,30(4):444-446. DOI:10.3969/j.issn.1671-2722.2016.04.023.}

[635] 郑守华，张水军，宋燕，李建华，李捷，邱新光. 人造血管动静脉端侧吻合移植手术71例体会[J]. 中华显微外科杂志，2017，40(2)：185-187. DOI：10.3760/cma.j.issn.1001-2036.2017.02.023. {ZHENG Shouhua,ZHANG Shuijun,SONG Yan,LI Jianhua,LI Jie,QIU Xinguang. End-to-side anastomosis and transplantation of artificial vessels:a report of 71 cases[J]. Zhonghua Xian Wei Wai Ke Za Zhi[Chin J Microsurg(Article in Chinese;Abstract in Chinese)],2017,40(2):185-187. DOI:10.3760/cma.j.issn.1001-2036.2017.02.023.}

[636] 戚建武，刘林海，孙斌鸿，柴益铜，薛建波，方炫量，张明华，王欣，陈宏. 端侧吻合动脉的游离旋髂浅动脉穿支皮瓣修复手部皮肤软组织缺损[J]. 中华手外科杂志，2018，34(2)：87-89. DOI：10.3760/cma.j.issn.1005-054X.2018.02.003. {QI Jianwu,LIU Linhai,SUN Binhong,CHAI Yitong,XUE Jianbo,FANG Xuanliang,ZHANG Minghua,WANG Xin,CHEN Hong. Application of free superficial circumflex iliac artery perforator flap with end to side artery anastomosis for repair of hand skin and soft tissue defects[J]. Zhonghua Shou Wai Ke Za Zhi[Chin J Hand Surg(Article in Chinese;Abstract in Chinese)],2018,34(2):87-89. DOI:10.3760/cma.j.issn.1005-054X.2018.02.003.}

[637] 马振杰，于胜军，李晓，李京宁，季远，姜俊杰，窦洪磊. 多个端侧吻合口吻合方式在游离股前外侧穿支皮瓣移植中的应用[J]. 中华显微外科杂志，2019，42(1)：9-12. DOI：10.3760/cma.j.issn.1001-2036.2019.01.004. {MA Zhenjie,YU Shengjun,LI Xiao,LI Jingning,JI Yuan,JIANG Junjie,DOU Honglei. The application of multiple end-to-side anastomosis in free anterolateral thigh perforator flap transplantation[J]. Zhonghua Xian Wei Wai Ke Za Zhi[Chin J Microsurg(Article in Chinese;Abstract in Chinese)],2019,42(1):9-12. DOI:10.3760/cma.j.issn.1001-2036.2019.01.004.}

1.5.2 显微血管修补
microvascular repair

[638] 王根权，崔世友. 创伤性四肢血管损伤23例临床分析[J]. 中华显微外科杂志，1989，12(3)：178-179. DOI：10.3760/cma.j.issn.1001-2036.1989.03.125. {WANG Genquan,CUI Shiyou. Clinical analysis of 23 cases of traumatic vascular injury of extremities[J]. Zhonghua Xian Wei Wai Ke Za Zhi[Chin J Microsurg(Article in Chinese;No abstract available)],1989,12(3):178-179. DOI:10.3760/cma.j.issn.1001-2036.1989.03.125.}

[639] 胡顺祥，郭应林. 四肢主要血管损伤修复32例[J]. 中国修复重建外科杂志，1992，6(4)：213. {HU Shunxiang,GUO Yinglin. Repair of major vascular injuries in extremities:a report of 32 cases[J]. Zhongguo Xiu Fu Chong Jian Wai Ke Za Zhi[Chin J Repar Reconstr Surg(Article in Chinese;Abstract in Chinese)],1992,6(4):213.}

[640] 谢衷，崔志民，孟宏. 颈部及四肢血管损伤的急救与显微外科修复[J]. 中华显微外科杂志，1994，17(2)：264-265，318. {XIE Zhong,CUI Zhimin,MENG Hong. Emergency and microsugical repair for vessel injury on neck and limbs[J]. Zhonghua Xian Wei Wai Ke Za Zhi[Chin J Microsurg(Article in Chinese;Abstract in Chinese)],1994,17(2):264-265,318.}

[641] 钟贤纯，胡友权，卓小为，戴维力，张衡敏，杨力军. 大隐静脉移植一期修复四肢动脉缺损[J]. 中国修复重建外科杂志，1994，8(1)：60. {ZHONG Xianchun,HU Youquan,ZHUO Xiaowei,DAI Weili,ZHANG Hengmin,YANG Lijun. Transplantation of great saphenous vein for one-stage repair of arterial defects of extremities[J]. Zhongguo Xiu Fu Chong Jian Wai Ke Za Zhi[Chin J Repar Reconstr Surg(Article in Chinese;Abstract in Chinese)],1994,8(1):60.}

[642] 郑季南，郑文忠. 四肢动脉损伤修复[J]. 中国修复重建外科杂志，1994，8(4)：256. {ZHENG Jinan,ZHENG Wenzhong. Repair of arterial injuries in extremities[J]. Zhongguo Xiu Fu Chong Jian Wai Ke Za Zhi[Chin J Repar Reconstr Surg(Article in Chinese;Abstract in Chinese)],1994,8(4):256.}

[643] 欧书锦，王安业. 四肢血管损伤显微外科治疗体会[J]. 中华显微外科杂志，1994，17(2)：123. {OU Shujin,WANG Anye. Experience in microsurgical treatment of vascular injuries of extremities[J]. Zhonghua Xian Wei Wai Ke Za Zhi[Chin J Microsurg(Article in Chinese;No abstract available)],1994,17(2):123.}

[644] 崔志民，谢晞衷，孟宏，黄炳奎，谢惠缄，郭宗浩. 创伤性四肢血管损伤修复经验及教训[J]. 中国修复重建外科杂志，1995，9(1)：42-43. {CUI Zhimin,XIE Xizhong,MENG Hong,HUANG Bingkui,XIE Huijian,GUO Zonghao. Experience and lesson of repairing traumatic vascular injury of extremities[J]. Zhongguo Xiu Fu Chong Jian Wai Ke Za Zhi[Chin J Repar Reconstr Surg(Article in Chinese;Abstract in Chinese)],1995,9(1):42-43.}

[645] 于立民，梁朝革，韩伟祚，徐绍章. 人造血管移植修复四肢动脉损伤[J]. 中国修复重建外科杂志，1995，9(2)：79-80. {YU Limin,LIANG Chaoge,HAN Weizhuo,XU Shaozhang. Artificial vascular graft to repair arterial injury of extremities[J]. Zhongguo Xiu Fu Chong Jian Wai Ke Za Zhi[Chin J Repar Reconstr Surg(Article in Chinese;Abstract in Chinese)],1995,9(2):79-80.}

[646] 赵玉池，高国平，聂庆熊，刘素球，谢京平，佘康云. 四肢血管损伤的急救与修复[J]. 骨与关节损伤杂志，1996，11(5)：273-274. {ZHAO Yuchi,GAO Guoping,NIE Qingxiong,LIU Suqiu,XIE Jingping,SHE Kangyun. Emergency treatment and repair for vascular injuries of limbs[J]. Gu Yu Guan Jie Sun Shang Za Zhi[J Bone Joint Injury(Article in Chinese;Abstract in Chinese)],1996,11(5):273-274.}

[647] 张宝东，史振满，张春浩，周雪峰，马在松. 股动脉吻合术后60天再断裂一例[J]. 中国修复重建外科杂志，1996，10(1)：67-68. {ZHANG Baodong,SHI Zhenman,ZHANG Chunhao,ZHOU Xuefeng,MA Zaisong. One case of femoral artery rupture 60 days after anastomosis[J]. Zhongguo Xiu Fu Chong Jian Wai Ke Za Zhi[Chin J Repar Reconstr Surg(Article in Chinese;No abstract available)],1996,10(1):67-68.}

[648] 刘建寅，程绪西，高雁卿，王洪业. 四肢血管损伤31例治疗分析[J]. 中华显微外科杂志，1996，19(1)：52-53. {LIU Jianyin,CHENG Xuxi,GAO Yanqing,WANG Hongye. Treatment analysis of 31 cases of vascular injury of extremities[J]. Zhonghua Xian Wei Wai Ke Za Zhi[Chin J Microsurg(Article in Chinese;No abstract available)],1996,19(1):52-53.}

[649] 郑隆宝，周建国，范启申，曹斌，韩继明. 四肢血管高温损伤的显微外科治疗[J]. 中华显微外科杂志，1996，19(1)：53-54. {ZHENG Longbao,ZHOU Jianguo,FAN Qishen,CAO Bin,HAN Jiming. Microsurgical treatment of high temperature injury of extremities blood vessels[J]. Zhonghua Xian Wei Wai Ke Za Zhi[Chin J Microsurg(Article in Chinese;No abstract available)],1996,19(1):53-54.}

[650] 曹斌，蒋纯志，张祚勇，魏长月，周祥吉，范启申. 腘部血管损伤的诊治[J]. 中华显微外科杂志，1996，19(3)：221-222. {CAO Bin,JIANG Chunzhi,ZHANG Zuoyong,WEI Changyue,ZHOU Xiangji,FAN Qishen. Diagnosis and treatment of popliteal vascular injury[J]. Zhonghua Xian Wei Wai Ke Za Zhi[Chin J Microsurg(Article in Chinese;No abstract available)],1996,19(3):221-222.}

[651] 王洪彬，凌彤，常广，邵新中，康发军，张明显，张克亮，王政民. 自体静脉移植修复四肢陈旧性动脉损伤的实验研究[J]. 中华手外科杂志，1998，14(4)：3-5. {WANG Hongbin,LING Tong,CHANG Guang,SHAO Xinzhong,KANG Fajun,ZHANG Mingxian,ZHANG Keliang,WANG Zhengmin. Experimental study of autologous vein transplantation in repairing old arterial injury of extremities[J]. Zhonghua Shou Wai Ke Za Zhi[Chin J Hand Surg(Article in Chinese;Abstract in Chinese)],1998,14(4):3-5.}

[652] 刘会仁，张文惠，陈杰，王立新，张宁. 带分支静脉成形静脉移植修复四肢动脉损伤[J]. 中国修复重建外科杂志，1998，12(1)：5-7. {LIU Huiren,ZHANG Wenhui,CHEN Jie,WANG Lixin,ZHANG Ning. A new method to repair artery injuries in extremities by phleboplasty of branched vein graft[J]. Zhongguo Xiu Fu Chong Jian Wai Ke Za Zhi[Chin J Repar Reconstr Surg(Article in Chinese;Abstract in Chinese)],1998,12(1):5-7.}

[653] 刘会仁，张文惠，陈杰，刘德群，敢利民. 四肢动脉毁损合并组织缺损的修复[J]. 中国修复重建外科杂志，1998，12(4)：256. {LIU Huiren,ZHANG Wenhui,CHEN Jie,LIU Dequn,GAN Limin. Repair of arterial damage combined with tissue defect in extremities[J]. Zhongguo Xiu Fu Chong Jian Wai Ke Za Zhi[Chin J Repar Reconstr Surg(Article in Chinese;Abstract in Chinese)],1998,12(4):256.}

[654] 张英华，张春生，陈仲华，李爱民，郭爱军，王洪昕，张涛，孟祥云. 四肢血管损伤晚期并发症的显微外科治疗[J]. 中华显微外科杂志，1998，21(3)：217. DOI：10.3760/cma.j.issn.1001-2036.1998.03.022. {ZHANG Yinghua,ZHANG Chunsheng,CHEN Zhonghua,LI Aimin,GUO Aijun,WANG Hongxin,ZHANG Tao,MENG Xiangyun. Microsurgical treatment of late complications of vascular injury of extremities[J]. Zhonghua Xian Wei Wai Ke Za Zhi[Chin J Microsurg(Article in Chinese;No abstract available)],1998,21(3):217. DOI:10.3760/cma.j.issn.1001-2036.1998.03.022.}

[655] 曾荣，刘双意，彭智，刘志辉. 四肢血管伤显微外科修复失败原因分析[J]. 中国矫形外科杂志，1999，6(3)：32-33. {ZENG Rong,LIU Shuangyi,PENG Zhi,LIU Zhihui. A study of the cases failed in microsurgical repairment of vascular injuries in extremity[J]. Zhongguo Jiao Xing Wai Ke Za Zhi[Orthop J China(Article in Chinese;Abstract in Chinese)],1999,6(3):32-33.}

[656] 张桂林，沈成，张力丹. 腘动脉缺损3 cm直接吻合一例[J]. 中华显微外科杂志，1999，22(1)：3-5. {ZHANG Guilin,SHEN Cheng,ZHANG Lidan. A case of 3 cm direct anastomosis of popliteal artery defect[J]. Zhonghua Xian Wei Wai Ke Za Zhi[Chin J Microsurg(Article in Chinese;No abstract available)],1999,22(1):3-5.}

[657] 甄平，刘兴炎. 肱骨髁上骨折合并肱动脉损伤（附9例报告）[J]. 中国矫形外科杂志，1999，6(6)：419-421. {ZHEN Ping,LIU Xingyan. Humeral supracondylar fractures combined with arterial injury in children[J]. Zhongguo Jiao Xing Wai Ke Za Zhi[Orthop J China(Article in Chinese;Abstract in Chinese and English)],1999,6(6):419-421.}

[658] 陈海，黄德征，唐传其，杜昭，罗一民. 周围主干血管损伤68例诊治分析[J]. 中华显微外科杂志，1999，22(1)：67. DOI：10.3760/cma.j.issn.1001-2036.1999.01.034. {CHEN Hai,HUANG Dezheng,TANG Chuanqi. Analysis of diagnosis and treatment of 68 cases of peripheral main blood vessel injury[J]. Zhonghua Xian Wei Wai Ke Za Zhi[Chin J Microsurg(Article in Chinese;Abstract in Chinese and English)],1999,22(1):67. DOI:10.3760/cma.j.issn.1001-2036.1999.01.034.}

[659] 黄文绎，史群伟. 下肢大血管损伤超过24小时再复通治疗体会[J]. 中华显微外科杂志，1999，22(1)：68. DOI：10.3760/cma.j.issn.1001-2036.1999.01.035. {HUANG Wenyi,SHI Qunwei. Experience of recanalization treatment for large blood vessel injury of lower limbs over 24 hours[J]. Zhonghua Xian Wei Wai Ke Za Zhi[Chin J Microsurg(Article in Chinese;No abstract available)],1999,22(1):68. DOI:10.3760/cma.j.issn.1001-2036.1999.01.035.}

[660] 冯峰，冯仲楷，王新卫. 肢体大血管损伤修复后迟发截肢[J]. 中华显微外科杂志，1999，22(3)：194. DOI：10.3760/cma.j.issn.1001-2036.1999.03.046. {FENG

Feng,FENG Zhongkai,WANG Xinwei. Delayed amputation after repair of large blood vessel damage[J]. Zhonghua Xian Wei Wai Ke Za Zhi[Chin J Microsurg(Article in Chinese;No abstract available)],1999,22(3):194. DOI:10.3760/cma.j.issn.1001-2036.1999.03.046.}

[661] 张路灯，董桂甫，龙绍华，兰天露，陆春，陈才儒，李云峰. 自体浅静脉移植修复四肢主干血管缺损[J]. 中华显微外科杂志，2000，23(1)：72-73. DOI：10.3760/cma.j.issn.1001-2036.2000.01.032. {ZHANG Ludeng,DONG Guifu,LONG Shaohua,LAN Tianlu,LU Chun,CHEN Cairu,LI Yunfeng. Repair of main vascular defects of extremities with autologous superficial vein transplantation[J]. Zhonghua Xian Wei Wai Ke Za Zhi[Chin J Microsurg(Article in Chinese;Abstract in Chinese)],2000,23(1):72-73. DOI:10.3760/cma.j.issn.1001-2036.2000.01.032.}

[662] 颉强，黄耀添，赵黎. 纵向生物力学特性因素在人体四肢主要动脉损伤修复方法选择时的作用[J]. 中华骨科杂志，2000，20(10)：617. DOI：10.3760/j.issn：0253-2352.2000.10.012. {JIE Qiang,HUANG Yaotian,ZHAO Li. The role of longitudinal biomechanical characteristics in the selection of repair methods for major arterial injuries in human extremities[J]. Zhonghua Gu Ke Za Zhi[Chin J Orthop(Article in Chinese;Abstract in Chinese)],2000,20(10):617. DOI:10.3760/j.issn:0253-2352.2000.10.012.}

[663] 甄平，刘兴炎，李旭升，高秋明. 四肢动脉损伤的晚期修复[J]. 中国骨伤，2000，13(12)：754. DOI：10.3969/j.issn.1003-0034.2000.12.044. {ZHEN Ping,LIU Xingyan,LI Xusheng,GAO Qiuming. Late repair of arterial injuries in extremities[J]. Zhongguo Gu Shang[China J Orthop Trauma(Article in Chinese;Abstract in Chinese)],2000,13(12):754. DOI:10.3969/j.issn.1003-0034.2000.12.044.}

[664] 王洪彬，凌彤，常广，邵新中，康发军，张克亮，范志勇. 自体静脉移植修复四肢陈旧性动脉损伤[J]. 中国实用手外科杂志，2000，14(2)：73-76. {WANG Hongbin,LING Tong,CHANG Guang,SHAO Xinzhong,KANG Fajun,ZHANG Keliang,FAN Zhiyong. Repair the old arterial injury in the extremities by autologous venous transplantation[J]. Shi Yong Shou Wai Ke Za Zhi[Chin J Pract Hand Surg(Article in Chinese;Abstract in Chinese)],2000,14(2):73-76.}

[665] 平安松，顾洁夫，王建平，蔡林. 胫骨上端骨折合并腘动脉损伤[J]. 中国矫形外科杂志，2000，7(5)：434. DOI：10.3969/j.issn.1005-8478.2000.05.005. {PING Ansong,GU Jiefu,WANG Jianping. Popliteal artery injuries associated with proximal tibial fracture[J]. Zhongguo Jiao Xing Wai Ke Za Zhi[Orthop J China(Article in Chinese;Abstract in Chinese and English)],2000,7(5):434. DOI:10.3969/j.issn.1005-8478.2000.05.005.}

[666] 甄平，刘兴炎，李旭升，高秋明. 儿童肱骨髁上骨折合并肱动脉损伤[J]. 中国骨伤，2000，13(11)：645-646. DOI：10.3969/j.issn.1003-0034.2000.11.002. {ZHEN Ping,LIU Xingyan,LI Xusheng,GAO Qiuming. The supracondylar fractures of humerus combined with arterial injury in children[J]. Zhongguo Gu Shang[China J Orthop Trauma(Article in Chinese;Abstract in Chinese and English)],2000,13(11):645-646. DOI:10.3969/j.issn.1003-0034.2000.11.002.}

[667] 韦正超，蔡道章，戎利民. 四肢血管损伤的治疗[J]. 中华显微外科杂志，2000，23(2)：142. DOI：10.3760/cma.j.issn.1001-2036.2000.02.030. {WEI Zhengchao,CAI Daozhang,RONG Limin. Treatment of vascular injuries in extremities[J]. Zhonghua Xian Wei Wai Ke Za Zhi[Chin J Microsurg(Article in Chinese;No abstract available)],2000,23(2):142. DOI:10.3760/cma.j.issn.1001-2036.2000.02.030.}

[668] 梁胜根，罗治师，张敏，卢永开，陈忠羡，黄远翘. 四肢主要血管急性损伤的显微外科修复[J]. 中华显微外科杂志，2001，24(2)：140-141. DOI：10.3760/cma.j.issn.1001-2036.2001.02.024. {LIANG Shenggen,LUO Zhishi,ZHANG Min,LU Yongkai,CHEN Zhongxian,HUANG Yuanqiao. Microsurgical repair of main vascular injuries of extremities[J]. Zhonghua Xian Wei Wai Ke Za Zhi[Chin J Microsurg(Article in Chinese;Abstract in Chinese)],2001,24(2):140-141. DOI:10.3760/cma.j.issn.1001-2036.2001.02.024.}

[669] 隋海明，丛海波，李金晟，王述波. 合并血管损伤的组织缺损一期显微外科修复[J]. 中华显微外科杂志，2001，24(1)：61-62. DOI：10.3760/cma.j.issn.1001-2036.2001.01.029. {SUI Haiming,CONG Haibo,LI Jinsheng,WANG Shubo. One-stage microsurgical repair of tissue defects with vascular injury[J]. Zhonghua Xian Wei Wai Ke Za Zhi[Chin J Microsurg(Article in Chinese;Abstract in Chinese)],2001,24(1):61-62. DOI:10.3760/cma.j.issn.1001-2036.2001.01.029.}

[670] 韦正超，蔡道章，金文涛，张峻峰. 四肢血管损伤的显微外科治疗[J]. 中华显微外科杂志，2001，24(3)：215-216. DOI：10.3760/cma.j.issn.1001-2036.2001.03.024. {WEI Zhengchao,CAI Daozhang,JIN Wentao,ZHANG Junfeng. Microsurgical treatment of vascular injuries in extremities[J]. Zhonghua Xian Wei Wai Ke Za Zhi[Chin J Microsurg(Article in Chinese;Abstract in Chinese)],2001,24(3):215-216. DOI:10.3760/cma.j.issn.1001-2036.2001.03.024.}

[671] 徐永清，李主一. 四肢战伤所致血管损伤的显微外科治疗[J]. 中华显微外科杂志，2001，24(4)：262-263. DOI：10.3760/cma.j.issn.1001-2036.2001.04.008. {XU Yongqing,LI Zhuyi. Microsurgical repair of blood vesseles wounded with firearm in limbs[J]. Zhonghua Xian Wei Wai Ke Za Zhi[Chin J Microsurg(Article in Chinese;Abstract in Chinese and English)],2001,24(4):262-263. DOI:10.3760/cma.j.issn.1001-2036.2001.04.008.}

[672] 陈清楷，张亚狮，孙竞群. 四肢主要血管损伤的修复[J]. 中国修复重建外科杂志，2002，16(6)：397. {CHEN Qingkai,ZHANG Yashi,SUN Jingqun. Repair of major vascular injuries in extremities[J]. Zhongguo Xiu Fu Chong Jian Wai Ke Za Zhi[Chin J Repar Reconstr Surg(Article in Chinese;Abstract in Chinese)],2002,16(6):397.}

[673] 孙伟. 四肢主要动脉损伤的修复[J]. 中国修复重建外科杂志，2002，16(4)：294. {SUN Wei. Repair of major arterial injuries in extremities[J]. Zhongguo Xiu Fu Chong Jian Wai Ke Za Zhi[Chin J Repar Reconstr Surg(Article in Chinese;No abstract available)],2002,16(4):294.}

[674] 徐永清，李主一，林月秋. 四肢血管战创伤的显微外科治疗[J]. 创伤外科杂志，2002，4(1)：4-6. DOI：10.3969/j.issn.1009-4237.2002.01.002. {XU Yongqing,LI Zhuyi,LIN Yueqiu. Microsurgical repair of firearm blood vessel wounds in limbs[J]. Chuang Shang Wai Ke Za Zhi[J Traum Surg(Article in Chinese;Abstract in Chinese and English)],2002,4(1):4-6. DOI:10.3969/j.issn.1009-4237.2002.01.002.}

[675] 曹斌，王开友，陈德喜，郑方孝. 左锁骨下血管损伤救治成功一例[J]. 中华显微外科杂志，2002，25(1)：43. DOI：10.3760/cma.j.issn.1001-2036.2002.01.042. {CAO Bin,WANG Kaiyou,CHEN Dexi,ZHENG Fangxiao. A successful treatment of left subclavian vascular injury[J]. Zhonghua Xian Wei Wai Ke Za Zhi[Chin J Microsurg(Article in Chinese;No abstract available)],2002,25(1):43. DOI:10.3760/cma.j.issn.1001-2036.2002.01.042.}

[676] 赖茂松，熊浩，黄瑞良. 损伤血管间暂时性搭桥手术治疗肢体动脉损伤八例[J]. 中华显微外科杂志，2002，25(3)：182. DOI：10.3760/cma.j.issn.1001-2036.2002.03.040. {LAI Maosong,XIONG Hao,HUANG Ruiliang. Temporary bypass operation between injured blood vessels to treat 8 cases of limb arterial injury[J]. Zhonghua Xian Wei Wai Ke Za Zhi[Chin J Microsurg(Article in Chinese;No abstract available)],2002,25(3):182. DOI:10.3760/cma.j.issn.1001-2036.2002.03.040.}

[677] 陈强，王永忠，丁寿勇，吴宏. 大血管损伤致缺血超过20小时二例的救治体会[J]. 中华显微外科杂志，2002，25(3)：185. DOI：10.3760/cma.j.issn.1001-2036.2002.03.041. {CHEN Qiang,WANG Yongzhong,DING Shouyong,WU Hong. Experience in the treatment of two cases of ischemia over 20 hours caused by large vessel injury[J]. Zhonghua Xian Wei Wai Ke Za Zhi[Chin J Microsurg(Article in Chinese;No abstract available)],2002,25(3):185. DOI:10.3760/cma.j.issn.1001-2036.2002.03.041.}

[678] 徐立录，谢道远，许勐宇，蔡显义，朱江. 下肢严重创伤主要血管损伤的显微外科治疗[J]. 中华显微外科杂志，2002，25(3)：212-213. DOI：10.3760/cma.j.issn.1001-2036.2002.03.020. {XU Lilu,XIE Daoyuan,XU Mengyu,CAI Xianyi,ZHU Jiang. Microsurgical treatment of major vascular injuries in severe trauma of lower limbs[J]. Zhonghua Xian Wei Wai Ke Za Zhi[Chin J Microsurg(Article in Chinese;Abstract in Chinese)],2002,25(3):212-213. DOI:10.3760/cma.j.issn.1001-2036.2002.03.020.}

[679] 朱文，王毅，李作勇，李自力，郭晓波，彭德飞. 四肢主干血管损伤的急诊显微修复[J]. 中华显微外科杂志，2003，26(1)：59-60. DOI：10.3760/cma.j.issn.1001-2036.2003.01.025. {ZHU Wen,WANG Yi,LI Zuoyong,LI Zili,GUO Xiaobo,PENG Defei. Emergency microsurgical repair of main vascular injuries in extremities[J]. Zhonghua Xian Wei Wai Ke Za Zhi[Chin J Microsurg(Article in Chinese;Abstract in Chinese)],2003,26(1):59-60. DOI:10.3760/cma.j.issn.1001-2036.2003.01.025.}

[680] 郭志敦，何宝林. 显微外科修复四肢主干血管损伤62例[J]. 中华显微外科杂志，2003，26(2)：154-155. DOI：10.3760/cma.j.issn.1001-2036.2003.02.032. {GUO Zhidong,HE Baolin. Microsurgical repair of main vascular injuries in extremities:a report of 62 cases[J]. Zhonghua Xian Wei Wai Ke Za Zhi[Chin J Microsurg(Article in Chinese;Abstract in Chinese)],2003,26(2):154-155. DOI:10.3760/cma.j.issn.1001-2036.2003.02.032.}

[681] 李培臻，鹿泽兵，鞠学教. 闭合性肱骨干骨折合并肱动脉损伤12例疗效分析[J]. 中国矫形外科杂志，2003，11(9)：626. DOI：10.3969/j.issn.1005-8478.2003.09.031. {LI Peizhen,LU Zebing,JU Xuejiao. Analysis of the curative effect of 12 cases of closed humeral shaft fracture with brachial artery injury[J]. Zhongguo Jiao Xing Wai Ke Za Zhi[Orthop J China(Article in Chinese;No abstract available)],2003,11(9):626. DOI:10.3969/j.issn.1005-8478.2003.09.031.}

[682] 王秋根，周颖奇，李光业，侯铁胜，张春才，张秋林，禹宝庆，王家林. 医源性重要血管损伤的显微外科治疗[J]. 中华显微外科杂志，2003，26(1)：77. DOI：10.3760/cma.j.issn.1001-2036.2003.01.040. {WANG Qiugen,ZHOU Yingqi,LI Guangye,HOU Tiesheng,ZHANG Chuncai,ZHANG Qiulin,YU Baoqing,WANG Jialin. Microsurgical treatment of iatrogenic important blood vessel injury[J]. Zhonghua Xian Wei Wai Ke Za Zhi[Chin J Microsurg(Article in Chinese;No abstract available)],2003,26(1):77. DOI:10.3760/cma.j.issn.1001-2036.2003.01.040.}

[683] 刘权溢，岑海洋. 大隐静脉移植在修复四肢主干血管缺损中的应用[J]. 中华显微外科杂志，2004，27(2)：151-152. DOI：10.3760/cma.j.issn.1001-2036.2004.02.033. {LIU Quanyi,CEN Haiyang. Application of great saphenous vein transplantation in repairing main vascular defects of extremities[J]. Zhonghua Xian Wei Wai Ke Za Zhi[Chin J Microsurg(Article in Chinese;Abstract in Chinese)],2004,27(2):151-152. DOI:10.3760/cma.j.issn.1001-2036.2004.02.033.}

[684] 刘志刚，路来金，张志新，陈雷，刘彬，于家傲. 四肢主要血管损伤的显微外科修复[J]. 中华显微外科杂志，2004，27(4)：309-311. DOI：10.3760/cma.j.issn.1001-2036.2004.04.037. {LIU Zhigang,LU Laijin,ZHANG Zhixin,CHEN Lei,LIU Bin,YU Jiaao. Microsurgical repair of main vascular injuries of extremities[J]. Zhonghua Xian Wei Wai Ke Za Zhi[Chin J Microsurg(Article in Chinese;Abstract in Chinese)],2004,27(4):309-311. DOI:10.3760/cma.j.issn.1001-2036.2004.04.037.}

[685] 吴文，尹庆水，章莹，符史发. 肱骨中上段骨折合并肱动脉损伤的手术治疗（附9例）[J]. 中华创伤骨科杂志，2004，6(8)：944-945. DOI：10.3760/cma.j.issn.1671-7600.2004.08.033. {WU Wen,YIN Qingshui,ZHANG Ying,FU Shifa. Operative treatment of humeral super-middle fracture combined with brachial artery injury in 9 cases[J]. Zhonghua Chuang Shang Gu Ke Za Zhi[Chin J Orthop Trauma(Article in Chinese;Abstract in Chinese and English)],2004,6(8):944-945. DOI:10.3760/cma.j.issn.1671-7600.2004.08.033.}

[686] 唐剑飞，曾炳芳，范存义，福拉默德，睢述平，姜佩珠. 自体股静脉复合聚乙丙交酯血管外支架修复股动脉缺损的实验研究[J]. 中华显微外科杂志，2004，27(3)：203-204. DOI：10.3760/cma.j.issn.1001-2036.2004.03.015. {TANG Jianfei,ZENG Bingfang,FAN Cunyi,Pramod Devkota,SUI Shuping,JIANG Peizhu. Experimental study on repair of femoral artery defect with autogenous femoral vein combined with polyglycolide extravascular stent[J]. Zhonghua Xian Wei Wai Ke Za Zhi[Chin J Microsurg(Article in Chinese;Abstract in Chinese)],2004,27(3):203-204. DOI:10.3760/cma.j.issn.1001-2036.2004.03.015.}

[687] 于凤宾，俞立新. 股前外侧皮瓣修复四肢软组织缺损伴主干血管损伤28例[J]. 中华显微外科杂志，2005，28(1)：29. DOI：10.3760/cma.j.issn.1001-2036.2005.01.059. {YU Fengbin,YU Lixin. Repair of soft tissue defects of extremities with main vascular injury with anterolateral thigh flap:a report of 28 cases[J]. Zhonghua Xian Wei Wai Ke Za Zhi[Chin J Microsurg(Article in Chinese;Abstract in Chinese)],2005,28(1):29. DOI:10.3760/cma.j.issn.1001-2036.2005.01.059.}

[688] 黄东，吴伟炽，江奕恒，张惠茹，毛莉颖，林浩，伍庆松. 四肢主干血管损伤的显微外科修复[J]. 中华显微外科杂志，2005，28(2)：187-188. DOI：10.3760/cma.j.issn.1001-2036.2005.02.041. {HUANG Dong,WU Weichi,JIANG Yiheng,ZHANG Huiru,MAO Liying,LIN Hao,WU Qingsong. Microsurgical repair of main vascular injuries of extremities[J]. Zhonghua Xian Wei Wai Ke Za Zhi[Chin J Microsurg(Article in Chinese;Abstract in Chinese)],2005,28(2):187-188. DOI:10.3760/cma.j.issn.1001-2036.2005.02.041.}

[689] 刘会仁，李瑞国，黄晓明，高顺红，陈杰，张艳茂，项力源，曹磊. 改形静脉移植修复两端口径悬殊的四肢血管损伤[J]. 中国修复重建外科杂志，2005，19(4)：259-261. {LIU Huiren,LI Ruiguo,HUANG Xiaoming,GAO Shunhong,CHEN Jie,ZHANG Yanmao,XIANG Liyuan,CAO Lei. Repair of defects at both ends of blood vessels in extremities with a great disparity in diameter by vein transplantation[J]. Zhongguo Xiu Fu Chong Jian Wai Ke Za Zhi[Chin J Repar Reconstr Surg(Article in Chinese;Abstract in Chinese)],2005,19(4):259-261.}

[690] 邓红平，林一奇，王之宇，林格生，徐云. 裤裆式静脉移植在修复四肢大血管损伤中的应用[J]. 中国修复重建外科杂志，2005，19(4)：267-269. {DENG Hongping,LIN Yiqi,WANG Zhiyu,LIN Gesheng,XU Yun. Application of crotch-shaped vein grafts in repairing defects of the vessels with a large diameter[J]. Zhongguo Xiu Fu Chong Jian Wai Ke Za Zhi[Chin J Repar Reconstr Surg(Article in Chinese;Abstract in Chinese)],2005,19(4):267-269.}

[691] 温术民，宁志文，李成林，俞汝霞，张玉龙，杨明. 胫骨上段骨折合并腘动脉分叉附近损伤的临床治疗[J]. 中华创伤杂志，2005，21(4)：302-304. DOI：10.3760/j：issn：1001-8050.2005.04.021. {WEN Shumin,NING Zhiwen,LI Chenglin,YU Ruxia,ZHANG Yulong,YANG Ming. Clinical treatment of popliteal artery injury near the bifurcation with proximal tibial fracture[J]. Zhonghua Chuang Shang Za Zhi[Chin J Trauma(Article in Chinese;No abstract available)],2005,21(4):302-304. DOI:10.3760/j:issn:1001-8050.2005.04.021.}

[692] 关平，柳光元，张蕾. 肘前侧入路治疗肱骨髁上骨折并肱动脉损伤[J]. 中国骨伤，2005，18(5)：310. DOI：10.3969/j.issn.1003-0034.2005.05.033. {GUAN Ping,LIU Guangyuan,ZHANG Lei. Anterior elbow approach for the treatment of supracondylar fracture of humerus and brachial artery injury[J]. Zhongguo Gu Shang[China J Orthop Trauma(Article in Chinese;No abstract available)],2005,18(5):310. DOI:10.3969/j.issn.1003-0034.2005.05.033.}

[693] 吴文，尹庆水，章莹，王炜，文治强. 同种异体动脉在平时四肢大血管火器伤修复中的应用[J]. 解放军医学杂志，2006，31(12)：1192-1193. DOI：10.3321/j.issn：0577-7402.2006.12.022. {WU Wen,YIN Qingshui,ZHANG Ying,WANG Wei,WEN Zhiqiang. Clinical application of homologous transplantation of arteries in firearm injuries of great vessels of extremities[J]. Jie Fang Jun Yi Xue Za Zhi[Med J Chin PLA(Article in Chinese;Abstract in Chinese)],2006,31(12):1192-1193. DOI:10.3321/j.issn:0577-7402.2006.12.022.}

[694] 丰波，武宇赤，张霄雁，张宏军，张志，高翔. 四肢闭合性骨折合并重要血管损伤诊治体会[J]. 中华显微外科杂志，2006，29(2)：94. DOI：10.3760/cma.j.issn.1001-2036.2006.02.038.

{FENG Bo,WU Yuchi,ZHANG Xiaoyan,ZHANG Hongjun,ZHANG Zhi,GAO Xiang. Experience in diagnosis and treatment of closed fractures of limbs with injuries of important vessels[J]. Zhonghua Xian Wei Wai Ke Za Zhi[Chin J Microsurg(Article in Chinese;No abstract available)],2006,29(2):94. DOI:10.3760/cma.j.issn.1001-2036.2006.02.038.}

[695] 曹文宏，许会敏，祁庆彬，扬杰，张伟，王海龙. 周围血管损伤的显微外科治疗 [J]. 中华显微外科杂志，2006，29（5）：391-392. DOI：10.3760/cma.j.issn.1001-2036.2006.05.031. {CAO Wenhong,XU Huimin,QI Qingbin,YANG Jie,ZHANG Wei,WANG Hailong. Microsurgical treatment of peripheral vascular injury[J]. Zhonghua Xian Wei Wai Ke Za Zhi[Chin J Microsurg(Article in Chinese;Abstract in Chinese)],2006,29(5):391-392. DOI:10.3760/cma.j.issn.1001-2036.2006.05.031.}

[696] 徐晖，肖立军，李杰文，陈健民，邓德礼. 四肢主干血管损伤急诊显微外科修复的临床体会 [J]. 中华显微外科杂志，2007，30(3)：235-236. DOI：10.3760/cma.j.issn.1001-2036.2007.03.031. {XU Hui,XIAO Lijun,LI Jiewen,CHEN Jianmin,DENG Deli. Clinical experience of emergency microsurgical repair of main vascular injuries of extremities[J]. Zhonghua Xian Wei Wai Ke Za Zhi[Chin J Microsurg(Article in Chinese;Abstract in Chinese)],2007,30(3):235-236. DOI:10.3760/cma.j.issn.1001-2036.2007.03.031.}

[697] 王统立，王文德，刘士懂，赵风林，王业本，姚保兵. 四肢主干动脉损伤早期诊断与修复 [J]. 中国修复重建外科杂志，2007，21（7）：780-781. {WANG Tongli,WANG Wende,LIU Shidong,ZHAO Fenglin,WANG Yeben,YAO Baobing. Early diagnosis and repair of main arterial injuries in extremities[J]. Zhongguo Xiu Fu Chong Jian Wai Ke Za Zhi[Chin J Repar Reconstr Surg(Article in Chinese;Abstract in Chinese)],2007,21(7):780-781.}

[698] 王利，姚海波，李文庆，朱小弟，王文胜，陈传煌，杨涛，张鹏. 人造血管在四肢血管损伤修复中的应用体会 [J]. 中华显微外科杂志，2008，31（5）：383-384. DOI：10.3760/cma.j.issn.1001-2036.2008.05.024. {WANG Li,YAO Haibo,LI Wenqing,ZHU Xiaodi,WANG Wensheng,CHEN Chuanhuang,YANG Tao,ZHANG Peng. Application of artificial blood vessels in the repair of vascular injuries in extremities[J]. Zhonghua Xian Wei Wai Ke Za Zhi[Chin J Microsurg(Article in Chinese;Abstract in Chinese)],2008,31(5):383-384. DOI:10.3760/cma.j.issn.1001-2036.2008.05.024.}

[699] 王培信，曾波，庄永，谢逸波. 四肢主要血管火器伤的修复重建 [J]. 中国修复重建外科杂志，2008，22（5）：637-639. {WANG Peixin,ZENG Bo,ZHUANG Yong,XIE Yibo. Repair and reconstruction of firearm injuries of main blood vessels of extremities[J]. Zhongguo Xiu Fu Chong Jian Wai Ke Za Zhi[Chin J Repar Reconstr Surg(Article in Chinese;Abstract in Chinese)],2008,22(5):637-639.}

[700] 祁全，吴炳祥，陈更新，毕郑钢，于长水. 腘动脉断裂吻合术后吻合口狭窄介入治疗一例 [J]. 中国修复重建外科杂志，2009，23（4）：511-512. {QI Quan,WU Bingxiang,CHEN Gengxin,BI Zhenggang,YU Changshui. A case of interventional treatment of anastomotic stenosis after popliteal artery rupture and anastomosis[J]. Zhongguo Xiu Fu Chong Jian Wai Ke Za Zhi[Chin J Repar Reconstr Surg(Article in Chinese;No abstract available)],2009,23(4):511-512.}

[701] 汪步兴，王青娇，朱惠芳. 胫骨上段骨折并腘动脉分叉部闭合性损伤的临床观察 [J]. 中国骨伤，2009，22（11）：805-807. DOI：10.3969/j.issn.1003-0034.2009.11.002. {WANG Buxing,WANG Qingjiao,ZHU Huifang. Clinical diagnosis and treatment of superior tibial fracture complicating with crotch injury of distal popliteal artery[J]. Zhongguo Gu Shang[China J Orthop Trauma(Article in Chinese;Abstract in Chinese and English)],2009,22(11):805-807. DOI:10.3969/j.issn.1003-0034.2009.11.002.}

[702] 孙佳冰，路来金，孙义久，王建业，杨广禄. 用改进人造血管套犬股静脉修复股动脉后动态增殖研究 [J]. 中华显微外科杂志，2009，32（2）：139-141. DOI：10.3760/cma.j.issn.1001-2036.2009.02.020. {SUN Jiabing,LU Laijin,SUN Yijiu,WANG Jianye,YANG Guanglu. Study on dynamic proliferation of canine femoral vein repaired with improved artificial vascular sheath[J]. Zhonghua Xian Wei Wai Ke Za Zhi[Chin J Microsurg(Article in Chinese;Abstract in Chinese)],2009,32(2):139-141. DOI:10.3760/cma.j.issn.1001-2036.2009.02.020.}

[703] 史群伟，廖壮文，黄文铎. 闭合性下肢动脉血管损伤延误诊疗的救治 [J]. 中华显微外科杂志，2009，32（3）：250-252. DOI：10.3760/cma.j.issn.1001-2036.2009.03.037. {SHI Qunwei,LIAO Zhuangwen,HUANG Wenduo. Treatment of delayed diagnosis and treatment of closed arterial and vascular injuries of lower extremities[J]. Zhonghua Xian Wei Wai Ke Za Zhi[Chin J Microsurg(Article in Chinese;Abstract in Chinese)],2009,32(3):250-252. DOI:10.3760/cma.j.issn.1001-2036.2009.03.037.}

[704] 孟宏，黄建华，罗和源，洪小芳，徐少宏，刘晓韬. 腘部血管损伤的急诊显微外科修复及临床意义 [J]. 中华显微外科杂志，2009，32（5）：422-423. DOI：10.3760/cma.j.issn.1001-2036.2009.05.035. {MENG Hong,HUANG Jianhua,LUO Heyuan,HONG Xiaofang,XU Shaohong,LIU Xiaotao. Emergency microsurgical repair of popliteal vascular injury and its clinical significance[J]. Zhonghua Xian Wei Wai Ke Za Zhi[Chin J Microsurg(Article in Chinese;Abstract in Chinese)],2009,32(5):422-423. DOI:10.3760/cma.j.issn.1001-2036.2009.05.035.}

[705] 陆生林，白宇，庄小强. 非利器致四肢主要血管损伤的显微外科修复 [J]. 中华显微外科杂志，2010，33（2）：165-167. DOI：10.3760/cma.j.issn.1001-2036.2010.02.033. {LU Shenglin,BAI Yu,ZHUANG Xiaoqiang. Microsurgical repair of major vascular injuries of extremities caused by non-sharp instruments[J]. Zhonghua Xian Wei Wai Ke Za Zhi[Chin J Microsurg(Article in Chinese;Abstract in Chinese)],2010,33(2):165-167. DOI:10.3760/cma.j.issn.1001-2036.2010.02.033.}

[706] 郑灿镔，朱庆棠，顾立强，劳镇国，李平，李智勇，向剑平，戚剑，王洪刚，王东，秦本刚，刘小林，朱家恺. 四肢主要动脉钝性损伤延误修复的原因分析 [J]. 中华创伤骨科杂志，2011，13（4）：392-394. DOI：10.3760/cma.j.issn.1671-7600.2011.04.025. {ZHENG Canbin,ZHU Qingtang,GU Liqiang,LAO Zhenguo,LI Ping,LI Zhiyong,XIANG Jianping,QI Jian,WANG Honggang,WANG Dong,QIN Bengang,LIU Xiaolin,ZHU Jiakai. Causes for delayed repair of blunt injury to major extremity arteries[J]. Zhonghua Chuang Shang Gu Ke Za Zhi[Chin J Orthop Trauma(Article in Chinese;Abstract in Chinese)],2011,13(4):392-394. DOI:10.3760/cma.j.issn.1671-7600.2011.04.025.}

[707] 熊洪涛，庄永青，姜浩力，付强，方锡池. 四肢血管交通损伤的显微外科治疗 [J]. 中华显微外科杂志，2011，34（3）：253-255. DOI：10.3760/cma.j.issn.1001-2036.2011.03.036. {XIONG Hongtao,ZHUANG Yongqing,JIANG Haoli,FU Qiang,FANG Xichi. Microsurgical treatment of vascular traffic injuries of extremities[J]. Zhonghua Xian Wei Wai Ke Za Zhi[Chin J Microsurg(Article in Chinese;Abstract in Chinese)],2011,34(3):253-255. DOI:10.3760/cma.j.issn.1001-2036.2011.03.036.}

[708] 黄烁，林传松，杨爱勇，关钦强. 四肢主要血管损伤的显微外科治疗 [J]. 中华显微外科杂志，2011，34（4）：330-331. DOI：10.3760/cma.j.issn.1001-2036.2011.04.028. {HUANG Shuo,LIN Chuansong,YANG Aiyong,GUAN Qinqiang. Microsurgical treatment of major vascular injuries in extremities[J]. Zhonghua Xian Wei Wai Ke Za Zhi[Chin J Microsurg(Article in Chinese;Abstract in Chinese)],2011,34(4):330-331. DOI:10.3760/cma.j.issn.1001-2036.2011.04.028.}

[709] 罗庚，郭现辉，晏妮，王国胜，江宏，盛明. 人工血管移植修复四肢主干血管损伤的临床应用 [J]. 中华显微外科杂志，2014，37（3）：280-282. DOI：10.3760/cma.j.issn.1001-2036.2014.03.025. {LUO Geng,GUO Xianhui,YAN Ni,WANG Guosheng,JIANG Hong,SHENG Ming. Clinical application of artificial vascular transplantation in repairing main vascular injury of extremities[J]. Zhonghua Xian Wei Wai Ke Za Zhi[Chin J Microsurg(Article in Chinese;Abstract in Chinese)],2014,37(3):280-282. DOI:10.3760/cma.j.issn.1001-2036.2014.03.025.}

[710] 俞俊兴，李向荣，秦军，杜翟. 四肢主要血管闭合或隐匿损伤的诊断与显微外科修复 [J]. 临床骨科杂志，2014，17（1）：33-34，37. DOI：10.3969/j.issn.1008-0287.2014.01.012. {YU Junxing,LI Xiangrong,QIN Jun,DONG Li. Diagnosis and microsurgical repair of the extremities vascular blunt or occult injury[J]. Lin Chuang Gu Ke Za Zhi[J Clin Orthop(Article in Chinese;Abstract in Chinese)],2014,17(1):33-34,37. DOI:10.3969/j.issn.1008-0287.2014.01.012.}

[711] 祁峰，李杰，祁晓，肖鲁伟. 四肢主干动脉外伤缺损长度的判断与修复重建 [J]. 中国骨伤，2014，27（3）：199-202. DOI：10.3969/j.issn.1003-0034.2014.03.007. {QI Feng,LI Jie,QI Xiao,XIAO Luwei. Judgment of defect length of extremities artery trauma and reconstruction[J]. Zhongguo Gu Shang[China J Orthop Trauma(Article in Chinese;Abstract in Chinese)],2014,27(3):199-202. DOI:10.3969/j.issn.1003-0034.2014.03.007.}

[712] 潘振宇，喻爱喜，余国荣，陶圣祥，漆白文. 下肢主干血管损伤超时限修复后疗效分析 [J]. 中华显微外科杂志，2014，37（1）：83-84. DOI：10.3760/cma.j.issn.1001-2036.2014.01.027. {PAN Zhenyu,YU Aixi,YU Guorong,TAO Shengxiang,QI Baiwen. Analysis of curative effect after overtime repair of main blood vessel injury of lower limbs[J]. Zhonghua Xian Wei Wai Ke Za Zhi[Chin J Microsurg(Article in Chinese;Abstract in Chinese)],2014,37(1):83-84. DOI:10.3760/cma.j.issn.1001-2036.2014.01.027.}

[713] 祁峰，沈文革，祁晓，李杰. 血管拉伸吻合术修复小儿四肢动脉长段缺损二例 [J]. 中华显微外科杂志，2015，38（6）：614-615. DOI：10.3760/cma.j.issn.1001-2036.2015.06.031. {QI Feng,SHEN Wenge,QI Xiao,LI Jie. Two cases of vascular stretch anastomosis repairing long segment arterial defects in children's extremities[J]. Zhonghua Xian Wei Wai Ke Za Zhi[Chin J Microsurg(Article in Chinese;No abstract available)],2015,38(6):614-615. DOI:10.3760/cma.j.issn.1001-2036.2015.06.031.}

[714] 江君，任爽，何涛贞，杨立勋，肖斌，刘敏. 儿童肱骨髁上骨折合并肱动脉损伤的治疗 [J]. 实用骨科杂志，2015，21（11）：968-970，1007. {JIANG Jun,REN Shuang,HE Taozhen,YANG Lixun,XIAO Bin,LIU Min. Treatment of supracondylar humerus fracture with brachial artery injury in children[J]. Shi Yong Gu Ke Za Zhi[J Pract Orthop(Article in Chinese;Abstract in Chinese and English)],2015,21(11):968-970,1007.}

[715] 田小宁，从飞，程一钊，宋涛，欧学海，张文韬，付华，王宇飞，杜晓龙，张开放. 血管移植三种术式修复四肢血管损伤的疗效评价 [J]. 中国矫形外科杂志，2017，25（14）：1282-1287. DOI：10.3977/j.issn.1005-8478.2017.14.08. {TIAN Xiaoning,CONG Fei,CHENG Yizhao,SONG Tao,OU Xuehai,ZHANG Wentao,FU Hua,WANG Yufei,DONG Xiaolong,ZHANG Kaifang. Comparison of saphenous autografting by suture or stapling versus synthetic vascular grafts for repair of limb vascular injury[J]. Zhongguo Jiao Xing Wai Ke Za Zhi[Orthop J China(Article in Chinese;Abstract in Chinese)],2017,25(14):1282-1287. DOI:10.3977/j.issn.1005-8478.2017.14.08.}

[716] 林杰，彭兆祥，祁峰. 四肢血管损伤显微修复 128 例的回顾性分析 [J]. 中华显微外科杂志，2019，42（1）：64-66. DOI：10.3760/cma.j.issn.1001-2036.2019.01.018. {LIN Jie,PENG Zhaoxiang,QI Feng. Retrospective analysis of 128 cases of microsurgical repair of vascular injuries in extremities[J]. Zhonghua Xian Wei Wai Ke Za Zhi[Chin J Microsurg(Article in Chinese;Abstract in Chinese)],2019,42(1):64-66. DOI:10.3760/cma.j.issn.1001-2036.2019.01.018.}

[717] 吴晓荣，郑能方，施明宏，程建和，郭金星，瞿年兵，甘坤平. 自体大隐静脉移植修复四肢主干动脉损伤 [J]. 临床骨科杂志，2019，22（3）：314-316. DOI：10.3969/j.issn.1008-0287.2019.03.020. {WU Xiaorong,ZHENG Nengfang,SHI Minghong,CHENG Jianhe,GUO Jinxing,QU Nianbing,GAN Kunping. Autogenous great saphenous vein grafting in repairing major arterial injuries in limbs[J]. Lin Chuang Gu Ke Za Zhi[J Clin Orthop(Article in Chinese;Abstract in Chinese)],2019,22(3):314-316. DOI:10.3969/j.issn.1008-0287.2019.03.020.}

[718] 胡玉庆，宋利华，马天骁，白庆兵，王洪庆，焦延杰，王冬月，侯瑞兴. 四肢开放性骨折伴重要血管损伤的显微外科修复 [J]. 中华显微外科杂志，2020，43（3）：296-300. DOI：10.3760/cma.j.cn441206-20191230-00394. {HU Yuqing,SONG Lihua,MA Tianxiao,BAI Qingbing,WANG Hongqing,JIAO Yanjie,WANG Dongyue,HOU Ruixing. Microsurgical repair of open fractures of extremities with important vascular injuries[J]. Zhonghua Xian Wei Wai Ke Za Zhi[Chin J Microsurg(Article in Chinese;Abstract in Chinese)],2020,43(3):296-300. DOI:10.3760/cma.j.cn441206-20191230-00394.}

1.5.3 显微血管移植

microvascular transplantation

[719] TS'UICY,FENG YH,T'ANG CY,YING YY,CH'EN CC,CH'EN C. Experimental and clinical results on the use of silk taffeta as a synthetic vascular prosthesis[J]. Chin Med J,1962,81:93-103.

[720] FENG YS,YU YC,CH'EN CC,T'ANG CY,TS'UI CY. Silk taffeta in repair of abdominal wall defects. Experimental method and clinical application[J]. Chin Med J,1962,81:568-573.

[721] Wang XW,Sun YH,Wei JI,Wang NZ,Li YN,Liu JQ,Li SM. Early vascular grafting to prevent upper extremity necrosis after electrical burns[J]. Chin Med J,1981,94(3):185-194.

[722] Feng YX,Zheng JJ,Li JM,Shi Q. Clinical application of pure silk vascular prostheses[J]. Chin Med J,1982,95(8):565-568.

[723] Wang XW,Wei JN,Lu JZ,Wang NZ,Lu CS,Yin DQ,Jia SL. Early surgery in severe electrical burns involving upper limbs[J]. Chin Med J,1982,95(10):717-20.

[724] Wang XW,Zou WZ,Chen WL,Wei JN. Early wrist blood circulation reconstruction in electric burns[J]. Chin Med J,1983,96(1):37-44.

[725] Wang XW,Liu HC,Sang HH,Jia SL,Cheng XX. Early vascular grafting to prevent upper extremity necrosis after electrical burns[J]. Chin Med J,1984,97(1):53-56.

[726] Wang XW,Zang ZX,Yao XX,Sang HH,Xu J,Chen YK,Han YQ. Early vascular grafting to prevent upper extremity necrosis after electrical burns. Indications for surgery[J]. Chin Med J,1985,98(2):129-134.

[727] Wang XW,Roberts BB,Zapata-Sirvent RL,Robenson WA,Waymark JP,Law EJ,MacMillan BG. Early vascular grafting to prevent upper extremity necrosis after electrical burns:indications for surgery[J]. Chin Med J,1986,99(8):679-684.

[728] Liu F,Shi D,Tang JB. Changes in osseous tissue after vascular bundle implantation. Experimental study on dogs[J]. Chin Med J,1988,101(7):468-472.

[729] Ge XZ,Huang GK. Use of distal arteries for microvascular reconstruction in forearm and hand surgery[J]. Microsurgery,1996,17(4):180-183. doi:10.1002/(SICI)1098-2752(1996)17:4<180::AID-MICR3>3.0.CO;2-P.

[730] Xu ZF,Duan WY,Zhang EJ,Bai S,Tian Y,Tan XX,Liu FY,Sun CF. Transverse cervical vessels as recipient vessels in oral and maxillofacial microsurgical reconstruction after former operations with or without radiotherapy[J]. World J Surg Oncol,2015,13:183. doi:10.1186/s12957-015-0576-8.

[731] Yang J,Zheng C,Wang H,Hacquebord JH,Qin B,Zhou X,He B,Wang D,Li P,Liu X,Gu L,Qi J,Zhu Q. Cross limb vessel transfer for salvage of the extremity with irreparable artery injury[J]. Injury,2019,50(Suppl 5):S111-S116. doi:10.1016/

j.injury.2019.10.060.

[732] 郑宝琦，郭恩覃，蒋景涛．在创伤条件下进行尼龙血管移植的动物实验报告 [J]．中华外科杂志，1960，8（2）：114–118．{ZHENG Baoqi,GUO Entan,JIANG Jingtao. Animal experiment report of nylon vascular transplantation under traumatic conditions[J]. Zhonghua Wai Ke Za Zhi[Chin J Surg(Article in Chinese;No abstract available)],1960,8(2):114-118.}

[733] 陈彩庭，孙本修．人造血管移植治疗髂外动脉损伤一例报告 [J]．中华外科杂志，1964，12（6）：516．{CHEN Caiting,SUN Benxiu. A case report of artificial blood vessel transplantation for treatment of external iliac artery injury[J]. Zhonghua Wai Ke Za Zhi[Chin J Surg(Article in Chinese;No abstract available)],1964,12(6):516.}

[734] 钱允庆，林擎天．颈总动脉动脉瘤切除及人造血管移植术 [J]．中华外科杂志，1964，12（7）：663–664．{QIAN Yunqing,LIN Qingtian. Arteria carotis communis aneurysm resection and artificial blood vessel transplantation[J]. Zhonghua Wai Ke Za Zhi[Chin J Surg(Article in Chinese;No abstract available)],1964,12(7):663-664.}

[735] 孙峰，孙雪良，程晋武，王惠美，刘步先，金重山，任宛华．外径 1 mm 小血管移植的实验观察 [J]．中华外科杂志，1978，16（1）：33–34．{SUN Feng,SUN Xueliang,CHENG Jinwu,WANG Huimei,LIU Buxian,JIN Zhongshan,REN Wanhua. Experimental observation of transplantation of small blood vessels with an outer diameter of one millimeter[J]. Zhonghua Wai Ke Za Zhi[Chin J Surg(Article in Chinese;No abstract available)],1978,16(1):33-34.}

[736] 孙雪良，程晋武，王惠美，刘步先．外径 1 mm 小血管移植的实验研究 [J]. 天津医药，1978（4）：182–183．{SUN Xueliang,CHENG Jinwu,WANG Huimei,LIU Buxian. An experimental study on transplantation of microvascular with external diameter less than 1 mm[J]. Tianjin Yi Yao [Tianjin Med J(Article in Chinese;No abstract available)],1978(4):182-183.}

[737] 钟保良，李础章，梅克治，刘育成．人造尼龙血管移植术后 12 年并发血栓性动脉炎一例 [J]．中华外科杂志，1979，17（2）：127．{ZHONG Baoliang,LI Chuzhang,MEI Kezhi,LIU Yucheng. A case of thromboarteritis after 12 years of artificial nylon vessel transplantation[J]. Zhonghua Wai Ke Za Zhi[Chin J Surg(Article in Chinese;No abstract available)],1979,17(2):127.}

[738] 王学威，孙永华，韦加宁，王乃佐，延妮，刘家琪，李盛美．早期血管移植防止上肢电烧伤肢体坏死 [J]．中华外科杂志，1979，17（6）：426–430．{WANG Xuewei,SUN Yonghua,WEI Jianing,WANG Naizuo,YAN Ni,LIU Jiaqi,LI Shengmei. Early blood vessel transplantation prevents necrosis of upper extremity electric burn[J]. Zhonghua Wai Ke Za Zhi[Chin J Surg(Article in Chinese;No abstract available)],1979,17(6):426-430.}

[739] 潘维真，钟开诚．生物血管移植的动物实验 [J]．中华器官移植杂志，1981，2（2）：89–90，后插 1．DOI：10.3760/cma.j.issn.0254–1785.1981.02.008．{PAN Weizhen,ZHONG Kaicheng. Biologic vascular graft:an animal experimental study[J]. Zhonghua Qi Guan Yi Zhi Za Zhi[Chin J Organ Transplant(Article in Chinese;No abstract available)],1981,2(2):89-90,insert 1. DOI:10.3760/cma.j.issn.0254-1785.1981.02.008.}

[740] 江鱼，姚建国，吴家骏，王益鑫．自体大隐静脉移植的血液透析动静脉内瘘 4 例报告 [J]．中华器官移植杂志，1981，2（2）：124–126．DOI：10. 3760/cma. j. issn. 0254-1785. 1981. 02. 022 {JIANG Yu,YAO Jianguo,WU Jiajun,WANG Yixin. Transplantation autologous great saphenous vein in treatment of internal arteriovenous fistula vascular in hemodialysis:four case reports[J]. Zhonghua Qi Guan Yi Zhi Za Zhi[Chin J Organ Transpl(Article in Chinese;)],1981,2(2):124-126. DOI:10.3760/cma.j.issn.0254-1785.1981.02.022.}

[741] 王学威，刘化朝，桑惠华，贾淑兰，程绪西．上肢电烧伤行早期血管移植时感染创面的处理 [J]．中华外科杂志，1983，21（4）：241–242．{WANG Xuewei,LIU Huachao,SANG Huihua,JIA Shulan,CHENG Xuxi. Treatment of infected wounds during early vascular transplantation in electrical burns of upper limbs[J]. Zhonghua Wai Ke Za Zhi[Chin J Surg(Article in Chinese;No abstract available)],1983,21(4):241-242.}

[742] 林安侠，沈翰燊，周秋如，李朝祯．动脉损伤合并严重感染作自体血管移植成功两例报告 [J]．中华外科杂志，1983，21（8）：486–487．{LIN Anxia,SHEN Hanshen,ZHOU Qiuru,LI Chaozhen. Two successful cases of autologous blood vessel transplantation with arterial injury and severe infection[J]. Zhonghua Wai Ke Za Zhi[Chin J Surg(Article in Chinese;No abstract available)],1983,21(8):486-487.}

[743] 王嘉桔，臧广生，张静菊，李柱田．自体静脉移植在动脉损伤中的应用（摘要）[J]. 白求恩医科大学学报，1985，27（6）：591．{WANG Jiaju,ZANG Guangsheng,ZHANG Jingju,LI Zhutian. Application of autogenous vein transplantation in arterial injury (Abstract)[J].Baiqiuen Yi Ke Da Xue Xue Bao[Acad J Bethune Med Univ(Article in Chinese;No abstract available)],1985,27(6):591.}

[744] 钱允庆．血管移植物的进展及近况 [J]．中华外科杂志，1988，26（10）：633–635．{QIAN Yunqing. Progress and recent status of vascular grafts[J]. Zhonghua Wai Ke Za Zhi[Chin J Surg(Article in Chinese;No abstract available)],1988,26(10):633-635.}

[745] 常万绅，杨克非，翟桂华，贺良，吴新宝．双静脉套迭血管移植修复腋动脉缺损一例 [J]．中国修复重建外科杂志，1993，7（3）：186–187．{CHANG Wanshen,YANG Kefei,ZHAI Guihua,HE Liang,WU Xinbao. Repair of axillary artery defect with double venous intussusception graft[J]. Zhongguo Xiu Fu Chong Jian Wai Ke Za Zhi[Chin J Repar Reconstr Surg(Article in Chinese;No abstract available)],1993,7(3):186-187.}

[746] 魏春果，段志泉，刘作良，安丰奇，战亚光，张见黎，常永春．大涤纶人造血管移植后不同时期的组织形态学研究 [J]．中华外科杂志，1994，32（3）：137–139．{WEI Chunguo,DUAN Zhiquan,LIU Zuoliang,AN Fengqi,ZHAN Yaguang,ZHANG Jianli,CHANG Yongchun. Dacron grafts transplanted to abdominal aorta of dogsin different stages:histomorphological study[J]. Zhonghua Wai Ke Za Zhi[Chin J Surg(Article in Chinese;No abstract available)],1994,32(3):137-139.}

[747] 孙义久，刘尔才，李金良，罗振东，李晓方．用犬股（肱）静脉外套人造血管移植修复动脉缺损实验研究 [J]．中华显微外科杂志，1995，18（4）：283–284．DOI：10.3760/cma.j.issn.1001–2036.1995.04.125．{SUN Yijiu,LIU Ercai,LI Jinliang,LUO Zhendong,LI Xiaofang. Experimental study on repairing artery defects with canine femoral (brachial) vein coated artificial vascular graft[J]. Zhonghua Xian Wei Wai Ke Za Zhi[Chin J Microsurg(Article in Chinese;No abstract available)],1995,18(4):283-284. DOI:10.3760/cma.j.issn.1001-2036.1995.04.125.}

[748] 杨克非，周肇平．异种微血管移植的实验研究 [J]．中国修复重建外科杂志，1996，10（3）：180–182．{YANG Kefei,ZHOU Zhaoping. Experimental study of xenogeneic microvascular transplantation[J]. Zhongguo Xiu Fu Chong Jian Wai Ke Za Zhi[Chin J Repar Reconstr Surg(Article in Chinese;Abstract in Chinese and English)],1996,10(3):180-182.}

[749] 陆石，张金元，韩国锋，孙晶，田军，胡大勇，于秀峙．血管移植在血液透析中的应用 [J]．肾脏病与透析肾移植杂志，1999，8（6）：536–538．DOI：10.3969/j.issn.1006–298X.1999.06.008．{LU Shi,ZHANG Jinyuan,HAN Guofeng,SUN Jing,TIAN Jun,HU Dayong,YU Xiuzhi. Application of vascular graft in patients with difficulty in establishing direct arterio-venous fistulas in hemodialysis[J]. Shen Zang Bing Yu Tou Xi Shen Yi Zhi Za Zhi[Chin J Nephrol,Dial Transpl(Article in Chinese;Abstract in Chinese and English)],1999,8(6):536-538. DOI:10.3969/j.issn.1006-298X.1999.06.008.}

[750] 李松奇，林勇杰，叶财盛，詹世光，李晓曦．血管移植在肢体血管损伤中的应用 [J]．中华显微外科杂志，2000，23（2）：102．DOI：10.3760/cma.j.issn.1001–2036.2000.02.009．{LI Songqi,LIN Yongjie,YE Caisheng,ZHAN Shiguang,LI Xiaoxi. The use of graft implantation in the managment of vascular injures in limbs[J]. Zhonghua Xian Wei Wai Ke Za Zhi[Chin J Microsurg(Article in Chinese;Abstract in Chinese and English)],2000,23(2):102. DOI:10.3760/cma.j.issn.1001-2036.2000.02.009.}

[751] 庄永青，童静，彭保．人工血管移植动–静脉造瘘术的临床应用 [J]．中国修复重建外科杂志，2000，14（1）：1–3．{ZHUANG Yongqing,TONG Jing,PENG Bao. Clinical application of artificial blood vessle graft for arteriovenous fistulization[J]. Zhongguo Xiu Fu Chong Jian Wai Ke Za Zhi[Chin J Repar Reconstr Surg(Article in Chinese;Abstract in Chinese and English)],2000,14(1):1-3.}

[752] 庄永青，傅小宽，童静，刘效民，杜冬，陈振鹤，杨怿健，温桂芬．人工血管移植修复肢体血管缺损及临床观察 [J]．中华显微外科杂志，2002，25（1）：25–27．DOI：10.3760/cma.j.issn.1001–2036.2002.01.010．{ZHUANG Yongqing,FU Xiaokuan,TONG Jing,LIU Xiaomin,DU Dong,CHEN Zhenhe,YANG Yijian,WEN Guifen. Clinical application and observation of artificial blood vessel graft for vascular injuries in limbs[J]. Zhonghua Xian Wei Wai Ke Za Zhi[Chin J Microsurg(Article in Chinese;Abstract in Chinese and English)],2002,25(1):25-27. DOI:10.3760/cma.j.issn.1001-2036.2002.01.010.}

[753] 梅锦荣，张丽银，李伟．长段血管移植的游离腓骨神经皮瓣应用 [J]．中国修复重建外科杂志，2002，16（1）：72．{MEI Jinrong,ZHANG Liyin,LI Wei. Application of free peroneal nerve skin flap with long vessel graft[J]. Zhongguo Xiu Fu Chong Jian Wai Ke Za Zhi[Chin J Repar Reconstr Surg(Article in Chinese;No abstract available)],2002,16(1):72.}

[754] 张子清，王春雷，杨延军，谌丰，马立峰，涂清华，余英剑．冷冻保存脐血管移植修复尺、桡动脉缺损 [J]．实用手外科杂志，2003，17（2）：77–78．DOI：10.3969/j.issn.1671–2722.2003.02.007．{ZHANG Ziqing,WANG Chunlei,YANG Yanjun,CHEN Feng,MA Lifeng,TU Qinghua,YU Yingjian. Repair of ulnar radial arteries by transplantation of frozen umbilicalis blood vessel[J]. Shi Yong Shou Wai Ke Za Zhi[Chin J Pract Hand Surg(Article in Chinese;Abstract in Chinese and English)],2003,17(2):77-78. DOI:10.3969/j.issn.1671-2722.2003.02.007.}

[755] 杜全印，王爱民，王子明，郭庆山，尹良军，吴思宇，唐颖．人造血管移植治疗四肢血管损伤的临床研究 [J]．创伤外科杂志，2004，6（3）：189–191．DOI：10.3969/j.issn.1009–4237.2004.03.010．{DU Quanyin,WANG Aimin,WANG Ziming,GUO Qingshan,YIN Liangjun,WU Siyu,TANG Ying. Blood vessel prosthesis in the repair of vascular injuries of extremities(report of 29 cases)[J]. Chuang Shang Wai Ke Za Zhi[J Traum Surg(Article in Chinese;Abstract in Chinese and English)],2004,6(3):189-191. DOI:10.3969/j.issn.1009-4237.2004.03.010.}

[756] 钟伟强，杨铁城，余林权，刘冠贤．自体血管移植动静脉造瘘术的临床应用 [J]．中国修复重建外科杂志，2004，18（2）：146–147．{ZHONG Weiqiang,YANG Tiecheng,YU Linquan,LIU Guanxian. Clinical application of fistulation of artery and vein with self-blood vessel transplantation[J]. Zhongguo Xiu Fu Chong Jian Wai Ke Za Zhi[Chin J Repar Reconstr Surg(Article in Chinese;Abstract in Chinese and English)],2004,18(2):146-147.}

[757] 谭新东，谢伟勇，戴飞，卢仕良，汤拥军．人造血管移植治疗四肢创伤性假性动脉瘤的临床观察 [J]．中华显微外科杂志，2005，28（1）：75–76．DOI：10.3760/cma.j.issn.1001–2036.2005.01.036．{TAN Xindong,XIE Weiyong,DAI Fei,LU Shiliang,TANG Yongjun. Clinical observation on treatment of traumatic pseudoaneurysm of extremities by artificial blood vessel transplantation[J]. Zhonghua Xian Wei Wai Ke Za Zhi[Chin J Microsurg(Article in Chinese;Abstract in Chinese)],2005,28(1):75-76. DOI:10.3760/cma.j.issn.1001-2036.2005.01.036.}

[758] 蔡喜雨，闵建华，何仲佳，曾昕明，方新友，黄卫东，王红胜，袁海平，叶文彬．旁路架桥式血管移植术在手掌复合组织缺损修复中的应用 [J]．中华创伤骨科杂志，2006，8（7）：682–683．DOI：10.3760/cma.j.issn.1671–7600.2006.07.023．{CAI Xiyu,MIN Jianhua,HE Zhongjia,ZENG Xinming,FANG Xinyou,HUANG Weidong,WANG Hongsheng,YUAN Haiping,YE Wenbin. Application of by-pass bridging graft of blood vessels to repair palmar defects of composite tissues[J]. Zhonghua Chuang Shang Gu Ke Za Zhi[Chin J Orthop Trauma(Article in Chinese;Abstract in Chinese)],2006,8(7):682-683. DOI:10.3760/cma.j.issn.1671-7600.2006.07.023.}

[759] 陈根强，张志军，戴雪松，张浩，朱家骏．血管移植在四肢血管损伤中的应用 [J]．中国骨伤，2006，19（10）：591–592．DOI：10.3969/j.issn.1003–0034.2006.10.007．{CHEN Genqiang,ZHANG Zhijun,DAI Xuesong,ZHANG Hao,ZHU Jiajun. Application of blood vessel transplantation for the treatment of vascular injuries of extrimities[J]. Zhongguo Gu Shang[China J Orthop Trauma(Article in Chinese;Abstract in Chinese and English)],2006,19(10):591-592. DOI:10.3969/j.issn.1003-0034.2006.10.007.}

[760] 石祥恩，吴斌，范涛，张永力，李志强，孙玉明，钱海，周忠清．血管移植搭桥治疗巨大动脉瘤 [J]．中华神经外科杂志，2007，23（5）：383–386．DOI：10.3760/j.issn：1001–2346.2007.05.019．{SHI Xiangen,WU Bin,FAN Tao,ZHANG Yongli,LI Zhiqiang,SUN Yuming,QIAN Hai,ZHOU Zhongqing. Graft bypass surgery for giant and complex aneurysms[J]. Zhonghua Shen Jing Wai Ke Za Zhi[Chin J Neurosurg(Article in Chinese;Abstract in Chinese)],2007,23(5):383-386. DOI:10.3760/j.issn:1001-2346.2007.05.019.}

[761] 刘明，梁炳生，刘敏，杜张荣，牛志勇．大隐静脉长段移植修复肢体血管缺损 [J]．中华显微外科杂志，2008，31（1）：66–67．DOI：10.3760/cma.j.issn.1001–2036.2008.01.028．{LIU Ming,LIANG Bingsheng,LIU Min,DU Zhangrong,NIU Zhiyong. Repair of vascular defects of limbs with long-segment transplantation of great saphenous vein[J]. Zhonghua Xian Wei Wai Ke Za Zhi[Chin J Microsurg(Article in Chinese;Abstract in Chinese)],2008,31(1):66-67. DOI:10.3760/cma.j.issn.1001-2036.2008.01.028.}

[762] 陆石，韩国锋，胡大勇，于秀峙，张金元．上臂人工血管移植透析内瘘的建立及应用 [J]．中华泌尿外科杂志，2008，29（8）：550–552．DOI：10.3321/j.issn：1000–6702.2008.08.013．{LU Shi,HAN Guofeng,HU Dayong,YU Xiuzhi,JIN-YUAN,ZHANG Jinyuan. Expanded polytetrafluoroethylene graft vascular access for hemodialysis in the upper arm[J]. Zhonghua Mi Niao Wai Ke Za Zhi[Chin J Urol(Article in Chinese;Abstract in Chinese and English)],2008,29(8):550-552. DOI:10.3321/j.issn:1000-6702.2008.08.013.}

[763] 荆国红．血管移植治疗右前臂尺桡动脉断裂 1 例 [J]．创伤外科杂志，2008，10（6）：571．DOI：10.3969/j.issn.1009–4237.2008.06.043．{JING Guohong. Treatment of right forearm transverse lesion with vasotransplantation:report of 1 case[J]. Chuang Shang Wai Ke Za Zhi[J Traum Surg(Article in Chinese;Abstract in Chinese)],2008,10(6):571. DOI:10.3969/j.issn.1009-4237.2008.06.043.}

[764] 左中男，于绍斌，左熙，靳高峰，杜永军，杜学亮，黎德规．人工血管移植感染的显微外科治疗 [J]．中华显微外科杂志，2009，32（5）：369–371，后插 2．DOI：10.3760/cma.j.issn.1001–2036.2009.05.007．{ZUO Zhongnan,YU Shaobin,ZUO Xi,JIN Gaofeng,DU Yongjun,DU Xueliang,LI Degui. Microsurgical treatment of infected extremities after blood vessel prosthesis[J]. Zhonghua Xian Wei Wai Ke Za Zhi[Chin J Microsurg(Article in Chinese;Abstract in Chinese and English)],2009,32(5):369-371,insert 2. DOI:10.3760/cma.j.issn.1001-2036.2009.05.007.}

[765] 吴昊，吴巍巍，白明，曾嵘，宋小军，陈宇，刘昌伟．肢体人工血管移植物外露的外科治疗 [J]．中国医学科学院学报，2012，34（6）：609–612．DOI：10.3881/j.issn.1000–503X.2012.06.014．{WU Hao,WU Weiwei,BAI Ming,ZENG Rong,SONG Xiaojun,CHEN Yu,LIU Changwei. Surgical management of limb prosthetic vascular graft exposure[J]. Zhongguo Yi Xue Ke Xue Yuan Xue Bao[Acta Acad Med Sin(Article in Chinese;Abstract in Chinese and English)],2012,34(6):609-612. DOI:10.3881/j.issn.1000-503X.2012.06.014.}

[766] 颜井伟，任为．股静脉作为血管移植材料可行性与安全性的应用解剖研究 [J]．中国修复重建外科杂志，2012，26（1）：102–105．{YAN Jingwei,REN Wei. Applied anatomical study on feasibility and safety of femoral vein as a vascular graft material[J]. Zhongguo Xiu Fu Chong Jian Wai Ke Za Zhi[Chin J Repar Reconstr Surg(Article in Chinese;Abstract in Chinese and English)],2012,26(1):102-105.}

[767] 毛炳焱，唐举玉，吴攀峰，王文聪，贺用礼，胡志喜，王强，丁原，熊荣华. 载瘤动脉切除结合血管移植重建血运治疗上肢假性动脉瘤 [J]. 中华手外科杂志，2014，30（6）：455-457. DOI：10.3760/cma.j.issn.1005-054X.2014.06.022. {MAO Bingyan,TANG Juyu,WU Panfeng,WANG Wencong,HE Yongli,HU Zhixi,WANG Qiang,DING Yuan,XIONG Ronghua. Aneurysm excision combined with vascular graft revascularization as treatment for upper limb pseudoaneurysm[J]. Zhonghua Shou Wai Ke Za Zhi[Chin J Hand Surg(Article in Chinese;Abstract in Chinese and English)],2014,30(6):455-457. DOI:10.3760/cma.j.issn.1005-054X.2014.06.022.}

[768] 袁丽萍，曾海鸥，林茴，伍强，陈圳炜，杨铁城. 血液透析患者人工血管移植动静脉内瘘术 [J]. 肾脏病与透析肾移植杂志，2014，23（5）：443-446. {YUAN Liping,ZENG Haiou,LIN Hui,WU Qiang,CHEN Zhenwei,YANG Tiecheng. Arteriovenous fistulations with artificial vessel transplantation in the hemodialysis patients[J]. Shen Zang Bing Yu Tou Xi Shen Yi Zhi Za Zhi[Chin J Nephrol,Dial Transpl(Article in Chinese;Abstract in Chinese and English)],2014,23(5):443-446.}

[769] 胡志强，葛华平. 旋股外侧穿支皮瓣桥接血管移植修复复杂前足损伤 [J]. 临床骨科杂志，2017，20（6）：691-693，697. DOI：10.3969/j.issn.1008-0287.2017.06.019. {HU Zhiqiang,GE Huaping. Anteriolateral femoral circumflex artery perforator flap bridged vascular transplant in repair of complex forefoot injury[J]. Lin Chuang Gu Ke Za Zhi[J Clin Orthop(Article in Chinese;Abstract in Chinese and English)],2017,20(6):691-693,697. DOI:10.3969/j.issn.1008-0287.2017.06.019.}

[770] 于胜军，张世民. 血管移植修复掌浅弓缺损的研究进展 [J]. 中华解剖与临床杂志，2018，23（1）：81-84. DOI：10.3760/cma.j.issn.2095-7041.2018.01.018. {YU Shengjun,ZHANG Shimin. Research progress on reconstruction of superficial palmar arch by vascular grafting[J]. Zhonghua Jie Pou Yu Lin Chuang Za Zhi[Chin J Anat Clin(Article in Chinese;Abstract in Chinese and English)],2018,23(1):81-84. DOI:10.3760/cma.j.issn.2095-7041.2018.01.018.}

[771] 童德迪，吴乐昊，朱珊，黄跟东，荣艳波，刘元波，陈山林. 长段血管移植在游离组织瓣修复小腿大面积软组织缺损中的临床应用 [J]. 中华整形外科杂志，2019，35（9）：868-873. DOI：10.3760/cma.j.issn.1009-4598.2019.09.005. {TONG Dedi,WU Lehao,ZHU Shan,HUANG Gendong,RONG Yanbo,LIU Yuanbo,CHEN Shanlin. Vein graft bridged free flap for lower extremity trauma reconstruction[J]. Zhonghua Zheng Xing Wai Ke Za Zhi[Chin J Plast Surg(Article in Chinese;Abstract in Chinese and English)],2019,35(9):868-873. DOI:10.3760/cma.j.issn.1009-4598.2019.09.005.}

1.5.4 显微神经缝合

microsurgical nerve suture

[772] 胥少汀，季新民. 马尾神经断裂缝合后长期随访一例报告 [J]. 中华外科杂志，1985，23（11）：675. {XU Shaoting,JI Xinmin. A case report of long-term follow-up after cauda equina rupture sutured[J]. Zhonghua Wai Ke Za Zhi[Chin J Surg(Article in Chinese;No abstract available)],1985,23(11):675.}

[773] 姚建祥，朱盛修，张伯勋. 应用隐神经与腓肠神经吻合术治疗马尾损伤合并足溃疡和骨髓炎 [J]. 中华外科杂志，1988，26（8）：462-463. {YAO Jianxiang,ZHU Shengxiu,ZHANG Boxun. Anastomosis of saphenous nerve and sural nerve in the treatment of cauda equina injury with foot ulcer and osteomyelitis[J]. Zhonghua Wai Ke Za Zhi[Chin J Surg(Article in Chinese;Abstract in Chinese)],1988,26(8):462-463.}

[774] 张伯勋，朱盛修，郭义柱. 胸背神经肌支与胸长神经吻合治疗翼状肩胛一例报告 [J]. 中华外科杂志，1991，29（11）：714. {ZHANG Boxun,ZHU Shengxiu,GUO Yizhu. Anastomosis of muscular branches of thoracic dorsal nerve and long thoracic nerve to treat pterygoid scapula:a case report[J]. Zhonghua Wai Ke Za Zhi[Chin J Surg(Article in Chinese;No abstract available)],1991,29(11):714.}

[775] 臧鸿声. 治疗截指残端疼痛性神经瘤的新方法（附 16 例 32 个神经瘤报告）[J]. 中国矫形外科杂志，1994，1（1）：11-13，62-63. {ZANG Hongsheng. A new method to treat amputation neuromas in fingers[J]. Zhongguo Jiao Xing Wai Ke Za Zhi[Orthop J China(Article in Chinese;Abstract in Chinese)],1994,1(1):11-13,62-63.}

[776] 郭义柱，张伯勋. 神经断端肌内埋置预防残端神经瘤的实验研究 [J]. 解放军医学杂志，1995，20（4）：282-283. {GUO Yizhu,ZHANG Boxun. Experimental study on the prevention of stump neuroma by implanting the nerve stump in the muscle[J]. Jie Fang Jun Yi Xue Za Zhi[Med J Chin PLA(Article in Chinese;No abstract available)],1995,20(4):282-283.}

[777] 王大伟，陈传庆，刘闽生，杨晓飞，范保兴. 中枢端对中枢端神经吻合治疗痛性指神经瘤 [J]. 中华显微外科杂志，1995，18（1）：59-60. {WANG Dawei,CHEN Chuanqing,LIU Minsheng,YANG Xiaofei,FAN Baoxing. Central to central nerve anastomosis for treatment of painful digital neuroma[J]. Zhonghua Xian Wei Wai Ke Za Zhi[Chin J Microsurg(Article in Chinese;No abstract available)],1995,18(1):59-60.}

[778] 何鹤皋，鲍琨. 神经吻合与神经损伤的修复 [J]. 中国实用外科杂志，1995，15：509-510. {HE Hegao,BAO Kun. Nerve anastomosis and repair of nerve injury[J]. Zhongguo Shi Yong Wai Ke Za Zhi[Chin J Pract Surg(Article in Chinese;No abstract available)],1995,15:509-510.}

[779] 宋修军，曲永明，刘远征. 神经残端埋入腱鞘治疗指残端神经瘤 [J]. 中华手外科杂志，1997，13（1）：43. DOI：10.3760/cma.j.issn.1005-054X.1997.01.022. {SONG Xiujun,QU Yongming,LIU Yuanzheng. Nerve stump embedding tendon sheath to treat finger stump neuroma[J]. Zhonghua Shou Wai Ke Za Zhi[Chin J Hand Surg(Article in Chinese;No abstract available)],1997,13(1):43. DOI:10.3760/cma.j.issn.1005-054X.1997.01.022.}

[780] 尹维田，张君，崔树森，朱清远. 重建神经连续性治疗神经瘤性残端痛 [J]. 中华显微外科杂志，1997，20（4）：69-70. {YIN Weitian,ZHANG Jun,CUI Shusen,ZHU Qingyuan. Reconstruction of nerve continuity to treat neuroma stump pain[J]. Zhonghua Xian Wei Wai Ke Za Zhi[Chin J Microsurg(Article in Chinese;No abstract available)],1997,20(4):69-70.}

[781] 张伯勋，郭义柱，梁雨田，刘郑生，李静东，肖嵩华. 神经断端肌内埋入防治残端神经瘤的临床应用 [J]. 中国修复重建外科杂志，1998，12（2）：86-87. {ZHANG Boxun,GUO Yizhu,LIANG Yutian,LIU Zhengsheng,LI Jingdong,XIAO Songhua. Clinical applyeation of neural stump buried into muscle for the prevention and treatment of neuroma[J]. Zhongguo Xiu Fu Chong Jian Wai Ke Za Zhi[Chin J Repar Reconstr Surg(Article in Chinese;Abstract in Chinese and English)],1998,12(2):86-87.}

[782] 郑承泽，李文胜，王天兵. 中枢端对中枢端自体神经嵌入缝接法治疗痛性神经瘤 [J]. 中华手外科杂志，1999，15（1）：3-5. {ZHENG Chengze,LI Wensheng,WANG Tianbing. Central end-to-central end autologous nerve embedding suture method for treatment of painful neuroma[J]. Zhonghua Shou Wai Ke Za Zhi[Chin J Hand Surg(Article in Chinese;Abstract in Chinese and English)],1999,15(1):3-5.}

[783] 谢祖宏，胡金城，应启迩. 指神经深低温冷冻法预防和治疗痛性神经瘤 [J]. 临床骨科杂志，2000，3（4）：286-287. DOI：10.3969/j.issn.1008-0287.2000.04.027. {XIE Zuhong,HU Jincheng,YING Qier. Prevention and treatment of painful neuromas by profound cryotherapy on nervi digitales[J]. Lin Chuang Gu Ke Za Zhi[J Clin Orthop(Article in Chinese;Abstract in Chinese and English)],2000,3(4):286-287. DOI:10.3969/j.issn.1008-0287.2000.04.027.}

[784] 苟景跃，李永清，唐文胜. 瘤体切除神经干分叉吻合治疗截肢残端痛性神经瘤 [J]. 创伤外科杂志，2000，2（3）：170-171. DOI：10.3969/j.issn.1009-4237.2000.03.016. {GOU Jingyue,LI Yongqing,TANG Wensheng. Treatment of painful neuroma of stumps after amputation by anastomosis of branch of nerve trunk with tumor excision[J]. Chuang Shang Wai Ke Za Zhi[J Traum Surg(Article in Chinese;Abstract in Chinese and English)],2000,2(3):170-171. DOI:10.3969/j.issn.1009-4237.2000.03.016.}

[785] 杨绍安，肖晓桃，余斌，童斌辉. 长段神经液氮冷冻防治残端神经瘤的临床体会 [J]. 第一军医大学学报，2001，21（10）：798-798. DOI：10.3321/j.issn：1673-4254.2001.10.031. {YANG Shaoan,XIAO Xiaotao,YU Bin,TONG Binhui. Clinical experience of long-segment nerve liquid nitrogen freezing in prevention and treatment of stump neuroma[J]. Di Yi Jun Yi Da Xue Xue Bao[J First Mil Med Univ(Article in Chinese;Abstract in Chinese)],2001,21(10):798-798. DOI:10.3321/j.issn:1673-4254.2001.10.031.}

[786] 陈庠仑，王淑珍，田万成. 显微外科与冷冻技术联合防治痛性神经瘤形成 [J]. 中华显微外科杂志，2001，24（4）：310-311. DOI：10.3760/cma.j.issn.1001-2036.2001.04.034. {CHEN Xianglun,WANG Shuzhen,TIAN Wancheng. Combination of microsurgery and cryotechnology to prevent and treat painful neuroma[J]. Zhonghua Xian Wei Wai Ke Za Zhi[Chin J Microsurg(Article in Chinese;Abstract in Chinese)],2001,24(4):310-311. DOI:10.3760/cma.j.issn.1001-2036.2001.04.034.}

[787] 王成斌，鲍玉松，孙中建. 自体指神经端端吻合治疗手指截指后残端痛性神经瘤 [J]. 中华显微外科杂志，2007，30（3）：168. DOI：10.3760/cma.j.issn.1001-2036.2007.03.035. {WANG Chengbin,BAO Yusong,SUN Zhongjian. End-to-end anastomosis of autologous digital nerve for treatment of stump painful neuroma after amputation[J]. Zhonghua Xian Wei Wai Ke Za Zhi[Chin J Microsurg(Article in Chinese;No abstract available)],2007,30(3):168. DOI:10.3760/cma.j.issn.1001-2036.2007.03.035.}

[788] 尹维田，李庆霖，张君，魏壮. 神经疏导与重建神经连续性预防及治疗神经瘤性残端痛 [J]. 中华手外科杂志，2007，23（1）：19-21. DOI：10.3760/cma.j.issn.1005-054X.2007.01.006. {YIN Weitian,LI Qinglin,ZHANG Jun,WEI Zhuang. Prevention and treatment of stump pain caused by neuroma by nerve re-direction and reconstruction of nerve continuity[J]. Zhonghua Shou Wai Ke Za Zhi[Chin J Hand Surg(Article in Chinese;Abstract in Chinese and English)],2007,23(1):19-21. DOI:10.3760/cma.j.issn.1005-054X.2007.01.006.}

[789] 李宝林，周超，郭春生. 外伤性神经瘤切除静脉桥接治疗神经瘤性残端痛 [J]. 临床骨科杂志，2008，11（6）：539-540. DOI：10.3969/j.issn.1008-0287.2008.06.020. {LI Baolin,ZHOU Chao,GUO Chunsheng. Treatment of stump pain caused by traumatic neuroma by nerve-vein bridging[J]. Lin Chuang Gu Ke Za Zhi[J Clin Orthop(Article in Chinese;Abstract in Chinese and English)],2008,11(6):539-540. DOI:10.3969/j.issn.1008-0287.2008.06.020.}

[790] 杨国栋，梁炳生. 痛性神经瘤 [J]. 国际骨科学杂志，2010，31（2）：68-70，82. DOI：10.3969/j.issn.1673-7083.2010.02.002. {YANG Guodong,LIANG Bingsheng. Painful neuromas[J]. Guo Ji Gu Ke Xue Za Zhi[Int J Orthop(Article in Chinese;Abstract in Chinese)],2010,31(2):68-70,82. DOI:10.3969/j.issn.1673-7083.2010.02.002.}

[791] 杨国栋，梁炳生. 痛性神经瘤 33 例治疗分析 [J]. 实用手外科杂志，2011，25（1）：23-24. DOI：10.3969/j.issn.1671-2722.2011.01.012. {YANG Guodong,LIANG Bingsheng. Treatment of painful neuromas in 33 cases[J]. Shi Yong Shou Wai Ke Za Zhi[Chin J Pract Hand Surg(Article in Chinese;Abstract in Chinese and English)],2011,25(1):23-24. DOI:10.3969/j.issn.1671-2722.2011.01.012.}

[792] 王军海，帅克宁，柳铭，胡亮，丁凡. 三种不同神经残端处理方式对神经瘤形成的影响 [J]. 中国矫形外科杂志，2014，22（16）：1504-1508. DOI：10.3977/j.issn.1005-8478.2014.16.13. {WANG Junhai,SHUAI Kening,LIU Ming,HU Liang,DING Fan. Effect of three nerve stump treatment methods on neuroma formation[J]. Zhongguo Jiao Xing Wai Ke Za Zhi[Orthop J China(Article in Chinese;Abstract in Chinese and English)],2014,22(16):1504-1508. DOI:10.3977/j.issn.1005-8478.2014.16.13.}

[793] 朱海波，熊革. 双骨孔骨内置入治疗痛性残端神经瘤中期疗效的回顾性分析 [J]. 中国骨与关节杂志，2014，3（3）：202-205. DOI：10.3969/j.issn.2095-252X.2014.03.010. {ZHU Haibo,XIONG Ge. A retrospective analysis of mid-term results of intraosseous nerve transposition with two osseous holes for painful neuromas[J]. Zhongguo Gu Yu Guan Jie Za Zhi[Chin J Bone Joint(Article in Chinese;Abstract in Chinese and English)],2014,3(3):202-205. DOI:10.3969/j.issn.2095-252X.2014.03.010.}

[794] 杨国涛，陈建红，李云龙，陈金亮，陈志军，孔丹辉. 三种神经吻合方法修复双侧指固有神经缺损的比较研究 [J]. 中华骨科杂志，2014，34（10）：1037-1041. DOI：10.3760/cma.j.issn.0253-2352.2014.10.008. {YANG Guotao,CHEN Jianhong,LI Yunlong,CHEN Jinliang,CHEN Zhijun,KONG Danhui. Comparison of three methods on bilateral proper digital nerve injuries for repairing severed fingers[J]. Zhonghua Gu Ke Za Zhi[Chin J Orthop(Article in Chinese;Abstract in Chinese and English)],2014,34(10):1037-1041. DOI:10.3760/cma.j.issn.0253-2352.2014.10.008.}

[795] 马瑞峰，孙鹏. 不同吻合方式修复双侧指固有神经缺损疗效比较 [J]. 临床骨科杂志，2016，19（1）：68-71. DOI：10.3969/j.issn.1008-0287.2016.01.027. {MA Ruifeng,SUN Peng. Comparison effect of different methods on bilateral proper digital nerve injuries for repairing severed fingers[J]. Lin Chuang Gu Ke Za Zhi[J Clin Orthop(Article in Chinese;Abstract in Chinese and English)],2016,19(1):68-71. DOI:10.3969/j.issn.1008-0287.2016.01.027.}

1.5.5 显微淋巴管吻合

microsurgical lymphatic anastomosis

[796] 曹卫刚，黄文义，傅凯丁，程开祥，王善良，张涤生. 吻合浅深淋巴管治疗下肢淋巴水肿 [J]. 中国修复重建外科杂志，1994，8（2）：137-138. {CAO Weigang,HUANG Wenyi,FU Kaiding,CHENG Kaixiang,WANG Shanliang,ZHANG Disheng. Abstracts anastomosis of superficial and deep lymphatics in the treatment of lymphedema of lower extremity[J]. Zhongguo Xiu Fu Chong Jian Wai Ke Za Zhi[Chin J Repar Reconstr Surg(Article in Chinese;Abstract in Chinese)],1994,8(2):137-138.}

1.5.6 显微肌腱缝合

microsurgical tendon suture

[797] Gu YD,Jiang JF,Yuan W. A new embedding method for tendon suturing[J]. Chin Med J,1990,103(11):952-955.

[798] Tang JB,Shi D. Subdivision of flexor tendon “no man’s land” and different treatment methods in each sub-zone. A preliminary report[J]. Chin Med J,1992,105(1):60-68.

[799] Tang JB,Zhang QG,Ishii S. Autogenous free sheath grafts in reconstruction of injured digital flexor tendon sheath at the delayed primary stage[J]. J Hand Surg Br,1993,18(1):31-32. doi:10.1016/0266-7681(93)90190-q.

[800] Tang JB,Shi D,Gu YQ,Chen JC,Zhou B. Double and multiple looped suture tendon repair[J]. J Hand Surg Br,1994,19(6):699-703. doi:10.1016/0266-7681(94)90238-0.

[801] Tang JB. Flexor tendon repair in zone 2C[J]. J Hand Surg Br,1994,19(1):72-75. doi:10.1016/0266-7681(94)90054-x.

[802] Tang JB,Gu YT,Rice K,Chen F,Pan CZ. Evaluation of four methods of flexor tendon repair for postoperative active mobilization[J]. Plast Reconstr Surg,2001,107(3):742-749. doi:10.1097/00006534-200103000-00014.

[803] Tang JB,Wang B,Chen F,Pan CZ,Xie RG. Biomechanical evaluation of flexor tendon repair techniques[J]. Clin Orthop Relat Res,2001,(386):252-259. doi:10.1097/00003086-200105000-00033.

[804] Tang JB,Cao Y,Xie RG. Effects of tension direction on strength of tendon repair[J]. J Hand Surg Am,2001,26(6):1105-1110. doi:10.1053/jhsu.2001.28425.

[805] Cao Y,Xie RG,Tang JB. Dorsal-enhanced sutures improve tension resistance of tendon repair[J]. J Hand Surg Br,2002,27(2):161-164. doi:10.1054/jhsb.2001.0687.

[806] Xie RG,Zhang S,Tang JB,Chen F. Biomechanical studies of 3 different 6-strand flexor tendon repair techniques[J]. J Hand Surg Am,2002,27(4):621-627. doi:10.1053/jhsu.2002.34311.

[807] Wang B,Tang JB. Increased suture embedment in tendons:an effective method to improve repair strength[J]. J Hand Surg Br,2002,27(4):333-336. doi:10.1054/jhsb.2002.0773.

[808] Tang JB,Xie RG,Yu XW,Chen F. Wrist kinetics after luno-triquetral dissociation:the changes in moment arms of the flexor carpi ulnaris tendon[J]. J Orthop Res,2002,20(6):1327-1332. doi:10.1016/S0736-0266(02)00067-0.

[809] Tan J,Wang B,Xu Y,Tang JB. Effects of direction of tendon lacerations on strength of tendon repairs[J]. J Hand Surg Am,2003,28(2):237-242. doi:10.1053/jhsu.2003.50053.

[810] Tang JB,Xu Y,Wang B. Repair strength of tendons of varying gliding curvature:a study in a curvilinear model[J]. J Hand Surg Am,2003,28(2):243-249. doi:10.1053/jhsu.2003.50028.

[811] Wang B,Xie RG,Tang JB. Biomechanical analysis of a modification of Tang method of tendon repair[J]. J Hand Surg Br,2003,28(4):347-350. doi:10.1016/s0266-7681(03)00019-6.

[812] Tan J,Wang B,Tan B,Xu Y,Tang JB. Changes in tendon strength after partial cut and effects of running peripheral sutures[J]. J Hand Surg Br,2003,28(5):478-482. doi:10.1016/s0266-7681(03)00168-2.

[813] Tang JB,Tan J,Xu Y. Lengthening and locking:two ways to improve repair strength of obliquely lacerated tendons[J]. J Hand Surg Am,2003,28(5):832-837. doi:10.1016/s0363-5023(03)00367-8.

[814] Tang JB,Xu Y,Chen F. Impact of flexor digitorum superficialis on gliding function of the flexor digitorum profundus according to regions in zone II[J]. J Hand Surg Am,2003,28(5):838-844. doi:10.1016/s0363-5023(03)00300-9.

[815] Xu Y,Tang JB. Effects of superficialis tendon repairs on lacerated profundus tendons within or proximal to the A2 pulley:an in vivo study in chickens[J]. J Hand Surg Am,2003,28(6):994-1001. doi:10.1016/s0363-5023(03)00428-3.

[816] Tan J,Ming L,Jia ZJ,Tang JB. Repairs of partial oblique tendon injuries:a biomechanical evaluation[J]. J Hand Surg Br,2004,29(4):381-385. doi:10.1016/j.jhsb.2004.02.011.

[817] Tan J,Tang JB. Locking repairs for obliquely cut tendons:effects of suture purchase and directions of locking circles[J]. J Hand Surg Am,2004,29(5):891-897. doi:10.1016/j.jhsa.2004.05.002.

[818] Tang JB. Clinical outcomes associated with flexor tendon repair[J]. Hand Clin,2005,21(2):199-210. doi:10.1016/j.hcl.2004.11.005.

[819] Xie RG,Xue HG,Gu JH,Tan J,Tang JB. Effects of locking area on strength of 2-and 4-strand locking tendon repairs[J]. J Hand Surg Am,2005,30(3):455-460. doi:10.1016/j.jhsa.2004.12.012.

[820] Xie RG,Tang JB. Investigation of locking configurations for tendon repair[J]. J Hand Surg Am,2005,30(3):461-465. doi:10.1016/j.jhsa.2005.02.006.

[821] Cao Y,Tang JB. Biomechanical evaluation of a four-strand modification of the Tang method of tendon repair[J]. J Hand Surg Br,2005,30(4):374-378. doi:10.1016/j.jhsb.2005.04.003.

[822] Cao Y,Tang JB. Investigation of resistance of digital subcutaneous edema to gliding of the flexor tendon:an in vitro study[J]. J Hand Surg Am,2005,30(6):1248-1254. doi:10.1016/j.jhsa.2005.07.010.

[823] Tang JB,Zhang Y,Cao Y,Xie RG. Core suture purchase affects strength of tendon repairs[J]. J Hand Surg Am,2005,30(6):1262-1266. doi:10.1016/j.jhsa.2005.05.011.

[824] Wan S,Hong G,Wang F. Dynamic observation on the effects of different suture techniques on the biomechanical properties in the healing of tendons[J]. J Huazhong Univ Sci Technolog Med Sci,2005,25(5):561-564. doi:10.1007/BF02896018.

[825] Cao Y,Zhu B,Xie RG,Tang JB. Influence of core suture purchase length on strength of four-strand tendon repairs[J]. J Hand Surg Am,2006,31(1):107-112. doi:10.1016/j.jhsa.2005.09.006.

[826] Cao Y,Tang JB. Resistance to motion of flexor tendons and digital edema:An in vivo study in a chicken model[J]. J Hand Surg Am,2006,31(10):1645-1651. doi:10.1016/j.jhsa.2006.08.001.

[827] Tang JB,Xie RG,Cao Y,Ke ZS,Xu Y. A2 pulley incision or one slip of the superficialis improves flexor tendon repairs[J]. Clin Orthop Relat Res,2007,456:121-127. doi:10.1097/01.blo.0000246564.96208.b0.

[828] Tang JB. Indications,methods,postoperative motion and outcome evaluation of primary flexor tendon repairs in Zone 2[J]. J Hand Surg Eur,2007,32(2):118-129. doi:10.1016/J.JHSB.2006.12.009.

[829] Xie RG,Cao Y,Xu XF,Zhu B. The gliding force and work of flexion in the early days after primary repair of lacerated flexor tendons:an experimental study[J]. J Hand Surg Eur,2008,33(2):192-196. doi:10.1177/1753193408087035.

[830] Tang JB,Cao Y,Zhu B,Xin KQ,Wang XT,Liu PY. Adeno-associated virus-2-mediated bFGF gene transfer to digital flexor tendons significantly increases healing strength. an in vivo study[J]. J Bone Joint Surg Am,2008,90(5):1078-1089. doi:10.2106/JBJS.F.01188.

[831] Cao Y,Chen CH,Wu YF,Xu XF,Xie RG,Tang JB. Digital oedema,adhesion formation and resistance to digital motion after primary flexor tendon repair[J]. J Hand Surg Eur,2008,33(6):745-752. doi:10.1177/1753193408096022.

[832] Tang JB,Cao Y,Wu YF,Wang GH. Effect of A2 pulley release on repaired tendon gliding resistance and rupture in a chicken model[J]. J Hand Surg Am,2009,34(6):1080-1087. doi:10.1016/j.jhsa.2009.04.010.

[833] Cao Y,Tang JB. Strength of tendon repair decreases in the presence of an intact A2 pulley:biomechanical study in a chicken model[J]. J Hand Surg Am,2009,34(10):1763-1770. doi:10.1016/j.jhsa.2009.08.012.

[834] Chen CH,Zhou YL,Wu YF,Cao Y,Gao JS,Tang JB. Effectiveness of microRNA in Down-regulation of TGF-beta gene expression in digital flexor tendons of chickens:in vitro and in vivo study[J]. J Hand Surg Am,2009,34(10):1777-1784. e1. doi:10.1016/j.jhsa.2009.07.015.

[835] Wu YF,Cao Y,Zhou YL,Tang JB. Biomechanical comparisons of four-strand tendon repairs with double-stranded sutures:effects of different locks and suture geometry[J]. J Hand Surg Eur,2011,36(1):34-39. doi:10.1177/1753193410379554.

[836] Wu YF,Tang JB. How much does a Pennington lock add to strength of a tendon repair?[J]. J Hand Surg Eu,2011,36(6):476-484. doi:10.1177/1753193411403691.

[837] Mao WF,Wu YF,Zhou YL,Tang JB. A study of the anatomy and repair strengths of porcine flexor and extensor tendons:are they appropriate experimental models?[J]. J Hand Surg Eur,2011,36(8):663-669. doi:10.1177/1753193411414117.

[838] Wu YF,Tang JB. Effects of tension across the tendon repair site on tendon gap and ultimate strength[J]. J Hand Surg Am,2012,37(5):906-912. doi:10.1016/j.jhsa.2012.01.004.

[839] Gu Y,Xie H,Chen Q,Wan B,Zhu S. A new technique for repair of flexor digitorum profundus tendon complete laceration in zone 1[J]. Plast Reconstr Surg,2012,130(6):918e-920e. doi:10.1097/PRS.0b013e31826d172e.

[840] Lee H,Hou Z,Liu P,Lee Y,Ding Z,Zheng X. An experimental study comparing active mobilization to passive flexion-active extension-active flexion after flexor tendon repair in zone 2[J]. J Hand Surg Am,2013,38(4):672-676. doi:10.1016/j.jhsa.2013.01.020.

[841] Tang JB,Amadio PC,Boyer MI,Savage R,Zhao C,Sandow M,Lee SK,Wolfe SW. Current practice of primary flexor tendon repair:a global view[J]. Hand Clin,2013,29(2):179-189. doi:10.1016/j.hcl.2013.02.003.

[842] Tang JB. Uncommon methods of flexor tendon and tendon-bone repairs and grafting[J]. Hand Clin,2013,29(2):215-221. doi:10.1016/j.hcl.2013.02.004.

[843] Tang JB. Outcomes and evaluation of flexor tendon repair[J]. Hand Clin,2013,29(2):251-259. doi:10.1016/j.hcl.2013.02.007.

[844] Tang JB,Lee SK. Tendon repair and reconstruction. Preface[J]. Hand Clin,2013,29(2):xiii-xiv. doi:10.1016/j.hcl.2013.03.004.

[845] Wang L,Zhang X,Liu Z,Huang X,Zhu H,Yu Y. Tendon-bone graft for tendinous mallet fingers following failed splinting[J]. J Hand Surg Am,2013,38(12):2353-2359. doi:10.1016/j.jhsa.2013.09.008.

[846] Wu YF,Tang JB. Recent developments in flexor tendon repair techniques and factors influencing strength of the tendon repair[J]. J Hand Surg Eur,2014,39(1):6-19. doi:10.1177/1753193413492914.

[847] Wu YF,Tang JB. The effect of asymmetric core suture purchase on gap resistance of tendon repair in linear cyclic loading[J]. J Hand Surg Am,2014,39(5):910-918. doi:10.1016/j.jhsa.2014.01.037.

[848] Tang JB,Avanessian B. New tendon,nerve,and bone surgical methods impacting the practice of hand surgery[J]. Clin Plast Surg,2014,41(3):xix-xx. doi:10.1016/j.cps.2014.06.003.

[849] Tang JB. Release of the A4 pulley to facilitate zone II flexor tendon repair[J]. J Hand Surg Am,2014,39(11):2300-2307. doi:10.1016/j.jhsa.2014.08.025.

[850] Chen J,Wang K,Katirai F,Chen Z. A new modified Tsuge suture for flexor tendon repairs:the biomechanical analysis and clinical application[J]. J Orthop Surg Res,2014,9:136. doi:10.1186/s13018-014-0136-x.

[851] Wang S,Qiu Z. Biomechanical Study of Two peripheral suture methods on repaired tendons[J]. Open Med (Wars),2014,10(1):97-100. doi:10.1515/med-2015-0017.

[852] Zhang X,Shao X,Huang Y. Pullout wire fixation together with distal interphalangeal joint Kirschner wire stabilization for acute combined tendon and bone (double level) mallet finger injury[J]. J Hand Surg Am,2015,40(2):363-367. doi:10.1016/j.jhsa.2014.11.011.

[853] Tang JB. Wide-awake primary flexor tendon repair,tenolysis,and tendon transfer[J]. Clin Orthop Surg,2015,7(3):275-281. doi:10.4055/cios.2015.7.3.275.

[854] Wu YF,Mao WF,Zhou YL,Wang XT,Liu PY,Tang JB. Adeno-associated virus-2-mediated TGF-1 microRNA transfection inhibits adhesion formation after digital flexor tendon injury[J]. Gene Ther,2016,23(2):167-175. doi:10.1038/gt.2015.97.

[855] Savage R,Tang JB. History and nomenclature of multistrand repairs in digital flexor tendons[J]. J Hand Surg Am,2016,41(2):291-293. doi:10.1016/j.jhsa.2015.11.012.

[856] Prsic A,Chen J,Sun YC. Mechanical properties of currently popular materials for digital flexor tendon repairs[J]. J Hand Surg Am,2016,41(3):487. doi:10.1016/j.jhsa.2015.12.015.

[857] Elliot D,Lalonde DH,Tang JB. Commentaries on clinical results of releasing the entire A2 pulley after flexor tendon repair in zone 2C. K. Moriya,T. Yoshizu,N. Tsubokawa,H. Narisawa,K. Hara and Y. Maki. J Hand Surg Eur,2016,41:822-828[J]. J Hand Surg Eur,2016,41(8):829-830. doi:10.1177/1753193416655932.

[858] Zhou X,Li XR,Qing J,Jia XF,Chen J. Outcomes of the six-strand M-Tang repair for zone 2 primary flexor tendon repair in 54 fingers[J]. J Hand Surg Eu,2017,42(5):462-468. doi:10.1177/1753193417691390.

[859] Mao WF,Wu YF,Yang QQ,Zhou YL,Wang XT,Liu PY,Tang JB. Modulation of digital flexor tendon healing by vascular endothelial growth factor gene transfection in a chicken model[J]. Gene Ther,2017,24(4):234-240. doi:10.1038/gt.2017.12.

[860] Tang JB,Zhou X,Pan ZJ,Qing J,Gong KT,Chen J. Strong digital flexor tendon repair,extension-flexion test,and early active flexion:experience in 300 tendons[J]. Hand Clin,2017,33(3):455-463. doi:10.1016/j.hcl.2017.04.012.

[861] Pan ZJ,Qin J,Zhou X,Chen J. Robust thumb flexor tendon repairs with a six-strand M-Tang method,pulley venting,and early active motion[J]. J Hand Surg Eur,2017,42(9):909-914. doi:10.1177/1753193417723238.

[862] Tang JB. New developments are improving flexor tendon repair[J]. Plast

Reconstr Surg,2018,141(6):1427–1437. doi:10.1097/PRS.0000000000004416.

[863] Tang JB. Recent evolutions in flexor tendon repairs and rehabilitation[J]. J Hand Surg Eur Vol,2018,43(5):469–473. doi:10.1177/1753193418773008.

[864] Chen J,Fang Wu Y,Xing SG,Jun Pan Z. Suture knots between tendon stumps may not benefit tendon repairs[J]. J Hand Surg Eur,2018,43(9):1005–1006. doi:10.1177/1753193418788939.

[865] Pan ZJ,Xu YF,Pan L,Chen J. Zone 2 flexor tendon repairs using a tensioned strong core suture,sparse peripheral stitches and early active motion:results in 60 fingers[J]. J Hand Surg Eur,2019,44(4):361–366. doi:10.1177/1753193419826493.

[866] Zhou YL,Yang QQ,Yan YY,Zhang L,Wang QH,Ju F,Tang JB. Gene-loaded nanoparticle-coated sutures provide effective gene delivery to enhance tendon healing[J]. Mol Ther,2019,27(9):1534–1546. doi:10.1016/j.ymthe.2019.05.024.

[867] Pan ZJ,Pan L,Fei Xu Y. Infrequent need for tenolysis after flexor tendon repair in zone 2 and true active motion:a four-year experience[J]. J Hand Surg Eur,2019,44(8):865–866. doi:10.1177/1753193419844157.

[868] Mao WF,Wu YF. Effects of a q suture technique on resistance to gap formation and tensile strength of repaired tendons:an ex vivo mechanical study[J]. J Hand Surg Am,2020,45(3):258.e1–258.e7. doi:10.1016/j.jhsa.2019.06.017.

[869] Pan ZJ,Pan L,Xu YF,Ma T,Yao LH. Outcomes of 200 digital flexor tendon repairs using updated protocols and 30 repairs using an old protocol:experience over 7 years[J]. J Hand Surg Eur,2020,45(1):56–63. doi:10.1177/1753193419883579.

[870] Zhang C,Götschi T,Li X,Snedeker JG,Fucentese SF. Biomechanical comparison of the use of different surgical suture techniques for continuous loop tendon grafts preparation[J]. Sci Rep,2020,10(1):538. doi:10.1038/s41598-019-57332-8.

[871] Xie F,Guo X,Zhang W. Single-stage superior oblique tendon recession with suture adjustment under topical anesthesia and sedation for A-pattern strabismus with superior oblique overaction[J]. J AAPOS,2020,24(4):219.e1–219.e7. doi:10.1016/j.jaapos.2020.04.010.

[872] Xia W,Wu L,Yao J,Wen W,Wang X,Jiang C,Li L,Zhao C. Graded superior oblique tendon suture lengthening:A novel procedure[J]. Eur J Ophthalmol,2020,11:1120672120968726. doi:10.1177/1120672120968726. Online ahead of print.

[873] Zhou YL,Yang QQ,Zhang L,Tang JB. Nanoparticle-coated sutures providing sustained growth factor delivery to improve the healing strength of injured tendons[J]. Acta Biomater,2021,124:301–314. doi:10.1016/j.actbio.2021.01.008.

[874] 彭远波. 第Ⅱ区屈指肌腱缝合后断裂的修复和康复[J]. 修复重建外科杂志，1988，2(1)：15. {PENG Yuanbo. Ruptured flexor tendon tenorraphies in ZONe Ⅱ repair and rehabilitation[J]. Zhongguo Xiu Fu Chong Jian Wai Ke Za Zhi[Chin J Repar Reconstr Surg(Article in Chinese;No abstract available)],1988,2(1):15.}

[875] 沈祖尧. 吻合血管的伸趾肌腱移植应用研究[J]. 中华显微外科杂志，1989，12(2)：65–67. {SHEN Zuyao. Study on the application of vascularized extensor tendon transplantation[J]. Zhonghua Xian Wei Wai Ke Za Zhi[Chin J Microsurg(Article in Chinese;Abstract in Chinese)],1989,12(2):65-67.}

[876] 顾玉东，姜继福，袁伟. 肌腱包埋缝合法的实验研究与临床应用[J]. 中华外科杂志，1989，27(4)：194–195. {GU Yudong,JIANG Jifu,YUAN Wei. Experimental study and clinical application of tendon embedding suture[J]. Zhonghua Wai Ke Za Zhi[Chin J Surg(Article in Chinese;Abstract in Chinese)],1989,27(4):194-195.}

[877] 宋知非，李承球，孙贤敏. 屈指肌腱缝合方法的实验研究和临床应用[J]. 中华显微外科杂志，1991，14(4)：224–225. {SONG Zhifei,LI Chengqiu,SUN Xianmin. Experimental study and clinical application of suture method of flexor tendon[J]. Zhonghua Xian Wei Wai Ke Za Zhi[Chin J Microsurg(Article in Chinese;No abstract available)],1991,14(4):224-225.}

[878] 杨志明，李志铭，沈怀信. 肌腱显微缝合的抗拉强度试验[J]. 修复重建外科杂志，1991，5(2)：109–110. {YANG Zhiming,LI Zhiming,SHEN Huaixin. Tensile strength test of tendon micro-suturing[J]. Zhongguo Xiu Fu Chong Jian Wai Ke Za Zhi[Chin J Repar Reconstr Surg(Article in Chinese;Abstract in Chinese)],1991,5(2):109-110.}

[879] 郑承泽，郭燕莹. 套圈缝合法一期修复手部屈肌腱损伤[J]. 中国修复重建外科杂志，1993，7(2)：76–77，125–126. {ZHENG Chengze,GUO Yanying. One-stage repair of hand flexor tendon injury with loop suture[J]. Zhongguo Xiu Fu Chong Jian Wai Ke Za Zhi[Chin J Repar Reconstr Surg(Article in Chinese;Abstract in Chinese)],1993,7(2):76-77,125-126.}

[880] 谢衷，崔志民，孟宏. 显微缝合加生物膜包裹修复手指屈肌腱损伤[J]. 中华显微外科杂志，1994，17(1)：106–107. {XIE Zhong,CUI Zhimin,MENG Hong. Repair of finger flexor tendon injury with microsuturing and biofilm wrapping[J]. Zhonghua Xian Wei Wai Ke Za Zhi[Chin J Microsurg(Article in Chinese;Abstract in Chinese)],1994,17(1):106-107.}

[881] 谭伦，罗晓中，王志斌，查茂盛. Sanders 缝合法一期修复手部屈肌腱损伤[J]. 中华手外科杂志，1995，11(4)：58. {TAN Lun,LUO Xiaozhong,WANG Zhibin,ZHA Maosheng. One-stage repair of hand flexor tendon injury with Sanders suture[J]. Zhonghua Shou Wai Ke Za Zhi[Chin J Hand Surg(Article in Chinese;No abstract available)],1995,11(4):58.}

[882] 王鹰，温荣彬，施国强. 显微肌腱边腿缝合法修复手指Ⅱ区屈肌腱断裂[J]. 中华显微外科杂志，1996，19(2)：139–140. {WANG Ying,WEN Rongbin,SHI Qiangguo. Repair of rupture of flexor tendon of finger zone Ⅱ with microscopic tendon side leg suture[J]. Zhonghua Xian Wei Wai Ke Za Zhi[Chin J Microsurg(Article in Chinese;No abstract available)],1996,19(2):139-140.}

[883] 吴绍玺，王以进，李卷玲，邢丽娟. 肌腱内横向结扎缝合法修复肌腱的生物力学实验研究[J]. 中华创伤杂志，1996，12(10)：38–40. {WU Shaoxi,WANG Yijin,LI Juanling,XING Lijuan. An experimental study on the biomechanics of tendon repair with transverse ligation within the tendon[J]. Zhonghua Chuang Shang Za Zhi[Chin J Trauma(Article in Chinese;Abstract in Chinese and English)],1996,12(10):38-40.}

[884] 昌耘冰，黄山东，朱青安，欧阳钧，卢海俊. 几种指屈肌腱缝合方法的生物力学评价[J]. 中国临床解剖学杂志，1997，15(2)：69–70. {CHANG Yunbing,HUANG Shandong,ZHU Qingan,OU Yangjun,LU Haijun. A biomechanical evaluation on techniques of human flexor tendon repair[J]. Zhongguo Lin Chuang Jie Pou Xue Za Zhi[Chin J Clin Anat(Article in Chinese;Abstract in Chinese and English)],1997,15(2):69-70.}

[885] 吴绍玺，王以进，于乐军，刘英男，王伟，郭建平，刘俊利，王雨露，隋志甫. 肌腱内横向结扎缝合法的实验研究与临床应用[J]. 中华骨科杂志，1997，17(3)：20–23，68. {WU Shaoxi,WANG Yijin,YU Lejun,LIU Yingnan,WANG Wei,GUO Jianping,LIU Junli,WANG Yulu,SUI Zhifu. Experimental study and clinical application of transverse ligation suture within the tendon[J]. Zhonghua Gu Ke Za Zhi[Chin J Orthop(Article in Chinese;Abstract in Chinese and English)],1997,17(3):20-23,68.}

[886] 宋修军，潘达德，林彬，吴明. 移植腱周膜包绕腱缝合段防止指屈肌腱粘连[J]. 中华手外科杂志，1997，13(2)：31–33. {SONG Xiujun,PAN Dade,LIN Bin,WU Ming. Wrapping of flexor tendon anastomotic site with peritenon graft for prevention of adhesion[J]. Zhonghua Shou Wai Ke Za Zhi[Chin J Hand Surg(Article in Chinese;Abstract in Chinese and English)],1997,13(2):31-33.}

[887] 黄山东，昌耘冰，苏增贵，张惠民，朱青安，欧阳钧. 指屈肌腱双环加强缝合法及其生物力学研究[J]. 中华手外科杂志，1997，13(2)：48–50. {HUANG Shandong,CHANG Yunbing,SU Zenggui,ZHANG Huimin,ZHU Qingan,OU Yangjun. Double loop augmented suture for flexor tendon repair:biomechanical studies on human flexor digitorum tendons[J]. Zhonghua Shou Wai Ke Za Zhi[Chin J Hand Surg(Article in Chinese;Abstract in Chinese and English)],1997,13(2):48-50.}

[888] 张君，尹维田，高庆国，王兵，李锐. 神经肌腱吻合预防神经瘤形成的实验研究[J]. 中国临床解剖学杂志，1998，16(2)：73–75. {ZHANG Jun,YIN Weitian,GAO Qingguo,WANG Bing,LI Rui. Experimental study of neruo?tendon anastomosis to prevent the formation of neruoma[J]. Zhongguo Lin Chuang Jie Pou Xue Za Zhi[Chin J Clin Anat(Article in Chinese;Abstract in Chinese and English)],1998,16(2):73-75.}

[889] 李炳万. 腱缝合后鞘内置入法在Ⅱ区屈肌腱修复中的临床应用[J]. 中华手外科杂志，1998，14(2)：85–88. DOI：10.3760/cma.j.issn.1005–054X.1998.02.012. {LI Bingwan. Intrasheath embedding of the suturing site in flexor tendon repair in zone ii[J]. Zhonghua Shou Wai Ke Za Zhi[Chin J Hand Surg(Article in Chinese;Abstract in Chinese and English)],1998,14(2):85-88. DOI:10.3760/cma.j.issn.1005-054X.1998.02.012.}

[890] 程毅，郭文通，李力. 应用 Bunnell 带双金属针双钮扣肌腱缝合线治疗锤状指[J]. 中华手外科杂志，1998，14(4)：213. DOI：10.3760/cma.j.issn.1005–054X.1998.04.010. {CHENG Yi,GUO Wentong,LI Li. Treatment of mallet fingers using double metal needle and double button bunnell's tendon suture[J]. Zhonghua Shou Wai Ke Za Zhi[Chin J Hand Surg(Article in Chinese;Abstract in Chinese and English)],1998,14(4):213. DOI:10.3760/cma.j.issn.1005-054X.1998.04.010.}

[891] 潘丞中，汤锦波，谢仁国. 五种肌腱缝合方法的生物力学研究[J]. 中华骨科杂志，1999，19(6)：367. DOI：10.3760/j.issn：0253–2352.1999.06.013. {PAN Chengzhong,TANG Jinbo,XIE Renguo. Biomechanical study of five tendon suture methods[J]. Zhonghua Gu Ke Za Zhi[Chin J Orthop(Article in Chinese;Abstract in Chinese and English)],1999,19(6):367. DOI:10.3760/j.issn:0253-2352.1999.06.013.}

[892] 高建明，徐达传，吴水培，俞立新，黄飞，李强，聂英芳，钟世镇. 吻合血管大收肌肌腱游离移植修复跟腱缺损的初步报告[J]. 中华骨科杂志，1999，19(11)：656–658. {GAO Jianming,XU Dachuan,WU Shuipei,YU Lixin,HUANG Fei,LI Qiang,NIE Yingfang,ZHONG Shizhen. Transplantation of vascularized adductor magnus tendon for the repair of achilles tendon defect[J]. Zhonghua Gu Ke Za Zhi[Chin J Orthop(Article in Chinese;Abstract in Chinese and English)],1999,19(11):656-658.}

[893] 王斌，汤锦波，陈峰. 肌腱周边缝合方法的生物力学研究[J]. 中华手外科杂志，1999，15(4)：204. DOI：10.3760/cma.j.issn.1005–054X.1999.04.005. {WANG Bin,TANG Jinbo,CHEN Feng. A biomechanical study of peripheral suture in flexor tendon repair[J]. Zhonghua Shou Wai Ke Za Zhi[Chin J Hand Surg(Article in Chinese;Abstract in Chinese and English)],1999,15(4):204. DOI:10.3760/cma.j.issn.1005-054X.1999.04.005.}

[894] 高建明，徐达传，钟世镇，彭田红. 吻合膝上外侧血管髂胫束移植修复跟腱缺损的应用解剖[J]. 中国临床解剖学杂志，2000，16(2)：105–107. DOI：10.3969/j.issn.1001–165X.2000.02.003. {GAO Jianming,XU Dachuan,ZHONG Shizhen,PENG Tianhong. Applied anatomy of achilles tendon defect repair by transplantation of iliotibial band with vascular anastomosis[J]. Zhongguo Lin Chuang Jie Pou Xue Za Zhi[Chin J Clin Anat(Article in Chinese;Abstract in Chinese and English)],2000,16(2):105-107. DOI:10.3969/j.issn.1001-165X.2000.02.003.}

[895] 高建明，徐达传，吴水培，俞立新，黄飞，李强，聂英芳，钟世镇. 吻合膝降血管大收肌腱游离移植修复跟腱缺损[J]. 中华显微外科杂志，2000，23(2)：92. DOI：10.3760/cma.j.issn.1001–2036.2000.02.005. {GAO Jianming,XU Dachuan,WU Shuipei,YU Lixin,HUANG Fei,LI Qiang,NIE Yingfang,ZHONG Shizhen. The clinical application of vascularized transfer of the adductor magus tendon for the repair of achilles tendon defect[J]. Zhonghua Xian Wei Wai Ke Za Zhi[Chin J Microsurg(Article in Chinese;Abstract in Chinese and English)],2000,23(2):92. DOI:10.3760/cma.j.issn.1001-2036.2000.02.005.}

[896] 顾宇彤，汤锦波. 四种屈肌腱缝合方法的生物力学研究[J]. 中华创伤杂志，2000，16(8)：471–474. DOI：10.3760/j：issn：1001–8050.2000.08.007. {GU Yutong,TANG Jinbo. Biomechanical study of four tendon suture techniques[J]. Zhonghua Chuang Shang Za Zhi[Chin J Trauma(Article in Chinese;Abstract in Chinese and English)],2000,16(8):471-474. DOI:10.3760/j:issn:1001-8050.2000.08.007.}

[897] 马亮，徐坚方，宋建良. 前移指浅屈肌腱缝合口修复Ⅱ区指深、浅屈肌腱同时损伤[J]. 中华手外科杂志，2001，17(6)：76. DOI：10.3760/cma.j.issn.1005–054X.2001.06.012. {MA Liang,XU Jianfang,SONG Jianliang. Move forward suture of superficial flexor tendon to repair the simultaneous injury of deep and superficial flexor tendon in zone Ⅱ [J]. Zhonghua Shou Wai Ke Za Zhi[Chin J Hand Surg(Article in Chinese;No abstract available)],2001,17(6):76. DOI:10.3760/cma.j.issn.1005-054X.2001.06.012.}

[898] 王斌，汤锦波，陈峰，谢仁国，于晓巍，吴菊. 锁式肌腱缝合的生物力学研究[J]. 中国创伤骨科杂志，2001，3(1)：34–37. DOI：10.3760/cma.j.issn.1671–7600.2001.01.012. {WANG Bin,TANG Jinbo,CHEN Feng,XIE Renguo,YU Xiaowei,WU Ju. Locking looped suture:a biomechanical study in vitro[J]. Zhongguo Chuang Shang Gu Ke Za Zhi[Chin J Orthop Trauma(Article in Chinese;Abstract in Chinese and English)],2001,3(1):34-37. DOI:10.3760/cma.j.issn.1671-7600.2001.01.012.}

[899] 王斌，汤锦波，陈峰，谢仁国，于晓巍，吴菊. 锁式肌腱缝合的生物力学研究[J]. 实用手外科杂志，2001，15(1)：32–35. DOI：10.3969/j.issn.1671–2722.2001.01.012. {WANG Bin,TANG Jinbo,CHEN Feng,XIE Renguo,YU Xiaowei,WU Ju. Locking looped suture:a biomechanical study in vitro[J]. Shi Yong Shou Wai Ke Za Zhi[Chin J Pract Hand Surg(Article in Chinese;Abstract in Chinese and English)],2001,15(1):32-35. DOI:10.3969/j.issn.1671-2722.2001.01.012.}

[900] 禹宝庆，张少成. 改良结扣编织缝合法修复肌腱损伤[J]. 第二军医大学学报，2001，22(10)：909，912. DOI：10.3321/j.issn：0258–879X.2001.10.033. {YU Baoqing,ZHANG Shaocheng. Improved knot-button braided suture method to repair tendon injury[J]. Di Er Jun Yi Da Xue Xue Bao[Acad J Sec Mil Med Univ(Article in Chinese;No abstract available)],2001,22(10):909,912. DOI:10.3321/j.issn:0258-879X.2001.10.033.}

[901] 谢仁国，汤锦波，徐燕. 周边缝合方法和深度对肌腱修复强度的生物力学测试[J]. 中国临床解剖学杂志，2002，20(2)：153–155. DOI：10.3969/j.issn.1001–165X.2002.02.027. {XIE Renguo,TANG Jinbo,XU Yan. Effects of methods and depth of epitendinous suture on biomechanics of repaired tendons[J]. Zhongguo Lin Chuang Jie Pou Xue Za Zhi[Chin J Clin Anat(Article in Chinese;Abstract in Chinese and English)],2002,20(2):153-155. DOI:10.3969/j.issn.1001-165X.2002.02.027.}

[902] 张裕，汤锦波，王斌，谢仁国. 跨越关节的肌腱作掌背侧缝合的抗张力比较[J]. 中华创伤骨科杂志，2002，4(1)：49–51. DOI：10.3760/cma.j.issn.1671–7600.2002.01.015. {ZHANG Yu,TANG Jinbo,WANG Bin,XIE Renguo. Comparison of tensile properties of palmar or dorsal placement of stitches in repairing the tendons across the joints[J]. Zhonghua Chuang Shang Gu Ke Za Zhi[Chin J Orthop Trauma(Article in Chinese;Abstract in Chinese and English)],2002,4(1):49-51. DOI:10.3760/cma.j.issn.1671-7600.2002.01.015.}

[903] 卡索，刘成，陈向军，关志明，李丹. 肌腱内缝合结合医用胶修复肌腱损伤[J]. 创伤外科杂

志，2002，4（2）：96-96. DOI：10.3969/j.issn.1009-4237.2002.02.027. {KA Suo,LIU Cheng,CHEN Xiangjun,GUAN Zhiming,LI Dan. Repair of finger tendon injuries by internal suture and bioadhesive[J]. Chuang Shang Wai Ke Za Zhi[J Traum Surg(Article in Chinese;No abstract available)],2002,4(2):96-96. DOI:10.3969/j.issn.1009-4237.2002.02.027.}

[904] 崔建礼，李炳万，李锐. 肌腱缝合后鞘内置入法预防Ⅱ区屈肌腱粘连强度影响的实验研究 [J]. 实用手外科杂志，2002，16(2)：89-91，106. DOI：10.3969/j.issn.1671-2722.2002.02.010. {CUI Jianli,LI Bingwan,LI Rui. The preventive effect of suturing site intra-sheath embedding tenorrhaphy on flexor tendon adhesion in zone Ⅱ :an experimental study[J]. Shi Yong Shou Wai Ke Za Zhi[Chin J Pract Hand Surg(Article in Chinese;Abstract in Chinese and English)],2002,16(2):89-91,106. DOI:10.3969/j.issn.1671-2722.2002.02.010.}

[905] 顾宇彤，汤锦波，曹毅，陈浩，张德松. 早期主动活动对肌腱缝合强度影响的研究 [J]. 中国临床解剖学杂志，2003，21(1)：84-86. DOI：10.3969/j.issn.1001-165X.2003.01.028. {GU Yutong,TANG Jinbo,CAO Yi,CHEN Hao,ZHANG Desong. Cyclic stree analysis of flexor tendon suture methods[J]. Zhongguo Lin Chuang Jie Pou Xue Za Zhi[Chin J Clin Anat(Article in Chinese;Abstract in Chinese and English)],2003,21(1):84-86. DOI:10.3969/j.issn.1001-165X.2003.01.028.}

[906] 邱水波，肖扬. 两定点连续多针单结显微缝合非血管区肌腱束 [J]. 中华显微外科杂志，2003，26（4）：306-307. DOI：10.3760/cma.j.issn.1001-2036.2003.04.030. {QIU Shuibo,XIAO Yang. Two fixed points continuous multi-needle single knot microsuturing of tendon bundles in non-vascular areas[J]. Zhonghua Xian Wei Wai Ke Za Zhi[Chin J Microsurg(Article in Chinese;Abstract in Chinese)],2003,26(4):306-307. DOI:10.3760/cma.j.issn.1001-2036.2003.04.030.}

[907] 谭军，汤锦波，王斌，卢魁. 提高斜形损伤肌腱缝合强度的实验研究 [J]. 中华创伤骨科杂志，2003，5(3)：236-238. DOI：10.3760/cma.j.issn.1671-7600.2003.03.024. {TAN Jun,TANG Jinbo,WANG Bin,LU Kui. An experimental study on methods to increase the repair strength of oblique lacerated tendons[J]. Zhonghua Chuang Shang Gu Ke Za Zhi[Chin J Orthop Trauma(Article in Chinese;Abstract in Chinese and English)],2003,5(3):236-238. DOI:10.3760/cma.j.issn.1671-7600.2003.03.024.}

[908] 沈国雄，李青峰. 吻合血管的跖肌腱移植的临床应用 [J]. 中华整形外科杂志，2003，19(4)：251-253. DOI：10.3760/j.issn：1009-4598.2003.04.003. {SHEN Guoxiong,LI Qingfeng. Clinic applications of vascularized plantaris tendon grafting[J]. Zhonghua Zheng Xing Wai Ke Za Zhi[Chin J Plast Surg(Article in Chinese;Abstract in Chinese and English)],2003,19(4):251-253. DOI:10.3760/j.issn:1009-4598.2003.04.003.}

[909] 崔勇，金寿哲，刘钦毅，宫文武，崔勇男. 肌腱环扎缝合法修复手二区屈肌腱损伤 [J]. 骨与关节损伤杂志，2003，18（8）：534-535. DOI：10.3969/j.issn.1672-9935.2003.08.011. {CUI Yong,JIN Shouzhe,LIU Qinyi,GONG Wenwu,CUI Yongnan. Loop-lock tenorrhaphy to repair zone Ⅱ flexor tendon[J]. Gu Yu Guan Jie Sun Shang Za Zhi[J Bone Joint Injury(Article in Chinese;Abstract in Chinese and English)],2003,18(8):534-535. DOI:10.3969/j.issn.1672-9935.2003.08.011.}

[910] 刘清和，张岑山，张凯. 半结锁定式肌腱缝合法（SKLS）及其实验研究 [J]. 骨与关节损伤杂志，2003，18（10）：692-694. DOI：10.3969/j.issn.1672-9935.2003.10.017. {LIU Qinghe,ZHANG Censhan,ZHANG Kai. Semi-knot locking suture (SKLS) and it experimental study[J]. Gu Yu Guan Jie Sun Shang Za Zhi[J Bone Joint Injury(Article in Chinese;Abstract in Chinese and English)],2003,18(10):692-694. DOI:10.3969/j.issn.1672-9935.2003.10.017.}

[911] 罗志强，黄德山，孙贤德，卢和平，李长虹. 卡锁环肌腱缝合法在伸指肌腱修复中的作用 [J]. 实用骨科杂志，2003，9（3）：208-210. DOI：10.3969/j.issn.1008-5572.2003.03.009. {LUO Zhiqiang,HUANG Deshan,SUN Xiande,LU Heping,LI Zhanghong. The effect of locking loop suture on the strength of extensor tendon repair[J]. Shi Yong Gu Ke Za Zhi[J Pract Orthop(Article in Chinese;Abstract in Chinese and English)],2003,9(3):208-210. DOI:10.3969/j.issn.1008-5572.2003.03.009.}

[912] 王姚斐，尹宗生，华兴一，胡勇，黄其龙，王伟. 改良 Kessler 法吻合屈趾肌腱术后早期主动活动的生物力学研究 [J]. 安徽医科大学学报，2003，38（6）：425-427. DOI：10.3969/j.issn.1000-1492.2003.06.005. {WANG Yaofei,YIN Zongsheng,HUA Xingyi,HU Yong,HUANG Qilong,WANG Wei. Biomechanical analysis of early active motion after flexor tendon repair by modified kessler suture[J]. An Hui Yi Ke Da Xue Xue Bao[Acta Univ Med Anhui(Article in Chinese;Abstract in Chinese)],2003,38(6):425-427. DOI:10.3969/j.issn.1000-1492.2003.06.005.}

[913] 张志新，丁健，姜波，吴世峰. 一种可以早期功能锻炼的肌腱缝合法 [J]. 中华手外科杂志，2004，20（4）：253. DOI：10.3760/cma.j.issn.1005-054X.2004.04.030. {ZHANG Zhixin,DING Jian,JIANG Bo,WU Shifeng. A tendon suture method for early functional exercise[J]. Zhonghua Shou Wai Ke Za Zhi[Chin J Hand Surg(Article in Chinese;No abstract available)],2004,20(4):253. DOI:10.3760/cma.j.issn.1005-054X.2004.04.030.}

[914] 王斌，汤锦波，顾剑辉，龚炎培，谢仁国，谭军，徐燕. 一种新型肌腱周边缝合方法的生物力学研究 [J]. 中华创伤骨科杂志，2004，6（2）：177-180. DOI：10.3760/cma.j.issn.1671-7600.2004.02.017. {WANG Bin,TANG Jinbo,GU Jianhui,GONG Yanpei,XIE Renguo,TAN Jun,XU Yan. Biomechanical study on a new peripheral suture method for flexor tendon repair[J]. Zhonghua Chuang Shang Gu Ke Za Zhi[Chin J Orthop Trauma(Article in Chinese;Abstract in Chinese and English)],2004,6(2):177-180. DOI:10.3760/cma.j.issn.1671-7600.2004.02.017.}

[915] 刘志飞，乔群，岳颖，杨建明，吴意光，阎迎军. 扩张皮瓣的纤维包膜包绕缝合预防屈肌腱粘连的临床应用 [J]. 中华整形外科杂志，2004，20（3）：169-170. DOI：10.3760/j.issn：1009-4598.2004.03.002. {LIU Zhifei,QIAO Qun,YUE Ying,YANG Jianming,WU Yiguang,YAN Yingjun. Clinical application of the fibrous capsule to prevent muscle tendon adhesion[J]. Zhonghua Zheng Xing Wai Ke Za Zhi[Chin J Plast Surg(Article in Chinese;Abstract in Chinese and English)],2004,20(3):169-170. DOI:10.3760/j.issn:1009-4598.2004.03.002.}

[916] 高建明，徐达传，俞立新，王众，李宏，谢飞，朱建平. 吻合血管髂胫束移植修复跟腱缺损 [J]. 中国修复重建外科杂志，2004，18（6）：475-477. {GAO Jianming,XU Dachuan,YU Lixin,WANG Zhong,LI Hong,XIE Fei,ZHU Jianping. Repair of achilles tendon defect by transplantation of iliotibial band with vascular anastomoses[J]. Zhongguo Xiu Fu Chong Jian Wai Ke Za Zhi[Chin J Repar Reconstr Surg(Article in Chinese;Abstract in Chinese and English)],2004,18(6):475-477.}

[917] 张裕，汤锦波，谢仁国. 肌腱周边缝合距断端不同距离的缝合对抗张力的比较 [J]. 中华创伤骨科杂志，2005，7（3）：254-255. DOI：10.3760/cma.j.issn.1671-7600.2005.03.016. {ZHANG Yu,TANG Jinbo,XIE Renguo. Comparison of tensile strength between 4 different epitendinous sutures[J]. Zhonghua Chuang Shang Gu Ke Za Zhi[Chin J Orthop Trauma(Article in Chinese;Abstract in Chinese and English)],2005,7(3):254-255. DOI:10.3760/cma.j.issn.1671-7600.2005.03.016.}

[918] 王斌，汤锦波，谭军，倪锋，司逸. 缝合端张力对修复后屈肌腱抗张强度的影响 [J]. 中华创伤杂志，2005，21（z1）：41-44. DOI：10.3760/j：issn：1001-8050.2005.z1.011. {WANG Bin,TANG Jinbo,TAN Jun,NI Feng,SI Yi. Effect of preloading on tensile strength during repair of flexor tendon[J]. Zhonghua Chuang Shang Za Zhi[Chin J Trauma(Article in Chinese;Abstract in Chinese and English)],2005,21(z1):41-44. DOI:10.3760/j:issn:1001-8050.2005.z1.011.}

[919] 贾全章，李刚，陈庆贺，周宝才，于洋，孙宗波，王淑珍，金权. 手伸指肌腱火器性损伤后经交指样显微编织缝合术加玻璃酸钠防粘连治疗的效果 [J]. 第三军医大学学报，2005，27（11）：1178，1183. DOI：10.3321/j.issn：1000-5404.2005.11.048. {JIA Quanzhang,LI Gang,CHEN Qinghe,ZHOU Baocai,YU Yang,SUN Zongbo,WANG Shuzhen,JIN Quan. Managing the firearm injury of extended tendon through cross-finger micro-weave suture plus sodium hyaluronate to prevent adhesion[J]. Di San Jun Yi Da Xue Xue Bao[Acta Acad Med Mil Tert(Article in Chinese;No abstract available)],2005,27(11):1178,1183. DOI:10.3321/j.issn:1000-5404.2005.11.048.}

[920] 王振海，程国良，洪焕玉. 单线 Kessler 并连续周边缝合法修复趾深屈肌腱的实验研究 [J]. 中华手外科杂志，2006，22（6）：367-369. DOI：10.3760/cma.j.issn.1005-054X.2006.06.021. {WANG Zhenhai,CHENG Guoliang,HONG Huanyu. Experimental study of single strand kessler complimented with running suture method for repairing flexor digitorum profundus tendon[J]. Zhonghua Shou Wai Ke Za Zhi[Chin J Hand Surg(Article in Chinese;No abstract available)],2006,22(6):367-369. DOI:10.3760/cma.j.issn.1005-054X.2006.06.021.}

[921] 张爱民，方震，赵红兵. 肌腱吻合术后即刻进行患指被动屈伸锻炼防治肌腱粘连 [J]. 中国骨伤，2007，20(5)：327. DOI：10.3969/j.issn.1003-0034.2007.05.013. {ZHANG Aimin,FANG Zhen,ZHAO Hongbing. Passive flexion and extension instantly to prevent adhesion of tendon after operation of tendon-stomy[J]. Zhongguo Gu Shang[China J Orthop Trauma(Article in Chinese;No abstract available)],2007,20(5):327. DOI:10.3969/j.issn.1003-0034.2007.05.013.}

[922] 李春江，王斌，高顺红，蒋文平，刘德群，冯晓娜. 双套圈隧道交叉加压缝合法用于指伸肌腱止点重建 [J]. 中华手外科杂志，2008，24（6）：375-376. {LI Chunjiang,WANG Bin,GAO Shunhong,JIANG Wenping,LIU Dequn,FENG Xiaona. Reconstruction of extensor apparatus insertion using crisscross tunneling and double loop suture[J]. Zhonghua Shou Wai Ke Za Zhi[Chin J Hand Surg(Article in Chinese;Abstract in Chinese and English)],2008,24(6):375-376.}

[923] 姜大伟，贾全章，侯明晓，徐爽，肖光，陈阳，李东军. 伸指肌腱损伤后交指样显微编织缝合术加玻璃酸钠防粘连疗的实验研究 [J]. 中国矫形外科杂志，2009，17（14）：1090-1092. {JIANG Dawei,JIA Quanzhang,HOU Mingxiao,XU Shuang,XIAO Guang,CHEN Yang,LI Dongjun. Experimental study of the injury of extended tendon through cross-finger micro-weave sutue plus sodium hyaluronate to prevent adhesion[J]. Zhongguo Jiao Xing Wai Ke Za Zhi[Orthop J China(Article in Chinese;Abstract in Chinese and English)],2009,17(14):1090-1092.}

[924] 柯尊山，芮永军，寿奎水，汤锦波. 四种与 Kessler 相关的屈肌腱缝合方法的生物力学研究 [J]. 中华手外科杂志，2009，25（4）：245-248. DOI：10.3760/cma.j.issn.1005-054X.2009.04.023. {KE Zunshan,RUI Yongjun,SHOU Kuishui,TANG Jinbo. Biomechanical study of four modified kessler flexor tendon suture teclmiques[J]. Zhonghua Shou Wai Ke Za Zhi[Chin J Hand Surg(Article in Chinese;Abstract in Chinese and English)],2009,25(4):245-248. DOI:10.3760/cma.j.issn.1005-054X.2009.04.023.}

[925] 马信龙，马剑雄，朱少文，姬树青，王志钢，付鑫. 几种屈肌腱缝合方法的即刻生物力学比较 [J]. 实用骨科杂志，2009，15(8)：591-594. DOI：10.3969/j.issn.1008-5572.2009.08.010. {MA Xinlong,MA Jianxiong,ZHU Shaowen,JI Shuqing,WANG Zhigang,FU Xin. Instant biomechanical study of flexor tendon suture techniques common in clinic[J]. Shi Yong Gu Ke Za Zhi[J Pract Orthop(Article in Chinese;Abstract in Chinese and English)],2009,15(8):591-594. DOI:10.3969/j.issn.1008-5572.2009.08.010.}

[926] 姜大伟，贾全章，侯明晓，徐爽，肖光，陈阳，李东军. 防粘连高强度缝合技术治疗手伸指肌腱断裂的实验研究与临床应用 [J]. 解放军医学杂志，2009，34（6）：704-706. DOI：10.3321/j.issn：0577-7402.2009.06.016. {JIANG Dawei,JIA Quanzhang,HOU Mingxiao,XU Shuang,XIAO Guang,CHEN Yang,LI Dongjun. Experimental study and clinical application of anti-adhesion treatment and high-strength suture technique on the treatment of extensor tendon rupture[J]. Jie Fang Jun Yi Xue Za Zhi[Med J Chin PLA(Article in Chinese;Abstract in Chinese and English)],2009,34(6):704-706. DOI:10.3321/j.issn:0577-7402.2009.06.016.}

[927] 杨柏，姜恒，马岩，胡闯. 改良缝合方法修复Ⅰ区伸肌腱断裂治疗陈旧性锤状指 21 例 [J]. 局解手术学杂志，2010，19（1）：封 2. DOI：10.3969/j.issn.1672-5042.2010.01.016. {YANG Bai,JIANG Heng,MA Yan,HU Chuang. Improvement suturation method to repair Ⅰ region extensor tendon rupture in 21 cases of chronic mallet finger[J]. Ju Jie Shou Shu Xue Za Zhi[J Reg Anat Oper Surg(Article in Chinese;Abstract in Chinese)],2010,19(1):cover 2. DOI:10.3969/j.issn.1672-5042.2010.01.016.}

[928] 彭永利，李启朝，顾方瑞，张双喜. 改良 Mason-Allen 缝合技术修复Ⅰ、Ⅱ区指伸肌腱损伤 [J]. 实用手外科杂志，2010，24(3)：193-194. DOI：10.3969/j.issn.1671-2722.2010.03.012. {PENG Yongli,LI Qichao,GU Fangrui,ZHANG Shuangxi. Repair of extensor tendon in zone Ⅰ and Ⅱ with a modified mason-allen suture technique[J]. Shi Yong Shou Wai Ke Za Zhi[Chin J Pract Hand Surg(Article in Chinese;Abstract in Chinese and English)],2010,24(3):193-194. DOI:10.3969/j.issn.1671-2722.2010.03.012.}

[929] 邝国军，龚劲纯，陈健东. 肌腱立体缝合法的实验研究 [J]. 中国矫形外科杂志，2011，19（10）：849-850. DOI：10.3977/j.issn.1005-8478.2011.10.15. {KUANG Guojun,GONG Jinchun,CHEN Jiandong. Experimental study of tendon stereo suture[J]. Zhongguo Jiao Xing Wai Ke Za Zhi[Orthop J China(Article in Chinese;Abstract in Chinese and English)],2011,19(10):849-850. DOI:10.3977/j.issn.1005-8478.2011.10.15.}

[930] 柯尊山，芮永军，汤锦波. 一种新的四束缝合法在屈肌腱修复中的生物力学比较研究 [J]. 中华手外科杂志，2011，27（5）：297-299. DOI：10.3760/cma.j.issn.1005-054X.2011.05.019. {KE Zunshan,RUI Yongjun,TANG Jinbo. Biomechanical study of a new four-bundle tendon suture technique[J]. Zhonghua Shou Wai Ke Za Zhi[Chin J Hand Surg(Article in Chinese;Abstract in Chinese and English)],2011,27(5):297-299. DOI:10.3760/cma.j.issn.1005-054X.2011.05.019.}

[931] 丁俊连，刘守友. 双改良 Kessler 错位缝合法修复Ⅱ区指屈肌腱断裂 [J]. 创伤外科杂志，2011，13（4）：363. DOI：10.3969/j.issn.1009-4237.2011.04.031. {DING Junlian,LIU Shouyou. Applying modified kessler cross-stitch suture to repair flexor tendon rupture in zone Ⅱ [J]. Chuang Shang Wai Ke Za Zhi[J Traum Surg(Article in Chinese;Abstract in Chinese)],2011,13(4):363. DOI:10.3969/j.issn.1009-4237.2011.04.031.}

[932] 白庆兵，张哲敏，邵新中，庞同涛，李通，韩永宾. 两种肌腱缝合方法的对比研究 [J]. 中华手外科杂志，2012，28（5）：303-306. DOI：10.3760/cma.j.issn.1005-054X.2012.05.023. {BAI Qingbing,ZHANG Zhemin,SHAO Xinzhong,PANG Tongtao,LI Tong,HAN Yongbin. Comparative study of two tendon repair techniques[J]. Zhonghua Shou Wai Ke Za Zhi[Chin J Hand Surg(Article in Chinese;Abstract in Chinese and English)],2012,28(5):303-306. DOI:10.3760/cma.j.issn.1005-054X.2012.05.023.}

[933] 邓书炽，王慧鑫，薛禹辰，司道文. 拇长展肌肌腱变异并桡神经浅支和前臂外侧皮神经吻合变异 1 例 [J]. 中国临床解剖学杂志，2013，31（5）：615. {DENG Shuchi,WANG Huixin,XUE Yuchen,SI Daowen. A case of the variation of abductor pollicis longus tendon and anastomosis of superficial branch of radial nerve and lateral antebrachial cutaneous nerve[J]. Zhongguo Lin Chuang Jie Pou Xue Za Zhi[Chin J Clin Anat(Article in Chinese;Abstract in Chinese and English)],2013,31(5):615.}

[934] 杨帅智，陈禄，刘学贵. 新式缝合法重建指伸肌腱终腱止点的临床研究 [J]. 中国临床解剖学杂志，2014，32（4）：491-493. DOI：10.13418/j.issn.1001-165x.2014.04.029. {YANG Shuaizhi,CHEN Lu,LIU Xuegui. Clinical studies of novel suture method for re-attaching terminal part of tendons of digital extensors[J]. Zhongguo Lin Chuang Jie Pou Xue Za Zhi[Chin J Clin Anat(Article in Chinese;Abstract in Chinese and English)],2014,32(4):491-493. DOI:10.13418/j.issn.1001-165x.2014.04.029.}

[935] 寇伟，刘泉萌，吴昊，朱磊，许庆家，官士兵，王增涛，丁自海. 经皮导引抽出钢丝或肌腱缝合线法对锤状指的微创治疗 [J]. 中华显微外科杂志，2014，37（2）：171-173. DOI：10.3760/cma.j.issn.1001-2036.2014.02.021. {KOU Wei,LIU Quanmeng,WU Hao,ZHU Lei,XU Qingjia,GUAN Shibing,WANG Zengtao,DING Zihai. Minimally invasive treatment of hammer finger with the method of drawing steel wire or tendon suture through percutaneous

guidance[J]. Zhonghua Xian Wei Wai Ke Za Zhi[Chin J Microsurg(Article in Chinese;Abstract in Chinese)],2014,37(2):171-173. DOI:10.3760/cma.j.issn.1001-2036.2014.02.021.}

[936] 宋楠，冒海蕾，杨茜，徐启明，蒋永康，周晟博，倪锋，王斌．M-Tang 法肌腱缝合技术的生物力学研究及其在Ⅱ区屈肌腱修复中的应用[J]．组织工程与重建外科杂志，2014，10(4)：211-214．DOI：10.3969/j.issn.1673-0364.2014.04.011．{SONG Nan,MAO Hailei,YANG Qian,XU Qiming,JIANG Yongkang,ZHOU Shengbo,NI Feng,WANG Bin. Biomechanical analysis of a modification of tang method and its application on flexor tendon repair in zone Ⅱ [J]. Zu Zhi Gong Cheng Yu Chong Jian Wai Ke Za Zhi[J Tissue Eng Reconstr Surg(Article in Chinese;Abstract in Chinese and English)],2014,10(4):211-214. DOI:10.3969/j.issn.1673-0364.2014.04.011.}

[937] 苏云，孟祥俊，于海波，于小光．埋结缝合法治疗Ⅱ区指屈肌腱断裂[J]．实用手外科杂志，2014，28(1)：55-57．DOI：10.3969/j.issn.1671-2722.2014.01.020．{SU Yun,MENG Xiang44351,YU Haibo,YU Xiaoguang. Knot embedded suture method for treatment of flexor tendon rupture in zone ii[J]. Shi Yong Shou Wai Ke Za Zhi[Chin J Pract Hand Surg(Article in Chinese;Abstract in Chinese and English)],2014,28(1):55-57. DOI:10.3969/j.issn.1671-2722.2014.01.020.}

[938] 王献伟．改良缝合技术在Ⅱb区屈肌腱损伤中的应用[J]．中华手外科杂志，2016，32(1)：20-21．{WANG Xianwei. The application of modified suture technique in the repair of zone Ⅱ flexor tendon injury[J]. Zhonghua Shou Wai Ke Za Zhi[Chin J Hand Surg(Article in Chinese;Abstract in Chinese and English)],2016,32(1):20-21.}

[939] 李春江．埋入式双套索锁扣结错位缝合法修复Ⅱ区指屈肌腱损伤[J]．中华手外科杂志，2016，32(1)：22-24．DOI：10.3760/cma.j.issn.1005-054X.2016.01.011．{LI Chunjiang. Zone Ⅱ flexor tendon repair using double embedded lasso lock knot suturing technique[J]. Zhonghua Shou Wai Ke Za Zhi[Chin J Hand Surg(Article in Chinese;Abstract in Chinese and English)],2016,32(1):22-24. DOI:10.3760/cma.j.issn.1005-054X.2016.01.011.}

[940] 周建东，许亚军，糜菁熠，芮永军．Silfverskiold 缝合法结合术后早期动态伸直治疗Ⅲ、Ⅳ区指伸肌腱损伤[J]．中华手外科杂志，2016，32(1)：28-30．{ZHOU Jiandong,XU Yajun,MI Jingyi,RUI Yongjun. Silfverskiold technique combined with dynamic splinting for treatment of digital extensor tendon rupture in zones Ⅲ and Ⅳ [J]. Zhonghua Shou Wai Ke Za Zhi[Chin J Hand Surg(Article in Chinese;Abstract in Chinese and English)],2016,32(1):28-30.}

[941] 潘张军，许云飞，潘磊．Tang 法肌腱缝合技术修复指屈肌腱的临床应用[J]．中华手外科杂志，2016，32(1)：30-31．DOI：10.3760/cma.j.issn.1005-054X.2016.01.016．{PAN Zhangjun,XU Yunfei,PAN Lei. Clinical application of Tang method tendon suture technique to repair finger flexor tendon[J]. Zhonghua Shou Wai Ke Za Zhi[Chin J Hand Surg(Article in Chinese;No abstract available)],2016,32(1):30-31. DOI:10.3760/cma.j.issn.1005-054X.2016.01.016.}

[942] 王献伟．改进的缝合技术在Ⅱb区屈肌腱损伤中的应用[J]．实用手外科杂志，2016，30(3)：298-300，303．DOI：10.3969/j.issn.1671-2722.2016.03.016．{WANG Xianwei. The application of the improved suture technique to repair the flexor tendon injury in zone Ⅱ b[J]. Shi Yong Shou Wai Ke Za Zhi[Chin J Pract Hand Surg(Article in Chinese;Abstract in Chinese and English)],2016,30(3):298-300,303. DOI:10.3969/j.issn.1671-2722.2016.03.016.}

[943] 安彪，张哲敏，段文旭，王立，吕莉，邵新中．改良肌腱缝合技术预防屈肌腱粘连[J]．中华手外科杂志，2017，33(6)：430-432．{AN Biao,ZHANG Zhemin,DUAN Wenxu,WANG Li,LV Li,SHAO Xinzhong. Clinical application of modified tendon suture technique for prevention of flexor tendon adhesion[J]. Zhonghua Shou Wai Ke Za Zhi[Chin J Hand Surg(Article in Chinese;Abstract in Chinese and English)],2017,33(6):430-432.}

[944] 杨文峰，任远飞，梁武，许卫兵，张铁慧．三种屈肌腱缝合方法的生物力学研究[J]．实用骨科杂志，2017，23(1)：32-35．{YANG Wenfeng,REN Yuanfei,LIANG Wu,XU Weibing,ZHANG Tiehui. Biomechanical analysis of three flexor tendon suture techniques[J]. Shi Yong Gu Ke Za Zhi[J Pract Orthop(Article in Chinese;Abstract in Chinese and English)],2017,23(1):32-35.}

[945] 肖刚，张国志，王长友．套索锁扣结缝合法在伸指肌腱Ⅰ区损伤中的应用[J]．创伤外科杂志，2017，19(8)：621-622．DOI：10.3969/j.issn.1009-4237.2017.08.017．{XIAO Gang,ZHANG Guozhi,WANG Zhangyou. Application of locking-loop suture in treating extensor tendon I area injury[J]. Chuang Shang Wai Ke Za Zhi[J Traum Surg(Article in Chinese;Abstract in Chinese)],2017,19(8):621-622. DOI:10.3969/j.issn.1009-4237.2017.08.017.}

[946] 宋君，付瑞玲，任志勇，刘超，肖华．改良缝合联合早期功能锻炼治疗手指屈肌腱断裂[J]．实用手外科杂志，2017，31(3)：338-340．DOI：10.3969/j.issn.1671-2722.2017.03.023．{SONG Jun,FU Ruiling,REN Zhiyong,LIU Chao,XIAO Hua. Treament of finger flexor tendon rupture by modified suture and early rehabilitation training[J]. Shi Yong Shou Wai Ke Za Zhi[Chin J Pract Hand Surg(Article in Chinese;Abstract in Chinese and English)],2017,31(3):338-340. DOI:10.3969/j.issn.1671-2722.2017.03.023.}

[947] 胡燕青，蒋海，李棋，李箭，唐新．不同肌腱缝合方法的生物力学比较研究[J]．中国修复重建外科杂志，2017，31(10)：1208-1213．DOI：10.7507/1002-1892.201705007．{HU Yanqing,JIANG Hai,LI Qi,LI Jian,TANG Xin. Biomechanical study of different suture methods in repairing tendon rupture[J]. Zhongguo Xiu Fu Chong Jian Wai Ke Za Zhi[Chin J Repar Reconstr Surg(Article in Chinese;Abstract in Chinese and English)],2017,31(10):1208-1213. DOI:10.7507/1002-1892.201705007.}

[948] 周翔，李向荣，秦军，贾学峰，俞俊兴．M-Tang 法肌腱缝合技术修复Ⅱ区指深屈肌腱的临床应用及影响疗效因素分析[J]．中华手外科杂志，2019，35(3)：199-202．{ZHOU Xiang,LI Xiangrong,QIN Jun,JIA Xuefeng,YU Junxing. Clinical application of m-tang tendon suture technique in repairing flexor digitorum profundus tendon in zoneⅡ and analysis of influencing factors[J]. Zhonghua Shou Wai Ke Za Zhi[Chin J Hand Surg(Article in Chinese;Abstract in Chinese and English)],2019,35(3):199-202.}

[949] 陈靖，王洋，谭军．完全连续锁边水平褥式缝合结合早期主动活动治疗伸肌腱损伤的疗效[J]．中华手外科杂志，2019，35(4)：307-309．DOI：10.3760/cma.j.issn.1005-054X.2019.04.027．{CHEN Jing,WANG Yang,TAN Jun. Curative effect of complete continuous seaming and horizontal mattress suture combined with early active movement in treating extensor tendon injury[J]. Zhonghua Shou Wai Ke Za Zhi[Chin J Hand Surg(Article in Chinese;Abstract in Chinese)],2019,35(4):307-309. DOI:10.3760/cma.j.issn.1005-054X.2019.04.027.}

[950] 王丰羽，张哲敏，王立，吕莉，段文旭，邵新中．儿童屈肌腱断裂 ZM 缝合法治疗的临床疗效分析[J]．中华手外科杂志，2020，36(1)：70-71．DOI：10.3760/cma.j.issn.1005-054X.2020.01.021．{WANG Fengyu,ZHANG Zhemin,WANG Li,LV Li,DUAN Wenxu,SHAO Xinzhong. Analysis of the clinical effect of ZM suture in the treatment of flexor tendon rupture in children[J]. Zhonghua Shou Wai Ke Za Zhi[Chin J Hand Surg(Article in Chinese;Abstract in Chinese)],2020,36(1):70-71. DOI:10.3760/cma.j.issn.1005-054X.2020.01.021.}

[951] 陆广旭，李通，黄茂州，杨泽宇，李园鑫，王文良，贾岚岚．4 链 Kessler 与 4 链十字缝合法修复手指屈肌腱的疗效对比[J]．实用手外科杂志，2020，34(2)：182-184，230．DOI：10.3969/j.issn.1671-2722.2020.02.020．{LU Guangxu,LI Tong,HUANG Maozhou,YANG Zeyu,LI Yuanxin,WANG Wenliang,JIA Lanlan. Comparison of 4-strand kessler and 4-strand cruciate tenchnique[J]. Shi Yong Shou Wai Ke Za Zhi[Chin J Pract Hand Surg(Article in Chinese;Abstract in Chinese and English)],2020,34(2):182-184,230. DOI:10.3969/j.issn.1671-2722.2020.02.020.}

1.6 显微外科基本理论概论（显微血管外科为主）
Basic theories of microsurgery (vascular microsurgery as the main content)

[952] 解放军总医院．显微血管外科在创伤骨科的应用[J]．人民军医，1978，39(6)：7．{PLA General Hospital. Application experience of microvascular surgery in trauma and orthopedics[J]. Ren Min Jun Yi[People's Military Surgeon(Article in Chinese;No abstract available)],1978,39(6):7.}

[953] 朱盛修，卢世璧，陈景云，张伯勋，姚建祥，王继芳．显微血管外科在创伤骨科应用的初步体会[J]．人民军医，1979，40(4)：31-35．{ZHU Shengxiu,LU Shibi,CHEN Jingyun,ZHANG Boxun,YAO Jianxiang,WANG Jifang. Application of micro vascular surgery in traumato orthopedic surgery[J]. Ren Min Jun Yi[People' s Military Surgeon(Article in Chinese;No abstract available)],1979,40(4):31-35.}

[954] 朱盛修，卢世璧，陈景云，张伯勋，姚建祥，王继芳．显微血管外科在创伤骨科应用的初步体会[J]．北京医学，1980，2(3)：143-146．{ZHU Shengxiu,LU Shibi,CHEN Jingyun,ZHANG Boxun,YAO Jianxiang,WANG Jifang. Application of micro vascular surgery in traumato orthopedic surgery[J]. Bei Jing Yi Xue[Beijing Med J(Article in Chinese;Abstract in Chinese and English)],1980,2(3):143-146.}

[955] 李主一．显微血管外科在创伤骨科应用的体会——附 23 例报告[J]．云南医药，1980，1(4)：11-14．{LI Zhuyi. A report of 23 cases of application experience of microvascular surgery in trauma and orthopedics[J]. Yun Nan Yi Yao[Yunnan Med J(Article in Chinese;No abstract available)],1980,1(4):11-14.}

[956] 李主一．显微血管外科在创伤骨科应用的体会（附 26 例报告）[J]．云南医药，1981，2(6)：28-30．{LI Zhuyi. A report of 26 cases of application experience of microvascular surgery in trauma and orthopedics[J]. Yun Nan Yi Yao[Yunnan Med J(Article in Chinese;No abstract available)],1981,2(6):28-30.}

[957] 周中英，李主一，王锡琏，方东海，李其训，翁龙江，陶树樟，文家福．显微血管外科在创伤骨科的应用[J]．中华显微外科杂志，1986，9(3)：182-183．DOI：10.3760/cma.j.issn.1001-2036.1986.03.130．{ZHOU Zhongying,LI Zhuyi,WANG Xilian,FANG Donghai,LI Qixun,WENG Longjiang,TAO Shuzhang,WEN Jiafu. Application of microvascular surgery in department of traumatology and orthopedics[J]. Zhonghua Xian Wei Wai Ke Za Zhi[Chin J Microsurg(Article in Chinese;No abstract available)],1986,9(3):182-183. DOI:10.3760/cma.j.issn.1001-2036.1986.03.130.}

1.6.1 实验研究
experimental research

[958] Tan YH,Zhou SX,Liu YQ,Liu BL,Li ZY. Small-vessel pathology and anastomosis following maxillofacial firearm wounds:an experimental study[J]. J Oral Maxillofac Surg,1991,49(4):348-52. doi:10.1016/0278-2391(91)90368-v.

[959] 王涛，顾玉东，沈忆文．内皮素—1 对离体动脉的收缩作用及舒张药物的对抗效应[J]．中华手外科杂志，2001，17(1)：34-35．{WANG Tao,GU Yudong,SHEN Yiwen. Contractile effect of endothelin-1 on isolated artery and the antagonistic effect of vasodilators[J]. Zhonghua Shou Wai Ke Za Zhi[Chin J Hand Surg(Article in Chinese;Abstract in Chinese and English)],2001,17(1):34-35.}

[960] 曲乐丰，景在平，曹贵松，仲剑平．反义寡核苷酸防治血管吻合口内膜增生性再狭窄的机制探讨[J]．上海医学，2002，25(11)：690-692．DOI：10.3969/j.issn.0253-9934.2002.11.007．{QU Lefeng,JING Zaiping,CAO Guisong,ZHONG Jianping. Appraisal of mechanism of preventing intimal hyperplasia on vascular anastomotic site by locally delivered antisensec-myc oligodeoxynucleotide[J]. Shanghai Yi Xue[Shanghai Med J(Article in Chinese;Abstract in Chinese and English)],2002,25(11):690-692. DOI:10.3969/j.issn.0253-9934.2002.11.007.}

[961] 邱全光，余汇洋，可金星，郭光金．动脉吻合术后弹性纤维的扫描电镜观察[J]．中国修复重建外科杂志，2002，16(6)：371-373．{QIU Quanguang,YU Huiyang,KE Jinxing,GUO Guangjin. Scanning electronic microscope observation of elastic fiber of anastomosed artery[J]. Zhongguo Xiu Fu Chong Jian Wai Ke Za Zhi[Chin J Repar Reconstr Surg(Article in Chinese;Abstract in Chinese and English)],2002,16(6):371-373.}

[962] 马涛，徐永清，丁晶，李军．吻合口与静脉瓣距离对逆行血供游离皮瓣成活的影响[J]．中华显微外科杂志，2005，28(2)：161-162．DOI：10.3760/cma.j.issn.1001-2036.2005.02.023．{MA Tao,XU Yongqing,DING Jing,LI Jun. The influence of the distance between anastomosis and venous valve on the survival of free retrograde blood supply flap[J]. Zhonghua Xian Wei Wai Ke Za Zhi[Chin J Microsurg(Article in Chinese;Abstract in Chinese)],2005,28(2):161-162. DOI:10.3760/cma.j.issn.1001-2036.2005.02.023.}

[963] 张世周，王中和，胡海生．动脉化疗联合同期放疗对微血管吻合影响的实验研究[J]．上海口腔医学，2005，14(5)：490-494．DOI：10.3969/j.issn.1006-7248.2005.05.013．{ZHANG Shizhou,WANG Zhonghe,HU Haisheng. Effects of intra-arterial perfusion of cisplatin combined with concomitant radiation therapy on the healing of microvascular anastomoses:an experimental study in rabbits[J]. Shang Hai Kou Qiang Yi Xue[Shanghai J Stomatol(Article in Chinese;Abstract in Chinese and English)],2005,14(5):490-494. DOI:10.3969/j.issn.1006-7248.2005.05.013.}

[964] 马涛，徐永清，姜兴道，李军，丁晶，赵万秋．吻合血管逆行皮瓣静脉压变化的实验研究[J]．中国修复重建外科杂志，2005，19(12)：994-997．{MA Tao,XU Yongqing,JIANG Xingdao,LI Jun,DING Jing,ZHAO Wanqiu. Intravenous pressure of reverse-flow free flap:an experimental study of rabbit vascularized posterior tibial flap[J]. Zhongguo Xiu Fu Chong Jian Wai Ke Za Zhi[Chin J Repar Reconstr Surg(Article in Chinese;Abstract in Chinese and English)],2005,19(12):994-997.}

[965] 常利民，徐华，王露萍，戴传昌，祝联，王毅敏，董佳生．糖尿病对血管吻合口愈合规律影响的初步研究[J]．组织工程与重建外科杂志，2007，3(6)：342-346，349．DOI：10.3969/j.issn.1673-0364.2007.06.012．{CHANG Limin,XU Hua,WANG Luping,DAI Chuanchang,ZHU Lian,WANG Yimin,DONG Jiasheng. The influence of diabetes mellitus on microvascular anastomoses:an experimental study[J]. Zu Zhi Gong Cheng Yu Chong Jian Wai Ke Za Zhi[J Tissue Eng Reconstr Surg(Article in Chinese;Abstract in Chinese and English)],2007,3(6):342-346,349. DOI:10.3969/j.issn.1673-0364.2007.06.012.}

[966] 袁链，张小明，李艳奎，李清乐，赵克强，孙昆昆，谢大鹤，张韬．局部缓释紫杉醇抑制犬人工血管移植术后吻合口内膜增生的初步研究[J]．中华医学杂志，2007，87(43)：3056-3059．DOI：10.3760/j.issn：0376-2491.2007.43.009．{YUAN Lian,ZHANG Xiaoming,LI Yankui,LI Qingle,ZHAO Keqiang,SUN Kunkun,XIE Dahe,ZHANG Tao. The pilot study of the effect of paclitaxel by local slow delivery on intimal hyperplasia of vascular anastomosis after vascular graft bypass[J]. Zhonghua Yi Xue Za Zhi[Natl Med J China(Article in Chinese;Abstract in Chinese and English)],2007,87(43):3056-3059. DOI:10.3760/j.issn:0376-2491.2007.43.009.}

1.6.2 临床研究
clinical research

[967] 杨东岳，顾玉东，吴敏明，郑忆柳. 显微外科手术中血管问题的处理 [J]. 中华外科杂志，1981，19（3）：131-134. {YANG Dongyue,GU Yudong,WU Minming,ZHENG Yiliu. Treatment of vascular problems in microsurgery[J]. Zhonghua Wai Ke Za Zhi[Chin J Surg(Article in Chinese;No abstract available)],1981,19(3):131-134.}

1.6.3 血管体区
Angiosome

[968] Yin ZX,Peng TH,Ding HM,Bai B,Tang ML. Three-dimensional visualization of the cutaneous angiosome using angiography[J]. Clin Anat,2013,26(2):282-287. doi:10.1002/ca.22081.

[969] Gong X,Cui JL,Lu LJ. The medial arm pedicled perforator flap:application of phenomenon of one perforator perfusing multiple perforator angiosomes[J]. Injury,2014,45(12):2025-2028. doi:10.1016/j.injury.2014.09.005.

[970] Zheng XT,Zeng RC,Huang JY,Pan LM,Su X,Wu ZH,Yu GF. The use of the angiosome concept for treating infrapopliteal critical limb ischemia through interventional therapy and determining the clinical significance of collateral vessels[J]. Ann Vasc Surg,2016,32:41-49. doi:10.1016/j.avsg.2015.09.021.

[971] Zheng J,Muccigrosso D,Zhang X,An H,Coggan AR,Adil B,Hildebolt CF,Vemuri C,Geraghty P,Hastings MK,Mueller MJ. Oximetric angiosome imaging in diabetic feet[J]. J Magn Reson Imaging,2016,44(4):940-946. doi:10.1002/jmri.25220.

[972] Xu H,Zhang Z,Xia Y,Steinberger Z,Min P,Li H,Dai Y,Zhang Y. Preliminary exploration:when angiosome meets prefabricated flaps[J]. J Reconstr Microsurg,2016,32(9):683-687. doi:10.1055/s-0036-1585468.

[973] Ma J,Lai Z,Shao J,Lei J,Li K,Wang J,Xu L,Fang L,Yu X,Qi W,Wang C,Cao W,Liu X,Yuan J,Liu B. Infrapopliteal endovascular intervention and the angiosome concept:intraoperative real-time assessment of foot regions' blood volume guides and improves direct revascularization[J]. Eur Radiol,2021,31(4):2144-2152. doi:10.1007/s00330-020-07360-0.

[974] Cai B,Yuan R,Zhu GZ,Zhan WF,Luo CE,Kong XX,Luo SK. Deployment of the ophthalmic and facial angiosomes in the upper nose overlaying the nasal bones[J]. Aesthet Surg J,2021 Jan 9:sjab003. doi:10.1093/asj/sjab003. Online ahead of print.

[975] 唐茂林，刘元波. 轴型皮瓣与血管体区及穿支体区的内在联系 [J]. 中华整形外科杂志，2019，35（9）：847-853. DOI：10.3760/cma.j.issn.1009-4598.2019.09.002. {TANG Maolin,LIU Yuanbo. Internal relationships within axial pattern flaps between the angiosome and perforasome[J]. Zhonghua Zheng Xing Wai Ke Za Zhi[Chin J Plast Surg(Article in Chinese;Abstract in Chinese and English)],2019,35(9):847-853. DOI:10.3760/cma.j.issn.1009-4598.2019.09.002.}

1.7 显微外科麻醉
microsurgical anaesthesia

[976] Fang XH. Regional anesthesia for microsurgery in China:a review[J]. Reg Anesth,1989,14(2):55-57.

[977] Tang JB,Gong KT,Zhu L,Pan ZJ,Xing SG. Performing hand surgery under local anesthesia without a tourniquet in China[J]. Hand Clin,2017,33(3):415-424. doi:10.1016/j.hcl.2017.04.013.

[978] Xing SG,Mao T. The use of local anaesthesia with epinephrine in the harvest and transfer of an extended segmuller flap in the fingers[J]. J Hand Surg Eur Vol,2018,43(7):783-784. doi:10.1177/1753193418780560.

[979] Xing SG,Tang JB. Extending applications of local anesthesia without tourniquet to flap harvest and transfer in the hand[J]. Hand Clin,2019,35(1):97-102. doi:10.1016/j.hcl.2018.08.009.

[980] 高玉华，黄炳耀，王志安. 臂神经丛阻滞麻醉在上肢手术的应用 [J]. 中华外科杂志，1960，8（3）：280-281. {GAO Yuhua,HUANG Bingyao,WANG Zhian. Application of brachial plexus block anesthesia in upper limb surgery[J]. Zhonghua Wai Ke Za Zhi[Chin J Surg(Article in Chinese;Abstract in Chinese)],1960,8(3):280-281.}

[981] 尚天裕，顾云五，方先之. 持续臂丛阻滞麻醉 [J]. 中华外科杂志，1962，10（8）：521-523. {SHANG Tianyu,GU Yunwu,FANG Xianzhi. Continuous brachial plexus block anesthesia[J]. Zhonghua Wai Ke Za Zhi[Chin J Surg(Article in Chinese;No abstract available)],1962,10(8):521-523.}

[982] 文俊，谭丕森，温文钊，徐美圃，陈云英. 经腋路臂丛神经阻滞麻醉术 [J]. 中华外科杂志，1963，11（5）：408-409. {WEN Jun,TAN Pisen,WEN Wenzhao,XU Meipu,CHEN Yunying. Transaxillary brachial plexus block anesthesia[J]. Zhonghua Wai Ke Za Zhi[Chin J Surg(Article in Chinese;No abstract available)],1963,11(5):408-409.}

[983] 蒋昭祥，席德忠，周庆泰，林莉荔. 经腋路臂丛神经阻滞术（68 例报告）[J]. 中华外科杂志，1963，11（11）：917-918. {JIANG Zhaoxiang,XI Dezhong,ZHOU Qingtai,LIN Lili. 68 cases of transaxillary brachial plexus block[J]. Zhonghua Wai Ke Za Zhi[Chin J Surg(Article in Chinese;No abstract available)],1963,11(11):917-918.}

[984] 高崇善，周树芬，张尚礼，骆厚仪. 经腋导管法持续臂丛神经阻滞麻醉 [J]. 中华外科杂志，1964，12（5）：474. {GAO Chongshan,ZHOU Shufen,ZHANG Shangli,LUO Houyi. Continuous brachial plexus block anesthesia via axillary catheter[J]. Zhonghua Wai Ke Za Zhi[Chin J Surg(Article in Chinese;No abstract available)],1964,12(5):474.}

[985] 王大柱，黄杰，陈盛，范国辉，彭周. 经腋路和经锁骨上臂丛神经阻滞麻醉的比较（资料综合）[J]. 中华外科杂志，1964，12（5）：478-479. {WANG Dazhu,HUANG Jie,CHEN Sheng,FAN Guohui,PENG Zhou. Comparison of transaxillary and transsupraclavicular brachial plexus block anesthesia[J]. Zhonghua Wai Ke Za Zhi[Chin J Surg(Article in Chinese;No abstract available)],1964,12(5):478-479.}

[986] 金鸣苍. 臂丛神经阻滞麻醉（附 1，023 次分析）[J]. 中华外科杂志，1964，12（9）：850-852. {JIN Mingcang. 1023 cases of brachial plexus block anesthesia[J]. Zhonghua Wai Ke Za Zhi[Chin J Surg(Article in Chinese;No abstract available)],1964,12(9):850-852.}

[987] 范国辉，汪服庸，张均权，奉菊梅. 锁骨上路臂丛神经阻滞术的改进 [J]. 中华外科杂志，1965，13（2）：117. {FAN Guohui,WANG Fuyong,ZHANG Junquan,FENG Jumei. Improvement of brachial plexus block on supraclavicular approach[J]. Zhonghua Wai Ke Za Zhi[Chin J Surg(Article in Chinese;No abstract available)],1965,13(2):117.}

[988] 蔡祝辉，庄心良，吴珏. 臂丛神经阻滞锁骨上法与腋入法的评比 [J]. 中华医学杂志，1965，51（8）：495-498. {CAI Zhuhui,ZHUANG Xinliang,WU Jue. Comparison of supraclavicular method and axillary entry method for brachial plexus block[J]. Zhonghua Yi Xue Za Zhi[Natl Med J China(Article in Chinese;No abstract available)],1965,51(8):495-498.}

[989] 李维洋，马永德，李振良，梁维敏. 经颈路臂神经丛阻滞麻醉术（436 例报告）[J]. 中华医学杂志，1974，54（4）：231-233. {LI Weipan,MA Yongde,LI Zhenliang,LIANG Weimin. Transcervical brachial plexus block anesthesia (report of 436 cases)[J]. Zhonghua Yi Xue Za Zhi[Natl Med J China(Article in Chinese;Abstract in Chinese)],1974,54(4):231-233.}

[990] 马烈. 经颈路臂丛神经阻滞法 [J]. 中华外科杂志，1978，16（4）：212-213. {MA Lie. Transcervical brachial plexus block[J]. Zhonghua Wai Ke Za Zhi[Chin J Surg(Article in Chinese;No abstract available)],1978,16(4):212-213.}

[991] 孙加麟. 斜角肌间沟臂丛阻滞误入硬脊膜外腔 [J]. 中华外科杂志，1979，17（6）：474. {SUN Jialin. Interscalene groove brachial plexus block mistakenly enter the epidural space[J]. Zhonghua Wai Ke Za Zhi[Chin J Surg(Article in Chinese;No abstract available)],1979,17(6):474.}

[992] 皮昕，胡群山，杜培良，石兰珍. 锁骨下三角臂丛阻滞术的局部解剖和临床探讨 [J]. 中华外科杂志，1980，18（5）：466-467. {PI Xin,HU Qunshan,DU Peiliang,SHI Lanzhen. Regional anatomy and clinical discussion of subclavian triangular brachial plexus block[J]. Zhonghua Wai Ke Za Zhi[Chin J Surg(Article in Chinese;No abstract available)],1980,18(5):466-467.}

[993] 徐惠芳. 显微骨科手术麻醉（322 例经验）[J]. 中华医学杂志，1982，62（12）：746. {XU Huifang. Anesthesia in microorthopedic surgery (experience of 322 cases)[J]. Zhonghua Yi Xue Za Zhi[Natl Med J China(Article in Chinese;Abstract in Chinese)],1982,62(12):746.}

[994] 吴仁秀，吴纪利，吴庄如. 斜角肌三角的应用解剖和中斜角肌旁入路臂丛阻滞 [J]. 中华外科杂志，1983，21（5）：299-301. {WU Renxiu,WU Jili,WU Zhuangru. Applied anatomy of the scalene deltoid and brachial plexus block via the middle scalene approach[J]. Zhonghua Wai Ke Za Zhi[Chin J Surg(Article in Chinese;No abstract available)],1983,21(5):299-301.}

[995] 王风学，唐胜平. 锁骨后臂丛阻滞术的解剖观察与临床应用 [J]. 中华外科杂志，1988，26（6）：337-339. {WANG Fengxue,TANG Shengping. Anatomical observation and clinical application of brachial plexus block after clavicle[J]. Zhonghua Wai Ke Za Zhi[Chin J Surg(Article in Chinese;Abstract in Chinese)],1988,26(6):337-339.}

[996] 曹学诚，蔡锦方. 静脉内区域麻醉方法的改进及在手外科的应用 [J]. 手外科杂志，1992，8（3）：186-186. {CAO Xuecheng,CAI Jinfang. Improvement of intravenous regional anesthesia and its application in hand surgery[J]. Shou Wai Ke Za Zhi[J Hand Surg(Article in Chinese;Abstract in Chinese)],1992,8(3):186-186.}

[997] 李荣. 用头皮针经腋路持续臂丛神经阻滞在小儿断指再植术中的应用 [J]. 中华显微外科杂志，1994，17（2）：125. {LI Rong. Application of continuous brachial plexus block via axillary with scalp needle in replantation of severed finger in children[J]. Zhonghua Xian Wei Wai Ke Za Zhi[Chin J Microsurg(Article in Chinese;No abstract available)],1994,17(2):125.}

[998] 钱世荣，赵宗菊，韦加宁. 臂丛神经阻滞严重并发症的原因、处理及预防 [J]. 中华手外科杂志，1994，10（2）：26-27. {QIAN Shirong,ZHAO Zongju,WEI Jianing. Causes,prophylaxis and treatment of serious complications induced by brachial nerve block anesthesia[J]. Zhonghua Shou Wai Ke Za Zhi[Chin J Hand Surg(Article in Chinese;Abstract in Chinese and English)],1994,10(2):26-27.}

[999] 马涛，申光亮，张元信，高宗玉，唐相勤. 小儿腋路臂丛神经阻滞在手外科的应用 [J]. 中华手外科杂志，1995，11（1）：60-61. {MA Tao,SHEN Guangliang,ZHANG Yuanxin,GAO Zongyu,TANG Xiangqin. Brachial plexus block in children with axillary nerve in hand surgery[J]. Zhonghua Shou Wai Ke Za Zhi[Chin J Hand Surg(Article in Chinese;No abstract available)],1995,11(1):60-61.}

[1000] 王文慧，谷小鸣，王凤珍. 表面麻醉下喉显微手术 484 例报告 [J]. 中华显微外科杂志，1995，18（4）：289-290. {WANG Wenhui,GU Xiaoming,WANG Fengzhen. Laryngeal microsurgery under topical anesthesia:a report of 484 cases[J]. Zhonghua Xian Wei Wai Ke Za Zhi[Chin J Microsurg(Article in Chinese;No abstract available)],1995,18(4):289-290.}

[1001] 邓忠虎，马兆强. 指神经阻滞麻醉致手指缺血 24 小时一例报道 [J]. 中华手外科杂志，1996，12（3）：192. {DENG Zhonghu,MA Zhaoqiang. Finger ischemia caused by digital nerve block anesthesia for 24 hours:a case report[J]. Zhonghua Shou Wai Ke Za Zhi[Chin J Hand Surg(Article in Chinese;No abstract available)],1996,12(3):192.}

[1002] 刘尚忠，徐木先，杨丹，陆中友. 强化加粘膜表面麻醉法喉显微手术 [J]. 中华耳鼻咽喉科杂志，1996，31（5）：279. {LIU Shangzhong,XU Muxian,YANG Dan,LU Zhongyou. Laryngeal microsurgery with intensive anesthesia combined with mucosal surface anesthesia[J]. Zhonghua Er Bi Yan Hou Ke Za Zhi[Chin J Otorhinolaryngol(Article in Chinese;Abstract in Chinese)],1996,31(5):279.}

[1003] 陈敢真，郝鹏. 门诊局麻下开展断指再植的体会 [J]. 中华显微外科杂志，1996，19（1）：57-58. {CHEN Ganzhen,HAO Peng. The experience of replantation of severed finger under local anesthesia in outpatient department[J]. Zhonghua Xian Wei Wai Ke Za Zhi[Chin J Microsurg(Article in Chinese;No abstract available)],1996,19(1):57-58.}

[1004] 张元信，李宣胜，高忠玉，胡双贵，申光亮，张海灵. 重复腋路臂丛麻醉不同穿刺定位法的效果比较 [J]. 中华手外科杂志，1997，13（1）：40-42. {ZHANG Yuanxin,LI Xuansheng,GAO Zhongyu,HU Shuanggui,SHEN Guangliang,ZHANG Hailing. Comparidon of repetitive transaxillary brachial plexus block with different localization[J]. Zhonghua Shou Wai Ke Za Zhi[Chin J Hand Surg(Article in Chinese;Abstract in Chinese and English)],1997,13(1):40-42.}

[1005] 林娜，苑贵敏，王颖，金鸣苍，韦加宁. 腋路臂丛阻滞麻醉在小儿手外伤的应用 [J]. 中华手外科杂志，1997，13（2）：81. DOI：10.3760/cma.j.issn.1005-054X.1997.02.019. {LIN Na,YUAN Guimin,WANG Ying,JIN Mingcang,WEI Jianing. Axillary brachial plexus block anesthesia in children with hand trauma[J]. Zhonghua Shou Wai Ke Za Zhi[Chin J Hand Surg(Article in Chinese;No abstract available)],1997,13(2):81. DOI:10.3760/cma.j.issn.1005-054X.1997.02.019.}

[1006] 张元信，程国良，高忠玉，胡双贵，董西贵，孙惠珍. 地塞米松延长布比卡因臂丛麻醉与术后镇痛时效的临床研究 [J]. 中华创伤杂志，1998，14（5）：328. DOI：10.3760/j:issn：1001-8050.1998.05.023. {ZHANG Yuanxin,CHENG Guoliang,GAO Zhongyu,HU Shuanggui,DONG Xigui,SUN Huizhen. Clinical study of dexamethasone prolonging the duration of bupivacaine brachial plexus anesthesia and postoperative analgesia[J]. Zhonghua Chuang Shang Za Zhi[Chin J Trauma(Article in Chinese;No abstract available)],1998,14(5):328. DOI:10.3760/j:issn:1001-8050.1998.05.023.}

[1007] 王述波，张开玲，李金晟. 多点神经阻滞麻醉在吻合血管组合组织移植中的应用 [J]. 中华显微外科杂志，1998，21（2）：146. DOI：10.3760/cma.j.issn.1001-2036.1998.02.031. {WANG Shubo,ZHANG Kailing,LI Jinsheng. Application of multi-point nerve block anesthesia in anastomosed vascular combined tissue transplantation[J]. Zhonghua Xian Wei Wai Ke Za Zhi[Chin J Microsurg(Article in Chinese;No abstract available)],1998,21(2):146. DOI:10.3760/cma.j.issn.1001-2036.1998.02.031.}

[1008] 于向鸿，窦元元. 支撑喉镜下喉显微手术麻醉并发症及其预防 [J]. 中级医刊，1998，33(1)：33-34. {YU Xianghong,DOU Yuanyuan. Anesthesia complications and prevention of laryngeal microsurgery under support laryngoscope[J]. Zhong Ji Yi Kan[Chin J Med(Article in Chinese;Abstract in Chinese)],1998,33(1):33-34.}

[1009] 杨家荣，向定银，李长芬，张永久，杨炳恒. 腕部局麻断指再植五例 [J]. 中国修复重建外科杂志，1998，12（4）：255. {YANG Jiarong,XIANG Dingyin,LI Changfen,ZHANG Yongjiu,YANG Bingheng. Five cases of replantation of hemp finger in the arm[J]. Zhongguo Xiu Fu Chong Jian Wai

Ke Za Zhi[Chin J Repar Reconstr Surg(Article in Chinese;No abstract available)],1998,12(4):255.}

[1010] 朱建民，陈新刚，金宗达. 布比卡因和利多卡因指神经阻滞对照研究 [J]. 中国骨伤，1999，12（3）：50. DOI：10.3969/j.issn.1003－0034.1999.03.028. {ZHU Jianmin,CHEN Xingang,JIN Zongda. Contrast investigation on digital nerve blockage with bupivacaine and lidocaine[J]. Zhongguo Gu Shang[China J Orthop Trauma(Article in Chinese;Abstract in Chinese)],1999,12(3):50. DOI:10.3969/j.issn.1003-0034.1999.03.028.}

[1011] 张元信，侯书健，王菊荣. 罂粟碱对臂丛神经阻滞作用的临床研究 [J]. 中华手外科杂志，2000，16(2)：105. DOI：10.3760/cma.j.issn.1005－054X.2000.02.010. {ZHANG Yuanxin,HOU Shujian,WANG Jurong. Clinical study of the influence of papaverine on brachial plexus block[J]. Zhonghua Shou Wai Ke Za Zhi[Chin J Hand Surg(Article in Chinese;Abstract in Chinese and English)],2000,16(2):105. DOI:10.3760/cma.j.issn.1005-054X.2000.02.010.}

[1012] 刘建洋，林玉霜. 64 例小儿臂丛神经阻滞麻醉的分析 [J]. 中华手外科杂志，2001，17（1）：18. DOI：10.3760/cma.j.issn.1005－054X.2001.01.023. {LIU Jianyang,LIN Yushuang. Analysis of 64 cases of brachial plexus block anesthesia in children[J]. Zhonghua Shou Wai Ke Za Zhi[Chin J Hand Surg(Article in Chinese;No abstract available)],2001,17(1):18. DOI:10.3760/cma.j.issn.1005-054X.2001.01.023.}

[1013] 林惠华，张晓光，牛捷平，孙晓雄. 不同浓度罗哌卡因用于腋路臂丛神经阻滞的研究 [J]. 实用手外科杂志，2001，15(3)：153－155. DOI：10.3969/j.issn.1671－2722.2001.03.010. {LIN Huihua,ZHANG Xiaoguang,NIU Jieping,SUN Xiaoxiong. A comparison of ropivacaine of different concentration for axillary brachial plexus block[J]. Shi Yong Shou Wai Ke Za Zhi[Chin J Pract Hand Surg(Article in Chinese;Abstract in Chinese and English)],2001,15(3):153-155. DOI:10.3969/j.issn.1671-2722.2001.03.010.}

[1014] 牛金柱，徐志勇，张宝玉. 臂丛神经与星状神经节阻滞对上肢（指）血流影响的临床观察 [J]. 解放军医学杂志，2001，26（4）：300－301. DOI：10.3321/j.issn：0577－7402.2001.04.026. {NIU Jinzhu,XU Zhiyong,ZHANG Baoyu. The effects of brachial plexus block and satellite ganglion block on the blood flow of upper limb[J]. Jie Fang Jun Yi Xue Za Zhi[Med J Chin PLA(Article in Chinese;Abstract in Chinese and English)],2001,26(4):300-301. DOI:10.3321/j.issn:0577-7402.2001.04.026.}

[1015] 贺聿国，李湘灵，曾峰，王勇刚，朱容富，魏旭东，袁翔，谢涛. 异丙酚合并局部麻醉在电视脑内镜显微神经外科术中的应用 [J]. 中国微创外科杂志，2001，1（2）：122. DOI：10.3969/j.issn.1009－6604.2001.02.027. {HE Yuguo,LI Xiangling,ZENG Feng,WANG Yonggang,ZHU Rongfu,WEI Xudong,YUAN Xiang,XIE Tao. Application of propofol combined with local anesthesia in endoscopic microneurosurgery[J]. Zhongguo Wei Chuang Wai Ke Za Zhi[Chin J Minim Inva Surg(Article in Chinese;Abstract in Chinese)],2001,1(2):122. DOI:10.3969/j.issn.1009-6604.2001.02.027.}

[1016] 张元信，孟宪斌，高忠玉，张勤，武春敏，张海灵，徐颖，王振军，侯书健. 用病人自控镇痛技术治疗手指再造术后顽固性血管痉挛 [J]. 中华手外科杂志，2003，19（4）：235－237. DOI：10.3760/cma.j.issn.1005－054X.2003.04.020. {ZHANG Yuanxin,MENG Xianbin,GAO Zhongyu,ZHANG Qin,WU Chunmin,ZHANG Hailing,XU Ying,WANG Zhenjun,HOU Shujian. Patient controlled intravenous angesia pcia on obstinate vasospasm after severed digital replantation or reconstruction of digits[J]. Zhonghua Shou Wai Ke Za Zhi[Chin J Hand Surg(Article in Chinese;Abstract in Chinese and English)],2003,19(4):235-237. DOI:10.3760/cma.j.issn.1005-054X.2003.04.020.}

[1017] 邓荣建，徐建设，魏荣，秦再生. 臂丛自控镇痛对前臂显微外科手术后的影响 [J]. 第一军医大学学报，2003，23（4）：377－379. DOI：10.3321/j.issn：1673－4254.2003.04.023. {DENG Rongjian,XU Jianshe,WEI Rong,QIN Zaisheng. Clinical efficacy of brachial plexus block with patient-controlled analgesia for postoperative analgesia and recovery in the antebrachium[J]. Di Yi Jun Yi Da Xue Xue Bao[J First Mil Med Univ(Article in Chinese;Abstract in Chinese and English)],2003,23(4):377-379. DOI:10.3321/j.issn:1673-4254.2003.04.023.}

[1018] 方力，刘芳，李玲，王铁军，杨力实，孙晓雄. 不同局麻药添加可乐定应用于臂丛神经阻滞的疗效 [J]. 中华医学杂志，2004，84（20）：1712－1713. DOI：10.3760/j：issn：0376－2491.2004.20.012. {FANG Li,LIU Fang,LI Ling,WANG Tiejun,YANG Lishi,SUN Xiaoxiong. The effect of different local anesthetics with clonidine in brachial plexus block[J]. Zhonghua Yi Xue Za Zhi[Natl Med J China(Article in Chinese;No abstract available)],2004,84(20):1712-1713. DOI:10.3760/j:issn:0376-2491.2004.20.012.}

[1019] 张元信，侯书健，王振军，孟宪斌，张勤，张海灵，徐颖，武春敏，王德明. 运动感觉神经阻滞分离与患者自控镇痛技术用于肌腱修复与重建手术的临床研究 [J]. 中华外科杂志，2004，42（19）：1153－1156. DOI：10.3760/j：issn：0529－5815.2004.19.001. {ZHANG Yuanxin,HOU Shujian,WANG Zhenjun,MENG Xianbin,ZHANG Qin,ZHANG Hailing,XU Ying,WU Chunmin,WANG Deming. Application of separating brachial plexus block combined with preoperative analgesia by patient controlled intravenous analgesia in tendon repair[J]. Zhonghua Wai Ke Za Zhi[Chin J Surg(Article in Chinese;Abstract in Chinese and English)],2004,42(19):1153-1156. DOI:10.3760/j:issn:0529-5815.2004.19.001.}

[1020] 申海斌，巨积辉，侯瑞兴，孔令海. 臂丛神经自控镇痛在断指再植术后的应用 [J]. 实用手外科杂志，2004，18（1）：17－18. DOI：10.3969/j.issn.1671－2722.2004.01.008. {SHEN Haibin,JU Jihui,HOU Ruixing,KONG Linghai. Application of patient-controlled analgesia of brachial plexus after digital replantation[J]. Shi Yong Shou Wai Ke Za Zhi[Chin J Pract Hand Surg(Article in Chinese;Abstract in Chinese and English)],2004,18(1):17-18. DOI:10.3969/j.issn.1671-2722.2004.01.008.}

[1021] 吴韬，仇梨萍，陈琦，吴皓，尤新民，金熊元. 显微外科听神经瘤切除术的麻醉 [J]. 中华显微外科杂志，2004，27（1）：77－78. DOI：10.3760/cma.j.issn.1001－2036.2004.01.037. {WU Tao,CHOU Liping,CHEN Qi,WU Hao,YOU Xinmin,JIN Xiongyuan. Anesthesia for microsurgical resection of acoustic neuroma[J]. Zhonghua Xian Wei Wai Ke Za Zhi[Chin J Microsurg(Article in Chinese;Abstract in Chinese)],2004,27(1):77-78. DOI:10.3760/cma.j.issn.1001-2036.2004.01.037.}

[1022] 侯炯，许涛，吴雪，岳志健，周晓平. 垂体腺瘤显微切除手术的麻醉 [J]. 中国微创外科杂志，2004，4（2）：163－164. DOI：10.3969/j.issn.1009－6604.2004.02.044. {HOU Jiong,XU Tao,WU Xue,YUE Zhijian,ZHOU Xiaoping. Anesthesia for microresection of pituitary adenomas[J]. Zhongguo Wei Chuang Wai Ke Za Zhi[Chin J Minim Inva Surg(Article in Chinese;Abstract in Chinese)],2004,4(2):163-164. DOI:10.3969/j.issn.1009-6604.2004.02.044.}

[1023] 崔成立，尹维刚，史增元，刘秀清，刘元山. 臂内侧入路臂丛阻滞麻醉的解剖学基础 [J]. 中国临床解剖学杂志，2005，23（1）：41－43. DOI：10.3969/j.issn.1001－165X.2005.01.012. {CUI Chengli,YIN Weigang,SHI Zengyuan,LIU Xiuqing,LIU Yuanshan. Brachial plexus block anesthesia via medial arm approach:anatomical basis[J]. Zhongguo Lin Chuang Jie Pou Xue Za Zhi[Chin J Clin Anat(Article in Chinese;Abstract in Chinese and English)],2005,23(1):41-43. DOI:10.3969/j.issn.1001-165X.2005.01.012.}

[1024] 黄格，白宇，谭冠先. 断指再植术后连续臂丛阻滞镇痛对再植指成活的影响 [J]. 中华显微外科杂志，2005，28（3）：273－274. DOI：10.3760/cma.j.issn.1001－2036.2005.03.038. {HUANG Ge,BAI Yu,TAN Guanxian. Effect of continuous brachial plexus block analgesia on the survival of finger replantation after severed finger replantation[J]. Zhonghua Xian Wei Wai Ke Za Zhi[Chin J Microsurg(Article in Chinese;Abstract in Chinese)],2005,28(3):273-274. DOI:10.3760/cma.j.issn.1001-2036.2005.03.038.}

[1025] 马丽，周晓英. 经颈路臂丛阻滞用于肩部手术 [J]. 中国矫形外科杂志，2005，13（14）：1057. DOI：10.3969/j.issn.1005－8478.2005.14.029. {MA Li,ZHOU Xiaoying. Transcervical brachial plexus block for shoulder surgery[J]. Zhongguo Jiao Xing Wai Ke Za Zhi[Orthop J China(Article in Chinese;No abstract available)],2005,13(14):1057. DOI:10.3969/j.issn.1005-8478.2005.14.029.}

[1026] 车薛华，梁伟民，王怡，王涌. 实时 B 超定位垂直锁骨下喙突入路臂丛阻滞麻醉 [J]. 中华手外科杂志，2005，21(4)：216－219. DOI：10.3760/cma.j.issn.1005－054X.2005.04.011. {CHE Xuehua,LIANG Weimin,WANG Yi,WANG Yong . Ultrasound-guided infraclavicular brachial plexus block by vertical coracoid approach[J]. Zhonghua Shou Wai Ke Za Zhi[Chin J Hand Surg(Article in Chinese;Abstract in Chinese and English)],2005,21(4):216-219. DOI:10.3760/cma.j.issn.1005-054X.2005.04.011.}

[1027] 李永军，李镔，石娜. 改良的鞘管内麻醉在手指手术中的应用 [J]. 中华手外科杂志，2005，21（1）：8. DOI：10.3760/cma.j.issn.1005－054X.2005.01.025. {LI Yongjun,LI Bin,SHI Na. Application of modified intrathecal anesthesia in finger surgery[J]. Zhonghua Shou Wai Ke Za Zhi[Chin J Hand Surg(Article in Chinese;No abstract available)],2005,21(1):8. DOI:10.3760/cma.j.issn.1005-054X.2005.01.025.}

[1028] 王忠岳，李清平，李世文，朱海伦. 婴幼儿手外科手术的麻醉选择及分析 [J]. 中华手外科杂志，2005，21（2）：74. DOI：10.3760/cma.j.issn.1005－054X.2005.02.023. {WANG Zhongyue,LI Qingping,LI Shiwen,ZHU Hailun. Selection and analysis of anesthesia methods in Infant hand surgery[J]. Zhonghua Shou Wai Ke Za Zhi[Chin J Hand Surg(Article in Chinese;Abstract in Chinese)],2005,21(2):74. DOI:10.3760/cma.j.issn.1005-054X.2005.02.023.}

[1029] 尚宇，顾佩菲，德琳，赵璠，张雅金. 雷米芬太尼复合异丙酚麻醉在喉显微手术中的应用 [J]. 解放军医学杂志，2005，30（12）：1093. DOI：10.3321/j.issn：0577－7402.2005.12.034. {SHANG Yu,GU Peifei,DE Lin,ZHAO Fan,ZHANG Yajin. Application of remifentanil combined with propofol anesthesia in laryngeal microsurgery[J]. Jie Fang Jun Yi Xue Za Zhi[Med J Chin PLA(Article in Chinese;Abstract in Chinese)],2005,30(12):1093. DOI:10.3321/j.issn:0577-7402.2005.12.034.}

[1030] 李文辉，何志龙，黄猛. 腋路连续臂丛麻醉在手显微外科手术中的应用体会 [J]. 局解手术学杂志，2006，15（2）：109－110. DOI：10.3969/j.issn.1672－5042.2006.02.023. {LI Wenhui,HE Zhilong,HUANG Meng. Application of durative brachial plexus anaesthesia in hand microsurgery[J]. Ju Jie Shou Shu Xue Za Zhi[J Reg Anat Oper Surg(Article in Chinese;No abstract available)],2006,15(2):109-110. DOI:10.3969/j.issn.1672-5042.2006.02.023.}

[1031] 郝国明，许海雄，张舟，张长椿，郑良杰. 脑膜瘤显微外科手术的麻醉处理 [J]. 中华显微外科杂志，2006，29（1）：29－31. DOI：10.3760/cma.j.issn.1001－2036.2006.01.010. {HAO Guoming,XU Haixiong,ZHANG Zhou,ZHANG Changchun,ZHENG Liangjie. The anesthesia manage of meningioma resection under microsurgery[J]. Zhonghua Xian Wei Wai Ke Za Zhi[Chin J Microsurg(Article in Chinese;Abstract in Chinese)],2006,29(1):29-31. DOI:10.3760/cma.j.issn.1001-2036.2006.01.010.}

[1032] 张洁，车薛华，梁伟民. 周围神经刺激器引导腋路臂丛神经阻滞用于肘部尺神经松解术 [J]. 中华手外科杂志，2007，23（4）：234－236. DOI：10.3760/cma.j.issn.1005－054X.2007.04.020. {ZHANG Jie,CHE Xuehua,LIANG Weimin. Axillary brachial plexus block guided by peripheral nerve stimulator[J]. Zhonghua Shou Wai Ke Za Zhi[Chin J Hand Surg(Article in Chinese;Abstract in Chinese and English)],2007,23(4):234-236. DOI:10.3760/cma.j.issn.1005-054X.2007.04.020.}

[1033] 王述波，陈小涛，董梅. 股神经及坐骨神经阻滞麻醉在下肢急诊吻合血管手术中的应用 [J]. 中华显微外科杂志，2008，31（6）：466－467. DOI：10.3760/cma.j.issn.1001－2036.2008.06.029. {WANG Shubo,CHEN Xiaotao,DONG Mei. Application of femoral nerve and sciatic nerve block anesthesia in emergency vascular anastomosis of lower limbs[J]. Zhonghua Xian Wei Wai Ke Za Zhi[Chin J Microsurg(Article in Chinese;Abstract in Chinese)],2008,31(6):466-467. DOI:10.3760/cma.j.issn.1001-2036.2008.06.029.}

[1034] 李佩盈，顾华华，车薛华，张军，梁伟民. 锁骨下臂丛阻滞两种不同入路的比较研究 [J]. 中国临床解剖学杂志，2009，27（1）：35－38. {LI Peiying,GU Huahua,CHE Xuehua,ZHANG Jun,LIANG Weimin. Comparative study of two infraclaviuclar brachial plexus block approaches[J]. Zhongguo Lin Chuang Jie Pou Xue Za Zhi[Chin J Clin Anat(Article in Chinese;Abstract in Chinese and English)],2009,27(1):35-38.}

[1035] 刘坤. 罗哌卡因用于断指再植手术肌间沟臂丛神经阻滞的效应 [J]. 中华显微外科杂志，2010，33（1）：79－81. DOI：10.3760/cma.j.issn.1001－2036.2010.01.037. {LIU Kun. The effect of ropivacaine in intermuscular sulcus brachial plexus block during finger replantation[J]. Zhonghua Xian Wei Wai Ke Za Zhi[Chin J Microsurg(Article in Chinese;Abstract in Chinese)],2010,33(1):79-81. DOI:10.3760/cma.j.issn.1001-2036.2010.01.037.}

[1036] 李翃斌，李清平. 超声引导下锁骨上臂丛神经阻滞的临床应用 [J]. 中华手外科杂志，2010，26（5）：270. {LI Hongbin,LI Qingping. Clinical application of supraclavicular brachial plexus block under ultrasound guidance[J]. Zhonghua Shou Wai Ke Za Zhi[Chin J Hand Surg(Article in Chinese;No abstract available)],2010,26(5):270.}

[1037] 沈国灿，叶茂，柏林，徐颖，李大珍. 吗啡、罗哌卡因混合液臂丛阻滞麻醉在儿童术后镇痛中的作用 [J]. 中华创伤杂志，2010，26（5）：449－452. DOI：10.3760/cma.j.issn.1001－8050.2010.05.022. {SHEN Guocan,YE Mao,BAI Lin,XU Ying,LI Dazhen. Effect of brachial plexus block with morphine and ropivacaine for postoperative analgesia in children[J]. Zhonghua Chuang Shang Za Zhi[Chin J Trauma(Article in Chinese;Abstract in Chinese and English)],2010,26(5):449-452. DOI:10.3760/cma.j.issn.1001-8050.2010.05.022.}

[1038] 刘坤，朱永霞. 丙泊酚复合瑞芬太尼用于拇指再造手术麻醉的临床观察 [J]. 中华显微外科杂志，2010，33(2)：171－172. DOI：10.3760/cma.j.issn.1001－2036.2010.02.036. {LIU Kun,ZHU Yongxia. Clinical observation of propofol combined with remifentanil in anesthesia for thumb reconstruction surgery[J]. Zhonghua Xian Wei Wai Ke Za Zhi[Chin J Microsurg(Article in Chinese;Abstract in Chinese)],2010,33(2):171-172. DOI:10.3760/cma.j.issn.1001-2036.2010.02.036.}

[1039] 丁家明，冉茂成，代小思，田明，苟飞，杨俊，赵爽. 肩胛上神经阻滞穿刺点的研究及其临床意义 [J]. 局解手术学杂志，2010，19（4）：279－280. DOI：10.3969/j.issn.1672－5042.2010.04.012. {DING Jiaming,RAN Maocheng,DAI Xiaosi,TIAN Ming,GOU Fei,YANG Jun,ZHAO Shuang. A study on the puncture point for suprascapular nerve block and its clinical significance[J]. Ju Jie Shou Shu Xue Za Zhi[J Reg Anat Oper Surg(Article in Chinese;Abstract in Chinese)],2010,19(4):279-280. DOI:10.3969/j.issn.1672-5042.2010.04.012.}

[1040] 肖实，曲良超，曾剑文，谢建军，万长栋. 罗哌卡因臂丛运动与感觉分离阻滞在显微手术中的应用 [J]. 中华显微外科杂志，2011，34（4）：311－312. DOI：10.3760/cma.j.issn.1001－2036.2011.04.016. {XIAO Shi,QU Liangchao,CENG Jianwen,XIE Jianjun,WAN Zhangdong. Application of ropivacaine brachial plexus motor and sensory separation block in microsurgery[J]. Zhonghua Xian Wei Wai Ke Za Zhi[Chin J Microsurg(Article in Chinese;Abstract in Chinese)],2011,34(4):311-312. DOI:10.3760/cma.j.issn.1001-2036.2011.04.016.}

[1041] 张元信，张靖，何旭，王德明，曲彦亮，武春敏，温宝磊. 改良型腋窝顶定位穿刺锁骨下位点阻滞麻醉的临床研究 [J]. 中华手外科杂志，2011，27（2）：105－109. {ZHANG Yuanxin,ZHANG Jing,HE Xu,WANG Deming,QU Yanliang,WU Chunmin,WEN Baolei. Clinical study of subclavian block anesthesia through modified axillary apex location puncture[J]. Zhonghua Shou Wai Ke Za Zhi[Chin J Hand Surg(Article in Chinese;Abstract in Chinese)],2011,27(2):105-109.}

[1042] 张元信，张靖，何旭，王德明，曲彦亮，武春敏，温宝磊. 应用动静分离阻滞复合镇痛技术预防术后肌腱粘连的作用 [J]. 中华显微外科杂志，2011，34（1）：68－70. DOI：10.3760/cma.j.issn.1001－2036.2011.01.030. {ZHANG Yuanxin,ZHANG Jing,HE Xu,WANG Deming,QU Yanliang,WU Chunmin,WEN Baolei. Application of sensorimotor separation block combined with intravenous analgesia to prevent postoperative tendon adhesion[J]. Zhonghua Xian Wei Wai Ke Za Zhi[Chin J Microsurg(Article in Chinese;Abstract in Chinese)],2011,34(1):68-70.

DOI:10.3760/cma.j.issn.1001-2036.2011.01.030.}

[1043] 曾玲双. 臂神经丛联合阻滞的应用 [J]. 局解手术学杂志, 2011, 20(4): 433-435. DOI: 10.3969/j.issn.1672-5042.2011.04.044. {ZENG Lingshuang. Application of combined brachial plexus block[J]. Ju Jie Shou Shu Xue Za Zhi[J Reg Anat Oper Surg(Article in Chinese;Abstract in Chinese)],2011,20(4):433-435. DOI:10.3969/j.issn.1672-5042.2011.04.044.}

[1044] 张元信, 张靖, 何旭, 侯书健, 王德明, 曲彦亮, 武春敏, 温宝磊. 腋窝顶定位穿刺锁骨下位点阻滞麻醉用于创伤性臂丛损伤手术 [J]. 中国临床解剖学杂志, 2012, 30(6): 708-711. {ZHANG Yuanxin,ZHANG Jing,HE Xu,HOU Shujian,WANG Deming,QU Yanliang,WU Chunmin,WEN Baolei. The application of subclavicular brachial plexus block with localized puncture at the apex of the axilla on the treating of traumatic brachial plexus injury[J]. Zhongguo Lin Chuang Jie Pou Xue Za Zhi[Chin J Clin Anat(Article in Chinese;Abstract in Chinese and English)],2012,30(6):708-711.}

[1045] 刘勇, 齐麟, 徐长贵, 关大鹏, 张月琴. 多普勒超声定位在腋路臂丛神经阻滞中的应用 [J]. 中华手外科杂志, 2012, 28(1): 33. {LIU Yong,QI Lin,XU Zhanggui,GUAN Dapeng,ZHANG Yueqin. Doppler ultrasound positioning in axillary brachial plexus block[J]. Zhonghua Shou Wai Ke Za Zhi[Chin J Hand Surg(Article in Chinese;No abstract available)],2012,28(1):33.}

[1046] 李明光, 陈杰, 石胜驰, 杨贞, 李永帅. 绘图法在外周神经阻滞教学中的应用 [J]. 局解手术学杂志, 2012, 21(5): 579-580. {LI Mingguang,CHEN Jie,SHI Shengchi,YANG Zhen,LI Yongshuai. Application of graphics in the teaching of peripheral nerve blocks[J]. Ju Jie Shou Shu Xue Za Zhi[J Reg Anat Oper Surg(Article in Chinese;Abstract in Chinese)],2012,21(5):579-580.}

[1047] 王德明, 侯书健, 张元信, 屈志刚, 孙乐天, 何旭. 腋路臂丛3种神经定位方法阻滞效果的比较 [J]. 中国临床解剖学杂志, 2013, 31(2): 220-224. {WANG Deming,HOU Shujian,ZHANG Yuanxin,QU Zhigang,SUN Letian,HE Xu. A comparison of three nerve-localization techniques on axillary brachial plexus block[J]. Zhongguo Lin Chuang Jie Pou Xue Za Zhi[Chin J Clin Anat(Article in Chinese;Abstract in Chinese and English)],2013,31(2):220-224.}

[1048] 焦微, 车薛华, 徐振东, 张洁. 喙突入路锁骨下臂丛神经阻滞——改良法与经典法的比较 [J]. 中华手外科杂志, 2013, 29(5): 296-298. {JIAO Wei,CHE Xuehua,XU Zhendong,ZHANG Jie. Infraclavicular brachial plexus nerve block via a coracoid approach:comparison of the anesthetic effects between the classic method and the modified method[J]. Zhonghua Shou Wai Ke Za Zhi[Chin J Hand Surg(Article in Chinese;Abstract in Chinese and English)],2013,29(5):296-298.}

[1049] 徐鹏, 郭俊光, 岳红, 王亚军, 蔡雪峰, 陈星. 自控镇静对断指再植患者血管危象发生率的影响 [J]. 实用手外科杂志, 2013, 27(1): 50-52. DOI: 10.3969/j.issn.1671-2722.2013.01.018. {XU Peng,GUO Junguang,YUE Hong,WANG Yajun,CAI Xuefeng,CHEN Xing. The influence of patient-controlled sedation on vascular crisis incidence in replanlation of amputated finger[J]. Shi Yong Shou Wai Ke Za Zhi[Chin J Pract Hand Surg(Article in Chinese;Abstract in Chinese and English)],2013,27(1):50-52. DOI:10.3969/j.issn.1671-2722.2013.01.018.}

[1050] 俞晨, 贾东林. 显微支撑喉镜下 CO_2 激光手术的麻醉管理 [J]. 中国微创外科杂志, 2013, 13(11): 1034-1036. {YU Chen,JIA Donglin. Anesthesia Management of CO_2 Laser Surgery Under Suspension Laryngoscope[J]. Zhongguo Wei Chuang Wai Ke Za Zhi[Chin J Minim Inva Surg(Article in Chinese;Abstract in Chinese)],2013,13(11):1034-1036.}

[1051] 黄素芳, 王朝亮, 孙雪生, 朱涛, 蔺楚, 申立林, 李强, 高博. 连续正中神经阻滞预防多条屈指肌腱吻合术后粘连 [J]. 中华显微外科杂志, 2014, 37(5): 492-494. DOI: 10.3760/cma.j.issn.1001-2036.2014.05.022. {HUANG Sufang,WANG Chaoliang,SUN Xuesheng,ZHU Tao,Lin Chu,SHEN Lilin,LI Qiang,GAO Bo. Continuous median nerve block to prevent adhesion of multiple flexor tendons after anastomosis[J]. Zhonghua Xian Wei Wai Ke Za Zhi[Chin J Microsurg(Article in Chinese;Abstract in Chinese)],2014,37(5):492-494. DOI:10.3760/cma.j.issn.1001-2036.2014.05.022.}

[1052] 巨积辉, 关大鹏, 赵强, 张广亮, 李祥军, 侯瑞兴. 腋路神经干阻滞在手指屈肌腱粘连松解术中的应用 [J]. 中华手外科杂志, 2015, 31(4): 289-291. {JU Jihui,GUAN Dapeng,ZHAO Qiang,ZHANG Guangliang,LI Xiangjun,HOU Ruixing. Application of axillary nerve trunk block in the lysis of finger flexor tendon adhesions[J]. Zhonghua Shou Wai Ke Za Zhi[Chin J Hand Surg(Article in Chinese;Abstract in Chinese and English)],2015,31(4):289-291.}

[1053] 邢树国, 谢仁国, 汤锦波, 茅天, 王古衡. 完全清醒无止血带局部止血麻醉(WALANT)在手肌腱手术中的应用 [J]. 中华手外科杂志, 2015, 31(4): 285-288. DOI: 10.3760/cma.j.issn.1005-054X.2015.04.018. {XING Shuguo,XIE Renguo,TANG Jinbo,MAO Tian,WANG Guheng. The application of the wide awake local anesthesia no tourniquet technique in tendon surgery[J]. Zhonghua Shou Wai Ke Za Zhi[Chin J Hand Surg(Article in Chinese;Abstract in Chinese and English)],2015,31(4):285-288. DOI:10.3760/cma.j.issn.1005-054X.2015.04.018.}

[1054] 曲彦亮, 申恒花, 温宝磊, 武春敏, 张立新, 王德明, 张元信, 侯书健, 张欣. 双侧腋路臂丛神经阻滞用于双上肢显微外科术中的探索研究 [J]. 第三军医大学学报, 2016, 38(22): 2457-2461. DOI: 10.16016/j.1000-5404.201608168. {QU Yanliang,SHEN Henghua,WEN Baolei,WU Chunmin,ZHANG Lixin,WANG Deming,ZHANG Yuanxin,HOU Shujian,ZHANG Xin. Anesthetic efficacy and safety of bilateral axillary brachial plexus block in microsurgery for bilateral upper limbs[J]. Di San Jun Yi Da Xue Xue Bao[Acta Acad Med Mil Tert(Article in Chinese;Abstract in Chinese and English)],2016,38(22):2457-2461. DOI:10.16016/j.1000-5404.201608168.}

[1055] 张国强, 吴寿和, 徐杨, 姚军. 超声联合神经刺激仪引导下连续肌间沟臂丛神经阻滞对再植术后手指组织灌注的影响 [J]. 上海医学, 2016, 39(12): 719-723. {ZHANG Guoqiang,WU Shouhe,XU Yang,YAO Jun. Effect of ultrasound and nerve stimulator guided continuous interscalene brachial plexus nerve block on blood perfusion during amputated finger replantation[J]. Shanghai Yi Xue[Shanghai Med J(Article in Chinese;Abstract in Chinese and English)],2016,39(12):719-723.}

[1056] 谢玉慧, 董晖, 孙燕飞. 低浓度右美托咪定联合臂丛神经阻滞在小儿手外科手术中的应用 [J]. 中华手外科杂志, 2017, 33(5): 346-347. {XIE Yuhui,DONG Hui,SUN Yanfei. Low concentration dexmedetomidine combined with brachial plexus block in pediatric hand surgery[J]. Zhonghua Shou Wai Ke Za Zhi[Chin J Hand Surg(Article in Chinese;No abstract available)],2017,33(5):346-347.}

[1057] 熊胜, 蒯英英, 张广亮, 金光哲, 李祥军, 巨积辉. 芬太尼透皮贴超前镇痛对减少断指再植术后血管危象的临床观察 [J]. 中华手外科杂志, 2017, 33(1): 62-63. DOI: 10.3760/cma.j.issn.1005-054X.2017.01.027. {XIONG Sheng,KUAI Yingying,ZHANG Guangliang,JIN Guangzhe,LI Xiangjun,JU Jihui. Clinical observation of fentanyl transdermal patch preemptive analgesia in reducing vascular crisis after replantation of severed fingers[J]. Zhonghua Shou Wai Ke Za Zhi[Chin J Hand Surg(Article in Chinese;Abstract in Chinese)],2017,33(1):62-63. DOI:10.3760/cma.j.issn.1005-054X.2017.01.027.}

[1058] 马振杰, 于胜军, 张建中, 姜俊杰, 李京宁, 季远. 腕肘部神经阻滞在手部手术的应用 [J]. 中华手外科杂志, 2017, 33(5): 358-360. {MA Zhenjie,YU Shengjun,ZHANG Jianzhong,JIANG Junjie,LI Jingning,JI Yuan. Application of wrist and elbow nerve block in hand surgery[J]. Zhonghua Shou Wai Ke Za Zhi[Chin J Hand Surg(Article in Chinese;Abstract in Chinese)],2017,33(5):358-360.}

[1059] 刘玉林, 冯亚高, 徐翀, 王秋生. 利多卡因屈指腱鞘麻醉致示指指端部分坏死一例 [J]. 中华显微外科杂志, 2018, 41(4): 409. DOI: 10.3760/cma.j.issn.1001-2036.2018.04.031. {LIU Yulin,FENG Yagao,XU Li,WANG Qiusheng. Partial necrosis of fingertip of index finger caused by lidocaine flexor tendon sheath anesthesia:a case report[J]. Zhonghua Xian Wei Wai Ke Za Zhi[Chin J Microsurg(Article in Chinese;No abstract available)],2018,41(4):409. DOI:10.3760/cma.j.issn.1001-2036.2018.04.031.}

[1060] 张德溪, 宋克伟, 王远征, 赵晓东, 张国辉, 王丽娜, 徐岳杰, 郑广程. 感觉和运动分离的臂丛神经阻滞麻醉在手指屈肌腱粘连松解术中的应用效果 [J]. 实用手外科杂志, 2019, 33(4): 413-415. DOI: 10.3969/j.issn.1671-2722.2019.04.016. {ZHANG Dexi,SONG Kewei,WANG Yuanzheng,ZHAO Xiaodong,ZHANG Guohui,WANG Lina,XU Yuejie,ZHENG Guangcheng. The application of motor nerve and sensory nerve separate block of brachial plexus block anesthesia in tenolysis of flexor tendon adhesion of the fingers[J]. Shi Yong Shou Wai Ke Za Zhi[Chin J Pract Hand Surg(Article in Chinese;Abstract in Chinese and English)],2019,33(4):413-415. DOI:10.3969/j.issn.1671-2722.2019.04.016.}

[1061] 陶涛, 周全. 超声引导下腰交感神经阻滞在下肢皮瓣修复手术中的应用 [J]. 中华创伤骨科杂志, 2019, 21(7): 632-635. DOI: 10.3760/cma.j.issn.1671-7600.2019.07.016. {TAO Tao,ZHOU Quan. Ultrasound-guided lumbar sympathetic block for flap repair of lower limb defects[J]. Zhonghua Chuang Shang Gu Ke Za Zhi[Chin J Orthop Trauma(Article in Chinese;Abstract in Chinese)],2019,21(7):632-635. DOI:10.3760/cma.j.issn.1671-7600.2019.07.016.}

[1062] 辛志祥, 陶智蔚, 郑永超, 吕翔. 区域神经阻滞在口腔颌面肿瘤股前外侧皮瓣修复术后镇痛中的临床应用 [J]. 中国口腔颌面外科杂志, 2019, 17(2): 159-162. DOI: 10.19438/j.cjoms.2019.02.012. {XIN Zhixiang,TAO Zhiwei,ZHENG Yongchao,LV Xiang. Clinical application of regional nerve block in postoperative analgesia of anterolateral thigh flap repair for oral and maxillofacial defects after resection of tumours[J]. Zhongguo Kou Qiang He Mian Wai Ke Za Zhi[Chin J Oral Maxillofac Surg(Article in Chinese;Abstract in Chinese)],2019,17(2):159-162. DOI:10.19438/j.cjoms.2019.02.012.}

[1063] 刘张玉, 李映云. 改良的臂丛阻滞麻醉 [J]. 解剖学报, 2020, 51(1): 62-65. DOI: 10.16098/j.issn.0529-1356.2020.01.011. {LIU Zhangyu,LI Yingyun. Modified braclial plexus block anesthesia[J]. Jie Pou Xue Bao[Acta Anat Sin(Article in Chinese;Abstract in Chinese and English)],2020,51(1):62-65. DOI:10.16098/j.issn.0529-1356.2020.01.011.}

1.8 显微外科手术后监测与处理

postoperative monitoring and management in microsurgery

[1064] 张咸中, 韩庆武, 宫云霞. 未入院监护的断指再植8例报告 [J]. 修复重建外科杂志, 1987, 1(1): 44. {ZHANG Xianzhong,HAN Qingwu,GONG Yunxia. 8 cases report of replantation of amputated finger not admitted to hospital[J]. Zhongguo Xiu Fu Chong Jian Wai Ke Za Zhi[Chin J Repar Reconstr Surg(Article in Chinese;No abstract available)],1987,1(1):44.}

[1065] 赵军, 杨东. 用于断指再植术后监护的恒温装置 [J]. 中华显微外科杂志, 1995, 18(2): 153. {ZHAO Jun,YANG Dong. Constant temperature device for monitoring after amputated finger replantation[J]. Zhonghua Xian Wei Wai Ke Za Zhi[Chin J Microsurg(Article in Chinese;No abstract available)],1995,18(2):153.}

[1066] 叶劲, 邓永高, 莫茅. 带监测皮瓣的吻合血管腓骨移植修复下肢长段骨缺损 [J]. 中国修复重建外科杂志, 2000, 14(4): 248. {YE Jin,DENG Yonggao,MO Mao. Repair of long bone defect of lower limb with vascularized fibula graft with monitoring flap[J]. Zhongguo Xiu Fu Chong Jian Wai Ke Za Zhi[Chin J Repar Reconstr Surg(Article in Chinese;No abstract available)],2000,14(4):248.}

[1067] 杨欣, 马继光, 孙广慈. 胸肩峰皮瓣微循环监测及临床应用 [J]. 中华外科杂志, 2000, 38(2): 125-127. DOI: 10.3760/j: issn: 0529-5815.2000.02.015. {YANG Xin,MA Jiguang,SUN Guangci. Microcirculation of thoraco acromial flaps:monitoring and clinical application[J]. Zhonghua Wai Ke Za Zhi[Chin J Surg(Article in Chinese; Abstract in English)],2000,38(2):125-127. DOI:10.3760/j:issn:0529-5815.2000.02.015.}

[1068] 杨欣, 马继光, 王佳琦, 孙广慈. 微循环监测方法在皮瓣断蒂前的应用 [J]. 中华整形外科杂志, 2002, 18(5): 283-284. DOI: 10.3760/j.issn: 1009-4598.2002.05.010. {YANG Xin,MA Jiguang,WANG Jiaqi,SUN Guangci. Microcirculation of lateral groin skin flaps:monitoring and clinical application[J]. Zhonghua Zheng Xing Wai Ke Za Zhi[Chin J Plast Surg(Article in Chinese;Abstract in Chinese and English)],2002,18(5):283-284. DOI:10.3760/j.issn:1009-4598.2002.05.010.}

[1069] 孙坚, 李军, 何悦, 竺涵光, 叶为民, 顾章愉. 骨肌瓣重建下颌骨术后超声监测血供的应用价值 [J]. 现代口腔医学杂志, 2002, 16(2): 136-137. DOI: 10.3969/j.issn.1003-7632.2002.02.014. {SUN Jian,LI Jun,HE Yue,ZHU Hanguang,YE Weimin,GU Zhangyu. Application of ultrasound in observation of the blood vessel in mandible reconstruction by osteomuscular flap[J]. Xian Dai Kou Qiang Yi Xue Za Zhi[J Mod Stomatol(Article in Chinese;Abstract in Chinese and English)],2002,16(2):136-137. DOI:10.3969/j.issn.1003-7632.2002.02.014.}

[1070] 郭奇峰, 徐中和, 温世锋. 带监测皮岛的腓骨头移植修复肱骨头缺损重建肩关节 [J]. 中国临床解剖学杂志, 2003, 21(5): 512-513. DOI: 10.3969/j.issn.1001-165X.2003.05.036. {GUO Qifeng,XU Zhonghe,WEN Shifeng. Caput fibular grafts with monitoring-flap used to treat caput humeral big bone defect and reconstruct shoulder joint[J]. Zhongguo Lin Chuang Jie Pou Xue Za Zhi[Chin J Clin Anat(Article in Chinese;Abstract in Chinese and English)],2003,21(5):512-513. DOI:10.3969/j.issn.1001-165X.2003.05.036.}

[1071] 郭奇峰, 徐中和, 温世锋. 带监测皮岛的组合腓骨移植治疗股骨大段缺损 [J]. 中华显微外科杂志, 2003, 26(4): 299-300. DOI: 10.3760/cma.j.issn.1001-2036.2003.04.025. {GUO Qifeng,XU Zhonghe,WEN Shifeng. Combined fibula transplantation with monitoring skin island for the treatment of large segmental defect of femur[J]. Zhonghua Xian Wei Wai Ke Za Zhi[Chin J Microsurg(Article in Chinese;Abstract in Chinese)],2003,26(4):299-300. DOI:10.3760/cma.j.issn.1001-2036.2003.04.025.}

[1072] 冯运垒, 吴业坤, 招健明, 许劲羽, 腾范文, 郭奇峰. 携带监测皮岛的腓骨移植重建上段股骨肿瘤术后骨缺损 [J]. 中华显微外科杂志, 2004, 27(4): 274. DOI: 10.3760/cma.j.issn.1001-2036.2004.04.043. {FENG Yunlei,WU Yekun,ZHAO Jianming,XU Jinyu,TENG Fanwen,GUO Qifeng. Reconstruction of bone defect after operation of upper femoral tumor by fibula transplantation with monitoring skin island[J]. Zhonghua Xian Wei Wai Ke Za Zhi[Chin J Microsurg(Article in Chinese;No abstract available)],2004,27(4):274. DOI:10.3760/cma.j.issn.1001-2036.2004.04.043.}

[1073] 冯运垒, 吴业坤, 郭奇峰, 招健明, 许劲羽, 腾范文. 应用携带监测皮岛的腓骨移植重建股骨上段肿瘤术后骨缺损 [J]. 中华显微外科杂志, 2005, 28(3): 208-209. DOI: 10.3760/cma.j.issn.1001-2036.2005.03.007. {FENG Yunlei,WU Yekun,GUO Qifeng,ZHAO Jianming,XU Jinyu,TENG Fanwen. Reconstruction of upside femur bone defects after bone tumor resection using a free vascularized fibular transfer with a monitoring-flap[J]. Zhonghua Xian Wei Wai Ke Za Zhi[Chin J Microsurg(Article in Chinese;Abstract in Chinese and English)],2005,28(3):208-209. DOI:10.3760/cma.j.issn.1001-2036.2005.03.007.}

[1074] 钟波夫, 徐中和, 侯之启. 经皮血气分析监测轴型皮瓣血运的临床应用 [J]. 中华显微外科杂志, 2005, 28(1): 17-18. DOI: 10.3760/cma.j.issn.1001-2036.2005.01.007. {ZHONG Bofu,XU Zhonghe,HOU Zhiqi. Clinical application of transcutaneous blood gas monitoring on axial pattern flap[J]. Zhonghua Xian Wei Wai Ke Za Zhi[Chin J Microsurg(Article in Chinese;Abstract in Chinese and English)],2005,28(1):17-18. DOI:10.3760/cma.j.issn.1001-2036.2005.01.007.}

[1075] 曲连军, 潘昭勋, 赵世波, 林勇. 大腿离断再植手术改进及术后监测 [J]. 中华显微外科杂志, 2009, 32(6): 519. DOI: 10.3760/cma.j.issn.1001-2036.2009.06.036.

{QV Lianjun,PAN Zhaoxun,ZHAO Shibo,LIN Yong. Improvement of replantation of severed thigh and postoperative monitoring[J]. Zhonghua Xian Wei Wai Ke Za Zhi[Chin J Microsurg(Article in Chinese;No abstract available)],2009,32(6):519. DOI:10.3760/cma.j.issn.1001-2036.2009.06.036.}

[1076] **江钦文，黄东，吴伟炽，葛军委，黄国英．带监测皮岛的胫前动脉穿支骨膜瓣设计的显微解剖学研究[J]．中国临床解剖学杂志，2011，29（2）：152-154．DOI：10.13418/j.issn.1001-165x.2011.02.025．**{JIANG Qinwen,HUANG Dong,WU Weichi,GE Junwei,HUANG Guoying. The design of the perforator periosteal flap with monitoring flap pedicled with the anterior artery perforator[J]. Zhongguo Lin Chuang Jie Pou Xue Za Zhi[Chin J Clin Anat(Article in Chinese;Abstract in Chinese and English)],2011,29(2):152-154. DOI:10.13418/j.issn.1001-165x.2011.02.025.}

[1077] **欧阳思远，单小峰，蔡志刚．应用近红外光谱监测前臂皮瓣供区术后血运变化[J]．中国口腔颌面外科杂志，2012，10（5）：403-407．**{OUYANG Siyuan,SHAN Xiaofeng,CAI Zhigang. Preliminary study of blood flow changes in the donor site of radial forearm flap with near-infrared spectroscopy[J]. Zhongguo Kou Qiang He Mian Wai Ke Za Zhi[Chin J Oral Maxillofac Surg(Article in Chinese;Abstract in Chinese and English)],2012,10(5):403-407.}

[1078] **毛莉颖，黄东，吴伟炽，牟勇，林浩，黄国英，胡春兰．带监测皮岛的胫前动脉穿支骨膜瓣在骨不连治疗中的应用[J]．中华显微外科杂志，2013，36（2）：194-195．DOI：10.3760/cma.j.issn.1001-2036.2013.02.034．**{MAO Liying,HUANG Dong,WU Weichi,MU Yong,LIN Hao,HUANG Guoying,HU Chunlan. Application of anterior tibial artery perforator periosteal flap with monitoring flap for the treatment of nonunion[J]. Zhonghua Xian Wei Wai Ke Za Zhi[Chin J Microsurg(Article in Chinese;Abstract in Chinese)],2013,36(2):194-195. DOI:10.3760/cma.j.issn.1001-2036.2013.02.034.}

[1079] **吴伟炽，黄东，张惠茹，江奕恒，林浩．带监测皮岛的胫前动脉穿支骨膜瓣治疗骨不连的临床应用[J]．实用手外科杂志，2014，28（3）：263-265．DOI：10.3969/j.issn.1671-2722.2014.03.008．**{WU Weichi,HUANG Dong,ZHANG Huiru,JIANG Yiheng,LI Hao. The treatment of bone nonunion with perforator periosteal flap with monitoring flap pedicled with the anterior tibial artery[J]. Shi Yong Shou Wai Ke Za Zhi[Chin J Pract Hand Surg(Article in Chinese;Abstract in Chinese and English)],2014,28(3):263-265. DOI:10.3969/j.issn.1671-2722.2014.03.008.}

[1080] **陈颖，陈嘉健，杨犇龙，陈嘉莹，楼菲菲，柳光宇，邵志敏，沈镇宙，吴炅．近红外组织血氧参数监测在游离腹部皮瓣监测中的应用[J]．中华显微外科杂志，2015，38（2）：152-156．DOI：10.3760/cma.j.issn.1001-2036.2015.02.013．**{CHEN Ying,CHEN Jiajian,YANG Benlong,CHEN Jiaying,LOU Feifei,LIU Guangyu,SHAO Zhimin,SHEN Zhenzhou,WU Jiong. Application of near infrared tissue blood oxygen parameter monitoring in free abdominal flap monitoring[J]. Zhonghua Xian Wei Wai Ke Za Zhi[Chin J Microsurg(Article in Chinese;Abstract in Chinese)],2015,38(2):152-156. DOI:10.3760/cma.j.issn.1001-2036.2015.02.013.}

[1081] **李科，冯少清，李华，闵沛如，喜雯婧，刘宁飞，章一新．预构皮瓣修复头面部瘢痕术后淋巴水肿的监测[J]．中华显微外科杂志，2015，38（5）：451-455．DOI：10.3760/cma.j.issn.1001-2036.2015.05.012．**{LI Ke,FENG Shaoqing,LI Hua,MIN Peiru,XI Wenjing,LIU Ningfei,ZHANG Yixin. Monitoring the post-operative lymph edema in prefabricated flap after resurfacing for facial scar[J]. Zhonghua Xian Wei Wai Ke Za Zhi[Chin J Microsurg(Article in Chinese;Abstract in Chinese and English)],2015,38(5):451-455. DOI:10.3760/cma.j.issn.1001-2036.2015.05.012.}

[1082] **从飞，范金柱，宋涛，欧学海，张文韬，付华，张世辉，杜晓龙，陈勋，喻姿瑞，刘洋．带监测皮岛的游离腓骨瓣移植治疗前臂骨缺损的手术技巧及疗效观察[J]．中华手外科杂志，2017，33（4）：293-296．DOI：10.3760/cma.j.issn.1005-054X.2017.04.021．**{CONG Fei,FAN Jinzhu,SONG Tao,OU Xuehai,ZHANG WenTao,FU Hua,ZHANG Shihui,DU Xiaolong,CHEN Xun,YU Zirui,LIU Yang. Transplantation of free fibular flap with monitoring flap for repair of forearm bone defect:surgical techniques and treatment outcome[J]. Zhonghua Shou Wai Ke Za Zhi[Chin J Hand Surg(Article in Chinese;Abstract in Chinese and English)],2017,33(4):293-296. DOI:10.3760/cma.j.issn.1005-054X.2017.04.021.}

[1083] **郑万玲，王苹苹，温敏敏，陶胜军，魏韩笑，张爱君，金培生．三维技术联合术后血流监测辅助完成全鼻再造[J]．中华整形外科杂志，2018，34（11）：912-918．DOI：10.3760/cma.j.issn.1009-4598.2018.11.006．**{ZHENG Wanling,WANG Pingping,WEN Minmin,TAO Shengjun,WEI Hanxiao,ZHANG Aijun,JIN Peisheng. Whole nasal reconstruction based on three-dimensional technology combined with hemodynamics monitoring after operation[J]. Zhonghua Zheng Xing Wai Ke Za Zhi[Chin J Plast Surg(Article in Chinese;Abstract in Chinese and English)],2018,34(11):912-918. DOI:10.3760/cma.j.issn.1009-4598.2018.11.006.}

[1084] **欧阳思远，单小峰，蔡志刚．近红外光谱技术对恒河猴腓骨瓣血管栓塞模型血运监测的实验研究[J]．中华显微外科杂志，2018，41（4）：360-364．DOI：10.3760/cma.j.issn.1001-2036.2018.04.011．**{OUYANG siyuan,DAN Xiaofeng,CAI Zhigang. Study on the reliability of NIRS to monitor fibular flaps on Rhesus monkeys[J]. Zhonghua Xian Wei Wai Ke Za Zhi[Chin J Microsurg(Article in Chinese;Abstract in Chinese and English)],2018,41(4):360-364. DOI:10.3760/cma.j.issn.1001-2036.2018.04.011.}

[1085] **史艳敏，魏洁．基于显微外科技术的儿童肝移植术后并发症护理监测要点[J]．中华显微外科杂志，2018，41（6）：605-606．DOI：10.3760/cma.j.issn.1001-2036.2018.06.027．**{SHI Yanmin,WEI Jie. Key Points of Nursing Monitoring for Complications after Liver Transplantation in Children Based on Microsurgical Techniques[J]. Zhonghua Xian Wei Wai Ke Za Zhi[Chin J Microsurg(Article in Chinese;Abstract in Chinese)],2018,41(6):605-606. DOI:10.3760/cma.j.issn.1001-2036.2018.06.027.}

1.9 “三抗”疗法

anti-coagulation,anti-spasm and anti-infection treatment after microsurgical operation

[1086] **Liu J,Shi Q,Yang S,Liu B,Guo B,Xu J. Does postoperative anticoagulation therapy lead to a higher success rate for microvascular free-tissue transfer in the head and neck? a systematic review and meta-analysis[J]. J Reconstr Microsurg,2018,34(2):87-94. doi:10.1055/s-0037-1606346.**

[1087] **上海第一医学院中山医院外科．小血管吻合的研究：V．全身应用抗凝剂对通畅率的影响[J]．中华医学杂志，1974，54（1）：29-30．**{Department of surgery,Zhongshan Hospital,Shanghai first Medical College. Study on small vascular anastomosis:V. Effect of systemic application of anticoagulant on patency[J]. Zhonghua Yi Xue Za Zhi[Natl Med J China(Article in Chinese;Abstract in Chinese)],1974,54(1):29-30.}

[1088] **顾玉东．硫酸镁扩张血管抗凝作用的动物实验[J]．中华外科杂志，1981，19（8）：477-478．**{GU Yudong. Animal experiment on vasodilation and anticoagulation effect of magnesium sulfate[J]. Zhonghua Wai Ke Za Zhi[Chin J Surg(Article in Chinese;Abstract in Chinese)],1981,19(8):477-478.}

[1089] **顾玉东．显微手术后移植组织的血循环观察及抗凝解痉药的应用[J]．中华外科杂志，1983，21（5）：314-316．**{GU Yudong. Observation of blood circulation of transplanted tissue after microsurgery and application of anticoagulant and antispasmodic[J]. Zhonghua Wai Ke Za Zhi[Chin J Surg(Article in Chinese;Abstract in Chinese)],1983,21(5):314-316.}

[1090] **李豪青，黄恭康．药物解除血管痉挛的实验研究[J]．中华显微外科杂志，1991，14（2）：98-100．**{LI Haoqing,HUANG Gongkang. Experimental study on relieving vasospasm with drugs[J]. Zhonghua Xian Wei Wai Ke Za Zhi[Chin J Microsurg(Article in Chinese;Abstract in Chinese)],1991,14(2):98-100.}

[1091] **任志勇，王成琪，孙国峰，颜晗．解痉与抗凝剂对断指病人血液流变学的影响[J]．解放军医学杂志，1995，20（2）：131-132．**{REN Zhiyong,WANG Chengqi,SUN Guofeng,YAN Han. Effects of spasmolysis and anticoagulants on hemorheology in patients with severed fingers[J]. Jie Fang Jun Yi Xue Za Zhi[Med J Chin PLA(Article in Chinese;Abstract in Chinese)],1995,20(2):131-132.}

[1092] **曹斌，王成琪，蒋纯志，张祚勇，范启申，郑隆宝，魏长月，张建鲁，牛惠生，李怀芬．显微外科术后防治血管痉挛的实验与临床研究[J]．解放军医学杂志，1995，20（4）：288-289．**{CAO Bin,WANG Chengqi,JIANG Chunzhi,ZHANG Zuoyong,FAN Qizhong,ZHENG Longbao,WEI Changyue,ZHANG Jianlu,NIU Huisheng,LI Huaifen. Experimental and clinical study on prevention and treatment of vasospasm after microsurgery[J]. Jie Fang Jun Yi Xue Za Zhi[Med J Chin PLA(Article in Chinese;Abstract in Chinese)],1995,20(4):288-289.}

[1093] **李豪青，黄恭康．利多卡因对小血管直径的影响[J]．中华显微外科杂志，1996，19（4）：286-288．**{LI Haoqing,HUANG Gongkang. Effects of lidocaine on diameter of small blood vessels[J]. Zhonghua Xian Wei Wai Ke Za Zhi[Chin J Microsurg(Article in Chinese;Abstract in Chinese)],1996,19(4):286-288.}

[1094] **顾玉东．血管痉挛与栓塞的诊治研究[J]．中华手外科杂志，1998，14（1）：3-5．**{GU Yudong. Diagnosis and treatment of vasospasm and embolism[J]. Zhonghua Shou Wai Ke Za Zhi[Chin J Hand Surg(Article in Chinese;Abstract in Chinese)],1998,14(1):3-5.}

[1095] **安智全，顾玉东．山莨菪碱对大鼠颈总动脉吻合术后血流动力学的影响[J]．中华手外科杂志，1998，14（2）：116-118．DOI：10.3760/cma.j.issn.1005-054X.1998.02.025．**{AN Zhiquan,GU Yudong. The effect of anisodamine on hemodynamics of the microarteries after end-to-end anastomosis in rats[J]. Zhonghua Shou Wai Ke Za Zhi[Chin J Hand Surg(Article in Chinese;Abstract in Chinese)],1998,14(2):116-118. DOI:10.3760/cma.j.issn.1005-054X.1998.02.025.}

[1096] **王涛，顾玉东，吴淦桐．血管舒张药物解痉作用的研究[J]．中华手外科杂志，1998，14（4）：247．DOI：10.3760/cma.j.issn.1005-054X.1998.04.021．**{WANG Tao,GU Yudong,WU Gantong. Study on vasodilation of vasodilators[J]. Zhonghua Shou Wai Ke Za Zhi[Chin J Hand Surg(Article in Chinese;Abstract in Chinese)],1998,14(4):247. DOI:10.3760/cma.j.issn.1005-054X.1998.04.021.}

[1097] **黄燮青，侯明钟，滕可颖．𧿹甲皮瓣延迟断蒂纠正顽固性血管痉挛[J]．中华显微外科杂志，2000，23（4）：302．DOI：10.3760/cma.j.issn.1001-2036.2000.04.030．**{HUANG Xieqing,HOU Mingzhong,Teng Keying. Delayed pedicle amputation of nail flap to correct intractable vasospasm[J]. Zhonghua Xian Wei Wai Ke Za Zhi[Chin J Microsurg(Article in Chinese;Abstract in Chinese)],2000,23(4):302. DOI:10.3760/cma.j.issn.1001-2036.2000.04.030.}

[1098] **种振岳，劳杰，李继峰．龙津降纤酶对小血管吻合口内皮细胞愈合的影响[J]．中华手外科杂志，2000，16（3）：184．DOI：10.3760/cma.j.issn.1005-054X.2000.03.020．**{ZHONG Zhenyue,LAO Jie,LI Jifeng. Influence of Longjin defibrase on endothelial healing at anastomosis site of small vessels[J]. Zhonghua Shou Wai Ke Za Zhi[Chin J Hand Surg(Article in Chinese;Abstract in Chinese)],2000,16(3):184. DOI:10.3760/cma.j.issn.1005-054X.2000.03.020.}

[1099] **安智全，顾玉东，钟高仁，朱建华，徐明光，许小凤，高福琴．小剂量阿斯匹林在显微血管外科应用中的研究[J]．中国修复重建外科杂志，2000，14（3）：145-148．**{AN Zhiquan,GU Yudong,ZHONG Gaoren,ZHU Jianhua,XU Mingguang,XU Xiaofeng,GAO Fuqin. Experimental evaluation of low-dose aspirin used in microvascular surgery[J]. Zhongguo Xiu Fu Chong Jian Wai Ke Za Zhi[Chin J Repar Reconstr Surg(Article in Chinese;Abstract in Chinese)],2000,14(3):145-148.}

[1100] **王涛，顾玉东，刘志波．冷冻解除在体动脉痉挛的实验研究[J]．中华手外科杂志，2003，19（3）：52-54．**{WANG Tao,GU Yudong,LIU Zhibo. Experimental study of relieving arterial spasm by vascular freezing[J]. Zhonghua Shou Wai Ke Za Zhi[Chin J Hand Surg(Article in Chinese;Abstract in Chinese)],2003,19(3):52-54.}

[1101] **郑毅，万峰，陈彧，沈冬焱，陈生龙，江龙，金新新．不同血管保存液对人桡动脉血管移植物的抗痉挛作用[J]．中华实验外科杂志，2004，21（8）：1005-1006．DOI：10.3760/j.issn：1001-9030.2004.08.041．**{ZHENG Yi,WAN Feng,CHEN Yu,SHEN Dongyan,CHEN Shenglong,JIANG Long,JIN Xinxin. The relaxing function of different storage solutions for human radial artery[J]. Zhonghua Shi Yan Wai Ke Za Zhi[Chin J Exp Surg(Article in Chinese;Abstract in Chinese)],2004,21(8):1005-1006. DOI:10.3760/j.issn:1001-9030.2004.08.041.}

[1102] **孙迎放，杜振翠，杨金章，张桂东，秦光伟．断指再植术后局部镇痛、抗痉挛的临床应用[J]．中华创伤骨科杂志，2004，6（11）：1315-1316．DOI：10.3760/cma.j.issn.1671-7600.2004.11.041．**{SUN Yingfang,DONG Zhencui,YANG Jinzhang,ZHANG Guidong,QIN Guangwei. Local analgesia and anti-vasospasm following replantation of severed fingers[J]. Zhonghua Chuang Shang Gu Ke Za Zhi[Chin J Orthop Trauma(Article in Chinese;Abstract in Chinese)],2004,6(11):1315-1316. DOI:10.3760/cma.j.issn.1671-7600.2004.11.041.}

[1103] **卢耀军，张云坤，洪光祥．速避凝对高凝状态血管吻合的血液流变学影响[J]．实用手外科杂志，2004，18（1）：36-39．DOI：10.3969/j.issn.1671-2722.2004.01.017．**{LU Yaojun,ZHANG Yunkun,HONG Guangxiang. Experimental study of effect of low molecular weight heparin on hemorheology during rabbit femoral artery anastomosis in hypercoagulable state[J]. Shi Yong Shou Wai Ke Za Zhi[Chin J Pract Hand Surg(Article in Chinese;Abstract in Chinese)],2004,18(1):36-39. DOI:10.3969/j.issn.1671-2722.2004.01.017.}

[1104] **赵维彦，路来金，李炳万，董兆辉，梁荣．低血容量对机体血凝状态与血管吻合口血栓形成的影响[J]．中华手外科杂志，2008，24（1）：54-56．**{ZHAO Weiyan,LU Laijin,LI Bingwan,DONG Zhaohui,LIANG Lirong. Effects of hypovolemia on blood coagulation and vascular anastomotic thrombosis[J]. Zhonghua Shou Wai Ke Za Zhi[Chin J Hand Surg(Article in Chinese;Abstract in Chinese)],2008,24(1):54-56.}

[1105] **方广文，舒衡生，师红立．延迟逆行筋膜皮瓣抗感染能力初步研究[J]．中国修复重建外科杂志，2010，24（8）：940-943．**{FANG Guangwen,SHU Hengsheng,SHI Hongli. Preliminary study on effect of surgical delay on anti-infection ability of reverse fascio-cutaneous flap[J]. Zhongguo Xiu Fu Chong Jian Wai Ke Za Zhi[Chin J Repar Reconstr Surg(Article in Chinese;Abstract in Chinese)],2010,24(8):940-943.}

[1106] **党晓卫，朱岩举，马亮亮，徐大干，李鹏，许培钦．吻合方法、抗凝治疗对犬下腔静脉吻合口血栓形成的影响[J]．中华实验外科杂志，2010，27（9）：1251-1253．DOI：10.3760/cma.j.issn.1001-9030.2010.09.027．**{DANG Xiaowei,ZHU Yanju,MA Liangliang,XU Daqian,LI Peng,XU Peiqin. Correlation between thrombosis of anastomotic stoma and the different anastomosis methods,anticoagulation treatment in dogs[J]. Zhonghua Shi Yan Wai Ke Za Zhi[Chin J Exp Surg(Article in Chinese;Abstract in Chinese)],2010,27(9):1251-1253. DOI:10.3760/cma.j.issn.1001-9030.2010.09.027.}

[1107] **叶永胜．骨科大手术后新型抗凝药临床应用进展[J]．临床骨科杂志，2010，13（5）：566-569．DOI：10.3969/j.issn.1008-0287.2010.05.039．**{YE Yongsheng. Clinical application and progress in anti-clotting drugs of majororthopedic surgery[J]. Lin Chuang Gu Ke Za Zhi[J Clin Orthop(Article in Chinese;Abstract in Chinese)],2010,13(5):566-569. DOI:10.3969/j.issn.1008-0287.2010.05.039.}

[1108] **杨丰真，范启申，魏建军，李东．吻合血管的股前外侧皮瓣供肢广泛深静脉血栓形成**

二例 [J]. 中华显微外科杂志，2010，33（3）：262-263. DOI：10.3760/cma.j.issn.1001-2036.2010.03.041. {YANG Fengzhen,FAN Qishen,WEI Jianjun,LI Dong. Extensive deep venous thrombosis of donor limb with vascularized anterolateral thigh flap:a report of two cases[J]. Zhonghua Xian Wei Wai Ke Za Zhi[Chin J Microsurg(Article in Chinese;Abstract in Chinese)],2010,33(3):262-263. DOI:10.3760/cma.j.issn.1001-2036.2010.03.041.}

[1109] 韩明通，方光荣. 断指再植术后抗凝药物的应用 [J]. 中华显微外科杂志，2012，35（4）：347-350. DOI：10.3760/cma.j.issn.1001-2036.2012.04.036. {HAN Mingtong,FANG Guangrong. Application of anticoagulants after replantation of severed fingers[J]. Zhonghua Xian Wei Wai Ke Za Zhi[Chin J Microsurg(Article in Chinese;Abstract in Chinese)],2012,35(4):347-350. DOI:10.3760/cma.j.issn.1001-2036.2012.04.036.}

[1110] 贾亚超，康庆林，柴益民. 显微血管吻合术后血栓形成的防治进展 [J]. 中华显微外科杂志，2015，38（2）：205-208. DOI：10.3760/cma.j.issn.1001-2036.2015.02.037. {JIA Yachao,KANG Qinglin,CHAI Yimin. Progress in prevention and treatment of thrombosis after microvascular anastomosis[J]. Zhonghua Xian Wei Wai Ke Za Zhi[Chin J Microsurg(Article in Chinese;Abstract in Chinese)],2015,38(2):205-208. DOI:10.3760/cma.j.issn.1001-2036.2015.02.037.}

[1111] 贾亚超，陈红浩，龚子凌，王亚洲，徐佳，康庆林，柴益民，曾炳芳. 转染基质细胞衍生因子 -1α 基因预防显微血管吻合术后血栓形成 [J]. 中华显微外科杂志，2015，38（5）：456-460. DOI：10.3760/cma.j.issn.1001-2036.2015.05.013. {JIA Yachao,CHEN Honghao,GONG Ziling,WANG Yazhou,XU Jia,KANG Qinglin,CHAI Yimin,ZENG Bingfang. Local transfer of stromal cell-derived factor-1α gene inhibits microsurgical anastomotic thrombosis[J]. Zhonghua Xian Wei Wai Ke Za Zhi[Chin J Microsurg(Article in Chinese;Abstract in Chinese)],2015,38(5):456-460. DOI:10.3760/cma.j.issn.1001-2036.2015.05.013.}

[1112] 王进，郑欣，宋子鉴，郭吉强，郭开今. 下肢骨折围术期抗凝治疗的研究进展 [J]. 中华创伤杂志，2017，33（6）：570-574. DOI：10.3760/cma.j.issn.1001-8050.2017.06.019. {WANG Jin,ZHENG Xin,SONG Zijian,GUO Jiqiang,GUO Kaijin. Research progress of perioperative anticoagulation therapy for lower limb fracture[J]. Zhonghua Chuang Shang Za Zhi[Chin J Trauma(Article in Chinese;Abstract in Chinese)],2017,33(6):570-574. DOI:10.3760/cma.j.issn.1001-8050.2017.06.019.}

[1113] 马启明. 皮瓣移植术后血管痉挛机制与解痉挛药物研究进展 [J]. 中国临床解剖学杂志，2020，38（2）：231-234. DOI：10.13418/j.issn.1001-165x.2020.02.027. {MA Qiming. Research progress on vasospasm mechanism and anti-vasospasm drugs after flap transplantation[J]. Zhongguo Lin Chuang Jie Pou Xue Za Zhi[Chin J Clin Anat(Article in Chinese;Abstract in Chinese)],2020,38(2):231-234. DOI:10.13418/j.issn.1001-165x.2020.02.027.}

[1114] 林峰，叶启文，肖德贤，刘羽. 足背静脉溶栓对比抗凝治疗孤立性小腿肌间静脉丛血栓形成的研究 [J]. 中华实验外科杂志，2020，37（5）：815. DOI：10.3760/cma.j.cn421213-20190531-00415. {LIN Feng,YE Qiwen,XIAO Dexian,LIU Yu. Comparison of anticoagulant and thrombolytic therapy in the treatment of isolated calf intermuscular venous plexus thrombosis[J]. Zhonghua Shi Yan Wai Ke Za Zhi[Chin J Exp Surg(Article in Chinese;Abstract in Chinese)],2020,37(5):815. DOI:10.3760/cma.j.cn421213-20190531-00415.}

1.10 血管危象
vascular compromise

[1115] Gu YD,Li JF,Jiang JF. Circulatory crisis caused by cigarette smoking in tissue transfer. Clinical and experimental studies[J]. Chin Med J,1993,106(9):682-7.

[1116] Gu YD,Wu MM,Li HR. Circulatory crisis in free toe-to-hand transfer and its management:I. Clinical experience[J]. J Reconstr Microsurg,1989,5(2):111-114. doi:10.1055/s-2007-1006857.

[1117] Gu YD,Zhang GM,Zhang LY,Li FG,Jiang JF. Clinical and experimental studies of cigarette smoking in microvascular tissue transfers[J]. Microsurgery, 1993,14(6):391-397. doi:10.1002/micr.1920140608.

[1118] Yang Q,Ren ZH,Chickooree D,Wu HJ,Tan HY,Wang K,He ZJ,Gong CJ,Ram V,Zhang S. The effect of early detection of anterolateral thigh free flap crisis on the salvage success rate,based on 10 years of experience and 1072 flaps[J]. Int J Oral Maxillofac Surg,2014,43(9):1059-63. doi:10.1016/j.ijom.2014.06.003.

[1119] Yang X,Li S,Wu K,Hu L,Liu W,Ji T,Hu Y,Xu L,Sun J,Zhang Z,Zhang C. Surgical exploration of 71 free flaps in crisis following head and neck reconstruction[J]. Int J Oral Maxillofac Surg,2016,45(2):153-157. doi:10.1016/j.ijom.2015.10.024.

[1120] Xiao N,Zhang L,Peng X,Mao C,Zhang J,Cai ZG. Non-vascularised fibular bone graft after vascular crisis:compensation for the failure of vascularised fibular free flaps[J]. Br J Oral Maxillofac Surg,2018,56(8):667-670. doi:10.1016/j.bjoms.2018.06.018.

[1121] 顾玉东，吴敏明，李鸿儒. 游离足趾移植术中的血循环危象及其处理 [J]. 中华外科杂志，1986，24（5）：257-259. {GU Yudong,WU Minming,LI Hongru. Blood circulation crisis during free toe transplantation operation and its management[J]. Zhonghua Wai Ke Za Zhi[Chin J Surg(Article in Chinese;Abstract in Chinese)],1986,24(5):257-259.}

[1122] 张功林，葛宝丰，丘耀元，姜世平，荆浩. 处理跗甲瓣和足趾游离移植血管危象的体会 [J]. 修复重建外科杂志，1991，5（3）：173. {ZHANG Gonglin,GE Baofeng,QIU Yaoyuan,JIANG Shiping,JING Hao. Experience in the treatment of vascular crisis after free transfer of nail flap and toe[J]. Zhongguo Xiu Fu Chong Jian Wai Ke Za Zhi[Chin J Repar Reconstr Surg(Article in Chinese;No abstract available)],1991,5(3):173.}

[1123] 张功林，葛宝丰. 处理跗甲瓣和足趾游离移植血管危象的体会 [J]. 修复重建外科杂志，1991，5（3）：173-173. {ZHANG Gonglin,GE Baofeng. Experience in the treatment of vascular crisis after free transfer of nail flap and toe[J]. Xiu Fu Chong Jian Wai Ke Za Zhi[J Repar Reconstr Surg(Article in Chinese;No abstract available)],1991,5(3):173-173.}

[1124] 蔡锦方，曹学诚，潘冀清. 应用尿激酶挽救发生血循危象的再植断指 [J]. 中华显微外科杂志，1993，16（1）：57-58. {CAI Jinfang,CAO Xuecheng,PAN Jiqing. Application of urokinase to save replantated fingers with blood circulation crisis[J]. Zhonghua Xian Wei Wai Ke Za Zhi[Chin J Microsurg(Article in Chinese;Abstract in Chinese)],1993,16(1):57-58.}

[1125] 徐建光，顾玉东，胡韶楠，王欢，沈燕国. 游离皮瓣与肌皮瓣血循危象后成活率比较的实验研究 [J]. 中华手外科杂志，1994，10（2）：105-107. {XU Jianguang,GU Yudong,HU Shaonan,WANG Huan,SHEN Yanguo. A comparative experimental study on survival rate of skin and myocutaneous nap after circulatory crisis xu jian guang[J]. Zhonghua Shou Wai Ke Za Zhi[Chin J Hand Surg(Article in Chinese;Abstract in Chinese)],1994,10(2):105-107.}

[1126] 顾玉东，张丽银，虞聪，张高孟，李继峰，姜继福，袁崎梅，袁伟. 吸烟致组织移植血循环危象的临床与实验研究 [J]. 中华医学杂志，1994，74（1）：26-28，63. {GU Yudong,ZHANG Liyin,YU Cong,ZHANG Gaomeng,LI Jifeng,JIANG Jifu,YUAN Qimei,YUAN Wei. Cigarette smoking and circulatory crisis in tissue trans-fer[J]. Zhonghua Yi Xue Za Zhi[Natl Med J China(Article in Chinese;Abstract in Chinese)],1994,74(1):26-28,63.}

[1127] 颜远坤，马国棣，郑文忠. 背阔肌肌皮瓣移位术后血管危象一例 [J]. 中国修复重建外科杂志，1994，8（3）：141. {YAN Yuankun,MA Guodi,ZHENG Wenzhong. Vascular crisis after transposition of latissimus dorsi myocutaneous flap:a case report[J]. Zhongguo Xiu Fu Chong Jian Wai Ke Za Zhi[Chin J Repar Reconstr Surg(Article in Chinese;No abstract available)],1994,8(3):141.}

[1128] 刘敏，李世波，贾晋祥，马林，李永鑫，田少斌. 利多卡因灌注对再植肢体血循危象后成活的影响 [J]. 中华手外科杂志，1995，11（4）：199. {LIU Min,LI Shibo,JIA Jinxiang,MA Lin,LI Yongxin,TIAN Shaobin. Effect of lidocaine infusion on survival of the replantated limb after blood circulation crisis[J]. Zhonghua Shou Wai Ke Za Zhi[Chin J Hand Surg(Article in Chinese;No abstract available)],1995,11(4):199.}

[1129] 廖苏平，周必光. 应用长段多根自体静脉移植治疗断手（指）再植后的血循环危象 [J]. 中华手外科杂志，1996，12（4）：225-227. {LIAO Suping,ZHOU Biguang. Treatment of circulatory crisis after replantation of severed hand (finger) with long segmental autogenous vein transplantation[J]. Zhonghua Shou Wai Ke Za Zhi[Chin J Hand Surg(Article in Chinese;Abstract in Chinese)],1996,12(4):225-227.}

[1130] 侯明钟，贾万新，袁启智，黄燮青，缪勇，腾可颖. 跗甲皮瓣游离移植的血循环危象 [J]. 中华显微外科杂志，1997，20（1）：9-12. {HOU Mingzhong,JIA Wanxin,YUAN Qizhi,HUANG Xieqing,MIU Yong,TENG Keying. Blood circulatory crisis after free transplantation of toenail skin flap[J]. Zhonghua Xian Wei Wai Ke Za Zhi[Chin J Microsurg(Article in Chinese;Abstract in Chinese)],1997,20(1):9-12.}

[1131] 王吉兴，吉小丽. 末节断指再植中的血管缺损及术后危象处理 [J]. 中华显微外科杂志，1997，20（1）：65-66. {WANG Jixing,JI Xiaoli. Management of vascular defect in replantation of distal amputated finger and postoperative crisis[J]. Zhonghua Xian Wei Wai Ke Za Zhi[Chin J Microsurg(Article in Chinese;Abstract in Chinese)],1997,20(1):65-66.}

[1132] 李魅章，刘小化，崔涛. 断指再植术后血管危象处置体会 [J]. 中华显微外科杂志，1998，21（1）：封三. DOI：10.3760/cma.j.issn.1001-2036.1998.01.052. {LI Meizhang,LIU Xiaohua,CUI Tao. Experience in the management of vascular crisis after replantation of severed finger[J]. Zhonghua Xian Wei Wai Ke Za Zhi[Chin J Microsurg(Article in Chinese;Abstract in Chinese)],1998,21(1):cover 3. DOI:10.3760/cma.j.issn.1001-2036.1998.01.052.}

[1133] 卢宏，李中锋，李君，崔永光，任有成. 小血管吻合术后发生血管危象原因的分析及防治 [J]. 中国修复重建外科杂志，1998，12（5）：294-296. {LU Hong,LI Zhongfeng,LI Jun,CUI Yongguang,REN Youcheng. Analysis of the causes of vascular crisis following anastomosis of small vessel and its prophylaxis and treament[J]. Zhongguo Xiu Fu Chong Jian Wai Ke Za Zhi[Chin J Repar Reconstr Surg(Article in Chinese;Abstract in Chinese)],1998,12(5):294-296.}

[1134] 张方青，邢德振，张洁，李含义，蒋化龙. 介入技术在断肢（指）再植术后血管危象抢救中的应用 [J]. 中华骨科杂志，1999，19（9）：58-59. {ZHANG Fangqing,XING Dezhen,ZHANG Jie,LI Hanyi,JIANG Hualong. Application of interventional technique in the rescue of vascular crisis after replantation of amputated limb (finger)[J]. Zhonghua Gu Ke Za Zhi[Chin J Orthop(Article in Chinese;Abstract in Chinese)],1999,19(9):58-59.}

[1135] 孙晓燕，杨冰，邱奕军. 高压氧治疗断指再植术后血管危象疗效分析 [J]. 中华显微外科杂志，1999，22（2）：封三. DOI：10.3760/cma.j.issn.1001-2036.1999.02.061. {SUN Xiaoyan,YANG Bing,QIU Yijun. Analysis of the efficacy of hyperbaric oxygen in the treatment of vascular crisis after replantation of severed fingers[J]. Zhonghua Xian Wei Wai Ke Za Zhi[Chin J Microsurg(Article in Chinese;No abstract available)],1999,22(2):cover 3. DOI:10.3760/cma.j.issn.1001-2036.1999.02.061.}

[1136] 张方青，邢德振. 介入治疗断肢（指）再植术后血管危象二例 [J]. 中华显微外科杂志，1999，22（3）：240. DOI：10.3760/cma.j.issn.1001-2036.1999.03.055. {ZHANG Fangqing,XING Dezhen. Two cases of vascular crisis after replantation of amputated limb (finger) treated by interventional therapy[J]. Zhonghua Xian Wei Wai Ke Za Zhi[Chin J Microsurg(Article in Chinese;No abstract available)],1999,22(3):240. DOI:10.3760/cma.j.issn.1001-2036.1999.03.055.}

[1137] 陆伟，王琰，胡波，王大平，刘黎军，林恒洲. 小静脉移植术后血管危象 32 例分析 [J]. 中国矫形外科杂志，1999，6（2）：60. {LU Wei,WANG Yan,HU Bo,WANG Daping,LIU Lijun,LIN Hengzhou. Analysis of 32 cases of vascular crisis after venule transplantation[J]. Zhongguo Jiao Xing Wai Ke Za Zhi[Orthop J China(Article in Chinese;No abstract available)],1999,6(2):60.}

[1138] 王岚，侯明钟. 尿激酶治疗跗甲皮瓣移植与断指再植术后的血循环危象（附四例报告）[J]. 上海医学，1999，22（3）：167. DOI：10.3969/j.issn.0253-9934.1999.03.013. {WANG Lan,HOU Mingzhong. Urokinase in the treatment of circulatory crisis after transplantation of nail flap and replantation of severed fingers (report of 4 cases)[J]. Shanghai Yi Xue[Shanghai Med J(Article in Chinese;No abstract available)],1999,22(3):167. DOI:10.3969/j.issn.0253-9934.1999.03.013.}

[1139] 宋海涛，田万成，王燕，范钦平，常凤廷，卢全中. 吸烟对再植断指血管危象发生率影响的临床观察 [J]. 中国实用手外科杂志，2000，14（3）：143-145，148. {SONG Haitao,TIAN Wancheng,WANG Yan,FAN Qinping,CHANG Fengting,LU Quanzhong. Effect of cigarette smoking on vascular crisis of replanted digit[J]. Shi Yong Shou Wai Ke Za Zhi[Chin J Pract Hand Surg(Article in Chinese;Abstract in Chinese)],2000,14(3):143-145,148.}

[1140] 卢仕良，谢伟勇. 拇指再植术后 42 天发生血管危象一例 [J]. 中华显微外科杂志，2001，24（1）：15. DOI：10.3760/cma.j.issn.1001-2036.2001.01.041. {LU Shiliang,XIE Weiyong. Vascular crisis 42 days after thumb replantation:a case report[J]. Zhonghua Xian Wei Wai Ke Za Zhi[Chin J Microsurg(Article in Chinese;No abstract available)],2001,24(1):15. DOI:10.3760/cma.j.issn.1001-2036.2001.01.041.}

[1141] 黄潮桐，李敬矿，秦金桥，谢广中，陈冬生. 断指（肢）再植术后血管危象应用尿激酶治疗 39 例 [J]. 中华显微外科杂志，2002，25（2）：94. DOI：10.3760/cma.j.issn.1001-2036.2002.02.042. {HUANG Chaotong,LI Jingkuang,QIN Jinqiao,XIE Guangzhong,CHEN Dongsheng. 39 cases of vascular crisis after replantation of severed finger (limb) treated with urokinase[J]. Zhonghua Xian Wei Wai Ke Za Zhi[Chin J Microsurg(Article in Chinese;No abstract available)],2002,25(2):94. DOI:10.3760/cma.j.issn.1001-2036.2002.02.042.}

[1142] 宋开芳，陈艺新，陈克洲，薛向东，贾湘谦，肖杰，秦杰，李青松. 指腹皮下肝素浸润预防断指再植术后血管危象 [J]. 中华显微外科杂志，2002，25（3）：224-225. DOI：10.3760/cma.j.issn.1001-2036.2002.03.030. {SONG Kaifang,CHEN Yixin,CHEN Kezhou,XUE Xiangdong,JIA Xiangqian,XIAO Jie,QIN Jie,LI Qingsong. Prevention of vascular crisis after replantation of severed fingers by subcutaneous heparin infiltration in finger abdomen[J]. Zhonghua Xian Wei Wai Ke Za Zhi[Chin J Microsurg(Article in Chinese;No abstract available)],2002,25(3):224-225. DOI:10.3760/cma.j.issn.1001-2036.2002.03.030.}

[1143] 林立，顾立强，裴国献. 新生儿先天性并指畸形术后血管危象一例 [J]. 中华创伤骨科杂志，2002，4（2）：88-88. DOI：10.3760/cma.j.issn.1671-7600.2002.02.028. {LIN Li,GU Liqiang,PEI Guoxian. Postoperative vascular crisis in a newborn with congenital syndactyly:report of 1 case[J]. Zhonghua Chuang Shang Gu Ke Za Zhi[Chin J Orthop Trauma(Article in Chinese;No abstract available)],2002,4(2):88-88. DOI:10.3760/cma.j.issn.1671-7600.2002.02.028.}

[1144] 崔裕伟，岳付桥. 断指再植术后血管危象易发时间的观察 [J]. 中华显微外科杂志，2003，26（1）：75. {CUI Yuwei,YUE Fuqiao. Observation on the time of vascular crisis after replantation of severed finger[J]. Zhonghua Xian Wei Wai Ke Za Zhi[Chin J Microsurg(Article in Chinese;No abstract available)],2003,26(1):75.}

[1145] 刘润宏，房笑丽. 吻合血管游离皮瓣移植术后血液循环危象的观察与处理 [J]. 中华显微外科杂志，2003，26（1）：74-75. DOI：10.3760/cma.j.issn.1001-2036.2003.01.037. {LIU Runhong,FANG Xiaoli. Observation and management of blood circulation crisis after vascularized free flap transplantation[J]. Zhonghua Xian Wei Wai Ke Za Zhi[Chin J Microsurg(Article in Chinese;No abstract available)],2003,26(1):74-75. DOI:10.3760/cma.j.issn.1001-2036.2003.01.037.}

[1146] 李靖，朱庆生，赵广跃，倪国华. 末节断指再植术后血管危象的危险因素[J]. 中华骨科杂志，2004，24(8)：478-481. DOI：10.3760/j.issn：0253-2352.2004.08.008. {LI Jing,ZHU Qingsheng,ZHAO Guangyue,NI Guohua. The analysis on the risk factors of circulatory crisis of distal finger after replantation[J]. Zhonghua Gu Ke Za Zhi[Chin J Orthop(Article in Chinese;Abstract in Chinese)],2004,24(8):478-481. DOI:10.3760/j.issn:0253-2352.2004.08.008.}

[1147] 章伟文，陈宏，王欣. 游离第二足趾移植再造拇指术后血管危象的处理[J]. 中华手外科杂志，2004，20(2)：123. DOI：10.3760/cma.j.issn.1005-054X.2004.02.029. {ZHANG Weiwen,CHEN Hong,WANG Xin. Management of vascular crisis after thumb reconstruction with free second toe transplantation[J]. Zhonghua Shou Wai Ke Za Zhi[Chin J Hand Surg(Article in Chinese;Abstract in Chinese)],2004,20(2):123. DOI:10.3760/cma.j.issn.1005-054X.2004.02.029.}

[1148] 黄潮桐，李敬矿，朱家恺，陆晓强，李庆瑜. 大剂量尿激酶在断肢(指)再植溶栓治疗中的临床应用[J]. 第一军医大学学报，2004，24(12)：1431-1434. DOI：10.3321/j.issn：1673-4254.2004.12.027. {HUANG Chaotong,LI Jingkuang,ZHU Jiakai,LU Xiaoqiang,LI Qingyu. High-dose urokinase for thrombolysis follouing replantation of severed limbs or fingers[J]. Di Yi Jun Yi Da Xue Xue Bao[J First Mil Med Univ(Article in Chinese;Abstract in Chinese)],2004,24(12):1431-1434. DOI:10.3321/j.issn:1673-4254.2004.12.027.}

[1149] 侯书健，程国良，方光荣，王振军，张元信，张云飞，滕国栋. 拇指及手指再造手术血管危象164例临床分析[J]. 中华显微外科杂志，2005，28(2)：130-132. DOI：10.3760/cma.j.issn.1001-2036.2005.02.012. {HOU Shujian,CHENG Guoliang,FANG Guangrong,WANG Zhenjun,ZHANG Yuanxin,ZHANG Yunfei,Teng Guodong. Etiology and management of vascular compromise in toe-to-hand transfer(an analysis of 164 cases)[J]. Zhonghua Xian Wei Wai Ke Za Zhi[Chin J Microsurg(Article in Chinese;Abstract in Chinese)],2005,28(2):130-132. DOI:10.3760/cma.j.issn.1001-2036.2005.02.012.}

[1150] 黄潮桐，李敬矿，李庆瑜，谢广中. 吻合血管术后迟发性血管危象原因与对策[J]. 中华显微外科杂志，2005，28(3)：213-215. DOI：10.3760/cma.j.issn.1001-2036.2005.03.009. {HUANG Chaotong,LI Jingkuang,LI Qingyu,XIE Guangzhong. The cause and strategy of delayed vascular crisis after blood vessel anastomoses[J]. Zhonghua Xian Wei Wai Ke Za Zhi[Chin J Microsurg(Article in Chinese;Abstract in Chinese)],2005,28(3):213-215. DOI:10.3760/cma.j.issn.1001-2036.2005.03.009.}

[1151] 刘晓芳. 断指再植术后发生血管危象的原因分析及处理对策[J]. 中华显微外科杂志，2005，28(3)：274-276. DOI：10.3760/cma.j.issn.1001-2036.2005.03.039. {LIU Xiaofang. Cause analysis and treatment of vascular crisis after replantation of severed finger[J]. Zhonghua Xian Wei Wai Ke Za Zhi[Chin J Microsurg(Article in Chinese;Abstract in Chinese)],2005,28(3):274-276. DOI:10.3760/cma.j.issn.1001-2036.2005.03.039.}

[1152] 刘军，宋建星，欧阳天祥，邢新. 栓塞硬化治疗血管畸形中血管危象的发生及其综合治疗[J]. 第二军医大学学报，2005，26(9)：1073-1074. DOI：10.3321/j.issn：0258-879X.2005.09.034. {LIU Jun,SONG Jianxing,OU Yangtianxiang,XING Xin. Development of vascular crisis and its comprehensive treatment in hemangioma patients undergoing local embolization[J]. Di Er Jun Yi Da Xue Xue Bao[Acad J Sec Mil Med Univ(Article in Chinese;Abstract in Chinese)],2005,26(9):1073-1074. DOI:10.3321/j.issn:0258-879X.2005.09.034.}

[1153] 阳富春，赵劲民，杨志，苏伟，沙轲，黄富国. 断指再植迟发性血管危象的原因探讨及其预防[J]. 中华显微外科杂志，2006，29(4)：305-306. DOI：10.3760/cma.j.issn.1001-2036.2006.04.029. {YANG Fuchun,ZHAO Jinmin,YANG Zhi,SU Wei,SHA Ke,HUANG Fuguo. Study on the causes and prevention of delayed vascular crisis in replantation of severed fingers[J]. Zhonghua Xian Wei Wai Ke Za Zhi[Chin J Microsurg(Article in Chinese;Abstract in Chinese)],2006,29(4):305-306. DOI:10.3760/cma.j.issn.1001-2036.2006.04.029.}

[1154] 许庆家，王治凤，刘志波，胡勇. 小切口放血加肝素治疗皮瓣血管危象[J]. 创伤外科杂志，2006，8(5)：462. DOI：10.3969/j.issn.1009-4237.2006.05.028. {XU Qingjia,WANG Zhifeng,LIU Zhibo,HU Yong. Treatment of vascular crisis of flap with small incision blood letting and heparin[J]. Chuang Shang Wai Ke Za Zhi[J Traum Surg(Article in Chinese;Abstract in Chinese)],2006,8(5):462. DOI:10.3969/j.issn.1009-4237.2006.05.028.}

[1155] 何旭，侯书健，赵靖，屈志刚，丁小珩，汤海萍. 断指再植术后血管危象的多因素分析[J]. 中华手外科杂志，2007，23(1)：38-40. {HE Xu,HOU Shujian,ZHAO Jing,QU Zhigang,DING Xiaoheng,TANG Haiping. Multivariate analysis of vascular crisis after replantation of severed finger[J]. Zhonghua Shou Wai Ke Za Zhi[Chin J Hand Surg(Article in Chinese;Abstract in Chinese)],2007,23(1):38-40.}

[1156] 马世伟. 手部封闭治疗后并发血管危象一例报告[J]. 中华手外科杂志，2007，23(4)：199. DOI：10.3760/cma.j.issn.1005-054X.2007.04.035. {MA Shiwei. Vascular crisis after hand block treatment:a case report[J]. Zhonghua Shou Wai Ke Za Zhi[Chin J Hand Surg(Article in Chinese;No abstract available)],2007,23(4):199. DOI:10.3760/cma.j.issn.1005-054X.2007.04.035.}

[1157] 章伟文，陈宏，李学渊，徐吉海. 足趾移植手指再造术血管危象的防治[J]. 中华手外科杂志，2008，24(2)：96-98. DOI：10.3760/cma.j.issn.1005-054X.2008.02.011. {ZHANG Weiwen,CHEN Hong,LI Xueyuan,XU Jihai. Prevention and treatment of vascular crisis in toe-to-finger transplantation[J]. Zhonghua Shou Wai Ke Za Zhi[Chin J Hand Surg(Article in Chinese;Abstract in Chinese)],2008,24(2):96-98. DOI:10.3760/cma.j.issn.1005-054X.2008.02.011.}

[1158] 赵义荣，赵晓航，胡德峰. 动脉化静脉挽救手部筋膜蒂皮瓣切取后危象[J]. 中华手外科杂志，2008，24(5)：286. DOI：10.3760/cma.j.issn.1005-054X.2008.05.018. {ZHAO Yirong,ZHAO Xiaohang,HU Defeng. Venous arterialization to save the crisis after resection of fasciocutaneous flap of hand[J]. Zhonghua Shou Wai Ke Za Zhi[Chin J Hand Surg(Article in Chinese;No abstract available)],2008,24(5):286. DOI:10.3760/cma.j.issn.1005-054X.2008.05.018.}

[1159] 韩冬，陈传俊. 头颈部游离组织瓣移植术后血管危象监测技术进展[J]. 中国口腔颌面外科杂志，2008，6(1)：64-67. DOI：10.3969/j.issn.1672-3244.2008.01.012. {HAN Dong,CHEN Chuanjun. New techniques in postoperative monitoring of free tissue transfers[J]. Zhongguo Kou Qiang He Mian Wai Ke Za Zhi[Chin J Oral Maxillofac Surg(Article in Chinese;No abstract available)],2008,6(1):64-67. DOI:10.3969/j.issn.1672-3244.2008.01.012.}

[1160] 王亮，张树明，刘光军，赵广跃，范启申. 移植术后血管危象的病因、预防及处理方法探讨[J]. 实用手外科杂志，2008，22(3)：142-143，160. DOI：10.3969/j.issn.1671-2722.2008.03.006. {WANG Liang,ZHANG Shuming,LIU Guangjun,ZHAO Guangyue,FAN Qishen. Cause and disposal of vascular crisis in free tissue transplantation surgery[J]. Shi Yong Shou Wai Ke Za Zhi[Chin J Pract Hand Surg(Article in Chinese;Abstract in Chinese)],2008,22(3):142-143,160. DOI:10.3969/j.issn.1671-2722.2008.03.006.}

[1161] 刘珅，范存义. 针刺放血预防断指再植术后血管危象[J]. 国际骨科学杂志，2009，30(3)：202. DOI：10.3969/j.issn.1673-7083.2009.03.022. {LIU Shen,FAN Cunyi. Bloodletting in prevention of circulatory crisis after digital replantation[J]. Guo Ji Gu Ke Xue Za Zhi[Int J Orthop(Article in Chinese;No abstract available)],2009,30(3):202. DOI:10.3969/j.issn.1673-7083.2009.03.022.}

[1162] 王培吉，董启榕，易男. 断指再植术发生血管危象的原因分析及防治措施[J]. 中华显微外科杂志，2010，33(1)：19-22. DOI：10.3760/cma.j.issn.1001-2036.2010.01.009. {WANG Peiji,DONG Qirong,YI Nan. Cause analysis and management of vascular crisis in digital replantation[J]. Zhonghua Xian Wei Wai Ke Za Zhi[Chin J Microsurg(Article in Chinese;Abstract in Chinese)],2010,33(1):19-22. DOI:10.3760/cma.j.issn.1001-2036.2010.01.009.}

[1163] 刘会仁，曹磊，王立新，张艳茂，刘志旺，于占勇，李国华，王岩，吴学强. 组织移植修复肢体严重损伤发生血管危象的原因分析[J]. 中华显微外科杂志，2010，33(2)：161-162. DOI：10.3760/cma.j.issn.1001-2036.2010.02.030. {LIU Huiren,CAO Lei,WANG Lixin,ZHANG Yanmao,LIU Zhiwang,YU Zhanyong,LI Guohua,WANG Yan,WU Xueqiang. Analysis of the causes of vascular crisis in the repair of severe limb injury by tissue transplantation[J]. Zhonghua Xian Wei Wai Ke Za Zhi[Chin J Microsurg(Article in Chinese;Abstract in Chinese)],2010,33(2):161-162. DOI:10.3760/cma.j.issn.1001-2036.2010.02.030.}

[1164] 李劲松，刘志旺，刘会仁，王立新，王国强. 小剂量冬眠合剂预防和治疗手指再植及游离移植术后血管危象16例分析[J]. 创伤外科杂志，2010，12(5)：463. DOI：10.3969/j.issn.1009-4237.2010.05.038. {LI Jinsong,LIU Zhiwang,LIU Huiren,WANG Lixin,WANG Guoqiang. Small dose of lytic cocktail for preventing and treating digit replantation and vascular crisis following free grafting:report in 16 cases[J]. Chuang Shang Wai Ke Za Zhi[J Traum Surg(Article in Chinese;Abstract in Chinese)],2010,12(5):463. DOI:10.3969/j.issn.1009-4237.2010.05.038.}

[1165] 宓士军，周广军，高景春，孙敬宇，冯志永，高万旭. 介入辅助手术治疗足趾闭合骨折合并动脉损伤危象[J]. 中国修复重建外科杂志，2010，24(8)：926-929. {MI Shijun,ZHOU Guangjun,GAO Jingchun,SUN Jingyu,FENG Zhiyong,GAO Wanxu. Intervention assistant operation in treatment of phalanx closed fracture combined with artery crisis[J]. Zhongguo Xiu Fu Chong Jian Wai Ke Za Zhi[Chin J Repair Reconstr Surg(Article in Chinese;Abstract in Chinese)],2010,24(8):926-929.}

[1166] 吴学军，夏英慧，林向全，林前明，刘晖，林金贵，杨文福，陈楚. 再植和移植手术后血管危象治疗的临床体会[J]. 中华显微外科杂志，2011，34(1)：65-66. DOI：10.3760/cma.j.issn.1001-2036.2011.01.028. {WU Xuejun,XIA Yinghui,LIN Xiangquan,LIN Qianming,LIU Hui,LIN Jingui,YANG Wenfu,CHEN Chu. Clinical experience in the treatment of vascular crisis after replantation and transplantation[J]. Zhonghua Xian Wei Wai Ke Za Zhi[Chin J Microsurg(Article in Chinese;Abstract in Chinese)],2011,34(1):65-66. DOI:10.3760/cma.j.issn.1001-2036.2011.01.028.}

[1167] 李连楚. 断指再植术后32至50天迟发性血管危象四例原因分析及治疗[J]. 中华显微外科杂志，2012，35(1)：39. DOI：10.3760/cma.j.issn.1001-2036.2012.01.015. {LI Lianchu. Causes and treatment of delayed vascular crisis 32 to 50 days after replantation of severed fingers:a report of 4 cases[J]. Zhonghua Xian Wei Wai Ke Za Zhi[Chin J Microsurg(Article in Chinese;No abstract available)],2012,35(1):39. DOI:10.3760/cma.j.issn.1001-2036.2012.01.015.}

[1168] 雷林革，刘刚义，何如祥，张建磊，程鹏. 醉酒患者断指再植术后血管危象30例分析[J]. 中华显微外科杂志，2012，35(6)：493-495. DOI：10.3760/cma.j.issn.1001-2036.2012.06.019. {LEI Linge,LIU Gangyi,HE Ruxiang,ZHANG Jianlei,CHENG Peng. Analysis of 30 cases of vascular crisis after replantation of severed fingers in drunken patients[J]. Zhonghua Xian Wei Wai Ke Za Zhi[Chin J Microsurg(Article in Chinese;Abstract in Chinese)],2012,35(6):493-495. DOI:10.3760/cma.j.issn.1001-2036.2012.06.019.}

[1169] 徐圣康，赵猛，刘家国，罗斌，张劲松，熊为，查昆. 手指末节撕脱离断再植术后血管危象的识别及处理[J]. 中华手外科杂志，2012，28(1)：41-43. DOI：10.3760/cma.j.issn.1005-054X.2012.01.017. {XU Shengkang,ZHAO Meng,LIU Jiaguo,LUO Bin,ZHANG Jinsong,XIONG Wei,CHA Kun. Differentiation and management of vascular crisis following replantation of the avulsed distal finger[J]. Zhonghua Shou Wai Ke Za Zhi[Chin J Hand Surg(Article in Chinese;Abstract in Chinese)],2012,28(1):41-43. DOI:10.3760/cma.j.issn.1005-054X.2012.01.017.}

[1170] 谭龙，高文山，席阿丽，王聪，陈首英，赵燕燕，邸科前，杨信才，翁生彬. 超短波治疗大鼠断尾再植后血管危象的实验研究[J]. 中国修复重建外科杂志，2012，26(10)：1227-1231. {TAN Long,GAO Wenshan,XI Ali,WANG Cong,CHEN Shouying,ZHAO Yanyan,DI Keqian,YANG Xincai,WENG Shengbin. Experiment study on ultrashort wave for treating vascular crisis after rat tail replantation[J]. Zhongguo Xiu Fu Chong Jian Wai Ke Za Zhi[Chin J Repair Reconstr Surg(Article in Chinese;Abstract in Chinese)],2012,26(10):1227-1231.}

[1171] 陈颖，黄乃思，曹阿勇，张莹莹，胡震，柳光宇，沈镇宙，邵志敏，吴炅. 游离腹部皮瓣乳房重建术后皮瓣血管危象相关因素分析[J]. 中国实用外科杂志，2015，35(7)：744-748. DOI：10.7504/CJPS.ISSN1005-2208.2015.07.14. {CHEN Ying,HUANG Naisi,CAO Ayong,ZHANG Yingying,HU Zhen,LIU Guangyu,SHEN Zhenzhou,SHAO Zhimin,WU Jiong. Risk factors of vascular complications after free abdominal flap breast reconstruction[J]. Zhongguo Shi Yong Wai Ke Za Zhi[Chin J Pract Surg(Article in Chinese;Abstract in Chinese)],2015,35(7):744-748. DOI:10.7504/CJPS.ISSN1005-2208.2015.07.14.}

[1172] 裴军，尹卫东. 断指再植术后2周和4周迟发型血管危象一例[J]. 中华手外科杂志，2015，31(5)：375. DOI：10.3760/cma.j.issn.1005-054X.2015.05.025. {PEI Jun,YIN Weidong. Delayed vascular crisis at 2 and 4 weeks after replantation of severed finger:a case report[J]. Zhonghua Shou Wai Ke Za Zhi[Chin J Hand Surg(Article in Chinese;No abstract available)],2015,31(5):375. DOI:10.3760/cma.j.issn.1005-054X.2015.05.025.}

[1173] 施海峰，芮永军，陆征峰，沈泳，周朝，刘宇舟，张宇轩，张全荣. 血管吻合术后晚期突发危象的处理[J]. 中华手外科杂志，2015，31(6)：448-450. DOI：10.3760/cma.j.issn.1005-054X.2015.06.019. {SHI Haifeng,BIN Yongjun,LU Zhengfeng,SHEN Yong,ZHOU Chao,LIU Yuzhou,ZHANG Yuxuan,ZHANG Quanrong. Management of delayed vascular crisis[J]. Zhonghua Shou Wai Ke Za Zhi[Chin J Hand Surg(Article in Chinese;Abstract in Chinese)],2015,31(6):448-450. DOI:10.3760/cma.j.issn.1005-054X.2015.06.019.}

[1174] 查朱青，程春生. 前列地尔注射液干预显微外科术后血管危象的实验研究[J]. 实用骨科杂志，2015，21(11)：1005-1007. {CHA Zhuqing,CHENG Chunsheng. Effect of Alprostadil Injection On Vascular Crisis Following Microsurgery[J]. Shi Yong Gu Ke Za Zhi[J Pract Orthop(Article in Chinese;Abstract in Chinese)],2015,21(11):1005-1007.}

[1175] 黄雪松，李子华，邱忠朋. 断指再植术后改良治疗对再植成活率和血管危象发生率的影响[J]. 临床骨科杂志，2015，18(4)：472-474. DOI：10.3969/j.issn.1008-0287.2015.04.037. {HUANG Xuesong,LI Zihua,QIU Zhongpeng. The survival rate and incidence of vascular crisis following a modified postoperative treatment scheme for finger replantation[J]. Lin Chuang Gu Ke Za Zhi[J Clin Orthop(Article in Chinese;Abstract in Chinese)],2015,18(4):472-474. DOI:10.3969/j.issn.1008-0287.2015.04.037.}

[1176] 袁灼辉，赵军，王鹏程，陈木升，尹志成. 静脉皮瓣移植术后血管危象的原因及处理[J]. 实用手外科杂志，2015，29(2)：184-185. DOI：10.3969/j.issn.1671-2722.2015.02.024. {YUAN Zhuohui,ZHAO Jun,WANG Pengcheng,CHEN Musheng,YIN Zhicheng. Investigation on improving the survival rate of venous flap after transplantation[J]. Shi Yong Shou Wai Ke Za Zhi[Chin J Pract Hand Surg(Article in Chinese;Abstract in Chinese)],2015,29(2):184-185. DOI:10.3969/j.issn.1671-2722.2015.02.024.}

[1177] 陆向阳，赵立宗，苏博义，王建中，任喜明，任洋洲，籍贻华. 前臂骨间后动脉逆行岛状皮瓣应用发生血管危象原因分析[J]. 中华显微外科杂志，2016，39(5)：440-444. DOI：10.3760/cma.j.issn.1001-2036.2016.05.007. {LU Xiangyang,ZHAO Lizong,SU Boyi,WANG Jianzhong,REN Ximing,REN Yangzhou,JI Yihua. The reason of skin flap necrosis caused by vascular crisis of reverse island flap of forearm posterior interosseous artery[J]. Zhonghua Xian Wei Wai Ke Za Zhi[Chin J Microsurg(Article in Chinese;Abstract in Chinese)],2016,39(5):440-444. DOI:10.3760/cma.j.issn.1001-2036.2016.05.007.}

[1178] 徐磊，巨积辉，侯瑞兴，金光哲，周广良. 断指再植术后9年血管危象一例[J]. 中华手外科杂志，2016，32(1)：19. DOI：10.3760/cma.j.issn.1005-054X.2016.01.009. {XU Lei,JU Jihui,HOU Ruixing,JIN Guangzhe,ZHOU Guangliang. A case of vascular crisis 9 years after replantation of severed finger[J]. Zhonghua Shou Wai Ke Za Zhi[Chin J Hand Surg(Article in Chinese;No abstract available)],2016,32(1):19. DOI:10.3760/cma.j.issn.1005-054X.2016.01.009.}

[1179] 郭晓玲，张海波，陈文，江雪莲. 不同镇痛方法结合激光多普勒血流灌注成像仪观察断指血运防治血管危象的临床研究[J]. 创伤外科杂志，2016，18(6)：370-373. DOI：10.3969/j.issn.1009-4237.2016.06.015. {GUO Xiaoling,ZHANG Haibo,CHEN Wen,JIANG Xuelian. The effects of different analgesia methods on patients with finger amputation and replantation under monitoring with Periscan perfusion imaging[J]. Chuang Shang Wai Ke Za Zhi[J Traum Surg(Article in Chinese;Abstract in Chinese)],2016,18(6):370-373. DOI:10.3969/j.issn.1009-4237.2016.06.015.}

[1180] 任家晨，白建礼，付强，乔孟勇. 指根逆行岛状皮瓣血管危象的原因及补救方法[J]. 实用手外科杂志，2016，30(2)：201-203. DOI：10.3969/j.issn.1671-2722.2016.02.027. {REN Jiachen,BAI Jianli,FU Qiang,QIAO Mengyong. Reason and remedy of vascular crisis in finger root retrograde island flap transplantion[J]. Shi Yong Shou Wai Ke Za Zhi[Chin J Pract Hand Surg(Article in Chinese;Abstract in Chinese)],2016,30(2):201-203. DOI:10.3969/j.issn.1671-2722.2016.02.027.}

[1181] 任振虎，吴汉江，谭宏宇，王铠，龚朝建，张胜. 35例股前外侧游离皮瓣血管危象临床分析[J]. 上海口腔医学，2016，25(1)：112-116. {REN Zhenhu,WU Hanjiang,TAN Hongyu,WANG Kai,GONG Chaojian,ZHANG Sheng. Clinical analysis of 35 flap crisis in anterolateral thigh free flaps[J]. Shang Hai Kou Qiang Yi Xue[Shanghai J Stomatol(Article in Chinese;Abstract in Chinese)],2016,25(1):112-116.}

[1182] 肖思顺，雷青，魏平. 断指再植术后发生血管危象的因素及处理[J]. 临床骨科杂志，2017，20(4)：447-448. DOI：10.3969/j.issn.1008-0287.2017.04.023. {XIAO Sishun,LEI Qing,WEI Ping. Factors and treatment methods on postoperative vascular crisis of finger replantation[J]. Lin Chuang Gu Ke Za Zhi[J Clin Orthop(Article in Chinese;Abstract in Chinese)],2017,20(4):447-448. DOI:10.3969/j.issn.1008-0287.2017.04.023.}

[1183] 羊良慧，麦华明，巫家晓，李帅，陈国生，刘诗奇. 血清生化因素与口腔颌面部游离组织瓣血管危象的相关分析[J]. 中国口腔颌面外科杂志，2017，15(5)：431-434. DOI：10.19438/j.cjoms.2017.05.011. {YANG Lianghui,MAI Huaming,WU Jiaxiao,LI Shuai,CHEN Guosheng,LIU Shiqi. Correlation of serum biochemical factors and vascular crisis of free flap for reconstruction of oral and maxillofacial defect[J]. Zhongguo Kou Qiang He Mian Wai Ke Za Zhi[Chin J Oral Maxillofac Surg(Article in Chinese;Abstract in Chinese)],2017,15(5):431-434. DOI:10.19438/j.cjoms.2017.05.011.}

[1184] 张健，黄剑，潘佳栋，周丹亚，尹善青，李俊杰，王欣. 拇手指再造的多组织移植术后血管危象探讨[J]. 中国修复重建外科杂志，2017，31(3)：323-326. DOI：10.7507/1002-1892.201611030. {ZHANG Jian,HUANG Jian,PAN Jiadong,ZHOU Danya,YIN Shanqing,LI Junjie,WANG Xin. Vascular crisis after multiple tissue transplantation for thumb and other finger reconstruction by toe-to-hand transfer[J]. Zhongguo Xiu Fu Chong Jian Wai Ke Za Zhi[Chin J Repar Reconstr Surg(Article in Chinese;Abstract in Chinese)],2017,31(3):323-326. DOI:10.7507/1002-1892.201611030.}

[1185] 韩春梅，凌双安，李敬矿. 断指再植术后七周血管危象一例[J]. 中华手外科杂志，2019，35(1)：11. DOI：10.3760/cma.j.issn.1005-054X.2019.01.005. {HAN Chunmei,LING Shuangan,LI Jingkuang. Vascular crisis seven weeks after replantation of severed finger:a case report[J]. Zhonghua Shou Wai Ke Za Zhi[Chin J Hand Surg(Article in Chinese;No abstract available)],2019,35(1):11. DOI:10.3760/cma.j.issn.1005-054X.2019.01.005.}

[1186] 张继朝，郑大伟，魏英华，王大伟. 断指再植术后4周血管危象1例报告及文献复习[J]. 创伤外科杂志，2020，22(2)：156-157. DOI：10.3969/j.issn.1009-4237.2020.02.019. {ZHANG Jichao,ZHENG Dawei,WEI Yinghua,WANG Dawei. Vascular crisis at 4 weeks after replantation of digital amputation:a case report and literature review[J]. Chuang Shang Wai Ke Za Zhi[J Traum Surg(Article in Chinese;No abstract available)],2020,22(2):156-157. DOI:10.3969/j.issn.1009-4237.2020.02.019.}

[1187] 刘畅，张凯，李建成，陈永锋，刘亮. 凝血生化因素与口腔颌面部游离组织瓣移植血管危象的相关性分析[J]. 中国口腔颌面外科杂志，2020，18(2)：148-150. DOI：10.19438/j.cjoms.2020.02.012. {LIU Chang,ZHANG Kai,LI Jiancheng,CHEN Yongfeng,LIU Liang. Correlation of biochemical factors of coagulation and vascular crisis after oral and maxillofacial free tissue transplantation[J]. Zhongguo Kou Qiang He Mian Wai Ke Za Zhi[Chin J Oral Maxillofac Surg(Article in Chinese;Abstract in Chinese)],2020,18(2):148-150. DOI:10.19438/j.cjoms.2020.02.012.}

[1188] 李显勇，李平华，李章超. 手指撕脱伤断指再植术后血管危象发生的危险因素分析[J]. 实用手外科杂志，2020，34(2)：194-197. DOI：10.3969/j.issn.1671-2722.2020.02.024. {LI Xianyong,LI Pinghua,LI Zhangchao. Analysis of risk factors for vascular crisis after replantation of finger avulsion injury[J]. Shi Yong Shou Wai Ke Za Zhi[Chin J Pract Hand Surg(Article in Chinese;Abstract in Chinese)],2020,34(2):194-197. DOI:10.3969/j.issn.1671-2722.2020.02.024.}

1.10.1 动脉危象
arterial compromise

[1189] Mu D,Luan J,Mu L,Xin M. Repetitive arterial crisis of deep inferior epigastric perforator flap after mental stress:a case report[J]. J Reconstr Microsurg,2011,27(6):337-342. doi:10.1055/s-0031-1278711.

[1190] 李小军. 逆行推出皮支内脱落血栓解除皮瓣动脉危象[J]. 中华手外科杂志，1997，13(2)：84-86. DOI：10.3760/cma.j.issn.1005-054X.1997.02.007. {LI Xiaojun. Elimination of arterial crisis in free skin flap transplantation by reversely milking out the detached thrombus in cutaneous branch[J]. Zhonghua Shou Wai Ke Za Zhi[Chin J Hand Surg(Article in Chinese;Abstract in Chinese)],1997,13(2):84-86. DOI:10.3760/cma.j.issn.1005-054X.1997.02.007.}

[1191] 陈宏，章伟文，李学渊. 断指再植术后动脉危象的处理[J]. 中华手外科杂志，1999，15(4)：238. DOI：10.3760/cma.j.issn.1005-054X.1999.04.017. {CHEN Hong,ZHANG Weiwen,LI Xueyuan. Management of arterial crisis after replantation of severed finger[J]. Zhonghua Shou Wai Ke Za Zhi[Chin J Hand Surg(Article in Chinese;Abstract in Chinese)],1999,15(4):238. DOI:10.3760/cma.j.issn.1005-054X.1999.04.017.}

[1192] 宋海涛，田万成，康庆林，卢全中. 手指闭合性损伤导致动脉危象的救治[J]. 中华手外科杂志，2001，17(4)：65-66. {SONG Haitao,TIAN Wancheng,KANG Qinglin,LU Quanzhong. Treatment of arterial crisis caused by closed injury of finger[J]. Zhonghua Shou Wai Ke Za Zhi[Chin J Hand Surg(Article in Chinese;Abstract in Chinese)],2001,17(4):65-66.}

[1193] 曹爱兵，李小军，杜冬. 逆行推出皮瓣动脉终末支脱落血栓的实验研究[J]. 中华显微外科杂志，2005，28(4)：343-344. DOI：10.3760/cma.j.issn.1001-2036.2005.04.020. {CAO Aibing,LI Xiaojun,DONG Dong. Experimental study on retrograde exfoliation of thrombus in the terminal branch of artery of skin flap[J]. Zhonghua Xian Wei Wai Ke Za Zhi[Chin J Microsurg(Article in Chinese;Abstract in Chinese)],2005,28(4):343-344. DOI:10.3760/cma.j.issn.1001-2036.2005.04.020.}

[1194] 韩广普，石国君，许俊岭，李晓明，孙如泉. 经桡动脉局部溶栓治疗组织移植术后动脉危象[J]. 中国矫形外科杂志，2006，14(6)：460，封三. DOI：10.3969/j.issn.1005-8478.2006.06.019. {HAN Guangpu,SHI Guojun,XU Junling,LI Xiaoming,SUN Ruquan. The treatment of transradial artery thrombolysis to the arterycrisis after tissue transplantation[J]. Zhongguo Jiao Xing Wai Ke Za Zhi[Orthop J China(Article in Chinese;No abstract available)],2006,14(6):460,cover 3. DOI:10.3969/j.issn.1005-8478.2006.06.019.}

[1195] 魏鹏，陈宏，王欣，章伟文，王晓峰，薛建波，周黎明，黄剑. 手术与保守处理断指再植术后超敏期顽固性动脉危象的比较分析[J]. 中华创伤骨科杂志，2006，8(6)：512-514. DOI：10.3760/cma.j.issn.1671-7600.2006.06.004. {WEI Peng,CHEN Hong,WANG Xin,ZHANG Weiwen,WANG Xiaofeng,XUE Jianbo,ZHOU Liming,HUANG Jian. Surgical exploration versus conservative treatment for refractory arterial crisis during the hypersensitive period after digital replantation[J]. Zhonghua Chuang Shang Gu Ke Za Zhi[Chin J Orthop Trauma(Article in Chinese;Abstract in Chinese)],2006,8(6):512-514. DOI:10.3760/cma.j.issn.1671-7600.2006.06.004.}

[1196] 魏鹏，王欣，陈宏，王晓峰，薛建波，周黎明，黄剑. 手术探查对处理断指再植动脉危象的意义[J]. 实用骨科杂志，2006，12(6)：500-502. DOI：10.3969/j.issn.1008-5572.2006.06.008. {WEI Peng,WANG Xin,CHEN Hong,WANG Xiaofeng,XUE Jianbo,ZHOU Liming,HUANG Jian. Significance of surgical exploration on the refractory arterial crisis after replantation of severed finger[J]. Shi Yong Gu Ke Za Zhi[J Pract Orthop(Article in Chinese;Abstract in Chinese)],2006,12(6):500-502. DOI:10.3969/j.issn.1008-5572.2006.06.008.}

[1197] 姜晓华，刘庆锋，高卫东，高峰，杨天昀，刘庆爽. 扳机指封闭治疗后并发动脉危象一例[J]. 中华手外科杂志，2008，24(2)：103. {JIANG Xiaohua,LIU Qingfeng,GAO Weidong,GAO Feng,YANG Tian 昀,LIU Qingshuang. A case of arterial crisis in trigger finger after block treatment[J]. Zhonghua Shou Wai Ke Za Zhi[Chin J Hand Surg(Article in Chinese;No abstract available)],2008,24(2):103.}

[1198] 卢立春，赵升宇，王雪莹，朴宏鹰，曲狄，刘铭然，张大威，孙衍峰，张巨. 断指再植术后动脉危象的处理(附8例报告)[J]. 吉林大学学报(医学版)，2008，34(5)：801. {LU Lichun,ZHAO Shengyu,WANG Xueying,PU Hongying,QU Di,LIU Mingran,ZHANG Dawei,SUN Yanfeng,ZHANG Ju. Management of arterial crisis after replantation of severed fingers (report of 8 cases)[J]. Ji Lin Da Xue Xue Bao(Yi Xue Ban)[J Jilin Univ Med Ed(Article in Chinese;No abstract available)],2008,34(5):801.}

[1199] 赵建勇，孙云川，张植生，张远林. 经桡动脉置管治疗解除手部组织移植术后动脉危象[J]. 中华显微外科杂志，2009，32(3)：259-260. DOI：10.3760/cma.j.issn.1001-2036.2009.03.042. {ZHAO Jianyong,SUN Yunchuan,ZHANG Zhisheng,ZHANG Yuanlin. Transradial catheterization for relieving arterial crisis after hand tissue transplantation[J]. Zhonghua Xian Wei Wai Ke Za Zhi[Chin J Microsurg(Article in Chinese;Abstract in Chinese)],2009,32(3):259-260. DOI:10.3760/cma.j.issn.1001-2036.2009.03.042.}

[1200] 张功林，王永恒，闫鹏. 拇尺背侧皮瓣延迟挽救皮瓣动脉危象一例[J]. 中华显微外科杂志，2011，34(4)：342. DOI：10.3760/cma.j.issn.1001-2036.2011.04.035. {ZHANG Gonglin,WANG Yongheng,YAN Peng. Delayed rescue of flap arterial crisis with dorsal thumb ulnar flap:a case report[J]. Zhonghua Xian Wei Wai Ke Za Zhi[Chin J Microsurg(Article in Chinese;No abstract available)],2011,34(4):342. DOI:10.3760/cma.j.issn.1001-2036.2011.04.035.}

[1201] 孙涛，魏鹏，李丽，陈宏，胡瑞斌，滕晓峰，王欣，李学渊. 利伐沙班联合非洛地平预防断指再植术后小动脉危象的疗效研究[J]. 中华关节外科杂志(电子版)，2011，5(2)：155-159. DOI：10.3877/cma.j.issn.1674-134X.2011.02.005. {SUN Tao,WEI Peng,LI Li,CHEN Hong,HU Ruibin,TENG Xiaofeng,WANG Xin,LI Xueyuan. The effects of rivaroxaban combining felodipine in prevention of arteriolar crisis after reimplantation of amputated fingers[J]. Zhonghua Guan Jie Wai Ke Za Zhi Dian Zi Ban [Chin J Joint Surg (Electr Ed)(Article in Chinese;Abstract in Chinese)],2011,5(2):155-159. DOI:10.3877/cma.j.issn.1674-134X.2011.02.005.}

[1202] 曹学新，刘洋，刘阳. 断指再植术后10年动脉危象一例[J]. 中华手外科杂志，2017，33(5)：329. DOI：10.3760/cma.j.issn.1005-054X.2017.05.004. {CAO Xuexin,LIU Yang,LIU Yang. A case of arterial crisis 10 years after replantation of severed finger[J]. Zhonghua Shou Wai Ke Za Zhi[Chin J Hand Surg(Article in Chinese;No abstract available)],2017,33(5):329. DOI:10.3760/cma.j.issn.1005-054X.2017.05.004.}

[1203] 李小东，王培，于昌玉，严晓薇，尹晶. 超声引导下Fogarty球囊导管在动脉危象中的临床应用[J]. 中国修复重建外科杂志，2017，31(10)：1220-1224. DOI：10.7507/1002-1892.201705057. {LI Xiaodong,WANG Pei,YU Changyu,YAN Xiaowei,YIN Jing. Clinical application of ultrasound guided Fogarty balloon catheter in arterial crisis[J]. Zhongguo Xiu Fu Chong Jian Wai Ke Za Zhi[Chin J Repar Reconstr Surg(Article in Chinese;Abstract in Chinese)],2017,31(10):1220-1224. DOI:10.7507/1002-1892.201705057.}

[1204] 徐磊，巨积辉，金乾衡，程贺云，李友，蒋国栋，侯瑞兴. 动脉和静脉完全换位在游离皮瓣动脉危象中的临床应用[J]. 中华显微外科杂志，2018，41(6)：525-528. DOI：10.3760/cma.j.issn.1001-2036.2018.05.002. {XU Lei,JU Jihui,JIN Qianheng,CHENG Heyun,LI You,JIANG Guodong,HOU Ruixing. Clinical application of complete transposition of arteriovenous in free flap artery crisis[J]. Zhonghua Xian Wei Wai Ke Za Zhi[Chin J Microsurg(Article in Chinese;Abstract in Chinese)],2018,41(6):525-528. DOI:10.3760/cma.j.issn.1001-2036.2018.05.002.}

1.10.2 静脉危象
venous compromise

[1205] Du W,Wu PF,Qing LM,Wang CY,Liang JY,Yu F,Tang JY. Systemic and flap inflammatory response associates with thrombosis in flap venous crisis[J]. Inflammation,2015,38(1):298-304. doi:10.1007/s10753-014-0033-9.

[1206] 李嘉荣，王黎明. 应用肠溶阿斯匹林治疗手指创伤后严重血循环障碍疗效观察[J]. 手外科杂志，1992，8(3)：154-155. {LI Jiarong,WANG Liming. The efficacy of enteric-coated aspirin in the treatment of severe blood circulation disturbance after finger trauma[J]. Shou Wai Ke Za Zhi[J Hand Surg(Article in Chinese;Abstract in Chinese)],1992,8(3):154-155.}

[1207] 顾玉东. 皮瓣的静脉危象及其处理[J]. 中华手外科杂志，1996，12(3)：131-133. {GU Yudong. Venous crisis of skin flap and its management[J]. Zhonghua Shou Wai Ke Za Zhi[Chin J Hand Surg(Article in Chinese;Abstract in Chinese)],1996,12(3):131-133.}

[1208] 赵建勇，刘洪绿，许俊岭. 吻合邻指皮瓣静脉治疗断指再植术后静脉危象一例[J]. 中华显微外科杂志，1997，20(4)：24. {ZHAO Jianyong,LIU Honglu,XU Junling. Anastomosis of adjacent finger flap vein in the treatment of venous crisis after replantation of severed finger:a case report[J]. Zhonghua Xian Wei Wai Ke Za Zhi[Chin J Microsurg(Article in Chinese;No abstract available)],1997,20(4):24.}

[1209] 陈海啸，朱忠，徐国成，吴广福. 挤压法治疗断指再植术后静脉危象的实验和临床应用[J]. 中国修复重建外科杂志，1997，11(6)：31-33. {CHEN Haixiao,ZHU Zhong,XU Guocheng,WU Guangfu. Experimental and clinical application of squeeze method in the treatment of venous crisis after replantation of severed finger[J]. Zhongguo Xiu Fu Chong Jian Wai Ke Za Zhi[Chin J Repar Reconstr Surg(Article in Chinese;Abstract in Chinese)],1997,11(6):31-33.}

[1210] 田万成，卢全中，宋海涛，范钦平，常凤廷，潘逢雨，谢战勇，王儒芬. 断指再植术中预防静脉危象的措施[J]. 中华显微外科杂志，1998，21(1)：3-5. {TIAN Wancheng,LU Quanzhong,SONG Haitao,FAN Qinping,CHANG Fengting,PAN Fengyu,XIE Zhanyong,WANG Rufen. Measures to prevent venous crisis during replantation of severed fingers[J]. Zhonghua Xian

Wei Wai Ke Za Zhi[Chin J Microsurg(Article in Chinese;Abstract in Chinese)],1998,21(1):3-5.}

[1211] 曹明军，徐光富，冯蜀．断指再植静脉危象28例处理体会[J]．中华显微外科杂志，1998，21（2）：104．DOI：10.3760/cma.j.issn.1001-2036.1998.02.037．{CAO Mingjun,XU Guangfu,FENG Shu. Management of venous crisis after replantation of severed fingers:a report of 28 cases[J]. Zhonghua Xian Wei Wai Ke Za Zhi[Chin J Microsurg(Article in Chinese;No abstract available)],1998,21(2):104. DOI:10.3760/cma.j.issn.1001-2036.1998.02.037.}

[1212] 廖孔荣，高伟阳，厉智，李志杰，池征磷，李晓阳．吻合浅静脉预防手部及前臂岛状皮瓣引起的静脉危象[J]．中华手外科杂志，1998，14（2）：74-75．DOI：10.3760/cma.j.issn.1005-054X.1998.02.006．{LIAO Kongrong,GAO Weiyang,LI Zhi,LI Zhijie,CHI Zhenglin,LI Xiaoyang. Superficial vein anastomosis for prevention of venous crisis of island flaps of hand or forearm[J]. Zhonghua Shou Wai Ke Za Zhi[Chin J Hand Surg(Article in Chinese;Abstract in Chinese and English)],1998,14(2):74-75. DOI:10.3760/cma.j.issn.1005-054X.1998.02.006.}

[1213] 巫伟东，张成进，蒋纯志．使用中剂量肝素生理盐水解除断指再植静脉危象19例报告[J]．中国矫形外科杂志，2000，7（12）：1222．DOI：10.3969/j.issn.1005-8478.2000.12.029．{WU Weidong,ZHANG Chengjin,JIANG Chunzhi. Use of medium-dose heparin saline to relieve venous crisis after replantation of severed fingers:a report of 19 cases[J]. Zhongguo Jiao Xing Wai Ke Za Zhi[Orthop J China(Article in Chinese;No abstract available)],2000,7(12):1222. DOI:10.3969/j.issn.1005-8478.2000.12.029.}

[1214] 王保全，张树桧，李祥彩．防治游离皮瓣静脉危象的几点体会[J]．中华手外科杂志，2000，16（4）：29．{WANG Baoquan,ZHANG Shuhui,LI Xiangcai. Some experience in the prevention and treatment of venous crisis of free skin flap[J]. Zhonghua Shou Wai Ke Za Zhi[Chin J Hand Surg(Article in Chinese;No abstract available)],2000,16(4):29.}

[1215] 谭小云，蒲涛，夏立群，魏国文．负压吸引在断指再植静脉危象处理中的应用[J]．临床骨科杂志，2000，3（4）：299．DOI：10.3969/j.issn.1008-0287.2000.04.030．{TAN Xiaoyun,PU Tao,XIA Liqun,WEI Guowen. Application of vacuum suction in vein crisis after finger replantation[J]. Lin Chuang Gu Ke Za Zhi[J Clin Orthop(Article in Chinese;No abstract available)],2000,3(4):299. DOI:10.3969/j.issn.1008-0287.2000.04.030.}

[1216] 林浩，侯海涛，丛海波．小切口放血加尿激酶治疗皮瓣移植术后静脉危象[J]．中华显微外科杂志，2001，24（4）：256．DOI：10.3760/cma.j.issn.1001-2036.2001.04.036．{LIN Hao,HOU Haitao,CONG Haibo. Small incision bloodletting and urokinase in the treatment of venous crisis after skin flap transplantation[J]. Zhonghua Xian Wei Wai Ke Za Zhi[Chin J Microsurg(Article in Chinese;No abstract available)],2001,24(4):256. DOI:10.3760/cma.j.issn.1001-2036.2001.04.036.}

[1217] 裴宪武，杨敏杰，刘淼，冯世庆，宋红星，王德利．间断放血法在末节断指再植后静脉危象处理中的应用[J]．临床骨科杂志，2002，5（4）：312-313．DOI：10.3969/j.issn.1008-0287.2002.04.034．{PEI Xianwu,YANG Minjie,LIU Miao,FENG Shiqing,SONG Hongxing,WANG Deli. Interval bloodletting in the vein crisis of finger tip replantation[J]. Lin Chuang Gu Ke Za Zhi[J Clin Orthop(Article in Chinese;Abstract in Chinese)],2002,5(4):312-313. DOI:10.3969/j.issn.1008-0287.2002.04.034.}

[1218] 赵建勇，刘志波，张植生，吴海珏，张远林，刘振利，王华柱．吻合邻指指背皮瓣静脉治疗断指再植术后静脉危象的处理[J]．中华手外科杂志，2004，20（4）：38-39．{ZHAO Jianyong,LIU Zhibo,ZHANG Zhisheng,WU Haijue,ZHANG Yuanlin,LIU Zhenli,WANG Huazhu. Management of venous crisis after replantation of severed fingers with vein anastomosis of dorsal digital skin flap of adjacent finger[J]. Zhonghua Shou Wai Ke Za Zhi[Chin J Hand Surg(Article in Chinese;Abstract in Chinese)],2004,20(4):38-39.}

[1219] 赵永刚，范金财．一种可用于长时间微循环动态观察的静脉危象皮瓣动物模型[J]．中华整形外科杂志，2006，22（3）：200-203．DOI：10.3760/j.issn：1009-4598.2006.03.012．{ZHAO Yonggang,FAN Jincai. An animal model of venous congested flap for long-term microcirculation study[J]. Zhonghua Zheng Xing Wai Ke Za Zhi[Chin J Plast Surg(Article in Chinese;Abstract in Chinese)],2006,22(3):200-203. DOI:10.3760/j.issn:1009-4598.2006.03.012.}

[1220] 王锦华，张功林．腓肠神经营养血管皮瓣延迟挽救皮瓣静脉危象一例[J]．中华显微外科杂志，2010，33（6）：464．DOI：10.3760/cma.j.issn.1001-2036.2010.06.009．{WANG Jinhua,ZHANG Gonglin. A case of delayed rescue of skin flap venous crisis with sural neurovascular flap[J]. Zhonghua Xian Wei Wai Ke Za Zhi[Chin J Microsurg(Article in Chinese;No abstract available)],2010,33(6):464. DOI:10.3760/cma.j.issn.1001-2036.2010.06.009.}

[1221] 张功林，葛宝丰．介绍一种挽救断指再植术后静脉危象的新方法[J]．国际骨科学杂志，2011，32（2）：136．DOI：10.3969/j.issn.1673-7083.2011.02.023．{ZHANG Gonglin,GE Baofeng. A new method for salvage of venous crisis after digital replantatian[J]. Guo Ji Gu Ke Xue Za Zhi[Int J Orthop(Article in Chinese;No abstract available)],2011,32(2):136. DOI:10.3969/j.issn.1673-7083.2011.02.023.}

[1222] 杜威，唐举玉，何晓凡，卿黎明，王聪杨，吴攀峰，俞芳．组织型纤溶酶原激活物及其抑制剂-1在游离穿支皮瓣移植术后静脉危象早期表达变化[J]．中华显微外科杂志，2013，36（6）：563-567．DOI：10.3760/cma.j.issn.1001-2036.2013.06.011．{DONG Wei,TANG Juyu,HE Xiaofan,QING Liming,WANG Congyang,WU Panfeng,YU Fang. Experimental study on the change of dynamic expression of t-PA and PAI-1 during early venous crisis after free perforator flap transplantation[J]. Zhonghua Xian Wei Wai Ke Za Zhi[Chin J Microsurg(Article in Chinese;Abstract in Chinese)],2013,36(6):563-567. DOI:10.3760/cma.j.issn.1001-2036.2013.06.011.}

[1223] 王欣，张世民，祝晓忠，张英琪，俞光荣．低分子肝素对指动脉逆行岛状皮瓣静脉危象的预防[J]．实用骨科杂志，2013，19（5）：411-413，后插1．DOI：10.3969/j.issn.1008-5572.2013.05.008．{WANG Xin,ZHANG Shimin,ZHU Xiaozhong,ZHANG Yingqi,YU Guangrong. The Prevention of Venous Crisis of the Reverse-flow Island Flap by Low-m olecular-weightH eparin[J]. Shi Yong Gu Ke Za Zhi[J Pract Orthop(Article in Chinese;Abstract in Chinese)],2013,19(5):411-413,cover 1. DOI:10.3969/j.issn.1008-5572.2013.05.008.}

[1224] 卿黎明，唐举玉，何晓凡，杜威，王聪杨，吴攀峰，俞芳．穿支皮瓣游离移植术后静脉危象早期组织因子和组织因子途径抑制物的变化及其意义[J]．中华实验外科杂志，2014，31（8）：1836．DOI：10.3760/cma.j.issn.1001-9030.2014.08.080．{QING Liming,TANG Juyu,HE Xiaofan,DONG Wei,WANG Congyang,WU Panfeng,YU Fang. Changes and significance of tissue factor and tissue factor pathway inhibitor in the early stage of venous crisis after free perforator flap transplantation[J]. Zhonghua Shi Yan Wai Ke Za Zhi[Chin J Exp Surg(Article in Chinese;Abstract in Chinese)],2014,31(8):1836. DOI:10.3760/cma.j.issn.1001-9030.2014.08.080.}

[1225] 傅尚俊，杨晓东，杨锦，周阳，陈逸民，何华斌，唐永丰．游离股前外皮瓣移植术后静脉危象的病因探讨[J]．中华手外科杂志，2015，31（4）：313-314．DOI：10.3760/cma.j.issn.1005-054X.2015.04.028．{FU Shangjun,YANG Xiaodong,YANG Jin,ZHOU Yang,CHEN Yimin,HE Huabin,TANG Yongfeng. Etiology of venous crisis after transplantation of free anterolateral femoral flap[J]. Zhonghua Shou Wai Ke Za Zhi[Chin J Hand Surg(Article in Chinese;Abstract in Chinese)],2015,31(4):313-314. DOI:10.3760/cma.j.issn.1005-054X.2015.04.028.}

[1226] 张学磊，赵建勇，刘长利，刘京生，赵倩，王鸿飞．解决断指再植术后静脉危象的两种手术方法及疗效分析[J]．中华手外科杂志，2015，31（6）：475-476．{ZHANG Xuelei,ZHAO Jianyong,LIU Changli,LIU Jingsheng,ZHAO Qian,WANG Hongfei. Analysis of two surgical methods and curative effect for solving venous crisis after replantation of severed finger[J]. Zhonghua Shou Wai Ke Za Zhi[Chin J Hand Surg(Article in Chinese;Abstract in Chinese)],2015,31(6):475-476.}

[1227] 何小莺，张建芬，金敏，李璟．血压计按压法防治四肢游离皮瓣静脉危象46例[J]．中华烧伤杂志，2015，31(2)：151-152．DOI：10.3760/cma.j.issn.1009-2587.2015.02.022．{HE Xiaoying,ZHANG Jianfen,JIN Min,LI Jing. Prevention and treatment of venous crisis of free skin flap of extremities by sphygmomanometer:a report of 46 cases[J]. Zhonghua Shao Shang Za Zhi[Chin J Burns(Article in Chinese;Abstract in Chinese)],2015,31(2):151-152. DOI:10.3760/cma.j.issn.1009-2587.2015.02.022.}

[1228] 喻石，刘毅，李玉环，张绪生．各类皮瓣移植术后静脉危象护理体会[J]．中华显微外科杂志，2017，40(6)：612-613. DOI：10.3760/cma.j.issn.1001-2036.2017.06.032．{YU Shi,LIU Yi,LI Yuhuan,ZHANG Xusheng. Nursing experience of venous crisis after all kinds of skin flap transplantation[J]. Zhonghua Xian Wei Wai Ke Za Zhi[Chin J Microsurg(Article in Chinese;No abstract available)],2017,40(6):612-613. DOI:10.3760/cma.j.issn.1001-2036.2017.06.032.}

[1229] 徐克孝，周友清，丁永斌，张平，兰魁兵．带蒂逆行腓肠神经营养血管皮瓣静脉危象的术中挽救[J]．实用手外科杂志，2019，33（2）：141-142，158．DOI：10.3969/j.issn.1671-2722.2019.02.004．{XU Kexiao,ZHOU Youqing,DING Yongbin,ZHANG Ping,LAN Kuibing. Surgical rescue for venous crisis in retrograde pedicled sural neurocutaneous vascular flap[J]. Shi Yong Shou Wai Ke Za Zhi[Chin J Pract Hand Surg(Article in Chinese;Abstract in Chinese)],2019,33(2):141-142,158. DOI:10.3969/j.issn.1671-2722.2019.02.004.}

1.10.3 血管危象探查
exploration for vascular compromise

[1230] 熊胜，巨积辉，金光哲，赵强，刘跃飞，李雷，李建宁，侯瑞兴．吻合血管术后55例血管危象探查体会[J]．中华手外科杂志，2011，27（5）：284-286．DOI：10.3760/cma.j.issn.1005-054X.2011.05.013．{XIONG Sheng,JU Jihui,JIN Guangzhe,ZHAO Qiang,LIU Yuefei,LI Lei,LI Jianning,HOU Ruixing. The experience of exploration of vascular crisis after 55 cases of vascular anastomosis[J]. Zhonghua Shou Wai Ke Za Zhi[Chin J Hand Surg(Article in Chinese;Abstract in Chinese)],2011,27(5):284-286. DOI:10.3760/cma.j.issn.1005-054X.2011.05.013.}

[1231] 李娜，张秀秀，葛华平，苗平，孟超，王燕婷．游离皮瓣血管危象探查术后观察与护理的体会[J]．中华显微外科杂志，2018，41（5）：514-515．DOI：10.3760/cma.j.issn.1001-2036.2018.05.029．{LI Na,ZHANG Xiuxiu,GE Huaping,MIAO Ping,MENG Chao,WANG Yanting. Observation and nursing of vascular crisis of free skin flap[J]. Zhonghua Xian Wei Wai Ke Za Zhi[Chin J Microsurg(Article in Chinese;No abstract available)],2018,41(5):514-515. DOI:10.3760/cma.j.issn.1001-2036.2018.05.029.}

2 显微再植
microsurgical replantation

[1232] 黄家驷. 从截肢再植手术成功看外科干部培养问题[J]. 中华医学杂志，1963，49(10)：668. {HUANG Jiasi. Training of surgical cadres from the success of amputation and replantation[J]. Zhonghua Yi Xue Za Zhi[Natl Med J China(Article in Chinese;No abstract available)],1963,49(10):668.}

[1233] 于培礼，周健男. 临床病例讨论：右前臂和右大腿辗断处理[J]. 中华外科杂志，1965，13(2)：183-185. {YU Peili,ZHOU Jiannan. Disscussion of clinical case:Treatment of right forearm and right thigh breaking[J]. Zhonghua Wai Ke Za Zhi[Chin J Surg(Article in Chinese;No abstract available)],1965,13(2):183-185.}

[1234] 钱允庆，陈中伟，林擎天，鲍约瑟. 创伤性完全性断肢再植术中小血管处理的几个问题[J]. 中华外科杂志，1965，13(10)：865-868. {QIAN Yunqing,CHEN Zhongwei,LIN Qingtian,BAO Yuese. Several problems in the management of small and medium-sized vessels in traumatic complete amputated limb replantation[J]. Zhonghua Wai Ke Za Zhi[Chin J Surg(Article in Chinese;No abstract available)],1965,13(10):865-868.}

[1235] 天津市人民医院骨科. 创伤性肩胛带完全性离断的再植(一例报告)[J]. 中华外科杂志，1965，13(10)：877-878. {Department of Orthopaedics,Tianjin General Hospital. Replantation of traumatic complete amputation of scapula (report of one case)[J]. Zhonghua Wai Ke Za Zhi[Chin J Surg(Article in Chinese;No abstract available)],1965,13(10):877-878.}

[1236] 陈中伟，鲍约瑟，钱允庆，林擎天. 关于断肢再植的几点体会[J]. 中华医学杂志，1965，51(6)：337-339. {CHEN Zhongwei,BAO Yuese,QIAN Yunqing,LIN Jingtian. Some experience on replantation of amputated limb[J]. Zhonghua Yi Xue Za Zhi[Natl Med J China(Article in Chinese;No abstract available)],1965,51(6):337-339.}

[1237] 某军医大学附属西南医院骨科. 毛泽东思想指导我们接活了断肢——我们是怎样从失败走向成功的[J]. 中华医学杂志，1966，52(7)：451-457. {Department of Orthopedics,Southwest Hospital. Mao Zedong thought guides us to connect the amputated limb—how do we go from failure to success?[J]. Zhonghua Yi Xue Za Zhi[Natl Med J China(Article in Chinese;No abstract available)],1966,52(7):451-457.}

[1238] 上海市第六人民医院断肢再植研究室. 断肢及断手指再植的认识和发展[J]. 中华医学杂志，1973，53(1)：3-10. {Laboratory of amputated limb replantation,Affiliated Shanghai Sixth People's Hospital. Understanding and development of replantation of amputated limb and severed finger[J]. Zhonghua Yi Xue Za Zhi[Natl Med J China(Article in Chinese;No abstract available)],1973,53(1):3-10.}

[1239] 陈中伟. 断肢(指)再植的进展和存在的一些问题[J]. 中华医学杂志，1973，53(6)：322. {CHEN Zhongwei. Progress and problems of replantation of amputated limb (finger)[J]. Zhonghua Yi Xue Za Zhi[Natl Med J China(Article in Chinese;No abstract available)],1973,53(6):322.}

[1240] 中山医学院附属第一医院外科. 断肢再植的实践与认识[J]. 中华医学杂志，1973，53(6)：331-334. {Department of Microsurgery,the first affiliated Hospital,Chun Shan Medical College. Practice and understanding of replantation of amputated limb[J]. Zhonghua Yi Xue Za Zhi[Natl Med J China(Article in Chinese;No abstract available)],1973,53(6):331-334.}

[1241] 上海市第六人民医院断肢再植研究室. 肿瘤段切除远端肢体再植术(附八例报告)[J]. 中华医学杂志，1973，53(6)：338-340. {Laboratory of amputated limb replantation,Affiliated Shanghai Sixth People's Hospital. Segmental resection of tumor and replantation of distal limb (report of 8 cases)[J]. Zhonghua Yi Xue Za Zhi[Natl Med J China(Article in Chinese;No abstract available)],1973,53(6):338-340.}

[1242] 上海市第六人民医院断肢再植研究室. 断肢(指)再植的功能恢复问题[J]. 中华医学杂志，1973，53(6)：341-343. {Laboratory of amputated limb replantation,Affiliated Shanghai Sixth People's Hospital. Functional recovery of replantation of amputated limb (finger)[J]. Zhonghua Yi Xue Za Zhi[Natl Med J China(Article in Chinese;No abstract available)],1973,53(6):341-343.}

[1243] 兰州部队总医院. 断肢再植后静脉和淋巴管再生的实验研究[J]. 中华医学杂志，1973，53(6)：353-354. {Lanzhou Army General Hospital. Experimental study on venous and lymphatic regeneration after replantation of amputated limb[J]. Zhonghua Yi Xue Za Zhi[Natl Med J China(Article in Chinese;No abstract available)],1973,53(6):353-354.}

[1244] 陕西省靖边县医院. 断肢再植一例成功报告[J]. 中华医学杂志，1973，53(9)：569. {Jingbian County Hospital,Shaanxi Province. Replantation of amputated limb:a successful case report[J]. Zhonghua Yi Xue Za Zhi[Natl Med J China(Article in Chinese;No abstract available)],1973,53(9):569.}

[1245] 上海市第一人民医院. 断肢再植的并发症及其处理[J]. 中华医学杂志，1973，53(9)：547-550. {Shanghai General Hospital. Complications and management of replantation of amputated limb[J]. Zhonghua Yi Xue Za Zhi[Natl Med J China(Article in Chinese;No abstract available)],1973,53(9):547-550.}

[1246] 中山医学院附属第一医院外科. 毛冬青对兔离体器官血管作用的实验及其在断肢再植中的临床应用[J]. 中华医学杂志，1974，54(2)：97-100. {Department of Microsurgery,the first affiliated Hospital,Chun Shan Medical College. Experimental study on the effect of ilex pubescens on blood vessels of isolated rabbit organs and its clinical application in replantation of amputated limb[J]. Zhonghua Yi Xue Za Zhi[Natl Med J China(Article in Chinese;No abstract available)],1974,54(2):97-100.}

[1247] 上海市第六人民医院断肢再植研究室. 游离肌肉移位再植一例报告[J]. 中华医学杂志，1975，55(8)：562-563. {Laboratory of amputated limb replantation,Affiliated Shanghai Sixth People's Hospital. Replantation with free muscle transfer:a case report[J]. Zhonghua Yi Xue Za Zhi[Natl Med J China(Article in Chinese;No abstract available)],1975,55(8):562-563.}

[1248] 天津医学院附属医院理疗科. 断肢(指)再植后物理治疗的早期应用[J]. 中华医学杂志，1975，55(12)：863-864. {Department of Physiotherapy,Tianjin Medical College Hospital. Early application of physiotherapy after replantation of amputated limb (finger)[J]. Zhonghua Yi Xue Za Zhi[Natl Med J China(Article in Chinese;No abstract available)],1975,55(12):863-864.}

[1249] 中国人民解放军武汉军区总医院第三外科. 挤压性断臂合并肝破裂一例报告[J]. 中华医学杂志，1977，57(9)：544-546. {The third surgery of Wuhan Military Region General Hospital of the People's Liberation Army. Crushing broken arm with liver rupture:a case report[J]. Zhonghua Yi Xue Za Zhi[Natl Med J China(Article in Chinese;No abstract available)],1977,57(9):544-546.}

[1250] 陈中伟. 关于断肢再植的几点看法[J]. 中华外科杂志，1978，16(1)：5. {CHEN Zhongwei. Some views on replantation of amputated limb[J]. Zhonghua Wai Ke Za Zhi[Chin J Surg(Article in Chinese;No abstract available)],1978,16(1):5.}

[1251] 陈伯民. 瘤段切除再植一例报告[J]. 中华外科杂志，1978，16(1)：22. {CHEN Bomin. Tumor resection and replantation:a case report[J]. Zhonghua Wai Ke Za Zhi[Chin J Surg(Article in Chinese;No abstract available)],1978,16(1):22.}

[1252] 上海市第六人民医院骨科，断肢再植研究室. 高压氧在断肢再植中的应用[J]. 中华外科杂志，1978，16(1)：6-8. {Laboratory of amputated limb replantation,Affiliated Shanghai Sixth People's Hospital. Application of hyperbaric oxygen in replantation of amputated limb[J]. Zhonghua Wai Ke Za Zhi[Chin J Surg(Article in Chinese;No abstract available)],1978,16(1):6-8.}

[1253] 朱盛修，卢世璧，商鉴，陈景云. 关于断肢再植的基本条件[J]. 中华外科杂志，1978，16(1)：16-18. {ZHU Shengxiu,LU Shibi,SHANG Jian,CHEN Jingyun. Basic conditions of replantation of amputated limb[J]. Zhonghua Wai Ke Za Zhi[Chin J Surg(Article in Chinese;No abstract available)],1978,16(1):16-18.}

[1254] 陆裕朴，李稔生，石凯军，徐来堂. 断肢再植后动静脉侧支循环的实验研究[J]. 中华外科杂志，1978，16(1)：31-32. {LU Yupu,LI Rensheng,SHI Kaijun,XU Laitang. Experimental study on arteriovenous collateral circulation after replantation of amputated limb[J]. Zhonghua Wai Ke Za Zhi[Chin J Surg(Article in Chinese;No abstract available)],1978,16(1):31-32.}

[1255] 上海市第六人民医院骨科，上海市第六人民医院断肢再植研究室. 肢体再植[J]. 中华医学杂志，1978，58(1)：4-6. {Laboratory of amputated limb replantation,Affiliated Shanghai Sixth People's Hospital. Limb replantation[J]. Zhonghua Yi Xue Za Zhi[Natl Med J China(Article in Chinese;No abstract available)],1978,58(1):4-6.}

[1256] 陆裕朴. 断肢再植后动静脉侧支循环的实验研究[J]. 中华医学杂志，1978，58(8)：491. {LU Yupu. Experimental study on arteriovenous collateral circulation after replantation of amputated limb[J]. Zhonghua Yi Xue Za Zhi[Natl Med J China(Article in Chinese;No abstract available)],1978,58(8):491.}

[1257] 徐惠芳. 上肢断肢再植的麻醉[J]. 中华外科杂志，1979，17(6)：423-425. {XU Huifang. Anesthesia for replantation of amputated upper limb[J]. Zhonghua Wai Ke Za Zhi[Chin J Surg(Article in Chinese;No abstract available)],1979,17(6):423-425.}

[1258] 辛畅泰，蔡林方，田立杰，李崇杰，程云飞，杨立枫. 利用离断的小腿修复前臂缺损及手再植一例报告[J]. 中华医学杂志，1988，68(7)：411. {XIN Changtai,CAI Linfang,TIAN Lijie,LI Chongjie,CHENG Yunfei,YANG Lifeng. Repair of forearm defect with amputated calf and replantation of hand:a case report[J]. Zhonghua Yi Xue Za Zhi[Natl Med J China(Article in Chinese;No abstract available)],1988,68(7):411.}

[1259] 辛畅泰. 利用离断的小腿修复前臂缺损手再植一例报告[J]. 修复重建外科杂志，1988，2(2)：33. {XIN Changtai. Repair of forearm defect with amputated calf and replantation of hand:a case report[J]. Zhongguo Xiu Fu Chong Jian Wai Ke Za Zhi[Chin J Repar Reconstr Surg(Article in Chinese;No abstract available)],1988,2(2):33.}

[1260] 董惠卿. 前臂残端断手再植重建手功能一例[J]. 修复重建外科杂志，1988，2(4)：43. {DONG Huiqing. Reconstruction of hand function by replantation of severed hand at the stump of forearm:a case report[J]. Zhongguo Xiu Fu Chong Jian Wai Ke Za Zhi[Chin J Repar Reconstr Surg(Article in Chinese;No abstract available)],1988,2(4):43.}

[1261] 潘达德. 我国断指再植近五年进展[J]. 中华显微外科杂志，1990，13(3)：177-180. {PAN Dade. Progress of replantation of severed finger limb in China in recent five years[J]. Zhonghua Xian Wei Wai Ke Za Zhi[Chin J Microsurg(Article in Chinese;No abstract available)],1990,13(3):177-180.}

[1262] 严计赓，顾玉东，李继峰，钟慈声，姜继福，袁琦梅，袁伟，俞文倩. 实验性再植组织中血管平滑肌机能及 Ca-ATP 酶的研究[J]. 中华外科杂志，1990，28(5)：305-309. {YAN Jigeng,GU Yudong,LI Jifeng,ZHONG Cisheng,JIANG Jifu,YUAN Qimei,YUAN Wei,YU Wenqian. Study on the function of vascular smooth muscle and Ca-ATP enzyme in experimental replantation[J]. Zhonghua Wai Ke Za Zhi[Chin J Surg(Article in Chinese;Abstract in Chinese)],1990,28(5):305-309.}

[1263] 杨志明，裴福兴，黄富国. 从术后功能探讨断肢(指)再植术适应证[J]. 中华显微外科杂志，1994，17(1)：13-14，76-77. {YANG Zhiming,PEI Fuxing,HUANG Fuguo. Discussion on the indication of replantation of amputated limb (finger) from postoperative function[J]. Zhonghua Xian Wei Wai Ke Za Zhi[Chin J Microsurg(Article in Chinese;No abstract available)],1994,17(1):13-14+76-77.}

[1264] 黄慕康，于仲嘉，王澍寰，潘达德，程国良，杨志明，洪光祥，周礼荣，廖有谋，王首夫，王炜，王国君，贺长清，林欣，王书成，范道恩，李主一，裴国献. 对断肢(指)再植若干问题的讨论[J]. 中华显微外科杂志，1994，17(1)：48-67. {HUANG Mukang,YU Zhongjia,WANG Shuhuan,PAN Dade,CHENG Guoliang,YANG Zhiming,HONG Guangxiang,ZHOU Lirong,LIAO Youmou,WANG Shoufu,WANG Wei,WANG Guojun,HE Changqing,LIN Xin,WANG Shucheng,FAN Yidong,LI Zhuyi,PEI Guoxian. Discussion on some problems of replantation of amputated limb (finger)[J]. Zhonghua Xian Wei Wai Ke Za Zhi[Chin J Microsurg(Article in Chinese;No abstract available)],1994,17(1):48-67.}

[1265] 于仲嘉，黄玉池. 有关断肢(指)再植术的若干问题[J]. 中华显微外科杂志，1994，17(1)：5-7，76. {YU Zhongjia,HUANG Yuchi. Some problems about replantation of amputated limb (finger)[J]. Zhonghua Xian Wei Wai Ke Za Zhi[Chin J Microsurg(Article in Chinese;No abstract available)],1994,17(1):5-7,76.}

[1266] 裴国献. 断肢(指)再植康复观念的更新与对策[J]. 中华显微外科杂志，1995，18(3)：169-172，237. {PEI Guoxian. A new concept and strategy or rehabilitation for recovery of replanted limbs[J]. Zhonghua Xian Wei Wai Ke Za Zhi[Chin J Microsurg(Article in Chinese;No abstract available)],1995,18(3):169-172,237.}

[1267] 程国良. 上肢再植要严防手内在肌挛缩发生积极开展康复治疗发展第三医学[J]. 中华手外科杂志，1997，13(4)：194-195. DOI：10.3760/cma.j.issn.1005-054X.1997.04.002. {CHENG Guoliang. The replantation of the upper limb should strictly prevent the occurrence of muscle contracture in the hand and actively carry out rehabilitation treatment to develop the third medicine[J]. Zhonghua Shou Wai Ke Za Zhi[Chin J Hand Surg(Article in Chinese;No abstract available)],1997,13(4):194-195. DOI:10.3760/cma.j.issn.1005-054X.1997.04.002.}

[1268] 陆锡平，孙传友，鲁胜武，曹家树，陈富春，阮亚，张子峰. 功能再植的若干问题探讨[J]. 中国矫形外科杂志，1999，6(1)：62-63. {LU Xiping,SUN Chuanyou,LU Shengwu,CAO Jiashu,CHEN Fuchun,RUAN Ya,ZHANG Zifeng. Discussion on some problems of functional replantation[J]. Zhongguo Jiao Xing Wai Ke Za Zhi[Orthop J China(Article in Chinese;No abstract available)],1999,6(1):62-63.}

[1269] 康庆林. 再植指功能康复研究现状、问题与对策[J]. 中国骨伤，2002，15(5)：302-304. DOI：10.3969/j.issn.1003-0034.2002.05.023. {KANG Qinglin. Function rehabilitation of replanted fingers-current status,problems and countermeasures[J]. Zhongguo Gu

Shang[China J Orthop Trauma(Article in Chinese;No abstract available)],2002,15(5):302-304. DOI:10.3969/j.issn.1003-0034.2002.05.023.}

[1270] 张涤生. 整形外科和烧伤外科、断肢（指）再植的情结[J]. 组织工程与重建外科杂志，2005，1(3)：121-122. DOI：10.3969/j.issn.1673-0364.2005.03.001. {ZHANG Disheng. Close relationship of plastic surgery with burn surgery and replantation of severe limb[J]. Zu Zhi Gong Cheng Yu Chong Jian Wai Ke Za Zhi[J Tissue Eng Reconstr Surg(Article in Chinese;No abstract available)],2005,1(3):121-122. DOI:10.3969/j.issn.1673-0364.2005.03.001.}

[1271] 程国良. 我国断肢（指）再植的回顾与展望[J]. 中华显微外科杂志，2007，30（4）：253-256. DOI：10.3760/cma.j.issn.1001-2036.2007.04.009. {CHENG Guoliang. Review and prospect of replantation of amputated limb(finger) in China[J]. Zhonghua Xian Wei Wai Ke Za Zhi[Chin J Microsurg(Article in Chinese;No abstract available)],2007,30(4):253-256. DOI:10.3760/cma.j.issn.1001-2036.2007.04.009.}

2.1 断肢

severed limb

2.1.1 断肢缺血后病理生理学

pathophysiology of ischemia of severed limb

[1272] Sun JM,Zhang PH. Revascularization of ischemic canine hindlimb through staged anterior venous reversal on small artery and vein[J]. Chin Med J,1985,98(12):889-894.

[1273] Wu ZQ,Jiang XP,Wu ZP,Zhang L,Liu XM,Xia GH,Zhang PH. Experimental and clinical studies on one-stage arterialization of the venous channels for revascularization of severely ischemic limbs[J]. Chin Med J,1993,106(11):814-820.

[1274] Zhu W,Zhang Y,Han C. Characterization of subtype of alpha1-adrenoceptor mediating vasoconstriction in perfused rat hind limb[J]. Eur J Pharmacol,1997,329(1):55-61. doi:10.1016/s0014-2999(97)10104-2.

[1275] Zhu WZ,Kwan CY,Han C. Ca2+-dependence of vasoconstriction mediated by alpha1A-adrenoceptors in perfused rat hindlimb:a pharmacological approach[J]. Life Sci,1998,63(5):PL 89-94. doi:10.1016/s0024-3205(98)00290-2.

[1276] Wang Q,Zhang J,Chen TY,Chen ZW,Chen MB,Lineaweaver WC,Zhang F. DNA degradation in nuclei of muscle cells followed by ischemic injury in a rabbit amputation model[J]. Microsurgery,2006,26(5):391-395. doi:10.1002/micr.20257.

[1277] 孙建民，张培华，尚汉祚. 分期静脉动脉化治疗下肢严重缺血症[J]. 中华外科杂志，1986，24（11）：664-667. {SUN Jianmin,ZHANG Peihua,SHANG Hanzuo. Staged venous arterialization in the treatment of severe ischemia of lower extremities[J]. Zhonghua Wai Ke Za Zhi[Chin J Surg(Article in Chinese;Abstract in Chinese)],1986,24(11):664-667.}

[1278] 韦加宁，范丁安. 上肢外固定不当致前臂缺血挛缩93例分析[J]. 中华外科杂志，1988，26（6）：340-341. {WEI Jianing,FAN Dingan. Analysis of 93 cases of forearm ischemic contracture caused by improper external fixation of upper limb[J]. Zhonghua Wai Ke Za Zhi[Chin J Surg(Article in Chinese;Abstract in Chinese)],1988,26(6):340-341.}

[1279] 汤逊，李主一，翁龙江，曾才，王宏帮. 静脉瓣膜切除大隐静脉一期动脉化治疗严重下肢缺血[J]. 中华外科杂志，1992，30（11）：656-658. {TANG Xun,LI Zhuyi,WENG Longjiang,ZENG Cai,WANG Hongbang. Venous valvular resection and one-stage arterialization of great saphenous vein in the treatment of severe lower limb ischemia[J]. Zhonghua Wai Ke Za Zhi[Chin J Surg(Article in Chinese;Abstract in Chinese)],1992,30(11):656-658.}

[1280] 吴志全，吴自萍，蒋小平，章磷，刘献梅，夏高辉，张培华. 一期静脉动脉化治疗严重肢体缺血症的探讨[J]. 中华外科杂志，1993，31（3）：158-160. {WU Zhiquan,WU Ziping,JIANG Xiaoping,ZHANG Lin,LIU Xianmei,XIA Gaohui,ZHANG Peihua. One-stage venous arterialization in the treatment of severe limb ischemia[J]. Zhonghua Wai Ke Za Zhi[Chin J Surg(Article in Chinese;Abstract in Chinese)],1993,31(3):158-160.}

[1281] 陈建常，傅源，石凯军，王氏农，刘翠霞. 丹参对缺血肢体血液流变学和脂质过氧化物含量变化的影响[J]. 中华外科杂志，1993，31（8）：455. {CHEN Jianchang,FU Yuan,SHI Kaijun,WANG Shinong,LIU Cuixia. Effects of Salvia miltiorrhiza on hemorheology and lipid peroxide content of ischemic limbs[J]. Zhonghua Wai Ke Za Zhi[Chin J Surg(Article in Chinese;Abstract in Chinese)],1993,31(8):455.}

[1282] 金惠铭，顾玉东. 利多卡因对正常及断肢地鼠颊囊微血管的作用[J]. 中华手外科杂志，1993，9（2）：98-101. {JIN Huiming,GU Yudong. Effects of lidocaine on microvessels of buccal pouch in normal and amputated hamsters[J]. Zhonghua Shou Wai Ke Za Zhi[Chin J Hand Surg(Article in Chinese;Abstract in Chinese)],1993,9(2):98-101.}

[1283] 金惠铭，顾玉东. 利多卡因扩张断肢地鼠微动脉的机制研究[J]. 中华手外科杂志，1993，9（3）：162-164. {JIN Huiming,GU Yudong. Study on the mechanism of dilation of arterioles in amputated hamsters by lidocaine[J]. Zhonghua Shou Wai Ke Za Zhi[Chin J Hand Surg(Article in Chinese;Abstract in Chinese)],1993,9(3):162-164.}

[1284] 蔡佩琴，顾玉东，钟慈声，袁琦梅. 再植血管平滑肌的钙含量变化的实验研究[J]. 中华手外科杂志，1994，10（3）：221-224. {CAI Peiqin,GU Yudong,ZHONG Cisheng,YUAN Qimei. Calsium concentration change and influence of calsium antagonists in smooth muscle cell in experimental replanted vessels[J]. Zhonghua Shou Wai Ke Za Zhi[Chin J Hand Surg(Article in Chinese;Abstract in Chinese)],1994,10(3):221-224.}

[1285] 于昌玉，张咸中. 血管搭桥胫后静脉动脉化治疗下肢严重缺血症[J]. 中华显微外科杂志，1996，19（1）：32-33. {YU Changyu,ZHANG Xianzhong. Arterialization of the posterior tibial vein with a vascular bridge in treating severly ischemic lower limbs[J]. Zhonghua Xian Wei Wai Ke Za Zhi[Chin J Microsurg(Article in Chinese;Abstract in Chinese)],1996,19(1):32-33.}

[1286] 谭文秀，金惠铭，顾玉东. 断肢大鼠血浆及血管壁中内皮素变化的意义[J]. 中华手外科杂志，1996，12（3）：40-43. {TAN Wenxiu,JIN Huiming,GU Yudong. Changes of endothelin-1 concentration of blood and local vascular wall in amputated rats[J]. Zhonghua Shou Wai Ke Za Zhi[Chin J Hand Surg(Article in Chinese;Abstract in Chinese)],1996,12(3):40-43.}

[1287] 李继峰，顾玉东. 异搏定灌注对断肢骨骼肌保护作用的实验研究[J]. 中华手外科杂志，1996，12（4）：238-241. {LI Jifeng,GU Yudong. Experimental study on the protective effect of verapamil perfusion on skeletal muscle of amputated limb[J]. Zhonghua Shou Wai Ke Za Zhi[Chin J Hand Surg(Article in Chinese;Abstract in Chinese)],1996,12(4):238-241.}

[1288] 孟淑美，金惠铭. 断肢大鼠血浆一氧化氮含量的变化[J]. 中华手外科杂志，1996，12（4）：242-244. {MENG Shumei,JIN Huiming. Changes of plasma nitric oxide in amputated rats[J]. Zhonghua Shou Wai Ke Za Zhi[Chin J Hand Surg(Article in Chinese;Abstract in Chinese)],1996,12(4):242-244.}

[1289] 金惠铭，张国平，曹翔，李继峰，钟慈声，钱睿哲，陈金荣，顾玉东. 利多卡因改善断肢动物微循环的作用及机制探讨[J]. 中华创伤杂志，1996，12（1）：293-296. {JIN Huiming,ZHANG Guoping,CAO Xiang,LI Jifeng,ZHONG Cisheng,QIAN Ruizhe,CHEN Jinrong,GU Yudong. Effect of lidocaine on microcirculation improvement in normal and amputated animals and its mechanism[J]. Zhonghua Chuang Shang Za Zhi[Chin J Trauma(Article in Chinese;Abstract in Chinese)],1996,12(1):293-296.}

[1290] 张连元，董淑云，郑素勤，刘秀华，赵云涛，唐朝枢. 蛋白激酶C在肢体缺血预处置中的作用[J]. 中华创伤杂志，1996，12（1）：49-50. {ZHANG Lianyuan,DONG Shuyun,ZHENG Suqin,LIU Xiuhua,ZHAO Yuntao,TANG Chaoshu. The effect of protein kinasec on limb ischemic preconditioning[J]. Zhonghua Chuang Shang Za Zhi[Chin J Trauma(Article in Chinese;Abstract in Chinese)],1996,12(1):49-50.}

[1291] 顾玉东，李继峰，袁伟，钟慈声，俞雯倩，李劲，凌治萍. 离断肢体血管与肌肉保护的实验研究[J]. 中华创伤杂志，1996，12（1）：6-9. {GU Yudong,LI Jifeng,YUAN Wei,ZHONG Cisheng,YU Wenqian,LI Jin,LING Zhiping. Experimental study of protection of vesels and muscles of isolated limb[J]. Zhonghua Chuang Shang Za Zhi[Chin J Trauma(Article in Chinese;Abstract in Chinese)],1996,12(1):6-9.}

[1292] 黄耀添，侯黎升. 四肢动脉伤后合并缺血性肌挛缩分析[J]. 中国修复重建外科杂志，1996，10（4）：225-227. {HUANG Yaotian,HOU Lisheng. Analysis of ischemic muscle contracture after arterial injury of extremities[J]. Zhongguo Xiu Fu Chong Jian Wai Ke Za Zhi[Chin J Repar Reconstr Surg(Article in Chinese;Abstract in Chinese)],1996,10(4):225-227.}

[1293] 汤逊，李主一，周中英，宁莫凡，曾才铭，杨振东，王宏帮，翁龙江，林月秋，黄云江. 静脉动脉化治疗严重下肢缺血的远期疗效分析[J]. 中华显微外科杂志，1997，20（3）：45-47. {TANG Xun,LI Zhuyi,ZHOU Zhongying,NING Mofan,ZENG Caiming,YANG Zhendong,WANG Hongbang,WENG Longjiang,LIN Yueqiu,HUANG Yunjiang. Long followon veno-valvuleotmy or venousvalve fracture and one stage in situ arteriolization of the veins for treatment of ischemic lower limbs[J]. Zhonghua Xian Wei Wai Ke Za Zhi[Chin J Microsurg(Article in Chinese;Abstract in Chinese)],1997,20(3):45-47.}

[1294] 李继峰，顾玉东，袁伟，钟慈声，凌治萍. 超氧化物歧化酶灌注对断肢血管平滑肌和骨骼肌的保护作用[J]. 中华手外科杂志，1997，13（1）：49-52. DOI：10.3760/cma.j.issn.1005-054X.1997.01.017. {LI Jifeng,GU Yudong,YUAN Wei,ZHONG Cisheng,LING Zhiping. Study on the protection effect of SOD (superoxide dismutase) on vascular smooth muscle and skeletal muscle of severed limbs[J]. Zhonghua Shou Wai Ke Za Zhi[Chin J Hand Surg(Article in Chinese;Abstract in Chinese)],1997,13(1):49-52. DOI:10.3760/cma.j.issn.1005-054X.1997.01.017.}

[1295] 王涛，顾玉东，谭文秀. 肢体创伤对机体释放内皮素-1及断肢血流量的影响[J]. 中华外科杂志，1998，36（9）：561. DOI：10.3760/j：issn：0529-5815.1998.09.017. {WANG Tao,GU Yudong,TAN Wenxiu. Surgical injuries influence on release of endothelin-1 and local blood perfusion of amputated extremities[J]. Zhonghua Wai Ke Za Zhi[Chin J Surg(Article in Chinese;Abstract in Chinese)],1998,36(9):561. DOI:10.3760/j:issn:0529-5815.1998.09.017.}

[1296] 戴力扬. 离断肢体能量代谢及其临床意义的实验研究[J]. 第二军医大学学报，1998，19(1)：63-65. DOI：10.3321/j.issn：0258-879X.1998.01.020. {DAI Liyang. Experimental study of energy metabolism of amputated limb and itsclinical significance[J]. Di Er Jun Yi Da Xue Xue Bao[Acad J Sec Mil Med Univ(Article in Chinese;Abstract in Chinese)],1998,19(1):63-65. DOI:10.3321/j.issn:0258-879X.1998.01.020.}

[1297] 赵意平，施娅雪，何天源，张皓，陈诗书，张柏根. pSV-VEGF165肌肉原位注射促进兔缺血后肢毛细血管形成[J]. 中华外科杂志，1999，37（4）：211. DOI：10.3760/j：issn：0529-5815.1999.04.006. {ZHAO Yiping,SHI Yaxue,HE Tianyuan,ZHANG Hao,CHEN Shishu,ZHANG Baigen. Direct intramuscular injection of pSV-VEGF165 augments capillaries formation in a rabbit model of hindlimb ischemia[J]. Zhonghua Wai Ke Za Zhi[Chin J Surg(Article in Chinese;Abstract in Chinese)],1999,37(4):211. DOI:10.3760/j:issn:0529-5815.1999.04.006.}

[1298] 苑超，张望德，原标，邢彤，李谈. 小腿动脉转流挽救缺血肢体32例[J]. 中华外科杂志，2002，40（5）：391-391. DOI：10.3760/j：issn：0529-5815.2002.05.023. {YUAN Chao,ZHANG Wangde,YUAN Biao,XING Tong,LI Tan. Crus artery bypass grafting to save ischemic limbs:a report of 32 cases[J]. Zhonghua Wai Ke Za Zhi[Chin J Surg(Article in Chinese;Abstract in Chinese)],2002,40(5):391-391. DOI:10.3760/j:issn:0529-5815.2002.05.023.}

[1299] 何延政，曾宏，钟武，杨辉. 一期静脉动脉化血运重建治疗四肢广泛性动脉闭塞性缺血[J]. 中国修复重建外科杂志，2002，16（6）：376-378. {HE Yanzheng,ZENG Hong,ZHONG Wu,YANG Hui. Revascularization of limb blood supply by arterialization of vein in extensiue aterial oblitery ischemia[J]. Zhongguo Xiu Fu Chong Jian Wai Ke Za Zhi[Chin J Repar Reconstr Surg(Article in Chinese;Abstract in Chinese)],2002,16(6):376-378.}

[1300] 徐意瑶，李拥军，管珩，刘昌伟，郑月宏，刘暴，杨菁，宋存先. 纳米血管内皮生长因子在治疗下肢缺血促进血管再生成中的作用[J]. 中华外科杂志，2004，42（1）：58-61. DOI：10.3760/j：issn：0529-5815.2004.01.021. {XU Yiyao,LI Yongjun,GUAN Heng,LIU Changwei,ZHENG Yuehong,LIU Bao,YANG Jing,SONG Cunxian. The effect of vascular endothelia growth gactor encapsulated in nanoparticles on chronic limb ischemia[J]. Zhonghua Wai Ke Za Zhi[Chin J Surg(Article in Chinese;Abstract in Chinese)],2004,42(1):58-61. DOI:10.3760/j:issn:0529-5815.2004.01.021.}

[1301] 张鸿坤，张楠，吴丽花，金炜，李鸣，封华，赵海格，陈旭东，杨春虎. 自体骨髓CD34+干细胞移植治疗严重肢体缺血的实验研究[J]. 中华外科杂志，2005，43（19）：1275-1278. DOI：10.3760/j：issn：0529-5815.2005.19.013. {ZHANG Hongkun,ZHANG Nan,WU Lihua,JIN Wei,LI Ming,FENG Hua,ZHAO Haige,CHEN Xudong,YANG Chunhu. Therapeutic neovascularization with autologous bone marrow CD34+ cells transplantation in hindlimb ischemia[J]. Zhonghua Wai Ke Za Zhi[Chin J Surg(Article in Chinese;Abstract in Chinese)],2005,43(19):1275-1278. DOI:10.3760/j:issn:0529-5815.2005.19.013.}

[1302] 李明波，吴松，伍校琼，黄良，朱武，罗明英，罗学港，蔡维君. 兔后肢缺血诱导的侧枝血管MCP-1的表达及其与巨噬细胞的关系[J]. 中国临床解剖学杂志，2007，25（6）：681-683. DOI：10.3969/j.issn.1001-165X.2007.06.020. {LI Mingbo,WU Song,WU Xiaoqiong,HUANG Liang,ZHU Wu,LUO Mingying,LUO Xuegang,CAI Weijun. Expression of MCP-1 in collateral vessels induced by ischemia in rabbit hindlimb and its relationship with macrophage[J]. Zhongguo Lin Chuang Jie Pou Xue Za Zhi[Chin J Clin Anat(Article in Chinese;Abstract in Chinese)],2007,25(6):681-683. DOI:10.3969/j.issn.1001-165X.2007.06.020.}

[1303] 俞恒锡，张建，汪忠镐，董宗俊，谷涌泉，李建新，李学锋，齐立行，陈兵，郭连瑞，崔世军，罗涛. 56例腘动脉以下肢体动脉缺血的血管重建术分析[J]. 中华外科杂志，2007，45（3）：172-174. DOI：10.3760/j：issn：0529-5815.2007.03.011. {YU Hengxi,ZHANG Jian,WANG Zhonggao,DONG Zongjun,GU Yongquan,LI Jianxin,LI Xuefeng,QI Lixing,CHEN Bing,GUO Lianrui,CUI Shijun,LUO Tao. Clinical analysis of vascular reconstruction in 56 cases of lower extremity ischemia suffering from infrapopliteal arterial occlusion[J]. Zhonghua Wai Ke Za Zhi[Chin J Surg(Article in Chinese;Abstract in Chinese)],2007,45(3):172-174. DOI:10.3760/j:issn:0529-5815.2007.03.011.}

[1304] 罗明英，伍校琼，杨宝林，朱武，蔡维君. 去神经支配对鼠后肢缺血诱导侧支血管生长方式的调节[J]. 中国临床解剖学杂志，2011，29（6）：668-671. {LUO Mingying,WU Xiaoqiong,YANG Baolin,ZHU Wu,CAI Weijun. Involvement of denervation in regulating the collateral vessel growth pattern of rat hindlimb induced by ischemia[J]. Zhongguo Lin Chuang Jie Pou Xue Za Zhi[Chin J Clin Anat(Article in Chinese;Abstract in Chinese)],2011,29(6):668-671.}

[1305] 尹叶锋，王江宁，高磊，刘宁，夏效泳，秦新愿，左有为. 不同温度对体外模拟体内生理环境寄养断肢系统的影响研究[J]. 中国修复重建外科杂志，2013，27（1）：72-76. {YIN Yefeng,WANG Jiangning,GAO Lei,LIU Ning,XIA Xiaoyong,QIN Xinyuan,ZUO Youwei. Effect of different temperatures on system of in vitro physiological environment fostering limbs[J]. Zhongguo Xiu Fu Chong Jian Wai Ke Za Zhi[Chin J Repar Reconstr Surg(Article in Chinese;Abstract in Chinese)],2013,27(1):72-76.}

[1306] 李飞，皮艳娜，赵阳，张梦珍，靳三庆. 一种大鼠肢体缺血预处理模型的建立 [J]. 中华显微外科杂志，2016，39（3）：276-278. DOI：10.3760/cma.j.issn.1001-2036.2016.03.016. {LI Fei,PI Yanna,ZHAO Yang,ZHANG Mengzhen,JIN Sanqing. Establishment of a model of limb ischemic preconditioning in rats[J]. Zhonghua Xian Wei Wai Ke Za Zhi[Chin J Microsurg(Article in Chinese;Abstract in Chinese)],2016,39(3):276-278. DOI:10.3760/cma.j.issn.1001-2036.2016.03.016.}

[1307] 张大伟，赵广跃，李军，祝勇刚，裴国献. 肢体缺血损伤程度对腘动脉损伤治疗方案选择的指导意义 [J]. 中华创伤骨科杂志，2016，18（4）：295-300. DOI：10.3760/cma.j.issn.1671-7600.2016.04.004. {ZHANG Dawei,ZHAO Guangyue,LI Jun,ZHU Yonggang,PEI Guoxian. Severity of limb ischemic injury and treatment of popliteal artery injury[J]. Zhonghua Chuang Shang Gu Ke Za Zhi[Chin J Orthop Trauma(Article in Chinese;Abstract in Chinese)],2016,18(4):295-300. DOI:10.3760/cma.j.issn.1671-7600.2016.04.004.}

[1308] 张建磊，丛锐，陈永祥，臧成五，赵睿，史林. 临时血液导流管在离断肢体损伤中的实验研究和临床应用 [J]. 实用手外科杂志，2017，31（1）：7-11，15. DOI：10.3969/j.issn.1671-2722.2017.01.002. {ZHANG Jianlei,CONG Rui,CHEN Yongxiang,ZANG Chengwu,ZHAO Rui,SHI Lin. The experimental study and clinical application of temporary intravascular catheter in treating amputated limb[J]. Shi Yong Shou Wai Ke Za Zhi[Chin J Pract Hand Surg(Article in Chinese;Abstract in Chinese)],2017,31(1):7-11,15. DOI:10.3969/j.issn.1671-2722.2017.01.002.}

2.1.2 断肢缺血再灌注病理生理学

pathophysiology of post-ischemia reperfusion of severed limb

[1309] Zhou W,Jiang J,Sun A,Qi L,Gu Y,Zhong C. L-arginine promotes the repair process of endothelium in ischemia-reperfused arteries of rats[J]. Chin J Traumatol,2000,3(3):136-140.

[1310] Zhu L,Huang Y,Pei G. Study of L-arginine-nitric oxide pathway in ischemia-reperfusion injured limbs in rats[J]. Chin J Traumatol,2002,5(1):16-20.

[1311] Sun YJ,Wang Q,Pei GX,Zheng L,Tan XJ. Changes of serum MDA and SOD levels in ischemia-reperfusion injuries of the limbs in rats preconditioned with heat stress[J]. Di Yi Jun Yi Da Xue Xue Bao,2002,22(6):506-508.

[1312] Wang QL,Wang G,Wang HM,Pei GX. Effect of pretreatment with adenosine,diazoxide or ischemic preconditioning on ischemia-reperfusion injury in the limbs of rats[J]. Di Yi Jun Yi Da Xue Xue Bao,2002,22(7):617-619.

[1313] Zhou JL,Zhu XG,Lin Y,Ling YL,Shao XZ,Zhang GS. Change and role of heme oxygenase-1 in injured lungs following limb ischemia/reperfusion in rats[J]. Chin J Traumatol,2004,7(3):131-137.

[1314] 冯峰，冯守诚，贾金章. 肢体缺血与再灌流损伤的生化代谢及氧自由基改变的实验研究 [J]. 中华外科杂志，1990，28（11）：693-696. {FENG Feng,FENG Shoucheng,JIA Jinzhang. Experimental study on biochemical metabolism and changes of oxygen free radicals in limb ischemia and reperfusion injury[J]. Zhonghua Wai Ke Za Zhi[Chin J Surg(Article in Chinese;Abstract in Chinese)],1990,28(11):693-696.}

[1315] 杨大平，郑滨友. 肢体缺血再灌流损伤及其保护的实验研究 SOD 活性和 MDA 含量变化 [J]. 手外科杂志，1992，8（4）：222-224. {YANG Daping,ZHENG Binyou. Experimental study on limb ischemia-reperfusion injury and its protection changes of SOD activity and MDA content[J]. Shou Wai Ke Za Zhi[J Hand Surg(Article in Chinese;Abstract in Chinese)],1992,8(4):222-224.}

[1316] 李贺君，黄碧如. 肢体缺血／再灌注后血液流变学实验研究 [J]. 中华显微外科杂志，1993，16（2）：123-124. {LI Hejun,HUANG Biru. Experimental study on Hemorheology after limb Ischemia-reperfusion[J]. Zhonghua Xian Wei Wai Ke Za Zhi[Chin J Microsurg(Article in Chinese;Abstract in Chinese)],1993,16(2):123-124.}

[1317] 邢新，离恩覃. 肢体缺血再灌注后微循环变化及其发生机制的实验研究：1. 兔足背肌腱表面微循环活体观察法的建立 [J]. 中华整形烧伤外科杂志，1994，10（1）：52-54. DOI：10.3760/j.issn：1009-4598.1994.01.003. {XING Xin,LI Dongqin. Experimental study on the changes of microcirculation and its mechanism after limb ischemia-reperfusion:1. Establishment of in vivo observation of microcirculation on the surface of dorsalis pedis tendon in rabbits[J]. Zhonghua Zheng Xing Shao Shang Wai Ke Za Zhi[Chin J Plast Surg Burns(Article in Chinese;Abstract in Chinese and English)],1994,10(1):52-54. DOI:10.3760/j.issn:1009-4598.1994.01.003.}

[1318] 卫小春，张志强，韩来春. 甘露醇对肢体缺血再灌注损伤的保护作用 [J]. 中华骨科杂志，1995，15（11）：370-372. {WEI Xiaochun,ZHANG Zhiqiang,HAN Laichun. Protective effect of mannitol on ischemic andreperfusion injury of the limbs[J]. Zhonghua Gu Ke Za Zhi[Chin J Orthop(Article in Chinese;Abstract in Chinese)],1995,15(11):370-372.}

[1319] 徐欣，陈福真，吴肇光，符伟国. 下肢缺血再灌注脂质过氧化损伤及维生素 C 的保护作用 [J]. 中华实验外科杂志，1996，13：346-347，393. {XU Xin,CHEN Fuzhen,WU Zhaoguang,FU Weiguo. Lipid peroxidation injury of lower limb after reperfusion and the protective effect of vitamin c[J]. Zhonghua Shi Yan Wai Ke Za Zhi[Chin J Exp Surg(Article in Chinese;Abstract in Chinese)],1996,13:346-347,393.}

[1320] 刘世清，顾家珍，陶海鹰，余金甫，文卫萍. 肢体缺血再灌注脂质过氧化反应及复方丹参的临床应用 [J]. 中华实验外科杂志，1996，13：290. {LIU Shiqing,GU Jiazhen,TAO Haiying,YU Jinfu,WEN Weiping. Lipid peroxidation of limb ischemia-reperfusion and clinical application of compound Salvia miltiorrhiza[J]. Zhonghua Shi Yan Wai Ke Za Zhi[Chin J Exp Surg(Article in Chinese;Abstract in Chinese)],1996,13:290.}

[1321] 刘世清，顾家珍，陶海鹰，余金蒲，史昕云. 丹参对肢体缺血再灌注脂质过氧化反应影响的临床观察 [J]. 中华骨科杂志，1997，17（5）：64-66. {LIU Shiqing,GU Jiazhen,TAO Haiying,YU Jinpu,SHI Xinyun. Clinical observation on the effect of Salvia miltiorrhiza on Lipid Peroxidation after limb Ischemia-reperfusion[J]. Zhonghua Gu Ke Za Zhi[Chin J Orthop(Article in Chinese;Abstract in Chinese)],1997,17(5):64-66.}

[1322] 安梅，李主一，翁龙江，李光权. 高原环境下肢体缺血再灌注致急性肺损伤的病理形态学变化 [J]. 骨与关节损伤杂志，1997，12（11）：30-32. {AN Mei,LI Zhuyi,WENG Longjiang,LI Guangquan. Pathological changes of the acute lung injury following reperfusion after ischemia in the hind limbs at high-altitude[J]. Gu Yu Guan Jie Sun Shang Za Zhi[J Bone Joint Injury(Article in Chinese;Abstract in Chinese and English)],1997,12(11):30-32.}

[1323] 王钢，黄耀添，宋一平. 肢体缺血再灌流对胫前筋膜间隔压力影响的实验研究 [J]. 中华外科杂志，1997，35（7）：55-58. {WANG Gang,HUANG Yaotian,SONG Yiping. Experimental study on the effect of extremities ischemia reperfusion inducing anterior tibial compartment pressure[J]. Zhonghua Wai Ke Za Zhi[Chin J Surg(Article in Chinese;Abstract in Chinese and English)],1997,35(7):55-58.}

[1324] 孙宏伟，叶斌，童天朗. 断指（趾）再植术后缺血再灌注损伤的临床观察 [J]. 中华骨科杂志，2000，20（11）：663. DOI：10.3760/j.issn：0253-2352.2000.11.006. {SUN Hongwei,YE Bin,TONG Tianlang. Clinical observation of ischemia-reperfusion injury after replantation of severed finger (toe)[J]. Zhonghua Gu Ke Za Zhi[Chin J Orthop(Article in Chinese;Abstract in Chinese)],2000,20(11):663. DOI:10.3760/j.issn:0253-2352.2000.11.006.}

[1325] 蓝旭，刘雪梅，葛宝丰，许建中. β-七叶皂甙钠对肢体缺血再灌注损伤的保护作用 [J]. 中国矫形外科杂志，2000，7（6）：572-573. DOI：10.3969/j.issn.1005-8478.2000.06.016. {LAN Xu,LIU Xuemei,GE Baofeng,XU Jianzhong. Protective effect of β-Aescin on ischemia and reperfusion injury of the limbs[J]. Zhongguo Jiao Xing Wai Ke Za Zhi[Orthop J China(Article in Chinese;Abstract in Chinese)],2000,7(6):572-573. DOI:10.3969/j.issn.1005-8478.2000.06.016.}

[1326] 彭新生，李佛保. 肢体缺血再灌注引起骨骼肌内皮素表达上调的实验研究 [J]. 中华创伤杂志，2000，16（7）：426. DOI：10.3760/j：issn：1001-8050.2000.07.015. {PENG Xinsheng,LI Fobao. Experimental study on up-regulation of endothelin expression in skeletal muscle induced by limb ischemia-reperfusion[J]. Zhonghua Chuang Shang Za Zhi[Chin J Trauma(Article in Chinese;Abstract in Chinese)],2000,16(7):426. DOI:10.3760/j:issn:1001-8050.2000.07.015.}

[1327] 门秀丽，张连元，宋立川，董淑云，景有伶，李宏杰，赵琪. 缺血预处理对家兔肢体缺血再灌注后红细胞变形性的影响 [J]. 中华创伤杂志，2000，16（11）：677. DOI：10.3760/j：issn：1001-8050.2000.11.031. {MEN Xiuli,ZHANG Lianyuan,SONG Lichuan,DONG Shuyun,JING Youling,LI Hongjie,ZHAO Qi. Effect of ischemic preconditioning on erythrocyte deformability after limb ischemia-reperfusion in rabbits[J]. Zhonghua Chuang Shang Za Zhi[Chin J Trauma(Article in Chinese;Abstract in Chinese)],2000,16(11):677. DOI:10.3760/j:issn:1001-8050.2000.11.031.}

[1328] 邢新，李军辉，郭恩覃，许丰勋. 肢体缺血再灌注后微动脉对去甲肾上腺素、乙酰胆碱及硝酸甘油反应性变化 [J]. 中国修复重建外科杂志，2000，14（3）：149-153. {XING Xin,LI Junhui,GUO Enqin,XU Fengxun. Changes of the responses of arterioles to noradrenaline,acetylcholine and nitroglycerin after limb ischemia-reperfusion[J]. Zhongguo Xiu Fu Chong Jian Wai Ke Za Zhi[Chin J Repar Reconstr Surg(Article in Chinese;Abstract in Chinese and English)],2000,14(3):149-153.}

[1329] 李靖年，李部，赵文志，王东昕，王鸿飞，李光灿. 局部低温对肢体缺血／再灌注损伤的保护作用实验研究 [J]. 中国矫形外科杂志，2000，7（1）：53-55. DOI：10.3969/j.issn.1005-8478.2000.01.019. {LI Jingnian,LI He,ZHAO Wenzhi,WANG Dongxin,WANG Hongfei,LI Guangcan. The Protective Role of Regional Hypothermia in Limb Ischemia/Reperfusion Damage[J]. Zhongguo Jiao Xing Wai Ke Za Zhi[Orthop J China(Article in Chinese;Abstract in Chinese and English)],2000,7(1):53-55. DOI:10.3969/j.issn.1005-8478.2000.01.019.}

[1330] 庄洪. 川芎嗪对肢体缺血再灌注损伤影响的临床实验研究 [J]. 中国骨伤，2001，14（6）：343-344. DOI：10.3969/j.issn.1003-0034.2001.06.010. {ZHUANG Hong. Clinical experimental study on the effect of ligustrazine on limb ischemia-reperfusion injury[J]. Zhongguo Gu Shang[China J Orthop Trauma(Article in Chinese;Abstract in Chinese and English)],2001,14(6):343-344. DOI:10.3969/j.issn.1003-0034.2001.06.010.}

[1331] 冯亚高，董清芳，江龙安，邓素雅，郭春江. 缺血预处理对肢体缺血－再灌注损伤影响的临床观察 [J]. 中华实验外科杂志，2001，18（3）：282. DOI：10.3760/j.issn：1001-9030.2001.03.043. {FENG Yagao,DONG Qingfang,JIANG Longan,DENG Suya,GUO Chunjiang. Clinical observation on the effect of ischemic preconditioning on limb ischemia-reperfusion injury[J]. Zhonghua Shi Yan Wai Ke Za Zhi[Chin J Exp Surg(Article in Chinese;No abstract available)],2001,18(3):282. DOI:10.3760/j.issn:1001-9030.2001.03.043.}

[1332] 汪群力，王钢. 肢体缺血再灌注损伤的治疗进展 [J]. 中华骨科杂志，2002，22（10）：638-640. DOI：10.3760/j.issn：0253-2352.2002.10.016. {WANG Qunli,WANG Gang. Advances in the treatment of limb ischemia-reperfusion injury[J]. Zhonghua Gu Ke Za Zhi[Chin J Orthop(Article in Chinese;No abstract available)],2002,22(10):638-640. DOI:10.3760/j.issn:0253-2352.2002.10.016.}

[1333] 蓝旭，刘雪梅，葛宝丰，许建中. 冬虫夏草对缺血再灌注肢体能量代谢和线粒体酶活性的影响 [J]. 中国骨伤，2002，15（1）：18-19. DOI：10.3969/j.issn.1003-0034.2002.01.007. {LAN Xu,LIU Xuemei,GE Baofeng,XU Jianzhong. Effect of ethanol extraction of Cordyceps sinensis on energy metabolism and activity of mitochondrial enzyme of the limb during ischemia reperfusion injury[J]. Zhongguo Gu Shang[China J Orthop Trauma(Article in Chinese;Abstract in Chinese and English)],2002,15(1):18-19. DOI:10.3969/j.issn.1003-0034.2002.01.007.}

[1334] 蓝旭，刘雪梅，葛宝丰，许建中. 银杏叶提取液抗肢体缺血再灌注损伤 [J]. 中国骨伤，2002，15（8）：471-472. DOI：10.3969/j.issn.1003-0034.2002.08.010. {LAN Xu,LIU Xuemei,GE Baofeng,XU Jianzhong. The effect of Ginkgo Biloba Succi in combating platelet mediated injury of limb during ischemia and reperfusion[J]. Zhongguo Gu Shang[China J Orthop Trauma(Article in Chinese;Abstract in Chinese and English)],2002,15(8):471-472. DOI:10.3969/j.issn.1003-0034.2002.08.010.}

[1335] 冯亚高，江龙安，邓素雅，郭春江，董清芳. 缺血预处理对肢体缺血再灌注损伤的影响 [J]. 临床骨科杂志，2002，5(2)：115-117. DOI：10.3969/j.issn.1008-0287.2002.02.011. {FENG Yagao,JIANG Longan,DENG Suya,GUO Chunjiang,DONG Qingfang. The effect of ischemic preconditioning on ischemia reperfusion damage in human limbs[J]. Lin Chuang Gu Ke Za Zhi[J Clin Orthop(Article in Chinese;Abstract in Chinese)],2002,5(2):115-117. DOI:10.3969/j.issn.1008-0287.2002.02.011.}

[1336] 孙永建，王前，裴国献，郑磊，谭雄进. 热应激预处理对大鼠肢体缺血再灌注后血清丙二醛、超氧化物歧化酶的影响 [J]. 第一军医大学学报，2002，22（6）：506-508. DOI：10.3321/j.issn：1673-4254.2002.06.007. {SUN Yongjian,WANG Qian,PEI Guoxian,ZHENG Lei,TAN Xiongjin. Changes of serum MDA and SOD levels in ischemia-reperfusion injuries of the limbs in rats preconditioned with heat stress[J]. Di Yi Jun Yi Da Xue Xue Bao[J First Mil Med Univ(Article in Chinese;Abstract in Chinese and English)],2002,22(6):506-508. DOI:10.3321/j.issn:1673-4254.2002.06.007.}

[1337] 汪群力，王钢，王华民，裴国献. 腺苷、二氮嗪及缺血预处理对缺血再灌注损伤肢体的作用 [J]. 第一军医大学学报，2002，22（7）：617-619. DOI：10.3321/j.issn：1673-4254.2002.07.013. {WANG Qunli,WANG Gang,WANG Huamin,PEI Guoxian. Effect of pretreatment with adenosine,diazoxide or ischemic preconditioning on ischemia-reperfusion injury in the limbs of rats[J]. Di Yi Jun Yi Da Xue Xue Bao[J First Mil Med Univ(Article in Chinese;Abstract in Chinese and English)],2002,22(7):617-619. DOI:10.3321/j.issn:1673-4254.2002.07.013.}

[1338] 王悦书，孙鸿斌，王国君，李春雨，韩冬，李雄伟. 大鼠断肢再植后骨骼肌缺血再灌注损伤的保护 [J]. 吉林大学学报（医学版），2003，29（4）：477-479. DOI：10.3969/j.issn.1671-587X.2003.04.032. {WANG Yueshu,SUN Hongbin,WANG Guojun,LI Chunyu,HAN Dong,LI Xiongwei. Study on Prevention and Cure of Skeletal Muscle's Ischemia Reperfusion Injury After Limb Replantation in Rats[J]. Ji Lin Da Xue Xue Bao(Yi Xue Ban)[J Jilin Univ Med Ed(Article in Chinese;Abstract in Chinese and English)],2003,29(4):477-479. DOI:10.3969/j.issn.1671-587X.2003.04.032.}

[1339] 王岱君，王金平，鞠学红，鞠晓华，田华. 脉络宁对兔肢体缺血再灌注损伤的防护作用 [J]. 中华创伤杂志，2004，20（4）：234-237. DOI：10.3760/j：issn：1001-8050.2004.04.013. {WANG Daijun,WANG Jinping,JU Xuehong,JU Xiaohua,TIAN Hua. Protective effect of Mailuoning on ischemia/reperfusion injury in extremities of rabbits[J]. Zhonghua Chuang Shang Za Zhi[Chin J Trauma(Article in Chinese;Abstract in Chinese)],2004,20(4):234-237. DOI:10.3760/j:issn:1001-8050.2004.04.013.}

[1340] 孙德舜，韩继明，王小鹤，邢攸军，张世华. 肢体缺血再灌注损伤的研究进展 [J]. 中国骨伤，2004，17（7）：446-448. DOI：10.3969/j.issn.1003-0034.2004.07.035. {SUN Deshun,HAN Jiming,WANG Xiaohe,XING Youjun,ZHANG Shihua. Advance in ischemical reperfusion injury of extremities[J]. Zhongguo Gu Shang[China J Orthop Trauma(Article in

Chinese;No abstract available)],2004,17(7):446-448. DOI:10.3969/j.issn.1003-0034.2004.07.035.}

[1341] 祝少博，陈振光，喻爱喜，方成，杨玉华．低剂量FK506预处理诱导移植物对缺血再灌注损伤耐受的影响[J]．中华显微外科杂志，2005，28(3)：231-234．DOI：10.3760/cma.j.issn.1001-2036.2005.03.015．{ZHU Shaobo,CHEN Zhenguang,YU Aixi,FANG Cheng,YANG Yuhua. Pharmacological preconditioning with low-dose FK506 reduces subsequent ischemia-reperfusion injury in rabbit allograft knee joint[J]. Zhonghua Xian Wei Wai Ke Za Zhi[Chin J Microsurg(Article in Chinese;Abstract in Chinese)],2005,28(3):231-234. DOI:10.3760/cma.j.issn.1001-2036.2005.03.015.}

[1342] 孙德舜，李忠娈，王小鹤，邢攸军．活络效灵丹加味对兔肢体缺血再灌注损伤的影响[J]．中国骨伤，2005，18(11)：677-679．DOI：10.3969/j.issn.1003-0034.2005.11.015．{SUN Deshun,LI Zhongluan,WANG Xiaohe,XING Youjun. Effect of Huoluo-Xiaoling Pellets (活络效灵丹) on ischemia-reperfusion injury of skeletal muscle in rabbits[J]. Zhongguo Gu Shang[China J Orthop Trauma(Article in Chinese;Abstract in Chinese and English)],2005,18(11):677-679. DOI:10.3969/j.issn.1003-0034.2005.11.015.}

[1343] 周君琳，黄欣莉，常君英，刘清和，田庆显，杜心如．一氧化碳对肢体缺血再灌注患者血清所致中性粒细胞凋亡的影响及核因子κB的作用[J]．中华医学杂志，2006，86(35)：2471-2474．DOI：10.3760/j：issn：0376-2491.2006.35.007．{ZHOU Junlin,HUANG Xinli,CHANG Junying,LIU Qinghe,TIAN Qingxian,DU Xinru. Effects of carbon monoxide on polymorphonuclear leukocyte apoptosis stimulated by limb ischemia-reperfusion patient serum and the role of nuclear factor-κB[J]. Zhonghua Yi Xue Za Zhi[Natl Med J China(Article in Chinese;Abstract in Chinese and English)],2006,86(35):2471-2474. DOI:10.3760/j:issn:0376-2491.2006.35.007.}

[1344] 林平，曹扬，陈中，劳杰，姜丹生，邢进峰，汪志明，倪东亮，施铁军．三种灌注液对断指再植组织再灌注损伤保护作用的研究[J]．中华手外科杂志，2006，22(4)：252-254．DOI：10.3760/cma.j.issn.1005-054X.2006.04.024．{LIN Ping,CAO Yang,CHEN Zhong,LAO Jie,JIANGg Dansheng,XINGg Jinfeng,WANG Zhiming,NI Dongliang,SHI Tiejun. The effect of perfusion solutions on ischemia reperfusion injury in replantation[J]. Zhonghua Shou Wai Ke Za Zhi[Chin J Hand Surg(Article in Chinese;Abstract in Chinese and English)],2006,22(4):252-254. DOI:10.3760/cma.j.issn.1005-054X.2006.04.024.}

[1345] 杨卫良，张震宇，郝兴海．断肢再植肌组织缺血再灌注损伤的细胞凋亡表达[J]．中国骨与关节损伤杂志，2007，22(4)：310-312．DOI：10.3969/j.issn.1672-9935.2007.04.016．{YANG Weiliang,ZHANG Zhenyu,HAO Xinghai. Apoptosis for ischemia-reperfusion injury of muscular tissue of isolated rat limb[J]. Zhongguo Gu Yu Guan Jie Sun Shang Za Zhi[Chin J Bone Joint Injury(Article in Chinese;Abstract in Chinese and English)],2007,22(4):310-312. DOI:10.3969/j.issn.1672-9935.2007.04.016.}

[1346] 杨敏，马平，徐文会，张宏江．大鼠肢体缺血再灌注早期血栓前状态的研究[J]．实用骨科杂志，2008，14(9)：530-533．DOI：10.3969/j.issn.1008-5572.2008.09.007．{YANG Min,MA Ping,XU Wenhui,ZHANG Hongjiang. Prethrombotic state in rats after lschemia-reperfusion of limb and it's intervention study[J]. Shi Yong Gu Ke Za Zhi[J Pract Orthop(Article in Chinese;Abstract in Chinese and English)],2008,14(9):530-533. DOI:10.3969/j.issn.1008-5572.2008.09.007.}

[1347] 黄卫，王剑利，张应鹏，钟波，王素伟．参附对肢体缺血再灌注损伤保护作用的时效及量效关系探讨[J]．实用手外科杂志，2009，23(2)：82-83，122．DOI：10.3969/j.issn.1671-2722.2009.02.008．{HUANG Wei,WANG Jianli,ZHANG Yingpeng,ZHONG Bo,WANG Suwei. Time-effect and dose-effect relationship about protection functions of Shenfu injections for reinfusion injury of ischemic limbs[J]. Shi Yong Shou Wai Ke Za Zhi[Chin J Pract Hand Surg(Article in Chinese;Abstract in Chinese)],2009,23(2):82-83,122. DOI:10.3969/j.issn.1671-2722.2009.02.008.}

[1348] 马世伟．大蒜素在防治兔肢体缺血再灌注损伤中的疗效观察[J]．实用手外科杂志，2010，24(2)：116-118．DOI：10.3969/j.issn.1671-2722.2010.02.013．{MA Shiwei. Protective effect of Garlicin on ischemia/reperfusion injury in extremities of rabbits[J]. Shi Yong Shou Wai Ke Za Zhi[Chin J Pract Hand Surg(Article in Chinese;Abstract in Chinese)],2010,24(2):116-118. DOI:10.3969/j.issn.1671-2722.2010.02.013.}

[1349] 王宁，关洪全，马世伟．大蒜素对兔急性下肢缺血再灌注损伤后组织中IL-1，IL-6，IL-8含量的影响[J]．实用手外科杂志，2011，25(1)：47-49．DOI：10.3969/j.issn.1671-2722.2011.01.020．{WANG Ning,GUAN Hongquan,MA Shiwei. The impact of Allicin on rabbits with acute limb ischemia reperfusion tissue by IL-1,IL-6,IL-8 content[J]. Shi Yong Shou Wai Ke Za Zhi[Chin J Pract Hand Surg(Article in Chinese;Abstract in Chinese)],2011,25(1):47-49. DOI:10.3969/j.issn.1671-2722.2011.01.020.}

[1350] 张良，代维，高志明，周继红，刘大维．不同剂量血必净注射液对兔肢体缺血再灌注损伤的治疗作用[J]．中华创伤杂志，2013，29(8)：796-799．DOI：10.3760/cma.j.issn.1001-8050.2013.08.038．{ZHANG Liang,DAI Wei,GAO Zhiming,ZHOU Jihong,LIU Dawei. Effects of different doses of Xuebijing injection in treatment of ischemia reperfusion injury in rabbit limbs[J]. Zhonghua Chuang Shang Za Zhi[Chin J Trauma(Article in Chinese;Abstract in Chinese)],2013,29(8):796-799. DOI:10.3760/cma.j.issn.1001-8050.2013.08.038.}

[1351] 张良，代维，高志明，周继红，刘大维．血必净注射液对兔肢体缺血再灌注损伤的治疗作用研究[J]．创伤外科杂志，2013，15(1)：63-67．DOI：10.3969/j.issn.1009-4237.2013.01.019．{ZHANG Liang,DAI Wei,GAO Zhiming,ZHOU Jihong,LIU Dawei. Effects of xuebijing injection on limb ischemic-reperfusion injury in rabbits[J]. Chuang Shang Wai Ke Za Zhi[J Traum Surg(Article in Chinese;Abstract in Chinese and English)],2013,15(1):63-67. DOI:10.3969/j.issn.1009-4237.2013.01.019.}

[1352] 王洪刚，刘小林，李智勇．UW液动脉预灌洗对缺血肢体再灌注损伤的影响[J]．中山大学学报(医学科学版)，2013，34(6)：856-860．{WANG Honggang,LIU Xiaolin,LI Zhiyong. Washout with UW solution to relieve limb of ischemia-reperfusion injury[J]. Zhong Shan Da Xue Xue Bao(Yi Xue Ke Xue Ban)[J Sun Yat-Sen Univ(Med Sci)(Article in Chinese;Abstract in Chinese and English)],2013,34(6):856-860.}

[1353] 邝石峰，邓国三，连继洪，李世坚，谢文斌，赵成利，张明辉，王冕．葛根素对肢体缺血再灌注损伤骨骼肌和周围神经的保护作用[J]．中华显微外科杂志，2014，37(2)：164-165．DOI：10.3760/cma.j.issn.1001-2036.2014.02.017．{KUANG Shifeng,DENG Guosan,LIAN Jihong,LI Shijian,XIE Wenbin,ZHAO Chengli,ZHANG Minghui,WANG Mian. Protective effects of puerarin on skeletal muscle and peripheral nerve after limb ischemia-reperfusion injury[J]. Zhonghua Xian Wei Wai Ke Za Zhi[Chin J Microsurg(Article in Chinese;Abstract in Chinese)],2014,37(2):164-165. DOI:10.3760/cma.j.issn.1001-2036.2014.02.017.}

[1354] 周明武，李琛琪，杨瑞甫，王广兰，罗彦平，王义生．兔肢体缺血再灌注损伤骨骼肌细胞Caveolin-3的变化[J]．中华显微外科杂志，2014，37(4)：368-372．DOI：10.3760/cma.j.issn.1001-2036.2014.04.013．{ZHOU Mingwu,LI Chenqi,YANG Ruifu,WANG Guanglan,LUO Yanping,WANG Yisheng. The change of Caveolin-3 in the rabbit skeletal muscle when ischemia-reperfusion injury[J]. Zhonghua Xian Wei Wai Ke Za Zhi[Chin J Microsurg(Article in Chinese;Abstract in Chinese)],2014,37(4):368-372. DOI:10.3760/cma.j.issn.1001-2036.2014.04.013.}

[1355] 李琛琪，王广兰，周明武，王飞云，朱杰，罗彦平．重组人sCR1蛋白对大鼠肢体缺血再灌注损伤的保护作用[J]．中国矫形外科杂志，2014，22(14)：1304-1309．DOI：10.3977/j.issn.1005-8478.2014.14.13．{LI Chenqi,WANG Guanglan,ZHOU Mingwu,WANG Feiyun,ZHU Jie,LUO Yanping. Effects of preconditioning with recombinant soluble complement receptor type 1 protein on limb ischemia/reperfusion injury in rats[J]. Zhongguo Jiao Xing Wai Ke Za Zhi[Orthop J China(Article in Chinese;Abstract in Chinese)],2014,22(14):1304-1309. DOI:10.3977/j.issn.1005-8478.2014.14.13.}

[1356] 张建杏，李红英，周国斌，王庆，李真．止血带性肢体缺血再灌注损伤后血小板线粒体的变化[J]．南方医科大学学报，2014，34(7)：1075-1078．DOI：10.3969/j.issn.1673-4254.2014.07.34．{ZHANGJianxing,LI Hongying,ZHOU Guobin,WANG Qing,LI Zhen. Changes of platelet mitochondria in rats with tourniquet-induced limb ischemia-reperfusion injury[J]. Nan Fang Yi Ke Da Xue Xue Bao [J South Med Univ(Article in Chinese;Abstract in Chinese and English)],2014,34(7):1075-1078. DOI:10.3969/j.issn.1673-4254.2014.07.34.}

2.1.3 断肢保存
preservation of severed limb

[1357] Wang Z,He B,Duan Y,Shen Y,Zhu L,Zhu X,Zhu Z. Cryopreservation and replantation of amputated rat hind limbs[J]. Eur J Med Res,2014,19(1):28. doi:10.1186/2047-783X-19-28.

[1358] He B,Su S,Lu Y,Wen X,Duan J,Liu X,Zhu Z,Liu X. Effects of cryopreservation and replantation on muscles:application scope of limb cryopreservation[J]. Ann Plast Surg,2020,84(5S Suppl 3):S208-S214. doi:10.1097/SAP.0000000000002366.

[1359] 张智，蒋祖言，王爱民．断肢保存的研究进展[J]．中国修复重建外科杂志，2000，14(3)：189-192．{ZHANG Zhi,JIANG Zuyan,WANG Aimin. Research progress on preservation of severed limbs[J]. Zhongguo Xiu Fu Chong Jian Wai Ke Za Zhi[Chin J Repar Reconstr Surg(Article in Chinese;Abstract in Chinese and English)],2000,14(3):189-192.}

[1360] 张智，蒋祖言，王爱民，郑世刚．高压氧保存对离断肢体保护作用实验研究[J]．中国矫形外科杂志，2002，9(6)：566-568．DOI：10.3969/j.issn.1005-8478.2002.06.014．{ZHANG Zhi,JIANG Zuyan,WANG Aimin,ZHENG Shigang. Effects of hyperbaric oxygen preservation on the amputated limbs of rat:an experimental study[J]. Zhongguo Jiao Xing Wai Ke Za Zhi[Orthop J China(Article in Chinese;Abstract in Chinese and English)],2002,9(6):566-568. DOI:10.3969/j.issn.1005-8478.2002.06.014.}

[1361] 张开刚，曾炳芳．离断肢体保存研究进展[J]．中华创伤杂志，2004，20(7)：446-448．DOI：10.3760/j：issn：1001-8050.2004.07.022．{ZHANG Kaigang,ZENG Bingfang. Research advances in preservation of amputated limbs[J]. Zhonghua Chuang Shang Za Zhi[Chin J Trauma(Article in Chinese;No abstract available)],2004,20(7):446-448. DOI:10.3760/j:issn:1001-8050.2004.07.022.}

[1362] 秦新愿，张绍春，高磊，尹叶锋，刘宁，王江宁．灌注法保存断肢的研究进展[J]．中国修复重建外科杂志，2014，28(8)：1047-1050．DOI：10.7507/1002-1892.20140228．{QIN Xinyi,ZHANG Shaochun,GAO Lei,YIN Yefeng,LIU Ning,WANG Jiangning. Research progress of severed limb preservation by perfusion[J]. Zhongguo Xiu Fu Chong Jian Wai Ke Za Zhi[Chin J Repar Reconstr Surg(Article in Chinese;Abstract in Chinese and English)],2014,28(8):1047-1050. DOI:10.7507/1002-1892.20140228.}

[1363] 朱泽兴，张树明，赵艳东，樊凯彬，赵永军，李鸿江，李波，乔林．不同方法复温深低温保存的兔肢体神经组织的变化[J]．中华实验外科杂志，2015，32(3)：480．DOI：10.3760/cma.j.issn.1001-9030.2015.03.014．{ZHU Zexing,ZHANG Shuming,ZHAO Yandong,FAN Kaibin,ZHAO Yongjun,LI Hongjiang,LI Bo,QIAO Lin. Changes of the cryopreserved nerve tissue of rabbit limbs after rewarming with different methods[J]. Zhonghua Shi Yan Wai Ke Za Zhi[Chin J Exp Surg(Article in Chinese;Abstract in Chinese)],2015,32(3):480. DOI:10.3760/cma.j.issn.1001-9030.2015.03.014.}

[1364] 芦笛，刘虎仙，韩岩．UW液和HTK液低温保存大鼠后肢效果的对比研究[J]．中华显微外科杂志，2016，39(3)：258-262．DOI：10.3760/cma.j.issn.1001-2036.2016.03.012．{LU Di,LIU Huxian,HAN Yan. Contrastive study on cryopreservation of rat amputated limb with UW solution and HTK solution[J]. Zhonghua Xian Wei Wai Ke Za Zhi[Chin J Microsurg(Article in Chinese;Abstract in Chinese and English)],2016,39(3):258-262. DOI:10.3760/cma.j.issn.1001-2036.2016.03.012.}

[1365] 李腾飞，王江宁，高磊，尹叶锋．体外模拟体内生理环境寄养断肢系统采用远端缺血处理灌注方法对保存断肢的作用研究[J]．中国修复重建外科杂志，2016，30(1)：91-94．DOI：10.7507/1002-1892.20160019．{LI Tengfei,WANG Jiangning,GAO Lei,YIN Yefeng. Effect of simulated in vivo physiological environment severed limb fostering system applying remote ischemic conditioning perfusion on preserving severed limb[J]. Zhongguo Xiu Fu Chong Jian Wai Ke Za Zhi[Chin J Repar Reconstr Surg(Article in Chinese;Abstract in Chinese and English)],2016,30(1):91-94. DOI:10.7507/1002-1892.20160019.}

[1366] 阎晓丽，张巍，刘琳琳，张树明．大鼠断肢不同保存方法与肌肉生物学特性的实验研究[J]．实用骨科杂志，2018，24(1)：44-48．{YAN Xiaoli,ZHANG Wei,LIU Linlin,ZHANG Shuming. Experimental study of rat limb preservation method and change of muscle biological characteristics[J]. Shi Yong Gu Ke Za Zhi[J Pract Orthop(Article in Chinese;Abstract in Chinese and English)],2018,24(1):44-48.}

2.2 断肢再植
replantation of severed limb

[1367] CH'EN Chung-Wei(CHEN Zhongwei),CH'IEN Yun-Ch'ing(QIAN Yunqing),PAO Yueh-Se(BAO Yuese). Salvage of the forearm following complete traumatic amputation:report of a case[J]. Chin Med J,1963,82(10):632-638.

[1368] Horn JS(洪若诗). Successful reattachment of a completely severed forearm[J]. Lancet,1964,1(7343):1152-1154.

[1369] CH'EN Chung-Wei(CHEN Zhongwei),CH'IEN Yun-Ch'ing(QIAN Yunqing),PAO Yueh-Se(BAO Yuese),LIN Ch'in-T'ien(LIN Qingtian). Further experiences in the restoration of amputated limbs:report of two cases[J]. Chin Med J,1965,84(4):225-231.

[1370] WU YK. Progress of surgery in china[J]. Chin Med J,1965,84:351-61.

[1371] HUANG Ch'eng-Ta(HUANG Chengda),LI Ping-Heng(LI Bingheng),KONG Gung-To(KUANG Gongdao). Successful restoration of a traumatic amputated leg[J]. Chin Med J,1965,84(10):641-645.

[1372] Ch'ien YC,Ch'en CW,Lin CT,Pao YS. Some problems concerning small vessel anastomosis in the reattachment of complete traumatic amputations[J]. Chin Med J,1966,85(2):79-86.

[1373] TS'UI Chih-Yi(CUI Zhiyi),SHIH Yi-Fei(SHI Yifei),T'ANG Chao-Yu(TANG Zhaoyou),WANG Wen-Hua(WANG Wenhua). Successful restoration of a completely amputated arm[J]. Chin Med J,1966,85(8):536-541.

[1374] Horn JS(洪若诗). Some advances in surgery in China with special reference to the reattachment of severed limbs[J]. Proc R Soc Med,1966,59(7):587-590.

[1375] Chen CW,Chien YC,Pao YS,Lin CT. Reattachment of traumatic amputations:A summing up of experiences[J]. China's Medicine,1967,5:392-402.

[1376] Horn JS(洪若诗). The reattachment of severed extremities. In:Recent Advances in Orthopaedics,Edited by AG Apley J & A Churchill,London,1969.

[1377] Department of Traumatology and Orthopedics,Peking Chishueit'an Hospital. Replantation of severed limbs:analysis of 40 cases[J]. Chin Med J,1973,(6):67-69.

[1378] Department of Surgery,First Teaching Hospital of Chung Shan Medical College,Kwangchow. Replantation of severed limbs:some knowledge gained from practice[J]. Chin Med J,1973,(6):70.

[1379] Research Laboratory for Replantation of Severed Limbs,Shanghai Sixth People's Hospital:Replantation of limbs after resection of neoplasmatic segment:report of 8 cases[J]. Chin Med J,1973,(6):72.

[1380] Research Laboratory for Replantation of Severed Limbs,Shanghai Sixth People's Hospital:Some comments on functional recovery of limb(finger) replantation[J]. Chin Med J,1973,(6):73.

[1381] Department of Surgery,Peking Hospital of Workers,Peasants,and Soldiers,and Department of Orthopedics,Second Teaching Hospital of Chekiang Medical University,Hangchow. Replantation of severed left foot on right leg:report of a case[J]. Chin Med J,1973,(6):74.

[1382] Department of Surgery,Peking Hospital of Workers,Peasants and Soldiers,and Traumatic Section of the Department of Traumatology and Orthopedics,Peking Chishueit'an Hospital,Peking. Autotransplantation of severed foot:report of a case[J]. Chin Med J,1973,(6):75.

[1383] Shanghai First People's Hospital,Shanghai. Complications in replantation of severed limbs and their management[J]. Chin Med J,1973,(8):122-123.

[1384] Research Laboratory for Replantation of Severed Limbs,Shanghai Sixth People's Hospital:Replantation of severed fingers:clinical experiences in 217 cases involving 373 severed fingers[J]. Chin Med J,1975,(3):184.

[1385] Research Laboratory for Replantation of Severed Limbs,Shanghai Sixth People's Hospital. Hyperbaric oxygen therapy in replantation of severed limbs:a report of 21 cases[J]. Chin Med J,1975,(3):197-204.

[1386] Mobile Medical Team of Wuhan Fourth Hospital. Autotransplantation of severed limbs[J]. Chin Med J,1976,(4):417-422.

[1387] Shanghai Sixth People's Hospital,Shanghai. Extremity replantation[J]. Chin Med J,1978,4(1):5-10.

[1388] Pengchun X,Yunlian L,Yuming Z. Successful treatment of arm amputation complicated by liver rupture[J]. Chin Med J,1979,92(6):431-434.

[1389] Lu YP,Li RS,Shi KJ,Xu LT. Experimental studies on the development of arterial and venous collateral circulation after replantation of severed limbs[J]. Chin Med J,1980,93(5):331-334.

[1390] Guo SF,Wu ZK,Gu YD,Huang CD,Wang SH. China's achievements in orthopedics[J]. Chin Med J,1989,102(11):815-848.

[1391] Wang ZG. Advances in vascular surgery[J]. Chin Med J,1990,103(7):532-535.

[1392] Chen ZW. Progress in limb and digital replantation:Part A--Introduction[J]. World J Surg,1990,14(6):804-806. doi:10.1007/BF01670527.

[1393] Pei GX,Kunde L,Chuwen C,Dengshong Z,Fuyi W,Songto W,Minsheng W,Lie G,Qing L,Lui CK,Zhang LL. Replantation of four severed limbs in one patient[J]. Injury,1997,28(1):73-76. doi:10.1016/S0020-1383(96)00090-3.

[1394] Chen Z,Zhang J. Replantation of severed limbs:current status and prospects[J]. Chin Med J,1999,112(10):914-917.

[1395] Zhang J,Chen ZW. Retrospective of the replantation of severed limbs in the People's Republic of China:current status and prospects[J]. Microsurgery,2002,22(1):39-43. doi:10.1002/micr.22007.

[1396] Wang JN,Tong ZH,Zhang TH,Wang SY,Zhang HQ,Zhao GQ,Zhang F. Salvage of amputated upper extremities with temporary ectopic implantation followed by replantation at a second stage[J]. J Reconstr Microsurg,2006,22(1):15-20. doi:10.1055/s-2006-931901.

[1397] Pei GX,Ren GH,Wei KH,Jin D,Zhou MW,Li KD,Ren YJ. Replantation of articular composite tissue masses severed from extremities[J]. Injury,2008,39(S3):S97-102. doi:10.1016/j.injury.2008.05.016.

[1398] Gao YS,Ai ZS,Zhang CQ,Jin DX,Chen SB,Zhu Y,Zeng BF. Replantation of above-knee amputation:a surviving but dysfunctional case needing secondary amputation[J]. J Reconstr Microsurg,2010,26(9):631-635. doi:10.1055/s-0030-1267383.

[1399] Liang K,Zhong G,Yin J,Xiang Z,Cen S,Huang F. Cross-arm replantation for traumatic bilateral upper extremity amputations:a case report[J]. Arch Orthop Trauma Surg,2011,131(2):157-161. doi:10.1007/s00402-010-1112-5.

[1400] Yu G,Lei HY,Guo S,Yu H,Huang JH,Liang SH. Successful replantation of both lower legs in a 41-year-old man[J]. Chin J Traumatol,2011;14(4):250-252.

[1401] Luo X,Yilihamu Y,Liu A,Huang Y,Ou C,Zou Y,Zhang X. Replantation and lengthening of a lower leg in a 7-year-old child:a case report[J]. J Foot Ankle Surg,2019,58(6):1273-1275. doi:10.1053/j.jfas.2019.03.018.

[1402] Li XL,Wang W,Liu F,Hu W,Liang DS. Successful lower limb replantation of knee-level amputation in a child:a case report[J]. J Foot Ankle Surg,2020,59(2):427-430. doi:10.1053/j.jfas.2019.08.024.

[1403] Guo S,Shen S,Liu M,Liu L,Xie W,Wang K,Zhang Z. Forefoot replantation in a 3-year-old boy:case report[J]. J Foot Ankle Surg,2020,59(4):813-815. doi:10.1053/j.jfas.2019.08.002.

[1404] 陆裕朴. 拇指断裂修复一例[J]. 第四军医大学科学文集，1959,(10): 10. {LU Yupu. Repair of a broken thumb[J]. Science Anthology of the Fourth Military Medical University,1959,(10):10}【非显微修复 Non-microsurgical repair】

[1405] 杨铁，卢学敏，李柱田，王首夫，曹玉德. 自家肢体移植术——动物实验初步报告摘要[J]. 吉林医科大学学报，1960，2(3): 1-3. DOI: 10.13481/j.1671-587x.1960.03.001. {YANG Tie,LU Xuemin,LI Zhutian,WANG Shoufu,CAO Yude.Limb autograft:Abstract of preliminary report in animal experiment[J]. Ji Lin Yi Ke Da Xue Xue Bao [J Norman Bethune Univ Med Sci(Article in Chinese;No abstract available)],1960,2(3):1-3.DOI:10.13481/j.1671-587x.1960.03.001.}

[1406] 山东省立医院. 肢体移植的动物实验[J]. 山东医刊，1960，3(8): 封3(科研简报：各种动物脏器移植实验研究). {Shandong Province Hospital. Animal experiments on limb transplantation[J]. Shandong Yikan[Shandong Med(Article in Chinese;No abstract available)],1960,3(8):Cover 3(Scientific research briefing:Experimental study on transplantation of various animal organs). }

[1407] 屠开元，徐印坎，赵定麟，梁铭，卢振东，曹毅，倪国坛. 离断肢体再植术的动物实验[J]. 中华外科杂志，1962，10(1): 1-4. {TU Kaiyuan,XU Yinkan,ZHAO Dinglin,LIANG Min, LU Zhendong,CAO Yi,NI Guotan. Experimental study on severed limb replantation[J]. Zhonghua Wai Ke Za Zhi[Chin J Surg(Article in Chinese;No abstract available)],1962,10(1):1-4. }

[1408] 陈中伟，鲍约瑟，钱允庆. 前臂创伤性完全截肢的再植[J]. 中华医学杂志，1963，49(10): 615-618. {CHEN Zhongwei,BAO Yuese,QIAN Yunqing. Salvage of the forearm following complete traumatic amputation. Report of a case[J]. Zhonghua Yi Xue Za Zhi[Natl Med J China(Article in Chinese;No abstract available)],1963,49(10):615-618. }

[1409] 陈中伟，鲍约瑟，钱允庆. 前臂创伤性完全截肢的再植(一例成功报告)[J]. 中华外科杂志，1963，11(10): 767-771. {CHEN Zhongwei,BAO Yuese,QIAN Yunqing. Salvage of the forearm following complete traumatic amputation:report of a case[J]. Zhonghua Wai Ke Za Zhi[Chin J Surg(Article in Chinese;No abstract available)],1963,11(10):767-771. }

[1410] 中华外科杂志编辑委员会. 祝贺前臂创伤性完全截肢再植成功[J]. 中华外科杂志，1963，11(10): F02. {Editorial Board of the Chinese Journal of Surgery. Congratulations on successful replantation of traumatic complete amputation of forearm[J]. Zhonghua Wai Ke Za Zhi[Chin J Surg(Article in Chinese;No abstract available)],1963,11(10):F02.}

[1411] 陈中伟. 一例前臂创伤性完全截肢再植成功的报告[J]. 人民军医，1963,(11): 14-15. {CHEN Zhongwei. A case report of successful replantation of traumatic complete amputated forearm[J]. Ren Min Jun Yi[People's Military Surgeon(Article in Chinese;No abstract available)],1963,(11):14-15.}

[1412] 杨东岳. 手腕大部切断处理成功一例报告[J]. 第八届全国外科学术会议论文.1963.pp193. {Yang Dongyue. Report of a successful case of partial wrist amputation[J]. Paper of the 8th National Academic Conference on Surgery.1963,pp193.}

[1413] 葛宝丰. 断肢再植动物试验(十四次全断的改进，淋巴引流术初步研究)[J]. 兰州军区医学资料选编(第四期)，1964. {GE Baofeng. Animal experiment of replantation of severed limbs (improvement of 14 total amputations,preliminary study of lymphatic drainage)[J]. Selected Medical Materials of Lanzhou Military Region (the 4th issue),1964}

[1414] 王澍寰，等. 经前臂创伤性完全离断再植术一例报告[J]. 创伤骨科论文汇编(积水潭医院)，1964. {Wang shuhuan,et al. Replantation of traumatic complete amputation of forearm:a case report[J]. Compilation of Orthopaedic Trauma Papers(Jishuitan Hospital),1964.}

[1415] 彭明，李宗耀. 创伤性次全断手缝合成功一例报告[J]. 江西医药，1964,(6): 283. {PENG Ming,LI Zongyao. A case report of successful suturing of traumatic subtotal amputated hand[J]. Jiangxi Medicine,1964,(6):283.}

[1416] 肯慰民. 右臂上大部离断修复成功一例[J]. 兰州军区医学资料选编(第四期).l964. {KEN Weimin. One case of successful repair of the upper part of the right arm[J]. Selected Medical Materials of Lanzhou Military Region(the 4th Issue) l964.}

[1417] 李芹. 保留部分肌肉神经的断手再植一例成活报告[J]. 兰州军区医学资料选编(第四期)，1964. {LI Qin. A survival report of replantation of severed hand with partial muscle sleeping nerve[J]. Selected Medical Materials of Lanzhou Military Region(the 4th Issue),1964.}

[1418] 第四医院. 腕部创伤性不完全截断伤一例报告[J]. 兰州军区医学资料选编(第四期)，1964. {The Fourth Hospital. A case report of traumatic incomplete amputation injury of wrist[J]. Selected Medical Materials of Lanzhou Military Region(the 4th Issue),1964.}

[1419] 贾桂珍. 左腕部创伤性不完全离断例一报告[J]. 广州军区医学资料选编.1964. {JIA Guizhen. Traumatic incomplete disconnection of left wrist:a case report[J]. Selected Medical Materials of Guangzhou Military Region. 1964}

[1420] 陈中伟，鲍约瑟，钱允庆，林擎天. 关于断肢再植的几点体会[J]. 中华医学杂志，1965，51(6): 337-339. {CHEN Zhongwei,BAO Yuese,QIAN Yunqing,LIN Jingtian.Some experience on replantation of amputated limb[J]. Zhonghua Yi Xue Za Zhi[Natl Med J China(Article in Chinese;No abstract available)],1965,51(6):337-339.}

[1421] 崔之义，石一飞，汤钊猷，王文华，姜立本，仇红宝，马慎谨. 上臂完全离断再植后的近期观察(一例报告)[J]. 中华外科杂志，1965，13(10): 869-872. {CUI Zhiyi,SHI Yifei,TANG Zhaoyou,WANG Wenhua,JIANG Liben,CHOU Hongbao,MA Shenjin. Recent observations after replantation of the upper arm after complete dissection(a case report)[J]. Zhonghua Wai Ke Za Zhi[Chin J Surg(Article in Chinese;Abstract in Chinese)],1965,13(10):869-872.

[1422] 杨铁，卢学敏，姜鸿志，张瑞龄，刘彦，李柱田. 前臂创伤性完全离断再植术(一例报告)[J]. 中华外科杂志，1965，13(10): 873-874. {YANG Tie,LU Xuemin,JIANG Hongzhi,ZHANG Ruiling,LIU Yan,LI ZHutian.Forearm traumatic complete replantation (a case report)[J]. Zhonghua Wai Ke Za Zhi[Chin J Surg(Article in Chinese;No abstract available)],1965,13(10):873-874.}

[1423] 王澍寰，程绪西，卢家泽，曹宝珠. 前臂创伤性完全离断再植术(一例报告)[J]. 中华外科杂志，1965，13(10): 875-876. {WANG Shuhuan,CHENG Xuxi,LU Jiaze,CAO Baozhu. Forearm traumatic complete replantation (a case report)[J]. Zhonghua Wai Ke Za Zhi[Chin J Surg(Article in Chinese;No abstract available)],1965,13(10):875-876.}

[1424] 王澍寰，卢家泽. 兔耳血管吻合的动物实验[J]. 北京医学，1965，1(1): 20-22. {WANG Shuhuan,LU Jiaze. Animal experiments of vessel anastomosis of rabbit' s ears[J]. Beijing Yi Xue[Bejing Med J(Article in Chinese;No abstract available)],1965,1(1):20-22. }

[1425] 王涵光，郑长森，谢维泉，黄克寿，林美钗. 离断肢体再植术的动物实验[J]. 福建医学院学报，1965，2(3): 7-11. {WANG Hanguang,ZHENG Changsen,XIE Weiquan,HUANG Keshou,LIN Meichai. Animal experiments on replantation of amputated limb[J]. Fu Jian Yi Xue Yuan Xue Bao[J Fujian Med Coll(Article in Chinese;Abstract in Chinese)],1965,2(3):7-11.}

[1426] 贾红叶. 离断肢体再植动物实验的配合和护理[J]. 第二军医大学学术资料汇编(廿七集)，1965. {JIA Hongye. Cooperation and nursing of animal experiment of replantation of severed limbs[J]. Compilation of Academic Materials of the Second Military Medical University (27 episodes),1965.}

[1427] 高瀚，何成江，茅士俊. 狗的麻醉[J]. 人民军医，1965,(6): 44-46. {GAO Han,HE Chengjiang,MAO Shijun. Anesthesia of dogs[J]. Ren Min Jun Yi[People's Military Surgeon(Article in Chinese;No abstract available)],1965,(6):44-46.}

[1428] 尚忠仁，郑洪发. 应用百分之十的水合氯醛给狗作全麻的初步体会[J]. 人民军医，1965,(8): 30. {SHANG Zhongren,ZHENG Hongfa. Preliminary experience of general anesthesia with 10% chloral hydrate in dogs[J]. Ren Min Jun Yi[People's Military Surgeon(Article in Chinese;No abstract available)],1965,(8):30.}

[1429] 高瀚. 断肢再植实验有关的狗股部局部解剖[J]. 人民军医，1965,(Z1): 60-62. {GAO Han. Local anatomy of dog thigh related to limb replantation experiment[J]. Ren Min Jun Yi[People's Military Surgeon(Article in Chinese;No abstract available)],1965,(z1):60-62.}

[1430] 广州部队总医院. 对狗施行断肢再植手术后怎样进行护理[J]. 人民军医，1965,(3): 30-31. {Guangzhou army general hospital. How to nurse dogs after replantation of severed limbs[J]. Ren Min Jun Yi[People's Military Surgeon(Article in Chinese;No abstract available)],1965,(3):30-31.}

[1431] 对狗做断肢再植实验前要做好那些准备工作[J]. 人民军医，1965,(3): 29. {What preparations should be made before the experiment of replantation of severed limbs in dogs[J]. Ren Min Jun Yi[People's Military Surgeon(Article in Chinese;No abstract available)],1965,(3):29.}

[1432] 屠开元，徐印坎，周志华，赵定麟. 动物肢体离断再植的方法和体会[J]. 人民军医，1965,(3): 26-29. {TU Kaiyuan,XU Yinkan,ZHOU Zhihua,ZHAO Dinglin. Methods and experience of animal limb replantation[J]. Ren Min Jun Yi[People's Military Surgeon(Article in Chinese;No abstract available)],1965,(3):26-29.}

[1433] **17 例家犬按层离断肢体再植经验体会 [J]. 骨科学术资料汇编（第八八医院），1965，pp7.** {Experience of replantation of severed limbs according to layers in 17 domestic dogs[J]. Compilation of orthopaedic academic materials (the 88th hospital),1965,pp7.}

[1434] **徐印坎. 断肢再植成功的几个关键问题 [J]. 解放军医学杂志，1965，2（3）：302–304.** {XU Yinkan. Several key points of successful replantation of severed limb[J]. Jie Fang Jun Yi Xue Za Zhi[Med J Chin PLA(Article in Chinese;No abstract available)],1965,2(3):302-304.}

[1435] **上海市第六人民医院. 施行断肢再植手术的几点体会 [J]. 人民军医，1965（3）：17–20.** {Shanghai Sixth People's Hospital. Experience of replantation of severed limb[J]. Ren Min Jun Yi[People's Military Surgeon(Article in Chinese;No abstract available)],1965(3):17-20.}

[1436] **刘植珊. 五例断肢再植失败原因的探讨 [J]. 第二军医大学学术资料汇编（外科专辑）27 集，1965.** {LIU Zhishan. Discussion on the causes of failure of replantation of five severed limbs[J]. 27 Colltions of Academic Materials of the Second Military Medical University (Surgical Album),1965.}

[1437] **罗洪瑞，安国良，张天明，王恩远. 技术设备条件差的野战医院接活了一条断腿 [J]. 解放军医学杂志，1965，2（3）：417–420.** {LUO Hongrui,AN Guoliang,ZHANG Tianming,WANG Enyuan. A field hospital with poor technical equipment received a broken leg[J]. Jie Fang Jun Yi Xue Za Zhi[Med J Chin PLA(Article in Chinese;No abstract available)],1965,2(3):417-420.}

[1438] **范国声，吴世樵，高贤铭，王锡华. 救治一例肢体双处部分断离合并血管损伤的体会 [J]. 人民军医，1965,（2）：10–14.** {FAN Guosheng,WU Shiqiao,GAO Xianming,WANG Xihua. Treatment of a case of bilateral partial limb disconnection complicated with vascular injury[J]. Ren Min Jun Yi[People's Military Surgeon(Article in Chinese;No abstract available)],1965,(2):10-14.}

[1439] **钱允庆，陈中伟，林擎天，鲍约瑟. 创伤性完全性断肢再植术中小血管处理的几个问题 [J]. 中华外科杂志，1965，13（10）：865–868.** {QIAN Yunqing,CHEN Zhongwei,LIN Qingtian,BAO Yuese. Small vessel treatment problems in replantation of traumatic complete amputated limbs[J]. Zhonghua Wai Ke Za Zhi[Chin J Surg(Article in Chinese;No abstract available)],1965,13(10):865-868.}

[1440] **华东煤炭工业公司淄博分公司新博医院. 右上肢连同肩胛带完全性离断再植成活（一例报告）[J]. 山东医刊，1965,（5）：1–4.** {Xinbo Hospital of Zibo Branch of East China coal industry company Right upper limb and scapular girdle were completely severed and replanted (a case report)[J]. Shandong Medical Journal,1965,(5):1-4.}

[1441] **黄桦. 一例前臂创伤性完全截肢再植术后理疗的应用 [J]. 理疗与疗养，1965,（2）：59.** {HUANG Hua. Application of physiotherapy in a case of traumatic complete amputation and replantation of forearm[J]. Physiotherapy and Convalescence,1965,(2):59.}

[1442] **刘学宽，陆林，赵儒健，刘培棠. 二例上肢大部离断再植术处理的体会 [J]. 山东医刊，1965,（1）：30–32.** {LIU Xuekuan,LU Lin,ZHAO Rujian,LIU Peitang. Experience of replantation of two cases of severed upper limb[J]. Shandong Medical Journal,1965,(1):30-32.}

[1443] **范国声，吴世樵，高贤铭，易善勤. 上肢离断伤修复治疗的经验教训和护理工作的体会 [J]. 解放军医学杂志，1965，2（3）：218–221.** {FAN Guosheng,WU Shiqiao,GAO Xianming,YI Shanqin. Experience of repairing severed upper limb and its nursing work[J]. Jie Fang Jun Yi Xue Za Zhi[Med J Chin PLA(Article in Chinese;No abstract available)],1965,2(3):218-221.}

[1444] **时光，王仁顺，柳用墨，刘志强. 前臂创伤性大部离断修复治疗部分成功一例 [J]. 解放军医学杂志，1965，2（3）：222–223.** {SHI Guang,WANG Renshun,LIU Yongmo,LIU Zhiqiang. A case report of partial successful repair of large traumatic amputated forearm[J]. Jie Fang Jun Yi Xue Za Zhi[Med J Chin PLA(Article in Chinese;No abstract available)],1965,2(3):222-223.}

[1445] **周润琮，孙静宜. 前臂严重绞榨伤次全离断治疗一例报告 [J]. 云南医学杂志，1965,（1）：35–37.** {ZHOU Runcong,SUN Jingyi. Treatment of severe wring and crushing injury of forearm with subtotal amputation:a case report[J]. Yunnan Medical Journal,1965,(1):35-37.}

[1446] **吕子文，余清华，胡茂法. 缝接左前臂大部断离（绞压伤）一例报告 [J]. 人民军医，1965,（3）：23–25.** {LV Ziwen,YU Qinghua,HU Maofa. A case report of left forearm fracture (strangulation and crush injury) by suture[J]. Ren Min Jun Yi[People's Military Surgeon(Article in Chinese;No abstract available)],1965,(3):23-25.}

[1447] **张文林. 腕部大部离断伤之修复（个案报告）[J]. 第二军医大学学术资料汇编（外科专辑，1965,（27）：41.** {ZHANG Wenlin. Repair of severed wrist (case report)[J]. Compilation of Academic Materials of the Second Military Medical University (Surgical Album,1965,(27):41.}

[1448] **欧阳筱璽，王一可. 手指末节不全离断再植三例报导 [J]. 江西医药，1965,（11）：1119–1120.** {OUYANG Xiaoxi,WANG Yike. Replantation of incomplete distal segment of finger[J]. Jiangxi Medicine,1965,(11):1119-1120.}

[1449] **王澍寰. 抢救肢体离断伤的几个问题 [J]. 中华外科杂志，1965，13（10）：863.** {WANG Shuhuan. Several problems in saving the amputated limbs[J]. Zhonghua Wai Ke Za Zhi[Chin J Surg],1965,13(10):863.}

[1450] **天津市人民医院骨科. 创伤性肩胛带完全性离断的再植 [J]. 中华外科杂志，1965，13（10）：877.** {Department of Orthopedics,the Tianjin People's Hospital. Replantation of traumatic complete amputated pectoral girdle[J]. Zhonghua Wai Ke Za Zhi[Chin J Surg(Article in Chinese;No abstract available)],1965,13(10):877.}

[1451] **高瀚. 实验性断肢再植有关问题的综述 [J]. 人民军医，1966,（1）：72–73.** {GAO Han. Review on issues related to experimental limb replantation[J]. Ren Min Jun Yi[People's Military Surgeon(Article in Chinese;No abstract available)],1966,(1):72-73.}

[1452] **加强战备技术准备积极开展断肢再植的动物试验 [J]. 骨科学术资料汇编（第八八医院）.1966，pp1.** {Strengthen the preparation of combat readiness technology and actively carry out animal experiments of limb replantation[J]. Compilation of Orthopaedic Academic Materials(the 88th hospital).1966,pp1.}

[1453] **邬华彬，等. 二例断肢再植病例的教训和体会 [J]. 骨科学术资料汇编（第八八医院），1966，pp16.** {WU Huabin,et al. Lessons and experience of two cases of amputated limb replantation[J]. Compilation of Orthopaedic Academic Materials(the 88th hospital),1966,pp16.}

[1454] **第七军医大学. 断肢再植成功与失败的原因 [J]. 人民军医，1966,（5）：14.** {The seventh Military Medical University. Reasons for success and failure of limb replantation[J]. Ren Min Jun Yi[People's Military Surgeon(Article in Chinese;No abstract available)],1966,(5):14.}

[1455] **宁志杰. 缺血 10 小时断腿重新复活（抢救一例右大腿大部离断再植成活的纪实）[J]. 骨科学术资料汇编（八八医院），1966，pp22.** {NING Zhijie. Resurrection of severed leg after 10 hours of ischemia (a record of rescuing a case of replantation of most severed right thigh)[J]. Compilation of Orthopaedic Academic Material (the 88th hospital).1966,pp22.}

[1456] **杨铁，卢学敏，李柱田，刘彦，姜鸿志，张瑞龄. 肢体不全离断伤的治疗 [J]. 中华外科杂志，1966，14（2）：80–81.** {YANG Tie,LU Xuemin,LI Zhutian,LIU Yan,JIANG Hongzhi,ZHANG Ruiling. Treatment of incomplete amputation of limbs[J]. Zhonghua Wai Ke Za Zhi[Chin J Surg(Article in Chinese;No abstract available)],1966,14(2):80-81.}

[1457] **北京医学院附属人民医院外科教研组. 抢救一例多发严重创伤及上臂完全截断的初步报告 [J]. 北京医学院学报，1966,（1）：5–6，72.** {Department of Surgery,People's Hospital Affiliated to Beijing Medical College. Rescue of a case of multiple severe trauma and complete amputation of upper arm[J]. Journal of Beijing Medical College,1966,(1):5-6,72.}

[1458] **郭文章，赵桐. 腕关节 2/3 断伤再植成功一例报告 [J]. 山西医学杂志，1966,（1）：41.** {GUO Wenzhang,ZHAO Tong. Successful replantation of 2/3 broken wrist joint[J]. Shanxi Medical Journal,1966,(1):41.}

[1459] **徐日兴，刘欲团，杨国泰. 应用自体静脉移植修建肢体动脉（附 13 例报告）[J]. 解放军医学杂志，1966，3（1）：24–27.** {XU Rixing,LIU Yutuan,Yang Guotai. Autologous venous graft for reconstructing arteries:13 case reports[J]. Jie Fang Jun Yi Xue Za Zhi[Med J Chin PLA(Article in Chinese;No abstract available)],1966,3(1):24-27.}

[1460] **陈维佩，甘忠毅，吴先道，陆熙昶，陈仁亨. 应用羽毛管作血管吻合套管的实验研究 [J]. 解放军医学杂志，1966，3（1）：27–29.** {CHEN Weipei,GAN Zhongyi,WU Xiandao,LU Xichang,CHEN Renheng. xperimental study on the applying the feather tube as vascular anastomosis cannula[J]. Jie Fang Jun Yi Xue Za Zhi[Med J Chin PLA(Article in Chinese;No abstract available)],1966,3(1):27-29.}

[1461] **重庆西南医院骨科. 谈谈断肢再植的成功与失败 [J]. 解放军医学杂志，1966，3（3）：185–189.** {Department of Orthopedics,Chongqing Southwest Hospital. The success and failure of replantation of severed limb[J]. Jie Fang Jun Yi Xue Za Zhi[Med J Chin PLA(Article in Chinese;No abstract available)],1966,3(3):185-189.}

[1462] **重庆西南医院骨科. 创伤性肢体离断再植的经验（四例全断六例不全断）[J]. 解放军医学杂志，1966，3（3）：209–212.** {Department of Orthopedics,Chongqing Southwest Hospital. The experience of replantation of traumatic severed limb:four cases of complete amputation and six cases of incomplete amputation[J]. Jie Fang Jun Yi Xue Za Zhi[Med J Chin PLA(Article in Chinese;No abstract available)],1966,3(3):209-212.}

[1463] **重庆西南医院骨科. 断肢再植伤员的观察和护理 [J]. 解放军医学杂志，1966，3（3）：212–215.** {Department of Orthopedics,Chongqing Southwest Hospital. Observation and nursing of patients with replantation of severed limbs[J]. Jie Fang Jun Yi Xue Za Zhi[Med J Chin PLA(Article in Chinese;No abstract available)],1966,3(3):212-215.}

[1464] **重庆西南医院骨科. 断肢再植动物实验的几点体会 [J]. 解放军医学杂志，1966，3（3）：217–219.** {Department of Orthopedics,Chongqing Southwest Hospital. Some experiences of animal experiment on replantation of severed limbs[J]. Jie Fang Jun Yi Xue Za Zhi[Med J Chin PLA(Article in Chinese;No abstract available)],1966,3(3):217-219.}

[1465] **中西医结合接活断指五例 [J]. 新医学，1971,（7）：41.** {Five cases of combined traditional Chinese and Western medicine for amputated fingers[J]. Xin Yi Xue[New Medical Journal(Article in Chinese;No abstract available)],1971,(7):41.}

[1466] **贵州省三都县革命委员会卫生局. 断指再植处方验证情况报告 [J]. 中草药通讯，1971,（3）：29.** {Health Bureau of Revolutionary Committee of Sandu County,Guizhou Province. Report on prescription verification of severed finger replantation[J]. Chinese Herbal Medicine Communication,1971,(3):29.}

[1467] **断肢再植 [J]. 临床专题讲座选编（青岛医学院），1972，pp32.** {Replantation of severed limbs[J]. Selected Clinical Lectures (Qingdao Medical College).1972,pp32.}

[1468] **断肢再植手术的初步体会 [J]. 医学资料选编（解放军总医院），1972，pp45.** {Preliminary experience of replantation of severed limbs[J]. Selected Medical Materials(PLA General Hospital).1972,pp45.}

[1469] **断肢再植的初步体会 [J]. 医学资料选编（解放军总医院），1972，pp60.** {Preliminary experience of replantation of severed limbs[J]. Selected Medical Materials(PLA General Hospital).1972,pp60.}

[1470] **第七军医大学. 断肢再植的几点体会 [J]. 医药科技动态（山东省），1972,（2）：45.** {Seventh Military Medical University. Some experiences of replantation of severed limbs[J]. Medical Science And Technology Trends(Shandong Province),1972,(2):45.}

[1471] **高压氧在断肢再植和肢体血循环障碍中的应用 [J]. 全国医药卫生科研资料选编（卫生部），1972,（2）：91.** {Application of hyperbaric oxygen in limb replantation and limb blood circulation disorder[J]. Selected Materials of National Medical And Health Research (Ministry of Health),1972,(2):91.}

[1472] **北京积水潭医院创伤骨科. 断肢再植 40 例分析 [J]. 中华医学杂志，1973,（6）：323–330，插页 39–40.** {Department of Orthopaedic Trauma,Beijing Jishuitan Hospital. Replantation of amputated limb:an analysis of 40 cases[J]. Zhonghua Yi Xue Za Zhi[Natl Med J China(Article in Chinese; Abstract in English)],1973,(6):323-330,insert 39-40.}

[1473] **上海市第六人民医院断肢再植研究室. 肿瘤段切除远端肢体再植术（附八例报告）[J]. 中华医学杂志，1973，53（6）：338–340.** {Laboratory of amputated limb replantation,Shanghai Sixth People's hospital. Tumor segment resection and distal limb replantation (report of 8 cases)[J]. Zhonghua Yi Xue Za Zhi[Natl Med J China(Article in Chinese;No abstract available)],1973,53(6):338-340.}

[1474] **北美断肢再植医师代表团应邀来访 [J]. 中华医学杂志，1973，53（7）：封 3.** {The American Replantation Mission to China[J]. Zhonghua Yi Xue Za Zhi[Natl Med J China(Article in Chinese;No abstract available)],1973,53(7):cover 3.}

[1475] **一九七二年广交会对内经验交流会断肢再植交流会情况 [J]. 医学研究通讯，1973，2（2）：11–14.** {Domestic experience exchange meeting and replantation exchange meeting of the Canton Fair in 1972[J]. Medical Research Newsletter,1973,2(2):11-14.}

[1476] **兰州部队总医院. 断肢再植后静脉和淋巴管再生的实验研究 [J]. 中华医学杂志，1973，53（6）：353–354.** {Lanzhou Army General Hospital. Experimental study on regeneration of veins and lymphatic vessel after replantation[J]. Zhonghua Wai Ke Za Zhi[Natl Med J China(Article in Chinese;Abstract in English)],1973,53(6):353-354.}

[1477] **上海市第六人民医院断肢再植研究室. 肢体移植的实验研究 [J]. 中华医学杂志，1973，53（6）：348–352.** {Limb Replantation Laboratory,Shanghai Sixth People's Hospital. Experimental study on of replantation limb[J]. Zhonghua Wai Ke Za Zhi[Natl Med J China(Article in Chinese; Abstract in English)],1973,53(6):348-352.}

[1478] **陈剑经. 断肢再植的时限与超微结构和组织化学的改变（综述）[J]. 新医学，1973，4（2）：100–103.** {CHEN Jianjing. Duration and ultrastructural and histochemical changes of replantation of severed limbs(review)[J]. Xin Yi Xue[New Medical Journal(Article in Chinese;No abstract available)],1973,4(2):100-103.}

[1479] **西安市红十字会医院骨科. 断肢再植术 10 例报告 [J]. 陕西新医药，1973,（Z1）：37–39.** {Department of orthopedics,Xi'an Red Cross Hospital. Replantation of severed limbs:a report of 10 cases[J]. Shaanxi New Medicine,1973,(z1):37-39.}

[1480] **中山医学院第一附属医院外科. 断肢（指）再植的实践与认识 [J]. 新医学，1973,（2）：61–64.** {Department of surgery,the First Affiliated Hospital of Zhongshan Medical College. Practice and understanding of replantation of severed limbs(fingers)[J]. Xin Yi Xue[New Medical Journal(Article in Chinese;No abstract available)],1973,(2):61-64.}

[1481] **人民解放军总医院骨科. 断肢再植手术处理的体会——附 20 例报告 [J]. 新医学，1973,（4）：194–197.** {Department of orthopedics,General Hospital of the People's Liberation Army. Experience of surgical treatment of replantation of severed limbs——a report of 20 cases[J]. Xin Yi Xue[New Medical Journal(Article in Chinese;No abstract available)],1973,(4):194-197.}

[1482] **断肢（指）再植（文献综述）[J]. 天津医药科技情报站印 .1973.** {Replantation of severed limbs (fingers)(literature review)[J]. Printed by Tianjin Medical Science and Technology Information Station. 1973.}

[1483] **遵义医学院附属医院断肢再植小组. 断肢（指）再植的经验和教训 [J]. 医药科技资料，1973,（1）：16–20.** {Limb replantation group of Affiliated Hospital of Zunyi Medical College. Experience and lessons of replantation of severed limbs(fingers)[J]. Medical Science and Technology Materials,1973,(1):16-20}

[1484] **陈中伟. 断肢（指）再植的进展和存在的一些问题 [J]. 中华医学杂志，1973，53（6）：322–322.** {CH'EN CHUNG-WEI (CHEN Zhongwei). The development and existing problems of replantation of severed limb and digitals[J]. Zhonghua Yi Xue Za Zhi[Natl Med J China(Article in Chinese;No abstract available)],1973,53(6):322.}

[1485] **上海市第六人民医院断肢再植研究室. 断肢及断手指再植的认识和发展 [J]. 中华医学杂**

志，1973，53（1）：3-10．{Limb Replantation Laboratory,Shanghai Sixth People's Hospital. Understanding and development of replantation of severed limbs and digits[J]. Zhonghua Yi Xue Za Zhi[Natl Med J China(Article in Chinese;Abstract in English)],1973,53(1):3-10.}

[1486] 断肢再植40例分析[J]．创伤骨科参考资料（积水潭医院），1973，(3)：93．{Analysis of 40 cases of replantation of severed limbs[J]. Trauma Orthopedics Reference(Jishuitan Hospital),1973,(3):93}

[1487] 中山医学院附属第一医院外科．断肢再植的实践与认识[J]．中华医学杂志，1973，53(6)：331-334．{Department of surgery,the First Affiliated Hospital of Zhongshan Medical College. Practice and understanding of limb replantation[J]. Zhonghua Yi Xue Za Zhi[Natl Med J China(Article in Chinese;Abstract in English)],1973,53(6):331-334.}

[1488] 断肢再植二例报告[J]．创伤骨科参考资料（积水潭医院），1973，(4)：158．{Report of two cases of replantation of severed limbs[J]. Trauma Orthopedics Reference (Jishuitan Hospital),1973,(4):158.}

[1489] 人民解放军广州军区总医院二外科．未用血管灌洗法再植断肢12例报告[J]．新医学，1973，4(2)：80-82．{Second Department of Surgery,General Hospital of Guangzhou Military Region of the people's Liberation Army. Replantation of severed limbs without vascular lavage[J]. Xin Yi Xue[New Medical Journal(Article in Chinese;No abstract available)],1973,4(2):80-82.}

[1490] 人民解放军第230医院．31例断肢再植的初步体会[J]．新医学，1973，4(2)：84-86．{The 230th Hospital of the People's Liberation Army. Preliminary experience of replantation of severed limb:thirty-one case reports[J]. Xin Yi Xue[New Medical Journal(Article in Chinese;No abstract available)],1973,4(2):84-86.}

[1491] 辽宁省鞍山市鞍钢铁东医院骨科．14例创伤性断肢再植的初步探讨[J]．新医学，1973，(2)：87．{Department of orthopedics,Tiedong hospital,Anshan Iron and Steel Group,Anshan City,Liaoning Province. Preliminary study on 14 cases of traumatic limb replantation[J]. Xin Yi Xue[New Medical Journal(Article in Chinese;No abstract available)],1973,(2):87.}

[1492] 广州市第五人民医院外科．断肢（指）再植的初步体会[J]．新医药通讯，1973，(1)：1-3，7．{Department of Surgery,Guangzhou Fifth People's Hospital. Preliminary experience of replantation of severed limb (finger)[J]. New Medical Communication,1973,(1):1-3,7.}

[1493] 上海市第六人民医院断肢再植研究室．断肢（指）发生后，怎么办？——断肢（指）的保存和运送[J]．赤脚医生杂志，1973，(1)：10-11，49．{Laboratory of limb replantation,Shanghai Sixth People's Hospital. What should I do after a broken limb(finger) occurs—— Preservation and transportation of severed limbs(fingers)[J]. Journal of Barefoot Doctors,1973,(1):10-11,49.}

[1494] 关于断肢和断指的定义[J]．赤脚医生杂志，1973，(1)：20．{Definition of severed limb and finger[J]. Journal of Barefoot Doctors,1973,(1):20.}

[1495] 一九七二年广交会断肢再植经验交流会简讯[J]．新医药杂志，1973，(1)：封三．{Domestic experience exchange meeting and replantation exchange meeting of the Canton Fair in 1972[J]. New Med J,1973,(1):cover 3.}

[1496] 国外断肢再植进展情况（1-2）[J]．医学参考资料，1973，(2)：23;1973，(8)：25．{Progress of replantation of severed limbs abroad (1-2)[J]. Medical References,1973,(2):23;1973,(8):25.}

[1497] 天津市天津医院骨科．创伤性断肢再植[J]．天津医药，1973(3)：6-13．{Tianjin Hospital. Replantation of traumatic severed limbs[J]. Tian Jin Yi Yao[Tianjin Med J(Article in Chinese;No abstract available)],1973,(3):6-13.}

[1498] 关于抢救断肢（指）病员的注意事项[J]．湖北卫生，1973，(4)：55．{Precautions for rescuing patients with severed limbs (fingers)[J]. Hubei Health,1973,(4):55.}

[1499] 蛟河煤矿医院．十二例断肢（指）再植的几点体会[J]．吉林医药，1973，(4)：45．{Jiaohe Coal Mine Hospital. Experience of replantation of 12 severed limbs(fingers)[J]. Jilin Medicine,1973,(4):45.}

[1500] 广西医学院附属医院骨科病房．断肢再植总结[J]．广西卫生，1973，(1)：17-26，35．{Orthopaedic ward of Affiliated Hospital of Guangxi Medical College. Summary of limb replantation[J]. Guangxi Health,1973,(1):17-26,35.}

[1501] 断肢再植的点滴体会[J]．福建医科大学医药卫生（福建省），1973，(2)：10．{Experience of replantation of severed limbs[J]. Fujian Medical University,Medicine and Health (Fujian Province),1973,(2):10.}

[1502] 哈尔滨医科大学附属第一医院骨科．创伤性断肢（指）再植术（附12例临床分析）[J]．黑龙江医药，1973(2)：12-16．{The First Affiliated Hospital of Ha'erbin Medical University. Replantation of traumatic severed limb and digitals:twelve case reports[J]. Heilongjiang Medicine,1973,(2):12-16.}

[1503] 哈尔滨医科大学附属第二医院骨科．创伤性断肢（指）再植术（附13例病例分析）[J]．黑龙江医药，1973(2)：17-20．{The Second Affiliated Hospital of Ha'erbin Medical University. Replantation of traumatic severed limb and digitals:thirteen case reports[J]. Heilongjiang Medicine,1973,(2):17-20.}

[1504] 鸡西矿务局总医院外科．断肢再植七例报告[J]．黑龙江医药，1973，(2)：21-23．{Department of surgery,Jixi Mining Bureau General Hospital Report of seven cases of replantation of severed limbs[J]. Heilongjiang Medicine,1973,(2):21-23.}

[1505] 部分性创伤断肢的治疗[J]．医药卫生（福建省卫生局），1973，2：14．{Treatment of partial traumatic amputation[J]. Medicine and Health(Fujian Provincial Health Bureau),1973,2:14.}

[1506] 九十二医院．不完全断肢再植成活四例报告[J]．医学资料（福州军区），1973，(1-2)：43．{92th Hospitals. Report of four cases of replantation survival of incomplete amputated limbs[J]. Medical Data(Fuzhou Military Region),1973,(1-2):43.}

[1507] 上海市第六人民医院．断肢再植的功能恢复问题[J]．卫生工作资料（沈阳军区），1973，(9)．{Shanghai Sixth People's hospital Functional recovery of severed limb replantation[J]. Health Work Data (Shenyang Military Region),1973,(9).}

[1508] 一七五医院．一例右上臂完全离断再植成功[J]．医学资料（福州军区），1973，(1-2)：34．{The 175th Hospital. One case of right upper arm completely severed and replanted successfully[J]. Medical Data (Fuzhou Military Region),1973,(1-2):34.}

[1509] 九十四医院．一例前臂完全断离再植成功的体会[J]．医学资料（福州军区），1973，(1-2)：23．{The 94th Hospital. Successful replantation of a case with complete forearm amputation[J]. Medical Data (Fuzhou Military Region),1973,(1-2):23.}

[1510] 福州军区总医院．右上臂完全离断再植成活一例报告[J]．医学资料（福州军区），1973，(1-2)：41．{Fuzhou Military Region General Hospital. A case report of replantation of right upper arm completely severed[J]. Medical Data(Fuzhou Military Region),1973,(1-2):41.}

[1511] 淮北市矿工医院．煤城奏凯歌，断臂获新生[J]．新医学，1973，(2)：59．{Huaibei Miner's Hospital. The coal city plays a triumphant song,and the broken arm is reborn[J]. Xin Yi Xue[New Medical Journal(Article in Chinese;No abstract available)],1973,(2):59.}

[1512] 虎林县人民医院．右上臂辗轧性完全离断再植一例[J]．黑龙江医药，1973，(2)：26，16．{Hulin County People's Hospital. Replantation of right upper arm with rolling complete amputation[J]. Heilongjiang Medicine,1973,(2):26,16.}

[1513] 一七八医院．右前臂部分断离再植成活一例[J]．医学资料（福州军区），1973，(1-2)：47．{The 178th hospital. One case of right forearm partially severed and replanted[J]. Medical Data(Fuzhou military region),1973,(1-2):47.}

[1514] 中山医学院附属第一医院外科．断指再植的一些体会[J]．中华医学杂志，1973，53(6)：335-337．{Department of Surgery,the First Affiliated Hospital of Zhongshan Medical College. Some experience in replantation of severed finger[J]. Zhonghua Yi Xue Za Zhi[Natl Med J China(Article in Chinese;No abstract available)],1973,53(6):335-337.}

[1515] 上海市第六人民医院．断手指再植[J]．卫生工作资料（沈阳军区），1973.pp13．{Shanghai Sixth People's Hospital. Replantation of severed fingers[J]. Health Work Data (Shenyang Military Region),1973.pp13.}

[1516] 陕西省靖边县医院．断肢再植一例成功报告[J]．中华医学杂志，1973，53(9)：569-569．{Jingbian County Hospital of Shanxi Province. A successful case report of replantation of severed limb[J]. Zhonghua Yi Xue Za Zhi[Natl Med J China(Article in Chinese;No abstract available)],1973,53(9):569.}

[1517] 断指再植[J]．创伤骨科参考资料（积水潭医院），1973，(6)：313．{Replantation of severed fingers[J]. Trauma Orthopedics Reference (Jishuitan Hospital),1973,(6):313.}

[1518] 中山医学院第一附属医院外科．断指再植实践中的几点体会（结合使用本院设计制造的小仪器操作）[J]．新医学，1973，4(2)：74-76．{Department of Surgery,the First Affiliated Hospital of Zhongshan Medical College. Some experience in replantation of severed finger[J]. Xin Yi Xue[Journal of New Medicine(Article in Chinese;No abstract available)],1973,4(2):74-76.}

[1519] 黑龙江省人民医院骨科．断手指再植的几点初步体会[J]．黑龙江医药，1973(2)：24-25．{Heilongjiang Provincial Hospital. Some preliminary experience in replantation of severed finger[J]. Heilongjiang Yi Yao[Heilongjiang Medicine Journal(Article in Chinese;No abstract available)],1973,2:24-25.}

[1520] 广州市第四人民医院外科．断指再植的初步报告[J]．新医药通讯，1973，(1)：4-5．{Department of surgery,Guangzhou Fourth People's Hospital. Preliminary report on replantation of severed fingers[J]. New Medical Communication,1973,(1):4-5.}

[1521] 上海市第一人民医院．断肢再植的并发症及其处理[J]．中华医学杂志，1973，53(9)：547-550．{Shanghai First People's Hospital. Complications and management of replantation of severed limb[J]. Zhonghua Yi Xue Za Zhi[Natl Med J China(Article in Chinese;No abstract available)],1973,53(9):547-550.}

[1522] 中山医学院第一附属医院外科．断肢再植的合并症及其预防和治疗[J]．新医学，1973，(2)：65-67．{Department of surgery,the First Affiliated Hospital of Zhongshan Medical College Complications,prevention and treatment of replantation of severed limbs[J]. Xin Yi Xue[New Medical Journal(Article in Chinese;No abstract available)],1973,(2):65-67.}

[1523] 人民解放军第89医院．一例复杂断臂再植和术后并发急性肾功能衰竭治疗的初步体会[J]．新医学，1973，(2)：82-83．{The 89th Hospital of the People's Liberation Army. Preliminary experience of a case of complicated replantation of severed arm and postoperative acute renal failure[J]. Xin Yi Xue[New Medical Journal(Article in Chinese;No abstract available)],1973,(2):82-83.}

[1524] 中山医学院第一附属医院外科．毛冬青对离体器官血管的作用及其在断肢再植中的应用[J]．新医学，1973，(2)：77-79．{Department of Surgery,the First Affiliated Hospital of Zhongshan Medical College. Effect of Ilex pubescens on blood vessels of isolated organs and its application in replantation of severed limbs[J]. Xin Yi Xue[New Medical Journal(Article in Chinese;No abstract available)],1973,(2):77-79.}

[1525] 断肢再植术后高压氧治疗[J]．科技简讯（后字245部队训练部印），1973，(2)：21．{Hyperbaric oxygen therapy after limb replantation[J]. Science and Technology Newsletter (Hou Zi 245,Printed by the Training Department of the Army),1973,(2):21.}

[1526] 上海市第六人民医院断肢再植研究室．断肢（指）再植的功能恢复问题[J]．中华医学杂志，1973，53(6)：341．{Limb Replantation Laboratory,Shanghai Sixth People's Hospital. Functional recovery of replantation of severed limb and digitals[J]. Zhonghua Yi Xue Za Zhi[Natl Med J China(Article in Chinese;No abstract available)],1973,53(6):341.}

[1527] 四川部队野战外科研究协作组．基层医疗所开展断肢再植动物实验的经验[J]．人民军医，1974，(4)：24-26．{Sichuan army field surgery research cooperation group. Experience of animal experiment of limb replantation in primary medical institutes[J]. Ren Min Jun Yi[People's Military Surgeon(Article in Chinese;No abstract available)],1974,(4):24-26.}

[1528] 断肢再植31例总结[J]．矿山外科资料（山东新汶矿务局医院），1974，(1)．{Summary of 31 cases of replantation of severed limbs[J]. Data of Mine Surgery(Shandong Xinyi Mining Bureau Hospital),1974,(1).}

[1529] 山东省开展断肢（指）再植工作的体会[J]．医药通讯（山东省医科所），1974，(1)：42．{Experience of replantation of severed limbs(fingers) in Shandong Province [J] Medical Communication(Shandong Medical Institute),1974,(1):42.}

[1530] 威海市文登中心医院．12例断肢（指）再植初步体会[J]．烟台医药通讯，1974，(1)：9．{Wendeng Central Hospital. Preliminary experience of 12 cases of replantation of severed limbs (fingers)[J]. Yantai Pharmaceutical Communication,1974,(1):9.}

[1531] 郭杰，等．断肢（指）再植（附六附报告）[J]．医药科技简报（青岛市），1974，(1)：1．{GUO Jie,et al. Replantation of severed limb (finger) (six reports attached)[J]. Medical Science and Technology Bulletin(Qingdao),1974,(1):1.}

[1532] 蚌埠医学院附属医院．不全断腿一例[J]．安徽省断肢再植协助组"技术资料交流"，1974，1(1)：10．{Bengbu Medical College Affiliated Hospital. A case of incomplete broken leg[J]. "Technical Data Exchange" of Anhui Amputated Limb Replantation Assistance Group,1974,1(1):10.}

[1533] 八十九医院．小儿双断臂再植成功的报告[J]．人民军医，1974，(6)：5-9．{The 89th hospital. Report on successful replantation of double severed arms in children[J]. Ren Min Jun Yi[People's Military Surgeon(Article in Chinese;No abstract available)],1974,(6):5-9.}

[1534] 关桂春．5例完全性断指再植的初步体会[J]．人民军医，1974，(3)：39-42．{GUAN Guichun. Preliminary experience of replantation of 5 cases of completely severed fingers[J]. Ren Min Jun Yi[People's Military Surgeon(Article in Chinese;No abstract available)],1974,(3):39-42.}

[1535] 上海市第六人民医院断肢再植研究室．断指再植217例373个手指的临床经验[J]．华东地区断肢再植协作会议资料．1974．{Laboratory of limb replantation,Shanghai Sixth People's Hospital. Clinical experience of 373 fingers in 217 cases of replantation of severed fingers[J]. Mate rials of Cooperation Conference on Limb Replantation in East China. 1974.}

[1536] 上海市第六人民医院断肢再植研究室．断手指移位再植[J]．华东地区断肢再植协作 会议资料．1974．{Laboratory of limb replantation,Shanghai Sixth People's Hospital. Displacement and replantation of severed fingers[J]. Materials of Cooperation Conference on Limb Replantation in East China. 1974.}

[1537] 天津医学院附属医院外科断肢（指）再植小组．断指再植成功一例报告[J]．天津医药，1974(3)：110-111，143．{Department of Surgery,the Affiliated Hospital of Tianjin Medical College. A successful replantation of severed finger:a case report[J]. Tian Jin Yi Yao[Tianjin Med J(Article in Chinese;No abstract available)],1974,2(3):110-111,143.}

[1538] 周必光．断腿移位再植成功1例报告[J]．武汉新医药，1974，(4)：8-11，119-121．{ZHOU Biguang. Successful replantation of a broken leg[J]. Wu Han Xin Yi Yao(Wuhan New Medicine),1974,(4):8-11,119-121.}

[1539] 二一九医院外科．小腿同体移植一例报告[J]．人民军医，1974，(3)：37-39，17-18．{Department of Surgery,the 219th Hospital. One case report of leg homograft[J]. Ren Min Jun Yi[People's Military Surgeon(Article in Chinese;No abstract available)],1974,(3):37-39,17-18.}

[1540] 湖北省宣恩县晓关区卫生院．中草药治疗不完全性断指6例[J]．新中医，1974，(6)：51.DOI：10.13457/j.cnki.jncm.1974.06.029．{Xiaoguan District Hospital of Xuanen County,Hubei Province. 6 cases of incomplete finger amputation treated with Chinese herbal medicine[J]. New Traditional Chinese Medicine,1974,(6):51. DOI:10.13457/j.cnki. jncm. 1974.06.029.}

[1541] 广州军区总医院．断肢再植术后护理的初步体会[J]．人民军医，1974，(6)：74．{General

Hospital of Guangzhou Military Region. Preliminary experience of nursing after replantation of severed limbs[J]. Ren Min Jun Yi[People's Military Surgeon(Article in Chinese;No abstract available)],1974,(6):74.}

[1542] 武汉军区总医院. 挤压性断臂合并肝破裂1例[J]. 人民军医，1975,(6): 68. {General Hospital of Wuhan military region One case of crush amputation combined with liver rupture[J]. Ren Min Jun Yi[People's Military Surgeon(Article in Chinese;No abstract available)],1975,(6):68.}

[1543] 哈尔滨医科大学附属第一医院骨科. 中指移向示指断指再植（个案报告）[J]. 黑龙江医药，1975（1）: 28-29. {The First Hospital of Harbin Medical University. Transposition of the meddile finger for the replantation of severed index finger[J]. Heilongjiang Yi Yao[Heilongjiang Medicine Journal(Article in Chinese;No abstract available)],1975,1:28-29.}

[1544] 第二军医大学第二附属医院外科. 10例创伤性手指离断再植经验[J]. 人民军医，1975,(10): 48-51. {Surgery of the Second Affiliated Hospital of the Second Military Medical University. Experience of replantation of 10 cases of traumatic finger amputation[J]. Ren Min Jun Yi[People's Military Surgeon(Article in Chinese;No abstract available)],1975,(10):48-51.}

[1545] 中国人民解放军第三二四医院. 15例断指再植的初浅体会[J]. 重庆医药，1975,(1): 25-28. {The 324 Hospital of Chongqing Liberation Army. Experience of replantation of severed finger in 15 cases[J]. Chongqing Yi Yao[Chongqing Medicine Journal(Article in Chinese;No abstract available)],1975,(1):25-28.}

[1546] 三二四医院外科. 中西医结合断指再植的初步体会[J]. 人民军医，1975,(10): 51-53. {Department of surgery,324th hospital Preliminary experience of replantation of severed fingers with integrated traditional Chinese and Western Medicine[J]. Ren Min Jun Yi[People's Military Surgeon(Article in Chinese;No abstract available)],1975,(10):51-53.}

[1547] 天津医学院附属医院理疗科. 断肢（指）再植后物理治疗的早期应用[J]. 中华医学杂志，1975，55(12): 863-864. {Department of Physiotherapy,Tianjin Medical University General Hospital. Early application of physical therapy after replantation of traumatic severed limb and digitals[J]. Zhonghua Yi Xue Za Zhi(Natl Med J China(Article in Chinese;No abstract available)],1975,55(12):863-864.}

[1548] 新疆军区总医院. 断足移位再植成功一例[J]. 人民军医，1976,(6): 72. {General Hospital of Xinjiang Military Region. Successful replantation of severed foot[J]. Ren Min Jun Yi[People's Military Surgeon(Article in Chinese;No abstract available)],1976,(6):72.}

[1549] 中药麻醉在断肢再植的应用（附2例报告）[J]. 人民军医，1976,(2): 44-46. {Application of traditional Chinese medicine anesthesia in replantation of severed limbs (report of 2 cases)[J]. Ren Min Jun Yi[People's Military Surgeon(Article in Chinese;No abstract available)],1976,(2):44-46.}

[1550] 姜长明，张中柱，李宪臣. 创伤性断肢再植的临床体会[J]. 辽宁医学杂志，1978（4）: 15-16. {JIANG Changming,ZHANG Zhongzhu,LI Xianchen. Clinical experience of replantation of traumatic severed limb[J]. Liao Ning Yi Xue Za Zhi[Liaoning Med J(Article in Chinese;No abstract available)],1978,(4):15-16.}

[1551] 于钟毓. 断肢（指）再植初步体会[J]. 哈医大学报，1978,(3): 25-28. {YU Zhongyu. Preliminary experience of replantation of severed limb(finger)[J]. Journal of Harbin Medical University,1978,(3):25-28.}

[1552] 王成祺，蔡锦方. 提高断肢（指）再植质量的几点体会[J]. 人民军医，1978,(9): 30-32. {WANG Chengqi,CAI JinFang. Some experiences on improving the quality of replantation of severed limbs (fingers)[J]. Ren Min Jun Yi[People's Military Surgeon(Article in Chinese;No abstract available)],1978,(9):30-32.}

[1553] 陈国瑞. 断肢（指）再植的几点体会[J]. 山东医药，1978（10）: 3-5. {CHEN Guorui. Experience of replantation of severed limbs and digitals[J]. Shan Dong Yi Yao[Shandong Med J(Article in Chinese;No abstract available)],1978,(10):3-5.}

[1554] 陆裕朴，胡蕴玉，马平. 冰水浸泡13小时、离体18小时断手再植成功[J]. 人民军医，1978,(9): 29-30. {LU Yupu,HU Yunyu,MA Ping. The severed hand was successfully replanted after soaking in ice water for 13 hours and in vitro for 18 hours[J]. Ren Min Jun Yi[People's Military Surgeon(Article in Chinese;No abstract available)],1978,(9):29-30.}

[1555] 黄恭康. 断指再植的国外进展[J]. 国外医学参考资料.外科学分册，1978，5(4): 184-190. {HUANG Gongkang. Foreign development of replantation of severed finger[J]. Guo Wai Yi Xue Wai Ke Fen Ce[Foreign Medical Sciences(Section of Surgery)(Article in Chinese;No abstract available)],1978,5(4):184-190.}

[1556] 王成琪，蔡锦方. 拇指创伤性截指后的再植与再造[J]. 山东医药，1978,(9): 16-17，57. {WANG Chengqi,CAI Jinfang Replantation and reconstruction of thumb after traumatic amputation[J]. Shandong Medicine,1978,(9):16-17,57.}

[1557] 指端离断在什么情况下做再植[J]. 创伤骨科参考资料，1978,(2): 138. {When to replant the severed fingertip[J]. Trauma Orthopaedics Reference,1978,(2):138.}

[1558] 武汉医学院附属二院矫形外科. 断腿移位再植[J]. 武汉新医药，1978,(4): 10-15. {Department of Orthopaedic Surgery,The Second Clinical Hospital of Wuhan University. The shifting replantation of severed leg[J]. Wu Han Xin Yi Yao(Wuhan New Medicine),1978,(4):10-15.}

[1559] 曲哲，李熙政，李长元. 对断肢再植的认识与体会（附11例报告）[J]. 山西医药杂志，1978,(6): 20-23. {QU Zhe,LI Xizheng,LI Changyuan. Understanding and experience of replantation of severed limb:eleven case reports[J]. Shan Xi Yi Yai Za Zhi[Shanxi Medical Journal(Article in Chinese;No abstract available)],1978,(6):20-23.}

[1560] 王志成，赵国良，陶天遵，董中，耿硕儒，商国友，韩孝明，夏双印，冯家钧，唐英翰，王彤，侯吉成，王凤兰，王耶. 断肢（指）再植术的几个问题[J]. 黑龙江医药，1979（2）: 1-5. {WANG Zhicheng,ZHAO Guoliang,TAO Tianzun,DONG Zhong,GENG Shuoru,SHANG Guoyou,HAN Xiaoming,XIA Shuangyin,FENG Jiajun,TANG Yinghan,WANG Tong,HOU Jicheng,WANG Fenglan,WANG Ye. Several problems of replantation of severed limbs[J]. Heilongjiang Medicine,1979,(2):1-5.}

[1561] 张宁，等. 足跟完全断离再植成功一例[J]. 天津医药骨科附刊，1979，12（3）: 120. {ZHANG Ning,et al. A successful case report of replantation of complete amputated heel[J]. Tian Jin Yi Yao Gu Ke Fu Kan[Chin J Orthop(Article in Chinese;No abstract available)],1979,(3):120.}

[1562] 潘巨文. 断肢（指）再植及显微血管外科的进展[J]. 贵州医药，1979（1）: 49-54. {PAN Juwen. The development of replantation of severed limbs and digitals and microvascular surgery[J]. Gui Zhou Yi Yao[Guizhou Medical Journal(Article in Chinese;No abstract available)],1979,(1):49-54.}

[1563] 蒋位庄，等. 断掌再植的几点体会[J]. 青海医药，1979,(3): 44. {JIANG Weizhuang,et al Experience of replantation of severed palm[J]. Qinghai Medicine,1979,(3):44.}

[1564] 吴明. 远指节离断使用女性头发直接缝合成活一例[J]. 天津医药骨科附刊，1979,(1): 45. {WU Ming. Distal phalangeal disarticulation using female hair by direct suture:one case survived[J]. Tian Jin Yi Yao Gu Ke Fu Kan[Chin J Orthop(Article in Chinese;No abstract available)],1979,(1):45.}

[1565] 孙雪良，王惠美，金重山. 四指完全离断移位再植[J]. 中华医学杂志，1979，59（2）: 83-84. {SUN Xueliang,WANG Huimei,JIN Zhongshan. Transplantation of four complete severed fingers[J]. Zhong Hua Yi Xue Za Zhi[Natl Med J China(Article in Chinese;No abstract available)],1979,59(2):83-84.}

[1566] 周礼荣. 指端完全离断再植的指征[J]. 河南医药，1979,(1): 56-58. {ZHOU Lirong. Indication of complete amputation and replantation of finger tip[J]. Henan Medicine,1979,(1):56-58.}

[1567] 王成琪，蔡锦方. 显微外科在断指再植中的应用[J]. 人民军医，1979,(4): 39-40. {WANG Chengqi,CAI Jinfang. Application of microsurgery in replantation of severed fingers[J]. Ren Min Jun Yi[People's Military Surgeon(Article in Chinese;No abstract available)],1979,(4):39-40.}

[1568] 罗永湘. 国外儿童断指再植的近况[J]. 武汉新医药，1979,(2): 95-97. {LUO Yongxiang. Foreign development of replantation of severed fingers in children[J]. Wu Han Xin Yi Yao(Wuhan New Medicine),1979,(2):95-97.}

[1569] 孙峰，孙雪良，程晋武，王惠美，刘步先，金重山，杨怀远. 工矿医院开展断指再植的体会（附49例分析）[J]. 中华外科杂志，1979，17(3): 160-162. {SUN Feng,SUN Xueliang,CHENG Jinwu,WANG Huimei,LIU Buxian,JIN Zhongshan,YANG Huaiyuan. Experience in replantation of severed digitals performed in the Mining Hospital[J]. Zhong Hua Wai Ke Za Zhi[Chin J Surg(Article in Chinese;No abstract available)],1979,17(3):160-162.}

[1570] 孔令震，等. 断指再植[J]. 天津医药骨科附刊，1979，12（3）: 97. {KONG Lingzhen, et al. Replantation of severed digitals[J]. Tian Jin Yi Yao Gu Ke Fu Kan[Chin J Orthop(Article in Chinese;No abstract available)],1979,(3):97.}

[1571] 陆裕朴，李稔生，马平，胡蕴玉，鲁开化. 断足移位再植1例报告[J]. 人民军医，1979,(3): 29-31. {LU Yupu,LI Rensheng,MA Ping,HU Yunyu,LU Kaihua. A case report of replantation of displaced foot[J]. Ren Min Jun Yi[People's Military Surgeon(Article in Chinese;No abstract available)],1979,(3):29-31.}

[1572] 于大中，等. 断腿移位再植成功两例报告[J]. 天津医药骨科附刊，1979，12(3): 115. {YU Dazhong,et al. Two successful case report of the shifting replantation of severed leg[J]. Tian Jin Yi Yao Gu Ke Fu Kan(Chin J Orthop(Article in Chinese;No abstract available)],1979,(3):115.}

[1573] 张宝兴. 断足移位再植成功一例报告[J]. 天津医药骨科附刊，1979，12(2): 94. {ZHANG Baoxing. A successful case report of the shifting replantation of severed limbs[J]. Tian Jin Yi Yao Gu Ke Fu Kan(Chin J Orthop(Article in Chinese;No abstract available)],1979,(2):94.}

[1574] 罗永湘，王太仪，曹代成，李贵林. 儿童断腿移位再植（附三例报告）[J]. 武汉医学院学报，1979,(1): 7-10. {LUO Yongxiang,WANG Taiyi,CAO Daicheng,LI Guilin.The shifting replantation of severed leg in children:three case reports[J]. Wuhan Yi Xue Yuan Xue Bao[Acta Med Univ Sci Tech Huazhong(Article in Chinese;No abstract available)],1980,(3):17-21.}

[1575] 罗永湘，等. 断肢移位再植二例报告[J]. 武汉医学院学报，1979，8（1）: 15. {LUO Yongxiang,et al. The shifting replantation of severed limbs[J]. Wuhan Yi Xue Yuan Xue Bao[Acta Med Univ Sci Tech Huazhong(Article in Chinese;No abstract available)],1979,8(1):15.}

[1576] 饶书城，杨志明，牟至善，熊恩富，沈怀信. 再植断肢的功能效果评价（67例临床分析）[J]. 四川医学院学报，1980,(3): 240-245，269. {RAO Shucheng,YANG Zhiming,MOU Zhishan,XIONG Enfu,SHEN Huaixin. Evaluation of functional rehabilitation of replantation of severed limb:sixty-seven case reports[J]. Si Chuan Yi Xue Yuan Xue Bao[Journal of Sichuan University(Medical Science Edition)(Article in Chinese;No abstract available)],1980,(3):240-245,269.}

[1577] 邓莲芳. 用显微外科处理手掌复合挤压伤和手指断离伤的一些体会[J]. 骨科附刊，1980，13（4）: 180-181. {DENG Lianfang. Experience of microsurgical treatment of compound crush injury of palm and severed finger injury[J]. Orthopaedic Supplement,1980,13(4):180-181.}

[1578] 陆一农，李加寿，徐忠友，胡绍庆. 2例9指断指再植成功[J]. 人民军医，1980,(11): 71-72. {LU Yinong,LI Jiashou,XU Zhongyou,HU Shaoqing. Successful replantation of 9 severed fingers in 2 case[J]. Ren Min Jun Yi[People's Military Surgeon(Article in Chinese;No abstract available)],1980,(11):71-72.}

[1579] 曹克扑. 两侧断指原位缝接成功的体会[J]. 显微外科杂志（蚌埠医学院附属医院骨科编），1980，7（8）: 124-125. {CAO Kepu. Experience of successful in-situ suture of two broken fingers[J]. Journal of Microsurgery(Department of Orthopaedics,Affiliated Hospital of Bengbu Medical College),1980,7(8):124-125.}

[1580] 代禧祚，饶书城. 上肢肿瘤段切除与远侧肢体再植术（附3例报告）[J]. 四川医学院学报，1980（1）: 69-72，98-99. {DAI Xizuo,RAO Shucheng. Resection of upper limb tumor and replantation of distal limb:three case reports[J]. Si Chuan Yi Xue Yuan Xue Bao[J Sichuan Univ(Med Sci Ed)(Article in Chinese;No abstract available)],1980,(1):69-72,98-99.}

[1581] 潘巨文. 断肢（指）再植6例报告[J]. 天津医药骨科附刊，1980，13（1）: 13. {PAN Juwen. Six case reports of replantation of severed limbs and digitals[J]. Tian Jin Yi Yao Gu Ke Fu Kan(Chin J Orthop(Article in Chinese;No abstract available)],1980,(1):13.}

[1582] 饶书城，等. 再植断肢的功能效果及其影响因素的探讨[J]. 天津医药骨科附刊，1980，13（2）: 54. {RAO Shucheng,et al. Discussion on the functional rehabilitation of replantation of severed limb and its influencing factors[J]. Tian Jin Yi Yao Gu Ke Fu Kan(Chin J Orthop(Article in Chinese;No abstract available)],1980,(2):54.}

[1583] 凌彤，等. 对断肢再植的几点认识及其功能的评价（附45例总结）[J]. 天津医药骨科附刊，1980，13（2）: 63. {LING Tong,et al. The experience of replantation of severed limb and its functional evaluation:forty-five case reports[J]. Tian Jin Yi Yao Gu Ke Fu Kan(Chin J Orthop(Article in Chinese;No abstract available)],1980,(2):63.}

[1584] 陈国瑞. 断肢再植后期血循环障碍（附三例报告）[J]. 天津医药骨科附刊，1980，13（1）: 16. {CHEN Guorui. Disturbance of blood circulation after replantation of severed limb:three case reports[J]. Tian Jin Yi Yao Gu Ke Fu Kan(Chin J Orthop(Article in Chinese;No abstract available)],1980,(1):16.}

[1585] 陈中伟，于仲嘉，张玲，黄慕洁. 狗肢体异体移植存活的延长——注射淋巴细胞或脾细胞的作用[J]. 中华医学杂志，1981，61（2）: 86-88. {CHEN Zhongwei,YU Zhongjia,ZHANG Ling,HUANG Mujie. Prolonging the survival of limb allograft in dogs—the effect of injection of lymphocytes or splenocytes[J]. Zhonghua Yi Xue Za Zhi[Natl Med J China(Article in Chinese;No abstract available)],1981,61(2):86-88.}

[1586] 刘植珊，高建章，李光业，杨锡明，陈永裕，张少成，程庭英，邱广义. 46例断肢（指）再植[J]. 解放军医学杂志，1981，6（2）: 108-109. {LIU Zhishan,GAO Jianzhang,LI Guangye,YANG Ximing,CHEN Yongyu,ZHANG Shaocheng,CHENG Tingying,QIU Guangyi. Forty-six case reports of replantation of severed limbs and digitals[J]. Jie Fang Jun Yi Xue Za Zhi[Med J Chin PLA(Article in Chinese;No abstract available)],1981,6(2):108-109.}

[1587] 潘明德，等. 断肢再植三例报告（摘要）[J]. 扬医资料（扬州医学专科学校），1981,(2): 53-54. {Pan Mingde,et al. Report of three cases of replantation of severed limbs (Abstract)[J]. Yang Yi Data (Yangzhou Medical College),1981,(2):53-54.}

[1588] 戴松茂. 在县医院开展断肢再植的初步体会[J]. 中华骨科杂志，1981，1(4): 234-236，C4. DOI: 10.3760/cma.j.issn.0253-2352.1981.04.116. {DAI Songmao. Preliminary experience of replantation of severed limb performed in county hospital[J]. Zhong Hua Gu Ke Za Zhi[Chin J Orthop(Article in Chinese;No abstract available)],1981,1(4):234-236,C4. DOI:10.3760/cma.j.issn.0253-2352.1981.04.116.}

[1589] 王万宝，等. 15例断肢再植治疗中的几点体会[J]. 铜川市医学会学术经验交流会议资料汇编，1981，pp58-60. {WANG Wanbao,et al. Some experiences in the treatment of replantation of 15 severed limbs[J]. Compilation of Academic Experience Exchange Conference of Tongchuan Medical Association,1981,pp58-60.}

[1590] 韩道洲. 断肢（指）再植18例的治疗体会[J]. 福建医药杂志，1981（2）: 14-15. {HAN Daozhou. Experience of replantation of severed limbs and digitals:eighteen case reports[J]. Fu Jian Yi Yao Za Zhi[Fujian Medical Journal(Article in Chinese;No abstract available)],1981,(2):14-15.}

[1591] 许振华，康文成，陈凤苞，张树桧，贺长清. 断肢再植30例体会[J]. 河南医药，1981（5）: 31-33. {XU Zhenhua,KANG Wencheng,CHEN Fengbao,ZHANG Shuhui,HE Changqing. Experience of replantation of severed limb:thirty case reports[J]. He Nan Yi Yao [Shangdong Medical Journal(Article in Chinese;No abstract available)],1981,(5):31-33.}

[1592] 潘瑞应，等. 右小腿大部离断再植成功[J]. 显微外科（蚌埠医学院附属医院骨科），1981，

(3-4): 121. {Pan Ruiying,et al. Successful replantation of most severed right leg[J]. Microsurgery (Department of Orthopaedics,Affiliated Hospital of Bengbu Medical College),1981,(3-4):121.}

[1593] 杨克非，宋建湘，龚良丹. 离断上肢移位再植一例报告 [J]. 中华外科杂志，1981，19 (1): 54. {YANG Kefei,SONG Jianxiang,GONG Liangdan. A case report of replantation of severed upper limb[J]. Zhonghua Wai Ke Za Zhi[Chin J Surg(Article in Chinese;No abstract available)],1981,19(1):54.}

[1594] 孙雪良，孙峰，王惠美，金重山，高德琦. 局部残存血管神经移植在挤压撕脱性断指再植中的应用 [J]. 中华外科杂志，1981，19 (3): 140-142. {SUN Xueliang,SUN Feng,WANG Huimei,JIN Chongshan,GAO Deqi. Application of locally residual vascularized nerve transfer in replantation of severed fingers with crushed avulsion[J]. Zhong Hua Wai Ke Za Zhi[Chin J Surg(Article in Chinese;No abstract available)],1981,19(3):140-142.}

[1595] 程国良，潘达德，曲智勇，林彬，万年宇. 89 例 121 个断指再植的体会 [J]. 中华外科杂志，1981，19 (1): 10-13. {CHENG Guoliang,PAN Dade,QU Zhiyong,LIN Bin,WAN Nianyu. Experience in replantation of severed fingers:89 case reports with 121 severed fingers[J]. Zhong Hua Wai Ke Za Zhi[Chin J Surg(Article in Chinese;No abstract available)],1981,19(1):10-13.}

[1596] 曾才铭，王宏邦. 断指再植八例报告 [J]. 昆明医学院学报，1981，(2): 16-18. {ZENG Caiming,WANG Hongbang. Eight case reports of replantation of severed fingers[J]. Kun Ming Yi Xue Yuan Xue Bao[Journal of Kunming Medical University(Article in Chinese;No abstract available)],1981,(2):16-18.}

[1597] 程晋武，吴业勋. 三指末节全断再植成功 [J]. 中华外科杂志，1981，19 (2): 114-114. {CHENG Jinwu,WU Yexun. A successful replantation of three severed distal fingers[J]. Zhong Hua Wai Ke Za Zhi[Chin J Surg(Article in Chinese;No abstract available)],1981,19(2):114.}

[1598] 许兆南. 损伤食指即时转移再造拇指 [J]. 徐州医学院学报，1981，(1): 70-71. {XU Zhaonan. Immediate transfer of injured index finger to reconstruct thumb[J]. Journal of Xuzhou Medical College,1981,(1):70-71.}

[1599] 侯在恩，徐振宽，吴汝舟，余定勋. 三肢离断小腿移位再植 1 例报告 [J]. 中华骨科杂志，1981，1 (3): 178-179. DOI: 10.3760/cma.j.issn.0253-2352.1981.03.118. {HOU Zai'en,XU Zhenkuan,WU Ruzhou,YU Dingxun. A case report of shifting replantation of three severed limbs[J]. Zhonghua Gu Ke Za Zhi(Chin J Orthop(Article in Chinese;No abstract available)],1981,1(3):178-179. DOI:10.3760/cma.j.issn.0253-2352.1981.03.118.}

[1600] 孙雪锋. 断腿移位再植 1 例报告 [J]. 山东医药，1981，(10): 23-24. {SUN Xuefeng. Replantation of displaced leg:a case report[J]. Shandong Medicine Journal,1981,(10):23-24.}

[1601] 石谨夫. 右手腕掌创伤性不全断离一例术后早期理疗应用 [J]. 中华理疗杂志，1981，(1): 57. {SHI Jinfu. A case of traumatic incomplete disconnection of the carpometacarpus of the right hand:application of early postoperative physiotherapy[J]. Chinese Journal of Physiotherapy,1981,(1):57.}

[1602] 孙秀莲. 断肢（指）再植与显微外科术后护理 [J]. 石河子医学院学报，1981，(2): 114-115. {SUN Xiulian. Replantation of severed limb and postoperative care of microsurgery[J]. Shi He Zi Yi Xue Yuan Xue Bao[Journal of Nongken Medicine(Article in Chinese;No abstract available)],1981,(2):114-115.}

[1603] 杨志明，饶书城，胡云洲，牟玉善，沈怀信. 断掌损伤特点与再植术 [J]. 中华骨科杂志，1981，1 (1): 33. {YANG Zhiming,RAO Shucheng,HU Yunzhou,MOU Yushan,SHEN Huaixin. Characteristics of amputated palm injury and replantation of palm[J]. Zhonghua Gu Ke Za Zhi[Chin J Orthop(Article in Chinese;No abstract available)],1981,1(1):33.}

[1604] 聂绪发，李宗山，李祖颂，李伟平，袁琏. 断肢再植后的淋巴管再生和侧支循环形成的实验研究 [J]. 武汉医学院学报，1981，(3): 1-4. {NIE Xufa,LI Zongshan,LI Zusong,LI Weiping,YUAN Lian. Experimental study on regeneration of lymphatic vessel and collateral circulation after replantation of severed limb[J]. Wuhan Yi Xue Yuan Xue Bao[Acta Med Univ Sci Tech Huazhong(Article in Chinese;No abstract available)],1981,(3):1-4.}

[1605] 谢君鹤，黄承达. 断肢（指）再植中有关血流动力学方面的一些问题 [J]. 显微外科，1982，5 (3-4): 105-108. {XIE Junhe,HUANG Chengda. Some hemodynamic problems in replantation of severed digitals and limbs[J]. Xian Wei Wai Ke[Chin J Microsurg(Article in Chinese;No abstract available)],1982,5(3-4):105-108.}

[1606] 程国良，潘达德，曲智勇，林彬. 末节断指再植 [J]. 中华骨科杂志，1982，2 (3): 130-133. DOI: 10.3760/cma.j.issn.0253-2352.1982.03.102. {CHENG Guoliang,PAN Dade,QU Zhiyong,LIN Bin. Replantation of severed distal fingers[J]. Zhong Hua Gu Ke Za Zhi[Chin J Orthop(Article in Chinese;No abstract available)],1982,2(3):130-133. DOI:10.3760/cma.j.issn.0253-2352.1982.03.102.}

[1607] 董吟林，江曙，曾广忠，许修仁，穆兵山. 断腿再植和自体移植 [J]. 安徽医学院学报，1982 (1): 37-40, 83-84. DOI: 10.19405/j.cnki.issn1000-1492.1982.01.010. {DONG Yinlin,JIANG Shu,ZENG Guangzhong,XU Xiuren,MU Bingshan. Replantation of severed leg and autograft[J]. An Hui Yi Xue Yuan Xue Bao[Acta Univ Med Anhui(Article in Chinese;No abstract available)],1982,(1):37-40,83-84. DOI:10.19405/j.cnki.issn1000-1492.1982.01.010 .}

[1608] 王成琪，蔡锦方，范其申. 幼儿断手指再植 [J]. 解放军医学杂志，1982，7 (1): 14-15. {WANG Chengqi,CAI Jinfang,FAN Qishen. Replantation of severed fingers in infants[J]. Jie Fang Jun Yi Xue Za Zhi[Med J Chin PLA(Article in Chinese;No abstract available)],1982,7(1):14-15.}

[1609] 谢君鹤，黄承达. 断肢（指）再植中血流动力学的探讨 [J]. 显微外科，1983，6 (1-2): 1-8. {XIE Junhe,HUANG Chengda. Hemodynamic exploration in replantation of severed digitals and limbs[J]. Xian Wei Wai Ke[Chin J Microsurg(Article in Chinese;No abstract available)],1983,6(1-2):1-8.}

[1610] 张宁，董兰弟，田正宗，冯贺轩，赵宗杰. 38 例断肢再植临床分析 [J]. 中华骨科杂志，1983，3 (4): 226-230. DOI: 10.3760/cma.j.issn.0253-2352.1983.04.117. {ZHANG Ning,DONG Landi,TIAN Zhengzong,FENG Hexuan,ZHAO Zongjie. Clinical analysis of 38 cases of replantation of severed limbs[J]. Zhonghua Gu Ke Za Zhi[Chin J Orthop(Article in Chinese;No abstract available)],1983,3(4):226-230. DOI:10.3760/cma. j.issn. 0253-2352.1983.04.117.}

[1611] 王成琪，范启申，蔡锦方. 小儿断指再植 [J]. 中华骨科杂志，1983，3 (6): 349-351. DOI: 10.3760/cma.j.issn.0253-2352.1983.06.114. {WANG Chengqi,FAN Qishen,CAI Jinfang. Replantation of severed digitals in children[J]. Zhong Hua Gu Ke Za Zhi[Chin J Orthop(Article in Chinese;No abstract available)],1983,3(6):349-351. DOI:10.3760/cma. j.issn.0253-2352.1983.06.114.}

[1612] 陈伯民. 环指转位再造拇指的改进 [J]. 安徽医学院学报，1983 (2): 10, 27. DOI: 10.19405/j.cnki.issn1000-1492.1983.02.005. {CHEN Bomin. Improvement of thumb reconstruction with ring finger transposition[J]. Anhui Yi Xue Yuan Xue Bao[Acta Acad Med Anhui,Anhui Yi Xue Yuan Xue Bao[Acta Acad Med Anhui(Article in Chinese;No abstract available)],1983,(2):10,27. DOI:10.19405/j.cnki. issn1000-1492.1983.02.005.}

[1613] 孙雪良. 手指末节断指也能再植 [J]. 大众医学，1983，(6): 28-29. {SUN Xueliang. Severed fingers at the distal segment of fingers can also be replanted[J]. Popular Medicine,1983,(6):28-29.}

[1614] 董波. 手指近节完全离断原位再植成活一例 [J]. 中华骨科杂志，1983，3 (6): 353-353. DOI: 10.3760/cma.j.issn.0253-2352.1983.06.117. {DONG Bo. The proximal segment of finger was completely severed and replanted in situ[J]. Zhonghua Gu Ke Za Zhi[Chin J Orthop(Article in Chinese;No abstract available)],1983,3(6):353-353. DOI:10.3760/cma. j.issn. 0253-2352.1983.06.117.}

[1615] 孙雪良，王惠美，金重山，高德琦，刘步先. 吻合血管的手指末节离断再植 [J]. 中华外科杂志，1983，21 (11): 650-652. {SUN Xueliang,WANG Huimei,JIN Zhongshan,GAO Deqi,LIU Buxian. Replantation of distal severed finger performing vascular anastomosis[J]. Zhong Hua Wai Ke Za Zhi[Chin J Surg(Article in Chinese;No abstract available)],1983,21(11):650-652.}

[1616] 杨志明，饶书城，沈怀信，牟至善，胡云洲，熊恩富. 断肢再植的适应证（附 100 例分析）[J]. 四川医学，1983，(2): 96-97. DOI: 10. 16252/j. cnki. issn1004-0501-1983. 02. 023 {YANG Zhiming,RAO Shucheng,SHEN Huaixin,MOU Zhishan,HU Yunzhou,XIONG Enfu. Indications for replantation of severed limbs:one hundred case reports[J]. Si Chuan Yi Xue[Sichuan Med J(Article in Chinese;No abstract available)],1983,(2):96-97. DOI:10.16252/j.cnki.issn1004-0501-1983.02.023.}

[1617] 王成琪，蔡锦方，汉恒德. 足跟完全离断再植 1 例报告 [J]. 解放军医学杂志，1983，8 (2): 112-113. {WANG Chengqi,CAI Jinfang,HAN Hengde. A case report of replantation of complete severed heel[J]. Jie Fang Jun Yi Xue Za Zhi[Med J Chin PLA(Article in Chinese;No abstract available)],1983,8(2):112-113.}

[1618] 王成琪，范启申，蔡锦方，徐宝德. 显微外科技术在断指再植中的应用（附 84 例 126 个断指报告）[J]. 解放军医学杂志，1983，8 (3): 172-174. {WANG Chengqi,FAN Qishen,CAI Jinfang,XU Baode. Application of microsurgical technique in replantation of severed finger:eighty-four case reports with 126 severed fingers[J]. Jie Fang Jun Yi Xue Za Zhi[Med J Chin PLA(Article in Chinese;No abstract available)],1983,8(3):172-174.}

[1619] 朱家恺. 认真总结断肢（指）再植经验，进一步提高断肢（指）再植手术水平 [J]. 显微外科，1984，7 (3-4): 51-52. {ZHU Jiakai. The seriously summarized experience of replantation of severed limb and digitals for further improving the surgical technique of replantation[J]. Xian Wei Wai Ke[Chin J Microsurg(Article in Chinese;No abstract available)],1984,7(3-4):51-52.}

[1620] 郑社添，黄承达，谢君鹤. 上肢断肢再植术后功能恢复总结 [J]. 显微外科，1984，7 (3-4): 57-61. {ZHENG Shitian,HUANG Chengda,XIE Junhe. Summary of functional rehabilitation after replantation of upper limb[J]. Xian Wei Wai Ke[Chin J Microsurg(Article in Chinese;No abstract available)],1984,7(3-4):57-61.}

[1621] 李佛保. 断肢再植手术的两种少见合并症 [J]. 显微外科，1984，7 (3-4): 65-66. {LI Fobao. Two rare complications of replantation of severed limb[J]. Xian Wei Wai Ke[Chin J Microsurg(Article in Chinese;No abstract available)],1984,7(3-4):65-66.}

[1622] 庞水发，朱家恺. 我国在断肢（指）再植方面的进展概述 [J]. 显微外科，1984，7 (3-4): 79-85. {PANG Shuifa,ZHU Jiakai. Development about replantation of amputated limb(digit) in China[J]. Xian Wei Wai Ke[Chin J Microsurg(Article in Chinese;No abstract available)],1984,7(3,4):79-85.}

[1623] 编辑室. 断肢（指）再植专题文献选录 [J]. 显微外科，1984，7 (3-4): 98-108. {Edit office. Sepcial subject literature of severed digitals and limbs[J]. Xian Wei Wai Ke[Chin J Microsurg(Article in Chinese;No abstract available)],1984,7(3-4):98-108.}

[1624] 程国良，潘达德，曲智勇，王澍寰. 前臂残端断指异位再植重建部分手功能 [J]. 中华外科杂志，1984，22 (4): 195-198. {CHENG Guoliang,PAN Dade,QU Zhiyong,WANG Shuhuan. Ectopic replantation of severed fingers at the stump of forearm to reconstruct partial hand function[J]. Zhonghua Wai Ke Za Zhi[Chin J Surg(Article in Chinese;No abstract available)],1984,22(4):195-198.}

[1625] 姜其为，胡清潭. 同种肢体移植的进展 [J]. 中华骨科杂志，1984，4 (2): 141-144. DOI: 10.3760/cma.j.issn.0253-2352.1984.02.124. {JIANG Qiwei,HU Qingtan. Advances in limb allotransplantation[J].Zhonghua Gu Ke Za Zhi[Chin J Orthop(Article in Chinese;No abstract available)],1984,4(2):141-144. DOI:10.3760/cma.j.issn.0253-2352.1984.02.124.}

[1626] 谢君鹤，黄承达. 断肢（指）再植中血流动力学方面的一些问题 [J]. 国外医学（创伤与外科基本问题分册），1984，5 (2): 65-67. {XIE Junhe,HUANG Chengda. Some hemodynamic problems in replantation of severed digitals and limbs[J]. Guo Wai Yi Xue(Chuang Shang Yu Wai Ke Ji Ben Wen Ti Fen Ce)[Int J Orthop(Article in Chinese;No abstract available)],1984,5(2):65-67.}

[1627] 何建训，曹新乔，孙秀莲，刘菊芳. 单侧硬膜外阻滞麻醉在断肢、断指再植等上肢手术中应用的初步体会 [J]. 中华骨科杂志，1984，4 (4): 212. {HE Jianxun,CAO Xinqiao,SUN Xiulian,LIU Jufang. Experience of unilateral epidural block anesthesia in replantation of amputated upper limb and digit[J]. Zhonghua Gu Ke Za Zhi[Chin J Orthop(Article in Chinese;Abstract in Chinese)],1984,4(4):212.}

[1628] 谢君鹤，黄承达. 断肢（指）再植中血流动力学的探讨 [J]. 中华骨科杂志，1984，4 (4): 231. {XIE Junhe,HUANG Chengda. Discussion on hemodynamics of replantation of amputated limb(digit)[J]. Zhonghua Gu Ke Za Zhi[Chin J Orthop(Article in Chinese;Abstract in Chinese)],1984,4(4):231.}

[1629] 马平，黄耀添. 断手移位再植一例报告 [J]. 解放军医学杂志，1984，9 (1): 64. {MA Pin,HUAN Yaotian. A case report of replantation of amputated hand[J]. Jie Fang Jun Yi Xue Za Zhi[Med J Chin PLA(Article in Chinese;No abstract available)],1984,9(1):64.}

[1630] 周礼荣. 县医院开展断肢（指）再植的体会 [J]. 显微医学杂志，1985，8 (4): 209-211. {ZHOU Lirong. Experience of replantation of amputated limb in county hospital[J]. Xian Wei Yi Xue Za Zhi[Chin J Microsurg(Article in Chinese;No abstract available)],1985,8(4):209-211.}

[1631] 徐雯，等. 布比卡因和利多卡因混合液臂丛神经阻滞用于断指（肢）再植术 [J]. 显微医学杂志，1985，8 (2): 116. {XU Wen,et al. Using a combination of bupivacaine and lidocaine for brachial plexus block on replantation of amputated digit(limb)[J]. Xian Wei Yi Xue Za Zhi[Chin J Microsurg(Article in Chinese;No abstract available)],1985,8(2):116.}

[1632] 杨克非. 一例上肢同体移植长期随访报告 [J]. 中华外科杂志，1986，24(5): 263. {YANG Kefei. A case report of long term follow-up for autologous upper limb tansplantation. Zhonghua Wai Ke Za Zhi[Chin J Surg(Article in Chinese;No abstract available)],1986,24(5):263.}

[1633] 朱振田，王殿臣，冯德明. 31 例断肢（指）再植临床体会 [J]. 中华显微外科杂志，1987，10 (2): 124-124. {ZHU Zhentian,WANG Dianchen,FENG Deming. Clinical experience of replantation of severed limbs and fingers in 31 cases[J]. Zhonghua Xian Wei Wai Ke Za Zhi[Chin J Microsurg(Article in Chinese;No abstract available)],1987,10(2):124-124.}

[1634] 姜长明. 断肢冻伤后再植成功 [J]. 修复重建外科杂志，1988，2 (2): 38-39. {JIANG Changming. Successfully replanted after severe frostbite[J]. Zhongguo Xiu Fu Chong Jian Wai Ke Za Zhi[Chin J Repar Reconstr Surg(Article in Chinese;No abstract available)],1988,2(2):38-39.}

[1635] 张维广，唐寅清，刘树滋. 股部离断移位再植一例 [J]. 中华显微外科杂志，1988，11 (1): 35-35. {ZHANG Weiguang,TANG Yinqing,LIU Shuzi. Transposition and replantation of severed thigh[J]. Zhonghua Xian Wei Wai Ke Za Zhi[Chin J Microsurg(Article in Chinese;No abstract available)],1988,11(1):35-35.}

[1636] 谭守常，刘启家. 右上肢辗轧离断再植成功一例 [J]. 中华显微外科杂志，1989，12 (1): 60-60. {TAN Shouchang,LIU Qijia. Successful in replantation of the right upper limb after rolling off[J]. Zhonghua Xian Wei Wai Ke Za Zhi[Chin J Microsurg(Article in Chinese;No abstract available)],1989,12(1):60-60.}

[1637] 吴正荣，周锡南. 上肢断肢再植失败原因分析 [J]. 中华显微外科杂志，1990，13 (2): 107-107. {WU Zhengrong,ZHOU Xinan. Failure analysis on replantation of severed upper limb[J]. Zhonghua Xian Wei Wai Ke Za Zhi[Chin J Microsurg(Article in Chinese;No abstract available)],1990,13(2):107-107.}

[1638] 王旭生. 断肢（指）再植的临床体会 [J]. 中华显微外科杂志，1990，13 (2): 112-112. {WANG Xusheng. Clinical experience of replantation of severed limbs and fingers[J]. Zhonghua Xian Wei Wai Ke Za Zhi[Chin J Microsurg(Article in Chinese;No abstract available)],1990,13(2):112-112.}

[1639] **潘达德. 我国断指断肢再植近五年进展[J]. 中华显微外科杂志，1990，13(3)：177-180.** {PAN Dade. Progress of replantation of severed fingers and limbs in China in recent five years[J]. Zhonghua Xian Wei Wai Ke Za Zhi[Chin J Microsurg(Article in Chinese;No abstract available)],1990,13(3):177-180.}

[1640] **蒲涛. 断肢再植术后应激性溃疡一例[J]. 修复重建外科杂志，1991，5(3)：188.** {PU Tao. A case of stress ulcer after replantation of amputated limb[J]. Zhongguo Xiu Fu Chong Jian Wai Ke Za Zhi[Chin J Repar Reconstr Surg(Article in Chinese;No abstract available)],1991,5(3):188.}

[1641] **裴国献，李坤德，陈楚文，赵东升，王福义，王松涛，吴明生，郭杰，吕青，刘成科，张莉莉，张丽丽，王健，张松山，管学懋，李海林，佟军，胡素珍. 四肢同时离断再植成活一例报告[J]. 中华显微外科杂志，1991，14(1)：25-26.** {PEI Guoxian,LI Kunde,CHEN Chuwen,ZHAO Dongsheng,WANG Fuyi,WANG Songtao,WU Mingsheng,GUO Jie,LV Qing,LIU Chengke,ZHANG Lili,ZHANG Lili,WANG Jian,ZHANG Songshan,GUAN Xuemao,LI Hailin,TONG Jun,HU Suzhen. Successful in replantation of four severed limbs in a man:a case report[J]. Zhonghua Xian Wei Wai Ke Za Zhi[Chin J Microsurg(Article in Chinese;Abstract in Chinese)],1991,14(1):25-26.}

[1642] **王成琪，徐保德，范启申，周建国，张尔坤，张成进，汉恒德，郭德亮. 断肢和断指再植1153例分析[J]. 中华显微外科杂志，1991，14(2)：79-81.** {WANG Chengqi,XU Baode,FAN Qishen,ZHOU Jianguo,ZHANG Erkun,ZHANG Chengjin,HAN Hengde,GUO Deliang. Analysis of 1153 cases of replantation of severed limbs and fingers[J]. Zhonghua Xian Wei Wai Ke Za Zhi[Chin J Microsurg(Article in Chinese;Abstract in Chinese)],1991,14(2):79-81.}

[1643] **赵东升，李坤德，张长生，裴国献. 前臂毁损性离断缩短再植[J]. 中华显微外科杂志，1992，15(2)：100-101.** {ZHAO Dongsheng,LI Kunde,ZHANG Changsheng,PEI Guoxian. Destructive severance of the forearm and shortened replantation[J]. Zhonghua Xian Wei Wai Ke Za Zhi[Chin J Microsurg(Article in Chinese;No abstract available)],1992,15(2):100-101.}

[1644] **陈中伟. 我国断指断肢再植回顾与展望[J]. 中华显微外科杂志，1992，15(3)：133-133.** {CHEN Zhongwei. Review and Prospect of replantation of severed fingers and limbs in China[J]. Zhonghua Xian Wei Wai Ke Za Zhi[Chin J Microsurg(Article in Chinese;No abstract available)],1992,15(3):133-133.}

[1645] **杨润功，王福生. 上肢离断再植术后大出血救治体会[J]. 中华手外科杂志，1993，9(4)：241-242.** {YANG Rungong,WANG Fusheng. Experience in treatment of massive hemorrhage after replantation of upper limbs[J]. Zhonghua Shou Wai Ke Za Zhi[Chin J Hand Surg(Article in Chinese;No abstract available)],1993,9(4):241-242.}

[1646] **魏启赞，张瑞龄，黄永辉. 断手再植一例[J]. 中国修复重建外科杂志，1993，7(3)：187.** {WEI Qizan,ZHANG Ruiling,HUANG Yonghui. A case of replantation of amputated hand[J]. Zhongguo Xiu Fu Chong Jian Wai Ke Za Zhi[Chin J Repar Reconstr Surg(Article in Chinese;No abstract available)],1993,7(3):187.}

[1647] **谢晞東. 挤压撕脱性上肢断肢再植[J]. 中华显微外科杂志，1993，16(1)：38-38.** {XIE Xizhong. Replantation of severed upper limb with crush avulsion[J]. Zhonghua Xian Wei Wai Ke Za Zhi[Chin J Microsurg(Article in Chinese;No abstract available)],1993,16(1):38-38.}

[1648] **范遗恩，李金良，孙义久，董兴中，杨庆英. 足背静脉弓动脉化在断足再植中的应用[J]. 中华显微外科杂志，1993，16(1)：61.** {FAN Yien,LI Jinliang,SUN Yijiu,DONG Xingzhong,YANG Qingying. Application of arterialization of dorsal venous arch of foot in replantation of severed foot[J]. Zhonghua Xian Wei Wai Ke Za Zhi[Chin J Microsurg(Article in Chinese;No abstract available)],1993,16(1):61.}

[1649] **余捷强，谢国均，劳维霭，李建提，杨任富，唐国瑜. 断肢（指）再植十年小结[J]. 中华显微外科杂志，1993，16(3)：212-213.** {YU Jieqiang,XIE Guojun,LAO Weiai,LI Jianti,YANG Renfu,TANG Guoyu. Summary of replantation of severed limbs and fingers for ten years[J]. Zhonghua Xian Wei Wai Ke Za Zhi[Chin J Microsurg(Article in Chinese;No abstract available)],1993,16(3):212-213.}

[1650] **陈中伟. 断肢再植[J]. 中华显微外科杂志，1994，17(3)：3-4，76.** {CHEN Zhongwei. Severed limbs replantation[J]. Zhonghua Xian Wei Wai Ke Za Zhi[Chin J Microsurg(Article in Chinese;Abstract in Chinese)],1994,17(3):3-4,76.}

[1651] **刘兴炎，葛宝丰，文益民，甄平，石骥. 小儿上肢断肢再植的临床体会[J]. 中华显微外科杂志，1994，17(1)：20-21.** {LIU Xingyan,GE Baofeng,WEN Yimin,ZHEN Ping,SHI Ji. Clinical experience of replantation of amputated upper limb in children[J]. Zhonghua Xian Wei Wai Ke Za Zhi[Chin J Microsurg(Article in Chinese;Abstract in Chinese)],1994,17(1):20-21.}

[1652] **曲铁兵，李之芳，张岑山，鲁世宝，高春锦，薛连碧，张菁，张贝丽. 断肢再植时自由基影响及临床意义的研究[J]. 中华显微外科杂志，1994，17(1)：34-39.** {QU Tiebing,LI Zhifang,ZHANG Censhan,LU Shibao,GAO Chunjin,XUE Lianbi,ZHANG Jing,ZHANG Beili. Study of infection for oxygen deri-vitinve free radicals and its clinical significance on replantation of SEvered limb[J]. Zhonghua Xian Wei Wai Ke Za Zhi[Chin J Microsurg(Article in Chinese;Abstract in Chinese)],1994,17(1):34-39.}

[1653] **宋基学. 上肢毁损性绞断伤短缩再植二例[J]. 中华骨科杂志，1994，14(6)：384.** {SONG Jixue. Two cases of replantation of traumatic strangulation injury of upper limb[J]. Zhonghua Gu Ke Za Zhi[Chin J Orthop(Article in Chinese;No abstract available)],1994,14(6):384.}

[1654] **李汉湘. 肢体严重复合损伤离断再植成功一例[J]. 中华显微外科杂志，1994，17(1)：43.** {LI Hanxiang. A successful replantation of severely compound injury of limb[J]. Zhonghua Xian Wei Wai Ke Za Zhi[Chin J Microsurg(Article in Chinese;No abstract available)],1994,17(1):43.}

[1655] **施小柯，张帆，张谢安，陈锦平，郑洁. 上肢高位离断再植6例报告[J]. 中华手外科杂志，1994，10(4)：249.** {SHI Xiaoke,ZHANG Fan,ZHANG Xiean,CHEN Jinping,ZHENG Jie. Report of 6 cases of upper limb replantation[J]. Zhonghua Shou Wai Ke Za Zhi[Chin J Hand Surg(Article in Chinese;No abstract available)],1994,10(4):249.}

[1656] **陈有刚，陈孝龄，周晓莉. 激素和肝素对延时再植断肢肌肉微血管超微结构的研究[J]. 中国修复重建外科杂志，1994，8(3)：172-174.** {CHEN Yougang,CHEN Xiaoling,ZHOU Xiaoli. Aestracts the study of combined dxm and haparin on ultramicrostructure of mdscle and microcirculation during delated replantation of limb[J]. Zhongguo Xiu Fu Chong Jian Wai Ke Za Zhi[Chin J Repar Reconstr Surg(Article in Chinese;Abstract in Chinese)],1994,8(3):172-174.}

[1657] **李小军，王琰. 高位断肢再植失败教训及并发症分析[J]. 中华显微外科杂志，1995，18(2)：152-153. DOI：10.3760/cma.j.issn.1001-2036.1995.02.150.** {LI Xiaojun,WANG Yan. Lessons from failure of replantation of high amputated limb and it's complications analysis[J]. Zhonghua Xian Wei Wai Ke Za Zhi[Chin J Microsurg(Article in Chinese;No abstract available)],1995,18(2):152-153. DOI:10.3760/cma.j.issn.1001-2036.1995.02.150.}

[1658] **郭浩光. 电击伤截肢再植术一例[J]. 中华显微外科杂志，1995，18(2)：139.** {GUO Haoguang. A case of replantation of amputation due to electric shock[J]. Zhonghua Xian Wei Wai Ke Za Zhi[Chin J Microsurg(Article in Chinese;No abstract available)],1995,18(2):139.}

[1659] **张基仁，齐勇，杨立民，周宏斌，井岩. 撕脱性上肢完全离断再植的体会[J]. 中华显微外科杂志，1995，18(3)：165.** {ZHANG Jiren,QI Yong,YANG Limin,ZHOU Hongbin,JING Yan. The experience of replantation of avulsed upper limbs[J]. Zhonghua Xian Wei Wai Ke Za Zhi[Chin J Microsurg(Article in Chinese;No abstract available)],1995,18(3):165.}

[1660] **田江宜，刘志铁，湛川. 火车轧断肢体再植体会[J]. 中华显微外科杂志，1995，18(3)：189.** {TIAN Jiangyi,LIU Zhitie,Zhanchuan. Experience of replanting broken limbs on train[J]. Zhonghua Xian Wei Wai Ke Za Zhi[Chin J Microsurg(Article in Chinese;No abstract available)],1995,18(3):189.}

[1661] **赵东升，李坤德，裴国献，王松涛，谢昌平，王福义，杨润功，赵学敏. 多肢体离断再植与交叉再植[J]. 中华显微外科杂志，1995，18(3)：223-224. DOI：10.3760/cma.j.issn.1001-2036.1995.03.135.** {ZHAO Dongsheng,LI Kunde,PEI Guoxian,WANG Songtao,XIE Changping,WANG Fuyi,YANG Rungong,ZHAO Xuemin. Multi-limb replantation and cross replantation[J]. Zhonghua Xian Wei Wai Ke Za Zhi[Chin J Microsurg(Article in Chinese;No abstract available)],1995,18(3):223-224. DOI:10.3760/cma.j.issn.1001-2036.1995.03.135.}

[1662] **侯建玺，王福民，侯秋花，杨长君，黄愿生，岳云平，魏占彪，刘凤芹. 上肢多节不全离断再植成功一例[J]. 中华手外科杂志，1995，11(4)：232.** {HOU Jianxi,WANG Fumin,HOU Qiuhua,YANG Changjun,HUANG Yuansheng,YUE Yunping,WEI Zhanbiao,LIU Fengqin. A successful replantation of multiple segmental insufficiency of upper limb[J]. Zhonghua Shou Wai Ke Za Zhi[Chin J Hand Surg(Article in Chinese;No abstract available)],1995,11(4):232.}

[1663] **张亚华，周成福，张野，范遗恩. 协助基层医院开展断肢再植的体会[J]. 中华显微外科杂志，1996，19(1)：58-59.** {ZHANG Yahua,ZHOU Chengfu,ZHANG Ye,FAN Yien. Experience in assisting primary hospitals to carry out replantation of amputated limbs[J]. Zhonghua Xian Wei Wai Ke Za Zhi[Chin J Microsurg(Article in Chinese;No abstract available)],1996,19(1):58-59.}

[1664] **王利，朱通伯，罗经文，梁江山. 骨外固定器在断肢再植中的应用[J]. 中华显微外科杂志，1996，19(2)：143-144.** {WANG Li,ZHU Tongbo,LUO Jingwen,LIANG Jiangshan. Application of bone external fixator in replantation of amputated limbs[J]. Zhonghua Xian Wei Wai Ke Za Zhi[Chin J Microsurg(Article in Chinese;No abstract available)],1996,19(2):143-144.}

[1665] **侯建玺，王福民，候秋花，杨长君，黄愿生，岳云平，魏占彪，刘凤芹. 上肢多段离断再植成功一例[J]. 中华显微外科杂志，1996，19(2)：124.** {HOU Jianxi,WANG Fumin,HOU Qiuhua,YANG Changjun,HUANG Yuansheng,YUE Yunping,WEI Zhanbiao,LIU Fengqin. A successful replantation of multi-segmented upper limb[J]. Zhonghua Xian Wei Wai Ke Za Zhi[Chin J Microsurg(Article in Chinese;No abstract available)],1996,19(2):124.}

[1666] **朱家骏，郑文寅，童鑫. 上肢恶性瘤段切除远段肢体再植[J]. 中华手外科杂志，1996，12(S1)：17.** {ZHU Jiajun,ZHENG Wenyin,TONG Xin. Resection of upper limb malignant tumor and replantation of distal limb[J]. Zhonghua Shou Wai Ke Za Zhi[Chin J Hand Surg(Article in Chinese;No abstract available)],1996,12(S1):17.}

[1667] **曾剑文，吴景华，蔡锦方. 断肢再植中骨固定方法的选择[J]. 中华显微外科杂志，1997，20(2)：141.** {ZENG Jianwen,WU Jinghua,CAI Jinfang. Choice of bone fixation methods in replantation of amputated limbs[J]. Zhonghua Xian Wei Wai Ke Za Zhi[Chin J Microsurg(Article in Chinese;No abstract available)],1997,20(2):141.}

[1668] **汪功久，孙辉生，汤宇，张永兴. 全上肢皮肤套脱腕部撕脱性断肢再植成功一例[J]. 中华创伤杂志，1997，13(3)：135.** {WANG Gongjiu,SUN Huisheng,TANG Yu,ZHANG Yongxing. A successful case of replantation of an avulsed amputated limb with total upper limb skin detachment[J]. Zhonghua Chuang Shang Za Zhi[Chin J Trauma(Article in Chinese;No abstract available)],1997,13(3):135.}

[1669] **刘敏，李世波，时书堂. 上肢高位离断再植后远期随访一例[J]. 中华手外科杂志，1997，13(1)：37. DOI：10.3760/cma.j.issn.1005-054X.1997.01.026.** {LIU Min,LI Shibo,SHI Shutang. A case of long-term follow-up after replantation of upper extremity amputated[J]. Zhonghua Shou Wai Ke Za Zhi[Chin J Hand Surg(Article in Chinese;No abstract available)],1997,13(1):37. DOI:10.3760/cma.j.issn.1005-054X.1997.01.026.}

[1670] **洪建军，钟新发，周雪华. 特殊断肢远位寄生及二期再植一例报告[J]. 中华手外科杂志，1997，13(4)：200-201.** {HONG Jianjun,ZHONG Xinfa,ZHOU Xuehua. A case report of remote parasitism and secondary replantation of special amputated limb[J]. Zhonghua Shou Wai Ke Za Zhi[Chin J Hand Surg(Article in Chinese;No abstract available)],1997,13(4):200-201.}

[1671] **曾国鉴. 多发性伤断肢再植一例[J]. 中华显微外科杂志，1998，21(2)：99. DOI：10.3760/cma.j.issn.1001-2036.1998.02.044.** {ZENG Guojian. A case of replantation of multiple injured limbs[J]. Zhonghua Xian Wei Wai Ke Za Zhi[Chin J Microsurg(Article in Chinese;No abstract available)],1998,21(2):99. DOI:10.3760/cma.j.issn.1001-2036.1998.02.044.}

[1672] **李广义，尚博，刘德张. 游离腓肠肌内侧头皮瓣修复断肢再植术后组织缺损一例[J]. 中华显微外科杂志，1998，21(2)：封三. DOI：10.3760/cma.j.issn.1001-2036.1998.02.049.** {LI Guangyi,SHANG Bo,LIU Dezhang. Free medial gastrocnemius scalp flap to repair tissue defect after replantation of severed limb[J]. Zhonghua Xian Wei Wai Ke Za Zhi[Chin J Microsurg(Article in Chinese;No abstract available)],1998,21(2):cover 3. DOI:10.3760/cma.j.issn.1001-2036.1998.02.049.}

[1673] **陈勇，马刚. 上肢离断伤短缩再植一例[J]. 中国修复重建外科杂志，1998，12(5)：320.** {CHEN Yong,MA Gang. A case of replantation of shortened upper extremity injury[J]. Zhongguo Xiu Fu Chong Jian Wai Ke Za Zhi[Chin J Repar Reconstr Surg(Article in Chinese;No abstract available)],1998,12(5):320.}

[1674] **林清友，蔡玉梅，张维康，陈黎虬，王照辉，颜海波，竺利民，许军. 儿童三肢离断再植一例[J]. 中国修复重建外科杂志，1998，12(6)：354.** {LIN Qingyou,CAI Yumei,ZHANG Weikang,CHEN Liqiu,WANG Zhaohui,YAN Haibo,ZHU Limin,XU Jun. A case of replantation of children with amputated limbs[J]. Zhongguo Xiu Fu Chong Jian Wai Ke Za Zhi[Chin J Repar Reconstr Surg(Article in Chinese;No abstract available)],1998,12(6):354.}

[1675] **刘宁富，朱立新，胡广州，石坚. 毁坏性断肢再植与功能重建[J]. 中华显微外科杂志，1999，22(4)：52.** {LIU Ningfu,ZHU Lixin,HU Guangzhou,SHI Jian. Destructive limb replantation and functional reconstruction[J]. Zhonghua Xian Wei Wai Ke Za Zhi[Chin J Microsurg(Article in Chinese;No abstract available)],1999,22(4):52.}

[1676] **刘晓钟，陈忠勇，洪士东. 低温能量合剂持续灌注在超时断肢再植中的应用[J]. 中华手外科杂志，1999，15(2)：22.** {LIU Xiaozhong,CHEN Zhongyong,HONG Shidong. Application of continuous perfusion of low-temperature energy mixture in replantation of amputated limbs[J]. Zhonghua Shou Wai Ke Za Zhi[Chin J Hand Surg(Article in Chinese;No abstract available)],1999,15(2):22.}

[1677] **张聚明. 全身严重创伤伴断肢再植成功一例报告[J]. 中华手外科杂志，1999，15(4)：57.** {ZHANG Juming. A case report of successful replantation of severe trauma with amputated limb[J]. Zhonghua Shou Wai Ke Za Zhi[Chin J Hand Surg(Article in Chinese;No abstract available)],1999,15(4):57.}

[1678] **张志新，路来金，刘志刚，王国君. 应用生物发光法判断温缺血断肢再植时限[J]. 实用手外科杂志，1999，13(2)：90-92.** {ZHANG Zhixin,LU Laijin,LIU Zhigang,WANG Guojun. Evaluating the critical ischemia time of the amputated umb by bioluminescent method[J]. Shi Yong Shou Wai Ke Za Zhi[Chin J Pract Hand Surg(Article in Chinese;Abstract in Chinese and English)],1999,13(2):90-92.}

[1679] **刘宁富，朱立新，胡广州，石坚，杨绍安. 毁坏性上肢离断再植与功能重建[J]. 中国矫形外科杂志，1999，6(11)：67.** {LIU Ningfu,ZHU Lixin,HU Guangzhou,SHI Jian,YANG Shaoan. Replantation and functional reconstruction of destructive upper limbs[J]. Zhongguo Jiao Xing Wai Ke Za Zhi[Orthop J China(Article in Chinese;Abstract in Chinese)],1999,6(11):67.}

[1680] **方光荣，程国良，汤海萍. 上肢高位离断再植的随访报告[J]. 中华手外科杂志，1999，15(4)：235. DOI：10.3760/cma.j.issn.1005-054X.1999.04.016.** {FANG Guangrong,CHENG Guoliang,TANG Haiping. Follow-up report of replantation of the upper extremity amputated around the shoulder joint[J]. Zhonghua Shou Wai Ke Za Zhi[Chin J Hand Surg(Article in Chinese;Abstract in Chinese and English)],1999,15(4):235. DOI:10.3760/cma.j.issn.1005-054X.1999.04.016.}

[1681] **罗志安，蒲涛，黄强. V型钉在下肢断肢再植中的应用[J]. 中国骨伤，2000，13(4)：220. DOI：10.3969/j.issn.1003-0034.2000.04.015.** {LUO Zhian,PU Tao,HUANG Qiang. Application of v-shaped nail in replantation of amputated lower limb[J]. Zhongguo Gu Shang[China J Orthop Trauma(Article in Chinese;No abstract available)],2000,13(4):220.}

DOI:10.3969/j.issn.1003-0034.2000.04.015.}

[1682] 李广义，尚博，刘德强，郑寿长. 背阔肌肌皮瓣移位重建断肢再植术后肱二头肌功能一例 [J]. 中国修复重建外科杂志，2000，14（1）：63. {LI Guangyi,SHNAG Bo,LIU Deqiang,ZHENG Shouchang. Relocation of latissimus dorsal myocutaneous flap to reconstruct biceps function after replantation of a amputated limb[J]. Zhongguo Xiu Fu Chong Jian Wai Ke Za Zhi[Chin J Repar Reconstr Surg(Article in Chinese;No abstract available)],2000,14(1):63.}

[1683] 俞光荣，叶刚，袁锋. 不同时期主要动脉阻断对再植肢成活影响的实验研究 [J]. 中华显微外科杂志，2000，23(2)：122. DOI：10.3760/cma.j.issn.1001-2036.2000.02.017. {YU Guangrong,YE Gang,YUAN Feng. Experimental studly of how the replanted limbs surviving after their formal artery being locked in different times[J]. Zhonghua Xian Wei Wai Ke Za Zhi[Chin J Microsurg(Article in Chinese;Abstract in Chinese and English)],2000,23(2):122. DOI:10.3760/cma.j.issn.1001-2036.2000.02.017.}

[1684] 徐泽东，瞿渊荣，张奉琪，刘学亮，王晨，孙晓斌，王俊江. 四肢离断伤再植成功一例 [J]. 中华手外科杂志，2000，16（3）：155. {XU Zedong,QU Yuanrong,ZHANG Fengqi,LIU Xueliang,WANG Chen,SUN Xiaobin,WANG Junjiang. A successful replantation of amputated limbs[J]. Zhonghua Shou Wai Ke Za Zhi[Chin J Hand Surg(Article in Chinese;No abstract available)],2000,16(3):155.}

[1685] 李建邦. 断手再植后低热烫伤一例 [J]. 中华烧伤杂志，2000，16（3）：184. DOI：10.3760/cma.j.issn.1009-2587.2000.03.023. {LI Jianbang. A case of low-grade scald after replantation of amputated hand[J]. Zhonghua Shao SHANG Za Zhi[Chin J Burns(Article in Chinese;No abstract available)],2000,16(3):184. DOI:10.3760/cma.j.issn.1009-2587.2000.03.023.}

[1686] 路新民，杨毅群，郝淑珍，王伟，梁盾. 交通事故致儿童断肢的救治与再植 [J]. 中华创伤杂志，2001，17（12）：759-760. DOI：10.3760/j：issn：1001-8050.2001.12.022. {LU Xinmin,YANG Yiqun,HAO Shuzhen,WANG Wei,LIANG Dun. Treatment and replantation of broken limbs in children caused by traffic accidents[J]. Zhonghua Chuang Shang Za Zhi[Chin J Trauma(Article in Chinese;No abstract available)],2001,17(12):759-760. DOI:10.3760/j:issn:1001-8050.2001.12.022.}

[1687] 周明武，李坤德，王瑞金，赵东升，杨润功，幸超峰. 断肢异位寄养二期回值一例报告 [J]. 中华手外科杂志，2001，17（B6）：67. {ZHOU Mingwu,LI Kunde,WANG Ruijin,ZHAO Dongsheng,YANG Rungong,XING Chaofeng. A case report of second-stage recovery of amputated limb ectopic foster care[J]. Zhonghua Shou Wai Ke Za Zhi[Chin J Hand Surg(Article in Chinese;Abstract in Chinese)],2001,17(B6):67.}

[1688] 赵玉江，刘文利，胡佳鹏，尚秀娟. 全身复合伤合并四肢离断的再植经验 [J]. 中华显微外科杂志，2002，25（1）：78. DOI：10.3760/cma.j.issn.1001-2036.2002.01.051. {ZHAO Yujiang,LIU Wenli,HU Jiapeng,SHANG Xiujuan. Experience of replantation of compound injury of the whole body combined with dismembered limbs[J]. Zhonghua Xian Wei Wai Ke Za Zhi[Chin J Microsurg(Article in Chinese;No abstract available)],2002,25(1):78. DOI:10.3760/cma.j.issn.1001-2036.2002.01.051.}

[1689] 喻爱喜，陈振光，余国荣，谭金海，曾中华. 复杂伤肢体离断的再植 [J]. 中华显微外科杂志，2002，25（4）：307-308. DOI：10.3760/cma.j.issn.1001-2036.2002.04.031. {YU Aixi,CHEN Zhenguang,YU Guorong,TAN Jinhai,ZENG Zhonghua. Replantation of severely injured limbs[J]. Zhonghua Xian Wei Wai Ke Za Zhi[Chin J Microsurg(Article in Chinese;Abstract in Chinese)],2002,25(4):307-308. DOI:10.3760/cma.j.issn.1001-2036.2002.04.031.}

[1690] 魏静华，王瑞霞，刁兴建. 肿瘤段切除远端肢体再植术后假肢装配 1 例 [J]. 中国矫形外科杂志，2002，9（6）：45. DOI：10.3969/j.issn.1005-8478.2002.06.034. {WEI Jinghua,WANG Ruixia,DIAO Xingjian. A case of prosthesis assembly after tumor segment resection and distal limb replantation[J]. Zhongguo Jiao Xing Wai Ke Za Zhi[Orthop J China(Article in Chinese;No abstract available)],2002,9(6):45. DOI:10.3969/j.issn.1005-8478.2002.06.034.}

[1691] 刘敏，朱志勇，周玉虎. 小腿中下段断肢再植术后肢体延长的临床治疗 [J]. 中华显微外科杂志，2003，26(3)：232-233. DOI：10.3760/cma.j.issn.1001-2036.2003.03.033. {LIU Min,ZHU Zhiyong,ZHOU Yuhu. Clinical treatment of limb lengthening after replantation of amputated middle and lower leg[J]. Zhonghua Xian Wei Wai Ke Za Zhi[Chin J Microsurg(Article in Chinese;Abstract in Chinese)],2003,26(3):232-233. DOI:10.3760/cma.j.issn.1001-2036.2003.03.033.}

[1692] 李正维，孙庆仲，孙刚. 断肢再植术中血运的临时重建 [J]. 中华创伤骨科杂志，2003，5（3）：252-254. DOI：10.3760/cma.j.issn.1671-7600.2003.03.030. {LI Zhengwei,SUN Qingzhong,SUN Gang. Temporary revascularization of limb replantation[J]. Zhonghua Chuang Shang Gu Ke Za Zhi[Chin J Orthop Trauma(Article in Chinese;Abstract in Chinese and English)],2003,5(3):252-254. DOI:10.3760/cma.j.issn.1671-7600.2003.03.030.}

[1693] 田少斌，刘敏. 肢体离断再植 35 例回顾分析 [J]. 中华显微外科杂志，2003，26（3）：34. DOI：10.3760/cma.j.issn.1001-2036.2003.03.051. {TIAN Shaobin,LIU Min. Retrospective analysis of 35 cases of limb replantation[J]. Zhonghua Xian Wei Wai Ke Za Zhi[Chin J Microsurg(Article in Chinese;No abstract available)],2003,26(3):34. DOI:10.3760/cma.j.issn.1001-2036.2003.03.051.}

[1694] 刘飙，孙英，魏壮，张巨，尹维田. 断肢再植术后并发气性坏疽三例 [J]. 中华显微外科杂志，2004，27（1）：42. DOI：10.3760/cma.j.issn.1001-2036.2004.01.040. {LIU Biao,SUN Ying,WEI Zhuang,ZHANG Ju,YIN Weitian. Three cases of gas gangrene after amputated limb replantation[J]. Zhonghua Xian Wei Wai Ke Za Zhi[Chin J Microsurg(Article in Chinese;No abstract available)],2004,27(1):42. DOI:10.3760/cma.j.issn.1001-2036.2004.01.040.}

[1695] 李瑞国，刘德群，刘会仁，曹磊，王国强，刘志旺. 腕上掌侧小静脉移植修复断肢再植中血管缺损 [J]. 中国修复重建外科杂志，2004，18（4）：264. {LI Ruiguo,LIU Dequn,LIU Huiren,CAO Lei,WANG Guoqiang,LIU Zhiwang. Transplantation of palmar venules on wrist to repair vascular defects in replantation of amputated limbs[J]. Zhongguo Xiu Fu Chong Jian Wai Ke Za Zhi[Chin J Repar Reconstr Surg(Article in Chinese;No abstract available)],2004,18(4):264.}

[1696] 杨小祥，冷震，钱塘，桑宏飞，朱玉金，童天朗. 多肢体离断伤再植 11 例分析 [J]. 中华创伤骨科杂志，2005，7(1)：96-97. DOI：10.3760/cma.j.issn.1671-7600.2005.01.030. {YANG Xiaoxiang,LENG Zhen,Qiantang,SANG Hongfei,ZHU Yujin,TONG Tianlang. Analysis of 11 cases of replantation of multiple limbs[J]. Zhonghua Chuang Shang Gu Ke Za Zhi[Chin J Orthop Trauma(Article in Chinese;Abstract in Chinese)],2005,7(1):96-97. DOI:10.3760/cma.j.issn.1671-7600.2005.01.030.}

[1697] 袁锋，俞光荣，蔡宣松，徐伟国，陆微. 再植肢体不同时间主要静脉闭塞对其成活的影响 [J]. 中国修复重建外科杂志，2005，19（4）：255-258. {YUAN Feng,YU Guangrong,CAI Xuansong,XU Weiguo,LU Wei. Effect of femoral vein-occlusion on replanted limb survival at different stages[J]. Zhongguo Xiu Fu Chong Jian Wai Ke Za Zhi[Chin J Repar Reconstr Surg(Article in Chinese;Abstract in Chinese and English)],2005,19(4):255-258.}

[1698] 林涧，余云兰. Ⅱ型糖尿病患者左肘关节处旋转撕脱性离断再植一例 [J]. 中华创伤杂志，2005，21（3）：240. DOI：10.3760/j：issn：1001-8050.2005.03.037. {LIN Jian,YU Yunlan. A case of replantation of a type Ⅱ diabetic patient's left elbow joint with rotational avulsion[J]. Zhonghua Chuang Shang Za Zhi[Chin J Trauma(Article in Chinese;No abstract available)],2005,21(3):240. DOI:10.3760/j:issn:1001-8050.2005.03.037.}

[1699] 姜德欣，吴旭东，刘遵勇，将明，余迎浩，胡静波. 起网机网绳绞扎伤致肢体离断再植修复 [J]. 中华手外科杂志，2006，22（1）：63. {JIANG Dexin,WU Xudong,LIU Zunyong,JIANG Ming,YU Yinghao,HU Jingbo. Replantation and repair of broken limbs caused by stranding of net rope[J]. Zhonghua Shou Wai Ke Za Zhi[Chin J Hand Surg(Article in Chinese;No abstract available)],2006,22(1):63.}

[1700] 宋基学，宋培茂. 上肢绞断伤短缩再植后的远期随访 [J]. 中华手外科杂志，2006，22（4）：256. DOI：10.3760/cma.j.issn.1005-054X.2006.04.032. {SONG Jixue,SONG Peimao. Long-term follow-up of upper limb strangulation injury after shortening and replantation[J]. Zhonghua Shou Wai Ke Za Zhi[Chin J Hand Surg(Article in Chinese;No abstract available)],2006,22(4):256. DOI:10.3760/cma.j.issn.1005-054X.2006.04.032.}

[1701] 刘双明，赵如清，王强，冯锟. 离断肢体合并大面积软组织缺损的皮瓣修复 [J]. 实用手外科杂志，2006，20(3)：147-148，封三. DOI：10.3969/j.issn.1671-2722.2006.03.005. {LIU Shuangming,ZHAO Ruqing,WANG Qiang,FENG Kun. Microsurgerical renovation of the amputated limbs with serious soft tissue defects[J]. Shi Yong Shou Wai Ke Za Zhi[Chin J Pract Hand Surg(Article in Chinese;Abstract in Chinese and English)],2006,20(3):147-148,cover 3. DOI:10.3969/j.issn.1671-2722.2006.03.005.}

[1702] 潘振宇，余国荣，陶圣祥，曾中华. 复杂性下肢离断再植短期疗效分析 [J]. 中华显微外科杂志，2007，30（2）：159-161. DOI：10.3760/cma.j.issn.1001-2036.2007.02.033. {PAN Zhenyu,YU Guorong,TAO Shengxiang,ZENG Zhonghua. Analysis of short-term curative effect of replantation of complicated limb dissection[J]. Zhonghua Xian Wei Wai Ke Za Zhi[Chin J Microsurg(Article in Chinese;Abstract in Chinese)],2007,30(2):159-161. DOI:10.3760/cma.j.issn.1001-2036.2007.02.033.}

[1703] 曲连军，李忠，张成进，王成琪，范启申. 上肢双段离断再植成活 10 例分析 [J]. 中华手外科杂志，2007，23（3）：191. {QU Lianjun,LI Zhong,ZHANG Chengjin,WANG Chengqi,FAN Qishen. Analysis of 10 cases of survival replantation of two segments of upper limb[J]. Zhonghua Shou Wai Ke Za Zhi[Chin J Hand Surg(Article in Chinese;No abstract available)],2007,23(3):191.}

[1704] 余黎，余国荣，陶圣祥，曾忠华，潘振宇. 负压封闭引流在毁损性断肢再植中的应用 [J]. 中华创伤骨科杂志，2008，10(1)：44. DOI：10.3760/cma.j.issn.1671-7600.2008.01.012. {YU Li,YU Guorong,TAO Shengxiang,ZENG Zhonghua,PAN Zhenyu. The use of vacuum-assisted closure in the replantation for mutilating injury to the limbs[J]. Zhonghua Chuang Shang Gu Ke Za Zhi[Chin J Orthop Trauma(Article in Chinese;Abstract in Chinese and English)],2008,10(1):44. DOI:10.3760/cma.j.issn.1671-7600.2008.01.012.}

[1705] 王爱国，王荣军. 长段撕脱性离断血管在断肢再植中的临床应用 [J]. 临床骨科杂志，2008，11（5）：428-430. DOI：10.3969/j.issn.1008-0287.2008.05.013. {WANG Aiguo,WANG Rongjun. Long avulsed vessel used in the replantation of amputated limbs[J]. Lin Chuang Gu Ke Za Zhi[J Clin Orthop(Article in Chinese;Abstract in Chinese and English)],2008,11(5):428-430. DOI:10.3969/j.issn.1008-0287.2008.05.013.}

[1706] 张全荣，寿奎水，芮永军，许亚军，施海峰，陆征峰，邱扬. 伴有严重复合创伤的上肢离断再植 [J]. 中华手外科杂志，2008，24（6）：352-354. DOI：10.3760/cma.j.issn.1005-054X.2008.06.011. {ZHANG Quanrong,SHOU Kuishui,RUI Yongjun,XU Yajun,SHI Haifeng,LU Zhengfeng,QIU Yang. Replantation of severed upper limb with severe compound injuries[J]. Zhonghua Shou Wai Ke Za Zhi[Chin J Hand Surg(Article in Chinese;Abstract in Chinese and English)],2008,24(6):352-354. DOI:10.3760/cma.j.issn.1005-054X.2008.06.011.}

[1707] 丁伟，陈茂康，胡寿勇，朱小飞，佟微，郑力文，莫利清. 股前外侧皮瓣在断肢再植术中的应用 [J]. 中华显微外科杂志，2010，33（2）：152-153. DOI：10.3760/cma.j.issn.1001-2036.2010.02.024. {DING Wei,CHEN Maokang,HU Shouyong,ZHU Xiaofei,TONG Wei,ZHENG Liwen,MO Liqing. Application of anterolateral thigh flap in replantation of amputated limb[J]. Zhonghua Xian Wei Wai Ke Za Zhi[Chin J Microsurg(Article in Chinese;Abstract in Chinese)],2010,33(2):152-153. DOI:10.3760/cma.j.issn.1001-2036.2010.02.024.}

[1708] 孙海波，魏俊强，陈伟，张英泽，郑占乐，潘进社. 高能灌注液对断肢再植术后肢体保护作用的实验研究 [J]. 中国矫形外科杂志，2011，19（18）：1542-1546. DOI：10.3977/j.issn.1005-8478.2011.18.13. {SUN Haibo,WEI Junqiang,CHEN Wei,ZHANG Yingze,ZHENG Zhanle,PAN Jinshe. Prophylactic effects of high energy solution on extremity after limb replantation[J]. Zhongguo Jiao Xing Wai Ke Za Zhi[Orthop J China(Article in Chinese;Abstract in Chinese and English)],2011,19(18):1542-1546. DOI:10.3977/j.issn.1005-8478.2011.18.13.}

[1709] 陈剑楼，江永良，施卫标，房砚俊，王晨. 上肢离断再植 20 例报道 [J]. 实用手外科杂志，2011，25（3）：197-198. DOI：10.3969/j.issn.1671-2722.2011.03.009. {CHEN Jianlou,JIANG Yongliang,SHI Weibiao,FANG Yanjun,WANG Chen. Report of arm replantation of 20 cases[J]. Shi Yong Shou Wai Ke Za Zhi[Chin J Pract Hand Surg(Article in Chinese;Abstract in Chinese and English)],2011,25(3):197-198. DOI:10.3969/j.issn.1671-2722.2011.03.009.}

[1710] 安洪宾，冉波，赵小平，陈方虎. 左下肢高位断肢再植 1 例体会 [J]. 中国骨伤，2012，28（7）：591-593. DOI：10.3969/j.issn.1003-0034.2012.07.015. {AN Hongbin,RAN Bo,ZHAO Xiaoping,CHEN Fanghu. Replantation of the left severed lower limb on superior position:a case report[J]. Zhongguo Gu Shang[China J Orthop Trauma(Article in Chinese;No abstract available)],2012,28(7):591-593. DOI:10.3969/j.issn.1003-0034.2012.07.015.}

[1711] 欧学海，宋倩，蔡鹰，尚驰，许玉本. 上肢撕脱离断再植十例 [J]. 中华显微外科杂志，2012，35（1）：73-74. DOI：10.3760/cma.j.issn.1001-2036.2012.01.030. {OU Xuehai,SONG Qian,CAI Ying,SHNAG Chi,XU Yuben. Ten cases of replantation of torn and broken upper limb[J]. Zhonghua Xian Wei Wai Ke Za Zhi[Chin J Microsurg(Article in Chinese;Abstract in Chinese)],2012,35(1):73-74. DOI:10.3760/cma.j.issn.1001-2036.2012.01.030.}

[1712] 王新宏，郑晓菊，王保山，仇永锋. 股前外侧游离皮瓣在断肢再植中的应用 [J]. 中华显微外科杂志，2013，36（1）：97. DOI：10.3760/cma.j.issn.1001-2036.2013.01.035. {WANG Xinhong,ZHENG Xiaoju,WANG Baoshan,QIU Yongfeng. Application of free anterolateral thigh flap in replantation of amputated limb[J]. Zhonghua Xian Wei Wai Ke Za Zhi[Chin J Microsurg(Article in Chinese;No abstract available)],2013,36(1):97. DOI:10.3760/cma.j.issn.1001-2036.2013.01.035.}

[1713] 王锦绣，李大为，姬亚飞. 四肢严重创伤离断再植后并发症的临床观察与治疗 [J]. 中华手外科杂志，2013，29（4）：253-254. DOI：10.3760/cma.j.issn.1005-054X.2013.04.027. {WANG Jinxiu,LI Dawei,JI Yafei. Clinical observation and treatment of complications after severe extremity trauma and replantation[J]. Zhonghua Shou Wai Ke Za Zhi[Chin J Hand Surg(Article in Chinese;No abstract available)],2013,29(4):253-254. DOI:10.3760/cma.j.issn.1005-054X.2013.04.027.}

[1714] 喜占荣，彭鹏，周朝清. 上肢双平面离断合并软组织缺损的断肢（手）再植 [J]. 中华显微外科杂志，2014，37(3)：233-237. DOI：10.3760/cma.j.issn.1001-2036.2014.03.010. {XI Zhanrong,PENG Peng,ZHOU Chaoqing. The replantation method of upper limb's biplane mutilation in conjunction with soft tissue defect[J]. Zhonghua Xian Wei Wai Ke Za Zhi[Chin J Microsurg(Article in Chinese;Abstract in Chinese and English)],2014,37(3):233-237. DOI:10.3760/cma.j.issn.1001-2036.2014.03.010.}

[1715] 陈元庄，黄远翘，张敏，马滚韶. 肘部巨大恶性肿瘤切除肢体缩短再植一例 [J]. 中华手外科杂志，2014，30（3）：240. {CHEN Yuanzhuang,HUANG Yuanqiao,ZHANG Min,MA Gunshao. A case of replantation of a huge malignant tumor in the elbow[J]. Zhonghua Shou Wai Ke Za Zhi[Chin J Hand Surg(Article in Chinese;No abstract available)],2014,30(3):240.}

[1716] 李宏辉，郑灿镔，何海洪，柏智，朱庆棠，胡湘元. 动力辅助血管转流术在兔离断肢体再植中的应用 [J]. 中国修复重建外科杂志，2014，28（12）：1519-1524. DOI：10.7507/1002-1892.20140329. {LI Honghui,ZHENG Canpin,HE Haihong,BAI Zhi,ZHU Qingtang,HU Xiangyuan. Experimental study on effect of power-assisted intravascular shunt in replantation of amputated limbs in rabbits[J]. Zhongguo Xiu Fu Chong Jian Wai Ke Za Zhi[Chin J Repar Reconstr Surg(Article in Chinese;Abstract in Chinese and English)],2014,28(12):1519-1524. DOI:10.7507/1002-1892.20140329.}

[1717] 宋永焕，丁健，封晓亮，周飞亚，王安远，陈星隆，高伟阳. 选择性 COX-2 抑制剂帕瑞昔布钠对大鼠断肢再植术后吻合血管的影响 [J]. 中华显微外科杂志，2015，38（3）：274-276. DOI：10.3760/cma.j.issn.1001-2036.2015.03.018. {SONG Yonghuan,DING Jian,FENG Xiaoliang,ZHOU Feiya,WANG Anyuan,CHEN Xinglong,GAO Weiyang. Effects of selective cox-2 inhibitor parecoxib sodium on anastomosed blood vessels after replantation of amputated limbs in rats[J]. Zhonghua Xian Wei Wai Ke Za Zhi[Chin J Microsurg(Article in Chinese;Abstract in Chinese)],2015,38(3):274-276. DOI:10.3760/cma.j.issn.1001-2036.2015.03.018.}

[1718] 王晓峰，薛建波，孙涛，周坚龙，陈益. 游离股前外侧皮瓣移植在断肢再植中的应用 [J]. 中华显微外科杂志，2015，38（3）：278-281. DOI：10.3760/cma.j.issn.1001-2036.2015.03.020. {WANG Xiaofeng,XUE Jianbo,SUN Tao,ZHOU Jianlong,CHEN Yi. Application of free anterolateral thigh flap transplantation in replantation of amputated limb[J]. Zhonghua Xian Wei Wai Ke Za Zhi[Chin J Microsurg(Article in Chinese;Abstract in Chinese)],2015,38(3):278-281. DOI:10.3760/cma.j.issn.1001-2036.2015.03.020.}

[1719] 张旭，李果山，刘志贤，张大鹏，赵亮，张娜，张鑫. 断肢再植 19 例治疗体会 [J]. 中华显微外科杂志，2015，38（5）：494-497. DOI：10.3760/cma.j.issn.1001-2036.2015.05.027. {ZHANG Xu,LI Guoshan,LIU Zhixian,ZHANG Dapeng,ZHAO Liang,ZHANG Na,ZHANG Xin. Experience in treatment of replantation of amputated limbs in 19 cases[J]. Zhonghua Xian Wei Wai Ke Za Zhi[Chin J Microsurg(Article in Chinese;Abstract in Chinese)],2015,38(5):494-497. DOI:10.3760/cma.j.issn.1001-2036.2015.05.027.}

[1720] 宋鹏，孙永强，齐秀春，王前进，李浩亮，陈昕，周明武. 颈浅动脉皮瓣在上肢离断再植术中的应用 [J]. 中华手外科杂志，2015，31（5）：328-330. {SONG Peng,SUN Yongqiang,QI Xiuchun,WANG Qianjin,LI Haoliang,CHEN Xin,ZHOU Mingwu. Application of superficial carotid artery flap in replantation of upper limbs[J]. Zhonghua Shou Wai Ke Za Zhi[Chin J Hand Surg(Article in Chinese;No abstract available)],2015,31(5):328-330.}

[1721] 陈劲，钟华，马肃霜，肖刚，梁波，李德强，阮国强，郑荣. 骨缩短－延长技术在断肢再植中的应用 [J]. 中华显微外科杂志，2016，39（2）：182-184. DOI：10.3760/cma.j.issn.1001-2036.2016.02.024. {CHEN Jin,ZHONG Hua,MA Sushuang,XIAO Gang,LIANG Bo,LI Deqiang,RUAN Guoqiang,ZHENG Rong. Application of bone shortening-lengthening technique in replantation of amputated limbs[J]. Zhonghua Xian Wei Wai Ke Za Zhi[Chin J Microsurg(Article in Chinese;Abstract in Chinese)],2016,39(2):182-184. DOI:10.3760/cma.j.issn.1001-2036.2016.02.024.}

[1722] 殷磊，仓海斌，胡玉华，章庆峻，陈伟. 负压封闭技术在严重软组织缺损断肢再植的应用 [J]. 中国矫形外科杂志，2016，24（22）：2106-2109. DOI：10.3977/j.issn.1005-8478.2016.22.21. {YIN Lei,CANG Haibin,HU Yuhua,ZHANG Qingjun,CHEN Wei. Application of negative pressure sealing technique in replantation of severe soft tissue defect[J]. Zhongguo Jiao Xing Wai Ke Za Zhi[Orthop J China(Article in Chinese;Abstract in Chinese)],2016,24(22):2106-2109. DOI:10.3977/j.issn.1005-8478.2016.22.21.}

[1723] 白顺宁，曹尚鹏，王建伟，管英杰，闫博. 四肢离断再植 29 例临床分析 [J]. 创伤外科杂志，2016，18（11）：686-688. DOI：10.3969/j.issn.1009-4237.2016.11.014. {BAI Shunning,CAO Shangpeng,WANG Jianwei,GUAN Yingjie,YAN Bo. Clinical observation of limbs replantation:a report of 29 cases[J]. Chuang Shang Wai Ke Za Zhi[J Traum Surg(Article in Chinese;Abstract in Chinese and English)],2016,18(11):686-688. DOI:10.3969/j.issn.1009-4237.2016.11.014.}

[1724] 高会钦，江起庭，杨丽娜，冯明生，杨光辉，张孝宏，吴海滨. 损伤控制性外科理念在断肢再植中的应用 [J]. 实用手外科杂志，2017，31（3）：283-285. DOI：10.3969/j.issn.1671-2722.2017.03.004. {GAO Huiqin,JIANG Qiting,YANG Lina,FENG Mingsheng,YANG Guanghui,ZHANG Xiaohong,WU Haibin. Clinical application of damage control surgery in replantation of severed limbs[J]. Shi Yong Shou Wai Ke Za Zhi[Chin J Pract Hand Surg(Article in Chinese;Abstract in Chinese and English)],2017,31(3):283-285. DOI:10.3969/j.issn.1671-2722.2017.03.004.}

[1725] 李颖，邢建新，王国军，蒋继亮，王春书，王飞，杨俊生，李力毅，陈约东. 大肢体再植中应用体外循环技术研究一例报告 [J]. 中华创伤骨科杂志，2017，19（1）：85-87. DOI：10.3760/cma.j.issn.1671-7600.2017.01.015. {LI Ying,XING Jianxin,WANG Guojun,JIANG Jiliang,WANG Chunshu,WANG Fei,YANG Junsheng,LI Liyi,CHEN Yuedong. A case of application of circulation in vitro in large limb replantation[J]. Zhonghua Chuang Shang Gu Ke Za Zhi[Chin J Orthop Trauma(Article in Chinese;No abstract available)],2017,19(1):85-87. DOI:10.3760/cma.j.issn.1671-7600.2017.01.015.}

[1726] 贾亿卿，周志强，李桂珍，柴密，李果，栗利，魏文鑫，芦笛，姜伟乾，韩岩. UW 液在大鼠断肢再植术中的应用研究 [J]. 中华显微外科杂志，2018，41（2）：161-165. DOI：10.3760/cma.j.issn.1001-2036.2018.02.015. {JIA Yiqing,ZHOU Zhiqiang,LI Guizhen,CHAI Mi,LI Guo,LI Li,WEI Wenxin,LU Di,JIANG Weiqian,HAN Yan. Application of UW liquid in replantation of severed limbs in rats[J]. Zhonghua Xian Wei Wai Ke Za Zhi[Chin J Microsurg(Article in Chinese;Abstract in Chinese and English)],2018,41(2):161-165. DOI:10.3760/cma.j.issn.1001-2036.2018.02.015.}

[1727] 马阳，董卫东，丁俊杰，管英杰. 外伤性上肢截肢患者再植与修复术后临床结局的前瞻性研究 [J]. 中国骨与关节杂志，2018，7（8）：615-618. DOI：10.3969/j.issn.2095-252X.2018.08.012. {MA Yang,DONG Weidong,DING Junjie,GUAN Yingjie. Comparison of clinical outcomes of replantation and repair after upper extremity amputation[J]. Zhongguo Gu Yu Guan Jie Za Zhi[Chin J Bone Joint(Article in Chinese;Abstract in Chinese and English)],2018,7(8):615-618. DOI:10.3969/j.issn.2095-252X.2018.08.012.}

[1728] 王鑫，刘志勇，田志超，李坡，蔡启卿. 带蒂腓骨膜转位移植在儿童胫骨肿瘤灭活再植中的初步报道 [J]. 中华显微外科杂志，2018，41（3）：239-242. DOI：10.3760/cma.j.issn.1001-2036.2018.03.009. {WANG Xin,LIU Zhiyong,TIAN Zhichao,LI Po,CAI Qiqing. Preliminary application of pedicled vascularized fibular periosteum transplantation for union promotion of irradiated tibia sarcoma section autograft in children[J]. Zhonghua Xian Wei Wai Ke Za Zhi[Chin J Microsurg(Article in Chinese;Abstract in Chinese)],2018,41(3):239-242. DOI:10.3760/cma.j.issn.1001-2036.2018.03.009.}

[1729] 谢书强，王宏鑫，侯建玺，杨超凡，张华峰，张松健，吴召森，董其强，王宝锋. 内外结合分步组合式固定法在断肢再植中的应用 [J]. 创伤外科杂志，2019，21（5）：346-350. DOI：10.3969/j.issn.1009-4237.2019.05.006. {XIE Shuqiang,WANG Hongxin,HOU Jianxi,YANG Chaofan,ZHANG Huafeng,ZHANG Songjian,WU Zhaosen,DONG Qiqiang,WANG Baofeng. Application of stepwise combination method of internal and external fixation in replantation of severed limbs[J]. Chuang Shang Wai Ke Za Zhi[J Traum Surg(Article in Chinese;Abstract in Chinese and English)],2019,21(5):346-350. DOI:10.3969/j.issn.1009-4237.2019.05.006.}

[1730] 张伟，谢瑞菊，刘刚义，付清海，崔怀志，程芳斌，王恒. 上肢离断伤再植术适应证的探讨 [J]. 中华手外科杂志，2019，35（4）：301-302. DOI：10.3760/cma.j.issn.1005-054X.2019.04.024. {ZHANG Wei,XIE Ruiju,LIU Gangyi,FU Qinghai,CUI Huaizhi,CHENG Fangbin,WANG Heng. Discussion on indications of replantation of upper limb injury[J]. Zhonghua Shou Wai Ke Za Zhi[Chin J Hand Surg(Article in Chinese;Abstract in Chinese)],2019,35(4):301-302. DOI:10.3760/cma.j.issn.1005-054X.2019.04.024.}

[1731] 顾志远，王鑫，姚伟涛，田志超，刘志勇，蔡启卿. 射线灭活再植术在四肢骨肉瘤保肢中的应用 [J]. 中国骨与关节杂志，2019，8（1）：37-41. DOI：10.3969/j.issn.2095-252X.2019.01.008. {GU Zhiyuan,WANG Xin,YAO Weitao,TIAN Zhichao,LIU Zhiyong,CAI Qiqing. Extra corporeally irradiated autografts for the treatment of limb osteosarcoma[J]. Zhongguo Gu Yu Guan Jie Za Zhi[Chin J Bone Joint(Article in Chinese;Abstract in Chinese and English)],2019,8(1):37-41. DOI:10.3969/j.issn.2095-252X.2019.01.008.}

[1732] 王鑫，刘志勇，李坡，田志超，蔡启卿. 腓骨骨膜瓣移植在儿童四肢骨肿瘤瘤段骨射线灭活回植术中的应用观察 [J]. 中华解剖与临床杂志，2019，24（1）：6-10. DOI：10.3760/cma.j.issn.2095-7041.2019.01.002. {WANG Xin,LIU Zhiyong,LI Po,TIAN Zhichao,CAI Qiqing. The application research of vascularized fibular periosteum grafting in irradiated bone segment replantation for treatment of limb bone tumor in children[J]. Zhonghua Jie Pou Yu Lin Chuang Za Zhi[Chin J Anat Clin(Article in Chinese;Abstract in Chinese)],2019,24(1):6-10. DOI:10.3760/cma.j.issn.2095-7041.2019.01.002.}

[1733] 顾凡彬，朱庆棠，刘小林. 陈氏标准在断肢再植术后功能评价的研究进展 [J]. 中华显微外科杂志，2020，43（1）：97-100. DOI：10.3760/cma.j.issn.1001-2036.2020.01.027. {GU Fanbin,ZHU Qingtang,LIU Xiaolin. Chen's criteria for postoperative functional evaluation of severed limbs replantation[J]. Zhonghua Xian Wei Wai Ke Za Zhi[Chin J Microsurg(Article in Chinese;Abstract in Chinese and English)],2020,43(1):97-100. DOI:10.3760/cma.j.issn.1001-2036.2020.01.027.}

[1734] 杨海松，卢旭华，肖建如，赵定麟. 断肢再植术实验研究及思考 [J]. 中华创伤杂志，2020，36（4）：383-384. DOI：10.3760/cma.j.issn.1001-8050.2020.04.018. {YANG Haisong,LU Xuhua,XIAO Jianru,ZHAO Dinglin. Experimental research and thinking on replantation of amputated limbs[J]. Zhonghua Chuang Shang Za Zhi[Chin J Trauma(Article in Chinese;Abstract in Chinese)],2020,36(4):383-384. DOI:10.3760/cma.j.issn.1001-8050.2020.04.018.}

2.2.1 断臂再植
replantation of severed arm

[1735] 崔之义，石一飞，汤钊猷，王文华，姜立本，仇红宝，马慎谨. 上臂完全离断再植后的近期观察（一例报告）[J]. 中华外科杂志，1965，13（10）：869-872. {CUI Zhiyi,SHI Yifei,TANG Zhaoyou,WANG Wenhua,JIANG Liben,QIU Hongbao,MA Shenjin. Recent observation after complete replantation of upper arm (a case report)[J]. Zhonghua Wai Ke Za Zhi[Chin J Surg(Article in Chinese;No abstract available)],1965,13(10):869-872.}

[1736] 郑瑞启，赵永江，夏日明. 上臂绞轧撕脱离断再植成功一例 [J]. 修复重建外科杂志，1990，4（4）：249. {ZHENG Ruiqi,ZHAO Yongjiang,XIA Ming. A successful replantation of upper arm twisted and teared[J]. Zhongguo Xiu Fu Chong Jian Wai Ke Za Zhi[Chin J Repar Reconstr Surg(Article in Chinese;No abstract available)],1990,4(4):249.}

[1737] 燕春茂，李启旺. 严重碾轧断臂再植一例 [J]. 中国修复重建外科杂志，1992，6（3）：187. {YAN Chunmao,LI Qiwang. A case of replantation of severely rolled broken arm[J]. Zhongguo Xiu Fu Chong Jian Wai Ke Za Zhi[Chin J Repar Reconstr Surg(Article in Chinese;No abstract available)],1992,6(3):187.}

[1738] 马树支，吴继明，吴梅英，曾宪政. 断臂后合并有挤压伤的再植 [J]. 解放军医学杂志，1994，19（7）：135-136. {MA Shuzhi,WU Jiming,WU Meiying,ZENG Xianzheng. Replantation with crush injury after broken arm[J]. Jie Fang Jun Yi Xue Za Zhi[Med J Chin PLA(Article in Chinese;No abstract available)],1994,19(7):135-136.}

[1739] 那森. 上臂毁损性离断短缩再植一例 [J]. 中国修复重建外科杂志，1994，8（3）：190. {NA Sen. A case of replantation of destructive dissection and shortening of upper arm[J]. Zhongguo Xiu Fu Chong Jian Wai Ke Za Zhi[Chin J Repar Reconstr Surg(Article in Chinese;No abstract available)],1994,8(3):190.}

[1740] 费起礼. 上臂原发性恶性肿瘤切除再植术 [J]. 中华骨科杂志，1995，15（4）：707-712. {FEI Qili. Excision and replantation of primary malignant tumor of upper arm[J]. Zhonghua Gu Ke Za Zhi[Chin J Orthop(Article in Chinese;Abstract in Chinese)],1995,15(4):707-712.}

[1741] 辛畅泰，李崇杰，莫忆南，张辉，赵璟. 双侧上臂完全离断再植成活一例初步报告 [J]. 中华手外科杂志，1996，12（2）：115. {ZHOU Mingwu,LI Kunde,WANG Ruijin,ZHAO Dongsheng,YANG Rungong,XING Chaofeng. Preliminary report of a case of complete replantation of both upper arms[J]. Zhonghua Shou Wai Ke Za Zhi[Chin J Hand Surg(Article in Chinese;Abstract in Chinese)],1996,12(2):115.}

[1742] 蔡绍勇，钟少武，温求国，陈淑喜，陈幼奇，徐柔花. 断臂再植成功一例报道 [J]. 中华手外科杂志，1998，14（1）：41. {CAI Shaoyong,ZHONG Shaowu,WEN Qiuguo,CHEN Shuxi,CHEN Youqi,XU Rouhua. A case report of successful replantation of amputated arm[J]. Zhonghua Shou Wai Ke Za Zhi[Chin J Hand Surg(Article in Chinese;No abstract available)],1998,14(1):41.}

[1743] 李旭升，纪荣明，姜宗来，张少成. 骨间总动脉及其分支在断臂再植术中的意义 [J]. 中国临床解剖学杂志，1999，17（4）：53-54. {LI Xusheng,JI Rongming,JIANG Zonglai,ZHANG Shaocheng. The application of common interosseous artery and its branch in replantation of severed forearm[J]. Zhongguo Lin Chuang Jie Pou Xue Za Zhi[Chin J Clin Anat(Article in Chinese;Abstract in Chinese and English)],1999,17(4):53-54.}

[1744] 刘绍辉. 前臂解剖特点与上臂离断再植成败的关系 [J]. 中国局解手术学杂志，1999，8（4）：276-278. {LIU Shaohui. The relationship between forearm anatomy and upper arm replantation[J]. Ju Jie Shou Shu Xue Za Zhi[J Reg Anat Oper Surg(Article in Chinese;Abstract in Chinese and English)],1999,8(4):276-278.}

[1745] 丘奕军，陈保光，许兴柏，冯毅，陈状. 上臂离断再植一例报道 [J]. 中华手外科杂志，2000，16（1）：12. {QIU Yijun,CHEN Baoguang,XU Xingbai,FENG Yi,CHEN Zhuang. A case report of replantation of upper arm[J]. Zhonghua Shou Wai Ke Za Zhi[Chin J Hand Surg(Article in Chinese;No abstract available)],2000,16(1):12.}

[1746] 丘奕军，陈保光，王昌成，刘华，马永革，冯毅，陈状，郭树彰，王保华. 断臂寄生大腿及二期再植一例报告 [J]. 中华创伤骨科杂志，2002，4（1）：77-78. DOI：10.3760/cma.j.issn.1671-7600.2002.01.035. {QIU Yijun,CHEN Baoguang,WANG Changcheng,LIU Hua,MA Yongge,FENG Yi,CHEN Zhuang,GUO Shuzhang,WANG Baohua. 1 case of amputated arm parasitism in leg and its delayed replantation[J]. Zhonghua Chuang Shang Gu Ke Za Zhi[Chin J Orthop Trauma(Article in Chinese;No abstract available)],2002,4(1):77-78. DOI:10.3760/cma.j.issn.1671-7600.2002.01.035.}

[1747] 谢跃，张爱国，王守国. 双上臂同时完全离断再植成功一例报告 [J]. 中华手外科杂志，2002，18（4）：23. {XIE Yue,ZHANG Aiguo,WANG Shouguo. A case report of successful replantation of both upper arms at the same time[J]. Zhonghua Shou Wai Ke Za Zhi[Chin J Hand Surg(Article in Chinese;No abstract available)],2002,18(4):23.}

[1748] 闫乔生. 绞轧撕脱性上臂离断缺血 16 小时再植成功一例 [J]. 中华显微外科杂志，2003，26（4）：246. DOI：10.3760/cma.j.issn.1001-2036.2003.04.043. {YAN Qiaosheng. A successful 16-hour replantation of a stranded avulsed upper arm with ischemia[J]. Zhonghua Xian Wei Wai Ke Za Zhi[Chin J Microsurg(Article in Chinese;No abstract available)],2003,26(4):246. DOI:10.3760/cma.j.issn.1001-2036.2003.04.043.}

[1749] 何向阳，李平生，周军，方国芳，韩文海. 上臂高位断肢再植一例初步报告 [J]. 中华创伤骨科杂志，2004，6（8）：952-953. DOI：10.3760/cma.j.issn.1671-7600.2004.08.037. {HE Xiangyang,LI Pingsheng,ZHOU Jun,FANG Guofang,HAN Wenhai. Replantation of high severed upper arm:a case report[J]. Zhonghua Chuang Shang Gu Ke Za Zhi[Chin J Orthop Trauma(Article in Chinese;Abstract in Chinese and English)],2004,6(8):952-953. DOI:10.3760/cma.

j.issn.1671-7600.2004.08.037.}

[1750] 张志新，吴世锋，丁健，梁刚，路来金．部分神经连续性存在的断臂再植二例报告 [J]．中华手外科杂志，2005，21（1）：65-66．{ZHANG Zhixin,WU Shifeng,DING Jian,LIANG Gang,LU Laijin. Two cases of replantation of amputated arm with partial nerve continuity[J]. Zhonghua Shou Wai Ke Za Zhi[Chin J Hand Surg(Article in Chinese;No abstract available)],2005,21(1):65-66.}

[1751] 曹汝荣，杨孝明，周丕育，庞劲宏．上臂离断再植成功一例 [J]．中华整形外科杂志，2005，21（6）：478-479．DOI：10.3760/j.issn：1009-4598.2005.06.029．{CAO Rurong,YANG Xiaoming,ZHOU Piyu,PANG Jinhong. A successful replantation of a amputated upper arm[J]. Zhonghua Zheng Xing Wai Ke Za Zhi[Chin J Plast Surg(Article in Chinese;No abstract available)],2005,21(6):478-479. DOI:10.3760/j.issn:1009-4598.2005.06.029.}

[1752] 牛志勇，刘敏，马林，杜张荣，陈晋伟，刘明．上臂毁损性离断的再植与功能重建 [J]．中华显微外科杂志，2006，29（6）：462-463．DOI：10.3760/cma.j.issn.1001-2036.2006.06.024．{NIU Zhiyong,LIU Min,MA Lin,DU Zhangrong,CHEN Jinwei,LIU Ming. Replantation and functional reconstruction of destructive dissection of upper arm[J]. Zhonghua Xian Wei Wai Ke Za Zhi[Chin J Microsurg(Article in Chinese;Abstract in Chinese)],2006,29(6):462-463. DOI:10.3760/cma.j.issn.1001-2036.2006.06.024.}

[1753] 唐举玉，李康华，刘俊，刘鸣江，谢松林，吴攀峰．复杂断臂异位寄养再回植一例 [J]．中华手外科杂志，2007，23（5）：285．{TANG Juyu,LI Kanghua,LIU Jun,LIU Mingjiang,XIE Songlin,WU Panfeng. A case of ectopic foster care of complex broken arm and replantation[J]. Zhonghua Shou Wai Ke Za Zhi[Chin J Hand Surg(Article in Chinese;No abstract available)],2007,23(5):285.}

[1754] 侯健玺，董其强，谢书强，张明伍，牛宗淼，王宏鑫，吴召森，陆军．九个月婴儿断臂再植成功一例 [J]．中华手外科杂志，2014，30（2）：106．DOI：10.3760/cma.j.issn.1005-054X.2014.02.012．{HOU Jianxi,DONG Qiqiang,XIE Shuqiang,ZHANG Mingwu,NIU Zongmiao,WANG Hongxin,WU Zhaosen,LU Jun. A successful replantation of a nine-month infant with a amputated arm[J]. Zhonghua Shou Wai Ke Za Zhi[Chin J Hand Surg(Article in Chinese;No abstract available)],2014,30(2):106. DOI:10.3760/cma.j.issn.1005-054X.2014.02.012.}

[1755] 强力，薛明宇，卜凡玉，芮永军．一期断臂再植及离断拇指异位寄养二期回植一例 [J]．中华手外科杂志，2014，30（4）：274．DOI：10.3760/cma.j.issn.1005-054X.2014.04.013．{QIANG Li,XUE Mingyu,BU Fanyu,RUI Yongjun. A case of replantation of a amputated arm in the first stage and ectopic foster care with a amputated thumb[J]. Zhonghua Shou Wai Ke Za Zhi[Chin J Hand Surg(Article in Chinese;No abstract available)],2014,30(4):274. DOI:10.3760/cma.j.issn.1005-054X.2014.04.013.}

[1756] 糜菁熠，芮永军，赵刚，华雍，邱扬，姚群，俞君，王骏．上臂离断再植回顾性研究 [J]．中国骨与关节杂志，2015，4（12）：946-949．DOI：10.3969/j.issn.2095-252X.2015.12.010．{MI Jingyi,RUI Yongjun,ZHAO Gang,HUA Yong,QIU Yang,YAO Qun,YU Jun,WANG Jun. A retrospective study of upper arm replantation[J]. Zhongguo Gu Yu Guan Jie Za Zhi[Chin J Bone Joint(Article in Chinese;No abstract available)],2015,4(12):946-949. DOI:10.3969/j.issn.2095-252X.2015.12.010.}

[1757] 杜勇军，黄克，张波，李林．经腋平面臂完全离断再植成功两例 [J]．中华显微外科杂志，2016，39（5）：518-519．DOI：10.3760/cma.j.issn.1001-2036.2016.05.034．{DU Yongjun,HUANG Ke,ZHANG Bo,LI Lin. Two successful cases of complete replantation of arm through auxillary plane[J]. Zhonghua Xian Wei Wai Ke Za Zhi[Chin J Microsurg(Article in Chinese;No abstract available)],2016,39(5):518-519. DOI:10.3760/cma.j.issn.1001-2036.2016.05.034.}

[1758] 陈朗，杨勇，孙丽颖，钟文耀．幼儿断臂再植的围手术期治疗一例 [J]．中华手外科杂志，2018，34（3）：239-240．DOI：10.3760/cma.j.issn.1005-054X.2018.03.035．{CHEN Lang,YANG Yong,SUN Liying,ZHONG Wenyao. A case of perioperative treatment for replantation of infant's broken arm[J]. Zhonghua Shou Wai Ke Za Zhi[Chin J Hand Surg(Article in Chinese;No abstract available)],2018,34(3):239-240. DOI:10.3760/cma.j.issn.1005-054X.2018.03.035.}

2.2.2 断前臂再植
replantation of severed forearm

[1759] CH'EN CHUNG-WEI(CHEN Zhongwei),CH'IEN YUN-CH'ING(QIAN Yunqing),PAO YUEH-SE(BAO Yuese). Salvage of the forearm following complete traumatic amputation. Report of a case[J]. Chin Med J,1963,82(10):632-638.

[1760] 陈中伟，鲍约瑟，钱允庆．前臂创伤性完全截肢的再植（一例成功报告）[J]．中华医学杂志，1963，49（10）：615-620．{CHEN Zhongwei,Bao Yuese,QIAN Yunqing. Replantation of traumatic complete amputation of forearm (report of a successful case)[J]. Zhonghua Yi Xue Za Zhi[Natl Med J China(Article in Chinese;No abstract available)],1963,49(10):615-620.}

[1761] 陈中伟，鲍约瑟，钱允庆．前臂创伤性完全截肢的再植（一例成功报告）[J]．中华外科杂志，1963，11（10）：767-771．{CHEN Zhongwei,Bao Yuese,QIAN Yunqing. Replantation of traumatic complete amputation of forearm (report of a successful case)[J]. Zhonghua Wai Ke Za Zhi[Chin J Surg(Article in Chinese;No abstract available)],1963,11(10):767-771.}

[1762] 中华外科杂志编辑委员会．祝贺前臂创伤性完全截肢再植成功 [J]．中华外科杂志，1963，11（10）：F02．{Editorial Board of Chinese Journal of surgery. Congratulations on successful replantation of traumatic complete amputation of forearm[J]. Zhonghua Wai Ke Za Zhi[Chin J Surg(Article in Chinese;No abstract available)],1963,11(10):F02.}

[1763] 陈中伟，鲍约瑟心，钱允庆．前臂创伤性完全截肢的再植（一例成功报告）[J]．中华外科杂志，1964，12（z1）：93-96．{CHEN Zhongwei,Bao Yuese,QIAN Yunqing. Replantation of traumatic complete amputation of forearm (report of a successful case)[J]. Zhonghua Wai Ke Za Zhi[Chin J Surg(Article in Chinese;No abstract available)],1964,12(z1):93-96.}

[1764] 杨铁，卢学敏，姜鸿志，张瑞龄，刘彦，李柱田．前臂创伤性完全离断再植术（一例报告）[J]．中华外科杂志，1965，13（10）：873-874．{YANG Tie,LU Xuemin,JIANG Hongzhi,ZHANG Ruiling,LIU Yan,LI Zhutian. Forearm traumatic complete replantation (a case report)[J]. Zhonghua Wai Ke Za Zhi[Chin J Surg(Article in Chinese;No abstract available)],1965,13(10):873-874.}

[1765] 王澍寰，程绪西，卢家泽，曹宝珠．前臂创伤性完全离断再植术（一例报告）[J]．中华外科杂志，1965，13（10）：875-876．{WANG Shuhuan,CHENG Xuxi,LU Jiaze,CAO Baozhu. Forearm traumatic complete replantation (a case report)[J]. Zhonghua Wai Ke Za Zhi[Chin J Surg(Article in Chinese;No abstract available)],1965,13(10):875-876.}

[1766] 赵东升，李坤德．前臂毁损性离断缩短再植 [J]．中华显微外科杂志，1992，15（2）：100-101．{ZHAO Dongsheng,LI Kunde. Destructive severance of the forearm and shortened replantation[J]. Zhonghua Xian Wei Wai Ke Za Zhi[Chin J Microsurg(Article in Chinese;No abstract available)],1992,15(2):100-101.}

[1767] 郑文忠．左上肢严重创伤前臂完全离断再植成活一例 [J]．中国修复重建外科杂志，1992，6（1）：58．{ZHENG Wenzhong. A case of severe left upper limb trauma and complete replantation of forearm[J]. Zhongguo Xiu Fu Chong Jian Wai Ke Za Zhi[Chin J Repar Reconstr Surg(Article in Chinese;No abstract available)],1992,6(1):58.}

[1768] 朱建华，顾华庆，徐南伟．前臂完全离断再植成功一例 [J]．中国修复重建外科杂志，1992，6（3）：187．{ZHU Jianhua,GU Huaqing,XU Nanwei. A successful replantation of complete forearm[J]. Zhongguo Xiu Fu Chong Jian Wai Ke Za Zhi[Chin J Repar Reconstr Surg(Article in Chinese;No abstract available)],1992,6(3):187.}

[1769] 陈中伟，鲍约瑟，钱允庆．前臂创伤性完全截肢的再植（一例成功报告）（摘要）[J]．中华显微外科杂志，1994，17（1）：2．{CHEN Zhongwei,Bao Yuese,QIAN Yunqing. Replantation of traumatic complete amputation of forearm (report of a successful case)[J]. Zhonghua Xian Wei Wai Ke Za Zhi[Chin J Microsurg(Article in Chinese;No abstract available)],1994,17(1):2.}

[1770] 朱家恺．纪念我国断肢（指）再植首次报告 30 周年 [J]．中华显微外科杂志，1994，17（1）：1．{ZHU Jiakai. Commemorating the 30th anniversary of the first report of replantation of amputated limb (finger) in China[J]. Zhonghua Xian Wei Wai Ke Za Zhi[Chin J Microsurg(Article in Chinese;No abstract available)],1994,17(1):1.}

[1771] 田小运．动静脉转流前臂再植一例 [J]．中华显微外科杂志，1996，19（3）：228．{TIAN Xiaoyun. A case of forearm replantation by arteriovenous bypass[J]. Zhonghua Xian Wei Wai Ke Za Zhi[Chin J Microsurg(Article in Chinese;No abstract available)],1996,19(3):228.}

[1772] 李汉湘．一例前臂断肢再植后经四次手术探查成活的报道 [J]．中华手外科杂志，1996，12（3）：158．{LI Hanxiang. A report of a case that survived four times of surgical exploration after replantation of a amputated forearm[J]. Zhonghua Shou Wai Ke Za Zhi[Chin J Hand Surg(Article in Chinese;No abstract available)],1996,12(3):158.}

[1773] 崔树森，王凤岐，张冠军，刘砥彬，崔晓明．温缺血 12 小时前臂远段完全离断再植成活功能恢复一例 [J]．中华显微外科杂志，1999，22（4）：71．{CUI Shusen,WANG Fengqi,ZHANG Guanjun,LIU Pibin,CUI Xiaoming. A case of full recovery of survival function after 12 hours of warm ischemia[J]. Zhonghua Xian Wei Wai Ke Za Zhi[Chin J Microsurg(Article in Chinese;No abstract available)],1999,22(4):71.}

[1774] 刘绍辉，王彦生，石强．前臂和肘的桥接再植 [J]．中国局解手术学杂志，1999，8（1）：11-13．{LIU Shaohui,WANG Yansheng,SHI Qiang. The bridge-replantation of forearm and elbow[J]. Ju Jie Shou Shu Xue Za Zhi[J Reg Anat Oper Surg(Article in Chinese;Abstract in Chinese and English)],1999,8(1):11-13.}

[1775] 陈秋生，李松建，陈霞，竺均雯，江浩．前臂中段离断伤再植保留手功能及加强肌力的方法 [J]．中华手外科杂志，2001，17（S1）：17-19．{CHEN Qiusheng,LI Songjian,CHEN Xia,ZHU Junwen,JIANG Hao. Replantation of amputated forearm injury to preserve hand function and strengthen muscle strength[J]. Zhonghua Shou Wai Ke Za Zhi[Chin J Hand Surg(Article in Chinese;Abstract in Chinese)],2001,17(S1):17-19.}

[1776] 马树枝，杨柳，许建中，吴梅英，王序全．伴有挤压伤的前臂离断伤再植与功能重建 6 例报告 [J]．第三军医大学学报，2002，24（9）：1107-1108．DOI：10.3321/j.issn:1000-5404.2002.09.039．{MA Shuzhi,YANG Liu,XU Jianzhong,WU Meiying,WANG Xuquan. Replantation and functional reestablishment of severed forearm after trauma and crush injury in 6 cases[J]. Di San Jun Yi Da Xue Xue Bao[Acta Acad Med Mil Tert(Article in Chinese;No abstract available)],2002,24(9):1107-1108. DOI:10.3321/j.issn:1000-5404.2002.09.039.}

[1777] 沉痛悼念著名显微外科专家陈中伟院士 [J]．中华显微外科杂志，2004，27（3）：240．{Mourn deeply for Academician Chen Zhongwei,a famous microsurgical expert[J]. Zhonghua Xian Wei Wai Ke Za Zhi[Chin J Microsurg(Article in Chinese;No abstract available)],2004,27(3):240.}

[1778] 沉痛悼念陈中伟院士 [J]．中华骨科杂志，2004，24（4）：210．{Deep mourning for Academician Chen Zhongwei[J]. Zhonghua Gu Ke Za Zhi[Chin J Orthop(Article in Chinese;No abstract available)],2004,24(4):210.}

[1779] 陈中伟，鲍约瑟，钱允庆．前臂创伤性完全截肢的再植：一例成功报告（节选）[J]．中华外科杂志，2004，42（9）：576．{CHEN Zhongwei,Bao Yuese,QIAN Yunqing. Replantation of traumatic complete amputation of the forearm:a successful report (excerpt)[J]. Zhonghua Wai Ke Za Zhi[Chin J Surg(Article in Chinese;No abstract available)],2004,42(9):576.}

[1780] 悼念陈中伟院士 [J]．中华手外科杂志，2004，20（2）：封三．{Mourning for Academician Chen Zhongwei[J]. Zhonghua Shou Wai Ke Za Zhi[Chin J Hand Surg(Article in Chinese;No abstract available)],2004,20(2):cover 3.}

[1781] 沉痛悼念陈中伟院士 [J]．中华创伤骨科杂志，2004，6（4）：480-插页 1．{Deep mourning for Academician Chen Zhongwei[J]. Zhonghua Chuang Shang Gu Ke Za Zhi[Chin J Orthop Trauma(Article in Chinese;No abstract available)],2004,6(4):480-insert1.}

[1782] 张健．沉痛悼念我国著名的医学科学家陈中伟院士 [J]．中华医学杂志，2004，84（10）：880．{ZHANG Jian. Mourn deeply for Academician Chen Zhongwei,a famous medical scientist in China[J]. Zhonghua Yi Xue Za Zhi[Natl Med J China(Article in Chinese;No abstract available)],2004,84(10):880.}

[1783] 唐际存，辛桂桐，姚新德，唐志宏．双前臂远端离断再植一例报告 [J]．中华显微外科杂志，2004，27（2）：98．DOI：10.3760/cma.j.issn.1001-2036.2004.02.044．{TANG Jicun,XIN Guitong,YAO Xinde,TANG Zhihong. A case report of replantation of the distal end of both forearms[J]. Zhonghua Xian Wei Wai Ke Za Zhi[Chin J Microsurg(Article in Chinese;No abstract available)],2004,27(2):98. DOI:10.3760/cma.j.issn.1001-2036.2004.02.044.}

[1784] 滕晓峰，李学渊．前臂再植术后动静脉瘘一例 [J]．中华手外科杂志，2007，23（2）：114．{TANG Xiaofeng,LI Xueyuan. A case of arteriovenous fistula after forearm replantation[J]. Zhonghua Shou Wai Ke Za Zhi[Chin J Hand Surg(Article in Chinese;No abstract available)],2007,23(2):114.}

[1785] 赵升宇，王雪莹，卢立春，范微微，曲狄，孙衍峰．伴有挤压伤的前臂离断再植的治疗研究 [J]．中华损伤与修复杂志（电子版），2007，2（5）：282-283．DOI：10.3969/j.issn.1673-9450.2007.05.008．{ZHAO Shengyu,WANG Xueying,LU Lichun,FAN Weiwei,QU Di,SUN Yanfeng. Research of replantation for forearm crush injury[J]. Zhonghua Sun Shang Yu Xiu Fu Za Zhi Dian Zi Ban[Chin J Injury Repair Wound Healing(Electr Ed)(Article in Chinese;Abstract in Chinese and English)],2007,2(5):282-283. DOI:10.3969/j.issn.1673-9450.2007.05.008.}

[1786] 赵玉江，赵力强，王善峰，郭宝珠，宋占强．老年人前臂离断再植一例 [J]．中华手外科杂志，2009，25（3）：150．DOI：10.3760/cma.j.issn.1005-054X.2009.03.011．{ZHAO Yujiang,ZHAO Liqiang,WANG Shanfeng,GUO Baozhu,SONG Zhanqiang. A case of replantation of broken forearm in the elderly[J]. Zhonghua Shou Wai Ke Za Zhi[Chin J Hand Surg(Article in Chinese;No abstract available)],2009,25(3):150. DOI:10.3760/cma.j.issn.1005-054X.2009.03.011.}

[1787] 张键，陈统一，张峰．我们心目中的陈中伟院士 [J]．中华显微外科杂志，2011，34（1）：5-6．{ZHANG Jian,CHEN Tongyi,ZHANG Feng. Academician Chen Zhongwei in our mind[J]. Zhonghua Xian Wei Wai Ke Za Zhi[Chin J Microsurg(Article in Chinese;No abstract available)],2011,34(1):5-6.}

[1788] 侯建玺，谢书强，王宏鑫，华占强，张华峰，董其强．前臂毁损离断异位寄养二期回植再造一例 [J]．中华手外科杂志，2012，28（3）：186-187．DOI：10.3760/cma.j.issn.1005-054X.2012.03.024．{HOU Jianxi,XIE Shuqiang,WANG Hongxin,HUA Zhanqiang,ZHANG Huafeng,DONG Qiqiang. A case of forearm replantation in the second stage of ectopic foster care[J]. Zhonghua Shou Wai Ke Za Zhi[Chin J Hand Surg(Article in Chinese;No abstract available)],2012,28(3):186-187. DOI:10.3760/cma.j.issn.1005-054X.2012.03.024.}

[1789] 钟世镇．感谢断肢再植之父对临床解剖学的提携 [J]．中华显微外科杂志，2013，36（2）：105-106．{ZHONG Shizhen. Thank the father of replantation of amputated limb for his clinical anatomy[J]. Zhonghua Xian Wei Wai Ke Za Zhi[Chin J Microsurg(Article in Chinese;No abstract available)],2013,36(2):105-106.}

[1790] 曾炳芳．发扬光大辛勤耕耘 [J]．中华显微外科杂志，2013，36（2）：106-108．{ZENG Bingfang. Carry forward and work hard[J]. Zhonghua Xian Wei Wai Ke Za Zhi[Chin J

Microsurg(Article in Chinese;No abstract available)],2013,36(2):106-108.}

[1791] 陈统一. 回忆陈中伟医师往事点滴 [J]. 中华显微外科杂志，2013，36（2）：108-110. {CHEN Tongyi. Recall the past of Dr. Chen Zhongwei[J]. Zhonghua Xian Wei Wai Ke Za Zhi[Chin J Microsurg(Article in Chinese;No abstract available)],2013,36(2):108-110.}

[1792] 闫伟强，张敏. 部分损毁性前臂中远段离断再植与手功能重建 [J]. 中华手外科杂志，2013，29（4）：250-252. {YAN Weiqiang,ZHANG Min. Replantation of partially destructive mid-distal forearm and hand function reconstruction[J]. Zhonghua Shou Wai Ke Za Zhi[Chin J Hand Surg(Article in Chinese;No abstract available)],2013,29(4):250-252.}

[1793] 周绍勇，张航，唐林俊，王海军，邓小江. 幼儿前臂不全离断再植成功一例 [J]. 中华手外科杂志，2015，31（1）：8. {ZHOU Shaoyong,ZHANG Hang,TANG Linjun,WANG Haijun,DENG Xiaojiang. A successful replantation of a child with incomplete forearm[J]. Zhonghua Shou Wai Ke Za Zhi[Chin J Hand Surg(Article in Chinese;No abstract available)],2015,31(1):8.}

[1794] 俞君，王骏，朱毅. 前臂完全离断再植术后患者远期疗效分析 [J]. 中华手外科杂志，2015，31（1）：38-40. {YU Jun,WANG Jun,ZHU Yi. Long-term outcome analysis of patients with forearm replantation[J]. Zhonghua Shou Wai Ke Za Zhi[Chin J Hand Surg(Article in Chinese;Abstract in Chinese and English)],2015,31(1):38-40.}

[1795] 孙荣涛，焦涛. 前臂复杂毁损性不全离断伤的再植修复效果分析 [J]. 实用手外科杂志，2018，32（2）：159-162. DOI：10.3969/j.issn.1671-2722.2018.02.008. {SUN Rongtao,JIAO Tao. Effect analysis of replantation operation in treatment of forearm complex destructive incomplate amputation injury[J]. Shi Yong Shou Wai Ke Za Zhi[Chin J Pract Hand Surg(Article in Chinese;Abstract in Chinese and English)],2018,32(2):159-162. DOI:10.3969/j.issn.1671-2722.2018.02.008.}

[1796] 李友，巨积辉，徐磊，段永明，钟鸣，蒋国栋. 幼儿前臂离断伴全身多发伤再植成功一例 [J]. 中华手外科杂志，2020，36（1）：50-51. DOI：10.3760/cma.j.issn.1005-054X.2020.01.015. {LI You,JU Jihui,XU Lei,DUAN Yongming,ZHONG Ming,JIANG Guodong. A successful replantation of a child with amputated forearm and multiple injuries throughout the body[J]. Zhonghua Shou Wai Ke Za Zhi[Chin J Hand Surg(Article in Chinese;No abstract available)],2020,36(1):50-51. DOI:10.3760/cma.j.issn.1005-054X.2020.01.015.}

2.2.3 多平面断肢再植
multiplanar replantation of severed limb

[1797] 康庆林，卢全中，田万成，潘风雨，曹显科. 肢（指）体多平面离断再植与康复 [J]. 中国骨伤，2001，14（1）：7-8. DOI：10.3969/j.issn.1003-0034.2001.01.003. {KANG Qinglin,LU Quanzhong,TIAN Wancheng,PAN Fengyu,CAO Xianke. Replantation and rehabilitation of multi-plane separated and broken limb or finger[J]. Zhongguo Gu Shang[China J Orthop Trauma(Article in Chinese;Abstract in Chinese and English)],2001,14(1):7-8. DOI:10.3969/j.issn.1003-0034.2001.01.003.}

2.2.4 断腕再植
replantation of severed wrist

[1798] Yin Y,Si X,Wang J. Crossover replantation of carpometacarpal after traumatic amputation[J]. Plast Reconstr Surg,2013,131(3):468e-470e. doi:10.1097/PRS.0b013e31827c7327.

[1799] 刘进水，王显锋，王尔义. 断腕再植五例 [J]. 中国修复重建外科杂志，1993，7（2）：124. {LIU Jinshui,WANG Xianfeng,WANG Eryi. Five cases of replantation of broken wrist[J]. Zhongguo Xiu Fu Chong Jian Wai Ke Za Zhi[Chin J Repar Reconstr Surg(Article in Chinese;No abstract available)],1993,7(2):124.}

[1800] 丁爱国，纪柳，杨小辉，唐哲明，佟剑平，阳晟，郭小文. 不短缩骨与关节的断腕再植 [J]. 中华手外科杂志，1994，10（4）：246. {DING Aiguo,JI Liu,YANG Xiaohui,TANG Zheming,TONG Jianping,YANG Sheng,GUO Xiaowen. Replantation of broken wrist without shortening bones and joints[J]. Zhonghua Shou Wai Ke Za Zhi[Chin J Hand Surg(Article in Chinese;No abstract available)],1994,10(4):246.}

[1801] 廖苏平，周必光，彭正人，刘育明. 断腕静脉动脉化再植术后并发症 [J]. 中华手外科杂志，1994，10（4）：256. {LIAO Suping,ZHOU Biguang,PENG Zhengren,LIU Yuming. Complications after replantation of broken wrist vein arterialization[J]. Zhonghua Shou Wai Ke Za Zhi[Chin J Hand Surg(Article in Chinese;No abstract available)],1994,10(4):256.}

[1802] 谢昌平，赵学敏，张文，刘伟. 腕部旋转撕拉离断再植 [J]. 中华手外科杂志，1994，10（4）：247-248. {XIE Changping,ZHAO Xuemin,ZHANG Wen,LIU Wei. Rotating and tearing off the wrist for replantation[J]. Zhonghua Shou Wai Ke Za Zhi[Chin J Hand Surg(Article in Chinese;No abstract available)],1994,10(4):247-248.}

[1803] 崔青，尹同珍，王红梅，董占吟，刘志波，胡思斌，徐明尧，刘健. 幼儿断腕再植十例报告 [J]. 中华显微外科杂志，1995，18（3）：225-226. {CUI Qing,YIN Tongzhen,WANG Hongmei,DONG Zhanyin,LIU Zhibo,HU Sibin,XU Mingyao,LIU Jian. Ten cases of replantation of broken wrist in infant[J]. Zhonghua Xian Wei Wai Ke Za Zhi[Chin J Microsurg(Article in Chinese;No abstract available)],1995,18(3):225-226.}

[1804] 师继红，黄耀添. 断腕再植术中桡动脉与头静脉误接二例报道 [J]. 中华手外科杂志，1996，12（3）：139. {SHI Jihong,HUANG Yaotian. Two cases of wrong connection of radial artery and cephalic vein during replantation of amputated wrist[J]. Zhonghua Shou Wai Ke Za Zhi[Chin J Hand Surg(Article in Chinese;No abstract available)],1996,12(3):139.}

[1805] 汪功久，孙辉生，汤宇，张永兴. 全上肢皮肤脱套腕部离断再植成功一例 [J]. 中华显微外科杂志，1997，20（3）：60. {WANG Gongjiu,SUN Huisheng,TANG Yu,ZHANG Yongxing. A successful case of complete upper limb skin detachment and wrist replantation[J]. Zhonghua Xian Wei Wai Ke Za Zhi[Chin J Microsurg(Article in Chinese;No abstract available)],1997,20(3):60.}

[1806] 师继红，黄耀添，傅炳峨，朱庆生. 断腕再植术后手内在肌挛缩 [J]. 中华手外科杂志，1997，13（4）：207-209. DOI：10.3760/cma.j.issn.1005-054X.1997.04.006. {SHI Jihong,HUANG Yaotian,FU Bing'e,ZHU Qingsheng. Intrinsic muscle contracture of the hand following wrist replantation[J]. Zhonghua Shou Wai Ke Za Zhi[Chin J Hand Surg(Article in Chinese;Abstract in Chinese and English)],1997,13(4):207-209. DOI:10.3760/cma.j.issn.1005-054X.1997.04.006.}

[1807] 李秋实，冯承臣，刘茂文. 断腕再植后 18 天经 6 次手术探查成活一例 [J]. 中华显微外科杂志，1998，21（2）：封三. DOI：10.3760/cma.j.issn.1001-2036.1998.02.052. {LI Qiushi,FENG Chengchen,LIU Maowen. One case survived 18 days after replantation of broken wrist after 6 operations[J]. Zhonghua Xian Wei Wai Ke Za Zhi[Chin J Microsurg(Article in Chinese;No abstract available)],1998,21(2):cover 3. DOI:10.3760/cma.j.issn.1001-2036.1998.02.052.}

[1808] 黄东，张翠琼，吴伟炽. 早期妊娠双腕离断再植一例 [J]. 中华显微外科杂志，1999，22（1）：73. DOI：10.3760/cma.j.issn.1001-2036.1999.01.052. {HUANG Dong,ZHANG Cuiqiong,WU Weichi. A case of replantation of broken wrists in early pregnancy[J]. Zhonghua Xian Wei Wai Ke Za Zhi[Chin J Microsurg(Article in Chinese;No abstract available)],1999,22(1):73. DOI:10.3760/cma.j.issn.1001-2036.1999.01.052.}

[1809] 孙伟. 断腕再植二例 [J]. 中国修复重建外科杂志，1999，13（3）：43. {SUN Wei. Two cases of replantation of broken wrist[J]. Zhongguo Xiu Fu Chong Jian Wai Ke Za Zhi[Chin J Repar Reconstr Surg(Article in Chinese;No abstract available)],1999,13(3):43.}

[1810] 廖苏平，周必光，王俊文. 小儿腕部旋转撕脱性离断再植成功一例报告 [J]. 中华骨科杂志，2000，20（9）：541. DOI：10.3760/j.issn：0253-2352.2000.09.017. {LIAO Suping,ZHOU Biguang,WANG Junwen. A case report of successful replantation of rotational avulsion of the wrist in a child[J]. Zhonghua Gu Ke Za Zhi[Chin J Orthop(Article in Chinese;No abstract available)],2000,20(9):541. DOI:10.3760/j.issn:0253-2352.2000.09.017.}

[1811] 姚忠军，胡军，刘东，刘家国，何明武. 双腕离断再植成功一例 [J]. 中华显微外科杂志，2002，25（2）：88. DOI：10.3760/cma.j.issn.1001-2036.2002.02.044. {YAO Zhongjun,HU Jun,LIU Dong,LIU Jiaguo,HE Mingwu. A successful replantation of both wrists[J]. Zhonghua Xian Wei Wai Ke Za Zhi[Chin J Microsurg(Article in Chinese;No abstract available)],2002,25(2):88. DOI:10.3760/cma.j.issn.1001-2036.2002.02.044.}

[1812] 陈强，王永忠. 低龄幼儿绞轧性断腕再植一例 [J]. 中华显微外科杂志，2002，25（4）：273. DOI：10.3760/cma.j.issn.1001-2036.2002.04.043. {CHEN Qiang,WANG Yongzhong. A case of replantation of broken wrist in a young child[J]. Zhonghua Xian Wei Wai Ke Za Zhi[Chin J Microsurg(Article in Chinese;No abstract available)],2002,25(4):273. DOI:10.3760/cma.j.issn.1001-2036.2002.04.043.}

[1813] 董宝贵，袁泉，高云峰，王延忠，史云礼，王清波. 基层医院常温下缺血长时限断腕再植的临床体会 [J]. 中华显微外科杂志，2004，27（4）：306-307. DOI：10.3760/cma.j.issn.1001-2036.2004.04.035. {DONG Baobao,YUAN Quan,GAO Yunfeng,WANG Yanzhong,SHI Yunli,WANG Qingbo. Clinical experience of replantation of amputated wrist after ischemia at room temperature in basic hospital[J]. Zhonghua Xian Wei Wai Ke Za Zhi[Chin J Microsurg(Article in Chinese;No abstract available)],2004,27(4):306-307. DOI:10.3760/cma.j.issn.1001-2036.2004.04.035.}

[1814] 张屹阳，张巨，刘飙. 伴有精神疾病患者自残断腕的治疗 [J]. 吉林大学学报（医学版），2004，30（1）：159. DOI：10.3969/j.issn.1671-587X.2004.01.079. {ZHANG Yiyang,ZHANG Ju,LIU Biao. Treatment of self-harm and broken wrist in patients with mental illness[J]. Ji Lin Da Xue Xue Bao(Yi Xue Ban)[J Jilin Univ Med Ed(Article in Chinese;Abstract in Chinese and English)],2004,30(1):159. DOI:10.3969/j.issn.1671-587X.2004.01.079.}

[1815] 林立波，刘庆志，俞新胜，肖波，钟俊，汪普，丁剑. 冰水浸泡断腕（指）再植的认识与体会 [J]. 中华手外科杂志，2007，23（2）：125. {LIN Libo,LIU Qingzhi,YU Xinsheng,XIAO Bo,ZHONG Jun,WANG Pu,DING Jian. Cognition and experience of replantation of severed wrist (finger) immersed in ice water[J]. Zhonghua Shou Wai Ke Za Zhi[Chin J Hand Surg(Article in Chinese;No abstract available)],2007,23(2):125.}

[1816] 李光富，柯凤梅，戴黎明，王成芬. 断腕合并断指再植成功一例 [J]. 中华手外科杂志，2007，23（4）：251. {LI Guangfu,KE Fengmei,DAI Liming,WANG Chengfen. A successful replantation of amputated wrist combined with amputated finger[J]. Zhonghua Shou Wai Ke Za Zhi[Chin J Hand Surg(Article in Chinese;No abstract available)],2007,23(4):251.}

[1817] 宋文超，段宜强，尹培荣，尚显文，王秋霞，刘日光，许蓓妮. 旋转撕脱性完全离断断腕再植 [J]. 中国骨与关节损伤杂志，2007，22（4）：298-300. DOI：10.3969/j.issn.1672-9935.2007.04.012. {SONG Wenchao,DUAN Yiqiang,YIN Peirong,SHNAG Xianwen,WANG Qiuxia,LIU Riguang,XU Beini. Replantation of rotational avulsion injury of complete severed wrist[J]. Zhongguo Gu Yu Guan Jie Sun SHANG Za Zhi[Chin J Bone Joint Injury(Article in Chinese;Abstract in Chinese and English)],2007,22(4):298-300. DOI:10.3969/j.issn.1672-9935.2007.04.012.}

[1818] 田勇，卡索，刘成，李丹. 无骨短缩的腕部完全离断伤再植一例 [J]. 中华手外科杂志，2008，24（5）：292. DOI：10.3760/cma.j.issn.1005-054X.2008.05.031. {TIAN Yong,CA Suo,LIU Cheng,LI Dan. A case of replantation of a completely amputated wrist without bone shortening[J]. Zhonghua Shou Wai Ke Za Zhi[Chin J Hand Surg(Article in Chinese;No abstract available)],2008,24(5):292. DOI:10.3760/cma.j.issn.1005-054X.2008.05.031.}

[1819] 黄友华，周业渊，符林雄，唐云青，杨能. 刀砍伤腕部离断再植 [J]. 中华手外科杂志，2009，25（3）：189-190. DOI：10.3760/cma.j.issn.1005-054X.2009.03.030. {HUANG Youhua,ZHOU Yeyuan,FU Linxiong,TANG Yunqing,YANG Neng. Replantation of wounded wrist with knife[J]. Zhonghua Shou Wai Ke Za Zhi[Chin J Hand Surg(Article in Chinese;No abstract available)],2009,25(3):189-190. DOI:10.3760/cma.j.issn.1005-054X.2009.03.030.}

[1820] 刘俊建，范存义，王建广，阮洪江，蔡郑东. Sauvé-Kapandji 术在断腕再植术后前臂旋转功能重建中的应用 [J]. 中国矫形外科杂志，2010，18（18）：1562-1564. {LIU Junjian,FAN Cunyi,WANG Jianguang,RUAN Hongjiang,CAI Zhengdong. Sauvé-Kapandji procedure on the rotational reconstruction after wrist replantation[J]. Zhongguo Jiao Xing Wai Ke Za Zhi[Orthop J China(Article in Chinese;Abstract in Chinese)],2010,18(18):1562-1564.}

[1821] 危蕾，廖苏平，邢丹谋. 幼儿断腕再植 10 年随访一例 [J]. 中华手外科杂志，2010，26（4）：245-246. DOI：10.3760/cma.j.issn.1005-054X.2010.04.021. {WEI Lei,LIAO Suping,XING Danmou. A 10-year follow-up of infant with broken wrist replantation[J]. Zhonghua Shou Wai Ke Za Zhi[Chin J Hand Surg(Article in Chinese;No abstract available)],2010,26(4):245-246. DOI:10.3760/cma.j.issn.1005-054X.2010.04.021.}

[1822] 封帆，龙文浩，谢统明，王伟明，张光正，欧耀芬. 利器切割伤致腕部离断再植的体会 [J]. 中华手外科杂志，2011，27（2）：121-122. DOI：10.3760/cma.j.issn.1005-054X.2011.02.021. {FENG Fan,LONG Wenhao,XIE Tongming,WANG Weiming,ZHANG Guangzheng,OU Yaofen. Experience of replantation of wrist after cutting injury[J]. Zhonghua Shou Wai Ke Za Zhi[Chin J Hand Surg(Article in Chinese;No abstract available)],2011,27(2):121-122. DOI:10.3760/cma.j.issn.1005-054X.2011.02.021.}

[1823] 刘梦璋，邹育才，赵资坚，杜建业，江标. 腕部离断再植修复 15 例的临床分析 [J]. 中华显微外科杂志，2012，35（3）：256-258. DOI：10.3760/cma.j.issn.1001-2036.2012.03.034. {LIU Mengzhang,ZOU Yucai,ZHAO Zijian,DU Jianye,JIANG Biao. Clinical analysis of 15 cases of replantation of broken wrist[J]. Zhonghua Xian Wei Wai Ke Za Zhi[Chin J Microsurg(Article in Chinese;Abstract in Chinese)],2012,35(3):256-258. DOI:10.3760/cma.j.issn.1001-2036.2012.03.034.}

[1824] 封帆，龙文浩，谢统明，王伟明，张光正，欧耀芬. 保留关节的腕部离断再植治疗 [J]. 中华显微外科杂志，2013，36（3）：285-287. DOI：10.3760/cma.j.issn.1001-2036.2013.03.023. {FENG Fan,LONG Wenhao,XIE Tongming,WANG Weiming,ZHANG Guangzheng,OU Yaofen. Joint preserving wrist replantation treatment[J]. Zhonghua Xian Wei Wai Ke Za Zhi[Chin J Microsurg(Article in Chinese;Abstract in Chinese)],2013,36(3):285-287. DOI:10.3760/cma.j.issn.1001-2036.2013.03.023.}

[1825] 冯明录，何勇，沈建明，朱大安，张晓辉. 旋转撕脱性断腕再植一例 [J]. 中华手外科杂志，2013，29（6）：343. DOI：10.3760/cma.j.issn.1005-054X.2013.06.010. {FENG Minglu,HE Yong,SHEN Jianming,ZHU Daan,ZHANG Xiaohui. A case of replantation of rotational avulsion broken wrist[J]. Zhonghua Shou Wai Ke Za Zhi[Chin J Hand Surg(Article in Chinese;No abstract available)],2013,29(6):343. DOI:10.3760/cma.j.issn.1005-054X.2013.06.010.}

[1826] 张全荣，芮永军，施海峰，陆振峰，张志海，钱俊，吴权. 严重压砸性断腕再植的治疗体会 [J]. 中国矫形外科杂志，2014，22（14）：1338-1340. DOI：10.3977/j.issn.1005-8478.2014.14.22. {ZHANG Quanrong,RUI Yongjun,SHI Haifeng,LU Zhenfeng,ZHANG Zhihai,QIAN Jun,WU Quan. Treatment experience of severe crushed broken wrist replantation[J]. Zhongguo Jiao Xing Wai Ke Za Zhi[Orthop J China(Article in Chinese;Abstract in Chinese)],2014,22(14):1338-1340. DOI:10.3977/j.issn.1005-8478.2014.14.22.}

[1827] 封帆，王伟明，袁东彬，欧耀芬. 断腕再植临床疗效对比分析 [J]. 中华显微外科杂志，2015，38（4）：395–397. DOI：10.3760/cma.j.issn.1001–2036.2015.04.026. {FENG Fan,WANG Weiming,YUAN Dongbin,OU Yaofen. Comparative analysis of clinical efficacy of replantation of amputated wrist[J]. Zhonghua Xian Wei Wai Ke Za Zhi[Chin J Microsurg(Article in Chinese;Abstract in Chinese)],2015,38(4):395-397. DOI:10.3760/cma.j.issn.1001-2036.2015.04.026.}

[1828] 龙文浩，封帆，王伟明，苏奕轩. 改良断腕再植 16 例临床疗效分析 [J]. 中华显微外科杂志，2015，38（5）：499–501. DOI：10.3760/cma.j.issn.1001–2036.2015.05.029. {LONG Wenhao,FENG Fan,WANG Weiming,SU Yixuan. Clinical analysis of 16 cases of modified amputated wrist replantation[J]. Zhonghua Xian Wei Wai Ke Za Zhi[Chin J Microsurg(Article in Chinese;Abstract in Chinese)],2015,38(5):499-501. DOI:10.3760/cma.j.issn.1001-2036.2015.05.029.}

[1829] 孙汝涛，刘会仁，刘家寅，吴学强，张艳茂，于占勇，马铁鹏，王岩，刘建华，王力，高烁，闫丽伟. 腕不全离断再植术后并发 Charcot 关节一例 [J]. 中华手外科杂志，2017，33（1）：76–77. {SUN Rutao,LIU Huiren,LIU Jiayin,WU Xueqiang,ZHANG Yanmao,YU Zhanyong,MA Tiepeng,WANG Yan,LIU Jianhua,WANG Li. A case of Charcot joint after replantation of incomplete wrist[J]. Zhonghua Shou Wai Ke Za Zhi[Chin J Hand Surg(Article in Chinese;No abstract available)],2017,33(1):76-77.}

[1830] 王伟明，封帆，龙文浩. 保留关节的断腕再植 [J]. 实用手外科杂志，2017，31（4）：436–438. DOI：10.3969/j.issn.1671–2722.2017.04.011. {WANG Weiming,FENG Fan,LONG Wenhao. Reserving articular replantation of amputated wrist[J]. Shi Yong Shou Wai Ke Za Zhi[Chin J Pract Hand Surg(Article in Chinese;Abstract in Chinese and English)],2017,31(4):436-438. DOI:10.3969/j.issn.1671-2722.2017.04.011.}

[1831] 龙文浩，何敏施，赵玲，吕圣飞，封帆，王伟明. 断腕十例改良再植的经验 [J]. 中华显微外科杂志，2018，41（4）：386–388. DOI：10.3760/cma.j.issn.1001–2036.2018.04.020. {LONG Wenhao,HE Minshi,ZHAO Ling,LU Shengfei,FENG Fan,WANG Weiming. Experience of 10 cases of improved replantation of broken wrist[J]. Zhonghua Xian Wei Wai Ke Za Zhi[Chin J Microsurg(Article in Chinese;Abstract in Chinese)],2018,41(4):386-388. DOI:10.3760/cma.j.issn.1001-2036.2018.04.020.}

[1832] 龙文浩，何敏施，赵玲，吕圣飞. 改良断腕再植与普通断腕再植的疗效比较 [J]. 实用手外科杂志，2018，32（1）：49–51，76. DOI：10.3969/j.issn.1671–2722.2018.01.017. {LONG Wenhao,HE Minshi,ZHAO Ling,LU Shengfei. Comparison of modified amputation replantation and general amputation replantation[J]. Shi Yong Shou Wai Ke Za Zhi[Chin J Pract Hand Surg(Article in Chinese;Abstract in Chinese and English)],2018,32(1):49-51,76. DOI:10.3969/j.issn.1671-2722.2018.01.017.}

2.2.5 断掌再植

replantation of severed palm

[1833] Zhang SX,Ho GT,Liu ZJ. Basic vascular anatomy and the reimplantation of the amputated hand through the palm[J]. Surg Radiol Anat,1990,12(4):241–246. doi:10.1007/BF01623697.

[1834] Zhang SX,Ho GT,Liu ZJ. Further study on the vascular basis for the reimplantation of the hand amputated through the palm[J]. Surg Radiol Anat,1995,17(1):47–52. doi:10.1007/BF01629499.

[1835] 四川万县地区人民医院外科. 断掌再植成功一例报告 [J]. 中华外科杂志，1979，17（2）：107. {Department of Surgery,Wanxian District People's Hospital,Sichuan. A case report of successful replantation of amputated palm[J]. Zhonghua Wai Ke Za Zhi[Chin J Surg(Article in Chinese;No abstract available)],1979,17(2):107.}

[1836] 黄国华，徐玉渊. 掌部离断再植 [J]. 修复重建外科杂志，1988，2（2）：49. {HUANG Guohua,XU Yuyuan. Replantation of severed palm[J]. Zhongguo Xiu Fu Chong Jian Wai Ke Za Zhi[Chin J Repar Reconstr Surg(Article in Chinese;No abstract available)],1988,2(2):49.}

[1837] 吴梅英. 断掌再植术后的二期手术治疗 [J]. 修复重建外科杂志，1988，2（2）：51. {WU Meiying. Two-stage surgical treatment after replantation of severed palm[J]. Zhongguo Xiu Fu Chong Jian Wai Ke Za Zhi[Chin J Repar Reconstr Surg(Article in Chinese;No abstract available)],1988,2(2):51.}

[1838] 刘方刚，黄宏前. 断掌再植中的血管重建问题 [J]. 中华显微外科杂志，1990，13（2）：108–110. {LIU Fanggang,HUANG Hongqian. Vascular reconstruction in replantation of amputated palm[J]. Zhonghua Xian Wei Wai Ke Za Zhi[Chin J Microsurg(Article in Chinese;No abstract available)],1990,13(2):108-110.}

[1839] 谢昌平，裴国献. 手掌离断再植 [J]. 中华手外科杂志，1993，9（1）：30–31. {XIE Changping,PEI Guoxian. Palm replantation[J]. Zhonghua Shou Wai Ke Za Zhi[Chin J Hand Surg(Article in Chinese;Abstract in Chinese)],1993,9(1):30-31.}

[1840] 蔡锦方，孙宝国，潘冀清，李秉胜，曹学诚，张抒，梁进，王源瑞. 断掌的分型与再植 [J]. 中华骨科杂志，1994，14（4）：290–293. {CAI Jinfang,SUN Baoguo,PAN Jiqing,LI Bingsheng,CAO Xuecheng,ZHANG Shu,LIANG Jin,WANG Yuanrui. Classification and replantation of severed palm[J]. Zhonghua Gu Ke Za Zhi[Chin J Orthop(Article in Chinese;No abstract available)],1994,14(4):290-293.}

[1841] 庄永青. 断掌分型及血管重建术 [J]. 中华显微外科杂志，1994，17（1）：184–186，238. {ZHUANG Yongqing. The clinical type of palmar amputaaion and vascular reconstruction[J]. Zhonghua Xian Wei Wai Ke Za Zhi[Chin J Microsurg(Article in Chinese;Abstract in Chinese)],1994,17(1):184-186,238.}

[1842] 曹斌，李忠，张祚勇，魏长月，张开欣，张建鲁. 足掌断离再植 [J]. 中华显微外科杂志，1994，17（2）：29–30，78. {CAO Bin,LI Zhong,ZHANG Zuoyong,WEI Changyue,ZHANG Kaixin,ZHANG Jianlu. Replantation of severed sole[J]. Zhonghua Xian Wei Wai Ke Za Zhi[Chin J Microsurg(Article in Chinese;Abstract in Chinese)],1994,17(2):29-30,78.}

[1843] 于方提，林欣. 复杂性断指（掌）再植术中的情况处理 [J]. 中华显微外科杂志，1994，17（3）：230. {YU Fangti,LIN Xin. Treatment of complex amputated finger (palm) replantation[J]. Zhonghua Xian Wei Wai Ke Za Zhi[Chin J Microsurg(Article in Chinese;No abstract available)],1994,17(3):230.}

[1844] 邹正荣，王效柱，史晨辉，刘维钢，周文玉，闫士佳. 双手断掌再植成功一例报告 [J]. 中华手外科杂志，1994，10（3）：192. {ZOU Zhengrong,WANG Xiaozhu,SHI Chenhui,LIU Weigang,ZHOU Wenyu,YAN Shijia. A case report of successful replantation of broken palms[J]. Zhonghua Shou Wai Ke Za Zhi[Chin J Hand Surg(Article in Chinese;No abstract available)],1994,10(3):192.}

[1845] 刘兴宇，李景峰，韩文祥，李玉山. 复杂断掌（腕）伤的治疗体会 [J]. 中国修复重建外科杂志，1994，8（3）：158. {LIU Xingyu,LI Jingfeng,HAN Wenxiang,LI Yushan. Experience in treatment of complicated amputated palm (wrist) injury[J]. Zhongguo Xiu Fu Chong Jian Wai Ke Za Zhi[Chin J Repar Reconstr Surg(Article in Chinese;Abstract in Chinese)],1994,8(3):158.}

[1846] 路青林，张成进，陈勇. 断掌移位再植一例 [J]. 中国修复重建外科杂志，1995，9（3）：190–191. {LU Qinglin,ZHANG Chengjin,CHEN Yong. A case of replantation of severed palm displacement[J]. Zhongguo Xiu Fu Chong Jian Wai Ke Za Zhi[Chin J Repar Reconstr Surg(Article in Chinese;No abstract available)],1995,9(3):190-191.}

[1847] 张植生，刘宏健. 手背静脉网移植重建掌浅弓治疗复杂断掌 [J]. 中华显微外科杂志，1996，19（1）：14. {ZHANG Zhisheng,LIU Hongjian. Reconstruction of superficial palmar arch with dorsal hand vein network transplantation for treatment of complex broken palm[J]. Zhonghua Xian Wei Wai Ke Za Zhi[Chin J Microsurg(Article in Chinese;No abstract available)],1996,19(1):14.}

[1848] 蔡锦方，孙宝国，潘冀清，李秉胜，曹学成，张抒，梁进，王源瑞. 断掌再植 73 例分析 [J]. 中华显微外科杂志，1996，19（2）：141–142. {CAI Jinfang,SUN Baoguo,PAN Jiqing,LI Bingsheng,CAO Xuecheng,ZHANG Shu,LIANG Jin,WANG Yuanrui. Analysis of 73 cases of replantation of amputated palm[J]. Zhonghua Xian Wei Wai Ke Za Zhi[Chin J Microsurg(Article in Chinese;No abstract available)],1996,19(2):141-142.}

[1849] 丁玉勤，郭德亮，江海庭，王谦军，刘康东，王成琪. 幼儿足掌离断再植五例体会 [J]. 中华显微外科杂志，1996，19（4）：291. {DING Yuqin,GUO Deliang,JIANG Haiting,WANG Qianjun,LIU Kangdong,WANG Chengqi. Five cases of infant replantation of amputated foot[J]. Zhonghua Xian Wei Wai Ke Za Zhi[Chin J Microsurg(Article in Chinese;No abstract available)],1996,19(4):291.}

[1850] 孙国峰，王成琪，任志勇，王剑利，颜含，王刚，刘峰之. 断掌再植时复合组织缺损的修复 [J]. 中华显微外科杂志，1996，19（4）：292–293. {SUN Guofeng,WANG Chengqi,REN Zhiyong,WANG Jianli,YAN Han,WANG Gang,LIU Fengzhi. Repair of compound tissue defect during replantation of amputated palm[J]. Zhonghua Xian Wei Wai Ke Za Zhi[Chin J Microsurg(Article in Chinese;No abstract available)],1996,19(4):292-293.}

[1851] 范启申，王成琪，周祥吉. 断掌再植与功能康复 [J]. 中华显微外科杂志，1998，21（3）：180. DOI：10.3760/cma.j.issn.1001–2036.1998.03.008. {FAN Qishen,WANG Chengqi,ZHOU Xiangji. Replantation of amputated palm and functional rehabilitation[J]. Zhonghua Xian Wei Wai Ke Za Zhi[Chin J Microsurg(Article in Chinese;Abstract in Chinese and English)],1998,21(3):180. DOI:10.3760/cma.j.issn.1001-2036.1998.03.008.}

[1852] 蔡锦方，李秉胜，曹学诚，梁进，张抒. 毁坏性断掌再植与功能重建 [J]. 中华手外科杂志，1998，14（1）：23–24. {CAI Jinfang,LI Bingsheng,CAO Xuecheng,LIANG Jin,ZHANG Shu. Replantation and functional reconstruction of mutilating injury of the palms[J]. Zhonghua Shou Wai Ke Za Zhi[Chin J Hand Surg(Article in Chinese;Abstract in Chinese and English)],1998,14(1):23-24.}

[1853] 梁进，蔡锦方，刘立峰. 纵劈型不全断掌的临床特点与再植 [J]. 中华手外科杂志，1998，14（4）：206. DOI：10.3760/cma.j.issn.1005–054X.1998.04.025. {LIANG Jin,CAI Jinfang,LIU Lifeng. Clinical features and replantation of incomplete palmar rupture[J]. Zhonghua Shou Wai Ke Za Zhi[Chin J Hand Surg(Article in Chinese;No abstract available)],1998,14(4):206. DOI:10.3760/cma.j.issn.1005-054X.1998.04.025.}

[1854] 孙天晔，寿奎水，徐雷，李向荣，芮永军，张全荣，孔友谊. 再植断掌的功能康复 [J]. 中华手外科杂志，1998，14（4）：31. {SUN Tianye,SHOU Kuishui,XU Lei,LI Xiangrong,RUI Yongjun,ZHANG Quanrong,KONG Youyi. Functional rehabilitation of replanted amputated palm[J]. Zhonghua Shou Wai Ke Za Zhi[Chin J Hand Surg(Article in Chinese;No abstract available)],1998,14(4):31.}

[1855] 梁进，蔡锦方. 纵劈裂不全断掌的临床特点与再植 [J]. 中华手外科杂志，1998，14（4）：206. {LIANG Jin,CAI Jinfang. Clinical characteristics and replantation of palmar incomplete split[J]. Zhonghua Shou Wai Ke Za Zhi[Chin J Hand Surg(Article in Chinese;No abstract available)],1998,14(4):206.}

[1856] 胡剑秋，张旭东，陈金洪. 异位寄养二期再植断掌一例报告 [J]. 中华骨科杂志，1999，19（3）：188. DOI：10.3760/j.issn：0253–2352.1999.03.022. {HU Jianqiu,ZHANG Xudong,CHEN Jinhong. A case report of second-stage replantation of broken palm in ectopic foster care[J]. Zhonghua Gu Ke Za Zhi[Chin J Orthop(Article in Chinese;No abstract available)],1999,19(3):188. DOI:10.3760/j.issn:0253-2352.1999.03.022.}

[1857] 黄涛，黄昌林. 断掌再植术有关问题探讨 [J]. 中华显微外科杂志，1999，22（3）：226. DOI：10.3760/cma.j.issn.1001–2036.1999.03.032. {HUANG Tao,HUANG Changlin. Discussion on replantation of broken palm[J]. Zhonghua Xian Wei Wai Ke Za Zhi[Chin J Microsurg(Article in Chinese;No abstract available)],1999,22(3):226. DOI:10.3760/cma.j.issn.1001-2036.1999.03.032.}

[1858] 胡剑秋，张旭东，陈金洪. 断掌远位寄养二期再植一例 [J]. 中华显微外科杂志，1999，22（4）：313. {HU Jianqiu,ZHANG Xudong,CHEN Jinhong. A case of second stage replantation of amputated palm in remote foster care[J]. Zhonghua Xian Wei Wai Ke Za Zhi[Chin J Microsurg(Article in Chinese;No abstract available)],1999,22(4):313.}

[1859] 梁进，蔡锦方，刘立峰，王平. 纵劈形断掌 5 例临床分析 [J]. 中国骨伤，1999，12（1）：9–10. DOI：10.3969/j.issn.1003–0034.1999.01.003. {LIANG Jin,CAI Jinfang,LIU Lifeng,WANG Ping. Clinical analysis on five patients with longitudinally severed palm[J]. Zhongguo Gu Shang[China J Orthop Trauma(Article in Chinese;Abstract in Chinese and English)],1999,12(1):9-10. DOI:10.3969/j.issn.1003-0034.1999.01.003.}

[1860] 徐基农，黄卫东，朱泽艺，肖方生，杨志贤. 断掌伴手背大面积软组织缺损再植成活二例 [J]. 中华显微外科杂志，2001，24(1)：69. DOI：10.3760/cma.j.issn.1001–2036.2001.01.046. {XU Jinong,HUANG Weidong,ZHU Zeyi,XIAO Fangsheng,YANG Zhixian. Two cases of replantation of amputated palm with large soft tissue defect on the back of the hand[J]. Zhonghua Xian Wei Wai Ke Za Zhi[Chin J Microsurg(Article in Chinese;No abstract available)],2001,24(1):69. DOI:10.3760/cma.j.issn.1001-2036.2001.01.046.}

[1861] 王献伟，谢振军，荣卫华，孙华伟. 第一掌背动脉转位在断掌再植中的应用 [J]. 中华手外科杂志，2001，17（3）：135. DOI：10.3760/cma.j.issn.1005–054X.2001.03.024. {WANG Xianwei,XIE Zhenjun,RONG Weihua,SUN Huawei. Application of transposition of the first dorsal metacarpal artery in replantation of amputated palm[J]. Zhonghua Shou Wai Ke Za Zhi[Chin J Hand Surg(Article in Chinese;No abstract available)],2001,17(3):135. DOI:10.3760/cma.j.issn.1005-054X.2001.03.024.}

[1862] 张振伟，廖坚文，林冷，古纪欢，周可，陈泽华. 冲压性毁损性的断掌再植 [J]. 中华手外科杂志，2002，18（4）：211–213. DOI：10.3760/cma.j.issn.1005–054X.2002.04.007. {ZHANG Zhenwei,LIAO Jianwen,LIN Leng,GU Jihuan,ZHOU Ke,CHEN Zehua. Replantation of severed palm with impact and destructive injuries[J]. Zhonghua Shou Wai Ke Za Zhi[Chin J Hand Surg(Article in Chinese;Abstract in Chinese and English)],2002,18(4):211-213. DOI:10.3760/cma.j.issn.1005-054X.2002.04.007.}

[1863] 王京生. 断掌再植的神经解剖学基础 [J]. 中国临床解剖学杂志，2003，21（6）：589–592. DOI：10.3969/j.issn.1001–165X.2003.06.020. {WANG Jingsheng. Neuroanatomic basis of palm replantation[J]. Zhongguo Lin Chuang Jie Pou Xue Za Zhi[Chin J Clin Anat(Article in Chinese;Abstract in Chinese and English)],2003,21(6):589-592. DOI:10.3969/j.issn.1001-165X.2003.06.020.}

[1864] 张玉峰，隋海明，丛海波，孙磊. 低龄幼儿绞轧性断掌再植一例 [J]. 中华显微外科杂志，2004，27（1）：37. DOI：10.3760/cma.j.issn.1001–2036.2004.01.049. {ZHANG Yufeng,SUI Haiming,CONG Haibo,SUN Lei. A case of replantation of strangulated broken palm in a young child[J]. Zhonghua Xian Wei Wai Ke Za Zhi[Chin J Microsurg(Article in Chinese;No abstract available)],2004,27(1):37. DOI:10.3760/cma.j.issn.1001-2036.2004.01.049.}

[1865] 徐坚方，丁路. 16 个月小儿手尺侧斜形断掌一例 [J]. 中华手外科杂志，2004，20（3）：33. {XU Jianfang,DING Lu. A case of oblique ulnar broken palm in a 16-month-old child[J]. Zhonghua Shou Wai Ke Za Zhi[Chin J Hand Surg(Article in Chinese;No abstract available)],2004,20(3):33.}

[1866] 张全荣，寿奎水，陆征峰，邱扬，施海峰. 严重压砸性断掌再植与功能重建 [J]. 中华创伤骨科杂志，2004，6（11）：1307–1308. DOI：10.3760/cma.j.issn.1671–7600.2004.11.037. {ZHANG Quanrong,SHOU Kuishui,LU Zhengfeng,QIU Yang,SHI Haifeng. Replantation and functional reconstruction of severed palm caused by crush injury[J]. Zhonghua Chuang Shang Gu Ke Za Zhi[Chin J Orthop Trauma(Article in Chinese;Abstract in Chinese and English)],2004,6(11):1307-1308. DOI:10.3760/cma.j.issn.1671-7600.2004.11.037.}

[1867] 刘勇，张成进，李忠，范启申，曲联军，王成琪. 尺动脉腕上皮支在断掌中的应用 [J]. 创伤外科杂志，2004，6(4): 302. DOI: 10.3969/j.issn.1009-4237.2004.04.028. {LIU Yong,ZHANG Chengjin,LI Zhong,FAN Qishen,QU Lianjun,WANG Chengqi. Application of dorsal carpal branch of ulnar artery in palm injuries[J]. Chuang Shang Wai Ke Za Zhi[J Traum Surg(Article in Chinese;Abstract in Chinese)],2004,6(4):302. DOI:10.3969/j.issn.1009-4237.2004.04.028.}

[1868] 于胜军，孙明，李京宁，付胜强，刘万军. 带旋股外动脉内侧降支股前外侧皮瓣在毁损性断掌再植中的应用 [J]. 中华显微外科杂志，2005，28(1): 65-66. DOI: 10.3760/cma.j.issn.1001-2036.2005.01.028. {YU Shengjun,SUN Ming,LI Jingning,FU Shengqiang,LIU Wanjun. Application of anterolateral femoral flap with medial descending branch of external circumflex femoral artery in replantation of destructive amputated palm[J]. Zhonghua Xian Wei Wai Ke Za Zhi[Chin J Microsurg(Article in Chinese;Abstract in Chinese)],2005,28(1):65-66. DOI:10.3760/cma.j.issn.1001-2036.2005.01.028.}

[1869] 王瑛，臧东升，刘金磊. 撕脱伤断掌并硫酸烧伤再植成功一例 [J]. 中华显微外科杂志，2006，29(2): 88. {WANG Ying,ZANG Dongsheng,LIU Jinlei. A successful replantation of avulsion injury and amputated palm combined with sulfuric acid burn[J]. Zhonghua Xian Wei Wai Ke Za Zhi[Chin J Microsurg(Article in Chinese;No abstract available)],2006,29(2):88.}

[1870] 王瑛，臧东升，刘金磊. 断掌后硫酸烧伤再植成功一例 [J]. 中华手外科杂志，2006，22(2): 111. DOI: 10.3760/cma.j.issn.1005-054X.2006.02.031. {WANG Ying,ZANG Dongsheng,LIU Jinlei. A successful replantation of sulfuric acid burn after amputated palm[J]. Zhonghua Shou Wai Ke Za Zhi[Chin J Hand Surg(Article in Chinese;No abstract available)],2006,22(2):111. DOI:10.3760/cma.j.issn.1005-054X.2006.02.031.}

[1871] 张立沼，王瑛，冯春刚. 被火碱浸泡后断掌再植成功一例报告 [J]. 中华手外科杂志，2006，22(4): 203. DOI: 10.3760/cma.j.issn.1005-054X.2006.04.034. {ZHANG Lizhao,WANG Ying,FENG Chungang. A case report of successful replantation of amputated palm after being soaked in caustic soda[J]. Zhonghua Shou Wai Ke Za Zhi[Chin J Hand Surg(Article in Chinese;No abstract available)],2006,22(4):203. DOI:10.3760/cma.j.issn.1005-054X.2006.04.034.}

[1872] 马亮，丁晟，陈莹. 13 个月幼儿断掌再植一例 [J]. 中华手外科杂志，2007，23(1): 10. {MA Liang,DING Sheng,CHEN Ying. Replantation of a 13-month-old child with amputated palm[J]. Zhonghua Shou Wai Ke Za Zhi[Chin J Hand Surg(Article in Chinese;No abstract available)],2007,23(1):10.}

[1873] 姜德欣，李大为，刘遵勇，蒋明，胡静波，余迎浩. 绞轧撕脱性断掌的再植修复 [J]. 中华手外科杂志，2007，23(1): 55. DOI: 10.3760/cma.j.issn.1005-054X.2007.01.023. {JIANG Dexin,LI Dawei,LIU Zunyong,JIANG Ming,HU Jingbo,YU Yinghao. Replantation and repair of twisted and avulsed broken palm[J]. Zhonghua Shou Wai Ke Za Zhi[Chin J Hand Surg(Article in Chinese;No abstract available)],2007,23(1):55. DOI:10.3760/cma.j.issn.1005-054X.2007.01.023.}

[1874] 陈建常，王鑫，梁景灏，史振满. 小儿足掌撕脱离断再植一例 [J]. 中华创伤杂志，2007，23(1): 15. DOI: 10.3760/j: issn: 1001-8050.2007.01.021. {CHEN Jianchang,WANG Xin,LIANG Jinghao,SHI Zhenman. A case of replantation of a child's torn and broken foot[J]. Zhonghua Chuang Shang Za Zhi[Chin J Trauma(Article in Chinese;No abstract available)],2007,23(1):15. DOI:10.3760/j:issn:1001-8050.2007.01.021.}

[1875] 雷彦文，谢振荣，张敬良，陈焕伟，郭桥鸿，汤涣财，邓劭华，刘梅. 低龄幼儿双手掌离断再植成功一例 [J]. 中华显微外科杂志，2009，32(1): 46. DOI: 10.3760/cma.j.issn.1001-2036.2009.01.019. {LEI Yanwen,XIE Zhenrong,ZHANG Jingliang,CHEN Huanwei,GUO Qiaohong,TANG Huancai,DENG Shaohua,LIU Mei. A successful replantation of amputated palms in a young child[J]. Zhonghua Xian Wei Wai Ke Za Zhi[Chin J Microsurg(Article in Chinese;No abstract available)],2009,32(1):46. DOI:10.3760/cma.j.issn.1001-2036.2009.01.019.}

[1876] 王海峰，方健，赵光勋，陈前永，甘正祥. 双手压轧性复杂断掌再植一指 [J]. 中华手外科杂志，2009，25(6): 345. DOI: 10.3760/cma.j.issn.1005-054X.2009.06.010. {WANG Haifeng,FANG Jian,ZHAO Guangxun,CHEN Qianyong,GAN Zhengxiang. Complicated crushing of both hands and replantation of a finger[J]. Zhonghua Shou Wai Ke Za Zhi[Chin J Hand Surg(Article in Chinese;No abstract available)],2009,25(6):345. DOI:10.3760/cma.j.issn.1005-054X.2009.06.010.}

[1877] 梁启善，张成中，张健，卢冉翔，林钦扬，余丰年，刘明龙. 断掌再植中血管缺损的显微外科修复 [J]. 中华显微外科杂志，2011，34(4): 328-330. DOI: 10.3760/cma.j.issn.1001-2036.2011.04.027. {LIANG Qishan,ZHANG Chengzhong,ZHANG Jian,LU Ranxiang,LIN Qinyang,YU Fengnian,LIU Minglong. Microsurgical repair of vascular defect in replantation of amputated palm[J]. Zhonghua Xian Wei Wai Ke Za Zhi[Chin J Microsurg(Article in Chinese;Abstract in Chinese)],2011,34(4):328-330. DOI:10.3760/cma.j.issn.1001-2036.2011.04.027.}

[1878] 厉运收，王星力. 毁损性断掌的急诊再植与再造 [J]. 实用手外科杂志，2011，25(2): 126-128. DOI: 10.3969/j.issn.1671-2722.2011.02.015. {LI Yunshou,WANG Xingli. Investigation on emergency replantation and reconstruction of destructive severed palm[J]. Shi Yong Shou Wai Ke Za Zhi[Chin J Pract Hand Surg(Article in Chinese;Abstract in Chinese and English)],2011,25(2):126-128. DOI:10.3969/j.issn.1671-2722.2011.02.015.}

[1879] 景斗星，孙军锁，王铁涛，靳文阔，陈时高，梁嘉樑，何伟，蔡雅楠. 复杂手掌离断异位寄养再植一例并文献复习 [J]. 中华显微外科杂志，2014，37(6): 557-559. DOI: 10.3760/cma.j.issn.1001-2036.2014.06.010. {JING Douxing,SUN Junsuo,WANG Tietao,JIN Wenkuo,CHEN Shigao,LIANG Jialiang,HE Wei,CAI Yanan. The ectopic implantation and replantation of complicated hand secrance:one case report and literature review[J]. Zhonghua Xian Wei Wai Ke Za Zhi[Chin J Microsurg(Article in Chinese;Abstract in Chinese and English)],2014,37(6):557-559. DOI:10.3760/cma.j.issn.1001-2036.2014.06.010.}

[1880] 侯桥，曾林如，申丰，任国华，汪扬. 经掌指关节平面断掌保关节再植一例 [J]. 中华手外科杂志，2014，30(6): 479. DOI: 10.3760/cma.j.issn.1005-054X.2014.06.036. {HOU Qiao,ZENG Linru,SHEN Feng,REN Guohua,WANG Yang. A case of joint replantation through metacarpophalangeal joint plane cut off palm[J]. Zhonghua Shou Wai Ke Za Zhi[Chin J Hand Surg(Article in Chinese;No abstract available)],2014,30(6):479. DOI:10.3760/cma.j.issn.1005-054X.2014.06.036.}

[1881] 颜飞华，廖军，单平联，刘振峰，方锐. 断掌再植 45 例临床分析 [J]. 中国骨伤，2014，27(6): 475-477. DOI: 10.3969/j.issn.1003-0034.2014.06.008. {YAN Feihua,LIAO Jun,SHAN Pinglian,LIU Zhenfeng,FANG Rui. Clinical analysis on replantation of severed palm in 45 patients[J]. Zhongguo Gu Shang[China J Orthop Trauma(Article in Chinese;Abstract in Chinese and English)],2014,27(6):475-477. DOI:10.3969/j.issn.1003-0034.2014.06.008.}

[1882] 王衍彪，刘立峰，曹学成，张宁，周振宇，杨如意. 双侧手掌离断合并右拇指末节完全离断再植成功一例 [J]. 中华显微外科杂志，2015，38(1): 100-101. DOI: 10.3760/cma.j.issn.1001-2036.2015.01.032. {WANG Yanbiao,LIU Lifeng,CAO Xuecheng,ZHANG Ning,ZHOU Zhenyu,YANG Ruyi. A successful case of replantation of bilateral palm transection combined with complete transection of right thumb[J]. Zhonghua Xian Wei Wai Ke Za Zhi[Chin J Microsurg(Article in Chinese;No abstract available)],2015,38(1):100-101. DOI:10.3760/cma.j.issn.1001-2036.2015.01.032.}

[1883] 侯桥，曾林如，申丰，任国华，辛大伟，汪扬. 保留关节的经掌指关节平面切割性离断断掌再植五例 [J]. 中华显微外科杂志，2015，38(4): 380-382. DOI: 10.3760/cma.j.issn.1001-2036.2015.04.018. {HOU Qiao,ZENG Linru,SHEN Feng,REN Guohua,XIN Dawei,WANG Yang. Five cases of joint-preserving replantation of metacarpophalangeal joints with cut-off amputated palm[J]. Zhonghua Xian Wei Wai Ke Za Zhi[Chin J Microsurg(Article in Chinese;Abstract in Chinese)],2015,38(4):380-382. DOI:10.3760/cma.j.issn.1001-2036.2015.04.018.}

[1884] 赵维彦，赵世伟，张海欧，邱旭东，朱春雷，赵炳显. 前臂逆行筋膜瓣重建毁损性断掌静脉回流的临床应用 [J]. 中华手外科杂志，2015，31(3): 233-234. DOI: 10.3760/cma.j.issn.1005-054X.2015.03.034. {ZHAO Weiyan,ZHAO Shiwei,ZHANG Haiou,QIU Xudong,ZHU Chunlei,ZHAO Bingxian. Clinical application of forearm retrograde fascia flap to reconstruct damaged palmar venous return[J]. Zhonghua Shou Wai Ke Za Zhi[Chin J Hand Surg(Article in Chinese;Abstract in Chinese)],2015,31(3):233-234. DOI:10.3760/cma.j.issn.1005-054X.2015.03.034.}

[1885] 张伟，褚晓朝，第五文科，荆新峰，崔怀志，郑峰，王恒，程芳斌. 双手掌旋转撕脱性离断伤再植成功一例 [J]. 中华显微外科杂志，2016，39(1): 100-101. DOI: 10.3760/cma.j.issn.1001-2036.2016.01.032. {ZHANG Wei,CHU Xiaochao,DIWU Wenke,JING Xinfeng,CUI Huaizhi,ZHENG Feng,WANG Heng,CHENG Fangbin. A successful replantation of an avulsion injury caused by rotating palm of both hands[J]. Zhonghua Xian Wei Wai Ke Za Zhi[Chin J Microsurg(Article in Chinese;No abstract available)],2016,39(1):100-101. DOI:10.3760/cma.j.issn.1001-2036.2016.01.032.}

[1886] 徐涛，厉运收，孟伟伟，王晓阁. 手掌复杂性旋转撕脱离断再植成功一例 [J]. 中华显微外科杂志，2017，40(5): 516-517. DOI: 10.3760/cma.j.issn.1001-2036.2017.05.034. {XU Tao,LI Yunshou,MENG Weiwei,WANG Xiaoge. A successful case of replantation of complex palms[J]. Zhonghua Xian Wei Wai Ke Za Zhi[Chin J Microsurg(Article in Chinese;No abstract available)],2017,40(5):516-517. DOI:10.3760/cma.j.issn.1001-2036.2017.05.034.}

[1887] 王佳乐，宫可同，张波，曹树明，赵俊，吴维勇. 手掌旋转撕脱性离断伤再植成功一例 [J]. 中华手外科杂志，2018，34(5): 400. DOI: 10.3760/cma.j.issn.1005-054X.2018.05.031. {WANG Jiale,GONG Ketong,ZHANG Bo,CAO Shuming,ZHAO Jun,WU Weiyong. A successful replantation of palm rotation avulsion injury[J]. Zhonghua Shou Wai Ke Za Zhi[Chin J Hand Surg(Article in Chinese;No abstract available)],2018,34(5):400. DOI:10.3760/cma.j.issn.1005-054X.2018.05.031.}

2.2.6 断指再植
digit replantation

[1888] Department of Surgery,First Teaching Hospital of Chung Shan Medical College,Kwangchow. Experience in replantation of severed fingers[J]. Chin Med J,1973,(6):71.

[1889] Research Laboratory for Replantation of Severed Limbs,Shanghai Sixth People's Hospital. Replantation of severed fingers. Clinical experiences in 217 cases involving 373 severed fingers[J]. Chin Med J,1975,(3):184-196.

[1890] Gheng GL,Pan DD. Replantation of distally amputated finger segment[J]. Chin Med J,1982,95(10):711-716.

[1891] Cheng GL,Pan DD,Qu ZY,Lin B,Yang ZX,Fang GR,Gong XS,Tang HP. Digital replantation. A ten-year retrospective study[J]. Chin Med J,1991,104(2):96-102.

[1892] Cheng GL,Pan DD,Yang ZX,Qu ZY. Replantation of digits amputated at or about the distal interphalangeal joint[J]. Ann Plast Surg,1985,15(6):465-473. doi:10.1097/00000637-198512000-00003.

[1893] Zhou GH,Zhang WD. Replantation of severed fingers:two unique cases[J]. Microsurgery,1991,12(4):235-236. doi:10.1002/micr.1920120402.

[1894] Zhao HR,Zhou W,Zhou GH,Zhang WD. Successful replantation of digits and restoration of partial hand function:a case report[J]. Microsurgery, 1992,13(5):247-248. doi:10.1002/micr.1920130510.

[1895] Jiang JF,Gu YD. Experimental study of free toe replantation in rats[J]. Microsurgery,1992,13(5):287-290. doi:10.1002/micr.1920130518.

[1896] Zhang WD,Zhou GH,Zhao HR,Wei Z,Mu YK. Five year digital replantation series from the frigid zone of China[J]. Microsurgery,1993,14(6):384-387. doi:10.1002/micr.1920140606.

[1897] Tian L,Tian F,Tian F,Li X,Ji X,Wei J. Replantation of completely amputated thumbs with venous arterialization[J]. J Hand Surg Am,2007,32(7):1048-1052. doi:10.1016/j.jhsa.2007.05.011.

[1898] Lu W,Wang D,Liu L,Xiong J,He Q. Nail fold capillary observation in replanted severed fingers[J]. Microsurgery,2008,28(1):13-16. doi:10.1002/micr.20445.

[1899] Chai Y,Kang Q,Yang Q,Zeng B. Replantation of amputated finger composite tissues with microvascular anastomosis[J]. Microsurgery,2008,28(5):314-320. doi:10.1002/micr.20508.

[1900] Li J,Ni GH,Guo Z,Fan HB,Cong R,Wang Z,Li MQ. Salvage of amputated thumbs by temporary ectopic implantation[J]. Microsurgery,2008,28(7):559-564. doi:10.1002/micr.20540.

[1901] Zhang X,Yang L,Shao X,Wen S,Zhu H,Zhang Z. Use of a bilobed second dorsal metacarpal artery-based island flap for thumb replantation[J]. J Hand Surg Am,2011,36(6):998-1006. doi:10.1016/j.jhsa.2011.03.006.

[1902] Wang LH,Zhang GQ. Use of digital subtraction angiography for assessment of digital replantation[J]. J Zhejiang Univ Sci B,2012,13(3):209-212. doi:10.1631/jzus.B1100223.

[1903] WANG Peiji,DONG Qirong,QIN Jianzhong,WANG Huayi,ZHOU Kailong,YI Nan. Intramedullary fixation in digital replantation using bioabsorbable poly-DL-lactic acid rods[J]. J Hand Surg Am,2012,37(12):2547-2552. doi:10.1016/j.jhsa.2012.09.022.

[1904] Yang J,Yang W,Cao S,Gu Y,Chen L. Local ectopic implantation for salvaging an amputated thumb:an anatomical study and a case report[J]. Ann Plast Surg,2013,70(2):187-191. doi:10.1097/SPA.0b013e31823b67ca.

[1905] Cheng L,Chen K,Chai YM,Wen G,Wang CY. Fingertip replantation at the eponychial level with venous anastomosis:an anatomic study and clinical application[J]. J Hand Surg Eur,2013,38(9):959-963. doi:10.1177/1753193413490653.

[1906] Yu H,Wei L,Liang B,Hou S,Wang J,Yang Y. Nonsurgical factors of digital replantation and survival rate:A metaanalysis[J]. Indian J Orthop,2015,49(3):265-271. doi:10.4103/0019-5413.156185.

[1907] Ma Z,Guo F,Qi J,Xiang W,Zhang J. Effects of non-surgical factors on digital replantation survival rate:a meta-analysis[J]. J Hand Surg Eur,2016,41(2):157-163. doi:10.1177/1753193415594572.

[1908] Zhang H,Sun X,Hao D. Upregulation of microRNA-370 facilitates the repair of amputated fingers through targeting forkhead box protein O1[J]. Exp Biol Med (Maywood),2016,241(3):282-289. doi:10.1177/1535370215600549.

[1909] Zhu X,Zhu H,Zhang C,Zheng X. Pre-operative predictive factors for the survival of replanted digits[J]. Int Orthop,2017,41(8):1623-1626. doi:10.1007/s00264-017-3416-3.

[1910] Tang JB,Wang ZT,Chen J,Wong J. A global view of digital replantation and revascularization[J]. Clin Plast Surg,2017,44(2):189-209. doi:10.1016/j.cps.2016.11.003.

[1911] Zhu H,Zhu X,Zheng X. Antithrombotic therapies in digit replantation with papaverine administration:a prospective,observational study[J]. Plast Reconstr Surg,2017,140(4):743-746. doi:10.1097/PRS.0000000000003665.

[1912] Zhao G,Mi J,Rui Y,Pan X,Yao Q,Qiu Y. Correlation of volumetric flow rate and skin blood flow with cold intolerance in digital replantation[J]. Medicine (Baltimore),2017,96(51):e9477. doi:10.1097/MD.0000000000009477.

[1913] Zhu H,Bao B,Zheng X. A comparison of functional outcomes and therapeutic costs:single-digit replantation versus revision amputation[J]. Plast Reconstr Surg,2018,141(2):244e-249e. doi:10.1097/PRS.0000000000004024.

[1914] Chen J,Zhang AX,Chen QZ,Mu S,Tan J. Long-term functional,subjective and psychological results after single digit replantation[J]. Acta Orthop Traumatol Turc,2018,52(2):120-126. doi:10.1016/j.aott.2017.09.001.

[1915] Zhu H,Zhu X,Zhang C,Zheng X. Patency test of vascular anastomosis with assistance of high-speed video recording in digit replantation[J]. J Bone Joint Surg Am,2018,100(9):729-734. doi:10.2106/JBJS.17.00494.

[1916] Chen X,Chen Z,Zhou J,Xu Y. Unilateral digital arterial ligation combined with low molecular weight heparins in severed finger without venous anastomosis[J]. Exp Ther Med,2018,16(1):342-346. doi:10.3892/etm.2018.6174.

[1917] Zhang P,Zhu C,Xiao J,Zhou Y. The reperfusion delay in finger replantation by vein arterialization[J]. Indian J Orthop,2018,52(4):430-433. doi:10.4103/ortho.IJOrtho_341_16.

[1918] Li D,Gao W,Niu Y,Zhao P,Zheng W,Li CJ. Infection of finger caused by Morganella morganii leading to digital amputation:A case report[J]. Medicine (Baltimore),2019,98(2):e14002. doi:10.1097/MD.0000000000014002.

[1919] Zhang Y,Li X,Li Q. Z-plasty for dorsal skin closure in finger replantation may decrease incidence of venous crisis:a retrospective cohort study[J]. J Hand Surg Eur,2019,44(5):540-541. doi:10.1177/1753193419833343.

[1920] Jin H,Peng X,Zhang C. Pre-injury level of anxiety is associated with the rate of digit replant failure:a prospective cohort study[J]. Int J Surg,2019,69:84-88. doi:10.1016/j.ijsu.2019.07.027.

[1921] Wang Z,Zhu L,Kou W,Sun W,He B,Wang C,Shen Y,Wang Y,Zhu Z,Liang Y. Replantation of cryopreserved fingers:an "organ banking" breakthrough[J]. Plast Reconstr Surg,2019,144(3):679-683. doi:10.1097/PRS.0000000000005979.

[1922] Li X,Zhu X,Zhu H,Zhang C,Chai Y,Zheng X. Replantation of a completely amputated thumb with assistance of high-speed video recording[J]. JBJS Essent Surg Tech,2019,9(2):e12. doi:10.2106/JBJS.ST.18.00027.

[1923] Wang J,Lin J,Pei Y,Xu Q,Zhu L. Cryopreservation and transplantation of amputated finger[J]. Cryobiology,2020,92:235-240. doi:10.1016/j.cryobiol.2020.01.017.

[1924] Tang JB,Wang ZT,Chen J,Wong J. A global view of digital replantation and revascularization[J]. Clin Plast Surg,2020,47(4):437-459. doi:10.1016/j.cps.2020.06.002.

[1925] Li X,Zhai H,Zhao G,Pan X,Yao Q,Hua Y,Yu J,Mi J. A comparative study of lateral and palmar venous anastomosis in Ishikawa zone Ⅱ fingertip replantation[J]. J Orthop Surg(Hong Kong),2020,28(3):2309499020962861. doi:10.1177/2309499020962861.

[1926] He S,Chen W,Xia J,Lai Z,Yu D,Yao J,Cai S. Effects of ozone autohemotherapy on blood VEGF,TGF-β and PDGF levels after finger replantation[J]. Ann Palliat Med,2020,9(5):3332-3339. doi:10.21037/apm-20-1467.

[1927] 马怡灿．不完全性创伤性远端指节离断再植一例报告[J]．中华外科杂志，1964，12（6）：537．{MA Yican. A case report of incompletely traumatic distal knuckle replantation[J]. Zhonghua Wai Ke Za Zhi[Chin J Surg(Article in Chinese;No abstract available)],1964,12(6):537.}(非显微修复 Non-microsurgical repair)

[1928] 王首夫，李柱田．用皮下埋藏法做指端再植[J]．中华外科杂志，1965，13（3）：211．{WANG Shoufu,LI Zhutian. Fingertip replantation with subcutaneous burial method[J]. Zhonghua Wai Ke Za Zhi[Chin J Surg(Article in Chinese;No abstract available)],1965,13(3):211.}(非显微修复 Non-microsurgical repair)

[1929] 中山医学院附属第一医院外科．断指再植的一些体会[J]．中华医学杂志，1973，53（6）：335-337．{Department of Surgery,The First Affiliated Hospital of Zhongshan Medical College. Some experience of replantation of amputated finger[J]. Zhonghua Yi Xue Za Zhi[Natl Med J China(Article in Chinese;No abstract available)],1973,53(6):335-337.}

[1930] 湖南医学院附属第一医院断肢再植研究组．断指移位再植一例报告[J]．中华医学杂志，1973，53（8）：496．{Research Group of Replantation of Severed Limb. A case report of replantation of amputated finger[J]. Zhonghua Yi Xue Za Zhi[Natl Med J China(Article in Chinese;No abstract available)],1973,53(8):496.}

[1931] 李佛保，黄承达．重视基本功训练，提高断指再植水平[J]．显微外科，1978，1（2）：77．{LI Fobao,HUANG Chengda. Emphasis on basic skills training and improvement of surgical technique of severed finger transplantation[J]. Xian Wei Wai Ke[Chin J Microsurg(Article in Chinese;No abstract available)],1978,1(2):77.}

[1932] 孙峰，孙雪良，程晋武，王惠美，刘步先，金重山，杨怀远．工矿医院开展断指再植的体会（附49例分析）[J]．中华外科杂志，1979，17（3）：160-162．{SUN Feng,SUN Xueliang,CHENG Jinwu,WANG Huimei,LIU Buxian,JIN Chongshan,YANG Huaiyuan. The experience of replanting amputated finger in industrial and mining hospital (analysis of 49 cases)[J]. Zhonghua Wai Ke Za Zhi[Chin J Surg(Article in Chinese;No abstract available)],1979,17(3):160-162.}

[1933] 石岳，孙雪良．针麻下指动脉移植用于拇指再植一例报告[J]．中华外科杂志，1979，17(1)：71．{SHI Yue,SUN Xueliang. A case report of finger artery transplantation under needle anesthesia for thumb replantation[J]. Zhonghua Wai Ke Za Zhi[Chin J Surg(Article in Chinese;No abstract available)],1979,17(1):71.}

[1934] 饶书城，杨志明，牟至善．断手指再植26例（52指）[J]．新医学，1979，10（2）：79-80．{RAO Shucheng,YANG Zhiming,MOU Zhishan. Replantation of severed fingers:twenty-six case reports with fifty-two severed fingers[J]. Xin Yi Xue[New Medical Journal(Article in Chinese;No abstract available)],1979,10(2):79-80.}

[1935] 方剑华．拇指断指再植1例[J]．解放军医学杂志，1980，5（6）：324．{FANG Jianhua. A case report of replantation of severed thumb[J]. Jie Fang Jun Yi Xue Za Zhi[Med J Chin PLAy(Article in Chinese;No abstract available)],1980,5(6):324.}

[1936] 程国良，潘达德，曲智勇，林彬，万年宇．89例121个断指再植的体会[J]．中华外科杂志，1981，19（1）：10-13．{CHENG Guoliang,Panda De,QU Zhiyong,LIN Bin,WAN Nianyu. Replantation of 121 amputated fingers in 89 cases[J]. Zhonghua Wai Ke Za Zhi[Chin J Surg(Article in Chinese;No abstract available)],1981,19(1):10-13.}

[1937] 孙雪良，孙峰，王惠美，金重山，高德琦．局部残存血管神经移植在挤压撕脱性断指再植中的应用[J]．中华外科杂志，1981，19（3）：140-142．{SUN Xueliang,SUN Feng,WANG Huimei,JIN Chongshan,GAO Deqi. Application of local residual vascular and nerve transplantation in replantation of crushed and avulsed fingers[J]. Zhonghua Wai Ke Za Zhi[Chin J Surg(Article in Chinese;No abstract available)],1981,19(3):140-142.}

[1938] 黄承达．断指再植技术介绍[J]．显微外科，1981，4（1-2）：31．{HUANG Chengda. Replantation of severed finger performing microsurgical vascular anastomosis in the youngest patient[J]. Xian Wei Wai Ke[Chin J Microsurg(Article in Chinese;No abstract available)],1981,4(1-2):31.}

[1939] 李佛保．断指再植的骨骼固定[J]．显微外科，1981，4（1-2）：34．{LI Fobao. Replantation of severed finger performing microsurgical vascular anastomosis in the youngest patient[J]. Xian Wei Wai Ke[Chin J Microsurg(Article in Chinese;No abstract available)],1981,4(1-2):34.}

[1940] 邓莲芳，郭雄虎，朱保明．县医院开展断指再植工作的几点认识[J]．中华外科杂志，1982，20（8）：506．{DENG Lianfang,GUO Xionghu,ZHU Baoming. Some understandings on the replantation of severed fingers in county hospitals[J]. Zhonghua Wai Ke Za Zhi[Chin J Surg(Article in Chinese;No abstract available)],1982,20(8):506.}

[1941] 程国良，潘达德，徐培冲．幼儿断指再植（附一手四指离断二例报告）[J]．中华医学杂志，1982，62（5）：303．{CHENG Guoliang,PAN Dade,XU Peichong. Two case reports of replantation of four complete severed fingers in one hand in children[J]. Zhong Hua Yi Xue Za Zhi[Natl Med J China(Article in Chinese;Abstract in Chinese)],1982,62(5):303.}

[1942] 程国良，潘达德，曲智勇，林彬，杨志贤．拇指旋转撕脱性离断的再植（附12例报告）[J]．中华外科杂志，1982，20（12）：712．{CHENG Guoliang,PAN Dade,QU Zhiyong,LIN Bin,YANG Zhixian. Replantation of severed thumb with crushed and rotated avulsion:twelve case reports[J]. Zhong Hua Wai Ke Za Zhi[Chin J Surg(Article in Chinese;Abstract in Chinese)],1982,20(12):712.}

[1943] 孙雪良，王惠美，金重山，高德琦，刘步先．吻合血管的手指末节离断再植[J]．中华外科杂 志，1983，21（11）：650-652．{SUN Xueliang,WANG Huimei,JIN Chongshan,GAO Deqi,LIU Buxian. Replantation of anastomosed finger distal segment[J]. Zhonghua Wai Ke Za Zhi[Chin J Surg(Article in Chinese;No abstract available)],1983,21(11):650-652.}

[1944] 王成琪，范启申，蔡锦芳，徐宝德． 显微外科技术在小儿断指再植中的应用（附17例30个断指报告）[J]．显微外科，1984，7（1-2）：4．{WANG Chengqi,FAN Qishen,CAI Jinfang,XU Baode. Application of microsurgical technique in the replantation of severed fingers in children[J]. Xian Wei Wai Ke[Chin J Microsurg(Article in Chinese;No abstract available)],1984,7(1-2):4.}

[1945] 潘达德，程国良．十指离断九指再植全部成活1例[J]．解放军医学杂志，1984，9（5）：380-381．{PAN Da'de,CHENG Guoliang. A case report of nine of ten severed fingers all surviving successfully after replantation[J]. Jie Fang Jun Yi Xue Za Zhi[Med J Chin PLA(Article in Chinese;Abstract in Chinese)],1984,9(5):380-381.}

[1946] 王成琪，范启申，蔡锦芳，徐宝德． 113例167个断指再植讨论[J]．显微外科，1984，7（3-4）：62．{WANG Chengqi,FAN Qishen,CAI Jinfang,XU Baode. Discussion on replantation of severed fingers:113 case reports with 167 severed fingers[J]. Xian Wei Wai Ke[Chin J Microsurg(Article in Chinese;No abstract available)],1984,7(3-4):62.}

[1947] 张脉多，等．掌浅弓血管蒂在拇指再植中的应用（附一例报告）[J]．显微外科，1984，7（3-4）：67．{ZHANG Maiduo,et al. Application of superficial palmar arch pedicle in replantation of severed fingers:a case report[J]. Xian Wei Wai Ke[Chin J Microsurg(Article in Chinese;No abstract available)],1984,7(3-4):67.}

[1948] 王有云，刘玉臣，张昆，张义敏． 甲根部断指再植[J]．显微医学杂志，1985，8（1）：18．{WANG Youyun,LIU Yuchen,ZHANG Kun,ZHANG Yimin. Replantation of severed finger at the level of nail root[J]. Xian Wei Yi Xue Za Zhi[Chin J Microsurg(Article in Chinese;No abstract available)],1985,8(1):18.}

[1949] 庞水发，朱家恺．有关断指再植血循环重建的一些问题[J]．显微医学杂志，1985，8（1）：48．{PANG Shuifa,ZHU Jiakai. Discussion on reconstruction of blood circulation during replantation of severed finger[J]. Xian Wei Yi Xue Za Zhi[Chin J Microsurg(Article in Chinese;No abstract available)],1985,8(1):48.}

[1950] 程国良，潘达德，杨志贤，林彬，曲智勇，方光荣． 远侧指间关节附近的断指再植[J]．显微医学杂志，1985，8（2）：67．{CHENG Guoliang,PAN Dade,YANG Zhixian,LIN Bin,QU Zhiyong,FANG Guangrong. Replantation of severed finger near the distal interphalangeal joint[J]. Xian Wei Yi Xue Za Zhi[Chin J Microsurg(Article in Chinese;No abstract available)],1985,8(2):67.}

[1951] 周营，等．46例51个断指再植的体会[J]．显微医学杂志，1985，8（2）：116．{ZHOU Ying,et al. Experience in replantation of severed finger in forty-six cases with fifty-one severed fingers[J]. Xian Wei Yi Xue Za Zhi[Chin J Microsurg(Article in Chinese;No abstract available)],1985,8(2):116.}

[1952] 李秉权，等．断指再植11例临床分析[J]．显微医学杂志，1985，8（2）：116．{LI Bingquan,et al. Clinical analysis of replantation of severed finger in eleven case reports[J]. Xian Wei Yi Xue Za Zhi[Chin J Microsurg(Article in Chinese;No abstract available)],1985,8(2):116.}

[1953] 丁孟仁．来龙乡卫生院施行五例断指再植成功[J]．显微医学杂志，1985，8（4）：243．{DING Mengren. Five successful case report of replantation of severed fingers performed in lailong township hospital[J]. Xian Wei Yi Xue Za Zhi[Chin J Microsurg(Article in Chinese;No abstract available)],1985,8(4):243.}

[1954] 葛竞，陆裕朴，衣德福，褚晓朝．幼儿多指断指再植一例报告[J]．中华骨科杂志，1985，5（3）：141．{GE Jing,LU Yupu,YI Defu,CHU Xiaochao. Replantation of severed polydactyl finger in a child:a case report[J]. Zhong Hua Gu Ke Za Zhi[Chin J Orthop(Article in Chinese;No abstract available)],1985,5(3):141.}

[1955] 王成琪，范启申，蔡锦方，田万成．吻合血管的小儿末节断指再植8例[J]．解放军医学杂志，1985，10（4）：248-249．{WANG Chengqi,FAN Qishen,CAI Jinfang,TIAN Wancheng. Replantation of distal severed finger performing vascular anastomosis in children:eight case reports[J]. Jie Fang Jun Yi Xue Za Zhi[Med J Chin PLA[Article in Chinese;Abstract in Chinese)],1985,10(4):248-249.}

[1956] 程国良，潘达德．34个断指再植失败的原因分析[J]．中华外科杂志，1986，24（5）：260-262．{CHENG Guoliang,Pandad. Analysis of the reasons for failure of replantation of 34 amputated fingers[J]. Zhonghua Wai Ke Za Zhi[Chin J Surg(Article in Chinese;No abstract available)],1986,24(5):260-262.}

[1957] 陈聚江，陈高怀．单纯吻合指动脉的末节断指再植六例报告[J]．中华外科杂志，1986，24（8）：481．{CHEN Jujiang,CHEN Gaohuai. A report of six cases of replantation of severed finger at the distal segment of the digital artery simply anastomosis[J]. Zhonghua Wai Ke Za Zhi[Chin J Surg(Article in Chinese;Abstract in Chinese)],1986,24(8):481.}

[1958] 周礼荣．应用动静分流进行末节断指再植一例报告[J]．中华外科杂志，1986，24（10）：607．{ZHOU Lirong. A case report of replantation of severed distal finger with dynamic and static shunt[J]. Zhonghua Wai Ke Za Zhi[Chin J Surg(Article in Chinese;No abstract available)],1986,24(10):607.}

[1959] 葛竞，陆裕朴，衣德福，褚晓朝，史少敏. 断指再植与再植后的功能恢复[J]. 中华医学杂志，1986，66（8）：488-490. {GE Jing,LU Yupu,YI Defu,CHU Xiaochao,SHI Shaomin. Replantation of amputated finger and functional recovery after replantation[J]. Zhonghua Yi Xue Za Zhi[Natl Med J China(Article in Chinese;No abstract available)],1986,66(8):488-490.}

[1960] 王成琪，蔡锦方，范其申. 三岁以下幼儿断指再植[J]. 中华显微外科杂志，1986，9（1）：11-12. DOI：10.3760/cma.j.issn.1001-2036.1986.01.105. {WANG Chengqi,CAI Jinfang,FAN Qishen. Replantation of severed finger in children aged under three[J]. Zhong Hua Xian Wei Wai Ke Za Zhi[Chin J Microsurg(Article in Chinese;No abstract available)],1986,9(1):11-12. DOI:10.3760/cma.j.issn.1001-2036.1986.01.105.}

[1961] 曾宪政，区伯平，马树枝，吴梅英，吴继明，吴先道. 断指再植与功能恢复[J]. 中华显微外科杂志，1986，9(1)：13-15. DOI：10.3760/cma.j.issn.1001-2036.1986.01.106. {ZENG Xianzheng,OU Boping,MA Shuzhi,WU Meiying,WU Jiming,WU Xiandao. Replantation of severed finger and its functional rehabilitation[J]. Zhong Hua Xian Wei Wai Ke Za Zhi[Chin J Microsurg(Article in Chinese;No abstract available)],1986,9(1):13-15. DOI:10.3760/cma.j.issn.1001-2036.1986.01.106.}

[1962] 边润泽，付茂樑，唐相勤，兰仁聚，纪瑞林. 断指再植麻醉处理252例[J]. 中华显微外科杂志，1986，9（1）：22-22. DOI：10.3760/cma.j.issn.1001-2036.1986.01.112. {BIAN Runze,FU Maoliang,TANG Xiangqin,LAN Renju,JI Ruilin. Anesthesia management of replantation of severed finger in 252 cases[J]. Zhong Hua Xian Wei Wai Ke Za Zhi[Chin J Microsurg(Article in Chinese;No abstract available)],1986,9(1):22-22. DOI:10.3760/cma.j.issn.1001-2036.1986.01.112.}

[1963] 王成琪，等. 拇指离断缺损的再植和再造[J]. 中华显微外科杂志，1986，9（1）：58. {WANG Chengqi,et al. Replantation and reconstruction of severed thumb[J]. Zhong Hua Xian Wei Wai Ke Za Zhi[Chin J Microsurg(Article in Chinese;No abstract available)],1986,9(1):58.}

[1964] 郭冠英. 应用剪开套接法吻合血管进行断指再植[J]. 中华显微外科杂志，1986，9（1）：58. {GUO Guanying. Replantation of severed finger by applying Transection and sleeving-suturing microvascular anastomosis[J]. Zhong Hua Xian Wei Wai Ke Za Zhi[Chin J Microsurg(Article in Chinese;No abstract available)],1986,9(1):58.}

[1965] 程华强. 七例9个断指再植的体会[J]. 中华显微外科杂志，1986，9（1）：58. {CHENG Huaqiang. Experience in replantation of severed finger:seven case reports with nine severed fingers[J]. Zhong Hua Xian Wei Wai Ke Za Zhi[Chin J Microsurg(Article in Chinese;No abstract available)],1986,9(1):58.}

[1966] 张毅敏，等. 四指完全断离再植成活二例报告[J]. 中华显微外科杂志，1986，9（1）：58. {ZHANG Yimin,et al. Two successful case reports of replantation of four complete severed fingers[J]. Zhong Hua Xian Wei Wai Ke Za Zhi[Chin J Microsurg(Article in Chinese;No abstract available)],1986,9(1):58.}

[1967] 叶根茂，等. 老年断指再植一例[J]. 中华显微外科杂志，1986，9（1）：58. {YE Genmao,et al. A case report of replantation of severed finger in the aged patient[J]. Zhong Hua Xian Wei Wai Ke Za Zhi[Chin J Microsurg(Article in Chinese;No abstract available)],1986,9(1):58.}

[1968] 程国良，潘达德，杨志贤，方光荣，曲智勇，宫相森，林彬. 再植双侧断指与断腕的体会[J]. 中华显微外科杂志，1986，9（2）：84-85. {CHENG Guoliang,PAN Dade,YANG Zhixian,FANG Guangrong,QU Zhiyong,GONG Xiangsen,LIN Bin. Experience in replantation of bilateral severed fingers and wrists[J]. Zhonghua Xian Wei Wai Ke Za Zhi[Chin J Microsurg(Article in Chinese;No abstract available)],1986,9(2):84-85.}

[1969] 鲁开化. 十指断离再植成功[J]. 中华显微外科杂志，1986，9（2）：122. {LU Kaihua. A successful replantation of ten severed fingers[J]. Zhong Hua Xian Wei Wai Ke Za Zhi[Chin J Microsurg(Article in Chinese;No abstract available)],1986,9(2):122.}

[1970] 赖成仲. 断指再植成活一例[J]. 中华显微外科杂志，1986，9（2）：122. {LAI Chengzhong. A successful case report of replantation of severed finger[J]. Zhong Hua Xian Wei Wai Ke Za Zhi[Chin J Microsurg(Article in Chinese;No abstract available)],1986,9(2):122.}

[1971] 周广恒，张文德，尹彪中. 低温冷冻后断指再植成活一例报告[J]. 中华骨科杂志，1986，6（6）：440. {ZHOU Guangheng,ZHANG Wende,YIN Biaozhong. A successful case report of replantation of severed finger[J]. Zhong Hua Gu Ke Za Zhi[Chin J Orthop(Article in Chinese;No abstract available)],1986,6(6):440.}

[1972] 王庆荣，等. 整形技术在断指再植中的实用价值[J]. 中华显微外科杂志，1986，9（2）：122. {WANG Qingrong,et al. The clinical significance of plastic technique in the replantation of severed fingers[J]. Zhong Hua Xian Wei Wai Ke Za Zhi[Chin J Microsurg(Article in Chinese;No abstract available)],1986,9(2):122.}

[1973] 范启申，等. 一手五指完全断离再植成功[J]. 中华显微外科杂志，1986，9(2)：122. {FAN Qishen,et al. A successful replantation of the five complete severed fingers in one hand[J]. Zhong Hua Xian Wei Wai Ke Za Zhi[Chin J Microsurg(Article in Chinese;No abstract available)],1986,9(2):122.}

[1974] 吴同军. 完全离断末节手指再植[J]. 中华显微外科杂志，1986，9（2）：122. {WU Tongjun. Replantation of complete severed distal fingers[J]. Zhong Hua Xian Wei Wai Ke Za Zhi[Chin J Microsurg(Article in Chinese;No abstract available)],1986,9(2):122.}

[1975] 陈风苞，贺长清，许振华，张树桧，孔抗美，王义生，崔全军，翟福英. 49例105个断指再植的体会[J]. 中华显微外科杂志，1986，9（4）：210-211. DOI：10.3760/cma.j.issn.1001-2036.1986.04.110. {CHEN Fengbao,HE Changqing,XU Zhenhua,ZHANG Shuhui,KONG Kangmei,WANG Yisheng,CUI Quanjun,ZHAI Fuying. Experience in replantation of severed finger:49 case reports with 105 severed fingers[J]. Zhong Hua Xian Wei Wai Ke Za Zhi[Chin J Microsurg(Article in Chinese;No abstract available)],1986,9(4):210-211. DOI:10.3760/cma.j.issn.1001-2036.1986.04.110.}

[1976] 孙顺灿. 压砸撕脱性断指再植4例[J]. 中华显微外科杂志，1986，9（4）：247. {SUN Shuncan. Four case reports of replantation of severed fingers caused by crash injury[J]. Zhong Hua Xian Wei Wai Ke Za Zhi[Chin J Microsurg(Article in Chinese;No abstract available)],1986,9(4):247.}

[1977] 寿奎水，祝建中，孔友谊，管怡君，郁建霞，毛东平，袁敏芬. 断拇指再植[J]. 中华显微外科杂志，1986，9（4）：241. {SHOU Kuishui,ZHU Jianzhong,KONG Youyi,GUAN Yijun,YU Jianxia,MAO Dongping,YUAN Minfen. Replantation of severed thumb[J]. Zhong Hua Xian Wei Wai Ke Za Zhi[Chin J Microsurg(Article in Chinese;No abstract available)],1986,9(4):241.}

[1978] 陈聚江. 单纯吻合指动脉的末节断指再植六例报告[J]. 中华外科杂志，1986，24（8）：481. {CHEN Jujiang. Replantation of distal severed finger performing digital artery anastomosis:six case reports[J]. Zhonghua Wai Ke Za Zhi[Chin J Surg(Article in Chinese;No abstract available)],1986,24(8):481.}

[1979] 王国君，张咸中，李铁军，李明. 应用剪开套接法吻合指血管[J]. 中华显微外科杂志，1986，9（1）：38-38. DOI：10.3760/cma.j.issn.1001-2036.1986.01.121. {WANG Guojun,ZHANG Xianzhong,LI Tiejun,LI Ming. Transection and sleeving-suturing technique for digital vessels anastomosis[J]. Zhong Hua Xian Wei Wai Ke Za Zhi[Chin J Microsurg(Article in Chinese;No abstract available)],1986,9(1):38-38. DOI:10.3760/cma.j.issn.1001-2036.1986.01.121.}

[1980] 葛竞，陆裕朴，衣德福. 一岁八月幼儿断指移位再植一例报告[J]. 中华小儿外科杂志，1986，7（3）：172. {GE Jing,LU Yupu,YI Defu. A case report of replantation of severed finger in a 20-month-old child[J]. Zhonghua Xiao Er Wai Ke Za Zhi[Chin J Pediatric Surg(Article in Chinese;No abstract available)],1986,7(3):172.}

[1981] 范启申，裴国献. 高血凝状态致断指再植失败一例报告[J]. 中华外科杂志，1987，25（9）：541. {FAN Qishen,PEI Guoxian. A case report of failure of replantation of severed finger caused by hypercoagulable state[J]. Zhonghua Wai Ke Za Zhi[Chin J Surg(Article in Chinese;No abstract available)],1987,25(9):541.}

[1982] 沈祖尧，李延妮. 血管植入皮下埋藏断指再植[J]. 中华外科杂志，1987，25（10）：593-594. {SHEN Zuyao,LI Yanni. Blood vessel implantation subcutaneously buried amputated finger replantation[J]. Zhonghua Wai Ke Za Zhi[Chin J Surg(Article in Chinese;Abstract in Chinese)],1987,25(10):593-594.}

[1983] 张咸中，韩庆武，宫云霞. 未入院监护的断指再植8例报告[J]. 修复重建外科杂志，1987，1（1）：44. {ZHANG Xianzhong,HAN Qingwu,GONG Yunxia. 8 cases report of replantation of amputated finger not admitted to hospital[J]. Zhongguo Xiu Fu Chong Jian Wai Ke Za Zhi[Chin J Repar Reconstr Surg(Article in Chinese;No abstract available)],1987,1(1):44.}

[1984] 谢道华. 未吻合静脉断指再植一例报告[J]. 修复重建外科杂志，1987，1（1）：48. {XIE Daohua. A case report of replantation of severed finger without anastomosis[J]. Zhongguo Xiu Fu Chong Jian Wai Ke Za Zhi[Chin J Repar Reconstr Surg(Article in Chinese;No abstract available)],1987,1(1):48.}

[1985] 杨潼，李建秋，彭建强，张德宋. 应用医蛭治疗断指再植术后瘀血[J]. 中华医学杂志，1988，68（12）：717. {YANG Tong,LI Jianqiu,PENG Jianqiang,ZHANG Desong. Treatment of blood stasis after replantation of amputated finger after replantation[J]. Zhonghua Yi Xue Za Zhi[Natl Med J China(Article in Chinese;No abstract available)],1988,68(12):717.}

[1986] 王玉. 137例（230指）断指再植的体会[J]. 修复重建外科杂志，1988，2（2）：33. {WANG Yu. Experience of replantation of severed fingers in 137 cases (230 fingers)[J]. Zhongguo Xiu Fu Chong Jian Wai Ke Za Zhi[Chin J Repar Reconstr Surg(Article in Chinese;No abstract available)],1988,2(2):33.}

[1987] 赵胡瑞. 寒带地区断指再植[J]. 修复重建外科杂志，1988，2（2）：36. {ZHAO Hurui. Replantation of severed finger in cold zone[J]. Zhongguo Xiu Fu Chong Jian Wai Ke Za Zhi[Chin J Repar Reconstr Surg(Article in Chinese;No abstract available)],1988,2(2):36.}

[1988] 邹本国. 动静脉吻合断指再植一例报告[J]. 修复重建外科杂志，1988，2（2）：36. {ZOU Benguo. A case report of replantation of severed finger with arteriovenous anastomosis[J]. Zhongguo Xiu Fu Chong Jian Wai Ke Za Zhi[Chin J Repar Reconstr Surg(Article in Chinese;No abstract available)],1988,2(2):36.}

[1989] 席建平. 19例21指断指再植的临床报告[J]. 修复重建外科杂志，1988，2（2）：37. {XI Jianping. Clinical report of 19 cases of replantation of severed finger with 21 fingers[J]. Zhongguo Xiu Fu Chong Jian Wai Ke Za Zhi[Chin J Repar Reconstr Surg(Article in Chinese;No abstract available)],1988,2(2):37.}

[1990] 谢尚伟. 断指再植体会[J]. 修复重建外科杂志，1988，2（2）：40. {XIE Shangwei. Replantation of severed finger[J]. Zhongguo Xiu Fu Chong Jian Wai Ke Za Zhi[Chin J Repar Reconstr Surg(Article in Chinese;No abstract available)],1988,2(2):40.}

[1991] 彭泽乐. 简易条件下的断指再植[J]. 修复重建外科杂志，1988，2（2）：40. {PENG Zele. Replantation of severed finger under simple conditions[J]. Zhongguo Xiu Fu Chong Jian Wai Ke Za Zhi[Chin J Repar Reconstr Surg(Article in Chinese;No abstract available)],1988,2(2):40.}

[1992] 丁任，任有成. 24例36个断指再植报告[J]. 修复重建外科杂志，1988，2（2）：48. {DING Ren,REN Youcheng. Replantation report of 36 severed fingers in 24 cases[J]. Zhongguo Xiu Fu Chong Jian Wai Ke Za Zhi[Chin J Repar Reconstr Surg(Article in Chinese;No abstract available)],1988,2(2):48.}

[1993] 潘达德. 从135例功能随访评价断指再植的效果[J]. 修复重建外科杂志，1988，2（2）：44-45. {PAN Da. Evaluation of the effect of amputated finger replantation from 135 cases of functional follow-up[J]. Zhongguo Xiu Fu Chong Jian Wai Ke Za Zhi[Chin J Repar Reconstr Surg(Article in Chinese;No abstract available)],1988,2(2):44-45.}

[1994] 罗铁夫. 断指再植的临床体会[J]. 修复重建外科杂志，1988，2（2）：232. {LUO Tiefu. Clinical experience of replantation of severed finger[J]. Zhongguo Xiu Fu Chong Jian Wai Ke Za Zhi[Chin J Repar Reconstr Surg(Article in Chinese;No abstract available)],1988,2(2):232.}

[1995] 彭建强，陈振光，余国荣，李义贵，张德宗，蔡林，杨潼，李建秋. 医蛭吸血法在断指再植及皮肤撕脱伤的应用[J]. 修复重建外科杂志，1988，2（4）：11-13. {PENG Jianqiang,CHEN Zhenguang,YU Guorong,LI Yigui,ZHANG Dezong,CAI Lin,YANG Tong,LI Jianqiu. Application of blood sucking method of medical leech in replantation of amputated finger and skin avulsion[J]. Zhongguo Xiu Fu Chong Jian Wai Ke Za Zhi[Chin J Repar Reconstr Surg(Article in Chinese;No abstract available)],1988,2(4):11-13.}

[1996] 李儒. 动静脉转流法再植断指[J]. 修复重建外科杂志，1988，2（2）：55. {LI Ru. Replantation of severed finger by arteriovenous bypass[J]. Zhongguo Xiu Fu Chong Jian Wai Ke Za Zhi[Chin J Repar Reconstr Surg(Article in Chinese;No abstract available)],1988,2(2):55.}

[1997] 梁炳生. 桡动脉搭桥断拇再植[J]. 修复重建外科杂志，1988，2（2）：41. {LIANG Bingsheng. Radial artery bypass graft and replantation[J]. Zhongguo Xiu Fu Chong Jian Wai Ke Za Zhi[Chin J Repar Reconstr Surg(Article in Chinese;No abstract available)],1988,2(2):41.}

[1998] 韩庆武. 手指末节离断再植38指体会[J]. 修复重建外科杂志，1988，2（2）：42. {HAN Qingwu. Experience of replanting 38 fingers after severed distal segment of the finger[J]. Zhongguo Xiu Fu Chong Jian Wai Ke Za Zhi[Chin J Repar Reconstr Surg(Article in Chinese;No abstract available)],1988,2(2):42.}

[1999] 王国君. 断拇再植[J]. 修复重建外科杂志，1988，2（2）：42. {WANG Guojun. Replantation of severed thumb[J]. Zhongguo Xiu Fu Chong Jian Wai Ke Za Zhi[Chin J Repar Reconstr Surg(Article in Chinese;No abstract available)],1988,2(2):42.}

[2000] 江明光. 拇食（示）指完全断离移位再植成功一例报告[J]. 修复重建外科杂志，1988，2（2）：54. {JIANG Mingguang. A case report of successful replantation of thumb and index finger[J]. Zhongguo Xiu Fu Chong Jian Wai Ke Za Zhi[Chin J Repar Reconstr Surg(Article in Chinese;No abstract available)],1988,2(2):54.}

[2001] 韩庆武. 指甲再植7例报告[J]. 修复重建外科杂志，1988，2（2）：42-43. {HAN Qingwu. Report of 7 cases of nail replantation[J]. Zhongguo Xiu Fu Chong Jian Wai Ke Za Zhi[Chin J Repar Reconstr Surg(Article in Chinese;No abstract available)],1988,2(2):42-43.}

[2002] 王国君，张咸中. 有瘀斑的断指再植[J]. 中华显微外科杂志，1989，12（2）：97. {WANG Guojun,ZHANG Xianzhong. Replantation of amputated finger with ecchymosis[J]. Zhonghua Xian Wei Wai Ke Za Zhi[Chin J Microsurg(Article in Chinese;No abstract available)],1989,12(2):97.}

[2003] 程国良，潘达德，曲智勇，林彬，杨志贤，方光荣，宫相森，汤海萍. 断指再植十年回顾[J]. 中华显微外科杂志，1989，12（4）：193-196. DOI：10.3760/cma.j.issn.1001-2036.1989.04.101. {CHENG Guoliang,PAN Dade,QU Zhiyong,LIN Bin,YANG Zhixian,FANG Guangrong,GONG Xiangsen,TANG Haiping. Ten years review of severed finger replantation[J]. Zhonghua Xian Wei Wai Ke Za Zhi[Chin J Microsurg(Article in Chinese;Abstract in Chinese)],1989,12(4):193-196. DOI:10.3760/cma.j.issn.1001-2036.1989.04.101.}

[2004] 任志勇，王成琪. 血管，神经缺损的断指再植[J]. 中华显微外科杂志，1989，12（4）：233-234. {REN Zhiyong,WANG Chengqi. Replantation of severed finger with blood vessel and nerve defect[J]. Zhonghua Xian Wei Wai Ke Za Zhi[Chin J Microsurg(Article in Chinese;No abstract available)],1989,12(4):233-234.}

[2005] 田万成，苗开喜. 断指再植方法的改进与应用[J]. 中华显微外科杂志，1989，12（4）：235. {TIAN Wancheng,MIAO Kaixi. Improvement and application of replantation method of amputated finger[J]. Zhonghua Xian Wei Wai Ke Za Zhi[Chin J Microsurg(Article in Chinese;No abstract available)],1989,12(4):235.}

[2006] 朱玉宏，刘礼初. 严重创作断指再植体会 [J]. 修复重建外科杂志，1989，3（2）：95. {ZHU Yuhong,LIU Lichu. Experience of severely creating severed finger replantation[J]. Zhongguo Xiu Fu Chong Jian Wai Ke Za Zhi[Chin J Repar Reconstr Surg(Article in Chinese;No abstract available)],1989,3(2):95.}

[2007] 曹斌，范启申. 仅吻合指动脉的末节断指再植 [J]. 中华显微外科杂志，1990，13（4）：215-216. {CAO Bin,FAN Qishen. Replantation of amputated finger only at the distal segment of the digital artery[J]. Zhonghua Xian Wei Wai Ke Za Zhi[Chin J Microsurg(Article in Chinese;Abstract in Chinese)],1990,13(4):215-216.}

[2008] 王福建，马正龙. 30 例 33 个断指再植全部成活的体会 [J]. 中华显微外科杂志，1990，13（4）：232-233. {WANG Fujian,MA Zhenglong. The experience of 30 cases of 33 severed fingers replanted all alive[J]. Zhonghua Xian Wei Wai Ke Za Zhi[Chin J Microsurg(Article in Chinese;No abstract available)],1990,13(4):232-233.}

[2009] 陈学明，钟国荣，王隐村. 断指再植 32 指的体会 [J]. 修复重建外科杂志，1990，4（1）：30. {CHEN Xueming,ZHONG Guorong,WANG Yincun. Experience of replanting 32 fingers after severed finger[J]. Zhongguo Xiu Fu Chong Jian Wai Ke Za Zhi[Chin J Repar Reconstr Surg(Article in Chinese;No abstract available)],1990,4(1):30.}

[2010] 许声秀，卓新明，许声联. 16 例 25 个断指再植的体会 [J]. 修复重建外科杂志，1990，4(1)：34. {XU Shengxiu,ZHUO Xinming,XU Shenglian. Replantation of 25 severed fingers in 16 cases[J]. Zhongguo Xiu Fu Chong Jian Wai Ke Za Zhi[Chin J Repar Reconstr Surg(Article in Chinese;No abstract available)],1990,4(1):34.}

[2011] 丁孟仁. 断指再植十五例 [J]. 修复重建外科杂志，1990，4（2）：125. {DING Yuren. Fifteen cases of replantation of severed finger[J]. Zhongguo Xiu Fu Chong Jian Wai Ke Za Zhi[Chin J Repar Reconstr Surg(Article in Chinese;No abstract available)],1990,4(2):125.}

[2012] 刘前进，李涛. 末节断指再植体会 [J]. 修复重建外科杂志，1990，4（4）：247. {LIU Qianjin,LI Tao. Replantation of severed distal finger[J]. Zhongguo Xiu Fu Chong Jian Wai Ke Za Zhi[Chin J Repar Reconstr Surg(Article in Chinese;No abstract available)],1990,4(4):247.}

[2013] 范启申，王成琪. 血小板影响断指再植成活的临床研究 [J]. 中华显微外科杂志，1991，14（1）：21-22. {FAN Qishen,WANG Chengqi. Clinical study on the effect of platelet on the survival of amputated finger replantation[J]. Zhonghua Xian Wei Wai Ke Za Zhi[Chin J Microsurg(Article in Chinese;Abstract in Chinese)],1991,14(1):21-22.}

[2014] 王成琪，徐保德. 断肢和断指再植 1153 例分析 [J]. 中华显微外科杂志，1991，14（2）：79-81. {WANG Chengqi,XU Baode. Analysis of 1153 cases of replantation of amputated limbs and amputated fingers[J]. Zhonghua Xian Wei Wai Ke Za Zhi[Chin J Microsurg(Article in Chinese;Abstract in Chinese)],1991,14(2):79-81.}

[2015] 王望生，王太周，李效，吴仲和，易建军. 无选择性断指再植体会 [J]. 修复重建外科杂志，1991，5（1）：35. {WANG Wangsheng,WANG Taizhou,LI Xiao,WU Zhonghe,YI Jianjun. Replantation of non-selective amputated fingers[J]. Zhongguo Xiu Fu Chong Jian Wai Ke Za Zhi[Chin J Repar Reconstr Surg(Article in Chinese;No abstract available)],1991,5(1):35.}

[2016] 孙大力，吴斌，李占彪. 断指再植三十二例体会 [J]. 修复重建外科杂志，1991，5（1）：60. {SUN Dali,WU Bin,LI Zhanbiao. Thirty-two cases of replantation of severed finger[J]. Zhongguo Xiu Fu Chong Jian Wai Ke Za Zhi[Chin J Repar Reconstr Surg(Article in Chinese;No abstract available)],1991,5(1):60.}

[2017] 范启申，李庆喜. 小指末节断指再植特点与成活关系探讨 [J]. 手外科杂志，1992，8（4）：202-203. {FAN Qishen,LI Qingxi. Discussion on the relationship between the replantation of amputated finger at the end of the little finger and its survival[J]. Shou Wai Ke Za Zhi[J Hand Surg(Article in Chinese;No abstract available)],1992,8(4):202-203.}

[2018] 韩明涛，朱惠芳，丛海波，鞠洪润. 吻合指掌侧静脉的断指再植 [J]. 中国修复重建外科杂志，1992，6（1）：31. {HAN Mingtao,ZHU Huifang,CONG Haibo,JU Hongrun. Replantation of amputated finger with anastomosed palmar vein[J]. Zhongguo Xiu Fu Chong Jian Wai Ke Za Zhi[Chin J Repar Reconstr Surg(Article in Chinese;No abstract available)],1992,6(1):31.}

[2019] 刘为民，奚季秋，宋德才. 吻合指背静脉断指再植成功一例 [J]. 中国修复重建外科杂志，1992，6（2）：122. {LIU Weimin,XI Jiqiu,SONG Decai. A successful replantation of severed finger with dorsal finger vein anastomosis[J]. Zhongguo Xiu Fu Chong Jian Wai Ke Za Zhi[Chin J Repar Reconstr Surg(Article in Chinese;No abstract available)],1992,6(2):122.}

[2020] 李炳万，刘云江. 断指延迟再植 21 例体会 [J]. 中华显微外科杂志，1992，15（3）：158-159. {LI Bingwan,LIU Yunjiang. Experience in 21 cases of delayed finger replantation[J]. Zhonghua Xian Wei Wai Ke Za Zhi[Chin J Microsurg(Article in Chinese;Abstract in Chinese)],1992,15(3):158-159.}

[2021] 梁炳生，裴连魁. 撕脱性断拇再植的临床研究与应用 [J]. 手外科杂志，1992，8（4）：204-205. {LIANG Bingsheng,PEI Liankui. Clinical research and application of replantation of avulsed amputated thumb[J]. Shou Wai Ke Za Zhi[J Hand Surg(Article in Chinese;Abstract in Chinese)],1992,8(4):204-205.}

[2022] 白波，黄承达. 髓内倒齿微型钢板在断指再植中的应用 [J]. 中华显微外科杂志，1993，16（1）：58-59. {BAI Bo,HUANG Chengda. Application of intramedullary inverted tooth microplate in replantation of amputated finger[J]. Zhonghua Xian Wei Wai Ke Za Zhi[Chin J Microsurg(Article in Chinese;No abstract available)],1993,16(1):58-59.}

[2023] 程国良. 断指再植的进展与期望 [J]. 中华手外科杂志，1993，9（4）：193-194. {CHENG Guoliang. Progress and expectation of replantation of severed finger[J]. Zhonghua Shou Wai Ke Za Zhi[Chin J Hand Surg(Article in Chinese;No abstract available)],1993,9(4):193-194.}

[2024] 虞聪，顾玉东. 断指再植术后感觉恢复的动态研究 [J]. 中华手外科杂志，1993，9（4）：199-201. {YU Cong,GU Yudong. Dynamic study of sensory recovery after replantation of amputated finger[J]. Zhonghua Shou Wai Ke Za Zhi[Chin J Hand Surg(Article in Chinese;Abstract in Chinese)],1993,9(4):199-201.}

[2025] 范启中，魏海温. 仅吻合指动脉断指再植后处理方法探讨 [J]. 中华手外科杂志，1993，9（4）：202-204. {FAN Qizhong,WEI Haiwen. Discussion on the treatment method after replantation of amputated finger with only anastomosis of digital artery[J]. Zhonghua Shou Wai Ke Za Zhi[Chin J Hand Surg(Article in Chinese;Abstract in Chinese)],1993,9(4):202-204.}

[2026] 万圣祥，王发斌. 35 例 51 个经关节断指再植体会 [J]. 中华手外科杂志，1993，9（4）：212-214. {WAN Shengxiang,WANG Fabin. 35 cases of replantation of 51 amputated fingers through joints[J]. Zhonghua Shou Wai Ke Za Zhi[Chin J Hand Surg(Article in Chinese;Abstract in Chinese)],1993,9(4):212-214.}

[2027] 任志勇，王成琪. 静脉皮瓣在断指再植中的应用 [J]. 中华手外科杂志，1993，9（4）：238-239. {REN Zhiyong,WANG Chengqi. Application of venous flap in replantation of severed finger[J]. Zhonghua Shou Wai Ke Za Zhi[Chin J Hand Surg(Article in Chinese;No abstract available)],1993,9(4):238-239.}

[2028] 赵立连，李秀凤. 断指再植术后镇痛效果的临床观察 [J]. 中华手外科杂志，1993，9（4）：242-243. {ZHAO Lilian,LI Xiufeng. Clinical observation of analgesic effect after replantation of amputated finger[J]. Zhonghua Shou Wai Ke Za Zhi[Chin J Hand Surg(Article in Chinese;No abstract available)],1993,9(4):242-243.}

[2029] 李英华，殷代昌. 静脉动脉化断指再植后远侧指体萎缩一例 [J]. 中国修复重建外科杂志，1993，7（1）：58. {LI Yinghua,YIN Daichang. A case of distal finger body atrophy after replantation of venous arterialized severed finger[J]. Zhongguo Xiu Fu Chong Jian Wai Ke Za Zhi[Chin J Repar Reconstr Surg(Article in Chinese;No abstract available)],1993,7(1):58.}

[2030] 高伟阳，厉智. 有瘀斑断指的临床特点及其再植 [J]. 中华手外科杂志，1993，9（4）：205-207. {GAO Weiyang,LI Zhi. Clinical characteristics and replantation of severed fingers with ecchymosis[J]. Zhonghua Shou Wai Ke Za Zhi[Chin J Hand Surg(Article in Chinese;Abstract in Chinese)],1993,9(4):205-207.}

[2031] 唐玉宏. 手指末节断离在基层医院之再植术附 14 例分析 [J]. 中华手外科杂志，1993，9（4）：240-241. {TANG Yuhong. Analysis of 14 cases of replantation of severed fingertips in primary hospitals[J]. Zhonghua Shou Wai Ke Za Zhi[Chin J Hand Surg(Article in Chinese;No abstract available)],1993,9(4):240-241.}

[2032] 张文德，周广恒，赵胡瑞，周圆，卓宇科. 寒区断拇指再植成活 20 例 [J]. 中国修复重建外科杂志，1993，7（4）：265. {ZHANG Wende,ZHOU Guangheng,ZHAO Hurui,ZHOU Yuan,ZHUO Yuke. Replantation of broken thumb in cold area survived in 20 cases[J]. Zhongguo Xiu Fu Chong Jian Wai Ke Za Zhi[Chin J Repar Reconstr Surg(Article in Chinese;No abstract available)],1993,7(4):265.}

[2033] 王东，唐向东，杜作万，唐树伍. 动脉静脉转流在末节断指再植术中的应用 [J]. 中华显微外科杂志，1994，17（1）：33. {WANG Dong,TANG Xiangdong,DU Zuowan,TANG Shuwu. Application of arteriovenous bypass in replantation of amputated distal finger[J]. Zhonghua Xian Wei Wai Ke Za Zhi[Chin J Microsurg(Article in Chinese;No abstract available)],1994,17(1):33.}

[2034] 林欣，杨大平，陶树清，王杰. 末节断指再植 16 例 19 指临床报告 [J]. 中华显微外科杂志，1994，17（1）：68. {LIN Xin,YANG Daping,TAO Shuqing,WANG Jie. Clinical report of 16 cases of amputated finger replantation[J]. Zhonghua Xian Wei Wai Ke Za Zhi[Chin J Microsurg(Article in Chinese;No abstract available)],1994,17(1):68.}

[2035] 陈炳俊，辛桂桐，姚新德，唐志宏. 断指再植初步体会 [J]. 中华显微外科杂志，1994，17（1）：73. {CHEN Bingjun,XIN Guitong,YAO Xinde,TANG Zhihong. Preliminary experience of replantation of severed finger[J]. Zhonghua Xian Wei Wai Ke Za Zhi[Chin J Microsurg(Article in Chinese;No abstract available)],1994,17(1):73.}

[2036] 蒋纯志，管磊. 指关节部断指再植术后关节强直式侧偏畸形的治疗 [J]. 中华显微外科杂志，1994，17（1）：22-23. {JIANG Chunzhi,GUAN Lei. Treatment of ankylotic lateral deviation after replantation of amputated finger at the knuckle[J]. Zhonghua Xian Wei Wai Ke Za Zhi[Chin J Microsurg(Article in Chinese;Abstract in Chinese)],1994,17(1):22-23.}

[2037] 王德胜，谷孝海，王宝石，赵平，刘洪利，王洪才. 基层医院 223 例 323 指断指再植体会 [J]. 中华显微外科杂志，1994，17（1）：71. {WANG Desheng,GU Xiaohai,WANG Baoshi,ZHAO Ping,LIU Hongli,WANG Hongcai. Replantation of 323 amputated fingers in 223 cases in primary hospitals[J]. Zhonghua Xian Wei Wai Ke Za Zhi[Chin J Microsurg(Article in Chinese;No abstract available)],1994,17(1):71.}

[2038] 林本丹，李光昭. 断指再植指骨钢丝内固定体会 [J]. 中华显微外科杂志，1994，17（2）：133. {LIN Bendan,LI Guangzhao. The experience of replanting phalanx wire for internal fixation of amputated finger[J]. Zhonghua Xian Wei Wai Ke Za Zhi[Chin J Microsurg(Article in Chinese;No abstract available)],1994,17(2):133.}

[2039] 李荫山，苏传钧. 断指再植 180 例 204 例临床分析 [J]. 中华显微外科杂志，1994，17（2）：145-146. {LI Yinshan,SU Chuanjun. Clinical analysis of 180 cases of amputated finger replantation[J]. Zhonghua Xian Wei Wai Ke Za Zhi[Chin J Microsurg(Article in Chinese;No abstract available)],1994,17(2):145-146.}

[2040] 陈有刚，董吟林，江曙，董英海，江文琴. 激素和肝素联合用药对延时断指再植的影响 [J]. 中华显微外科杂志，1994，17（2）：40-43，79. {CHEN Yougang,DONG Yinlin,JIANG Shu,DONG Yinghai,JIANG Wenqin. Effect of dexamethasone and hepa-rine on the delayed replantation of the severed digit[J]. Zhonghua Xian Wei Wai Ke Za Zhi[Chin J Microsurg(Article in Chinese;Abstract in Chinese)],1994,17(2):40-43,79.}

[2041] 郑隆宝，周建国，范启申，蒋纯志，陆锡平. 高温损伤断指再植 [J]. 中华显微外科杂志，1994，17（2）：69-70. {ZHENG Longbao,ZHOU Jianguo,FAN Qishen,JIANG Chunzhi,LU Xiping. High temperature damaged amputated finger replantation[J]. Zhonghua Xian Wei Wai Ke Za Zhi[Chin J Microsurg(Article in Chinese;No abstract available)],1994,17(2):69-70.}

[2042] 张维君，王志军. 吻合指掌侧静脉断指再植 51 例体会 [J]. 中华显微外科杂志，1994，17（3）：175. {ZHANG Weijun,WANG Zhijun. Experience in 51 cases of replantation of amputated finger with palmar vein anastomosis[J]. Zhonghua Xian Wei Wai Ke Za Zhi[Chin J Microsurg(Article in Chinese;No abstract available)],1994,17(3):175.}

[2043] 陈海啸，朱忠，高运动. 感觉再训练对断指再植术后感觉恢复的影响 [J]. 中华显微外科杂志，1994，17（3）：252-254. {CHEN Haixiao,ZHU Zhong,GAO Sports. Observation on the effect of sensory re-education in recovery of sensation following replanted digits[J]. Zhonghua Xian Wei Wai Ke Za Zhi[Chin J Microsurg(Article in Chinese;Abstract in Chinese)],1994,17(3):252-254.}

[2044] 王增涛，张成进，张树明，王剑利，王旭东，王成琪. 邻指背筋膜瓣在断指再植中的应用 [J]. 中华显微外科杂志，1994，17（3）：70-71. {WANG Zengtao,ZHANG Chengjin,ZHANG Shuming,WANG Jianli,WANG Xudong,WANG Chengqi. Application of dorsal fascia flap of adjacent finger in replantation of amputated finger[J]. Zhonghua Xian Wei Wai Ke Za Zhi[Chin J Microsurg(Article in Chinese;No abstract available)],1994,17(3):70-71.}

[2045] 魏杰，张久元，高俊，苏云星，卫晓恩，田丰年. 先吻合动脉的断指再植体会 [J]. 中华显微外科杂志，1994，17（4）：302. {WEI Jie,ZHANG Jiuyuan,GAO Jun,SU Yunxing,WEI Xiaoen,TIAN Fengnian. Experience of replantation of amputated finger with artery anastomosis[J]. Zhonghua Xian Wei Wai Ke Za Zhi[Chin J Microsurg(Article in Chinese;No abstract available)],1994,17(4):302.}

[2046] 毕志勇. 25 指断指再植点滴体会 [J]. 中华显微外科杂志，1994，17（4）：299-300. {BI Zhiyong. Experience in replanting 25-finger amputated finger[J]. Zhonghua Xian Wei Wai Ke Za Zhi[Chin J Microsurg(Article in Chinese;No abstract available)],1994,17(4):299-300.}

[2047] 范启申，王成琪，曹斌，李公宝，翟振华，林德成. 高血凝状态在断指再植后的临床研究 [J]. 中国矫形外科杂志，1994，1（1）：36-38. {FAN Qishen,WANG Chengqi,CAO Bin,LI Gongbao,DI Zhenhua,LIN Decheng. Clinical study of hypercoagulable state after replantation of severed finger[J]. Zhongguo Jiao Xing Wai Ke Za Zhi[Orthop J China(Article in Chinese;Abstract in Chinese)],1994,1(1):36-38.}

[2048] 邹勃生，王太周，王望生，李效. 冰水浸泡 12 小时断指再植成功一例 [J]. 中华手外科杂志，1994，10（4）：216. {ZOU Bosheng,WANG Taizhou,WANG Wangsheng,LI Xiao. A case of successful replantation of severed finger after soaking in ice water for 12 hours[J]. Zhonghua Shou Wai Ke Za Zhi[Chin J Hand Surg(Article in Chinese;No abstract available)],1994,10(4):216.}

[2049] 范启申，王成琪，曹斌，李公宝，翟振华，林德成. 高血凝状态在断指再植后的临床研究 [J]. 中华手外科杂志，1994，10（4）：209-211. {FAN Qishen,WANG Chengqi,CAO Bin,LI Gongbao,ZhAI Zhenhua,LIN Decheng. Hypercoagulation study after finger replantation[J]. Zhonghua Shou Wai Ke Za Zhi[Chin J Hand Surg(Article in Chinese;Abstract in Chinese)],1994,10(4):209-211.}

[2050] 梁益文，梁丽霞，梁利锋. 中西医结合治疗断指再植临床观察 [J]. 中国骨伤，1994，7（3）：34. {LIANG Yiwen,LIANG Lixia,LIANG Lifeng. Clinical observation on replantation of amputated finger treated by integrated traditional chinese and western medicine[J]. Zhongguo Gu Shang[China J Orthop Trauma(Article in Chinese;No abstract available)],1994,7(3):34.}

[2051] 王广顺，王振昊，娄祖德，龙斯登，丁文峰. 有瘀斑的断指再植 [J]. 中国修复重建外科杂志，1994，8（1）：59. {WANG Guangshun,WANG ZhenHao,LOU Zude,LONG Sideng,DING Wenfeng. Replantation of severed finger with ecchymosis[J]. Zhongguo Xiu Fu Chong Jian Wai Ke Za Zhi[Chin J Repar Reconstr Surg(Article in Chinese;No abstract available)],1994,8(1):59.}

[2052] 杨东，王明辉，刘秀峰，陶红旗，金福儒，张志宏. 73 例 90 指断指再植 [J]. 中国修复重建外科杂志，1994，8（3）：189. {YANG Dong,WANG Minghui,LIU Xiufeng,TAO Hongqi,JIN

Furu,ZHANG Zhihong. 73 cases of replantation of severed fingers of 90 fingers[J]. Zhongguo Xiu Fu Chong Jian Wai Ke Za Zhi[Chin J Repar Reconstr Surg(Article in Chinese;No abstract available)],1994,8(3):189.}

[2053] 徐永清，李主一，周中英，文家福，高田军．吻合指掌侧及指侧静脉的断指再植术［J］．中国修复重建外科杂志，1994，8（4）：239－240．{XU Yongqing,LI Zhuyi,ZHOU Zhongying,WEN Jiafu,GAO Tianjun. Replantation of amputated finger with anastomosed palmar and finger veins[J]. Zhongguo Xiu Fu Chong Jian Wai Ke Za Zhi[Chin J Repar Reconstr Surg(Article in Chinese;No abstract available)],1994,8(4):239-240.}

[2054] 王国君，王玉发，付中国，张巨，张君．平均1.5小时再植一个断指［J］．中华骨科杂志，1994，14（5）：318．{WANG Guojun,WANG Yufa,FU Zhonghua,ZHANG Ju,ZHANG Jun. Replant a amputated finger in an average of 1.5 hours[J]. Zhonghua Gu Ke Za Zhi[Chin J Orthop(Article in Chinese;No abstract available)],1994,14(5):318.}

[2055] 丁任，谢振军，李锦永，胡洪良，王平振，王献伟．断指因故延迟再植169例［J］．中华显微外科杂志，1994，17（3）：15－16．{DING Ren,XIE Zhenjun,LI Jinyong,HU Hongliang,WANG Pingzhen,WANG Xianwei. Delayed replantation of amputated digit because of special case[J]. Zhonghua Xian Wei Wai Ke Za Zhi[Chin J Microsurg(Article in Chinese;Abstract in Chinese)],1994,17(3):15-16.}

[2056] 阴彦龙，韩西，黄昌林，秦贵林，连浩．拇指热压撕脱离断再植成活一例［J］．中华显微外科杂志，1994，17（1）：12．{YIN Yanlong,HAN Xi,HUANG Changlin,QIN Guilin,LIAN Hao. A case of thumb torn off and replanted after hot pressing[J]. Zhonghua Xian Wei Wai Ke Za Zhi[Chin J Microsurg(Article in Chinese;No abstract available)],1994,17(1):12.}

[2057] 王明辉，杨东，张志宏，陶红旗，金福儒，刘秀峰，赵军．21例24指末节再植体会［J］．中华显微外科杂志，1994，17（2）：117．{WANG Minghui,YANG Dong,ZHANG Zhihong,TAO Hongqi,JIN Furu,LIU Xiufeng,ZHAO Jun. Replantation of 24 digits in 21 cases[J]. Zhonghua Xian Wei Wai Ke Za Zhi[Chin J Microsurg(Article in Chinese;No abstract available)],1994,17(2):117.}

[2058] 陈克俊，李津，高广伟．拇指撕脱性完全离断再植［J］．中华显微外科杂志，1994，17（4）：68－69．{CHEN Kejun,LI Jin,GAO Guangwei. Thumb avulsion completely replanted[J]. Zhonghua Xian Wei Wai Ke Za Zhi[Chin J Microsurg(Article in Chinese;No abstract available)],1994,17(4):68-69.}

[2059] 王海清，沈正忠，陈浩明，张志霖．拔克氏针致再植手指离断1例报告［J］．中华手外科杂志，1994，10（3）：163．{WANG Haiqing,SHEN Zhengzhong,CHEN Haoming,ZHANG Zhilin. A case report of finger breakage caused by puller's needle[J]. Zhonghua Shou Wai Ke Za Zhi[Chin J Hand Surg(Article in Chinese;No abstract available)],1994,10(3):163.}

[2060] 张新正，王铁兵，王永凯，张成浩，马海燕．手指固有血管束逆行植入在断指的应用［J］．中华手外科杂志，1994，10（4）：248．{ZHANG Xinzheng,WANG Tiebing,WANG Yongkai,ZHANG Chenghao,MA Haiyan. Application of retrograde implantation of proper vascular bundle of finger in severed finger[J]. Zhonghua Shou Wai Ke Za Zhi[Chin J Hand Surg(Article in Chinese;No abstract available)],1994,10(4):248.}

[2061] 周围，孙颖，牟宇科．食（示）指再植术后急性肺栓塞猝死一例［J］．中国修复重建外科杂志，1994，8（1）：39．{ZHOU Wei,SUN Ying,MOU Yuke. A case of sudden death from acute pulmonary embolism after index finger replantation[J]. Zhongguo Xiu Fu Chong Jian Wai Ke Za Zhi[Chin J Repar Reconstr Surg(Article in Chinese;No abstract available)],1994,8(1):39.}

[2062] 奏宝玉，王鸿凯，李宝山，李海江，杨飞．末节完全离断再植的临床体会［J］．中华显微外科杂志，1994，17（4）：298．{ZOU Baoyu,WANG Hongkai,LI Baoshan,LI Haijiang,YANG Fei. Clinical experience of complete replantation of the distal segment[J]. Zhonghua Xian Wei Wai Ke Za Zhi[Chin J Microsurg(Article in Chinese;No abstract available)],1994,17(4):298.}

[2063] 曹斌，王成琪，蒋纯志，张祚勇，范启申，郑隆宝，牛惠生，李怀芬．植入型罂粟碱缓释剂在断指再植中的应用［J］．中华显微外科杂志，1995，18（1）：34－36，77．{CAO Bin,WANG Chengqi,JIANG Chunzhi,ZHANG Zuoyong,FAN Qishen,ZHENG Longbao,NIU Huisheng,LI Huaifen. Pharmarcodynamic and clinical study of the slow-released agent of papaverine[J]. Zhonghua Xian Wei Wai Ke Za Zhi[Chin J Microsurg(Article in Chinese;Abstract in Chinese)],1995,18(1):34-36,77.}

[2064] 陈炳俊，姚新德，唐际存．冰水浸泡断指再植成功一例［J］．中华显微外科杂志，1995，18（2）：111．{CHEN Bingjun,YAO Xinde,TANG Jicun. A successful case of replantation of amputated fingers soaked in ice water[J]. Zhonghua Xian Wei Wai Ke Za Zhi[Chin J Microsurg(Article in Chinese;No abstract available)],1995,18(2):111.}

[2065] 赵军，杨东．用于断指再植术后监护的恒温装置［J］．中华显微外科杂志，1995，18（2）：153．{ZHAO Jun,YANG Dong. Constant temperature device for monitoring after amputated finger replantation[J]. Zhonghua Xian Wei Wai Ke Za Zhi[Chin J Microsurg(Article in Chinese;No abstract available)],1995,18(2):153.}

[2066] 田万成，卢全中，范钦平，宋海涛，王儒芬，谭春华．断指再植一体化系列功能康复［J］．中华显微外科杂志，1995，18（3）：173－175，237．{TIAN Wancheng,LU Quanzhong,FAN Qinping,SONG Haitao,WANG Rufen,TAN Chunhua. Integrated functional rehabilitation of severed finger replantation[J]. Zhonghua Xian Wei Wai Ke Za Zhi[Chin J Microsurg(Article in Chinese;Abstract in Chinese)],1995,18(3):173-175,237.}

[2067] 张志宏，杨东，王明辉，陶红旗．小血管吻合实验研究及在断指再植中的应用［J］．中华显微外科杂志，1995，18（3）：219－220．DOI：10.3760/cma.j.issn.1001-2036.1995.03.117．{ZHANG Zhihong,YANG Dong,WANG Minghui,TAO Hongqi. Experimental study of small vessel anastomosis and its application in replantation of amputated finger[J]. Zhonghua Xian Wei Wai Ke Za Zhi[Chin J Microsurg(Article in Chinese;Abstract in Chinese)],1995,18(3):219-220. DOI:10.3760/cma.j.issn.1001-2036.1995.03.117.}

[2068] 蒋纯志，腾海军，窦以宝，管霖，王晓．微型游离皮瓣在断指再植中的应用［J］．中华手外科杂志，1995，11（2）：7－9．{JIANG Chunzhi,TENG Haijun,DOU Yibao,GUAN Lei,WANG Xiao. Application of microflap to finger replantation[J]. Zhonghua Shou Wai Ke Za Zhi[Chin J Hand Surg(Article in Chinese;Abstract in Chinese)],1995,11(2):7-9.}

[2069] 张抒，蔡锦方，梁进．断指再植内固定方法的选择［J］．中华手外科杂志，1995，11（3）：157－159．{ZHANG Shu,CAI Jinfang,LIANG Jin. Choice of internal fixation method for replantation of amputated finger[J]. Zhonghua Shou Wai Ke Za Zhi[Chin J Hand Surg(Article in Chinese;Abstract in Chinese)],1995,11(3):157-159.}

[2070] 孙国峰，王成琪，任志勇，王增涛，郑隆宝，王剑利，胡忠谋，吴建峰．软组织缺损断指再植的皮瓣移植［J］．中华手外科杂志，1995，11（3）：225－227．{SUN Guofeng,WANG Chengqi,REN Zhiyong,WANG Zengtao,ZHENG Longbao,WANG Jianli,HU Zhongmou,WU Jianfeng. Flap transfers for repairing soft tissue defects in digital replantation[J]. Zhonghua Shou Wai Ke Za Zhi[Chin J Hand Surg(Article in Chinese;Abstract in Chinese and English)],1995,11(3):225-227.}

[2071] 高建明．非选择性断指再植25例31指报告［J］．中华手外科杂志，1995，11（4）：249－250．{GAO Jianming. A report of 25 cases of non-selective finger replantation with 31 fingers[J]. Zhonghua Shou Wai Ke Za Zhi[Chin J Hand Surg(Article in Chinese;No abstract available)],1995,11(4):249-250.}

[2072] 范启申，王成琪，周建国，蒋纯志，魏长月，张希利．难接的断指再植221例报告［J］．中华手外科杂志，1995，11（S1）：5－7．{FAN Qishen,WANG Chengqi,ZHOU Jianguo,JIANG Chunzhi,WEI Changyue,ZHANG Xili. A report of 221 cases of difficult to connect amputated finger replantation[J]. Zhonghua Shou Wai Ke Za Zhi[Chin J Hand Surg(Article in Chinese;Abstract in Chinese)],1995,11(S1):5-7.}

[2073] 程国良．全国断指再植专题研讨会会议记要［J］．中华手外科杂志，1995，11（S1）：79－81．{CHENG Guoliang. Minutes of the National Symposium on Finger Replantation[J]. Zhonghua Shou Wai Ke Za Zhi[Chin J Hand Surg(Article in Chinese;No abstract available)],1995,11(S1):79-81.}

[2074] 冯国平，刘斌，崔正礼，刘东，许道洲．甲根部平面的断指再植［J］．中国修复重建外科杂志，1995，9（3）：191．{FENG Guoping,LIU Bin,CUI Zhengli,LIU Dong,XU Daozhou. Replantation of severed finger on nail root plane[J]. Zhongguo Xiu Fu Chong Jian Wai Ke Za Zhi[Chin J Repar Reconstr Surg(Article in Chinese;No abstract available)],1995,9(3):191.}

[2075] 李炳万，刘云江，赵世伟，吴绍君，李大村，李中檀，王金昌，赵维彦．有关断指延迟再植的若干问题［J］．中华显微外科杂志，1995，18（3）：176－178，237．{LI Bingwan,LIU Yunjiang,ZHAO Shiwei,WU Shaojun,LI Dacun,LI Zhongtan,WANG Jinchang,ZHAO Weiyan. Several problems about delayed re-plantation of amputated digit[J]. Zhonghua Xian Wei Wai Ke Za Zhi[Chin J Microsurg(Article in Chinese;Abstract in Chinese)],1995,18(3):176-178,237.}

[2076] 江建明，狄勋元，胡晓静．断指的初期处理与再植成功相关性的探讨［J］．第一军医大学学报，1995，15（6）：266．{JIANG Jianming,DI Xunyuan,HU Xiaojing. Discussion on the correlation between the initial treatment of amputated fingers and the success of replantation[J]. Di Yi Jun Yi Da Xue Xue Bao[J First Mil Med Univ(Article in Chinese;Abstract in Chinese)],1995,15(6):266.}

[2077] 徐永清，李主一，起志华．拇食（示）指末节离断同时断拇纵行离断再植成功一例［J］．中华显微外科杂志，1995，18（2）：142．{XU Yongqing,LI Zhuyi,QI Zhihua. A successful replantation of the distal segment of the thumb and index finger with simultaneous removal of the thumb and longitudinal removal of the thumb[J]. Zhonghua Xian Wei Wai Ke Za Zhi[Chin J Microsurg(Article in Chinese;No abstract available)],1995,18(2):142.}

[2078] 李锦永，李任．指掌侧动脉蒂岛状皮瓣在拇指再植中的应用［J］．中华显微外科杂志，1995，18（2）：120－121．{LI Jinyong,LI Ren. Application of palmar artery pedicle island flap in thumb replantation[J]. Zhonghua Xian Wei Wai Ke Za Zhi[Chin J Microsurg(Article in Chinese;Abstract in Chinese)],1995,18(2):120-121.}

[2079] 曹学诚，蔡锦方．合并掌背部大片皮肤撕脱的拇指离断再植［J］．中华显微外科杂志，1995，18（3）：225－255．{CAO Xuecheng,CAI Jinfang. Replantation of the thumb combined with a large skin tear on the back of the palm[J]. Zhonghua Xian Wei Wai Ke Za Zhi[Chin J Microsurg(Article in Chinese;No abstract available)],1995,18(3):225-255.}

[2080] 王成琪，王剑利，王增涛．手部严重损伤手指移位再植术［J］．中华显微外科杂志，1995，18（4）：244－245，317．{WANG Chengqi,WANG Jianli,WANG Zengtao. Digit transpospositive replantation in severed hand trauma[J]. Zhonghua Xian Wei Wai Ke Za Zhi[Chin J Microsurg(Article in Chinese;Abstract in Chinese)],1995,18(4):244-245,317.}

[2081] 蔡道章，孙志坚，陈其勋，戎利民．拇指撕脱离断再植［J］．中华显微外科杂志，1995，18（4）：295－296．{CAI Daozhang,SUN Zhijian,CHEN Qixun,RONG Limin. Thumb tearing off and replanting[J]. Zhonghua Xian Wei Wai Ke Za Zhi[Chin J Microsurg(Article in Chinese;No abstract available)],1995,18(4):295-296.}

[2082] 郭德亮，魏长月，范启申．指岛状皮瓣治疗功能不良再植指［J］．中华手外科杂志，1995，11（2）：125．{GUO Deliang,WEI Changyue,FAN Qishen. Finger island flap for the treatment of dysfunctional finger replantation[J]. Zhonghua Shou Wai Ke Za Zhi[Chin J Hand Surg(Article in Chinese;No abstract available)],1995,11(2):125.}

[2083] 王永刚，陆男吉，沈谷丰．离断手指移位再植42例报道［J］．上海医学，1995，18（9）：522，499．{WANG Yonggang,LU Nanji,SHEN Gufeng. Report of 42 cases of replantation of severed fingers[J]. Shanghai Yi Xue[Shanghai Med J(Article in Chinese;No abstract available)],1995,18(9):522,499.}

[2084] 刘伟，王剑利．近指间关节离断伴皮肤血管缺损再植六例［J］．中国修复重建外科杂志，1995，9（3）：189．{LIU Wei,WANG Jianli. Six cases of replantation of near interphalangeal joint with skin vascular defect[J]. Zhongguo Xiu Fu Chong Jian Wai Ke Za Zhi[Chin J Repar Reconstr Surg(Article in Chinese;No abstract available)],1995,9(3):189.}

[2085] 范启申，王成琪，蒋纯志，魏长月，李忠，张作勇，王刚．吻合血管的指端断指再植82例报告［J］．中华骨科杂志，1996，16（8）：498－500．{FAN Qishen,WANG Chengqi,JIANG Chunzhi,WEI Changyue,LI Zhong,ZHANG Zuoyong,WANG Gang. Replatation of severed finger tip with anastomosis of blood vessels:report of 2 cases[J]. Zhonghua Gu Ke Za Zhi[Chin J Orthop(Article in Chinese;Abstract in Chinese and English)],1996,16(8):498-500.}

[2086] 方光荣，程国良，陈茂松，丁小珩，胡双贵．节段性足趾移植桥接断指再植二例［J］．中华显微外科杂志，1996，19（1）：79．{FANG Guangrong,CHENG Guoliang,CHEN Maosong,DING Xiaoheng,HU Shuanggui. Two cases of segmental toe transplantation bridging broken finger replantation[J]. Zhonghua Xian Wei Wai Ke Za Zhi[Chin J Microsurg(Article in Chinese;No abstract available)],1996,19(1):79.}

[2087] 邹祖良．71岁老人末节断指再植成活一例［J］．中华显微外科杂志，1996，19（1）：80．{ZOU Zuliang. A 71-year-old man survives replantation of severed distal finger[J]. Zhonghua Xian Wei Wai Ke Za Zhi[Chin J Microsurg(Article in Chinese;No abstract available)],1996,19(1):80.}

[2088] 陈敢真，郝鹏．门诊局麻下开展断指再植的体会［J］．中华显微外科杂志，1996，19（1）：57－58．{CHEN Ganzhen,HAO Peng. Experience of replantation of amputated finger under local anesthesia in outpatient department[J]. Zhonghua Xian Wei Wai Ke Za Zhi[Chin J Microsurg(Article in Chinese;No abstract available)],1996,19(1):57-58.}

[2089] 裴国献，谢昌平，赵东升．孕妇断指再植［J］．中华显微外科杂志，1996，19（2）：142－143．{PEI Guoxian,XIE Changping,ZHAO Dongsheng. Replantation of amputated finger of pregnant woman[J]. Zhonghua Xian Wei Wai Ke Za Zhi[Chin J Microsurg(Article in Chinese;No abstract available)],1996,19(2):142-143.}

[2090] 赵凤江，王德胜，刘洪利，赵萍，谷孝海，王宝石，王洪才．不短缩指骨与关节的断指再植［J］．中华显微外科杂志，1996，19（3）：172．{ZHAO Fengjiang,WANG Desheng,LIU Hongli,ZHAO Ping,GU Xiaohai,WANG Baoshi,WANG Hongcai. Replantation of amputated fingers without shortening the phalanx and joints[J]. Zhonghua Xian Wei Wai Ke Za Zhi[Chin J Microsurg(Article in Chinese;No abstract available)],1996,19(3):172.}

[2091] 李锦永，李清秀，崔永光，胡洪良，谢振军，王平振，宋敬忠，王献伟，孙勇．复杂性断指再植［J］．中华显微外科杂志，1996，19（4）：296－297．{LI Jinyong,LI Qingxiu,CUI Yongguang,HU Hongliang,XIE Zhenjun,WANG Pingzhen,SONG Jingzhong,WANG Xianwei,SUN Yong. Complex finger replantation[J]. Zhonghua Xian Wei Wai Ke Za Zhi[Chin J Microsurg(Article in Chinese;Abstract in Chinese)],1996,19(4):296-297.}

[2092] 张文，谢昌平．手足紫绀症致断指再植失败一例报告［J］．中华手外科杂志，1996，12（3）：142．{ZHANG Wen,XIE Changping. A case report of failure of replantation of amputated finger caused by hand-foot cyanosis[J]. Zhonghua Shou Wai Ke Za Zhi[Chin J Hand Surg(Article in Chinese;No abstract available)],1996,12(3):142.}

[2093] 宋海涛，田万成，范钦平，常风延，潘逢雨，谢战勇，卢全中．同时八例断指再植体会［J］．中华手外科杂志，1996，12（S1）：82．{SONG Haitao,TIAN Wancheng,FAN Qinping,CHANG Fengyan,PAN Fengyu,XIE Zhanyong,LU Quanzhong. Replantation of 8 severed fingers at the same time[J]. Zhonghua Shou Wai Ke Za Zhi[Chin J Hand Surg(Article in Chinese;No abstract available)],1996,12(S1):82.}

[2094] 高伟阳．复杂断指的远位寄生及二期再植二例［J］．中华显微外科杂志，1996，19（4）：313－314．{GAO Weiyang. Two cases of remote parasitism and secondary replantation of complex severed fingers[J]. Zhonghua Xian Wei Wai Ke Za Zhi[Chin J Microsurg(Article in Chinese;Abstract in Chinese)],1996,19(4):313-314.}

[2095] 郑晓菊，张屹阳．被狗吞食离断的拇、示指再植成功一例［J］．中华显微外科杂志，1996，19

(2): 112. {ZHENG Xiaoju,ZHANG Yiyang. A successful case of replantation of thumb and index finger that were severed by dogs[J]. Zhonghua Xian Wei Wai Ke Za Zhi[Chin J Microsurg(Article in Chinese;No abstract available)],1996,19(2):112.}

[2096] 韩明涛，曾涛，于仙娟，谭训香．指掌侧浅静脉的解剖及其在断指再植中的应用 [J]．中国临床解剖学杂志，1997，15(1)：39-41．{HAN Mingtao,ZENG Tao,YU Xianjuan,TAN Xunxiang. Anatomical study and clinical application of superficial palmar digital veins in finger replantation[J]. Zhongguo Lin Chuang Jie Pou Xue Za Zhi[Chin J Clin Anat(Article in Chinese;Abstract in Chinese)],1997,15(1):39-41.}

[2097] 王屏，郝鹏，孙雪良．指背神经在撕脱性断指再植中的应用 [J]．中华显微外科杂志，1997，20(1)：72．{WANG Ping,HAO Peng,SUN Xueliang. Application of dorsal digital nerve in replantation of avulsed amputated finger[J]. Zhonghua Xian Wei Wai Ke Za Zhi[Chin J Microsurg(Article in Chinese;No abstract available)],1997,20(1):72.}

[2098] 刘宣民，马清亮，毛海峰，张立新．断指再植并脾切除一例 [J]．中华显微外科杂志，1997，20(2)：34．{LIU Xuanmin,MA Qingliang,MAO Haifeng,ZHANG Lixin. A case of replantation of severed finger and splenectomy[J]. Zhonghua Xian Wei Wai Ke Za Zhi[Chin J Microsurg(Article in Chinese;No abstract available)],1997,20(2):34.}

[2099] 徐煜，林格生．21例32指电锯伤断指再植 [J]．中华显微外科杂志，1997，20(2)：60．{XU Yu,LIN Gesheng. Replantation of amputated fingers injured by chainsaw in 21 cases[J]. Zhonghua Xian Wei Wai Ke Za Zhi[Chin J Microsurg(Article in Chinese;No abstract available)],1997,20(2):60.}

[2100] 田万成．断指再植30年进展 [J]．中华显微外科杂志，1997，20(3)：21-23．{TIAN Wancheng. 30-year progress of amputated finger replantation[J]. Zhonghua Xian Wei Wai Ke Za Zhi[Chin J Microsurg(Article in Chinese;No abstract available)],1997,20(3):21-23.}

[2101] 潘希贵，王成琪，田青业，潘朝辉．脱套性断指再植 [J]．中华显微外科杂志，1997，20(4)：70-71．{PAN Xigui,WANG Chengqi,TIAN Qingye,PAN Chaohui. Detached amputated finger replantation[J]. Zhonghua Xian Wei Wai Ke Za Zhi[Chin J Microsurg(Article in Chinese;No abstract available)],1997,20(4):70-71.}

[2102] 刘芝菊，章伟文，韩常香，周素芳．断指再植的功能恢复 [J]．中华手外科杂志，1997，13(2)：121．DOI：10.3760/cma.j.issn.1005-054X.1997.02.022．{LIU Zhiju,ZHANG Weiwen,HAN Changxiang,ZHOU Sufang. Functional recovery of amputated finger replantation[J]. Zhonghua Shou Wai Ke Za Zhi[Chin J Hand Surg(Article in Chinese;No abstract available)],1997,13(2):121. DOI:10.3760/cma.j.issn.1005-054X.1997.02.022.}

[2103] 曹光富，章伟文．断指再植206例的临床分析 [J]．中华手外科杂志，1997，13(2)：124-125．DOI：10.3760/cma.j.issn.1005-054X.1997.02.025．{CAO Guangfu,ZHANG Weiwen. Clinical analysis of 206 amputated finger replantation[J]. Zhonghua Shou Wai Ke Za Zhi[Chin J Hand Surg(Article in Chinese;No abstract available)],1997,13(2):124-125. DOI:10.3760/cma.j.issn.1005-054X.1997.02.025.}

[2104] 张胜利，刘兆青，曹清峰，赵学魁，马跃斌，张维利，赵艾利．静脉皮瓣桥接在组织缺损断指再植中的应用 [J]．中华手外科杂志，1997，13(4)：225．DOI：10.3760/cma.j.issn.1005-054X.1997.04.025．{ZHANG Shengli,LIU Zhaoqing,CAO Qingfeng,ZHAO Xuekui,MA Yuebin,ZHANG Weili,ZHAO Aili. Application of venous flap bridging in replantation of severed finger in tissue defect[J]. Zhonghua Shou Wai Ke Za Zhi[Chin J Hand Surg(Article in Chinese;No abstract available)],1997,13(4):225. DOI:10.3760/cma.j.issn.1005-054X.1997.04.025.}

[2105] 游戊己，郑金变．克氏针交叉固定在断指再植中的应用 [J]．中华手外科杂志，1997，13(4)：244．DOI：10.3760/cma.j.issn.1005-054X.1997.04.027．{YOU Wuji,ZHENG Jinbian. Application of Kirschner wire cross fixation in replantation of severed finger[J]. Zhonghua Shou Wai Ke Za Zhi[Chin J Hand Surg(Article in Chinese;No abstract available)],1997,13(4):244. DOI:10.3760/cma.j.issn.1005-054X.1997.04.027.}

[2106] 王杰，蒋宏林，陈雄生，潘达德．断指再植103例 [J]．中国修复重建外科杂志，1997，11(1)：68．{WANG Jie,JIANG Honglin,CHEN Xiongsheng,PAN Dade. 103 cases of amputated finger replantation[J]. Zhongguo Xiu Fu Chong Jian Wai Ke Za Zhi[Chin J Repar Reconstr Surg(Article in Chinese;No abstract available)],1997,11(1):68.}

[2107] 汪宁华，孙玉霞，姬峨．断指再植后精神病一例 [J]．中华显微外科杂志，1998，21(1)：封三．DOI：10.3760/cma.j.issn.1001-2036.1998.01.054．{WANG Ninghua,SUN Yuxia,JI Dong. A case of mental illness after replantation of severed finger[J]. Zhonghua Xian Wei Wai Ke Za Zhi[Chin J Microsurg(Article in Chinese;No abstract available)],1998,21(1):cover 3. DOI:10.3760/cma.j.issn.1001-2036.1998.01.054.}

[2108] 王文刚，张忠清．35例43指断指再植体会 [J]．中华显微外科杂志，1998，21(1)：封三．DOI：10.3760/cma.j.issn.1001-2036.1998.01.049．{WANG Wengang,ZHANG Zhongqing. 35 cases of 43 finger replantation experience[J]. Zhonghua Xian Wei Wai Ke Za Zhi[Chin J Microsurg(Article in Chinese;No abstract available)],1998,21(1):cover 3. DOI:10.3760/cma.j.issn.1001-2036.1998.01.049.}

[2109] 袁伟东，田跃，裴连庆．四指断指再植一例 [J]．中华显微外科杂志，1998，21(1)：封三．DOI：10.3760/cma.j.issn.1001-2036.1998.01.051．{YUAN Weidong,TIAN Yue,PEI Lianqing. A case of replantation of four-finger severed finger[J]. Zhonghua Xian Wei Wai Ke Za Zhi[Chin J Microsurg(Article in Chinese;No abstract available)],1998,21(1):cover 3. DOI:10.3760/cma.j.issn.1001-2036.1998.01.051.}

[2110] 孙国峰，王成琪，王剑利．断指再植血流平衡动力学研究 [J]．中华显微外科杂志，1998，21(2)：124．DOI：10.3760/cma.j.issn.1001-2036.1998.02.016．{SUN Guofeng,WANG Chengqi,WANG Jianli. Dynamics of blood flow balance after replantation of amputated finger[J]. Zhonghua Xian Wei Wai Ke Za Zhi[Chin J Microsurg(Article in Chinese;Abstract in Chinese and English)],1998,21(2):124. DOI:10.3760/cma.j.issn.1001-2036.1998.02.016.}

[2111] 谢卫国．断指再植的技术改进 [J]．中华显微外科杂志，1998，21(3)：218．DOI：10.3760/cma.j.issn.1001-2036.1998.03.023．{XIE Weiguo. Technical improvement of amputated finger replantation[J]. Zhonghua Xian Wei Wai Ke Za Zhi[Chin J Microsurg(Article in Chinese;No abstract available)],1998,21(3):218. DOI:10.3760/cma.j.issn.1001-2036.1998.03.023.}

[2112] 霍华春，宠军，吴景华．指根部麻醉末节断指再植26例 [J]．中华显微外科杂志，1998，21(3)：240．DOI：10.3760/cma.j.issn.1001-2036.1998.03.046．{HUO Huachun,CHONG Jun,WU Jinghua. Anesthesia at the root of the finger and replantation of amputated finger[J]. Zhonghua Xian Wei Wai Ke Za Zhi[Chin J Microsurg(Article in Chinese;Abstract in Chinese)],1998,21(3):240. DOI:10.3760/cma.j.issn.1001-2036.1998.03.046.}

[2113] 范启申，王成琪，曹斌，李公宝，翟振华，周祥吉，潘兆勋，王刚．高凝状态在断指再植中的系列研究 [J]．中华手外科杂志，1998，14(1)：8-10．{FAN Qishen,WANG Chengqi,CAO Bin,LI Gongbao,ZhAI Zhenhua,ZHOU Xiangji,PAN Zhaoxun,WANG Gang. A series of studies on hypercoagulable state in replantation of amputated fingers[J]. Zhonghua Shou Wai Ke Za Zhi[Chin J Hand Surg(Article in Chinese;Abstract in Chinese and English)],1998,14(1):8-10.}

[2114] 张元信，侯书健，胡文贵．地塞米松不同途径给药对断指再植术后长效镇痛的影响 [J]．中华手外科杂志，1998，14(3)：191．DOI：10.3760/cma.j.issn.1005-054X.1998.03.028．{ZHANG Yuanxin,HOU Shujian,HU Wengui. Effects of dexamethasone administered by different routes on long-term analgesia after replantation of severed fingers[J]. Zhonghua Shou Wai Ke Za Zhi[Chin J Hand Surg(Article in Chinese;No abstract available)],1998,14(3):191. DOI:10.3760/cma.j.issn.1005-054X.1998.03.028.}

[2115] 李景峰，刘兴宇，刘亦军，张仲明．82例103指断指再植体会 [J]．中国修复重建外科杂志，1998，12(2)：93．{LI Jingfeng,LIU Xingyu,LIU Yijun,ZHANG Zhongming. 82 cases of 103 finger replantation experience[J]. Zhongguo Xiu Fu Chong Jian Wai Ke Za Zhi[Chin J Repar Reconstr Surg(Article in Chinese;No abstract available)],1998,12(2):93.}

[2116] 杨家荣，向定银，李长芬，张永久，杨炳恒．腕部局麻断指再植五例 [J]．中国修复重建外科杂志，1998，12(4)：255．{YANG Jiarong,XIANG Dingyin,LI Changfen,ZHANG Yongjiu,YANG Bingheng. Five cases of replantation of severed finger in local anesthesia of wrist[J]. Zhongguo Xiu Fu Chong Jian Wai Ke Za Zhi[Chin J Repar Reconstr Surg(Article in Chinese;No abstract available)],1998,12(4):255.}

[2117] 赵刚，蔡锦方，刘秉锐，刘立峰，王平山，曹学成，张亚彬，刘军图．严重创伤断指再植前后血小板活化检测的临床意义 [J]．中国修复重建外科杂志，1998，12(4)：212-214．{ZHAO Gang,CAI Jinfang,LIU Bingrui,LIU Lifeng,WANG Pingshan,CAO Xuecheng,ZHANG Yabin,LIU Juntu. The flow cytometric analysis of activated platelets of severed finger by severe injury before and after replantation[J]. Zhongguo Xiu Fu Chong Jian Wai Ke Za Zhi[Chin J Repar Reconstr Surg(Article in Chinese;Abstract in Chinese and English)],1998,12(4):212-214.}

[2118] 刘齐清，张嘉民，廖锦昌．断指再植五例 [J]．中国修复重建外科杂志，1998，12(5)：319．{LIU Qiqing,ZHANG Jiamin,LIAO Jinchang. Five cases of replantation of severed finger[J]. Zhongguo Xiu Fu Chong Jian Wai Ke Za Zhi[Chin J Repar Reconstr Surg(Article in Chinese;No abstract available)],1998,12(5):319.}

[2119] 孙鹏，吴迪，孔冰．完全性断指80例再植体会 [J]．中华显微外科杂志，1998，21(3)：234．DOI：10.3760/cma.j.issn.1001-2036.1998.03.037．{SUN Peng,WU Di,KONG Bing. Replantation of 80 cases of complete severed finger[J]. Zhonghua Xian Wei Wai Ke Za Zhi[Chin J Microsurg(Article in Chinese;No abstract available)],1998,21(3):234. DOI:10.3760/cma.j.issn.1001-2036.1998.03.037.}

[2120] 丁玉勤，曹斌，江海庭．绞肉机伤手指离断再植14例体会 [J]．中华显微外科杂志，1998，21(2)：封三．DOI：10.3760/cma.j.issn.1001-2036.1998.02.051．{DING Yuqin,CAO Bin,JIANG Haiting. Experience of Replanting 14 Cases of Fingers Injured by Meat Grinder[J]. Zhonghua Xian Wei Wai Ke Za Zhi[Chin J Microsurg(Article in Chinese;No abstract available)],1998,21(2):cover 3. DOI:10.3760/cma.j.issn.1001-2036.1998.02.051.}

[2121] 王献伟．吸烟致成活三周的再植指坏死一例报告 [J]．中华手外科杂志，1998，14(1)：16．{WANG Xianwei. A case report of replanted finger necrosis caused by smoking for three weeks[J]. Zhonghua Shou Wai Ke Za Zhi[Chin J Hand Surg(Article in Chinese;No abstract available)],1998,14(1):16.}

[2122] 章伟文，陈宏．再植指指屈肌腱粘连松解后的疗效分析 [J]．中华手外科杂志，1998，14(2)：97-98．{ZHANG Weiwen,CHEN Hong. Treatment outcome of tenolysis for flexor tendon adhesion after digital replantation[J]. Zhonghua Shou Wai Ke Za Zhi[Chin J Hand Surg(Article in Chinese;Abstract in Chinese and English)],1998,14(2):97-98.}

[2123] 贺友生，詹河涓，谢大志．手指套脱伤套脱皮肤再植一例 [J]．中华创伤杂志，1998，14(4)：225．DOI：10.3760/j：issn：1001-8050.1998.04.033．{HE Yousheng,ZHAN Hejuan,XIE Dazhi. A case of skin replantation after detachment of finger cuff[J]. Zhonghua Chuang Shang Za Zhi[Chin J Trauma(Article in Chinese;No abstract available)],1998,14(4):225. DOI:10.3760/j:issn:1001-8050.1998.04.033.}

[2124] 邹祖良．71岁末节指再植成活一例 [J]．中国修复重建外科杂志，1998，12(1)：63．{ZOU Zuliang. A survival case of replantation of the end finger at 71 years old[J]. Zhongguo Xiu Fu Chong Jian Wai Ke Za Zhi[Chin J Repar Reconstr Surg(Article in Chinese;No abstract available)],1998,12(1):63.}

[2125] 徐煜，徐云．高龄高血压拇指离断再植一例 [J]．中国修复重建外科杂志，1998，12(5)：319．{XU Yi,XU Yun. A case of replantation of a severed thumb of an aged hypertension[J]. Zhongguo Xiu Fu Chong Jian Wai Ke Za Zhi[Chin J Repar Reconstr Surg(Article in Chinese;No abstract available)],1998,12(5):319.}

[2126] 范启申．断指再植术的经验总结 [J]．中华显微外科杂志，1999，22(1)：32．DOI：10.3760/cma.j.issn.1001-2036.1999.01.012．{FAN Qishen. Replantation of amputated fingers:introduction of experience[J]. Zhonghua Xian Wei Wai Ke Za Zhi[Chin J Microsurg(Article in Chinese;Abstract in Chinese and English)],1999,22(1):32. DOI:10.3760/cma.j.issn.1001-2036.1999.01.012.}

[2127] 韩雪萍，吕蕴琦，刘林嶓，贺长清．断指再植术不同麻醉方法对呼吸及血氧饱和度的影响 [J]．中华显微外科杂志，1999，22(2)：152．DOI：10.3760/cma.j.issn.1001-2036.1999.02.039．{HAN Xueping,LV Yunqi,LIU Linbo,HE Changqing. The influence of different anesthesia methods for replantation of severed finger on respiration and blood oxygen saturation[J]. Zhonghua Xian Wei Wai Ke Za Zhi[Chin J Microsurg(Article in Chinese;No abstract available)],1999,22(2):152. DOI:10.3760/cma.j.issn.1001-2036.1999.02.039.}

[2128] 涂青虹．微型静脉皮瓣桥接断指再植 [J]．中华显微外科杂志，1999，22(2)：153．DOI：10.3760/cma.j.issn.1001-2036.1999.02.040．{TU Qinghong. Mini-venous flap bridging amputated finger replantation[J]. Zhonghua Xian Wei Wai Ke Za Zhi[Chin J Microsurg(Article in Chinese;No abstract available)],1999,22(2):153. DOI:10.3760/cma.j.issn.1001-2036.1999.02.040.}

[2129] 张保东．介绍一种断指再植固定器 [J]．中华显微外科杂志，1999，22(2)：封三．DOI：10.3760/cma.j.issn.1001-2036.1999.02.060．{ZHANG Baodong. Introduce a kind of amputated finger replantation fixator[J]. Zhonghua Xian Wei Wai Ke Za Zhi[Chin J Microsurg(Article in Chinese;No abstract available)],1999,22(2):cover 3. DOI:10.3760/cma.j.issn.1001-2036.1999.02.060.}

[2130] 张震宇，刘家滨，张军．保存不佳之断指再植的临床总结 [J]．中华显微外科杂志，1999，22(3)：176-177．DOI：10.3760/cma.j.issn.1001-2036.1999.03.006．{ZHANG Zhenyu,LIU Jiabin,ZHANG Jun. Replantation of fingers without good preservation[J]. Zhonghua Xian Wei Wai Ke Za Zhi[Chin J Microsurg(Article in Chinese;Abstract in Chinese and English)],1999,22(3):176-177. DOI:10.3760/cma.j.issn.1001-2036.1999.03.006.}

[2131] 韩明涛，于仙娟，曾涛．吻合指掌侧静脉断指再植的研究 [J]．中华显微外科杂志，1999，22(3)：178．DOI：10.3760/cma.j.issn.1001-2036.1999.03.007．{HAN Mingtao,YU Xianjuan,ZENG Tao. The study of severed finger replantation with anastomosis of palmar digital vein[J]. Zhonghua Xian Wei Wai Ke Za Zhi[Chin J Microsurg(Article in Chinese;Abstract in Chinese and English)],1999,22(3):178. DOI:10.3760/cma.j.issn.1001-2036.1999.03.007.}

[2132] 邹勃生，李效，王太周．断指再植手术中血管缺损处理的体会 [J]．中华显微外科杂志，1999，22(3)：封三．DOI：10.3760/cma.j.issn.1001-2036.1999.03.061．{ZOU Bosheng,LI Xiao,WANG Taizhou. Experience of treatment of vascular defect in replantation of severed finger[J]. Zhonghua Xian Wei Wai Ke Za Zhi[Chin J Microsurg(Article in Chinese;No abstract available)],1999,22(3):cover 3. DOI:10.3760/cma.j.issn.1001-2036.1999.03.061.}

[2133] 陈永彩，任有成，崔永光，袁正江，卢宏，李中锋．指掌侧浅静脉在断指再植中的临床应用 [J]．中华显微外科杂志，1999，22(4)：255．{CHEN Yongcai,REN Youcheng,CUI Yongguang,YUAN Zhengjiang,LU Hong,LI Zhongfeng. Clinical application of superficial palmar vein in replantation of amputated finger[J]. Zhonghua Xian Wei Wai Ke Za Zhi[Chin J Microsurg(Article in Chinese;No abstract available)],1999,22(4):255.}

[2134] 谭新东，谢伟勇，周海强，卢仕良．血管移植在电锯伤断指再植中的应用 [J]．中华显微外科杂志，1999，22(4)：309．{TAN Xindong,XIE Weiyong,ZHOU Haiqiang,LU Shiliang. Application of blood vessel transplantation in replantation of amputated finger injured by chainsaw[J]. Zhonghua Xian Wei Wai Ke Za Zhi[Chin J Microsurg(Article in Chinese;No abstract available)],1999,22(4):309.}

[2135] 于立民，何智滔．指掌侧浅静脉在断指再植中的应用体会 [J]．中华显微外科杂志，1999，22(4)：313．{YU Limin,HE Zhitao. Application experience of palmar superficial vein in replantation of amputated finger[J]. Zhonghua Xian Wei Wai Ke Za Zhi[Chin J Microsurg(Article in

Chinese;No abstract available)],1999,22(4):313.}

[2136] 翁雨雄，洪光祥，王发斌．掌背动脉皮瓣在断指再植中的应用[J]．中华显微外科杂志，1999，22(S1)：45．{WENG Yuxiong,HONG Guangxiang,WANG Fabin. Application of dorsal metacarpal artery flap in replantation of amputated finger[J]. Zhonghua Xian Wei Wai Ke Za Zhi[Chin J Microsurg(Article in Chinese;No abstract available)],1999,22(S1):45.}

[2137] 张奉琪，李汝信，潘达德．靠近掌指关节处的断指再植术的骨处理[J]．中国矫形外科杂志，1999，6(17)：59．{ZHANG Fengqi,LI Ruxin,Panda De. Bone treatment for replantation of amputated finger near the metacarpophalangeal joint[J]. Zhongguo Jiao Xing Wai Ke Za Zhi[Orthop J China(Article in Chinese;Abstract in Chinese)],1999,6(17):59.}

[2138] 白振国，程玉岗，张建恩，田慎．指动脉蒂岛状皮瓣在断指再植中的应用体会[J]．中华手外科杂志，1999，15(1)：61．{BAI Zhenguo,CHENG Yugang,ZHANG Jianen,TIAN Shen. Application of digital artery pedicle island flap in replantation of amputated finger[J]. Zhonghua Shou Wai Ke Za Zhi[Chin J Hand Surg(Article in Chinese;No abstract available)],1999,15(1):61.}

[2139] 章伟文，陈宏，王晓峰，周黎明，李学渊，薛建波，费建荣．530例末节断指再植的临床研究[J]．中华手外科杂志，1999，15(2)：101-103．{ZHANG Weiwen,CHEN Hong,WANG Xiaofeng,ZHOU Liming,LI Xueyuan,XUE Jianbo,FEI Jianrong. Clinical study on replantation of amputated distal finger in 530 cases[J]. Zhonghua Shou Wai Ke Za Zhi[Chin J Hand Surg(Article in Chinese;Abstract in Chinese and English)],1999,15(2):101-103.}

[2140] 李中锋，崔永光，卢宏．断指再植中组织缺损的修复[J]．中华手外科杂志，1999，15(3)：189．DOI：10.3760/cma.j.issn.1005-054X.1999.03.030．{LI Zhongfeng,CUI Yongguang,LU Hong. Repair of tissue defect in replantation of amputated finger[J]. Zhonghua Shou Wai Ke Za Zhi[Chin J Hand Surg(Article in Chinese;No abstract available)],1999,15(3):189. DOI:10.3760/cma.j.issn.1005-054X.1999.03.030.}

[2141] 段友建，邹方亮，张开欣．合并同侧肢体多发性骨折的断指再植[J]．中华手外科杂志，1999，15(4)：237．DOI：10.3760/cma.j.issn.1005-054X.1999.04.030．{DUAN Youjian,ZOU Fangliang,ZHANG Kaixin. Replantation of amputated fingers with multiple fractures of the ipsilateral limb[J]. Zhonghua Shou Wai Ke Za Zhi[Chin J Hand Surg(Article in Chinese;No abstract available)],1999,15(4):237. DOI:10.3760/cma.j.issn.1005-054X.1999.04.030.}

[2142] 康庆林，潘风雨，曹显科，陈小峰．风筝皮瓣在断指再植中的应用[J]．中华手外科杂志，1999，15(4)：200．{KANG Qinglin,PAN Fengyu,CAO Xianke,CHEN Xiaofeng. Application of kite flap in replantation of amputated finger[J]. Zhonghua Shou Wai Ke Za Zhi[Chin J Hand Surg(Article in Chinese;No abstract available)],1999,15(4):200.}

[2143] 邱扬，许亚军，张全荣，高建军，寿奎水．指体严重损伤的断指再植[J]．中华手外科杂志，1999，15(4)：254．{QIU Yang,XU Yajun,ZHANG Quanrong,GAO Jianjun,SHOU Kuishui. Replantation of severely injured fingers[J]. Zhonghua Shou Wai Ke Za Zhi[Chin J Hand Surg(Article in Chinese;No abstract available)],1999,15(4):254.}

[2144] 陈平．远节断指再植术后的功能恢复[J]．中国骨伤，1999，12(5)：40．DOI：10.3969/j.issn.1003-0034.1999.05.019．{CHEN Ping. Functional recovery after replantation of distal amputated finger[J]. Zhongguo Gu Shang[China J Orthop Trauma(Article in Chinese;Abstract in Chinese)],1999,12(5):40. DOI:10.3969/j.issn.1003-0034.1999.05.019.}

[2145] 宋修军，张宁埠．断指再植中的不再流现象[J]．实用手外科杂志，1999，13(2)：84-86．{SONG Xiujun,ZHANG Ningbu. No-reflow phenomenon during replantation of amputated fingers[J]. Shi Yong Shou Wai Ke Za Zhi[Chin J Pract Hand Surg(Article in Chinese;Abstract in Chinese and English)],1999,13(2):84-86.}

[2146] 金重山，汪王平，李强，郝鹏，孙雪良，陆霆，陶燃．脱套性断指的临床特点及再植[J]．实用手外科杂志，1999，13(2)：17-19．{JIN Chongshan,WANG Wangping,LI Qiang,HAO Peng,SUN Xueliang,LU Ting,TAO Ran. Sheathlike tear injury finger characteristics and treat[J]. Shi Yong Shou Wai Ke Za Zhi[Chin J Pract Hand Surg(Article in Chinese;Abstract in Chinese and English)],1999,13(2):17-19.}

[2147] 崔青，刘志波．指段再植及腹部带蒂皮瓣修复手部严重损伤[J]．中华显微外科杂志，1999，22(1)：79．DOI：10.3760/cma.j.issn.1001-2036.1999.01.066．{CUI Qing,LIU Zhibo. Finger segment replantation and abdominal pedicled skin flap to repair severe hand injury[J]. Zhonghua Xian Wei Wai Ke Za Zhi[Chin J Microsurg(Article in Chinese;No abstract available)],1999,22(1):79. DOI:10.3760/cma.j.issn.1001-2036.1999.01.066.}

[2148] 程国良，方光荣．拇指节段缺损踇趾腓侧半月形皮瓣桥接再植术[J]．中华显微外科杂志，1999，22(2)：98-100．DOI：10.3760/cma.j.issn.1001-2036.1999.02.007．{CHENG Guoliang,FANG Guangrong. Bridging and replantation of fibular half-moon flap of thumb segment defect[J]. Zhonghua Xian Wei Wai Ke Za Zhi[Chin J Microsurg(Article in Chinese;No abstract available)],1999,22(2):98-100. DOI:10.3760/cma.j.issn.1001-2036.1999.02.007.}

[2149] 崔青，刘志波，王红梅，李滋源，许营民，杨中华．第一掌背动脉转位在撕脱性离断拇指再植中的应用[J]．中华显微外科杂志，1999，22(4)：257．{CUI Qing,LIU Zhibo,WANG Hongmei,LI Ziyuan,XU Yingmin,YANG Zhonghua. Application of the transposition of the first dorsal metacarpal artery in the replantation of the avulsed thumb[J]. Zhonghua Xian Wei Wai Ke Za Zhi[Chin J Microsurg(Article in Chinese;No abstract available)],1999,22(4):257.}

[2150] 金以军．再植指功能不佳的原因分析[J]．中华手外科杂志，1999，15(2)：126-127．{JIN Yijun. Analysis of the causes of poor function of replanted fingers[J]. Zhonghua Shou Wai Ke Za Zhi[Chin J Hand Surg(Article in Chinese;No abstract available)],1999,15(2):126-127.}

[2151] 田立杰，刘伟，王晓东，李冰，莫忆南，那乾梅，曾宪利，王帅，高文，周芝为，刘宇棋，吕德峰．静脉动脉化再植全拇指完全离断成功1例报告[J]．实用手外科杂志，1999，13(1)：135-137，192．{TIAN Lijie,LIU Wei,WANG Xiaodong,LI Bing,MO Yinan,Na Ganmei,ZENG Xianli,WANG Shuai,GAO Wen,ZHOU Zhiwei,LIU Yuqi,LU Defeng. One report about successful replantation of whole thumb's complete amputation by venoarteriohzation[J]. Shi Yong Shou Wai Ke Za Zhi[Chin J Pract Hand Surg(Article in Chinese;Abstract in Chinese and English)],1999,13(1):135-137,192.}

[2152] 程国良．特殊类型断指再植回顾与展望[J]．中华显微外科杂志，2000，23(1)：19-20．DOI：10.3760/cma.j.issn.1001-2036.2000.01.007．{CHENG Guoliang. Review and prospect of replantation of special type amputated fingers[J]. Zhonghua Xian Wei Wai Ke Za Zhi[Chin J Microsurg(Article in Chinese;No abstract available)],2000,23(1):19-20. DOI:10.3760/cma.j.issn.1001-2036.2000.01.007.}

[2153] 张键，陈中伟．断指再植的回顾与展望[J]．中华显微外科杂志，2000，23(2)：86．DOI：10.3760/cma.j.issn.1001-2036.2000.02.003．{ZHANG Jian,CHEN Zhongwei. Retrospect and prospect of replantation of amputated finger[J]. Zhonghua Xian Wei Wai Ke Za Zhi[Chin J Microsurg(Article in Chinese;No abstract available)],2000,23(2):86. DOI:10.3760/cma.j.issn.1001-2036.2000.02.003.}

[2154] 潘风雨．静脉岛状皮瓣在断指再植中的应用[J]．中华显微外科杂志，2000，23(2)：159．DOI：10.3760/cma.j.issn.1001-2036.2000.02.061．{PAN Fengyu. Application of venous island flap in replantation of amputated finger[J]. Zhonghua Xian Wei Wai Ke Za Zhi[Chin J Microsurg(Article in Chinese;No abstract available)],2000,23(2):159. DOI:10.3760/cma.j.issn.1001-2036.2000.02.061.}

[2155] 杨德省，李冬菊．高压氧治疗断指再植81例[J]．中华显微外科杂志，2000，23(2)：159．DOI：10.3760/cma.j.issn.1001-2036.2000.02.056．{YANG Desheng,LI Dongju. Hyperbaric oxygen treatment of 81 cases of replantation of amputated finger[J]. Zhonghua Xian Wei Wai Ke Za Zhi[Chin J Microsurg(Article in Chinese;No abstract available)],2000,23(2):159. DOI:10.3760/cma.j.issn.1001-2036.2000.02.056.}

[2156] 陈淑琴，苏晔，赵冰，陈玉英．系统化全程康复治疗对断指再植手功能恢复的影响[J]．中华显微外科杂志，2000，23(3)：229-230．DOI：10.3760/cma.j.issn.1001-2036.2000.03.032．{CHEN Shuqin,SU Ye,ZHAO Bing,CHEN Yuying. The effect of systematic full rehabilitation therapy on the functional recovery of replanted hand with severed finger[J]. Zhonghua Xian Wei Wai Ke Za Zhi[Chin J Microsurg(Article in Chinese;No abstract available)],2000,23(3):229-230. DOI:10.3760/cma.j.issn.1001-2036.2000.03.032.}

[2157] 杨绍安，刘宁富，余斌．毁坏性断指再植的探讨[J]．中华显微外科杂志，2000，23(4)：305．DOI：10.3760/cma.j.issn.1001-2036.2000.04.033．{YANG Shaoan,LIU Ningfu,YU Bin. Discussion on replantation of destructive amputated finger[J]. Zhonghua Xian Wei Wai Ke Za Zhi[Chin J Microsurg(Article in Chinese;No abstract available)],2000,23(4):305. DOI:10.3760/cma.j.issn.1001-2036.2000.04.033.}

[2158] 程国良．断指再植的回顾与展望[J]．中华手外科杂志，2000，16(2)：65．DOI：10.3760/cma.j.issn.1005-054X.2000.02.001．{CHENG Guoliang. Retrospect and prospect of replantation of severed finger[J]. Zhonghua Shou Wai Ke Za Zhi[Chin J Hand Surg(Article in Chinese;No abstract available)],2000,16(2):65. DOI:10.3760/cma.j.issn.1005-054X.2000.02.001.}

[2159] 曹斌，范启申，翟振华．冲压伤性断指再植[J]．中华手外科杂志，2000，16(3)：64．{CAO Bin,FAN Qishen,ZhAI Zhenhua. Replantation of amputated finger[J]. Zhonghua Shou Wai Ke Za Zhi[Chin J Hand Surg(Article in Chinese;No abstract available)],2000,16(3):64.}

[2160] 章伟文，陈宏，王晓峰．游离皮瓣在合并皮肤缺损断指再植中的应用[J]．中华手外科杂志，2000，16(3)：191．DOI：10.3760/cma.j.issn.1005-054X.2000.03.027．{ZHANG Weiwen,CHEN Hong,WANG Xiaofeng. Application of free skin flap in replantation of amputated finger with skin defect[J]. Zhonghua Shou Wai Ke Za Zhi[Chin J Hand Surg(Article in Chinese;No abstract available)],2000,16(3):191. DOI:10.3760/cma.j.issn.1005-054X.2000.03.027.}

[2161] 周业金，苏家庆．前臂正中浅静脉腕部分支的解剖观察及在断指再植中的临床应用[J]．中华手外科杂志，2000，16(3)：44-45．{ZHOU Yejin,SU Jiaqing. Anatomical observation of the wrist branch of the superficial median vein of the forearm and its clinical application in replantation of amputated fingers[J]. Zhonghua Shou Wai Ke Za Zhi[Chin J Hand Surg(Article in Chinese;Abstract in Chinese and English)],2000,16(3):44-45.}

[2162] 张丽，辛海霞，金劼，田秀香，杨蕊，廖登文，刘续英．断指再植后的感觉功能康复[J]．中国实用手外科杂志，2000，14(4)：214-215．{ZHANG Li,XIN Haixia,JIN Jie,TIAN Xiuxiang,YANG Rui,LIAO Dengwen,LIU Xuying. Sensory rehabilitation after digital replantation[J]. Shi Yong Shou Wai Ke Za Zhi[Chin J Pract Hand Surg(Article in Chinese;Abstract in Chinese and English)],2000,14(4):214-215.}

[2163] 田立杰，刘伟，王晓东．全拇指完全断离静脉动脉化再植成功一例[J]．中华显微外科杂志，2000，23(2)：160．DOI：10.3760/cma.j.issn.1001-2036.2000.02.053．{TIAN Lijie,LIU Wei,WANG Xiaodong. A successful replantation of arterialized veins of the entire thumb[J]. Zhonghua Xian Wei Wai Ke Za Zhi[Chin J Microsurg(Article in Chinese;No abstract available)],2000,23(2):160. DOI:10.3760/cma.j.issn.1001-2036.2000.02.053.}

[2164] 钟敏广，邹发葵，李运新，欧阳超．手指甲根部以远离断再植151例体会[J]．中华显微外科杂志，2000，23(3)：209．DOI：10.3760/cma.j.issn.1001-2036.2000.03.039．{ZHONG Minguang,ZOU Fakui,LI Yunxin,OUYANG Chao. Experience of replanting 151 cases of fingernail roots away from broken[J]. Zhonghua Xian Wei Wai Ke Za Zhi[Chin J Microsurg(Article in Chinese;No abstract available)],2000,23(3):209. DOI:10.3760/cma.j.issn.1001-2036.2000.03.039.}

[2165] 吴波，吴景华，霍华春．吻合指腹静脉的手指末节离断再植35例[J]．中华显微外科杂志，2000，23(3)：240．DOI：10.3760/cma.j.issn.1001-2036.2000.03.061．{WU Bo,WU Jinghua,HUO Huachun. 35 cases of replantation of severed finger distal segment anastomosed to finger abdominal vein[J]. Zhonghua Xian Wei Wai Ke Za Zhi[Chin J Microsurg(Article in Chinese;No abstract available)],2000,23(3):240. DOI:10.3760/cma.j.issn.1001-2036.2000.03.061.}

[2166] 康庆林，田万成，范钦平．感觉训练对再植指感觉功能恢复的影响[J]．中华手外科杂志，2000，16(3)：162．DOI：10.3760/cma.j.issn.1005-054X.2000.03.012．{KANG Qinglin,TIAN Wancheng,FAN Qinping. Effect of sensory reeducaiton on restoration of sensation of replanted digits[J]. Zhonghua Shou Wai Ke Za Zhi[Chin J Hand Surg(Article in Chinese;Abstract in Chinese and English)],2000,16(3):162. DOI:10.3760/cma.j.issn.1005-054X.2000.03.012.}

[2167] 夏霆，顾立强，任高宏，朱立军，胡罢生．拇指离断俯卧位再植14例[J]．中国创伤骨科杂志，2000，2(4)：81．{XIA Ting,GU Liqiang,REN Gaohong,ZHU Lijun,HU Basheng. 14 cases of replantation of prone position with broken thumb[J]. Zhongguo Chuang Shang Gu Ke Za Zhi[Chin J Orthop Trauma(Article in Chinese;No abstract available)],2000,2(4):81.}

[2168] 袁正江，李同森，任有成，崔永光，卢宏，陈永彩，李中锋，余立明，李超，昌泓．断拇再植280例临床分析[J]．骨与关节损伤杂志，2000，15(1)：22-23．DOI：10.3969/j.issn.1672-9935.2000.01.008．{YUAN Zhengjiang,LI Tongsen,REN Youcheng,CUI Yongguang,LU Hong,CHEN Yongcai,LI Zhongfeng,YU Liming,LI Chao,CHANG Hong. Clinical analysis on 280 cases with severed thumb replantation[J]. Gu Yu Guan Jie Sun SHANG Za Zhi[J Bone Joint Injury(Article in Chinese;Abstract in Chinese and English)],2000,15(1):22-23. DOI:10.3969/j.issn.1672-9935.2000.01.008.}

[2169] 梁郁，崔志民，孟宏，余林权．原位缝合加血管神经束植入治疗远节断指[J]．实用医学杂志，2000，16(11)：925-926．DOI：10.3969/j.issn.1006-5725.2000.11.018．{LIANG Yu,CUI Zhimin,MENG Hong,YU Linquan. In situ suture and vascular nerve bundle implantation for treatment of amputated distal finger[J]. Shi Yong Yi Xue Za Zhi[J Pract Med(Article in Chinese;Abstract in Chinese)],2000,16(11):925-926. DOI:10.3969/j.issn.1006-5725.2000.11.018.}

[2170] 宋海涛，田万成，王燕，卢全中，潘希贵，康庆林．吸烟对断指再植手术结果影响的临床观察[J]．中华骨科杂志，2001，21(9)：541-543．DOI：10.3760/j.issn：0253-2352.2001.09.008．{SONG Haitao,TIAN Wancheng,WANG Yan,LU Quanzhong,PAN Xigui,KANG Qinglin. Clinical observation of the influence of cigarette smoking on digit replantation[J]. Zhonghua Gu Ke Za Zhi[Chin J Orthop(Article in Chinese;Abstract in Chinese and English)],2001,21(9):541-543. DOI:10.3760/j.issn:0253-2352.2001.09.008.}

[2171] 冯经旺，尹知训，尹憬颀，冯翔宇，沈景辉，郭大强．复杂伤断指再植的临床体会[J]．中华显微外科杂志，2001，24(1)：64-65．DOI：10.3760/cma.j.issn.1001-2036.2001.01.032．{FENG Jingwang,YIN Zhixun,YIN Jingqi,FENG Xiangyu,SHEN Jinghui,GUO Daqiang. Clinical experience of replantation of complex injured amputated finger[J]. Zhonghua Xian Wei Wai Ke Za Zhi[Chin J Microsurg(Article in Chinese;Abstract in Chinese)],2001,24(1):64-65. DOI:10.3760/cma.j.issn.1001-2036.2001.01.032.}

[2172] 王光耀，张云，覃大海，钟家勇，赵春梅．断指再植临床体会[J]．中华显微外科杂志，2001，24(3)：182．DOI：10.3760/cma.j.issn.1001-2036.2001.03.038．{WANG Guangyao,ZHANG Yun,TAN Dahai,ZHONG Jiayong,ZHAO Chunmei. Clinical experience of replantation of amputated finger[J]. Zhonghua Xian Wei Wai Ke Za Zhi[Chin J Microsurg(Article in Chinese;Abstract in Chinese)],2001,24(3):182. DOI:10.3760/cma.j.issn.1001-2036.2001.03.038.}

[2173] 孙文海，李宗宝，李强．仅吻合浅静脉的末节断指再植九例[J]．中华显微外科杂志，2001，24(4)：314．{SUN Wenhai,LI Zongbao,LI Qiang. Nine cases of replantation of amputated finger at the distal segment of anastomosed superficial vein only[J]. Zhonghua Xian Wei Wai Ke Za Zhi[Chin J Microsurg(Article in Chinese;No abstract available)],2001,24(4):314.}

[2174] 宋海涛，田万成，王燕，潘希贵，范钦平，卢全中，康庆林，王建苓．断指再植1600例发病分布分析[J]．中华显微外科杂志，2001，24(4)：293-294．DOI：10.3760/cma.j.issn.1001-2036.2001.04.020．{SONG Haitao,TIAN Wancheng,WANG Yan,PAN Xigui,FAN Qinping,LU Quanzhong,KANG Qinglin,WANG Jianling. Analysis of incidence distribution of 1600 cases of amputated finger replantation[J]. Zhonghua Xian Wei Wai Ke Za Zhi[Chin J Microsurg(Article in Chinese;No abstract available)],2001,24(4):293-294. DOI:10.3760/cma.j.issn.1001-2036.2001.04.020.}

[2175] 林浩，张成进，丛海波，侯海涛，王祝民. 断指再植后怕冷后遗症的原因分析 [J]. 中华手外科杂志，2001，17(3)：185-186. DOI：10.3760/cma.j.issn.1005-054X.2001.03.030. {LIN Hao,ZHANG Chengjin,CONG Haibo,HOU Haitao,WANG Zhumin. Analysis of the causes of sequelae of fear of cold after replantation of amputated finger[J]. Zhonghua Shou Wai Ke Za Zhi[Chin J Hand Surg(Article in Chinese;No abstract available)],2001,17(3):185-186. DOI:10.3760/cma.j.issn.1005-054X.2001.03.030.}

[2176] 宋震坤，姚建民，吴守成，李建兵，沈向前，陈强. 肝素钠局部皮下注射治疗断指再植术后静脉回流障碍 [J]. 中华手外科杂志，2001，17（4）：197. DOI：10.3760/cma.j.issn.1005-054X.2001.04.022. {SONG Zhenkun,YAO Jianmin,WU Shoucheng,LI Jianbing,SHEN Xiangqian,CHEN Qiang. Local subcutaneous injection of heparin sodium for treatment of venous return disorder after replantation of amputated finger[J]. Zhonghua Shou Wai Ke Za Zhi[Chin J Hand Surg(Article in Chinese;No abstract available)],2001,17(4):197. DOI:10.3760/cma.j.issn.1005-054X.2001.04.022.}

[2177] 宋海涛，田万成. 吸烟对断指再植手术影响及其研究进展 [J]. 中国创伤骨科杂志，2001，3（1）：41-43. DOI：10.3760/cma.j.issn.1671-7600.2001.01.014. {SONG Haitao,TIAN Wancheng. The progress of study on effect of cigarette smoking on replanted digits[J]. Zhongguo Chuang Shang Gu Ke Za Zhi[Chin J Orthop Trauma(Article in Chinese;No abstract available)],2001,3(1):41-43. DOI:10.3760/cma.j.issn.1671-7600.2001.01.014.}

[2178] 汪王平，何仿，郝鹏，孙雪良. 断指再植过程中血管缺损的处理 [J]. 临床骨科杂志，2001，4（4）：295-296. DOI：10.3969/j.issn.1008-0287.2001.04.022. {WANG Wangping,HE Fang,HAO Peng,SUN Xueliang. Management of vessel defect in finger replantation[J]. Lin Chuang Gu Ke Za Zhi[J Clin Orthop(Article in Chinese;Abstract in Chinese and English)],2001,4(4):295-296. DOI:10.3969/j.issn.1008-0287.2001.04.022.}

[2179] 柴益民，林崇正，马心赤，陈汉东，张燕翔，陈彦堃. 末节断指再植的功能评价 [J]. 实用手外科杂志，2001，15（1）：11-12. DOI：10.3969/j.issn.1671-2722.2001.01.004. {CHAI Yimin,LIN Chongzheng,MA Xinchi,CHEN Handong,ZHANG Yanxiang,CHEN Yankun. Functional recovery of distal phalanx replantation[J]. Shi Yong Shou Wai Ke Za Zhi[Chin J Pract Hand Surg(Article in Chinese;Abstract in Chinese and English)],2001,15(1):11-12. DOI:10.3969/j.issn.1671-2722.2001.01.004.}

[2180] 陆男吉，王建华. 末节断指再植 [J]. 上海医学，2001，24（8）：462-466. DOI：10.3969/j.issn.0253-9934.2001.08.019. {LU Nanji,WANG Jianhua. Replantation of amputated distal finger[J]. Shanghai Yi Xue[Shanghai Med J(Article in Chinese;No abstract available)],2001,24(8):462-466. DOI:10.3969/j.issn.0253-9934.2001.08.019.}

[2181] 牟宇科，孙波. 海水浸泡断指 10 小时再植成活一例 [J]. 中华显微外科杂志，2001，24（1）：77. {MOU Yuke,SUN Bo. A case of replanting a broken finger after 10 hours of seawater soaking[J]. Zhonghua Xian Wei Wai Ke Za Zhi[Chin J Microsurg(Article in Chinese;No abstract available)],2001,24(1):77.}

[2182] 牟宇科，孙波. 海水浸泡断指 10 小时再植成活一例 [J]. 中国修复重建外科杂志，2001，15（2）：85. {MOU Yuke,SUN Bo. A case of replanting a broken finger after 10 hours of seawater soaking[J]. Zhongguo Xiu Fu Chong Jian Wai Ke Za Zhi[Chin J Repar Reconstr Surg(Article in Chinese;No abstract available)],2001,15(2):85.}

[2183] 周祥吉，范启申，魏长月，张树明，鞠晓东. 改进邻指动脉供血在手指末节再植中的应用 [J]. 中华显微外科杂志，2001，24（3）：218-219. DOI：10.3760/cma.j.issn.1001-2036.2001.03.026. {ZHOU Xiangji,FAN Qishen,WEI Changyue,ZHANG Shuming,JU Xiaodong. Application of improving blood supply of adjacent finger artery in replantation of distal finger[J]. Zhonghua Xian Wei Wai Ke Za Zhi[Chin J Microsurg(Article in Chinese;Abstract in Chinese)],2001,24(3):218-219. DOI:10.3760/cma.j.issn.1001-2036.2001.03.026.}

[2184] 贺友生. 再植的手指烫伤二例 [J]. 中华显微外科杂志，2001，24（4）：314. {HE Yousheng. Two cases of replanted finger burns[J]. Zhonghua Xian Wei Wai Ke Za Zhi[Chin J Microsurg(Article in Chinese;No abstract available)],2001,24(4):314.}

[2185] 张丽，辛海霞，金吉力，田秀香，杨蕊，廖登文，刘续英. 再植指的感觉功能训练 [J]. 中华手外科杂志，2001，17（2）：74. DOI：10.3760/cma.j.issn.1005-054X.2001.02.023. {ZHANG Li,XIN Haixia,JIN Jili,TIAN Xiuxiang,YANG Rui,LIAO Dengwen,LIU Xuying. Sensory function training of replanted fingers[J]. Zhonghua Shou Wai Ke Za Zhi[Chin J Hand Surg(Article in Chinese;No abstract available)],2001,17(2):74. DOI:10.3760/cma.j.issn.1005-054X.2001.02.023.}

[2186] 杨中华，周必光，彭正人，廖苏平，王俊文，潘昊. 经骨髓腔静脉回流的末节断指再植 [J]. 中华骨科杂志，2002，22（7）：394-397. DOI：10.3760/j.issn：0253-2352.2002.07.004. {YANG Zhonghua,ZHOU Biguang,PENG Zhengren,LIAO Suping,WANG Junwen,PAN Hao. Distal digital replantation with a venous drainage through medullary cavity[J]. Zhonghua Gu Ke Za Zhi[Chin J Orthop(Article in Chinese;Abstract in Chinese and English)],2002,22(7):394-397. DOI:10.3760/j.issn:0253-2352.2002.07.004.}

[2187] 宋海涛，田万成. 低分子右旋糖酐迟发性过敏反应致断指再植失败一例 [J]. 中华显微外科杂志，2002，25（1）：10. DOI：10.3760/cma.j.issn.1001-2036.2002.01.041. {SONG Haitao,TIAN Wancheng. A case of failure of replantation of severed finger caused by delayed allergic reaction of low-molecular-weight dextran[J]. Zhonghua Xian Wei Wai Ke Za Zhi[Chin J Microsurg(Article in Chinese;No abstract available)],2002,25(1):10. DOI:10.3760/cma.j.issn.1001-2036.2002.01.041.}

[2188] 谢延，贺利军. 静脉皮瓣桥接在复杂断指再植中的应用 [J]. 中华显微外科杂志，2002，25（2）：160. DOI：10.3760/cma.j.issn.1001-2036.2002.02.047. {XIE Yan,HE Lijun. Application of venous flap bridging in the replantation of complex amputated fingers[J]. Zhonghua Xian Wei Wai Ke Za Zhi[Chin J Microsurg(Article in Chinese;No abstract available)],2002,25(2):160. DOI:10.3760/cma.j.issn.1001-2036.2002.02.047.}

[2189] 张惠茹，黄东，林浩，吴伟炽，江奕恒，唐志荣，伍庆松，毛莉颖. 指掌侧浅静脉在断指再植中的应用 [J]. 中华显微外科杂志，2002，25（3）：223-224. DOI：10.3760/cma.j.issn.1001-2036.2002.03.029. {ZHANG Huiru,HUANG Dong,LIN Hao,WU Weichi,JIANG Yiheng,TANG Zhirong,WU Qingsong,MAO Liying. Application of palmar superficial vein in replantation of amputated finger[J]. Zhonghua Xian Wei Wai Ke Za Zhi[Chin J Microsurg(Article in Chinese;Abstract in Chinese)],2002,25(3):223-224. DOI:10.3760/cma.j.issn.1001-2036.2002.03.029.}

[2190] 陈忠羡，梁胜根，陈元庄，张敏，黄远翘. 单纯吻合指动脉的末节断指再植 [J]. 中华显微外科杂志，2002，25（4）：306-307. DOI：10.3760/cma.j.issn.1001-2036.2002.04.030. {CHEN Zhongxian,LIANG Shenggen,CHEN Yuanzhuang,ZHANG Min,HUANG Yuanqiao. Replantation of amputated finger at the distal end of the digital artery[J]. Zhonghua Xian Wei Wai Ke Za Zhi[Chin J Microsurg(Article in Chinese;Abstract in Chinese)],2002,25(4):306-307. DOI:10.3760/cma.j.issn.1001-2036.2002.04.030.}

[2191] 胡波，王琰，陆伟. 伴有严重血管损伤的断指再植 [J]. 中华手外科杂志，2002，18（1）：21. {HU Bo,WANG Yan,LU Wei. Replantation of amputated finger with severe vascular injury[J]. Zhonghua Shou Wai Ke Za Zhi[Chin J Hand Surg(Article in Chinese;No abstract available)],2002,18(1):21.}

[2192] 张子清，涂清华，杨延军，马立峰，李文翠，谌丰. 邻指指固有动脉移位在末节断指再植中的临床应用 [J]. 中华手外科杂志，2002，18（3）：157-158. DOI：10.3760/cma.j.issn.1005-054X.2002.03.013. {ZHANG Ziqing,TU Qinghua,YANG Yanjun,MA Lifeng,LI Wencui,CHEN Feng. Clinical application of transfer of neighboring digital proper artery in replantation of severed finger tips[J]. Zhonghua Shou Wai Ke Za Zhi[Chin J Hand Surg(Article in Chinese;Abstract in Chinese and English)],2002,18(3):157-158. DOI:10.3760/cma.j.issn.1005-054X.2002.03.013.}

[2193] 刘宣民，付井泉，马清亮，孙锋，安磊. 断指再植术后 PCA 泵应用 35 例分析 [J]. 中华手外科杂志，2002，18（4）：26. {LIU Xuanmin,FU Jingquan,MA Qingliang,SUN Feng,AN Lei. Analysis of 35 cases of application of PCA pump after replantation of amputated finger[J]. Zhonghua Shou Wai Ke Za Zhi[Chin J Hand Surg(Article in Chinese;No abstract available)],2002,18(4):26.}

[2194] 王晓峰. 静脉桥接皮瓣加腓肠神经移植的断指再植 [J]. 中华手外科杂志，2002，18（4）：66. {WANG Xiaofeng. Replantation of amputated finger with vein bridge skin flap and sural nerve graft[J]. Zhonghua Shou Wai Ke Za Zhi[Chin J Hand Surg(Article in Chinese;No abstract available)],2002,18(4):66.}

[2195] 王海宝，李之斌，陈明，赵小平，阮建伟，乔丽亚. 断指再植后感觉功能的康复治疗 [J]. 中华手外科杂志，2002，18（4）：205. DOI：10.3760/cma.j.issn.1005-054X.2002.04.032. {WANG Haibao,LI Zhibin,CHEN Ming,ZHAO Xiaoping,RUAN Jianwei,QIAO Liya. Rehabilitation of sensory function after replantation of amputated finger[J]. Zhonghua Shou Wai Ke Za Zhi[Chin J Hand Surg(Article in Chinese;No abstract available)],2002,18(4):205. DOI:10.3760/cma.j.issn.1005-054X.2002.04.032.}

[2196] 徐永年，黄继锋，蔡贤华，刘曦明，徐峰，黄卫兵. 断指再植中自体小静脉移植的实验研究和临床应用 [J]. 中华手外科杂志，2002，18（4）：254-256. DOI：10.3760/cma.j.issn.1005-054X.2002.04.024. {XU Yongnian,HUANG Jifeng,CAI Xianhua,LIU Ximing,XU Feng,HUANG Weibing. Experimental study and clinical application of venule autograft in digital replantation[J]. Zhonghua Shou Wai Ke Za Zhi[Chin J Hand Surg(Article in Chinese;Abstract in Chinese and English)],2002,18(4):254-256. DOI:10.3760/cma.j.issn.1005-054X.2002.04.024.}

[2197] 张立新，马清亮，张建国，孙峰. 手背皮肤缺损伴断指再植成功一例报告 [J]. 中华创伤骨科杂　志，2002，4（2）：103. DOI：10.3760/cma.j.issn.1671-7600.2002.02.029. {ZHANG Lixin,MA Qingliang,ZHANG Jianguo,SUN Feng. A successful case report of skin defect on the back of the hand with severed finger replantation[J]. Zhonghua Chuang Shang Gu Ke Za Zhi[Chin J Orthop Trauma(Article in Chinese;No abstract available)],2002,4(2):103. DOI:10.3760/cma.j.issn.1671-7600.2002.02.029.}

[2198] 宋海涛，田万成，王成琪. 吸烟对断指再植手术的影响 [J]. 临床骨科杂志，2002，5（1）：77-78. DOI：10.3969/j.issn.1008-0287.2002.01.040. {SONG Haitao,TIAN Wancheng,WANG Chengqi. The effects of smoking on digit replantation[J]. Lin Chuang Gu Ke Za Zhi[J Clin Orthop(Article in Chinese;No abstract available)],2002,5(1):77-78. DOI:10.3969/j.issn.1008-0287.2002.01.040.}

[2199] 屈跃峰，郑谟英，张叙，王虔. 36 例复杂性断指再植治疗体会 [J]. 临床骨科杂志，2002，5（4）：303-304. DOI：10.3969/j.issn.1008-0287.2002.04.025. {QU Yuefeng,ZHENG Moying,ZHANG Xu,WANG Qian. Clinical experience on 36 cases of complex severed finger replantation[J]. Lin Chuang Gu Ke Za Zhi[J Clin Orthop(Article in Chinese;Abstract in Chinese and English)],2002,5(4):303-304. DOI:10.3969/j.issn.1008-0287.2002.04.025.}

[2200] 刘涛. 断指（趾）再植 628 例体会 [J]. 中国骨伤，2002，15（6）：360. DOI：10.3969/j.issn.1003-0034.2002.06.018. {LIU Tao. Experience of the severed digit replantation:a report of 628 cases[J]. Zhongguo Gu Shang[China J Orthop Trauma(Article in Chinese;No abstract available)],2002,15(6):360. DOI:10.3969/j.issn.1003-0034.2002.06.018.}

[2201] 王银河，朱唏群，吴继明，缪继华，牛军涛. 断指再植中指浅静脉动脉化的应用 [J]. 中华显微外科杂志，2003，26（1）：75. {WANG Yinhe,ZHU Xiqun,WU Jiming,MIU Jihua,NIU Juntao. Application of replantation of severed finger with superficial vein arterialization of middle finger[J]. Zhonghua Xian Wei Wai Ke Za Zhi[Chin J Microsurg(Article in Chinese;No abstract available)],2003,26(1):75.}

[2202] 张惠茹，黄东，唐志荣，江奕恒，吴伟炽，毛莉颖. 游离静脉皮瓣在伴有血管及皮肤缺损的断指再植中的应用 [J]. 中华显微外科杂志，2003，26（1）：12-13. DOI：10.3760/cma.j.issn.1001-2036.2003.01.004. {ZHANG Huiru,HUANG Dong,TANG Zhirong,JIANG Yiheng,WU Weichi,MAO Liying. Application of free vein skin flap on the anterior aspect of wrist in the case of finger injury with vessel and skin defect[J]. Zhonghua Xian Wei Wai Ke Za Zhi[Chin J Microsurg(Article in Chinese;Abstract in Chinese and English)],2003,26(1):12-13. DOI:10.3760/cma.j.issn.1001-2036.2003.01.004.}

[2203] 卡索，刘成，陈向军，关志明. 断指再植的临床体会 [J]. 中华显微外科杂志，2003，26（2）：111. {KA Suo,LIU Cheng,CHEN Xiangjun,GUAN Zhiming. Clinical experience of replantation of severed finger[J]. Zhonghua Xian Wei Wai Ke Za Zhi[Chin J Microsurg(Article in Chinese;No abstract available)],2003,26(2):111.}

[2204] 贾新路，樊瑞芳，苑振锋，王大伟. 延迟缝合侧切口的断指再植术 [J]. 中华显微外科杂志，2003，26（2）：111. {JIA Xinlu,FAN Ruifang,YUAN Zhenfeng,WANG Dawei. Replantation of severed finger with delayed suture of side incision[J]. Zhonghua Xian Wei Wai Ke Za Zhi[Chin J Microsurg(Article in Chinese;No abstract available)],2003,26(2):111.}

[2205] 崔永光，卢宏，李中锋，陈永彩. 小型皮瓣在断指再植中的应用 [J]. 中华显微外科杂志，2003，26（2）：137-138. DOI：10.3760/cma.j.issn.1001-2036.2003.02.020. {CUI Yongguang,LU Hong,LI Zhongfeng,CHEN Yongcai. Application of small skin flap in replantation of amputated finger[J]. Zhonghua Xian Wei Wai Ke Za Zhi[Chin J Microsurg(Article in Chinese;Abstract in Chinese)],2003,26(2):137-138. DOI:10.3760/cma.j.issn.1001-2036.2003.02.020.}

[2206] 刘宁富，杨绍安，李松建，曾博龙. 断指再植的临床经验与体会 [J]. 中华显微外科杂志，2003，26（2）：138-139. DOI：10.3760/cma.j.issn.1001-2036.2003.02.021. {LIU Ningfu,YANG Shaoan,LI Songjian,ZENG Bolong. Clinical experience and experience of replantation of amputated finger[J]. Zhonghua Xian Wei Wai Ke Za Zhi[Chin J Microsurg(Article in Chinese;Abstract in Chinese)],2003,26(2):138-139. DOI:10.3760/cma.j.issn.1001-2036.2003.02.021.}

[2207] 杨志，赵劲民，苏伟，花奇凯，丁晓飞. 腕掌侧浅静脉移植在复杂断指再植中的应用 [J]. 中华显微外科杂志，2003，26（2）：139-141. DOI：10.3760/cma.j.issn.1001-2036.2003.02.022. {YANG Zhi,ZHAO Jinmin,SU Wei,HUA Qikai,DING Xiaofei. Application of superficial palmar vein transplantation in the replantation of complex amputated fingers[J]. Zhonghua Xian Wei Wai Ke Za Zhi[Chin J Microsurg(Article in Chinese;Abstract in Chinese)],2003,26(2):139-141. DOI:10.3760/cma.j.issn.1001-2036.2003.02.022.}

[2208] 俞立新. 腕前臂掌侧浅静脉桥接动脉在断指再植中的应用 [J]. 中华显微外科杂志，2003，26（4）：246. DOI：10.3760/cma.j.issn.1001-2036.2003.04.045. {YU Lixin. Application of bridging artery by superficial volar vein of wrist forearm in replantation of severed finger[J]. Zhonghua Xian Wei Wai Ke Za Zhi[Chin J Microsurg(Article in Chinese;No abstract available)],2003,26(4):246. DOI:10.3760/cma.j.issn.1001-2036.2003.04.045.}

[2209] 苑芳昌，王青. 大隐静脉修复鞘管在复杂断指再植中的远期疗效 [J]. 中华显微外科杂志，2003，26（4）：246. DOI：10.3760/cma.j.issn.1001-2036.2003.04.044. {YUAN Fangchang,WANG Qing. The long-term effect of repairing sheath of great saphenous vein in replantation of complicated severed finger[J]. Zhonghua Xian Wei Wai Ke Za Zhi[Chin J Microsurg(Article in Chinese;No abstract available)],2003,26(4):246. DOI:10.3760/cma.j.issn.1001-2036.2003.04.044.}

[2210] 晏桂明，谢振荣，梁敏，秦刚，蒋玲玲. 游离微型静脉皮瓣在断指再植中的应用 [J]. 中华显微外科杂志，2003，26(4): 316. DOI: 10.3760/cma.j.issn.1001-2036.2003.04.040. {YAN Guiming,XIE Zhenrong,LIANG Min,QIN Gang,JIANG Lingling. Application of free microvenous flap in replantation of amputated finger[J]. Zhonghua Xian Wei Wai Ke Za Zhi[Chin J Microsurg(Article in Chinese;No abstract available)],2003,26(4):316. DOI:10.3760/cma.j.issn.1001-2036.2003.04.040.}

[2211] 徐坚方，丁路，马亮. 经关节平面离断的断指再植 [J]. 中华手外科杂志，2003，19(1): 64. DOI: 10.3760/cma.j.issn.1005-054X.2003.01.033. {XU Jianfang,DING Lu,MA Liang. Replantation of amputated finger through joint plane[J]. Zhonghua Shou Wai Ke Za Zhi[Chin J Hand Surg(Article in Chinese;No abstract available)],2003,19(1):64. DOI:10.3760/cma.j.issn.1005-054X.2003.01.033.}

[2212] 刘会仁，李瑞国，高顺红，孙来卿，张艳茂，高建华，项立源. 拇指断指再植中指动脉修复术的改进 [J]. 中华手外科杂志，2003，19(2): 105. DOI: 10.3760/cma.j.issn.1005-054X.2003.02.031. {LIU Huiren,LI Ruiguo,GAO Shunhong,SUN Laiqing,ZHANG Yanmao,GAO Jianhua,XIANG Liyuan. Improvement of the replantation of the middle finger artery repairing the amputated thumb[J]. Zhonghua Shou Wai Ke Za Zhi[Chin J Hand Surg(Article in Chinese;No abstract available)],2003,19(2):105. DOI:10.3760/cma.j.issn.1005-054X.2003.02.031.}

[2213] 程国良. 断指再植的发展与提高 [J]. 中华手外科杂志，2003，19(3): 129-131. {CHENG Guoliang. Development and improvement of replantation of severed fingers[J]. Zhonghua Shou Wai Ke Za Zhi[Chin J Hand Surg(Article in Chinese;No abstract available)],2003,19(3):129-131.}

[2214] 章伟文，陈宏，王欣，王晓峰，周黎明. 特殊类型的断指再植 [J]. 中华手外科杂志，2003，19(3): 135-138. DOI: 10.3760/cma.j.issn.1005-054X.2003.03.005. {ZHANG Weiwen,CHEN Hong,WANG Xin,WANG Xiaofeng,ZHOU Liming. Replantation of special types of amputated fingers[J]. Zhonghua Shou Wai Ke Za Zhi[Chin J Hand Surg(Article in Chinese;Abstract in Chinese and English)],2003,19(3):135-138. DOI:10.3760/cma.j.issn.1005-054X.2003.03.005.}

[2215] 陈福生，李军，林彬，付彦春，王茂荣，姚世新，谷云峰. 467例734个复杂性断指再植方法的选择与探讨 [J]. 中华手外科杂志，2003，19(3): 139-141. DOI: 10.3760/cma.j.issn.1005-054X.2003.03.006. {CHEN Fusheng,LI Jun,LIN Bin,FU Yanchun,WANG Maorong,YAO Shixin,GU Yunfeng. Selection and investigation on replantation of 734 complicated amputated fingers in 467 cases[J]. Zhonghua Shou Wai Ke Za Zhi[Chin J Hand Surg(Article in Chinese;Abstract in Chinese and English)],2003,19(3):139-141. DOI:10.3760/cma.j.issn.1005-054X.2003.03.006.}

[2216] 侯瑞兴. 民营手外科医院断指再植的特点 [J]. 中华手外科杂志，2003，19(3): 147-148. DOI: 10.3760/cma.j.issn.1005-054X.2003.03.010. {HOU Ruixing. The characteristics of amputated finger in private-managed hospital[J]. Zhonghua Shou Wai Ke Za Zhi[Chin J Hand Surg(Article in Chinese;Abstract in Chinese and English)],2003,19(3):147-148. DOI:10.3760/cma.j.issn.1005-054X.2003.03.010.}

[2217] 汤金城. 第一掌背动脉皮瓣在皮肤血管缺损性断指再植中的应用 [J]. 中国骨伤，2003，16(10): 605. DOI: 10.3969/j.issn.1003-0034.2003.10.034. {TANG Jin. Application of the first dorsal metacarpal artery flap in the replantation of amputated finger with skin vascular defect[J]. Zhongguo Gu Shang[China J Orthop Trauma(Article in Chinese;No abstract available)],2003,16(10):605. DOI:10.3969/j.issn.1003-0034.2003.10.034.}

[2218] 陈德武，卜海富，李苏皖，金重山. 小血管移植在断指再植中的应用 [J]. 临床骨科杂志，2003，6(3): 244-246. DOI: 10.3969/j.issn.1008-0287.2003.03.021. {CHEN Dewu,BU Haifu,LI Suwan,JIN Chongshan. Small vascular transplantation in finger replantation[J]. Lin Chuang Gu Ke Za Zhi[J Clin Orthop(Article in Chinese;Abstract in Chinese and English)],2003,6(3):244-246. DOI:10.3969/j.issn.1008-0287.2003.03.021.}

[2219] 滕晓峰，陈宏，王欣，章伟文. 980例末节断指再植疗效分析 [J]. 实用手外科杂志，2003，17(1): 29-30. DOI: 10.3969/j.issn.1671-2722.2003.01.011. {TENG Xiaofeng,CHEN Hong,WANG Xin,ZHANG Weiwen. Therapeutic analysis in 980 cases of digital replantation of distal segment[J]. Shi Yong Shou Wai Ke Za Zhi[Chin J Pract Hand Surg(Article in Chinese;Abstract in Chinese and English)],2003,17(1):29-30. DOI:10.3969/j.issn.1671-2722.2003.01.011.}

[2220] 刘强，陈德松，王欣，陈宏，章伟文. 确炎舒松-A对断指再植后感觉功能恢复的影响 [J]. 实用手外科杂志，2003，17(2): 71-72. DOI: 10.3969/j.issn.1671-2722.2003.02.004. {LIU Qiang,CHEN Desong,WANG Xin,CHEN Hong,ZHANG Weiwen. Effect of triamcinolone acetonidi acetate on sensory function restoration after replantation of severed finger[J]. Shi Yong Shou Wai Ke Za Zhi[Chin J Pract Hand Surg(Article in Chinese;Abstract in Chinese and English)],2003,17(2):71-72. DOI:10.3969/j.issn.1671-2722.2003.02.004.}

[2221] 何旭，张宏勋，刘亚平，孙乐天. 影响断指再植成活率的多因素分析 [J]. 实用手外科杂志，2003，17(2): 79-81. DOI: 10.3969/j.issn.1671-2722.2003.02.008. {HE Xu,ZHANG Hongxun,LIU Yaping,SUN Letian. Multiple factors analysis on survival rate of digital replantation[J]. Shi Yong Shou Wai Ke Za Zhi[Chin J Pract Hand Surg(Article in Chinese;Abstract in Chinese and English)],2003,17(2):79-81. DOI:10.3969/j.issn.1671-2722.2003.02.008.}

[2222] 李宝山，李晋，章雪松，杨飞，郭健，李强. 特殊复杂性断指再植几个问题的探讨 [J]. 实用手外科杂志，2003，17(4): 203-204. DOI: 10.3969/j.issn.1671-2722.2003.04.005. {LI Baoshan,LI Jin,ZHANG Xuesong,YANG Fei,GUO Jian,LI Qiang. Study some of question of special complex severed fingers replantation[J]. Shi Yong Shou Wai Ke Za Zhi[Chin J Pract Hand Surg(Article in Chinese;Abstract in Chinese and English)],2003,17(4):203-204. DOI:10.3969/j.issn.1671-2722.2003.04.005.}

[2223] 蔡林方. 特殊性断肢断指再植 [J]. 上海医学，2003，26(2): 143-144. DOI: 10.3969/j.issn.0253-9934.2003.02.022. {CAI Linfang. Replantation of amputated limbs and fingers[J]. Shanghai Yi Xue[Shanghai Med J(Article in Chinese;No abstract available)],2003,26(2):143-144. DOI:10.3969/j.issn.0253-9934.2003.02.022.}

[2224] 韦阁，蒙云飘，覃刚，蒙宾. 吻合指动脉的末节断指再植27例 [J]. 中国修复重建外科杂志，2003，17(5): 395. {WEI Ge,MENG Yunpiao,QIN Gang,MENG Bin. 27 cases of replantation of amputated finger at distal segment of digital artery[J]. Zhongguo Xiu Fu Chong Jian Wai Ke Za Zhi[Chin J Repar Reconstr Surg(Article in Chinese;No abstract available)],2003,17(5):395.}

[2225] 白宇，农德毅，庄小强，莫忠贵. 绞窄伤断指动脉缺损再植的探讨 [J]. 中华显微外科杂志，2003，26(3): 229-230. DOI: 10.3760/cma.j.issn.1001-2036.2003.03.031. {BAI Yu,NONG Deyi,ZHUANG Xiaoqiang,MO Zhonggui. Discussion on replantation of amputated finger artery defect in strangulation injury[J]. Zhonghua Xian Wei Wai Ke Za Zhi[Chin J Microsurg(Article in Chinese;Abstract in Chinese)],2003,26(3):229-230. DOI:10.3760/cma.j.issn.1001-2036.2003.03.031.}

[2226] 刘光军，张树明，王成琪，王长江，王亮，郭升玲. 趾节移植桥接再植指节缺损性断指 [J]. 中国矫形外科杂志，2003，11(18): 1257-1259. DOI: 10.3969/j.issn.1005-8478.2003.18.010. {LIU Guangjun,ZHANG Shuming,WANG Chengqi,WANG Changjiang,WANG Liang,GUO Shengling. Bridge replantation of segmental defect of amputated digits by transplantation of segmental toe[J]. Zhongguo Jiao Xing Wai Ke Za Zhi[Orthop J China(Article in Chinese;Abstract in Chinese and English)],2003,11(18):1257-1259. DOI:10.3969/j.issn.1005-8478.2003.18.010.}

[2227] 寿奎水，芮永军，张全荣，许亚军. 功能不良再植断指的原因分析 [J]. 中华手外科杂志，2003，19(3): 132-134. DOI: 10.3760/cma.j.issn.1005-054X.2003.03.003. {SHOU Kuishui,RUI Yongjun,ZHANG Quanrong,XU Yajun. Assessment of functional impairment after replantation of amputated finger[J]. Zhonghua Shou Wai Ke Za Zhi[Chin J Hand Surg(Article in Chinese;Abstract in Chinese and English)],2003,19(3):132-134. DOI:10.3760/cma.j.issn.1005-054X.2003.03.003.}

[2228] 李世民，张长清，周艳玲，彭桂嫦. 手指末节指甲中半月线以远完全离断的再植 [J]. 中华手外科杂志，2003，19(3): 19-20. {LI Shimin,ZHANG Changqing,ZHOU Yanling,PENG Guichang. Replantation of complete amputation of fingertip distal to nail semilunar line[J]. Zhonghua Shou Wai Ke Za Zhi[Chin J Hand Surg(Article in Chinese;Abstract in Chinese and English)],2003,19(3):19-20.}

[2229] 康庆林，张春才，许硕贵，曹显科，卢全中. 再植指晚期骨与关节畸形 [J]. 中国骨伤，2003，16(2): 67-68. DOI: 10.3969/j.issn.1003-0034.2003.02.002. {KANG Qinglin,ZHANG Chuncai,XU Shuogui,CAO Xianke,LU Quanzhong. Delayed deformity of bone and joint in replanted fingers[J]. Zhongguo Gu Shang[China J Orthop Trauma(Article in Chinese;Abstract in Chinese and English)],2003,16(2):67-68. DOI:10.3969/j.issn.1003-0034.2003.02.002.}

[2230] 田立杰，江起庭，田芙蓉，马世伟，李玉山. 静脉动脉化再植拇指完全离断 [J]. 实用手外科杂志，2003，17(2): 69-70. DOI: 10.3969/j.issn.1671-2722.2003.02.003. {TIAN Lijie,JIANG Qiting,TIAN Furong,MA Shiwei,LI Yushan. Replantation of whole thumb's complete amputation with veno-arteriolization[J]. Shi Yong Shou Wai Ke Za Zhi[Chin J Pract Hand Surg(Article in Chinese;Abstract in Chinese and English)],2003,17(2):69-70. DOI:10.3969/j.issn.1671-2722.2003.02.003.}

[2231] 李智勇，刘云江，刘小林，常湘珍. 手指甲根水平离断2例行静脉移植再植体会 [J]. 实用医学杂志，2003，19(9): 1010. DOI: 10.3969/j.issn.1006-5725.2003.09.070. {LI Zhiyong,LIU Yunjiang,LIU Xiaolin,CHANG Xiangzhen. The experience of 2 cases of vein transplantation and replantation of fingernail root[J]. Shi Yong Yi Xue Za Zhi[J Pract Med(Article in Chinese;No abstract available)],2003,19(9):1010. DOI:10.3969/j.issn.1006-5725.2003.09.070.}

[2232] 吴学建，崔永光，贺长清. 伴软组织缺损的断指再植 [J]. 中华显微外科杂志，2004，27(1): 65-66. DOI: 10.3760/cma.j.issn.1001-2036.2004.01.029. {WU Xuejian,CUI Yongguang,HE Changqing. Replantation of amputated finger with soft tissue defect[J]. Zhonghua Xian Wei Wai Ke Za Zhi[Chin J Microsurg(Article in Chinese;Abstract in Chinese)],2004,27(1):65-66. DOI:10.3760/cma.j.issn.1001-2036.2004.01.029.}

[2233] 毛莉颖，黄东，周围，江奕恒，张惠茹，吴伟炽，林浩，伍庆松. 特殊类型断指再植血管损伤治疗的体会 [J]. 中华显微外科杂志，2004，27(1): 66-67. DOI: 10.3760/cma.j.issn.1001-2036.2004.01.030. {MAO Liying,HUANG Dong,ZHOU Wei,JIANG Yiheng,ZHANG Huiru,WU Weichi,LIN Hao,WU Qingsong. Experience in treatment of replantation of blood vessel injury of special type amputated finger[J]. Zhonghua Xian Wei Wai Ke Za Zhi[Chin J Microsurg(Article in Chinese;Abstract in Chinese)],2004,27(1):66-67. DOI:10.3760/cma.j.issn.1001-2036.2004.01.030.}

[2234] 阮国模，苏忠良，尤邦虎，朱珉珞. 冲床冲压伤断指再植16例 [J]. 中华显微外科杂志，2004，27(3): 185. DOI: 10.3760/cma.j.issn.1001-2036.2004.03.042. {RUAN Guomo,SU Zhongliang,YOU Banghu,ZHU Minmin. 16 cases of replantation of broken finger injured by punch[J]. Zhonghua Xian Wei Wai Ke Za Zhi[Chin J Microsurg(Article in Chinese;No abstract available)],2004,27(3):185. DOI:10.3760/cma.j.issn.1001-2036.2004.03.042.}

[2235] 陈汝昌，祁雄峰，王照康. 甲根部断指再植25例 [J]. 中华显微外科杂志，2004，27(3): 175-176. DOI: 10.3760/cma.j.issn.1001-2036.2004.03.006. {CHEN Ruchang,QI Xiongfeng,WANG Zhaokang. Method for replantation of severed finger tip injury on nail root level[J]. Zhonghua Xian Wei Wai Ke Za Zhi[Chin J Microsurg(Article in Chinese;Abstract in Chinese and English)],2004,27(3):175-176. DOI:10.3760/cma.j.issn.1001-2036.2004.03.006.}

[2236] 何旭，程国良，刘亚平，丁小珩，屈志刚，姜凯. 用量化指标探讨断指再植的适应证 [J]. 中华显微外科杂志，2004，27(3): 177-179. DOI: 10.3760/cma.j.issn.1001-2036.2004.03.007. {HE Xu,CHENG Guoliang,LIU Yaping,DING Xiaoheng,QU Zhigang,JIANG Kai. Quantifying and explore the indication of digital replantation[J]. Zhonghua Xian Wei Wai Ke Za Zhi[Chin J Microsurg(Article in Chinese;Abstract in Chinese and English)],2004,27(3):177-179. DOI:10.3760/cma.j.issn.1001-2036.2004.03.007.}

[2237] 柴益民，林崇正，邱勋永，陈汉东，王快胜，陈彦堃. 特殊类型断指再植的临床总结 [J]. 中华显微外科杂志，2004，27(3): 219-220. DOI: 10.3760/cma.j.issn.1001-2036.2004.03.025. {CHAI Yimin,LIN Chongzheng,QIU Xunyong,CHEN Handong,WANG Kuaisheng,CHEN Yankun. Clinical summary of special type amputated finger replantation[J]. Zhonghua Xian Wei Wai Ke Za Zhi[Chin J Microsurg(Article in Chinese;Abstract in Chinese)],2004,27(3):219-220. DOI:10.3760/cma.j.issn.1001-2036.2004.03.025.}

[2238] 林传松，黄烁，关钦强. 基层医院开展断指再植105例临床体会 [J]. 中华显微外科杂志，2004，27(3): 220-221. DOI: 10.3760/cma.j.issn.1001-2036.2004.03.026. {LIN Chuansong,HUANG Shuo,GUAN Qinqiang. Clinical experience of 105 cases of replantation of amputated finger in primary hospital[J]. Zhonghua Xian Wei Wai Ke Za Zhi[Chin J Microsurg(Article in Chinese;Abstract in Chinese)],2004,27(3):220-221. DOI:10.3760/cma.j.issn.1001-2036.2004.03.026.}

[2239] 刘志波，赵建勇，刘振利，吴海钰. 吻合邻指静脉在断指再植指背静脉缺损中的应用 [J]. 中国矫形外科杂志，2004，12(18): 1427. DOI: 10.3969/j.issn.1005-8478.2004.18.036. {LIU Zhibo,ZHAO Jianyong,LIU Zhenli,WU Haiyu. Application of adjacent finger vein anastomosis in replantation of dorsal finger vein defect of amputated finger[J]. Zhongguo Jiao Xing Wai Ke Za Zhi[Orthop J China(Article in Chinese;No abstract available)],2004,12(18):1427. DOI:10.3969/j.issn.1005-8478.2004.18.036.}

[2240] 陈嵘，朱克文，田华强，谢文生. 不短缩指骨的断指再植 [J]. 中华手外科杂志，2004，20(2): 67. {CHEN Rong,ZHU Kewen,TIAN Huaqiang,XIE Wensheng. Replantation of amputated finger without shortening the phalanx[J]. Zhonghua Shou Wai Ke Za Zhi[Chin J Hand Surg(Article in Chinese;No abstract available)],2004,20(2):67.}

[2241] 单增旺堆，次仁顿旦. 西藏高原断指再植二例报道 [J]. 中华手外科杂志，2004，20(2): 105. DOI: 10.3760/cma.j.issn.1005-054X.2004.02.036. {DAN Zengwangdong,CI Rendongdan. Report of two cases of replantation of severed finger in Tibet Plateau[J]. Zhonghua Shou Wai Ke Za Zhi[Chin J Hand Surg(Article in Chinese;No abstract available)],2004,20(2):105. DOI:10.3760/cma.j.issn.1005-054X.2004.02.036.}

[2242] 刘学贵，黄卫东，徐基农，祁雄峰，张铭盛. 仅吻合一侧指动脉的甲根部断指再植25例 [J]. 中华创伤骨科杂志，2004，6(2): 236. DOI: 10.3760/cma.j.issn.1671-7600.2004.02.035. {LIU Xuegui,HUANG Weidong,XU Jinong,QI Xiongfeng,ZHANG Mingsheng. Replantation with anastomosis of one artery in 25 digits severed at the level of nail root[J]. Zhonghua Chuang Shang Gu Ke Za Zhi[Chin J Orthop Trauma(Article in Chinese;Abstract in Chinese and English)],2004,6(2):236. DOI:10.3760/cma.j.issn.1671-7600.2004.02.035.}

[2243] 杨东元，保阪善昭，朱金华. 日本第一例成功的断指再植 [J]. 中华创伤骨科杂志，2004，6(6): 720. DOI: 10.3760/cma.j.issn.1671-7600.2004.06.041. {YANG Dongyuan,Yasaka Zenaki,ZHU Jinhua. The first successful replantation of a severed thumb in japan[J]. Zhonghua Chuang Shang Gu Ke Za Zhi[Chin J Orthop Trauma(Article in Chinese;No abstract available)],2004,6(6):720. DOI:10.3760/cma.j.issn.1671-7600.2004.06.041.}

[2244] 潘文泽，甘球恩. 甲根部以远的断指再植术: 121指疗效分析 [J]. 中华创伤骨科杂志，2004，6(10): 1192-1193. DOI: 10.3760/cma.j.issn.1671-7600.2004.10.033. {PAN Wenze,GAN Qiuen. Replantation of fingers cut off beyond nail root:a report of 121 fingers[J]. Zhonghua Chuang Shang Gu Ke Za Zhi[Chin J Orthop Trauma(Article in Chinese;Abstract in Chinese)],2004,6(10):1192-1193. DOI:10.3760/cma.j.issn.1671-7600.2004.10.033.}

[2245] 李靖，朱庆生，赵广跃，倪国华. 末节断指再植失败的危险因素 [J]. 中华创伤杂志，2004，

20（9）：545-547. DOI：10.3760/j：issn：1001-8050.2004.09.013. {LI Jing,ZHU Qingsheng,ZHAO Guangyue,NI Guohua. Risk factors for failure of replantation of severed distal finger[J]. Zhonghua Chuang Shang Za Zhi[Chin J Trauma(Article in Chinese;Abstract in Chinese and English)],2004,20(9):545-547. DOI:10.3760/j:issn:1001-8050.2004.09.013.}

[2246] 李强，王众，申屠刚，王胜华. 指掌侧静脉在断指再植中的应用[J]. 实用骨科杂志，2004，10（2）：101-102. DOI：10.3969/j.issn.1008-5572.2004.02.003. {LI Qiang,WANG Zhong,SHEN Tugang,WANG Shenghua. Clinical application of the palmar digital vein in replantation[J]. Shi Yong Gu Ke Za Zhi[J Pract Orthop(Article in Chinese;Abstract in Chinese and English)],2004,10(2):101-102. DOI:10.3969/j.issn.1008-5572.2004.02.003.}

[2247] 韩清銮，张磊，张大学，张玉，曾文超. 伴有皮肤缺损的断指再植[J]. 实用手外科杂志，2004，18（3）：141-142. DOI：10.3969/j.issn.1671-2722.2004.03.005. {HAN Qingluan,ZHANG Lei,ZHANG Daxue,ZHANG Yu,ZENG Wenchao. Replantation of severed finger combined with skin defect[J]. Shi Yong Shou Wai Ke Za Zhi[Chin J Pract Hand Surg(Article in Chinese;Abstract in Chinese and English)],2004,18(3):141-142. DOI:10.3969/j.issn.1671-2722.2004.03.005.}

[2248] 付清海，孟新文，张卫涛. 双针并行内固定在断指再植中的应用（附14例报告）[J]. 第一军医大学学报，2004，24（1）：97-98. DOI：10.3321/j.issn：1673-4254.2004.01.030. {FU Qinghai,MENG Xinwen,ZHANG Weitao. Application of two parallel kirschner wires in internal fixation for digital replantation:experience with 14 cases[J]. Di Yi Jun Yi Da Xue Xue Bao[J First Mil Med Univ(Article in Chinese;Abstract in Chinese and English)],2004,24(1):97-98. DOI:10.3321/j.issn:1673-4254.2004.01.030.}

[2249] 谢广中，黄潮桐，李敬矿，王光耀，赖红燕. 手指纵形离断与再植方法探讨[J]. 中国临床解剖学杂志，2004，22（4）：417-419. DOI：10.3969/j.issn.1001-165X.2004.04.025. {XIE Guangzhong,HUANG Chaotong,LI Jingkuang,WANG Guangyao,LAI Hongyan. Discussion of longitudinal amputation style and replantation method of finger[J]. Zhongguo Lin Chuang Jie Pou Xue Za Zhi[Chin J Clin Anat(Article in Chinese;Abstract in Chinese and English)],2004,22(4):417-419. DOI:10.3969/j.issn.1001-165X.2004.04.025.}

[2250] 张春喜，王喜明. 锐器致手指完全离断再植60例[J]. 中华显微外科杂志，2004，27（1）：37. DOI：10.3760/cma.j.issn.1001-2036.2004.01.048. {ZHANG Chunxi,WANG Ximing. 60 cases of replantation of fingers completely dissected by sharp instruments[J]. Zhonghua Xian Wei Wai Ke Za Zhi[Chin J Microsurg(Article in Chinese;No abstract available)],2004,27(1):37. DOI:10.3760/cma.j.issn.1001-2036.2004.01.048.}

[2251] 潘希贵，田万成，管同勋，卢全中，宋海涛，潘风雨，李亮. 全拇指脱套性损伤的再植[J]. 中华显微外科杂志，2004，27（2）：109-110. DOI：10.3760/cma.j.issn.1001-2036.2004.02.011. {PAN Xigui,TIAN Wancheng,GUAN Tongxun,LU Quanzhong,SONG Haitao,PAN Fengyu,LI Liang. Replantation of degloving severed thumb[J]. Zhonghua Xian Wei Wai Ke Za Zhi[Chin J Microsurg(Article in Chinese;Abstract in Chinese and English)],2004,27(2):109-110. DOI:10.3760/cma.j.issn.1001-2036.2004.02.011.}

[2252] 汉言健，杨自兵，姜雷. 小切口加拔甲放血治疗末节指离断再植[J]. 中国矫形外科杂志，2004，12（3）：293. DOI：10.3969/j.issn.1005-8478.2004.03.059. {HAN Jijian,YANG Zibing,JIANG Lei. Small incision plus nail removal and bloodletting for replantation of severed distal finger[J]. Zhongguo Jiao Xing Wai Ke Za Zhi[Orthop J China(Article in Chinese;No abstract available)],2004,12(3):293. DOI:10.3969/j.issn.1005-8478.2004.03.059.}

[2253] 路世勇，李福东，魏勇，周兴明. 拇指背动脉与桡掌侧动脉吻合的拇指再植一例报告[J]. 中华手外科杂志，2004，20（2）：38. {LU Shiyong,LI Fudong,WEI Yong,ZHOU Xingming. A case report of thumb replantation with anastomosed dorsal thumb artery and radial palmar artery[J]. Zhonghua Shou Wai Ke Za Zhi[Chin J Hand Surg(Article in Chinese;No abstract available)],2004,20(2):38.}

[2254] 李奇，田立杰. 复杂性拇指离断的再植治疗[J]. 中华创伤骨科杂志，2004，6（6）：718-719. DOI：10.3760/cma.j.issn.1671-7600.2004.06.040. {LI Qi,TIAN Lijie. Replantation to treat complex thumb severance[J]. Zhonghua Chuang Shang Gu Ke Za Zhi[Chin J Orthop Trauma(Article in Chinese;Abstract in Chinese and English)],2004,6(6):718-719. DOI:10.3760/cma.j.issn.1671-7600.2004.06.040.}

[2255] 张志海，寿奎水，张全荣，魏苏明. 环指血管神经肌腱一期移位再植拇指[J]. 中国修复重建外科杂志，2004，18（5）：379. {ZHANG Zhihai,SHOU Kuishui,ZHANG Quanrong,WEI Suming. Ring finger vascular nerve and tendon replantation thumb[J]. Zhongguo Xiu Fu Chong Jian Wai Ke Za Zhi[Chin J Repar Reconstr Surg(Article in Chinese;No abstract available)],2004,18(5):379.}

[2256] 徐晖，李杰文，肖立军. 甲根以远的断指再植临床体会[J]. 中华显微外科杂志，2005，28（1）：73. DOI：10.3760/cma.j.issn.1001-2036.2005.01.034. {XU Hui,LI Jiewen,XIAO Lijun. Clinical experience of replantation of amputated finger beyond nail root[J]. Zhonghua Xian Wei Wai Ke Za Zhi[Chin J Microsurg(Article in Chinese;Abstract in Chinese)],2005,28(1):73. DOI:10.3760/cma.j.issn.1001-2036.2005.01.034.}

[2257] 谭旭昌，刘景臣，曹锐铃. 断指再植成活1周指坏死的原因及临床分析[J]. 中华显微外科杂志，2005，28（2）：186-187. DOI：10.3760/cma.j.issn.1001-2036.2005.02.040. {TAN Xuchang,LIU Jingchen,CAO Ruiling. Causes and clinical analysis of finger necrosis after replantation of amputated finger[J]. Zhonghua Xian Wei Wai Ke Za Zhi[Chin J Microsurg(Article in Chinese;Abstract in Chinese)],2005,28(2):186-187. DOI:10.3760/cma.j.issn.1001-2036.2005.02.040.}

[2258] 王欣，李胜华. 二次断指再植一例[J]. 中华手外科杂志，2005，21（1）：48. DOI：10.3760/cma.j.issn.1005-054X.2005.01.029. {WANG Xin,LI Shenghua. A case of replantation of second severed finger[J]. Zhonghua Shou Wai Ke Za Zhi[Chin J Hand Surg(Article in Chinese;No abstract available)],2005,21(1):48. DOI:10.3760/cma.j.issn.1005-054X.2005.01.029.}

[2259] 赵风林，李宗宝，王文德，王业本，胡亮. 锯齿状皮肤缝合法在断指再植中的应用[J]. 中华手外科杂志，2005，21（3）：192. {ZHAO Fenglin,LI Zongbao,WANG Wende,WANG Yeben,HU Liang. Application of serrated skin suture in replantation of amputated finger[J]. Zhonghua Shou Wai Ke Za Zhi[Chin J Hand Surg(Article in Chinese;No abstract available)],2005,21(3):192.}

[2260] 厉运收，邹方亮，徐涛. 断指再植中三种不同内固定方式的临床比较[J]. 中华手外科杂志，2005，21（4）：205-206. {LI Yunshou,ZOU Fangliang,XU Tao. Comparison of three internal fixation methods in finger replantation[J]. Zhonghua Shou Wai Ke Za Zhi[Chin J Hand Surg(Article in Chinese;Abstract in Chinese and English)],2005,21(4):205-206.}

[2261] 肖强，吴月欣，张基仁，杨立民，齐勇，周宏斌. 双微型皮瓣移植在拇指近节离断伴皮肤缺损断指再植中的应用[J]. 中华手外科杂志，2005，21（4）：207-208. {XIAO Qiang,WU Yuexin,ZHANG Jiren,YANG Limin,QI Yong,ZHOU Hongbin. Comparison of three internal fixation methods in finger replantation[J]. Zhonghua Shou Wai Ke Za Zhi[Chin J Hand Surg(Article in Chinese;Abstract in Chinese and English)],2005,21(4):207-208.}

[2262] 宋海涛，田万成，康庆林，卢全忠，潘希贵，潘风雨. 断指再植的功能康复训练[J]. 中华创伤骨科杂志，2005，7（5）：499-500. DOI：10.3760/cma.j.issn.1671-7600.2005.05.029. {SONG Haitao,TIAN Wancheng,KANG Qinglin,LU Quanzhong,PAN Xigui,PAN Fengyu. Functional rehabilitation training for replantation of severed finger[J]. Zhonghua Chuang Shang Gu Ke Za Zhi[Chin J Orthop Trauma(Article in Chinese;Abstract in Chinese)],2005,7(5):499-500. DOI:10.3760/cma.j.issn.1671-7600.2005.05.029.}

[2263] 谈正福，方俊英，陈勇. 323例末节断指再植的临床经验[J]. 临床骨科杂志，2005，8（4）：325-326. DOI：10.3969/j.issn.1008-0287.2005.04.014. {TAN Zhengfu,FANG Junying,CHEN Yong. Clinical experience on 323 cases of finger distal segment replantation[J]. Lin Chuang Gu Ke Za Zhi[J Clin Orthop(Article in Chinese;Abstract in Chinese and English)],2005,8(4):325-326. DOI:10.3969/j.issn.1008-0287.2005.04.014.}

[2264] 项力源，刘会仁，李瑞国. 末节断指再植与分型[J]. 实用手外科杂志，2005，19（2）：75-76. DOI：10.3969/j.issn.1671-2722.2005.02.004. {XIANG Liyuan,LIU Huiren,LI Ruiguo. Replantation and classification of distal phalanx[J]. Shi Yong Shou Wai Ke Za Zhi[Chin J Pract Hand Surg(Article in Chinese;Abstract in Chinese and English)],2005,19(2):75-76. DOI:10.3969/j.issn.1671-2722.2005.02.004.}

[2265] 黄潮桐，李敬矿，朱家恺，谢广中，陈冬生，李庆瑜. 断指再植指骨可吸收髓内钉固定的临床应用[J]. 中国修复重建外科杂志，2005，19（3）：204-206. {HUANG Chaotong,LI Jingkuang,ZHU Jiakai,XIE Guangzhong,CHEN Dongsheng,LI Qingyu. Clinical study of phalange fractures treated by absorbable intramedullary nail in replantation of severed finger[J]. Zhongguo Xiu Fu Chong Jian Wai Ke Za Zhi[Chin J Repar Reconstr Surg(Article in Chinese;Abstract in Chinese and English)],2005,19(3):204-206.}

[2266] 吴克俭，王富，张建，张伟佳，侯树勋. 指腹再植六例[J]. 中华显微外科杂志，2005，28（2）：102. DOI：10.3760/cma.j.issn.1001-2036.2005.02.045. {WU Kejian,WANG Fu,ZHANG Jian,ZHANG Weijia,HOU Shuxun. Six cases of finger pad replantation[J]. Zhonghua Xian Wei Wai Ke Za Zhi[Chin J Microsurg(Article in Chinese;No abstract available)],2005,28(2):102. DOI:10.3760/cma.j.issn.1001-2036.2005.02.045.}

[2267] 李平统，吴健峰. 36例47指末节离断再植[J]. 中国修复重建外科杂志，2005，19（11）：901. {LI Pingtong,WU Jianfeng. 36 cases of 47 amputated finger replantation[J]. Zhongguo Xiu Fu Chong Jian Wai Ke Za Zhi[Chin J Repar Reconstr Surg(Article in Chinese;No abstract available)],2005,19(11):901.}

[2268] 王爱国，李昶，席海军. 不完全性断指的临床诊治体会[J]. 中华手外科杂志，2005，21（6）：352. DOI：10.3760/cma.j.issn.1005-054X.2005.06.025. {WANG Aiguo,LI Xu,XI Haijun. Experience in clinical diagnosis and treatment of incomplete severed fingers[J]. Zhonghua Shou Wai Ke Za Zhi[Chin J Hand Surg(Article in Chinese;No abstract available)],2005,21(6):352. DOI:10.3760/cma.j.issn.1005-054X.2005.06.025.}

[2269] 张宗光，范启申，张玉玉，刘萍. 断指再植后再植指静脉放血的改进[J]. 中国矫形外科杂志，2006，14（2）：92. DOI：10.3969/j.issn.1005-8478.2006.02.029. {ZHANG Zongguang,FAN Qishen,ZHANG Yuyu,LIU Ping. Improvement of bloodletting after replantation of amputated finger[J]. Zhongguo Jiao Xing Wai Ke Za Zhi[Orthop J China(Article in Chinese;No abstract available)],2006,14(2):92. DOI:10.3969/j.issn.1005-8478.2006.02.029.}

[2270] 王爱国，李昶，张彬，高怀生. 撕脱性断指再植的临床应用[J]. 中华手外科杂志，2006，22（5）：320. {WANG Aiguo,LI Chang,ZHANG Bin,GAO Huaisheng. Clinical application of replantation of avulsed amputated finger[J]. Zhonghua Shou Wai Ke Za Zhi[Chin J Hand Surg(Article in Chinese;No abstract available)],2006,22(5):320.}

[2271] 童德迪，李庆泰，田光磊，朱伟，诸寅，王海华，薛云浩. 弥可保对断指再植后感觉恢复的疗效评价[J]. 中华手外科杂志，2006，22（6）：324-326. {TONG Dedi,LI Qingtai,TIAN Guanglei,ZHU Wei,ZHU Yin,WANG Haihua,XUE Yunhao. Effect of mecobal on sensory recovery after replantation after finger replantation[J]. Zhonghua Shou Wai Ke Za Zhi[Chin J Hand Surg(Article in Chinese;Abstract in Chinese and English)],2006,22(6):324-326.}

[2272] 巨积辉，刘跃飞，侯瑞兴，李雷，魏诚. 手指套脱性断指再植[J]. 中华手外科杂志，2006，22（6）：358-359. {JU Jihui,LIU Yuefei,HOU Ruixing,LI Lei,WEI Cheng. Replantation of developing amputated finger[J]. Zhonghua Shou Wai Ke Za Zhi[Chin J Hand Surg(Article in Chinese;Abstract in Chinese and English)],2006,22(6):358-359.}

[2273] 王群. 指动脉替代回流在静脉缺损的末节断指再植中的应用分析[J]. 中华创伤骨科杂志，2006，8（6）：583-584. DOI：10.3760/cma.j.issn.1671-7600.2006.06.023. {WANG Qun. Application of digital artery for recirculation in replantation of distal digits with venous defects[J]. Zhonghua Chuang Shang Gu Ke Za Zhi[Chin J Orthop Trauma(Article in Chinese;Abstract in Chinese)],2006,8(6):583-584. DOI:10.3760/cma.j.issn.1671-7600.2006.06.023.}

[2274] 夏增兵，尧彦清，石盛生，钱为平. 断指再植31例38指[J]. 中国骨伤，2006，19（5）：307. DOI：10.3969/j.issn.1003-0034.2006.05.024. {XIA Zengbing,YAO Yanqing,SHI Shengsheng,QIAN Weiping. Replantation of amputated finger of 38 fingers in 31 patients[J]. Zhongguo Gu Shang[China J Orthop Trauma(Article in Chinese;No abstract available)],2006,19(5):307. DOI:10.3969/j.issn.1003-0034.2006.05.024.}

[2275] 李崇杰，马金刚，肖亚东. 特殊性断肢断指再植的临床研究[J]. 实用手外科杂志，2006，20（3）：137-139. DOI：10.3969/j.issn.1671-2722.2006.03.002. {LI Chongjie,MA Jingang,XIAO Yadong. Clinical study of special type limb(finger) replantation[J]. Shi Yong Shou Wai Ke Za Zhi[Chin J Pract Hand Surg(Article in Chinese;Abstract in Chinese and English)],2006,20(3):137-139. DOI:10.3969/j.issn.1671-2722.2006.03.002.}

[2276] 赵广跃，闫铭，杨旻，孟国林，朱庆生. 神经生长因子对断指再植术后感觉恢复的作用[J]. 南方医科大学学报，2006，26（2）：200-201. DOI：10.3321/j.issn：1673-4254.2006.02.033. {ZHAO Guangyue,YAN Ming,YANG Min,MENG Guolin,ZHU Qingsheng. The effect of nerve growth factor on sensory recovery after replantation of amputated finger[J]. Nan Fang Yi Ke Da Xue Xue Bao [J South Med Univ(Article in Chinese;Abstract in Chinese)],2006,26(2):200-201. DOI:10.3321/j.issn:1673-4254.2006.02.033.}

[2277] 申东彦，崔永光，任有成，袁正江，卢宏，陈永彩. 皮肤软组织缺损性断指再植[J]. 中国修复重建外科杂志，2006，20（7）：766-767. {SHEN Dongyan,CUI Yongguang,REN Youcheng,YUAN Zhengjiang,LU Hong,CHEN Yongcai. Replantation of amputated finger with skin and soft tissue defect[J]. Zhongguo Xiu Fu Chong Jian Wai Ke Za Zhi[Chin J Repar Reconstr Surg(Article in Chinese;No abstract available)],2006,20(7):766-767.}

[2278] 王晨霖，吴红军，王丽婷，丛海波，苏金平. 示指背侧岛状皮瓣在皮肤缺损性断拇再植中的应用[J]. 中华手外科杂志，2006，22（2）：127. DOI：10.3760/cma.j.issn.1005-054X.2006.02.028. {WANG Chenlin,WU Hongjun,WANG Liting,CONG Haibo,SU Jinping. Application of dorsal island flap of index finger in replantation of defected thumb[J]. Zhonghua Shou Wai Ke Za Zhi[Chin J Hand Surg(Article in Chinese;No abstract available)],2006,22(2):127. DOI:10.3760/cma.j.issn.1005-054X.2006.02.028.}

[2279] 吴红军，李金晟，王晨霖，丛海波，杨庆民. 拇指离断静脉动脉化再植成功一例报告[J]. 中华手外科杂志，2006，22（5）：278. DOI：10.3760/cma.j.issn.1005-054X.2006.05.034. {WU Hongjun,LI Jinsheng,WANG Chenlin,CONG Haibo,YANG Qingmin. A successful replantation of arterialized thumb vein[J]. Zhonghua Shou Wai Ke Za Zhi[Chin J Hand Surg(Article in Chinese;No abstract available)],2006,22(5):278. DOI:10.3760/cma.j.issn.1005-054X.2006.05.034.}

[2280] 胡洪涌，赵小伟，王威，刘国龙，赵一强，徐达传. 指侧方皮瓣和静脉皮瓣解剖及在皮肤缺损型断指再植修复的应用[J]. 中国临床解剖学杂志，2007，25（4）：466-469. DOI：10.3969/j.issn.1001-165X.2007.04.033. {HU Hongyong,ZHAO Xiaowei,WANG Wei,LIU Guolong,ZHAO Yiqiang,XU Dachuan. Anatomy of finger side flap and vein flap and its application in replantation and repair of severed finger with skin defect[J]. Zhongguo Lin Chuang Jie Pou Xue Za Zhi[Chin J Clin Anat(Article in Chinese;Abstract in Chinese and English)],2007,25(4):466-469. DOI:10.3969/j.issn.1001-165X.2007.04.033.}

[2281] 王培吉，董启榕，朱江，江波，周凯龙，张咸中. PCA泵经屈指肌腱鞘给药防治断指再植术后血管痉挛的实验和临床应用[J]. 中华显微外科杂志，2007，30（3）：212-213. DOI：10.3760/cma.j.issn.1001-2036.2007.03.017. {WANG Peiji,DONG Qirong,ZHU Jiang,JIANG Bo,ZHOU Kailong,ZHANG Xianzhong. Experimental and clinical application of PCA pump through the flexor tendon sheath to prevent and treat vasospasm after replantation of amputated finger[J]. Zhonghua Xian Wei Wai Ke Za Zhi[Chin J Microsurg(Article in Chinese;Abstract in

Chinese)],2007,30(3):212-213. DOI:10.3760/cma.j.issn.1001-2036.2007.03.017.}

[2282] 宋洪波. 有皮肤血管缺损的断指再植体会 [J]. 中华显微外科杂志，2007，30（5）：362. DOI：10.3760/cma.j.issn.1001-2036.2007.05.037. {SONG Hongbo. Replantation of severed finger with skin vascular defect[J]. Zhonghua Xian Wei Wai Ke Za Zhi[Chin J Microsurg(Article in Chinese;No abstract available)],2007,30(5):362. DOI:10.3760/cma.j.issn.1001-2036.2007.05.037.}

[2283] 姚保兵，王鑫，胡亮，王文德，李宗宝，王业本，赵凤林，吴德富，赵亮. 指端创面放血法治疗无静脉断指再植 45 例 [J]. 中华显微外科杂志，2007，30（5）：382-383. DOI：10.3760/cma.j.issn.1001-2036.2007.05.022. {YAO Baobing,WANG Xin,HU Liang,WANG Wende,LI Zongbao,WANG Yeben,ZHAO Fenglin,WU Defu,ZHAO Liang. Treating 45 cases of replantation of finger without vein with bloodletting on wounded finger[J]. Zhonghua Xian Wei Wai Ke Za Zhi[Chin J Microsurg(Article in Chinese;Abstract in Chinese)],2007,30(5):382-383. DOI:10.3760/cma.j.issn.1001-2036.2007.05.022.}

[2284] 钟敏广，张执大，许雄生，刘中安，牟东海，钟彬，周亚明，包美强. 断指再植中对不同血管损伤处理的体会 [J]. 中华显微外科杂志，2007，30（6）：474-475. DOI：10.3760/cma.j.issn.1001-2036.2007.06.033. {ZHONG Minguang,ZHANG Zhida,XU Xiongsheng,LIU Zhongan,MOU Donghai,ZHONG Bin,ZHOU Yaming,BAO Meiqiang. Experience in the treatment of different blood vessel injuries in replantation of amputated fingers[J]. Zhonghua Xian Wei Wai Ke Za Zhi[Chin J Microsurg(Article in Chinese;No abstract available)],2007,30(6):474-475. DOI:10.3760/cma.j.issn.1001-2036.2007.06.033.}

[2285] 周黎明，黄英艳，李学渊，章伟文，黄剑，李斯宏. 中药熏洗结合 CPM 机在断指再植术后康复中的应用 [J]. 中华手外科杂志，2007，23（2）：110. DOI：10.3760/cma.j.issn.1005-054X.2007.02.022. {ZHOU Liming,HUANG Yingyan,LI Xueyuan,ZHANG Weiwen,HUANG Jian,LI Sihong. Application of traditional chinese medicine fumigation and washing combined with cpm machine in rehabilitation after replantation of amputated finger[J]. Zhonghua Shou Wai Ke Za Zhi[Chin J Hand Surg(Article in Chinese;No abstract available)],2007,23(2):110. DOI:10.3760/cma.j.issn.1005-054X.2007.02.022.}

[2286] 乔高山. 断指再植中的无复流现象 [J]. 中国骨伤，2007，20（10）：687-688. DOI：10.3969/j.issn.1003-0034.2007.10.012. {JOE Gaoshan. No-reflow phenomenon in replantation of amputated finger[J]. Zhongguo Gu Shang[China J Orthop Trauma(Article in Chinese;Abstract in Chinese and English)],2007,20(10):687-688. DOI:10.3969/j.issn.1003-0034.2007.10.012.}

[2287] 蒋涛，瞿玉兴. 断指再植失败临床分析 [J]. 中国骨伤，2007，20（11）：762. DOI：10.3969/j.issn.1003-0034.2007.11.013. {JIANG Tao,QU Yuxing. Clinical analysis for failure of digital replantation[J]. Zhongguo Gu Shang[China J Orthop Trauma(Article in Chinese;Abstract in Chinese and English)],2007,20(11):762. DOI:10.3969/j.issn.1003-0034.2007.11.013.}

[2288] 刘学亮，宋利华，孙晓斌，焦延杰，贾文平. 487 例（685 指）断指再植体会 [J]. 临床骨科杂志，2007，10（5）：437-439. DOI：10.3969/j.issn.1008-0287.2007.05.022. {LIU Xueliang,SONG Lihua,SUN Xiaobin,JIAO Yanjie,JIA Wenping. Experience of severed finger replantation in 487 cases(685 fingers)[J]. Lin Chuang Gu Ke Za Zhi[J Clin Orthop(Article in Chinese;Abstract in Chinese and English)],2007,10(5):437-439. DOI:10.3969/j.issn.1008-0287.2007.05.022.}

[2289] 王振军，程国良，侯书健，丁小珩，孙乐天，张海灵. 第二趾节段游离移植桥接再植断指 [J]. 中华显微外科杂志，2007，30（2）：117. DOI：10.3760/cma.j.issn.1001-2036.2007.02.035. {WANG Zhenjun,CHENG Guoliang,HOU Shujian,DING Xiaoheng,SUN Letian,ZHANG Hailing. Free transplantation of second toe segment to bridge and replant amputated finger[J]. Zhonghua Xian Wei Wai Ke Za Zhi[Chin J Microsurg(Article in Chinese;No abstract available)],2007,30(2):117. DOI:10.3760/cma.j.issn.1001-2036.2007.02.035.}

[2290] 王群，夏青，金华，杨冬，孙鞠萍，史翠玲，李爱云. 指动脉反转交叉吻合再植治疗动脉缺损的末节断指 25 例 [J]. 中华创伤杂志，2007，23（5）：392-393. DOI：10.3760/j：issn：1001-8050.2007.05.024. {WANG Qun,XIA Qing,JIN Hua,YANG Dong,SUN Juping,SHI Cuiling,LI Aiyun. Replantation of digital artery inversion and cross anastomosis for treatment of 25 cases of amputated distal finger[J]. Zhonghua Chuang Shang Za Zhi[Chin J Trauma(Article in Chinese;No abstract available)],2007,23(5):392-393. DOI:10.3760/j:issn:1001-8050.2007.05.024.}

[2291] 秦刚，王文权，李东海，李同林，韦宇. 全拇指皮肤脱套状撕脱性离断再植 [J]. 中华显微外科杂志，2007，30（6）：475-476. DOI：10.3760/cma.j.issn.1001-2036.2007.06.034. {QIN Gang,WANG Wenquan,LI Donghai,LI Tonglin,WEI Yu. Replantation of whole thumb skin detachment[J]. Zhonghua Xian Wei Wai Ke Za Zhi[Chin J Microsurg(Article in Chinese;No abstract available)],2007,30(6):475-476. DOI:10.3760/cma.j.issn.1001-2036.2007.06.034.}

[2292] 刘杰，张敬良，李杭，陈焕伟. 同指筋膜瓣营养甲床原位回植术一例 [J]. 中华手外科杂志，2007，23（5）：304. DOI：10.3760/cma.j.issn.1005-054X.2007.05.033. {LIU Jie,ZHANG Jingliang,LI Hang,CHEN Huanwei. A case of in SITU replantation of nutrient nail bed with same finger fascia flap[J]. Zhonghua Shou Wai Ke Za Zhi[Chin J Hand Surg(Article in Chinese;No abstract available)],2007,23(5):304. DOI:10.3760/cma.j.issn.1005-054X.2007.05.033.}

[2293] 倪国骅，徐世保，杨红海，李靖，王臻，张德洪，王国营，刘春霞. 爆炸伤断指远位寄养二期回植一例 [J]. 中华手外科杂志，2007，23（5）：318. DOI：10.3760/cma.j.issn.1005-054X.2007.05.035. {NI Guohua,XU Shibao,YANG Honghai,LI Jing,WANG Zhen,ZHANG Dehong,WANG Guoying,LIU Chunxia. A case of second stage replantation of blast injured amputated finger in remote foster care[J]. Zhonghua Shou Wai Ke Za Zhi[Chin J Hand Surg(Article in Chinese;No abstract available)],2007,23(5):318. DOI:10.3760/cma.j.issn.1005-054X.2007.05.035.}

[2294] 赵建强，刘勇，焦晓虎，康彦忠，孙军锁. 复杂性手指离断再植方法的选择 [J]. 中国骨伤，2007，20(7)：480-481. DOI：10.3969/j.issn.1003-0034.2007.07.022. {ZHAO Jianqiang,LIU Yong,JIAO Xiaohu,KANG Yanzhong,SUN Junsuo. Choice of the replantation method of complex finger separation[J]. Zhongguo Gu Shang[China J Orthop Trauma(Article in Chinese;No abstract available)],2007,20(7):480-481. DOI:10.3969/j.issn.1003-0034.2007.07.022.}

[2295] 谢扬，韦酉亨，郑森，吴维颖，郑佳坤. 弧形交叉髓内钉在近节断指再植中的应用 [J]. 中华显微外科杂志，2008，31(1)：65-66. DOI：10.3760/cma.j.issn.1001-2036.2008.01.027. {XIE Yang,WEI Yiheng,ZHENG Sen,WU Weiying,ZHENG Jiakun. Application of curved cross intramedullary nail in the replantation of proximal amputated finger[J]. Zhonghua Xian Wei Wai Ke Za Zhi[Chin J Microsurg(Article in Chinese;Abstract in Chinese)],2008,31(1):65-66. DOI:10.3760/cma.j.issn.1001-2036.2008.01.027.}

[2296] 张平，朱春平，丁永斌，张明亮，兰魁兵，徐克孝. 静脉动脉化断指再植成功八例 [J]. 中华显微外科杂志，2008，31（6）：472. DOI：10.3760/cma.j.issn.1001-2036.2008.06.033. {ZHANG Ping,ZHU Chunping,DING Yongbin,ZHANG Mingliang,LAN Kuibing,XU Kexiao. Eight successful cases of replantation of amputated finger with venous arterialization[J]. Zhonghua Xian Wei Wai Ke Za Zhi[Chin J Microsurg(Article in Chinese;No abstract available)],2008,31(6):472. DOI:10.3760/cma.j.issn.1001-2036.2008.06.033.}

[2297] 田万成，潘风雨，卢全忠，潘希贵，李亮，田献. 逆行法断指再植临床应用体会 [J]. 中华显微外科杂志，2008，31（6）：456-458. DOI：10.3760/cma.j.issn.1001-2036.2008.06.024. {TIAN Wancheng,PAN Fengyu,LU Quanzhong,PAN Xigui,LI Liang,TIAN Xian. Clinical application experience of retrograde method for amputated finger replantation[J]. Zhonghua Xian Wei Wai Ke Za Zhi[Chin J Microsurg(Article in Chinese;Abstract in Chinese)],2008,31(6):456-458. DOI:10.3760/cma.j.issn.1001-2036.2008.06.024.}

[2298] 宋洪波，范启申. 微小皮瓣在复杂断指再植术中的应用 [J]. 中华手外科杂志，2008，24(1)：57-58. DOI：10.3760/cma.j.issn.1005-054X.2008.01.020. {SONG Hongbo,FAN Qishen. Application of micro flap in replantation of complex amputated finger[J]. Zhonghua Shou Wai Ke Za Zhi[Chin J Hand Surg(Article in Chinese;No abstract available)],2008,24(1):57-58. DOI:10.3760/cma.j.issn.1005-054X.2008.01.020.}

[2299] 蒋良福，高伟阳，李志杰，闫合德，褚庭纲. 静脉移植和吻合掌侧静脉在不同平面末节断指再植中的应用 [J]. 中华手外科杂志，2008，24（2）：99-100. {JIANG Liangfu,GAO Weiyang,LI Zhijie,YAN Hede,CHU Tinggang. Application of vein transplantation and palmar vein anastomosis in replantation of amputated finger at different planes[J]. Zhonghua Shou Wai Ke Za Zhi[Chin J Hand Surg(Article in Chinese;No abstract available)],2008,24(2):99-100.}

[2300] 徐敏，傅育红. 断指再植术后电脑输注泵输注肝素钠的临床观察 [J]. 中华手外科杂志，2008，24（4）：256. DOI：10.3760/cma.j.issn.1005-054X.2008.04.023. {XU Min,FU Yuhong. Clinical observation of heparin sodium infusion by computer infusion pump after replantation of amputated finger[J]. Zhonghua Shou Wai Ke Za Zhi[Chin J Hand Surg(Article in Chinese;No abstract available)],2008,24(4):256. DOI:10.3760/cma.j.issn.1005-054X.2008.04.023.}

[2301] 豆勇刚，黎健伟，魏宽海，余斌. CPM 机在断指再植术后功能锻炼中的应用 [J]. 中华创伤骨科杂志，2008，10（11）：1070-1072. DOI：10.3760/cma.j.issn.1671-7600.2008.11.018. {DOU Yonggang,LI Jianwei,WEI Kuanhai,YU Bin. Continues passive motion instrument used for functional recovery after digital replantation[J]. Zhonghua Chuang Shang Gu Ke Za Zhi[Chin J Orthop Trauma(Article in Chinese;Abstract in Chinese)],2008,10(11):1070-1072. DOI:10.3760/cma.j.issn.1671-7600.2008.11.018.}

[2302] 毕卫伟，杨庆民，吴红军，隋海明. 无可供吻合静脉的末节断指再植 [J]. 中国骨伤，2008，21（12）：926-927. DOI：10.3969/j.issn.1003-0034.2008.12.016. {BI Weiwei,YANG Qingmin,WU Hongjun,SUI Haiming. Replantation of severed distal segment of fingers without venous anastomosis[J]. Zhongguo Gu Shang[China J Orthop Trauma(Article in Chinese;Abstract in Chinese)],2008,21(12):926-927. DOI:10.3969/j.issn.1003-0034.2008.12.016.}

[2303] 孙广峰，王达利，魏在荣. 浸泡末节断指再植 30 指失败 6 指指背筋膜蒂皮瓣修复体会 [J]. 中华损伤与修复杂志（电子版），2008，3（6）：739-743. DOI：10.3969/j.issn.1673-9450.2008.06.013. {SUN Guangfeng,WANG Dali,WEI Zairong. Reimplantation of the distal segment of fingers for 30 amputated fingers and the 6 failure fingers stump were repaired with the fascial pedicle dorsal flap of finger[J]. Zhonghua Sun Shang Yu Xiu Fu Za Zhi Dian Zi Ban[Chin J Injury Repair Wound Healing(Electr Ed)(Article in Chinese;Abstract in Chinese and English)],2008,3(6):739-743. DOI:10.3969/j.issn.1673-9450.2008.06.013.}

[2304] 李宗军，肖春凌，康庆林. 挤压性断指再植的几个技术问题探讨 [J]. 实用手外科杂志，2008，22（4）：198-200. DOI：10.3969/j.issn.1671-2722.2008.04.002. {LI Zongjun,XIAO Chunling,KANG Qinglin. Successful replantation of crush severed fingers:key surgical techniques explortion[J]. Shi Yong Shou Wai Ke Za Zhi[Chin J Pract Hand Surg(Article in Chinese;Abstract in Chinese and English)],2008,22(4):198-200. DOI:10.3969/j.issn.1671-2722.2008.04.002.}

[2305] 朱跃良，徐永清，李军. 断指再植的学习曲线分析 [J]. 实用手外科杂志，2008，22（4）：208-210. DOI：10.3969/j.issn.1671-2722.2008.04.005. {ZHU Yueliang,XU Yongqing,LI Jun. Analysis of learning-curve and speed of finger replantation[J]. Shi Yong Shou Wai Ke Za Zhi[Chin J Pract Hand Surg(Article in Chinese;Abstract in Chinese and English)],2008,22(4):208-210. DOI:10.3969/j.issn.1671-2722.2008.04.005.}

[2306] 武运喜，李海州，李海林，程永振，李建党，刘振杰. 静脉动脉化再植完全性离断拇指 12 例体会 [J]. 中华显微外科杂志，2008，31（5）：396. DOI：10.3760/cma.j.issn.1001-2036.2008.05.032. {WU Yunxi,LI Haizhou,LI Hailin,CHENG Yongzhen,LI Jiandang,LIU Zhenjie. Experience in 12 cases of complete severing thumb after replantation of venous arterialization[J]. Zhonghua Xian Wei Wai Ke Za Zhi[Chin J Microsurg(Article in Chinese;No abstract available)],2008,31(5):396. DOI:10.3760/cma.j.issn.1001-2036.2008.05.032.}

[2307] 王晓南，韩宝平，陈克俊，阚世廉. 拇指撕脱性损伤的显微回植 [J]. 中华手外科杂志，2008，24（1）：34-35. DOI：10.3760/cma.j.issn.1005-054X.2008.01.011. {WANG Xiaonan,HAN Baoping,CHEN Kejun,KAN Shilian. Microsurgical replantation of avulsed thumb[J]. Zhonghua Shou Wai Ke Za Zhi[Chin J Hand Surg(Article in Chinese;Abstract in Chinese and English)],2008,24(1):34-35. DOI:10.3760/cma.j.issn.1005-054X.2008.01.011.}

[2308] 智丰，张朝，滕云升，赵玲珑，吴勐，梁高峰，周勇，潘杰. 吻合拇指尺背侧动脉再植撕脱拇指 18 例 [J]. 中华手外科杂志，2008，24（5）：311. {ZHI Feng,ZHANG Chao,TENG Yunsheng,ZHAO Linglong,WU Meng,LIANG Gaofeng,ZHOU Yong,PAN Jie. 18 cases of avulsion of thumb after replantation of dorsal ulnar artery of thumb[J]. Zhonghua Shou Wai Ke Za Zhi[Chin J Hand Surg(Article in Chinese;Abstract in Chinese)],2008,24(5):311.}

[2309] 胡浩良，王晓峰，陈宏. 拇指脱套状撕脱性离断再植 58 例临床分析 [J]. 实用手外科杂志，2008，22（2）：69-71. DOI：10.3969/j.issn.1671-2722.2008.02.002. {HU Haoliang,WANG Xiaofeng,CHEN Hong. Clinical analysis of 58 cases with degloved and avulsion severed thumb replantation[J]. Shi Yong Shou Wai Ke Za Zhi[Chin J Pract Hand Surg(Article in Chinese;Abstract in Chinese and English)],2008,22(2):69-71. DOI:10.3969/j.issn.1671-2722.2008.02.002.}

[2310] 周晓，芮永军，寿奎水，许亚军. 局部岛状皮瓣移位在复杂拇指离断伤再植中的应用 [J]. 中国修复重建外科杂志，2008，22（11）：1292-1295. {ZHOU Xiao,RUI Yongjun,SHOU Kuishui,XU Yajun. Replantation of complex thumb mutilation with local island flap[J]. Zhongguo Xiu Fu Chong Jian Wai Ke Za Zhi[Chin J Repar Reconstr Surg(Article in Chinese;Abstract in Chinese and English)],2008,22(11):1292-1295.}

[2311] 陈强，吴守成，沈向前，叶坡. 逆行邻指动脉转位修复中末节断指指动脉缺损 [J]. 中华手外科杂志，2008，24(4)：242. DOI：10.3760/cma.j.issn.1005-054X.2008.04.020. {CHEN Qiang,WU Shoucheng,SHEN Xiangqian,YE Po. Retrograde adjacent digital artery transposition to repair the defect of the amputated digital artery in the distal segment[J]. Zhonghua Shou Wai Ke Za Zhi[Chin J Hand Surg(Article in Chinese;Abstract in Chinese)],2008,24(4):242. DOI:10.3760/cma.j.issn.1005-054X.2008.04.020.}

[2312] 魏长月，王辉，葛东江，任志勇，季远. 缺乏可吻合静脉的断指再植 [J]. 中华显微外科杂志，2009，32（3）：247-248. DOI：10.3760/cma.j.issn.1001-2036.2009.03.035. {WEI Changyue,WANG Hui,GE Dongjiang,REN Zhiyong,JI Yuan. Replantation of amputated finger lacking an anastomosable vein[J]. Zhonghua Xian Wei Wai Ke Za Zhi[Chin J Microsurg(Article in Chinese;Abstract in Chinese)],2009,32(3):247-248. DOI:10.3760/cma.j.issn.1001-2036.2009.03.035.}

[2313] 智丰，滕云升，郭永明，赵玲珑，张朝，吴勐，梁高峰. 长时限断指再植 15 例 [J]. 中华手外科杂志，2009，25（1）：63. DOI：10.3760/cma.j.issn.1005-054X.2009.01.028. {ZHI Feng,TENG Yunsheng,GUO Yongming,ZHAO Linglong,ZHANG Chao,WU Meng,LIANG Gaofeng. 15 cases of replantation of long-term amputated finger[J]. Zhonghua Shou Wai Ke Za Zhi[Chin J Hand Surg(Article in Chinese;No abstract available)],2009,25(1):63. DOI:10.3760/cma.j.issn.1005-054X.2009.01.028.}

[2314] 胡孔和，吴强，靳安民，席新华，卢海波. 86 例末节断指再植的临床分析 [J]. 中华手外科杂志，2009，25（2）：101-102. DOI：10.3760/cma.j.issn.1005-054X.2009.02.020. {HU Konghe,WU Qiang,JIN Anmin,XI Xinhua,LU Haibo. Clinical analysis of 86 cases of replantation of amputated distal fingers[J]. Zhonghua Shou Wai Ke Za Zhi[Chin J Hand Surg(Article in Chinese;Abstract in Chinese and English)],2009,25(2):101-102. DOI:10.3760/cma.j.issn.1005-054X.2009.02.020.}

[2315] 李春江，冯晓娜，王斌，刘万栋，杨焕友，杨义，尹佳丽，焦成，张文龙，胡建威，蒋文平，高顺红，刘德群. 改良动脉静脉转流术在末节断指再植中的应用[J]. 中华手外科杂志，2009，25(2)：125-126. DOI：10.3760/cma.j.issn.1005-054X.2009.02.029. {LI Chunjiang,FENG Xiaona,WANG Bin,LIU Wandong,YANG Huanyou,YANG Yi,YIN Jiali,JIAO Cheng,ZHANG Wenlong,HU Jianwei,JIANG Wenping,GAO Shunhong,LIU Dequn. Application of modified arteriovenous bypass in replantation of amputated distal finger[J]. Zhonghua Shou Wai Ke Za Zhi[Chin J Hand Surg(Article in Chinese;No abstract available)],2009,25(2):125-126. DOI:10.3760/cma.j.issn.1005-054X.2009.02.029.}

[2316] 娄仁山，潘亚斌，吴敏杰. 复杂性断指再植的治疗体会[J]. 中华手外科杂志，2009，25(4)：252. DOI：10.3760/cma.j.issn.1005-054X.2009.04.027. {LOU Renshan,PAN Yabin,WU Minjie. Treatment experience of complex amputated finger replantation[J]. Zhonghua Shou Wai Ke Za Zhi[Chin J Hand Surg(Article in Chinese;No abstract available)],2009,25(4):252. DOI:10.3760/cma.j.issn.1005-054X.2009.04.027.}

[2317] 夏增兵，王丹，袁永健，闵继康，杨文龙，徐旭纯，李战春. 非选择性末节断指再植的临床体会[J]. 中国骨伤，2009，22(4)：268-269. DOI：10.3969/j.issn.1003-0034.2009.04.016. {XIA Zengbing,WANG Dan,YUAN Yongjian,MIN Jikang,YANG Wenlong,XU Xuchun,LI Zhanchun. Clinical experience of nonselective replantation with severed distal finger segment[J]. Zhongguo Gu Shang[China J Orthop Trauma(Article in Chinese;No abstract available)],2009,22(4):268-269. DOI:10.3969/j.issn.1003-0034.2009.04.016.}

[2318] 黄耀鹏，李学渊，陈宏，章伟文. 吻合动静脉与只吻合动脉的Ⅲ型末节断指再植的对照研究[J]. 实用手外科杂志，2009，23(4)：208-210. DOI：10.3969/j.issn.1671-2722.2009.04.008. {HUANG Yaopeng,LI Xueyuan,CHEN Hong,ZHANG Weiwen. Comparative study between anastomosis both artery and vein or only artery in type iii fingertip replantation[J]. Shi Yong Shou Wai Ke Za Zhi[Chin J Pract Hand Surg(Article in Chinese;Abstract in Chinese and English)],2009,23(4):208-210. DOI:10.3969/j.issn.1671-2722.2009.04.008.}

[2319] 杜昭，蔡文，黄德征. 特殊类型断指再植的治疗[J]. 实用手外科杂志，2009，23(4)：223-225. DOI：10.3969/j.issn.1671-2722.2009.04.016. {DU Zhao,CAI Wen,HUANG Dezheng. Clinical experience of special type amputated fingers replantation[J]. Shi Yong Shou Wai Ke Za Zhi[Chin J Pract Hand Surg(Article in Chinese;Abstract in Chinese and English)],2009,23(4):223-225. DOI:10.3969/j.issn.1671-2722.2009.04.016.}

[2320] 宋晖，刘麟，廖怡清，张勇新，周彬，黄雪林. 改良显微缝线吻合血管在断指再植中的临床应用[J]. 中国修复重建外科杂志，2009，23(2)：251-252. {SONG Hui,LIU Lin,LIAO Yiqing,ZHANG Yongxin,ZHOU Bin,HUANG Xuelin. Clinical application of modified microsuture anastomosis in replantation of amputated finger[J]. Zhongguo Xiu Fu Chong Jian Wai Ke Za Zhi[Chin J Repar Reconstr Surg(Article in Chinese;Abstract in Chinese)],2009,23(2):251-252.}

[2321] 王方，赵帅，马一翔，葛昊，陈志坚，陈富强，沈珊安，潘铮，周瀛梁. 甲根以远末节断指改良分型和再植方法的疗效分析[J]. 实用手外科杂志，2009，23(2)：74-76. DOI：10.3969/j.issn.1671-2722.2009.02.004. {WANG Fang,ZHAO Shuai,MA Yixiang,GE Hao,CHEN Zhijian,CHEN Fuqiang,SHEN Shanan,PAN Zheng,ZHOU Yingliang. Effects analysis of replantation of distal segment finger amputation beyond nail root by modified types and different kinds of operation[J]. Shi Yong Shou Wai Ke Za Zhi[Chin J Pract Hand Surg(Article in Chinese;Abstract in Chinese and English)],2009,23(2):74-76. DOI:10.3969/j.issn.1671-2722.2009.02.004.}

[2322] 李清平，王忠岳，姜德欣. 等容血液稀释对再植指血运的影响[J]. 中华手外科杂志，2009，25(2)：127. DOI：10.3760/cma.j.issn.1005-054X.2009.02.031. {LI Qingping,WANG Zhongyue,JIANG Dexin. Effect of isovolemic hemodilution on blood supply of replanted finger[J]. Zhonghua Shou Wai Ke Za Zhi[Chin J Hand Surg(Article in Chinese;No abstract available)],2009,25(2):127. DOI:10.3760/cma.j.issn.1005-054X.2009.02.031.}

[2323] 宋力，周明武，熊颖杰，王飞云，朱杰，王瑞金，幸超锋，李士民. 环指掌指关节节段指体组合桥接再植中指一例[J]. 中华手外科杂志，2009，25(4)：253. DOI：10.3760/cma.j.issn.1005-054X.2009.04.028. {SONG Li,ZHOU Mingwu,XIONG Yingjie,WANG Feiyun,ZHU Jie,WANG Ruijin,XING Chaofeng,LI Shimin. A case of ring finger metacarpophalangeal joint segment finger body combination bridge replantation of middle finger[J]. Zhonghua Shou Wai Ke Za Zhi[Chin J Hand Surg(Article in Chinese;No abstract available)],2009,25(4):253. DOI:10.3760/cma.j.issn.1005-054X.2009.04.028.}

[2324] 褚庭纲，高伟阳，李志杰，蒋良福，杨景全，陈星隆，李晓阳. 手指微小组织瓣的再植[J]. 中华手外科杂志，2009，25(5)：318. {CHU Tinggang,GAO Weiyang,LI Zhijie,JIANG Liangfu,YANG Jingquan,CHEN Xinglong,LI Xiaoyang. Replantation of finger micro-tissue flap[J]. Zhonghua Shou Wai Ke Za Zhi[Chin J Hand Surg(Article in Chinese;No abstract available)],2009,25(5):318.}

[2325] 孙书海，宋桂先，孙同新. 静脉桥接修复末节断指[J]. 中华手外科杂志，2009，25(4)：199. {SUN Shuhai,SONG Guixian,SUN Tongxin. Repair of amputated distal finger with vein bridge[J]. Zhonghua Shou Wai Ke Za Zhi[Chin J Hand Surg(Article in Chinese;Abstract in Chinese)],2009,25(4):199.}

[2326] 黄剑，田敏涛，李学渊，冉小林. Medicon微型钛板在断指再植中的应用[J]. 中华手外科杂志，2010，26(5)：303. {HUANG Jian,TIAN Mintao,LI Xueyuan,RAN Xiaolin. Application of medicon mini titanium plate in replantation of amputated finger[J]. Zhonghua Shou Wai Ke Za Zhi[Chin J Hand Surg(Article in Chinese;No abstract available)],2010,26(5):303.}

[2327] 施良森，谢献华，施文爹. 游离前臂静脉网皮瓣在皮肤缺损断指再植中的应用[J]. 中华手外科杂志，2010，26(5)：314. {SHI Liangsen,XIE Xianhua,SHI Wendie. Application of free forearm venous network flap in replantation of amputated finger in skin defect[J]. Zhonghua Shou Wai Ke Za Zhi[Chin J Hand Surg(Article in Chinese;No abstract available)],2010,26(5):314.}

[2328] 吕宏升，杨爱武，陈昆，苏鸿君，郑文忠，丛锐，蔡惠民，符祖昶. 尿激酶配合小切口放血在末节断指再植术后应用的研究[J]. 中华手外科杂志，2010，26(6)：379. DOI：10.3760/cma.j.issn.1005-054X.2010.06.031. {LU Hongsheng,YANG Aiwu,CHEN Kun,SU Hongjun,ZHENG Wenzhong,CONG Rui,CAI Huimin,FU Zuchang. Study on the application of urokinase combined with small incision bloodletting after replantation of amputated distal finger[J]. Zhonghua Shou Wai Ke Za Zhi[Chin J Hand Surg(Article in Chinese;No abstract available)],2010,26(6):379. DOI:10.3760/cma.j.issn.1005-054X.2010.06.031.}

[2329] 严耀明，王文才. 利用动脉分支回流的末节断指再植[J]. 中华手外科杂志，2010，26(6)：381. {YAN Yaoming,WANG Wencai. Replantation of amputated finger at the distal segment using arterial branch reflux[J]. Zhonghua Shou Wai Ke Za Zhi[Chin J Hand Surg(Article in Chinese;No abstract available)],2010,26(6):381.}

[2330] 王西迅，黄伟，李钧，陈波，何健，胡继超，舒正华，魏勇，童哲，丁潮琪. 断指再植术后拔克氏针致二次离断再植一例[J]. 中华创伤杂志，2010，26(10)：948-949. DOI：10.3760/cma.j.issn.1001-8050.2010.10.25. {WANG Xixun,HUANG Wei,LI Jun,CHEN Bo,HE Jian,HU Jichao,SHU Zhenghua,WEI Yong,TONG Zhe,DING Chaoqi. A case of replantation after replantation of amputated finger caused by pulling kirschner wire[J]. Zhonghua Chuang Shang Za Zhi[Chin J Trauma(Article in Chinese;No abstract available)],2010,26(10):948-949. DOI:10.3760/cma.j.issn.1001-8050.2010.10.25.}

[2331] 胡亦萍. 自我效能增强干预对断指再植成活率的影响[J]. 临床骨科杂志，2010，13(2)：238-239. DOI：10.3969/j.issn.1008-0287.2010.02.054. {HU Yiping. Effect of enhanced self-efficacy intervention on survival rate of replantation of amputated finger[J]. Lin Chuang Gu Ke Za Zhi[J Clin Orthop(Article in Chinese;No abstract available)],2010,13(2):238-239. DOI:10.3969/j.issn.1008-0287.2010.02.054.}

[2332] 马传亮，彭俊才，陈贻玲，邓松华. 静脉转位在撕脱性断指再植术中的应用[J]. 安徽医科大学学报，2010，45(5)：716-717. DOI：10.3969/j.issn.1000-1492.2010.05.034. {MA Chuanliang,PENG Juncai,CHEN Yiling,DENG Songhua. Application of vein transposition in replantation of avulsed amputated finger[J]. An Hui Yi Ke Da Xue Xue Bao[Acta Univ Med Anhui(Article in Chinese;Abstract in Chinese)],2010,45(5):716-717. DOI:10.3969/j.issn.1000-1492.2010.05.034.}

[2333] 杨蓊勃，杨剑云，虞聪，陈琳. 拇指异位寄养二期回植一例[J]. 中华手外科杂志，2010，26(2)：126-127. DOI：10.3760/cma.j.issn.1005-054X.2010.02.030. {YANG Lianbo,YANG Jianyun,YU Cong,CHEN Lin. A case of second stage replantation of thumb in ectopic foster care[J]. Zhonghua Shou Wai Ke Za Zhi[Chin J Hand Surg(Article in Chinese;No abstract available)],2010,26(2):126-127. DOI:10.3760/cma.j.issn.1005-054X.2010.02.030.}

[2334] 王新，朱权，黄乐辉，李雄辉，舒永辉，杨威. 封闭式负压引流技术在末节手指再植中的应用[J]. 中华手外科杂志，2010，26(3)：151. {WANG Xin,ZHU Quan,HUANG Lehui,LI Xionghui,SHU Yonghui,YANG Wei. Application of closed negative pressure drainage technique in replantation of distal finger[J]. Zhonghua Shou Wai Ke Za Zhi[Chin J Hand Surg(Article in Chinese;No abstract available)],2010,26(3):151.}

[2335] 李启朝，彭永利，张双喜，朱广明，顾方瑞. 拇指撕脱离断伤再植术中两侧指固有神经的修复[J]. 实用手外科杂志，2010，24(1)：40-41. DOI：10.3969/j.issn.1671-2722.2010.01.014. {LI Qichao,PENG Yongli,ZHANG Shuangxi,ZHU Guangming,GU Fangrui. Repairing bilateral digital nerve in replantation of separated and ripped thumb[J]. Shi Yong Shou Wai Ke Za Zhi[Chin J Pract Hand Surg(Article in Chinese;Abstract in Chinese and English)],2010,24(1):40-41. DOI:10.3969/j.issn.1671-2722.2010.01.014.}

[2336] 喜占荣，彭鹏，张典颖，刘敏强，汪华侨. 离断远端缺乏可吻合静脉的末节断指再植28例[J]. 中华显微外科杂志，2011，34(1)：61-62. DOI：10.3760/cma.j.issn.1001-2036.2011.01.026. {XI Zhanrong,PENG Peng,ZHANG Dianying,LIU Minqiang,WANG Huaqiao. Replantation of amputated finger at the distal segment lacking an anastomosable vein[J]. Zhonghua Xian Wei Wai Ke Za Zhi[Chin J Microsurg(Article in Chinese;Abstract in Chinese)],2011,34(1):61-62. DOI:10.3760/cma.j.issn.1001-2036.2011.01.026.}

[2337] 徐吉海，王欣，胡浩良，华祖广，陈宏，章伟文. 4℃低温保存下14天断指再植存活一例[J]. 中华手外科杂志，2011，27(1)：63-64. {XU Jihai,WANG Xin,HU Haoliang,HUA Zuguang,CHEN Hong,ZHANG Weiwen. One case survived after 14 days of replantation of amputated finger stored at 4 ℃ [J]. Zhonghua Shou Wai Ke Za Zhi[Chin J Hand Surg(Article in Chinese;No abstract available)],2011,27(1):63-64.}

[2338] 周晓，芮永军，许亚军，寿奎水，姚群. 双干型静脉皮瓣在撕脱性断指再植中的应用[J]. 中华手外科杂志，2011，27(2)：81-83. {ZHOU Xiao,BIN Yongjun,XU Yajun,SHOU Kuishui,YAO Qun. Application of double-stem venous flap in replantation of avulsed severed finger[J]. Zhonghua Shou Wai Ke Za Zhi[Chin J Hand Surg(Article in Chinese;Abstract in Chinese and English)],2011,27(2):81-83.}

[2339] 刘宇舟，寿奎水，许亚军，糜菁熠，邱扬. 套状撕脱性断指再植19例临床分析[J]. 中华手外科杂志，2011，27(3)：187-188. DOI：10.3760/cma.j.issn.1005-054X.2011.03.025. {LIU Yuzhou,SHOU Kuishui,XU Yajun,MI Qingyi,QIU Yang. Clinical analysis of 19 cases of replantation of sleeve avulsion amputated finger[J]. Zhonghua Shou Wai Ke Za Zhi[Chin J Hand Surg(Article in Chinese;No abstract available)],2011,27(3):187-188. DOI:10.3760/cma.j.issn.1005-054X.2011.03.025.}

[2340] 黄建新，辛国臣，吕守正，李志勇，郭强. 血管移植在末节断指再植中的应用[J]. 中华手外科杂志，2011，27(6)：381-382. DOI：10.3760/cma.i.issn.1005-054X.2011.06.028. {HUANG Jianxin,XIN Guochen,LU Shouzheng,LI Zhiyong,GUO Qiang. Application of blood vessel transplantation in replantation of amputated distal finger[J]. Zhonghua Shou Wai Ke Za Zhi[Chin J Hand Surg(Article in Chinese;No abstract available)],2011,27(6):381-382. DOI:10.3760/cma.i.issn.1005-054X.2011.06.028.}

[2341] 邹永根，杨杰翔，彭忠义，陶源，罗城. 483例断指再植的临床体会[J]. 创伤外科杂志，2011，13(1)：34-36. DOI：10.3969/j.issn.1009-4237.2011.01.010. {ZOU Yonggen,YANG Jiexiang,PENG Zhongyi,TAO Yuan,LUO Cheng. Clinical effect of 483 cases of finger replantation[J]. Chuang Shang Wai Ke Za Zhi[J Traum Surg(Article in Chinese;Abstract in Chinese and English)],2011,13(1):34-36. DOI:10.3969/j.issn.1009-4237.2011.01.010.}

[2342] 赵刚，芮永军，糜菁熠，沈小芳. 三角钢丝固定法在近指间关节周围断指再植中的应用[J]. 组织工程与重建外科杂志，2011，7(4)：217-219. DOI：10.3969/j.issn.1673-0364.2011.04.009. {ZHAO Gang,RUI Yongjun,MI Jingyi,SHEN Xiaofang. Application of triangle-wire fixation in digital replantation around the proximal interphalangeal joint[J]. Zu Zhi Gong Cheng Yu Chong Jian Wai Ke Za Zhi[J Tissue Eng Reconstr Surg(Article in Chinese;Abstract in Chinese and English)],2011,7(4):217-219. DOI:10.3969/j.issn.1673-0364.2011.04.009.}

[2343] 肖文波，邱全光，程小军，张鲁山. 断指再植1000例1432指临床回顾与分析[J]. 局解手术学杂志，2011，20(2)：160-161. DOI：10.3969/j.issn.1672-5042.2011.02.020. {XIAO Wenbo,QIU Quanguang,CHENG Xiaojun,ZHANG Lushan. Clinical review and analysis on replantation of severed fingers in 1000 cases(1 432 fingers)[J]. Ju Jie Shou Shu Xue Za Zhi[J Reg Anat Oper Surg(Article in Chinese;Abstract in Chinese and English)],2011,20(2):160-161. DOI:10.3969/j.issn.1672-5042.2011.02.020.}

[2344] 周忠良，王培吉，董启榕. PCA泵经指屈腱鞘内给药预防和治疗断指再植术后血管痉挛[J]. 实用手外科杂志，2011，25(2)：118-120. DOI：10.3969/j.issn.1671-2722.2011.02.012. {ZHOU Zhongliang,WANG Peiji,DONG Qirong. PCA pump pouring medicine into tendinous sheaths of flexor muscles of fingers to prevent and treat blood vessel spasm after replantation of amputated finger[J]. Shi Yong Shou Wai Ke Za Zhi[Chin J Pract Hand Surg(Article in Chinese;Abstract in Chinese and English)],2011,25(2):118-120. DOI:10.3969/j.issn.1671-2722.2011.02.012.}

[2345] 李宏辉，郭俊光，刘世豪，刘源，卢晖，王旭东，胡湘元，巫文强，贾淑兰. 无静脉吻合的末节断指再植36例[J]. 实用手外科杂志，2011，25(3)：195-196. DOI：10.3969/j.issn.1671-2722.2011.03.008. {LI Honghui,GUO Junguang,LIU Shihao,LIU Yuan,LU Hui,WANG Xudong,HU Xiangyuan,WU Wenqiang,JIA Shulan. Replantation of the distal phalanx without venous anastomosis in 36 cases[J]. Shi Yong Shou Wai Ke Za Zhi[Chin J Pract Hand Surg(Article in Chinese;Abstract in Chinese and English)],2011,25(3):195-196. DOI:10.3969/j.issn.1671-2722.2011.03.008.}

[2346] 梁启善，张咸中，卢冉翔，林钦扬，余丰年，刘明龙. 脱套性拇指离断的再植体会[J]. 中华显微外科杂志，2011，34(5)：417-418. DOI：10.3760/cma.j.issn.1001-2036.2011.05.026. {LIANG Qishan,ZHANG Xianzhong,LU Ranxiang,LIN Qinyang,YU Fengnian,LIU Minglong. Experience in replantation of detached thumb[J]. Zhonghua Xian Wei Wai Ke Za Zhi[Chin J Microsurg(Article in Chinese;Abstract in Chinese)],2011,34(5):417-418. DOI:10.3760/cma.j.issn.1001-2036.2011.05.026.}

[2347] 付强，谭周勇. 左中指脱套伤离断再植成功一例[J]. 中华显微外科杂志，2011，34(6)：475. DOI：10.3760/cma.j.issn.1001-2036.2011.06.013. {FU Qiang,TAN Zhouyong. A successful replantation of left middle finger detachment injury[J]. Zhonghua Xian Wei Wai Ke Za Zhi[Chin J Microsurg(Article in Chinese;No abstract available)],2011,34(6):475. DOI:10.3760/cma.j.issn.1001-2036.2011.06.013.}

[2348] 刘光军，谭琪，王成琪，高志刚，王谦，郭升玲．臂外侧皮瓣在复杂性拇指离断再植中的应用[J]．中华手外科杂志，2011，27(5)：281-283．DOI：10.3760/cma.j.issn.1005-054X.2011.05.011．{LIU Guangjun,TAN Qi,WANG Chengqi,GAO Zhigang,WANG Qian,GUO Shengling. Application of free lateral arm flap in the replantation of complex thumb severance[J]. Zhonghua Shou Wai Ke Za Zhi[Chin J Hand Surg(Article in Chinese;Abstract in Chinese and English)],2011,27(5):281-283. DOI:10.3760/cma.j.issn.1005-054X.2011.05.011.}

[2349] 王亮，郭恩琪，谢庆平，许新伟，晋培红，范奔．原位回植加压敷裹治疗指端复合组织离断伤[J]．实用手外科杂志，2011，25(1)：12-14．DOI：10.3969/j.issn.1671-2722.2011.01.006．{WANG Liang,GUO Enqi,XIE Qingping,XU Xinwei,JIN Peihong,FAN Ben. Use of in SITU suturing and pressure dressing technique for the treatment of the fingertip amputation[J]. Shi Yong Shou Wai Ke Za Zhi[Chin J Pract Hand Surg(Article in Chinese;Abstract in Chinese and English)],2011,25(1):12-14. DOI:10.3969/j.issn.1671-2722.2011.01.006.}

[2350] 庄加川，李敏姣，吴耿，白印伟，柯于海，林慧鑫，张振伟．指动脉静脉化在末节断指再植中的临床应用[J]．中华显微外科杂志，2012，35(1)：78-79．DOI：10.3760/cma.j.issn.1001-2036.2012.01.033．{ZHUANG Jiachuan,LI Minjiao,WU Geng,BAI Yinwei,KE Yuhai,LIN Huixin,ZHANG Zhenwei. Clinical application of digital artery venation in replantation of amputated distal finger[J]. Zhonghua Xian Wei Wai Ke Za Zhi[Chin J Microsurg(Article in Chinese;Abstract in Chinese)],2012,35(1):78-79. DOI:10.3760/cma.j.issn.1001-2036.2012.01.033.}

[2351] 聂水生，汤华，林坤波，邓宇杰，何学银，刘德华．应用指侧方皮瓣和静脉皮瓣修复伴有皮肤缺损的断指再植[J]．中华显微外科杂志，2012，35(2)：160-162．DOI：10.3760/cma.j.issn.1001-2036.2012.02.029．{NIE Shuisheng,TANG Hua,LIN Kunbo,DENG Yujie,HE Xueyin,LIU Dehua. Replantation of severed finger with skin defect with finger side flap and vein flap[J]. Zhonghua Xian Wei Wai Ke Za Zhi[Chin J Microsurg(Article in Chinese;Abstract in Chinese)],2012,35(2):160-162. DOI:10.3760/cma.j.issn.1001-2036.2012.02.029.}

[2352] 胡寿勇，石华峰，范军胜，徐继宏，王海泉，谢辉，张向阳．吻合动脉弓分支末节Ⅱ区断指再植[J]．中华手外科杂志，2012，28(1)：56．DOI：10.3760/cma.j.issn.1005-054X.2012.01.024．{HU Shouyong,SHI Huafeng,FAN Junsheng,XU Jihong,WANG Haiquan,XIE Hui,ZHANG Xiangyang. Replantation of amputated finger in area Ⅱ of the distal branch of anastomosed arterial arch[J]. Zhonghua Shou Wai Ke Za Zhi[Chin J Hand Surg(Article in Chinese;No abstract available)],2012,28(1):56. DOI:10.3760/cma.j.issn.1005-054X.2012.01.024.}

[2353] 陈志龙，魏任雄，杨标，邓洲铭，黎清波，蔡林．吸食麻果断指再植临床分析[J]．中华手外科杂志，2012，28(2)：124．DOI：10.3760/cma.j.issn.1005-054X.2012.02.026．{CHEN Zhilong,WEI Renxiong,YANG Biao,DENG Zhouming,LI Qingbo,CAI Lin. Clinical analysis of replantation of decisive finger after smoking hemp[J]. Zhonghua Shou Wai Ke Za Zhi[Chin J Hand Surg(Article in Chinese;No abstract available)],2012,28(2):124. DOI:10.3760/cma.j.issn.1005-054X.2012.02.026.}

[2354] 侯桥，曾林如，王利祥，许良，吴国明，吴档．两种皮瓣在皮肤缺损型断指再植修复中的应用[J]．中华手外科杂志，2012，28(5)：267-269．DOI：10.3760/cma.j.issn.1005-054X.2012.05.006．{HOU Qiao,ZENG Linru,WANG Lixiang,XU Liang,WU Guoming,WU Dang. The application of two types of flap in replantation of severed fingers accompanied with skin defect[J]. Zhonghua Shou Wai Ke Za Zhi[Chin J Hand Surg(Article in Chinese;Abstract in Chinese and English)],2012,28(5):267-269. DOI:10.3760/cma.j.issn.1005-054X.2012.05.006.}

[2355] 李雷，巨积辉，王威明，季李华，金光哲，李建宁，侯瑞兴．甲根平面以远的断指再植[J]．实用手外科杂志，2012，26(1)：25-27．DOI：10.3969/j.issn.1671-2722.2012.01.010．{LI Lei,JU Jihui,WANG Weiming,JI Lihua,JIN Guangzhe,LI Jianning,HOU Ruixing. Replantation of severed finger on the distal nail root plane[J]. Shi Yong Shou Wai Ke Za Zhi[Chin J Pract Hand Surg(Article in Chinese;Abstract in Chinese and English)],2012,26(1):25-27. DOI:10.3969/j.issn.1671-2722.2012.01.010.}

[2356] 江起庭，冯明生，江志伟，刘进竹，杨丽娜．携带开放侧支的静脉移植在末节断指再植中的应用[J]．实用手外科杂志，2012，26(1)：6-7，21．DOI：10.3969/j.issn.1671-2722.2012.01.002．{JIANG Qiting,FENG Mingsheng,JIANG Zhiwei,LIU Jinzhu,YANG Lina. Application of venous graft with open branches for replantation of distal phalanx finger[J]. Shi Yong Shou Wai Ke Za Zhi[Chin J Pract Hand Surg(Article in Chinese;Abstract in Chinese and English)],2012,26(1):6-7,21. DOI:10.3969/j.issn.1671-2722.2012.01.002.}

[2357] 周健辉，王夫平，林戈亮，李国强，冷树立．探讨前臂静脉皮瓣在断指再植中的应用设计[J]．实用手外科杂志，2012，26(4)：350-351．DOI：10.3969/j.issn.1671-2722.2012.04.018．{ZHOU Jianhui,WANG Fuping,LIN Geliang,LI Guoqiang,LENG Shuli. Forearm venous flap in finger replantation design and discussion[J]. Shi Yong Shou Wai Ke Za Zhi[Chin J Pract Hand Surg(Article in Chinese;Abstract in Chinese and English)],2012,26(4):350-351. DOI:10.3969/j.issn.1671-2722.2012.04.018.}

[2358] 郑大伟，侯威，许立，孙峰，寿奎水．游离静脉皮瓣在复杂性断指再植中的应用[J]．中国修复重建外科杂志，2012，26(10)：1266-1268．{ZHENG Dawei,HOU Wei,XU Li,SUN Feng,SHOU Kuishui. Application of free vein flap in replantation of complicated amputated finger[J]. Zhongguo Xiu Fu Chong Jian Wai Ke Za Zhi[Chin J Repar Reconstr Surg(Article in Chinese;Abstract in Chinese)],2012,26(10):1266-1268.}

[2359] 姚保兵，胡亮，尹成国，王业本，赵亮，郝作斌．指动脉静脉化在手指末节离断再植的疗效分析[J]．中国临床解剖学杂志，2012，30(6)：705-707．{YAO Baobing,HU Liang,YIN Chengguo,WANG Yeben,ZHAO Liang,HAO Zuobin. Arterio-venous anastomosis in the treatment of distal segment severed fingers:analysis of 18 cases[J]. Zhongguo Lin Chuang Jie Pou Xue Za Zhi[Chin J Clin Anat(Article in Chinese;Abstract in Chinese and English)],2012,30(6):705-707.}

[2360] 巨积辉，李建宁，金光哲，李雷，刘跃飞，赵强，侯瑞兴．足部带关节的复合组织瓣移植桥接修复拇、手指断指[J]．中华显微外科杂志，2012，35(1)：6-9．DOI：10.3760/cma.j.issn.1001-2036.2012.01.004．{JU Jihui,LI Jianning,JIN Guangzhe,LI Lei,LIU Yuefei,ZHAO Qiang,HOU Ruixing. Compound flap of foot with joint transplantation bridging severed thumbs and fingers[J]. Zhonghua Xian Wei Wai Ke Za Zhi[Chin J Microsurg(Article in Chinese;Abstract in Chinese and English)],2012,35(1):6-9. DOI:10.3760/cma.j.issn.1001-2036.2012.01.004.}

[2361] 申立林，朱涛，孙雪生，李新霞，李强．油纱包均衡加压甲板回植修复指甲和甲床损伤[J]．中华手外科杂志，2012，28(1)：54-55．DOI：10.3760/cma.j.issn.1005-054X.2012.01.023．{SHEN Lilin,ZHU Tao,SUN Xuesheng,LI Xinxia,LI Qiang. Oil gauze bag balanced pressure deck replantation to repair nail and nail bed damage[J]. Zhonghua Shou Wai Ke Za Zhi[Chin J Hand Surg(Article in Chinese;No abstract available)],2012,28(1):54-55. DOI:10.3760/cma.j.issn.1005-054X.2012.01.023.}

[2362] 陈光，施海峰，芮永军，林伟栋，胡刚．一种改良的非生理性手指末节离断再植的临床研究[J]．中华手外科杂志，2012，28(2)：88-89．DOI：10.3760/cma.j.issn.1005-054X.2012.02.011．{CHEN Guang,SHI Haifeng,RUI Yongjun,LIN Weidong,HU Gang. Clinical study of a reformed non-physiological method for fingertip replantation[J]. Zhonghua Shou Wai Ke Za Zhi[Chin J Hand Surg(Article in Chinese;Abstract in Chinese and English)],2012,28(2):88-89. DOI:10.3760/cma.j.issn.1005-054X.2012.02.011.}

[2363] 侯桥，曾林如，王利祥，吴国明，吴档．拇指环形缺损中指指动脉岛状皮瓣桥接再植一例[J]．中华整形外科杂志，2012，28(6)：464-465．DOI：10.3760/cma.j.issn.1009-4598.2012.06.019．{HOU Qiao,ZENG Linru,WANG Lixiang,WU Guoming,WU Dang. A case of bridged replantation of middle finger artery island flap in thumb ring defect[J]. Zhonghua Zheng Xing Wai Ke Za Zhi[Chin J Plast Surg(Article in Chinese;No abstract available)],2012,28(6):464-465. DOI:10.3760/cma.j.issn.1009-4598.2012.06.019.}

[2364] 靳国强，王大鹏，李春游，明晓峰，赵晓非，程春生．尺侧指固有动脉与桡动脉腕背支桥接的断拇再植[J]．中国骨伤，2012，25(7)：599-601．DOI：10.3969/j.issn.1003-0034.2012.07.017．{JIN Guoqiang,WANG Dapeng,LI Chunyou,MING Xiaofeng,ZHAO Xiaofei,CHENG Chunsheng. Thumb replantation through bridging ulnar proper digital artery and dorsal carpal branch of radial artery[J]. Zhongguo Gu Shang[China J Orthop Trauma(Article in Chinese;Abstract in Chinese and English)],2012,25(7):599-601. DOI:10.3969/j.issn.1003-0034.2012.07.017.}

[2365] 王迅，张平，朱春平，丁永斌，徐克孝．完全脱套离断手指的再植[J]．实用医学杂志，2012，28(24)：4200．DOI：10.3969/j.issn.1006-5725.2012.24.069．{WANG Xun,ZHANG Ping,ZHU Chunping,DING Yongbin,XU Kexiao. Replantation of completely detached and amputated fingers[J]. Shi Yong Yi Xue Za Zhi[J Pract Med(Article in Chinese;No abstract available)],2012,28(24):4200. DOI:10.3969/j.issn.1006-5725.2012.24.069.}

[2366] 何如祥，雷林革，祁多宝，马宝．游离静脉皮瓣修复断指伴皮肤和指动脉缺损的疗效分析[J]．实用手外科杂志，2012，26(3)：260-262．DOI：10.3969/j.issn.1671-2722.2012.03.020．{HE Ruxiang,LEI Linge,QI Duobao,MA Bao. The effective analysis of freeing venous flap for repairing amputated finger with skin and digital artery defect[J]. Shi Yong Shou Wai Ke Za Zhi[Chin J Pract Hand Surg(Article in Chinese;Abstract in Chinese and English)],2012,26(3):260-262. DOI:10.3969/j.issn.1671-2722.2012.03.020.}

[2367] 杨银兰，黄珠晏，王金玲，张子清．马来酸桂哌齐特注射液与低分子右旋糖酐应用于断指再植患者不良反应的比较[J]．中华显微外科杂志，2013，36(1)：36-39．DOI：10.3760/cma.j.issn.1001-2036.2013.01.010．{YANG Yinlan,HUANG Zhuyan,WANG Jinling,ZHANG Ziqing. Comparison of adverse reactions between cinepazide maleate injection and low-molecular-weight dextran in patients with severed finger replantation[J]. Zhonghua Xian Wei Wai Ke Za Zhi[Chin J Microsurg(Article in Chinese;Abstract in Chinese and English)],2013,36(1):36-39. DOI:10.3760/cma.j.issn.1001-2036.2013.01.010.}

[2368] 林大木，吴志鹏，褚庭纲，丁健，宋永焕，杨景全，吕雷，高伟阳．碾转撕脱性断指再植的临床及治疗特点[J]．中华显微外科杂志，2013，36(4)：379-380．DOI：10.3760/cma.j.issn.1001-2036.2013.06.021．{LIN Damu,WU Zhipeng,CHU Tinggang,DING Jian,SONG Yonghuan,YANG Jingquan,LU Lei,GAO Weiyang. Clinical and therapeutic characteristics of replantation of crushed and avulsed amputated fingers[J]. Zhonghua Xian Wei Wai Ke Za Zhi[Chin J Microsurg(Article in Chinese;Abstract in Chinese)],2013,36(4):379-380. DOI:10.3760/cma.j.issn.1001-2036.2013.06.021.}

[2369] 朱永周，蔡天伦，朱永梅，王恩洪，苏锐．川藏地区断指再植一例[J]．中华显微外科杂志，2013，36(5)：519．DOI：10.3760/cma.j.issn.1001-2036.2013.05.037．{ZHU Yongzhou,CAI Tianlun,ZHU Yongmei,WANG Enhong,SU Rui. A case of replantation of amputated finger in Sichuan-Tibet area[J]. Zhonghua Xian Wei Wai Ke Za Zhi[Chin J Microsurg(Article in Chinese;No abstract available)],2013,36(5):519. DOI:10.3760/cma.j.issn.1001-2036.2013.05.037.}

[2370] 宿晓雷，杜志国，丁明斌，赵建勇，张远林，王伟，陈广先．冬眠疗法在自残性断指再植术后应用的疗效观察[J]．中华手外科杂志，2013，29(1)：62．{SU Xiaolei,DU Zhiguo,DING Mingbin,ZHAO Jianyong,ZHANG Yuanlin,WANG Wei,CHEN Guangxian. Observation on the effect of hibernation therapy after replantation of self-harm amputated fingers[J]. Zhonghua Shou Wai Ke Za Zhi[Chin J Hand Surg(Article in Chinese;No abstract available)],2013,29(1):62.}

[2371] 陈红生，龚炎培，陈情忠，徐兴国，曹苏．右美托咪啶联合舒芬太尼用于断指再植术后静脉镇痛的临床研究[J]．中华手外科杂志，2013，29(3)：182-183．DOI：10.3760/cma.j.issn.1005-054X.2013.03.026．{CHEN Hongsheng,GONG Yanpei,CHEN Qingzhong,XU Xingguo,CAO Su. Clinical study of dexmedetomidine combined with sufentanil for intravenous analgesia after replantation of amputated finger[J]. Zhonghua Shou Wai Ke Za Zhi[Chin J Hand Surg(Article in Chinese;No abstract available)],2013,29(3):182-183. DOI:10.3760/cma.j.issn.1005-054X.2013.03.026.}

[2372] 赵风林，李宗宝，王传荣，王鑫，韩会峰．断指再植术后患者血清丙二醛含量及超氧化物歧化酶活性变化[J]．中华手外科杂志，2013，29(5)：299-300．DOI：10.3760/cma.j.issn.1005-054X.2013.05.018．{ZHAO Fenglin,LI Zongbao,WANG Chuanrong,WANG Xin,HAN Huifeng. Changes of malondialdehyde content and superoxide dismutase activity in serum of patients after finger replantation[J]. Zhonghua Shou Wai Ke Za Zhi[Chin J Hand Surg(Article in Chinese;Abstract in Chinese and English)],2013,29(5):299-300. DOI:10.3760/cma.j.issn.1005-054X.2013.05.018.}

[2373] 王群，孙灵通，金华，许梅．血管缺损的末节断指再植[J]．临床骨科杂志，2013，16(4)：409-411．DOI：10.3969/j.issn.1008-0287.2013.04.020．{WANG Qun,SUN Lingtong,JIN Hua,XU Mei. Replantation of the distal finger segment with vascular defects[J]. Lin Chuang Gu Ke Za Zhi[J Clin Orthop(Article in Chinese;No abstract available)],2013,16(4):409-411. DOI:10.3969/j.issn.1008-0287.2013.04.020.}

[2374] 秦钢，李建美，周明伟，苏明海．静脉皮瓣桥接在皮肤血管缺损断指再植中的应用[J]．临床骨科杂志，2013，16(4)：476-477．DOI：10.3969/j.issn.1008-0287.2013.04.064．{QIN Gang,LI Jianmei,ZHOU Mingwei,SU Minghai. Veinous skin petal bridge in connecting of afferent defection and damage in finger replantation[J]. Lin Chuang Gu Ke Za Zhi[J Clin Orthop(Article in Chinese;Abstract in Chinese and English)],2013,16(4):476-477. DOI:10.3969/j.issn.1008-0287.2013.04.064.}

[2375] 吴晓华，樊涛，严明忠．尿激酶和肝素钠在断指再植术后的应用[J]．局解手术学杂志，2013，22(4)：384-385．DOI：10.11659/jjssx.1672-5042.201304015．{WU Xiaohua,FAN Tao,YAN Mingzhong. Comparison of curative effect of urokinase and heparin sodium after digital replantation[J]. Ju Jie Shou Shu Xue Za Zhi[J Reg Anat Oper Surg(Article in Chinese;Abstract in Chinese and English)],2013,22(4):384-385. DOI:10.11659/jjssx.1672-5042.201304015.}

[2376] 梁启善，郭小惠，杨小文，刘明龙，林钦扬，黄良任，李日添．Yamano分区断指再植疗效分析[J]．实用手外科杂志，2013，27(3)：346-348．DOI：10.3969/j.issn.1671-2722.2013.03.014．{LIANG Qishan,GUO Xiaohui,YANG Xiaowen,LIU Minglong,LIN Qinyang,HUANG Liangren,LI Ritian. Clinical analysis of replantation of severed finger in yamano partition[J]. Shi Yong Shou Wai Ke Za Zhi[Chin J Pract Hand Surg(Article in Chinese;Abstract in Chinese and English)],2013,27(3):346-348. DOI:10.3969/j.issn.1671-2722.2013.03.014.}

[2377] 江起庭，王钰，杨丽娜，江志伟．指侧方静脉动脉化再植末节断指[J]．组织工程与重建外科杂志，2013，9(6)：331-333．DOI：10.3969/j.issn.1673-0364.2013.06.008．{JIANG Qiting,WANG Yu,YANG Lina,JIANG Zhiwei. Veno-arteriolization of finger lateral vein for replanting severed finger tips[J]. Zu Zhi Gong Cheng Yu Chong Jian Wai Ke Za Zhi[J Tissue Eng Reconstr Surg(Article in Chinese;Abstract in Chinese and English)],2013,9(6):331-333. DOI:10.3969/j.issn.1673-0364.2013.06.008.}

[2378] 江起庭，杨丽娜，王钰，江志伟．双动脉式静脉动脉化再植断指[J]．中华医学杂志，2013，93(43)：3477-3479．DOI：10.3760/cma.j.issn.0376-2491.2013.43.019．{JIANG Qiting,YANG Lina,WANG Yu,JIANG Zhiwei. Bi-arterial vein arterialization replantation of amputated finger[J]. Zhonghua Yi Xue Za Zhi[Natl Med J China(Article in Chinese;No abstract available)],2013,93(43):3477-3479. DOI:10.3760/cma.j.issn.0376-2491.2013.43.019.}

[2379] 倪国骅，张德洪，杨红海，冯厚海，孙小航，方永刚．寄养骨与寄养指同时回植修复拇指Ⅴ度缺损[J]．中华显微外科杂志，2013，36(2)：165-167．DOI：10.3760/cma.

j.issn.1001-2036.2013.02.020. {NI Guohua,ZHANG Dehong,YANG Honghai,FENG Houhai,SUN Xiaohang,FANG Yonggang. Replantation of foster bone and finger at the same time to repair thumb defects[J]. Zhonghua Xian Wei Wai Ke Za Zhi[Chin J Microsurg(Article in Chinese;No abstract available)],2013,36(2):165-167. DOI:10.3760/cma.j.issn.1001-2036.2013.02.020.}

[2380] 焦伟，王斌，马铁鹏. 指骨延长与关节成形修复再植手指短缩[J]. 中华手外科杂志，2013，29(6)：379-381. {JIAO Wei,WANG Bin,MA Tiepeng. Finger bone lengthening and arthroplasty repair and replantation of shortened fingers[J]. Zhonghua Shou Wai Ke Za Zhi[Chin J Hand Surg(Article in Chinese;No abstract available)],2013,29(6):379-381.}

[2381] 蒋良福，周飞亚，池征璘，虞庆，褚庭纲，高伟阳. 手指末节脱套损伤特点与再植[J]. 中国骨伤，2013，26(8)：637-639. DOI: 10.3969/j.issn.1003-0034.2013.08.006. {JIANG Liangfu,ZHOU Feiya,CHI Zhenglin,YU Qing,CHU Tinggang,GAO Weiyang. Characteristics and replantation of degloving injury of distal finger[J]. Zhongguo Gu Shang[China J Orthop Trauma(Article in Chinese;Abstract in Chinese and English)],2013,26(8):637-639. DOI:10.3969/j.issn.1003-0034.2013.08.006.}

[2382] 帅军，严明忠，沈美雍，沈美锋，张媛媛，牟琴，吴晓华. 再植指段坏死后原位保留指骨肌腱的再修复[J]. 局解手术学杂志，2013，22(4)：442-443. DOI: 10.11659/jjssx.1672-5042.201304041. {ShuAI Jun,YAN Mingzhong,SHEN Meiyong,SHEN Meifeng,ZHANG Yuanyuan,MOU Qin,WU Xiaohua. Restoration of wound by retain bone and tendon in SITU when necrosis of replantation finger has arisen[J]. Ju Jie Shou Shu Xue Za Zhi[J Reg Anat Oper Surg(Article in Chinese;No abstract available)],2013,22(4):442-443. DOI:10.11659/jjssx.1672-5042.201304041.}

[2383] 冯仕明，高顺红，陈超，于志亮，张云鹏. 指动脉顺行岛状皮瓣修复再植术后指间关节严重屈曲挛缩畸形并动脉缺损[J]. 中国修复重建外科杂志，2013，27(7)：889-890. DOI: 10.7507/1002-1892.20130195. {FENG Shiming,GAO Shunhong,CHEN Chao,YU Zhiliang,ZHANG Yunpeng. Technical study on inactivating/removing virus in collagen sponge[J]. Zhongguo Xiu Fu Chong Jian Wai Ke Za Zhi[Chin J Repair Reconstr Surg(Article in Chinese;Abstract in Chinese)],2013,27(7):889-890. DOI:10.7507/1002-1892.20130195.}

[2384] 陈增刚，吴灿，黎明，李正云. 末节断指吻合掌侧静脉的临床应用体会[J]. 创伤外科杂志，2013，15(4)：363. DOI: 10.3969/j.issn.1009-4237.2013.04.028. {CHEN Zenggang,WU Can,Liming,LI Zhengyun. Clinical application of 30 distal finger vein anastomosis[J]. Chuang Shang Wai Ke Za Zhi[J Traum Surg(Article in Chinese;Abstract in Chinese)],2013,15(4):363. DOI:10.3969/j.issn.1009-4237.2013.04.028.}

[2385] 刘光军，王成琪，谭琪，高志刚，王谦，杨磊. 足背皮瓣修复大面积皮肤软组织缺损性断指[J]. 中华创伤杂志，2013，29(1)：65-66. DOI: 10.3760/cma.j.issn.1001-8050.2013.01.017. {LIU Guangjun,WANG Chengqi,TAN Qi,GAO Zhigang,WANG Qian,YANG Lei. Repair of large-area skin and soft tissue defects with amputated fingers with dorsal foot flap[J]. Zhonghua Chuang Shang Za Zhi[Chin J Trauma(Article in Chinese;No abstract available)],2013,29(1):65-66. DOI:10.3760/cma.j.issn.1001-8050.2013.01.017.}

[2386] 江起庭，杨丽娜，王钰，江志伟. 两种静脉动脉化在末节断指再植中应用的疗效观察[J]. 中国临床解剖学杂志，2014，32(6)：725-728. DOI: 10.13418/j.issn.1001-165x.2014.06.023. {JIANG Qiting,YANG Lina,WANG Yu,JIANG Zhiwei. Analysis of curative effect of two methods of veno-arteriolization for repairing severed finger tips[J]. Zhongguo Lin Chuang Jie Pou Xue Za Zhi[Chin J Clin Anat(Article in Chinese;Abstract in Chinese and English)],2014,32(6):725-728. DOI:10.13418/j.issn.1001-165x.2014.06.023.}

[2387] 章伟文，王扬剑，何凌锋，李学渊，陈薇薇，孙涛，刘林海. 断指再植术后改良治疗方案的初步观察[J]. 中华手外科杂志，2014，30(2)：110-112. {ZHANG Weiwen,WANG Yangjian,HE Lingfeng,LI Xueyuan,CHEN Weiwei,SUN Tao,LIU Linhai. Preliminary observation of improved treatment plan after replantation of severed finger[J]. Zhonghua Shou Wai Ke Za Zhi[Chin J Hand Surg(Article in Chinese;Abstract in Chinese and English)],2014,30(2):110-112.}

[2388] 何凌锋，李学渊，王欣，章伟文. 断指再植术后不同用药方案的临床病例对照研究[J]. 中华手外科杂志，2014，30(3)：230-231. {HE Lingfeng,LI Xueyuan,WANG Xin,ZHANG Weiwen. A clinical case-control study of different medication regimens after replantation of severed fingers[J]. Zhonghua Shou Wai Ke Za Zhi[Chin J Hand Surg(Article in Chinese;Abstract in Chinese)],2014,30(3):230-231.}

[2389] 周健辉，李秀文，石惠文，王夫平，冷树立，李国强，丘日升. 组合静脉皮瓣在皮肤缺损断指再植中的应用[J]. 中华手外科杂志，2014，30(3)：238-239. DOI: 10.3760/cma.j.issn.1005-054X.2014.03.033. {ZHOU Jianhui,LI Xiuwen,SHI Huiwen,WANG Fuping,LENG Shuli,LI Guoqiang,QIU Risheng. Application of combined vein flap in replantation of amputated finger in skin defect[J]. Zhonghua Shou Wai Ke Za Zhi[Chin J Hand Surg(Article in Chinese;No abstract available)],2014,30(3):238-239. DOI:10.3760/cma.j.issn.1005-054X.2014.03.033.}

[2390] 张雁，沈小芳，施海峰，芮永军，杨澔侠. 黄芪勇安汤对断指再植术后血管新生和血液流变学影响的实验研究[J]. 中华手外科杂志，2014，30(4)：295-298. {ZHANG Yan,SHEN Xiaofang,SHI Haifeng,BING Yongjun,YANG Haoxia. Experimental Study of Huangqi Yongan Decoction on Angiogenesis and Hemorheology after Replantation of Severed Finger[J]. Zhonghua Shou Wai Ke Za Zhi[Chin J Hand Surg(Article in Chinese;Abstract in Chinese and English)],2014,30(4):295-298.}

[2391] 江起庭，王钰，杨丽娜，江志伟. 指侧方静脉动脉化在末节断指再植中的应用[J]. 中华整形外科杂志，2014，30(2)：93-95. DOI: 10.3760/cma.j.issn.1009-4598.2014.02.004. {JIANG Qiting,WANG Yu,YANG Lina,JIANG Zhiwei. Clinical application of veno-arteriolization of finger lateral vein for repairing severed finger tips[J]. Zhonghua Zheng Xing Wai Ke Za Zhi[Chin J Plast Surg(Article in Chinese;Abstract in Chinese and English)],2014,30(2):93-95. DOI:10.3760/cma.j.issn.1009-4598.2014.02.004.}

[2392] 张颖，张立，张文龙. 右美托咪定辅助术后镇痛对断指再植成活率的影响[J]. 中华整形外科杂志，2014，30(3)：187-190. DOI: 10.3760/cma.j.issn.1009-4598.2014.03.008. {ZHANG Ying,ZHANG Li,ZHANG Wenlong. Effect of dexmedetomidine-assisted postoperative analgesia on survival rate of severed finger replantation[J]. Zhonghua Zheng Xing Wai Ke Za Zhi[Chin J Plast Surg(Article in Chinese;Abstract in Chinese and English)],2014,30(3):187-190. DOI:10.3760/cma.j.issn.1009-4598.2014.03.008.}

[2393] 魏朋建，牛永民，卫广，宋殿尊，于平，丁海，李劲. 顺血流小血管嵌入套接法在断指再植术中的临床应用[J]. 创伤外科杂志，2014，16(1)：90. {WEI Pengjian,NIU Yongmin,WEI Guang,SONG Dianzun,YU Ping,DING Hai,LI Jin. Clinical application of microvascular sleeve insertion along the direction of blood flow in digital replantation[J]. Chuang Shang Wai Ke Za Zhi[J Traum Surg(Article in Chinese;Abstract in Chinese)],2014,16(1):90.}

[2394] 江起庭，杨丽娜，王钰，江志伟. 末节断指再植重建供血新方法-指侧方静脉动脉化[J]. 中华损伤与修复杂志(电子版)，2014，9(3)：24-28. DOI: 10.3877/cma.j.issn.1673-9450.2014.03.008. {JIANG Qiting,YANG Lina,WANG Yu,JIANG Zhiwei. A new method of veno-arteriolization of finger lateral vein reconstruction of blood supply for repairing severed finger tips[J]. Zhonghua Sun Shang Yu Xiu Fu Za Zhi Dian Zi Ban[Chin J Injury Repair Wound Healing(Electr Ed)(Article in Chinese;Abstract in Chinese and English)],2014,9(3):24-28. DOI:10.3877/cma.j.issn.1673-9450.2014.03.008.}

[2395] 任家晨，白建礼，任建国. 不同方式重建血液循环在末节断指再植中的应用[J]. 实用手外科杂志，2014，28(3)：301-302，305. DOI: 10.3969/j.issn.1671-2722.2014.03.022. {REN Jiachen,BAI Jianli,REN Jianguo. Application of the end of severed finger replantation by different blood circulation finger tissue replantation[J]. Shi Yong Shou Wai Ke Za Zhi[Chin J Pract Hand Surg(Article in Chinese;Abstract in Chinese and English)],2014,28(3):301-302,305. DOI:10.3969/j.issn.1671-2722.2014.03.022.}

[2396] 侯晓进，杨晓荣，杨锁平，陆定松，岳贤峰，康彦文. 掌侧软组织合并血管和(或)神经缺损的断指再植[J]. 实用手外科杂志，2014，28(3)：311-313. DOI: 10.3969/j.issn.1671-2722.2014.03.026. {HOU Xiaojin,YANG Xiaorong,YANG Suoping,LU Dingsong,YUE Xianfeng,KANG Yanwen. Digital replantation with soft tissue and artery of palm side defect with (without) defect nerve[J]. Shi Yong Shou Wai Ke Za Zhi[Chin J Pract Hand Surg(Article in Chinese;Abstract in Chinese and English)],2014,28(3):311-313. DOI:10.3969/j.issn.1671-2722.2014.03.026.}

[2397] 郑大伟，黎章灿，许立，张旭阳，石荣剑，孙峰，寿奎水. Flow-through 静脉皮瓣在伴环形缺损断指再植中的应用[J]. 中国修复重建外科杂志，2014，28(8)：977-980. DOI: 10.7507/1002-1892.20140215. {ZHENG Dawei,LI Zhangcan,XU Li,ZHANG Xuyang,SHI Rongjian,SUN Feng,SHOU Kuishui. Application of venous flow-through flap in finger replantation with circularity soft tissue defect[J]. Zhongguo Xiu Fu Chong Jian Wai Ke Za Zhi[Chin J Repair Reconstr Surg(Article in Chinese;Abstract in Chinese)],2014,28(8):977-980. DOI:10.7507/1002-1892.20140215.}

[2398] 江起庭，杨丽娜，冯明生，江志伟. 指侧方静脉动脉化再植末节断指[J]. 实用手外科杂志，2014，28(1)：10-12. DOI: 10.3969/j.issn.1671-2722.2014.01.003. {JIANG Qiting,YANG Lina,FENG Mingsheng,JIANG Zhiwei. Veno-arteriolization of finger lateral vein for repairing severed finger tips[J]. Shi Yong Shou Wai Ke Za Zhi[Chin J Pract Hand Surg(Article in Chinese;Abstract in Chinese and English)],2014,28(1):10-12. DOI:10.3969/j.issn.1671-2722.2014.01.003.}

[2399] 江起庭，杨丽娜，高志强，吴李峰，唐冬冬，冯明生，江志伟. 静脉动脉化再植断指新方法—双动脉式[J]. 实用手外科杂志，2014，28(3)：250-254. DOI: 10.3969/j.issn.1671-2722.2014.03.004. {JIANG Qiting,YANG Lina,GAO Zhiqiang,WU Lifeng,TANG Dongdong,FENG Mingsheng,JIANG Zhiwei. A new method of veno-arteriolization of bilateral proper digital artery for repairing severed fingers[J]. Shi Yong Shou Wai Ke Za Zhi[Chin J Pract Hand Surg(Article in Chinese;Abstract in Chinese and English)],2014,28(3):250-254. DOI:10.3969/j.issn.1671-2722.2014.03.004.}

[2400] 钱俊，张全荣，芮永军，薛明宇，吴权. 保留关节的手指近指间关节撕脱性离断再植[J]. 中华显微外科杂志，2014，37(1)：89-91. DOI: 10.3760/cma.j.issn.1001-2036.2014.01.031. {QIAN Jun,ZHANG Quanrong,RUI Yongjun,XUE Mingyu,WU Quan. Avulsion replantation of joint-preserving finger near interphalangeal joint[J]. Zhonghua Xian Wei Wai Ke Za Zhi[Chin J Microsurg(Article in Chinese;Abstract in Chinese)],2014,37(1):89-91. DOI:10.3760/cma.j.issn.1001-2036.2014.01.031.}

[2401] 姚阳，李崇杰. 食(示)指桡侧指固有动脉转位套入法治疗拇指断指[J]. 实用手外科杂志，2014，28(1)：35-36. DOI: 10.3969/j.issn.1671-2722.2014.01.012. {YAO Yang,LI Chongjie. Index finger radial digital proper artery transfer and sleeve anastomosis to treat thumb digital artery defect[J]. Shi Yong Shou Wai Ke Za Zhi[Chin J Pract Hand Surg(Article in Chinese;Abstract in Chinese and English)],2014,28(1):35-36. DOI:10.3969/j.issn.1671-2722.2014.01.012.}

[2402] 林浩，马春喜，贺韵芝，牟勇，黄永军，黄明坦. 单侧指动脉结扎治疗无吻合静脉断指成活机理及临床研究[J]. 实用手外科杂志，2014，28(4)：369-370. DOI: 10.3969/j.issn.1671-2722.2014.04.005. {LIN Hao,MA Chunxi,HE Yunzhi,MOU Yong,HUANG Yongjun,HUANG Mingtan. The mechanism and clinical study on the treatment of the severed finger without venous by the unilateral finger artery ligation[J]. Shi Yong Shou Wai Ke Za Zhi[Chin J Pract Hand Surg(Article in Chinese;Abstract in Chinese and English)],2014,28(4):369-370. DOI:10.3969/j.issn.1671-2722.2014.04.005.}

[2403] 宋潞，黄东，邱斌，王玥莹，吴伟炽. 缺乏可吻合静脉的末节断指再植的研究进展[J]. 中国临床解剖学杂志，2015，33(1)：111-112. DOI: 10.13418/j.issn.1001-165x.2015.01.027. {SONG Lu,HUANG Dong,QIU Bin,WANG Yueying,WU Weichi. Studies on the replantation of severed distal segment of fingers without venous anastomosis[J]. Zhongguo Lin Chuang Jie Pou Xue Za Zhi[Chin J Clin Anat(Article in Chinese;No abstract available)],2015,33(1):111-112. DOI:10.13418/j.issn.1001-165x.2015.01.027.}

[2404] 郑大伟，黎章灿，许立，张旭阳，石荣剑，孙峰，寿奎水. Flow-through 静脉皮瓣在复杂性断指再植中的应用[J]. 中华显微外科杂志，2015，38(1)：25-28. DOI: 10.3760/cma.j.issn.1001-2036.2015.01.007. {ZHENG Dawei,LI Zhangcan,XU Li,ZHANG Xuyang,SHI Rongjian,SUN Feng,SHOU Kuishui. Application of venous flow-through flap in complex finger replantation[J]. Zhonghua Xian Wei Wai Ke Za Zhi[Chin J Microsurg(Article in Chinese;Abstract in Chinese and English)],2015,38(1):25-28. DOI:10.3760/cma.j.issn.1001-2036.2015.01.007.}

[2405] 吴伟炽，黄东，黄国英，祝李霖，刘晓春. 指骨扩髓在无静脉可吻合的断指再植中的应用[J]. 中华显微外科杂志，2015，38(2)：199-200. DOI: 10.3760/cma.j.issn.1001-2036.2015.02.032. {WU Weichi,HUANG Dong,HUANG Guoying,ZHU Lilin,LIU Xiaochun. Application of phalangeal reaming in replantation of amputated finger without vein anastomosis[J]. Zhonghua Xian Wei Wai Ke Za Zhi[Chin J Microsurg(Article in Chinese;Abstract in Chinese)],2015,38(2):199-200. DOI:10.3760/cma.j.issn.1001-2036.2015.02.032.}

[2406] 何明飞，吴建伟，李亮，黄忠明，吴详，陆蕴红，陈毅城，雷彦文，张敬良. 改良动脉化静脉皮瓣在伴有环形皮肤软组织缺损断指再植中的应用[J]. 中华显微外科杂志，2015，38(5)：432-434. DOI: 10.3760/cma.j.issn.1001-2036.2015.05.006. {HE Mingfei,WU Jianwei,LI Liang,HUANG Zhongming,WU Xiang,LU Yunhong,CHEN Yicheng,LEI Yanwen,ZHANG Jingliang. The improved arterialized venous flap's application in the replantation of finger with annular skin-soft tissue defects[J]. Zhonghua Xian Wei Wai Ke Za Zhi[Chin J Microsurg(Article in Chinese;Abstract in Chinese and English)],2015,38(5):432-434. DOI:10.3760/cma.j.issn.1001-2036.2015.05.006.}

[2407] 崔满意，田恒进，王志勇，盛辉. 医用 OB 胶粘联合嵌入套接指动脉法在断指再植术中的临床应用[J]. 中华显微外科杂志，2015，38(5)：512-513. DOI: 10.3760/cma.j.issn.1001-2036.2015.05.034. {CUI Manyi,TIAN Hengjin,WANG Zhiyong,SHENG Hui. Clinical Application of Medical OB Adhesive Combined Inserting Sleeve Finger Artery Method in Replantation of Severed Finger[J]. Zhonghua Xian Wei Wai Ke Za Zhi[Chin J Microsurg(Article in Chinese;No abstract available)],2015,38(5):512-513. DOI:10.3760/cma.j.issn.1001-2036.2015.05.034.}

[2408] 蔡正强，彭兰林，陈政，郑仲谋，刘兆伦，王庆波. 末节断指再植 92 例临床体会[J]. 中华显微外科杂志，2015，38(6)：607-608. DOI: 10.3760/cma.j.issn.1001-2036.2015.06.026. {CAI Zhengqiang,PENG Lanlin,CHEN Zheng,ZHENG Zhongmou,LIU Zhaolun,WANG Qingbo. Clinical experience of 92 cases of replantation of amputated distal finger[J]. Zhonghua Xian Wei Wai Ke Za Zhi[Chin J Microsurg(Article in Chinese;Abstract in Chinese)],2015,38(6):607-608. DOI:10.3760/cma.j.issn.1001-2036.2015.06.026.}

[2409] 曹松华，朱磊，许庆家，王俊涛，聂林. 前臂腕掌侧 H 型浅静脉弓的解剖学观察及在复杂断指再植中的应用[J]. 中华手外科杂志，2015，31(1)：41-43. DOI: 10.3760/cma.j.issn.1005-054X.2015.01.016. {CAO Songhua,ZHU Lei,XU Qingjia,WANG Juntao,NIE Lin. Anatomical observation of type h superficial venous arch on volar aspect of the forearm and wrist and its application in complicated replantation of amputated fingers[J]. Zhonghua Shou Wai Ke

Za Zhi[Chin J Hand Surg(Article in Chinese;Abstract in Chinese and English)],2015,31(1):41-43. DOI:10.3760/cma.j.issn.1005-054X.2015.01.016.}

[2410] 邢进峰，丁伟航，陈欢欢，孙西涛，沈金明，童良春，李飞，徐海霈，蒋云甫．损害控制下的断指再植术[J]．中华手外科杂志，2015，31(2)：110-112．DOI：10.3760/cma.j.issn.1005-054X.2015.02.013．{XING Jinfeng,DING Weihang,CHEN Huanhuan,SUN Xitao,SHEN Jinming,TONG Liangchun,LI Fei,XU Hairu,JIANG Yunfu. Treatment of digital replantation and shifted replantation under damage control[J]. Zhonghua Shou Wai Ke Za Zhi[Chin J Hand Surg(Article in Chinese;Abstract in Chinese and English)],2015,31(2):110-112. DOI:10.3760/cma.j.issn.1005-054X.2015.02.013.}

[2411] 宋付芳，王文刚，陈伟练．经关节离断保留关节的断指再植术[J]．中华手外科杂志，2015，31(3)：226-227．{SONG Fufang,WANG Wengang,CHEN Weilian. Replantation of amputated finger with joint preservation[J]. Zhonghua Shou Wai Ke Za Zhi[Chin J Hand Surg(Article in Chinese;Abstract in Chinese)],2015,31(3):226-227.}

[2412] 何雨生，石武祥，翁雨雄，陈振兵，陈良荣．断指再植成活率影响因素的 Logistic 回归分析[J]．中华手外科杂志，2015，31(5)：369-372．DOI：10.3760/cma.j.issn.1005-054X.2015.05.022．{HE Yusheng,SHI Wuxiang,WENG Yuxiong,CHEN Zhenbing,CHEN Liangrong. Logistic regression analysis of the influencing factors of the survival rate of finger replantation[J]. Zhonghua Shou Wai Ke Za Zhi[Chin J Hand Surg(Article in Chinese;Abstract in Chinese and English)],2015,31(5):369-372. DOI:10.3760/cma.j.issn.1005-054X.2015.05.022.}

[2413] 谭建文，黄潮桐，陈隆福，李敬矿，朱家恺，刘宇涛，黄银萍．冠状面纵形断指再植的体会[J]．中华手外科杂志，2015，31(5)：395-396．{TAN Jianwen,HUANG Chaotong,CHEN Longfu,LI Jingkuang,ZHU Jia 恺 ,LIU Yutao,HUANG Yinping. Experience of replantation of severed coronal fingers[J]. Zhonghua Shou Wai Ke Za Zhi[Chin J Hand Surg(Article in Chinese;No abstract available)],2015,31(5):395-396.}

[2414] 印飞，糜菁熠，芮永军，许亚军，姚群，邱扬，柯尊山，孙振中．断指再植术后坏死的相关因素分析[J]．中国骨伤，2015，28(5)：429-432．DOI：10.3969/j.issn.1003-0034.2015.05.010．{YIN Fei,MI Jingyi,RUI Yongjun,XU Yajun,YAO Qun,QIU Yang,KE Zunshan,SUN Zhenzhong. Analysis of related factors of necrosis after replantation of severed finger[J]. Zhongguo Gu Shang[China J Orthop Trauma(Article in Chinese;Abstract in Chinese and English)],2015,28(5):429-432. DOI:10.3969/j.issn.1003-0034.2015.05.010.}

[2415] 江起庭，杨丽娜，唐冬冬，冯学敏，江志伟．指侧方静脉动脉化在末节断指再植中的可行性研究[J]．实用手外科杂志，2015，29(1)：10-12．DOI：10.3969/j.issn.1671-2722.2015.01.003．{JIANG Qiting,YANG Lina,TANG Dongdong,FENG Xuemin,JIANG Zhiwei. Feasibility study on veno-arteriolization of digital lateral vein for repairing severed finger tips[J]. Shi Yong Shou Wai Ke Za Zhi[Chin J Pract Hand Surg(Article in Chinese;Abstract in Chinese and English)],2015,29(1):10-12. DOI:10.3969/j.issn.1671-2722.2015.01.003.}

[2416] 吴伟炽，黄东，黄国英，祝李霖，刘晓春．无静脉可供吻合断指再植的临床研究[J]．实用手外科杂志，2015，29(2)：134-135．DOI：10.3969/j.issn.1671-2722.2015.02.005．{WU Weichi,HUANG Dong,HUANG Guoying,ZHU Lilin,LIU Xiaochun. Clinical study of the replantation of the amputated finger without venous anastomosis[J]. Shi Yong Shou Wai Ke Za Zhi[Chin J Pract Hand Surg(Article in Chinese;Abstract in Chinese and English)],2015,29(2):134-135. DOI:10.3969/j.issn.1671-2722.2015.02.005.}

[2417] 蒋守念，胡伟军，陶海南，方钢，韦玮，黄绍东．游离足背静脉皮瓣在复杂软组织缺损断指再植中的应用[J]．实用手外科杂志，2015，29(2)：191-192．DOI：10.3969/j.issn.1671-2722.2015.02.027．{JIANG Shounian,HU Weijun,TAO Hainan,FANG Gang,WEI Wei,HUANG Shaodong. Application of dorsal foot free venous flap for replantation of severed fingers combined with soft tissue defect[J]. Shi Yong Shou Wai Ke Za Zhi[Chin J Pract Hand Surg(Article in Chinese;Abstract in Chinese and English)],2015,29(2):191-192. DOI:10.3969/j.issn.1671-2722.2015.02.027.}

[2418] 周健辉，李秀文，冷树立，邱日升，王夫平．游离翻转静脉筋膜瓣在断指再植中的应用[J]．实用医学杂志，2015，31(19)：3276-3277．DOI：10.3969/j.issn.1006-5725.2015.19.055．{ZHOU Jianhui,LI Xiuwen,LENG Shuli,QIU Risheng,WANG Fuping. Application of free flip venous fascia flap in replantation of amputated finger[J]. Shi Yong Yi Xue Za Zhi[J Pract Med(Article in Chinese;No abstract available)],2015,31(19):3276-3277. DOI:10.3969/j.issn.1006-5725.2015.19.055.}

[2419] 徐杨，陈勇柱，吴军珍．断指再植术后超声引导下肘部连续靶神经阻滞对再植手指皮温和存活率的影响[J]．上海医学，2015，38(4)：272-275，后插 1．{XU Yang,CHEN Yongzhu,WU Junzhen. Effects of postoperative analgesia with ultrasound-guided continuous target nerve block of the wrist on skin temperature and survival of crushed fingers after neurosurgical replantation[J]. Shanghai Yi Xue[Shanghai Med J(Article in Chinese;Abstract in Chinese and English)],2015,38(4):272-275,insert 1.}

[2420] 孙中建，徐鹏，袁常欣，田家祥，彭忠．足部复合组织瓣桥接再植节段毁损型断指[J]．中华显微外科杂志，2015，38(1)：48-51．DOI：10.3760/cma.j.issn.1001-2036.2015.01.012．{SUN Zhongjian,XU Peng,YUAN Changxin,TIAN Jiaxiang,PENG Zhong. Compound flap of foot with joint transplantation bridging severed segmental damage type finger[J]. Zhonghua Xian Wei Wai Ke Za Zhi[Chin J Microsurg(Article in Chinese;Abstract in Chinese and English)],2015,38(1):48-51. DOI:10.3760/cma.j.issn.1001-2036.2015.01.012.}

[2421] 邢丹谋，任东，冯伟，吴飞，彭正人．节段毁损性断指(拇)短缩再植的疗效观察[J]．创伤外科杂志，2015，17(1)：33．{XING Danmou,REN Dong,FENG Wei,WU Fei,PENG Zhengren. Clinical efficacy of replantation after shortened for segmental destructive amputated fingers/thumbs[J]. Chuang Shang Wai Ke Za Zhi[J Traum Surg(Article in Chinese;Abstract in Chinese and English)],2015,17(1):33.}

[2422] 张大卫，黄东，邱斌，祝李霖，余超群．单侧指动脉结扎治疗无静脉可供吻合末节指再植实验研究[J]．中国临床解剖学杂志，2015，33(1)：85-88．DOI：10.13418/j.issn.1001-165x.2015.01.020．{David Zhang,HUANG Dong,QIU Bin,ZHU Lilin,YU Chaoqun. Anatomical study on the survival of the distal part of the finger stub without vein by the unilateral finger artery ligation[J]. Zhongguo Lin Chuang Jie Pou Xue Za Zhi[Chin J Clin Anat(Article in Chinese;Abstract in Chinese and English)],2015,33(1):85-88. DOI:10.13418/j.issn.1001-165x.2015.01.020.}

[2423] 张荣峰，张福田，孙新君，江海廷．手指皮肤套状撕脱伤的再植治疗[J]．中华手外科杂志，2015，31(4)：311-312．DOI：10.3760/cma.j.issn.1005-054X.2015.04.027．{ZHANG Rongfeng,ZHANG Futian,SUN Xinjun,JIANG Haiting. Replantation treatment of sleeve avulsion of finger skin[J]. Zhonghua Shou Wai Ke Za Zhi[Chin J Hand Surg(Article in Chinese;Abstract in Chinese)],2015,31(4):311-312. DOI:10.3760/cma.j.issn.1005-054X.2015.04.027.}

[2424] 潘金祥，顾加祥，刘宏君．手指撕脱性离断再植 22 例[J]．实用手外科杂志，2015，29(4)：406-408．DOI：10.3969/j.issn.1671-2722.2015.04.023．{PAN Jinxiang,GU Jiaxiang,LIU Hongjun. Replantation of digital avulsion amputation:22 cases report[J]. Shi Yong Shou Wai Ke Za Zhi[Chin J Pract Hand Surg(Article in Chinese;Abstract in Chinese and English)],2015,29(4):406-408. DOI:10.3969/j.issn.1671-2722.2015.04.023.}

[2425] 郑喜灿，周明武，伏航江，张迅，李扬，司亚丽，赵霞，段晶晶，赵双彦．适度按需活动对切割伤断指再植术后血液循环的影响[J]．中华显微外科杂志，2016，39(1)：92-94．DOI：10.3760/cma.j.issn.1001-2036.2016.01.028．{ZHENG Xican,ZHOU Mingwu,FU Hangjiang,ZHANG Xun,LI Yang,SI Yali,ZHAO Xia,DUAN Jingjing,ZHAO Shuangyan. Effects of moderate on-demand activities on blood circulation after replantation of amputated fingers[J]. Zhonghua Xian Wei Wai Ke Za Zhi[Chin J Microsurg(Article in Chinese;Abstract in Chinese)],2016,39(1):92-94. DOI:10.3760/cma.j.issn.1001-2036.2016.01.028.}

[2426] 周围，宋朝晖，杨春来，梁敏，孙颖．近断面单侧指动脉结扎无静脉末节断指再植 24 例[J]．中华显微外科杂志，2016，39(4)：392-394．DOI：10.3760/cma.j.issn.1001-2036.2016.04.025．{ZHOU Wei,SONG Zhaohui,YANG Chunlai,LIANG Min,SUN Ying. Replantation of amputated finger without venous end by ligation of near-section unilateral digital artery[J]. Zhonghua Xian Wei Wai Ke Za Zhi[Chin J Microsurg(Article in Chinese;Abstract in Chinese)],2016,39(4):392-394. DOI:10.3760/cma.j.issn.1001-2036.2016.04.025.}

[2427] 李士民，周树萍，周明武，郭银涛．89 岁高龄患者环指末节断指再植成功一例[J]．中华显微外科杂志，2016，39(6)：615-616．DOI：10.3760/cma.j.issn.1001-2036.2016.06.033．{LI Shimin,ZHOU Shuping,ZHOU Mingwu,GUO Yintao. A successful replantation of amputated ring finger in an 89-year-old patient[J]. Zhonghua Xian Wei Wai Ke Za Zhi[Chin J Microsurg(Article in Chinese;No abstract available)],2016,39(6):615-616. DOI:10.3760/cma.j.issn.1001-2036.2016.06.033.}

[2428] 印飞，芮永军，施海峰，糜菁熠，孙振中，许亚军．断指再植术后坏死的相关因素分析[J]．中华手外科杂志，2016，32(3)：194-196．DOI：10.3760/cma.j.issn.1005-054X.2016.03.015．{YIN Fei,RUI Yongjun,SHI Haifeng,MI Jingyi,SUN Zhenzhong,XU Yajun. Contributing factors for necrosis of the replanted fingers[J]. Zhonghua Shou Wai Ke Za Zhi[Chin J Hand Surg(Article in Chinese;Abstract in Chinese and English)],2016,32(3):194-196. DOI:10.3760/cma.j.issn.1005-054X.2016.03.015.}

[2429] 孙大炜，刘晓春，吴伟炽，黄国英，祝李霖，兰万利，黄东．仅吻合动脉的手指末节 Yamano Ⅰ区断指再植[J]．实用手外科杂志，2016，30(2)：144-146．DOI：10.3969/j.issn.1671-2722.2016.02.005．{SUN Dawei,LIU Xiaochun,WU Weichi,HUANG Guoying,ZHU Lilin,LAN Wanli,HUANG Dong. Replantation of fingertip amputation in yamano Ⅰ zone with only artery anastomosis[J]. Shi Yong Shou Wai Ke Za Zhi[Chin J Pract Hand Surg(Article in Chinese;Abstract in Chinese and English)],2016,30(2):144-146. DOI:10.3969/j.issn.1671-2722.2016.02.005.}

[2430] 滕道练，朱辉，郑大伟，陈步国，寿奎水．脱细胞真皮基质敷料在断指再植伴皮肤缺损中的应用[J]．实用手外科杂志，2016，30(4)：457-458，461．DOI：10.3969/j.issn.1671-2722.2016.04.027．{TENG Daolian,ZHU Hui,ZHENG Dawei,CHEN Buguo,SHOU Kuishui. Application of acellular dermal matrix dressing on skin defect in digital replantation[J]. Shi Yong Shou Wai Ke Za Zhi[Chin J Pract Hand Surg(Article in Chinese;Abstract in Chinese and English)],2016,30(4):457-458,461. DOI:10.3969/j.issn.1671-2722.2016.04.027.}

[2431] 王福星，叶建华，唐桂阳，王鹏，刘雄华，田家勇，赖锋文，蔡明帝．指固有动脉静脉化在断指再植中的应用[J]．实用手外科杂志，2016，30(4)：467-468．DOI：10.3969/j.issn.1671-2722.2016.04.031．{WANG Fuxing,YE Jianhua,TANG Guiyang,WANG Peng,LIU Xionghua,TIAN Jiayong,LAI Fengwen,CAI Mingdi. Application of venous proper digital artery in replantation[J]. Shi Yong Shou Wai Ke Za Zhi[Chin J Pract Hand Surg(Article in Chinese;Abstract in Chinese and English)],2016,30(4):467-468. DOI:10.3969/j.issn.1671-2722.2016.04.031.}

[2432] 李甲，郑大伟，朱辉，陈步国，寿奎水．小指两次离断再植一例[J]．中华显微外科杂志，2016，39(3)：275．DOI：10.3760/cma.j.issn.1001-2036.2016.03.015．{LI Jia,ZHENG Dawei,ZHU Hui,CHEN Buguo,SHOU Kuishui. A case of replantation of the pinky finger twice[J]. Zhonghua Xian Wei Wai Ke Za Zhi[Chin J Microsurg(Article in Chinese;No abstract available)],2016,39(3):275. DOI:10.3760/cma.j.issn.1001-2036.2016.03.015.}

[2433] 吴柯，张全荣，强力，张志海，金磊，芮永军．示指指背神经转位术在拇指撕脱性离断再植中的应用[J]．中华显微外科杂志，2016，39(5)：494-495．DOI：10.3760/cma.j.issn.1001-2036.2016.05.022．{WU Ke,ZHANG Quanrong,QIANG Li,ZHANG Zhihai,JIN Lei,RUI Yongjun. Application of index finger dorsal nerve transfer in replantation of avulsed thumb[J]. Zhonghua Xian Wei Wai Ke Za Zhi[Chin J Microsurg(Article in Chinese;Abstract in Chinese)],2016,39(5):494-495. DOI:10.3760/cma.j.issn.1001-2036.2016.05.022.}

[2434] 周飞亚，王安远，张弦，池征璘，蒋良福，宋永焕，丁健，杨景全．拇指离断异位寄养二期回植一例[J]．中华显微外科杂志，2016，39(6)：616-618．DOI：10.3760/cma.j.issn.1001-2036.2016.06.034．{ZHOU Feiya,WANG Anyuan,ZHANG Xian,CHI Zhenglin,JIANG Liangfu,SONG Yonghuan,DING Jian,YANG Jingquan. A case of second stage replantation of ectopic foster care with amputated thumb[J]. Zhonghua Xian Wei Wai Ke Za Zhi[Chin J Microsurg(Article in Chinese;Abstract in Chinese)],2016,39(6):616-618. DOI:10.3760/cma.j.issn.1001-2036.2016.06.034.}

[2435] 纪秉青，侯瑞兴，巨积辉，金光哲，王凯．30 例手指皮肤套脱伤再植术后疗效及评价[J]．中华手外科杂志，2016，32(3)：184-186．DOI：10.3760/cma.j.issn.1005-054X.2016.03.012．{JI Bingqing,HOU Ruixing,JU Jihui,JIN Guangzhe,WANG Kai. Replantation of thumb or fingers with skin degloving injury in 30 patients:an outcomes evaluation[J]. Zhonghua Shou Wai Ke Za Zhi[Chin J Hand Surg(Article in Chinese;Abstract in Chinese and English)],2016,32(3):184-186. DOI:10.3760/cma.j.issn.1005-054X.2016.03.012.}

[2436] 巨积辉，金光哲，徐磊，熊胜，侯瑞兴，陆大明．套脱皮肤原位再植结合腹部分指套状皮瓣修复全手皮肤套脱伤[J]．中华手外科杂志，2016，32(6)：417-419．{JU Jihui,JIN Guangzhe,XU Lei,XIONG Sheng,HOU Ruixing,LU Daming. In situ replantation and cloak-like abdominal flap for repairing whole hand degloving injuries[J]. Zhonghua Shou Wai Ke Za Zhi[Chin J Hand Surg(Article in Chinese;Abstract in Chinese and English)],2016,32(6):417-419.}

[2437] 林伟栋，芮永军，施海峰，许亚军，张志海，吴柯．手指完全套脱离断后再植的术式改进探讨[J]．中华手外科杂志，2016，32(6)：423-425．DOI：10.3760/cma.j.issn.1005-054X.2016.06.010．{LIN Weidong,RUI Yongjun,SHI Haifeng,XU Yajun,ZHANG Zhihai,WU Ke. A modified replantation technique for fingers completely amputated by degloving injuries[J]. Zhonghua Shou Wai Ke Za Zhi[Chin J Hand Surg(Article in Chinese;Abstract in Chinese and English)],2016,32(6):423-425. DOI:10.3760/cma.j.issn.1005-054X.2016.06.010.}

[2438] 周晓，薛明宇，强力，芮永军，许亚军．急诊 V-Y 推进皮瓣覆盖回植的指骨及甲床治疗指端离断伤[J]．中华医学杂志，2016，96(7)：575．DOI：10.3760/cma.j.issn.0376-2491.2016.07.018．{ZHOU Xiao,XUE Mingyu,QIANG Li,RUI Yongjun,XU Yajun. Emergency V-Y advance skin flap covering the replanted phalanx and nail bed to treat finger tip injury[J]. Zhonghua Yi Xue Za Zhi[Natl Med J China(Article in Chinese;No abstract available)],2016,96(7):575. DOI:10.3760/cma.j.issn.0376-2491.2016.07.018.}

[2439] 柴立兵，刘红霞，刘悦娇，路来金，崔建礼．吻合指掌侧远端动脉弓分支在游离指腹再植中的减压分流作用[J]．中国修复重建外科杂志，2016，30(2)：211-214．DOI：10.7507/1002-1892.20160043．{CHAI Libing,LIU Hongxia,LIU Yuejiao,LU Laijin,CUI Jianli. Decompression and diverting effects of vascular anastomosis based on digital arterial arch branch in replantation of free finger-pulp[J]. Zhongguo Xiu Fu Chong Jian Wai Ke Za Zhi[Chin J Repar Reconstr Surg(Article in Chinese;Abstract in Chinese and English)],2016,30(2):211-214. DOI:10.7507/1002-1892.20160043.}

[2440] 刘宇舟，芮永军，陆征峰，魏苏明，金磊．伴近侧指间关节骨折脱位的手指套状撕脱离断伤再植研究[J]．中国修复重建外科杂志，2016，30(8)：1051-1052．DOI：10.7507/1002-1892.20160211．{LIU Yuzhou,RUI Yongjun,LU Zhengfeng,WEI Suming,JIN Lei. Study on replantation of finger sleeve-like avulsion injury with fracture and dislocation of proximal interphalangeal joint[J]. Zhongguo Xiu Fu Chong Jian Wai Ke Za Zhi[Chin J Repar Reconstr Surg(Article in Chinese;Abstract in Chinese)],2016,30(8):1051-1052. DOI:10.7507/1002-1892.20160211.}

[2441] 梁鼎天，林浩，姚志城，黄金兰，缪燕灵，韶红．单侧指动脉结扎治疗无静脉断指的初步临床研究[J]．实用手外科杂志，2016，30(3)：273-275．DOI：10.3969/j.issn.1671-2722.2016.03.008．{LIANG Dingtian,LIN Hao,YAO Zhicheng,Golden Orchid,MIAO Yanling,SHAO Hong. The preliminary clinical study on the treatment of the severed finger without venous by using the unilateral finger artery ligation[J]. Shi Yong Shou Wai Ke Za Zhi[Chin J Pract Hand Surg(Article in Chinese;Abstract in Chinese and English)],2016,30(3):273-275. DOI:10.3969/j.issn.1671-2722.2016.03.008.}

[2442] 贾明，宋达疆，杨鹏，侯春林，唐亮，曾赛华．改良骨间后动脉岛状皮瓣修复复杂性断指再植[J]．中华手外科杂志，2017，33(2)：95-97．{JIA Ming,SONG Dajiang,YANG Peng,HOU Chunlin,TANG Liang,ZENG Saihua. Application of modified posterior interosseous artery island flap in complex finger replantation[J]. Zhonghua Shou Wai Ke Za Zhi[Chin J Hand Surg(Article in Chinese;Abstract in Chinese and English)],2017,33(2):95-97.}

[2443] 刘月斌，宫可同．断指再植术后应用复方丹参滴丸的临床观察[J]．中华手外科杂志，2017，33(3)：167-169．{LIU Yuebin,GONG Ketong. Clinical observation for application of compound Salvia dropping pills after finger replantation[J]. Zhonghua Shou Wai Ke Za Zhi[Chin J Hand Surg(Article in Chinese;Abstract in Chinese and English)],2017,33(3):167-169.}

[2444] 郭礼平，金光哲，王凯，朱宇，巨积辉．A型行为与断指再植成活率相关性研究[J]．中华手外科杂志，2017，33(5)：361-363．{GUO Liping,JIN Guangzhe,WANG Kai,ZHU Yu,JU Jihui. Correlation study between survival rate of finger replantation and type a behavior[J]. Zhonghua Shou Wai Ke Za Zhi[Chin J Hand Surg(Article in Chinese;Abstract in Chinese and English)],2017,33(5):361-363.}

[2445] 郑大伟，黎章灿，曹广超，吴尧，石荣剑，寿奎水．桡动脉掌浅支血流桥接皮瓣在复杂性断指再植中的应用[J]．中华解剖与临床杂志，2017，22(4)：290-294．DOI：10.3760/cma.j.issn.2095-7041.2017.04.006．{ZHENG Dawei,LI Zhangcan,CAO Guangchao,WU Yao,SHI Rongjian,SHOU Kuishui. Replantation of the complex amputated digital by using the flow-through flap based on the radial artery superficial palmar branch from palmar wrist area[J]. Zhonghua Jie Pou Yu Lin Chuang Za Zhi[Chin J Anat Clin(Article in Chinese;Abstract in Chinese and English)],2017,22(4):290-294. DOI:10.3760/cma.j.issn.2095-7041.2017.04.006.}

[2446] 胡晓美，葛华平，苗平，严继辉．血管桥接桡动脉掌浅支皮瓣在复杂断指再植中的应用[J]．实用手外科杂志，2017，31(1)：33-35．DOI：10.3969/j.issn.1671-2722.2017.01.010．{HU Xiaomei,GE Huaping,MIAO Ping,YAN Jihui. Application of vascular bridge the superficial palmar branch of radial artery flap in the replantation of complex severed finger[J]. Shi Yong Shou Wai Ke Za Zhi[Chin J Pract Hand Surg(Article in Chinese;Abstract in Chinese and English)],2017,31(1):33-35. DOI:10.3969/j.issn.1671-2722.2017.01.010.}

[2447] 杨春来，海林，彭继红，邓瑞恩，陆向蓉，谭佑光，纪科伟，王立．水平褥式血管吻合法在断指再植中的应用[J]．实用手外科杂志，2017，31(2)：183-184，195．DOI：10.3969/j.issn.1671-2722.2017.02.015．{YANG Chunlai,Hailin,PENG Jihong,DENG Ruien,LU Xiangrong,TAN Youguang,JI Kewei,WANG Li. Clinical application of horizontal mattress-suture vascular anastomosis in the replantation of amputated fingers[J]. Shi Yong Shou Wai Ke Za Zhi[Chin J Pract Hand Surg(Article in Chinese;Abstract in Chinese and English)],2017,31(2):183-184,195. DOI:10.3969/j.issn.1671-2722.2017.02.015.}

[2448] 李守峰，田明波，郭小磊，宋文超．掌骨背皮瓣在断指再植中的应用[J]．实用手外科杂志，2017，31(3)：291-292，296．DOI：10.3969/j.issn.1671-2722.2017.03.007．{LI Shoufeng,TIAN Mingbo,GUO Xiaolei,SONG Wenchao. Application of metacarpal dorsal flap in the replantation of amputated fingers[J]. Shi Yong Shou Wai Ke Za Zhi[Chin J Pract Hand Surg(Article in Chinese;Abstract in Chinese and English)],2017,31(3):291-292,296. DOI:10.3969/j.issn.1671-2722.2017.03.007.}

[2449] 付世杰，孙勃，张海峰，高云峰，张擎柱，王培．逆行指掌侧固有动脉岛状瓣联合组织回植在手指末节离断再植中的应用[J]．中华显微外科杂志，2017，40(1)：95-97．DOI：10.3760/cma.j.issn.1001-2036.2017.01.030．{FU Shijie,SUN Bo,ZHANG Haifeng,GAO Yunfeng,ZHANG Qingzhu,WANG Pei. Application of retrograde volar proper artery island valve combined tissue replantation in replantation of distal finger segment[J]. Zhonghua Xian Wei Wai Ke Za Zhi[Chin J Microsurg(Article in Chinese;Abstract in Chinese)],2017,40(1):95-97. DOI:10.3760/cma.j.issn.1001-2036.2017.01.030.}

[2450] 李海，张程，邓呈亮，孙广峰，唐修俊，魏在荣．拇指再植中血运重建方式的探讨[J]．中华手外科杂志，2017，33(3)：161-163．{LI Hai,ZHANG Cheng,DENG Chengliang,SUN Guangfeng,TANG Xiujun,WEI Zairong. A study of revascularization in thumb replantation[J]. Zhonghua Shou Wai Ke Za Zhi[Chin J Hand Surg(Article in Chinese;Abstract in Chinese and English)],2017,33(3):161-163.}

[2451] 赵刚，芮永军，糜菁熠，黄海，张雁，余炯．再植手指寒冷不耐受与手指末梢血流灌注量的相关性分析[J]．中华手外科杂志，2017，33(3)：164-166．DOI：10.3760/cma.j.issn.1005-054X.2017.03.002．{ZHAO Gang,RUI Yongjun,MI Jingyi,HUANG Hai,ZHANG Yan,YU Jiong. The correlation analysis of cold intolerance and fingertip blood perfusion of the replanted fingers[J]. Zhonghua Shou Wai Ke Za Zhi[Chin J Hand Surg(Article in Chinese;Abstract in Chinese and English)],2017,33(3):164-166. DOI:10.3760/cma.j.issn.1005-054X.2017.03.002.}

[2452] 章峰火，胡玉祥，张文亚，赵汉乐，江旭．两种微型皮瓣在手指末节离断再植皮肤软组织缺损中的应用[J]．中华手外科杂志，2017，33(5)：379-380．{ZHANG Fenghuo,HU Yuxiang,ZHANG Wenya,ZHAO Hanle,JIANG Xu. Application of two kinds of micro flap in the treatment of skin and soft tissue defects after replantation of amputated distal segment of fingers[J]. Zhonghua Shou Wai Ke Za Zhi[Chin J Hand Surg(Article in Chinese;Abstract in Chinese)],2017,33(5):379-380.}

[2453] 王鹏，刘雄华，王福星，詹维琼，谭杰月．手指末节中段完全离断双动脉吻合法再植[J]．实用手外科杂志，2017，31(3)：341-342．DOI：10.3969/j.issn.1671-2722.2017.03.024．{WANG Peng,LIU Xionghua,WANG Fuxing,ZHAN Weiqiong,TAN Jieyue. Analysis of the distal middie finger complete transection of double arterial anastomosis replantation effect[J]. Shi Yong Shou Wai Ke Za Zhi[Chin J Pract Hand Surg(Article in Chinese;Abstract in Chinese and English)],2017,31(3):341-342. DOI:10.3969/j.issn.1671-2722.2017.03.024.}

[2454] 邢动，王海峰，燕磊，丁涛，邱中杰，夏添．远端扩髓结合负压引流在无静脉吻合末节再植中的应用[J]．中华手外科杂志，2017，33(5)：369-370．{XING Dong,WANG Haifeng,YAN Lei,DING Tao,QIU Zhongjie,XIA Tian. Application of distal reaming combined with negative pressure drainage in replantation of distal segment without venous anastomosis[J]. Zhonghua Shou Wai Ke Za Zhi[Chin J Hand Surg(Article in Chinese;Abstract in Chinese and English)],2017,33(5):369-370.}

[2455] 冯仕明，王爱国，程建，张在轶，孙擎擎，周明明，郝云甲．利用中央动脉分支静脉化重建Tamai Ⅰ区断指回流的临床应用[J]．中华解剖与临床杂志，2017，22(6)：486-490．DOI：10.3760/cma.j.issn.2095-7041.2017.06.009．{FENG Shiming,WANG Aiguo,CHENG Jian,ZHANG Zaiyi,SUN Qingqing,ZHOU Mingming,HAO Yunjia. Clinical application of using single central artery bifurcation technique for Tatami's zone Ⅰ distal replantation[J]. Zhonghua Jie Pou Yu Lin Chuang Za Zhi[Chin J Anat Clin(Article in Chinese;Abstract in Chinese and English)],2017,22(6):486-490. DOI:10.3760/cma.j.issn.2095-7041.2017.06.009.}

[2456] 张海欧，赵世伟，赵维彦．经近侧指骨间关节水平断指再植八例临床分析[J]．中华显微外科杂志，2018，41(1)：96-97．DOI：10.3760/cma.j.issn.1001-2036.2018.01.027．{ZHANG Haiou,ZHAO Shiwei,ZHAO Weiyan. Clinical analysis of 8 cases of replantation of amputated finger through proximal interphalangeal joint[J]. Zhonghua Xian Wei Wai Ke Za Zhi[Chin J Microsurg(Article in Chinese;No abstract available)],2018,41(1):96-97. DOI:10.3760/cma.j.issn.1001-2036.2018.01.027.}

[2457] 杨科跃，张健，李俊杰，祝斌，竺枫，王欣．合并高血压及糖尿病患者断指再植的临床体会[J]．中华显微外科杂志，2018，41(2)：196-199．DOI：10.3760/cma.j.issn.1001-2036.2018.02.028．{YANG Keyue,ZHANG Jian,LI Junjie,ZHU Bin,ZHU Feng,WANG Xin. Clinical experience of replantation of amputated finger in patients with hypertension and diabetes[J]. Zhonghua Xian Wei Wai Ke Za Zhi[Chin J Microsurg(Article in Chinese;Abstract in Chinese)],2018,41(2):196-199. DOI:10.3760/cma.j.issn.1001-2036.2018.02.028.}

[2458] 陈旭辉，王西迅，罗文狠．按摩法在断指再植术后指端血供观察中的应用[J]．中华显微外科杂志，2018，41(3)：305-306．DOI：10.3760/cma.j.issn.1001-2036.2018.03.033．{CHEN Xuhui,WANG Xixun,LUO Wenwei. Application of massage method in observation of finger end blood supply after replantation of amputated finger[J]. Zhonghua Xian Wei Wai Ke Za Zhi[Chin J Microsurg(Article in Chinese;No abstract available)],2018,41(3):305-306. DOI:10.3760/cma.j.issn.1001-2036.2018.03.033.}

[2459] 邓国权，朱锐昌，叶翠梅，李江．Flow-through桡动脉掌浅支穿支皮瓣在软组织缺损的断指再植中的应用[J]．中华显微外科杂志，2018，41(6)：586-588．DOI：10.3760/cma.j.issn.1001-2036.2018.06.019．{DENG Guoquan,ZHU Ruichang,YE Cuimei,LI Jiang. Application of flow-through superficial palmar branch perforator flap of radial artery in replantation of amputated finger in soft tissue defect[J]. Zhonghua Xian Wei Wai Ke Za Zhi[Chin J Microsurg(Article in Chinese;Abstract in Chinese)],2018,41(6):586-588. DOI:10.3760/cma.j.issn.1001-2036.2018.06.019.}

[2460] 房玉霞，周婷婷，关银银．集束化干预策略对断指再植术后患者舒适度的影响[J]．中华显微外科杂志，2018，41(6)：603-605．DOI：10.3760/cma.j.issn.1001-2036.2018.06.026．{FANG Yuxia,ZHOU Tingting,GUAN Yinyin. Influence of clustering intervention strategy on patient comfort after replantation of amputated finger[J]. Zhonghua Xian Wei Wai Ke Za Zhi[Chin J Microsurg(Article in Chinese;Abstract in Chinese)],2018,41(6):603-605. DOI:10.3760/cma.j.issn.1001-2036.2018.06.026.}

[2461] 李学渊，范学锴，胡浩良，俞淼，周晓玲，李一，王欣，陈宏，章伟文．单中心大样本断指再植患者术后改良与传统治疗方案的病例对照研究[J]．中华手外科杂志，2018，34(1)：31-33．DOI：10.3760/cma.j.issn.1005-054X.2018.01.013．{LI Xueyuan,FAN Xuekai,HU Haoliang,YU Miao,ZHOU Xiaoling,LI Yi,WANG Xin,CHEN Hong,ZHANG Weiwen. Case control study of modified and traditional treatment after digit replantation in a single center with large sample[J]. Zhonghua Shou Wai Ke Za Zhi[Chin J Hand Surg(Article in Chinese;Abstract in Chinese and English)],2018,34(1):31-33. DOI:10.3760/cma.j.issn.1005-054X.2018.01.013.}

[2462] 马礼鸿，王德华，张春，张尧，廖光尚．断指再植术后感染的危险因素分析及防治措施[J]．中华手外科杂志，2018，34(1)：49-50．DOI：10.3760/cma.j.issn.1005-054X.2018.01.020．{MA Lihong,WANG Dehua,ZHANG Chun,ZHANG Yao,LIAO Guangshang. Analysis of risk factors and preventive measures of infection after replantation of amputated finger[J]. Zhonghua Shou Wai Ke Za Zhi[Chin J Hand Surg(Article in Chinese;Abstract in Chinese)],2018,34(1):49-50. DOI:10.3760/cma.j.issn.1005-054X.2018.01.020.}

[2463] 尤科，巨积辉，周正虎，邓伟，侯瑞兴．肝素两种给药方式对断指再植成活率的影响[J]．中华手外科杂志，2018，34(2)：111-113．DOI：10.3760/cma.j.issn.1005-054X.2018.02.011．{YOU ke,JU Jihui,ZHOU Zhenghu,DENG Wei,HOU Ruixing. Effects of two different administration methods of heparin on the survival rate of severed finger replantation[J]. Zhonghua Shou Wai Ke Za Zhi[Chin J Hand Surg(Article in Chinese;Abstract in Chinese and English)],2018,34(2):111-113. DOI:10.3760/cma.j.issn.1005-054X.2018.02.011.}

[2464] 魏义涛，梁翊，钟桂午，梁周然，梁海华．尺动脉近端穿支皮瓣在缺损性断指再植中的临床应用[J]．中华手外科杂志，2018，34(3)：170-171．{WEI Yitao,LIANG Yi,ZHONG Guiwu,LIANG Zhouran,LIANG Haihua. Clinical application of perforator flap of proximal ulnar artery in replantation of defective amputated finger[J]. Zhonghua Shou Wai Ke Za Zhi[Chin J Hand Surg(Article in Chinese;Abstract in Chinese)],2018,34(3):170-171.}

[2465] 祝斌，竺枫，张健，李斯宏，田敏涛，李俊杰，王欣．前臂掌侧Ⅰ型静脉皮瓣在复杂断指再植中的临床应用[J]．中华手外科杂志，2018，34(5)：398-399．{ZHU Bin,ZHEN Feng,ZHANG Jian,LI Sihong,TIAN Mintao,LI Junjie,WANG Xin. Clinical application of forearm palmar venous flaps in the replantation of complex severed fingers[J]. Zhonghua Shou Wai Ke Za Zhi[Chin J Hand Surg(Article in Chinese;Abstract in Chinese)],2018,34(5):398-399.}

[2466] 李友，巨积辉，徐磊，段永明，钟鸣，蒋国栋．一侧指动脉阻断在末节断指再植中的应用[J]．中华手外科杂志，2018，34(6)：452-454．DOI：10.3760/cma.j.issn.1005-054X.2018.06.019．{LI You,JU Jihui,XU Lei,DUAN Yongming,ZHONG Ming,JIANG Guodong. Application of blocking one side of the finger artery in replantation of distal severed finger[J]. Zhonghua Shou Wai Ke Za Zhi[Chin J Hand Surg(Article in Chinese;Abstract in Chinese and English)],2018,34(6):452-454. DOI:10.3760/cma.j.issn.1005-054X.2018.06.019.}

[2467] 高慧，丁俊杰，强强，白顺宁，董卫东．不同Tamai和Yamano分型末节断指再植成活率比较[J]．临床骨科杂志，2018，21(6)：693-694，698．DOI：10.3969/j.issn.1008-0287.2018.06.018．{GAO Hui,DING Junjie,QIANG Qiang,BAI Shunning,DONG Weidong. The survival rate of different tamai and yamano classification of distal phalanx[J]. Lin Chuang Gu Ke Za Zhi[J Clin Orthop(Article in Chinese;Abstract in Chinese and English)],2018,21(6):693-694,698. DOI:10.3969/j.issn.1008-0287.2018.06.018.}

[2468] 刘伟．足部游离静脉皮瓣在断指合并软组织缺损再植中的应用分析[J]．创伤外科杂志，2018，20(2)：144-146．DOI：10.3969/j.issn.1009-4237.2018.02.018．{LIU Wei. Application of free vein flap of foot in replantation of amputated finger with soft tissue defect[J]. Chuang Shang Wai Ke Za Zhi[J Traum Surg(Article in Chinese;Abstract in Chinese and English)],2018,20(2):144-146. DOI:10.3969/j.issn.1009-4237.2018.02.018.}

[2469] 郭礼平，巨积辉，王凯，金光哲，罗少秋．甲床原位回植在指骨不同损伤深度下的疗效分析[J]．中华手外科杂志，2018，34(2)：121-123．{GUO Liping,JU Jihui,WANG Kai,JIN Guangzhe,LUO Shaoqiu. Clinical analysis of nail bed in-situ replantation in different depths of phalanx injury[J]. Zhonghua Shou Wai Ke Za Zhi[Chin J Hand Surg(Article in Chinese;Abstract in Chinese and English)],2018,34(2):121-123.}

[2470] 张建华，谢振军，赵国红，孙华伟，白辉凯，赵建军，梁正洋．健指指动脉移植在手指末节撕脱离断伤再植中的应用[J]．中华手外科杂志，2018，34(5)：389-390．DOI：10.3760/cma.j.issn.1005-054X.2018.05.025．{ZHANG Jianhua,XIE Zhenjun,ZHAO Guohong,SUN Huawei,BAI Huikai,ZHAO Jianjun,LIANG Zhengyang. Application of finger arterial transplantation in replantation of finger distal segment tear[J]. Zhonghua Shou Wai Ke Za Zhi[Chin J Hand Surg(Article in Chinese;Abstract in Chinese)],2018,34(5):389-390. DOI:10.3760/cma.j.issn.1005-054X.2018.05.025.}

[2471] 侯桥，庄伟，陈城，洪生虎，任国华，曾林如，全仁夫．游离桡动脉掌浅支皮瓣桥接再植拇指完全离断伴皮肤缺损一例[J]．中华整形外科杂志，2018，34(1)：68-69．DOI：10.3760/cma.j.issn.1009-4598.2018.01.016．{HOU Qiao,ZHUANG Wei,CHEN Cheng,HONG Shenghu,REN Guohua,ZENG Linru,QUAN Renfu. One case of replantation of complete severed thumb and skin defect with free superficial palmar branch of radial artery flap[J]. Zhonghua Zheng Xing Wai Ke Za Zhi[Chin J Plast Surg(Article in Chinese;No abstract available)],2018,34(1):68-69. DOI:10.3760/cma.j.issn.1009-4598.2018.01.016.}

[2472] 孙长胜，苏波，李文君，张辉，张玲玲，王婷婷，钱英俊．接合神经的拇指背侧皮瓣修复拇指

再植坏死后创面的临床疗效 [J]. 实用手外科杂志，2018，32（1）：3–5. DOI：10.3969/j.issn.1671–2722.2018.01.001. {SUN Changsheng,SU Bo,LI Wenjun,ZHANG Hui,ZHANG Lingling,WANG Tingting,QIAN Yingjun. The clinical effects of thumb dorsal neurocutaneous flap on soft-tissue necrosis after thumb replantation[J]. Shi Yong Shou Wai Ke Za Zhi[Chin J Pract Hand Surg(Article in Chinese;Abstract in Chinese and English)],2018,32(1):3-5. DOI:10.3969/j.issn.1671-2722.2018.01.001.}

[2473] 江克罗，张文正，邓同明，黎小艇，徐凌锋. 拇指近节撕脱性脱套完全离断再植的临床疗效 [J]. 实用手外科杂志，2018，32（3）：318–320. DOI：10.3969/j.issn.1671–2722.2018.03.020. {JIANG Keluo,ZHANG Wenzheng,DENG Tongming,LI Xiaoding,LI Lingfeng. The clinical effect of replantation on the complete degloved thumb amputation at the level of proximal segment[J]. Shi Yong Shou Wai Ke Za Zhi[Chin J Pract Hand Surg(Article in Chinese;Abstract in Chinese and English)],2018,32(3):318-320. DOI:10.3969/j.issn.1671-2722.2018.03.020.}

[2474] 侯桥，辛大伟，全仁夫，边红光，曾林如，岳振双，瞿钢. 桡动脉掌浅支 Flow-through 皮瓣桥接修复合并血管及软组织缺损的断指再植 [J]. 中华显微外科杂志，2019，42（4）：326–329. DOI：10.3760/cma.j.issn.1001–2036.2019.04.004. {HOU Qiao,XIN Dawei,QUAN Renfu,BIAN Hongguang,ZENG Linru,YUE Zhenshuang,QU Gang. Using flow-through flap pedicled with superficial palmar branch of radial artery for bridging finger replantation complex defect of soft tissue and vessel[J]. Zhonghua Xian Wei Wai Ke Za Zhi[Chin J Microsurg(Article in Chinese;Abstract in Chinese)],2019,42(4):326-329. DOI:10.3760/cma.j.issn.1001-2036.2019.04.004.}

[2475] 郭礼平，巨积辉，王凯，金光哲，李亚东. 外增压及皮瓣化技术在 Yamano Ⅰ区Ⅱ型断指再植的临床应用 [J]. 中华显微外科杂志，2019，42（5）：455–458. DOI：10.3760/cma.j.issn.1001–2036.2019.05.009. {GUO Liping,JU Jihui,WANG Kai,JIN Guangzhe,LI Yadong. Clinical application of the technology of supercharging and making flap in yamano area i type ii replantation of broken finger[J]. Zhonghua Xian Wei Wai Ke Za Zhi[Chin J Microsurg(Article in Chinese;Abstract in Chinese and English)],2019,42(5):455-458. DOI:10.3760/cma.j.issn.1001-2036.2019.05.009.}

[2476] 苏栩蓓，王骏，芮永军，邱玉宇. 应用运动处方治疗断指再植松解术后的康复疗效观察 [J]. 中华手外科杂志，2019，35（1）：35–38. DOI：10.3760/cma.j.issn.1005–054X.2019.01.014. {SU Yubei,WANG Jun,BING Yongjun,QIU Yuyu. Observation on the rehabilitation efficacy of applying exercise prescription to treat the replantation of broken fingers[J]. Zhonghua Shou Wai Ke Za Zhi[Chin J Hand Surg(Article in Chinese;Abstract in Chinese and English)],2019,35(1):35-38. DOI:10.3760/cma.j.issn.1005-054X.2019.01.014.}

[2477] 刘宇舟，芮永军，陆征峰，王骏，苏栩蓓，魏苏明，龚灏. 关节松解联合肌腱松解术治疗断指再植术后近指间关节僵硬 [J]. 中华手外科杂志，2019，35（1）：64–66. {LIU Yuzhou,BING Yongjun,LU Zhengfeng,WANG Jun,SU Yubei,WEI Suming,GONG Ying. Joint lysis combined with tendon lysis for the treatment of stiff near interphalangeal joint after replantation of severed finger[J]. Zhonghua Shou Wai Ke Za Zhi[Chin J Hand Surg(Article in Chinese;Abstract in Chinese)],2019,35(1):64-66.}

[2478] 吕文涛，巨积辉，蒋国栋，唐晓强，王免，刘海亮，王晓松. 肌腱原位缝合在撕脱性断指再植术中的应用 [J]. 中华手外科杂志，2019，35（4）：258–260. {LU Wentao,JU Jihui,JIANG Guodong,TANG Xiaoqiang,WANG Mian,LIU Hailiang,WANG Xiaosong. Application of in-SITU suture of tendon in replantation of avulsed amputated finger[J]. Zhonghua Shou Wai Ke Za Zhi[Chin J Hand Surg(Article in Chinese;No abstract available)],2019,35(4):258-260.}

[2479] 侯瑞兴. 断指再植最新进展 [J]. 中华手外科杂志，2019，35（6）：404–405. DOI：10.3760/cma.j.issn.1005–054X.2019.06.002. {HOU Ruixing. The latest progress of amputated finger replantation[J]. Zhonghua Shou Wai Ke Za Zhi[Chin J Hand Surg(Article in Chinese;No abstract available)],2019,35(6):404-405. DOI:10.3760/cma.j.issn.1005-054X.2019.06.002.}

[2480] 陈木升，洪永昌，谢汉洪，叶丛，陈裕祥，李银清. 尿激酶及肝素钠对提高断指再植成活率及促进血管新生的效果比较 [J]. 临床骨科杂志，2019，22（2）：199–202. DOI：10.3969/j.issn.1008–0287.2019.02.023. {CHEN Musheng,HONG Yongchang,XIE Hanhong,YE Cong,CHEN Yuxiang,LI Yinqing. Comparison effects of urokinase and heparin sodium on improving the survival rate of replantation of severed fingers and promoting angiogenesis[J]. Lin Chuang Gu Ke Za Zhi[J Clin Orthop(Article in Chinese;Abstract in Chinese and English)],2019,22(2):199-202. DOI:10.3969/j.issn.1008-0287.2019.02.023.}

[2481] 潘勇，朱辉，滕道练，郑大伟，李甲，裴广楠，石荣剑. 游离腕横纹皮瓣在桥接复杂性断指再植中的应用 [J]. 实用手外科杂志，2019，33（2）：143–146. DOI：10.3969/j.issn.1671–2722.2019.02.005. {PAN Yong,ZHU Hui,TENG Daolian,ZHENG Dawei,LI Jia,PEI Guangnan,SHI Rongjian. Application of free transverse wrist crease flap in the replantation of complex severed finger[J]. Shi Yong Shou Wai Ke Za Zhi[Chin J Pract Hand Surg(Article in Chinese;Abstract in Chinese and English)],2019,33(2):143-146. DOI:10.3969/j.issn.1671-2722.2019.02.005.}

[2482] 冯厚海，倪国骅，卫阔. 不同分型末节断指再植的成活率比较分析 [J]. 实用手外科杂志，2019，33（4）：397–399. DOI：10.3969/j.issn.1671–2722.2019.04.010. {FENG Houhai,NI Guohua,WEI Kuo. A comparative study on the survival rate of replantation with different types of distal severed finger[J]. Shi Yong Shou Wai Ke Za Zhi[Chin J Pract Hand Surg(Article in Chinese;Abstract in Chinese and English)],2019,33(4):397-399. DOI:10.3969/j.issn.1671-2722.2019.04.010.}

[2483] 熊祖国，齐伟亚，郑大伟，朱辉，张旭阳. 断指唾液浸泡后再植成功一例 [J]. 中华显微外科杂志，2019，42（3）：302–303. DOI：10.3760/cma.j.issn.1001–2036.2019.03.028. {XIONG Zuguo,QI Weiya,ZHENG Dawei,ZHU Hui,ZHANG Xuyang. A successful replantation of amputated finger after soaking in saliva[J]. Zhonghua Xian Wei Wai Ke Za Zhi[Chin J Microsurg(Article in Chinese;Abstract in Chinese)],2019,42(3):302-303. DOI:10.3760/cma.j.issn.1001-2036.2019.03.028.}

[2484] 黎章灿，郑大伟，齐伟亚，朱辉，石荣剑，寿奎水. 腕横纹部带蒂皮瓣在拇指近端离断再植中的应用 [J]. 中华显微外科杂志，2019，42（1）：13–16. DOI：10.3760/cma.j.issn.1001–2036.2019.01.005. {LI Zhangcan,ZHENG Dawei,QI Weiya,ZHU Hui,SHI Rongjian,SHOU Kuishui. Replanting the complex amputated thumb with the pedicled flap from the rasceta area[J]. Zhonghua Xian Wei Wai Ke Za Zhi[Chin J Microsurg(Article in Chinese;Abstract in Chinese and English)],2019,42(1):13-16. DOI:10.3760/cma.j.issn.1001-2036.2019.01.005.}

[2485] 文根，柴益民，杨惠林. 吻合手指掌侧静脉在手指末节再植中的临床效果分析 [J]. 中华显微外科杂志，2019，42（2）：110–113. DOI：10.3760/cma.j.issn.1001–2036.2019.02.002. {WEN Gen,CHAI Yimin,YANG Huilin. Clinical effect analysis of palmar venous anastomosis in fingertip replantation[J]. Zhonghua Xian Wei Wai Ke Za Zhi[Chin J Microsurg(Article in Chinese;Abstract in Chinese and English)],2019,42(2):110-113. DOI:10.3760/cma.j.issn.1001-2036.2019.02.002.}

[2486] 刘刚义，谢瑞菊，苟军全，刘宗义，宋永斌，李志宏，马光兵，石定，荣向科，曹文亮. 邻指皮瓣移植修复难以再植的拇指末节离断伤 [J]. 中华显微外科杂志，2019，42（5）：499–501. DOI：10.3760/cma.j.issn.1001–2036.2019.05.021. {LIU Gangyi,XIE Ruiju,GOU Junquan,LIU Zongyi,SONG Yongbin,LI Zhihong,MA Guangbing,SHI Ding,RONG Xiangke,CAO Wenliang. Transplantation of adjacent finger skin flap to repair the amputated end of thumb that is difficult to replant[J]. Zhonghua Xian Wei Wai Ke Za Zhi[Chin J Microsurg(Article in Chinese;Abstract in Chinese)],2019,42(5):499-501. DOI:10.3760/cma.j.issn.1001-2036.2019.05.021.}

[2487] 方杰，张云鹏，张文龙. 改良静脉移植处理动脉顽固性痉挛的拇指再植 [J]. 中华创伤骨科杂志，2019，21（8）：714–717. DOI：10.3760/cma.j.issn.1671–7600.2019.08.013. {FANG Jie,ZHANG Yunpeng,ZHANG Wenlong. Modified venous grafting to replant an amputated thumb with obstinate arteriospasm[J]. Zhonghua Chuang Shang Gu Ke Za Zhi[Chin J Orthop Trauma(Article in Chinese;Abstract in Chinese and English)],2019,21(8):714-717. DOI:10.3760/cma.j.issn.1671-7600.2019.08.013.}

[2488] 尚卫国，齐伟亚，黎章灿，朱辉，郑大伟，寿奎水. Yamano Ⅱ区指撕脱性离断再植体会 [J]. 实用手外科杂志，2019，33（1）：39–41. DOI：10.3969/j.issn.1671–2722.2019.01.014. {SHNAG Weiguo,QI Weiya,LI Zhangcan,ZHU Hui,ZHENG Dawei,SHOU Kuishui. Experience of replantation of digital avulsion amputation in yamanoⅡ region[J]. Shi Yong Shou Wai Ke Za Zhi[Chin J Pract Hand Surg(Article in Chinese;Abstract in Chinese and English)],2019,33(1):39-41. DOI:10.3969/j.issn.1671-2722.2019.01.014.}

[2489] 吕树振，赵世伟，史乃民，吕翠翠. 机器切伤致近侧指间关节离断再植的术式改进 [J]. 实用手外科杂志，2019，33（3）：306–308. DOI：10.3969/j.issn.1671–2722.2019.03.015. {LU Shuzhen,ZHAO Shiwei,SHI Naimin,LU Cuicui. A modified replantation technique for amputation of nearly pip fingers by machine cutting injury[J]. Shi Yong Shou Wai Ke Za Zhi[Chin J Pract Hand Surg(Article in Chinese;Abstract in Chinese and English)],2019,33(3):306-308. DOI:10.3969/j.issn.1671-2722.2019.03.015.}

[2490] 潘金祥，刘宏君，张文忠，王天亮，张乃臣，顾加祥. 手指指腹离断再植体会 [J]. 实用手外科杂志，2019，33（3）：309–310. DOI：10.3969/j.issn.1671–2722.2019.03.016. {PAN Jinxiang,LIU Hongjun,ZHANG Wenzhong,WANG Tianliang,ZHANG Naichen,GU Jiaxiang. Experience of finger pulp replantation[J]. Shi Yong Shou Wai Ke Za Zhi[Chin J Pract Hand Surg(Article in Chinese;Abstract in Chinese)],2019,33(3):309-310. DOI:10.3969/j.issn.1671-2722.2019.03.016.}

[2491] 赵建军，谢振军，孙华伟，梁正洋，张建华. 改良动脉静脉化在无静脉吻合甲根部以远离断再植中的应用 [J]. 中华手外科杂志，2019，35（6）：412–414. {ZHAO Jianjun,XIE Zhenjun,SUN Huawei,LIANG Zhengyang,ZHANG Jianhua. Application of modified arterial venalization in replantation of distally severed finger at nail root without venous anastomosis[J]. Zhonghua Shou Wai Ke Za Zhi[Chin J Hand Surg(Article in Chinese;Abstract in Chinese and English)],2019,35(6):412-414.}

[2492] 李莉，袁婷婷，郭会，盛理会，赵珍玉. 疼痛管理路径对断指再植患者夜间疼痛程度的影响 [J]. 中华显微外科杂志，2020，43（1）：91–94. DOI：10.3760/cma.j.issn.1001–2036.2020.01.025. {LI Li,YUAN Tingting,GUO Hui,SHENG Lihui,ZHAO Zhenyu. The influence of pain management path on the pain degree of patients with severed finger replantation at night[J]. Zhonghua Xian Wei Wai Ke Za Zhi[Chin J Microsurg(Article in Chinese;Abstract in Chinese)],2020,43(1):91-94. DOI:10.3760/cma.j.issn.1001-2036.2020.01.025.}

[2493] 赵驰，林平，马犇. 密切接触疑似新型冠状病毒感染患者的一例断指再植手术的处理 [J]. 中华显微外科杂志，2020，43（2）：130–131. DOI：10.3760/cma.j.cn441206–20200217–00063. {ZHAO Chi,LIN Ping,MA Ben. Surgical management of amputated finger replantation in close contact with a suspected covid-19 patient[J]. Zhonghua Xian Wei Wai Ke Za Zhi[Chin J Microsurg(Article in Chinese;Abstract in Chinese and English)],2020,43(2):130-131. DOI:10.3760/cma.j.cn441206-20200217-00063.}

[2494] 高慧，白顺宁，丁俊杰，李康. 断指再植患者容积流率及皮肤血流量与寒冷耐受不良的关系 [J]. 中国骨与关节杂志，2020，9（2）：125–128. DOI：10.3969/j.issn.2095–252X.2020.02.009. {GAO Hui,BAI Shunning,DING Junjie,LI Kang. Correlation of volumetric flow rate and skin blood flow with cold intolerance in finger replantation[J]. Zhongguo Gu Yu Guan Jie Za Zhi[Chin J Bone Joint(Article in Chinese;Abstract in Chinese and English)],2020,9(2):125-128. DOI:10.3969/j.issn.2095-252X.2020.02.009.}

[2495] 张卫华，胡海松，朱伟雄，胡涛，陈飞鹏，徐玉明. 吻合动静脉先后对断指再植成活的影响 [J]. 临床骨科杂志，2020，23（1）：66–67，70. DOI：10.3969/j.issn.1008–0287.2020.01.021. {ZHANG Weihua,HU Haisong,ZHU Weixiong,HU Tao,CHEN Feipeng,XU Yuming. Effect of the first anastomosis of arteries or veins on the survival of severed finger replantation[J]. Lin Chuang Gu Ke Za Zhi[J Clin Orthop(Article in Chinese;Abstract in Chinese and English)],2020,23(1):66-67,70. DOI:10.3969/j.issn.1008-0287.2020.01.021.}

[2496] 王军，李红卫，白晨平，李大为，王智茹. 手指皮肤逆行套状撕脱伤的显微手术回植 [J]. 中华手外科杂志，2020，36（2）：92–94. {WANG Jun,LI Hongwei,BAI Chenping,LI Dawei,WANG Zhiru. Microsurgical replantation of retrograde avulsion injury of finger skin[J]. Zhonghua Shou Wai Ke Za Zhi[Chin J Hand Surg(Article in Chinese;Abstract in Chinese and English)],2020,36(2):92-94.}

[2497] 程贺云，巨积辉，徐磊，赵强，杜伟伟. 修复大鱼际肌的掌骨平面拇指离断再植 [J]. 中华手外科杂志，2020，36（3）：194–197. DOI：10.3760/cma.j.cn311653–20190805–00217. {CHENG Heyun,JU Jihui,XU Lei,ZHAO Qiang,DU Weiwei. Replantation of severed thumb on metacarpal plane with repair of thenar muscle[J]. Zhonghua Shou Wai Ke Za Zhi[Chin J Hand Surg(Article in Chinese;Abstract in Chinese and English)],2020,36(3):194-197. DOI:10.3760/cma.j.cn311653-20190805-00217.}

2.2.6.1 多平面断指再植
replantation of multiplanar severed digit

[2498] Pei GX,Zhao DS,Xie CP,Wang ST. Replantation of multi-level hand severances[J]. Injury,1998,29(5):357–61. doi:10.1016/s0020–1383(97)00215–5.

[2499] 田培文. 断指远段不全多段断离再植成功一例 [J]. 中华手外科杂志，1994，10（4）：216. {TIAN Peiwen. A successful replantation of a severed finger distal insufficiency and multiple severed separation[J]. Zhonghua Shou Wai Ke Za Zhi[Chin J Hand Surg(Article in Chinese;No abstract available)],1994,10(4):216.}

[2500] 王松涛，赵东升，王福义，李坤德，裴国献，刘成科，石奎玉，张长生，王健，张书宏. 右手五指多段完全离断再植一例 [J]. 中国修复重建外科杂志，1994，8（4）：227. {WANG Songtao,ZHAO Dongsheng,WANG Fuyi,LI Kunde,PEI Guoxian,LIU Chengke,SHI Kuiyu,ZHANG Changsheng,WANG Jian,ZHANG Shuhong. A case of replantation of the five fingers of the right hand completely separated from multiple segments[J]. Zhongguo Xiu Fu Chong Jian Wai Ke Za Zhi[Chin J Repar Reconstr Surg(Article in Chinese;No abstract available)],1994,8(4):227.}

[2501] 章祖成. 多指多节段断指再植一例报告 [J]. 中华手外科杂志，1995，11（S1）：26. {ZHANG Zucheng. A case report of replantation of multi-finger and multi-segment severed finger[J]. Zhonghua Shou Wai Ke Za Zhi[Chin J Hand Surg(Article in Chinese;No abstract available)],1995,11(S1):26.}

[2502] 范启申，曹斌，魏长月，李忠，郑隆宝，辛培旺，庞德云. 双手九指 11 段完全断离再植全部成活一例 [J]. 中华显微外科杂志，1995，18（3）：222–223. {FAN Qishen,CAO Bin,WEI Changyue,LI Zhong,ZHENG Longbao,XIN Peiwang,PANG Deyun. One case of complete replantation and replantation of the 11 segments of the nine fingers of both hands survived[J]. Zhonghua Xian Wei Wai Ke Za Zhi[Chin J Microsurg(Article in Chinese;No abstract available)],1995,18(3):222-223.}

[2503] 范启申，曹斌，魏长月，李忠，郑隆宝，辛培旺. 双手 9 指 11 段完全断离再植全部成活 1 例 [J]. 中国矫形外科杂志，1995，2（3）：253–254. {FAN Qishen,CAO Bin,WEI Changyue,LI Zhong,ZHENG Longbao,XIN Peiwang. All 9 fingers and 11 segments of both hands were completely separated and replanted,1 case survived[J]. Zhongguo Jiao Xing Wai Ke Za Zhi[Orthop J China(Article in Chinese;No abstract available)],1995,2(3):253-254.}

[2504] 裴国献. 手部多平面离断再植[J]. 中华手外科杂志，1996，12(4)：211-213. {PEI Guoxian. Multi-planar hand replantation[J]. Zhonghua Shou Wai Ke Za Zhi[Chin J Hand Surg(Article in Chinese;No abstract available)],1996,12(4):211-213.}

[2505] 刘茂文，冯承臣. 三指十一段离断再植九段成功一例[J]. 中华手外科杂志，1996，12(S1)：53. {LIU Maowen,FENG Chengchen. A case of successful replantation of eleven segments with three fingers and eleven segments[J]. Zhonghua Shou Wai Ke Za Zhi[Chin J Hand Surg(Article in Chinese;No abstract available)],1996,12(S1):53.}

[2506] 黄东，吴伟炽，江奕恒，王福义. 三指三平面离断再植一例[J]. 中华显微外科杂志，1997，20(3)：47. {HUANG Dong,WU Weichi,JIANG Yiheng,WANG Fuyi. A case of replantation of three fingers and three planes[J]. Zhonghua Xian Wei Wai Ke Za Zhi[Chin J Microsurg(Article in Chinese;No abstract available)],1997,20(3):47.}

[2507] 符广敏，曹雷，王纪湘. 手部两平面离断再植[J]. 中华手外科杂志，1999，15(4)：34. {FU Guangmin,CAO Lei,WANG Jixiang. Hand replantation[J]. Zhonghua Shou Wai Ke Za Zhi[Chin J Hand Surg(Article in Chinese;No abstract available)],1999,15(4):34.}

[2508] 康庆林，卢全中，潘风雨，宋海涛，田万成. 手指多段离断再植与功能康复[J]. 中国矫形外科杂志，1999，6(4)：30-32. {KANG Qinglin,LU Quanzhong,PAN Fengyu,SONG Haitao,TIAN Wancheng. Multisegmental severed finger replantation and functional rehabilitation[J]. Zhongguo Jiao Xing Wai Ke Za Zhi[Orthop J China(Article in Chinese;Abstract in Chinese and English)],1999,6(4):30-32.}

[2509] 周明武，赵东升，杨润功，李坤德. 双手10指11节段完全离断再植一例[J]. 中华显微外科杂志，2000，23(3)：176. DOI：10.3760/cma.j.issn.1001-2036.2000.03.048. {ZHOU Mingwu,ZHAO Dongsheng,YANG Rungong,LI Kunde. A case of replantation of 10 fingers with 11 segments of both hands completely cut off[J]. Zhonghua Xian Wei Wai Ke Za Zhi[Chin J Microsurg(Article in Chinese;No abstract available)],2000,23(3):176. DOI:10.3760/cma.j.issn.1001-2036.2000.03.048.}

[2510] 丁淑蓉，曾涛，王曾涛. 手指多平面离断再植11例[J]. 中华显微外科杂志，2003，26(4)：246. DOI：10.3760/cma.j.issn.1001-2036.2003.04.042. {DING Shurong,ZENG Tao,WANG Zengtao. 11 cases of replantation of multi-planar fractured fingers[J]. Zhonghua Xian Wei Wai Ke Za Zhi[Chin J Microsurg(Article in Chinese;No abstract available)],2003,26(4):246. DOI:10.3760/cma.j.issn.1001-2036.2003.04.042.}

[2511] 丁淑蓉，林浩，李军，曹克新. 手指多平面离断再植11例报告[J]. 实用手外科杂志，2003，17(4)：217-218. DOI：10.3969/j.issn.1671-2722.2003.04.012. {DING Shurong,LIN Hao,LI Jun,CAO Kexin. Replantation of multi-level severed digits in 11 patients[J]. Shi Yong Shou Wai Ke Za Zhi[Chin J Pract Hand Surg(Article in Chinese;Abstract in Chinese and English)],2003,17(4):217-218. DOI:10.3969/j.issn.1671-2722.2003.04.012.}

[2512] 宋海涛，田万成，卢全中，潘希贵，康庆林，潘风雨. 多手指多节段离断再植[J]. 中华创伤骨科杂志，2003，5(1)：41-44. DOI：10.3760/cma.j.issn.1671-7600.2003.01.012. {SONG Haitao,TIAN Wancheng,LU Quanzhong,PAN Xigui,KANG Qinglin,PAN Fengyu. Replantation of multiple digits and multiple segments[J]. Zhonghua Chuang Shang Gu Ke Za Zhi[Chin J Orthop Trauma(Article in Chinese;Abstract in Chinese and English)],2003,5(1):41-44. DOI:10.3760/cma.j.issn.1671-7600.2003.01.012.}

[2513] 黄东，吴伟炽，毛莉颖，张惠茹，江奕恒，林浩，伍庆松. 不同原因致手指多段离断再植效果临床分析[J]. 中华显微外科杂志，2004，27(4)：252-253. DOI：10.3760/cma.j.issn.1001-2036.2004.04.006. {HUANG Dong,WU Weichi,MAO Liying,ZHANG Huiru,JIANG Yiheng,LIN Hao,WU Qingsong. Clinical outcome of treatment of multiple level finger amputation with replantation[J]. Zhonghua Xian Wei Wai Ke Za Zhi[Chin J Microsurg(Article in Chinese;Abstract in Chinese and English)],2004,27(4):252-253. DOI:10.3760/cma.j.issn.1001-2036.2004.04.006.}

[2514] 黄东，张震，吴伟炽，毛莉颖，张惠茹，江奕恒，林浩，伍庆松. 手指多段离断再植的临床研究[J]. 实用手外科杂志，2004，18(4)：220-221. DOI：10.3969/j.issn.1671-2722.2004.04.013. {HUANG Dong,ZHANG Zhen,WU Weichi,MAO Liying,ZHANG Huiru,JIANG Yiheng,LIN Hao,WU Qingsong. Clinical study on replantation in multiple level amputation of finger[J]. Shi Yong Shou Wai Ke Za Zhi[Chin J Pract Hand Surg(Article in Chinese;Abstract in Chinese and English)],2004,18(4):220-221. DOI:10.3969/j.issn.1671-2722.2004.04.013.}

[2515] 黄东，吴伟炽，张惠茹，黄国英. 一手四指八段离断再植成功一例[J]. 中华显微外科杂志，2004，27(3)：199. DOI：10.3760/cma.j.issn.1001-2036.2004.03.046. {HUANG Dong,WU Weichi,ZHANG Huiru,HUANG Guoying. A successful replantation of four fingers and eight segments with one hand[J]. Zhonghua Xian Wei Wai Ke Za Zhi[Chin J Microsurg(Article in Chinese;No abstract available)],2004,27(3):199. DOI:10.3760/cma.j.issn.1001-2036.2004.03.046.}

[2516] 施小柯，黎斌，李东平，莫有成，方键，吴福，韦景才，曾永文. 多指多平面压砸性离断再植的处理[J]. 中华手外科杂志，2006，22(6)：382-383. DOI：10.3760/cma.j.issn.1005-054X.2006.06.031. {SHI Xiaoke,LI Bin,LI Dongping,MO Youcheng,FANG Jian,WU Fu,WEI Jingcai,ZENG Yongwen. Treatment of multi-finger and multi-plane crushing dissected replantation[J]. Zhonghua Shou Wai Ke Za Zhi[Chin J Hand Surg(Article in Chinese;No abstract available)],2006,22(6):382-383. DOI:10.3760/cma.j.issn.1005-054X.2006.06.031.}

[2517] 徐坚方，丁路，朱玲燕. 四指六段离断的再植与功能恢复[J]. 中华手外科杂志，2007，23(1)：25. DOI：10.3760/cma.j.issn.1005-054X.2007.01.027. {XU Jianfang,DING Lu,ZHU Lingyan. Replantation and functional recovery of four fingers and six segments[J]. Zhonghua Shou Wai Ke Za Zhi[Chin J Hand Surg(Article in Chinese;No abstract available)],2007,23(1):25. DOI:10.3760/cma.j.issn.1005-054X.2007.01.027.}

[2518] 潘风雨，田万成. 一手七段离断再植失败的经验教训[J]. 中华手外科杂志，2007，23(6)：344. DOI：10.3760/cma.j.issn.1005-054X.2007.06.024. {PAN Fengyu,TIAN Wancheng. Experiences and lessons of failure to replant with seven segments[J]. Zhonghua Shou Wai Ke Za Zhi[Chin J Hand Surg(Article in Chinese;No abstract available)],2007,23(6):344. DOI:10.3760/cma.j.issn.1005-054X.2007.06.024.}

[2519] 谢昌平，侯建玺，谢书强，秦耀，韩颖干，马运刚. 单手多平面17节段离断再植成功一例[J]. 中华显微外科杂志，2009，32(3)：244-245，插3. DOI：10.3760/cma.j.issn.1001-2036.2009.03.033. {XIE Changping,HOU Jianxi,XIE Shuqiang,QIN Yao,HAN Yingqian,MA Yungang. A successful replantation of 17 segments with one hand and multiple planes[J]. Zhonghua Xian Wei Wai Ke Za Zhi[Chin J Microsurg(Article in Chinese;Abstract in Chinese)],2009,32(3):244-245,insert 3. DOI:10.3760/cma.j.issn.1001-2036.2009.03.033.}

[2520] 沈美华，张伟，祈多宝，袁重玺. 铡草机致多指、多节段指体离断的再植[J]. 实用手外科杂志，2011，25(1)：10-11，19. DOI：10.3969/j.issn.1671-2722.2011.01.005. {SHEN Meihua,ZHANG Wei,QI Duobao,YUAN Chongxi. Replantation surgery of multiple amputated digital and phalanges by chaff cutter[J]. Shi Yong Shou Wai Ke Za Zhi[Chin J Pract Hand Surg(Article in Chinese;Abstract in Chinese and English)],2011,25(1):10-11,19. DOI:10.3969/j.issn.1671-2722.2011.01.005.}

[2521] 侯桥，庄伟，曾林如，洪生虎，任国华，陈城，瞿钢，全仁夫. 邻指指掌侧固有动脉桥式转移重建多段离断指体远端血供[J]. 中华显微外科杂志，2020，43(3)：243-247. DOI：10.3760/cma.j.cn441206-20190814-000278. {HOU Qiao,ZHUANG Wei,ZENG Linru,HONG Shenghu,REN Guohua,CHEN Cheng,QU Gang,QUAN Renfu. Reconstruct the distal blood supply of multiple segments of severed finger body by arterial bridge transfer[J]. Zhonghua Xian Wei Wai Ke Za Zhi[Chin J Microsurg(Article in Chinese;Abstract in Chinese and English)],2020,43(3):243-247. DOI:10.3760/cma.j.cn441206-20190814-000278.}

2.2.6.2 多指离断再植
replantation of multiple digits

[2522] Cai J,Cao X,Pan J,Hu J. Replantation of a multiple digit and circular palm amputation:a case report[J]. Microsurgery,1993,14(3):221-224. doi:10.1002/micr.1920140315.

[2523] Chen C,Wen Hao L,Wang ZT. The use of a free groin flap to reconstruct a dorsal hand skin defect in the replantation of multi-finger amputations[J]. J Hand Surg Eur,2019,44(2):213-215. doi:10.1177/1753193418805854.

[2524] 孙雪良，王惠美，金重山. 四指完全离断移位再植[J]. 中华医学杂志，1979，59(2)：83-84. {SUN Xueliang,WANG Huimei,JIN Chongshan. Four fingers completely cut off and replanted[J]. Zhonghua Yi Xue Za Zhi[Natl Med J China(Article in Chinese;No abstract available)],1979,59(2):83-84.}

[2525] 程晋武，吴业勋. 三指末节全断再植成功[J]. 中华外科杂志，1981，19(2)：114. {CHENG Jinwu,WU Yexun. Successful replantation of three fingertips[J]. Zhonghua Wai Ke Za Zhi[Chin J Surg(Article in Chinese;No abstract available)],1981,19(2):114.}

[2526] 程国良，潘达德，方光荣，杨志贤，宫相森，杨惠林，王勉刚，李汉秀，王登杰. 九指再植全部成活一例报告[J]. 中华外科杂志，1984，22(11)：681-682. {CHENG Guoliang,Panda De,FANG Guangrong,YANG Zhixian,GONG Xiangsen,YANG Huilin,WANG Miangang,LI Hanxiu,WANG Dengjie. A case report of all nine fingers replanted alive[J]. Zhonghua Wai Ke Za Zhi[Chin J Surg(Article in Chinese;No abstract available)],1984,22(11):681-682.}

[2527] 张希利，王刚，李秀清，任志勇. 综合康复治疗多指断离再植术后功能障碍58例疗效观察[J]. 中国修复重建外科杂志，1993，7(4)：216-217. {ZHANG Xili,WANG Gang,LI Xiuqing,REN Zhiyong. Comprehensive rehabilitation treatment of 58 cases of dysfunction after replantation of multiple fingers[J]. Zhongguo Xiu Fu Chong Jian Wai Ke Za Zhi[Chin J Repar Reconstr Surg(Article in Chinese;No abstract available)],1993,7(4):216-217268.}

[2528] 王尔义，王险峰，于丽明. 多指离断再植五例[J]. 中国修复重建外科杂志，1993，7(4)：260-261. {WANG Dongyi,WANG Xianfeng,YU Liming. Five cases of replantation of multiple fingers[J]. Zhongguo Xiu Fu Chong Jian Wai Ke Za Zhi[Chin J Repar Reconstr Surg(Article in Chinese;No abstract available)],1993,7(4):260-261.}

[2529] 王成琪，魏永恩，林益清，王剑利，张敬良，路青林，张树明. 多手指离断再植术中几个技术问题的探讨[J]. 中华显微外科杂志，1994，17(2)：8-9，76. {WANG Chengqi,WEI Yongen,LIN Yiqing,WANG Jianli,ZHANG Jingliang,LU Qinglin,ZHANG Shuming. Several technical problems about replantation of multiple severed digit[J]. Zhonghua Xian Wei Wai Ke Za Zhi[Chin J Microsurg(Article in Chinese;Abstract in Chinese and English)],1994,17(2):8-9,76.}

[2530] 薛广平，王步国，华张庆. 农村卫生所进行多指断离再植体会[J]. 中华显微外科杂志，1994，17(3)：27-28，78. {XUE Guangping,WANG Buguo,HUA Zhangqing. Experience in replantation of multiple severed digits in rural clinic of PLA[J]. Zhonghua Xian Wei Wai Ke Za Zhi[Chin J Microsurg(Article in Chinese;Abstract in Chinese)],1994,17(3):27-28,78.}

[2531] 王勇. 多指末节断指再植[J]. 中国修复重建外科杂志，1994，8(4)：255. {WANG Yong. Replantation of severed finger at multiple distal digits[J]. Zhongguo Xiu Fu Chong Jian Wai Ke Za Zhi[Chin J Repar Reconstr Surg(Article in Chinese;No abstract available)],1994,8(4):255.}

[2532] 潘昭勋，张作勇，范启申，江海廷. 单手五指完全离断再植一例[J]. 中国修复重建外科杂志，1995，9(4)：256. {PAN Zhaoxun,ZHANG Zuoyong,FAN Qishen,JIANG Haiting. A case of complete replantation of five fingers with one hand[J]. Zhongguo Xiu Fu Chong Jian Wai Ke Za Zhi[Chin J Repar Reconstr Surg(Article in Chinese;No abstract available)],1995,9(4):256.}

[2533] 刘宁富，尹烈，石坚. 多指离断57例160指再植[J]. 第一军医大学学报，1996，16(6)：141-142. {LIU Ningfu,YIN Lie,SHI Jian. Replantation of 160 fingers in 57 cases with multiple fingers[J]. Di Yi Jun Yi Da Xue Xue Bao[J First Mil Med Univ(Article in Chinese;Abstract in Chinese)],1996,16(6):141-142.}

[2534] 王玉，蔡林方，田立杰，李崇杰，程云飞，田野，苏立忠，高扬. 双手九指严重挫伤离断再植成活及随访[J]. 中华显微外科杂志，1996，19(3)：166. {WANG Yu,CAI Linfang,TIAN Lijie,LI Chongjie,CHENG Yunfei,TIAN Ye,SU Lizhong,GAO Yang. Survival and follow-up after replantation of severely contused hands with nine fingers[J]. Zhonghua Xian Wei Wai Ke Za Zhi[Chin J Microsurg(Article in Chinese;No abstract available)],1996,19(3):166.}

[2535] 郝鹏，王屏，陈敢真，孙雪良. 缩短多指离断再植手术时间的一种方法[J]. 中华显微外科杂志，1997，20(2)：62. {HAO Peng,WANG Ping,CHEN Ganzhen,SUN Xueliang. A method to shorten the operation time of multi-finger replantation[J]. Zhonghua Xian Wei Wai Ke Za Zhi[Chin J Microsurg(Article in Chinese;No abstract available)],1997,20(2):62.}

[2536] 李崇杰，蔡林方，辛畅泰，田立杰. 双手多指离断伤再植六例分析[J]. 中华手外科杂志，1997，13(4)：31-33. {LI Chongjie,CAI Linfang,XIN Changtai,TIAN Lijie. Replantation of eight to ten fingers:experience of 6 cases[J]. Zhonghua Shou Wai Ke Za Zhi[Chin J Hand Surg(Article in Chinese;Abstract in Chinese and English)],1997,13(4):31-33.}

[2537] 李庆泰，刘君，杨克非，韦加宁，张长清，陈山林，王海华. 多指再植和功能恢复[J]. 中华手外科杂志，1998，14(1)：28-29. {LI Qingtai,LIU Jun,YANG Kefei,WEI Jianing,ZHANG Changqing,CHEN Shanlin,WANG Haihua. Multiple digit replantation and functional rehabilitation[J]. Zhonghua Shou Wai Ke Za Zhi[Chin J Hand Surg(Article in Chinese;Abstract in Chinese and English)],1998,14(1):28-29.}

[2538] 李宝山，章雪松，秦宝玉. 双指离断部分缺失合并再植一例[J]. 中华显微外科杂志，1999，22(1)：78. DOI：10.3760/cma.j.issn.1001-2036.1999.01.054. {LI Baoshan,ZHANG Xuesong,QIN Baoyu. A case of two-finger severed partial deletion combined with replantation[J]. Zhonghua Xian Wei Wai Ke Za Zhi[Chin J Microsurg(Article in Chinese;No abstract available)],1999,22(1):78. DOI:10.3760/cma.j.issn.1001-2036.1999.01.054.}

[2539] 陈晓春，侯瑞兴，王海文. 腕掌复合组织伴三指离断再植成活一例[J]. 中华显微外科杂志，1999，22(3)：188. DOI：10.3760/cma.j.issn.1001-2036.1999.03.051. {CHEN Xiaochun,HOU Ruixing,WANG Haiwen. A case of replantation of complex tissue of wrist and palm with three fingers cut off[J]. Zhonghua Xian Wei Wai Ke Za Zhi[Chin J Microsurg(Article in Chinese;No abstract available)],1999,22(3):188. DOI:10.3760/cma.j.issn.1001-2036.1999.03.051.}

[2540] 徐煜，林格生，邓红平. 多指毁损性离断组合移位再植重建拇指一例[J]. 中华显微外科杂志，2000，23(3)：190. DOI：10.3760/cma.j.issn.1001-2036.2000.03.051. {XU Yi,LIN Gesheng,DENG Hongping. A case of replantation of thumb with multiple destructive severing combined displacement and replantation[J]. Zhonghua Xian Wei Wai Ke Za Zhi[Chin J Microsurg(Article in Chinese;No abstract available)],2000,23(3):190. DOI:10.3760/cma.j.issn.1001-2036.2000.03.051.}

[2541] 魏长月，范启申，郭德亮. 多指断离再植[J]. 中国修复重建外科杂志，2000，14(1)：55. {WEI Changyue,FAN Qishen,GUO Deliang. Polydactyly replanted[J]. Zhongguo Xiu Fu Chong Jian Wai Ke Za Zhi[Chin J Repar Reconstr Surg(Article in Chinese;No abstract available)],2000,14(1):55.}

[2542] 刘兴炎，葛宝丰，甄平，高秋明，李旭升，傅晨. 多指再植与功能恢复的关系[J]. 中国骨伤，2001，14(7)：389-391. DOI：10.3969/j.issn.1003-0034.2001.07.002. {LIU Xingyan,GE Baofeng,ZHEN Ping,GAO Qiuming,LI Xusheng,FU Chen. Relationship between replantation of multi-finger amputation and function recovery[J]. Zhongguo Gu Shang[China J Orthop Trauma(Article in Chinese;Abstract in Chinese and English)],2001,14(7):389-391. DOI:10.3969/j.issn.1003-0034.2001.07.002.}

[2543] 张长清，韦加宁，田光磊，李庆泰. 多手指离断再植术207指临床分析[J]. 中华医学杂志，2001，81（3）：182-183. DOI: 10.3760/j: issn: 0376-2491.2001.03.018. {ZHANG Changqing,WEI Jianing,TIAN Guanglei,LI Qingtai. Clinical analysis of replantation of 207 fingers with multiple fingers[J]. Zhonghua Yi Xue Za Zhi[Natl Med J China(Article in Chinese;No abstract available)],2001,81(3):182-183. DOI:10.3760/j:issn:0376-2491.2001.03.018.}

[2544] 杨中华，周必光，彭正人，林强，危蕾，潘昊，廖苏平. 多指节段性毁损性离断再植[J]. 中国修复重建外科杂志，2001，15（6）：370-372. {YANG Zhonghua,ZHOU Biguang,PENG Zhengren,LIN Qiang,WEI Lei,PAN Hao,LIAO Suping. Replantation of segmental destructive amputation of multiple fingers[J]. Zhongguo Xiu Fu Chong Jian Wai Ke Za Zhi[Chin J Repar Reconstr Surg(Article in Chinese;Abstract in Chinese and English)],2001,15(6):370-372.}

[2545] 赵劲民，杨志，苏伟，阳富春，沙轲，韦庆军，丁晓飞，白鹤. 双手八指完全离断再植成功一例[J]. 中华显微外科杂志，2001，24（3）：239. DOI: 10.3760/cma.j.issn.1001-2036.2001.03.048. {ZHAO Jinmin,YANG Zhi,SU Wei,YANG Fuchun,SHA Ke,WEI Qingjun,DING Xiaofei,BAI He. A successful replantation of the eight fingers of both hands[J]. Zhonghua Xian Wei Wai Ke Za Zhi[Chin J Microsurg(Article in Chinese;No abstract available)],2001,24(3):239. DOI:10.3760/cma.j.issn.1001-2036.2001.03.048.}

[2546] 黄东，吴伟炽，伍庆松，毛莉颖，张惠茹. 多指离断再植的探讨[J]. 中华显微外科杂志，2002，25（1）：28-30. DOI: 10.3760/cma.j.issn.1001-2036.2002.01.011. {HUANG Dong,WU Weichi,WU Qingsong,MAO Liying,ZHANG Huiru. Treatment outcome of multiple digital replantation[J]. Zhonghua Xian Wei Wai Ke Za Zhi[Chin J Microsurg(Article in Chinese;Abstract in Chinese and English)],2002,25(1):28-30. DOI:10.3760/cma.j.issn.1001-2036.2002.01.011.}

[2547] 杨小祥. 一组手术人员开展多手指离断再植术的经验[J]. 中华手外科杂志，2003，19（3）：144. DOI: 10.3760/cma.j.issn.1005-054X.2003.03.008. {YANG Xiaoxiang. Experience of replantation of multiple amputated finger by a team of surgeons[J]. Zhonghua Shou Wai Ke Za Zhi[Chin J Hand Surg(Article in Chinese;No abstract available)],2003,19(3):144. DOI:10.3760/cma.j.issn.1005-054X.2003.03.008.}

[2548] 潘风雨，田万成. 多指离断中的同步法再植[J]. 中华手外科杂志，2006，22（5）：286-288. {PAN Fengyu,TIAN Wancheng. Synchronous replantation in multi-finger dissection[J]. Zhonghua Shou Wai Ke Za Zhi[Chin J Hand Surg(Article in Chinese;Abstract in Chinese and English)],2006,22(5):286-288.}

[2549] 张长清，田光磊，李庆泰，常万绅. 多指断指再植的临床经验与体会[J]. 中华损伤与修复杂志（电子版），2006，1(1)：34-37. {ZHANG Changqing,TIAN Guanglei,LI Qingtai,CHANG Wanshen. Probe into improve quality of multiple digit replantation[J]. Zhonghua Sun Shang Yu Xiu Fu Za Zhi Dian Zi Ban[Chin J Injury Repair Wound Healing(Electr Ed)(Article in Chinese;Abstract in Chinese and English)],2006,1(1):34-37.}

[2550] 张健，王欣，陈宏，李学渊. 双手多指离断再植42例临床分析[J]. 实用手外科杂志，2006，20(3)：151-153. DOI: 10.3969/j.issn.1671-2722.2006.03.007. {ZHANG Jian,WANG Xin,CHEN Hong,LI Xueyuan. Clinical analysis of 42 cases with multiple digital replantation[J]. Shi Yong Shou Wai Ke Za Zhi[Chin J Pract Hand Surg(Article in Chinese;Abstract in Chinese and English)],2006,20(3):151-153. DOI:10.3969/j.issn.1671-2722.2006.03.007.}

[2551] 唐举玉，刘鸣江，谢松林，刘俊，吴攀峰，夏小丹，黄新峰，周满荣. 双手八指离断伤再植成功二例报告[J]. 中华手外科杂志，2006，22（3）：192. {TANG Juyu,LIU Mingjiang,XIE Songlin,LIU Jun,WU Panfeng,XIA Xiaodan,HUANG Xinfeng,ZHOU Manrong. Two cases report of successful replantation of amputated injury of both hands and eight fingers[J]. Zhonghua Shou Wai Ke Za Zhi[Chin J Hand Surg(Article in Chinese;No abstract available)],2006,22(3):192.}

[2552] 潘风雨，田万成. 多手指离断再植方法的改进与应用[J]. 中华创伤杂志，2008，24（3）：216-218. DOI: 10.3321/j.issn: 1001-8050.2008.03.017. {PAN Fengyu,TIAN Wancheng. Augmentation and clinical application of replantation of severed multi-fingers[J]. Zhonghua Chuang Shang Za Zhi[Chin J Trauma(Article in Chinese;Abstract in Chinese and English)],2008,24(3):216-218. DOI:10.3321/j.issn:1001-8050.2008.03.017.}

[2553] 秦金桥，黄潮桐，陈隆福，李敬矿，朱家恺，陈冬生. 多指再植可吸收髓内钉与克氏针内固定效果比较研究[J]. 中国临床解剖学杂志，2009，27（1）：100-102，105. {QIN Jinqiao,HUANG Chaotong,CHEN Longfu,LI Jingkuang,ZHU Jiakai,CHEN Dongsheng. The comparative study of the effects of absorbable intramedullary nails and kirschner wire on amputated finger replantation[J]. Zhongguo Lin Chuang Jie Pou Xue Za Zhi[Chin J Clin Anat(Article in Chinese;Abstract in Chinese and English)],2009,27(1):100-102,105.}

[2554] 曾剑文，谢建军，李国勇. 基层医院多指离断再植21例体会[J]. 中华显微外科杂志，2009，32（4）：304. DOI: 10.3760/cma.j.issn.1001-2036.2009.04.016. {ZENG Jianwen,XIE Jianjun,LI Guoyong. Experience of 21 cases of multi-finger dissected replantation in primary hospitals[J]. Zhonghua Xian Wei Wai Ke Za Zhi[Chin J Microsurg(Article in Chinese;No abstract available)],2009,32(4):304. DOI:10.3760/cma.j.issn.1001-2036.2009.04.016.}

[2555] 欧学海，邱武安，张丽君，何蔼民，张红星，蔡鹰，尚池. 同侧五指撕脱离断再植成功一例[J]. 中华显微外科杂志，2010，33（4）：314. DOI: 10.3760/cma.j.issn.1001-2036.2010.04.019. {OU Xuehai,QIU Wuan,ZHANG Lijun,HE Aimin,ZHANG Hongxing,CAI Ying,SHANG Chi. A successful replantation of ipsilateral five fingers[J]. Zhonghua Xian Wei Wai Ke Za Zhi[Chin J Microsurg(Article in Chinese;No abstract available)],2010,33(4):314. DOI:10.3760/cma.j.issn.1001-2036.2010.04.019.}

[2556] 朱辉，孙峰，李刚，滕道练，寿奎水. 多指异位寄养回植一例[J]. 中华手外科杂志，2012，28（6）：381-382. DOI: 10.3760/cma.j.issn.1005-054X.2012.06.031. {ZHU Hui,SUN Feng,LI Gang,TENG Daolian,SHOU Kuishui. A case of multi-finger ectopic foster care[J]. Zhonghua Shou Wai Ke Za Zhi[Chin J Hand Surg(Article in Chinese;No abstract available)],2012,28(6):381-382. DOI:10.3760/cma.j.issn.1005-054X.2012.06.031.}

[2557] 王生钰，谢建华，李再桂，刘海华，张克录，张永强. 多指离断再植的临床研究[J]. 实用手外科杂志，2012，26（2）：101-103. DOI: 10.3969/j.issn.1671-2722.2012.02.002. {WANG Shengyu,XIE Jianhua,LI Zaigui,LIU Haihua,ZHANG Kelu,ZHANG Yongqiang. Clinical research of replantation of multiple severed fingers[J]. Shi Yong Shou Wai Ke Za Zhi[Chin J Pract Hand Surg(Article in Chinese;Abstract in Chinese and English)],2012,26(2):101-103. DOI:10.3969/j.issn.1671-2722.2012.02.002.}

[2558] 王杰，杨开波，王浩，李林. 近节毁损四指缩短再植一例[J]. 中华手外科杂志，2012，28（1）：4. {WANG Jie,YANG Kaibo,WANG Hao,LI Lin. A case of replantation with four fingers shortened in the proximal segment[J]. Zhonghua Shou Wai Ke Za Zhi[Chin J Hand Surg(Article in Chinese;No abstract available)],2012,28(1):4.}

[2559] 谢建华，王生钰，李再桂，张永强，张克录，刘海华，官有会. 仅掌侧皮肤相连的多指离断再植的临床研究[J]. 实用手外科杂志，2013，27（2）：145-147. DOI: 10.3969/j.issn.1671-2722.2013.02.015. {XIE Jianhua,WANG Shengyu,LI Zaigui,ZHANG Yongqiang,ZHANG Kelu,LIU Haihua,GUAN Youhui. Clinical research of replantation of severed finger combined with only palm skin[J]. Shi Yong Shou Wai Ke Za Zhi[Chin J Pract Hand Surg(Article in Chinese;Abstract in Chinese and English)],2013,27(2):145-147. DOI:10.3969/j.issn.1671-2722.2013.02.015.}

[2560] 陶忠生，周军，于宝占，赵伟超，郭中华，王延杰，冯亚高. 微型钛板在多指离断再植中的应用[J]. 实用手外科杂志，2013，27（4）：356-357. DOI: 10.3969/j.issn.1671-2722.2013.04.016. {TAO Zhongsheng,ZHOU Jun,YU Baozhan,ZHAO Weichao,GUO Zhonghua,WANG Yanjie,FENG Yagao. Application of mini titanium plate in replantation of multiple severed fingers[J]. Shi Yong Shou Wai Ke Za Zhi[Chin J Pract Hand Surg(Article in Chinese;Abstract in Chinese and English)],2013,27(4):356-357. DOI:10.3969/j.issn.1671-2722.2013.04.016.}

[2561] 田林，向滔，石峰，刘小胜，高波. 双手七指离断再植成功一例[J]. 中华显微外科杂志，2016，39（6）：618-619. DOI: 10.3760/cma.j.issn.1001-2036.2016.06.035. {TIAN Lin,XIANG Tao,SHI Feng,LIU Xiaosheng,GAO Bo. A successful replantation of the severed fingers of both hands[J]. Zhonghua Xian Wei Wai Ke Za Zhi[Chin J Microsurg(Article in Chinese;No abstract available)],2016,39(6):618-619. DOI:10.3760/cma.j.issn.1001-2036.2016.06.035.}

[2562] 江克罗，张文正，伍辉国，叶恒力，王云锋，张崇建，僸凌锋. 手部多指完全离断再植的临床应用与体会[J]. 中华显微外科杂志，2018，41（1）：88-90. DOI: 10.3760/cma.j.issn.1001-2036.2018.01.024. {JIANG Keluo,ZHANG Wenzheng,WU Huiguo,YE Hengli,WANG Yunfeng,ZHANG Chongjian,QI Lingfeng. Clinical application and experience of complete replantation of multiple fingers of hand[J]. Zhonghua Xian Wei Wai Ke Za Zhi[Chin J Microsurg(Article in Chinese;Abstract in Chinese)],2018,41(1):88-90. DOI:10.3760/cma.j.issn.1001-2036.2018.01.024.}

[2563] 欧昌良，邹永根，罗旭超，周鑫，陈龙峰，黄宇，彭忠毅. 多指离断再植的体会[J]. 创伤外科杂志，2018，20(5)：384-387. DOI: 10.3969/j.issn.1009-4237.2018.05.017. {OU Changliang,ZOU Yonggen,LUO Xuchao,ZHOU Xin,CHEN Longfeng,HUANG Yu,PENG Zhongyi. The experience of successful replantation of multiple fingers[J]. Chuang Shang Wai Ke Za Zhi[J Traum Surg(Article in Chinese;Abstract in Chinese and English)],2018,20(5):384-387. DOI:10.3969/j.issn.1009-4237.2018.05.017.}

[2564] 王克列，张子清，李木卫，张哲，肖春生，马立峰，杨延军. 多指离断再植手术方法与策略[J]. 实用手外科杂志，2018，32(1)：73-76. DOI: 10.3969/j.issn.1671-2722.2018.01.025. {WANG Keli,ZHANG Ziqing,LI Muwei,ZHANG Zhe,XIAO Chunsheng,MA Lifeng,YANG Yanjun. Method and strategy of multi finger replantation[J]. Shi Yong Shou Wai Ke Za Zhi[Chin J Pract Hand Surg(Article in Chinese;Abstract in Chinese and English)],2018,32(1):73-76. DOI:10.3969/j.issn.1671-2722.2018.01.025.}

[2565] 薛鑫鑫，杨朝昕，王培. 双手七指完全离断再植成功一例[J]. 中华显微外科杂志，2019，42（5）：514-515. DOI: 10.3760/cma.j.issn.1001-2036.2019.05.027. {XUE Xinxin,YANG Chaoxin,WANG Pei. A successful replantation of seven fingers in both hands[J]. Zhonghua Xian Wei Wai Ke Za Zhi[Chin J Microsurg(Article in Chinese;Abstract in Chinese)],2019,42(5):514-515. DOI:10.3760/cma.j.issn.1001-2036.2019.05.027.}

2.2.6.2.1 十指离断再植
ten-digit replantation

[2566] Lu YU,Ge J,Huang YT,Chu SC,Wang Z,Lu Y,Shi SM,Hu YY,Shi KC,Wang G. Successful replantation in ten-digit complete amputations[J]. J Reconstr Microsurg,1988,4(2):123-129. doi:10.1055/s-2007-1006910.

[2567] LI Qing-tai,ZHANG Chang-qing,YANG Ke-fei,CHEN Sha-ling,LIU Jan,LIU Zun-ying. Successful replantation in 10-digit complete amputations[J]. Plast Reconstr Surg,1996,98(2):348-353. doi:10.1097/00006534-199608000-00023.

[2568] Cong H,Sui H,Wang C,Wang Z,Yang Q,Wang B. Ten-digit replantation with seven years follow-up:A case report[J]. Microsurgery,2010,30(5):405-409. doi:10.1002/micr.20757.

[2569] 葛竞，褚晓朝，王臻，陆耘，王刚，刘健，张烈，武宇赤，陆裕朴，黄耀添，胡蕴玉，李稔生，石凯军，尹烈. 十指再植全部成活（一例报告）[J]. 中华骨科杂志，1986，6（6）：401-403. {GE Jin,CHU Xiaochao,WANG Zhen,LU Yun,WANG Gang,LIU Jian,ZHANG Lie,WU Yuchi,LU Yupu,HUANG Yaotian,HU Yunyu,LI Rensheng,SHI Kaijun,YIN Lie. Successful replantation of all ten digits in one patient[J]. Zhonghua Gu Ke Za Zhi[Chin J Orthop(Article in Chinese;Abstract in Chinese and English)],1986,6(6):401-403.}

[2570] 周礼荣，杨崇勇，任有成，丁任，高明. 十指离断九指再植成功一例报告[J]. 中华外科杂志，1987，25（5）：276. {ZHOU Lirong,YANG Chongyong,REN Youcheng,DING Ren,GAO Ming. A case report of successful replantation of ten fingers apart and nine fingers[J]. Zhonghua Wai Ke Za Zhi[Chin J Surg(Article in Chinese;No abstract available)],1987,25(5):276.}

[2571] 田立杰，蔡林芳，辛畅泰，李崇杰，王玉，程云飞，薛启祥，冯世民. 十指离断再植九指成活一例报告[J]. 中华医学杂志，1987，67（1）：51. {TIAN Lijie,CAI Linfang,XIN Changtai,LI Chongjie,WANG Yu,CHENG Yunfei,XUE Qixiang,FENG Shimin. A case report on the survival of the ten fingers after being cut off and replanting the nine fingers[J]. Zhonghua Yi Xue Za Zhi[Natl Med J China(Article in Chinese;No abstract available)],1987,67(1):51.}

[2572] 蔡林方，辛畅泰，田立杰，王玉，程云飞，莫忆南，刘绍辉. 十指再植全部成活一例报告[J]. 中华显微外科杂志，1990，13（4）：234-235. {CAI Linfang,XIN Changtai. A case report of all ten fingers replanted alive[J]. Zhonghua Xian Wei Wai Ke Za Zhi[Chin J Microsurg(Article in Chinese;No abstract available)],1990,13(4):234-235.}

[2573] 李庆泰，张长清，杨克非，陈山林，刘健，刘俊英. 10指完全离断再植成功一例报告[J]. 中华外科杂志，1995，33（2）：283-284. {LI Qingtai,ZHANG Changqing,YANG Kefei,CHEN Shanlin,LIU Jian,LIU Junying. Successful replantation in ten-digit complete amputation:a case report[J]. Zhonghua Wai Ke Za Zhi[Chin J Surg(Article in Chinese;No abstract available)],1995,33(2):283-284.}

[2574] 欧耀芬，邓军强，彭杨国，翁阳华，周天洪，陈伟光. 十指离断再植成功一例报告[J]. 中华显微外科杂志，1996，19（1）：78. {OU Yaofen,DENG Junqiang,PENG Yangguo,WENG Yanghua,ZHOU Tianhong,CHEN Weiguang. A case report of successful replantation of ten fingers[J]. Zhonghua Xian Wei Wai Ke Za Zhi[Chin J Microsurg(Article in Chinese;No abstract available)],1996,19(1):78.}

[2575] 谢昌平，赵东升，张文，周明武，裴国献，李坤德，张胜利. 双手十指完全离断再植成功二例报告[J]. 中华手外科杂志，1997，13（4）：34-35. {XIE Changping,ZHAO Dongkai,ZHANG Wen,ZHOU Mingwu,PEI Guoxian,LI Kunde,ZHANG Shengli. Two cases report of successful replantation of ten fingers of both hands[J]. Zhonghua Shou Wai Ke Za Zhi[Chin J Hand Surg(Article in Chinese;No abstract available)],1997,13(4):34-35.}

[2576] 谢振荣，梁敏，尹烈. 双手十指断指再植成功一例[J]. 中华显微外科杂志，1998，21（4）：247. DOI: 10.3760/cma.j.issn.1001-2036.1998.04.045. {XIE Zhenrong,LIANG Min,YIN Lie. A successful replantation of amputated fingers of both hands[J]. Zhonghua Xian Wei Wai Ke Za Zhi[Chin J Microsurg(Article in Chinese;No abstract available)],1998,21(4):247. DOI:10.3760/cma.j.issn.1001-2036.1998.04.045.}

[2577] 谢昌平，赵东升，张文. 双手十指完全离断再植成功三例[J]. 中华显微外科杂志，1999，22（1）：61. DOI: 10.3760/cma.j.issn.1001-2036.1999.01.027. {XIE Changping,ZHAO Dongsheng,ZHANG Wen. Three successful cases of replantation of the ten fingers of both hands[J]. Zhonghua Xian Wei Wai Ke Za Zhi[Chin J Microsurg(Article in Chinese;No abstract available)],1999,22(1):61. DOI:10.3760/cma.j.issn.1001-2036.1999.01.027.}

[2578] 裴国献. 10指离断再植[J]. 中华手外科杂志，1999，15（4）：195. {PEI Guoxian. 10 finger replantation[J]. Zhonghua Shou Wai Ke Za Zhi[Chin J Hand Surg(Article in Chinese;No abstract available)],1999,15(4):195.}

[2579] 刘兴炎，甄平，葛宝丰，高秋明，李旭升，王宏东. 伴有挤压伤的十指离断再植

成活一例[J]. 中华显微外科杂志，2000，23(1)：31. DOI：10.3760/cma.j.issn.1001-2036.2000.01.045. {LIU Xingyan,ZHEN Ping,GE Baofeng,GAO Qiuming,LI Xusheng,WANG Hongdong. A case of replantation of amputated fingers with crush injury[J]. Zhonghua Xian Wei Wai Ke Za Zhi[Chin J Microsurg(Article in Chinese;No abstract available)],2000,23(1):31. DOI:10.3760/cma.j.issn.1001-2036.2000.01.045.}

[2580] 赵胡瑞，邓万祥，刘宝恒. 十指完全性离断再植成功一例报告[J]. 中华手外科杂志，2000，16(4)：228. DOI：10.3760/cma.j.issn.1005-054X.2000.04.027. {ZHAO Hurui,DENG Wanxiang,LIU Baoheng. A case report of successful replantation of ten fingers[J]. Zhonghua Shou Wai Ke Za Zhi[Chin J Hand Surg(Article in Chinese;No abstract available)],2000,16(4):228. DOI:10.3760/cma.j.issn.1005-054X.2000.04.027.}

[2581] 王增涛，李军，陈福生，曾涛，王涛，吴太安，张新国，姚世新. 吻合60条血管的十指离断再植一例[J]. 中华手外科杂志，2001，17(Z1)：69. DOI：10.3760/cma.j.issn.1005-054X.2001.z1.041. {WANG Zengtao,LI Jun,CHEN Fusheng,ZENG Tao,WANG Tao,WU Tai'an,ZHANG Xinguo,YAO Shixin. A case of replantation of ten fingers anastomosed with 60 blood vessels[J]. Zhonghua Shou Wai Ke Za Zhi[Chin J Hand Surg(Article in Chinese;No abstract available)],2001,17(Z1):69. DOI:10.3760/cma.j.issn.1005-054X.2001.z1.041.}

[2582] 丛海波，隋海明，王祝民，林浩，王晨霖，杨庆民. 双手十指离断再植成功一例[J]. 中华显微外科杂志，2002，25(3)：239. DOI：10.3760/cma.j.issn.1001-2036.2002.03.046. {CONG Haibo,SUI Haiming,WANG Zhumin,LIN Hao,WANG Chenlin,YANG Qingmin. A successful replantation of ten fingers with both hands[J]. Zhonghua Xian Wei Wai Ke Za Zhi[Chin J Microsurg(Article in Chinese;No abstract available)],2002,25(3):239. DOI:10.3760/cma.j.issn.1001-2036.2002.03.046.}

[2583] 谢振荣，尹烈，梁敏，周围. 十指离断再植术后功能随访报告[J]. 中华显微外科杂志，2003，26(2)：141-143. DOI：10.3760/cma.j.issn.1001-2036.2003.02.023. {XIE Zhenrong,YIN Lie,LIANG Min,ZHOU Wei. Follow-up report on function after replantation of amputated fingers[J]. Zhonghua Xian Wei Wai Ke Za Zhi[Chin J Microsurg(Article in Chinese;No abstract available)],2003,26(2):141-143. DOI:10.3760/cma.j.issn.1001-2036.2003.02.023.}

[2584] 欧耀芬，彭扬国，翁阳华，周天洪. 十指离断再植术后远期效果分析[J]. 中华显微外科杂志，2003，26(4)：301-302. DOI：10.3760/cma.j.issn.1001-2036.2003.04.026. {OU Yaofen,PENG Yangguo,WENG Yanghua,ZHOU Tianhong. Analysis of long-term effects after replantation of ten fingers[J]. Zhonghua Xian Wei Wai Ke Za Zhi[Chin J Microsurg(Article in Chinese;No abstract available)],2003,26(4):301-302. DOI:10.3760/cma.j.issn.1001-2036.2003.04.026.}

[2585] 王成斌，鲍玉松. 十指断离全部再植成活的体会[J]. 中华显微外科杂志，2004，27(3)：202. DOI：10.3760/cma.j.issn.1001-2036.2004.03.048. {WANG Chengbin,BAO Yusong. The experience of replanting all the ten fingers broken into alive[J]. Zhonghua Xian Wei Wai Ke Za Zhi[Chin J Microsurg(Article in Chinese;No abstract available)],2004,27(3):202. DOI:10.3760/cma.j.issn.1001-2036.2004.03.048.}

[2586] 夏霆，李进，黄卫东，徐基农，周宪章，李展新，郑秋菊，招铭辉. 十指离断再植成功一例[J]. 中华显微外科杂志，2008，31(5)：343. DOI：10.3760/cma.j.issn.1001-2036.2008.05.036. {XIA Ting,LI Jin,HUANG Weidong,XU Jinong,ZHOU Xianzhang,LI Zhanxin,ZHENG Qiuju,ZHAO Minghui. A successful replantation of ten fingers[J]. Zhonghua Xian Wei Wai Ke Za Zhi[Chin J Microsurg(Article in Chinese;No abstract available)],2008,31(5):343. DOI:10.3760/cma.j.issn.1001-2036.2008.05.036.}

[2587] 崔树森，李锐，李春雨，张巨，朱清远，于维，赵丽娜，郑有祯，张为众. 伴有粉碎性骨折及淤斑的十指离断再植成活一例[J]. 中华显微外科杂志，2009，32(2)：173-174. DOI：10.3760/cma.j.issn.1001-2036.2009.02.041. {CUI Shusen,LI Rui,LI Chunyu,ZHANG Ju,ZHU Qingyuan,YU Wei,ZHAO Lina,ZHENG Wenzhen,ZHANG Weizhong. A case of replantation of ten fingers with comminuted fracture and ecchymosis[J]. Zhonghua Xian Wei Wai Ke Za Zhi[Chin J Microsurg(Article in Chinese;No abstract available)],2009,32(2):173-174. DOI:10.3760/cma.j.issn.1001-2036.2009.02.041.}

[2588] 王学勇，苏维军，陈雷，武来玺，闫明，王华，金福儒. 十指完全离断再植成功一例[J]. 中华显微外科杂志，2012，35(1)：9. DOI：10.3760/cma.j.issn.1001-2036.2012.01.005. {WANG Xueyong,SU Weijun,CHEN Lei,WU Laixi,YAN Ming,WANG Hua,JIN Furu. A successful replantation of ten fingers completely separated[J]. Zhonghua Xian Wei Wai Ke Za Zhi[Chin J Microsurg(Article in Chinese;No abstract available)],2012,35(1):9. DOI:10.3760/cma.j.issn.1001-2036.2012.01.005.}

[2589] 谢伟勇，张兴世，陈西政，黄富荣，魏奕. 双手十指离断再植成功一例及文献分析[J]. 中华显微外科杂志，2014，37(5)：504-507. DOI：10.3760/cma.j.issn.1001-2036.2014.05.028. {XIE Weiyong,ZHANG Xingshi,CHEN Xizheng,HUANG Furong,WEI Yi. A successful replantation of amputated fingers of both hands and literature analysis[J]. Zhonghua Xian Wei Wai Ke Za Zhi[Chin J Microsurg(Article in Chinese;No abstract available)],2014,37(5):504-507. DOI:10.3760/cma.j.issn.1001-2036.2014.05.028.}

[2590] 张子清，杨延军，马立峰，刘铭波，王克列，李木卫. 十指与双前臂同时离断再植成功一例及文献复习[J]. 中华显微外科杂志，2016，39(4)：348-350. DOI：10.3760/cma.j.issn.1001-2036.2016.04.010. {ZHANG Ziqing,YANG Yanjun,MA Lifeng,LIU Mingbo,WANG Keli,LI Muwei. A case of successful replantation of simultaneous amputation of 10 fingers and both forearms and the literature review[J]. Zhonghua Xian Wei Wai Ke Za Zhi[Chin J Microsurg(Article in Chinese;Abstract in Chinese and English)],2016,39(4):348-350. DOI:10.3760/cma.j.issn.1001-2036.2016.04.010.}

[2591] 苗平，王瑞，葛华平，夏既柏，严纪辉，孙莹，张艳军，胡晓美. 双手十指经不同平面完全离断一例救治成功报告及分析[J]. 中华显微外科杂志，2018，41(3)：270-273. DOI：10.3760/cma.j.issn.1001-2036.2018.03.019. {MIAO Ping,WANG Rui,GE Huaping,XIA Jibai,YAN Jihui,SUN Ying,ZHANG Yanjun,HU Xiaomei. A successful treatment report and analysis of a case where the ten fingers of both hands were completely separated from different planes[J]. Zhonghua Xian Wei Wai Ke Za Zhi[Chin J Microsurg(Article in Chinese;Abstract in Chinese)],2018,41(3):270-273. DOI:10.3760/cma.j.issn.1001-2036.2018.03.019.}

[2592] 李军，陈福生，王茂荣，李中飞，姚世新，孙晓红. 10指完全离断同时再植与再造修复的临床分析[J]. 中华手外科杂志，2020，36(3)：229-231. {LI Jun,CHEN Fusheng,WANG Maorong,LI Zhongfei,YAO Shixin,SUN Xiaohong. Clinical analysis of 10 fingers completely amputated and replanted and reconstructed at the same time[J]. Zhonghua Shou Wai Ke Za Zhi[Chin J Hand Surg(Article in Chinese;No abstract available)],2020,36(3):229-231.}

2.2.6.3 旋转撕脱性断指再植
replantation of severed digit by rotatory avulsion

[2593] Cheng GL,Pan DD,Qu ZY,Lin B,Yang ZX. Replantation of avulsively amputated thumb or degloved finger[J]. Chin Med J,1984,97(4):239-244.

[2594] Cheng GL,Pan DD,Qu ZY,Lin B,Yang ZX. Replantation of avulsively amputated thumb:a report of 15 cases[J]. Ann Plast Surg,1985,15(6):474-480. doi:10.1097/00000637-198512000-00004.

[2595] Cao X,Cai J,Liu W. Avulsive amputations of the thumb:comparison of replantation techniques[J]. Microsurgery,1996,17(1):17-20. doi:10.1002/(SICI)1098-2752(1996)17:1<17::AID-MICR3>3.0.CO;2-T.

[2596] Chen L,Gu J. Replantation of a completely detached degloved thumb[J]. Microsurgery,1996,17(1):48-50. doi:10.1002/(SICI)1098-2752(1996)17:1<48::AID-MICR9>3.0.CO;2-S.

[2597] Wang X,Zhang P,Zhou Y. Replantation of a circumferentially degloved ring finger by venous arterializations[J]. Indian J Orthop,2013,47(4):422-424. doi:10.4103/0019-5413.114939.

[2598] Zhang Q,Cao XC. Re-implantation of a degloving amputation of distal index finger caused by fireworks:a case report and literature review[J]. West Indian Med J,2013,62(6):567-569. doi:10.7727/wimj.2012.257.

[2599] Yuan C,Liu H,Zhang H,Wang T,Gu J. Tendon function after replantation of complete thumb avulsion amputations[J]. ANZ J Surg,2021,91(3):425-429. doi:10.1111/ans.16344.

[2600] 程国良，潘达德，曲智勇，林彬，杨志贤. 拇指旋转撕脱性离断的再植（附12例报告）[J]. 中华外科杂志，1982，20(12)：712-715. {CHENG Guoliang,PAN Dade,QU Zhiyong,LIN Bin,YANG Zhixian. Replantation of rotational avulsion of thumb (report of 12 cases)[J]. Zhonghua Wai Ke Za Zhi[Chin J Surg(Article in Chinese;No abstract available)],1982,20(12):712-715.}

[2601] 冯光宙，何蔼民. 环指旋转撕脱性断指再植[J]. 中华手外科杂志，1993，9(4)：208-209. {FENG Guangzhou,HE Aimin. Rotational avulsion of ring finger replantation[J]. Zhonghua Shou Wai Ke Za Zhi[Chin J Hand Surg(Article in Chinese;Abstract in Chinese)],1993,9(4):208-209.}

[2602] 徐永清，李主一，高田军，翁龙江. 小儿示指旋转撕脱性断指特点及其再植[J]. 中华手外科杂志，1995，11(4)：3-4. {XU Yongqing,LI Zhuyi,GAO Tianjun,WENG Longjiang. Replantation and characteristic of rotational avulsed index finger in children[J]. Zhonghua Shou Wai Ke Za Zhi[Chin J Hand Surg(Article in Chinese;Abstract in Chinese)],1995,11(4):3-4.}

[2603] 仝占坤，马海燕，韩磊，董爱芝. 拇指旋转撕脱性断指再植六例报告[J]. 中华显微外科杂志，1996，19(4)：310. {TONG Zhankun,MA Haiyan,HAN Lei,DONG Aizhi. A report of six cases of replantation of thumb rotation avulsed amputated finger[J]. Zhonghua Xian Wei Wai Ke Za Zhi[Chin J Microsurg(Article in Chinese;No abstract available)],1996,19(4):310.}

[2604] 潘希贵，王成琪. 拇指旋转撕脱性离断再植几个技术问题探讨[J]. 中华手外科杂志，1996，12(4)：219-221. {PAN Xigui,WANG Chengqi. Discussion on several technical problems of replantation of rotational avulsion of thumb[J]. Zhonghua Shou Wai Ke Za Zhi[Chin J Hand Surg(Article in Chinese;Abstract in Chinese)],1996,12(4):219-221.}

[2605] 丁玉勤，曹斌，魏勇，江海庭，王谦军，王成琪. 旋转挤压撕脱伤致拇指关节离断再植体会[J]. 中华显微外科杂志，1997，20(2)：69-70. {DING Yuqin,CAO Bin,WEI Yong,JIANG Haiting,WANG Qianjun,WANG Chengqi. Experience of replantation of thumb joint broken due to rotational squeeze avulsion[J]. Zhonghua Xian Wei Wai Ke Za Zhi[Chin J Microsurg(Article in Chinese;Abstract in Chinese)],1997,20(2):69-70.}

[2606] 杨小辉，纪柳，丁爱国，唐哲明. 手指旋转撕脱离断的再植[J]. 中华显微外科杂志，1997，20(3)：74-75. {YANG Xiaohui,JI Liu,DING Aiguo,TANG Zheming. Rotating and tearing fingers off the replantation[J]. Zhonghua Xian Wei Wai Ke Za Zhi[Chin J Microsurg(Article in Chinese;No abstract available)],1997,20(3):74-75.}

[2607] 胡军祖，唐建东，潘明玉. 小儿拇指旋转撕脱性离断再植一例报告[J]. 中华骨科杂志，1999，19(1)：62. DOI：10.3760/j.issn：0253-2352.1999.01.021. {HU Junzu,TANG Jiandong,PAN Mingyu. A case report of replantation of rotational avulsion of thumb in a child[J]. Zhonghua Gu Ke Za Zhi[Chin J Orthop(Article in Chinese;Abstract in Chinese)],1999,19(1):62. DOI:10.3760/j.issn:0253-2352.1999.01.021.}

[2608] 江起庭，方小飞，秦祖峰，张咸中. 静脉动脉化再植全拇指旋转撕脱性完全离断成功一例报告[J]. 中华手外科杂志，2001，17(3)：141. DOI：10.3760/cma.j.issn.1005-054X.2001.03.019. {JIANG Qiting,FANG Xiaofei,QIN Zufeng,ZHANG Xianzhong. A case report of a successful complete rotation and avulsion of the thumb after replantation of venous arterialization[J]. Zhonghua Shou Wai Ke Za Zhi[Chin J Hand Surg(Article in Chinese;No abstract available)],2001,17(3):141. DOI:10.3760/cma.j.issn.1005-054X.2001.03.019.}

[2609] 吴克坚，刘顺国，李海东，张宁生. 旋转撕脱性断指再植26例报告[J]. 中华手外科杂志，2001，17(4)：256. DOI：10.3760/cma.j.issn.1005-054X.2001.04.029. {WU Kejian,LIU Shunguo,LI Haidong,ZHANG Ningsheng. Report of 26 cases of replantation of rotating avulsed amputated finger[J]. Zhonghua Shou Wai Ke Za Zhi[Chin J Hand Surg(Article in Chinese;No abstract available)],2001,17(4):256. DOI:10.3760/cma.j.issn.1005-054X.2001.04.029.}

[2610] 何仿，郝鹏. 复杂旋转撕脱伤断指再植179例[J]. 临床骨科杂志，2001，4(4)：265-267. DOI：10.3969/j.issn.1008-0287.2001.04.009. {HE Fang,HAO Peng. Replantation of 179 severed fingers with complex rotation avulsed injury[J]. Lin Chuang Gu Ke Za Zhi[J Clin Orthop(Article in Chinese;Abstract in Chinese and English)],2001,4(4):265-267. DOI:10.3969/j.issn.1008-0287.2001.04.009.}

[2611] 江起庭，方小飞，秦祖峰，张咸中，丁或蔚，袁萍. 静脉动脉化再植全拇指旋转撕脱性完全离断成功一例报告[J]. 实用手外科杂志，2001，15(2)：81-82. DOI：10.3969/j.issn.1671-2722.2001.02.006. {JIANG Qiting,FANG Xiaofei,QIN Zufeng,ZHANG Xianzhong,DING Orwei,YUAN Ping. A successful replantation of whole thumb complete amputation by venoarte-riolization[J]. Shi Yong Shou Wai Ke Za Zhi[Chin J Pract Hand Surg(Article in Chinese;Abstract in Chinese and English)],2001,15(2):81-82. DOI:10.3969/j.issn.1671-2722.2001.02.006.}

[2612] 王献伟，孙华伟，赵国红. 指动脉逆行桥接再植旋转撕脱性断拇指[J]. 中华手外科杂志，2002，18(2)：124. DOI：10.3760/cma.j.issn.1005-054X.2002.02.033. {WANG Xianwei,SUN Huawei,ZHAO Guohong. Digital artery retrograde bridging replantation and rotation avulsion broken thumb[J]. Zhonghua Shou Wai Ke Za Zhi[Chin J Hand Surg(Article in Chinese;No abstract available)],2002,18(2):124. DOI:10.3760/cma.j.issn.1005-054X.2002.02.033.}

[2613] 薛丁山，薛万金. 拇指旋转撕脱性断指的改良再植[J]. 中华手外科杂志，2002，18(4)：208. DOI：10.3760/cma.j.issn.1005-054X.2002.04.033. {XUE Dingshan,XUE Wanjin. Improved replantation of thumb rotation avulsed amputated finger[J]. Zhonghua Shou Wai Ke Za Zhi[Chin J Hand Surg(Article in Chinese;No abstract available)],2002,18(4):208. DOI:10.3760/cma.j.issn.1005-054X.2002.04.033.}

[2614] 李培，张光正，龙文浩，钟艳花，陈海峰. 旋转撕脱性断指再植25例[J]. 中华创伤杂志，2002，18(5)：313. DOI：10.3760/j：issn：1001-8050.2002.05.024. {LI Pei,ZHANG Guangzheng,LONG Wenhao,ZHONG Yanhua,CHEN Haifeng. Replantation of rotating avulsed amputated finger:25 cases[J]. Zhonghua Chuang Shang Za Zhi[Chin J Trauma(Article in Chinese;No abstract available)],2002,18(5):313. DOI:10.3760/j:issn:1001-8050.2002.05.024.}

[2615] 张子清，涂清华，杨延军，马立峰，谌丰，余英剑. 挤压旋转撕脱性断指再植方法的选择[J]. 中华显微外科杂志，2003，26(3)：228-229. DOI：10.3760/cma.j.issn.1001-2036.2003.03.030. {ZHANG Ziqing,TU Qinghua,YANG Yanjun,MA Lifeng,CHEN Feng,YU Yingjian. Selection of replantation methods for squeezing and rotating avulsed amputated fingers[J]. Zhonghua Xian Wei Wai Ke Za Zhi[Chin J Microsurg(Article in Chinese;Abstract in Chinese)],2003,26(3):228-229. DOI:10.3760/cma.j.issn.1001-2036.2003.03.030.}

[2616] 李荣文，郭炜，王剑利. 拇指旋转撕脱性离断再植经验的分析[J]. 中华手外科杂志，2003，19(3)：149-150. DOI：10.3760/cma.j.issn.1005-054X.2003.03.012. {LI Rongwen,GUO Wei,WANG Jianli. Experience analysis of replantation of rotated avulsed amputated thumb[J]. Zhonghua Shou Wai Ke Za Zhi[Chin J Hand Surg(Article in Chinese;No abstract available)],2003,19(3):149-150. DOI:10.3760/cma.j.issn.1005-054X.2003.03.012.}

[2617] 王斌，张志刚，李康华，刘德群，张宏其，高顺红，马铁鹏，李春江. 中指尺掌侧动脉转位在拇指旋转撕脱离断再植中的应用[J]. 中华显微外科杂志，2005，28（4）：360-361. DOI：10.3760/cma.j.issn.1001-2036.2005.04.031. {WANG Bin,ZHANG Zhigang,LI Kanghua,LIU Dequn,ZHANG Hongqi,GAO Shunhong,MA Tiepeng,LI Chunjiang. Application of transposition of ulnar artery of middle finger in replantation of thumb after rotation tear[J]. Zhonghua Xian Wei Wai Ke Za Zhi[Chin J Microsurg(Article in Chinese;Abstract in Chinese)],2005,28(4):360-361. DOI:10.3760/cma.j.issn.1001-2036.2005.04.031.}

[2618] 杨延军，张子清，涂清华，马立峰，谌丰，余英剑. 挤压旋转撕脱性断指再植手术方法与疗效观察[J]. 实用手外科杂志，2005，19（1）：27-28. DOI：10.3969/j.issn.1671-2722.2005.01.011. {YANG Yanjun,ZHANG Ziqing,TU Qinghua,MA Lifeng,CHEN Feng,YU Yingjian. Operational methods and observation of replantation of severed fingers with crushed and rotation avulsion[J]. Shi Yong Shou Wai Ke Za Zhi[Chin J Pract Hand Surg(Article in Chinese;Abstract in Chinese and English)],2005,19(1):27-28. DOI:10.3969/j.issn.1671-2722.2005.01.011.}

[2619] 张全荣，施海峰，陆征峰，张志海，魏苏明. 改良拇指旋转撕脱离断伤的再植[J]. 中华显微外科杂志，2006，29(2)：113. DOI：10.3760/cma.j.issn.1001-2036.2006.02.039. {ZHANG Quanrong,SHI Haifeng,LU Zhengfeng,ZHANG Zhihai,WEI Suming. Improved replantation of thumb rotation tear[J]. Zhonghua Xian Wei Wai Ke Za Zhi[Chin J Microsurg(Article in Chinese;No abstract available)],2006,29(2):113. DOI:10.3760/cma.j.issn.1001-2036.2006.02.039.}

[2620] 吴攀峰，唐举玉，刘鸣江，刘洋波. 伴有示指伸肌腱撕脱的拇指旋转撕脱性离断再植成功一例[J]. 中华手外科杂志，2006，22（5）：288. {WU Panfeng,TANG Juyu,LIU Mingjiang,LIU Yangbo. A successful replantation of thumb with avulsion of index finger extensor tendon[J]. Zhonghua Shou Wai Ke Za Zhi[Chin J Hand Surg(Article in Chinese;No abstract available)],2006,22(5):288.}

[2621] 滕晓峰，陈宏，章伟文. 末节旋转撕脱性断指再植88例疗效分析[J]. 实用骨科杂志，2006，12(4)：291-293. DOI：10.3969/j.issn.1008-5572.2006.04.002. {TENG Xiaofeng,CHEN Hong,ZHANG Weiwen. The replantation effects of rotated avulsion amputated distal part of fingers[J]. Shi Yong Gu Ke Za Zhi[J Pract Orthop(Article in Chinese;Abstract in Chinese and English)],2006,12(4):291-293. DOI:10.3969/j.issn.1008-5572.2006.04.002.}

[2622] 宋元进. 拇指旋转撕脱离断再植29例[J]. 中华显微外科杂志，2007，30（3）：171. DOI：10.3760/cma.j.issn.1001-2036.2007.03.037. {SONG Yuanjin. Twenty-nine cases of thumb replantation[J]. Zhonghua Xian Wei Wai Ke Za Zhi[Chin J Microsurg(Article in Chinese;No abstract available)],2007,30(3):171. DOI:10.3760/cma.j.issn.1001-2036.2007.03.037.}

[2623] 陈雪荣，孙文东，曾青东，车斌. 拇指旋转撕脱性离断不短缩再植[J]. 中华手外科杂志，2007，23(3)：192. DOI：10.3760/cma.j.issn.1005-054X.2007.03.034. {CHEN Xuerong,SUN Wendong,ZENG Qingdong,ChE Bin. Rotational avulsion of thumb for replantation without shortening[J]. Zhonghua Shou Wai Ke Za Zhi[Chin J Hand Surg(Article in Chinese;No abstract available)],2007,23(3):192. DOI:10.3760/cma.j.issn.1005-054X.2007.03.034.}

[2624] 宋元进，田青业，张祚勇，肖树文. 拇指旋转撕脱性离断的再植分析[J]. 实用手外科杂志，2007，21（3）：149-151. DOI：10.3969/j.issn.1671-2722.2007.03.009. {SONG Yuanjin,TIAN Qingye,ZHANG Zuoyong,XIAO Shuwen. Investigation of replantation of thumb with rotation avulsion[J]. Shi Yong Shou Wai Ke Za Zhi[Chin J Pract Hand Surg(Article in Chinese;Abstract in Chinese and English)],2007,21(3):149-151. DOI:10.3969/j.issn.1671-2722.2007.03.009.}

[2625] 汪银锋，阮洪江，刘俊建，范存义. 拇指末节旋转撕脱性离断再植方法探讨[J]. 实用骨科杂志，2009，15（4）：257-259. DOI：10.3969/j.issn.1008-5572.2009.04.006. {WANG Yinfeng,RUAN Hongjiang,LIU Junjian,FAN Cunyi. An alternative technique for replantation of avulsed thumb amputation at the level of the interphalangeal joint or the distal phalanx[J]. Shi Yong Gu Ke Za Zhi[J Pract Orthop(Article in Chinese;Abstract in Chinese and English)],2009,15(4):257-259. DOI:10.3969/j.issn.1008-5572.2009.04.006.}

[2626] 刘刚义，席志峰，王从虎，李学亮，姜黎梅，刘宗义，张洁，宋涛. 拇指旋转撕脱性离断再植方法的探讨[J]. 实用手外科杂志，2009，23（2）：79-81. DOI：10.3969/j.issn.1671-2722.2009.02.007. {LIU Gangyi,XI Zhifeng,WANG Conghu,LI Xueliang,JIANG Limei,LIU Zongyi,ZHANG Jie,SONG Tao. A study on new surgery method of served thumb with whirl avulsion[J]. Shi Yong Shou Wai Ke Za Zhi[Chin J Pract Hand Surg(Article in Chinese;Abstract in Chinese and English)],2009,23(2):79-81. DOI:10.3969/j.issn.1671-2722.2009.02.007.}

[2627] 杨延军，张子清，刘良燚，马立峰，刘明生，刘铭波. 前臂掌侧浅静脉在拇指旋转撕脱离断再植中的应用[J]. 中华显微外科杂志，2010，33（3）：240-242. DOI：10.3760/cma.j.issn.1001-2036.2010.03.031. {YANG Yanjun,ZHANG Ziqing,LIU Liangyi,MA Lifeng,LIU Mingsheng,LIU Mingbo. Application of superficial volar vein of forearm in replantation of thumb after rotation tear[J]. Zhonghua Xian Wei Wai Ke Za Zhi[Chin J Microsurg(Article in Chinese;Abstract in Chinese)],2010,33(3):240-242. DOI:10.3760/cma.j.issn.1001-2036.2010.03.031.}

[2628] 张文龙，高顺红，刘会仁，王斌，陈超. 拇指旋转撕脱性离断的改良再植[J]. 中华显微外科杂志，2010，33（5）：433. DOI：10.3760/cma.j.issn.1001-2036.2010.05.034. {ZHANG Wenlong,GAO Shunhong,LIU Huiren,WANG Bin,CHEN Chao. Improved replantation of rotational avulsion of thumb[J]. Zhonghua Xian Wei Wai Ke Za Zhi[Chin J Microsurg(Article in Chinese;Abstract in Chinese)],2010,33(5):433. DOI:10.3760/cma.j.issn.1001-2036.2010.05.034.}

[2629] 余恒，胡洪良，沈卫军. 小指旋转撕脱性离断再植成功一例[J]. 中华手外科杂志，2010，26（2）：103. DOI：10.3760/cma.j.issn.1005-054X.2010.02.020. {YU Heng,HU Hongliang,SHEN Weijun. A case of successful replantation of the pinky finger with avulsion[J]. Zhonghua Shou Wai Ke Za Zhi[Chin J Hand Surg(Article in Chinese;No abstract available)],2010,26(2):103. DOI:10.3760/cma.j.issn.1005-054X.2010.02.020.}

[2630] 张平，丁永斌，徐克孝，张明亮，兰魁兵，朱春平. 旋转撕脱性断指再植的动脉重建[J]. 中华显微外科杂志，2011，34（2）：173. DOI：10.3760/cma.j.issn.1001-2036.2011.02.041. {ZHANG Ping,DING Yongbin,XU Kexiao,ZHANG Mingliang,LAN Kuibing,ZHU Chunping. Artery reconstruction for replantation of rotating avulsed amputated finger[J]. Zhonghua Xian Wei Wai Ke Za Zhi[Chin J Microsurg(Article in Chinese;No abstract available)],2011,34(2):173. DOI:10.3760/cma.j.issn.1001-2036.2011.02.041.}

[2631] 赵晓航，胡德锋，叶红禹，孙艺，胡振业. 保留掌指关节的拇指旋转撕脱性离断再植[J]. 中华显微外科杂志，2011，34（4）：343-344. DOI：10.3760/cma.j.issn.1001-2036.2011.04.036. {ZHAO Xiaohang,HU Defeng,YE Hongyu,SUN Yi,HU Zhenye. Replantation of thumb rotation avulsion with metacarpophalangeal joints[J]. Zhonghua Xian Wei Wai Ke Za Zhi[Chin J Microsurg(Article in Chinese;No abstract available)],2011,34(4):343-344. DOI:10.3760/cma.j.issn.1001-2036.2011.04.036.}

[2632] 潘风雨，田万成，柳学武. 海水浸泡后旋转撕脱性断指再植[J]. 中华手外科杂志，2011，27（1）：55-56. {PAN Fengyu,TIAN Wancheng,LIU Xuewu. Rotational avulsion of severed finger replantation after seawater immersion[J]. Zhonghua Shou Wai Ke Za Zhi[Chin J Hand Surg(Article in Chinese;No abstract available)],2011,27(1):55-56.}

[2633] 刘刚义，席志峰，王从虎，朱修文，张洁，宋涛，王芳. 拇指旋转撕脱性离断再植方法的改良[J]. 实用手外科杂志，2011，25（2）：109-110，120. DOI：10.3969/j.issn.1671-2722.2011.02.008. {LIU Gangyi,XI Zhifeng,WANG Conghu,ZHU Xiuwen,ZHANG Jie,SONG Tao,WANG Fang. The improvement of a surgery method for replantation of the whirl avulsion of thumb[J]. Shi Yong Shou Wai Ke Za Zhi[Chin J Pract Hand Surg(Article in Chinese;Abstract in Chinese and English)],2011,25(2):109-110,120. DOI:10.3969/j.issn.1671-2722.2011.02.008.}

[2634] 李瑞华，阚世廉，高燕新，王晓刚，殷中罡. 拇指旋转撕脱离断的再植术式改进[J]. 中华骨科杂志，2012，32(12)：1157-1160. DOI：10.3760/cma.j.issn.0253-2352.2012.12.012. {LI Ruihua,KAN Shilian,GAO Yanxin,WANG Xiaogang,YIN Zhonggang. A modified replantation for thumb rotating avulsion amputation[J]. Zhonghua Gu Ke Za Zhi[Chin J Orthop(Article in Chinese;Abstract in Chinese and English)],2012,32(12):1157-1160. DOI:10.3760/cma.j.issn.0253-2352.2012.12.012.}

[2635] 王加利，赵春霞. 拇指旋转撕脱离断伤改良再植[J]. 中华手外科杂志，2012，28（6）：373-374. {WANG Jiali,ZHAO Chunxia. Improved replantation of thumb rotation tear off injury[J]. Zhonghua Shou Wai Ke Za Zhi[Chin J Hand Surg(Article in Chinese;No abstract available)],2012,28(6):373-374.}

[2636] 刘育杰，丁小珩，杜丽，刘元富，刘春雷，屈志刚，曹学成. 利用虎口动脉和邻指动脉转位重建拇指旋转撕脱离断指体血运的疗效比较[J]. 中华显微外科杂志，2013，36（4）：335-338. DOI：10.3760/cma.j.issn.1001-2036.2013.06.006. {LIU Yujie,DING Xiaoheng,DU Li,LIU Yuanfu,LIU Chunlei,QU Zhigang,CAO Xuecheng. Clinical outcome contrast of using humour artery and ulnar proper digital arteries of index finger translocation to reconstruct artery supply in replanting of rotated and avulsed thumbs[J]. Zhonghua Xian Wei Wai Ke Za Zhi[Chin J Microsurg(Article in Chinese;Abstract in Chinese and English)],2013,36(4):335-338. DOI:10.3760/cma.j.issn.1001-2036.2013.06.006.}

[2637] 刘宇舟，芮永军，糜菁熠，邱扬，华雍. 保留掌指关节的手指旋转撕脱性离断再植[J]. 中华手外科杂志，2013，29(3)：188-189. DOI：10.3760/cma.j.issn.1005-054X.2013.03.031. {LIU Yuzhou,RUI Yongjun,MI Jingyi,QIU Yang,HUA Yong. Replantation of fingers with avulsion and rotation of metacarpophalangeal joints[J]. Zhonghua Shou Wai Ke Za Zhi[Chin J Hand Surg(Article in Chinese;No abstract available)],2013,29(3):188-189. DOI:10.3760/cma.j.issn.1005-054X.2013.03.031.}

[2638] 宿晓雷，杜志国，张远林，王伟，陈广先，赵建勇. 拇指旋转撕脱离断伤再植[J]. 中华手外科杂志，2013，29（5）：315-316. {SU Xiaolei,DU Zhiguo,ZHANG Yuanlin,WANG Wei,CHEN Guangxian,ZHAO Jianyong. Rotational tear of thumb and replantation[J]. Zhonghua Shou Wai Ke Za Zhi[Chin J Hand Surg(Article in Chinese;No abstract available)],2013,29(5):315-316.}

[2639] 宿晓雷，杜志国，张远林，王伟，陈广先，赵建勇. 拇指旋转撕脱离断伤再植方式的探讨和选择[J]. 中国骨伤，2013，26(8)：642-645. DOI：10.3969/j.issn.1003-0034.2013.08.008. {SU Xiaolei,DU Zhiguo,ZHANG Yuanlin,WANG Wei,CHEN Guangxian,ZHAO Jianyong. Investigation of replantation of thumb rotation avulsion injury[J]. Zhongguo Gu Shang[China J Orthop Trauma(Article in Chinese;Abstract in Chinese and English)],2013,26(8):642-645. DOI:10.3969/j.issn.1003-0034.2013.08.008.}

[2640] 王生钰，谢建华，李再桂，刘海华，张克录，张永强. 手指旋转撕脱性离断再植的临床研究[J]. 实用手外科杂志，2013，27（2）：141-144. DOI：10.3969/j.issn.1671-2722.2013.02.014. {WANG Shengyu,XIE Jianhua,LI Zaigui,LIU Haihua,ZHANG Kelu,ZHANG Yongqiang. Clinical research of replantation of rotational avulsed severed fingers[J]. Shi Yong Shou Wai Ke Za Zhi[Chin J Pract Hand Surg(Article in Chinese;Abstract in Chinese and English)],2013,27(2):141-144. DOI:10.3969/j.issn.1671-2722.2013.02.014.}

[2641] 周晓，芮永军，薛明宇，许亚军，寿奎水，卜凡玉. 拇指旋转撕脱离断伤再植术式改进的探讨[J]. 中华手外科杂志，2014，30（3）：201-202. {ZHOU Xiao,RUI Yongjun,XUE Mingyu,XU Yajun,SHOU Kuishui,BU Fanyu. A modifiedreplantationtechniqueforthumbrotationalavulsionamputation[J]. Zhonghua Shou Wai Ke Za Zhi[Chin J Hand Surg(Article in Chinese;Abstract in Chinese and English)],2014,30(3):201-202.}

[2642] 胡玉庆，朱从坤，彭凯佳，邓顺，杨清伦，谢正江，许仕伟. 拇指旋转撕脱性离断再植的临床研究[J]. 实用手外科杂志，2014，28（3）：303-305. DOI：10.3969/j.issn.1671-2722.2014.03.023. {HU Yuqing,ZHU Congkun,PENG Kaijia,DENG Shun,YANG Qinglun,XIE Zhengjiang,XU Shiwei. Clinical study of replantation of rotational avulsion thumb[J]. Shi Yong Shou Wai Ke Za Zhi[Chin J Pract Hand Surg(Article in Chinese;Abstract in Chinese and English)],2014,28(3):303-305. DOI:10.3969/j.issn.1671-2722.2014.03.023.}

[2643] 卜凡玉，薛明宇，芮永军，许亚军，强力. 保留手指近侧指间关节旋转撕脱性离断再植的临床疗效[J]. 中华显微外科杂志，2016，39（4）：382-384. DOI：10.3760/cma.j.issn.1001-2036.2016.04.021. {BU Fanyu,XUE Mingyu,RUI Yongjun,XU Yajun,QIANG Li. Clinical effect of replantation with preserving rotational avulsion of proximal interphalangeal joint[J]. Zhonghua Xian Wei Wai Ke Za Zhi[Chin J Microsurg(Article in Chinese;Abstract in Chinese)],2016,39(4):382-384. DOI:10.3760/cma.j.issn.1001-2036.2016.04.021.}

[2644] 林伟栋，芮永军，张全荣，张志海，吴柯. 改良神经修复在手指旋转撕脱离断再植中的应用[J]. 中华手外科杂志，2016，32（2）：125-126. DOI：10.3760/cma.j.issn.1005-054X.2016.02.024. {LIN Weidong,RUI Yongjun,ZHANG Quanrong,ZHANG Zhihai,WU Ke. A modified digital nerve repair technique in replantation of rotational avulsed fingers[J]. Zhonghua Shou Wai Ke Za Zhi[Chin J Hand Surg(Article in Chinese;Abstract in Chinese and English)],2016,32(2):125-126. DOI:10.3760/cma.j.issn.1005-054X.2016.02.024.}

[2645] 王杰，范亚生，黄荣华，杨开波，王浩，王永标，黄飞，林惠. 带皮瓣的指动脉移位在拇指旋转撕脱离断再植中的应用[J]. 中华手外科杂志，2016，32（3）：198-200. DOI：10.3760/cma.j.issn.1005-054X.2016.03.017. {WANG Jie,FAN Yasheng,HUANG Ronghua,YANG Kaibo,WANG Hao,WANG Yongbiao,HUANG Fei,LIN Hui. The application of digital artery transposition with a flap in replantation of rotational avulsed thumb[J]. Zhonghua Shou Wai Ke Za Zhi[Chin J Hand Surg(Article in Chinese;Abstract in Chinese and English)],2016,32(3):198-200. DOI:10.3760/cma.j.issn.1005-054X.2016.03.017.}

[2646] 杨焕友，杨振建，贾松，王斌，李瑞国，王伟，张剑峰，张荐. 指血管神经肌腱移位一期再植治疗拇指旋转撕脱离断[J]. 中国修复重建外科杂志，2016，30（3）：394-395. DOI：10.7507/1002-1892.20160079. {YANG Huanyou,YANG Zhenjian,JIA Song,WANG Bin,LI Ruiguo,WANG Wei,ZHANG Jianfeng,ZHANG Jian. Finger vascular nerve and tendon shift one-stage replantation for the treatment of thumb rotation and tear[J]. Zhongguo Xiu Fu Chong Jian Wai Ke Za Zhi[Chin J Repar Reconstr Surg(Article in Chinese;Abstract in Chinese)],2016,30(3):394-395. DOI:10.7507/1002-1892.20160079.}

[2647] 杨波，宿晓雷，王华柱，陈广先，赵建勇. 56例拇指旋转撕脱离断再植回顾性分析[J]. 实用手外科杂志，2017，31(2)：180-182. DOI：10.3969/j.issn.1671-2722.2017.02.014. {YANG Bo,SU Xiaolei,WANG Huazhu,CHEN Guangxian,ZHAO Jianyong. Retrospectively analyse and discuss of replantation of rotational avulsed thumb in 56 cases[J]. Shi Yong Shou Wai Ke Za Zhi[Chin J Pract Hand Surg(Article in Chinese;Abstract in Chinese and English)],2017,31(2):180-182. DOI:10.3969/j.issn.1671-2722.2017.02.014.}

[2648] 张辉，孙长胜，张玲玲，李文君，王婷婷，苏波，钱英俊. 拇指旋转撕脱性离断再植并Ⅰ期肌腱转位[J]. 实用手外科杂志，2018，32（3）：267-268. DOI：10.3969/j.issn.1671-2722.2018.03.001. {ZHANG Hui,SUN Changsheng,ZHANG Lingling,LI Wenjun,WANG Tingting,SU Bo,QIAN Yingjun. The replantation combined with tendon transposition to treat thumb rotation avulsion[J]. Shi Yong Shou Wai Ke Za Zhi[Chin J Pract Hand Surg(Article in Chinese;Abstract in Chinese and English)],2018,32(3):267-268. DOI:10.3969/j.issn.1671-2722.2018.03.001.}

[2649] 宿晓雷，王桂香，李琳娜，高艳红，冯娜娜，李统，王鸿飞，张宁，余航，张学磊，赵建勇. Flow-through 皮瓣或静脉转位在伴有静脉缺损的拇指旋转撕脱伤再植中的应用[J]. 中华手外科杂志，2019，35（5）：387-388. {SU Xiaolei,WANG Guixiang,LI Linna,GAO Yanhong,FENG Nana,LI Tong,WANG Hongfei,ZHANG Ning,YU Hang,ZHANG Xuelei,ZHAO Jianyong. Application of flow-through flap or venous transposition in the replantation of thumb rotation avulsion injury with venous defect[J]. Zhonghua Shou Wai Ke Za Zhi[Chin J Hand

Surg(Article in Chinese;Abstract in Chinese)],2019,35(5):387-388.}

[2650] 赵建勇，宿晓雷，陈广先，李统，张宁，邵新中. Flow-through前臂静脉皮瓣结合静脉移位在拇指旋转撕脱离断伤再植中的应用[J]. 中国修复重建外科杂志，2019，33(4): 516-518. DOI: 10.7507/1002-1892.201811107. {ZHAO Jianyong,SU Xiaolei,CHEN Guangxian,LI Tong,ZHANG Ning,SHAO Xinzhong. Application of flow-through forearm vein flap combined with vein displacement in replantation of thumb rotational avulsion[J]. Zhongguo Xiu Fu Chong Jian Wai Ke Za Zhi[Chin J Repar Reconstr Surg(Article in Chinese;Abstract in Chinese)],2019,33(4):516-518. DOI:10.7507/1002-1892.201811107.}

[2651] 王光楠，陈艳，魏永兴，金敬一. 带有瘀瘢的挤轧旋转撕脱性断指再植24例36指临床分析[J]. 实用手外科杂志，2020，34(2): 189-190，193. DOI: 10.3969/j.issn.1671-2722.2020.02.022. {WANG Guangnan,CHEN Yan,WEI Yongxing,JIN Jingyi. Clinical analysis of 24 cases of 36 fingers with ecchymosis and extruded rotated avulsion replantation[J]. Shi Yong Shou Wai Ke Za Zhi[Chin J Pract Hand Surg(Article in Chinese;Abstract in Chinese and English)],2020,34(2):189-190,193. DOI:10.3969/j.issn.1671-2722.2020.02.022.}

2.2.6.4 小儿断指再植

replantation of severed limb or digit in children

[2652] Cheng GL,Pan DD,Zhang NP,Fang GR. Digital replantation in children:a long-term follow-up study[J]. J Hand Surg Am,1998,23(4):635-646. doi:10.1016/S0363-5023(98)80049-X.

[2653] Chen Y,Wang ZM,Yao JH. Supermicroscopy and arterio-venolization for digit replantation in young children after traumatic amputation:Two case reports[J]. World J Clin Cases,2020,8(21):5394-5400. doi:10.12998/wjcc.v8.i21.5394.

[2654] Chen B,Zhao X,Liu J. Replantation of a cryopreserved finger in a 1-year old child:a case report[J]. J Hand Surg Eur,2021,46(1):88-89. doi:10.1177/1753193420940225.

[2655] 程国良，潘达德，徐培冲. 幼儿断指再植(附一手四个手指离断两例报告)[J]. 中华医学杂志，1982，62(5): 303-304. {CHENG Guoliang,Panda De,XU Peichong. Replantation of amputated fingers in infants (with a report of two cases of broken fingers in one hand)[J]. Zhonghua Yi Xue Za Zhi[Natl Med J China(Article in Chinese;No abstract available)],1982,62(5):303-304.}

[2656] 王成琪，蔡锦方，范其申，张成进，张永良，曹斌. 幼儿断指再植成功三例报告[J]. 中华外科杂志，1983，21(11): 653-654. {WANG Chengqi,CAI Jinfang,FAN Qishen,ZHANG Chengjin,ZHANG Yongliang,CAO Bin. Three cases report of successful replantation of amputated finger in infant[J]. Zhonghua Wai Ke Za Zhi[Chin J Surg(Article in Chinese;No abstract available)],1983,21(11):653-654.}

[2657] 程国良，潘达德，杨志贤，方光荣，宫相森，付茂良. 小儿断指再植[J]. 中华外科杂志，1984，22(9): 540-542. {CHENG Guoliang,Panda De,YANG Zhixian,FANG Guangrong,GONG Xiangsen,FU Maoliang. Replantation of amputated finger in children[J]. Zhonghua Wai Ke Za Zhi[Chin J Surg(Article in Chinese;No abstract available)],1984,22(9):540-542.}

[2658] 寿奎水，祝建中，孔友谊，管怡君，毛东平. 小儿断指缺血56小时再植成活一例报告[J]. 中华外科杂志，1988，26(8): 474. {SHOU Kuishui,ZHU Jianzhong,KONG Youyi,GUAN Yijun,MAO Dongping. A case report of a child who survived 56-hour ischemia replantation of amputated finger[J]. Zhonghua Wai Ke Za Zhi[Chin J Surg(Article in Chinese;No abstract available)],1988,26(8):474.}

[2659] 王国君，张咸中，韩庆武. 小儿多指离断再植成功一例报告[J]. 修复重建外科杂志，1989，3(3): 143. {WANG Guojun,ZHANG Xianzhong,HAN Qingwu. A case report of successful replantation of multiple fingers in a child[J]. Zhongguo Xiu Fu Chong Jian Wai Ke Za Zhi[Chin J Repar Reconstr Surg(Article in Chinese;No abstract available)],1989,3(3):143.}

[2660] 曹斌，蒋纯志，田万成. 婴儿断指再植三例报告[J]. 中华外科杂志，1990，28(8): 489. {CAO Bin,JIANG Chunzhi,TIAN Wancheng. Three cases report of infant's amputated finger replantation[J]. Zhonghua Wai Ke Za Zhi[Chin J Surg(Article in Chinese;No abstract available)],1990,28(8):489.}

[2661] 王成琪，范启申，张尔坤，周建国，张成进，汉恒德. 小儿断手指再植[J]. 修复重建外科杂志，1991，5(1): 2-3. {WANG Chengqi,FAN Qishen,ZHANG Erkun,ZHOU Jianguo,ZHANG Chengjin,HAN Hengde. Replantation of broken finger in children[J]. Zhongguo Xiu Fu Chong Jian Wai Ke Za Zhi[Chin J Repar Reconstr Surg(Article in Chinese;No abstract available)],1991,5(1):2-3.}

[2662] 霍兴隆. 小儿断指再植二例[J]. 中国修复重建外科杂志，1993，7(1): 54. {HUO Xinglong. Two cases of replantation of severed finger in children[J]. Zhongguo Xiu Fu Chong Jian Wai Ke Za Zhi[Chin J Repar Reconstr Surg(Article in Chinese;No abstract available)],1993,7(1):54.}

[2663] 范启申，王成琪，魏长月，张希利，泮兆勋. 小儿断指再植中几个主要问题探讨[J]. 中华显微外科杂志，1994，17(1): 17-19，77. {FAN Qishen,WANG Chengqi,WEI Changyue,ZHANG Xili,PAN Zhaoxun. Study of several chief problems about replantation of severed digit in children[J]. Zhonghua Xian Wei Wai Ke Za Zhi[Chin J Microsurg(Article in Chinese;Abstract in Chinese)],1994,17(1):17-19,77.}

[2664] 杨殿玉，冯承臣，陈沂民，刘瑞平，刘茂文，宋思爱. 幼儿三指以上断指再植体会[J]. 中华显微外科杂志，1994，17(3): 186. {YANG Dianyu,FENG Chengchen,CHEN Yimin,LIU Ruijun,LIU Maowen,SONG Siai. Children's experience of replantation of amputated fingers with more than three fingers[J]. Zhonghua Xian Wei Wai Ke Za Zhi[Chin J Microsurg(Article in Chinese;No abstract available)],1994,17(3):186.}

[2665] 宫民庄，张建设，石贵昌，陈省伟. 小儿三指离断再植成功一例报道[J]. 中华手外科杂志，1994，10(4): 244. {GONG Minzhuang,ZHANG Jianshe,SHI Guichang,CHEN Shengwei. A case report of a successful replantation of three-finger severed finger in a child[J]. Zhonghua Shou Wai Ke Za Zhi[Chin J Hand Surg(Article in Chinese;No abstract available)],1994,10(4):244.}

[2666] 薛玉柏，李学正. 幼儿断指再植一例[J]. 中国修复重建外科杂志，1994，8(4): 255. {XUE Yubai,LI Xuezheng. A case of infantile finger replantation[J]. Zhongguo Xiu Fu Chong Jian Wai Ke Za Zhi[Chin J Repar Reconstr Surg(Article in Chinese;No abstract available)],1994,8(4):255.}

[2667] 任志勇，王成琪，颜含，孙国峰. 小儿手指掌侧浅静脉显微解剖及吻合指掌侧浅静脉的断指再植[J]. 中华骨科杂志，1995，15(12): 330-332. {REN Zhiyong,WANG Chengqi,YAN Han,SUN Guofeng. Microsurgical anatolny of superficial palmar digital veins and replantation of severed digits in children[J]. Zhonghua Gu Ke Za Zhi[Chin J Orthop(Article in Chinese;Abstract in Chinese)],1995,15(12):330-332.}

[2668] 范启申，曹斌，蒋纯志，郑隆宝，周祥吉. 婴儿断指再植经验[J]. 中华显微外科杂志，1995，18(1): 49. {FAN Qishen,CAO Bin,JIANG Chunzhi,ZHENG Longbao,ZHOU Xiangji. Infant's amputated finger replantation experience[J]. Zhonghua Xian Wei Wai Ke Za Zhi[Chin J Microsurg(Article in Chinese;No abstract available)],1995,18(1):49.}

[2669] 梁进，蔡锦方，张应鹏. 婴儿多指离断再植一例报告[J]. 中华显微外科杂志，1995，18(4): 302. {LIANG Jin,CAI Jinfang,ZHANG Yingpeng. A case report of replantation of infant with multiple fingers[J]. Zhonghua Xian Wei Wai Ke Za Zhi[Chin J Microsurg(Article in Chinese;Abstract in Chinese)],1995,18(4):302.}

[2670] 梁进，蔡锦方，张应鹏. 婴儿多指离断再植应注意的几个问题[J]. 中华手外科杂志，1995，11(4): 256. {LIANG Jin,CAI Jinfang,ZHANG Yingpeng. Several problems that should be paid attention to during the replantation of infants with multiple fingers[J]. Zhonghua Shou Wai Ke Za Zhi[Chin J Hand Surg(Article in Chinese;No abstract available)],1995,11(4):256.}

[2671] 丁任. 幼儿断指再植(附50例72指报告)[J]. 中级医刊，1995，30(5): 16-17. {DING Ren. Replantation of amputated fingers in infants (with report of 50 cases of 72 fingers)[J]. Zhong Ji Yi Kan[Chin J Med(Article in Chinese;No abstract available)],1995,30(5):16-17.}

[2672] 范启申，潘北勋，郑隆宝，张希利，王刚. 吻合血管小儿末节断指再植特点与处理方法探讨[J]. 中华骨科杂志，1996，16(1): 35-36. {FAN Qishen,PAN Beixun,ZHENG Longbao,ZHANG Xili,WANG Gang. Specialfeaturesandtreatmentofreplantationofsevereddistalfinger segmentinchildren[J]. Zhonghua Gu Ke Za Zhi[Chin J Orthop(Article in Chinese;Abstract in Chinese and English)],1996,16(1):35-36.}

[2673] 田万成，宋海涛，卢全中，谢战勇，潘逢雨. 小儿指尖断指再植[J]. 中华显微外科杂志，1996，19(1): 18-19. {TIAN Wancheng,SONG Haitao,LU Quanzhong,XIE Zhanyong,PAN Fengyu. Replantation of severed finger tip in child[J]. Zhonghua Xian Wei Wai Ke Za Zhi[Chin J Microsurg(Article in Chinese;Abstract in Chinese and English)],1996,19(1):18-19.}

[2674] 程国良，张宁埠，潘达德，方光荣. 45个小儿断指再植的长期随访报告[J]. 中华外科杂志，1996，34(5): 205-208，260. {CHENG Guoliang,ZHANG Ningbu,Panda De,FANG Guangrong. Replantation of 45 digits in 26 children:a long-term follow-up[J]. Zhonghua Wai Ke Za Zhi[Chin J Surg(Article in Chinese;Abstract in Chinese and English)],1996,34(5):205-208,260.}

[2675] 夏英慧，林益清，李平统. 儿童单手五指完全离断再植成功[J]. 中华手外科杂志，1996，12(4): 227. {XIA Yinghui,LIN Yiqing,LI Pingtong. Children's one-handed five fingers were completely cut off and replanted successfully[J]. Zhonghua Shou Wai Ke Za Zhi[Chin J Hand Surg(Article in Chinese;No abstract available)],1996,12(4):227.}

[2676] 孙占胜. 幼儿手指末节离断再植[J]. 中华显微外科杂志，1998，21(1): 封三. DOI: 10.3760/cma.j.issn.1001-2036.1998.01.050. {SUN Zhansheng. Replantation of severed fingertips in infants[J]. Zhonghua Xian Wei Wai Ke Za Zhi[Chin J Microsurg(Article in Chinese;No abstract available)],1998,21(1):cover 3. DOI:10.3760/cma.j.issn.1001-2036.1998.01.050.}

[2677] 卢全中，田万成，谢战勇，王儒芬. 幼儿腕掌指同时离断再植成功一例[J]. 中华手外科杂志，1998，14(1): 42. {LU Quanzhong,TIAN Wancheng,XIE Zhanyong,WANG Rufen. A successful replantation of infant's wrist and palm fingers at the same time[J]. Zhonghua Shou Wai Ke Za Zhi[Chin J Hand Surg(Article in Chinese;No abstract available)],1998,14(1):42.}

[2678] 陈福生，李军，王增涛，王成琪. 五个月婴儿示指中指末节离断再植成功一例[J]. 中华显微外科杂志，2001，24(2): 115. DOI: 10.3760/cma.j.issn.1001-2036.2001.02.046. {CHEN Fusheng,LI Jun,WANG Zengtao,WANG Chengqi. A successful replantation of a five-month-old infant's index finger with the distal segment of the middle finger[J]. Zhonghua Xian Wei Wai Ke Za Zhi[Chin J Microsurg(Article in Chinese;No abstract available)],2001,24(2):115. DOI:10.3760/cma.j.issn.1001-2036.2001.02.046.}

[2679] 李晓林，康志学. 小儿撕脱性拇指离断冷冻后再植一例报道[J]. 中华手外科杂志，2001，17(3): 147. DOI: 10.3760/cma.j.issn.1005-054X.2001.03.020. {LI Xiaolin,KANG Zhixue. A case report of replantation of avulsed thumb in a child after being severed and frozen[J]. Zhonghua Shou Wai Ke Za Zhi[Chin J Hand Surg(Article in Chinese;No abstract available)],2001,17(3):147. DOI:10.3760/cma.j.issn.1005-054X.2001.03.020.}

[2680] 刘胜红，孙进，张洁，冯志伟. 断指移位再植及游离足趾移植治疗小儿多指离断伤[J]. 中华手外科杂志，2001，17(4): 46. {LIU Shenghong,SUN Jin,ZHANG Jie,FENG Zhiwei. Replantation of amputated finger and free toe transplantation for treatment of multiple amputated fingers in children[J]. Zhonghua Shou Wai Ke Za Zhi[Chin J Hand Surg(Article in Chinese;No abstract available)],2001,17(4):46.}

[2681] 朱立军，相大勇，裴国献. 1.5岁幼儿3指离断再植1例报告[J]. 第一军医大学学报，2001，21(2): 140-142. DOI: 10.3321/j.issn: 1673-4254.2001.02.035. {ZHU Lijun,XIANG Dayong,PEI Guoxian. A case report of a 1.5-year-old child with 3 fingers replanted[J]. Di Yi Jun Yi Da Xue Xue Bao[J First Mil Med Univ(Article in Chinese;No abstract available)],2001,21(2):140-142. DOI:10.3321/j.issn:1673-4254.2001.02.035.}

[2682] 欧景才，黄东，江奕恒，吴伟炽，伍庆松，张惠茹. 小儿末节断指再植24例[J]. 中华显微外科杂志，2003，26(3): 230-231. DOI: 10.3760/cma.j.issn.1001-2036.2003.03.032. {OU Jingcai,HUANG Dong,JIANG Yiheng,WU Weichi,WU Qingsong,ZHANG Huiru. Replantation of amputated distal finger in children:24 cases[J]. Zhonghua Xian Wei Wai Ke Za Zhi[Chin J Microsurg(Article in Chinese;Abstract in Chinese)],2003,26(3):230-231. DOI:10.3760/cma.j.issn.1001-2036.2003.03.032.}

[2683] 王群，金华，杨冬，刘华，陈皓，史翠玲. 指动脉吻合于根部结扎再植小儿Ⅰ型末节断指[J]. 中华手外科杂志，2006，22(6): 379. {WANG Qun,JIN Hua,YANG Dong,LIU Hua,CHEN Hao,SHI Cuiling. Finger artery anastomosis to the root,ligation and replantation of type Ⅰ terminal amputated finger in children[J]. Zhonghua Shou Wai Ke Za Zhi[Chin J Hand Surg(Article in Chinese;No abstract available)],2006,22(6):379.}

[2684] 庞德云，谢振荣，宋君，雷艳文，刘克莉，周红兵，韩爽，吴炳奎. 幼儿指尖断指再植[J]. 中华显微外科杂志，2008，31(4): 303-304. DOI: 10.3760/cma.j.issn.1001-2036.2008.04.029. {PANG Deyun,XIE Zhenrong,SONG Jun,LEI Yanwen,LIU Keli,ZHOU Hongbing,HAN Shuang,WU Bingkui. Replantation of amputated fingertips in infants[J]. Zhonghua Xian Wei Wai Ke Za Zhi[Chin J Microsurg(Article in Chinese;Abstract in Chinese)],2008,31(4):303-304. DOI:10.3760/cma.j.issn.1001-2036.2008.04.029.}

[2685] 姚建民，徐一波，徐靖宏. 幼儿邻指指动脉移位示指末节再植一例[J]. 中华手外科杂志，2008，24(4): 205. DOI: 10.3760/cma.j.issn.1005-054X.2008.04.024. {YAO Jianmin,XU Yibo,XU Jinghong. A case of replantation of indicator finger distal segment in a child with adjacent finger artery displacement[J]. Zhonghua Shou Wai Ke Za Zhi[Chin J Hand Surg(Article in Chinese;No abstract available)],2008,24(4):205. DOI:10.3760/cma.j.issn.1005-054X.2008.04.024.}

[2686] 李文东，周丹亚，蔡晓明，张健，陈宏，章伟文. 小儿末节断指再植56例临床疗效分析[J]. 中华手外科杂志，2008，24(5): 316-317. DOI: 10.3760/cma.j.issn.1005-054X.2008.05.025. {LI Wendong,ZHOU Danya,CAI Xiaoming,ZHANG Jian,CHEN Hong,ZHANG Weiwen. Clinical analysis of 56 cases of replantation of amputated finger in children[J]. Zhonghua Shou Wai Ke Za Zhi[Chin J Hand Surg(Article in Chinese;No abstract available)],2008,24(5):316-317. DOI:10.3760/cma.j.issn.1005-054X.2008.05.025.}

[2687] 何如祥，沈美华，张伟，程鹏. 婴幼儿末节断指再植21例体会[J]. 中华显微外科杂志，2009，32(6): 473. {HE Ruxiang,SHEN Meihua,ZHANG Wei,CHENG Peng. 21 cases of replantation of severed finger in infants and young children[J]. Zhonghua Xian Wei Wai Ke Za Zhi[Chin J Microsurg(Article in Chinese;No abstract available)],2009,32(6):473.}

[2688] 史德海，李东会，卢华定，蔡道章. 儿童甲根以远指尖离断再植13例[J]. 中华显微外科杂志，2009，32(6): 508-509. DOI: 10.3760/cma.j.issn.1001-2036.2009.06.030. {SHI Dehai,LI Donghui,LU Huading,CAI Daozhang. Replantation of fingertips beyond the nail root in 13 children[J]. Zhonghua Xian Wei Wai Ke Za Zhi[Chin J Microsurg(Article in Chinese;Abstract in Chinese)],2009,32(6):508-509. DOI:10.3760/cma.j.issn.1001-2036.2009.06.030.}

[2689] 李文君，苏波，钱英佼，刘迎曦，李春华，张玲玲，龙增贤，孙长胜，江俊宏. 18个月幼儿三指中末节离断再植成功一例[J]. 中华手外科杂志，2009，25(6): 338. DOI: 10.3760/cma.j.issn.1005-054X.2009.06.007. {LI Wenjun,SU Bo,QIAN Yingjiao,LIU Yingxi,LI Chunhua,ZHANG Lingling,LONG Zengxian,SUN Changsheng,JIANG Junhong. A successful replantation of the middle terminal segment of an 18-month-old child with three fingers[J]. Zhonghua Shou Wai Ke Za Zhi[Chin J Hand Surg(Article in Chinese;No abstract available)],2009,25(6):338.

DOI:10.3760/cma.j.issn.1005-054X.2009.06.007.}

[2690] 李志杰，蒋良福，高伟阳，池征璘，闫合德，陈星隆．小儿末节压砸断指的临床特点及其血管处理[J]．中华手外科杂志，2010，26（5）：271-273．DOI：10.3760/cma.j.issn.1005-054X.2010.05.007．{LI Zhijie,JIANG Liangfu,GAO Weiyang,CHI Zhenglin,YAN Hede,CHEN Xinglong. The clinical features and replantation strategies of crushed amputations at the distal fingers in children[J]. Zhonghua Shou Wai Ke Za Zhi[Chin J Hand Surg(Article in Chinese;Abstract in Chinese and English)],2010,26(5):271-273. DOI:10.3760/cma.j.issn.1005-054X.2010.05.007.}

[2691] 侯晓进，杨晓荣，康彦文，张文静，罗旭超，颛宇．幼儿手指末节断指再植[J]．中华手外科杂志，2012，28(1)：60-61．DOI：10.3760/cma.j.issn.1005-054X.2012.01.028．{HOU Xiaojin,YANG Xiaorong,KANG Yanwen,ZHANG Wenjing,LUO Xuchao,ZHUAN Yu. Replantation of amputated finger at the distal finger of infant[J]. Zhonghua Shou Wai Ke Za Zhi[Chin J Hand Surg(Article in Chinese;No abstract available)],2012,28(1):60-61. DOI:10.3760/cma.j.issn.1005-054X.2012.01.028.}

[2692] 王群，金华，刘华，徐梅．吻合指动脉的小儿末节断指再植[J]．中华手外科杂志，2012，28（3）：147．DOI：10.3760/cma.j.issn.1005-054X.2012.03.010．{WANG Qun,JIN Hua,LIU Hua,XU Mei. Replantation of amputated distal finger in children with anastomosed digital artery[J]. Zhonghua Shou Wai Ke Za Zhi[Chin J Hand Surg(Article in Chinese;No abstract available)],2012,28(3):147. DOI:10.3760/cma.j.issn.1005-054X.2012.03.010.}

[2693] 于志军，李庆泰，纪柳，房嘉宾，刘沐清，秦永平，梁波．青少年及儿童末节压砸断指再植的临床特点[J]．实用手外科杂志，2012，26（1）：35-37．DOI：10.3969/j.issn.1671-2722.2012.01.014．{YU Zhijun,LI Qingtai,JI Liu,FANG Jiabin,LIU Muqing,QIN Yongping,LIANG Bo. The clinical features of crushed amputations at the distal fingers in adolescence and children[J]. Shi Yong Shou Wai Ke Za Zhi[Chin J Pract Hand Surg(Article in Chinese;Abstract in Chinese and English)],2012,26(1):35-37. DOI:10.3969/j.issn.1671-2722.2012.01.014.}

[2694] 雷彦文，李亮，张敬良，梁智荣，杜毅云．新生儿小指末节完全离断再植成功一例[J]．中华显微外科杂志，2014，37（1）：101-102．DOI：10.3760/cma.j.issn.1001-2036.2014.01.037．{LEI Yanwen,LI Liang,ZHANG Jingliang,LIANG Zhirong,DU Yiyun. A successful replantation of a newborn's little finger with complete transection[J]. Zhonghua Xian Wei Wai Ke Za Zhi[Chin J Microsurg(Article in Chinese;No abstract available)],2014,37(1):101-102. DOI:10.3760/cma.j.issn.1001-2036.2014.01.037.}

[2695] 龙航，陈世玖，吕占武，陈婉红，刘珑玲，杨军．儿童腕掌侧浅静脉在拇指离断再植中的应用[J]．中华显微外科杂志，2014，37（1）：85-86．DOI：10.3760/cma.j.issn.1001-2036.2014.01.028．{LONG Hang,CHEN Shijiu,LU Zhanwu,CHEN Wanhong,LIU Longling,YANG Jun. Application of superficial palmar vein of children's wrist in replantation of thumb[J]. Zhonghua Xian Wei Wai Ke Za Zhi[Chin J Microsurg(Article in Chinese;Abstract in Chinese)],2014,37(1):85-86. DOI:10.3760/cma.j.issn.1001-2036.2014.01.028.}

[2696] 梁高峰，智丰，段超鹏，张满盈，滕云升，郭永明，董俊文，文波，向胜涛．婴幼儿拇手指撕脱离断再植[J]．中华手外科杂志，2014，30（3）：206-208．DOI：10.3760/cma.j.issn.1005-054X.2014.03.018．{LIANG Gaofeng,Zhifeng,DUAN Chaopeng,ZHANG Manying,TENG Yunsheng,GUO Yongming,DONG Junwen,WEN Bo,XIANG Shengtao. Replantation of avulsed thumb or fingers in infants and toddlers[J]. Zhonghua Shou Wai Ke Za Zhi[Chin J Hand Surg(Article in Chinese;Abstract in Chinese and English)],2014,30(3):206-208. DOI:10.3760/cma.j.issn.1005-054X.2014.03.018.}

[2697] 张海瑞，蔡俊雅，李丹丹，邢耀文，王永彬，张景僚．婴幼儿动物咬伤断指再植[J]．中华手外科杂志，2014，30（5）：399．DOI：10.3760/cma.j.issn.1005-054X.2014.05.034．{ZHANG Hairui,CAI Junya,LI Dandan,XING Yaowen,WANG Yongbin,ZHANG Jinglio. Replantation of amputated finger from infant animal bite[J]. Zhonghua Shou Wai Ke Za Zhi[Chin J Hand Surg(Article in Chinese;No abstract available)],2014,30(5):399. DOI:10.3760/cma.j.issn.1005-054X.2014.05.034.}

[2698] 林涧，王之江，吴立志，张天浩，万华俊，陆骅．幼儿手指末节撕脱性离断再植九例[J]．中华显微外科杂志，2015，38（5）：468-469．DOI：10.3760/cma.j.issn.1001-2036.2015.05.016．{LIN Jian,WANG Zhijiang,WU Lizhi,ZHANG Tianhao,WAN Huajun,LU Hua. Nine cases of replantation of avulsion of the distal finger of infants[J]. Zhonghua Xian Wei Wai Ke Za Zhi[Chin J Microsurg(Article in Chinese;Abstract in Chinese)],2015,38(5):468-469. DOI:10.3760/cma.j.issn.1001-2036.2015.05.016.}

[2699] 丁健，王珑，陶先耀，封晓亮，李志杰．小儿钝器伤性断指再植术的疗效分析[J]．中华显微外科杂志，2016，39(1)：82-84．DOI：10.3760/cma.j.issn.1001-2036.2016.01.024．{DING Jian,WANG Long,TAO Xianyao,FENG Xiaoliang,LI Zhijie. Analysis of curative effect of replantation of amputated finger in children with blunt injury[J]. Zhonghua Xian Wei Wai Ke Za Zhi[Chin J Microsurg(Article in Chinese;Abstract in Chinese)],2016,39(1):82-84. DOI:10.3760/cma.j.issn.1001-2036.2016.01.024.}

[2700] 王腾，何晓清，徐永清，杨曦．断指再植联合原位回植治愈小儿示指末节两平面离断一例[J]．中华显微外科杂志，2016，39（2）：202-203．DOI：10.3760/cma.j.issn.1001-2036.2016.02.034．{WANG Teng,HE Xiaoqing,XU Yongqing,YANG Xi. A case of amputated finger replantation combined with in SITU replantation to cure a child with two planes of the distal segment of the index finger[J]. Zhonghua Xian Wei Wai Ke Za Zhi[Chin J Microsurg(Article in Chinese;No abstract available)],2016,39(2):202-203. DOI:10.3760/cma.j.issn.1001-2036.2016.02.034.}

[2701] 魏苏明，芮永军，陆征峰，刘宇舟，金霜．五个月龄婴儿示指离断7h再植成功一例[J]．中华手外科杂志，2017，33（3）：240．{WEI Suming,RUI Yongjun,LU Zhengfeng,LIU Yuzhou,JIN Lei. A successful replantation of a five-month-old infant's index finger after 7 hours[J]. Zhonghua Shou Wai Ke Za Zhi[Chin J Hand Surg(Article in Chinese;No abstract available)],2017,33(3):240.}

[2702] 宿晓雷，陈汉文，张宁，高艳红，冯娜娜，陈广先，赵建勇．自制上肢限制性支具在婴幼儿断指再植中的应用[J]．中华手外科杂志，2017，33（3）：169-170．DOI：10.3760/cma.j.issn.1005-054X.2017.03.004．{SU Xiaolei,CHEN Hanwen,ZHANG Ning,GAO Yanhong,FENG Nana,CHEN Guangxian,ZHAO Jianyong. Application of self-made upper limb restrictive brace in replantation of amputated finger in infants[J]. Zhonghua Shou Wai Ke Za Zhi[Chin J Hand Surg(Article in Chinese;Abstract in Chinese)],2017,33(3):169-170. DOI:10.3760/cma.j.issn.1005-054X.2017.03.004.}

[2703] 戚建武，张明华，柴益铜，孙斌鸿，刘林海，薛建波，方炫量，孙赫阳，王欣，陈宏．保留关节的小儿指间关节离断再植[J]．中华手外科杂志，2018，34（4）：292-294．{QI Jianwu,ZHANG Minghua,CHAI Yitong,SUN Binhong,LIU Linhai,XUE Jianbo,FANG Xuanliang,SUN Heyang,WANG Xin,CHEN Hong. Replantation of the interphalangeal joint with reserving joint in children[J]. Zhonghua Shou Wai Ke Za Zhi[Chin J Hand Surg(Article in Chinese;Abstract in Chinese and English)],2018,34(4):292-294.}

[2704] 印飞，芮永军，沈小芳，陆征峰，林伟枫．动静脉转流术结合拔甲在幼儿Ishikawa Ⅱ区断指再植中的应用[J]．中国修复重建外科杂志，2018，32（12）：1619-1620．DOI：10.7507/1002-1892.201806062．{YIN Fei,RUI Yongjun,SHEN Xiaofang,LU Zhengfeng,LIN Weifeng. Application of arteriovenous bypass combined with nail removal in the replantation of amputated fingers in ishikawa Ⅱ zone of children[J]. Zhongguo Xiu Fu Chong Jian Wai Ke Za Zhi[Chin J Repar Reconstr Surg(Article in Chinese;Abstract in Chinese)],2018,32(12):1619-1620. DOI:10.7507/1002-1892.201806062.}

[2705] 印飞，芮永军，沈小芳，余炯，陆征峰，林伟枫．幼儿无静脉吻合条件的Ishikawa Ⅱ区断指的再植体会[J]．中华手外科杂志，2019，35（1）：67-68．DOI：10.3760/cma.j.issn.1005-054X.2019.01.025．{YIN Fei,RUI Yongjun,SHEN Xiaofang,YU Jiong,LU Zhengfeng,LIN Weifeng. Replantation of ishikawa Ⅱ amputated finger in infants without venous anastomosis[J]. Zhonghua Shou Wai Ke Za Zhi[Chin J Hand Surg(Article in Chinese;Abstract in Chinese)],2019,35(1):67-68. DOI:10.3760/cma.j.issn.1005-054X.2019.01.025.}

[2706] 郭礼平，巨积辉，王凯，金光哲，郭全伟．小儿手指套脱性离断再植临床分析[J]．中华手外科杂志，2019，35（4）：261-263．{GUO Liping,JU Jihui,WANG Kai,JIN Guangzhe,GUO Quanwei. Clinical analysis of replantation of detached finger cot in children[J]. Zhonghua Shou Wai Ke Za Zhi[Chin J Hand Surg(Article in Chinese;No abstract available)],2019,35(4):261-263.}

[2707] 王凯，巨积辉，金光哲，郭礼平，郭全伟．三种指动脉吻合法在小儿Urbaniak Ⅲ型拇手指套脱性离断再植中的应用[J]．中华手外科杂志，2019，35（6）：415-418．{WANG Kai,JU Jihui,JIN Guangzhe,GUO Liping,GUO Quanwei. Clinical application of three kinds of anastomosis methods of digital artery in replantation of degloving amputated thumb and fingers of urbaniak Ⅲ type in children[J]. Zhonghua Shou Wai Ke Za Zhi[Chin J Hand Surg(Article in Chinese;Abstract in Chinese and English)],2019,35(6):415-418.}

[2708] 高增阳，彭志纯，佘立军，陈演志，潘潮星，雷彦文，张敬良．新型冠状病毒肺炎疫情期间对4岁儿童右示指末节两截离断显微再植成功一例[J]．中华显微外科杂志，2020，43（2）：126-127．DOI：10.3760/cma.j.cn441206-20200410-00194．{GAO Zengyang,PENG Zhichun,ShE Lijun,CHEN Yanzhi,PAN Chaoxing,LEI Yanwen,ZHANG Jingliang. Successful replantation of severed double amputation of distal segment of right index finger in a 4-year-old child in covid-19[J]. Zhonghua Xian Wei Wai Ke Za Zhi[Chin J Microsurg(Article in Chinese;Abstract in Chinese and English)],2020,43(2):126-127. DOI:10.3760/cma.j.cn441206-20200410-00194.}

[2709] 宿晓雷，陈广先，余航，张宁，王鸿飞，李统，张学磊，王萍，赵建勇．自制上肢支具结合心理干预在婴幼儿断指再植中的应用[J]．中国矫形外科杂志，2020，28（8）：762-763．DOI：10.3977/j.issn.1005-8478.2020.08.21．{SU Xiaolei,CHEN Guangxian,YU Hang,ZHANG Ning,WANG Hongfei,LI Tong,ZHANG Xuelei,WANG Ping,ZHAO Jianyong. Application of self-made upper limb brace combined with psychological intervention in replantation of amputated finger in infants[J]. Zhongguo Jiao Xing Wai Ke Za Zhi[Orthop J China(Article in Chinese;Abstract in Chinese)],2020,28(8):762-763. DOI:10.3977/j.issn.1005-8478.2020.08.21.}

[2710] 董洪先．小儿手指末节Ishikawa Ⅰ区离断再植17例[J]．实用手外科杂志，2020，34（2）：179-181．DOI：10.3969/j.issn.1671-2722.2020.02.019．{DONG Hongxian. Replantation of 17 children with severed finger in ishikawa Ⅰ area[J]. Shi Yong Shou Wai Ke Za Zhi[Chin J Pract Hand Surg(Article in Chinese;Abstract in Chinese and English)],2020,34(2):179-181. DOI:10.3969/j.issn.1671-2722.2020.02.019.}

2.2.6.5 指尖离断再植

fingertip replantation

[2711] Li J,Guo Z,Zhu Q,Lei W,Han Y,Li M,Wang Z. Fingertip replantation:determinants of survival[J]. Plast Reconstr Surg,2008,122(3):833-839. doi:10.1097/PRS.0b013e318180ed61.

[2712] Zhang X,Wen S,Wang B,Wang Q,Li C,Zhu H. Reconstruction of circulation in the fingertip without vein repair in zone I replantation[J]. J Hand Surg Am,2008,33(9):1597-1601. doi:10.1016/j.jhsa.2008.05.005.

[2713] Yan H,Jackson WD,Songcharoen S,Akdemir O,Li Z,Chen X,Jiang L,Gao W. Vein grafting in fingertip replantations[J]. Microsurgery,2009,29(4):275-281. doi:10.1002/micr.20614.

[2714] Xu JH,Gao ZJ,Yao JM,Tan WQ,Dawreeawo J. Foster replantation of fingertip using neighbouring digital artery in a young child[J]. J Plast Reconstr Aesthet Surg,2010,63(6):e532-534. doi:10.1016/j.bjps.2009.11.025.

[2715] Shi D,Qi J,Li D,Zhu L,Jin W,Cai D. Fingertip replantation at or beyond the nail base in children[J]. Microsurgery,2010,30(5):380-385. doi:10.1002/micr.20743.

[2716] Feng SM,Gu JX,Zhang NC,Liu HJ,Wang JC. Arterial and venous revascularization with bifurcation of a single central artery:a reliable strategy for Tamai zone I replantation[J]. Plast Reconstr Surg,2013,132(4):680e-681e. doi:10.1097/PRS.0b013e3182a052e8.

[2717] Regmi S,Gu JX. Study on lateral nail fold incision technique for venous anastomosis in fingertip replantation[J]. Ann Plast Surg,2016,77(5):583. doi:10.1097/SAP.0000000000000809.

[2718] Huan AS,Regmi S,Gu JX,Liu HJ,Zhang WZ. Fingertip replantation (zone I) without venous anastomosis:clinical experience and outcome analysis[J]. Springerplus,2016,5(1):1835. doi:10.1186/s40064-016-3394-8.

[2719] Wen G,Xu J,Chai YM. Fingertip replantation with palmar venous anastomoses in children[J]. Ann Plast Surg,2017,78(6):692-696. doi:10.1097/SAP.0000000000000948.

[2720] Wu F,Shen X,Eberlin KR,Sun Z,Zhou X,Xue M. The use of arteriovenous anastomosis for venous drainage during Tamai zone I fingertip replantation[J]. Injury,2018,49(6):1113-1118. doi:10.1016/j.injury.2018.03.027.

[2721] Cheng L,Chai Y,Wen G,Peihua C. Tamai zone I fingertip replantation with venous anastomosis versus without venous anastomosis[J]. J Plast Reconstr Aesthet Surg,2020,73(12):2239-2260. doi:10.1016/j.bjps.2020.05.018.

[2722] 田万成，王成琪．指尖断指再植[J]．中华显微外科杂志，1991，14（1）：23-24．{TIAN Wancheng,WANG Chengqi. Replantation of severed fingertip[J]. Zhonghua Xian Wei Wai Ke Za Zhi[Chin J Microsurg(Article in Chinese;Abstract in Chinese)],1991,14(1):23-24.}

[2723] 黄东，王福义，唐志荣，张惠茹，黄海来．指尖断指再植24例报告[J]．中华显微外科杂志，1997，20（2）：61．DOI：CNKI：SUN：ZHXW.0.1997-02-034．{HUANG Dong,WANG Fuyi,TANG Zhirong,ZHANG Huiru,HUANG Hailai. Replantation of severed fingertip:a report of 24 cases[J]. Zhonghua Xian Wei Wai Ke Za Zhi[Chin J Microsurg(Article in Chinese;Abstract in Chinese)],1997,20(2):61. DOI:CNKI:SUN:ZHXW.0.1997-02-034.}

[2724] 潘希贵，田万成，卢全中．指尖脱套性断指再植[J]．中华手外科杂志，1998，14（4）：207．DOI：10.3760/cma.j.issn.1005-054X.1998.04.007．{PAN Xigui,TIAN Wancheng,LU Quanzhong. Replantation of degloving severed fingertips[J]. Zhonghua Shou Wai Ke Za Zhi[Chin J Hand Surg(Article in Chinese;Abstract in Chinese and English)],1998,14(4):207. DOI:10.3760/cma.j.issn.1005-054X.1998.04.007.}

[2725] 潘昭勋，王成琪，范启申．指尖再植27指报告[J]．中华手外科杂志，1998，14（4）：209．DOI：10.3760/cma.j.issn.1005-054X.1998.04.008．{PAN Zhaoxun,WANG Chengqi,FAN Qishen. Replantation of fingertips:A report of 27 fingers[J]. Zhonghua Shou Wai Ke Za Zhi[Chin J Hand Surg(Article in Chinese;Abstract in Chinese and English)],1998,14(4):209. DOI:10.3760/cma.j.issn.1005-054X.1998.04.008.}

[2726] 骆效黎，梁振宇，刘海燕．指尖断指再植与改良原位缝合分析[J]．中华显微外科杂志，1999，22（3）：227．DOI：10.3760/cma.j.issn.1001-2036.1999.03.033．{LUO

Xiaoli,LIANG Zhenyu,LIU Haiyan. Analysis of replantation and improved in situ suture of severed fingertip[J]. Zhonghua Xian Wei Wai Ke Za Zhi[Chin J Microsurg(Article in Chinese;Abstract in Chinese)],1999,22(3):227. DOI:10.3760/cma.j.issn.1001-2036.1999.03.033.}

[2727] 薛俊红，薛广平，付洪茹. 指尖离断再植 56 例体会 [J]. 中华显微外科杂志，2000，23(3)：240. DOI：10.3760/cma.j.issn.1001-2036.2000.03.062. {XUE Junhong,XUE Guangping,FU Hongru. Replantation of severed fingertip in 56 cases[J]. Zhonghua Xian Wei Wai Ke Za Zhi[Chin J Microsurg(Article in Chinese;Abstract in Chinese)],2000,23(3):240. DOI:10.3760/cma.j.issn.1001-2036.2000.03.062.}

[2728] 王培吉，朱东，王东生. 动静脉转流在指尖脱套性断指再植术中的应用 [J]. 中国矫形外科杂志，2000，7(12)：1166. DOI：10.3969/j.issn.1005-8478.2000.12.045. {WANG Peiji,ZHU Dong,WANG Dongsheng. Application of arteriovenous bypass in replantation of degloving severed fingertip[J]. Zhongguo Jiao Xing Wai Ke Za Zhi[Orthop J China(Article in Chinese;No abstract available)],2000,7(12):1166. DOI:10.3969/j.issn.1005-8478.2000.12.045.}

[2729] 田万成，潘希贵，卢全中，王建苓. 指尖离断分型与再植 [J]. 中国创伤骨科杂志，2000，2(4)：27-28. DOI：CNKI：SUN：ZCGK.0.2000-03-007. {TIAN Wancheng,PAN Xigui,LU Quanzhong,WANG Jianling. Replantation and type of amputated fingertip[J]. Zhongguo Chuang Shang Gu Ke Za Zhi[Chin J Orthop Trauma(Article in Chinese;Abstract in Chinese and English)],2000,2(4):27-28. DOI:CNKI:SUN:ZCGK.0.2000-03-007.}

[2730] 江奕恒，黄东，吴伟炽，张惠茹，唐志荣，伍庆松. 指尖冲压性断指再植体会 [J]. 中华显微外科杂志，2001，24(2)：107-109. DOI：10.3760/cma.j.issn.1001-2036.2001.02.010. {JIANG Yiheng,HUANG Dong,WU Weizhi,ZHANG Huiru,TANG Zhirong,WU Qingsong. Replantation of crushing severed fingertips[J]. Zhonghua Xian Wei Wai Ke Za Zhi[Chin J Microsurg(Article in Chinese;Abstract in Chinese and English)],2001,24(2):107-109. DOI:10.3760/cma.j.issn.1001-2036.2001.02.010.}

[2731] 汪王平，何少峰，郝鹏. 仅吻合动脉的末节及指尖断指再植手术 [J]. 中华显微外科杂志，2001，24(4)：309-310. DOI：10.3760/cma.j.issn.1001-2036.2001.04.033. {WANG Wangping,HE Shaofeng,HE Peng. Artery anastomosis merely in replantation of severed distal phanxes and fingertips[J]. Zhonghua Xian Wei Wai Ke Za Zhi[Chin J Microsurg(Article in Chinese;Abstract in Chinese)],2001,24(4):309-310. DOI:10.3760/cma.j.issn.1001-2036.2001.04.033.}

[2732] 刘学贵，祁雄峰，黄卫东. 甲中段以远指尖离断再植 [J]. 中华手外科杂志，2001，17(4)：222. DOI：10.3760/cma.j.issn.1005-054X.2001.04.024. {LIU Xuegui,QI Xiongfeng,HUANG Weidong. Replantation of severed fingertip distal to the middle of nail[J]. Zhonghua Shou Wai Ke Za Zhi[Chin J Hand Surg(Article in Chinese;No abstract available)],2001,17(4):222. DOI:10.3760/cma.j.issn.1005-054X.2001.04.024.}

[2733] 杨中华，周必光，彭正人，廖苏平，邢丹谋，危蕾，潘昊. 顺行法指尖再植 [J]. 中华手外科杂志，2001，17(z1)：79-80. DOI：10.3760/cma.j.issn.1005-054X.2001.z1.038. {YANG Zhonghua,ZHOU Biguang,PENG Zhengren,LIAO Suping,XING Danmou,WEI Lei,PAN Hao. Anterograde fingertip replantation[J]. Zhonghua Shou Wai Ke Za Zhi[Chin J Hand Surg(Article in Chinese;No abstract available)],2001,17(z1):79-80. DOI:10.3760/cma.j.issn.1005-054X.2001.z1.038.}

[2734] 汪王平，何少峰，郝鹏，陈德武，陈敢真，何仿. 仅吻合动脉的末节及指尖再植手术的改良 [J]. 临床骨科杂志，2001，4(2)：106-107. DOI：10.3969/j.issn.1008-0287.2001.02.009. {WANG Wangping,HE Shaofeng,HE Peng,CHEN Dewu,CHEN Ganzhen,HE Fang. Modification of replanting operation of only anastomosing artery of finger tip and distal segment[J]. Lin Chuang Gu Ke Za Zhi[J Clin Orthop(Article in Chinese;Abstract in Chinese and English)],2001,4(2):106-107. DOI:10.3969/j.issn.1008-0287.2001.02.009.}

[2735] 卢全中，田万成，潘希贵，宋海涛，康庆林，潘风雨，管同勋，王建龄. 掌侧静脉在指尖再植中的应用 [J]. 实用手外科杂志，2001，15(3)：149-150. DOI：10.3969/j.issn.1671-2722.2001.03.008. {LU Quanzhong,TIAN Wancheng,PAN Xigui,SONG Haitao,KANG Qinglin,PAN Fengyu,GUAN Tongxun,WANG Jianling. The application of palm vein in fingertip replantation[J]. Shi Yong Shou Wai Ke Za Zhi[Chin J Pract Hand Surg(Article in Chinese;Abstract in Chinese and English)],2001,15(3):149-150. DOI:10.3969/j.issn.1671-2722.2001.03.008.}

[2736] 薛俊红，杨华堂，薛广平. 指尖冠状面断离再植 15 例体会 [J]. 中华显微外科杂志，2002，25(3)：80. DOI：CNKI：SUN：ZHXW.0.2002-03-049. {XUE Junhong,YANG Huatang,XUE Guangping. Replantation of coronal severed fingertip in 15 cases[J]. Zhonghua Xian Wei Wai Ke Za Zhi[Chin J Microsurg(Article in Chinese;Abstract in Chinese)],2002,25(3):80. DOI:CNKI:SUN:ZHXW.0.2002-03-049.}

[2737] 薛俊红，杨华堂，薛广平. 顺行指尖再植 57 例全部成活体会 [J]. 中华手外科杂志，2002，18(3)：48. DOI：10.3760/cma.j.issn.1005-054X.2002.03.026. {XUE Junhong,YANG Huatang,XUE Guangping. Replantation of forward flow axial fingertips in 57 cases[J]. Zhonghua Shou Wai Ke Za Zhi[Chin J Hand Surg(Article in Chinese;No abstract available)],2002,18(3):48. DOI:10.3760/cma.j.issn.1005-054X.2002.03.026.}

[2738] 杨中华，周必光，彭正人，潘昊，廖苏平，邢丹谋. 经骨髓腔静脉回流的指尖再植 [J]. 中华手外科杂志，2002，18(4)：16-18. DOI：10.3760/cma.j.issn.1005-054X.2002.04.005. {YANG Zhonghua,ZHOU Biguang,PENG Zhengren,PAN Hao,LIAO Suping,XING Danmou. Fingertip replantation with a venous drainage through medullary cavity[J]. Zhonghua Shou Wai Ke Za Zhi[Chin J Hand Surg(Article in Chinese;Abstract in Chinese and English)],2002,18(4):16-18. DOI:10.3760/cma.j.issn.1005-054X.2002.04.005.}

[2739] 汪王平，何仿，李苏皖，郝鹏，孙雪良. 指尖离断再植 [J]. 临床骨科杂志，2002，5(3)：211-212. DOI：10.3969/j.issn.1008-0287.2002.03.019. {WANG Wangping,HE Fang,LI Suhuan,HE Peng,SUN Xueliang. Replantation of severed fingertip[J]. Lin Chuang Gu Ke Za Zhi[J Clin Orthop(Article in Chinese;Abstract in Chinese and English)],2002,5(3):211-212. DOI:10.3969/j.issn.1008-0287.2002.03.019.}

[2740] 潘希贵，田万成，卢全中，管同勋. 拇指指尖离断再植 [J]. 中华显微外科杂志，2003，26(2)：98-100. DOI：10.3760/cma.j.issn.1001-2036.2003.02.006. {PAN Xigui,TIAN Wancheng,LU Quanzhong,GUAN Tongxun. Replantation of amputated thumb fingertip[J]. Zhonghua Xian Wei Wai Ke Za Zhi[Chin J Microsurg(Article in Chinese;Abstract in Chinese and English)],2003,26(2):98-100. DOI:10.3760/cma.j.issn.1001-2036.2003.02.006.}

[2741] 潘希贵，田万成，卢全中，管同勋. 指尖离断血运重建的方式 [J]. 中华手外科杂志，2003，19(1)：42. DOI：10.3760/cma.j.issn.1005-054X.2003.01.028. {PAN Xigui,TIAN Wancheng,LU Quanzhong,GUAN Tongxun. Blood supply reconstruction in severed fingertip[J]. Zhonghua Shou Wai Ke Za Zhi[Chin J Hand Surg(Article in Chinese;No abstract available)],2003,19(1):42. DOI:10.3760/cma.j.issn.1005-054X.2003.01.028.}

[2742] 李建兵，宋建良，吴守成，王磊，陈强. 去表皮囊袋法在指尖离断中的应用 [J]. 中华手外科杂志，2003，19(1)：65. DOI：10.3760/cma.j.issn.1005-054X.2003.01.032. {LI Jianbing,SONF Jianliang,WU Shouceng,WANG Lei,CHEN Qiang. Application of epidermis free bag method in fingertip amputation[J]. Zhonghua Shou Wai Ke Za Zhi[Chin J Hand Surg(Article in Chinese;No abstract available)],2003,19(1):65. DOI:10.3760/cma.j.issn.1005-054X.2003.01.032.}

[2743] 秦爱林，黄丽，王刚. 仅吻合指动脉的指尖再植 12 例报告 [J]. 中华手外科杂志，2003，19(4)：198. DOI：10.3760/cma.j.issn.1005-054X.2003.04.027. {QIN Ailin,HUANG Li,WANG Gang. Replantation of fingertip with only artery anastomosis:a report of 12 cases[J]. Zhonghua Shou Wai Ke Za Zhi[Chin J Hand Surg(Article in Chinese;No abstract available)],2003,19(4):198. DOI:10.3760/cma.j.issn.1005-054X.2003.04.027.}

[2744] 潘希贵，田万成，卢全中，管同勋. 中剂量肝素疗法在指尖离断中的应用 [J]. 实用手外科杂志，2003，17(1)：17-18. DOI：10.3969/j.issn.1671-2722.2003.01.005. {PAN Xigui,TIAN Wancheng,LU Quanzhong,GUAN Tongxun. Clinical application of moderate dose heparin in replantation of amputated fingertip[J]. Shi Yong Shou Wai Ke Za Zhi[Chin J Pract Hand Surg(Article in Chinese;Abstract in Chinese and English)],2003,17(1):17-18. DOI:10.3969/j.issn.1671-2722.2003.01.005.}

[2745] 黄河，林锋毅，朱俊华. 吻合双动脉无静脉的方法指尖断指再植 [J]. 中华显微外科杂志，2004，27(2)：92. DOI：10.3760/cma.j.issn.1001-2036.2004.02.049. {HUANG He,LIN Fengyi,ZHU Junhua. Replantation of severed fingertip by anastomotic double artery without vein[J]. Zhonghua Xian Wei Wai Ke Za Zhi[Chin J Microsurg(Article in Chinese;No abstract available)],2004,27(2):92. DOI:10.3760/cma.j.issn.1001-2036.2004.02.049.}

[2746] 黄东，吴伟炽，毛莉颖，张惠茹，江奕恒，林浩，伍庆松. 指尖部断指再植的临床回顾性研究 [J]. 中华显微外科杂志，2004，27(4)：304-305. DOI：10.3760/cma.j.issn.1001-2036.2004.04.033. {HUANG Dong,WU Weizhi,MAO Liying,ZHANG Huiru,JIANG Yiheng,LIN Hao,WU Qingsong. A retrospective study on replantation of severed fingertip[J]. Zhonghua Xian Wei Wai Ke Za Zhi[Chin J Microsurg(Article in Chinese;Abstract in Chinese)],2004,27(4):304-305. DOI:10.3760/cma.j.issn.1001-2036.2004.04.033.}

[2747] 柴益民，林崇正，邱勋永，陈汉东，陈彦堃. 吻合掌侧浅静脉的末节及指尖断指再植 [J]. 实用手外科杂志，2004，18(3)：136-137. DOI：10.3969/j.issn.1671-2722.2004.03.003. {CHAI Yimin,LIN Chongzheng,QIU Xunyong,CHEN Handong,CHEN Yankun. Replantation of distal phalanx and fingertips with anastomosis of palmar digital veins[J]. Shi Yong Shou Wai Ke Za Zhi[Chin J Pract Hand Surg(Article in Chinese;Abstract in Chinese and English)],2004,18(3):136-137. DOI:10.3969/j.issn.1671-2722.2004.03.003.}

[2748] 潘风雨，田万成. 逆行法吻合掌侧静脉的指尖再植 [J]. 实用手外科杂志，2004，18(4)：204-205. DOI：10.3969/j.issn.1671-2722.2004.04.005. {PAN Fengyu,TIAN Wancheng. Fingertip replantation with retrograde anastomosis of palmar vein[J]. Shi Yong Shou Wai Ke Za Zhi[Chin J Pract Hand Surg(Article in Chinese;Abstract in Chinese and English)],2004,18(4):204-205. DOI:10.3969/j.issn.1671-2722.2004.04.005.}

[2749] 任高宏，裴国献，顾立强，郭钢. 指尖离断再植 32 指报告 [J]. 第一军医大学学报，2004，24(8)：953-955. DOI：10.3321/j.issn：1673-4254.2004.08.032. {REN Gaohong,PEI Guoxian,GU Liqiang,GUO Gang. Fingertip replantation after amputation:report of 32 fingers[J]. Di Yi Jun Yi Da Xue Xue Bao[J First Mil Med Univ(Article in Chinese;Abstract in Chinese and English)],2004,24(8):953-955. DOI:10.3321/j.issn:1673-4254.2004.08.032.}

[2750] 宋会江，梁剑聪，金宏. 指尖离断再植 12 例 [J]. 中国修复重建外科杂志，2004，18(2)：122. DOI：CNKI：SUN：ZXCW.0.2004-02-015. {SONG Huijiang,LIANG Jiancong,JIN Hong. replantation of severed fingertips:a report of 12 cases[J]. Zhongguo Xiu Fu Chong Jian Wai Ke Za Zhi[Chin J Repar Reconstr Surg(Article in Chinese;No abstract available)],2004,18(2):122. DOI:CNKI:SUN:ZXCW.0.2004-02-015.}

[2751] 朱杰鹏. 非利刃伤指尖断离再植 18 指 [J]. 中华显微外科杂志，2005，28(1)：37. DOI：10.3760/cma.j.issn.1001-2036.2005.01.064. {ZHU Jiepeng. 18 replantations of non trenchant severed fingertip[J]. Zhonghua Xian Wei Wai Ke Za Zhi[Chin J Microsurg(Article in Chinese;No abstract available)],2005,28(1):37. DOI:10.3760/cma.j.issn.1001-2036.2005.01.064.}

[2752] 高伟业，谢龙魁，容杰良，范景光，周勤. 扩大骨髓腔在指尖离断原位缝合术中的应用 [J]. 实用手外科杂志，2005，19(2)：83-84. DOI：10.3969/j.issn.1671-2722.2005.02.008. {GAO Weiye,XIE Longkui,RONG Jieliang,FAN Jinguang,ZHOU Qin. Distal digital replantation with enlarged bone marrow[J]. Shi Yong Shou Wai Ke Za Zhi[Chin J Pract Hand Surg(Article in Chinese;Abstract in Chinese and English)],2005,19(2):83-84. DOI:10.3969/j.issn.1671-2722.2005.02.008.}

[2753] 李宝山，章雪松，梁文素，郭健，邹豪杰. 特殊性手指末节及指尖离断再植的临床分析 [J]. 实用手外科杂志，2005，19(4)：204-206. DOI：10.3969/j.issn.1671-2722.2005.04.005. {LI Baoshan,ZHANG Xuesong,LIANG Wensu,GUO Jian,ZOU Haojie. Clinical analysis of replantation of specially amputated fingertip[J]. Shi Yong Shou Wai Ke Za Zhi[Chin J Pract Hand Surg(Article in Chinese;Abstract in Chinese and English)],2005,19(4):204-206. DOI:10.3969/j.issn.1671-2722.2005.04.005.}

[2754] 赵治伟，程春生，单海民. 指尖离断再植的体会 [J]. 中华显微外科杂志，2006，29(6)：418. DOI：10.3760/cma.j.issn.1001-2036.2006.06.029. {ZHAO Zhiwei,CHENG Chunsheng,SHAN Haimin. Experience in the replantation of severed fingertips[J]. Zhonghua Xian Wei Wai Ke Za Zhi[Chin J Microsurg(Article in Chinese;No abstract available)],2006,29(6):418. DOI:10.3760/cma.j.issn.1001-2036.2006.06.029.}

[2755] 戚剑，刘云江. 甲中份以远指尖再植 [J]. 中华创伤骨科杂志，2006，8(8)：719-721. DOI：10.3760/cma.j.issn.1671-7600.2006.08.006. {QI Jian,LIU Yunjiang. Replantation of fingertips distal to the middle nail[J]. Zhonghua Chuang Shang Gu Ke Za Zhi[Chin J Orthop Trauma(Article in Chinese;Abstract in Chinese and English)],2006,8(8):719-721. DOI:10.3760/cma.j.issn.1671-7600.2006.08.006.}

[2756] 王晓峰. 指尖再植 300 指的临床研究 [J]. 实用手外科杂志，2006，20(1)：19-20. DOI：10.3969/j.issn.1671-2722.2006.01.007. {WANG Xiaofeng. Clinical study of replantation of 300 fingertips[J]. Shi Yong Shou Wai Ke Za Zhi[Chin J Pract Hand Surg(Article in Chinese;Abstract in Chinese and English)],2006,20(1):19-20. DOI:10.3969/j.issn.1671-2722.2006.01.007.}

[2757] 周晓，芮永军，寿奎水，薛明宇，陈学明. 顺行岛状皮瓣与甲床回植术治疗指尖离断伤 [J]. 中华手外科杂志，2007，23(1)：48-50. DOI：10.3760/cma.j.issn.1005-054X.2007.01.015. {ZHOU Xiao,Rui Yongjun,SHOU Kuishui,XUE Mingyu,CHEN Xueming. Emergency treatment of fingertip amputation with forward flow axial island flap and nail replantation[J]. Zhonghua Shou Wai Ke Za Zhi[Chin J Hand Surg(Article in Chinese;Abstract in Chinese and English)],2007,23(1):48-50. DOI:10.3760/cma.j.issn.1005-054X.2007.01.015.}

[2758] 潘希贵，田万成，卢全中，管同勋. 指尖再植静脉回流障碍的观察与处理 [J]. 实用手外科杂志，2007，21(2)：80-81. DOI：10.3969/j.issn.1671-2722.2007.02.005. {PAN Xigui,TIAN Wancheng,LU Quanzhong,GUAN Tongxun. Observation and management of venous return obstruction in replantation of amputated fingertip[J]. Shi Yong Shou Wai Ke Za Zhi[Chin J Pract Hand Surg(Article in Chinese;Abstract in Chinese and English)],2007,21(2):80-81. DOI:10.3969/j.issn.1671-2722.2007.02.005.}

[2759] 张家俊，廖坚文，张振伟，李征，黄明龙，陈泽华，庄加川，余少校. 仅吻合单根动脉指尖再植的血流动力学研究 [J]. 中华手外科杂志，2008，24(1)：24-26. DOI：10.3760/cma.j.issn.1005-054X.2008.01.008. {ZHANG Jiajun,LIAO Jianwen,ZHANG Zhenwei,LI Zheng,HUANG Minglong,CHEN Zehua,ZHUANG Jiachuan,YU Shaojiao. Study on blood flow dynamics after fingertip replantation with single artery anastomosis[J]. Zhonghua Shou Wai Ke Za Zhi[Chin J Hand Surg(Article in Chinese;Abstract in Chinese and English)],2008,24(1):24-26. DOI:10.3760/cma.j.issn.1005-054X.2008.01.008.}

[2760] 周晓，许亚军，芮永军，姚群. 指尖横形离断伤的分型及修复方法探讨 [J]. 中国修复重建外科杂志，2008，22(9)：1089-1091. DOI：CNKI：SUN：ZXCW.0.2008-09-021. {ZHOU Xiao,XU Yajun,RUI Yongjun,YAO Qun. Investigation of new classification and repair methods for fingertip traverse amputation[J]. Zhongguo Xiu Fu Chong Jian Wai Ke Za Zhi[Chin J Repar Reconstr Surg(Article in Chinese;Abstract in Chinese and English)],2008,22(9):1089-1091.

DOI:CNKI:SUN:ZXCW.0.2008-09-021.}

[2761] 宋君，张敬良，吴祥，罗俊，江军华，吴炳奎，陆蕴红．指甲1/3以远指尖微型组织块再植56例体会[J]．中华显微外科杂志，2009，32(5)：377．DOI：10.3760/cma.j.issn.1001-2036.2009.05.010．{SONG Jun,ZHANG Jingliang,WU Xiang,LUO Jun,JIANG Junhua,WU Bingkui,LU Yunhong. Replantation of micro-tissue mass in distal fingertip:a report of 56 cases[J]. Zhonghua Xian Wei Wai Ke Za Zhi[Chin J Microsurg(Article in Chinese;Abstract in Chinese)],2009,32(5):377. DOI:10.3760/cma.j.issn.1001-2036.2009.05.010.}

[2762] 张平，朱春平，丁永斌，张明亮，兰魁兵，徐克孝．静脉回流重建在指尖离断再植中的意义[J]．实用手外科杂志，2009，23(1)：14-15．DOI：10.3969/j.issn.1671-2722.2009.01.005．{ZHANG Ping,ZHU Chunping,DING Yongbin,ZHANG Mingliang,LAN Kuibing,XU Kexiao. Significance of reconstruction of venous reflow in fingertip replantation[J]. Shi Yong Shou Wai Ke Za Zhi[Chin J Pract Hand Surg(Article in Chinese;Abstract in Chinese and English)],2009,23(1):14-15. DOI:10.3969/j.issn.1671-2722.2009.01.005.}

[2763] 周晓，许亚军，芮永军，寿奎水，姚群．同指尺侧顺行岛状皮瓣覆盖回植指骨及甲床修复拇指指尖离断伤[J]．中国修复重建外科杂志，2009，23(5)：581-583．DOI：CNKI：SUN：ZXCW.0.2009-05-027．{ZHOU Xiao,XU Yajun,RUI Yongjun,YAO Qun,SHOU Kuishui. Forward homodigital ulnaris artery flap coverage for bone and nail bed graft in thumb fingertip amputaion[J]. Zhongguo Xiu Fu Chong Jian Wai Ke Za Zhi[Chin J Repar Reconstr Surg(Article in Chinese;Abstract in Chinese and English)],2009,23(5):581-583. DOI:CNKI:SUN:ZXCW.0.2009-05-027.}

[2764] 杨延军，刘良赕，刘铭波，张景石，李保龙，黄刚，张子清．在指尖离断再植手术中吻合血管的体会[J]．中华显微外科杂志，2010，33(1)：69-70．DOI：10.3760/cma.j.issn.1001-2036.2010.01.030．{YANG Yanjun,LIU Liangyan,LIU Mingbo,ZHANG Jingshi,LI Baolong,HUANG Gang,ZHANG Ziqing. Experience of vascular anastomosis in severed fingertips' replantation[J]. Zhonghua Xian Wei Wai Ke Za Zhi[Chin J Microsurg(Article in Chinese;Abstract in Chinese)],2010,33(1):69-70. DOI:10.3760/cma.j.issn.1001-2036.2010.01.030.}

[2765] 张平，丁永斌，兰魁兵，徐克孝，张明亮，朱春平．指尖离断再植的动脉重建[J]．中华显微外科杂志，2010，33(3)：199．DOI：10.3760/cma.j.issn.1001-2036.2010.03.011．{ZHANG Ping,DING Yongbin,LAN Kuibing,XU Kexiao,ZHANG Mingliang,ZHU Chunping. Artery reconstruction in the replantation of fingertip[J]. Zhonghua Xian Wei Wai Ke Za Zhi[Chin J Microsurg(Article in Chinese;Abstract in Chinese)],2010,33(3):199. DOI:10.3760/cma.j.issn.1001-2036.2010.03.011.}

[2766] 沈小芳，许亚军，芮永军，糜菁熠，周建东．指尖套脱性离断再植[J]．中华手外科杂志，2010，26(2)：104-106．DOI：10.3760/cma.j.issn.1005-054X.2010.02.021．{SHEN Xiaofang,XU Yajun,RUI Yongjun,MI Qingyi,ZHOU Jiandong. Replantation of degloved fingertips[J]. Zhonghua Shou Wai Ke Za Zhi[Chin J Hand Surg(Article in Chinese;Abstract in Chinese and English)],2010,26(2):104-106. DOI:10.3760/cma.j.issn.1005-054X.2010.02.021.}

[2767] 李占明，李万胜．指尖离断再植方法探讨[J]．临床骨科杂志，2010，13(3)：298-299．DOI：10.3969/j.issn.1008-0287.2010.03.021．{LI Zhanming,LI Wansheng. Replantation of severed fingertip[J]. Lin Chuang Gu Ke Za Zhi[J Clin Orthop(Article in Chinese;Abstract in Chinese and English)],2010,13(3):298-299. DOI:10.3969/j.issn.1008-0287.2010.03.021.}

[2768] 姜凯，焦鸿生，方光荣．单一修复动脉的指尖断指再植13例[J]．中华显微外科杂志，2011，34(2)：106-108．DOI：10.3760/cma.j.issn.1001-2036.2011.02.007．{JIANG Kai,JIAO Hongsheng,FANG Guangrong. Replantation of complete severed fingertip with only artery anastomosis:13 cases report[J]. Zhonghua Xian Wei Wai Ke Za Zhi[Chin J Microsurg(Article in Chinese;Abstract in Chinese and English)],2011,34(2):106-108. DOI:10.3760/cma.j.issn.1001-2036.2011.02.007.}

[2769] 王治成，王爱好，朱增华，朱俊华，梁勇．指尖离断再植160例临床体会[J]．中华显微外科杂志，2011，34(2)：153-154．DOI：10.3760/cma.j.issn.1001-2036.2011.02.029．{WANG Zhicheng,WANG Aihao,ZHU Zenghua,ZHU Junhua,LIANG Yong. Clinical experience of 160 replantations of severed fingertip[J]. Zhonghua Xian Wei Wai Ke Za Zhi[Chin J Microsurg(Article in Chinese;Abstract in Chinese)],2011,34(2):153-154. DOI:10.3760/cma.j.issn.1001-2036.2011.02.029.}

[2770] 高赛明，王艳辉，孟为民，孙明举，李垂启，张晔，李鹏．三指末节指尖离断伤救治1例[J]．解放军医学杂志，2011，36(9)：990．{GAO Saiming,WANG Yanhui,MENG Weimin,SUN Mingju,LI Chuiqi,ZHANG ye,LI Peng. Treatment of three severed fingertips:a case report[J]. Jie Fang Jun Yi Xue Za Zhi[Med J Chin PLA(Article in Chinese;No abstract available)],2011,36(9):990.}

[2771] 齐杰，李雯，杨洪涛，刘艳杰，吕炳鑫，蔺利剑，苏伟海，梁剑虹．植入式筋膜瓣结合去表皮囊袋法治疗指尖离断伤[J]．中华整形外科杂志，2012，28(5)：376-377．DOI：10.3760/cma.j.issn.1009-4598.2012.05.019．{QI Jie,LI Wen,YANG Hongtao,LIU Yanjie,LV Bingxin,LIN Lijian,SU Weihai,LIANG Jianhong. Treatment of severed fingertip injury with implantable fascial flap combined with desquamated bag[J]. Zhonghua Zheng Xing Wai Ke Za Zhi[Chin J Plast Surg(Article in Chinese;No abstract available)],2012,28(5):376-377. DOI:10.3760/cma.j.issn.1009-4598.2012.05.019.}

[2772] 卫建民，孙军锁，焦小虎，景斗星，何伟，靳文阔，陈时高．缺乏可供吻合静脉的指尖离断再植方法选择[J]．中国骨伤，2012，25(8)：648-650．DOI：10.3969/j.issn.1003-0034.2012.08.008．{WEI Jianmin,SUN Junsuo,JIAO Xiaohu,JIN Douxing,HE Wei,ZHAN Wenkuo,CHEN Shigao. Replantation of fingertip amputation in lack of availability of intravenous anastomosis[J]. Zhongguo Gu Shang[China J Orthop Trauma(Article in Chinese;Abstract in Chinese and English)],2012,25(8):648-650. DOI:10.3969/j.issn.1003-0034.2012.08.008.}

[2773] 周望高，张振伟，庄加川，余少校，陈乐锋，陈国荣，杨诚，柯于海．吻合单根动脉指尖再植侧支回流流体力学解析[J]．实用手外科杂志，2012，26(3)：212-214．DOI：10.3969/j.issn.1671-2722.2012.03.003．{ZHOU Wanggao,ZHANG Zhenwei,ZHUANG Jiachuam,YU Shaojiao,CHEN Lefeng,CHEN Guorong,YANG Cheng,KE Yuhai. Fluid mechanics analysis of collateral circulation in fingertip replantation with single artery anastomosis[J]. Shi Yong Shou Wai Ke Za Zhi[Chin J Pract Hand Surg(Article in Chinese;Abstract in Chinese and English)],2012,26(3):212-214. DOI:10.3969/j.issn.1671-2722.2012.03.003.}

[2774] 张乃臣，顾加祥，刘宏君，潘俊博，田恒．仅吻合动脉的指尖再植30例[J]．实用手外科杂志，2012，26(4)：352-354．DOI：10.3969/j.issn.1671-2722.2012.04.019．{ZHNAG Naichen,GU Jiaxiang,LIU Hongjun,PAN Junbo,TIAN Heng. Replantation of only anastomosing artery of fingertip-report of 30 cases[J]. Shi Yong Shou Wai Ke Za Zhi[Chin J Pract Hand Surg(Article in Chinese;Abstract in Chinese and English)],2012,26(4):352-354. DOI:10.3969/j.issn.1671-2722.2012.04.019.}

[2775] 卢立春，杨宝会，曲狄，范微微．指尖离断再植的临床体会[J]．吉林大学学报(医学版)，2012，38(1)：114．DOI：CNKI：SUN：BQEB.0.2012-01-043．{LU Lichun,YANG Baohui,QU Di,FAN Weiwei. Clinical experience of replantation of severed fingertip[J]. Ji Lin Da Xue Xue Bao(Yi Xue Ban)[J Jilin Univ Med Ed(Article in Chinese;No abstract available)],2012,38(1):114. DOI:CNKI:SUN:BQEB.0.2012-01-043.}

[2776] 臧成五，赵睿，张航，孟泽祖，孙万辉，张文志，鲜航，马继，丛锐．不同术式在指尖离断再植中的临床应用[J]．中华手外科杂志，2013，29(3)：185-186．DOI：10.3760/cma.j.issn.1005-054X.2013.03.028．{ZANG Chengwu,ZHAO Rui,ZHANG Hang,MENG Zezu,SUN Wanhui,ZHANG Wenzhi,XIAN Hang,MA Ji,CONG Rui. Clinical application of different surgical methods in replantation of severed fingertip[J]. Zhonghua Shou Wai Ke Za Zhi[Chin J Hand Surg(Article in Chinese;No abstract available)],2013,29(3):185-186. DOI:10.3760/cma.j.issn.1005-054X.2013.03.028.}

[2777] 俞淼，史增元，毛海蛟，董文伟，袁辉宗．软组织帽回植术修复指尖离断[J]．中华手外科杂志，2013，29(6)：370-371．DOI：10.3760/cma.j.issn.1005-054X.2013.06.021．{YU Miao,SHI Zengyuan,MAO Haijiao,DONG Wenwei,YUAN Huizong. Repairation of fingertip by soft tissue replantation[J]. Zhonghua Shou Wai Ke Za Zhi[Chin J Hand Surg(Article in Chinese;Abstract in Chinese)],2013,29(6):370-371. DOI:10.3760/cma.j.issn.1005-054X.2013.06.021.}

[2778] 王相，张威凯，尹绍猛，王海兵，何涛，龚永清，朱国明，毛根莲，胡明星，李建．吻合掌侧静脉及保留指甲的指尖再植[J]．中国骨伤，2013，26(8)：639-641．DOI：10.3969/j.issn.1003-0034.2013.08.007．{WANG Xiang,ZHANG Weikai,YIN Shaomeng,WANG Haibing,HE Tao,GONG Yongqing,ZHU Guoming,MAO Genlian,HU Mingxing,LI Jian. Fingertip replantation with anastomosis of palm vein and retaining the nail[J]. Zhongguo Gu Shang[China J Orthop Trauma(Article in Chinese;Abstract in Chinese and English)],2013,26(8):639-641. DOI:10.3969/j.issn.1003-0034.2013.08.007.}

[2779] 江起庭，杨丽娜，江志伟．吻合指侧方静脉的指尖离断再植[J]．实用手外科杂志，2013，27(1)：44-46，59．DOI：10.3969/j.issn.1671-2722.2013.01.016．{JIANG Qiting,YANG Lina,JIANG Zhiwei. The replantation of amputated fingertip by finger latral vein neuroanastomosis[J]. Shi Yong Shou Wai Ke Za Zhi[Chin J Pract Hand Surg(Article in Chinese;Abstract in Chinese and English)],2013,27(1):44-46,59. DOI:10.3969/j.issn.1671-2722.2013.01.016.}

[2780] 江起庭，江志伟，杨丽娜．指侧方静脉在指尖离断再植中的应用[J]．中国修复重建外科杂志，2013，27(2)：251-252．DOI：10.7507/1002-1892.20130057．{JIANG Qiting,JIANG Zhiwei,YANG Lina. Application of lateral digital vein in replantation of severed fingertip[J]. Zhongguo Xiu Fu Chong Jian Wai Ke Za Zhi[Chin J Repar Reconstr Surg(Article in Chinese;Abstract in Chinese)],2013,27(2):251-252. DOI:10.7507/1002-1892.20130057.}

[2781] 周晓，许亚军，芮永军，寿奎水，陈政，陈学明．帽状原位缝合结合筋膜瓣移位治疗无再植条件的指尖离断伤[J]．中国修复重建外科杂志，2013，27(4)：507-508．DOI：10.7507/1002-1892.20130114．{ZHOU Xiao,XU Yajun,RUI Yongjun,SHOU Kuishui,CHEN Zheng,CHEN Xueming. Treatment of severed fingertip injury without replantation condition by cap in situ suture combined with fascial flap transfer[J]. Zhongguo Xiu Fu Chong Jian Wai Ke Za Zhi[Chin J Repar Reconstr Surg(Article in Chinese;Abstract in Chinese)],2013,27(4):507-508. DOI:10.7507/1002-1892.20130114.}

[2782] 王相，张威凯，王海兵，何涛，毛根莲．多指尖离断再植[J]．中华显微外科杂志，2013，36(3)：312．DOI：10.3760/cma.j.issn.1001-2036.2013.03.035．{WANG Xiang,ZHANG Weikai,WANG Haibing,HE Tao,MAO Genlian. Replantation of multi severed fingertips[J]. Zhonghua Xian Wei Wai Ke Za Zhi[Chin J Microsurg(Article in Chinese;Abstract in Chinese)],2013,36(3):312. DOI:10.3760/cma.j.issn.1001-2036.2013.03.035.}

[2783] 江起庭，龚劲松，朱刚，王钰，杨丽娜，江志伟．吻合指侧方静脉重建指尖再植回流的临床研究[J]．中华骨科杂志，2013，33(7)：719-722．DOI：10.3760/cma.j.issn.0253-2352.2013.07.006．{JIANG Qiting,GONG Jinsong,ZHU Gang,WANG Yu,YANG Lina,JIANG Zhiwei. Clinical research on finger lateral veins anastomosis for restoring venous return of severed fingertip[J]. Zhonghua Gu Ke Za Zhi[Chin J Orthop(Article in Chinese;Abstract in Chinese and English)],2013,33(7):719-722. DOI:10.3760/cma.j.issn.0253-2352.2013.07.006.}

[2784] 陆向荣，陆大明，陆振良，徐雪平，沈方琴．腹部包埋结合局部推进皮瓣治疗拇手指指尖离断伤[J]．中华显微外科杂志，2014，37(6)：606-608．DOI：10.3760/cma.j.issn.1001-2036.2014.06.027．{LU Xiangrong,LU Daming,LU Zhenliang,XU Xueping,SHEN Fangqin. Treatment of amputated thumb tip injury with abdominal embedding and local advancement flap[J]. Zhonghua Xian Wei Wai Ke Za Zhi[Chin J Microsurg(Article in Chinese;Abstract in Chinese)],2014,37(6):606-608. DOI:10.3760/cma.j.issn.1001-2036.2014.06.027.}

[2785] 余湘，邢丹谋，冯伟，陈泉，祁莎．控制甲床渗血在仅吻合动脉的指尖再植中的应用[J]．中华实验外科杂志，2014，31(12)：2928．DOI：10.3760/cma.j.issn.1001-9030.2014.12.115．{YU Xiang,XING Danmou,FENG Wei,CHEN Quan,QI Sha. Application of controlling nail bed bleeding in fingertip replantation with merely artery anastomotsis[J]. Zhonghua Shi Yan Wai Ke Za Zhi[Chin J Exp Surg(Article in Chinese;No abstract available)],2014,31(12):2928. DOI:10.3760/cma.j.issn.1001-9030.2014.12.115.}

[2786] 张威凯，王相，王海兵，何涛，龚永清，朱国明，沈奎．以指背动脉弓供血的指尖再植[J]．中华手外科杂志，2014，30(2)：100．DOI：10.3760/cma.j.issn.1005-054X.2014.02.009．{ZHANG Weikai,WANG Xiang,WANG Haibing,HE Tao,GONG Yongqing,ZHU Guoming,SHEN Kui. Replantation of fingertip which supplied by dorsal digital artery arch[J]. Zhonghua Shou Wai Ke Za Zhi[Chin J Hand Surg(Article in Chinese;No abstract available)],2014,30(2):100. DOI:10.3760/cma.j.issn.1005-054X.2014.02.009.}

[2787] 周望高，陈乐锋，余少校，李征，陈国荣，熊懿，陈泽华，白印伟，柯于海．仅吻合指动脉终末支指尖再植的临床评价及流体力学分析[J]．中华手外科杂志，2014，30(4)：283-285．DOI：10.3760/cma.j.issn.1005-054X.2014.04.017．{ZHOU Wanggao,CHEN Lefeng,YU Shaojiao,LI Zheng,CHEN Guorong,XION Yi,CHEN Zehua,BAI Yinwei,KE Yuhai. Clinical evaluation and hemodynamics analysis of fingertip replantation with anastomosis of digital artery terminal branch only[J]. Zhonghua Shou Wai Ke Za Zhi[Chin J Hand Surg(Article in Chinese;Abstract in Chinese and English)],2014,30(4):283-285. DOI:10.3760/cma.j.issn.1005-054X.2014.04.017.}

[2788] 黄益楚，章伟祥，陈孝军，都巍．原位回植加压包扎治疗37例指尖离断伤[J]．临床骨科杂志，2014，17(2)：204-206．DOI：10.3969/j.issn.1008-0287.2014.02.037．{HUANG Chuyi,ZHANG Weixiang,CHEN Xiaojun,DU Wei. Replantation in situ compression bandaging in treatment of 37 cases of fingertip amputation[J]. Lin Chuang Gu Ke Za Zhi[J Clin Orthop(Article in Chinese;Abstract in Chinese and English)],2014,17(2):204-206. DOI:10.3969/j.issn.1008-0287.2014.02.037.}(非显微再植 Non-microsurgical replantation)

[2789] 王凯，巨积辉，金光哲，侯瑞兴．微指尖的临床再植[J]．实用手外科杂志，2014，28(1)：66-68．DOI：10.3969/j.issn.1671-2722.2014.01.024．{WANG Kai,JU Jihui,JIN Guangzhe,HOU Ruixing. The clinical replantation of tiny fingertip[J]. Shi Yong Shou Wai Ke Za Zhi[Chin J Pract Hand Surg(Article in Chinese;Abstract in Chinese and English)],2014,28(1):66-68. DOI:10.3969/j.issn.1671-2722.2014.01.024.}

[2790] 王相，张威凯，毛根莲，王海兵，何涛．吻合掌侧静脉且保留指甲的多指指尖离断再植[J]．中国修复重建外科杂志，2014，28(3)：391-392．DOI：10.7507/1002-1892.20140087．{WANG Xiang,ZHANG Weikai,WANG Haibing,HE Tao,MAO Genlian. Replantation of multi fingertips with the palmar vein anastomosed and the nail retained[J]. Zhongguo Xiu Fu Chong Jian Wai Ke Za Zhi[Chin J Repar Reconstr Surg(Article in Chinese;Abstract in Chinese)],2014,28(3):391-392. DOI:10.7507/1002-1892.20140087.}

[2791] 章峰火，胡玉祥，郭随林，江旭．"H"型静脉皮瓣修复离断指尖再植皮肤缺损[J]．中华显微外科杂志，2015，38(6)：603-605．DOI：10.3760/cma.j.issn.1001-2036.2015.06.024．{ZHANG Fenghuo,HU Yuxiang,GUO Suilin,JIANG Xu. Skin defect repairation of severed fingertip with "H" shaped venous flap[J]. Zhonghua Xian Wei Wai Ke Za Zhi[Chin J Microsurg(Article in Chinese;Abstract in Chinese)],2015,38(6):603-605. DOI:10.3760/cma.j.issn.1001-2036.2015.06.024.}

[2792] 张宁，董桂贤，尚红涛，王立涛，王泉，肖春来，刘玉民，王相．双手五指指尖离断再植存活一例[J]．中华手外科杂志，2015，31(2)：160．DOI：10.3760/cma.j.issn.1005-054X.2015.02.033．{ZHANG Ning,DONG Guixian,SHANG Hongtao,WANG Litao,WANG

Quan,XIAO Chunlai,LIU Yumin,WANG Xiang. Replantation of 5 severed fingertips:a case report[J]. Zhonghua Shou Wai Ke Za Zhi[Chin J Hand Surg(Article in Chinese;No abstract available)],2015,31(2):160. DOI:10.3760/cma.j.issn.1005-054X.2015.02.033.}

[2793] 龙航，张小林，徐佳丽，陈世玖，方鸿．指尖离断去表皮腹部包埋再植19指[J]．中华显微外科杂志，2016，39(2)：199-200．DOI：10.3760/cma.j.issn.1001-2036.2016.02.032．{LONG Hang,ZHANG Xiaolin,XU Jiali,CHEN Shijiu,FANG Hong. Nineteen severed fingertips replantation after desquamation and abdominal embedding[J]. Zhonghua Xian Wei Wai Ke Za Zhi[Chin J Microsurg(Article in Chinese;Abstract in Chinese)],2016,39(2):199-200. DOI:10.3760/cma.j.issn.1001-2036.2016.02.032.}

[2794] 罗翔，韦平欧，杨克勤，许林，林汉，莫勇军，梁旭权，植宁喜，谭海涛．急诊V-Y皮瓣和甲床移植修复指尖离断伤20例[J]．中华显微外科杂志，2016，39(6)：537-539．DOI：10.3760/cma.j.issn.1001-2036.2016.06.006．{LUO Xiang,WEI Pingou,YANG Keqin,XU Lin,LIN Han,MO Yongjun,LIANG Xuquan,ZHI Ningxi,TAN Haitao. Fingertip reconstruction with V-Y advancement flap and nailbed graft following amputation:20 cases report[J]. Zhonghua Xian Wei Wai Ke Za Zhi[Chin J Microsurg(Article in Chinese;Abstract in Chinese and English)],2016,39(6):537-539. DOI:10.3760/cma.j.issn.1001-2036.2016.06.006.}

[2795] 齐江明，阚世廉，鲁毅军，殷中罡．腹壁皮下寄养法治疗手指指尖完全离断伤[J]．实用手外科杂志，2016，30(1)：10-12．DOI：10.3969/j.issn.1671-2722.2016.01.004．{QI Jiangming,KAN Shilian,LU Yijun,YIN Zhonggang. Subcutaneous pocket for salvage of the amputated fingertip[J]. Shi Yong Shou Wai Ke Za Zhi[Chin J Pract Hand Surg(Article in Chinese;Abstract in Chinese and English)],2016,30(1):10-12. DOI:10.3969/j.issn.1671-2722.2016.01.004.}（非显微再植 Non-microsurgical replantation）

[2796] 韩小华，程文文，徐栋，胡振平．仅吻合动脉的指尖再植血液回流方式探讨[J]．实用手外科杂志，2016，30(3)：328-329，336．DOI：10.3969/j.issn.1671-2722.2016.03.028．{HAN Xiaohua,CHENG Wenwen,XU Dong,HU ZHEN Ping. The discuss of blood reflux way by only anastomosing the artery of fingertip replantation[J]. Shi Yong Shou Wai Ke Za Zhi[Chin J Pract Hand Surg(Article in Chinese;Abstract in Chinese and English)],2016,30(3):328-329,336. DOI:10.3969/j.issn.1671-2722.2016.03.028.}

[2797] 周翔，李亮，梁勇，汪庆红，林跃，何雯婷，顾立强．指尖再植相关临床问题讨论[J]．中华显微外科杂志，2017，40(6)：后插1-后插2．DOI：10.3760/cma.j.issn.1001-2036.2017.06.038．{ZHOU Xiang,LI Liang,LIANG Yong,WANG Qinghong,LIN Yue,HE Wenting,GU Liqiang. Discussion on clinical problems of finger tip replantation[J]. Zhonghua Xian Wei Wai Ke Za Zhi[Chin J Microsurg(Article in Chinese;No abstract available)],2017,40(6):insert 1-insert 2. DOI:10.3760/cma.j.issn.1001-2036.2017.06.038.}

[2798] 马建安，赵晓航，叶红禹，胡德锋，孙艺，胡振业，杨初见，徐鸿杰．指尖离断再植125例临床体会[J]．中华手外科杂志，2018，34(4)：306-307．DOI：10.3760/cma.j.issn.1005-054X.2018.04.024．{MA Jianan,ZHAO Xiaohang,YE Hongyu,HU Defeng,SUN Yi,HU Zhenye,YANG Chujian,XU Hongjie. Replantation of severed fingertip in 125 cases[J]. Zhonghua Shou Wai Ke Za Zhi[Chin J Hand Surg(Article in Chinese;Abstract in Chinese)],2018,34(4):306-307. DOI:10.3760/cma.j.issn.1005-054X.2018.04.024.}

[2799] 刘书强，魏晓健，刘晓宾，李攀．只吻合指动脉的手指末节甲根平面指尖离断再植探讨[J]．中华手外科杂志，2018，34(5)：383-384．DOI：10.3760/cma.j.issn.1005-054X.2018.05.022．{LIU Shuqiang,WEI Xiaojian,LIU Xiaobin,LI Pan. Replantation of severed fingertip at the level of nail root with digital artery anastomosis merely[J]. Zhonghua Shou Wai Ke Za Zhi[Chin J Hand Surg(Article in Chinese;Abstract in Chinese)],2018,34(5):383-384. DOI:10.3760/cma.j.issn.1005-054X.2018.05.022.}

[2800] 方杰，张文龙．吻合中央动脉中间支再植Yamano Ⅰ区指尖的临床应用[J]．中华手外科杂志，2018，34(6)：439-441．DOI：10.3760/cma.j.issn.1005-054X.2018.06.015．{FANG Jie,ZHANG Wenlong. Clinical application of replantation of Yamano I zone fingertip with anastomosis of central artery[J]. Zhonghua Shou Wai Ke Za Zhi[Chin J Hand Surg(Article in Chinese;Abstract in Chinese and English)],2018,34(6):439-441. DOI:10.3760/cma.j.issn.1005-054X.2018.06.015.}

[2801] 李祥军，巨积辉，李明伟，邹坤，赵强．吻合甲床静脉的拇指指尖再植[J]．中华手外科杂志，2018，34(6)：446-448．DOI：10.3760/cma.j.issn.1005-054X.2018.06.017．{LI Xiangjun,JU Jihui,LI Mingwei,ZOU Kun,ZHAO Qiang. Replantation of thumb fingertip with anastomosis of nail bed veins[J]. Zhonghua Shou Wai Ke Za Zhi[Chin J Hand Surg(Article in Chinese;Abstract in Chinese and English)],2018,34(6):446-448. DOI:10.3760/cma.j.issn.1005-054X.2018.06.017.}

[2802] 薛孝威，韩婷，顾加祥，张乃臣，刘宏君，张文忠．不吻合静脉的指尖再植34例临床治疗[J]．实用手外科杂志，2018，32(4)：426-428．DOI：10.3969/j.issn.1671-2722.2018.04.016．{XUE Xiaowei,HAN Ting,GU Jiaxiang,ZHANG Naichen,LIU Hongjun,ZHANG Wenzhong. Fingertip replantation without venous anastomosis:34 cases report[J]. Shi Yong Shou Wai Ke Za Zhi[Chin J Pract Hand Surg(Article in Chinese;Abstract in Chinese and English)],2018,32(4):426-428. DOI:10.3969/j.issn.1671-2722.2018.04.016.}

[2803] 赵刚，芮永军，糜菁熠，姚群，邱扬，华雍，钱俊．吻合甲侧襞静脉重建指尖再植回流[J]．中华手外科杂志，2019，35(6)：406-408．DOI：10.3760/cma.j.issn.1005-054X.2019.06.003．{ZHAO Gang,RUI Yongjun,MI Qingyi,YAO Qun,XIU Yang,HUA Yong,QIAN Jun. Reconstruction of reflux in fingertip replantation by anastomosis of nailfold vein[J]. Zhonghua Shou Wai Ke Za Zhi[Chin J Hand Surg(Article in Chinese;Abstract in Chinese and English)],2019,35(6):406-408. DOI:10.3760/cma.j.issn.1005-054X.2019.06.003.}

[2804] 陆一鸣，刘宏君，顾加祥．改良去表皮腹部包埋法在甲弧影以远指尖离断中的应用[J]．实用手外科杂志，2019，33(2)：174-176．DOI：10.3969/j.issn.1671-2722.2019.02.015．{LU Yiming,LIU Hongjun,GU Jiaxiang. Treatment and application of improved deepithelialized abdomen embedding for salvage of the amputated fingertip distant from nail lunula[J]. Shi Yong Shou Wai Ke Za Zhi[Chin J Pract Hand Surg(Article in Chinese;Abstract in Chinese and English)],2019,33(2):174-176. DOI:10.3969/j.issn.1671-2722.2019.02.015.}（非显微再植 Non-microsurgical replantation）

[2805] 杜志国，宿晓雷，王伟，李霖娜，黄熠东，许鹏成，陈秀英，李世英，赵建勇．腹部皮瓣联合指骨及甲床回植重建指尖组织缺损[J]．实用手外科杂志，2019，33(4)：400-401，404．DOI：10.3969/j.issn.1671-2722.2018.04.011．{DU Zhiguo,SU Xiaolei,WANG Wei,LI Linna,HUANG Yidong,XU Pengcheng,CHEN Xiuying,LI Shiying,ZHAO Jianyong. Reconstruction of fingertip tissue defect by transposition of abdominal flap and replantation of fingernail bed[J]. Shi Yong Shou Wai Ke Za Zhi[Chin J Pract Hand Surg(Article in Chinese;Abstract in Chinese and English)],2019,33(4):400-401,404. DOI:10.3969/j.issn.1671-2722.2018.04.011.}（非显微再植 Non-microsurgical replantation）

[2806] 潘勇，朱辉，郑大伟，裴广楠，滕道练，李甲．血管移植在伴动脉缺损的指尖离断再植中的应用[J]．中华显微外科杂志，2020，43(1)：68-71．DOI：10.3760/cma.j.issn.1001-2036.2020.01.017．{PAN Yong,ZHU Hui,ZHENG Dawei,PEI Guangnan,TENG Daolian,LI Jia. Application of vascular transplantation in replantation of fingertip with artery defect[J]. Zhonghua Xian Wei Wai Ke Za Zhi[Chin J Microsurg(Article in Chinese;Abstract in Chinese)],2020,43(1):68-71. DOI:10.3760/cma.j.issn.1001-2036.2020.01.017.}

[2807] 石惠文，王腾彬，周建辉．医用胶黏合技术在无血管吻合条件的指尖离断中的应用研究[J]．组织工程与重建外科杂志，2020，16(2)：126-129．DOI：10.3969/j.issn.1673-0364.2020.02.011．{SHI Huiwen,WANG Tengbin,ZHOU Jianhui. Application of Medical Adhesive in the Fingertip Detachment without Vascular Anastomosis Condition[J]. Zu Zhi Gong Cheng Yu Chong Jian Wai Ke Za Zhi[J Tissue Eng Reconstr Surg(Article in Chinese;Abstract in Chinese and English)],2020,16(2):126-129. DOI:10.3969/j.issn.1673-0364.2020.02.011.}（非显微再植 Non-microsurgical replantation）

2.2.6.6 手指组织块离断再植
replantation of tissue block of digit

[2808] 王增涛，王成琪，张成进，张树明，王剑利，魏海温，张杏泉，王新泉．四肢离体复合组织块再植[J]．中华显微外科杂志，1995，18(3)：179-181，237．DOI：CNKI：SUN：ZHXW.0.1995-03-006．{WANG Zengtao,WANG Chengqi,ZHANG Chengjin,ZHANG Shuming,WANG Jianli,WEI Haiwen,ZHANG Xingquan. Replantation of amputated compound tissue piece in limbs[J]. Zhonghua Xian Wei Wai Ke Za Zhi[Chin J Microsurg(Article in Chinese;Abstract in Chinese and English)],1995,18(3):179-181,237. DOI:CNKI:SUN:ZHXW.0.1995-03-006.}

[2809] 王成琪，王剑利，王增涛，王刚．小型组织块再植或移植的几个技术问题探讨[J]．中华显微外科杂志，1997，20(1)：4-5．DOI：CNKI：SUN：ZHXW.0.1997-01-001．{WANG Chengqi,WANG Jianli,WANG Zengtao,WANG Gang. Investigation about the techniques in the replantation and the transplantation of the mini tissue mass[J]. Zhonghua Xian Wei Wai Ke Za Zhi[Chin J Microsurg(Article in Chinese;Abstract in Chinese and English)],1997,20(1):4-5. DOI:CNKI:SUN:ZHXW.0.1997-01-001.}

[2810] 曾剑文，吴景华，唐道峰．动静脉桥接手指离体组织块再植一例[J]．中华显微外科杂志，1997，20(2)：15．DOI：CNKI：SUN：ZHXW.0.1997-02-007．{ZENG Jianwen,WU Jinghua,TANG Daofeng. Replantation of finger tissue block bridged by artery and vein:a case report[J]. Zhonghua Xian Wei Wai Ke Za Zhi[Chin J Microsurg(Article in Chinese;No abstract available)],1997,20(2):15. DOI:CNKI:SUN:ZHXW.0.1997-02-007.}

[2811] 卢全中，田万成，范钦平，常凤廷，宋海涛，谢战勇，潘风雨．带关节的复合组织块离断再植[J]．中华显微外科杂志，1998，21(1)：3-5．DOI：CNKI：SUN：ZHXW.0.1998-01-018．{LU Quanzhong,TIAN Wancheng,FAN Qinping,CHANG Fengting,SONG Haitao,XIE Zhanyong,PAN Fengyu. Replantation of composite tissue lump with joint[J]. Zhonghua Xian Wei Wai Ke Za Zhi[Chin J Microsurg(Article in Chinese;No abstract available)],1998,21(1):3-5. DOI:CNKI:SUN:ZHXW.0.1998-01-018.}

[2812] 王建军，张振伟，张咸中．手指离体复合组织块再植六例[J]．中国修复重建外科杂志，1999，13(5)：328．DOI：CNKI：SUN：ZXCW.0.1999-05-019．{WANG Jianjun,ZHANG Zhenwei,ZHANG Xianzhong. Replantation of severed compound tissue mass of digits[J]. Zhongguo Xiu Fu Chong Jian Wai Ke Za Zhi[Chin J Repar Reconstr Surg(Article in Chinese;No abstract available)],1999,13(5):328. DOI:CNKI:SUN:ZXCW.0.1999-05-019.}

[2813] 柴益民，林崇正，邱勋永，陈汉东，陈彦堃．手指复合小组织块离断再植的研究[J]．中华显微外科杂志，2003，26(4)：257-258．DOI：10.3760/cma.j.issn.1001-2036.2003.04.006．{CHAI Yimin,LIN Chongzheng,QIU Xunyong,CHEN Handong,CHEN Yankun. The study of amputated finger complex minitissue mass replantation[J]. Zhonghua Xian Wei Wai Ke Za Zhi[Chin J Microsurg(Article in Chinese;Abstract in Chinese and English)],2003,26(4):257-258. DOI:10.3760/cma.j.issn.1001-2036.2003.04.006.}

[2814] 曾剑文，边子虎，黄大江，谢建军．手指离体复合组织块再植[J]．中华手外科杂志，2003，19(1)：29-30．DOI：10.3760/cma.j.issn.1005-054X.2003.01.013．{ZENG Jianwen,BIAN Zihu,HUANG Dajiang,XIE Jianjun. Replantation of the amputated complex mass of fingers[J]. Zhonghua Shou Wai Ke Za Zhi[Chin J Hand Surg(Article in Chinese;Abstract in Chinese and English)],2003,19(1):29-30. DOI:10.3760/cma.j.issn.1005-054X.2003.01.013.}

[2815] 薛俊红，范华波．手指末节离体复合组织块再植11例[J]．中华显微外科杂志，2004，27(3)：192．DOI：10.3760/cma.j.issn.1001-2036.2004.03.043．{XUE Junhong,FAN Huabo. Replantation of compound tissue mass of distal phalanx in 11 cases[J]. Zhonghua Xian Wei Wai Ke Za Zhi[Chin J Microsurg(Article in Chinese;No abstract available)],2004,27(3):192. DOI:10.3760/cma.j.issn.1001-2036.2004.03.043.}

[2816] 庄加川，张振伟，廖坚文，陈乐锋，陈国荣，余少校，关助明．手指离断组织块的再植[J]．中华显微外科杂志，2006，29(4)：255-256，插图4-2．DOI：10.3760/cma.j.issn.1001-2036.2006.04.006．{ZHUANG Jiachuan,ZHANG Zhenwei,LIAO Jianwen,CHEN Lefeng,CHEN Guorong,YU Shaojiao,GUAN Zhuming. Rplantation of the amputated mass of fingers[J]. Zhonghua Xian Wei Wai Ke Za Zhi[Chin J Microsurg(Article in Chinese;Abstract in Chinese and English)],2006,29(4):255-256,insert 4-2. DOI:10.3760/cma.j.issn.1001-2036.2006.04.006.}

[2817] 戚建武，李学渊，陈宏，王扬剑，章伟文．手指复合组织块离断再植的临床研究[J]．实用骨科杂志，2008，14(3)：138-140．DOI：10.3969/j.issn.1008-5572.2008.03.004．{QI Jianwu,LI Xueyuan,CHEN Hong,WANG Jianyang,ZHANG Weiwen. Clinical research of replantation of severed finger composite tissue[J]. Shi Yong Gu Ke Za Zhi[J Pract Orthop(Article in Chinese;Abstract in Chinese and English)],2008,14(3):138-140. DOI:10.3969/j.issn.1008-5572.2008.03.004.}

[2818] 石建辉，魏少华，林舟丹，程昌志，罗远国．手指骨关节离断组织块的再植[J]．中华创伤骨科杂志，2009，11(8)：788-789．DOI：10.3760/cma.j.issn.1671-7600.2009.08.023．{SHI Jianhui,WEI Shaohua,LIN Zhoudan,CHENG Changzhi,LUO Yuanguo. Replantation of tissue fragments in management of severance of digital joints[J]. Zhonghua Chuang Shang Gu Ke Za Zhi[Chin J Orthop Trauma(Article in Chinese;Abstract in Chinese and English)],2009,11(8):788-789. DOI:10.3760/cma.j.issn.1671-7600.2009.08.023.}

[2819] 刘育杰，丁小珩，焦鸿生，方光荣，张宏勋，屈志刚，姜凯．手指小组织块离断再植的临床体会[J]．中华显微外科杂志，2011，34(2)：109-112，后插3．DOI：10.3760/cma.j.issn.1001-2036.2011.02.009．{LIU Yujie,DING Xiaoheng,JIAO Hongsheng,FANG Guangrong,ZHANG Hongxun,QV Zhigang,JIANG Kai. Replantation methods of mini tissue mass of amputated finger[J]. Zhonghua Xian Wei Wai Ke Za Zhi[Chin J Microsurg(Article in Chinese;Abstract in Chinese and English)],2011,34(2):109-112,insert 3. DOI:10.3760/cma.j.issn.1001-2036.2011.02.009.}

[2820] 冯伟，邢丹谋，任东，吴飞，赵志明．手部复合组织块离断再植[J]．中华手外科杂志，2012，28(4)：227-229．DOI：10.3760/cma.j.issn.1005-054X.2012.04.012．{FENG Wei,XING Danmou,REN Dong,WU Fei,ZHAO Zhiming. Replantation of severed complex tissue mass of the hand[J]. Zhonghua Shou Wai Ke Za Zhi[Chin J Hand Surg(Article in Chinese;Abstract in Chinese and English)],2012,28(4):227-229. DOI:10.3760/cma.j.issn.1005-054X.2012.04.012.}

[2821] 吴伟炽，孙锋，黄东，张惠茹．不同血液循环重建方式的组织块再植[J]．实用手外科杂志，2012，26(4)：333-334，337．DOI：10.3969/j.issn.1671-2722.2012.04.011．{WU Weizhi,SUN Feng,HUANG Dong,ZHANG Huiru. Different blood circulation finger tissue replantation[J]. Shi Yong Shou Wai Ke Za Zhi[Chin J Pract Hand Surg(Article in Chinese;Abstract in Chinese and English)],2012,26(4):333-334,337. DOI:10.3969/j.issn.1671-2722.2012.04.011.}

[2822] 从飞，宋保平，欧学海，蔡鹰，付华，冯东旭．桥接静脉法再植手指背侧离断复合组织块[J]．实用手外科杂志，2013，27(4)：358-360．DOI：10.3969/j.issn.1671-2722.2013.04.017．{CONG Fei,SONG Baoping,OU Xuehai,CAI Ying,FU Hua,FENG Dongxu. Replantation of composite tissue masses severed from dorsal fingers by vein bridging[J]. Shi Yong Shou Wai Ke Za Zhi[Chin J Pract Hand Surg(Article in Chinese;Abstract in Chinese and English)],2013,27(4):358-360.

DOI:10.3969/j.issn.1671-2722.2013.04.017.}

[2823] 林浩，黄东，黄永军，卓日波，牟勇，胥广. 吻合一条血管的指端组织块再植体会 [J]. 实用手外科杂志，2013，27（4）：368-369，376. DOI: 10.3969/j.issn.1671-2722.2013.04.021. {LIN Hao,HUANG Dong,HUANG Yongjun,ZHUO Ribo,MU Yong,XU Guang. The experience of replanting tissue blocks from fingertip by anastomosising a blood vessel[J]. Shi Yong Shou Wai Ke Za Zhi[Chin J Pract Hand Surg(Article in Chinese;Abstract in Chinese and English)],2013,27(4):368-369,376. DOI:10.3969/j.issn.1671-2722.2013.04.021.}

[2824] 袁海平，王红胜，袁勇，崔剑华，樊川. 静脉动脉化指离体复合组织块再植 [J]. 中华手外科杂志，2014，30（2）：148-149. DOI: 10.3760/cma.j.issn.1005-054X.2014.02.027. {YUAN Haiping,WANG Hongsheng,YUAN Yong,CUI Jianhua,FAN Chuan. Replantation of vitro composite tissue mass of arterialized finger[J]. Zhonghua Shou Wai Ke Za Zhi[Chin J Hand Surg(Article in Chinese;Abstract in Chinese)],2014,30(2):148-149. DOI:10.3760/cma.j.issn.1005-054X.2014.02.027.}

[2825] 卜凡玉，薛明宇，寿奎水，芮永军，许亚军. 手指腹部组织块离断再植的临床体会 [J]. 中华手外科杂志，2014，30（3）：209-211. DOI: 10.3760/cma.j.issn.1005-054X.2014.03.019. {PU Fanyu,XUE Mingyu,SHOU Kuishui,RUI Yongjun,XU Yajun. The clinical experience of replantation of avulsed finger pulp[J]. Zhonghua Shou Wai Ke Za Zhi[Chin J Hand Surg(Article in Chinese;Abstract in Chinese and English)],2014,30(3):209-211. DOI:10.3760/cma.j.issn.1005-054X.2014.03.019.}

[2826] 臧谋圣，王徽，王卓，王子富，黄俊. 小组织块再植或移植修复与重建手指毁损伤的时机及疗效 [J]. 中华手外科杂志，2014，30（6）：472-473. DOI: 10.3760/cma.j.issn.1005-054X.2014.06.031. {ZANG Mousheng,WANG Hui,WANG Zhuo,WANG Zifu,HUANG Jun. Timing and efficacy of tissue graft replantation or transplantation for repair and reconstruction of damaged digits[J]. Zhonghua Shou Wai Ke Za Zhi[Chin J Hand Surg(Article in Chinese;No abstract available)],2014,30(6):472-473. DOI:10.3760/cma.j.issn.1005-054X.2014.06.031.}

[2827] 黄国英，黄东，张惠茹，吴伟炽，余超群. 非生理性血运重建在手指复合组织块再植中的应用 [J]. 中华显微外科杂志，2016，39（1）：69-71. DOI: 10.3760/cma.j.issn.1001-2036.2016.01.018. {HUANG Guoying,HUANG Dong,ZHANG Huiru,WU Weizhi,YU Chaoqun. Non physiological revascularization in replantation of finger composite tissue mass[J]. Zhonghua Xian Wei Wai Ke Za Zhi[Chin J Microsurg(Article in Chinese;Abstract in Chinese)],2016,39(1):69-71. DOI:10.3760/cma.j.issn.1001-2036.2016.01.018.}

[2828] 徐磊，巨积辉，刘新益，金光哲，侯瑞兴. 拇手指骨皮离体复合组织块再植 [J]. 中华显微外科杂志，2016，39(6)：534-536. DOI: 10.3760/cma.j.issn.1001-2036.2016.06.005. {XU Lei,JU Jihui,LIU Xinyi,XIN Guangzhe,HOU Ruixing. Replantation of the bone skin complex tissue mass of amputated fingers[J]. Zhonghua Xian Wei Wai Ke Za Zhi[Chin J Microsurg(Article in Chinese;Abstract in Chinese and English)],2016,39(6):534-536. DOI:10.3760/cma.j.issn.1001-2036.2016.06.005.}

[2829] 江克罗，张文正，叶恒力，伍辉国，杨敏，张崇建. 手指侧方组织块完全离断再植的临床体会 [J]. 中国骨伤，2016，29（11）：1049-1052. DOI: 10.3969/j.issn.1003-0034.2016.11.015. {JIANG Keluo,YE Hengli,ZHANG Wenzheng,WU Huiguo,YANG Min,ZHANG Chongjian. Replantation for complete amputated finger composite lateral tissues[J]. Zhongguo Gu Shang[China J Orthop Trauma(Article in Chinese;Abstract in Chinese and English)],2016,29(11):1049-1052. DOI:10.3969/j.issn.1003-0034.2016.11.015.}

[2830] 江克罗，叶恒力，张文正，伍辉国，杨敏，张崇建. 废弃骨植骨联合皮瓣修复拇指末节背侧组织块离断 [J]. 中华手外科杂志，2017，33（3）：227-228. DOI: 10.3760/cma.j.issn.1005-054X.2017.03.028. {JIANG Keluo,YE Hengli,ZHANG Wenzheng,WU Huiguo,YANG Min,ZHANG Chongjian. Reconstruction of severed distal thumb dorsal tissue mass with discarded bone graft combined with skin flap[J]. Zhonghua Shou Wai Ke Za Zhi[Chin J Hand Surg(Article in Chinese;Abstract in Chinese)],2017,33(3):227-228. DOI:10.3760/cma.j.issn.1005-054X.2017.03.028.}

[2831] 宋君，郭明波，张敬良，任志勇，刘增运，黄忠明，郭桥鸿. 手指洞穿性微型复合组织块离断再植 16 例 [J]. 中华显微外科杂志，2019，42（6）：533-535. DOI: 10.3760/cma.j.issn.1001-2036.2019.06.004. {SONG Jun,GUO Mingbo,ZHANG Jingliang,REN Zhiyong,LIU Zengyun,HUANG Zhongming,GUO Qiaohong. The replantation of penetrating severed finger with disconnected micro tissue blocks in 16 cases[J]. Zhonghua Xian Wei Wai Ke Za Zhi[Chin J Microsurg(Article in Chinese;Abstract in Chinese and English)],2019,42(6):533-535. DOI:10.3760/cma.j.issn.1001-2036.2019.06.004.}

2.2.7 断腿再植
replantation of severed leg

[2832] HUANG CH'ENG-TA,L I PING-HENG,KONG GUNG-TO. Successful restoration of a traumatic amputated leg[J]. Chin Med J,1965;84(10): 641-645.

[2833] Yu ZJ. Unilateral multifunctional external fixator in replantation of severed bilateral lower limbs[J]. Chin Med J,1994,107(5):387.

[2834] 武汉市第四医院赴应城巡回医疗队. 断腿移植谱新曲 [J]. 中华医学杂志，1975，55（11）：780-782. {Tour medical team of Wuhan fourth hospital to Yingcheng. New chapter of severed leg transplantation[J]. Zhonghua Yi Xue Za Zhi[Natl Med J China(Article in Chinese;No abstract available)],1975,55(11):780-782.}

[2835] 胡兴旺. 左小腿离断再植腓肠肌内侧头肌皮瓣Ⅰ期交腿移植一例报告 [J]. 修复重建外科杂志，1988，2（2）：128. {HU Xingwang. One stage cross leg transplantation of medial gastrocnemius myocutaneous flap for severed left leg:a case report[J]. Zhongguo Xiu Fu Chong Jian Wai Ke Za Zhi[Chin J Repar Reconstr Surg(Article in Chinese;No abstract available)],1988,2(2):128.}

[2836] 严叔良. 一例高位断腿移植远期功能观察 [J]. 修复重建外科杂志，1988，2（2）：148-149. {YAN Shuliang. Long term functional observation of high severed leg transplantation:a case report[J]. Zhongguo Xiu Fu Chong Jian Wai Ke Za Zhi[Chin J Repar Reconstr Surg(Article in Chinese;No abstract available)],1988,2(2):148-149.}

[2837] 衡代忠，郑长福，姚一民. 断腿缺血 21 小时再植成功一例 [J]. 修复重建外科杂志，1991，5（3）：185. {HENG Daizhong,ZHENF Changfu,YAO Yimin. Successful replantation of severed leg after 21 hours ischemia[J]. Zhongguo Xiu Fu Chong Jian Wai Ke Za Zhi[Chin J Repar Reconstr Surg(Article in Chinese;No abstract available)],1991,5(3):185.}

[2838] 黄承达. 断腿再植及小血管吻合的系列研究 [J]. 中山医科大学学报，1992，13（4）：13. {HUANG Chengda. Serial research in replantation of severed leg and anastomosis of small vessels[J]. Zhong Shan Yi Ke Da Xue Xue Bao[J Sun Yat-Sen Univ(Med Sci)(Article in Chinese;No abstract available)],1992,13(4):13.}

[2839] 徐中和，曾宁，朱向辉，李卫平. 吻合血管的组织瓣移植在小腿再植中的应用 [J]. 中国修复重建外科杂志，1993，7（3）：151-152. {XU Zhonghe,ZENG Ning,ZHU Xianghui,LI Weiping. Application of vascularized tissue flap transplantation in leg replantation[J]. Zhongguo Xiu Fu Chong Jian Wai Ke Za Zhi[Chin J Repar Reconstr Surg(Article in Chinese;No abstract available)],1993,7(3):151-152.}

[2840] 黎忠文，杨英年，张乃贤，贾世青. 小腿离断并胫腓骨严重粉碎骨折再植成功一例 [J]. 中华显微外科杂志，1994，17（1）：4. DOI: CNKI: SUN: ZHXW.0.1994-01-003. {LI Zhongwen,YANG Yingnian,ZHANG Naixian,JIA Shiqing. Replantation of severely comminuted fracture of tibia and fibula:a case report[J]. Zhonghua Xian Wei Wai Ke Za Zhi[Chin J Microsurg(Article in Chinese;No abstract available)],1994,17(1):4. DOI:CNKI:SUN:ZHXW.0.1994-01-003.}

[2841] 何东升，李征良，潘水龙，张光祥. 双大腿完全离断再植成功一例 [J]. 中华显微外科杂志，1994，17（1）：16. DOI: CNKI: SUN: ZHXW.0.1994-01-010. {HE Dongsheng,LI Zhengliang,PAN Shuilong,ZHANG Guangxiang. A successful replantation of severed double thigh[J]. Zhonghua Xian Wei Wai Ke Za Zhi[Chin J Microsurg(Article in Chinese;No abstract available)],1994,17(1):16. DOI:CNKI:SUN:ZHXW.0.1994-01-010.}

[2842] 张积礼，乔木梁. 高寒缺氧断腿缺血 33 小时再植一例 [J]. 中国修复重建外科杂志，1996，10（2）：53. DOI: CNKI: SUN: ZXCW.0.1996-02-026. {ZHANG Jili,QIAO Muliang. Replantation of severed leg after 33 hours ischemia in altitude cold and hypoxia[J]. Zhongguo Xiu Fu Chong Jian Wai Ke Za Zhi[Chin J Repar Reconstr Surg(Article in Chinese;No abstract available)],1996,10(2):53. DOI:CNKI:SUN:ZXCW.0.1996-02-026.}

[2843] 张云光，李其训，徐永清. 大腿毁损伤小腿旋转上移再植一例 [J]. 中华外科杂志，1997，35（11）：693-393. DOI: CNKI: SUN: ZHWK.0.1997-11-018. {ZHANG Yunguang,LI Qixun,XU Yongqing. Replantation of shank rotation upward for thigh damage:a case report[J]. Zhonghua Wai Ke Za Zhi[Chin J Surg(Article in Chinese;No abstract available)],1997,35(11):693-393. DOI:CNKI:SUN:ZHWK.0.1997-11-018.}

[2844] 张全荣，寿奎水，孙振中. 不缩短肢体的小腿离断再植二例 [J]. 中华显微外科杂志，1998，21（3）：238. DOI: 10.3760/cma.j.issn.1001-2036.1998.03.045. {ZHANG Quanrong,SHOU Kuishui,SUN Zhenzhong. Replantation of severed leg without shortening limbs:two cases report[J]. Zhonghua Xian Wei Wai Ke Za Zhi[Chin J Microsurg(Article in Chinese;No abstract available)],1998,21(3):238. DOI:10.3760/cma.j.issn.1001-2036.1998.03.045.}

[2845] 孙占胜，蔡锦方，陈波. 左小腿严重烧灼伤完全离断再植成功 [J]. 中华创伤杂志，1998，14（3）：188. DOI: 10.3760/j: issn: 1001-8050.1998.03.029. {SUN Zhansheng,CAI Jinfang,CHEN Bo. Replantation of seriously burned and severed left leg:a case report[J]. Zhonghua Chuang Shang Za Zhi[Chin J Trauma(Article in Chinese;No abstract available)],1998,14(3):188. DOI:10.3760/j:issn:1001-8050.1998.03.029.}

[2846] 陈秋生，江浩，陈霞，张雪萍. 小腿中段离断再植保留足的活动功能方法的探讨 [J]. 实用骨科杂志，2001，7（2）：92-93. DOI: 10.3969/j.issn.1008-5572.2001.02.006. {CHEN Qiusheng,JIANG Hao,CHEN Xia,ZHANG Xueping. Reserve foot function after replantation of amputated leg[J]. Shi Yong Gu Ke Za Zhi[J Pract Orthop(Article in Chinese;Abstract in Chinese and English)],2001,7(2):92-93. DOI:10.3969/j.issn.1008-5572.2001.02.006.}

[2847] 陈建常，史振满，陈文红. 小儿大腿毁损小腿旋转上移再植一例 [J]. 中华显微外科杂志，2002，25（1）：78. DOI: 10.3760/cma.j.issn.1001-2036.2002.01.055. {CHEN Jianchang,SHI Zhenman,CHEN Wenhong. Replantation of shank rotation upward for thigh damage in children:a case report[J]. Zhonghua Xian Wei Wai Ke Za Zhi[Chin J Microsurg(Article in Chinese;No abstract available)],2002,25(1):78. DOI:10.3760/cma.j.issn.1001-2036.2002.01.055.}

[2848] 王兵，赵宏斌，赵学凌. 双小腿离断成功再植一例 [J]. 中华显微外科杂志，2004，27（3）：202. DOI: 10.3760/cma.j.issn.1001-2036.2004.03.051. {WANG Bing,ZHAO Hongbin,ZHAO Xueling. Replantation of severed shank:a case report[J]. Zhonghua Xian Wei Wai Ke Za Zhi[Chin J Microsurg(Article in Chinese;No abstract available)],2004,27(3):202. DOI:10.3760/cma.j.issn.1001-2036.2004.03.051.}

[2849] 赵刘军，冯建翔，徐荣明，刘文虎，张飞，张峰，柴波，姜佩珠. 小腿离断伤再植（附 17 例报告）[J]. 实用骨科杂志，2004，10（3）：208-209. DOI: 10.3969/j.issn.1008-5572.2004.03.008. {ZHAO Liujun,FENG Jianxiang,XU Rongming,LIU Wenhu,ZHANG Fei,ZHANG Feng,CHAI Bo,JIANG Peizhu. Replantation of severed leg injuries for seventeen cases[J]. Shi Yong Gu Ke Za Zhi[J Pract Orthop(Article in Chinese;Abstract in Chinese and English)],2004,10(3):208-209. DOI:10.3969/j.issn.1008-5572.2004.03.008.}

[2850] 马林，牛志勇，杜张荣，刘敏，陈晋伟，王敏，田少斌，崔忠宁. 伴有皮肤软组织缺损及血管缺损的足及小腿离断再植 [J]. 中华显微外科杂志，2009，32（4）：329-330. DOI: 10.3760/cma.j.issn.1001-2036.2009.04.032. {MA Lin,NIU Zhiyong,DU Zhangrong,LIU Min,CHEN Junwei,WANG Min,RIAN Shaobin,CUI Zhongning. Replantation of severed foot and shanks with skin,soft tissue and vascular defects[J]. Zhonghua Xian Wei Wai Ke Za Zhi[Chin J Microsurg(Article in Chinese;Abstract in Chinese)],2009,32(4):329-330. DOI:10.3760/cma.j.issn.1001-2036.2009.04.032.}

[2851] 曲连军，潘昭勋，赵世波，林勇. 大腿离断再植手术改进及术后监测 [J]. 中华显微外科杂志，2009，32（6）：519. DOI: 10.3760/cma.j.issn.1001-2036.2009.06.036. {QV Lianjun,PAN Zhaoxun,ZHAO Shibo,LIN Yong. Improvement of replantation of severed thigh and postoperative monitoring[J]. Zhonghua Xian Wei Wai Ke Za Zhi[Chin J Microsurg(Article in Chinese;No abstract available)],2009,32(6):519. DOI:10.3760/cma.j.issn.1001-2036.2009.06.036.}

[2852] 牛志勇，刘敏，杜张荣，马林，田少斌，袁肖. 保留长度的小腿远端的再植与功能重建 [J]. 中华显微外科杂志，2010，33（1）：71-73. DOI: 10.3760/cma.j.issn.1001-2036.2010.01.032. {NIU Zhiyong,LIU Min,DU Zhangrong,MA Lin,TIAN Shaobin,YUAN Xiao. Replantation and functional reconstruction of distal shank with preserved length[J]. Zhonghua Xian Wei Wai Ke Za Zhi[Chin J Microsurg(Article in Chinese;Abstract in Chinese)],2010,33(1):71-73. DOI:10.3760/cma.j.issn.1001-2036.2010.01.032.}

[2853] 孙明举，张雷，王艳辉，高赛明，曾祥文，李小玲，冯中华. 同侧足踝大腿下端再植一例 [J]. 中华显微外科杂志，2013，36（4）：416. DOI: 10.3760/cma.j.issn.1001-2036.2013.06.040. {SUN Mingju,ZHANG Lei,WANG Yanhui,GAO Saiming,ZENG Xiangwen,LI Liaoling,FENG Zhonghua. Ipsilateral ankle replantation of lower thigh:a case report[J]. Zhonghua Xian Wei Wai Ke Za Zhi[Chin J Microsurg(Article in Chinese;No abstract available)],2013,36(4):416. DOI:10.3760/cma.j.issn.1001-2036.2013.06.040.}

[2854] 孙明举，王艳辉，张晔，鲁春华，李垂启，冯中华. 同侧足踝大腿下端正向再植 1 例的远期功能随访 [J]. 中国矫形外科杂志，2016，24（10）：956-959. DOI: 10.3977/j.issn.1005-8478.2016.10.22. {SUN Mingju,WANG Yanhui,ZHANG Ye,LU Chunhua,LI Chuiqi,FENG Zhonghua. Long term functional follow-up of ipsilateral ankle replantation of lower thigh:a case report[J]. Zhongguo Jiao Xing Wai Ke Za Zhi[Orthop J China(Article in Chinese;No abstract available)],2016,24(10):956-959. DOI:10.3977/j.issn.1005-8478.2016.10.22.}

[2855] 王衍彪，刘立峰，曹学成，蔡锦方，张宁. 严重小腿离断伤的再植与功能重建 [J]. 中华创伤骨科杂志，2019，21（10）：853-858. DOI: 10.3760/cma.j.issn.1671-7600.2019.10.006. {WANG Yanbiao,LIU Lifeng,CAO Xuecheng,CAI Jinfang,ZHANG Ning. Replantation and functional reconstruction of an amputated lower extremity[J]. Zhonghua Chuang Shang Gu Ke Za Zhi[Chin J Orthop Trauma(Article in Chinese;Abstract in Chinese and English)],2019,21(10):853-858. DOI:10.3760/cma.j.issn.1671-7600.2019.10.006.}

[2856] 罗旭超，欧昌良，邹永根. 骨缩短 - 延长术治疗儿童小腿离断 [J]. 创伤外科杂志，2019，21（12）：908-911. DOI: 10.3969/j.issn.1009-4237.2019.12.007. {LUO Xuchao,OU Changliang,ZOU Yonggen. Bone shortening-lengthening treatment for children's calf disconnection[J]. Chuang Shang Wai Ke Za Zhi[J Traum Surg(Article in Chinese;Abstract in Chinese and English)],2019,21(12):908-911. DOI:10.3969/j.issn.1009-4237.2019.12.007.}（非显微再植 Non-microsurgical replantation)

2.2.8 （断肢）异位再植
heterotopic replantation of severed limb

[2857] Chang WG,Tang YQ,Liu SZ. A case of heterotopic transplantation after bilateral traumatic above-knee amputations[J]. J Trauma,1990,30(4):496-502.

[2858] Zhang YL,Yang KF,Li C,Wei JN. Transmetacarpal replantation of the right hand onto the left[J]. J Hand Surg Br,1991,16(4):392-394. doi:10.1016/0266-7681(91)90010-I.

[2859] Wang D,Yin YS,Gao FG,Lu Z,Hu SB. Cross-replantation of lower extremities in multilimbed amputation:case report and literature review in China[J]. J Trauma,1995,38(6):947-951. doi:10.1097/00005373-199506000-00024.

[2860] Wang JN,Wang SY,Wang ZJ,Liu D,Zhao GQ,Zhang F. Temporary ectopic implantation for salvage of amputated lower extremities:case reports[J]. Microsurgery,2005,25(5):385-389. doi:10.1002/micr.20135.

[2861] Fang J,Li H,Dou H,Chen J,Xu A,Liu W,Ding G. Crossover replantation after bilateral traumatic lower limb amputations:a case report[J]. J Med Case Rep,2012,6:218. doi:10.1186/1752-1947-6-218.

[2862] 浙江医科大学附属第二医院骨科. 断足移位再植一例报告[J]. 中华医学杂志，1973，53（6）：344-345. {Department of orthopedics,the Second Affiliated Hospital of Zhejiang Medical University. Replantation of severed foot:a case report[J]. Zhonghua Yi Xue Za Zhi[Natl Med J China(Article in Chinese;No abstract available)],1973,53(6):344-345.}

[2863] 北京工农兵医院外科，北京积水潭医院创伤骨科. 断足移位再植一例报告[J]. 中华医学杂 志，1973，53（6）：346-347. {Department of orthopedics and traumatology,Beijing Jishuitan Hospital. Replantation of severed foot:a case report[J]. Zhonghua Yi Xue Za Zhi[Natl Med J China(Article in Chinese;No abstract available)],1973,53(6):346-347.}

[2864] 杨克非，宋建湘，龚良丹. 离断上肢移位再植一例报告[J]. 中华外科杂志，1981，19（1）：54. {YANG Kefei,SONG Jianxiang,GONG Liangdan. Replantation of severed upper limb:a case report[J]. Zhonghua Wai Ke Za Zhi[Chin J Surg(Article in Chinese;No abstract available)],1981,19(1):54.}

[2865] 杨克非. 一例上肢同体移植长期随访报告[J]. 中华外科杂志，1986，24（5）：263-264. {YANG Kefei. Long term follow-up of homotransplantation of upper limbs:a case report[J]. Zhonghua Wai Ke Za Zhi[Chin J Surg(Article in Chinese;No abstract available)],1986,24(5):263-264.}

[2866] 曹代成，罗永湘. 小腿断腿移位再植随访十年以上两例报告[J]. 修复重建外科杂志，1988，2（2）：149. {CAO Daicheng,LUO Yongxiang. Replantation of severed lower leg following up for more than 10 years:two cases report[J]. Zhongguo Xiu Fu Chong Jian Wai Ke Za Zhi[Chin J Repar Reconstr Surg(Article in Chinese;No abstract available)],1988,2(2):149.}

[2867] 陈艺新，彭少英，王兰，肖杰，张云强. 应用离断自体小腿移位再植重建下肢功能二例[J]. 中华显微外科杂志，1995，18（4）：256. {CHEN Yixin,PENG Shaoying,WANG Lan,XIAO Jie,ZHANG Yunqiang. Reconstruction of lower limb function by transposition and replantation of severed shank:two cases report[J]. Zhonghua Xian Wei Wai Ke Za Zhi[Chin J Microsurg(Article in Chinese;No abstract available)],1995,18(4):256.}

[2868] 尹彪中，谭文榜，陈哨军. 双小腿远端碾挫离断伴灼伤异位再植一例[J]. 中国修复重建外科 杂 志，1995，9（4）：255. DOI：CNKI：SUN：ZXCW.0.1995-04-041. {YIN Biaozhong,TAN Wenbang,CHEN Shaojun. Heterotopic replantation of distal crus with burned:a case report[J]. Zhongguo Xiu Fu Chong Jian Wai Ke Za Zhi[Chin J Repar Reconstr Surg(Article in Chinese;No abstract available)],1995,9(4):255. DOI:CNKI:SUN:ZXCW.0.1995-04-041.}

[2869] 田野，李庆国，田云，李玉珠，崔文学，韩健，王占勇. 断腕异位再植一例报告[J]. 中华手外科杂志，1997，13(2)：95. DOI：10.3760/cma.j.issn.1005-054X.1997.02.029. {TIAN Ye,LI Qingguo,TIAN Yun,LI Yuzhu,CUI Wenxue,HAN Jian,WANG Zhanyong. Ectopic replantation of severed wrist:a case report[J]. Zhonghua Shou Wai Ke Za Zhi[Chin J Hand Surg(Article in Chinese;No abstract available)],1997,13(2):95. DOI:10.3760/cma.j.issn.1005-054X.1997.02.029.}

[2870] 梁庆威，张彦贵. 双下肢离断小腿移位再植二例[J]. 中华显微外科杂志，1998，21（4）：320. DOI：10.3760/cma.j.issn.1001-2036.1998.04.051. {LIANG Qingwei,ZHANG Yangui. Transposition and replantation of shank for severed legs:two cases report[J]. Zhonghua Xian Wei Wai Ke Za Zhi[Chin J Microsurg(Article in Chinese;Abstract in Chinese)],1998,21(4):320. DOI:10.3760/cma.j.issn.1001-2036.1998.04.051.}

[2871] 刘敏，牛志勇，田少斌，马林. 左小腿移位再植成功二例[J]. 中华显微外科杂志，2001，24（4）：251. DOI：10.3760/cma.j.issn.1001-2036.2001.04.042. {LIU Min,NIU Zhiyong,TIAN Shaobin,MA Lin. Transposition and replantation of left shank:two case report[J]. Zhonghua Xian Wei Wai Ke Za Zhi[Chin J Microsurg(Article in Chinese;No abstract available)],2001,24(4):251. DOI:10.3760/cma.j.issn.1001-2036.2001.04.042.}

[2872] 王振生，王复建，杨锴，王学昌，郜继恩. 左足移位再植成功一例报告[J]. 中华创伤骨科杂志，2003，5(3)：164-164. DOI：10.3760/cma.j.issn.1671-7600.2003.03.048. {WANG Zhensheng,WANG Fujian,YANG Kai,WANG Xuechang,HAO Jien. One case of transpositional replantation of amputated left foot[J]. Zhonghua Chuang Shang Gu Ke Za Zhi[Chin J Orthop Trauma(Article in Chinese;Abstract in Chinese and English)],2003,5(3):164-164. DOI:10.3760/cma.j.issn.1671-7600.2003.03.048.}

[2873] 王瑛，冯春刚，郑瑞启. 右前臂移位再植左残臂一例[J]. 中华显微外科杂志，2007，30（4）：290. DOI：10.3760/cma.j.issn.1001-2036.2007.04.040. {WANG Ying,FENG Chungang,ZHENG Ruiqi. Right forearm replantation for left residual arm:a case report[J]. Zhonghua Xian Wei Wai Ke Za Zhi[Chin J Microsurg(Article in Chinese;No abstract available)],2007,30(4):290. DOI:10.3760/cma.j.issn.1001-2036.2007.04.040.}

[2874] 黄友华，吴多庆. 一例断臂移位再植五年随访[J]. 中国修复重建外科杂志，2009，23（1）：117-118. DOI：CNKI：SUN：ZXCW.0.2009-01-038. {HUANG Youhua,WU Duoqing. Five year follow-up of replantation of severed arm:a case report[J]. Zhongguo Xiu Fu Chong Jian Wai Ke Za Zhi[Chin J Repar Reconstr Surg(Article in Chinese;No abstract available)],2009,23(1):117-118. DOI:CNKI:SUN:ZXCW.0.2009-01-038.}

[2875] 于鹤童，张欣，赵明智，马伟松，马良，张磊. 右小腿异位再植于左小腿一例[J]. 中华显微外科杂志，2011，34(4)：350. DOI：10.3760/cma.j.issn.1001-2036.2011.04.042. {YU Hetong,ZHANG Xin,ZHAO Mingzhi,MA Weisong,MA Liang,ZHANG Lei. Ectopic replantation of right leg in left:a case report[J]. Zhonghua Xian Wei Wai Ke Za Zhi[Chin J Microsurg(Article in Chinese;No abstract available)],2011,34(4):350. DOI:10.3760/cma.j.issn.1001-2036.2011.04.042.}

[2876] 谷云峰，陈福生，李军，王茂荣，姚世新，唐艳波. 手交叉异位再植成功一例[J]. 中华手外科杂志，2013，29(4)：255. DOI：10.3760/cma.j.issn.1005-054X.2013.04.028. {GU Yunfeng,CHEN Fusheng,LI Jun,WANG Maorong,YAO Shixin,YANG Yanbo. Ectopic hand replantation:a case report[J]. Zhonghua Shou Wai Ke Za Zhi[Chin J Hand Surg(Article in Chinese;No abstract available)],2013,29(4):255. DOI:10.3760/cma.j.issn.1005-054X.2013.04.028.}

[2877] 左坦坦，杨润功. 双下肢离断毁损伤前足移位再植一例五年随访报告[J]. 中国修复重建外科杂志，2013，27(1)：120-122. DOI：CNKI：51-1372/R.20121225.1359.028. {ZUO Tantan,YANG Rungong. Replantation of the forefoot of severed and damaged lower limbs:A five-year follow-up case[J]. Zhongguo Xiu Fu Chong Jian Wai Ke Za Zhi[Chin J Repar Reconstr Surg(Article in Chinese;Abstract in Chinese)],2013,27(1):120-122. DOI:CNKI:51-1372/R.20121225.1359.028.}

[2878] 杨克非. 我与一位上肢离断异位再植患者 38 年后的相逢[J]. 中华显微外科杂志，2017，40（4）：409-410. DOI：10.3760/cma.j.issn.1001-2036.2017.04.033. {YANG Kefei. I have a reunion with a patient whom after ectopic replantation of amputated upper limbs 38 years ago[J]. Zhonghua Xian Wei Wai Ke Za Zhi[Chin J Microsurg(Article in Chinese;No abstract available)],2017,40(4):409-410. DOI:10.3760/cma.j.issn.1001-2036.2017.04.033.}

2.3 其他器官、组织块再植
replantation of organs and tissue blocks

[2879] Xu YM,Wu P,Cai PC,Cheng ZC. Replantation of the testis:report of a case[J]. J Urol,1988,139(3):596-598. doi:10.1016/s0022-5347(17)42539-0.

[2880] Wang H,Gu Y,Dong Z. Rat-tail replantation model[J]. J Reconstr Microsurg,1999,15(3):203-206. doi:10.1055/s-2007-1000092.

[2881] Liu YP,Tang HP,Yang ZX,Pan DD. Replantation of avulsed penoscrotal skin[J]. Plast Reconstr Surg,2001,107(7):1800-1802. doi:10.1097/00006534-200106000-00026.

[2882] Yuan F,Yu GR,Chang SM,Lineaweaver WC,Zhang F. Intramuscular administration of vascular endothelial growth factor augmenting collateral circulation in a rat hindlimb replantation model[J]. J Reconstr Microsurg,2006,22(2):129-136. doi:10.1055/s-2006-932508.

[2883] Wang J,Wang S,Zhao G,Wang Z,Lineaweaver WC,Zhang F. Treatment of infected wounds with maggot therapy after replantation[J]. J Reconstr Microsurg,2006,22(4):277-280. doi:10.1055/s-2006-939935.

[2884] Zhang G,Ju J,Jin G,Tang L,Fu Y,Hou R. Replantation or revascularization for the treatment of hand degloving injuries[J]. J Plast Reconstr Aesthet Surg,2016,69(12):1669-1675. doi:10.1016/j.bjps.2016.09.003.

[2885] Wang Y,Rui Y,Zhou J,Li F,Wu Y,Liu J. Successful repair of total hand degloving injury by avulsed skin in situ replantation through vascular transplantation:a case report[J]. Ther Clin Risk Manag,2018,14:1429-1433. doi:10.2147/TCRM.S158812.

[2886] 张涤生，王德昭，杨增年，王寿禄，林熙，黄文义，卫莲郡. 大块皮肤组织瓣游离再植的实 验 研 究[J]. 中 华 外 科 杂 志，1965，13（3）：264-267. {ZHANG Disheng,WANG Dezhao,YANG Zengnian,WANG Shoulu,LIN Xi,HUANG Wenyi,WEI Lianjun. Experimental study on free replantation of large skin tissue flap[J]. Zhonghua Wai Ke Za Zhi[Chin J Surg(Article in Chinese;No abstract available)],1965,13(3):264-267.}

[2887] 李志勇，彭亚利，黄顺宽，王保华. 狗喉再植和移植[J]. 中华耳鼻咽喉科杂志，1980，15（4）：198-199. {LI Zhiyong,PENG Yali,HUANG Shunkuan,WANG Baohua. Dog larynx replantation and transplantation[J]. Zhonghua Er Bi Yan Hou Ke Za Zhi[Chin J Otorhinolaryngol(Article in Chinese;No abstract available)],1980,15(4):198-199.}

[2888] 孙雪良，金佐民，王惠美，金重山. 翘趾与跖背侧皮瓣移位再植成功一例[J]. 中华外科杂志，1984，22（7）：399. {SUN Xueliang,JIN Zuomin,WANG Huimei,JIN Chongshan. Successful replantation of inverted toe and dorsal metatarsal flap:a case report[J]. Zhonghua Wai Ke Za Zhi[Chin J Surg(Article in Chinese;No abstract available)],1984,22(7):399.}

[2889] 徐月敏，吴平，程宗超. 睾丸再植（附 1 例报告）[J]. 中华泌尿外科杂志，1987，8（2）：113-114. {XU Yuemin,WU Ping,CHENG Zhongchao. Replantation of testicles(Report ofa case)[J]. Zhonghua Mi Niao Wai Ke Za Zhi[Chin J Urol(Article in Chinese;Abstract in Chinese and English)],1987,8(2):113-114.}

[2890] 魏永禄，车文恕. 左踝大部离断再植、游离背阔肌皮瓣移植一例报告[J]. 修复重建外科杂志，1988，2（2）：127. {WEI Yonglu,CHE Wenshu. Replantation of free latissimus dorsi and malleolus flap:a case report[J]. Zhongguo Xiu Fu Chong Jian Wai Ke Za Zhi[Chin J Repar Reconstr Surg(Article in Chinese;No abstract available)],1988,2(2):127.}

[2891] 汪枚初，向治民，裴新华，钟继平，南少银，李圣华. 距下关节不全离断再植成活一例[J]. 中 国 修 复 重 建 外 科 杂 志，1994，8（1）：28. {WANG Meichu,XIANG Zhimin,PEI Xinhua,ZHONG Jiping,NAN Shaoyin,LI Shenghua. Replantation of incomplete severed subtalar joint:a case report[J]. Zhongguo Xiu Fu Chong Jian Wai Ke Za Zhi[Chin J Repar Reconstr Surg(Article in Chinese;No abstract available)],1994,8(1):28.}

[2892] 周明武，李坤德. 关节复合组织体离断再植[J]. 中华手外科杂志，1996，12（4）：207-209. DOI：10.3760/cma.j.issn.1005-054X.1996.04.108. {ZHOU Mingwu,LI Kunde,PEI Guoxian,XIE Changping,ZHANG Wen,JIN Dan. Replantation of amputated articulation compound tissue piece in limbs[J]. Zhonghua Shou Wai Ke Za Zhi[Chin J Hand Surg(Article in Chinese;Abstract in Chinese and English)],1996,12(4):207-209. DOI:10.3760/cma.j.issn.1005-054X.1996.04.108.}

[2893] 张抒，蔡锦方. 踇趾离断再植[J]. 中国修复重建外科杂志，1996，10（2）：34. {ZHANG Shu,CAI Jinfang. Replantation of amputated toe[J]. Zhongguo Xiu Fu Chong Jian Wai Ke Za Zhi[Chin J Repar Reconstr Surg(Article in Chinese;No abstract available)],1996,10(2):34.}

[2894] 柯美秀. 外伤性陈旧性宫颈宫体离断修复一例[J]. 中国修复重建外科杂志，1997，11（6）：26. {KE Meixiu. Repair of traumatic old severed cervical and uterine:a case report[J]. Zhongguo Xiu Fu Chong Jian Wai Ke Za Zhi[Chin J Repar Reconstr Surg(Article in Chinese;No abstract available)],1997,11(6):26.}

[2895] 鲁胜武，孙传友，曹家树，魏光先，刘恩靖. 男性生殖器全套断离再植一例[J]. 中华显微外 科 杂 志，1997，20（1）：26. DOI：CNKI：SUN：ZHXW.0.1997-01-011. {LU Shengwu,SUN Chuanyou,CAO Jiashu,WEI Guangxian,LIU enjing. Replantation of complete male genital mutilation:a case report[J]. Zhonghua Xian Wei Wai Ke Za Zhi[Chin J Microsurg(Article in Chinese;No abstract available)],1997,20(1):26. DOI:CNKI:SUN:ZHXW.0.1997-01-011.}

[2896] 王朝生，何敢想，曹子东，刘俐伶. 幼儿睾丸再植一例[J]. 中华显微外科杂志，1997，20（2）：9. DOI：CNKI：SUN：ZHXW.0.1997-02-003. {WANG Zhaosheng,HE Ganxiang,CAO Zidong,LIU Liling. Testicular replantation in child:a case report[J]. Zhonghua Xian Wei Wai Ke Za Zhi[Chin J Microsurg(Article in Chinese;No abstract available)],1997,20(2):9. DOI:CNKI:SUN:ZHXW.0.1997-02-003.}

[2897] 叶茂，罗晓东，黄均荣. 足跟完全性断离再植成功一例[J]. 中华显微外科杂志，1998，21（1）：3-5. DOI：10.3760/cma.j.issn.1001-2036.1998.01.045. {YE Mao,LUO Xiaodong,HUANG Junrong. Replantation of severed heel:a case report[J]. Zhonghua Xian Wei Wai Ke Za Zhi[Chin J Microsurg(Article in Chinese;No abstract available)],1998,21(1):3-5. DOI:10.3760/cma.j.issn.1001-2036.1998.01.045.}

[2898] 赵守元，赵留方，刘成柯. 幼儿睾丸再植术一例报告[J]. 中华泌尿外科杂志，1998，19（3）：141. DOI：10.3760/j：issn：1000-6702.1998.03.029. {ZHAO Shouyuan,ZHAO Liufang,LIU Chengke. Testicular replantation in a child[J]. Zhonghua Mi Niao Wai Ke Za Zhi[Chin J Urol(Article in Chinese;No abstract available)],1998,19(3):141. DOI:10.3760/j:issn:1000-6702.1998.03.029.}

[2899] 李临齐，刘新民，迟学生. 外伤离体自体左踝关节 Ⅱ 期原位再植一例[J]. 中华创伤杂

志，1998，14（4）：262. DOI：10.3760/j：issn：1001-8050.1998.04.039.｛LI Linqi,LIU Xinmin,CHI Xuesheng. Second stage situ replantation of the severed left ankle joint:a case report[J]. Zhonghua Chuang Shang Za Zhi[Chin J Trauma(Article in Chinese;No abstract available)],1998,14(4):262. DOI:10.3760/j:issn:1001-8050.1998.04.039.｝

[2900] 冯孝礼，黄晓明，安康，朱宝驹. 外伤后睾丸再植二例 [J]. 中国修复重建外科杂志，1998，12（5）：282. DOI：CNKI：SUN：ZXCW.0.1998-05-012.｛FENG Xiaoli,HUANG Xiaoming,AN Kang,ZHU Baoqv. Testicular replantation after trauma:two cases report[J]. Zhongguo Xiu Fu Chong Jian Wai Ke Za Zhi[Chin J Repar Reconstr Surg(Article in Chinese;No abstract available)],1998,12(5):282. DOI:CNKI:SUN:ZXCW.0.1998-05-012.｝

[2901] 孙晓林，张焕然，安林芝. 睾丸离断再植成功一例 [J]. 中华显微外科杂志，1999，22（2）：86. DOI：10.3760/cma.j.issn.1001-2036.1999.02.049.｛SUN Xiaolin,ZHANG Huanran,AN Linzhi. Replantation of severed testis:a case report[J]. Zhonghua Xian Wei Wai Ke Za Zhi[Chin J Microsurg(Article in Chinese;No abstract available)],1999,22(2):86. DOI:10.3760/cma.j.issn.1001-2036.1999.02.049.｝

[2902] 康庆林，潘风雨，常风廷，宋海涛，田万成. 踇趾离断分型与再植 [J]. 中华显微外科杂志，1999，22（4）：3-5.｛KANG Qinglin,PAN Fengyu,CHANG Fengting,SONG Haitao,TIAN Wancheng. Typing and replantation of hallux amputation[J]. Zhonghua Xian Wei Wai Ke Za Zhi[Chin J Microsurg(Article in Chinese;Abstract in Chinese and English)],1999,22(4):3-5.｝

[2903] 王海文，侯瑞兴，郭大强，陆志方. 双足完全离断再植成功一例 [J]. 中华显微外科杂志，1999，22（4）：3-5. DOI：CNKI：SUN：ZHXW.0.1999-04-002.｛WANG Haiwen,HOU Ruixing,GUO Daqiang,LU Zhifang. Replantation of severed foot:a case report[J]. Zhonghua Xian Wei Wai Ke Za Zhi[Chin J Microsurg(Article in Chinese;No abstract available)],1999,22(4):3-5. DOI:CNKI:SUN:ZHXW.0.1999-04-002.｝

[2904] 陈德武，郝鹏，李苏皖. 足趾及足断离再植 63 例 [J]. 中华显微外科杂志，2000，23（2）：148. DOI：10.3760/cma.j.issn.1001-2036.2000.02.036.｛CHEN Dewu,HE Peng,LI Suhuan,HE Shaofeng,ZHANG Wenzhong. Replantation of severed toes and foot:63 Cases Report[J]. Zhonghua Xian Wei Wai Ke Za Zhi[Chin J Microsurg(Article in Chinese;No abstract available)],2000,23(2):148. DOI:10.3760/cma.j.issn.1001-2036.2000.02.036.｝

[2905] 曹庆贤，李炳万，李大村，王金昌. 双侧睾丸再植一例报告 [J]. 中华显微外科杂志，2000，23（3）：179. DOI：10.3760/cma.j.issn.1001-2036.2000.03.049.｛CAO Qingxian,LI Bingwan,LI Dacun,WANG Jinchang. Bilateral testicular replantation:a case report[J]. Zhonghua Xian Wei Wai Ke Za Zhi[Chin J Microsurg(Article in Chinese;No abstract available)],2000,23(3):179. DOI:10.3760/cma.j.issn.1001-2036.2000.03.049.｝

[2906] 姚建民，宋建良，李建兵. 踝部平面的断足再植术 [J]. 中华显微外科杂志，2000，23（4）：304. DOI：10.3760/cma.j.issn.1001-2036.2000.04.032.｛YAO Jianmin,SONG Jianliang,LI Jianbing,SHEN Zhenkun,Nongxiangqian,WU Shoucheng,CHEN Qiang. Replantation of severed feet from the ankle plane:a case report[J]. Zhonghua Xian Wei Wai Ke Za Zhi[Chin J Microsurg(Article in Chinese;No abstract available)],2000,23(4):304. DOI:10.3760/cma.j.issn.1001-2036.2000.04.032.｝

[2907] 晏桂明，梁敏，龙跃欣，王丰，邢晔. 断趾再植七例报告 [J]. 中华显微外科杂志，2001，24（1）：18. DOI：10.3760/cma.j.issn.1001-2036.2001.01.036.｛YAN Guiming,LIANG Min,LONG Yuexin,WANG Feng,XING Ye. Replantation of severed toe:a report of 7 cases[J]. Zhonghua Xian Wei Wai Ke Za Zhi[Chin J Microsurg(Article in Chinese;No abstract available)],2001,24(1):18. DOI:10.3760/cma.j.issn.1001-2036.2001.01.036.｝

[2908] 于方提，富勇，朱丽，孙闯，郭丽华. 卵巢移位再植的临床体会 [J]. 中华显微外科杂志，2001，24（4）：259. DOI：10.3760/cma.j.issn.1001-2036.2001.04.037.｛YU Fangti,FU Yong,ZHU Li,SUN Chuang,GUO Lihua. Clinical experience of ovarian transposition and replantation[J]. Zhonghua Xian Wei Wai Ke Za Zhi[Chin J Microsurg(Article in Chinese;No abstract available)],2001,24(4):259. DOI:10.3760/cma.j.issn.1001-2036.2001.04.037.｝

[2909] 江海廷，王成琪，魏海温. 跨关节外固定在踝上离断再植中的应用 [J]. 中国矫形外科杂志，2001，8（5）：448-448. DOI：10.3969/j.issn.1005-8478.2001.05.048.｛JIANG Haiting,WANG Chengqi,WEI Haiwen. Application of trans articular external fixation in replantation of supramalleolar severation[J]. Zhongguo Jiao Xing Wai Ke Za Zhi[Orthop J China(Article in Chinese;No abstract available)],2001,8(5):448-448. DOI:10.3969/j.issn.1005-8478.2001.05.048.｝

[2910] 宋海涛，田万成，康庆林，卢全中，潘希贵. 逆行法再植足趾 [J]. 临床骨科杂志，2001，4（4）：268-269. DOI：10.3969/j.issn.1008-0287.2001.04.010.｛SONG Haitao,TIAN Wancheng,KANG Qinglin,LU Quanzhong,PAN Xigui. Retrograde method for toe replantation[J]. Lin Chuang Gu Ke Za Zhi[J Clin Orthop(Article in Chinese;Abstract in Chinese and English)],2001,4(4):268-269. DOI:10.3969/j.issn.1008-0287.2001.04.010.｝

[2911] 赵军强，尹胜廷. 趾背侧浅静脉动脉化重建血运在小儿断趾再植中的应用 [J]. 中国修复重建外科杂志，2001，15(2)：73. DOI：CNKI：SUN：ZXCW.0.2001-02-003.｛ZHAO Junqiang,YIN Shengting. Arterialization of superficial dorsal digital vein in replantation of severed toe in children[J]. Zhongguo Xiu Fu Chong Jian Wai Ke Za Zhi[Chin J Repar Reconstr Surg(Article in Chinese;No abstract available)],2001,15(2):73. DOI:CNKI:SUN:ZXCW.0.2001-02-003.｝

[2912] 蔚锐传，邵晋凯，高俊. 睾丸离断再植成功一例报告 [J]. 中华泌尿外科杂志，2002，23（7）：433. DOI：10.3760/j：issn：1000-6702.2002.07.032.｛HUI Ruichuan,SHAO Jinkai,GAO Jun. Successful replantation of severed testis:a case report[J]. Zhonghua Mi Niao Wai Ke Za Zhi[Chin J Urol(Article in Chinese;No abstract available)],2002,23(7):433. DOI:10.3760/j:issn:1000-6702.2002.07.032.｝

[2913] 宋海涛，田万成，潘希贵，卢全中，康庆林. 逆行法再植足趾 [J]. 实用手外科杂志，2002，16（1）：23-25. DOI：10.3969/j.issn.1671-2722.2002.01.009.｛SONG Haitao,TIAN Wancheng,PAN Xigui,LU Quanzhong,KANG Qinglin. Retrograde replantation for repair amputated toes[J]. Shi Yong Shou Wai Ke Za Zhi[Chin J Pract Hand Surg(Article in Chinese;Abstract in Chinese and English)],2002,16(1):23-25. DOI:10.3969/j.issn.1671-2722.2002.01.009.｝

[2914] 王晓峰，毛利锋，史卫东，张志芳. 离体组织块 19 h 原位桥接再植存活一例报告 [J]. 中华手外科杂志，2003，19(3)：148-148. DOI：10.3760/cma.j.issn.1005-054X.2003.03.011.｛WANG Xiaofeng,MAO Lifeng,SHI Weidong,ZHANG Zhifang. Replantation of severed tissue after 19 hours ischemia:a case report[J]. Zhonghua Shou Wai Ke Za Zhi[Chin J Hand Surg(Article in Chinese;Abstract in Chinese and English)],2003,19(3):148-148. DOI:10.3760/cma.j.issn.1005-054X.2003.03.011.｝

[2915] 王明山，邹惠玲，王来旭，鲁秀国. 踇趾旋转撕脱离断伤的再植 [J]. 中华显微外科杂志，2003，26（1）：75. DOI：CNKI：SUN：ZHXW.0.2003-01-048.｛WANG Mingshan,ZOU Huiling,WANG Laixu,LU Xiuguo. Replantation of toe rotation avulsion[J]. Zhonghua Xian Wei Wai Ke Za Zhi[Chin J Microsurg(Article in Chinese;No abstract available)],2003,26(1):75. DOI:CNKI:SUN:ZHXW.0.2003-01-048.｝

[2916] 曾明灿，曹俊杰，邱庆明，温占春. 足趾离断再植 17 例 [J]. 中华显微外科杂志，2003，26（2）：143-144. DOI：10.3760/cma.j.issn.1001-2036.2003.02.024.｛ZENG Mingcan,CAO Junjie,QIU Qingming,WEN Zhanchun. Replantation of severed toe:a report of 17 cases[J]. Zhonghua Xian Wei Wai Ke Za Zhi[Chin J Microsurg(Article in Chinese;Abstract in Chinese)],2003,26(2):143-144. DOI:10.3760/cma.j.issn.1001-2036.2003.02.024.｝

[2917] 隋海明，丛海波，王晨霖，乔永平，姜辉，朱惠芳. 踇趾撕脱性离断再植 [J]. 中华显微外科杂志，2003，26（4）：302-303. DOI：10.3760/cma.j.issn.1001-2036.2003.04.027.｛SUI Minghai,CONG Haibo,WANG Chenlin,QIAO Yongping,JIANG Hui,ZHU Huifang. Replantation of avulsion severed toe[J]. Zhonghua Xian Wei Wai Ke Za Zhi[Chin J Microsurg(Article in Chinese;No abstract available)],2003,26(4):302-303. DOI:10.3760/cma.j.issn.1001-2036.2003.04.027.｝

[2918] 王江宁，童致虹，张铁慧，杨卫东，张洪权，梁武，宋春辉，孙焕伟，李晋. 暂时性异位断足寄养再回植术 [J]. 中国修复重建外科杂志，2003，17（1）：46-49.｛WANG Jiangning,TONG Zhihong,ZHANG Tiehui,YANG Weidong,ZHANG Hongquan,LIANG Wu,SONG Chunhui,SUN Huanwei,LI Jin. Temporary ectopic implantation of amputated foot[J]. Zhongguo Xiu Fu Chong Jian Wai Ke Za Zhi[Chin J Repar Reconstr Surg(Article in Chinese;Abstract in Chinese and English)],2003,17(1):46-49.｝

[2919] 谢扬，杨扬震，吴道彬，韦酋亨. 足趾离断再植 60 例 [J]. 中华显微外科杂志，2004，27（2）：111-112. DOI：10.3760/cma.j.issn.1001-2036.2004.02.012.｛XIE Yang,YANG Yangzhen,WU Daobin,WEI Youheng. Replantation of amputated toe:report of 60 cases[J]. Zhonghua Xian Wei Wai Ke Za Zhi[Chin J Microsurg(Article in Chinese;Abstract in Chinese and English)],2004,27(2):111-112. DOI:10.3760/cma.j.issn.1001-2036.2004.02.012.｝

[2920] 陈嵘，朱克文，田华强，唐华，黄宏，黄建成. 静脉动脉化再植治疗睾丸撕脱性离断伤一例报告 [J]. 中华泌尿外科杂志，2004，25（10）：700. DOI：10.3760/j：issn：1000-6702.2004.10.036.｛CHEN Rong,ZHU Kewen,TIAN Huaqiang,TANG Hua,HUANG Hong,HUANG Jiancheng. Replantation of vein arterialization for treating testicular avulsion injury:a case report[J]. Zhonghua Mi Niao Wai Ke Za Zhi[Chin J Urol(Article in Chinese;No abstract available)],2004,25(10):700. DOI:10.3760/j:issn:1000-6702.2004.10.036.｝

[2921] 冯明录，郑刚，董涛，何勇，李江. 蔓状静脉动脉化睾丸再植一例 [J]. 中华显微外科杂志，2005，28（4）：301. DOI：10.3760/cma.j.issn.1001-2036.2005.04.047.｛FENG Minglu,ZHENG Gang,DONG Tao,HE Yong,LI Jiang. Testicular replantation with arterialized cirrus vein:a case report[J]. Zhonghua Xian Wei Wai Ke Za Zhi[Chin J Microsurg(Article in Chinese;No abstract available)],2005,28(4):301. DOI:10.3760/cma.j.issn.1001-2036.2005.04.047.｝

[2922] 谢昌平，陈朝辉，马运刚，韩颖千，李雅伟，常强省，张海波，华占强. 改变体位提高断趾再植成活率的临床研究 [J]. 中华创伤骨科杂志，2005，7（4）：338-340. DOI：10.3760/cma.j.issn.1671-7600.2005.04.011.｛XIE Changping,CHEN Zhaohui,MA Yungang,HAN Yinggan,LI Yawei,CHANG Qiangsheng,ZHANG Haibo,HUA Zhanqiang. Limb posture and rate of success in replantation of severed toes[J]. Zhonghua Chuang Shang Gu Ke Za Zhi[Chin J Orthop Trauma(Article in Chinese;Abstract in Chinese and English)],2005,7(4):338-340. DOI:10.3760/cma.j.issn.1671-7600.2005.04.011.｝

[2923] 葛兮源，俞光岩，蔡志刚，毛驰. 小型猪颌下腺自体再植的实验研究 [J]. 现代口腔医学杂志，2005，19（2）：172-176. DOI：10.3969/j.issn.1003-7632.2005.02.020.｛GE Xiyuan,YU Guangyan,CAI Zhigang,MAO Chi. Establishment of submandibular gland autotransplantation model in miniature swine and the histological changes of the transplanted gland[J]. Xian Dai Kou Qiang Yi Xue Za Zhi[J Mod Stomatol(Article in Chinese;Abstract in Chinese and English)],2005,19(2):172-176. DOI:10.3969/j.issn.1003-7632.2005.02.020.｝

[2924] 戚剑，王建云. 龟头离断再植成功一例 [J]. 中华显微外科杂志，2006，29（2）：128. DOI：10.3760/cma.j.issn.1001-2036.2006.02.042.｛QI Jian,WANG Jianyun. Replantation of amputated glans penis:a case report[J]. Zhonghua Xian Wei Wai Ke Za Zhi[Chin J Microsurg(Article in Chinese;No abstract available)],2006,29(2):128. DOI:10.3760/cma.j.issn.1001-2036.2006.02.042.｝

[2925] 赵东升，李坤德，王瑞金，幸超峰，李士民，宋力，王飞云，宋鹏. 特殊组织器官的再植与修复 [J]. 中华显微外科杂志，2007，30（5）：351-353. DOI：10.3760/cma.j.issn.1001-2036.2007.05.010.｛ZHAO Dongsheng,LI Kunde,WANG Ruijin,XING Chaofeng,LI Shimin,SONG Li,WANG Feiyun,SONG Peng. Replantation and repairing of specified tissues and organs[J]. Zhonghua Xian Wei Wai Ke Za Zhi[Chin J Microsurg(Article in Chinese;Abstract in Chinese and English)],2007,30(5):351-353. DOI:10.3760/cma.j.issn.1001-2036.2007.05.010.｝

[2926] 巨积辉，赵强，侯瑞兴，李雷，刘跃飞，金光哲. 全足皮肤袜套状撕脱性离断再植一例 [J]. 中华创伤骨科杂志，2007，9（2）：138. DOI：10.3760/cma.j.issn.1671-7600.2007.02.032.｛JU Jihui,ZHAO Qiang,HOU Ruixing,LI Lei,LIU Yuefei,JIN Guangzhe. Replantation for a case of complete foot amputation with skin stocking avulsion[J]. Zhonghua Chuang Shang Gu Ke Za Zhi[Chin J Orthop Trauma(Article in Chinese;Abstract in Chinese and English)],2007,9(2):138. DOI:10.3760/cma.j.issn.1671-7600.2007.02.032.｝

[2927] 李连楚，陈坚，王增涛. 右足五趾完全离断再植成功一例 [J]. 中华显微外科杂志，2008，31（6）：404. DOI：10.3760/cma.j.issn.1001-2036.2008.06.036.｛LI Lianchu,CHEN Jian,WANG Zengtao. Replantation of five severed digits in right feet:a case report[J]. Zhonghua Xian Wei Wai Ke Za Zhi[Chin J Microsurg(Article in Chinese;No abstract available)],2008,31(6):404. DOI:10.3760/cma.j.issn.1001-2036.2008.06.036.｝

[2928] 王江宁，张立彬，王寿宇. 断足暂时性异位寄养再回植术的康复随访研究 [J]. 中国修复重建外科杂志，2008，22（5）：551-553.｛WANG Jiangning,ZHANG Libin,WANG Shouyu. Following-up study on recovery of amputated foot after temporary ectopic implantation[J]. Zhongguo Xiu Fu Chong Jian Wai Ke Za Zhi[Chin J Repar Reconstr Surg(Article in Chinese;Abstract in Chinese and English)],2008,22(5):551-553.｝

[2929] 李连楚，周国伟，李迎军，鲁世闻，张宏奎，陈炜，杨振华，罗毅，王泽锋. 足部多趾完全离断再植的临床体会 [J]. 中华显微外科杂志，2010，33（1）：70-71. DOI：10.3760/cma.j.issn.1001-2036.2010.01.031.｛LI Lianchu,ZHOU Guowei,LI Yingjun,LU Shiwen,ZHANG Hongkui,CHEN Wei,YANG Zhenhua,LUO Yi,WANG Zefeng. Clinical experience of replantation of severed toes[J]. Zhonghua Xian Wei Wai Ke Za Zhi[Chin J Microsurg(Article in Chinese;Abstract in Chinese)],2010,33(1):70-71. DOI:10.3760/cma.j.issn.1001-2036.2010.01.031.｝

[2930] 洪焕玉，黄涛. 前足离断伤再植成功一例 [J]. 中华显微外科杂志，2010，33（2）：106. DOI：10.3760/cma.j.issn.1001-2036.2010.02.041.｛HONG Huanyu,HUANG Tao. Replantation of severed forefoot:a case report[J]. Zhonghua Xian Wei Wai Ke Za Zhi[Chin J Microsurg(Article in Chinese;No abstract available)],2010,33(2):106. DOI:10.3760/cma.j.issn.1001-2036.2010.02.041.｝

[2931] 张丽君，黄磊，邱武安，欧学海，魏登科. 应用建立静脉回路方法再植手部小面积背侧组织离断 [J]. 中华创伤杂志，2011，27（7）：663-664. DOI：10.3760/cma.j.issn.1001-8050.2011.07.024.｛ZHANG Lijun,HUANG Lei,QIU Wuan,OU Xuehai,WEI Dengke. Application of venous circuit in replantation of small severed dorsal tissue form hands[J]. Zhonghua Chuang Shang Za Zhi[Chin J Trauma(Article in Chinese;No abstract available)],2011,27(7):663-664. DOI:10.3760/cma.j.issn.1001-8050.2011.07.024.｝

[2932] 储国平，吕国忠，赵庆国，杨敏烈. 足踇趾离断再植及踝前穿支皮瓣修复成功一例 [J]. 中华整形外科杂志，2011，27(6)：471-472. DOI：10.3760/cma.j.issn.1009-4598.2011.06.021.｛CHU Guoping,LU Guozhong,ZHAO Qingguo,YANG Minlie. Replantation of severed toe and repair by anterior malleolus perforator flap:a case report[J]. Zhonghua Zheng Xing Wai Ke Za Zhi[Chin J Plast Surg(Article in Chinese;No abstract available)],2011,27(6):471-472. DOI:10.3760/cma.j.issn.1009-4598.2011.06.021.｝

[2933] 刘宇舟，寿奎水，糜菁熠，邱扬. 足跟皮肤撕脱再植一例 [J]. 中国修复重建外科杂志，2011，25（1）：103. DOI：CNKI：51-1372/R_20101210.1518.068.｛LIU Yuzhou,SHOU Kuishui,MI Qingyi,QIU Yang. Replantation of heel skin avulsion:a case report[J]. Zhongguo Xiu Fu Chong Jian Wai Ke Za Zhi[Chin J Repar Reconstr Surg(Article in Chinese;No abstract available)],2011,25(1):103. DOI:CNKI:51-1372/R_20101210.1518.068.｝

[2934] 李连楚. 特殊组织器官完全离断的显微再植 [J]. 实用手外科杂志，2014，28（3）：294-297. DOI：10.3969/j.issn.1671-2722.2014.03.020.｛LI Lianchu. Microsurgical replantation of completely amputated specific tissues and organs[J]. Shi Yong Shou Wai Ke Za

Zhi[Chin J Pract Hand Surg(Article in Chinese;Abstract in Chinese and English)],2014,28(3):294-297. DOI:10.3969/j.issn.1671-2722.2014.03.020.}

[2935] 王瑞雄，陈夏平，刘志强. 开放性骨折节段性离体骨回植一例报告 [J]. 中华创伤骨科杂志，2014，16（4）：367-368. DOI：10.3760/cma.j.issn.1671-7600.2014.04.023. {WANG Ruixiong,CHEN Xiaping,LIU Zhiqiang. Segmental detached bone replantation in open fracture:a case report[J]. Zhonghua Chuang Shang Gu Ke Za Zhi[Chin J Orthop Trauma(Article in Chinese;No abstract available)],2014,16(4):367-368. DOI:10.3760/cma.j.issn.1671-7600.2014.04.023.}

[2936] 毕卫伟，张茂飞，翟建国，王崧伊，金海龙，隋海明. 无可供吻合静脉的头面部器官组织块离断再植五例 [J]. 中华显微外科杂志，2016，39（6）：578-579. DOI：10.3760/cma.j.issn.1001-2036.2016.06.017. {BI Weiwei,ZHANG Maofei,ZHAI Jianguo,WANG Songyi,JIN Hailong,SUI Haiming. Replantation of severed head and face organs without anastomosisable vein[J]. Zhonghua Xian Wei Wai Ke Za Zhi[Chin J Microsurg(Article in Chinese;Abstract in Chinese)],2016,39(6):578-579. DOI:10.3760/cma.j.issn.1001-2036.2016.06.017.}

[2937] 吴春，应建军，王正理，吴科萍，谭莉. 幼儿足趾离断再植五例 [J]. 中华显微外科杂志，2016，39(5)：501-503. DOI：10.3760/cma.j.issn.1001-2036.2016.05.026. {WU Chun,YING Jianjun,WANG Zhengli,WU Keping,TAN Li. Replantation of severed toes in children:a report of 5 cases[J]. Zhonghua Xian Wei Wai Ke Za Zhi[Chin J Microsurg(Article in Chinese;Abstract in Chinese)],2016,39(5):501-503. DOI:10.3760/cma.j.issn.1001-2036.2016.05.026.}

[2938] 齐伟亚，袁建君，郑大伟，张旭阳，石荣剑，寿奎水. 逆行法再植离断踇趾体会 [J]. 实用手外科杂志，2016，30（4）：430-431，438. DOI：10.3969/j.issn.1671-2722.2016.04.018. {QI Weiya,YUAN Jianjun,ZHENG Dawei,ZHANG Xuyang,SHI Rongjian,SHOU Kuishui. Retrograde replantation of amputated hallux[J]. Shi Yong Shou Wai Ke Za Zhi[Chin J Pract Hand Surg(Article in Chinese;Abstract in Chinese and English)],2016,30(4):430-431,438. DOI:10.3969/j.issn.1671-2722.2016.04.018.}

[2939] 程贺云，巨积辉，赵强，石志华，李祥军，胡淼，杜伟伟. 逆行法断趾再植的临床经验 [J]. 中国修复重建外科杂志，2016，30（5）：555-557. DOI：10.7507/1002-1892.20160112. {CHENG Heyun,JU Jihui,ZHAO Qiang,SHI Zhihua,LI Xiangjun,HU Miao,DU Weiwei. Clinical experience of retrograde replantation for amputated toe[J]. Zhongguo Xiu Fu Chong Jian Wai Ke Za Zhi[Chin J Repar Reconstr Surg(Article in Chinese;Abstract in Chinese and English)],2016,30(5):555-557. DOI:10.7507/1002-1892.20160112.}

[2940] 王凯，金光哲，纪秉青，郭礼平，朱宇，巨积辉. 逆行法再植在足踇趾离断再植术中的应用 [J]. 中华显微外科杂志，2017，40（1）：74-76. DOI：10.3760/cma.j.issn.1001-2036.2017.01.021. {WANG Kai,JIN Guangzhe,JI Bingqing,GUO Liping,ZHU Ning,JU Jihui. Application of retrograde replantation in severed toes[J]. Zhonghua Xian Wei Wai Ke Za Zhi[Chin J Microsurg(Article in Chinese;Abstract in Chinese)],2017,40(1):74-76. DOI:10.3760/cma.j.issn.1001-2036.2017.01.021.}

[2941] 林涧，吴立志，张天浩，王之江，刘赛钺. 颜面部离断复合组织块原位回植 14 例 [J]. 中华整形外科杂志，2018，34（7）：526-529. DOI：10.3760/cma.j.issn.1009-4598.2018.07.008. {LIN Jian,WU Lizhi,ZHANG Tianhao,WANG Zhijiang,LIU Caiyue. In situ suturing technique for severe amputation of facial composite tissues in 14 cases[J]. Zhonghua Zheng Xing Wai Ke Za Zhi[Chin J Plast Surg(Article in Chinese;Abstract in Chinese and English)],2018,34(7):526-529. DOI:10.3760/cma.j.issn.1009-4598.2018.07.008.}

[2942] 王洋洋，邵牧，尤科，巨积辉，侯瑞兴. 双足离断再植术后一例 19 年随访报告及文献复习 [J]. 中华显微外科杂志，2019，42(1)：100-102. DOI：10.3760/cma.j.issn.1001-2036.2019.01.033. {WANG Yangyang,SHAO Mu,YOU Ke,JU Jihui,HOU Ruixing. A 19 year follow-up report and literature review of replantation of severed feet[J]. Zhonghua Xian Wei Wai Ke Za Zhi[Chin J Microsurg(Article in Chinese;Abstract in Chinese)],2019,42(1):100-102. DOI:10.3760/cma.j.issn.1001-2036.2019.01.033.}

2.3.1 头皮再植
replantation of scalp

[2943] Zhou S,Chang TS,Guan WX,Chen KX,Wang SL,Cao YL,Huang WY. Microsurgical replantation of the avulsed scalp:report of six cases[J]. J Reconstr Microsurg,1993,9(2):121-125; discussion 125-129. doi:10.1055/s-2007-1006660.

[2944] Cheng K,Zhou S,Jiang K,Wang S,Dong J,Huang W,Chang T. Microsurgical replantation of the avulsed scalp:report of 20 cases[J]. Plast Reconstr Surg,1996,97(6):1099-1106; discussion 1107-1108. doi:10.1097/00006534-199605000-00001.

[2945] Liu T,Dong J,Wang J,Yang J. Microsurgical replantation for child total scalp avulsion[J]. J Craniofac Surg,2009,20(1):81-84. doi:10.1097/SCS.0b013e3181843326.

[2946] Zhang YM,Li JM,Jiang X. Successful salvage in a scalp avulsion through unilateral microvascular anastomosis[J]. Chin Med J,2013,126(7):1386-1387.

[2947] Ding W,Liu M,Chen L,Xu L,Rui Y,Gu Y. Treatment of total scalp avulsion by an advanced microsurgical method involving the subcutaneous tissue suspension by the tight suture of scalp tissue around anastomotic stoma[J]. J Craniofac Surg,2015,26(2):579-581. doi:10.1097/SCS.0000000000001450.

[2948] Jin Y,Hua C,Hu X,Chen H,Ma G,Zou Y,Chen B,Lyu D,Tremp M,Lin X. Microsurgical replantation of total avulsed scalp:extending the limits[J]. J Craniofac Surg,2017,28(3):670-674. doi:10.1097/SCS.0000000000003487.

[2949] Huang X,Wang Z,Liu C,Gu S,Gao Y,Xu X,Zan T. A case of scalp avulsion with prolonged ischemic time:indocyanine green angiography can aid in predicting replant survival[J]. Burns Trauma,2019,7:36. doi:10.1186/s41038-019-0171-2.

[2950] Jiang L,Jones S,Wu Z,Xue J,Jia X. Microvascular replantation of totally avulsed scalps:failures and successes[J]. J Craniofac Surg,2020,31(2):e185-e189. doi:10.1097/SCS.0000000000006160.

[2951] 张涤生，王德昭，黄文义，谢永俊. 头皮撕脱伤的治疗（附 11 例报告）[J]. 中华外科杂志，1962，10（9）：550-552. {ZHANG Disheng,WANG Dezhao,HUANG Wenyi,XIE Yongjun. Treatment of scalp avulsion injury (report of 11 cases)[J]. Zhonghua Wai Ke Za Zhi[Chin J Surg(Article in Chinese;No abstract available)],1962,10(9):550-552.}（非显微再植 Non-microsurgical replantation）

[2952] 姜树英，杨果凡. 头皮撕脱伤的治疗（附四例报告）[J]. 中华外科杂志，1963，11（7）：568-569. {JIANG Shuying,YANG Guofan. Treatment of scalp avulsion injury (report of 4 cases)[J]. Zhonghua Wai Ke Za Zhi[Chin J Surg(Article in Chinese;No abstract available)],1963,11(7):568-569.}（非显微再植 Non-microsurgical replantation）

[2953] 邓莲芳. 头皮撕脱伤早期治疗的体会（附三例报告）[J]. 中华外科杂志，1964，12（9）：894-895. {DENG Lianfang. Experience of early treatment of scalp avulsion injury (report of 3 cases)[J]. Zhonghua Wai Ke Za Zhi[Chin J Surg(Article in Chinese;No abstract available)],1964,12(9):894-895.}（非显微再植 Non-microsurgical replantation）

[2954] 侍德，程达人，陈兴永，吴道玖，张涤生. 头皮撕脱伤的治疗（附 4 例报告）[J]. 中华外科杂志，1965，13（12）：1086-1088. {SHI De,CHENG Daren,CHEN Xingyong,WU Daojiu,ZHANG Disheng. Treatment of scalp avulsion injury (report of 4 cases)[J]. Zhonghua Wai Ke Za Zhi[Chin J Surg(Article in Chinese;No abstract available)],1965,13(12):1086-1088.}（非显微再植 Non-microsurgical replantation）

[2955] 湖南常德市人民医院外科. 全头皮撕脱皮片回植一例报告 [J]. 中华外科杂志，1977，15(1)：18. {Department of surgery,Changde people's Hospital,Hunan Province. Replantation of whole scalp avulsion:a case report[J]. Zhonghua Wai Ke Za Zhi[Chin J Surg(Article in Chinese;No abstract available)],1977,15(1):18.}（非显微再植 Non-microsurgical replantation）

[2956] 徐保德，汉恒德. 头皮完全撕脱再植成功一例报告. 解放军医学杂志，1985，10（2）：109 {XU Baode,HAN Hengde. A case report of successful replantation of completely avulsed scalp . Jie Fang Jun Yi Xue Za Zhi(J Chin Med PLA(Article in Chinese;No abstract available)],1985,10(2):109.}

[2957] 徐保德，汉恒德. 全头皮完全撕脱再植成功一例报告. 中华神经外科杂志，1985，1（3）：174 {XU Baode,HAN Hengde. A successful case of total scalp avulsed replantation . Zhong Hua Shen Jing Wai Ke Za Zhi(Chin J Neurosurg(Article in Chinese;No abstract available)],1985,1(3):174.}

[2958] 辛时林. 用血管吻合治疗头皮撕脱伤一例. 中华显微外科杂志，1986，9（3）：187 {XIN Shi lin.A case of avulsion of scalp was treated with vascular anastomosis. Zhong Hua Xian Wei Wai Ke Za Zhi(Chin J Microsurg(Article in Chinese;No abstract available)],1986,9(3):187.}

[2959] 张小锋，张瓦城，孙广慈，赫伟. 全头皮帽状撕脱再植成功一例 [J]. 中华外科杂志，1988，26（4）：200. {ZHANG Xiaofeng,ZHANG Wacheng,SUN Guangci,HE Wei. Replantation of scalp avulsion:a case report[J]. Zhonghua Wai Ke Za Zhi[Chin J Surg(Article in Chinese;No abstract available)],1988,26(4):200.}

[2960] 陈言汤. 头皮撕脱伤的外科治疗 [J]. 修复重建外科杂志，1988，2（2）：19. {CHEN Yantang. Surgical treatment of scalp avulsion injury[J]. Zhongguo Xiu Fu Chong Jian Wai Ke Za Zhi[Chin J Repar Reconstr Surg(Article in Chinese;No abstract available)],1988,2(2):19.}

[2961] 吴建民，芮雪芳，杜杭根. 头皮再植成活一例报告 [J]. 中华外科杂志，1992，30（10）：602. {WU Jianmin,RUI Xuefang,DU Hanggen. Scalp replantation:a case report[J]. Zhonghua Wai Ke Za Zhi[Chin J Surg(Article in Chinese;No abstract available)],1992,30(10):602.}

[2962] 王善良，周苏，程开祥，曹谊林，黄文义，张涤生. 吻合血管的撕脱头皮再植（附六例报告）[J]. 中华外科杂志，1992，30（10）：625-627. {WANG Shanliang,ZHOU Su,CHENG Kaixiang,CAO Yilin,HUANG Wenyi,ZHANG Disheng. Replantation with vascular anastomosis of whole scalp(a report of 6 cases)[J]. Zhonghua Wai Ke Za Zhi[Chin J Surg(Article in Chinese;No abstract available)],1992,30(10):625-627.}

[2963] 杨连根，史焕昌，董忠礼，方绍孟. 全头皮完全撕脱伤再植成功一例 [J]. 中华显微外科杂志，1994，17（2）：93. DOI：CNKI：SUN：ZHXW.0.1994-02-008. {YANG Liangen,SHI Huanchang,DONG Zhongli,FANG Shaomeng. Replantation of whole scalp avulsion:a case report[J]. Zhonghua Xian Wei Wai Ke Za Zhi[Chin J Microsurg(Article in Chinese;No abstract available)],1994,17(2):93. DOI:CNKI:SUN:ZHXW.0.1994-02-008.}

[2964] 黎冻，彭福仁，陈石海，刘庆丰. 全头皮撕脱伤再植三例手术体会 [J]. 中华整形烧伤外科杂志，1994，10（2）：105-107. DOI：10.3760/j.issn：1009-4598.1994.02.001. {PENG Dong,PENG Furen,CHEN Shihai,LIU Qingfeng. Replantation of whole scalp avulsion in three cases[J]. Zhonghua Zheng Xing Shao Shang Wai Ke Za Zhi[Chin J Plast Surg Burns(Article in Chinese;No abstract available)],1994,10(2):105-107. DOI:10.3760/j.issn:1009-4598.1994.02.001.}

[2965] 刘春祥，张静琦，王明璐. 12 例全头皮撕脱伤的治疗 [J]. 中华创伤杂志，1995，11（1）：37-38. DOI：10.3969/j.issn.1002-266X.2002.08.049. {LIU Chunxiang,ZHANG Jingqi,WANG Minglu. Treatment for avulsion of whole scalp:a report of 12 cases[J]. Zhonghua Chuang Shang Za Zhi[Chin J Trauma(Article in Chinese;Abstract in Chinese)],1995,11(1):37-38. DOI:10.3969/j.issn.1002-266X.2002.08.049.}

[2966] 张永良，蔡锦方，任德元，史源欣，彭健. 头皮撕脱伤的再植治疗 [J]. 中国修复重建外科杂志，1995，9（3）：151. {ZHANG Yongliang,CAI Jinfang,REN Deyuan,SHI Yuanxin,PENG Jian. Replantation therophy of scalp avulsion injury[J]. Zhongguo Xiu Fu Chong Jian Wai Ke Za Zhi[Chin J Repar Reconstr Surg(Article in Chinese;No abstract available)],1995,9(3):151.}

[2967] 李平生，吴和康，郭文荣，何向阳. 吻合血管的游离大网膜移植治疗全头皮撕脱伤 [J]. 中华显微外科杂志，1997，20（1）：69-70. {LI Pingsheng,WU Hekang,GUO Wenrong,HE Xiangyang. Free greater omentum transplantation with vascular anastomosis remedy for whole scalp avulsion injury[J]. Zhonghua Xian Wei Wai Ke Za Zhi[Chin J Microsurg(Article in Chinese;No abstract available)],1997,20(1):69-70.}

[2968] 陈言汤，王福建，崔永光，张建文. 全头皮撕脱吻合血管再植一例 [J]. 中华显微外科杂志，1997，20（2）：41. DOI：CNKI：SUN：ZHXW.0.1997-02-020. {YANG Yantang,WANG Fujian,CUI Yongguang,ZHANG Jianwen. Replantation with vascular anastomosis of whole scalp avulsion:a case report[J]. Zhonghua Xian Wei Wai Ke Za Zhi[Chin J Microsurg(Article in Chinese;No abstract available)],1997,20(2):41. DOI:CNKI:SUN:ZHXW.0.1997-02-020.}

[2969] 刘继仁，唐新桥，赵京涛. 全头皮撕脱再植成功一例 [J]. 中华显微外科杂志，1997，20（4）：18. {LIU Jiren,TANG Xinqiao,ZHAO Jingtao. Replantation of scalp avulsion:a case report[J]. Zhonghua Xian Wei Wai Ke Za Zhi[Chin J Microsurg(Article in Chinese;No abstract available)],1997,20(4):18.}

[2970] 金心，施秋勤，蔡庭华. 单侧颞浅动静脉顶支吻合治疗大面积头皮撕脱伤一例 [J]. 中华神经外科杂志，1997，13（1）：65. DOI：CNKI：SUN：ZHSW.0.1997-01-038. {JIN Xin,SI Qiuqin,CAI Tinghua. Treatment of large area scalp avulsion injury with unilateral superficial temporal artery and vein anastomosis:a case report[J]. Zhonghua Shen Jing Wai Ke Za Zhi[Chin J Neurosurg(Article in Chinese;No abstract available)],1997,13(1):65. DOI:CNKI:SUN:ZHSW.0.1997-01-038.}

[2971] 高聿同，张十一，朱晓雷，种振岳，邓世良. 全头皮撕脱再植一例 [J]. 中国修复重建外科杂志，1997，11（3）：32. {GAO Yutong,ZHANG Shiyi,ZHU Xiaolei,ZHONG Zhenyue,DENG Shiliang. Whole scalp avulsion replantation:a case report[J]. Zhongguo Xiu Fu Chong Jian Wai Ke Za Zhi[Chin J Repar Reconstr Surg(Article in Chinese;No abstract available)],1997,11(3):32.}

[2972] 张十一，孙占胜，高聿同. 再植法治疗头皮撕脱伤 [J]. 中华显微外科杂志，1998，21（3）：240. DOI：10.3760/cma.j.issn.1001-2036.1998.03.052. {ZHANG Shiyi,SUN Zhansheng,GAO Yutong. Replantation of scalp avulsion injury[J]. Zhonghua Xian Wei Wai Ke Za Zhi[Chin J Microsurg(Article in Chinese;No abstract available)],1998,21(3):240. DOI:10.3760/cma.j.issn.1001-2036.1998.03.052.}

[2973] 蔡茂季，于加平，汪有国. 头皮撕脱伤游离头皮回植成功一例 [J]. 中华显微外科杂志，1999，22（1）：8. DOI：10.3760/cma.j.issn.1001-2036.1999.01.047. {CAI Maoji,YU Jiangping,WANG Youguo. Free scalp replantation of scalp avulsion injury:a case report[J]. Zhonghua Xian Wei Wai Ke Za Zhi[Chin J Microsurg(Article in Chinese;No abstract available)],1999,22(1):8. DOI:10.3760/cma.j.issn.1001-2036.1999.01.047.}

[2974] 赵军强，尹胜廷，李永江. 全头皮撕脱伤治疗三例体会 [J]. 中华显微外科杂志，1999，22（2）：封三. DOI：10.3760/cma.j.issn.1001-2036.1999.02.063. {ZHAO Junqiang,YIN Shengting,LI Yongjiang. Experience in the treatment of three cases of whole scalp avulsion injury[J]. Zhonghua Xian Wei Wai Ke Za Zhi[Chin J Microsurg(Article in Chinese;No abstract available)],1999,22(2):cover 3. DOI:10.3760/cma.j.issn.1001-2036.1999.02.063.}

[2975] 张德林，林贞姬，刘长成，施占军，辛动，周锐晶. 12 例全头皮撕脱伤的手术治疗 [J]. 中国修复重建外科杂志，2000，14（1）：19. {ZHANG Delin,LIN Zhengji,LIU Changcheng,SHI

Zhanjun,XIN Dong,ZHOU Ruijing. Surgical treatment of total scalp avulsion injury:a report of 12 cases[J]. Zhongguo Xiu Fu Chong Jian Wai Ke Za Zhi[Chin J Repar Reconstr Surg(Article in Chinese;No abstract available)],2000,14(1):19.}

[2976] 纪柳，杨小辉，丁爱国. 全头皮撕脱伤治疗三例 [J]. 中国修复重建外科杂志，2000，14（5）：274. {JI Liu,YANG Xiaohui,DING Aiguo. Treatment of whole scalp avulsion injury:a report of 3 cases[J]. Zhongguo Xiu Fu Chong Jian Wai Ke Za Zhi[Chin J Repar Reconstr Surg(Article in Chinese;No abstract available)],2000,14(5):274.}

[2977] 柴益民，林崇正，潘云川，符学新，张燕翔，陈彦堃. 吻合血管的全头皮撕脱再植成功一例 [J]. 中华显微外科杂志，2001，24（2）：139. DOI：10.3760/cma.j.issn.1001-2036.2001.02.048. {CHAI Yiming,LIN Chongzheng,PAN Yunchuan,FU Xuexin,ZHANG Yanxiang,CHEN Yankun. Replantation with vascular anastomosis of whole scalp avulsion:a case report[J]. Zhonghua Xian Wei Wai Ke Za Zhi[Chin J Microsurg(Article in Chinese;No abstract available)],2001,24(2):139. DOI:10.3760/cma.j.issn.1001-2036.2001.02.048.}

[2978] 丁力，郑清健，刘加宁，林根辉. 吻合血管的全头皮再植成功一例 [J]. 中华显微外科杂志，2001，24（4）：313. DOI：10.3760/cma.j.issn.1001-2036.2001.04.045. {DING Li,ZHENG Qingjian,LIU Jianing,LIN Genhui. Replantation with vascular anastomosis of whole scalp:a case report[J]. Zhonghua Xian Wei Wai Ke Za Zhi[Chin J Microsurg(Article in Chinese;No abstract available)],2001,24(4):313. DOI:10.3760/cma.j.issn.1001-2036.2001.04.045.}

[2979] 李秋松，王太周，邹勃生. 大面积头皮撕脱伤五例 [J]. 中国修复重建外科杂志，2001，15（4）：226. {LI Qiusong,WANG Taizhou,ZOU Bosheng. Extensive scalp avulsion injury:a report of 5 cases[J]. Zhongguo Xiu Fu Chong Jian Wai Ke Za Zhi[Chin J Repar Reconstr Surg(Article in Chinese;No abstract available)],2001,15(4):226.}

[2980] 辛杰，田鲁峰，尚小鹏，郭永智. 全头皮撕脱伤显微外科修复八例 [J]. 中华显微外科杂志，2002，25（2）：85. DOI：10.3760/cma.j.issn.1001-2036.2002.02.041. {XING Jie,TIAN Lufeng,SHANG Xiaopeng,GUO Yongzhi. Microsurgical repairation for whole scalp avulsion injury:a report of 8 cases[J]. Zhonghua Xian Wei Wai Ke Za Zhi[Chin J Microsurg(Article in Chinese;No abstract available)],2002,25(2):85. DOI:10.3760/cma.j.issn.1001-2036.2002.02.041.}

[2981] 刘林嶓，陈言汤，张建文，陈旻静，翟晓梅. 头皮撕脱伤的整形治疗 [J]. 中华整形外科杂志，2002，18（4）：208-208. DOI：10.3760/j.issn：1009-4598.2002.04.019. {LIU Linbo,CHEN Yantang,ZHANG Jianwen,CHEN Minjing,ZHAI Xiaomei. Plastic treatment of scalp avulsion injury[J]. Zhonghua Zheng Xing Wai Ke Za Zhi[Chin J Plast Surg(Article in Chinese;No abstract available)],2002,18(4):208-208. DOI:10.3760/j.issn:1009-4598.2002.04.019.}

[2982] 李罗珠，于益鹏，陈玉林. 全头皮撕脱再植成功一例 [J]. 中国修复重建外科杂志，2002，16（4）：255. {LI Luozhu,YU Yipeng,CHEN Yulin. Successful replantation of a case of entire scalp avulsion[J]. Zhongguo Xiu Fu Chong Jian Wai Ke Za Zhi[Chin J Repar Reconstr Surg(Article in Chinese;No abstract available)],2002,16(4):255.}

[2983] 于加平，蔡茂季，曾金鉴. 吻合血管完全离断性全头皮撕脱再植 [J]. 中华显微外科杂志，2003，26（2）：92-92. DOI：10.3760/cma.j.issn.1001-2036.2003.02.037. {YU Jiaping,CAI Maoji,ZENG Jinjian. Replantation with vascular anastomosis of whole scalp avulsion[J]. Zhonghua Xian Wei Wai Ke Za Zhi[Chin J Microsurg(Article in Chinese;No abstract available)],2003,26(2):92-92. DOI:10.3760/cma.j.issn.1001-2036.2003.02.037.}

[2984] 徐伦山，许民辉. 全头皮撕脱伤再植术后并发绿脓杆菌感染的治疗 [J]. 创伤外科杂志，2003，5（4）：301-301. DOI：10.3969/j.issn.1009-4237.2003.04.025. {XU Lunshan,XU Minhui. Treatment of surgical infection with pseudomons pyocyanea after replantation of whole scalp avulsion[J]. Chuang Shang Wai Ke Za Zhi[J Traum Surg(Article in Chinese;Abstract in Chinese and English)],2003,5(4):301-301. DOI:10.3969/j.issn.1009-4237.2003.04.025.}

[2985] 李永江，赵军强. 静脉动脉化移植修复头皮撕脱伤 [J]. 中国修复重建外科杂志，2003，17（2）：116. {LI Yongjiang,ZHAO Junqiang. Repairation of scalp avulsion injury by vein arterialized transplantation[J]. Zhongguo Xiu Fu Chong Jian Wai Ke Za Zhi[Chin J Repar Reconstr Surg(Article in Chinese;Abstract in Chinese)],2003,17(2):116.}

[2986] 徐坚方，丁路. 吻合血管的全头皮撕脱再植成功一例 [J]. 中华整形外科杂志，2005，21（1）：75-76. DOI：10.3760/j.issn：1009-4598.2005.01.025. {XU Jianfang,DING Lu. Replantation with vascular anastomosis of whole scalp avulsion:a case report[J]. Zhonghua Zheng Xing Wai Ke Za Zhi[Chin J Plast Surg(Article in Chinese;No abstract available)],2005,21(1):75-76. DOI:10.3760/j.issn:1009-4598.2005.01.025.}

[2987] 刘丽娟，王晓峰，韩小武. 全头皮撕脱伤移植成功 1 例报告 [J]. 创伤外科杂志，2005，7（5）：342-342. DOI：10.3969/j.issn.1009-4237.2005.05.037. {LIU Lijuan,WANG Xiaofeng,HAN Xiaowu. Successful transplantation of the avulsed scalp in 1 case[J]. Chuang Shang Wai Ke Za Zhi[J Traum Surg(Article in Chinese;Abstract in Chinese and English)],2005,7(5):342-342. DOI:10.3969/j.issn.1009-4237.2005.05.037.}

[2988] 戚剑，毛红兵，许扬滨，刘少博，杨光诗，向剑平. 全头皮撕脱再植成功 1 例报告 [J]. 中山大学学报（医学科学版），2005，26（6）：封二，XX-封三. DOI：10.3321/j.issn：1672-3554.2005.06.029. {QI Jian,MAO Hongbing,XU Yangbin,LIU Shaobo,YANG Guangshi,XIANG Jianping. Successful replantation of a case of entire scalp avulsion[J]. Zhong Shan Da Xue Xue Bao(Yi Xue Ke Xue Ban)[J Sun Yat-Sen Univ(Med Sci)(Article in Chinese;Abstract in Chinese and English)],2005,26(6):cover 2,XX-cover 3. DOI:10.3321/j.issn:1672-3554.2005.06.029.}

[2989] 贺友生，李朝晖，潘乃棵，李耀峰，郑守练. 全头皮撕脱再植成功再植一例 [J]. 中华显微外科杂志，2006，29（1）：74. DOI：10.3760/cma.j.issn.1001-2036.2006.01.039. {HE Yousheng,LI Zhaohui,PAN Nailiang,LI Yaofeng,ZHENG Shoulian. Replantation of scalp avulsion:a case report[J]. Zhonghua Xian Wei Wai Ke Za Zhi[Chin J Microsurg(Article in Chinese;No abstract available)],2006,29(1):74. DOI:10.3760/cma.j.issn.1001-2036.2006.01.039.}

[2990] 张芳，刘林嶓. 头皮撕脱伤的整形外科治疗方法比较 [J]. 组织工程与重建外科杂志，2006，2（4）：197-200. DOI：10.3969/j.issn.1673-0364.2006.04.005. {ZHANG Fang,LIU Linpan. Comparison of therapeutic methods in ccalp avulsion[J]. Zu Zhi Gong Cheng Yu Chong Jian Wai Ke Za Zhi[J Tissue Eng Reconstr Surg(Article in Chinese;Abstract in Chinese and English)],2006,2(4):197-200. DOI:10.3969/j.issn.1673-0364.2006.04.005.}

[2991] 马辉，曲胜伟，王宇，张宝君，樊庆贺，吴广军，刘晓谦，王雪峰. 犬咬头皮撕脱伤一例报告 [J]. 中华神经外科杂志，2007，23（4）：252. DOI：10.3760/j.issn：1001-2346.2007.04.030. {MA Hui,QV Shengwei,WANG Yu,ZHANG Baojun,FAN Qinghe,WU Guangjun,LIU Xiaoqian,WANG Xuefeng. Dog bite scalp avulsion injury:a case report[J]. Zhonghua Shen Jing Wai Ke Za Zhi[Chin J Neurosurg(Article in Chinese;No abstract available)],2007,23(4):252. DOI:10.3760/j.issn:1001-2346.2007.04.030.}

[2992] 闫合德，高伟阳，李志杰，洪建军，陈星隆，李晓阳，蒋良福. 全头皮撕脱伤的急诊再植及疗效分析 [J]. 中华创伤杂志，2007，23（5）：360-363. DOI：10.3760/j：issn：1001-8050.2007.05.013. {YAN Hede,GAO Weiyang,LI Zhijie,HONG Jianjun,CHEN Xinglong,LI Xiaoyang,JIANG Liangfu. Emergent replantation for whole scalp avulsion and analysis of results[J]. Zhonghua Chuang Shang Za Zhi[Chin J Trauma(Article in Chinese;Abstract in Chinese and English)],2007,23(5):360-363. DOI:10.3760/j:issn:1001-8050.2007.05.013.}

[2993] 丁力，刘加宁，郑清健，林根辉. 28 例头皮撕脱伤的整复 [J]. 中国修复重建外科杂志，2007，21（1）：102-103. {DING Li,LIU Jianing,ZHENG Qingjian,LIN Genhui. Repairation of scalp avulsion injury:a report of 28 cases[J]. Zhongguo Xiu Fu Chong Jian Wai Ke Za Zhi[Chin J Repar Reconstr Surg(Article in Chinese;Abstract in Chinese)],2007,21(1):102-103.}

[2994] 赵国红，谢振军，孙华伟，郑竟舟，邓小兵，邓名山，章剑，刘斐. 应用显微外科技术再植全头皮撕脱伤七例 [J]. 中华显微外科杂志，2008，31（5）：378-379. DOI：10.3760/cma.j.issn.1001-2036.2008.05.021. {ZHAO Guohong,XIE Zhenjun,SUN Huawei,ZHENG Jingzhou,DENG Xiaobing,DENG Mingshan,ZHANG Jian,LIU Fei. Replantation of whole scalp avulsion injury with microsurgical technique in 7 cases[J]. Zhonghua Xian Wei Wai Ke Za Zhi[Chin J Microsurg(Article in Chinese;Abstract in Chinese)],2008,31(5):378-379. DOI:10.3760/cma.j.issn.1001-2036.2008.05.021.}

[2995] 刘敏峰，朱文华，徐雷，缪玉龙，孙乾. 应用显微外科技术治疗全头皮撕脱伤八例 [J]. 中华显微外科杂志，2009，32（6）：518. DOI：10.3760/cma.j.issn.1001-2036.2009.06.035. {LIU Minfeng,ZHU Wenhua,XU Lei,MIAO Yulong,SUN Qian. Replantation of whole scalp avulsion injury with microsurgical technique in 8 cases[J]. Zhonghua Xian Wei Wai Ke Za Zhi[Chin J Microsurg(Article in Chinese;Abstract in Chinese)],2009,32(6):518. DOI:10.3760/cma.j.issn.1001-2036.2009.06.035.}

[2996] 李春雨，苗壮，杨光，崔树森，薄丽娟，李强. 全头皮撕脱再植成活一例 [J]. 中国修复重建外科杂志，2009，23（2）：255-256. {LI Chunyu,MIAO Zhuang,YANG Guang,CUI Shushen,BAO Lijuan,LI Qiang. Successful replantation of a case of entire scalp avulsion[J]. Zhongguo Xiu Fu Chong Jian Wai Ke Za Zhi[Chin J Repar Reconstr Surg(Article in Chinese;No abstract available)],2009,23(2):255-256.}

[2997] 缪玉龙，朱文华，曹群华，刘敏峰，袁晓东. 全头皮撕脱伤再植术后坏死原因分析与处理 [J]. 中国修复重建外科杂志，2009，23（10）：1273-1274. {MIAO Yulong,ZHU Wenhua,CAO Qunhua,LIU Minfeng,YUAN Xiaodong. Analysis and management of necrosis after replantation of whole scalp avulsion injury[J]. Zhongguo Xiu Fu Chong Jian Wai Ke Za Zhi[Chin J Repar Reconstr Surg(Article in Chinese;Abstract in Chinese)],2009,23(10):1273-1274.}

[2998] 顾黎明，寿奎水. 全头皮撕脱伤的临床特点和再植体会 [J]. 中华显微外科杂志，2012，35（4）：302. DOI：10.3760/cma.j.issn.1001-2036.2012.04.011. {GU Liming,SHOU Kuishui. Clinical characteristics and replantation experience of whole scalp avulsion injury[J]. Zhonghua Xian Wei Wai Ke Za Zhi[Chin J Microsurg(Article in Chinese;No abstract available)],2012,35(4):302. DOI:10.3760/cma.j.issn.1001-2036.2012.04.011.}

[2999] 王扬剑，竺枫，李学渊，王欣，陈宏，章伟文，陈微微. 应用显微外科技术修复全头皮撕脱伤六例 [J]. 中华显微外科杂志，2015，38（1）：76-77. DOI：10.3760/cma.j.issn.1001-2036.2015.01.019. {WANG Yangjian,ZHU Feng,LI Xueyuan,WANG Xin,CHEN Hong,ZHANG Weiwen,CHEN Weiwei. Replantation of whole scalp avulsion injury with microsurgical technique in 6 cases[J]. Zhonghua Xian Wei Wai Ke Za Zhi[Chin J Microsurg(Article in Chinese;Abstract in Chinese)],2015,38(1):76-77. DOI:10.3760/cma.j.issn.1001-2036.2015.01.019.}

[3000] 刘林峰，陈锋，籍建华，李红日，陈龙峰，弥卫华. 全头皮撕脱再植一例 [J]. 中华显微外科杂志，2015，38（3）：309. DOI：10.3760/cma.j.issn.1001-2036.2015.03.033. {LIU Linfeng,CHEN Feng,XI Jianhua,LI Hongri,CHEN Longfeng,MI Weihua. Replantation of scalp avulsion:a case report[J]. Zhonghua Xian Wei Wai Ke Za Zhi[Chin J Microsurg(Article in Chinese;No abstract available)],2015,38(3):309. DOI:10.3760/cma.j.issn.1001-2036.2015.03.033.}

[3001] 林润，吴立志，郭宇华，张天浩，顾仕林，王成，陈忠义，陈海啸. Halo-vest 头环在全头皮撕脱伤再植术中的应用 [J]. 中华整形外科杂志，2015，31（6）：403-406. DOI：10.3760/cma.j.issn.1009-4598.2015.06.001. {LIN Jian,WU Lizhi,GUO Yuhua,ZHANG Tianhao,GU Shilin,WANG Cheng,CHEN Zhongyi,CHEN Haixiao. Application of Halo-vest head ring in replantation of whole scalp avulsion[J]. Zhonghua Zheng Xing Wai Ke Za Zhi[Chin J Plast Surg(Article in Chinese;Abstract in Chinese and English)],2015,31(6):403-406. DOI:10.3760/cma.j.issn.1009-4598.2015.06.001.}

[3002] 朱薛锋，邓景成，蒋朝华，曹卫刚，李圣利，程开祥. 头皮撕脱伤显微外科再植的急救处理 [J]. 组织工程与重建外科杂志，2015，11（3）：152-155. DOI：10.3969/j.issn.1673-0364.2015.03.009. {ZHU Xuefeng,DENG Jingcheng,JIANG Zhaohua,CAO Weigang,LI Shengli,CHENG Kaixiang. Emergency management of whole scalp avulsion with microsurgical replantation[J]. Zu Zhi Gong Cheng Yu Chong Jian Wai Ke Za Zhi[J Tissue Eng Reconstr Surg(Article in Chinese;Abstract in Chinese and English)],2015,11(3):152-155. DOI:10.3969/j.issn.1673-0364.2015.03.009.}

[3003] 徐华，王涛，何金光，董佳生. 治疗复杂头皮撕脱伤六例 [J]. 中华烧伤杂志，2016，32（10）：623-625. DOI：10.3760/cma.j.issn.1009-2587.2016.10.011. {XU Hua,WANG Tao,HE Jinguang,DONG Jiasheng. Treatment of six cases of complex scalp avulsion injury[J]. Zhonghua Shao Shang Za Zhi[Chin J Burns(Article in Chinese;No abstract available)],2016,32(10):623-625. DOI:10.3760/cma.j.issn.1009-2587.2016.10.011.}

[3004] 周广良，巨积辉，蒋国栋，邹国平，张玉军. 全头皮撕脱再植完全成活一例 [J]. 中华整形外科杂志，2016，32（1）：70-71. DOI：10.3760/cma.j.issn.1009-4598.2016.01.018. {ZHOU Guangliang,JU Jihui,JIANG Guodong,ZOU Guoping,ZHANG Yujun. Replantation of entire scalp avulsion:a case report[J]. Zhonghua Zheng Xing Wai Ke Za Zhi[Chin J Plast Surg(Article in Chinese;No abstract available)],2016,32(1):70-71. DOI:10.3760/cma.j.issn.1009-4598.2016.01.018.}

[3005] 陈鑫，祝海峰，马光义，王冲，闫寒，王亚珂，宋振磊. 全头皮撕脱离断伤再植成活一例 [J]. 中华显微外科杂志，2018，41（4）：408-409. DOI：10.3760/cma.j.issn.1001-2036.2018.04.030. {CHEN Xin,ZU Haifeng,MA Guangyi,WANG Chong,YAN Han,WANG Yake,SONG Zhenlei. Replantation of whole scalp avulsion[J]. Zhonghua Xian Wei Wai Ke Za Zhi[Chin J Microsurg(Article in Chinese;No abstract available)],2018,41(4):408-409. DOI:10.3760/cma.j.issn.1001-2036.2018.04.030.}

[3006] 余业文，王夫平，金日浩，王腾彬. 全头皮撕脱伤的显微外科治疗五例 [J]. 中华显微外科杂志，2020，43（1）：95-96. DOI：10.3760/cma.j.issn.1001-2036.2020.01.026. {YU Yewen,WANG Fuping,JIN Rihao,WANG Tengbin. Microsurgical treatment of whole scalp avulsion injury:a report of 5 cases[J]. Zhonghua Xian Wei Wai Ke Za Zhi[Chin J Microsurg(Article in Chinese;Abstract in Chinese)],2020,43(1):95-96. DOI:10.3760/cma.j.issn.1001-2036.2020.01.026.}

[3007] 张文斗，范波，崔永光. 吻合一侧颞浅血管的头皮撕脱后原位移植五例 [J]. 中华显微外科杂志，2020，43（2）：192-194. DOI：10.3760/cma.j.cn441206-20191216-00384. {ZHANG Wendou,FAN Bo,CUI Yongguang. In situ transplantation after scalp avulsion with one superficial temporal vessel anastomosis:a report of 5 cases[J]. Zhonghua Xian Wei Wai Ke Za Zhi[Chin J Microsurg(Article in Chinese;Abstract in Chinese)],2020,43(2):192-194. DOI:10.3760/cma.j.cn441206-20191216-00384.}

[3008] 张婷，韩夫，刘佳琦，闫鹏，胡大海，韩军涛，郑朝. 全头皮撕脱伤的显微外科治疗 [J]. 中华整形外科杂志，2020，36（6）：650-654. DOI：10.3760/cma.j.cn114453-20200224-00074. {ZHANG Ting,HAN Fu,LIU Jiaqi,YAN Peng,HU Dahai,HAN Juntao,ZHENG Zhao. Microsurgical treatments of whole scalp avulsion[J]. Zhonghua Zheng Xing Wai Ke Za Zhi[Chin J Plast Surg(Article in Chinese;Abstract in Chinese and English)],2020,36(6):650-654. DOI:10.3760/cma.j.cn114453-20200224-00074.}

2.3.2 耳再植
replantation of ear

[3009] Lin H,Posner MA,Yue T,Liu DC. Arteriovenous shunt as a method of restoring venous drainage in rabbit ear replantation[J]. Microsurgery,1994,15(2):98-104. doi:10.1002/micr.1920150204.

[3010] Liang Y,Li X,Gu L,Xiao Y,Zhang W,Li Q,Chen G,Yang H,Tan M. Successful auricle replantation via microvascular anastomosis 10 h after complete avulsion[J]. Acta Otolaryngol,2004,124(5):645-648.

doi:10.1080/00016480410016603.
[3011] Shen XQ,Wang C,Xu JH,Wu SC. Successful microsurgical replantation of a child's completely amputated ear[J]. J Plast Reconstr Aesthet Surg,2008,61(12):e19-22. doi:10.1016/j.bjps.2007.07.010.
[3012] 钱寒山，李健明，郭嘉穌．右耳切断后原位缝合复活 [J]．中华耳鼻咽喉科杂志，1959，7（3）：226．{QIAN Hanshan,LI Jianming,GUO Jiahe. Severed right ear sutured in situ[J]. Zhonghua Er Bi Yan Hou Ke Za Zhi[Chin J Otorhinolaryngol(Article in Chinese;No abstract available)],1959,7(3):226.}（非显微再植 Non-microsurgical replantation）
[3013] 陈祖德．断耳再植成功一例报告 [J]．中华耳鼻咽喉科杂志，1965，11（1）：15．{CHEN Zude. Successful replantation of severed ear:a case report[J]. Zhonghua Er Bi Yan Hou Ke Za Zhi[Chin J Otorhinolaryngol(Article in Chinese;No abstract available)],1965,11(1):15.}（非显微再植 Non-microsurgical replantation）
[3014] 惠作宽．耳廓撕裂伤复位缝合一例 [J]．中华耳鼻咽喉科杂志，1966，12（4）：254．{HUI Zuokuan. Reduction and suture of auricle laceration:a case report[J]. Zhonghua Er Bi Yan Hou Ke Za Zhi[Chin J Otorhinolaryngol(Article in Chinese;No abstract available)],1966,12(4):254.}（非显微再植 Non-microsurgical replantation）
[3015] 罗加仁．外耳部分离断植入耳软骨的修复 [J]．中华医学杂志，1974，54（11）：714-715．{LUO Jiaren. Auricular cartilage implantation for partial severed external ear repairation[J]. Zhonghua Yi Xue Za Zhi[Natl Med J China(Article in Chinese;No abstract available)],1974,54(11):714-715.}（非显微再植 Non-microsurgical replantation）
[3016] 冯榆春．断耳再植成功一例 [J]．中华耳鼻咽喉科杂志，1978，13（2）：100．{FENG Yuchun. Successful replantation of severed ear:a case report[J]. Zhonghua Er Bi Yan Hou Ke Za Zhi[Chin J Otorhinolaryngol(Article in Chinese;No abstract available)],1978,13(2):100.}（非显微再植 Non-microsurgical replantation）
[3017] 中华耳鼻咽喉科杂志编委会，孙曼罗执笔．耳廓外伤及断耳再植（20 例综合报告）[J]．中华耳鼻咽喉科杂志，1982，17（4）：240-241．{SUN Manluo. Auricle trauma and replantation of severed ear (a comprehensive report of 20 cases)[J]. Zhonghua Er Bi Yan Hou Ke Za Zhi[Chin J Otorhinolaryngol(Article in Chinese;No abstract available)],1982,17(4):240-241.}
[3018] 王毓媚．大块外耳完全离断再植一例报告 [J]．中华医学杂志，1984，64(8)：520．{WANG Yumei. Replantation of majority severed external ear:a case report[J]. Zhonghua Yi Xue Za Zhi[Natl Med J China(Article in Chinese;No abstract available)],1984,64(8):520.}
[3019] 罗庆会，王素梅，高卫国．撕脱耳廓再植成活一例报告 [J]．中华整形烧伤外科杂志，1986，2（3）：187 {LUO Qinghui,WANG Sumei,GAO Weiguo. A case report of avulsion auricle replantation. Zhonghua Zheng Xing Shao Shang Wai Ke Za Zhi[Chin J Plast Burn Surg(Article in Chinese;No abstract available)],1986,2(3):187.}
[3020] 杨汉成．耳廓离断直接缝合成活一例 [J]．修复重建外科杂志，1988，2（4）：43．{YANG Hancheng. The auricle was sutured directly:a case report[J]. Zhongguo Xiu Fu Chong Jian Wai Ke Za Zhi[Chin J Repar Reconstr Surg(Article in Chinese;No abstract available)],1988,2(4):43.}（非显微再植 Non-microsurgical replantation）
[3021] 刘晋才，王明刚．鼠耳再植 [J]．中华实验外科杂志，1994，11（1）：65．{LIU Jincai,WANG Minggang. Replantation of mouse ear[J]. Zhonghua Shi Yan Wai Ke Za Zhi[Chin J Exp Surg(Article in Chinese;No abstract available)],1994,11(1):65.}
[3022] 佟威，吕华凤，张克勤，黄以天，凌威，邹冰．捏挤耳廓促进血液循环断耳再植成功一例 [J]．中华耳鼻咽喉科杂志，1994，29（5）：318．{DONG Wei,LV Huafeng,ZHANG Keqin,HUANG Yitian,LING Wei,ZOU Bing. Squeezing auricle to promote blood circulation and replant the severed ear[J]. Zhonghua Er Bi Yan Hou Ke Za Zhi[Chin J Otorhinolaryngol(Article in Chinese;No abstract available)],1994,29(5):318.}
[3023] 雷惠民，苏伟，滕清毅．肝素钠在断耳再植中的应用 [J]．中华耳鼻咽喉科杂志，1995，30（6）：375．{LEI Huimin,SU Wei,TENG Qingyi. Heparin sodium for replantation of severed ear[J]. Zhonghua Er Bi Yan Hou Ke Za Zhi[Chin J Otorhinolaryngol(Article in Chinese;No abstract available)],1995,30(6):375.}
[3024] 蒋立新，孙连玉，张兵．经抗凝处理后断耳再植 [J]．中华耳鼻咽喉科杂志，1996，31（2）：99．{JIANG Lixin,SUN Lianyu,ZHANG Bing. Replantation of severed ear after anticoagulant treatment[J]. Zhonghua Er Bi Yan Hou Ke Za Zhi[Chin J Otorhinolaryngol(Article in Chinese;No abstract available)],1996,31(2):99.}
[3025] 冯一勋，王欣，刘玉怀，王戈平，沈祖尧．血管植入皮下埋藏断耳再植成功一例 [J]．中华耳鼻咽喉科杂志，1996，31（2）：124．{FENG Yixun,WANG Xin,LIU Yuhuai,WANG Geping,SHEN Zuyao. Replantation of severed ear with subcutaneous implantation of blood vessels:a case report[J]. Zhonghua Er Bi Yan Hou Ke Za Zhi[Chin J Otorhinolaryngol(Article in Chinese;No abstract available)],1996,31(2):124.}
[3026] 李蕴华，蔡培提．断耳与再植 [J]．中华耳鼻咽喉科杂志，1997，32（5）：272．{LI Yunhua,CAI Peiti. Ear replantation[J]. Zhonghua Er Bi Yan Hou Ke Za Zhi[Chin J Otorhinolaryngol(Article in Chinese;No abstract available)],1997,32(5):272.}
[3027] 冯一勋，王欣，刘玉怀．颞浅动静脉血管植入断耳回植术 [J]．中国修复重建外科杂志，1997，11（4）：252．{FENG Yixun,WANG Xin,LIU Yuhuai. Auricular replantation with superficial temporal artery and vein implantation[J]. Zhongguo Xiu Fu Chong Jian Wai Ke Za Zhi[Chin J Repar Reconstr Surg(Article in Chinese;No abstract available)],1997,11(4):252.}
[3028] 蔡兴伟，法永红．左耳廓全离断游离回植成活一例 [J]．中华整形外科杂志，1998，14（3）：191．DOI：10.3760/j.issn：1009-4598.1998.03.032．{CAI Xingwei,FA Yonghong. The left auricle was completely severed and replanted:a case report[J]. Zhonghua Zheng Xing Wai Ke Za Zhi[Chin J Plast Surg(Article in Chinese;No abstract available)],1998,14(3):191. DOI:10.3760/j.issn:1009-4598.1998.03.032.}
[3029] 张子清．小儿全耳廓离断再植一例 [J]．中国修复重建外科杂志，1998，12（1）：64．{ZHANG Ziqing. Replantation of total severed auricle in a child[J]. Zhongguo Xiu Fu Chong Jian Wai Ke Za Zhi[Chin J Repar Reconstr Surg(Article in Chinese;No abstract available)],1998,12(1):64.}
[3030] 廖孔荣，薛志辉，毛方敏．用显微血管吻合方法再植断耳完全成活一例 [J]．中华显微外科杂志，1999，22(2)：160．DOI：10.3760/cma.j.issn.1001-2036.1999.02.055．{LIAO Kongrong,XUE Zhihui,MAO Fangmin,LIN Zhongting. Replantation of a severed ear by microvascular anastomosis[J]. Zhonghua Xian Wei Wai Ke Za Zhi[Chin J Microsurg(Article in Chinese;No abstract available)],1999,22(2):160. DOI:10.3760/cma.j.issn.1001-2036.1999.02.055.}
[3031] 廖孔荣，薛志辉，毛方敏．显微血管吻合断耳再植成功一例 [J]．中华耳鼻咽喉科杂志，1999，34（3）：190．DOI：10.3760/j.issn：1673-0860.1999.03.028．{LIAO Kongrong,XUE Zhihui,MAO Fangmin. Replantation of a severed ear by microvascular anastomosis[J]. Zhonghua Er Bi Yan Hou Ke Za Zhi[Chin J Otorhinolaryngol(Article in Chinese;No abstract available)],1999,34(3):190. DOI:10.3760/j.issn:1673-0860.1999.03.028.}
[3032] 徐幼，徐木先，杨丹．耳廓再植成功一例 [J]．中国修复重建外科杂志，1999，13（1）：3-5．{XU You,XU Muxian,YANG Dan. A successful auricle replantation[J]. Zhongguo Xiu Fu Chong Jian Wai Ke Za Zhi[Chin J Repar Reconstr Surg(Article in Chinese;No abstract available)],1999,13(1):3-5.}
[3033] 李建兵，吴守成，姚建民．吻合血管的不全断耳回植一例 [J]．中华整形外科杂志，2001，17（1）：27．DOI：10.3760/j.issn：1009-4598.2001.01.025．{LI Jianbing,WU Shoucheng,YAO Jianmin. Replantation of incomplete amputated ear with vascular anastomosis:a case report[J]. Zhonghua Zheng Xing Wai Ke Za Zhi[Chin J Plast Surg(Article in Chinese;No abstract available)],2001,17(1):27. DOI:10.3760/j.issn:1009-4598.2001.01.025.}
[3034] 沈向前，宋建良，吴守成，李建兵，桑向群．吻合血管的耳再植临床体会 [J]．中华整形外科杂志，2003，19（3）：226．DOI：10.3760/j.issn：1009-4598.2003.03.035．{SHEN Xiangqian,SONG Jianliang,WU Shoucheng,LI Jianbing,SANG Xiangqun. Clinical experience of auricular replantation with vascular anastomosis[J]. Zhonghua Zheng Xing Wai Ke Za Zhi[Chin J Plast Surg(Article in Chinese;No abstract available)],2003,19(3):226. DOI:10.3760/j.issn:1009-4598.2003.03.035.}
[3035] 梁勇，李湘平，顾立强，肖阳，张威，李琦，陈国奋，杨华，谭曼玲．耳廓完全断离 10 小时后经显微血管吻合再植成活一例 [J]．中华耳鼻咽喉科杂志，2003，38（2）：151．DOI：10.3760/j.issn：1673-0860.2003.02.027．{LIANG Yong,LI Xiangping,GU Liqiang,XIAO Yang,ZHANG Wei,LI Qi,CHEN Guofen,YANG Hua,TAN Manling. The auricle was completely severed and replanted 10 hours later by microvascular anastomosis:a case report[J]. Zhonghua Er Bi Yan Hou Ke Za Zhi[Chin J Otorhinolaryngol(Article in Chinese;No abstract available)],2003,38(2):151. DOI:10.3760/j.issn:1673-0860.2003.02.027.}
[3036] 李士民，周明武，赵红霞．吻合血管的断耳再植成功二例 [J]．中华显微外科杂志，2004，27（4）：251．DOI：10.3760/cma.j.issn.1001-2036.2004.04.046．{LI Shimin,ZHOU Mingwu,ZHAO Hongxia. Two cases of replantation of severed ear with vascular anastomosis[J]. Zhonghua Xian Wei Wai Ke Za Zhi[Chin J Microsurg(Article in Chinese;No abstract available)],2004,27(4):251. DOI:10.3760/cma.j.issn.1001-2036.2004.04.046.}
[3037] 孙文海，王增涛，朱小雷，胡勇，朱磊，汪洋，吴昊．断耳回植后静脉危象成功处理一例 [J]．中华整形外科杂志，2005，21（6）：477-478．DOI：10.3760/j.issn：1009-4598.2005.06.028．{SUN Wenhai,WANG Zengtao,ZHU Xiaolei,HU Yong,ZHU Lei,WANG Yang,WU Hao. Treatment of venous crisis after auricular replantation:a case report[J]. Zhonghua Zheng Xing Wai Ke Za Zhi[Chin J Plast Surg(Article in Chinese;No abstract available)],2005,21(6):477-478. DOI:10.3760/j.issn:1009-4598.2005.06.028.}
[3038] 姜雪松，苏鸿君，熊金文，黄常青．断耳再植成功二例 [J]．中华显微外科杂志，2007，30（2）：95．DOI：10.3760/cma.j.issn.1001-2036.2007.02.039．{JIANG Xuesong,SU Hongjun,XIONG Jinwen,HUANG Changqing. Successful replantation of severed ear:a 2 cases report[J]. Zhonghua Xian Wei Wai Ke Za Zhi[Chin J Microsurg(Article in Chinese;No abstract available)],2007,30(2):95. DOI:10.3760/cma.j.issn.1001-2036.2007.02.039.}
[3039] 童务华．3 例部分断耳再植成功的体会 [J]．第三军医大学学报，2007，29（12）：1233-1233，1236．DOI：10.3321/j.issn：1000-5404.2007.12.048．{TONG Wuhua. Successful replantation of partial amputated ear in 3 cases[J]. Di San Jun Yi Da Xue Xue Bao[Acta Acad Med Mil Tert(Article in Chinese;No abstract available)],2007,29(12):1233-1233,1236. DOI:10.3321/j.issn:1000-5404.2007.12.048.}
[3040] 刘亚臣，陈少华．热压撕脱断耳再植一例 [J]．中华显微外科杂志，2009，32（6）：454．DOI：10.3760/cma.j.issn.1001-2036.2009.06.006．{LIU Yachen,CHEN Shaohua. Replantation of heat pressing and avulsed ear:a case report[J]. Zhonghua Xian Wei Wai Ke Za Zhi[Chin J Microsurg(Article in Chinese;No abstract available)],2009,32(6):454. DOI:10.3760/cma.j.issn.1001-2036.2009.06.006.}
[3041] 林国栋，李桂石，杨光诗，张成中．撕脱性断耳的显微外科再植五例 [J]．中华显微外科杂志，2010，33（2）：162-164．DOI：10.3760/cma.j.issn.1001-2036.2010.02.031．{LIN Guodong,LI Guishi,YANG Guangshi,ZHANG Xianzhong. Microsurgical replantation of 5 avulsed ears[J]. Zhonghua Xian Wei Wai Ke Za Zhi[Chin J Microsurg(Article in Chinese;Abstract in Chinese)],2010,33(2):162-164. DOI:10.3760/cma.j.issn.1001-2036.2010.02.031.}
[3042] 于海生，陈石海．吻合血管游离移植修复耳廓离断伤的体会 [J]．中华整形外科杂志，2010，26（2）：119．DOI：10.3760/cma.j.issn.1009-4598.2010.02.017．{YU Haisheng,CHEN Shihai. Experience of repairing auricle injury with free vascularization[J]. Zhonghua Zheng Xing Wai Ke Za Zhi[Chin J Plast Surg(Article in Chinese;No abstract available)],2010,26(2):119. DOI:10.3760/cma.j.issn.1009-4598.2010.02.017.}
[3043] 李连楚，李迎军．左耳廓完全离断显微再植成功一例 [J]．中华整形外科杂志，2010，26（2）：151-152．DOI：10.3760/cma.j.issn.1009-4598.2010.02.024．{LI Lianchu,LI Yingjun. Microsurgical replantation of completely severed left auricle:a case report[J]. Zhonghua Zheng Xing Wai Ke Za Zhi[Chin J Plast Surg(Article in Chinese;No abstract available)],2010,26(2):151-152. DOI:10.3760/cma.j.issn.1009-4598.2010.02.024.}
[3044] 蒋良福，周飞亚，杨景全，褚庭纲，高伟阳．耳廓损伤显微再植的临床体会 [J]．中华整形外科杂志，2013，29（3）：221-222．DOI：10.3760/cma.j.issn.1009-4598.2013.03.018．{JIANG Liangfu,ZHOU Feiya,YANG Jingquan,CHU Tinggang,GAO Weiyang. Clinical experience in replantation of auricle injury[J]. Zhonghua Zheng Xing Wai Ke Za Zhi[Chin J Plast Surg(Article in Chinese;No abstract available)],2013,29(3):221-222. DOI:10.3760/cma.j.issn.1009-4598.2013.03.018.}
[3045] 陆向阳，赵立宗，苏博义，王建中，任喜明，任洋洲，籍贻华．耳郭上 2/3 完全离断再植成功一例 [J]．中华显微外科杂志，2014，37（3）：312．DOI：10.3760/cma.j.issn.1001-2036.2014.03.041．{LU Xiangyang,ZHAO Lizong,SU Boyi,WANG Jianzhong,REN Ximing,REN Yangzhou,XI Yihua. Successful replantation of severed upper 2 / 3 of a auricle[J]. Zhonghua Xian Wei Wai Ke Za Zhi[Chin J Microsurg(Article in Chinese;No abstract available)],2014,37(3):312. DOI:10.3760/cma.j.issn.1001-2036.2014.03.041.}
[3046] 吴立志，林润，顾仕林，易利奇，郭宇华．耳廓不规则块状离断再植九例 [J]．中华创伤杂志，2014，30（11）：1105-1106．DOI：10.3760/cma.j.issn.1001-8050.2014.11.012．{WU Lizhi,LIN Jian,GU Shilin,YI Liqi,GUO Yuhua. Replantation of auricle with irregular block[J]. Zhonghua Chuang Shang Za Zhi[Chin J Trauma(Article in Chinese;No abstract available)],2014,30(11):1105-1106. DOI:10.3760/cma.j.issn.1001-8050.2014.11.012.}
[3047] 李连楚．吻合耳后动脉下耳支的断耳再植 [J]．中华整形外科杂志，2014，30（3）：227-228．DOI：10.3760/cma.j.issn.1009-4598.2014.03.017．{LI Lianchu. Replantation of severed lower auricular branch with posterior auricular artery anastomosis[J]. Zhonghua Zheng Xing Wai Ke Za Zhi[Chin J Plast Surg(Article in Chinese;No abstract available)],2014,30(3):227-228. DOI:10.3760/cma.j.issn.1009-4598.2014.03.017.}
[3048] 刘暾，宋歌，章庆国，周栩，韩雪峰，王悦，钱瑾，胡金天．耳软骨回植急诊修复耳廓大部离断伤 [J]．中华整形外科杂志，2014，30（4）：245-248．DOI：10.3760/cma.j.issn.1009-4598.2014.04.002．{LIU Tun,SONG Ge,ZHANG Qingguo,ZHOU Xu,HAN Xuefeng,WANG Yue,QIAN Jin,HU Jintian. Emergency treatment of large amputated ear defect with auricular cartilage replantation[J]. Zhonghua Zheng Xing Wai Ke Za Zhi[Chin J Plast Surg(Article in Chinese;Abstract in Chinese and English)],2014,30(4):245-248. DOI:10.3760/cma.j.issn.1009-4598.2014.04.002.}
[3049] 何叔宾，吴君，黄运永，曾良才，张震，黄兴华，樊险峰．吻合血管的断耳再植术 [J]．中华整形外科杂志，2015，31（5）：337-339．DOI：10.3760/cma.j.issn.1009-4598.2015.05.006．{HE Shubin,WU Jun,HUANG Yunyong,ZENG Liangcai,ZHANG Zhen,HUANG Xinghua,FAN Xianfeng. Replantation of amputated ear with anastomosis of vessel[J]. Zhonghua Zheng Xing Wai Ke Za Zhi[Chin J Plast Surg(Article in Chinese;Abstract in Chinese and English)],2015,31(5):337-339. DOI:10.3760/cma.j.issn.1009-4598.2015.05.006.}
[3050] 赵连前，王洪一，边志超，付志强，何景涛，常鹏，梁久龙．颞浅筋膜瓣联合离断耳廓复合移植急诊修复耳廓完全性离断伤 [J]．中华整形外科杂志，2017，33（3）：166-170．DOI：10.3760/cma.j.issn.1009-4598.2017.03.002．{ZHAO Lianqian,WANG Hongyi,BIAN Zhichao,FU Zhiqiang,HE Jingtao,CHANG Peng,LIANG Jiulong. Immediate ear

reconstruction by superficial temporal fascia flap combined with avulsion auricular tissue[J]. Zhonghua Zheng Xing Wai Ke Za Zhi[Chin J Plast Surg(Article in Chinese;Abstract in Chinese and English)],2017,33(3):166-170. DOI:10.3760/cma.j.issn.1009-4598.2017.03.002.}

[3051] 彭荣信，黄艳燕，朱昭炜，许澍洽，许晓麓，黄永军，许扬滨，何波. 兔耳复合组织移植动物模型的建立与观察 [J]. 中华显微外科杂志，2018，41（3）：247-251. DOI：10.3760/cma.j.issn.1001-2036.2018.03.011. {PENG Rongxin,HUANG Yanyan,ZHU Zhaowei,XU Shuqia,XU Xiaoli,HUANG Yongjun,XU Yangbin,HE Bo. Establishment and observation for experimental model of rabbit ear replantation in situ[J]. Zhonghua Xian Wei Wai Ke Za Zhi[Chin J Microsurg(Article in Chinese;Abstract in Chinese and English)],2018,41(3):247-251. DOI:10.3760/cma.j.issn.1001-2036.2018.03.011.}

[3052] 花先，刘鹏，赵庆豪，丁自海，于春波. 与耳廓再植相关的耳廓动脉的显微解剖 [J]. 中华显微外科杂志，2019，42（5）：473-476. DOI：10.3760/cma.j.issn.1001-2036.2019.05.013. {HUA Xian,LIU Peng,ZHAO Qinghao,DING Zihai,YU Chunbo. Microscopic anatomy study of artery of auricle for auricle replantation[J]. Zhonghua Xian Wei Wai Ke Za Zhi[Chin J Microsurg(Article in Chinese;Abstract in Chinese and English)],2019,42(5):473-476. DOI:10.3760/cma.j.issn.1001-2036.2019.05.013.}

[3053] 何如祥，祁多宝，司康乐，程海旺. 幼儿断耳再植成功一例 [J]. 中华显微外科杂志，2019，42（6）：615-616. DOI：10.3760/cma.j.issn.1001-2036.2019.06.030. {HE Ruxiang,QI Duobao,SI Kangle,CHENG Haiwang. Successful replantation of severed ear in child:a case report[J]. Zhonghua Xian Wei Wai Ke Za Zhi[Chin J Microsurg(Article in Chinese;No abstract available)],2019,42(6):615-616. DOI:10.3760/cma.j.issn.1001-2036.2019.06.030.}

[3054] 毕本军，高飞，韩臻，屈志刚，张钊，潘月海. 新型冠状病毒肺炎疫情期间对耳轮以远完全断耳再植成功一例 [J]. 中华显微外科杂志，2020，43（2）：128-129. DOI：10.3760/cma.j.cn441206-20200402-00187. {BI Benjun,GAO Fei,HAN Zhen,QV Zhigang,ZHANG Zhao,PAN Yuehai. Successful replantation of a completely amputated ear beyond anthelix during the epdiemic of coronavirus disease 19 (COVID-19)[J]. Zhonghua Xian Wei Wai Ke Za Zhi[Chin J Microsurg(Article in Chinese;Abstract in Chinese and English)],2020,43(2):128-129. DOI:10.3760/cma.j.cn441206-20200402-00187.}

[3055] 黄喜军，牛晓锋，许银峰，刘云江，胡军. 断耳节段性显微修复法再植成功一例并文献复习 [J]. 中华显微外科杂志，2020，43（6）：583-585. DOI：10.3760/cma.j.cn441206-20200402-00185. {HUANG Xijun,NIU Xiaofeng,XU Yinfeng,LIU Yunjiang,HU Jun. Segmental microsurgical replantation of avulsed ear:a case report and literature review[J]. Zhonghua Xian Wei Wai Ke Za Zhi[Chin J Microsurg(Article in Chinese;Abstract in Chinese)],2020,43(6) :583-585. DOI:10.3760/cma.j.cn441206-20200402-00185.}

[3056] 段炳辰，倪健，谭谦. 兔耳廓复合组织瓣游离移植模型的建立 [J]. 中华实验外科杂志，2020，37（5）：969-971. DOI：10.3760/cma.j.cn421213-20191217-00886. {DUAN Bingchen,NI Jian,TAN Qian. Establishment of a free auricular composite graft model in rabbits[J]. Zhonghua Shi Yan Wai Ke Za Zhi[Chin J Exp Surg(Article in Chinese;Abstract in Chinese and English)],2020,37(5):969-971. DOI:10.3760/cma.j.cn421213-20191217-00886.}

[3057] 方杰，杨志强，程良坤，崔留超，田林. 吻合血管再植治疗完全离断耳廓伤 8 例 [J]. 实用手外科杂志，2020，34（1）：44-46. DOI：10.3969/j.issn.1671-2722.2020.01.015. {FANG Jie,YANG Zhiqiang,CHENG Liangkun,CUI Liuchao,TIAN Lin. Replantation of eight cases of complate severed auricle by vascular anastomoses[J]. Shi Yong Shou Wai Ke Za Zhi[Chin J Pract Hand Surg(Article in Chinese;Abstract in Chinese and English)],2020,34(1):44-46. DOI:10.3969/j.issn.1671-2722.2020.01.015.}

2.3.3 鼻组织块再植
replantation of nasal tissue block

[3058] Yao JM,Yan S,Xu JH,Li JB,Ye P. Replantation of amputated nose by microvascular anastomosis[J]. Plast Reconstr Surg,1998,102(1):171-173. doi:10.1097/00006534-199807000-00027.

[3059] Sun W,Wang Z,Qiu S,Li S. Successful microsurgical replantation of the amputated nose[J]. Plast Reconstr Surg,2010,126(2):74e-76e. doi:10.1097/PRS.0b013e3181e0966f.

[3060] 姚建民，叶坡. 吻合血管的断鼻再植一例 [J]. 中华显微外科杂志，1998，21（1）：42. DOI：10.3760/cma.j.issn.1001-2036.1998.01.044. {YAO Jianmin,YE Po. Replantation of severed nose with vascular anastomosis:a case report[J]. Zhonghua Xian Wei Wai Ke Za Zhi[Chin J Microsurg(Article in Chinese;No abstract available)],1998,21(1):42. DOI:10.3760/cma.j.issn.1001-2036.1998.01.044.}

[3061] 刘健民，徐慧贤，余丽，何伟平，王培源. 一侧鼻翼完全离断再植成活 1 例报告 [J]. 第一军医大学学报，2002，22（3）：277. DOI：10.3321/j.issn：1673-4254.2002.03.036. {LIU Jianmin,XU Huixian,YU Li,HE Weiping,WANG Peiyuan. Completely severed unilataral alas nasi survived replantation:report of one case[J]. Di Yi Jun Yi Da Xue Xue Bao[J First Mil Med Univ(Article in Chinese;Abstract in Chinese)],2002,22(3):277. DOI:10.3321/j.issn:1673-4254.2002.03.036.}

[3062] 刘诚，巫国辉，罗翔. 外伤性外鼻大部离断游离回植一例 [J]. 中华整形外科杂志，2004，20（6）：430. DOI：10.3760/j.issn：1009-4598.2004.06.030. {LIU Cheng,WU Guohui,LUO Xiang. Free replantation of traumatic large part of external nose:a case report[J]. Zhonghua Zheng Xing Wai Ke Za Zhi[Chin J Plast Surg(Article in Chinese;No abstract available)],2004,20(6):430. DOI:10.3760/j.issn:1009-4598.2004.06.030.}

[3063] 林浩，王旭日，丛华. 鼻翼离断再植成功一例 [J]. 中华显微外科杂志，2008，31（2）：106. DOI：10.3760/cma.j.issn.1001-2036.2008.02.038. {LIN Hao,WANG Xuri,CONG Hua. Replantation of severed ala nasi:a case report[J]. Zhonghua Xian Wei Wai Ke Za Zhi[Chin J Microsurg(Article in Chinese;No abstract available)],2008,31(2):106. DOI:10.3760/cma.j.issn.1001-2036.2008.02.038.}

2.3.4 唇组织块再植
replantation of lip tissue block

[3064] 孙文海，王增涛，张东升，张昌军，朱小雷，胡勇. 吻合血管的下唇外伤离断组织回植成功一例 [J]. 中华整形外科杂志，2006，22（3）：238. DOI：10.3760/j.issn：1009-4598.2006.03.028. {SUN Wenhai,WANG Zengtao,ZHANG Dongsheng,ZHANG Changjun,ZHU Xiaolei,HU Yong. Successful replantation of severed tissue from lower lip with vascular anastomosis:a case report[J]. Zhonghua Zheng Xing Wai Ke Za Zhi[Chin J Plast Surg(Article in Chinese;No abstract available)],2006,22(3):238. DOI:10.3760/j.issn:1009-4598.2006.03.028.}

[3065] 杨晓东，刘杨武，陈涛. 咬伤致上唇微型组织块离断再植成功一例 [J]. 中华显微外科杂志，2010，33（3）：189. DOI：10.3760/cma.j.issn.1001-2036.2010.03.006. {YANG Xiaodong,LIU Yangwu,CHEN Tao. A successful replantation of micro tissue mass form upper lip caused by bite[J]. Zhonghua Xian Wei Wai Ke Za Zhi[Chin J Microsurg(Article in Chinese;No abstract available)],2010,33(3):189. DOI:10.3760/cma.j.issn.1001-2036.2010.03.006.}

2.3.5 阴茎再植
replantation of penile

[3066] Zhong Z,Dong Z,Lu Q,Li Y,Lv C,Zhu X,Zhao X,Zhang X,Morales F,Ichim TE. Successful penile replantation with adjuvant hyperbaric oxygen treatment[J]. Urology,2007,69(5):983.e3-5. doi:10.1016/j.urology.2007.02.024.

[3067] Li GZ,He F,Huang GL,Man LB,Liu K,Shen YM. Penile replantation:report of two cases and review of the literature[J]. Chin J Traumatol,2013,16(1):54-57.

[3068] Shin YS,Ko OS,Zhang LT,Zhao C,Park JK. An unexpected course after simultaneous urethral repair and reimplantation of penile prosthesis in a patient with a urethral stricture[J]. World J Mens Health,2014,32(3):189-191. doi:10.5534/wjmh.2014.32.3.189.

[3069] Liu X,Liu Z,Pokhrel G,Li R,Song W,Yuan X,Guo X,Wang S,Wang T,Liu J. Two cases of successful microsurgical penile replantation with ischemia time exceeding 10 hours and literature review[J]. Transl Androl Urol,2019,8(Suppl 1):S78-S84. doi:10.21037/tau.2018.11.11.

[3070] Fu S,Zheng D,Xie M,Yao H,Wang Z. Successful penile replantation and the role of postreplantation sildenafil therapy:report of 2 cases and literature review[J]. Sex Med,2019,7(3):352-356. doi:10.1016/j.esxm.2019.05.001.

[3071] Yang K,Liu Y,Wang W,Xiao Y,Li X,Zhou L. Successful penile replantation after macroscopic repair using vein blood-letting therapy[J]. Urol Case Rep,2019,28:101069. doi:10.1016/j.eucr.2019.101069.

[3072] Liu XD,Li YF,Wang Q,Zhang Y,Luo Y,Zhou B,Huang ZM,Nie ZL,Li K,Feng QX,Jiang J. Microscopic replantation of completely amputated penis and testes:a case report and literature review[J]. Int Urol Nephrol,2020,52(7):1271-1277. doi:10.1007/s11255-020-02407-z.

[3073] 曾天定，钱观成，陈大海，纪洪增. 阴茎根部创伤性完全截断再植成功一例报告 [J]. 中华外科杂志，1964，12（11）：1059-1060. {ZENG Tianding,QIAN Guancheng,CHEN Dahai,JI Hongzeng. Successful replantation of traumatically severed penis form the root:a case report[J]. Zhonghua Wai Ke Za Zhi[Chin J Surg(Article in Chinese;No abstract available)],1964,12(11):1059-1060.}(非显微再植 Non-microsurgical replantation)

[3074] 邱美颂，曾慈颜. 阴茎折断再植一例报告 [J]. 中华医学杂志，1976，56（4）：255. {QIU Meisong,ZENG Ciyan. Replantation of broke-off penis:a case report[J]. Zhonghua Yi Xue Za Zhi[Natl Med J China(Article in Chinese;No abstract available)],1976,56(4):255.}

[3075] 罗维垣，蔡振通，杨白华，谢碧清，段宏丰，王荣光. 阴茎离断再植成功五例报告 [J]. 中华外科杂志，1980，18（2）：134-135. {LUO Weiheng,CAI Zhentong,YANG Baihua,XIE Biqing,DUAN Hongfeng,WANG Rongguang. Successful replantation of amputated penis:a report of 5 cases[J]. Zhonghua Wai Ke Za Zhi[Chin J Surg(Article in Chinese;No abstract available)],1980,18(2):134-135.}

[3076] 丁崇标，王天济. 阴茎完全离断再植 [J]. 中华泌尿外科杂志，1980，1（2）：116. {DING Chongbiao,WANG Tianji. Replantation of completely severed penis[J]. Zhonghua Mi Niao Wai Ke Za Zhi[Chin J Urol(Article in Chinese;No abstract available)],1980,1(2):116.}

[3077] 于国中，庞水发，李佛保，朱家恺. 应用显微外科技术进行阴茎再植一例报告 [J]. 显微外科，1980，3（4）：208-210. {YU Guozhong,PANG Shuifa,LI Fobao,ZHU Jiakai.A report of a case of penis replantation by microsurgical technique. Xian Wei Wai Ke[Chin J Microsurg(Article in Chinese;No abstract available)],1980,3(4):208-210.}

[3078] 缪永山. 阴茎再植成功一例报告 [J]. 中华外科杂志，1981，19（12）：767. {MIU Yongshan. Successful replantation of penis:a case report[J]. Zhonghua Wai Ke Za Zhi[Chin J Surg(Article in Chinese;No abstract available)],1981,19(12):767.}

[3079] 于国中，庞水发，李佛保，朱家恺. 应用显微外科技术进行阴茎再植 1 例报告 [J]. 中山医学院学报，1981，2（4）：722-725. {YU Guozhong,PANG Shuifa,LI Fobao,ZHU Jiakai. Microsurgical technique in penile replantation:a case report[J]. Zhong Shan Yi Xue Yuan Xue Bao[J Sun Yat-Sen Univ(Med Sci)(Article in Chinese;No abstract available)],1981,2(4):722-725.}

[3080] 于国中，庞水发，李佛保，朱家恺. 应用显微外科技术进行阴茎再植 [J]. 中华外科杂志，1982，20（6）：333. {YU Guozhong,PANG Shuifa,LI Fobao,ZHU Jiakai. Application of microsurgical technique in penile replantation[J]. Zhonghua Wai Ke Za Zhi[Chin J Surg(Article in Chinese;No abstract available)],1982,20(6):333.}

[3081] 张天龄. 阴茎两处离断再植成功一例报告 [J]. 兰州医学院学报，1982，(1)：42 {ZHANG Tianling. Report of successful replantation of two severed penises[J]. Lan Zhou Yi Xue Yuan Bao(J Lanzhou Med Coll(Article in Chinese;No abstract available)],1982,(1):42.}

[3082] 王玲珑，詹炳炎，周月荣，刘世清. 阴茎根部完全截断 9 小时 45 分钟再植成功 1 例报告 [J]. 中华泌尿外科杂志，1983，4（1）：43-44. {WANG Linglong,ZHAN Bingyan,ZHOU Yuerong,LIU Shiqing. A successful replantation of completely severed penis from the root after 9 hours and 45 minutes[J]. Zhonghua Mi Niao Wai Ke Za Zhi[Chin J Urol(Article in Chinese;No abstract available)],1983,4(1):43-44.}

[3083] 张天岭，傅悟，刘兴成. 阴茎两处离断再植成功 1 例报告 [J]. 中华泌尿外科杂志，1983，4（2）：91. {ZHANG Tianling,FU Wu,LIU Xingcheng. A successful replantation of two-segments severed penis[J]. Zhonghua Mi Niao Wai Ke Za Zhi[Chin J Urol(Article in Chinese;No abstract available)],1983,4(2):91.}

[3084] 冷幸福. 阴茎根部完全离断再植一例报告 [J]. 中华外科杂志，1985，23(3)：133. {LENG Xingfu. Replantation of complete severed penis form the root:a case report[J]. Zhonghua Wai Ke Za Zhi[Chin J Surg(Article in Chinese;No abstract available)],1985,23(3):133.}

[3085] 黄文楼，张光辉. 应用显微外科行阴茎完全离断 17 时半再植成功 [J]. 中华泌尿外科杂志，1985，6（4）：246-247. {HUANG Wenlou,ZHANG Guanghui. A successful microsurgical replantation of severed penis after 17.5 hours[J]. Zhonghua Mi Niao Wai Ke Za Zhi[Chin J Urol(Article in Chinese;No abstract available)],1985,6(4):246-247.}

[3086] 袁相斌，汤荣发. 阴茎离断再植一例报告 [J]. 解放军医学杂志，1985，10(2)：112 {YUAN Xiangbin,TANG Rongfa. A report of a case of replantation with severed penis[J]. Jie Fang Jun Yi Xue Za Zhi(J Chin PLA Med(Article in Chinese;No abstract available)],1985,10(2):112.}

[3087] 石胜岱. 婴儿阴茎再植成功一例 [J]. 中华外科杂志，1986，24（7）：441. {SHI Shengdai. Successful replantation of penis in a baby[J]. Zhonghua Wai Ke Za Zhi[Chin J Surg(Article in Chinese;No abstract available)],1986,24(7):441.}

[3088] 谢昭安. 幼儿阴茎离断再植成功一例 [J]. 中华外科杂志，1986，24（8）：454. {XIE Zhaoan. Successful replantation of severed penis in a child[J]. Zhonghua Wai Ke Za Zhi[Chin J Surg(Article in Chinese;No abstract available)],1986,24(8):454.}

[3089] 孙新成，魏志其，平乃阶，吴健. 阴茎完全离断 23 小时再植 1 例报告 [J]. 中华泌尿外科杂志，1987，8（3）：179. {SUN Xincheng,WEI Zhiqi,PING Naijie,WU Jian. Replantation after complete penile amputation in 23 hours:a case report[J]. Zhonghua Mi Niao Wai Ke Za Zhi[Chin J Urol(Article in Chinese;No abstract available)],1987,8(3):179.}

[3090] 孙玉安. 阴茎与双睾丸离断再植一例报告 [J]. 中华外科杂志，1990，28（9）：575. {SUN Yuan. Replantation of severed penis and testes:a case report[J]. Zhonghua Wai Ke Za Zhi[Chin J

Surg(Article in Chinese;No abstract available)],1990,28(9):575.}

[3091] 张宝金，邹福安，沈樟校. 阴茎完全断离再植加带血管蒂皮瓣移植成功一例报告 [J]. 中华泌尿外科杂志，1991，12(6)：466. {ZHANG Jinbao,ZOU Fuan,SHEN Zhangjiao. Successful replantation of severed penis with vascularized skin flap:a case report[J]. Zhonghua Mi Niao Wai Ke Za Zhi[Chin J Urol(Article in Chinese;No abstract available)],1991,12(6):466.}

[3092] 秦万长，王晓雄. 阴茎离断再植成功一例报告 [J]. 中华泌尿外科杂志，1992，13(6)：480. {QIN Wangchang,WANG Xiaoxiong. A successful replantation of severed penis[J]. Zhonghua Mi Niao Wai Ke Za Zhi[Chin J Urol(Article in Chinese;No abstract available)],1992,13(6):480.}

[3093] 李泰宁，金日男，唐晓明，朱英泰. 阴茎脱套性离断 18 小时再植一例报告 [J]. 中华显微外科杂志，1994，17(4)：268. {LI Taining,JIN Rinan,TANG Xiaoming,ZHU Yingtai. Replantation of degloving penis after 18 hours:a case report[J]. Zhonghua Xian Wei Wai Ke Za Zhi[Chin J Microsurg(Article in Chinese;No abstract available)],1994,17(4):268.}

[3094] 李卫林. 阴茎完全离断再植成功一例报告 [J]. 中华泌尿外科杂志，1994，15(4)：303. {LI Weilin. A successful replantation of completely severed penis[J]. Zhonghua Mi Niao Wai Ke Za Zhi[Chin J Urol(Article in Chinese;No abstract available)],1994,15(4):303.}

[3095] 朱敦年. 阴茎离断再植成活一例 [J]. 中国修复重建外科杂志，1994，8(2)：122. {ZHU Dunnian. Replantation of amputated penis:a case report[J]. Zhongguo Xiu Fu Chong Jian Wai Ke Za Zhi[Chin J Repar Reconstr Surg(Article in Chinese;No abstract available)],1994,8(2):122.}

[3096] 陆启兵. 阴茎离断再植成功一例 [J]. 中国修复重建外科杂志，1994，8(2)：126. {LU Qibing. Replantation of amputated penis:a case report[J]. Zhongguo Xiu Fu Chong Jian Wai Ke Za Zhi[Chin J Repar Reconstr Surg(Article in Chinese;No abstract available)],1994,8(2):126.}

[3097] 仲基范，臧运江，卢洪凯，刘宗健，郑锡广. 阴茎离断再植成功一例报告并文献复习 [J]. 中华泌尿外科杂志，1995，16：493-496，512. {ZHONG Jifan,ZANG Yunjiang,LU Hongkai,LIU Zongjian,ZHENG Xiguang. Successful replantation of a traumatically amputated penis[J]. Zhonghua Mi Niao Wai Ke Za Zhi[Chin J Urol(Article in Chinese;Abstract in Chinese and English)],1995,16:493-496,512.}

[3098] 岑和，林震，林秀明，蔡伟忠，叶传忠. 阴茎离断再植术 [J]. 中华显微外科杂志，1997，20(1)：68-69. {CHEN He,LIN Zhen,LIN Xiuming,CAI Weizhong,YE Chuanzhong. Replantation of severed penis[J]. Zhonghua Xian Wei Wai Ke Za Zhi[Chin J Microsurg(Article in Chinese;No abstract available)],1997,20(1):68-69.}

[3099] 方玉林，王勤章，孙仕强，邹正荣. 阴茎完全离断 20 小时再植成功一例报告 [J]. 中华泌尿外科杂志，1997，18(7)：394. {FANG Yulin,WANG Qinzhang,SUN Shiqiang,ZOU Zhengrong. Successful replantation after 20 hours of completely severed penis :a case report[J]. Zhonghua Mi Niao Wai Ke Za Zhi[Chin J Urol(Article in Chinese;No abstract available)],1997,18(7):394.}

[3100] 徐志国，谢嘉诺，甘艺平，裴国献. 小儿阴茎阴囊根部离断再植 [J]. 中华显微外科杂志，1998，21(1)：3-5. {XU Zhiguo,XIE Jianuo,GAN Yiping,PEI Guoxian. Replantation of amputated penis and scrotum in a child[J]. Zhonghua Xian Wei Wai Ke Za Zhi[Chin J Microsurg(Article in Chinese;No abstract available)],1998,21(1):3-5.}

[3101] 陈荣生，黄小佳，于海宽. 阴茎根部离断伤显微再植成功一例 [J]. 中华显微外科杂志，1998，21(3)：165. DOI：10.3760/cma.j.issn.1001-2036.1998.03.040. {CHEN Rongsheng,HUANG Xiaojia,YU Haikuan. Micro-replantation of a severed penis root[J]. Zhonghua Xian Wei Wai Ke Za Zhi[Chin J Microsurg(Article in Chinese;No abstract available)],1998,21(3):165. DOI:10.3760/cma.j.issn.1001-2036.1998.03.040.}

[3102] 刘亚平，汤海萍，杨志贤. 大面积阴囊阴茎皮肤撕脱再植成活一例 [J]. 中华显微外科杂志，2000，23(2)：137. DOI：10.3760/cma.j.issn.1001-2036.2000.02.052. {LIU Yaping,TANG Haiping,YANG Zhixian. Replantation of large area skin avulsion of a scrotal penis[J]. Zhonghua Xian Wei Wai Ke Za Zhi[Chin J Microsurg(Article in Chinese;No abstract available)],2000,23(2):137. DOI:10.3760/cma.j.issn.1001-2036.2000.02.052.}

[3103] 郑鸣，贺宜伟，文旭东. 阴茎离断血管不吻合再植成功一例报告 [J]. 中华泌尿外科杂志，2000，21(7)：432. DOI：10.3760/j：issn：1000-6702.2000.07.037. {ZHENG Ming,HE Yiwei,WEN Xudong. Successful replantation of severed penile without vascular anastomosis:a case report[J]. Zhonghua Mi Niao Wai Ke Za Zhi[Chin J Urol(Article in Chinese;No abstract available)],2000,21(7):432. DOI:10.3760/j:issn:1000-6702.2000.07.037.}

[3104] 孙中寅，王水勋，王凯，刘丛芳. 阴茎多节离断合并皮肤套状撕脱再植成功一例 [J]. 中华显微外科杂志，2002，25(2)：114. DOI：10.3760/cma.j.issn.1001-2036.2002.02.046. {SUN Zhongren,WANG Shuixun,WANG Kai,LIU Congfang. Replantation of multi segmental severed penis with skin avulsion[J]. Zhonghua Xian Wei Wai Ke Za Zhi[Chin J Microsurg(Article in Chinese;No abstract available)],2002,25(2):114. DOI:10.3760/cma.j.issn.1001-2036.2002.02.046.}

[3105] 朱军山，赖珊，郭瑞清. 阴茎完全离断再植加阴囊皮肤移植成功 1 例报告 [J]. 创伤外科杂志，2003，5(2)：150-150. DOI：10.3969/j.issn.1009-4237.2003.02.042. {ZHU Junshan,LAI Shan,GUO Ruiqing. Reimplantation of complete cut off of penis and transplantation of scratum skin in 1 case[J]. Chuang Shang Wai Ke Za Zhi[J Traum Surg(Article in Chinese;Abstract in Chinese)],2003,5(2):150-150. DOI:10.3969/j.issn.1009-4237.2003.02.042.}

[3106] 陈忠羡，陈元庄，陈立新，梁胜根. 阴茎撕脱离断伤再植成功一例 [J]. 中华显微外科杂志，2004，27(1)：50. DOI：10.3760/cma.j.issn.1001-2036.2004.01.043. {CHEN Zhongxian,CHEN Yuanzhuang,CHEN Lixin,LIANG Shenggen. Replantation of an avulsed penis[J]. Zhonghua Xian Wei Wai Ke Za Zhi[Chin J Microsurg(Article in Chinese;No abstract available)],2004,27(1):50. DOI:10.3760/cma.j.issn.1001-2036.2004.01.043.}

[3107] 李景敏，夏勇，张讯，靖万林. 阴茎离断只吻合动脉再植成功一例报告 [J]. 中华泌尿外科杂志，2004，25(11)：759. DOI：10.3760/j：issn：1000-6702.2004.11.032. {LI Jingmin,XIA Yong,ZHANG Xun,JING Wanlin. Successful replantation with simply anastomotic artery of severed penis:a case report[J]. Zhonghua Mi Niao Wai Ke Za Zhi[Chin J Urol(Article in Chinese;No abstract available)],2004,25(11):759. DOI:10.3760/j:issn:1000-6702.2004.11.032.}

[3108] 简百录，王亚晖，邓小枫，宦启明. 小儿阴茎再植术 2 例 [J]. 创伤外科杂志，2004，6(3)：205-205. DOI：10.3969/j.issn.1009-4237.2004.03.034. {JIAN Bailu,WANG Yahui,DENG Xiaofeng,HUAN Qiming. Penis replantation after dog bite injury:report of 2 cases[J]. Chuang Shang Wai Ke Za Zhi[J Traum Surg(Article in Chinese;Abstract in Chinese)],2004,6(3):205-205. DOI:10.3969/j.issn.1009-4237.2004.03.034.}

[3109] 梁庆祖，黄勇平，吴军，张天龙. 阴茎离断 14 小时再植成功一例报告 [J]. 中华泌尿外科杂志，2005，26(2)：84. DOI：10.3760/j：issn：1000-6702.2005.02.033. {LIANG Qingzu,HUANG Yongping,WU Jun,ZHANG Tianlong. Successful replantation of severed penis after 14 hours:a case report[J]. Zhonghua Mi Niao Wai Ke Za Zhi[Chin J Urol(Article in Chinese;No abstract available)],2005,26(2):84. DOI:10.3760/j:issn:1000-6702.2005.02.033.}

[3110] 左方，胡永东，李清春，张战勇，雷建军. 阴茎完全离断再植成功一例 [J]. 中华显微外科杂志，2007，30(3)：171. DOI：10.3760/cma.j.issn.1001-2036.2007.03.036. {ZUO Fang,HU Yongdong,LI Qingchun,ZHANG Zhanyong,LEI Jianjun. Replantation of a complete severed penis[J]. Zhonghua Xian Wei Wai Ke Za Zhi[Chin J Microsurg(Article in Chinese;No abstract available)],2007,30(3):171. DOI:10.3760/cma.j.issn.1001-2036.2007.03.036.}

[3111] 方家杰，朱选文，黄啸，郭君平，钟达川. 阴茎完全离断再植成功 1 例临床报告 [J]. 中华男科学杂志，2009，15(1)：81-84. {WAN Jiajie,ZHU Xuanwen,HUANG Xiao,GUO Junping,ZHONG Dachuan. Successful replantation of severed penis:a case report[J]. Zhonghua Nan Ke Xue Za Zhi[Natl J Androl(Article in Chinese;No abstract available)],2009,15(1):81-84.}

[3112] 黄海东，陈卫国，李玉峰，谷培俊，何燕飞. 阴茎旋转撕拉离断一期异位寄养二期再植一例 [J]. 中国修复重建外科杂志，2009，23(7)：896. {HUANG Haidong,CHEN Weiguo,LI Yufeng,GU Peijun,HE Yanfei. One stage ectopic foster care and second stage replantation of a rotational avulsed penis[J]. Zhongguo Xiu Fu Chong Jian Wai Ke Za Zhi[Chin J Repar Reconstr Surg(Article in Chinese;No abstract available)],2009,23(7):896.}

[3113] 邱晓东，李永廉. 阴茎离断显微再植术式的问题探讨 [J]. 中华显微外科杂志，2012，35(1)：76-77. DOI：10.3760/cma.j.issn.1001-2036.2012.01.032. {QIU Xiaodong,LI Yonglian. Discussion on microsurgical replantation of severed penis[J]. Zhonghua Xian Wei Wai Ke Za Zhi[Chin J Microsurg(Article in Chinese;Abstract in Chinese)],2012,35(1):76-77. DOI:10.3760/cma.j.issn.1001-2036.2012.01.032.}

[3114] 李贵忠，何峰，黄广林，满立波，刘坤，沈余明. 阴茎完全离断再植二例报告并文献复习 [J]. 中华泌尿外科杂志，2012，33(8)：618-621. DOI：10.3760/cma.j.issn.1000-6702.2012.08.017. {LI Guizhong,HE Feng,HUANG Guanglin,MAN Libo,LIU Kun,SHEN Yuming. Penile replantation:two case reports and review of the literature[J]. Zhonghua Mi Niao Wai Ke Za Zhi[Chin J Urol(Article in Chinese;Abstract in Chinese and English)],2012,33(8):618-621. DOI:10.3760/cma.j.issn.1000-6702.2012.08.017.}

[3115] 季汉初，付伟金，黄向华，覃斌，李长赞，韦钢山，吴清国. 阴茎完全离断再植术 1 例报告并文献复习 [J]. 中华男科学杂志，2012，18(9)：849-850. {JI Hanchu,FU Weijin,HUANG Xianghua,JIA Bin,LI Changzan,WEI Gangshan,WU Qingguo. Replantation of completely severed penis:a case report and literature review[J]. Zhonghua Nan Ke Xue Za Zhi[Natl J Androl(Article in Chinese;No abstract available)],2012,18(9):849-850.}

[3116] 李连楚. 阴茎完全离断显微再植成功一例 [J]. 中华整形外科杂志，2012，28(2)：147-148. DOI：10.3760/cma.j.issn.1009-4598.2012.02.022. {LI Lianchu. Microsurgical replantation of completely severed penis:a case report[J]. Zhonghua Zheng Xing Wai Ke Za Zhi[Chin J Plast Surg(Article in Chinese;No abstract available)],2012,28(2):147-148. DOI:10.3760/cma.j.issn.1009-4598.2012.02.022.}

[3117] 杨营利，李永廉. 应用显微外科技术进行阴茎离断再植四例 [J]. 中华显微外科杂志，2013，36(3)：296-298. DOI：10.3760/cma.j.issn.1001-2036.2013.03.027. {YANG Yingli,LI Yonglian. Replantation of severed penis with microsurgical technique:a report of 4 cases[J]. Zhonghua Xian Wei Wai Ke Za Zhi[Chin J Microsurg(Article in Chinese;Abstract in Chinese)],2013,36(3):296-298. DOI:10.3760/cma.j.issn.1001-2036.2013.03.027.}

[3118] 姚建民，徐一波，王鹏，赵风景. 阴茎剪断 5 小时再植成功一例 [J]. 中华显微外科杂志，2013，36(5)：430. DOI：10.3760/cma.j.issn.1001-2036.2013.05.004. {YAO Jianmin,XU Yibo,WANG Peng,ZHAO Fengjing. Replantation of a cuted-off penis after 5 hours[J]. Zhonghua Xian Wei Wai Ke Za Zhi[Chin J Microsurg(Article in Chinese;No abstract available)],2013,36(5):430. DOI:10.3760/cma.j.issn.1001-2036.2013.05.004.}

[3119] 杜传策，郭树林，朱贤鑫，钟红发. 阴茎离断再植 1 例报告并文献分析 [J]. 中华男科学杂志，2016，22(10)：957-959. DOI：10.13263/j.cnki.nja.2016.10.019. {DU Chuance,GUO Shulin,ZHU Xianxin,ZHONG Hongfa. Replantation of amputated penis:a case report and literature analysis[J]. Zhonghua Nan Ke Xue Za Zhi[Natl J Androl(Article in Chinese;No abstract available)],2016,22(10):957-959. DOI:10.13263/j.cnki.nja.2016.10.019.}

[3120] 张先达，谢俊，许永武，边子虎，臧元升，代宜乐. 17 个月患儿阴茎离断再植成功一例 [J]. 中华显微外科杂志，2018，41(2)：207. DOI：10.3760/cma.j.issn.1001-2036.2018.02.034. {ZHANG Xianda,XIE Jun,XU Yongwu,BIAN Zihu,ZANG Yuansheng,DAI Yile. Successful replantation of severed penis in a 17 month old child[J]. Zhonghua Xian Wei Wai Ke Za Zhi[Chin J Microsurg(Article in Chinese;No abstract available)],2018,41(2):207. DOI:10.3760/cma.j.issn.1001-2036.2018.02.034.}

3 显微再造
microsurgical reconstruction

3.1 手与手指显微再造
microsurgical reconstruction of hand and digit

[3121] Chen ZW,Chen ZR. Reconstruction of the thumb and digit by toe to hand transplantation[J]. World J Surg,1991,15(4):429-438. doi:10.1007/BF01675637.

[3122] Gu YD,Zhang GM,Chen DS,Yan JG,Chen XM. Toe-to-hand transfer:an analysis of 14 failed cases[J]. J Hand Surg Am,1993,18(5):823-827. doi:10.1016/0363-5023(93)90048-8.

[3123] Li X,Wang Y,You R,Luo L. Reconstruction of radial half hand by using combined transplantation of pedicled phalanx,free toe,and island flap[J]. Microsurgery,1994,15(2):141-144. doi:10.1002/micr.1920150209.

[3124] Gu YD,Cheng DS,Zhang GM,Chen XM,Xu JG,Yang XB. Long-term results of toe transfer:retrospective analysis[J]. J Reconstr Microsurg,1997,13(6):405-408. doi:10.1055/s-2007-1006420.

[3125] Gu Y,Li S,Chen D,Zhang L,Wang H,Hu S. Delayed toe transplantation:experimental study and clinical application[J]. Plast Reconstr Surg,2000,105(5):1675-1679. doi:10.1097/00006534-200004050-00012.

[3126] Li B,Chen DW,Yang YF,Yu GR. Effect of second toe-to-hand transfer on the plantar pressure distribution of the donor foot[J]. Acta Ortop Bras,2016,24(1):39-42. doi:10.1590/1413-785220162401140540.

[3127] Chen H,Jiang C,Xu Y,Sun Y. Toe-to-finger combined with free flap transfer for primary one-stage post-traumatic reconstruction of the complex fingerless hand[J]. J Plast Reconstr Aesthet Surg,2017,70(12):1708-1714. doi:10.1016/j.bjps.2017.07.013.

[3128] 顾玉东. 足趾移植再造拇指与手指的回顾与进展[J]. 中华显微外科杂志，1992，15（3）：134-136. {GU Yudong. Review and progress of thumb and finger reconstruction with toe transplantation[J]. Zhonghua Xian Wei Wai Ke Za Zhi[Chin J Microsurg(Article in Chinese;No abstract available)],1992,15(3):134-136.}

[3129] 顾玉东. 拇手指再造的现状与展望[J]. 中华手外科杂志，1999，15（2）：3-5. {GU Yudong. Present situation and prospect of thumb and finger reconstruction[J]. Zhonghua Shou Wai Ke Za Zhi[Chin J Hand Surg(Article in Chinese;No abstract available)],1999,15(2):3-5.}

[3130] 程国良. 我国足趾移植拇手指再造与修复回顾与展望[J]. 中华手外科杂志，2007，23（2）：65-68. DOI：10.3760/cma.j.issn.1005-054X.2007.02.001. {CHENG Guoliang. A review and prospect of toe-to-hand transplantation in China[J]. Zhonghua Shou Wai Ke Za Zhi[Chin J Hand Surg(Article in Chinese;Abstract in Chinese)],2007,23(2):65-68. DOI:10.3760/cma.j.issn.1005-054X.2007.02.001.}

[3131] 程国良. 中国足趾移植拇手指再造的发展与提高[J]. 中华显微外科杂志，2017，40（1）：5-7. DOI：10.3760/cma.j.issn.1001-2036.2017.01.003. {CHENG Guoliang. Development and improvement of thumb and finger reconstruction with toe transplantation in China[J]. Zhonghua Xian Wei Wai Ke Za Zhi[Chin J Microsurg(Article in Chinese;No abstract available)],2017,40(1):5-7. DOI:10.3760/cma.j.issn.1001-2036.2017.01.003.}

3.2 拇指再造
thumb reconstruction

[3132] Yu ZJ,Huang YC,Yu S,Sui SP. Thumb reconstruction in a bilateral upper extremity amputee:an alternative to the Krukenburg procedure[J]. J Hand Surg Am,1999,24(1):194-197. doi:10.1053/jhsu.1999.jhsu24a0194.

[3133] Li XJ,Tong J,Wang Y. Combined free toe and free deep inferior epigastric perforator flap for reconstruction of the thumb and thumb web space[J]. J Reconstr Microsurg,2000,16(6):427-436. doi:10.1055/s-2006-947149.

[3134] Xu L,Gu YD,Xu JG,Rui YJ,Shou KS. Microsurgical treatment for bilateral thumb defect:five case reports[J]. Microsurgery,2003,23(6):547-554. doi:10.1002/micr.10213.

[3135] Xu YQ,Li J,Zhong SZ,Xu DC,Xu XS,Guo YF,Wang XM,Li ZY,Zhu YL. The first metatarsal web space:its applied anatomy and usage in tracing the first dorsal metatarsal artery in thumb reconstruction[J]. Chin J Traumatol,2004,7(6):344-347.

[3136] Cong HB,Chang SM,Qiao YP,Wang CL,Sui HM,Cong L. One-stage reconstruction of complicated thumb injury with combination of microsurgical transplantations[J]. Microsurgery,2007,27(3):181-186. doi:10.1002/micr.20328.

[3137] Pan YW,Zhang L,Tian W,Tian G,Zhao J,Guo X. Donor foot morbidity following modified wraparound flap for thumb reconstruction:a follow-up of 69 cases[J]. J Hand Surg Am,2011,36(3):493-501. doi:10.1016/j.jhsa.2010.11.044.

[3138] Han D,Sun H,Jin Y,Wei J,Li Q. A technique for the non-microsurgical reconstruction of thumb tip amputations[J]. J Plast Reconstr Aesthet Surg,2013,66(7):973-977. doi:10.1016/j.bjps.2013.03.013.

[3139] Yu G,Xu HY,Lei HY,Guo S,Huang JH,Li DB. Combined index finger pollicization with an anterolateral thigh flap for thumb reconstruction[J]. Chin J Traumatol,2014,17(6):354-357.

[3140] Zhou X,Wang L,Mi J,Xu Y,Rui Y,Xue M,Shen X,Qiang L. Thumb fingertip reconstruction with palmar V-Y flaps combined with bone and nail bed grafts following amputation[J]. Arch Orthop Trauma Surg,2015,135(4):589-594. doi:10.1007/s00402-015-2163-4.

[3141] Zheng DW,Li ZC,Shi RJ,Sun F,Xu L,Shou KS. Thumb reconstruction via a pedicled flap based on the superficial palmar branch of the radial artery from the wrist crease area[J]. J Plast Reconstr Aesthet Surg,2015,68(11):1581-1587. doi:10.1016/j.bjps.2015.07.003.

[3142] Song D,Deng X,Chen Y,Xie S,Zhou X. Thinned chimeric radial collateral artery perforator flap in complex distal thumb reconstruction[J]. Arch Orthop Trauma Surg,2015,135(11):1623-1631. doi:10.1007/s00402-015-2324-5.

[3143] Xu J,Chen H,Wang X. Reconstruction of right thumb with duplicated left thumb:A case report with 7-year follow-up[J]. J Orthop Sci,2016,21(4):566-568. doi:10.1016/j.jos.2015.06.017.

[3144] Zhang G,Ju J,Li L,Jin G,Li X,Hou R. Combined two foot flaps with iliac bone graft for reconstruction of the thumb[J]. J Hand Surg Eur,2016,41(7):745-752. doi:10.1177/1753193415626586.

[3145] Ma ZG,Guo YJ,Yan HJ,Li QM,Ma B. Long-term follow-up on the donor foot after thumb reconstruction using big toe wrap-around flap in two different operation methods[J]. Indian J Surg,2017,79(1):6-12. doi:10.1007/s12262-015-1415-4.

[3146] Chi Z,Song DJ,Tian L,Hu FH,Shen XF,Chim H. Reconstruction of combined thumb amputation at the metacarpal base level and index amputation at the metacarpal level with pollicization and bilateral double toe composite transfer[J]. J Plast Reconstr Aesthet Surg,2017,70(8):1009-1016. doi:10.1016/j.bjps.2017.05.032.

[3147] Yi'an L,Haijun X,Feng X. Traumatized index finger pollicization for thumb reconstruction-A case report[J]. J Orthop Surg(Hong Kong),2019,27(2):2309499019836289. doi:10.1177/2309499019836289.

[3148] Xu J,Wen G,Chai Y. Thumb reconstruction with combination of the wrap-around flap prefabricated by medialis pedis perforator flap with nail bed and phalanx banked from the amputated thumb:a case report[J]. Microsurgery,2020,40(1):59-64. doi:10.1002/micr.30382.

[3149] Yang K,Zhao Z,Pan Y,Song F,Deng J,Zhu J. Resorption of iliac bone grafts following wrap-around flap for thumb reconstruction:a follow-up study[J]. J Hand Surg Am,2020,45(1):64.e1-64.e8. doi:10.1016/j.jhsa.2019.03.010.

[3150] Li M,Zhang Z,Zhang Z. Osteocutaneous hemi-fibula flap and index finger transposition for thumb reconstruction:a case report[J]. J Hand Surg Eur,2020,45(7):754-756. doi:10.1177/1753193420917049.

[3151] Qin H,Ma T,Xia J,Zhang W. Comparison of reverse dorsoradial flap for thumb reconstruction:narrow pedicle versus wide pedicle[J]. Arch Orthop Trauma Surg,2020,140(7):987-992. doi:10.1007/s00402-020-03467-7.

[3152] Liu B,Chen S,Chow ECS,Li P,Liu K,Yang C. Type IIIB and IV hypoplastic thumb reconstruction with non-vascularized fourth metatarsal[J]. J Hand Surg Eur,2020,45(7):722-728. doi:10.1177/1753193420937547.

[3153] Mak MC,Ho PC,Chow EC,Liu B,Tse WL. Neurovascular island flap for pulp and nail augmentation in thumb duplication reconstruction:a surgical method with long-term follow-up[J]. J Hand Surg Am,2021,46(4):340.e1-340.e8. doi:10.1016/j.jhsa.2020.09.012.

[3154] Xu L,Tan J,Qin H,Mo Y,Wei P,Luo X,Cheng Z,Tan H. Application of computed tomography angiography-assisted classification of arterial branches in the first web space of the foot for thumb reconstruction[J]. J Plast Reconstr Aesthet Surg,2021 Jan 10:S1748-6815(21)00034-6. doi:10.1016/j.bjps.2020.12.100. Online ahead of print.

[3155] 程绪西，王澍寰. 拇指再造[J]. 中华外科杂志，1964，12（增刊）：97-101. {CHENF Xuxi,WANG Shuhuan. Thumb reconstruction[J]. Zhonghua Wai Ke Za Zhi[Chin J Surg(Article in Chinese;No abstract available)],1964,12(S1):97-101.}(非显微再造 Non-microsurgical reconstruction)

[3156] 陈之白，梁慕儒，周可光. 掌骨及其软组织游离移植再造拇指[J]. 中华医学杂志，1976，56（6）：372. {CHEN Zhibai,LIANG Muru,ZHOU Keguang. Free metacarpal bone and its soft tissue transplant for thumb reconstruction[J]. Zhonghua Yi Xue Za Zhi[Natl Med J China(Article in Chinese;No abstract available)],1976,56(6):372.}

[3157] 张发惠，李芳华，柳声华. 带桡骨片前臂皮瓣一期再造拇指的应用解剖学[J]. 临床应用解剖学杂志，1983，1（2）：87-90. {ZHANG Fahui,LI Fanghua,LIU Shhenghua. Applicational anatomy of one stage thumb reconstruction by forearm flap with radial bone slice[J]. Lin Chuang Ying Yong Jie Pou Xue Za Zhi[J Clin Appl Anat(Article in Chinese;No abstract available)],1983,1(2):87-90.}

[3158] 于钟毓，邵振恒，张信英. 前臂逆行岛状桡骨复合皮瓣一期拇指再造[J]. 中华医学杂志，1986，66（8）：457-458. {YU Zhongmin,ZHAO Zhenheng,ZHANG Xinying. One stage thumb reconstruction with forearm reverse island radial composite flap[J]. Zhonghua Yi Xue Za Zhi[Natl Med J China(Article in Chinese;Abstract in Chinese)],1986,66(8):457-458.}

[3159] 黄凤鸣，吕保太. 牵引拔伸法再造拇指二例报告[J]. 中华外科杂志，1987，25（5）：262. {HUANG Fengming,LV Baotai. Traction method in thumb reconstruction:a report of 2 cases[J]. Zhonghua Wai Ke Za Zhi[Chin J Surg(Article in Chinese;No abstract available)],1987,25(5):262.}

[3160] 樊文甫，李文谦，侯春林. 邻指双叶皮瓣拇指再造术[J]. 修复重建外科杂志，1988，2（1）：22. {FAN Wenpu,LI Wenqian,TIAN Jiekui,HUANG Yongshan,HOU Chunlin. Thumb reconstruction with bilobed flap of adjacent finger[J]. Zhongguo Xiu Fu Chong Jian Wai Ke Za Zhi[Chin J Repar Reconstr Surg(Article in Chinese;No abstract available)],1988,2(1):22.}

[3161] 关桂春. 采用显微外科方法再造拇指31例的临床分析[J]. 修复重建外科杂志，1988，2（1）：26-27，54. {GUAN Guichun. Clinical analysis of 31 cases of thumb reconstruction by microsurgery[J]. Zhongguo Xiu Fu Chong Jian Wai Ke Za Zhi[Chin J Repar Reconstr Surg(Article in Chinese;No abstract available)],1988,2(1):26-27,54.}

[3162] 王孟雄. 岛状皮瓣加植骨一期再造拇指[J]. 修复重建外科杂志，1988，2（2）：38. {WANG Mengxiong. One stage thumb reconstruction with island flap and bone graft[J]. Zhongguo Xiu Fu Chong Jian Wai Ke Za Zhi[Chin J Repar Reconstr Surg(Article in Chinese;No abstract available)],1988,2(2):38.}

[3163] 李文庆. 拇指及手指再造12例报告[J]. 修复重建外科杂志，1988，2（2）：39. {LI Wenqing. Thumb and finger reconstruction:a report of 12 cases[J]. Zhongguo Xiu Fu Chong Jian Wai Ke Za Zhi[Chin J Repar Reconstr Surg(Article in Chinese;No abstract available)],1988,2(2):39.}

[3164] 裴国献. 复合性全拇指缺损一期再造[J]. 修复重建外科杂志, 1988, 2(2): 51. {PEI Guoxian. One stage reconstruction of compound whole thumb defect[J]. Zhongguo Xiu Fu Chong Jian Wai Ke Za Zhi[Chin J Repar Reconstr Surg(Article in Chinese;No abstract available)],1988,2(2):51.}

[3165] 朱惕安. 桡动脉逆行骨皮瓣一期拇指再造[J]. 修复重建外科杂志, 1988, 2(2): 34-35. {ZHU Tian. One stage thumb reconstruction with reverse radial artery osteocutaneous flap[J]. Zhongguo Xiu Fu Chong Jian Wai Ke Za Zhi[Chin J Repar Reconstr Surg(Article in Chinese;No abstract available)],1988,2(2):34-35.}

[3166] 黄硕麟. 关于拇指再造[J]. 修复重建外科杂志, 1988, 2(2): 39-40. {HUANG Shuolin. On thumb reconstruction[J]. Zhongguo Xiu Fu Chong Jian Wai Ke Za Zhi[Chin J Repar Reconstr Surg(Article in Chinese;No abstract available)],1988,2(2):39-40.}

[3167] 陈宝驹. 第一掌骨背侧岛状皮瓣逆转拇指再造[J]. 修复重建外科杂志, 1988, 2(2): 52-53. {CHEN Baoju. Reverse thumb reconstruction with the first dorsal metacarpal island flap[J]. Zhongguo Xiu Fu Chong Jian Wai Ke Za Zhi[Chin J Repar Reconstr Surg(Article in Chinese;No abstract available)],1988,2(2):52-53.}

[3168] 张世群. 带蒂皮瓣移位再造拇指[J]. 修复重建外科杂志, 1988, 2(2): 53-54. {ZHANG Shiqun. Thumb reconstruction with pedicled flap[J]. Zhongguo Xiu Fu Chong Jian Wai Ke Za Zhi[Chin J Repar Reconstr Surg(Article in Chinese;No abstract available)],1988,2(2):53-54.}

[3169] 马翔陆. 拇指再造三例报告[J]. 修复重建外科杂志, 1988, 2(2): 54-55. {MA Xianglu. Thumb reconstruction:a report of 3 cases[J]. Zhongguo Xiu Fu Chong Jian Wai Ke Za Zhi[Chin J Repar Reconstr Surg(Article in Chinese;No abstract available)],1988,2(2):54-55.}

[3170] 蔡锦方. 掌拇再造六例报告[J]. 修复重建外科杂志, 1988, 2(2): 53. {CAI Jinfang. Reconstruction of metacarpus and thumb:a report of 6 cases[J]. Zhongguo Xiu Fu Chong Jian Wai Ke Za Zhi[Chin J Repar Reconstr Surg(Article in Chinese;No abstract available)],1988,2(2):53.}

[3171] 蔡锦方. 拇指及桡侧手掌再造[J]. 中华整形烧伤外科杂志, 1989, 5(3): 190-192. DOI: 10.3760/j.issn: 1009-4598.1989.03.007. {CAI Jinfang,LIU Xiaoping,PAN Jiqing,ZHANG Hongxu,LI Bingsheng,WANG Chengqi,ZHANG Yongliang,CAO Bin. Thumb and radial palm reconstruction[J]. Zhonghua Zheng Xing Shao Shang Wai Ke Za Zhi[Chin J Plast Surg Burns(Article in Chinese;Abstract in Chinese)],1989,5(3):190-192. DOI:10.3760/j.issn:1009-4598.1989.03.007.}

[3172] 张德松, 陈守来, 陈浩, 蔡庆康, 朱礼贤, 唐根林, 吴健. 腹部双峰皮瓣再造拇指与食指[J]. 修复重建外科杂志, 1989, 3(3): 108. {ZHANG Desong,CHEN Shoulai,CHEN Hao,CAI Qingkang,ZHU Lixian,TANG Genlin,WU Jian. Reconstruction of thumb and index finger with abdominal bimodal flap[J]. Zhongguo Xiu Fu Chong Jian Wai Ke Za Zhi[Chin J Repar Reconstr Surg(Article in Chinese;No abstract available)],1989,3(3):108.}

[3173] 胡玉华, 徐坤. 自体指骨皮下储藏延期再造拇指一例[J]. 修复重建外科杂志, 1989, 3(3): 143-144. {HU Yuhua,XU Kun. Delayed thumb reconstruction after subcutaneous storage of autogenous phalanx:a case report[J]. Zhongguo Xiu Fu Chong Jian Wai Ke Za Zhi[Chin J Repar Reconstr Surg(Article in Chinese;No abstract available)],1989,3(3):143-144.}

[3174] 于仲嘉. 复杂拇指缺失的再造[J]. 中华显微外科杂志, 1990, 13(3): 136-138. {YU Zhongjia. Reconstruction of complex thumb defect[J]. Zhonghua Xian Wei Wai Ke Za Zhi[Chin J Microsurg(Article in Chinese;Abstract in Chinese)],1990,13(3):136-138.}

[3175] 张宜新, 张梅英. 拇指及手指再造五例[J]. 修复重建外科杂志, 1990, 4(2): 94. {ZHANG Yixin,ZHANG Meiying. Thumb and fingers reconstruction:a report of 5 cases[J]. Zhongguo Xiu Fu Chong Jian Wai Ke Za Zhi[Chin J Repar Reconstr Surg(Article in Chinese;No abstract available)],1990,4(2):94.}

[3176] 季正伦, 郭恩覃, 张明利, 罗玲玲, 江华. 外伤性拇指缺损的再造[J]. 修复重建外科杂志, 1990, 4(4): 229. {JI Zhenglun,GUO Genqin,ZHANG Mingli,LUO Lingling,JIANG Hua. Reconstruction of traumatic thumb defect[J]. Zhongguo Xiu Fu Chong Jian Wai Ke Za Zhi[Chin J Repar Reconstr Surg(Article in Chinese;No abstract available)],1990,4(4):229.}

[3177] 宋基学, 左锐军, 王荣春, 张岩, 梁艳, 王广辉, 钱万玉. 拇指再造[J]. 修复重建外科杂志, 1991, 5(4): 245. {SONG Jixue,ZUO Ruijun,QANG Rongchun,ZHANG Yan,LIANG Yan,WANG Guanghui,QIAN Wanyu. Thumb reconstruction[J]. Zhongguo Xiu Fu Chong Jian Wai Ke Za Zhi[Chin J Repar Reconstr Surg(Article in Chinese;No abstract available)],1991,5(4):245.}

[3178] 王道修, 高嵩. 前臂逆行皮瓣加植骨再造拇指[J]. 修复重建外科杂志, 1991, 5(1): 61. {WANG Daoxiu,GAO Song. Thumb reconstruction with reverse forearm flap and bone graft[J]. Zhongguo Xiu Fu Chong Jian Wai Ke Za Zhi[Chin J Repar Reconstr Surg(Article in Chinese;No abstract available)],1991,5(1):61.}

[3179] 林欣, 唐英汉. 拇指背动脉岛状皮瓣再造拇指[J]. 中华显微外科杂志, 1992, 15(1): 3-4. {LIN Xin,TANG Yinghan. Thumb reconstruction with dorsal thumb artery island flap[J]. Zhonghua Xian Wei Wai Ke Za Zhi[Chin J Microsurg(Article in Chinese;Abstract in Chinese)],1992,15(1):3-4.}

[3180] 张高孟, 顾玉东. 尺动脉腕上皮支皮瓣在复杂拇指再造中的应用[J]. 中华显微外科杂志, 1992, 15(4): 222-223. {ZHANG Gaomeng,GU Yudong,ZHANG Liyin,YU Cong. Ulnar artery carpal epithelial branch flap in complex thumb reconstruction[J]. Zhonghua Xian Wei Wai Ke Za Zhi[Chin J Microsurg(Article in Chinese;No abstract available)],1992,15(4):222-223.}

[3181] 李崇杰, 蔡林方. 拇指再造与手指再植在多指离断的应用[J]. 中华显微外科杂志, 1992, 15(4): 223-224. {LI Chongjie,CAI Linfang,XIN Changtai,TIAN Lijie,WANG Yu,CHENG Yunfei. The application of thumb reconstruction and finger replantation in multi severed finger[J]. Zhonghua Xian Wei Wai Ke Za Zhi[Chin J Microsurg(Article in Chinese;No abstract available)],1992,15(4):223-224.}

[3182] 陈荣生, 肖高尚, 刘敏, 戴农林, 许良豪. 残拇腹壁下埋藏早期拇指再造一例[J]. 中华外科杂志, 1992, 30(5): 319. {CHEN Rongsheng,XIAO Gaoshang,LIU Min,DAI Nonglin,XU Lianghao. Remnant thumb buried under the abdominal and early thumb reconstruction:a case report[J]. Zhonghua Wai Ke Za Zhi[Chin J Surg(Article in Chinese;No abstract available)],1992,30(5):319.}

[3183] 张少成, 高建章. 跗甲趾背皮瓣再造拇指[J]. 手外科杂志, 1992, 8(4): 208-210. {ZHANG Shaocheng,GAO Jianzhang,CHENG Tingying,ZHAO Jie,LIU Zhishan. Thumb reconstruction with dorsal toe-nail-skin flap[J]. Shou Wai Ke Za Zhi[J Hand Surg(Article in Chinese;Abstract in Chinese)],1992,8(4):208-210.}

[3184] 卢书文, 易斌, 刘斌. 岛状皮瓣再造拇指的应用体会[J]. 中华显微外科杂志, 1993, 16(3): 206-207. {LU Shuwen,YI Bin,LIU Bin. Experience of thumb reconstruction with island flap[J]. Zhonghua Xian Wei Wai Ke Za Zhi[Chin J Microsurg(Article in Chinese;No abstract available)],1993,16(3):206-207.}

[3185] 许亚军, 马予军. 拇手指末节纵形部份缺损的再造[J]. 中华显微外科杂志, 1993, 16(4): 256-257. {XU Yajun,ZHANG Youyi,QIU Yang,MA Yujun,YANG Feng,SHOU Kuishui. Reconstruction of distal longitudinal segment defect of thumb and finger[J]. Zhonghua Xian Wei Wai Ke Za Zhi[Chin J Microsurg(Article in Chinese;Abstract in Chinese)],1993,16(4):256-257.}

[3186] 易继玉, 陈大可. 拇指再造三例[J]. 中国修复重建外科杂志, 1993, 7(2): 124. {YI Jiyu,CHEN Dake. Thumb reconstruction:a report of 3 cases[J]. Zhongguo Xiu Fu Chong Jian Wai Ke Za Zhi[Chin J Repar Reconstr Surg(Article in Chinese;No abstract available)],1993,7(2):124.}

[3187] 张京城. 残小指移位再造拇指一例[J]. 中国修复重建外科杂志, 1993, 7(3): 162. {ZHANG Jingcheng. Remnant little finger transfer for thumb reconstruction:a case report[J]. Zhongguo Xiu Fu Chong Jian Wai Ke Za Zhi[Chin J Repar Reconstr Surg(Article in Chinese;No abstract available)],1993,7(3):162.}

[3188] 陈家臻, 殷代昌, 张怡五. 废残指甲瓣提升及近侧指节转位拇再造[J]. 中华手外科杂志, 1994, 10(4): 253-254. {CHEN Jiazhen,XIN Daichang,ZHANG Yiwu. Reconstruction of thumb by lifting the remnant nail flap and transposition of proximal phalanx[J]. Zhonghua Shou Wai Ke Za Zhi[Chin J Hand Surg(Article in Chinese;No abstract available)],1994,10(4):253-254.} (非显微再造 Non-microsurgical reconstruction)

[3189] 程国良, 方光荣, 杨志贤, 曲智勇, 林彬, 宫相森, 潘达德, 袁光海. 双侧拇手指再造[J]. 中华骨科杂志, 1994, 14: 339-341. {CHENG Guoliang,FANG Guangrong,YANG Zhixian,QV Zhiyong,LIN Bin,GONG Xiangshen,PAN Dade,YUAN Guanghai. Bilateral reconstruction of thumb and fingers[J]. Zhonghua Gu Ke Za Zhi[Chin J Orthop(Article in Chinese;Abstract in Chinese and English)],1994,14:339-341.}

[3190] 王建华, 胡金堂, 赵玉本, 李茂延, 顾根才, 王成斌, 陈印明. 改良骨延长术再造拇指[J]. 中华手外科杂志, 1994, 10(4): 251. {WANG Jianhua,HU Jintang,ZHAO Yuben,LI Maoyan,GU Gencai,WANG Chengbin,CHEN Yinming. Thumb reconstruction by modified bone lengthening[J]. Zhonghua Shou Wai Ke Za Zhi[Chin J Hand Surg(Article in Chinese;Abstract in Chinese)],1994,10(4):251.} (非显微再造 Non-microsurgical reconstruction)

[3191] 袁相斌, 林子豪, 刘麒, 何清濂, 赵耀中, 章惠兰, 董帆. 拇指手指再造体会[J]. 中华整形烧伤外科杂志, 1994, 10(1): 43-45. DOI: 10.3760/j.issn: 1009-4598.1994.01.001. {YUAN Xiangbin,LIN Zihao,LIU Qi,HE Qinglian,ZHAO Yaozhong,ZHANG Huilan,DONG Fan. Experience in thumb and finger reconstruction[J]. Zhonghua Zheng Xing Shao Shang Wai Ke Za Zhi[Chin J Plast Surg Burns(Article in Chinese;Abstract in Chinese and English)],1994,10(1):43-45. DOI:10.3760/j.issn:1009-4598.1994.01.001.}

[3192] 郭现辉, 王文质, 姜桂书, 乔翠芬. 拟弃指行拇指再造二例[J]. 中国修复重建外科杂志, 1994, 8(1): 61. DOI: CNKI: SUN: ZXCW.0.1994-01-052. {GUO Xianhui,WANG Wenzhi,JIANG Guishu,QIAO Cuifen. Thumb reconstruction with abandoning finger:two cases report[J]. Zhongguo Xiu Fu Chong Jian Wai Ke Za Zhi[Chin J Repar Reconstr Surg(Article in Chinese;No abstract available)],1994,8(1):61. DOI:CNKI:SUN:ZXCW.0.1994-01-052.}

[3193] 王少华, 刘文忠, 刘海鹰. 拇指再造一例[J]. 中国修复重建外科杂志, 1994, 8(2): 125. {WANG Shaohua,LIU Wenzhong,LIU Haiying. Thumb reconstruction:a case report[J]. Zhongguo Xiu Fu Chong Jian Wai Ke Za Zhi[Chin J Repar Reconstr Surg(Article in Chinese;No abstract available)],1994,8(2):125.}

[3194] 侍德. 拇指再造若干问题的讨论[J]. 中华手外科杂志, 1995, 11(4): 219-221. {SHI De. Discussion on some problems of thumb reconstruction[J]. Zhonghua Shou Wai Ke Za Zhi[Chin J Hand Surg(Article in Chinese;No abstract available)],1995,11(4):219-221.}

[3195] 姚建民, 李松春, 宋建良, 沈向前, 宋振坤, 赵禾, 徐靖宏. 第二指撲分叶岛状皮瓣包裹修复再造拇指[J]. 中华显微外科杂志, 1995, 18(2): 105-106. {YAO Jianmin,LI Songchun,SONG Jianliang,SHEN Xiangqian,SONG Zhenkun,ZHAO He,XU Jinghong. Wrapping with second finger web lobulated island flap for thumb repair and reconstruction[J]. Zhonghua Xian Wei Wai Ke Za Zhi[Chin J Microsurg(Article in Chinese;Abstract in Chinese)],1995,18(2):105-106.}

[3196] 路新民, 郝淑珍. 前臂骨皮瓣及指岛状皮瓣再造拇指[J]. 中华手外科杂志, 1995, 11(2): 83. {LU Xinmin,HE Shuzhen. Thumb reconstruction with forearm osteocutaneous flap and finger island flap[J]. Zhonghua Shou Wai Ke Za Zhi[Chin J Hand Surg(Article in Chinese;No abstract available)],1995,11(2):83.}

[3197] 姚建民, 李松春, 宋建良, 沈向前, 徐靖宏. 2、3指背联合岛状皮瓣瓦合修复、再造拇指[J]. 中华手外科杂志, 1995, 11(2): 113-115. {YAO Jianmin,LI Songchun,SONG Jianliang,SHEN Xiangqian,XU Jinghong. Repair and reconstruction of thumb with island flap on the back of middle and index finger[J]. Zhonghua Shou Wai Ke Za Zhi[Chin J Hand Surg(Article in Chinese;Abstract in Chinese)],1995,11(2):113-115.}

[3198] 侯春林. 介绍几种残指延长拇指再造的方法[J]. 中华手外科杂志, 1995, 11(4): 211-213. DOI: 10.3760/cma.j.issn.1005-054X.1995.04.108. {HOU Chunlin. Methods for thumb reconstruction[J]. Zhonghua Shou Wai Ke Za Zhi[Chin J Hand Surg(Article in Chinese;Abstract in Chinese and English)],1995,11(4):211-213. DOI:10.3760/cma.j.issn.1005-054X.1995.04.108.} (非显微再造 Non-microsurgical reconstruction)

[3199] 刘浩江, 李力. 拇指与手指再造12例分析[J]. 中华手外科杂志, 1995, 11(S1): 49. {LIU Haojiang,LI Li. Analysis of 12 cases of thumb and fingers reconstruction[J]. Zhonghua Shou Wai Ke Za Zhi[Chin J Hand Surg(Article in Chinese;No abstract available)],1995,11(S1):49.}

[3200] 杨志贤, 方光荣, 程国良, 林彬, 曲智勇, 潘达德. 拇指末节缺损的修复与再造[J]. 中国修复重建外科杂志, 1995, 9(1): 19-21. {YANG Zhixian,FANG Guangrong,CHENG Guoliang,LIN Bin,QV Zhiyong,PAN Dade. Repair and reconstruction of distal thumb defect[J]. Zhongguo Xiu Fu Chong Jian Wai Ke Za Zhi[Chin J Repar Reconstr Surg(Article in Chinese;Abstract in Chinese)],1995,9(1):19-21.}

[3201] 程国良, 方光荣, 潘达德, 杨志贤. 不同程度拇、手指缺损采用不同形式的足趾组织移植再造与修复[J]. 中华手外科杂志, 1995, 11(2): 200-203. {CHEN Guoliang,FANG Guangrong,PAN Dade,YANG Zhixian. Reconstruction and repairation of thumb and finger defect with various kinds of toe tissue transplantation[J]. Zhonghua Shou Wai Ke Za Zhi[Chin J Hand Surg(Article in Chinese;Abstract in Chinese and English)],1995,11(2):200-203.}

[3202] 孟宪卿, 韩金豹, 张桂生. 含股外侧皮神经皮管再造拇、手指[J]. 中华手外科杂志, 1995, 11(3): 143. DOI: CNKI: SUN: ZHSK.0.1995-03-006. {MENG Qianqing,HAN Jinbao,ZHANG Guisheng. Reconstruction of thumb and finger with lateral femoral cutaneous nerve tube[J]. Zhonghua Shou Wai Ke Za Zhi[Chin J Hand Surg(Article in Chinese;No abstract available)],1995,11(3):143. DOI:CNKI:SUN:ZHSK.0.1995-03-006.}

[3203] 张全荣, 邱扬. 双侧带足背皮瓣第一趾蹼和跗甲瓣再造拇示指一例[J]. 中华手外科杂志, 1995, 11(4): 215. {ZHANG Quanrong,QIU Yang,SHOU Kuishui,WU Jianlin. Reconstruction of thumb and index finger with first web and thumb nail flap combined bilateral dorsalis pedis flap:a case report[J]. Zhonghua Shou Wai Ke Za Zhi[Chin J Hand Surg(Article in Chinese;No abstract available)],1995,11(4):215.}

[3204] 程国良, 方光荣. 不同程度拇, 手指缺损采用不同形式的足趾组织移植再造与修复[J]. 中华手外科杂志, 1995, 11(4): 200-203. DOI: 10.3760/cma.j.issn.1001-2036.2002.01.003. {CHENG Guoliang,FANG Guangrong. Different degrees of thumb and digit defects were reconstructed and repaired by different forms of toe tissue transplantation[J]. Zhonghua Shou Wai Ke Za Zhi[Chin J Hand Surg(Article in Chinese;No abstract available)],1995,11(4):200-203. DOI:10.3760/cma.j.issn.1001-2036.2002.01.003.}

[3205] 陈家臻, 殷代昌, 张怡五. 废残指甲瓣上移近侧指节移位拇再造[J]. 中国修复重建外科杂志, 1995, 9(1): 48. {CHEN Jiazhen,YIN Daichang,ZHANG Yiwu. Residual finger nail flap move up to the proximal side of the phalangeal and transpost for thumb reconstruction[J]. Zhongguo Xiu Fu Chong Jian Wai Ke Za Zhi[Chin J Repar Reconstr Surg(Article in Chinese;No abstract available)],1995,9(1):48.}

[3206] 周礼荣, 周新江, 王伟, 李峻, 吴容. 一例双拇外伤性缺损延迟一期再造[J]. 中华手外科杂志, 1996, 12(2): 92. {ZHOU Lirong,ZHOU Xinjiang,WANG Wei,LI Jun,WU Rong. Delayed one-stage reconstruction of traumatic bilateral thumb coloboma[J]. Zhonghua Shou Wai Ke Za Zhi[Chin J Hand Surg(Article in Chinese;No abstract available)],1996,12(2):92.}

[3207] 肖玉周, 周建生, 胡玫麒, 潘功平. 利用残存指再造拇指[J]. 中华显微外科杂志, 1996, 19(2): 145-146. DOI: CNKI: SUN: ZHXW.0.1996-02-040. {XIAO Yuzhou,ZHOU Jiansheng,HU Yulin,PAN Gongping. Thumb reconstruction with residual digits[J]. Zhonghua Xian Wei Wai Ke Za Zhi[Chin J Microsurg(Article in Chinese;No abstract available)],1996,19(2):145-146.

DOI:CNKI:SUN:ZHXW.0.1996-02-040.}

[3208] 卓小为，皮佑辉，杨力军. 拇指再造10例[J]. 中国修复重建外科杂志，1996，10(1): 68. {ZHUO Xiaowei,PI Youhui,YANG Lijun. Thumb reconstruction:a report of 10 cases[J]. Zhongguo Xiu Fu Chong Jian Wai Ke Za Zhi[Chin J Repar Reconstr Surg(Article in Chinese;No abstract available)],1996,10(1):68.}

[3209] 陈棉智. 拇食(示)指缺损再造五例体会[J]. 中华显微外科杂志，1996，19(3): 225. {CHEN Mianzhi. Experience on reconstruction of thumb and index finger defect in 5 cases[J]. Zhonghua Xian Wei Wai Ke Za Zhi[Chin J Microsurg(Article in Chinese;No abstract available)],1996,19(3):225.}

[3210] 刘勇，王华，王小彪. 拇指背侧带蒂皮瓣再造拇指[J]. 中国修复重建外科杂志，1997，11(4): 68. DOI: CNKI: SUN: ZXCW.0.1997-04-037. {LIU Yong,WANG Hua,WANG Xiaobiao. Thumb reconstruction with pedicled dorsal thumb flap[J]. Zhongguo Xiu Fu Chong Jian Wai Ke Za Zhi[Chin J Repar Reconstr Surg(Article in Chinese;No abstract available)],1997,11(4):68. DOI: CNKI:SUN:ZXCW.0.1997-04-037.}

[3211] 姜佩珠，楼国祥，范存义. 一期再造拇指并重建其他伤指的掌指关节[J]. 中华显微外科杂志，1998，21(3): 228. DOI: 10.3760/cma.j.issn.1001-2036.1998.03.031. {JIANG Peizhu,LOU Guoxiang,FAN Cunyi,SHI Huipeng,ZENG Bingfang. One stage thumb and metacarpophalangeal joint of other injured fingers reconstruction[J]. Zhonghua Xian Wei Wai Ke Za Zhi[Chin J Microsurg(Article in Chinese;No abstract available)],1998,21(3):228. DOI:10.3760/cma.j.issn.1001-2036.1998.03.031.}

[3212] 曾祥伟，黄克，韦冰丹，蒋卫平，奚学明，李林，杨晓明. 第一掌骨潜行截骨延长拇指再造[J]. 中国矫形外科杂志，1998，5(3): 35. {ZENG Xiangwei,HUANG Ke,WEI Bingdan,JIANG Weiping,XI Xieming,LI Lin,YANG Xiaoming. Lengthening thumb reconstruction by first metacarpal stealth osteotomy[J]. Zhongguo Jiao Xing Wai Ke Za Zhi[Orthop J China(Article in Chinese;No abstract available)],1998,5(3):35.}(非显微再造 Non-microsurgical reconstruction)

[3213] 夏英慧，李平统，林益清. 次期拇指再造一例[J]. 中国修复重建外科杂志，1998，12(1): 63. DOI: CNKI: SUN: ZXCW.0.1998-01-030. {XIA Yinghui,LI Pingtong,LIN Yiqing. Second stage thumb reconstruction:a case report[J]. Zhongguo Xiu Fu Chong Jian Wai Ke Za Zhi[Chin J Repar Reconstr Surg(Article in Chinese;No abstract available)],1998,12(1):63. DOI:CNKI:SUN:ZXCW.0.1998-01-030.}

[3214] 张钦，孙艳红，潘绍勋. 组合组织移植一期拇指再造一例[J]. 中华显微外科杂志，1999，22(1): 79. DOI: 10.3760/cma.j.issn.1001-2036.1999.01.064. {ZHANG Qin,SUN Yanhong,PAN Shaoxun. One stage combined tissue transplant for thumb reconstruction:a case report[J]. Zhonghua Xian Wei Wai Ke Za Zhi[Chin J Microsurg(Article in Chinese;No abstract available)],1999,22(1):79. DOI:10.3760/cma.j.issn.1001-2036.1999.01.064.}

[3215] 陈中，李坤德，谢昌平，张文，周明武. 手部残指移位拇指再造47例报告[J]. 中华显微外科杂志，1999，22(S1): 3-5. DOI: CNKI: SUN: ZHXW.0.1999-S1-052. {CHEN Zhong,LI Kunde,XIE Changping,ZHANG Wen,ZHOU Mingwu. Remnant finger displace for thumb reconstruction:a report of 47 cases[J]. Zhonghua Xian Wei Wai Ke Za Zhi[Chin J Microsurg(Article in Chinese;No abstract available)],1999,22(S1):3-5. DOI:CNKI:SUN:ZHXW.0.1999-S1-052.}

[3216] 徐建光，顾玉东，张高孟，陈德松，成效敏. 早期功能锻炼防止再造拇指的肌腱粘连[J]. 中华手外科杂志，1999，15(2): 3-5. {XU Jianguang,GU Yudong,ZHANG Gaomeng,CHEN Desong,CHENG Xiaomin. Early postoperative rehabilitation for prevention of tendon adhesion in reconstructed fingers[J]. Zhonghua Shou Wai Ke Za Zhi[Chin J Hand Surg(Article in Chinese;Abstract in Chinese and English)],1999,15(2):3-5.}

[3217] 马海燕，谢静，仝占坤. 残存指倒转移位再造拇指7例[J]. 中国修复重建外科杂志，1999，13(2): 3-5. DOI: CNKI: SUN: ZXCW.0.1999-02-024. {MA Haiyan,XIE Jing,TONG Zhankun. Thumb reconstruction with reversed transfer of residual fingers:a report of 7 cases[J]. Zhongguo Xiu Fu Chong Jian Wai Ke Za Zhi[Chin J Repar Reconstr Surg(Article in Chinese;No abstract available)],1999,13(2):3-5. DOI:CNKI:SUN:ZXCW.0.1999-02-024.}

[3218] 夏英慧，张诚毅，吴健峰，张昀. 手桡侧大半离断拇指毁损食(示)指中指移位再造[J]. 中华显微外科杂志，2000，23(3): 167. DOI: 10.3760/cma.j.issn.1001-2036.2000.03.036. {XIA Yinghui,ZHANG Chengyi,WU Jianfeng,ZHANG Yun. Index and middle finger displace and reconstruct in radial hemi-severed hand and damaged thumb[J]. Zhonghua Xian Wei Wai Ke Za Zhi[Chin J Microsurg(Article in Chinese;No abstract available)],2000,23(3):167. DOI:10.3760/cma.j.issn.1001-2036.2000.03.036.}

[3219] 潘江，曲铁兵，张凯. 指掌侧总动脉为蒂指背双岛状皮瓣瓦合再造拇指食指[J]. 中华显微外科杂志，2000，23(3): 220-221. DOI: 10.3760/cma.j.issn.1001-2036.2000.03.024. {PAN Jiang,QV Tiebing,ZHANG Kai. Double island flap pedicled with palmar digital artery for thumb and index finger reconstruction[J]. Zhonghua Xian Wei Wai Ke Za Zhi[Chin J Microsurg(Article in Chinese;No abstract available)],2000,23(3):220-221. DOI:10.3760/cma.j.issn.1001-2036.2000.03.024.}

[3220] 吕桂欣，程国良，潘达德. 组合组织移植再造拇指并修复手部创面14例报告[J]. 中华手外科杂志，2000，16(3): 183. DOI: 10.3760/cma.j.issn.1005-054X.2000.03.024. {LV Guixin,CHENG Guoliang,PAN Dade,WANG Shixin. Combined tissue transplant for thumb reconstruction and repair the surface of wound:a report of 14 cases[J]. Zhonghua Shou Wai Ke Za Zhi[Chin J Hand Surg(Article in Chinese;No abstract available)],2000,16(3):183. DOI:10.3760/cma.j.issn.1005-054X.2000.03.024.}

[3221] 郭解军. 邻指残骨编织再植固定包埋拇食(示)指再造30例[J]. 中华显微外科杂志，2000，23(1): 71-72. DOI: 10.3760/cma.j.issn.1001-2036.2000.01.031. {GUO Jiejun. Reconstruction of thumb and index finger wrapping with residual bone of adjacent fingers woven replantation and fixation:a report of 30 cases[J]. Zhonghua Xian Wei Wai Ke Za Zhi[Chin J Microsurg(Article in Chinese;No abstract available)],2000,23(1):71-72. DOI:10.3760/cma.j.issn.1001-2036.2000.01.031.}

[3222] 侯书健，程国良，方光荣，杨志贤，张元信，屈志刚. 拇指末节部分缺损的再造与修复[J]. 中华显微外科杂志，2001，24(1): 23-25. DOI: 10.3760/cma.j.issn.1001-2036.2001.01.009. {HOU Shujian,CHENG Guoliang,FANG Guangrong,YANG Zhixian,ZHANG Yuanxin,QV Zhigang. Partial distal thumb reconstruction with great toe transfer[J]. Zhonghua Xian Wei Wai Ke Za Zhi[Chin J Microsurg(Article in Chinese;Abstract in Chinese and English)],2001,24(1):23-25. DOI:10.3760/cma.j.issn.1001-2036.2001.01.009.}

[3223] 林浩，王祝民，侯海涛，隋海明. 带指掌侧浅静脉的中环指邻侧双岛状皮瓣再造拇指[J]. 中华显微外科杂志，2001，24(2): 145-146. DOI: 10.3760/cma.j.issn.1001-2036.2001.02.028. {LIN Hao,WANG Zumin,HOU Haitao,SUI Haiming. Adjacent double island flap of middle ring finger with superficial palmar digital vein for thumb reconstruction[J]. Zhonghua Xian Wei Wai Ke Za Zhi[Chin J Microsurg(Article in Chinese;Abstract in Chinese)],2001,24(2):145-146. DOI:10.3760/cma.j.issn.1001-2036.2001.02.028.}

[3224] 徐祝军，王弘. 用废弃手再造对侧手拇指伴桡侧组织毁损一例[J]. 中华手外科杂志，2001，17(z1): 58. DOI: 10.3760/cma.j.issn.1005-054X.2001.z1.040. {XU Zujun,WANG Hong. Using abandoned hand for the contralateral thumb with radial tissue damage reconstruction:a case report[J]. Zhonghua Shou Wai Ke Za Zhi[Chin J Hand Surg(Article in Chinese;No abstract available)],2001,17(z1):58. DOI:10.3760/cma.j.issn.1005-054X.2001.z1.040.}

[3225] 屈志刚，方光荣，程国良，潘达德，汤海萍，丁小珩，侯书健，孙乐天. 拇指、手指Ⅰ、Ⅱ度缺损的再造[J]. 中华骨科杂志，2002，22(7): 386-389. DOI: 10.3760/j.issn: 0253-2352.2002.07.002. {QV Zhigang,FANG Guangrong,CHENG Guoliang,PAN Dade,TANG Haiping,DING Xiaoheng,HOU Shujian,SUN Letian. Reconstruction of Ⅰ and Ⅱ degree defect of thumb and finger[J]. Zhonghua Gu Ke Za Zhi[Chin J Orthop(Article in Chinese;Abstract in Chinese and English)],2002,22(7):386-389. DOI:10.3760/j.issn:0253-2352.2002.07.002.}

[3226] 杜昭，黄德征. 合并手部皮肤缺损的拇手指再造[J]. 中华显微外科杂志，2002，25(2): 140-141. DOI: 10.3760/cma.j.issn.1001-2036.2002.02.025. {DU Zhao,HUANG Dezheng. Thumb and finger reconstruction with skin defect of hand[J]. Zhonghua Xian Wei Wai Ke Za Zhi[Chin J Microsurg(Article in Chinese;Abstract in Chinese)],2002,25(2):140-141. DOI:10.3760/cma.j.issn.1001-2036.2002.02.025.}

[3227] 顾宇彤，张德松，强加和，陈浩，程志滨. 利用中指一期再造拇指一例[J]. 中华显微外科杂志，2002，25(4): 315. DOI: 10.3760/cma.j.issn.1001-2036.2002.04.051. {GU Yutong,ZHANG Desong,QIANG Jiahe,CHEN Hao,CHENG Zhibin. One stage thumb reconstruction with middle finger:a case report[J]. Zhonghua Xian Wei Wai Ke Za Zhi[Chin J Microsurg(Article in Chinese;No abstract available)],2002,25(4):315. DOI:10.3760/cma.j.issn.1001-2036.2002.04.051.}

[3228] 黄智勇，肖春凌，贾志刚. 拇指再造145例[J]. 中国修复重建外科杂志，2002，16(3): 212. DOI: CNKI: SUN: ZXCW.0.2002-03-028. {HUANG Zhiyong,XIAO Chunling,JIA Zhigang. Thumb reconstruction:a report of 145 cases[J]. Zhongguo Xiu Fu Chong Jian Wai Ke Za Zhi[Chin J Repar Reconstr Surg(Article in Chinese;No abstract available)],2002,16(3):212. DOI:CNKI:SUN:ZXCW.0.2002-03-028.}

[3229] 黄一雄，侯明钟，贾万新，黄燮青. 应用冻干异体手指骨关节肌腱腱鞘复合组织再造拇指[J]. 中国矫形外科杂志，2003，11(8): 527-529. DOI: 10.3969/j.issn.1005-8478.2003.08.007. {HUANG Yixiong,HOU Mingzhong,JIA Wanxin,HUANG Xieqing. Thumb and Finger Reconstruction with Frozen-dried Allogeneic Phalanx-joint-tendon-sheath Composite Tissue[J]. Zhongguo Jiao Xing Wai Ke Za Zhi[Orthop J China(Article in Chinese;Abstract in Chinese and English)],2003,11(8):527-529. DOI:10.3969/j.issn.1005-8478.2003.08.007.}(非显微再造 Non-microsurgical reconstruction)

[3230] 王振军，程国良，易晨阳. 废弃指复合组织游离移植再造部分拇指一例报告[J]. 中华手外科杂志，2003，19(3): 155. DOI: 10.3760/cma.j.issn.1005-054X.2003.03.014. {WANG Zhenjun,CHENG Guoliang,YI Chenyang. Partial thumb reconstruction using free transplantation of abandoned finger composite tissue:a case repot[J]. Zhonghua Shou Wai Ke Za Zhi[Chin J Hand Surg(Article in Chinese;No abstract available)],2003,19(3):155. DOI:10.3760/cma.j.issn.1005-054X.2003.03.014.}

[3231] 宋基学，董汝臣，刘光伟，于静，宋培茂. 拇指严重损伤早期显微外科的修复与再造[J]. 中华手外科杂志，2003，19(3): 171-172. DOI: 10.3760/cma.j.issn.1005-054X.2003.03.022. {SONG Jixue,DONG Yuchen,LIU Guangwei,YU Jing,SONG Peimao. Early microsurgical repair and reconstruction of severe thumb injury[J]. Zhonghua Shou Wai Ke Za Zhi[Chin J Hand Surg(Article in Chinese;Abstract in Chinese and English)],2003,19(3):171-172. DOI:10.3760/cma.j.issn.1005-054X.2003.03.022.}

[3232] 范存义，曾炳芳，蔡培华，姜佩珠，眭述平. 严重拇缺失合并虎口挛缩的拇指再造[J]. 中华创伤骨科杂志，2003，5(3): 173-175. DOI: 10.3760/cma.j.issn.1671-7600.2003.03.005. {FAN Cunyi,ZENG Bingfang,CAI Peihua,JIANG Peizhu,SUI Shuping. Reconstruction of serious thumb defects with first web space contracture[J]. Zhonghua Chuang Shang Gu Ke Za Zhi[Chin J Orthop Trauma(Article in Chinese;Abstract in Chinese and English)],2003,5(3):173-175. DOI:10.3760/cma.j.issn.1671-7600.2003.03.005.}

[3233] 张全荣，寿奎水，许亚军，邱扬，施海峰，陆征峰. 静脉移植治疗足趾再造拇手指术后顽固性动脉痉挛[J]. 实用手外科杂志，2003，17(3): 137-138. DOI: 10.3969/j.issn.1671-2722.2003.03.004. {ZHANG Quanrong,SHOU Kuishui,XU Yajun,QIU Yang,SHI Haifeng,LU Zhengfeng. Treatment of die-card arteriospasm in toe transplantation to reconstruct thumb and finger with vein graft[J]. Shi Yong Shou Wai Ke Za Zhi[Chin J Pract Hand Surg(Article in Chinese;Abstract in Chinese and English)],2003,17(3):137-138. DOI:10.3969/j.issn.1671-2722.2003.03.004.}

[3234] 俞俊兴. 静脉动脉化踇趾甲瓣再造拇、手指指甲[J]. 临床骨科杂志，2003，6(3): 242-243. DOI: 10.3969/j.issn.1008-0287.2003.03.020. {YU Junxing. Clinical application of veinlet-arteriole anastomosis in the nail reconstruction of thumb and finger with toenail flap transplantation[J]. Lin Chuang Gu Ke Za Zhi[J Clin Orthop(Article in Chinese;Abstract in Chinese and English)],2003,6(3):242-243. DOI:10.3969/j.issn.1008-0287.2003.03.020.}

[3235] 钟志刚，张发惠. 以尺动脉腕背支为蒂双叶骨皮瓣再造拇指的应用解剖[J]. 中华显微外科杂志，2004，27(1): 48-50. DOI: 10.3760/cma.j.issn.1001-2036.2004.01.018. {ZHONG Zhigang,ZHANG Fahui. Applied anatomy of reconstruction thumb of free bifoltaed bone flap pedicled with the dorsal carpal branch of ulnar artery[J]. Zhonghua Xian Wei Wai Ke Za Zhi[Chin J Microsurg(Article in Chinese;Abstract in Chinese and English)],2004,27(1):48-50. DOI:10.3760/cma.j.issn.1001-2036.2004.01.018.}

[3236] 张全荣，寿奎水，邱扬，施海峰，陆征峰. 拇指Ⅵ度缺损的拇指再造[J]. 中华显微外科杂志，2004，27(1): 68-69. DOI: 10.3760/cma.j.issn.1001-2036.2004.01.031. {ZHANG Quanrong,SHOU Kuishui,QIU Yang,SHI Haifeng,LU Zhengfeng. Thumb reconstruction of grade VI thumb defect[J]. Zhonghua Xian Wei Wai Ke Za Zhi[Chin J Microsurg(Article in Chinese;Abstract in Chinese)],2004,27(1):68-69. DOI:10.3760/cma.j.issn.1001-2036.2004.01.031.}

[3237] 谢振荣，肖军波，庞德云，雷艳文. 联合组织移植一期再造拇手指的临床经验总结[J]. 中华显微外科杂志，2004，27(3): 217-219. DOI: 10.3760/cma.j.issn.1001-2036.2004.03.024. {XIE Zhenrong,XIAO Junbo,PANG Deyun,LEI Yanwen. Clinical experience of thumb and finger transplantation in one stage with combined tissue transplantation[J]. Zhonghua Xian Wei Wai Ke Za Zhi[Chin J Microsurg(Article in Chinese;Abstract in Chinese)],2004,27(3):217-219. DOI:10.3760/cma.j.issn.1001-2036.2004.03.024.}

[3238] 黄一雄，侯明钟，贾万新，沈尊理，黄燮青. 20例冷冻异体手指复合组织再造拇手指的远期功能检测[J]. 中国矫形外科杂志，2004，12(12): 900-901. DOI: 10.3969/j.issn.1005-8478.2004.12.006. {HUANG Yixiong,HOU Mingzhong,JIA Wanxin,SHEN Zunli,HUANG Xieqing. Long-term functional evaluation of 20 cases frozen allogenic composite tissue of fingers after transplantation[J]. Zhongguo Jiao Xing Wai Ke Za Zhi[Orthop J China(Article in Chinese;Abstract in Chinese and English)],2004,12(12):900-901. DOI:10.3969/j.issn.1005-8478.2004.12.006.}(非显微再造 Non-microsurgical reconstruction)

[3239] 侯书健，程国良，王振军，潘达德，方光荣. 44例小儿拇手指再造长期随访结果[J]. 中华手外科杂志，2004，20(4): 195-197. DOI: 10.3760/cma.j.issn.1005-054X.2004.04.002. {HOU Shujian,CHENG Guoliang,WANG Zhenjun,PAN Dade,FANG Guangrong. Reconstruction of thumb and finger in 44 children:long-term follow-up results[J]. Zhonghua Shou Wai Ke Za Zhi[Chin J Hand Surg(Article in Chinese;Abstract in Chinese and English)],2004,20(4):195-197. DOI:10.3760/cma.j.issn.1005-054X.2004.04.002.}

[3240] 范存义，蔡培华，宋飒，曾炳芳，姜佩珠，眭述平. 拇指严重缺失的组(联)合组织移植再造[J]. 实用手外科杂志，2004，18(1): 13-14. DOI: 10.3969/j.issn.1671-2722.2004.01.006. {FAN Cunyi,CAI Peihua,SONG Sha,ZENG Bingfang,JIANG Peizhu,SUI Shuping. Combined transplantation for thumb reconstruction in serious thumb defects[J]. Shi Yong Shou Wai Ke Za Zhi[Chin J Pract Hand Surg(Article in Chinese;Abstract in Chinese and English)],2004,18(1):13-14. DOI:10.3969/j.issn.1671-2722.2004.01.006.}

[3241] 张文正，郑良军，林立国，王君正，章友棣. 拇手指再造75例86指[J]. 中国修复重建外科杂志，2004，18(1): 48-48. DOI: CNKI: SUN: ZXCW.0.2004-01-021. {ZHANG Wenzheng,ZHENG Liangjun,LIN Liguo,WANG Junzheng,ZHANG Youdi. Thumb and finger reconstruction in 75 cases (86 fingers)[J]. Zhongguo Xiu Fu Chong Jian Wai Ke Za Zhi[Chin J Repar Reconstr Surg(Article in Chinese;No abstract available)],2004,18(1):48-48. DOI:CNKI:SUN:ZXCW.0.2004-01-021.}

[3242] 程国良．足部皮瓣在拇指及手指再造与修复中的应用［J］．中华显微外科杂志，2005，28（4）：291-294．DOI：10.3760/cma.j.issn.1001-2036.2005.04.001．{CHENG Guoliang. Application of foot flap in thumb and finger reconstruction and repair[J]. Zhonghua Xian Wei Wai Ke Za Zhi[Chin J Microsurg(Article in Chinese;No abstract available)],2005,28(4):291-294. DOI:10.3760/cma.j.issn.1001-2036.2005.04.001.}

[3243] 李景峰，刘亦军，季晓石，霍岩．桡动脉远端形态特点及其在组合移植再造拇手指中的应用［J］．中国临床解剖学杂志，2006，24（5）：587-588．DOI：10.3969/j.issn.1001-165X.2006.05.030．{LI Jingfeng,LIU Yijun,JI Xiaoshi,HUO Yan. The morphologic features of the distal radial artery and its clinical significance for thumb or finer reconstructing[J]. Zhongguo Lin Chuang Jie Pou Xue Za Zhi[Chin J Clin Anat(Article in Chinese;Abstract in Chinese and English)],2006,24(5):587-588. DOI:10.3969/j.issn.1001-165X.2006.05.030.}

[3244] 王文德，李宗宝，姚保兵，吴德富，王业本，王统立，胡亮．第二足趾跖侧菱形皮瓣转移改形法再造拇指［J］．中华手外科杂志，2006，22（5）：294-295．DOI：10.3760/cma.j.issn.1005-054X.2006.05.014．{WANG Wende,LI Zhongbao,YAO Baobing,WU Defu,WANG Yeben,WANG Tongli,HU Liang. Reconstruction of thumb with the second toe modified by transferring a rhomboid flap at the plantar side[J]. Zhonghua Shou Wai Ke Za Zhi[Chin J Hand Surg(Article in Chinese;Abstract in Chinese and English)],2006,22(5):294-295. DOI:10.3760/cma.j.issn.1005-054X.2006.05.014.}

[3245] 赵小伟，王威，韩运，陈峰，胡洪涌，刘国龙．皮肤软组织扩张术再造拇指［J］．中国修复重建外科杂志，2006，20（9）：906-908．{ZHAO Xiaowei,WANG Wei,HAN Yun,CHEN Feng,HU Hongyong,LIU Guolong. Thumb reconstruction with skin and soft tissue expansion[J]. Zhongguo Xiu Fu Chong Jian Wai Ke Za Zhi[Chin J Repar Reconstr Surg(Article in Chinese;Abstract in Chinese and English)],2006,20(9):906-908.}

[3246] 张维彬．小儿拇示中指再造术后长时间反复动脉痉挛救治成功一例［J］．中华显微外科杂志，2006，29（3）：173．DOI：10.3760/cma.j.issn.1001-2036.2006.03.039．{ZHANG Weibin. Treatment of long-term recurrent arterial spasm after thumb and middle finger reconstruction in children:a case report[J]. Zhonghua Xian Wei Wai Ke Za Zhi[Chin J Microsurg(Article in Chinese;No abstract available)],2006,29(3):173. DOI:10.3760/cma.j.issn.1001-2036.2006.03.039.}

[3247] 王光耀，谢广中，苗存良，吴恒烜，李敬矿，彭剑飞，袁兆能．拇手指末节部分缺损的修复与再造［J］．中华显微外科杂志，2007，30（5）：380-381．DOI：10.3760/cma.j.issn.1001-2036.2007.05.021．{WANG Guangyao,XIE Guangzhong,MIAO Cunliang,WU Hengxuan,LI Jingkuang,PENG Jianfei,YUAN Zhaoneng. Distal segment defect of thumb and finger repair and reconstruction[J]. Zhonghua Xian Wei Wai Ke Za Zhi[Chin J Microsurg(Article in Chinese;Abstract in Chinese)],2007,30(5):380-381. DOI:10.3760/cma.j.issn.1001-2036.2007.05.021.}

[3248] 施小柯，黎斌，李东平，莫有成，方键，吴福，韦景才，曾永文．足部复合组织移植再造与修复拇手指缺损［J］．中华手外科杂志，2007，23（2）：124．{SHI Xiaoke,LI Bin,LI Dongping,MO Youcheng,FANG Jian,WU Fu,WEI Jingcai,ZENG Yongwen. Composite tissue of foot transplant for thumb and digit defects repair and reconstruction[J]. Zhonghua Shou Wai Ke Za Zhi[Chin J Hand Surg(Article in Chinese;No abstract available)],2007,23(2):124.}

[3249] 滕国栋，胡晓莺，袁光海，汤海萍．精神因素对拇手指再造术的影响［J］．中华手外科杂志，2007，23（3）：159-161．{TENG Guodong,HU Xiaoying,YUAN Guanghai,TANG Haiping. Rlationship of psychologic factors with vascular crisis in thumb renconstruction[J]. Zhonghua Shou Wai Ke Za Zhi[Chin J Hand Surg(Article in Chinese;Abstract in Chinese and English)],2007,23(3):159-161.}

[3250] 韩凤山，王光楠，张宏伟，平娟，姜波，毛智．幼龄拇指完全缺损修复与再造3例报告［J］．解放军医学杂志，2007，32（3）：260-261．DOI：10.3321/j.issn：0577-7402.2007.03.031．{HAN Fengshan,WANG Guangnan,ZHANG Hongwei,PING Juan,JIANG Bo,MAO Zhi. Repair and reconstruction of the thumb in infancy[J]. Jie Fang Jun Yi Xue Za Zhi[Med J Chin PLA(Article in Chinese;Abstract in Chinese and English)],2007,32(3):260-261. DOI:10.3321/j.issn:0577-7402.2007.03.031.}

[3251] 张敬良，谢振荣，肖军波，雷彦文，宋君，郭桥鸿，李杭，黄忠明，陈焕伟．拇（手）指Ⅰ期塑形再造［J］．中华显微外科杂志，2007，30（5）：331-333，插3．DOI：10.3760/cma.j.issn.1001-2036.2007.05.004．{ZHANG Jingliang,XIE Zhenrong,XIAO Junbo,LEI Yanwen,SONG Jun,GUO Qiaohong,LI Hang,HUANG Zhongming,CHEN Huanwei. A new surgical treatment for thumb (finger) reconstruction by the free moulded second toe transfer[J]. Zhonghua Xian Wei Wai Ke Za Zhi[Chin J Microsurg(Article in Chinese;Abstract in Chinese and English)],2007,30(5):331-333,insert 3. DOI:10.3760/cma.j.issn.1001-2036.2007.05.004.}

[3252] 屈志刚，方光荣，丁小珩，侯书健，孙乐天，何旭，张宏勋，程国良，潘达德．拇手指末节缺损的再造［J］．中华显微外科杂志，2008，31（4）：267-269．DOI：10.3760/cma.j.issn.1001-2036.2008.04.010．{QV Zhigang,FANG Guangrong,DING Xiaoheng,HOU Shujian,SUN Letian,HE Xu,ZHANG Hongxun,CHENG Guoliang,PAN Dade. Reconstruction of end section defect of thumb and finger[J]. Zhonghua Xian Wei Wai Ke Za Zhi[Chin J Microsurg(Article in Chinese;Abstract in Chinese and English)],2008,31(4):267-269. DOI:10.3760/cma.j.issn.1001-2036.2008.04.010.}

[3253] 杨晓东，张根福，杨锦，刘扬武，陈逸民，付尚俊，周阳．拇手指再造术的临床体会［J］．实用手外科杂志，2008，22（3）：138-139．DOI：10.3969/j.issn.1671-2722.2008.03.004．{YANG Xiaodong,ZHANG Genfu,YANG Jin,LIU Yangwu,CHEN Yimin,FU Shangjun,ZHOU Yang. Clinical experience of finger and thumb reconstruction[J]. Shi Yong Shou Wai Ke Za Zhi[Chin J Pract Hand Surg(Article in Chinese;Abstract in Chinese and English)],2008,22(3):138-139. DOI:10.3969/j.issn.1671-2722.2008.03.004.}

[3254] 张功林，郭翱，章鸣，徐招跃，张灵芝，李俊，王顺炳，吴发林．应用趾甲延长术改善再造拇（手）指外形［J］．中华创伤骨科杂志，2008，10（4）：397-398．DOI：10.3760/cma.j.issn.1671-7600.2008.04.027．{ZHANG Gonglin,GUO Ao,ZHANG Ming,XU Zhaoyue,ZHANG Lingzhi,LI Jun,WANG Shunbing,WU Falin. Using toenail lengthening to improve the appearance of reconstructed thumb (fingers)[J]. Zhonghua Chuang Shang Gu Ke Za Zhi[Chin J Orthop Trauma(Article in Chinese;No abstract available)],2008,10(4):397-398. DOI:10.3760/cma.j.issn.1671-7600.2008.04.027.}

[3255] 徐吉海，陈宏，戚建武，柴益铜．游离左拇复指再造右拇指一例［J］．中华手外科杂志，2009，25（3）：133．DOI：10.3760/cma.j.issn.1005-054X.2009.03.003．{XU Jihai,CHEN Hong,QI Jianwu,CHAI Yitong. Free left duplicated thumb transplant for right thumb reconstruction:a case report[J]. Zhonghua Shou Wai Ke Za Zhi[Chin J Hand Surg(Article in Chinese;No abstract available)],2009,25(3):133. DOI:10.3760/cma.j.issn.1005-054X.2009.03.003.}

[3256] 张立山，潘勇卫，田光磊，郭险峰，童艳．不同术式拇手指再造术后供足的步态分析［J］．中华手外科杂志，2009，25（5）：312-316．DOI：10.3760/cma.j.issn.1005-054X.2009.05.030．{ZHANG Lishan,PAN Weiyong,TIAN Guanglei,GUO Xianfeng,TONG Yan. Gait analysis of the donor foot after various thumb/finger reconstruction[J]. Zhonghua Shou Wai Ke Za Zhi[Chin J Hand Surg(Article in Chinese;Abstract in Chinese and English)],2009,25(5):312-316. DOI:10.3760/cma.j.issn.1005-054X.2009.05.030.}

[3257] 邵新中，于亚东，马伟松，许娅莉．关节囊重建术再造Ⅱ类拇指缺损疗效观察［J］．中华手外科杂志，2009，25（6）：354-355．DOI：10.3760/cma.j.issn.1005-054X.2009.06.015．{SHAO Xinzhong,YU Yadong,MA Weisong,XU Yali. Capsuloplasty in reconstruction of class Ⅱ defect of the thumb:observation of clinical outcomes[J]. Zhonghua Shou Wai Ke Za Zhi[Chin J Hand Surg(Article in Chinese;Abstract in Chinese and English)],2009,25(6):354-355. DOI:10.3760/cma.j.issn.1005-054X.2009.06.015.}

[3258] 章伟文，陈宏，李学渊，徐吉海．203例手外伤后手指及拇指再造分析［J］．实用手外科杂志，2009，23（2）：67-68，71．DOI：10.3969/j.issn.1671-2722.2009.02.001．{ZHANG Weiwen,CHEN Hong,LI Xueyuan,XU Jihai. Analysis of 203 cases of fingers and thumbs reconstruction with free tissue transplantation[J]. Shi Yong Shou Wai Ke Za Zhi[Chin J Pract Hand Surg(Article in Chinese;Abstract in Chinese and English)],2009,23(2):67-68,71. DOI:10.3969/j.issn.1671-2722.2009.02.001.}

[3259] 许亚军，陈政，姚群，周晓，陈学明，周建东．改良中环指岛状皮瓣加髂骨植骨再造拇指［J］．实用手外科杂志，2009，23（2）：72-73．DOI：10.3969/j.issn.1671-2722.2009.02.003．{XU Yajun,CHEN Zheng,YAO Qun,ZHOU Xiao,CHEN Xueming,ZHOU Jiandong. Thumb reconstruction with modified island flaps of middle and ring fingers combined with crest bone implant[J]. Shi Yong Shou Wai Ke Za Zhi[Chin J Pract Hand Surg(Article in Chinese;Abstract in Chinese and English)],2009,23(2):72-73. DOI:10.3969/j.issn.1671-2722.2009.02.003.}

[3260] 黄飞，孙军健，赖爱宁，魏雅莉，陈才平．精细再造拇指25例报道［J］．实用手外科杂志，2009，23（4）：220-222．DOI：10.3969/j.issn.1671-2722.2009.04.015．{HUANG Fei,SUN Junjian,LAI Aining,WEI Yali,CHEN Caiping. The experience of thumb fine reconstruction in 25 gases[J]. Shi Yong Shou Wai Ke Za Zhi[Chin J Pract Hand Surg(Article in Chinese;Abstract in Chinese and English)],2009,23(4):220-222. DOI:10.3969/j.issn.1671-2722.2009.04.015.}

[3261] 刘光军，谭琪，李建强，王成琪，郭德亮，田清业．足趾复合组织瓣瓦合再造拇及手指末节［J］．中国骨与关节损伤杂志，2009，24（10）：872-874．{LIU Guangjun,TAN Qi,LI Jianqiang,WANG Chengqi,GUO Deliang,TIAN Qingye. Single pedicled flank flaps from toe for reconstruction of distal phalanx of finger[J]. Zhongguo Gu Yu Guan Jie Sun Shang Za Zhi[Chin J Bone Joint Injury(Article in Chinese;Abstract in Chinese and English)],2009,24(10):872-874.}

[3262] 黄东，牟勇，吴伟炽，张惠茹．不同部位拇指缺损的再造31例［J］．中华显微外科杂志，2010，33（6）：505-507．DOI：10.3760/cma.j.issn.1001-2036.2010.06.029．{HUANG Dong,MU Yong,WU Weizhi,ZHANG Huiru. Reconstruction of thumb defects in different regions:a report of 31 cases[J]. Zhonghua Xian Wei Wai Ke Za Zhi[Chin J Microsurg(Article in Chinese;Abstract in Chinese)],2010,33(6):505-507. DOI:10.3760/cma.j.issn.1001-2036.2010.06.029.}

[3263] 赵玲珑．32例儿童拇手指缺损的再造［J］．中华创伤骨科杂志，2010，12（3）：290-291．DOI：10.3760/cma.j.issn.1671-7600.2010.03.023．{ZHAO Linglong. Reconstruction of the missing thumb in children[J]. Zhonghua Chuang Shang Gu Ke Za Zhi[Chin J Orthop Trauma(Article in Chinese;Abstract in Chinese and English)],2010,12(3):290-291. DOI:10.3760/cma.j.issn.1671-7600.2010.03.023.}

[3264] 张兴奎，唐阳平，吴加明，张桂红．小儿拇手指再造临床随访26例报道［J］．实用手外科杂志，2010，24（2）：108-109．DOI：10.3969/j.issn.1671-2722.2010.02.009．{ZHANG Xingkui,TANG Yangping,WU Jiaming,ZHANG Guihong. Clinical analysis of reconstructing thumb with toe transplantation in children[J]. Shi Yong Shou Wai Ke Za Zhi[Chin J Pract Hand Surg(Article in Chinese;Abstract in Chinese and English)],2010,24(2):108-109. DOI:10.3969/j.issn.1671-2722.2010.02.009.}

[3265] 吴春，林涧．应用指动脉皮瓣改善第二足趾移植再造拇指外形［J］．中华显微外科杂志，2011，34（4）：346．DOI：10.3760/cma.j.issn.1001-2036.2011.04.039．{WU Chun,LIN Jian. Using digital artery flap to improve the appearance of the reconstructed thumb by second toe transplantation[J]. Zhonghua Xian Wei Wai Ke Za Zhi[Chin J Microsurg(Article in Chinese;No abstract available)],2011,34(4):346. DOI:10.3760/cma.j.issn.1001-2036.2011.04.039.}

[3266] 劳克诚，李忠，范启申．拇手指再造供区踇趾坏死的原因及预防措施［J］．中华手外科杂志，2011，27（2）：97-98．{LAO Kechceng,LI Zhong,FAN Qishen. Causes of necrosis of the donor great toe in toe-to-hand transfer and its preventive measures[J]. Zhonghua Shou Wai Ke Za Zhi[Chin J Hand Surg(Article in Chinese;Abstract in Chinese and English)],2011,27(2):97-98.}

[3267] 倪国骅，徐世保，张德洪，杨红海，王国营，李婧，冯厚海．远位寄养指回植再造拇指［J］．中华创伤骨科杂志，2011，13（2）：193-194．DOI：10.3760/cma.j.issn.1671-7600.2011.02.022．{NI Guohua,XU Shibao,ZHANG Dehong,YANG Honghai,WANG Guoying,LI Jing,FENG Houhai. Distal foster fingers replant for thumb reconstruction[J]. Zhonghua Chuang Shang Gu Ke Za Zhi[Chin J Orthop Trauma(Article in Chinese;Abstract in Chinese)],2011,13(2):193-194. DOI:10.3760/cma.j.issn.1671-7600.2011.02.022.}

[3268] 王加利，丁小珩，赵春霞，陈仲华．小指展肌移位并跖趾关节背侧关节囊切开改善再造拇指功能［J］．中华显微外科杂志，2013，36（2）：126-128．DOI：10.3760/cma.j.issn.1001-2036.2013.02.009．{WANG Jiali,DING Xiaoheng,ZHAO Chunxia,CHEN Zhonghua. The shifting abductor muscle of little finger and metatarsophalangeal joint dorsal articular capsule incision to improve the function of reconstructed thumb[J]. Zhonghua Xian Wei Wai Ke Za Zhi[Chin J Microsurg(Article in Chinese;Abstract in Chinese and English)],2013,36(2):126-128. DOI:10.3760/cma.j.issn.1001-2036.2013.02.009.}

[3269] 王西迅，龙德云，李钧，陈旭辉，童哲，金成，崔岩，陈波，胡继超．第一跖背动脉CT三维重建在拇指再造术中的应用［J］．中华显微外科杂志，2013，36（5）：443-446．DOI：10.3760/cma.j.issn.1001-2036.2013.05.008．{WANG Xixun,LONG Deyun,LI Jun,CHEN Xuhui,TONG Zhe,JIN Cheng,CUI Yan,CHEN Bo,HU Jichao. Application of three-dimensional reconstruction images of the first metatarsal dorsal artery CT in thumb reconstruction[J]. Zhonghua Xian Wei Wai Ke Za Zhi[Chin J Microsurg(Article in Chinese;Abstract in Chinese and English)],2013,36(5):443-446. DOI:10.3760/cma.j.issn.1001-2036.2013.05.008.}

[3270] 欧学海，尚驰，许玉本，蔡鹰，杜小龙．利用无功能手指再造拇指及虎口一例［J］．中华手外科杂志，2013，29（3）：142．{OU Xuehai,SHANG Chi,XU Yuben,CAI Ying,DU Xiaolong. Using nonfunctional finger for thumb and purlicue reconstruction:a case report[J]. Zhonghua Shou Wai Ke Za Zhi[Chin J Hand Surg(Article in Chinese;No abstract available)],2013,29(3):142.}

[3271] 倪国骅，张德洪，杨红海．带足背皮瓣的足部寄养指回植再造拇指［J］．中华手外科杂志，2013，29（3）：178-180．DOI：10.3760/cma.j.issn.1005-054X.2013.03.024．{NI Guohau,ZHANG Dehong,YANG Honghai. Foster finger on feet replant with dorsalis pedis flap for thumb reconstruction[J]. Zhonghua Shou Wai Ke Za Zhi[Chin J Hand Surg(Article in Chinese;Abstract in Chinese)],2013,29(3):178-180. DOI:10.3760/cma.j.issn.1005-054X.2013.03.024.}

[3272] 倪国骅，吴学健，张德洪，杨红海，马学涛，孙小航．足部寄养指与足背皮瓣联合移植再造拇指及修复手部皮肤缺损［J］．中国修复重建外科杂志，2013，27（9）：1094-1097．DOI：10.7507/1002-1892.20130239．{NI Guohua,WU Xuejian,ZHANG Dehong,YANG Honghai,MA Xuetao,SUN Xiaohang. Temporary ectopic implantation of amputated fingers and dorsalis pedis flaps for thumb reconstruction and skin defect repair of hands[J]. Zhongguo Xiu Fu Chong Jian Wai Ke Za Zhi[Chin J Repar Reconstr Surg(Article in Chinese;Abstract in Chinese and English)],2013,27(9):1094-1097. DOI:10.7507/1002-1892.20130239.}

[3273] 曾志超，李鹏，刘海棠，谢沛军，欧治平．踇趾趾尖移植再造拇、手指指尖［J］．实用手外科杂志，2013，27（2）：139-140，147．DOI：10.3969/j.issn.1671-2722.2013.02.013．{ZENG Zhichao,LI Peng,LIU Haitang,XIE Peijun,OU Zhiping. Thumb tip and finger tip reconstruction with transplantion of the big toe tip[J]. Shi Yong Shou Wai Ke Za Zhi[Chin J Pract Hand Surg(Article in Chinese;Abstract in Chinese and English)],2013,27(2):139-140,147. DOI:10.3969/j.issn.1671-2722.2013.02.013.}

[3274] 马晨，张继春，夏晓明，王京怀．再造拇指指腹角度的设定及对生物力学的影响［J］．中华手外科杂志，2014，30（4）：292-294．{MA Chen,ZHANG Jichun,XIA Xiaoming,WANG Jinghuai. The setting of the angle of reconstructed thumb pulp and its effect on Biomechanics[J]. Zhonghua Shou Wai Ke Za Zhi[Chin J Hand Surg(Article in Chinese;Abstract in Chinese)],2014,30(4):292-294.}

[3275] 靳兆印，张敬良，丁亚南，陈雷，周长城，方文. 双拇指不同节段毁损移位再植及再造一例 [J]. 中华手外科杂志，2014，30（5）：381. {ZHAN Zhaoyin,ZHANG Jingliang,DING Yanan,CHEN Lei,ZHOU Changcheng,FANG Wen. Replantation and reconstruction of different segments of bilateral damaged thumb:a case report[J]. Zhonghua Shou Wai Ke Za Zhi[Chin J Hand Surg(Article in Chinese;No abstract available)],2014,30(5):381.}

[3276] 韩超，赵建勇，张学磊，刘长利. 再造拇指甲床扩大术的两种手术方法及比较 [J]. 实用手外科杂志，2014，28（1）：63-65，68. DOI：10.3969/j.issn.1671-2722.2014.01.023. {HAN Chao,ZHAO Jianyong,ZHANG Xuelei,LIU Changli. The analysis of clinical outcomes of two kinds of nail bed expanding technique in second toe-to-thumb transfer surgery[J]. Shi Yong Shou Wai Ke Za Zhi[Chin J Pract Hand Surg(Article in Chinese;Abstract in Chinese and English)],2014,28(1):63-65,68. DOI:10.3969/j.issn.1671-2722.2014.01.023.}

[3277] 何如祥，雷林革，程鹏，祁多宝，李国海，马宝. 第二足趾移植再造手（拇）指并一期外形重塑的临床分析 [J]. 中华显微外科杂志，2014，37（6）：543-546. DOI：10.3760/cma.j.issn.1001-2036.2014.06.007. {HE Ruxiang,LEI Linge,CHENG Peng,QI Duobao,LI Guohai,MA Bao. Clinical analysis of reconstruction of thumb or finger by free second-toe transfer and one stage appearance remodeling[J]. Zhonghua Xian Wei Wai Ke Za Zhi[Chin J Microsurg(Article in Chinese;Abstract in Chinese and English)],2014,37(6):543-546. DOI:10.3760/cma.j.issn.1001-2036.2014.06.007.}

[3278] 宋付芳，王文刚，刘圣光. 踇（趾）甲皮瓣再造修复带甲床缺损的手（拇）指软组织缺损 [J]. 中华显微外科杂志，2014，37（6）：590-592. DOI：10.3760/cma.j.issn.1001-2036.2014.06.019. {SONG Fufang,WANG Wengang,LIU Shengguang. Toe-nail-skin flap reconstruct for the soft tissue defect of finger (thumb) with nail bed defect repair[J]. Zhonghua Xian Wei Wai Ke Za Zhi[Chin J Microsurg(Article in Chinese;Abstract in Chinese)],2014,37(6):590-592. DOI:10.3760/cma.j.issn.1001-2036.2014.06.019.}

[3279] 郑良军，郭翱，李俊，金岩泉，蔡灵敏. 游离第一、二趾复合组织再造拇指Ⅲ度及以上缺损 12 例 [J]. 中华显微外科杂志，2015，38（4）：387-389. DOI：10.3760/cma.j.issn.1001-2036.2015.04.022. {ZHENG Liangjun,Guo Ao,LI Jun,JIN Yanquan,CAI Lingmin. Reconstruction of thumb defects of grade Ⅲ and above with free first and second toe composite tissue transplant:a report of 12 cases[J]. Zhonghua Xian Wei Wai Ke Za Zhi[Chin J Microsurg(Article in Chinese;Abstract in Chinese)],2015,38(4):387-389. DOI:10.3760/cma.j.issn.1001-2036.2015.04.022.}

[3280] 张全荣，芮永军，施海峰，张志海，薛明宇，魏苏明，钱俊. 不同构制手指转位再造不同程度的拇指缺损 [J]. 中国矫形外科杂志，2015，23（8）：743-747. DOI：10.3977/j.issn.1005-8478.2015.08.16. {ZHANG Quanrong,RUI Yongjun,SHI Haifeng,ZHANG Zhihai,XUE Mingyu,WEI Suming,QIAN Jun. Finger transposition with different structures in reconstruction of thumb defects in different degrees[J]. Zhongguo Jiao Xing Wai Ke Za Zhi[Orthop J China(Article in Chinese;Abstract in Chinese)],2015,23(8):743-747. DOI:10.3977/j.issn.1005-8478.2015.08.16.}

[3281] 周健，周丕育，苏期波. 多拇指畸形切除行中指末节再造一例 [J]. 中华手外科杂志，2015，31（3）：194. DOI：10.3760/cma.j.issn.1005-054X.2015.03.015. {ZHOU Jian,ZHOU Peiyu,SU Qibo. Abscission of polydactyly thumb to reconstruct the distal part of the middle finger:a case report[J]. Zhonghua Shou Wai Ke Za Zhi[Chin J Hand Surg(Article in Chinese;No abstract available)],2015,31(3):194. DOI:10.3760/cma.j.issn.1005-054X.2015.03.015.}

[3282] 巨积辉，李雷，吴建龙，李建宁，蒋国栋，侯瑞兴. 足部瓦合皮瓣联合植骨再造不同程度拇指缺损 [J]. 中华显微外科杂志，2016，39（1）：33-36. DOI：10.3760/cma.j.issn.1001-2036.2016.01.009. {JU Jihui,LI Lei,WU Jianlong,LI Jianning,JIANG Guodong,HOU Ruixing. Combined tiled flaps from foot with bone graft for reconstruction of thumb defects[J]. Zhonghua Xian Wei Wai Ke Za Zhi[Chin J Microsurg(Article in Chinese;Abstract in Chinese and English)],2016,39(1):33-36. DOI:10.3760/cma.j.issn.1001-2036.2016.01.009.}

[3283] 石志华，巨积辉，侯瑞兴，赵强，李雷，金光哲，张广亮. 55 例拇手指套脱伤再造术疗效评价 [J]. 中华手外科杂志，2016，32(2)：113-115. DOI：10.3760/cma.j.issn.1005-054X.2016.02.018. {SHI Zhihua,JU Jihui,HOU Ruixing,ZHAO Qiang,LI Lei,JIN Guangzhe,ZHANG Guangliang. Outcomes analysis of reconstruction of degloving injuries of the thumb and fingers in 55 cases[J]. Zhonghua Shou Wai Ke Za Zhi[Chin J Hand Surg(Article in Chinese;Abstract in Chinese and English)],2016,32(2):113-115. DOI:10.3760/cma.j.issn.1005-054X.2016.02.018.}

[3284] 金光哲，王凯，熊胜，胡海洋，郭礼平，朱宁，巨积辉. 伴有虎Ⅵ区皮肤缺损的拇指缺损再造 [J]. 中华手外科杂志，2016，32（5）：334-335. DOI：10.3760/cma.j.issn.1005-054X.2016.05.005. {JIN Guangzhe,WANG Kai,XION Sheng,HU Haiyang,HUO Liping,ZHU Ning,JU Jihui. Thumb reconstruction with skin defect in Area VI of purlicue[J]. Zhonghua Shou Wai Ke Za Zhi[Chin J Hand Surg(Article in Chinese;Abstract in Chinese)],2016,32(5):334-335. DOI:10.3760/cma.j.issn.1005-054X.2016.05.005.}

[3285] 杨世林，龙兴敬，匡安银，代羽，陈佳. 拇指离断足背寄养择期回植再造 [J]. 中华手外科杂志，2017，33（1）：70-71. DOI：10.3760/cma.j.issn.1005-054X.2017.01.032. {YANG Shilin,LONG Xingjing,KUANG Anying,DAI Yu,CHEN Jia. Selective dorsalis pedis fostered severed thumb replantation[J]. Zhonghua Shou Wai Ke Za Zhi[Chin J Hand Surg(Article in Chinese;No abstract available)],2017,33(1):70-71. DOI:10.3760/cma.j.issn.1005-054X.2017.01.032.}

[3286] 杨胜相，宋杰，王再岭，周文生，杨坤，姚伟，程栋. 前踝上带蒂皮瓣修复拇指再造供区创面的临床应用 [J]. 中华手外科杂志，2017，33（6）：411-412. DOI：10.3760/cma.j.issn.1005-054X.2017.06.006. {YANG Shengxiang,SONG Jie,WANG Zailing,ZHOU Wensheng,YANG Kun,YAO Wei,CHENG Dong. Clinical application of pedicled skin flap on anterior malleolus for repairing donor site wound surface of thumb reconstruction[J]. Zhonghua Shou Wai Ke Za Zhi[Chin J Hand Surg(Article in Chinese;Abstract in Chinese)],2017,33(6):411-412. DOI:10.3760/cma.j.issn.1005-054X.2017.06.006.}

[3287] 赵强，巨积辉，程贺云，李祥军，王本元，杜伟伟. 指残端局部皮瓣改善再造拇手指外形 [J]. 中华手外科杂志，2018，34（2）：84-86. DOI：10.3760/cma.j.issn.1005-054X.2018.02.002. {ZHAO Qiang,JU Jihui,CHENG Heyun,LI Xiangjun,WANG Benyuan,DU Weiwei. Improvement of reconstructed thumb or finger shape using local flap of thumb or finger stump[J]. Zhonghua Shou Wai Ke Za Zhi[Chin J Hand Surg(Article in Chinese;Abstract in Chinese and English)],2018,34(2):84-86. DOI:10.3760/cma.j.issn.1005-054X.2018.02.002.}

[3288] 盈虎林，程飞翔，胡昌信，陈旭东，陈威，寿奎水. 伤残环指近节转位再造拇指一例 [J]. 中华显微外科杂志，2019，42(2)：202-203. DOI：10.3760/cma.j.issn.1001-2036.2019.02.029. {YIN Hulin,CHENG Feixiang,HU Changxin,CHEN Xudong,CHEN Wei,SHOU Kuishui. Proximal segment of disabled ring finger transpost for thumb reconstruction:a case report[J]. Zhonghua Xian Wei Wai Ke Za Zhi[Chin J Microsurg(Article in Chinese;Abstract in Chinese)],2019,42(2):202-203. DOI:10.3760/cma.j.issn.1001-2036.2019.02.029.}

[3289] 王加利，宋飞远，王星，陈仲华，王晓辉，刘永亮，王恩永. 改良残端切口以改善足趾移植再造拇手指外形 [J]. 中华手外科杂志，2019，35（4）：305-306. DOI：10.3760/cma.j.issn.1005-054X.2019.04.026. {WANG Jiali,SONG Feiyuan,WANG Xing,CHEN Zhonghua,WANG Xiaohui,LIU Yongliang,WANG Enyong. Modified stump incision to improve the appearance of toe-to-finger transplant reconstructed thumb[J]. Zhonghua Shou Wai Ke Za Zhi[Chin J Hand Surg(Article in Chinese;Abstract in Chinese)],2019,35(4):305-306. DOI:10.3760/cma.j.issn.1005-054X.2019.04.026.}

[3290] 曹胜军，王凌峰，巴特，荣志东，胡国林，周彪，李全，阎增强. 足趾复合组织瓣游离移植再造电烧伤致坏死拇指四例 [J]. 中华烧伤杂志，2019，35（10）：761-763. DOI：10.3760/cma.j.issn.1009-2587.2019.10.011. {CAO Shengjun,WANG Lingfeng,BA Te,RONG Zhidong,HU Guolin,ZHOU Biao,LI Quan,YAN Zengqiang. Transplantation of compound tissue flap of toe to reconstruct the thumb with necrosis caused by electric burns in four patients[J]. Zhonghua Shao Shang Za Zhi[Chin J Burns(Article in Chinese;Abstract in Chinese and English)],2019,35(10):761-763. DOI:10.3760/cma.j.issn.1009-2587.2019.10.011.}

[3291] 裴广楠，滕道练，李甲，朱辉，潘勇，郑大伟，寿奎水. 游离腓肠内侧动脉穿支皮瓣移植修复拇指再造供区 [J]. 临床骨科杂志，2020，23（3）：364-366. DOI：10.3969/j.issn.1008-0287.2020.03.021. {PEI Guangnan,TENG Daolian,LI Jia,ZHU Hui,PAN Yong,ZHENG Dawei,SHOU Kuishui. Free medial sural artery perforator flap in transplanting and repairing the donor site wounds of thumb reconstruction[J]. Lin Chuang Gu Ke Za Zhi[J Clin Orthop(Article in Chinese;Abstract in Chinese and English)],2020,23(3):364-366. DOI:10.3969/j.issn.1008-0287.2020.03.021.}

[3292] 杨凯，邓玖征，潘勇卫，赵喆，宋飞，何大炜. 利用无再植条件的离断拇指骨骼肌腱移植一期再造拇指 [J]. 第二军医大学学报，2020，41（1）：90-93. DOI：10.16781/j.0258-879x.2020.01.0090. {YANG Kai,DENG Jiuzheng,PAN Yongwei,ZHAO Ji,SONG Fei,HE Dawei. Emergency thumb reconstruction for traumatic thumb amputation with bone and tendon from the amputated part without replantation condition[J]. Di Er Jun Yi Da Xue Xue Bao[Acad J Sec Mil Med Univ(Article in Chinese;Abstract in Chinese and English)],2020,41(1):90-93. DOI:10.16781/j.0258-879x.2020.01.0090.}

3.2.1 急诊拇 - 指再造
emergency reconstruction of thumb-finger

[3293] 王庆荣. 多种皮管皮瓣法急诊指再造 [J]. 修复重建外科杂志，1988，2（2）：34. {WANG Qingrong. Emergency finger reconstruction with multiple skin flaps[J]. Zhongguo Xiu Fu Chong Jian Wai Ke Za Zhi[Chin J Repar Reconstr Surg(Article in Chinese;No abstract available)],1988,2(2):34.}

[3294] 杨志贤. 急症拇指再造 33 例报告 [J]. 修复重建外科杂志，1988，2(2)：43-44. {YANG Zhixian. Emergency thumb reconstruction:a report of 33 cases[J]. Zhongguo Xiu Fu Chong Jian Wai Ke Za Zhi[Chin J Repar Reconstr Surg(Article in Chinese;No abstract available)],1988,2(2):43-44.}

[3295] 李至湘. 127 例 254 个急诊再造指的功能分析 [J]. 修复重建外科杂志，1988，2（4）：9-10. {LI Zhixiang. Functional analysis of 254 emergency reconstructed digits in 127 cases[J]. Zhongguo Xiu Fu Chong Jian Wai Ke Za Zhi[Chin J Repar Reconstr Surg(Article in Chinese;No abstract available)],1988,2(4):9-10.}

[3296] 严继华. 前臂逆行岛状骨皮瓣急诊拇指再造 [J]. 修复重建外科杂志，1991，5（1）：36. {YAN Xuhua. Emergent thumb reconstruction with reverse forearm island bone flap[J]. Zhongguo Xiu Fu Chong Jian Wai Ke Za Zhi[Chin J Repar Reconstr Surg(Article in Chinese;No abstract available)],1991,5(1):36.}

[3297] 郭现辉，王文质，赵淑青，姜桂书. 急症拇指再造 14 例 [J]. 中华手外科杂志，1994，10（4）：250. {GUO Xianhui,WANG Wenzhi,ZHAO Shuqing,JIANG Guishu. Emergent thumb reconstruction in 14 cases[J]. Zhonghua Shou Wai Ke Za Zhi[Chin J Hand Surg(Article in Chinese;No abstract available)],1994,10(4):250.}

[3298] 潘明德，戴善和. 急诊应用带蒂髂腹股沟骨皮瓣再造拇指 [J]. 中华手外科杂志，1994，10（4）：204-205. {PAN Mingde,DAI Shanhe. Emergent reconstruction of thumb with pedicled ilioinguinal bone flap[J]. Zhonghua Shou Wai Ke Za Zhi[Chin J Hand Surg(Article in Chinese;Abstract in Chinese)],1994,10(4):204-205.}

[3299] 袁政，徐老虎. 邻指双层带蒂组织瓣急诊再造手指 [J]. 中华手外科杂志，1995，11（2）：92. {YUAN Zheng,XU Laohu. Emergent finger reconstruction with adjacent double pedicled tissue flap[J]. Zhonghua Shou Wai Ke Za Zhi[Chin J Hand Surg(Article in Chinese;No abstract available)],1995,11(2):92.}

[3300] 寿奎水，张全荣，李向荣，芮永军，徐雷. 亚急诊修复和再造拇、手指 358 例报告 [J]. 中华手外科杂志，1995，11（4）：204-206. {SHOU Kuishui,ZHANG Quanrong,LI Xiangrong,RUI Yongjun,XU Lei. Subemergently repair and reconstruction of thumb and finger:a report of 358 cases[J]. Zhonghua Shou Wai Ke Za Zhi[Chin J Hand Surg(Article in Chinese;Abstract in Chinese and English)],1995,11(4):204-206.}

[3301] 范启申，周建国，郑隆宝. 拇指虎口及手指皮肤缺损急诊显微外科修复与再造 [J]. 中国修复重建外科杂志，1995，9（4）：242. {FAN Qishen,ZHOU Jianguo,ZHENG Longbao. Emergency microsurgical repair and reconstruction of skin defect of purlicue and fingers[J]. Zhongguo Xiu Fu Chong Jian Wai Ke Za Zhi[Chin J Repar Reconstr Surg(Article in Chinese;No abstract available)],1995,9(4):242.}

[3302] 吴克坚，陈家臻，殷代昌，李英华，张怡伍. 手部严重创伤的急诊拇指再造 [J]. 中华显微外科杂志，1997，20（1）：62. DOI：CNKI：SUN：ZHXW.0.1997-01-029. {WU Kejian,CHEN Jiazhen,XIN Daichang,LI Yinghua,ZHANG Yiwu. Emergent thumb reconstruction for severe hand trauma[J]. Zhonghua Xian Wei Wai Ke Za Zhi[Chin J Microsurg(Article in Chinese;No abstract available)],1997,20(1):62. DOI:CNKI:SUN:ZHXW.0.1997-01-029.}

[3303] 唐举玉，贺楚宇，孔成舟. 游离足趾移植急诊拇指再造一例 [J]. 中华显微外科杂志，1998，21（4）：320. DOI：10.3760/cma.j.issn.1001-2036.1998.04.050. {TANG Juyu,HE Chuyu,KONG Chengzhou. Emergent thumb reconstruction with free toe transplantation:a case report[J]. Zhonghua Xian Wei Wai Ke Za Zhi[Chin J Microsurg(Article in Chinese;No abstract available)],1998,21(4):320. DOI:10.3760/cma.j.issn.1001-2036.1998.04.050.}

[3304] 谢建国. 废弃指骨急诊再造拇指 [J]. 中国修复重建外科杂志，1998，12（3）：191. {XIE Jianguo. Emergency reconstruction of thumb with discarded phalanx[J]. Zhongguo Xiu Fu Chong Jian Wai Ke Za Zhi[Chin J Repar Reconstr Surg(Article in Chinese;No abstract available)],1998,12(3):191.}

[3305] 郑晓菊，肖双宏，郭永明，滕云升，王殿武，张屹阳. 急诊拇指再造 20 例 [J]. 中国修复重建外科杂志，1998，12（3）：192. {ZHENG Xiaoju,XIAO Shuanghong,GUO Yongming,TENG Yunsheng,WANG Dianwu,ZHANG Yiyang. Emergency reconstruction of 20 thumbs[J]. Zhongguo Xiu Fu Chong Jian Wai Ke Za Zhi[Chin J Repar Reconstr Surg(Article in Chinese;No abstract available)],1998,12(3):192.}

[3306] 王永刚，谭成祥，朱永伟. 急诊三趾移植再造手指一例 [J]. 中华显微外科杂志，1999，22（3）：197. DOI：10.3760/cma.j.issn.1001-2036.1999.03.052. {WANG Yonggang,TAN Chengxiang,ZHU Yongwei. Emergent three toes transplantation for finger reconstruction:a case report[J]. Zhonghua Xian Wei Wai Ke Za Zhi[Chin J Microsurg(Article in Chinese;No abstract available)],1999,22(3):197. DOI:10.3760/cma.j.issn.1001-2036.1999.03.052.}

[3307] 寿奎水，徐雷，芮永军，张全荣，李向荣，许亚军. 亚急诊再造拇手指的功能随访 [J]. 中华手外科杂志，1999，15（4）：3-5. DOI：10.3760/cma.j.issn.1005-054X.1999.04.014. {SHOU Kuishui,XU Lei,RUI Yongjun,ZHANG Quanrong,LI Xiangrong,XU Yajun. Follow-up of the functions of subemergently reconstructed thumb and fingers[J]. Zhonghua Shou Wai Ke Za Zhi[Chin J Hand Surg(Article in Chinese;Abstract in Chinese and English)],1999,15(4):3-5. DOI:10.3760/cma.j.issn.1005-054X.1999.04.014.}

[3308] 孟祥仁，彭介文，张为众. 残指骨急诊拇食（示）指再造 30 例 [J]. 中国修复重建外科杂志，1999，13（2）：113. {MENG Xiangren,PENG Jiewen,ZHANG Weizong. Emergency reconstruction of thumb and index finger of remnant phalanx:a report of 30 cases[J]. Zhongguo

Xiu Fu Chong Jian Wai Ke Za Zhi[Chin J Repar Reconstr Surg(Article in Chinese;No abstract available)],1999,13(2):113.}

[3309] 李宝山，杨飞，章雪松，邹豪杰，高凤江，郭健. 利用断指指骨与甲床加腋下皮管急诊一期再造手指 [J]. 中华手外科杂志，2001，17（4）：64. {LI Baoshan,YANG Fei,ZHANG Xuesong,ZOU Haojie,GAO Fengjiang,GUO Jian. Emergency one-stage reconstruction of fingers with amputated phalanx,nail bed and axillary skin tube[J]. Zhonghua Shou Wai Ke Za Zhi[Chin J Hand Surg(Article in Chinese;No abstract available)],2001,17(4):64.}

[3310] 刘茂文，冯承臣，杨殿玉，李秋实，冯鹏，张青云. 急诊手指指尖再造 [J]. 实用手外科杂志，2001，15（1）：9-10. DOI：10.3969/j.issn.1671-2722.2001.01.003. {LIU Maowen,FENG Chengchen,YANG Dianyu,LI Qiushi,FENG Peng,ZHANG Qingyun. Reconstruction of digital tip on an emergency stage[J]. Shi Yong Shou Wai Ke Za Zhi[Chin J Pract Hand Surg(Article in Chinese;Abstract in Chinese and English)],2001,15(1):9-10. DOI:10.3969/j.issn.1671-2722.2001.01.003.}

[3311] 覃奇文，庞水发，黄永辉. 带蒂髂骨皮瓣一期修薄移植急诊拇指再造 [J]. 中华显微外科杂志，2002，25（2）：141-143. DOI：10.3760/cma.j.issn.1001-2036.2002.02.026. {TAN Qiwen,PANG Shuifa,HUANG Yonghui. Pedicled iliac bone flap first-segment thinning transplantation for emergently thumb reconstruction[J]. Zhonghua Xian Wei Wai Ke Za Zhi[Chin J Microsurg(Article in Chinese;Abstract in Chinese)],2002,25(2):141-143. DOI:10.3760/cma.j.issn.1001-2036.2002.02.026.}

[3312] 刘茂文，冯承臣，杨殿玉，李秋实，冯鹏. 急诊手指末节再造 [J]. 中华手外科杂志，2002，18（2）：103-104. DOI：10.3760/cma.j.issn.1005-054X.2002.02.017. {LIU Maowen,FENG Chengchen,YANG Dianyu,LI Qiushi,Fengpeng. Emergency reconstruction of the digital tip[J]. Zhonghua Shou Wai Ke Za Zhi[Chin J Hand Surg(Article in Chinese;Abstract in Chinese and English)],2002,18(2):103-104. DOI:10.3760/cma.j.issn.1005-054X.2002.02.017.}

[3313] 孙乐天，程国良，屈志刚，刘勇，西永明，季爱玉. 利用自体废弃足趾移植急诊拇手指再造二例报道 [J]. 中华手外科杂志，2002，18（3）：190-191. DOI：10.3760/cma.j.issn.1005-054X.2002.03.033. {SUN Letian,CHENG Guoliang,QU Zhigang,LIU Yong,XI Yongming,JI Aiyu. Emergently thumb and finger reconstruction with autologous discarded toe transplantation:a report of two cases[J]. Zhonghua Shou Wai Ke Za Zhi[Chin J Hand Surg(Article in Chinese;No abstract available)],2002,18(3):190-191. DOI:10.3760/cma.j.issn.1005-054X.2002.03.033.}

[3314] 刘茂文，冯承臣，杨殿玉，李秋实，冯鹏. 手指部分缺损的急诊再造 [J]. 中华显微外科杂志，2003，26（1）：55-56. DOI：10.3760/cma.j.issn.1001-2036.2003.01.022. {LIU Maowen,FENG Chengchen,YANG Dianyu,LIQiushi,FENG Peng. Emergent reconstruction of partial digit defect[J]. Zhonghua Xian Wei Wai Ke Za Zhi[Chin J Microsurg(Article in Chinese;Abstract in Chinese)],2003,26(1):55-56. DOI:10.3760/cma.j.issn.1001-2036.2003.01.022.}

[3315] 高俊，王建国，董建峰，吴强，刘海军. 拇指缺损急诊再造八例 [J]. 中华显微外科杂志，2003，26（3）：173. DOI：10.3760/cma.j.issn.1001-2036.2003.03.040. {GAO Jun,WANG Jianguo,DONG Jianfeng,WU Qiang,LIU Haijun. Emergent reconstruction of thumb defect:a report of 8 cases[J]. Zhonghua Xian Wei Wai Ke Za Zhi[Chin J Microsurg(Article in Chinese;No abstract available)],2003,26(3):173. DOI:10.3760/cma.j.issn.1001-2036.2003.03.040.}

[3316] 许俊岭，王玉霞，史兰俊，姚书章，任翠梅，孟繁荣. 幼儿拇指旋转撕脱性离断示中指侧方双叶皮瓣急诊再造一例 [J]. 中华显微外科杂志，2004，27（2）：92. DOI：10.3760/cma.j.issn.1001-2036.2004.02.047. {XU Junling,WANG Yuxia,SHI Lanjun,YAO Shuzhang,REN Cuimei,MENG Fanrong. Emergent reconstruction with lateral bilobed flap of middle finger for rotational avulsion of thumb in a child[J]. Zhonghua Xian Wei Wai Ke Za Zhi[Chin J Microsurg(Article in Chinese;No abstract available)],2004,27(2):92. DOI:10.3760/cma.j.issn.1001-2036.2004.02.047.}

[3317] 杨晓东，鲍丰. 亚急诊拇手指再造八例 [J]. 中华显微外科杂志，2004，27（2）：92. DOI：10.3760/cma.j.issn.1001-2036.2004.02.046. {YANG Xiaodong,BAO Feng. Subemergently thumb and finger reconstruction[J]. Zhonghua Xian Wei Wai Ke Za Zhi[Chin J Microsurg(Article in Chinese;No abstract available)],2004,27(2):92. DOI:10.3760/cma.j.issn.1001-2036.2004.02.046.}

[3318] 眭述平，曾炳芳，范存义，蔡培华，董扬，姜佩珠，于仲嘉. 急诊拇指再造的适应证分析 [J]. 中华创伤骨科杂志，2004，6（12）：1334-1336. DOI：10.3760/cma.j.issn.1671-7600.2004.12.005. {SUI Shuping,ZENG Bingfang,FAN Cunyi,CAI Peihua,DONG Yang,JIANG Peizhu,YU Zhongjia. Indications for emergency thumb reconstruction with big toe skin-nail flap[J]. Zhonghua Chuang Shang Gu Ke Za Zhi[Chin J Orthop Trauma(Article in Chinese;Abstract in Chinese and English)],2004,6(12):1334-1336. DOI:10.3760/cma.j.issn.1671-7600.2004.12.005.}

[3319] 唐举玉，李康华，谢松林，刘鸣江，刘俊. 游离足趾移植急诊拇手指再造 106 例 [J]. 实用手外科杂志，2005，19（4）：201-203. DOI：10.3969/j.issn.1671-2722.2005.04.004. {TANG Juyu,LI Kanghua,XIE Songlin,LIU Minjiang,LIU Jun. Thumb and finger reconstruction of 106 cases with free toe transplantation in emergency[J]. Shi Yong Shou Wai Ke Za Zhi[Chin J Pract Hand Surg(Article in Chinese;Abstract in Chinese and English)],2005,19(4):201-203. DOI:10.3969/j.issn.1671-2722.2005.04.004.}

[3320] 郭翱，徐招跃，郑良军，郁辉. 急诊游离第二足趾再造手指 [J]. 中国修复重建外科杂志，2005，19（8）：631. {GUO Ao,XU Zhaoyue,ZHENG Liangjun,YU Hui. Emergency finger reconstruction with free second toe[J]. Zhongguo Xiu Fu Chong Jian Wai Ke Za Zhi[Chin J Repair Reconstr Surg(Article in Chinese;No abstract available)],2005,19(8):631.}

[3321] 李坚，唐尚权，付纳新，刘成，肖军. 利用废弃拇指指骨急诊再造拇指 [J]. 创伤外科杂志，2007，9（2）：123. DOI：10.3969/j.issn.1009-4237.2007.02.039. {LI Jian,TANG Shangquan,FU Naxin,LIU Cheng,XIAO Jun. Renovate thumb by phalanx of amputated finger[J]. Chuang Shang Wai Ke Za Zhi[J Traum Surg(Article in Chinese;Abstract in Chinese and English)],2007,9(2):123. DOI:10.3969/j.issn.1009-4237.2007.02.039.}

[3322] 李崇杰，战杰，石强，吴锦生，沙德峰，姚阳，梁晓旭，田芙蓉，王思夏. 足趾及复合足趾移植急诊再造和修复拇手指缺损 [J]. 中华显微外科杂志，2008，31（3）：172-174，后插二. DOI：10.3760/cma.j.issn.1001-2036.2008.03.005. {LI Chongjie,ZHAN Jie,SHI Qiang,WU Jinsheng,SHA Defeng,YAO Yang,LIANG Xiaoxu,TIAN Furong,WANG Sixia. Emergent reconstruction and repair of thumb and finger defect by toes and combined toes transplantation[J]. Zhonghua Xian Wei Wai Ke Za Zhi[Chin J Microsurg(Article in Chinese;Abstract in Chinese and English)],2008,31(3):172-174,insert 2. DOI:10.3760/cma.j.issn.1001-2036.2008.03.005.}

[3323] 白永哲，李云丽，徐铁英，孙彦光. 急诊踇趾腓侧皮瓣嵌入塑形第 2 足趾移植拇指再造 [J]. 中国修复重建外科杂志，2009，23（1）：114-115. {BAI Yongzhe,LI Yunli,XU Tieying,SUN Yanguang. Emergency fibular flap of great toe embedded shaping the second toe transplantation for thumb reconstruction[J]. Zhongguo Xiu Fu Chong Jian Wai Ke Za Zhi[Chin J Repair Reconstr Surg(Article in Chinese;Abstract in Chinese)],2009,23(1):114-115.}

[3324] 巨积辉，赵强，刘跃飞，魏诚，金光哲，李雷，李建宁，刘新益，王海文，侯瑞兴. 伴有手部皮肤缺损的急诊拇指和手指再造 [J]. 中华显微外科杂志，2010，33（3）：200-202，后插 3. DOI：10.3760/cma.j.issn.1001-2036.2010.03.012. {JU Jihui,ZHAO Qiang,LIU Yuefei,WEI Cheng,JIN Guangzhe,LI Lei,LI Jianning,LIU Xinyi,WANG Haiwen,HOU Ruixing. Combined with the hand skin defect of the thumb and finger reconstruction[J]. Zhonghua Xian Wei Wai Ke Za Zhi[Chin J Microsurg(Article in Chinese;Abstract in Chinese and English)],2010,33(3):200-202,insert 3. DOI:10.3760/cma.j.issn.1001-2036.2010.03.012.}

[3325] 李炳森，杨林杰，刘兆伦，李明，李文. 踇第 1 趾部分移植急诊再造拇指 [J]. 实用手外科杂志，2010，24（3）：200-201，203. DOI：10.3969/j.issn.1671-2722.2010.03.015. {LI Bingsen,YANG Linjie,LIU Shaolun,LI Ming,LI Wen. Partial big toe transfer for the thumb reconstruction in emergency situation[J]. Shi Yong Shou Wai Ke Za Zhi[Chin J Pract Hand Surg(Article in Chinese;Abstract in Chinese and English)],2010,24(3):200-201,203. DOI:10.3969/j.issn.1671-2722.2010.03.015.}

[3326] 王建军，邢菜云，薛书玉，李大鹏. 跖 - 掌血管吻合急诊再造手指 [J]. 实用手外科杂志，2014，28（1）：37-40. DOI：10.3969/j.issn.1671-2722.2014.01.013. {WANG Jianjun,XING Caiyun,XUE Shuyu,LI Dapeng. The emergency reconstruction of damaged fingers using toe transplants with anastomoses of plantar and palmar vessels[J]. Shi Yong Shou Wai Ke Za Zhi[Chin J Pract Hand Surg(Article in Chinese;Abstract in Chinese and English)],2014,28(1):37-40. DOI:10.3969/j.issn.1671-2722.2014.01.013.}

[3327] 谢纪辉，方杰，宋振有，李雅伟，陶俊，刘斌，谢昌平. 双侧带足背动脉皮瓣的跨甲皮瓣移植急诊再造双手拇指一例 [J]. 中华手外科杂志，2016，32（1）：27-27. DOI：10.3760/cma.j.issn.1005-054X.2016.01.014. {XIE Jihui,FANG Jie,SONG Zhenyou,LI Yawei,TAO Jun,LIU Bin,Xiechangping. Emergency reconstruction of thumb with straddle nail skin flap of bilateral dorsalis pedis artery[J]. Zhonghua Shou Wai Ke Za Zhi[Chin J Hand Surg(Article in Chinese;No abstract available)],2016,32(1):27-27. DOI:10.3760/cma.j.issn.1005-054X.2016.01.014.}

[3328] 宋力，沈立云，李扬，周立，汪帅，张广超，郑喜灿，牛晓梅，幸超峰，周明武. 急诊游离第二足趾复合组织瓣节段性桥接断指组合再造全长拇手指 [J]. 中华手外科杂志，2017，33（4）：300-302. DOI：10.3760/cma.j.issn.1005-054X.2017.04.023. {SONG Li,SHEN Liyun,LI Yang,ZHOU Li,WANG Shuai,ZHANG Guangchao,ZHENG Xican,NIU Xiaomei,XING Chaofeng,ZHOU Mingwu. Reconstruction of full-length thumb and fingers by segmental bridging severed finger using emergency free second toe composite tissue flap[J]. Zhonghua Shou Wai Ke Za Zhi[Chin J Hand Surg(Article in Chinese;Abstract in Chinese and English)],2017,33(4):300-302. DOI:10.3760/cma.j.issn.1005-054X.2017.04.023.}

[3329] 陈步国，朱辉，尚卫国，石荣剑，寿奎水. 废弃足趾急诊再造拇、中指和环指一例 [J]. 中华显微外科杂志，2019，42（1）：102-103. DOI：10.3760/cma.j.issn.1001-2036.2019.01.034. {CHEN Buguo,ZHU Hui,SHANG Weiguo,SHI Rongjian,SHOU Kuishui. Emergent reconstruction of thumb,middle finger and ring finger with abandoned toes:a case report[J]. Zhonghua Xian Wei Wai Ke Za Zhi[Chin J Microsurg(Article in Chinese;No abstract available)],2019,42(1):102-103. DOI:10.3760/cma.j.issn.1001-2036.2019.01.034.}

3.2.2 趾 - 指再造

toe-finger reconstruction

[3330] Gu YD,Wu MM,Zheng YL,Li HR. Free toe transfer for thumb and finger reconstruction in 200 cases[J]. Chin Med J,1986,99(8):628-632.

[3331] 程国良，方光荣，林彬，宫相森，杨志贤，汤海萍，潘达德. 吻合趾指动静脉的拇指手指再造与修复 [J]. 中华外科杂志，1994，32：79-81. {CHENG Guoliang,FANG Guangrong,LIN Bin,GONG Xiangsen,YANG Zhixian,TANG Haiping,PAN Dade. Thumb and finger reconstruction by anastomosing the digital arteries of the toe transplant and finger[J]. Zhonghua Wai Ke Za Zhi[Chin J Surg(Article in Chinese;Abstract in Chinese and English)],1994,32:79-81.}

[3332] 于泳，梅天兵，聂振军，桑立君，冷新，杨素霞，冯志伟，于健，刘胜红，孙进，富饶. 趾 - 指血管吻合再造示、中指的临床体会 [J]. 中华显微外科杂志，1995，18（1）：9. DOI：CNKI：SUN：ZHXW.0.1995-01-005. {YU Yong,MEI Tianbing,LIE Zhenjun,SANG Lijun,LENG Xin,YANG Suxia,FENG Zhiwei,YU Jian,LIU Shenghong,SUN Jin,FU Rao. Clinical experience of reconstruction of index and middle finger with toe-finger vascular anastomosis[J]. Zhonghua Xian Wei Wai Ke Za Zhi[Chin J Microsurg(Article in Chinese;No abstract available)],1995,18(1):9. DOI:CNKI:SUN:ZHXW.0.1995-01-005.}

[3333] 徐永清，李主一，李其训，李军，高田军，张云光. 吻合趾 - 指血管的显微外科解剖及急诊拇、手指再造 [J]. 中国临床解剖学杂志，1997，15（1）：44-46. DOI：10.1007/BF02951625. {XU Yongqing,LI Zhuyi,LI Qixun,LI Jun,GAO Tianjun,ZHANG Yunguang. Microsurgical anatomy of the toe and finger blood vessels in emergency finger reconstruction[J]. Zhongguo Lin Chuang Jie Pou Xue Za Zhi[Chin J Clin Anat(Article in Chinese;Abstract in Chinese and English)],1997,15(1):44-46. DOI:10.1007/BF02951625.}

[3334] 俞立新，吴水培，黄飞. 趾 - 指血管吻合在手指再造血管变异中的应用 [J]. 中华显微外科杂志，2000，23（4）：309. DOI：10.3760/cma.j.issn.1001-2036.2000.04.038. {YU Lixin,WU Shuipei,HUANG Fei. Application of toe-finger vascular anastomosis in the reconstruction of finger with vascular variation[J]. Zhonghua Xian Wei Wai Ke Za Zhi[Chin J Microsurg(Article in Chinese;No abstract available)],2000,23(4):309. DOI:10.3760/cma.j.issn.1001-2036.2000.04.038.}

[3335] 俞立新，黄飞，吴水培. 第一跖背动脉桥接指 - 趾动脉再造拇指一例 [J]. 中华显微外科杂志，2001，24（2）：123. DOI：10.3760/cma.j.issn.1001-2036.2001.02.047. {YU Lixin,WU Shuipei,HUANG Fei. Thumb reconstruction by first dorsal metatarsal artery bridging toe-finger artery:a case report[J]. Zhonghua Xian Wei Wai Ke Za Zhi[Chin J Microsurg(Article in Chinese;No abstract available)],2001,24(2):123. DOI:10.3760/cma.j.issn.1001-2036.2001.02.047.}

[3336] 马立峰，杨延军，刘良燚，李木卫，王克列，刘铭波，张子清. 吻合趾 - 指血管的足趾移植再造拇和手指 166 例临床分析 [J]. 中华显微外科杂志，2014，37（3）：229-232. DOI：10.3760/cma.j.issn.1001-2036.2014.03.009. {MA Lifeng,YANG Yanjun,LIU Liangyi,LI Muwei,WANG Kelie,LIU Minggbo,ZHANG Ziqing. Clinical analysis on 166 cases of thumb and fingers reconstruction with vascular anastomosis transplantation from toes[J]. Zhonghua Xian Wei Wai Ke Za Zhi[Chin J Microsurg(Article in Chinese;Abstract in Chinese and English)],2014,37(3):229-232. DOI:10.3760/cma.j.issn.1001-2036.2014.03.009.}

[3337] 王克列. 趾 - 指血管吻合再造拇与手指的研究进展 [J]. 中华显微外科杂志，2020，43（2）：200-204. DOI：10.3760/cma.j.cn441206-20200308-00137. {WANG Kelie. Advances in thumb and finger reconstruction from toes with vascular anastomosis[J]. Zhonghua Xian Wei Wai Ke Za Zhi[Chin J Microsurg(Article in Chinese;Abstract in Chinese and English)],2020,43(2):200-204. DOI:10.3760/cma.j.cn441206-20200308-00137.}

3.2.3 第二趾移植再造拇指

2nd toe transfer for thumb reconstruction

[3338] Dongyue Y,Yudong G. Thumb reconstruction utilizing second toe transplantation by microvascular anastomosis:report of 78 cases[J]. Chin Med J,1979,92(5):295-309.

[3339] Gao JH,Xu ZK,Zheng HX. Late result of pediatric thumb reconstruction by free toe transplantation[J]. Chin Med J,1983,96(11):865-867.

[3340] Yao JM,Song JL,Xu JH. The second web bilobed island flap for thumb reconstruction[J]. Br J Plast Surg,1996,49(2):103-106. doi:10.1016/s0007-1226(96)90082-x.

[3341] Gu YD,Zhang GM,Chen DS,Cheng XM,Xu JG,Wang H. Vascular anatomic variations in second toe transfers[J]. J Hand Surg Am,2000,25(2):277-281. doi:10.1053/jhsu.2000.jh25a0277.

[3342] Yu Z,Huang Y. Sixty-four cases of thumb and finger reconstruction using transplantation of the big toe skin-nail flap combined with the second toe or the second and third toes[J]. Plast Reconstr Surg,2000,106(2):335-341. doi:10.1097/00006534-200008000-00015.

[3343] Yang XB,Gu YD. The donor foot in free toe or joint transfers[J]. J Hand Surg Br,2000,25(4):382-324. doi:10.1054/jhsb.2000.0397.

[3344] Xu L,Xu J,Shou K,Rui Y. Repair of avulsion injury of the whole hand with single-stage transfer of five combined tissues:case report[J]. J Reconstr Microsurg,2003,19(2):79-84; discussion 85-86. doi:10.1055/s-2003-37810.

[3345] Rui Y,Shou K,Zhang Q,Xu Y,Sun Z,Xu L. Combined free-tissue transfer for primary reconstruction of radial part of the hand[J]. Microsurgery,2004,24(1):59-62. doi:10.1002/micr.10204.

[3346] Zhang J,Xie Z,Lei Y,Song J,Guo Q,Xiao J. Free second toe one-stage-plasty and transfer for thumb or finger reconstruction[J]. Microsurgery,2008,28(1):25-31. doi:10.1002/micr.20447.

[3347] Rui Y,Mi J,Shi H,Zhang Z,Yan H. Free great toe wrap-around flap combined with second toe medial flap for reconstruction of completely degloved fingers[J]. Microsurgery,2010,30(6):449-456. doi:10.1002/micr.20777.

[3348] Zhang X,Shao X,Ren C,Wen S,Zhu H,Sun J. Use of the second dorsal metacarpal artery-based bilobed island flap for thumb reconstruction[J]. J Reconstr Microsurg,2012,28(2):125-132. doi:10.1055/s-0031-1289164.

[3349] JIANG Zongyuan,XU Lei,CHEN Li,XU Jianguang,GU Yudong. The growth potential in second-toe transfers for reconstruction of traumatic thumb and finger amputations in children[J]. Plast Reconstr Surg,2012,129(1):206e-208e. doi:10.1097/PRS.0b013e3182365d9e.

[3350] Wang L,Tian G,Wang M,Yang G. Analysis of the morphologic differences of the second toe and digits of the hand,and evaluation of potential surgical intervention to minimize the differences using computer-aided design technology[J]. Plast Reconstr Surg,2014,134(6):902e-912e. doi:10.1097/PRS.0000000000000761.

[3351] Ju JH,Hou RX. One-stage cosmetic finger reconstruction using a second toe island flap containing terminal branches of the toe artery[J]. Orthop Traumatol Surg Res,2015,101(3):345-351. doi:10.1016/j.otsr.2014.12.019.

[3352] Lu J,Zhang Y,Jiang J,Xu L,Chim H. Distraction lengthening following vascularized second toe transfer for isolated middle finger reconstruction[J]. J Hand Surg Am,2017,42(1):e33-e39. doi:10.1016/j.jhsa.2016.11.008.

[3353] Zang CW,Zhang JL,Meng ZZ,Liu LF,Zhang WZ,Chen YX,Cong R. 3D printing technology in planning thumb reconstructions with second toe transplant[J]. Orthop Surg,2017,9(2):215-220. doi:10.1111/os.12326.

[3354] Ju J,Li L,Hou R. Transplantation of a free vascularized joint flap from the second toe for the acute reconstruction of defects in the thumb and other fingers[J]. Indian J Orthop,2019,53(2):357-365. doi:10.4103/ortho.IJOrtho_200_17.

[3355] Tong DD,Wu LH,Li PC,Rong YB,Liu B,Lee W,Wei QP,Liu L,Miao HJ,Chen SL. Reversed vascularized second metatarsal flap for reconstruction of Manske type IIIB and IV thumb hypoplasia with reduced donor site morbidity[J]. Chin Med J,2019,132(21):2565-2571. doi:10.1097/CM9.0000000000000477.

[3356] 黄硕麟．趾移植术[J]．中华外科杂志，1962，10（7）：422．{HUANG Shuolin. Toe transfer[J]. Zhonghua Wai Ke Za Zhi[Chin J Surg(Article in Chinese;No abstract available)],1962,10(7):422.}【非显微移植 Non-microsurgical transfer】

[3357] 陶锦淳，等．拇指再造术中的几点体会[J]．天津医药骨科附刊，1964，8（1）：36．{TAO Jinchun,et al. Experience of thumb reconstruction[J]. Tianjin Yi Yao Gu Ke Fu Kan[Suppl Tianjin Med Orthop(Article in Chinese;No abstract available)],1964,(1):36.}（非显微再造 Non-microsurgical reconstruction)

[3358] 周连折，等．拇指再造术中的几点体会[J]．中华外科杂志，1964，(增刊1)：370．{ZHOU Lianzhe,et al. Experience of thumb reconstruction[J]. Zhonghua Wai Ke Za Zhi[Chin J Surg(Article in Chinese;No abstract available)],1964,(S1):370.}（非显微再造 Non-microsurgical reconstruction)

[3359] 陆裕补，等．拇指再造术[J]．中华外科杂志，1964，(增刊1)：370．{LU Yubu,et al. Thumb reconstruction[J]. Zhonghua Wai Ke Za Zhi[Chin J Surg(Article in Chinese;No abstract available)],1964,(Sl):370.}（非显微再造 Non-microsurgical reconstruction)

[3360] 杨东岳，顾玉东，吴敏明，郑忆柳．第二趾游离移植再造拇指40例报告[J]．中华外科杂志，1977，15（1）：13-18．{YANG Dongyue,GU Yudong,WU Minming,ZHENG Yiliu. Thumb reconstruction with free second toe transplantation:a report of 40 cases[J]. Zhonghua Wai Ke Za Zhi[Chin J Surg(Article in Chinese;Abstract in Chinese)],1977,15(1):13-18.}

[3361] 陈中伟，于仲嘉，鲍约瑟．足趾游离移植再造拇指[J]．中华医学杂志，1978，58（6）：341-344．{CHEN Zhongwei,YU Zhongjia,BAO Yuese. Thumb reconstruction with free toe transplantation[J]. Zhonghua Yi Xue Za Zhi[Natl Med J China(Article in Chinese;No abstract available)],1978,58(6):341-344.}

[3362] 北京积水潭医院创伤骨科手外科组．介绍几种手指残端拇化的手术方法[J]．中华医学杂志，1978，58（7）：396．{Orthopaedic trauma and hand surgery group of Beijing Jishuitan Hospital. Introduce some surgical methods to reconstruct thumb function on the stump of digit[J]. Zhonghua Yi Xue Za Zhi[Natl Med J China(Article in Chinese;No abstract available)],1978,58(7):396.}

[3363] 王成琪，蔡锦方．拇指创伤性截指后的再植与再造[J]．山东医药，1978，(9)：16．{WANG Chengqi,CAI Jingfang. Replantation and reconstruction after thumb traumatic amputation[J]. Shan Dong Yi Yao[Shandong Med J(Article in Chinese;No abstract available)],1978,(9):16.}

[3364] 张涤生，王炜，吴晋宝．应用第二足趾、足背皮瓣（包括二者合并）修复手部缺损[J]．上海医学，1979，2（5）：282．{ZHANG Disheng,WANG Wei,WU Jingbao. Using the second toe or(and) dorsalis pedis flap to repair hand defects[J]. Shanghai Yi Xue[Shanghai Med J(Article in Chinese;Abstract in Chinese)],1979,2(5):282.}

[3365] 安徽医学院整形外科．严重烧伤拇指缺损带足背皮瓣足趾一指移植一例[J]．安徽医学院学报，1979，(2)：5．{Department of plastic surgery of Anhui Medical College. A case report of transferring a toe with dorsalis pedis flap to severely burned thumb defect[J]. Anhui Yi Xue Yuan Xue Bao[Acta Universitatis Medicinalis Anhui(Article in Chinese;No abstract available)],1979,(2):5.}

[3366] 冼我权，洪光祥，朱通伯，王德就，王发斌，黄省秋．游离第二趾移植再造拇指（附二例报告）[J]．武汉医学院学报，1979，8（1）：11．{XIAN Woquan,HONG Guangxiang,ZHU Tongbo,WANG Dejiu,WANG Fabin,HUANG Shengqiu. The thumb reconstruction by the second toe free transfer(with a report of 2 cases)[J]. Wuhan Yi Xue Yuan Xue Bao[Acta Med Univ Sci Tech Huazhong(Article in Chinese;No abstract available)],1979,8(1):11.}

[3367] 杨志明，等．游离足趾移植再造拇指或手指[J]．四川医学院学报，1980，11（4）：339．{YANG Zhiming,et al. Using free toe transfer to reconstruct thumb or finger[J]. Sichuan Yi Xue Yuan Xue Bao[J Sichuan Univ(Med Sci Ed)(Article in Chinese;Abstract in Chinese)],1980,11(4):339.}

[3368] 韩西城，等．关于急诊足趾游离移植再造拇指的讨论[J]．山西医学院学报，1981，(2)：36．{HAN Xicheng,et al. Discussion about free toe transfer to reconstruct thumb in emergency department[J]. Shanxi Yi Xue Yuan Xue Bao[J Shanxi Med Univ(Article in Chinese;No abstract available)],1981,(2):36.}

[3369] 曾才铭，王宏邦．第二足趾移植再造拇指（附二例报告）[J]．昆明医学院学报，1981，(2)：14．{ZENG Caiming,WANG Hongbang. Thumb reconstruction by the second toe transfer (with a report of 2 cases)[J]. Kunming Yi Xue Yuan Xue Bao[J Kunming Med Univ(Article in Chinese;No abstract available)],1981,(2):14.}

[3370] 刘均墀，黄承达，朱家恺．第二趾游离移植再造拇（食）指[J]．显微外科，1981，4（3-4）：67．{LIU Junchi,HUANG Chengda,ZHU Jiakai. Thumb(Index finger) reconstruction by the second toe transfer[J]. Xian Wei Wai Ke[Chin J Microsurg(Article in Chinese;No abstract available)],1981,4(3-4):67.}

[3371] 许兆南．损伤食（示）指即时转移再造拇指[J]．徐州医学院学报，1981，(1)：70．{XU Zhaonan. Injured index finger immediately transferred to reconstruct thumb[J]. Xuzhou Yi Xue Yuan Xue Bao[J Xuzhou Med Univ(Article in Chinese;No abstract available)],1981,(1):70.}

[3372] 王世清，陈兰田．介绍一种拇指再造的方法[J]．中华骨科杂志，1982，2(3)：167．{WANG Shiqing,CHEN Lantian. Introduce a method of thumb reconstruction[J]. Zhonghua Gu Ke Za Zhi[Chin J Orthop(Article in Chinese;No abstract available)],1982,2(3):167.}

[3373] 王炜．第二足趾游离移植成功的一些关键性问题[J]．上海第二医学院学报，1982，2（增刊1）：35．{WANG Wei. Some key points of successful second toe free transplantation[J]. Shanghai Di Er Yi Xue Yuan Xue Bao[J Shanghai Jiaotong Univ(Med Sci)(Article in Chinese;Abstract in Chinese)],1982,2(S1):35.}

[3374] 纪仁泉，归永福，王凤军，徐建荣．应用第二足趾及足部复合组织游离移植一期再造复杂性拇指缺失（附一例报告）[J]．显微外科，1982，5（3-4）：90．{JI Renquan,GUI Yongfu,WANG Fengjun,XU Jianrong. Using second toe and composite tissue free transplantation to reconstruct complex thumb defect[J]. Xian Wei Wai Ke[Chin J Microsurg(Article in Chinese;No abstract available)],1982,5(3、4):90.}

[3375] 吴敏明，顾玉东，郑忆柳，杨东岳．双趾移植再造手指（附10例报告）[J]．上海医学，1983，6（1）：9．{WU Minming,GU Yudong,ZHENG Yiliu,YANG Dongyue. Digit reconstruction by two toes(with a report of 10 cases)[J]. Shanghai Yi Xue[Shanghai Med J(Article in Chinese;No abstract available)],1983,6(1):9.}

[3376] 唐文启．西藏高原第二足趾游离移植再造拇指成功[J]．中华骨科杂志，1983，3（3）：187．{TANG Wenqi. Successful thumb reconstruction by second toe free transfer in Xizang[J]. Zhonghua Gu Ke Za Zhi[Chin J Orthop(Article in Chinese;No abstract available)],1983,3(3):187.}

[3377] 符臣学，周必望，李祖洪，马义太．游离足趾移植再造拇指（附7例报告）[J]．福建医药杂志，1983，(3)：9．{FU Chenxue,ZHOU Biwang,LI Zuhong,MA Yitai. Thumb reconstruction by toe free transplantation(with a report of 7 cases)[J]. Fujian Yi Yao Za Zhi[Fujian Med J(Article in Chinese;No abstract available)],1983,(3):9.}

[3378] 田立杰，蔡林芳，辛畅泰，李崇杰，杨恩林，薛启祥．一期应用第二足趾（或合并足背皮瓣）再造拇指（附8例报告）[J]．显微外科，1983，6（1-2）：22．{TIAN Lijie,CAI Linfang,XIN Changtai,LI Chongjie,YANG Enlin,XUE Qixiang. Using the second toe(or combined with dorsalis pedis flap) to reconstruct thumb(with a report of 8 cases)[J]. Xian Wei Wai Ke[Chin J Microsurg(Article in Chinese;Abstract in Chinese)],1983,6(1,2):22.}

[3379] 刘正津，何光篪，张显利，傅忠军．拇主要动脉的应用解剖[J]．显微外科，1984，7（3-4）：73．{LIU Zhengjin,HE Guangchi,ZHANG Xianli,FU Zhongjun. Applied anatomy of thumb principal artery[J]. Xian Wei Wai Ke[Chin J Microsurg(Article in Chinese;Abstract in Chinese)],1984,7(3,4):73.}

[3380] 程国良，潘达德，林彬，曲智勇，杨志贤．急症拇指手指再造[J]．解放军医学杂志，1984，9（1）：30．{CHENG Guoliang,PAN Dade,LIN Bin,QU Zhiyong,YANG Zhixian. Emergency reconstruction of thunb or finger[J]. Jie Fang Jie Fang Jun Yi Xue Za Zhi[Med J Chin PLA(Article in Chinese;Abstract in Chinese and English)],1984,9(1):30.}

[3381] 孙博，原林，陈子华，程军平，韩震，钟世镇，顾玉东，吴敏明，郑忆柳，杨东岳，李鸿儒．第一跖背动脉与第一趾底总动脉在趾蹼处的吻合类型及其临床意义[J]．临床应用解剖学杂志，1984，2（2）：69．DOI：10.13418/j.issn.1001-165x.1984.02.002．{SUN Bo,YUAN Lin,CHENG Junping,HAN Zhen,ZHONG Shizhen,GU Yudong,WU Minming,ZHENG Yiliu,YANG Dongyue,LI Hongru. Anastomosis types and clinical significance of the first dorsal metatarsal artery and first common plantar artery in the web space[J]. Lin Chuang Ying Yong Jie Pou Xue Za Zhi[Chin J Clin Anat(Article in Chinese;Abstract in Chinese)],1984,2(2):69. DOI:10.13418/j.issn.1001-165x.1984.02.002.}

[3382] 孙博，原林，陈子华，程军平，韩震，钟世镇，顾玉东，吴敏明，郑忆柳，杨东岳，李鸿儒．第二足趾第二套血供系统的探讨[J]．临床应用解剖学杂志，1984，2（3）：129．DOI：10.13418/j.issn.1001-165x.1984.03.001．{SUN Bo,YUAN Lin,CHEN Zihua,CHENG Junping,HAN Zhen,ZHONG Shizhen,GU Yudong,WU Minming,ZHENG Yiliu,YANG Dongyue,LI Hongru. Disucssion on the second blood supply of the second toe[J]. Lin Chuang Ying Yong Jie Pou Xue Za Zhi[Chin J Clin Anat(Article in Chinese;Abstract in Chinese)],1984,2(3):129. DOI:10.13418/j.issn.1001-165x.1984.03.001.}

[3383] 顾玉东，吴敏明，郑忆柳，李鸿儒．足趾移植术中血管的变异及其处理[J]．中华外科杂志，1985，23（4）：210．{GU Yudong,WU Minming,ZHENG Yiliu,LI Hongru. Vascular variation and its management in toe transplantation[J]. Zhonghua Wai Ke Za Zhi[Chin J Surg(Article in Chinese;Abstract in Chinese)],1985,23(4):210.}

[3384] 于仲嘉，何鹤皋，眭述平．109例拇指再造病例分析[J]．显微医学杂志，1985，8（2）：65．{YU Zhongjia,HE Hegao,SUI Shuping. Analysis of 109 thumb reconstruction cases[J]. Xian Wei Yi Xue Za Zhi[Chin J Microsurg(Article in Chinese;Abstract in Chinese)],1985,8(2):65.}

[3385] 关桂春，等．新法再造拇指[J]．显微医学杂志，1985，8（2）：116．{GUAN Guichun,et al. A new method of thumb reconstruction[J]. Xian Wei Yi Xue Za Zhi[Chin J Microsurg(Article in Chinese;Abstract in Chinese)],1985,8(2):116.}

[3386] 张伯勋，朱盛修，卢世璧，姚建祥．第二足趾游离移植再造手指[J]．显微医学杂志，1985，8（2）：89．{ZHANG Boxun,ZHU Shengxiu,LU Shibi,YAO Jianxiang. Transplantation and reconstruction of the second toe[J]. Xian Wei Yi Xue Za Zhi[Chin J Microsurg(Article in Chinese;Abstract in Chinese)]1985,8(2):89.}

[3387] 罗力生，李依力，高建华，谢兴斌，郝廷智，孙博，刘牧之，原林．足背动脉缺如型的足趾移植成功一例[J]．显微医学杂志，1985，8（3）：143．{LUO Lisheng,LI Yili,GAO Jianhua,XIE Xingbin,HAO Tingzhi,SUN Bo,LIU Muzhi,YUAN Lin. A successful case report of toe transplantation with absent dorsalis pedis artery[J]. Xian Wei Yi Xue Za Zhi[Chin J Microsurg(Article in Chinese;Abstract in Chinese)],1985,8(3):143.}

[3388] 王成琪，蔡锦方．游离移植部分踇趾再造末节拇指一例报告[J]．解放军医学杂志，1985，10（5）：381．{WANG Chengqi,CAI Jinfang. A case report of segmental great toe free transplantation to reconstruct distal thumb[J].Jie Fang Jun Yi Xue Za Zhi[Med J Chin PLA,(Article in Chinese;No abstract available)]1985,10(5):381.}

[3389] 侯春林，包聚良，臧鸿声，徐印坎．介绍几种拇指再造方法[J]．显微医学杂志，1985，8（4）：195．{HOU Chunlin,BAO Juliang,ZANG Hongsheng,XU Yinkan. Introduction of several methods of thumb reconstruction[J]. Xian Wei Yi Xue Za Zhi[Chin J Microsurg(Article in Chinese;Abstract in Chinese)],1985,8(4):195.}

[3390] 李主一，王锡琏，周中英，李其训，徐延光，翁龙江．拇指再造一次重建掌骨和虎口的几种方法[J]．显微医学杂志，1985，8（4）：197．{LI Zhuyi,WANG Xilian,ZHOU Zhongying,LI

Qixun,XU Yanguang,WENG Longjiang. Several methods of reconstructing metacarpal bone and the first web space at the same time in thumb reconstruction[J]. Xian Wei Yi Xue Za Zhi[Chin J Microsurg(Article in Chinese;Abstract in Chinese)],1985,8(4):197.}

[3391] 顾玉东，吴敏明，郑忆柳，李鸿儒．游离足趾移植再造拇指和手指200例报告[J]．显微医学杂志，1985，8（1）：2．{GU Yudong,WU Minming,ZHENG Yiliu,LI Hongru. Report of 200 cases of thumb and fingers reconstruction by toe free transplantation[J]. Xian Wei Yi Xue Za Zhi[Chin J Microsurg(Article in Chinese;Abstract in Chinese)],1985,8(1):2.}

[3392] 田立杰，蔡林方，辛畅泰，李崇杰，李文富，杨恩林，张中枢，薛启祥，王玉．急诊一期再造拇指（附18例报告）[J]．显微医学杂志，1985，8（1）：6．{TIAN Lijie,CAI Linfang,XIN Changtai,LI Chongjie,LI Wenfu,YANG Enlin,ZHANG Zhongshu,XUE Qixiang,WANG Yu. Emergency thumb reconstruction in one stage (with a report of 18 cases)[J]. Xian Wei Yi Xue Za Zhi[Chin J Microsurg(Article in Chinese;Abstract in Chinese)],1985,8(1):6.}

[3393] 孙雪良，王惠美，金重山，刘步先，高德琦．趾移植再造拇指和手指（附30例31指）[J]．显微医学杂志，1985，8（4）：193．{SUN Xueliang,WANG Huimei,JIN Chongshan,LIU Buxian,GAO Deqi. Thumb and fingers reconstruction by toe transplantation[J]. Xian Wei Yi Xue Za Zhi[Chin J Microsurg(Article in Chinese;Abstract in Chinese)],1985,8(4):193.}

[3394] 劳镇国，朱家恺．第二趾游离移植再造食（示）指术后感觉功能恢复的临床观察[J]．显微医学杂志，1985，8（4）：216．{LAO Zhenguo,ZHU Jiakai. Clinical observation of sensory function recovery after second toe free transplantation to reconstruct index finger[J].Xian Wei Yi Xue Za Zhi[Chin J Microsurg(Article in Chinese;Abstract in Chinese)],1985,8(4):216.}

[3395] 侯春林．拇指残端移植骨加食（示）指背侧岛状皮瓣移植再造拇指一例报告[J]．上海医学，1985，8（12）：715．{HOU Chunlin. A case report of thumb reconstruction with bone graft of thumb stump and dorsal island flap of index finger[J]. Shanghai Yi Xue[Shanghai Med J(Article in Chinese;Abstract in Chinese)],1985,8(12):715.}

[3396] 张少成，高建章，程廷英，刘植珊．节段性踇趾复合移植再造拇指（附6例报告）[J]．上海医学，1985，8（3）：125．{ZHANG Shaocheng,GAO Jianzhang,CHENG Tingying,LIU Zhishan. Thumb reconstruction by segmental great toe composite transplantation (with a report of 6 cases)[J]. Shanghai Yi Xue[Shanghai Med J(Article in Chinese;Abstract in Chinese)],1985,8(3):125.}

[3397] 田立杰，蔡林方，辛畅泰，李崇杰．急诊足二趾移植再造拇指（附九例报告）[J]．中华医学杂志，1986，66（9）：560．{TIAN Lijie,CAI Linfang,XIN Changtai,LI Chongjie. Emergency thumb reconstruction by the second toe transplantation (report of 9 cases)[J]. Zhonghua Yi Xue Za Zhi[Natl Med J China(Article in Chinese;No abstract available)],1986,66(9):560.}

[3398] 顾玉东，张丽银，张罗，宋庆礼，沈力行．足趾移植术中的血管病理及临床意义[J]．中华显微外科杂志，1986，9（2）：86-88，C5．DOI：10.3760/cma.j.issn.1001-2036.1986.02.111．{GU Yudong,ZHANG Liyin,ZHANG Luo,SONG Qingli,SHEN Lixing. Vascular pathology and clinical significant in toe transplantation[J]. Zhonghua Xian Wei Wai Ke Za Zhi[Chin J Microsurg(Article in Chinese;Abstract in Chinese)],1986,9(2):86-88,C5. DOI:10.3760/cma.j.issn.1001-2036.1986.02.111.}

[3399] 郑玉明，李运连，陈庄洪，丁伯坦，赵利，夏彭春，孙博，刘牧之，原林，马富，李汉云，韩震，钟世镇．带血管蒂桡骨片逆向前臂皮瓣再造拇指12例报告[J]．中华骨科杂志，1986，6（1）：7．{ZHENG Yuming,LI Yunlian,CHEN Zhuanghong,DING Botan,ZHAO Li,XIA Pengchun,SUN Bo,LIU Muzhi,YUAN Lin,MA Fu,LI Hanyun,HAN Zhen,ZHONG Shizhen. Report of 12 cases of thumb reconstruction by vascularized radial graft and reverse forearm flap[J]. Zhonghua Gu Ke Za Zhi[Chin J Orthop(Article in Chinese;Abstract in Chinese)],1986,6(1):7.}

[3400] 张少成，高建章，程庭英，刘植珊．提供两条跖骨背动脉的第二足趾游离移植再造拇指和手指五例[J]．上海医学，1986，9（8）：491．{ZHANG Shaocheng,GAO Jianzhang,CHENG Tingying,LIU Zhishan. Report of 5 cases of thumb and fingers reconstruction by the second toe with two dorsal metatarsal arteries free transplantation[J]. Shanghai Yi Xue[Shanghai Med J(Article in Chinese;Abstract in Chinese)]1986,9(8):491.}

[3401] 宋知非，李承球，孙贤敏，陈隆恩．游离足趾移植再造拇指和手指的功能效果探讨（附16例报告）[J]．中华显微外科杂志，1986，9（3）：177-177．DOI：10.3760/cma.j.issn.1001-2036.1986.03.126．{SONG Zhifei,LI Chengqiu,SUN Xianmin,CHEN Longen. Discussion on the function of thumb and fingers reconstruction by free toe transplantation[J]. Zhonghua Xian Wei Wai Ke Za Zhi[Chin J Microsurg(Article in Chinese;Abstract in Chinese)],1986,9(3):177-177. DOI:10.3760/cma.j.issn.1001-2036.1986.03.126.}

[3402] 王成琪，周建国．游离第二足趾移植再造拇指32例体会[J]．中华显微外科杂志，1986，9（3）：135．{WANG Chengqi,ZHOU Jianguo. Thumb reconstruction by free second toe transplantation in 32 cases[J]. Zhonghua Xian Wei Wai Ke Za Zhi[Chin J Microsurg(Article in Chinese;Abstract in Chinese)],1986,9(3):135.}

[3403] 徐达传，钟世镇，高崇敬，刘牧之，孙博．第一跖底动脉的外科解剖[J]．临床解剖学杂志，1986，4（2）：65．{XU Dachuan,ZHONG Shizhen,GAO Chongjing,LIU Muzhi,SUN Bo. Surgical anatomy of the first plantar metatarsal artery[J]. Lin Chuang Jie Pou Xue Za Zhi[Chin J Clin Anat,(Article in Chinese;Abstract in Chinese)],1986,4(2):65.}

[3404] 顾玉东．拇指及手指再造的进展[J]．中华显微外科杂志，1986，9（3）：173．{GU Yudong. Development in thumb and fingers reconstruction[J]. Zhonghua Xian Wei Wai Ke Za Zhi[Chin J Microsurg(Article in Chinese;No abstract available)],1986,9(3):173.}

[3405] 蔡锦方，孙宝国．以趾底动脉为蒂的第二足趾移植再造拇指[J]．中华显微外科杂志，1992，15（4）：204-206．DOI：10.1007/BF02005919．{CAI Jinfang,SUN Baoguo. Thumb reconstruction by second toe transplantation pedicled with plantar digital artery[J]. Zhonghua Xian Wei Wai Ke Za Zhi[Chin J Microsurg(Article in Chinese;No abstract available)],1992,15(4):204-206. DOI:10.1007/BF02005919.}

[3406] 李康仁，姚远志，徐永华，陈砚侯．第二足趾游离移植再造拇指一例[J]．中国修复重建外科杂志，1993，7（4）：205．{LI Kangren,YAO Yuanzhi,XU Yonghua,CHEN Jianhou. Thumb reconstruction with free second toe transplantation:a case report[J]. Zhongguo Xiu Fu Chong Jian Wai Ke Za Zhi[Chin J Repar Reconstr Surg(Article in Chinese;No abstract available)],1993,7(4):205.}

[3407] 杨富田，唐向东，王东，唐树伍．基层医院急诊第二足趾游离移植再造拇指12例体会[J]．中华显微外科杂志，1994，17（2）：114．DOI：CNKI：SUN：ZHXW.0.1994-02-020．{YANG Futian,TANG Xiangdong,WANG Dong,TANG Shuwu. Experience of 12 thumbs reconstruction with free second toe transplantation in primary hospital[J]. Zhonghua Xian Wei Wai Ke Za Zhi[Chin J Microsurg(Article in Chinese;No abstract available)],1994,17(2):114. DOI:CNKI:SUN:ZHXW.0.1994-02-020.}

[3408] 张金荣，寿奎水．幼儿游离第二足趾再造拇手指远期观察[J]．中华手外科杂志，1994，10（4）：252．{ZHANG Jinrong,SHOU Kuishui. Long term observation of thumb and finger reconstruction with free second toe in children[J]. Zhonghua Shou Wai Ke Za Zhi[Chin J Hand Surg(Article in Chinese;No abstract available)],1994,10(4):252.}

[3409] 侯书健，程国良，潘达德，杨志贤，林彬，曲志勇，方光荣．吻合血管的游离皮瓣与第二足趾组合移植再造拇指[J]．中华显微外科杂志，1997，20（3）：68-70．{HOU Shujian,CHENG Guoliang,PAN Dade,YANG Zhixian,LIN Bin,QV Zhiyong,FANG Guangrong. Thumb reconstruction by second toe transplantation combine with vascular anastomosed free flap[J]. Zhonghua Xian Wei Wai Ke Za Zhi[Chin J Microsurg(Article in Chinese;No abstract available)],1997,20(3):68-70.}

[3410] 罗力生．第二趾移植再造拇指[J]．中国修复重建外科杂志，1997，11（3）：52-54．{LUO Lisheng. Thumb reconstruction with second toe transplantation[J]. Zhongguo Xiu Fu Chong Jian Wai Ke Za Zhi[Chin J Repar Reconstr Surg(Article in Chinese;No abstract available)],1997,11(3):52-54.}

[3411] 陈琳，陈德松，蔡佩琴，顾玉东．第二足趾游离移植再造拇指建立两套血供的新方法[J]．中华手外科杂志，1999，15（2）：3-5．{CHEN Lin,CHEN Desong,CAI Peiqin,GU Yudong. A new method of establishing two sets of blood supply for thumb reconstruction with free second toe transplantation[J]. Zhonghua Shou Wai Ke Za Zhi[Chin J Hand Surg(Article in Chinese;No abstract available)],1999,15(2):3-5.}

[3412] 张开欣，孙天全，段友建，刘志宏，马德鑫．急诊第二足趾移植再造拇指27例[J]．实用手外科杂志，1999，13（3）：143-144．{ZHANG Kaixin,SUN Tianquan,DUAN Youjian,LIU Zhihong,MA Dexin. Thumb reconstruction of twenty-seven cases with free second toe transplantation in emergency[J]. Shi Yong Shou Wai Ke Za Zhi[Chin J Pract Hand Surg(Article in Chinese;Abstract in Chinese and English)],1999,13(3):143-144.}

[3413] 张先安，王旭生，张应鹏．急诊第2趾游离移植再造拇指[J]．中国矫形外科杂志，2000，7（9）：923-924．DOI：10.3969/j.issn.1005-8478.2000.09.038．{ZHANG Xianan,WANG Xusheng,ZHANG Yingpeng. Thumb reconstruction with free second toe transplantation in emergency[J]. Zhongguo Jiao Xing Wai Ke Za Zhi[Orthop J China(Article in Chinese;No abstract available)],2000,7(9):923-924. DOI:10.3969/j.issn.1005-8478.2000.09.038.}

[3414] 薛广平，薛俊红，范华波．幼儿第二足趾移植再造拇指的体会[J]．中华手外科杂志，2000，16（2）：107．DOI：10.3760/cma.j.issn.1005-054X.2000.02.022．{XUE Guangping,XUE Junhong,FAN Huabo. Experience of thumb reconstruction with second toe transplantation in children[J]. Zhonghua Shou Wai Ke Za Zhi[Chin J Hand Surg(Article in Chinese;No abstract available)],2000,16(2):107. DOI:10.3760/cma.j.issn.1005-054X.2000.02.022.}

[3415] 张敬良，任志勇，王成琪．第二足趾联合腓侧条形岛状皮瓣镶嵌再造拇（手）指[J]．中华显微外科杂志，2001，24（4）：252-253．DOI：10.3760/cma.j.issn.1001-2036.2001.04.004．{ZHANG Jingliang,Ren Zhiyong,WANG Chengqi. The thumb (finger) reconstruction by transferring the free second toe inlaid with the composite pedicle flap from fibular side of the great toe[J]. Zhonghua Xian Wei Wai Ke Za Zhi[Chin J Microsurg(Article in Chinese;Abstract in Chinese and English)],2001,24(4):252-253. DOI:10.3760/cma.j.issn.1001-2036.2001.04.004.}

[3416] 沈向前，姚建民，宋震坤．六趾畸形第二趾再造拇指缺损[J]．中华整形外科杂志，2002，18（1）：24．DOI：10.3760/j.issn：1009-4598.2002.01.026．{SHEN Xiangqian,YAO Jianmin,SONG Zhenkun. Reconstruction of thumb defect with the second toe of six toe deformity[J]. Zhonghua Zheng Xing Wai Ke Za Zhi[Chin J Plast Surg(Article in Chinese;No abstract available)],2002,18(1):24. DOI:10.3760/j.issn:1009-4598.2002.01.026.}

[3417] 张敬良，裴国献，任志勇，王成琪，朱立军，胡罢生．重塑第二足趾再造拇、手指的手术方法[J]．中华骨科杂志，2004，24（1）：55-56．DOI：10.3760/j.issn：0253-2352.2004.01.017．{ZHANG Jingliang,PEI Guoxian,REN Zhiyong,WANG Chengqi,ZHU Lijun,HU Basheng. Surgical method of reconstructing thumb and finger by remolding the second toe[J]. Zhonghua Gu Ke Za Zhi[Chin J Orthop(Article in Chinese;No abstract available)],2004,24(1):55-56. DOI:10.3760/j.issn:0253-2352.2004.01.017.}

[3418] 方光荣，丁小珩，屈志刚，姜凯，滕国栋，刘亚平，程国良．改良跖趾关节屈曲方向的第二足趾移植再造拇手指[J]．中华显微外科杂志，2004，27（4）：241-242．DOI：10.3760/cma.j.issn.1001-2036.2004.04.001．{FANG Guangrong,Dingxiaoxing,QV Zhigang,JIANG Kai,TENG Guodong,LIU Yaping,CHENG Guoliang. A modified toe-to-hand transfer:ante-rotation of metatarso-phalangeal joint[J]. Zhonghua Xian Wei Wai Ke Za Zhi[Chin J Microsurg(Article in Chinese;Abstract in Chinese and English)],2004,27(4):241-242. DOI:10.3760/cma.j.issn.1001-2036.2004.04.001.}

[3419] 高俊，王建国，董建峰，吴强，刘海军．带足外侧、足背皮瓣的第二趾移植再造Ⅴ、Ⅵ区拇指缺损[J]．中华手外科杂志，2004，20（1）：52．{GAO Jun,WANG Jianguo,DONG Jianfeng,WU Qiang,LIU Haijun. Reconstruction of thumb defect in V and VI zoon by second toe transplant with lateral and dorsal foot flaps[J]. Zhonghua Shou Wai Ke Za Zhi[Chin J Hand Surg(Article in Chinese;No abstract available)],2004,20(1):52.}

[3420] 张文峰，张承铭，张成进．吻合骨间后动脉及食（示）指指固有动脉的第二足趾移植再造拇指1例[J]．中国矫形外科杂志，2005，13（22）：1696．DOI：10.3969/j.issn.1005-8478.2005.22.029．{ZHANG Wenfeng,ZHANG Chengming,ZHANG Chengjin. Thumb reconstruction by second toe transplant with anastomosis of posterior interosseous artery and proper artery of index finger:a case report[J]. Zhongguo Jiao Xing Wai Ke Za Zhi[Orthop J China(Article in Chinese;No abstract available)],2005,13(22):1696. DOI:10.3969/j.issn.1005-8478.2005.22.029.}

[3421] 杨连根，韩守江，娄宏亮，安小刚．先天性桡动脉缺如第2足趾移植再造拇指一例[J]．中国修复重建外科杂志，2005，19（4）：321．{YANG Liangen,HAN Shoujiang,LOU Hongliang,AN Xiaogang. Thumb reconstruction by transplantation of the second toe with congenital absence of radial artery:a case report[J]. Zhongguo Xiu Fu Chong Jian Wai Ke Za Zhi[Chin J Repar Reconstr Surg(Article in Chinese;No abstract available)],2005,19(4):321.}

[3422] 顾玉东．第二趾移植再造拇指的历史回顾与展望[J]．中华手外科杂志，2006，22（1）：3-5．{GU Yudong. The history and Prospect of thumb reconstruction with second toe transplantation[J]. Zhonghua Shou Wai Ke Za Zhi[Chin J Hand Surg(Article in Chinese;No abstract available)],2006,22(1):3-5.}

[3423] 李瑞国，刘会仁，曹磊，张艳茂，于占勇，刘志旺，王国强，侯金玲，王岩，项力源，李国华．第二趾与足内、外侧皮瓣复合组织移植再造拇指[J]．中华手外科杂志，2006，22（1）：23-25．{LIU Ruiguo,LIU Huiren,CAO Lei,ZHANG Yanmao,YU Zhanyong,LIU Zhiwang,WANG Guoqiang,HOU Jinling,WANG Yan,XIANG Liyuan,LI Guohua. Thumb reconstruction with composite tissue transplantation of the second toe and medial and lateral foot flaps[J]. Zhonghua Shou Wai Ke Za Zhi[Chin J Hand Surg(Article in Chinese;Abstract in Chinese)],2006,22(1):23-25.}

[3424] 郭翱，张功林，徐招跃，李俊，汪超．指甲延长术在第二足趾移植再造拇手指中的应用[J]．中华手外科杂志，2006，22(6)：362-363．DOI：10.3760/cma.j.issn.1005-054X.2006.06.018．{Guo Ao,ZHANG Gonglin,XU Zhaoyue,LIN Jun,WANG Chao. Application of nail lengthening in free second toe transfer for reconstruction of the thumb/finger[J]. Zhonghua Shou Wai Ke Za Zhi[Chin J Hand Surg(Article in Chinese;Abstract in Chinese and English)],2006,22(6):362-363. DOI:10.3760/cma.j.issn.1005-054X.2006.06.018.}

[3425] 刘勇，裴国献，姚旺祥，梅良斌．足背动脉缺如组合双皮瓣的第二足趾移植再造拇指一例[J]．中华整形外科杂志，2006，22（5）：398-399．DOI：10.3760/j.issn：1009-4598.2006.05.029．{LIU Yong,PEI Guoxian,YAO Wangxiang,MEI Liangbin. Thumb reconstruction by second toe transplant with combined double flaps since the absence of dorsalis pedis artery[J]. Zhonghua Zheng Xing Wai Ke Za Zhi[Chin J Plast Surg(Article in Chinese;No abstract available)],2006,22(5):398-399. DOI:10.3760/j.issn:1009-4598.2006.05.029.}

[3426] 欧学海，邱武安，魏登科，朱一慧，宋倩．游离第二趾与筋膜皮瓣组合再造Ⅵ度缺损拇指[J]．中华显微外科杂志，2007，30(2)：148-149．DOI：10.3760/cma.j.issn.1001-2036.2007.02.026．{OU Xuehai,XIU Wuan,WEI Dengke,ZHU Yihui,SONG Qian. Reconstruction of grade VI thumb defect with free second toe and fasciocutaneous flap[J]. Zhonghua Xian Wei Wai Ke Za Zhi[Chin J Microsurg(Article in Chinese;No abstract available)],2007,30(2):148-149. DOI:10.3760/cma.j.issn.1001-2036.2007.02.026.}

[3427] 黄飞，李骥，王刚，孙军健．游离第二足趾改形法再造拇指一例[J]．中华显微外科杂志，2007，30(4)：280．DOI：10.3760/cma.j.issn.1001-2036.2007.04.038．{HUANG Fei,LI Ji,WANG Gang,SUN Junjian. Thumb reconstruction with free and shape modified second toe:a case report[J]. Zhonghua Xian Wei Wai Ke Za Zhi[Chin J Microsurg(Article in Chinese;No abstract available)],2007,30(4):280. DOI:10.3760/cma.j.issn.1001-2036.2007.04.038.}

[3428] 卢耀军，洪光祥，徐南伟. 臂外侧骨皮瓣联合第二足趾移植再造拇指 [J]. 中华显微外科杂志，2008，31(3)：169-171，后插二. DOI: 10.3760/cma.j.issn.1001-2036.2008.03.004. {LU Yaojun,Hongguangxiang,XU Nanwei. The upper limb lateral bone-skin flap combine with the second toe transplant primary repair complex thumb defect[J]. Zhonghua Xian Wei Wai Ke Za Zhi[Chin J Microsurg(Article in Chinese;Abstract in Chinese and English)],2008,31(3):169-171,insert 2. DOI:10.3760/cma.j.issn.1001-2036.2008.03.004.}

[3429] 张敬良，谢振荣，肖军波，雷彦文，宋君，何明飞，黄忠明，李杭，陈焕伟，郭桥鸿，汤焕才，刘超，刘克莉. 第一、二趾全背侧皮甲瓣互换的第二趾Ⅰ期塑形再造拇指 [J]. 中华显微外科杂志，2008，31(5)：335-337，403. DOI: 10.3760/cma.j.issn.1001-2036.2008.05.005. {ZHANG Jingliang,XIE Zhenrong,XIAO Junbo,LEI Yanwen,SONG Jun,HE Mingfei,HUANG Zhongming,LI Hang,CHEN Huanwei,GUO Qiaohong,TANG Huancai,LIU Chao,LIU Keli. A new surgery treatment for thumb reconstruction by one-stage plasty free second toe transfer[J]. Zhonghua Xian Wei Wai Ke Za Zhi[Chin J Microsurg(Article in Chinese;Abstract in Chinese and English)],2008,31(5):335-337,403. DOI:10.3760/cma.j.issn.1001-2036.2008.05.005.}

[3430] 王保山，郑晓菊，王新宏，李刚，高树林. 第二足趾改形移植再造拇手指 [J]. 中华显微外科杂志，2008，31(6)：411-413，插 3. DOI: 10.3760/cma.j.issn.1001-2036.2008.06.004. {WANG Baoshan,ZHENG Xiaoju,WANG Xinhong,LI Gang,GAO Shulin. Reconstruction of finger with reshaped second toe[J]. Zhonghua Xian Wei Wai Ke Za Zhi[Chin J Microsurg(Article in Chinese;Abstract in Chinese and English)],2008,31(6):411-413,insert 3. DOI:10.3760/cma.j.issn.1001-2036.2008.06.004.}

[3431] 刘勇，张成进，王成琪，李忠，墨天燕，劳克诚，刘雪涛，刘学胜，曲连军. 足背动脉变异可携带足背皮瓣的第二足趾移植再造拇指Ⅴ、Ⅵ度缺损 [J]. 中华手外科杂志，2008，24(1)：8-10. {LIU Yong,ZHANG Chengjin,WANG Chengqi,LI Zhong,MO Tianyan,LAO Kecheng,LIU Xuetao,LIU Xuesheng,QV Lianjun. Reconstruction of grade V and VI defects of thumb by the second toe transplant with dorsalis pedis flap[J]. Zhonghua Shou Wai Ke Za Zhi[Chin J Hand Surg(Article in Chinese;Abstract in Chinese)],2008,24(1):8-10.}

[3432] 张植生，赵建勇，王华柱，丁明斌，于从海. 同血管蒂的双皮瓣改形第二足趾移植再造拇手指 [J]. 中华手外科杂志，2008，24(1)：17-19. {ZHANG Zhisheng,ZHAO Jianyong,WANG Huazhu,DING Mingbin,YU Conghai. Reconstruction of thumb and finger by double flaps with the same vascular pedicle modified and second toe transplantation[J]. Zhonghua Shou Wai Ke Za Zhi[Chin J Hand Surg(Article in Chinese;Abstract in Chinese)],2008,24(1):17-19.}

[3433] 劳克诚，张成进，李忠，王蕾，范启申，王成琪. 第二、三趾联合局部转移皮瓣整形第二趾再造拇手指 [J]. 中华手外科杂志，2008，24(2)：93-95. DOI: 10.3760/cma.j.issn.1005-054X.2008.02.010. {LAO Kecheng,ZHANG Chengjin,LI Zhong,WANG Lei,FAN Qishen,WANG Chengqi. Second toe plasty using local flap transfer from the 3rd toe in second toe-to-thumb/finger transfer[J]. Zhonghua Shou Wai Ke Za Zhi[Chin J Hand Surg(Article in Chinese;Abstract in Chinese and English)],2008,24(2):93-95. DOI:10.3760/cma.j.issn.1005-054X.2008.02.010.}

[3434] 巨积辉，金光哲，刘跃飞，李雷，赵强，魏诚，李建宁，刘新益，侯瑞兴. 足第二趾近侧趾间关节移植再造拇手指关节 [J]. 中华显微外科杂志，2009，32(2)：107-109，插 2. DOI: 10.3760/cma.j.issn.1001-2036.2009.02.009. {JU Jihui,JIN Guangzhe,LIU Yuefei,LI Lei,ZHAO Qiang,WEI Cheng,LI Jianning,LIU Xinyi,HOU Ruixing. Reconstruction of finger joints using the proximal interphalangeal joint of the second toe[J]. Zhonghua Xian Wei Wai Ke Za Zhi[Chin J Microsurg(Article in Chinese;Abstract in Chinese and English)],2009,32(2):107-109,insert 2. DOI:10.3760/cma.j.issn.1001-2036.2009.02.009.}

[3435] 牟勇，黄东. 第二足趾改形游离移植再造拇手指研究进展 [J]. 中华显微外科杂志，2009，32(2)：171-172. DOI: 10.3760/cma.j.issn.1001-2036.2009.02.040. {MU Yong,HUANG Dong. Research progress of thumb and finger reconstruction by second toe free grafting and shape modification[J]. Zhonghua Xian Wei Wai Ke Za Zhi[Chin J Microsurg(Article in Chinese;No abstract available)],2009,32(2):171-172. DOI:10.3760/cma.j.issn.1001-2036.2009.02.040.}

[3436] 黄东，牟勇，黄永军，吴伟炽，张惠茹，黄国英. 急诊第二足趾末节游离移植再造拇指指尖的临床研究 [J]. 中华显微外科杂志，2009，32(6)：455-457，后插 1. DOI: 10.3760/cma.j.issn.1001-2036.2009.06.007. {HUANG Dong,MU Yong,HUANG Yongjun,WU Weizhi,ZHANG Huiru,HUANG Guoying. Clinical study of thumb tip defect reconstruction with free distal second toe in emergency[J]. Zhonghua Xian Wei Wai Ke Za Zhi[Chin J Microsurg(Article in Chinese;Abstract in Chinese and English)],2009,32(6):455-457,insert 1. DOI:10.3760/cma.j.issn.1001-2036.2009.06.007.}

[3437] 牟勇，黄东，张惠茹，吴伟炽，黄国英，江奕恒. 带足背皮瓣的第二足趾游离移植再造拇手指 [J]. 中华显微外科杂志，2009，32(6)：495-496. DOI: 10.3760/cma.j.issn.1001-2036.2009.06.021. {MU Yong,HUANG Dong,ZHANG Huiru,WU Weizhi,HUANG Guoying,JIANG Yiheng. Thumb and finger reconstruction by transplantation of second toe with dorsalis pedis flap[J]. Zhonghua Xian Wei Wai Ke Za Zhi[Chin J Microsurg(Article in Chinese;Abstract in Chinese)],2009,32(6):495-496. DOI:10.3760/cma.j.issn.1001-2036.2009.06.021.}

[3438] 董叶凯，刘超，吴建新，谢金虎. 急诊游离第 2 足趾移植再造拇指 12 例 [J]. 临床骨科杂志，2009，12(3)：359-360. DOI: 10.3969/j.issn.1008-0287.2009.03.057. {DONG Yekai,LIU Chao,WU Jianxin,XIE Jinhu. Thumb reconstruction with second toe transplantation in emergency:12 cases report[J]. Lin Chuang Gu Ke Za Zhi[J Clin Orthop(Article in Chinese;Abstract in Chinese and English)],2009,12(3):359-360. DOI:10.3969/j.issn.1008-0287.2009.03.057.}

[3439] 明立功，明新文，明立山，明立阳，乔玉，王慧，王自方. 第二足趾移植再造拇指术后外形的修复 [J]. 中华显微外科杂志，2010，33(4)：326-327. DOI: 10.3760/cma.j.issn.1001-2036.2010.04.026. {MING Ligong,MING Xinwen,MING Lishan,MING Liyang,Qiaoyu,WANG Hui,WANG Zifang. Restoration of postoperative appearance after thumb reconstruction with second toe transplantation[J]. Zhonghua Xian Wei Wai Ke Za Zhi[Chin J Microsurg(Article in Chinese;Abstract in Chinese)],2010,33(4):326-327. DOI:10.3760/cma.j.issn.1001-2036.2010.04.026.}

[3440] 查代清，范少勇，周朝辉，封志筠. 第 2 足趾重塑后再造拇指的临床研究 [J]. 局解手术学杂志，2010，19(5)：381-382. DOI: 10.3969/j.issn.1672-5042.2010.05.013. {CHA Daiqing,FAN Shaoyong,ZHOU Chaohui,FENG Zhijun. Clinical research of thumb reconstruction with transplantation of the second toe after plastic operation[J]. Ju Jie Shou Shu Xue Za Zhi[J Reg Anat Oper Surg(Article in Chinese;Abstract in Chinese and English)],2010,19(5):381-382. DOI:10.3969/j.issn.1672-5042.2010.05.013.}

[3441] 孙锋，黄东，吴伟炽，林浩，牟勇，黄永军，黄国英，祝李霖. 第二足趾近侧趾间关节游离移植再造拇指及手指关节 [J]. 中华显微外科杂志，2011，34(2)：150-151. DOI: 10.3760/cma.j.issn.1001-2036.2011.02.027. {SUN Feng,HUANG Dong,WU Weizhi,LIN Hao,MU Yong,HUANG Yongjun,HUANG Guoying,ZU Lilin. Reconstruction of thumb and finger joints by free transplantation of the second toe from the proximal interphalangeal joint[J]. Zhonghua Xian Wei Wai Ke Za Zhi[Chin J Microsurg(Article in Chinese;Abstract in Chinese)],2011,34(2):150-151. DOI:10.3760/cma.j.issn.1001-2036.2011.02.027.}

[3442] 周丕育，杨孝明，周健，李尚权，黄江，杨绍浦，张武红，田孟洪，刘张冰，何志强，赵星，马杰. 静脉动脉化第 2 足趾移植再造拇指成功一例 [J]. 中华整形外科杂志，2011，27(1)：71-72. DOI: 10.3760/cma.j.issn.1009-4598.2011.01.022. {ZHOU Piyu,YANG Xiaoming,ZHOU Jian,LI Shangquan,HUANG Jiang,YANG Shaopu,ZHANG Wuhong,TIAN Menghong,LIU Zhangbing,HE Zhiqiang,ZHAO Xing,MA Jie. Successful thumb reconstruction with second toe vein arterialized transplantation:a case report[J]. Zhonghua Zheng Xing Wai Ke Za Zhi[Chin J Plast Surg(Article in Chinese;No abstract available)],2011,27(1):71-72. DOI:10.3760/cma.j.issn.1009-4598.2011.01.022.}

[3443] 盛辉，丁小珩，李德保. 游离第 2 趾联合足背皮瓣再造拇指 [J]. 实用手外科杂志，2013，27(3)：362-363，376. DOI: 10.3969/j.issn.1671-2722.2013.03.020. {SHENG Hui,Dingxiaoheng,LI Debao. Reconstruction of thumb using the free second toe combined with dorsal pedis flap[J]. Shi Yong Shou Wai Ke Za Zhi[Chin J Pract Hand Surg(Article in Chinese;Abstract in Chinese and English)],2013,27(3):362-363,376. DOI:10.3969/j.issn.1671-2722.2013.03.020.}

[3444] 曾林如，侯桥，汤样华，王利祥，任国华. 游离第二趾趾间关节移植再造拇指掌指关节 [J]. 中华手外科杂志，2014，30(5)：395-396. DOI: 10.3760/cma.j.issn.1005-054X.2014.05.031. {ZENG Linru,HOU Qiao,TANG Yanghua,WANG Lixiang,REN Guohua. Reconstruction of metacarpophalangeal joint of thumb with free second transplantation from interphalangeal joint[J]. Zhonghua Shou Wai Ke Za Zhi[Chin J Hand Surg(Article in Chinese;No abstract available)],2014,30(5):395-396. DOI:10.3760/cma.j.issn.1005-054X.2014.05.031.}

[3445] 刘勇，张成进，付兴茂，王剑利，王成琪，隋志强，张雪涛，王蕾. 第二足趾携带跨足背足底内侧皮瓣再造拇指及皮肤缺损修复 [J]. 临床骨科杂志，2015，18(4)：469-471，474. DOI: 10.3969/j.issn.1008-0287.2015.04.036. {LIU Yong,ZHANG Chengjin,FU Xingmao,WANG Jianli,WANG Chengqi,SUI Zhiqiang,ZHANG Xuetao,WANG Lei. Repaire of thumb and cutaneous deficiency with the second toe taking along dorsum of foot skin flap and footplate skin flap[J]. Lin Chuang Gu Ke Za Zhi[J Clin Orthop(Article in Chinese;Abstract in Chinese and English)],2015,18(4):469-471,474. DOI:10.3969/j.issn.1008-0287.2015.04.036.}

[3446] 黎斌，黄小华，吴守成，肖利兵，孙伟. 游离带第一跖背动脉皮支皮瓣和第二趾移植再造拇手指并修复邻指创面 [J]. 中华手外科杂志，2017，33(6)：406-408. {LI Bin,HUANG Xiaohua,WU Shoucheng,XIAO Libing,SUN Wei. Free first dorsal metacarpal artery cutaneous branch flap and second toe transplantation for thumb reconstruction and the wounds of adjacent fingers were repaired[J]. Zhonghua Shou Wai Ke Za Zhi[Chin J Hand Surg(Article in Chinese;No abstract available)],2017,33(6):406-408.}

[3447] 刘兴邦，陶圣祥. 游离第 2 趾行拇指再造的临床效果 [J]. 实用手外科杂志，2017，31(4)：439-440，443. DOI: 10.3969/j.issn.1671-2722.2017.04.012. {LIU Xingbang,TAO Shengxiang. Clinical application of the second free toe for thumb reconstruction[J]. Shi Yong Shou Wai Ke Za Zhi[Chin J Pract Hand Surg(Article in Chinese;Abstract in Chinese and English)],2017,31(4):439-440,443. DOI:10.3969/j.issn.1671-2722.2017.04.012.}

[3448] 王西迅，陶丹玉，陈旭辉，李钧，张高孟，舒正华，潘跃，罗文埌，丁潮琪. 前踝上皮瓣串联第 2 足趾移植再造拇指并修复虎口软组织缺损 [J]. 中华显微外科杂志，2019，42(2)：120-124. DOI: 10.3760/cma.j.issn.1001-2036.2019.02.005. {WANG Xixun,TAO Danwang,CHEN Xuhui,LI Jun,ZHANG Gaomeng,SHU Zhenghua,PAN Yue,LUO Wenlang,DING Chaoqi. Anterior superior malleolus flap and second toe transplantation for thumb reconstruction with soft tissue and first web defect[J]. Zhonghua Xian Wei Wai Ke Za Zhi[Chin J Microsurg(Article in Chinese;Abstract in Chinese and English)],2019,42(2):120-124. DOI:10.3760/cma.j.issn.1001-2036.2019.02.005.}

[3449] 谭琪，李瑶，张永强，王谦，李振，杨磊，刘光军. 游离第 2 足趾组合甲瓣移植再造缺损拇指九例 [J]. 中华显微外科杂志，2019，42(6)：524-527. DOI: 10.3760/cma.j.issn.1001-2036.2019.06.002. {TAN Qi,LI Yao,ZHANG Yongqiang,WANG Qian,LI Zhen,YANG Lei,LIU Guangjun. Reconstruction of thumb defect by transplanting second toe combined with hallucis flap:9 cases report[J]. Zhonghua Xian Wei Wai Ke Za Zhi[Chin J Microsurg(Article in Chinese;Abstract in Chinese and English)],2019,42(6):524-527. DOI:10.3760/cma.j.issn.1001-2036.2019.06.002.}

[3450] 周鑫，欧昌良，罗旭超，邹永根，刘安铭，唐鑫城，魏庆宇，杨杰翔. 游离移植第二足趾再造儿童拇指Ⅲ、Ⅳ度缺损 [J]. 中华手外科杂志，2019，35(3)：228-229. DOI: 10.3760/cma.j.issn.1005-054X.2019.03.024. {ZHOU Xin,OU Changliang,LUO Xuchao,ZOU Yonggen,LIU Anming,TANG Xincheng,WEI Qingning,YAN Jiexiang. Reconstruction of III and IV degree thumb defects with free second toe transplantation in children[J]. Zhonghua Shou Wai Ke Za Zhi[Chin J Hand Surg(Article in Chinese;Abstract in Chinese)],2019,35(3):228-229. DOI:10.3760/cma.j.issn.1005-054X.2019.03.024.}

3.2.4 踇趾移植再造拇指
great toe transfer for thumb reconstruction

[3451] 程国良. 足趾组织移植拇、手指再造 148 例分析 [J]. 修复重建外科杂志，1988，2(2)：45. {CHENG Guoliang. Analysis of 148 cases of toe tissue transplant for thumb and finger reconstruction[J]. Zhongguo Xiu Fu Chong Jian Wai Ke Za Zhi[Chin J Repar Reconstr Surg(Article in Chinese;No abstract available)],1988,2(2):45.}

[3452] 程国良. 带足背皮瓣的足趾移植拇手指再造 [J]. 修复重建外科杂志，1988，2(2)：46. {CHENG Guoliang. Toe with dorsalis pedis flap transplant for thumb and finger reconstruction[J]. Zhongguo Xiu Fu Chong Jian Wai Ke Za Zhi[Chin J Repar Reconstr Surg(Article in Chinese;No abstract available)],1988,2(2):46.}

[3453] 程国良，潘达德，林彬，杨志贤. 足背动脉缺如型患者的足趾移植再造拇指与手指六例报告 [J]. 中华外科杂志，1989，27(4)：196-198. {CEHNG Guoliang,PAN Dade,LIN Bin,YANG Zhixian. Toe transplant for thumb and finger reconstruction in patients with absence of dorsalis pedis artery:a report of 6 cases[J]. Zhonghua Wai Ke Za Zhi[Chin J Surg(Article in Chinese;Abstract in Chinese)],1989,27(4):196-198.}

[3454] 贾堂宏，孙希龙，张忠厚，贾峰泉，薛波，张旭东. 游离部分踇趾移植再造拇指一例 [J]. 修复重建外科杂志，1989，3(3)：143. {JIA Tanghong,SUN Xilong,ZHANG Zhonghou,JIA Fengquan,XUE Bo,ZHANG Xudong. Free partial toe transplant for thumb reconstruction:a case report[J]. Zhongguo Xiu Fu Chong Jian Wai Ke Za Zhi[Chin J Repar Reconstr Surg(Article in Chinese;No abstract available)],1989,3(3):143.}

[3455] 方光荣，程国良. 小儿足趾移植的拇手指再造 [J]. 中华显微外科杂志，1992，15(4)：221-222. {FANG Guangrong,CHENG Guoliang. Thumb and finger reconstruction with toe transplantation in children[J]. Zhonghua Xian Wei Wai Ke Za Zhi[Chin J Microsurg(Article in Chinese;No abstract available)],1992,15(4):221-222.}

[3456] 张全荣，寿奎水. 趾底动脉为蒂游离足趾移植再造拇（手）指 [J]. 手外科杂志，1992，8(4)：206-207. {ZHANG Quanrong,SHOU Kuishui. Free toe pedicled with plantar digital artery transplant for thumb (finger) reconstruction[J]. Shou Wai Ke Za Zhi[J Hand Surg(Article in Chinese;Abstract in Chinese)],1992,8(4):206-207.}

[3457] 王成琪，范启申. 足趾移植再造拇指和手指 275 例分析 [J]. 中华显微外科杂志，1993，16(2)：106-107. {WANG Chengqi,FAN Qishen. Analysis of 275 cases of thumb and finger reconstruction with toe transplantation[J]. Zhonghua Xian Wei Wai Ke Za Zhi[Chin J Microsurg(Article in Chinese;Abstract in Chinese)],1993,16(2):106-107.}

[3458] 王成琪，林益清，夏英慧，王剑利，王增涛. 足趾移植再造拇指和手指术中血管变异的处理 [J]. 中华显微外科杂志，1995，18(1)：54. DOI: CNKI: SUN: ZHXW.0.1995-01-027. {WANG Chengqi,LIN Yiqing,XIA Yinghui,WANG Jianli,WANG Zengtao. Management of vascular variation in toe transplantation for thumb and finger reconstruction[J]. Zhonghua Xian Wei Wai Ke Za Zhi[Chin J Microsurg(Article in Chinese;No abstract available)],1995,18(1):54. DOI:CNKI:SUN:ZHXW.0.1995-01-027.}

[3459] 顾玉东，陈德松，张高孟，成效敏，徐建光，杨学斌，张丽银，蔡佩琴. 足趾移植再造拇、手指400例报告[J]. 中华手外科杂志，1995，11(4)：195-199. DOI：CNKI：SUN：ZHSK.0.1995-04-001. {GU Yudong,CHEN Desong,ZHANG Gaomeng,CHENG Xiaomin,XU Jianguang,YANG Xuebin,ZHANG Liyin,CAI Peiqin. Toe transplant for thumb and finger reconstruction:a report of 400 cases[J]. Zhonghua Shou Wai Ke Za Zhi[Chin J Hand Surg(Article in Chinese;Abstract in Chinese)],1995,11(4):195-199. DOI:CNKI:SUN:ZHSK.0.1995-04-001.}

[3460] 于仲嘉，曾炳芳，眭述平，姜佩珠. 带蚓状肌的游离足趾再造拇、手指[J]. 中华手外科杂志，1995，11(4)：214-215. DOI：CNKI：SUN：ZHSK.0.1995-04-008. {YU Zhonhjia,ZENG Bingfang,SUI Shuping,JIANG Peizhu. Free toe transfer with lumbrical muscle for thumb and finger recconstruction[J]. Zhonghua Shou Wai Ke Za Zhi[Chin J Hand Surg(Article in Chinese;Abstract in Chinese and English)],1995,11(4):214-215. DOI:CNKI:SUN:ZHSK.0.1995-04-008.}

[3461] 夏英慧，李平统，林益清，吴健峰. 拇指外伤坏死亚急诊足趾移植再造一例[J]. 中华显微外科杂志，1996，19(1)：79-80. DOI：CNKI：SUN：ZHXW.0.1996-01-050. {XIA Yinghui,LI Pingtong,LIN Qingyi,WU Jianfeng. Sub emergency transplantation and reconstruction of toe for traumatic necrosis of thumb[J]. Zhonghua Xian Wei Wai Ke Za Zhi[Chin J Microsurg(Article in Chinese;No abstract available)],1996,19(1):79-80. DOI:CNKI:SUN:ZHXW.0.1996-01-050.}

[3462] 范启申，王成琪，周祥吉，王金武，王刚. 无足背动脉足趾移植再造拇手指方法的探讨[J]. 中国矫形外科杂志，1997，4(8)：43-44. DOI：CNKI：SUN：JFJY.0.1997-05-037. {FAN Qishen,WANG Chengqi,ZHOU Xiangji,WANG Jinwu,WANG Gang. Discussion on toe transplant without dorsal artery of foot for reconstruction of thumb and finger[J]. Zhongguo Jiao Xing Wai Ke Za Zhi[Orthop J China(Article in Chinese;No abstract available)],1997,4(8):43-44. DOI:CNKI:SUN:JFJY.0.1997-05-037.}

[3463] 范启申，王成琪，周祥吉，王金武，王刚. 无足背动脉足趾移植再造拇手指方法的探讨[J]. 解放军医学杂志，1997，22(6)：65. DOI：CNKI：SUN：JFJY.0.1997-05-037. {FAN Qishen,WANG Chengqi,ZHOU Xiangji,WANG Jinwu,WANG Gang. Discussion on reconstruction of thumb and finger with toe transplant without dorsal artery of foot[J]. Jie Fang Jun Yi Xue Za Zhi[Med J Chin PLA(Article in Chinese;No abstract available)],1997,22(6):65. DOI:CNKI:SUN:JFJY.0.1997-05-037.}

[3464] 王成琪，王剑利，王增涛，范启申，张成进，周建国，王刚. 足趾移植再造拇指及手指541例[J]. 中国修复重建外科杂志，1997，11(6)：34-36. DOI：CNKI：SUN：ZXCW.0.1997-06-012. {WANG Chengqi,WANG Jianli,WANG Zengtao,FAN Qishen,ZHANG Chengjin,ZHOU Jianguo,WANG Gang. Toe transplant for reconstruction of thumb and finger:a report of 541 cases[J]. Zhongguo Xiu Fu Chong Jian Wai Ke Za Zhi[Chin J Repar Reconstr Surg(Article in Chinese;Abstract in Chinese)],1997,11(6):34-36. DOI:CNKI:SUN:ZXCW.0.1997-06-012.}

[3465] 曹斌，范启申. 足趾移植再造拇手指的设计[J]. 中华显微外科杂志，1998，21(3)：220. DOI：10.3760/cma.j.issn.1001-2036.1998.03.024. {CAO Bin,FAN Qishen. Design of toe transplantation for thumb and finger reconstruction[J]. Zhonghua Xian Wei Wai Ke Za Zhi[Chin J Microsurg(Article in Chinese;No abstract available)],1998,21(3):220. DOI:10.3760/cma.j.issn.1001-2036.1998.03.024.}

[3466] 张子清，杨延军，袁雪光. 吻合血管足趾移植再造拇指[J]. 中华显微外科杂志，1999，22(2)：97. DOI：10.3760/cma.j.issn.1001-2036.1999.02.042. {ZHANG Ziqing,YANG Yanjun,YUAN Xueguang. Vascularized toe transplantation for thumb reconstruction[J]. Zhonghua Xian Wei Wai Ke Za Zhi[Chin J Microsurg(Article in Chinese;No abstract available)],1999,22(2):97. DOI:10.3760/cma.j.issn.1001-2036.1999.02.042.}

[3467] 方光荣，程国良，杨志贤，张为民. 小儿足趾移植拇手指再造的特点[J]. 实用手外科杂志，1999，13(3)：140-142. {FANG Guangrong,CHENG Guoliang,YANG Zhixian,ZHANG Weimin. The characteristics of thumbs and fingers reconstruction by toe transplantation in children[J]. Shi Yong Shou Wai Ke Za Zhi[Chin J Pract Hand Surg(Article in Chinese;Abstract in Chinese and English)],1999,13(3):140-142.}

[3468] 刘殿鹏，苏天福，张平，罗海明. 儿童足趾移植拇指再造12例[J]. 中国修复重建外科杂志，1999，13(3)：3-5. DOI：CNKI：SUN：ZXCW.0.1999-03-019. {LIU Dianpeng,SU Tianfu,ZHANG Ping,LUO Haiming. Toe transplant for thumb reconstruction in children:a report of 12 cases[J]. Zhongguo Xiu Fu Chong Jian Wai Ke Za Zhi[Chin J Repar Reconstr Surg(Article in Chinese;No abstract available)],1999,13(3):3-5. DOI:CNKI:SUN:ZXCW.0.1999-03-019.}

[3469] 王成琪，王剑利，王增涛，范启申，周建国，任志勇. 足趾移植再造拇指与手指常遇到的几个问题及处理[J]. 解放军医学杂志，2000，25(2)：152-153. DOI：10.3321/j.issn：0577-7402.2000.02.039. {WANG Chengqi,WANG Jianli,WANG Zengtao,FAN Qishen,ZHOU Jianguo,REN Zhiyong. A few problems and management of thumb and finger reconstruction with toe transplantation[J]. Jie Fang Jun Yi Xue Za Zhi[Med J Chin PLA(Article in Chinese;No abstract available)],2000,25(2):152-153. DOI:10.3321/j.issn:0577-7402.2000.02.039.}

[3470] 程国良. 不同形式的足趾移植拇手指再造与修复[J]. 中华显微外科杂志，2002，25(1)：8-9. DOI：10.3760/cma.j.issn.1001-2036.2002.01.003. {CHENG Guoliang. Reconstruction and repairation of thumb and finger with different forms of toe transplantation[J]. Zhonghua Xian Wei Wai Ke Za Zhi[Chin J Microsurg(Article in Chinese;No abstract available)],2002,25(1):8-9. DOI:10.3760/cma.j.issn.1001-2036.2002.01.003.}

[3471] 孔维河，陈静，王峰，吴长兴. 足趾移植再造拇指的临床分析[J]. 实用手外科杂志，2003，17(4)：199-200. DOI：10.3969/j.issn.1671-2722.2003.04.003. {KONG Weihe,CHEN Jing,WANG Feng,WU Changxing. Clinical analysis of thumb reconstruction with toe transplantation[J]. Shi Yong Shou Wai Ke Za Zhi[Chin J Pract Hand Surg(Article in Chinese;Abstract in Chinese and English)],2003,17(4):199-200. DOI:10.3969/j.issn.1671-2722.2003.04.003.}

[3472] 张全荣，寿奎水，芮永军，施海峰，陆征峰. 足趾移植再造拇手指顽固性动脉痉挛的处理体会[J]. 中华手外科杂志，2005，21(5)：27-29. DOI：CNKI：SUN：ZHSK.0.2005-05-011. {ZHANG Quanrong,SHOU Kuishui,RUI Yongjun,SHI Haifeng,LU Zhengfeng. Management and experience of intractable arterial spasm in thumb and finger reconstruction with toe transplantation[J]. Zhonghua Shou Wai Ke Za Zhi[Chin J Hand Surg(Article in Chinese;Abstract in Chinese)],2005,21(5):27-29. DOI:CNKI:SUN:ZHSK.0.2005-05-011.}

[3473] 程国良. 足趾移植拇手指再造的目的、手术方案与技巧商榷[J]. 中华手外科杂志，2006，22(1)：6-7. DOI：CNKI：SUN：ZHSK.0.2006-01-002. {CHENG Guoliang. Discussion on the purpose,operation plan and technique of thumb and finger reconstruction with toe transplantation[J]. Zhonghua Shou Wai Ke Za Zhi[Chin J Hand Surg(Article in Chinese;Abstract in Chinese)],2006,22(1):6-7. DOI:CNKI:SUN:ZHSK.0.2006-01-002.}

[3474] 寿奎水. 足趾移植再造拇手指失败病例分析[J]. 中华手外科杂志，2006，22(1)：8-10. DOI：10.3760/cma.j.issn.1005-054X.2006.01.004. {SHOU Kuishui. Analsis of failed toe-to-hand transfers[J]. Zhonghua Shou Wai Ke Za Zhi[Chin J Hand Surg(Article in Chinese;Abstract in Chinese and English)],2006,22(1):8-10. DOI:10.3760/cma.j.issn.1005-054X.2006.01.004.}

[3475] 方光荣. 足趾移植拇手指再造与修复的进展[J]. 中华显微外科杂志，2008，31(3)：161-162. DOI：10.3760/cma.j.issn.1001-2036.2008.03.001. {FANG Guangrong. Progress in reconstruction and repair of thumb and finger by toe transplantation[J]. Zhonghua Xian Wei Wai Ke Za Zhi[Chin J Microsurg(Article in Chinese;No abstract available)],2008,31(3):161-162. DOI:10.3760/cma.j.issn.1001-2036.2008.03.001.}

[3476] 汤海萍，方光荣，滕国栋，张宏勋，袁光海. 足趾移植再造拇手指术后指腹外形改进方法的探讨[J]. 中华显微外科杂志，2008，31(3)：178-180. DOI：10.3760/cma.j.issn.1001-2036.2008.03.007. {TANG Haiping,FANG Guangrong,TENG Guodong,ZHANG Hongxun,YUAN Guanghai. Revisional surgery for improving outward appearance of reconstructed digit in toe-to-hand transfer[J]. Zhonghua Xian Wei Wai Ke Za Zhi[Chin J Microsurg(Article in Chinese;Abstract in Chinese and English)],2008,31(3):178-180. DOI:10.3760/cma.j.issn.1001-2036.2008.03.007.}

[3477] 田德虎，刘雷，张义龙，刘春杰，张英泽，于昆仑，韩久卉，韩长伶. 拇趾末节游离移植再造拇指手术前后供足足底的生物力学分析[J]. 中华骨科杂志，2009，29(1)：74-76. DOI：10.3760/cma.j.issn.0253-2352.2009.01.018. {TIAN Dehu,LIU Lei,ZHANG Yilong,LIU Chunjie,ZHANG Yingyi,YU Kunlun,HAN Jiuhui,HAN Changling. Preoperative and postoperative biomechanical analysis of donor plantar which distal segment of toe will been free transplantation for the thumb reconstruction[J]. Zhonghua Gu Ke Za Zhi[Chin J Orthop(Article in Chinese;No abstract available)],2009,29(1):74-76. DOI:10.3760/cma.j.issn.0253-2352.2009.01.018.}

[3478] 杨晓东，杨锦，刘扬武，陈逸民，付尚俊，周阳，张根福. 带足背皮瓣的足趾移植修复手掌部创面并再造拇手指[J]. 中华显微外科杂志，2009，32(6)：494-495. DOI：10.3760/cma.j.issn.1001-2036.2009.06.020. {YANG Xiaodong,YANG Jin,LIU Yangwu,CEHN Yimin,FU Shangjun,ZHOU Yang,ZHANG Genfu. Toe transplant with dorsalis pedis flap to repair palm wound and reconstruct thumb and finger[J]. Zhonghua Xian Wei Wai Ke Za Zhi[Chin J Microsurg(Article in Chinese;Abstract in Chinese)],2009,32(6):494-495. DOI:10.3760/cma.j.issn.1001-2036.2009.06.020.}

[3479] 杜昭，黄德征，官英勇，蔡文. 足趾移植拇指与手指再造的临床研究[J]. 实用手外科杂志，2009，23(3)：147-150. DOI：10.3969/j.issn.1671-2722.2009.03.008. {DU Zhao,HUANG Dezheng,GUAN Yingyong,CAI Wen. Clinical research of thumb and finger reconstruction with toe transplantation[J]. Shi Yong Shou Wai Ke Za Zhi[Chin J Pract Hand Surg(Article in Chinese and English)],2009,23(3):147-150. DOI:10.3969/j.issn.1671-2722.2009.03.008.}

[3480] 梁启善，郭小惠，杨小文，刘明龙，肖立罡. 吻合二条动脉足趾移植再造手(拇)指20例[J]. 中华显微外科杂志，2014，37(6)：602-604. DOI：10.3760/cma.j.issn.1001-2036.2014.06.025. {LIANG Qishan,GUO Xiaohui,YANG Xiaowen,LIU Minglong,XIAO Ligang. Reconstruction of (thumb) finger by toe transplant with anastomosis of two arteries:a report of 20 cases[J]. Zhonghua Xian Wei Wai Ke Za Zhi[Chin J Microsurg(Article in Chinese;Abstract in Chinese)],2014,37(6):602-604. DOI:10.3760/cma.j.issn.1001-2036.2014.06.025.}

[3481] 古汉南，古小玲，郭淑女，陈瑶，王克列，袁婷，张子清. 快速成型技术辅助足趾移植再造拇指的临床应用[J]. 实用手外科杂志，2019，33(4)：377-380. DOI：10.3969/j.issn.1671-2722.2019.04.003. {GU Hannan,GU Xiaoling,GUO Shunv,CHEN Yao,WANG Kelie,YUAN Ting,ZHANG Ziqing. Clinical application of rapid prototyping assisted toe transplant for thumb reconstruction[J]. Shi Yong Shou Wai Ke Za Zhi[Chin J Pract Hand Surg(Article in Chinese;Abstract in Chinese and English)],2019,33(4):377-380. DOI:10.3969/j.issn.1671-2722.2019.04.003.}

3.2.5 踇甲瓣再造拇指

great toe-nail transfer for thumb reconstruction

[3482] Yu ZJ,He HG. Thumb reconstruction with free big toe skin-nail flap and bones,joints,and tendons of the second toe--report of the cases[J]. Chin Med J,1985,98(12):863-867.

[3483] Zhang GL,Ge BF,Qiu YY,Liu KY,Wang LA. Thumb reconstruction with free rib segment and big toe nail flap. Report of 6 cases[J]. Chin Med J,1989,102(2):114-115.

[3484] 陈中伟. 翘趾皮肤趾甲瓣在再造拇指中的应用[J]. 中华医学杂志，1983，63(4)：212. {CHEN Zhongwei. Skin-toe-nail flap of the dorsiflexed toe in thumb reconstruction[J]. Zhonghua Yi Xue Za Zhi[Natl Med J China(Article in Chinese;No abstract available)],1983,63(4):212.}

[3485] 于仲嘉，何鹤皋，汤成华. 翘趾游离皮瓣再造拇指(附12例报告)[J]. 中华医学杂志，1983，63(12)：750-753. {YU Zhongjia,HE Hegao,TANG Chenghua. Free flap of dorsiflexed toe transplant for thumb reconstruction(a report of 12 cases)[J]. Zhonghua Yi Xue Za Zhi[Natl Med J China(Article in Chinese;No abstract available)],1983,63(12):750-753.}

[3486] 黄硕麟，侯明钟，严才楼，黄燮青，姚国钊，赵保华. 用踇甲皮瓣和冷冻异体指骨、关节、肌腱再造拇、手指132例[J]. 中华显微外科杂志，1986，9(1)：5-8. DOI：10.3760/cma.j.issn.1001-2036.1986.01.103. {HUANG Shuolin,HOU Mingzhong,YAN Cailou,HUANG Xieqing,YAO Guozhao,ZHAO Baohua. Report of 132 case of using great toe-nail with frozen allogeneic phalanx,joint and tendon to reconstruct thumb and fingers[J]. Zhonghua Xian Wei Wai Ke Za Zhi[Chin J Microsurg(Article in Chinese;No abstract available)],1986,9(1):5-8. DOI:10.3760/cma.j.issn.1001-2036.1986.01.103.}

[3487] 何鹤皋. 游离踇趾皮甲瓣再造拇指[J]. 修复重建外科杂志，1988，2(1)：43-46. {HE Hegao. Free skin-toe-nail flap transplant for thumb reconstruction[J]. Zhongguo Xiu Fu Chong Jian Wai Ke Za Zhi[Chin J Repar Reconstr Surg(Article in Chinese;No abstract available)],1988,2(1):43-46.}

[3488] 廖道生. 踇趾甲皮瓣移植再造拇指[J]. 修复重建外科杂志，1988，2(2)：37. {LIAO Daosheng. Skin-toe-nail flap transplant for thumb reconstruction[J]. Zhongguo Xiu Fu Chong Jian Wai Ke Za Zhi[Chin J Repar Reconstr Surg(Article in Chinese;No abstract available)],1988,2(2):37.}

[3489] 宋一平. 踇甲皮瓣、第二足趾联合游离移植再造拇、食指[J]. 修复重建外科杂志，1988，2(2)：48. {SONG Yiping. Reconstruction of thumb and index finger by combined transplantation of toe-nail flap and second toe[J]. Zhongguo Xiu Fu Chong Jian Wai Ke Za Zhi[Chin J Repar Reconstr Surg(Article in Chinese;No abstract available)],1988,2(2):48.}

[3490] 文家福. 踇甲皮瓣移植二期拇指再造[J]. 修复重建外科杂志，1988，2(2)：37-38. {WEN Jiafu,ZHOU Zhongying,LI Qixun,LI Zhuyi. Second stage reconstruction of thumb by skin-toe-nail flap transplantation[J]. Zhongguo Xiu Fu Chong Jian Wai Ke Za Zhi[Chin J Repar Reconstr Surg(Article in Chinese;No abstract available)],1988,2(2):37-38.}

[3491] 张功林，葛宝丰，丘耀元，姜世平. 静脉动脉化踇甲瓣移植再造拇指[J]. 修复重建外科杂志，1990，4(4)：228-260. {ZHANG Gonglin,GE Baofeng,QIU Yaoyuan,JIANG Shiping. Thumb reconstruction with venous arterialized toe-nail flap transplantation[J]. Zhongguo Xiu Fu Chong Jian Wai Ke Za Zhi[Chin J Repar Reconstr Surg(Article in Chinese;No abstract available)],1990,4(4):228-260.}

[3492] 宋建良，姚建民，李松春，陈小平，吴昕，王炜. 应用带第二跖趾关节复合踇甲瓣再造拇指[J]. 中国修复重建外科杂志，1992，6(2)：68-69，125. {SONG Jianliang,YAO Jianmin,LI Songchun,CHEN Xiaoping,WU Xin,WANG Wei. Second metatarsophalangeal joint combined with toe-nail flap for thumb reconstruction[J]. Zhongguo Xiu Fu Chong Jian Wai Ke Za Zhi[Chin J Repar Reconstr Surg(Article in Chinese;No abstract available)],1992,6(2):68-69,125.}

[3493] 郭斌，陈成礼. 踇甲皮瓣移植再造拇指一例[J]. 中国修复重建外科杂志，1992，6(3)：185. {GUO Bin,CHEN Chengli. Toe-nail flap transplant for thumb reconstruction:a case report[J]. Zhongguo Xiu Fu Chong Jian Wai Ke Za Zhi[Chin J Repar Reconstr Surg(Article in Chinese;No abstract available)],1992,6(3):185.}

[3494] 李少华，于仲嘉，何鹤皋，曾炳芳，眭述平，姜佩珠. 踇甲瓣与第二跖趾骨关节和肌腱的复合移植再造拇指[J]. 中华手外科杂志，1994，10(4)：198-200. {LI Shaohua,YU Zhongjia,HE Hegao,ZENG Bingfang,MU Shuping,JIANG Peizhu. Thumb reconstruction by big toe skin-nail flap and neurouascularized phanlanx-joint-tendon of the second toe[J]. Zhonghua Shou Wai Ke Za Zhi[Chin J Hand Surg(Article in Chinese;Abstract in Chinese and English)],1994,10(4):198-200.}

[3495] 韩国栋，李文庆，苏盛元，吴起宁，李长虎，王凯，沈晓钟. 游离踇甲瓣急诊一期拇指再造 [J]. 中华手外科杂志，1995，11(S1)：32-33. DOI：CNKI：SUN：ZHSK.0.1995-S1-023. {HAN Guodong,LI Wenqing,SU Shengyuan,WU Qining,LI Changhu,WANG Kai,SHEN Xiaozhong. Primary thumb reconstruction with free hallax nail flap[J]. Zhonghua Shou Wai Ke Za Zhi[Chin J Hand Surg(Article in Chinese;Abstract in Chinese and English)],1995,11(S1):32-33. DOI:CNKI:SUN:ZHSK.0.1995-S1-023 .}

[3496] 虞立. 吻合血管的踇甲瓣并残存骨支架再造拇指 [J]. 中国修复重建外科杂志，1995，9(3)：192. DOI：CNKI：SUN：ZXCW.0.1995-03-041 . {YU Li. Thumb reconstruction by vascular anastomosed toe-nail flap and residual bone stent[J]. Zhongguo Xiu Fu Chong Jian Wai Ke Za Zhi[Chin J Repar Reconstr Surg(Article in Chinese;No abstract available)],1995,9(3):192. DOI:CNKI:SUN:ZXCW.0.1995-03-041 .}

[3497] 彭建强，余国荣. 急症踇甲瓣移植再造拇指体会 [J]. 中华显微外科杂志，1996，19(2)：140-141. DOI：CNKI：SUN：ZHXW.0.1996-02-036 . {PENG Jianqiang,YU Guorong. Experience of thumb reconstruction with emergency thumb nail flap transplantation[J]. Zhonghua Xian Wei Wai Ke Za Zhi[Chin J Microsurg(Article in Chinese;No abstract available)],1996,19(2):140-141. DOI:CNKI:SUN:ZHXW.0.1996-02-036 .}

[3498] 赵希春，程国良，王培耕，彭光平，林江，徐炜志. 踇趾组织瓣游离移植再造与修复拇指 12 例 [J]. 中华显微外科杂志，1996，19(3)：179. DOI：CNKI：SUN：ZHXW.0.1996-03-010 . {ZHAO Xichun,CHENG Guoliang,WANG Peigeng,PENG Guangping,LIN Jiang,XU Weizhi. Free tissue flap of toe transplant for thumb reconstruction and repairation:a report of 12 cases[J]. Zhonghua Xian Wei Wai Ke Za Zhi[Chin J Microsurg(Article in Chinese;No abstract available)],1996,19(3):179. DOI:CNKI:SUN:ZHXW.0.1996-03-010 .}

[3499] 宋建良，姚建民，范希玲，何葆华，吴守成，陈小平，严晟. 游离足趾和踇甲瓣移植再造拇手指 42 例 [J]. 中华手外科杂志，1996，12(2)：77-79. {SONG Jianliang,YAO Jianmin,FAN Xiling,HE Baohua,WU Shoucheng,CHEN Xiaoping,YAN Sheng. Free toe and thumb nail flap transplant for thumb and finger reconstruction:a report of 42 cases[J]. Zhonghua Shou Wai Ke Za Zhi[Chin J Hand Surg(Article in Chinese;Abstract in Chinese)],1996,12(2):77-79.}

[3500] 成红兵，潘丞中，侍德. 游离趾甲皮瓣再造拇指的远期疗效 [J]. 中华显微外科杂志，1998，21(2)：105. DOI：10.3760/cma.j.issn.1001-2036.1998.02.010. {CHENG Hongbing,PAN Chengzhong,SHI De. Long term results of free toenail flap transplant in thumb reconstruction[J]. Zhonghua Xian Wei Wai Ke Za Zhi[Chin J Microsurg(Article in Chinese;Abstract in Chinese)],1998,21(2):105. DOI:10.3760/cma.j.issn.1001-2036.1998.02.010.}

[3501] 杜昭，黄德征. 带足背皮瓣的踇甲瓣移植再造拇指一例 [J]. 中华显微外科杂志，1999，22(1)：3-5. DOI：CNKI：SUN：ZHXW.0.1999-01-033. {DU Zhao,HUANG Dezheng. Toe nail flap with dorsalis pedis flap transplant for thumb reconstruction:a case report[J]. Zhonghua Xian Wei Wai Ke Za Zhi[Chin J Microsurg(Article in Chinese;No abstract available)],1999,22(1):3-5. DOI:CNKI:SUN:ZHXW.0.1999-01-033.}

[3502] 盛明，曲国蕃. 亚急诊或延期甲瓣移植再造拇指 [J]. 中华显微外科杂志，1999，22(3)：229. DOI：10.3760/cma.j.issn.1001-2036.1999.03.035. {SHENG Ming,QV Guofan. Sub emergency or delayed nail flap transplant for thumb reconstruction[J]. Zhonghua Xian Wei Wai Ke Za Zhi[Chin J Microsurg(Article in Chinese;No abstract available)],1999,22(3):229. DOI:10.3760/cma.j.issn.1001-2036.1999.03.035.}

[3503] 吕桂欣，辛明娥，程国良. 急诊足趾及踇甲瓣移植拇指再造 [J]. 中华骨科杂志，2000，20(12)：753. DOI：10.3760/j.issn：0253-2352.2000.12.013. {LV Guixin,XIN Minge,CHENG Guoliang. Emergency toe and nail flap transplant for thumb reconstruction[J]. Zhonghua Gu Ke Za Zhi[Chin J Orthop(Article in Chinese;No abstract available)],2000,20(12):753. DOI:10.3760/j.issn:0253-2352.2000.12.013.}

[3504] 冯亚高，汪功久，高成杰，刘大朋，王伟. 带足背皮瓣的甲瓣移植再造拇指一例 [J]. 中华显微外科杂志，2000，23(1)：22. DOI：10.3760/cma.j.issn.1001-2036.2000.01.044. {FENG Yagao,WANG Gongjiu,GAO Chengjie,LIU Dapeng,WANG Wei. Toe nail flap with dorsalis pedis flap transplant for thumb reconstruction:a case report[J]. Zhonghua Xian Wei Wai Ke Za Zhi[Chin J Microsurg(Article in Chinese;No abstract available)],2000,23(1):22. DOI:10.3760/cma.j.issn.1001-2036.2000.01.044.}

[3505] 黎忠文，梁善荣，袁华军. 趾甲皮瓣和第二跖趾关节肌腱复合移植再造拇指的并发症分析 [J]. 中华显微外科杂志，2000，23(3)：222-223. DOI：10.3760/cma.j.issn.1001-2036.2000.03.026. {LI Zhongwen,LIANG Shanrong,YUAN Huajun. Complications analysis of toenail flap and tendon of second metatarsophalangeal joint compound transplant for thumb reconstruction[J]. Zhonghua Xian Wei Wai Ke Za Zhi[Chin J Microsurg(Article in Chinese;No abstract available)],2000,23(3):222-223. DOI:10.3760/cma.j.issn.1001-2036.2000.03.026.}

[3506] 陈敏如，汤成华. 游离踇甲瓣与第二趾骨并用再造拇指 [J]. 中国骨伤，2000，13(7)：435. DOI：10.3969/j.issn.1003-0034.2000.07.040. {CHEN Minru,TANG Chenghua. Free toenail flap and second phalanx transplant for thumb reconstruction[J]. Zhongguo Gu Shang[China J Orthop Trauma(Article in Chinese;No abstract available)],2000,13(7):435. DOI:10.3969/j.issn.1003-0034.2000.07.040.}

[3507] 邱水波. 踇甲瓣包裹第 2 趾骨、关节、肌腱移植再造拇指的研究 [J]. 中华实验外科杂志，2001，18(1)：89. DOI：10.3760/j.issn：1001-9030.2001.01.046. {QIU Shuibo. Thumb reconstruction by wrapping the phalanx-joint-tendon with toenail flap of the second toe[J]. Zhonghua Shi Yan Wai Ke Za Zhi[Chin J Exp Surg(Article in Chinese;Abstract in Chinese)],2001,18(1):89. DOI:10.3760/j.issn:1001-9030.2001.01.046.}

[3508] 于仲嘉，黄玉池. 踇趾皮甲瓣和第二、三足趾联合移植再造拇、手指 58 例报告 [J]. 实用手外科杂志，2001，15(2)：73-75. DOI：10.3969/j.issn.1671-2722.2001.02.002. {YU Zhongjia,HUANG Yuchi. Thumb and finger reconstruction by using transplantation of big toe skin-nail flap combined with the second toe and third toe[J]. Shi Yong Shou Wai Ke Za Zhi[Chin J Pract Hand Surg(Article in Chinese;Abstract in Chinese and English)],2001,15(2):73-75. DOI:10.3969/j.issn.1671-2722.2001.02.002.}

[3509] 林浩，张玉峰，丛海波，侯海涛. 踇趾与第二足趾并趾修复踇甲瓣切取后的创面 [J]. 中华显微外科杂志，2002，25(1)：72-73. DOI：10.3760/cma.j.issn.1001-2036.2002.01.034. {LIN Hao,ZHANG Yufeng,CONG Haibo,HOU Haitao. Fusion of great toe and second toe to repair the wound after the removal of the nail flap[J]. Zhonghua Xian Wei Wai Ke Za Zhi[Chin J Microsurg(Article in Chinese;Abstract in Chinese)],2002,25(1):72-73. DOI:10.3760/cma.j.issn.1001-2036.2002.01.034.}

[3510] 王林，虞立，王中非. 踇甲瓣并残指骨架择期再造拇指 [J]. 中华手外科杂志，2003，19(1)：30. {WANG Lin,YU Li,WANG Zhongfei. Thumb reconstruct by toe-nail flap and frame of remnant finger[J]. Zhonghua Shou Wai Ke Za Zhi[Chin J Hand Surg(Article in Chinese;No abstract available)],2003,19(1):30.}

[3511] 冯亚高，解放军. 游离踇趾甲皮瓣再造拇指 8 例 [J]. 临床骨科杂志，2003，6(2)：177-177. DOI：10.3969/j.issn.1008-0287.2003.02.034. {FENG Yagao,JIE Fangjun. 8 cases of thumb reconstruction with free thumb nail skin flap[J]. Lin Chuang Gu Ke Za Zhi[J Clin Orthop(Article in Chinese;Abstract in Chinese and English)],2003,6(2):177-177. DOI:10.3969/j.issn.1008-0287.2003.02.034.}

[3512] 潘勇卫，田文，田光磊，陈兆军，王澍寰，栗鹏程，朱伟. 改良游离踇甲皮瓣移植再造拇指 [J]. 中华手外科杂志，2005，21(2)：79-82. DOI：10.3760/cma.j.issn.1005-054X.2005.02.005. {PAN Yongwei,TIAN Wen,TIAN Guanglei,CHEN Zhaojun,WANG Shuhuan,LI Pengcheng,ZHU Wei. Modified wrap-around flap for thumb reconstruction[J]. Zhonghua Shou Wai Ke Za Zhi[Chin J Hand Surg(Article in Chinese;Abstract in Chinese and English)],2005,21(2):79-82. DOI:10.3760/cma.j.issn.1005-054X.2005.02.005.}

[3513] 冯亚高，洪光祥. 保留踇趾全长的游离踇甲瓣再造拇指九例 [J]. 中华显微外科杂志，2006，29(3)：205. DOI：10.3760/cma.j.issn.1001-2036.2006.03.037. {FENG Yagao,HONG Guangxiang. Thumb reconstruction with free nail flap preserving the full length of toe:a report of 9 cases[J]. Zhonghua Xian Wei Wai Ke Za Zhi[Chin J Microsurg(Article in Chinese;No abstract available)],2006,29(3):205. DOI:10.3760/cma.j.issn.1001-2036.2006.03.037.}

[3514] 康庆林，柴益民，曾炳芳，韩培，蒋佳. 踇甲瓣切取术后供区创面覆盖的方法选择 [J]. 中华显微外科杂志，2007，30(4)：267-269，后插 2. DOI：10.3760/cma.j.issn.1001-2036.2007.04.014. {KANG Qinglin,CHAI Yimin,ZENG Bingfang,HAN Pei,JIANG Jia. How to cover the defect of great toe after the wrap-around flap transfer[J]. Zhonghua Xian Wei Wai Ke Za Zhi[Chin J Microsurg(Article in Chinese;Abstract in Chinese and English)],2007,30(4):267-269,insert 2. DOI:10.3760/cma.j.issn.1001-2036.2007.04.014.}

[3515] 李玉成，潘勇卫，栗鹏程，王澍寰，田光磊. 改良法踇甲皮瓣移植拇指远端缺损再造术 [J]. 中华手外科杂志，2008，24(2)：82-86. DOI：10.3760/cma.j.issn.1005-054X.2008.02.007. {LI Yucheng,PAN Yongwei,LI Pengcheng,WANG Shuhuan,TIAN Guanglei. Reconstruction of distal thumb by modified great toe wrap-around flap[J]. Zhonghua Shou Wai Ke Za Zhi[Chin J Hand Surg(Article in Chinese;Abstract in Chinese and English)],2008,24(2):82-86. DOI:10.3760/cma.j.issn.1005-054X.2008.02.007.}

[3516] 何正，高学建，杨富强，孔祥鹏. 带趾间关节踇甲瓣修整再造拇指 Ⅱ、Ⅲ 度缺损 [J]. 中华手外科杂志，2008，24(4)：237-238. {HE Zheng,GAO Xuejian,YANG Fuqiang,KONG Xiangpeng. Reconstruction of grade Ⅱ and Ⅲ thumb defect by great toe wrap-around flap with interphalangeal joint[J]. Zhonghua Shou Wai Ke Za Zhi[Chin J Hand Surg(Article in Chinese;Abstract in Chinese and English)],2008,24(4):237-238.}

[3517] 张立山，潘勇卫，田光磊，陈山林，李玉成，易传军. 踇甲皮瓣移植再造拇指术后再造拇指指甲的远期随访 [J]. 中华手外科杂志，2008，24(5)：263-266. {ZHANG Lishan,PAN Yongwei,TIAN Guanglei,CHEN Shanlin,LI Yucheng,YI Chuanjun. Long term follow-up of reconstructed thumb nail after reconstruction by nail-skin flap of toe[J]. Zhonghua Shou Wai Ke Za Zhi[Chin J Hand Surg(Article in Chinese;Abstract in Chinese)],2008,24(5):263-266.}

[3518] 卢耀军，农鲁明，周福临，吕芬. 带第一趾甲皮瓣的三叶皮瓣移植再造拇指 [J]. 中华显微外科杂志，2009，32(6)：491-492. DOI：10.3760/cma.j.issn.1001-2036.2009.06.018. {LU Yaojun,NONG Luming,ZHOU Fulin,LV Fen. Trilobal flap with first toe nail flap transplant for thumb reconstruction[J]. Zhonghua Xian Wei Wai Ke Za Zhi[Chin J Microsurg(Article in Chinese;Abstract in Chinese)],2009,32(6):491-492. DOI:10.3760/cma.j.issn.1001-2036.2009.06.018.}

[3519] 纪柳，李庆泰，刘沐青，于志军，梁波，李斌，卓恒毅. 重视再造拇指及供足外观的踇甲皮瓣移植 [J]. 中华手外科杂志，2009，25(6)：361-362. DOI：10.3760/cma.j.issn.1005-054X.2009.06.018. {JI Liu,LI Qingtai,LIU Muqing,YU Zhijun,LIANG Bo,LI Bin,ZHUO Hengyi. The aesthetic wrap-around flap technique for thumb reconstruction[J]. Zhonghua Shou Wai Ke Za Zhi[Chin J Hand Surg(Article in Chinese;Abstract in Chinese and English)],2009,25(6):361-362. DOI:10.3760/cma.j.issn.1005-054X.2009.06.018.}

[3520] 冯亚高，洪光祥，张向宁，付鲲鹏，魏斌. 不带趾骨的游离踇趾甲皮瓣再造拇指 [J]. 实用骨科杂志，2009，15(8)：585-586. DOI：10.3969/j.issn.1008-5572.2009.08.008. {FENG Yagao,HONG Guangxiang,ZHANG Xiangning,FU Kunpeng,QWI Bin. Thumb Reconstruction with Free Big Nail Skin Flap without Phalanx[J]. Shi Yong Gu Ke Za Zhi[J Pract Orthop(Article in Chinese;Abstract in Chinese and English)],2009,15(8):585-586. DOI:10.3969/j.issn.1008-5572.2009.08.008.}

[3521] 王爱国，张卫兵，殷为华. 踇趾甲瓣与第 2 趾趾骨皮瓣组合再造拇指术 [J]. 临床骨科杂志，2009，12(6)：615-617. DOI：10.3969/j.issn.1008-0287.2009.06.005. {WANG Aiguo,ZHANG Weibing,YIN Weihua. Thumb reconstruction with combined free hallux toe-nail flap and bone and skin flap of the 2nd toe transplantation[J]. Lin Chuang Gu Ke Za Zhi[J Clin Orthop(Article in Chinese;Abstract in Chinese and English)],2009,12(6):615-617. DOI:10.3969/j.issn.1008-0287.2009.06.005.}

[3522] 王保山，郑晓菊，王新宏，高树林. 踇甲瓣切取术后创面的处理 [J]. 中华显微外科杂志，2009，32(1)：26-28. DOI：10.3760/cma.j.issn.1001-2036.2009.01.010. {WANG Baoshan,ZHENG Xiaoju,WANG Xinhong,GAO Shulin. Treatment of the donor site after wrap around flap from toe[J]. Zhonghua Xian Wei Wai Ke Za Zhi[Chin J Microsurg(Article in Chinese;Abstract in Chinese and English)],2009,32(1):26-28. DOI:10.3760/cma.j.issn.1001-2036.2009.01.010.}

[3523] 牟勇，黄东，吴伟炽，张惠茹，丁自海. 改形踇趾甲皮瓣与第 2 足趾联合移植再造拇指术的解剖学基础 [J]. 中国临床解剖学杂志，2010，28(2)：131-134. DOI：CNKI：SUN：ZLJZ.0.2010-02-008 . {MU Yong,HUANG Dong,WU Weizhi,ZHANG Huiru,DING Zihai. Anatomy of thumb reconstruction by transferring modified great toe skin-nail flap and second toe[J]. Zhongguo Lin Chuang Jie Pou Xue Za Zhi[Chin J Clin Anat(Article in Chinese;Abstract in Chinese and English)],2010,28(2):131-134. DOI:CNKI:SUN:ZLJZ.0.2010-02-008 .}

[3524] 刘亚臣，陈少华，王磊，王鹏，丁晟，姚建民. 带部分第一趾甲皮瓣再造拇指指尖 [J]. 中华显微外科杂志，2010，33(5)：435. DOI：10.3760/cma.j.issn.1001-2036.2010.05.036. {LIU Yachen,CHEN Shaohua,WANG Lei,WANG Peng,DING Cheng,YAO Jianmin. Partial first toe flap transplant for thumb tip reconstruction[J]. Zhonghua Xian Wei Wai Ke Za Zhi[Chin J Microsurg(Article in Chinese;Abstract in Chinese)],2010,33(5):435. DOI:10.3760/cma.j.issn.1001-2036.2010.05.036.}

[3525] 宫云霞，王利，陈传煌，李文庆，杨涛，王文胜，朱小弟，张鹏. 踇甲皮瓣游离移植再造拇指供区的处理 [J]. 实用手外科杂志，2010，24(4)：249-250. DOI：10.3969/j.issn.1671-2722.2010.04.002. {GONG Yunxia,WANG Li,CHEN Chuanhuang,LI Wenqing,YANG Tao,WANG Wensheng,ZHU Xiaodi,ZHANG Peng. Treatment experience of donor site providing free wrap-around flap used for reconstruction of thumb[J]. Shi Yong Shou Wai Ke Za Zhi[Chin J Pract Hand Surg(Article in Chinese;Abstract in Chinese and English)],2010,24(4):249-250. DOI:10.3969/j.issn.1671-2722.2010.04.002.}

[3526] 张立山，潘勇卫，田光磊，田文，郭险峰，王满宜. 改良法游离踇甲皮瓣移植再造拇指随访研究 [J]. 中国修复重建外科杂志，2010，24(3)：309-314. {ZHANG Lishan,PAN Yongwei,TIAN Guanglei,TIAN Wen,GUO Xianfeng,WANG Manyi. Thumb reconstruction with modified free wrap-round flap[J]. Zhongguo Xiu Fu Chong Jian Wai Ke Za Zhi[Chin J Repar Reconstr Surg(Article in Chinese;Abstract in Chinese and English)],2010,24(3):309-314.}

[3527] 储辉，黄洪，徐希斌，陈明亮，张金成. 保留骨膜的踇趾甲皮瓣移植再造拇指的临床研究 [J]. 实用手外科杂志，2011，25(2)：107-108. DOI：10.3969/j.issn.1671-2722.2011.02.007. {CHU Hui,HUANG Hong,XU Xibin,CHEN Mingliang,ZHANG Jinchen. The clinical study of wrap-around flap transplant for thumb reconstruction with periosteum[J]. Shi Yong Shou Wai Ke Za Zhi[Chin J Pract Hand Surg(Article in Chinese;Abstract in Chinese and English)],2011,25(2):107-108. DOI:10.3969/j.issn.1671-2722.2011.02.007.}

[3528] 鲁明，曲巍，张卫国，吕德成. 踇甲瓣移植再造拇指术后的感觉功能恢复 [J]. 实用手外科杂志，2011，25(2)：116-117，132. DOI：10.3969/j.issn.1671-2722.2011.02.011. {LU Ming,QV Wei,ZHANG Weiguo,LV Decheng. Recovery of sensation after thumb reconstructions with the free great toe wrap-around flap[J]. Shi Yong Shou Wai Ke Za Zhi[Chin J Pract Hand Surg(Article in Chinese;Abstract in Chinese and English)],2011,25(2):116-117,132. DOI:10.3969/j.issn.1671-2722.2011.02.011.}

[3529] 张文亚，林森，伍辉国，胡亚飞，宋东宁，潘则昂，江克罗. 足背动脉逆行岛状筋膜瓣联合植皮在跨甲皮瓣切取后创面修复中的应用[J]. 中华手外科杂志，2011，27(3)：159-160. {ZHANG Wenya,LIN Sen,WU Huiguo,HU Yafei,SONG Dongning,PAN Zeang,JIANG Keluo. The application of dorsalis pedis artery reversed fascial island flap combined with skin graft to cover donor site defect after wrap-around flap harvest[J]. Zhonghua Shou Wai Ke Za Zhi[Chin J Hand Surg(Article in Chinese;Abstract in Chinese and English)],2011,27(3):159-160.}

[3530] 刘光军，谭琪，杨磊，王谦，高志刚，王成琪，郭升玲. 双足跨甲皮瓣组合移植再造拇指末节[J]. 中华手外科杂志，2013，29(4)：215-217. {LIU Guangjun,TAN Qi,YANG Lei,WANG Qian,GAO Zhigang,WANG Chengqi,GUO Shengling. Bilateral big toe wrap-around flap for reconstruction of the distal segment of the thumb[J]. Zhonghua Shou Wai Ke Za Zhi[Chin J Hand Surg(Article in Chinese;Abstract in Chinese and English)],2013,29(4):215-217.}

[3531] 张龙春，王鹏，徐一波，陈莹，祝震，张兴群，赵风景，马亮，姚建民. 腓肠内侧动脉穿支皮瓣修复跨趾(甲)皮瓣切取后创面[J]. 中华手外科杂志，2013，29(4)：244-245. {ZHANG Longchun,WANG Peng,XU Yibo,CHEN Ying,ZHU Zhen,ZHANG Xingqun,ZHAO Fengjing,MA Liang,YAO Jianmin. Medial sural artery perforator flap for repairing the wound after toe (nail) flap resection[J]. Zhonghua Shou Wai Ke Za Zhi[Chin J Hand Surg(Article in Chinese;Abstract in Chinese)],2013,29(4):244-245.}

[3532] 曹学新，陈金峰，常荣刚，张顺强. 跨甲瓣联合第二足趾复合组织移植亚急诊再造Ⅲ～Ⅳ度缺损的拇指[J]. 中华显微外科杂志，2015，38(3)：254-257. DOI: 10.3760/cma.j.issn.1001-2036.2015.03.013. {CAO Xuexin,CHEN Jinfeng,CHANG Ronggang,ZHANG Shunqiang. Subemergency reconstruction of grade Ⅲ and Ⅳ thumb defect by great toe wrap-around flap combined with the tissue flap of second toe[J]. Zhonghua Xian Wei Wai Ke Za Zhi[Chin J Microsurg(Article in Chinese;Abstract in Chinese and English)],2015,38(3):254-257. DOI:10.3760/cma.j.issn.1001-2036.2015.03.013.}

[3533] 梁伟强，徐亚非，伍美艺，邱辉，李春光，李冠军，曾辉. 部分跨趾末节甲瓣移植再造拇指甲床缺损[J]. 实用手外科杂志，2015，29(2)：170-172. DOI: 10.3969/j.issn.1671-2722.2015.02.019. {LIANG Weiqiang,XU Yafei,WU Meiyi,QIU Hui,LI Chunguang,LI Guanjun,ZENG Hui. Partial toenails flap to reconstruct thumb nail bed defect[J]. Shi Yong Shou Wai Ke Za Zhi[Chin J Pract Hand Surg(Article in Chinese;Abstract in Chinese and English)],2015,29(2):170-172. DOI:10.3969/j.issn.1671-2722.2015.02.019.}

[3534] 王克列，肖春生，叶志辉，马立峰，杨延军，张子清. 跨甲瓣联合带胫侧菱形皮瓣的第二趾复合组织组合再造拇指[J]. 中华显微外科杂志，2016，39(3)：241-245. DOI: 10.3760/cma.j.issn.1001-2036.2016.03.009. {WANG Kelie,XIAO Chunsheng,YE Zhihui,MA Lifeng,YANG Yanjun,ZHANG Ziqing. The hallux nail flap combination of the second phalange with the tibia lateral diamond shaped flap,joint,and tendon composite tissue to reconstruct the thumb[J]. Zhonghua Xian Wei Wai Ke Za Zhi[Chin J Microsurg(Article in Chinese;Abstract in Chinese and English)],2016,39(3):241-245. DOI:10.3760/cma.j.issn.1001-2036.2016.03.009.}

[3535] 李雷，巨积辉，崔龙杰，邓伟，蒋国栋，侯瑞兴. 跨甲皮瓣联合足背皮瓣移植并髂骨植骨拇指再造5例[J]. 中华手外科杂志，2016，32(5)：325-328. DOI: 10.3760/cma.j.issn.1005-054X.2016.05.002. {LI Lei,JU Jihui,CUI Longjie,DENG Wei,JIANG Guodong,HOU Ruixing. Thumb reconstruction using wrap-around flap from the big toe,dorsalis pedis flap and iliac crest bone graft:a report of 5 cases[J]. Zhonghua Shou Wai Ke Za Zhi[Chin J Hand Surg(Article in Chinese;Abstract in Chinese and English)],2016,32(5):325-328. DOI:10.3760/cma.j.issn.1005-054X.2016.05.002.}

[3536] 李雷，周广良，崔龙杰，邓伟，赵东阳，巨积辉. 跨趾甲皮瓣联合第二趾侧方皮瓣瓦合再造拇指一例5年随访[J]. 中华手外科杂志，2016，32(6)：442. DOI: 10.3760/cma.j.issn.1005-054X.2016.06.018. {LI Lei,ZHOU Guangliang,CUI Longjie,DENG Wei,ZHAO Dongyang,JU Jihui. Thumb reconstruction with toe nail flap combined with lateral flap of the second toe:a 5-year follow-up[J]. Zhonghua Shou Wai Ke Za Zhi[Chin J Hand Surg(Article in Chinese;No abstract available)],2016,32(6):442. DOI:10.3760/cma.j.issn.1005-054X.2016.06.018.}

[3537] 赵军，朱爱剑，曾昕明，骆家伟，赵伟华，陈裕祥，李建杭，陈海生，尹志成. 游离移植定点法改良跨甲皮瓣在拇指再造及拇指脱套伤中的应用[J]. 实用手外科杂志，2016，30(4)：432-435. DOI: 10.3969/j.issn.1671-2722.2016.04.019. {ZHAO Jun,ZHU Aijian,ZENG Xinming,LUO Jiawei,ZHAO Weihua,CHEN Yuxiang,LI Jianhang,CHEN Haisheng,YIN Zhicheng. Modified wrap-around free flap through fixed point method for thumb reconstruction and degloving Injury of the thumb[J]. Shi Yong Shou Wai Ke Za Zhi[Chin J Pract Hand Surg(Article in Chinese;Abstract in Chinese and English)],2016,30(4):432-435. DOI:10.3969/j.issn.1671-2722.2016.04.019.}

[3538] 孙广峰，金文虎，聂开瑜，祁建平，吴必华，李书俊，魏在荣，王达利. 携带跨趾胫侧舌状瓣重建甲侧襞的改良部分跨甲皮瓣联合髂骨移植再造拇指Ⅱ度缺损[J]. 中华手外科杂志，2017，33(2)：89-91. DOI: 10.3760/cma.j.issn.1005-054X.2017.02.004. {SUN Guangfeng,JIN Wenhu,LIE Kaiyu,QI Jianping,WU Bihua,LI Shujun,WEI Zairong,WANG Dali. Modified wrap-around flap from the big toe with a tibial tongue flap for lateral fold reconstruction combined with iliac bone graft in the management of Ⅱ degree thumb defect[J]. Zhonghua Shou Wai Ke Za Zhi[Chin J Hand Surg(Article in Chinese;Abstract in Chinese and English)],2017,33(2):89-91. DOI:10.3760/cma.j.issn.1005-054X.2017.02.004.}

[3539] 苗峰，唐阳平，张桂红，张兴奎，丁桂友，董中洋. 游离跨趾甲皮瓣联合第2趾骨瓣再造拇指[J]. 实用手外科杂志，2017，31(2)：191-192，207. DOI: 10.3969/j.issn.1671-2722.2017.02.018. {MIAO Feng,TANG Yangping,ZHANG Guihong,ZHANG Xingkui,DING Guiyou,DONG Zhongyang. Reconstruction of thumb by free hallux toenail flap combined with the second toe bone flap[J]. Shi Yong Shou Wai Ke Za Zhi[Chin J Pract Hand Surg(Article in Chinese;Abstract in Chinese and English)],2017,31(2):191-192,207. DOI:10.3969/j.issn.1671-2722.2017.02.018.}

[3540] 周明武，宋健，宋力，周立，杨瑞甫，幸超峰，李士民. 跨甲皮瓣与带跖骨的第二趾复合组织组合再造拇指[J]. 中华显微外科杂志，2018，41(1)：31-34. DOI: 10.3760/cma.j.issn.1001-2036.2018.01.008. {ZHOU Mingwu,SONG Jian,SONG Li,ZHOU Li,YANG Ruipu,XING Chaofeng,LI Shimin. The big toe wrap-around flap combination of the second phalange with the metatarsal to reconstruct the thumb[J]. Zhonghua Xian Wei Wai Ke Za Zhi[Chin J Microsurg(Article in Chinese;Abstract in Chinese and English)],2018,41(1):31-34. DOI:10.3760/cma.j.issn.1001-2036.2018.01.008.}

[3541] 李木卫，马立峰，张喆，黄少耿，梁勇，吴巩，杨延军，张子清. 携带部分末节趾骨的跨甲瓣联合髂骨植骨再造Ⅲ度缺损的拇指[J]. 中华显微外科杂志，2018，41(2)：129-132. DOI: 10.3760/cma.j.issn.1001-2036.2018.02.007. {LI Muwei,MA Lifeng,ZHANG Jie,HUANG Shaogeng,LIANG Yong,WU Gong,YANG Yanjun,ZHANG Ziqing. Hallux-nail flap with distal phalanx combined with iliac bone for reconstruction of thumb with Ⅲ degree defect[J]. Zhonghua Xian Wei Wai Ke Za Zhi[Chin J Microsurg(Article in Chinese;Abstract in Chinese and English)],2018,41(2):129-132. DOI:10.3760/cma.j.issn.1001-2036.2018.02.007.}

[3542] 王会方，牛晓梅，张小亚，钱玉雯. 跨甲瓣组合第二足趾游离移植修饰性再造拇指Ⅱ和Ⅲ度缺损的围手术期护理[J]. 中华显微外科杂志，2018，41(5)：512-514. DOI: 10.3760/cma.j.issn.1001-2036.2018.05.028. {WANG Huifang,NIU Xiaomei,ZHANG Xiaoya,QIAN Yuwen. Perioperative nursing of modified thumb reconstruction with second toe free transplant combined with toe-nail flap[J]. Zhonghua Xian Wei Wai Ke Za Zhi[Chin J Microsurg(Article in Chinese;Abstract in Chinese)],2018,41(5):512-514. DOI:10.3760/cma.j.issn.1001-2036.2018.05.028.}

[3543] 何如祥，雷林革，师富贵，祁多宝，冯致举. 跨甲皮瓣与第二足趾组合在拇指再造术中的应用[J]. 中华手外科杂志，2018，34(3)：235-236. {HE Ruxiang,LEI Linge,SHI Fugui,QI Duobao,FENG Zhiju. Application of the toe-nail flap and second toe transplant in the thumb reconstruction[J]. Zhonghua Shou Wai Ke Za Zhi[Chin J Hand Surg(Article in Chinese;Abstract in Chinese)],2018,34(3):235-236.}

[3544] 何如祥，王勇平. 甲瓣与第2足趾骨瓣组合移植再造拇指[J]. 实用手外科杂志，2018，32(2)：147-148，162. DOI: 10.3969/j.issn.1671-2722.2018.02.004. {HE Ruxiang,WANG Yongping. Application of the wrap-around flap combined with the second toe bone flap transplantation in thumb reconstruction[J]. Shi Yong Shou Wai Ke Za Zhi[Chin J Pract Hand Surg(Article in Chinese;Abstract in Chinese and English)],2018,32(2):147-148,162. DOI:10.3969/j.issn.1671-2722.2018.02.004.}

[3545] 于志刚，方杰，张文龙. 游离跨趾甲皮瓣再造儿童拇指甲床一例[J]. 中华手外科杂志，2019，35(5)：400. DOI: 10.3760/cma.j.issn.1005-054X.2019.05.031. {YU Zhigang,FANG Jie,ZHANG Wenlong. Free pedicled toe nail flap transplant for reconstruction of child's thumb nail bed:a case report[J]. Zhonghua Shou Wai Ke Za Zhi[Chin J Hand Surg(Article in Chinese;Abstract in Chinese)],2019,35(5):400. DOI:10.3760/cma.j.issn.1005-054X.2019.05.031.}

[3546] 李雷，巨积辉，邓伟，侯瑞兴，李关兴. 跨甲皮瓣联合尺动脉腕上皮支下行支皮瓣并髂骨植骨再造拇指[J]. 中华手外科杂志，2019，35(5)：395-397. DOI: 10.3760/cma.j.issn.1005-054X.2019.05.029. {LI Lei,JU Jihui,DENG Wei,HOU Ruixing,LI Guanxing. Descending branch flap of ulnar artery wrist epithelial branch combined with toe-nail-skin flap and iliac bone graft for thumb reconstruction[J]. Zhonghua Shou Wai Ke Za Zhi[Chin J Hand Surg(Article in Chinese;Abstract in Chinese)],2019,35(5):395-397. DOI:10.3760/cma.j.issn.1005-054X.2019.05.029.}

[3547] 谭琪，刘光军，张永强，王谦，杨磊，李振，刘祥霞. 游离跨甲骨瓣组合第二足趾胫侧皮瓣再造拇指缺损[J]. 中华手外科杂志，2019，35(6)：429-431. DOI: 10.3760/cma.j.issn.1005-054X.2019.06.013. {TAN Qi,LIU Guangjun,ZHANG Yongqiang,WANG Qian,YANG Lei,LI Zhen,LIU Xiangxia. Free toe-nail-bone flap combine with tibial side flap of second toe transplant for thumb defect reconstruction[J]. Zhonghua Shou Wai Ke Za Zhi[Chin J Hand Surg(Article in Chinese;Abstract in Chinese)],2019,35(6):429-431. DOI:10.3760/cma.j.issn.1005-054X.2019.06.013.}

[3548] 王凯，巨积辉，金光哲，郭礼平，郭全伟. 髂骨联合同蒂跨趾甲皮瓣和足背皮瓣分区再造拇指近节平面缺损[J]. 中华整形外科杂志，2019，35(2)：162-165. DOI: 10.3760/cma.j.issn.1009-4598.2019.02.012. {WANG Kai,JU Jihui,JIN Guangzhe,GUO Liping,GUO Quanwei. Reconstruction of proximal thumb plane defect with iliac bone combined with the same pedicled toenail and dorsum pedis flaps[J]. Zhonghua Zheng Xing Wai Ke Za Zhi[Chin J Plast Surg(Article in Chinese;Abstract in Chinese and English)],2019,35(2):162-165. DOI:10.3760/cma.j.issn.1009-4598.2019.02.012.}

[3549] 张俊，王群殿，于涛，袁云华，李凯，王健. 游离跨甲瓣联合第2趾骨复合组织瓣再造拇指[J]. 实用手外科杂志，2019，33(2)：138-140，238. DOI: 10.3969/j.issn.1671-2722.2019.02.003. {ZHANG Jun,WANG Qundian,YU Tao,YUAN Yunhua,LI Kai,WANG Jian. The hallux wrap-around flap combined with the modified second toe bone flap to reconstruct the thumb[J]. Shi Yong Shou Wai Ke Za Zhi[Chin J Pract Hand Surg(Article in Chinese;Abstract in Chinese and English)],2019,33(2):138-140,238. DOI:10.3969/j.issn.1671-2722.2019.02.003.}

[3550] 胡雷鸣，欧学海，魏登科，段虹昊，李晓旭，史少岩. 跨甲皮瓣联合腓动脉穿支皮瓣游离移植再造拇指并修复足部供区15例[J]. 中国修复重建外科杂志，2020，34(5)：667-668. DOI: 10.7507/1002-1892.201908023. {HU Leiming,OU Xuehai,WEI Dengke,DUAN Honghao,LI Xiaoxu,SHI Shaoyan. Free toe-skin-nail flap combined with peroneal artery perforator flap transplant for thumb reconstruction and repair the donor site of foot[J]. Zhongguo Xiu Fu Chong Jian Wai Ke Za Zhi[Chin J Repar Reconstr Surg(Article in Chinese;Abstract in Chinese)],2020,34(5):667-668. DOI:10.7507/1002-1892.201908023.}

3.2.6 示指拇化

pollicisation of index finger

[3551] CHU HY,WANG TM,K'UNG FY,HAO CJ. Reconstruction of the thumb[J]. Chin Med J,1959,79:541-545.

[3552] Operative technique of pollicization utilizing finger stumps[J]. Chin Med J,1979,92(4):253-259.

[3553] 李镍，田万成，张高生，盛永国. 残食(示)指移位再造拇指一例报告[J]. 修复重建外科杂志，1987，1：11. {LI Nie,TIAN Wancheng,ZHANG Gaosheng,SHENG Yongguo. Remnant index finger transplant for thumb reconstruction:a case report[J]. Zhongguo Xiu Fu Chong Jian Wai Ke Za Zhi[Chin J Repar Reconstr Surg(Article in Chinese;No abstract available)],1987,1:11.}

[3554] 蔡希宇，李俊明，杨凤云. 示指移位再植拇指再造二例[J]. 中华显微外科杂志，1998，21(3)：240. DOI: 10.3760/cma.j.issn.1001-2036.1998.03.048. {CAI Xiyu,LI Junming,YANG Fengyun. Index finger displace and replant for thumb reconstruction:a two cases report[J]. Zhonghua Xian Wei Wai Ke Za Zhi[Chin J Microsurg(Article in Chinese;No abstract available)],1998,21(3):240. DOI:10.3760/cma.j.issn.1001-2036.1998.03.048.}

[3555] 陈克俊，费起礼，戚伟. 伤残食(示)指移位再造拇指[J]. 中国修复重建外科杂志，1999，13(4)：237-238. {CHEN Kejun,FeI Qili,QI Wei. The thumb reconstruction by transferring the injured index finger with pedicles[J]. Zhongguo Xiu Fu Chong Jian Wai Ke Za Zhi[Chin J Repar Reconstr Surg(Article in Chinese;Abstract in Chinese and English)],1999,13(4):237-238.}

[3556] 孙跃民，包维民，葛茂星. 示指近节残端移位拇指再造术治疗电击伤六例[J]. 中华创伤杂志，2001，17(10)：603. DOI: 10.3760/j: issn: 1001-8050.2001.10.032. {SUN Yuemin,BAO Weimin,GE Maoxing. Proximal index finger stump transposition with thumb reconstruction for treatment of electrical injury:a report of 6 cases[J]. Zhonghua Chuang Shang Za Zhi[Chin J Trauma(Article in Chinese;No abstract available)],2001,17(10):603. DOI:10.3760/j:issn:1001-8050.2001.10.032.}

[3557] 刘雄华，王鹏，王福星，朱细娇，敖晓群，李柱辉. 示指转位再造V°、Ⅵ°拇指缺损[J]. 中华手外科杂志，2005，21(4)：202. DOI: 10.3760/cma.j.issn.1005-054X.2005.04.024. {LIU Xionghua,WANG Peng,WANG Fuxing,ZHU Xijiao,AO Xiaoqun,LI Zhuhui. Index finger transpost for thumb reconstruction with V° or Ⅵ° defect[J]. Zhonghua Shou Wai Ke Za Zhi[Chin J Hand Surg(Article in Chinese;No abstract available)],2005,21(4):202. DOI:10.3760/cma.j.issn.1005-054X.2005.04.024.}

[3558] 许龙顺，何佑成，刘晓瑾，李望周，李金清. 拇指离断并近段缺损残余示指拇化加拇指断指再植一例[J]. 中华手外科杂志，2008，24(2)：126. DOI: 10.3760/cma.j.issn.1005-054X.2008.02.033. {XU Longshun,HE Youcheng,LIU Xiaojin,LI Wangzhou,LI Jinqing. Residual index finger thumbization and thumb replantation in severed thumb with proximal defect[J]. Zhonghua Shou Wai Ke Za Zhi[Chin J Hand Surg(Article in Chinese;No abstract available)],2008,24(2):126. DOI:10.3760/cma.j.issn.1005-054X.2008.02.033.}

[3559] 芮永军，施海峰，张全荣，糜菁熠，许亚军，张辉，邱扬，寿奎水. 示指拇化治疗重度拇指发育不全[J]. 中华手外科杂志，2009，25(6)：348-350. {RUI Yongjun,SHI

Haifeng,ZHANG Quanrong,MI Qingyi,XU Yajun,ZHANG Hui,QIU Yang,SHOU Kuishui. Index finger pllicization for treatment of severe congenital thumb hypoplasia[J]. Zhonghua Shou Wai Ke Za Zhi[Chin J Hand Surg(Article in Chinese;Abstract in Chinese and English)],2009,25(6):348-350.}

[3560] **陈浩杰，虞剑华，李梅，赵琳，朱维平，陈国华．高压电烧伤后伤残示指转位再造拇指八例 [J]．中华烧伤杂志，2013，29（2）：213–215．DOI：10.3760/cma.j.issn.1009–2587.2013.02.032．** {CHEN Haojie,YU Jianhua,LI Mei,ZHAO Lin,ZHU Weiping,CHEN Guohua. Thumb reconstruction by index finger transpost after high voltage electric burn:a report of 8 cases[J]. Zhonghua Shao Shang Za Zhi[Chin J Burns(Article in Chinese;Abstract in Chinese)],2013,29(2):213-215. DOI:10.3760/cma.j.issn.1009-2587.2013.02.032.}

[3561] **侯春胜，刘庆叶，雷晋．示指残端截骨牵引转位再造拇指一例 [J]．中华烧伤杂志，2016，32（6）：338–339．DOI：10.3760/cma.j.issn.1009–2587.2016.06.006．** {HOU Chunsheng,LIU Qingye,LEI Jun. Reconstruction of thumb by osteotomy and traction of index finger stump:a case report[J]. Zhonghua Shao Shang Za Zhi[Chin J Burns(Article in Chinese;No abstract available)],2016,32(6):338-339. DOI:10.3760/cma.j.issn.1009-2587.2016.06.006.}

3.2.7 带血管神经蒂皮瓣再造拇指

vascular pedicled flap for thumb reconstruction

[3562] **侯春林，樊文甫．介绍几种带血管神经蒂皮瓣转移再造拇指方法 [J]．修复重建外科杂志，1988，2（2）：46–47．** {HOU Chunlin,FAN Wenpu. Introduction of several methods of thumb reconstruction with vascular and nerve pedicle flap[J]. Zhongguo Xiu Fu Chong Jian Wai Ke Za Zhi[Chin J Repar Reconstr Surg(Article in Chinese;Abstract in Chinese)],1988,2(2):46-47.}

[3563] **周东旭．吻合神经的中环指双岛状皮瓣再造拇指二例 [J]．中国修复重建外科杂志，1992，6（4）：247．** {ZHOU Dongxu. Double island flap of middle-ring finger anastomosed with nerve for thumb reconstruction:a two cases report[J]. Zhongguo Xiu Fu Chong Jian Wai Ke Za Zhi[Chin J Repar Reconstr Surg(Article in Chinese;No abstract available)],1992,6(4):247.}

[3564] **董有海，刘仁寿，王平年，何明武．筋膜血管神经蒂食（示）中指背侧皮瓣再造拇指 [J]．中华显微外科杂志，1994，17（2）：215–216．DOI：CNKI：SUN：ZHXW.0.1994–03–028．** {DONG Youhai,LIU Renshou,WANG Pingnian,HE Mingwu. Dorsal flap of index and middle finger with fascial vascular nerve pedicle for thumb reconstruction[J]. Zhonghua Xian Wei Wai Ke Za Zhi[Chin J Microsurg(Article in Chinese;No abstract available)],1994,17(2):215-216. DOI:CNKI:SUN:ZHXW.0.1994-03-028.}

[3565] **焦秀珍．带血管神经蒂的第二掌指关节及桡动脉逆行皮瓣移植再造拇指 [J]．中华手外科杂志，1994，10（4）：250．** {JIAO Xiuzhen. Thumb reconstruction with reverse radial artery flap and second metacarpophalangeal joint with neurovascular pedicle[J]. Zhonghua Shou Wai Ke Za Zhi[Chin J Hand Surg(Article in Chinese;No abstract available)],1994,10(4):250.}

[3566] **陈雪荣．掌背皮神经伴行血管丛筋膜蒂逆行岛状皮瓣再造拇指 [J]．中华手外科杂志，1998，14（2）：80．DOI：10.3760/cma.j.issn.1005–054X.1998.02.009．** {CHEN Xuerong. Thumb reconstruction with reverse island flap pedicled with dorsal metacarpal cutaneous nerve and vascular plexus[J]. Zhonghua Shou Wai Ke Za Zhi[Chin J Hand Surg(Article in Chinese;No abstract available)],1998,14(2):80. DOI:10.3760/cma.j.issn.1005-054X.1998.02.009.}

[3567] **郑稼，罗建平，田书建，王会领，赵炬才．吻合神经的改进前臂逆行岛状皮瓣急诊再造拇指 [J]．中国矫形外科杂志，1999，6：53–54．DOI：CNKI：SUN：ZJXS.0.1999–08–030．** {ZHENG Jia,LUO Jianping,TIAN Shujian,WANG Huiling,ZHAO Jucai. Emergency reconstruction of thumb with modified forearm retrograde island skin flap using nerve anastomosis[J]. Zhongguo Jiao Xing Wai Ke Za Zhi[Orthop J China(Article in Chinese;No abstract available)],1999,6:53-54. DOI:CNKI:SUN:ZJXS.0.1999-08-030.}

[3568] **周礼荣，蔡仁祥，王伟，李峻．踇背甲皮瓣移植联合带指神经血管蒂岛状皮瓣移位再造拇指 [J]．中华手外科杂志，1999，15（2）：3–5．** {ZHOU Lirong,CAI Renxiang,WANG Wei,LI Jun. Dorsal toe-nail-skin flap transplat combined transfer of digital neurovascular island flap for thumb reconstruction[J]. Zhonghua Shou Wai Ke Za Zhi[Chin J Hand Surg(Article in Chinese;Abstract in Chinese)],1999,15(2):3-5.}

[3569] **周礼荣，蔡仁祥，王伟，丁任，李峻，刘迎曦．踇甲皮瓣与带指神经血管蒂岛状皮瓣联合移植再造拇指 [J]．中华显微外科杂志，2001，24（3）：165–166．DOI：10.3760/cma.j.issn.1001–2036.2001.03.001．** {ZHOU Lirong,XAI Renxiang,WANG Wei,DING Ren,LI Jun,LIU Yingxi. Combined transfer of the dorsal flap from the big toe and digital neurovascular island flap for thumb reconstruction[J]. Zhonghua Xian Wei Wai Ke Za Zhi[Chin J Microsurg(Article in Chinese;Abstract in Chinese and English)],2001,24(3):165-166. DOI:10.3760/cma.j.issn.1001-2036.2001.03.001.}

[3570] **路迪生，翟文亮，丁真奇，康两期，谢严芳．带指固有动脉及神经的指侧方双页皮瓣转移再造拇指 [J]．骨与关节损伤杂志，2003，18（8）：529–531．DOI：10.3969/j.issn.1672–9935.2003.08.009．** {LU Disheng,ZHAI Wenliang,DING Zhenqi,KANG Liangqi,XIE Yanfang. Reconstruction thumb with finger lateral bilobed skin flap transposition[J]. Gu Yu Guan Jie Sun Shang Za Zhi[J Bone Joint Injury(Article in Chinese;Abstract in Chinese and English)],2003,18(8):529-531. DOI:10.3969/j.issn.1672-9935.2003.08.009.}

[3571] **梅良斌，徐永清，李军，朱跃良，王毅，何晓清．前臂后皮神经营养血管远端蒂皮瓣在拇指再造中的应用 [J]．实用手外科杂志，2012，26（2）：104–105．DOI：10.3969/j.issn.1671–2722.2012.02.003．** {MEI Liangbin,XU Yongqing,LI Jun,ZHU Yueliang,WANG Yi,HE Xiaoqing. Application of the compound flap pedicled with nutritional vessels of the posterior cutaneous nerve of forearm in reconstruction of thumb[J]. Shi Yong Shou Wai Ke Za Zhi[Chin J Pract Hand Surg(Article in Chinese;Abstract in Chinese and English)],2012,26(2):104-105. DOI:10.3969/j.issn.1671-2722.2012.02.003.}

3.2.8 拇指修饰性再造

aesthetic thumb reconstruction

[3572] **潘昭勋，王谦军，刘相成，王法忠，王成琪．用趾腓侧皮瓣修饰第二足趾移植再造拇指 [J]．中华手外科杂志，2002，18（1）：23–25．DOI：10.3760/cma.j.issn.1005–054X.2002.01.008．** {PAN Zhaoxun,WANG Qianjun,LIU Xiangcheng,WANG Fazhong,WANG Chengqi. The second toe transfer for thumb reconstruction modified by the great toe fibular skin flap[J]. Zhonghua Shou Wai Ke Za Zhi[Chin J Hand Surg(Article in Chinese;Abstract in Chinese and English)],2002,18(1):23-25. DOI:10.3760/cma.j.issn.1005-054X.2002.01.008.}

[3573] **王金昌，赵炳显，刘健伟，李炳万，王天斌．第一掌背动脉筋膜皮瓣改善第二足趾再造拇指术后的外形 [J]．中华手外科杂志，2006，22（5）：299–300．** {WANG Jinchang,ZHAO Bingxian,LIU Jianwei,LI Bingwan,WANG Tianbin. Improve the appearance of the thumb after reconstruction with second toe by first dorsal metacarpal artery fasciocutaneous flap[J]. Zhonghua Shou Wai Ke Za Zhi[Chin J Hand Surg(Article in Chinese;Abstract in Chinese)],2006,22(5):299-300.}

[3574] **杜冬，庄永青，姜浩力，熊洪涛，付强，方锡池．双瓣移植在拇指修饰性再造中的应用 [J]．中华手外科杂志，2007，23（4）：208–210．DOI：10.3760/cma.j.issn.1005–054X.2007.04.007．** {DU Dong,ZHUANG Yongqing,JIANG Haoli,XIONG Hongtao,FU Qiang,FANG Xichi. The application of double flap transfer in aesthetic reconstruction of the thumb[J]. Zhonghua Shou Wai Ke Za Zhi[Chin J Hand Surg(Article in Chinese;Abstract in Chinese and English)],2007,23(4):208-210. DOI:10.3760/cma.j.issn.1005-054X.2007.04.007.}

[3575] **程国良．足趾移植再造拇指和手指外形的修饰理念 [J]．中华显微外科杂志，2009，32（2）：92–94．DOI：10.3760/cma.j.issn.1001–2036.2009.02.002．** {CHENG Guoliang. The concept of toe transplant for thumb reconstruction and dactyl appearance modification[J]. Zhonghua Xian Wei Wai Ke Za Zhi[Chin J Microsurg(Article in Chinese;No abstract available)],2009,32(2):92-94. DOI:10.3760/cma.j.issn.1001-2036.2009.02.002.}

[3576] **李鹏，曾志超，欧治平，刘海棠．第二足趾联合第一足趾腓侧皮瓣移植加甲床扩大修饰性再造拇指 25 例 [J]．中华显微外科杂志，2010，33（1）：57–58．DOI：10.3760/cma.j.issn.1001–2036.2010.01.022．** {LI Peng,ZENG Zhichao,OU Zhiping,LIU Haitang. Second toe and fibular flap of the first toe transplant combide with expanded and modified nail bed for thumb reconstruction:a report of 25 cases[J]. Zhonghua Xian Wei Wai Ke Za Zhi[Chin J Microsurg(Article in Chinese;Abstract in Chinese)],2010,33(1):57-58. DOI:10.3760/cma.j.issn.1001-2036.2010.01.022.}

[3577] **魏在荣，孙广峰，谭静，袁凌，唐修俊，王达利，王玉明．多角形踇趾腓侧皮瓣塑形第二足趾中段再造拇手指 [J]．中华手外科杂志，2010，26（2）：98–100．DOI：10.3760/cma.j.issn.1005–054X.2010.02.018．** {WEI Zairong,SUN Guangfeng,TAN Jing,YUAN Ling,TANG Xiujun,WANG Dali,WANG Yuming. Reconstruction of the thumb and fingers with the second toe reshaped by the modified great toe fibular flap[J]. Zhonghua Shou Wai Ke Za Zhi[Chin J Hand Surg(Article in Chinese;Abstract in Chinese and English)],2010,26(2):98-100. DOI:10.3760/cma.j.issn.1005-054X.2010.02.018.}

[3578] **孙广峰，魏在荣，王达利，王波，祁建平，韩文杰，金文虎．踇甲瓣游离移植修饰性再造拇指末节缺损 [J]．中华显微外科杂志，2011，34（5）：415–416．DOI：10.3760/cma.j.issn.1001–2036.2011.05.025．** {SUN Guangfeng,WEI Zairong,WANG Dali,WANG Bo,QI Jianping,HAN Wenjie,JIN Wenhu. Free toe-nail flap transplant for thumb modified reconstruction with distal segment defect[J]. Zhonghua Xian Wei Wai Ke Za Zhi[Chin J Microsurg(Article in Chinese;Abstract in Chinese)],2011,34(5):415-416. DOI:10.3760/cma.j.issn.1001-2036.2011.05.025.}

[3579] **孟国成，陈立科，陈四华，徐昱，吴波．修饰性拇指再造两种手术方式比较研究 [J]．国际骨科学杂志，2011，32（3）：202–204．DOI：10.3969/j.issn.1673–7083.2011.03.023．** {MENG Guocheng,CHEN Like,CHEN Sihua,XU Yu,WU Bo. Decorative repair and reconstruction of thumb defect[J]. Guo Ji Gu Ke Xue Za Zhi[Int J Orthop(Article in Chinese;Abstract in Chinese and English)],2011,32(3):202-204. DOI:10.3969/j.issn.1673-7083.2011.03.023.}

3.3 手指再造

finger reconstruction

[3580] Gu YD,Zhang GM,Cheng DS,Yan JG,Chen XM. Free toe transfer for thumb and finger reconstruction in 300 cases[J]. Plast Reconstr Surg,1993,91(4):693–700; discussion 701–702.

[3581] Kang QL,Chai YM,Chen W,Zeng BF. Digital reconstruction and donor site resurfacing:a two–flap technique[J]. Microsurgery,2007,27(5):470–476. doi:10.1002/micr.20389.

[3582] Pei GX,Ren GH,Ren YJ,Wei KH. Reconstruction of phalangeal articulations of the hand with vascularised phalangeal articulations of foot[J]. Injury,2008,39(Suppl 3):S109–115. doi:10.1016/j.injury.2008.06.006.

[3583] Qi W,Chen KJ. Use of twin dorsal middle phalangeal finger flaps for thumb or index finger reconstruction[J]. J Hand Surg Eur,2013,38(4):387–393. doi:10.1177/1753193411434378.

[3584] Sun W,Chen C,Wang Z,Qiu S,Zhang L,Ding Z,Zhong S. Full–length finger reconstruction for proximal amputation with expanded wraparound great toe flap and vascularized second toe joint[J]. Ann Plast Surg,2016,77(5):539–546. doi:10.1097/SAP.0000000000000683.

[3585] Chi Z,Yang P,Song D,Li Z,Tang L,Gao W,Song Y,Chu T. Reconstruction of totally degloved fingers:a novel application of the bilobed spiraled innervated radial artery superficial palmar branch perforator flap design provides for primary donorsite closure[J]. Surg Radiol Anat,2017,39(5):547–557. doi:10.1007/s00276-016-1760-4.

[3586] Shen K,Wang Z,Xu Y. Reconstruction of Wassel type VI radial polydactyly with triphalangeal thumb using an on–top osteotomy[J]. Plast Reconstr Surg Glob Open,2017,5(2):e1216. doi:10.1097/GOX.0000000000001216.

[3587] Zhang G,Ju J,Li L,Tang L,Fu Y,Hou R. Combination free foot flaps for digit reconstruction:A retrospective analysis of 37 cases[J]. J Plast Reconstr Aesthet Surg,2019,72(5):729–736. doi:10.1016/j.bjps.2018.12.021.

[3588] Yu F,Tang J,Pan D. Reconstruction of the dorsum of the hand and fingers with a bifoliate lateral arm flap:a case report[J]. J Hand Surg Eur,2020,45(7):765–766. doi:10.1177/1753193420920812.

[3589] Zhang DH,Yi L,Wen HJ. Reconstruction of a distal index fingertip in a patient with thumb polydactyly:a case report[J]. J Hand Surg Eur,2020,45(9):984–986. doi:10.1177/1753193420927585.

[3590] Shen XF,Yin F,Wang J,Zhang X,Xue MY,Chim H,Rui YJ. Reconstruction of Wassel IV–D radial polydactyly with a boot–shaped neurovascular island flap:A Consecutive series of 91 thumbs[J]. J Plast Reconstr Aesthet Surg,2020,73(10):1801–1805. doi:10.1016/j.bjps.2020.05.071.

[3591] Ma R,Du R,Fan Y,Wei J. Effect of health care and rehabilitation nursing and analysis of neurovascular preservation of patients undergoing reconstruction of severed finger under x–ray image examination[J]. World Neurosurg,2021,149:397–405. doi:10.1016/j.wneu.2020.10.071.

[3592] **王首夫，李柱田，任鸿文．缺损指的再造 [J]．中华外科杂志，1966，14（3）：151–153．** {WANG Shoufu,LI Zhutian,REN Hongwen. Reconstruction of defective fingers[J]. Zhonghua Wai Ke Za Zhi[Chin J Surg(Article in Chinese;No abstract available)],1966,14(3):151-153.}(非显微再造 Non-microsurgical reconstruction)

[3593] **吴伯刚．用髂部皮管及髂骨移植行手指再造 [J]．中华外科杂志，1981，19（5）：295–296．** {WU Bogang. Finger reconstruction with iliac skin tube and iliac bone graft[J]. Zhonghua Wai Ke Za Zhi[Chin J Surg(Article in Chinese;No abstract available)],1981,19(5):295-296.}

[3594] **孙雪良，王惠美．手指末节再造一例报告 [J]．中华外科杂志，1988，26（2）：85．** {SUN Xueliang,WANG Huimei. Reconstruction of distal segment of finger:a case report[J]. Zhonghua Wai Ke Za Zhi[Chin J Surg(Article in Chinese;No abstract available)],1988,26(2):85.}

[3595] **符臣学．再造指 40 例报告 [J]．修复重建外科杂志，1988，2（2）：41．** {FU Chenxue. Reconstruction of fingers:a report of 40 cases[J]. Zhongguo Xiu Fu Chong Jian Wai Ke Za Zhi[Chin J Repar Reconstr Surg(Article in Chinese;No abstract available)],1988,2(2):41.}

[3596] **张宁．先天性全手指缺损再造术的一例教训 [J]．修复重建外科杂志，1988，2（2）：35–36．** {ZHANG Ning. Reconstruction of congenital whole digit defect:a case report[J]. Zhongguo

Xiu Fu Chong Jian Wai Ke Za Zhi[Chin J Repar Reconstr Surg(Article in Chinese;No abstract available)],1988,2(2):35-36.}

[3597] 郭树荣. 指端缺损再造术的改进[J]. 修复重建外科杂志, 1990, 4(2): 115. {GUO Shurong. Improvement of fingertip defect reconstruction[J]. Zhongguo Xiu Fu Chong Jian Wai Ke Za Zhi[Chin J Repar Reconstr Surg(Article in Chinese;No abstract available)],1990,4(2):115.}

[3598] 蔡锦方, 李秉胜, 孙宝国, 刘晓平, 潘冀清, 王向东. 手指断离缺损的节段再造与再植[J]. 中华外科杂志, 1992, 30(3): 175. {CAI Jinfang,LI Bingsheng,SUN Baoguo,LIU Xiaoping,PAN Jiqing,WANG Xiangdong. Segmental reconstruction and replantation of severed and defect finger[J]. Zhonghua Wai Ke Za Zhi[Chin J Surg(Article in Chinese;No abstract available)],1992,30(3):175.}

[3599] 蔡锦方, 李秉胜. 指节再造[J]. 手外科杂志, 1992, 8(4): 195-197. {CAI Jinfang,Li Bingsheng. Dactylus reconstruction[J]. Shou Wai Ke Za Zhi[J Hand Surg(Article in Chinese;No abstract available)],1992,8(4):195-197.}

[3600] 季卫平. 食(示)指再造一例[J]. 中国修复重建外科杂志, 1993, 7(4): 262. {JI Weiping. Reconstruction of index finger:a case report[J]. Zhongguo Xiu Fu Chong Jian Wai Ke Za Zhi[Chin J Repar Reconstr Surg(Article in Chinese;No abstract available)],1993,7(4):262.}

[3601] 蒋纯志, 张作勇, 曹斌, 范启申, 管磊. 足趾游离移植再造手指后血管性萎缩二例[J]. 中国修复重建外科杂志, 1994, 8(3): 174. {JIANG Chunzhi,ZHANG Zuoyong,CAO Bin,FAN Qishen,GUAN Lei. Vascular atrophy after finger reconstruction by free toe transplant[J]. Zhongguo Xiu Fu Chong Jian Wai Ke Za Zhi[Chin J Repar Reconstr Surg(Article in Chinese;No abstract available)],1994,8(3):174.}

[3602] 宋修军, 杨利民, 葛忠. 第Ⅱ趾骨甲皮瓣移植中指指腹复位末节再造一例[J]. 中华显微外科杂志, 1994, 17(2): 138. DOI: CNKI: SUN: ZHXW.0.1994-02-036. {SONG Xiujun,YANG Limin,GE Zhong. Second toe nail flap transplant for finger pulp reduction and distal segment reconstruction[J]. Zhonghua Xian Wei Wai Ke Za Zhi[Chin J Microsurg(Article in Chinese;No abstract available)],1994,17(2):138. DOI:CNKI:SUN:ZHXW.0.1994-02-036.}

[3603] 左中男, 钟广玲, 刘效仿, 元启鸿, 杨志峰, 何斌. 用带掌背神经的腕掌背侧逆行岛状皮瓣再造手指[J]. 中华显微外科杂志, 1995, 18(3): 192-194, 238. {ZUO Zhongnan,ZHONG Guangling,LIU Xiaofang,YUAN Qihong,YANG Zhifeng,HE Bin. Finger reconstruction by the dorsal reverse carpal and metacarpal island flap with nerve[J]. Zhonghua Xian Wei Wai Ke Za Zhi[Chin J Microsurg(Article in Chinese;Abstract in Chinese and English)],1995,18(3):192-194,238.}

[3604] 徐永清, 李主一, 周中英, 高田军, 文家福. 手指掌侧静脉、指侧方静脉在断指再植及再造手指中的应用[J]. 中华创伤杂志, 1995, 11(6): 40-41. {XU Yongqing,LI Zhuyi,ZHOU Zhongying,GAO Tianjun,WEN Jiafu. Palmar and lateral vein of finger in replantation and reconstruction of severed finger[J]. Zhonghua Chuang Shang Za Zhi[Chin J Trauma(Article in Chinese;No abstract available)],1995,11(6):40-41.}

[3605] 颜玲, 陈林峰, 罗锦辉. 双足第二趾游离移植一期再造手指[J]. 中国修复重建外科杂志, 1995, 9(4): 241. {YAN Ling,CHEN Linfeng,LUO Jinhui. One stage bilateral free second toe transplant for finger reconstruction[J]. Zhongguo Xiu Fu Chong Jian Wai Ke Za Zhi[Chin J Repar Reconstr Surg(Article in Chinese;No abstract available)],1995,9(4):241.}

[3606] 侯明钟, 袁启智, 黄燮青. 踇甲趾骨片皮瓣与冷冻异体手指再造手指[J]. 中国修复重建外科杂志, 1995, 9(4): 204-206. DOI: CNKI: SUN: ZXCW.0.1995-04-006. {HOU Mingzhong,YUAN Qizhi,HUANG Xieqing,MIAO Yong,CAI Yanxian. Reconstruction of thumb and finger using free neurovasular big toe nail skin flap with frozen finger composlte allograft and second toe free graft[J]. Zhongguo Xiu Fu Chong Jian Wai Ke Za Zhi[Chin J Repar Reconstr Surg(Article in Chinese;Abstract in Chinese and English)],1995,9(4):204-206. DOI:CNKI:SUN:ZXCW.0.1995-04-006.}

[3607] 文质君, 徐达传, 钟世镇. 部分第二、三足趾移植再造指部分缺损的外科解剖[J]. 中国临床解剖学杂志, 1995, 13(1): 34-35. {WEN Zhijun,XU Dachuan,ZHONG Shizhen. Surgical anatomy of partial toe-to-finger transfer[J]. Zhongguo Lin Chuang Jie Pou Xue Za Zhi[Chin J Clin Anat(Article in Chinese;Abstract in Chinese and English)],1995,13(1):34-35.}

[3608] 侯建玺, 岳云平, 侯秋花, 杨长君, 黄愿生, 李长德, 侯宝红, 张春英. 足趾甲床移植再造手指甲床[J]. 中华显微外科杂志, 1996, 19(3): 169. {HOU Jianxi,Yueyunping,HOU Qiuhua,YANG Changjun,HUANG Yuansheng,LI Changde,HOU Baohong,ZHANG Chunying. Toe nail bed transplant for finger nail bed reconstruction[J]. Zhonghua Xian Wei Wai Ke Za Zhi[Chin J Microsurg(Article in Chinese;Abstract in Chinese)],1996,19(3):169.}

[3609] 徐雷, 寿奎水. 手指顽固性残端痛的指部分再造[J]. 中华手外科杂志, 1996, 12(4): 252. {XU Lei,SHOU Kuishui. Digit partial reconstruction in intractable stump pain of fingers[J]. Zhonghua Shou Wai Ke Za Zhi[Chin J Hand Surg(Article in Chinese;No abstract available)],1996,12(4):252.}

[3610] 范启申, 王成琪, 周建国, 张成进, 张尔坤, 周祥吉, 王金武, 王刚. 足趾移植再造手指464例[J]. 中华显微外科杂志, 1997, 20(3): 27-29. {FAN Qishen,WANG Chengqi,ZHOU Jianguo,ZHANG Chengjin,ZHANG Erkun,ZHOU Xiangji,WANG Jinwu,WANG Gang. Toe transplant for finger reconstruction:a report of 464 cases[J]. Zhonghua Xian Wei Wai Ke Za Zhi[Chin J Microsurg(Article in Chinese;Abstract in Chinese)],1997,20(3):27-29.}

[3611] 李春生, 徐正波, 徐康保, 陈秋生, 胡玉辉. 带蒂髂骨皮瓣治疗指缺损再造的临床应用[J]. 中华骨科杂志, 1997, 17(7): 61. DOI: CNKI: SUN: ZHGK.0.1997-11-020. {LI Chunsheng,XU Zhengbo,XU Kangbao,CHEN Qiusheng,HU Yuhui. Clinical application of pedicled iliac bone flap in finger reconstruction[J]. Zhonghua Gu Ke Za Zhi[Chin J Orthop(Article in Chinese;No abstract available)],1997,17(7):61. DOI:CNKI:SUN:ZHGK.0.1997-11-020.}

[3612] 程国良, 方光荣, 侯书健. 双足第二趾节段桥接移植再造手指一例[J]. 中华手外科杂志, 1999, 15(2): 3-5. {CHENG Guoliang,FANG Guangrong,HOU Shujian. One finger reconstruction by transplantation and connecting of two second toes[J]. Zhonghua Shou Wai Ke Za Zhi[Chin J Hand Surg(Article in Chinese;Abstract in Chinese and English)],1999,15(2):3-5.}

[3613] 张宁埠, 程国良, 方光荣, 林彬, 汤海萍. 利用一个足趾分别再造手指和重建指关节一例报告[J]. 中华手外科杂志, 1999, 15(4): 3-5. {ZHANG Ningbu,CHENG Guoliang,FANG Guangrong,LIN Bin,TANG Haiping. Reconstruction of finger and joint with one toe:a case report[J]. Zhonghua Shou Wai Ke Za Zhi[Chin J Hand Surg(Article in Chinese;No abstract available)],1999,15(4):3-5.}

[3614] 陈中伟, 陈峥嵘, 胡天培. 再造手指控制的电子假手[J]. 中国创伤骨科杂志, 1999, 1: 34-36. {CHEN Zhongwei,CHEN Zhengrong,HU Tianpei. Electronic artificial hand controlled bu reconstructed digit[J]. Zhongguo Chuang Shang Gu Ke Za Zhi[Chin J Orthop Trauma(Article in Chinese;Abstract in Chinese and English)],1999,1:34-36.}

[3615] 任志勇. 游离第二足趾移植再造部分手指[J]. 中华显微外科杂志, 1999, 22(1): 62. DOI: 10.3760/cma.j.issn.1001-2036.1999.01.028. {REN Zhiyong. Free toe transplant for partial finger reconstruction[J]. Zhonghua Xian Wei Wai Ke Za Zhi[Chin J Microsurg(Article in Chinese;No abstract available)],1999,22(1):62. DOI:10.3760/cma.j.issn.1001-2036.1999.01.028.}

[3616] 李宝山, 杨飞, 章雪松. 介绍一种部分手指再造的新方法[J]. 中国矫形外科杂志, 2000, 7(8): 827. DOI: 10.3969/j.issn.1005-8478.2000.08.037. {LI Baoshan,YANG Fei,ZHANG Xuesong. A new method of partial finger reconstruction[J]. Zhongguo Jiao Xing Wai Ke Za Zhi[Orthop J China(Article in Chinese;Abstract in Chinese)],2000,7(8):827. DOI:10.3969/j.issn.1005-8478.2000.08.037.}

[3617] 陈家臻, 吴克坚, 张怡五, 杨星华. 掌腕部毁损离断断指异位再植手再造[J]. 中华显微外科杂志, 2000, 23(1): 54. DOI: 10.3760/cma.j.issn.1001-2036.2000.01.052. {CHEN Jiazhen,WU Kejian,ZHANG Yiwu,YANG Xinghua. Hand reconstruction with ectopic replanted of severed fingers after metacarpal and wrist injury[J]. Zhonghua Xian Wei Wai Ke Za Zhi[Chin J Microsurg(Article in Chinese;No abstract available)],2000,23(1):54. DOI:10.3760/cma.j.issn.1001-2036.2000.01.052.}

[3618] 周礼荣, 丁任, 蔡仁祥. 手外伤组织缺损的修复与再造[J]. 中华显微外科杂志, 2000, 23(4): 299. DOI: 10.3760/cma.j.issn.1001-2036.2000.04.026. {ZHOU Lirong,DING Ren,CAI Renxiang,WANG Wei,ZHANG Yan,LI Jun,LIU Yingxi,WANG Ping,WU Rong. Repair and reconstruction of tissue defect in hand trauma[J]. Zhonghua Xian Wei Wai Ke Za Zhi[Chin J Microsurg(Article in Chinese;No abstract available)],2000,23(4):299. DOI:10.3760/cma.j.issn.1001-2036.2000.04.026.}

[3619] 周礼荣, 丁任, 王伟. 总结931例手外伤修复与再造的方法[J]. 中华手外科杂志, 2000, 16(3): 164. DOI: 10.3760/cma.j.issn.1005-054X.2000.03.013. {ZHOU Lirong,DING Ren,WANG Wei,CAI Renxiang,WANG Wei,ZHANG Yan,LI Jun,LIU Yingxi,WANG Ping,WU Rong. Methods of repair and reconstruction after hand injuries:a summary of 931 cases[J]. Zhonghua Shou Wai Ke Za Zhi[Chin J Hand Surg(Article in Chinese;Abstract in Chinese and English)],2000,16(3):164. DOI:10.3760/cma.j.issn.1005-054X.2000.03.013.}

[3620] 朱宝林, 王信胜, 杜汝胜. 皮瓣转移再造手指与寄生指甲回植术[J]. 中国矫形外科杂志, 2001, 8(1): 55. DOI: 10.3969/j.issn.1005-8478.2001.01.046. {ZHU Baolin,WANG Xinsheng,DU Yusheng. Finger reconstruction with flap transfer and parasitic nail replantation[J]. Zhongguo Jiao Xing Wai Ke Za Zhi[Orthop J China(Article in Chinese;No abstract available)],2001,8(1):55. DOI:10.3969/j.issn.1005-8478.2001.01.046.}

[3621] 蔡喜宇, 何仲佳, 孙辉, 韩春梅, 闵建华, 林嘉祥. 吻合血管的第二趾移植再造部分手指[J]. 中华显微外科杂志, 2001, 24(1): 70. DOI: 10.3760/cma.j.issn.1001-2036.2001.01.037. {CAI Xiyu,HE Zhongjia,SUN Hui,HAN Chunmei,MIN Jianhua,LIN Jiaxiang. Vascular anastomosis second toe transplant for partial finger reconstruction[J]. Zhonghua Xian Wei Wai Ke Za Zhi[Chin J Microsurg(Article in Chinese;No abstract available)],2001,24(1):70. DOI:10.3760/cma.j.issn.1001-2036.2001.01.037.}

[3622] 陈振鹤, 童静, 刘效民, 徐亮, 李长根. 一期再造正常长度手指的实验与临床应用[J]. 中华显微外科杂志, 2001, 24(2): 110-112. DOI: 10.3760/cma.j.issn.1001-2036.2001.02.011. {CHEN Zhenhe,TONG Jing,LIU Xiaomin,XU Liang,LI Changgen. Experiment and clinical application of one stage reconstruction of whole-length finger with three phalange[J]. Zhonghua Xian Wei Wai Ke Za Zhi[Chin J Microsurg(Article in Chinese;Abstract in Chinese and English)],2001,24(2):110-112. DOI:10.3760/cma.j.issn.1001-2036.2001.02.011.}

[3623] 侯书健, 程国良, 方光荣, 潘达德, 刘亚平, 王振军, 张云飞. 游离足趾移植再造与修复手指缺损[J]. 中华手外科杂志, 2001, 17(4): 212-214. DOI: 10.3760/cma.j.issn.1005-054X.2001.04.008. {HOU Shujian,CHENG Guoliang,FANG Guangrong,PAN Dade,LIU Yaping,WANG Zhenjun,ZHANG Yunfei. Reconstruction and repair of finger defects with free toe transpla ntation[J]. Zhonghua Shou Wai Ke Za Zhi[Chin J Hand Surg(Article in Chinese;Abstract in Chinese and English)],2001,17(4):212-214. DOI:10.3760/cma.j.issn.1005-054X.2001.04.008.}

[3624] 李宝山, 杨飞, 章雪松, 邹豪杰, 高凤江, 郭健. 废弃指骨或髂骨与皮管、指(趾)甲复合移植Ⅰ期再造部分手指[J]. 实用手外科杂志, 2001, 15(2): 83-84. DOI: 10.3969/j.issn.1671-2722.2001.02.007. {LI Baoshan,YANG Fei,ZHANG Xuesong,ZOU Haojie,GAO Fengjiang,GUO Jian. Reconstruction of partial finger with waste finger bone or ilium combined with tube flaps and residual fingernail(toenail)[J]. Shi Yong Shou Wai Ke Za Zhi[Chin J Pract Hand Surg(Article in Chinese;Abstract in Chinese and English)],2001,15(2):83-84. DOI:10.3969/j.issn.1671-2722.2001.02.007.}

[3625] 黄东, 毛莉颖, 江奕恒, 吴伟炽, 张惠茹. 足趾移植再造手指的临床分析[J]. 中华显微外科杂志, 2002, 25(3): 173-174. DOI: 10.3760/cma.j.issn.1001-2036.2002.03.005. {HUANG Dong,MAO Liying,JIANG Yiheng,WU Weizhi,ZHANG Huiru. Clinical analysis of thumb and finger reconstruction with toe transplantation[J]. Zhonghua Xian Wei Wai Ke Za Zhi[Chin J Microsurg(Article in Chinese;Abstract in Chinese and English)],2002,25(3):173-174. DOI:10.3760/cma.j.issn.1001-2036.2002.03.005.}

[3626] 徐永清, 李军, 钟世镇, 徐达传, 徐小山, 丁晶, 郭远发, 汪新民, 李主一. 伸肌扩张部寻找第一跖背动脉在手指再造中的应用[J]. 中华创伤骨科杂志, 2002, 4(1): 31-33. DOI: 10.3760/cma.j.issn.1671-7600.2002.01.009. {XU Yongqing,LI Jun,ZHONG Shizhen,XU Dachuan,XU Xiaoshan,DING Jing,GUO Yuanfa,WANG Xinmin,LI Zhuyi. The method of tracing the first dorsal metatarsal artery at the layer superficial to the extensor expansion in thumb and finger reconstruction[J]. Zhonghua Chuang Shang Gu Ke Za Zhi[Chin J Orthop Trauma(Article in Chinese;Abstract in Chinese and English)],2002,4(1):31-33. DOI:10.3760/cma.j.issn.1671-7600.2002.01.009.}

[3627] 王谦军, 王成琪, 李忠, 张成进. 提高足趾再造手指功能的一种方法[J]. 中国修复重建外科杂志, 2002, 16(4): 293. DOI: CNKI: SUN: ZXCW.0.2002-04-034. {WANG Qianjun,WANG Chengqi,LI Zhong,ZHANG Chengjin. A method to improve the function of reconstructed fingers[J]. Zhongguo Xiu Fu Chong Jian Wai Ke Za Zhi[Chin J Repar Reconstr Surg(Article in Chinese;No abstract available)],2002,16(4):293. DOI:CNKI:SUN:ZXCW.0.2002-04-034.}

[3628] 曹显科, 康庆林, 李铮, 林胡梅, 牟英. 足趾移植再造部分手指24例报告[J]. 实用骨科杂志, 2002, 8(4): 261-262. DOI: 10.3969/j.issn.1008-5572.2002.04.011. {CAO Xianke,KANG Qinglin,LI Zheng,LIN Humei,MU Ying. Evaluation of clinical results of lesser toe transplantation for segmental finger reconstruction[J]. Shi Yong Gu Ke Za Zhi[J Pract Orthop(Article in Chinese;Abstract in Chinese and English)],2002,8(4):261-262. DOI:10.3969/j.issn.1008-5572.2002.04.011.}

[3629] 蔡培华, 眭述平, 姜佩珠, 范存义, 曾炳芳. 15例游离足趾再造手指失败原因的分析及改进方法[J]. 中华手外科杂志, 2003, 19(3): 169-170. DOI: 10.3760/cma.j.issn.1005-054X.2003.03.021. {CAI Peihua,SUI Shuping,JIANG Peizhu,FAN Cunyi,ZENG Bingfang. Analysis and improved methods for the failure of finger reconstruction using free toe:report of 15 cases[J]. Zhonghua Shou Wai Ke Za Zhi[Chin J Hand Surg(Article in Chinese;Abstract in Chinese and English)],2003,19(3):169-170. DOI:10.3760/cma.j.issn.1005-054X.2003.03.021.}

[3630] 李宝山, 杨飞, 章雪松, 邹豪杰, 李强, 郭健. 皮管和指(趾)甲移植再造手指[J]. 实用手外科杂志, 2003, 17(1): 21-22. DOI: 10.3969/j.issn.1671-2722.2003.01.007. {LI Baoshan,YANG Fei,ZHANG Songxue,ZOU Haojie,LI Qiang,GUO Jian. Reconstruction of fingers with replanting skin tube and nail[J]. Shi Yong Shou Wai Ke Za Zhi[Chin J Pract Hand Surg(Article in Chinese;Abstract in Chinese and English)],2003,17(1):21-22. DOI:10.3969/j.issn.1671-2722.2003.01.007.}

[3631] 吴强, 王建国, 董建峰, 刘海军. 手指中节末节缺损的显微外科再造[J]. 中华显微外科杂志, 2003, 26(3): 194. DOI: 10.3760/cma.j.issn.1001-2036.2003.03.050. {WU Qiang,WANG Jianguo,DONG Jianfeng,LIU Haijun. Microsurgical reconstruction of middle and distal segment defects of fingers[J]. Zhonghua Xian Wei Wai Ke Za Zhi[Chin J Microsurg(Article in Chinese;Abstract in Chinese)],2003,26(3):194. DOI:10.3760/cma.j.issn.1001-2036.2003.03.050.}

[3632] 康庆林, 张春才, 许硕贵. 足趾移植再造部分手指若干技术问题探讨[J]. 中国矫形外科杂志, 2003, 11(1): 18-20. DOI: 10.3969/j.issn.1005-8478.2003.01.017. {KANG Qinflin,ZHANG Chuncai,XU Shuogui. Evaluation of clinical results of lesser toe transplantation for segmental finger reconstruction[J]. Zhongguo Jiao Xing Wai Ke Za Zhi[Orthop J China(Article in Chinese;Abstract in Chinese and English)],2003,11(1):18-20. DOI:10.3969/j.issn.1005-8478.2003.01.017.}

[3633] 张敬良，裴国献，任志勇，王成琪，胡罡生，王绥江. 第二足趾延长塑形再造二～四指[J]. 中华整形外科杂志，2003，19(5)：354-356. DOI：10.3760/j.issn：1009-4598.2003.05.012. {ZHANG Jingliang,PEI Guoxian,REN Zhiyong,WANG Chengqi,HU Basheng,WANG Suijiang. Finger reconstruction with extended free second toe flap transfer[J]. Zhonghua Zheng Xing Wai Ke Za Zhi[Chin J Plast Surg(Article in Chinese;Abstract in Chinese and English)],2003,19(5):354-356. DOI:10.3760/j.issn:1009-4598.2003.05.012.}

[3634] 张植生，赵建勇，刘志波. 踇甲复合瓣移植再造手指末节[J]. 中华显微外科杂志，2004，27(1)：37. DOI：10.3760/cma.j.issn.1001-2036.2004.01.047. {ZHANG Zhisheng,ZHAO Jianyong,LIU Zhibo. Composite toe-nail flap transplant for distal phalanx reconstrution[J]. Zhonghua Xian Wei Wai Ke Za Zhi[Chin J Microsurg(Article in Chinese;No abstract available)],2004,27(1):37. DOI:10.3760/cma.j.issn.1001-2036.2004.01.047.}

[3635] 刘勇，张成进，李忠，范启申，曲联军，王成琪. 特殊复杂性手外伤的异位再植与再造[J]. 中华显微外科杂志，2004，27(2)：131. DOI：10.3760/cma.j.issn.1001-2036.2004.02.039. {LIU Yong,ZHANG Chengjin,LI Zhong,FAN Qishen,QV Lianjun,WANG Chengqi. Ectopic replantation and reconstruction of special complexity hand injuries[J]. Zhonghua Xian Wei Wai Ke Za Zhi[Chin J Microsurg(Article in Chinese;No abstract available)],2004,27(2):131. DOI:10.3760/cma.j.issn.1001-2036.2004.02.039.}

[3636] 李小军，童静，杜冬. 有血运关节移植再造掌指关节[J]. 中华显微外科杂志，2004，27(4)：243-244. DOI：10.3760/cma.j.issn.1001-2036.2004.04.002. {LI Xiaojun,TONG Jing,DU Dong. Transplantation of the joint with blood supply for reconstruction of metacarpophalangeal joint[J]. Zhonghua Xian Wei Wai Ke Za Zhi[Chin J Microsurg(Article in Chinese;Abstract in Chinese and English)],2004,27(4):243-244. DOI:10.3760/cma.j.issn.1001-2036.2004.04.002.}

[3637] 陈振鹤，李小军，徐亮. 一期再造全长指的实验研究[J]. 实用手外科杂志，2004，18(3)：154-155. DOI：10.3969/j.issn.1671-2722.2004.03.011. {CHEN Zhenhe,LI Xiaojun,XU Liang. Experimental study of one stage reconstruction of whole-length monkey's finger[J]. Shi Yong Shou Wai Ke Za Zhi[Chin J Pract Hand Surg(Article in Chinese;Abstract in Chinese and English)],2004,18(3):154-155. DOI:10.3969/j.issn.1671-2722.2004.03.011.}

[3638] 左中男，李斌，杜永军，杜学亮. 带掌背神经的腕掌背侧逆行岛状皮瓣再造手指的临床应用[J]. 中华显微外科杂志，2005，28(2)：119-121. DOI：10.3760/cma.j.issn.1001-2036.2005.02.008. {ZUO Zhongnan,LI Bin,DU Yongjun,DU Xueliang. Clinical application of dorsal carpometacarpal reversed island flap with dorsal metacarpal nerve to reconstruct finger[J]. Zhonghua Xian Wei Wai Ke Za Zhi[Chin J Microsurg(Article in Chinese;Abstract in Chinese and English)],2005,28(2):119-121. DOI:10.3760/cma.j.issn.1001-2036.2005.02.008.}

[3639] 滕国栋，袁光海，程国良. 趾移植手指再造术后趾腹皮瓣局部转移的整形[J]. 中华显微外科杂志，2005，28(4)：362-363. DOI：10.3760/cma.j.issn.1001-2036.2005.04.033. {TENG Guodong,YAUN Guanghai,CHENG Guoliang. Plastic operation of toe-pulp-skin flap local transfer after finger reconstruction by toe transplantation[J]. Zhonghua Xian Wei Wai Ke Za Zhi[Chin J Microsurg(Article in Chinese;Abstract in Chinese)],2005,28(4):362-363. DOI:10.3760/cma.j.issn.1001-2036.2005.04.033.}

[3640] 劳克诚，李忠，张成进，刘雪涛，曲连军，范启申，王成琪. 跖骨头楔形截骨改善再造手指功能[J]. 中华手外科杂志，2005，21(5)：288-289. {LAO Kecheng,LI Zhong,ZHANG Chengjin,LIU Xuetao,QV Lianjun,FAN Qishen,WANG Chengqi. Wedged osteotomy of metatarsal head to improve reconstructed finger function in toe-to-hand transfer[J]. Zhonghua Shou Wai Ke Za Zhi[Chin J Hand Surg(Article in Chinese;Abstract in Chinese and English)],2005,21(5):288-289.}

[3641] 龙文浩，谢统明，莫振锋，钟艳花，张光正，封帆，陈景柏. 废残指急诊再造或异位再植重建手部分功能[J]. 中华显微外科杂志，2005，28(3)：207. DOI：10.3760/cma.j.issn.1001-2036.2005.03.047. {LONG Wenhao,XIE Tongming,MO Zhenfeng,ZHONG Yanhua,ZHANG Guangzheng,FENG Fan,CHEN Jingbo. Emergency reconstruction or ectopic replantation of residual finger to rebuild partial hand function[J]. Zhonghua Xian Wei Wai Ke Za Zhi[Chin J Microsurg(Article in Chinese;No abstract available)],2005,28(3):207. DOI:10.3760/cma.j.issn.1001-2036.2005.03.047.}

[3642] 张敬良，谢振荣，雷艳文，肖军波. 手指指甲缺损的单全趾甲复合组织移植再造术[J]. 中华显微外科杂志，2005，28(4)：307-308，插图4-2. DOI：10.3760/cma.j.issn.1001-2036.2005.04.007. {ZHANG Jingliang,XIE Zhenrong,LEI Yanwen,XIAO Junbo. An elaborate operative approach about nali nail unit reconstruction by vascularized composite toe nail tissue transplantation[J]. Zhonghua Xian Wei Wai Ke Za Zhi[Chin J Microsurg(Article in Chinese;Abstract in Chinese and English)],2005,28(4):307-308,insert figure 4-2. DOI:10.3760/cma.j.issn.1001-2036.2005.04.007.}

[3643] 王振军，余恒，孙小宁，赵晓航，程国良. 第二足趾节段桥接游离移植再植、再造中指一例[J]. 中华外科杂志，2005，43(8)：551-552. DOI：10.3760/j：issn：0529-5815.2005.08.021. {WANG Zhenjun,YU Heng,SUN Xiaoning,ZHAO Xiaohang,CHENG Guoliang. Replantation and reconstruction of middle finger with the second toe segment free bridging-grafting technique[J]. Zhonghua Wai Ke Za Zhi[Chin J Surg(Article in Chinese;No abstract available)],2005,43(8):551-552. DOI:10.3760/j:issn:0529-5815.2005.08.021.}

[3644] 赵亮，徐有静，王鑫，王文德，吴德富，赵风林. 指腹缺损的显微外科再造[J]. 中国骨伤，2005，18(8)：454-455. DOI：10.3969/j.issn.1003-0034.2005.08.004. {ZHAO Liang,XU Youjing,WANG Xin,WANG Wende,WU Defu,ZHAO Fenglin. Microsurgical reconstruction of digit tip defect[J]. Zhongguo Gu Shang[China J Orthop Trauma(Article in Chinese;Abstract in Chinese and English)],2005,18(8):454-455. DOI:10.3969/j.issn.1003-0034.2005.08.004.}

[3645] 张全荣，寿奎水，施海峰，陆征峰，魏苏明. 双侧足趾皮瓣组合移植一期修复手部脱套伤并再造手指[J]. 中华显微外科杂志，2006，29(6)：419-421，插2. DOI：10.3760/cma.j.issn.1001-2036.2006.06.007. {ZHANG Quanrong,SHOU Kuishui,SHI Haifeng,LU Zhengfeng,WEI Suming. Combined implantation of bilateral flaps of toe on reconstruction of thumb and other fingers in the skin degloving injury of the hand at one stage[J]. Zhonghua Xian Wei Wai Ke Za Zhi[Chin J Microsurg(Article in Chinese;Abstract in Chinese and English)],2006,29(6):419-421,insert 2. DOI:10.3760/cma.j.issn.1001-2036.2006.06.007.}

[3646] 高伟阳，洪建军，李志杰，陈星隆，厉智. 足趾和/或踇甲瓣移植再造手指[J]. 中华手外科杂志，2006，22(3)：151-152. DOI：10.3760/cma.j.issn.1005-054X.2006.03.010. {GAO Weiyang,HONG Jianjun,LI Zhijie,CHEN Xinglong,LI Zhi. Finger reconstruction with free toe and/or wrap-around flap transfer[J]. Zhonghua Shou Wai Ke Za Zhi[Chin J Hand Surg(Article in Chinese;Abstract in Chinese and English)],2006,22(3):151-152. DOI:10.3760/cma.j.issn.1005-054X.2006.03.010.}

[3647] 李忠，劳克诚，张成进，曲联军，刘雪涛，刘学胜，范启申，王成琪. 趾侧方皮瓣嵌入足趾跖侧再造手指[J]. 中华手外科杂志，2006，22(6)：380. DOI：10.3760/cma.j.issn.1005-054X.2006.06.028. {LI Zhong,LAO Kecheng,ZHANG Chengjin,QV Lianjun,LIU Xuetao,LIU Xuesheng,FAN Qishen,WANG Chengqi. Finger reconstruction by lateral toe flap embedded in plantar side of toe[J]. Zhonghua Shou Wai Ke Za Zhi[Chin J Hand Surg(Article in Chinese;No abstract available)],2006,22(6):380. DOI:10.3760/cma.j.issn.1005-054X.2006.06.028.}

[3648] 张德辉，许跃伟，赵文杰，左新成，黄昌林. 带趾甲踇趾腓侧皮瓣游离移植半指尖再造[J]. 中华显微外科杂志，2006，29(5)：380-381. DOI：10.3760/cma.j.issn.1001-2036.2006.05.023. {ZHANG Dehui,XU Yuewei,ZHAO Wenjie,ZUO Xincheng,HUANG Changlin. Free fibular toe-nail-skin flap transplant for half fingertip reconstruction[J]. Zhonghua Xian Wei Wai Ke Za Zhi[Chin J Microsurg(Article in Chinese;Abstract in Chinese)],2006,29(5):380-381. DOI:10.3760/cma.j.issn.1001-2036.2006.05.023.}

[3649] 周明武，李坤德，赵东升，幸超峰，宋力. 静脉动脉化在手指再植与再造中的应用[J]. 中华手外科杂志，2006，22(2)：101-102. DOI：10.3760/cma.j.issn.1005-054X.2006.02.016. {ZHOU Mingwu,LI Kunde,ZHAO Dongsheng,XING Chaofeng,SONG Li. Application of veno-arteriolization in digit replantation and reconstruction[J]. Zhonghua Shou Wai Ke Za Zhi[Chin J Hand Surg(Article in Chinese;Abstract in Chinese and English)],2006,22(2):101-102. DOI:10.3760/cma.j.issn.1005-054X.2006.02.016.}

[3650] 陈琳，姜佩珠，田长学，卢堂，董予东. 踇趾腓侧皮瓣在示中环指再造中的应用[J]. 中华手外科杂志，2006，22(5)：291. DOI：10.3760/cma.j.issn.1005-054X.2006.05.023. {CHEN Lin,JIANG Peizhu,TIAN Zhangxue,LU Tang,DONG Yudong. Fibular flap of great toe in finger reconstruction[J]. Zhonghua Shou Wai Ke Za Zhi[Chin J Hand Surg(Article in Chinese;No abstract available)],2006,22(5):291. DOI:10.3760/cma.j.issn.1005-054X.2006.05.023.}

[3651] 张植生，赵建勇，刘振利，王华柱，吴海钰. 利用废弃复合组织块及第二足趾再造全长手指[J]. 实用手外科杂志，2006，20(2)：78-79. DOI：10.3969/j.issn.1671-2722.2006.02.005. {ZHANG Zhisheng,ZHAO Jianyong,LIU Zhenli,WANG Huazhu,WU Haiyu. Reconstruction full-length finger by second toe and waste tissue mass[J]. Shi Yong Shou Wai Ke Za Zhi[Chin J Pract Hand Surg(Article in Chinese;Abstract in Chinese and English)],2006,20(2):78-79. DOI:10.3969/j.issn.1671-2722.2006.02.005.}

[3652] 林浩，李善会，丛华，王序杰. 第一跖背动脉蒂双叶组织瓣在手指再造与修复中的应用[J]. 中华显微外科杂志，2007，30(5)：383-385. DOI：10.3760/cma.j.issn.1001-2036.2007.05.023. {LIN Hao,LI Shanhui,CONG Hua,WANG Xujie. Bilobed tissue flap pedicled with the first dorsal metatarsal artery in finger reconstruction and repairation[J]. Zhonghua Xian Wei Wai Ke Za Zhi[Chin J Microsurg(Article in Chinese;Abstract in Chinese)],2007,30(5):383-385. DOI:10.3760/cma.j.issn.1001-2036.2007.05.023.}

[3653] 黎德规，左中男，李庆生，徐路生，许琪琨. 带掌背神经的腕掌背侧逆行岛状皮瓣再造手指的临床应用[J]. 局解手术学杂志，2007，16(2)：92-93. DOI：10.3969/j.issn.1672-5042.2007.02.009. {LI Degui,ZUO Zhongnan,LI Qingsheng,XU Lusheng,XU Qikun. Clinical application of dorsal reconstruct finger by carpometacarpal reversed island flap with dorsal metacarpal nerve[J]. Ju Jie Shou Shu Xue Za Zhi[J Reg Anat Oper Surg(Article in Chinese;Abstract in Chinese and English)],2007,16(2):92-93. DOI:10.3969/j.issn.1672-5042.2007.02.009.}

[3654] 刘光军，郭德亮，李建强，王成琪，田清业，谭琪. 第二趾趾腹菱形皮瓣移位改形法一期再造手指[J]. 中国修复重建外科杂志，2007，21(12)：1389-1391. DOI：CNKI：SUN：ZXCW.0.2007-12-032. {LIU Guangjun,GUO Delaing,LI Jianqiang,WANG Chengqi,TIAN Qingye,TAN Qi. One stage finger reconstruction with rhombic flap of second toe pulp[J]. Zhongguo Xiu Fu Chong Jian Wai Ke Za Zhi[Chin J Repar Reconstr Surg(Article in Chinese;Abstract in Chinese)],2007,21(12):1389-1391. DOI:CNKI:SUN:ZXCW.0.2007-12-032.}

[3655] 梁启善，陈永健，卢冉翔，林钦扬. 串联动静脉皮瓣移植在指尖再造中的应用[J]. 中华显微外科杂志，2007，30(5)：378-379. DOI：10.3760/cma.j.issn.1001-2036.2007.05.020. {LIANG Qishan,CHEN Yongjian,LU Ranxiang,LIN Qinyang. Serial arteriovenous flap transplant in fingertip reconstruction[J]. Zhonghua Xian Wei Wai Ke Za Zhi[Chin J Microsurg(Article in Chinese;Abstract in Chinese)],2007,30(5):378-379. DOI:10.3760/cma.j.issn.1001-2036.2007.05.020.}

[3656] 何叔宾，颜屈伦，周盟森，刘安铭，李健华. 游离第二趾中末节趾甲（骨）皮瓣再造指末节缺损[J]. 中华手外科杂志，2007，23(6)：348. DOI：10.3760/cma.j.issn.1005-054X.2006.05.023. {HE SHU Bin,YAN Qvlun,ZHOU Mengshen,LIU Anming,LI Jianhua. Free middle and distal toe-nail (bone) flap of second toe transplant for distal digit segement defect reconstruction[J]. Zhonghua Shou Wai Ke Za Zhi[Chin J Hand Surg(Article in Chinese;No abstract available)],2007,23(6):348. DOI:10.3760/cma.j.issn.1005-054X.2006.05.023.}

[3657] 丁小珩，方光荣，姜凯，屈志刚，张宏勋，焦鸿生，程国良. 全长手指再造10例报告[J]. 中华显微外科杂志，2008，31(3)：163-165，后插一. DOI：10.3760/cma.j.issn.1001-2036.2008.03.002. {DING Xiaoheng,FANG Guangrong,JIANG Kai,QV Zhigang,ZHANG Hongxun,JIAO Hongsheng,CHENG Guoliang. Reconstruction of long length finger:A report of 10 cases[J]. Zhonghua Xian Wei Wai Ke Za Zhi[Chin J Microsurg(Article in Chinese;Abstract in Chinese and English)],2008,31(3):163-165,insert 1. DOI:10.3760/cma.j.issn.1001-2036.2008.03.002.}

[3658] 刘雪涛，张成进，李忠，常正奇，曲连军，刘学胜，刘勇，王成琪. 第三跖背皮瓣逆行转移修复第二足趾再造手指供区趾蹼皮肤缺损[J]. 中华手外科杂志，2008，24(1)：11-13. DOI：10.3760/cma.j.issn.1005-054X.2008.01.004. {LIU Xuetao,ZHANG Chengjin,LI Zhong,CHANG Zhengqi,QV Lianjun,LIU Xuesheng,LIU Yong,WANG Chengqi. Coverage of donor web skin defect after second toe transfer by third dorsal metatarsal artery flap transposition[J]. Zhonghua Shou Wai Ke Za Zhi[Chin J Hand Surg(Article in Chinese;Abstract in Chinese and English)],2008,24(1):11-13. DOI:10.3760/cma.j.issn.1005-054X.2008.01.004.}

[3659] 张植生，赵建勇，于从海，王华柱. 改形的第二足趾桥接离断指再造全长手指[J]. 中华显微外科杂志，2008，31(2)：144-146. DOI：10.3760/cma.j.issn.1001-2036.2008.02.027. {ZHANG Zhisheng,ZHAO Jianyong,YU Conghai,WANG Huazhu. Reconstruction of full-length finger with modified second toe bridging severed finger[J]. Zhonghua Xian Wei Wai Ke Za Zhi[Chin J Microsurg(Article in Chinese;Abstract in Chinese)],2008,31(2):144-146. DOI:10.3760/cma.j.issn.1001-2036.2008.02.027.}

[3660] 侯瑞兴，李建宁，巨积辉，金光哲，李雷，魏诚，赵强，刘跃飞. 游离足第二趾末节移植手指指尖再造[J]. 实用手外科杂志，2008，22(4)：213-214. DOI：10.3969/j.issn.1671-2722.2008.04.007. {HOU Ruixing,LI Jianning,JU Jihui,JIN Guangzhe,LI Lei,WEI Cheng,ZHAO Qiang,LIU Yuefei. Reconstruction of finger tip by transplantation of the second toe[J]. Shi Yong Shou Wai Ke Za Zhi[Chin J Pract Hand Surg(Article in Chinese;Abstract in Chinese and English)],2008,22(4):213-214. DOI:10.3969/j.issn.1671-2722.2008.04.007.}

[3661] 李建宁，巨积辉，金光哲，李雷，魏诚，赵强，刘跃飞，侯瑞兴. 手指指尖再造[J]. 中国修复重建外科杂志，2008，22(7)：895-896. {LI Jianning,JU Jihui,JIN Guangzhe,LI Lei,WEI Cheng,ZHAO Qiang,LIU Yuefei,HOU Ruixing. Reconstruction of fingertip[J]. Zhongguo Xiu Fu Chong Jian Wai Ke Za Zhi[Chin J Repar Reconstr Surg(Article in Chinese;Abstract in Chinese)],2008,22(7):895-896.}

[3662] 巨积辉，李雷，金光哲，刘跃飞，赵强，魏诚，李建宁，刘新益，侯瑞兴. 第二足趾再造手指外形的重塑整形[J]. 中华手外科杂志，2009，25(2)：89-91. DOI：10.3760/cma.j.issn.1005-054X.2009.02.014. {JU Jihui,LI Lei,JIN Guangzhe,LIU Yuefei,ZHAO Qiang,WEI Cheng,LI Jianning,LIU Xinyi,HOU Ruixing. Plasty of the fingers reconstructed by second-toe transfer[J]. Zhonghua Shou Wai Ke Za Zhi[Chin J Hand Surg(Article in Chinese;Abstract in Chinese and English)],2009,25(2):89-91. DOI:10.3760/cma.j.issn.1005-054X.2009.02.014.}

[3663] 李嗣生，孙军，胡兵，毛立亭，张文菁，潘成波，刘征，黄馥标，孙茂庚. 自体趾尖部分移植再造手指指尖[J]. 中华手外科杂志，2009，25(3)：169-171. {LI Sisheng,SUN Jun,HU Bing,MAO Liting,ZHANG Wensai,PAN Chengbo,LIU Zheng,HUANG Fubiao,SUN Maogeng. Fingertip reconstruction by partial transplantation of autogenous toe tip[J]. Zhonghua Shou Wai Ke Za Zhi[Chin J Hand Surg(Article in Chinese;Abstract in Chinese)],2009,25(3):169-171.}

[3664] 黄海东，胡修德，滕超，唐继东，陈文明. 指腹梭形皮瓣转移整形再造指[J]. 中华手外科杂志，2009，25（1）：38-39. DOI: 10.3760/cma.j.issn.1005-054X.2009.01.017. {HUANG Haidong,HU Xiude,TENG Chao,TANG Jidong,CHEN Wenming. Fusiform flap transfer from the finger pulp to improve appearance of reconstructed fingers[J]. Zhonghua Shou Wai Ke Za Zhi[Chin J Hand Surg(Article in Chinese;Abstract in Chinese and English)],2009,25(1):38-39. DOI:10.3760/cma.j.issn.1005-054X.2009.01.017.}

[3665] 程栋，谢庆平，杨柏，叶涛，田明礼，陈振枝，吴长诗. 应用第二趾末节组织瓣修复再造示中指末节部分缺损[J]. 中华手外科杂志，2009，25（2）：126. {CHENG Dong,XIE Qingping,YANG Pai,YE Tao,TIAN Mingli,CHEN Zhenzhi,WU Changshi. Using distal segment tissue flap of second toe to repair and reconstruct distal partial defect of the index and middle finger[J]. Zhonghua Shou Wai Ke Za Zhi[Chin J Hand Surg(Article in Chinese;No abstract available)],2009,25(2):126.}

[3666] 罗庚，郭现辉，江宏，李燕山，王国胜，晏妮，盛明. 双足第二足趾移植再造手指的疗效分析[J]. 中华显微外科杂志，2010，33（4）：287-289. DOI: 10.3760/cma.j.issn.1001-2036.2010.04.010. {LUO Geng,GUO Xianhui,JIANG Hong,LI Yanshan,WANG Guosheng,YAN Ni,SHENG Ming. Effecacy analysis on finger reconstruction by transplantation of two second toes[J]. Zhonghua Xian Wei Wai Ke Za Zhi[Chin J Microsurg(Article in Chinese;Abstract in Chinese and English)],2010,33(4):287-289. DOI:10.3760/cma.j.issn.1001-2036.2010.04.010.}

[3667] 刘亚平，程国良，孙乐天，王振军，冯鹏. 第三趾胫侧趾动脉皮瓣联合第二足趾移植改善再造手指外形[J]. 中华手外科杂志，2010，26（2）：95-97. {LIU Yaping,CHENG Guoliang,SUN Letian,WANG Zhenjun,FENG Peng. Combined transfer of the second toe and fibial digital artery flap from the third toe to improve appearance of the reconstructed finger[J]. Zhonghua Shou Wai Ke Za Zhi[Chin J Hand Surg(Article in Chinese;Abstract in Chinese and English)],2010,26(2):95-97.}

[3668] 姚建民，孙捷，徐靖宏，邢志利，丁晟，陈莹，徐一波. 吻合跖背动脉的趾甲床复合皮瓣再造指甲术[J]. 中华手外科杂志，2010，26（1）：55-56. DOI: 10.3760/cma.j.issn.1005-054X.2010.01.024. {YAO Jianmin,SUN Jie,XU Jinghong,XING Zhili,DING Cheng,CHEN Ying,XU Yibo. Composite flap of nail bed with anastomosed dorsal metatarsal artery for nail reconstruction[J]. Zhonghua Shou Wai Ke Za Zhi[Chin J Hand Surg(Article in Chinese;No abstract available)],2010,26(1):55-56. DOI:10.3760/cma.j.issn.1005-054X.2010.01.024.}

[3669] 张全荣，钱俊，芮永军，张志海，薛明宇. 游离第二趾移植再造中指术后指延长一例[J]. 中华手外科杂志，2010，26（3）：157. {ZHANG Quanrong,QIAN Jun,RUI Yongjun,ZHANG Zhihai,XUE Mingyu. Finger lengthening after middle finger reconstruction with free second toe transplantation:a case report[J]. Zhonghua Shou Wai Ke Za Zhi[Chin J Hand Surg(Article in Chinese;No abstract available)],2010,26(3):157.}

[3670] 刘雪涛，李忠，田茂元. 血管外膜剖开法解除手指再植再造术后顽固性动脉痉挛[J]. 局解手术学杂志，2010，19（6）：527. DOI: 10.3969/j.issn.1672-5042.2010.06.040. {LIU Xuetao,LI Zhong,TIAN Maoyuan. Incision of vascular adventitia for obstinate arteriospasm after replantation and reproduction of fingers[J]. Ju Jie Shou Shu Xue Za Zhi[J Reg Anat Oper Surg(Article in Chinese;Abstract in Chinese and English)],2010,19(6):527. DOI:10.3969/j.issn.1672-5042.2010.06.040.}

[3671] 黄东，孙锋，吴伟炽，黄国英. 应用带舌状皮瓣的第二足趾移植再造手指[J]. 中华显微外科杂志，2011，34（6）：485-486. DOI: 10.3760/cma.j.issn.1001-2036.2011.06.018. {HUANG Dong,SUN Feng,WU Weizhi,HUANG Guoying. Second toe with tongue flap transplant for finger reconstruction[J]. Zhonghua Xian Wei Wai Ke Za Zhi[Chin J Microsurg(Article in Chinese;Abstract in Chinese)],2011,34(6):485-486. DOI:10.3760/cma.j.issn.1001-2036.2011.06.018.}

[3672] 滕国栋，汤海萍，方光荣，袁光海，李秀忠，陈艳清. 足趾移植再造手指术后外形的整形[J]. 中华手外科杂志，2011，27（3）：134-135. DOI: 10.3760/cma.j.issn.1005-054X.2011.03.004. {TENG Guodong,TANG Haiping,FANG Guangrong,YUAN Guanghai,LI Xiuzhong,CHEN Yanqing. Plastic intervention of fingers reconstructed by toe transfer[J]. Zhonghua Shou Wai Ke Za Zhi[Chin J Hand Surg(Article in Chinese;Abstract in Chinese and English)],2011,27(3):134-135. DOI:10.3760/cma.j.issn.1005-054X.2011.03.004.}

[3673] 潘小平，许祥明，郑功胜，何定锋. 应用踇甲瓣再造手指末节32例[J]. 临床骨科杂志，2011，14（2）：127-128，131. DOI: 10.3969/j.issn.1008-0287.2011.02.003. {PAN Xiaoping,XU Xiangming,ZHENG Gongsheng,HE Dingfeng. Application of flap of hallux for distal finger reconstruction:32 cases report[J]. Lin Chuang Gu Ke Za Zhi[J Clin Orthop(Article in Chinese;Abstract in Chinese and English)],2011,14(2):127-128,131. DOI:10.3969/j.issn.1008-0287.2011.02.003.}

[3674] 吴伟炽，刘银平，黄东，葛军委，黄国英，孙峰. 第二足趾移植塑形再造全长手指12例[J]. 中华显微外科杂志，2011，34（3）：238-240. DOI: 10.3760/cma.j.issn.1001-2036.2011.03.027. {WU Weizhi,LIU Yingping,HUANG Dong,GE Junwei,HUANG Guoying,SUN Feng. Reconstruction of full length finger with second toe remodeling transplantation:a report of 12 cases[J]. Zhonghua Xian Wei Wai Ke Za Zhi[Chin J Microsurg(Article in Chinese;Abstract in Chinese)],2011,34(3):238-240. DOI:10.3760/cma.j.issn.1001-2036.2011.03.027.}

[3675] 陆俭军，谭海涛，江建中，罗翔，韦平欧，黄晓荣，邓贵全，李晓. 第二足趾游离移植再造小儿手指[J]. 中华显微外科杂志，2011，34（5）：370-372. DOI: 10.3760/cma.j.issn.1001-2036.2011.05.005. {LU Jianjun,TAN Haitao,JIANG Jianzhong,LUO Xiang,WEI Pingou,HUANG Xiaorong,DENG Guiquan,LI Xiao. Clinical experience of finger reconstruction in child with second toe transplantation[J]. Zhonghua Xian Wei Wai Ke Za Zhi[Chin J Microsurg(Article in Chinese;Abstract in Chinese and English)],2011,34(5):370-372. DOI:10.3760/cma.j.issn.1001-2036.2011.05.005.}

[3676] 巨积辉，李雷，李建宁，刘新益，周荣，李祥军，熊胜，李秀平，王盛福，侯瑞兴. 趾动脉终末支岛状皮瓣重塑再造指外形[J]. 中华手外科杂志，2011，27（3）：138-140. DOI: 10.3760/cma.j.issn.1005-054X.2011.03.006. {JU Jihui,LI Lei,LI Jianning,LIU Xinyi,ZHOU Rong,LI Xiangjun,XION Sheng,LI Xiuping,WANG Shengfu,HOU Ruixing. Toe artery terminal branch island flap for finger reconstruction and remodeling[J]. Zhonghua Shou Wai Ke Za Zhi[Chin J Hand Surg(Article in Chinese;Abstract in Chinese and English)],2011,27(3):138-140. DOI:10.3760/cma.j.issn.1005-054X.2011.03.006.}

[3677] 吴伟炽，牟勇，葛军委，黄东，孙锋，刘银平. 第2足趾末节移植再造示中环指指尖的疗效分析[J]. 实用手外科杂志，2011，25(1)：37-38. DOI: 10.3969/j.issn.1671-2722.2011.01.017. {WU Weizhi,MU Yong,GE Junwei,HUANG Dong,SUN Feng,LIU Yingping. The curative effect reconstruction of fingertips by transplantating distal pan of the second toes[J]. Shi Yong Shou Wai Ke Za Zhi[Chin J Pract Hand Surg(Article in Chinese;Abstract in Chinese and English)],2011,25(1):37-38. DOI:10.3969/j.issn.1671-2722.2011.01.017.}

[3678] 郭翱，方光荣，李俊，黎沛裕. 人工指关节修复再造手指近指间关节缺损一例[J]. 中华手外科杂志，2012，28（3）：192. {Guo Ao,FANG Guangrong,LI Jun,LI Peiyu. Reconstruction of proximal interphalangeal joint defect with repaired artificial finger joint:a case report[J]. Zhonghua Shou Wai Ke Za Zhi[Chin J Hand Surg(Article in Chinese;No abstract available)],2012,28(3):192.}

[3679] 金光哲，巨积辉，周荣，唐林峰，侯瑞兴. 甲基质以远缺损的指尖再造[J]. 中华显微外科杂志，2012，35(6)：490-491. DOI: 10.3760/cma.j.issn.1001-2036.2012.06.017. {JIN Guangzhe,JU Jihui,ZHOU Rong,TANG Linfeng,HOU Ruixing. Reconstruction of fingertip defect beyond the nail stroma[J]. Zhonghua Xian Wei Wai Ke Za Zhi[Chin J Microsurg(Article in Chinese;Abstract in Chinese)],2012,35(6):490-491. DOI:10.3760/cma.j.issn.1001-2036.2012.06.017.}

[3680] 李锦永，李中锋，王焕新，程学锋. 踇趾腓侧皮瓣游离移植再造指腹19例[J]. 中华创伤杂志，2012，28（12）：1114-1116. DOI: 10.3760/cma.j.issn.1001-8050.2012.12.017. {LI Jinyong,LI Zhongfeng,WANG Huanxin,CHENG Xuefeng. Free fibular flap of toe transplant for finger pulp reconstruction[J]. Zhonghua Chuang Shang Za Zhi[Chin J Trauma(Article in Chinese;No abstract available)],2012,28(12):1114-1116. DOI:10.3760/cma.j.issn.1001-8050.2012.12.017.}

[3681] 梁启善，郭小惠，张咸中，卢冉翔，杨小文，林钦扬，刘明龙，陈景涛. 指动脉皮瓣与超薄腹部皮瓣在末节指再造中的联合应用[J]. 实用手外科杂志，2012，26（2）：109-111. DOI: 10.3969/j.issn.1671-2722.2012.02.005. {LIANG Qishan,GUO Xiaohui,ZHANG Hanzhong,LU Ranxiang,YANG Xiaowen,LIN Qinyang,LIU Minglong,CHEN Jintao. Application of digital artery island flap combined with ultrathin abdominal flap in distal fingers reconstruction surgery[J]. Shi Yong Shou Wai Ke Za Zhi[Chin J Pract Hand Surg(Article in Chinese;Abstract in Chinese and English)],2012,26(2):109-111. DOI:10.3969/j.issn.1671-2722.2012.02.005.}

[3682] 孙广峰，魏在荣，王达利，金文虎，唐修俊，邓呈亮. 第二足趾复合组织瓣联合踇趾腓侧皮瓣在手指再造中的应用体会[J]. 中华手外科杂志，2013，29（1）：59-61. DOI: 10.3760/cma.j.issn.1005-054X.2013.01.026. {SUN Guangfeng,WEI Zairong,WANG Dali,JIN Wenhu,TANG Xiujun,DENG Chengliang. Second toe composite tissue flap combined with fibular flap in finger reconstruction[J]. Zhonghua Shou Wai Ke Za Zhi[Chin J Hand Surg(Article in Chinese;No abstract available)],2013,29(1):59-61. DOI:10.3760/cma.j.issn.1005-054X.2013.01.026.}

[3683] 李德胜，刘羽，林洪明，刘国庆，王谦，孙琪林，龚秋伟. 游离足趾移植再造手指[J]. 中华创伤杂志，2013，29（11）：1086-1088. DOI: 10.3760/cma.j.issn.1001-8050.2013.11.016. {LI Desheng,LIU Yu,LIN Hongming,LIU Guoqing,WANG Qian,SUN Qilin,GONG Qiuwei. Free toe transplant for finger reconstruction[J]. Zhonghua Chuang Shang Za Zhi[Chin J Trauma(Article in Chinese;Abstract in Chinese and English)],2013,29(11):1086-1088. DOI:10.3760/cma.j.issn.1001-8050.2013.11.016.}

[3684] 张家俊，李守民，李茂林，熊元莎. 无再植条件断指保留指骨肌腱管型皮瓣再造手指[J]. 创伤外科杂志，2013，15（2）：170-170. DOI: 10.3969/j.issn.1009-4237.2013.02.027. {ZHANG Jiajun,LI Shoumin,LI Maolin,XION Yuansha. Tube flap retaining phalanx and tendon for finger reconstruction undey no replant condition[J]. Chuang Shang Wai Ke Za Zhi[J Traum Surg(Article in Chinese;Abstract in Chinese and English)],2013,15(2):170-170. DOI:10.3969/j.issn.1009-4237.2013.02.027.}

[3685] 王宝石，孙丽颖，田光磊，田宇，罗键，于晋辉，王清涛，王新民. 两种移植第2、3趾再造指甲体增长术的解剖学研究[J]. 中国临床解剖学杂志，2013，31（1）：42-46. {WANG Baoshi,SUN Liying,TIAN Guanglei,TIAN Yu,LUO Jian,YU Jinhui,WANG Qingtao,WANG Xinmin. Anatomic study of treatment of short nail of fingers reconstructed by 2nd,3rd toe transplantation with eponychial flap and resection[J]. Zhongguo Lin Chuang Jie Pou Xue Za Zhi[Chin J Clin Anat(Article in Chinese;Abstract in Chinese and English)],2013,31(1):42-46.}

[3686] 王相，张威凯，王海兵，尹绍猛，李建，何涛，龚永清，朱国明. 游离尺动脉腕上皮支皮瓣包裹废弃指骨再造右示指末节一例[J]. 中华手外科杂志，2013，29（2）：75. {WANG Xiang,ZHANG Weikai,WANG Haibing,YIN Shaomeng,LI Jian,HE Tao,GONG Yongqing,ZHU Guoming. Free flap with carpal epithelial branch of ulnar artery wrapping waste phalanx to reconstruct the distal segment of the right index finger[J]. Zhonghua Shou Wai Ke Za Zhi[Chin J Hand Surg(Article in Chinese;No abstract available)],2013,29(2):75.}

[3687] 尚修超，潘俊博，张乃臣，刘宏君，张文忠，顾加祥. 游离第二足趾胫侧皮瓣再造指腹[J]. 中华手外科杂志，2014，30（6）：414-415. DOI: 10.3760/cma.j.issn.1005-054X.2014.06.006. {SHANG Xiuchao,PAN Junbo,ZHANG Naichen,LIU Hongjun,ZHANG Wenzhong,GU Jiaxiang. Reconstruction of finger pulp defect by the second toe tibial skin flap[J]. Zhonghua Shou Wai Ke Za Zhi[Chin J Hand Surg(Article in Chinese;Abstract in Chinese and English)],2014,30(6):414-415. DOI:10.3760/cma.j.issn.1005-054X.2014.06.006.}

[3688] 王凌宇，田光磊，王满宜. CT三维重建技术估算再造手指整形皮瓣形状的研究[J]. 中国临床解剖学杂志，2015，33（3）：301-304. DOI: 10.13418/j.issn.1001-165x.2015.03.015. {WANG Lingyu,TIAN Guanglei,WANG Manyi. Study of 3D reconstruction technique in flap design of reconstructed digits for the additional plastic surgery[J]. Zhongguo Lin Chuang Jie Pou Xue Za Zhi[Chin J Clin Anat(Article in Chinese;Abstract in Chinese and English)],2015,33(3):301-304. DOI:10.13418/j.issn.1001-165x.2015.03.015.}

[3689] 杨占宇，龙青燕，钱丽芳. 对足趾移植再造手指早期行下肢平衡功能训练的研究[J]. 实用手外科杂志，2015，29（4）：419-421. DOI: 10.3969/j.issn.1671-2722.2015.04.028. {YANG Zhanyu,LONG Qingyan,QIAN Lifang. The study of early balance training on patients with fingers reconstructed by toe transfer[J]. Shi Yong Shou Wai Ke Za Zhi[Chin J Pract Hand Surg(Article in Chinese;Abstract in Chinese and English)],2015,29(4):419-421. DOI:10.3969/j.issn.1671-2722.2015.04.028.}

[3690] 王凯，巨积辉，金光哲，纪秉青，郭礼平，朱宇. 不牺牲足趾的第二趾皮瓣瓦合再造手指中末节缺损[J]. 中华手外科杂志，2016，32（5）：336-338. DOI: 10.3760/cma.j.issn.1005-054X.2016.05.006. {WANG Kai,JU Jihui,JIN Guangzhe,JI Bingqing,GUO Liping,ZHU Ning. Second toe preserving wrap-around flap for reconstruction of defect in the middle and distal segments of the finger[J]. Zhonghua Shou Wai Ke Za Zhi[Chin J Hand Surg(Article in Chinese;Abstract in Chinese and English)],2016,32(5):336-338. DOI:10.3760/cma.j.issn.1005-054X.2016.05.006.}

[3691] 董明勤，张文忠，王天亮，刘宏君. 足趾移植再造中的一趾二用[J]. 中华手外科杂志，2016，32（1）：58. DOI: 10.3760/cma.j.issn.1005-054X.2016.01.026. {DONG Mingqin,ZHANG Wenzhong,WANG Tianliang,LIU Hongjun. One toe and two uses in toe transplantation[J]. Zhonghua Shou Wai Ke Za Zhi[Chin J Hand Surg(Article in Chinese;No abstract available)],2016,32(1):58. DOI:10.3760/cma.j.issn.1005-054X.2016.01.026.}

[3692] 李文君，苏波，张玲玲，孙长胜，钱英俊，王婷婷. 踇甲皮瓣再造指尖[J]. 中华手外科杂志，2016，32(3)：202-204. DOI: 10.3760/cma.j.issn.1005-054X.2016.03.019. {LI Wenjun,SU Bo,ZHANG Lingling,SUN Changsheng,QIAN Yingjun,WANG Tingting. Reconstruction of thumb and fingertip defects with wrap-around flap from the big toe[J]. Zhonghua Shou Wai Ke Za Zhi[Chin J Hand Surg(Article in Chinese;Abstract in Chinese and English)],2016,32(3):202-204. DOI:10.3760/cma.j.issn.1005-054X.2016.03.019.}

[3693] 唐林峰，巨积辉，刘跃飞，李雷，蓝波，侯瑞兴. 趾底固有动脉弓上动脉岛状皮瓣塑形再造指的解剖学及临床研究[J]. 中华手外科杂志，2016，32（6）：468-469. DOI: 10.3760/cma.j.issn.1005-054X.2016.06.031. {TANG Linfeng,JU Jihui,LIU Yuefei,LI Lei,LAN Bo,HOU Ruixing. Anatomic and clinical study on the reconstruction of digital artery island and the proper digital arch flap[J]. Zhonghua Shou Wai Ke Za Zhi[Chin J Hand Surg(Article in Chinese;Abstract in Chinese)],2016,32(6):468-469. DOI:10.3760/cma.j.issn.1005-054X.2016.06.031.}

[3694] 周健辉，李秀文，冷树立，王腾彬，王夫平. 保留供区全形的甲根以远手指再造九例[J]. 中华显微外科杂志，2017，40(3)：271-273. DOI: 10.3760/cma.j.issn.1001-2036.2017.03.018. {ZHOU Jianhui,LI Xiuwen,LENG Shuli,WANG Tengbin,WANG Fuping. Finger reconstruction by preservation of donor site holotype beyond the nail root:a report of 9 cases[J]. Zhonghua Xian Wei Wai Ke Za Zhi[Chin J Microsurg(Article in Chinese;Abstract in Chinese)],2017,40(3):271-273. DOI:10.3760/cma.j.issn.1001-2036.2017.03.018.}

[3695] 周健辉，李秀文，冷树立，李国强，王夫平. 踇甲皮瓣再造指端及供区修复的改良方法[J]. 中华手外科杂志，2017，33（4）：279-281. {ZHOU Jianhui,LI Xiuwen,LENG Shuli,LI

Guoqiang,WANG Fuping. Modified method of Hallux toe nail flap for finger tip reconstruction and donor site repair[J]. Zhonghua Shou Wai Ke Za Zhi[Chin J Hand Surg(Article in Chinese;Abstract in Chinese and English)],2017,33(4):279-281.}

[3696] 李春华，刘丹，苏波，孙长胜，李文君，徐晓辉，臧金伟. 甲弧影以远的指尖损伤修复再造33例[J]. 中华显微外科杂志，2018，41（3）：260-261. DOI: 10.3760/cma.j.issn.1001-2036.2018.03.014. {LI Chunhua,LIU Dan,SU Bo,SUN Changsheng,LI Wenjun,XU Xiaohui,ZANG Jinwei. Repair and reconstruction of fingertip injury beyond nail arc shadow:a report of 33 cases[J]. Zhonghua Xian Wei Wai Ke Za Zhi[Chin J Microsurg(Article in Chinese;Abstract in Chinese)],2018,41(3):260-261. DOI:10.3760/cma.j.issn.1001-2036.2018.03.014.}

[3697] 周健辉，周丽杏，冷树立，王腾彬，王夫平. 踇甲皮瓣联合足底内侧皮瓣再造Ⅱ和Ⅲ度缺损手指[J]. 中华显微外科杂志，2018，41（5）：492-494. DOI: 10.3760/cma.j.issn.1001-2036.2018.05.020. {ZHOU Jianhui,ZHOU Lixing,LENG Shuli,WANG Tengbin,WANG Fuping. Toe-nail-skin flap and medial plantar flap combined use for Ⅱ and Ⅲ degree digit defects reconstruction[J]. Zhonghua Xian Wei Wai Ke Za Zhi[Chin J Microsurg(Article in Chinese;Abstract in Chinese)],2018,41(5):492-494. DOI:10.3760/cma.j.issn.1001-2036.2018.05.020.}

[3698] 孙义元，王静成，刘宏君，张文忠，顾加祥. 应用游离踇趾腓侧皮瓣再造指腹15例[J]. 实用手外科杂志，2018，32(1)：20-21，35. DOI: 10.3969/j.issn.1671-2722.2018.01.007. {SUN Yiyuan,WANG Jingcheng,LIU Hongjun,ZHANG Wenzhong,GU Jiaxiang. Reconstruction of pulp defect with the free fibular flap of the big toe[J]. Shi Yong Shou Wai Ke Za Zhi[Chin J Pract Hand Surg(Article in Chinese;Abstract in Chinese and English)],2018,32(1):20-21,35. DOI:10.3969/j.issn.1671-2722.2018.01.007.}

[3699] 滕国栋，王晶晶，徐一溪，陈敏亮. 一期足趾跖侧菱形推进皮瓣改善再造手指外形[J]. 中华显微外科杂志，2019，42（2）：181-183. DOI: 10.3760/cma.j.issn.1001-2036.2019.02.021. {TENG Guodong,WANG Jingjing,XU Yixi,CHEN Minliang. Improve finger appearance in finger reconstruction by rhombic advancement flap of metatarsal side of primary toe[J]. Zhonghua Xian Wei Wai Ke Za Zhi[Chin J Microsurg(Article in Chinese;No abstract available)],2019,42(2):181-183. DOI:10.3760/cma.j.issn.1001-2036.2019.02.021.}

[3700] 章峰火，张文亚，胡玉祥，江旭，赵汉乐，胡晓敏. 急诊利用废弃指再植前臂再造手指[J]. 中华手外科杂志，2019，35（6）：409-411. {ZHANG Fenghuo,ZHANG Wenya,HU Yuxiang,JIANG Xu,ZHAO Hanle,HU Xiaomin. Replantation of forearm with abandoned fingers for emergency finger reconstruction[J]. Zhonghua Shou Wai Ke Za Zhi[Chin J Hand Surg(Article in Chinese;Abstract in Chinese and English)],2019,35(6):409-411.}

[3701] 周明武，宋力，宋健，张广超，周树萍，宋德恩，杨涛. 保留骨骺的关节内截骨携带部分跖骨再造儿童长手指一例[J]. 中华显微外科杂志，2019，42（3）：305-307. DOI: 10.3760/cma.j.issn.1001-2036.2019.03.030. {ZHOU Mingwu,SONG Li,SONG Jian,ZHANG Guangchao,ZHOU Shuping,SONG Deen,YANG Tao. Intra articular osteotomy with preservation of epiphysis with partial metatarsal bone to reconstruct the middle finger in a child[J]. Zhonghua Xian Wei Wai Ke Za Zhi[Chin J Microsurg(Article in Chinese;No abstract available)],2019,42(3):305-307. DOI:10.3760/cma.j.issn.1001-2036.2019.03.030.}

[3702] 曲玉磊，刘永涛，宋坤修，马丙栋，赵多伟，刘小智，李修国. 游离桡动脉掌浅支皮瓣再造手指末节指腹[J]. 实用手外科杂志，2020，34（1）：35-37. DOI: 10.3969/j.issn.1671-2722.2020.01.012. {QV Yulei,LIU Yongtao,SONG Kunxiu,MA Bingdong,ZHAO Duowei,LIU Xiaozhi,LI Xiuguo. Free radial artery palmar superficial branch flap for reconstructing the distal digital pulp[J]. Shi Yong Shou Wai Ke Za Zhi[Chin J Pract Hand Surg(Article in Chinese;Abstract in Chinese and English)],2020,34(1):35-37. DOI:10.3969/j.issn.1671-2722.2020.01.012.}

3.3.1 示指等修饰性再造
aesthetic index finger reconstruction (also other fingers)

[3703] Tang LF,Ju JH,Liu YF,Lan B,Hou RX. A flap based on the plantar digital artery arch branch to improve appearance of reconstructed fingers:Anatomical and clinical application[J]. J Plast Reconstr Aesthet Surg,2018,71(2):209-216. doi:10.1016/j.bjps.2017.10.016.

[3704] 巨积辉，侯瑞兴，刘跃飞，赵强，李雷，金光哲. 拇手指缺损的急诊修饰性再造[J]. 中华显微外科杂志，2007，30（6）：425-426，插页3. DOI: 10.3760/cma.j.issn.1001-2036.2007.06.008. {JU Jihui,HOU Ruixing,LIU Yuefei,ZHAO Qiang,LI Lei,JIN Guangzhe. Decoration reconstruction for finger defect in emergency[J]. Zhonghua Xian Wei Wai Ke Za Zhi[Chin J Microsurg(Article in Chinese;Abstract in Chinese and English)],2007,30(6):425-426,insert 3. DOI:10.3760/cma.j.issn.1001-2036.2007.06.008.}

[3705] 俞俊兴，杨惠光，李向荣. 拇手指部分缺损的修饰性再造[J]. 中华手外科杂志，2007，23（4）：254-255. DOI: 10.3760/cma.j.issn.1005-054X.2007.04.032. {YU Junxing,YANG Huiguang,LI Xiangrong. Modified reconstruction of partial defect of thumb and finger[J]. Zhonghua Shou Wai Ke Za Zhi[Chin J Hand Surg(Article in Chinese;No abstract available)],2007,23(4):254-255. DOI:10.3760/cma.j.issn.1005-054X.2007.04.032.}

[3706] 康志学，穆广态，李晓林，刘勇，陈凯，张成武. 游离足部组织移植修饰性再造末节指[J]. 中华显微外科杂志，2008，31(4)：288-289. DOI: 10.3760/cma.j.issn.1001-2036.2008.04.018. {KANG Zhixue,MU Guangtai,LI Xiaolin,LIU Yong,CHEN Kai,ZHANG Chengwu. Free foot tissue transplant for modified reconstruction of distal finger[J]. Zhonghua Xian Wei Wai Ke Za Zhi[Chin J Microsurg(Article in Chinese;Abstract in Chinese)],2008,31(4):288-289. DOI:10.3760/cma.j.issn.1001-2036.2008.04.018.}

[3707] 康庆林，曾炳芳，柴益民，程天庆，韩培. 第二足趾外观塑形再造手指[J]. 中华显微外科杂志，2008，31(1)：9-11，插1. DOI: 10.3760/cma.j.issn.1001-2036.2008.01.005. {KANG Qinglin,ZENG Bingfang,CHAI Yimin,CHENG Tianqing,HAN Pei. A new method for aesthetic refinement in second toe to finger transfer reconstructure surgery[J]. Zhonghua Xian Wei Wai Ke Za Zhi[Chin J Microsurg(Article in Chinese;Abstract in Chinese and English)],2008,31(1):9-11,insert 1. DOI:10.3760/cma.j.issn.1001-2036.2008.01.005.}

[3708] 巨积辉，李雷，金光哲，刘跃飞，赵强，魏诚，李建宁，侯瑞兴. 足第二趾再造手指的重塑整形[J]. 中华显微外科杂志，2008，31（3）：181-183. DOI: 10.3760/cma.j.issn.1001-2036.2008.03.008. {JU Jihui,LI Lei,JIN Guangzhe,LIU Yuefei,ZHAO Qiang,WEI Cheng,LI Jianning,HOU Ruixing. The plastics of finger recoustruction using second toe[J]. Zhonghua Xian Wei Wai Ke Za Zhi[Chin J Microsurg(Article in Chinese;Abstract in Chinese and English)],2008,31(3):181-183. DOI:10.3760/cma.j.issn.1001-2036.2008.03.008.}

[3709] 李玉成，田光磊，李文军，熊革，王澍寰. 足趾移植再造手指的指腹修整[J]. 中华显微外科杂志，2008，31（4）：264-266. DOI: 10.3760/cma.j.issn.1001-2036.2008.04.009. {LI Yucheng,TIAN Guanglei,LI Wenjun,XIONG Ge,WANG Shuhuan. Remolding of the reconstructed finger by toe to hand transfer[J]. Zhonghua Xian Wei Wai Ke Za Zhi[Chin J Microsurg(Article in Chinese;Abstract in Chinese and English)],2008,31(4):264-266. DOI:10.3760/cma.j.issn.1001-2036.2008.04.009.}

[3710] 侯书健，程国良，方光荣，刘亚平，王振军，孙乐天，迟焕芳. 手指末节或中末节缺损的修饰性再造与修复[J]. 中华显微外科杂志，2009，32（2）：110-112，插3. DOI: 10.3760/cma.j.issn.1001-2036.2009.02.010. {HOU Shujian,CHENG Guoliang,FANG Guangrong,LIU Yaping,WANG Zhenjun,SUN Letian,CHI Huanfang. Aesthetic reconstruction of distal finger or middle-distal finger degment with transplantation of 2nd,3rd or 4th toe[J]. Zhonghua Xian Wei Wai Ke Za Zhi[Chin J Microsurg(Article in Chinese;Abstract in Chinese and English)],2009,32(2):110-112,insert 3. DOI:10.3760/cma.j.issn.1001-2036.2009.02.010.}

[3711] 焦利斌，林科，田纪渭，项伟，潘海珍，谭延曦，许仁伟，应军海，殷根生. 第二足趾移植修饰性再造手指[J]. 中华显微外科杂志，2009，32（5）：407-408. DOI: 10.3760/cma.j.issn.1001-2036.2009.05.026. {JIAO Libin,LIN Ke,TIAN Jiwei,XIANG Wei,PAN Haizhen,TAN Yanxi,XU Renwei,YING Junhai,YIN Gensheng. Modified finger reconstruction with second toe transplantation[J]. Zhonghua Xian Wei Wai Ke Za Zhi[Chin J Microsurg(Article in Chinese;Abstract in Chinese)],2009,32(5):407-408. DOI:10.3760/cma.j.issn.1001-2036.2009.05.026.}

[3712] 马象武，杨志全. 手指末节部分皮肤及指甲缺损的修饰性再造[J]. 中国微创外科杂志，2009，9（3）：285-286. DOI: 10.3969/j.issn.1009-6604.2009.03.031. {MA Xiangwu,YANG Zhiquan. Modified reconstruction of partial skin and nail defects in the distal part of fingers[J]. Zhongguo Wei Chuang Wai Ke Za Zhi[Chin J Minim Inva Surg(Article in Chinese;No abstract available)],2009,9(3):285-286. DOI:10.3969/j.issn.1009-6604.2009.03.031.}

[3713] 黄东，牟勇，吴伟炽，张惠茹，林浩，黄国英，黄永军. 指尖部缺损修饰性再造[J]. 中华显微外科杂志，2010，33(2)：153-154. DOI: 10.3760/cma.j.issn.1001-2036.2010.02.025. {HUANG Dong,MU Dong,WU Weizhi,ZHANG Huiru,LIN Hao,GUANG Guoying,HUANG Yongjun. Modified reconstruction of fingertip defect[J]. Zhonghua Xian Wei Wai Ke Za Zhi[Chin J Microsurg(Article in Chinese;Abstract in Chinese)],2010,33(2):153-154. DOI:10.3760/cma.j.issn.1001-2036.2010.02.025.}

[3714] 杨延军，张子清，刘良燚，马立峰，刘铭波，黄刚，王克列. 39例修饰性拇手指再造的临床分析[J]. 中华手外科杂志，2010，26（2）：124. DOI: 10.3760/cma.j.issn.1005-054X.2010.02.028. {YANG Yanjun,ZHANG Ziqing,LIU Liangyi,MA Lifeng,LIU Mingbo,HUANG Gang,WANG Kelie. Clinical analysis of 39 cases of modified thumb and finger reconstruction[J]. Zhonghua Shou Wai Ke Za Zhi[Chin J Hand Surg(Article in Chinese;No abstract available)],2010,26(2):124. DOI:10.3760/cma.j.issn.1005-054X.2010.02.028.}

[3715] 陆声榆，谭海涛，江建中，陆俭军，杨克勤，韦平欧，罗翔，梁旭权. 第二足趾移植再造手指术后整形的临床分析[J]. 中华显微外科杂志，2012，35（4）：329-330. DOI: 10.3760/cma.j.issn.1001-2036.2012.04.024. {LU Shengyu,TAN Haitao,JIANG Jianzhong,LU Jianjun,YANG Keqin,WEI Pingou,LUO Xiang,LIANG Xuquan. Clinical analysis of plastic surgery after finger reconstruction with second toe transplantation[J]. Zhonghua Xian Wei Wai Ke Za Zhi[Chin J Microsurg(Article in Chinese;Abstract in Chinese)],2012,35(4):329-330. DOI:10.3760/cma.j.issn.1001-2036.2012.04.024.}

[3716] 张文忠，刘宏君，顾加祥，潘俊博，张乃臣，许涛. 手指末节缺损的修饰性再造[J]. 实用手外科杂志，2015，29（1）：60-61，63. DOI: 10.3969/j.issn.1671-2722.2015.01.020. {ZHANG Wenzhong,LIU Hongjun,GU Jiaxiang,Panjunbo,ZHANG Naichen,XU Tao. Aesthetic reconstruction of distal finger defect[J]. Shi Yong Shou Wai Ke Za Zhi[Chin J Pract Hand Surg(Article in Chinese;Abstract in Chinese and English)],2015,29(1):60-61,63. DOI:10.3969/j.issn.1671-2722.2015.01.020.}

[3717] 厉运收，徐涛，王晓阁. 手指末节缺损修饰性再造方法的选择与探讨[J]. 中华显微外科杂志，2016，39（6）：580-582. DOI: 10.3760/cma.j.issn.1001-2036.2016.06.018. {LI Yunshou,XU Tao,WANG Xiaoge. Selection and discussion of modified reconstruction methods for distal finger defects[J]. Zhonghua Xian Wei Wai Ke Za Zhi[Chin J Microsurg(Article in Chinese;Abstract in Chinese)],2016,39(6):580-582. DOI:10.3760/cma.j.issn.1001-2036.2016.06.018.}

[3718] 程国良，刘亚平，陈艳清，侯书健，王振军，孙乐天. 第二趾移植手指再造一期外形修饰临床研究与应用[J]. 中华手外科杂志，2017，33（4）：275-278. DOI: 10.3760/cma.j.issn.1005-054X.2017.04.015. {CHENG Guoliang,LIU Yaping,CHEN Yanqing,HOU Shujian,WANG Zhenjun,SUN Letian. Aesthetic digital reconstruction with one stage second toe transfer:clinical research and application[J]. Zhonghua Shou Wai Ke Za Zhi[Chin J Hand Surg(Article in Chinese;Abstract in Chinese and English)],2017,33(4):275-278. DOI:10.3760/cma.j.issn.1005-054X.2017.04.015.}

3.3.2 手指保留足趾／趾甲的手指美学再造
aesthetic reconstruction of finger with preserved toe/toe-nail

[3719] Cheng G,Fang G,Hou S,Pan D,Yuan G,Wang Z,Zhang Y,Ding X,Tang H,Yang Z. Aesthetic reconstruction of thumb or finger partial defect with trimmed toe-flap transfer[J]. Microsurgery,2007,27(2):74-83. doi:10.1002/micr.20310.

[3720] Zhao J,Tien HY,Abdullah S,Zhang Z. Aesthetic refinements in second toe-to-thumb transfer surgery[J]. Plast Reconstr Surg,2010,126(6):2052-2059. doi:10.1097/PRS.0b013e3181f44994.

[3721] Huang D,Wang HG,Wu WZ,Zhang HR,Lin H. Functional and aesthetic results of immediate reconstruction of traumatic thumb defects by toe-to-thumb transplantation[J]. Int Orthop,2011,35(4):543-547. doi:10.1007/s00264-010-1044-2.

[3722] Huang D,Wang HG,Wu WZ,Zhang HR,Lin H. Aesthetic fingertip reconstruction with partial second toe transfer[J]. Chin Med J,2011,124(19):3013-3016.

[3723] Yan H,Persons B,Gao W,Angel MF,Zhang F. Nail flaps for microsurgical aesthetic reconstruction of thumb and donor site of great toe[J]. J Plast Surg Hand Surg,2012,46(3-4):212-214. doi:10.3109/2000656X.2011.631287.

[3724] Ni F,Appleton SE,Chen B,Wang B. Aesthetic and functional reconstruction of fingertip and pulp defects with pivot flaps[J]. J Hand Surg Am,2012,37(9):1806-1811. doi:10.1016/j.jhsa.2012.05.003.

[3725] Gu JX,Pan JB,Liu HJ,Zhang NC,Tian H,Zhang WZ,Xu T,Feng SM,Wang JC. Aesthetic and sensory reconstruction of finger pulp defects using free toe flaps[J]. Aesthetic Plast Surg,2014,38(1):156-163. doi:10.1007/s00266-013-0260-8.

[3726] Li M,Huang M,Yang Y,Gu L,Zhang Z,Yang Y. Preliminary study on functional and aesthetic reconstruction by using a small artery-only free medial flap of the second toe for fingertip injuries[J]. Clinics(Sao Paulo),2019,74:e1226. doi:10.6061/clinics/2019/e1226.

[3727] Yin Y,Tao X,Li Y,Bao B,Ying Y,Bao T,Wang J. Cosmetic and functional results of a newly reconstructed thumb by combining the phalanx of second toe and the great toenail flap transplantation[J]. J Orthop Surg Res,2020,15(1):458. doi:10.1186/s13018-020-01986-y.

[3728] Chen W,Chen L,Huang W,Tian X. Aesthetic and anatomic reconstruction of polysyndactyly of the fifth toe fused with the fourth toe[J]. Ann Plast Surg,2021,86(3):323-328. doi:10.1097/SAP.0000000000002437.

[3729] 王增涛，蔡锦方，张树明，陈福生，李军，郭德亮. 趾尖移植再造指尖 [J]. 中华外科杂志，2002，40（3）: 197. DOI: 10.3760/j: issn: 0529-5815.2002.03.026. {WANG Zengtao,CAI Jinfang,ZHANG Shuming,CHEN Fusheng,LI Jun,GUO Deliang. Toe tip transplant for fingertip reconstruction[J]. Zhonghua Wai Ke Za Zhi[Chin J Surg(Article in Chinese;No abstract available)],2002,40(3):197. DOI:10.3760/j:issn:0529-5815.2002.03.026.}

[3730] 王增涛，蔡锦方，曹学成，陈福生，陈福栋，吴太安，吴立志. 踇趾腓侧皮瓣嵌入第二足趾改形法再造拇手指 [J]. 中华手外科杂志，2002，18（1）: 22-24. {WANG Zengtao,CAI Jinfang,CAO Xuecheng,CHEN Fusheng,CHEN Fudong,WU Taian,WU Lizhi. Fibular flap of great toe insert into and transforming the second toe for thumb and finger reconstruction[J]. Zhonghua Shou Wai Ke Za Zhi[Chin J Hand Surg(Article in Chinese;Abstract in Chinese)],2002,18(1):22-24.}

[3731] 王增涛，蔡锦方，曹学成，邹继耀，郑有卯，吴立志. 第二足趾与同血管蒂的四个皮瓣组合再造长手指 [J]. 中华手外科杂志，2002，18（2）: 23-25. {WANG Zengtao,CAI Jinfang,CAO Xuecheng,ZOU Jiyao,ZHENG Youmu,WU Lizhi. The second toe combined four flaps with the same vascular pedicle for the fingers reconstruction[J]. Zhonghua Shou Wai Ke Za Zhi[Chin J Hand Surg(Article in Chinese;Abstract in Chinese)],2002,18(2):23-25.}

[3732] 王增涛，丁自海，邹继耀，陈福生，李军，蔡锦方. 踇趾趾尖移植再造手指指尖 [J]. 中华显微外科杂志，2003，26（1）: 6-8. DOI: 10.3760/cma.j.issn.1001-2036.2003.01.002. {WANG Zengtao,DING Zihai,ZOU Jiyao,CHEN Fusheng,LI Jun,CAI Jinfang. Transplant the big toe tip to reconstruct the finger tip[J]. Zhonghua Xian Wei Wai Ke Za Zhi[Chin J Microsurg(Article in Chinese;Abstract in Chinese and English)],2003,26(1):6-8. DOI:10.3760/cma.j.issn.1001-2036.2003.01.002.}

[3733] 王炜，杨志贤，戴传昌，董佳生，林晓曦，祁佐良，邹丽剑，张涤生. 足趾移植拇指再造的美学原理及拇指缺损分类 [J]. 组织工程与重建外科杂志，2005，1（3）: 123-127. DOI: 10.3969/j.issn.1673-0364.2005.03.002. {WANG Wei,YANG Zhixian,DAI Chuanchang,DONG Jiasheng,LIN Xiaoxi,QI Zuoliang,ZOU Lijian,ZHANG Disheng. The types of defect of the thumb and the aesthetic principle of thumb reconstruction by toe-to-hand transfer[J]. Zu Zhi Gong Cheng Yu Chong Jian Wai Ke Za Zhi[J Tissue Eng Reconstr Surg(Article in Chinese;Abstract in Chinese and English)],2005,1(3):123-127. DOI:10.3969/j.issn.1673-0364.2005.03.002.}

[3734] 徐吉海，章伟文，陈宏，王欣，周黎明. 游离双侧第二趾和踇甲瓣及足背皮瓣再造双手拇示指 [J]. 中华手外科杂志，2007，23（5）: 320，插 1. DOI: 10.3760/cma.j.issn.1005-054X.2007.05.037. {XU Jihai,ZHANG Weiwen,CHEN Hong,WANG Xin,ZHOU Liming. Free bilateral second toe with toe-nail-flap and dorsalis pedis flap for the thumbs and index fingers reconstruction[J]. Zhonghua Shou Wai Ke Za Zhi[Chin J Hand Surg(Article in Chinese;No abstract available)],2007,23(5):320,insert 1. DOI:10.3760/cma.j.issn.1005-054X.2007.05.037.}

[3735] 王全胜，杨柳春，陈平，罗清，杨柳清. 拇指缺损的全形再造 [J]. 实用手外科杂志，2009，23（2）: 77-78. DOI: 10.3969/j.issn.1671-2722.2009.02.006. {WANG Quansheng,YANG Liuchun,CHEN Ping,LUO Tao,YANG Liuqing. Reconstructive surgical procedures of thumb injuries[J]. Shi Yong Shou Wai Ke Za Zhi[Chin J Pract Hand Surg(Article in Chinese;Abstract in Chinese and English)],2009,23(2):77-78. DOI:10.3969/j.issn.1671-2722.2009.02.006.}

[3736] 王增涛，孙文海，仇申强，朱磊，郝丽文. 双踇趾甲骨皮瓣拼合法再造手指 [J]. 中华显微外科杂志，2011，34（2）: 103-105，后插 2. DOI: 10.3760/cma.j.issn.1001-2036.2011.02.006. {WANG Zengtao,SUN Wenhai,CHOU Shenqiang,ZHU Lei,HE Liwen. Finger reconstruction:combined flap constituted of bilateral hallux nails,skins and bones[J]. Zhonghua Xian Wei Wai Ke Za Zhi[Chin J Microsurg(Article in Chinese;Abstract in Chinese and English)],2011,34(2):103-105,insert 2. DOI:10.3760/cma.j.issn.1001-2036.2011.02.006.}

[3737] 王增涛. 手指全形再造的重要意义 [J]. 中华显微外科杂志，2011，34（4）: 265. DOI: 10.3760/cma.j.issn.1001-2036.2011.04.001. {WANG Zengtao. The significance of holomorphic finger reconstruction[J]. Zhonghua Xian Wei Wai Ke Za Zhi[Chin J Microsurg(Article in Chinese;No abstract available)],2011,34(4):265. DOI:10.3760/cma.j.issn.1001-2036.2011.04.001.}

[3738] 王增涛，孙文海，仇申强，朱磊，刘志波，官士兵，胡勇. 手指Ⅰ～Ⅲ度缺损的全形再造 [J]. 中华显微外科杂志，2011，34（4）: 266-268. DOI: 10.3760/cma.j.issn.1001-2036.2011.04.002. {WANG Zengtao,SUN Wenhai,CHOU Shenqiang,ZHU Lei,LIU Zhibo,GUAN Shibing,HU Yong. Full reconstruction of Ⅰ to Ⅲ -degree finger defect[J]. Zhonghua Xian Wei Wai Ke Za Zhi[Chin J Microsurg(Article in Chinese;Abstract in Chinese and English)],2011,34(4):266-268. DOI:10.3760/cma.j.issn.1001-2036.2011.04.002.}

[3739] 孙文海，王增涛，仇申强. 手指Ⅳ～Ⅵ度缺损的全形再造 [J]. 中华显微外科杂志，2011，34（4）: 269-271. DOI: 10.3760/cma.j.issn.1001-2036.2011.04.003. {SUN Wenhai,WANG Zengtao,CHOU Shenqiang. Full reconstruction of Ⅳ to Ⅵ -degree finger defect[J]. Zhonghua Xian Wei Wai Ke Za Zhi[Chin J Microsurg(Article in Chinese;Abstract in Chinese and English)],2011,34(4):269-271. DOI:10.3760/cma.j.issn.1001-2036.2011.04.003.}

[3740] 仇申强，王增涛，孙文海，朱磊，刘志波，官士兵，胡勇. 手指再造手术中踇甲瓣供区的修复 [J]. 中华显微外科杂志，2011，34（4）: 272-275. DOI: 10.3760/cma.j.issn.1001-2036.2011.04.004. {CHOU Shenqiang,WANG Zengtao,SUN Wenhai,ZHU Lei,LIU Zhibo,GUAN Shibing,HU Yong. Donor site repair of great toe-nail flap in finger reconstruction surgery[J]. Zhonghua Xian Wei Wai Ke Za Zhi[Chin J Microsurg(Article in Chinese;Abstract in Chinese and English)],2011,34(4):272-275. DOI:10.3760/cma.j.issn.1001-2036.2011.04.004.}

[3741] 陈薇薇，魏鹏，王扬剑，章伟文，董栋，李学渊，王欣，陈宏. 带踇趾末节趾骨及第二足趾皮岛再造拇指的临床研究 [J]. 中华手外科杂志，2013，29（2）: 79-81. DOI: 10.3760/cma.j.issn.1005-054X.2013.02.012. {CHEN Weiwei,WEI Peng,WANG Yangjian,ZHANG Weiwen,DONG Dong,LI Xueyuan,WANG Xin,CHEN Hong. Thumb reconstruction using wrap-around flap from the big toe with the distal phalanx and the skin island of the second toe:a clinical study[J]. Zhonghua Shou Wai Ke Za Zhi[Chin J Hand Surg(Article in Chinese;Abstract in Chinese and English)],2013,29(2):79-81. DOI:10.3760/cma.j.issn.1005-054X.2013.02.012.}

[3742] 刘刚义，程永冲，朱修文，王春旭，苟军全，张志敏，荣向科，张洁，王芳. 拇指全形再造的临床体会 [J]. 中华显微外科杂志，2013，36（3）: 241-244. DOI: 10.3760/cma.j.issn.1001-2036.2013.03.009. {LIU Gangyi,CHENG Yongchong,ZHU Xiuwen,WANG Chunxu,GOU Junquan,ZHANG Zhimin,RONG Xiangke,ZHANG Jie,WANG Fang. Clinical application of reconstructive surgical procedures of thumb[J]. Zhonghua Xian Wei Wai Ke Za Zhi[Chin J Microsurg(Article in Chinese;Abstract in Chinese and English)],2013,36(3):241-244. DOI:10.3760/cma.j.issn.1001-2036.2013.03.009.}

[3743] 黄耀鹏，陈中，王欣，陈宏，章伟文. 保留供区足趾长度的Ⅱb度拇指缺损的再造 [J]. 中华显微外科杂志，2014，37（4）: 352-355. DOI: 10.3760/cma.j.issn.1001-2036.2014.04.009. {HUANG Yaopeng,CHEN Zhong,WANG Xin,CHEN Hong,ZHANG Weiwen. A method of reconstruction of type Ⅱ b defect of thumb both and reserving the length of the donor toe[J]. Zhonghua Xian Wei Wai Ke Za Zhi[Chin J Microsurg(Article in Chinese;Abstract in Chinese and English)],2014,37(4):352-355. DOI:10.3760/cma.j.issn.1001-2036.2014.04.009.}

[3744] 谭慎兴，梁晓琴，郭永强，王剑利，唐胜建，牛常英. 重塑第二足趾移植再造手指缺损的临床应用及其美学原理 [J]. 中国矫形外科杂志，2014，22（14）: 1273-1276. DOI: 10.3977/j.issn.1005-8478.2014.14.05. {TAN Shenxing,LIANG Xiaoqin,GUO Yongqiang,WANG Jianli,TANG Shengjian,NIU Changying. The clinical application and aesthetic theory on reconstructing finger by remodeling the second toe[J]. Zhongguo Jiao Xing Wai Ke Za Zhi[Orthop J China(Article in Chinese;Abstract in Chinese and English)],2014,22(14):1273-1276. DOI:10.3977/j.issn.1005-8478.2014.14.05.}

[3745] 韩素琴，黄耀鹏，潘佳栋，张瑜，葛爱玲，陈盛，王欣. 保留供区足趾长度的拇指缺损再造术的围手术期护理 [J]. 中华显微外科杂志，2016，39（3）: 305-306. DOI: 10.3760/cma.j.issn.1001-2036.2016.03.027. {HAN Suqin,HUANG Yaopeng,PAN Jiadong,ZHANG Yu,GE Ailing,CHEN Sheng,WANG Xin. Perioperative nursing care of thumb reconstruction with toe length preserved in donor site[J]. Zhonghua Xian Wei Wai Ke Za Zhi[Chin J Microsurg(Article in Chinese;Abstract in Chinese)],2016,39(3):305-306. DOI:10.3760/cma.j.issn.1001-2036.2016.03.027.}

[3746] 王欣，潘佳栋，黄耀鹏，李苗钟，张建，黄剑，周丹亚，徐吉海，滕晓峰. 两个或以上组织瓣游离移植再造拇手指并修复足部供区 59 例 [J]. 中华手外科杂志，2016，32（5）: 321-324. DOI: 10.3760/cma.j.issn.1005-054X.2016.05.001. {WANG Xin,PAN Jiadong,HUANG Yaopeng,LI Miaozhong,ZHANG Jian,HUANG Jian,ZHOU Danya,XU Jihai,TENG Xiaofeng. Toe to finger transfer and reconstruction of donor foot in a single stage with two or more free tissue flaps:a retrospective study of 59 cases[J]. Zhonghua Shou Wai Ke Za Zhi[Chin J Hand Surg(Article in Chinese;Abstract in Chinese and English)],2016,32(5):321-324. DOI:10.3760/cma.j.issn.1005-054X.2016.05.001.}

[3747] 聂建雄，吴银宇，梁栋峰，张桂友，谭享业，熊健. 全形再造拇手指末节缺损的临床疗效 [J]. 临床骨科杂志，2016，19（4）: 444-447. DOI: 10.3969/j.issn.1008-0287.2016.04.024. {LIE Jianxiong,WU Yinyu,LIANG Dongfeng,ZHANG Guiyou,TAN Xiangye,XIONG Jian. Clinical effect of full reconstruction for distal thumb and digit defect[J]. Lin Chuang Gu Ke Za Zhi[J Clin Orthop(Article in Chinese;Abstract in Chinese and English)],2016,19(4):444-447. DOI:10.3969/j.issn.1008-0287.2016.04.024.}

[3748] 聂建雄，吴银宇，梁栋峰，熊健，张桂友，杨戈. 第 1、2 趾组合并自体髂骨移植全形再造Ⅲ～Ⅵ度拇手指缺损 [J]. 临床骨科杂志，2016，19（6）: 709-712，713. DOI: 10.3969/j.issn.1008-0287.2016.06.030. {LIE Jianxiong,WU Yinyu,LIANG Dongfeng,XIONG Jian,ZHANG Guiyou,YANG Ge. Full reconstruction of Ⅲ to Ⅵ -degree finger defect with combined bone and skin flap of the hallux and the second toe transplantation[J]. Lin Chuang Gu Ke Za Zhi[J Clin Orthop(Article in Chinese;Abstract in Chinese and English)],2016,19(6):709-712,713. DOI:10.3969/j.issn.1008-0287.2016.06.030.}

[3749] 黄耀鹏，丁文全，尹善青，潘佳栋，胡瑞斌，王胜伟，王欣. 游离旋髂浅动脉穿支嵌合骨皮瓣修复拇指再造术后的足部供区 [J]. 中华显微外科杂志，2017，40（3）: 229-233. DOI: 10.3760/cma.j.issn.1001-2036.2017.03.006. {HUANG Yaopeng,DING Quanwen,YIN Shanqing,PAN Jiadong,HU Ruibin,WANG Shengwei,WANG Xin. Repairing donor site of foot after improved toe-to-thumb reconstruction utilizing superficial circumflex iliac artery perforator chimeric flap[J]. Zhonghua Xian Wei Wai Ke Za Zhi[Chin J Microsurg(Article in Chinese;Abstract in Chinese and English)],2017,40(3):229-233. DOI:10.3760/cma.j.issn.1001-2036.2017.03.006.}

[3750] 黄耀鹏，王科杰，丁文全，潘佳栋，王欣. 拇指再造术后游离穿支皮瓣修复足部供区的疗效 [J]. 中华创伤杂志，2017，33（2）: 134-136. DOI: 10.3760/cma.j.issn.1001-8050.2017.02.009. {HUANG Yaopeng,WANG Kejie,DING Quanwen,PAN Jiadong,WANG Xin. Effect of free perforator flap in repairing donor site of foot after thumb reconstruction[J]. Zhonghua Chuang Shang Za Zhi[Chin J Trauma(Article in Chinese;No abstract available)],2017,33(2):134-136. DOI:10.3760/cma.j.issn.1001-8050.2017.02.009.}

[3751] 张绍海，刘思景，张远军，郑炎斌. 改良第 1，2 趾组合全型再造拇指 7 例 [J]. 实用手外科杂志，2017，31（2）: 205-207. DOI: 10.3969/j.issn.1671-2722.2017.02.023. {ZHANG Shaohai,LIU Sijing,ZHANG Yuanjun,ZHENG Yanbin. Improving the first and second toe combination for complete reconstructing thumb in 7 cases[J]. Shi Yong Shou Wai Ke Za Zhi[Chin J Pract Hand Surg(Article in Chinese;Abstract in Chinese and English)],2017,31(2):205-207. DOI:10.3969/j.issn.1671-2722.2017.02.023.}

3.3.3 多指再造
reconstruction of multiple digits

[3752] 于仲嘉，睦述平，曾炳芳，姜佩珠. 双足第二、三足趾移植再造四指 [J]. 中华显微外科杂志，1993，16（1）: 29-31. {YU Cujia,MU Shuping,ZENG Bingfang,JIANG Peizhu. Bilateral second and third toes transplant for fingers reconstruction[J]. Zhonghua Xian Wei Wai Ke Za Zhi[Chin J Microsurg(Article in Chinese;Abstract in Chinese)],1993,16(1):29-31.}

[3753] 曾炳芳，睦述平，姜佩珠，于仲嘉. 多指再造重建血液循环的新方法 [J]. 中华手外科杂志，1996，12（4）: 214-215. {ZENG Bingfang,SUI Shuping,JIANG Peizhu,YU Zhongjia. A new method for reestablishing blood circulation in multiple digits reconstruction[J]. Zhonghua Shou Wai Ke Za Zhi[Chin J Hand Surg(Article in Chinese;Abstract in Chinese and English)],1996,12(4):214-215.}

[3754] 侯书健，程国良. 手四指以上缺损的多趾移植再造 [J]. 中华手外科杂志，1996，12（4）: 216-218. {HOU Shujian,CHENG Guoliang,PAN Dade,YANG Zhixian,LIN Bin,QV Zhiyong,FANG Guangrong. Thumb and fingers reconstruction with toe-to-hand transfer for four or five digits defect[J]. Zhonghua Shou Wai Ke Za Zhi[Chin J Hand Surg(Article in Chinese;Abstract in Chinese and English)],1996,12(4):216-218.}

[3755] 左中男，陈逊文，高俊青. 带神经的组合皮瓣再造多指 [J]. 中华显微外科杂志，1998，21（4）: 256. DOI: 10.3760/cma.j.issn.1001-2036.1998.04.006. {ZUO Zhongnan,CHEN Xunwen,GAO Junqing. Reconstructing fingers by two flaps with the never[J]. Zhonghua Xian Wei Wai Ke Za Zhi[Chin J Microsurg(Article in Chinese;Abstract in Chinese and English)],1998,21(4):256. DOI:10.3760/cma.j.issn.1001-2036.1998.04.006.}

[3756] 温端生，符臣学. 足趾移植再造多指 3 例报告 [J]. 中国矫形外科杂志，1998，5（5）: 461-462. {WEN Duansheng,FU Chenxue,ZHONG Guorong,LU Sengui,LIU Xiaowei,HUANG Peiqing,YU Zhongjia,MA Chatai. Toe transplant for multiple digits reconstruction:a report of 3 cases[J]. Zhongguo Jiao Xing Wai Ke Za Zhi[Orthop J China(Article in Chinese;No abstract available)],1998,5(5):461-462.}

[3757] 杜昭，黄德征. 双足带足背皮瓣的右第二、三趾及左踇甲瓣组合移植再造三指一例 [J]. 中华显微外科杂志，2001，24（2）: 90. DOI: 10.3760/cma.j.issn.1001-2036.2001.02.043. {DU Zhao,HUANG Dezheng. Right second and third toes and left toe-nail-flap with bilateral dorsal flap for fingers reconstruction[J]. Zhonghua Xian Wei Wai Ke Za Zhi[Chin J Microsurg(Article in Chinese;No abstract available)],2001,24(2):90. DOI:10.3760/cma.j.issn.1001-2036.2001.02.043.}

[3758] 苑芳昌，柏春玲. 第二足趾携带踇趾腓侧岛状皮瓣再造修复示指中指一例 [J]. 中华显微外科杂志，2002，25（4）: 284. DOI: 10.3760/cma.j.issn.1001-2036.2002.04.044. {YUAN Fangchang,BO Chunling. The second toe linked with the fibular island flap of the great toe for the index and middle finger reconstruction[J]. Zhonghua Xian Wei Wai Ke Za Zhi[Chin J Microsurg(Article in Chinese;No abstract available)],2002,25(4):284. DOI:10.3760/cma.j.issn.1001-2036.2002.04.044.}

[3759] 韩凤山，李高山，平娟，王斌，郭福祥. 五趾并足背皮瓣联合移植再造烧伤后五指 [J]. 中华整形外科杂志，2002，18（6）: 384-384. DOI: 10.3760/j.issn: 1009-4598.2002.06.032. {HAN Fengshan,LI Gaoshan,PING Juan,WANG Bin,GUO Fuxiang. Reconstruction of five fingers after burn by five toes and dorsalis pedis flap combined transplant[J]. Zhonghua Zheng Xing Wai Ke Za Zhi[Chin J Plast Surg(Article in Chinese;No abstract available)],2002,18(6):384-384. DOI:10.3760/j.issn:1009-4598.2002.06.032.}

[3760] 王文德，李宗宝，王业本，赵风林，赵亮，王鑫，吴德富. 多手指缺失的显微外科再造 [J]. 中华显微外科杂志，2005，28（1）: 19-20. DOI: 10.3760/cma.j.issn.1001-2036.2005.01.008. {WANG Wende,LI Zongbao,WANG Yeben,ZHAO Fenglin,ZHAO Liang,WANG Xin,WU Defu.

Microsurgical reconstruction of multiple digits defect[J]. Zhonghua Xian Wei Wai Ke Za Zhi[Chin J Microsurg(Article in Chinese;Abstract in Chinese and English)],2005,28(1):19-20. DOI:10.3760/cma.j.issn.1001-2036.2005.01.008.}

[3761] 肖方生，王赛荣，林嘉祥，姚信法. 一期应用左右足趾移植再造多个手指的临床体会 [J]. 中华显微外科杂志，2005，28(1)：74-75. DOI: 10.3760/cma.j.issn.1001-2036.2005.01.035. {XIAO Fangsheng,WANG Sairong,LIN Jiaxiang,YAO Xinfa. Clinical experience of one-stage reconstruction of multiple fingers with toes transplantation[J]. Zhonghua Xian Wei Wai Ke Za Zhi[Chin J Microsurg(Article in Chinese;Abstract in Chinese)],2005,28(1):74-75. DOI:10.3760/cma.j.issn.1001-2036.2005.01.035.}

[3762] 许亚军，寿奎水，芮永军，张全荣，陈政，邱扬，姚群. 踇甲瓣和第二趾联合移植再造拇示指 [J]. 中华手外科杂志，2006，22(6)：350-352. {XU Yajun,SHOU Kuishui,RUI Yongjun,ZHANG Quanrong,CHEN Zheng,QIU Yang,YAO Qun. Reconstruction of thumb and index finger by combined transplantation of big toe wrap-around flap and the second toe[J]. Zhonghua Shou Wai Ke Za Zhi[Chin J Hand Surg(Article in Chinese;Abstract in Chinese and English)],2006,22(6):350-352.}

[3763] 李景峰，刘亦军，季晓石，霍岩. 多指再造血液循环重建方法的改进 [J]. 中华显微外科杂志，2007，30(1)：75-76. DOI: 10.3760/cma.j.issn.1001-2036.2007.01.033. {LI Jingfeng,LIU Yijun,JI Xiaoshi,HUO Yan. Improvement of blood circulation reconstruction in multi finger reconstruction[J]. Zhonghua Xian Wei Wai Ke Za Zhi[Chin J Microsurg(Article in Chinese;No abstract available)],2007,30(1):75-76. DOI:10.3760/cma.j.issn.1001-2036.2007.01.033.}

[3764] 蔡喜雨，闵建华，何仲佳，方新友，黄卫东. 多指离断及毁损的急诊一期再植并再造 [J]. 中华创伤骨科杂志，2007，9(10)：999-1000. DOI: 10.3760/cma.j.issn.1671-7600.2007.10.028. {CAI Xiyu,MIN Jianhua,HE Zhongjia,FANG Xinyou,HUANG Weidong. Emergency one-stage replantation and reconstruction for multiple digital amputation[J]. Zhonghua Chuang Shang Gu Ke Za Zhi[Chin J Orthop Trauma(Article in Chinese;Abstract in Chinese and English)],2007,9(10):999-1000. DOI:10.3760/cma.j.issn.1671-7600.2007.10.028.}

[3765] 欧学海，张丽君，邱武安，魏登科，朱一慧，张红星. 一趾提供两组复合组织再造两手指的临床应用 [J]. 实用手外科杂志，2010，24(4)：251-252，255. DOI: 10.3969/j.issn.1671-2722.2010.04.003. {OU Xuehai,ZHANG Lijun,QIU Wuan,WEI Dengke,ZHU Yihui,ZHANG Hongxing. Reconstruction of two digits with two composite tissues from the second toe[J]. Shi Yong Shou Wai Ke Za Zhi[Chin J Pract Hand Surg(Article in Chinese;Abstract in Chinese and English)],2010,24(4):251-252,255. DOI:10.3969/j.issn.1671-2722.2010.04.003.}

[3766] 黄东，刘银平，孙锋，吴伟炽，黄永军，黄国英. 急诊多指再造 26 例 [J]. 中华显微外科杂志，2011，34(6)：503-505. DOI: 10.3760/cma.j.issn.1001-2036.2011.06.029. {HUANG Dong,LIU Yinping,SUN Feng,WU Weizhi,HUANG Yongjun,HUANG Guoying. Emergent multi fingers reconstruction:a report of 26 cases[J]. Zhonghua Xian Wei Wai Ke Za Zhi[Chin J Microsurg(Article in Chinese;Abstract in Chinese)],2011,34(6):503-505. DOI:10.3760/cma.j.issn.1001-2036.2011.06.029.}

[3767] 方光荣，汤海萍，丁小珩，侯书健，方源，袁光海，刘亚平，屈志刚，姜凯，何旭，滕国栋，李秀忠，陈艳清. 足趾移植多手指再造相关问题的探讨 [J]. 中华手外科杂志，2011，27(1)：20-23. {FANG Guangrong,TANG Haiping,DING Xiaoheng,HOU Shujian,FANG Yuan,YUAN Guanghai,LIU Yaping,QV Zhigang,JIANG Kai,HE Xu,TENG Guodong,LI Xiuzhong,CHEN Yanqing. Issues in multi-finger reconstruction by toe-to-hand transfer[J]. Zhonghua Shou Wai Ke Za Zhi[Chin J Hand Surg(Article in Chinese;Abstract in Chinese and English)],2011,27(1):20-23.}

[3768] 王彦生，沈勇，张辉，许惠，于宁，谭润. 双足第二三趾复合组织移植急诊再造双手四指一例 [J]. 中华手外科杂志，2011，27(5)：320. DOI: 10.3760/cma.j.issn.1005-054X.2011.05.030. {WANG Yansheng,SHEN Yong,ZHANG Hui,XU Hui,YU Ning,TAN Run. Emergent reconstruction of bilateral four digits with composite tissue transplanta of the bilateral second and third toes :a case report[J]. Zhonghua Shou Wai Ke Za Zhi[Chin J Hand Surg(Article in Chinese;No abstract available)],2011,27(5):320. DOI:10.3760/cma.j.issn.1005-054X.2011.05.030.}

[3769] 李建宁，巨积辉，王盛福，金光哲，刘跃飞，李雷，刘海亮，侯瑞兴. 多个手指掌指关节平面缺损的再造 [J]. 实用手外科杂志，2012，26(3)：222-225，228. DOI: 10.3969/j.issn.1671-2722.2012.03.007. {LI Jianning,JU Jihui,WANG Shengfu,JIN Guangzhe,LIU Yuefei,LI Lei,LIU Hailiang,HOU Ruixing. Reconstruction of metacarpal joint plane defects of multiple fingers[J]. Shi Yong Shou Wai Ke Za Zhi[Chin J Pract Hand Surg(Article in Chinese;Abstract in Chinese and English)],2012,26(3):222-225,228. DOI:10.3969/j.issn.1671-2722.2012.03.007.}

[3770] 刘良燚，张子清，马立峰，杨延军，李木卫，刘铭波，王克列，古汉南. 双足第 2 趾移植再造多指缺损的临床经验 [J]. 中华手外科杂志，2014，30(4)：281-282. DOI: 10.3760/cma.j.issn.1005-054X.2014.04.016. {LIU Liangyi,ZHANG Ziqing,MA Lifeng,YANG Yanjun,LI Muwei,LIU Mingbo,WANG Kelie,GU Hannan. Clinical experience of reconstruction of multiple finger defects with bilateral second toe transfer[J]. Zhonghua Shou Wai Ke Za Zhi[Chin J Hand Surg(Article in Chinese;Abstract in Chinese and English)],2014,30(4):281-282. DOI:10.3760/cma.j.issn.1005-054X.2014.04.016.}

[3771] 周伟，姚忠军，胡军，杨帆，胡炳炎. 双足第二趾移植再造多手指缺损的疗效分析 [J]. 实用骨科杂志，2014，20(9)：797-800. {ZHOU Wei,YAO Zhongjun,HU Jun,YANG Fan,HU Bingyan. Efficacy Analysis of Multi-finger Reconstructing by Bilateral Second Toe Transplantation[J]. Shi Yong Gu Ke Za Zhi[J Pract Orthop(Article in Chinese;Abstract in Chinese and English)],2014,20(9):797-800.}

[3772] 程栋，杨胜相，王再领，宋杰，张明慧. 小儿四指缺损再造一例 [J]. 中华显微外科杂志，2017，40(1)： 后插 2-3. DOI: 10.3760/cma.j.issn.1001-2036.2017.01.035. {CHENG Dong,YANG Shengxiang,WANG Zailing,SONG Jie,ZHANG Minghui. Reconstruction of four fingers defect in a child[J]. Zhonghua Xian Wei Wai Ke Za Zhi[Chin J Microsurg(Article in Chinese;Abstract in Chinese)],2017,40(1):insert 2-3. DOI:10.3760/cma.j.issn.1001-2036.2017.01.035.}

[3773] 冯鹏，侯书健，孙乐天，王振军. 全手指缺失的急诊再造 [J]. 实用手外科杂志，2018，32(3)：276-277. DOI: 10.3969/j.issn.1671-2722.2018.03.005. {FENG Peng,HOU Shujian,SUN Letian,WANG Zhenjun. Emergency hand reconstruction of five fingers' missing[J]. Shi Yong Shou Wai Ke Za Zhi[Chin J Pract Hand Surg(Article in Chinese;Abstract in Chinese and English)],2018,32(3):276-277. DOI:10.3969/j.issn.1671-2722.2018.03.005.}

3.4 手再造

hand reconstruction

[3774] Yu ZJ,He HG,Tang CH. Hand reconstruction[J]. Chin Med J,1983,96(4):243-6.

[3775] Yu ZJ,He HG. Method of reconstructing thumb,index and/or middle finger for digitless hands[J]. Chin Med J,1985,98(12):868-72.

[3776] Yu ZJ. Reconstruction of a digitless hand[J]. J Hand Surg Am,1987,12(5Pt1):722-6.

[3777] Chen Z,Chen Z,Hu T. Electronic artificial hand controlled by reconstructed digit[J]. Chin J Traumatol,2000,3(1):3-6.

[3778] Chen ZW,Hu TP. A reconstructed digit by transplantation of a second toe for control of an electromechanical prosthetic hand[J]. Microsurgery,2002,22(1):5-10. doi:10.1002/micr.22002.

[3779] Guo Y,Teng Y,Zhao L,Zhang Z,Wu M. Long-term effect of primary combined tissue transplantation on hand reconstruction[J]. Chin J Traumatol,2002,5(5):271-274.

[3780] Jia X,Koenig MA,Zhang X,Zhang J,Chen T,Chen Z. Residual motor signal in long-term human severed peripheral nerves and feasibility of neural signal-controlled artificial limb[J]. J Hand Surg Am,2007,32(5):657-666. doi:10.1016/j.jhsa.2007.02.021.

[3781] Fan CY,Liu XD,Cai PH,Jiang PZ,Yu ZJ,Zeng BF. Modification of hand reconstruction with unilateral foot donation[J]. Chin Med J,2007,20(13):1206-1208.

[3782] Zhang GL,Chen KM,Zhang JH,Wang SY. Hand reconstruction using heterotopic replantation of amputated index and little fingers[J]. Chin J Traumatol,2011,14(5):316-318.

[3783] Tan H,Yang K,Wei P,Zhang G,Dimitriou D,Xu L,Huang W,Luo X. A novel preoperative planning technique using a combination of CT angiography and three-dimensional printing for complex toe-to-hand reconstruction[J]. J Reconstr Microsurg,2015,31(5):369-377. doi:10.1055/s-0035-1546419.

[3784] 于仲嘉，王琰. 手缺损再造一例 [J]. 中华医学杂志，1979，59(10)：593-595. {YU Zhongjia,WANG Yan. Reconstruction of hand defect:a case report[J]. Zhonghua Yi Xue Za Zhi[Natl Med J China(Article in Chinese;No abstract available)],1979,59(10):593-595.}

[3785] 陈中伟，王琰. 足趾移植"再造手"[J]. 中华外科杂志，1981，19(1)：7-9. {CHEN Zhongwei,WANG Yan. Toe transplantation for hand reconstruction[J]. Zhonghua Wai Ke Za Zhi[Chin J Surg(Article in Chinese;No abstract available)],1981,19(1):7-9.}

[3786] 于仲嘉，何鹤皋，汤成华. 再造手 [J]. 中华医学杂志，1983，63(11)：673-675. {YU Zhongjia,HE Hegao,TANG Chenghua. Hand reconstruction[J]. Zhonghua Yi Xue Za Zhi[Natl Med J China(Article in Chinese;No abstract available)],1983,63(11):673-675.}

[3787] 于仲嘉 . 移植三趾再造手 [J]. 中华骨科杂志，1983，3(6)：323. {YU Zhongjia. Hand reconstruction by three toes transplantation[J]. Zhonghua Gu Ke Za Zhi[Chin J Orthop(Article in Chinese;Abstract in Chinese)],1983,3(6):323.}

[3788] 李主一，翁龙江，周中英，徐延光，陶树樟，王丕雄 . 双足第二趾游离移植"左手再造术"[J]. 解放军医学杂志，1984，9(6)：456. {LI Zhuyi,WENG Longjiang,ZHOU Zhongying,XU Yanguang,TAO Shuzhang,WANG Pixiong. Left hand reconstruction by two second toes free transplantation of the feet[J]. Jie Fang Jun Yi Xue Za Zhi[Med J Chin PLA(Article in Chinese;No abstract available)],1984,9(6):456.}

[3789] 蔡林方，辛畅泰，田立杰，李崇杰，杨恩林，张忠枢，薛启祥，王玉. 急诊一期再造手二例报告 [J]. 显微医学杂志，1985，8(4)：199. {CAI Linfang,XIN Changtai,TIAN Lijie,LI Chongjie,YANG Enlin,ZHANG Zhongshu,XUE Qixiang,WANG Yu. Report of two cases of emergency hand reconstruction in one stage[J].Xian Wei Yi Xue Za Zhi[Chin J Microsurg(Article in Chinese;Abstract in Chinese)],1985,8(4):199.}

[3790] 王成琪，蔡锦方，张尔坤，张成进 . 断指移植前臂残端重建部分手功能 [J]. 解放军医学杂志，1986，11(5)：379. {WANG Chengqi,CAI Jinfang,ZHANG Erkun,ZHANG Chengjin. severed digits transplantation of forearm stump to reconstruct hand function[J]. Jie Fang Jun Yi Xue Za Zhi[Med J Chin PLA(Article in Chinese;Abstract in Chinese)],1986,11(5):379.}

[3791] 吴明田. 残手"再造手"及再造指四例报道 [J]. 修复重建外科杂志，1988，2(2)：50-51. {WU Mingtian. Hand reconstruction and finger reconstruction:a report of 4 cases[J]. Zhongguo Xiu Fu Chong Jian Wai Ke Za Zhi[Chin J Repar Reconstr Surg(Article in Chinese;No abstract available)],1988,2(2):50-51.}

[3792] 蔡锦芳，孙室国. 双侧带足背皮瓣与第一趾蹼的足趾移植再造手 [J]. 中华手外科杂志，1993，9(4)：249-249. {CAI Jinfang,SUN Shiguo,LI Dongsheng,PAN Jiqing,WANG Yuanrui 李东胜，潘冀清，王源瑞 . Reconstruction of hand with bilateral dorsalis pedis flap and first web of toe transplant[J]. Zhonghua Shou Wai Ke Za Zhi[Chin J Hand Surg(Article in Chinese;No abstract available)],1993,9(4):249-249.}

[3793] 祝建中，储小兵，赵基栋，刘登生，杨国锦. 多级组合移植一期手再造 [J]. 中华骨科杂志，1995，15(6)：327-329. {ZU Jianzhong,CHU Xiaobing,ZHAO Jidong,LIU Dengsheng,YANG Guojin. One stage hand reconstruction using multi-grade combined tissue transplantation[J]. Zhonghua Gu Ke Za Zhi[Chin J Orthop(Article in Chinese;Abstract in Chinese and English)],1995,15(6):327-329.}

[3794] 杨谦，关玉成，付源. 五指移植前臂再造手一例 [J]. 中华显微外科杂志，1995，18(1)：36. DOI: CNKI: SUN: ZHXW.0.1995-01-017. {YANG Qian,GUAN Yucheng,FU Yuan. Hand reconstruction with five fingers transplant to forearm:a case report[J]. Zhonghua Xian Wei Wai Ke Za Zhi[Chin J Microsurg(Article in Chinese;No abstract available)],1995,18(1):36. DOI:CNKI:SUN:ZHXW.0.1995-01-017.}

[3795] 于仲嘉，虞申. 第二足趾移植桡骨残端同时延长尺骨再造手一例 [J]. 中华显微外科杂志，1995，18(4)：279. DOI: CNKI: SUN: ZHXW.0.1995-04-020. {YU Zhongjia,YU Shen. Second toe transplanted to the stump of radius and lengthening the ulna for hand reconstruction:a case report[J]. Zhonghua Xian Wei Wai Ke Za Zhi[Chin J Microsurg(Article in Chinese;No abstract available)],1995,18(4):279. DOI:CNKI:SUN:ZHXW.0.1995-04-020.}

[3796] 祝建中，赵基栋，周建宏，刘登生，储小兵，杨国锦. 组合移植一期再造手 [J]. 中华创伤杂志，1995，11(11)：20-21. {ZU Jianzhong,ZHAO Jidong,ZHOU Jianhong,LIU Dengsheng,CHU Xiaobing,YANG Guojin. One stage hand reconstruction by the combined transplantation[J]. Zhonghua Chuang Shang Za Zhi[Chin J Trauma(Article in Chinese;Abstract in Chinese and English)],1995,11(11):20-21.}

[3797] 王书平，林峰，种延学. 全手皮肤脱套伤及 1 ~ 5 指全缺失的手再造一例 [J]. 中华手外科杂志，1996，12(2)：73. DOI: CNKI: SUN: ZHSK.0.1996-02-004. {WANG Shuping,LIN Feng,ZHONG Yanxue. Hand reconstruction of total hand skin degloving injury and whole digits defect:a case report[J]. Zhonghua Shou Wai Ke Za Zhi[Chin J Hand Surg(Article in Chinese;No abstract available)],1996,12(2):73. DOI:CNKI:SUN:ZHSK.0.1996-02-004.}

[3798] 刘志雄. 严重掌部毁损伤的一期手再造 [J]. 中华手外科杂志，1996，12(4)：227. {LIU Zhixiong. One stage hand reconstruction for severe palm injury[J]. Zhonghua Shou Wai Ke Za Zhi[Chin J Hand Surg(Article in Chinese;No abstract available)],1996,12(4):227.}

[3799] 林清友，季玉峰，任进培，胡阳，方光荣. 双手再造二例 [J]. 中国修复重建外科杂志，1997，11(5)：55. {LIN Qingyou,JI Yufeng,REN Jinpei,HU Yang,FANG Guangrong. Bilateral hand reconstruction:a report of 2 cases[J]. Zhongguo Xiu Fu Chong Jian Wai Ke Za Zhi[Chin J Repar Reconstr Surg(Article in Chinese;No abstract available)],1997,11(5):55.}

[3800] 丛海波，隋海明，王述波，于爱玉. 急诊一期组合组织移植再造手 [J]. 中华显微外科杂志，1998，21(1)：3-5. DOI: CNKI: SUN: ZHXW.0.1998-01-011. {CONG Haibo,SUI Haiming,WANG Shubo,YU Aiyu. Emergent one stage combined tissue transplant for hand reconstruction[J]. Zhonghua Xian Wei Wai Ke Za Zhi[Chin J Microsurg(Article in Chinese;Abstract in Chinese)],1998,21(1):3-5. DOI:CNKI:SUN:ZHXW.0.1998-01-011.}

[3801] 胡忠谋，戴和友，邹积文，孙波，谷元林，安东来. 急诊手再造一例 [J]. 中国修复重建外科杂志，1998，12(2)：73. {HU Zhongmou,DAI Heyou,ZOU Jiwen,SUN Bo,GU Yuanlin,AN Donglai. Emergent hand reconstruction:a case report[J]. Zhongguo Xiu Fu Chong Jian Wai Ke Za Zhi[Chin J Repar Reconstr Surg(Article in Chinese;No abstract available)],1998,12(2):73.}

[3802] 赵金忠，曾炳芳. 单足供趾再造手技术改进的解剖学研究 [J]. 中华显微外科杂志，1999，22 (2)：127. DOI：10.3760/cma.j.issn.1001-2036.1999.02.018. {ZHAO Jinzhong,ZENG Bingfang. Anatomical study for technical improvement of hand reconstruction by one foot donation[J]. Zhonghua Xian Wei Wai Ke Za Zhi[Chin J Microsurg(Article in Chinese;Abstract in Chinese and English)],1999,22(2):127. DOI:10.3760/cma.j.issn.1001-2036.1999.02.018.}

[3803] 芮永军，寿奎水，李向荣，徐雷，祝伟，孙天晔，张全荣. 二块游离组织组合移植再造手 [J]. 中华显微外科杂志，1999，22 (4)：3-5. {RUI Yongjun,SHOU Kuishui,LI Xiangrong,XU Lei,ZU Wei,SUN Tianhua,ZHANG Quanrong. Free tissue flaps combined transplant for hand reconstruction[J]. Zhonghua Xian Wei Wai Ke Za Zhi[Chin J Microsurg(Article in Chinese;No abstract available)],1999,22(4):3-5.}

[3804] 杜昭，黄德征. 左前臂远端腕掌部毁损伤急诊手再造一例 [J]. 中华显微外科杂志，2000，23 (2)：106. DOI：10.3760/cma.j.issn.1001-2036.2000.02.050. {DU Zhao,HUANG Dezheng. Emergent hand reconstruction with carpometacarpal injury of distal left forearm:a case report[J]. Zhonghua Xian Wei Wai Ke Za Zhi[Chin J Microsurg(Article in Chinese;No abstract available)],2000,23(2):106. DOI:10.3760/cma.j.issn.1001-2036.2000.02.050.}

[3805] 陈家臻，殷代昌，吴克坚. 掌腕部毁损离断急诊断指异位再植手再造 [J]. 中华手外科杂志，2000，16 (2)：104. DOI：10.3760/cma.j.issn.1005-054X.2000.02.021. {CHEN Jiazhen,YIN Daichang,WU Kejian. Emergent severed finger ectopic replantation and hand reconstruction after metacarpal and wrist damage[J]. Zhonghua Shou Wai Ke Za Zhi[Chin J Hand Surg(Article in Chinese;No abstract available)],2000,16(2):104. DOI:10.3760/cma.j.issn.1005-054X.2000.02.021.}

[3806] 谭海涛，林源，梁裔鸿. 改良跗甲瓣加第二足趾移植延迟性手再造 [J]. 中华手外科杂志，2000，16 (2)：97. DOI：10.3760/cma.j.issn.1005-054X.2000.02.020. {TAN Haitao,LIN Yuan,LIANG Yihong,QIN Tianjin,LU Jianjun. Delayed hand reconstruction with modified toe-nail flap and second toe transplantation[J]. Zhonghua Shou Wai Ke Za Zhi[Chin J Hand Surg(Article in Chinese;No abstract available)],2000,16(2):97. DOI:10.3760/cma.j.issn.1005-054X.2000.02.020.}

[3807] 冯亚高，汪功久，王伟，高成杰，付丽华，王华. 全手指缺损的手再造 1 例 [J]. 临床骨科杂志，2000，3(4)：309-310. DOI：10.3969/j.issn.1008-0287.2000.04.041. {FENG Yagao,WANG Gongjiu,WANG Wei,GAO Chengjie,FU Lihua,WANG Hua. Hand reconstruction for a case of five-finger deficiency[J]. Lin Chuang Gu Ke Za Zhi[J Clin Orthop(Article in Chinese;Abstract in Chinese and English)],2000,3(4):309-310. DOI:10.3969/j.issn.1008-0287.2000.04.041.}

[3808] 蒋纯志，江海廷，丁玉勤，王谦军. 全足寄养后移植再造全手 [J]. 中华手外科杂志，2001，17 (S1)：80-81. DOI：10.3760/cma.j.issn.1005-054X.2001.z1.042. {JIANG Chunzhi,JIANG Haiting,DING Yuqin,WANG Qianjun. Hand reconstruction and replantation after fosterage on feet[J]. Zhonghua Shou Wai Ke Za Zhi[Chin J Hand Surg(Article in Chinese;No abstract available)],2001,17(S1):80-81. DOI:10.3760/cma.j.issn.1005-054X.2001.z1.042.}

[3809] 郭永明，滕云升，赵玲珑，张朝. 急诊一期组合组织移植手再造的远期疗效分析 [J]. 实用手外科杂志，2001，15(3)：142-144. DOI：10.3969/j.issn.1671-2722.2001.03.005. {GUO Yongming,TENG Yunsheng,ZHAO Linglong,ZHANG Zhao. Long-term effect analysis of primary reconstruction of hand with combined complex tissuetransplatation reconstructing hand[J]. Shi Yong Shou Wai Ke Za Zhi[Chin J Pract Hand Surg(Article in Chinese;Abstract in Chinese and English)],2001,15(3):142-144. DOI:10.3969/j.issn.1671-2722.2001.03.005.}

[3810] 刘茂文，冯承臣，杨殿玉，李秋实，冯鹏. 带二套供血的跗甲瓣与第二、三足趾和皮瓣联合移植再造手 [J]. 中华显微外科杂志，2002，25 (2)：139-140. DOI：10.3760/cma.j.issn.1001-2036.2002.02.024. {LIU Maowen,FENG Chengchen,YANG Dianyu,LIU Qiushi,FENG Peng. Carapace flap of toe-nail-skin flap with two sets of blood supply combined with second and third toes and skin flap transplant for hand reconstruction[J]. Zhonghua Xian Wei Wai Ke Za Zhi[Chin J Microsurg(Article in Chinese;No abstract available)],2002,25(2):139-140. DOI:10.3760/cma.j.issn.1001-2036.2002.02.024.}

[3811] 张振伟，廖坚文，庄加川，林冷，周可. 急诊手再造一例报告 [J]. 中华手外科杂志，2002，18 (2)：87. DOI：10.3760/cma.j.issn.1005-054X.2002.02.036. {ZHANG Zhenwei,LIAO Jianwen,ZHUANG Jiachuan,LIN Leng,ZHOU Ke. Emergent hand reconstruction:a case report[J]. Zhonghua Shou Wai Ke Za Zhi[Chin J Hand Surg(Article in Chinese;No abstract available)],2002,18(2):87. DOI:10.3760/cma.j.issn.1005-054X.2002.02.036.}

[3812] 芮永军，寿奎水，张全荣，许亚军，施海峰，薛明宇，邱扬，张志海，陈政. 四、五块游离组织组合移植一期手再造 [J]. 中华手外科杂志，2003，19 (4)：35-37. DOI：10.3760/cma.j.issn.1005-054X.2003.04.015. {RUI Yongjun,SHOU Kuishui,ZHANG Quanrong,XU Yajun,SHI Haifeng,XUE Mingyu,QIU Yang,ZHANG Zhihai,CHEN Zheng. One stage hand reconstruction with combined transplantation of several free tissue[J]. Zhonghua Shou Wai Ke Za Zhi[Chin J Hand Surg(Article in Chinese;Abstract in Chinese)],2003,19(4):35-37. DOI:10.3760/cma.j.issn.1005-054X.2003.04.015.}

[3813] 曾炳芳，姜佩珠，张长青，赵金忠，范存义. 单足供趾再造手技术的改进 [J]. 上海医学，2003，26 (2)：95-98. DOI：10.3969/j.issn.0253-9934.2003.02.005. {ZENG Bingfang,JIANG Peizhu,ZHANG Changqing,ZHAO Jinzhong,FAN Cunyi. Technical improvement of hand reconstruction by one foot donation[J]. Shanghai Yi Xue[Shanghai Med J(Article in Chinese;Abstract in Chinese and English)],2003,26(2):95-98. DOI:10.3969/j.issn.0253-9934.2003.02.005.}

[3814] 巨积辉，侯瑞兴. 急诊前臂残端足二趾移植手再造 [J]. 实用手外科杂志，2004，18 (3)：150-151. DOI：10.3969/j.issn.1671-2722.2004.03.009. {JU Jihui,HOU Ruixing. Emergency hand restoration by transplantation of stump of forearm and second toe[J]. Shi Yong Shou Wai Ke Za Zhi[Chin J Pract Hand Surg(Article in Chinese;Abstract in Chinese and English)],2004,18(3):150-151. DOI:10.3969/j.issn.1671-2722.2004.03.009.}

[3815] 高燕新，张宝贵，韩宝平，阚世廉，高广伟. 腕、掌部毁损的急诊手再造 [J]. 中华手外科杂志，2008，24(5)：283-286. DOI：10.3760/cma.j.issn.1005-054X.2008.05.009. {GAO Yanxin,ZHANG Baogui,HAN Baoping,KAN Shilian,GAO Guangwei. Emergency reconstruction of mutilating injuries of the wrist and palm[J]. Zhonghua Shou Wai Ke Za Zhi[Chin J Hand Surg(Article in Chinese;Abstract in Chinese and English)],2008,24(5):283-286. DOI:10.3760/cma.j.issn.1005-054X.2008.05.009.}

[3816] 孙天全，厉运收，徐涛. 手掌部毁损伤急诊手再造方法的选择与探讨 [J]. 中华显微外科杂志，2010，33 (6)：503-505. DOI：10.3760/cma.j.issn.1001-2036.2010.06.028. {SUN Tianquan,LI Yunshou,XU Tao. Selection and discussion of emergent hand reconstruction methods for palm injury[J]. Zhonghua Xian Wei Wai Ke Za Zhi[Chin J Microsurg(Article in Chinese;Abstract in Chinese)],2010,33(6):503-505. DOI:10.3760/cma.j.issn.1001-2036.2010.06.028.}

[3817] 倪国骅，徐世保，张德洪，杨红海，王国营，李靖，冯厚海. 废弃手指远位寄养二期回植再造手 [J]. 中国修复重建外科杂志，2010，24 (9)：1151-1152. DOI：CNKI：SUN：ZXCW.0.2010-09-041. {NI Guohua,XU Shibao,ZHANG Dehong,YANG Honghai,WANG Guoying,LI Jing,FENG Houhai. Second stage replantation and hand reconstruction of abandoned fingers after distant fosterage[J]. Zhongguo Xiu Fu Chong Jian Wai Ke Za Zhi[Chin J Repar Reconstr Surg(Article in Chinese;Abstract in Chinese)],2010,24(9):1151-1152. DOI:CNKI:SUN:ZXCW.0.2010-09-041.}

[3818] 欧学海，蔡鹰，尚驰，邱武安，张丽君，朱一慧. 利用毁损手与游离皮瓣组合前臂手再造一例 [J]. 中华显微外科杂志，2011，34 (3)：262. DOI：10.3760/cma.j.issn.1001-2036.2011.03.043. {OU Xuehai,CAI Ying,SHANG Chi,QIU Wuan,ZHANG Lijun,ZHU Yihui. Hand reconstruction by forearm with damaged hand and free flap transplant:a case report[J]. Zhonghua Xian Wei Wai Ke Za Zhi[Chin J Microsurg(Article in Chinese;No abstract available)],2011,34(3):262. DOI:10.3760/cma.j.issn.1001-2036.2011.03.043.}

[3819] 闫伟强，张敏，陈元庄，马滚韶. 再植联合手再造术修复腕掌部毁损性离断伤 [J]. 中华手外科杂志，2011，27 (3)：184-185. {YAN Weiqiang,ZHANG Min,CHEN Yuanzhuang,MA Gunshao. Hand replantation and reconstruction for the repair of wrist and palm injury[J]. Zhonghua Shou Wai Ke Za Zhi[Chin J Hand Surg(Article in Chinese;Abstract in Chinese)],2011,27(3):184-185.}

[3820] 闫伟强，张敏，陈元庄，马滚韶. 再植联合手再造术修复腕掌部毁损性离断伤 [J]. 实用手外科杂志，2011，25 (3)：199-201. DOI：10.3969/j.issn.1671-2722.2011.03.010. {YAN Weiqiang,ZHANG Min,CHEN Yuanzhuang,MA Gunshao. Combination of the replantation and reconstruction techniques for the destructive hand injuries[J]. Shi Yong Shou Wai Ke Za Zhi[Chin J Pract Hand Surg(Article in Chinese;Abstract in Chinese and English)],2011,25(3):199-201. DOI:10.3969/j.issn.1671-2722.2011.03.010.}

[3821] 曲军杰，付繁刚，孙德麟，戴学国，李成立，刘颖，张锴，徐林. 共用一套足背动脉供血系统的第二足趾和足背寄养指联合移植再造手 [J]. 中华显微外科杂志，2017，40 (4)：345-348. DOI：10.3760/cma.j.issn.1001-2036.2017.04.009. {QV Junjie,FU Fangang,SUN Delin,DAI Xueguo,LI Chengli,LIU Ying,ZHNAG Kai,XU Lin. Hand reconstruction by transplanting the fostered residual finger and second toe which share the same blood supply system[J]. Zhonghua Xian Wei Wai Ke Za Zhi[Chin J Microsurg(Article in Chinese;Abstract in Chinese and English)],2017,40(4):345-348. DOI:10.3760/cma.j.issn.1001-2036.2017.04.009.}

3.5 其他器官再造

reconstruction of other organs

[3822] Bai S,Li RW,Xu ZF,Duan WY,Liu FY,Sun CF. Total and near-total lower lip reconstruction:20 years experience[J]. J Craniomaxillofac Surg,2015,43(3):367-372. doi:10.1016/j.jcms.2015.01.003.

[3823] 孙永华，张仲明，曹大鑫，韩行义，李迟，苏虹，常致德. 83 厘米长肌皮瓣再造双臀成功一例 [J]. 中华外科杂志，1984，22 (6)：372-373. {ZHANG Yonghua,ZHANG Zhongming,CAO Daxin,HAN Xingyi,LI Chi,SU Hong,CHANG Zhide. Double buttocks reconstruction with 83 cm myocutaneous flap[J]. Zhonghua Wai Ke Za Zhi[Chin J Surg(Article in Chinese;No abstract available)],1984,22(6):372-373.}

[3824] 高崇敬. 用股前肌皮瓣再造臀的应用解剖学研究 [J]. 临床应用解剖学杂志，1985，3 (2)：86-88. DOI：CNKI：SUN：ZLJZ.0.1985-02-008. {GAO Chongjing. Applied anatomical study on reconstruction of buttock with anterior thigh myocutaneous flap[J]. Lin Chuang Ying Yong Jie Pou Xue Za Zhi[J Clin Appl Anat(Article in Chinese;Abstract in Chinese)],1985,3(2):86-88. DOI:CNKI:SUN:ZLJZ.0.1985-02-008.}

[3825] 何清濂，刘麒. 阴囊再造 [J]. 修复重建外科杂志，1988，2 (2)：174. DOI：CNKI：SUN：ZXCW.0.1989-02-007. {HE Qinglian,LIU Qi. Scrotal reconstruction[J]. Zhongguo Xiu Fu Chong Jian Wai Ke Za Zhi[Chin J Repar Reconstr Surg(Article in Chinese;No abstract available)],1988,2(2):174. DOI:CNKI:SUN:ZXCW.0.1989-02-007.}

[3826] 孙广慈，钟安国，赫伟，杜平，宋维铭，马继光，杨欣，丁玉川. 腹股沟外侧皮瓣在会阴部再造与修复手术中的应用 [J]. 中华外科杂志，1989，27 (4)：225-227. {SUN Guangci,ZHONG Anguo,HE Wei,DU Ping,SONG Weiming,MA Jiguang,YANG Xin,DING Yuchuan. Lateral inguinal flap in perineal reconstruction and repair[J]. Zhonghua Wai Ke Za Zhi[Chin J Surg(Article in Chinese;Abstract in Chinese)],1989,27(4):225-227.}

[3827] 何清濂，刘麒. 阴囊再造术一例 [J]. 修复重建外科杂志，1989，3 (2)：61-97. {HE Qinglian,LIU Qi. Scrotal reconstruction:a case report[J]. Zhongguo Xiu Fu Chong Jian Wai Ke Za Zhi[Chin J Repar Reconstr Surg(Article in Chinese;No abstract available)],1989,3(2):61-97.}

[3828] 叶明. 软腭再造术 - 前额岛状皮瓣与咽后壁粘膜瓣的复合应用 [J]. 中华耳鼻咽喉科杂志，1990，25 (4)：229-230. {YE Ming. Reconstruction of soft palate combined with forehead island flap and posterior pharyngeal mucosal flap[J]. Zhonghua Er Bi Yan Hou Ke Za Zhi[Chin J Otorhinolaryngol(Article in Chinese;Abstract in Chinese)],1990,25(4):229-230.}

[3829] 余关相. 包皮瓣转移阴囊再造一例 [J]. 修复重建外科杂志，1991，5 (3)：185. {YU Guanxiang. Scrotal reconstruction with prepuce flap transfer:a case report[J]. Zhongguo Xiu Fu Chong Jian Wai Ke Za Zhi[Chin J Repar Reconstr Surg(Article in Chinese;No abstract available)],1991,5(3):185.}

[3830] 赵国辉. 同时再造二足趾一例 [J]. 修复重建外科杂志，1991，5 (4)：247-248. {ZHAO Guohui. Simultaneous reconstruction of two toes:a case report[J]. Zhongguo Xiu Fu Chong Jian Wai Ke Za Zhi[Chin J Repar Reconstr Surg(Article in Chinese;No abstract available)],1991,5(4):247-248.}

[3831] 李慧增，孙远，杨军，史文进，邓红雷. 皮瓣游离移植修复再造唇缺损 [J]. 中国修复重建外科杂志，1992，6 (1)：20-21，64-68. {LI Huizeng,SUN Yuan,YAG Jun,SHI Wenjin,DENG Honglei. Free flap transplant for lip defect reconstruction[J]. Zhongguo Xiu Fu Chong Jian Wai Ke Za Zhi[Chin J Repar Reconstr Surg(Article in Chinese;Abstract in Chinese)],1992,6(1):20-21,64-68.}

[3832] 宋建良，郭光昭. 颞浅血管为蒂的耳后岛状皮瓣再造眼窝 [J]. 中国修复重建外科杂志，1992，6 (1)：22-23，64-67. {SONG Jianliang,GUO Guangshao. Retroauricular island flap pedicled with superficial temporal vessels in eye socket reconstruction[J]. Zhongguo Xiu Fu Chong Jian Wai Ke Za Zhi[Chin J Repar Reconstr Surg(Article in Chinese;No abstract available)],1992,6(1):22-23,64-67.}

[3833] 罗义云. 带蒂腹直肌皮瓣再造阴囊一例 [J]. 中国修复重建外科杂志，1992，6 (4)：245-246. {LUO Yiyun. Scrotal reconstruction with pedicled rectus abdominis myocutaneous flap:a case report[J]. Zhongguo Xiu Fu Chong Jian Wai Ke Za Zhi[Chin J Repar Reconstr Surg(Article in Chinese;No abstract available)],1992,6(4):245-246.}

[3834] 庄福连，许东坡. 颈阔肌 - 折叠式肌皮瓣颞颌关节囊再造术 [J]. 中华整形烧伤外科杂志，1993，9 (1)：9-11. DOI：10.3760/j.issn：1009-4598.1993.01.023. {ZHUANG Fulian,XU Dongpo. Reconstruction of temporomandibular joint capsule with platysma-folding myocutaneous flap[J]. Zhonghua Zheng Xing Shao Shang Wai Ke Za Zhi[Chin J Plast Surg Burns(Article in Chinese;Abstract in Chinese)],1993,9(1):9-11. DOI:10.3760/j.issn:1009-4598.1993.01.023.}

[3835] 袁相斌，林子豪，何清濂，刘麒，赵跃中，章惠兰，高学书. 吻合血管、岛状及轴型组织瓣在器官再造和创伤修复中的应用 [J]. 第二军医大学学报，1994，15：501-506. {YUAN Xiangbin,LIN Zihao,HE Qinglian,LIU Qi,ZHAO Yuezhong,ZHANG Huilan,GAO Xueshu. Application of anastomic blood vessel,island-shape and axial type of tissue grafts in the injury repair and organ reconstruction[J]. Di Er Jun Yi Da Xue Xue Bao[Acad J Sec Mil Med Univ(Article in Chinese;Abstract in Chinese and English)],1994,15:501-506.}

[3836] 杨壮群，杨小平，侯成群，常晓峰，冯彬，谭卫明，郑信民. 颞浅动脉岛状头皮瓣眉再造 34 例报告 [J]. 中华整形烧伤外科杂志，1994，10 (2)：111-113. DOI：10.3760/j.issn：1009-4598.1994.02.021. {YANG Zhuangqun,YANG Xiaoping,HOU Chengqun,CHANG Xiaofeng,FENG Bin,TAN Weiming,ZHENG Xinming. Eyebrow reconstruction with superficial temporal artery island scalp flap:a report of 34 cases[J]. Zhonghua Zheng Xing Shao Shang Wai Ke Za Zhi[Chin J Plast Surg Burns(Article in Chinese;Abstract in Chinese)],1994,10(2):111-113. DOI:10.3760/j.issn:1009-4598.1994.02.021.}

[3837] **徐中和，梁赐芳，朱向辉，曾宁，李卫平，柳观胜，麦秀芳，邹德. 吻合血管皮瓣移植再造下咽和颈段食道[J]. 中国修复重建外科杂志，1994，8（2）：7-8.** {XU Zhonghe,LIANG Cifang,ZHU Xianghui,ZENG Ning,LI Weiping,LIU Guansheng,MAI Xiufang,ZOU De. Reconstruction of hypopharynx and cervical esophagus with vascularized flap[J]. Zhongguo Xiu Fu Chong Jian Wai Ke Za Zhi[Chin J Repar Reconstr Surg(Article in Chinese;Abstract in Chinese)],1994,8(2):7-8.}

[3838] **吴非非，何承斌. 软腭再造术[J]. 中国修复重建外科杂志，1994，8（2）：13-14.** {WU Feifei,HE Chengbin. Reconstruction of the soft palate[J]. Zhongguo Xiu Fu Chong Jian Wai Ke Za Zhi[Chin J Repar Reconstr Surg(Article in Chinese;Abstract in Chinese and English)],1994,8(2):13-14.}

[3839] **袁相斌，林子豪，何清濂，刘麒，赵跃中，董帆，杨松林，刘宁飞. 岛状皮瓣轴型皮瓣体表器官再造评价[J]. 中华显微外科杂志，1996，19（1）：50-51. DOI: CNKI: SUN: ZHXW.0.1996-01-025.** {YUAN Xiangbin,LIN Zihao,HE Qinglian,LIU Qi,ZHAO Yuezhong,DONG Fan,YANG Songlin,LIU Ningfei. Evaluation of body surface organs reconstruction with island flap and axial flap[J]. Zhonghua Xian Wei Wai Ke Za Zhi[Chin J Microsurg(Article in Chinese;No abstract available)],1996,19(1):50-51. DOI:CNKI:SUN:ZHXW.0.1996-01-025.}

[3840] **王永保，倪峰，程开祥，王征. 带血管前臂皮管再造颈部食管一例[J]. 中华外科杂志，1996，34（7）：420. DOI: CNKI: SUN: ZHWK.0.1996-07-013.** {WANG Yongbao,NI Feng,CHENG Kaixiang,WANG Zheng. Reconstruction of cervical esophagus with vascularized forearm skin tube-shape flap:a case report[J]. Zhonghua Wai Ke Za Zhi[Chin J Surg(Article in Chinese;No abstract available)],1996,34(7):420. DOI:CNKI:SUN:ZHWK.0.1996-07-013.}

[3841] **马桂娥，杨佩瑛，栾杰，张旭辉，沈妮. 颞浅动脉额支岛状头皮瓣眉再造[J]. 中华整形烧伤外科杂志，1996，12（1）：25-27. DOI: 10.3760/j.issn: 1009-4598.1996.01.008.** {MA Guie,YANG Peiying,LUAN Jie,ZHANG Xuhui,SHEN Ni. Eyebrow reconstruction by a scalp island flap based on the frontal branch of the superficial temporal artery[J]. Zhonghua Zheng Xing Shao Shang Wai Ke Za Zhi[Chin J Plast Surg Burns(Article in Chinese;Abstract in Chinese and English)],1996,12(1):25-27. DOI:10.3760/j.issn:1009-4598.1996.01.008.}

[3842] **陈宝兴，Ritaraefontenotd PM. 跖骨全切除前足再造术[J]. 中华骨科杂志，1997，17（12）：62-64.** {CHEN Baoxing,Ritaraefontenotd PM. Total metatarsalsectomy and forefoot reconstruction[J]. Zhonghua Gu Ke Za Zhi[Chin J Orthop(Article in Chinese;No abstract available)],1997,17(12):62-64.}

[3843] **王永保，倪峰，程开祥，王征. 带血管前壁游离皮管行颈部食管再造[J]. 中华器官移植杂志，1997，18（4）：241. DOI: 10.3760/cma.j.issn.0254-1785.1997.04.026.** {WANG Yongbao,NI Feng,CHENG Kaixiang,WANG Zheng. Free skin tube with vascular anterior wall transplant for cervical esophageal reconstruction[J]. Zhonghua Qi Guan Yi Zhi Za Zhi[Chin J Organ Transplant(Article in Chinese;No abstract available)],1997,18(4):241. DOI:10.3760/cma.j.issn.0254-1785.1997.04.026.}

[3844] **李新民，司远志. 踇趾再造一例[J]. 中国修复重建外科杂志，1997，11（2）：68. DOI: CNKI: SUN: ZXCW.0.1997-02-033.** {LI Xinmin,SI Yuanzhi. Great toe reconstruction:a case report[J]. Zhongguo Xiu Fu Chong Jian Wai Ke Za Zhi[Chin J Repar Reconstr Surg(Article in Chinese;No abstract available)],1997,11(2):68. DOI:CNKI:SUN:ZXCW.0.1997-02-033.}

[3845] **袁相斌，林子豪，何清濂，刘麒，赵耀中. 阴股沟皮瓣再造阴囊[J]. 中华显微外科杂志，1998，21（1）：3-5. DOI: CNKI: SUN: ZHXW.0.1998-01-033.** {YUAN Xiangbin,LIN Zihao,HE Qinglian,LIU Qi,ZHAO Yaozhong. Scrotal reconstruction with pudendal inguinal flap[J]. Zhonghua Xian Wei Wai Ke Za Zhi[Chin J Microsurg(Article in Chinese;No abstract available)],1998,21(1):3-5. DOI:CNKI:SUN:ZHXW.0.1998-01-033.}

[3846] **张建文，陈言汤，刘林山番. 应用颞动脉岛状皮瓣转移眼窝再造[J]. 中华显微外科杂志，1998，21（3）：225. DOI: 10.3760/cma.j.issn.1001-2036.1998.03.028.** {ZHANG Jianwen,CHEN Yantang,LIU Linbo. Orbital reconstruction with temporal artery island flap transfer[J]. Zhonghua Xian Wei Wai Ke Za Zhi[Chin J Microsurg(Article in Chinese;No abstract available)],1998,21(3):225. DOI:10.3760/cma.j.issn.1001-2036.1998.03.028.}

[3847] **赵德伟，杜国君，卢建民. 旋股外侧血管横支大转子骨瓣和升支髂骨膜转移再造股骨头[J]. 骨与关节损伤杂志，1998，13（3）：156-158.** {ZHAO Dewei,DU Guojun,LU Jianmin. Reconstruction of femoral head by great trochanter bone flap pedicled with transverse branch of the lateral femoral ciramflex vessels and iliac periosteum with ascending branch[J]. Gu Yu Guan Jie Sun Shang Za Zhi[J Bone Joint Injury(Article in Chinese;Abstract in Chinese and English)],1998,13(3):156-158.}

[3848] **赵小贞，邹小成. 颞浅动脉额支的定位观测及其对眉再造的意义[J]. 中国临床解剖学杂志，1999，17（5）：40-41.** {ZHAO Xiaozheng,ZOU Xiaocheng. Localization of the frontal branch of superficial temporal artery and its significance for eyebrow reconstruction[J]. Zhongguo Lin Chuang Jie Pou Xue Za Zhi[Chin J Clin Anat(Article in Chinese;Abstract in Chinese and English)],1999,17(5):40-41.}

[3849] **于海逸. 一期阴茎皮肤修复与阴囊再造术二例[J]. 中华显微外科杂志，1999，22（S1）：3-5. DOI: 10.3760/cma.j.issn.1001-2036.1999.Z1.158.** {YU Haiyi. One stage penile skin repair and scrotal reconstruction:two cases report[J]. Zhonghua Xian Wei Wai Ke Za Zhi[Chin J Microsurg(Article in Chinese;No abstract available)],1999,22(S1):3-5. DOI:10.3760/cma.j.issn.1001-2036.1999.Z1.158.}

[3850] **丁洪彪，邓伟，陈岩青. 前臂尺侧腕屈肌游离肌皮瓣下唇再造[J]. 中华整形外科杂志，1999，15（5）：368. DOI: 10.3760/j.issn: 1009-4598.1999.05.033.** {DING Hongbiao,DENG Wei,CHEN Yanqing. Reconstruction of lower lip with forearm flexor carpi ulnaris myocutaneous flap[J]. Zhonghua Zheng Xing Wai Ke Za Zhi[Chin J Plast Surg(Article in Chinese;No abstract available)],1999,15(5):368. DOI:10.3760/j.issn:1009-4598.1999.05.033.}

[3851] **张旭，薛景凤，张朝满，李汝泓，林健，周士杰. 犬肋骨肌瓣的应用解剖与气管成型及气管再造的实验研究[J]. 中国临床解剖学杂志，2000，18（1）：68-70. DOI: 10.3969/j.issn.1001-165X.2000.01.030.** {ZHANG Xu,XUE Jingfeng,ZHANG Chaoman,LI Yuhong,LIN Jian,ZHOU Shijie. Applied anatomy of rib-muscle flap and experimental study of tracheoplasty and tracheal restoration in dog[J]. Zhongguo Lin Chuang Jie Pou Xue Za Zhi[Chin J Clin Anat(Article in Chinese;Abstract in Chinese and English)],2000,18(1):68-70. DOI:10.3969/j.issn.1001-165X.2000.01.030.}

[3852] **夏双印，关德宏，包淑芝. 阴囊再造一例[J]. 中华整形外科杂志，2000，16（4）：252. DOI: 10.3760/j.issn: 1009-4598.2000.04.024.** {XIA Shuangyin,GUAN Dehong,BAO Shuzhi,GOU Jie,LV Songcen,WANG Shujie. Scrotal reconstruction:a case report[J]. Zhonghua Zheng Xing Wai Ke Za Zhi[Chin J Plast Surg(Article in Chinese;No abstract available)],2000,16(4):252. DOI:10.3760/j.issn:1009-4598.2000.04.024.}

[3853] **刘达恩，黎信森，农庆文. 颞浅顶支－枕动脉蒂扩张岛状瓣再造鬓角一例[J]. 中华整形外科杂志，2000，16（4）：254. DOI: 10.3760/j.issn: 1009-4598.2000.04.026.** {LIU Daen,LI Xinsen,NONG Qingwen,ZHANG Liming. Dilated island flap with superficial temporal parietal branch-occipital artery pedicle for sideburns reconstruction:a case report[J]. Zhonghua Zheng Xing Wai Ke Za Zhi[Chin J Plast Surg(Article in Chinese;No abstract available)],2000,16(4):254. DOI:10.3760/j.issn:1009-4598.2000.04.026.}

[3854] **孙兴和，徐振明. 长期失喉者的喉再造术[J]. 中华耳鼻咽喉科杂志，2000，35（4）：295. DOI: 10.3760/j.issn: 1673-0860.2000.04.016.** {SUN Xinghe,XU Zhenming. Laryngeal reconstruction of laryngectomee[J]. Zhonghua Er Bi Yan Hou Ke Za Zhi[Chin J Otorhinolaryngol(Article in Chinese;Abstract in Chinese and English)],2000,35(4):295. DOI:10.3760/j.issn:1673-0860.2000.04.016.}

[3855] **陈家友，潘亚强，吴根和，徐宾. 阑尾阴囊皮肤再造尿道术一例[J]. 中华外科杂志，2001，39（9）：666. DOI: 10.3760/j: issn: 0529-5815.2001.09.031.** {CHEN Jiayou,PAN Yaqiang,WU Genhe,XU Bin. Urethroplasty with appendiceal scrotal skin:a case report[J]. Zhonghua Wai Ke Za Zhi[Chin J Surg(Article in Chinese;No abstract available)],2001,39(9):666. DOI:10.3760/j:issn:0529-5815.2001.09.031.}

[3856] **李养群，李森恺，杨明勇，黄渭清，翟弘峰，霍然，李强. 以颞浅动脉枕区吻合支为蒂头皮瓣行双眉再造[J]. 中华烧伤杂志，2001，17（6）：336-338. DOI: 10.3760/cma.j.issn.1009-2587.2001.06.005.** {LI Yangqun,LI Senkai,YANG Mingyong,HUANG Weiqing,XI Hongfeng,HUO Ran,LI Qiang. Reconstruction of both eyebrows with scalp flaps with the anastomotic branch in occipital region of superficial temporal artery as the pedicle[J]. Zhonghua Shao Shang Za Zhi[Chin J Burns(Article in Chinese;Abstract in Chinese and English)],2001,17(6):336-338. DOI:10.3760/cma.j.issn.1009-2587.2001.06.005.}

[3857] **罗永昭. 再造更佳功能的残肢——从假肢安装效果对截肢术提出新建议[J]. 中国矫形外科杂志，2002，9（5）：449-451. DOI: 10.3969/j.issn.1005-8478.2002.05.010.** {LUO Yongzhao. Remake the stump for better function-a new proposal for limb amputation in view of fitting prosthesis[J]. Zhongguo Jiao Xing Wai Ke Za Zhi[Orthop J China(Article in Chinese;Abstract in Chinese and English)],2002,9(5):449-451. DOI:10.3969/j.issn.1005-8478.2002.05.010.}

[3858] **王剑利，付兴茂，王成琪，郭永强. 足前部组织缺损再造修复一些问题的探讨[J]. 中华创伤骨科杂志，2002，4（2）：130-131，153. DOI: 10.3760/cma.j.issn.1671-7600.2002.02.015.** {WANG Jianli,FU Xingmao,WANG Chengqi,GUO Yongqiang. Problems in reconstruction of compound defects of the forefoot[J]. Zhonghua Chuang Shang Gu Ke Za Zhi[Chin J Orthop Trauma(Article in Chinese;Abstract in Chinese and English)],2002,4(2):130-131,153. DOI:10.3760/cma.j.issn.1671-7600.2002.02.015.}

[3859] **王明刚，水庆付，徐荣成，赵维璋，褚燕军，杨维军. 改进的鼻唇沟与颊组织瓣修复下唇大型缺损再造红唇[J]. 安徽医科大学学报，2002，37（3）：227-229. DOI: 10.3969/j.issn.1000-1492.2002.03.025.** {WANG Minggang,SHUI Qingfu,XU Rongcheng,ZHAO Weizhang,SHU Yanjun,YANG Weijun. Lower lip and vermilion reconstruction with a modified nasolabial flap[J]. An Hui Yi Ke Da Xue Xue Bao[Acta Univ Med Anhui(Article in Chinese;Abstract in Chinese and English)],2002,37(3):227-229. DOI:10.3969/j.issn.1000-1492.2002.03.025.}

[3860] **王剑利，付兴茂，郭永强，赵雁，王成琪. 内踝缺损再造与重建[J]. 中国矫形外科杂志，2003，11（18）：1260-1261. DOI: 10.3969/j.issn.1005-8478.2003.18.011.** {WANG Jianli,FU Xingmao,GUO Yongqiang,ZHAO Yan,WANG Chengqi. Reconstruction of medial malleolus[J]. Zhongguo Jiao Xing Wai Ke Za Zhi[Orthop J China(Article in Chinese;Abstract in Chinese and English)],2003,11(18):1260-1261. DOI:10.3969/j.issn.1005-8478.2003.18.011.}

[3861] **王剑利，付兴茂，郭永强，赵雁，王成琪. 带筋膜髂骨再造内踝骨与韧带缺损初步报告[J]. 中华创伤骨科杂志，2003，5（2）：135-137，141. DOI: 10.3760/cma.j.issn.1671-7600.2003.02.018.** {WANG Jianli,FU Xingmao,GUO Yongqiang,ZHAO Yan,WANG Chengqi. Reconstruction of medial malleolus by iliac bone with fascial flap:a preliminary report[J]. Zhonghua Chuang Shang Gu Ke Za Zhi[Chin J Orthop Trauma(Article in Chinese;Abstract in Chinese and English)],2003,5(2):135-137,141. DOI:10.3760/cma.j.issn.1671-7600.2003.02.018.}

[3862] **高国兰，陈宗基，马莹，周艳芳. 会阴动脉跨区供血的股内侧皮瓣再造外阴一例[J]. 中华整形外科杂志，2003，19（1）：76. DOI: 10.3760/j.issn: 1009-4598.2003.01.035.** {GAO Guolan,CHEN Zongji,MA Ying,ZHOU Yanfang. Reconstruction of vulva with medial thigh flap supplied by perineal artery:a case report[J]. Zhonghua Zheng Xing Wai Ke Za Zhi[Chin J Plast Surg(Article in Chinese;No abstract available)],2003,19(1):76. DOI:10.3760/j.issn:1009-4598.2003.01.035.}

[3863] **丁洪彪，陈岩青，何佛娥，彭韶平. 预构颞额浅筋膜－鼻中隔粘膜软骨复合岛状皮瓣再造上睑一例[J]. 中华整形外科杂志，2003，19（3）：194. DOI: 10.3760/j.issn: 1009-4598.2003.03.033.** {DING Hongbiao,CHEN Yanqing,HE Foe,PENG Shaoping. Upper eyelid reconstruction with prefabricated temporofrontal superficial fascia-nasal septal mucosal cartilage island flap:a case report[J]. Zhonghua Zheng Xing Wai Ke Za Zhi[Chin J Plast Surg(Article in Chinese;No abstract available)],2003,19(3):194. DOI:10.3760/j.issn:1009-4598.2003.03.033.}

[3864] **陆明，叶玄旭，覃庆平，尼建平，陈丽红. 会阴部蝶形皮瓣阴囊再造一例[J]. 中华整形外科杂志，2003，19（5）：353. DOI: 10.3760/j.issn: 1009-4598.2003.05.033.** {LU Ming,YE Xuanxu,TAN Qingping,NI Jianping,CHEN Lihong. Scrotal reconstruction with butterfly flap of perineum:a case report[J]. Zhonghua Zheng Xing Wai Ke Za Zhi[Chin J Plast Surg(Article in Chinese;No abstract available)],2003,19(5):353. DOI:10.3760/j.issn:1009-4598.2003.05.033.}

[3865] **范丽娟，苏奇，佘焕群. 多组血管束植入股骨头修整与再造治疗中晚期股骨头缺血性坏死[J]. 骨与关节损伤杂志，2003，18（9）：596-597. DOI: 10.3969/j.issn.1672-9935.2003.09.008.** {FAN Lijuan,SU Qi,She Huanqun. Renovation and reconstruction of transplanting multiple blood vessels bundles to the femoral head for treatment of ANFH in the middle and late period[J]. Gu Yu Guan Jie Sun Shang Za Zhi[J Bone Joint Injury(Article in Chinese;Abstract in Chinese and English)],2003,18(9):596-597. DOI:10.3969/j.issn.1672-9935.2003.09.008.}

[3866] **胡顺敬，杨建文，王接应. 腓骨小头倒转移植再造外踝治疗腓骨远端动脉瘤样骨囊肿一例报告[J]. 中华骨科杂志，2004，24（1）：57. DOI: 10.3760/j.issn: 0253-2352.2004.01.021.** {HU Shunjing,YANG Jianwen,WANG Jieying. Lateral malleolus reconstruction by inverted fibular capitulum transplant for the treatment of aneurysmal bone cyst of distal fibula:a case report[J]. Zhonghua Gu Ke Za Zhi[Chin J Orthop(Article in Chinese;No abstract available)],2004,24(1):57. DOI:10.3760/j.issn:0253-2352.2004.01.021.}

[3867] **张金明，陈小萱，彭解人，黄晓明，刘小容. 应用腹直肌－后鞘腹膜复合瓣游离移植再造颈段食管的初步报道[J]. 中华外科杂志，2004，42（2）：123. DOI: 10.3760/j: issn: 0529-5815.2004.02.021.** {ZHANG Jinming,CHEN Xiaoxuan,PENG Jieren,HUANG Xiaoming,LIU Xiaorong. Free transplantation of rectus abdominis-posterior sheath peritoneum composite flap for cervical esophagus reconstruction:a preliminary report[J]. Zhonghua Wai Ke Za Zhi[Chin J Surg(Article in Chinese;No abstract available)],2004,42(2):123. DOI:10.3760/j:issn:0529-5815.2004.02.021.}

[3868] **侯彦伟，吕远东，王国胜，刁志勇，董白石. 阴股沟皮瓣阴囊再造术[J]. 中华整形外科杂志，2005，21（3）：237-238. DOI: 10.3760/j.issn: 1009-4598.2005.03.028.** {HOU Yanwei,LV Yuanfang,WANG Guosheng,DIAO Zhiyong,DONG Baishi. Scrotal reconstruction with pudendal inguinal flap[J]. Zhonghua Zheng Xing Wai Ke Za Zhi[Chin J Plast Surg(Article in Chinese;No abstract available)],2005,21(3):237-238. DOI:10.3760/j.issn:1009-4598.2005.03.028.}

[3869] **刘凤彬，田宝祥，逯新忠，孙庆春，常诚，杨雄，蔺海龙. 耳后乳突部跨区反流轴型皮瓣修复额部电烧伤并一期眉毛再造[J]. 中华整形外科杂志，2005，21（5）：378. DOI: 10.3760/j.issn: 1009-4598.2005.05.026.** {LIU Fengbin,TIAN Baoxiang,LU Xinzhong,SUN Qingchun,CHANG Cheng,YANG Xiong,LIN Hailong. Transregional reverse flow axial skin flap of retroauricular mastoid region for forehead electric burn and primary eyebrow reconstruction[J]. Zhonghua Zheng Xing Wai Ke Za Zhi[Chin J Plast Surg(Article in Chinese;No abstract available)],2005,21(5):378. DOI:10.3760/j.issn:1009-4598.2005.05.026.}

[3870] **程君涛，李小毅. 阴股沟双皮瓣阴囊再造术治愈阴囊高压电击伤一例[J]. 中华烧伤杂志，2006，22（6）：476. DOI: 10.3760/cma.j.issn.1009-2587.2006.06.035.** {CHENG Juntao,LI Xiaoyi. Scrotal reconstruction with double pudendal thigh flaps for high voltage injury of scrotum:a case report[J]. Zhonghua Shao Shang Za Zhi[Chin J Burns(Article in Chinese;No abstract available)],2006,22(6):476. DOI:10.3760/cma.j.issn.1009-2587.2006.06.035.}

[3871] 刘静明，陈志远，朱正宏，李冬梅. 游离皮瓣眶窝充填再造眼窝手术方法探讨 [J]. 中华整形外科杂志，2006，22(5)：344-346. DOI：10.3760/j.issn：1009-4598.2006.05.007. {LIU Jingming,CHEN Zhiyuan,ZHU Zhenghong,LI Dongmei. Eye socket reconstruction with free flap[J]. Zhonghua Zheng Xing Wai Ke Za Zhi[Chin J Plast Surg(Article in Chinese;Abstract in Chinese and English)],2006,22(5):344-346. DOI:10.3760/j.issn:1009-4598.2006.05.007.}

[3872] 姚刚，周芳，Neligan，Peter C. 穿支皮瓣在组织器官缺损修复和再造中的应用 [J]. 中国修复重建外科杂志，2007，21(6)：621-624. {YAO Gang,ZHOU Fang,Neligan,Peter C. Application of perforator flaps to repair of soft-tissue defect and reconstruction of breast and tongue[J]. Zhongguo Xiu Fu Chong Jian Wai Ke Za Zhi[Chin J Repar Reconstr Surg(Article in Chinese;Abstract in Chinese and English)],2007,21(6):621-624.}

[3873] 刘学亮. 吻合血管髂骨皮瓣及带蒂腓骨皮瓣联合应用再造足一例 [J]. 中华显微外科杂志，2007，30(5)：353. DOI：10.3760/cma.j.issn.1001-2036.2007.05.035. {LIU Xueliang. Combined application of vascularized iliac flap and pedicled fibular flap for foot reconstruction[J]. Zhonghua Xian Wei Wai Ke Za Zhi[Chin J Microsurg(Article in Chinese;No abstract available)],2007,30(5):353. DOI:10.3760/cma.j.issn.1001-2036.2007.05.035.}

[3874] 王达利，魏在荣，祁建平，聂开瑜. 阴囊再造术后皮瓣修薄对睾丸生精功能的影响一例 [J]. 中华外科杂志，2007，45(23)：1655-1656. DOI：10.3760/j.issn：0529-5815.2007.23.027. {WANG Dali,WEI Zairong,QI Jianping,LIE Kaiyu. Effect of skin flap thinning on testicular spermatogenesis after scrotal reconstruction:a case report[J]. Zhonghua Wai Ke Za Zhi[Chin J Surg(Article in Chinese;No abstract available)],2007,45(23):1655-1656. DOI:10.3760/j.issn:0529-5815.2007.23.027.}

[3875] 蔡震，蒋海越，国冬军，潘博，庄洪兴. 扩张额部岛状皮瓣眼窝再造的临床研究 [J]. 中国修复重建外科杂志，2007，21(8)：847-849. {CAI Zhen,JIANG Haiyue,GUO Dongjun,PAN Bo,ZHUANG Hongxing. Reconstruction of contracted eye socket using expanded forehead island skin flap[J]. Zhongguo Xiu Fu Chong Jian Wai Ke Za Zhi[Chin J Repar Reconstr Surg(Article in Chinese;Abstract in Chinese and English)],2007,21(8):847-849.}

[3876] 赵德伟，崔大平. 股骨头缺血性坏死修复与再造的长期随访观察 [J]. 中国矫形外科杂志，2008，16(7)：481-484. {ZHAO Dewei,CUI Daping. Long-term follow-up of osteonecrosis of the femoral head with repair and reconstruction[J]. Zhongguo Jiao Xing Wai Ke Za Zhi[Orthop J China(Article in Chinese;Abstract in Chinese and English)],2008,16(7):481-484.}

[3877] 程文丹，赵宇，刘业海，汪春兰，王帮河，丁浩. 双侧岛状颊肌黏膜瓣联合咽后壁瓣上提再造软腭二例 [J]. 中华整形外科杂志，2008，24(5)：401-402. DOI：10.3760/j.issn：1009-4598.2008.05.027. {CHENG Wendan,ZHAO Yu,LIU Yehai,WANG Chunlan,WANG Banghe,DING Hao. Soft palate reconstruction with bilateral buccal myomucosal island flap combined with posterior pharyngeal wall flap:two cases report[J]. Zhonghua Zheng Xing Wai Ke Za Zhi[Chin J Plast Surg(Article in Chinese;No abstract available)],2008,24(5):401-402. DOI:10.3760/j.issn:1009-4598.2008.05.027.}

[3878] 林瑞杰，叶亲颖，黎立军，王班伟，黄晓燕. 额部皮瓣移位联合耳软骨移植的下眼睑一期再造 [J]. 中国修复重建外科杂志，2008，22(6)：767-768. {LIN Ruixing,YE Qinying,LI Lijun,WANG Banwei,HUANG Xiaoyan. One stage reconstruction of lower eyelid with forehead flap transfer and auricular cartilage transplantation[J]. Zhongguo Xiu Fu Chong Jian Wai Ke Za Zhi[Chin J Repar Reconstr Surg(Article in Chinese;Abstract in Chinese)],2008,22(6):767-768.}

[3879] 陶海，马志中，吴海洋，侯世科，王朋，王伟，韩毳. 经鼻内窥镜自体组织移植泪道再造术的应用解剖 [J]. 中国临床解剖学杂志，2009，27(1)：15-19. {TAO Hai,MA Zhizhong,WU Haiyang,HOU Shike,WANG Peng,WANG Wei,HAN Cui. Applied anatomy of endoscopic transnasal lacrimal.duct reconstruction with grafting of autogenous tissue[J]. Zhongguo Lin Chuang Jie Pou Xue Za Zhi[Chin J Clin Anat(Article in Chinese;Abstract in Chinese and English)],2009,27(1):15-19.}

[3880] 许亚军，周晓，周建东，柯尊山，陈学明. 蹲趾毁损伤的再造 [J]. 实用手外科杂志，2012，26(4)：317-318，370. DOI：10.3969/j.issn.1671-2722.2012.04.005. {XU Yajun,ZHOU Xiao,ZHOU Jiandong,KE Zunshan,CHEN Xueming. Reconstruction of toe injury[J]. Shi Yong Shou Wai Ke Za Zhi[Chin J Pract Hand Surg(Article in Chinese;Abstract in Chinese and English)],2012,26(4):317-318,370. DOI:10.3969/j.issn.1671-2722.2012.04.005.}

[3881] 张宇轩，许亚军，陈学明，周建东，张兴飞. 足部严重毁损伤组合移植一期再造修复重建前中足一例 [J]. 中华显微外科杂志，2017，40(6)：618-620. DOI：10.3760/cma.j.issn.1001-2036.2017.06.036. {ZHANG Yuxuan,XU Yajun,CHEN Xueming,ZHOU Jiandong,ZHANG Xingfei. One stage reconstruction of anterior midfoot by combined transplantation of severely damaged foot:a case report[J]. Zhonghua Xian Wei Wai Ke Za Zhi[Chin J Microsurg(Article in Chinese;No abstract available)],2017,40(6):618-620. DOI:10.3760/cma.j.issn.1001-2036.2017.06.036.}

[3882] 刘龙灿，刘元波，臧梦青，朱珊，陈博，李杉珊. 以颞浅血管顶支为蒂的扩张头皮岛状瓣再造鬓角的临床研究 [J]. 中国修复重建外科杂志，2017，31(11)：1358-1362. DOI：10.7507/1002-1892.201706019. {LIU Longcan,LIU Yuanbo,ZANG Mengqing,ZHU Shan,CHEN Bo,LI Shanshan. Clinical research of sideburn reconstruction with expanded island scalp flap based on parietal branch of superficial temporal vessel[J]. Zhongguo Xiu Fu Chong Jian Wai Ke Za Zhi[Chin J Repar Reconstr Surg(Article in Chinese;Abstract in Chinese and English)],2017,31(11):1358-1362. DOI:10.7507/1002-1892.201706019.}

[3883] 侯俊杰，张洁，杨欣，李健宁，秦泽莲. 颞浅动脉岛状皮瓣在眉再造中的应用 [J]. 组织工程与重建外科杂志，2018，14(1)：36-38. DOI：10.3969/j.issn.1673-0364.2018.01.010. {HOU Junjie,ZHANG Jie,YANG Xin,LI Jianning,QIN Zelian. Application of superficial temporal artery island flap in the reconstruction of eyebrows[J]. Zu Zhi Gong Cheng Yu Chong Jian Wai Ke Za Zhi[J Tissue Eng Reconstr Surg(Article in Chinese;Abstract in Chinese and English)],2018,14(1):36-38. DOI:10.3969/j.issn.1673-0364.2018.01.010.}

[3884] 张倜然，陈弋华，刘立强，范金财，甘承，田佳，杨增杰，焦虎，张桦，陈红波. 耳后皮肤头皮联合扩张皮瓣鬓角再造术 [J]. 中华整形外科杂志，2019，35(5)：425-429. DOI：10.3760/cma.j.issn.1009-4598.2019.05.002. {ZHANG Tiran,CHEN Yihua,LIU Liqiang,FAN Jincai,GAN Cheng,TIAN Jia,YANG Zengjie,JIAO Hu,ZHANG Hua,CHEN Hongbo. Natural sideburn reconstruction with retroauricular expanded flap with original hairline[J]. Zhonghua Zheng Xing Wai Ke Za Zhi[Chin J Plast Surg(Article in Chinese;Abstract in Chinese and English)],2019,35(5):425-429. DOI:10.3760/cma.j.issn.1009-4598.2019.05.002.}

3.5.1 阴茎再造
penile reconstruction

[3885] SUNG RY. Reconstruction of the male genitalia[J]. Chin Med J,1954,72(6):446-452.(Non-microsurgical reconstruction)

[3886] Sung RY. One-stage total reconstruction of the male genitalia[J]. Chin Med J,1979,92(3):181-184.

[3887] He QL,Lin ZH,Liu Q,Yang FW,Yuan XB,Zhang HL,Gao XS. One-stage penis reconstruction with the abdominal fasciocutaneous flap based on the double arteries. Report of 16 cases[J]. Chin Med J,1987,100(4):255-259.

[3888] Huang WY,Eid AE,Cheng KX. Diphallus in an adult:microsurgical treatment--case report[J]. J Reconstr Microsurg,1994,10(6):387-391. doi:10.1055/s-2007-1006608.

[3889] Cheng KX,Hwang WY,Eid AE,Wang SL,Chang TS,Fu KD. Analysis of 136 cases of reconstructed penis using various methods[J]. Plast Reconstr Surg,1995,95(6):1070-1080; discussion 1081-1084.

[3890] Cheng KX,Zhang RH,Zhou S,Jiang KC,Eid AE,Huang WY. Cheng's method for reconstruction of a functionally sensitive penis[J]. Plast Reconstr Surg,1997,99(1):87-91; discussion 92. doi:10.1097/00006534-199701000-00012.

[3891] Pei GX,Li K,Xie C. Reconstruction of the penis after severe injury[J]. Injury,1998,29(5):329-334. doi:10.1016/s0020-1383(97)00089-2.

[3892] Hu ZQ,Hyakusoku H,Gao JH,Aoki R,Ogawa R,Yan X. Penis reconstruction using three different operative methods[J]. Br J Plast Surg,2005,58(4):487-492. doi:10.1016/j.bjps.2004.11.007.

[3893] Wang H,Li SK,Yang MY,Li YQ,Li Q,Chen W,Wang YQ. A free scapular skin flap for penile reconstruction[J]. J Plast Reconstr Aesthet Surg,2007,60(11):1200-1203. doi:10.1016/j.bjps.2007.03.003.

[3894] Yang M,Zhao M,Li S,Li Y. Penile reconstruction by the free scapular flap and malleable penis prosthesis[J]. Ann Plast Surg,2007,59(1):95-101. doi:10.1097/01.sap.0000253745.07940.da.

[3895] Ma S,Cheng K,Liu Y. Sensibility following innervated free radial forearm flap for penile reconstruction[J]. Plast Reconstr Surg,2011,127(1):235-241. doi:10.1097/PRS.0b013e3181fad371.

[3896] Ma S,Liu Y,Chang T,Cheng K. Long-term follow-up of sensation recovery of the penis reconstructed by Cheng's method[J]. Plast Reconstr Surg,2011,127(4):1546-1552. doi:10.1097/PRS.0b013e318208d273.

[3897] Ye X,Wang C,Yu Y,Zheng S. Pedicled deep inferior epigastric perforator flap for total phallic reconstruction[J]. Ann Plast Surg,2012,69(1):64-66. doi:10.1097/SAP.0b013e3182223d29.

[3898] Xiao K,Cheng K,Song N. A new surgical procedure for phallic reconstruction in partial penis necrosis:penile elongation in combination with glanuloplasty[J]. Ann Plast Surg,2014,72(6):638-642. doi:10.1097/SAP.0000000000000051.

[3899] Dong L,Dong Y,He L,Liu C,Zhang Z,Xiao B,Xia W,Xia W. Penile reconstruction by preexpanded free scapular flap in severely burned patient[J]. Ann Plast Surg,2014,73 Suppl 1:S27-S30. doi:10.1097/SAP.0000000000000282.

[3900] Ma S,Cheng K,Liu Y,Chen F. A new surgical procedure for penile reconstruction by combined free radial forearm flap and dorsalis pedis flap[J]. Urology,2016,97:232-237. doi:10.1016/j.urology.2016.03.076.

[3901] Lei H,Han H,Ma T,Tian L. Innervated and vascularized radial thenar flap free grafting for partial penile reconstruction after traumatic penile amputation:a case report and surgical techniques[J]. Transl Androl Urol,2020,9(2):776-780. doi:10.21037/tau.2019.12.12.

[3902] 宋儒耀，桂世礽. 阴茎再造术 [J]. 中华外科杂志，1956，4(7)：502-508. {SONG Ruyao,GUI Shireng. Penile reconstruction[J]. Zhonghua Wai Ke Za Zhi[Chin J Surg(Article in Chinese;No abstract available)],1956,4(7):502-508.}(非显微再造 Non-microsurgical reconstruction)

[3903] 高学书，何清濂. 阴茎再造四例报告 [J]. 中华外科杂志，1980，18(1)：67-68. {GAO Xueshu,HE Qinglian. Penile reconstruction:a report of 4 cases[J]. Zhonghua Wai Ke Za Zhi[Chin J Surg(Article in Chinese;No abstract available)],1980,18(1):67-68.}

[3904] 丘伋裔. 一期完成的阴茎再造术 [J]. 中华泌尿外科杂志，1983，4(5)：292-293. {QIU Jiyi. One stage penile reconstruction[J]. Zhonghua Mi Niao Wai Ke Za Zhi[Chin J Urol(Article in Chinese;No abstract available)],1983,4(5):292-293.}

[3905] 高学书，高健华，刘其，袁相斌，章惠兰，何清濂，杨增年，施浩然. 应用前臂游离皮瓣一次完成阴茎再造（附五例报告）[J]. 中华医学杂志，1984，64(8)：470-473. {GAO Xueshu,GAO Jianhua,LIU Qi,YUAN Xiangbin,ZHANG Huilan,HE Qinglian,YANG Zengnian,SHI Haoran. Penile reconstruction with forearm free flap:a report of 5 cases[J]. Zhonghua Yi Xue Za Zhi[Natl Med J China(Article in Chinese;Abstract in Chinese)],1984,64(8):470-473.}

[3906] 何清濂，章惠兰，袁湘斌，刘麒，林子豪，杨放炜，高学书. 腹壁双血管蒂筋膜皮肤瓣一次完成阴茎再造（附12例报告）[J]. 中华外科杂志，1986，24(4)：216-218. {HE Qinglian,ZHANG Huilan,YUAN Xiangbin,LIU Qi,LIN Zihao,YANG Fangwei,GAO Xueshu. Double vascular pedicle fasciocutaneous flap of abdominal wall for penile reconstruction:a report of 12 cases[J]. Zhonghua Wai Ke Za Zhi[Chin J Surg(Article in Chinese;No abstract available)],1986,24(4):216-218.}

[3907] 陈继庞，刘武，陈兆田，岳国民，马法武. 游离大网膜移植在阴茎再造中的应用 [J]. 中华泌尿外科杂志，1988，9(1)：43. {CHEN Jipang,LIU Wu,CHEN Zhaotian,YUE Guomin,MA Fawu. Free omentum transplantation in penile reconstruction[J]. Zhonghua Mi Niao Wai Ke Za Zhi[Chin J Urol(Article in Chinese;No abstract available)],1988,9(1):43.}

[3908] 龙道畴，何宜新，王松山，陕声国，罗定安，季家元，余墨声. 带双血管蒂的髂骨嵴复合岛状瓣一期再造阴茎 [J]. 中华外科杂志，1988，26(12)：747-749. {LONG Daochou,HE Yixin,WANG Songshan,XIA Shengguo,LUO Dingan,JI Jiayuan,YU Mosheng. Double vascular pedicle composite island flap with iliac crest for one stage penile reconstruction[J]. Zhonghua Wai Ke Za Zhi[Chin J Surg(Article in Chinese;No abstract available)],1988,26(12):747-749.}

[3909] 裴国献. 前臂皮瓣与带旋髂深血管的髂骨联合移植再造阴茎 [J]. 修复重建外科杂志，1988，2(2)：167. {PEI Guoxian. Combined transplantation of forearm flap and iliac bone with deep circumflex iliac artery for penile reconstruction[J]. Zhongguo Xiu Fu Chong Jian Wai Ke Za Zhi[Chin J Repar Reconstr Surg(Article in Chinese;No abstract available)],1988,2(2):167.}

[3910] 林子豪. 脐旁皮瓣一期阴茎再造 [J]. 修复重建外科杂志，1988，2(2)：168. {LIN Zihao. One stage penile reconstruction with paraumbilical flap[J]. Zhongguo Xiu Fu Chong Jian Wai Ke Za Zhi[Chin J Repar Reconstr Surg(Article in Chinese;No abstract available)],1988,2(2):168.}

[3911] 陈宗基. 腹壁轴型皮下蒂皮瓣一期阴茎再造术 [J]. 修复重建外科杂志，1988，2(2)：168. {CHEN Zongji. One stage penile reconstruction with axial subcutaneous pedicle flap of abdominal wall[J]. Zhongguo Xiu Fu Chong Jian Wai Ke Za Zhi[Chin J Repar Reconstr Surg(Article in Chinese;No abstract available)],1988,2(2):168.}

[3912] 何清濂，杨勋忠. 股前部血管神经蒂筋膜皮瓣法阴茎再造 [J]. 修复重建外科杂志，1988，2(2)：170. {HE Qinglian,YANG Xunzhong. Penile reconstruction with fasciocutaneous flap pedicled with anterior femoral artery and nerve[J]. Zhongguo Xiu Fu Chong Jian Wai Ke Za Zhi[Chin J Repar Reconstr Surg(Article in Chinese;No abstract available)],1988,2(2):170.}

[3913] 黄祖轩. 前臂游离皮瓣再造阴茎 [J]. 修复重建外科杂志，1988，2(2)：170-171. {HUANG Zuxuan. Penis reconstruction with free forearm flap[J]. Zhongguo Xiu Fu Chong Jian Wai Ke Za Zhi[Chin J Repar Reconstr Surg(Article in Chinese;No abstract available)],1988,2(2):170-171.}

[3914] 黄祖轩，赵士全. 前臂游离皮瓣再造阴茎一例报告 [J]. 修复重建外科杂志，1989，3(1)：17. {HUANG Zuxuan,ZHAO Shiquan. Penis reconstruction with free forearm flap:a case report[J]. Zhongguo Xiu Fu Chong Jian Wai Ke Za Zhi[Chin J Repar Reconstr Surg(Article in Chinese;No abstract available)],1989,3(1):17.}

[3915] 何清濂，杨勋忠．股前部血管神经蒂筋膜皮肤瓣再造阴茎一例 [J]．修复重建外科杂志，1989，3（2）：65-97．{HE Qinglian,YANG Xunzhong. Penile reconstruction with fasciocutaneous flap pedicled with anterior femoral artery and nerve:a case report[J]. Zhongguo Xiu Fu Chong Jian Wai Ke Za Zhi[Chin J Repar Reconstr Surg(Article in Chinese;No abstract available)],1989,3(2):65-97.}

[3916] 徐世凯，宫科．应用阴囊皮瓣行阴茎再造术四例报告 [J]．中华泌尿外科杂志，1991，12（4）：259．{XU Shikai,GONG Ke. Penile reconstruction with scrotal flap:a report of 4 cases[J]. Zhonghua Mi Niao Wai Ke Za Zhi[Chin J Urol(Article in Chinese;No abstract available)],1991,12(4):259.}

[3917] 曹寿元，张继恩，刘克斌．髂骨骨皮瓣Ⅰ期再造阴茎一例 [J]．修复重建外科杂志，1991，5（2）：124．{CAO Shouyuan,ZHANG Jien,LIU Kebin. One stage penile reconstruction with iliac bone flap:a case report[J]. Zhongguo Xiu Fu Chong Jian Wai Ke Za Zhi[Chin J Repar Reconstr Surg(Article in Chinese;No abstract available)],1991,5(2):124.}

[3918] 孟庆祥，黄韦君，姜月虎，郭发生，孙秀云．阴茎再造一例 [J]．中国修复重建外科杂志，1992，6（3）：188．{MENG Qingxiang,HUANG Weijun,JIANG Yuehu,GUO Fasheng,SUN Xiuyun. Penile reconstruction with severe perineal burn:a case report[J]. Zhongguo Xiu Fu Chong Jian Wai Ke Za Zhi[Chin J Repar Reconstr Surg(Article in Chinese;No abstract available)],1992,6(3):188.}

[3919] 徐学军，蔡发堂．下腹部复合皮瓣再造阴茎 11 例体会 [J]．中华显微外科杂志，1992，15（2）：104-105．{XU Xuejun,CAI Fatang,CHEN Zhi,XU Jibao,WANG Baoming. Experience of penis reconstruction with composite flap of lower abdomen in 11 cases[J]. Zhonghua Xian Wei Wai Ke Za Zhi[Chin J Microsurg(Article in Chinese;No abstract available)],1992,15(2):104-105.}

[3920] 徐学军，蔡发堂，陈智，王保明．髂腹股沟骨皮瓣一期阴茎再造一例 [J]．中国修复重建外科杂志，1992，6（3）：184．{XU Xuejun,CAI Fatang,CHEN Zhi,WANG Baoming. One stage penile reconstruction with ilioinguinal bone flap:a case report[J]. Zhongguo Xiu Fu Chong Jian Wai Ke Za Zhi[Chin J Repar Reconstr Surg(Article in Chinese;No abstract available)],1992,6(3):184.}

[3921] 熊世文，展望，李光早．腹壁下动静脉蒂上腹岛状肋软骨皮瓣及阴囊隔皮瓣再造阴茎 [J]．中华显微外科杂志，1995，18（2）：128-129．DOI：CNKI：SUN：ZHXW.0.1995-02-032．{XIONG Shiwen,ZHAN Wang,LI Guangzao. Upper abdominal Island costochondral flap with inferior epigastric arteriovenous pedicle and scrotal septal flap for penile reconstruction[J]. Zhonghua Xian Wei Wai Ke Za Zhi[Chin J Microsurg(Article in Chinese;No abstract available)],1995,18(2):128-129. DOI:CNKI:SUN:ZHXW.0.1995-02-032.}

[3922] 秦万长，陈文元，石益民．阴茎再造一例报告 [J]．中华泌尿外科杂志，1996，17（11）：659．{QIN Wanchang,CHEN Wenyuan,SHI Yimin. Penile reconstruction:a case report[J]. Zhonghua Mi Niao Wai Ke Za Zhi[Chin J Urol(Article in Chinese;No abstract available)],1996,17(11):659.}

[3923] 龙先泽，孙重光，孔令宇．下腹部皮瓣移植再造小儿外伤性残缺阴茎二例 [J]．中华显微外科杂志，1996，19（4）：312-313．DOI：CNKI：SUN：ZHXW.0.1996-04-039．{LONG Xianze,SUN Chongguang,KONG Lingyu. Reconstruction of traumatic penile deformity in children with lower abdominal skin flap:report of two cases[J]. Zhonghua Xian Wei Wai Ke Za Zhi[Chin J Microsurg(Article in Chinese;No abstract available)],1996,19(4):312-313. DOI:CNKI:SUN:ZHXW.0.1996-04-039.}

[3924] 王善良，程开祥，周苏，张如鸿，黄文义，张涤生．前置龟头或残余阴茎的阴茎再造术 [J]．中华显微外科杂志，1997，20（4）：19-20．DOI：NKI：SUN：ZHXW.0.1997-04-010．{WANG Shanliang,CHENG Kaixiang,ZHOU Su,ZHANG Ruhong,HUANG Wenyi,ZHANG Disheng. Penile reconstruction of prepose balanus or residual penile[J]. Zhonghua Xian Wei Wai Ke Za Zhi[Chin J Microsurg(Article in Chinese;Abstract in Chinese)],1997,20(4):19-20. DOI:NKI:SUN:ZHXW.0.1997-04-010.}

[3925] 颜玲，钟世镇，徐达传，高建华，彭田红．上腹部皮瓣或脐旁皮瓣联合肋缘软骨瓣阴茎再造——一个新术式的解剖学研究 [J]．中国临床解剖学杂志，2000，18（4）：327-329．DOI：10.3969/j.issn.1001-165X.2000.04.015．{YAN Ling,ZHONG Shizhen,XU Dachuan,GAO Jianhua,PENG Tianhong. Upper abdominal or paraumbilical flap combined with vascularized costal cartilage for penis reconstruction in one-stage(an anatomical study)[J]. Zhongguo Lin Chuang Jie Pou Xue Za Zhi[Chin J Clin Anat(Article in Chinese;Abstract in Chinese and English)],2000,18(4):327-329. DOI:10.3969/j.issn.1001-165X.2000.04.015.}

[3926] 颜玲，钟世镇，彭田红．脐旁皮瓣联合肋缘软骨瓣转移一期阴茎再造的解剖基础 [J]．中华显微外科杂志，2000，23（3）：217-218．DOI：10.3760/cma.j.issn.1001-2036.2000.03.022．{YAN Ling,ZHONG Shizhen,PENG Tianhong. Anatomical basis of one-stage penile reconstruction with paraumbilical flap and costal marginal cartilage flap[J]. Zhonghua Xian Wei Wai Ke Za Zhi[Chin J Microsurg(Article in Chinese;No abstract available)],2000,23(3):217-218. DOI:10.3760/cma.j.issn.1001-2036.2000.03.022.}

[3927] 吴建明，林子豪，杨松林，江华，刘麒，袁相斌，赵耀忠，朱晓海，陈敏亮，吴宏．双渠道血供腹壁皮瓣阴茎再造术 [J]．中华整形外科杂志，2001，17（6）：344-346．DOI：10.3760/j.issn：1009-4598.2001.06.008．{WU Jianming,LIN Zihao,YANG Songlin,JIANG Hua,LIU Qi,YUAN Xiangbin,ZHAO Yaozhong,ZHU Xiaohai,CHEN Minliang,WU Hong. Phalloplasty using an abdominal flap with two sources of blood supply (16 cases reports)[J]. Zhonghua Zheng Xing Wai Ke Za Zhi[Chin J Plast Surg(Article in Chinese;Abstract in Chinese and English)],2001,17(6):344-346. DOI:10.3760/j.issn:1009-4598.2001.06.008.}

[3928] 于立新，刘小友，付绍杰，陈林峰，邓文锋，叶桂荣．应用髂腹股沟－脐胸复合皮瓣一期阴茎再造 8 例术后 13 年随访报告 [J]．第一军医大学学报，2002，22（12）：1133-1135．DOI：10.3321/j.issn：1673-4254.2002.12.026．{YU Lixin,LIU Xiaoyou,DU Shaojie,CHEN Linfeng,DENG Wenfeng,YE Guirong. Thirteen-year follow-up in 8 cases of penis reconstruction by ilio-inguinal and umbilical-thoracic compound flaps[J]. Di Yi Jun Yi Da Xue Xue Bao[J First Mil Med Univ(Article in Chinese;Abstract in Chinese and English)],2002,22(12):1133-1135. DOI:10.3321/j.issn:1673-4254.2002.12.026.}

[3929] 杨明勇，李森恺，李养群，李强，黄渭清，周传德，唐勇．肩胛皮瓣再造阴茎 [J]．中华整形外科杂志，2003，19（2）：88-90．DOI：10.3760/j.issn：1009-4598.2003.02.003．{YANG Mingyong,LI Senkai,LI Yangqun,LI Qiang,HUANG Weiqing,ZHOU Chuande,TANG Yong. Penile reconstruction by using a scapular free flap[J]. Zhonghua Zheng Xing Wai Ke Za Zhi[Chin J Plast Surg(Article in Chinese;Abstract in Chinese and English)],2003,19(2):88-90. DOI:10.3760/j.issn:1009-4598.2003.02.003.}

[3930] 李文鹏，江华．阴茎再造术的进展 [J]．中华男科学杂志，2004，10（12）：937-940．DOI：10.3969/j.issn.1009-3591.2004.12.019．{LI Wenpeng,JIANG Hua. Advances in Phalloplasty[J]. Zhonghua Nan Ke Xue Za Zhi[Natl J Androl(Article in Chinese;Abstract in Chinese and English)],2004,10(12):937-940. DOI:10.3969/j.issn.1009-3591.2004.12.019.}

[3931] 吴包金，江华，李文鹏，张盈帆．再造阴茎感觉功能重建动物模型的建立 [J]．第二军医大学学报，2005，26（1）：17-20．DOI：10.3321/j.issn：0258-879X.2005.01.007．{WU Baojin,JIANG Hua,LI Wenpeng,ZHANG Yingfan. Establishing an experimental animal model of phallic reconstruction with sensory restoration[J]. Di Er Jun Yi Da Xue Xue Bao[Acad J Sec Mil Med Univ(Article in Chinese;Abstract in Chinese and English)],2005,26(1):17-20. DOI:10.3321/j.issn:0258-879X.2005.01.007.}

[3932] 吴包金，江华，李文鹏，张盈帆，倪灿荣．家兔再造阴茎再生神经纤维轴浆流的恢复 [J]．第二军医大学学报，2005，26（1）：21-23．DOI：10.3321/j.issn：0258-879X.2005.01.008．{WU Baojin,JIANG Hua,LI Wenpeng,ZHANG Yingfan,NI Canrong. Axoplasm flow restoration in regenerative nerve fiber in reconstructed penis of rabbits[J]. Di Er Jun Yi Da Xue Xue Bao[Acad J Sec Mil Med Univ(Article in Chinese;Abstract in Chinese and English)],2005,26(1):21-23. DOI:10.3321/j.issn:0258-879X.2005.01.008.}

[3933] 麻荪香，程开祥，刘阳，朱艺，曹谊林．双阴茎畸形阴茎再造术后感觉功能检测（附病例报告一例）[J]．组织工程与重建外科杂志，2006，2（4）：205-207．DOI：10.3969/j.issn.1673-0364.2006.04.008．{MA Sunxiang,CHENG Kaixiang,LIU Yang,ZHU Yi,CAO Yilin. Sensory detection in reconstructed penis of diphallia:a case report[J]. Zu Zhi Gong Cheng Yu Chong Jian Wai Ke Za Zhi[J Tissue Eng Reconstr Surg(Article in Chinese;Abstract in Chinese and English)],2006,2(4):205-207. DOI:10.3969/j.issn.1673-0364.2006.04.008.}

[3934] 朱选文，方家杰，叶秀娣，虞渝生，钟达川，张峰彬．利用腹壁下动脉穿支皮瓣阴茎再造的临床研究 [J]．中华泌尿外科杂志，2008，29（6）：396-398．DOI：10.3321/j.issn：1000-6702.2008.06.009．{ZHU Xuanwen,FANG Jiajie,YE Xiudi,YU Yusheng,ZHONG Dachuan,ZHANG Fengbin. Penile reconstruction using deep inferior epigastric perforator flap[J]. Zhonghua Mi Niao Wai Ke Za Zhi[Chin J Urol(Article in Chinese;Abstract in Chinese and English)],2008,29(6):396-398. DOI:10.3321/j.issn:1000-6702.2008.06.009.}

[3935] 曾又林，刘继红．扩大的阴股沟皮瓣一期阴茎再造的实验研究 [J]．中华男科学杂志，2009，15（6）：526-529．{ZENG Youlin,LIU Jihong. One-Stage Phallic Reconstruction with Extended Pudendal-Thigh Flap:A Desirable Surgical Option[J]. Zhonghua Nan Ke Xue Za Zhi[Natl J Androl(Article in Chinese;Abstract in Chinese and English)],2009,15(6):526-529.}

[3936] 朱小平，包国宏，黄朝帅．会阴严重烧伤患者阴茎再造一例 [J]．中华整形外科杂志，2011，27（6）：470．DOI：10.3760/cma.j.issn.1009-4598.2011.06.020．{ZHU Xiaoping,BAO Guohong,HUANG Chaoshuai. Penile reconstruction with severe perineal burn:a case report[J]. Zhonghua Zheng Xing Wai Ke Za Zhi[Chin J Plast Surg(Article in Chinese;No abstract available)],2011,27(6):470. DOI:10.3760/cma.j.issn.1009-4598.2011.06.020.}

[3937] 刘阳，陈付国，程开祥．不同形态支撑体植入对再造阴茎龟头形态的影响 [J]．组织工程与重建外科杂志，2011，7（4）：211-213．DOI：10.3969/j.issn.1673-0364.2011.04.007．{LIU Yang,CHEN Fuguo,CHENG Kaixiang. The influence of the implanted stiffener on the long term appearance of the reconstructed phallus[J]. Zu Zhi Gong Cheng Yu Chong Jian Wai Ke Za Zhi[J Tissue Eng Reconstr Surg(Article in Chinese;Abstract in Chinese and English)],2011,7(4):211-213. DOI:10.3969/j.issn.1673-0364.2011.04.007.}

[3938] 冯隽，李养群，唐勇，杨喆，赵穆欣，陈文，马宁，王维新，胡春梅．三种阴茎再造术的比较 [J]．中华整形外科杂志，2014，30（3）：179-182．DOI：10.3760/cma.j.issn.1009-4598.2014.03.006．{FENG Jun,LI Yangqun,TANG Yong,YANG Jie,ZHAO Muxin,CHEN Wen,MA Ning,WANG Weixin,HU Chunmei. Comparative study of three different methods for penile reconstruction[J]. Zhonghua Zheng Xing Wai Ke Za Zhi[Chin J Plast Surg(Article in Chinese;Abstract in Chinese and English)],2014,30(3):179-182. DOI:10.3760/cma.j.issn.1009-4598.2014.03.006.}

[3939] 刘阳，程开祥，陈付国，程辰，麻荪香．程氏阴茎再造术后感觉功能恢复的研究 [J]．组织工程与重建外科杂志，2015，11（3）：169-171．DOI：10.3969/j.issn.1673-0364.2015.03.014．{LIU Yang,CHENG Kaixiang,CHEN Fuguo,CHENG Chen,MA Sunxiang. The sensation recovery in reconstructed phallus by Cheng's method[J]. Zu Zhi Gong Cheng Yu Chong Jian Wai Ke Za Zhi[J Tissue Eng Reconstr Surg(Article in Chinese;Abstract in Chinese and English)],2015,11(3):169-171. DOI:10.3969/j.issn.1673-0364.2015.03.014.}

[3940] 杨喆，李养群，唐勇，赵穆欣，陈文，马宁，王维新．带蒂股前外侧皮瓣阴茎再造术的临床应用 [J]．中华整形外科杂志，2015，31（6）：406-410．DOI：10.3760/cma.j.issn.1009-4598.2015.06.002．{YANG Jie,LI Yangqun,TANG Yong,ZHAO Muxin,CHEN Wen,MA Ning,WANG Weixin. The pedicled anterolateral thigh flap for penile reconstruction[J]. Zhonghua Zheng Xing Wai Ke Za Zhi[Chin J Plast Surg(Article in Chinese;Abstract in Chinese and English)],2015,31(6):406-410. DOI:10.3760/cma.j.issn.1009-4598.2015.06.002.}

[3941] 薛兵建，刘立强，殷竹鸣，范金财，田佳，甘承，杨增杰，韩兵．皮瓣复合肌肉功能性阴茎再造术的临床前研究 [J]．中华整形外科杂志，2016，32（5）：354-358．DOI：10.3760/cma.j.issn.1009-4598.2016.05.009．{XUE Bingjian,LIU Liqiang,YIN Zuming,FAN Jincai,TIAN Jia,GAN Cheng,YANG Zengjie,HAN Bing. Functional penile reconstruction with skin flaps combined with muscle:a preclinical study[J]. Zhonghua Zheng Xing Wai Ke Za Zhi[Chin J Plast Surg(Article in Chinese;Abstract in Chinese and English)],2016,32(5):354-358. DOI:10.3760/cma.j.issn.1009-4598.2016.05.009.}

[3942] 张妍．阴茎再造术后尿瘘原因分析与治疗 [J]．组织工程与重建外科杂志，2017，13（1）：54-56．DOI：10.3969/j.issn.1673-0364.2017.01.016．{ZHANG Yan. Causes and therapies of fistula after phallic reconstruction[J]. Zu Zhi Gong Cheng Yu Chong Jian Wai Ke Za Zhi[J Tissue Eng Reconstr Surg(Article in Chinese;Abstract in Chinese and English)],2017,13(1):54-56. DOI:10.3969/j.issn.1673-0364.2017.01.016.}

[3943] 陆文婷，卞薇薇，陈萍，廖思思，黄莹．新型可调节支撑护具在阴茎再造术后早期运用的前瞻性研究 [J]．组织工程与重建外科杂志，2018，14（3）：152-154．DOI：10.3969/j.issn.1673-0364.2018.03.009．{LU Wenting,BIAN Weiwei,CHEN Ping,LIAO Sisi,HUANG Ying. A prospective study of the early application with a new model of adjustable support protector in penis reconstruction[J]. Zu Zhi Gong Cheng Yu Chong Jian Wai Ke Za Zhi[J Tissue Eng Reconstr Surg(Article in Chinese;Abstract in Chinese and English)],2018,14(3):152-154. DOI:10.3969/j.issn.1673-0364.2018.03.009.}

3.5.2 阴道再造
vaginal reconstruction

[3944] Hwang WY,Chang TS,Sun P,Chung TH. Vaginal reconstruction using labia minora flaps in congenital total absence[J]. Ann Plast Surg,1985,15(6):534-537. doi:10.1097/0000637-198512000-00013.

[3945] Chen ZJ,Chen MY,Chen C,Wu N. Vaginal reconstruction with an axial subcutaneous pedicle flap from the inferior abdominal wall:a new method[J]. Plast Reconstr Surg,1989,83(6):1005-1012. doi:10.1097/00006534-198906000-00013.

[3946] Xiong S,Zhan W,Cheng X,Li G,Zhao T,Yu G,Miao H. Vaginal reconstruction with an island flap of the inferior epigastric vascular pedicle[J]. Plast Reconstr Surg,1993,92(2):271-275. doi:10.1097/00006534-199308000-00011.

[3947] Wang X,Qiao Q,Burd A,Liu Z,Zhao R,Song K,Feng R,Zeng A,Zhao Y. A new technique of vaginal reconstruction with the deep inferior epigastric perforator flap:a preliminary report[J]. Plast Reconstr Surg,2007,119(6):1785-1790. doi:10.1097/01.prs.0000259076.16918.fa.

[3948] Ling B,Gao Z,Sun M,Sun F,Zhang A,Zhao W,Hu W. Laparoscopic radical hysterectomy with vaginectomy and reconstruction of vagina in patients with stage I of primary vaginal carcinoma[J]. Gynecol Oncol,2008,109(1):92-96. doi:10.1016/j.ygyno.2007.12.012.

[3949] Ma Y,Qin R,Bi H,Yang X,Zhang J,Yuan J,Li J. The use of peritoneal tissue mobilised with a novel laparoscopic technique to reconstruct a neovagina[J]. J Plast Reconstr Aesthet Surg,2009,62(3):326-330. doi:10.1016/j.bjps.2007.11.006.

[3950] Weiwei L,Zhifei L,Ang Z,Lin Z,Dan L,Qun Q. Vaginal reconstruction with the muscle-sparing vertical rectus abdominis myocutaneous flap[J]. J Plast Reconstr Aesthet Surg,2009,62(3):335-340. doi:10.1016/j.bjps.2008.06.040.

[3951] Ang Z,Qun Q,Peirong Y,Fei LZ,Lin Z,Wei LW,Lin ZH,Rong FB. Refined DIEP flap technique for vaginal reconstruction[J]. Urology,2009,74(1):197-201. doi:10.1016/j.urology.2008.11.054.

[3952] Wu JX,Li B,Li WZ,Jiang YG,Liang JX,Zhong CX. Laparoscopic vaginal reconstruction using an ileal segment[J]. Int J Gynaecol Obstet,2009,107(3):258-261. doi:10.1016/j.ijgo.2009.07.009.

[3953] Lv L,Sun Y,Liu H,Lou J,Peng Z. Neoadjuvant chemotherapy followed by radical surgery and reconstruction of the vagina in a patient with stage II primary vaginal squamous carcinoma[J]. J Obstet Gynaecol Res,2010,36(6):1245-1248. doi:10.1111/j.1447-0756.2010.01245.x.

[3954] Yang B,Wang N,Zhang S,Wang M. Vaginal reconstruction with sigmoid colon in patients with congenital absence of vagina and menses retention:a report of treatment experience in 22 young women[J]. Int Urogynecol J,2013,24(1):155-160. doi:10.1007/s00192-012-1799-7.

[3955] Ding JX,Zhang XY,Chen LM,Hua KQ. Vaginoplasty using acellular porcine small intestinal submucosa graft in two patients with Meyer-von-Rokitansky-Küster-Hauser syndrome:a prospective new technique for vaginal reconstruction[J]. Gynecol Obstet Invest,2013,75(2):93-96. doi:10.1159/000343233.

[3956] Ding JX,Chen XJ,Zhang XY,Zhang Y,Hua KQ. Acellular porcine small intestinal submucosa graft for cervicovaginal reconstruction in eight patients with malformation of the uterine cervix[J]. Hum Reprod,2014,29(4):677-682. doi:10.1093/humrep/det470.

[3957] Li Y,Liu F,Zhang Z,Zhang M,Cao S,Li Y,Zhang L,Huang X,Xu Y. Bone marrow mesenchymal stem cells could acquire the phenotypes of epithelial cells and accelerate vaginal reconstruction combined with small intestinal submucosa[J]. Cell Biol Int,2015,39(11):1225-1233. doi:10.1002/cbin.10495.

[3958] Liang X. A novel technology for vaginal reconstruction using porcine small intestinal submucosa[J]. Plast Reconstr Surg Glob Open,2016,4(6):e753. doi:10.1097/GOX.0000000000000758.

[3959] Shen F,Zhang XY,Yin CY,Ding JX,Hua KQ. Comparison of small intestinal submucosa graft with split-thickness skin graft for cervicovaginal reconstruction of congenital vaginal and cervical aplasia[J]. Hum Reprod,2016,31(11):2499-2505. doi:10.1093/humrep/dew230.

[3960] Zhang Y,Chen Y,Hua K. Robotic-assisted reconstruction of the cervix and vagina by small intestinal submucosa graft and fusion of the hemiuterus[J]. J Minim Invasive Gynecol,2017,24(4):525-528. doi:10.1016/j.jmig.2016.09.016.

[3961] Liu Y,Wang YF. Successful vaginal delivery at term after vaginal reconstruction with labium minus flaps in a patient with vaginal atresia:A rare case report[J]. J Obstet Gynaecol Res,2017,43(7):1217-1221. doi:10.1111/jog.13342.

[3962] Zhang H,Zhang J,Huang X,Li Y. The methods and mechanisms to differentiate endothelial-like cells and smooth muscle cells from mesenchymal stem cells for vascularization in vaginal reconstruction[J]. Mol Biotechnol,2018,60(6):396-411. doi:10.1007/s12033-018-0079-2.

[3963] Zhang X,Ding Y,Hua K,Liu S,Jia N. Combined laparoscopic and vaginal cervicovaginal reconstruction using acellular porcine small intestinal submucosa graft in a patient with mayer-rokitansky-küster-hauser syndrome (U5aC4V4)[J]. J Minim Invasive Gynecol,2019,26(3):396-397. doi:10.1016/j.jmig.2018.06.001.

[3964] Wang Z,Zeng A,Long F,Wu M,Tan XJ,Liu ZW,Wang XJ. Use of vaginal reconstructive surgery in cervical cancer patients to prevent vaginal stump contracture[J]. J Invest Surg,2021,34(7):747-753. doi:10.1080/08941939.2019.1683658.

[3965] 王庆荣，杨健华. 带血管蒂髂腹股沟皮管转移再造阴道 [J]. 修复重建外科杂志，1988，2(2)：169-170. {WANG Qingrong,YANG Jianhua. Vaginal reconstruction with vascularized ilioinguinal skin flap[J]. Zhongguo Xiu Fu Chong Jian Wai Ke Za Zhi[Chin J Repar Reconstr Surg(Article in Chinese;No abstract available)],1988,2(2):169-170.}

[3966] 吴金仙. 应用阴唇瓣的阴道再造术 [J]. 修复重建外科杂志，1988，2(2)：168-169. {WU Jinxian. Vaginal reconstruction with labial flap[J]. Zhongguo Xiu Fu Chong Jian Wai Ke Za Zhi[Chin J Repar Reconstr Surg(Article in Chinese;No abstract available)],1988,2(2):168-169.}

[3967] 孙玉生，孙波，苗素，张永，于玲，韩秉公，周兴亮. 应用阴唇外侧皮瓣再造阴道的体会 [J]. 修复重建外科杂志，1988，2(3)：31. {SUN Yusheng,SUN Bo,MIAO Su,ZHANG Yong,YU Ling,HAN Bingong,ZHOU Xinliang. Vaginal reconstruction with lateral labial flap[J]. Zhongguo Xiu Fu Chong Jian Wai Ke Za Zhi[Chin J Repar Reconstr Surg(Article in Chinese;No abstract available)],1988,2(3):31.}

[3968] 王庆荣，杨健华. 筋膜血管蒂髂腹股沟皮管转移再造阴道一例 [J]. 修复重建外科杂志，1989，3(2)：85. {WANG Qingrong,YANG Jianhua. Vaginal reconstruction by transfer of ilioinguinal skin tube with fascial vascular pedicle:a case report[J]. Zhongguo Xiu Fu Chong Jian Wai Ke Za Zhi[Chin J Repar Reconstr Surg(Article in Chinese;No abstract available)],1989,3(2):85.}

[3969] 郭恩覃，季正伦，张明利，卢范，江华. 会阴轴型皮瓣再造阴道 [J]. 中华外科杂志，1990，28(9)：552-553. {GUO Enqin,JI Zhenglun,ZHANG Mingli,LU Fan,JIANG Hua. Vaginal reconstruction with perineal axial flap[J]. Zhonghua Wai Ke Za Zhi[Chin J Surg(Article in Chinese;No abstract available)],1990,28(9):552-553.}

[3970] 李松岳，吴秀玲. 阴唇瓣再造阴道二例 [J]. 中国修复重建外科杂志，1993，7(4)：258. {LI Songyue,WU Xiuling. Vaginal reconstruction with labial flap:two cases report[J]. Zhongguo Xiu Fu Chong Jian Wai Ke Za Zhi[Chin J Repar Reconstr Surg(Article in Chinese;No abstract available)],1993,7(4):258.}

[3971] 马云鹏，汪国清，王景德. 软组织扩张器在阴道再造术中的应用 [J]. 中华外科杂志，1994，32(4)：229. DOI：CNKI：SUN：ZHWK.0.1994-04-017. {MA Yunpeng,WANG Guoqing,WANG Jingde. Soft tissue expander in vaginal reconstruction[J]. Zhonghua Wai Ke Za Zhi[Chin J Surg(Article in Chinese;No abstract available)],1994,32(4):229. DOI:CNKI:SUN:ZHWK.0.1994-04-017.}

[3972] 于加平，李艳. 足背游离皮瓣Ⅰ期阴道再造术 10 例 [J]. 中华显微外科杂志，1996，19(4)：300-301. {YU Jiaping,LI Yan. One stage vaginal reconstruction with dorsalis pedis free flap:a report of 10 cases[J]. Zhonghua Xian Wei Wai Ke Za Zhi[Chin J Microsurg(Article in Chinese;No abstract available)],1996,19(4):300-301.}

[3973] 林平，余文卿. 双侧阴股沟皮瓣阴道再造五例 [J]. 中国修复重建外科杂志，1996，10(4)：54. {LIN Ping,YU Wenqing. Vaginal reconstruction with bilateral pudendal inguinal flap:a report of 5 cases[J]. Zhongguo Xiu Fu Chong Jian Wai Ke Za Zhi[Chin J Repar Reconstr Surg(Article in Chinese;No abstract available)],1996,10(4):54.}

[3974] 傅玉坤，刘道功，李世军. 阴股沟皮瓣阴道再造 28 例 [J]. 中华显微外科杂志，1998，21(3)：230. DOI：10.3760/cma.j.issn.1001-2036.1998.03.033. {FU Yukun,LIU Daogong,LI Shijun. Vaginal reconstruction with pudendal inguinal flap:a report of 28 cases[J]. Zhonghua Xian Wei Wai Ke Za Zhi[Chin J Microsurg(Article in Chinese;Abstract in Chinese)],1998,21(3):230. DOI:10.3760/cma.j.issn.1001-2036.1998.03.033.}

[3975] 丁寿勇，傅祖国，罗鑫鉴. 股阴部岛状皮瓣阴道再造术 [J]. 中华显微外科杂志，1998，21(4)：279. DOI：10.3760/cma.j.issn.1001-2036.1998.04.042. {DING Shouyong,FU Zuguo,LUO Xinjian. Vaginal reconstruction with inguinal pudendal island flap[J]. Zhonghua Xian Wei Wai Ke Za Zhi[Chin J Microsurg(Article in Chinese;Abstract in Chinese)],1998,21(4):279. DOI:10.3760/cma.j.issn.1001-2036.1998.04.042.}

[3976] 颜玲，罗锦辉，陈林峰. 轴型皮瓣阴道再造 10 例 [J]. 中华显微外科杂志，1998，21(4)：302. DOI：10.3760/cma.j.issn.1001-2036.1998.04.032. {YAN Ling,LUO Jinhui,CHEN Linfeng,GAO Jianhua. Vaginal reconstruction with axial flap:a report of 10 cases[J]. Zhonghua Xian Wei Wai Ke Za Zhi[Chin J Microsurg(Article in Chinese;No abstract available)],1998,21(4):302. DOI:10.3760/cma.j.issn.1001-2036.1998.04.032.}

[3977] 刘向业，赵玉亭，郭继华. 阴股沟皮瓣阴道再造 [J]. 中华整形外科杂志，1998，14(1)：40. DOI：10.3760/j.issn：1009-4598.1998.01.019. {LIU Xiangye,ZHAO Yuting,GUO Jihua. Vaginal reconstruction with pudendal inguinal flap[J]. Zhonghua Zheng Xing Wai Ke Za Zhi[Chin J Plast Surg(Article in Chinese;No abstract available)],1998,14(1):40. DOI:10.3760/j.issn:1009-4598.1998.01.019.}

[3978] 李艳，于加平. 游离皮瓣Ⅰ期阴道再造术临床应用 [J]. 中华显微外科杂志，2000，23(2)：140. DOI：10.3760/cma.j.issn.1001-2036.2000.02.028. {LI Yan,YU Jiaping. Clinical application of one-stage vaginal reconstruction with free flap[J]. Zhonghua Xian Wei Wai Ke Za Zhi[Chin J Microsurg(Article in Chinese;No abstract available)],2000,23(2):140. DOI:10.3760/cma.j.issn.1001-2036.2000.02.028.}

[3979] 于加平，李艳，曾金鉴. 游离皮瓣一期阴道再造术 [J]. 中华整形外科杂志，2000，16(4)：203. DOI：10.3760/j.issn：1009-4598.2000.04.003. {YU Jiaping,LI Yan,ZENG Jinjian. One-stage vaginal reconstruction with free flap[J]. Zhonghua Zheng Xing Wai Ke Za Zhi[Chin J Plast Surg(Article in Chinese;No abstract available)],2000,16(4):203. DOI:10.3760/j.issn:1009-4598.2000.04.003.}

[3980] 袁相斌，林子豪，何清濂，刘麒，赵耀中，杨松林，陈敏亮，朱晓海，吴建明. 轴型皮瓣再造阴道 126 例经验体会 [J]. 中华显微外科杂志，2001，24(3)：170-171. DOI：10.3760/cma.j.issn.1001-2036.2001.03.003. {YUAN Xiangbin,LIN Zihao,HE Qinglian,LIU Qi,ZHAO Yaozhong,YANG Songlin,CHEN Minliang,ZHU Xiaohai,WU Jianming. Experience of vagina reconstruction with axial pattern skin flap[J]. Zhonghua Xian Wei Wai Ke Za Zhi[Chin J Microsurg(Article in Chinese;Abstract in Chinese and English)],2001,24(3):170-171. DOI:10.3760/cma.j.issn.1001-2036.2001.03.003.}

[3981] 王先成，乔群，Burd，Andrew，刘志飞，冯锐，宋可新，曾昂，赵玉明. 应用腹壁下动脉穿支皮瓣再造阴道 [J]. 中国修复重建外科杂志，2006，20(5)：537-539. {WANG Xianchen,QIAO Qun,Burd,Andrew,LIU Zhifei,FENG Rui,SONG Kexin,ZENG Ang,ZHAO Yuming. Deep ingerior epigastric perforator flap for vaginal reconstruction[J]. Zhongguo Xiu Fu Chong Jian Wai Ke Za Zhi[Chin J Repar Reconstr Surg(Article in Chinese;Abstract in Chinese and English)],2006,20(5):537-539.}

[3982] 马勇光，毕洪森，夏有辰，杨欣，李健宁. 改良阴股沟皮瓣阴道再造术 [J]. 中国修复重建外科杂志，2008，22(12)：1415-1417. {MA Yongguang,BI Hongsen,XIA Youchen,YANG Xin,LI Jianning. Vaginal reconstruction with modified pudendal-thigh flap[J]. Zhongguo Xiu Fu Chong Jian Wai Ke Za Zhi[Chin J Repar Reconstr Surg(Article in Chinese;Abstract in Chinese and English)],2008,22(12):1415-1417.}

[3983] 曾昂，乔群，朱琳，方柏荣，白明，张海林，潘博. 纵行腹壁下动脉穿支皮瓣阴道再造术 [J]. 中华整形外科杂志，2009，25(1)：8-10. DOI：10.3760/cma.j.issn.1009-4598.2009.01.003. {ZENG Ang,QIAO Qun,ZHU Lin,FANG Borong,BAI Ming,ZHANG Hailin,PAN Bo. Vaginal reconstruction with pedicled deep interior epigastric perforator flap[J]. Zhonghua Zheng Xing Wai Ke Za Zhi[Chin J Plast Surg(Article in Chinese;Abstract in Chinese and English)],2009,25(1):8-10. DOI:10.3760/cma.j.issn.1009-4598.2009.01.003.}

3.5.3 乳房再造
breast reconstruction

[3984] Li S,Mu L,Li Y,Xu J,Yang M,Zhao Z,Liu Y,Li J,Ling Y. Breast reconstruction with the free bipedicled inferior TRAM flap by anastomosis to the proximal and distal ends of the internal mammary vessels[J]. J Reconstr Microsurg,2002,18(3):161-168. doi:10.1055/s-2002-28498.

[3985] Yan XQ,Yang HY,Zhao YM,You L,Xu J. Deep inferior epigastric perforator flap for breast reconstruction:experience with 43 flaps[J]. Chin Med J,2007,120(5):380-384.

[3986] Xu H,Dong J,Wang T. Bipedicle deep inferior epigastric perforator flap for unilateral breast reconstruction:seven years' experience[J]. Plast Reconstr Surg,2009,124(6):1797-1807. doi:10.1097/PRS.0b013e3181bf81cf.

[3987] Minqiang X,Lanhua M,Jie L,Dali M,Jinguo L. The value of multidetector-row CT angiography for pre-operative planning of breast reconstruction with deep inferior epigastric arterial perforator flaps[J]. Br J Radiol,2010,83(985):40-43. doi:10.1259/bjr/29140440.

[3988] Xin M,Luan J,Mu L,Zhao Z,Mu D,Chen X. The efficacy of preoperative vascular mapping by MDCTA in selecting flap in abdominal flap breast reconstruction[J]. Breast J,2011,17(2):138-142. doi:10.1111/j.1524-4741.2010.01048.x.

[3989] Xin Q,Luan J,Mu H,Mu L. Augmentation of venous drainage in deep inferior epigastric perforator flap breast reconstruction:efficacy and advancement[J]. J Reconstr Microsurg,2012,28(5):313-318. doi:10.1055/s-0032-1311688.

[3990] Long X,Zhao R,Wang JX. Simultaneous scarless contralateral breast augmentation during unilateral breast reconstruction using bilateral differentially split DIEP flaps[J]. Plast Reconstr Surg,2012,130(1):185e-186e. doi:10.1097/PRS.0b013e318254fbdf.

[3991] Li L,Chen Y,Chen J,Chen J,Yang B,Li J,Huang X,Shen Z,Shao Z,Yu P,Wu J. Adjuvant chemotherapy increases the prevalence of fat necrosis in immediate free abdominal flap breast reconstruction[J]. J Plast Reconstr Aesthet Surg,2014,67(4):461-467. doi:10.1016/j.bjps.2014.01.008.

[3992] Liu C,Zhuang Y,Momeni A,Luan J,Chung MT,Wright E,Lee GK. Quality of life and patient satisfaction after microsurgical abdominal flap versus staged expander/implant breast reconstruction:a critical study of unilateral immediate breast reconstruction using patient-reported outcomes instrument BREAST-Q[J]. Breast Cancer Res Treat,2014,146(1):117-126. doi:10.1007/s10549-014-

2981-z.

[3993] Wang XL,Liu LB,Song FM,Wang QY. Meta-analysis of the safety and factors contributing to complications of MS-TRAM,DIEP,and SIEA flaps for breast reconstruction[J]. Aesthetic Plast Surg,2014,38(4):681-691. doi:10.1007/s00266-014-0333-3.

[3994] Tin SS,Wiwanitkit V. Patient satisfaction in bilateral and unilateral breast reconstruction[J]. Plast Surg Nurs,2014,34(4):164. doi:10.1097/PSN.0000000000000070.

[3995] Zhang P,Luo Y,Deng J,Shao G,Han S,Huang Z. Endoscopic axillary lymphadenectomy combined with laparoscopically harvested pedicled omentum for immediate breast reconstruction[J]. Surg Endosc,2015,29(6):1376-1383. doi:10.1007/s00464-014-3808-z.

[3996] Wang T,He J,Xu H,Ma S,Dong J. Achieving symmetry in unilateral DIEP flap breast reconstruction:an analysis of 126 cases over 3 years[J]. Aesthetic Plast Surg,2015,39(1):63-68. doi:10.1007/s00266-014-0413-4.

[3997] Yuan Y,Ogawa R. Tissue-engineered breast reconstruction:bridging the gap toward large-volume tissue engineering in humans[J]. Plast Reconstr Surg,2015,135(1):236e-237e. doi:10.1097/PRS.0000000000000785.

[3998] Jia Y,Zhu L,Zeng A,Wang X. Latissimus dorsi flap for total autologous immediate breast reconstruction without implants[J]. Plast Reconstr Surg,2015,136(2):267e-268e. doi:10.1097/PRS.0000000000001428.

[3999] Zhu L,Batdorf NJ,Meares AL,Sukov WR,Lemaine V. Bilateral thoracodorsal neuromas:a cause of persistent breast pain after bilateral latissimus dorsi breast reconstruction[J]. Arch Plast Surg,2015,42(4):499-502. doi:10.5999/aps.2015.42.4.499.

[4000] He J,Xu H,Wang T,Qiao Y,Zhang Y,Dong J. Immediate Nipple reconstruction with thoracodorsal artery perforator flap in breast reconstruction by latissimus dorsi myocutaneous flap in patients with Poland's syndrome[J]. Microsurgery,2016,36(1):49-53. doi:10.1002/micr.22395.

[4001] Zhu L,Mohan AT,Vijayasekaran A,Hou C,Sur YJ,Morsy M,Saint-Cyr M. Maximizing the volume of latissimus dorsi flap in autologous breast reconstruction with simultaneous multisite fat grafting[J]. Aesthet Surg J,2016,36(2):169-178. doi:10.1093/asj/sjv173.

[4002] He J,Wang T,Xu H,Zhang Y,Dong J. Immediate two-stage nipple reconstruction with a local mastectomy flap following secondary autologous breast reconstruction[J]. J Plast Reconstr Aesthet Surg,2016,69(2):206-210. doi:10.1016/j.bjps.2015.10.002.

[4003] Lou F,Sun Z,Huang N,Hu Z,Cao A,Shen Z,Shao Z,Yu P,Miao C,Wu J. Epidural combined with general anesthesia versus general anesthesia alone in patients undergoing free flap breast reconstruction[J]. Plast Reconstr Surg,2016,137(3):502e-509e. doi:10.1097/01.prs.0000479933.75887.82.

[4004] Luan A,Hui KJ,Remington AC,Liu X,Lee GK. Effects of a novel decision aid for breast reconstruction:a randomized prospective trial[J]. Ann Plast Surg,2016,76(S3):S249-254. doi:10.1097/SAP.0000000000000722.

[4005] Huang NS,Quan CL,Ma LX,Si J,Chen JJ,Yang BL,Huang XY,Liu GY,Shen ZZ,Shao ZM,Wu J. Current status of breast reconstruction in China:an experience of 951 breast reconstructions from a single institute[J]. Gland Surg,2016,5(3):278-286. doi:10.21037/gs.2016.03.01.

[4006] Huang J,Yu N,Long X. The effect of progressive-tension closure on donor site seroma formation in delayed latissimus dorsi flaps for breast reconstruction[J]. Ann Plast Surg,2016,77(6):683. doi:10.1097/SAP.0000000000000870.

[4007] He S,Yin J,Robb GL,Sun J,Zhang X,Li H,Liu J,Han C. Considering the optimal timing of breast reconstruction with abdominal flaps with adjuvant irradiation in 370 consecutive pedicled transverse rectus abdominis myocutaneous flap and free deep inferior epigastric perforator flap performed in a chinese oncol[J]. Ann Plast Surg,2017,78(6):633-640. doi:10.1097/SAP.0000000000000927.

[4008] Yuan H,Xie D,Xiao X,Huang X. The clinical application of mastectomy with single incision followed by immediate laparoscopic-assisted breast reconstruction with latissimus dorsi muscle flap[J]. Surg Innov,2017,24(4):349-352. doi:10.1177/1553350617702309.

[4009] Wang C,Luan J. Medial row perforators are associated with higher rates of fat necrosis in bilateral DIEP flap breast reconstruction[J]. Plast Reconstr Surg,2017,140(6):819e. doi:10.1097/PRS.0000000000003834.

[4010] Li S,Luan J. Predictors,classification,and management of umbilical complications in DIEP flap breast reconstruction[J]. Plast Reconstr Surg,2018,141(3):439e-440e. doi:10.1097/PRS.0000000000004164.

[4011] Du Z,Zhou Y,Chen J,Long Q,Lü Q. Retrospective observational study of breast reconstruction with extended latissimus dorsi flap following skin-sparing mastectomy[J]. Medicine(Baltimore),2018,97(31):e10936. doi:10.1097/MD.0000000000010936.

[4012] Tan S,Pan L,Zhao H,Hu J,Chen H. Perioperative nursing for immediate breast reconstruction with deep inferior epigastric perforator flap after breast cancer resection[J]. J Thorac Dis,2018,10(7):4017-4022. doi:10.21037/jtd.2018.07.58.

[4013] Zhang P,He L,Shi F,Deng J,Fang C,Luo Y. Three-dimensional visualization technique in endoscopic breast-conserving surgery and pedicled omentum for immediate breast reconstruction[J]. Surg Oncol,2019,28:103-108. doi:10.1016/j.suronc.2018.11.016.

[4014] Dong J,Wang T,Zhang Y,Xu H,He J. Staged immediate nipple reconstruction with tube flap in secondary autologous breast reconstruction[J]. J Plast Surg Hand Surg,2019,53(4):204-207. doi:10.1080/2000656X.2019.1582423.

[4015] Liu C,Luan J,Ouyang Y,Zhuang Y,Xu B,Chen L,Li S,Fu S,Xin M. Breast reconstruction in poland syndrome patients with latissimus dorsi myo flap and implant:an efficient endoscopic approach using single transverse axillary incision[J]. Aesthetic Plast Surg,2019,43(5):1186-1194. doi:10.1007/s00266-019-01346-0.

[4016] Li Y,Long X. Optimizing Perforator Selection:A multivariable analysis of predictors for fat necrosis and abdominal morbidity in DIEP flap breast reconstruction[J]. Plast Reconstr Surg,2019,143(6):1307e-1308e. doi:10.1097/PRS.0000000000005655.

[4017] Ouyang Y,Li C,Du X,Liu C. Analysis of predictors of perforator selection in DIEP flap breast reconstruction[J]. Plast Reconstr Surg,2019,144(1):141e. doi:10.1097/PRS.0000000000005730.

[4018] Yang L,Long J,Li Z,Zhou X,Peng X,Song D,Zhou B,Lv C,Wu P. The lateral thoracic vessels:a novel recipient site for breast reconstruction with DIEP flap[J]. J Plast Reconstr Aesthet Surg,2019,72(9):1530-1536. doi:10.1016/j.bjps.2019.05.012.

[4019] Qian B,Xiong L,Li J,Sun Y,Sun J,Guo N,Wang Z. A systematic review and meta-analysis on microsurgical safety and efficacy of profunda artery perforator flap in breast reconstruction[J]. J Oncol,2019,2019:9506720. doi:10.1155/2019/9506720.

[4020] Ouyang Y,Li C,Du X,Ma X,Liu C. Autologous breast reconstruction with SIEA flaps:patient selection and limitation[J]. Aesthetic Plast Surg,2020,44(2):619-620. doi:10.1007/s00266-020-01625-1.

[4021] Song B,Kumbla PA,Boyd C,de la Torre JI,Fix J. The feasibility of a sensate profunda artery perforator flap in autologous breast reconstruction:an anatomic study for clinical application[J]. Ann Plast Surg,2020,84(6S Suppl 5):S451-S454. doi:10.1097/SAP.0000000000002275.

[4022] He J,Wang T,Xu H,Zhang Y,Liu Y,Dong J. The perforator flap from the contralateral large healthy breast as an alternative for breast reconstruction or combined breast and thoracic reconstruction[J]. Microsurgery,2020,40(5):568-575. doi:10.1002/micr.30570.

[4023] Li X,Wang Y. Skin-and nipple-areola-sparing mastectomy with immediate breast reconstruction using transverse rectus abdominis myocutaneous flap and silicone implants in breast carcinoma patients[J]. Oncol Res Treat,2020,43(7-8):354-361. doi:10.1159/000506841.

[4024] Cao Z,Cao J,Pang X,Du W,Wu P. A comparative study for the rate of adverse outcomes in unilateral and bilateral abdominal flap breast reconstruction:A meta-analysis[J]. Medicine(Baltimore),2020,99(37):e22096. doi:10.1097/MD.0000000000022096.

[4025] Ouyang Y,Li C,Du X,Ma X,Liu C. Microsurgical breast reconstruction in the obese:a better option than tissue expander/implant reconstruction?[J]. Plast Reconstr Surg,2020,146(4):495e-496e. doi:10.1097/PRS.0000000000007177.

[4026] Xu B,Liu T,Liu C. Breast reconstruction with perforator flaps in Poland syndrome:report of a two-stage strategy and literature review[J]. Breast Care (Basel),2020,15(4):421-427. doi:10.1159/000503848.

[4027] Yang L,Xu YJ,Shen J,Lou FF,Zhang J,Wu J. Propofol-based total intravenous anesthesia decreases the incidence of postoperative nausea and vomiting without affecting flap survival in free flap breast reconstruction[J]. Gland Surg,2020,9(5):1406-1414. doi:10.21037/gs-20-225.

[4028] Li C,Du X,Ouyang YY,Liu C. Preoperative factors associated with the volume discrepancy before ld flap breast reconstruction[J]. Aesthetic Plast Surg,2021,45(1):365-366. doi:10.1007/s00266-019-01461-y.

[4029] Zhang X,Mu D,Yang Y,Li W,Lin Y,Li H,Luan J. Predicting the feasibility of utilizing siea flap for breast reconstruction with preoperative BMI and computed tomography angiography (CTA) data[J]. Aesthetic Plast Surg,2021,45(1):100-107. doi:10.1007/s00266-019-01605-0.

[4030] Fang J,Chen F,Liu D,Gu F,Wang Y. Adipose tissue-derived stem cells in breast reconstruction:a brief review on biology and translation[J]. Stem Cell Res Ther,2021,12(1):8. doi:10.1186/s13287-020-01955-6.

[4031] Ma X,Ouyang Y,Li C,Du X,Liu C. A sequence in recipient-site selection in stacked free flap breast reconstruction:cranial and caudal internal mammary vessels prior to other alternatives[J]. Plast Reconstr Surg,2021,147(3):556e-557e. doi:10.1097/PRS.0000000000007647.

[4032] Zhang SL,Song J,Wang YR,Guo YJ,Zhao JZ,Sun L,Huang LT,Ma JT,Han CB. Short-term outcomes and safety of radiotherapy for immediate breast reconstruction with autologous flap transfer following breast-conserving surgery[J]. BMC Cancer,2021,21(1):214. doi:10.1186/s12885-021-07915-4.

[4033] 高崇敬. 用腹直肌肌皮瓣再造乳房的应用解剖学 [J]. 临床解剖学杂志，1986，4（1）：25-27，32. DOI：CNKI：SUN：ZLJZ.0.1986-01-010. {GAO Chongjing. Applied anatomy of breast reconstruction with rectus abdominis myocutaneous flap[J]. Lin Chuang Jie Pou Xue Za Zhi[J Clin Anat(Article in Chinese;No abstract available)],1986,4(1):25-27,32. DOI:CNKI:SUN:ZLJZ.0.1986-01-010.}

[4034] 梁东北. 乳癌根治同侧腹直肌皮瓣一期乳房再造 [J]. 修复重建外科杂志，1988，2（2）：155. {LIANG Dongbei. Primary breast reconstruction with ipsilateral rectus abdominis myocutaneous flap after radical mastectomy[J]. Zhongguo Xiu Fu Chong Jian Wai Ke Za Zhi[Chin J Repar Reconstr Surg(Article in Chinese;No abstract available)],1988,2(2):155.}

[4035] 梁东北，谢通秋，孙井木，黄元明. 乳癌根治同时行乳房再造一例 [J]. 修复重建外科杂志，1989，3（4）：189. {LIANG Dongbei,XIE Tongqiu,SUN Jinmu,HUANG Yuanming. Breast reconstruction in radical mastectomy:a case report[J]. Zhongguo Xiu Fu Chong Jian Wai Ke Za Zhi[Chin J Repar Reconstr Surg(Article in Chinese;No abstract available)],1989,3(4):189.}

[4036] 张功林，葛宝丰，丘耀元，陈顺文，王树棣，杨鑫. 背阔肌皮瓣移位再造乳房一例 [J]. 修复重建外科杂志，1990，4（2）：122. {ZHANG Gonglin,GE Baofeng,QIU Yaoyuan,CHEN Shunwen,WANG Shudi,YANG Xin. Breast reconstruction with latissimus dorsi myocutaneous flap:a case report[J]. Zhongguo Xiu Fu Chong Jian Wai Ke Za Zhi[Chin J Repar Reconstr Surg(Article in Chinese;No abstract available)],1990,4(2):122.}

[4037] 杨家骥，邓裴，白彦，姜琳. 背阔肌肌皮瓣乳房再造术 [J]. 中国修复重建外科杂志，1992，6（2）：123-124. {YANG Jiaji,DENG Pei,BAI Yan,JIANG Lin. Latissimus dorsi myocutaneous flap for breast reconstruction[J]. Zhongguo Xiu Fu Chong Jian Wai Ke Za Zhi[Chin J Repar Reconstr Surg(Article in Chinese;No abstract available)],1992,6(2):123-124.}

[4038] 夏威廉. 乳房再造术的发展 [J]. 中华整形烧伤外科杂志，1993，9（2）：88-89. DOI：10.3760/j.issn：1009-4598.1993.02.022. {XIA Weilian. The development of breast reconstruction[J]. Zhonghua Zheng Xing Shao Shang Wai Ke Za Zhi[Chin J Plast Surg Burns(Article in Chinese;No abstract available)],1993,9(2):88-89. DOI:10.3760/j.issn:1009-4598.1993.02.022.}

[4039] 王禾. 乳癌根治同期乳房再造一例[J]. 中国修复重建外科杂志，1993，7(4)：263. {WANG He. Radical mastectomy and breast reconstruction:a case report[J]. Zhongguo Xiu Fu Chong Jian Wai Ke Za Zhi[Chin J Repar Reconstr Surg(Article in Chinese;No abstract available)],1993,704):263.}

[4040] 衷诚任，许羽. 利用健侧带蒂半个乳房移位的乳房再造术 [J]. 中国修复重建外科杂志，1993，7（4）：214-215，268. DOI：CNKI：SUN：ZXCW.0.1993-04-011. {CHONG Chengren,XU Yu. Breast reconstruction by contralateral pedicled half breast transposed[J]. Zhongguo Xiu Fu Chong Jian Wai Ke Za Zhi[Chin J Repar Reconstr Surg(Article in Chinese;No abstract available)],1993,7(4):214-215,268. DOI:CNKI:SUN:ZXCW.0.1993-04-011.}

[4041] 薛钟麒，毛天训，祁雷，井同庆，苏敏. 乳癌手术一期乳房再造及乳头乳晕再造术 [J]. 中国实用外科杂志，1994，14（7）：369-371. {XUE Zhongqi,MAO Tianxun,QI Lei,JING Tongqing,SU Min. One stage breast,nipple and areola reconstruction in breast cancer operation[J]. Zhongguo Shi Yong Wai Ke Za Zhi[Chin J Pract Surg(Article in Chinese;No abstract available)],1994,14(7):369-371.}

[4042] 刘天玲，邹士林，齐荣祥. 左乳合并左侧胸大肌缺如全乳再造一例 [J]. 中国修复重建外

科杂志，1994，8（1）：59. DOI：CNKI：SUN：ZXCW.0.1994-01-040.｛LIU Tianling,ZOU Shilin,QI Rongxiang. Reconstruction of left breast with pectoralis major defect:a case report[J]. Zhongguo Xiu Fu Chong Jian Wai Ke Za Zhi[Chin J Repar Reconstr Surg(Article in Chinese;No abstract available)],1994,8(1):59. DOI:CNKI:SUN:ZXCW.0.1994-01-040.｝

[4043] 陈英忠，郑泽霖，郑扶民，田力，王春梅. 乳癌根治术后一期乳房再造六例 [J]. 中国修复重建外科杂志，1994，8（2）：126.｛CHEN Yingzhong,ZHENG Zelin,ZHENG Fumin,TIAN Li,WANG Chunmei. Primary breast reconstruction after radical mastectomy:a report of 6 cases[J]. Zhongguo Xiu Fu Chong Jian Wai Ke Za Zhi[Chin J Repar Reconstr Surg(Article in Chinese;No abstract available)],1994,8(2):126.｝

[4044] 杨志贤，汤海萍，杜泽新，段振泉，石济明，吴东升. 乳癌根治术后腹直肌皮瓣一期乳房再造一例 [J]. 中国修复重建外科杂志，1994，8（2）：125.｛YANG Zhixian,TANG Haiping,DU Zexin,DUAN Zhenquan,SHI Jiming,WU Dongsheng. One stage breast reconstruction with rectus abdominis myocutaneous flap after radical mastectomy:a case report[J]. Zhongguo Xiu Fu Chong Jian Wai Ke Za Zhi[Chin J Repar Reconstr Surg(Article in Chinese;No abstract available)],1994,8(2):125.｝

[4045] 徐向民. 腹直肌蒂下腹横行岛状肌皮瓣乳房再造术 [J]. 中华外科杂志，1995，33（8）：117-118.｛XU Xiangmin,Maillard GF. Breast reconstruction by abdominis musculocutaneous flap[J]. Zhonghua Wai Ke Za Zhi[Chin J Surg(Article in Chinese;Abstract in Chinese and English)],1995,33(8):117-118.｝

[4046] 刘玉生，李森恺，徐军，李养群，马晓冰. 应用下腹部横形腹直肌肌皮瓣再造乳房 [J]. 中国修复重建外科杂志，1995，9（1）：26-28.｛LIU Yusheng,LI Senkai,XU Jun,LI Yangqun,MA Xiaobing. Breast reconstruction with transverse rectus abdominis myocutaneous flap of lower abdomen[J]. Zhongguo Xiu Fu Chong Jian Wai Ke Za Zhi[Chin J Repar Reconstr Surg(Article in Chinese;No abstract available)],1995,9(1):26-28.｝

[4047] 穆兰花，李森恺，李养群，严义坪，刘玉生，凌诒淳. 横向游离腹直肌肌皮瓣与胸廓内动脉吻合的乳房再造术 [J]. 中华整形烧伤外科杂志，1997，13（2）：100-101. DOI：10.3760/j.issn：1009-4598.1997.02.007.｛MU Lanhua,LI Senkai,LI Yangqun,YAN Yiping,LIU Yusheng,LING Yichun. Breast reconstruction by free transfer of the TRAM flap with anastomosis of bilateral deep inferior epigastric arteries to the internal mammary artery[J]. Zhonghua Zheng Xing Shao Shang Wai Ke Za Zhi[Chin J Plast Surg Burns(Article in Chinese;Abstract in Chinese and English)],1997,13(2):100-101. DOI:10.3760/j.issn:1009-4598.1997.02.007.｝

[4048] 汤建平，朱云，周芳，包平涵. 乳房深度烧伤早期切痂即期再造两例 [J]. 中华整形烧伤外科杂志，1998，14（1）：74，83. DOI：10.3760/j.issn：1009-4598.1998.01.037.｛TANG Jianping,ZHU Yun,ZHOU Fang,BAO Pinghan. Early escharectomy and immediate reconstruction of severe breast burn:two cases report[J]. Zhonghua Zheng Xing Shao Shang Wai Ke Za Zhi[Chin J Plast Surg Burns(Article in Chinese;No abstract available)],1998,14(1):74,83. DOI:10.3760/j.issn:1009-4598.1998.01.037.｝

[4049] 穆兰花，严义坪，李森恺，李养群，黄雷，凌诒淳. 上、下蒂横形腹直肌肌皮瓣乳房再造的解剖学研究 [J]. 中华整形烧伤外科杂志，1998，14（6）：122-123，163.｛MU Lanhua,YAN Yiping,LI Senkai,LI Yangqun,HUANG Lei,LING Yichun. An anatomic study on the superiorly and inferiorly based TRAM flap in breast reconstruction[J]. Zhonghua Zheng Xing Shao Shang Wai Ke Za Zhi[Chin J Plast Surg Burns(Article in Chinese;Abstract in Chinese and English)],1998,14(6):122-123,163.｝

[4050] 刘立刚，Richard PR. 经乳晕环行切口皮下乳腺切除与即刻腹直肌肌皮瓣再造术 [J]. 中华整形外科杂志，2000，16（4）：223. DOI：10.3760/j.issn：1009-4598.2000.04.009.｛LIU Ligang,Richard PR. SKIN Sparing incision mastectomy and immediate TRAM flap breast reconstruction[J]. Zhonghua Zheng Xing Wai Ke Za Zhi[Chin J Plast Surg(Article in Chinese;Abstract in Chinese and English)],2000,16(4):223. DOI:10.3760/j.issn:1009-4598.2000.04.009.｝

[4051] 袁相斌，刘麒，章惠兰，刘国炳，陈六方. 斜行腹直肌皮瓣再造乳房二例 [J]. 上海医学，2000，23（7）：398. DOI：10.3969/j.issn.0253-9934.2000.07.030.｛YUAN Xiangbin,LIU Qi,ZHANG Huilan,LIU Guobing,CHEN Liufang. Breast reconstruction with oblique rectus abdominis myocutaneous flap:two cases report[J]. Shanghai Yi Xue[Shanghai Med J(Article in Chinese;No abstract available)],2000,23(7):398. DOI:10.3969/j.issn.0253-9934.2000.07.030.｝

[4052] 刘玉生，李森恺. 双血管蒂横行腹直肌游离皮瓣再造乳房二例 [J]. 中国修复重建外科杂志，2000，14（3）：封三.｛LIU Yusheng,LI Senkai. Breast reconstruction with transverse rectus abdominis free flap pedicled with double vessels:two cases report[J]. Zhongguo Xiu Fu Chong Jian Wai Ke Za Zhi[Chin J Repar Reconstr Surg(Article in Chinese;No abstract available)],2000,14(3):cover 3.｝

[4053] 邓国三，黄广香，邝石峰，匡斌，陈云瀛. 改良背阔肌肌皮瓣乳房再造术 [J]. 中国修复重建外科杂志，2000，14（4）：211-212.｛DENG Guosan,HUANG Guangxiang,KUANG Shifeng,KUANG Bin,CHEN Yunying. Modified breast reconstruction by latissimus dorsi musculocutaneous flap[J]. Zhongguo Xiu Fu Chong Jian Wai Ke Za Zhi[Chin J Repar Reconstr Surg(Article in Chinese;Abstract in Chinese and English)],2000,14(4):211-212.｝

[4054] 张松林，韩炳生，舒畅，鲁继增，盛毅，樊敏，李生，王冰，孟庆生. 乳腺癌改良根治术后的缺损再造 [J]. 中华整形外科杂志，2001，17（4）：209-211. DOI：10.3760/j.issn：1009-4598.2001.04.005.｛ZHANG Songlin,HAN Bingsheng,SHU Chang,LU Jizeng,SHENG Yi,FAN Min,LI Sheng,WANG Bing,MENG Qingsheng. Defect reconstruction after modified eradication of mammary cancer[J]. Zhonghua Zheng Xing Wai Ke Za Zhi[Chin J Plast Surg(Article in Chinese;Abstract in Chinese and English)],2001,17(4):209-211. DOI:10.3760/j.issn:1009-4598.2001.04.005.｝

[4055] 徐军，穆兰花，刘元波，朱晓峰，李森恺. 腹壁下动脉穿支皮瓣在乳房再造和胸壁溃疡修复中的应用 [J]. 中华外科杂志，2001，39（4）：302-304. DOI：10.3760/j：issn：0529-5815.2001.04.016.｛XU Jun,MU Lanhua,LIU Yuanbo,ZHU Xiaofeng,LI Senkai. Deep inferior epigastric perforator flaps in breast reconstruction and chest wall ulcer repair[J]. Zhonghua Wai Ke Za Zhi[Chin J Surg(Article in Chinese;Abstract in Chinese and English)],2001,39(4):302-304. DOI:10.3760/j:issn:0529-5815.2001.04.016.｝

[4056] 亓发芝，顾建英，施越冬，张学军，吴坤南，陈君雪. 应用下腹部横行腹直肌肌皮瓣的乳房再造 [J]. 中华整形外科杂志，2001，17（6）：341-343. DOI：10.3760/j.issn：1009-4598.2001.06.007.｛QI Fazhi,GU Jianying,SHI Yuedong,ZHANG Xuejun,WU Kunnan,CHEN Junxue. Breast reconstruction with a TRAM flap[J]. Zhonghua Zheng Xing Wai Ke Za Zhi[Chin J Plast Surg(Article in Chinese;Abstract in Chinese and English)],2001,17(6):341-343. DOI:10.3760/j.issn:1009-4598.2001.06.007.｝

[4057] 李森恺，穆兰花，李养群，徐军，杨明勇，赵振民，刘元波，李俊来，凌诒淳. 乳房再造术中胸廓内动脉远、近心断端血液动力学研究及远期观察 [J]. 中华整形外科杂志，2002，18（3）：140-142. DOI：10.3760/j.issn：1009-4598.2002.03.004.｛LI Senkai,MU Lanhua,LI Yangqun,XU Jun,YANG Mingyong,ZHAO Zhenmin,LIU Yuanbo,LI Junlai,LING Yichun. Clinical study of the hemodynamics of both ends (proximal and distal) of internal mammary artery and its following-up[J]. Zhonghua Zheng Xing Wai Ke Za Zhi[Chin J Plast Surg(Article in Chinese;Abstract in Chinese and English)],2002,18(3):140-142. DOI:10.3760/j.issn:1009-4598.2002.03.004.｝

[4058] 张学慧，方志沂，惠锐. 乳腺癌乳房切除术后自体组织乳房再造术 [J]. 中国实用外科杂志，2003，23（10）：591-594. DOI：10.3321/j.issn：1005-2208.2003.10.009.｛ZHANG Xuehui,FANG Zhiyi,Huirui. Breast reconstruction with autologous tissue after mastectomy in breast cancer[J]. Zhongguo Shi Yong Wai Ke Za Zhi[Chin J Pract Surg(Article in Chinese;No abstract available)],2003,23(10):591-594. DOI:10.3321/j.issn:1005-2208.2003.10.009.｝

[4059] 张学慧，尹健，宁连胜. 乳房再造同期乳头、乳晕再造十例 [J]. 中华整形外科杂志，2003，19（4）：307-308. DOI：10.3760/j.issn：1009-4598.2003.04.026.｛ZHANG Xuehui,YIN Jian,NING Liansheng. Breast,nipple and areola reconstruction:a report of 10 cases[J]. Zhonghua Zheng Xing Wai Ke Za Zhi[Chin J Plast Surg(Article in Chinese;No abstract available)],2003,19(4):307-308. DOI:10.3760/j.issn:1009-4598.2003.04.026.｝

[4060] 纪荣明，刘芳，黄会龙，李玉泉，李军辉. 前锯肌瓣乳房再造或丰乳术的应用解剖 [J]. 中国临床解剖学杂志，2003，21（4）：334-335，338. DOI：10.3969/j.issn.1001-165X.2003.04.011.｛JI Rongming,LIU Fang,HUANG Huilong,LI Yuquan,LI Junhui. Applied anatomy of serratus anterior muscutaneous flap for breast reconstruction or swelling[J]. Zhongguo Lin Chuang Jie Pou Xue Za Zhi[Chin J Clin Anat(Article in Chinese;Abstract in Chinese and English)],2003,21(4):334-335,338. DOI:10.3969/j.issn.1001-165X.2003.04.011.｝

[4061] 穆兰花，徐军，刘元波，朱晓峰，靳小雷，杨红岩，晏小青，Allen，R J. 以双蒂腹壁下动脉穿支皮瓣再造乳房 [J]. 中华显微外科杂志，2003，26（3）：223-224. DOI：10.3760/cma.j.issn.1001-2036.2003.03.027.｛MU Lanhua,XU Jun,LIU Yuanbo,ZHU Xiaofeng,JIN Xiaolei,YANG Hongyan,YAN Xiaoqing,Allen RJ. Breast reconstruction with bilateral pedicled inferior epigastric artery perforator flap[J]. Zhonghua Xian Wei Wai Ke Za Zhi[Chin J Microsurg(Article in Chinese;Abstract in Chinese)],2003,26(3):223-224. DOI:10.3760/cma.j.issn.1001-2036.2003.03.027.｝

[4062] 蒋宏传，李发成，王克有，李杰，寇建涛. 乳腺癌改良根治术与乳房即时再造 [J]. 中国微创外科杂志，2004，4（5）：390-391，394. DOI：10.3969/j.issn.1009-6604.2004.05.017.｛JIANG Hongchuan,LI Facheng,WANG Keyou,LI Jie,KOU Jiantao. Modified radical mastectomy and immediate breast reconstruction[J]. Zhongguo Wei Chuang Wai Ke Za Zhi[Chin J Minim Inva Surg(Article in Chinese;Abstract in Chinese and English)],2004,4(5):390-391,394. DOI:10.3969/j.issn.1009-6604.2004.05.017.｝

[4063] 吴意光，乔群，徐军，李森恺，穆兰花，柳成，赵茹，刘志飞. 80例乳房再造术后并发症临床分析 [J]. 中华整形外科杂志，2004，20（5）：328-330. DOI：10.3760/j.issn：1009-4598.2004.05.002.｛WU Yiguang,QIAO Qun,XU Jun,LI Senkai,MU Lanhua,LIU Cheng,ZHAO Ru,LIU Zhifei. Clinical analysis of 80 cases of breast reconstruction[J]. Zhonghua Zheng Xing Wai Ke Za Zhi[Chin J Plast Surg(Article in Chinese;Abstract in Chinese and English)],2004,20(5):328-330. DOI:10.3760/j.issn:1009-4598.2004.05.002.｝

[4064] 韩久卉，张英泽. 乳房切除后乳房再造的意义及现状 [J]. 中华整形外科杂志，2004，20（6）：468-471. DOI：10.3760/j.issn：1009-4598.2004.06.020.｛HAN Jiuhi,ZHANG Yingze. Significance and status of breast reconstruction after mastectomy[J]. Zhonghua Zheng Xing Wai Ke Za Zhi[Chin J Plast Surg(Article in Chinese;No abstract available)],2004,20(6):468-471. DOI:10.3760/j.issn:1009-4598.2004.06.020.｝

[4065] 刘立刚，武勇进，王亮，方震，陈刚，傅建民，麦沛成. 保留乳房皮肤的乳腺切除与即刻乳房再造 [J]. 中国修复重建外科杂志，2004，18（6）：471-474.｛LIU Ligang,WU Yongjin,WANG Liang,FANG Zhen,CHEN Gang,FU Jianmin,MAI Peicheng. Skin sparing mastectomy and immediate breast reconstruction[J]. Zhongguo Xiu Fu Chong Jian Wai Ke Za Zhi[Chin J Repar Reconstr Surg(Article in Chinese;Abstract in Chinese and English)],2004,18(6):471-474.｝

[4066] 乔群，赵茹，柳成，刘志飞，孙家明，王从峰. 腹直肌－背阔肌肌皮瓣联合应用乳房再造术 [J]. 中华整形外科杂志，2004，20（1）：10-12. DOI：10.3760/j.issn：1009-4598.2004.01.003.｛QIAO Qun,ZHAO Ru,LIU Cheng,LIU Zhifei,SUN Jiaming,WANG Congfeng. TRAM flap in conjunction with latissimus dorsi muscle flap for breast reconstruction[J]. Zhonghua Zheng Xing Wai Ke Za Zhi[Chin J Plast Surg(Article in Chinese;Abstract in Chinese and English)],2004,20(1):10-12. DOI:10.3760/j.issn:1009-4598.2004.01.003.｝

[4067] 李发成，蒋宏传，李杰. 乳房再造术的临床研究 [J]. 组织工程与重建外科杂志，2005，1（4）：207-209. DOI：10.3969/j.issn.1673-0364.2005.04.010.｛LI Facheng,JIANG Hongchuan,LI Jie. Clinical study of breast reconstruction[J]. Zu Zhi Gong Cheng Yu Chong Jian Wai Ke Za Zhi[J Tissue Eng Reconstr Surg(Article in Chinese;Abstract in Chinese and English)],2005,1(4):207-209. DOI:10.3969/j.issn.1673-0364.2005.04.010.｝

[4068] 顾建英，亓发芝，徐剑炜，施越冬，张学军，杨震. 扩大背阔肌肌皮瓣乳房再造术后供区并发症的探讨 [J]. 中华整形外科杂志，2005，21（5）：325-327. DOI：10.3760/j.issn：1009-4598.2005.05.001.｛GU Jianying,QI Fazhi,XU Jianwei,SHI Yuedong,ZHANG Xuejun,YANG Zhen. The study on donor site sequelae after autologous breast reconstruction with an extended latissimus dorsi flap[J]. Zhonghua Zheng Xing Wai Ke Za Zhi[Chin J Plast Surg(Article in Chinese;Abstract in Chinese and English)],2005,21(5):325-327. DOI:10.3760/j.issn:1009-4598.2005.05.001.｝

[4069] 刘庆宏，Gupta，Abhay. 乳腺癌术后游离腹直肌肌皮瓣乳房再造 [J]. 中华整形外科杂志，2005，21（5）：328-331. DOI：10.3760/j.issn：1009-4598.2005.05.002.｛LIU Qinghong,Gupta,Abhay. Breast reconstruction using free transverse rectus abdominis myocutaneous flap after resection of breast cancer[J]. Zhonghua Zheng Xing Wai Ke Za Zhi[Chin J Plast Surg(Article in Chinese;Abstract in Chinese and English)],2005,21(5):328-331. DOI:10.3760/j.issn:1009-4598.2005.05.002.｝

[4070] 董佳生，王涛，冯瑞铮，徐华，王碧菠，戴传昌，王毅敏. 腹壁下动脉穿支（DIEP）皮瓣自体组织移植乳房再造 [J]. 组织工程与重建外科杂志，2005，1（3）：154-156，137. DOI：10.3969/j.issn.1673-0364.2005.03.011.｛DONG Jiasheng,WANG Tao,WANG Tao,FENG Ruizheng,XU Hua,WANG Bibo,DAI Chuanchang,WANG Yimin. Breast reconstruction by using transverse rectus abdominis flap with deep inferior epigastric perforator flap(DIEP)[J]. Zu Zhi Gong Cheng Yu Chong Jian Wai Ke Za Zhi[J Tissue Eng Reconstr Surg(Article in Chinese;Abstract in Chinese and English)],2005,1(3):154-156,137. DOI:10.3969/j.issn.1673-0364.2005.03.011.｝

[4071] 王靖，王翔，晏晓青，由磊. 乳腺癌改良根治术后同时应用腹壁下动脉穿支皮瓣游离移植再造乳房 [J]. 中华医学杂志，2005，85（47）：3359-3361. DOI：10.3760/j：issn：0376-2491.2005.47.011.｛WANG Jing,WANG Xiang,YAN Xiaoqing,YOU Lei. Immediate breast reconstruction with DIEP flap following modified radical mastectomy[J]. Zhonghua Yi Xue Za Zhi[Natl Med J China(Article in Chinese;Abstract in Chinese and English)],2005,85(47):3359-3361. DOI:10.3760/j:issn:0376-2491.2005.47.011.｝

[4072] 袁湘斌，林子豪，赵耀忠，吴建明，江华，朱晓海，吴宏，章建林. 背阔肌肌皮瓣在组织修复和乳房再造中的应用 [J]. 第二军医大学学报，2005，26（1）：54-55. DOI：10.3321/j.issn：0258-879X.2005.01.019.｛YUAN Xiangbin,LIN Zihao,ZHAO Yaozhong,WU Jianming,JIANG Hua,ZHU Xiaohai,WU Hong,ZHANG Jianlin. Application of latissmus dorsi myocutaneous flap in tissue repair and breast reconstruction[J]. Di Er Jun Yi Da Xue Xue Bao[Acad J Sec Mil Med Univ(Article in Chinese;Abstract in Chinese and English)],2005,26(1):54-55. DOI:10.3321/j.issn:0258-879X.2005.01.019.｝

[4073] 尹健，张学慧，肖春花，宁连胜，张天浩，孟扬，王文娟. 自体组织乳房再造后乳头乳晕再造的应用研究 [J]. 中华外科杂志，2006，44（19）：1360-1361. DOI：10.3760/j：issn：0529-5815.2006.19.021.｛YIN Jian,ZHANG Xuehui,XIAO Chunhua,NING Liansheng,ZHANG Tianhao,MENG Yang,WANG Wenjuan. Application of nipple areola reconstruction after autologous tissue breast reconstruction[J]. Zhonghua Wai Ke Za Zhi[Chin J Surg(Article in Chinese;No abstract available)],2006,44(19):1360-1361. DOI:10.3760/j:issn:0529-5815.2006.19.021.｝

[4074] 苏逢锡，胡季渠. 乳腺癌根治性手术后即刻乳房再造临床应用与评价 [J]. 中国实用外科杂志，2006，26（4）：263-265. DOI：10.3321/j.issn：1005-2208.2006.04.010.｛SU Fengxi,HU Xiaoqv. Application and evaluation of immediate breast reconstruction after radical mastectomy for breast cancer[J]. Zhongguo Shi Yong Wai Ke Za Zhi[Chin J Pract Surg(Article in Chinese;Abstract in Chinese and English)],2006,26(4):263-265. DOI:10.3321/j.issn:1005-2208.2006.04.010.｝

[4075] 乔群，冯锐. 自体组织乳房再造术式介绍[J]. 中国实用外科杂志，2006，26（4）：300-302. DOI：10.3321/j.issn：1005-2208.2006.04.025. {QIAO Qun,FENG Rui. Breast reconstruction methods with autologous tissue[J]. Zhongguo Shi Yong Wai Ke Za Zhi[Chin J Pract Surg(Article in Chinese;Abstract in Chinese)],2006,26(4):300-302. DOI:10.3321/j.issn:1005-2208.2006.04.025.}

[4076] 王靖，由磊，晏晓青. 腹壁下动脉穿支皮瓣在双侧乳腺癌改良根治术后乳房再造中的应用[J]. 中华外科杂志，2006，44（9）：594-596. DOI：10.3760/j：issn：0529-5815.2006.09.006. {WANG Jing,YOU Lei,YAN Xiaoqing. Bilateral breast reconstruction with deep inferior epigastric perforator flap following modified radical mastectomy[J]. Zhonghua Wai Ke Za Zhi[Chin J Surg(Article in Chinese;Abstract in Chinese and English)],2006,44(9):594-596. DOI:10.3760/j:issn:0529-5815.2006.09.006.}

[4077] 栾杰，穆兰花，范飞，穆大力，刘晨，牛兆河，尤建军，王盛，王凌宇，郑一华. 下腹部横行腹直肌肌皮瓣联合腹壁下动脉穿支皮瓣乳房再造术[J]. 中华整形外科杂志，2006，22（1）：5-7. DOI：10.3760/j.issn：1009-4598.2006.01.001. {LUAN Jie,MU Lanhua,FAN Fei,MU Dali,LIU Chen,NIU Zhaohe,YOU Jianjun,WANG Sheng,WANG Lingyu,ZHENG Yihua. Breast reconstruction with a combined skin flap of DIEP and TRAM[J]. Zhonghua Zheng Xing Wai Ke Za Zhi[Chin J Plast Surg(Article in Chinese;Abstract in Chinese and English)],2006,22(1):5-7. DOI:10.3760/j.issn:1009-4598.2006.01.001.}

[4078] 亓发芝，陈君雪，迪根红，顾建英，施越冬，张学军. 扩大背阔肌肌皮瓣乳房再造[J]. 组织工程与重建外科杂志，2006，2（1）：28-30. DOI：10.3969/j.issn.1673-0364.2006.01.009. {QI Fazhi,CHEN Junxue,DI Genhong,GU Jianying,SHI Yuedong,ZHANG Xuejun. Breast reconstruction with extended latissimus dorsal myocutaneous flap[J]. Zu Zhi Gong Cheng Yu Chong Jian Wai Ke Za Zhi[J Tissue Eng Reconstr Surg(Article in Chinese;Abstract in Chinese and English)],2006,2(1):28-30. DOI:10.3969/j.issn.1673-0364.2006.01.009.}

[4079] 栾杰，穆兰花，穆大力，王凌宇，刘晨，王克明，张卓奇. DIEP+TRAM 联合皮瓣与双侧 DIEP 皮瓣乳房再造比较[J]. 组织工程与重建外科杂志，2006，2（5）：267-269. DOI：10.3969/j.issn.1673-0364.2006.05.009. {LUAN Jie,MU Lanhua,MU Dali,WANG Lingyu,LIU Chen,WANG Kepeng,ZHANG Zhuoqi. Comparision of a combined skin flap of diep and tram and bipedicled DIEP flap for breast reconstruction[J]. Zu Zhi Gong Cheng Yu Chong Jian Wai Ke Za Zhi[J Tissue Eng Reconstr Surg(Article in Chinese;Abstract in Chinese and English)],2006,2(5):267-269. DOI:10.3969/j.issn.1673-0364.2006.05.009.}

[4080] 刘元波，徐军，王静，穆兰花，靳小雷，朱晓峰，晏小青，杨红岩. 应用腹壁下动脉穿支皮瓣再造乳房[J]. 中国修复重建外科杂志，2006，20（5）：534-536. {LIU Yuanbo,XU Jun,WANG Jing,MU Lanhua,JIN Xiaolei,ZHU Xiaofeng,YAN Xiaoqing,YANG Hongyan. Clinical experiences of breast reconstruction using deep inferior epigastric perforator flaps[J]. Zhongguo Xiu Fu Chong Jian Wai Ke Za Zhi[Chin J Repar Reconstr Surg(Article in Chinese;Abstract in Chinese and English)],2006,20(5):534-536.}

[4081] 李发成，蒋宏传，李杰. 即刻及延期乳房再造方法的选择[J]. 中华外科杂志，2007，45（3）：200-202. DOI：10.3760/j：issn：0529-5815.2007.03.019. {LI Facheng,JIANG Hongchuan,LI Jie. A selection of methods for immediate and delayed breast reconstruction[J]. Zhonghua Wai Ke Za Zhi[Chin J Surg(Article in Chinese;Abstract in Chinese and English)],2007,45(3):200-202. DOI:10.3760/j:issn:0529-5815.2007.03.019.}

[4082] 侯宽永，李比，赵红梅，雷玉涛，夏有辰. 乳腺叶状肿瘤手术原则和即刻乳房再造术的探讨[J]. 中国微创外科杂志，2007，7（4）：351-353. DOI：10.3969/j.issn.1009-6604.2007.04.029. {HOU Kuanyong,LI Bi,ZHAO Hongmei,LEI Yutao,XIA Youchen. Surgical principles of phyllodes tumor and immediate breast reconstruction[J]. Zhongguo Wei Chuang Wai Ke Za Zhi[Chin J Minim Inva Surg(Article in Chinese;Abstract in Chinese)],2007,7(4):351-353. DOI:10.3969/j.issn.1009-6604.2007.04.029.}

[4083] 冯锐，乔群，徐军，王先成. 乳癌术后不同乳房再造术式的临床应用[J]. 中华整形外科杂志，2007，23(2)：103-105. DOI：10.3760/j.issn：1009-4598.2007.02.008. {FENG Rui,QIAO Qun,XU Jun,WANG Xiancheng. Clinical breast reconstruction with various methods[J]. Zhonghua Zheng Xing Wai Ke Za Zhi[Chin J Plast Surg(Article in Chinese;Abstract in Chinese and English)],2007,23(2):103-105. DOI:10.3760/j.issn:1009-4598.2007.02.008.}

[4084] 黎洪棉，高建华，鲁峰，刘达恩，梁自乾，张莉. 超声血流成像在乳腺癌手术放疗后乳房再造肌皮瓣选择中的应用[J]. 中华外科杂志，2007，45（19）：1338-1341. DOI：10.3760/j.issn：0529-5815.2007.19.014. {LI Hongmian,GAO Jianhua,LU Feng,LIU Daen,LIANG Ziqian,ZHANG Li. Design of myocutaneous flap with color Doppler flow imaging technique for breast reconstruction in breast cancer after operation and radiotherapy[J]. Zhonghua Wai Ke Za Zhi[Chin J Surg(Article in Chinese;Abstract in Chinese and English)],2007,45(19):1338-1341. DOI:10.3760/j.issn:0529-5815.2007.19.014.}

[4085] 冯锐，曹旭晨，孙强，张斌，周易东，乔群. 经皮下背阔肌肌瓣转移即刻乳房再造研究[J]. 中国实用外科杂志，2007，27（8）：623-624. DOI：10.3321/j.issn：1005-2208.2007.08.016. {FENG Rui,CAO Xuchen,SUN Qiang,ZHANG Bin,ZHOU Yidong,QIAO Qun. Immediate breast reconstruction with partial latissimus dorsi muscular flap after subcutaneous mastectomy[J]. Zhongguo Shi Yong Wai Ke Za Zhi[Chin J Pract Surg(Article in Chinese;Abstract in Chinese and English)],2007,27(8):623-624. DOI:10.3321/j.issn:1005-2208.2007.08.016.}

[4086] 郑一华，穆兰花，栾杰，穆大力，刘晨，王凌宇，牛兆河. Super-chrged 带蒂 TRAM 皮瓣乳房再造一例[J]. 中华整形外科杂志，2007，23（1）：12. DOI：10.3760/j.issn：1009-4598.2007.01.027. {ZHENG Yihua,MU Lanhua,LUAN Jie,MU Dali,LIU Chen,WANG Lingyu,NIU Zhaohe. Breast reconstruction with Super-chrged pedicled TRAM flap:a case report[J]. Zhonghua Zheng Xing Wai Ke Za Zhi[Chin J Plast Surg(Article in Chinese;Abstract in Chinese)],2007,23(1):12. DOI:10.3760/j.issn:1009-4598.2007.01.027.}

[4087] 尹健，张学慧，肖春花，宁连胜，韩明明. 背阔肌肌皮瓣在乳房再造中的应用[J]. 中华整形外科杂志，2007，23(6)：499-501. DOI：10.3760/j.issn：1009-4598.2007.06.014. {YIN Jian,ZHANG Xuehui,XIAO Chunhua,NING Liansheng,HAN Mingming. Application of latissimus dorsi-myocutaneous flap in breast reconstruction[J]. Zhonghua Zheng Xing Wai Ke Za Zhi[Chin J Plast Surg(Article in Chinese;Abstract in Chinese and English)],2007,23(6):499-501. DOI:10.3760/j.issn:1009-4598.2007.06.014.}

[4088] 穆兰花，辛敏强，栾杰，穆大力. 即刻乳房再造的并发症及处理原则[J]. 中国实用外科杂志，2008，28（7）：587-588. DOI：10.3321/j.issn：1005-2208.2008.07.031. {MU Lanhua,XIN Minqiang,LUAN Jie,MU Dali. Complications and management principles of immediate breast reconstruction[J]. Zhongguo Shi Yong Wai Ke Za Zhi[Chin J Pract Surg(Article in Chinese;No abstract available)],2008,28(7):587-588. DOI:10.3321/j.issn:1005-2208.2008.07.031.}

[4089] 徐华，董佳生，王露萍，常利民. 乳房再造计算机辅助设计系统的开发和临床应用[J]. 组织工程与重建外科杂志，2008，4(2)：94-96. DOI：10.3969/j.issn.1673-0364.2008.02.009. {XU Hua,DONG Jiasheng,WANG Luping,CHANG Limin. Study and application of computer assisted system in breast reconstruction[J]. Zu Zhi Gong Cheng Yu Chong Jian Wai Ke Za Zhi[J Tissue Eng Reconstr Surg(Article in Chinese;Abstract in Chinese and English)],2008,4(2):94-96. DOI:10.3969/j.issn.1673-0364.2008.02.009.}

[4090] 肖春花，张学慧，尹健，宁连胜. 改良切口的乳腺癌术后乳房再造探讨[J]. 中国修复重建外科杂志，2008，22（6）：728-731. {XIAO Chunhua,ZHANG Xuehui,YIN Jian,NING Liansheng. A clinic study of transverse rectus abdominis myocutaneous flap in immediate breast reconstruction with refined breast incisions of breast mastectomy[J]. Zhongguo Xiu Fu Chong Jian Wai Ke Za Zhi[Chin J Repar Reconstr Surg(Article in Chinese;Abstract in Chinese and English)],2008,22(6):728-731.}

[4091] 李巍，穆兰花，栾杰，穆大力，郑一华，辛敏强，刘晨. 改良"箭头"皮瓣法乳头乳晕再造术[J]. 中华整形外科杂志，2008，24（1）：23-25. DOI：10.3760/j.issn：1009-4598.2008.01.008. {LI Wei,MU Lanhua,LUAN Jie,MU Dali,ZHENG Yihua,XIN Minqiang,LIU Chen. Nipple-areolar reconstruction with the modified arrow flap[J]. Zhonghua Zheng Xing Wai Ke Za Zhi[Chin J Plast Surg(Article in Chinese;Abstract in Chinese and English)],2008,24(1):23-25. DOI:10.3760/j.issn:1009-4598.2008.01.008.}

[4092] 刘小蕉，叶秀娣，王萃，虞渝生. 保留部分前鞘的 TRAM 瓣在乳腺癌同期乳房再造中的应用[J]. 中华整形外科杂志，2008，24（4）：291-293. DOI：10.3760/j.issn：1009-4598.2008.04.012. {LIU Xiaojiao,YE Xiudi,WANG Cui,YU Yusheng. Clinical application of transverse rectus abdominis musculoocutaneous flap reserving partial anterior sheath (TRAM-RPAS) in the one-stage breast reconstruction for patients with breast cancer[J]. Zhonghua Zheng Xing Wai Ke Za Zhi[Chin J Plast Surg(Article in Chinese;Abstract in Chinese and English)],2008,24(4):291-293. DOI:10.3760/j.issn:1009-4598.2008.04.012.}

[4093] 张斌，冯锐，葛洁，尹健，张学慧，乔群，曹旭晨. 背阔肌-胸大肌复合肌瓣即刻乳房再造研究[J]. 中国实用外科杂志，2009，29（9）：752-755. {ZHANG Bin,FENG Rui,GE Jie,YIN Jian,ZHANG Xuehui,QIAO Qun,CAO Xuchen. Immediate breast reconstruction with partial latissimus dorsi and pectoralis major compound muscular flap[J]. Zhongguo Shi Yong Wai Ke Za Zhi[Chin J Pract Surg(Article in Chinese;Abstract in Chinese and English)],2009,29(9):752-755.}

[4094] 张毅，曾瑞曦，严凤娇，许扬滨，卢昊，程钢. 乳腺癌根治术后二期岛状背阔肌肌皮瓣的乳房再造及腋前皱襞重建[J]. 中国修复重建外科杂志，2009，23（3）：379-380. {ZHANG Yi,ZENG Ruixi,YAN Fengjiao,XU Yangbin,LU Hao,CHENG Gang. Second-stage breast and anterior axillary fold reconstruction with latissimus dorsi myocutaneous flap after radical mastectomy[J]. Zhongguo Xiu Fu Chong Jian Wai Ke Za Zhi[Chin J Repar Reconstr Surg(Article in Chinese;Abstract in Chinese)],2009,23(3):379-380.}

[4095] 辛敏强，穆兰花，栾杰，穆大力，苏韦祯. 螺旋 CT 血管造影在腹壁下动脉穿支皮瓣乳房再造术前评价中的应用[J]. 中华整形外科杂志，2010，26（5）：351-353. DOI：10.3760/cma.j.issn.1009-4598.2010.05.009. {XIN Minqiang,MU Lanhua,LUAN Jie,MU Dali,SU Weizheng. Application of MDCT angiography for breast reconstruction with deep inferior epigastric artery perforator flaps[J]. Zhonghua Zheng Xing Wai Ke Za Zhi[Chin J Plast Surg(Article in Chinese;Abstract in Chinese and English)],2010,26(5):351-353. DOI:10.3760/cma.j.issn.1009-4598.2010.05.009.}

[4096] 王亚兵，陈剑平，朱唯力. 扩大背阔肌肌皮瓣在Ⅰ期乳房再造中的应用[J]. 实用医学杂志，2010，26（17）：3182-3183. DOI：10.3969/j.issn.1006-5725.2010.17.046. {WANG Yabing,CHEN Jianping,ZHU Weili. Extended latissimus dorsi myocutaneous flap in primary breast reconstruction[J]. Shi Yong Yi Xue Za Zhi[J Pract Med(Article in Chinese;Abstract in Chinese)],2010,26(17):3182-3183. DOI:10.3969/j.issn.1006-5725.2010.17.046.}

[4097] 蒋宏传. 乳腺癌保乳及再造手术技巧与美学效果评价[J]. 中国实用外科杂志，2011，31（10）：961-963. {JIANG Hongchuan. Evaluation of the technique and aesthetic effect of breast conserving and reconstructive surgery for breast cancer[J]. Zhongguo Shi Yong Wai Ke Za Zhi[Chin J Pract Surg(Article in Chinese;No abstract available)],2011,31(10):961-963.}

[4098] 龙笑，刘志飞，王晓军，曾昂，张海林，白明，乔群. 北京协和医院乳腺癌术后即刻乳房再造治疗流程初探[J]. 中华整形外科杂志，2011，27（1）：63-65. DOI：10.3760/cma.j.issn.1009-4598.2011.01.016. {LONG Xiao,LIU Zhifei,WANG Xiaojun,ZENG Ang,ZHANG Hailin,BAI Ming,QIAO Qun. Preliminary study on the treatment process of immediate breast reconstruction after breast cancer operation in Peking Union Medical College Hospital[J]. Zhonghua Zheng Xing Wai Ke Za Zhi[Chin J Plast Surg(Article in Chinese;No abstract available)],2011,27(1):63-65. DOI:10.3760/cma.j.issn.1009-4598.2011.01.016.}

[4099] 曾昂，刘志飞，乔群，王智，张海林，龙笑，斯楼斌，白明. 脱细胞异体真皮辅助即刻乳房再造术的初步经验[J]. 中华整形外科杂志，2011，27（4）：250-253. DOI：10.3760/cma.j.issn.1009-4598.2011.04.003. {ZENG Ang,LIU Zhifei,QIAO Qun,WANG Zhi,ZHANG Hailin,LONG Xiao,SI Loubin,BAI Ming. Acellular cadaveric dermis-assisted immediate breast reconstruction:the preliminary experience[J]. Zhonghua Zheng Xing Wai Ke Za Zhi[Chin J Plast Surg(Article in Chinese;Abstract in Chinese and English)],2011,27(4):250-253. DOI:10.3760/cma.j.issn.1009-4598.2011.04.003.}

[4100] 于洋，张斌，梁栋，尤伟，吕峰. 肥胖患者乳房再造手术方式和时机的探讨[J]. 中华损伤与修复杂志（电子版），2012，7(6)：631-635. DOI：10.3877/cma.j.issn.1673-9450.2012.06.010. {YU Yang,ZHANG Bin,LIANG Dong,YOU Wei,LV Feng. Discussion of breast reconstruction surgery approach in obese patients[J]. Zhonghua Sun Shang Yu Xiu Fu Za Zhi Dian Zi Ban[Chin J Injury Repair Wound Healing(Electr Ed)(Article in Chinese;Abstract in Chinese and English)],2012,7(6):631-635. DOI:10.3877/cma.j.issn.1673-9450.2012.06.010.}

[4101] 王志永，马菊英，韩峰梅，刘建刚，张磊，郝俊. 应用 L 形腹直肌肌皮瓣再造乳房六例[J]. 中华烧伤杂志，2012，28（4）：272-273. DOI：10.3760/cma.j.issn.1009-2587.2012.04.014. {WANG Zhiyong,MA Juying,HAN Fengmei,LIU Jiangang,ZHANG Lei,HE Jun. Breast reconstruction with L-shaped rectus abdominis myocutaneous flap:a report of 6 cases[J]. Zhonghua Shao Shang Za Zhi[Chin J Burns(Article in Chinese;No abstract available)],2012,28(4):272-273. DOI:10.3760/cma.j.issn.1009-2587.2012.04.014.}

[4102] 陈祥锦，王彪，郑厚兵，单秀英，张惠灏，王美水，张德杰，庄福连. 保留部分腹直肌 TRAM 皮瓣的应用解剖及在乳房再造中的应用[J]. 中华整形外科杂志，2012，28（4）：248-252. DOI：10.3760/cma.j.issn.1009-4598.2012.04.003. {CHEN Xiangjin,WANG Biao,ZHENG Houbing,SHAN Xiuying,ZHANG Huihao,WANG Meishui,ZHANG Dejie,ZHUANG Fulian. Anatomic study and application of TRAM flap with partial preservation of abdominal rectus muscle in the breast reconstruction[J]. Zhonghua Zheng Xing Wai Ke Za Zhi[Chin J Plast Surg(Article in Chinese;Abstract in Chinese and English)],2012,28(4):248-252. DOI:10.3760/cma.j.issn.1009-4598.2012.04.003.}

[4103] 王进，耿中利，马斌林. 乳腺癌术后带蒂背阔肌皮瓣部分联合假体植入一期乳房再造[J]. 中国修复重建外科杂志，2012，26（7）：885-886. {WANG Jin,GENG Zhongli,MA Binlin. One stage breast reconstruction with pedicled latissimus dorsi myocutaneous flap combined with prosthesis implantation after breast cancer operation[J]. Zhongguo Xiu Fu Chong Jian Wai Ke Za Zhi[Chin J Repar Reconstr Surg(Article in Chinese;Abstract in Chinese)],2012,26(7):885-886.}

[4104] 刘温悦，穆兰花，张寒，陈茹，张妍，严义坪. 股深动脉穿支皮瓣应用于乳房再造的解剖学研究[J]. 中国临床解剖学杂志，2014，32（4）：384-386. DOI：10.13418/j.issn.1001-165x.2014.04.003. {LIU Wenyue,MU Lanhua,ZHANG Han,CHEN Ru,ZHANG Yan,YAN Yiping. The anatomical study for the application of profunda artery perforator flap in breast reconstruction[J]. Zhongguo Lin Chuang Jie Pou Xue Za Zhi[Chin J Clin Anat(Article in Chinese;Abstract in Chinese and English)],2014,32(4):384-386. DOI:10.13418/j.issn.1001-165x.2014.04.003.}

[4105] 朱琳，孙强，刘志飞，曾昂，贾毅弘，王晓军. 应用背阔肌肌皮瓣即刻乳房及乳头再造[J]. 中华整形外科杂志，2014，30(2)：89-92. DOI：10.3760/cma.j.issn.1009-4598.2014.02.003. {ZHU Lin,SUN Qiang,LIU Zhifei,ZENG Ang,JIA Yihong,WANG Xiaojun. Immediate breast and nipple reconstruction with the latissimus dorsi myocutaneous flap[J]. Zhonghua Zheng Xing Wai Ke Za Zhi[Chin J Plast Surg(Article in Chinese;Abstract in Chinese and English)],2014,30(2):89-92. DOI:10.3760/cma.j.issn.1009-4598.2014.02.003.}

[4106] 韩思源，刘晓颖. 延迟-即刻乳房再造[J]. 组织工程与重建外科杂志，2015，11（2）：

110-111. DOI: 10.3969/j.issn.1673-0364.2015.02.016. {HAN Siyuan,LIU Xiaoying. Delayed-immediate breast reconstruction[J]. Zu Zhi Gong Cheng Yu Chong Jian Wai Ke Za Zhi[J Tissue Eng Reconstr Surg(Article in Chinese;Abstract in Chinese and English)],2015,11(2):110-111. DOI:10.3969/j.issn.1673-0364.2015.02.016.}

[4107] 何珊珊，尹健. 下腹壁皮瓣再造乳房不同术式的比较 [J]. 中华整形外科杂志，2015，31(1): 76-78. DOI: 10.3760/cma.j.issn.1009-4598.2015.01.025. {HE Shanshan,YIN Jian. Different methods of breast reconstruction with lower abdominal wall flap[J]. Zhonghua Zheng Xing Wai Ke Za Zhi[Chin J Plast Surg(Article in Chinese;No abstract available)],2015,31(1):76-78. DOI:10.3760/cma.j.issn.1009-4598.2015.01.025.}

[4108] 郑厚兵，单秀英，陈祥锦，张惠灏，朱有志，王美水，王彪. 背阔肌肌皮瓣联合假体在乳腺癌术后二期乳房再造中的应用 [J]. 组织工程与重建外科杂志，2015，11 (2): 61-63. DOI: 10.3969/j.issn.1673-0364.2015.02.001. {ZHWNG Houbing,SHAN Xiuying,CHEN Xiangjin,ZHANG Huihao,ZHU Youzhi,WANG Meishui,WANG Biao. Application of latissimus dorsi myocutaneous flap with breast implant in delayed breast reconstruction after mastectomy[J]. Zu Zhi Gong Cheng Yu Chong Jian Wai Ke Za Zhi[J Tissue Eng Reconstr Surg(Article in Chinese;Abstract in Chinese and English)],2015,11(2):61-63. DOI:10.3969/j.issn.1673-0364.2015.02.001.}

[4109] 陆南杭，冯自豪，张勇，杨燕文，亓发芝. 背阔肌肌皮瓣乳房再造同期修复淋巴结清扫术后腋窝畸形 [J]. 组织工程与重建外科杂志，2015，11 (2): 72-73，103. DOI: 10.3969/j.issn.1673-0364.2015.02.005. {LU Nanhang,FENG Zihao,ZHANG Yong,YANG Yanwen,QI Fazhi. Latissimus dorsi flap in breast reconstruction and simultaneous-repair of axillary fossa deformity after axillary lymph node dissection[J]. Zu Zhi Gong Cheng Yu Chong Jian Wai Ke Za Zhi[J Tissue Eng Reconstr Surg(Article in Chinese;Abstract in Chinese and English)],2015,11(2):72-73,103. DOI:10.3969/j.issn.1673-0364.2015.02.005.}

[4110] 薛兵建. 横形股薄肌肌皮瓣在乳房再造中的应用研究现状 [J]. 组织工程与重建外科杂志，2015，11 (6): 396-399. DOI: 10.3969/j.issn.1673-0364.2015.06.013. {XUE Bingjian. Application and research progress on transverse myocutaneous gracilis flap in breast reconstruction[J]. Zu Zhi Gong Cheng Yu Chong Jian Wai Ke Za Zhi[J Tissue Eng Reconstr Surg(Article in Chinese;Abstract in Chinese and English)],2015,11(6):396-399. DOI:10.3969/j.issn.1673-0364.2015.06.013.}

[4111] 中华医学会整形外科学分会乳房专业学组. 乳腺癌切除后乳房再造临床技术指南 [J]. 中华整形外科杂志，2016，32 (2): 81-88，135. DOI: 10.3760/cma.j.issn.1009-4598.2016.02.001. {LUAN Jie. Clinical technical guidelines for breast reconstruction after mastectomy[J]. Zhonghua Zheng Xing Wai Ke Za Zhi[Chin J Plast Surg(Article in Chinese;No abstract available)],2016,32(2):81-88,135. DOI:10.3760/cma.j.issn.1009-4598.2016.02.001.}

[4112] 张干林，陈迪，张佳琦，刘晓韬，洪小芳，冀晨阳，宾莲洁，刘小蓉. 乳腺癌根治术后即刻乳房再造对患者术后生存率的影响 [J]. 中华整形外科杂志，2016，32 (4): 275-279. DOI: 10.3760/cma.j.issn.1009-4598.2016.04.009. {ZHANG Ganlin,CHEN Di,ZHANG Jiaqi,LIU Xiaotao,HONG Xiaofang,JI Chenyang,BIN Lianjie,LIU Xiaorong. Influence of immediate breast reconstruction after mastectomy on postoperative survival[J]. Zhonghua Zheng Xing Wai Ke Za Zhi[Chin J Plast Surg(Article in Chinese;Abstract in Chinese and English)],2016,32(4):275-279. DOI:10.3760/cma.j.issn.1009-4598.2016.04.009.}

[4113] 刘岩，穆籣，李广学，杨锴，彭喆，毕晔，朱怡，王偲. 乳房再造同期行对侧乳房对称性整形手术的初步探讨 [J]. 中国修复重建外科杂志，2016，30 (10): 1253-1257. DOI: 10.7507/1002-1892.20160256. {LIU Yan,MU Lan,LI Guangxue,YANG Kai,PENG Jie,BI Hua,ZHU Yi,WANG Si. Primary study on contralateral breast symmetrization mammaplasty in breast reconstruction[J]. Zhongguo Xiu Fu Chong Jian Wai Ke Za Zhi[Chin J Repar Reconstr Surg(Article in Chinese;Abstract in Chinese and English)],2016,30(10):1253-1257. DOI:10.7507/1002-1892.20160256.}

[4114] 穆籣，彭喆，毕晔，刘岩，杨锴，李广学，朱怡，曹迎明，杨后圃，王殊. 双侧游离股深动脉穿支皮瓣即刻乳房再造一例报告并文献复习 [J]. 中华显微外科杂志，2016，39 (6): 555-558. DOI: 10.3760/cma.j.issn.1001-2036.2016.06.011. {MU Lan,PENG Jie,BI Hua,LIU Yan,YANG Kai,LI Guangxue,ZHU Yi,CAO Yingming,YANG Houpu,WANG Shu. Bilateral free profunda artery perforator flaps(PAP) for immediate unilateral breast reconstruction:a case report and review of literature[J]. Zhonghua Xian Wei Wai Ke Za Zhi[Chin J Microsurg(Article in Chinese;Abstract in Chinese and English)],2016,39(6):555-558. DOI:10.3760/cma.j.issn.1001-2036.2016.06.011.}

[4115] 王付勇，李华强. 吻合神经的腹壁下动脉穿支皮瓣再造乳房感觉恢复 [J]. 中华实验外科杂志，2016，33 (4): 1150-1151. DOI: 10.3760/cma.j.issn.1001-9030.2016.04.086. {WANG Fuyong,LI Huaqiang. The therapeutic effects of nerve anastomosis on breast reconstruction using deep inferior epigastric perforator flap[J]. Zhonghua Shi Yan Wai Ke Za Zhi[Chin J Exp Surg(Article in Chinese;Abstract in Chinese and English)],2016,33(4):1150-1151. DOI:10.3760/cma.j.issn.1001-9030.2016.04.086.}

[4116] 曲亚平，穆大力，栾杰. 乳腺癌术后即刻乳房再造的临床研究进展 [J]. 中华整形外科杂志，2017，33(3): 237-240. DOI: 10.3760/cma.j.issn.1009-4598.2017.03.021. {QV Yaping,MU Dali,LUAN Jie. Clinical research progress of immediate breast reconstruction after breast cancer operation[J]. Zhonghua Zheng Xing Wai Ke Za Zhi[Chin J Plast Surg(Article in Chinese;No abstract available)],2017,33(3):237-240. DOI:10.3760/cma.j.issn.1009-4598.2017.03.021.}

[4117] 栾杰. 乳房再造的微创化、精细化与个性化——乳房再造在整形外科医院的创新与发展 [J]. 中华整形外科杂志，2017，33 (z1): 4-7. DOI: 10.3760/cma.j.issn.1009-4598.2017.s1.002. {LUAN Jie. Minimally invasive,refined and personalized breast reconstruction:innovation and development of breast reconstruction in plastic surgery hospital[J]. Zhonghua Zheng Xing Wai Ke Za Zhi[Chin J Plast Surg(Article in Chinese;No abstract available)],2017,33(z1):4-7. DOI:10.3760/cma.j.issn.1009-4598.2017.s1.002.}

[4118] 陈育贞，韦南茉，郭妍，许澍洽. 超声刀下切取背阔肌肌皮瓣行乳房再造术的术中护理体会 [J]. 中华显微外科杂志，2017，40 (5): 510-511. DOI: 10.3760/cma.j.issn.1001-2036.2017.05.029. {CHEN Yuzheng,WEI Nanmo,GUO Yan,XU Shuqia. Nursing experience of breast reconstruction with latissimus dorsi myocutaneous flap under ultrasonic knife[J]. Zhonghua Xian Wei Wai Ke Za Zhi[Chin J Microsurg(Article in Chinese;No abstract available)],2017,40(5):510-511. DOI:10.3760/cma.j.issn.1001-2036.2017.05.029.}

[4119] 柴丽君，张学慧. 前锯肌肌瓣在乳腺癌改良根治术后即刻乳房再造中的应用 [J]. 中国修复重建外科杂志，2017，31 (9): 1098-1101. DOI: 10.7507/1002-1892.201704032. {CHAI Lijun,ZHANG Xuehui. Application of serratus anterior muscle flap combined with breast implants for breast reconstruction after modified radical mastectomy[J]. Zhongguo Xiu Fu Chong Jian Wai Ke Za Zhi[Chin J Repar Reconstr Surg(Article in Chinese;Abstract in Chinese and English)],2017,31(9):1098-1101. DOI:10.7507/1002-1892.201704032.}

[4120] 栾杰. 中国乳房整形与再造技术的跨越 [J]. 中华整形外科杂志，2018，34 (2): 81-82. DOI: 10.3760/cma.j.issn.1009-4598.2018.02.001. {LUAN Jie. The leap-forward development of breast plastic and reconstructive surgery in China[J]. Zhonghua Zheng Xing Wai Ke Za Zhi[Chin J Plast Surg(Article in Chinese;Abstract in Chinese and English)],2018,34(2):81-82. DOI:10.3760/cma.j.issn.1009-4598.2018.02.001.}

[4121] 何金光，王涛，徐华，张亦，董佳生. 腹壁下动脉穿支皮瓣联合胸壁皮瓣同期再造乳房和乳头 [J]. 中华整形外科杂志，2018，34 (2): 88-91. DOI: 10.3760/cma.j.issn.1009-4598.2018.02.003. {HE Jinguang,WANG Tao,XU Hua,ZHANG Yi,DONG Jiasheng. Immediate nipple reconstruction with a local mastectomy flap following secondary DIEP flap breast reconstruction[J]. Zhonghua Zheng Xing Wai Ke Za Zhi[Chin J Plast Surg(Article in Chinese;Abstract in Chinese and English)],2018,34(2):88-91. DOI:10.3760/cma.j.issn.1009-4598.2018.02.003.}

[4122] 李广学，穆籣，杨锴，彭喆，刘岩，毕晔，朱怡，王偲，臧荟然，曹赛赛，张沛阳. 吲哚菁绿血管造影在腹部皮瓣乳房再造中的应用 [J]. 中华整形外科杂志，2018，34 (7): 522-525. DOI: 10.3760/cma.j.issn.1009-4598.2018.07.007. {LI Guangxue,MU Lan,YANG Kai,PENG Jie,LIU Yan,BI Hua,ZHU Yi,WANG Si,ZANG Huiran,CAO Saisai,ZHANG Peiyang. Experince of ICGA-guided breast reconstruction with abdominal flap[J]. Zhonghua Zheng Xing Wai Ke Za Zhi[Chin J Plast Surg(Article in Chinese;Abstract in Chinese and English)],2018,34(7):522-525. DOI:10.3760/cma.j.issn.1009-4598.2018.07.007.}

[4123] 李尚善，栾杰. 腹壁下动脉穿支皮瓣乳房再造术后皮瓣淤血的研究进展 [J]. 中华整形外科杂志，2018，34 (12): 1077-1080. DOI: 10.3760/cma.j.issn.1009-4598.2018.12.019. {LI Shangshan,LUAN Jie. Research progress of venous congestion after deep inferior epigastric perforator flap breast reconstruction[J]. Zhonghua Zheng Xing Wai Ke Za Zhi[Chin J Plast Surg(Article in Chinese;Abstract in Chinese and English)],2018,34(12):1077-1080. DOI:10.3760/cma.j.issn.1009-4598.2018.12.019.}

[4124] 王祎，穆籣，李广学，杨锴，毕晔，刘岩，王殊，栾杰，穆大力，刘春军，辛敏强，刘元波. 54 例乳房再造患者回顾性研究 [J]. 中华整形外科杂志，2019，35 (3): 225-231. DOI: 10.3760/cma.j.issn.1009-4598.2019.03.003. {WANG Wei,MU Lan,LI Guangxue,YANG Kai,BI Hua,LIU Yan,WANG Shu,LUAN Jie,MU Dali,LIU Chunjun,XIN Minqiang,LIU Yuanbo. Analysis of satisfaction and quality of life of 54 patients after breast reconstruction :a retrospective study[J]. Zhonghua Zheng Xing Wai Ke Za Zhi[Chin J Plast Surg(Article in Chinese;Abstract in Chinese and English)],2019,35(3):225-231. DOI:10.3760/cma.j.issn.1009-4598.2019.03.003.}

[4125] 宋达疆，刘德权，李赞，周晓，章一新，冯光，彭小伟，周波，吕春柳，伍鹏，唐园园. 游离腹壁下动脉穿支皮瓣在双侧乳房再造中的应用 [J]. 中华整形外科杂志，2019，35 (9): 892-897. DOI: 10.3760/cma.j.issn.1009-4598.2019.09.009. {SONG Dajiang,LIU Dequan,LI Zan,ZHOU Xiao,ZHANG Yixin,FENG Guang,PENG Xiaowei,ZHOU Bo,LV Chunliu,WU Peng,TANG Yuanyuan. Application of deep inferior epigastric artery perforator flap in bilateral breast reconstruction[J]. Zhonghua Zheng Xing Wai Ke Za Zhi[Chin J Plast Surg(Article in Chinese;Abstract in Chinese and English)],2019,35(9):892-897. DOI:10.3760/cma.j.issn.1009-4598.2019.09.009.}

[4126] 杜星仪，欧阳熠烨，李成程，刘春军. 穿支皮瓣乳房再造的进展 [J]. 组织工程与重建外科杂志，2019，15 (2): 115-118. DOI: 10.3969/j.issn.1673-0364.2019.02.014. {DU Xingyi,OU YANG Yihua,LI Chengcheng,LIU Chunjun. Research progress of perforator flaps in breast reconstruction[J]. Zu Zhi Gong Cheng Yu Chong Jian Wai Ke Za Zhi[J Tissue Eng Reconstr Surg(Article in Chinese;Abstract in Chinese and English)],2019,15(2):115-118. DOI:10.3969/j.issn.1673-0364.2019.02.014.}

[4127] 李广学，穆籣，杨锴，彭喆，刘岩，毕晔，朱怡，王偲，王祎，臧荟然，曹赛赛，张沛阳. 双蒂腹部皮瓣单侧乳房再造的应用 [J]. 中国修复重建外科杂志，2019，33 (1): 70-74. DOI: 10.7507/1002-1892.201807043. {LI Guangxue,MU Lan,YANG Kai,PENG Jie,LIU Yan,BI Hua,ZHU Yi,WANG Si,WANG Yi,ZANG Huiran,CAO Saisai,ZHANG Peiyang. Application of dual-pedicle abdominal flap for unilateral breast reconstruction[J]. Zhongguo Xiu Fu Chong Jian Wai Ke Za Zhi[Chin J Repar Reconstr Surg(Article in Chinese;Abstract in Chinese and English)],2019,33(1):70-74. DOI:10.7507/1002-1892.201807043.}

[4128] 万能斌，刘德权，卢伶俐，何潇，宋达疆，李赞，周晓，彭文，柳泽洋. 带蒂大网膜瓣在乳腺癌术后乳房再造中的应用研究 [J]. 中国修复重建外科杂志，2019，33 (8): 1006-1010. DOI: 10.7507/1002-1892.201901007. {WAN Nengbin,LIU Dequan,LU Lingli,HE Xiao,SONG Dajiang,LI Zan,ZHOU Xiao,PENG Wen,LIU Zeyang. Application of pedicled omentum flap in breast reconstruction of breast cancer patients[J]. Zhongguo Xiu Fu Chong Jian Wai Ke Za Zhi[Chin J Repar Reconstr Surg(Article in Chinese;Abstract in Chinese and English)],2019,33(8):1006-1010. DOI:10.7507/1002-1892.201901007.}

[4129] 宋达疆，李赞，章一新，彭小伟，周波，吕春柳，伍鹏，唐园园. 双侧游离股后内侧穿支皮瓣再造一侧乳房 [J]. 中华整形外科杂志，2020，36 (3): 263-269. DOI: 10.3760/cma.j.cn114453-20191003-00292. {SONG Dajiang,LI Zan,ZHANG Yixin,PENG Xiaowei,ZHOU Bo,LV Chunliu,WU Peng,TANG Yuanyuan. Bilateral free posteromedial thigh perforator flaps for unilateral breast reconstruction[J]. Zhonghua Zheng Xing Wai Ke Za Zhi[Chin J Plast Surg(Article in Chinese;Abstract in Chinese and English)],2020,36(3):263-269. DOI:10.3760/cma.j.cn114453-20191003-00292.}

[4130] 彭文，吕春柳，周波，宋达疆，李赞. 术前 CT 血管造影在腹壁下动脉穿支皮瓣乳房再造的应用现状和展望 [J]. 中国修复重建外科杂志，2020，34 (7): 927-931. {PENG Wen,LV Chunliu,ZHOU Bo,SONG Dajiang,LI Zan. Application and prospect of preoperative computed tomographic angiography in deep inferior epigastric artery perforator flap for breast reconstruction[J]. Zhongguo Xiu Fu Chong Jian Wai Ke Za Zhi[Chin J Repar Reconstr Surg(Article in Chinese;Abstract in Chinese and English)],2020,34(7):927-931.}

3.5.4 舌再造

tongue reconstruction

[4131] Cheng N,Shou B,Zheng M,Huang A. Microneurovascular transfer of the tensor fascia lata musculocutaneous flap for reconstruction of the tongue[J]. Ann Plast Surg,1994,33(2):136-141. doi:10.1097/00000637-199408000-00003.

[4132] Zhao Z,Zhang Z,Li Y,Li S,Xiao S,Fan X,Li Y,Liu P,He M,Deng C. The buccinator musculomucosal island flap for partial tongue reconstruction[J]. J Am Coll Surg,2003,196(5):753-760. doi:10.1016/S1072-7515(03)00100-5.

[4133] Liao G,Su Y,Zhang J,Hou J,Chen Y,Li M. Reconstruction of the tongue with reinnervated rectus abdominis musculoperitoneal flaps after hemiglossectomy[J]. J Laryngol Otol,2006,120(3):205-213. doi:10.1017/S002221510600017X.

[4134] Chen WL,Yang ZH,Li JS,Huang ZQ. Reconstruction of the tongue using an extended vertical lower trapezius island myocutaneous flap after removal of advanced tongue cancer[J]. Br J Oral Maxillofac Surg,2008,46(5):379-382. doi:10.1016/j.bjoms.2007.11.009.

[4135] Chen WL,Yang ZH,Li JS,Huang ZQ,Wang JG,Zhang B. Submental flap for reconstructing tongue defect with V-Y advancement flap for repairing submental defect[J]. Otolaryngol Head Neck Surg,2009,141(2):202-206. doi:10.1016/j.otohns.2009.04.011.

[4136] Song XM,Ye JH,Yuan Y,Zhang SY,Jiang HB,Wu YN. Radial forearm free flap for reconstruction of a large defect after radical ablation of carcinoma of the tongue and floor of the mouth:some new modifications[J]. ORL J Otorhinolaryngol Relat Spec,2010,72(2):106-112. doi:10.1159/000301155.

[4137] Ye W,Hu J,Zhu H,Zhang Z. Tongue reconstruction with tongue base island advancement flap[J]. J Craniofac Surg,2013,24(3):996-998. doi:10.1097/SCS.0b013e31828f1a6b.

[4138] Wang X,Yan G,Zhang G,Li J,Liu J,Zhang Y. Functional tongue reconstruction with the anterolateral thigh flap[J]. World J Surg Oncol,2013,11:303. doi:10.1186/1477-7819-11-303.

[4139] Li W,Li R,Safdar J,Huang S,Xu Z,Tan X,Sun C. Modified visor approach applied to total or subtotal glossectomy and reconstruction:avoidance of lip splitting and mandibulotomy and cutting off mental nerve[J]. Tumour Biol,2014,35(8):7847-7852. doi:10.1007/s13277-014-2036-4.

[4140] He Y,Jin SF,Zhang CP,Zhang ZY. Medial sural artery perforator flap aided by preoperative computed tomography angiography mapping for tongue reconstruction[J]. Int J Oral Maxillofac Surg,2014,43(9):1064-1068. doi:10.1016/j.ijom.2014.05.016.

[4141] He Y,Jin SF,Zhang ZY,Feng SQ,Zhang CP,Zhang YX. A prospective study of medial sural artery perforator flap with computed tomographic angiography-aided design in tongue reconstruction[J]. J Oral Maxillofac Surg,2014,72(11):2351-2365. doi:10.1016/j.joms.2014.05.019.

[4142] Yang XD,Zhao SF,Wang YX,Li W,Zhang Q,Hong XW,Wen JM,Hu QG. Use of extended lateral upper arm free flap for tongue reconstruction after radical glossectomy for tongue cancer[J]. Aesthetic Plast Surg,2015,39(4):562-569. doi:10.1007/s00266-015-0512-x.

[4143] Liang Y,Cui Y,Liao G. Comparison of quality-of-life in tongue cancer patients undergoing tongue reconstruction with lateral upper arm free flap and radial forearm free flap[J]. Int J Clin Exp Med,2015,8(3):4533-4538.

[4144] Zhang S,Chen W,Cao G,Dong Z. Pedicled supraclavicular artery island flap versus free radial forearm flap for tongue reconstruction following hemiglossectomy[J]. J Craniofac Surg,2015,26(6):e527-530. doi:10.1097/SCS.0000000000002031.

[4145] Lu M,Sun G,Hu Q,Tang E,Wang Y. Functional assessment:free thin anterolateral thigh flap versus free radial forearm reconstruction for hemiglossectomy defects[J]. Med Oral Patol Oral Cir Bucal,2015,20(6):e757-762. doi:10.4317/medoral.20727.

[4146] Hu Q,Lu M,Wang Z,Yang X,Sun G,Tang E. Free thin anterolateral thigh flap versus free radial forearm reconstruction after hemiglossectomy:A functional assessment[J]. Eur J Cancer,2015,51(1):e31. doi:10.1016/j.ejca.2015.06.091.

[4147] Nueangkhota P,Liang YJ,Zheng GS,Su YX,Yang WF,Liao GQ. Reconstruction of tongue defects with the contralateral nasolabial island flap[J]. J Oral Maxillofac Surg,2016,74(4):851-859. doi:10.1016/j.joms.2015.10.013.

[4148] Wang L,Liu K,Shao Z,Shang ZJ. Individual design of the anterolateral thigh flap for functional reconstruction after hemiglossectomy:experience with 238 patients[J]. Int J Oral Maxillofac Surg,2016,45(6):726-730. doi:10.1016/j.ijom.2015.11.020.

[4149] Ma C,Tian Z,Kalfarentzos E,Zhang Y,Zhang Z,Lam D,Zhang C,He Y. Superficial circumflex iliac artery perforator flap for tongue reconstruction[J]. Oral Surg Oral Med Oral Pathol Oral Radiol,2016,121(4):373-380. doi:10.1016/j.oooo.2015.10.034.

[4150] Wang L,Liu K,Shao Z,Shang ZJ. Reconstruction of the tongue and mouth floor with the myofascial vastus lateralis free flap after cancer ablation[J]. Int J Oral Maxillofac Surg,2016,45(8):951-954. doi:10.1016/j.ijom.2016.03.009.

[4151] Yuan Y,Zhang P,He W,Li W. Comparison of oral function:free anterolateral thigh perforator flaps versus vascularized free forearm flap for reconstruction in patients undergoing glossectomy[J]. J Oral Maxillofac Surg,2016,74(7):1500.e1-6. doi:10.1016/j.joms.2016.03.039.

[4152] Tong XJ,Tang ZG,Shan ZF,Guo XC. The anterolateral thigh flap for soft tissue reconstruction in patients with tongue squamous cell carcinoma[J]. World J Surg Oncol,2016,14(1):213. doi:10.1186/s12957-016-0972-8.

[4153] Tong XJ,Tang ZG,Shan ZF,Qin A,Guo XC. Color Doppler ultrasound assessment of anterolateral thigh flap perforators in locally advanced head and neck cancer[J]. Int Surg,2016,101(9-10):414-419. doi:10.9738/INTSURG-D-16-00103.

[4154] Chen H,Zhou N,Huang X,Song S. Comparison of morbidity after reconstruction of tongue defects with an anterolateral thigh cutaneous flap compared with a radial forearm free-flap:a meta-analysis[J]. Br J Oral Maxillofac Surg,2016,54(10):1095-1101. doi:10.1016/j.bjoms.2016.07.026.

[4155] Li W,Zhang P,Li R,Liu Y,Kan Q. Radial free forearm flap versus pectoralis major pedicled flap for reconstruction in patients with tongue cancer:Assessment of quality of life[J]. Med Oral Patol Oral Cir Bucal,2016,21(6):e737-e742. doi:10.4317/medoral.21274.

[4156] Zhu L,Zhang J,Song X,Hou W,Wu S,Chen W,Svensson P,Wang K. Sensory recovery of non-innervated free flaps and nasolabial island flaps used for tongue reconstruction of oncological defects[J]. J Oral Rehabil,2017,44(10):736-748. doi:10.1111/joor.12510.

[4157] Zhang PP,Meng L,Shen J,Liu H,Zhang J,Xiang X,Yan YB. Free radial forearm flap and anterolateral thigh flap for reconstruction of hemiglossectomy defects:A comparison of quality of life[J]. J Craniomaxillofac Surg,2018,46(12):2157-2163. doi:10.1016/j.jcms.2018.10.006.

[4158] Fan S,Li QX,Zhang HQ,Liang MJ,Tian T,Wang YY,Lin ZY,Chen WX,Pan GK,Ahn MH,He L,Sun S,Wu BH,Yu P,Li JS. "Five-point eight-line" anatomic flap design for precise hemitongue reconstruction[J]. Head Neck,2019,41(5):1359-1366. doi:10.1002/hed.25571.

[4159] Fan S,Zhang H,Li Q,Liang F,Bai Z,Chen W,Sun S,Yu P,Li J. A novel anatomy-based five-points eight-line-segments technique for precision subtotal tongue reconstruction:A pilot study[J]. Oral Oncol,2019,89:1-7. doi:10.1016/j.oraloncology.2018.12.004.

[4160] Meng L,Shen J,Liu H,Zhang JC,Peng X,Mao C,Cai ZG,Zheng L,Shan XF,Yan YB. Comparison of the subjective satisfaction of the donor site morbidity:Free radial forearm flap versus anterolateral thigh flap for reconstruction in tongue cancer patients[J]. Med Oral Patol Oral Cir Bucal,2019,24(2):e236-e242. doi:10.4317/medoral.22679.

[4161] Tang X,Zhang C,Chen R,Zhou X,Zhang Y. Treatment of adenoid cystic carcinoma of the mobile tongue with anterolateral thigh flap reconstruction:A case report[J]. Medicine(Baltimore),2019,8(16):e15250. doi:10.1097/MD.0000000000015250.

[4162] Cai YC,Li C,Zeng DF,Zhou YQ,Sun RH,Shui CY,Pei J,Liu W,Wang X,Jiang ZH,Tang ZQ,Jiang J,Wang W. Comparative analysis of radial forearm free flap and anterolateral thigh flap in tongue reconstruction after radical resection of tongue cancer[J]. ORL J Otorhinolaryngol Relat Spec,2019,81(5-6):252-264. doi:10.1159/000502151.

[4163] Yang ZH,Zhou B,Zhong JL,Chen WL. Use of an anteriorly based ventral tongue flap to reconstruct the lower vermilion following early-stage cancer ablation[J]. J Cosmet Dermatol,2020,19(2):473-476. doi:10.1111/jocd.13020.

[4164] Li K,Lin W,Li J,Liu J,Qi Q. Reconstruction of tongue using anterolateral thigh free flap after radical surgery of tongue carcinoma[J]. Asian J Surg,2020,43(7):775-776. doi:10.1016/j.asjsur.2020.02.015.

[4165] Zhang J,Wang Y,Han X,Chen H. Comparison of clinical results and quality-of-life in tongue cancer patients undergoing submental island flap and radial forearm free flap reconstruction[J]. J Oral Maxillofac Surg,2020,78(9):1639-1644. doi:10.1016/j.joms.2020.04.045.

[4166] Wang D,Gao T,Liu L,Chen Y,Liao S,Xu T,Zhang K. Thin superficial inferior epigastric artery perforator flap for reconstruction of the tongue[J]. Br J Oral Maxillofac Surg,2020,58(8):992-996. doi:10.1016/j.bjoms.2020.05.011.

[4167] Zhou X,He ZJ,Su YX,Zhang S,Gong ZJ,Wu HJ. "Sushi roll" technique for precise total tongue functional reconstruction using a pre-sutured femoral anterolateral myocutaneous flap[J]. Oral Oncol,2020,110:104866. doi:10.1016/j.oraloncology.2020.104866.

[4168] Lu J,Chen Y,Xia RH,Shen Y,Zheng Z,Sun J. Modification of the anterior-posterior tongue rotation flap for oral tongue reconstruction[J]. Head Neck,2020,42(12):3769-3775. doi:10.1002/hed.26409.

[4169] Zhang S,Wu S,Liu L,Zhu D,Zhu Q,Li W. Assessment of quality of life of free anterolateral thigh flap for reconstruction of tissue defects of total or near-total glossectomy[J]. J Oncol,2020,2020:2920418. doi:10.1155/2020/2920418.

[4170] Tamer R,Chen Y,Xu X,Xie C,Swai J. Short-term quality of life,functional status,and their predictors in tongue cancer patients after anterolateral thigh free flap reconstruction:a single-center,prospective,comparative study[J]. Cancer Manag Res,2020,12:11663-11673. doi:10.2147/CMAR.S268912.

[4171] Xu Q,Lin Y,Xing Z,Chen T,Zheng Y,Cao D. Magnetic resonance imaging differentiates locoregional flaps from free flaps after reconstructive surgical treatment of tongue cancer[J]. Oral Surg Oral Med Oral Pathol Oral Radiol,2021,131(3):356-363. doi:10.1016/j.oooo.2020.08.001.

[4172] Liu J,Liu F,Fang Q,Feng J. Long-term donor site morbidity after radial forearm flap elevation for tongue reconstruction:Prospective observational study[J]. Head Neck,2021,43(2):467-472. doi:10.1002/hed.26506.

[4173] 朱定铨. 前臂皮瓣游离移植再造舌[J]. 修复重建外科杂志，1988，2(2)：194-195. {ZHU Dingquan. Free forearm flap transplantation for tongue reconstruction[J]. Zhongguo Xiu Fu Chong Jian Wai Ke Za Zhi[Chin J Repar Reconstr Surg(Article in Chinese;No abstract available)],1988,2(2):194-195.}

[4174] 唐友盛，邱蔚六. 吻合血管的皮瓣与肌皮瓣联合行舌缺损的再造[J]. 中华显微外科杂志，1992，15(2)：75-76. {TANG Yousheng,QIU Weiliu. The tongue defect was reconstructed by the combination of vascular flap and musculocutaneous flap[J]. Zhonghua Xian Wei Wai Ke Za Zhi[Chin J Microsurg(Article in Chinese;No abstract available)],1992,15(2):75-76.}

[4175] 邢树忠，梁青. 用股前外侧皮瓣再造舌和软腭[J]. 中华显微外科杂志，1993，16(2)：140-141. {XING Shuzhong,LIANG Qing. The tongue and soft palate were reconstructed with anterolateral thigh flap[J]. Zhonghua Xian Wei Wai Ke Za Zhi[Chin J Microsurg(Article in Chinese;No abstract available)],1993,16(2):140-141.}

[4176] 孙弘，陈荫卿，伍祖鑫. 前臂游离皮瓣行舌再造术的十年经验回顾[J]. 中华显微外科杂志，1994，17(1)：82-85，155. {SUN Hong,CHEN Yinqing,WU Zuxin. 10 years experience utilizing free forearm flap for tongue reconstructions[J]. Zhonghua Xian Wei Wai Ke Za Zhi[Chin J Microsurg(Article in Chinese;Abstract in Chinese and English)],1994,17(1):82-85,155.}

[4177] 陈必胜，王文崔，姜晓钟，高宏. 用颈阔肌肌皮瓣行舌再造术(附10例报告)[J]. 上海口腔医学，1994，3(2)：10-11. {CHEN Bisheng,WANG Wencui,JIANG Xiaozhong,GAO Hong. Tongue reconstruction with platysma myocutaneous flap (report of 10 cases)[J]. Shang Hai Kou Qiang Yi Xue[Shanghai J Stomatol(Article in Chinese;No abstract available)],1994,3(2):10-11.}

[4178] 孙弘，李德春，黄海生. 胸锁乳突肌胸骨头肌皮瓣行舌再造术的评价[J]. 中华显微外科杂志，1998，21(4)：251. DOI：10.3760/cma.j.issn.1001-2036.1998.04.004. {SUN Hong,LI Dechun,HUANG Haisheng. Evaluation of tongue reconstruction with sternocleidomastoid musculocutum flap[J]. Zhonghua Xian Wei Wai Ke Za Zhi[Chin J Microsurg(Article in Chinese;Article in Chinese)],1998,21(4):251. DOI:10.3760/cma.j.issn.1001-2036.1998.04.004.}

[4179] 孙坚，孙弘. 显微外科舌再造术的临床评价[J]. 中华显微外科杂志，1999，22(2)：158. DOI：10.3760/cma.j.issn.1001-2036.1999.02.048. {SUN Jian,SUN Hong. Clinical evaluation of microsurgical tongue reconstruction[J]. Zhonghua Xian Wei Wai Ke Za Zhi[Chin J Microsurg(Article in Chinese;No abstract available)],1999,22(2):158. DOI:10.3760/cma.j.issn.1001-2036.1999.02.048.}

[4180] 李庆生，彭国光，陈巨峰. 应用前臂皮瓣再造舌及口底一例[J]. 中华显微外科杂志，1999，22(2)：124. DOI：10.3760/cma.j.issn.1001-2036.1999.02.052. {LI Qingsheng,PENG Guoguang,CHEN Jufeng. A case of reconstruction of tongue and mouth floor with forearm flap[J]. Zhonghua Xian Wei Wai Ke Za Zhi[Chin J Microsurg(Article in Chinese;No abstract available)],1999,22(2):124. DOI:10.3760/cma.j.issn.1001-2036.1999.02.052.}

[4181] 王晓卫，郑家伟，竺涵光，张志愿. 前臂尺侧游离皮瓣在舌再造中的应用[J]. 现代口腔医学杂志，2001，15(4)：299-300. DOI：10.3969/j.issn.1003-7632.2001.04.024. {WANG Xiaowei,ZHENG Jiawei,ZHU Hanguang,ZHANG Zhiyuan. The use of ulnar forearm flap in tongue reconstruction[J]. Xian Dai Kou Qiang Yi Xue Za Zhi[J Mod Stomatol(Article in Chinese;Abstract in Chinese and English)],2001,15(4):299-300. DOI:10.3969/j.issn.1003-7632.2001.04.024.}

[4182] 李劲松，潘朝斌，陈伟良，王建广，杨朝晖，叶华山，张胜. 游离前臂皮瓣舌再造的临床经验[J]. 中华显微外科杂志，2003，26(4)：262-263. DOI：10.3760/cma.j.issn.1001-2036.2003.04.008. {LI Jinsong,PAN Chaobin,CHEN Weiliang,WANG Jianguang,YANG Chaohui,YE Huashan,ZHANG Sheng. The clinical experience in tongue reconstruction with free forearm flap[J]. Zhonghua Xian Wei Wai Ke Za Zhi[Chin J Microsurg(Article in Chinese;Abstract in Chinese and English)],2003,26(4):262-263. DOI:10.3760/cma.j.issn.1001-2036.2003.04.008.}

[4183] 张金明，廖贵清. 应用腹直肌-后鞘-腹膜复合瓣游离移植再造半舌的初步报告[J]. 中华整形外科杂志，2004，20(4)：285-287. DOI：10.3760/j.issn：1009-4598.2004.04.014. {ZHANG Jinming,LIAO Guiqing. The rectus abdominis musculoperitoneal composite flap for tongue reconstruction following extensive resection of cancer:a report of 2 cases[J]. Zhonghua Zheng Xing Wai Ke Za Zhi[Chin J Plast Surg(Article in Chinese;Abstract in Chinese and English)],2004,20(4):285-287. DOI:10.3760/j.issn:1009-4598.2004.04.014.}

[4184] 李劲松，潘朝斌，陈伟良，黄洪章，王建广，陈绍维，杨朝晖. 全舌癌根治术后岛状胸大肌肌皮瓣全舌再造[J]. 中华医学杂志，2004，84(5)：409-410. DOI：10.3760/

j: issn: 0376-2491.2004.05.016. {LI Jinsong,PAN Chaobin,CHEN Weiliang,HUANG Hongzhang,WANG Jianguang,CHEN Shaowei,YANG Chaohui. Total tongue reconstruction with island pectoralis major myocutaneous flap after radical resection of total tongue carcinoma[J]. Zhonghua Yi Xue Za Zhi[Natl Med J China(Article in Chinese;No abstract available)],2004,84(5):409-410. DOI:10.3760/j:issn:0376-2491.2004.05.016.}

[4185] 廖贵清，苏宇雄，刘海潮，李金，法赫米，区德明，王勤. 前臂游离皮瓣在保存舌功能的半舌再造术中的应用 [J]. 中华整形外科杂志，2008，24 (4): 253-256. DOI: 10.3760/j.issn: 1009-4598.2008.04.001. {LIAO Guiqing,SU Yuxiong,LIU Haichao,LI Jin,FA Hemi,QU Deming,WANG Qin. Functional hemitongue reconstruction with free forearm flap[J]. Zhonghua Zheng Xing Wai Ke Za Zhi[Chin J Plast Surg(Article in Chinese;Abstract in Chinese and English)],2008,24(4):253-256. DOI:10.3760/j.issn:1009-4598.2008.04.001.}

[4186] 夏德林，付光新，马征，陈俊良，周航宇，贾娟. 游离股前外侧肌皮瓣在舌癌术后缺损修复与舌再造中的应用 [J]. 中华整形外科杂志，2011，27 (1): 8-11. DOI: 10.3760/cma.j.issn.1009-4598.2011.01.003. {XIA Delin,FU Guangxin,MA Zheng,CHEN Junliang,ZHOU Hangyu,JIA Juan. Application of anterolateral thigh myocutaneous flap in the reconstruction of tongue and mouth floor defect after tongue carcinoma[J]. Zhonghua Zheng Xing Wai Ke Za Zhi[Chin J Plast Surg(Article in Chinese;Abstract in Chinese and English)],2011,27(1):8-11. DOI:10.3760/cma.j.issn.1009-4598.2011.01.003.}

3.5.5 下颌骨再造
mandible reconstruction

[4187] Zhang C,Zhang Z. Reconstruction of mandible with fibular flap and dental implant distractor:a new approach[J]. Chin Med J,2002,115(12):1877-1880.

[4188] Tie Y,Wang DM,Ji T,Wang CT,Zhang CP. Three-dimensional finite-element analysis investigating the biomechanical effects of human mandibular reconstruction with autogenous bone grafts[J]. J Craniomaxillofac Surg,2006,34(5):290-298. doi:10.1016/j.jcms.2006.03.004.

[4189] Li JS,Chen WL,Huang ZQ,Zhang DM. Pediatric mandibular reconstruction after benign tumor ablation using a vascularized fibular flap[J]. J Craniofac Surg,2009,20(2):431-434. doi:10.1097/SCS.0b013e31819b96db.

[4190] Wang L,Su YX,Liao GQ. Quality of life in osteoradionecrosis patients after mandible primary reconstruction with free fibula flap[J]. Oral Surg Oral Med Oral Pathol Oral Radiol Endod,2009,108(2):162-168. doi:10.1016/j.tripleo.2009.03.005.

[4191] Sun G,Yang X,Wen J,Wang A,Hu Q,Tang E. Treatment of compartment syndrome in donor site of free fibula flap after mandibular reconstruction surgery[J]. Oral Surg Oral Med Oral Pathol Oral Radiol Endod,2009,108(5):e15-18. doi:10.1016/j.tripleo.2009.07.001.

[4192] Zhou M,Peng X,Mao C,Xu F,Hu M,Yu GY. Primate mandibular reconstruction with prefabricated,vascularized tissue-engineered bone flaps and recombinant human bone morphogenetic protein-2 implanted in situ[J]. Biomaterials,2010,31(18):4935-4943. doi:10.1016/j.biomaterials.2010.02.072.

[4193] Xingzhou Q,Chenping Z,Laiping Z,Min R,Shanghui Z,Mingyi W. Deep circumflex iliac artery flap combined with a costochondral graft for mandibular reconstruction[J]. Br J Oral Maxillofac Surg,2011,49(8):597-601. doi:10.1016/j.bjoms.2010.10.008.

[4194] Hou JS,Chen M,Pan CB,Tao Q,Wang JG,Wang C,Zhang B,Huang HZ. Immediate reconstruction of bilateral mandible defects:management based on computer-aided design/computer-aided manufacturing rapid prototyping technology in combination with vascularized fibular osteomyocutaneous flap[J]. J Oral Maxillofac Surg,2011,69(6):1792-1797. doi:10.1016/j.joms.2010.07.047.

[4195] Wan Q,Zwahlen RA,Cheng G,Li Z,Li Z. Influence of mandibular reconstruction on patients' health-related quality of life[J]. J Oral Maxillofac Surg,2011,69(6):1782-1791. doi:10.1016/j.joms.2010.07.013.

[4196] He Y,Zhang ZY,Zhu HG,Wu YQ,Fu HH. Double-barrel fibula vascularized free flap with dental rehabilitation for mandibular reconstruction[J]. J Oral Maxillofac Surg,2011,69(10):2663-2669. doi:10.1016/j.joms.2011.02.051.

[4197] Shen Y,Sun J,Li J,Shi J,Ow A. Long-term results of partial double-barrel vascularized fibula graft in symphysis for extensive mandibular reconstruction[J]. J Oral Maxillofac Surg,2012,70(4):983-991. doi:10.1016/j.joms.2011.02.125.

[4198] Zheng GS,Su YX,Liao GQ,Jiao PF,Liang LZ,Zhang SE,Liu HC. Mandible reconstruction assisted by preoperative simulation and transferring templates:cadaveric study of accuracy[J]. J Oral Maxillofac Surg,2012,70(6):1480-1485. doi:10.1016/j.joms.2011.05.015.

[4199] Shen Y,Sun J,Li J,Ji T,Li MM. A revised approach for mandibular reconstruction with the vascularized iliac crest flap by virtual surgical planning[J]. Plast Reconstr Surg,2012,129(3):565e-566e. doi:10.1097/PRS.0b013e3182419b42.

[4200] Chenping Z,Min R,Liqun X,Yongjie H,Wenjun Y,Tong J,Xingzhou Q,Siyi L,Ow A,Jizhuang M,Yiqun W. Dental implant distractor combined with free fibular flap:a new design for simultaneous functional mandibular reconstruction[J]. J Oral Maxillofac Surg,2012,70(11):2687-700. doi:10.1016/j.joms.2012.01.010.

[4201] Xu LQ,Zhang CP,Poh EH,Yin XL,Shen SK. A novel fibula osteotomy guide for mandibular reconstruction[J]. Plast Reconstr Surg,2012,129(5):861e-863e. doi:10.1097/PRS.0b013e31824a9e55.

[4202] Zheng GS,Su YX,Liao GQ,Chen ZF,Wang L,Jiao PF,Liu HC,Zhong YQ,Zhang TH,Liang YJ. Mandible reconstruction assisted by preoperative virtual surgical simulation[J]. Oral Surg Oral Med Oral Pathol Oral Radiol,2012,113(5):604-611. doi:10.1016/j.tripleo.2011.05.016.

[4203] Shen Y,Sun J,Li J,Ji T,Li MM,Huang W,Hu M. Using computer simulation and stereomodel for accurate mandibular reconstruction with vascularized iliac crest flap[J]. Oral Surg Oral Med Oral Pathol Oral Radiol,2012,114(2):175-182. doi:10.1016/j.tripleo.2011.06.030.

[4204] Shen Y,Guo XH,Sun J,Li J,Shi J,Huang W,Ow A. Double-barrel vascularised fibula graft in mandibular reconstruction:a 10-year experience with an algorithm[J]. J Plast Reconstr Aesthet Surg,2013,66(3):364-371. doi:10.1016/j.bjps.2012.10.005.

[4205] Bai XF,Wushou A,Zheng J,Li G. An alternative approach for mandible reconstruction[J]. J Craniofac Surg,2013,24(2):e195-198. doi:10.1097/SCS.0b013e3182802269.

[4206] Li P,Tang Y,Li J,Shen L,Tian W,Tang W. Establishment of sequential software processing for a biomechanical model of mandibular reconstruction with custom-made plate[J]. Comput Methods Programs Biomed,2013,111(3):642-649. doi:10.1016/j.cmpb.2013.05.024.

[4207] Zheng GS,Su YX,Liao GQ,Liu HC,Zhang SE,Liang LZ. Mandibular reconstruction assisted by preoperative simulation and accurate transferring templates:preliminary report of clinical application[J]. J Oral Maxillofac Surg,2013,71(9):1613-1618. doi:10.1016/j.joms.2013.02.018.

[4208] Han Z,Li J,Li H,Su M,Qin L. Single versus dual venous anastomoses of the free fibula osteocutaneous flap in mandibular reconstruction:a retrospective study[J]. Microsurgery,2013,33(8):652-655. doi:10.1002/micr.22176.

[4209] Zhu J,Xiao Y,Liu F,Wang J,Yang W,Xie W. Measures of health-related quality of life and socio-cultural aspects in young patients who after mandible primary reconstruction with free fibula flap[J]. World J Surg Oncol,2013,11:250. doi:10.1186/1477-7819-11-250.

[4210] Zhu J,Yang Y,Li W. Assessment of quality of life and sociocultural aspects in patients with ameloblastoma after immediate mandibular reconstruction with a fibular free flap[J]. Br J Oral Maxillofac Surg,2014,52(2):163-167. doi:10.1016/j.bjoms.2013.10.012.

[4211] Yang W,Zhao S,Liu F,Sun M. Health-related quality of life after mandibular resection for oral cancer:reconstruction with free fibula flap[J]. Med Oral Patol Oral Cir Bucal,2014,19(4):e414-418. doi:10.4317/medoral.19399.

[4212] Liu YF,Xu LW,Zhu HY,Liu SS. Technical procedures for template-guided surgery for mandibular reconstruction based on digital design and manufacturing[J]. Biomed Eng Online,2014,13:63. doi:10.1186/1475-925X-13-63.

[4213] Shu DL,Liu XZ,Guo B,Ran W,Liao X,Zhang YY. Accuracy of using computer-aided rapid prototyping templates for mandible reconstruction with an iliac crest graft[J]. World J Surg Oncol,2014,12:190. doi:10.1186/1477-7819-12-190.

[4214] Li X,Zhu K,Liu F,Li H. Assessment of quality of life in giant ameloblastoma adolescent patients who have had mandible defects reconstructed with a free fibula flap[J]. World J Surg Oncol,2014,12:201. doi:10.1186/1477-7819-12-201.

[4215] Zou D,Huang W,Wang F,Wang S,Zhang Z,Zhang C,Kaigler D,Wu Y. Autologous ilium grafts:long-term results on immediate or staged functional rehabilitation of mandibular segmental defects using dental implants after tumor resection[J]. Clin Implant Dent Relat Res,2015,17(4):779-789. doi:10.1111/cid.12169.

[4216] Wang F,Huang W,Zhang C,Sun J,Kaigler D,Wu Y. Comparative analysis of dental implant treatment outcomes following mandibular reconstruction with double-barrel fibula bone grafting or vertical distraction osteogenesis fibula:a retrospective study[J]. Clin Oral Implants Res,2015,26(2):157-165. doi:10.1111/clr.12300.

[4217] Ong HS,Ji T,Zhang CP. Response to:standardized templates for shaping the fibula free flap in mandible reconstruction. J Reconstr Microsurg,2013,29:619-622[J]. J Reconstr Microsurg,2015,31(1):74-75. doi:10.1055/s-0034-1372485.

[4218] Shan XF,Li RH,Lu XG,Cai ZG,Zhang J,Zhang JG. Fibular free flap reconstruction for the management of advanced bilateral mandibular osteoradionecrosis[J]. J Craniofac Surg,2015,26(2):e172-175. doi:10.1097/SCS.0000000000001391.

[4219] Man QW,Jia J,Liu K,Chen G,Liu B. Secondary reconstruction for mandibular osteoradionecrosis defect with fibula osteomyocutaneous flap flowthrough from radial forearm flap using stereolithographic 3-dimensional printing modeling technology[J]. J Craniofac Surg,2015,26(2):e190-193. doi:10.1097/SCS.0000000000001456.

[4220] Zhang Z,Hu J,Ma J,Pan J. Spontaneous regeneration of bone after removal of a vascularised fibular bone graft from a mandibular segmental defect:a case report[J]. Br J Oral Maxillofac Surg,201,53(7):650-651. doi:10.1016/j.bjoms.2015.04.002.

[4221] Huang JW,Shan XF,Lu XG,Cai ZG. Preliminary clinic study on computer assisted mandibular reconstruction:the positive role of surgical navigation technique[J]. Maxillofac Plast Reconstr Surg,2015,37(1):20. doi:10.1186/s40902-015-0017-1.

[4222] Wang L,Liu K,Shao Z,Shang ZJ. Clinical experience with 80 microvascular couplers in 64 free osteomyocutaneous flap transfers for mandibular reconstruction[J]. Int J Oral Maxillofac Surg,2015,44(10):1231-1235. doi:10.1016/j.ijom.2015.07.011.

[4223] Fan S,Wang YY,Lin ZY,Zhang DM,Yu X,Chen WX,Zhong JL,Li QX,Feng YH,Chen WL,Pan CB,Dias-Ribeiro E,Sonoda CK,Ye JT,Li JS. Synchronous reconstruction of bilateral osteoradionecrosis of the mandible using a single fibular osteocutaneous flap in patients with nasopharyngeal carcinoma[J]. Head Neck,2016,38(Suppl 1):E607-612. doi:10.1002/hed.24049.

[4224] Fan S,Wang YY,Wu DH,Lai DL,Feng YH,Yu X,Lin ZY,Zhang DM,Chen WL,Liang JQ,Li JS. Intraoral lining with the fibular osteomyofascial flap without a skin paddle during maxillary and mandibular reconstruction[J]. Head Neck,2016,38(Suppl 1):E832-836. doi:10.1002/hed.24109.

[4225] Liu SP,Cai ZG,Zhang J,Zhang JG,Zhang Y. Stability and complications of miniplates for mandibular reconstruction with a fibular graft:outcomes for 544 patients[J]. Br J Oral Maxillofac Surg,2016,54(5):496-500. doi:10.1016/j.bjoms.2015.08.259.

[4226] Zhao W,Liu J,Wei D,Xu J,Wang H. Pedicled partial thickness clavicular graft for oromandibular reconstruction[J]. Oral Surg Oral Med Oral Pathol Oral Radiol,2016,121(1):e1-5. doi:10.1016/j.oooo.2015.08.006.

[4227] Shan XF,Chen HM,Liang J,Huang JW,Zhang L,Cai ZG,Guo C. Surgical navigation-assisted mandibular reconstruction with fibula flaps[J]. Int J Oral Maxillofac Surg,2016,45(4):448-453. doi:10.1016/j.ijom.2015.08.1006.

[4228] Zhang WB,Liang T,Peng X. Mandibular growth after paediatric mandibular reconstruction with the vascularized free fibula flap:a systematic review[J]. Int J Oral Maxillofac Surg,2016,45(4):440-447. doi:10.1016/j.ijom.2015.12.014.

[4229] Zhang L,Liu Z,Li B,Yu H,Shen SG,Wang X. Evaluation of computer-assisted mandibular reconstruction with vascularized fibular flap compared to conventional surgery[J]. Oral Surg Oral Med Oral Pathol Oral Radiol,2016,121(2):139-148. doi:10.1016/j.oooo.2015.10.005.

[4230] Yu Y,Zhang WB,Liu XJ,Guo CB,Yu GY,Peng X. Three-dimensional accuracy of virtual planning and surgical navigation for mandibular reconstruction with free fibula flap[J]. J Oral Maxillofac Surg,2016,74(7):1503.e1-1503.e10. doi:10.1016/j.joms.2016.02.020.

[4231] Yu Y,Zhang WB,Wang Y,Liu XJ,Guo CB,Peng X. A revised approach for mandibular reconstruction with the vascularized iliac crest flap using virtual surgical planning and surgical navigation[J]. J Oral Maxillofac Surg,2016,74(6):1285.e1-1285.e11. doi:10.1016/j.joms.2016.02.021.

[4232] Wu J,Sun J,Shen SG,Xu B,Li J,Zhang S. Computer-assisted navigation:its role in intraoperatively accurate mandibular reconstruction[J]. Oral Surg Oral Med Oral Pathol Oral Radiol,2016,122(2):134-142. doi:10.1016/j.oooo.2016.02.001.

[4233] Li P,Xuan M,Liao C,Tang W,Wang XY,Tian W,Long J. Application of intraoperative navigation for the reconstruction of mandibular defects with microvascular fibular flaps-preliminary clinical experiences[J]. J Craniofac Surg,2016,27(3):751-755. doi:10.1097/SCS.0000000000002430.

[4234] Zhu JH,Deng J,Liu XJ,Wang J,Guo YX,Guo CB. Prospects of robot-assisted mandibular reconstruction with fibula flap:comparison with a computer-assisted navigation system and freehand technique[J]. J Reconstr Microsurg,2016,32(9):661-669. doi:10.1055/s-0036-1584805.

[4235] Wang YY,Zhang HQ,Fan S,Zhang DM,Huang ZQ,Chen WL,Ye JT,Li JS. Mandibular reconstruction with the vascularized fibula flap:comparison of virtual planning surgery and conventional surgery[J]. Int J Oral Maxillofac Surg,2016,45(11):1400-1405. doi:10.1016/j.ijom.2016.06.015.

[4236] Yuan X,Xuan M,Tian W,Long J. Application of digital surgical guides in mandibular resection and reconstruction with fibula flaps[J]. Int J Oral Maxillofac Surg,2016,45(11):1406-1409. doi:10.1016/j.ijom.2016.06.022.

[4237] Zhang B,Li KY,Jiang LC,Meng Z,Wang XM,Cui FZ,Zhu YN,Wu YP. Rib composite flap with intercostal nerve and internal thoracic vessels for mandibular reconstruction[J]. J Craniofac Surg,2016,27(7):1815-1818. doi:10.1097/SCS.0000000000003060.

[4238] Zhu JH,Deng J,Liu XJ,Wang J,Guo YX,Guo CB. Prospects of robot-assisted mandibular reconstruction with fibula flap:comparison with a computer-assisted navigation system and freehand technique[J]. J Reconstr Microsurg,2016,32(9):e1. doi:10.1055/s-0036-1592141.

[4239] Zhang WB,Yu Y,Wang Y,Mao C,Liu XJ,Guo CB,Yu GY,Peng X. Improving the accuracy of mandibular reconstruction with vascularized iliac crest flap:Role of computer-assisted techniques[J]. J Craniomaxillofac Surg,2016,44(11):1819-1827. doi:10.1016/j.jcms.2016.08.014.

[4240] Yu Y,Zhang WB,Liu XJ,Guo CB,Yu GY,Peng X. A new procedure assisted by digital techniques for secondary mandibular reconstruction with free fibula flap[J]. J Craniofac Surg,2016,27(8):2009-2014. doi:10.1097/SCS.0000000000003096.

[4241] Harbison RA,Shan XF,Douglas Z,Bevans S,Li Y,Moe KS,Futran N,Houlton JJ. Navigation guidance during free flap mandibular reconstruction:a cadaveric trial[J]. JAMA Otolaryngol Head Neck Surg,2017,143(3):226-233. doi:10.1001/jamaoto.2016.3204.

[4242] Hu L,Yang X,Han J,Wang Y,Wang X,Zhu M,Liu J,Yu M,Zhang C,Xu L. Secondary mandibular reconstruction for paediatric patients with long-term mandibular continuity defects:a retrospective study of six cases[J]. Int J Oral Maxillofac Surg,2017,46(4):447-452. doi:10.1016/j.ijom.2016.10.015.

[4243] Gong ZJ,Zhang S,Zhang S,Liu J,Xu YM,Wu HJ. Reconstruction of through-and-through oromandibular defects with combined fibula flap and anterolateral thigh flap[J]. J Oral Maxillofac Surg,2017,75(6):1283-1292. doi:10.1016/j.joms.2016.11.025.

[4244] Tian T,Zhang T,Ma Q,Zhang Q,Cai X. Reconstruction of mandible:a fully digital workflow from visualized iliac bone grafting to implant restoration[J]. J Oral Maxillofac Surg,2017,75(7):1403.e1-1403.e10. doi:10.1016/j.joms.2017.02.022.

[4245] Wang L,Wei JH,Yang X,Yang ZH,Sun MY,Cheng XB,Xu LQ,Lei DL,Zhang CP. Preventing early-stage graft bone resorption by simultaneous innervation:innervated iliac bone flap for mandibular reconstruction[J]. Plast Reconstr Surg,2017,139(5):1152e-1161e. doi:10.1097/PRS.0000000000003263.

[4246] Dong Z,Li B,Xie R,Wu Q,Zhang L,Bai S. Comparative study of three kinds of fibula cutting guides in reshaping fibula for the reconstruction of mandible:An accuracy simulation study in vitro[J]. J Craniomaxillofac Surg,2017,45(8):1227-1235. doi:10.1016/j.jcms.2017.04.009.

[4247] Zhu JY,Zou HX,Li HM,Wang W,Jia J. Condyle head reimplantation combined with vascularized free flap for mandibular reconstruction[J]. J Craniofac Surg,2017,28(6):1559-1562. doi:10.1097/SCS.0000000000003930.

[4248] Qu X,Wang M,Xu L,Liu J,Bai S,Zhang C. Occlusion guided double-barreled fibular osteoseptocutaneous free flap for refined mandibular reconstruction aided by virtual surgical planning[J]. J Craniofac Surg,2017,28(6):1472-1476. doi:10.1097/SCS.0000000000003841.

[4249] Shen SY,Yu Y,Zhang WB,Liu XJ,Peng X. Angle-to-angle mandibular defect reconstruction with fibula flap by using a mandibular fixation device and surgical navigation[J]. J Craniofac Surg,2017,28(6):1486-1491. doi:10.1097/SCS.0000000000003891.

[4250] Chen Y,Wu J,Gokavarapu S,Shen Q,Ji T. Radiotherapy and smoking history are significant independent predictors for osteosynthesis-associated late complications in vascular free fibula reconstruction of mandible[J]. J Craniofac Surg,2017,28(6):1508-1513. doi:10.1097/SCS.0000000000003704.

[4251] Bao T,He J,Yu C,Zhao W,Lin Y,Wang H,Liu J,Zhu H. Utilization of a pre-bent plate-positioning surgical guide system in precise mandibular reconstruction with a free fibula flap[J]. Oral Oncol,2017,75:133-139. doi:10.1016/j.oraloncology.2017.11.011.

[4252] Zheng L,Lv X,Zhang J,Liu S,Zhang J,Zhang Y. Translating computer-aided design and surgical planning into successful mandibular reconstruction using a vascularized iliac-crest flap[J]. J Oral Maxillofac Surg,2018,76(4):886-893. doi:10.1016/j.joms.2017.10.026.

[4253] Wu H,Liu F,Ji F,Guo M,Wang Y,Cao M. Identification of independent risk factors for complications:a retrospective analysis of 163 fibular free flaps for mandibulofacial reconstruction[J]. J Oral Maxillofac Surg,2018,76(7):1571-1577. doi:10.1016/j.joms.2017.12.026.

[4254] Yang C,Shen S,Wu J,Zhang S. A new modified method for accurate mandibular reconstruction[J]. J Oral Maxillofac Surg,2018,76(8):1816-1822. doi:10.1016/j.joms.2018.02.007.

[4255] Ren W,Gao L,Li S,Chen C,Li F,Wang Q,Zhi Y,Song J,Dou Z,Xue L,Zhi K. Virtual planning and 3D printing modeling for mandibular reconstruction with fibula free flap[J]. Med Oral Patol Oral Cir Bucal,2018,23(3):e359-e366. doi:10.4317/medoral.22295.

[4256] Zheng L,Lv X,Zhang J,Zhang J,Zhang Y,Cai Z,Liu S. Deep circumflex iliac artery perforator flap with iliac crest for oromandibular reconstruction[J]. J Craniomaxillofac Surg,2018,46(8):1263-1267. doi:10.1016/j.jcms.2018.04.021.

[4257] Ni Y,Lu P,Yang Z,Wang W,Dai W,Qi ZZ,Duan W,Xu ZF,Sun CF,Liu F. The application of fibular free flap with flexor hallucis longus in maxilla or mandible extensive defect:a comparison study with conventional flap[J]. World J Surg Oncol,2018,16(1):149. doi:10.1186/s12957-018-1450-2.

[4258] Ren Y,Xi Q,Zhang L,Liu H,Shi Y,Zhang M. Computer-aided design and three-dimensional-printed surgical templates for second-stage mandibular reconstruction[J]. J Craniofac Surg,2018,29(8):2101-2105. doi:10.1097/SCS.0000000000005055.

[4259] Chen J,Yin P,Li N,Wu L,Jian X,Jiang C. Functional mandibular reconstruction with double-barrel fibular flap and primary osseointegrated dental implants improve facial esthetic outcome[J]. J Oral Maxillofac Surg,2019,77(1):218-225. doi:10.1016/j.joms.2018.08.008.

[4260] Zhou Z,Zhao H,Zhang S,Zheng J,Yang C. Evaluation of accuracy and sensory outcomes of mandibular reconstruction using computer-assisted surgical simulation[J]. J Craniomaxillofac Surg,2019,47(1):6-14. doi:10.1016/j.jcms.2018.10.002.

[4261] Xu L,Li C,Wang H,Zhu S,Li Y. Distraction osteogenesis of fibula graft for mandibular reconstruction following ameloblastoma ablation[J]. J Craniofac Surg,2019,30(1):202-204. doi:10.1097/SCS.0000000000004970.

[4262] Cheng KJ,Liu YF,Wang JH,Jun JC,Jiang XF,Wang R,Baur DA. Biomechanical behavior of mandibles reconstructed with fibular grafts at different vertical positions using finite element method[J]. J Plast Reconstr Aesthet Surg,2019,72(2):281-289. doi:10.1016/j.bjps.2018.10.002.

[4263] Wang W,Shan XF,Liang J,Xie S,Zhang J,Cai ZG. Changes in condylar position after mandibular reconstruction with condylar head preservation by computed tomography[J]. J Oral Maxillofac Surg,2019,77(6):1286-1292. doi:10.1016/j.joms.2018.12.037.

[4264] Lin B,Yang H,Yang H,Shen S. Vascularized combined with nonvascularized fibula flap for mandibular reconstruction:preliminary results of a novel technique[J]. J Craniofac Surg,2019,30(4):e365-e369. doi:10.1097/SCS.0000000000005379.

[4265] Lou C,Yang X,Hu L,Hu Y,S P Loh J,Ji T,Zhang C. Oromandibular reconstruction using microvascularized bone flap:report of 1038 cases from a single institution[J]. Int J Oral Maxillofac Surg,2019,48(8):1001-1008. doi:10.1016/j.ijom.2019.02.017.

[4266] Ong HS,Liu JN,Ahmed A,Qu XZ,Wan K,Xie DP,Zhang CP. Improved accuracy of hemimandibular reconstructions involving the condyle by utilizing hydroformed reconstruction plates rather than hand-bent stock plates[J]. Head Neck,2019,41(9):3168-3176. doi:10.1002/hed.25809.

[4267] Zheng L,Wu W,Shi Y,Zhang J. Mandibular reconstruction with a deep circumflex iliac artery flap using computer-assisted and intraoral anastomosis techniques[J]. J Oral Maxillofac Surg,2019,77(12):2567-2572. doi:10.1016/j.joms.2019.04.033.

[4268] Yin XL,Tan YR,Liu Y,Sun WW,Zhang XY,Hu YJ,Sun J,Zhang CP,Zhong LP. Clinical application of temporary external fixator for immediate mandibular reconstruction[J]. J Craniofac Surg,2019,30(4):e337-e342. doi:10.1097/SCS.0000000000005303.

[4269] Zho M,Shao Z,Zhu Y,Liu B,Wu T. Comparison of complicated and simple guiding templates in mandibular reconstruction using vascularized iliac crest flap[J]. Biomed Res Int,2019,2019:7496538. doi:10.1155/2019/7496538.

[4270] Liu Q,Shao Z,Shang Z. Mandibular reconstruction using the deep circumflex iliac artery free flap:effect of the length of bone harvested on donor site morbidity[J]. Br J Oral Maxillofac Surg,2019,57(8):778-781. doi:10.1016/j.bjoms.2019.07.011.

[4271] Wang W,Zhu J,Xu B,Xia B,Liu Y,Shao S. Reconstruction of mandibular defects using vascularized fibular osteomyocutaneous flap combined with nonvascularized fibular flap[J]. Med Oral Patol Oral Cir Bucal,2019,24(5):e691-e697. doi:10.4317/medoral.23040.

[4272] Powcharoen W,Yang WF,Yan Li K,Zhu W,Su YX. Computer-assisted versus conventional freehand mandibular reconstruction with fibula free flap:a systematic review and meta-analysis[J]. Plast Reconstr Surg,2019,144(6):1417-1428. doi:10.1097/PRS.0000000000006261.

[4273] Yang WF,Zhang CY,Choi WS,Zhu WY,Li DTS,Chen XS,Du R,Su YX. A novel 'surgeon-dominated' approach to the design of 3D-printed patient-specific surgical plates in mandibular reconstruction:a proof-of-concept study[J]. Int J Oral Maxillofac Surg,2020,49(1):13-21. doi:10.1016/j.ijom.2019.05.005.

[4274] Ren ZH,Fan TF,Zhang S,Wu HJ. Nonvascularized iliac bone reconstruction for the mandible without maxillofacial skin scarring[J]. J Oral Maxillofac Surg,2020,78(2):288-294. doi:10.1016/j.joms.2019.09.012.

[4275] Shen S,Yang C,Wu J,Zhang L,Wang X,Shi J,Zhang S. A modified method using double computed tomography scan procedure to maintain mandibular width in mandibular reconstruction[J]. J Craniofac Surg,2020,31(2):e126-e130. doi:10.1097/SCS.0000000000006047.

[4276] Yu Y,Zhang WB,Liu XJ,Guo CB,Yu GY,Peng X. Regeneration of the neocondyle after free fibular flap reconstruction of the mandibular condyle[J]. J Oral Maxillofac Surg,2020,78(3):479-487. doi:10.1016/j.joms.2019.11.009.

[4277] Yang WF,Choi WS,Zhu WY,Su YX. "One-piece" patient-specific reconstruction plate for double-barrel fibula-based mandibular reconstruction[J]. Int J Oral Maxillofac Surg,2020,49(8):1016-1019. doi:10.1016/j.ijom.2019.12.006.

[4278] Xingzhou Q,Wang Z,Ong HS,Chenping Z,Abdelrehem A. Accuracy of computer-aided design/computer-aided manufacturing surgical template for guidance of dental implant distraction in mandibular reconstruction with free fibula flaps[J]. J Craniofac Surg,2020,31(2):355-359. doi:10.1097/SCS.0000000000006112.

[4279] Yu Y,Zhang WB,Liu XJ,Guo CB,Yu GY,Peng X. Double-barrel fibula flap versus vascularized iliac crest flap for mandibular reconstruction[J]. J Oral Maxillofac Surg,2020,78(5):844-850. doi:10.1016/j.joms.2020.01.003.

[4280] Shao S,Wang W,Xu B,Liu Y,Zhang Z. Jaw reconstruction with vascularized fibular flap:The 11-year experience among 104 patients[J]. World J Surg Oncol,2020,18(1):46. doi:10.1186/s12957-020-01826-7.

[4281] Yu Y,Zhang WB,Liu XJ,Guo CB,Yu GY,Peng X. Selection of guiding plate combined with surgical navigation for microsurgical mandibular reconstruction[J]. J Craniofac Surg,2020,31(4):960-965. doi:10.1097/SCS.0000000000006295.

[4282] Lu T,Shao Z,Liu B,Wu T. Recent advance in patient-specific 3D printing templates in mandibular reconstruction[J]. J Mech Behav Biomed Mater,2020,106:103725. doi:10.1016/j.jmbbm.2020.103725.

[4283] Cheng KJ,Liu YF,Wang R,Zhang JX,Jiang XF,Dong XT,Xu X. Topological optimization of 3D printed bone analog with PEKK for surgical mandibular reconstruction[J]. J Mech Behav Biomed Mater,2020,107:103758. doi:10.1016/j.jmbbm.2020.103758.

[4284] Yang WF,Su YX. ASO author reflections:accuracy of maxillary and mandibular reconstruction enhanced by advances in technology[J]. Ann Surg Oncol,2020,27(Suppl 3):787-788. doi:10.1245/s10434-020-08749-3.

[4285] Lv M,Yang X,Gupta A,Shen Y,Li J,Sun J. Sequential application of novel guiding plate system for accurate transoral mandibular reconstruction[J]. Oral Oncol,2020,111:104846. doi:10.1016/j.oraloncology.2020.104846.

[4286] Yang WF,Powcharoen W,Su YX. Computer-assisted surgery increases efficiency of mandibular reconstruction with fibula free flap[J]. Plast Reconstr Surg,2020,146(5):687e-688e. doi:10.1097/PRS.0000000000007296.

[4287] Liu ZQ,Wu HX,Cheng S,Liu XQ,Wang CL,Cao MH. Unnecessary blood transfusion prolongs length of hospital stay of patients who undergo free fibular flap reconstruction of mandibulofacial defects:a propensity score-matched study[J]. J Oral Maxillofac Surg,2020,78(12):2316-2327. doi:10.1016/j.joms.2020.07.213.

[4288] Li YY,Xu ZM,Zhang SC,Tao BQ,Xiang DW,Liu WW. Mandibular reconstruction using free fibular flap graft following excision of calcifying epithelial odontogenic tumor[J]. J Craniofac Surg,2020 Aug 28. doi:10.1097/SCS.0000000000006955. Online ahead of print.

[4289] Han L,Zhang X,Guo Z,Long J. Application of optimized digital surgical guides in mandibular resection and reconstruction with vascularized fibula flaps:Two case reports[J]. Medicine(Baltimore),2020,99(35):e21942. doi:10.1097/MD.0000000000021942.

[4290] Ni Y,Zhang X,Meng Z,Li Z,Li S,Xu ZF,Sun C,Liu F,Duan W. Digital navigation and 3D model technology in mandibular reconstruction with fibular free flap:A comparative study[J]. J Stomatol Oral Maxillofac Surg,2020 Nov 24:S2468-7855(20)30287-1. doi:10.1016/j.jormas.2020.11.002. Online ahead of print.

[4291] Liu K,Zhang W,Wang Y,Xiang DW,Shi HB,Liu QL. Fibula osteal flap with proximal peroneal perforator skin paddle for composite oromandibular reconstruction:A case report[J]. Medicine(Baltimore),2020,99(50):e23590. doi:10.1097/MD.0000000000023590.

[4292] Zhang P,Yang K,Zhou Z,Zhu X,Li W,Cao C,Zhou K,Liao L,Ai F. Customized borosilicate bioglass scaffolds with excellent biodegradation and osteogenesis for mandible reconstruction[J]. Front Bioeng Biotechnol,2020,8:610284. doi:10.3389/fbioe.2020.610284.

[4293] Meng FH,Zhu ZH,Lei ZH,Zhang XH,Shao L,Zhang HZ,Zhang T. Feasibility of the application of mixed reality in mandible reconstruction with fibula flap:A cadaveric specimen study[J]. J Stomatol Oral Maxillofac Surg,2021 Jan 9:S2468-7855(21)00006-9. doi:10.1016/j.jormas.2021.01.005. Online ahead of print.

[4294] Qiu S,Kang Y,Ding M,Zhu H,Zhang Y,Zhang L,Shan X,Cai Z. Mandibular reconstruction with the iliac flap under the guidance of a series of digital surgical guides[J]. J Craniofac Surg,2021 Jan 28. doi:10.1097/SCS.0000000000007494. Online ahead of print.

[4295] Li YY,Xu ZM,Zhang SC,Tao BQ,Xiang DW,Liu WW. Mandibular reconstruction using free fibular flap graft following excision of calcifying epithelial odontogenic tumor[J]. J Craniofac Surg,2021,32(2):e167-e171. doi:10.1097/SCS.0000000000006955.

[4296] 袁荣涛，贾暮云，李宁毅，祝为桥，赵保东. 吻合血管的腓骨复合瓣移植重建下颌骨缺损[J]. 中华显微外科杂志，1999，22（S1）：3-5.｛YUAN Rongtao,JIA Muyun,LI Ningyi,ZHU Weiqiao,ZHAO Baodong. Reconstruction of mandibular defect with fibular composite flap anastomosed with blood vessels[J]. Zhonghua Xian Wei Wai Ke Za Zhi[Chin J Microsurg(Article in Chinese;No abstract available)],1999,22(S1):3-5.｝

[4297] 竺涵光，张志愿，顾章愉，马玉中，郑家伟，王旭伟，林国础，邱蔚六. 腓骨游离瓣重建口腔下颌骨缺损[J]. 中华显微外科杂志，1999，22（S1）：3-5.｛ZHU Hanguang,ZHANG Zhiyuan,GU Zhangyu,MA Yuzhong,ZHENG Jiawei,WANG Xuwei,LIN Guochu,QIU Weiliu. Reconstruction of oral mandible defect with free fibula flap[J]. Zhonghua Xian Wei Wai Ke Za Zhi[Chin J Microsurg(Article in Chinese;Abstract in Chinese)],1999,22(S1):3-5.｝

[4298] 李宁毅，贾暮云，祝为桥，孙健，袁荣涛，左书辉. 核素骨显像对判断血管化腓骨移植修复下颌骨成活的价值[J]. 中华显微外科杂志，2001，24（1）：67-68. DOI：10.3760/cma.j.issn.1001-2036.2001.01.034.｛LI Ningyi,JIA Muyun,ZHU Weiqiao,SUN Jian,YUAN Rongtao,ZUO Shuhui[J]. Zhonghua Xian Wei Wai Ke Za Zhi[Chin J Microsurg(Article in Chinese;Abstract in Chinese)],2001,24(1):67-68. DOI:10.3760/cma.j.issn.1001-2036.2001.01.034.｝

[4299] 姚斌，王笃权，曾凯生，刘丽芳. 吻合血管腓骨瓣重建下颌骨一例[J]. 中华显微外科杂志，2001，24（4）：320. DOI：10.3760/cma.j.issn.1001-2036.2001.04.046.｛YAO Bin,WANG Duquan,ZENG Kaisheng,LIU Lifang. Reconstruction of mandible with anastomotic fibular flap:a case report[J]. Zhonghua Xian Wei Wai Ke Za Zhi[Chin J Microsurg(Article in Chinese;No abstract available)],2001,24(4):320. DOI:10.3760/cma.j.issn.1001-2036.2001.04.046.｝

[4300] 陈永宁，毛驰，周炼，赵继志，赖钦声，张韬. 腓骨复合组织瓣游离移植一期修复下颌骨缺损[J]. 中华医学杂志，2002，82（15）：1066-1067. DOI：10.3760/j：issn：0376-2491.2002.15.017.｛CHEN Yongning,MAO Chi,ZHOU Lian,ZHAO Jizhi,LAI Qinsheng,ZHANG Tao. Primary repair of mandible defect with free fibula flap graft[J]. Zhonghua Yi Xue Za Zhi[Natl Med J China(Article in Chinese;No abstract available)],2002,82(15):1066-1067. DOI:10.3760/j:issn:0376-2491.2002.15.017.｝

[4301] 伍国号，刘均墀，李浩，陈福进，曾宗渊，陈文宽，魏茂文，谭广谋，丁学强，于文斌. 应用游离腓骨组织瓣修复口腔肿瘤切除后下颌骨缺损[J]. 中华显微外科杂志，2005，28（4）：312-313. DOI：10.3760/cma.j.issn.1001-2036.2005.04.009.｛WU Guohao,LIU Junxi,LI Hao,CHEN Fujin,ZENG Zongyuan,CHEN Wenkuan,WEI Maowen,TAN Guangmou,DING Xueqiang,YU Wenbin. The Application of free fibula flap in mandibular defect reconstruction after resection of oval cavity tumors[J]. Zhonghua Xian Wei Wai Ke Za Zhi[Chin J Microsurg(Article in Chinese;Abstract in Chinese and English)],2005,28(4):312-313. DOI:10.3760/cma.j.issn.1001-2036.2005.04.009.｝

[4302] 廖贵清，苏宇雄，杨小平，李唐新，侯劲松，苏凯，余东升. 折叠腓骨瓣一期修复下颌骨放射性骨坏死[J]. 中华显微外科杂志，2006，29（1）：17-19. DOI：10.3760/cma.j.issn.1001-2036.2006.01.006.｛LIAO Guiqing,SU Yuxiong,YANG Xiaoping,LI Tangxin,HOU Jinsong,SU Kai,YU Dongsheng. Simultaneous reconstruction of postoperative defects of mandibular osteoradionecrosis with double barrel fibula osteocutaneous flap[J]. Zhonghua Xian Wei Wai Ke Za Zhi[Chin J Microsurg(Article in Chinese;Abstract in Chinese and English)],2006,29(1):17-19. DOI:10.3760/cma.j.issn.1001-2036.2006.01.006.｝

[4303] 侯劲松，廖贵清，黄洪章，苏宇雄，杨小平，张志光，曾融生. 放射性下颌骨坏死术后缺损的游离腓骨肌皮瓣重建[J]. 中华显微外科杂志，2006，29（5）：341-343. DOI：10.3760/cma.j.issn.1001-2036.2006.05.008.｛HOU Jinsong,LIAO Guiqing,HUANG Hongzhang,SU Yuxiong,YANG Xiaoping,ZHANG Zhiguang,ZENG Rongsheng. Reconstruction of mandible defect in osteoradionecrosis patients with free fibula osteomyocutaneous flap[J]. Zhonghua Xian Wei Wai Ke Za Zhi[Chin J Microsurg(Article in Chinese;Abstract in Chinese and English)],2006,29(5):341-343. DOI:10.3760/cma.j.issn.1001-2036.2006.05.008.｝

[4304] 李文刚，郑培惠，王广春，张东升，史言利，袁宪顺. 快速原型技术在腓骨移植修复上下颌骨缺损中的应用[J]. 中华显微外科杂志，2007，30（1）：64-65. DOI：10.3760/cma.j.issn.1001-2036.2007.01.024.｛LI Wengang,ZHENG Peihui,WANG Guangchun,ZHANG Dongsheng,SHI Yanli,YUAN Xianshun. Application of rapid prototyping technique in fibular grafting for repairing upper and lower jaw defects[J]. Zhonghua Xian Wei Wai Ke Za Zhi[Chin J Microsurg(Article in Chinese;Abstract in Chinese)],2007,30(1):64-65. DOI:10.3760/cma.j.issn.1001-2036.2007.01.024.｝

[4305] 田文平，董乐乐，宋焕英，张文静. 带血管蒂游离腓骨移植治疗大段骨缺损应用体会[J]. 中华损伤与修复杂志（电子版），2008，3（2）：183-189. DOI：10.3969/j.issn.1673-9450.2008.02.009.｛TIAN Wenping,DONG Lele,SONG Huanying,ZHANG Wenjing. Clinical application and experience in repairing long bone defect with free vascular fibular transplantation[J]. Zhonghua Sun Shang Yu Xiu Fu Za Zhi Dian Zi Ban[Chin J Injury Repair Wound Healing(Electr Ed)(Article in Chinese;Abstract in Chinese and English)],2008,3(2):183-189. DOI:10.3969/j.issn.1673-9450.2008.02.009.｝

[4306] 邱勋永，马心赤，林崇正，廖天安，王和驹，柴益民. 应用吻合血管的游离腓骨瓣修复下颌骨缺损[J]. 中华显微外科杂志，2009，32（2）：152-153. DOI：10.3760/cma.j.issn.1001-2036.2009.02.027.｛QIU Xunyong,MA Xinchi,LIN Chongzheng,LIAO Tianan,WANG Heju,CHAI Yimin. Free fibular flap anastomosed with blood vessel was used to repair mandible defect[J]. Zhonghua Xian Wei Wai Ke Za Zhi[Chin J Microsurg(Article in Chinese;Abstract in Chinese)],2009,32(2):152-153. DOI:10.3760/cma.j.issn.1001-2036.2009.02.027.｝

[4307] 侯劲松，汪淼，唐海阔，潘朝斌，陈沐，王成，杨小平，黄洪章. 快速原型技术和腓骨肌皮瓣即刻重建下颌骨成釉细胞瘤术后缺损[J]. 中华显微外科杂志，2011，34（6）：498-500. DOI：10.3760/cma.j.issn.1001-2036.2011.06.026.｛HOU Jinsong,WANG Miao,TANG Haikuo,PAN Chaobin,CHEN Mu,WANG Cheng,YANG Xiaoping,HUANG Hongzhang. Rapid prototyping technique and fibular musculocutaneous flap for immediate reconstruction of ameloblastoma defect[J]. Zhonghua Xian Wei Wai Ke Za Zhi[Chin J Microsurg(Article in Chinese;Abstract in Chinese)],2011,34(6):498-500. DOI:10.3760/cma.j.issn.1001-2036.2011.06.026.｝

[4308] 石若梅，徐家友，张璐. 游离腓骨移植修复下颌骨缺损的临床应用[J]. 中华显微外科杂志，2012，35（3）：231-232. DOI：10.3760/cma.j.issn.1001-2036.2012.03.021.｛SHI Ruomei,XU Jiayou,ZHANG Lu. Clinical application of free fibula transplantation in repairing mandible defect[J]. Zhonghua Xian Wei Wai Ke Za Zhi[Chin J Microsurg(Article in Chinese;Abstract in Chinese)],2012,35(3):231-232. DOI:10.3760/cma.j.issn.1001-2036.2012.03.021.｝

[4309] 陈勇，杨旭东，李威，王铁梅，张银凯，唐恩溢，乔光伟. 计算机辅助三维可视化技术在腓骨瓣修复下颌骨缺损中的应用[J]. 中华显微外科杂志，2013，36（1）：19-23. DOI：10.3760/cma.j.issn.1001-2036.2013.01.006.｛CHEN Yong,YANG Xudong,LI Wei,WANG Tiemei,ZHANG Yinkai,TANG Dongyi,QIAO Guangwei. Application of computer aided three-dimensional visualization technique in mandibular defect reconstruction with vascularized free fibular flap[J]. Zhonghua Xian Wei Wai Ke Za Zhi[Chin J Microsurg(Article in Chinese;Abstract in Chinese and English)],2013,36(1):19-23. DOI:10.3760/cma.j.issn.1001-2036.2013.01.006.｝

[4310] 王友元，范松，林钊宇，张大明，黄志权，陈伟良，李劲松. 计算机虚拟手术辅助设计腓骨瓣修复下颌骨缺损[J]. 中华显微外科杂志，2014，37（4）：323-327. DOI：10.3760/cma.j.issn.1001-2036.2014.04.003.｛WANG Youyuan,FAN Song,LIN Zhaoyu,ZHANG Daming,HUANG Zhiquan,CHEN Weiliang,LI Jinsong. Virtual surgical design in accurate mandibular reconstruction with vascularized fibular graft[J]. Zhonghua Xian Wei Wai Ke Za Zhi[Chin J Microsurg(Article in Chinese;Abstract in Chinese and English)],2014,37(4):323-327. DOI:10.3760/cma.j.issn.1001-2036.2014.04.003.｝

[4311] 高宁，付坤，何巍，娄卫华. 折叠腓骨复合瓣修复下颌骨成釉细胞瘤术后缺损的序列治疗[J]. 中华显微外科杂志，2017，40（3）：265-268. DOI：10.3760/cma.j.issn.1001-2036.2017.03.016.｛GAO Ning,FU Kun,HE Wei,LOU Weihua. Sequential therapy of folding fibular composite flap to repair postoperative defect of ameloblastoma of mandible[J]. Zhonghua Xian Wei Wai Ke Za Zhi[Chin J Microsurg(Article in Chinese;Abstract in Chinese)],2017,40(3):265-268. DOI:10.3760/cma.j.issn.1001-2036.2017.03.016.｝

[4312] 杨克勤，莫勇军，谭海涛，韦平欧，罗翔，许林，林汉，梁旭权，谭霄，植宁喜. 吻合血管的腓骨骨皮瓣游离移植修复下颌骨缺损九例[J]. 中华显微外科杂志，2019，42（5）：487-490. DOI：10.3760/cma.j.issn.1001-2036.2019.05.017.｛YANG Keqin,MO Yongjun,TAN Haitao,WEI Pingou,LUO Xiang,XU Lin,LIN Han,LIANG Xuquan,TAN Xiao,ZHI Ningxi. Free transplantation of fibular flap with vascular anastomosis to repair mandibular defect in 9 cases[J]. Zhonghua Xian Wei Wai Ke Za Zhi[Chin J Microsurg(Article in Chinese;Abstract in Chinese)],2019,42(5):487-490. DOI:10.3760/cma.j.issn.1001-2036.2019.05.017.｝

3.5.6 上颌骨再造
maxillary reconstruction

[4313] Cheung LK. Microvascular network of the healing surface over the temporalis flap in maxillary reconstruction[J]. Int J Oral Maxillofac Surg,1999,28(6):469-474.

[4314] Zhong LP,Chen GF,Fan LJ,Zhao SF. Immediate reconstruction of maxilla with bone grafts supported by pedicled buccal fat pad graft[J]. Oral Surg Oral Med Oral Pathol Oral Radiol Endod,2004,97(2):147-154. doi:10.1016/j.tripleo.2003.09.011.

[4315] Peng X,Mao C,Yu GY,Guo CB,Huang MX,Zhang Y. Maxillary reconstruction with the free fibula flap[J]. Plast Reconstr Surg,2005,115(6):1562-1569.

doi:10.1097/01.prs.0000160691.63029.74.

[4316] Shen Y,Sun J,Li J,Li MM,Huang W,Ow A. Special considerations in virtual surgical planning for secondary accurate maxillary reconstruction with vascularised fibula osteomyocutaneous flap[J]. J Plast Reconstr Aesthet Surg,2012,65(7):893-902. doi:10.1016/j.bjps.2011.12.035.

[4317] Wang WH,Xu B. Maxillary reconstruction using vascularized fibular osteomyocutaneous flap and iliac bone through modified lateral lip-submandibular approach[J]. J Craniofac Surg,2013,24(4):1453-1457. doi:10.1097/SCS.0b013e31828b7471.

[4318] Zheng GS,Wang L,Su YX,Liao GQ,Zhang SE,Lao XM. Maxillary reconstruction assisted by preoperative planning and accurate surgical templates[J]. Oral Surg Oral Med Oral Pathol Oral Radiol,2016,121(3):233-238. doi:10.1016/j.oooo.2015.10.010.

[4319] Wang YY,Fan S,Zhang HQ,Lin ZY,Ye JT,Li JS. Virtual surgical planning in precise maxillary reconstruction with vascularized fibular graft after tumor ablation[J]. J Oral Maxillofac Surg,2016,74(6):1255-1264. doi:10.1016/j.joms.2016.01.010.

[4320] Shen Y,Li J,Ow A,Wang L,Lv MM,Sun J. Acceptable clinical outcomes and recommended reconstructive strategies for secondary maxillary reconstruction with vascularized fibula osteomyocutaneous flap:A retrospective analysis[J]. J Plast Reconstr Aesthet Surg,2017,70(3):341-351. doi:10.1016/j.bjps.2016.11.020.

[4321] Wang WH,Zou ZR,Xu B,Wang WQ,Shen SY. Maxillary reconstruction using submental artery island flap and sagittal mandibular ramus/coronoid process graft pedicled with temporalis muscle[J]. J Oral Maxillofac Surg,2017,75(10):2271.e1-2271.e6. doi:10.1016/j.joms.2017.06.035.

[4322] Ong HS,Yu M,Liu JN,Gil CS,Wan K,Zhang CP,Xu LQ. Modified maxillary reconstruction technique for Brown's class III defects by subdividing a rhomboid shaped iliac crest into 2 subunits[J]. Head Neck,2018,40(8):1824-1833. doi:10.1002/hed.25169.

[4323] Xu H,Zhang G,Xu K,Wang L,Yu L,Xing MMQ,Qiu X. Mussel-inspired dual-functional PEG hydrogel inducing mineralization and inhibiting infection in maxillary bone reconstruction[J]. Mater Sci Eng C Mater Biol Appl,2018,90:379-386. doi:10.1016/j.msec.2018.04.066.

[4324] Wang W,Xu B,Zhu J,Yang C,Shen S,Qian Y. Maxillary reconstruction using rectus femoris muscle flap and sagittal mandibular ramus/coronoid process graft pedicled with temporalis muscle[J]. Med Oral Patol Oral Cir Bucal,2018,23(5):e619-e624. doi:10.4317/medoral.22505.

[4325] Wu WJ,Lv XM,Zhang JG,Zheng L. Intraoral anastomosis of deep circumflex iliac artery perforator flap for maxillary reconstruction[J]. J Craniofac Surg,2018,29(7):e695-e697. doi:10.1097/SCS.0000000000004941.

[4326] Kang YF,Liang J,He Z,Xie S,Zhang L,Shan XF,Cai ZG. Cortical bone resorption of fibular bone after maxillary reconstruction with a vascularized fibula free flap:a computed tomography imaging study[J]. Int J Oral Maxillofac Surg,2019,48(8):1009-1014. doi:10.1016/j.ijom.2019.03.008.

[4327] Jie B,Lv X,Zheng L,Zhang Y,He Y. New series of surgical design for anterior maxillary reconstruction with deep circumflex iliac artery flap[J]. Head Neck,2020,42(11):3438-3445. doi:10.1002/hed.26406.

[4328] Zhang WB,Soh HY,Yu Y,Guo CB,Yu GY,Peng X. Improved procedure for Brown's Class III maxillary reconstruction with composite deep circumflex iliac artery flap using computer-assisted technique[J]. Comput Assist Surg (Abingdon),2021,26(1):9-14. doi:10.1080/24699322.2021.1876168.

[4329] 毛驰，俞光岩，彭歆，郭传瑸，黄敏娴. 双侧上颌骨缺损的显微外科修复 [J]. 中华显微外科杂志，2004，27（3）：172-174. DOI：10.3760/cma.j.issn.1001-2036.2004.03.005. {MAO Chi,YU Guangyan,PENG Xin,GUO Chuanbin,HUANG Minxian. Microsurgical reconstruction of bilateral maxillary defect[J]. Zhonghua Xian Wei Wai Ke Za Zhi[Chin J Microsurg(Article in Chinese;Abstract in Chinese and English)],2004,27(3):172-174. DOI:10.3760/cma.j.issn.1001-2036.2004.03.005.}

[4330] 张龙城，杨华，全超坤，钟海林，刘国石，韦干观，林文彪，石建辉. 以腓动脉为蒂腓骨瓣移植一期修复上颌骨缺损 [J]. 中华显微外科杂志，2006，29（2）：129-130. DOI：10.3760/cma.j.issn.1001-2036.2006.02.017. {ZHANG Longcheng,YANG Hua,QUAN Chaokun,ZHONG Hailin,LIU Guoshi,WEI Ganguan,LIN Wenbiao,SHI Jianhui. Primary repair of maxillary defect with fibular flap pedicled with peroneal artery[J]. Zhonghua Xian Wei Wai Ke Za Zhi[Chin J Microsurg(Article in Chinese;Abstract in Chinese)],2006,29(2):129-130. DOI:10.3760/cma.j.issn.1001-2036.2006.02.017.}

3.5.7 耳再造

ear reconstruction

[4331] Sun YL,Li GY,Lin ZL. Single stage total ear reconstruction without using auricular skin[J]. Chin Med J,1982,95(3):167-170.

[4332] Chen ZJ,Wang XL. One stage total auricle reconstruction. Report of 50 cases[J]. Chin Med J,1985,98(1):13-18.

[4333] Zhou G,Teng L,Chang HM,Jing WM,Xu J,Li SK,Zhuang HX. Free prepared composite forearm flap transfer for ear reconstruction:three case reports[J]. Microsurgery,1994,15(9):660-662. doi:10.1002/micr.1920150912.

[4334] Jing C,Hong-Xing Z. Partial necrosis of expanding postauricular flaps during auricle reconstruction:risk factors and effective management[J]. Plast Reconstr Surg,2007,119(6):1759-1766. doi:10.1097/01.prs.0000259092.58025.89.

[4335] Zhao Y,Wang Y,Zhuang H,Jiang H,Jiang W,Hu X,Hu S,Wang S,Pan B. Clinical evaluation of three total ear reconstruction methods[J]. J Plast Reconstr Aesthet Surg,2009,62(12):1550-1554. doi:10.1016/j.bjps.2008.07.009.

[4336] Zhang Q,Zhang R,Xu F,Jin P,Wu J,Li D,Chin W. Firm elevation of the reconstructed auricle with a retroauricular fascial flap wrapping an EH (a mixture of epoxide acrylate malelic and hydroxyapatite) composite wedge[J]. J Plast Reconstr Aesthet Surg,2010,63(9):1452-1458. doi:10.1016/j.bjps.2009.07.042.

[4337] Zhang L. It is time to reconstruct human auricle more precisely and microinvasively[J]. Plast Reconstr Surg,2010,125(4):155e-156e. doi:10.1097/PRS.0b013e3181d45d07.

[4338] Jinguang Z,Leren H,Hongxing Z. Prevention and treatment of rupture and infection in expanded flaps during auricular reconstruction[J]. J Craniofac Surg,2010,21(5):1622-1625. doi:10.1097/SCS.0b013e3181ef2f26.

[4339] Xiaobo Y,Haiyue J,Hongxing Z,Bo P,Lei L. Post-traumatic ear reconstruction using postauricular fascial flap combined with expanded skin flap[J]. J Plast Reconstr Aesthet Surg,2011,64(9):1145-1151. doi:10.1016/j.bjps.2011.03.040.

[4340] Ji C,Zhang J,An G,Liang W,Pan S,Chen Y,Wei Z,Zhang G. Inverted u-shaped purse and rotation flaps:correcting the inferoposterior deformity of reconstructed ears after canaloplasty of the external auditory meatus[J]. Aesthetic Plast Surg,2012,36(3):631-637. doi:10.1007/s00266-012-9884-3.

[4341] Shen W,Cui J,Chen J,Chen H,Zou J,Ji Y. Inversion of the flap at the lower ear and restoration of the flap at postauricular skin for reconstruction of the earlobe[J]. J Craniofac Surg,2012,23(2):560-562. doi:10.1097/SCS.0b013e31824cd760.

[4342] Si Y,Fan SC,Sun W,Chen YB,Zhang ZG. Osseointegration technique in patients with acquired auricular deformities and failed previous reconstruction:a retrospective study of long-term follow-up and Chinese experience[J]. ORL J Otorhinolaryngol Relat Spec,2012,74(3):129-135. doi:10.1159/000337260.

[4343] Bai S,Bi Y,Dong Y,Feng Z,Zhao Y. Computer-aided design/computer-aided manufacturing implant guide used in flapless surgery for auricular prosthesis[J]. J Oral Maxillofac Surg,2012,70(6):1338-1341. doi:10.1016/j.joms.2012.02.003.

[4344] Luo X,Yang J,Yang Q,Wang X. Classification and reconstruction of posttraumatic ear deformity[J]. J Craniofac Surg,2012,23(3):654-657. doi:10.1097/SCS.0b013e31824db808.

[4345] Deng CL,Yang SL,Zheng JH,Mao GY,Wan WD. Reconstruction of the partial pinna using autologous ear cartilage combined with a local sliding skin flap[J]. J Plast Reconstr Aesthet Surg,2014,67(6):869-871. doi:10.1016/j.bjps.2014.01.007.

[4346] Li C,Jiang H,Huang C,Chen J,Wu R,Bi Y,Yang M,Zhang Y,Pan B. A new strategy for total auricular reconstruction using prelamination of an extended retroauricular flap with tissue expansion[J]. J Plast Reconstr Aesthet Surg,2016,69(6):819-826. doi:10.1016/j.bjps.2016.03.003.

[4347] Qian J,Li Z,Liu T,Zhou X,Zhang Q. Auricular reconstruction in hemifacial microsomia with an expanded two-flap method[J]. Plast Reconstr Surg,2017,139(5):1200-1209. doi:10.1097/PRS.0000000000003280.

[4348] Li Y,Cui C,Zhang R,Zhang Q,Xu Z,Xu F,Li D. Anatomical and histological evaluation of the retroauricular fascia flap for staged auricular reconstruction[J]. Aesthetic Plast Surg,2018,42(3):625-632. doi:10.1007/s00266-018-1098-x.

[4349] Zhang WJ,Ming LG,Sun JJ. Epithelial defect repair in the auricle and auditory meatus by grafting with cultured adipose-derived mesenchymal stem cell aggregate-extracellular matrix[J]. Chin Med J,2019,132(6):680-689. doi:10.1097/CM9.0000000000000125.

[4350] Xing W,Qian J,Wang B,Wang Y,Hu J,Zhang Q. Auricular reconstruction with modified expanded two-flap method in Goldenhar syndrome:7-year experiences[J]. Int J Pediatr Otorhinolaryngol,2020,139:110228. doi:10.1016/j.ijporl.2020.110228.

[4351] Guo P,Pan B,He L,Jiang H,Yang Q,Lin L. Application of the expanded neck flap for face and ear reconstruction in burn patients:a report on 2 cases[J]. Ear Nose Throat J,2020 Oct 6:145561320963592. doi:10.1177/0145561320963592. Online ahead of print.

[4352] Changchen W,Xiaosheng L,Bin W,Meirong Y,Ye Z,Bo P. Repair of damage to the skin flap during total auricular reconstruction with tissue expansion[J]. Int J Pediatr Otorhinolaryngol,2020,139:110470. doi:10.1016/j.ijporl.2020.110470.

[4353] Ou Y,Cao T,Zhang Q,Liu T. Incision and flap design during total auricular reconstruction using a 2-stage strategy[J]. Ann Transl Med,2021,9(1):61. doi:10.21037/atm-20-8015.

[4354] 沈祖尧，李迟，芦家泽. 颞浅动静脉束移位植入颈部皮管——一种再造全耳轮的新方法 [J]. 中华外科杂志，1981，19（12）：743-745. {SHEN Zuyao,LI Chi,LU Jiaze. Translocation of the superficial temporal arteriovenous tract into the human cervical cutaneous canal:a new method to reconstruct the whole helix[J]. Zhonghua Wai Ke Za Zhi[Chin J Surg(Article in Chinese;No abstract available)],1981,19(12):743-745.}

[4355] 李萌山. 吻合血管的双足背皮瓣移植再造双耳 1 例 [J]. 修复重建外科杂志，1988，2（2）：11. {LI Mengshan. A case report of reconstruction of ears by transplantation of dorsal flap of two feet with anastomotic vessels[J]. Zhongguo Xiu Fu Chong Jian Wai Ke Za Zhi[Chin J Repar Reconstr Surg(Article in Chinese;No abstract available)],1988,2(2):11.}

[4356] 胡秀云，汪绪武，周静英，刘伟，孙玉莹. 双叶皮瓣外耳再造术 [J]. 中华整形烧伤外科杂志，1993，9（5）：336-338. DOI：10.3760/j.issn：1009-4598.1993.05.014. {HU Xiuyun,WANG Xuwu,ZHOU Jingying,LIU Wei,SUN Yuying. Reconstruction of external ear with double lobed flap[J]. Zhonghua Zheng Xing Shao Shang Wai Ke Za Zhi[Chin J Plast Surg Burns(Article in Chinese;No abstract available)],1993,9(5):336-338. DOI:10.3760/j.issn:1009-4598.1993.05.014.}

[4357] 郭震宇. 耳廓再造形态欠佳的原因分析 [J]. 中国临床解剖学杂志，2000，18（3）：274-275. DOI：10.3969/j.issn.1001-165X.2000.03.034. {GUO Zhenyu. Cause analysis of bad morphology after auricle reconstruction[J]. Zhongguo Lin Chuang Jie Pou Xue Za Zhi[Chin J Clin Anat(Article in Chinese;Abstract in Chinese and English)],2000,18(3):274-275. DOI:10.3969/j.issn.1001-165X.2000.03.034.}

[4358] 杨东元，高建华，张立宪. 预构耳支架游离移植全耳再造一例 [J]. 中华显微外科杂志，2000，23（4）：273. DOI：10.3760/cma.j.issn.1001-2036.2000.04.043. {YANG Dongyuan,GAO Jianhua,ZHANG Lixian. A case of complete ear reconstruction with free transplantation of preconstructed ear stent[J]. Zhonghua Xian Wei Wai Ke Za Zhi[Chin J Microsurg(Article in Chinese;No abstract available)],2000,23(4):273. DOI:10.3760/cma.j.issn.1001-2036.2000.04.043.}

[4359] 汪勇，刘晓燕，时杰. 前臂预制耳游离皮瓣耳再造一例 [J]. 中华烧伤杂志，2000，16（6）：363. DOI：10.3760/cma.j.issn.1009-2587.2000.06.031. {WANG Yong,LIU Xiaoyan,SHI Jie. A case of ear reconstruction with prefabricated free ear flap of forearm[J]. Zhonghua Shao Shang Za Zhi[Chin J Burns(Article in Chinese;No abstract available)],2000,16(6):363. DOI:10.3760/cma.j.issn.1009-2587.2000.06.031.}

[4360] 吴建明，林子豪，刘麒，杨松林，袁相斌，赵耀忠. 颞蒂耳后乳突区皮瓣 Medpor 支架全耳再造术 [J]. 中华整形外科杂志，2001，17（5）：297-299. DOI：10.3760/j.issn：1009-4598.2001.05.014. {WU Jianming,LIN Zihao,LIU Lin,YANG Songlin,YUAN Xiangbin,ZHAO Yaozhong. Whole auricle reconstruction with postauricular flap and a Medpor framework[J]. Zhonghua Zheng Xing Wai Ke Za Zhi[Chin J Plast Surg(Article in Chinese;Abstract in Chinese and English)],2001,17(5):297-299. DOI:10.3760/j.issn:1009-4598.2001.05.014.}

[4361] 陈兵，高学宏，徐达传，雷涛．全耳再造的解剖学基础研究 [J]．中国临床解剖学杂志，2002，20(4)：250-252．DOI：10.3969/j.issn.1001-165X.2002.04.004．{CHEN Bing,GAO Xuehong,XU Dachuan,LEI Tao. Applied anatomy of the whole auricular reconstruction[J]. Zhongguo Lin Chuang Jie Pou Xue Za Zhi[Chin J Clin Anat(Article in Chinese;Abstract in Chinese and English)],2002,20(4):250-252. DOI:10.3969/j.issn.1001-165X.2002.04.004.}

[4362] 邝勇，王标，李江，贺忠文．枕动脉岛状筋膜瓣修复再造耳支架外露 [J]．中华整形外科杂志，2003，19(1)：70．DOI：10.3760/j.issn：1009-4598.2003.01.026．{KUANG Yong,WANG Biao,LI Jiang,HE Zhongwen. The island fascia flap of the occipital artery was repaired and the reconstructed ear stent was exposed[J]. Zhonghua Zheng Xing Wai Ke Za Zhi[Chin J Plast Surg(Article in Chinese;No abstract available)],2003,19(1):70. DOI:10.3760/j.issn:1009-4598.2003.01.026.}

[4363] 张喜兰，王剑，李正斌，牛永敢，胡晓庆，俞海燕．扩张皮瓣联合 Medpor 耳支架全耳再造术 [J]．中华整形外科杂志，2003，19(5)：395-396．DOI：10.3760/j.issn：1009-4598.2003.05.027．{ZHANG Xilan,WANG Jian,LI Zhengbin,NIU Yonggan,HU Xiaoqing,CHOU Haiyan. Total ear reconstruction with expanded flap combined with Medpor ear stent[J]. Zhonghua Zheng Xing Wai Ke Za Zhi[Chin J Plast Surg(Article in Chinese;No abstract available)],2003,19(5):395-396. DOI:10.3760/j.issn:1009-4598.2003.05.027.}

[4364] 邓津菊，马世融，刘俊玲，孙亚东，叶兰萍．带血管蒂筋膜瓣修复功能部位深度烧伤及耳再造 8 例 [J]．中华烧伤杂志，2004，20(3)：180．DOI：10.3760/cma.j.issn.1009-2587.2004.03.023．{DENG Jinju,MA Shirong,LIU Junling,SUN Yadong,YE Lanping. Deep burn and ear reconstruction with vascular pedicled fascia flap[J]. Zhonghua Shao Shang Za Zhi[Chin J Burns(Article in Chinese;No abstract available)],2004,20(3):180. DOI:10.3760/cma.j.issn.1009-2587.2004.03.023.}

[4365] 方建阑，齐向东，时锋，邹丽剑，戴传昌，祁佐良，钟世镇．应用颞顶筋膜瓣耳再造的显微解剖学研究 [J]．中华显微外科杂志，2005，28(1)：57-59．DOI：10.3760/cma.j.issn.1001-2036.2005.01.023．{FANG Jianlin,QI Xiangdong,SHI Feng,ZOU Lijian,DAI Chuanchang,QI Zuoliang,ZHONG Shizhen. Microanatomical study of ear reconstruction with temporal parietal fascia flap[J]. Zhonghua Xian Wei Wai Ke Za Zhi[Chin J Microsurg(Article in Chinese; Article in Chinese)],2005,28(1):57-59. DOI:10.3760/cma.j.issn.1001-2036.2005.01.023.}

[4366] 张敬良，谢振荣，雷彦文，温建强．骨间背侧血管单一皮穿支微小皮瓣游离移植在部分耳郭再造中的应用一例 [J]．中华显微外科杂志，2006，29(1)：3．DOI：10.3760/cma.j.issn.1001-2036.2006.01.038．{ZHANG Jingliang,XIE Zhenrong,LEI Yanwen,WEN Jianqiang. Application of free interosseous dorsal vascular single perforator microflap in partial auricle reconstruction:a case report[J]. Zhonghua Xian Wei Wai Ke Za Zhi[Chin J Microsurg(Article in Chinese;No abstract available)],2006,29(1):3. DOI:10.3760/cma.j.issn.1001-2036.2006.01.038.}

[4367] 匡建国，楚建军，唐胜建．一期全耳廓再造耳支架覆盖组织瓣的模板设计 [J]．中华整形外科杂志，2006，22(6)：430-433．DOI：10.3760/j.issn：1009-4598.2006.06.009．{KUANG Jianguo,CHU Jianjun,TANG Shengjian. Template design of tissue flaps for covering auricular cage in one-stage whole auricular reconstruction[J]. Zhonghua Zheng Xing Wai Ke Za Zhi[Chin J Plast Surg(Article in Chinese;Abstract in Chinese and English)],2006,22(6):430-433. DOI:10.3760/j.issn:1009-4598.2006.06.009.}

[4368] 邹艺辉，王淑杰，薛峰，庄洪兴．皮瓣展平法在耳廓再造时扩张皮瓣感染中的应用 [J]．解放军医学杂志，2006，31(12)：1187-1188．DOI：10.3321/j.issn：0577-7402.2006.12.020．{ZOU Yihui,WANG Shujie,XUE Feng,ZHUANG Hongxing. Control infection of expanded skin flap by stretching during auricle reconstruction[J]. Jie Fang Jun Yi Xue Za Zhi[Med J Chin PLA(Article in Chinese;Abstract in Chinese and English)],2006,31(12):1187-1188. DOI:10.3321/j.issn:0577-7402.2006.12.020.}

[4369] 赵成利，黄广香，邓国三，匡斌，邝石峰．应用显微外科技术进行全耳郭再造 38 例 [J]．中华显微外科杂志，2007，30(3)：231-232．DOI：10.3760/cma.j.issn.1001-2036.2007.03.028．{ZHAO Chengli,HUANG Guangxiang,DENG Guosan,KUANG Bin,KUANG Shifeng. Total auricle reconstruction was performed in 38 cases by microsurgical technique[J]. Zhonghua Xian Wei Wai Ke Za Zhi[Chin J Microsurg(Article in Chinese;Abstract in Chinese)],2007,30(3):231-232. DOI:10.3760/cma.j.issn.1001-2036.2007.03.028.}

[4370] 杨松林，刘庆阳，陈瑞红，金一平，丁志，高云，郑江红．颞顶筋膜瓣与扩张皮瓣联合覆盖 Medpor 支架外耳再造术 [J]．中华整形外科杂志，2007，23(2)：109-111．DOI：10.3760/j.issn：1009-4598.2007.02.010．{YANG Songlin,LIU Qingyang,CHEN Ruihong,JIN Yiping,DING Zhi,GAO Yun,ZHENG Jianghong. Application of both expanded cutaneous flap and temporoparietal fascia flap in ear reconstruction with Medpor framework[J]. Zhonghua Zheng Xing Wai Ke Za Zhi[Chin J Plast Surg(Article in Chinese;Abstract in Chinese and English)],2007,23(2):109-111. DOI:10.3760/j.issn:1009-4598.2007.02.010.}

[4371] 吕巍，毋巨龙，王量，王凡，石海山，李世荣．扩张皮瓣法全耳再造术和改良 Brent 法全耳再造术的比较研究 [J]．局解手术学杂志，2016，25(3)：188-190．DOI：10.11659/jjssx.10E015152．{LV Wei,WU Julong,WANG Liang,WANG Fan,SHI Haishan,LI Shirong. Comparison of therapeutic effect between skin flap-extension auricular reconstruction and improved Brent au-ricular reconstruction[J]. Ju Jie Shou Shu Xue Za Zhi[J Reg Anat Oper Surg(Article in Chinese;Abstract in Chinese and English)],2016,25(3):188-190. DOI:10.11659/jjssx.10E015152.}

[4372] 齐一兰，李正勇，岑瑛，陈俊杰．颞浅动脉筋膜瓣联合皮片修复全耳再造术后耳软骨支架外露 [J]．中国修复重建外科杂志，2016，30(5)：655-656．DOI：10.7507/1002-1892.20160132．{QI Yilan,LI Zhengyong,CEN Ying,CHEN Junjie. Exposed auricular cartilage stent after total ear reconstruction with superficial temporal artery fascia flap combined with skin flap[J]. Zhongguo Xiu Fu Chong Jian Wai Ke Za Zhi[Chin J Repar Reconstr Surg(Article in Chinese;Abstract in Chinese)],2016,30(5):655-656. DOI:10.7507/1002-1892.20160132.}

[4373] 李川，蒋海越，李惠斌，于晓波，张晔，杨美蓉，孙中泱，潘博．扩展耳后扩张皮瓣法耳廓再造术 [J]．中华整形外科杂志，2017，33(4)：247-252．DOI：10.3760/cma.j.issn.1009-4598.2017.04.003．{LI Chuan,JIANG Haiyue,LI Huibin,YU Xiaobo,ZHANG Ye,YANG Meirong,SUN Zhongyang,PAN Bo. Whole auricular reconstruction using extended retroauricular flap and tissue expansion[J]. Zhonghua Zheng Xing Wai Ke Za Zhi[Chin J Plast Surg(Article in Chinese;Abstract in Chinese and English)],2017,33(4):247-252. DOI:10.3760/cma.j.issn.1009-4598.2017.04.003.}

3.5.8 鼻再造
nasal reconstruction

[4374] SUNG RY. Total nose reconstruction; an infraclavicular tube method[J]. Chin Med J,1956 May-Jun;74(3):223-233.(Non-microsurgical reconstruction)

[4375] Ti-sheng C,Teh-chao W. One-stage total rhinoplasty:a report of 30 cases[J]. Chin Med J,1979,92(2):71-74.

[4376] Sung RY. Total nose reconstruction:a single stage method[J]. Chin Med J,1979,92(2):75-78.

[4377] Li QF,Xie F,Gu B,Zheng D,Lei H,Liu K,Shen G,Chang TS. Nasal reconstruction using a split forehead flap[J]. Plast Reconstr Surg,2006,118(7):1543-1550. doi:10.1097/01.prs.0000240819.57644.0c.

[4378] Chen J,Qian Y,Wang D,Zhang Y,Yang J,Guan W. Expanded scarred or skin-grafted forehead flap for nasal reconstruction in severe postburn facial deformity[J]. Ann Plast Surg,2008,61(4):447-451. doi:10.1097/SAP.0b013e31815f12be.

[4379] Yu D,Weng R,Wang H,Mu X,Li Q. Anatomical study of forehead flap with its pedicle based on cutaneous branch of supratrochlear artery and its application in nasal reconstruction[J]. Ann Plast Surg,2010,65(2):183-187. doi:10.1097/SAP.0b013e3181c1fee3.

[4380] Lu X,Wang H,You J,Fan F. Flap delay or not? A technical detail for nasal reconstruction with a forehead flap[J]. Facial Plast Surg,2017,33(4):454. doi:10.1055/s-0037-1603785.

[4381] Lu X,Fan F. Simplifying the forehead flap for nasal reconstruction:a review of 420 consecutive cases[J]. Plast Reconstr Surg,2017,140(6):834e-835e. doi:10.1097/PRS.0000000000003886.

[4382] 宋儒耀，凌贻淳．五十五例鼻缺损的额部皮瓣再造治疗附断蒂前软骨移植法的报道 [J]．中华耳鼻咽喉科杂志，1963，9(3)：159-162．{SONG Ruyao,LING Yichun. Reconstruction of frontal skin flap for the treatment of anterior cartilage grafting of pedicle appendage:a report of 55 cases of nasal defect[J]. Zhonghua Er Bi Yan Hou Ke Za Zhi[Chin J Otorhinolaryngol(Article in Chinese;No abstract available)],1963,9(3):159-162.}(非显微再造 Non-microsurgical reconstruction)

[4383] 张涤生，王德昭．全鼻一期再造术（附 30 例报告）[J]．中华外科杂志，1981，19(2)：87-89．{ZHANG Disheng,WANG Dezhao. One-stage reconstruction of the whole nose (report of 30 cases)[J]. Zhonghua Wai Ke Za Zhi[Chin J Surg(Article in Chinese;No abstract available)],1981,19(2):87-89.}

[4384] 罗秀妗，刘认华．前额皮瓣一期全鼻再造术 [J]．中华耳鼻咽喉科杂志，1982，17(2)：127．{LUO Xiuling,LIU Renhua. Primary total nose reconstruction with forehead flap[J]. Zhonghua Er Bi Yan Hou Ke Za Zhi[Chin J Otorhinolaryngol(Article in Chinese;No abstract available)],1982,17(2):127.}

[4385] 谢桂成．应用前额皮下组织蒂瓣修复鼻背部缺损（附四例报告）[J]．中华耳鼻咽喉科杂志，1982，17(2)：104-105．{XIE Guicheng. Application of subcutaneous prefrontal tissue pedicle flap to repair nasal dorsal defect (report of 4 cases)[J]. Zhonghua Er Bi Yan Hou Ke Za Zhi[Chin J Otorhinolaryngol(Article in Chinese;No abstract available)],1982,17(2):104-105.}

[4386] 黄文庆，刘兴炎，黄顺宽，李智．带血管游离皮瓣移植修补外鼻缺损一例 [J]．中华耳鼻咽喉科杂志，1982，17(4)：250．{HUANG Wenqing,LIU Xingyan,HUANG Shunkuan,LI Zhi. A case of repair of external nasal defect with free vascular flap[J]. Zhonghua Er Bi Yan Hou Ke Za Zhi[Chin J Otorhinolaryngol(Article in Chinese;No abstract available)],1982,17(4):250.}

[4387] 田宝顺，张喜兰，戴淑媛，牛百瑞．前额正中岛状皮瓣一期全鼻再造术 36 例分析 [J]．中华外科杂志，1983，21(8)：481-482．{TIAN Baoshun,ZHANG Xilan,DAI Shuyuan,NIU Bairui. One-stage total nose reconstruction of 36 cases with frontal middle island flap[J]. Zhonghua Wai Ke Za Zhi[Chin J Surg(Article in Chinese;No abstract available)],1983,21(8):481-482.}

[4388] 杨佩瑛．应用颞浅血管蒂筋膜复合岛状瓣一次完成鼻再造 [J]．中华耳鼻咽喉科杂志，1984，19(4)：235-236．{YANG Peiying. The superficial temporal vascular pedicle fascia composite island flap was used to reconstruct the nose in one time[J]. Zhonghua Er Bi Yan Hou Ke Za Zhi[Chin J Otorhinolaryngol(Article in Chinese;No abstract available)],1984,19(4):235-236.}

[4389] 王茂才．鼻唇沟外侧有蒂对称双翼皮瓣一期鼻再造术 [J]．中华耳鼻咽喉科杂志，1984，19(4)：237-239．{WANG Maocai. Primary nasal reconstruction with symmetrical biflap pedicled laterally of nasolabial groove[J]. Zhonghua Er Bi Yan Hou Ke Za Zhi[Chin J Otorhinolaryngol(Article in Chinese;No abstract available)],1984,19(4):237-239.}

[4390] 王雨露．额肌岛状皮瓣 I 期全鼻再造一例 [J]．中华耳鼻咽喉科杂志，1987，22(1)：35．{WANG Yulu. Phase I total nasal reconstruction with frontal muscle island flap:case report[J]. Zhonghua Er Bi Yan Hou Ke Za Zhi[Chin J Otorhinolaryngol(Article in Chinese;No abstract available)],1987,22(1):35.}

[4391] 王德昭，张涤生，丁祖鑫，周丽云，石重明，冯胜之，曹谊林，胡群音，朱国献．前臂游离皮瓣在全鼻再造一期手术的应用 [J]．修复重建外科杂志，1987，1(1)：16-17，49．{WANG Dezhao,ZHANG Disheng,DING Zuxin,ZHOU Liyun,SHI Zhongming,FENG Shengzhi,CAO Yilin,HU Qunyin,ZHU Guoxian. Application of forearm free skin flap in primary operation of total nasal reconstruction[J]. Zhongguo Xiu Fu Chong Jian Wai Ke Za Zhi[Chin J Repar Reconstr Surg(Article in Chinese;No abstract available)],1987,1(1):16-17,49.}

[4392] 汪春兰，宁金龙．前额正中皮瓣全鼻期一再造术的改进 [J]．修复重建外科杂志，1988，2(2)：7．{WANG Chunlan,NING Jinlong. Improvement of median frontal flap reconstruction in total nasal phase[J]. Zhongguo Xiu Fu Chong Jian Wai Ke Za Zhi[Chin J Repar Reconstr Surg(Article in Chinese;No abstract available)],1988,2(2):7.}

[4393] 韩秉公，周兴亮，张爱珍，宫昔愿，孙学武，邱旭东．应用前额正中皮瓣进行放射性溃疡的全鼻再造一例报告 [J]．修复重建外科杂志，1988，2(3)：7．{HAN Binggong,ZHOU Xingliang,ZHANG Aizhen,GONG Xiyuan,SUN Xuewu,QIU Xudong. A case report of total nasal reconstruction of radioactive ulcers with median prefrontal flap[J]. Zhongguo Xiu Fu Chong Jian Wai Ke Za Zhi[Chin J Repar Reconstr Surg(Article in Chinese;No abstract available)],1988,2(3):7.}

[4394] 张绪生，冯光珍，李广智，林大雄．前臂皮瓣再造全鼻二例体会 [J]．修复重建外科杂志，1988，2(4)：6-50．{ZHANG Xusheng,FENG Guangzhen,LI Guangzhi,LIN Daxiong. Reconstruction of whole nose with forearm flap:experience of two cases[J]. Zhongguo Xiu Fu Chong Jian Wai Ke Za Zhi[Chin J Repar Reconstr Surg(Article in Chinese;No abstract available)],1988,2(4):6-50.}

[4395] 鲁开化．用扩张后的额部皮瓣行鼻再造术 [J]．中华整形烧伤外科杂志，1989，5(3)：182-183．DOI：10.3760/j.issn：1009-4598.1989.03.004．{LU Kaihua. The expanded frontal flap was used for nasal reconstruction[J]. Zhonghua Zheng Xing Shao Shang Wai Ke Za Zhi[Chin J Plast Surg Burns(Article in Chinese;No abstract available)],1989,5(3):182-183. DOI:10.3760/j.issn:1009-4598.1989.03.004.}

[4396] 汪春兰，宁金龙．前额正中皮瓣全鼻 I 期再造术的改进 [J]．中华耳鼻咽喉科杂志，1990，25(2)：120-121．{WANG Chunlan,NING Jinlong. Improvement of total nasal stage I reconstruction with median frontal flap[J]. Zhonghua Er Bi Yan Hou Ke Za Zhi[Chin J Otorhinolaryngol(Article in Chinese;No abstract available)],1990,25(2):120-121.}

[4397] 洪锦川，程炳兴．前额皮下组织蒂瓣鼻再造 [J]．修复重建外科杂志，1990，4(1)：20．{HONG Jinchuan,CHENG Bingxing. Reconstruction of nasal flap with subcutaneous pedicle of forehead[J]. Zhongguo Xiu Fu Chong Jian Wai Ke Za Zhi[Chin J Repar Reconstr Surg(Article in Chinese;No abstract available)],1990,4(1):20.}

[4398] 薛雏天，李锦秀，仲书仙，刘有成．应用前臂皮瓣游离移植全鼻再造一例 [J]．修复重建外科杂志，1991，5(2)：95．{XUE Chutian,LI Jinxiu,ZHONG Shuxian,LIU Youcheng. Free forearm flap transplantation was used to reconstruct the whole nose[J]. Zhongguo Xiu Fu Chong Jian Wai Ke Za Zhi[Chin J Repar Reconstr Surg(Article in Chinese;No abstract available)],1991,5(2):95.}

[4399] 阎爱平，牛星焘，刘延鑫，杨松．应用胸三角皮瓣行全鼻再造术 [J]．修复重建外科杂志，1991，5(3)：139-140，190-194．{YAN Aiping,NIU Xingtao,LIU Yanxin,YANG Song. Total nose reconstruction was performed with thoracic triangle flap[J]. Zhongguo Xiu Fu Chong Jian Wai Ke Za Zhi[Chin J Repar Reconstr Surg(Article in Chinese;No abstract available)],1991,5(3):139-140,190-194.}

[4400] 钟德才，鲁开化，艾玉峰. 额部扩张皮瓣全鼻再造术[J]. 中华整形烧伤外科杂志，1994，10(3)：178-180. DOI：10.3760/j.issn：1009-4598.1994.03.003. {ZHONG Decai,LU Kaihua,AI Yufeng. Total nose reconstruction with expanded frontal flap[J]. Zhonghua Zheng Xing Shao Shang Wai Ke Za Zhi[Chin J Plast Surg Burns(Article in Chinese;No abstract available)],1994,10(3):178-180. DOI:10.3760/j.issn:1009-4598.1994.03.003.}

[4401] 孙广慈，马继光，胡华新，张海明，杨欣，赫伟，蒋海越，程洪伟，宋维铭，刘学军，刘志飞. 额部扩张皮瓣同时用于鼻再造及面部缺损修复[J]. 中华整形烧伤外科杂志，1995，11(5)：352-354. DOI：10.3760/j.issn：1009-4598.1995.05.005. {SUN Guangci,MA Jiguang,HU Huaxin,ZHANG Haiming,YANG Xin,HE Wei,JIANG Haiyue,CHENG Hongwei,SONG Weiming,LIU Xuejun,LIU Zhifei. The expanded forehead flap is also used for nasal reconstruction and facial defect repair[J]. Zhonghua Zheng Xing Shao Shang Wai Ke Za Zhi[Chin J Plast Surg Burns(Article in Chinese;No abstract available)],1995,11(5):352-354. DOI:10.3760/j.issn:1009-4598.1995.05.005.}

[4402] 陈光宇，乔群，滕利. 前臂游离皮瓣行儿童鼻再造二例[J]. 中华整形外科杂志，1999，15(4)：249. DOI：10.3760/j.issn：1009-4598.1999.04.037. {CHEN Guangyu,QIAO Qun,TENG Li. Two cases of nasal reconstruction with free forearm flap in children[J]. Zhonghua Zheng Xing Wai Ke Za Zhi[Chin J Plast Surg(Article in Chinese;No abstract available)],1999,15(4):249. DOI:10.3760/j.issn:1009-4598.1999.04.037.}

[4403] 马桂娥，杨佩瑛，刘文阁. 额部扩张皮瓣的鼻衬里及外鼻再造一例[J]. 中华整形外科杂志，1999，15(4)：314. DOI：10.3760/j.issn：1009-4598.1999.04.040. {MA Guidong,YANG Peiying,LIU Wenge. Reconstruction of nasal lining and external nose with expanded frontal flap[J]. Zhonghua Zheng Xing Wai Ke Za Zhi[Chin J Plast Surg(Article in Chinese;No abstract available)],1999,15(4):314. DOI:10.3760/j.issn:1009-4598.1999.04.040.}

[4404] 马继光，杨欣. 预扩张额部皮瓣用于鼻再造及修复面部缺损[J]. 中华外科杂志，2000，38(3)：194-195. DOI：10.3760/j：issn：0529-5815.2000.03.010. {MA Jiguang,YANG Xin. Pre-expanded frontal skin flap is used for nasal reconstruction and repair of facial defects[J]. Zhonghua Wai Ke Za Zhi[Chin J Surg(Article in Chinese;Abstract in Chinese)],2000,38(3):194-195. DOI:10.3760/j:issn:0529-5815.2000.03.010.}

[4405] 程新德，赵天兰，李光早. 以面动脉为蒂的逆行下颌缘皮瓣全鼻再造[J]. 中华整形外科杂志，2000，16(4)：220. DOI：10.3760/j.issn：1009-4598.2000.04.008. {CHENG Xinde,ZHAO Tianlan,LI Guangzao. Total nasal reconstruction with retrograde mandibular margin flap pedicled with facial artery[J]. Zhonghua Zheng Xing Wai Ke Za Zhi[Chin J Plast Surg(Article in Chinese;No abstract available)],2000,16(4):220. DOI:10.3760/j.issn:1009-4598.2000.04.008.}

[4406] 马继光，孙广慈，冯越蹇. 应用额部扩张皮瓣行全鼻再造术[J]. 中华耳鼻咽喉科杂志，2000，35(4)：304. DOI：10.3760/j.issn：1673-0860.2000.04.026. {MA Jiguang,SUN Guangci,FENG Yuejian. Total nose reconstruction was performed with expanded frontal flap[J]. Zhonghua Er Bi Yan Hou Ke Za Zhi[Chin J Otorhinolaryngol(Article in Chinese;No abstract available)],2000,35(4):304. DOI:10.3760/j.issn:1673-0860.2000.04.026.}

[4407] 程新德，赵天兰，李光平，张莉，徐静. 面动脉蒂下颌缘皮瓣全鼻再造一例[J]. 中国修复重建外科杂志，2000，14(6)：345. {CHENG Xinde,ZHAO Tianlan,LI Guangping,ZHANG Li,XU Jing. A case of total nasal reconstruction with facial artery pedicle mandibular margin flap[J]. Zhongguo Xiu Fu Chong Jian Wai Ke Za Zhi[Chin J Repar Reconstr Surg(Article in Chinese;No abstract available)],2000,14(6):345.}

[4408] 李青峰，雷华，顾斌，刘凯，沈国雄，郑丹宁，郑胜武. 额部阶梯状皮瓣与肌、皮双瓣鼻再造术[J]. 中华整形外科杂志，2004，20(5)：351-353. DOI：10.3760/j.issn：1009-4598.2004.05.010. {LI Qingfeng,LEI Hua,GU Bin,LIU Kai,SHEN Guoxiong,ZHENG Danning,ZHENG Shengwu. Nasal reconstruction with forehead skin flap and muscle flap[J]. Zhonghua Zheng Xing Wai Ke Za Zhi[Chin J Plast Surg(Article in Chinese;Abstract in Chinese and English)],2004,20(5):351-353. DOI:10.3760/j.issn:1009-4598.2004.05.010.}

[4409] 钱云良，章一新，张余光，王丹茹. 显微移植耳廓复合组织瓣再造鼻翼[J]. 中华耳鼻咽喉科杂志，2004，39(11)：676-678. DOI：10.3760/j.issn：1673-0860.2004.11.009. {QIAN Yunliang,ZHANG Yixin,ZHANG Yuguang,WANG Danru. Nasal alar reconstruction with a vascularized free auricular composite flap[J]. Zhonghua Er Bi Yan Hou Ke Za Zhi[Chin J Otorhinolaryngol(Article in Chinese;Abstract in Chinese and English)],2004,39(11):676-678. DOI:10.3760/j.issn:1673-0860.2004.11.009.}

[4410] 李小静，宁金龙，高学宏，张林，朱飞. 应用改进的额部扩张皮瓣行全鼻再造术[J]. 中华整形外科杂志，2005，21(3)：208-210. DOI：10.3760/j.issn：1009-4598.2005.03.016. {LI Xiaojing,NING Jinlong,GAO Xuehong,ZHANG Lin,ZHU Fei. Nasal reconstruction with the modified expanded forehead skin flap[J]. Zhonghua Zheng Xing Wai Ke Za Zhi[Chin J Plast Surg(Article in Chinese;Abstract in Chinese and English)],2005,21(3):208-210. DOI:10.3760/j.issn:1009-4598.2005.03.016.}

[4411] 杜永军，王跃建，李庆生，左中男，冯祥生，沈锐. 带蒂食(示)指背侧皮瓣鼻再造[J]. 中国修复重建外科杂志，2006，20(5)：585-586. {DONG Yongjun,WANG Yuejian,LI Qingsheng,ZUO Zhongnan,FENG Xiangsheng,SHEN Rui. Nasal reconstruction with pedicled dorsal index finger flap[J]. Zhongguo Xiu Fu Chong Jian Wai Ke Za Zhi[Chin J Repar Reconstr Surg(Article in Chinese;No abstract available)],2006,20(5):585-586.}

[4412] 钱云良，章一新，杨军，王丹茹. 逆行耳前耳廓复合组织瓣显微移植再造鼻亚结构[J]. 中国修复重建外科杂志，2006，20(12)：1186-1188. {QIAN Yunliang,ZHANG Yixin,YANG Jun,WANG Danru. Reconstruction of nasal subunits with reversed vascularized preauricular and ear composite flap[J]. Zhongguo Xiu Fu Chong Jian Wai Ke Za Zhi[Chin J Repar Reconstr Surg(Article in Chinese;Abstract in Chinese and English)],2006,20(12):1186-1188.}

[4413] 王会勇，李青峰，顾斌，沈国雄，郑胜武，汤璐佳，刘琴秀，李玉萍，张涤生. 滑车上动脉分支的解剖研究及在鼻再造中的应用[J]. 中华整形外科杂志，2007，23(6)：487-490. DOI：10.3760/j.issn：1009-4598.2007.06.010. {WANG Huiyong,LI Qingfeng,GU Bin,SHEN Guoxiong,ZHENG Shengwu,TANG Lujia,LIU Qinxiu,LI Yuping,ZHANG Disheng. Anatomic study of supratrochlear artery and its application in nasal reconstruction[J]. Zhonghua Zheng Xing Wai Ke Za Zhi[Chin J Plast Surg(Article in Chinese;Abstract in Chinese and English)],2007,23(6):487-490. DOI:10.3760/j.issn:1009-4598.2007.06.010.}

[4414] 曹畅，段伟强，岑瑛. 扩张前额带蒂皮瓣全鼻再造术的疗效观察[J]. 中国修复重建外科杂志，2009，23(10)：1271-1272. {CAO Chang,DONG Weiqiang,CEN Ying. Observation on the curative effect of total nose reconstruction with expanded prefrontal pedicle flap[J]. Zhongguo Xiu Fu Chong Jian Wai Ke Za Zhi[Chin J Repar Reconstr Surg(Article in Chinese;Abstract in Chinese)],2009,23(10):1271-1272.}

[4415] 章宏伟，姚刚，闻国华，黄艳霞，史京萍，过云. 改良前额旁正中皮瓣在鼻缺损修复和再造中的临床应用[J]. 中华整形外科杂志，2010，26(1)：1-4. DOI：10.3760/cma.j.issn.1009-4598.2010.01.001. {ZHANG Hongwei,YAO Gang,WEN Guohua,HUANG Yanxia,SHI Jingping,GUO Yun. Application of modified paramedian forehead flap in reconstruction of nasal defect[J]. Zhonghua Zheng Xing Wai Ke Za Zhi[Chin J Plast Surg(Article in Chinese;Abstract in Chinese and English)],2010,26(1):1-4. DOI:10.3760/cma.j.issn.1009-4598.2010.01.001.}

[4416] 徐静，张阳，谢波，李光早，张莉，黄鹤，高嵩，葛树星. 滑车上动脉的影像学研究及在鼻再造术中的应用[J]. 中国修复重建外科杂志，2012，26(1)：46-49. {XU Jing,ZHANG Yang,XIE Bo,LI Guangzao,ZHANG Li,HUANG He,GAO Song,GE Shuxing. Imaging study on supratrochlear artery and its application in nasal reconstruction[J]. Zhongguo Xiu Fu Chong Jian Wai Ke Za Zhi[Chin J Repar Reconstr Surg(Article in Chinese;Abstract in Chinese and English)],2012,26(1):46-49.}

[4417] 程宏宇，张大维. 改进额部扩张皮瓣再造鼻翼11例[J]. 中华烧伤杂志，2013，29(1)：77-78. DOI：10.3760/cma.j.issn.1009-2587.2013.01.026. {CHENG Hongyu,ZHANG Dawei. 11 cases of nasal alar reconstruction with improved expanded frontal flap[J]. Zhonghua Shao Shang Za Zhi[Chin J Burns(Article in Chinese;No abstract available)],2013,29(1):77-78. DOI:10.3760/cma.j.issn.1009-2587.2013.01.026.}

[4418] 郑万玲，王苹苹，温敏敏，陶胜军，魏韩笑，张爱君，金培生. 三维技术联合术后血流监测辅助完成全鼻再造[J]. 中华整形外科杂志，2018，34(11)：912-918. DOI：10.3760/cma.j.issn.1009-4598.2018.11.006. {ZHENG Wanling,WANG Pingping,WEN Minmin,TAO Shengjun,WEI Hanxiao,ZHANG Aijun,JIN Peisheng. Whole nasal reconstruction based on three-dimensional technology combined with hemodynamics monitoring after operation[J]. Zhonghua Zheng Xing Wai Ke Za Zhi[Chin J Plast Surg(Article in Chinese;Abstract in Chinese and English)],2018,34(11):912-918. DOI:10.3760/cma.j.issn.1009-4598.2018.11.006.}

[4419] 蒋治远，游晓波，蔡震，刘全，唐贶昀，张寒，崔玮，陈再洪，罗姗. 局部皮瓣在二期修整再造鼻翼中的应用[J]. 中国修复重建外科杂志，2018，32(1)：55-58. DOI：10.7507/1002-1892.201707113. {JIANG Zhiyuan,YOU Xiaobo,CAI Zhen,LIU Quan,TANG Kuangyun,ZHANG Han,CUI Wei,CHEN Zaihong,LUO Shan. Application of local skin flaps in adjustment of reconstructed nasal alars at second stage[J]. Zhongguo Xiu Fu Chong Jian Wai Ke Za Zhi[Chin J Repar Reconstr Surg(Article in Chinese;Abstract in Chinese and English)],2018,32(1):55-58. DOI:10.7507/1002-1892.201707113.}

4 外科组织瓣
surgical flaps

4.1 皮瓣总论
general introduction of flaps

[4420] Chang SM,Hou CL,Xu DC. An overview of skin flap surgery in the mainland China:20 years' achievements (1981 to 2000)[J]. J Reconstr Microsurg,2009,25(6):361-367. doi:10.1055/s-0029-1215543.

[4421] 张涤生，王飞鹏. 咽后壁组织瓣在腭裂修复中的应用及手术后的语音矫正[J]. 中华外科杂志，1955，3（3）：183-188. {ZHANG Disheng,WANG Feipeng. Application of posterior pharyngeal tissue flap in cleft palate repair and speech correction after operation[J]. Zhonghua Wai Ke Za Zhi[Chin J Surg(Article in Chinese;No abstract available)],1955,3(3):183-188.}（非显微修复 Non-microsurgical repair）

[4422] 赵英奇，黄启章. 慢性骨髓炎症骨腔的肌瓣填充疗法：110 临床病例的初步总结报告[J]. 中华外科杂志，1955，3（4）：268-269. {ZHAO Yingqi,HUANG Qizhang. Muscle flap filling in the bone cavity for chronic myeloid inflammation:a preliminary summary report of 110 clinical cases[J]. Zhonghua Wai Ke Za Zhi[Chin J Surg(Article in Chinese;No abstract available)],1955,3(4):268-269.}（非显微修复 Non-microsurgical repair）

[4423] 闻鸿湘. 游离皮瓣移植于上唇整复鼻前柱的缺损[J]. 中华耳鼻咽喉科杂志，1959，7（1）：13. {WEN Hongxiang. Free flap was grafted on the upper lip to repair the defect of the anterior nasal column[J]. Zhonghua Er Bi Yan Hou Ke Za Zhi[Chin J Otorhinolaryngol(Article in Chinese;No abstract available)],1959,7(1):13.}（非显微再造 Non-microsurgical reconstruction）

[4424] 孔繁祜，朱洪荫，郝铸仁. 双腿交叉皮瓣的应用：16 例报告[J]. 中华外科杂志，1960，8（1）：58-62. {KONG Fanhu,ZHU Hongyin,HAO Zhuren. Application of cross-legged flaps:report of 16 cases[J]. Zhonghua Wai Ke Za Zhi[Chin J Surg(Article in Chinese;No abstract available)],1960,8(1):58-62.}（非显微修复 Non-microsurgical repair）

[4425] 孔繁祜，郝铸仁，朱洪荫. 手外伤处理原则和双臂交叉皮瓣的应用[J]. 中华外科杂志，1961，9（2）：104-105. {KONG Fanhu,HAO Zhuren,ZHU Hongyin. Principles of hand injury management and application of cross flaps[J]. Zhonghua Wai Ke Za Zhi[Chin J Surg(Article in Chinese;No abstract available)],1961,9(2):104-105.}（非显微修复 Non-microsurgical repair）

[4426] 黄殿栋，邵振恒. 皮瓣引流治疗慢性窦道和深部感染[J]. 中华医学杂志，1963，49（12）：789-790. {HUANG Diandong,SHAO Zhenheng. Treatment of chronic sinus and deep infection with skin flap drainage[J]. Zhonghua Yi Xue Za Zhi[Natl Med J China(Article in Chinese;No abstract available)],1963,49(12):789-790.}（非显微修复 Non-microsurgical repair）

[4427] 杨东岳，李鸿儒. 神经血管蒂皮瓣移植在手外伤中的应用[J]. 中华外科杂志，1965，13(3)：272-274. {YANG Dongyue,LI Hongru. Application of neurovascular pedicle flap transplantation for hand trauma[J]. Zhonghua Wai Ke Za Zhi[Chin J Surg(Article in Chinese;No abstract available)],1965,13(3):272-274.}（非显微修复 Non-microsurgical repair）

[4428] 侍德，石仲歧，张涤生. 应用双侧肩锁皮瓣治疗颈部严重疤痕挛缩[J]. 中华外科杂志，1965，13（11）：1014-1015. {SHI De,SHI Zhongqi,ZHANG Disheng. Bilateral acromioclavicular skin flaps were used to treat severe cervical scar contracture[J]. Zhonghua Wai Ke Za Zhi[Chin J Surg(Article in Chinese;No abstract available)],1965,13(11):1014-1015.}（非显微修复 Non-microsurgical repair）

[4429] 蒋位庄. 应用交腿皮瓣治疗足部慢性深度溃疡[J]. 中华外科杂志，1966，14（8）：535-536. {JIANG Weizhuang. Application of cross leg skin flap to treat chronic deep ulcer of foot[J]. Zhonghua Wai Ke Za Zhi[Chin J Surg(Article in Chinese;No abstract available)],1966,14(8):535-536.}（非显微修复 Non-microsurgical repair）

[4430] 上海第一医学院华山医院口腔外科，上海第一医学院华山医院手外科. 带血管的游离皮瓣移植修复颊部缺损一例报告[J]. 中华医学杂志，1974，54（3）：163. {Department of Oral Surgery,Department of Hand Surgery,Huashan Hospital,Shanghai First Medical College. Repair of buccal defect with vascular free flap:a case report[J]. Zhonghua Yi Xue Za Zhi[Natl Med J China(Article in Chinese;No abstract available)],1974,54(3):163.}

[4431] 上海第二医学院附属第九人民医院口腔颌面外科. 口腔颌面部肿瘤术后缺损用额部皮瓣立即整复的临床观察[J]. 中华医学杂志，1977，57（1）：53-55. {Department of Oral and Maxillofacial Surgery,Ninth People's Hospital Affiliated to Shanghai Second Medical College. Clinical observation of frontal skin flap for immediate repair of postoperative defects of oral and maxillofacial tumors[J]. Zhonghua Yi Xue Za Zhi[Natl Med J China(Article in Chinese;No abstract available)],1977,57(1):53-55.}

[4432] 蔡汝宾. 无条件做皮瓣转移时，应如何处理上述创面?[J]. 中华外科杂志，1978，16（1）：64. {CAI Rubin. How should the above wound be managed when the flap is transferred unconditionally?[J]. Zhonghua Wai Ke Za Zhi[Chin J Surg(Article in Chinese;No abstract available)],1978,16(1):64.}

[4433] 张涤生，孙以鲁. 肌瓣转移修复会阴部放射性窦腔个例报告[J]. 中华外科杂志，1978，16（1）：39-40. {ZHANG Disheng,SUN Yilu. Repair of perineal radioactive sinus cavity with muscle flap transfer:a case report[J]. Zhonghua Wai Ke Za Zhi[Chin J Surg(Article in Chinese;No abstract available)],1978,16(1):39-40.}

[4434] 侍德，顾永强，张其恭，朱崇仁，赵敦炎. 腹部大型皮瓣在手及前臂皮肤缺损修复中的应用[J]. 中华外科杂志，1978，16（4）：233-234. {SHI De,GU Yongqiang,ZHANG Qigong,ZHU Chongren,ZHAO Dongyan. Application of large abdominal skin flap in repairing skin defect of hand and forearm[J]. Zhonghua Wai Ke Za Zhi[Chin J Surg(Article in Chinese;No abstract available)],1978,16(4):233-234.}

[4435] 杨东岳，顾玉东，郑忆柳. 游离皮瓣移植在四肢创伤中的应用[J]. 中华医学杂志，1978，58（3）：143-146. {YANG Dongyue,GU Yudong,ZHENG Yiliu. Application of free skin flap transplantation in limb trauma[J]. Zhonghua Yi Xue Za Zhi[Natl Med J China(Article in Chinese;No abstract available)],1978,58(3):143-146.}

[4436] 朱盛修，卢世璧，陈景云. 髂腹股部游离皮瓣移植术 19 例报告[J]. 中华外科杂志，1979，17（3）：163-166. {ZHU Shengxiu,LU Shibi,CHEN Jingyun. Free iliac ventral and femoral flap transplantation:report of 19 cases[J]. Zhonghua Wai Ke Za Zhi[Chin J Surg(Article in Chinese;No abstract available)],1979,17(3):163-166.}

[4437] 杨东岳，顾玉东，吴敏明，郑忆柳. 40 厘米长游离皮瓣移植一例报告[J]. 中华外科杂志，1979，17（3）：167-168. {YANG Dongyue,GU Yudong,WU Minming,ZHENG Yiliu. A case report of 40 cm long free skin flap transplantation[J]. Zhonghua Wai Ke Za Zhi[Chin J Surg(Article in Chinese;No abstract available)],1979,17(3):167-168.}

[4438] 洪光祥，冼我权，朱通伯，王德就，黄省秋，王发斌. 游离皮瓣移植修复四肢软组织缺损七例报告[J]. 中华外科杂志，1980，18（1）：69-70. {HONG Guangxiang,XIAN Woquan,ZHU Tongbo,WANG Dejiu,HUANG Shengqiu,WANG Fabin. Free flap transplantation for repair of soft tissue defect of extremities:report of 7 cases[J]. Zhonghua Wai Ke Za Zhi[Chin J Surg(Article in Chinese;No abstract available)],1980,18(1):69-70.}

[4439] 谢伟玉. 自体头静脉皮瓣重建阴茎段尿道[J]. 中华外科杂志，1980，18（2）：145. {XIE Weiyu. Reconstruction of penile segment urethra with autologous cephalic vein flap[J]. Zhonghua Wai Ke Za Zhi[Chin J Surg(Article in Chinese;No abstract available)],1980,18(2):145.}

[4440] 程绪西，芦家泽，尹大庆，贾淑兰，王学威，孙永华，王乃佐，芦长顺. 足背游离皮瓣移植修复深度电烧伤[J]. 中华外科杂志，1980，18（2）：136-138. {CHENG Xuxi,LU Jiaze,YIN Daqing,JIA Shulan,WANG Xuewei,SUN Yonghua,WANG Naizuo,LU Changshun. Repair of deep electric burn with free dorsal foot flap[J]. Zhonghua Wai Ke Za Zhi[Chin J Surg(Article in Chinese;No abstract available)],1980,18(2):136-138.}

[4441] 周性明，李俊悦. 带蒂皮瓣修补尿道治疗球部及膜部狭窄[J]. 中华外科杂志，1980，18（3）：268. {ZHOU Xingming,LI Junyue. Treatment of bulbar and membranous stricture with pedicle flap for urethral repair[J]. Zhonghua Wai Ke Za Zhi[Chin J Surg(Article in Chinese;No abstract available)],1980,18(3):268.}

[4442] 何天骐，郑国柱. 肌瓣填充术治疗慢性脓胸[J]. 中山医学院学报，1980，1（2）：223-229. {HE Tianqi,ZHENG Guozhu. Treatment of chronic empyema with muscle flap filling[J]. Zhong Shan Yi Xue Yuan Xue Bao[Acta Med Zhong Shan(Article in Chinese;No abstract available)],1980,1(2):223-229.}

[4443] 孙克正. 局部三角形皮下组织蒂皮瓣的应用[J]. 中华外科杂志，1981，19（3）：173-175. {SUN Kezheng. Application of local triangular subcutaneous tissue pedicle flap[J]. Zhonghua Wai Ke Za Zhi[Chin J Surg(Article in Chinese;No abstract available)],1981,19(3):173-175.}

[4444] 胡永庆，周金厚. 局部肌瓣修复胸、腹壁全层缺损二例报告[J]. 中华外科杂志，1981，19（6）：350. {HU Yongqing,ZHOU Jinhou. Repair of full-thickness defect of chest and abdominal wall with local muscle flap:report of two cases[J]. Zhonghua Wai Ke Za Zhi[Chin J Surg(Article in Chinese;No abstract available)],1981,19(6):350.}

[4445] 贾树心，李顺业，杨新生，刘光礼，官阳. 大网膜腹壁皮瓣修补大面积颅骨、头皮缺损一例报告[J]. 中华外科杂志，1981，19（12）：776. {JIA Shuxin,LI Shunye,YANG Xinsheng,LIU Guangli,GUAN Yang. Repair of large skull and scalp defect with omentum greater abdominal flap:a case report[J]. Zhonghua Wai Ke Za Zhi[Chin J Surg(Article in Chinese;No abstract available)],1981,19(12):776.}

[4446] 范遗恩，孙义久. 足背神经血管蒂岛状皮瓣一例报告[J]. 中华外科杂志，1982，20（1）：59. {FAN Yidong,SUN Yijiu. A case report of dorsal foot neurovascular island flap[J]. Zhonghua Wai Ke Za Zhi[Chin J Surg(Article in Chinese;No abstract available)],1982,20(1):59.}

[4447] 张涤生，王炜，王德昭，赵平萍，卫莲郡，陆正康. 头皮游离皮瓣修复额鬓部瘢痕性秃发[J]. 中华外科杂志，1982，20（3）：168-170. {ZHANG Disheng,WANG Wei,WANG Dezhao,ZHAO Pingping,WEI Lianjun,LU Zhengkang. Repair of cicatricial alopecia on forehead with free scalp flap[J]. Zhonghua Wai Ke Za Zhi[Chin J Surg(Article in Chinese;No abstract available)],1982,20(3):168-170.}

[4448] 杨增年，施浩然，曹亮，史济湘. 腋下胸外侧皮瓣游离移植在烧伤外科的应用[J]. 中华外科杂志，1982，20（4）：236-237. {YANG Zengnian,SHI Haoran,CAO Liang,SHI Jixiang. Application of free subaxillary lateral thoracic flap transplantation in burn surgery[J]. Zhonghua Wai Ke Za Zhi[Chin J Surg(Article in Chinese;No abstract available)],1982,20(4):236-237.}

[4449] 郑玉明，李运连，罗芝荣，吴景华. 足背岛状皮瓣修复小腿慢性溃疡八例报告[J]. 中华外科杂志，1982，20（6）：325-326. {ZHENG Yuming,LI Yunlian,LUO Zhirong,WU Jinghua. Repair of chronic leg ulcer with dorsal foot island flap:report of 8 cases[J]. Zhonghua Wai Ke Za Zhi[Chin J Surg(Article in Chinese;No abstract available)],1982,20(6):325-326.}

[4450] 沈祖尧，桑惠华，李迟. 受区血管移位植入带蒂皮瓣缩短断蒂时间[J]. 中华外科杂志，1982，20（9）：550-551. {SHEN Zuyao,SANG Huihua,LI Chi. Translocation of recipient vessels and implantation of pedicle flap can shorten the time of pedicle amputation[J]. Zhonghua Wai Ke Za Zhi[Chin J Surg(Article in Chinese;No abstract available)],1982,20(9):550-551.}

[4451] 张为龙，王景德. 髂静脉瓣的形态及其临床意义[J]. 临床应用解剖学杂志，1983，1（1）：27-30. {ZHANG Weilong,WANG Jingde. Morphology and clinical significance of iliac vein valve[J]. Lin Chuang Ying Yong Jie Pou Xue Za Zhi[J Clin Appl Anat(Article in Chinese;No abstract available)],1983,1(1):27-30.}

[4452] 常致德，王肇普，王学威，沈祖尧，孙永华，汪昌业，张仲明，曹大鑫，张明良，王乃佐，芦长顺，马瑞苓. 早期切除一期皮瓣修复治疗腕部严重电烧伤[J]. 中华外科杂志，1983，21（3）：140-142. {CHANG Zhide,WANG Zhaopu,WANG Xuewei,SHEN Zuyao,SUN Yonghua,WANG Changye,ZHANG Zhongming,CAO Daxin,ZHANG Mingliang,WANG Naizuo,LU Changshun,MA Ruiling. Treatment of severe electric burn of wrist with early excision of one-stage skin flap[J]. Zhonghua Wai Ke Za Zhi[Chin J Surg(Article in Chinese;No abstract available)],1983,21(3):140-142.}

[4453] 陈绍宗，李荟元，吴良贵，衡代忠. 袋形皮瓣修复手的环形撕脱伤一例报告[J]. 中华外科杂志，1983，21（8）：487. {CHEN Shaozong,LI Huiyuan,WU Lianggui,HENG Daizhong. Repair of annular avulsion of the hand with bag flap:a case report[J]. Zhonghua Wai Ke Za Zhi[Chin J Surg(Article in Chinese;No abstract available)],1983,21(8):487.}

[4454] 张善才，李金明，宋克勋，程春生，张传礼，赵玛莉. 小腿内侧游离皮瓣的临床应用（附九例报告）[J]. 中华外科杂志，1983，21（12）：743-745. {ZHANG Shancai,LI Jinming,SONG Kexun,CHENG Chunsheng,ZHANG Chuanli,ZHAO Mali. Clinical application of free flaps of medial leg (report of 9 cases)[J]. Zhonghua Wai Ke Za Zhi[Chin J Surg(Article in Chinese;No abstract available)],1983,21(12):743-745.}

[4455] 张弘. 带蒂额肌瓣填塞治疗开放性额窦创伤[J]. 中华耳鼻咽喉科杂志，1983，18（2）：118-119. {ZHANG Hong. Treatment of open frontal sinus trauma with pedicled frontal muscle flap packing[J]. Zhonghua Er Bi Yan Hou Ke Za Zhi[Chin J Otorhinolaryngol(Article in Chinese;No abstract available)],1983,18(2):118-119.}

[4456] 曲福生，柴崇璞，孔淑珍. 岛状肌皮瓣在头颈外科中的应用[J]. 中华耳鼻咽喉科杂志，1983，18（2）：80-81. {QU Fusheng,CHAI Chongpu,KONG Shuzhen. Application of island musculocutaneous flap in head and neck surgery[J]. Zhonghua Er Bi Yan Hou Ke Za Zhi[Chin J

Otorhinolaryngol(Article in Chinese;No abstract available)],1983,18(2):80-81.}

[4457] **李文惠，汪良能．动脉性缺血皮瓣活力的探讨[J]．中华外科杂志，1984，22（7）：417-420．**{LI Wenhui,WANG Liangneng. Study on the vitality of arterial ischemic skin flap[J]. Zhonghua Wai Ke Za Zhi[Chin J Surg(Article in Chinese;No abstract available)],1984,22(7):417-420.}

[4458] **熊树明，丁永善，张生贵，刘龙平．肌肉的血供和肌（皮）瓣的类型[J]．临床应用解剖学杂志，1984，2（2）：103-106．**{XIONG Shuming,DING Yongshan,ZHANG Shenggui,LIU Longping. Type of muscle blood supply and muscle (skin) flap[J]. Lin Chuang Ying Yong Jie Pou Xue Za Zhi[J Clin Appl Anat(Article in Chinese;No abstract available)],1984,2(2):103-106.}

[4459] **金一涛，关文祥，施耀明，钱云良，许礼根，张涤生．前臂逆行岛状筋膜瓣在手外科的应用[J]．中华外科杂志，1984，22（4）：203-205．**{JIN Yitao,GUAN Wenxiang,SHI Yaoming,QIAN Yunliang,XU Ligen,ZHANG Disheng. Application of forearm retrograde island fascia flap in hand surgery[J]. Zhonghua Wai Ke Za Zhi[Chin J Surg(Article in Chinese;No abstract available)],1984,22(4):203-205.}

[4460] **王炜，张涤生，徐春阳，黄文义，洪光祥，朱通伯，王发斌，黄省秋．前臂逆行岛状皮瓣在手部创伤修复中的应用[J]．中华外科杂志，1984，22（4）：206-207．**{WANG Wei,ZHANG Disheng,XU Chunyang,HUANG Wenyi,HONG Guangxiang,ZHU Tongbo,WANG Fabin,HUANG Shengqiu. Application of forearm retrograde island flap in hand injury repair[J]. Zhonghua Wai Ke Za Zhi[Chin J Surg(Article in Chinese;No abstract available)],1984,22(4):206-207.}

[4461] **卢长顺，汪昌业，李延妮．前臂游离皮瓣修复颅骨电烧伤合并硬膜下脓肿[J]．中华外科杂志，1984，22（8）：458．**{LU Changshun,WANG Changye,LI Yanni. Treatment of cranial electric burn with subdural abscess with forearm free skin flap[J]. Zhonghua Wai Ke Za Zhi[Chin J Surg(Article in Chinese;No abstract available)],1984,22(8):458.}

[4462] **常致德，沈祖尧，曹大鑫，王乃佐，苏虹．带蒂肌皮瓣在关节和深部组织电烧伤修复中的应用[J]．中华外科杂志，1984，22（8）：472-473．**{CHANG Zhide,SHEN Zuyao,CAO Daxin,WANG Naizuo,SU Hong. Application of pedicled musculocutaneous flap in repair of electric burn of joint and deep tissue[J]. Zhonghua Wai Ke Za Zhi[Chin J Surg(Article in Chinese;No abstract available)],1984,22(8):472-473.}

[4463] **曹子明．皮瓣血运重建中的32P观察及其临床应用[J]．中华外科杂志，1984，22（11）：683-684．**{CAO Ziming. 32P observation and clinical application of skin flap revascularization[J]. Zhonghua Wai Ke Za Zhi[Chin J Surg(Article in Chinese;No abstract available)],1984,22(11):683-684.}

[4464] **陈继庞，马法武．用带血管游离皮瓣制作阴茎治疗男性假两性畸形一例[J]．中华外科杂志，1984，22（12）：744．**{CHEN Jipang,MA Fawu. Treatment of male pseudohermaphrodite with vascularized free flaps of the penis[J]. Zhonghua Wai Ke Za Zhi[Chin J Surg(Article in Chinese;No abstract available)],1984,22(12):744.}

[4465] **李柱田，鲁学军．带血管蒂皮瓣治疗全阴茎皮肤缺损（附2例报告）[J]．中华泌尿外科杂志，1984，5（1）：56．**{LI Zhutian,LU Xuejun. Treatment of total penile skin defect with vascularized skin flap (report of 2 cases)[J]. Zhonghua Mi Niao Wai Ke Za Zhi[Chin J Urol(Article in Chinese;No abstract available)],1984,5(1):56.}

[4466] **贾淑兰，程绪西，纪树荣，王洪业，尹大庆，毛兰．静脉网状皮瓣游离移植（附一例报告）[J]．中华医学杂志，1984，64（8）：499-502．**{JIA Shulan,CHENG Xuxi,JI Shurong,WANG Hongye,YIN Daqing,MAO Lan. Free transplantation of venous reticular skin flap (report of one case)[J]. Zhonghua Yi Xue Za Zhi[Natl Med J China(Article in Chinese;No abstract available)],1984,64(8):499-502.}

[4467] **凌彤，王学礼，曹玉纯，吴淑兰，张克亮，韩金豹，张煜，王冲涛．带蒂皮瓣提前断蒂的实验研究与临床应用[J]．中华外科杂志，1985，23（11）：643-645．**{LING Tong,WANG Xueli,CAO Yuchun,WU Shulan,ZHANG Keliang,HAN Jinbao,ZHANG Yu,WANG Chongtao. Experimental study and clinical application of pedicle flap amputation in advance[J]. Zhonghua Wai Ke Za Zhi[Chin J Surg(Article in Chinese;No abstract available)],1985,23(11):643-645.}

[4468] **高学书，袁相斌，何清濂，章惠兰，刘琪．足底内侧岛状皮瓣修复足跟软组织缺损三例报告[J]．中华外科杂志，1985，23（2）：104-105．**{GAO Xueshu,YUAN Xiangbin,HE Qinglian,ZHANG Huilan,LIU Qi. Reconstruction of soft tissue defect of heel with medial plantar island flap:report of three cases[J]. Zhonghua Wai Ke Za Zhi[Chin J Surg(Article in Chinese;No abstract available)],1985,23(2):104-105.}

[4469] **衡代忠，陈绍宗，吴良贵，刘德贵．交叉邻指皮下瓣的临床应用[J]．中华外科杂志，1985，23（3）：173．**{HENG Daizhong,CHEN Shaozong,WU Lianggui,LIU Degui. Clinical application of subcutaneous flap of cross adjacent finger[J]. Zhonghua Wai Ke Za Zhi[Chin J Surg(Article in Chinese;No abstract available)],1985,23(3):173.}

[4470] **张继庆，王世英．用单蒂头皮瓣修复头皮瘢痕性秃发畸形[J]．中华外科杂志，1985，23(4)：236-238．**{ZHANG Jiqing,WANG Shiying. Repair of cicatricial alopecia deformity of scalp with single pedicled head flap[J]. Zhonghua Wai Ke Za Zhi[Chin J Surg(Article in Chinese;No abstract available)],1985,23(4):236-238.}

[4471] **侯在恩，王玉明，徐振宽．指背顺行皮瓣的临床应用[J]．中华外科杂志，1985，23（6）：324-326．**{HOU Zaien,WANG Yuming,XU Zhenkuan. Clinical application of anterograde dorsal finger flap[J]. Zhonghua Wai Ke Za Zhi[Chin J Surg(Article in Chinese;No abstract available)],1985,23(6):324-326.}

[4472] **关桂春，廖忠林，粮明业，黄朝晖．小腿内侧逆行岛状皮瓣的临床应用[J]．中华外科杂志，1985，23（7）：437-438．**{GUAN Guichun,LIAO Zhonglin,LANG Mingye,HUANG Chaohui. Clinical application of retrograde island flap of medial leg[J]. Zhonghua Wai Ke Za Zhi[Chin J Surg(Article in Chinese;No abstract available)],1985,23(7):437-438.}

[4473] **王业江，董恩璧，张凤起．肩背部筋膜皮瓣修复腋窝缺损[J]．中华外科杂志，1985，23（11）：660．**{WANG Yejiang,DONG Dongbi,ZHANG Fengqi. Repair axillary defect with shoulder and dorsal fascia flap[J]. Zhonghua Wai Ke Za Zhi[Chin J Surg(Article in Chinese;No abstract available)],1985,23(11):660.}

[4474] **徐中和，丘万洪，肖承伯，张晓，贝抗胜．小腿内侧逆行岛状皮瓣在足外科的应用[J]．中华外科杂志，1985，23（11）：654-657．**{XU Zhonghe,QIU Wanhong,XIAO Chengbo,ZHANG Xiao,BEI Kangsheng. Application of retrograde island flap of medial leg in podiatric surgery[J]. Zhonghua Wai Ke Za Zhi[Chin J Surg(Article in Chinese;No abstract available)],1985,23(11):654-657.}

[4475] **陈绍宗，衡代忠，刘德贵，狄静清．筋膜皮瓣的临床应用[J]．中华外科杂志，1985，23（11）：658-659．**{CHEN Shaozong,HENG Daizhong,LIU Degui,DI Jingqing. Clinical application of fascial skin flap[J]. Zhonghua Wai Ke Za Zhi[Chin J Surg(Article in Chinese;No abstract available)],1985,23(11):658-659.}

[4476] **李柱田，曹玉德，杨清江，况冬柏．小腿后侧筋膜蒂皮瓣在下肢组织缺损修复中的应用[J]．中华外科杂志，1985，23（11）：663-664．**{LI Zhutian,CAO Yude,YANG Qingjiang,KUANG Dongbai. Application of posterior leg fascial pedicle flap in the repair of lower limb tissue defect[J]. Zhonghua Wai Ke Za Zhi[Chin J Surg(Article in Chinese;No abstract available)],1985,23(11):663-664.}

[4477] **刘志雄．采用吻合血管的肩背皮瓣行舌成形术一例[J]．中华外科杂志，1985，23（12）：784．**{LIU Zhixiong. A case of linguoplasty with shoulder and dorsal flap anastomosed with blood vessels[J]. Zhonghua Wai Ke Za Zhi[Chin J Surg(Article in Chinese;No abstract available)],1985,23(12):784.}

[4478] **凌彤，王学礼，曹玉纯，吴淑兰，张克亮，韩金豹，张煜，王冲涛．带蒂皮瓣提前断蒂的实验研究与临床应用[J]．中华医学杂志，1985，65（11）：666．**{LING Tong,WANG Xueli,CAO Yuchun,WU Shulan,ZHANG Keliang,HAN Jinbao,ZHANG Yu,WANG Chongtao. Experimental study and clinical application of pedicle flap amputation in advance[J]. Zhonghua Yi Xue Za Zhi[Natl Med J China(Article in Chinese;No abstract available)],1985,65(11):666.}

[4479] **侯之启，钟世镇，孙博．足背深浅静脉交通支的瓣膜朝向与皮瓣移植的关系[J]．临床解剖学杂志，1986，4（4）：193-196，251．**{HOU Zhiqi,ZHONG Shizhen,SUN Bo. Relationship between valve orientations and skin flap grafting of deep and superficial vein traffic branches in dorsal foot[J]. Lin Chuang Jie Pou Xue Za Zhi[J Clin Anat(Article in Chinese;No abstract available)],1986,4(4):193-196,251.}

[4480] **高学书，刘麟，袁相斌，章惠兰．隐血管神经蒂的膝内侧皮瓣在同侧或交腿移位术的应用[J]．中华外科杂志，1986，24（1）：36-37．**{GAO Xueshu,LIU Lin,YUAN Xiangbin,ZHANG Huilan. Application of medial genu flap with occult duct nerve pedicle in ipsilateral or cross leg transposition[J]. Zhonghua Wai Ke Za Zhi[Chin J Surg(Article in Chinese;No abstract available)],1986,24(1):36-37.}

[4481] **徐印坎，贾连顺，张文明，赵定麟，李家顺，刘洪奎．枕骨骨瓣翻转自体髂骨移植枕颈融合32例报告[J]．中华外科杂志，1986，24（3）：149-151．**{XU Yinkan,JIA Lianshun,ZHANG Wenming,ZHAO Dinglin,LI Jiashun,LIU Hongkui. A report of 32 cases of occipitocervical fusion with autogenous iliac bone graft[J]. Zhonghua Wai Ke Za Zhi[Chin J Surg(Article in Chinese;No abstract available)],1986,24(3):149-151.}

[4482] **梅芳瑞，曾维权，刘东海．岛状皮瓣的临床应用[J]．中华外科杂志，1986，24（8）：500-501．**{MEI Fangrui,ZENG Weiquan,LIU Donghai. Clinical application of island flap[J]. Zhonghua Wai Ke Za Zhi[Chin J Surg(Article in Chinese;No abstract available)],1986,24(8):500-501.}

[4483] **常致德，孙永华，王学威，沈祖尧，曹大鑫，汪昌业，张明良，王乃佐，阎汝蕴，宓惠茹，苏虹．电烧伤的早期皮瓣修复治疗147例报告[J]．中华外科杂志，1986，24（10）：582-585．**{CHANG Zhide,SUN Yonghua,WANG Xuewei,SHEN Zuyao,CAO Daxin,WANG Changye,ZHANG Mingliang,WANG Naizuo,YAN Ruyun,MI Huiru,SU Hong. Early flap repair for electric burn:report of 147 cases[J]. Zhonghua Wai Ke Za Zhi[Chin J Surg(Article in Chinese;No abstract available)],1986,24(10):582-585.}

[4484] **洪光祥，朱通伯，王发斌，黄省秋，郑启新，陈振光，顾洁夫，李义贵，张明元，罗维富．岛状皮瓣在骨科临床的应用[J]．中华医学杂志，1986，66（8）：491-492．**{HONG Guangxiang,ZHU Tongbo,WANG Fabin,HUANG Shengqiu,ZHENG Qixin,CHEN Zhenguang,GU Jiefu,LI Yigui,ZHANG Mingyuan,LUO Weifu. Application of island flap in orthopedic clinic[J]. Zhonghua Yi Xue Za Zhi[Natl Med J China(Article in Chinese;No abstract available)],1986,66(8):491-492.}

[4485] **戴松茂．足背岛状皮瓣转移治疗小腿慢性溃疡术后复发性蜂窝织炎三例报告[J]．中华医学杂志，1986，66（11）：661．**{DAI Songmao. Three cases of recurrent cellulitis after chronic leg ulcer with dorsal foot island flap transfer[J]. Zhonghua Yi Xue Za Zhi[Natl Med J China(Article in Chinese;No abstract available)],1986,66(11):661.}

[4486] **张开文．骨肌皮瓣一期修复上颌骨全切除后缺损[J]．中华耳鼻咽喉科杂志，1986，21（3）：209-210．**{ZHANG Kaiwen. Bone myocutaneous flap for primary repair of maxillary defect after total resection[J]. Zhonghua Er Bi Yan Hou Ke Za Zhi[Chin J Otorhinolaryngol(Article in Chinese;No abstract available)],1986,21(3):209-210.}

[4487] **刘奎山，王正林．前臂岛状逆行旋转皮瓣临床应用的一点改进——（附一例报告）[J]．临床解剖学杂志，1987，5（3）：164．**{LIU Kuishan,WANG Zhenglin. An improvement of the clinical application of retrograde rotating forearm island flap (a case report)[J]. Lin Chuang Jie Pou Xue Za Zhi[J Clin Anat(Article in Chinese;No abstract available)],1987,5(3):164.}

[4488] **张善才，李金明，宋克勋，于有智，程春生，张俊，赵庆安．小腿内侧顺、逆行岛状皮瓣交叉移植[J]．中华外科杂志，1987，25（2）：103-104．**{ZHANG Shancai,LI Jinming,SONG Kexun,YU Youzhi,CHENG Chunsheng,ZHANG Jun,ZHAO Qingan. Cross transplantation of anterograde and retrograde island flaps of medial leg[J]. Zhonghua Wai Ke Za Zhi[Chin J Surg(Article in Chinese;Abstract in Chinese)],1987,25(2):103-104.}

[4489] **沈祖尧．儿童足背动脉游离皮瓣供区足趾骨骺早闭一例[J]．中华外科杂志，1987，25（3）：172．**{SHEN Zuyao. A case of early closure of toe epiphysis in donor area of dorsal foot artery free flap in children[J]. Zhonghua Wai Ke Za Zhi[Chin J Surg(Article in Chinese;No abstract available)],1987,25(3):172.}

[4490] **王成琪，蔡锦方，范启申，张永良．游离皮瓣移植应用于创伤修复（附130例报告）[J]．中华外科杂志，1987，25（4）：221-223．**{WANG Chengqi,CAI Jinfang,FAN Qishen,ZHANG Yongliang. Application of free skin flap transplantation in wound repair (report of 130 cases)[J]. Zhonghua Wai Ke Za Zhi[Chin J Surg(Article in Chinese;Abstract in Chinese)],1987,25(4):221-223.}

[4491] **朱盛修，张伯勋．带血管蒂皮瓣或肌皮瓣移位修复下肢创伤性软组织缺损[J]．中华外科杂志，1987，25（4）：226-227．**{ZHU Shengxiu,ZHANG Boxun. Translocation of vascularized skin flap or musculocutaneous flap to repair traumatic soft tissue defect of lower limbs[J]. Zhonghua Wai Ke Za Zhi[Chin J Surg(Article in Chinese;Abstract in Chinese)],1987,25(4):226-227.}

[4492] **顾玉东，张高孟，严计庚，成效敏．静脉干动脉化游离皮瓣[J]．中华外科杂志，1987，25（5）：260-262．**{GU Yudong,ZHANG Gaomeng,YAN Jigeng,CHENG Xiaomin. Venous trunk arterialized free flap[J]. Zhonghua Wai Ke Za Zhi[Chin J Surg(Article in Chinese;Abstract in Chinese)],1987,25(5):260-262.}

[4493] **张善才，李金铭，宋克勋，于有智，程春生，张俊，赵庆安．小腿外侧逆行岛状皮瓣修复足与踝部皮肤缺损[J]．中华外科杂志，1987，25（6）：353-354．**{ZHANG Shancai,LI Jinming,SONG Kexun,YU Youzhi,CHENG Chunsheng,ZHANG Jun,ZHAO Qingan. Repair of foot and ankle skin defects with a retrograde island flap on the lateral leg[J]. Zhonghua Wai Ke Za Zhi[Chin J Surg(Article in Chinese;Abstract in Chinese)],1987,25(6):353-354.}

[4494] **祝建中，寿奎水，孔友谊，管怡君．选择性前臂逆行岛状皮瓣的临床应用[J]．中华外科杂志，1987，25（8）：483-484．**{ZHU Jianzhong,SHOU Kuishui,KONG Youyi,GUAN Yijun. Clinical application of selective reverse forearm island flap[J]. Zhonghua Wai Ke Za Zhi[Chin J Surg(Article in Chinese;Abstract in Chinese)],1987,25(8):483-484.}

[4495] **范启申，李荣文，裴国献，郭德亮，王世明．70 cm长吻合血管游离皮瓣移植成功一例报告[J]．中华外科杂志，1987，25（10）：611．**{FAN Qishen,LI Rongwen,PEI Guoxian,GUO Deliang,WANG Shiming. A successful case report of 70 cm long anastomotic vascular free flap transplantation[J]. Zhonghua Wai Ke Za Zhi[Chin J Surg(Article in Chinese;Abstract in Chinese)],1987,25(10):611.}

[4496] **张功林，葛宝丰，丘耀元，刘扣有，苏增贵，刘兴炎，文益民．不吻合血管的岛状皮瓣与肌皮瓣局部转位修复软组织缺损[J]．中华外科杂志，1988，26（9）：550-551．**{ZHANG Gonglin,GE Baofeng,QIU Yaoyuan,LIU Kouyou,SU Zenggui,LIU Xingyan,WEN Yimin. Local transposition of island skin flap and musculocutaneous flap without anastomosis to repair soft tissue defect[J]. Zhonghua Wai Ke Za Zhi[Chin J Surg(Article in Chinese;Abstract in Chinese)],1988,26(9):550-551.}

[4497] **刘基光，赖钦声，周坚，苏长保，任宇波，朱宣智．以颞浅动静脉为蒂的全层颅骨瓣修复下颌骨缺损[J]．中华医学杂志，1988，68（9）：535-536．**{LIU Jiguang,LAI Qinsheng,ZHOU Jian,SU Changbao,REN Yubo,ZHU Xuanzhi. Repair mandibular defect with full-thickness cranial flap pedicled with superficial temporal arteriovein[J]. Zhonghua Yi Xue Za Zhi[Natl Med J China(Article in Chinese;No abstract available)],1988,68(9):535-536.}

[4498] **冯麟书．小腿内侧游离皮瓣修复口腔颌面部缺损[J]．修复重建外科杂志，1988，2（2）：2．**{FENG Linshu. Repair of oral and maxillofacial defects with medial leg free flap[J]. Zhongguo

Xiu Fu Chong Jian Wai Ke Za Zhi[Chin J Repair Reconstr Surg(Article in Chinese;No abstract available)],1988,2(2):2.}

[4499] 孙弘. 功能性腭裂修复术——带蒂唇侧粘膜瓣和管状咽后壁瓣一期成形术 [J]. 修复重建外科杂志，1988，2(2)：22.｛SUN Hong. Functional cleft palate repair:primary plasty with pedicled labial mucosal flap and tubular posterior pharyngeal wall flap[J]. Zhongguo Xiu Fu Chong Jian Wai Ke Za Zhi[Chin J Repair Reconstr Surg(Article in Chinese;No abstract available)],1988,2(2):22.}

[4500] 冯麟书. 用小腿内侧逆行游离皮瓣修复口腔颌面部缺损 [J]. 修复重建外科杂志，1988，2(2)：25.｛FENG Linshu. Repair of oral and maxillofacial defects with medial leg retrograde free flap[J]. Zhongguo Xiu Fu Chong Jian Wai Ke Za Zhi[Chin J Repair Reconstr Surg(Article in Chinese;No abstract available)],1988,2(2):25.}

[4501] 张德春，阮永平. 前臂逆行岛状皮瓣修复手部软组织缺损（附11例报告）[J]. 修复重建外科杂志，1988，2(2)：56.｛ZHANG Dechun,RUAN Yongping. Repair of soft tissue defect of hand with retrograde forearm island flap (report of 11 cases)[J]. Zhongguo Xiu Fu Chong Jian Wai Ke Za Zhi[Chin J Repair Reconstr Surg(Article in Chinese;No abstract available)],1988,2(2):56.}

[4502] 王景德，杨国玉. 前臂逆转皮瓣移植术修复同侧手部缺损 [J]. 修复重建外科杂志，1988，2(2)：59.｛WANG Jingde,YANG Guoyu. Repair of ipsilateral hand defect with reverse forearm flap transplantation[J]. Zhongguo Xiu Fu Chong Jian Wai Ke Za Zhi[Chin J Repair Reconstr Surg(Article in Chinese;No abstract available)],1988,2(2):59.}

[4503] 王琨. 全厚皮片及皮瓣在手外科的应用 [J]. 修复重建外科杂志，1988，2(2)：60.｛WANG Kun. Application of full thickness skin film and skin flap in hand surgery[J]. Zhongguo Xiu Fu Chong Jian Wai Ke Za Zhi[Chin J Repair Reconstr Surg(Article in Chinese;No abstract available)],1988,2(2):60.}

[4504] 王建华. 吻合神经带蒂皮瓣移植 [J]. 修复重建外科杂志，1988，2(2)：65.｛WANG Jianhua. Transplantation of pedicled anastomotic nerve flap[J]. Zhongguo Xiu Fu Chong Jian Wai Ke Za Zhi[Chin J Repair Reconstr Surg(Article in Chinese;No abstract available)],1988,2(2):65.}

[4505] 陈学明，王隐村. 手部外伤早期与晚期修复中皮瓣的应用 [J]. 修复重建外科杂志，1988，2(2)：66.｛CHEN Xueming,WANG Yincun. Application of skin flap in early and late repair of hand injury[J]. Zhongguo Xiu Fu Chong Jian Wai Ke Za Zhi[Chin J Repair Reconstr Surg(Article in Chinese;No abstract available)],1988,2(2):66.}

[4506] 高建华. 上臂五种游离皮瓣的临床应用及其评价 [J]. 修复重建外科杂志，1988，2(2)：69.｛GAO Jianhua. Clinical application and evaluation of five free upper arm flaps[J]. Zhongguo Xiu Fu Chong Jian Wai Ke Za Zhi[Chin J Repair Reconstr Surg(Article in Chinese;No abstract available)],1988,2(2):69.}

[4507] 周经悦. 游离皮瓣移植和岛状皮瓣转移在手外科中的应用 [J]. 修复重建外科杂志，1988，2(2)：71.｛ZHOU Jingyue. Application of free flap transplantation and island flap transfer in hand surgery[J]. Zhongguo Xiu Fu Chong Jian Wai Ke Za Zhi[Chin J Repair Reconstr Surg(Article in Chinese;No abstract available)],1988,2(2):71.}

[4508] 李明，程淑英. 腹部皮瓣提前断蒂10例报告 [J]. 修复重建外科杂志，1988，2(2)：72.｛LI Ming,CHENG Shuying. Report of 10 cases of premature pedicle amputation of abdominal skin flap[J]. Zhongguo Xiu Fu Chong Jian Wai Ke Za Zhi[Chin J Repair Reconstr Surg(Article in Chinese;No abstract available)],1988,2(2):72.}

[4509] 沈恒志. 皮瓣移植在手外科的应用 [J]. 修复重建外科杂志，1988，2(2)：72.｛SHEN Hengzhi. Application of skin flap transplantation in hand surgery[J]. Zhongguo Xiu Fu Chong Jian Wai Ke Za Zhi[Chin J Repair Reconstr Surg(Article in Chinese;No abstract available)],1988,2(2):72.}

[4510] 张咸中. 动脉化皮瓣 [J]. 修复重建外科杂志，1988，2(2)：72.｛ZHANG Xianzhong. Arterialized flap[J]. Zhongguo Xiu Fu Chong Jian Wai Ke Za Zhi[Chin J Repair Reconstr Surg(Article in Chinese;No abstract available)],1988,2(2):72.}

[4511] 罗永湘，曹代成. 前臂背侧岛状皮瓣与筋膜皮瓣的临床应用 [J]. 修复重建外科杂志，1988，2(2)：75.｛LUO Yongxiang,CAO Daicheng. Clinical application of island flap and fascial flap on dorsal forearm[J]. Zhongguo Xiu Fu Chong Jian Wai Ke Za Zhi[Chin J Repair Reconstr Surg(Article in Chinese;No abstract available)],1988,2(2):75.}

[4512] 周经悦. 游离皮瓣移植和岛状皮瓣转移在手外科的应用 [J]. 修复重建外科杂志，1988，2(2)：79.｛ZHOU Jingyue. Application of free flap transplantation and island flap transfer in hand surgery[J]. Zhongguo Xiu Fu Chong Jian Wai Ke Za Zhi[Chin J Repair Reconstr Surg(Article in Chinese;No abstract available)],1988,2(2):79.}

[4513] 赵启明. 前臂静脉皮瓣游离移植用于手畸形的修复 [J]. 修复重建外科杂志，1988，2(2)：80.｛ZHAO Qiming. Free transplantation of forearm vein flap for repair of hand deformity[J]. Zhongguo Xiu Fu Chong Jian Wai Ke Za Zhi[Chin J Repair Reconstr Surg(Article in Chinese;No abstract available)],1988,2(2):80.}

[4514] 马树林. 应用胸前、上臂前内侧带蒂皮瓣治疗手部皮肤缺损 [J]. 修复重建外科杂志，1988，2(2)：80.｛MA Shulin. The pedicled skin flap of the anterior and medial upper arm was used to treat the skin defect of hand[J]. Zhongguo Xiu Fu Chong Jian Wai Ke Za Zhi[Chin J Repair Reconstr Surg(Article in Chinese;No abstract available)],1988,2(2):80.}

[4515] 宋永贵. 前臂岛状皮瓣逆转在手外科的应用 [J]. 修复重建外科杂志，1988，2(2)：81.｛SONG Yonggui. Application of forearm island flap reversal in hand surgery[J]. Zhongguo Xiu Fu Chong Jian Wai Ke Za Zhi[Chin J Repair Reconstr Surg(Article in Chinese;No abstract available)],1988,2(2):81.}

[4516] 杨天府. 前臂逆行筋膜瓣治疗麻风虎口凹陷畸形 [J]. 修复重建外科杂志，1988，2(2)：106.｛YANG Tianfu. Retrograde forearm fascia flap for treatment of tiger mouth depression deformity of leprosy[J]. Zhongguo Xiu Fu Chong Jian Wai Ke Za Zhi[Chin J Repair Reconstr Surg(Article in Chinese;No abstract available)],1988,2(2):106.}

[4517] 夏精武，邹云文. 采用血管蒂肌皮瓣转移修复邻近部位软组织缺损 [J]. 修复重建外科杂志，1988，2(2)：111.｛XIA Jingwu,ZOU Yunwen. The soft tissue defect of adjacent site was repaired with vascular pedicle myocutaneous flap[J]. Zhongguo Xiu Fu Chong Jian Wai Ke Za Zhi[Chin J Repair Reconstr Surg(Article in Chinese;No abstract available)],1988,2(2):111.}

[4518] 董中. 带胫前血管蒂的胫骨皮瓣及胫骨骨膜皮瓣的临床应用 [J]. 修复重建外科杂志，1988，2(2)：114.｛DONG Zhong. Clinical application of tibial skin flap and tibial periosteum skin flap with anterior tibial vessel pedicle[J]. Zhongguo Xiu Fu Chong Jian Wai Ke Za Zhi[Chin J Repair Reconstr Surg(Article in Chinese;No abstract available)],1988,2(2):114.}

[4519] 贝抗胜，邱万洪. 带血管蒂皮瓣肌皮瓣修复膝以下软组织缺损 [J]. 修复重建外科杂志，1988，2(2)：141.｛BEI Kangsheng,QIU Wanhong. Musculocutaneous flap with vascular pedicle for repair of soft tissue defect below the knee[J]. Zhongguo Xiu Fu Chong Jian Wai Ke Za Zhi[Chin J Repair Reconstr Surg(Article in Chinese;No abstract available)],1988,2(2):141.}

[4520] 侯在思. 用切除内侧部分腺体保留真皮组织瓣法行巨乳缩小整形术 [J]. 修复重建外科杂志，1988，2(2)：156.｛HOU Zaisi. The mastoplasty was performed by excising the medial part of the gland to preserve the dermal flap[J]. Zhongguo Xiu Fu Chong Jian Wai Ke Za Zhi[Chin J Repair Reconstr Surg(Article in Chinese;No abstract available)],1988,2(2):156.}

[4521] 徐世凯，宫科. 阴囊单蒂转移皮瓣修复阴茎皮肤大面积缺损 [J]. 修复重建外科杂志，1988，2(2)：169.｛XU Shikai,GONG Ke. Repair of penile skin defect with scrotal single pedicle transfer flap[J]. Zhongguo Xiu Fu Chong Jian Wai Ke Za Zhi[Chin J Repair Reconstr Surg(Article in Chinese;No abstract available)],1988,2(2):169.}

[4522] 候春林. 肌皮瓣转移治疗压迫性褥疮 [J]. 修复重建外科杂志，1988，2(2)：181.｛HOU Chunlin. Treatment of compression bedsore with musculocutaneous flap transfer[J]. Zhongguo Xiu Fu Chong Jian Wai Ke Za Zhi[Chin J Repair Reconstr Surg(Article in Chinese;No abstract available)],1988,2(2):181.}

[4523] 郭祥，陆义. 皮瓣移植术81块的临床应用体会 [J]. 修复重建外科杂志，1988，2(2)：192.｛GUO Xiang,LU Yi. Clinical application of 81 skin flap grafts[J]. Zhongguo Xiu Fu Chong Jian Wai Ke Za Zhi[Chin J Repair Reconstr Surg(Article in Chinese;No abstract available)],1988,2(2):192.}

[4524] 程云飞. 吻合血管的皮瓣移植在四肢创伤中的应用 [J]. 修复重建外科杂志，1988，2(2)：193.｛CHENG Yunfei. Application of vascular anastomosis flap transplantation in limb trauma[J]. Zhongguo Xiu Fu Chong Jian Wai Ke Za Zhi[Chin J Repair Reconstr Surg(Article in Chinese;No abstract available)],1988,2(2):193.}

[4525] 梁建. 肌皮瓣在修复体表软组织巨大缺损中的应用 [J]. 修复重建外科杂志，1988，2(2)：198.｛LIANG Jian. Application of musculocutaneous flap in repairing massive soft tissue defect of body surface[J]. Zhongguo Xiu Fu Chong Jian Wai Ke Za Zhi[Chin J Repair Reconstr Surg(Article in Chinese;No abstract available)],1988,2(2):198.}

[4526] 王正谦. 21例游离及岛状皮瓣的临床分析 [J]. 修复重建外科杂志，1988，2(2)：200.｛WANG Zhengqian. Clinical analysis of 21 cases of free and island skin flaps[J]. Zhongguo Xiu Fu Chong Jian Wai Ke Za Zhi[Chin J Repair Reconstr Surg(Article in Chinese;No abstract available)],1988,2(2):200.}

[4527] 赵胡瑞. 12例皮瓣移植体会 [J]. 修复重建外科杂志，1988，2(2)：202.｛ZHAO Hurui. Flap transplantation in 12 cases[J]. Zhongguo Xiu Fu Chong Jian Wai Ke Za Zhi[Chin J Repair Reconstr Surg(Article in Chinese;No abstract available)],1988,2(2):202.}

[4528] 姚远志. 组织瓣移植术临床应用64例报告 [J]. 修复重建外科杂志，1988，2(2)：202.｛YAO Yuanzhi. Clinical application of tissue flap transplantation:report of 64 cases[J]. Zhongguo Xiu Fu Chong Jian Wai Ke Za Zhi[Chin J Repair Reconstr Surg(Article in Chinese;No abstract available)],1988,2(2):202.}

[4529] 陈健民. 岛状皮（肌）瓣在修复和重建外科的应用 [J]. 修复重建外科杂志，1988，2(2)：203.｛CHEN Jianmin. Application of island skin (muscle) flap in prosthetic and reconstructive surgery[J]. Zhongguo Xiu Fu Chong Jian Wai Ke Za Zhi[Chin J Repair Reconstr Surg(Article in Chinese;No abstract available)],1988,2(2):203.}

[4530] 陈成爱. 四肢岛状皮瓣临床应用 [J]. 修复重建外科杂志，1988，2(2)：204.｛CHEN Chengai. Clinical application of limb island flap[J]. Zhongguo Xiu Fu Chong Jian Wai Ke Za Zhi[Chin J Repair Reconstr Surg(Article in Chinese;No abstract available)],1988,2(2):204.}

[4531] 张一鸣. 应用筋膜皮瓣修复烧伤晚期功能部位瘢痕挛缩畸形34例体会 [J]. 修复重建外科杂志，1988，2(2)：204.｛ZHANG Yiming. The application of fascial skin flap to repair scar contracture deformity of functional site in late burn in 34 cases[J]. Zhongguo Xiu Fu Chong Jian Wai Ke Za Zhi[Chin J Repair Reconstr Surg(Article in Chinese;No abstract available)],1988,2(2):204.}

[4532] 吴烝. 应用邻近皮瓣治疗体表慢性溃疡 [J]. 修复重建外科杂志，1988，2(2)：206.｛WU Zheng. Adjacent flaps are used to treat chronic superficial ulcers[J]. Zhongguo Xiu Fu Chong Jian Wai Ke Za Zhi[Chin J Repair Reconstr Surg(Article in Chinese;No abstract available)],1988,2(2):206.}

[4533] 杨汉林. 邻近皮瓣在四肢远端皮肤缺损修复中的应用 [J]. 修复重建外科杂志，1988，2(2)：206.｛YANG Hanlin. Application of adjacent skin flap in repair of distal skin defect of extremities[J]. Zhongguo Xiu Fu Chong Jian Wai Ke Za Zhi[Chin J Repair Reconstr Surg(Article in Chinese;No abstract available)],1988,2(2):206.}

[4534] 周必选. 皮瓣、肌皮瓣在四肢创伤中的应用 [J]. 修复重建外科杂志，1988，2(2)：208.｛ZHOU Bixuan. Application of skin flap and musculocutaneous flap in limb trauma[J]. Zhongguo Xiu Fu Chong Jian Wai Ke Za Zhi[Chin J Repair Reconstr Surg(Article in Chinese;No abstract available)],1988,2(2):208.}

[4535] 徐永华. 网状筋膜皮瓣减张缝合法 [J]. 修复重建外科杂志，1988，2(2)：211.｛XU Yonghua. Reticular fascial flap tension reduction suture[J]. Zhongguo Xiu Fu Chong Jian Wai Ke Za Zhi[Chin J Repair Reconstr Surg(Article in Chinese;No abstract available)],1988,2(2):211.}

[4536] 孙宝田. 带血管蒂岛状皮肤筋膜瓣转位术92例临床分析 [J]. 修复重建外科杂志，1988，2(2)：212.｛SUN Baotian. Clinical analysis of 92 cases of transposition of vascular pedicled island skin fascia flap[J]. Zhongguo Xiu Fu Chong Jian Wai Ke Za Zhi[Chin J Repair Reconstr Surg(Article in Chinese;No abstract available)],1988,2(2):212.}

[4537] 张纯正. 带血管皮瓣修复软组织缺损的临床应用 [J]. 修复重建外科杂志，1988，2(2)：212.｛ZHANG Chunzheng. Clinical application of vascular skin flap for repair of soft tissue defect[J]. Zhongguo Xiu Fu Chong Jian Wai Ke Za Zhi[Chin J Repair Reconstr Surg(Article in Chinese;No abstract available)],1988,2(2):212.}

[4538] 成红兵，侍德. 岛状皮瓣移植临床应用30例报告 [J]. 修复重建外科杂志，1988，2(2)：216.｛CHENG Hongbing,SHI De. Clinical application of island flap transplantation:report of 30 cases[J]. Zhongguo Xiu Fu Chong Jian Wai Ke Za Zhi[Chin J Repair Reconstr Surg(Article in Chinese;No abstract available)],1988,2(2):216.}

[4539] 汤国才. 带血管蒂皮瓣移植在临床的应用 [J]. 修复重建外科杂志，1988，2(2)：218.｛TANG Guocai. Clinical application of vascular pedicled skin flap transplantation[J]. Zhongguo Xiu Fu Chong Jian Wai Ke Za Zhi[Chin J Repair Reconstr Surg(Article in Chinese;No abstract available)],1988,2(2):218.}

[4540] 侯春林. 带血管蒂皮瓣、肌皮瓣治疗感染创面 [J]. 修复重建外科杂志，1988，2(2)：220.｛HOU Chunlin. Treatment of infected wound with vascular pedicled skin flap and musculocutaneous flap[J]. Zhongguo Xiu Fu Chong Jian Wai Ke Za Zhi[Chin J Repair Reconstr Surg(Article in Chinese;No abstract available)],1988,2(2):220.}

[4541] 鲁胜武. 游离皮瓣移植修复软组织缺损 [J]. 修复重建外科杂志，1988，2(2)：220.｛LU Shengwu. Free flap transplantation to repair soft tissue defect[J]. Zhongguo Xiu Fu Chong Jian Wai Ke Za Zhi[Chin J Repair Reconstr Surg(Article in Chinese;No abstract available)],1988,2(2):220.}

[4542] 王占厚. 带蒂皮瓣的临床应用 [J]. 修复重建外科杂志，1988，2(2)：222.｛WANG Zhanhou. Clinical application of pedicled skin flap[J]. Zhongguo Xiu Fu Chong Jian Wai Ke Za Zhi[Chin J Repair Reconstr Surg(Article in Chinese;No abstract available)],1988,2(2):222.}

[4543] 侯春林. 带血管蒂皮瓣、肌皮瓣在修复与重建外科的应用 [J]. 修复重建外科杂志，1988，2(2)：222.｛HOU Chunlin. Application of vascular pedicled skin flap and musculocutaneous flap in prosthetic and reconstructive surgery[J]. Zhongguo Xiu Fu Chong Jian Wai Ke Za Zhi[Chin J Repair Reconstr Surg(Article in Chinese;No abstract available)],1988,2(2):222.}

[4544] 陈相奇. 筋膜皮瓣和岛状筋膜皮瓣在四肢的临床应用 [J]. 修复重建外科杂志，1988，2(2)：223.｛CHEN Xiangqi. The clinical application of fascial skin flap and island fascial skin flap in limbs[J]. Zhongguo Xiu Fu Chong Jian Wai Ke Za Zhi[Chin J Repair Reconstr Surg(Article in Chinese;No abstract available)],1988,2(2):223.}

[4545] 高卫国，李雪松. 应用鼻小柱邻近双皮瓣对贴缝合一期重建鼻小柱 [J]. 修复重建外科杂志，1988，2(2)：7-8.｛GAO Weiguo,LI Xuesong. Double skin flaps adjacent to the columella were sutured to reconstruct the columella in one stage[J]. Zhongguo Xiu Fu Chong Jian Wai Ke Za Zhi[Chin J Repair Reconstr Surg(Article in Chinese;No abstract available)],1988,2(2):7-8.}

[4546] 陈林峰. 额肌瓣逆转治疗严重鞍鼻、额窦缺损 [J]. 修复重建外科杂志，1988，2(2)：8-9.｛CHEN Linfeng. Treatment of severe saddle nose and frontal sinus defect with frontal muscle flap reversal[J]. Zhongguo Xiu Fu Chong Jian Wai Ke Za Zhi[Chin J Repair Reconstr Surg(Article in Chinese;No abstract available)],1988,2(2):8-9.}

[4547] 韩颖. 腓侧皮瓣的临床应用 [J]. 修复重建外科杂志，1988，2(2)：115-116.｛HAN Ying. Clinical application of peroneal flap[J]. Zhongguo Xiu Fu Chong Jian Wai Ke Za Zhi[Chin J

Repar Reconstr Surg(Article in Chinese;No abstract available)],1988,2(2):115-116.}

[4548] 杨志明. 带血管蒂组织瓣移位术在骨科的应用[J]. 修复重建外科杂志，1988，2(2)：189-190. {YANG Zhiming. Application of vascularized tissue flap transposition in orthopedics[J]. Zhongguo Xiu Fu Chong Jian Wai Ke Za Zhi[Chin J Repar Reconstr Surg(Article in Chinese;No abstract available)],1988,2(2):189-190.}

[4549] 张传林. 静脉动脉化皮瓣修复四肢软组织缺损[J]. 修复重建外科杂志，1988，2(2)：190-191. {ZHANG Chuanlin. Repair of soft tissue defect of extremities with vein arterialized flap[J]. Zhongguo Xiu Fu Chong Jian Wai Ke Za Zhi[Chin J Repar Reconstr Surg(Article in Chinese;No abstract available)],1988,2(2):190-191.}

[4550] 钟桂午. 筋膜蒂岛状皮瓣在肢体软组织缺损修复中的应用[J]. 修复重建外科杂志，1988，2(2)：198-199. {ZHONG Guiwu. Application of island flap with fascia pedicle in the repair of limb soft tissue defect[J]. Zhongguo Xiu Fu Chong Jian Wai Ke Za Zhi[Chin J Repar Reconstr Surg(Article in Chinese;No abstract available)],1988,2(2):198-199.}

[4551] 宣庆元. 岛状皮瓣在整形外科的临床应用[J]. 修复重建外科杂志，1988，2(2)：199-200. {XUAN Qingyuan. Clinical application of island skin flap in plastic surgery[J]. Zhongguo Xiu Fu Chong Jian Wai Ke Za Zhi[Chin J Repar Reconstr Surg(Article in Chinese;No abstract available)],1988,2(2):199-200.}

[4552] 李茂珍. 皮瓣、肌皮瓣、肌瓣在修复外科中的应用[J]. 修复重建外科杂志，1988，2(2)：202-203. {LI Maozhen. Application of skin flap,musculocutaneous flap and muscle flap in prosthetic surgery[J]. Zhongguo Xiu Fu Chong Jian Wai Ke Za Zhi[Chin J Repar Reconstr Surg(Article in Chinese;No abstract available)],1988,2(2):202-203.}

[4553] 王业江，张凤起. 传统皮瓣、筋膜皮瓣、岛状瓣临床应用38例报告[J]. 修复重建外科杂志，1988，2(2)：205-206. {WANG Yejiang,ZHANG Fengqi. Clinical application of traditional flap,fascial flap and island flap:report of 38 cases[J]. Zhongguo Xiu Fu Chong Jian Wai Ke Za Zhi[Chin J Repar Reconstr Surg(Article in Chinese;No abstract available)],1988,2(2):205-206.}

[4554] 田涛. 筋膜皮瓣临床应用体会[J]. 修复重建外科杂志，1988，2(2)：206-207. {TIAN Tao. Experience of clinical application of fascial skin flap[J]. Zhongguo Xiu Fu Chong Jian Wai Ke Za Zhi[Chin J Repar Reconstr Surg(Article in Chinese;No abstract available)],1988,2(2):206-207.}

[4555] 魏永禄，车文恕. 游离皮瓣移植修复组织缺损骨外露的临床应用[J]. 修复重建外科杂志，1988，2(2)：214-215. {WEI Yonglu,CHE Wenshu. Clinical application of free skin flap transplantation to repair bone exposure of tissue defect[J]. Zhongguo Xiu Fu Chong Jian Wai Ke Za Zhi[Chin J Repar Reconstr Surg(Article in Chinese;No abstract available)],1988,2(2):214-215.}

[4556] 王景德，杨国玉. 三种游离皮瓣修复手部损伤[J]. 修复重建外科杂志，1988，2(2)：58-59. {WANG Jingde,YANG Guoyu. Three kinds of free skin flaps for repairing hand injuries[J]. Zhongguo Xiu Fu Chong Jian Wai Ke Za Zhi[Chin J Repar Reconstr Surg(Article in Chinese;No abstract available)],1988,2(2):58-59.}

[4557] 王孟雄. 应用皮瓣修复手部软组织缺损116例[J]. 修复重建外科杂志，1988，2(2)：64-65. {WANG Mengxiong. 116 cases of soft tissue defect of hand were repaired with skin flap[J]. Zhongguo Xiu Fu Chong Jian Wai Ke Za Zhi[Chin J Repar Reconstr Surg(Article in Chinese;No abstract available)],1988,2(2):64-65.}

[4558] 王业江. 前臂逆行轴型静脉筋膜蒂皮瓣修复虎口疤痕挛缩[J]. 修复重建外科杂志，1988，2(2)：65-66. {WANG Yejiang. Restoration of contracture of tiger scar with retrograde axial venofascial pedicle flap of forearm[J]. Zhongguo Xiu Fu Chong Jian Wai Ke Za Zhi[Chin J Repar Reconstr Surg(Article in Chinese;No abstract available)],1988,2(2):65-66.}

[4559] 赖嘉第. 转移皮瓣修复手部污染创面和感染创面[J]. 修复重建外科杂志，1988，2(2)：69-70. {LAI Jiadi. Transferring skin flap to repair contaminated and infected wounds of hand[J]. Zhongguo Xiu Fu Chong Jian Wai Ke Za Zhi[Chin J Repar Reconstr Surg(Article in Chinese;No abstract available)],1988,2(2):69-70.}

[4560] 钟一宇. 岛状皮瓣对于创伤皮肤缺损的早期修复[J]. 修复重建外科杂志，1988，2(2)：72-73. {ZHONG Yiyu. Early repair of traumatic skin defect with island flap[J]. Zhongguo Xiu Fu Chong Jian Wai Ke Za Zhi[Chin J Repar Reconstr Surg(Article in Chinese;No abstract available)],1988,2(2):72-73.}

[4561] 何富勤. 利用对侧乳房皮瓣加大虎口[J]. 修复重建外科杂志，1988，2(2)：74-75. {HE Fuqin. The contralateral breast flap was used to enlarge the first web[J]. Zhongguo Xiu Fu Chong Jian Wai Ke Za Zhi[Chin J Repar Reconstr Surg(Article in Chinese;No abstract available)],1988,2(2):74-75.}

[4562] 蔡锦方. 应用皮瓣移植修复全手皮肤缺损[J]. 修复重建外科杂志，1988，2(2)：75-76. {CAI Jinfang. Skin flap transplantation was used to repair the skin defect of the whole hand[J]. Zhongguo Xiu Fu Chong Jian Wai Ke Za Zhi[Chin J Repar Reconstr Surg(Article in Chinese;No abstract available)],1988,2(2):75-76.}

[4563] 俞晓岚，李振中. 游离皮瓣、岛状皮瓣在手创伤晚期修复的应用[J]. 修复重建外科杂志，1988，2(2)：79-80. {YU Xiaolan,LI Zhenzhong. Application of free skin flap and island skin flap in late repair of hand trauma[J]. Zhongguo Xiu Fu Chong Jian Wai Ke Za Zhi[Chin J Repar Reconstr Surg(Article in Chinese;No abstract available)],1988,2(2):79-80.}

[4564] 付智民. 游离皮瓣和带血管蒂转移皮瓣在骨科的应用[J]. 修复重建外科杂志，1988，2(3)：46. {FU Zhimin. Application of free flap and vascularized transfer flap in orthopedics[J]. Zhongguo Xiu Fu Chong Jian Wai Ke Za Zhi[Chin J Repar Reconstr Surg(Article in Chinese;No abstract available)],1988,2(3):46.}

[4565] 陈学明. 手部创伤与晚期修复中皮瓣的应用[J]. 修复重建外科杂志，1988，2(3)：48. {CHEN Xueming. Application of skin flap in hand injury and late repair[J]. Zhongguo Xiu Fu Chong Jian Wai Ke Za Zhi[Chin J Repar Reconstr Surg(Article in Chinese;No abstract available)],1988,2(3):48.}

[4566] 周志芬. 改良"上蒂瓣"在修复烧伤后乳房位置改变中的应用[J]. 修复重建外科杂志，1988，2(3)：48. {ZHOU Zhifen. Application of modified "upper pedicle valve" in repairing altered breast position after burn[J]. Zhongguo Xiu Fu Chong Jian Wai Ke Za Zhi[Chin J Repar Reconstr Surg(Article in Chinese;No abstract available)],1988,2(3):48.}

[4567] 黄晓元，马恩庆，黄聪敏，刘发祝，罗成群，谢立华，龙剑虹，陈晓武. 皮瓣、肌皮瓣移植在烧伤晚期整复中的应用[J]. 修复重建外科杂志，1988，2(3)：8-10，50. {HUANG Xiaoyuan,MA Dongqing,HUANG Congmin,LIU Fazhu,LUO Chengqun,XIE Lihua,LONG Jianhong,CHEN Xiaowu. Application of skin flap and musculocutaneous flap transplantation in late burn repair[J]. Zhongguo Xiu Fu Chong Jian Wai Ke Za Zhi[Chin J Repar Reconstr Surg(Article in Chinese;No abstract available)],1988,2(3):8-10,50.}

[4568] 屈玉琛. 吻合血管皮瓣及岛状皮瓣的临床应用[J]. 修复重建外科杂志，1988，2(4)：23. {QU Yuchen. Clinical application of anastomotic vascular skin flap and island skin flap[J]. Zhongguo Xiu Fu Chong Jian Wai Ke Za Zhi[Chin J Repar Reconstr Surg(Article in Chinese;No abstract available)],1988,2(4):23.}

[4569] 匡勇，钟桂午，马志林，郑长福. 指掌前侧移皮瓣在手指离断伤中的应用（附28例报告）[J]. 修复重建外科杂志，1988，2(4)：37. {KUANG Yong,ZHONG Guiwu,MA Zhilin,ZHENG Changfu. Application of anterior palmar finger flap in the treatment of severed finger (report of 28 cases)[J]. Zhongguo Xiu Fu Chong Jian Wai Ke Za Zhi[Chin J Repar Reconstr Surg(Article in Chinese;No abstract available)],1988,2(4):37.}

[4570] 袁启明，梁秉中. 静脉皮瓣的研究[J]. 修复重建外科杂志，1988，2(4)：29-31. {YUAN Qiming,LIANG Bingzhong. Study on venous skin flap[J]. Zhongguo Xiu Fu Chong Jian Wai Ke Za Zhi[Chin J Repar Reconstr Surg(Article in Chinese;No abstract available)],1988,2(4):29-31.}

[4571] 杨汉林. 邻近皮瓣在四肢远端皮肤缺损修复的应用[J]. 修复重建外科杂志，1988，2(4)：40-41. {YANG Hanlin. Application of adjacent skin flap in repair of distal skin defect of extremities[J]. Zhongguo Xiu Fu Chong Jian Wai Ke Za Zhi[Chin J Repar Reconstr Surg(Article in Chinese;No abstract available)],1988,2(4):40-41.}

[4572] 凌彤，徐抚顺，李铁东，张克亮，张煜，张经岐，潘进社，王学礼. 腹部带蒂皮瓣提前断蒂的进一步探讨[J]. 中华医学杂志，1989，69(12)：710-711. {LING Tong,XU Fushun,LI Tiedong,ZHANG Keliang,ZHANG Yu,ZHANG Jingqi,PAN Jinshe,WANG Xueli. Further study on premature pedicle amputation of abdominal pedicle skin flap[J]. Zhonghua Yi Xue Za Zhi[Natl Med J China(Article in Chinese;No abstract available)],1989,69(12):710-711.}

[4573] 范启申，任志勇. 带血管蒂骨瓣转移在骨科中的应用[J]. 中华显微外科杂志，1989，12(1)：15-16. {FAN Qishen,REN Zhiyong. Application of vascularized bone flap metastasis in orthopedics[J]. Zhonghua Xian Wei Wai Ke Za Zhi[Chin J Microsurg(Article in Chinese;Abstract in Chinese)],1989,12(1):15-16.}

[4574] 孙雪良，王惠美. 应用静脉动脉化皮瓣一期修复断指的血管与皮肤缺损[J]. 中华显微外科杂志，1989，12(1)：28-29. {SUN Xueliang,WANG Huimei. The vein arterialized flap was used to repair the blood vessel and skin defect of the amputated finger in one stage[J]. Zhonghua Xian Wei Wai Ke Za Zhi[Chin J Microsurg(Article in Chinese;Abstract in Chinese)],1989,12(1):28-29.}

[4575] 梅芳瑞，曾维权. 小腿岛状筋膜皮瓣的临床应用[J]. 中华显微外科杂志，1989，12(2)：79-80. {MEI Fangrui,ZENG Weiquan. Clinical application of island fascial flap of leg[J]. Zhonghua Xian Wei Wai Ke Za Zhi[Chin J Microsurg(Article in Chinese;Abstract in Chinese)],1989,12(2):79-80.}

[4576] 纪效民，董佳生. 手指逆行岛状皮瓣的临床应用[J]. 中华显微外科杂志，1989，12(2)：82-83. {JI Xiaomin,DONG Jiasheng. Clinical application of retrograde finger island flap[J]. Zhonghua Xian Wei Wai Ke Za Zhi[Chin J Microsurg(Article in Chinese;Abstract in Chinese)],1989,12(2):82-83.}

[4577] 戴松茂，陆春才. 小腿内侧逆行筋膜皮瓣的临床应用[J]. 中华显微外科杂志，1989，12(4)：210-211. {DAI Songmao,LU Chuncai. Clinical application of retrograde fascial flap of medial leg[J]. Zhonghua Xian Wei Wai Ke Za Zhi[Chin J Microsurg(Article in Chinese;Abstract in Chinese)],1989,12(4):210-211.}

[4578] 赵俊会，韦加宁. 瘢痕皮瓣与腹部带蒂皮瓣互换修复前臂与手部皮肤缺损[J]. 中华外科杂志，1989，27(5)：313. {ZHAO Junhui,WEI Jianing. Skin defects of forearm and hand were repaired by transposition of scar skin flap and abdominal pedicled skin flap[J]. Zhonghua Wai Ke Za Zhi[Chin J Surg(Article in Chinese;No abstract available)],1989,27(5):313.}

[4579] 周晓天，俞宝梁，黄广孚，任林森. 皮肤软组织扩张对任意型皮瓣长宽比例的影响[J]. 中华外科杂志，1989，27(7)：417-418. {ZHOU Xiaotian,YU Baoliang,HUANG Guangfu,REN Linsen. Influence of skin soft tissue expansion on length-width ratio of arbitrary type skin flap[J]. Zhonghua Wai Ke Za Zhi[Chin J Surg(Article in Chinese;Abstract in Chinese)],1989,27(7):417-418.}

[4580] 张功林. 游离和岛状皮瓣肌皮瓣86例报告[J]. 中华整形烧伤外科杂志，1989，5(1)：32-33. DOI：10.3760/j.issn：1009-4598.1989.01.002. {ZHANG Gonglin. Myocutaneous flaps with free and island flaps:report of 86 cases[J]. Zhonghua Zheng Xing Shao Shang Wai Ke Za Zhi[Chin J Plast Surg Burns(Article in Chinese;No abstract available)],1989,5(1):32-33. DOI:10.3760/j.issn:1009-4598.1989.01.002.}

[4581] 陈新民. 静脉皮瓣[J]. 中华整形烧伤外科杂志，1989，5(2)：136-138. DOI：10.3760/j.issn：1009-4598.1989.02.001. {CHEN Xinmin. Vein skin flap[J]. Zhonghua Zheng Xing Shao Shang Wai Ke Za Zhi[Chin J Plast Surg Burns(Article in Chinese;No abstract available)],1989,5(2):136-138. DOI:10.3760/j.issn:1009-4598.1989.02.001.}

[4582] 虞竞，李宁. 带蒂上颌骨瓣翻转术[J]. 中华耳鼻咽喉科杂志，1989，24(4)：206. {YU Jing,LI Ning. Pedicled maxillary flap transposition[J]. Zhonghua Er Bi Yan Hou Ke Za Zhi[Chin J Otorhinolaryngol(Article in Chinese;No abstract available)],1989,24(4):206.}

[4583] 董中，杨大平，夏双印，韩孝明，李伯，林欣. 带胫前血管蒂胫骨皮瓣及骨膜皮瓣的临床应用[J]. 修复重建外科杂志，1989，3(1)：1-2. {DONG Zhong,YANG Daping,XIA Shuangyin,HAN Xiaoming,LI Bo,LIN Xin. Clinical application of tibial skin flap and periosteum skin flap with anterior tibial vessel pedicle[J]. Zhongguo Xiu Fu Chong Jian Wai Ke Za Zhi[Chin J Repar Reconstr Surg(Article in Chinese;No abstract available)],1989,3(1):1-2.}

[4584] 钟一宇，吴健斌，张本学，肖奇，邓兴华. 岛状皮瓣修复手部创伤组织缺损（附46例报告）[J]. 修复重建外科杂志，1989，3(2)：86. {ZHONG Yiyu,WU Jianbin,ZHANG Benxue,XIAO Qi,DENG Xinghua. Repair of traumatic tissue defect of hand with island flap:report of 46 cases[J]. Zhongguo Xiu Fu Chong Jian Wai Ke Za Zhi[Chin J Repar Reconstr Surg(Article in Chinese;No abstract available)],1989,3(2):86.}

[4585] 董桂书，陈伯民，高搏文，胡德康，郑延贵. 带蒂组织瓣转移术7例报告[J]. 修复重建外科杂志，1989，3(2)：95. {DONG Guishu,CHEN Bomin,GAO Bowen,HU Dekang,ZHENG Yangui. Report of 7 cases with pedicled tissue flap transfer[J]. Zhongguo Xiu Fu Chong Jian Wai Ke Za Zhi[Chin J Repar Reconstr Surg(Article in Chinese;No abstract available)],1989,3(2):95.}

[4586] 刘丹，李万，崔日香，张晨，刘金超，高景恒. 小儿眶隔膜后额肌筋膜瓣移位治疗上睑下垂[J]. 修复重建外科杂志，1989，3(2)：69-71，99. {LIU Dan,LI Wan,CUI Rixiang,ZHANG Chen,LIU Jinchao,GAO Jingheng. Treatment of ptosis by transposition of posterior frontal muscle fascial flap of orbital diaphragm in children[J]. Zhongguo Xiu Fu Chong Jian Wai Ke Za Zhi[Chin J Repar Reconstr Surg(Article in Chinese;No abstract available)],1989,3(2):69-71,99.}

[4587] 阿效诚，易宁，罗伟，张道祺. 静脉蒂皮瓣移位修复软组织缺损[J]. 修复重建外科杂志，1989，3(2)：84-85. {A Xiaocheng,YI Ning,LUO Wei,ZHANG Daoqi. Repair of soft tissue defect by transposition of pedicle skin flap[J]. Zhongguo Xiu Fu Chong Jian Wai Ke Za Zhi[Chin J Repar Reconstr Surg(Article in Chinese;No abstract available)],1989,3(2):84-85.}

[4588] 张传林，吴福群，燕冰，黄久勤，陈永义，张永兴. 前臂静脉网动脉化皮瓣修复手皮肤缺损[J]. 修复重建外科杂志，1989，3(3)：112. {ZHANG Chuanlin,WU Fuqun,YAN Bing,HUANG Jiuqin,CHEN Yongyi,ZHANG Yongxing. Arterialized forearm vein network flap for repairing hand skin defect[J]. Zhongguo Xiu Fu Chong Jian Wai Ke Za Zhi[Chin J Repar Reconstr Surg(Article in Chinese;No abstract available)],1989,3(3):112.}

[4589] 鲁开化. 皮瓣在手外科的应用[J]. 修复重建外科杂志，1989，3(3)：139-141. {LU Kaihua. Application of skin flap in hand surgery[J]. Zhongguo Xiu Fu Chong Jian Wai Ke Za Zhi[Chin J Repar Reconstr Surg(Article in Chinese;No abstract available)],1989,3(3):139-141.}

[4590] 贝抗胜，邱万洪，钟亮，胡文杰，钱锐，江正康，张晓，章广华. 带血管蒂皮瓣、肌皮瓣修复膝以下软组织缺损[J]. 修复重建外科杂志，1989，3(4)：153. {BEI Kangsheng,QIU Wanhong,ZHONG Liang,HU Wenjie,QIAN Rui,JIANG Zhengkang,ZHANG Xiao,ZHANG Guanghua. Musculocutaneous flap with vascular pedicle is used to repair soft tissue defects below the knee[J]. Zhongguo Xiu Fu Chong Jian Wai Ke Za Zhi[Chin J Repar Reconstr Surg(Article in Chinese;No abstract available)],1989,3(4):153.}

[4591] 于志仁，姚振超，苏德本. 应用前臂逆行岛状皮瓣治疗严重手损伤[J]. 修复重建外科杂志，1989，3(4)：189-190. {YU Zhiren,YAO Zhenchao,SU Deben. Treatment of severe hand injury with reverse forearm island flap[J]. Zhongguo Xiu Fu Chong Jian Wai Ke Za Zhi[Chin J Repar Reconstr Surg(Article in Chinese;No abstract available)],1989,3(4):189-190.}

[4592] 张世民，徐达传，顾玉东，侯春林. 链型皮瓣的血管基础及临床意义[J]. 中国临床解剖学杂志，2004，22(1)：13-16. DOI：10.3969/j.issn.1001-165X.2004.01.005.

{ZHANG Shimin,XU Dachuan,GU Yudong,HOU Chunlin. Link-pattern neuro-veno-fasciocutaneous flap:vascular basis and clinical implications[J]. Zhongguo Lin Chuang Jie Pou Xue Za Zhi[Chin J Clin Anat(Article in Chinese;Abstract in Chinese and English)],2004,22(1):13-16. DOI:10.3969/j.issn.1001-165X.2004.01.005.}

[4593] 张世民，徐达传，顾玉东．穿支皮瓣 [J]．中国临床解剖学杂志，2004，22 (1)：32-33，35．DOI：10.3969/j.issn.1001-165X.2004.01.011．{ZHANG Shimin,XU Dachuan,GU Yudong. Perforator flap[J]. Zhongguo Lin Chuang Jie Pou Xue Za Zhi[Chin J Clin Anat(Article in Chinese;Abstract in Chinese and English)],2004,22(1):32-33,35. DOI:10.3969/j.issn.1001-165X.2004.01.011.}

[4594] 王炜．上世纪 70 年代～80 年代原创的几种皮瓣——颞浅筋膜瓣、前臂骨间背皮瓣等 [J]．组织工程与重建外科杂志，2005，1 (6)：303-304．DOI：10.3969/j.issn.1673-0364.2005.06.002．{WANG Wei. Some flaps created in 1970's ~ 1980's:temporal superficial flap and forearm interosseal flap[J]. Zu Zhi Gong Cheng Yu Chong Jian Wai Ke Za Zhi[J Tissue Eng Reconstr Surg(Article in Chinese;Abstract in Chinese and English)],2005,1(6):303-304. DOI:10.3969/j.issn.1673-0364.2005.06.002.}

[4595] 张世民，徐达传，俞光荣，侯春林．穿支皮瓣的发展与临床应用进展 [J]．中国临床解剖学杂志，2006，24 (3)：228-231，239．DOI：10.3969/j.issn.1001-165X.2006.03.002．{ZHANG Shimin,XU Dachuan,YU Guangrong,HOU Chunlin. Perforator flaps:development and progress in clinical applications[J]. Zhongguo Lin Chuang Jie Pou Xue Za Zhi[Chin J Clin Anat(Article in Chinese;Abstract in Chinese and English)],2006,24(3):228-231,239. DOI:10.3969/j.issn.1001-165X.2006.03.002.}

[4596] 侯春林．带血管蒂组织瓣移位的历史、现状与展望 [J]．中华显微外科杂志，2006，29 (4)：243-244．DOI：10.3760/cma.j.issn.1001-2036.2006.04.001．{HOU Chunlin. History,present situation and prospect of vascular pedicled tissue flap translocation[J]. Zhonghua Xian Wei Wai Ke Za Zhi[Chin J Microsurg(Article in Chinese;No abstract available)],2006,29(4):243-244. DOI:10.3760/cma.j.issn.1001-2036.2006.04.001.}

[4597] 唐茂林，章伟文，张世民，除达传．穿支皮瓣研究进展 [J]．中国临床解剖学杂志，2011，29 (6)：602-605．{TANG Maolin,ZHANG Weiwen,ZHANG Shimin,CHU Dachuan. Advances in the perforator flap[J]. Zhongguo Lin Chuang Jie Pou Xue Za Zhi[Chin J Clin Anat(Article in Chinese;Abstract in Chinese and English)],2011,29(6):602-605.}

[4598] 徐达传，张世民，唐茂林，欧阳钧．穿支皮瓣的发展与现状 [J]．中国修复重建外科杂志，2011，25 (9)：1025-1029．{XU Dachuan,ZHANG Shimin,TANG Maolin,OU Yangjun. Development and current status of perforator flaps[J]. Zhongguo Xiu Fu Chong Jian Wai Ke Za Zhi[Chin J Repar Reconstr Surg(Article in Chinese;Abstract in Chinese and English)],2011,25(9):1025-1029.}

[4599] 张世民，王欣，唐茂林，章伟文，梅劲，杨大平，章一新，王春梅，陈宏．穿支皮瓣的当前争论与共识 [J]．中国临床解剖学杂志，2013，31 (6)：618-619．{ZHANG Shimin,WANG Xin,TANG Maolin,ZHANG Weiwen,MEI Jin,YANG Daping,ZHANG Yixin,WANG Chunmei,CHEN Hong[J]. Zhongguo Lin Chuang Jie Pou Xue Za Zhi[Chin J Clin Anat(Article in Chinese;No abstract available)],2013,31(6):618-619.}

[4600] 张世民，王欣，唐茂林，章伟文，梅劲，杨大平，章一新，王春梅，陈宏，黎晓华，徐永清，张春，顾立强，刘小林，汪华侨，徐达传，侯春林．穿支皮瓣的争论与当前共识 [J]．中华显微外科杂志，2014，37 (1)：3-4．DOI：10.3760/cma.j.issn.1001-2036.2014.01.002．{ZHANG Shimin,WANG Xin,TANG Maolin,ZHANG Weiwen,MEI Jin,YANG Daping,ZHANG Yixin,WANG Chunmei,CHEN Hong,LI Xiaohua,XU Yongqing,ZHANG Chun,GU Liqiang,LIU Xiaolin,WANG Huaqiao,XU Chuanda,HOU Chunlin. The debate and current consensus on perforator flap[J]. Zhonghua Xian Wei Wai Ke Za Zhi[Chin J Microsurg(Article in Chinese;No abstract available)],2014,37(1):3-4. DOI:10.3760/cma.j.issn.1001-2036.2014.01.002.}

[4601] 唐举玉，魏在荣，张世民，汪华侨，章一新，顾立强，刘元波，沈余明，路来金，王欣，徐永清，梅劲，张家平，赵洪伟，王健，章伟文，韩岩，郑和平，劳杰，陈宏，巨积辉，陈世新，王达利，柴益民，穆籣，刘小林，唐茂林，徐达传，侯春林．穿支皮瓣的临床应用原则专家共识 [J]．中国临床解剖学杂志，2016，34 (1)：4-5．DOI：10.13418/j.issn.1001-165x.2016.01.002．{TANG Juyu,WEI Zairong,ZHANG Shimin,WANG Huaqiao,ZHANG Yixin,GU Liqiang,LIU Yuanbo,SHEN Yuming,LU Laijin,WANG Xin,XU Yongqing,MEI Jin,ZHANG Jiaping,ZHAO Hongwei,WANG Jian,ZHANG Weiwen,HAN Yan,ZHENG Heping,LAO Jie,CHEN Hong,JU Jihui,CHEN Shixin,WANG Dali,CHAI Yimin,MU Hu,LIU Xiaolin,TANG Maolin,XU Dachuan,HOU Chunlin. Experts consensus for clinical application principle of perforator flap[J]. Zhongguo Lin Chuang Jie Pou Xue Za Zhi[Chin J Clin Anat(Article in Chinese;No abstract available)],2016,34(1):4-5. DOI:10.13418/j.issn.1001-165x.2016.01.002.}

[4602] 唐举玉，魏在荣，张世民，汪华侨，章一新，顾立强，刘元波，沈余明，路来金．穿支皮瓣的临床应用原则专家共识 [J]．中华显微外科杂志，2016，39 (2)：105-106．DOI：10.3760/cma.j.issn.1001-2036.2016.02.001．{TANG Juyu,WEI Zairong,ZHANG Shimin,WANG Huaqiao,ZHANG Yixin,GU Liqiang,LIU Yuanbo,SHEN Yuming,LU Laijin. @@[J]. Zhonghua Xian Wei Wai Ke Za Zhi[Chin J Microsurg(Article in Chinese;No abstract available)],2016,39(2):105-106. DOI:10.3760/cma.j.issn.1001-2036.2016.02.001.}

[4603] 张世民．远端蒂腓肠筋膜皮瓣的发现历史与启示 [J]．中华显微外科杂志，2016，39 (2)：107-109．DOI：10.3760/cma.j.issn.1001-2036.2016.02.002．{ZHANG Shimin. History and implications of discovery of distally pedicled sural fascial flap[J]. Zhonghua Xian Wei Wai Ke Za Zhi[Chin J Microsurg(Article in Chinese;No abstract available)],2016,39(2):107-109. DOI:10.3760/cma.j.issn.1001-2036.2016.02.002.}

[4604] 张世民．皮瓣远侧血液循环增强技术：外增压、内增压和超回流 [J]．中华显微外科杂志，2016，39 (6)：524-525．DOI：10.3760/cma.j.issn.1001-2036.2016.06.002．{ZHANG Shimin. Distal flap blood circulation enhancement techniques:external pressurization,internal pressurization and superreturn[J]. Zhonghua Xian Wei Wai Ke Za Zhi[Chin J Microsurg(Article in Chinese;No abstract available)],2016,39(6):524-525. DOI:10.3760/cma.j.issn.1001-2036.2016.06.002.}

[4605] 张世民．穿支皮瓣的类型及其临床应用 [J]．中华创伤杂志，2017，33 (2)：97-99．DOI：10.3760/cma.j.issn.1001-8050.2017.02.001．{ZHANG Shimin. Types and clinical application of perforator flap[J]. Zhonghua Chuang Shang Za Zhi[Chin J Trauma(Article in Chinese;No abstract available)],2017,33(2):97-99. DOI:10.3760/cma.j.issn.1001-8050.2017.02.001.}

[4606] 张世民，宋达疆．穿支皮瓣的发现发展历史与临床启示 [J]．中国修复重建外科杂志，2017，31 (7)：769-772．DOI：10.7507/1002-1892.201701082．{ZHANG Shimin,SONG Dajiang. Discovery,development history and clinical implications of perforator flap[J]. Zhongguo Xiu Fu Chong Jian Wai Ke Za Zhi[Chin J Repar Reconstr Surg(Article in Chinese;No abstract available)],2017,31(7):769-772. DOI:10.7507/1002-1892.201701082.}

[4607] 唐举玉，汪华侨，Hallock GG，章一新，刘元波，王欣，谢松林，吴攀峰，童德迪，宋文超，雷少榕，战杰，穆广态，徐永清，张世民，柴益民，芮永军，蔡志刚，王增涛，池征璘，章伟文，王健，糜菁熠，何乐人，顾立强，刘小林，唐茂林，徐达传，侯春林．关注皮瓣供区问题——减少皮瓣供区损害专家共识 [J]．中华显微外科杂志，2018，41 (1)：3-5．DOI：10.3760/cma.j.issn.1001-2036.2018.01.001．{TANG Juyu,WANG Huaqiao,GG,Hallock,ZHANG Yixin,LIU Yuanbo,WANG Xin,XIE Songlin,WU Panfeng,TONG Dedi,SONG Wenchao,LEI Shaorong,ZHAN Jie,MU Guangtai,XU Yongqing,ZHANG Shimin,CHAI Yimin,RUI Yongjun,CAI Zhigang,WANG Zengtao,CHI Zhenglin,ZHANG Weiwen,WANG Jian,MI Jingyi,HE Leren,GU Liqiang,LIU Xiaolin,TANG Maolin,XU Dachuan,HOU Chunlin. Focus on flap donor area issues-expert consensus on reducing flap donor area damage[J]. Zhonghua Xian Wei Wai Ke Za Zhi[Chin J Microsurg(Article in Chinese;No abstract available)],2018,41(1):3-5. DOI:10.3760/cma.j.issn.1001-2036.2018.01.001.}

4.1.1 皮瓣的血管解剖学
vascular anatomy of flap

[4608] Zhong S. Recent advances in microsurgical anatomy[J]. Chin Med J,1996,109(1):64-65.

[4609] Hwang WY,Chen SZ,Han LY,Chang TS. Medial leg skin flap:vascular anatomy and clinical applications[J]. Ann Plast Surg,1985,15(6):489-491. doi:10.1097/00000637-198512000-00006.

[4610] Zhang ZZ,Zhong SZ,Sun B,Ho GT. Blood supply of the flexor digital tendon in the hand and its clinical significance[J]. Surg Radiol Anat,1990,12(2):113-117. doi:10.1007/BF01623335.

[4611] Zhong SZ,Wang GY,Yuan L,Xu DC. Anatomic basis of venous drainage in donor flaps[J]. Surg Radiol Anat,1994,16(4):349-354. doi:10.1007/BF01627652.

[4612] HE Shangkuan,WANG Xinghai,WANG Zengxing,ZHONG Shizhen,JIN Shiying,CHEN Yishi. Anatomic bases of tongue flaps[J]. Surg Radiol Anat,1998,20(2):83-88. doi:10.1007/BF01628906.

[4613] Tao KZ,Chen EY,Ji RM,Dang RS. Anatomical study on arteries of fasciae in the forearm fasciocutaneous flap[J]. Clin Anat,2000,13(1):1-5. doi:10.1002/(SICI)1098-2353(2000)13:1<1::AID-CA1>3.0.CO;2-6.

[4614] Li Q,Xu J,Zhang D. Vascularized plantaris tendon graft:anatomic study of the donor[J]. J Reconstr Microsurg,2000,16(4):287-290. doi:10.1055/s-2000-7335.

[4615] Yu AX,Deng K,Tao S,Yu G,Zheng X. Anatomic study and clinical application of distally-based neuro-myocutaneous compound flaps in the leg[J]. Microsurgery,2007,27(6):528-532. doi:10.1002/micr.20398.

[4616] Chen CL,Guo HX,Liu P,Huang R,Yang ZB,Tang L,Li ZY,Liu C,Wu KC,Zhong GM,Hong HW,Hu JW,Li JY,Yu YH,Zhong SZ,McLucas B,Beller M. Three-dimensional reconstruction of the uterine vascular supply through vascular casting and thin slice computed tomography scanning[J]. Minim Invasive Ther Allied Technol,2009,18(2):98-102. doi:10.1080/13645700902720324.

[4617] Huang D,Wang HW,Xu DC,Wang HG,Wu WZ,Zhang HR. An anatomic and clinical study of the adductor magnus tendon-descending genicular artery bone flap[J]. Clin Anat,2011,24(1):77-83. doi:10.1002/ca.21060.

[4618] Chan YW,Ng RWM,Wei WI. Anatomical study and clinical applications of free posterior tibial flap in the head and neck region[J]. Plast Reconstr Surg,2011,128(3):131e-139e. doi:10.1097/PRS.0b013e318221db67.

[4619] Ouyang D,Su X,Chen WC,Chen YF,Men QQ,Yang AK. Anatomical study and modified incision of the infrahyoid myocutaneous flap[J]. Eur Arch Otorhinolaryngol,2013,270(2):675-680. doi:10.1007/s00405-012-2055-y.

[4620] Hou D,Fang L,Zhao Z,Zhou C,Yang M. Angular vessels as a new vascular pedicle of an island nasal chondromucosal flap:Anatomical study and clinical application[J]. Exp Ther Med,2013,5(3):751-756. doi:10.3892/etm.2012.860.

[4621] Tan HL,Tan DY,Zhao JK. Treatment of thumb soft-tissue defects using a bipedicle island flap of the index finger:anatomical basis and clinical application[J]. Arch Orthop Trauma Surg,2013,133(5):721-728. doi:10.1007/s00402-013-1704-y.

[4622] Yang X,Zhang G,Liu Y,Yang J,Ding M,Tang M. Vascular anatomy and clinical application of anterolateral leg perforator flaps[J]. Plast Reconstr Surg,2013,131(4):534e-543e. doi:10.1097/PRS.0b013e3182827675.

[4623] Hou Z,Zou J,Wang Z,Zhong S. Anatomical classification of the first dorsal metatarsal artery and its clinical application[J]. Plast Reconstr Surg,201,132(6):1028e-1039e. doi:10.1097/PRS.0b013e3182a97de6.

[4624] Hao PD,Zhuang YH,Zheng HP,Yang XD,Lin J,Zhang CL,Xie ZP,Liang C. The ulnar palmar perforator flap:anatomical study and clinical application[J]. J Plast Reconstr Aesthet Surg,2014,67(5):600-606. doi:10.1016/j.bjps.2013.12.048.

[4625] Zhang X,Wang EW,Wei H,Shi J,Snyderman CH,Gardner PA,Fernandez-Miranda JC. Anatomy of the posterior septal artery with surgical implications on the vascularized pedicled nasoseptal flap[J]. Head Neck,2015,37(10):1470-1476. doi:10.1002/hed.23775.

[4626] Sun HJ,Zhang Y,Xia CL,Zhu WF,Wu JD. Applied anatomical study of the modified anconeus flap approach[J]. Surg Radiol Anat,2015,37(9):1049-1054. doi:10.1007/s00276-015-1483-y.

[4627] Song D,Yang X,Wu Z,Li L,Wang T,Zheng H,Hou C. Anatomic basis and clinical application of the distally based medialis pedis flaps[J]. Surg Radiol Anat,2016,38(2):213-221. doi:10.1007/s00276-015-1532-6.

[4628] Yu D,Hou Q,Liu A,Tang H,Fang G,Zhai X,Jiang H,Cao X. Delineation the anatomy of posterior tibial artery perforator flaps using human cadavers with a modified technique[J]. Surg Radiol Anat,2016,38(9):1075-1081. doi:10.1007/s00276-016-1671-4.

[4629] Zhang YZ,Li YL,Yang C,Fang S,Fan H,Xing X. Reconstruction of the postauricular defects using retroauricular artery perforator-based island flaps:Anatomical study and clinical report[J]. Medicine(Baltimore),2016,95(37):e4853. doi:10. 1097/MD.0000000000004853.

[4630] Zhang XY,Ma TT,Liu L,Yin NB,Zhao ZM. Anatomic study of the musculus longus capitis flap[J]. Surg Radiol Anat,2017,39(3):271-279. doi:10.1007/s00276-016-1708-8.

[4631] Liang WQ,Qiu YH,Ji CY,Chen YH,Zhang JQ,Yao YY,Zhang JM. A comparative study of surgical outcomes using a Colorado microdissection needle versus standard-size needle electrocautery in one-stage hypospadias repair using a transverse preputial island flap[J]. Minerva Pediatr,2018,70(1):27-34. doi:10.23736/S0026-4946.16.04314-0.

[4632] Ryu MH,Moon VA,Yin W. The inclusion of orbicularis oculi muscle in the SMAS flap in Asian facelift:anatomical consideration of orbicularis muscle and zygomaticus major muscle[J]. Aesthetic Plast Surg,2018,42(2):471-478. doi:10.1007/s00266-017-1056-z.

[4633] Cong Z,Liu K,Wen G,Qiao L,Wang H,Ma C. Universal sellar anatomical reconstruction using the sellar floor flap after endoscopic pituitary adenoma surgery[J]. Otolaryngol Head Neck Surg,201,158(4):774-776. doi:10.1177/0194599818756861.

[4634] He B,Liu J,Pang V,Zhu L,Huang Y,Wang Z,Xu Y,Zhu Z,Wang K. Anatomical and clinical comparison of small free flaps for repairing finger skin defects[J]. Ann Plast Surg,2019,83(6):664-669. doi:10.1097/SAP.0000000000001933.

[4635] Hu D,Wei Z,Wang T,Hong X,Zheng H,Lin J. Anatomical basis and clinical application of the dorsal perforator flap based on the palmar artery in the first web[J]. Surg Radiol Anat,2020,42(3):269-276. doi:10.1007/s00276-019-02376-8.

[4636] Yu F,Tang J. Revisiting vascular and venous drainage of lateral arm flap from anatomy[J]. Eur J Orthop Surg Traumatol,2020,30(7):1321-1322. doi:10.1007/s00590-020-02687-2.

[4637] Zhou M,Zhong A,Chen J,Sun Y,Wang Z,Xiong L,Guo K,Wang R,Guo N,Sun J. Superficial muscular aponeurotic system-pedicled flaps for the reconstruction of facial defects:clinical application and anatomical basis[J]. J Plast Reconstr Aesthet Surg,2020,73(7):1318-1325. doi:10.1016/j.bjps.2020.02.009.

[4638] 罗尚功. 咽鼓管解剖学和活瓣机制的研讨 [J]. 中华耳鼻咽喉科杂志，1980，15（2）: 65-68，129. {LUO Shanggong. A study of eustachian tube anatomy and valve mechanism[J]. Zhonghua Er Bi Yan Hou Ke Za Zhi[Chin J Otorhinolaryngol(Article in Chinese;No abstract available)],1980,15(2):65-68,129.}

[4639] 胡滨成，姜均本，王銮波，张宝庆，林亦卿. 胸外侧皮瓣的外科解剖（一个新的动脉皮瓣供皮区）[J]. 中华外科杂志，1981，19（8）: 479-480. {HU Bincheng,JIANG Junben,WANG Luanbo,ZHANG Baoqing,LIN Yiqing. Surgical anatomy of the lateral thoracic flap (a new arterial flap donor site)[J]. Zhonghua Wai Ke Za Zhi[Chin J Surg(Article in Chinese;No abstract available)], 1981,19(8):479-480.}

[4640] 钟世镇，孙博，刘牧之，徐达传. 皮瓣血供的解剖学类型及其临床意义 [J]. 广东解剖学通报，1982，4（2）: 131-136. {ZHONG Shizhen,SUN Bo,LIU Muzhi,XU Chuanda. Anatomical types and clinical significance of blood supply of flap[J]. Guangdong Jie Pou Xue Tong Bao[Anat Res(Article in Chinese;No abstract available)],1982,4(2):131-136.}

[4641] 孙博，刘牧之，原林，马富，李汉云，韩震，钟世镇，郑玉明，李运连，陈庄洪，丁伯坦，夏彭春. 前臂桡侧岛状逆行旋转皮瓣静脉回流的解剖学研究 [J]. 临床应用解剖学杂志，1983，1（1）: 8-12. DOI: 10.13418/j.issn.1001-165x.1983.01.005. {SUN Bo,LIU Muzhi,YUAN Lin,MA Fu,LI Hanyun,HAN Zhen,ZHONG Shizhen,ZHENG Yuming,LI Yunlian,CHEN Zhuanghong,DING Botan,XIA Pengchun. Anatomical study on venous return of radial island rotated forearm flap[J]. Lin Chuang Ying Yong Jie Pou Xue Za Zhi[J Clin Appl Anat(Article in Chinese;Abstract in Chinese)],1983,1(1):8-12. DOI:10.13418/j.issn.1001-165x.1983.01.005. }

[4642] 杨立民，石万一，吴水培，徐达传，钟世镇，刘牧之，孙博. 臀股部肌皮瓣的解剖学研究与临床应用 [J]. 临床应用解剖学杂志，1983，1（1）: 24-26. DOI: 10.13418/j.issn.1001-165x.1983.01.010. {YANG Limin,SHI Wanyi,WU Shuipei,XU Dachuan,ZHONG Shizhen,LIU Muzhi,SUN Bo. Anatomical study and clinical application of gluteal thigh musculocutaneous flap[J]. Lin Chuang Ying Yong Jie Pou Xue Za Zhi[J Clin Appl Anat(Article in Chinese;Abstract in Chinese)],1983,1(1):24-26. DOI:10.13418/j.issn.1001-165x.1983.01.010.}

[4643] 李汉云，原林，何蕴韶，孙博，刘牧之，钟世镇. 胫骨骨膜骨瓣移植的应用解剖学研究 [J]. 临床应用解剖学杂志，1983，1（1）: 31-33. DOI: 10.13418/j.issn.1001-165x.1983.01.012. {LI Hanyun,YUAN Lin,HE Yunshao,SUN Bo,LIU Muzhi,ZHONG Shizhen. Applied anatomy of tibial periosteum bone flap transplantation[J]. Lin Chuang Ying Yong Jie Pou Xue Za Zhi[J Clin Appl Anat(Article in Chinese;Abstract in Chinese)],1983,1(1):31-33. DOI:10.13418/j.issn.1001-165x.1983.01.012.}

[4644] 原林，陈子华，刘牧之，孙博，钟世镇. 带毛皮瓣的新供区——腋下皮瓣的解剖学研究 [J]. 临床应用解剖学杂志，1983，1（1）: 34-36. DOI: 10.13418/j.issn.1001-165x.1983.01.013. {YUAN Lin,CHEN Zihua,LIU Muzhi,SUN Bo,ZHONG Shizhen. Anatomical study of axillary skin flap:a new donor area with hair flap[J]. Lin Chuang Ying Yong Jie Pou Xue Za Zhi[J Clin Appl Anat(Article in Chinese;Abstract in Chinese)],1983,1(1):34-36. DOI:10.13418/j.issn.1001-165x.1983.01.013.}

[4645] 孙博，刘牧之，原林，马富，李汉云，韩震，钟世镇，郑玉明，李运连，陈庄洪，丁伯坦，夏彭春. 前臂复合组织瓣的应用解剖学 [J]. 临床应用解剖学杂志，1983，1（2）: 83-86. DOI: 10.13418/j.issn.1001-165x.1983.02.001. {SUN Bo,LIU Muzhi,YUAN Lin,MA Fu,LI Hanyun,HAN Zhen,ZHONG Shizhen,ZHENG Yuming,LI Yunlian,CHEN Zhuanghong,DING Botan,XIA Pengchun. Applied anatomy of the composite tissue flap of the forearm[J]. Lin Chuang Ying Yong Jie Pou Xue Za Zhi[J Clin Appl Anat(Article in Chinese;Abstract in Chinese)],1983,1(2):83-86. DOI:10.13418/j.issn.1001-165x.1983.02.001.}

[4646] 周长满，钟世镇，刘牧之. 小腿前外侧皮瓣的解剖学 一个新的皮瓣供区 [J]. 临床应用解剖学杂志，1983，1（2）: 97-98. DOI: 10.13418/j.issn.1001-165x.1983.02.001. {ZHOU Changman,ZHONG Shizhen,LIU Muzhi. Anatomy of the anterolateral leg flap A new flap donor site[J]. Lin Chuang Ying Yong Jie Pou Xue Za Zhi[J Clin Appl Anat(Article in Chinese;Abstract in Chinese)],1983,1(2):97-98. DOI:10.13418/j.issn.1001-165x.1983.02.009.}

[4647] 施恩娟，张成立，毛增荣. 足底皮瓣的血管神经 [J]. 解剖学通报，1983，6（2）: 108 {Shi Enjuan,Zhang Chengli,Mao Zengrong. The vessels and nerves of the plantar flap[J]. Jie Pou Xue Tong Bao[J Anat(Article in Chinese;No abstract available)],1983,6(2):108.}

[4648] 钟世镇，孙博，刘牧之，徐达传，陈子华，原林，程军平，马富，孟宪玉，李汉云，韩震. 皮瓣血供的解剖学类型 [J]. 临床应用解剖学杂志，1984，2（1）: 1-5. DOI: 10.13418/j.issn.1001-165x.1983.02.001. {ZHONG Shizhen,SUN Bo,LIU Muzhi,XU Dachuan,CHEN Zihua,YUAN Lin,CHENG Junping,MA Fu,MENG Xianyu,LI Hanyun,HAN Zhen. Anatomical types of flap blood supply[J]. Lin Chuang Ying Yong Jie Pou Xue Za Zhi[J Clin Appl Anat(Article in Chinese;Abstract in Chinese)],1984,2(1):1-5. DOI:10.13418/j.issn.1001-165x.1984.01.001.}

[4649] 李汉云，钟世镇，刘牧之，孙博，原林，徐达传. 髂骨翼骨膜骨瓣移植的解剖学基础 [J]. 临床应用解剖学杂志，1984，2（1）: 50-51. DOI: 10.13418/j.issn.1001-165x.1984.01.020. {LI Hanyun,ZHONG Shizhen,LIU Muzhi,SUN Bo,YUAN Lin,XU Dachuan. Anatomical basis of iliac alar periosteum bone flap transplantation[J]. Lin Chuang Ying Yong Jie Pou Xue Za Zhi[J Clin Appl Anat(Article in Chinese;Abstract in Chinese)],1984,2(1):50-51. DOI:10.13418/j.issn.1001-165x.1984.01.020.}

[4650] 原林，李汉云，程军平，孙博，钟世镇. 胸锁乳突肌单头旋转肌皮瓣的应用解剖学 [J]. 临床应用解剖学杂志，1984，2（2）: 110-112. DOI: 10.13418/j.issn.1001-165x.1984.02.019. {YUAN Lin,LI Hanyun,CHENG Junping,SUN Bo,ZHONG Shizhen. Applied anatomy of single head rotatory musculocutaneous flap of sternocleidomastoid muscle[J]. Lin Chuang Ying Yong Jie Pou Xue Za Zhi[J Clin Appl Anat(Article in Chinese;Abstract in Chinese)],1984,2(2):110-112. DOI:10.13418/j.issn.1001-165x.1984.02.019.}

[4651] 彭义森，孟石合. 背阔肌皮瓣转移所能到达部位的解剖学基础 [J]. 临床应用解剖学杂志，1984，2（2）: 113-116. DOI: 10.13418/j.issn.1001-165x.1984.02.020. {PENG Yisen,MENG Shihe. Anatomical basis of the site to which latissimus dorsi flap can be transferred[J]. Lin Chuang Ying Yong Jie Pou Xue Za Zhi[J Clin Appl Anat(Article in Chinese;Abstract in Chinese)],1984,2(2):113-116. DOI:10.13418/j.issn.1001-165x.1984.02.020.}

[4652] 原林，孙博. 肩背部旋转皮瓣的应用解剖学 [J]. 显微外科，1984，7（1-2）: 21. {Yuan Lin,Sun Bo. Applied anatomy of rotatory flap of shoulder and back[J]. Xian Wei Wai Ke[Chin J Microsurg(Article in Chinese;No abstract available)],1984,7(1-2):21.}

[4653] 原林，孙博. 肩背部旋转皮瓣的应用解剖学 [J]. 临床应用解剖学杂志，1984，2（3）: 164-165. DOI: 10.13418/j.issn.1001-165x.1984.03.015. {YUAN Lin,SUN Bo. Applied anatomy of rotated dorsal shoulder flap[J]. Lin Chuang Ying Yong Jie Pou Xue Za Zhi[J Clin Appl Anat(Article in Chinese;Abstract in Chinese)],1984,2(3):164-165. DOI:10.13418/j.issn.1001-165x.1984.03.015.}

[4654] 陈子华，钟世镇，刘牧之，孙博，王成琪，范启申. 足外侧皮瓣的应用解剖学 [J]. 临床应用解剖学杂志，1984，2（3）: 166-168. DOI: 10.13418/j.issn.1001-165x.1984.03.016. {CHEN Zihua,ZHONG Shizhen,LIU Muzhi,SUN Bo,WANG Chengqi,FAN Qishen. Applied anatomy of the lateral foot flap[J]. Lin Chuang Ying Yong Jie Pou Xue Za Zhi[J Clin Appl Anat(Article in Chinese;Abstract in Chinese)],1984,2(3):166-168. DOI:10.13418/j.issn.1001-165x.1984.03.016.}

[4655] 孙博，陈子华，原林，程军平，刘牧之，钟世镇，黄文义. 阴唇瓣的应用解剖学 [J]. 临床应用解剖学杂志，1984，2(3）: 169-170. DOI: 10.13418/j.issn.1001-165x.1984.03.018. {SUN Bo,CHEN Zihua,YUAN Lin,CHENG Junping,LIU Muzhi,ZHONG Shizhen,HUANG Wenyi. Applied anatomy of the labia valve[J]. Lin Chuang Ying Yong Jie Pou Xue Za Zhi[J Clin Appl Anat(Article in Chinese;Abstract in Chinese)],1984,2(3):169-170. DOI:10.13418/j.issn.1001-165x.1984.03.018.}

[4656] 孙博，孟石合，程军平，原林，刘牧之，钟世镇，李式瀛，李森恺，庄洪. 阴囊隔血管蒂皮瓣的应用解剖学 [J]. 临床应用解剖学杂志，1984，2（4）: 234-235. DOI: 10.13418/j.issn.1001-165x.1984.04.013. {SUN Bo,MENG Shihe,CHENG Junping,YUAN Lin,LIU Muzhi,ZHONG Shizhen,LI Shiying,LI Senkai,ZHUANG Hong. Applied anatomy of scrotal septal pedicle flap[J]. Lin Chuang Ying Yong Jie Pou Xue Za Zhi[J Clin Appl Anat(Article in Chinese;Abstract in Chinese)],1984,2(4):234-235. DOI:10.13418/j.issn.1001-165x.1984.04.013.}

[4657] 李汉云，钟世镇，孙博. 骨（骨膜）瓣和软骨瓣应用解剖学的进展 [J]. 临床应用解剖学杂志，1984，2（4）: 267-271. DOI: 10.13418/j.issn.1001-165x.1984.04.031. {LI Hanyun,ZHONG Shizhen,SUN Bo. Advances in applied anatomy of bone (periosteum) and cartilage flaps[J]. Lin Chuang Ying Yong Jie Pou Xue Za Zhi[J Clin Appl Anat(Article in Chinese;No abstract available)],1984,2(4):267-271.DOI:10.13418/j.issn.1001-165x.1984.04.031.}

[4658] 邵宣，胡祥喜，栾修荣，窦忠新，韩国忠，方祥源，郝允河，陈秀清. 岗下皮瓣的解剖研究与临床应用 [J]. 中华外科杂志，1984，22（4）: 208-210. {SHAO Xuan,HU Xiangxi,LUAN Xiurong,DOU Zhongxin,HAN Guozhong,FANG Xiangyuan,HAO Yunhe,CHEN Xiuqing. Anatomical study and clinical application of subhilar skin flap[J]. Zhonghua Wai Ke Za Zhi[Chin J Surg(Article in Chinese;No abstract available)],1984,22(4):208-210.}

[4659] 孙博，高崇敬，陈子华，钟世镇，原林，徐达传. 小腿内侧皮瓣逆向移位及其静脉回流的解剖学研究 [J]. 临床应用解剖学杂志，1985，3（1）: 7-8. {SUN Bo,GAO Chongjing,CHEN Zihua,ZHONG Shizhen,YUAN Li,XU Dachuan. Anatomical study on reverse transposition of medial crus flap and its venous drainage[J]. Lin Chuang Ying Yong Jie Pou Xue Za Zhi[J Clin Appl Anat(Article in Chinese;Abstract in Chinese)],1985,3(1):7-8.}

[4660] 关桂春. 小腿内侧岛状皮瓣逆行移位术解剖学所见 [J]. 临床应用解剖学杂志，1985，3（1）: 9-10. DOI: 10.13418/j.issn.1001-165x.1985.01.005. {GUAN Guichun. Anatomical observation of retrograde transposition of medial leg island flap[J]. Lin Chuang Ying Yong Jie Pou Xue Za Zhi[J Clin Appl Anat(Article in Chinese;Abstract in Chinese)],1985,3(1):9-10. DOI:10.13418/j.issn.1001-165x.1985.01.005.}

[4661] 王大玫，姚明华. 第二掌指背皮瓣的解剖学及临床应用 [J]. 临床应用解剖学杂志，1985，3（1）: 11-13. DOI: 10.13418/j.issn.1001-165x.1985.01.006. {WANG Damei,YAO Minghua. Anatomy and clinical application of the second dorsal metacarpophalangeal flap[J]. Lin Chuang Ying Yong Jie Pou Xue Za Zhi[J Clin Appl Anat(Article in Chinese;Abstract in Chinese)],1985,3(1):11-13. DOI:10.13418/j.issn.1001-165x.1985.01.006.}

[4662] 徐达传. 臀大肌上部肌皮瓣移位有关的解剖学 [J]. 临床应用解剖学杂志，1985，3（2）: 82-83. DOI: 10.13418/j.issn.1001-165x.1985.02.007. {XU Dachuan. Anatomy associated with transposition of the upper gluteus maximus musculocutaneous flap[J]. Lin Chuang Ying Yong Jie Pou Xue Za Zhi[J Clin Appl Anat(Article in Chinese;Abstract in Chinese)],1985,3(2):82-83. DOI:10.13418/j.issn.1001-165x.1985.02.007.}

[4663] 高崇敬，钟世镇，徐达传，刘牧之，陈林峰，罗力生. 季肋—腹部皮瓣的应用解剖学 [J]. 临床应用解剖学杂志，1985，3（2）: 89-91. DOI: 10.13418/j.issn.1001-165x.1985.02.011. {GAO Chongjing,ZHONG Shizhen,XU Dachuan,LIU Muzhi,CHEN Linfeng,LUO Lisheng. Applied anatomy of the costal-abdominal flap[J]. Lin Chuang Ying Yong Jie Pou Xue Za Zhi[J Clin Appl Anat(Article in Chinese;Abstract in Chinese)],1985,3(2):89-91.}DOI:10.13418/j.issn.1001-165x.1985.02.011

[4664] 李香瑞，王书良，周长满，李永海. 颈阔肌肌皮瓣的应用解剖学 [J]. 临床应用解剖学杂志，1985，3（3）: 166-168. DOI: 10.13418/j.issn.1001-165x.1985.03.018. {LI Xiangrui,WANG Shuliang,ZHOU Changman,LI Yonghai. Applied anatomy of platysma myocutaneous flap[J]. Lin Chuang Ying Yong Jie Pou Xue Za Zhi[J Clin Appl Anat(Article in Chinese;Abstract in Chinese)],1985,3(3):166-168. DOI:10.13418/j.issn.1001-165x.1985.03.018.}

[4665] 李慧有，桂国成，马裕兵，常加志. 前锯肌筋膜瓣的应用解剖学研究 [J]. 临床应用解剖学杂志，1985，3（4）: 204-205. DOI: 10.13418/j.issn.1001-165x.1985.04.005. {LI Huiyou,GUI Guocheng,MA Yubing,CHANG Jiazhi. Applied anatomy of serratus anterior fascial flap[J]. Lin Chuang Ying Yong Jie Pou Xue Za Zhi[J Clin Appl Anat(Article in Chinese;Abstract in Chinese)],1985,3(4):204-205. DOI:10.13418/j.issn.1001-165x.1985.04.005.}

[4666] 朱发亮，杨少华，虞俞生，张茂其. 侧胸深筋膜瓣的解剖学研究及临床应用 [J]. 临床应用解剖学杂志，1985，3（4）: 206-207. DOI: 10.13418/j.issn.1001-165x.1985.04.006. {ZHU Faliang,YANG Shaohua,YU Yusheng,ZHANG Maoqi. Anatomical study and clinical application of lateral deep thoracic fascia flap[J]. Lin Chuang Ying Yong Jie Pou Xue Za Zhi[J Clin Appl Anat(Article in Chinese;Abstract in Chinese)],1985,3(4):206-207. DOI:10.13418/j.issn.1001-165x.1985.04.006.}

[4667] 杨立民，石万一，张继明. 血管蒂营养皮瓣面积的研究 [J]. 临床应用解剖学杂志，1985，3（1）: 14-15. {YANG Limin,SHI Wanyi,ZHANG Jiming. Study on area of vascular pedicle nutrient skin flap[J]. Lin Chuang Ying Yong Jie Pou Xue Za Zhi[J Clin Appl Anat(Article in Chinese;No abstract available)],1985,3(1):14-15.}

[4668] 蒋祖言，李万卿，金大地，刘晋才，柯新华，张放鸣，何光篪，陈尔瑜. 足底内侧动脉深支皮瓣的解剖研究及临床应用 [J]. 显微医学杂志，1985，8（4）: 231 {Jiang Zuyan,Li Wanqing,JIN Dadi,LIU Jincai,KE Xinhua,ZHANG Fangming,HE Guangchi,CHEN Eryu. Anatomical study and clinical application of flap with deep branch of medial plantar artery[J]. Xian Wei Yi Xue Za Zhi[Chin J Microsurg(Article in Chinese;No abstract available)],1985,8(4):231.}

[4669] 王成琪，范启申，钟世镇，陈之华，刘牧之，孙博，陈昌富，李传夫，金国华，施碧涛，李敏. 足外侧皮瓣的解剖研究与临床应用 [J]. 解放军医学杂志，1985，10（2）: 104 {Wang Chengqi,Fan Qishen,Zhong Shizhen,Chen Zhihua,Liu Muzhi,Sun bo,Chen Changfu,Li Chuanfu,Jin Guohua,Shi Bitao,Li Min.Anatomical study and clinical application of lateral pedis flap[J]. Jie Fang Jun Yi Xue Za Zhi[J Med PLA(Article in Chinese;Abstract in Chinese)],1985,10(2):104.}

[4670] 关桂春，李汉云. 胫骨皮瓣移植术及其解剖学基础 [J]. 临床解剖学杂志，1986，4（1）: 33-35. DOI: 10.13418/j.issn.1001-165x.1986.01.015. {GUAN Guichun,LI Hanyun. Tibial flap transplantation and its anatomic basis[J]. Lin Chuang Jie Pou Xue Za Zhi[J Clin Anat(Article in Chinese;Abstract in Chinese)],1986,4(1):33-35. DOI:10.13418/j.issn.1001-165x.1986.01.015.}

[4671] 徐达传，钟世镇，刘牧之，孙博，王国英. 踇甲皮瓣术踇趾侧皮肤及创面植皮坏死原因的解剖学分析 [J]. 临床解剖学杂志，1986，4（3）: 137-140，188. DOI: 10.13418/j.issn.1001-165x.1986.03.004. {XU Dachuan,ZHONG Shizhen,LIU Muzhi,SUN Bo,WANG Guoying. Anatomical analysis of necrotic causes of skin grafting on hallux side skin and wound during toenail flap surgery[J]. Lin Chuang Jie Pou Xue Za Zhi[J Clin Anat(Article in Chinese;Abstract in Chinese)],1986,4(3):137-140,188. DOI:10.13418/j.issn.1001-165x.1986.03.004.}

[4672] 刘志，李吉. 肘前部皮瓣的显微外科解剖学研究 [J]. 临床解剖学杂志，1986，4（3）：149-151，189. DOI：10.13418/j.issn.1001-165x.1986.03.009. {LIU Zhi,LI Ji. Microsurgical anatomy of the anterior elbow flap[J]. Lin Chuang Jie Pou Xue Za Zhi[J Clin Anat(Article in Chinese;Abstract in Chinese)],1986,4(3):149-151,189. DOI:10.13418/j.issn.1001-165x.1986.03.009.}

[4673] 李吉，柏树令. 大腿前中区皮瓣游离移植解剖学基础 [J]. 临床解剖学杂志，1986，4（3）：152-154，189-190. DOI：10.13418/j.issn.1001-165x.1986.03.010. {LI Ji,BAI Shuling. Anatomical basis of free thigh flap transplantation[J]. Lin Chuang Jie Pou Xue Za Zhi[J Clin Anat(Article in Chinese;Abstract in Chinese)],1986,4(3):152-154,189-190. DOI:10.13418/j.issn.1001-165x.1986.03.010.}

[4674] 原林，钟世镇，方东海，李主一，曾小青，王宇飞. 斜方肌肌皮瓣的应用解剖学及临床应用 [J]. 临床解剖学杂志，1986，4（3）：155-157，190. DOI：10.13418/j.issn.1001-165x.1986.03.011. {YUAN Lin,ZHONG Shizhen,FANG Donghai,LI Zhuyi,ZENG Xiaoqing,WANG Yufei. Applied anatomy and clinical application of trapezius musculocutaneous flap[J]. Lin Chuang Jie Pou Xue Za Zhi[J Clin Anat(Article in Chinese;Abstract in Chinese)],1986,4(3):155-157,190. DOI:10.13418/j.issn.1001-165x.1986.03.011.}

[4675] 孙博，高崇敬，钟世镇，陈子华，原林，徐达传，高学书. 足底逆转岛状皮瓣的解剖学研究 [J]. 临床解剖学杂志，1986，4（4）：219-221，253. DOI：10.13418/j.issn.1001-165x.1986.04.011. {SUN Bo,GAO Chongjing,ZHONG Shizhen,CHEN Zihua,YUAN Lin,XU Dachuan,GAO Xueshu. Anatomical study of plantar reversed island flap[J]. Lin Chuang Jie Pou Xue Za Zhi[J Clin Anat(Article in Chinese;Abstract in Chinese)],1986,4(4):219-221,253. DOI:10.13418/j.issn.1001-165x.1986.04.011.}

[4676] 陈茂林，史增元，尹维刚. 儿童前臂皮瓣的应用解剖学 [J]. 临床解剖学杂志，1986，4（4）：222-223，253-254. DOI：10.13418/j.issn.1001-165x.1986.04.013. {CHEN Maolin,SHI Zengyuan,YIN Weigang. Applied anatomy of forearm flap in children[J]. Lin Chuang Jie Pou Xue Za Zhi[J Clin Anat(Article in Chinese;Abstract in Chinese)],1986,4(4):222-223,253-254. DOI:10.13418/j.issn.1001-165x.1986.04.013.}

[4677] 杨立民，石万一，张继明. 血管蒂营养皮瓣面积的研究 [J]. 中华外科杂志，1986，24（9）：548-549. {YANG Limin,SHI Wanyi,ZHANG Jiming. Study on skin flap area nourished by,Vascular pedicle[J]. Zhonghua Wai Ke Za Zhi[Chin J Surg(Article in Chinese;No abstract available)],1986,24(9):548-549.}

[4678] 许平乐. 示指桡侧岛状皮瓣的解剖及临床应用 [J]. 临床解剖学杂志，1987，5（1）：16. DOI：10.13418/j.issn.1001-165x.1987.01.006. {XU Pingle. Anatomy and clinical application of radial index finger island flap[J]. Lin Chuang Jie Pou Xue Za Zhi[J Clin Anat(Article in Chinese;Abstract in Chinese)],1987,5(1):16. DOI:10.13418/j.issn.1001-165x.1987.01.006.}

[4679] 孟石合，黄汝亮. 足底内侧皮瓣和足内侧皮瓣的应用解剖 [J]. 临床解剖学杂志，1987，5（1）：41-42，63-64. DOI：10.13418/j.issn.1001-165x.1987.01.020. {MENG Shihe,HUANG Ruliang. Applied anatomy of medial plantar flap and medial plantar flap[J]. Lin Chuang Jie Pou Xue Za Zhi[J Clin Anat(Article in Chinese;Abstract in Chinese)],1987,5(1):41-42,63-64. DOI:10.13418/j.issn.1001-165x.1987.01.020.}

[4680] 陆春才，陈雨田，戴松茂. 股外侧肌皮瓣的应用解剖学 [J]. 临床解剖学杂志，1987，5（2）：104-106，126-127. DOI：10.13418/j.issn.1001-165x.1987.02.022. {LU Chuncai,CHEN Yutian,DAI Songmao. Applied anatomy of lateral femoral musculocutaneous flap[J]. Lin Chuang Jie Pou Xue Za Zhi[J Clin Anat(Article in Chinese;Abstract in Chinese)],1987,5(2):104-106,126-127. DOI:10.13418/j.issn.1001-165x.1987.02.022.}

[4681] 刘牧之，钟世镇. 上肢常用组织瓣的解剖学要点 [J]. 临床解剖学杂志，1987，5（2）：116-120. DOI：10.13418/j.issn.1001-165x.1987.02.029. {LIU Muzhi,ZHONG Shizhen. Anatomical points of common upper limb flap[J]. Lin Chuang Jie Pou Xue Za Zhi[J Clin Anat(Article in Chinese;Abstract in Chinese)],1987,5(2):116-120. DOI:10.13418/j.issn.1001-165x.1987.02.029.}

[4682] 傅忠军，刘正津，陈尔瑜. 第二掌指区背桡侧皮瓣血管的应用解剖 [J]. 临床解剖学杂志，1987，5（2）：65-67，123. DOI：10.13418/j.issn.1001-165x.1987.02.001. {FU Zhongjun,LIU Zhengjin,CHEN Dongyu. Applied anatomy of the vessels of the dorsal radial flap of the second metacarpophalangeal region[J]. Lin Chuang Jie Pou Xue Za Zhi[J Clin Anat(Article in Chinese;Abstract in Chinese)],1987,5(2):65-67,123. DOI:10.13418/j.issn.1001-165x.1987.02.001.}

[4683] 刘牧之，钟世镇. 下肢常用皮瓣的应用解剖学要点 [J]. 临床解剖学杂志，1987，5（3）：181-187. DOI：10.13418/j.issn.1001-165x.1987.03.026. {LIU Muzhi,ZHONG Shizhen. Main points of applied anatomy of common lower limb flaps[J]. Lin Chuang Jie Pou Xue Za Zhi[J Clin Anat(Article in Chinese;Abstract in Chinese)],1987,5(3):181-187. DOI:10.13418/j.issn.1001-165x.1987.03.026.}

[4684] 陈绍宗. 带神经肩胛皮瓣的显微外科解剖研究和临床应用 [J]. 中华外科杂志，1988，26（3）：179-180. {CHEN Shaozong. Microsurgical anatomical study and clinical application of scapular flap with nerve[J]. Zhonghua Wai Ke Za Zhi[Chin J Surg(Article in Chinese;Abstract in Chinese)],1988,26(3):179-180.}

[4685] 孙博. 以足底内侧血管为蒂足底逆转岛状皮瓣的解剖学研究 [J]. 修复重建外科杂志，1988，2（2）：237. {SUN Bo. Anatomical study of plantar reversed island skin flap pedicled with medial plantar vessels[J]. Zhongguo Xiu Fu Chong Jian Wai Ke Za Zhi[Chin J Repar Reconstr Surg(Article in Chinese;No abstract available)],1988,2(2):237.}

[4686] 李桂兰. 臂后部皮瓣的应用解剖 [J]. 修复重建外科杂志，1988，2（2）：238. {LI Guilan. Applied anatomy of the posterior arm flap[J]. Zhongguo Xiu Fu Chong Jian Wai Ke Za Zhi[Chin J Repar Reconstr Surg(Article in Chinese;No abstract available)],1988,2(2):238.}

[4687] 陆春才. 小腿内侧筋膜皮瓣显微外科解剖学 [J]. 修复重建外科杂志，1988，2（2）：240. {LU Chuncai. Microsurgical anatomy of medial fascial flap of lower leg[J]. Zhongguo Xiu Fu Chong Jian Wai Ke Za Zhi[Chin J Repar Reconstr Surg(Article in Chinese;No abstract available)],1988,2(2):240.}

[4688] 刘亚国. 以旋髂深血管及其腹壁肌支为蒂髂骨瓣和肌瓣的应用解剖学 [J]. 修复重建外科杂志，1988，2（2）：235-236. {LIU Yaguo. Applied anatomy of iliac bone flap and muscle flap pedicled with the deep circumflex iliac vessel and its abdominal muscle branch[J]. Zhongguo Xiu Fu Chong Jian Wai Ke Za Zhi[Chin J Repar Reconstr Surg(Article in Chinese;No abstract available)],1988,2(2):235-236.}

[4689] 朱星红，程耕历. 趾长伸肌瓣的应用解剖 [J]. 中华显微外科杂志，1989，12（2）：90-92. DOI：10.3760/cma.j.issn.1001-2036.1989.02.117. {ZHU Xinghong,CHENG Gengli. Applied anatomy of extensor digitorum longus muscle flap[J]. Zhonghua Xian Wei Wai Ke Za Zhi[Chin J Microsurg(Article in Chinese;Abstract in Chinese)],1989,12(2):90-92. DOI:10.3760/cma.j.issn.1001-2036.1989.02.117.}

[4690] 李桂兰. 前锯肌肌骨瓣的应用解剖 [J]. 修复重建外科杂志，1989，7（3）：175. {LI Guilan. Applied anatomy of musculoskeletal flap of serratus anterior muscle[J]. Zhongguo Xiu Fu Chong Jian Wai Ke Za Zhi[Chin J Repar Reconstr Surg(Article in Chinese;No abstract available)],1989,7(3):175.}

[4691] 陈明法，张克�，崔功浩，章明. 以旋髂浅血管为蒂的髂骨皮瓣的应用解剖 [J]. 中华显微外科杂 志，1990，13（2）：99-100. {CHEN Mingfa,ZHANG Kequ,CUI Gonghao,ZHANG Ming. Applied anatomy of iliac bone flap pedicled with superficial circumflex iliac vessels[J]. Zhonghua Xian Wei Wai Ke Za Zhi[Chin J Microsurg(Article in Chinese;Abstract in Chinese)],1990,13(2):99-100.}

[4692] 应大君，朱星红. 跨血供区长头皮瓣的应用解剖 [J]. 中华显微外科杂志，1990，13（3）：153-155. {YING Dajun,ZHU Xinghong. Applied anatomy of long head flap across blood supply area[J]. Zhonghua Xian Wei Wai Ke Za Zhi[Chin J Microsurg(Article in Chinese;Abstract in Chinese)],1990,13(3):153-155.}

[4693] 吴仁秀. 斜方肌皮瓣显微外科解剖学研究 [J]. 中华显微外科杂志，1990，13（4）：222-224. {WU Renxiu. Microsurgical anatomy of trapezius myocutaneous flap[J]. Zhonghua Xian Wei Wai Ke Za Zhi[Chin J Microsurg(Article in Chinese;Abstract in Chinese)],1990,13(4):222-224.}

[4694] 吴玉青，潘达德. 前臂背侧岛状瓣的解剖及应用 [J]. 中华显微外科杂志，1990，13（4）：241-243. {WU Yuqing,PAN Dade. Anatomy and application of dorsal island flap of forearm[J]. Zhonghua Xian Wei Wai Ke Za Zhi[Chin J Microsurg(Article in Chinese;Abstract in Chinese)],1990,13(4):241-243.}

[4695] 张励才，郝易白. 第一掌背血管轴型皮瓣的解剖和临床应用 [J]. 修复重建外科杂志，1990，4（4）：213-214，255. {ZHANG Licai,HAO Yibai. Anatomy and clinical application of the first dorsal metacarpal vascular axial skin flap[J]. Zhongguo Xiu Fu Chong Jian Wai Ke Za Zhi[Chin J Repar Reconstr Surg(Article in Chinese;No abstract available)],1990,4(4):213-214,255.}

[4696] 原林，钟世镇. 皮瓣静脉构筑及交通的应用解剖学研究 [J]. 中华显微外科杂志，1991，14（3）：163-165. {YUAN Lin,ZHONG Shizhen. Applied anatomy study on the vein construction and transportation of skin flaps[J]. Zhonghua Xian Wei Wai Ke Za Zhi[Chin J Microsurg(Article in Chinese;Abstract in Chinese)],1991,14(3):163-165.}

[4697] 原林，钟世镇. 静脉动脉化皮瓣中的有关解剖学问题 [J]. 中华显微外科杂志，1991，14（4）：240-241. {YUAN Lin,ZHONG Shizhen. Anatomical problems of venous arterialized flap[J]. Zhonghua Xian Wei Wai Ke Za Zhi[Chin J Microsurg(Article in Chinese;Abstract in Chinese)],1991,14(4):240-241.}

[4698] 钟世镇，徐达传，李汉云，胡耀民. 选择有血运骨瓣的解剖学依据 [J]. 修复重建外科杂志，1991，5（2）：65-68，126. {ZHONG Shizhen,XU Dachuan,LI Hanyun,HU Yaomin. Anatomical basis for selection of bone flap with blood transport[J]. Zhongguo Xiu Fu Chong Jian Wai Ke Za Zhi[Chin J Repar Reconstr Surg(Article in Chinese;Abstract in Chinese)],1991,5(2):65-68,126.}

[4699] 黄金龙，荣国华，冷永成，林元问. 膝外侧动脉皮瓣的应用解剖 [J]. 修复重建外科杂 志，1991，5（3）：148-150，190-191. {HUANG Jinlong,RONG Guohua,LENG Yongcheng,LIN Yuanwen. Applied anatomy of lateral genicular artery flap[J]. Zhongguo Xiu Fu Chong Jian Wai Ke Za Zhi[Chin J Repar Reconstr Surg(Article in Chinese;No abstract available)],1991,5(3):148-150,190-191.}

[4700] 张发惠，陈振光. 带血管蒂跗骨瓣转位术的应用解剖学 [J]. 中华显微外科杂志，1993，16（4）：288-290. {ZHANG Fahui,CHEN Zhenguang. Applied anatomy of vascularized tarsal flap transposition[J]. Zhonghua Xian Wei Wai Ke Za Zhi[Chin J Microsurg(Article in Chinese;Abstract in Chinese)],1993,16(4):288-290.}

[4701] 王庆良，李宦禄. 第二掌指背舌形皮瓣重建虎口及其解剖研究 [J]. 中华手外科杂志，1993，9（2）：75-78. {WANG Qingliang,LI Huanlu. Reconstruction of tiger-mouth with lingual flap of second metacarpal dorsal finger and its anatomy[J]. Zhonghua Shou Wai Ke Za Zhi[Chin J Hand Surg(Article in Chinese;Abstract in Chinese)],1993,9(2):75-78.}

[4702] 司徒朴，熊明根，孙博，钟世镇，徐达传，顾浩，肖能坎，陈秋生，侯文明，张余光. 逆向轴型皮瓣的解剖学基础及临床初步观察 [J]. 中华整形烧伤外科杂志，1993，9（5）：347. DOI：10.3760/j.issn：1009-4598.1993.05.009. {SITU Pu,XIONG Minggen,SUN Bo,ZHONG Shizhen,XU Dachuan,GU Hao,XIAO Nengkan,CHEN Qiusheng,HOU Wenming,ZHANG Yuguang. Anatomical basis and clinical preliminary observation of reverse axial skin flap[J]. Zhonghua Zheng Xing Shao Shang Wai Ke Za Zhi[Chin J Plast Surg Burns(Article in Chinese;No abstract available)],1993,9(5):347. DOI:10.3760/j.issn:1009-4598.1993.05.009.}

[4703] 余谟山，陆冬才，肖建清，罗永湘. 半腱肌复合瓣解剖基础与回归方程 [J]. 中国修复重建外科杂志，1993，7（3）：133-134，190. {YU Moshan,LU Dongcai,XIAO Jianqing,LUO Yongxiang. Anatomical basis and regression equation of semitendinosus composite flap[J]. Zhongguo Xiu Fu Chong Jian Wai Ke Za Zhi[Chin J Repar Reconstr Surg(Article in Chinese;No abstract available)],1993,7(3):133-134,190.}

[4704] 张廷才，徐达传，钟世镇. 斜方肌瓣移位修复冈上肌腱的应用解剖 [J]. 中国临床解剖学杂志，1994，12（1）：102-104. DOI：10.13418/j.issn.1001-165x.1994.02.012. {ZHANG Tingcai,XU Dachuan,ZHONG Shizhen. Transfer of trapezius for tendon of supraspinatus[J]. Zhongguo Lin Chuang Jie Pou Xue Za Zhi[Chin J Clin Anat(Article in Chinese;Abstract in Chinese and English)],1994,12(1):102-104. DOI:10.13418/j.issn.1001-165x.1994.02.012.}

[4705] 郭进学，徐达传，钟世镇. 踇趾趾腹皮瓣游离移植物复拇指指腹的应用解剖 [J]. 中国临床解剖学杂志，1994，12（2）：105-107. {GUO Jinxue,XU Dachuan,ZHONG Shizhen. Applied anatomy of double thumb pulp with free toe flap of great toe[J]. Zhongguo Lin Chuang Jie Pou Xue Za Zhi[Chin J Clin Anat(Article in Chinese;Abstract in Chinese)],1994,12(2):105-107.}

[4706] 张旗，陈振光，余国荣，彭建强，王树峰. 以腓动脉穿支降支为蒂胫、腓骨下段骨膜瓣转位的应用解剖 [J]. 中国临床解剖学杂志，1994，12（2）：108-109. DOI：10.13418/j.issn.1001-165x.1994.02.015. {ZHANG Qi,CHEN Zhenguang,YU Guorong,PENG Jianqiang,WANG Shufeng. Descending branch of peroneal perforating artery-a useful vascularpedicle in distal tibial and fibular periosteal flap transfer[J]. Zhongguo Lin Chuang Jie Pou Xue Za Zhi[Chin J Clin Anat(Article in Chinese;Abstract in Chinese and English)],1994,12(2):108-109. DOI:10.13418/j.issn.1001-165x.1994.02.015.}

[4707] 陈秀清，王正元，李国文，施建辉，陈振光，余国荣，彭建强. 带股深血管蒂股骨（膜）瓣移位的应用解剖 [J]. 中国临床解剖学杂志，1994，12（2）：171-173. DOI：10.13418/j.issn.1001-165x.1994.03.005. {CHEN Xiuqing,WANG Zhengyuan,LI Guowen,SHI Jianhui,CHEN Zhenguang,YU Guorong,PENG Jianqiang. Applied anatomy of femoral osteoperiosteal flap pedicled with deep femoral vessels[J]. Zhongguo Lin Chuang Jie Pou Xue Za Zhi[Chin J Clin Anat(Article in Chinese;Abstract in Chinese and English)],1994,12(2):171-173. DOI:10.13418/j.issn.1001-165x.1994.03.005.}

[4708] 钟桂午，张发惠，郑和平. 股骨中段骨膜瓣移植的解剖及其临床应用 [J]. 中国临床解剖学杂志，1994，12（2）：174-176. DOI：10.13418/j.issn.1001-165x.1994.03.007. {ZHONG Guiwu,ZHANG Fahui,ZHENG Heping. Middle-femoral periosteal flap:anatomy and clinical application[J]. Zhongguo Lin Chuang Jie Pou Xue Za Zhi[Chin J Clin Anat(Article in Chinese;Abstract in Chinese and English)],1994,12(2):174-176. DOI:10.13418/j.issn.1001-165x.1994.03.007.}

[4709] 王树锋，曹文德，刘安幸，许卫红. 骨间前动脉背侧支为蒂前臂背侧岛状瓣的应用解剖 [J]. 中国临床解剖学杂志，1994，12（2）：258-260. DOI：10.13418/j.issn.1001-165x.1994.04.008. {WANG Shufeng,CAO Wende,LIU Anxing,XU Weihong. Applied anatomy of posterior forearm island flap pedicled on dorsal branch of anterrior interosseous artery[J]. Zhongguo Lin Chuang Jie Pou Xue Za Zhi[Chin J Clin Anat(Article in Chinese;Abstract in Chinese and English)],1994,12(2):258-260. DOI:10.13418/j.issn.1001-165x.1994.04.008.}

[4710] 马显杰，鲁开化，艾玉峰. 颈横动脉颈段皮支皮瓣的显微外科解剖 [J]. 中国临床解剖学杂志，1994，12（2）：81-84. DOI：10.13418/j.issn.1001-165x.1994.02.001. {MA Xianjie,LU Kaihua,AI Yufeng. Anatomical studies on the design of a new cervicothoracic flap pedicled with transverse cervical artery[J]. Zhongguo Lin Chuang Jie Pou Xue Za Zhi[Chin J Clin Anat(Article in Chinese;Abstract in Chinese and English)],1994,12(2):81-84. DOI:10.13418/j.issn.1001-165x.1994.02.001.}

[4711] 陈伯华，徐达传，司徒朴，顾浩．颈横动脉项背部皮瓣的解剖学基础 [J]．中国临床解剖学杂志，1994，12(3)：95−98. DOI：10.13418/j.issn.1001−165x.1994.02.008. {CHEN Bohua,XU Dachuan,SI Tupu,GU Hao. Anatomical studies of transverse cervical artery in the design of nuchal flap[J]. Zhongguo Lin Chuang Jie Pou Xue Za Zhi[Chin J Clin Anat(Article in Chinese;Abstract in Chinese and English)],1994,12(3):95 - 98. DOI:10.13418/j.issn.1001 - 165x.1994.02.008.}

[4712] 何尚宽，黄位耀，钟桂午．带隐血管蒂骨膜骨瓣转位修复股骨缺损骨不连的应用解剖 [J]．中国临床解剖学杂志，1994，12（4）：11−13. DOI：10.13418/j.issn.1001−165x.1994.01.005. {HE Shangkuan,HUANG Weiyao,ZHONG Guiwu. Applied anatomy of periosteum - bone flap transfer pedicled with saphenous vessels[J]. Zhongguo Lin Chuang Jie Pou Xue Za Zhi[Chin J Clin Anat(Article in Chinese;Abstract in Chinese and English)],1994,12(4):11 - 13. DOI:10.13418/j.issn.1001 - 165x.1994.01.005.}

[4713] 洪志坚，曹文建，邱大学，陈一飞．以旋髂深血管或腹壁主要升支为蒂腹膜瓣的应用解剖 [J]．中国临床解剖学杂志，1994，12（4）：165−167. DOI：10.13418/j.issn.1001−165x.1994.03.003. {HONG Zhijian,CAO Wenjian,QIU Daxue,CHEN Yifei. Applied anatomy of peritoneal flap supplied by deep circumflex iliac artery or its large ascending branch[J]. Zhongguo Lin Chuang Jie Pou Xue Za Zhi[Chin J Clin Anat(Article in Chinese;Abstract in Chinese and English)],1994,12(4):165 - 167. DOI:10.13418/j.issn.1001 - 165x.1994.03.003.}

[4714] 秦小云，徐达传，钟世镇．尺动脉腕背支手背尺侧皮瓣的应用解剖 [J]．中国临床解剖学杂志，1994，12（4）：252−254. DOI：10.13418/j.issn.1001−165x.1994.04.006. {QIN Xiaoyun,XU DachuanZHONG Shizhen. Applied anatomy of dorsal ulnar skin flap of dorsal carpal branch of ulnar artery[J]. Zhongguo Lin Chuang Jie Pou Xue Za Zhi[Chin J Clin Anat(Article in Chinese;Abstract in Chinese)],1994,12(4):252 - 254. DOI:10.13418/j.issn.1001 - 165x.1994.04.006.}

[4715] 张世民，张连生，韩平良．链型血供筋膜皮瓣的解剖学基础及临床应用 [J]．中国临床解剖学杂志，1994，12（1）：62−65. DOI：10.13418/j.issn.1001−165x.1994.01.030. {ZHANG Shimin,ZHANG Liansheng,HAN Pingliang. Chain - type blood supply in fasciocutaneous flap and its clinical application[J]. Zhongguo Lin Chuang Jie Pou Xue Za Zhi[Chin J Clin Anat(Article in Chinese;Abstract in Chinese and English)],1994,12(1):62 - 65. DOI:10.13418/j.issn.1001 - 165x.1994.01.030.}

[4716] 赵德伟，随广智，杜国君，刘一弘，张惠茹，王宏志，郭林．旋股外侧血管横支大转子骨瓣修复股骨头的应用解剖 [J]．中国临床解剖学杂志，1994，12（2）：92−94. DOI：10.13418/j.issn.1001−165x.1994.02.006. {ZHAO Dewei,SUI Guangzhi,DONG Guojun,LIU Yihong,ZHANG Huiru,WANG Hongzhi,GUO Lin. Applied anatomy of the transverse branch of lateral femoral circumflex artery in the transfer of greater trochanter bone flap[J]. Zhongguo Lin Chuang Jie Pou Xue Za Zhi[Chin J Clin Anat(Article in Chinese;Abstract in Chinese and English)],1994,12(2):92 - 94. DOI:10.13418/j.issn.1001 - 165x.1994.02.006.}

[4717] 文质君，陈运祥，钟世镇，徐达传，秦小云．小腿内侧逆行筋膜皮瓣修复足部创面的解剖研究及临床 [J]．中国临床解剖学杂志，1994，12（6）：255−257. DOI：10.13418/j.issn.1001−165x.1994.04.007. {WEN Zhijun,CHEN Yunxiang,ZHONG Shizhen,XU Dachuan,QIN Xiaoyun. Reverse transposition of the medial crural fasciocutaneous flap - anatomic study and clinical application[J]. Zhongguo Lin Chuang Jie Pou Xue Za Zhi[Chin J Clin Anat(Article in Chinese;Abstract in Chinese and English)],1994,12(6):255 - 257. DOI:10.13418/j.issn.1001 - 165x.1994.04.007.}

[4718] 卢范，郭恩覃，文君慧．胫后动脉筋膜皮支为蒂的小腿内侧皮瓣与超薄皮瓣应用解剖 [J]．中国临床解剖学杂志，1994，12（1）：8−10. DOI：10.13418/j.issn.1001−165x.1994.01.004. {LU Fan,GUO Dongqin,WEN Junhui. Applied anatomy of the fasciocutaneous branch of the posterior tibial arlerty[J]. Zhongguo Lin Chuang Jie Pou Xue Za Zhi[Chin J Clin Anat(Article in Chinese;Abstract in Chinese and English)],1994,12(1):8 - 10. DOI:10.13418/j.issn.1001 - 165x.1994.01.004.}

[4719] 陈秀清，李国文，施建辉，朱成怀，陈振光，余国荣，彭建强．带腓血管蒂胫腓骨远段联合骨（膜）瓣移位的应用解剖 [J]．中国临床解剖学杂志，1994，12（3）：168−170. DOI：10.13418/j.issn.1001−165x.1994.03.004. {CHEN Xiuqing,LI Guowen,SHI Jianhui,ZHU Chenghuai,CHEN Zhenguang,YU Guorong,PENG Jianqiang. Applied anatomy of combined distal tibial and fibular osteoperiosteal flap pedicled with peroneal vessels[J]. Zhongguo Lin Chuang Jie Pou Xue Za Zhi[Chin J Clin Anat(Article in Chinese;Abstract in Chinese and English)],1994,12(3):168 - 170. DOI:10.13418/j.issn.1001 - 165x.1994.03.004.}

[4720] 陈秀清，李卜明，李国文，袁驾南，陈振光，余国荣，彭建强，施建辉．带肱深血管蒂肱骨（膜）瓣移位的应用解剖 [J]．中国临床解剖学杂志，1994，12（4）：261−263. DOI：10.13418/j.issn.1001−165x.1994.04.011. {CHEN Xiuqing,LI Boming,LI Guowen,YUAN Jianan,CHEN Zhenguang,YU Guorong,PENG Jianqiang,SHI Jianhui. Applied anatomy of the humeral osteoperiosteal flap pedicled with the deep brachial vessels[J]. Zhongguo Lin Chuang Jie Pou Xue Za Zhi[Chin J Clin Anat(Article in Chinese;Abstract in Chinese and English)],1994,12(4):261 - 263. DOI:10.13418/j.issn.1001 - 165x.1994.04.011.}

[4721] 靳升荣，陶远孝，代生富，廖文满．斜方肌下部岛状肌皮瓣的应用解剖 [J]．中国临床解剖学杂志，1994，12（4）：264−266. DOI：10.13418/j.issn.1001−165x.1994.04.014. {JIN Shengrong,TAO Yuanxiao,DAI Shengfu,LIAO Wenman. Applied anatomy of the island musculocutaneous flap of the lower trapezius[J]. Zhongguo Lin Chuang Jie Pou Xue Za Zhi[Chin J Clin Anat(Article in Chinese;Abstract in Chinese and English)],1994,12(4):264 - 266. DOI:10.13418/j.issn.1001 - 165x.1994.04.014.}

[4722] 苏泽轩，钟世镇．带血管蒂阴囊皮瓣修补尿道狭窄的解剖基础及临床应用 [J]．中国临床解剖学杂志，1994，12（1）：60−61. DOI：10.13418/j.issn.1001−165x.1994.01.029. {SU Zexuan,ZHONG Shizhen. Anatomical study and clinical application of pedicled scrotal skin graft transposition in repair of urethral stricture[J]. Zhongguo Lin Chuang Jie Pou Xue Za Zhi[Chin J Clin Anat(Article in Chinese;Abstract in Chinese and English)],1994,12(1):60 - 61. DOI:10.13418/j.issn.1001 - 165x.1994.01.029.}

[4723] 陈秀清，李卜明，李国文，窦忠新，陈振光，余国荣，彭建强．带骨间前血管蒂尺骨远侧段骨（膜）瓣移位的应用解剖 [J]．中国临床解剖学杂志，1994，12（2）：99−101. DOI：10.13418/j.issn.1001−165x.1994.02.010. {CHEN Xiuqing,LI Boming,LI Guowen,DOU Zhongxin,CHEN Zhenguang,YU Guorong,PENG Jianqiang. Applied anatomy of distal ulnar osteoperiosteal flap pedicled with anteri - or interoesseous vessels[J]. Zhongguo Lin Chuang Jie Pou Xue Za Zhi[Chin J Clin Anat(Article in Chinese;Abstract in Chinese and English)],1994,12(2):99 - 101. DOI:10.13418/j.issn.1001 - 165x.1994.02.010.}

[4724] 陈秀清，王正元，李国文，陈振光，余国荣，彭建强．膝降血管为蒂股骨为侧髁瓣移位修复股骨中下段的应用解剖 [J]．中华显微外科杂志，1994，17（2）：134−135. {CHEN Xiuqing,WANG ZhengyuanLI Guowen,CHEN Zhenguang. Applied anatomy of transposition of femoral condylar flaps with pedicled genu descending vessels to repair the middle and lower femoral segments[J]. Zhonghua Xian Wei Wai Ke Za Zhi[Chin J Microsurg(Article in Chinese;Abstract in Chinese)],1994,17(2):134 - 135.}

[4725] 汪涌，陈尔瑜，杨果凡．锁骨上皮瓣的应用解剖 [J]．中华显微外科杂志，1994，17（2）：210−211，240. {WANG Yong,CHEN Dongyu,YANG Guofan. Applied anatomy of the fasciocutaneous flap pedicled superficial branch of radial nerve and its nutrient vessels[J]. Zhonghua Xian Wei Wai Ke Za Zhi[Chin J Microsurg(Article in Chinese;Abstract in Chinese and English)],1994,17(2):210 - 211,240.}

[4726] 王培信，许兰芬，刘继伦．改良食指背侧皮瓣的解剖及临床应用 [J]．中华手外科杂志，1994，10（2）：98−99. {WANG Peixin,XU Lanfen,LIU Jilun. Anatomy and clinical application of improved dorsal skin flap of index finger[J]. Zhonghua Shou Wai Ke Za Zhi[Chin J Hand Surg(Article in Chinese;Abstract in Chinese and English)],1994,10(2):98 - 99.}

[4727] 王少华，程永增，刘文忠，直伍修，周晓利，刘海鹰．第Ⅱ掌背动脉岛状皮瓣的显微解剖及临床应用 [J]．中华整形烧伤外科杂志，1994，10（1）：46−48. DOI：10.3760/j.issn：1009−4598.1994.01.005. {WANG Shaohua,CHENG Yongzeng,LIU Wenzhong,ZHI Wuxiu,ZHOU Xiaoli,LIU Haiying. The Ⅱ dorsal metacarpal artery island flap of microdissection and clinical application[J]. Zhonghua Zheng Xing Shao Shang Wai Ke Za Zhi[Chin J Plast Surg Burns(Article in Chinese;No abstract available)],1994,10(1):46 - 48. DOI:10.3760/j.issn:1009 - 4598.1994.01.005.}

[4728] 柏树令，宋智敏，刘建华，王志刚，高天恩，李加林．阔筋膜的血供特点及其代瓣术的解剖学基础 [J]．中国修复重建外科杂志，1994，8（2）：79−80. {BAI Shuling,SONG Zhimin,LIU Jianhua,WANG Zhigang,GAO Tiandong,LI Jialin. Abstractsthe anatomic features of blood supply of fascia lata[J]. Zhongguo Xiu Fu Chong Jian Wai Ke Za Zhi[Chin J Repar Reconstr Surg(Article in Chinese;Abstract in Chinese and English)],1994,8(2):79 - 80.}

[4729] 何葆华，宋建良，李松春，范希玲，宗亚力．眶下血管蒂鼻唇沟皮瓣的解剖与临床应用 [J]．中国临床解剖学杂志，1995，13（2）：103−105. DOI：10.13418/j.issn.1001−165x.1995.02.010. {HE Baohua,SONG Jianliang,LI Chunsong,FAN Xiling,ZONG Yali. Anatomy and clinical application of suborbital vascular nasolabial groove flap[J]. Zhongguo Lin Chuang Jie Pou Xue Za Zhi[Chin J Clin Anat(Article in Chinese;Abstract in Chinese)],1995,13(2):103 - 105. DOI:10.13418/j.issn.1001 - 165x.1995.02.010.}

[4730] 张发惠，许卫红，刘经南，郑和平．膝下内侧血管皮瓣的应用解剖 [J]．中国临床解剖学杂志，1995，13(2)：111−113. DOI：10.13418/j.issn.1001−165x.1995.02.016. {ZHANG Fahui,XU Weihong,LIU Jingnan,ZHENG Heping. Applied anatomy of the medial inferior genicular vessels[J]. Zhongguo Lin Chuang Jie Pou Xue Za Zhi[Chin J Clin Anat(Article in Chinese;Abstract in Chinese and English)],1995,13(2):111 - 113. DOI:10.13418/j.issn.1001 - 165x.1995.02.016. }

[4731] 高承文，刘文宽，丁自海．儿童颊肌粘膜瓣修复腭裂的应用解剖 [J]．中国临床解剖学杂志，1995，13（2）：117−119. DOI：10.13418/j.issn.1001−165x.1995.02.019. {GAO Chengwen,LIU Wenkuan,DING Zihai. Anatomic studies on buccinator myomucosal flap transfer in child palatoschisis[J]. Zhongguo Lin Chuang Jie Pou Xue Za Zhi[Chin J Clin Anat(Article in Chinese;Abstract in Chinese and English)],1995,13(2):117 - 119. DOI:10.13418/j.issn.1001 - 165x.1995.02.019. }

[4732] 吕端远，廖进民，谢华，徐达传．肱二头肌短头喙突骨瓣移位修复肩锁关节的应用解剖 [J]．中国临床解剖学杂志，1995，13（2）：141−143. DOI：10.13418/j.issn.1001−165x.1994.02.032. {LV Dongyuan,LIAO Jinmin,XIE Hua,XU Chuanda. Applied anatomy of reconstruction of acromioclavicular joint by transposition of biceps brachicoracoid process bone flap[J]. Zhongguo Lin Chuang Jie Pou Xue Za Zhi[Chin J Clin Anat(Article in Chinese;Abstract in Chinese)],1995,13(2):141 - 143. DOI:10.13418/j.issn.1001 - 165x.1994.02.032.}

[4733] 廖进民，徐达传，钟世镇，文家福，周训银，徐永清．腓骨肌皮瓣移植修复下颌区组织缺损的应用解剖 [J]．中国临床解剖学杂志，1995，13（2）：174−178. DOI：10.13418/j.issn.1001−165x.1994.03.005. {LIAO Jinmin,XU Dachuan,ZHONG Shizhen,WEN Jiafu,ZHOU Xunyin,XU Yongqing. Applied anatomy of mandibular reconstruction by free transfer of com - pound fibular osteomyocutaneous flap[J]. Zhongguo Lin Chuang Jie Pou Xue Za Zhi[Chin J Clin Anat(Article in Chinese;Abstract in Chinese and English)],1995,13(2):174 - 178. DOI:10.13418/j.issn.1001 - 165x.1994.03.005.}

[4734] 郑和平，陈振光，张发惠，王树锋，余国荣．以颈横动脉深支为蒂肩胛内侧骨瓣椎板成形术的应用解剖 [J]．中国临床解剖学杂志，1995，13（2）：97−99. DOI：10.13418/j.issn.1001−165x.1995.02.007. {ZHENG Heping,CHEN Zhenguang,ZHANG Fahui,WANG Shufeng,YU Guorong. Applied anatomy of laminoplasty with medial scapular flap pedicled with deep branch of transverse carotid artery[J]. Zhongguo Lin Chuang Jie Pou Xue Za Zhi[Chin J Clin Anat(Article in Chinese;Abstract in Chinese)],1995,13(2):97 - 99. DOI:10.13418/j.issn.1001 - 165x.1995.02.007.}

[4735] 李桂兰，周希顺，李慧友，关维启，姜学智．带臀上血管深上支髂骨膜瓣治疗髋关节骨性关节炎的应用解剖 [J]．中国临床解剖学杂志，1995，13（2）：139−140. DOI：10.13418/j.issn.1001−165x.1995.02.030. {LI Guilan,ZHOU Xishun,LI Huiyou,GUAN Weiqi,JIANG Xuezhi. Applied anatomy of ilium perosteal flap based on the deep division of the superior gluteal artery for the treatment of the osseous arthritis of hip joint[J]. Zhongguo Lin Chuang Jie Pou Xue Za Zhi[Chin J Clin Anat(Article in Chinese;Abstract in Chinese and English)],1995,13(2):139 - 140. DOI:10.13418/j.issn.1001 - 165x.1995.02.030. }

[4736] 安挺秀，吴仁志，赵虬，张宝岭，曹文，李崇谦，吴越．以第 3 腰血管为蒂岛状脂肪瓣转移在腰椎间盘手术中的应用解剖 [J]．中国临床解剖学杂志，1995，13（1）：21−23. DOI：10.13418/j.issn.1001−165x.1995.01.010. {AN Tingxiu,WU Renzhi,ZHAO Qiu,ZHANG Baoling,CAO Wen,LI Chongqian,WU Yue. Applied anatomy of island fatty flap transfer pedicled with the 3rd lumbar vessels[J]. Zhongguo Lin Chuang Jie Pou Xue Za Zhi[Chin J Clin Anat(Article in Chinese;Abstract in Chinese and English)],1995,13(1):21 - 23. DOI:10.13418/j.issn.1001 - 165x.1995.01.010.}

[4737] 秦登友，钟世镇，李忠华．股骨内侧髁骨皮瓣移植重建下颌的应用解剖 [J]．中国临床解剖学杂志，1995，13（4）：245−248. DOI：10. 13418 /j . issn. 1001 −165x . 1995. 04. 003. {QIN Dengyou,ZHONG Shizhen,LI Zhonghua. Applied anatomy of mandibular reconstruction using a free vascularised osteocutaneous flap from the medial condyle of the femur[J]. Zhongguo Lin Chuang Jie Pou Xue Za Zhi[Chin J Clin Anat(Article in Chinese;Abstract in Chinese and English)],1995,13(4):245 - 248. DOI:10. 13418 /j . issn. 1001 - 165x . 1995. 04. 003. }

[4738] 林野，许则民，李柱田．小腿部筋膜皮瓣形成的解剖学基础 [J]．中国临床解剖学杂志，1995，13（2）：108−110. DOI：10.13418/j .issn.1001−165x.1995.02.014. {LIN Ye,XU Zemin,LI Zhutian. Clinical anatomy of the fasciocutaneous flap on the leg[J]. Zhongguo Lin Chuang Jie Pou Xue Za Zhi[Chin J Clin Anat(Article in Chinese;Abstract in Chinese and English)],1995,13(2):108 - 110. DOI :10.13418/j .issn.1001 - 165x.1995.02.014. }

[4739] 董有海，何明武，刘仁寿，王平年，黄铁柱．手背示中指背筋膜血管神经蒂皮瓣的应用解剖 [J]．中国临床解剖学杂志，1995，13（4）：249−251. DOI：10.13418/j .issn.1001−165x.1995.04.005 . {DONG Youhai,HE Mingwu,LIU Renshou,WANG Pingnian,HUANG Tiezhu. Applied anatomy of y - type island cuaneous flap between the index and middle finger[J]. Zhongguo Lin Chuang Jie Pou Xue Za Zhi[Chin J Clin Anat(Article in Chinese;Abstract in Chinese and English)],1995,13(4):249 - 251. DOI :10.13418/j .issn.1001 - 165x.1995.04.005 .}

[4740] 何明武，曹文华，姚忠军，刘仁寿．腘动脉外侧皮支岛状筋膜皮瓣的解剖及临床应用 [J]．中国临床解剖学杂志，1995，13（4）：306−307. DOI：10.13418/j .issn.1001−165x.1995.04.031 . {HE Mingwu,CAO Wenhua,YAO Zhongjun,LIU Renshou. Anatomy and clinical application of island fascial flap of lateral cutaneous branch of popliteal artery[J]. Zhongguo Lin Chuang Jie Pou Xue Za Zhi[Chin J Clin Anat(Article in Chinese;Abstract in Chinese)],1995,13(4):306 - 307. DOI :10.13418/j .issn.1001 - 165x.1995.04.031. }

[4741] 林欣，唐英汉，陶树清，邵林．旋股外侧动脉横支为蒂大转子骨 − 骨膜瓣解剖学研究 [J]．中国临床解剖学杂志，1995，13（2）：94−96. DOI：10.13418/j .issn.1001−165x.1995.02.005 . {LIN Xin,TANG Yinghan,TAO Shuqing,SHAO Lin. Anatomic study of greater trochant flap with the transverse branch of lateral circumflex femoral artery[J]. Zhongguo Lin Chuang Jie Pou Xue Za Zhi[Chin J Clin Anat(Article in Chinese;Abstract in Chinese and English)],1995,13(2):94 - 96. DOI :10.13418/j .issn.1001 - 165x.1995.02.005 .}

[4742] 劳杰，张高孟，顾玉东．桡动脉鼻咽窝段皮支皮瓣的应用解剖学 [J]．中国临床解剖学杂志，1995，13(2): 106-107. DOI: 10. 13418/j. issn. 1001 -165x. 1995. 02. 012. {LAO Jie,ZHANG Gaomeng,GU Yudong. Applied anatomy of the cutaneous flap in nasopharyngeal fossa region pedicled with the branch of radial artery[J]. Zhongguo Lin Chuang Jie Pou Xue Za Zhi[Chin J Clin Anat(Article in Chinese;Abstract in Chinese and English)],1995,13(2):106-107. DOI:10. 13418 /j. issn. 1001 -165x . 1995. 02. 012 .}

[4743] 陈茂林，史增元，姚乃中，尹维刚，刘秀清．足背逆转皮瓣的应用解剖学 [J]．中国临床解剖学杂志，1995，13 (3): 179-181. DOI : 10.13418/j .issn.1001-165x.1995.03.006. {CHEN Maolin,SHI Zengyuan,YAO Naizhong,YIN Weigang,LIU Xiuqing. Applied anatomy of reverse dorsal pedis flap[J]. Zhongguo Lin Chuang Jie Pou Xue Za Zhi[Chin J Clin Anat(Article in Chinese;Abstract in Chinese and English)],1995,13(3):179-181. DOI :10.13418/j .issn.1001-165x.1995.03.006. }

[4744] 吕端远，廖进民，谢华，徐达传．带肌蒂髂骨瓣转位治疗腰椎滑脱的应用解剖 [J]．中国临床解剖学杂志，1995，13 (6): 188-190. DOI : 10.13418/j .issn.1001-165x.1995.03.011 . {LV Dongyuan,LIAO Jinmin,XIE Hua,XU Dachuan. Applied anatomy of muscular pedicled ilium bone flap for the treatment of lumbar spondylolisthesis[J]. Zhongguo Lin Chuang Jie Pou Xue Za Zhi[Chin J Clin Anat(Article in Chinese;Abstract in Chinese and English)],1995,13(6):188-190. DOI :10.13418/j .issn.1001-165x.1995.03.011 .}

[4745] 郑和平，张发惠，刘经南．三角肌后束肌蒂肩胛冈骨瓣转位术的应用解剖 [J]．中国临床解剖学杂志，1995，13 (3): 185-187. DOI : 10.13418/j .issn.1001-165x.1995.03.009. {ZHENG Heping,ZHANG Fahui,LIU Jingnan. Applied anatomy of scapular spine bone flap transfer pedicled with the posterior bundle of deltoid muscle[J]. Zhongguo Lin Chuang Jie Pou Xue Za Zhi[Chin J Clin Anat(Article in Chinese;Abstract in Chinese and English)],1995,13(3):185-187. DOI:10.13418/j .issn.1001-165x.1995,03,009 .}

[4746] 张发惠，陈振光，郑和平，刘经南，余国荣，喻爱喜．腓浅血管蒂胫腓骨膜瓣的解剖和临床 [J]．中国临床解剖学杂志，1995，13 (1): 27-29. DOI : 10.13418/j .issn.1001 -165x.1995.01.013. {ZHANG Fahui,CHEN Zhenguang,ZHENG Heping,LIU Jingnan,YU Guorong,YU Aixi. Anatomic study and clinic application of tibiofibular periosteal flap with superficial peroneal vessels[J]. Zhongguo Lin Chuang Jie Pou Xue Za Zhi[Chin J Clin Anat(Article in Chinese;Abstract in Chinese and English)],1995,13(1):27-29. DOI:10.13418/j .issn.1001-165x.1995.01.013.}

[4747] 秦小云，文质君，钟世镇，徐达传．腹直肌肌皮瓣的解剖与乳房重建 [J]．中国临床解剖学杂志，1995，13 (1): 30-33. DOI: 10. 13418/j. issn. 1001 -165x. 1995. 01. 015. {QIN Xiaoyun,WEN Zhijun,ZHONG Shizhen,XU Dachuan. Rectus abdominis musculocutaneous flap in breast reconstruction anatomical study[J]. Zhongguo Lin Chuang Jie Pou Xue Za Zhi[Chin J Clin Anat(Article in Chinese;Abstract in Chinese and English)],1995,13(1):30-33. DOI:10. 13418/j. issn. 1001 -165x . 1995. 01. 015. }

[4748] 朱星红．耳后皮瓣及耳廓组织瓣转位修复颜面部的应用解剖 [J]．中华显微外科杂志，1995，18 (1): 44-46，78. {ZHU Xinghong. Applied anatomy of the fasciocutaneous flaps based on the superior lateral brachial cutaneous neural vessels[J]. Zhonghua Xian Wei Wai Ke Za Zhi[Chin J Microsurg(Article in Chinese;Abstract in Chinese and English)],1995,18(1):44-46,78.}

[4749] 郑和平，陈振光，张发惠，施洪．以肩胛上血管冈下支为蒂肩胛冈骨皮瓣移植的应用解剖 [J]．中华显微外科杂志，1995，18 (1): 47-49，78. {ZHENG Heping,CHEN Zhenguang,ZHANG Fahui,SHI Hong. Digital anatomy of the deep circumflex iliac artery osteocutaneous perforator flap[J]. Zhonghua Xian Wei Wai Ke Za Zhi[Chin J Microsurg(Article in Chinese;Abstract in Chinese and English)],1995,18(1):47-49,78.}

[4750] 郑和平，张发惠，钟桂午，谢汉国，王珊．旋肌外侧血管横支大转子骨瓣移位术的应用解剖 [J]．中华显微外科杂志，1995，18 (4): 277-279. {ZHENG Heping,ZHANG Fahui,ZHONG Guiwu,XIE Guohan,WANG Shan. Applied anatomy of transposition of lateral vascular branch of rotator muscle with greater trochanteric bone flap[J]. Zhonghua Xian Wei Wai Ke Za Zhi[Chin J Microsurg(Article in Chinese;No abstract available)],1995,18(4):277-279.}

[4751] 马显杰，鲁开化，艾玉峰，柳大烈，刘建波．颈胸部多源供血皮瓣的解剖及临床应用 [J]．中华外科杂志，1995，33 (1): 57-59. {MA Xianjie,LU Kaihua,AI Yufeng,LIU Dalie,LIU Jianbo. Anatomy and clinical application of transcervi-cothoracic polyphyletic blood supply skin flap[J]. Zhonghua Wai Ke Za Zhi[Chin J Surg(Article in Chinese;Abstract in Chinese and English)],1995,33(1):57-59.}

[4752] 喻爱喜，陈振光，余国荣，谭金海，张发惠，刘经南，胡群山，张友云．桡侧副血管蒂肱骨远端骨膜皮瓣的应用解剖学研究 [J]．中华实验外科杂志，1995，12 (6): 368-369，389. {YU Aixi,CHEN Zhenguang,YU Guorong,TAN Jinhai,ZHANG Fahui,LIU Jingnan,HU Qunshan,ZHANG Youyun. Applied anatomy of distal humerus periosteo-cutaneous flap pedicled with collateralis radialis vessels[J]. Zhonghua Shi Yan Wai Ke Za Zhi[Chin J Exp Surg(Article in Chinese;Abstract in Chinese and English)],1995,12(6):368-369,389.}

[4753] 劳杰，顾玉东，吴自萍．小鱼际皮瓣的显微解剖学观察 [J]．中华手外科杂志，1995，11 (2): 93-94. {LAO Jie,GU Yudong,WU Ziping. Microsurgical anatomy of hypothenar flap[J]. Zhonghua Shou Wai Ke Za Zhi[Chin J Hand Surg(Article in Chinese;Abstract in Chinese and English)],1995,11(2):93-94.}

[4754] 李林，李柱田，李熙政，玄东泽，金成峰．腓动脉穿支为蒂的腓肠外侧皮动脉逆行岛状皮瓣的应用解剖 [J]．中华整形烧伤外科杂志，1995，11 (1): 23-25. DOI: 10.3760/j.issn: 1009-4598.1995.01.006. {LI Lin,LI Zhutian,LI Xizheng,XUAN Dongze,JIN Chengfeng. Applied anatomy of a retrograde island flap pedicled with peroneal artery perforator[J]. Zhonghua Zheng Xing Shao Shang Wai Ke Za Zhi[Chin J Plast Surg Burns(Article in Chinese;No abstract available)],1995,11(1):23-25. DOI:10.3760/j.issn:1009-4598.1995.01.006.}

[4755] 何尚宽，徐达传，钟桂午，彭仲双．隐血管蒂缝匠肌皮瓣的应用解剖学 [J]．中国临床解剖学杂志，1996，14 (2): 111-114. DOI : 10. 13418/j . issn.1001-165x.1996.02.017. {HE Shangkuan,XU Dachuan,ZHONG Guiwu,PENG Zhongshuang. Applied anatomy of sartorius muscle flap with saphenous vessels[J]. Zhongguo Lin Chuang Jie Pou Xue Za Zhi[Chin J Clin Anat(Article in Chinese;Abstract in Chinese and English)],1996,14(2):111-114. DOI :10.13418/j .issn.1001-165x.1996.02.017.}

[4756] 张发惠，刘经南，喻爱喜．以桡侧返或桡侧副血管为蒂的臂下外侧皮 (骨膜) 瓣的应用解剖 [J]．中国临床解剖学杂志，1996，14 (2): 105-108. DOI: 10. 13418 /j . issn. 1001 -165x . 1996. 02. 014. {ZHANG Fahui,LIU Jingnan,YU Aixi. Applied anatomy of skin-periosteal flap in inferolateral arm with radial recurrent or radial collateral vessels[J]. Zhongguo Lin Chuang Jie Pou Xue Za Zhi[Chin J Clin Anat(Article in Chinese;Abstract in Chinese and English)],1996,14(2):105-108. DOI:10. 13418 /j . issn. 1001 -165x . 1996. 02. 014.}

[4757] 谭金海，张发惠，陈振光，余国荣，刘经南，喻爱喜．第一穿动脉降支为蒂骨膜瓣的应用解剖 [J]．中国临床解剖学杂志，1996，14 (2): 118-120. DOI: 10.13418/j .issn.1001-165x.1996.02.019. {TAN Jinhai,ZHANG Fahui,CHEN Zhenguang,YU Guorong,LIU Jingnan,YU Aixi. Anatomic study on a periosteal flap with the descending branch of the first perforating artery[J]. Zhongguo Lin Chuang Jie Pou Xue Za Zhi[Chin J Clin Anat(Article in Chinese;Abstract in Chinese and English)],1996,14(2):118-120. DOI :10. 13418/j .issn.1001-165x.1996.02.019.}

[4758] 郑和平，徐达传，钟世镇．带血管蒂肋骨瓣转位行胸、腰椎植骨融合术的应用解剖 [J]．中国临床解剖学杂志，1996，14 (2): 165-168. DOI : 10. 13418/j . issn.1001 -165x.1996.03.002. {ZHENG Heping,XU Dachuan,ZHONG Shizhen. Applied anatomy of vascularized rib flap transposition for the bone grafting-fusion of vertebral body of thoracic-lumbar[J]. Zhongguo Lin Chuang Jie Pou Xue Za Zhi[Chin J Clin Anat(Article in Chinese;Abstract in Chinese and English)],1996,14(2):165-168. DOI:10.13418/j.issn.1001-165x.1996.03.002.}

[4759] 廖进民，钟世镇，徐达传．以肌间隔皮支为蒂外踝上皮瓣的解剖学基础 [J]．中国临床解剖学杂志，1996，14 (3): 184-187. DOI : 10. 13418/j .issn. 1001-165x.1996.03.012. {LIAO Jinmin,ZHONG Shizhen,XU Dachuan. Applied anatomy of superior lateral malleolar flap pedicled with cutaneous branch of intermuscular septum artery[J]. Zhongguo Lin Chuang Jie Pou Xue Za Zhi[Chin J Clin Anat(Article in Chinese;Abstract in Chinese and English)],1996,14(3):184-187. DOI :10.13418/j .issn.1001-165x.1996.03.012.}

[4760] 廖进民，钟世镇，徐达传，李忠华．颏下皮瓣的应用解剖 [J]．中国临床解剖学杂志，1996，14 (4): 255-258. DOI: 10.13418/j.issn.1001-165x.1996.04.010. {LIAO Jinmin,ZHONG Shizhen,XU Dachuan,LI Zhonghua. Applied anatomy for the submental island flap-anew donor site[J]. Zhongguo Lin Chuang Jie Pou Xue Za Zhi[Chin J Clin Anat(Article in Chinese;Abstract in Chinese and English)],1996,14(4):255-258. DOI :10.13418/j .issn.1001-165x.1996.04.010.}

[4761] 戴国锋，王永惕，张光旨．股方肌骨瓣临床应用解剖 [J]．中国临床解剖学杂志，1996，14 (1): 23-25. DOI : 10.13418/j .issn.1001-165x.1996.01.012. {DAI Guofeng,WANG Yongti,ZHANG Guangzhi. Clinical anatomy of the femoral quadrate muscular bone flap[J]. Zhongguo Lin Chuang Jie Pou Xue Za Zhi[Chin J Clin Anat(Article in Chinese;Abstract in Chinese and English)],1996,14(1):23-25. DOI :10.13418/j .issn.1001-165x.1996.01.012.}

[4762] 郑和平，张心宽，徐达传，吴增辉，钟世镇．带血管蒂下颌骨瓣转位上颈椎融合术的应用解剖 [J]．中国临床解剖学杂志，1996，14(4): 249-251. DOI: 10.13418/j.issn.1001-165x.1996.04.006. {ZHENG Heping,ZHANG Xinkuan,XU Chuanda,WU Zenghui,ZHONG Shizhen. Applied anatomy of upper cervical fusion by transposition of vascularized mandible flap[J]. Zhongguo Lin Chuang Jie Pou Xue Za Zhi[Chin J Clin Anat(Article in Chinese;Abstract in Chinese)],1996,14(4):249-251. DOI:10.13418 / j .issn.1001-165 x.1996.04.006. }

[4763] 罗秀梅，李沃棠，黄文燕．带血管蒂股薄肌瓣转位修补复发性腹股沟疝的应用解剖 [J]．中国临床解剖学杂志，1996，14 (4): 265-267. DOI: 10.13418/j .issn.1001-165x.1996.04.016. {LUO Xiumei,LI Wotang,HUANG Wenyan. Applied anatomy of vascularized gracilis muscle flap for repair of recurrent inguinal hernia[J]. Zhongguo Lin Chuang Jie Pou Xue Za Zhi[Chin J Clin Anat(Article in Chinese;Abstract in Chinese)],1996,14(4):265-267. DOI :10.13418/ j.issn.1001-165x.1996.04.016.}

[4764] 李蓉孙，曹世民，罗守怡，全建设，蒋力莉，谭正清，周晓斌，唐茂林．逆行岛状股骨内侧髁骨 (膜) 瓣的应用解剖 [J]．中国临床解剖学杂志，1996，14 (1): 9-11. DOI: 10. 13418/j.issn.1001-165x.1996.01.004 . {LI Rongsun,CAO Shimin,LUO Shouyi,QUAN Jianshe,JIANG Lili,TAN Zhengqing,ZHOU Xiaobin,TANG Maolin. Applied anatomy of the reversed femoral osteoperiosteal island flap[J]. Zhongguo Lin Chuang Jie Pou Xue Za Zhi[Chin J Clin Anat(Article in Chinese;Abstract in Chinese and English)],1996,14(1):9-11. DOI:10.13418/j.issn.1001-165x.1996.01.004.}

[4765] 陈振光，余国荣，喻爱喜，谭金海，张友云，丁成荣，胡群山，潘伯群．骨间返动脉为蒂尺骨上段骨膜瓣移位的应用解剖 [J]．中国临床解剖学杂志，1996，14 (2): 109-110. DOI: 10.13418/j.issn.1001-165x.1996.02.016. {CHEN Zhenguang,YU Guorong,YU Aixi,TAN Jinhai,ZHANG Youyun,DING Chengrong,HU Qunshan,PAN Boqun. Applied anatomic study of proximal ulna periosteal flap pedicled with re-current interosseous artery[J]. Zhongguo Lin Chuang Jie Pou Xue Za Zhi[Chin J Clin Anat(Article in Chinese;Abstract in Chinese and English)],1996,14(2):109-110. DOI:10.13418/j.issn.1001-165x.1996.02.016.}

[4766] 钟桂午，郑和平，张发惠，陈日景．旋股外侧血管横支大转子骨瓣修复股骨中上段的解剖及应用 [J]．中国临床解剖学杂志，1996，14 (4): 231-233. DOI: 10.13418/ j.issn.1001-165x.1996.03.034. {ZHONG Guiwu,ZHENG Heping,ZHANG Fahui,CHEN Rijing. Anatomy and application of the greater trochanter bone flap pedicled with the transverse branch of lateral femoral circumflex artery in the repairing of the upper and middle defects of femoral[J]. Zhongguo Lin Chuang Jie Pou Xue Za Zhi[Chin J Clin Anat(Article in Chinese;Abstract in Chinese and English)],1996,14(4):231-233. DOI:10.13418/j.issn.1001-165x.1996.03.034.}

[4767] 张发惠，陈振光，郑和平，刘经南．胫后血管肌间隙支胫骨内侧骨膜瓣移位术的应用解剖 [J]．中国临床解剖学杂志，1996，14 (4): 259-261. DOI: 10.13418/j.issn.1001-165x.1996.04.012. {ZHANG Fahui,CHEN Zhenguang,ZHENG Heping,LIU Jingnan. Applied anatomy for the transfer of medial tibial periosteal flap pedicled with the intermuscular septum branches of posterior tibia vessels[J]. Zhongguo Lin Chuang Jie Pou Xue Za Zhi[Chin J Clin Anat(Article in Chinese;Abstract in Chinese and English)],1996,14(4):259-261. DOI:10.13418/j.issn. 1001-165x.1996.04.012. }

[4768] 王伯钧，秦小云，陆明琛．带血管蒂颏下皮瓣的应用解剖学 [J]．中华显微外科杂志，1996，19 (2): 125-127. {WANG Bojun,QIN Xiaoyun,LU Mingchen. Applied anatomy of submental skin flap with vascular pedicle[J]. Zhonghua Xian Wei Wai Ke Za Zhi[Chin J Microsurg(Article in Chinese; Article in Chinese)],1996,19(2):125-127.}

[4769] 谭金海，陈振光，余国荣，喻爱喜．带血供胫骨节段性骨膜瓣转位的解剖及临床应用 [J]．中华实验外科杂志，1996，13 (4): 219-220. {TAN Jinhai,CHEN Zhenguang,YU Guorong,YU Aixi. Anatomy and clinical application of segmentary periosteal flap transposition of tibia with blood supply[J]. Zhonghua Shi Yan Wai Ke Za Zhi[Chin J Exp Surg(Article in Chinese;No abstract available)],1996,13(4):219-220.}

[4770] 苏振民．额肌瓣悬吊术矫治上睑下垂术式设计的解剖学基础 [J]．中华整形烧伤外科杂志，1996，12 (5): 366. DOI: 10.3760/j.issn: 1009-4598.1996.05.004. {SU Zhenmin. Anatomical basis of surgical design of frontalis muscle flap suspension for the treatment of ptosis[J]. Zhonghua Zheng Xing Shao Shang Wai Ke Za Zhi[Chin J Plast Surg Burns(Article in Chinese;No abstract available)],1996,12(5):366. DOI:10.3760/j.issn:1009-4598.1996.05.004.}

[4771] 范飞，陈宗基，吴念，陈美云．以血管解剖为基础的额耳部皮瓣进行鼻缺损修复的原则 [J]．中国医学科学院学报，1996，18: 444-449. {FAN Fei,CHEN Zongji,WU Nian,CHEN Meiyun. The principle of nasal defects repair based on the frontal and temporal vessels anatomy[J]. Zhongguo Yi Xue Ke Xue Yuan Xue Bao[Acta Acad Med Sin(Article in Chinese;Abstract in Chinese and English)],1996,18:444-449.}

[4772] 牛朝诗，尚希福．小腿外侧逆围皮瓣修复足前部损伤应用解剖学 [J]．安徽医科大学学报，1996，31 (4): 255-257. {NIU Chaoshi,SHANG Xifu. Applied anatomy of lateral leg inverse pericutaneous flap for repair of anterior foot injury[J]. An Hui Yi Ke Da Xue Xue Bao[Acta Univ Med Anhui(Article in Chinese;No abstract available)],1996,31(4):255-257.}

[4773] 张发惠，刘经南，钟桂午．带血供肱骨下段内侧骨 (膜) 瓣移位术的应用解剖 [J]．中国临床解剖学杂志，1997，15(1): 11-14. DOI: 10.13418/j.issn.1001-165x.1997.01.005. {ZHANG Fahui,LIU Jingnan,ZHONG Guiwu. Applied anatomy for transposition of pedicled inferomedial humerus bone flap[J]. Zhongguo Lin Chuang Jie Pou Xue Za Zhi[Chin J Clin Anat(Article in Chinese;Abstract in Chinese and English)],1997,15(1):11-14. DOI:10.13418/ j.issn.1001-165x.1997.01.005 .}

[4774] 朱晓红，陆春才，吴宝金，戴松茂，吴洪海．以桡动脉鼻烟窝段为蒂岛状皮瓣的应用解剖 [J]．中国临床解剖学杂志，1997，15 (1): 15-17. DOI: 10.13418/j.issn.1001-165x.1997.01.006. {ZHU Xiaohong,LU Chuncai,WU Baojin,DAI Songmao,WU Honghai. Applied anatomy of an island flap with the snuff-box segment of the radial artery[J]. Zhongguo Lin Chuang Jie Pou Xue Za Zhi[Chin J Clin Anat(Article in Chinese;Abstract in Chinese and English)],1997,15(1):15-17. DOI:10.13418/j.issn.1001-165x.1997.01.006. }

[4775] 徐达传，钟世镇．骨 (膜) 瓣显微外科解剖学研究进展 [J]．中国临床解剖学杂志，1997，15 (4): 309-311. DOI: 10.13418/j.issn.1001-165x.1997.04.032. {XU

Dachuan,ZHONG Shizhen. Advances in microsurgical anatomy of bone (membrane) flap[J]. Zhongguo Lin Chuang Jie Pou Xue Za Zhi[Chin J Clin Anat(Article in Chinese;No abstract available)],1997,15(4):309-311. DOI:10.13418/j.issn.1001-165x.1997.04.032.}

[4776] 郑和平，徐达传，张心宽，钟桂午，陈日景，钟世镇. 以颈横动脉浅支为蒂肩胛冈骨瓣枕颈融合术的应用解剖 [J]. 中国临床解剖学杂志，1997，15（4）：258-260. DOI：10.13418/j.issn.1001-165x.1997.04.007. {ZHENG Heping,XU Dachuan,ZHANG Xinkuan,ZHONG Guiwu,CHEN Rijing,ZHONG Shizhen. Applied anatomy of spine scapula flap with the superficial branch of transverse cervical artery for occipito cervical fusion[J]. Zhongguo Lin Chuang Jie Pou Xue Za Zhi[Chin J Clin Anat(Article in Chinese;Abstract in Chinese and English)],1997,15(4):258-260. DOI:10.13418/j.issn.1001-165x.1997.04.007. }

[4777] 孟庆延，杨果凡. 中指动脉解剖及在皮瓣设计中的意义 [J]. 中国临床解剖学杂志，1997，15（1）：18-20. DOI：10.13418/j.issn.1001-165x.1997.01.007. {MENG Qingyan,YANG Guofan. Anatomic study on the arterial supply to the middle finger and its clinical significance[J]. Zhongguo Lin Chuang Jie Pou Xue Za Zhi[Chin J Clin Anat(Article in Chinese;Abstract in Chinese and English)],1997,15(1):18-20. DOI:10.13418/j.issn.1001-165x.1997.01.007.}

[4778] 何尚宽，徐达传，王增星，靳士英. 舌瓣设计的解剖学基础 [J]. 中国临床解剖学杂志，1997，15（1）：4-6. DOI：10.13418/j.issn.1001-165x.1997.01.002. {HE Shangkuan,XU Dachuan,WANG Zengxing,JIN Shiying. Anatomical basis for the design of tongue flaps[J]. Zhongguo Lin Chuang Jie Pou Xue Za Zhi[Chin J Clin Anat(Article in Chinese;Abstract in Chinese and English)],1997,15(1):4-6. DOI:10.13418/j.issn.1001-165x.1997.01.002.}

[4779] 黄群武，廖进民，谢华，吕端远，蔡雪彦，孔禄生. 带桡神经浅支及其营养血管筋膜皮瓣的应用解剖 [J]. 广东解剖学通报，1997，19（2）：8-11. {HUANG Qunwu,LIAO Jinmin,XIE Hua,LV Dongyuan,CAI Xueyan,KONG Lusheng. Applied anatomy of the fasciocutaneous flap pedicled superficial branch of radial nerve and its nutrient vessels[J]. Guangdong Jie Pou Xue Tong Bao [Bull Guangdong Anat(Article in Chinese;Abstract in Chinese and English)],1997,19(2):8-11.}

[4780] 廖进民，王绥江，林炎生，吕端远，陆卓琼，孔禄生，欧阳向华. 带臂外侧上皮神经及其营养血管筋膜皮瓣的应用解剖 [J]. 广东解剖学通报，1997，19（2）：5-7. {LIAO Jinmin,WANG Suijiang,LIN Yansheng,LV Dongyuan,LU Zhuoqiong,KONG Lusheng,OUYANG Xianghua. Applied anatomy of the fasciocutaneous flaps based on the superior lateral brachial cutaneous neural vessels[J]. Guangdong Jie Pou Xue Tong Bao [Bull Guangdong Anat(Article in Chinese;Abstract in Chinese and English)],1997,19(2):5-7.}

[4781] 张发惠，刘经南，钟桂午，陈日景. 股深血管及穿血管股骨膜（骨）瓣转位的应用解剖 [J]. 中华显微外科杂志，1997，20（2）：126-128. {ZHANG Fahui,LIU Jingnan,ZHONG Guiwu,CHEN Rijing. Applied anatomy of transposition of deep femoral vessels and femoral periosteum (bone) flaps through vessels[J]. Zhonghua Xian Wei Wai Ke Za Zhi[Chin J Microsurg(Article in Chinese;Abstract in Chinese)],1997,20(2):126-128.}

[4782] 张发惠，刘经南，钟桂午，许卫红. 尺动脉腕背支为蒂皮瓣设计改进的解剖学基础 [J]. 中华显微外科杂志，1997，20（4）：281-284. {ZHANG Fahui,LIU Jingnan,ZHONG Guiwu,XU Weihong. The dorsal branch of ulnar artery is the anatomical basis for the design of pedicled skin flap[J]. Zhonghua Xian Wei Wai Ke Za Zhi[Chin J Microsurg(Article in Chinese;Abstract in Chinese and English)],1997,20(4):281-284.}

[4783] 陈荣生，刘元曦，刘蔡波，胡永生，王庭家，徐达传，钟世镇，李忠华. 髂腰血管蒂髂骨（膜）瓣移植术的应用解剖 [J]. 中华显微外科杂志，1997，20（4）：285-287. {CHEN Rongsheng,LIU Yuanxi,LIU Caibo,HU Yongsheng,WANG Tingjia,XU Dachuan,ZHONG Shizhen,LI Zhonghua. Applied anatomy of iliac bone (membrane) flap grafting with iliac lumbar vessel pedicle[J]. Zhonghua Xian Wei Wai Ke Za Zhi[Chin J Microsurg(Article in Chinese;Abstract in Chinese and English)],1997,20(4):285-287.}

[4784] 芮永军，徐建光，顾玉东. 以上肢浅表皮神经伴行血管为蒂的岛状皮瓣的解剖学研究 [J]. 中华手外科杂志，1997，13（4）：226-230. {RUI Yongjun,XU Jianguang,GU Yudong. Anatomical study of island skin flap pedicled with superficial epidermal nerve and vessel of upper limb[J]. Zhonghua Shou Wai Ke Za Zhi[Chin J Hand Surg(Article in Chinese;Abstract in Chinese)],1997,13(4):226-230.}

[4785] 吴宝金，陆春才，朱晓红，吴洪海，戴松茂. 颏下岛状皮瓣的应用解剖学 [J]. 中华整形烧伤外科杂志，1997，13（4）：285-287，321. {WU Baojin,LU Chuncai,ZHU Xiaohong,WU Honghai,DAI Songmao. Applied anatomy of the submental island flap[J]. Zhonghua Zheng Xing Shao Shang Wai Ke Za Zhi[Chin J Plast Surg Burns(Article in Chinese;Abstract in Chinese and English)],1997,13(4):285-287,321.}

[4786] 张海明，严义坪，孙广慈，刘志飞. 颏下组织瓣的应用解剖学 [J]. 中华整形烧伤外科杂志，1997，13（4）：288-290，322. {ZHANG Haiming,YAN Yiping,SUN Guangci,LIU Zhifei. Applied anatomy of the submental vessels and submental flaps[J]. Zhonghua Zheng Xing Shao Shang Wai Ke Za Zhi[Chin J Plast Surg Burns(Article in Chinese;Abstract in Chinese and English)],1997,13(4):288-290,322.}

[4787] 钟桂午，张发惠，刘经南，陈日景. 胫前动脉踝上支骨皮瓣移位术的解剖及临床应用 [J]. 骨与关节损伤杂志，1997，12（4）：207-209. {ZHONG Guiwu,ZHANG Fahui,LIU Jingnan,CHEN Rijing. Anatomy and clinical application of bone-skin flap with supramalleolar branch of anterior tibial artery[J]. Gu Yu Guan Jie Sun Shang Za Zhi[J Bone Joint Injury(Article in Chinese;Abstract in Chinese and English)],1997,12(4):207-209.}

[4788] 赵莉，徐达传，何恢绪，吕军，魏革，钟世镇. 弧形阴茎阴囊联合皮瓣设计的解剖学基础 [J]. 中国临床解剖学杂志，1998，16（2）：97-99. DOI：10.13418/j .issn.1001-165x.1998.02.001. {ZHAO Li,XU Dachuan,HE Huixu,LV Jun,WEI Ge,ZHONG Shizhen. Anatomic basis of designing the arc penoscrotal skin flap[J]. Zhongguo Lin Chuang Jie Pou Xue Za Zhi[Chin J Clin Anat(Article in Chinese;Abstract in Chinese and English)],1998,16(2):97-99. DOI:10.13418/j .issn.1001-165x.1998.02.001.}

[4789] 赵莉，徐达传，何恢绪，吕军，魏革，钟世镇. 跨血供区阴囊“L”形皮瓣设计的解剖学基础 [J]. 中国临床解剖学杂志，1998，16（2）：100-102. DOI：10.13418/j .issn.1001-165x.1998.02.002. {ZHAO Li,XU Dachuan,HE Huixu,LV Jun,WEI Ge,ZHONG Shizhen. Anatomic basis of designing the extra-territorial L-shaped scrotal flap[J]. Zhongguo Lin Chuang Jie Pou Xue Za Zhi[Chin J Clin Anat(Article in Chinese;Abstract in Chinese and English)],1998,16(2):100-102. DOI:10.13418/j .issn.1001-165x.1998.02.002.}

[4790] 陈贵孝，彭玉平，原林，钟世镇，任文德. 带蒂颞深筋膜肌瓣修补前颅窝底缺损的应用解剖及临床 [J]. 中国临床解剖学杂志，1998，16（1）：19-21. DOI：10.13418/j .issn.1001-165x.1998.01.010. {CHEN Guixiao,PENG Yuping,YUAN Lin,ZHONG Shizhen,REN Dewen. Applied anatomy and clinical application of pedicled deep temporal fascia muscle flap for repairing low defect of anterior cranial fossa[J]. Zhongguo Lin Chuang Jie Pou Xue Za Zhi[Chin J Clin Anat(Article in Chinese;Abstract in Chinese)],1998,16(1):19-21. DOI:10.13418/j .issn.1001-165x.1998.01.010.}

[4791] 黄群武，廖进民，吕端远，林炎生，欧伟，孔禄生，欧阳向华. 带足背内侧皮神经及其营养血管筋膜皮瓣的应用解剖学 [J]. 中国临床解剖学杂志，1998，16（3）：209-212. DOI：10.13418/j .issn.1001-165x.1998.03.006. {HUANG Qunwu,LIAO Jinmin,LV Dongyuan,LIN Yansheng,OU Wei,KONG Lusheng,OU Yangxianghua. Applied anatomy of dorsalis pedis fasciocutaneous flap pedicled with medial dorsalis pedis cutaneous nerual vessels[J]. Zhongguo Lin Chuang Jie Pou Xue Za Zhi[Chin J Clin Anat(Article in Chinese;Abstract in Chinese and English)],1998,16(3):209-212. DOI:10.13418/j .issn.1001-165x.1998.03.006 .}

[4792] 郑和平，张凤兰，徐达传，刘志雄，钟世镇. 第2跖趾关节、肌腱及皮瓣复合植物的显微外科解剖 [J]. 中国临床解剖学杂志，1998，16（2）：116-119. DOI：10.13418/j .issn.1001-165x.1998.02.008. {ZHENG Heping,ZHANG Fenglan,XU Chuanda,LIU Zhixiong,ZHONG Shizhen. Microsurgical anatomy of the 2nd metatarsophalangeal joint,tendon and skin flap composite plant[J]. Zhongguo Lin Chuang Jie Pou Xue Za Zhi[Chin J Clin Anat(Article in Chinese;Abstract in Chinese)],1998,16(2):116-119. DOI:10.13418/j .issn.1001-165x.1998.02.008.}

[4793] 潘希贵，田青业，胡红军，潘朝辉，王成琪. 第4掌背动脉逆行岛状皮瓣的解剖及临床应用 [J]. 中国临床解剖学杂志，1998，16（2）：110-112. DOI：10.13418/j .issn.1001-165x.1998.02.005. {PAN Xigui,TIAN Qingye,HU Hongjun,PAN Chaohui,WANG Chengqi. Anatomy and clinical application of the fourth dorsal metacarpal artery retrograde island flap[J]. Zhongguo Lin Chuang Jie Pou Xue Za Zhi[Chin J Clin Anat(Article in Chinese;Abstract in Chinese and English)],1998,16(2):110-112. DOI:10.13418.j.issn.1001-165x.1998.02.005 .}

[4794] 王庭家，徐达传，陈荣生，钟世镇，李忠华，孟壮志. 以髂腰血管为蒂髂骨（膜）瓣移植的应用解剖 [J]. 中国临床解剖学杂志，1998，16（4）：294-296. DOI：10.13418/j .issn.1001-165x.1998.04.003. {WANG Tingjia,XU Dachuan,CHEN Rongsheng,ZHONG Shizhen,LI Zhonghua,MENG Zhuangzhi. Applied anatomy of the ilium flap pedicled with iliolumbar vessels[J]. Zhongguo Lin Chuang Jie Pou Xue Za Zhi[Chin J Clin Anat(Article in Chinese;Abstract in Chinese and English)],1998,16(4):294-296. DOI:10.13418/j.issn.1001-165x.1998.04.003. }

[4795] 杜建平，徐达传，于涯涛，钟世镇. 前锯肌下部肌皮瓣移植的应用解剖 [J]. 中国临床解剖学杂志，1998，16（4）：302-303. DOI：10.13418/j . issn. 1001 - 165x. 1998. 04. 007. {DONG Jianping,XU Dachuan,YU Yatao,ZHONG Shizhen. Free transplantation of lower serratus anterior musculocutaneous flap[J]. Zhongguo Lin Chuang Jie Pou Xue Za Zhi[Chin J Clin Anat(Article in Chinese;Abstract in Chinese and English)],1998,16(4):302-303. DOI:10.13418/j.issn.1001-165x.1998.04.007.}

[4796] 吴爱群，李寄云，聂正明，张静，马钊，楚宪襄，李志栋，解邦杰，郭宝凤. 颊肌粘膜瓣的应用解剖 [J]. 中国临床解剖学杂志，1998，16（1）：31-34. DOI：10.13418/j.issn.1001-165x.1998.01.016. {WU Aiqun,LI Jiyun,NIE Zhengming,ZHANG Jing,MA Zhao,CHU Xianxiang,LI Zhidong,JIE Bangjie,GUO Baofeng. Anatomical study of the musculomucosal buccal flap[J]. Zhongguo Lin Chuang Jie Pou Xue Za Zhi[Chin J Clin Anat(Article in Chinese;Abstract in Chinese and English)],1998,16(1):31-34. DOI:10.13418/j.issn.1001-165x.1998.01.016. }

[4797] 刘波远. 小腿筋膜皮瓣的解剖及临床进展 [J]. 中国临床解剖学杂志，1998，16（4）：371-372. DOI：10.13418/j .issn.1001-165x.1998.04.038. {LIU Boyuan. Anatomical and clinical progress of calf fascial flap[J]. Zhongguo Lin Chuang Jie Pou Xue Za Zhi[Chin J Clin Anat(Article in Chinese;No abstract available)],1998,16(4):371-372. DOI:10.13418/j.issn.1001-165x.1998.04.038.}

[4798] 邱长胜，许卫红，郑和平. 跗外侧动脉分支为蒂的足外侧皮瓣解剖及临床应用 [J]. 中国临床解剖学杂志，1998，16（2）：113-115. DOI：10.13418/j.issn.1001-165x.1998.02.007. {QIU Changsheng,XU Weihong,ZHENG Heping. Anatomic study and clinic application of lateral pedal retrograde flap with lateral tarsal artery[J]. Zhongguo Lin Chuang Jie Pou Xue Za Zhi[Chin J Clin Anat(Article in Chinese;Abstract in Chinese and English)],1998,16(2):113-115. DOI:10.13418/j.issn. 1001-165x.1998.02.007.}

[4799] 刘经南，张发惠，黄长明. 以第1或第2穿动脉为蒂骨瓣转位重建股骨距的应用解剖 [J]. 中国临床解剖学杂志，1998，16（1）：28-30. DOI：10.13418/j.issn.1001 - 165x.1998.01.015. {LIU Jingnan,ZHANG Fahui,HUANG Changming. Applied anatomy for reconstruction of femoral calcar by transposition of bone flap pedicled with the first or the second perforation artery[J]. Zhongguo Lin Chuang Jie Pou Xue Za Zhi[Chin J Clin Anat(Article in Chinese;Abstract in Chinese and English)],1998,16(1):28-30. DOI :10.13418/j . issn. 1001-165x.1998.01.015.}

[4800] 陈振光，余国荣，喻爱喜，陈秀清，谭金海，王斌. 股动脉直接骨膜支为蒂的股骨下段骨膜瓣的应用解剖 [J]. 中国临床解剖学杂志，1998，16（3）：266-267. DOI：10.13418/j.issn.1001-165x.1998.03.033. {CHEN Zhenguang,YU Guorong,YU Aixi,CHEN Xiuqing,TAN Jinhai,WANG Bin. Applied anatomy on the preiosteal flap of the inferior femur pedicled with the direct preiosteal branches of femoral artery[J]. Zhongguo Lin Chuang Jie Pou Xue Za Zhi[Chin J Clin Anat(Article in Chinese;Abstract in Chinese and English)],1998,16(3):266-267. DOI:10.13418/j.issn.1001-165x.1998.03.033 .}

[4801] 赵德伟，陈明玉，李建军，毛延润，崔旭，宋鹏龙，卢建民，廉皓屹，姜前，辛杰. 带旋股外侧血管升支和横支骨瓣转位术的应用解剖 [J]. 中国临床解剖学杂志，1998，16（4）：299-301. DOI：10.13418/j.issn.1001-165x.1998.04.005. {ZHAO Dewei,CHEN Mingyu,LI Jianjun,MAO Yanrun,CUI Xu,SONG Penglong,LU Jianmin,LIAN Haoyi,JIANG Qian,XIN Jie. Bone flap pedicled with ascending branch and transverse branch of the lateral femoral circumflex vessels[J]. Zhongguo Lin Chuang Jie Pou Xue Za Zhi[Chin J Clin Anat(Article in Chinese;Abstract in Chinese and English)],1998,16(4):299-301. DOI:10.13418/j.issn.1001-165x.1998.04.005.}

[4802] 陈茂林，史增元，姚乃中，尹维刚，刘秀清. 足内侧皮瓣血供的应用解剖学 [J]. 中国临床解剖学杂志，1998，16（2）：107-109. DOI：10.13418/j.issn.1001-165x.1998.02.004. {CHEN Maolin,SHI Zengyuan,YAO Naizhong,YIN Weigang,LIU Xiuqing. Applied anatomy of blood supply to medial pedal flap[J]. Zhongguo Lin Chuang Jie Pou Xue Za Zhi[Chin J Clin Anat(Article in Chinese;Abstract in Chinese and English)],1998,16(2):107-109. DOI:10.13418/j.issn.1001-165x.1998.02.004.}

[4803] 张心宽，徐达传，钟世镇. 股部皮神经营养血管皮瓣的应用解剖 [J]. 中国临床解剖学杂志，1998，16（3）：205-208. DOI：10.13418/j.issn. 1001 - 165x. 1998. 03. 005. {ZHANG Xinkuan,XU Dachuan,ZHONG Shizhen. Applied anatomy of island flaps pedicled with vessels of the cutaneous nerves in femur[J]. Zhongguo Lin Chuang Jie Pou Xue Za Zhi[Chin J Clin Anat(Article in Chinese;Abstract in Chinese and English)],1998,16(3):205-208. DOI:10.13418/j.issn.1001-165x.1998.03.005.}

[4804] 余国荣，陈振光，喻爱喜，谭金海，张友云，丁成荣，胡群山，潘伯群. 骨间返血管为蒂前臂皮瓣的应用解剖 [J]. 中国临床解剖学杂志，1998，16（1）：22-24. DOI：10.13418/j.issn.1001-165x.1998.01.012. {YU Guorong,CHEN Zhenguang,YU Aixi,TAN Jinhai,ZHANG Youyun,DING Chengrong,HU Qunshan,PAN Boqun. Clinical anatomy of forearm flap pedicled with recurrent interosseous artery[J]. Zhongguo Lin Chuang Jie Pou Xue Za Zhi[Chin J Clin Anat(Article in Chinese;Abstract in Chinese and English)],1998,16(1):22-24. DOI:10.13418/j.issn.1001-165x.1998.01.012.}

[4805] 张发惠，郑和平，刘经南，刘方刚. 足内侧逆行皮瓣的解剖及其临床应用 [J]. 中国临床解剖学杂志，1998，16（2）：120-122. DOI：10.13418.j.issn.1001-165x.1998.02.009. {ZHANG Fahui,ZHENG Heping,LIU Jingnan,LIU Fanggang. Anatomy and clinical application of retrograde flap of the medial pedal[J]. Zhongguo Lin Chuang Jie Pou Xue Za Zhi[Chin J Clin Anat(Article in Chinese;Abstract in Chinese and English)],1998,16(2):120-122. DOI:10.13418.j.issn.1001-165x.1998.02.009. }

[4806] 黄群武，廖进民，谢华，吕端远，陆卓琼，孔禄生. 带前臂外侧皮神经营养血管筋膜皮瓣的应用解剖 [J]. 中华显微外科杂志，1998，21（4）：276-279. DOI：10.3760/cma.j.issn.1001-2036.1998.04.013. {HUANG Qunwu,LIAO Jinmin,XIE Hua,LV Duanyuan,LU Zhuoqiong,KONG Lusheng. Applied anatomy of fascial flap with nutrient vessels of the lateral cutaneous nerve of the forearm[J]. Zhonghua Xian Wei Wai Ke Za Zhi[Chin J Microsurg(Article in Chinese;Abstract in Chinese and English)],1998,21(4):276-279. DOI:10.3760/cma.j.issn.1001-2036.1998.04.013.}

[4807] 许亚军，寿奎水，张全荣. 吻合血管的足背三叶皮瓣的解剖学研究 [J]. 中华手外科杂志，

1998，14(3)：178-180. DOI：10.3760/cma.j.issn.1005-054X.1998.03.019. {XU Yajun,SHOU Kuishui,ZHANG Quanrong. Anatomical study of the dorsal trefoil flap anastomosed with blood vessels[J]. Zhonghua Shou Wai Ke Za Zhi[Chin J Hand Surg(Article in Chinese;Abstract in Chinese)],1998,14(3):178-180. DOI:10.3760/cma.j.issn.1005-054X.1998.03.019.}

[4808] 戴善和，潘明德. 带腓肠神经伴行血管蒂岛状皮瓣的解剖学研究[J]. 中华手外科杂志，1998，14(4)：255-256. {DAI Shanhe,PAN Mingde. Anatomical study of vascular pedicled island flap with sural nerve[J]. Zhonghua Shou Wai Ke Za Zhi[Chin J Hand Surg(Article in Chinese;Abstract in Chinese)],1998,14(4):255-256.}

[4809] 于加平，李华涛. 腘外侧皮动脉蒂小腿后侧皮瓣的解剖及临床研究[J]. 中华整形烧伤外科杂志，1998，14(6)：445-447. {YU Jiaping,LI Huatao. Anatomy and clinical study of popliteal lateral cutaneous artery pedicled posterior leg flap[J]. Zhonghua Zheng Xing Shao Shang Wai Ke Za Zhi[Chin J Plast Surg Burns(Article in Chinese;Abstract in Chinese)],1998,14(6):445-447.}

[4810] 张发惠，钟桂午，刘经南. 四肢带血管蒂骨(膜)瓣移位手术的解剖学研究[J]. 中华医学杂志，1998，78(4)：315. DOI：10.3760/j：issn：0376-2491.1998.04.032. {ZHANG Fahui,ZHONG Guiwu,LIU Jingnan. Anatomical study of transposition of vascularized limb flap[J]. Zhonghua Yi Xue Za Zhi[Natl Med J China(Article in Chinese;No abstract available)],1998,78(4):315. DOI:10.3760/j:issn:0376-2491.1998.04.032.}

[4811] 陶凯忠，陈尔瑜，党瑞山，纪荣明. 小腿皮瓣筋膜血管的解剖学[J]. 第二军医大学学报，1998，19(1)：73-75. DOI：10.3321/j.issn：0258-879X.1998.01.023. {TAO Kaizhong,CHEN Dongyu,DANG Ruishan,JI Rongming. Anatomy of fascial vessels of skin flap in leg[J]. Di Er Jun Yi Da Xue Xue Bao[Acad J Sec Mil Med Univ(Article in Chinese;Abstract in Chinese and English)],1998,19(1):73-75. DOI:10.3321/j.issn:0258-879X.1998.01.023.}

[4812] 牛朝诗，曾劲松，吴冰，韩卉，罗其中. 颏下血管蒂岛状皮瓣应用解剖学研究[J]. 安徽医科大学学报，1998，33(2)：88-90. {NIU Chaoshi,ZENG Jinsong,WU Bing,HAN Hui,LUO Qizhong. Study on applied anatomy of the submental island flap pedicled with submental vessels[J]. An Hui Yi Ke Da Xue Xue Bao[Acta Univ Med Anhui(Article in Chinese;Abstract in Chinese and English)],1998,33(2):88-90.}

[4813] 冉维志，倪少杰，范希明，谭志军，张晓华，游宝娥，王晓丽，韩巍. 上唇动脉蒂逆行鼻唇沟岛状皮瓣的应用解剖[J]. 中国修复重建外科杂志，1998，12(6)：374-375. {RAN Weizhi,NI Shaojie,FAN Ximing,TAN Zhijun,ZHANG Xiaohua,YOU Baodong,WANG Xiaoli,HAN Wei. Applied anatomy of insular skin flap of nasolabial groove with retrograde superior labial artery[J]. Zhongguo Xiu Fu Chong Jian Wai Ke Za Zhi[Chin J Repar Reconstr Surg(Article in Chinese;Abstract in Chinese and English)],1998,12(6):374-375.}

[4814] 黄群武，廖进民，谢华，吕端远，魏建华，陈应佳，孔禄生. 带腓浅神经及其营养血管筋膜皮瓣的应用解剖[J]. 中国临床解剖学杂志，1999，17(1)：13-14. DOI：10.13418/j.issn.1001-165x.1999.01.005. {HUANG Qunwu,LIAO Jinmin,XIE Hua,LV Dongyuan,WEI Jianhua,CHEN Yingjia,KONG Lusheng. Applied anatomy of fasciocutaneous flap pedicled with superficial peroneal nerve and its nutrient vessels[J]. Zhongguo Lin Chuang Jie Pou Xue Za Zhi[Chin J Clin Anat(Article in Chinese;Abstract in Chinese and English)],1999,17(1):13-14. DOI:10.13418/j.issn.1001-165x.1999.01.005.}

[4815] 韩明涛，曾涛，王祝民，王芳. 潜行跨面吻合血管脐旁皮瓣修复头皮缺损的解剖与临床应用[J]. 中国临床解剖学杂志，1999，17(4)：361-362. DOI：10.13418/j.issn.1001-165x.1999.04.044. {HAN Mingtao,ZENG Tao,WANG Zhumin,WANG Fang. Anatomy and clinical application of transfacially anastomosed paraomphalic flap to repair scalp defect[J]. Zhongguo Lin Chuang Jie Pou Xue Za Zhi[Chin J Clin Anat(Article in Chinese;Abstract in Chinese and English)],1999,17(4):361-362. DOI:10.13418/j.issn.1001-165x.1999.04.044.}

[4816] 林炎生，廖进民，魏建华，陆卓琼，罗少军，孔禄生，欧阳向华. 以股后皮神经及其营养血管为蒂皮瓣的应用解剖[J]. 中国临床解剖学杂志，1999，17(2)：136-137. DOI：10.13418/j.issn.1001-165x.1999.02.020. {LIN Yansheng,LIAO Jinmin,WEI Jianhua,LU Zhuoqiong,LUO Shaojun,KONG Lusheng,OU Yangxianghua. Applied anatomy of flap pedicled with the posterior femoral cutaneous nerve and its nutrient vessels[J]. Zhongguo Lin Chuang Jie Pou Xue Za Zhi[Chin J Clin Anat(Article in Chinese;Abstract in Chinese and English)],1999,17(2):136-137. DOI:10.13418/j.issn.1001-165x.1999.02.020.}

[4817] 程新德，熊绍虎，徐达传，赵天兰，邹文彦，竹村明道，户田伊纪，池宏海，方一如. 以面动脉为蒂逆行下颌缘皮瓣修复鼻缺损的应用解剖[J]. 中国临床解剖学杂志，1999，17(4)：333-335. DOI：10.13418/j.issn.1001-165x.1999.04.027. {CHENG Xinde,XIONG Shaohu,XU Dachuan,ZHAO Tianlan,ZOU Fangwenyan,ZHU Cunmingdao,HU Tianyiji,CHI Honghai,FANG Yiru. Applied anatomy on reconstruction of nasal defect with reverse marginal mandibular flap pedicled with facial artery[J]. Zhongguo Lin Chuang Jie Pou Xue Za Zhi[Chin J Clin Anat(Article in Chinese;Abstract in Chinese and English)],1999,17(4):333-335. DOI:10.13418/j.issn.1001-165x.1999.04.027.}

[4818] 丰德宽，陈鹏云，李储忠，肖鹏康. 交腿隐动脉胫骨皮瓣修复胫骨及皮肤缺损的解剖与临床应用[J]. 中国临床解剖学杂志，1999，17(4)：363-364. DOI：10.13418/j.issn.1001-165x.1999.04.046. {FENG Dekuan,CHEN Pengyun,LI Chuzhong,XIAO Pengkang. Cross leg tibia skin flap with saphenous artery to repair the defect of tibia and skin[J]. Zhongguo Lin Chuang Jie Pou Xue Za Zhi[Chin J Clin Anat(Article in Chinese;Abstract in Chinese and English)],1999,17(4):363-364. DOI:10.13418/j.issn.1001-165x.1999.04.046.}

[4819] 范真，张春，徐达传，钟世镇. 腓血管蒂比目鱼肌皮瓣逆行转位修复术的应用解剖[J]. 中国临床解剖学杂志，1999，17(1)：15-17. DOI：10.13418/j .issn.1001-165x.1999.01.006. {FAN Zhen,ZHANG Chun,XU Dachuan,ZHONG Shizhen. Appied anatomy on the reverse transposition of soleus musculocutaneous flap pedicled with peroneal vessels[J]. Zhongguo Lin Chuang Jie Pou Xue Za Zhi[Chin J Clin Anat(Article in Chinese;Abstract in Chinese and English)],1999,17(1):15-17. DOI:10.13418/j .issn.1001-165x.1999.01.006.}

[4820] 陈振光，张发惠，谭金海，郑和平，方成，祝少博. 带血管蒂肱骨中段骨膜瓣移位术的应用解剖[J]. 中国临床解剖学杂志，1999，17(4)：325-326. DOI：10.13418/j.issn.1001-165x.1999.04.023. {CHEN Zhenguang,ZHANG Fahui,TAN Jinhai,ZHENG Heping,FANG Cheng,ZHU Xiaobo. Applied anatomy of vascular pedicled humeral periosteum flap transplantation[J]. Zhongguo Lin Chuang Jie Pou Xue Za Zhi[Chin J Clin Anat(Article in Chinese;Abstract in Chinese)],1999,17(4):325-326. DOI :10.13418/j.issn.1001-165x.1999.04.023.}

[4821] 彭毓斌，卢书文，唐茂林，全宏华，周晓斌，李蓉孙. 以骨间后血管及其返支为蒂串连皮瓣设计的解剖学基础[J]. 中国临床解剖学杂志，1999，17(4)：327-328. DOI：10.13418/j.issn.1001-165x.1999.04.024. {PENG Yubin,LU Shuwen,TANG Maolin,QUAN Honghua,ZHOU Xiaobin,LI Rongsun. Applied anatomy of the serial flap pedicled with the posterior interosseous artery and its recurrent branch[J]. Zhongguo Lin Chuang Jie Pou Xue Za Zhi[Chin J Clin Anat(Article in Chinese;Abstract in Chinese and English)],1999,17(4):327-328. DOI:10.13418/j.issn.1001-165x.1999.04.024.}

[4822] 周吉林，何葆华，宋建良，吴卫华，严晟，朱云山，林向进，朱，任国良，郑荣昌. 以拇指桡侧筋膜血管为蒂第1掌骨背侧皮瓣的应用解剖[J]. 中国临床解剖学杂志，1999，17(3)：232-233. DOI：10.13418/j.issn.1001-165x.1999.03.024. {ZHOU Jilin,HE Baohua,SONG Jianliang,WU Weihua,YAN Sheng,ZHU Yunshan,LIN Xiangjin,ZHU,REN Guoliang,ZHENG Rongchang. Applied anatomy of the first metacarpal dorsal flap pedicled with the radial pollical vessels and fascia[J]. Zhongguo Lin Chuang Jie Pou Xue Za Zhi[Chin J Clin Anat(Article in Chinese;Abstract in Chinese and English)],1999,17(3):232-233. DOI :10.13418/j.issn.1001-165x.1999.03.024.}

[4823] 钱金岳，汪鸿文，张玉伟. 肩胛下血管蒂复合组织瓣移植的解剖学基础[J]. 中国临床解剖学杂志，1999，17(3)：239-240. DOI：10.13418/j.issn.1001-165x.1999.03.028. {QIAN Jinyue,WANG Hongwen,ZHANG Yuwei. The anatomic basis of the complex tissue flap pedicled with the subscapular artery[J]. Zhongguo Lin Chuang Jie Pou Xue Za Zhi[Chin J Clin Anat(Article in Chinese;Abstract in Chinese and English)],1999,17(3):239-240. DOI :10.13418/j.issn.1001-165x.1999.03.028.}

[4824] 芮永军，徐建光，顾玉东. 以前臂皮神经及其营养血管为蒂的岛状皮瓣解剖学研究[J]. 中国临床解剖学杂志，1999，17(1)：7-9. DOI：10.13418/j .issn.1001-165x.1999.01.003. {RUI Yongjun,XU Jianguang,GU Yudong. Anatomic study of island flap pedicled with cutaneous nerve of forearm and its nutrient vessels[J]. Zhongguo Lin Chuang Jie Pou Xue Za Zhi[Chin J Clin Anat(Article in Chinese;Abstract in Chinese and English)],1999,17(1):7-9. DOI:10.13418/j .issn.1001-165x.1999.01.003.}

[4825] 徐永清，钟世镇，徐达传，李主一，李忠华. 掌短肌皮瓣的应用解剖学[J]. 中国临床解剖学杂志，1999，17(1)：10-12. DOI：10.13418/j .issn.1001-165x.1999.01.004. {XU Yongqing,ZHONG Shizhen,XU Dachuan,LI Zhuyi,LI Zhonghua. Applied anatomy of the palmaris brevis musculocutaneous flap[J]. Zhongguo Lin Chuang Jie Pou Xue Za Zhi[Chin J Clin Anat(Article in Chinese;Abstract in Chinese and English)],1999,17(1):10-12. DOI:10.13418/j .issn.1001-165x.1999.01.004.}

[4826] 余国荣，陈秀清，覃松，奚翠萍. 股后皮神经及其营养血管皮瓣的应用解剖[J]. 中国临床解剖学杂志，1999，17(4)：329-330. DOI：10.13418/j.issn.1001-165x.1999.04.025. {YU Guorong,CHEN Xiuqing,QIN Song,XI Cuiping. Applied anatomy of island flap pedicled with the posterior femoral cutaneous nerve and its nutrient vessels[J]. Zhongguo Lin Chuang Jie Pou Xue Za Zhi[Chin J Clin Anat(Article in Chinese;Abstract in Chinese and English)],1999,17(4):329-330. DOI:10.13418/j.issn.1001-165x.1999.04.025.}

[4827] 颜玲，钟世镇. 游离脐旁皮瓣的神经(T-10、T-11)应用解剖[J]. 中国临床解剖学杂志，1999，17(4)：331-332. DOI：10.13418/j.issn.1001-165x.1999.04.026. {YAN Ling,ZHONG Shizhen. Applied anatomy of the paraumbilical flap with the anterior branch of the tenth and eleventh thoracic nerve[J]. Zhongguo Lin Chuang Jie Pou Xue Za Zhi[Chin J Clin Anat(Article in Chinese;Abstract in Chinese and English)],1999,17(4):331-332. DOI:10.13418/j.issn.1001-165x.1999.04.026.}

[4828] 王树锋，张高孟，许卫红，王明山，路培发. 带血管蒂上臂后侧筋膜瓣肘关节成形术的解剖和临床应用[J]. 中国临床解剖学杂志，1999，17(3)：229-231. DOI：10.13418/j.issn.1001-165x.1999.03.022. {WANG Shufeng,ZHANG Gaomeng,XU Weihong,WANG Mingshan,LU Peifa. Elbow arthroplasty with vascularized posterior brachial facial flap[J]. Zhongguo Lin Chuang Jie Pou Xue Za Zhi[Chin J Clin Anat(Article in Chinese;Abstract in Chinese and English)],1999,17(3):229-231. DOI :10.13418/j.issn.1001-165x.1999.03.022. }

[4829] 郭进学，徐达传，钟世镇，彭建强，陈振光. 带蒂筋膜瓣和骨膜瓣肘关节成形术的应用解剖[J]. 中国临床解剖学杂志，1999，17(2)：140-141. DOI：10.13418/j.issn.1001-165x.1999.02.022. {GUO Jinxue,XU Dachuan,ZHONG Shizhen,PENG Jianqiang,CHEN Zhenguang. Applied anatomy of elbow arthroplasty with vascular pedicle of perioseum and fscial flap[J]. Zhongguo Lin Chuang Jie Pou Xue Za Zhi[Chin J Clin Anat(Article in Chinese;Abstract in Chinese and English)],1999,17(2):140-141. DOI :10.13418/j.issn.1001-165x.1999.02.022.}

[4830] 李小军，熊良俭，傅小宽，童静，陈振鹤，徐亮. 游离足内侧皮瓣的解剖研究与临床应用[J]. 中华显微外科杂志，1999，22(1)：51-52. DOI：10.3760/cma.j.issn.1001-2036.1999.01.019. {LI Xiaojun,XIONG Liangjian,FU Xiaokuan,TONG Jing,CHEN Zhenhe,XU Liang. Anatomical study and clinical application of free medial foot flap[J]. Zhonghua Xian Wei Wai Ke Za Zhi[Chin J Microsurg(Article in Chinese;Abstract in Chinese)],1999,22(1):51-52. DOI:10.3760/cma.j.issn.1001-2036.1999.01.019.}

[4831] 陈振光，郑和平，张发惠，谭金海，祝少博，方成. 带血供股骨前外侧面骨膜瓣移位术的应用解剖[J]. 中华显微外科杂志，1999，22(4)：278-279. {CHEN Zhenguang,ZHENG Heping,ZHANG Fahui,TAN Jinhai,ZHU Shaobo,FANG Cheng. Applied anatomy of transposition of periosteum flap of anterior lateral femur with blood supply[J]. Zhonghua Xian Wei Wai Ke Za Zhi[Chin J Microsurg(Article in Chinese;Abstract in Chinese)],1999,22(4):278-279.}

[4832] 罗少军，王绥江，汤少明，梁杰，刘冷楠，全玉丹，吕端远，廖进民，欧伟. 前臂外侧皮神经营养血管远端蒂筋膜皮瓣的解剖和临床应用[J]. 中华显微外科杂志，1999，22(4)：283-284. {LUO Shaojun,WANG Suijiang,TANG Shaoming,LIANG Jie,LIU Lengnan,QUAN Yudan,LV Dongyuan,LIAO Jinmin,OU Wei. Anatomy of the distally based lateral antebrachial cutaneous neurovascular flap and its clinical application[J]. Zhonghua Xian Wei Wai Ke Za Zhi[Chin J Microsurg(Article in Chinese;Abstract in Chinese and English)],1999,22(4):283-284.}

[4833] 温广明，徐达传，钟世镇，姚建民. 以第一指掌侧总动脉为蒂的手背逆行岛状皮瓣的应用解剖[J]. 中华显微外科杂志，1999，22(4)：280-282. {WEN Guangming,XU Dachuan,ZHONG Shizhen,YAO Jianmin. Applied anatomy of a retrograde island flap pedicled with the common volar artery of the first finger[J]. Zhonghua Xian Wei Wai Ke Za Zhi[Chin J Microsurg(Article in Chinese;Abstract in Chinese)],1999,22(4):280-282.}

[4834] 林炎生，廖进民，魏建华，陈海芳，陈应佳，彭智，刘双意，孔禄生. 带腓肠神经及其营养血管筋膜皮瓣的应用解剖[J]. 中华显微外科杂志，1999，22(S1)：42-44. {LIN Yansheng,LIAO Jinmin,WEI Jianhua,CHEN Haifang,CHEN Yingjia,PENG Zhi,LIU Shuangyi,KONG Lusheng. Applied anatomy of fascial skin flap with sural nerve and its nutrient vessels[J]. Zhonghua Xian Wei Wai Ke Za Zhi[Chin J Microsurg(Article in Chinese;Abstract in Chinese)],1999,22(S1):42-44.}

[4835] 陈艺新，张云强，陈克洲，贾湘谦，宋开方，肖杰，张汇林，赵滨，栾波，何辉，刘炯. 带皮神经伴行血管蒂轴型岛状皮瓣解剖与临床运用[J]. 中国矫形外科杂志，1999，6(11)：864-865. {CHEN Yixin,ZHANG Yunqiang,CHEN Kezhou,JIA Xiangqian,SONG Kaifang,XIAO Jie,ZHANG Huilin,ZHAO Bin,LUAN Bo,HE Hui,LIU Jiong. Anatomy and clinical application of axial island skin flap with vascular pedicle with cutaneous nerve[J]. Zhongguo Jiao Xing Wai Ke Za Zhi[Orthop J China(Article in Chinese;Abstract in Chinese)],1999,6(11):864-865.}

[4836] 郑和平，陈振光，张发惠. 带血供胫骨内侧中、上段骨膜瓣移位术的应用解剖[J]. 中华实验外科杂志，1999，16(4)：306-307. DOI：10.3760/j.issn：1001-9030.1999.04.010. {ZHENG Heping,CHEN Zhenguang,ZHANG Fahui. Applied anatomy of transposition of medial and upper tibial periosteal flaps with blood supply[J]. Zhonghua Shi Yan Wai Ke Za Zhi[Chin J Exp Surg(Article in Chinese;Abstract in Chinese)],1999,16(4):306-307. DOI:10.3760/j.issn:1001-9030.1999.04.010.}

[4837] 陈振光，郑和平，张发惠. 带血管蒂股骨外侧髁骨膜(骨)瓣移位术的应用解剖[J]. 中华实验外科杂志，1999，16(6)：552-523. DOI：10.3760/j.issn：1001-9030.1999.06.035. {CHEN Zhenguang,ZHENG Heping,ZHANG Fahui. Applied anatomy of transposition of the vascularized periosteum flap of the lateral femoral condyle[J]. Zhonghua Shi Yan Wai Ke Za Zhi[Chin J Exp Surg(Article in Chinese;Abstract in Chinese)],1999,16(6):552-523. DOI:10.3760/j.issn:1001-9030.1999.06.035.}

[4838] 何葆华，宋建良，周吉林，吴卫华，严晟，朱云山. 第一掌骨背侧血管蒂岛状皮瓣的应用解剖[J]. 中华手外科杂志，1999，15(2)：117-119. {HE Baohua,SONG Jianliang,ZHOU Jilin,WU Weihua,YAN Sheng,ZHU Yunshan. Applied anatomy of the first metacarpal dorsal vascular pedicle island flap[J]. Zhonghua Shou Wai Ke Za Zhi[Chin J Hand Surg(Article in Chinese;Abstract in Chinese)],1999,15(2):117-119.}

[4839] 郭进学，薛克修，任宗仁，付升旗，范锡印，季米娜. 带蒂筋膜瓣肘关节成形术的应用解

剖[J]. 中华创伤杂志，1999，15(2)：139-140. DOI：10.3760/j：issn：1001-8050.1999.02.017. {GUO Jinxue,XUE Kexiu,REN Zongren,FU Shengqi,FAN Xiyin,JI Mina. Applied anatomy of elbow arthroplasty with vascular pedicle fascial flap[J]. Zhonghua Chuang Shang Za Zhi[Chin J Trauma(Article in Chinese;Abstract in Chinese and English)],1999,15(2):139-140. DOI:10.3760/j:issn:1001-8050.1999.02.017.}

[4840] 李储忠，丰德宽，王在刚，陈鹏云，王涛，李光宗，李若镇，于剑峰，王全. 以股后皮神经伴行血管为蒂的岛状皮瓣的应用解剖及临床意义[J]. 实用骨科杂志，1999，5(5)：16-18. {LI Chuzhong,FENG Dekuan,WANG Zaigang,CHEN Pengyun,WANG Tao,LI Guangzong,LI Ruozhen,YU Jianfeng,WANG Quan. Applied anatomy and clinical significance of postfemur neurocutaneous concomitant vessel pedicled island flap[J]. Shi Yong Gu Ke Za Zhi[J Pract Orthop(Article in Chinese;Abstract in Chinese and English)],1999,5(5):16-18.}

[4841] 贾暮云，李宁毅，袁荣涛，祝为桥，樊功为. 腓骨肌皮复合组织瓣的临床手术解剖研究[J]. 现代口腔医学杂志，1999，13(1)：39-41. {JIA Muyun,LI Ningyi,YUAN Rongtao,ZHU Weiqiao,FAN Gongwei. The reconstruction of mandible and soft tissue defects with the osteocutaneous free fibula flap[J]. Xian Dai Kou Qiang Yi Xue Za Zhi[J Mod Stomatol(Article in Chinese;Abstract in Chinese and English)],1999,13(1):39-41.}

[4842] 许卫红，朱维钦，林建华，王树锋. 骨间前血管背侧支骨（膜）瓣的应用解剖[J]. 实用手外科杂志，1999，13(2)：98-100. {XU Weihong,ZHU Weiqin,LIN Jianhua,WANG Shufeng. Anatomical study on vascularized periosteal flap with dorsal branch of anterior inferossea vessel[J]. Shi Yong Shou Wai Ke Za Zhi[Chin J Pract Hand Surg(Article in Chinese;Abstract in Chinese and English)],1999,13(2):98-100.}

[4843] 陈合新，钟世镇，徐达传. 颏下动脉二腹肌前腹为蒂下颌骨膜瓣的解剖[J]. 中华耳鼻咽喉科杂志，1999，34(1)：16-17. DOI：10.3760/j.issn：1673-0860.1999.01.005. {CHEN Hexin,ZHONG Shizhen,XU Dachuan. Anatomy of submental artery digastric muscle with pedicled mandibular periosteum flap[J]. Zhonghua Er Bi Yan Hou Ke Za Zhi[Chin J Otorhinolaryngol(Article in Chinese;Abstract in Chinese)],1999,34(1):16-17. DOI:10.3760/j.issn:1673-0860.1999.01.005.}

[4844] 颜玲，钟世镇. 带肋间神经外侧前支脐旁感觉皮瓣的应用解剖[J]. 中国修复重建外科杂志，1999，13(4)：213-216. {YAN Ling,ZHONG Shizhen. Applied anatomy of the paraumbilical flap with the lateral anterior branch of the thoracic nerve[J]. Zhongguo Xiu Fu Chong Jian Wai Ke Za Zhi[Chin J Repar Reconstr Surg(Article in Chinese;Abstract in Chinese and English)],1999,13(4):213-216.}

[4845] 陈振光，张发惠，郑和平，谭金海，方成，祝少博. 旋肱前血管外侧降支为蒂肱骨上段骨膜瓣的应用解剖[J]. 中国临床解剖学杂志，2000，18(1)：23-24. DOI：10.13418/j.issn.1001-165x.2000.01.010. {CHEN Zhenguang,ZHANG Fahui,ZHENG Heping,TAN Jinhai,FANG Cheng,ZHU Shaobo. Applied anatomy for the upper humerus periosteal flap pedicled with the lateral descending branch of the anterior humeral circumflex artery[J]. Zhongguo Lin Chuang Jie Pou Xue Za Zhi[Chin J Clin Anat(Article in Chinese;Abstract in Chinese and English)],2000,18(1):23-24. DOI :10.13418/j.issn.1001-165x.2000.01.010.}

[4846] 黄继锋，石瑾，陈运祥，徐达传，杨开明. 前臂桡动脉皮支血管网逆行筋膜皮瓣的解剖学基础[J]. 中国临床解剖学杂志，2000，18(1)：25-26. DOI：10.13418/j.issn.1001-165x.2000.01.012. {HUANG Jifeng,SHI Jin,CHEN Yunxiang,XU Dachuan,YANG Kaiming. Anatomical basis of the reverse forearm fasciocutaneous flap on the terminal rad ial artery[J]. Zhongguo Lin Chuang Jie Pou Xue Za Zhi[Chin J Clin Anat(Article in Chinese;Abstract in Chinese and English)],2000,18(1):25-26. DOI:10.13418/j.issn.1001-165x.2000.01.012.}

[4847] 颜玲，钟世镇，徐达传，高建华. 颈浅动脉游离皮瓣的应用解剖[J]. 中国临床解剖学杂志，2000，18(1)：27-29. DOI：10.13418/j.issn.1001-165x.2000.01.013. {YAN Ling,ZHONG Shizhen,XU Dachuan,GAO Jianhua. Applied anatomy of free superficial cervical arterial flap[J]. Zhongguo Lin Chuang Jie Pou Xue Za Zhi[Chin J Clin Anat(Article in Chinese;Abstract in Chinese and English)],2000,18(1):27-29. DOI:10.13418/j.issn.1001-165x.2000.01.013.}

[4848] 彭田红，徐达传，张心宽，许本柯，高建明，钟世镇. 以枕动脉为蒂颅骨外板骨（膜）瓣枕颈融合术的应用解剖[J]. 中国临床解剖学杂志，2000，18(1)：30-32. DOI：10.13418/j.issn.1001-165x.2000.01.015. {PENG Tianhong,XU Dachuan,ZHANG Xinkuan,XU Benke,GAO Jianming,ZHONG Shizhen. Applied anatomy of cranial outer table bone flap pedicled with the occipital art ery for occipitocervical fusion[J]. Zhongguo Lin Chuang Jie Pou Xue Za Zhi[Chin J Clin Anat(Article in Chinese;Abstract in Chinese and English)],2000,18(1):30-32. DOI:10.13418/j.issn.1001-165x.2000.01.015.}

[4849] 李沃棠，曾凡表，詹亚护，许孟杰. 上唇方肌肌皮瓣转位修复面中部小型皮肤缺损的应用解剖[J]. 中国临床解剖学杂志，2000，18(1)：37-38. DOI：10. 13418/j.issn.1001-165x.2000.01.018. {LI Wotang,ZENG Fanbiao,ZHAN Yahu,XU Mengjie. Applied anatomy of the transposition of musculocutaneous flap of quadrate muscle of upper lip for repairing skin defect in the middle region of face[J]. Zhongguo Lin Chuang Jie Pou Xue Za Zhi[Chin J Clin Anat(Article in Chinese;Abstract in Chinese and English)],2000,18(1):37-38. DOI:10. 13418/j.issn.1001-165x.2000.01.018.}

[4850] 陈中，林平，曹杨，张春，吴恙，邢进峰. 腓肠神经及其营养血管岛状皮瓣的解剖及临床应用[J]. 中国临床解剖学杂志，2000，18(2)：179. DOI：10.13418/j.issn.1001-165x.2000.02.038. {CHEN Zhong,LIN Ping,CAO Yang,ZHANG Chun,WU Yang,XING Jinfeng. Clinical anatomy of island flap pedicled with sural nerve and its nutrient vessels[J]. Zhongguo Lin Chuang Jie Pou Xue Za Zhi[Chin J Clin Anat(Article in Chinese;Abstract in Chinese and English)],2000,18(2):179. DOI:10.13418/j.issn.1001-165x.2000.02.038.}

[4851] 陈玲珑，兰宝金，郑鸣. 带膝降动脉大收肌腱骨皮瓣修复小腿创伤的应用解剖[J]. 中国临床解剖学杂志，2000，18(2)：108-109. DOI：10. 13418/j.issn.1001-165x.2000.02.006. {CHEN Linglong,LAN Baojin,ZHENG Ming. Applied anatomy of leg defect repair by great adductor muscle tendon bone flap with descending genicular artery[J]. Zhongguo Lin Chuang Jie Pou Xue Za Zhi[Chin J Clin Anat(Article in Chinese;Abstract in Chinese and English)],2000,18(2):108-109. DOI:10.13418/j.issn.1001-165x.2000.02.006.}

[4852] 唐茂林，吴石头，石瑾，王兴海，张冬初，蒋力莉，周晓斌，谢五元. 逆行岛状V型腓骨肌皮瓣修复后足缺损的应用解剖[J]. 中国临床解剖学杂志，2000，18(2)：110-112. DOI：10.13418/j.issn.1001-165x.2000.02.007. {TANG Maolin,WU Shitou,SHI Jin,WANG Xinghai,ZHANG Dongchu,JIANG Lili,ZHOU Xiaobin,XIE Wuyuan. Applied anatomy of backfoot reconstruction by reversed island V-shaped fibular bone-myocutaneous flap[J]. Zhongguo Lin Chuang Jie Pou Xue Za Zhi[Chin J Clin Anat(Article in Chinese;Abstract in Chinese and English)],2000,18(2):110-112. DOI:10.13418/j.issn.1001-165x.2000.02.007.}

[4853] 赵德伟，鲍士枕，王铁男，高和实，孙强，张朝阳，王卫明，李旭霞，范治伟，崔旭，郭哲，曲立文. 旋股外侧动脉降支骨膜支为蒂的股骨中上段骨膜瓣的应用解剖[J]. 中国临床解剖学杂志，2000，18(2)：126-127. DOI：10.13418/j.issn.1001-165x.2000.02.014. {ZHAO Dewei,BAO Shizhen,WANG Tienan,GAO Heshi,SUN Qiang,ZHANG Chaoyang,WANG Weiming,LI Xuxia,FAN Zhiwei,CUI Xu,GUO Zhe,QU Liwen. Applied anatomy of periosteal flap of up-middle femoral pedicled with descending branch of lateral femoral circumflex artery[J]. Zhongguo Lin Chuang Jie Pou Xue Za Zhi[Chin J Clin Anat(Article in Chinese;Abstract in Chinese and English)],2000,18(2):126-127. 10.13418/j.issn.1001-165x.2000.02.014.}

[4854] 覃松，余国荣，陈振光，陈秀清，奚翠萍. 腓肠神经营养血管蒂岛状皮瓣的应用解剖[J]. 中国临床解剖学杂志，2000，18(2)：130-131. DOI：10.13418/j.issn.1001-165x.2000.02.016. {QIN Song,YU Guorong,CHEN Zhenguang,CHEN Xiuqing,XI Cuiping. Applied anatomy of island flap pedicled with nutrient vessels of sural nerve[J]. Zhongguo Lin Chuang Jie Pou Xue Za Zhi[Chin J Clin Anat(Article in Chinese;Abstract in Chinese and English)],2000,18(2):130-131. DOI:10.13418/j.issn.1001-165x.2000.02.016.}

[4855] 徐永清，钟世镇，徐达传，李主一. 髂结节处髂骨瓣移植修复跖趾关节缺损的应用解剖[J]. 中国临床解剖学杂志，2000，18(3)：201-202. DOI：10.13418/j.issn.1001-165x.2000.03.004. {XU Yongqing,ZHONG Shizhen,XU Dachuan,LI Zhuyi. Applied anatomy of reparing the defects of metatarsophalangeal joints with ilium near iliac tubercle[J]. Zhongguo Lin Chuang Jie Pou Xue Za Zhi[Chin J Clin Anat(Article in Chinese;Abstract in Chinese and English)],2000,18(3):201-202. DOI:10. 13418/j.issn.1001-165x.2000.03.004.}

[4856] 卢书文，靳安民，唐茂林，石瑾，蒋力莉，谢五元. 以串连血管为蒂的股骨外侧髁骨（膜）瓣的应用解剖[J]. 中国临床解剖学杂志，2000，18(3)：208-210. DOI：10.13418/j.issn.1001-165x.2000.03.008. {LU Shuwen,JIN Anmin,TANG Maolin,SHI Jin,JIANG Lili,XIE Wuyuan. Applied anatomy of the bone(periosteal) flap of the femoral external condyle pedicled with of serial vessels[J]. Zhongguo Lin Chuang Jie Pou Xue Za Zhi[Chin J Clin Anat(Article in Chinese;Abstract in Chinese and English)],2000,18(3):208-210. DOI:10.13418/j.issn.1001-165x.2000.03.008.}

[4857] 张旭，王笑茹，张朝满，李汝弘，侯继申，薛景凤. 犬肋骨膜肌瓣食管成型术的应用解剖及实验研究[J]. 中国临床解剖学杂志，2000，18(3)：254-256. DOI：10.13418/j.issn.1001-165x.2000.03.034. {ZHANG Xu,WANG Xiaoru,ZHANG Chaoman,LI Ruhong,HOU Jishen,XUE Jingfeng. Applied anatomy and experimental study of esophagoplasty with osteoperio-intercostal muscle flap in dog[J]. Zhongguo Lin Chuang Jie Pou Xue Za Zhi[Chin J Clin Anat(Article in Chinese;Abstract in Chinese and English)],2000,18(3):254-256. DOI:10.13418/j.issn.1001-165x.2000.03.034.}

[4858] 熊绍虎，徐达传，程新德，颜玲，赵天兰，诹访文彦，竹村明道，户田伊纪，池宏海，方一如. 面部真皮下血管网皮瓣血供的解剖学基础[J]. 中国临床解剖学杂志，2000，18(4)：330-332. DOI：10.13418/j.issn.1001-165x.2000.04.017. {XIONG Shaohu,XU Dachuan,CHENG Xinde,YAN Ling,ZHAO Tianlan,ZOU Fangwenyan,ZHU Cunmingdao,HU Tianyiji,CHI Honghai,FANG Yiru. Anatomical basis of the blood supply of facial subdermal vascular network flap[J]. Zhongguo Lin Chuang Jie Pou Xue Za Zhi[Chin J Clin Anat(Article in Chinese;Abstract in Chinese and English)],2000,18(4):330-332. DOI:10.13418/j.issn.1001-165x.2000.04.017.}

[4859] 杨开明，徐达传，王勇，石瑾. 以足底内侧动脉深支内侧支为蒂游离足内侧皮瓣的应用解剖[J]. 中国临床解剖学杂志，2000，18(4)：333-334. DOI：10.13418/j.issn.1001-165x.2000.04.018. {YANG Kaiming,XU Dachuan,WANG Yong,SHI Jin. Applied anatomy of the free medial flap pedicled with the medial branch of the deep branch of medial plantar artery[J]. Zhongguo Lin Chuang Jie Pou Xue Za Zhi[Chin J Clin Anat(Article in Chinese;Abstract in Chinese and English)],2000,18(4):333-334. DOI:10.13418/j.issn.1001-165x.2000.04.018.}

[4860] 李晓静，郑和平，汪春兰，曹东升. 眼轮匝肌蒂颞区皮瓣移位术的解剖学基础[J]. 中国临床解剖学杂志，2000，18(4)：354-355. DOI：10.13418/j.issn.1001-165x.2000.04.027. {LI Xiaojing,ZHENG Heping,WANG Chunlan,CAO Dongsheng. Anatomical basis of transplantation for temporal flap pedicled with the orbicularis oculi muscle[J]. Zhongguo Lin Chuang Jie Pou Xue Za Zhi[Chin J Clin Anat(Article in Chinese;Abstract in Chinese and English)],2000,18(4):354-355. DOI:10.13418/j.issn.1001-165x.2000.04.027.}

[4861] 张发惠，钟桂午. 带血管蒂骨膜瓣移位修复舟骨骨折的解剖与临床[J]. 中华显微外科杂志，2000，23(1)：58-60. DOI：10.3760/cma.j.issn.1001-2036.2000.01.021. {ZHANG Fahui,ZHONG Guiwu. Anatomy and clinical application on transpositon of vascularized periosteal flap for repairing the scaphoid bone fracture[J]. Zhonghua Xian Wei Wai Ke Za Zhi[Chin J Microsurg(Article in Chinese;Abstract in Chinese and English)],2000,23(1):58-60. DOI:10.3760/cma.j.issn.1001-2036.2000.01.021.}

[4862] 王友华，汤锦波. 带血管神经蒂的大鱼际皮瓣应用解剖[J]. 中华显微外科杂志，2000，23(1)：65-66. DOI：10.3760/cma.j.issn.1001-2036.2000.01.024. {WANG Youhua,TANG Jinbo. Applied anatomy of thenar flap with vascular nerve pedicle[J]. Zhonghua Xian Wei Wai Ke Za Zhi[Chin J Microsurg(Article in Chinese;No abstract available)],2000,23(1):65-66. DOI:10.3760/cma.j.issn.1001-2036.2000.01.024.}

[4863] 唐茂林，卢书文，李忠华. 股前内侧串连血管蒂肌皮瓣设计的解剖学基础[J]. 中华显微外科杂志，2000，23(2)：134-135. DOI：10.3760/cma.j.issn.1001-2036.2000.02.023. {TANG Maolin,LU Shuwen,LI Zhonghua. Anatomical basis for the design of anteromedial femoral vascular pedicle musculocutaneous flap[J]. Zhonghua Xian Wei Wai Ke Za Zhi[Chin J Microsurg(Article in Chinese;No abstract available)],2000,23(2):134-135. DOI:10.3760/cma.j.issn.1001-2036.2000.02.023.}

[4864] 王珊，张发惠，钟桂午. 骶外侧血管蒂髂骨瓣转位治疗腰椎峡部不连的应用解剖[J]. 中华显微外科杂志，2000，23(2)：135-136. DOI：10.3760/cma.j.issn.1001-2036.2000.02.024. {WANG Shan,ZHANG Fahui,ZHONG Guiwu. Applied anatomy of lumbar isthmus nonunion with iliac bone flap transposition of lateral sacral vessel[J]. Zhonghua Xian Wei Wai Ke Za Zhi[Chin J Microsurg(Article in Chinese;No abstract available)],2000,23(2):135-136. DOI:10.3760/cma.j.issn.1001-2036.2000.02.024.}

[4865] 王伯钧，秦小云，骆降喜，陆明深. 第一趾蹼皮瓣游离移植重建口角的应用解剖[J]. 中华显微外科杂志，2000，23(3)：205-206. DOI：10.3760/cma.j.issn.1001-2036.2000.03.015. {WANG Bojun,QIN Xiaoyun,LUO Jiangxi,LU Mingshen. Applied anatomy of the great/second toe web flap for reconstruction the defect in commissure of lips of mouth[J]. Zhonghua Xian Wei Wai Ke Za Zhi[Chin J Microsurg(Article in Chinese;Abstract in Chinese and English)],2000,23(3):205-206. DOI:10.3760/cma.j.issn.1001-2036.2000.03.015.}

[4866] 许卫红，林建华，朱维钦，郑和平. 骨间前血管腕背支为蒂骨膜瓣移位术的应用解剖[J]. 中华显微外科杂志，2000，23(3)：207-209. DOI：10.3760/cma.j.issn.1001-2036.2000.03.016. {XU Weihong,LIN Jianhua,ZHU Weiqin,ZHENG Heping. Applied anatomy on transposition of the vascularized periosteal flap with dorsal branch of anterior interossea vessel[J]. Zhonghua Xian Wei Wai Ke Za Zhi[Chin J Microsurg(Article in Chinese;Abstract in Chinese and English)],2000,23(3):207-209. DOI:10.3760/cma.j.issn.1001-2036.2000.03.016.}

[4867] 杨运平，徐达传，许本柯. 桡侧副血管蒂前臂外侧皮瓣的解剖学基础[J]. 中国矫形外科杂志，2000，7(10)：991-992. DOI：10.3969/j.issn.1005-8478.2000.10.021. {YANG Yunping,XU Dachuan,XU Benke. Anatomic bases of the lateral forearm flap pedicled with the radial collateral artery[J]. Zhongguo Jiao Xing Wai Ke Za Zhi[Orthop J China(Article in Chinese;Abstract in Chinese and English)],2000,7(10):991-992. DOI:10.3969/j.issn.1005-8478.2000.10.021.}

[4868] 刘宣民，王学华. 与腓肠内外侧血管吻合皮瓣的解剖研究与临床应用[J]. 中国创伤骨科杂志，2000，2(3)：229-230. {LIU Xuanmin,WANG Xuehua. Anatomical study and clinical application of anastomotic skin flap with medial and lateral sural vessels[J]. Zhongguo Chuang Shang Gu Ke Za Zhi[Chin J Orthop Trauma(Article in Chinese;No abstract available)],2000,2(3):229-230.}

[4869] 王忠信，李森恺，陈树廷. 阔筋膜张肌肌皮瓣的解剖研究与临床应用[J]. 中华整形外科杂志，2000，16(1)：12-13. DOI：10.3760/j.issn：1009-4598.2000.01.005. {WANG Zhongxin,LI Senkai,CHEN Shuting. Anatomical study and clinical application of tensor fascia lata myocutaneous flap[J]. Zhonghua Zheng Xing Wai Ke Za Zhi[Chin J Plast Surg(Article in Chinese;Abstract in Chinese)],2000,16(1):12-13. DOI:10.3760/j.issn:1009-4598.2000.01.005.}

[4870] 颜玲，钟世镇. 横行腹直肌肌皮瓣感觉神经的应用解剖[J]. 中华整形外科杂志，2000，16(2)：81-83. DOI：10.3760/j.issn：1009-4598.2000.02.005. {YAN Ling,ZHONG

Shizhen. Applied anatomy of sensory nerve of transverse rectus abdominis musculocutaneous flap[J]. Zhonghua Zheng Xing Wai Ke Za Zhi[Chin J Plast Surg(Article in Chinese;Abstract in Chinese)],2000,16(2):81-83. DOI:10.3760/j.issn:1009-4598.2000.02.005.}

[4871] 刘波远，郝新光，宫美顺. 小腿皮神经伴行血管蒂皮瓣的解剖及临床应用 [J]. 中华整形外科杂志，2000，16(3)：151-153. DOI：10.3760/j.issn：1009-4598.2000.03.007.{LIU Boyuan,HAO Xinguang,GONG Meishun. Anatomy and clinical application of leg cutaneous nerve with vascular pedicle flap[J]. Zhonghua Zheng Xing Wai Ke Za Zhi[Chin J Plast Surg(Article in Chinese;Abstract in Chinese)],2000,16(3):151-153. DOI:10.3760/j.issn:1009-4598.2000.03.007.}

[4872] 陈合新，钟世镇，许庚. 二腹肌前腹－下颌骨膜瓣修复喉气管应用解剖学研究 [J]. 第一军医大学学报，2000，20(6)：553-554. DOI：10.3321/j.issn：1673-4254.2000.06.027.{CHEN Hexin,ZHONG Shizhen,XU Geng. Periosteal flap of anterovent of digastric muscle-mandible to renovate laryngotracheal stenosis:an applied anatomical study[J]. Di Yi Jun Yi Da Xue Xue Bao[J First Mil Med Univ(Article in Chinese;Abstract in Chinese and English)],2000,20(6):553-554. DOI:10.3321/j.issn:1673-4254.2000.06.027.}

[4873] 颜玲，钟世镇. 带肋间神经前支的游离脐旁感觉皮瓣的应用解剖 [J]. 中山医科大学学报，2000，21(4S)：80-82. DOI：10.3321/j.issn：1672-3554.2000.Z1.023.{YAN Ling,ZHONG Shizhen. Applied anatomy of free parumbilical sensory skin flap with anterior ramus of intercostal nerves[J]. Zhong Shan Yi Ke Da Xue Xue Bao[J Sun Yat-Sen Univ(Med Sci)(Article in Chinese;Abstract in Chinese)],2000,21(4S):80-82. DOI:10.3321/j.issn:1672-3554.2000.Z1.023.}

[4874] 孔祥安，宁金龙. 逆流颞顶筋膜瓣的解剖学基础及临床应用研究 [J]. 安徽医科大学学报，2000，35(3)：226. DOI：10.3969/j.issn.1000-1492.2000.03.047.{KONG Xiangan,NING Jinlong. Anatomical basis and clinical application of reflux temporoparietal fascia flap[J]. An Hui Yi Ke Da Xue Xue Bao[Acta Univ Med Anhui(Article in Chinese;Abstract in Chinese)],2000,35(3):226. DOI:10.3969/j.issn.1000-1492.2000.03.047.}

[4875] 黄继锋，王增涛，郭德亮，李主江. 胫后动脉皮支筋膜皮瓣的解剖及临床应用 [J]. 中国修复重建外科杂志，2000，14(4)：217-219.{HUANG Jifeng,WANG Zengtao,GUO Deliang,LI Zhujiang. Anatomical study and clinical applications of flaps based on cutaneous branches arising from posterior tibial vessels[J]. Zhongguo Xiu Fu Chong Jian Wai Ke Za Zhi[Chin J Repar Reconstr Surg(Article in Chinese;Abstract in Chinese and English)],2000,14(4):217-219.}

[4876] 刘慧松，陈振光，余国荣，王斌. 以掌背动脉为蒂尺骨远段背侧骨瓣移位术的应用解剖 [J]. 中国修复重建外科杂志，2000，14(5)：295-297.{LIU Huisong,CHEN Zhenguang,YU Guorong,WANG Bin. The applied anatomy of transposition of the distal dorsal ulna bone flap pedicled with dorsal metacarpal artery[J]. Zhongguo Xiu Fu Chong Jian Wai Ke Za Zhi[Chin J Repar Reconstr Surg(Article in Chinese;Abstract in Chinese and English)],2000,14(5):295-297.}

[4877] 颜玲，钟世镇，徐达传，高建华，邵正仁. 游离背阔肌皮瓣的感觉神经支配应用解剖 [J]. 中国临床解剖学杂志，2001，19(1)：11-13. DOI：10.13418/j.issn.1001-165x.2001.01.004.{YAN Ling,ZHONG Shizhen,XU Dachuan,GAO Jianhua,SHAO Zhengren. Applied anatomy of free latissimus dorsal muscular flap with sensate nerve[J]. Zhongguo Lin Chuang Jie Pou Xue Za Zhi[Chin J Clin Anat(Article in Chinese;Abstract in Chinese and English)],2001,19(1):11-13. DOI:10.13418/j.issn.1001-165x.2001.01.004.}

[4878] 赵振民，李森恺，严义坪，杨明勇，李养群，黄渭清. 鼻中隔软骨粘膜瓣的应用解剖 [J]. 中国临床解剖学杂志，2001，19(1)：14-16. DOI：10.13418/j.issn.1001-165x.2001.01.005.{ZHAO Zhenmin,LI Senkai,YAN Yiping,YANG Mingyong,LI Yangqun,HUANG Weiqing. Applied anatomy of the nasal septal chondromucosal island flap[J]. Zhongguo Lin Chuang Jie Pou Xue Za Zhi[Chin J Clin Anat(Article in Chinese;Abstract in Chinese and English)],2001,19(1):14-16. DOI:10.13418/j.issn.1001-165x.2001.01.005.}

[4879] 余国荣，奚翠萍，覃松，陈秀清. 上肢皮神经及其营养血管皮瓣的应用解剖 [J]. 中国临床解剖学杂志，2001，19(1)：35-37. DOI：10.13418/j.issn.1001-165x.2001.01.015.{YU Guorong,XI Cuiping,QIN Song,CHEN Xiuqing. Applied anatomy of island flap pedicled with the nutrient vessels of cutaneous nerve in upper limb[J]. Zhongguo Lin Chuang Jie Pou Xue Za Zhi[Chin J Clin Anat(Article in Chinese;Abstract in Chinese and English)],2001,19(1):35-37. DOI:10.13418/j.issn.1001-165x.2001.01.015.}

[4880] 彭田红，徐达传，许本柯. 带颞浅血管颅骨瓣修复颌面部缺损的应用解剖 [J]. 中国临床解剖学杂志，2001，19(1)：38-40. DOI：10.13418/j.issn.1001-165x.2001.01.016.{PENG Tianhong,XU Dachuan,XU Benke. Applied anatomy of cranial bone flap pedicled with superficial temporal artery to repair facial defects[J]. Zhongguo Lin Chuang Jie Pou Xue Za Zhi[Chin J Clin Anat(Article in Chinese;Abstract in Chinese and English)],2001,19(1):38-40. DOI:10.13418/j.issn.1001-165x.2001.01.016.}

[4881] 熊绍虎，徐达传，程新德，赵天兰，李宁，颜玲. 侧颌颈部真皮下血管网皮瓣的解剖学基础 [J]. 中国临床解剖学杂志，2001，19(2)：113-114. DOI：10.13418/j.issn.1001-165x.2001.02.007.{XIONG Shaohu,XU Dachuan,CHENG Xinde,ZHAO Tianlan,LI Ning,YAN Ling. Anatomic basis of the subdermal vascular network flap of the lateral jaw-neck[J]. Zhongguo Lin Chuang Jie Pou Xue Za Zhi[Chin J Clin Anat(Article in Chinese;Abstract in Chinese and English)],2001,19(2):113-114. DOI:10.13418/j.issn.1001-165x.2001.02.007.}

[4882] 杨开明，徐达传，石瑾，李忠华. 吻合足底内侧动脉浅支足底内侧皮瓣移植修复手部缺损的应用解剖 [J]. 中国临床解剖学杂志，2001，19(2)：129-130. DOI：10.13418/j.issn.1001-165x.2001.02.014.{YANG Kaiming,XU Dachuan,SHI Jin,LI Zhonghua. Applied anatomy of free bifolicated flap based on the cutaneous branch of medial plantar superficial artery[J]. Zhongguo Lin Chuang Jie Pou Xue Za Zhi[Chin J Clin Anat(Article in Chinese;Abstract in Chinese and English)],2001,19(2):129-130. DOI:10.13418/j.issn.1001-165x.2001.02.014.}

[4883] 马大军，谭宏，刘亚国，李鑫，刘兴国. 带血管神经蒂股薄肌瓣重建尿道括约肌的应用解剖 [J]. 中国临床解剖学杂志，2001，19(2)：131-133. DOI：10.13418/j.issn.1001-165x.2001.02.015.{MA Dajun,TAN Hong,LIU Yaguo,LI Xin,LIU Xingguo. Applied anatomy of the gracilis flap pedicled with vessels and nerves for the reconstruction of sphincter of urethra[J]. Zhongguo Lin Chuang Jie Pou Xue Za Zhi[Chin J Clin Anat(Article in Chinese;Abstract in Chinese and English)],2001,19(2):131-133. DOI:10.13418/j.issn.1001-165x.2001.02.015.}

[4884] 杨彪炳，蔡霞，唐胜建，牟少春，邱玉金. 逆行颧眶动脉蒂皮瓣的应用解剖学研究 [J]. 中国临床解剖学杂志，2001，19(4)：321-322. DOI：10.13418/j.issn.1001-165x.2001.04.013.{YANG Biaobing,CAI Xia,TANG Shengjian,MOU Shaochun,QIU Yujin. Applied anatomy of the retrograde flap pedicled with zygomaticoorbital artery[J]. Zhongguo Lin Chuang Jie Pou Xue Za Zhi[Chin J Clin Anat(Article in Chinese;Abstract in Chinese and English)],2001,19(4):321-322. DOI:10.13418/j.issn.1001-165x.2001.04.013.}

[4885] 孔祥安，宁金龙，韩卉，李晓静，张林，高学宏. 逆行颞顶筋膜瓣的解剖与临床应用 [J]. 中国临床解剖学杂志，2001，19(4)：323-325. DOI：10.13418/j.issn.1001-165x.2001.04.014.{KONG Xiangan,NING Jinlong,HAN Hui,LI Xiaojing,ZHANG Lin,GAO Xuehong. Anatomical study of the reversed-flow temporoparietal fascial flap and its c linical application[J]. Zhongguo Lin Chuang Jie Pou Xue Za Zhi[Chin J Clin Anat(Article in Chinese;Abstract in Chinese and English)],2001,19(4):323-325. DOI:10.13418/j.issn.1001-165x.2001.04.014.}

[4886] 邢进峰，陈中，曹扬，张春，吴恙，赵巍，林平，童鑫，施铁军. 膝上外侧血管复合组织瓣移植的应用解剖 [J]. 中国临床解剖学杂志，2001，19(4)：329-331，332. DOI：10.13418/j.issn.1001-165x.2001.04.017.{XING Jinfeng,CHEN Zhong,CAO Yang,ZHANG Chun,WU Yang,ZHAO Wei,LIN Ping,TONG Xin,SHI Tiejun. Anatomy study of compound flap pedicled with superior lateral genicular artery[J]. Zhongguo Lin Chuang Jie Pou Xue Za Zhi[Chin J Clin Anat(Article in Chinese;Abstract in Chinese and English)],2001,19(4):329-331,332. DOI:10.13418/j.issn.1001-165x.2001.04.017.}

[4887] 王树锋，周忠水，于胜军，王明山，吕占辉，路培发，王志刚. 膝上外侧动脉为蒂股骨远端骨皮瓣的应用解剖 [J]. 中华显微外科杂志，2001，24(1)：46-48. DOI：10.3760/cma.j.issn.1001-2036.2001.01.017.{WANG Shufeng,ZHOU Zhongshui,YU Shengjun,WANG Mingshan,LV Zhanhui,LU Peifa,WANG Zhigang. Applied Anatomy of distal femur osteocutaneous flap pedicle with the genus superior lateral artery[J]. Zhonghua Xian Wei Wai Ke Za Zhi[Chin J Microsurg(Article in Chinese;Abstract in Chinese and English)],2001,24(1):46-48. DOI:10.3760/cma.j.issn.1001-2036.2001.01.017.}

[4888] 王银龙，周健，何家才，唐燕. 上斜方肌皮瓣骨肌皮瓣的解剖和修复口腔颌面部缺损的临床应用 [J]. 中华显微外科杂志，2001，24(2)：97-98. DOI：10.3760/cma.j.issn.1001-2036.2001.02.006.{WANG Yinlong,ZHOU Jian,HE Jiacai,TANG Yan. Anatomy and application of superior trapezius myocutaneous flap and osteomyo cutaneous flap to maxillofacial region defect[J]. Zhonghua Xian Wei Wai Ke Za Zhi[Chin J Microsurg(Article in Chinese;Abstract in Chinese and English)],2001,24(2):97-98. DOI:10.3760/cma.j.issn.1001-2036.2001.02.006.}

[4889] 李建兵，宋建良，何葆华，姚建民，吴守成，陈强，王磊，沈向前，宋春铁. 拇指尺背侧皮瓣的解剖和临床应用 [J]. 中华显微外科杂志，2001，24(4)：288-290. DOI：10.3760/cma.j.issn.1001-2036.2001.04.017.{LI Jianbing,SONG Jianliang,HE Baohua,YAO Jianmin,WU Shoucheng,CHEN Qiang,WANG Lei,SHEN Xiangqian,SONG Chunyi. Anatomy and application of the dorsoulnar flap of thumb[J]. Zhonghua Xian Wei Wai Ke Za Zhi[Chin J Microsurg(Article in Chinese;Abstract in Chinese and English)],2001,24(4):288-290. DOI:10.3760/cma.j.issn.1001-2036.2001.04.017.}

[4890] 陈铭锐，钟世镇，徐达传，王标. 臂内侧带蒂薄皮瓣修复手部创面的解剖及临床应用 [J]. 中华显微外科杂志，2001，24(4)：296-298. DOI：10.3760/cma.j.issn.1001-2036.2001.04.022.{CHEN Mingrui,ZHONG Shizhen,XU Dachuan,WANG Biao. Anatomy and clinical application of medial arm pedicled thin skin flap for repairing hand wounds[J]. Zhonghua Xian Wei Wai Ke Za Zhi[Chin J Microsurg(Article in Chinese;Abstract in Chinese)],2001,24(4):296-298. DOI:10.3760/cma.j.issn.1001-2036.2001.04.022.}

[4891] 祝少博，陈振光，谭金海，方成，张发惠，郑和平. 膝关节周围动脉为蒂骨膜（骨）瓣的应用解剖及临床意义 [J]. 中华实验外科杂志，2001，18(2)：138-139. DOI：10.3760/j.issn：1001-9030.2001.02.015.{ZHU Shaobo,CHEN Zhenguang,TAN Jinhai,FANG Cheng,ZHANG Fahui,ZHENG Heping. Anatomical study and clinical application of the periosteal (bone) flaps pedicled with arteries around knee joint[J]. Zhonghua Shi Yan Wai Ke Za Zhi[Chin J Exp Surg(Article in Chinese;Abstract in Chinese and English)],2001,18(2):138-139. DOI:10.3760/j.issn:1001-9030.2001.02.015.}

[4892] 陈振光，郑和平，张发惠，谭金海. 肩胛上血管肩峰支肩胛冈骨瓣的应用解剖学研究 [J]. 中华实验外科杂志，2001，18(6)：587-588. DOI：10.3760/j.issn：1001-9030.2001.06.045.{CHEN Zhenguang,ZHENG Heping,ZHANG Fahui,TAN Jinhai. Applied anatomy of the spine of scapular flap pedicled with the acromial branch of suprascapular artery[J]. Zhonghua Shi Yan Wai Ke Za Zhi[Chin J Exp Surg(Article in Chinese;Abstract in Chinese and English)],2001,18(6):587-588. DOI:10.3760/j.issn:1001-9030.2001.06.045.}

[4893] 陈振光，张发惠，陈秀清，谭金海，余国荣，喻爱喜. 带血管蒂骨膜瓣移位修复肱骨骨不连的解剖与临床研究 [J]. 中华手外科杂志，2001，17(3)：136-138.{CHEN Zhenguang,ZHANG Fahui,CHEN Xiuqing,TAN Jinhai,YU Guorong,YU Aixi. Anatomical and clinical study of transposition of vascularized periosteum flap to repair humeral nonunion[J]. Zhonghua Shou Wai Ke Za Zhi[Chin J Hand Surg(Article in Chinese;Abstract in Chinese)],2001,17(3):136-138.}

[4894] 王恩群，张菊会，周健，何家才，王银龙，王元银，程继光. 上斜方肌、肩胛冈骨肌皮瓣的解剖研究与临床应用 [J]. 中华整形外科杂志，2001，17(4)：197-200. DOI：10.3760/j.issn：1009-4598.2001.04.001.{WANG Dongqun,ZHANG Juhui,ZHOU Jian,HE Jiacai,WANG Yinlong,WANG Yuanyin,CHENG Jiguang. Superior trapezius myocutaneous and osteomyocutaneous flaps:microsurgical anatomy and clinical applications[J]. Zhonghua Zheng Xing Wai Ke Za Zhi[Chin J Plast Surg(Article in Chinese;Abstract in Chinese and English)],2001,17(4):197-200. DOI:10.3760/j.issn:1009-4598.2001.04.001.}

[4895] 刘元波，李森恺，李养群，杨明勇，赵振民，徐军. 阴股沟皮瓣应用解剖学研究 [J]. 中华整形外科杂志，2001，17(5)：272-275. DOI：10.3760/j.issn：1009-4598.2001.05.005.{LIU Yuanbo,LI Senkai,LI Yangqun,YANG Mingyong,ZHAO Zhenmin,XU Jun. Applied anatomic study of the pudendal-thigh flap and establishment of flap model[J]. Zhonghua Zheng Xing Wai Ke Za Zhi[Chin J Plast Surg(Article in Chinese;Abstract in Chinese and English)],2001,17(5):272-275. DOI:10.3760/j.issn:1009-4598.2001.05.005.}

[4896] 肖添有，肖能坎，司徒朴. 轴型真皮下血管网皮瓣的解剖学基础及临床应用 [J]. 中华整形外科杂志，2001，17(6)：379-380. DOI：10.3760/j.issn：1009-4598.2001.06.025.{XIAO Tianyou,XIAO Nengkan,SITU Pu. Applied anatomy of the flap of the femoral grooves[J]. Zhonghua Zheng Xing Wai Ke Za Zhi[Chin J Plast Surg(Article in Chinese;Abstract in Chinese)],2001,17(6):379-380. DOI:10.3760/j.issn:1009-4598.2001.06.025.}

[4897] 张增方，杨连根，韩守江，安小刚，娄宏亮，董振岭，张纯青. 以隐血管为蒂的逆行股骨内侧髁骨瓣骨皮瓣的解剖学研究及临床应用 [J]. 中国修复重建外科杂志，2001，15(1)：26-28.{ZHANG Zengfang,YANG Liangen,HAN Shoujiang,AN Xiaogang,LOU Hongliang,DONG Zhenling,ZHANG Chunqing. Anatomical study and clinical application of medial femoral condylar bone flap pedicled with the saphenous vessels[J]. Zhongguo Xiu Fu Chong Jian Wai Ke Za Zhi[Chin J Repar Reconstr Surg(Article in Chinese;Abstract in Chinese and English)],2001,15(1):26-28.}

[4898] 颜玲，钟世镇，徐达传，邵政仁. 带肋间神经外侧后支背阔肌感觉皮瓣的应用解剖 [J]. 中国修复重建外科杂志，2001，15(2)：86-88.{YAN Ling,ZHONG Shizhen,XU Dachuan,SHAO Zhengren. Applied anatomy of the sensate latissimus dorsal muscular flap with the lateral posterior branch of the intercostal nerve[J]. Zhongguo Xiu Fu Chong Jian Wai Ke Za Zhi[Chin J Repar Reconstr Surg(Article in Chinese;Abstract in Chinese and English)],2001,15(2):86-88.}

[4899] 陈振光，张发惠. 带血管蒂跗骨瓣移位术的解剖与临床应用 [J]. 中国修复重建外科杂志，2001，15(2)：89-91.{CHEN Zhenguang,ZHANG Fahui. Anatomy and clinical application of vascularized tarsal bone flaps[J]. Zhongguo Xiu Fu Chong Jian Wai Ke Za Zhi[Chin J Repar Reconstr Surg(Article in Chinese;Abstract in Chinese and English)],2001,15(2):89-91.}

[4900] 钟桂午，郑和平，蔡肖岚，张发惠，胡万华，闫毅. 股外侧肌上端肌支股骨骨（膜）瓣的解剖与临床应用 [J]. 中国修复重建外科杂志，2001，15(4)：208-210.{ZHONG Guiwu,ZHENG Heping,CAI XiaoLan,ZHANG Fahui,HU Wanhua,YAN Yi. The anatomic study and clinical application of the bone (periosteum) flap pedicled with upper muscular branches of lateral femoral muscle[J]. Zhongguo Xiu Fu Chong Jian Wai Ke Za Zhi[Chin J Repar Reconstr Surg(Article in Chinese;Abstract in Chinese and English)],2001,15(4):208-210.}

[4901] 唐茂林，钟桂午，王国文，蒋穗斌，肖建中，曹朝辉，李素云. 小腿内侧神经血管复合体岛状皮瓣的应用解剖 [J]. 中国临床解剖学杂志，2002，20(1)：5-8. DOI：10.13418/j.issn.1001-165x.2002.01.003.{TANG Maolin,ZHONG Guiwu,WANG Guowen,JIANG Suibin,XIAO Jianzhong,CAO Chaohui,LI Suyun. Applied anatomy of island flap pedicled with neurovascular territories of medial view of the leg[J]. Zhongguo Lin Chuang Jie Pou Xue Za Zhi[Chin J Clin Anat(Article in Chinese;Abstract in Chinese and English)],2002,20(1):5-8. DOI:10.13418/j.issn.1001-165x.2002.01.003.}

[4902] 劳杰，熊良俭，顾玉东，梁秉中，赵新. 肌间隙血管为蒂小腿内侧皮瓣的应用解剖及临床应用 [J]. 中国临床解剖学杂志，2002，20(1)：71-72. DOI：10.13418/j.issn.1001-165x.2002.01.034.{LAO Jie,XIONG Liangjian,GU Yudong,LIANG Bingzhong,ZHAO Xin.

Applied anatomy of the lower medial leg fasciocutaneous flap pedicled with the intermuscular branch of the posterior tibial artery and its dinical significance[J]. Zhongguo Lin Chuang Jie Pou Xue Za Zhi[Chin J Clin Anat(Article in Chinese;Abstract in Chinese and English)],2002,20(1):71-72. DOI:10.13418/j.issn.1001-165x.2002.01.034.}

[4903] 齐向东，胡志奇，徐达传．颞肌复合组织瓣的临床解剖学研究[J]．中国临床解剖学杂志，2002，20(2)：158-159．DOI：10.13418/j.issn.1001-165x.2002.02.037．{QI Xiangdong,HU Zhiqi,XU Dachuan. Clinical anatomic study on the complex tissure flap of temporal muscle[J]. Zhongguo Lin Chuang Jie Pou Xue Za Zhi[Chin J Clin Anat(Article in Chinese;Abstract in Chinese and English)],2002,20(2):158-159. DOI:10.13418/j.issn.1001-165x.2002.02.037.}

[4904] 杨大平，韩雪峰，郭铁芳．耳后皮瓣血管的显微外科解剖学基础[J]．中国临床解剖学杂志，2002，20(3)：166-168．DOI：10.13418/j.issn.1001-165x.2002.03.002．{YANG Daping,HAN Xuefeng,GUO Tiefang. Microsurgical anatomic study of the retroauricular flap[J]. Zhongguo Lin Chuang Jie Pou Xue Za Zhi[Chin J Clin Anat(Article in Chinese;Abstract in Chinese and English)],2002,20(3):166-168. DOI:10.13418/j.issn.1001-165x.2002.03.002.}

[4905] 邓细河，徐达传，翟佳羽，姜杰，裴霞，崔颖秋，黎凡．软腭部反向双Z瓣腭裂修复术的解剖学基础及临床应用[J]．中国临床解剖学杂志，2002，20(3)：230-232．DOI：10.13418/j.issn.1001-165x.2002.03.033．{DENG Xihe,XU Dachuan,DI Jiayu,JIANG Jie,PEI Xia,CUI Yingqiu,LI Fan. Applied anatomy of soft palate double reversing Z-plasty in repairing cleft palate and its clinical significance[J]. Zhongguo Lin Chuang Jie Pou Xue Za Zhi[Chin J Clin Anat(Article in Chinese;Abstract in Chinese and English)],2002,20(3):230-232. DOI:10.13418/j.issn.1001-165x.2002.03.033.}

[4906] 郑和平，林建华，许卫红．肩胛上血管肩峰支肩胛冈骨瓣修复锁骨肩峰端的解剖基础[J]．中国临床解剖学杂志，2002，20(4)：248-249．DOI：10.13418/j.issn.1001-165x.2002.04.003．{ZHENG Heping,LIN Jianhua,XU Weihong. Applied anatomy on transposition of the vascularized spine of scapula flap pedicled with acromial branch of suprascapular artery[J]. Zhongguo Lin Chuang Jie Pou Xue Za Zhi[Chin J Clin Anat(Article in Chinese;Abstract in Chinese and English)],2002,20(4):248-249. DOI:10.13418/j.issn.1001-165x.2002.04.003.}

[4907] 岳毅刚，李佩英，秦小云．鼻唇沟任意型皮瓣血供的解剖学基础[J]．中国临床解剖学杂志，2002，20(4)：259-260．DOI：10.13418/j.issn.1001-165x.2002.04.009．{YUE Yigang,LI Peiying,QIN Xiaoyun. Anatomic basis on the blood supply of nasolabial fold random flap[J]. Zhongguo Lin Chuang Jie Pou Xue Za Zhi[Chin J Clin Anat(Article in Chinese;Abstract in Chinese and English)],2002,20(4):259-260. DOI:10.13418/j.issn.1001-165x.2002.04.009.}

[4908] 陈振光，张发惠，谭金海，郑和平，陶圣祥，邓凯．尺侧返血管背侧支尺骨上段骨膜瓣移位术的应用解剖[J]．中国临床解剖学杂志，2002，20(5)：343-344．DOI：10.13418/j.issn.1001-165x.2002.05.011．{CHEN Zhenguang,ZHANG Fahui,TAN Jinhai,ZHENG Heping,TAO Shengxiang,DENG Kai. Applied anatomy for the transposition of the proximal ulna periosteal flap pedicled with dorsal branch of ulnar recurrent vessels[J]. Zhongguo Lin Chuang Jie Pou Xue Za Zhi[Chin J Clin Anat(Article in Chinese;Abstract in Chinese and English)],2002,20(5):343-344. DOI:10.13418/j.issn.1001-165x.2002.05.011.}

[4909] 张世民，顾玉东，侯春林，徐达传．腕部血管网的解剖基础及其与前臂远端蒂皮瓣的关系[J]．中国临床解剖学杂志，2002，20(5)：345-347．DOI：10.13418/j.issn.1001-165x.2002.05.012．{ZHANG Shimin,GU Yudong,HOU Chunlin,XU Dachuan. Anatomy of the carpal vascular network and its clinical correlation to the distal forearm flap[J]. Zhongguo Lin Chuang Jie Pou Xue Za Zhi[Chin J Clin Anat(Article in Chinese;Abstract in Chinese and English)],2002,20(5):345-347. DOI:10.13418/j.issn.1001-165x.2002.05.012.}

[4910] 傅中国，姜保国，张殿英，徐海林．手背静脉皮瓣修复指部皮肤缺损的解剖基础及临床应用[J]．中国临床解剖学杂志，2002，20(5)：394-395，398．DOI：10.13418/j.issn.1001-165x.2002.05.035．{FU Zhongguo,JIANG Baoguo,ZHANG Dianying,XU Hailin. Anatomy and clinical application on the anterograde venous skin flap at the back of the hand in the treatment of skin defect of the finger[J]. Zhongguo Lin Chuang Jie Pou Xue Za Zhi[Chin J Clin Anat(Article in Chinese;Abstract in Chinese and English)],2002,20(5):394-395,398. DOI:10.13418/j.issn.1001-165x.2002.05.035.}

[4911] 陈振光，郑和平，张发惠，谭金海．胸肩峰动脉肩胛冈骨瓣移位术的应用解剖[J]．中华显微外科杂志，2002，25(1)：47-48．DOI：10.3760/cma.j.issn.1001-2036.2002.01.017．{CHEN Zhenguang,ZHENG Heping,ZHANG Fahui,TAN Jinhai. Applied anatomy of the transposition of spine of scapular flap pedicled with thoracoacromial artery[J]. Zhonghua Xian Wei Wai Ke Za Zhi[Chin J Microsurg(Article in Chinese;Abstract in Chinese and English)],2002,25(1):47-48. DOI:10.3760/cma.j.issn.1001-2036.2002.01.017.}

[4912] 陈振光，谭金海，喻爱喜，陶圣祥，潘振宇，邓凯．肩胛上血管冈上支肩胛冈骨瓣的应用解剖学研究[J]．中华显微外科杂志，2002，25(2)：129-130．DOI：10.3760/cma.j.issn.1001-2036.2002.02.018．{CHEN Zhenguang,TAN Jinhai,YU Aixi,TAO Shengxiang,PAN Zhenyu,DENG Kai. Applied anatomy of scapular spine bone flap pedicled with supraspinous branch of suprascapular artery[J]. Zhonghua Xian Wei Wai Ke Za Zhi[Chin J Microsurg(Article in Chinese;Abstract in Chinese and English)],2002,25(2):129-130. DOI:10.3760/cma.j.issn.1001-2036.2002.02.018.}

[4913] 陈振光．带血管蒂肩胛冈骨瓣移植术的解剖与临床应用[J]．中华显微外科杂志，2002，25(3)：164-165．DOI：10.3760/cma.j.issn.1001-2036.2002.03.001．{CHEN Zhenguang. Anatomy and clinical application of scapulae bone flap grafting with vascular pedicle[J]. Zhonghua Xian Wei Wai Ke Za Zhi[Chin J Microsurg(Article in Chinese;No abstract available)],2002,25(3):164-165. DOI:10.3760/cma.j.issn.1001-2036.2002.03.001.}

[4914] 赵天兰，程新德，熊绍虎，徐达传，李光早，徐静．窄蒂侧颌颈部皮瓣的解剖与临床应用[J]．中华显微外科杂志，2002，25(4)：301-303．DOI：10.3760/cma.j.issn.1001-2036.2002.04.026．{ZHAO Tianlan,CHENG Xinde,XIONG Shaohu,XU Dachuan,LI Guangzao,XU Jing. Anatomy and clinical application of narrow pedicled lateral mandibular and neck flap[J]. Zhonghua Xian Wei Wai Ke Za Zhi[Chin J Microsurg(Article in Chinese;Abstract in Chinese)],2002,25(4):301-303. DOI:10.3760/cma.j.issn.1001-2036.2002.04.026.}

[4915] 喻爱喜，陈振光，陈秀清，陶圣祥．膝上外侧血管蒂阔筋膜瓣移位修复膝关节软骨缺损的应用解剖[J]．中华实验外科杂志，2002，19(5)：462-463．DOI：10.3760/j.issn：1001-9030.2002.05.034．{YU Aixi,CHEN Zhenguang,CHEN Xiuqing,TAO Shengxiang. Applied anatomy of wide fascia flap pedicled with lateral superior genicular vessel for repair of genicular articular cartilage defect[J]. Zhonghua Shi Yan Wai Ke Za Zhi[Chin J Exp Surg(Article in Chinese;Abstract in Chinese and English)],2002,19(5):462-463. DOI:10.3760/j.issn:1001-9030.2002.05.034.}

[4916] 陈振光，张发惠，谢昀，郑和平，谭金海．桡动脉肌间隙支桡骨中下段骨膜瓣的应用解剖学研究[J]．中华实验外科杂志，2002，19(6)：577-578．DOI：10.3760/j.issn：1001-9030.2002.06.044．{CHEN Zhenguang,ZHANG Fahui,XIE Yun,ZHENG Heping,TAN Jinhai. Applied anatomical study of the distal-middle radial periosteal flap pedicled with the intermuscular septum branch of radial artery[J]. Zhonghua Shi Yan Wai Ke Za Zhi[Chin J Exp Surg(Article in Chinese;Abstract in Chinese and English)],2002,19(6):577-578. DOI:10.3760/j.issn:1001-9030.2002.06.044.}

[4917] 鲁世荣，赵玲辉，王广宏，杨大平．手及前臂皮神经营养血管蒂皮瓣的应用解剖[J]．中华手外科杂志，2002，18(4)：251-253．DOI：10.3760/cma.j.issn.1005-054X.2002.04.023．{LU Shirong,ZHAO Linghui,WANG Guanghong,YANG Daping. Applied anatomy of cutaneous neurovascular flaps of hand and forearm[J]. Zhonghua Shou Wai Ke Za Zhi[Chin J Hand Surg(Article in Chinese;Abstract in Chinese and English)],2002,18(4):251-253. DOI:10.3760/cma.j.issn.1005-054X.2002.04.023.}

[4918] 廖进民，刘铭，原林，谢元平，黄文华，李忠华，钟世镇．前臂真皮下血管网皮瓣的临床解剖学研究[J]．中华创伤骨科杂志，2002，4(4)：274-277．DOI：10.3760/cma.j.issn.1671-7600.2002.04.012．{LIAO Jinmin,LIU Ming,YUAN Lin,XIE Yuanping,HUANG Wenhua,LI Zhonghua,ZHONG Shizhen. A clinical anatomic study on the subdermal vascular network skin flap in antebrachial region[J]. Zhonghua Chuang Shang Gu Ke Za Zhi[Chin J Orthop Trauma(Article in Chinese;Abstract in Chinese and English)],2002,4(4):274-277. DOI:10.3760/cma.j.issn.1671-7600.2002.04.012.}

[4919] 肖添有，肖能坎．轴型真皮下血管网皮瓣的应用解剖及在深度烧伤创面修复中的应用[J]．中华烧伤杂志，2002，18(6)：336-338．DOI：10.3760/cma.j.issn.1009-2587.2002.06.006．{XIAO Tianyou,XIAO Nengkan. The applied anatomy of axial subdermal vascular network skin flap and its application in the management of deep burn wound[J]. Zhonghua Shao Shang Za Zhi[Chin J Burns(Article in Chinese;Abstract in Chinese and English)],2002,18(6):336-338. DOI:10.3760/cma.j.issn.1009-2587.2002.06.006.}

[4920] 何葆华，宋建良，严晟．"皮神经皮瓣"的解剖学基础及有关问题的探讨[J]．中华整形外科杂志，2002，18(1)：57-58．DOI：10.3760/j.issn：1009-4598.2002.01.021．{HE Baohua,SONG Jianliang,YAN Sheng. Anatomical basis of cutaneous nerve flap and its related problems[J]. Zhonghua Zheng Xing Wai Ke Za Zhi[Chin J Plast Surg(Article in Chinese;Abstract in Chinese)],2002,18(1):57-58. DOI:10.3760/j.issn:1009-4598.2002.01.021.}

[4921] 王彦生，田立杰，王春勃，战杰，富玲，梁晓旭，曹福慧．掌背动脉复合组织瓣的解剖特点及临床应用[J]．中国局解手术学杂志，2002，11(1)：1-3．DOI：10.3969/j.issn.1672-5042.2002.01.002．{WANG Yansheng,TIAN Lijie,WANG Chunbo,ZHAN Jie,FU Ling,LIANG Xiaoxu,CAO Fuhui. Clinical applicaton of the dosal metacarpal artery composite flap[J]. Ju Jie Shou Shu Xue Za Zhi[J Reg Anat Oper Surg(Article in Chinese;Abstract in Chinese and English)],2002,11(1):1-3. DOI:10.3969/j.issn.1672-5042.2002.01.002.}

[4922] 张发惠，郭耀兴，钟桂午．手背尺侧逆行岛状皮瓣的解剖学及临床应用[J]．中国修复重建外科杂志，2002，16(6)：395-397．{ZHANG Fahui,GUO Yaoxing,ZHONG Guiwu. Anatomical study on reverse flap of dorso-ulnar aspect of mid-hand and its clinical application[J]. Zhongguo Xiu Fu Chong Jian Wai Ke Za Zhi[Chin J Repar Reconstr Surg(Article in Chinese;Abstract in Chinese and English)],2002,16(6):395-397.}

[4923] 何葆华，朱晞，周吉林，严晟，叶坡．拇指背尺侧逆行岛状皮瓣的应用解剖[J]．中国临床解剖学杂志，2003，21(1)：44-46．DOI：10.13418/j.issn.1001-165x.2003.01.019．{HE Baohua,ZHU Xi,ZHOU Jilin,YAN Sheng,YE Po. Applied anatomy of the reverse island flap in dorsoulnar thumb[J]. Zhongguo Lin Chuang Jie Pou Xue Za Zhi[Chin J Clin Anat(Article in Chinese;Abstract in Chinese and English)],2003,21(1):44-46. DOI:10.13418/j.issn.1001-165x.2003.01.019.}

[4924] 黄书润，李小毅，张诚华，苏金荣，孙建森．膝上外侧逆行皮瓣修复腘窝创面的解剖学基础与临床[J]．中国临床解剖学杂志，2003，21(1)：47-48．DOI：10.13418/j.issn.1001-165x.2003.01.020．{HUANG Shurun,LI Xiaoyi,ZHANG Chenghua,SU Jinrong,SUN Jiansen. Anatomical study and clinical application of the lateral superior genicular retrograde flap[J]. Zhongguo Lin Chuang Jie Pou Xue Za Zhi[Chin J Clin Anat(Article in Chinese;Abstract in Chinese and English)],2003,21(1):47-48. DOI:10.13418/j.issn.1001-165x.2003.01.020.}

[4925] 张启旭，乔群，陈宗基，严义坪，刘志飞，赵振河，殷凤仪，王亚荣．股前及股外侧区皮神经营养血管皮瓣的应用解剖[J]．中国临床解剖学杂志，2003，21(2)：102-105．DOI：10.13418/j.issn.1001-165x.2003.02.002．{ZHANG Qixu,QIAO Qun,CHEN Zongji,YAN Yiping,LIU Zhifei,ZHAO Zhenhe,YIN Fengyi,WANG Yarong. Anatomic study and clinical value of anterior and lateral thigh neurocutaneous vascular flap[J]. Zhongguo Lin Chuang Jie Pou Xue Za Zhi[Chin J Clin Anat(Article in Chinese;Abstract in Chinese and English)],2003,21(2):102-105. DOI:10.13418/j.issn.1001-165x.2003.02.002.}

[4926] 张新营，罗少军，汤少明，吕端远，梁大宁．第9、10肋间神经外侧皮支营养血管皮瓣的解剖与临床应用[J]．中国临床解剖学杂志，2003，21(3)：197-199．DOI：10.13418/j.issn.1001-165x.2003.03.003．{ZHANG Xinying,LUO Shaojun,TANG Shaoming,LV Dongyuan,LIANG Daning. Applied anatomy of neurocutaneous vascular flap (NCVF) with the lateral cutaneous branches of T9,T10 and their nutrient vessels origining from its pedicle[J]. Zhongguo Lin Chuang Jie Pou Xue Za Zhi[Chin J Clin Anat(Article in Chinese;Abstract in Chinese and English)],2003,21(3):197-199. DOI:10.13418/j.issn.1001-165x.2003.03.003.}

[4927] 陈海芳，廖进民，徐达传，王兴海，钟桂午，钟世镇．锁骨上神经营养血管皮瓣的应用解剖[J]．中国临床解剖学杂志，2003，21(3)：204-206．DOI：10.13418/j.issn.1001-165x.2003.03.005．{CHEN Haifang,LIAO Jinmin,XU Dachuan,WANG Xinghai,ZHONG Guiwu,ZHONG Shizhen. Applied anatomy of the surpra-clavicular nerve and its nutrient vascular skin flap[J]. Zhongguo Lin Chuang Jie Pou Xue Za Zhi[Chin J Clin Anat(Article in Chinese;Abstract in Chinese and English)],2003,21(3):204-206. DOI:10.13418/j.issn.1001-165x.2003.03.005.}

[4928] 赵德伟，王卫明，陈要武，马岩，杨磊，郭哲，张朝阳，荆拓，卢建民．带旋股外侧血管升支髂嵴支和髂前下棘支双骨膜瓣的应用解剖[J]．中国临床解剖学杂志，2003，21(3)：211-213．DOI：10.13418/j.issn.1001-165x.2003.03.007．{ZHAO Dewei,WANG Weiming,CHEN Yaowu,MA Yan,YANG Lei,GUO Zhe,ZHANG Chaoyang,JING Tuo,LU Jianmin. Applied anatomy for transposition of two periosteal flaps pedicled with iliac crest and anterior inferior iliac branches of ascending rarus of lateral femoral circumflex vessel[J]. Zhongguo Lin Chuang Jie Pou Xue Za Zhi[Chin J Clin Anat(Article in Chinese;Abstract in Chinese and English)],2003,21(3):211-213. DOI:10.13418/j.issn.1001-165x.2003.03.007.}

[4929] 张洪权，王江宁，李晋，张高孟．胫前动脉踝上皮支皮瓣的显微外科解剖[J]．中国临床解剖学杂志，2003，21(3)：214-216．DOI：10.13418/j.issn.1001-165x.2003.03.008．{ZHANG Hongquan,WANG Jiangning,LI Jin,ZHANG Gaomeng. Microsurgical anatomy of the flap pedicled with superior malleolus cutaneous branch of anterior tibial artery[J]. Zhongguo Lin Chuang Jie Pou Xue Za Zhi[Chin J Clin Anat(Article in Chinese;Abstract in Chinese and English)],2003,21(3):214-216. DOI:10.13418/j.issn.1001-165x.2003.03.008.}

[4930] 胡骥琼，陈志林，王道明，吕大伦，姚凯．带血管背阔肌瓣构建侧支循环治疗闭塞性脉管炎的应用解剖[J]．中国临床解剖学杂志，2003，21(3)：243-244．DOI：10.13418/j.issn.1001-165x.2003.03.020．{HU Jiqiong,CHEN Zhilin,WANG Daoming,LV Dalun,YAO Kai. Applied anatomy of the vascularized dorsal latissimus flap pedicled with the subscapular a artery for the treatment of Buerger[J]. Zhongguo Lin Chuang Jie Pou Xue Za Zhi[Chin J Clin Anat(Article in Chinese;Abstract in Chinese and English)],2003,21(3):243-244. DOI:10.13418/j.issn.1001-165x.2003.03.020.}

[4931] 路来金，杨涛，于家傲，刘志刚，张志新，宫旭，赵春鹏．双轴点掌背皮动脉轴行皮瓣的应用解剖[J]．中国临床解剖学杂志，2003，21(4)：327-329．DOI：10.13418/j.issn.1001-165x.2003.04.010．{LU Laijin,YANG Tao,YU Jiaao,LIU Zhigang,ZHANG Zhixin,GONG Xu,ZHAO Chunpeng. Applied anatomy of dorsal hand flap with direct cutaneous artery arising from dorsal metacarpal artery as pedicle and double rotation points[J]. Zhongguo Lin Chuang Jie Pou Xue Za Zhi[Chin J Clin Anat(Article in Chinese;Abstract in Chinese and English)],2003,21(4):327-329. DOI:10.13418/j.issn.1001-165x.2003.04.010.}

[4932] 陈振光，徐达传．旋股外侧血管升支髂骨瓣的解剖与临床研究[J]．中国临床解剖学杂志，2003，21(6)：543-544．DOI：10.13418/j.issn.1001-165x.2003.06.006．{CHEN Zhenguang,XU Dachuan. Anatomical and clinical research on iliac flap supplied by ascending branch of lateral femoral circumflex vessels[J]. Zhongguo Lin Chuang Jie Pou Xue Za Zhi[Chin J Clin Anat(Article in Chinese;Abstract in Chinese and English)],2003,21(6):543-544. DOI:10.13418/j.issn.1001-165x.2003.06.006.}

[4933] 张焰祥，余国庆，周拥军，陈飞，陈述伟，方斌. 带筋膜外踝前动脉蒂外踝骨膜骨瓣的解剖及临床应用 [J]. 中华显微外科杂志，2003，26（3）：167–168. DOI：10.3760/cma.j.issn.1001–2036.2003.03.002. {ZHANG Yanxiang,YU Guoqing,ZHOU Yongjun,CHEN Fei,CHEN Shuwei,FANG Bin. Anatomy and clinical application of external malleolus periosteum bone flap pedicled with fascia and external malleolus anterior artery[J]. Zhonghua Xian Wei Wai Ke Za Zhi[Chin J Microsurg(Article in Chinese; Abstract in Chinese and English)],2003,26(3):167-168. DOI:10.3760/cma.j.issn.1001-2036.2003.03.002.}

[4934] 杜冬，李小军. 足底内侧动脉浅支皮瓣的解剖及临床应用 [J]. 中华显微外科杂志，2003，26（3）：169–170. DOI：10.3760/cma.j.issn.1001–2036.2003.03.003. {DU Dong,LI Xiaojun. Anatomical study and clinical application of free medialis pedis flap based on the top branch of plantaris arch[J]. Zhonghua Xian Wei Wai Ke Za Zhi[Chin J Microsurg(Article in Chinese; Abstract in Chinese and English)],2003,26(3):169-170. DOI:10.3760/cma.j.issn.1001-2036.2003.03.003.}

[4935] 郑和平，张发惠，郭涛. 骨间前动脉腕背支尺骨膜瓣修复三角纤维软骨的解剖学基础 [J]. 中国矫形外科杂志，2003，11（19）：1374–1375. DOI：10.3969/j.issn.1005–8478.2003.19.024. {ZHENG Heping,ZHANG Fahui,GUO Tao. Anatomy on transposition complex of the vascularized ulna inferion extremity periosteal flap with carpal dorsal branch of anterior interosseous artery for repairing triangular fibrocartilage[J]. Zhongguo Jiao Xing Wai Ke Za Zhi[Orthop J China(Article in Chinese;Abstract in Chinese and English)],2003,11(19):1374-1375. DOI:10.3969/j.issn.1005-8478.2003.19.024.}

[4936] 杨润功，衷鸿宾. 皮神经皮瓣与筋膜瓣联合修复足跟缺损的应用解剖 [J]. 中国矫形外科杂志，2003，11（22）：1569–1569. DOI：10.3969/j.issn.1005–8478.2003.22.032. {YANG Rungong,ZHONG Hongbin. Applied anatomy of repairing heel defect with cutaneous nerve flap and fascial flap[J]. Zhongguo Jiao Xing Wai Ke Za Zhi[Orthop J China(Article in Chinese;No abstract available)],2003,11(22):1569-1569. DOI:10.3969/j.issn.1005-8478.2003.22.032.}

[4937] 张建民，陈振光，张发惠，郑和平，谢晞衷. 尺侧返血管背侧支前臂上部尺侧皮瓣的应用解剖 [J]. 中华实验外科杂志，2003，20（2）：145–146. DOI：10.3760/j.issn:1001–9030.2003.02.021. {ZHANG Jianmin,CHEN Zhenguang,ZHANG Fahui,ZHENG Heping,XIE Xizhong. Applied anatomy for the transposition of the proximal antebrachium skinned flap pedicled with dorsal branch of ulnar recurrent vessels[J]. Zhonghua Shi Yan Wai Ke Za Zhi[Chin J Exp Surg(Article in Chinese;Abstract in Chinese and English)],2003,20(2):145-146. DOI:10.3760/j.issn:1001-9030.2003.02.021.}

[4938] 陆云涛，李光早，汪新民，熊绍虎，原林，余磊，钟世镇. 带感觉支指背侧岛状皮瓣的应用解剖学研究 [J]. 中华手外科杂志，2003，19（4）：208–210. DOI：10.3760/cma.j.issn.1005–054X.2003.04.007. {LU Yuntao,LI Guangzao,WANG Xinmin,XIONG Shaohu,YUAN Lin,YU Lei,ZHONG Shizhen. Applied anatomic study of dorsal digital island flap with dorsal digital sensory nerves[J]. Zhonghua Shou Wai Ke Za Zhi[Chin J Hand Surg(Article in Chinese;Abstract in Chinese and English)],2003,19(4):208-210. DOI:10.3760/cma.j.issn.1005-054X.2003.04.007.}

[4939] 熊建义，王大平，肖建德. 指背动脉蒂逆行岛状皮瓣的应用解剖 [J]. 中国临床解剖学杂志，2004，22（1）：19–21. DOI：10.13418/j.issn.1001–165x.2004.01.008. {XIONG Jianyi,WANG Daping,XIAO Jiande. Applied Anatomy of the reverse island flaps with pedicel of dorsal digital artery[J]. Zhongguo Lin Chuang Jie Pou Xue Za Zhi[Chin J Clin Anat(Article in Chinese;Abstract in Chinese and English)],2004,22(1):19-21. DOI:10.13418/j.issn.1001-165x.2004.01.008.}

[4940] 陈胜华，谭建国，唐茂林，向宇燕，曾效恒，王泽军. 腓肠外侧皮神经营养血管岛状筋膜皮瓣的解剖学基础 [J]. 中国临床解剖学杂志，2004，22（1）：22–25. DOI：10.13418/j.issn.1001–165x.2004.01.009. {CHEN Shenghua,TAN Jianguo,TANG Maolin,XIANG Yuyan,ZENG Xiaoheng,WANG Zejun. The anatomical bases of the island fasciocutaneous flap pedicled with nutrient vessels of the lateral sural cutaneous nerve[J]. Zhongguo Lin Chuang Jie Pou Xue Za Zhi[Chin J Clin Anat(Article in Chinese;Abstract in Chinese and English)],2004,22(1):22-25. DOI:10.13418/j.issn.1001-165x.2004.01.009.}

[4941] 高建明，徐达传，王众，郭松华. 带蒂股后皮神经营养血管皮瓣的解剖与临床应用 [J]. 中国临床解剖学杂志，2004，22（1）：26–28. DOI：10.13418/j.issn.1001–165x.2004.01.010. {GAO Jianming,XU Dachuan,WANG Zhong,GUO Songhua. Anatomical study and clinical application of the posterior femoral cutaneous neurovascular flap[J]. Zhongguo Lin Chuang Jie Pou Xue Za Zhi[Chin J Clin Anat(Article in Chinese;Abstract in Chinese and English)],2004,22(1):26-28. DOI:10.13418/j.issn.1001-165x.2004.01.010.}

[4942] 李忠华，廖进民，刘桂淑，张振伟，林冷，刘畅，钟世镇. 尺神经手背支营养血管皮瓣的应用解剖 [J]. 中国临床解剖学杂志，2004，22（1）：29–31. DOI：10.13418/j.issn.1001–165x.2004.01.011. {LI Zhonghua,LIAO Jinmin,LIU Guishu,ZHANG Zhenwei,LIN Leng,LIU Chang,ZHONG Shizhen. Applied anatomy of the neurofasciocutaneous flap based on the dorsal branch of ulnar artery[J]. Zhongguo Lin Chuang Jie Pou Xue Za Zhi[Chin J Clin Anat(Article in Chinese;Abstract in Chinese and English)],2004,22(1):29-31. DOI:10.13418/j.issn.1001-165x.2004.01.011.}

[4943] 郑和平，张发惠，郭涛. 尺动脉腕背支第 5 掌骨骨膜瓣修复三角纤维软骨的解剖基础 [J]. 中国临床解剖学杂志，2004，22（1）：43–45. DOI：10.13418/j.issn.1001–165x.2004.01.016. {ZHENG Heping,ZHANG Fahui,GUO Tao. Applied anatomy on transposition of triangular fibrocartilage complex of the vascularized fifth metacarpal bone periosteal flap with the dorsal carpal branch of ulnar artery[J]. Zhongguo Lin Chuang Jie Pou Xue Za Zhi[Chin J Clin Anat(Article in Chinese;Abstract in Chinese and English)],2004,22(1):43-45. DOI:10.13418/j.issn.1001-165x.2004.01.016.}

[4944] 孙贺，徐达传，杜心如，孔祥玉，郝巍. 旋髂深血管蒂髂骨瓣转位腰骶椎植骨的应用解剖 [J]. 中国临床解剖学杂志，2004，22（1）：60–62. DOI：10.13418/j.issn.1001–165x.2004.01.023. {SUN He,XU Dachuan,DONG Xinru,KONG Xiangyu,HAO Wei. The transposition applied anatomy of the iliac flap with deep iliac circumflex artery pedicle for the grafting-fusion of lumbosacral vertebrae[J]. Zhongguo Lin Chuang Jie Pou Xue Za Zhi[Chin J Clin Anat(Article in Chinese;Abstract in Chinese and English)],2004,22(1):60-62. DOI:10.13418/j.issn.1001-165x.2004.01.023.}

[4945] 姚华强，钟世镇，何恢绪，丁自海，李忠华，吴坤成. 带肉膜蒂阴茎皮瓣的应用解剖 [J]. 中国临床解剖学杂志，2004，22（2）：174–175，178. DOI：10.13418/j.issn.1001–165x.2004.02.022. {YAO Huaqiang,ZHONG Shizhen,HE Huixu,DING Zihai,LI Zhonghua,WU Kuncheng. Clinical anatomic study on the pedicled-dartos penile skin flap[J]. Zhongguo Lin Chuang Jie Pou Xue Za Zhi[Chin J Clin Anat(Article in Chinese;Abstract in Chinese and English)],2004,22(2):174-175,178. DOI:10.13418/j.issn.1001-165x.2004.02.022.}

[4946] 李锦荣，李浪，许亚军，张健荣，赵善明，卢尔海，赵双奇. 大鱼际皮瓣的显微解剖及其临床应用 [J]. 中国临床解剖学杂志，2004，22（4）：444–446，448. DOI：10.13418/j.issn.1001–165x.2004.04.042. {LI Jinrong,LI Lang,XU Yajun,ZHANG Jianrong,ZHAO Shanming,LU Donghai,ZHAO Shuangqi. Micro-anatomical study and clinical application of the thenar flap[J]. Zhongguo Lin Chuang Jie Pou Xue Za Zhi[Chin J Clin Anat(Article in Chinese;Abstract in Chinese and English)],2004,22(4):444-446,448. DOI:10.13418/j.issn.1001-165x.2004.04.042.}

[4947] 彭珍山，丁自海，谭建国，陈胜华，欧阳四新. 膝上外侧血管髂胫束骨瓣移植的应用解剖 [J]. 中国临床解剖学杂志，2004，22（5）：530–532. DOI：10.13418/j.issn.1001–165x.2004.05.027. {PENG Zhenshan,DING Zihai,TAN Jianguo,CHEN Shenghua,OU Yangsixin. Applied anatomy of iliotibial band-bone flap pedicaled with the lateral superior genicular artery for transplantation[J]. Zhongguo Lin Chuang Jie Pou Xue Za Zhi[Chin J Clin Anat(Article in Chinese;Abstract in Chinese and English)],2004,22(5):530-532. DOI:10.13418/j.issn.1001-165x.2004.05.027.}

[4948] 冯运垒，叶淦湖，腾范文，冯仕华，徐达传. 旋股外侧血管蒂复（联）合组织瓣移植的解剖学基础 [J]. 中国临床解剖学杂志，2004，22（5）：533–535. DOI：10.13418/j.issn.1001–165x.2004.05.028. {FENG Yunlei,YE Ganhu,TENG Fanwen,FENG Shihua,XU Dachuan. The anatomic basis on transplantation of tissue flap pedicaled with lateral femoral circumflex artery[J]. Zhongguo Lin Chuang Jie Pou Xue Za Zhi[Chin J Clin Anat(Article in Chinese;Abstract in Chinese and English)],2004,22(5):533-535. DOI:10.13418/j.issn.1001-165x.2004.05.028.}

[4949] 陈书连，王永奎，郑作超，史欣良，刘志成. 缝匠肌深层肌间筋膜蒂髂骨瓣转位的应用解剖和临床应用 [J]. 中国临床解剖学杂志，2004，22（5）：555–557. DOI：10.13418/j.issn.1001–165x.2004.05.036. {CHEN Shulian,WANG Yongkui,ZHENG Zuochao,SHI Xinliang,LIU Zhicheng. Applied anatomy for transposition of iliac bone flaps pedicled with sartorius muscular fascia and intermuscular septum vessel and its clinical application[J]. Zhongguo Lin Chuang Jie Pou Xue Za Zhi[Chin J Clin Anat(Article in Chinese;Abstract in Chinese and English)],2004,22(5):555-557. DOI:10.13418/j.issn.1001-165x.2004.05.036.}

[4950] 张发惠，郑和平，宋一平，田万成，岳素琴. 内踝区动脉网的显微解剖与隐神经营养血管远端蒂皮瓣的设计 [J]. 中国临床解剖学杂志，2004，22（6）：568–572. DOI：10.13418/j.issn.1001–165x.2004.06.002. {ZHANG Fahui,ZHENG Heping,SONG Yiping,TIAN Wancheng,YUE Suqin. Microanatomy of artery network of the medial malleolar region and the design of distally based flap of the saphenous nerve nutritional vessels[J]. Zhongguo Lin Chuang Jie Pou Xue Za Zhi[Chin J Clin Anat(Article in Chinese;Abstract in Chinese and English)],2004,22(6):568-572. DOI:10.13418/j.issn.1001-165x.2004.06.002.}

[4951] 张发惠，陈振光，郑和平，谢昀，陶圣祥. 以内踝前血管为蒂胫骨远端内侧骨膜瓣移位术的应用解剖 [J]. 中国临床解剖学杂志，2004，22（6）：573–575. DOI：10.13418/j.issn.1001–165x.2004.06.003. {ZHANG Fahui,CHEN Zhenguang,ZHENG Heping,XIE Yun,TAO Shengxiang. Applied anatomy of the transposition of the periosteal flap pedicled with the medial anterior malleolus vessel on the distal base of the medial tibia[J]. Zhongguo Lin Chuang Jie Pou Xue Za Zhi[Chin J Clin Anat(Article in Chinese;Abstract in Chinese and English)],2004,22(6):573-575. DOI:10.13418/j.issn.1001-165x.2004.06.003.}

[4952] 张焱祥，夏仁云，余国庆，周拥军，方斌，邱建雄. 外踝前血管外踝骨膜骨瓣移位术的应用解剖 [J]. 中国临床解剖学杂志，2004，22（6）：576–577. DOI：10.13418/j.issn.1001–165x.2004.06.004. {ZHANG Yanxiang,XIA Renyun,YU Guoqing,ZHOU Yongjun,FANG Bin,QIU Jianxiong. Applied anatomy of the transposition of the external malleolus periosteum bone flap pedicled with external malleolus anterior artery[J]. Zhongguo Lin Chuang Jie Pou Xue Za Zhi[Chin J Clin Anat(Article in Chinese;Abstract in Chinese and English)],2004,22(6):576-577. DOI:10.13418/j.issn.1001-165x.2004.06.004.}

[4953] 余黎，余国荣，陶圣祥，陈秀清，谢昀，简小飞. 髂腹股沟神经皮支营养血管皮瓣的应用解剖 [J]. 中国临床解剖学杂志，2004，22（6）：605–607. DOI：10.13418/j.issn.1001–165x.2004.06.015. {YU Li,YU Guorong,TAO Shengxiang,CHEN Xiuqing,XIE Yun,JIAN Xiaofei. Applied anatomy of island flap pedicled with nutrient vessels of cutaneous branch of ilioinguinal nerve[J]. Zhongguo Lin Chuang Jie Pou Xue Za Zhi[Chin J Clin Anat(Article in Chinese;Abstract in Chinese and English)],2004,22(6):605-607. DOI:10.13418/j.issn.1001-165x.2004.06.015.}

[4954] 王和驹，陈彦堃，王书成，张燕翔，王快胜，邱勋永，许世忠. 带尺动脉腕上皮支降支筋膜皮瓣的解剖与临床研究 [J]. 中华显微外科杂志，2004，27（1）：13–15. DOI：10.3760/cma.j.issn.1001–2036.2004.01.005. {WANG Heju,CHEN Yankun,WANG Shucheng,ZHANG Yanxiang,WANG Kuaisheng,QIU Xunyong,XU Shizhong. Anatomical basis and clinical applications of the distally pedicled dorsoulnar fascial flap based on the dorsal descending branch of the ulnar artery[J]. Zhonghua Xian Wei Wai Ke Za Zhi[Chin J Microsurg(Article in Chinese; Abstract in Chinese and English)],2004,27(1):13-15. DOI:10.3760/cma.j.issn.1001-2036.2004.01.005.}

[4955] 赵德伟，徐达传，马岩，王卫明，郭哲，张合亮，芦健民，王铁男，杨磊. 旋股外侧血管升支臀中肌支大转子骨瓣转移的应用解剖 [J]. 中华显微外科杂志，2004，27（2）：129–131. DOI：10.3760/cma.j.issn.1001–2036.2004.02.018. {ZHAO Dewei,XU Dachuan,MA Yan,WANG Weiming,GUO Zhe,ZHANG Heliang,LU Jianmin,WANG Tienan,YANG Lei. Anatomical study for transposition of the greater trochanter bone flap pedicled with middle gluteal muscle branch of lateral femoral circumflex vessel[J]. Zhonghua Xian Wei Wai Ke Za Zhi[Chin J Microsurg(Article in Chinese; Abstract in Chinese and English)],2004,27(2):129-131. DOI:10.3760/cma.j.issn.1001-2036.2004.02.018.}

[4956] 路来金，彭维海，张舵，赵自然，辛赤. 逆行外踝上筋膜皮瓣修复前足缺损的解剖学基础 [J]. 中华显微外科杂志，2004，27(3)：200–202. DOI：10.3760/cma.j.issn.1001–2036.2004.03.014. {LU Laijin,PENG Weihai,ZHANG Dong,ZHAO Ziran,XIN Chi. Aantomical basis of the reversed lateral supramalleolar fasciocutaneous flap on repairing tissue defection of forefoot[J]. Zhonghua Xian Wei Wai Ke Za Zhi[Chin J Microsurg(Article in Chinese; Abstract in Chinese and English)],2004,27(3):200-202. DOI:10.3760/cma.j.issn.1001-2036.2004.03.014.}

[4957] 喻爱喜，余贵华，陈振光，张发惠，郑晓辉，张建华. 可桥接血管神经肋骨瓣移植术的解剖学研究 [J]. 中华显微外科杂志，2004，27（3）：210–211. DOI：10.3760/cma.j.issn.1001–2036.2004.03.019. {YU Aixi,YU Guihua,CHEN Zhenguang,ZHANG Fahui,ZHENG Xiaohui,ZHANG Jianhua. Anatomical study of grafting bridging vascular nerve rib flap[J]. Zhonghua Xian Wei Wai Ke Za Zhi[Chin J Microsurg(Article in Chinese;Abstract in Chinese)],2004,27(3):210-211. DOI:10.3760/cma.j.issn.1001-2036.2004.03.019.}

[4958] 钟志刚，张发惠. 桡动脉腕上皮支前臂外侧逆行皮瓣的应用解剖 [J]. 中华显微外科杂志，2004，27（4）：290–291. DOI：10.3760/cma.j.issn.1001–2036.2004.04.022. {ZHONG Zhigang,ZHANG Fahui. Applied anatomy of retrograde lateral forearm flap with suprachipal cutaneous branch of radial artery[J]. Zhonghua Xian Wei Wai Ke Za Zhi[Chin J Microsurg(Article in Chinese;Abstract in Chinese)],2004,27(4):290-291. DOI:10.3760/cma.j.issn.1001-2036.2004.04.022.}

[4959] 孟宏，黄建华，方向京，吕海建，徐俊赐，陈奇鸣，黄颖江. 腓肠神经营养血管逆行岛状筋膜皮瓣的解剖及临床应用 [J]. 中华显微外科杂志，2004，27（4）：293–295. DOI：10.3760/cma.j.issn.1001–2036.2004.04.024. {MENG Hong,HUANG Jianhua,FANG Xiangjing,LV Haijian,XU Junci,CHEN Qiming,HUANG Yingjiang. Anatomy and clinical application of sural nerve nutrient vessel retrograde island fascial flap[J]. Zhonghua Xian Wei Wai Ke Za Zhi[Chin J Microsurg(Article in Chinese;Abstract in Chinese)],2004,27(4):293-295. DOI:10.3760/cma.j.issn.1001-2036.2004.04.024.}

[4960] 胡洪良，丁自海，陈滨，闻重秋，裴国献. 第 2 足趾腓侧皮瓣移植的应用解剖及在手部皮肤缺损中的应用 [J]. 中华创伤骨科杂志，2004，6（8）：954–955. DOI：10.3760/cma.j.issn.1671–7600.2004.08.038. {HU Hongliang,DING Zihai,CHEN Bin,WEN Zhongqiu,PEI Guoxian. Application of the fibular flap of the second toe in treatment of hand cutaneous deficiency[J]. Zhonghua Chuang Shang Gu Ke Za Zhi[Chin J Orthop Trauma(Article in Chinese;Abstract in Chinese and English)],2004,6(8):954-955. DOI:10.3760/cma.j.issn.1671-7600.2004.08.038.}

[4961] 杨大平，方冬云，郭铁芳，韩雪峰．腓动脉穿支跨区供血的腓肠神经营养血管逆行岛状皮瓣的解剖和临床应用 [J]．中华整形外科杂志，2004，20(1)：24-26．DOI：10.3760/j.issn：1009-4598.2004.01.008．{YANG Daping,FANG Dongyun,GUO Tiefang,HAN Xuefeng. Vascular anatomy and clinical applications of the distally based superficial sural artery island flap[J]. Zhonghua Zheng Xing Wai Ke Za Zhi[Chin J Plast Surg(Article in Chinese;Abstract in Chinese and English)],2004,20(1):24-26. DOI:10.3760/j.issn:1009-4598.2004.01.008.}

[4962] 杨红岩，徐军，靳小雷，严义坪，穆兰花，刘元波，晏晓青，李森恺．腹壁下动脉穿支皮瓣血管穿支及感觉神经的应用解剖 [J]．中华整形外科杂志，2004，20（1）：27-29．DOI：10.3760/j.issn：1009-4598.2004.01.009．{YANG Hongyan,XU Jun,JIN Xiaolei,YAN Yiping,MU Lanhua,LIU Yuanbo,YAN Xiaoqing,LI Senkai. Anatomic study of perforator neurovascular bundles of the deep inferior epigastric perforator flap[J]. Zhonghua Zheng Xing Wai Ke Za Zhi[Chin J Plast Surg(Article in Chinese;Abstract in Chinese and English)],2004,20(1):27-29. DOI:10.3760/j.issn:1009-4598.2004.01.009.}

[4963] 李晋，王江宁，童致虹．肘肌肌瓣的解剖学研究 [J]．实用手外科杂志，2004，18（3）：156-157．DOI：10.3969/j.issn.1671-2722.2004.03.013．{LI Jin,WANG Jiangning,TONG Zhihong. Anatomic study of anconeus muscle flap[J]. Shi Yong Shou Wai Ke Za Zhi[Chin J Pract Hand Surg(Article in Chinese;Abstract in Chinese and English)],2004,18(3):156-157. DOI:10.3969/j.issn.1671-2722.2004.03.013.}

[4964] 张发惠，郑和平，宋一平，田万成．前臂内侧皮神经—贵要静脉营养血管远端蒂复合皮瓣的应用解剖 [J]．实用手外科杂志，2004，18（4）：222-224.257．DOI：10.3969/j.issn.1671-2722.2004.04.014．{ZHANG Fahui,ZHENG Heping,SONG Yiping,TIAN Wancheng. Applied anatomy of distally based compound flap pedicled with nutritional vessels of the medial cutaneous nerve of forearm[J]. Shi Yong Shou Wai Ke Za Zhi[Chin J Pract Hand Surg(Article in Chinese;Abstract in Chinese and English)],2004,18(4):222-224.257. DOI:10.3969/j.issn.1671-2722.2004.04.014.}

[4965] 杨军，徐永清．双蒂腓肠肌皮瓣下滑修复跟腱及皮肤缺损的应用解剖学 [J]．中国临床解剖学杂志，2005，23（1）：31-34．DOI：10.13418/j.issn.1001-165x.2005.01.011．{YANG Jun,XU Yongqing. Applied anatomic study of di-pedicle gastrocnemius myocutaneous flap in the treatment of soft tissue defect around heel combining Achilles tendon defect[J]. Zhongguo Lin Chuang Jie Pou Xue Za Zhi[Chin J Clin Anat(Article in Chinese;Abstract in Chinese and English)],2005,23(1):31-34. DOI:10.13418/j.issn.1001-165x.2005.01.011.}

[4966] 罗滨，丁自海，徐达传，王兴海，李泽龙．以腓骨短肌腓浅血管为蒂腓骨短肌皮瓣逆行转位术的应用解剖 [J]．中国临床解剖学杂志，2005，23（1）：38-40．DOI：10.13418/j.issn.1001-165x.2005.01.013．{LUO Bin,DING Zihai,XU Dachuan,WANG Xinghai,LI Zelong. An applied anatomy on the transposition of musculocutaneous flaps of peroneus brevis pedicled with superficial peroneal vessels[J]. Zhongguo Lin Chuang Jie Pou Xue Za Zhi[Chin J Clin Anat(Article in Chinese;Abstract in Chinese and English)],2005,23(1):38-40. DOI:10.13418/j.issn.1001-165x.2005.01.013.}

[4967] 张发惠，郑和平，田万成，宋一平，岳素琴．前臂外侧皮神经－头静脉营养血管远端蒂复合瓣的应用解剖 [J]．中国临床解剖学杂志，2005，23（2）：118-121．DOI：10.13418/j.issn.1001-165x.2005.02.002．{ZHANG Fahui,ZHENG Heping,TIAN Wancheng,SONG Yiping,YUE Suqin. Applied anatomy of the compound flap of distally based pedicled with nutritional vessels of the lateral cutaneous nerve of forearm and cephalic vein[J]. Zhongguo Lin Chuang Jie Pou Xue Za Zhi[Chin J Clin Anat(Article in Chinese;Abstract in Chinese and English)],2005,23(2):118-121. DOI:10.13418/j.issn.1001-165x.2005.02.002.}

[4968] 张发惠，张春，郑和平．前臂后皮神经营养血管远端蒂复合瓣的应用解剖 [J]．中国临床解剖学杂志，2005，23(2)：122-125．DOI：10.13418/j.issn.1001-165x.2005.02.003．{ZHANG Fahui,ZHANG Chun,ZHENG Heping. Applied anatomy of the compound flap pedicled with nutritional vessels of the posterior cutaneous nerve of forearm[J]. Zhongguo Lin Chuang Jie Pou Xue Za Zhi[Chin J Clin Anat(Article in Chinese;Abstract in Chinese and English)],2005,23(2):122-125. DOI:10.13418/j.issn.1001-165x.2005.02.003.}

[4969] 颜玲，徐达传，高建华．足背皮瓣与足外侧或外踝上哑铃状联合皮瓣设计的解剖基础 [J]．中国临床解剖学杂志，2005，23（2）：126-128．DOI：10.13418/j.issn.1001-165x.2005.02.004．{YAN Ling,XU Dachuan,GAO Jianhua. Applied anatomy of the dorsum flap and lateral dorsum flap or superior lateral malleolus combined flap[J]. Zhongguo Lin Chuang Jie Pou Xue Za Zhi[Chin J Clin Anat(Article in Chinese;Abstract in Chinese and English)],2005,23(2):126-128. DOI:10.13418/j.issn.1001-165x.2005.02.004.}

[4970] 赵德伟，张耀，徐达传．旋股外侧动脉横支联合臀中肌支大转子骨（膜）瓣的应用解剖 [J]．中国临床解剖学杂志，2005，23（3）：234-236，244．DOI：10.13418/j.issn.1001-165x.2005.03.003．{ZHAO Dewei,ZHANG Yao,XU Dachuan. Applied anatomy of greater trochanter bone-periosteum flap pedicled with transversal and middle gluteal muscle branches of lateral femoral circumflex artery[J]. Zhongguo Lin Chuang Jie Pou Xue Za Zhi[Chin J Clin Anat(Article in Chinese;Abstract in Chinese and English)],2005,23(3):234-236,244. DOI:10.13418/j.issn.1001-165x.2005.03.003.}

[4971] 张世民，张凯，李海丰，袁锋，俞光荣．远端蒂腓肠神经筋膜肌皮瓣的血管解剖与临床应用 [J]．中国临床解剖学杂志，2005，23（4）：352-356．DOI：10.13418/j.issn.1001-165x.2005.04.007．{ZHANG Shimin,ZHANG Kai,LI Haifeng,YUAN Feng,YU Guangrong. Distally based sural neuro-fascio-myocutaneous flap:vascular basis and clinical applications[J]. Zhongguo Lin Chuang Jie Pou Xue Za Zhi[Chin J Clin Anat(Article in Chinese;Abstract in Chinese and English)],2005,23(4):352-356. DOI:10.13418/j.issn.1001-165x.2005.04.007.}

[4972] 张发惠，郑和平，宋一平，张春，田万成．腓肠神经－小隐静脉营养血管远端蒂复合瓣的解剖学研究 [J]．中国临床解剖学杂志，2005，23（4）：357-360．DOI：10.13418/j.issn.1001-165x.2005.04.008．{ZHANG Fahui,ZHENG Heping,SONG Yiping,ZHANG Chun,TIAN Wancheng. Anatomic study of the distally based compound flap of sural nerve pedicled with small saphenous vein[J]. Zhongguo Lin Chuang Jie Pou Xue Za Zhi[Chin J Clin Anat(Article in Chinese;Abstract in Chinese and English)],2005,23(4):357-360. DOI:10.13418/j.issn.1001-165x.2005.04.008.}

[4973] 许伟国，蔡斌，何振荣，凌云．带蒂腓肠神经小隐静脉营养血管皮瓣的解剖与临床应用 [J]．中国临床解剖学杂志，2005，23（4）：368-369，372．DOI：10.13418/j.issn.1001-165x.2005.04.012．{XU Weiguo,CAI Bin,HE Zhenrong,LING Yun. Distally based sural neurocutaneous flap pedicled with saphenous vein:anatomic basis and clinical application[J]. Zhongguo Lin Chuang Jie Pou Xue Za Zhi[Chin J Clin Anat(Article in Chinese;Abstract in Chinese and English)],2005,23(4):368-369,372. DOI:10.13418/j.issn.1001-165x.2005.04.012.}

[4974] 冯运垒，招健明，冯仕华．足背内侧皮神经营养血管皮瓣修复足远端创面应用解剖 [J]．中国临床解剖学杂志，2005，23（4）：370-372．DOI：10.13418/j.issn.1001-165x.2005.04.013．{FENG Yunlei,ZHAO Jianming,FENG Shihua. Applied anatomy of dorsalis pedis cutaneous flap pedicled with medial dorsalis pedis cutaneous nerves and vessels repairing the defect of distal end of foot[J]. Zhongguo Lin Chuang Jie Pou Xue Za Zhi[Chin J Clin Anat(Article in Chinese;Abstract in Chinese and English)],2005,23(4):370-372. DOI:10.13418/j.issn.1001-165x.2005.04.013.}

[4975] 李树桂．与咽后瓣手术相关的应用解剖学 [J]．中国临床解剖学杂志，2005，23（4）：399-401．DOI：10.13418/j.issn.1001-165x.2005.04.026．{LI Shugui. Applied anatomic study on operation of transferring posterior pharynngeal flap[J]. Zhongguo Lin Chuang Jie Pou Xue Za Zhi[Chin J Clin Anat(Article in Chinese;Abstract in Chinese and English)],2005,23(4):399-401. DOI:10.13418/j.issn.1001-165x.2005.04.026.}

[4976] 侯文明，卢乐平，郭秀莲，侯瑞兴，徐达传．眉脂肪垫瓣的解剖学基础研究 [J]．中国临床解剖学杂志，2005，23(5)：477-480．DOI：10.13418/j.issn.1001-165x.2005.05.012．{HOU Wenming,LU Leping,GUO Xiulian,HOU Ruixing,XU Dachuan. Anatomical study of the brow fat pad flap[J]. Zhongguo Lin Chuang Jie Pou Xue Za Zhi[Chin J Clin Anat(Article in Chinese;Abstract in Chinese and English)],2005,23(5):477-480. DOI:10.13418/j.issn.1001-165x.2005.05.012.}

[4977] 纪荣明，熊绍虎，李玉泉，李军辉，刘芳，林宁，蒋尔鹏．带血管蒂面颊部皮瓣移位修复鼻尖部缺损的应用解剖 [J]．中国临床解剖学杂志，2005，23（6）：600-602．DOI：10.13418/j.issn.1001-165x.2005.06.015．{JI Rongming,XIONG Shaohu,LI Yuquan,LI Junhui,LIU Fang,LIN Ning,JIANG Dongpeng. Applied anatomy on reconstruction of soft-tissue defect of nasal tip with pedicled buccal flap[J]. Zhongguo Lin Chuang Jie Pou Xue Za Zhi[Chin J Clin Anat(Article in Chinese;Abstract in Chinese and English)],2005,23(6):600-602. DOI:10.13418/j.issn.1001-165x.2005.06.015.}

[4978] 李昶，白志刚，王润生，王爱国，李力．前臂背侧皮动脉逆行岛状皮瓣的解剖与应用 [J]．中华骨科杂志，2005，25(4)：211-213．DOI：10.3760/j.issn：0253-2352.2005.04.006．{LI Chang,BAI Zhigang,WANG Runsheng,WANG Aiguo,LI Li. The anatomy and the use of reverse island flap pedicled with antebrachial cutaneous branch of the posterior interosseous artery[J]. Zhonghua Gu Ke Za Zhi[Chin J Orthop(Article in Chinese;Abstract in Chinese and English)],2005,25(4):211-213. DOI:10.3760/j.issn:0253-2352.2005.04.006.}

[4979] 史增元，尹维刚，刘振新，许海平，叶如卿，陈冬萍．腓动脉为蒂的小腿前外侧岛状皮瓣的解剖与临床应用 [J]．中华骨科杂志，2005，25（11）：671-673．DOI：10.3760/j.issn：0253-2352.2005.11.007．{SHI Zengyuan,YIN Weigang,LIU Zhenxin,XU Haiping,YE Ruqing,CHEN Dongping. The anatomy and clinical applications of anterolateral island flaps of the lower leg with peroneal artery pedicles[J]. Zhonghua Gu Ke Za Zhi[Chin J Orthop(Article in Chinese;Abstract in Chinese and English)],2005,25(11):671-673. DOI:10.3760/j.issn:0253-2352.2005.11.007.}

[4980] 张发惠，陈振光，郑和平，谢昀．以外踝前血管为蒂胫骨远端前外侧骨膜瓣移位术的应用解剖 [J]．中华显微外科杂志，2005，28（1）：48-50．DOI：10.3760/cma.j.issn.1001-2036.2005.01.018．{ZHANG Fahui,CHEN Zhenguang,ZHENG Heping,XIE Yun. Applied anatomy for the transposition of the periosteal flap pedicled with the lateral anterior malleolus vessel on the anterior external of tibia distally based[J]. Zhonghua Xian Wei Wai Ke Za Zhi[Chin J Microsurg(Article in Chinese;Abstract in Chinese and English)],2005,28(1):48-50. DOI:10.3760/cma.j.issn.1001-2036.2005.01.018.}

[4981] 谢昀，陈振光，张发惠，郑和平，陶圣祥．桡动脉肌间隙支前臂桡侧中段皮瓣的应用解剖 [J]．中华显微外科杂志，2005，28(2)：148-149．DOI：10.3760/cma.j.issn.1001-2036.2005.02.018．{XIE Yun,CHEN Zhenguang,ZHANG Fahui,ZHENG Heping,TAO Shengxiang. Applied anatomy of radial midforearm flap pedicled with intermuscular branch of radial artery[J]. Zhonghua Xian Wei Wai Ke Za Zhi[Chin J Microsurg(Article in Chinese;Abstract in Chinese and English)],2005,28(2):148-149. DOI:10.3760/cma.j.issn.1001-2036.2005.02.018.}

[4982] 张发惠，宋一平，郑和平，林松庆，谢其扬．内踝前动脉穿支为蒂隐神经－大隐静脉营养血管远端蒂皮瓣的应用解剖 [J]．中华显微外科杂志，2005，28（3）：239-241．DOI：10.3760/cma.j.issn.1001-2036.2005.03.017．{ZHANG Fahui,SONG Yiping,ZHENG Heping,LIN Songqing,XIE Qiyang. Applied anatomy of saphenous nerve-great saphenous vein nutritional vessels distally-based flap pedicled with perforating branch of medial anterior malleolus artery[J]. Zhonghua Xian Wei Wai Ke Za Zhi[Chin J Microsurg(Article in Chinese;Abstract in Chinese and English)],2005,28(3):239-241. DOI:10.3760/cma.j.issn.1001-2036.2005.03.017.}

[4983] 余贵华，喻爱喜，陈振光，张发惠，郑晓辉，张建华．带血管桥的多根肋骨瓣修复手掌毁损伤的解剖学研究 [J]．中华手外科杂志，2005，21（3）：175-176．DOI：10.3760/cma.j.issn.1005-054X.2005.03.021．{YU Guihua,YU Aixi,CHEN Zhenguang,ZHANG Fahui,ZHENG Xiaohui,ZHANG Jianhua. Anatomic study on repair of severe palm injury using multi-rib flap with vessel bridges[J]. Zhonghua Shou Wai Ke Za Zhi[Chin J Hand Surg(Article in Chinese;Abstract in Chinese and English)],2005,21(3):175-176. DOI:10.3760/cma.j.issn.1005-054X.2005.03.021.}

[4984] 李光早，徐静，张莉，熊竹友，胡鸿泰，王琛．指背血管蒂岛状皮瓣的解剖与临床应用 [J]．中华手外科杂志，2005，21（6）：341-343．DOI：10.3760/cma.j.issn.1005-054X.2005.06.009．{LI Guangzao,XU Jing,ZHANG Li,XIONG Zhuyou,HU Hongtai,WANG Chen. Applied anatomy and clinical application of dorsal digit island flaps[J]. Zhonghua Shou Wai Ke Za Zhi[Chin J Hand Surg(Article in Chinese;Abstract in Chinese and English)],2005,21(6):341-343. DOI:10.3760/cma.j.issn.1005-054X.2005.06.009.}

[4985] 朱如里，陈鹤林，马永平，杨淮海，熊玉慧，唐杏，王四清，殷俊．腓肠神经营养血管皮瓣的解剖和临床应用 [J]．临床骨科杂志，2005，8（6）：484-486．DOI：10.3969/j.issn.1008-0287.2005.06.002．{ZHU Ruli,CHEN Helin,MA Yongping,YANG Huaihai,XIONG Yuhui,TANG Xing,WANG Siqing,YIN Jun. Anatomy of the skin flap supplied by sural nerve nutrition blood vessel and its clinical application[J]. Lin Chuang Gu Ke Za Zhi[J Clin Orthop(Article in Chinese;Abstract in Chinese and English)],2005,8(6):484-486. DOI:10.3969/j.issn.1008-0287.2005.06.002.}

[4986] 张发惠，谢其扬，郑和平，林松庆，宋一平，田万成，黄汉伟．腓肠神经－小隐静脉营养血管远端蒂皮瓣动脉穿支的应用解剖 [J]．中国修复重建外科杂志，2005，19（7）：501-504．{ZHANG Fahui,XIE Qiyang,ZHENG Heping,LIN Songqing,SONG Yiping,TIAN Wancheng,HUANG Hanwei. Applied anatomy of the perforating branches artery and its distally-based flap of sural nerve nutrient vessels[J]. Zhongguo Xiu Fu Chong Jian Wai Ke Za Zhi[Chin J Repar Reconstr Surg(Article in Chinese;Abstract in Chinese and English)],2005,19(7):501-504.}

[4987] 张发惠，林松庆，郑和平，宋一平，田万成．腓肠神经营养血管远端蒂皮瓣小隐静脉的应用解剖 [J]．中国修复重建外科杂志，2005，19（7）：505-507．{ZHANG Fahui,LIN Songqing,ZHENG Heping,SONG Yiping,TIAN Wancheng. Applied anatomy of small saphenous vein and its distally-based sural nerve nutrient[J]. Zhongguo Xiu Fu Chong Jian Wai Ke Za Zhi[Chin J Repar Reconstr Surg(Article in Chinese;Abstract in Chinese and English)],2005,19(7):505-507.}

[4988] 袁锋，俞光荣，张世民，张凯，梅炯，倪之挺．第二掌背动脉双轴点岛状皮瓣的解剖及临床应用 [J]．中国修复重建外科杂志，2005，19（8）：622-625．{YUAN Feng,YU Guangrong,ZHANG Shimin,ZHANG Kai,MEI Jiong,NI Zhiting. Applied anatomy of the second dorsal metacarpal artery island flap with double pivot points[J]. Zhongguo Xiu Fu Chong Jian Wai Ke Za Zhi[Chin J Repar Reconstr Surg(Article in Chinese;Abstract in Chinese and English)],2005,19(8):622-625.}

[4989] 张发惠，郑和平，田万成，宋一平，岳素琴．隐神经－大隐静脉营养血管远端蒂复合瓣的解剖学研究 [J]．中国修复重建外科杂志，2005，19（9）：733-736．{ZHANG Fahui,ZHENG Heping,TIAN Wancheng,SONG Yiping,YUE Suqin. Anatomic study on compound flap of distally-based saphenous nerve-great saphenous vein nutritional vessels[J]. Zhongguo Xiu Fu Chong Jian Wai Ke Za Zhi[Chin J Repar Reconstr Surg(Article in Chinese;Abstract in Chinese and English)],2005,19(9):733-736.}

[4990] 楼新法，梅劲，杨大平，唐茂林．手内在肌的血供与肌瓣设计的解剖学基础 [J]．中国临床解剖学杂志，2006，24（1）：3-9．DOI：10.13418/j.issn.1001-165x.2006.01.001．{LOU Xinfa,MEI Jin,YANG Daping,TANG Maolin. Vascular anatomy of intrinsic muscle flaps of the hand[J]. Zhongguo Lin Chuang Jie Pou Xue Za Zhi[Chin J Clin Anat(Article in Chinese;Abstract in

Chinese and English)],2006,24(1):3-9. DOI:10.13418/j.issn.1001-165x.2006.01.001.}

[4991] 高银光，范飞，尤建军，王盛，张致媛，栾杰，穆兰花. 颏下皮瓣的应用解剖学研究 [J]. 中国临床解剖学杂志，2006，24(1)：54-56. DOI：10.13418/j.issn.1001-165x.2006.01.017. {GAO Yinguang,FAN Fei,YOU Jianjun,WANG Sheng,ZHANG Zhiyuan,LUAN Jie,MU Lanhua. Applied anatomy of submental flap[J]. Zhongguo Lin Chuang Jie Pou Xue Za Zhi[Chin J Clin Anat(Article in Chinese;Abstract in Chinese and English)],2006,24(1):54-56. DOI:10.13418/j.issn.1001-165x.2006.01.017.}

[4992] 吴农欣，徐永清，覃励明，朱跃良. 足背外侧皮神经营养血管皮瓣的应用解剖学 [J]. 中国临床解剖学杂志，2006，24(2)：142-144. DOI：10.13418/j.issn.1001-165x.2006.02.011. {WU Nongxin,XU Yongqing,QIN Liming,ZHU Yueliang. Applied anatomy of the lateral dorsal neurocutaneous flap on foot[J]. Zhongguo Lin Chuang Jie Pou Xue Za Zhi[Chin J Clin Anat(Article in Chinese;Abstract in Chinese and English)],2006,24(2):142-144. DOI:10.13418/j.issn.1001-165x.2006.02.011.}

[4993] 唐茂林，徐达传. 穿支皮瓣解剖学研究中存在的问题及对策 [J]. 中国临床解剖学杂志，2006，24(3)：225-227. DOI：10.13418/j.issn.1001-165x.2006.03.001. {TANG Maolin,XU Dachuan. Problems and strategies concerning with anatomic study for perforator flap[J]. Zhongguo Lin Chuang Jie Pou Xue Za Zhi[Chin J Clin Anat(Article in Chinese;Abstract in Chinese and English)],2006,24(3):225-227. DOI:10.13418/j.issn.1001-165x.2006.03.001.}

[4994] 杨大平，唐茂林，Geddes，Christopher R，Geddes，Christopher R. 胸背动脉穿支皮瓣的解剖研究和临床应用 [J]. 中国临床解剖学杂志，2006，24(3)：240-242. DOI：10.13418/j.issn.1001-165x.2006.03.007. {YANG Daping,TANG Maolin,Geddes,Christopher R,Geddes,Christopher R. Anatomical study and clinical application of the thoracodorsal artery perforator flap[J]. Zhongguo Lin Chuang Jie Pou Xue Za Zhi[Chin J Clin Anat(Article in Chinese;Abstract in Chinese and English)],2006,24(3):240-242. DOI:10.13418/j.issn.1001-165x.2006.03.007.}

[4995] 杨彪炳，朱希山，樊文胜，唐胜建. 眶上动脉蒂反流轴型耳颞皮瓣的应用解剖 [J]. 中国临床解剖学杂志，2006，24(4)：387-389. DOI：10.13418/j.issn.1001-165x.2006.04.015. {YANG Biaobing,ZHU Xishan,FAN Wensheng,TANG Shengjian. Applied anatomy of the auricular-temporal area reversal flow axial flap pedicled with supraobital artery or supratrochear artery[J]. Zhongguo Lin Chuang Jie Pou Xue Za Zhi[Chin J Clin Anat(Article in Chinese;Abstract in Chinese and English)],2006,24(4):387-389. DOI:10.13418/j.issn.1001-165x.2006.04.015.}

[4996] 王一兵，王增涛，吴昊，李桂石，张成，李昊. 踝前皮瓣的临床解剖与手术设计 [J]. 中国临床解剖学杂志，2006，24(4)：447-449. DOI：10.13418/j.issn.1001-165x.2006.04.038. {WANG Yibing,ZHENG Heping,WU Hao,LI Guishi,ZHANG Cheng,LI Hao. Clinical anatomy and operative design of the anterior malleolus flap[J]. Zhongguo Lin Chuang Jie Pou Xue Za Zhi[Chin J Clin Anat(Article in Chinese;Abstract in Chinese and English)],2006,24(4):447-449. DOI:10.13418/j.issn.1001-165x.2006.04.038.}

[4997] 陈振光，郑和平，郑晓晖，谢昀，张发惠，陶圣祥，杨玉华. 膝下外侧动脉腓骨上段骨皮瓣移植的应用解剖 [J]. 中国临床解剖学杂志，2006，24(5)：477-478. DOI：10.13418/j.issn.1001-165x.2006.05.001. {CHEN Zhenguang,ZHENG Heping,ZHENG Xiaohui,XIE Yun,ZHANG Fahui,TAO Shengxiang,YANG Yuhua. Applied anatomy of upper fibula ostecutaneous flap pedicled with inferior lateral genicular artery[J]. Zhongguo Lin Chuang Jie Pou Xue Za Zhi[Chin J Clin Anat(Article in Chinese;Abstract in Chinese and English)],2006,24(5):477-478. DOI:10.13418/j.issn.1001-165x.2006.05.001.}

[4998] 史增元，尹维刚，刘振新，王琳. 小腿前外侧和足背外侧岛状皮瓣的应用解剖 [J]. 中国临床解剖学杂志，2006，24(5)：510-513. DOI：10.13418/j.issn.1001-165x.2006.05.009. {SHI Zengyuan,YIN Weigang,LIU Zhenxin,WANG Lin. Applied anatomy of lateral dorsal island flaps and anterolateral island flaps of the lower leg[J]. Zhongguo Lin Chuang Jie Pou Xue Za Zhi[Chin J Clin Anat(Article in Chinese;Abstract in Chinese and English)],2006,24(5):510-513. DOI:10.13418/j.issn.1001-165x.2006.05.009.}

[4999] 王琛，徐静，张莉，熊竹友，李光早. 指背血管蒂岛状皮瓣应用解剖 [J]. 中国临床解剖学杂志，2006，24(5)：514-517. DOI：10.13418/j.issn.1001-165x.2006.05.011. {WANG Chen,XU Jing,ZHANG Li,XIONG Zhuyou,LI Guangzao. Applied anatomy of the island flap pediceled with dorsal digital vessels[J]. Zhongguo Lin Chuang Jie Pou Xue Za Zhi[Chin J Clin Anat(Article in Chinese;Abstract in Chinese and English)],2006,24(5):514-517. DOI:10.13418/j.issn.1001-165x.2006.05.011.}

[5000] 李光早，徐静，张莉，熊竹友，王琛. 小隐静脉-腓肠外侧神经蒂逆行皮瓣解剖及临床应用研究 [J]. 中华显微外科杂志，2006，29(2)：81-83，插页1. DOI：10.3760/cma.j.issn.1001-2036.2006.02.001. {LI Guangzao,XU Jing,ZHANG Li,XIONG Zhuyou,WANG Chen. Anatomical study and clinical experience of the island flap based on small saphenous vein-lateral sural nerve nutritional vessel[J]. Zhonghua Xian Wei Wai Ke Za Zhi[Chin J Microsurg(Article in Chinese;Abstract in Chinese and English)],2006,29(2):81-83,insert 1. DOI:10.3760/cma.j.issn.1001-2036.2006.02.001.}

[5001] 吴农欣，徐永清，李军，覃励明，朱跃良. 足背内侧皮神经营养血管皮瓣的解剖及临床应用 [J]. 中华显微外科杂志，2006，29(2)：86-88. DOI：10.3760/cma.j.issn.1001-2036.2006.02.003. {WU Nongxin,XU Yongqing,LI Jun,QIN Liming,ZHU Yueliang. Anatomical study and primary clinical application of the medial dorsal neurocutaneous flap on foot[J]. Zhonghua Xian Wei Wai Ke Za Zhi[Chin J Microsurg(Article in Chinese;Abstract in Chinese and English)],2006,29(2):86-88. DOI:10.3760/cma.j.issn.1001-2036.2006.02.003.}

[5002] 陈振光，郑晓晖，谢昀，陶圣祥，杨玉华. 旋腓骨颈动脉蒂腓骨上段骨瓣的应用解剖学研究 [J]. 中华显微外科杂志，2006，29(5)：361-363. DOI：10.3760/cma.j.issn.1001-2036.2006.05.014. {CHEN Zhenguang,ZHENG Xiaohui,XIE Yun,TAO Shengxiang,YANG Yuhua. Applied anatomy of upper fibular bone flap pedicled with circumflex fibular neck artery[J]. Zhonghua Xian Wei Wai Ke Za Zhi[Chin J Microsurg(Article in Chinese;Abstract in Chinese and English)],2006,29(5):361-363. DOI:10.3760/cma.j.issn.1001-2036.2006.05.014.}

[5003] 徐永清，杨军，朱跃良，丁晶，李军，马涛，陆声. 双蒂腓肠肌皮瓣修复跟腱及皮肤缺损的解剖学研究及临床应用 [J]. 中华创伤骨科杂志，2006，8(12)：1132-1134. DOI：10.3760/cma.j.issn.1671-7600.2006.12.009. {XU Yongqing,YANG Jun,ZHU Yueliang,DING Jing,LI Jun,MA Tao,LU Sheng. The bi-pedicled gastrocnemius myocutaneous flap:its anatomic basis and clinical application[J]. Zhonghua Chuang Shang Gu Ke Za Zhi[Chin J Orthop Trauma(Article in Chinese;Abstract in Chinese and English)],2006,8(12):1132-1134. DOI:10.3760/cma.j.issn.1671-7600.2006.12.009.}

[5004] 宋修军，邵旭建，曲永明，周翔，王涛，徐国士. 小腿外侧腓动脉皮支皮瓣的解剖与临床应用 [J]. 中华整形外科杂志，2006，22(4)：252-255. DOI：10.3760/j.issn：1009-4598.2006.04.003. {SONG Xiujun,SHAO Xujian,QU Yongming,ZHOU Xiang,WANG Tao,XU Guoshi. The lateral crural flap nourished by cutaneous branches of peroneal artery:an anatomic and clinical study[J]. Zhonghua Zheng Xing Wai Ke Za Zhi[Chin J Plast Surg(Article in Chinese;Abstract in Chinese and English)],2006,22(4):252-255. DOI:10.3760/j.issn:1009-4598.2006.04.003.}

[5005] 龚洪国，刘子山，袁益. 小鱼际皮瓣的显微解剖及临床应用 [J]. 临床骨科杂志，2006，9(4)：316-318. DOI：10.3969/j.issn.1008-0287.2006.04.011. {GONG Hongguo,LIU Zishan,YUAN Yi. Micro-anatomical study and clinical applications of the hypothenar flap[J]. Lin Chuang Gu Ke Za Zhi[J Clin Orthop(Article in Chinese;Abstract in Chinese and English)],2006,9(4):316-318. DOI:10.3969/j.issn.1008-0287.2006.04.011.}

[5006] 白晋，宋建星，杨超，乌兰哈斯，刘冰，楼晓丽. 阴股沟皮瓣的显微解剖学基础研究 [J]. 组织工程与重建外科杂志，2006，2(3)：145-149. DOI：10.3969/j.issn.1673-0364.2006.03.008. {BAI Jin,SONG Jianxing,YANG Chao,WU Lanhasi,LIU Bing,LOU Xiaoli. Applied microanatomic study of pudendal-thigh skin flap[J]. Zu Zhi Gong Cheng Yu Chong Jian Wai Ke Za Zhi[J Tissue Eng Reconstr Surg(Article in Chinese;Abstract in Chinese and English)],2006,2(3):145-149. DOI:10.3969/j.issn.1673-0364.2006.03.008.}

[5007] 赵民，邵新中，田德虎，王利民，李延明，孙绍斌，张永林. 掌、指背侧皮瓣修复同指皮肤缺损解剖基础及临床应用 [J]. 实用手外科杂志，2006，20(4)：200-201，封三. DOI：10.3969/j.issn.1671-2722.2006.04.003. {ZHAO Min,SHAO Xinzhong,TIAN Dehu,WANG Limin,LI Yanming,SUN Shaobin,ZHANG Yonglin. Reversed dorsal metacarpal and digital island flaps repair homodigital skin defects[J]. Shi Yong Shou Wai Ke Za Zhi[Chin J Pract Hand Surg(Article in Chinese;Abstract in Chinese and English)],2006,20(4):200-201,cover 3. DOI:10.3969/j.issn.1671-2722.2006.04.003.}

[5008] 陶圣祥，喻爱喜，郑晓晖，余国荣，邓凯，张奕，张建华. 远端蒂小腿皮神经营养血管肌皮复合组织瓣的解剖与临床应用 [J]. 中华医学杂志，2006，86(47)：3375-3376. DOI：10.3760/j：issn：0376-2491.2006.47.017. {TAO Shengxiang,YU Aixi,ZHENG Xiaohui,YU Guorong,DENG Kai,ZHANG Yi,ZHANG Jianhua. Anatomy and clinical application of distally pedicled musculocutaneous composite tissue flap of calf cutaneous nerve nutrient vessels[J]. Zhonghua Yi Xue Za Zhi[Natl Med J China(Article in Chinese;No abstract available)],2006,86(47):3375-3376. DOI:10.3760/j:issn:0376-2491.2006.47.017.}

[5009] 黄汉伟，林建华，郑和平，张发惠，叶君健. 逆行腓肠神经营养血管岛状皮瓣感觉重建的解剖研究 [J]. 中国修复重建外科杂志，2006，20(1)：44-46. {HUANG Hanwei,LIN Jianhua,ZHENG Heping,ZHANG Fahui,YE Junjian. Anatomical study on restoration of the sensation of distal based sural island flap[J]. Zhongguo Xiu Fu Chong Jian Wai Ke Za Zhi[Chin J Repar Reconstr Surg(Article in Chinese;Abstract in Chinese and English)],2006,20(1):44-46.}

[5010] 李泽龙，丁自海，王培信，谢逸波，曾波. 大隐静脉-隐神经营养血管皮瓣的临床解剖与应用 [J]. 中国修复重建外科杂志，2006，20(3)：259-263. {LI Zelong,DING Zihai,WANG Peixin,XIE Yibo,ZENG Bo. Applied anatomy study and clinical application of great saphenous veno-saphenous neurocutaneous vascular flap[J]. Zhongguo Xiu Fu Chong Jian Wai Ke Za Zhi[Chin J Repar Reconstr Surg(Article in Chinese;Abstract in Chinese and English)],2006,20(3):259-263.}

[5011] 邵玉国，周晓云，胡修全，吴志祥，陈实，李厚硕，施向挺. 下腹部腹直肌肌皮瓣血供的应用解剖 [J]. 中国修复重建外科杂志，2006，20(9)：877-880. {SHAO Yuguo,ZHOU Xiaoyun,HU Xiuquan,WU Zhixiang,CHEN Shi,LI Houshuo,SHI Xiangting. Preliminary dissection of the blood supply on myocutaneous flap of rectus abdominis on hypogastric zone[J]. Zhongguo Xiu Fu Chong Jian Wai Ke Za Zhi[Chin J Repar Reconstr Surg(Article in Chinese;Abstract in Chinese and English)],2006,20(9):877-880.}

[5012] 姚双权，张英泽，张奉琪，宋朝晖，吴昊天，赵立力. 腓动脉皮支逆行岛状皮瓣的解剖与应用改进 [J]. 中国修复重建外科杂志，2006，20(9)：881-883. {YAO Shuangquan,ZHANG Yingze,ZHANG Fengqi,SONG Chaohui,WU Haotian,ZHAO Lili. Anatomic basis and clinical application of modified peroneal arterial cutaneous branch nutritional flap[J]. Zhongguo Xiu Fu Chong Jian Wai Ke Za Zhi[Chin J Repar Reconstr Surg(Article in Chinese;Abstract in Chinese and English)],2006,20(9):881-883.}

[5013] 徐小山，徐永清，郭远发，邬江，李军. 尺神经手背支营养血管皮瓣修复小指指腹创面的解剖及临床 [J]. 中国临床解剖学杂志，2007，25(2)：214-216. DOI：10.13418/j.issn.1001-165x.2007.02.038. {XU Xiaoshan,XU Yongqing,GUO Yuanfa,WU Jiang,LI Jun. Anatomy and clinical application of the reversed cutaneous neurovascular flap with the dorsal branch of ulnar nerve in the treatment of skin defect of the little finger[J]. Zhongguo Lin Chuang Jie Pou Xue Za Zhi[Chin J Clin Anat(Article in Chinese;Abstract in Chinese and English)],2007,25(2):214-216. DOI:10.13418/j.issn.1001-165x.2007.02.038.}

[5014] 李文庆，王钢，徐达传，张鹏，王文胜，王利，宫云霞. 大鱼际皮瓣的解剖学基础及临床应用 [J]. 中国临床解剖学杂志，2007，25(2)：217-220. DOI：10.13418/j.issn.1001-165x.2007.02.039. {LI Wenqing,WANG Gang,XU Dachuan,ZHANG Peng,WANG Wensheng,WANG Li,GONG Yunxia. Anatomical basis of the greater thenar flap and its clinical application[J]. Zhongguo Lin Chuang Jie Pou Xue Za Zhi[Chin J Clin Anat(Article in Chinese;Abstract in Chinese and English)],2007,25(2):217-220. DOI:10.13418/j.issn.1001-165x.2007.02.039.}

[5015] 曹秋生，彭田红，丁自海，李泽宇，石小田. 尺动脉近中段肌间隙穿支皮瓣的应用解剖 [J]. 中国临床解剖学杂志，2007，25(4)：411-412. DOI：10.13418/j.issn.1001-165x.2007.04.009. {CAO Qiusheng,PENG Tianhong,DING Zihai,LI Zeyu,SHI Xiaotian. Applied anatomy of ulnar mesio-forearm flap pedicled with intermuscular branch of ulnar artery[J]. Zhongguo Lin Chuang Jie Pou Xue Za Zhi[Chin J Clin Anat(Article in Chinese;Abstract in Chinese and English)],2007,25(4):411-412. DOI:10.13418/j.issn.1001-165x.2007.04.009.}

[5016] 张继，归来，梅劲，唐茂林，刘育凤，李慧超，王春梅. 小型猪皮瓣模型的影像解剖学研究 [J]. 中国临床解剖学杂志，2007，25(5)：502-506. DOI：10.13418/j.issn.1001-165x.2007.05.022. {ZHANG Ji,GUI Lai,MEI Jin,TANG Maolin,LIU Yufeng,LI Huichao,WANG Chunmei. A radioanatomic study of minipig skin flap model[J]. Zhongguo Lin Chuang Jie Pou Xue Za Zhi[Chin J Clin Anat(Article in Chinese;Abstract in Chinese and English)],2007,25(5):502-506. DOI:10.13418/j.issn.1001-165x.2007.05.022.}

[5017] 刘勇，张成进，李忠，王成琪，劳克成，刘雪涛，曲连军，刘学胜. 足背动脉跨区供血的足背及足底内侧联合皮瓣的解剖研究与临床应用 [J]. 中华骨科杂志，2007，27(6)：451-454. DOI：10.3760/j.issn：0253-2352.2007.06.013. {LIU Yong,ZHANG Chengjin,LI Zhong,WANG Chengqi,LAO Kecheng,LIU Xuetao,QU Lianjun,LIU Xuesheng. The anatomical study and clinical application of unite skin flap straddling region dorsalis pedis and medial wall of footplate blood-supplied by arteria dorsalis pedis[J]. Zhonghua Gu Ke Za Zhi[Chin J Orthop(Article in Chinese;Abstract in Chinese and English)],2007,27(6):451-454. DOI:10.3760/j.issn:0253-2352.2007.06.013.}

[5018] 朱渊，徐向阳，张懿鸣. 前锯肌肌瓣移植的应用解剖学研究 [J]. 中华骨科杂志，2007，27(7)：521-524. DOI：10.3760/j.issn：0253-2352.2007.07.010. {ZHU Yuan,XU Xiangyang,ZHANG Yiming. Applied anatomy of the serratus anterior in flap transplantation[J]. Zhonghua Gu Ke Za Zhi[Chin J Orthop(Article in Chinese;Abstract in Chinese and English)],2007,27(7):521-524. DOI:10.3760/j.issn:0253-2352.2007.07.010.}

[5019] 倪东亮，曹杨，陈中. 远端蒂腓肠神经营养血管皮瓣静脉回流的解剖与临床对比研究 [J]. 中华显微外科杂志，2007，30(1)：55-57. DOI：10.3760/cma.j.issn.1001-2036.2007.01.019. {NI Dongliang,CAO Yang,CHEN Zhong. Anatomical and clinical comparison of venous return of distally pedicled sural nerve nutrient vessel flap[J]. Zhonghua Xian Wei Wai Ke Za Zhi[Chin J Microsurg(Article in Chinese;Abstract in Chinese)],2007,30(1):55-57. DOI:10.3760/cma.j.issn.1001-2036.2007.01.019.}

[5020] 彭智，梁杰，廖进民，李平，张文广，吴志远. 腓肠神经营养血管筋膜皮瓣的解剖及临床应用 [J]. 中华显微外科杂志，2007，30(3)：218-220. DOI：10.3760/cma.j.issn.1001-2036.2007.03.021. {PENG Zhi,LIANG Jie,LIAO Jinmin,LI Ping,ZHANG Wenguang,WU Zhiyuan. Anatomy and clinical application of sural nerve vascular fascial flap[J]. Zhonghua Xian Wei Wai Ke Za Zhi[Chin J Microsurg(Article in Chinese;Abstract in Chinese)],2007,30(3):218-220. DOI:10.3760/cma.j.issn.1001-2036.2007.03.021.}

[5021] 白晋，宋建星，杨超. 阴股沟皮瓣的解剖及其在男性会阴部修复重建中的应用 [J]. 中华外科杂志，2007，45(17)：1192-1195. DOI：10.3760/j.issn：0529-5815.2007.17.013. {BAI Jin,SONG Jianxing,YANG Chao. Pudendal-thigh flap:anatomic basis and application in repairing and reconstructing male perineal region[J]. Zhonghua Wai Ke Za Zhi[Chin J Surg(Article in Chinese;Abstract in Chinese and English)],2007,45(17):1192-1195. DOI:10.3760/j.issn:0529-5815.2007.17.013.}

[5022] 苑振峰，韩士章，杨晓飞．腓骨骨膜瓣翻转解剖学重建踝关节外侧韧带 [J]．中国矫形外科杂志，2007，15(18)：1421-1422．DOI：10.3969/j.issn.1005-8478.2007.18.021．{YUAN Zhenfeng,HAN Shizhang,YANG Xiaofei. Anatomic reconstruction of the lateral ligament of the ankle with the fibular periosteal flap[J]. Zhongguo Jiao Xing Wai Ke Za Zhi[Orthop J China(Article in Chinese;Abstract in Chinese and English)],2007,15(18):1421-1422. DOI:10.3969/j.issn.1005-8478.2007.18.021.}

[5023] 陶圣祥，喻爱喜，郑晓晖，邓凯，张奕，张建华．远端蒂小腿皮神经营养血管肌皮复合组织瓣的解剖学研究 [J]．中华实验外科杂志，2007，24(2)：237-238，封 4．DOI：10.3760/j.issn：1001-9030.2007.02.040．{TAO Shengxiang,YU Aixi,ZHENG Xiaohui,DENG Kai,ZHANG Yi,ZHANG Jianhua. Anatomic study of distally based neuro-myocutaneous compound tissue flaps in leg[J]. Zhonghua Shi Yan Wai Ke Za Zhi[Chin J Exp Surg(Article in Chinese;Abstract in Chinese and English)],2007,24(2):237-238,cover 4. DOI:10.3760/j.issn:1001-9030.2007.02.040.}

[5024] 路来金，宣昭鹏，刘彬，李瑞君，刘志刚，张志新，孙希光．臂内侧皮穿支逆行岛状皮瓣的解剖与临床研究 [J]．中华手外科杂志，2007，23(4)：212-213．{LU Laijin,XUAN Zhaopeng,LIU Bin,LI Ruijun,LIU Zhigang,ZHANG Zhixin,SUN Xiguang. Anatomy and clinical study of retrograde island flap of medial arm perforator branch[J]. Zhonghua Shou Wai Ke Za Zhi[Chin J Hand Surg(Article in Chinese;Abstract in Chinese)],2007,23(4):212-213.}

[5025] 高顺红，史占雷，刘德群，王斌，刘会仁．小鱼际皮下脂肪瓣的显微解剖学观察及临床意义 [J]．中华手外科杂志，2007，23(5)：310-312．{GAO Shunhong,SHI Zhanlei,LIU Dequn,WANG Bin,LIU Huiren. Microanatomical observation and clinical significance of subcutaneous fat flap of the hypothenar[J]. Zhonghua Shou Wai Ke Za Zhi[Chin J Hand Surg(Article in Chinese;Abstract in Chinese)],2007,23(5):310-312.}

[5026] 陶圣祥，喻爱喜，郑晓晖，余国荣，邓凯，张奕，张建华．隐神经营养血管复合组织瓣的解剖学研究 [J]．中华创伤骨科杂志，2007，9(3)：248-250．DOI：10.3760/cma.j.issn.1671-7600.2007.03.013．{TAO Shengxiang,YU Aixi,ZHENG Xiaohui,YU Guorong,DENG Kai,ZHANG Yi,ZHANG Jianhua. An anatomic study of composite tissue flap with saphenous nerve and nutrient vessels[J]. Zhonghua Chuang Shang Gu Ke Za Zhi[Chin J Orthop Trauma(Article in Chinese;Abstract in Chinese and English)],2007,9(3):248-250. DOI:10.3760/cma.j.issn.1671-7600.2007.03.013.}

[5027] 曹秋生，丁自海，徐达传，刘畅，吴坤成．骨间后动脉肌间隙支穿支皮瓣的解剖学研究 [J]．中华创伤骨科杂志，2007，9(9)：861-863．DOI：10.3760/cma.j.issn.1671-7600.2007.09.018．{CAO Qiusheng,DING Zihai,XU Dachuan,LIU Chang,WU Kuncheng. An anatomical study of the perforating branch flap with intermuscular septum branch of posterior interosseous artery[J]. Zhonghua Chuang Shang Gu Ke Za Zhi[Chin J Orthop Trauma(Article in Chinese;Abstract in Chinese and English)],2007,9(9):861-863. DOI:10.3760/cma.j.issn.1671-7600.2007.09.018.}

[5028] 李文庆，王利，宫云霞，徐达传，张鹏，陈传煌，杨涛，朱小弟．大鱼际皮瓣血供的解剖学研究及其临床意义 [J]．中华创伤骨科杂志，2007，9(11)：1068-1071．DOI：10.3760/cma.j.issn.1671-7600.2007.11.018．{LI Wenqing,WANG Li,GONG Yunxia,XU Dachuan,ZHANG Peng,CHEN Chuanhuang,YANG Tao,ZHU Xiaodi. An anatomic study of blood supply to greater thenar flap[J]. Zhonghua Chuang Shang Gu Ke Za Zhi[Chin J Orthop Trauma(Article in Chinese;Abstract in Chinese and English)],2007,9(11):1068-1071. DOI:10.3760/cma.j.issn.1671-7600.2007.11.018.}

[5029] 魏在荣，王玉明，王达利，祁建平，韩文杰，曾雪琴，聂开瑜．胫后动脉内踝上肌间隙支逆行岛状皮瓣的解剖观察及临床应用 [J]．中华整形外科杂志，2007，23(4)：293-294．DOI：10.3760/j.issn：1009-4598.2007.04.007．{WEI Zairong,WANG Yuming,WANG Dali,QI Jianping,HAN Wenjie,ZENG Xueqin,NIE Kaiyu. Anatomical study and clinical applications of the posterior tibial artery intermuscular septum branches island flaps[J]. Zhonghua Zheng Xing Wai Ke Za Zhi[Chin J Plast Surg(Article in Chinese;Abstract in Chinese and English)],2007,23(4):293-294. DOI:10.3760/j.issn:1009-4598.2007.04.007.}

[5030] 白晋，宋建星，乌兰哈斯，杨超．会阴穿支皮瓣的显微解剖研究和临床应用初步报告 [J]．中华损伤与修复杂志(电子版)，2007，2(5)：278-281．DOI：10.3969/j.issn.1673-9450.2007.05.007．{BAI Jin,SONG Jianxing,WU Lanhasi,YANG Chao. Primary report on microdissection Study of perineum perforating flap[J]. Zhonghua Sun Shang Yu Xiu Fu Za Zhi Dian Zi Ban[Chin J Injury Repair Wound Healing(Electr Ed)(Article in Chinese;Abstract in Chinese and English)],2007,2(5):278-281. DOI:10.3969/j.issn.1673-9450.2007.05.007.}

[5031] 朱希山，杨彪炳，樊文胜，赵春华．逆行性额部耳颞区反流轴型皮瓣的临床解剖 [J]．组织工程与重建外科杂志，2007，3(2)：90-92．DOI：10.3969/j.issn.1673-0364.2007.02.008．{ZHU Xishan,YANG Biaobing,FAN Wensheng,ZHAO Chunhua. Clinical anatomic research on the auricular-temporal area reversal flow axial flap pedicled with supraorbital artery or supratrochlear artery[J]. Zu Zhi Gong Cheng Yu Chong Jian Wai Ke Za Zhi[J Tissue Eng Reconstr Surg(Article in Chinese;Abstract in Chinese and English)],2007,3(2):90-92. DOI:10.3969/j.issn.1673-0364.2007.02.008.}

[5032] 白晋，乌兰哈斯，宋建星．阴股沟皮瓣的解剖基础及其在男性会阴部修复重建中的应用 [J]．第二军医大学学报，2007，28(4)：399-403．DOI：10.3321/j.issn：0258-879X.2007.04.013．{BAI Jin,WU Lanhasi,SONG Jianxing. Pudendal-thigh flap:anatomic basis and application in repair and reconstruction of male perineal region[J]. Di Er Jun Yi Da Xue Xue Bao[Acad J Sec Mil Med Univ(Article in Chinese;Abstract in Chinese and English)],2007,28(4):399-403. DOI:10.3321/j.issn:0258-879X.2007.04.013.}

[5033] 程继光，王元银，王银龙，何家才，范蓬．颊脂垫瓣修复颌面部术后组织缺损及临床应用解剖 [J]．安徽医科大学学报，2007，42(5)：573-575．DOI：10.3969/j.issn.1000-1492.2007.05.028．{CHENG Jiguang,WANG Yuanyin,WANG Yinlong,HE Jiacai,FAN Peng. Reconstruction of ora-facial defects with pedicled buccal fat pad graft and clinical application of its anatomical structure[J]. An Hui Yi Ke Da Xue Xue Bao[Acta Univ Med Anhui(Article in Chinese;Abstract in Chinese and English)],2007,42(5):573-575. DOI:10.3969/j.issn.1000-1492.2007.05.028.}

[5034] 白晋，宋建星，杨超，乌兰哈斯，刘冰，楼晓丽．阴股沟皮瓣的显微解剖研究 [J]．中国修复重建外科杂志，2007，21(4)：326-330．{BAI Jin,SONG Jianxing,YANG Chao,WU Lanhasi,LIU Bing,LOU Xiaoli. Applied microanatomic study of pudendal-thigh skin flap[J]. Zhongguo Xiu Fu Chong Jian Wai Ke Za Zhi[Chin J Repar Reconstr Surg(Article in Chinese;Abstract in Chinese and English)],2007,21(4):326-330.}

[5035] 吴农欣，徐永清，李军，覃励明，朱跃良．足背中间皮神经营养血管远端蒂皮瓣的解剖研究与初步应用 [J]．中国修复重建外科杂志，2007，21(4)：363-366．{WU Nongxin,XU Yongqing,LI Jun,QIN Liming,ZHU Yueliang. Anatomical studies and clinical applications of distally-based intermediate dorsal neurocutaneous flap on the foot[J]. Zhongguo Xiu Fu Chong Jian Wai Ke Za Zhi[Chin J Repar Reconstr Surg(Article in Chinese;Abstract in Chinese and English)],2007,21(4):363-366.}

[5036] 慕卫东，李玉翠，丁小珩．幼儿腓肠神经营养血管皮瓣的解剖特点和临床应用 [J]．中国修复重建外科杂志，2007，21(8)：904-905．{MU Weidong,LI Yucui,DING Xiaoheng. Anatomical characteristics and clinical application of sural nerve vascular flap in infants[J]. Zhongguo Xiu Fu Chong Jian Wai Ke Za Zhi[Chin J Repar Reconstr Surg(Article in Chinese;Abstract in Chinese)],2007,21(8):904-905.}

[5037] 郑和平，康庆林，张发惠．旋髂深动脉嵌合组织瓣的解剖学基础 [J]．中国临床解剖学杂志，2008，26(1)：3-7．DOI：10.13418/j.issn.1001-165x.2008.01.001．{ZHENG Heping,KANG Qinglin,ZHANG Fahui. Anatomic basis of chimeric flaps of deep iliac circumflex artery[J]. Zhongguo Lin Chuang Jie Pou Xue Za Zhi[Chin J Clin Anat(Article in Chinese;Abstract in Chinese and English)],2008,26(1):3-7. DOI:10.13418/j.issn.1001-165x.2008.01.001.}

[5038] 黄东，黄永军，徐达传，毛莉颖，吴伟炽，张翠琼．大收肌腱复合组织瓣移植修复手部肌腱皮肤缺损术式解剖研究 [J]．中国临床解剖学杂志，2008，26(1)：32-34．DOI：10.13418/j.issn.1001-165x.2008.01.023．{HUANG Dong,HUANG Yongjun,XU Dachuan,MAO Liying,WU Weichi,ZHANG Cuiqiong. Anatomic study of transferring adductor magnus tendon combined tissue flap to repair the defects of hand skin and tendon[J]. Zhongguo Lin Chuang Jie Pou Xue Za Zhi[Chin J Clin Anat(Article in Chinese;Abstract in Chinese and English)],2008,26(1):32-34. DOI:10.13418/j.issn.1001-165x.2008.01.023.}

[5039] 李少华，张业辉，陈胜华，李泽宇．以示指桡掌侧筋膜皮支为蒂逆行岛状皮瓣的应用解剖 [J]．中国临床解剖学杂志，2008，26(3)：278-279．DOI：10.13418/j.issn.1001-165x.2008.03.016．{LI Shaohua,ZHANG Yehui,CHEN Shenghua,LI Zeyu. Applied anatomy of reversed island flap pedicled with the fasciocutaneous artery from the radial branch of the proper pastor digital artery of the index finger[J]. Zhongguo Lin Chuang Jie Pou Xue Za Zhi[Chin J Clin Anat(Article in Chinese;Abstract in Chinese and English)],2008,26(3):278-279. DOI:10.13418/j.issn.1001-165x.2008.03.016.}

[5040] 金联洲，周小兵，胡斯旺，戴开宇，唐茂林．旋髂深动脉穿支皮瓣的数字解剖学研究 [J]．解剖学报，2008，39(2)：260-263．DOI：10.3969/j.issn：0529-1356.2008.02.026．{JIN Lianzhou,ZHOU Xiaobing,HU Siwang,DAI Kaiyu,TANG Maolin. Digital anatomy of the deep circumflex iliac artery osteocutaneous perforator flap[J]. Jie Pou Xue Bao[Acta Anat Sin(Article in Chinese;Abstract in Chinese and English)],2008,39(2):260-263. DOI:10.3969/j.issn:0529-1356.2008.02.026.}

[5041] 魏在荣，王达利，王玉明，祁建平，孙广峰，张明君，苏申友，曹远飞．足底内侧皮瓣的应用解剖及修复足跟组织缺损的临床应用 [J]．中华显微外科杂志，2008，31(2)：89-91，插 4．DOI：10.3760/cma.j.issn.1001-2036.2008.02.004．{WEI Zairong,WANG Dali,WANG Yuming,QI Jianping,SUN Guangfeng,ZHANG Mingjun,SU Shenyou,CAO Yuanfei. Applied anatomy of the medial plantar skin flaps with repairing heel defects and its clinical application[J]. Zhonghua Xian Wei Wai Ke Za Zhi[Chin J Microsurg(Article in Chinese;Abstract in Chinese and English)],2008,31(2):89-91,insert 4. DOI:10.3760/cma.j.issn.1001-2036.2008.02.004.}

[5042] 程天庆，柴益民，曾炳芳．吻合腓肠内侧血管穿支皮瓣的应用解剖和临床应用 [J]．中华显微外科杂志，2008，31(3)：188-191，后插三．DOI：10.3760/cma.j.issn.1001-2036.2008.03.010．{CHENG Tianqing,CHAI Yimin,ZENG Bingfang. Anatomical study and clinical application of the medial sural artery perforator flap[J]. Zhonghua Xian Wei Wai Ke Za Zhi[Chin J Microsurg(Article in Chinese;Abstract in Chinese and English)],2008,31(3):188-191,insert 3. DOI:10.3760/cma.j.issn.1001-2036.2008.03.010.}

[5043] 黎晓华，陈实，李峻，王平，朱诚，周礼荣，张长青．保留腓肠神经的血管筋膜蒂皮瓣的解剖及临床研究 [J]．中华显微外科杂志，2008，31(6)：401-404，插 1．DOI：10.3760/cma.j.issn.1001-2036.2008.06.001．{LI Xiaohua,CHEN Shi,LI Jun,WANG Ping,ZHU Cheng,ZHOU Lirong,ZHANG Changqing. Anatomical study and clinical application for the vascular axis fasciocutaneous flap with sural nerve preserved[J]. Zhonghua Xian Wei Wai Ke Za Zhi[Chin J Microsurg(Article in Chinese;Abstract in Chinese and English)],2008,31(6):401-404,insert 1. DOI:10.3760/cma.j.issn.1001-2036.2008.06.001.}

[5044] 郑和平，汪华侨，张发惠．腓浅神经营养血管远端蒂皮瓣感觉重建的解剖学基础 [J]．中华显微外科杂志，2008，31(6)：435-437，插 5．DOI：10.3760/cma.j.issn.1001-2036.2008.06.011．{ZHENG Heping,WANG Huaqiao,ZHANG Fahui. Anatomic basis of sensation restoration of distally based island flap pedicled with nutrient vessels of superficial peroneal nerve[J]. Zhonghua Xian Wei Wai Ke Za Zhi[Chin J Microsurg(Article in Chinese;Abstract in Chinese and English)],2008,31(6):435-437,insert 5. DOI:10.3760/cma.j.issn.1001-2036.2008.06.011.}

[5045] 陶圣祥，喻爱喜，郑晓晖，余国荣．正中神经掌皮支营养血管远端蒂肌皮复合瓣解剖学研究及临床应用 [J]．中华手外科杂志，2008，24(5)：273-276．DOI：10.3760/cma.j.issn.1005-054X.2008.05.006．{TAO Shengxiang,YU Aixi,ZHENG Xiaohui,YU Guorong. Anatomic study and clinical application of neuromyocutaneous flap based on nutritional vessel of median nerve palmar cutaneous branch[J]. Zhonghua Shou Wai Ke Za Zhi[Chin J Hand Surg(Article in Chinese;Abstract in Chinese and English)],2008,24(5):273-276. DOI:10.3760/cma.j.issn.1005-054X.2008.05.006.}

[5046] 夏增兵，王丹，袁永健，闵继康，杨文龙，徐旭纯．带尺动脉腕上皮支的不同蒂皮瓣的 I 临床解剖与应用 [J]．中华创伤骨科杂志，2008，10(12)：1193-1194．DOI：10.3760/cma.j.issn.1671-7600.2008.12.028．{XIA Zengbing,WANG Dan,YUAN Yongjian,MIN Jikang,YANG Wenlong,XU Xuchun. Clinical anatomy and application of flaps pedicled with different cutaneous branches of ulnar artery[J]. Zhonghua Chuang Shang Gu Ke Za Zhi[Chin J Orthop Trauma(Article in Chinese;Abstract in Chinese and English)],2008,10(12):1193-1194. DOI:10.3760/cma.j.issn.1671-7600.2008.12.028.}

[5047] 陶圣祥，喻爱喜，余国荣，邓凯，郑晓晖，张奕，张建华．腓肠神经营养血管肌皮瓣的解剖与临床应用 [J]．中华整形外科杂志，2008，24(1)：16-19．DOI：10.3760/j.issn：1009-4598.2008.01.006．{TAO Shengxiang,YU Aixi,YU Guorong,DENG Kai,ZHENG Xiaohui,ZHANG Yi,ZHANG Jianhua. Anatomic study and clinical application of sural neuro-myocutaneous compound flap transposition[J]. Zhonghua Zheng Xing Wai Ke Za Zhi[Chin J Plast Surg(Article in Chinese;Abstract in Chinese and English)],2008,24(1):16-19. DOI:10.3760/j.issn:1009-4598.2008.01.006.}

[5048] 章一新，张余光，杨军，王丹茹，钱云良．小腿后侧岛状筋膜皮瓣血供的解剖观察及临床应用 [J]．中华整形外科杂志，2008，24(3)：192-195．DOI：10.3760/j.issn：1009-4598.2008.03.008．{ZHANG Yixin,ZHANG Yuguang,YANG Jun,WANG Danru,QIAN Yunliang. Anatomy and clinical application of posterior calf fasciocutaneous flap[J]. Zhonghua Zheng Xing Wai Ke Za Zhi[Chin J Plast Surg(Article in Chinese;Abstract in Chinese and English)],2008,24(3):192-195. DOI:10.3760/j.issn:1009-4598.2008.03.008.}

[5049] 魏在荣，王达利，王玉明，祁建平，孙广峰，王波，唐修俊．带隐神经的足内侧复合皮瓣的解剖学研究及临床应用 [J]．中华整形外科杂志，2008，24(4)：257-259．DOI：10.3760/j.issn：1009-4598.2008.04.002．{WEI Zairong,WANG Dali,WANG Yuming,QI Jianping,SUN Guangfeng,WANG Bo,TANG Xiujun. Anatomic study of the medial pedis compesite flaps with saphenous nerve and tendon and its application[J]. Zhonghua Zheng Xing Wai Ke Za Zhi[Chin J Plast Surg(Article in Chinese;Abstract in Chinese and English)],2008,24(4):257-259. DOI:10.3760/j.issn:1009-4598.2008.04.002.}

[5050] 左宗宝，崔怀瑞，李小静，宁金龙，唐茂林，张林，朱飞．腓骨肌腱鞘筋膜瓣与脂肪筋膜瓣联合移植修复足跟后深层组织缺损的解剖与应用 [J]．中华整形外科杂志，2008，24(6)：434-438．DOI：10.3760/j.issn：1009-4598.2008.06.006．{ZUO Zongbao,CUI Huairui,LI Xiaojing,NING Jinlong,TANG Maolin,ZHANG Lin,ZHU Fei. Anatomic study of peroneal tendofascial flap combined with adipofasical flap for the repair of heel tissue defects[J]. Zhonghua Zheng Xing Wai Ke Za Zhi[Chin J Plast Surg(Article in Chinese;Abstract in Chinese and English)],2008,24(6):434-438. DOI:10.3760/j.issn:1009-4598.2008.06.006.}

[5051] 吕国栋，梁炳生．带血供尺神经深筋膜瓣下前置术解剖学研究 [J]．国际骨科学杂志，

2008，29（1）：63-64. DOI：10.3969/j.issn.1673-7083.2008.01.024. {LV Guodong,LIANG Bingsheng. Anatomic study of anterior transposition of the vascularized ulnar nerve for cubital tunnel syndrome[J]. Guo Ji Gu Ke Xue Za Zhi[Int J Orthop(Article in Chinese;Abstract in Chinese and English)],2008,29(1):63-64. DOI:10.3969/j.issn.1673-7083.2008.01.024.}

[5052] 杨涌，曹东升，黄学应，盛辉，丁浩，汪春兰. 保留胸背神经的背阔肌皮瓣的解剖与临床应用 [J]. 安徽医科大学学报，2008，43（1）：102-104. DOI：10.3969/j.issn.1000-1492.2008.01.029. {YANG Yong,CAO Dongsheng,HUANG Xueying,SHENG Hui,DING Hao,WANG Chunlan. Anatomy and application study of the latissimus dorsi flap without excising thoracodorsal nerve[J]. An Hui Yi Ke Da Xue Xue Bao[Acta Univ Med Anhui(Article in Chinese;Abstract in Chinese and English)],2008,43(1):102-104. DOI:10.3969/j.issn.1000-1492.2008.01.029.}

[5053] 路来金，宋良松，宣昭鹏，刘彬，宫旭. 腘窝中间皮动脉岛状皮瓣的解剖研究 [J]. 中国临床解剖学杂志，2009，27（1）：12-14. DOI：10.13418/j.issn.1001-165x.2009.01.004. {LU Laijin,SONG Liangsong,XUAN Zhaopeng,LIU Bin,GONG Xu. Anatomic study of the island flap pedicled with the popliteal itermediate cutaneous artery(PICA)[J]. Zhongguo Lin Chuang Jie Pou Xue Za Zhi[Chin J Clin Anat(Article in Chinese;Abstract in Chinese and English)],2009,27(1):12-14. DOI:10.13418/j.issn.1001-165x.2009.01.004.}

[5054] 巨积辉，金光哲，赵强，刘跃飞，魏诚，李雷，周荣，朱光勇，侯瑞兴. 尺动脉腕上皮支降支皮瓣的解剖学基础及临床应用 [J]. 中国临床解剖学杂志，2009，27（2）：224-227. DOI：10.13418/j.issn.1001-165x.2009.02.028. {JU Jihui,JIN Guangzhe,ZHAO Qiang,LIU Yuefei,WEI Cheng,LI Lei,ZHOU Rong,ZHU Guangyong,HOU Ruixing. Anatomy and clinical application of flaps based on the descending branch of the supracarpal branch of ulnar artery[J]. Zhongguo Lin Chuang Jie Pou Xue Za Zhi[Chin J Clin Anat(Article in Chinese;Abstract in Chinese and English)],2009,27(2):224-227. DOI:10.13418/j.issn.1001-165x.2009.02.028 .}

[5055] 毛海蛟，尹维刚，史增元. 足内侧逆行岛状皮瓣的应用解剖 [J]. 中国临床解剖学杂志，2009，27（3）：279-282. DOI：10.13418/j.issn.1001-165x.2009.03.011. {MAO Haijiao,YIN Weigang,SHI Zengyuan. Applied anatomy of the reverse medialis pedis island flap[J]. Zhongguo Lin Chuang Jie Pou Xue Za Zhi[Chin J Clin Anat(Article in Chinese;Abstract in Chinese and English)],2009,27(3):279-282. DOI:10.13418/j.issn.1001-165x.2009.03.011.}

[5056] 杜冬，侯致典，焦阳，庄永清. 指掌侧固有动脉蒂骨膜瓣转移修复指骨骨不连的应用解剖 [J]. 中国临床解剖学杂志，2009，27（3）：351-353. DOI：10.13418/j.issn.1001-165x.2009.03.031. {DONG Dong,HOU Zhidian,JIAO Yang,ZHUANG Yongqing. Applied anatomy on repairing the nonunion of phalanx with vascularized periosteal flap pedicled with proper palmar digital arteries[J]. Zhongguo Lin Chuang Jie Pou Xue Za Zhi[Chin J Clin Anat(Article in Chinese;Abstract in Chinese and English)],2009,27(3):351-353. DOI:10.13418/j.issn.1001-165x.2009.03.031.}

[5057] 刘军廷，赵劲民，李智贤，苏伟. 小隐静脉解剖和多普勒超声活体观察在远端蒂皮瓣的意义 [J]. 中国临床解剖学杂志，2009，27（4）：480-484. DOI：10.13418/j.issn.1001-165x.2009.04.016. {LIU Junting,ZHAO Jinmin,LI Zhixian,SU Wei. The significance of anatomy and Doppler ultrasound observation of small saphenous vein on distally pedicled flap[J]. Zhongguo Lin Chuang Jie Pou Xue Za Zhi[Chin J Clin Anat(Article in Chinese;Abstract in Chinese and English)],2009,27(4):480-484. DOI:10.13418/j.issn.1001-165x.2009.04.016.}

[5058] 俞淼，史增元，尹维刚，毛海蛟. 虎口区背侧逆行岛状皮瓣的应用解剖 [J]. 中国临床解剖学杂志，2009，27（5）：520-522. DOI：10.13418/j.issn.1001-165x.2009.05.025. {YU Miao,SHI Zengyuan,YIN Weigang,MAO Haijiao. Applied anatomy of reverse-flow island flap on dorsal thumb[J]. Zhongguo Lin Chuang Jie Pou Xue Za Zhi[Chin J Clin Anat(Article in Chinese;Abstract in Chinese and English)],2009,27(5):520-522. DOI:10.13418/j.issn.1001-165x.2009.05.025 .}

[5059] 罗滨. 肘后血管网与组织瓣设计的解剖学基础 [J]. 中国临床解剖学杂志，2009，27（6）：675-676. DOI：10.13418/j.issn.1001-165x.2009.06.010 . {LUO Bin. The posterior elbow vascular network and the flap design:anatomic study[J]. Zhongguo Lin Chuang Jie Pou Xue Za Zhi[Chin J Clin Anat(Article in Chinese;Abstract in Chinese and English)],2009,27(6):675-676. DOI:10.13418/j.issn.1001-165x.2009.06.010.}

[5060] 柴益民，程天庆，汪春阳，康庆林，曾炳芳. 吻合血管复合腓骨穿支皮瓣的应用解剖及临床应用 [J]. 中华显微外科杂志，2009，32（2）：113-115，插3. DOI：10.3760/cma.j.issn.1001-2036.2009.02.011. {CHAI Yimin,CHENG Tianqing,WANG Chunyang,KANG Qinglin,ZENG Bingfang. Anatomical study and clinical application of the vascularized composite fibula perforating osteoseptocutaneous flap[J]. Zhonghua Xian Wei Wai Ke Za Zhi[Chin J Microsurg(Article in Chinese;Abstract in Chinese and English)],2009,32(2):113-115,insert 3. DOI:10.3760/cma.j.issn.1001-2036.2009.02.011.}

[5061] 高顺红，陈振光，郑和平，郑晓晖. 小鱼际脂肪瓣转位术的应用解剖学研究 [J]. 中华显微外科杂志，2009，32（2）：141-143，插4. DOI：10.3760/cma.j.issn.1001-2036.2009.02.021. {GAO Shunhong,CHEN Zhenguang,ZHENG Heping,ZHENG Xiaohui. Applied anatomy of the transposition of the fat flap of the hypothenar[J]. Zhonghua Xian Wei Wai Ke Za Zhi[Chin J Microsurg(Article in Chinese;Abstract in Chinese)],2009,32(2):141-143,insert 4. DOI:10.3760/cma.j.issn.1001-2036.2009.02.021.}

[5062] 陈振光，喻爱喜. 膝下外侧血管蒂腓骨上段骨瓣移植的解剖与临床 [J]. 中华显微外科杂志，2009，32（5）：353-355. DOI：10.3760/cma.j.issn.1001-2036.2009.05.001. {CHEN Zhenguang,YU Aixi. Anatomy and clinical study of inferior lateral vascular pedicle upper fibular bone flap graft[J]. Zhonghua Xian Wei Wai Ke Za Zhi[Chin J Microsurg(Article in Chinese;Abstract in Chinese)],2009,32(5):353-355. DOI:10.3760/cma.j.issn.1001-2036.2009.05.001.}

[5063] 林涧，郑和平，余云兰，吴春，王正理. 肘前穿支皮瓣的解剖与临床应用 [J]. 中华创伤杂志，2009，25（10）：916-919. DOI：10.3760/cma.j.issn.1001-8050.2009.10.290. {LIN Jian,ZHENG Heping,YU Yunlan,WU Chun,WANG Zhengli. Dissection and clinical application of antecubital perforating branches flap[J]. Zhonghua Chuang Shang Za Zhi[Chin J Trauma(Article in Chinese;Abstract in Chinese and English)],2009,25(10):916-919. DOI:10.3760/cma.j.issn.1001-8050.2009.10.290.}

[5064] 徐永清，吴农欣，朱跃良. 足背皮神经营养血管皮瓣的临床应用与解剖学研究 [J]. 实用手外科杂志，2009，23（2）：69-71. DOI：10.3969/j.issn.1671-2722.2009.02.002. {XU Yongqing,WU Nongxin,ZHU Yueliang. Dorsal pedal neurocutaneous flap:clinical application and anatomy[J]. Shi Yong Shou Wai Ke Za Zhi[Chin J Pract Hand Surg(Article in Chinese;Abstract in Chinese and English)],2009,23(2):69-71. DOI:10.3969/j.issn.1671-2722.2009.02.002.}

[5065] 解季凯，袁锋，俞光荣，赵宏谋，张凯，倪之挺. 第二掌背动脉双轴点岛状皮瓣的解剖学研究 [J]. 实用手外科杂志，2009，23（2）：87-89. DOI：10.3969/j.issn.1671-2722.2009.02.011. {JIE Jikai,YUAN Feng,YU Guangrong,ZHAO Hongmou,ZHANG Kai,NI Zhiting. A natomical bases of second dorsal metacarpal artery island flap with donble pivot points[J]. Shi Yong Shou Wai Ke Za Zhi[Chin J Pract Hand Surg(Article in Chinese;Abstract in Chinese and English)],2009,23(2):87-89. DOI:10.3969/j.issn.1671-2722.2009.02.011.}

[5066] 潘朝晖，蒋萍萍，王昌德，薛山 . 前臂背侧嵌合骨皮瓣的应用解剖学研究 [J]. 实用手外科杂志，2009，23（4）：205-207. DOI：10.3969/j.issn.1671-2722.2009.04.006. {PAN Chaohui,JIANG Pingping,WANG Changde,XUE Shan. Anatomical study of chimeric flap of the dorsal forearm[J]. Shi Yong Shou Wai Ke Za Zhi[Chin J Pract Hand Surg(Article in Chinese;Abstract in Chinese and English)],2009,23(4):205-207. DOI:10.3969/j.issn.1671-2722.2009.04.006.}

[5067] 魏在荣，王达利，王玉明，孙广峰，唐修俊，王波. 足底内侧动脉联合皮瓣的应用解剖及在足跟部较大皮肤软组织缺损修复中的应用 [J]. 中华医学杂志，2009，89（22）：1553-1557. DOI：10.3760/cma.j.issn.0376-2491.2009.22.014. {WEI Zairong,WANG Dali,WANG Yuming,SUN Guangfeng,TANG Xiujun,WANG Bo. Applied anatomy of medial plantar artery combined flaps and repairing heel and adjacent vast soft tissue defects[J]. Zhonghua Yi Xue Za Zhi[Natl Med J China(Article in Chinese;Abstract in Chinese and English)],2009,89(22):1553-1557. DOI:10.3760/cma.j.issn.0376-2491.2009.22.014.}

[5068] 郑和平，林涧，陈超勇，张发惠. 膝降动脉穿支皮瓣的解剖学基础 [J]. 中国临床解剖学杂志，2010，28（1）：3-6. DOI：10.13418/j.issn.1001-165x.2010.01.005. {ZHENG Heping,LIN Jian,CHEN Chaoyong,ZHANG Fahui. Anatomy of perforating branch flap of descending genicular artery[J]. Zhongguo Lin Chuang Jie Pou Xue Za Zhi[Chin J Clin Anat(Article in Chinese;Abstract in Chinese and English)],2010,28(1):3-6. DOI:10.13418/j.issn.1001-165x.2010.01.005.}

[5069] 谢松林，唐举玉，陶克奇，黄雄杰，夏小丹，刘昌雄. 指固有动脉背侧支为蒂的逆行掌指背筋膜皮瓣的应用解剖 [J]. 中国临床解剖学杂志，2010，28（1）：97-100. DOI：10.13418/j.issn.1001-165x.2010.01.030. {XIE Songlin,TANG Juyu,TAO Keqi,HUANG Xiongjie,XIA Xiaodan,LIU Changxiong. Applied anatomy of the dorsal metacarpal and digital fasciocutaneous flap pedicled with the dorsal cutaneous branch of the proper digital artery[J]. Zhongguo Lin Chuang Jie Pou Xue Za Zhi[Chin J Clin Anat(Article in Chinese;Abstract in Chinese and English)],2010,28(1):97-100. DOI:10.13418/j.issn.1001-165x.2010.01.030.}

[5070] 朱跃良，徐永清，李军，杨军，何晓清，范新宇. 双蒂腓肠肌皮瓣修复跟腱复合缺损的改进及其解剖学依据 [J]. 中国临床解剖学杂志，2010，28（2）：225-227. DOI：10.13418/j.issn.1001-165x.2010.02.028. {ZHU Yueliang,XU Yongqing,LI Jun,YANG Jun,HE Xiaoqing,FAN Xinyu. Bi-pedicled gastrocnemius flap for repairing the composite defect of Achilles tendon:the modifications and anatomy[J]. Zhongguo Lin Chuang Jie Pou Xue Za Zhi[Chin J Clin Anat(Article in Chinese;Abstract in Chinese and English)],2010,28(2):225-227. DOI:10.13418/j.issn.1001-165x.2010.02.028.}

[5071] 左荣跃，史增元，尹维刚，俞淼，毛海蛟. 逆行缝匠肌皮瓣修复小腿皮肤缺损应用解剖学 [J]. 中国临床解剖学杂志，2010，28（3）：242-244. DOI：10.13418/j.issn.1001-165x.2010.03.024. {ZUO Rongyue,SHI Zengyuan,YIN Weigang,YU Miao,MAO Haijiao. The repair of leg skin defect by the retrograde sartorius myocutaneous flap:clinical anatomy[J]. Zhongguo Lin Chuang Jie Pou Xue Za Zhi[Chin J Clin Anat(Article in Chinese;Abstract in Chinese and English)],2010,28(3):242-244. DOI:10.13418/j.issn.1001-165x.2010.03.024.}

[5072] 赵英波，侯书健. 桡动脉掌浅支为蒂的大鱼际皮瓣的显微外科解剖 [J]. 中国临床解剖学杂志，2010，28（3）：245-247. DOI：10.13418/j.issn.1001-165x.2010.03.003. {ZHAO Yingbo,HOU Shujian. Microdissection of the thenar flap pedicled with the superficial palmar branch of the radials artery[J]. Zhongguo Lin Chuang Jie Pou Xue Za Zhi[Chin J Clin Anat(Article in Chinese;Abstract in Chinese and English)],2010,28(3):245-247. DOI:10.13418/j.issn.1001-165x.2010.03.003.}

[5073] 郑和平，陈鹏，洪发兰，陈超勇，张发惠. 前臂后外侧中段穿支蒂皮神经营养血管皮瓣的应用解剖 [J]. 中国临床解剖学杂志，2010，28（4）：358-362. DOI：10.13418/j.issn.1001-165x.2010.04.015. {ZHENG Heping,CHEN Peng,HONG Falan,CHEN Chaoyong,ZHANG Fahui. Applied anatomy of neurocutaneous vascular flap pedicled with posterolateral mid-forearm perforators[J]. Zhongguo Lin Chuang Jie Pou Xue Za Zhi[Chin J Clin Anat(Article in Chinese;Abstract in Chinese and English)],2010,28(4):358-362. DOI:10.13418/j.issn.1001-165x.2010.04.015.}

[5074] 陈超勇，郑和平，林松庆，徐皓. 膝下外侧动脉远端蒂腓骨头瓣的应用解剖 [J]. 中国临床解剖学杂志，2010，28（4）：366-368. DOI：10.13418/j.issn.1001-165x.2010.04.017. {CHEN Chaoyong,ZHENG Heping,LIN Songqing,XU Hao. Applied anatomy of fibular bead flap pedicled with distal inferior lateral genicular artery[J]. Zhongguo Lin Chuang Jie Pou Xue Za Zhi[Chin J Clin Anat(Article in Chinese;Abstract in Chinese and English)],2010,28(4):366-368. DOI:10.13418/j.issn.1001-165x.2010.04.017.}

[5075] 丁茂超，毛以华，陈世新，邹天乐，王建红，唐茂林. 颏下动脉穿支皮瓣的数字解剖学研究 [J]. 中国临床解剖学杂志，2010，28（6）：603-605，610. DOI：10.13418/j.issn.1001-165x.2010.06.004. {DING Maochao,MAO Yihua,CHEN Shixin,ZOU Tianle,WANG Jianhong,TANG Maolin. Digital anatomy of the submental artery perforator flap[J]. Zhongguo Lin Chuang Jie Pou Xue Za Zhi[Chin J Clin Anat(Article in Chinese;Abstract in Chinese and English)],2010,28(6):603-605,610. DOI:10.13418/j.issn.1001-165x.2010.06.004.}

[5076] 林加福，郑和平，林涧. 股内侧肌穿支蒂股中间皮神经营养血管皮瓣的应用解剖 [J]. 中国临床解剖学杂志，2010，28（6）：614-617. DOI：10.13418/j.issn.1001-165x.2010.06.007. {LIN Jiafu,ZHENG Heping,LIN Jian. Applied anatomy of intermediate femoral neurocutaneous flap pedicled with the vastus medialis perforators[J]. Zhongguo Lin Chuang Jie Pou Xue Za Zhi[Chin J Clin Anat(Article in Chinese;Abstract in Chinese and English)],2010,28(6):614-617. DOI:10.13418/j.issn.1001-165x.2010.06.007.}

[5077] 牟勇，黄东，吴伟炽，张惠茹. 以踇趾背动脉为血供的趾背皮瓣应用解剖 [J]. 中国临床解剖学杂志，2010，28（6）：618-619. DOI：10.13418/j.issn.1001-165x.2010.06.008. {MOU Yong,HUANG Dong,WU Weichi,ZHANG Huiru. Applied anatomy of minimum akin flap supplied with the dorsal artery of great toe[J]. Zhongguo Lin Chuang Jie Pou Xue Za Zhi[Chin J Clin Anat(Article in Chinese;Abstract in Chinese and English)],2010,28(6):618-619. DOI:10.13418/j.issn.1001-165x.2010.06.008.}

[5078] 毛海蛟，史增元，尹维刚，刘振新，俞淼，董文伟，陈冬萍. 足内侧岛状皮瓣逆行转位修复足前部皮肤缺损的解剖与临床应用 [J]. 中华骨科杂志，2010，30（4）：396-399. DOI：10.3760/cma.j.issn.0253-2352.2010.04.015. {MAO Haijiao,SHI Zengyuan,YIN Weigang,LIU Zhenxin,YU Miao,DONG Wenwei,CHEN Dongping. The anatomy and clinical applications of the reverse medialis pedis island flap to repair of the fore-foot skin detects[J]. Zhonghua Gu Ke Za Zhi[Chin J Orthop(Article in Chinese;Abstract in Chinese and English)],2010,30(4):396-399. DOI:10.3760/cma.j.issn.0253-2352.2010.04.015.}

[5079] 汪春阳，柴益民，程天庆，范存义，曾炳芳. 吻合血管的足内侧穿支皮瓣的应用解剖与临床应用 [J]. 中华显微外科杂志，2010，33（1）：3-5，89. DOI：10.3760/cma.j.issn.1001-2036.2010.01.002. {WANG Chunyang,CHAI Yimin,CHENG Tianqing,FAN Cunyi,ZENG Bingfang. Anatomy and application of free medial plantar perforator flap[J]. Zhonghua Xian Wei Wai Ke Za Zhi[Chin J Microsurg(Article in Chinese;Abstract in Chinese and English)],2010,33(1):3-5,89. DOI:10.3760/cma.j.issn.1001-2036.2010.01.002.}

[5080] 丁自海，王增涛，钟世镇. 皮瓣解剖学研究的三个阶段 [J]. 中华显微外科杂志，2010，33（3）：180-181. DOI：10.3760/cma.j.issn.1001-2036.2010.03.002. {DING Zihai,WANG Zengtao,ZHONG Shizhen. Three stages in the anatomy of the flap[J]. Zhonghua Xian Wei Wai Ke Za Zhi[Chin J Microsurg(Article in Chinese;No abstract available)],2010,33(3):180-181. DOI:10.3760/cma.j.issn.1001-2036.2010.03.002.}

[5081] 柴益民，汪春阳，叶吉忠，文根，蔡培华，曾炳芳. 腓动脉穿支蒂腓肠神经营养血管长轴皮瓣的应用解剖及其临床应用 [J]. 中华显微外科杂志，2010，33（4）：268-270，后插一. DOI：10.3760/cma.j.issn.1001-2036.2010.04.003. {CHAI Yimin,WANG Chunyang,YE Jizhong,WEN Gen,CAI Peihua,ZENG Bingfang. The free peroneal perforator-based sural neurofasciocutaneous flap:anatomical study and clinical application[J]. Zhonghua Xian Wei Wai Ke Za Zhi[Chin J Microsurg(Article in Chinese;Abstract in Chinese and English)],2010,33(4):268-270,insert 1. DOI:10.3760/cma.j.issn.1001-2036.2010.04.003.}

[5082] 郑和平，徐永清，林加福，陈超勇，林涧，张发惠. 膝降动脉穿支蒂股内侧皮神经营养血

管皮瓣的应用解剖 [J]. 中华显微外科杂志，2010，33（4）：308-310，后插六. DOI: 10.3760/cma.j.issn.1001-2036.2010.04.017. {ZHENG Heping,XU Yongqing,LIN Jiafu,CHEN Chaoyong,LIN Jian,ZHANG Fahui. Applied anatomy of thigh medial neurocutaneous vascular flap pedicled with descending genicular artery perforators[J]. Zhonghua Xian Wei Wai Ke Za Zhi[Chin J Microsurg(Article in Chinese;Abstract in Chinese and English)],2010,33(4):308-310,insert 6. DOI:10.3760/cma.j.issn.1001-2036.2010.04.017.}

[5083] 魏在荣，孙广峰，邵星，帅霞，金文虎，王达利，韩文杰，王玉明. 跗外侧动脉蒂小腿前外侧皮瓣的解剖基础与临床应用 [J]. 中华显微外科杂志，2010，33（5）：360-362，后插 3. DOI: 10.3760/cma.j.issn.1001-2036.2010.05.003. {WEI Zairong,SUN Guangfeng,SHAO Xing,SHUAI Xia,JIN Wenhu,WANG Dali,HAN Wenjie,WANG Yuming. Applied anatomy of the lateral tarsal artery pedicle flap on front and lateral compartment of leg and clinical application[J]. Zhonghua Xian Wei Wai Ke Za Zhi[Chin J Microsurg(Article in Chinese;Abstract in Chinese and English)],2010,33(5):360-362,insert 3. DOI:10.3760/cma.j.issn.1001-2036.2010.05.003.}

[5084] 高建明，徐达传，储旭东，郭峰，卢绪，骆宇春，刘云鹏. 膝上外侧动脉穿支髂胫束皮瓣的解剖特点与临床应用 [J]. 中华显微外科杂志，2010，33（6）：450-453，后插 5. DOI: 10.3760/cma.j.issn.1001-2036.2010.06.005. {GAO Jianming,XU Dachuan,CHU Xudong,GUO Feng,LU Xu,LUO Yuchun,LIU Yunpeng. The anatomical characteristics and clinical application of the lateral superior genicular artery perforator iliotibial band flap[J]. Zhonghua Xian Wei Wai Ke Za Zhi[Chin J Microsurg(Article in Chinese;Abstract in Chinese and English)],2010,33(6):450-453,insert 5. DOI:10.3760/cma.j.issn.1001-2036.2010.06.005.}

[5085] 孟中华，张凯，陈士文，陈永锋，王晓敏，王俊菊. 颞肌蒂下颌骨瓣修复面中份骨缺损的应用解剖 [J]. 中华整形外科杂志，2010，26（6）：448-452. DOI: 10.3760/cma.j.issn.1009-4598.2010.06.012. {MENG Zhonghua,ZHANG Kai,CHEN Shiwen,CHEN Yongfeng,WANG Xiaomin,WANG Junju. Anatomic study of mandibular bone flap pedicled with temporal muscle for midface bone defect[J]. Zhonghua Zheng Xing Wai Ke Za Zhi[Chin J Plast Surg(Article in Chinese;Abstract in Chinese and English)],2010,26(6):448-452. DOI:10.3760/cma.j.issn.1009-4598.2010.06.012.}

[5086] 王晓敏，张凯，马士鉴，孟中华. 腹壁浅动脉皮瓣的应用解剖研究 [J]. 中国修复重建外科杂志，2010，24（11）：1357-1360. {WANG Xiaomin,ZHANG Kai,MA Shiyin,MENG Zhonghua. Applied anatomy of superficial inferior epigastric artery flap[J]. Zhongguo Xiu Fu Chong Jian Wai Ke Za Zhi[Chin J Repar Reconstr Surg(Article in Chinese;Abstract in Chinese and English)],2010,24(11):1357-1360.}

[5087] 李亮，隋梁，吕国庆，吴日钊，李粤，刘铮，白植军. 腹直肌肌皮瓣在腹部中线切口疝修补术的解剖学基础及疗效分析 [J]. 中国临床解剖学杂志，2011，29（1）：109-111. DOI: 10.13418/j.issn.1001-165x.2011.01.033. {LI Liang,SUI Liang,LV Guoqing,WU Rizhao,LI Yue,LIU Zheng,BAI Zhijun. The anatomical basis and therapeutic effects of repairing with musculocutaneous fiap for rectus abdominis in medium incisional hernia[J]. Zhongguo Lin Chuang Jie Pou Xue Za Zhi[Chin J Clin Anat(Article in Chinese;Abstract in Chinese and English)],2011,29(1):109-111. DOI:10.13418/j.issn.1001-165x.2011.01.033.}

[5088] 林金堆，林加福，郑和平，徐皓. 膝降血管髌下支蒂股骨内侧髁骨膜瓣逆行转位术的应用解剖 [J]. 中国临床解剖学杂志，2011，29（1）：25-27，30. DOI: 10.13418/j.issn.1001-165x.2011.01.023. {LIN Jindong,LIN Jiafu,ZHENG Heping,XU Hao. Applied anatomy of a reverse medial femoral condyle periosteal flap pedicled with the infrapatellar branch of Descending Genicular artery[J]. Zhongguo Lin Chuang Jie Pou Xue Za Zhi[Chin J Clin Anat(Article in Chinese;Abstract in Chinese and English)],2011,29(1):25-27,30. DOI:10.13418/j.issn.1001-165x.2011.01.023.}

[5089] 孙强，周捍东，郑加法. 自体髌骨膜 - 髌韧带 - 骨瓣重建踝外侧韧带的应用解剖 [J]. 中国临床解剖学杂志，2011，29（1）：28-30. DOI: 10.13418/j.issn.1001-165x.2011.01.024. {SUN Qiang,ZHOU Handong,ZHENG Jiafa. Applied anatomy of ankle lateral ligament reconstruction with periostum-patellar tendon-bone autogenous graft[J]. Zhongguo Lin Chuang Jie Pou Xue Za Zhi[Chin J Clin Anat(Article in Chinese;Abstract in Chinese and English)],2011,29(1):28-30. DOI:10.13418/j.issn.1001-165x.2011.01.024.}

[5090] 陈超勇，岳素琴，魏在荣，林加福，郑和平，张发惠. 尺动脉近段穿支蒂皮神经营养血管皮瓣的解剖基础 [J]. 中国临床解剖学杂志，2011，29（2）：145-148. DOI: 10.13418/j.issn.1001-165x.2011.02.002. {CHEN Chaoyong,YUE Suqin,WEI Zairong,LIN Jiafu,ZHENG Heping,ZHANG Fahui. Anatomic basis of the proximal ulnar artery perforator neurocutaneous flap[J]. Zhongguo Lin Chuang Jie Pou Xue Za Zhi[Chin J Clin Anat(Article in Chinese;Abstract in Chinese and English)],2011,29(2):145-148. DOI:10.13418/j.issn.1001-165x.2011.02.002.}

[5091] 江钦文，黄东，吴伟炽，葛军委，黄国英. 带监测皮岛的胫前动脉穿支骨膜瓣设计的显微解剖学研究 [J]. 中国临床解剖学杂志，2011，29（2）：152-154. DOI: 10.13418/j.issn.1001-165x.2011.02.025. {JIANG Qinwen,HUANG Dong,WU Weichi,GE Junwei,HUANG Guoying. The design of the perforator periosteal flap with monitoring flap pedicled with the anterior artery perforator[J]. Zhongguo Lin Chuang Jie Pou Xue Za Zhi[Chin J Clin Anat(Article in Chinese;Abstract in Chinese and English)],2011,29(2):152-154. DOI:10.13418/j.issn.1001-165x.2011.02.025.}

[5092] 袁辉宗，史增元，尹维刚，林荣，毛海蛟，常希会. 胫前动脉前肌间隔穿支为蒂的岛状皮瓣的应用解剖 [J]. 中国临床解剖学杂志，2011，29（3）：249-251，255. DOI: 10.13418/j.issn.1001-165x.2011.03.016. {YUAN Huizong,SHI Zengyuan,YIN Weigang,LIN Rong,MAO Haijiao,CHANG Xihui. An applied anatomy of the island flap pedicled with anterior septocutaneous perforator of anterior tibial artery[J]. Zhongguo Lin Chuang Jie Pou Xue Za Zhi[Chin J Clin Anat(Article in Chinese;Abstract in Chinese and English)],2011,29(3):249-251,255. DOI:10.13418/j.issn.1001-165x.2011.03.016.}

[5093] 郭少鸣，王武军，李鉴轶，邓荟，王昊飞. 带蒂膈肌瓣重建食管的临床解剖学可行性研究 [J]. 中国临床解剖学杂志，2011，29（3）：256-259. DOI: 10.13418/j.issn.1001-165x.2011.03.005. {GUO Shaoming,WANG Wujun,LI Jianyi,DENG Hui,WANG Haofei. Feasibility of the pedicled diaphragmatic flap on esophageal reconstruction[J]. Zhongguo Lin Chuang Jie Pou Xue Za Zhi[Chin J Clin Anat(Article in Chinese;Abstract in Chinese and English)],2011,29(3):256-259. DOI:10.13418/j.issn.1001-165x.2011.03.005.}

[5094] 王晓敏，马士鉴，张凯，孟中华. 腹壁浅动脉皮瓣的应用解剖及其在头颈部修复中的意义 [J]. 中国临床解剖学杂志，2011，29（4）：378-381. DOI: 10.13418/j.issn.1001-165x.2011.04.010. {WANG Xiaomin,MA Shiyin,ZHANG Kai,MENG Zhonghua. Applied anatomy of the superficial inferior epigastric artery flap and its clinical significance in repairing head and neck defect[J]. Zhongguo Lin Chuang Jie Pou Xue Za Zhi[Chin J Clin Anat(Article in Chinese;Abstract in Chinese and English)],2011,29(4):378-381. DOI:10.13418/j.issn.1001-165x.2011.04.010.}

[5095] 李匡文，唐举玉，刘昌雄，谢松林，刘鸣江，陶克奇. 腓动脉穿支皮瓣的应用解剖 [J]. 中国临床解剖学杂志，2011，29（4）：382-385. DOI: 10.13418/j.issn.1001-165x.2011.04.011. {LI Kuangwen,TANG Juyu,LIU Changxiong,XIE Songlin,LIU Mingjiang,TAO Keqi. Applied anatomy of peroneal artery perforator flap[J]. Zhongguo Lin Chuang Jie Pou Xue Za Zhi[Chin J Clin Anat(Article in Chinese;Abstract in Chinese and English)],2011,29(4):382-385. DOI:10.13418/j.issn.1001-165x.2011.04.011.}

[5096] 崔怀瑞，吴东方，唐茂林，梅劲，戴开宇，胡斯旺，陈世新. 腹壁下动脉穿支皮瓣的应用解剖学研究 [J]. 中国临床解剖学杂志，2011，29（6）：614-618. DOI: 10.13418/j.issn.1001-165x.2011.06.007. {CUI Huairui,WU Dongfang,TANG Maolin,MEI Jin,DAI Kaiyu,HU Siwang,CHEN Shixin. Applied anatomy of deep inferior epigastric perforator flap[J]. Zhongguo Lin Chuang Jie Pou Xue Za Zhi[Chin J Clin Anat(Article in Chinese;Abstract in Chinese and English)],2011,29(6):614-618. DOI:10.13418/j.issn.1001-165x.2011.06.007.}

[5097] 吴东方，庄跃宏，王建红，崔怀瑞，唐茂林. 腹壁下动脉穿支皮瓣及腹壁浅动脉皮瓣的血供解剖研究 [J]. 中国临床解剖学杂志，2011，29（6）：619-623，628. DOI: 10.13418/j.issn.1001-165x.2011.06.008. {WU Dongfang,ZHUANG Yuehong,WANG Jianhong,CUI Huairui,TANG Maolin. Vascular anatomy of deep inferior epigasyric artery perforator flap and superficial inferior epigastrical artery flap[J]. Zhongguo Lin Chuang Jie Pou Xue Za Zhi[Chin J Clin Anat(Article in Chinese;Abstract in Chinese and English)],2011,29(6):619-623,628. DOI:10.13418/j.issn.1001-165x.2011.06.008.}

[5098] 杨晓东，丁茂超，梅劲，张根福，杨锦，刘杨武，丁建波，唐茂林. 股前内侧穿支皮瓣的应用解剖学研究 [J]. 中国临床解剖学杂志，2011，29（6）：624-628. DOI: 10.13418/j.issn.1001-165x.2011.06.009. {YANG Xiaodong,DING Maochao,MEI Jin,ZHANG Genfu,YANG Jin,LIU Yangwu,DING Jianbo,TANG Maolin. Applied anatomy of the anteromedial thigh perforator flap[J]. Zhongguo Lin Chuang Jie Pou Xue Za Zhi[Chin J Clin Anat(Article in Chinese;Abstract in Chinese and English)],2011,29(6):624-628. DOI:10.13418/j.issn.1001-165x.2011.06.009.}

[5099] 杨晓东，王建红，吴东方，梅劲，刘杨武，杨锦，张根福，唐茂林. 腓浅动脉穿支皮瓣的应用解剖学研究 [J]. 中国临床解剖学杂志，2011，29（6）：629-632. DOI: 10.13418/j.issn.1001-165x.2011.06.010. {YANG Xiaodong,WANG Jianhong,WU Dongfang,MEI Jin,LIU Yangwu,YANG Jin,ZHANG Genfu,TANG Maolin. Applied anatomy of the superficial peroneal artery perforator flap[J]. Zhongguo Lin Chuang Jie Pou Xue Za Zhi[Chin J Clin Anat(Article in Chinese;Abstract in Chinese and English)],2011,29(6):629-632. DOI:10.13418/j.issn.1001-165x.2011.06.010.}

[5100] 张英琪，张世民. 内踝后穿支筋膜皮下瓣的解剖与临床研究 [J]. 中国临床解剖学杂志，2011，29(6)：633-636. DOI: 10.13418/j.issn.1001-165x.2011.06.011. {ZHANG Yingqi,ZHANG Shimin. Medial retromalleolar perforator adipofascial flap:anatomical and clinical study[J]. Zhongguo Lin Chuang Jie Pou Xue Za Zhi[Chin J Clin Anat(Article in Chinese;Abstract in Chinese and English)],2011,29(6):633-636. DOI:10.13418/j.issn.1001-165x.2011.06.011.}

[5101] 袁辉宗，史增元，尹维刚，毛海蛟，董文伟. 小腿前外侧岛状皮瓣修复胫骨外露的解剖研究与临床应用 [J]. 中华骨科杂志，2011，31（5）：508-513. DOI: 10.3760/cma.j.issn.0253-2352.2011.05.017. {YUAN Huizong,SHI Zengyuan,YIN Weigang,MAO Haijiao,DONG Wenwei. Anterolateral crural island flaps:anatomical study and clinical applications for tibial skin defect[J]. Zhonghua Gu Ke Za Zhi[Chin J Orthop(Article in Chinese;Abstract in Chinese and English)],2011,31(5):508-513. DOI:10.3760/cma.j.issn.0253-2352.2011.05.017.}

[5102] 郑和平，陈超勇，徐皓，林涧，张发惠. 肘下动脉穿支蒂前臂外侧皮神经营养血管皮瓣的解剖基础 [J]. 中华显微外科杂志，2011，34（1）：50-52，后插 6. DOI: 10.3760/cma.j.issn.1001-2036.2011.01.020. {ZHENG Heping,CHEN Chaoyong,XU Hao,LIN Jian,ZHANG Fahui. Anatomical basis of lateral antebrachial neurocutaneous flap pedicled with inferior cubital artery perforator[J]. Zhonghua Xian Wei Wai Ke Za Zhi[Chin J Microsurg(Article in Chinese;Abstract in Chinese and English)],2011,34(1):50-52,insert 6. DOI:10.3760/cma.j.issn.1001-2036.2011.01.020.}

[5103] 郭永强，王剑利，杨华山，王成琪. 游离比目鱼肌穿支皮瓣的应用解剖与临床应用 [J]. 中华显微外科杂志，2011，34(6)：441-443. DOI: 10.3760/cma.j.issn.1001-2036.2011.06.001. {GUO Yongqiang,WANG Jianli,YANG Huashan,WANG Chengqi. The free soleus muscle perforator flap:an anatomic and clinical study[J]. Zhonghua Xian Wei Wai Ke Za Zhi[Chin J Microsurg(Article in Chinese;Abstract in Chinese and English)],2011,34(6):441-443. DOI:10.3760/cma.j.issn.1001-2036.2011.06.001.}

[5104] 刘勇，张成进，付兴茂，王剑利，王成琪. 游离腓骨头复合组织瓣重建儿童内踝骨与皮肤缺损的解剖学研究及临床应用 [J]. 中华创伤骨科杂志，2011，13（1）：43-46. DOI: 10.3760/cma.j.issn.1671-7600.2011.01.012. {LIU Yong,ZHANG Chengjin,FU Xingmao,WANG Jianli,WANG Chengqi. Reconstruction of bone and skin defects of medial malleolus with free composite flap of fibular head in children[J]. Zhonghua Chuang Shang Gu Ke Za Zhi[Chin J Orthop Trauma(Article in Chinese;Abstract in Chinese and English)],2011,13(1):43-46. DOI:10.3760/cma.j.issn.1671-7600.2011.01.012.}

[5105] 郑和平，林涧，张志宏，陈超勇，张发惠. 前臂后外侧中段穿支皮瓣的解剖学基础 [J]. 中华创伤杂志，2011，27（3）：228-231. DOI: 10.3760/cma.j.issn.1001-8050.2011.03.012. {ZHENG Heping,LIN Jian,ZHANG Zhihong,CHEN Chaoyong,ZHANG Fahui. Anatomic basis of posterolateral midforearm perforator flap[J]. Zhonghua Chuang Shang Za Zhi[Chin J Trauma(Article in Chinese;Abstract in Chinese and English)],2011,27(3):228-231. DOI:10.3760/cma.j.issn.1001-8050.2011.03.012.}

[5106] 朱邦中，曹东升，陈增红. 带下部前锯肌的侧胸皮瓣解剖研究和临床应用 [J]. 安徽医科大学学报，2011，46（8）：782-786. DOI: 10.3969/j.issn.1000-1492.2011.08.017. {ZHU Bangzhong,CAO Dongsheng,CHEN Zenghong. Anatomy and clinical application of lateral thoracic flap with lower serratus anterior muscle[J]. An Hui Yi Ke Da Xue Xue Bao[Acta Univ Med Anhui(Article in Chinese;Abstract in Chinese and English)],2011,46(8):782-786. DOI:10.3969/j.issn.1000-1492.2011.08.017.}

[5107] 林加福，陈雪松，林金堆，郑和平. 腘窝直接动脉穿支蒂股后皮神经营养血管皮瓣的解剖基础 [J]. 中国修复重建外科杂志，2011，25（4）：419-422. {LIN Jiafu,CHEN Xuesong,LIN Jindong,ZHENG Heping. Anatomic basis of posterior femoral neurocutaneous vascular flap pedicled with direct popliteal artery perforator[J]. Zhongguo Xiu Fu Chong Jian Wai Ke Za Zhi[Chin J Repar Reconstr Surg(Article in Chinese;Abstract in Chinese and English)],2011,25(4):419-422.}

[5108] 陈世新，吴东方，丁茂超，王建红，崔怀瑞，毛以华，胡斯旺，唐茂林. 穿支体区血管及其相互间吻合的 3D 可视化研究 [J]. 中国临床解剖学杂志，2011，29（3）：237-242. {CHEN Shixin,WU Dongfang,DING Maochao,WANG Jianhong,CUI Huairui,MAO Yihua,HU Siwang,TANG Maolin. Three dimensional visualisation of perforasome and its choke vessels[J]. Zhongguo Lin Chuang Jie Pou Xue Za Zhi[Chin J Clin Anat(Article in Chinese;Abstract in Chinese and English)],2011,29(3):237-242.}

[5109] 荣凯，陈超，侯致典，陈刚，王增涛. 外踝上皮瓣皮支来源的解剖学研究和临床意义 [J]. 中国临床解剖学杂志，2012，30（2）：145-148. DOI: 10.13418/j.issn.1001-165x.2012.02.008. {RONG Kai,CHEN Chao,HOU Zhidian,CHEN Gang,WANG Zengtao. Origin of cutaneous branch of lateral supramalleolar flap:anatomy and clinical significance[J]. Zhongguo Lin Chuang Jie Pou Xue Za Zhi[Chin J Clin Anat(Article in Chinese;Abstract in Chinese and English)],2012,30(2):145-148. DOI:10.13418/j.issn.1001-165x.2012.02.008.}

[5110] 孙文晋，陶圣祥，余国荣，喻爱喜，雷鹏程，陶宗飞，张肃祥，简超，张海涛. 远端蒂腓浅神经营养血管皮瓣的解剖与临床应用 [J]. 中国临床解剖学杂志，2012，30（2）：166-168. DOI: 10.13418/j.issn.1001-165x.2012.02.011. {SUN Wenjin,TAO Shengxiang,YU Guorong,YU Aixi,LEI Pengcheng,TAO Zongfei,ZHANG Suxiang,JIAN Chao,ZHANG Haitao. Anatomy and clincal application of the composite flap pedicled with the superficial peroneal nerve and its nutrient vessels[J]. Zhongguo Lin Chuang Jie Pou Xue Za Zhi[Chin J Clin Anat(Article in Chinese;Abstract in Chinese and English)],2012,30(2):166-168. DOI:10.13418/j.issn.1001-165x.2012.02.011.}

[5111] 孙超，徐聪，张伟，李宏亮，谭为，丁自海. 桡动脉肌间隙远、近段皮支链皮瓣的解剖学基础

[J]. 中国临床解剖学杂志，2012，30（3）：260−263. DOI：10.13418/j.issn.1001−165x.2012.03.018. {SUN Chao,XU Cong,ZHANG Wei,LI Hongliang,TAN Wei,DING Zihai. The radial artery cutaneous branches-chain flap:anatomy and clinical application[J]. Zhongguo Lin Chuang Jie Pou Xue Za Zhi[Chin J Clin Anat(Article in Chinese;Abstract in Chinese and English)],2012,30(3):260-263. DOI:10.13418/j.issn.1001-165x.2012.03.018.}

[5112] 张楠，史增元，尹维刚，沈乃刚，林荣. 第1掌背动脉逆行岛状皮瓣的应用解剖学 [J]. 中国临床解剖学杂志，2012，30（3）：264−267. DOI：10.13418/j.issn.1001−165x.2012.03.019. {ZHANG Nan,SHI Zengyuan,YIN Weigang,SHEN Naigang,LIN Rong. Applied anatomy of the first dorsal metacarpal artery reversed isand skin flap[J]. Zhongguo Lin Chuang Jie Pou Xue Za Zhi[Chin J Clin Anat(Article in Chinese;Abstract in Chinese and English)],2012,30(3):264-267. DOI:10.13418/j.issn.1001-165x.2012.03.019.}

[5113] 孙锋，黄东，吴伟炽，牟勇，马晓芬，周绍龙. 缝匠肌穿支皮瓣的应用解剖学研究 [J]. 中国临床解剖学杂志，2012，30（3）：268−270. DOI：10.13418/j.issn.1001−165x.2012.03.003. {SUN Feng,HUANG Dong,WU Weichi,MOU Yong,MA Xiaofen,ZHOU Shaolong. Applied anatomy of the sartorius perforator flap[J]. Zhongguo Lin Chuang Jie Pou Xue Za Zhi[Chin J Clin Anat(Article in Chinese;Abstract in Chinese and English)],2012,30(3):268-270. DOI:10.13418/j.issn.1001-165x.2012.03.003.}

[5114] 金光哲，巨积辉，李雷，周荣，侯瑞兴. 指动脉背侧支皮瓣的解剖学基础及临床应用 [J]. 中国临床解剖学杂志，2012，30（4）：452−455. DOI：10.13418/j.issn.1001−165x.2012.04.032. {JIN Guangzhe,JU Jihui,LI Lei,ZHOU Rong,HOU Ruixing. The flap based on the dorsal branch of the digital artery:anatomy and clinical application[J]. Zhongguo Lin Chuang Jie Pou Xue Za Zhi[Chin J Clin Anat(Article in Chinese;Abstract in Chinese and English)],2012,30(4):452-455. DOI:10.13418/j.issn.1001-165x.2012.04.032.}

[5115] 史增元，尹维刚，毛海蛟，吴发科，范永盛. 足背外侧动脉链岛状皮瓣的应用解剖 [J]. 中国临床解剖学杂志，2012，30（6）：609−611. DOI：10.13418/j.issn.1001−165x.2012.06.004. {SHI Zengyuan,YIN Weigang,MAO Haijiao,WU Fake,FAN Yongsheng. Applied anatomy of the island flap pedicled with lateral pedis dorsal artery chain[J]. Zhongguo Lin Chuang Jie Pou Xue Za Zhi[Chin J Clin Anat(Article in Chinese;Abstract in Chinese and English)],2012,30(6):609-611. DOI:10.13418/j.issn.1001-165x.2012.06.004.}

[5116] 孙超，王增涛，侯致典，丁自海，徐聪，李宏亮，周小波. 骨间后动脉皮支链皮瓣的应用解剖 [J]. 中华显微外科杂志，2012，35（1）：46−49. DOI：10.3760/cma.j.issn.1001−2036.2012.01.018. {SUN Chao,WANG Zengtao,HOU Zhidian,DING Zihai,XU Cong,LI Hongliang,ZHOU Xiaobo. The applied anatomy of posterior interosseous artery cutaneous branches-chain flap[J]. Zhonghua Xian Wei Wai Ke Za Zhi[Chin J Microsurg(Article in Chinese;Abstract in Chinese and English)],2012,35(1):46-49. DOI:10.3760/cma.j.issn.1001-2036.2012.01.018.}

[5117] 魏在荣，邵星，雷国敏，孙广峰，金文虎，韩文杰，王达利，王玉明. 胫前动脉踝上穿支皮瓣的解剖基础及其修复足背动脉缺损的前足创面 [J]. 中华显微外科杂志，2012，35（1）：60−62. DOI：10.3760/cma.j.issn.1001−2036.2012.01.024. {WEI Zairong,SHAO Xing,LEI Guomin,SUN Guangfeng,JIN Wenhu,HAN Wenjie,WANG Dali,WANG Yuming. Anatomical basis of supramollebral perforator flap of anterior tibial artery and its forefoot wound surface for repairing dorsal foot artery defect[J]. Zhonghua Xian Wei Wai Ke Za Zhi[Chin J Microsurg(Article in Chinese;Abstract in Chinese)],2012,35(1):60-62. DOI:10.3760/cma.j.issn.1001-2036.2012.01.024.}

[5118] 李学渊，胡瑞斌，梅劲，王晓峰，王欣，陈宏，章伟文，唐茂林. 小腿外侧穿支皮瓣的解剖与临床应用 [J]. 中华显微外科杂志，2012，35（3）：194−197，后插8. DOI：10.3760/cma.j.issn.1001−2036.2012.03.006. {LI Xueyuan,HU Ruibin,MEI Jin,WANG Xiaofeng,WANG Xin,CHEN Hong,ZHANG Weiwen,TANG Maolin. The perforator flap from peroneal artery:an anatomic and clinical application[J]. Zhonghua Xian Wei Wai Ke Za Zhi[Chin J Microsurg(Article in Chinese;Abstract in Chinese and English)],2012,35(3):194-197,insert 8. DOI:10.3760/cma.j.issn.1001-2036.2012.03.006.}

[5119] 徐家钦，潘云川，梅劲，石小田，梁尊鸿，邱勋永. 肋间后动脉外侧穿支皮瓣的解剖与临床应用 [J]. 中华显微外科杂志，2012，35（4）：279−281，后插3. DOI：10.3760/cma.j.issn.1001−2036.2012.04.005. {XU Jiaqin,PAN Yunchuan,MEI Jin,SHI Xiaotian,LIANG Zunhong,QIU Xunyong. Anatomy of the lateral perforator flap supplied by posterior intercostal artery and its clinical application[J]. Zhonghua Xian Wei Wai Ke Za Zhi[Chin J Microsurg(Article in Chinese;Abstract in Chinese and English)],2012,35(4):279-281,insert 3. DOI:10.3760/cma.j.issn.1001-2036.2012.04.005.}

[5120] 王欣，王建红，梅劲，胡浩良，王胜伟，潘佳栋，王杨剑，章伟文. 前臂背侧部穿支皮瓣的解剖学研究 [J]. 中华显微外科杂志，2012，35（4）：303−306，后插6. DOI：10.3760/cma.j.issn.1001−2036.2012.04.012. {WANG Xin,WANG Jianhong,MEI Jin,HU Haoliang,WANG Shengwei,PAN Jiadong,WANG Yangjian,ZHANG Weiwen. An anatomic study of the dorsal forearm perforator flaps[J]. Zhonghua Xian Wei Wai Ke Za Zhi[Chin J Microsurg(Article in Chinese;Abstract in Chinese and English)],2012,35(4):303-306,insert 6. DOI:10.3760/cma.j.issn.1001-2036.2012.04.012.}

[5121] 何波，傅国，郑灿镔，朱庆棠，丁自海，顾立强，王增涛，刘小林. 皮神经营养血管皮瓣的临床解剖学研究 [J]. 中华显微外科杂志，2012，35（5）：395−398，448. DOI：10.3760/cma.j.issn.1001−2036.2012.05.013. {HE Bo,FU Guo,ZHENG Canbin,ZHU Qingtang,DING Zihai,GU Liqiang,WANG Zengtao,LIU Xiaolin. Clinical anatomy study on neurocutaneous vascular flap[J]. Zhonghua Xian Wei Wai Ke Za Zhi[Chin J Microsurg(Article in Chinese;Abstract in Chinese and English)],2012,35(5):395-398,448. DOI:10.3760/cma.j.issn.1001-2036.2012.05.013.}

[5122] 夏增兵，梅劲，王丹，袁永健，闵继康，杨文龙，李战春，徐旭纯. 小腿穿支血管筋膜蒂皮瓣的解剖研究与临床应用 [J]. 中华创伤骨科杂志，2012，14（7）：591−594. DOI：10.3760/cma.j.issn.1671−7600.2012.07.009. {XIA Zengbing,MEI Jin,WANG Dan,YUAN Yongjian,MIN Jikang,YANG Wenlong,LI Zhanchun,XU Xuchun. Applied anatomy and clinical application of the fascial pedicled flap with crural perforating branches[J]. Zhonghua Chuang Shang Gu Ke Za Zhi[Chin J Orthop Trauma(Article in Chinese;Abstract in Chinese and English)],2012,14(7):591-594. DOI:10.3760/cma.j.issn.1671-7600.2012.07.009.}

[5123] 胡春梅，王乃利，杨喆，李养群，唐勇，赵穆欣. 颈肩峰区跨区供血轴型皮瓣的应用解剖 [J]. 中华整形外科杂志，2012，28（6）：454−457. DOI：10.3760/cma.j.issn.1009−4598.2012.06.013. {HU Chunmei,WANG Naili,YANG Zhe,LI Yangqun,TANG Yong,ZHAO Muxin. Applied anatomy of cervico-acromial crossing skin flap[J]. Zhonghua Zheng Xing Wai Ke Za Zhi[Chin J Plast Surg(Article in Chinese;Abstract in Chinese and English)],2012,28(6):454-457. DOI:10.3760/cma.j.issn.1009-4598.2012.06.013.}

[5124] 白沙草，张森林. 锁骨上动脉岛状瓣的应用解剖 [J]. 中国口腔颌面外科杂志，2012，10（3）：245−248. {BAI Shacao,ZHANG Senlin. Applied anatomy of supraclavicular artery island flap[J]. Zhongguo Kou Qiang He Mian Wai Ke Za Zhi[Chin J Oral Maxillofac Surg(Article in Chinese;Abstract in Chinese and English)],2012,10(3):245-248.}

[5125] 陈建，邱全光. 皮瓣解剖在临床医学解剖学教育体系中的地位探讨 [J]. 局解手术学杂志，2012，21（1）：96−96. DOI：10.3969/j.issn.1672−5042.2012.01.055. {CHEN Jian,QIU Quanguang. Exploration on importance of flap anatomy in anatomical education system of clinical medicine[J]. Ju Jie Shou Shu Xue Za Zhi[J Reg Anat Oper Surg(Article in Chinese;Abstract in Chinese and English)],2012,21(1):96-96. DOI:10.3969/j.issn.1672-5042.2012.01.055.}

[5126] 朱伟，孟伟，殷耀斌，张云涛，胡琪，朱瑾. 腹部袋状皮瓣术在手脱套伤设计改进的解剖学基础 [J]. 实用手外科杂志，2012，26（4）：315−316，321. DOI：10.3969/j.issn.1671−2722.2012.04.004. {ZHU Wei,MENG Wei,YIN Yaobin,ZHANG Yuntao,HU Qi,ZHU Jin. An anatomical basis of design and improvement of abdominal pocket flap in hand degloved plasty[J]. Shi Yong Shou Wai Ke Za Zhi[Chin J Pract Hand Surg(Article in Chinese;Abstract in Chinese and English)],2012,26(4):315-316,321. DOI:10.3969/j.issn.1671-2722.2012.04.004.}

[5127] 李桂石，阚世廉，尹梦帆，周强，王晓刚，高燕新. 第1掌骨背桡侧岛状皮瓣的应用解剖 [J]. 中国临床解剖学杂志，2013，31（2）：144−146. DOI：10.13418/j.issn.1001−165x.2013.02.008. {LI Guishi,KAN Shilian,YIN Mengfan,ZHOU Qiang,WANG Xiaogang,GAO Yanxin. Applied anatomy of the first dorsoradial metacarpal island flap[J]. Zhongguo Lin Chuang Jie Pou Xue Za Zhi[Chin J Clin Anat(Article in Chinese;Abstract in Chinese and English)],2013,31(2):144-146. DOI:10.13418/j.issn.1001-165x.2013.02.008.}

[5128] 吴发科，史增元，尹维刚，林荣，范永盛. 以足外缘动脉弓为蒂足背外侧岛状皮瓣的解剖学研究 [J]. 中国临床解剖学杂志，2013，31（3）：250−252. DOI：10.13418/j.issn.1001−165x.2013.03.008. {WU Fake,SHI Zengyuan,YIN Weigang,LIN Rong,FAN Yongsheng. Applied anatomy of lateral dorsal island flap pedicled with the lateral foot vascular arch[J]. Zhongguo Lin Chuang Jie Pou Xue Za Zhi[Chin J Clin Anat(Article in Chinese;Abstract in Chinese and English)],2013,31(3):250-252. DOI:10.13418/j.issn.1001-165x.2013.03.008.}

[5129] 张龙强，徐晓燕，程国良. 以第1跖背动脉为蒂的足背皮瓣血供范围的解剖学研究 [J]. 中国临床解剖学杂志，2013，31（3）：253−255. DOI：10.13418/j.issn.1001−165x.2013.03.009. {ZHANG Longqiang,XU Xiaoyan,CHENG Guoliang. The anatomical study of of the vascularized territory of the dorsalis pedis flap pedicled with the first dorsal metatarsal artery[J]. Zhongguo Lin Chuang Jie Pou Xue Za Zhi[Chin J Clin Anat(Article in Chinese;Abstract in Chinese and English)],2013,31(3):253-255. DOI:10.13418/j.issn.1001-165x.2013.03.009.}

[5130] 赵民，吴金英，袁作雄，李大村，李建锋，刘井达，赵亮，李海雷，王晓磊. 腕部掌侧带血供皮瓣游离移植修复手指皮肤缺损的应用解剖研究 [J]. 中国临床解剖学杂志，2013，31（5）：514−517. DOI：10.13418/j.issn.1001−165x.2013.05.021. {ZHAO Min,WU Jinying,YUAN Zuoxiong,LI Dacun,LI Jianfeng,LIU Jingda,ZHAO Liang,LI Hailei,WANG Xiaolei. Applied anatomy study of vascularized flap from the volar aspect of the wrist to repair soft tissue defects in the[J]. Zhongguo Lin Chuang Jie Pou Xue Za Zhi[Chin J Clin Anat(Article in Chinese;Abstract in Chinese and English)],2013,31(5):514-517. DOI:10.13418/j.issn.1001-165x.2013.05.021.}

[5131] 沈忠飞，梅劲，陈加俊，徐达传. 尺动脉穿支皮瓣的应用解剖学研究 [J]. 中国临床解剖学杂志，2013，31（6）：640−642. DOI：10.13418/j.issn.1001−165x.2013.06.002. {SHEN Zhongfei,MEI Jin,CHEN Jiajun,XU Dachuan. Applied anatomy of the ulnar artery perforator flap[J]. Zhongguo Lin Chuang Jie Pou Xue Za Zhi[Chin J Clin Anat(Article in Chinese;Abstract in Chinese and English)],2013,31(6):640-642. DOI:10.13418/j.issn.1001-165x.2013.06.002.}

[5132] 王剑利，王根，赵刚，郭永强，王五洲. 游离股后侧穿支动脉皮瓣的解剖学研究及临床应用 [J]. 中华显微外科杂志，2013，36（1）：7−10. DOI：10.3760/cma.j.issn.1001−2036.2013.01.003. {WANG Jianli,WANG Gen,ZHAO Gang,GUO Yongqiang,WANG Wuzhou. Anatomic study and clinical application of perforator free flap in posterior region of thigh[J]. Zhonghua Xian Wei Wai Ke Za Zhi[Chin J Microsurg(Article in Chinese;Abstract in Chinese and English)],2013,36(1):7-10. DOI:10.3760/cma.j.issn.1001-2036.2013.01.003.}

[5133] 刘鸣江，夏晓丹，谢松林. 股外侧穿支皮瓣的应用解剖 [J]. 中华显微外科杂志，2013，36（1）：52−55. DOI：10.3760/cma.j.issn.1001−2036.2013.01.014. {LIU Mingjiang,XIA Xiaodan,XIE Songlin. The applied anatomic study on lateral thigh perforator flap[J]. Zhonghua Xian Wei Wai Ke Za Zhi[Chin J Microsurg(Article in Chinese;Abstract in Chinese and English)],2013,36(1):52-55. DOI:10.3760/cma.j.issn.1001-2036.2013.01.014.}

[5134] 郝攀登，郑和平，林涧，张发惠. 小指尺掌侧动脉穿支皮瓣的解剖学基础 [J]. 中华显微外科杂志，2013，36(1)：56−59. DOI：10.3760/cma.j.issn.1001−2036.2013.01.015. {HAO Pandeng,ZHENG Heping,LIN Jian,ZHANG Fahui. Anatomical basis of the perforator flap from the ulnar palmar digital artery of the little finger[J]. Zhonghua Xian Wei Wai Ke Za Zhi[Chin J Microsurg(Article in Chinese;Abstract in Chinese and English)],2013,36(1):56-59. DOI:10.3760/cma.j.issn.1001-2036.2013.01.015.}

[5135] 魏义涛，钟桂午，梅劲，唐茂林. 尺动脉近端穿支皮瓣的应用解剖与临床应用 [J]. 中华显微外科杂志，2013，36（5）：447−450. DOI：10.3760/cma.j.issn.1001−2036.2013.05.009. {WEI Yitao,ZHONG Guiwu,MEI Jin,TANG Maolin. Anatomy study and clinical application of proximal ulnar artery perforator flap[J]. Zhonghua Xian Wei Wai Ke Za Zhi[Chin J Microsurg(Article in Chinese;Abstract in Chinese and English)],2013,36(5):447-450. DOI:10.3760/cma.j.issn.1001-2036.2013.05.009.}

[5136] 马杰，马韬，赵旭，李悦萌，王刃，吕昕. 腘静脉解剖与其瓣膜建造关系的研究 [J]. 中华外科杂志，2013，51(5)：403−406. DOI：10.3760/cma.j.issn.0529−5815.2013.05.007. {MA Jie,MA Tao,ZHAO Xu,LI Yuemeng,WANG Ren,LV Xin. The application of popliteal vein anatomy study and valve construction procedure[J]. Zhonghua Wai Ke Za Zhi[Chin J Surg(Article in Chinese;Abstract in Chinese and English)],2013,51(5):403-406. DOI:10.3760/cma.j.issn.0529-5815.2013.05.007.}

[5137] 董栋，章伟文，滕晓峰，梅劲，魏鹏. 腹前外侧壁跨区穿支皮瓣设计的应用解剖学研究 [J]. 中华手外科杂志，2013，29（2）：117−119. {DONG Dong,ZHANG Weiwen,TENG Xiaofeng,MEI Jin,WEI Peng. Applied anatomy study on the design of perforator flaps across the anterior lateral wall of the abdomen[J]. Zhonghua Shou Wai Ke Za Zhi[Chin J Hand Surg(Article in Chinese;Abstract in Chinese)],2013,29(2):117-119.}

[5138] 廖晓辉，王平，李峻，王伟，郭雅娣，朱诚，闵捷，王炳，周礼荣. 同指带神经血管蒂顺行岛状皮瓣的应用解剖 [J]. 中华手外科杂志，2013，29（5）：268−270. {LIAO Xiaohui,WANG Ping,LI Jun,WANG Wei,GUO Yadi,ZHU Cheng,MIN Jie,WANG Bing,ZHOU Lirong. Applied anatomy of anterograde island flap with neurovascular pedicle of the same finger[J]. Zhonghua Shou Wai Ke Za Zhi[Chin J Hand Surg(Article in Chinese;Abstract in Chinese)],2013,29(5):268-270.}

[5139] 赵风林，李宗宝，王鑫，韩会峰，王昌德，胡亮. 超薄型胫后动脉穿支皮瓣的解剖学观察与临床应用 [J]. 中华整形外科杂志，2013，29（4）：261−265. DOI：10.3760/cma.j.issn.1009−4598.2013.04.007. {ZHAO Fenglin,LI Zongbao,WANG Xin,HAN Huifeng,WANG Changde,HU Liang. Anatomic study and clinical application of thinned posterior tibial artery perforator flap[J]. Zhonghua Zheng Xing Wai Ke Za Zhi[Chin J Plast Surg(Article in Chinese;Abstract in Chinese and English)],2013,29(4):261-265. DOI:10.3760/cma.j.issn.1009-4598.2013.04.007.}

[5140] 徐中飞，张恩礁，段维轶，代炜，刘法昱，戚忠政，谭学新，黄绍辉，孙长伏. 股前内侧穿支皮瓣血管解剖及临床应用 [J]. 上海口腔医学，2013，22（6）：690−694. {XU Zhongfei,ZHANG Dongjiao,DONG Weiyi,DAI Wei,LIU Fayu,QI Zhongzheng,TAN Xuexin,HUANG Shaohui,SUN Changfu. Perforator vascular anatomy and clinical application of the anteromedial thigh flap for head and neck reconstruction[J]. Shang Hai Kou Qiang Yi Xue[Shanghai J Stomatol(Article in Chinese;Abstract in Chinese and English)],2013,22(6):690-694.}

[5141] 赵民，田德虎，邵新中，李大村，李建锋，刘井达，赵亮，李海雷，王晓磊. 腕部掌侧桡动脉掌浅支横行微型皮瓣的解剖学研究 [J]. 中国修复重建外科杂志，2013，27（7）：864−868. DOI：10.7507/1002−1892.20130189. {ZHAO Min,TIAN Dehu,SHAO Xinzhong,LI Dacun,LI Jianfeng,LIU Jingda,ZHAO Liang,LI Hailei,WANG Xiaolei. Anatomy study on micro transverse flap pedicled with superfical palmar branch of radial artery from palmar wrist[J]. Zhongguo Xiu Fu Chong Jian Wai Ke Za Zhi[Chin J Repar Reconstr Surg(Article in Chinese;Abstract in Chinese and English)],2013,27(7):864-868. DOI:10.7507/1002-1892.20130189.}

[5142] 唐茂林，徐永青，张世民.《穿支皮瓣的应用解剖与临床》出版[J]. 中华显微外科杂志，2013，36（2）：148. {TANG Maolin,XU Yongqing,ZHANG Shimin. Applied anatomy and clinic of perforator flaps published[J]. Zhonghua Xian Wei Wai Ke Za Zhi[Chin J Microsurg(Article in Chinese; No abstract available)],2013,36(2):148.}

[5143] 牛国庆，黄东，吴伟炽，黄国英，欧阳海洋，邓高丽. 腓动脉双穿支皮瓣设计的解剖学分析与临床应用[J]. 中国临床解剖学杂志，2014，32（1）：1-4. DOI: 10.13418/j.issn.1001-165x.2014.01.001. {NIU Guoqing,HUANG Dong,WU Weichi,HUANG Guoying,OU Yanghaiyang,DENG Gaoli. An anatomic analysis and clinical study on design of the perforator flaps with double perforators from the peroneal artery[J]. Zhongguo Lin Chuang Jie Pou Xue Za Zhi[Chin J Clin Anat(Article in Chinese;Abstract in Chinese and English)],2014,32(1):1-4. DOI:10.13418/j.issn.1001-165x.2014.01.001.}

[5144] 胡德锋，赵晓航，马建安，胡振业. 踇趾趾背动脉皮瓣的应用解剖[J]. 中国临床解剖学杂志，2014，32（1）：5-7. DOI: 10.13418/j.issn.1001-165x.2014.01.002. {HU Defeng,ZHAO Xiaohang,MA Jianan,HU Zhenye. The applied anatomy of dorsal digital artery of the first toe[J]. Zhongguo Lin Chuang Jie Pou Xue Za Zhi[Chin J Clin Anat(Article in Chinese;Abstract in Chinese and English)],2014,32(1):5-7. DOI:10.13418/j.issn.1001-165x.2014.01.002.}

[5145] 秦小勇，沙轲，赵劲民，郭小文，孙宏志，张银龙. 背阔肌复合组织瓣转位重建上肢运动功能的解剖学研究[J]. 中国临床解剖学杂志，2014，32（2）：129-132. DOI: 10.13418/j.issn.1001-165x.2014.02.003. {QIN Xiaoyong,SHA Ke,ZHAO Jinmin,GUO Xiaowen,SUN Hongzhi,ZHANG Yinlong. Anatomical study of reconstruction of upper extremity motor function by thecompound Latissimusdorsif lap[J]. Zhongguo Lin Chuang Jie Pou Xue Za Zhi[Chin J Clin Anat(Article in Chinese;Abstract in Chinese and English)],2014,32(2):129-132. DOI:10.13418/j.issn.1001-165x.2014.02.003.}

[5146] 刘鹏，郑有卯，李宏亮，郑雪峰，王宇龙，丁自海. 尺动脉腕上皮支下行支皮支链岛状皮瓣的应用解剖[J]. 中国临床解剖学杂志，2014，32（2）：137-140. DOI: 10.13418/j.issn.1001-165x.2014.02.005. {LIU Peng,ZHENG Youmao,LI Hongliang,ZHENG Xuefeng,WANG Yulong,DING Zihai. Clinical anatomical study of chain-link island flap based on the descending branches of supracarpal cutaneous branches of the ulnar artery[J]. Zhongguo Lin Chuang Jie Pou Xue Za Zhi[Chin J Clin Anat(Article in Chinese;Abstract in Chinese and English)],2014,32(2):137-140. DOI:10.13418/j.issn.1001-165x.2014.02.005.}

[5147] 欧阳海洋，牟勇，吴伟炽，黄东，毕志伟，牛国庆. 足内侧穿支皮瓣设计的解剖基础[J]. 中国临床解剖学杂志，2014，32（2）：141-144. DOI: 10.13418/j.issn.1001-165x.2014.02.006. {OU Yanghaiyang,MOU Yong,WU Weichi,HUANG Dong,BI Zhiwei,NIU Guoqing. The anatomical basis of design of medial pedis perforator flap[J]. Zhongguo Lin Chuang Jie Pou Xue Za Zhi[Chin J Clin Anat(Article in Chinese;Abstract in Chinese and English)],2014,32(2):141-144. DOI:10.13418/j.issn.1001-165x.2014.02.006.}

[5148] 张天华. 胫后动脉穿支皮瓣的解剖与临床研究进展[J]. 中国临床解剖学杂志，2014，32(2)：231-233. DOI: 10.13418/j.issn.1001-165x.2014.02.028. {ZHANG Tianhua. The clinical application and progress on posterior tibial artery perforator flap[J]. Zhongguo Lin Chuang Jie Pou Xue Za Zhi[Chin J Clin Anat(Article in Chinese;Abstract in Chinese a)],2014,32(2):231-233. DOI:10.13418/j.issn.1001-165x.2014.02.028.}

[5149] 梁成，谢昀，郑和平，庄跃宏，谢志平，吴泽东，李磊，张发惠. 穿支蒂足背外侧皮神经浅静脉营养血管皮瓣的解剖基础[J]. 中国临床解剖学杂志，2014，32（4）：377-380. DOI: 10.13418/j.issn.1001-165x.2014.04.001. {LIANG Cheng,XIE Yun,ZHENG Heping,ZHUANG Yuehong,XIE Zhiping,WU Zedong,LI Lei,ZHANG Fahui. Anatomical basis for design of the perforator-pedicled flap with nutritional vessels of the lateral dorsal cutaneous nerve and the lateral vein of the foot[J]. Zhongguo Lin Chuang Jie Pou Xue Za Zhi[Chin J Clin Anat(Article in Chinese;Abstract in Chinese and English)],2014,32(4):377-380. DOI:10.13418/j.issn.1001-165x.2014.04.001.}

[5150] 王守道，史增元，尹维刚，林荣，毛海蛟. 足内缘动脉弓为蒂的足内侧岛状皮瓣应用解剖[J]. 中国临床解剖学杂志，2014，32（4）：381-383. DOI: 10.13418/j.issn.1001-165x.2014.04.002. {WANG Shoudao,SHI Zengyuan,YIN Weigang,LIN Rong,MAO Haijiao. Applied anatomy of medial plantar island flap pedicled with the medial foot arch artery[J]. Zhongguo Lin Chuang Jie Pou Xue Za Zhi[Chin J Clin Anat(Article in Chinese;Abstract in Chinese and English)],2014,32(4):381-383. DOI:10.13418/j.issn.1001-165x.2014.04.002.}

[5151] 葛东江，任志勇，魏长月，张坤，张维彬，王辉. 腓肠血管联合游离皮瓣的解剖及临床应用[J]. 中华骨科杂志，2014，34（10）：1042-1049. DOI: 10.3760/cma.j.issn.0253-2352.2014.10.009. {GE Dongjiang,REN Zhiyong,WEI Changyue,ZHANG Kun,ZHANG Weibin,WANG Hui. The anatomy and clinical application of sural blood vessel combined with free skin flap[J]. Zhonghua Gu Ke Za Zhi[Chin J Orthop(Article in Chinese;Abstract in Chinese and English)],2014,34(10):1042-1049. DOI:10.3760/cma.j.issn.0253-2352.2014.10.009.}

[5152] 史增元，尹维刚，俞淼，董文伟，毛海蛟，唐旭. 拇指尺侧指背动脉为蒂的虎口背侧逆行岛状皮瓣的解剖与临床应用[J]. 中华显微外科杂志，2014，37（1）：63-66. DOI: 10.3760/cma.j.issn.1001-2036.2014.01.017. {SHI Zengyuan,YIN Weigang,YU Miao,DONG Wenwei,MAO Haijiao,TANG Xu. Anatomy and clinic application of reverse-flow island flaps on dorsal thumb web with dorsoulnar artery of thumb as a pedicle[J]. Zhonghua Xian Wei Wai Ke Za Zhi[Chin J Microsurg(Article in Chinese;Abstract in Chinese and English)],2014,37(1):63-66. DOI:10.3760/cma.j.issn.1001-2036.2014.01.017.}

[5153] 谢广中，苗存良，陈文雄，梅林军，丁自海，郭垂淙，刘治军，袁凯平，王湘伟. 足背并联皮瓣血供的应用解剖[J]. 中华显微外科杂志，2014，37（3）：263-265. DOI: 10.3760/cma.j.issn.1001-2036.2014.03.017. {XIE Guangzhong,MIAO Cunliang,CHEN Wenxiong,MEI Linjun,DING Zihai,GUO Chuicong,LIU Zhijun,YUAN Kaiping,WANG Xiangwei. Applied anatomy of blood supply in dorsalis pedis parallel flap[J]. Zhonghua Xian Wei Wai Ke Za Zhi[Chin J Microsurg(Article in Chinese;Abstract in Chinese and English)],2014,37(3):263-265. DOI:10.3760/cma.j.issn.1001-2036.2014.03.017.}

[5154] 龚朝建，王铠，张胜，谭宏宇，朱兆夫，刘金兵，任振虎，吴汉江. 旋股外侧血管嵌合皮瓣的解剖学基础及在口腔颌面部缺损重建中的应用[J]. 中华显微外科杂志，2014，37（5）：436-439. DOI: 10.3760/cma.j.issn.1001-2036.2014.05.005. {GONG Chaojian,WANG Kai,ZHANG Sheng,TAN Hongyu,ZHU Zhaofu,LIU Jinbing,REN Zhenhu,WU Hanjiang. Anatomy on chimeric flaps of lateral circumflex femoral vessel and application for the reconstruction of complex oral and maxillofacial defects[J]. Zhonghua Xian Wei Wai Ke Za Zhi[Chin J Microsurg(Article in Chinese;Abstract in Chinese and English)],2014,37(5):436-439. DOI:10.3760/cma.j.issn.1001-2036.2014.05.005.}

[5155] 林涧，陆骅，郑和平，林加福. 腘窝直接动脉穿支皮瓣的解剖学基础与临床应用[J]. 中华显微外科杂志，2014，37（5）：480-482. DOI: 10.3760/cma.j.issn.1001-2036.2014.05.017. {LIN Jian,LU Hua,ZHENG Heping,LIN Jiafu. Direct popliteal artery perforator flap:anatomical study and clinical application[J]. Zhonghua Xian Wei Wai Ke Za Zhi[Chin J Microsurg(Article in Chinese;Abstract in Chinese and English)],2014,37(5):480-482. DOI:10.3760/cma.j.issn.1001-2036.2014.05.017.}

[5156] 林加福，林涧，吴碧莲，陈玲珑. 膝上长血管联合游离组织瓣修复小腿严重创伤的应用解剖[J]. 中华显微外科杂志，2014，37（6）：578-581. DOI: 10.3760/cma.j.issn.1001-2036.2014.06.015. {LIN Jiafu,LIN Jian,WU Bilian,CHEN Linglong. Applied anatomy of free flap transplant with long superior genicular vessels in reconstruction of lower leg's smashed wound[J]. Zhonghua Xian Wei Wai Ke Za Zhi[Chin J Microsurg(Article in Chinese;Abstract in Chinese and English)],2014,37(6):578-581. DOI:10.3760/cma.j.issn.1001-2036.2014.06.015.}

[5157] 周鹏，魏鹏，梅劲，崔怀瑞，楼超，唐茂林，陈世新，刘文悦. 足内在肌的血供与肌瓣设计的解剖学基础[J]. 中华整形外科杂志，2014，30（3）：215-219. DOI: 10.3760/cma.j.issn.1009-4598.2014.03.013. {ZHOU Peng,WEI Peng,MEI Jin,CUI Huairui,LOU Chao,TANG Maolin,CHEN Shixin,LIU Wenyue. Vascular supply of intrinsic muscles of foot and anatomic basis for muscular flaps design[J]. Zhonghua Zheng Xing Wai Ke Za Zhi[Chin J Plast Surg(Article in Chinese;Abstract in Chinese and English)],2014,30(3):215-219. DOI:10.3760/cma.j.issn.1009-4598.2014.03.013.}

[5158] 谢志平，梁成，郑和平，林涧，郝攀登，张发惠. 第一跖底动脉穿支皮瓣的解剖学基础[J]. 中华整形外科杂志，2014，30(5)：378-381. DOI: 10.3760/cma.j.issn.1009-4598.2014.05.014. {XIE Zhiping,LIANG Cheng,ZHENG Heping,LIN Jian,HAO Pandeng,ZHANG Fahui. Anatomical basis of the flap based on the perforator of the first plantar metatarsal artery[J]. Zhonghua Zheng Xing Wai Ke Za Zhi[Chin J Plast Surg(Article in Chinese;Abstract in Chinese and English)],2014,30(5):378-381. DOI:10.3760/cma.j.issn.1009-4598.2014.05.014.}

[5159] 冯学泉，佟小光. 各种骨瓣眶颧入路的应用解剖进展[J]. 中华解剖与临床杂志，2014，19（4）：342-344. DOI: 10.3760/cma.j.issn.2095-7041.2014.04.022. {FENG Xuequan,TONG Xiaoguang. Applied anatomy progress on various pieces of orbitozygomatic approach[J]. Zhonghua Jie Pou Yu Lin Chuang Za Zhi[Chin J Anat Clin(Article in Chinese;Abstract in Chinese and English)],2014,19(4):342-344. DOI:10.3760/cma.j.issn.2095-7041.2014.04.022.}

[5160] 吴伟炽，黄东，牛国庆，牟勇. 外踝上穿支皮瓣解剖分析与临床应用[J]. 实用手外科杂志，2014，28（1）：13-15. DOI: 10.3969/j.issn.1671-2722.2014.01.004. {WU Weichi,HUANG Dong,NIU Guoqing,MOU Yong. A Study on the external ankle perforators flap anatomy and clinical application[J]. Shi Yong Shou Wai Ke Za Zhi[Chin J Pract Hand Surg(Article in Chinese;Abstract in Chinese and English)],2014,28(1):13-15. DOI:10.3969/j.issn.1671-2722.2014.01.004.}

[5161] 陈露，张赢，许发良，聂政. 正中动脉发自尺动脉并吻合成掌浅弓1例[J]. 中国临床解剖学杂志，2014，32(4)：441. DOI: 10.13418/j.issn.1001-165x.2014.04.035. {CHEN Lu,ZHANG Ying,XU Faliang,NIE Zheng. Median artery originated from ulnar artery and anastomosed to the superficial palmar arch:a case report[J]. Zhongguo Lin Chuang Jie Pou Xue Za Zhi[Chin J Clin Anat(Article in Chinese;Abstract in Chinese and English)],2014,32(4):441. DOI:10.13418/j.issn.1001-165x.2014.04.035.}

[5162] 曹磊，赵志杰，谭建国，李美秀立，彭田红，陈胜华. 逆行腓骨肌肌皮瓣设计的解剖学研究[J]. 中国临床解剖学杂志，2015，33（3）：249-253. DOI: 10.13418/j.issn.1001-165x.2015.03.003. {CAO Lei,ZHAO Zhijie,TAN Jianguo,LI Meixiuli,PENG Tianhong,CHEN Shenghua. Anatomical study on the design of the reversed peroneal myocutaneous flap[J]. Zhongguo Lin Chuang Jie Pou Xue Za Zhi[Chin J Clin Anat(Article in Chinese;Abstract in Chinese and English)],2015,33(3):249-253. DOI:10.13418/j.issn.1001-165x.2015.03.003.}

[5163] 张永祥，魏在荣. 腓动脉穿支皮瓣的解剖与临床应用研究进展[J]. 中国临床解剖学杂志，2015，33（3）：371-374. DOI: 10.13418/j.issn.1001-165x.2015.03.031. {ZHANG Yongxiang,WEI Zairong. The clinical application and progress on Peroneal artery perforator flap[J]. Zhongguo Lin Chuang Jie Pou Xue Za Zhi[Chin J Clin Anat(Article in Chinese;Abstract in Chinese)],2015,33(3):371-374. DOI:10.13418/j.issn.1001-165x.2015.03.031.}

[5164] 李武，周晓. 腹膜瓣的解剖学基础及临床应用研究进展[J]. 中国临床解剖学杂志，2015，33（4）：488-490. DOI: 10.13418/j.issn.1001-165x.2015.04.027. {LI Wu,ZHOU Xiao. The progress of anatomic study and clinical application on peritoneal flap[J]. Zhongguo Lin Chuang Jie Pou Xue Za Zhi[Chin J Clin Anat(Article in Chinese;Abstract in Chinese)],2015,33(4):488-490. DOI:10.13418/j.issn.1001-165x.2015.04.027.}

[5165] 张文龙，赵刚，马爱国，侍朋举，张铁山，徐华，李亮，朱鹏飞. 指掌侧固有动脉背侧支皮瓣的显微解剖与临床应用[J]. 中华显微外科杂志，2015，38（2）：107-110. DOI: 10.3760/cma.j.issn.1001-2036.2015.02.002. {ZHANG Wenlong,ZHAO Gang,MA Aiguo,SHI Pengju,ZHANG Tieshan,XU Hua,LI Liang,ZHU Pengfei. Anatomy study and clinical application of island flap based on dorsal cutaneous branches of digital inherent artery[J]. Zhonghua Xian Wei Wai Ke Za Zhi[Chin J Microsurg(Article in Chinese;Abstract in Chinese and English)],2015,38(2):107-110. DOI:10.3760/cma.j.issn.1001-2036.2015.02.002.}

[5166] 秦建忠，马彬，季建，何炎，左一智，王培吉，董启榕. 髂腰动脉蒂髂骨组织瓣的应用解剖[J]. 中华显微外科杂志，2015，38（3）：271-273. DOI: 10.3760/cma.j.issn.1001-2036.2015.03.017. {QIN Jianzhong,MA Bin,JI Jian,HE Yan,ZUO Yizhi,WANG Peiji,DONG Qirong. The applied anatomy of iliac tissue flap pedicled on the iliolumbar artery[J]. Zhonghua Xian Wei Wai Ke Za Zhi[Chin J Microsurg(Article in Chinese;Abstract in Chinese and English)],2015,38(3):271-273. DOI:10.3760/cma.j.issn.1001-2036.2015.03.017.}

[5167] 简超，陶圣祥，谭金海，余国荣，喻爱喜. 带蒂胸大肌肌腱瓣移位修复颈部气管壁缺损的解剖及初步临床应用[J]. 中华显微外科杂志，2015，38（4）：350-353. DOI: 10.3760/cma.j.issn.1001-2036.2015.04.011. {JIAN Chao,TAO Shengxiang,TAN Jinhai,YU Guorong,YU Aixi. Anatomical and preclinical study of repair of cervical tracheal wall defects with vascularized pectoralis major tendon flaps[J]. Zhonghua Xian Wei Wai Ke Za Zhi[Chin J Microsurg(Article in Chinese;Abstract in Chinese and English)],2015,38(4):350-353. DOI:10.3760/cma.j.issn.1001-2036.2015.04.011.}

[5168] 于大志，方光荣，汤海萍，江华，曹学成. 胫后动脉穿支皮瓣不同厚度血供范围的解剖学研究[J]. 中华显微外科杂志，2015，38（4）：372-376. DOI: 10.3760/cma.j.issn.1001-2036.2015.04.016. {YU Dazhi,FANG Guangrong,TANG Haiping,JIANG Hua,CAO Xuecheng. Improved anatomical study in posterior tibial artery perforator flaps[J]. Zhonghua Xian Wei Wai Ke Za Zhi[Chin J Microsurg(Article in Chinese;Abstract in Chinese and English)],2015,38(4):372-376. DOI:10.3760/cma.j.issn.1001-2036.2015.04.016.}

[5169] 张亚斌，李会晓，夏利锋，裴少琨，王增涛. 桡动脉腕横纹穿支皮瓣的解剖及临床应用[J]. 中华显微外科杂志，2015，38(5)：479-481. DOI: 10.3760/cma.j.issn.1001-2036.2015.05.021. {ZHANG Yabin,LI Huixiao,XIA Lifeng,PEI Shaokun,WANG Zengtao. Anatomy and clinical application of perforator flap of radial artery[J]. Zhonghua Xian Wei Wai Ke Za Zhi[Chin J Microsurg(Article in Chinese;Abstract in Chinese)],2015,38(5):479-481. DOI:10.3760/cma.j.issn.1001-2036.2015.05.021.}

[5170] 陈禄，黄文柱，杨俊贵，崔建德，黄昱，杨帅智，王志军，罗人彰，丁自海. 前臂动脉化静脉皮瓣解剖分型、特点及临床应用[J]. 中华显微外科杂志，2015，38（6）：574-578. DOI: 10.3760/cma.j.issn.1001-2036.2015.06.014. {CHEN Lu,HUANG Wenzhu,YANG Jungui,CUI Jiande,HUANG Yu,YANG Shuaizhi,WANG Zhijun,LUO Renzhang,DING Zihai. The dissection classification,characteristics of arterialized venous flap in forearm and clinical application[J]. Zhonghua Xian Wei Wai Ke Za Zhi[Chin J Microsurg(Article in Chinese;Abstract in Chinese and English)],2015,38(6):574-578. DOI:10.3760/cma.j.issn.1001-2036.2015.06.014.}

[5171] 夏利锋，张亚斌，李会晓，裴少琨，党亚军，郝宁，蒋永彬，安伟，王增涛. 第一掌骨颈桡侧穿支皮瓣的解剖及临床应用[J]. 中华手外科杂志，2015，31（6）：452-454. DOI: 10.3760/cma.j.issn.1005-054X.2015.06.021. {XIA Lifeng,ZHANG Yabin,LI Huixiao,PEI Shaokun,DANG Yajun,HAO Ning,JIANG Yongbin,AN Wei,WANG Zengtao. Anatomy of the first metacarpal neck radial perforator flap and its clinical application[J]. Zhonghua Shou Wai Ke Za Zhi[Chin J Hand Surg(Article in Chinese;Abstract in Chinese and English)],2015,31(6):452-454. DOI:10.3760/cma.j.issn.1005-054X.2015.06.021.}

[5172] 毛海蛟，史增元，尹维刚，徐达传，刘振新. 逆行足内侧隐神经营养血管皮瓣修复足前部

皮肤缺损的解剖与临床应用[J]. 中华整形外科杂志，2015，31（1）：25-29. DOI: 10.3760/cma.j.issn.1009-4598.2015.01.008. {MAO Haijiao,SHI Zengyuan,YIN Weigang,XU Dachuan,LIU Zhenxin. The anatomy and clinical application of reverse saphenous nerve neurocutaneous flaps for reparing skin defects of forefoot[J]. Zhonghua Zheng Xing Wai Ke Za Zhi[Chin J Plast Surg(Article in Chinese;Abstract in Chinese and English)],2015,31(1):25-29. DOI:10.3760/cma.j.issn.1009-4598.2015.01.008.}

[5173] 马大梦，李小静，宁金龙，丁茂超，李心怡，姚文德，陈钊，葛礼正. 内眦动脉为蒂的角形穿支皮瓣的解剖基础与临床应用[J]. 中华整形外科杂志，2015，31（4）：241-245. DOI: 10.3760/cma.j.issn.1009-4598.2015.04.001. {MA Dameng,LI Xiaojing,NING Jinlong,DING Maochao,LI Xinyi,YAO Wende,CHEN Zhao,GE Lizheng. Horn shaped perforator flap pedicled with the angular artery:anatomy basis and clinical application[J]. Zhonghua Zheng Xing Wai Ke Za Zhi[Chin J Plast Surg(Article in Chinese;Abstract in Chinese and English)],2015,31(4):241-245. DOI:10.3760/cma.j.issn.1009-4598.2015.04.001.}

[5174] 梁成，谢志平，郑和平，林涧，吴泽东，李磊，张发惠. 蹞趾胫侧底动脉蒂足内侧缘静脉营养血管皮瓣的应用解剖[J]. 中华解剖与临床杂志，2015，20（1）：41-44. DOI: 10.3760/cma.j.issn.2095-7041.2015.01.009. {LIANG Cheng,XIE Zhiping,ZHENG Heping,LIN Jian,WU Zedong,LI Lei,ZHANG Fahui. Applied anatomy for the flap based on the medial plantar artery of the hallux and included the nutritional arteries of the vein on the medial aspect of the foot[J]. Zhonghua Jie Pou Yu Lin Chuang Za Zhi[Chin J Anat Clin(Article in Chinese;Abstract in Chinese and English)],2015,20(1):41-44. DOI:10.3760/cma.j.issn.2095-7041.2015.01.009.}

[5175] 张文龙，赵刚，高顺红，于志亮，张云鹏，张净宇，胡宏宇，董慧双，于俊. 指固有动脉终末背侧支皮瓣修复指端缺损的显微解剖研究及临床应用[J]. 中华解剖与临床杂志，2015，20（5）：418-422. DOI: 10.3760/cma.j.issn.2095-7041.2015.05.010. {ZHANG Wenlong,ZHAO Gang,GAO Shunhong,YU Zhiliang,ZHANG Yunpeng,ZHANG Jingyu,HU Hongyu,DONG Huishuang,YU Jun. Anatomy study and clinical application of island flap based on terminal dorsal cutaneous branches of digital inherent artery[J]. Zhonghua Jie Pou Yu Lin Chuang Za Zhi[Chin J Anat Clin(Article in Chinese;Abstract in Chinese and English)],2015,20(5):418-422. DOI:10.3760/cma.j.issn.2095-7041.2015.05.010.}

[5176] 杨伟，代天均，陈亮，李晓格. 口外三角瓣联合口轮匝肌解剖复位矫正大口畸形的临床应用[J]. 局解手术学杂志，2015，24（4）：384-386. DOI: 10.11659/jjssx.11E014007. {YANG Wei,DAI Tianjun,CHEN Liang,LI Xiaoge. Evalution of triangular flap combined orbicularisoris muscles anatomical reduction for repairing macrostomia[J]. Ju Jie Shou Shu Xue Za Zhi[J Reg Anat Oper Surg(Article in Chinese;Abstract in Chinese and English)],2015,24(4):384-386. DOI:10.11659/jjssx.11E014007.}

[5177] 林涧，郑和平，谢志平，张天浩，王之江，张豪杰，陆骅. 足底外侧动脉第5跖骨穿支皮瓣解剖与临床应用[J]. 实用手外科杂志，2015，29（2）：136-138. DOI: 10.3969/j.issn.1671-2722.2015.02.006. {LIN Jian,ZHENG Heping,XIE Zhiping,ZHANG Tianhao,WANG Zhijiang,ZHANG Haojie,LU Hua. Anatomy of perforator flap of the lateral plantar artery of the fifth metatarsal bone and its clinical application[J]. Shi Yong Shou Wai Ke Za Zhi[Chin J Pract Hand Surg(Article in Chinese;Abstract in Chinese and English)],2015,29(2):136-138. DOI:10.3969/j.issn.1671-2722.2015.02.006.}

[5178] 李武，于小平，崔怀瑞，潘爱华，曾勇，易孝纯，易亮，唐茂林，周晓. 腹壁下动脉后鞘穿支腹膜瓣的应用解剖学研究[J]. 中国临床解剖学杂志，2016，34（1）：16-20. DOI: 10.13418/j.issn.1001-165x.2016.01.005. {LI Wu,YU Xiaoping,CUI Huairui,PAN Aihua,ZENG Yong,YI Xiaochun,YI Liang,TANG Maolin,ZHOU Xiao. Applied anatomy of deep inferior epigastric artery posterior rectus sheath peritoneum flap[J]. Zhongguo Lin Chuang Jie Pou Xue Za Zhi[Chin J Clin Anat(Article in Chinese;Abstract in Chinese and English)],2016,34(1):16-20. DOI:10.13418/j.issn.1001-165x.2016.01.005.}

[5179] 李匡文，谢松林，刘俊，刘鸣江，黄雄杰，伍鹏. 游离骨间后动脉3叶皮瓣设计的解剖学研究[J]. 中国临床解剖学杂志，2016，34（1）：21-23. DOI: 10.13418/j.issn.1001-165x.2016.01.006. {LI Kuangwen,XIE Songlin,LIU Jun,LIU Mingjiang,HUANG Xiongjie,WU Peng. The applied anatomy of the design of the free tripaddle flap on the pedicle of the posterior interosseous artery[J]. Zhongguo Lin Chuang Jie Pou Xue Za Zhi[Chin J Clin Anat(Article in Chinese;Abstract in Chinese and English)],2016,34(1):21-23. DOI:10.13418/j.issn.1001-165x.2016.01.006.}

[5180] 侯书健，孙乐天，刘宏章，刘亚平，王振军，冯鹏. 足趾微型组织瓣血供的显微解剖研究与临床应用[J]. 中国临床解剖学杂志，2016，34（5）：486-489. DOI: 10.13418/j.issn.1001-165x.2016.05.002. {HOU Shujian,SUN Letian,LIU Hongzhang,LIU Yaping,WANG Zhenjun,FENG Peng. The microscopic anatomical and clinical study of little free flap harvested from toes[J]. Zhongguo Lin Chuang Jie Pou Xue Za Zhi[Chin J Clin Anat(Article in Chinese;Abstract in Chinese and English)],2016,34(5):486-489. DOI:10.13418/j.issn.1001-165x.2016.05.002.}

[5181] 黄磊，胡德庆，王田佺，钮朋，洪旭，戚瑞林，郑和平. 穿支蒂足背中间皮神经营养血管皮瓣的解剖基础[J]. 中国临床解剖学杂志，2016，34（6）：601-604. DOI: 10.13418/j.issn.1001-165x.2016.06.001. {HUANG Lei,HU Deqing,WANG Tianqaun,NIU Peng,HONG Xu,QI Ruilin,ZHENG Heping. Anatomical studies of the perforator-based intermediate dorsal pedal neurocutaneous vascular flap[J]. Zhongguo Lin Chuang Jie Pou Xue Za Zhi[Chin J Clin Anat(Article in Chinese;Abstract in Chinese and English)],2016,34(6):601-604. DOI:10.13418/j.issn.1001-165x.2016.06.001.}

[5182] 张文龙，赵刚，高顺红，侍朋举，张铁山，马爱国，徐华，李亮. 示指背侧矩形皮瓣切取的显微解剖与临床应用[J]. 中华显微外科杂志，2016，39（2）：148-151. DOI: 10.3760/cma.j.issn.1001-2036.2016.02.011. {ZHANG Wenlong,ZHAO Gang,GAO Shunhong,SHI Pengju,ZHANG Tieshan,MA Aiguo,XU Hua,LI Liang. Anatomy study and clinical application of rectangular flap from dorsal index finger based on the first dorsal metacarpal artery[J]. Zhonghua Xian Wei Wai Ke Za Zhi[Chin J Microsurg(Article in Chinese;Abstract in Chinese and English)],2016,39(2):148-151. DOI:10.3760/cma.j.issn.1001-2036.2016.02.011.}

[5183] 沈立锋，刘亦杨，饶利兵，郭峭峰，黄凯，张展，向长河，黄文华，张春. 小腿部穿支螺旋桨皮瓣的显微解剖和临床应用[J]. 中华显微外科杂志，2016，39（3）：269-275. DOI: 10.3760/cma.j.issn.1001-2036.2016.03.014. {SHEN Lifeng,LIU Yiyang,RAO Libing,GUO Qiaofeng,HUANG Kai,ZHANG Zhan,XIANG Changhe,HUANG Wenhua,ZHANG Chun. The microsurgical anatomy and clinical application of perforator pedicle propeller flap of lower leg[J]. Zhonghua Xian Wei Wai Ke Za Zhi[Chin J Microsurg(Article in Chinese;Abstract in Chinese and English)],2016,39(3):269-275. DOI:10.3760/cma.j.issn.1001-2036.2016.03.014.}

[5184] 唐茂林，杨大平，梅劲，张世民，徐达传. 穿支皮瓣的解剖学及血流动力学研究进展[J]. 中华显微外科杂志，2016，39（3）：312，后插1-后插3. DOI: 10.3760/cma.j.issn.1001-2036.2016.03.031. {TANG Maolin,YANG Daping,MEI Jin,ZHANG Shimin,XU Dachuan. Research progress in anatomy and hemodynamics of perforator flap[J]. Zhonghua Xian Wei Wai Ke Za Zhi[Chin J Microsurg(Article in Chinese;Abstract in Chinese)],2016,39(3):312,insert 1-insert 3. DOI:10.3760/cma.j.issn.1001-2036.2016.03.031.}

[5185] 黄磊，胡德庆，郑和平，林涧，王田佺，钮朋，温福利. 足底弓足背穿支皮瓣的解剖学基础[J]. 中华显微外科杂志，2016，39（4）：363-366. DOI: 10.3760/cma.j.issn.1001-2036.2016.04.014. {HUANG Lei,HU Deqing,ZHENG Heping,LIN Jian,WANG Tianquan,NIU Peng,WEN Fuli. Anatomical basis of the flap based on the perforator of plantar arch[J]. Zhonghua Xian Wei Wai Ke Za Zhi[Chin J Microsurg(Article in Chinese;Abstract in Chinese and English)],2016,39(4):363-366. DOI:10.3760/cma.j.issn.1001-2036.2016.04.014.}

[5186] 张树新，邹旭，许永先，邬慧萍，谭聪，邹阳平，詹森海，肖树斌，蒋彩霞. 改良腓骨皮瓣在足跟缺损的解剖学基础及其初步应用[J]. 中华显微外科杂志，2016，39（6）：568-571. DOI: 10.3760/cma.j.issn.1001-2036.2016.06.014. {ZHANG Shuxin,ZOU Xu,XU Yongxian,WU Huiping,TAN Cong,ZOU Yangping,ZHAN Senhai,XIAO Shubin,JIANG Caixia. The anatomical basis and clinical application of improved fibula flap in repairing the heel defect[J]. Zhonghua Xian Wei Wai Ke Za Zhi[Chin J Microsurg(Article in Chinese;Abstract in Chinese and English)],2016,39(6):568-571. DOI:10.3760/cma.j.issn.1001-2036.2016.06.014.}

[5187] 孙乐天，侯书健，程国良，刘亚平. 蹞趾皮瓣游离移植修复拇指组织缺损的解剖研究[J]. 中华手外科杂志，2016，32（2）：123-124. DOI: 10.3760/cma.j.issn.1005-054X.2016.02.023. {SUN Letian,HOU Shujian,CHENG Guoliang,LIU Yaping. An anatomical study of free hallux flap for repair of soft tissue defect of the thumb[J]. Zhonghua Shou Wai Ke Za Zhi[Chin J Hand Surg(Article in Chinese;Abstract in Chinese and English)],2016,32(2):123-124. DOI:10.3760/cma.j.issn.1005-054X.2016.02.023.}

[5188] 赵风景，姚建民，楼佳庆，马亮，张兴群，徐一波，张龙春，祝震. 腓肠内侧动脉分叶皮瓣的解剖学研究在手、足部软组织缺损中的应用[J]. 中华手外科杂志，2016，32（4）：300-303. DOI: 10.3760/cma.j.issn.1005-054X.2016.04.025. {ZHAO Fengjing,YAO Jianmin,LOU Jiaqing,MA Liang,ZHANG Xingqun,XU Yibo,ZHANG Longchun,ZHU Zhen. Anatomic study of medial sural artery lobulated perforator flap and its application in coverage of skin defects of the hand or foot[J]. Zhonghua Shou Wai Ke Za Zhi[Chin J Hand Surg(Article in Chinese;Abstract in Chinese and English)],2016,32(4):300-303. DOI:10.3760/cma.j.issn.1005-054X.2016.04.025.}

[5189] 张文龙，赵刚，高顺红，于志亮，张云鹏，张净宇，于俊. 第2掌背动脉皮支皮瓣的解剖与临床应用[J]. 中华整形外科杂志，2016，32（2）：118-122. DOI: 10.3760/cma.j.issn.1009-4598.2016.02.009. {ZHANG Wenlong,ZHAO Gang,GAO Shunhong,YU Zhiliang,ZHANG Yunpeng,ZHANG Jingyu,YU Jun. Anatomy study and clinical application of island flap based on second dorsal metacarpal artery[J]. Zhonghua Zheng Xing Wai Ke Za Zhi[Chin J Plast Surg(Article in Chinese;Abstract in Chinese and English)],2016,32(2):118-122. DOI:10.3760/cma.j.issn.1009-4598.2016.02.009.}

[5190] 黄耀鹏，方炫量，尹善青，潘佳栋，王欣. 带感觉神经的小指尺侧指动脉穿支皮瓣的显微解剖及临床应用[J]. 中华整形外科杂志，2016，32（4）：264-267. DOI: 10.3760/cma.j.issn.1009-4598.2016.04.006. {HUANG Yaopeng,FANG Xuanliang,YIN Shanqing,PAN Jiadong,WANG Xin. Anatomical study and clinical application of the sensory perforator flap from the ulnar palmar digtal artery of the little finger[J]. Zhonghua Zheng Xing Wai Ke Za Zhi[Chin J Plast Surg(Article in Chinese;Abstract in Chinese and English)],2016,32(4):264-267. DOI:10.3760/cma.j.issn.1009-4598.2016.04.006.}

[5191] 王瑜，李小静，李心怡，宁金龙，马大梦，崔怀瑞，郑俊. 角形穿支蒂筋膜皮瓣修复手指软组织缺损的解剖基础及临床应用[J]. 中华整形外科杂志，2016，32（5）：332-336. DOI: 10.3760/cma.j.issn.1009-4598.2016.05.003. {WANG Yu,LI Xiaojing,LI Xinyi,NING Jinlong,MA Dameng,CUI Huairui,ZHENG Jun. The anatomy basis and clinical application of the horn fasciocutaneous perforator flaps for the reconstruction of the defects on finger soft tissue[J]. Zhonghua Zheng Xing Wai Ke Za Zhi[Chin J Plast Surg(Article in Chinese;Abstract in Chinese and English)],2016,32(5):332-336. DOI:10.3760/cma.j.issn.1009-4598.2016.05.003.}

[5192] 林涧，郑和平，张天浩，王之江，胡德庆，陆骅. 足底动脉弓足背穿支皮瓣解剖与临床应用[J]. 中华整形外科杂志，2016，32（6）：413-416. DOI: 10.3760/cma.j.issn.1009-4598.2016.06.004. {LIN Jian,ZHENG Heping,ZHANG Tianhao,WANG Zhijiang,HU Deqing,LU Hua. Anatomy basis and clinical application of the flap based on the perforator of plantar arch[J]. Zhonghua Zheng Xing Wai Ke Za Zhi[Chin J Plast Surg(Article in Chinese;Abstract in Chinese and English)],2016,32(6):413-416. DOI:10.3760/cma.j.issn.1009-4598.2016.06.004.}

[5193] 高秋明，张宇，薛云，厉孟，邓银栓，时培晟. 后踝上皮瓣血供的解剖观察及临床应用[J]. 中华解剖与临床杂志，2016，21(2)：124-128. DOI: 10.3760/cma.j.issn.2095-7041.2016.02.007. {GAO Qiuming,ZHANG Yu,XUE Yun,LI Meng,DENG Yinshuan,SHI Peisheng. Anatomical study and clinical applications of posterior supramalleolar flap[J]. Zhonghua Jie Pou Yu Lin Chuang Za Zhi[Chin J Anat Clin(Article in Chinese;Abstract in Chinese and English)],2016,21(2):124-128. DOI:10.3760/cma.j.issn.2095-7041.2016.02.007.}

[5194] 吴伟炽，黄东，祝李霖，黄国英，刘晓春. 腓动脉穿支皮瓣的解剖学研究[J]. 实用手外科杂志，2016，30（2）：149-151. DOI: 10.3969/j.issn.1671-2722.2016.02.007. {WU Weichi,HUANG Dong,ZHU Lilin,HUANG Guoying,LIU Xiaochun. Anatomy studies of peroneal artery perforator flap[J]. Shi Yong Shou Wai Ke Za Zhi[Chin J Pract Hand Surg(Article in Chinese;Abstract in Chinese and English)],2016,30(2):149-151. DOI:10.3969/j.issn.1671-2722.2016.02.007.}

[5195] 吴兴飞，陈文，孙建森. 正中动脉发自尺动脉并吻合构成掌浅弓变异1例[J]. 局解手术学杂志，2016，25（1）：77-77. DOI: 10.11659/jjssx.05E015051. {WU Xingfei,CHEN Wen,SUN Jiansen. Variation of median artery originated from ulnar artery and anastomosed to the superficial palmar arch:a case report[J]. Ju Jie Shou Shu Xue Za Zhi[J Reg Anat Oper Surg(Article in Chinese;Abstract in Chinese and English)],2016,25(1):77-77. DOI:10.11659/jjssx.05E015051.}

[5196] 邝艺臻，黄东，兰万利，陈智颖，左洁仪. 胫后动脉穿支皮瓣设计的应用解剖[J]. 中国临床解剖学杂志，2017，35（3）：252-255. DOI: 10.13418/j.issn.1001-165x.2017.03.004. {KUANG Yizhen,HUANG Dong,LAN Wanli,CHEN Zhiying,ZUO Jieyi. An anatomic study on design of the posterior tibial artery perforator flap[J]. Zhongguo Lin Chuang Jie Pou Xue Za Zhi[Chin J Clin Anat(Article in Chinese;Abstract in Chinese and English)],2017,35(3):252-255. DOI:10.13418/j.issn.1001-165x.2017.03.004.}

[5197] 华顺德，杨少春，黄骏，易仁辉，丁观福，罗穆云. 基于鼻内带蒂组织瓣蝶腭动脉的解剖研究[J]. 中国临床解剖学杂志，2017，35（4）：367-370. DOI: 10.13418/j.issn.1001-165x.2017.04.002. {HUA Shunde,YANG Shaochun,HUANG Jun,YI Renhui,DING Guanfu,LUO Muyun. Anatomy of the sphenopalatine artery on the vascularized pedicled endonasal flap[J]. Zhongguo Lin Chuang Jie Pou Xue Za Zhi[Chin J Clin Anat(Article in Chinese;Abstract in Chinese and English)],2017,35(4):367-370. DOI:10.13418/j.issn.1001-165x.2017.04.002.}

[5198] 贺继强. 股深动脉穿动脉穿支皮瓣的解剖及临床应用进展[J]. 中国临床解剖学杂志，2017，35（4）：475-477. DOI: 10.13418/j.issn.1001-165x.2017.04.027. {HE Jiqiang. The progress on anatomy and clinical application of deep femoral artery perforating artery perforator flap[J]. Zhongguo Lin Chuang Jie Pou Xue Za Zhi[Chin J Clin Anat(Article in Chinese;Abstract in Chinese)],2017,35(4):475-477. DOI:10.13418/j.issn.1001-165x.2017.04.027.}

[5199] 张文龙，赵刚，方杰，孙文弢，王建. 桡动脉掌浅支蒂腕横纹皮瓣的应用解剖[J]. 中国临床解剖学杂志，2017，35（5）：501-503. DOI: 10.13418/j.issn.1001-165x.2017.05.005. {ZHANG Wenlong,ZHAO Gang,FANG Jie,SUN Wentao,WANG Jian. The applied anatomy and design of wrist crease flap[J]. Zhongguo Lin Chuang Jie Pou Xue Za Zhi[Chin J Clin Anat(Article in Chinese;Abstract in Chinese and English)],2017,35(5):501-503. DOI:10.13418/j.issn.1001-165x.2017.05.005.}

[5200] 赵民，吴金英，袁作雄，田德虎，邵新中，李大村，李建峰，刘井达，赵亮，李海雷，王晓磊，张文桐，张涛. 前臂后外侧穿支皮瓣游离移植修复手指皮肤缺损的应用解剖[J]. 中国临床解剖学杂志，2017，35（6）：607-609. DOI: 10.13418/j.issn.1001-165x.2017.06.002. {ZHAO Min,WU Jinying,YUAN Zuoxiong,TIAN Dehu,SHAO Xinzhong,LI Dacun,LI Jianfeng,LIU Jingda,ZHAO Liang,LI Hailei,WANG Xiaolei,ZHANG Wentong,ZHANG

Tao. Applied anatomy of using posterior-lateral forearm perforator flap to repair soft tissue defects in the finger[J]. Zhongguo Lin Chuang Jie Pou Xue Za Zhi[Chin J Clin Anat(Article in Chinese;Abstract in Chinese and English)],2017,35(6):607-609. DOI:10.13418/j.issn.1001-165x.2017.06.002.}

[5201] 左荣跃，史增元，尹维刚，陈一勇，毛海蛟，刘振新，俞淼. 逆行缝匠肌皮瓣修复小腿皮肤缺损的解剖和初步应用 [J]. 中华显微外科杂志，2017，40（2）：161-164. DOI：10.3760/cma.j.issn.1001-2036.2017.02.014. {ZUO Rongyue,SHI Zengyuan,YIN Weigang,CHEN Yiyong,MAO Haijiao,LIU Zhenxin,YU Miao. The anatomy and clinical application of retrograde sartoriusmyocutaneous flap for reparing skin defects of leg[J]. Zhonghua Xian Wei Wai Ke Za Zhi[Chin J Microsurg(Article in Chinese;Abstract in Chinese and English)],2017,40(2):161-164. DOI:10.3760/cma.j.issn.1001-2036.2017.02.014.}

[5202] 霍星辰. 腓肠神经营养血管皮瓣的解剖与临床应用进展 [J]. 中华显微外科杂志，2017，40（3）：309-312. DOI：10.3760/cma.j.issn.1001-2036.2017.03.034. {HUO Xingchen. Anatomy and clinical application of sural nerve vascular flap[J]. Zhonghua Xian Wei Wai Ke Za Zhi[Chin J Microsurg(Article in Chinese;No abstract available)],2017,40(3):309-312. DOI:10.3760/cma.j.issn.1001-2036.2017.03.034.}

[5203] 张文龙，赵刚，高顺红，于志亮. 第一掌骨背侧动脉皮支链皮瓣的应用解剖与设计 [J]. 中华显微外科杂志，2017，40（4）：362-364. DOI：10.3760/cma.j.issn.1001-2036.2017.04.013. {ZHANG Wenlong,ZHAO Gang,GAO Shunhong,YU Zhiliang. The applied anatomy and design of the first metacarpal dorsal artery skin flap[J]. Zhonghua Xian Wei Wai Ke Za Zhi[Chin J Microsurg(Article in Chinese;Abstract in Chinese and English)],2017,40(4):362-364. DOI:10.3760/cma.j.issn.1001-2036.2017.04.013.}

[5204] 魏义涛，钟桂午，张发惠，梁海华，梁周然，姚捷，孙芳芹，梅劲. 胫骨外侧近端骨膜穿支骨皮瓣的应用解剖与临床应用 [J]. 中华显微外科杂志，2017，40（6）：564-567. DOI：10.3760/cma.j.issn.1001-2036.2017.06.012. {WEI Yitao,ZHONG Guiwu,ZHANG Fahui,LIANG Haihua,LIANG Zhouran,YAO Jie,SUN Fangqin,MEI Jin. Anatomy study and clinical application of periosteal perforator bone-skin fiap of proximal lateral tibial[J]. Zhonghua Xian Wei Wai Ke Za Zhi[Chin J Microsurg(Article in Chinese;Abstract in Chinese and English)],2017,40(6):564-567. DOI:10.3760/cma.j.issn.1001-2036.2017.06.012.}

[5205] 郑健雄，卓灵剑，胡稷杰. 膝降动脉穿支皮瓣的临床应用及解剖研究进展 [J]. 中华创伤骨科杂志，2017，19（9）：817-821. DOI：10.3760/cma.j.issn.1671-7600.2017.09.016. {ZHENG Jianxiong,ZHUO Lingjian,HU Jijie. Clinical application and update on anatomical study of descending genicular artery perforator flap[J]. Zhonghua Chuang Shang Gu Ke Za Zhi[Chin J Orthop Trauma(Article in Chinese;Abstract in Chinese and English)],2017,19(9):817-821. DOI:10.3760/cma.j.issn.1671-7600.2017.09.016.}

[5206] 张国清，刘佰运，殷金珠，张贺春，王俊平，黄建军. 一侧额颞顶大骨瓣开颅术的应用解剖学研究 [J]. 中华神经外科杂志，2017，33（8）：838-841. DOI：10.3760/cma.j.issn.1001-2346.2017.08.020. {ZHANG Guoqing,LIU Baiyun,YIN Jinzhu,ZHANG Hechun,WANG Junping,HUANG Jianjun. Applied anatomy of large unilateral frontotemporoparietal decompressive craniectomy[J]. Zhonghua Shen Jing Wai Ke Za Zhi[Chin J Neurosurg(Article in Chinese;Abstract in Chinese and English)],2017,33(8):838-841. DOI:10.3760/cma.j.issn.1001-2346.2017.08.020.}

[5207] 钮朋，胡德庆，林涧，王田佺，黄磊，洪旭，戚瑞林，郑和平. 掌深弓手背穿支皮瓣的解剖学基础 [J]. 中华整形外科杂志，2017，33（1）：53-57. DOI：10.3760/cma.j.issn.1009-4598.2017.01.013. {NIU Peng,HU Deqing,LIN Jian,WANG Tianquan,HUANG Lei,HONG Xu,QI Ruilin,ZHENG Heping. Anatomical basis of the flap based on the perforator of the deep palmar arch[J]. Zhonghua Zheng Xing Wai Ke Za Zhi[Chin J Plast Surg(Article in Chinese;Abstract in Chinese and English)],2017,33(1):53-57. DOI:10.3760/cma.j.issn.1009-4598.2017.01.013.}

[5208] 董亮，张文龙，孙文骏，王建. 桡动脉掌浅支皮瓣解剖基础与临床应用进展 [J]. 中华解剖与临床杂志，2017，22（4）：345-349. DOI：10.3760/cma.j.issn.2095-7041.2017.04.021. {DONG Liang,ZHANG Wenlong,SUN Wenqi,WANG Jian. Research progress on anatomical basis and clinical application of the superficial palmar branch of the radial artery flap[J]. Zhonghua Jie Pou Yu Lin Chuang Za Zhi[Chin J Anat Clin(Article in Chinese;Abstract in Chinese)],2017,22(4):345-349. DOI:10.3760/cma.j.issn.2095-7041.2017.04.021.}

[5209] 王迪，陈文. 面动脉穿支皮瓣解剖研究及临床应用进展 [J]. 中国修复重建外科杂志，2017，31（2）：1-5. DOI：10.7507/1002-1892.201608129. {WANG Di,CHEN Wen. Progress of anatomic research and clinical application of facial artery perforator flap[J]. Zhongguo Xiu Fu Chong Jian Wai Ke Za Zhi[Chin J Repair Reconstr Surg(Article in Chinese;Abstract in Chinese and English)],2017,31(2):1-5. DOI:10.7507/1002-1892.201608129.}

[5210] 黄海华，吴泽勇，陈秀凤，李小芳，王绥江. 跟外侧动脉穿支皮瓣的应用解剖 [J]. 中国临床解剖学杂志，2018，36（4）：361-366. DOI：10.13418/j.issn.1001-165x.2018.04.001. {HUANG Haihua,WU Zeyong,CHEN Xiufeng,LI Xiaofang,WANG Suijiang. Anatomic basis of the lateral calcaneal artery perforator skin flap[J]. Zhongguo Lin Chuang Jie Pou Xue Za Zhi[Chin J Clin Anat(Article in Chinese;Abstract in Chinese and English)],2018,36(4):361-366. DOI:10.13418/j.issn.1001-165x.2018.04.001.}

[5211] 赖柏安，杨胜波. 腓肠神经营养血管皮瓣的解剖学基础和感觉重建临床应用进展 [J]. 中国临床解剖学杂志，2018，36（5）：590-592. DOI：10.13418/j.issn.1001-165x.2018.05.022. {LAI Baian,YANG Shengbo. The anatomical basis and clinical application on sensory reconstruction of the sural neurocutaneous vascular flap[J]. Zhongguo Lin Chuang Jie Pou Xue Za Zhi[Chin J Clin Anat(Article in Chinese;Abstract in Chinese and English)],2018,36(5):590-592. DOI:10.13418/j.issn.1001-165x.2018.05.022.}

[5212] 张文龙，方杰，王建，高顺红，于志亮. 腕横纹皮支游离皮瓣的解剖基础及其临床应用 [J]. 中华显微外科杂志，2018，41（3）：216-219. DOI：10.3760/cma.j.issn.1001-2036.2018.03.003. {ZHANG Wenlong,FANG Jie,WANG Jian,GAO Shunhong,YU Zhiliang. The anatomical basis and clinical application of free wrist crease flap[J]. Zhonghua Xian Wei Wai Ke Za Zhi[Chin J Microsurg(Article in Chinese;Abstract in Chinese and English)],2018,41(3):216-219. DOI:10.3760/cma.j.issn.1001-2036.2018.03.003.}

[5213] 洪旭，胡德庆，戚瑞林，林海青，卫旭东，张飞，林涧，郑和平. 第一跖间隙近端穿支蒂皮神经营养血管皮瓣的应用解剖 [J]. 中华显微外科杂志，2018，41（3）：252-255. DOI：10.3760/cma.j.issn.1001-2036.2018.03.012. {HONG Xu,HU Deqing,QI Ruilin,LIN Haiqing,WEI Xudong,ZHANG Fei,LIN Jian,ZHENG Heping. Applied anatomy of the first metatarsal proximal perforator-based neurocutaneous vascular flap[J]. Zhonghua Xian Wei Wai Ke Za Zhi[Chin J Microsurg(Article in Chinese;Abstract in Chinese and English)],2018,41(3):252-255. DOI:10.3760/cma.j.issn.1001-2036.2018.03.012.}

[5214] 孙长胜，苏波，李文君，张辉，张玲玲，王婷婷，钱英俊，李苡洁. 不同旋转点的拇指桡背侧皮瓣的解剖与临床应用 [J]. 中华显微外科杂志，2018，41（4）：348-351. DOI：10.3760/cma.j.issn.1001-2036.2018.04.008. {SUN Changsheng,SU Bo,LI Wenjun,ZHANG Hui,ZHANG Lingling,WANG Tingting,QIAN Yingjun,LI Yijie. Anatomy research and clinical application of reverse dorsoradial thumb flap of different rotation point in repairing defect of thumb[J]. Zhonghua Xian Wei Wai Ke Za Zhi[Chin J Microsurg(Article in Chinese;Abstract in Chinese and English)],2018,41(4):348-351. DOI:10.3760/cma.j.issn.1001-2036.2018.04.008.}

[5215] 王晶，李小静，宁金龙，李心怡，唐茂林，崔怀瑞. 足底部邻近带蒂穿支筋膜皮瓣的解剖基础与临床应用 [J]. 中华显微外科杂志，2018，41（4）：352-355. DOI：10.3760/cma.j.issn.1001-2036.2018.04.009. {WANG Jing,LI Xiaojing,NING Jinlong,LI Xinyi,TANG Maolin,CUI Huairui. Anatomic feature of the adjacent perforator fasciocutaneous flap of plantar and its clinical application[J]. Zhonghua Xian Wei Wai Ke Za Zhi[Chin J Microsurg(Article in Chinese;Abstract in Chinese and English)],2018,41(4):352-355. DOI:10.3760/cma.j.issn.1001-2036.2018.04.009.}

[5216] 吴泽勇，王绥江，黄海华，张培华，史玉仓，陈秀凤，邓婷婷，蔡雪彦. 示指桡侧固有动脉阶梯推进皮瓣的显微解剖与临床应用 [J]. 中华显微外科杂志，2018，41（6）：568-572. DOI：10.3760/cma.j.issn.1001-2036.2018.06.012. {WU Zeyong,WANG Suijiang,HUANG Haihua,ZHANG Peihua,SHI Yucang,CHEN Xiufeng,DENG Tingting,CAI Xueyan. Microanatomy and clinical application of stepladder advancement flap pedicled with the radial proper digital artery of index finger[J]. Zhonghua Xian Wei Wai Ke Za Zhi[Chin J Microsurg(Article in Chinese;Abstract in Chinese and English)],2018,41(6):568-572. DOI:10.3760/cma.j.issn.1001-2036.2018.06.012.}

[5217] 王迪，刘冰，鞠孟然，陈文. 面动脉颈部细小穿支扩张皮瓣解剖研究及临床应用 [J]. 中华整形外科杂志，2018，34（7）：534-537. DOI：10.3760/cma.j.issn.1009-4598.2018.07.010. {WANG Di,LIU Bing,JU Mengran,CHEN Wen. Anatomical research and clinical application of expended facial artery perforator flaps with cervical small perforators[J]. Zhonghua Zheng Xing Wai Ke Za Zhi[Chin J Plast Surg(Article in Chinese;Abstract in Chinese and English)],2018,34(7):534-537. DOI:10.3760/cma.j.issn.1009-4598.2018.07.010.}

[5218] 唐茂林，刘元波. 穿支皮瓣的解剖学研究进展 [J]. 中华整形外科杂志，2018，34（9）：785-790. DOI：10.3760/cma.j.issn.1009-4598.2018.09.022. {TANG Maolin,LIU Yuanbo. The progress of the anatomical study of perforator flaps[J]. Zhonghua Zheng Xing Wai Ke Za Zhi[Chin J Plast Surg(Article in Chinese;Abstract in Chinese and English)],2018,34(9):785-790. DOI:10.3760/cma.j.issn.1009-4598.2018.09.022.}

[5219] 孙秋望月，高鹏飞，王晨星，宋晓萌，丁旭，李怀奇，武和明，吴煜农，袁冶，叶金海，李中连. 腓肠内侧动脉穿支皮瓣的应用解剖及临床研究 [J]. 中国口腔颌面外科杂志，2018，16（6）：505-510. DOI：10.19438/j.cjoms.2018.06.005. {SUN Qiuwangyue,GAO Pengfei,WANG Chenxing,SONG Xiaomeng,DING Xu,LI Huaiqi,WU Heming,WU 煜 nong,YUAN Ye,YE Jinhai,LI Zhonglian. Applied anatomic study and clinical application of medial sural artery perforator flap[J]. Zhongguo Kou Qiang He Mian Wai Ke Za Zhi[Chin J Oral Maxillofac Surg(Article in Chinese;Abstract in Chinese and English)],2018,16(6):505-510. DOI:10.19438/j.cjoms.2018.06.005.}

[5220] 赵民，吴金英，袁作雄，田德虎，邵新中，李大村，李建峰，刘井达，赵亮，李海雷. 前臂后外侧穿支皮瓣游离移植修复手指中、大面积皮肤缺损的解剖学研究 [J]. 实用手外科杂志，2018，32（3）：269-271. DOI：10.3969/j.issn.1671-2722.2018.03.002. {ZHAO Min,WU Jinying,YUAN Zuoxiong,TIAN Dehu,SHAO Xinzhong,LI Dacun,LI Jianfeng,LIU Jingda,ZHAO Liang,LI Hailei. Anatomy study of using posterior-lateral forearm free perforator flap to repair skin defects in the finger[J]. Shi Yong Shou Wai Ke Za Zhi[Chin J Pract Hand Surg(Article in Chinese;Abstract in Chinese and English)],2018,32(3):269-271. DOI:10.3969/j.issn.1671-2722.2018.03.002.}

[5221] 刘铭波，李保龙，叶伟德，胡伟，梁勇，张子清，王大平，朱伟民. 踇趾腓侧趾背动脉蒂甲床瓣移植的显微外科解剖 [J]. 中国临床解剖学杂志，2019，37（6）：609-613. DOI：10.13418/j.issn.1001-165x.2019.06.001. {LIU Mingbo,LI Baolong,YE Weide,HU Wei,LIANG Yong,ZHANG Ziqing,WANG Daping,ZHU Weimin. The microsurgical anatomy and transplantation of nailbed flap supplied by fibular branch of first dorsal digital artery of the great toe[J]. Zhongguo Lin Chuang Jie Pou Xue Za Zhi[Chin J Clin Anat(Article in Chinese;Abstract in Chinese and English)],2019,37(6):609-613. DOI:10.13418/j.issn.1001-165x.2019.06.001.}

[5222] 孙长胜，苏波，李文君，张辉，张玲玲，王婷婷，钱英俊，苗炜亮. 胫后动脉穿支皮瓣修薄的解剖基础与临床应用 [J]. 中华显微外科杂志，2019，42（1）：42-45. DOI：10.3760/cma.j.issn.1001-2036.2019.01.011. {SUN Changsheng,SU Bo,LI Wenjun,ZHANG Hui,ZHANG Lingling,WANG Tignting,QIAN Yingjun,MIAO Weiliang. Anatomic basis and clinical application of perforator flap thinning of posterior tibial artery[J]. Zhonghua Xian Wei Wai Ke Za Zhi[Chin J Microsurg(Article in Chinese;Abstract in Chinese and English)],2019,42(1):42-45. DOI:10.3760/cma.j.issn.1001-2036.2019.01.011.}

[5223] 胡德庆，周晓，张文明. 腕背穿支蒂 V-Y 推进皮瓣的解剖学基础 [J]. 中华显微外科杂志，2019，42（1）：46-49. DOI：10.3760/cma.j.issn.1001-2036.2019.01.012. {HU Deqing,ZHOU Xiao,ZHANG Wenming. Anatomical basis of the V-Y advancement flap based on the dorsal carpal perforators[J]. Zhonghua Xian Wei Wai Ke Za Zhi[Chin J Microsurg(Article in Chinese;Abstract in Chinese and English)],2019,42(1):46-49. DOI:10.3760/cma.j.issn.1001-2036.2019.01.012.}

[5224] 汪坤菊，石小田，丁自海，黄海伟. 胫后动脉皮支链皮瓣的应用解剖 [J]. 中华显微外科杂志，2019，42（4）：366-370. DOI：10.3760/cma.j.issn.1001-2036.2019.04.012. {WANG Kunju,SHI Xiaotian,DING Zihai,HUANG Haiwei. The applied anatomy of posterior tibial artery cutaneous branches-chain flap[J]. Zhonghua Xian Wei Wai Ke Za Zhi[Chin J Microsurg(Article in Chinese;Abstract in Chinese and English)],2019,42(4):366-370. DOI:10.3760/cma.j.issn.1001-2036.2019.04.012.}

[5225] 于春波，刘鹏，梁亚闯，赵庆豪，丁自海，张志峰. 第 2 掌背动脉 - 指背动脉蒂双叶微皮瓣的应用解剖 [J]. 中华显微外科杂志，2019，42（6）：562-565. DOI：10.3760/cma.j.issn.1001-2036.2019.06.011. {YU Chunbo,LIU Peng,LIANG Yachuang,ZHAO Qinghao,DING Zihai,ZHANG Zhifeng. Applied anatomied study in bilobed micro-flap of second dorsal metacarpal artery and dorsal digital artery[J]. Zhonghua Xian Wei Wai Ke Za Zhi[Chin J Microsurg(Article in Chinese;Abstract in Chinese and English)],2019,42(6):562-565. DOI:10.3760/cma.j.issn.1001-2036.2019.06.011.}

[5226] 王俊平，殷金珠，张国清，王朝军，刘佰运，黄建军. 双额大骨瓣减压术的应用解剖学研究 [J]. 中华神经外科杂志，2019，35（12）：1271-1273. DOI：10.3760/cma.j.issn.1001-2346.2019.12.018. {WANG Junping,YIN Jinzhu,ZHANG Guoqing,WANG Chaojun,LIU Baiyun,HUANG Jianjun. Applied anatomy study on decompression of large frontal bone flap[J]. Zhonghua Shen Jing Wai Ke Za Zhi[Chin J Neurosurg(Article in Chinese;Abstract in Chinese)],2019,35(12):1271-1273. DOI:10.3760/cma.j.issn.1001-2346.2019.12.018.}

[5227] 田明，李小静，宁金龙，李心怡，王佳妮，王瑜，崔怀瑞. 颧眶动脉为蒂的眶周穿支皮瓣的解剖学基础及临床应用研究 [J]. 中华整形外科杂志，2019，35（10）：973-977. DOI：10.3760/cma.j.issn.1009-4598.2019.10.005. {TIAN Ming,LI Xiaojing,NING Jinlong,LI Xinyi,WANG Jiani,WANG Yu,CUI Huairui. Anatomic basis and clinical application of periorbital flap pedicled with zygomatic orbital artery[J]. Zhonghua Zheng Xing Wai Ke Za Zhi[Chin J Plast Surg(Article in Chinese;Abstract in Chinese and English)],2019,35(10):973-977. DOI:10.3760/cma.j.issn.1009-4598.2019.10.005.}

[5228] 王洁琪，廖隽琨，钟江龙，张汉卿，李群星，王张嵩，方泽震，范松，李劲松. 基于解剖学的"五点八线"皮瓣设计用于半舌缺损精确修复的效果评价 [J]. 中国口腔颌面外科杂志，2019，17（6）：508-512. DOI：10.19438/j.cjoms.2019.06.005. {WANG Jieqi,LIAO Junkun,ZHONG Jianglong,ZHANG Hanqing,LI Qunxing,WANG Zhangsong,FANG Zezhen,FAN Song,LI Jinsong. "Five-point eight-line" anatomic flap design for precise hemiglossal reconstruction:evaluation of clinical outcomes[J]. Zhongguo Kou Qiang He Mian Wai Ke Za Zhi[Chin J Oral Maxillofac Surg(Article in Chinese;Abstract in Chinese and English)],2019,17(6):508-512. DOI:10.19438/j.cjoms.2019.06.005.}

[5229] 卫旭东，凌能本，李小静，宁金龙. 面动脉穿支蒂颊黏膜瓣重建泪道的解剖学基础 [J]. 中

国临床解剖学杂志，2020，38（2）：123-126. DOI：10.13418/j.issn.1001-165x.2020.02.002. {WEI Xudong,LING Nengben,LI Xiaojing,NING Jinlong. Anatomical study of the buccal mucosal flap based on the facial artery perforator for reconstruction of lacrimal duct[J]. Zhongguo Lin Chuang Jie Pou Xue Za Zhi[Chin J Clin Anat(Article in Chinese;Abstract in Chinese and English)],2020,38(2):123-126. DOI:10.13418/j.issn.1001-165x.2020.02.002.}

[5230] 胡德庆，周晓，陈鹏，张文明. 肘窝穿支蒂V-Y推进皮瓣的解剖学基础[J]. 中国临床解剖学杂志，2020，38(2)：131-134. DOI：10.13418/j.issn.1001-165x.2020.02.004. {HU Deqing,ZHOU Xiao,CHEN Peng,ZHANG Wenming. Anatomical study of the V-Y advancement flap based on the cubital fossa perforators[J]. Zhongguo Lin Chuang Jie Pou Xue Za Zhi[Chin J Clin Anat(Article in Chinese;Abstract in Chinese and English)],2020,38(2):131-134. DOI:10.13418/j.issn.1001-165x.2020.02.004.}

[5231] 胡德庆，周晓，陈鹏，张文明. 半膜肌腘窝穿支皮瓣的解剖学基础[J]. 中国临床解剖学杂志，2020，38（2）：135-137. DOI：10.13418/j.issn.1001-165x.2020.02.005. {HU Deqing,ZHOU Xiao,CHEN Peng,ZHANG Wenming. Anatomical study of the semimembranosus popliteal perforator flap[J]. Zhongguo Lin Chuang Jie Pou Xue Za Zhi[Chin J Clin Anat(Article in Chinese;Abstract in Chinese and English)],2020,38(2):135-137. DOI:10.13418/j.issn.1001-165x.2020.02.005.}

[5232] 戚瑞林，林海青，薛来恩，熊志刚. 带腋毛穿支皮瓣的解剖学基础[J]. 中国临床解剖学杂志，2020，38（2）：138-141. DOI：10.13418/j.issn.1001-165x.2020.02.006. {QI Ruilin,LIN Haiqing,XUE Laidong,XIONG Zhigang. Anatomical study of the axillary hair-bearing perforator flap[J]. Zhongguo Lin Chuang Jie Pou Xue Za Zhi[Chin J Clin Anat(Article in Chinese;Abstract in Chinese and English)],2020,38(2):138-141. DOI:10.13418/j.issn.1001-165x.2020.02.006.}

[5233] 林海青，戚瑞林，薛来恩，温福利，熊志刚. 带阴毛穿支皮瓣的应用解剖[J]. 中国临床解剖学杂志，2020，38(2)：142-145. DOI：10.13418/j.issn.1001-165x.2020.02.007. {LIN Haiqing,QI Ruilin,XUE Laidong,WEN Fuli,XIONG Zhigang. Clinical anatomy of the pubic hair-bearing perforator flap[J]. Zhongguo Lin Chuang Jie Pou Xue Za Zhi[Chin J Clin Anat(Article in Chinese;Abstract in Chinese and English)],2020,38(2):142-145. DOI:10.13418/j.issn.1001-165x.2020.02.007.}

[5234] 夏有辰，李比，陈小迅，杨欣，马建勋，邹力君，王建伟，张卫光. 背阔肌肌皮瓣的血管解剖及其临床应用[J]. 解剖学报，2020，51（1）：93-97. DOI：10.16098/j.issn.0529-1356.2020.01.016. {XIA Youchen,LI Bi,CHEN Xiaoxun,YANG Xin,MA Jianxun,ZOU Lijun,WANG Jianwei,ZHANG Weiguang. Vascular anatomy and clinical application of latissimus dorsi myocutaneous flap[J]. Jie Pou Xue Bao[Acta Anat Sin(Article in Chinese;Abstract in Chinese and English)],2020,51(1):93-97. DOI:10.16098/j.issn.0529-1356.2020.01.016.}

[5235] 周望高，柯于海，李东扬，叶学浪，余少校，林慧鑫，熊懿，李征，张振伟. 逆行四面解剖法切取桡动脉掌浅支皮瓣修复手指末节软组织缺损[J]. 中华显微外科杂志，2020，43（2）：173-175. DOI：10.3760/cma.j.cn441206-20190904-00299. {ZHOU Wanggao,KE Yuhai,LI Dongyang,YE Xuelang,YU Shaoxiao,LIN Huixin,XIONG Yi,LI Zheng,ZHANG Zhenwei. Repair soft tissue defect of distal segment of finger with superficial palmar branch flap of radial artery by retrograde tetrahedral dissection[J]. Zhonghua Xian Wei Wai Ke Za Zhi[Chin J Microsurg(Article in Chinese;Abstract in Chinese)],2020,43(2):173-175. DOI:10.3760/cma.j.cn441206-20190904-00299.}

[5236] 徐强，张锡平，王镖，杨新佑，邱尔钺，董忠根. 远端蒂腓肠神经营养血管皮瓣的解剖及临床应用[J]. 实用骨科杂志，2020，26（3）：228-231. {XU Qiang,ZHANG Xiping,WANG Biao,YANG Xinyou,QIU Dongyu,DONG Zhonggen. Anatomy and clinical application of distal sural neurovascular flap[J]. Shi Yong Gu Ke Za Zhi[J Pract Orthop(Article in Chinese;Abstract in Chinese and English)],2020,26(3):228-231.}

[5237] 宋达疆，毛煌兴，李赞，周晓，章一新，彭小伟，周波，吕春柳，伍鹏，唐园园，彭文. 侧胸带蒂胸外侧动脉穿支皮瓣的解剖观察及其在保乳术乳房重建中的临床应用[J]. 中华解剖与临床杂志，2020，25（1）：37-42. DOI：10.3760/cma.j.issn.2095-7041.2020.01.007. {SONG Dajiang,MAO Huangxing,LI Zan,ZHOU Xiao,ZHANG Yixin,PENG Xiaowei,ZHOU Bo,LV Chunliu,WU Peng,TANG Yuanyuan,PENG Wen. Anatomical research of pedicled lateral thoracic artery perforator flap in breast reconstruction after breast-conserving surgery[J]. Zhonghua Jie Pou Yu Lin Chuang Za Zhi[Chin J Anat Clin(Article in Chinese;Abstract in Chinese and English)],2020,25(1):37-42. DOI:10.3760/cma.j.issn.2095-7041.2020.01.007.}

[5238] 李建成，宋培军，杨东昆，胡恺，陈默，许操，孙悦. 游离腓动脉双叶穿支皮瓣在晚期口咽癌术后缺损解剖重建中的临床效果[J]. 南方医科大学学报，2020，40（6）：814-821. DOI：10.12122/j.issn.1673-4254.2020.06.07. {LI Jiancheng,SONG Peijun,YANG Dongkun,HU Kai,CHEN Mo,XU Cao,SUN Yue. Effect of double-leaf perforator free flap posterolateral calf peroneal artery on reconstruction of oropharyngeal anatomy after ablation of advanced oropharyngeal carcinoma[J]. Nan Fang Yi Ke Da Xue Xue Bao [J South Med Univ(Article in Chinese;Abstract in Chinese and English)],2020,40(6):814-821. DOI:10.12122/j.issn.1673-4254.2020.06.07.}

4.1.2 皮瓣的分类与命名
classification and nomenclature of flap

[5239] 王炜. 506例次游离皮瓣移植的经验——Ⅰ. 游离皮瓣的临床分类，设计及切取的简易方法[J]. 修复重建外科杂志，1987，1（1）：40-44. {WANG wei. Experience of 506 cases of free flap transplantation:clinical classification,design and simple method[J]. Zhongguo Xiu Fu Chong Jian Wai Ke Za Zhi[Chin J Repar Reconstr Surg(Article in Chinese;No abstract available)],1987,1(1):40-44.}

[5240] 钟世镇，徐达传. 皮瓣的命名及其解剖学依据[J]. 中华显微外科杂志，1995，18（2）：82-83. {ZHONG Shizhen,XU Dachuan. Nomenclature and anatomical basis of skin flap[J]. Zhonghua Xian Wei Wai Ke Za Zhi[Chin J Microsurg(Article in Chinese;No abstract available)],1995,18(2):82-83.}

[5241] 王成琪. 皮瓣的命名及供区选择[J]. 中华显微外科杂志，1995，18(2)：84-85. {WANG Chengqi. Naming of skin flap and selection of donor site[J]. Zhonghua Xian Wei Wai Ke Za Zhi[Chin J Microsurg(Article in Chinese;No abstract available)],1995,18(2):84-85.}

[5242] 钟世镇，徐达传. 组织瓣的解剖学基础与命名的关系[J]. 中华手外科杂志，1998，14（4）：194. DOI：10.3760/cma.j.issn.1005-054X.1998.04.002. {ZHONG Shizhen,XU Dachuan. Relationship between anatomical basis and nomenclature of tissue flap[J]. Zhonghua Shou Wai Ke Za Zhi[Chin J Hand Surg(Article in Chinese;No abstract available)],1998,14(4):194. DOI:10.3760/cma.j.issn.1005-054X.1998.04.002.}

[5243] 钟世镇，徐永清，周长满. 皮神经营养血管皮瓣解剖基础及命名[J]. 中华显微外科杂志，1999，22（1）：37. DOI：10.3760/cma.j.issn.1001-2036.1999.01.014. {ZHONG Shizhen,XU Yongqing,ZHOU Changman. Anatomical basis and nomenclature of neurocutaneous vascular flap[J]. Zhonghua Xian Wei Wai Ke Za Zhi[Chin J Microsurg(Article in Chinese;Abstract in Chinese and English)],1999,22(1):37. DOI:10.3760/cma.j.issn.1001-2036.1999.01.014.}

[5244] 张世民，侯春林，刘大雄，张连生. 皮神经营养血管组织瓣的临床应用原则与命名[J]. 中国实用手外科杂志，2000，14：195-198. {ZHANG Shimin,HOU Chunlin,LIU Daxiong,ZHANG Liansheng. Clincal principles and nomenclature of flaps incorporating the nutrient vessels of cutaneous nerves[J]. Shi Yong Shou Wai Ke Za Zhi[Chin J Pract Hand Surg(Article in Chinese;Abstract in Chinese and English)],2000,14:195-198.}

[5245] 沈祖尧. 关于皮瓣预构的命名[J]. 中国修复重建外科杂志，2000，14（4）：253-254. {SHEN Zuyao. The nomenclature of skin flap prefabrication[J]. Zhongguo Xiu Fu Chong Jian Wai Ke Za Zhi[Chin J Repar Reconstr Surg(Article in Chinese;No abstract available)],2000,14(4):253-254.}

[5246] 张世民，徐达传，侯春林. 皮神经浅静脉筋膜皮瓣的命名探讨[J]. 中国临床解剖学杂志，2004，22（1）：34-35. DOI：10.3969/j.issn.1001-165X.2004.01.012. {ZHANG Shimin,XU Dachuan,HOU Chunlin. Discusion on naming of cutaneus-nerve-superficial-vein-facia-flap[J]. Zhongguo Lin Chuang Jie Pou Xue Za Zhi[Chin J Clin Anat(Article in Chinese;Abstract in Chinese and English)],2004,22(1):34-35. DOI:10.3969/j.issn.1001-165X.2004.01.012.}

[5247] 张世民，徐达传，俞光荣，张峰. 复（组）合皮瓣的分类、供区及临床应用[J]. 中国临床解剖学杂志，2005，23（6）：670-673. DOI：10.3969/j.issn.1001-165X.2005.06.030. {ZHANG Shimin,XU Dachuan,YU Guangrong,ZHANG Feng. Composite and combined flaps:classification,donor site and clinical applications[J]. Zhongguo Lin Chuang Jie Pou Xue Za Zhi[Chin J Clin Anat(Article in Chinese;Abstract in Chinese and English)],2005,23(6):670-673. DOI:10.3969/j.issn.1001-165X.2005.06.030.}

[5248] 胡鸿泰，张涤生. 手指皮瓣分类和急诊修复[J]. 中国修复重建外科杂志，2006，20（12）：1196-1198. {HU Hongtai,ZHANG Disheng. Classification of finger flaps and its use in emergency treatment for finger injuries[J]. Zhongguo Xiu Fu Chong Jian Wai Ke Za Zhi[Chin J Repar Reconstr Surg(Article in Chinese;Abstract in Chinese and English)],2006,20(12):1196-1198.}

[5249] 高建明，李宏，华国军，骆宇春，朱建平. 带脂肪筋膜蒂皮神经轴型皮瓣——探讨皮神经营养血管皮瓣命名问题[J]. 实用手外科杂志，2006，20（3）：140-143. DOI：10.3969/j.issn.1671-2722.2006.03.003. {GAO Jianming,LI Hong,HUA Guojun,LUO Yuchun,ZHU Jianping. A adipofascial pedicled neurocutaneous axis flap[J]. Shi Yong Shou Wai Ke Za Zhi[Chin J Pract Hand Surg(Article in Chinese;Abstract in Chinese and English)],2006,20(3):140-143. DOI:10.3969/j.issn.1671-2722.2006.03.003.}

[5250] 顾玉东. 关于医学名词的规范[J]. 中华手外科杂志，2008，24（6）：321-321. DOI：10.3760/cma.j.issn.1005-054X.2008.06.001. {GU Yudong. The rules of medical noun[J]. Zhonghua Shou Wai Ke Za Zhi[Chin J Hand Surg(Article in Chinese;Abstract in Chinese and English)],2008,24(6):321-321. DOI:10.3760/cma.j.issn.1005-054X.2008.06.001.}

[5251] 张世民，唐茂林，穆广态，徐达传，徐永清，柴益民，章一新，唐举玉，郑和平，侯春林. 穿支皮瓣及相关术语的专家共识[J]. 中国临床解剖学杂志，2010，28（5）：475-477. {ZHANG Shimin,TANG Maolin,MU Guangtai,XU Dachuan,XU Yongqing,CHAI Yimin,ZHANG Yixin,TANG Juyu,ZHENG Heping,HOU Chunlin. Consensus on terminology of perforator flap and its related nomenclature[J]. Zhongguo Lin Chuang Jie Pou Xue Za Zhi[Chin J Clin Anat(Article in Chinese;Abstract in Chinese and English)],2010,28(5):475-477.}

[5252] 张世民，唐茂林，章伟文，徐达传，徐永清，杨大平，王春梅，刘元波，陈宏，梅劲，王欣，温树正，章一新，汪华侨，王春惠，季卫平，陶圣祥，刘小林，侯春林. 穿支皮瓣的名词术语与临床应用原则[J]. 中国临床解剖学杂志，2011，29（6）：599-601. {ZHANG Shimin,TANG Maolin,ZHANG Weiwen,XU Dachuan,XU Yongqing,YANG Daping,WANG Chunmei,LIU Yuanbo,CHEN Hong,MEI Jin,WANG Xin,WEN Shuzheng,ZHANG Yixin,WANG Chunhui,JI Weiping,TAO Shengxiang,LIU Xiaolin,HOU Chunlin. Consensus on terminology of perforator flaps and its clinical principles[J]. Zhongguo Lin Chuang Jie Pou Xue Za Zhi[Chin J Clin Anat(Article in Chinese;Abstract in Chinese and English)],2011,29(6):599-601.}

[5253] 向剑平，顾立强. 穿支皮瓣的定义和命名问题讨论[J]. 中华显微外科杂志，2011，34（5）：355-358. DOI：10.3760/cma.j.issn.1001-2036.2011.05.002. {XIANG Jianping,GU Liqiang. Discussion on the definition and nomenclature of perforator flap[J]. Zhonghua Xian Wei Wai Ke Za Zhi[Chin J Microsurg(Article in Chinese;No abstract available)],2011,34(5):355-358. DOI:10.3760/cma.j.issn.1001-2036.2011.05.002.}

[5254] 徐达传，张世民，唐茂林. 穿支皮瓣及相关术语的初步共识[J]. 中华显微外科杂志，2011，34（5）：358-359. DOI：10.3760/cma.j.issn.1001-2036.2011.05.003. {XU Dachuan,ZHANG Shimin,TANG Maolin. Preliminary consensus on perforator flap and related terms[J]. Zhonghua Xian Wei Wai Ke Za Zhi[Chin J Microsurg(Article in Chinese;No abstract available)],2011,34(5):358-359. DOI:10.3760/cma.j.issn.1001-2036.2011.05.003.}

[5255] 刘柳，杨磊，赵民朝，毛驰. 游离股前外侧穿支皮瓣穿支血管的临床分类及意义[J]. 中华整形外科杂志，2012，28（4）：291-293. DOI：10.3760/cma.j.issn.1009-4598.2012.04.014. {LIU Liu,YANG Lei,ZHAO Minchao,MAO Chi. Clinical classification and significance of perforator vessels in free anterolateral thigh perforator flap[J]. Zhonghua Zheng Xing Wai Ke Za Zhi[Chin J Plast Surg(Article in Chinese;No abstract available)],2012,28(4):291-293. DOI:10.3760/cma.j.issn.1009-4598.2012.04.014.}

[5256] 张世民，唐茂林，章伟文，徐达传，徐永清，杨大平，王春梅，刘元波，陈宏，梅劲，王欣，温树正，章一新，汪华侨，王春惠，季卫平，陶圣祥，刘小林，顾立强，侯春林. 中国穿支皮瓣的名词术语与临床应用原则共识（暂定稿）[J]. 中华显微外科杂志，2012，35（2）：89-92. DOI：10.3760/cma.j.issn.1001-2036.2012.02.001. {ZHANG Shimin,TANG Maolin,ZHANG Weiwen,XU Dachuan,XU Yongqing,YANG Daping,WANG Chunmei,LIU Yuanbo,CHEN Hong,MEI Jin,WANG Xin,WEN Shuzheng,ZHANG Yixin,WANG Chunhui,JI Weiping,TAO Shengxiang,LIU Xiaolin,GU Liqiang,HOU Chunlin. Terminology and clinical application principles of perforator flap in China (Draft)[J]. Zhonghua Xian Wei Wai Ke Za Zhi[Chin J Microsurg(Article in Chinese;No abstract available)],2012,35(2):89-92. DOI:10.3760/cma.j.issn.1001-2036.2012.02.001.}

[5257] 唐举玉，章伟文，张世民，章一新，陈宏，唐茂林，汪华侨，徐达传，梅劲. 特殊形式穿支皮瓣的名词术语与定义[J]. 中国临床解剖学杂志，2013，31（2）：121-122. {TANG Juyu,ZHANG Weiwen,ZHANG Shimin,ZHANG Yixin,CHEN Hong,TANG Maolin,WANG Huaqiao,XU Dachuan,MEI Jin. The definition and terminology of some special form perforator flap[J]. Zhongguo Lin Chuang Jie Pou Xue Za Zhi[Chin J Clin Anat(Article in Chinese;Abstract in Chinese and English)],2013,31(2):121-122.}

[5258] 唐举玉，章伟文，张世民，章一新，陈宏，唐茂林，汪华侨，徐达传，梅劲. 中国特殊形式穿支皮瓣的名词术语与定义专家共识[J]. 中华显微外科杂志，2013，36（2）：113-114. DOI：10.3760/cma.j.issn.1001-2036.2013.02.005. {TANG Juyu,ZHANG Weiwen,ZHANG Shimin,ZHANG Yixin,CHEN Hong,TANG Maolin,WANG Huaqiao,XU Dachuan,MEI Jin. Expert consensus on terms and definitions of Chinese special perforator flap[J]. Zhonghua Xian Wei Wai Ke Za Zhi[Chin J Microsurg(Article in Chinese;No abstract available)],2013,36(2):113-114. DOI:10.3760/cma.j.issn.1001-2036.2013.02.005.}

[5259] 陈建武，宋保强，郭树忠. 组合皮瓣的分类和进展[J]. 中华显微外科杂志，2014，37（4）：410-412. DOI：10.3760/cma.j.issn.1001-2036.2014.04.033. {CHEN Jianwu,SONG Baoqiang,GUO Shuzhong. Classification and progress of combined flap[J]. Zhonghua Xian Wei Wai Ke Za Zhi[Chin J Microsurg(Article in Chinese;No abstract available)],2014,37(4):410-412. DOI:10.3760/cma.j.issn.1001-2036.2014.04.033.}

[5260] 刘莉. 嵌合（穿支）皮瓣的定义分类和临床应用进展[J]. 中国临床解剖学杂志，2017，35（2）：232-235. DOI：10.13418/j.issn.1001-165x.2017.02.024. {LIU Li. The definition of the chimeric (perforator) flap classification and clinical application progress[J]. Zhongguo Lin Chuang Jie Pou Xue Za Zhi[Chin J Clin Anat(Article in Chinese;Abstract in Chinese and English)],2017,35(2):232-235. DOI:10.13418/j.issn.1001-165x.2017.02.024.}

4.1.3 皮瓣的设计
flap design

[5261] Peng LW,Zhang WF,Zhao JH,He SG,Zhao YF. Two designs of platysma myocutaneous flap for reconstruction of oral and facial defects following cancer surgery[J]. Int J Oral Maxillofac Surg,2005,34(5):507-513. doi:10.1016/j.ijom.2004.10.022.

[5262] Chen SH,Xu DC,Tang ML,Ding HM,Sheng WC,Peng TH. Measurement and analysis of the perforator arteries in upper extremity for the flap design[J]. Surg Radiol Anat,2009,31(9):687-693. doi:10.1007/s00276-009-0505-z.

[5263] Jin B,Hasi W,Yang C,Song J. A microdissection study of perforating vessels in the perineum:implication in designing perforator flaps[J]. Ann Plast Surg,2009,63(6):665-669. doi:10.1097/SAP.0b013e3181999de3.

[5264] Chen XH,Zhao HX,Fang JG,Yu ZK,Huang ZG. Use of preoperative ultrasound in designing the true pectoralis major myocutaneous island flap[J]. Chin Med J,2012,125(4):667-670.

[5265] Du YF,Zhou WN,Li J,Jiang HB,Yuan H,Wan LZ. A new design of facial artery perforator flaps for the reconstruction of small-to medium-sized intraoral defects[J]. J Craniofac Surg,2014,25(6):2098-2100. doi:10.1097/SCS.0000000000001020.

[5266] Li L,Song D,Zheng H,Hou C,Lin J,Xie Z,Zhuang Y. Anatomical basis of the reverse lateral plantar artery perforator flap design[J]. Surg Radiol Anat,2015,37(8):983-988. doi:10.1007/s00276-015-1426-7.

[5267] Sun G,Nie K,Jin W,Wei Z,Qi J,Wang D. Composite tissue flap at perforating branches of saphenous artery:a new design for repairing composite tissue defects in anterior knee[J]. Int J Clin Exp Med,2015,8(11):21448-21453.

[5268] Li KW,Song DJ,Liu J,Xie SL. Tripaddle posterior interosseous artery flap design for 3-finger defects:an evaluation of 3 surgical approaches[J]. Ann Plast Surg,2016,77(4):406-412. doi:10.1097/SAP.0000000000000749.

[5269] Wang T,Lin J,Song D,Zheng H,Hou C,Li L,Wu Z. Anatomical basis and design of the distally based lateral dorsal cutaneous neuro-lateral plantar venofasciocutaneous flap pedicled with the lateral plantar artery perforator of the fifth metatarsal bone:a cadaveric dissection[J]. Surg Radiol Anat,2017,39(2):141-147. doi:10.1007/s00276-016-1712-z.

[5270] Battiston B,Ciclamini D,Tang JB. Compound or specially designed flaps in the lower extremities[J]. Clin Plast Surg,2017,44(2):287-297. doi:10.1016/j.cps.2016.11.006.

[5271] Huang L,Gao X,Su T,Jiang CH,Jian XC. Vertical platysma myocutaneous flap reconstruction for oral defects using three different incision designs:experience with 68 cases[J]. Int J Oral Maxillofac Surg,2018,47(3):324-329. doi:10.1016/j.ijom.2017.07.017.

[5272] Pan D,Zhou ZB,Tang JY. Three-dimensional reconstruction:the waveform design of free perforator flap for the heel defect repair[J]. Plast Reconstr Surg,2018,142(5):809e-810e. doi:10.1097/PRS.0000000000004942.

[5273] Qing LM,Tang JY. Reconstruction of soft tissue defect in the knee region with individual design of perforator flap[J]. Ann Plast Surg,2018,81(6):741-743. doi:10.1097/SAP.0000000000001709.

[5274] Deng C,Wu B,Wei Z,Zhang Z,Zhang T,Wang D. A systematic study of vascular distribution characteristics and axis design of various flap types[J]. Med Sci Monit,2019,25:721-729. doi:10.12659/MSM.911940.

[5275] Wu F,Wen G,Chai Y,Han P. The microsurgical calcaneus osteocutaneous fillet flap after traumatic amputation in lower extremities:flap design and harvest technique[J]. Ann Plast Surg,2019,83(2):183-189. doi:10.1097/SAP.0000000000001775.

[5276] Cao Z,Guo YQ,Tan SX,Niu CY,Wang JH,Miao CL,Tang SJ,Liang XQ. The modified rectangle flap epicanthoplasty:a novel and individualized design[J]. Aesthetic Plast Surg,2021,45(2):564-569. doi:10.1007/s00266-019-01517-z.

[5277] Battiston B,Ciclamini D,Tang JB. Compound or specially designed flaps in the lower extremities[J]. Clin Plast Surg,2020,47(4):535-546. doi:10.1016/j.cps.2020.06.006.

[5278] Li H,Xu W,Wang Y,Liu Z,Cao Y,Han W. A novel design of v-shaped radial forearm free flap facilitates the direct closure of donor site wound[J]. J Craniofac Surg,2020 Nov 11. doi:10.1097/SCS.0000000000007211. Online ahead of print.

[5279] Lyu X,Liu S,Zheng L,Huang M,Zhang J,Zhang J. A modified design of the pectoralis major myocutaneous flap for reconstruction of head and neck defect[J]. J Craniofac Surg,2020 Nov 25. doi:10.1097/SCS.0000000000007287. Online ahead of print.

[5280] Wu YH,Zhang PX,Wu NA,Xu H. Pre-operative imaging of the supraclavicular artery island flap plays a vital role in the flap design[J]. Chin Med J,2021 Feb 3. doi:10.1097/CM9.0000000000001358. Online ahead of print.

[5281] 顾玉东. 皮瓣设计与解剖学的点、线、面（Ⅰ）[J]. 临床应用解剖学杂志，1985，3（1）：60-63. {GU Yudong. Point,line and surface of flap design and anatomy (I)[J]. Lin Chuang Ying Yong Jie Pou Xue Za Zhi[J Clin Appl Anat(Article in Chinese;No abstract available)],1985,3(1):60-63.}

[5282] 顾玉东. 皮瓣设计与解剖学的点、线、面（Ⅱ）[J]. 临床应用解剖学杂志，1985，3（2）：122-125. {GU Yudong. Point,line and surface of flap design and anatomy (II)[J]. Lin Chuang Ying Yong Jie Pou Xue Za Zhi[J Clin Appl Anat(Article in Chinese;No abstract available)],1985,3(2):122-125.}

[5283] 刘宗智，钟世镇，孙博，原林，范启申，王成琪. 以腹壁下血管为蒂设计的肌皮瓣[J]. 临床解剖学杂志，1986，4（4）：210-213+252. {LIU Zongzhi,ZHONG Shizhen,SUN Bo,YUAN Lin,FAN Qishen,WANG Chengqi. Myocutaneous flap pedicled with inferior epigastric vessels[J]. Lin Chuang Jie Pou Xue Za Zhi[J Clin Anat(Article in Chinese;No abstract available)],1986,4(4):210-213+252.}

[5284] 艾玉峰，鲁开化，罗锦辉，汪良能. 头皮扩张术治疗瘢痕秃发的皮瓣设计（附56例报告）[J]. 中华外科杂志，1989，27（9）：558-560. {AI Yufeng,LU Kaihua,LUO Jinhui,WANG Liangneng. Skin flap design of scalp expansion for cicatricial alopecia (report of 56 cases)[J]. Zhonghua Wai Ke Za Zhi[Chin J Surg(Article in Chinese;Abstract in Chinese)],1989,27(9):558-560.}

[5285] 张建忠，李华贵. 大隐静脉岛状皮瓣的手术设计与应用[J]. 中华显微外科杂志，1990，13（4）：209-211. {ZHANG Jianzhong,LI Huagui. Surgical design and application of great saphenous vein island flap[J]. Zhonghua Xian Wei Wai Ke Za Zhi[Chin J Microsurg(Article in Chinese;No abstract available)],1990,13(4):209-211.}

[5286] 顾玉东. 小腿内侧皮瓣的类型设计与临床应用[J]. 中华显微外科杂志，1991，14（2）：67-68. {GU Yudong. Type design and clinical application of interior leg flap[J]. Zhonghua Xian Wei Wai Ke Za Zhi[Chin J Microsurg(Article in Chinese;Abstract in Chinese)],1991,14(2):67-68.}

[5287] 高伟阳，黄佳温，厉智. 分叶皮瓣的设计及其应用[J]. 中华手外科杂志，1995，11（3）：72-73. {GAO Weiyang,HUANG Jiawen,LI Zhi. A ramified flap:design and application[J]. Zhonghua Shou Wai Ke Za Zhi[Chin J Hand Surg(Article in Chinese;Abstract in Chinese and English)],1995,11(3):72-73.}

[5288] 钟世镇，徐达传. 肢体血供规律与组织瓣设计的关系[J]. 中国临床解剖学杂志，1996，14：161-164. {ZHONG Shizhen,XU Dachuan. Relation between the patterns of blood suooly to extremities and the design of tissue flap[J]. Zhongguo Lin Chuang Jie Pou Xue Za Zhi[Chin J Clin Anat(Article in Chinese;Abstract in Chinese and English)],1996,14:161-164.}

[5289] 张发惠，郑和平，刘经南，钟桂午. 前臂背侧血管分布特点与皮瓣设计[J]. 中华显微外科杂志，1996，19（1）：41-44. {ZHANG Fahui,ZHENG Heping,LIU Jingnan,ZHONG Guiwu. The charactreistics of distribution of vessels of posterior of forearm and design of flap[J]. Zhonghua Xian Wei Wai Ke Za Zhi[Chin J Microsurg(Article in Chinese;Abstract in Chinese and English)],1996,19(1):41-44.}

[5290] 高伟阳. 指动脉岛状皮瓣的设计类型和临床应用[J]. 中华手外科杂志，1996，12（S1）：11-14. {GAO Weiyang. Digital artery island flap:types and clinical application[J]. Zhonghua Shou Wai Ke Za Zhi[Chin J Hand Surg(Article in Chinese;Abstract in Chinese and English)],1996,12(S1):11-14.}

[5291] 夏双印，关德宏，吕松岑. 带蒂腹部真皮下血管网皮瓣设计的改进及临床应用[J]. 中国修复重建外科杂志，1997，11（5）：38-39. {XIA Shuangyin,GUAN Dehong,LV SongCen. Design improvement and clinical application of pedicled abdominal subdermal vascular network flap[J]. Zhongguo Xiu Fu Chong Jian Wai Ke Za Zhi[Chin J Repar Reconstr Surg(Article in Chinese;Abstract in Chinese)],1997,11(5):38-39.}

[5292] 郑和平，张发惠，刘经南，钟桂午. 股骨前面血供分布特点与骨膜（骨）瓣设计[J]. 中国临床解剖学杂志，1998，16：10-14. {ZHENG Heping,ZHANG Fahui,LIU Jingnan,ZHONG Guiwu. Characters of the anterior frmoral vessels' distribution and the periosteal flap design[J]. Zhongguo Lin Chuang Jie Pou Xue Za Zhi[Chin J Clin Anat(Article in Chinese;Abstract in Chinese and English)],1998,16:10-14.}

[5293] 杨明勇，李森恺，李养群，凌诒淳. 指背旗形静脉皮瓣的设计与应用[J]. 中华整形烧伤外科杂 志，1998，14（5）：439-441. {YANG Mingyong,LI Senkai,LI Yangqun,LING Yichun. The flag venous flap in the dorsal finger[J]. Zhonghua Zheng Xing Shao Shang Wai Ke Za Zhi[Chin J Plast Surg Burns(Article in Chinese;Abstract in Chinese and English)],1998,14(5):439-441.}

[5294] 王绥江，罗少军，郝新光，汤少明，吕端远，廖进民. 前臂内侧皮神经的血供特点及其在皮瓣设计中的意义[J]. 中华显微外科杂志，2000，23（3）：210-212. DOI：10.3760/cma.j.issn.1001-2036.2000.03.017. {WANG Suijiang,LUO Shaojun,HAO Xinguang,TANG Shaoming,LV Dongyuan,LIAO Jinmin. The characteristics of blood supply of the medial antebrachial neurocutaneous nerve and it's significance in designing flap[J]. Zhonghua Xian Wei Wai Ke Za Zhi[Chin J Microsurg(Article in Chinese;Abstract in Chinese and English)],2000,23(3):210-212. DOI:10.3760/cma.j.issn.1001-2036.2000.03.017.}

[5295] 谭伦，查茂盛，郭勇. 胫前皮肤缺损的筋膜皮瓣的合理设计[J]. 中国骨伤，2000，13（2）：92-93. DOI：10.3969/j.issn.1003-0034.2000.02.011. {TAN Lun,CHA Maosheng,GUO Yong. Rational design of fascial skin flap for defect of pretibial skin[J]. Zhongguo Gu Shang[China J Orthop Trauma(Article in Chinese;Abstract in Chinese and English)],2000,13(2):92-93. DOI:10.3969/j.issn.1003-0034.2000.02.011.}

[5296] 徐永清，徐达传，钟世镇，石瑾，李忠华. 踝足部血管吻合支的研究与吻合胫前或胫后动脉逆行皮瓣的设计[J]. 中国临床解剖学杂志，2001，19（2）：111-112. DOI：10.3969/j.issn.1001-165X.2001.02.004. {XU Yongqing,XU Dachuan,ZHONG Shizhen,SHI Jin,LI Zhonghua. The study of arterial anastomotic branches in ankle and foot and the design of flap anastomosed reversedly with the anterior or posterior tibial artery[J]. Zhongguo Lin Chuang Jie Pou Xue Za Zhi[Chin J Clin Anat(Article in Chinese;Abstract in Chinese and English)],2001,19(2):111-112. DOI:10.3969/j.issn.1001-165X.2001.02.004.}

[5297] 杨大平，徐学武，田晓丽. 跨区供血的手部微型岛状皮瓣的设计和应用[J]. 中华整形外科杂志，2001，17（4）：201-203. DOI：10.3760/j.issn：1009-4598.2001.04.002. {YANG Daping,XU Xuewu,TIAN Xiaoli. A new approach to the reverse dorsal digital and dorsal metacarpal skin flap[J]. Zhonghua Zheng Xing Wai Ke Za Zhi[Chin J Plast Surg(Article in Chinese;Abstract in Chinese and English)],2001,17(4):201-203. DOI:10.3760/j.issn:1009-4598.2001.04.002.}

[5298] 毛驰，彭歆，俞光岩，郭传，黄敏娴，张益. 超声多普勒血流仪在游离腓骨瓣皮岛设计中的应用[J]. 现代口腔医学杂志，2001，15（6）：442-444. DOI：10.3969/j.issn.1003-7632.2001.06.018. {MAO Chi,PENG Qin,YU Guangyan,GUO Chuan,HUANG Minxian,ZHANG Yi. The value of preoperative Doppler ultrasonography for planning skin paddles of free fibula flap[J]. Xian Dai Kou Qiang Yi Xue Za Zhi[J Mod Stomatol(Article in Chinese;Abstract in Chinese and English)],2001,15(6):442-444. DOI:10.3969/j.issn.1003-7632.2001.06.018.}

[5299] 刘达恩，李智贤，黎信森，农庆文，张立明，卢月华. 应用彩色多普勒影像技术设计轴型皮瓣[J]. 中国修复重建外科杂志，2001，15（3）：150-152. {LIU Daen,LI Zhixian,LI Xinsen,NONG Qingwen,ZHANG Liming,LU Yuehua. The design of axial pattern flap with color doppler flow imaging technique[J]. Zhongguo Xiu Fu Chong Jian Wai Ke Za Zhi[Chin J Repar Reconstr Surg(Article in Chinese;Abstract in Chinese and English)],2001,15(3):150-152.}

[5300] 洪志坚，姜会庆，汪军，周继红. 跟腱瘢痕瓣的Z形设计和临床应用[J]. 中国修复重建外科杂志，2001，15（5）：308-309. {HONG Zhijian,JIANG Huiqing,WANG Jun,ZHOU Jihong. Design of z-shaped achilles tendon scar composite flaps to correct the tendon-scar contracture[J]. Zhongguo Xiu Fu Chong Jian Wai Ke Za Zhi[Chin J Repar Reconstr Surg(Article in Chinese;Abstract in Chinese and English)],2001,15(5):308-309.}

[5301] 刘达恩，李智贤，黎信森，农庆文，张立明，臧毅. 彩色多普勒影像技术设计轴型皮瓣[J]. 中华整形外科杂志，2002，18（2）：76-78. DOI：10.3760/j.issn：1009-4598.2002.02.004. {LIU Daen,LI Zhixian,LI Xinsen,NONG Qingwen,ZHANG Liming,Zang Yi. Design of axial flaps with color Doppler flow imaging technique[J]. Zhonghua Zheng Xing Wai Ke Za Zhi[Chin J Plast Surg(Article in Chinese;Abstract in Chinese and English)],2002,18(2):76-78. DOI:10.3760/j.issn:1009-4598.2002.02.004.}

[5302] 刘达恩，李智贤，王润秀，臧毅，梁自乾. 彩色多普勒影像技术设计腹部轴型皮瓣修复上肢深部创面[J]. 实用手外科杂志，2002，16（2）：73-74. DOI：10.3969/j.issn.1671-2722.2002.02.003. {LIU Daen,LI Zhixian,WANG Runxiu,ZANG Yi,LIANG Ziqian. Design of axial flaps of abdomen with color doppler flow imaging technique for repairing deep wound on upper extremity[J]. Shi Yong Shou Wai Ke Za Zhi[Chin J Pract Hand Surg(Article in Chinese;Abstract in Chinese and English)],2002,16(2):73-74. DOI:10.3969/j.issn.1671-2722.2002.02.003.}

[5303] 刘云生，车宗刚，王冰，王勇，彭化海. 单侧唇裂修复术中唇红瓣的量化设计[J]. 中国口腔颌面外科杂志，2003，1（3）：159-162. DOI：10.3969/j.issn.1672-3244.2003.03.010. {LIU Yunsheng,CHE Zonggang,WANG Bing,WANG Yong,PENG Huahai. Quantitative design of vermilion flap in unilateral cleft lip repair[J]. Zhongguo Kou Qiang He Mian Wai Ke Za Zhi[Chin J Oral Maxillofac Surg(Article in Chinese;Abstract in Chinese and English)],2003,1(3):159-162. DOI:10.3969/j.issn.1672-3244.2003.03.010.}

[5304] 潘宝华，艾玉峰，鲁开化，郭树忠，夏炜，韩岩，马显杰，张琳西. 颞颊部扩张皮瓣的手术设计[J]. 中华整形外科杂志，2004，20（4）：259-261. DOI：10.3760/j.issn：1009-

4598.2004.04.005. {PAN Baohua,AI Yufeng,LU Kaihua,GUO Shuzhong,XIA Wei,HAN Yan,MA Xianjie,ZHANG Linxi. The design of the expanded flap for the repair of the temporal and cheek area[J]. Zhonghua Zheng Xing Wai Ke Za Zhi[Chin J Plast Surg(Article in Chinese;Abstract in Chinese and English)],2004,20(4):259-261. DOI:10.3760/j.issn:1009-4598.2004.04.005.}

[5305] 郭志权. A-T型皮瓣的设计与临床应用[J]. 中华整形外科杂志，2004，20(5)：395. DOI：10.3760/j.issn：1009-4598.2004.05.026. {GUO Zhiquan. Design and clinical application of A-T flap[J]. Zhonghua Zheng Xing Wai Ke Za Zhi[Chin J Plast Surg(Article in Chinese;No abstract available)],2004,20(5):395. DOI:10.3760/j.issn:1009-4598.2004.05.026.}

[5306] 金玉丹，王绥江，罗少军，梁杰. 下腹部阴囊联合"M"形皮瓣的设计和应用[J]. 中华显微外科杂志，2005，28(1)：69. DOI：10.3760/cma.j.issn.1001-2036.2005.01.031. {JIN Yudan,WANG Suijiang,LUO Shaojun,LIANG Jie. Design and application of lower abdomen scrotum combined with "M"-shaped flap[J]. Zhonghua Xian Wei Wai Ke Za Zhi[Chin J Microsurg(Article in Chinese;Abstract in Chinese)],2005,28(1):69. DOI:10.3760/cma.j.issn.1001-2036.2005.01.031.}

[5307] 黎洪棉，刘达恩，张莉，梁自乾，黄骁. 应用彩色多普勒血流显像技术设计轴型皮瓣修复足跟深度创面[J]. 中华创伤杂志，2005，21(4)：268-271. DOI：10.3760/j：issn：1001-8050.2005.04.010. {LI Hongmian,LIU Daen,ZHANG Li,LIANG Ziqian,HUANG Rao. Design of axial flaps with color Doppler flow imaging technique for repairing deep wounds of heels[J]. Zhonghua Chuang Shang Za Zhi[Chin J Trauma(Article in Chinese;Abstract in Chinese and English)],2005,21(4):268-271. DOI:10.3760/j:issn:1001-8050.2005.04.010.}

[5308] 陈天新，吕松岑，关德宏，韩竹，李贵东，夏双印. 腹部带蒂皮瓣设计改进及临床应用[J]. 中国修复重建外科杂志，2005，19(2)：133-135. {CHEN Tianxin,LV SongCen,GUAN Dehong,HAN Zhu,LI Guidong,XIA Shuangyin. Reform of the pedicled abdominal flap and its clinical application[J]. Zhongguo Xiu Fu Chong Jian Wai Ke Za Zhi[Chin J Repar Reconstr Surg(Article in Chinese;Abstract in Chinese and English)],2005,19(2):133-135.}

[5309] 戴开宇，胡斯旺，梅劲，唐茂林. 股后区主要穿支的形态学分析与皮瓣设计[J]. 中国临床解剖学杂志，2006，24(3)：247-250. DOI：10.3969/j.issn.1001-165X.2006.03.007. {DAI Kaiyu,HU Siwang,MEI Jin,TANG Maolin. Morphometric analysis and flap design of the perforators of the posterior region of thigh[J]. Zhongguo Lin Chuang Jie Pou Xue Za Zhi[Chin J Clin Anat(Article in Chinese;Abstract in Chinese and English)],2006,24(3):247-250. DOI:10.3969/j.issn.1001-165X.2006.03.007.}

[5310] 梅劲，任家武，楼新法，戴开宇，崔怀瑞，胡斯旺，Geddes，Christopher R，唐茂林. 小腿部主要穿支的形态学分析与皮瓣设计[J]. 中国临床解剖学杂志，2006，24(3)：251-254. DOI：10.3969/j.issn.1001-165X.2006.03.008. {MEI Jin,REN Jiawu,LOU Xinfa,DAI Kaiyu,CUI Huairui,HU Siwang,Geddes,Christopher R,TANG Maolin. Morphometric analysis and flap design of the vascular perforators of the calf[J]. Zhongguo Lin Chuang Jie Pou Xue Za Zhi[Chin J Clin Anat(Article in Chinese;Abstract in Chinese and English)],2006,24(3):251-254. DOI:10.3969/j.issn.1001-165X.2006.03.008.}

[5311] 李智勇，刘小林，刘均墀，刘云江，肖良宝，常湘珍，胡军，易建华. 介绍一种静脉皮瓣血管流向的设计方法[J]. 中华显微外科杂志，2006，29(1)：28. DOI：10.3760/cma.j.issn.1001-2036.2006.01.034. {LI Zhiyong,LIU Xiaolin,LIU Junxi,LIU Yunjiang,XIAO Liangbao,CHANG Xiangzhen,HU Jun,YI Jianhua. To introduce a design method of blood flow direction of venous flap[J]. Zhonghua Xian Wei Wai Ke Za Zhi[Chin J Microsurg(Article in Chinese;No abstract available)],2006,29(1):28. DOI:10.3760/cma.j.issn.1001-2036.2006.01.034.}

[5312] 许扬滨，向剑平，刘小林，朱家恺. 不带背阔肌的胸背动脉穿支皮瓣的设计和应用[J]. 中华显微外科杂志，2006，29(5)：335-337，插图5-2. DOI：10.3760/cma.j.issn.1001-2036.2006.05.006. {XU Yangbin,XIANG Jianping,LIU Xiaolin,ZHU Jiakai. Design and application of the latissimus dorsi perforator based muscle sparing flap[J]. Zhonghua Xian Wei Wai Ke Za Zhi[Chin J Microsurg(Article in Chinese;Abstract in Chinese and English)],2006,29(5):335-337,insert figure 5-2. DOI:10.3760/cma.j.issn.1001-2036.2006.05.006.}

[5313] 劳克诚，李忠，曲连军，刘雪涛，张成进，范启申，王成琪. 胸脐带蒂皮瓣血管蒂皮管设计的改进及临床应用[J]. 中华手外科杂志，2006，22(2)：81-82. DOI：10.3760/cma.j.issn.1005-054X.2006.02.007. {LAO Kecheng,LI Zhong,QU Lianjun,LIU Xuetao,ZHANG Chengjin,FAN Qishen,WANG Chengqi. Skin tube design improvement and clinical application of the thoracoumbilical pedicle flap[J]. Zhonghua Shou Wai Ke Za Zhi[Chin J Hand Surg(Article in Chinese;Abstract in Chinese and English)],2006,22(2):81-82. DOI:10.3760/cma.j.issn.1005-054X.2006.02.007.}

[5314] 黎洪棉，高建华，梁自乾，刘达恩，张莉. 应用彩色多普勒影像技术设计腹部轴型皮瓣修复手腕部深度创面[J]. 中华手外科杂志，2006，22(6)：353-355. {LI Hongmian,GAO Jianhua,LIANG Ziqian,LIU Daen,ZHANG Li. Design of abdominal axial flaps with color Doppler flow imaging technique for repairing deep wounds of the hand and wrist[J]. Zhonghua Shou Wai Ke Za Zhi[Chin J Hand Surg(Article in Chinese;Abstract in Chinese and English)],2006,22(6):353-355.}

[5315] 夏昊晨，安宁，侯占江，夏双印，付朝蓬，张国权. 旋转皮瓣设计的改进[J]. 中华整形外科杂志，2006，22(2)：156. DOI：10.3760/j.issn：1009-4598.2006.02.023. {XIA Haochen,AN Ning,HOU Zhanjiang,XIA Shuangyin,FU Chaopeng,ZHANG Guoquan. Improvement of rotary flap design[J]. Zhonghua Zheng Xing Wai Ke Za Zhi[Chin J Plast Surg(Article in Chinese;No abstract available)],2006,22(2):156. DOI:10.3760/j.issn:1009-4598.2006.02.023.}

[5316] 李俊，杨定文，杨涛，李宁生. 几何法乳晕设计在下蒂瓣巨乳缩小术中的应用[J]. 中华整形外科杂志，2006，22(6)：474-475. DOI：10.3760/j.issn：1009-4598.2006.06.025. {LI Jun,YANG Dingwen,YANG Tao,LI Ningsheng. Geometric areola design in reduction of giant breast with inferior pedicle flap[J]. Zhonghua Zheng Xing Wai Ke Za Zhi[Chin J Plast Surg(Article in Chinese;No abstract available)],2006,22(6):474-475. DOI:10.3760/j.issn:1009-4598.2006.06.025.}

[5317] 刘会仁，李瑞国，高顺红，汪琦，曹磊，张艳茂，项力源，孙来卿，刘志旺，王岩，王国强，侯金玲，于占勇. 股前外侧皮瓣的多普勒探测研究和设计改进[J]. 中国修复重建外科杂志，2006，20(7)：722-724. {LIU Huiren,LI Ruiguo,GAO Shunhong,WANG Qi,CAO Lei,ZHANG Yanmao,XIANG Liyuan,SUN Laiqing,LIU Zhiwang,WANG Yan,WANG Guoqiang,HOU Jinling,YU Zhanyong. Application of doppler in the skin flap of vastus lateralis[J]. Zhongguo Xiu Fu Chong Jian Wai Ke Za Zhi[Chin J Repar Reconstr Surg(Article in Chinese;Abstract in Chinese and English)],2006,20(7):722-724.}

[5318] 江奕恒，李学雷，石小田，徐达传. 股前外侧单一高位穿支供血区域的形态学研究与皮瓣设计[J]. 中国临床解剖学杂志，2007，25(5)：497-501. DOI：10.3969/j.issn.1001-165X.2007.05.004. {JIANG Yiheng,LI Xuelei,SHI Xiaotian,XU Dachuan. Anatomic study of the high cutaneous perforator's vascular territory and flap design in this area[J]. Zhongguo Lin Chuang Jie Pou Xue Za Zhi[Chin J Clin Anat(Article in Chinese;Abstract in Chinese and English)],2007,25(5):497-501. DOI:10.3969/j.issn.1001-165X.2007.05.004.}

[5319] 康庆林，曾炳芳，柴益民，韩培，蒋佳，唐剑飞. 旋髂深动脉供应的髂骨穿支皮瓣设计与应用[J]. 中华骨科杂志，2007，27(6)：442-445. DOI：10.3760/j.issn：0253-2352.2007.06.011. {KANG Qinglin,ZENG Bingfang,CHAI Yimin,HAN Pei,JIANG Jia,TANG Jianfei. Vascularized iliac osteocutaneous perforator flap based on the deep circumflex iliac artery:operative design and clinical applications[J]. Zhonghua Gu Ke Za Zhi[Chin J Orthop(Article in Chinese;Abstract in Chinese and English)],2007,27(6):442-445. DOI:10.3760/j.issn:0253-2352.2007.06.011.}

[5320] 周鹏，杨新东，徐象党，唐茂林. 股前外侧区穿支动脉的形态学研究及皮瓣设计[J]. 中华显微外科杂志，2007，30(3)：203-205，插3-3. DOI：10.3760/cma.j.issn.1001-2036.2007.03.013. {ZHOU Peng,YANG Xindong,XU Xiangdang,TANG Maolin. Morphologic analysis and flap design on the perforators of anterolateral thigh[J]. Zhonghua Xian Wei Wai Ke Za Zhi[Chin J Microsurg(Article in Chinese;Abstract in Chinese and English)],2007,30(3):203-205,insert 3-3. DOI:10.3760/cma.j.issn.1001-2036.2007.03.013.}

[5321] 江奕恒，徐达传，李学雷，李严斌，彭田红，张元智，唐茂林. 股前外侧区皮瓣血管3D可视化研究与皮瓣设计[J]. 中华显微外科杂志，2007，30(6)：433-436，插4. DOI：10.3760/cma.j.issn.1001-2036.2007.06.011. {JIANG Yiheng,XU Dachuan,LI Xuelei,LI Yanbin,PENG Tianhong,ZHANG Yuanzhi,TANG Maolin. Vascular 3D visualization and flap design on the each perforator of anterolateral thigh flap[J]. Zhonghua Xian Wei Wai Ke Za Zhi[Chin J Microsurg(Article in Chinese;Abstract in Chinese and English)],2007,30(6):433-436,insert 4. DOI:10.3760/cma.j.issn.1001-2036.2007.06.011.}

[5322] 胡守舵，张海明，赵成鹏，冯越蹇，杨宇，韩星，庄洪兴. 面颊部扩张皮瓣的设计和转移[J]. 中华整形外科杂志，2007，23(1)：8-9. DOI：10.3760/j.issn：1009-4598.2007.01.002. {HU Shoudong,ZHANG Haiming,ZHAO Chengpeng,FENG Yuejian,YANG Yu,HAN Xing,ZHUANG Hongxing. The design and transposition principles of expanded flap for treatment of cheek skin-soft tissue defect[J]. Zhonghua Zheng Xing Wai Ke Za Zhi[Chin J Plast Surg(Article in Chinese;Abstract in Chinese and English)],2007,23(1):8-9. DOI:10.3760/j.issn:1009-4598.2007.01.002.}

[5323] 李书兵，凌霞，都定元，田林. 彩色多普勒超声对胫后动脉皮瓣设计的价值[J]. 创伤外科杂志，2007，9(6)：525-526. DOI：10.3969/j.issn.1009-4237.2007.06.014. {LI Shubing,LING Xia,DU Dingyuan,TIAN Lin. Value of color doppler ultrasound in the design of posterior tibial arterial skin flaps[J]. Chuang Shang Wai Ke Za Zhi[J Traum Surg(Article in Chinese;Abstract in Chinese and English)],2007,9(6):525-526. DOI:10.3969/j.issn.1009-4237.2007.06.014.}

[5324] 王培吉，秦建忠，董启榕. 远端蒂皮瓣或逆行岛状皮瓣转移术蒂部减张皮瓣的设计与应用[J]. 中华显微外科杂志，2008，31(2)：86-88，插4. DOI：10.3760/cma.j.issn.1001-2036.2008.02.003. {WANG Peiji,QIN Jianzhong,DONG Qirong. Design and application of tension skin flap of the pedicle of distally based skin flap or reverse-flow island flap[J]. Zhonghua Xian Wei Wai Ke Za Zhi[Chin J Microsurg(Article in Chinese;Abstract in Chinese and English)],2008,31(2):86-88,insert 4. DOI:10.3760/cma.j.issn.1001-2036.2008.02.003.}

[5325] 胡守舵，张海明，冯越蹇，钟亚妮，赵延勇，庄洪兴. 易位扩张皮瓣在面颊部皮肤缺损修复中的设计与应用[J]. 中华整形外科杂志，2008，24(4)：263-266. DOI：10.3760/j.issn：1009-4598.2008.04.004. {HU Shoudong,ZHANG Haiming,FENG Yuejian,ZHONG Yani,ZHAO Yanyong,ZHUANG Hongxing. Design and application of the expanded transposition flaps In the treatment of cheek skin defects[J]. Zhonghua Zheng Xing Wai Ke Za Zhi[Chin J Plast Surg(Article in Chinese;Abstract in Chinese and English)],2008,24(4):263-266. DOI:10.3760/j.issn:1009-4598.2008.04.004.}

[5326] 徐象党，戴开宇，周鹏，杨新东，唐茂林. 小腿后部各区穿支间的关系与皮瓣设计[J]. 中华显微外科杂志，2009，32(3)：190-192，插3. DOI：10.3760/cma.j.issn.1001-2036.2009.03.008. {XU Xiangdang,DAI Kaiyu,ZHOU Peng,YANG Xindong,TANG Maolin. Relationship and flap design on the perforators of the posterior leg[J]. Zhonghua Xian Wei Wai Ke Za Zhi[Chin J Microsurg(Article in Chinese;Abstract in Chinese and English)],2009,32(3):190-192,insert 3. DOI:10.3760/cma.j.issn.1001-2036.2009.03.008.}

[5327] 杨梅庭，李春茂，刘丽，陶崇清. 开放性颅脑损伤手术皮瓣设计的一种方法[J]. 中华创伤杂志，2009，25(5)：480. DOI：10.3760/cma.j.issn.1001-8050.2009.05.147. {YANG Meiting,LI Chunmao,LIU Li,TAO Chongqing. Flap design for patent craniocerebral injury[J]. Zhonghua Chuang Shang Za Zhi[Chin J Trauma(Article in Chinese;No abstract available)],2009,25(5):480. DOI:10.3760/cma.j.issn.1001-8050.2009.05.147.}

[5328] 胡永杰，苏彤，曲行舟，刘浏，傅锦业，张陈平. 个体化设计的股前外侧复合肌皮瓣修复舌癌根治术后舌及口底缺损[J]. 中华整形外科杂志，2009，25(5)：332-336. DOI：10.3760/cma.j.issn.1009-4598.2009.05.005. {HU Yongjie,SU Tong,QU Xingzhou,LIU Liu,FU Jinye,ZHANG Chenping. Application of individualized free anterolateral thigh combined flap for tongue and mouth floor defects resulted from tongue carcinoma[J]. Zhonghua Zheng Xing Wai Ke Za Zhi[Chin J Plast Surg(Article in Chinese;Abstract in Chinese and English)],2009,25(5):332-336. DOI:10.3760/cma.j.issn.1009-4598.2009.05.005.}

[5329] 王晓军，朱琳，刘志飞，乔群，曾昂，李薇薇，王阳. 岛状皮瓣一期修复眼睑分裂痣的设计与技巧[J]. 中华整形外科杂志，2010，26(1)：15-17. DOI：10.3760/cma.j.issn.1009-4598.2010.01.006. {WANG Xiaojun,ZHU Lin,LIU Zhifei,QIAO Qun,ZENG Ang,LI Weiwei,WANG Yang. The design and technique of one stage treatment of eyelid divided nevus with island skin flap[J]. Zhonghua Zheng Xing Wai Ke Za Zhi[Chin J Plast Surg(Article in Chinese;Abstract in Chinese and English)],2010,26(1):15-17. DOI:10.3760/cma.j.issn.1009-4598.2010.01.006.}

[5330] 张文玺，乔志军. 局部组合皮瓣的设计与临床应用[J]. 临床骨科杂志，2010，13(2)：166-168. DOI：10.3969/j.issn.1008-0287.2010.02.016. {ZHANG Wenxi,QIAO Zhijun. Design and clinical application of local flaps combination[J]. Lin Chuang Gu Ke Za Zhi[J Clin Orthop(Article in Chinese;Abstract in Chinese and English)],2010,13(2):166-168. DOI:10.3969/j.issn.1008-0287.2010.02.016.}

[5331] 李启明，张双喜，陈振喜，朱广明，崔浩杰，顾方瑞，卢俊岳. 指动脉中段背侧支岛状瓣的设计与应用[J]. 中华整形外科杂志，2011，27(5)：340-342. DOI：10.3760/cma.j.issn.1009-4598.2011.05.006. {LI Qichao,ZHANG Shuangxi,CHEN Zhenxi,ZHU Guangming,CUI Haojie,GU Fangrui,LU Junyue. Application of the island flap at the dorsum of the middle phalange with the pedicel of the digital proper artery[J]. Zhonghua Zheng Xing Wai Ke Za Zhi[Chin J Plast Surg(Article in Chinese;Abstract in Chinese and English)],2011,27(5):340-342. DOI:10.3760/cma.j.issn.1009-4598.2011.05.006.}

[5332] 李启明，张吉平，王江涛，朱广明，张双喜. 八点定位皮瓣设计法及临床应用[J]. 中国修复重建外科杂志，2011，25(9)：1055-1058. {LI Qichao,ZHANG Jiping,WANG Jiangtao,ZHU Guangming,ZHANG Shuangxi. Design of flap using eight-point-location method and clinical application[J]. Zhongguo Xiu Fu Chong Jian Wai Ke Za Zhi[Chin J Repar Reconstr Surg(Article in Chinese;Abstract in Chinese and English)],2011,25(9):1055-1058.}

[5333] 李启明，崔浩杰，朱广明，张双喜，边朝辉. 以指固有动脉为蒂的掌背逆行岛状皮瓣的设计与应用[J]. 中华创伤骨科杂志，2012，14(1)：15-18. DOI：10.3760/cma.j.issn.1671-7600.2012.01.005. {LI Qichao,CUI Haojie,ZHU Guangming,ZHANG Shuangxi,BIAN Chaohui. Design and application of the reversed dorsal metacarpal island flap pedicled on the digital proper artery[J]. Zhonghua Chuang Shang Gu Ke Za Zhi[Chin J Orthop Trauma(Article in Chinese;Abstract in Chinese and English)],2012,14(1):15-18. DOI:10.3760/cma.j.issn.1671-7600.2012.01.005.}

[5334] 雷林革，厉孟，何如祥，沈美华，李国海. "感叹号"状带蒂皮瓣的设计与临床应用[J]. 中华创伤杂志，2012，28(9)：826-829. DOI：10.3760/cma.j.issn.1001-8050.2012.09.019. {LEI Linge,LI Meng,HE Ruxiang,SHEN Meihua,LI Guohai. Design and clinical application of "exclamation mark" shaped pedicle flaps[J]. Zhonghua Chuang Shang Za Zhi[Chin J Trauma(Article in Chinese;Abstract in Chinese and English)],2012,28(9):826-829. DOI:10.3760/cma.j.issn.1001-8050.2012.09.019.}

[5335] 范新宇，徐永清，徐龙江，董凯旋，苏锡雄，许立奇，龙海，李军，朱跃良. 高频彩超结合超声造影技术在穿支皮瓣术前设计及评估中的应用[J]. 中华显微外科杂志，2013，36(4)：

322-326. DOI: 10.3760/cma.j.issn.1001-2036.2013.06.003. {FAN Xinyu,XU Yongqing,XU Longjiang,DONG Kaixuan,SU Xixiong,XU Liqi,LONG Hai,LI Jun,ZHU Yueliang. Detection on distribution and flowing dynamics of the vessel perforators by use of high frequency color ultrasound and contrast-enhanced ultrasound[J]. Zhonghua Xian Wei Wai Ke Za Zhi[Chin J Microsurg(Article in Chinese;Abstract in Chinese and English)],2013,36(4):322-326. DOI:10.3760/cma.j.issn.1001-2036.2013.06.003.}

[5336] 王培吉，赵家举，张勇. 掌背动脉穿支蒂逆行筋膜皮瓣与蒂部微型瓣的设计与应用 [J]. 中华手外科杂志，2013，29（4）：212-214. DOI: 10.3760/cma.j.issn.1005-054X.2013.04.009. {WANG Peiji,ZHAO Jiaju,ZHANG Yong. Design and application of mini-flap at the pedide of dorsal metacarpal perforator reversed fasciocutaneous flap[J]. Zhonghua Shou Wai Ke Za Zhi[Chin J Hand Surg(Article in Chinese;Abstract in Chinese and English)],2013,29(4):212-214. DOI:10.3760/cma.j.issn.1005-054X.2013.04.009.}

[5337] 李华涛，海恒林，吴胜刚，李强. 股内侧皮瓣的改良设计和游离移植 [J]. 局解手术学杂志，2013，22（4）：364-366. DOI: 10.11659/jjssx.1672-5042.201304008. {LI Huatao,HAI Henglin,WU Shenggang,LI Qiang. Design improvement and free grafting of modified medial thigh flap[J]. Ju Jie Shou Shu Xue Za Zhi[J Reg Anat Oper Surg(Article in Chinese;Abstract in Chinese and English)],2013,22(4):364-366. DOI:10.11659/jjssx.1672-5042.201304008.}

[5338] 谢志平，庄跃宏，郑和平，章一新，梁成，郝攀登，张发惠. 腓血管蒂腓骨嵌合组织瓣设计的解剖学基础 [J]. 中国临床解剖学杂志，2014，32（3）：259-263. DOI: 10.13418/j.issn.1001-165x.2014.03.006. {XIE Zhiping,ZHUANG Yuehong,ZHENG Heping,ZHANG Yixin,LIANG Cheng,HAO Pandeng,ZHANG Fahui. Anatomical basis for design of the chimeric fibular composite flap based on the peroneal artery[J]. Zhongguo Lin Chuang Jie Pou Xue Za Zhi[Chin J Clin Anat(Article in Chinese;Abstract in Chinese and English)],2014,32(3):259-263. DOI:10.13418/j.issn.1001-165x.2014.03.006.}

[5339] 隋海明，丛海波，翟建国，吴红军，史永安. 大面积股前外侧皮瓣的设计与切取：附 28 例报告 [J]. 中华显微外科杂志，2014，37（2）：143-146. DOI: 10.3760/cma.j.issn.1001-2036.2014.02.012. {SUI Haiming,CONG Haibo,DI Jianguo,WU Hongjun,SHI Yongan. The design and clinical application of large anterolateral thigh flap:28 cases report[J]. Zhonghua Xian Wei Wai Ke Za Zhi[Chin J Microsurg(Article in Chinese;Abstract in Chinese and English)],2014,37(2):143-146. DOI:10.3760/cma.j.issn.1001-2036.2014.02.012.}

[5340] 厉孟，蓝旭，甄平，高秋明，李志琳，高杰，杨巧巧，盖延林. 含斜支股前外侧游离皮瓣的设计及应用 [J]. 中国修复重建外科杂志，2014，28（7）：865-868. DOI: 10.7507/1002-1892.20140191. {LI Meng,LAN Xu,ZHEN Ping,GAO Qiuming,LI Zhilin,GAO Jie,YANG Qiaoqiao,GAI Yanlin. Design and application of anterolateral thigh free flap with oblique branch[J]. Zhongguo Xiu Fu Chong Jian Wai Ke Za Zhi[Chin J Repar Reconstr Surg(Article in Chinese;Abstract in Chinese and English)],2014,28(7):865-868. DOI:10.7507/1002-1892.20140191.}

[5341] 王剑利，赵刚，王根，曲新强，郭永强，付磊，孙圣亮，刘兴龙，张龙. "双翼"带蒂穿支皮瓣修复踝周多创面的设计与临床应用 [J]. 中华显微外科杂志，2015，38（2）：111-115. DOI: 10.3760/cma.j.issn.1001-2036.2015.02.003. {WANG Jianli,ZHAO Gang,WANG Gen,QU Xinqiang,GUO Yongqiang,FU Lei,SUN Shengliang,LIU Xinglong,ZHANG Long. Design and clinical application of pedicled perforator flap with double-vane to repair the multiple wounds in the ankle[J]. Zhonghua Xian Wei Wai Ke Za Zhi[Chin J Microsurg(Article in Chinese;Abstract in Chinese and English)],2015,38(2):111-115. DOI:10.3760/cma.j.issn.1001-2036.2015.02.003.}

[5342] 吴春，谭莉，罗靖致，王正理，应建军. 双轴点设计的逆行骨间背侧动脉岛状皮瓣的临床应用 [J]. 中华手外科杂志，2015，31（5）：385-386. DOI: 10.3760/cma.j.issn.1005-054X.2015.05.030. {WU Chun,TAN Li,LUO Jingzhi,WANG Zhengli,YING Jianjun. Clinical application of retrograde dorsal interosseous artery island flap with biaxial point design[J]. Zhonghua Shou Wai Ke Za Zhi[Chin J Hand Surg(Article in Chinese;Abstract in Chinese)],2015,31(5):385-386. DOI:10.3760/cma.j.issn.1005-054X.2015.05.030.}

[5343] 胡浩良，李学渊，周晓玲，刘林海，费剑荣，王欣，陈宏. 个性化设计游离上臂外侧穿支皮瓣修复手部不规则皮肤软组织缺损 [J]. 中国修复重建外科杂志，2015，29（12）：1510-1514. DOI: 10.7507/1002-1892.20150323. {HU Haoliang,LI Xueyuan,ZHOU Xiaoling,LIU Linhai,FEI Jianrong,WANG Xin,CHEN Hong. Reconstruction of irregular defects of hand using lateral arm free perforator flap by personalized design[J]. Zhongguo Xiu Fu Chong Jian Wai Ke Za Zhi[Chin J Repar Reconstr Surg(Article in Chinese;Abstract in Chinese and English)],2015,29(12):1510-1514. DOI:10.7507/1002-1892.20150323.}

[5344] 梁力，黄东. 腓动脉穿支皮瓣移植设计的研究进展 [J]. 中国临床解剖学杂志，2016，34(1)：36-38. DOI: 10.13418/j.issn.1001-165x.2016.01.010. {LIANG Li,HUANG Dong. Research progress in transplantation design of peroneal artery perforator flap[J]. Zhongguo Lin Chuang Jie Pou Xue Za Zhi[Chin J Clin Anat(Article in Chinese;Abstract in Chinese)],2016,34(1):36-38. DOI:10.13418/j.issn.1001-165x.2016.01.010.}

[5345] 华栋，方小魁，吴苏州，倪韬略，王凌，何萍，江峰，吴丽丽. 倒梨形设计的腓肠神经营养血管皮瓣修复小腿及足踝创面缺损 [J]. 中华显微外科杂志，2016，39（2）：175-177. DOI: 10.3760/cma.j.issn.1001-2036.2016.02.021. {HUA Dong,FANG Xiaokui,WU Suzhou,NI Taolue,WANG Ling,HE Ping,JIANG Feng,WU Lili. Reverse pear shaped sural neurovascular flap for repairing the wound defects of lower leg and foot[J]. Zhonghua Xian Wei Wai Ke Za Zhi[Chin J Microsurg(Article in Chinese;Abstract in Chinese)],2016,39(2):175-177. DOI:10.3760/cma.j.issn.1001-2036.2016.02.021.}

[5346] 王天亮，顾加祥，侯瑞兴，刘宏君，张乃臣，潘俊博，田恒. 皮瓣系数在手指 I 度脱套伤皮瓣设计中的应用 [J]. 实用手外科杂志，2016，30（3）：284-287. DOI: 10.3969/j.issn.1671-2722.2015.04.012. {WANG Tianliang,GU Jiaxiang,HOU Ruixing,LIU Hongjun,ZHANG Naichen,PAN Junbo,TIAN Heng. Application of the flap coefficient in repairing degree I degloving injuries of fingers[J]. Shi Yong Shou Wai Ke Za Zhi[Chin J Pract Hand Surg(Article in Chinese;Abstract in Chinese and English)],2016,30(3):284-287. DOI:10.3969/j.issn.1671-2722.2015.04.012.}

[5347] 余道江，赵天兰，MORICE，Anne，伍丽君，孙卫，于文渊，李秀洁，王帅，王睿. 下颌缘双蒂皮瓣联合创缘几何形破裂线设计一期修复面颊部严重犬咬伤 [J]. 中国修复重建外科杂志，2016，30（8）：926-929. DOI: 10.7507/1002-1892.20160187. {YU Daojiang,ZHAO Tianlan,MORICE,Anne,WU Lijun,SUN Wei,YU Wenyuan,LI Xiujie,WANG Shuai,WANG Rong. Application of double pedicled flap and technique of geometric broken line for primary repair of serious dog bite wounds[J]. Zhongguo Xiu Fu Chong Jian Wai Ke Za Zhi[Chin J Repar Reconstr Surg(Article in Chinese;Abstract in Chinese and English)],2016,30(8):926-929. DOI:10.7507/1002-1892.20160187.}

[5348] 常树森，金文虎，魏在荣，徐达传，王波，孙广峰，唐修俊，聂开瑜，曾雪琴，王达利. 股前外侧皮瓣术前设计优化及临床应用 [J]. 中华显微外科杂志，2017，40（2）：118-122. DOI: 10.3760/cma.j.issn.1001-2036.2017.02.004. {CHANG Shusen,JIN Wenhu,WEI Zairong,XU Dachuan,WANG Bo,SUN Guangfeng,TANG Xiujun,NIE Kaiyu,ZENG Xueqin,WANG Dali. The preoperative design optimization and clinical application of the anterolateral thigh flap[J]. Zhonghua Xian Wei Wai Ke Za Zhi[Chin J Microsurg(Article in Chinese;Abstract in Chinese and English)],2017,40(2):118-122. DOI:10.3760/cma.j.issn.1001-2036.2017.02.004.}

[5349] 赵军，朱爱剑，骆家伟，李建杭，陈海生，王家林，黄为冲，赵伟华，曾昕明. 踇甲瓣游离移植术定点法改良设计及供区修复八例 [J]. 中华显微外科杂志，2017，40（2）：198-201. DOI: 10.3760/cma.j.issn.1001-2036.2017.02.028. {ZHAO Jun,ZHU Aijian,LUO Jiawei,LI Jianhang,CHEN Haisheng,WANG Jialin,HUANG Weichong,ZHAO Weihua,ZENG Xinming. Modified design of fixed-point method and donor site repair in free transplantation of hallux nail flap in 8 cases[J]. Zhonghua Xian Wei Wai Ke Za Zhi[Chin J Microsurg(Article in Chinese;Abstract in Chinese)],2017,40(2):198-201. DOI:10.3760/cma.j.issn.1001-2036.2017.02.028.}

[5350] 姚志浩，黄馗，罗世洪，孙黎波，周航宇，吴双江，肖金刚. CT 血管造影辅助设计股前外侧（肌）皮瓣修复口腔颌面部软组织缺损 [J]. 中国修复重建外科杂志，2017，31（6）：702-708. DOI: 10.7507/1002-1892.201612132. {YAO Zhihao,HUANG Kui,LUO Shihong,SUN Libo,ZHOU Hangyu,WU Shuangjiang,XIAO Jingang. Reconstruction of oral and maxillofacial soft tissue defects with anterolateral thigh (myocutaneous) flap assisted by computed tomography angiography[J]. Zhongguo Xiu Fu Chong Jian Wai Ke Za Zhi[Chin J Repar Reconstr Surg(Article in Chinese;Abstract in Chinese and English)],2017,31(6):702-708. DOI:10.7507/1002-1892.201612132.}

[5351] 赵光勋，胡沣，王进，杨光，石磊，夏添，江妍妍. 穿支皮瓣术后标记系统设计及临床应用 [J]. 中华显微外科杂志，2018，41（4）：343-347. DOI: 10.3760/cma.j.issn.1001-2036.2018.04.007. {ZHAO Guangxun,HU Feng,WANG Jin,YANG Guang,SHI Lei,XIA Tian,JIANG Yanyan. Design and clinical application of postoperative marker system of perforator flap[J]. Zhonghua Xian Wei Wai Ke Za Zhi[Chin J Microsurg(Article in Chinese;Abstract in Chinese and English)],2018,41(4):343-347. DOI:10.3760/cma.j.issn.1001-2036.2018.04.007.}

[5352] 王扬剑，郑雪红，华祖广，叶朝辉，任甜甜，宋庆华，魏鹏. 头部 O-Z 皮瓣的设计及其临床应用研究 [J]. 中华整形外科杂志，2018，34（12）：1033-1037. DOI: 10.3760/cma.j.issn.1009-4598.2018.12.010. {WANG Yangjian,ZHENG Xuehong,HUA Zuguang,YE Chaohui,REN Tiantian,SONG Qinghua,WEI Peng. The design and clinical applications of the scalp O-Z flap[J]. Zhonghua Zheng Xing Wai Ke Za Zhi[Chin J Plast Surg(Article in Chinese;Abstract in Chinese and English)],2018,34(12):1033-1037. DOI:10.3760/cma.j.issn.1009-4598.2018.12.010.}

[5353] 常树森，魏在荣，金文虎，邓星亮，李海，唐修俊，王波，聂开瑜，王达利. 股前外侧皮瓣三纵五横法设计方案的临床研究 [J]. 中华整形外科杂志，2019，35（6）：571-576. DOI: 10.3760/cma.j.issn.1009-4598.2019.06.011. {CHANG Shusen,WEI Zairong,JIN Wenhu,DENG Chengliang,LI Hai,TANG Xiujun,WANG Bo,NIE Kaiyu,WANG Dali. Clinical study on the design scheme of the anterolateral thigh flap with three longitudinal and five transversal methods[J]. Zhonghua Zheng Xing Wai Ke Za Zhi[Chin J Plast Surg(Article in Chinese;Abstract in Chinese and English)],2019,35(6):571-576. DOI:10.3760/cma.j.issn.1009-4598.2019.06.011.}

[5354] 徐伟华，林平，许甜甜，吴咏军，涂迎春，吴裕平，黄志丹. 红外线热成像技术在游离股前外侧穿支皮瓣设计中的应用 [J]. 中国骨伤，2019，32（11）：1053-1057. DOI: 10.3969/j.issn.1003-0034.2019.11.015. {XU Weihua,LIN Ping,XU Tiantian,WU Yongjun,TU Yingchun,WU Yuping,HUANG Zhidan. Application of infrared thermal imaging technology in the design of free anterolateral thigh perforator flap transplantation[J]. Zhongguo Gu Shang[China J Orthop Trauma(Article in Chinese;Abstract in Chinese and English)],2019,32(11):1053-1057. DOI:10.3969/j.issn.1003-0034.2019.11.015.}

[5355] 王正理，张天浩，王之江，林涧. 踝前穿支蒂跨区供血皮瓣的设计与临床应用 [J]. 中国临床解剖学杂志，2020，38(2)：146-149. DOI: 10.13418/j.issn.1001-165x.2020.02.008. {WANG Zhengli,ZHANG Tianhao,WANG Zhijiang,LIN Jian. Design and clinical application of anterior malleolus perforating extended flap[J]. Zhongguo Lin Chuang Jie Pou Xue Za Zhi[Chin J Clin Anat(Article in Chinese;Abstract in Chinese and English)],2020,38(2):146-149. DOI:10.13418/j.issn.1001-165x.2020.02.008.}

[5356] 窦金兰，田振欣，郑珊珊，尚永，徐岳杰，周志航，郑广程，宋克伟，陈飞飞. 三维 CT 血管造影辅助设计足内侧隐神经营养血管皮瓣修复足远端软组织缺损 [J]. 中华整形外科杂志，2020，36（2）：175-179. DOI: 10.3760/cma.j.issn.1009-4598.2020.02.012. {DOU Jinlan,TIAN Zhenxin,ZHENG Shanshan,SHANG Yong,XU Yuejie,ZHOU Zhihang,ZHENG Guangcheng,SONG Kewei,CHEN Feifei. The reverse saphenous nerve neurocutaneous flaps for repairing skin defects of forefoot with the help of three-dimensional computerized tomography angiography[J]. Zhonghua Zheng Xing Wai Ke Za Zhi[Chin J Plast Surg(Article in Chinese;Abstract in Chinese and English)],2020,36(2):175-179. DOI:10.3760/cma.j.issn.1009-4598.2020.02.012.}

[5357] 顾舒晨，李海洲，高雅姗，黄昕，顾斌，李青峰，昝涛. 吲哚菁绿荧光造影在背部扩张穿支皮瓣设计中的应用 [J]. 中华整形外科杂志，2020，36（3）：251-256. DOI: 10.3760/cma.j.cn114453-20200218-00056. {GU Shuchen,LI Haizhou,GAO Yashan,HUANG Xin,GU Bin,LI Qingfeng,ZAN Tao. Application of indocyanine green angiography in the design of perforator flaps in back region[J]. Zhonghua Zheng Xing Wai Ke Za Zhi[Chin J Plast Surg(Article in Chinese;Abstract in Chinese and English)],2020,36(3):251-256. DOI:10.3760/cma.j.cn114453-20200218-00056.}

4.1.4 皮瓣的切取
harvest of flap

[5358] 彭福荣，刘宗礼. 食（示）指背侧岛状皮瓣切取方法的改进 [J]. 修复重建外科杂志，1991，5（4）：245. {PENG Furong,LIU Zongli. Modified harvesting dorsal island flap of index finger[J]. Zhongguo Xiu Fu Chong Jian Wai Ke Za Zhi[Chin J Repar Reconstr Surg(Article in Chinese;No abstract available)],1991,5(4):245.}

[5359] 季卫平. 趾短伸肌瓣在足背皮瓣切取后的修复作用 [J]. 中国修复重建外科杂志，1993，7（4）：239. {JI Weiping. Repair effect of extensor digitorum brevis flap after dorsalis pedis flap resection[J]. Zhongguo Xiu Fu Chong Jian Wai Ke Za Zhi[Chin J Repar Reconstr Surg(Article in Chinese;No abstract available)],1993,7(4):239.}

[5360] 陈振光，余国荣，宋显辉，喻爱喜，黄卫国，谭金海. 切取大转子骨瓣后股骨近端的骨力学研究 [J]. 中华实验外科杂志，1997，14：26-27，69. {CHEN Zhenguang,YU Guorong,SONG Xianhui,YU Aixi,HUANG Weiguo,TAN Jinhai. Biomechanical study of proximal femur after excision of the great trochanter bone flap[J]. Zhonghua Shi Yan Wai Ke Za Zhi[Chin J Exp Surg(Article in Chinese;Abstract in Chinese and English)],1997,14:26-27,69.}

[5361] 孙坚，张志愿，张陈平，余优成，李军. 胸大肌皮瓣改良切取术临床比较 [J]. 中华显微外科杂志，1998，21(2)：109-111. DOI: 10.3760/cma.j.issn.1001-2036.1998.02.116. {SUN Jian, ZHANG Zhiyuan, ZHANG Chenping, YU Youcheng, LI Jun. Modified preparation of island pectoralis major myocutaneous flap-clinical comparative study[J]. Zhonghua Xian Wei Wai Ke Za Zhi[Chin J Microsurg(Article in Chinese;Abstract in Chinese and English)],1998,21(2):109-111. DOI:10.3760/cma.j.issn.1001-2036.1998.02.116.}

[5362] 陈振兵，洪光祥，王发斌，黄启顺，翁雨雄. 第 3 掌背动脉逆行岛状皮瓣切取方法的改进 [J]. 中国修复重建外科杂志，1999，13（1）：58. {CHEN Zhenbing,HONG Guangxiang,WANG Fabin,HUANG Qishun,WENG Yuxiong. Cutting method improvement of the third dorsal metacarpal artery reverse island flap[J]. Zhongguo Xiu Fu Chong Jian Wai Ke Za Zhi[Chin J Repar Reconstr Surg(Article in Chinese;No abstract available)],1999,13(1):58.}

[5363] 柴益民，马心赤，陈彦，王书成，卢传新. 跖内侧皮瓣切取方法的改进及应用 [J]. 中国修复重建外科杂志，1999，13（1）：8-10. {CHAI Yimin,MA Xinchi,CHEN Yan,WANG Shucheng,LU Chuanxin. Improved method of obtaining medial plantar cutaneous graft and its clinical application[J]. Zhongguo Xiu Fu Chong Jian Wai Ke Za Zhi[Chin J Repar Reconstr Surg(Article in Chinese;Abstract in Chinese and English)],1999,13(1):8-10.}

[5364] 陈青，李汉秀，李学红，张培良，隋国侠，李忠，刘伟强. 尺动脉腕上支皮瓣切取的改

进及临床应用[J]. 中华显微外科杂志，2001，24(3)：204. DOI：10.3760/cma.j.issn.1001-2036.2001.03.040. {CHEN Qing,LI Hanxiu,LI Xuehong,ZHANG Peiliang,SUI Guoxia,LI Zhong,LIU Weiqiang. Improvement and clinical application of the flap with superior carpal branch of ulnar artery[J]. Zhonghua Xian Wei Wai Ke Za Zhi[Chin J Microsurg(Article in Chinese;No abstract available)],2001,24(3):204. DOI:10.3760/cma.j.issn.1001-2036.2001.03.040.}

[5365] 张功林，葛宝丰，荆浩，张军华，蔡卫东. 从创伤性截肢切取游离皮瓣修复肢体残端[J]. 中华整形外科杂志，2001，17(1)：46-47. DOI：10.3760/j.issn：1009-4598.2001.01.014. {ZHANG Gonglin,GE Baofeng,JING Hao,ZHANG Junhua,CAI Weidong. Repair of soft-tissue defects with a free flap from the traumatic amputated extremity[J]. Zhonghua Zheng Xing Wai Ke Za Zhi[Chin J Plast Surg(Article in Chinese;Abstract in Chinese and English)],2001,17(1):46-47. DOI:10.3760/j.issn:1009-4598.2001.01.014.}

[5366] 易里力，黎克，文第登，曾建良. 扩大切取腓肠神经伴行血管蒂逆行岛状皮瓣[J]. 实用骨科杂志，2001，7(4)：253-255. DOI：10.3969/j.issn.1008-5572.2001.04.006. {YI Lili,LI Ke,WEN Dideng,ZENG Jianliang. Distally based expansive sural island flap for leg reconsturtion[J]. Shi Yong Gu Ke Za Zhi[J Pract Orthop(Article in Chinese;Abstract in Chinese and English)],2001,7(4):253-255. DOI:10.3969/j.issn.1008-5572.2001.04.006.}

[5367] 王忠，贾学军，王宏志. 改良法切取前臂骨间背侧皮瓣逆转修复手部皮肤缺损[J]. 中华显微外科杂志，2002，25(2)：143-144. DOI：10.3760/cma.j.issn.1001-2036.2002.02.027. {WANG Zhong,JIA Xuejun,WANG Hongzhi. Modified dorsal interosseous forearm flap reverse for hand skin defect repair[J]. Zhonghua Xian Wei Wai Ke Za Zhi[Chin J Microsurg(Article in Chinese;Abstract in Chinese)],2002,25(2):143-144. DOI:10.3760/cma.j.issn.1001-2036.2002.02.027.}

[5368] 李文庆，宫云霞，王利. 前臂骨间后动脉皮瓣切取的改进及临床应用[J]. 中华显微外科杂志，2002，25(4)：305-306. DOI：10.3760/cma.j.issn.1001-2036.2002.04.029. {LI Wenqing,GONG Yunxia,WANG Li. Improvement and clinical application of forearm posterior interosseous artery flap[J]. Zhonghua Xian Wei Wai Ke Za Zhi[Chin J Microsurg(Article in Chinese;Abstract in Chinese)],2002,25(4):305-306. DOI:10.3760/cma.j.issn.1001-2036.2002.04.029.}

[5369] 陈青，李汉秀，辛杰，田鲁峰，尚小鹏，隋国侠. 腓浅血管逆行皮瓣肌筋膜下切取的改进及应用[J]. 中华显微外科杂志，2003，26(1)：60-61. DOI：10.3760/cma.j.issn.1001-2036.2003.01.026. {CHEN Qing,LI Hanxiu,XIN Jie,TIAN Lufeng,SHANG Xiaopeng,SUI Guoxia. Improvement and application of myofascial resection with reversed superficial peroneal vascular flap[J]. Zhonghua Xian Wei Wai Ke Za Zhi[Chin J Microsurg(Article in Chinese;Abstract in Chinese)],2003,26(1):60-61. DOI:10.3760/cma.j.issn.1001-2036.2003.01.026.}

[5370] 赵金廷，贾思明，张树明，范启申. 第二趾套状切取加踇趾腓侧皮瓣组合移植治疗手指大部皮肤脱套伤[J]. 中华手外科杂志，2003，19(2)：35-36. {ZHAO Jinting,JIA Siming,ZHANG Shuming,FAN Qishen. Treatment of skin degloving injury in most part of finger by combined transfer of the second toe with the great toe fibular flap[J]. Zhonghua Shou Wai Ke Za Zhi[Chin J Hand Surg(Article in Chinese;Abstract in Chinese and English)],2003,19(2):35-36.}

[5371] 何志军，李盛华，张亚伟. 改良切取游离髂骨瓣移植治疗四肢骨不连[J]. 中国骨伤，2003，16(4)：252. DOI：10.3969/j.issn.1003-0034.2003.04.032. {HE Zhijun,LI Shenghua,ZHANG Yawei. Treatment of limb nonunion with modified free iliac bone graft[J]. Zhongguo Gu Shang[China J Orthop Trauma(Article in Chinese;No abstract available)],2003,16(4):252. DOI:10.3969/j.issn.1003-0034.2003.04.032.}

[5372] 张朝晖，陈振兵. 逆行掌背动脉皮瓣切取方法的改进及应用[J]. 中国修复重建外科杂志，2005，19(8)：680-681. {ZHANG Chaohui,CHEN Zhenbing. Modified excision and application of reverse dorsal metacarpal artery flap[J]. Zhongguo Xiu Fu Chong Jian Wai Ke Za Zhi[Chin J Repar Reconstr Surg(Article in Chinese;No abstract available)],2005,19(8):680-681.}

[5373] 张功林，章鸣，吴发林，张金福，凌爱军. 切取创伤性离断肢体游离皮瓣修复小腿残端软组织缺损[J]. 中华创伤骨科杂志，2007，9(3)：210-213. DOI：10.3760/cma.j.issn.1671-7600.2007.03.003. {ZHANG Gonglin,ZHANG Ming,WU Falin,ZHANG Jinfu,LING Aijun. Repair of soft-tissue defects at the leg amputation stump with a free flap from the traumatic amputated part[J]. Zhonghua Chuang Shang Gu Ke Za Zhi[Chin J Orthop Trauma(Article in Chinese;Abstract in Chinese and English)],2007,9(3):210-213. DOI:10.3760/cma.j.issn.1671-7600.2007.03.003.}

[5374] 张功林，郭翱，张灵芝，徐招跃，章峰火，张文正，胡玉祥，丁法明. 从创伤性离断肢体切取游离皮瓣修复前臂残端软组织缺损[J]. 中华医学杂志，2007，87(27)：1912-1914. DOI：10.3760/j：issn：0376-2491.2007.27.010. {ZHANG Gonglin,GUO Ao,ZHANG Lingzhi,XU Zhaoyue,ZHANG Fenghuo,ZHANG Wenzheng,HU Yuxiang,DING Faming. Repair of soft-tissue defect of amputation stumps of the forearm with free flap from the traumatic amputated extremity[J]. Zhonghua Yi Xue Za Zhi[Natl Med J China(Article in Chinese;Abstract in Chinese and English)],2007,87(27):1912-1914. DOI:10.3760/j:issn:0376-2491.2007.27.010.}

[5375] 邹国平，高文宝，赵波，巨积辉，侯瑞兴. 同一供区切取2块骨间背皮瓣修复拇示指创面一例[J]. 中华手外科杂志，2008，24(4)：225. DOI：10.3760/cma.j.issn.1005-054X.2008.04.019. {ZOU Guoping,GAO Wenbao,ZHAO Bo,JU Jihui,HOU Ruixing. Repair of thumb and index finger wounds with two interosseous dorsal flaps from the same donor site:a case report[J]. Zhonghua Shou Wai Ke Za Zhi[Chin J Hand Surg(Article in Chinese;No abstract available)],2008,24(4):225. DOI:10.3760/cma.j.issn.1005-054X.2008.04.019.}

[5376] 赵义荣，赵晓航，胡德峰. 动脉化静脉挽救手部筋膜蒂皮瓣切取后危象[J]. 中华手外科杂志，2008，24(5)：286. DOI：10.3760/cma.j.issn.1005-054X.2008.05.018. {ZHAO Yirong,ZHAO Xiaohang,HU Defeng. Arterialized vein to rescue the crisis after fascial pedicle skin flap resection of hand[J]. Zhonghua Shou Wai Ke Za Zhi[Chin J Hand Surg(Article in Chinese;No abstract available)],2008,24(5):286. DOI:10.3760/cma.j.issn.1005-054X.2008.05.018.}

[5377] 王方，陈富强，沈珊安，陈志坚，葛曼，赵帅，潘峥，马一翔，周瀛梁. 组织瓣移植切取后减轻供区损伤的探讨[J]. 中华显微外科杂志，2009，32(3)：243-244. DOI：10.3760/cma.j.issn.1001-2036.2009.03.032. {WANG Fang,CHEN Fuqiang,SHEN Shanan,CHEN Zhijian,GE Man,ZHAO Shuai,PAN Zheng,MA Yixiang,ZHOU Yingliang. Study on reducing donor site injury after tissue flap transplantation[J]. Zhonghua Xian Wei Wai Ke Za Zhi[Chin J Microsurg(Article in Chinese;Abstract in Chinese)],2009,32(3):243-244. DOI:10.3760/cma.j.issn.1001-2036.2009.03.032.}

[5378] 潘希贵，管同勋，田献，田万成. 指动脉逆行岛状皮瓣切取后发生血液循环障碍的补救措施[J]. 中华显微外科杂志，2009，32(4)：321-323. DOI：10.3760/cma.j.issn.1001-2036.2009.04.027. {PAN Xigui,GUAN Tongxun,TIAN Xian,TIAN Wancheng. Remedial measures of blood circulation disturbance after digital artery retrograde island flap resection[J]. Zhonghua Xian Wei Wai Ke Za Zhi[Chin J Microsurg(Article in Chinese;Abstract in Chinese)],2009,32(4):321-323. DOI:10.3760/cma.j.issn.1001-2036.2009.04.027.}

[5379] 冯亚高，张向宁，魏斌，陶忠生，霍飞，刘少华. 踇趾甲皮瓣切取后供区创面的修复[J]. 实用手外科杂志，2009，23(4)：216-217，245. DOI：10.3969/j.issn.1671-2722.2009.04.013. {FENG Yagao,ZHANG Xiangning,WEI Bin,TAO Zhongsheng,HUO Fei,LIU Shaohua. Repair of donor site after harvest of wrap-around flap of toe[J]. Shi Yong Shou Wai Ke Za Zhi[Chin J Pract Hand Surg(Article in Chinese;Abstract in Chinese and English)],2009,23(4):216-217,245. DOI:10.3969/j.issn.1671-2722.2009.04.013.}

[5380] 殷莹，葛宝丰. 介绍一种桡动脉皮瓣切取新技术[J]. 国际骨科学杂志，2010，31(5)：322. DOI：10.3969/j.issn.1673-7083.2010.05.022. {YIN Ying,GE Baofeng. Split-thickness skin flap technique for elevating the radial forearm flap[J]. Guo Ji Gu Ke Xue Za Zhi[Int J Orthop(Article in Chinese;Abstract in Chinese and English)],2010,31(5):322. DOI:10.3969/j.issn.1673-7083.2010.05.022.}

[5381] 张龙春，张兴群，赵风景，陈莹，姚建民，马亮. 应用胫骨滋养动脉穿支皮瓣修复踇趾(甲)皮瓣切取后创面[J]. 中华显微外科杂志，2011，34(6)：520-521. DOI：10.3760/cma.j.issn.1001-2036.2011.06.039. {ZHANG Longchun,ZHANG Xingqun,ZHAO Fengjing,CHEN Ying,YAO Jianmin,MA Liang. Application of tibial nutrient artery perforator flap to repair the wound after toe (nail) flap resection[J]. Zhonghua Xian Wei Wai Ke Za Zhi[Chin J Microsurg(Article in Chinese;Abstract in Chinese)],2011,34(6):520-521. DOI:10.3760/cma.j.issn.1001-2036.2011.06.039.}

[5382] 胡长青，闫厚军，冯亚高，付贯忠，王磊，考树均，张吉庆. 踇趾甲皮瓣切取方法的改良及疗效观察[J]. 实用手外科杂志，2012，26(2)：106-108. DOI：10.3969/j.issn.1671-2722.2012.02.004. {HU Changqing,YAN Houjun,FENG Yagao,FU Guanzhong,WANG Lei,KAO Shujun,ZHANG Jiqing. Modify operation of great toe wrap-around flap and its effect observation[J]. Shi Yong Shou Wai Ke Za Zhi[Chin J Pract Hand Surg(Article in Chinese;Abstract in Chinese and English)],2012,26(2):106-108. DOI:10.3969/j.issn.1671-2722.2012.02.004.}

[5383] 刘祥厦，许澍洽，张展强，陈流华，许扬滨. 内镜辅助下切取背阔肌瓣结合假体隆胸修复Poland综合征[J]. 中华显微外科杂志，2013，36(4)：367-368. DOI：10.3760/cma.j.issn.1001-2036.2013.06.014. {LIU Xiangxia,XU Shuqia,ZHANG Zhanqiang,CHEN Liuhua,XU Yangbin. Endoscopic assisted latissimus dorsi flap combined with breast augmentation prosthesis for the treatment of Poland syndrome[J]. Zhonghua Xian Wei Wai Ke Za Zhi[Chin J Microsurg(Article in Chinese;Abstract in Chinese)],2013,36(4):367-368. DOI:10.3760/cma.j.issn.1001-2036.2013.06.014.}

[5384] 张云峰，刘卫华，郭传友. 腓肠神经营养皮瓣的一种切取方法[J]. 中华显微外科杂志，2013，36(5)：474. DOI：10.3760/cma.j.issn.1001-2036.2013.05.016. {ZHANG Yunfeng,LIU Weihua,GUO Chuanyou. Sural neurocutaneous flap resection[J]. Zhonghua Xian Wei Wai Ke Za Zhi[Chin J Microsurg(Article in Chinese;No abstract available)],2013,36(5):474. DOI:10.3760/cma.j.issn.1001-2036.2013.05.016.}

[5385] 申立林，朱涛，蔺翠霞，宋素萍，孙雪生，李强，高博. 腘动脉皮支游离皮瓣在跗外侧动脉皮瓣切取失败病例中的应用[J]. 中华显微外科杂志，2013，36(5)：503-504. DOI：10.3760/cma.j.issn.1001-2036.2013.05.029. {SHEN Lilin,ZHU Tao,LIN Cuixia,SONG Suping,SUN Xuesheng,LI Qiang,GAO Bo. Free popliteal artery flap in the transplantation failure of lateral tarsal artery flap[J]. Zhonghua Xian Wei Wai Ke Za Zhi[Chin J Microsurg(Article in Chinese;Abstract in Chinese)],2013,36(5):503-504. DOI:10.3760/cma.j.issn.1001-2036.2013.05.029.}

[5386] 隋海明，丛海波，翟建国，吴红军，史永安. 大面积股前外侧皮瓣的设计与切取：附28例报告[J]. 中华显微外科杂志，2014，37(2)：143-146. DOI：10.3760/cma.j.issn.1001-2036.2014.02.012. {SUI Haiming,CONG Haibo,DI Jianguo,WU Hongjun,SHI Yongan. The design and clinical application of large anterolateral thigh flap:28 cases report[J]. Zhonghua Xian Wei Wai Ke Za Zhi[Chin J Microsurg(Article in Chinese;Abstract in Chinese and English)],2014,37(2):143-146. DOI:10.3760/cma.j.issn.1001-2036.2014.02.012.}

[5387] 许澍洽，朱洪章，刘祥厦，许扬滨. 穿支定位在原瘢痕区切取腹壁下动脉穿支皮瓣的意义：附一例报道[J]. 中华显微外科杂志，2015，38(2)：127-129. DOI：10.3760/cma.j.issn.1001-2036.2015.02.007. {XU Shuqia,ZHU Hongzhang,LIU Xiangxia,XU Yangbin. Perforator identification before DIEP dissection for the patient with abdominal scar:one case report[J]. Zhonghua Xian Wei Wai Ke Za Zhi[Chin J Microsurg(Article in Chinese;Abstract in Chinese and English)],2015,38(2):127-129. DOI:10.3760/cma.j.issn.1001-2036.2015.02.007.}

[5388] 刘承伟，刘福尧，邱冰，彭龙. 切取阔筋膜的股前外侧皮瓣在足踝皮肤肌腱缺损中的应用[J]. 中华显微外科杂志，2015，38(4)：382-383. DOI：10.3760/cma.j.issn.1001-2036.2015.04.019. {LIU Chengwei,LIU Fuyao,QIU Bing,PENG Long. Anterolateral thigh flap without fascia lata for skin and tendon defects of foot and ankle[J]. Zhonghua Xian Wei Wai Ke Za Zhi[Chin J Microsurg(Article in Chinese;Abstract in Chinese)],2015,38(4):382-383. DOI:10.3760/cma.j.issn.1001-2036.2015.04.019.}

[5389] 杨润功，朱加亮，杨林，王国宝. 微创切取腓动脉终末穿支蒂腓肠神经营养血管皮瓣修复足踝部软组织缺损[J]. 中国骨与关节杂志，2015，4(6)：443-446. DOI：10.3969/j.issn.2095-252X.2015.06.004. {YANG Rungong,ZHU Jialiang,YANG Lin,WANG Guobao. Repair of soft tissue defects in the ankle and foot with peroneal perforator-based sural neurofasciocutaneous island lfap harvested by minimally invasive dissection[J]. Zhongguo Gu Yu Guan Jie Za Zhi[Chin J Bone Joint(Article in Chinese;Abstract in Chinese and English)],2015,4(6):443-446. DOI:10.3969/j.issn.2095-252X.2015.06.004.}

[5390] 张文龙，赵刚，高顺红，侍朋举，张铁山，马爱国，徐华，李亮. 示指背侧矩形皮瓣切取的显微解剖与临床应用[J]. 中华显微外科杂志，2016，39(2)：148-151. DOI：10.3760/cma.j.issn.1001-2036.2016.02.011. {ZHANG Wenlong,ZHAO Gang,GAO Shunhong,SHI Pengju,ZHANG Tieshan,MA Aiguo,XU Hua,LI Liang. Anatomy study and clinical application of rectangular flap from dorsal index finger based on the first dorsal metacarpal artery[J]. Zhonghua Xian Wei Wai Ke Za Zhi[Chin J Microsurg(Article in Chinese;Abstract in Chinese and English)],2016,39(2):148-151. DOI:10.3760/cma.j.issn.1001-2036.2016.02.011.}

[5391] 于占勇，刘会仁，张艳茂，马铁鹏，陈玉刚，吴学强，王岩，孙汝涛，高烁. 拇指掌指关节背侧横向切取指掌侧固有动脉穿支皮瓣修复指端缺损[J]. 中华显微外科杂志，2016，39(4)：336-339. DOI：10.3760/cma.j.issn.1001-2036.2016.04.007. {YU Zhanyong,LIU Huiren,ZHANG Yanmao,MA Tiepeng,CHEN Yugang,WU Xueqiang,WANG Yan,SUN Rutao,GAO Shuo. Homodigital metacarpophalangeal dorsal transverse flap based on the dorsal branch of the proper palmar digital artery for resurfacing fingertip defects of the thumb[J]. Zhonghua Xian Wei Wai Ke Za Zhi[Chin J Microsurg(Article in Chinese;Abstract in Chinese and English)],2016,39(4):336-339. DOI:10.3760/cma.j.issn.1001-2036.2016.04.007.}

[5392] 徐永清，何晓清，朱跃良. 股前外侧皮瓣顺行切取方法介绍[J]. 中华显微外科杂志，2016，39(6)：621-623. DOI：10.3760/cma.j.issn.1001-2036.2016.06.037. {XU Yongqing,HE Xiaoqing,ZHU Yueliang. Anterolateral thigh flap resection[J]. Zhonghua Xian Wei Wai Ke Za Zhi[Chin J Microsurg(Article in Chinese;Abstract in Chinese)],2016,39(6):621-623. DOI:10.3760/cma.j.issn.1001-2036.2016.06.037.}

[5393] 张子阳，魏在荣，张文夺，唐修俊，金文虎，孙广峰. 数字减影血管造影术前导航指导切取胫前动脉穿支皮瓣修复足踝部创面13例[J]. 中华烧伤杂志，2016，32(10)：620-622. DOI：10.3760/cma.j.issn.1009-2587.2016.10.010. {ZHANG Ziyang,WEI Zairong,ZHANG Wendong,TANG Xiujun,JIN Wenhu,SUN Guangfeng. Pre-operation digital subtraction angiography navigation guided anterior tibial artery perforator flap for repairing foot and ankle wounds in 13 cases[J]. Zhonghua Shao Shang Za Zhi[Chin J Burns(Article in Chinese;No abstract available)],2016,32(10):620-622. DOI:10.3760/cma.j.issn.1009-2587.2016.10.010.}

[5394] 卿黎明，贺继强，唐举玉，吴攀峰，周征兵，俞芳. 旋股外侧动脉降支穿支皮瓣供区直接闭合的可靠切取宽度及其影响因素分析[J]. 中华显微外科杂志，2017，40(2)：114-117. DOI：10.3760/cma.j.issn.1001-2036.2017.02.003. {QING Liming,HE Jiqiang,TANG Juyu,WU Panfeng,ZHOU Zhengbing,YU Fang. A reliable parameter for primary closure of the donor site of the descending branch of the circumflex femoral lateral artery perforator flap and analysis its effective factors[J]. Zhonghua Xian Wei Wai Ke Za Zhi[Chin J Microsurg(Article in Chinese;Abstract in Chinese and English)],2017,40(2):114-117. DOI:10.3760/cma.

j.issn.1001-2036.2017.02.003.}

[5395] 胡浩良，李学渊，费剑荣，周晓玲，刘林海，王欣，陈宏. Free-style 概念在小腿穿支螺旋桨皮瓣设计及切取中的应用 [J]. 中华显微外科杂志，2017，40（2）：190-192. DOI：10.3760/cma.j.issn.1001-2036.2017.02.025. {HU Haoliang,LI Xueyuan,FEI Jianrong,ZHOU Xiaoling,LIU Linhai,WANG Xin,CHEN Hong. Free style concept in the design and cutting of leg perforator propeller flap[J]. Zhonghua Xian Wei Wai Ke Za Zhi[Chin J Microsurg(Article in Chinese;Abstract in Chinese)],2017,40(2):190-192. DOI:10.3760/cma.j.issn.1001-2036.2017.02.025.}

[5396] 朱跃良，殷作明，王家祥，吕乾，赵泽雨，浦绍全，石健，徐永清. 股前外侧穿支皮瓣切取技巧分析 [J]. 中国修复重建外科杂志，2017，31（1）：57-61. DOI：10.7507/1002-1892.201607112. {ZHU Yueliang,YIN Zuoming,WANG Jiaxiang,LV Qian,ZHAO Zeyu,PU Shaoquan,SHI Jian,XU Yongqing. A technique analysis for dissection of anterolateral thigh perforator flap[J]. Zhongguo Xiu Fu Chong Jian Wai Ke Za Zhi[Chin J Repar Reconstr Surg(Article in Chinese;Abstract in Chinese and English)],2017,31(1):57-61. DOI:10.7507/1002-1892.201607112.}

[5397] 王成，刘金伟，郑有卯，郑卜真，易利奇，顾仕林. 逆行切取法游离大鱼际区微型穿支皮瓣在指掌侧软组织缺损中的应用 [J]. 中华显微外科杂志，2018，41（3）：209-212. DOI：10.3760/cma.j.issn.1001-2036.2018.03.001. {WANG Cheng,LIU Jinwei,ZHENG Youmao,ZHENG Bozhen,YI Liqi,GU Shilin. Application of reversed free thenar mini-perforator flaps for the skin and soft tissue defects at finger palm side[J]. Zhonghua Xian Wei Wai Ke Za Zhi[Chin J Microsurg(Article in Chinese;Abstract in Chinese and English)],2018,41(3):209-212. DOI:10.3760/cma.j.issn.1001-2036.2018.03.001.}

[5398] 何晓清，杨曦，段家章，李国栋，崔轶，徐月仙，王腾，徐永清. 股前外侧分叶皮瓣术中未能切取与中转方案 [J]. 中华显微外科杂志，2018，41（5）：437-440. DOI：10.3760/cma.j.issn.1001-2036.2018.05.006. {HE Xiaoqing,YANG Xi,DUAN Jiazhang,LI Guodong,CUI Die,XU Yuexian,WANG Teng,XU Yongqing. Failing to harvest two-paddle anterolateral thigh flap and converting algorithm[J]. Zhonghua Xian Wei Wai Ke Za Zhi[Chin J Microsurg(Article in Chinese;Abstract in Chinese and English)],2018,41(5):437-440. DOI:10.3760/cma.j.issn.1001-2036.2018.05.006.}

[5399] 钟宏星，王道明，柯建华，曾荣铭，林磊，张松林，洪朝浮，林乐发，叶永同. 逆行指动脉穿支蒂皮瓣切取后动脉供血障碍分析与补救方法 [J]. 实用手外科杂志，2018，32（1）：36-37. DOI：10.3969/j.issn.1671-2722.2018.01.012. {ZHONG Hongxing,WANG Daoming,KE Jianhua,ZENG Rongming,LIN Lei,ZHANG Songlin,HONG Chaofu,LIN Lefa,YE Yongtong. The analysis and remedies of the arterial crisis occured in retrograde digital arterial perforator flaps[J]. Shi Yong Shou Wai Ke Za Zhi[Chin J Pract Hand Surg(Article in Chinese;Abstract in Chinese and English)],2018,32(1):36-37. DOI:10.3969/j.issn.1671-2722.2018.01.012.}

[5400] 陈玉兵，王丽丽. 第 1 跖背逆行岛状皮瓣切取方法的改进及在足趾缺损创面修复中的应用 [J]. 实用手外科杂志，2018，32（1）：64-67. DOI：10.3969/j.issn.1671-2722.2018.01.022. {CHEN Yubing,WANG Lili. Improvement of first metatarsal dorsal island flap and its application in reconstruction of toes soft-tissue defects[J]. Shi Yong Shou Wai Ke Za Zhi[Chin J Pract Hand Surg(Article in Chinese;Abstract in Chinese and English)],2018,32(1):64-67. DOI:10.3969/j.issn.1671-2722.2018.01.022.}

[5401] 张建华，谢振军. 旋股外侧血管束组合股动脉两非共干穿支的股前外侧皮瓣切取一例 [J]. 中华显微外科杂志，2019，42（3）：304-305. DOI：10.3760/cma.j.issn.1001-2036.2019.03.029. {ZHANG Jianhua,XIE Zhenjun. Anterolateral thigh flap with lateral circumflex femoral vascular bundle combined with two non common perforating branches of femoral artery:a case report[J]. Zhonghua Xian Wei Wai Ke Za Zhi[Chin J Microsurg(Article in Chinese;No abstract available)],2019,42(3):304-305. DOI:10.3760/cma.j.issn.1001-2036.2019.03.029.}

[5402] 李海，魏在荣，常树森，邓呈亮，金文虎，张文夺，唐修俊，聂开瑜. 旋髂浅动脉穿支皮瓣与旋股外侧动脉穿支皮瓣分别切取、联合切取在创面修复中的应用 [J]. 中华整形外科杂志，2019，35（10）：966-972. DOI：10.3760/cma.j.issn.1009-4598.2019.10.004. {LI Hai,WEI Zairong,CHANG Shusen,DENG Chengliang,JIN Wenhu,ZHANG Wendong,TANG Xiujun,NIE Kaiyu. Selection strategy of superficial iliac circumflex artery and lateral circumflex femoral artery perforator flap in wound repair[J]. Zhonghua Zheng Xing Wai Ke Za Zhi[Chin J Plast Surg(Article in Chinese;Abstract in Chinese and English)],2019,35(10):966-972. DOI:10.3760/cma.j.issn.1009-4598.2019.10.004.}

[5403] 李贤海，周建东，许亚军，杨蕎勃. 旋髂浅动脉穿支皮瓣切取中预防生殖股神经股支损伤的体会 [J]. 中华显微外科杂志，2020，43（1）：85-88. DOI：10.3760/cma.j.issn.1001-2036.2020.01.023. {LI Xianhai,ZHOU Jiandong,XU Yajun,YANG Wengbo. Prevention of femoral branch injury of genitofemoral nerve in superficial circumflex iliac artery perforator flap resection[J]. Zhonghua Xian Wei Wai Ke Za Zhi[Chin J Microsurg(Article in Chinese;Abstract in Chinese)],2020,43(1):85-88. DOI:10.3760/cma.j.issn.1001-2036.2020.01.023.}

[5404] 周望高，柯于海，李东扬，叶学浪，余少校，林慧鑫，熊懿，李征，张振伟. 逆行四面解剖法切取桡动脉掌浅支皮瓣修复手指末节软组织缺损 [J]. 中华显微外科杂志，2020，43（2）：173-175. DOI：10.3760/cma.j.cn441206-20190904-00299. {ZHOU Wanggao,KE Yuhai,LI Dongyang,YE Xuelang,YU Shaoxiao,LIN Huixin,XIONG Yi,LI Zheng,ZHANG Zhenwei. Reversal tetrahedral dissection of radial artery flap with superficial palmar branch for repairing distal finger soft tissue defect[J]. Zhonghua Xian Wei Wai Ke Za Zhi[Chin J Microsurg(Article in Chinese;Abstract in Chinese)],2020,43(2):173-175. DOI:10.3760/cma.j.cn441206-20190904-00299.}

[5405] 池征璘，曹学新，陈一衡，褚庭纲，周飞亚，李志杰，陈星隆. 改良腓肠神经营养血管筋膜蒂穿支皮瓣切取方式的应用 [J]. 中华显微外科杂志，2020，43（3）：238-242. DOI：10.3760/cma.j.cn441206-20200227-00102. {CHI Zhenglin,CAO Xuexin,CHEN Yiheng,CHU Tinggang,ZHOU Feiya,LI Zhijie,CHEN Xinglong. Application of improved sural neuro-fasciocutaneous perforator flap harvesting and it's application[J]. Zhonghua Xian Wei Wai Ke Za Zhi[Chin J Microsurg(Article in Chinese;Abstract in Chinese and English)],2020,43(3):238-242. DOI:10.3760/cma.j.cn441206-20200227-00102.}

[5406] 舒军，陶然，马超，雷永红，靳睿，韩岩. 便携式可视拉钩在颞浅筋膜瓣切取术中的临床应用效果 [J]. 中华烧伤杂志，2020，36（2）：91-96. DOI：10.3760/cma.j.issn.1009-2587.2020.02.003. {SHU Jun,TAO Ran,MA Chao,LEI Yonghong,JIN Rui,HAN Yan. Clinical application effects of portable visual retractor in superficial temporal fascia flap harvesting[J]. Zhonghua Shao Shang Za Zhi[Chin J Burns(Article in Chinese;Abstract in Chinese and English)],2020,36(2):91-96. DOI:10.3760/cma.j.issn.1009-2587.2020.02.003.}

[5407] 刘林峰，丛锐，臧成五. 浅筋膜层切取腹部穿支皮瓣修复手足背侧皮肤缺损 [J]. 实用手外科杂志，2020，34（2）：129-131. DOI：10.3969/j.issn.1671-2722.2020.02.003. {LIU Linfeng,CONG Rui,ZANG Chengwu. Repair of dorsal skin defect of hand and foot with abdominal perforator flap in subcutaneous layer[J]. Shi Yong Shou Wai Ke Za Zhi[Chin J Pract Hand Surg(Article in Chinese;Abstract in Chinese and English)],2020,34(2):129-131. DOI:10.3969/j.issn.1671-2722.2020.02.003.}

4.1.5 皮瓣移植的功能评价
functional evaluation of the transferred flap

[5408] Cai ZG,Zhang J,Zhang JG,Zhao FY,Yu GY,Li Y,Ding HS. Evaluation of near infrared spectroscopy in monitoring postoperative regional tissue oxygen saturation for fibular flaps[J]. J Plast Reconstr Aesthet Surg,2008,61(3):289-296. doi:10.1016/j.bjps.2007.10.047.

[5409] Liu XJ,Gui L,Mao C,Peng X,Yu GY. Applying computer techniques in maxillofacial reconstruction using a fibula flap:a messenger and an evaluation method[J]. J Craniofac Surg,2009,20(2):372-377. doi:10.1097/SCS.0b013e31819b9443.

[5410] Ling XF,Peng X. What is the price to pay for a free fibula flap? A systematic review of donorsite morbidity following free fibula flap surgery[J]. Plast Reconstr Surg,2012,129(3):657-674. doi:10.1097/PRS.0b013e3182402d9a.

[5411] Zhang X,Li MJ,Fang QG,Li ZN,Li WL,Sun CF. Free fibula flap:assessment of quality of life of patients with head and neck cancer who have had defects reconstructed[J]. J Craniofac Surg,2013,24(6):2010-2013. doi:10.1097/SCS.0b013e3182a3057d.

[5412] Shan XF,Ouyang SY,Cai ZG,Zhang J. Evaluation of foot perfusion after fibula flap surgery[J]. J Craniofac Surg,2014,25(4):1346-1347. doi:10.1097/SCS.0000000000000812.

[5413] Yu Y,Wang XL,Xu ZG,Wu YH. Laryngeal reconstruction with a sternohyoid muscle flap after supracricoid laryngectomy:postoperative respiratory and swallowing evaluation[J]. Otolaryngol Head Neck Surg,2014,151(5):824-829. doi:10.1177/0194599814549002.

[5414] Chen Y,Shen Z,Shao Z,Yu P,Wu J. Free flap monitoring using near-infrared spectroscopy:A systemic review[J]. Ann Plast Surg,2016,76(5):590-597. doi:10.1097/SAP.0000000000000430.

[5415] Li X,Sun Q,Guo S. functional assessments in patients undergoing radial forearm flap following hemiglossectomy[J]. J Craniofac Surg,2016,27(2):e172-175. doi:10.1097/SCS.0000000000002261.

[5416] Regmi S,Gu JX,Zhang NC,Liu HJ. A systematic review of outcomes and complications of primary fingertip reconstruction using reverse-flow homodigital island flaps[J]. Aesthetic Plast Surg,2016,40(2):277-283. doi:10.1007/s00266-016-0624-y.

[5417] Xu ZF,Bai S,Zhang ZQ,Duan WY,Wang ZQ,Sun CF. A critical assessment of the fibula flap donor site[J]. Head Neck,2017,39(2):279-287. doi:10.1002/hed.24581.

[5418] Feng S,Xi W,Zhang Z,Tremp M,Schaefer DJ,Sadigh PL,Zhang W,Zhang YX. A reappraisal of the surgical planning of the superficial circumflex iliac artery perforator flap[J]. J Plast Reconstr Aesthet Surg,2017,70(4):469-477. doi:10.1016/j.bjps.2016.11.025.

[5419] Wang XJ,Zhang ZH,Li L,Su YX,Wei L. Quadratus femoris muscle pedicle bone flap transplantation in the treatment of femoral neck fracture for Chinese young and middle-aged patients:A systematic review and meta-analysis[J]. Chin J Traumatol,2017,20(6):347-351. doi:10.1016/j.cjtee.2017.07.003.

[5420] Zhou X,Zhang SE,Nueangkhota P,Liang YJ,Su YX,Liao GQ. Assessment of the contralateral facial artery pedicle nasolabial island flap for buccal defect repair[J]. Int J Oral Maxillofac Surg,2020,49(7):862-866. doi:10.1016/j.ijom.2019.01.033.

[5421] Wang D,Fang P,Zhao Y. Assessment of long-term outcomes associated with a lobulated pedicled nasal mucosa flap technique for endoscopic dacryocystorhinostomy without stenting[J]. Ear Nose Throat J,2020 Jan 8:145561319900025. doi:10.1177/0145561319900025. Online ahead of print.

[5422] Mijiti A,Kuerbantayi N,Zhang ZQ,Su MY,Zhang XH,Huojia M. Influence of preoperative radiotherapy on head and neck free-flap reconstruction:Systematic review and meta-analysis[J]. Head Neck,2020,42(8):2165-2180. doi:10.1002/hed.26136.

[5423] Wang P,Gu L,Qin Z,Wang Q,Ma J. Efficacy and safety of topical nitroglycerin in the prevention of mastectomy flap necrosis:a systematic review and meta-analysis[J]. Sci Rep,2020,10(1):6753. doi:10.1038/s41598-020-63721-1.

[5424] Li Y,Jiang QL,Van der Merwe L,Lou DH,Lin C. Preclinical efficacy of stem cell therapy for skin flap:a systematic review and meta-analysis[J]. Stem Cell Res Ther,2021,12(1):28. doi:10.1186/s13287-020-02103-w.

[5425] Zhang W,Li X,Li X. A systematic review and meta-analysis of perforator flaps in plantar defects:Risk analysis of complications[J]. Int Wound J,2021,18(4):525-535. doi:10.1111/iwj.13552.

[5426] 祝伟，徐雷，李向荣，芮永军，张全荣. 不同术式的指动脉逆行岛状皮瓣修复指腹缺损及术后感觉功能评价 [J]. 中华手外科杂志，1995，11：233-235. {ZHU Wei,XU Lei,LI Xiangrong,RUI Yongjun,ZHANG Quanrong. Sensory outcome in different techniques of reversed digital artery island flaps for pulp defects[J]. Zhonghua Shou Wai Ke Za Zhi[Chin J Hand Surg(Article in Chinese;Abstract in Chinese and English)],1995,11:233-235.}

[5427] 曹怡，杜子婧，韩冬，姜浩. 指动脉终末指背支逆行岛状皮瓣修复指端缺损的感觉功能评价 [J]. 组织工程与重建外科杂志，2019，15（5）：338-341. DOI：10.3969/j.issn.1673-0364.2019.05.007. {CAO Yi,DU Zijing,HAN Dong,JIANG Hao. Evaluation of sensory recovery of the reverse island flap based on the digital artery distal dorsal branch for fingertip repair[J]. Zu Zhi Gong Cheng Yu Chong Jian Wai Ke Za Zhi[J Tissue Eng Reconstr Surg(Article in Chinese;Abstract in Chinese and English)],2019,15(5):338-341. DOI:10.3969/j.issn.1673-0364.2019.05.007.}

4.1.6 皮瓣术后并发症
postoperative complications after flap transfer

[5428] 蒋佩珏，叶明，刘援朝. 胸大肌肌皮瓣修复头颈肿瘤术后及放疗后并发症 [J]. 修复重建外科杂志，1988，2（1）：14-15. {JIANG Peiyu,YE Ming,LIU Yuanchao. Complications of major pectoralis myocutaneous flap for head and neck tumor after operation and radiotherapy[J]. Zhongguo Xiu Fu Chong Jian Wai Ke Za Zhi[Chin J Repar Reconstr Surg(Article in Chinese;No abstract available)],1988,2(1):14-15.}

[5429] 蒋佩钰，刘绍严. 胸大肌皮瓣在头颈外科修复中的并发症 [J]. 中华显微外科杂志，1993，16（1）：21-23. {JIANG Peiyu,LIU Shaoyan. Complications of pectoralis major myocutaneous flap in head and neck surgical repairation[J]. Zhonghua Xian Wei Wai Ke Za Zhi[Chin J Microsurg(Article in Chinese;Abstract in Chinese)],1993,16(1):21-23.}

[5430] 李林，李柱田，刘克，玄东泽，方正植，李熙政，金舜熔. 腓肠外侧皮动脉蒂顺逆行岛状皮瓣—适应证选择及其并发症防治 [J]. 中华骨科杂志，1994，14（12）：336-338. {LI Lin,LI Zhutian,LIU Ke,XUAN Dongze,FANG Zhengzhi,LI Xizheng,JIN Shunrong. The indications and the methods of drevention of itscomplications during the use of skin hap transplantation dedicled by the lateral gastrocneumic cutaneousartery[J]. Zhonghua Gu Ke Za Zhi[Chin J Orthop(Article in Chinese;Abstract in Chinese and English)],1994,14(12):336-338.}

[5431] 黄燮青，滕可颖，贾万新，黄一雄．踇甲皮瓣移植术后供足并发症及其处理 [J]．中国矫形外科杂志，1996，3（4）：273．{HUANG Luanqing,TENG Keying,JIA Wanxin,HUANG Yixiong. Complications and its management of donor foot after toe-nail-skin flap transplantation[J]. Zhongguo Jiao Xing Wai Ke Za Zhi[Orthop J China(Article in Chinese;No abstract available)],1996,3(4):273.}

[5432] 黄发明，陈钧，魏湛云，朱志刚，汤明芳，何飞燕，付瑞．额肌筋膜瓣矫正上睑下垂并发症的统计 [J]．中华整形烧伤外科杂志，1999，15（5）：19-22．{HUANG Faming,CHEN Jun,WEI Zhanyun,ZHU Zhigang,TANG Mingfang,HE Feiyan,FU Rui. Statistical analysis of complications of the frontalis aponeurosis flap for correction of complete ble-pharoptosis[J]. Zhonghua Zheng Xing Shao Shang Wai Ke Za Zhi[Chin J Plast Surg Burns(Article in Chinese;Abstract in Chinese and English)],1999,15(5):19-22.}

[5433] 张琰，李东海，蔡锦方．皮瓣转移修复足跟部软组织缺损的并发症及其防治 [J]．中华显微外科杂志，2007，30（1）：60-62．DOI：10.3760/cma.j.issn.1001-2036.2007.01.022．{ZHANG Yan,LI Donghai,CAI Jinfang. Complications and prevention of flap transfer in repairing heel soft tissue defect[J]. Zhonghua Xian Wei Wai Ke Za Zhi[Chin J Microsurg(Article in Chinese;Abstract in Chinese)],2007,30(1):60-62. DOI:10.3760/cma.j.issn.1001-2036.2007.01.022.}

[5434] 尹健，张婷，张学慧，李海欣，肖春花，曹旭晨，张天浩．腹部皮瓣乳房重建术后并发症及危险因素的研究 [J]．中华外科杂志，2009，47（24）：1864-1867．DOI：10.3760/cma.j.issn.0529-5815.2009.24.008．{YIN Jian,ZHANG Ting,ZHANG Xuehui,LI Haixin,XIAO Chunhua,CAO Xuchen,ZHANG Tianhao. Research on the postoperative complications and its risk factors of breast reconstruction with abdominal flaps[J]. Zhonghua Wai Ke Za Zhi[Chin J Surg(Article in Chinese;Abstract in Chinese and English)],2009,47(24):1864-1867. DOI:10.3760/cma.j.issn.0529-5815.2009.24.008.}

[5435] 沈尊理，黄一雄，章开衡，贾万新，蔡嬿娴，黄燮青，张兆锋，沈华，王永春．皮神经营养血管逆行皮瓣修复手部创面术后并发症的防治 [J]．中华手外科杂志，2009，25（6）：351-353．DOI：10.3760/cma.j.issn.1005-054X.2009.06.014．{SHEN Zunli,HUANG Yixiong,ZHANG Kaiheng,JIA Wanxin,CAI Yanxian,HUANG Luanqing,ZHANG Zhaofeng,SHEN Hua,WANG Yongchun. Reverse neurocutaneous flaps for soft tissue reconstruction in the hand:complications and their management[J]. Zhonghua Shou Wai Ke Za Zhi[Chin J Hand Surg(Article in Chinese;Abstract in Chinese and English)],2009,25(6):351-353. DOI:10.3760/cma.j.issn.1005-054X.2009.06.014.}

[5436] 庄怀铭，徐耿填，郭跃跃，林可新，黄青．腓肠肌腱膜瓣翻转术治疗陈旧性跟腱断裂的远期疗效及并发症分析 [J]．中华创伤杂志，2012，28（2）：159-161．DOI：10.3760/cma.j.issn.1001-8050.2012.02.018．{ZHUANG Huaiming,XU Gengtian,GUO Yueyue,LIN Kexin,HUANG Qing. Long term efficacy and complications of sural tendon flap turnover in the treatment of old achilles tendon rupture[J]. Zhonghua Chuang Shang Za Zhi[Chin J Trauma(Article in Chinese;No abstract available)],2012,28(2):159-161. DOI:10.3760/cma.j.issn.1001-8050.2012.02.018.}

[5437] 周权，李伟，邹利文，赵声龙，吴学振，施宗伟，高明江，陈晓竹．包皮带蒂岛状皮瓣（Duckett）治疗小儿尿道下裂手术并发症的预防及处理 [J]．中华男科学杂志，2012，18（4）：369-371．{ZHOU Quan,LI Wei,ZOU Liwen,ZHAO Shenglong,WU Xuezhen,SHI Zongwei,GAO Mingjiang,CHEN Xiaozhu. Prevention and management of complications of preputial pedicled island flap (Duckett) for hypospadias in children[J]. Zhonghua Nan Ke Xue Za Zhi[Natl J Androl(Article in Chinese;No abstract available)],2012,18(4):369-371.}

[5438] 杨勇，王晓娟，刘德贵，薛刚．腓肠神经营养血管皮肤筋膜蒂逆行岛状皮瓣的应用及静脉并发症的预防处理 [J]．创伤外科杂志，2012，14（3）：239-240．DOI：10.3969/j.issn.1009-4237.2012.03.015．{YANG Yong,WANG Xiaojuan,LIU Degui,XUE Gang. Reverse sural neurovascular island flap for reconstruction of soft tissue loss on foot and prevention from venous related complications[J]. Chuang Shang Wai Ke Za Zhi[J Traum Surg(Article in Chinese;Abstract in Chinese and English)],2012,14(3):239-240. DOI:10.3969/j.issn.1009-4237.2012.03.015.}

[5439] 郭建，李思毅．胸大肌肌皮瓣修复口腔颌面部缺损并发症的临床分析 [J]．中国口腔颌面外科杂志，2015，13（6）：563-566．{GUO Jian,LI Siyi. An analysis of complications in oral and maxillofacial reconstruction with pectoralis major myocutaneous flap[J]. Zhongguo Kou Qiang He Mian Wai Ke Za Zhi[Chin J Oral Maxillofac Surg(Article in Chinese;Abstract in Chinese and English)],2015,13(6):563-566.}

[5440] 李辉，陈涛．内镜甲状腺手术不同入路对分离皮瓣面积、并发症和相应损伤的影响 [J]．局解手术学杂志，2016，25（3）：171-174．DOI：10.11659/jjssx.11E015171．{LI Hui,CHEN Tao. Different surgical approaches of endoscopic thyroidectomy for patients with separation of flap size,complications and the corresponding damage[J]. Ju Jie Shou Shu Xue Za Zhi[J Reg Anat Oper Surg(Article in Chinese;Abstract in Chinese and English)],2016,25(3):171-174. DOI:10.11659/jjssx.11E015171.}

[5441] 刘元波，王欣，张世民，章一新，唐举玉，糜菁熠，汪华侨，张春，顾立强，陈宏，章伟文，徐永清，魏在荣，高伟阳，梅劲，王健，刘小林，穆广态，唐茂林，徐达传，侯春林．"带蒂穿支皮瓣常见并发症原因分析与防治"专家共识 [J]．中华显微外科杂志，2017，40（2）：105-108．DOI：10.3760/cma.j.issn.1001-2036.2017.02.001．{LIU Yuanbo,WANG Xin,ZHANG Shimin,ZHANG Yixin,TANG Juyu,MI Qingyi,WANG Huaqiao,ZHANG Chun,GU Liqiang,CHEN Hong,ZHANG Weiwen,XU Yongqing,WEI Zairong,MEI Jin,WANG Jian,LIU Xiaolin,MU Guangtai,TANG Maolin,XU Dachuan,HOU Chunlin. Expert consensus on "analysis and prevention of common complications of pedicled perforator flap"[J]. Zhonghua Xian Wei Wai Ke Za Zhi[Chin J Microsurg(Article in Chinese;No abstract available)],2017,40(2):105-108. DOI:10.3760/cma.j.issn.1001-2036.2017.02.001.}

[5442] 王欣，刘元波，张世民，章一新，唐举玉，糜菁熠，汪华侨，张春，顾立强，章伟文，陈宏，徐永清，魏在荣，高伟阳，梅劲，王健，刘小林，穆广态，唐茂林，徐达传，侯春林．"游离穿支皮瓣常见并发症原因分析与防治"专家共识 [J]．中华显微外科杂志，2017，40（3）：209-212．DOI：10.3760/cma.j.issn.1001-2036.2017.03.001．{WANG Xin,LIU Yuanbo,ZHANG Shimin,ZHANG Yixin,TANG Juyu,MI Qingyi,WANG Huaqiao,ZHANG Chun,GU Liqiang,CHEN Hong,ZHANG Weiwen,CHEN Hong,XU Yongqing,WEI Zairong,MEI Jin,WANG Jian,LIU Xiaolin,MU Guangtai,TANG Maolin,XU Dachuan,HOU Chunlin. Expert consensus on "cause analysis and prevention of common complications of free perforator flap"[J]. Zhonghua Xian Wei Wai Ke Za Zhi[Chin J Microsurg(Article in Chinese;No abstract available)],2017,40(3):209-212. DOI:10.3760/cma.j.issn.1001-2036.2017.03.001.}

[5443] 彭笳宸，杨礼丹，何文斌，卿明松，章猛奇，刘金月，赵春涛，沈光思，徐又佳．切开复位内固定联合带血供骨瓣移植与单纯复位内固定治疗股骨颈骨折术后并发症比较的系统评价 [J]．中华创伤骨科杂志，2018，20（3）：228-234．DOI：10.3760/cma.j.issn.1671-7600.2018.03.009．{PENG Jiachen,YANG Lidan,HE Wenbin,QING Mingsong,ZHANG Mengqi,LIU Jinyue,ZHAO Chuntao,SHEN Guangsi,XU Youjia. Postoperative complications following open reduction and internal fixation combined with vascularized bone flap graft versus only reduction and internal fixation for femoral neck fractures:a systematic review[J]. Zhonghua Chuang Shang Gu Ke Za Zhi[Chin J Orthop Trauma(Article in Chinese;Abstract in Chinese and English)],2018,20(3):228-234. DOI:10.3760/cma.j.issn.1671-7600.2018.03.009.}

[5444] 刘翔宇，刘宗辉，王璐，郭树忠．全扩张皮瓣法矫正小耳畸形一期手术的并发症分析及临床体会 [J]．中华整形外科杂志，2018，34（3）：192-196．DOI：10.3760/cma.j.issn.1009-4598.2018.03.007．{LIU Xiangyu,LIU Zonghui,WANG Lu,GUO Shuzhong. Clinical experience and analysis on the complications of the one-stage surgery with prolonged tissue expansion in microtia reconstruction[J]. Zhonghua Zheng Xing Wai Ke Za Zhi[Chin J Plast Surg(Article in Chinese;Abstract in Chinese and English)],2018,34(3):192-196. DOI:10.3760/cma.j.issn.1009-4598.2018.03.007.}

[5445] 徐毅，王扬剑，陈芝武，华祖广，唐茂林，魏鹏．跨区带蒂腓动脉穿支皮瓣局部并发症血流动力学相关原因分析 [J]．中华整形外科杂志，2019，35（12）：1221-1225．DOI：10.3760/cma.j.issn.1009-4598.2019.12.012．{XU Yi,WANG Yangjian,CHEN Zhiwu,HUA Zuguang,TANG Maolin,WEI Peng. Hemodynamic factors related to complications of trans pedicled peroneal perforator flap[J]. Zhonghua Zheng Xing Wai Ke Za Zhi[Chin J Plast Surg(Article in Chinese;Abstract in Chinese and English)],2019,35(12):1221-1225. DOI:10.3760/cma.j.issn.1009-4598.2019.12.012.}

[5446] 柳泽洋，李赞，彭小伟，周波，唐园园，伍鹏，宋达疆，吕春柳，彭文，李慧，欧延，许安吉．自体乳房重建中皮瓣相关并发症影响因素分析及术中使用吲哚菁绿造影的经济学效益 [J]．中国修复重建外科杂志，2020，34（1）：92-97．DOI：10.7507/1002-1892.201906023．{LIU Zeyang,LI Zan,PENG Xiaowei,ZHOU Bo,TANG Yuanyuan,WU Peng,SONG Dajiang,LV Chunliu,PENG Wen,LI Hui,OU Yan,XU Anji. Multivariable analysis for flap-related complications in autologous breast reconstruction and economic analysis of intraoperative indocyanine green angiography[J]. Zhongguo Xiu Fu Chong Jian Wai Ke Za Zhi[Chin J Repar Reconstr Surg(Article in Chinese;Abstract in Chinese and English)],2020,34(1):92-97. DOI:10.7507/1002-1892.201906023.}

4.1.7 皮瓣的实验研究
experimental research of flap

[5447] Yuen QM,Leung PC. Some factors affecting the survival of venous flaps:an experimental study[J]. Microsurgery,1991,12(1):60-64. doi:10.1002/micr.1920120112.

[5448] Fu W,Jiao X. The effect of mannitol and anisodamin on the prevention of free radical injury to post-ischaemia flaps:an experimental study[J]. Br J Plast Surg,1995,48(4):218-221. doi:10.1016/0007-1226(95)90005-5.

[5449] Chang SM,Gu YD,Li JF. Comparison of venous drainage in reverse-flow island flaps:an experimental study of the rabbit saphenous fasciocutaneous flap[J]. Ann Plast Surg,2003,51(2):177-181. doi:10.1097/01.SAP.0000058492.41316.BB.

[5450] Chang SM,Gu YD,Li JF. Comparison of different managements of large superficial veins in distally based fasciocutaneous flaps with a veno-neuro-adipofascial pedicle:an experimental study using a rabbit model[J]. Microsurgery,2003,23(6):555-560. doi:10.1002/micr.10211.

[5451] Shu MG,Guo XT,Zhen HN,Han Y,Chen FL,Li LW,Guo SZ. Enhancing skin flap survival by a cell-permeable wild-type survivin[J]. Med Hypotheses,2007,69(4):888-891. doi:10.1016/j.mehy.2006.11.055.

[5452] Meng T,Shi B,Wang Q,Zheng Q,Wu M,Huang L,Long J,Li S,Wang Y,Li B. A comparative study of maxillary growth following rotation-advancement and triangular flap unilateral cleft lip repairs:an experimental study in rabbits[J]. Ann Plast Surg,2007,58(4):434-440. doi:10.1097/01.sap.0000237645.58470.24.

[5453] Wang H,Li Z,Liu X. Effects of various protocols of ischemic preconditioning on rat TRAM flaps[J]. Microsurgery,2008,28(1):37-43. doi:10.1002/micr.20436.

[5454] Wu X,Yu M,Li A. Protective effect of a nuclear factor-kappa B inhibitor on ischemia-reperfusion injury in a rat epigastric flap model[J]. J Reconstr Microsurg,2008,24(5):351-359. doi:10.1055/s-2008-1080538.

[5455] Zhong X,Yan W,He X,Ni Y. Improved fat graft viability by delayed fat flap with ischaemic pretreatment[J]. J Plast Reconstr Aesthet Surg,2009,62(4):526-531. doi:10.1016/j.bjps.2007.11.020.

[5456] Jing ZZ,Chang SM,You MR,Yu GR. Venous drainage in retrograde island flap:an experimental study using fluorescence tracing technique[J]. Microsurgery,2010,30(1):50-54. doi:10.1002/micr.20692.

[5457] Mei J,Yin Z,Zhang J,Lui KW,Hu S,Peng Z,Chen S,Tang M. A mini pig model for visualization of perforator flap by using angiography and MIMICS[J]. Surg Radiol Anat,2010,32(5):477-484. doi:10.1007/s00276-009-0588-6.

[5458] Zhang Y,Liu A,Zhang W,Jiang H,Cai Z. Correlation of contractile function recovery with acetylcholine receptor changes in a rat muscle flap model[J]. Microsurgery,2010,30(4):307-313. doi:10.1002/micr.20727.

[5459] Yang M,Sheng L,Li H,Weng R,Li QF. Improvement of the skin flap survival with the bone marrow-derived mononuclear cells transplantation in a rat model[J]. Microsurgery,2010,30(4):275-281. doi:10.1002/micr.20779.

[5460] Liu Q,Li Q,Zheng S,Zheng D. Preservation of canine composite facial flaps using UW solution[J]. Arch Facial Plast Surg,2010,12(4):263-268. doi:10.1001/archfacial.2010.47.

[5461] Zhang FG,Yao Y,Feng Y,Hua CG,Tang XF. Mesenchymal stem cells transduced by stromal cell-derived factor-1 α augment ischemic free flaps' survival[J]. Ann Plast Surg,2011,66(1):92-97. doi:10.1097/SAP.0b013e3181f3e3b3.

[5462] XIN Minqiang,LUAN Jie,MU Dali,MU Lanhua. Transmidline abdominal skin flap model in pig:refinements and advancements[J]. J Reconstr Microsurg,2012,28(2):111-118. doi:10.1055/s-0031-1289162.

[5463] Leng X,Zhang Q,Zhai X,Chen Z. Local transplant of human umbilical cord matrix stem cells improves skin flap survival in a mouse model[J]. Tohoku J Exp Med,2012,227(3):191-197. doi:10.1620/tjem.227.191.

[5464] Zhuang Y,Hu S,Wu D,Tang M,Xu DC. A novel in vivo technique for observations of choke vessels in a rat skin flap model[J]. Plast Reconstr Surg,2012,130(2):308-317. doi:10.1097/PRS.0b013e3182589c0e.

[5465] Yue Y,Zhang P,Liu D,Yang JF,Nie C,Yang D. Hypoxia preconditioning enhances the viability of ADSCs to increase the survival rate of ischemic skin flaps in rats[J]. Aesthetic Plast Surg,2013,37(1):159-170. doi:10.1007/s00266-012-9993-z.

[5466] Yang P,Qin YH,Zhong L,Liu K,Zhang J,Zhang XF. Prevention of skin flap infection by transdermal penetration of azithromycin in rats[J]. Ann Plast Surg,2013,71(2):214-218. doi:10.1097/SAP.0b013e31823dce96.

[5467] Zhao L,Wang YB,Qin SR,Ma XM,Sun XJ,Wang ML,Zhong RG. Protective effect of hydrogen-rich saline on ischemia/reperfusion injury in rat skin flap[J]. J Zhejiang Univ Sci B,2013,14(5):382-391. doi:10.1631/jzus.B1200317.

[5468] Liang F,Kang N,Liu X,Yang J,Li Z,Tan JW. Effect of HMGB1/NF-κB in hyperbaric oxygen treatment on decreasing injury caused by skin flap grafts in rats[J]. Eur Rev Med Pharmacol Sci,2013,17(15):2010-2018.

[5469] Wang X,Yu M,Zhu W,Bao T,Zhu L,Zhao W,Zhao F,Wang H. Adenovirus-mediated expression of keratinocyte growth factor promotes secondary flap necrotic wound healing in an extended animal model[J]. Aesthetic Plast Surg,2013,37(5):1023-1033. doi:10.1007/s00266-013-0200-7.

[5470] Qi Z,Gao CJ,Wang YB,Ma XM,Zhao L,Liu FJ,Liu XH,Sun XJ,Wang XJ. Effects of hyperbaric oxygen preconditioning on ischemia-reperfusion inflammation and skin flap survival[J]. Chin Med J,2013,126(20):3904-3909.

[5471] Kang N,Hai Y,Liang F,Gao CJ,Liu XH. Preconditioned hyperbaric oxygenation protects skin flap grafts in rats against ischemia/reperfusion injury[J]. Mol Med Rep,2014,9(6):2124-2130. doi:10.3892/mmr.2014.2064.

[5472] Zhang X,Yan X,Wang C,Lu S,Tang T,Chai Y. The effect of autologous endothelial progenitor cell transplantation combined with extracorporeal shock-wave therapy on ischemic skin flaps in rats[J]. Cytotherapy,2014,16(8):1098-1109. doi:10.1016/j.jcyt.2014.02.013.

[5473] Liu X,Yang J,Li Z,Yang L,Wang C,Gao C,Liang F. Hyperbaric oxygen preconditioning promotes neovascularization of transplanted skin flaps in rats[J]. Int J Clin Exp Pathol,2014,7(8):4734-4744.

[5474] Xu N,Guo S,Wang Y,Sun Q,Wang C. Transplantation of adipose tissue-derived stromal cells promotes the survival of venous-congested skin flaps in rabbit ear[J]. Cell Biochem Biophys,2015,71(2):557-563. doi:10.1007/s12013-014-0234-8.

[5475] Zhu H,Xie F,Shen L,Li Q. Blood supply of the rat biceps femoris musculocutaneous flap[J]. J Reconstr Microsurg,2015,31(2):160-162. doi:10.1055/s-0034-1381956.

[5476] Pan XY,Peng L,Han ZQ,Yin GQ,Song YK,Huang J. Hirudin promotes angiogenesis by modulating the cross-talk between p38 MAPK and ERK in rat ischemic skin flap tissue[J]. Tissue Cell,2015,47(3):301-310. doi:10.1016/j.tice.2015.04.001.

[5477] Xiao YD,Liu YQ,Li JL,Ma XM,Wang YB,Liu YF,Zhang MZ,Zhao PX,Xie F,Deng ZX. Hyperbaric oxygen preconditioning inhibits skin flap apoptosis in a rat ischemia-reperfusion model[J]. J Surg Res,2015,199(2):732-739. doi:10.1016/j.jss.2015.06.038.

[5478] Song K,Zhang M,Hu J,Liu Y,Liu Y,Wang Y,Ma X. Methane-rich saline attenuates ischemia/reperfusion injury of abdominal skin flaps in rats via regulating apoptosis level[J]. BMC Surg,2015,15:92. doi:10.1186/s12893-015-0075-4.

[5479] Peng L,Pan X,Yin G. Natural hirudin increases rat flap viability by anti-inflammation via PARs/p38/NF-κB pathway[J]. Biomed Res Int，2015:597264. doi:10.1155/2015/597264.

[5480] Yue ZS,Zeng LR,Quan RF,Tang YH,Zheng WJ,Qu G,Xu CD,Zhu FB,Huang ZM. 4-Phenylbutyrate protects rat skin flaps against ischemia-reperfusion injury and apoptosis by inhibiting endoplasmic reticulum stress[J]. Mol Med Rep,2016,13(2):1227-1233. doi:10.3892/mmr.2015.4636.

[5481] Yin Z,Ren H,Liu L,Chen W,Gan C,Jiao H,Fan J. Thioredoxin protects skin flaps from ischemia-reperfusion injury:a novel prognostic and therapeutic target[J]. Plast Reconstr Surg,2016,137(2):511-521. doi:10.1097/01.prs.0000475768.68654.03.

[5482] Zhang Y,Xu H,Wang T,He J,Wei J,Wang T,Dong J. Remote limb ischemic post-conditioning attenuates ischemia-reperfusion injury in rat skin flap by limiting oxidative stress[J]. Acta Cir Bras,2016,31(1):15-21. doi:10.1590/S0102-865020160010000003.

[5483] Wang B,Geng Q,Hu J,Shao J,Ruan J,Zheng J. Platelet-rich plasma reduces skin flap inflammatory cells infiltration and improves survival rates through induction of angiogenesis:An experiment in rabbits[J]. J Plast Surg Hand Surg,2016,50(4):239-245. doi:10.3109/2000656X.2016.1159216.

[5484] Zhuang Y,Yang M,Liu C. An islanded rabbit auricular skin flap model of hyaluronic acid injection-induced embolism[J]. Aesthetic Plast Surg,2016,40(3):421-427. doi:10.1007/s00266-016-0630-0.

[5485] Yu P,Yang X,Qi Z. The effect of normovolemic and hypervolemic hemodilution on a perforator flap with twisted pedicle model:experimental study in rats[J]. Plast Reconstr Surg,2016,138(3):555e-556e. doi:10.1097/PRS.0000000000002446.

[5486] Yu N,Wang X. The effect of normovolemic and hypervolemic hemodilution on a perforator flap with twisted pedicle model:experimental study in rats[J]. Plast Reconstr Surg,2016,138(3):555e. doi:10.1097/PRS.0000000000002445.

[5487] Hu XY,Chen ZY,Zhang B,Leng XF,Fan XJ,Liu T. Benefit of HSP90 intervention on ischemia-reperfusion injury of venous blood-congested flaps[J]. Exp Ther Med,2016,12(1):177-182. doi:10.3892/etm.2016.3317.

[5488] Tao XY,Wang L,Gao WY,Ding J,Feng XL,Zhou ZW,Yang LH. The effect of inducible nitric oxide synthase on multiterritory perforator flap survival in rats[J]. J Reconstr Microsurg,2016,32(9):643-649. doi:10.1055/s-0036-1584808.

[5489] Zhuang Y,Xie Y,Wu Z,Xue L,Tang Y,Zheng H,Fang F. Hemodynamic study of three patterns of flaps on rats with a novel panoramic photographing technique involved[J]. Plast Reconstr Surg,2016,138(4):653e-665e. doi:10.1097/PRS.0000000000002493.

[5490] Zhang Y,Cai X,Shen L,Huang X,Wang X,Lan Y,Shou D. Effects of sanguis draconis on perforator flap survival in rats[J]. Molecules,2016,21(10):1262. doi:10.3390/molecules21101262.

[5491] Ju J,Wu J,Hou R. Role of the p38 mitogen-activated protein kinase signaling pathway in estrogen-mediated protection following flap ischemia-reperfusion injury[J]. Cell Biochem Funct,2016,34(7):522-530. doi:10.1002/cbf.3226.

[5492] Bai M,Liu Y,Yin D,Zhang M,Wang Y,Ma X,Liu Y,Zhao P. Inhibition of c-Jun N-terminal kinase signaling suppresses skin flap apoptosis in a rat ischemia and/or reperfusion model[J]. J Surg Res,2016,206(2):337-346. doi:10.1016/j.jss.2016.08.013.

[5493] Ma G,Pei J,Li Y,Han Y,Liu D. Cytotoxic T lymphocyte-associated protein 4 acts on local draining lymph nodes in the allogeneic abdominal skin flap of a rat model to extend its survival[J]. Transplant Proc,2016,48(10):3415-3421. doi:10.1016/j.transproceed.2016.10.024.

[5494] Zhuang Y,Fang F,Lan X,Wang F,Huang J,Zhang Q,Zhao L,Guo W,Zheng H,Xu J. The vascular evolution of an extended flap on the dorsum of rats and the potential involvement of MMP-2 and MMP-9[J]. Microvasc Res,2017,112:20-29. doi:10.1016/j.mvr.2016.11.002.

[5495] Wang L,Zhou ZW,Yang LH,Tao XY,Feng XL,Ding J,Gao WY. Vasculature characterization of a multiterritory perforator flap:an experimental study[J]. J Reconstr Microsurg,2017,33(4):292-297. doi:10.1055/s-0036-1598011.

[5496] Jia YC,Xu J,Chen HH,Kang QL,Chai YM. The effect of atorvastatin on the viability of ischemic skin flaps in diabetic rats[J]. Plast Reconstr Surg,2017,139(2):425e-433e. doi:10.1097/PRS.0000000000002984.

[5497] Ding J,Feng X,Gao W,Yan H,Tao X,Wang L,Tang M. Comparison of a small central versus a large peripheral perforator in a rat model of extended dorsal three-vascular territory perforator flap[J]. Plast Reconstr Surg,2017,139(2):434e-443e. doi:10.1097/PRS.0000000000002991.

[5498] Weng W,Zhang F,Zhao B,Wu Z,Gao W,Li Z,Yan H. The complicated role of venous drainage on the survival of arterialized venous flaps[J]. Oncotarget,2017,8(10):16414-16420. doi:10.18632/oncotarget.14845.

[5499] Zhang DY,Kang SS,Zhang ZW,Wu R. Edaravone enhances the viability of ischemia/reperfusion flaps[J]. J Huazhong Univ Sci Technolog Med Sci,2017,37(1):51-56. doi:10.1007/s11596-017-1693-0.

[5500] Li Z,Luan J. Hemodynamic study of three patterns of flaps on rats with a novel panoramic photographing technique involved[J]. Plast Reconstr Surg,2017,140(2):353e-354e. doi:10.1097/PRS.0000000000003533.

[5501] Li DQ,Lu GM,Liang YD,Liang ZJ,Huang MH,Peng QL,Zou DH,Gu RH,Xu FT,Gao H,Chen ZD,Chi GY,Wei ZH,Chen L,Li HM. CD54+ rabbit adipose-derived stem cells overexpressing HIF-1α facilitate vascularized fat flap regeneration[J]. Oncotarget,2017,8(29):46875-46890. doi:10.18632/oncotarget.16777.

[5502] Li X,Chen M,Maharjan S,Cui J,Lu L,Gong X. Evaluating surgical delay using infrared thermography in an island pedicled perforator flap rat model[J]. J Reconstr Microsurg,2017,33(7):518-525. doi:10.1055/s-0037-1602776.

[5503] Leng X,Fan Y,Wang Y,Sun J,Cai X,Hu C,Ding X,Hu X,Chen Z. Treatment of ischemia-reperfusion injury of the skin flap using human umbilical cord mesenchymal stem cells (hUC-MSCs) transfected with "F-5" gene[J]. Med Sci Monit,2017,23:2751-2764. doi:10.12659/msm.905216.

[5504] Huang H,Kong D,Liu Y,Cui Q,Wang K,Zhang D,Wang J,Zhai M,Yan J,Zhang C,Wu G. Sapylin promotes wound healing in mouse skin flaps[J]. Am J Transl Res,2017,9(6):3017-3026.

[5505] Wang L,Jin Z,Wang J,Chen S,Dai L,Lin D,Wu L,Gao W. Detrimental effect of Hypoxia-inducible factor-1α-induced autophagy on multiterritory perforator flap survival in rats[J]. Sci Rep. 2017,7(1):11791. doi:10.1038/s41598-017-12034-x.

[5506] Jin Q,Ju J,Xu L,Liu Y,Li Z,Fu Y,Hou R. Estradiol postconditioning relieves ischemia/reperfusion injury in axial skin flaps of rats,inhibits apoptosis and alters the MKP-1/ERK pathway[J]. Mol Med Rep,2017,16(2):1472-1478. doi:10.3892/mmr.2017.6708.

[5507] Huang L. Beneficial effect of botulinum toxin A on secondary ischaemic injury of skin flaps in rats[J]. Br J Oral Maxillofac Surg,2018,56(2):144-147. doi:10.1016/j.bjoms.2017.04.008.

[5508] Pan Z,Jiang P,Xue S,Wang T,Li H,Wang J. Repair of a critical-size segmental rabbit femur defect using bioglass-β-TCP monoblock,a vascularized periosteal flap and BMP-2[J]. J Biomed Mater Res B Appl Biomater,2018,106(6):2148-2156. doi:10.1002/jbm.b.34018.

[5509] Zhang P,Feng J,Liao Y,Cai J,Zhou T,Sun M,Gao J,Gao K. Ischemic flap survival improvement by composition-selective fat grafting with novel adipose tissue derived product-stromal vascular fraction gel[J]. Biochem Biophys Res Commun,2018,495(3):2249-2256. doi:10.1016/j.bbrc.2017.11.196.

[5510] An Y,Nie FF,Qin ZL,Xue HY,Chen LJ,Li B,Li D. In vitro flow perfusion maintaining long-term viability of the rat groin fat flap:a novel model for research on large-scale engineered tissues[J]. Chin Med J,2018,131(2):213-217. doi:10.4103/0366-6999.222334.

[5511] Sun W,Yu WY,Yu DJ,Zhao TL,Wu LJ,Han WY. The effects of recombinant human growth hormone (rHGH) on survival of slender narrow pedicle flap and expressions of vascular endothelial growth factor (VEGF) and classification determinant 34 (CD34)[J]. Eur Rev Med Pharmacol Sci,2018,22(3):771-777. doi:10.26355/eurrev_201802_14311.

[5512] Song L,Gao LN,Wang J,Thapa S,Li Y,Zhong XB,Zhao HW,Xiang XR,Zhang FG,Ji P. Stromal cell-derived factor-1 α alleviates calcium-sensing receptor activation-mediated ischemia/reperfusion injury by inhibiting caspase-3/caspase-9-induced cell apoptosis in rat free flaps[J]. Biomed Res Int,2018,2018:8945850. doi:10.1155/2018/8945850.

[5513] Ren H,Meng X,Yin J,Sun J,Huang Q,Yin Z. Ganoderma lucidum polysaccharide peptide attenuates skin flap ischemia-reperfusion injury in a thioredoxin-dependent manner[J]. Plast Reconstr Surg,2018,142(1):23e-33e. doi:10.1097/PRS.0000000000004503.

[5514] Bai Y,Han YD,Yan XL,Ren J,Zeng Q,Li XD,Pei XT,Han Y. Adipose mesenchymal stem cell-derived exosomes stimulated by hydrogen peroxide enhanced skin flap recovery in ischemia-reperfusion injury[J]. Biochem Biophys Res Commun,2018,500(2):310-317. doi:10.1016/j.bbrc.2018.04.065.

[5515] Ma JX,Yang QM,Xia YC,Zhang WG,Nie FF. Effect of 810 nm near-infrared laser on revascularization of ischemic flaps in rats[J]. Photomed Laser Surg,2018,36(6):290-297. doi:10.1089/pho.2017.4360.

[5516] Weng Z,Wang C,Zhang C,Xu J,Chai Y,Jia Y,Han P,Wen G. All-trans retinoic acid improves the viability of ischemic skin flaps in diabetic rat models[J]. Diabetes Res Clin Pract,2018,142:385-392. doi:10.1016/j.diabres.2018.06.019.

[5517] Guo K,Ma J,Liang W. Effects of SB202190 on expression levels of IL-6 and NF-κB in flap ischemia-reperfusion injury[J]. Exp Ther Med,2018,16(3):2522-2526. doi:10.3892/etm.2018.6442.

[5518] Li Z,Zhang ZW,Yu SX,Zhuang JC,Ke YH,Xiong Y,Lin HX,Chen WF. The experimental study of shunt-decompression arterialized vein flap[J]. Cancer Cell Int,2018,18:148. doi:10.1186/s12935-018-0622-z.

[5519] Jin Z,Chen S,Wu H,Wang J,Wang L,Gao W. Inhibition of autophagy after perforator flap surgery increases flap survival and angiogenesis[J]. J Surg Res,2018,31:83-93. doi:10.1016/j.jss.2018.05.018.

[5520] Zhao G,Zhang X,Xu P,Mi JY,Rui YJ. The protective effect of Irisin against ischemia-reperfusion injury after perforator flap grafting in rats[J].

Injury,2018,49(12):2147-2153. doi:10.1016/j.injury.2018.09.054.

[5521] Mao Y,Li H,Ding M,Hao X,Pan J,Tang M,Chen S. Comparative study of choke vessel reconstruction with single and multiple perforator-based flaps on the murine back using delayed surgery[J]. Ann Plast Surg,2019,82(1):93-98. doi:10.1097/SAP.0000000000001637.

[5522] Li X,Chen M,Jiang Z,Liu Y,Lu L,Gong X. Visualized identification of the maximal surgical delay effect in a rat flap model[J]. Wound Repair Regen,2019,27(1):39-48. doi:10.1111/wrr.12680.

[5523] Wang L,Wu H,Lin C,Huang Z,Jiang R,Tao X,Ding J,Gao W. Effects of pedicle torsion on dynamic perforasome survival in a multiterritory perforator flap model:An experimental study[J]. J Plast Reconstr Aesthet Surg,2019,72(2):188-193. doi:10.1016/j.bjps.2018.10.005.

[5524] Liu H,Zhang M,Dong X,Liu Y,Hao Y,Wang Y. Necrostatin-1 protects against ischemia/reperfusion injury by inhibiting receptor-interacting protein 1 in a rat flap model[J]. J Plast Reconstr Aesthet Surg,2019,72(2):194-202. doi:10.1016/j.bjps.2018.10.019.

[5525] Liu H,Zhang MZ,Liu YF,Dong XH,Hao Y,Wang YB. Necroptosis was found in a rat ischemia/reperfusion injury flap model[J]. Chin Med J,2019,132(1):42-50. doi:10.1097/CM9.0000000000000005.

[5526] Jin Z,Yao C,Poonit K,Han T,Li S,Huang Z,Yan H. Allogenic endothelial progenitor cell transplantation increases flap survival through an upregulation of eNOs and VEGF on venous flap survival in rabbits[J]. J Plast Reconstr Aesthet Surg,2019,72(4):581-589. doi:10.1016/j.bjps.2018.12.042.

[5527] Cao J,Lin H,Li W,Dong Z,Shi Y,Zhang X,Xiao R. Ischemia postconditioning protects dermal microvascular endothelial cells of rabbit epigastric skin flaps against apoptosis via adenosine A2a receptors[J]. J Plast Surg Hand Surg,2019,53(2):76-82. doi:10.1080/2000656X.2018.1550417.

[5528] Zhao B,Poonit K,Zhou X,Yao C,Sun C,Yan H. The effect of chemical hemodynamic regulation on the survival of arterialized venous flaps[J]. J Plast Surg Hand Surg,2019,53(2):83-88. doi:10.1080/2000656X.2018.1550418.

[5529] Wang J,Ji E,Lin C,Wang L,Dai L,Gao W. Effects of bradykinin on the survival of multiterritory perforator flaps in rats[J]. World J Surg Oncol,2019,17(1):44. doi:10.1186/s12957-019-1570-3.

[5530] Chai J,Ge J,Zou J. Effect of autologous platelet-rich plasma gel on skin flap survival[J]. Med Sci Monit,2019,25:1611-1620. doi:10.12659/MSM.913115.

[5531] Wang L,Wu H,Yan H,Dong X,He Z,Ding J,Gao W. Effect of a nondominant perforator on multiterritory perforator flap survival in rats[J]. Microsurgery, 2019,39(5):441-446. doi:10.1002/micr.30471.

[5532] Qing L,Wu P,Zhou Z,Yu F,Tang J. Tetramethylpyrazine improved the survival of multiterritory perforator flaps by inducing angiogenesis and suppressing apoptosis via the Akt/Nrf2 pathway[J]. Drug Des Devel Ther,2019,13:1437-1447. doi:10.2147/DDDT.S195090.

[5533] Cui H,Wang Y,Feng Y,Li X,Bu L,Pang B,Jia M. Dietary nitrate protects skin flap against ischemia injury in rats via enhancing blood perfusion[J]. Biochem Biophys Res Commun,2019,515(1):44-49. doi:10.1016/j.bbrc.2019.05.059.

[5534] Liu B,Xu Q,Wang J,Lin J,Pei Y,Cui Y,Wang G,Zhu L. Recombinant human growth hormone treatment of mice suppresses inflammation and apoptosis caused by skin flap ischemia-reperfusion injury[J]. J Cell Biochem,2019,120(10): 18162-18171. doi:10.1002/jcb.29122.

[5535] Hao Y,Dong X,Liu H,Wang Y. Preconditioning with one-time hydrogen gas does not attenuate skin flap ischemia-reperfusion injury in rat models[J]. J Plast Reconstr Aesthet Surg,2019,72(10):1661-1668. doi:10.1016/j.bjps.2019.06.006.

[5536] Mao Y,Chen X,Xia Y,Xie X. Repair Effects of KGF on ischemia-reperfusion-induced flap injury via activating Nrf2 signaling[J]. J Surg Res,2019,244:547-557. doi:10.1016/j.jss.2019.06.078.

[5537] Zhan Y,Zhu H,Li W,Su Q,Liu XL,Qi J. Saphenous artery perforator flaps in minipigs:anatomical study and a new experimental model[J]. J Invest Surg,2021,34(5):486-494. doi:10.1080/08941939.2019.1654570.

[5538] Zhang J,Liu Y,Zang M,Zhu S,Chen B,Li S,Xue B,Yan L. Lentivirus-mediated CDglyTK gene-modified free flaps by intra-artery perfusion show targeted therapeutic efficacy in rat model of breast cancer[J]. BMC Cancer,2019,19(1):921. doi:10.1186/s12885-019-6111-5.

[5539] Lin D,Wu H,Zhou Z,Tao Z,Jia T,Gao W. Ginkgolide B improves multiterritory perforator flap survival by inhibiting endoplasmic reticulum stress and oxidative stress[J]. J Invest Surg,2021,34(6):610-616. doi:10.1080/08941939.2019.1676483.

[5540] Meng X,Wang Z,Xu X,Ren J,Huang X,Gu Y,Gu B,Li Q,Zan T. Percutaneous endoscopy in direct real-time observation of choke vessels in rat perforator flap model[J]. JPRAS Open,2019,20:27-34. doi:10.1016/j.jpra.2019.01.008.

[5541] Lin D,Wu H,Zhou Z,Tao Z,Gao W,Jia T. The effect of leonurine on multiterritory perforator flap survival in rats[J]. J Surg Res,2020,245:453-460. doi:10.1016/j.jss.2019.07.085.

[5542] Geng L,Zhang G,Yao M,Fang Y. Rip 1-dependent endothelial necroptosis participates in ischemia-reperfusion injury of mouse flap[J]. J Dermatol Sci,2020,97(1):30-40. doi:10.1016/j.jdermsci.2019.11.009.

[5543] Luo X,Liu J,Chen H,Li B,Jin Z,Zhao M,Xie Y,Yu C,Zhou X,Zhao B,Yan H. The feasibility and survival mechanism of a large free flap supported by a novel hybrid perfusion mode[J]. Oral Oncol,2020,101:104506. doi:10.1016/j.oraloncology.2019.104506.

[5544] Wang J,Tuo Z,Zhang J,Guo P,Song B. Hyperoxygenated solution improves tissue viability in an avulsion injury flap model[J]. J Plast Reconstr Aesthet Surg,2020,73(5):975-982. doi:10.1016/j.bjps.2019.11.029.

[5545] Cui H,Feng Y,Shu C,Yuan R,Bu L,Jia M,Pang B. Dietary nitrate protects against skin flap ischemia-reperfusion injury in rats via modulation of antioxidative action and reduction of inflammatory responses[J]. Front Pharmacol,2020,10:1605. doi:10.3389/fphar.2019.01605.

[5546] Ju J,Hou R,Zhang P. D-allose alleviates ischemia/reperfusion (I/R) injury in skin flap via MKP-1[J]. Mol Med,2020,26(1):21. doi:10.1186/s10020-020-0138-6.

[5547] Xi S,Cheng S,Meng F,Xu B,He Y,Mei J,Tang M. Effects of arterial blood supply and venous return on multi-territory perforator flap survival[J]. J Plast Surg Hand Surg,2020,54(3):187-193. doi:10.1080/2000656X.2020.1746665.

[5548] Ding JP,Chen B,Qian WJ,Bao SW,Gao HY. Effect of bone marrow mesenchymal stem cells on perforator skin flap survival area in rats[J]. Br J Oral Maxillofac Surg,2020,58(6):669-674. doi:10.1016/j.bjoms.2020.03.027.

[5549] Ji E,Wang J,Wang L,Pan Z,Gao W. Pharmacological effects of Fasudil on flap survival in a rodent model[J]. J Surg Res,2020,255:575-582. doi:10.1016/j.jss.2020.03.044.

[5550] Chen Z,Zhang C,Ma H,Huang Z,Li J,Lou J,Li B,Tu Q,Gao W. Detrimental effect of sitagliptin induced autophagy on multiterritory perforator flap survival[J]. Front Pharmacol,2020,11:951. doi:10.3389/fphar.2020.00951.

[5551] Dong C,Yu Z,Ma X. Visualizing the pharmacologic preconditioning effect of botulinum toxin type a by infrared thermography in a rat pedicled perforator island flap model[J]. Plast Reconstr Surg,2020,146(2):230e-231e. doi:10.1097/PRS.0000000000006993.

[5552] Wang Y,Zhang X,Zhou M,Wu Y,Ma Y,Liu J,Rui Y. Irisin pre-treatment promotes multi-territory perforator flap survival in rats:An experimental study[J]. Injury,2020,51(11):2442-2448. doi:10.1016/j.injury.2020.07.058.

[5553] Xie Y,Fang F,Su P,Xiao J,Zheng H,Zhuang Y. Quantification of axonal ingrowth and functional recovery in a myocutaneous flap model in rats with strong clinical implications[J]. Wound Repair Regen,2020,28(6):823-833. doi:10.1111/wrr.12854.

[5554] Zhang C,Shao Z,Chen Z,Lin C,Hu S,Lou Z,Li J,Zheng X,Lin N,Gao W. Hydroxysafflor yellow A promotes multiterritory perforating flap survival:an experimental study[J]. Am J Transl Res,2020,12(8):4781-4794.

[5555] Xin D,Quan R,Zeng L,Xu C,Tang Y. Lipoxin A4 protects rat skin flaps against ischemia-reperfusion injury through inhibiting cell apoptosis and inflammatory response induced by endoplasmic reticulum stress[J]. Ann Transl Med,2020,8(17):1086. doi:10.21037/atm-20-5549.

[5556] Wang H,Hong S,Lu S,Wu T,Chai Y,Wen G. Role of arterial perfusion in early survival of arterialized venous flaps:A mechanism study and clinical application[J]. Ann Plast Surg,2021,86(1):89-95. doi:10.1097/SAP.0000000000002419.

[5557] Xiao B,Zhang Y,Liu S,Ding J,Yu Z,Wang T,Song B. Nuclear receptor subfamily 4 group a member 1 overexpression prolongs free flap allotransplant graft survival by inducing T-cell anergy in the rat[J]. Transplant Proc,2021,53(1):474-480. doi:10.1016/j.transproceed.2020.08.023.

[5558] Ma X,Ouyang Y,Li C,Du X,Liu C. Visualizing the pharmacologic preconditioning effect of botulinum toxin type A by infrared thermography in a rat pedicled perforator island flap model[J]. Plast Reconstr Surg,2021,147(2):348e-349e. doi:10.1097/PRS.0000000000007556.

[5559] Luo X,Zhao B,Chu T,Chen H,Li B,Li Z,Yan H. Improvement of multiterritory perforator flap survival supported by a hybrid perfusion mode:A novel strategy and literature review[J]. J Tissue Viability,2021,30(2):276-281. doi:10.1016/j.jtv.2020.12.007.

[5560] Wang Y,Wu Y,Zhou M,Wang P,Luo J,Rui Y. GRK2 deletion improves the function of skin flap following ischemia-reperfusion injury by regulating Drp1[J]. Am J Transl Res,2021,13(1):223-233.

[5561] Zheng Y,Li Z,Yin M,Gong X. Heme oxygenase-1 improves the survival of ischemic skin flaps (Review)[J]. Mol Med Rep,2021,23(4):1. doi:10.3892/mmr.2021.11874.

[5562] Kexin S,Mingzi Z,Hao L,Yan H,Zheng Q,Cheng F,Youbin W. Investigation of transcriptome profile of ischemia/reperfusion injury of abdominal skin flaps in rats after methane-rich saline treatment using RNA-seq[J]. Clin Hemorheol Microcirc,2021;78(2):127-138. doi:10.3233/CH-201046.

[5563] Jin Z,Luo X,Yuan K,Lin D,Cooper TB,Yan H. A metabolic investigation of arterialized venous flaps in rabbits using mass spectrometry-based metabolomics[J]. Biomed Chromatogr,2021 Feb 10:e5089. doi:10.1002/bmc.5089. Online ahead of print.

[5564] Li B,Chen Z,Luo X,Zhang C,Chen H,Wang S,Zhao M,Ma H,Liu J,Cheng M,Yang Y,Yan H. Butylphthalide inhibits autophagy and promotes multiterritory perforator flap survival[J]. Front Pharmacol,2021,11:612932. doi:10.3389/fphar.2020.612932.

[5565] 潘诚，于赤兵，熊中石，茅士俊，何成江，富克远，刘潜心，蒋景涛. 自体肌瓣及肌皮瓣立即游离移植的实验研究 [J]. 中华外科杂志，1980，18（5）：418-419. {PAN Cheng,YU Chibing,XIONG Zhongshi,MAO Shijun,HE Chengjiang,FU Keyuan,LIU Qianxin,JIANG Jingtao. Experimental study on immediate free transplantation of autogenous and myocutaneous flaps[J]. Zhonghua Wai Ke Za Zhi[Chin J Surg(Article in Chinese;No abstract available)],1980,18(5):418-419.}

[5566] 周昭义，乐铜，刘德成，李东风，张林培. 大白鼠游离皮瓣远位移植及病理学观察 [J]. 中华外科杂志，1982，20（12）：726-730. {ZHOU Zhaoyi,LE Tong,LIU Decheng,LI Dongfeng,ZHANG Linpei. Distal transplantation of free skin flap in rats and its pathological observation[J]. Zhonghua Wai Ke Za Zhi[Chin J Surg(Article in Chinese;No abstract available)],1982,20(12):726-730.}

[5567] 于仲嘉，黄慕洁，张玲. 狗皮瓣血管蒂不同时间切断对存活的影响 [J]. 中华医学杂志，1984，64（7）：449-450. {YU Zhongjia,HUANG Mujie,ZHANG Ling. Effect of different time of vascular pedicle amputation on the survival of skin flap in dogs[J]. Zhonghua Yi Xue Za Zhi[Natl Med J China(Article in Chinese;No abstract available)],1984,64(7):449-450.}

[5568] 贾恩荣. 低温贮存自体颅骨瓣的实验观察及临床应用 [J]. 修复重建外科杂志，1988，2（2）：254. {JIA Enrong. Experimental observation and clinical application of cryopreserved autologous cranial flap[J]. Zhongguo Xiu Fu Chong Jian Wai Ke Za Zhi[Chin J Repar Reconstr Surg(Article in Chinese;Abstract in Chinese)],1988,2(2):254.}

[5569] 彭建强，陈振光. 医蛭吸血法治疗皮瓣静脉淤血的实验研究 [J]. 修复重建外科杂志，1988，2（2）：251-252. {PENG Jianqiang,CHEN Zhenguang. Experimental study on medical leech blood sucking method for venous congestion of skin flap[J]. Zhongguo Xiu Fu Chong Jian Wai Ke Za Zhi[Chin J Repar Reconstr Surg(Article in Chinese;No abstract available)],1988,2(2):251-252.}

[5570] 唐玲丽. 用辣椒素去感觉神经后降低了鼠实验性临界皮瓣的成活 [J]. 修复重建外科杂志，1988，2（3）：38. {TANG Lingli. Capsaicin can reduce the survival rate of the experimental critical flap[J]. Zhongguo Xiu Fu Chong Jian Wai Ke Za Zhi[Chin J Repar Reconstr Surg(Article in Chinese;No abstract available)],1988,2(3):38.}

[5571] 孙建民，张培华，尚汉祚. 自体带瓣静脉段股浅静脉移植的实验研究与临床应用 [J]. 中华外科杂志，1988，26（10）：628-630. {SUN Jianmin,ZHANG Peihua,SHANG Hanzuo. Experimental study and clinical application of autologous superficial femoral vein graft with valve[J]. Zhonghua Wai Ke Za Zhi[Chin J Surg(Article in Chinese;Abstract in Chinese)],1988,26(10):628-630.}

[5572] 吴亚青. 一种研究动脉内给药对皮瓣活力影响的实验模型 [J]. 修复重建外科杂志，1989，3（4）：159. {WU Yaqing. An experimental model for studying the effect of intraarterial administration on flap vitality[J]. Zhongguo Xiu Fu Chong Jian Wai Ke Za Zhi[Chin J Repair Reconstr Surg(Article in Chinese;No abstract available)],1989,3(4):159.}

[5573] 衡代忠，郑长福，徐远未，王同德，陈秀鲁，肖征．猴邻指（趾）皮瓣血运重建规律及其断蒂时间实验研究[J]．修复重建外科杂志，1990，4（3）：173-176，192-196．{HENG Daizhong,ZHENG Changfu,XU Yuanwei,WANG Tongde,CHEN Xiulu,XIAO Zheng. Experimental study on the blood supply reconstruction of monkey's adjacent finger (toe) flap and its pedicle breaking time[J]. Zhongguo Xiu Fu Chong Jian Wai Ke Za Zhi[Chin J Repair Reconstr Surg(Article in Chinese;No abstract available)],1990,4(3):173-176,192-196.}

[5574] 曹启迪，区伯平，忻元培，林昂如，江建明．皮瓣侧支循环建立的实验观察[J]．中华显微外科杂志，1990，13（3）：150-152．{CAO Qidi,QU Boping,XIN Peiyuan,LIN Angru,JIANG Jianming. Experimental observation on the establishment of skin flap collateral circulation[J]. Zhonghua Xian Wei Wai Ke Za Zhi[Chin J Microsurg(Article in Chinese;Abstract in Chinese)],1990,13(3):150-152.}

[5575] 赵书强，曹大鑫，尹大庆，韩行义，苏虹，阎汝蕴，祝虹．阻隔式皮瓣迟延法的实验研究与临床应用[J]．中华外科杂志，1990，28（8）：453-456．{ZHAO Shuqiang,CAO Daxin,YIN Daqing,HAN Xingyi,SU Hong,YAN Ruyun,ZHU Hong. Experimental study and clinical application of delayed blocking flap[J]. Zhonghua Wai Ke Za Zhi[Chin J Surg(Article in Chinese;Abstract in Chinese)],1990,28(8):453-456.}

[5576] 杨松林，何清濂，陈卫平．动脉化静脉皮瓣的实验研究[J]．中华医学杂志，1990，70（12）：706-707．{YANG Songlin,HE Qinglian,CHEN Weiping. Experimental study of arterialized venous flap[J]. Zhonghua Yi Xue Za Zhi[Natl Med J China(Article in Chinese;No abstract available)],1990,70(12):706-707.}

[5577] 许扬滨，朱家恺，于国中．静脉血供的静脉干皮瓣循环机制的实验研究[J]．中华显微外科杂志，1991，14（3）：155-157．{XU Yangbin,ZHU Jiakai,YU Guozhong. Experimental study on circulation mechanism of venous trunk flap with venous blood supply[J]. Zhonghua Xian Wei Wai Ke Za Zhi[Chin J Microsurg(Article in Chinese;Abstract in Chinese)],1991,14(3):155-157.}

[5578] 甄平，葛宝丰，刘兴炎．静脉皮瓣的实验研究[J]．中华显微外科杂志，1991，14（3）：160-162．{ZHEN Ping,GE Baofeng,LIU Xingyan. Experimental study of venous flap[J]. Zhonghua Xian Wei Wai Ke Za Zhi[Chin J Microsurg(Article in Chinese;Abstract in Chinese)],1991,14(3):160-162.}

[5579] 陈德松，顾玉东，周肇平，苏镒昌，冯美华．正常皮瓣与静脉皮瓣比较的实验研究[J]．中华外科杂志，1991，29（11）：701-704．{CHEN Desong,GU Yudong,ZHOU Zhaoping,SU Yichang,FENG Meihua. Comparison study of normal flap and venous flap[J]. Zhonghua Wai Ke Za Zhi[Chin J Surg(Article in Chinese;Abstract in Chinese)],1991,29(11):701-704.}

[5580] 黄富国，杨志明，项舟，张尚福，覃质彬，李奉媛，郑光静，易平，钟桂午．中药对超长皮瓣存活影响的实验研究[J]．修复重建外科杂志，1991，5（3）：154-155，191．{HUANG Fuguo,YANG Zhiming,XIANG Zhou,ZHANG Shangfu,QIN Zhibin,LI Fengyuan,ZHENG Guangjing,YI Ping,ZHONG Guiwu. Effective experiment study on the survival of traditional Chinese medicine for super long skin flap[J]. Zhongguo Xiu Fu Chong Jian Wai Ke Za Zhi[Chin J Repair Reconstr Surg(Article in Chinese;Abstract in Chinese)],1991,5(3):154-155,191.}

[5581] 裴福兴，杨志明，沈怀信，饶书城，王国庆，邓侯富，曾林．兔带蒂皮瓣血供对血运重建的影响[J]．修复重建外科杂志，1991，5（3）：151-153，191-193．{PEI Fuxing,YANG Zhiming,SHEN Huaixin,RAO Shucheng,WANG Guoqing,DENG Houfu,ZENG Lin. Effect of pedicle flap blood supply on revascularization in rabbits[J]. Zhongguo Xiu Fu Chong Jian Wai Ke Za Zhi[Chin J Repair Reconstr Surg(Article in Chinese;Abstract in Chinese)],1991,5(3):151-153,191-193.}

[5582] 高贵，张崇义，刘晓民，包国玉．单纯静脉皮瓣的实验研究[J]．中华显微外科杂志，1992，15（1）：53-54．{GAO Gui,ZHANG Chongyi,LIU Xiaomin,BAO Guoyi. Experimental study of simple venous flap[J]. Zhonghua Xian Wei Wai Ke Za Zhi[Chin J Microsurg(Article in Chinese;No abstract available)],1992,15(1):53-54.}

[5583] 宋建星，郭恩覃．非生理性血供皮瓣术后早期微循环的实验研究[J]．中华外科杂志，1992，30（8）：501-505．{SONG Jianxing,GUO Enqin. Experimental study on early microcirculation after non physiological blood supply flap operation[J]. Zhonghua Wai Ke Za Zhi[Chin J Surg(Article in Chinese;Abstract in Chinese)],1992,30(8):501-505.}

[5584] 杨大平，夏双印，陈光义，董中．丹参预防岛状皮瓣缺血再灌流损伤的实验研究[J]．中华整形烧伤外科杂志，1992，8（3）：216-217．DOI：10.3760/j.issn：1009-4598.1992.03.021．{YANG Daping,XIA Shuangyin,CHEN Guangyi,DONG Zhong. Experimental study of Salvia miltiorrhiza in preventing ischemia-reperfusion injury of island flap[J]. Zhonghua Zheng Xing Shao Shang Wai Ke Za Zhi[Chin J Plast Surg Burns(Article in Chinese;Abstract in Chinese)],1992,8(3):216-217. DOI:10.3760/j.issn:1009-4598.1992.03.021.}

[5585] 陈继伟，郭恩覃．川芎、别嘌呤醇对兔耳瓣缺血再灌流损伤的作用[J]．中华外科杂志，1993，31（5）：312-314．{CHEN Jiwei,GUO Dongqin. Effects of Ligusticum and allopurinol on ischemia-reperfusion injury of rabbit ear flap[J]. Zhonghua Wai Ke Za Zhi[Chin J Surg(Article in Chinese;No abstract available)],1993,31(5):312-314.}

[5586] 袁相斌，陈卫平，杨勇，朱晓海，何清濂，林子豪，刘会敏．岛状超薄皮瓣的实验研究[J]．中华显微外科杂志，1993，16（3）：188-190．{YUAN Xiangbin,CHEN Weiping,YANG Yong,ZHU Xiaohai,HE Qinglian,LIN Zihao,LIU Huimin. Experimental study of island shaped ultrathin flap[J]. Zhonghua Xian Wei Wai Ke Za Zhi[Chin J Microsurg(Article in Chinese;Abstract in Chinese)],1993,16(3):188-190.}

[5587] 汤逊，李主一，曾才铭，王宏帮．单纯静脉皮瓣和静脉动脉化皮瓣实验研究[J]．中国修复重建外科杂志，1993，7（3）：174-176，193．{TANG Xun,LI Zhuyi,ZENG Caiming,WANG Hongbang. Experimental study of simple venous flap and venous arterialized flap[J]. Zhongguo Xiu Fu Chong Jian Wai Ke Za Zhi[Chin J Repair Reconstr Surg(Article in Chinese;Abstract in Chinese)],1993,7(3):174-176,193.}

[5588] 熊树明，万于华，饶华庚，刘德明，石小玉，庄文华，黄立，赵衍曾，陈赣，朱美兰，王桂秀，温蔚．自体骨骼肌瓣移植于心脏的实验形态学研究[J]．中国临床解剖学杂志，1994，12：145-148．{XIONG Shuming,WAN Yuhua,RAO Huageng,LIU Deming,SHI Xiaoyu,ZHUANG Wenhua,HUANG Li,ZHAO Yanzeng,CHEN Gan,ZHU Meilan,WANG Guixiu,WEN Wei. Transposition of skeletal muscle flap in canine heart defect-a mor-phological experimental study[J]. Zhongguo Lin Chuang Jie Pou Xue Za Zhi[Chin J Clin Anat(Article in Chinese;Abstract in Chinese and English)],1994,12:145-148.}

[5589] 衡代忠，徐远未，王同德，郑长福．邻指皮瓣血运重建规律与断蒂时间的实验研究及临床应用[J]．中华手外科杂志，1994，10（2）：95-97．{HENG Daizhong,XU Yuanwei,WANG Tongde,ZHENG Changfu. Experimental study on revascularization and timing of division of crossfinger flap and its clinical application[J]. Zhonghua Shou Wai Ke Za Zhi[Chin J Hand Surg(Article in Chinese;Abstract in Chinese and English)],1994,10(2):95-97.}

[5590] 方有生，陈德松．带蒂皮瓣最佳断蒂时间的实验研究[J]．中华手外科杂志，1994，10（3）：108-110．{FANG Yousheng,CHEN Desong. Experimental study on optimal detachment time for pedicle flap[J]. Zhonghua Shou Wai Ke Za Zhi[Chin J Hand Surg(Article in Chinese;Abstract in Chinese and English)],1994,10(3):108-110.}

[5591] 修志夫，陈宗基．静脉皮瓣成活过程的实验研究[J]．中华整形烧伤外科杂志，1994，10（3）：169-172．DOI：10.3760/j.issn：1009-4598.1994.03.001．{XIU Zhifu,CHEN Zongji. Experimental study on the survival process of venous flap[J]. Zhonghua Zheng Xing Shao Shang Wai Ke Za Zhi[Chin J Plast Surg Burns(Article in Chinese;Abstract in Chinese and English)],1994,10(3):169-172. DOI:10.3760/j.issn:1009-4598.1994.03.001.}

[5592] 罗盛康，罗力生．虎杖4号对静脉瘀血皮瓣活力影响的实验研究[J]．中华整形烧伤外科杂志，1994，10（3）：222-225．DOI：10.3760/j.issn：1009-4598.1994.03.019．{LUO Shengkang,LUO Lisheng. Effect of crystal No.4 of Polygonum cuspidatum on the viability of island flaps with venous stasis:an experimental stuay[J]. Zhonghua Zheng Xing Shao Shang Wai Ke Za Zhi[Chin J Plast Surg Burns(Article in Chinese;Abstract in Chinese and English)],1994,10(3):222-225. DOI:10.3760/j.issn:1009-4598.1994.03.019.}

[5593] 陈文弦，任俊卿，李官禄，阮炎艳．胸舌骨肌皮瓣喉气管重建术动物实验与临床应用[J]．中华医学杂志，1994，74（1）：42．{CHEN Wenxian,REN Junqing,LI Guanlu,RUAN Yanyan. Animal experiment and clinical application of laryngotracheal reconstruction with sternohyoid myocutaneous flap[J]. Zhonghua Yi Xue Za Zhi[Natl Med J China(Article in Chinese;No abstract available)],1994,74(1):42.}

[5594] 梁智，俞宝梁，任林森，周晓天．带真皮下血管肉超薄皮瓣血运重建的实验研究：（二）超薄皮瓣血管密度变化的体视学观察[J]．中国修复重建外科杂志，1994，8（3）：178-180．{LIANG Zhi,YU Baoliang,REN Linsen,ZHOU Xiaotian. Experimental study on the vascular reconstruction of ultrathin skin flap with subdermal vascular flesh:(2) stereological observation in vascular density of ultrathin skin flap[J]. Zhongguo Xiu Fu Chong Jian Wai Ke Za Zhi[Chin J Repair Reconstr Surg(Article in Chinese;Abstract in Chinese)],1994,8(3):178-180.}

[5595] 韩一生，胡蕴玉．放射性微球检测薄型皮瓣血运的实验研究[J]．中华显微外科杂志，1995，18（2）：116-117，158．{HAN Yisheng,HU Yunyu. Test the blood flow of thinnner flapswith the rmt[J]. Zhonghua Xian Wei Wai Ke Za Zhi[Chin J Microsurg(Article in Chinese;Abstract in Chinese and English)],1995,18(2):116-117,158.}

[5596] 郭树忠，汪良能，鲁开化．自由基对缺血游离皮瓣的损伤和超氧化物歧化酶抗损伤作用的实验研究[J]．中国修复重建外科杂志，1995，9（2）：104-107．{GUO Shuzhong,WANG Liangneng,LU Kaihua. Experimental study on free radical injury of ischemic free flap and anti injury effect of superoxide dismutase[J]. Zhongguo Xiu Fu Chong Jian Wai Ke Za Zhi[Chin J Repair Reconstr Surg(Article in Chinese;Abstract in Chinese)],1995,9(2):104-107.}

[5597] 傅廷亮，姜忠华，陈强谱，张虹，崔存德，张慧．大鼠大网膜蒂瓣小肠延长术及延长肠段的蠕动功能[J]．中华实验外科杂志，1995，12（12）：294-295，327．{FU Tingliang,JIANG Zhonghua,CHEN Qiangpu,ZHANG Hong,CUI Cunde,ZHANG Hui. A staged bowel elongation technique usingomentum as vascular flap-an experimental study[J]. Zhonghua Shi Yan Wai Ke Za Zhi[Chin J Exp Surg(Article in Chinese;Abstract in Chinese and English)],1995,12(12):294-295,327.}

[5598] 邹霞，原林，李忠华．游离皮瓣下预置人造毛细血管的实验研究[J]．中国临床解剖学杂志，1996，14（4）：304-306．{ZOU Xia,YUAN Lin,LI Zhonghua. Experimental study of putting artificial capillary in advance under free flap[J]. Zhongguo Lin Chuang Jie Pou Xue Za Zhi[Chin J Clin Anat(Article in Chinese;Abstract in Chinese and English)],1996,14(4):304-306.}

[5599] 罗少军，郝新光，陈剑铭，刘永义，何冬诚，汤少明，颜大胜．动脉化静脉皮瓣的实验研究[J]．中华显微外科杂志，1996，19（3）：197-199．{LUO Shaojun,HAO Xinguang,CHEN Jianming,LIU Yongyi,HE Dongcheng,TANG Shaoming,YAN Dasheng. Arterialised venous flap:an experimental study in rabbits[J]. Zhonghua Xian Wei Wai Ke Za Zhi[Chin J Microsurg(Article in Chinese;Abstract in Chinese and English)],1996,19(3):197-199.}

[5600] 李世荣，张玄，凡东力．应用SOD提高非生理性皮瓣存活率的实验研究[J]．中华创伤杂志，1996，12（6）：40-41．{LI Shirong,ZHANG Xuan,FAN Dongli. An experimental study on non-physiologic flap with Superoxidedismutase[J]. Zhonghua Chuang Shang Za Zhi[Chin J Trauma(Article in Chinese;Abstract in Chinese and English)],1996,12(6):40-41.}

[5601] 陈华勇，杨镇洙．动脉化静脉皮瓣血管干管壁形态变化的实验观察[J]．中国临床解剖学杂志，1997，15：55-56．{CHEN Huayong,YANG Zhenzhu. Experimental observation on the morphological changes of vascular trunk wall in arterialized venous flap[J]. Zhongguo Lin Chuang Jie Pou Xue Za Zhi[Chin J Clin Anat(Article in Chinese;Abstract in Chinese)],1997,15:55-56.}

[5602] 罗盛康，陈林峰，岳毅刚，冯传波，时安平，李万同．感染缺损性创面岛状皮瓣修复的实验研究[J]．中华显微外科杂志，1997，20（1）：41-43．{LUO Shengkang,CHEN Linfeng,YUE Yigang,FENG Chuanbo,SHI Anping,LI Wantong. Experimental study on repair of infected and defective wounds by island flap in rabbit[J]. Zhonghua Xian Wei Wai Ke Za Zhi[Chin J Microsurg(Article in Chinese;Abstract in Chinese and English)],1997,20(1):41-43.}

[5603] 陈华勇，杨镇洙．动脉化静脉皮瓣血液循环途径的实验研究[J]．中华显微外科杂志，1997，20（2）：52-53．{CHEN Huayong,YANG Zhenzhu. Experimental study on blood circulation of arterialized venous flap[J]. Zhonghua Xian Wei Wai Ke Za Zhi[Chin J Microsurg(Article in Chinese;No abstract available)],1997,20(2):52-53.}

[5604] 张伯勋，李众利，刘郑生，郭义柱．双蒂阻隔皮瓣内血管及血流变化的实验研究[J]．中华显微外科杂志，1997，20（3）：51-53．DOI：CNKI：SUN：ZHXW.0.1997-03-023．{ZHANG Boxun,LI Zhongli,LIU Zhengsheng,GUO Yizhu. Experimental observation on blood vessels and changes of blood flow in bi-polar,bi-pedicled separation delay flap[J]. Zhonghua Xian Wei Wai Ke Za Zhi[Chin J Microsurg(Article in Chinese;Abstract in Chinese and English)],1997,20(3):51-53. DOI:CNKI:SUN:ZHXW.0.1997-03-023.}

[5605] 王玉明，王达利，王波，祁建平，陈世久，高振宇，杨兴华，徐友仁．静脉皮瓣类型与存活关系的实验研究[J]．中华显微外科杂志，1997，20（3）：61-62．{WANG Yuming,WANG Dali,WANG Bo,QI Jianping,CHEN Shijiu,GAO Zhenyu,YANG Xinghua,XU Youren. Experimental study on the relationship between the types of venous flaps and survival[J]. Zhonghua Xian Wei Wai Ke Za Zhi[Chin J Microsurg(Article in Chinese;No abstract available)],1997,20(3):61-62.}

[5606] 杨勇，袁相斌，何清濂，林子豪，吴其林．岛状远侧真皮下血管网皮瓣血供的实验研究及临床应用[J]．中华整形烧伤外科杂志，1997，13（1）：51-53．DOI：10.3760/j.issn：1009-4598.1997.01.014．{YANG Yong,YUAN Xiangbin,HE Qinglian,LIN Zihao,WU Qilin. Experimental and clinical study on the blood supply of the subdermal vascular network island flap[J]. Zhonghua Zheng Xing Shao Shang Wai Ke Za Zhi[Chin J Plast Surg Burns(Article in Chinese;Abstract in Chinese and English)],1997,13(1):51-53. DOI:10.3760/j.issn:1009-4598.1997.01.014.}

[5607] 许建波，方睿才，邹天南，杨召，李琳．超声多普勒对阻隔式皮瓣血供机制的实验研究[J]．中国修复重建外科杂志，1997，11（4）：247-250．{XU Jianbo,FANG Ruicai,ZOU Tiannan,YANG Zhao,LI Lin. Mechanism experimental study on the blood supply of barrier flap by Doppler ultrasound[J]. Zhongguo Xiu Fu Chong Jian Wai Ke Za Zhi[Chin J Repair Reconstr Surg(Article in Chinese;Abstract in Chinese)],1997,11(4):247-250.}

[5608] 陈剑名，郝新光，罗少军，颜大胜．动脉化静脉皮瓣移植的实验研究及临床应用[J]．中国修复重建外科杂志，1997，11（5）：33-37．{CHEN Jianming,HAO Xinguang,LUO Shaojun,YAN Dasheng. Experimental study and clinical application of arterialized venous flap transplantation[J]. Zhongguo Xiu Fu Chong Jian Wai Ke Za Zhi[Chin J Repair Reconstr Surg(Article in Chinese;Abstract in Chinese)],1997,11(5):33-37.}

[5609] 蔚凡，李佛保．血管内皮细胞生长因子影响大鼠皮瓣成活的实验研究[J]．中国修复重建外科杂志，1997，11（6）：60-62．{WEI Fan,LI Fobao. Effective experiment of vascular endothelial growth factor on the survival of rat skin flap[J]. Zhongguo Xiu Fu Chong Jian Wai Ke Za Zhi[Chin J Repair Reconstr Surg(Article in Chinese;Abstract in Chinese)],1997,11(6):60-62.}

[5610] 刘晓亮，钟茜，肖征刚．吻合血管游离皮瓣移植后皮肤再扩张的实验研究[J]．中国修复重建外科杂志，1997，11（6）：63-65．{LIU Xiaoliang,ZHONG Xi,XIAO Zhenggang. Experimental study of skin re expansion after free flap transplantation[J]. Zhongguo Xiu Fu Chong Jian Wai Ke Za Zhi[Chin J Repair Reconstr Surg(Article in Chinese;Abstract in Chinese)],1997,11(6):63-65.}

[5611] 孙同柱，傅小兵，许明火，王亚平，杨银辉．bFGF对大鼠缺血皮瓣琥珀酸脱氢酶含量和氧耗量的影响[J]．中国修复重建外科杂志，1997，11（5）：11-13．{SUN Tongzhu,FU

Xiaobing,XU Minghuo,WANG Yaping,YANG Yinhui. Effect of bFGF on succinate dehydrogenase content and oxygen consumption of ischemic skin flap in rats[J]. Zhongguo Xiu Fu Chong Jian Wai Ke Za Zhi[Chin J Repar Reconstr Surg(Article in Chinese;Abstract in Chinese)],1997,11(5):11-13.}

[5612] 郭杰，鲁开化，郭树忠，李江，唐朝枢. 一氧化氮在家猪皮肤撕脱伤撕脱皮瓣坏死中的作用[J]. 中国修复重建外科杂志，1997，11(2)：5-8. {GUO Jie,LU Kaihua,GUO Shuzhong,LI Jiang,TANG Chaoshu. Role of nitric oxide in avulsion skin flap necrosis of porcine skin avulsion injury[J]. Zhongguo Xiu Fu Chong Jian Wai Ke Za Zhi[Chin J Repar Reconstr Surg(Article in Chinese;Abstract in Chinese)],1997,11(2):5-8.}

[5613] 吕伟明，林勇杰，吴壮宏，陈国锐. 一期动静脉转流与并加压破坏深静脉瓣对比的实验研究[J]. 中华显微外科杂志，1998，21(1)：3-5. {LV Weiming,LIN Yongjie,WU Zhuanghong,CHEN Guorui. Comparison study of one-stage arteriovenous reversal and one-stage arteriovenous reversal accompanied with hydraulic destroyment of deep vein valves[J]. Zhonghua Xian Wei Wai Ke Za Zhi[Chin J Microsurg(Article in Chinese;Abstract in Chinese and English)],1998,21(1):3-5.}

[5614] 曹景敏，鲁开化，李江. 地塞米松减轻皮瓣缺血再灌注损伤的实验研究[J]. 中华显微外科杂志，1998，21(2)：131. DOI: 10.3760/cma.j.issn.1001-2036.1998.02.020. {CAO Jingmin,LU Kaihua,LI Jiang. Experimental study on dexamethasone alleviating skin flap ischemia-reperfusion injury[J]. Zhonghua Xian Wei Wai Ke Za Zhi[Chin J Microsurg(Article in Chinese;No abstract available)],1998,21(2):131. DOI:10.3760/cma.j.issn.1001-2036.1998.02.020.}

[5615] 郝伟，钟安国. 腺甘延长肌瓣缺血耐受时间的实验研究[J]. 中华整形烧伤外科杂志，1998，14(5)：363-366. {HAO Wei,ZHONG Anguo. Experimental study of adenosine monophosphate prolonging ischemic tolerance time of muscle flap[J]. Zhonghua Zheng Xing Shao Shang Wai Ke Za Zhi[Chin J Plast Surg Burns(Article in Chinese;Abstract in Chinese)],1998,14(5):363-366.}

[5616] 呙长模，张英，张代禄，吴凯南. 碱性成纤维细胞生长因子促进缺血皮瓣微循环重建的实验研究[J]. 中华整形外科杂志，1998，14(4)：286. DOI: 10.3760/j.issn: 1009-4598.1998.04.014. {GUO Changmo,ZHANG Ying,ZHANG Dailu,WU Kainan. An experimental study on promoting reconstruction of microcirculation of the ischemic skin flap with basic fibroblast growth factor[J]. Zhonghua Zheng Xing Wai Ke Za Zhi[Chin J Plast Surg(Article in Chinese;Abstract in Chinese and English)],1998,14(4):286. DOI:10.3760/j.issn:1009-4598.1998.04.014.}

[5617] 赫伟，章建荣，Pang CY. 猪臀部游离与岛状皮瓣继发性缺血耐受时间的比较[J]. 中华整形烧伤外科杂志，1998，14(1)：9-12. {HE Wei,ZHANG Jianrong,Pang CY. Comparison of secondary ischemia tolerance between free skin flap and island skin flap raised on the buttock of the pig[J]. Zhonghua Zheng Xing Shao Shang Wai Ke Za Zhi[Chin J Plast Surg Burns(Article in Chinese;Abstract in Chinese and English)],1998,14(1):9-12.}

[5618] 杨润功，裴国献，徐达传，钟世镇，李中华，王兴海. 带血供肌瓣作为骨生长因子载体修复骨缺损实验模型的探讨与制备[J]. 中国临床解剖学杂志，1999，17(3)：74-75. {YANG Rungong,PEI Guoxian,XU Dachuan,ZHONG Shizhen,LI Zhonghua,WANG Xinghai. An experimental rabbit model of bone defect replanted with vascularized muscular flap[J]. Zhongguo Lin Chuang Jie Pou Xue Za Zhi[Chin J Clin Anat(Article in Chinese;Abstract in Chinese and English)],1999,17(3):74-75.}

[5619] 赵德伟，崔旭，孙强. 带血管蒂骨膜、骨瓣移植和血管束植入修复骨缺损的实验研究[J]. 中华骨科杂志，1999，19(5)：299. DOI: 10.3760/j.issn: 0253-2352.1999.05.012. {ZHAO Dewei,CUI Xu,SUN Qiang. Experimental study on repairing bone defect with vascularized periosteum,bone flap transplantation and vascular bundle implantation[J]. Zhonghua Gu Ke Za Zhi[Chin J Orthop(Article in Chinese;Abstract in Chinese)],1999,19(5):299. DOI:10.3760/j.issn:0253-2352.1999.05.012.}

[5620] 晏泽，肖能坎，刘春利，李勤，苑凯华，赵艺琳，唐卫华，富强. 内皮素受体拮抗剂改善皮瓣微循环实验研究[J]. 中华显微外科杂志，1999，22(4)：3-5. {YAN Ze,XIAO Nengkan,LIU Chunli,LI Qin,YUAN Kaihua,ZHAO Yilin,TANG Weihua,FU Qiang. Experimental study on endothelin receptor antagonist improving microcirculation of skin flap[J]. Zhonghua Xian Wei Wai Ke Za Zhi[Chin J Microsurg(Article in Chinese;No abstract available)],1999,22(4):3-5.}

[5621] 裴国献，王前，赵东升，钟世镇，李忠华. 双桥式肌皮瓣移植修复下肢严重创伤的实验研究[J]. 中国矫形外科杂志，1999，6(2)：32-34. {PEI Guoxian,WANG Qian,ZHAO Dongsheng,ZHONG Shizhen,LI Zhonghua. Experimental study of double bridge myocutaneous flap transplantation for severe trauma of lower limbs[J]. Zhongguo Jiao Xing Wai Ke Za Zhi[Orthop J China(Article in Chinese;Abstract in Chinese)],1999,6(2):32-34.}

[5622] 朱飞，宁金龙，展望，张林，徐志荣，张健，汪春兰，高学宏. 肌皮瓣缺血预处理的实验研究[J]. 安徽医科大学学报，1999，34(2)：94-96. DOI: 10.3969/j.issn.1000-1492.1999.02.006. {ZHU Fei,NING Jinlong,ZHAN Wang,ZHANG Lin,XU Zhirong,ZHANG Jian,WANG Chunlan,GAO Xuehong. Protective effect of ischemic preconditioning on myocutaneous flap and preliminary analysis of its possible mechanism[J]. An Hui Yi Ke Da Xue Xue Bao[Acta Univ Med Anhui(Article in Chinese;Abstract in Chinese and English)],1999,34(2):94-96. DOI:10.3969/j.issn.1000-1492.1999.02.006.}

[5623] 裴斌，熊光益，刘羽，庄正陵，汤合莲，李德胜，郝宜君. 豚鼠隐神经伴行血管蒂岛状皮瓣的动物模型研究[J]. 实用手外科杂志，1999，13(3)：153-155. {PEI Bin,XIONG Guangyi,LIU Yu,ZHUANG Zhengling,TANG Helian,LI Desheng,HAO Yijun. Study on animal model of the island flap pedicled with the colateral vessels of guinea-pig's sapheneous nerve[J]. Shi Yong Shou Wai Ke Za Zhi[Chin J Pract Hand Surg(Article in Chinese;Abstract in Chinese and English)],1999,13(3):153-155.}

[5624] 乔群，张峰，Buncke，Harry J. 大白鼠下腹壁AM皮瓣血供特点的实验研究[J]. 中华整形外科杂志，2000，16(2)：90. DOI: 10.3760/j.issn: 1009-4598.2000.02.008. {QIAO Qun,ZHANG Feng,Buncke,Harry J. Experimental study on the characteristics of blood supply of lower abdominal wall AM flap in rats[J]. Zhonghua Zheng Xing Wai Ke Za Zhi[Chin J Plast Surg(Article in Chinese;Abstract in Chinese)],2000,16(2):90. DOI:10.3760/j.issn:1009-4598.2000.02.008.}

[5625] 晏泽，刘春利，苑凯华. 皮瓣掀起后内皮素、一氧化氮变化与微循环关系的实验研究[J]. 中华整形外科杂志，2000，16(3)：157. DOI: 10.3760/j.issn: 1009-4598.2000.03.009. {YAN Ze,LIU Chunli,YUAN Kaihua. Experimental study on the relationship between endothelin,nitric oxide and microcirculation after flap lifting[J]. Zhonghua Zheng Xing Wai Ke Za Zhi[Chin J Plast Surg(Article in Chinese;Abstract in Chinese)],2000,16(3):157. DOI:10.3760/j.issn:1009-4598.2000.03.009.}

[5626] 杨国华，李志海，杨春珠，孟庆刚. 钙拮抗剂对大鼠腹部皮瓣抗氧化作用的研究[J]. 中华手外科杂志，2000，16(1)：59-60. {YANG Guohua,LI Zhihai,YANG Chunzhu,MENG Qinggang. Study of the antioxidation effect of calcium antagonist in rat abdominal skin flap[J]. Zhonghua Shou Wai Ke Za Zhi[Chin J Hand Surg(Article in Chinese;Abstract in Chinese and English)],2000,16(1):59-60.}

[5627] 杨国华，杨春珠，李志海，孟庆刚，孙琪. 大鼠皮瓣缺血再灌注损伤的电子顺磁共振观察[J]. 中华创伤杂志，2000，16(1)：55-56. DOI: 10.3760/j: issn: 1001-8050.2000.01.020. {YANG Guohua,YANG Chunzhu,LI Zhihai,MENG Qinggang,SUN Qi. Electron paramagnetic resonance observation of skin flap ischemia-reperfusion injury in rats[J]. Zhonghua Chuang Shang Za Zhi[Chin J Trauma(Article in Chinese;No abstract available)],2000,16(1):55-56. DOI:10.3760/j:issn:1001-8050.2000.01.020.}

[5628] 张世民，候春林，徐瑞生. 浅静脉干对四肢远端蒂皮瓣作用的实验研究[J]. 中国临床解剖学杂志，2001，19(2)：175-176. DOI: 10.3969/j.issn.1001-165X.2001.02.030. {ZHANG Shimin,HOU Chunlin,XU Ruisheng. Role of large superficial veins in distally based flaps of extremities[J]. Zhongguo Lin Chuang Jie Pou Xue Za Zhi[Chin J Clin Anat(Article in Chinese;Abstract in Chinese and English)],2001,19(2):175-176. DOI:10.3969/j.issn.1001-165X.2001.02.030.}

[5629] 裴国献，杨润功，魏宽海，金丹. 带血供肌瓣作为骨形态发生蛋白载体修复骨缺损的实验研究[J]. 中华外科杂志，2001，39(1)：76-79. DOI: 10.3760/j: issn: 0529-5815.2001.01.026. {PEI Guoxian,YANG Rungong,WEI Kuanhai,JIN Dan. Vascular muscle flap combined with bone morphogenetic protein for forming bone bridge to repair bone defect:experimental study[J]. Zhonghua Wai Ke Za Zhi[Chin J Surg(Article in Chinese;Abstract in Chinese and English)],2001,39(1):76-79. DOI:10.3760/j:issn:0529-5815.2001.01.026.}

[5630] 裴国献，杨润功，魏宽海，金丹. 带血供肌瓣作为骨形态发生蛋白载体修复骨缺损实验研究[J]. 中华创伤骨科杂志，2001，3(3)：201-204. DOI: 10.3760/cma.j.issn.1671-7600.2001.03.014. {PEI Guoxian,YANG Rungong,WEI Kuanhai,JIN Dan. Experimental Study on Vascular Muscle Flap Combined With Bone Morphogenetic Protein for Forming Bone Bridge to Repair Bone Defect[J]. Zhonghua Chuang Shang Gu Ke Za Zhi[Chin J Orthop Trauma(Article in Chinese;Abstract in Chinese and English)],2001,3(3):201-204. DOI:10.3760/cma.j.issn.1671-7600.2001.03.014.}

[5631] 黄跃生，杨宗城，黎鳌，L. Sower，DH Carney. 凝血酶肽促进缺血创面愈合与皮瓣存活的实验研究[J]. 中华烧伤杂志，2001，17(6)：339-341. DOI: 10.3760/cma.j.issn.1009-2587.2001.06.006. {HUANG Yuesheng,YANG Zongcheng,L. Sower,DH Carney. An experimental study of the effects of thrombin receptor activating peptide (TP508) on healing of ischemic wound and flap survival in rats[J]. Zhonghua Shao Shang Za Zhi[Chin J Burns(Article in Chinese;Abstract in Chinese and English)],2001,17(6):339-341. DOI:10.3760/cma.j.issn.1009-2587.2001.06.006.}

[5632] 徐军，林华. 局部输入低剂量肝素提高肌皮瓣继发性静脉淤血存活率的实验[J]. 中华整形外科杂志，2001，17(3)：148-150. DOI: 10.3760/j.issn: 1009-4598.2001.03.008. {XU Jun,LIN Hua. A study on local delivery of low-dose heparin for salvage myocutaneous flap after secondary venous ischemia[J]. Zhonghua Zheng Xing Wai Ke Za Zhi[Chin J Plast Surg(Article in Chinese;Abstract in Chinese and English)],2001,17(3):148-150. DOI:10.3760/j.issn:1009-4598.2001.03.008.}

[5633] 王亚荣，张胜利，杨志凡，马健，何引飞，师润武. 海普林对大鼠皮瓣成活影响的实验研究[J]. 中华整形外科杂志，2001，17(6)：335-336. DOI: 10.3760/j.issn: 1009-4598.2001.06.004. {WANG Yarong,ZHANG Shengli,YANG Zhifan,MA Jian,HE Yinfei,SHI Runwu. Experimental study of the effect of Hpudiod cream on random flap survival in rats[J]. Zhonghua Zheng Xing Wai Ke Za Zhi[Chin J Plast Surg(Article in Chinese;Abstract in Chinese and English)],2001,17(6):335-336. DOI:10.3760/j.issn:1009-4598.2001.06.004.}

[5634] 胡刚，王玉孝，李吉，柏树令，王志军，高景恒. 肥大细胞与皮瓣成活率关系的实验研究[J]. 中华整形外科杂志，2001，17(6)：382-383. DOI: 10.3760/j.issn: 1009-4598.2001.06.027. {HU Gang,WANG Yuxiao,LI Ji,BAI Shuling,WANG Zhijun,GAO Jingheng. Experimental study on the relationship between mast cells and flap survival rate[J]. Zhonghua Zheng Xing Wai Ke Za Zhi[Chin J Plast Surg(Article in Chinese;No abstract available)],2001,17(6):382-383. DOI:10.3760/j.issn:1009-4598.2001.06.027.}

[5635] 王金成，高中礼，段德生，李柱田. 带蒂肌瓣包裹异种无机骨与自体红骨髓复合物的实验研究[J]. 中国修复重建外科杂志，2001，15(6)：360-362. {WANG Jincheng,GAO Zhongli,DONG Desheng,LI Zhutian. Experimental study on compound of xenogenic inorganic bone and auto-marrow encapsuled by pedicled muscular flap[J]. Zhongguo Xiu Fu Chong Jian Wai Ke Za Zhi[Chin J Repar Reconstr Surg(Article in Chinese;Abstract in Chinese and English)],2001,15(6):360-362.}

[5636] 曹景敏. 以石膏环形固定大鼠岛状皮瓣的经验[J]. 中华显微外科杂志，2001，24(2)：156. DOI: 10.3760/cma.j.issn.1001-2036.2001.02.060. {CAO Jingmin. Experience of circular plaster fixation for island flap in rats[J]. Zhonghua Xian Wei Wai Ke Za Zhi[Chin J Microsurg(Article in Chinese;No abstract available)],2001,24(2):156. DOI:10.3760/cma.j.issn.1001-2036.2001.02.060.}

[5637] 付妍婕，徐启飞，马云霞，张致峰，邢新，熊明根. 银杏苦内酯B对大鼠任意皮瓣血供的影响[J]. 第二军医大学学报，2001，22(7)：675-676. DOI: 10.3321/j.issn: 0258-879X.2001.07.025. {FU Yanjie,XU Qifei,MA Yunxia,ZHANG Zhifeng,XING Xin,XIONG Minggen. The role of BN52021 in the hemodynamics in rat random skin flap[J]. Di Er Jun Yi Da Xue Xue Bao[Acad J Sec Mil Med Univ(Article in Chinese;Abstract in Chinese and English)],2001,22(7):675-676. DOI:10.3321/j.issn:0258-879X.2001.07.025.}

[5638] 邱玉金，唐胜建，逄迎春. 扩张皮肤的血液动力学及皮瓣移植实验研究[J]. 中华外科杂志，2002，40(1)：20-23. DOI: 10.3760/j: issn: 0529-5815.2002.01.009. {QIU Yujin,TANG Shengjian,PANG Yingchun. The study for the hemodynamics of expansive skin and the transplant time of skin flap designed by expansive skin[J]. Zhonghua Wai Ke Za Zhi[Chin J Surg(Article in Chinese;Abstract in Chinese and English)],2002,40(1):20-23. DOI:10.3760/j:issn:0529-5815.2002.01.009.}

[5639] 王连召，周刚，张锋，范飞，蔡国斌，李斌斌，严义坪，栾杰，滕利，石岩，王化冰. 颈部肌肉联合瓣包裹自体气管游离移植的实验研究[J]. 中华外科杂志，2002，40(1)：30-33. DOI: 10.3760/j: issn: 0529-5815.2002.01.012. {WANG Lianzhao,ZHOU Gang,ZHANG Feng,FAN Fei,CAI Guobin,LI Binbin,YAN Yiping,LUAN Jie,TENG Li,SHI Yan,WANG Huabing. The autotransplanted tracheas wrapped in united muscle flap of the neck:an experiment[J]. Zhonghua Wai Ke Za Zhi[Chin J Surg(Article in Chinese;Abstract in Chinese and English)],2002,40(1):30-33. DOI:10.3760/j:issn:0529-5815.2002.01.012.}

[5640] 章宏伟，潘琳，王晖，田孝臣，蔡哲，宋业光. 两种显示人和兔皮瓣微血管构筑方法的实验研究[J]. 中华整形外科杂志，2002，18(2)：72-73. DOI: 10.3760/j.issn: 1009-4598.2002.02.002. {ZHANG Hongwei,PAN Lin,WANG Hui,TIAN Xiaochen,CAI Zhe,SONG Yeguang. Experimental study on microvascular architecture of human and rabbit flaps with two methods[J]. Zhonghua Zheng Xing Wai Ke Za Zhi[Chin J Plast Surg(Article in Chinese;Abstract in Chinese and English)],2002,18(2):72-73. DOI:10.3760/j.issn:1009-4598.2002.02.002.}

[5641] 王佳琦，管正玉，刘珍君，赵萍，赵敏，戚可名. 超长宽比岛状皮瓣血液灌注和氧代谢变化的实验研究[J]. 中华整形外科杂志，2002，18(3)：155-156. DOI: 10.3760/j.issn: 1009-4598.2002.03.010. {WANG Jiaqi,GUAN Zhengyu,LIU Zhenjun,ZHAO Ping,ZHAO Min,QI Keming. A study of the pour blood and the oxygen metabolic in tissue for extra-artery fascia flap[J]. Zhonghua Zheng Xing Wai Ke Za Zhi[Chin J Plast Surg(Article in Chinese;Abstract in Chinese and English)],2002,18(3):155-156. DOI:10.3760/j.issn:1009-4598.2002.03.010.}

[5642] 郭杰，姜洪池，王淑杰. 金属硫蛋白与皮瓣缺血预处理延迟保护作用的实验研究[J]. 中华整形外科杂志，2002，18(6)：350-352. DOI: 10.3760/j.issn: 1009-4598.2002.06.011. {GUO Jie,JIANG Hongchi,WANG Shujie. The effect of metallothionein on delaying protection of ischemia/reperfusion[J]. Zhonghua Zheng Xing Wai Ke Za Zhi[Chin J Plast Surg(Article in Chinese;Abstract in Chinese and English)],2002,18(6):350-352. DOI:10.3760/j.issn:1009-4598.2002.06.011.}

[5643] 李慧增，熊宇，孙远. 真皮瓣修复口内粘膜缺损的实验研究及临床应用[J]. 第三军医大学学报，2002，24(8)：921-923. DOI: 10.3321/j.issn: 1000-5404.2002.08.015. {LI Huizeng,XIONG Yu,SUN Yuan. Experimental study and clinical application of dermal tissue flap in intraoral defect reconstruction[J]. Di San Jun Yi Da Xue Xue Bao[Acta Acad Med Mil Tert(Article in Chinese;Abstract in Chinese and English)],2002,24(8):921-923. DOI:10.3321/j.issn:1000-5404.2002.08.015.}

[5644] 左新成，黄昌林，林子豪，刘麒. 动脉化静脉皮瓣静脉瓣膜演化的实验研究[J]. 解放军医

学 杂 志，2002，27（2）：166-167. DOI：10.3321/j.issn：0577-7402.2002.02.027. {ZUO Xincheng,HUANG Changlin,LIN Zihao,LIU Qi. An experimental study on the evolution of venous valves in arterialised venous flap[J]. Jie Fang Jun Yi Xue Za Zhi[Med J Chin PLA(Article in Chinese;Abstract in Chinese and English)],2002,27(2):166-167. DOI:10.3321/j.issn:0577-7402.2002.02.027.}

[5645] 胡亚兰，郭树忠，鲁开化，宋保强，张琳西，雷永红. bFGF和硫糖铝对扩张后皮瓣成活长度及回缩率影响的实验研究[J]. 解放军医学杂志，2002，27（9）：823-825. DOI：10.3321/j.issn：0577-7402.2002.09.026. {HU Yalan,GUO Shuzhong,LU Kaihua,SONG Baoqiang,ZHANG Linxi,LEI Yonghong. The effect of local application of bfgf and sucralfate combined with cte on viability and stretch-back of expanded skin flap in a pig model[J]. Jie Fang Jun Yi Xue Za Zhi[Med J Chin PLA(Article in Chinese;Abstract in Chinese and English)],2002,27(9):823-825. DOI:10.3321/j.issn:0577-7402.2002.09.026.}

[5646] 陈剑名，梁建，陈正耿. 动脉化静脉皮瓣微循环方式的实验研究[J]. 中国修复重建外科杂志，2002，16（3）：170-172. {CHEN Jianming,LIANG Jian,CHEN Zhenggeng. Experimental study on forms of microcirculation of arterialized venous flap in rabbits[J]. Zhongguo Xiu Fu Chong Jian Wai Ke Za Zhi[Chin J Repar Reconstr Surg(Article in Chinese;Abstract in Chinese and English)],2002,16(3):170-172.}

[5647] 张世民，顾玉东，李继峰. 浅静脉干不同处理方法对远端带蒂皮瓣影响的实验研究[J]. 中华手外科杂志，2003，19（1）：36-38. DOI：10.3760/cma.j.issn.1005-054X.2003.01.016. {ZHANG Shimin,GU Yudong,LI Jifeng. Effect of different management of superficial vein trunk on distal pedicled flaps:an experimental study[J]. Zhonghua Shou Wai Ke Za Zhi[Chin J Hand Surg(Article in Chinese;Abstract in Chinese and English)],2003,19(1):36-38. DOI:10.3760/cma.j.issn.1005-054X.2003.01.016.}

[5648] 石文君，张苏宁，杨伟，赵俊刚，赵洋，刘军. 用肺组织瓣重建胸段气管的动物实验与临床应用[J]. 中华外科杂志，2003，41（3）：218-221. DOI：10.3760/j：issn：0529-5815.2003.03.018. {SHI Wenjun,ZHANG Suning,YANG Wei,ZHAO Jungang,ZHAO Yang,LIU Jun. Clinical application and animal experiment of thoracic tracheal reconstruction by using pulmonary tissue flap[J]. Zhonghua Wai Ke Za Zhi[Chin J Surg(Article in Chinese;Abstract in Chinese and English)],2003,41(3):218-221. DOI:10.3760/j:issn:0529-5815.2003.03.018.}

[5649] 王达利，郑洪，冯进，陈世玖，付书楠，高振宇，邓飞. 皮瓣重建阴囊对睾丸生精功能影响的实验研究[J]. 中华外科杂志，2003，41（5）：393-394. DOI：10.3760/j：issn：0529-5815.2003.05.023. {WANG Dali,ZHENG Hong,FENG Jin,CHEN Shijiu,FU Shunan,GAO Zhenyu,DENG Fei. Effect of scrotal reconstruction with skin flap on testicular spermatogenesis[J]. Zhonghua Wai Ke Za Zhi[Chin J Surg(Article in Chinese;No abstract available)],2003,41(5):393-394. DOI:10.3760/j:issn:0529-5815.2003.05.023.}

[5650] 黄立勋，翦新春，雷荣昌，蒋灿华，王树芝. 咽后壁瓣术后血管重建的实验研究[J]. 中华整形外科杂志，2003，19（2）：129-131. DOI：10.3760/j.issn：1009-4598.2003.02.017. {HUANG Lixun,JIAN Xinchun,LEI Rongchang,JIANG Canhua,WANG Shuzhi. The reconstruction of neovascularization of posterior pharyngeal flap:an experimental study in dogs[J]. Zhonghua Zheng Xing Wai Ke Za Zhi[Chin J Plast Surg(Article in Chinese;Abstract in Chinese and English)],2003,19(2):129-131. DOI:10.3760/j.issn:1009-4598.2003.02.017.}

[5651] 曹景敏，鲁开化，王标，郭树忠. 岛状皮瓣静脉淤血再通后对大鼠全身情况的影响[J]. 中华整形外科杂志，2003，19（1）：21-23. DOI：10.3760/j.issn：1009-4598.2003.01.006. {CAO Jingmin,LU Kaihua,WANG Biao,GUO Shuzhong. Systemic influence after an island flap with venous congestion-reperfusion injury[J]. Zhonghua Zheng Xing Wai Ke Za Zhi[Chin J Plast Surg(Article in Chinese;Abstract in Chinese and English)],2003,19(1):21-23. DOI:10.3760/j.issn:1009-4598.2003.01.006.}

[5652] 孙志刚，郭树忠，鲁开化，韩岩，李荟元. 皮肤伸展术对猪创周皮瓣成活的影响[J]. 创伤外科杂志，2003，5(4)：268-270. DOI：10.3969/j.issn.1009-4237.2003.04.009. {SUN Zhigang,GUO Shuzhong,LU Kaihua,HAN Yan,LI Huiyuan. Effects of skin stretch on flap survival around wound in pigs[J]. Chuang Shang Wai Ke Za Zhi[J Traum Surg(Article in Chinese;Abstract in Chinese and English)],2003,5(4):268-270. DOI:10.3969/j.issn.1009-4237.2003.04.009.}

[5653] 李发成，崔磊，孙欲晓，钱云良，陈诗书，关文祥. 腺病毒载体介导人VEGF cDNA促进随意型皮瓣成活的实验研究[J]. 中华整形外科杂志，2004，20（6）：434-438. DOI：10.3760/j.issn：1009-4598.2004.06.011. {LI Facheng,CUI Lei,SUN Yuxiao,QIAN Yunliang,CHEN Shishu,GUAN Wenxiang. Effects of hVEGF cDNA on random skin flap via a replication-deficient adenovirus vector[J]. Zhonghua Zheng Xing Wai Ke Za Zhi[Chin J Plast Surg(Article in Chinese;Abstract in Chinese and English)],2004,20(6):434-438. DOI:10.3760/j.issn:1009-4598.2004.06.011.}

[5654] 张世民，顾玉东，李继峰. 逆行岛状皮瓣静脉回流的实验研究[J]. 中国临床解剖学杂志，2004，22（1）：5-7. DOI：10.3969/j.issn.1001-165X.2004.01.002. {ZHANG Shimin,GU Yudong,LI Jifeng. Comparison of venous drainage in reverse-flow island flap:an experimental study of rabbit saphenous flap[J]. Zhongguo Lin Chuang Jie Pou Xue Za Zhi[Chin J Clin Anat(Article in Chinese;Abstract in Chinese and English)],2004,22(1):5-7. DOI:10.3969/j.issn.1001-165X.2004.01.002.}

[5655] 张世民，顾玉东，李继峰. 浅静脉干在远端蒂皮瓣中作用的逆向造影研究[J]. 中国临床解剖学杂志，2004，22（1）：8-9. DOI：10.3969/j.issn.1001-165X.2004.01.003. {ZHANG Shimin,GU Yudong,LI Jifeng. Aretrograde venography study on the role of large superficial veins in distally-based flaps[J]. Zhongguo Lin Chuang Jie Pou Xue Za Zhi[Chin J Clin Anat(Article in Chinese;Abstract in Chinese and English)],2004,22(1):8-9. DOI:10.3969/j.issn.1001-165X.2004.01.003.}

[5656] 张世民，顾玉东，李继峰. 皮神经浅静脉岛状筋膜皮瓣模型建立及浅静脉干作用的对比研究[J]. 中国临床解剖学杂志，2004，22（1）：10-12. DOI：10.3969/j.issn.1001-165X.2004.01.004. {ZHANG Shimin,GU Yudong,LI Jifeng. A rabbit model of island neuro-veno-fasciocutaneous flap and the role of large superficial veins in proximally and distally-based flaps[J]. Zhongguo Lin Chuang Jie Pou Xue Za Zhi[Chin J Clin Anat(Article in Chinese;Abstract in Chinese and English)],2004,22(1):10-12. DOI:10.3969/j.issn.1001-165X.2004.01.004.}

[5657] 覃昱，裴国献，覃昱，金丹，魏宽海. 带血供肌瓣复合BMP微球修复兔桡骨缺损的实验研究[J]. 中国临床解剖学杂志，2004，22（6）：655-657. DOI：10.3969/j.issn.1001-165X.2004.06.029. {QIN Yu,PEI Guoxian,QIN Min,JIN Dan,WEI Kuanhai. Study on osteogenesis during bone morphogenetic protein wraped with vascular muscle flap to repair bone defect[J]. Zhongguo Lin Chuang Jie Pou Xue Za Zhi[Chin J Clin Anat(Article in Chinese;Abstract in Chinese and English)],2004,22(6):655-657. DOI:10.3969/j.issn.1001-165X.2004.06.029.}

[5658] 张旭东，郭树忠，胡蕴玉，卢丙仑，张琳西，雷永红，杨力，周易. 岛状肌瓣促进骨修复能力的实验研究[J]. 中国矫形外科杂志，2004，12（18）：1407-1409. DOI：10.3969/j.issn.1005-8478.2004.18.014. {ZHANG Xudong,GUO Shuzhong,HU Yunyu,LU Binglun,ZHANG Linxi,LEI Yonghong,YANG Li,ZHOU Yi. Experiment of bone formation capability of the island muscular flap[J]. Zhongguo Jiao Xing Wai Ke Za Zhi[Orthop J China(Article in Chinese;Abstract in Chinese and English)],2004,12(18):1407-1409. DOI:10.3969/j.issn.1005-8478.2004.18.014.}

[5659] 饶燕，方泽强，淡明斌，李德如. 基于永生化表皮细胞工程化皮瓣体外形成的实验研究[J]. 中国矫形外科杂志，2004，12（18）：1413-1415. DOI：10.3969/j.issn.1005-8478.2004.18.016. {RAO Yan,FANG Zeqiang,DAN Mingbin,LI Deru. Experimental study of engineering flap formation based on immortalized keratinocytes in vitro[J]. Zhongguo Jiao Xing Wai Ke Za Zhi[Orthop J China(Article in Chinese;Abstract in Chinese and English)],2004,12(18):1413-1415. DOI:10.3969/j.issn.1005-8478.2004.18.016.}

[5660] 李迟，于东宁，王浩，马春旭，陈辉，孙永华. 外用前列腺素E1治疗缺血皮瓣的实验研究与临床观察[J]. 中华烧伤杂志，2004，20（2）：88-91. DOI：10.3760/cma.j.issn.1009-2587.2004.02.009. {LI Chi,YU Dongning,WANG Hao,MA Chunxu,CHEN Hui,SUN Yonghua. Experimental and clinical study on the treatment of ischemic skin flap with topical application of PGE1[J]. Zhonghua Shao Shang Za Zhi[Chin J Burns(Article in Chinese;Abstract in Chinese and English)],2004,20(2):88-91. DOI:10.3760/cma.j.issn.1009-2587.2004.02.009.}

[5661] 周力纯，陕声国，张瑞莲，杨勇，赵月强，吴小蔚，于瑛. 一氧化氮对任意型皮瓣成活影响的实验研究[J]. 中华整形外科杂志，2004，20（1）：38-40. DOI：10.3760/j.issn：1009-4598.2004.01.013. {ZHOU Lichun,SHAN Shengguo,ZHANG Ruilian,YANG Yong,ZHAO Yueqiang,WU Xiaowei,YU Ying. Investigation of the influence of nitric oxide on the survival of a random pattern skin flap[J]. Zhonghua Zheng Xing Wai Ke Za Zhi[Chin J Plast Surg(Article in Chinese;Abstract in Chinese and English)],2004,20(1):38-40. DOI:10.3760/j.issn:1009-4598.2004.01.013.}

[5662] 孙远，熊宇，李慧增. 真皮组织瓣修复口内粘膜缺损后再生上皮角蛋白表达模式的实验研究[J]. 第三军医大学学报，2004，26（2）：115-117. DOI：10.3321/j.issn：1000-5404.2004.02.008. {SUN Yuan,XIONG Yu,LI Huizeng. Experimental study of the cytokeratin expression pattern of regenerated epithelia of dermal tissue flaps transferred for intraoral mucosal defect reconstruction[J]. Di San Jun Yi Da Xue Xue Bao[Acta Acad Med Mil Tert(Article in Chinese;Abstract in Chinese and English)],2004,26(2):115-117. DOI:10.3321/j.issn:1000-5404.2004.02.008.}

[5663] 熊兵，易传勋，陈华德，过健俐，张一鸣，冯晓玲，周文东. 转染血管内皮生长因子基因对大鼠任意皮瓣成活的影响[J]. 第一军医大学学报，2004，24（7）：794-797. DOI：10.3321/j.issn：1673-4254.2004.07.017. {XIONG Bing,YI Chuanxun,CHEN Huade,GUO Jianli,ZHANG Yiming,FENG Xiaoling,ZHOU Wendong. Vascular endothelial growth factor gene transfection and survival of the random skin flap in rats[J]. Di Yi Jun Yi Da Xue Xue Bao[J First Mil Med Univ(Article in Chinese;Abstract in Chinese and English)],2004,24(7):794-797. DOI:10.3321/j.issn:1673-4254.2004.07.017.}

[5664] 王稚英，李曦光，张志诚. 埋置皮下的猪去表皮皮瓣部分的表皮样囊肿[J]. 现代口腔医学杂志，2004，18（2）：132-133. DOI：10.3969/j.issn.1003-7632.2004.02.012. {WANG Zhiying,LI Xiguang,ZHANG Zhicheng. Epidermoid cysts from buried de-epithelialized flap part of pigs[J]. Xian Dai Kou Qiang Yi Xue Za Zhi[J Mod Stomatol(Article in Chinese;Abstract in Chinese and English)],2004,18(2):132-133. DOI:10.3969/j.issn.1003-7632.2004.02.012.}

[5665] 郭月利，汤苏阳. pcD2/hVEGF对缺血皮瓣存活的影响[J]. 组织工程与重建外科杂志，2005，1（4）：197-198. DOI：10.3969/j.issn.1673-0364.2005.04.006. {GUO Yueli,TANG Suyang. Effect of liposome-mediated vascular endothelial growth factor gene on ischemic skin flap in rats[J]. Zu Zhi Gong Cheng Yu Chong Jian Wai Ke Za Zhi[J Tissue Eng Reconstr Surg(Article in Chinese;Abstract in Chinese and English)],2005,1(4):197-198. DOI:10.3969/j.issn.1673-0364.2005.04.006.}

[5666] 崔成立，尹维刚，张新宇，王伟，李梁，史增元，阎桂彬，陈茂林. 兔耳纯静脉皮瓣成活机理的实验研究[J]. 中国临床解剖学杂志，2005，23（2）：180-182. DOI：10.3969/j.issn.1001-165X.2005.02.017. {CUI Chengli,YIN Weigang,ZHANG Xinyu,WANG Wei,LI Liang,SHI Zengyuan,YAN Guibin,CHEN Maolin. Experimental study on the survival mechanism of pure venous flap in rabbit ear[J]. Zhongguo Lin Chuang Jie Pou Xue Za Zhi[Chin J Clin Anat(Article in Chinese;Abstract in Chinese and English)],2005,23(2):180-182. DOI:10.3969/j.issn.1001-165X.2005.02.017.}

[5667] 崔成立，尹维刚，王继春，李梁，史增元，阎桂彬，陈茂林. 兔耳纯静脉皮瓣血流量和血管网面密度观测[J]. 中国临床解剖学杂志，2005，23（3）：281-283. DOI：10.3969/j.issn.1001-165X.2005.03.016. {CUI Chengli,YIN Weigang,WANG Jichun,LI Liang,SHI Zengyuan,YAN Guibin,CHEN Maolin. Blood flow and surface density of vascular network of pure venous flap in rabbit ear:observation and measurement[J]. Zhongguo Lin Chuang Jie Pou Xue Za Zhi[Chin J Clin Anat(Article in Chinese;Abstract in Chinese and English)],2005,23(3):281-283. DOI:10.3969/j.issn.1001-165X.2005.03.016.}

[5668] 黄立，陈安民，丁水平，曹玮. 碱性成纤维细胞生长因子促进肌皮瓣神经恢复的实验研究[J]. 中华创伤杂志，2005，21（z1）：45-48. DOI：10.3760/j：issn：1001-8050.2005.z1.012. {HUANG Li,CHEN Anmin,DING Shuiping,CAO Wei. Basic fibroblast growth factor improving nerve recovery of musculocutaneous flaps in rats[J]. Zhonghua Chuang Shang Za Zhi[Chin J Trauma(Article in Chinese;Abstract in Chinese and English)],2005,21(z1):45-48. DOI:10.3760/j:issn:1001-8050.2005.z1.012.}

[5669] 汪希，崔磊，李发成，钱云良，张群，刘伟，曹谊林，关文祥. 腺病毒介导基因转染提高大鼠皮瓣成活力的实验研究[J]. 组织工程与重建外科杂志，2005，1（5）：287-290. DOI：10.3969/j.issn.1673-0364.2005.05.016. {WANG Xi,CUI Lei,LI Facheng,QIAN Yunliang,ZHANG Qun,LIU Wei,CAO Yilin,GUAN Wenxiang. The Effects of adenovirus-mediated hvegf gene on flap survival in rats[J]. Zu Zhi Gong Cheng Yu Chong Jian Wai Ke Za Zhi[J Tissue Eng Reconstr Surg(Article in Chinese;Abstract in Chinese and English)],2005,1(5):287-290. DOI:10.3969/j.issn.1673-0364.2005.05.016.}

[5670] 易成刚，郭树忠，张琳西，刘忠，韩岩，夏炜，舒茂国，艾玉兵，伍锦华. 血管内皮细胞生长因子基因转染血管内皮祖细胞移植促进缺血皮瓣存活的实验研究[J]. 中华医学杂志，2005，85（7）：473-478. DOI：10.3760/j：issn：0376-2491.2005.07.012. {YI Chenggang,GUO Shuzhong,ZHANG Linxi,LIU Zhong,HAN Yan,XIA wei,SHU Maoguo,AI Weibing,WU Jinhua. Promotion of the survival of ischemic skin flap by transplanted endothelial progenitor cells transfected with VEGF165 gene:an experimental study with mice[J]. Zhonghua Yi Xue Za Zhi[Natl Med J China(Article in Chinese;Abstract in Chinese and English)],2005,85(7):473-478. DOI:10.3760/j:issn:0376-2491.2005.07.012.}

[5671] 易成刚，郭树忠，张琳西，伍锦华，张曦，胡强，张旭东，周庆红. 血管内皮祖细胞移植提高裸鼠缺血皮瓣存活率[J]. 中华整形外科杂志，2005，21（6）：429-432. DOI：10.3760/j.issn：1009-4598.2005.06.009. {YI Chenggang,GUO Shuzhong,ZHANG Linxi,WU Jinhua,ZHANG Xi,HU Qiang,ZHANG Xudong,ZHOU Qinghong. Experiment of augmenting the survival areas of ischemic flap by transplanting endothelial progenitor cells[J]. Zhonghua Zheng Xing Wai Ke Za Zhi[Chin J Plast Surg(Article in Chinese;Abstract in Chinese and English)],2005,21(6):429-432. DOI:10.3760/j.issn:1009-4598.2005.06.009.}

[5672] 利春叶，王建云，廖全全，彭爱军. 不同张力缝合对皮瓣愈合影响的实验研究[J]. 中华显微外科杂志，2006，29（4）：284-286. DOI：10.3760/cma.j.issn.1001-2036.2006.04.016. {LI Chunye,WANG Jianyun,LIAO Quanquan,PENG Aijun. Experimental study on the effect of different tension suture of flap healing[J]. Zhonghua Xian Wei Wai Ke Za Zhi[Chin J Microsurg(Article in Chinese;Abstract in Chinese)],2006,29(4):284-286. DOI:10.3760/cma.j.issn.1001-2036.2006.04.016.}

[5673] 黄书润，李小毅，刘立飞，苏金荣，何家坤. 线扎逐步缩窄蒂部法行皮瓣早期断蒂的实验研究及临床应用[J]. 中华外科杂志，2006，44（11）：762-764. DOI：10.3760/j：issn：0529-5815.2006.11.012. {HUANG Shurun,LI Xiaoyi,LIU Lifei,SU Jinrong,HE Jiakun. Experimental study and clinical application of early pedicle dividsion of skin flap by ligation[J]. Zhonghua Wai Ke Za Zhi[Chin J Surg(Article in Chinese;Abstract in Chinese and

English)],2006,44(11):762-764. DOI:10.3760/j:issn:0529-5815.2006.11.012.}

[5674] 李瑞华，阚世廉，许效坤，李明新，夏英鹏. 动脉化静脉皮瓣两种灌流方式比较的实验研究及临床应用[J]. 中华手外科杂志，2006，22(4)：242-244. DOI：10.3760/cma.j.issn.1005-054X.2006.04.021. {LI Ruihua,MIN Shilian,XU Xiaokun,LI Mingxin,XIA Yingpeng. Comparison between two types of in-and outflow arterialized venous flap:an experimental study and clinical application[J]. Zhonghua Shou Wai Ke Za Zhi[Chin J Hand Surg(Article in Chinese;Abstract in Chinese and English)],2006,22(4):242-244. DOI:10.3760/cma.j.issn.1005-054X.2006.04.021.}

[5675] 谭善彰，张继，王晖，陈碾，付琰，张大利. 不同蒂型静脉皮瓣成活率的实验研究[J]. 中华整形外科杂志，2006，22(3)：196-199. DOI：10.3760/j.issn：1009-4598.2006.03.011. {TAN Shanzhang,ZHANG Ji,WANG Hui,CHEN Nian,FU Yan,ZHANG Dali. Experimental study on the survival of venous flap with different pedicle styles[J]. Zhonghua Zheng Xing Wai Ke Za Zhi[Chin J Plast Surg(Article in Chinese;Abstract in Chinese and English)],2006,22(3):196-199. DOI:10.3760/j.issn:1009-4598.2006.03.011.}

[5676] 刘军，石文君，张苏宁，韩云，赵俊刚. 犬自体肺组织瓣替代胸段食管部分缺损的实验研究[J]. 中国修复重建外科杂志，2006，20(5)：507-510. {LIU Jun,SHI Wenjun,ZHANG Suning,HAN Yun,ZHAO Jungang. Experimental research of esophagus replacement with pulmonary flap in dogs[J]. Zhongguo Xiu Fu Chong Jian Wai Ke Za Zhi[Chin J Repar Reconstr Surg(Article in Chinese;Abstract in Chinese and English)],2006,20(5):507-510.}

[5677] 苗卫华，梁杰，罗少军，汤少明. 皮瓣延迟与血管内皮细胞生长因子对大鼠背部皮瓣成活影响的比较[J]. 中国修复重建外科杂志，2006，20(5)：530-533. {MIAO Weihua,LIANG Jie,LUO Shaojun,TANG Shaoming. Comparison of effects of flap delay and vascular endothelial growth factor on the viability of the rat dorsal flap[J]. Zhongguo Xiu Fu Chong Jian Wai Ke Za Zhi[Chin J Repar Reconstr Surg(Article in Chinese;Abstract in Chinese and English)],2006,20(5):530-533.}

[5678] 王快胜，柴益民，马心赤，林崇正，邱勋永，王和驹，陈彦堃，陈汉东，张燕翔. 大鼠穿支蒂皮瓣的实验研究[J]. 中华显微外科杂志，2007，30(1)：35-37，插6. DOI：10.3760/cma.j.issn.1001-2036.2007.01.012. {WANG Kuaisheng,CHAI Yimin,MA Xinchi,LIN Chongzheng,QIU Xunyong,WANG Heju,CHEN Yankun,CHEN Handong,ZHANG Yanxiang. A perforator-based flap model and experimental study in rats[J]. Zhonghua Xian Wei Wai Ke Za Zhi[Chin J Microsurg(Article in Chinese;Abstract in Chinese and English)],2007,30(1):35-37,insert 6. DOI:10.3760/cma.j.issn.1001-2036.2007.01.012.}

[5679] 邢进峰，施铁军，赵巍，陈中，曹扬，林平，姜丹生，汪志明，倪东亮，杨宁. 微型组织瓣静脉回流的实验研究[J]. 中华手外科杂志，2007，23(4)：221-223. {XING Jinfeng,SHI Tiejun,ZHAO Wei,CHEN Zhong,CAO Yang,LIN Ping,JIANG Dansheng,WANG Zhiming,NI Dongliang,YANG Ning. An experimental study on the venous drainage of mini tissue flaps[J]. Zhonghua Shou Wai Ke Za Zhi[Chin J Hand Surg(Article in Chinese;Abstract in Chinese and English)],2007,23(4):221-223.}

[5680] 谢松涛，陈璧，陶克，韩军涛，王洪涛. 人脐血来源内皮祖细胞促进裸鼠皮瓣存活的实验研究[J]. 中华整形外科杂志，2007，23(3)：206-208. DOI：10.3760/j.issn：1009-4598.2007.03.009. {XIE Songtao,CHEN Bi,TAO Ke,HAN Juntao,WANG Hongtao. The study on EPC originated from human umbilical cord blood promoting neovascularization in ischemic skin flap[J]. Zhonghua Zheng Xing Wai Ke Za Zhi[Chin J Plast Surg(Article in Chinese;Abstract in Chinese and English)],2007,23(3):206-208. DOI:10.3760/j.issn:1009-4598.2007.03.009.}

[5681] 钟晓春，倪有娣，何晓升，戚富琴，杨天鹏. 脂肪瓣延迟术后瓣内脂肪细胞移植增加成活的实验研究[J]. 中华整形外科杂志，2007，23(3)：251-253. DOI：10.3760/j.issn：1009-4598.2007.03.023. {ZHONG Xiaochun,NI Youdi,HE Xiaosheng,QI Fuqin,YANG Tianpeng. Experimental study of increasing effect of the fat flap tissue after delay operation on its free graft survival volume and duration[J]. Zhonghua Zheng Xing Wai Ke Za Zhi[Chin J Plast Surg(Article in Chinese;Abstract in Chinese and English)],2007,23(3):251-253. DOI:10.3760/j.issn:1009-4598.2007.03.023.}

[5682] 宋铁山，戴开宇，梅劲，唐茂林. 缺血预处理对大鼠皮瓣缺血再灌注后 Bcl-2 和 Bax 基因表达的影响[J]. 中华显微外科杂志，2007，30(2)：132-134. DOI：10.3760/cma.j.issn.1001-2036.2007.02.017. {SONG Tieshan,DAI Kaiyu,MEI Jin,TANG Maolin. Effect of ischemic preconditioning on the expression of Bcl-2 and Bax gene in rat skin flap after ischemia-reperfusion[J]. Zhonghua Xian Wei Wai Ke Za Zhi[Chin J Microsurg(Article in Chinese;Abstract in Chinese)],2007,30(2):132-134. DOI:10.3760/cma.j.issn.1001-2036.2007.02.017.}

[5683] 郑岩，易成刚，何丽洁，王映梅，冯少清，刘丹，郭树忠. 转染血管内皮生长因子基因的小鼠 NIH3T3 细胞移植促进皮瓣早期血运重建的研究[J]. 中华外科杂志，2007，45(3)：203-206. DOI：10.3760/j：issn：0529-5815.2007.03.020. {ZHENG Yan,YI Chenggang,HE Lijie,WANG Yingmei,FENG Shaoqing,LIU Dan,GUO Shuzhong. Effects of mouse NIH3T3 cells transfected with VEGF gene on neovascularization of ischemic flaps[J]. Zhonghua Wai Ke Za Zhi[Chin J Surg(Article in Chinese;Abstract in Chinese and English)],2007,45(3):203-206. DOI:10.3760/j:issn:0529-5815.2007.03.020.}

[5684] 商旭敏，金中秋，周和政，周雄，张文强，陈华新，王百川，高玉香. 壳聚糖膜在兔眼巩膜瓣下的降解及对眼内压的影响[J]. 第三军医大学学报，2007，29(4)：338-341. DOI：10.3321/j.issn：1000-5404.2007.04.018. {SHANG Xumin,JIN Zhongqiu,ZHOU Hezheng,ZHOU Xiong,ZHANG Wenqiang,CHEN Huaxin,WANG Baichuan,GAO Yuxiang. Degradation of chitosan film under rabbit scleral flap and its effect on intraocular pressure[J]. Di San Jun Yi Da Xue Xue Bao[Acta Acad Med Mil Tert(Article in Chinese;Abstract in Chinese and English)],2007,29(4):338-341. DOI:10.3321/j.issn:1000-5404.2007.04.018.}

[5685] 杜国强，王敏. 复制缺陷性型腺病毒 AdCMV-VEGF 促进静脉皮瓣成活的实验研究[J]. 组织工程与重建外科杂志，2008，4(3)：150-153. DOI：10.3969/j.issn.1673-0364.2008.03.008. {DU Guoqiang,WANG Min. Experimental study on the survival of venous flap with replication-deficient adenovirus AdCMV-VEGF[J]. Zu Zhi Gong Cheng Yu Chong Jian Wai Ke Za Zhi[J Tissue Eng Reconstr Surg(Article in Chinese;Abstract in Chinese and English)],2008,4(3):150-153. DOI:10.3969/j.issn.1673-0364.2008.03.008.}

[5686] 赵维彦，李炳万，赵世伟，张申申，邱旭东，郭忠岩，路来金. 逆行岛状皮瓣静脉回流的动态实验研究[J]. 中华显微外科杂志，2008，31(4)：274-277，插页4-4. DOI：10.3760/cma.j.issn.1001-2036.2008.04.012. {ZHAO Weiyan,LI Bingwan,ZHAO Shiwei,ZHANG Shenshen,QIU Xudong,GUO Zhongyan,LU Laijin. An experimental continue study of venous drainage in reverse-flow island flap[J]. Zhonghua Xian Wei Wai Ke Za Zhi[Chin J Microsurg(Article in Chinese;Abstract in Chinese and English)],2008,31(4):274-277,insert 4-4. DOI:10.3760/cma.j.issn.1001-2036.2008.04.012.}

[5687] 廖毅，张波，童庭辉，陈跃. 两种生长因子联合应用对大鼠缺血皮瓣成活的影响[J]. 中华烧伤杂志，2008，24(4)：290-291. DOI：10.3760/cma.j.issn.1009-2587.2008.04.014. {LIAO Yi,ZHANG Bo,TONG Tinghui,CHEN Yue. Survival effect of two growth factors combined apply on ischemic skin flap in rats[J]. Zhonghua Shao Shang Za Zhi[Chin J Burns(Article in Chinese;No abstract available)],2008,24(4):290-291. DOI:10.3760/cma.j.issn.1009-2587.2008.04.014.}

[5688] 王达利，孙广峰，魏在荣，崔红旺，李丽. 皮瓣重建阴囊对家兔生殖功能的影响[J]. 中华整形外科杂志，2008，24(6)：455-459. DOI：10.3760/j.issn：1009-4598.2008.06.013. {WANG Dali,SUN Guangfeng,WEI Zairong,CUI Hongwang,LI Li. Effect of scrotal reconstruction with flap on rabbit generation function[J]. Zhonghua Zheng Xing Wai Ke Za Zhi[Chin J Plast Surg(Article in Chinese;Abstract in Chinese and English)],2008,24(6):455-459. DOI:10.3760/j.issn:1009-4598.2008.06.013.}

[5689] 刘春丽，王悦，车彦海. 术后不同时间给予外源性 VEGF 对大鼠放疗皮瓣成活的影响[J]. 吉林大学学报(医学版)，2009，35(5)：893-897. {LIU Chunli,WANG Yue,CHE Yanhai. Effect of extrinsic vascular endothelial growth factor on viability of skin flap treated with radiotherapy in rat at different time after operation[J]. Ji Lin Da Xue Xue Bao(Yi Xue Ban)[J Jilin Univ Med Ed(Article in Chinese;Abstract in Chinese and English)],2009,35(5):893-897.}

[5690] 王栋，张世民，王欣，李继峰，俞光荣. 逆行岛状皮瓣"迷宫"静脉回流途径的实验研究[J]. 中国临床解剖学杂志，2009，27(1)：76-79. {WANG Dong,ZHANG Shimin,WANG Xin,LI Jifeng,YU Guangrong. An experimental study of "bypass route" in venous drainage of reverse-flow island flapa[J]. Zhongguo Lin Chuang Jie Pou Xue Za Zhi[Chin J Clin Anat(Article in Chinese;Abstract in Chinese and English)],2009,27(1):76-79.}

[5691] 赵天兰，余道江，吴浩荣，谢晓明，张云涛，徐妍，陈琦. 一定长宽比狭长窄蒂与任意皮瓣成活面积关系的实验研究[J]. 中华显微外科杂志，2009，32(5)：393-395. DOI：10.3760/cma.j.issn.1001-2036.2009.05.018. {ZHAO Tianlan,YU Daojiang,WU Haorong,XIE Xiaoming,ZHANG Yuntao,XU Yan,CHEN Qi. Experimental study on the relationship between the length width ratio of narrow pedicle and the survival area of any flap[J]. Zhonghua Xian Wei Wai Ke Za Zhi[Chin J Microsurg(Article in Chinese;Abstract in Chinese)],2009,32(5):393-395. DOI:10.3760/cma.j.issn.1001-2036.2009.05.018.}

[5692] 闫焱，仇树林，褚国华，郭文哲，李兵，韩胜. 几丁糖对扩张后皮瓣纤维包膜影响的实验研究[J]. 中华整形外科杂志，2009，25(5)：381-384. DOI：10.3760/cma.j.issn.1009-4598.2009.05.018. {YAN Yan,CHOU Shulin,CHU Guohua,GUO Wenzhe,LI Bing,HAN Sheng. Experimental study of the effect of chitosan on the capsule inside the expanded flap[J]. Zhonghua Zheng Xing Wai Ke Za Zhi[Chin J Plast Surg(Article in Chinese;Abstract in Chinese and English)],2009,25(5):381-384. DOI:10.3760/cma.j.issn.1009-4598.2009.05.018.}

[5693] 荆志振，俞光荣，张世民，游木荣. 荧光示踪法在体实验研究逆行岛状皮瓣静脉回流[J]. 临床骨科杂志，2009，12(2)：222-226. DOI：10.3969/j.issn.1008-0287.2009.02.039. {JING Zhizhen,YU Guangrong,ZHANG Shimin,YOU Murong. In vivo study of venous drainage in retrograde island flap with fluorescence tracing technique[J]. Lin Chuang Gu Ke Za Zhi[J Clin Orthop(Article in Chinese;Abstract in Chinese and English)],2009,12(2):222-226. DOI:10.3969/j.issn.1008-0287.2009.02.039.}

[5694] 徐瑞生，葛建华，雷玉凯，鲁晓波. 雌激素改善皮瓣再灌注损伤和血供的实验研究[J]. 中国修复重建外科杂志，2009，23(8)：964-968. {XU Ruisheng,GE Jianhua,LEI Yukai,LU Xiaobo. Improvement effect of estrogen on flap reperfusion injury and blood supply[J]. Zhongguo Xiu Fu Chong Jian Wai Ke Za Zhi[Chin J Repar Reconstr Surg(Article in Chinese;Abstract in Chinese and English)],2009,23(8):964-968.}

[5695] 沈江涌，吴银生，陆安民，姚明，赵巍. 脂质体介导血管内皮生长因子基因促进大鼠皮瓣早期断蒂的观察[J]. 中华烧伤杂志，2009，25(2)：144-145. DOI：10.3760/cma.j.issn.1009-2587.2009.02.022. {SHEN Jiangyong,WU Yinsheng,LU Anmin,YAO Ming,ZHAO Wei. Effect of liposome mediated vascular endothelial growth factor gene in rat flap early pedicle breaking[J]. Zhonghua Shao Shang Za Zhi[Chin J Burns(Article in Chinese;No abstract available)],2009,25(2):144-145. DOI:10.3760/cma.j.issn.1009-2587.2009.02.022.}

[5696] 吕川，陶然，张敬德，宋建星，王晓云，杨超. VEGF、bFGF 低频超声透皮给药系统对猪超长筋膜皮瓣存活的影响[J]. 组织工程与重建外科杂志，2010，6(1)：21-23. DOI：10.3969/j.issn.1673-0364.2010.01.006. {LV Chuan,TAO Ran,ZHANG Jingde,SONG Jianxing,WANG Xiaoyun,YANG Chao. The application of VEGF and bFGF via low-frequency ultrasound-mediated transdermal drug transport system in the improvement of maximizing survival of fascio-cutaneous flap with super length ratio in pigs[J]. Zu Zhi Gong Cheng Yu Chong Jian Wai Ke Za Zhi[J Tissue Eng Reconstr Surg(Article in Chinese;Abstract in Chinese and English)],2010,6(1):21-23. DOI:10.3969/j.issn.1673-0364.2010.01.006.}

[5697] 黄永军，黄东，牟勇，吴伟炽，张惠茹，葛军委，江钦文. bFGF 对促进大鼠移植缺血皮瓣血管化的实验研究[J]. 中华显微外科杂志，2010，33(1)：38-40. DOI：10.3760/cma.j.issn.1001-2036.2010.01.015. {HUANG Yongjun,HUANG Dong,MOU Yong,WU Weichi,ZHANG Huiru,GE Junwei,JIANG Qinwen. The study of basic fibroblast growth factor on ischemic vascularization flap in rat[J]. Zhonghua Xian Wei Wai Ke Za Zhi[Chin J Microsurg(Article in Chinese;Abstract in Chinese and English)],2010,33(1):38-40. DOI:10.3760/cma.j.issn.1001-2036.2010.01.015.}

[5698] 黄东，黄永军，葛军委，江钦文，吴伟炽，张惠茹. 碱性成纤维细胞生长因子对大鼠皮瓣愈合的实验研究[J]. 中华显微外科杂志，2010，33(4)：317-319，封3. DOI：10.3760/cma.j.issn.1001-2036.2010.04.021. {HUANG Dong,HUANG Yongjun,GE Junwei,JIANG Qinwen,WU Weichi,ZHANG Huiru. Effect of basic fibroblast growth factor on skin flap healing in rats[J]. Zhonghua Xian Wei Wai Ke Za Zhi[Chin J Microsurg(Article in Chinese;Abstract in Chinese)],2010,33(4):317-319,cover 3. DOI:10.3760/cma.j.issn.1001-2036.2010.04.021.}

[5699] 任志勇，季远，王辉. 低分子右旋糖酐与盐酸罂粟碱对皮瓣成活质量影响的实验研究[J]. 实用手外科杂志，2010，24(4)：279-282. DOI：10.3969/j.issn.1671-2722.2010.04.015. {REN Zhiyong,JI Yuan,WANG Hui. Animal study on the effects of application of dextran 40 and papaverine on flap quality[J]. Shi Yong Shou Wai Ke Za Zhi[Chin J Pract Hand Surg(Article in Chinese;Abstract in Chinese and English)],2010,24(4):279-282. DOI:10.3969/j.issn.1671-2722.2010.04.015.}

[5700] 姚远，汪春兰，王帮河. 重组复制缺陷型腺病毒介导血管内皮细胞生长因子 cDNA 治疗大鼠缺血皮瓣[J]. 中华创伤杂志，2010，26(8)：736-738. DOI：10.3760/cma.j.issn.1001-8050.2010.08.023. {YAO Yuan,WANG Chunlan,WANG Banghe. Recombinant replication deficient adenovirus mediated vascular endothelial growth factor cDNA for treatment of ischemic skin flap in rats[J]. Zhonghua Chuang Shang Za Zhi[Chin J Trauma(Article in Chinese;No abstract available)],2010,26(8):736-738. DOI:10.3760/cma.j.issn.1001-8050.2010.08.023.}

[5701] 王师平，夏炜，潘宝华，郭树忠，刘宾. 大鼠碾压伤皮瓣显微镜观察模型的建立[J]. 中华整形外科杂志，2010，26(1)：73-74. DOI：10.3760/cma.j.issn.1009-4598.2010.01.026. {WANG Shiping,XIA wei,PAN Baohua,GUO Shuzhong,LIU Bin. Establish microscopic observation model of crush wound skin flap in rats[J]. Zhonghua Zheng Xing Wai Ke Za Zhi[Chin J Plast Surg(Article in Chinese;No abstract available)],2010,26(1):73-74. DOI:10.3760/cma.j.issn.1009-4598.2010.01.026.}

[5702] 顾文奇，张巍，柴益民. 利多卡因对大鼠皮瓣缺血-再灌注损伤的保护作用[J]. 国际骨科学杂志，2010，31(2)：125-127. DOI：10.3969/j.issn.1673-7083.2010.02.022. {GU Wenqi,ZHANG Wei,CHAI Yimin. Protective effect of lidocaine on flap of rat following ischemia-reperfusion injury[J]. Guo Ji Gu Ke Xue Za Zhi[Int J Orthop(Article in Chinese;Abstract in Chinese and English)],2010,31(2):125-127. DOI:10.3969/j.issn.1673-7083.2010.02.022.}

[5703] 孙广峰，王达利，李丽，魏在荣，崔红旺. 皮瓣重建兔阴囊诱导精原细胞凋亡与热休克蛋白70表达[J]. 中华男科学杂志，2010，16(7)：606-610. {SUN Guangfeng,WANG Dali,LI Li,WEI Zairong,CUI Hongwang. Apoptosis of spermatogenic cells and expression of HSP70 after scrotal reconstruction with skin flap[J]. Zhonghua Nan Ke Xue Za Zhi[Natl J Androl(Article in Chinese;Abstract in Chinese and English)],2010,16(7):606-610.}

[5704] 廖毅，童庭辉，王太平，韩寅. 局部应用重组水蛭素对家兔耳静脉淤血皮瓣成活的影响[J]. 中华烧伤杂志，2011，27(3)：215-217. DOI：10.3760/cma.j.issn.1009-2587.2011.03.017. {LIAO Yi,TONG Tinghui,WANG Taiping,HAN Yin. Effect of local injection of recombinant hirudin on survival of skin flaps with venous congestion in a rabbit model[J]. Zhonghua Shao Shang Za Zhi[Chin J Burns(Article in Chinese;Abstract in Chinese and English)],2011,27(3):215-217. DOI:10.3760/cma.j.issn.1009-2587.2011.03.017.}

[5705] **岳素琴，陈超勇，黄连花，郑和平，张发惠．犬穿支蒂隐神经营养血管皮瓣的实验研究 [J]．中国临床解剖学杂志，2011，29（5）：536-540．** {YUE Suqin,CHEN Chaoyong,HUANG Lianhua,ZHENG Heping,ZHANG Fahui. Experimental study of canine skin flap pedicled with perforating branches of saphenous neurocutaneous vessels[J]. Zhongguo Lin Chuang Jie Pou Xue Za Zhi[Chin J Clin Anat(Article in Chinese;Abstract in Chinese and English)],2011,29(5):536-540.}

[5706] **刘军，石文君，张苏宁．肺组织瓣包埋金属支架重建气管、食管的动物实验研究 [J]．中华医学杂志，2011，91（1）：65-68．DOI：10.3760/cma.j.issn.0376-2491.2011.01.018．** {LIU Jun,SHI Wenjun,ZHANG Suning. Experimental use of pulmonary flap with alloy stent for the reconstruction of trachea and esophagus[J]. Zhonghua Yi Xue Za Zhi[Natl Med J China(Article in Chinese;Abstract in Chinese and English)],2011,91(1):65-68. DOI:10.3760/cma.j.issn.0376-2491.2011.01.018.}

[5707] **李光早，孙庆章，熊竹友，黄鹤，徐静．人脂肪干细胞对兔任意型皮瓣成活的影响 [J]．中华整形外科杂志，2011，27（2）：119-123．DOI：10.3760/cma.j.issn.1009-4598.2011.02.012．** {LI Guangzao,SUN Qingzhang,XIONG Zhuyou,HUANG He,XU Jing. The effect of adipose-derived stem cells on viability of random pattern skin flap in rabbits[J]. Zhonghua Zheng Xing Wai Ke Za Zhi[Chin J Plast Surg(Article in Chinese;Abstract in Chinese and English)],2011,27(2):119-123. DOI:10.3760/cma.j.issn.1009-4598.2011.02.012.}

[5708] **李德平，刘学贵，毛波，郑胜，杨俊贵，崔建德，杨帅智，黄昱．改良双干静脉动脉化皮瓣的实验研究 [J]．中国临床解剖学杂志，2012，30（4）：435-437，442．** {LI Deping,LIU Xuegui,MAO Bo,ZHENG Sheng,YANG Jungui,CUI Jiande,YANG Shuaizhi,HUANG Yu. Experimental study of the modified double stem arterialized venous skin flap[J]. Zhongguo Lin Chuang Jie Pou Xue Za Zhi[Chin J Clin Anat(Article in Chinese;Abstract in Chinese and English)],2012,30(4):435-437,442.}

[5709] **张海欧，赵维彦，邱旭东，赵世伟．瓣膜失活对逆行岛状皮瓣静脉回流影响的实验研究 [J]．中华显微外科杂志，2012，35（1）：50-52．DOI：10.3760/cma.j.issn.1001-2036.2012.01.019．** {ZHANG Haiou,ZHAO Weiyan,QIU Xudong,ZHAO Shiwei. Effect of valve deactivation on venous return in reverse island flap[J]. Zhonghua Xian Wei Wai Ke Za Zhi[Chin J Microsurg(Article in Chinese;Abstract in Chinese)],2012,35(1):50-52. DOI:10.3760/cma.j.issn.1001-2036.2012.01.019.}

[5710] **李薇薇，刘志飞，王晓军，朱琳，曾昂，冯锐．扩张皮瓣注水量与安全性的实验研究 [J]．中华整形外科杂志，2012，28（2）：131-134．DOI：10.3760/cma.j.issn.1009-4598.2012.02.014．** {LI Weiwei,LIU Zhifei,WANG Xiaojun,ZHU Lin,ZENG Ang,FENG Rui. Experimental research of the relationship between the safety of expanded flap and expansion volume[J]. Zhonghua Zheng Xing Wai Ke Za Zhi[Chin J Plast Surg(Article in Chinese;Abstract in Chinese and English)],2012,28(2):131-134. DOI:10.3760/cma.j.issn.1009-4598.2012.02.014.}

[5711] **伍丽君，赵天兰，余道江，张为宝，刘强．缺氧缺血型狭长窄蒂皮瓣成活过程中 SDF-1 表达的实验研究 [J]．中华整形外科杂志，2012，28（3）：199-202．DOI：10.3760/cma.j.issn.1009-4598.2012.03.010．** {WU Lijun,ZHAO Tianlan,YU Daojiang,ZHANG Weibao,LIU Qiang. Experiment study of SDF-1 expression during the survival process of the narrow pedicle flap with hypoxia and ischemia[J]. Zhonghua Zheng Xing Wai Ke Za Zhi[Chin J Plast Surg(Article in Chinese;Abstract in Chinese and English)],2012,28(3):199-202. DOI:10.3760/cma.j.issn.1009-4598.2012.03.010.}

[5712] **徐子寒，赵天兰，余道江，谢晓明，伍丽君．地拉罗司通过诱导上皮细胞间质化改变促进窄蒂皮瓣微血管生成的实验研究 [J]．中华整形外科杂志，2012，28（5）：352-355．DOI：10.3760/cma.j.issn.1009-4598.2012.05.011．** {XU Zihan,ZHAO Tianlan,YU Daojiang,XIE Xiaoming,WU Lijun. Experimental study of the effect of Deferasirox on the micro-angiogenesis in narrow pedicle flap through epithelial-mesenchymal transition[J]. Zhonghua Zheng Xing Wai Ke Za Zhi[Chin J Plast Surg(Article in Chinese;Abstract in Chinese and English)],2012,28(5):352-355. DOI:10.3760/cma.j.issn.1009-4598.2012.05.011.}

[5713] **李虹，岑瑛，张振宇．阿霉素预处理替代缺血预处理提供鼠皮瓣缺血耐受的实验研究 [J]．中国修复重建外科杂志，2012，26（12）：1501-1504．** {LI Hong,Cen Ying,ZHANG Zhenyu. Doxorubicin preconditioning instead of ischemic preconditioning in providing ischemic tolerance for rats abdomen island flaps[J]. Zhongguo Xiu Fu Chong Jian Wai Ke Za Zhi[Chin J Repar Reconstr Surg(Article in Chinese;Abstract in Chinese and English)],2012,26(12):1501-1504.}

[5714] **茹靖涛，曹靖，秦涛．pcDNA3.1（+）载体携带血管内皮生长因子治疗大鼠缺血皮瓣 [J]．中华实验外科杂志，2012，29（3）：424-426．DOI：10.3760/cma.j.issn.1001-9030.2012.03.025．** {RU Jingtao,CAO Jing,QIN Tao. Effect of pcDNA3.1(+)-mediated vascular endothelial growth factor gene on the survival of skin flap[J]. Zhonghua Shi Yan Wai Ke Za Zhi[Chin J Exp Surg(Article in Chinese;Abstract in Chinese and English)],2012,29(3):424-426. DOI:10.3760/cma.j.issn.1001-9030.2012.03.025.}

[5715] **李薇薇，冯锐．富血小板血浆凝胶制备及对大鼠皮瓣成活的作用分析 [J]．中国修复重建外科杂志，2012，26（1）：64-69．** {LI Weiwei,FENG Rui. Preparation of platelet-rich plasma gel and its effect on skin flap survival of rat[J]. Zhongguo Xiu Fu Chong Jian Wai Ke Za Zhi[Chin J Repar Reconstr Surg(Article in Chinese;Abstract in Chinese and English)],2012,26(1):64-69.}

[5716] **沈佩，霍亮，张善勇，杨驰，恽白．颞下颌关节盘锚固术中脂肪组织瓣转归的实验研究 [J]．中国口腔颌面外科杂志，2013，11（5）：377-381．** {SHEN Pei,HUO Liang,ZHANG Shanyong,YANG Chi,YUN Bai. Experimental research of outcomes of free fat flap in temporomandibular joint disc anchor in minipigs[J]. Zhongguo Kou Qiang He Mian Wai Ke Za Zhi[Chin J Oral Maxillofac Surg(Article in Chinese;Abstract in Chinese and English)],2013,11(5):377-381.}

[5717] **沈佩，霍亮，张善勇，杨驰，恽白．游离脂肪瓣移植在颞下颌关节盘锚固术中的应用 [J]．中国口腔颌面外科杂志，2013，11（6）：453-458．** {SHEN Pei,HUO Liang,ZHANG Shanyong,YANG Chi,YUN Bai. Use of free fat flap grafts in temporomandibular joint disc anchorage[J]. Zhongguo Kou Qiang He Mian Wai Ke Za Zhi[Chin J Oral Maxillofac Surg(Article in Chinese;Abstract in Chinese and English)],2013,11(6):453-458.}

[5718] **卢强，陈英标，戴帆，仇树林．山莨菪碱对皮瓣缺血再灌注损伤保护机制的实验研究 [J]．中华整形外科杂志，2013，29（3）：202-205．DOI：10.3760/cma.j.issn.1009-4598.2013.03.012．** {LU Qiang,CHEN Yingbiao,DAI Fan,CHOU Shulin. Experimental study on the protective effect of Anisodamine on flaps with ischemia reperfusion injury[J]. Zhonghua Zheng Xing Wai Ke Za Zhi[Chin J Plast Surg(Article in Chinese;Abstract in Chinese and English)],2013,29(3):202-205. DOI:10.3760/cma.j.issn.1009-4598.2013.03.012.}

[5719] **戴开宇，胡斯旺，庄跃宏，刘杨武，杨锦，张根福，杨晓东．大鼠背部跨区皮瓣的 Choke 静脉的变化规律 [J]．解剖学报，2013，44（2）：238-244．DOI：10.3969/j.issn.0529-1356.2013.02.018．** {DAI Kaiyu,HU Siwang,ZHUANG Yuehong,LIU Yangwu,YANG Jin,ZHANG Genfu,YANG Xiaodong. Changing laws for Choke veins of cross-area flap at the dorsum of the rat[J]. Jie Pou Xue Bao[Acta Anat Sin(Article in Chinese;Abstract in Chinese and English)],2013,44(2):238-244. DOI:10.3969/j.issn.0529-1356.2013.02.018.}

[5720] **王伟，刘涛，程应全．红花黄色素对大鼠皮瓣再灌注损伤的影响 [J]．中华实验外科杂志，2013，30（11）：2386-2387．DOI：10.3760/cma.j.issn.1001-9030.2013.11.047．** {WANG Wei,LIU Tao,CHENG Yingquan. Effects of Saffloryellow on survival rate of skin flaps with ischemia-reperfusion injury in rats[J]. Zhonghua Shi Yan Wai Ke Za Zhi[Chin J Exp Surg(Article in Chinese;Abstract in Chinese and English)],2013,30(11):2386-2387. DOI:10.3760/cma.j.issn.1001-9030.2013.11.047.}

[5721] **陈文，李养群，唐勇，周传德，赵穆欣，杨喆，刘媛媛．大鼠腹部增压皮瓣模型中动、静脉增压作用的研究 [J]．中华整形外科杂志，2013，29（1）：40-44．DOI：10.3760/cma.j.issn.1009-4598.2013.01.012．** {CHEN Wen,LI Yangqun,TANG Yong,ZHOU Chuande,ZHAO Muxin,YANG Zhe,LIU Yuanyuan. Which vessel,the artery or the vein is more important in vascular supercharge:an investigation of vascular changes on rat abdominal supercharging flap models[J]. Zhonghua Zheng Xing Wai Ke Za Zhi[Chin J Plast Surg(Article in Chinese;Abstract in Chinese and English)],2013,29(1):40-44. DOI:10.3760/cma.j.issn.1009-4598.2013.01.012.}

[5722] **张广亮，巨积辉，金光哲，李祥军，唐林峰，廖观祥，宋二发，侯瑞兴．全手指脱套伤皮瓣修复系数的实验研究 [J]．中国临床解剖学杂志，2014，32（2）：145-147．DOI：10.13418/j.issn.1001-165x.2014.02.007．** {ZHANG Guangliang,JU Jihui,JIN Guangzhe,LI Xiangjun,TANG Linfeng,LIAO Guanxiang,SONG Dongfa,HOU Ruixing. Exploring study on flap coefficient of degloving finger injuries[J]. Zhongguo Lin Chuang Jie Pou Xue Za Zhi[Chin J Clin Anat(Article in Chinese;Abstract in Chinese and English)],2014,32(2):145-147. DOI:10.13418/j.issn.1001-165x.2014.02.007.}

[5723] **吴建龙，巨积辉，周广良，金光哲，李志敏，侯瑞兴．SB202190 对皮瓣缺血再灌注损伤时 TNF-α 和 IL-10 影响的实验研究 [J]．中国临床解剖学杂志，2014，32（6）：698-703，707．DOI：10.13418/j.issn.1001-165x.2014.06.017．** {WU Jianlong,JU Jihui,ZHOU Guangliang,JIN Guangzhe,LI Zhimin,HOU Ruixing. Experimental study on the influence of P38MAPK inhibitor SB202190 on cytokines in flap ischemic reperfusion injury[J]. Zhongguo Lin Chuang Jie Pou Xue Za Zhi[Chin J Clin Anat(Article in Chinese;Abstract in Chinese and English)],2014,32(6):698-703,707. DOI:10.13418/j.issn.1001-165x.2014.06.017.}

[5724] **孙卫，赵天兰，余道江，伍丽君，柴筠．乒乓球拍样任意皮瓣局部注射重组人生长激素促进其成活的实验研究 [J]．中华显微外科杂志，2014，37（2）：152-156．DOI：10.3760/cma.j.issn.1001-2036.2014.02.014．** {SUN Wei,ZHAO Tianlan,YU Daojiang,WU Lijun,CHAI Jun. Experimental study of the effect of recombination human growth hormone on the PingPang Racket flap survival[J]. Zhonghua Xian Wei Wai Ke Za Zhi[Chin J Microsurg(Article in Chinese;Abstract in Chinese and English)],2014,37(2):152-156. DOI:10.3760/cma.j.issn.1001-2036.2014.02.014.}

[5725] **张雁，芮永军，糜菁熠，田建，杨通．当归多糖对皮瓣缺血再灌注损伤大鼠血液流变学影响的实验研究 [J]．中华手外科杂志，2014，30（1）：53-56．DOI：10.3760/cma.j.issn.1005-054X.2014.01.019．** {ZHANG Yan,RUI Yongjun,MI Qingyi,TIAN Jian,YANG Tong. Effect of angelica polysaccharides on the hemorheology in flap ischemia reperfusion injury:an experimental study in rats[J]. Zhonghua Shou Wai Ke Za Zhi[Chin J Hand Surg(Article in Chinese;Abstract in Chinese and English)],2014,30(1):53-56. DOI:10.3760/cma.j.issn.1005-054X.2014.01.019.}

[5726] **熊懿，李征，周望高，陈国荣，余少校，陈乐锋，陈泽华，张振伟．调节动脉化静脉皮瓣前负荷的实验研究 [J]．中华手外科杂志，2014，30（6）：461-464．DOI：10.3760/cma.j.issn.1005-054X.2014.06.025．** {XIONG Yi,LI Zheng,ZHOU Wanggao,CHEN Guorong,YU Shaoxiao,CHEN Lefeng,CHEN Zehua,ZHANG Zhenwei. An experimental study on regulating the preload of arterialized venous skin flap[J]. Zhonghua Shou Wai Ke Za Zhi[Chin J Hand Surg(Article in Chinese;Abstract in Chinese and English)],2014,30(6):461-464. DOI:10.3760/cma.j.issn.1005-054X.2014.06.025.}

[5727] **何智灵，高伟阳，李俊杰，林康，吕雷，李浙峰，高自勉，张义鹏．大鼠背部单一穿支蒂皮瓣的实验研究 [J]．中华整形外科杂志，2014，30（1）：40-44．DOI：10.3760/cma.j.issn.1009-4598.2014.01.011．** {HE Zhiling,GAO Weiyang,LI Junjie,LIN Kang,LV Lei,LI Zhefeng,GAO Zimian,ZHANG Yipeng. A perforator-based dorsal flap's experimental research in the rat[J]. Zhonghua Zheng Xing Wai Ke Za Zhi[Chin J Plast Surg(Article in Chinese;Abstract in Chinese and English)],2014,30(1):40-44. DOI:10.3760/cma.j.issn.1009-4598.2014.01.011.}

[5728] **王立波，初海坤，孙智颖，徐衍斌，周丽，李敏．重组腺病毒载体介导的 VEGF165 对皮瓣存活的影响 [J]．中华手外科杂志，2015，31（6）：467-470．DOI：10.3760/cma.j.issn.1005-054X.2015.06.026．** {WANG Libo,CHU Haikun,SUN Zhiying,XU Yanbin,ZHOU Li,LI Min. Experimental studies on the enhancement of flap survival in the rat by recombinant adenovirus-mediated VEGF165 gene[J]. Zhonghua Shou Wai Ke Za Zhi[Chin J Hand Surg(Article in Chinese;Abstract in Chinese and English)],2015,31(6):467-470. DOI:10.3760/cma.j.issn.1005-054X.2015.06.026.}

[5729] **左志诚，王培吉，赵家举，江波，张勇，陈伟健．低剂量 X 射线照射对缺血皮瓣成活影响的实验研究 [J]．中华显微外科杂志，2015，38（6）：565-569．DOI：10.3760/cma.j.issn.1001-2036.2015.06.012．** {ZUO Zhicheng,WANG Peiji,ZHAO Jiaju,JIANG Bo,ZHANG Yong,CHEN Weijian. Experimental study on the effect of low-dose irradiation X-ray irradiation on ischemic flap survival[J]. Zhonghua Xian Wei Wai Ke Za Zhi[Chin J Microsurg(Article in Chinese;Abstract in Chinese and English)],2015,38(6):565-569. DOI:10.3760/cma.j.issn.1001-2036.2015.06.012.}

[5730] **吴建龙，巨积辉，周广良，刘跃飞，张广亮，侯瑞兴．雌二醇对大鼠皮瓣缺血再灌注损伤 p38 丝裂原活化蛋白激酶信号通路影响的实验研究 [J]．中华手外科杂志，2015，31（2）：138-141．DOI：10.3760/cma.j.issn.1005-054X.2015.02.023．** {WU Jianlong,JU Jihui,ZHOU Guangliang,LIU Yuefei,ZHANG Guangliang,HOU Ruixing. Experimental study on influence of estradiol on p38 MAPK in flap ischemia reperfusion injury[J]. Zhonghua Shou Wai Ke Za Zhi[Chin J Hand Surg(Article in Chinese;Abstract in Chinese and English)],2015,31(2):138-141. DOI:10.3760/cma.j.issn.1005-054X.2015.02.023.}

[5731] **茅东升，张旭东，郑丽君，王文慧，赵启明，孙乐琪．大鼠碾压撕脱皮瓣模型建立及皮瓣血运情况检测 [J]．中华烧伤杂志，2015，31（1）：58-61．DOI：10.3760/cma.j.issn.1009-2587.2015.01.015．** {MAO Dongsheng,ZHANG Xudong,ZHENG Lijun,WANG Wenhui,ZHAO Qiming,SUN Leqi. Establishment of crush avulsion flap and detection of its blood supply in rats[J]. Zhonghua Shao Shang Za Zhi[Chin J Burns(Article in Chinese;Abstract in Chinese)],2015,31(1):58-61. DOI:10.3760/cma.j.issn.1009-2587.2015.01.015.}

[5732] **王志斌，王黎敏，张慧鹏．复合皮瓣修复兔模型腿和足骨缺损皮肤创伤的研究 [J]．中华实验外科杂志，2015，32（4）：861-863．DOI：10.3760/cma.j.issn.1001-9030.2015.04.066．** {WANG Zhibin,WANG Limin,ZHANG Huipeng. Experimental study on composite flap for repair of bone defect of rabbit model of leg and foot skin trauma[J]. Zhonghua Shi Yan Wai Ke Za Zhi[Chin J Exp Surg(Article in Chinese;Abstract in Chinese and English)],2015,32(4):861-863. DOI:10.3760/cma.j.issn.1001-9030.2015.04.066.}

[5733] **陶先耀，周宗伟，杨良慧，高伟阳，王珑，丁健，封晓亮．二甲基乙二酰基甘氨酸预处理对大鼠跨区穿支皮瓣成活的影响及相关机制 [J]．中华烧伤杂志，2016，32（7）：396-401．DOI：10.3760/cma.j.issn.1009-2587.2016.07.003．** {TAO Xianyao,ZHOU Zongwei,YANG Lianghui,GAO Weiyang,WANG Long,DING Jian,FENG Xiaoliang. Effects of pretreatment with dimethyloxalylglycine on the survival of multi-territory perforator flap in rat and related mechanism[J]. Zhonghua Shao Shang Za Zhi[Chin J Burns(Article in Chinese;Abstract in Chinese and English)],2016,32(7):396-401. DOI:10.3760/cma.j.issn.1009-2587.2016.07.003.}

[5734] **魏建伟，董忠根．穿支皮瓣的动物模型及实验研究进展 [J]．中国临床解剖学杂志，2016，34（6）：713-715．DOI：10.13418/j.issn.1001-165x.2016.06.024．** {WEI Jianwei,DONG Zhonggen. The progress on study of animal model and basic research of perforator flap[J]. Zhongguo Lin Chuang Jie Pou Xue Za Zhi[Chin J Clin Anat(Article in Chinese;Abstract in Chinese and English)],2016,34(6):713-715. DOI:10.13418/j.issn.1001-165x.2016.06.024.}

[5735] 李征，钟科明，熊懿，余少校，柯于海，白印伟，曾锦浩，张振伟. 游离皮瓣前负荷调节的实验研究[J]. 中华手外科杂志，2016，32（1）：40–43. {LI Zheng,ZHONG Keming,XIONG Yi,YU Shaoxiao,KE Yuhai,BAI Yinwei,ZENG Jinhao,ZHANG Zhenwei. The influence of preload regulation on free flap:an experiment study[J]. Zhonghua Shou Wai Ke Za Zhi[Chin J Hand Surg(Article in Chinese;Abstract in Chinese)],2016,32(1):40-43.}

[5736] 王欣，张英琪，陈锐，张世民，俞光荣. 低分子量肝素钠对逆行岛状皮瓣存活影响的实验研究[J]. 中华手外科杂志，2016，32（2）：138–140. DOI：10.3760/cma.j.issn.1005–054X.2016.02.029. {WANG Xin,ZHANG Yingqi,CHEN Rui,ZHANG Shimin,YU Guangrong. The impact of low molecular weight heparin on survival of reverse-flow island flaps:an experimental study in rabbits[J]. Zhonghua Shou Wai Ke Za Zhi[Chin J Hand Surg(Article in Chinese;Abstract in Chinese and English)],2016,32(2):138-140. DOI:10.3760/cma.j.issn.1005-054X.2016.02.029.}

[5737] 林洪瑞，毕佳琦，韩福军，李卫，杨兴辉，曲志伟，孟庆刚. 龙血竭对大鼠皮瓣存活影响的实验研究[J]. 中华手外科杂志，2016，32（3）：225–227. DOI：10.3760/cma.j.issn.1005–054X.2016.03.021. {LIN Hongrui,BI Jiaqi,HAN Fujun,LI Wei,YANG Xinghui,QU Zhiwei,MENG Qinggang. The experimental study of the effect of Dracaena cochinchinesis (Lour) S.C.Chen on survival of random skin flaps in rats[J]. Zhonghua Shou Wai Ke Za Zhi[Chin J Hand Surg(Article in Chinese;Abstract in Chinese and English)],2016,32(3):225-227. DOI:10.3760/cma.j.issn.1005-054X.2016.03.021.}

[5738] 冯永强，黄绿萍，蒋海越，关源源. 强脉冲光用于猪扩张皮瓣组织面脱毛的实验研究[J]. 中华整形外科杂志，2016，32(6)：446–452. DOI：10.3760/cma.j.issn.1009–4598.2016.06.012. {FENG Yongqiang,HUANG Lvping,JIANG Haiyue,GUAN Yuanyuan. Hair removal with IPL on expansion flap via subcutaneous route in a swine model[J]. Zhonghua Zheng Xing Wai Ke Za Zhi[Chin J Plast Surg(Article in Chinese;Abstract in Chinese and English)],2016,32(6):446-452. DOI:10.3760/cma.j.issn.1009-4598.2016.06.012.}

[5739] 王白石，杨红岩，韩岩. 预注射脂肪干细胞对皮瓣血运影响的实验观察[J]. 中华医学杂志，2016，96(36)：2912–2916. DOI：10.3760/cma.j.issn.0376–2491.2016.36.015. {WANG Baishi,YANG Hongyan,HAN Yan. Study on the survival rate of random flap using pre-injection of ADSCs[J]. Zhonghua Yi Xue Za Zhi[Natl Med J China(Article in Chinese;Abstract in Chinese and English)],2016,96(36):2912-2916. DOI:10.3760/cma.j.issn.0376-2491.2016.36.015.}

[5740] 李国栋，徐永清，何晓清，杨帆，陈德伟，罗浩天，杨曦. Tempol对大鼠任意皮瓣成活影响的实验研究[J]. 中国修复重建外科杂志，2016，30（10）：1264–1269. DOI：10.7507/1002–1892.20160258. {LI Guodong,XU Yongqing,HE Xiaoqing,YANG Fan,CHEN Dewei,LUO Haotian,YANG Xi. Effects of Tempol on survival of random pattern skin flaps in rats[J]. Zhongguo Xiu Fu Chong Jian Wai Ke Za Zhi[Chin J Repar Reconstr Surg(Article in Chinese;Abstract in Chinese and English)],2016,30(10):1264-1269. DOI:10.7507/1002-1892.20160258.}

[5741] 薛兰，吴志海，汤莹莹，戴思琪，方芳，金晓燕，郑和平，庄跃宏. 激光多普勒对大鼠背部3种皮瓣模型的血流动力学特点研究[J]. 中国临床解剖学杂志，2016，34（1）：6–11，15. DOI：10.13418/j.issn.1001–165x.2016.01.003. {XUE Lan,WU Zhihai,TANG Yingying,DAI Siqi,FANG Fang,JIN Xiaoyan,ZHENG Heping,ZHUANG Yuehong. Study of hemodynamics on three different patterns of flaps on dorsum of rats[J]. Zhongguo Lin Chuang Jie Pou Xue Za Zhi[Chin J Clin Anat(Article in Chinese;Abstract in Chinese and English)],2016,34(1):6-11,15. DOI:10.13418/j.issn.1001-165x.2016.01.003.}

[5742] 习珊珊，丁茂超，郑俊，刘晓琳，毛以华，梅劲，唐茂林. 尾静脉注射DMOG对大鼠跨区皮瓣choke血管区的影响[J]. 中华显微外科杂志，2016，39（2）：143–147. DOI：10.3760/cma.j.issn.1001–2036.2016.02.010. {XI Shanshan,DING Maochao,ZHENG Jun,LIU Xiaolin,MAO Yihua,MEI Jin,TANG Maolin. The experiment study of DMOG on the survival of cross-boundary flap via tail vein injection in rats[J]. Zhonghua Xian Wei Wai Ke Za Zhi[Chin J Microsurg(Article in Chinese;Abstract in Chinese and English)],2016,39(2):143-147. DOI:10.3760/cma.j.issn.1001-2036.2016.02.010.}

[5743] 张旭东，吴近芳，茅东升，陈丽梅，赵启明，孙乐琪，张梦媛. rTFPI在大鼠预防碾压撕脱皮瓣坏死中的应用[J]. 中华显微外科杂志，2016，39（4）：359–362. DOI：10.3760/cma.j.issn.1001–2036.2016.04.013. {ZHANG Xudong,WU Jinfang,MAO Dongsheng,CHEN Limei,ZHAO Qiming,SUN Leqi,ZHANG Mengyuan. rTFPI reduces ischemic necrosis in random pattern skin flap avulsion injuries rat model[J]. Zhonghua Xian Wei Wai Ke Za Zhi[Chin J Microsurg(Article in Chinese;Abstract in Chinese and English)],2016,39(4):359-362. DOI:10.3760/cma.j.issn.1001-2036.2016.04.013.}

[5744] 张栋益，康深松，张正文，吴蕊. 氧自由基清除剂提高大鼠扩张皮瓣成活率的作用及血管保护机制[J]. 中华实验外科杂志，2016，33（5）：1207–1209. DOI：10.3760/cma.j.issn.1001–9030.2016.05.012. {ZHANG Dongyi,KANG Shensong,ZHANG Zhengwen,WU Rui. The study of oxygen free radical scavenger in improving expanded flap's viability and mechanism of protecting blood vessels in rats[J]. Zhonghua Shi Yan Wai Ke Za Zhi[Chin J Exp Surg(Article in Chinese;Abstract in Chinese and English)],2016,33(5):1207-1209. DOI:10.3760/cma.j.issn.1001-9030.2016.05.012.}

[5745] 李志敏，巨积辉，刘跃飞，金乾衡，吴建龙，侯瑞兴. c–Jun氨基末端激酶通路参与雌激素对大鼠皮瓣缺血再灌注损伤的保护作用[J]. 中华手外科杂志，2016，32（1）：62–65. {LI Zhimin,JU Jihui,LIU Yuefei,JIN Qianheng,WU Jianlong,HOU Ruixing. The involvement of c-Jun N-terminal kinase pathway in the protective effective of estrogen on attennating ischemia reperfusion injury in a rat flap model[J]. Zhonghua Shou Wai Ke Za Zhi[Chin J Hand Surg(Article in Chinese;Abstract in Chinese and English)],2016,32(1):62-65.}

[5746] 宋可新，张明子，刘艺芳，王友彬，马雪梅. 高压氧预处理对大鼠腹部皮瓣ICAM–1、VCAM–1、NF–κB表达及成活的影响[J]. 中华整形外科杂志，2016，32（3）：203–207. DOI：10.3760/cma.j.issn.1009–4598.2016.03.011. {SONG Kexin,ZHANG Mingzi,LIU Yifang,WANG Youbin,MA Xuemei. The effect of hyperbaric oxygen preconditioning on the expression of ICAM-1,VCAM-1,NF-κB and flap survival rate during ischemia-reperfusion injury in rat abdominal skin flap[J]. Zhonghua Zheng Xing Wai Ke Za Zhi[Chin J Plast Surg(Article in Chinese;Abstract in Chinese and English)],2016,32(3):203-207. DOI:10.3760/cma.j.issn.1009-4598.2016.03.011.}

[5747] 陈永中，黄俊英，薛兰，张锦裕，刘胜伟，董国强，钱升，蔡俊雄，王燕亭. 跨区皮瓣切取后choke血管管径的定量分析及MMP–2与MMP–9的表达[J]. 中国临床解剖学杂志，2017，35（5）：526–531. DOI：10.13418/j.issn.1001–165x.2017.05.010. {CHEN Yongzhong,HUANG Junying,XUE Lan,ZHANG Jinyu,LIU Shengwei,DONG Guoqiang,QIAN Sheng,CAI Junxiong,WANG Yanting. The vascular evolution of an extended flap on the dorsum of rats and the involvement of MMP-2 and MMP-9[J]. Zhongguo Lin Chuang Jie Pou Xue Za Zhi[Chin J Clin Anat(Article in Chinese;Abstract in Chinese and English)],2017,35(5):526-531. DOI:10.13418/j.issn.1001-165x.2017.05.010.}

[5748] 王辉，王茜，张辉，史伟，赖振权，崔逸爽，李琪佳，王志强. 带蒂筋膜瓣包裹国产多孔钽修复兔桡骨节段性骨缺损实验研究[J]. 中国修复重建外科杂志，2017，31（10）：1200–1207. DOI：10.7507/1002–1892.201611048. {WANG Hui,WANG Xi,ZHANG Hui,SHI Wei,LAI Zhenquan,CUI Yishuang,LI qijia,WANG Zhiqiang. Repair of segmental bone defects in rabbits' radius with domestic porous tantalum encapsulated with pedicled fascial flap[J]. Zhongguo Xiu Fu Chong Jian Wai Ke Za Zhi[Chin J Repar Reconstr Surg(Article in Chinese;Abstract in Chinese and English)],2017,31(10):1200-1207. DOI:10.7507/1002-1892.201611048.}

[5749] 林大木，陈绍，丁健，蒋良福，褚庭纲，李志杰，陈星隆，高伟阳. 大鼠背部单一穿支蒂皮瓣远端非生理性增压方法的实验性研究[J]. 中华显微外科杂志，2017，40（5）：478–480. DOI：10.3760/cma.j.issn.1001–2036.2017.05.016. {LIN Damu,CHEN Shao,DING Jian,JIANG Liangfu,CHU Tinggang,LI Zhijie,CHEN Xinglong,GAO Weiyang. Experimental study method of distal end of single perforator pedicle flap nonphysiological pressurization in rat back[J]. Zhonghua Xian Wei Wai Ke Za Zhi[Chin J Microsurg(Article in Chinese;Abstract in Chinese)],2017,40(5):478-480. DOI:10.3760/cma.j.issn.1001-2036.2017.05.016.}

[5750] 裘凌峰，楼俊盛，杨青文，习珊珊，毛以华，唐茂林，王一川，丁茂超. 人羊膜对大鼠背部跨区皮瓣成活的影响[J]. 中华显微外科杂志，2017，40（4）：358–361. DOI：10.3760/cma.j.issn.1001–2036.2017.04.012. {Qiu Lingfeng,LOU Junsheng,YANG Qingwen,XI Shanshan,MAO Yihua,TANG Maolin,WANG Yichuan,DING Maochao. The experiment study of the human amniotic membrane on the survival of dorsal cross-boundary perforator flap in rats[J]. Zhonghua Xian Wei Wai Ke Za Zhi[Chin J Microsurg(Article in Chinese;Abstract in Chinese and English)],2017,40(4):358-361. DOI:10.3760/cma.j.issn.1001-2036.2017.04.012.}

[5751] 胡银娥，周粤闽，王斌，代淑芳，张义轩. 多次利多卡因后处理对大鼠缺血–再灌注损伤皮瓣中性粒细胞、肿瘤坏死因子–α和白细胞介素–6及存活的影响[J]. 中华实验外科杂志，2017，34（4）：710–711. DOI：10.3760/cma.j.issn.1001–9030.2017.04.059. {HU Yindong,ZHOU Yuemin,WANG Bin,DAI Shufang,ZHANG Yixuan. Effects of multiple lidocaine post-treatment on the neutrophil,tumor necrosis factor-α and interleukin-6 and survival of the skin flap with ischemia reperfusion injury in rats[J]. Zhonghua Shi Yan Wai Ke Za Zhi[Chin J Exp Surg(Article in Chinese;Abstract in Chinese and English)],2017,34(4):710-711. DOI:10.3760/cma.j.issn.1001-9030.2017.04.059.}

[5752] 岳振双，汤样华，郑文杰，曾林如，胡中青，熊振飞. 4–苯基丁酸抑制内质网应激对大鼠皮瓣缺血再灌注损伤的影响[J]. 中华手外科杂志，2017，33（1）：58–61. {YUE Zhenshuang,TANG Yanghua,ZHENG Wenjie,ZENG Linru,HU Zhongqing,XIONG Zhenfei. Effects of 4-phenylbutyrate on the ischemia-reperfusion injury of rat skin flaps by inhibiting endoplasmic reticulum stress[J]. Zhonghua Shou Wai Ke Za Zhi[Chin J Hand Surg(Article in Chinese;Abstract in Chinese and English)],2017,33(1):58-61.}

[5753] 聂芳菲，杨清默，夏有辰，马建勋，陈东明. 半导体激光局部照射对SD大鼠缺血皮瓣愈合时ICAM–1和MCP–1表达的影响[J]. 中国微创外科杂志，2017，17（2）：166–170. DOI：10.3969/j.issn.1009–6604.2017.02.017. {NIE Fangfei,YANG Qingmo,XIA Youchen,MA Jianxun,CHEN Dongming. Effects of semiconductor laser local irradiation on expression of ICAM-1 and MCP-1 during the healing of ischemic skin ;flaps in sprague-dawley rats[J]. Zhongguo Wei Chuang Wai Ke Za Zhi[Chin J Minim Inva Surg(Article in Chinese;Abstract in Chinese and English)],2017,17(2):166-170. DOI:10.3969/j.issn.1009-6604.2017.02.017.}

[5754] 欧阳思远，单小峰，蔡志刚. 近红外光谱技术对恒河猴腓骨瓣血管栓塞模型血运监测的实验研究[J]. 中华显微外科杂志，2018，41（4）：360–364. DOI：10.3760/cma.j.issn.1001–2036.2018.04.011. {OUYANG siyuan,DAN Xiaofeng,CAI Zhigang. Study on the reliability of NIRS to monitor fibular flaps on Rhesus monkeys[J]. Zhonghua Xian Wei Wai Ke Za Zhi[Chin J Microsurg(Article in Chinese;Abstract in Chinese and English)],2018,41(4):360-364. DOI:10.3760/cma.j.issn.1001-2036.2018.04.011.}

[5755] 肖栋超，潘佳栋，章伟文. 大鼠跨区穿支皮瓣模型及实验研究现状[J]. 中华显微外科杂志，2018，41（6）：616–619. DOI：10.3760/cma.j.issn.1001–2036.2018.06.033. {XIAO Dongchao,PAN Jiadong,ZHANG Weiwen. Model and experimental research status of transregional perforator flap in rats[J]. Zhonghua Xian Wei Wai Ke Za Zhi[Chin J Microsurg(Article in Chinese;No abstract available)],2018,41(6):616-619. DOI:10.3760/cma.j.issn.1001-2036.2018.06.033.}

[5756] 张晓燕，芮永军，盛涛，潘筱云. 甘氨酸对大鼠皮瓣缺血再灌注损伤后保护的实验研究[J]. 中华手外科杂志，2019，35（1）：55–58. DOI：10.3760/cma.j.issn.1005–054X.2019.01.021. {ZHANG Xiaoyan,RUI Yongjun,SHENG Tao,PAN Xiaoyun. Protective effects of glycine on flap after ischemia reperfusion injury:an experimental study in rats[J]. Zhonghua Shou Wai Ke Za Zhi[Chin J Hand Surg(Article in Chinese;Abstract in Chinese and English)],2019,35(1):55-58. DOI:10.3760/cma.j.issn.1005-054X.2019.01.021.}

[5757] 邢雁霞，刘斌焰，赵一锦，王佳，李婷，刘斌钰，王亚荣. 紫草素对大鼠皮瓣iNOS/COX–2炎性通路影响的实验研究[J]. 中华整形外科杂志，2019，35（3）：289–295. DOI：10.3760/cma.j.issn.1009–4598.2019.03.016. {XING Yanxia,LIU Binyan,ZHAO Yijin,WANG Jia,LI Ting,LIU Binyu,WANG Yarong. Experimental study on the effects of shikonin on iNOS/COX-2 inflammatory pathway in rat random flaps[J]. Zhonghua Zheng Xing Wai Ke Za Zhi[Chin J Plast Surg(Article in Chinese;Abstract in Chinese and English)],2019,35(3):289-295. DOI:10.3760/cma.j.issn.1009-4598.2019.03.016.}

[5758] 刘焕兴，季日旭，沈新升，陈作喜，李崇清. 丹酚酸B能促进大鼠腹部岛状皮瓣缺血再灌注损伤后的皮瓣成活[J]. 中华显微外科杂志，2019，42（6）：557–561. DOI：10.3760/cma.j.issn.1001–2036.2019.06.010. {LIU Huanxing,JI Rixu,SHEN Xinsheng,CHEN Zuoxi,LI Chongqing. Salvianolic acid B promotes the survival of abdominal island flap after ischemia-reperfusion injury in rats[J]. Zhonghua Xian Wei Wai Ke Za Zhi[Chin J Microsurg(Article in Chinese;Abstract in Chinese and English)],2019,42(6):557-561. DOI:10.3760/cma.j.issn.1001-2036.2019.06.010.}

[5759] 崔佳，林博杰，潘新元，陆思锭，朱江英，蔡洁云，庞进军，殷国前. 不同频次高压氧预处理对大鼠皮瓣移植术后缺血再灌注损伤的影响[J]. 中华整形外科杂志，2019，35（12）：1249–1257. DOI：10.3760/cma.j.issn.1009–4598.2019.12.018. {CUI Jia,LIN Bojie,PAN Xinyuan,LU Siding,ZHU Jiangying,CAI Jieyun,PANG Jinjun,YIN Guoqian. Effect of different frequency hyperbaric oxygen preconditioning on ischemia-reperfusion injury of rat flap after transplantation[J]. Zhonghua Zheng Xing Wai Ke Za Zhi[Chin J Plast Surg(Article in Chinese;Abstract in Chinese and English)],2019,35(12):1249-1257. DOI:10.3760/cma.j.issn.1009-4598.2019.12.018.}

[5760] 章盖，耿乐乐，方勇. 缺血再灌注对小鼠胸部皮瓣的影响及机制研究[J]. 中华损伤与修复杂志（电子版），2019，14（6）：416–425. DOI：10.3877/cma.j.issn.1673–9450.2019.06.004. {ZHANG Gai,GENG Lele,FANG Yong. Effect of ischemia reperfusion on thoracic flap in mice and its mechanism[J]. Zhonghua Sun Shang Yu Xiu Fu Za Zhi Dian Zi Ban[Chin J Injury Repair Wound Healing(Electr Ed)(Article in Chinese;Abstract in Chinese and English)],2019,14(6):416-425. DOI:10.3877/cma.j.issn.1673-9450.2019.06.004.}

[5761] 胡玄，易阳艳，朱元正，王朝慧，吴舒，张静，王江文，聂佳莹. 脂肪干细胞来源外泌体促进大鼠皮瓣移植后血管新生的研究[J]. 中国修复重建外科杂志，2019，33（12）：1560–1565. DOI：10.7507/1002–1892.201904023. {HU Xuan,YI Yangyan,ZHU Yuanzheng,WANG Chaohui,WU Shu,ZHANG Jing,WANG Jiangwen,NIE Jiaying. Effect of adipose-derived stem cell derived exosomes on angiogenesis after skin flap transplantation in rats[J]. Zhongguo Xiu Fu Chong Jian Wai Ke Za Zhi[Chin J Repar Reconstr Surg(Article in Chinese;Abstract in Chinese and English)],2019,33(12):1560-1565. DOI:10.7507/1002-1892.201904023.}

[5762] 王付勇，姚永明，李腾飞，李华强. 脂肪干细胞移植对兔正张力皮瓣回缩率的影响[J]. 中华实验外科杂志，2019，36（3）：439–441. DOI：10.3760/cma.j.issn.1001–9030.2019.03.012. {WANG Fuyong,YAO Yongming,LI Tengfei,LI Huaqiang. Effect of local transplantation of adipose stem cells on the recovery rate of positive tension skin flaps in rabbits[J]. Zhonghua Shi Yan Wai Ke Za Zhi[Chin J Exp Surg(Article in Chinese;Abstract in Chinese and English)],2019,36(3):439-441. DOI:10.3760/cma.j.issn.1001-9030.2019.03.012.}

[5763] 李洋，郑健生，王彪，薛文娇. 自体富血小板血浆对游离皮瓣修复兔软组织缺损的影响[J]. 中华烧伤杂志，2019，35（9）：683–689. DOI：10.3760/cma.j.issn.1009–2587.2019.09.007. {LI Yang,ZHENG Jiansheng,WANG Biao,XUE Wenjiao. Effects of autologous platelet-rich plasma in the repair of soft tissue defects of rabbits with free flap[J]. Zhonghua Shao Shang Za Zhi[Chin J Burns(Article in Chinese;Abstract in Chinese and English)],2019,35(9):683-689. DOI:10.3760/cma.j.issn.1009-2587.2019.09.007.}

[5764] 胡骁骅，陈辉，杜伟力，尹凯，张玉海，沈余明. 猪脱细胞真皮基质暂时闭合联合皮瓣蒂部回植修复腹部供瓣区的效果观察[J]. 中华损伤与修复杂志（电子版），2019，14（3）：182-187. DOI：10.3877/cma.j.issn.1673-9450.2019.03.004. {HU Huahua,CHEN Hui,DONG Weili,YIN Kai,ZHANG Yuhai,SHEN Yuming. Effect of porcine acellular dermal matrix temporarily cover combined with flap pedicle replantation for repairing the donor site of abdominal flap[J]. Zhonghua Sun Shang Yu Xiu Fu Za Zhi Dian Zi Ban[Chin J Injury Repair Wound Healing(Electr Ed)(Article in Chinese;Abstract in Chinese and English)],2019,14(3):182-187. DOI:10.3877/cma.j.issn.1673-9450.2019.03.004.}

[5765] 严玉勇，潘新元，林博杰，林冠宇，殷国前. 天然水蛭素对大鼠缺血皮瓣血管生成作用的Micro-CT观察[J]. 中国修复重建外科杂志，2020，34（3）：382-386. DOI：10.7507/1002-1892.201907030. {YAN Yuyong,PAN Xinyuan,LIN Bojie,LIN Guanyu,YIN Guoqian. Effect of natural hirudin on revascularization of ischemic skin flaps in rats by Micro-CT[J]. Zhongguo Xiu Fu Chong Jian Wai Ke Za Zhi[Chin J Repair Reconstr Surg(Article in Chinese;Abstract in Chinese and English)],2020,34(3):382-386. DOI:10.7507/1002-1892.201907030.}

4.1.8 皮瓣带蒂转位
transposition of pedicled flap

[5766] 李希华，王伦. 双侧阴囊单蒂皮瓣成形术的应用[J]. 中华外科杂志，1978，16（3）：187. {LI Xihua,WANG Lun. Application of bilateral scrotal single pedicle flap plasty[J]. Zhonghua Wai Ke Za Zhi[Chin J Surg(Article in Chinese;No abstract available)],1978,16(3):187.}

[5767] 张望和，马道远，饶长根. 阴囊正中带蒂皮瓣一期尿道成形术[J]. 中华泌尿外科杂志，1986，7（4）：204-205. {ZHANG Wanghe,MA Daoyuan,RAO Changgen. One stage urethroplasty with pedicle scrotal flap[J]. Zhonghua Mi Niao Wai Ke Za Zhi[Chin J Urol(Article in Chinese;No abstract available)],1986,7(4):204-205.}

[5768] 陈昭典. 尿道大段缺损的修复手术（会阴部双带蒂皮瓣一期尿道成形术）[J]. 中华泌尿外科杂志，1987，8（1）：64. {CHEN Zhaodian. Repair of large segment urethral defect (one stage urethroplasty with double pedicled perineal flap)[J]. Zhonghua Mi Niao Wai Ke Za Zhi[Chin J Urol(Article in Chinese;No abstract available)],1987,8(1):64.}

[5769] 薛兆英，顾方六. 一种新型应用带蒂阴囊皮瓣的Ⅰ期尿道成形术[J]. 中华泌尿外科杂志，1987，8（2）：123-124. {Xuezhaoying,GU Fangliu. One stage urethroplasty with pedicle scrotal flap[J]. Zhonghua Mi Niao Wai Ke Za Zhi[Chin J Urol(Article in Chinese;No abstract available)],1987,8(2):123-124.}

[5770] 傅雨亭. 阴囊全层带蒂皮瓣Ⅰ期植皮治疗阴茎皮肤全部坏死[J]. 中华泌尿外科杂志，1987，8（4）：196. {FU Yuting. One stage skin grafting with scrotal full-thickness pedicled flap for the treatment of total skin necrosis of penis[J]. Zhonghua Mi Niao Wai Ke Za Zhi[Chin J Urol(Article in Chinese;No abstract available)],1987,8(4):196.}

[5771] 陈以雄，吴和康，王明元. 颈部双蒂皮瓣食管成形术[J]. 中华外科杂志，1988，26（11）：691. {CHEN Yixiong,WU Hekang,WANG Mingyuan. Cervical double pedicled flap esophagoplasty[J]. Zhonghua Wai Ke Za Zhi[Chin J Surg(Article in Chinese;No abstract available)],1988,26(11):691.}

[5772] 何恢绪，刘建新，骆伟宏，胡建波，梅骅，帅学炎. 弧形带蒂阴茎阴囊联合皮瓣重度尿道下裂一期成形术[J]. 中华泌尿外科杂志，1989，10（2）：99-101. {HE Huixu,LIU Jianxin,LUO Weihong,HU Jianbo,MEI Hua,SHUAI Xueyan. One-stage repair of severe hypospadias with bow-shaped island flap from penis and scrotum[J]. Zhonghua Mi Niao Wai Ke Za Zhi[Chin J Urol(Article in Chinese;Abstract in Chinese and English)],1989,10(2):99-101.}

[5773] 于立新，白喜文，陈林峰. 腹壁带血管蒂皮瓣的临床应用[J]. 中华泌尿外科杂志，1990，11（4）：244-247. {YU Lixin,BAI Xiwen,CHEN Linfeng. Abdominal vascular pedicle flap in urological surgery[J]. Zhonghua Mi Niao Wai Ke Za Zhi[Chin J Urol(Article in Chinese;Abstract in Chinese and English)],1990,11(4):244-247.}

[5774] 衡代忠，郑长福，姚一民. 邻指皮瓣及邻指皮下瓣七日内断蒂（附82例报告）[J]. 中华医学杂志，1990，70（7）：405. {HENG Daizhong,ZHENG Changfu,YAO Yimin. Pedicle amputation within seven days of an interphalangeal flap and an interphalangeal subcutaneous flap (report of 82 cases)[J]. Zhonghua Yi Xue Za Zhi[Natl Med J China(Article in Chinese;No abstract available)],1990,70(7):405.}

[5775] 张士民，周利平，左宪海，王强. 皮下蒂组织瓣修复眼睑皮肤缺损[J]. 修复重建外科杂志，1990，4（2）：75. {ZHANG Shimin,ZHOU Liping,ZUO Xianhai,WANG Qiang. Repair of eyelid skin defects with a subcutaneous pedicle tissue flap[J]. Zhongguo Xiu Fu Chong Jian Wai Ke Za Zhi[Chin J Repair Reconstr Surg(Article in Chinese;No abstract available)],1990,4(2):75.}

[5776] 吴金仙，卞永新，朱英泰. 带血管蒂皮瓣移位修复电击伤创面[J]. 修复重建外科杂志，1990，4（2）：93-94+127. {WU Jinxian,BIAN Yongxin,ZHU Yingtai. Repair of electrical injury wounds by pedicled flap migration[J]. Zhongguo Xiu Fu Chong Jian Wai Ke Za Zhi[Chin J Repair Reconstr Surg(Article in Chinese;No abstract available)],1990,4(2):93-94+127.}

[5777] 赵德伟，张伦，刘起家，陈万里. 带蒂皮瓣移位治疗四肢创伤组织缺损[J]. 修复重建外科杂志，1990，4（3）：186. {ZHAO Dewei,ZHANG Lun,LIU Qijia,CHEN Wanli. Pedicled flap migration for traumatic tissue defects of the extremities[J]. Zhongguo Xiu Fu Chong Jian Wai Ke Za Zhi[Chin J Repair Reconstr Surg(Article in Chinese;No abstract available)],1990,4(3):186.}

[5778] 徐世凯，宫科. 阴囊单蒂皮瓣修复阴茎皮肤缺损[J]. 修复重建外科杂志，1990，4（3）：187. {XU Shikai,GONG Ke. Repair of penile skin defects with a single pedicled scrotal flap[J]. Zhongguo Xiu Fu Chong Jian Wai Ke Za Zhi[Chin J Repair Reconstr Surg(Article in Chinese;No abstract available)],1990,4(3):187.}

[5779] 吴正荣，周锡南，杨家义，郁荣才. 带蒂骨皮质皮瓣治疗骨外露及骨不连接[J]. 修复重建外科杂志，1990，4（4）：217. {WU Zhengrong,ZHOU Xinan,YANG Jiayi,YU Rongcai. Pedicled cortical bone flap for exostosis and nonunion[J]. Zhongguo Xiu Fu Chong Jian Wai Ke Za Zhi[Chin J Repair Reconstr Surg(Article in Chinese;No abstract available)],1990,4(4):217.}

[5780] 唐玲丽，蒋凡凡，赵明，加泽生. 带血管蒂组织瓣移位修复感染性创面[J]. 修复重建外科杂志，1990，4（4）：246. {TANG Lingli,JIANG Fanfan,ZHAO Ming,JIA Zesheng. Infected wound repair with migration of a vascular pedicled tissue flap[J]. Zhongguo Xiu Fu Chong Jian Wai Ke Za Zhi[Chin J Repair Reconstr Surg(Article in Chinese;No abstract available)],1990,4(4):246.}

[5781] 董桂书，陈伯民，卓巍. 带蒂肌骨瓣及血管束植入治疗Perthes病[J]. 修复重建外科杂志，1990，4（4）：218-219. {DONG Guishu,CHEN Bomin,ZHUO Wei. Pedicled myo osseous flap and vascular bundle implantation for Perthes disease[J]. Zhongguo Xiu Fu Chong Jian Wai Ke Za Zhi[Chin J Repair Reconstr Surg(Article in Chinese;No abstract available)],1990,4(4):218-219.}

[5782] 任晓平，霍英斌，刘迪，李瑞英. 静脉蒂岛状皮瓣修复手指皮肤缺损[J]. 中华显微外科杂志，1991，14（2）：109-110. {REN Xiaoping,HUO Yingbin,LIU Di,LI Ruiying. Repairing finger skin defect with venous pedicle island flap[J]. Zhonghua Xian Wei Wai Ke Za Zhi[Chin J Microsurg(Article in Chinese;No abstract available)],1991,14(2):109-110.}

[5783] 阿效诚，易宁，谢怀春. 静脉蒂皮瓣在修复软组织缺损中的应用[J]. 中华显微外科杂志，1991，14（4）：205-206. {A Xiaocheng,YI Ning,XIE Huaichun. Application of venous pedicle flap in repairing soft tissue defect[J]. Zhonghua Xian Wei Wai Ke Za Zhi[Chin J Microsurg(Article in Chinese;Abstract in Chinese)],1991,14(4):205-206.}

[5784] 郭运保，夏志敏. 带蒂皮瓣修复面部巨大黑色痣切除后皮肤缺损[J]. 修复重建外科杂志，1991，5（1）：19. {GUO Yunbao,XIA Zhimin. Pedicled flap for cutaneous defect repair after excision of giant black nevus on face[J]. Zhongguo Xiu Fu Chong Jian Wai Ke Za Zhi[Chin J Repair Reconstr Surg(Article in Chinese;No abstract available)],1991,5(1):19.}

[5785] 董绍臣，赵强，万灵民. 带蒂皮瓣转移修复阴茎感染创面一例[J]. 修复重建外科杂志，1991，5（2）：125. {DONG Shaochen,ZHAO Qiang,WAN Lingmin. Repair of infected penile wound with pedicled flap transfer:a case report[J]. Zhongguo Xiu Fu Chong Jian Wai Ke Za Zhi[Chin J Repair Reconstr Surg(Article in Chinese;No abstract available)],1991,5(2):125.}

[5786] 朱志勇，乔顺，时俊业. 带蒂阴囊中隔皮瓣Ⅰ期矫治尿道下裂[J]. 修复重建外科杂志，1991，5（3）：185. {ZHU Zhiyong,QIAO Shun,SHI Junye. Pedicled scrotal septal flapfor hypospadias in stage I[J]. Zhongguo Xiu Fu Chong Jian Wai Ke Za Zhi[Chin J Repair Reconstr Surg(Article in Chinese;No abstract available)],1991,5(3):185.}

[5787] 夏成俊，高景恒，李衍江，崔日香，王义彪，张晨，汪晓蓉. 带蒂超薄皮瓣的临床应用[J]. 修复重建外科杂志，1991，5（3）：142-143+190. {XIA Chengjun,GAO Jingheng,LI Yanjiang,CUI Rixiang,WANG Yibiao,ZHANG Chen,WANG Xiaorong. Clinical application of pedicled ultrathin flaps[J]. Zhongguo Xiu Fu Chong Jian Wai Ke Za Zhi[Chin J Repair Reconstr Surg(Article in Chinese;Abstract in Chinese)],1991,5(3):142-143+190.}

[5788] 颜嘉麟，范宠仁. 指背带蒂岛状皮瓣临床应用[J]. 修复重建外科杂志，1991，5（4）：246. {YAN Jialin,FAN Chongren. Clinical application of digital dorsal island flap[J]. Zhongguo Xiu Fu Chong Jian Wai Ke Za Zhi[Chin J Repair Reconstr Surg(Article in Chinese;No abstract available)],1991,5(4):246.}

[5789] 陈荣生，刘敏，刘胜，肖高尚. 指背带蒂推移皮瓣在手指皮肤缺损中的临床应用[J]. 中华外科杂志，1992，30（11）：653. {CHEN Rongsheng,LIU Min,LIU Sheng,XIAO Gaoshang. Clinical application of digital dorsal band pedicle skin flap in finger skin defect[J]. Zhonghua Wai Ke Za Zhi[Chin J Surg(Article in Chinese;No abstract available)],1992,30(11):653.}

[5790] 李小军，王琰，游若旭，马杨. 带蒂指骨与游离足趾及岛状皮瓣联合移植重建半侧手[J]. 中华手外科杂志，1993，9（4）：210-211. {LI Xiaojun,WANG Yan,YOU Ruoxu,MA Yang. Reconstruction of half hand with pedicled phalanx,free toe and island flap[J]. Zhonghua Shou Wai Ke Za Zhi[Chin J Hand Surg(Article in Chinese;Abstract in Chinese)],1993,9(4):210-211.}

[5791] 王玺印，李瑞，鲁艺. 吻合血管及带血管蒂的双骨瓣移植术[J]. 中华显微外科杂志，1993，16（1）：34-35. {WANG Xiyin,LI Rui,LU Yi. Vascular anastomosis and double bone flap transplantation with vascular pedicle[J]. Zhonghua Xian Wei Wai Ke Za Zhi[Chin J Microsurg(Article in Chinese;Abstract in Chinese)],1993,16(1):34-35.}

[5792] 陈荣生. 指背带蒂皮瓣推移术临床应用[J]. 中华手外科杂志，1993，9（2）：117-118. {CHEN Rongsheng. Clinical application of digital dorsal band pedicle flap advancement[J]. Zhonghua Shou Wai Ke Za Zhi[Chin J Hand Surg(Article in Chinese;No abstract available)],1993,9(2):117-118.}

[5793] 张世民，陈德松. 前臂远端蒂翻转筋膜脂肪瓣修复手部软组织缺损[J]. 中华手外科杂志，1993，9（2）：82-84. {ZHANG Shimin,CHEN Desong. Reversed tendon fat flap pedicled with distal forearm for hand soft tissue defect repair[J]. Zhonghua Shou Wai Ke Za Zhi[Chin J Hand Surg(Article in Chinese;Abstract in Chinese)],1993,9(2):82-84.}

[5794] 黎晓华，张咸中. 带蒂皮瓣蒂部训练与提前断蒂的关系研究[J]. 中华手外科杂志，1993，9（2）：91-92. {LI Xiaohua,ZHANG Xianzhong. Relative study between pedicle training and early pedicle cutting of pedicled skin flap[J]. Zhonghua Shou Wai Ke Za Zhi[Chin J Hand Surg(Article in Chinese;Abstract in Chinese)],1993,9(2):91-92.}

[5795] 于德新，王克孝，陈景洲，蒋云仙，邢江湜，叶元平，方卫华，刘明. 带蒂阴囊隔皮瓣一期正位开口尿道下裂成形术[J]. 中华泌尿外科杂志，1993，14（2）：125. {YU Dexin,WANG Kexiao,CHEN Jingzhou,JIANG Yunxian,XING Jiangti,YE Yuanping,FANG Weihua,LIU Ming. One stage open urethroplasty with pedicle scrotal septal flap for hypospadias[J]. Zhonghua Mi Niao Wai Ke Za Zhi[Chin J Urol(Article in Chinese;No abstract available)],1993,14(2):125.}

[5796] 陈绍基. 纵行带蒂包皮瓣尿道下裂修复术[J]. 中华泌尿外科杂志，1993，14（5）：391. {CHEN Shaoji. Repair of hypospadias with longitudinal pedicle preputial flap[J]. Zhonghua Mi Niao Wai Ke Za Zhi[Chin J Urol(Article in Chinese;No abstract available)],1993,14(5):391.}

[5797] 聂解初. 滑车上动脉蒂前额正中复合岛状皮瓣修复鼻下端缺损[J]. 中华整形烧伤外科杂志，1993，9（2）：97-98. DOI：10.3760/j.issn：1009-4598.1993.02.006. {NIE Jiechu. Compound island flap pedicled with superior trochlear artery for nasal defect repair[J]. Zhonghua Zheng Xing Shao Shang Wai Ke Za Zhi[Chin J Plast Surg Burns(Article in Chinese;No abstract available)],1993,9(2):97-98. DOI:10.3760/j.issn:1009-4598.1993.02.006.}

[5798] 张从军，雷胜辉. 带血管蒂组织瓣移位修复组织缺损[J]. 中国修复重建外科杂志，1993，7（1）：59. {ZHANG Congjun,LEI Shenghui. Repair of tissue defect with vascularized tissue flap[J]. Zhongguo Xiu Fu Chong Jian Wai Ke Za Zhi[Chin J Repair Reconstr Surg(Article in Chinese;No abstract available)],1993,7(1):59.}

[5799] 马化锋，田泽高，黄德坊. 带血管蒂组织瓣移位修复四肢软组织缺损[J]. 中国修复重建外科杂志，1993，7（2）：75. {MA Huafeng,TIAN Zegao,HUANG Defang. Vascularized tissue flap for soft tissue defect of extremities repair[J]. Zhongguo Xiu Fu Chong Jian Wai Ke Za Zhi[Chin J Repair Reconstr Surg(Article in Chinese;No abstract available)],1993,7(2):75.}

[5800] 於光曙，方承祥，王凯，王毅超，李强，温冰. 垂直双蒂真皮瓣乳房缩小成形术[J]. 中国修复重建外科杂志，1993，7（2）：110. {YU Guangshu,FANG Chengyang,WANG Kai,WANG Yichao,LI Qiang,WEN Bing. Reduction mammaplasty with vertical double pedicle dermal flap[J]. Zhongguo Xiu Fu Chong Jian Wai Ke Za Zhi[Chin J Repair Reconstr Surg(Article in Chinese;No abstract available)],1993,7(2):110.}

[5801] 马云鹏，林格，李伟. 带蒂头皮瓣修复颅骨电烧伤二例[J]. 中国修复重建外科杂志，1993，7（4）：230. {MA Yunpeng,LIN Ge,LI Wei. Repair of skull electrical burn with pedicled scalp flap:a report of 2 cases[J]. Zhongguo Xiu Fu Chong Jian Wai Ke Za Zhi[Chin J Repair Reconstr Surg(Article in Chinese;No abstract available)],1993,7(4):230.}

[5802] 高建华，李依力，罗锦辉，罗力生. 超薄皮瓣带蒂移植六例[J]. 中国修复重建外科杂志，1993，7（4）：259. {GAO Jianhua,LI Yili,LUO Jinhui,LUO Lisheng. Ultrathin skin flap pedicled transplantation:a report of 6 cases[J]. Zhongguo Xiu Fu Chong Jian Wai Ke Za Zhi[Chin J Repair Reconstr Surg(Article in Chinese;No abstract available)],1993,7(4):259.}

[5803] 李智慧，陈德松. 手指逆行血管蒂岛状皮瓣6例报告[J]. 中华手外科杂志，1994，10（2）：82. {LI Zhihui,CHEN Desong. Reverse vascular island flap of finger:a report of 6 cases[J]. Zhonghua Shou Wai Ke Za Zhi[Chin J Hand Surg(Article in Chinese;No abstract available)],1994,10(2):82.}

[5804] 张宝东，马在松，周雪峰，陈建常. 吻合指背神经的指动脉蒂岛状皮瓣[J]. 中华手外科杂志，1994，10（2）：110. {ZHANG Baodong,MA Zaisong,ZHOU Xuefeng,CHEN Jianchang. Digital artery pedicled island flap anastomosed with dorsal digital nerve[J]. Zhonghua Shou Wai Ke Za Zhi[Chin J Hand Surg(Article in Chinese;No abstract available)],1994,10(2):110.}

[5805] 刘兴炎，葛宝丰，文益民，荆浩，甄平，石骥，刘占宏. 邻近带血管蒂岛状皮瓣修复手部皮肤缺损[J]. 中华手外科杂志，1994，10（4）：100-101. {LIU Xingyan,GE Baofeng,WEN Yimin,JING Hao,ZHEN Ping,SHI Ji,LIU Zhanhong. Local vascular pedicle island skin flap for repairing defects in the hand[J]. Zhonghua Shou Wai Ke Za Zhi[Chin J Hand Surg(Article in Chinese;Abstract in Chinese and English)],1994,10(4):100-101.}

[5806] 朱义用，王正红. 胸腹部带蒂皮瓣修复指端脱套伤的远期随访[J]. 中华手外科杂志，1994，

10(4): 241-242. {ZHU Yiyong,WANG Zhenghong. Long term follow-up in pedicled thoracoabdominal flap for repairing degloving injury of fingertip[J]. Zhonghua Shou Wai Ke Za Zhi[Chin J Hand Surg(Article in Chinese;No abstract available)],1994,10(4):241-242.}

[5807] 王祥，刘德贵，石敏，张艾，吴其林. 阴囊双蒂皮瓣修复包皮环切术后包皮过短 [J]. 中华泌尿外科杂志，1994，15(6): 448. {WANG Xiang,LIU Degui,SHI Min,ZHANG Ai,WU Qilin. Double pedicled scrotal flap for circumcision repair:a case report[J]. Zhonghua Mi Niao Wai Ke Za Zhi[Chin J Urol(Article in Chinese;No abstract available)],1994,15(6):448.}

[5808] 冯立哲，马政，惠博生. 应用眼轮匝肌皮下蒂瓣修复鼻部分缺损二例 [J]. 中华医学杂志，1994，74(1): 22. {FENG Lizhe,MA Zheng,HUI Bosheng. Subcutaneous pedicle flap of orbicularis oculi muscle for repairing partial nasal defect:two cases report[J]. Zhonghua Yi Xue Za Zhi[Natl Med J China(Article in Chinese;No abstract available)],1994,74(1):22.}

[5809] 吕复温. 带蒂阴囊皮瓣修复阴茎包皮撕脱伤一例 [J]. 中国修复重建外科杂志，1994，8(1): 59-60. {LV Fuwen. Pedicled scrotal flap for repair of penile prepuce avulsion:a case report[J]. Zhongguo Xiu Fu Chong Jian Wai Ke Za Zhi[Chin J Repar Reconstr Surg(Article in Chinese;No abstract available)],1994,8(1):59-60.}

[5810] 彭加礼，熊治川. 蒂外置前臂逆行皮瓣修复远位缺损 [J]. 中国修复重建外科杂志，1994，8(4): 216. {PENG Jiali,XIONG Zhichuan. Repair of distal defects with pedicled forearm reverse flap[J]. Zhongguo Xiu Fu Chong Jian Wai Ke Za Zhi[Chin J Repar Reconstr Surg(Article in Chinese;No abstract available)],1994,8(4):216.}

[5811] 陈国经，陈佩珍，赵扬冰. 横向乳腺真皮蒂瓣治疗巨乳症 [J]. 中国修复重建外科杂志，1994，8(4): 219-220. {CHEN Guojing,CHEN Peizhen,ZHAO Yangbing. Transverse mammary dermis pedicle flap for macromastia[J]. Zhongguo Xiu Fu Chong Jian Wai Ke Za Zhi[Chin J Repar Reconstr Surg(Article in Chinese;Abstract in Chinese)],1994,8(4):219-220.}

[5812] 聂新富，贾光明，段广斌. 带血管蒂组织瓣移植修复手足部外伤后骨外露 [J]. 中华显微外科杂志，1995，18(3): 216. {NIE Xinfu,JIA Guangming,DUAN Guangbin. Repair of bone exposure after hand and foot trauma with vascularized tissue flap transplantation[J]. Zhonghua Xian Wei Wai Ke Za Zhi[Chin J Microsurg(Article in Chinese;No abstract available)],1995,18(3):216.}

[5813] 祝建中，刘登生，李向荣，郑继明，何立璋. 吻合血管的前腹壁双蒂皮瓣移植修复小儿足踝部创伤 [J]. 中华骨科杂志，1995，15(4): 433-434. {ZHU Jianzhong,LIU Dengsheng,LI Xiangrong,ZHENG Jiming,HE Lizhang. Repair of foot and ankle injury in children with vascularized double pedicled flap from anterior abdominal wall[J]. Zhonghua Gu Ke Za Zhi[Chin J Orthop(Article in Chinese;No abstract available)],1995,15(4):433-434.}

[5814] 梁敏，王生勤，尹烈. 带血管蒂的岛状皮瓣转移修复手部皮肤缺损 [J]. 中华显微外科杂志，1995，18(1): 66-67. {LIANG Min,WANG Shengqin,YIN Lie. Repairing skin defect of hand with vascularized island flap[J]. Zhonghua Xian Wei Wai Ke Za Zhi[Chin J Microsurg(Article in Chinese;No abstract available)],1995,18(1):66-67.}

[5815] 李光早，熊世文，程新德，展望，赵天兰. 腹壁上、下血管蒂上腹部皮瓣的临床应用 [J]. 中华显微外科杂志，1995，18(2): 118-119. {LI Guangzao,XIONG Shiwen,CHENG Xinde,ZHAN Wang,ZHAO Tianlan. Clinical application of epigastric flap pedicled with superior and inferior vessels from abdominal wall[J]. Zhonghua Xian Wei Wai Ke Za Zhi[Chin J Microsurg(Article in Chinese;No abstract available)],1995,18(2):118-119.}

[5816] 樊晋川，陶远孝，陈利华，陈建超，张虹，廖海星. 带血管蒂组织瓣在Ⅳ期喉下咽癌外科的作用 [J]. 中华显微外科杂志，1995，18(2): 126-127. {FAN Jinchuan,TAO Yuanxiao,CHEN Lihua,CHEN Jianchao,ZHANG Hong,LIAO Haixing. Vascularized tissue flap in the surgery of stage IV hypopharyngeal carcinoma[J]. Zhonghua Xian Wei Wai Ke Za Zhi[Chin J Microsurg(Article in Chinese;No abstract available)],1995,18(2):126-127.}

[5817] 刘方刚，邓建龙. 带血管蒂睑板瓣移位术的临床应用 [J]. 中华显微外科杂志，1995，18(2): 131-133. {LIU Fanggang,DENG Jianlong. Clinical application of vascularized tarsal flap transposition[J]. Zhonghua Xian Wei Wai Ke Za Zhi[Chin J Microsurg(Article in Chinese;Abstract in Chinese)],1995,18(2):131-133.}

[5818] 陈振光，余国荣，喻爱喜，谭金海，陈秀清，李卜明，张发惠，刘经南. 桡侧副血管蒂肱骨远段骨膜（骨）瓣转位术 [J]. 中华显微外科杂志，1995，18(3): 190-191, 238. {CHEN Zhenguang,YU Guorong,YU Aixi,TAN Jinhai,CHEN Xiuqing,LI Boming,ZHANG Fahui,LIU Jingnan. Transposition of the distal humeral os-teoperiosteal flap pedicled with the radial collateral artery[J]. Zhonghua Xian Wei Wai Ke Za Zhi[Chin J Microsurg(Article in Chinese;Abstract in Chinese and English)],1995,18(3):190-191,238.}

[5819] 马梦然，王建设，吴航滨，张烈，刘振东，田冠玉. 修复指神经后用侧腹部S形双蒂对偶皮瓣治疗手部脱套伤 [J]. 中国矫形外科杂志，1995，2(1): 53-54. {MA Mengran,WANG Jianshe,WU Hangbin,ZHANG Lie,LIU Zhendong,TIAN Guanyu. S-shaped double pedicled skin flap of lateral abdomen for the degloving injury of hand after repairing digital nerve[J]. Zhongguo Jiao Xing Wai Ke Za Zhi[Orthop J China(Article in Chinese;No abstract available)],1995,2(1):53-54.}

[5820] 臧鸿声. 带血管神经蒂的新肌骨瓣治疗顽固性肱骨骨不连 [J]. 中国矫形外科杂志，1995，2(2): 111-112. {ZANG Hongsheng. A new musculoskeletal flap pedicled with vessels and nerves for refractory nonunion of humerus[J]. Zhongguo Jiao Xing Wai Ke Za Zhi[Orthop J China(Article in Chinese;No abstract available)],1995,2(2):111-112.}

[5821] 张春浩，史振满. 手背倒蒂复合皮瓣翻转修复指掌侧创面 [J]. 中华手外科杂志，1995，11(2): 127. {ZHANG Chunhao,SHI Zhenman. Reversed dorsal composite flap for palmar wound of fingers repair[J]. Zhonghua Shou Wai Ke Za Zhi[Chin J Hand Surg(Article in Chinese;No abstract available)],1995,11(2):127.}

[5822] 许声联，许世忠，李忠川，林建军，云雄. 带蒂皮瓣修复上肢皮肤撕脱伤56例 [J]. 中华手外科杂志，1995，11(2): 119-120. {XU Shenglian,XU Shizhong,LI Zhongchuan,LIN Jianjun,YUN Xiong. Pedicled skin flap for skin avulsion injury of upper limb repair:a report of 56 cases[J]. Zhonghua Shou Wai Ke Za Zhi[Chin J Hand Surg(Article in Chinese;No abstract available)],1995,11(2):119-120.}

[5823] 柳容大，李禹楠，郎国荣，朱石江，李胜文. 乳房下侧单蒂组织瓣乳房缩小术 [J]. 中华整形烧伤外科杂志，1995，11(1): 65. DOI: 10.3760/j.issn: 1009-4598.1995.01.022. {LIU Rongda,LI Yunan,LANG Guorong,ZHU Shijiang,LI Shengwen. Breast reduction with single pedicle tissue flap under breast[J]. Zhonghua Zheng Xing Shao Shang Wai Ke Za Zhi[Chin J Plast Surg Burns(Article in Chinese;No abstract available)],1995,11(1):65. DOI:10.3760/j.issn:1009-4598.1995.01.022.}

[5824] 侯春林. 带血管蒂皮瓣、肌（皮）瓣移位术的临床应用 [J]. 第二军医大学学报，1995，16(8): 101-103. {HOU Chunlin. Clinical application of the pedicled skin and musculocutaneous flaps[J]. Di Er Jun Yi Da Xue Xue Bao[Acad J Sec Mil Med Univ(Article in Chinese;Abstract in Chinese and English)],1995,16(8):101-103.}

[5825] 王忠平，张柯，杨渠平. U形双蒂非真皮瓣乳房缩小术五例 [J]. 中国修复重建外科杂志，1995，9(1): 62. {WANG Zhongping,ZHANG Ke,YANG Quping. Breast reduction with U-shaped double pedicle non dermal flap[J]. Zhongguo Xiu Fu Chong Jian Wai Ke Za Zhi[Chin J Repar Reconstr Surg(Article in Chinese;No abstract available)],1995,9(1):62.}

[5826] 傅跃先，向代理，张显文，王珊，邱林. 带蒂皮瓣修复小儿面部畸形 [J]. 中国修复重建外科杂志，1995，9(4): 245. {FU Yuexian,XIANG Daili,ZHANG Xianwen,WANG Shan,QIU Lin. Repair of facial deformity in children with pedicled skin flap[J]. Zhongguo Xiu Fu Chong Jian Wai Ke Za Zhi[Chin J Repar Reconstr Surg(Article in Chinese;No abstract available)],1995,9(4):245.}

[5827] 安挺秀，赵虬，张宝岭，吴仁志，曹文. 以第三腰血管为蒂岛状脂肪瓣移植预防腰椎间盘术后疤痕形成 [J]. 中华显微外科杂志，1996，19(3): 220-221. {AN Tingxiu,ZHAO Qiu,ZHANG Baoling,WU Renzhi,CAO Wen. Transplantation of island fat flap pedicled with the third lumbar artery to prevent scar formation after lumbar disc surgery[J]. Zhonghua Xian Wei Wai Ke Za Zhi[Chin J Microsurg(Article in Chinese;No abstract available)],1996,19(3):220-221.}

[5828] 殷洪年，李厚文，臧德安，杨志山，张林，杨春鹿. 带肋间血管蒂的胸壁组织瓣在气管外科中的应用 [J]. 中华外科杂志，1996，34(10): 609-610. {YIN Hongnian,LI Houwen,ZANG Dean,YANG Zhishan,ZHANG Lin,YANG Chunlu. Clinical application of soft-tissue flap with anintercostal vascular pedicle from the chest wall in the tra-cheasurgery[J]. Zhonghua Wai Ke Za Zhi[Chin J Surg(Article in Chinese;Abstract in Chinese and English)],1996,34(10):609-610.}

[5829] 卡索. 含指神经血管蒂双侧皮瓣修复指端软组织缺损 [J]. 中华手外科杂志，1996，12(1): 62. {KA Suo. Bilateral flaps pedicled with digital nerves and vessels for fingertip soft tissue defect repair[J]. Zhonghua Shou Wai Ke Za Zhi[Chin J Hand Surg(Article in Chinese;No abstract available)],1996,12(1):62.}

[5830] 苏泽轩，徐谊朝，钟世镇. 带蒂阴囊皮瓣治疗复杂性尿道狭窄 [J]. 中华泌尿外科杂志，1996，17(3): 42-44. {SU Zexuan,XU Yichao,ZHONG Shizhen. Pedunculated scrotal flap in the treatment of complicated urethral stricture[J]. Zhonghua Mi Niao Wai Ke Za Zhi[Chin J Urol(Article in Chinese;Abstract in Chinese and English)],1996,17(3):42-44.}

[5831] 王军，李玉魁，陈志文. 阴囊纵隔双蒂岛状瓣修复尿道下裂 [J]. 中华整形烧伤外科杂志，1996，12(1): 19-21. DOI: 10.3760/j.issn: 1009-4598.1996.01.006. {WANG Jun,LI Yukui,CHEN Zhiwen. Repair of hypospadias with scrotal mediastinal island flap[J]. Zhonghua Zheng Xing Shao Shang Wai Ke Za Zhi[Chin J Plast Surg Burns(Article in Chinese;No abstract available)],1996,12(1):19-21. DOI:10.3760/j.issn:1009-4598.1996.01.006.}

[5832] 沈祖尧，王乃佐，马春旭，宓惠茹，桑慧华，沈余明，周先锋. 应用带蒂与游离皮瓣修复腕部电烧伤创面的比较 [J]. 中华整形烧伤外科杂志，1996，12(3): 238-239. DOI: 10.3760/j.issn: 1009-4598.1996.03.036. {SHEN Zuyao,WANG Naizuo,MA Chunxu,MI Huiru,SANG Huihua,SHEN Yuming,ZHOU Xianfeng. Comparison study on pedicled skin flap and free skin flap in repairing electric burn wound of wrist[J]. Zhonghua Zheng Xing Shao Shang Wai Ke Za Zhi[Chin J Plast Surg Burns(Article in Chinese;No abstract available)],1996,12(3):238-239. DOI:10.3760/j.issn:1009-4598.1996.03.036.}

[5833] 陆腊梅，张军初，王福民，王元和，刘麒. 双蒂皮瓣用于乳癌扩大根治术后胸骨旁组织缺损的修复 [J]. 第二军医大学学报，1996，17(5): 87. {LU Lamei,ZHANG Junchu,WANG Fumin,WANG Yuanhe,LIU Qi. Double pedicled flap for repair the parasternal tissue defects after extended radical mastectomy[J]. Di Er Jun Yi Da Xue Xue Bao[Acad J Sec Mil Med Univ(Article in Chinese;No abstract available)],1996,17(5):87.}

[5834] 史沛清，王洁，张春影，祝青国，孙七平，周力，郝晓峰，史东民. 带蒂小阴唇皮瓣尿道成形术 [J]. 中国修复重建外科杂志，1996，10(4): 236. {SHI Peiqing,WANG Jie,ZHANG Chunying,ZHU Qingguo,SUN Qiping,ZHOU Li,HAO Xiaofeng,SHI Dongmin. Urethroplasty with pedicled labia minora flap[J]. Zhongguo Xiu Fu Chong Jian Wai Ke Za Zhi[Chin J Repar Reconstr Surg(Article in Chinese;No abstract available)],1996,10(4):236.}

[5835] 李小静，宁金龙，高学宏，汪春兰，曹东升，张林，展望. 带血管蒂皮瓣修复足跟部缺损 [J]. 中华显微外科杂志，1997，20(4): 15-16. {LI Xiaojing,NING Jinlong,GAO Xuehong,WANG Chunlan,CAO Dongsheng,ZHANG Lin,ZHAN Wang. Heel defect repair with vascularized flap[J]. Zhonghua Xian Wei Wai Ke Za Zhi[Chin J Microsurg(Article in Chinese;Abstract in Chinese)],1997,20(4):15-16.}

[5836] 施凌平，何巧云，徐勇玲. 角膜板层切除联合带蒂的自体结膜瓣移植治疗霉菌性角膜溃疡 [J]. 中华显微外科杂志，1997，20(3): 76-77. {SHI Lingping,HE Qiaoyun,XU Yongling. Lamellar keratotomy combined with pedicled conjunctival autograft for fungal corneal ulcer[J]. Zhonghua Xian Wei Wai Ke Za Zhi[Chin J Microsurg(Article in Chinese;No abstract available)],1997,20(3):76-77.}

[5837] 于立新，白喜文. 三种带血管蒂皮瓣法修复复杂性尿道狭窄 [J]. 中华泌尿外科杂志，1997，18(8): 495-497. {YU Lixin,BAI Xiwen. Three kinds of pedicled skin flaps for complex urethral stricture repair[J]. Zhonghua Mi Niao Wai Ke Za Zhi[Chin J Urol(Article in Chinese;No abstract available)],1997,18(8):495-497.}

[5838] 汤雅全. 上臂带蒂皮瓣修复多个手指创伤性皮肤缺损 [J]. 中国骨伤，1997，10(4): 16-17, 65. {TANG Yaquan. The primary repair of traumatic skin defect in multiple fingers treated with pedicle skin flaps of opposite upper arm[J]. Zhongguo Gu Shang[China J Orthop Trauma(Article in Chinese;Abstract in Chinese and English)],1997,10(4):16-17,65.}

[5839] 陈方海，徐魏，刘跃洪，周宇. 带蒂皮瓣修复大面积皮肤缺损三例 [J]. 中国修复重建外科杂志，1997，11(1): 41. {CHEN Fanghai,XU Wei,LIU Yuehong,ZHOU Yu. Repair of large area skin defect with pedicled skin flap:a report of 3 cases[J]. Zhongguo Xiu Fu Chong Jian Wai Ke Za Zhi[Chin J Repar Reconstr Surg(Article in Chinese;No abstract available)],1997,11(1):41.}

[5840] 朱文，汪镇章，李作勇. 带蒂侧胸皮瓣修复腋部瘢痕挛缩一例 [J]. 中国修复重建外科杂志，1997，11(1): 69. {ZHU Wen,WANG Zhenzhang,LI Zuoyong. Repair of axillary scar contracture with pedicled lateral thoracic flap:a case report[J]. Zhongguo Xiu Fu Chong Jian Wai Ke Za Zhi[Chin J Repar Reconstr Surg(Article in Chinese;No abstract available)],1997,11(1):69.}

[5841] 吴强，高雁卿，陈跃军，宋伟. 带血管蒂胫骨瓣滑移植骨踝关节融合术 [J]. 中国矫形外科杂志，1998，5(1): 37-38. {WU Qiang,GAO Yanqing,CHEN Yuejun,SONG Wei. Ankle arthrodesis with vascularized tibial flap sliding graft[J]. Zhongguo Jiao Xing Wai Ke Za Zhi[Orthop J China(Article in Chinese;No abstract available)],1998,5(1):37-38.}

[5842] 刘瑞军，冯承臣，徐前峰. 带远端腓血管蒂的骨膜骨瓣转移在踝关节融合术中的应用 [J]. 中国矫形外科杂志，1998，5(1): 26. {LIU Ruijun,FENG Chengchen,XU Qianfeng. Application of periosteal bone flap pedicled with distal peroneal vessels in ankle arthrodesis[J]. Zhongguo Jiao Xing Wai Ke Za Zhi[Orthop J China(Article in Chinese;No abstract available)],1998,5(1):26.}

[5843] 侍德. 带蒂皮瓣移位在手部创面的修复中大有可为 [J]. 中华手外科杂志，1998，14(2): 3-5. {SHI De. Pedicled skin flap transfer has great potential in hand wound repair[J]. Zhonghua Shou Wai Ke Za Zhi[Chin J Hand Surg(Article in Chinese;No abstract available)],1998,14(2):3-5.}

[5844] 芮永军，寿奎水，徐建光，李向荣，徐雷，祝伟. 以手部皮神经伴行血管为蒂的岛状皮瓣的临床应用 [J]. 中华手外科杂志，1998，14(2): 3-5. {RUI Yongjun,SHOU Kuishui,XU Jianguang,LI Xiangrong,XU Lei,ZHU Wei. Island flap pedicled with the vessels accompanying of cutaneous nerve in hand[J]. Zhonghua Shou Wai Ke Za Zhi[Chin J Hand Surg(Article in Chinese;Abstract in Chinese)],1998,14(2):3-5.}

[5845] 高庆国，尹维田，张君，李锐. 以损伤血管束为蒂的前臂岛状皮瓣移植 [J]. 中华手外科杂志，1998，14(2): 113. DOI: 10.3760/cma.j.issn.1005-054X.1998.02.028. {GAO Qingguo,YIN Weitian,ZHANG Jun,LI Rui. Transplantation of forearm island flap pedicled with injured vascular bundle[J]. Zhonghua Shou Wai Ke Za Zhi[Chin J Hand Surg(Article in Chinese;No abstract available)],1998,14(2):113. DOI:10.3760/cma.j.issn.1005-054X.1998.02.028.}

[5846] 于立新，白喜文. 两种新的带血管蒂皮瓣法修复复杂尿道下裂 [J]. 中华泌尿外科杂志，1998，19(2): 119-120. DOI: 10.3760/j: issn: 1000-6702.1998.02.034. {YU Lixin,BAI Xiwen. Two new vascular pedicle flaps for the repair of complex hypospadias[J]. Zhonghua Mi Niao Wai Ke Za Zhi[Chin J Urol(Article in Chinese;No abstract available)],1998,19(2):119-120. DOI:10.3760/j:issn:1000-6702.1998.02.034.}

[5847] 戴世希，汤凤萍，李爽. 带蒂帽状包皮瓣尿道成形术治疗尿道下裂 [J]. 中华泌尿外科杂志，1998，19(11): 689. DOI: 10.3760/j: issn: 1000-6702.1998.11.014.

{DAI Shixi,TANG Fengping,LI Shuang. Urethroplasty with pedicled cap shaped prepuce flap for hypospadias[J]. Zhonghua Mi Niao Wai Ke Za Zhi[Chin J Urol(Article in Chinese;No abstract available)],1998,19(11):689. DOI:10.3760/j:issn:1000-6702.1998.11.014.}

[5848] 马海欢，Muller GH. 改良乳房下真皮乳腺单蒂瓣巨乳缩小术 [J]. 中华整形烧伤外科杂志，1998，14（2）：30-32. {MA Haihuan,Muller GH. Reduction mammaplasty using the modified inferior dermal-glandular pedicle[J]. Zhonghua Zheng Xing Shao Shang Wai Ke Za Zhi[Chin J Plast Surg Burns(Article in Chinese;Abstract in Chinese and English)],1998,14(2):30-32.}

[5849] 何清濂，林子豪，刘麒，章惠兰，袁相斌，陈敏亮，赵耀忠，杨松林. 阴股沟皮下蒂皮瓣Ⅰ期阴道成形术 [J]. 中华整形烧伤外科杂志，1998，14（1）：3-5，84. {HE Qinglian,LIN Zihao,LIU Qi,ZHANG Huilan,YUAN Xiangbin,CHEN Minliang,ZHAO Yaozhong,YANG Songlin. One-stage vagina reconstruction using the pudendal-thigh skin flap[J]. Zhonghua Zheng Xing Shao Shang Wai Ke Za Zhi[Chin J Plast Surg Burns(Article in Chinese;Abstract in Chinese and English)],1998,14(1):3-5,84.}

[5850] 郭敏，李杰，张国川，焦振清. 同侧下肢带蒂皮瓣移位术 [J]. 中国骨伤，1998，11（3）：40. DOI：10.3969/j.issn.1003-0034.1998.03.021. {GUO Min,LI Jie,ZHANG Guochuan,JIAO Zhenqing. Pedicled flap of ipsilateral lower extremity transposition[J]. Zhongguo Gu Shang[China J Orthop Trauma(Article in Chinese;No abstract available)],1998,11(3):40. DOI:10.3969/j.issn.1003-0034.1998.03.021.}

[5851] 丰德宽，陈鹏云，冯殿生，肖鹏康，王涛，李储忠，李骞，李会全. 含腓浅血管的带蒂皮瓣修复胫前创面 [J]. 实用骨科杂志，1998，4（1）：7-9. {FENG Dekuan,CHEN Pengyun,FENG Diansheng,XIAO Pengkang,WANG Tao,LI Chuzhong,LI Sai,LI Huiquan. Pedicled flap with superficial peroneal vessel for wound in front of tibia[J]. Shi Yong Gu Ke Za Zhi[J Pract Orthop(Article in Chinese;Abstract in Chinese and English)],1998,4(1):7-9.}

[5852] 张念武，郭常芬，牟善宇，陈玲. 颈侧皮下蒂皮瓣修补多发性脑脊液耳漏一例 [J]. 中国修复重建外科杂志，1998，12（4）：235. {ZHANG Nianwu,GUO Changfen,MOU Shanyu,CHEN Ling. Repair of multiple cerebrospinal fluid otorrhea with cervical subcutaneous pedicle flap:a case report[J]. Zhongguo Xiu Fu Chong Jian Wai Ke Za Zhi[Chin J Repar Reconstr Surg(Article in Chinese;No abstract available)],1998,12(4):235.}

[5853] 黄鲁刚，陈绍基，王明和. 阴囊正中带蒂皮瓣修复尿道下裂的远期随访 [J]. 中国修复重建外科杂志，1998，12（4）：252. {HUANG Lugang,CHEN Shaoji,WANG Minghe. Long term follow-up of repairing hypospadias with scrotal pedicle flap[J]. Zhongguo Xiu Fu Chong Jian Wai Ke Za Zhi[Chin J Repar Reconstr Surg(Article in Chinese;No abstract available)],1998,12(4):252.}

[5854] 刘晓雪，岑瑛，任林森，于蓉. 带蒂皮瓣修复手部热压伤 18 例 [J]. 中国修复重建外科杂志，1998，12（4）：253. {LIU Xiaoxue,Cen Ying,REN Linsen,YU Rong. Pedicled skin flap for hot crush injury of hand repair:a report of 18 cases[J]. Zhongguo Xiu Fu Chong Jian Wai Ke Za Zhi[Chin J Repar Reconstr Surg(Article in Chinese;No abstract available)],1998,12(4):253.}

[5855] 郭同本，胡平，高振利，陈炳刚. 腹股沟带蒂皮瓣修复阴茎皮肤缺损二例 [J]. 中国修复重建外科杂志，1998，12（5）：320. {GUO Tongben,HU Ping,GAO Zhenli,CHEN Binggang. Repair of penile skin defect with inguinal pedicle flap:report of two cases[J]. Zhongguo Xiu Fu Chong Jian Wai Ke Za Zhi[Chin J Repar Reconstr Surg(Article in Chinese;No abstract available)],1998,12(5):320.}

[5856] 张玉柱，刘元侠，姜永涛. 带蒂骨瓣移位术治疗距骨缺血性坏死 [J]. 中国修复重建外科杂志，1998，12（5）：285-287. {ZHANG Yuzhu,LIU Yuanxia,JIANG Yongtao. Treatment of avascular necrosis of talus with vascularized bone graft[J]. Zhongguo Xiu Fu Chong Jian Wai Ke Za Zhi[Chin J Repar Reconstr Surg(Article in Chinese;Abstract in Chinese and English)],1998,12(5):285-287.}

[5857] 汤国才. 带血管带皮瓣转位修复足底部软组织缺损 [J]. 中华显微外科杂志，1999，22（1）：79. DOI：10.3760/cma.j.issn.1001-2036.1999.01.065. {TANG Guocai. Vascularized skin flap transposition for repair the soft tissue defect of sole[J]. Zhonghua Xian Wei Wai Ke Za Zhi[Chin J Microsurg(Article in Chinese;No abstract available)],1999,22(1):79. DOI:10.3760/cma.j.issn.1001-2036.1999.01.065.}

[5858] 崔风国，孙战利，薛玉柏，李国顺. 带血管蒂皮瓣修复足跟及踝部软组织缺损 [J]. 中国矫形外科杂志，1999，6（1）：52-53. {CUI Fengguo,SUN Zhanli,XUE Yubai,LI Guoshun. Vascular pedicled skin flap for repairing soft tissue defect of the heel and ankle[J]. Zhongguo Jiao Xing Wai Ke Za Zhi[Orthop J China(Article in Chinese;Abstract in Chinese)],1999,6(1):52-53.}

[5859] 王斌，刘德群，赵少平. 含股外侧皮神经的带蒂皮瓣修复手掌皮肤、神经同时缺损 [J]. 中华骨科杂志，1999，19（2）：119. DOI：10.3760/j.issn：0253-2352.1999.02.016. {WANG Bin,LIU Dequn,ZHAO Shaoping. Pedicle flap with lateral femoral cutaneous nerve for repairing of skin and nerve defects in the palm[J]. Zhonghua Gu Ke Za Zhi[Chin J Orthop(Article in Chinese;Abstract in Chinese and English)],1999,19(2):119. DOI:10.3760/j.issn:0253-2352.1999.02.016.}

[5860] 戴维立，倪松. 上腹部带蒂皮瓣修复前臂严重软组织缺损一例 [J]. 中华显微外科杂志，1999，22（4）：3-5. {DAI Weili,NI Song. Repairing severe soft tissue defect of forearm with pedicle flap from upper abdomen:a case report[J]. Zhonghua Xian Wei Wai Ke Za Zhi[Chin J Microsurg(Article in Chinese;No abstract available)],1999,22(4):3-5.}

[5861] 黄巧洪. 带血管蒂超薄皮瓣修复手部严重损伤 16 例 [J]. 中华显微外科杂志，1999，22（S1）：3-5. {HUANG Qiaohong. Repairing severe hand injury with vascular pedicled ultrathin flap:a report of 16 cases[J]. Zhonghua Xian Wei Wai Ke Za Zhi[Chin J Microsurg(Article in Chinese;No abstract available)],1999,22(S1):3-5.}

[5862] 明立功，明新忠，明新武，明立德. 手指血管蒂岛状皮瓣应用的体会 [J]. 中华显微外科杂志，1999，22（S1）：3-5. {MING Ligong,MING Xinzhong,MING Xinwu,MING Lide. Application of vascular pedicle island flap from finger[J]. Zhonghua Xian Wei Wai Ke Za Zhi[Chin J Microsurg(Article in Chinese;No abstract available)],1999,22(S1):3-5.}

[5863] 张卫国，尚长济，贾国凤. 岛状皮瓣断蒂成活时间的研究 [J]. 中华实验外科杂志，1999，16（2）：102. DOI：10.3760/j.issn：1001-9030.1999.02.047. {ZHANG Weiguo,SHANG Changji,JIA Guofeng. Study on the survival time of island flap[J]. Zhonghua Shi Yan Wai Ke Za Zhi[Chin J Exp Surg(Article in Chinese;No abstract available)],1999,16(2):102. DOI:10.3760/j.issn:1001-9030.1999.02.047.}

[5864] 宫云霞，张咸中，石冰. 带蒂皮瓣提前断蒂后的远期疗效 [J]. 中华手外科杂志，1999，15（2）：3-5. {GONG Yunxia,ZHANG Xianzhong,SHI Bing. The long-term effect of pedicled skin flap after early pedicle amputation[J]. Zhonghua Shou Wai Ke Za Zhi[Chin J Hand Surg(Article in Chinese;No abstract available)],1999,15(2):3-5.}

[5865] 展望，张林，宁金龙. 皮下蒂延伸推进皮瓣修复皮肤缺损 [J]. 中华整形烧伤外科杂志，1999，15（6）：155-156. {ZHAN Wang,ZHANG Lin,NING Jinlong. Repair of skin defect with subcutaneous pedicle extended advancement flap[J]. Zhonghua Zheng Xing Shao Shang Wai Ke Za Zhi[Chin J Plast Surg Burns(Article in Chinese;No abstract available)],1999,15(6):155-156.}

[5866] 程一军，余文星. 睑血管瘤保留内眦蒂睑缘复合瓣的切除修复一例 [J]. 中华整形外科杂志，1999，15（4）：246. DOI：10.3760/j.issn：1009-4598.1999.04.036. {CHENG Yijun,YU Wenxing. Excision and repair of eyelid hemangioma with inner canthus pedicle palpebral margin composite flap:a case report[J]. Zhonghua Zheng Xing Wai Ke Za Zhi[Chin J Plast Surg(Article in Chinese;No abstract available)],1999,15(4):246. DOI:10.3760/j.issn:1009-4598.1999.04.036.}

[5867] 裴斌，胡居华，董惠卿，李德胜，朱光德，刘羽，孙柒林. 上肢皮神经伴行血管蒂岛状皮瓣逆行转移修复上肢软组织缺损 [J]. 实用手外科杂志，1999，13（1）：12-14. {PEI Bin,HU Juhua,DONG Huiqing,LI Desheng,ZHU Guangde,LIU Yu,SUN Qilin. The retrograde flap pedicled with the neurocutaneous colateral vessels in the arms to repair the soft tissues defect in the hands,wrists and forearms[J]. Shi Yong Shou Wai Ke Za Zhi[Chin J Pract Hand Surg(Article in Chinese;Abstract in Chinese and English)],1999,13(1):12-14.}

[5868] 裴斌，熊光益，赵旭，庄正陵，刘羽，李德胜. 隐神经伴行血管蒂岛状皮瓣蒂部成分对皮瓣血运的影响 [J]. 实用手外科杂志，1999，13（1）：93-97. {PEI Bin,XIONG Guangyi,ZHAO Xu,ZHUANG Zhengling,LIU Yu,LI Desheng. The experimental research on influence of the pedicle compositions of the island flap pedicled wim the guninea-pig saphenous nerve colateral vessels on the blood supply[J]. Shi Yong Shou Wai Ke Za Zhi[Chin J Pract Hand Surg(Article in Chinese;Abstract in Chinese and English)],1999,13(1):93-97.}

[5869] 裴斌，熊光益，庄正陵，刘羽，李德胜，胡居华. 隐神经伴行血管蒂岛状皮瓣最大血供范围和形态研究 [J]. 实用手外科杂志，1999，13（1）：22-27. {PEI Bin,XIONG Guangyi,ZHUANG Zhengling,LIU Yu,LI Desheng,HU Juhua. The study to determine the maximum blood supply area and shape of the flap pedicled with colateral vessels of sapheneous nerve[J]. Shi Yong Shou Wai Ke Za Zhi[Chin J Pract Hand Surg(Article in Chinese;Abstract in Chinese and English)],1999,13(1):22-27.}

[5870] 宋建良，姚建民，范希玲，吴守成. 带血管神经蒂的手部轴型岛状皮瓣的临床应用 [J]. 中国修复重建外科杂志，1999，13（1）：61. {SONG Jianliang,YAO Jianmin,FAN Xiling,WU Shoucheng. The neurovascular pedicled axial island flap of hand[J]. Zhongguo Xiu Fu Chong Jian Wai Ke Za Zhi[Chin J Repar Reconstr Surg(Article in Chinese;No abstract available)],1999,13(1):61.}

[5871] 石炳文. 阴囊带蒂皮瓣修复阴茎皮肤撕脱伤一例 [J]. 中国修复重建外科杂志，1999，13(4)：256. {SHI Bingwen. Scrotal pedicle flap for skin avulsion injury of penis repair:a case report[J]. Zhongguo Xiu Fu Chong Jian Wai Ke Za Zhi[Chin J Repar Reconstr Surg(Article in Chinese;No abstract available)],1999,13(4):256.}

[5872] 陈仁春，殷圣银，罗俊雄. 应用带血管神经蒂足底皮瓣转位术修复足后跟软组织缺损 [J]. 中华显微外科杂志，2000，23（4）：301. DOI：10.3760/cma.j.issn.1001-2036.2000.04.029. {CHEN Renchun,YIN Shengyin,LUO Junxiong. Transposition of plantar flap pedicled with blood vessel and nerve for repairing heel soft tissue defect[J]. Zhonghua Xian Wei Wai Ke Za Zhi[Chin J Microsurg(Article in Chinese;No abstract available)],2000,23(4):301. DOI:10.3760/cma.j.issn.1001-2036.2000.04.029.}

[5873] 纪柳，杨小辉，丁爱国，佟剑平，阳晟，唐哲明. 吻合血管或带蒂皮瓣移植修复四肢组织缺损 [J]. 中华显微外科杂志，2000，23（1）：45. DOI：10.3760/cma.j.issn.1001-2036.2000.01.041. {JI Liu,YANG Xiaohui,DING Aiguo,DONG Jianping,YANG Cheng,TANG Zheming. Repairing limb tissue defect with vascular anastomosis or pedicled flap transplantation[J]. Zhonghua Xian Wei Wai Ke Za Zhi[Chin J Microsurg(Article in Chinese;No abstract available)],2000,23(1):45. DOI:10.3760/cma.j.issn.1001-2036.2000.01.041.}

[5874] 殷林，付东宁，刘宏彦，宗丹. 膝降血管为蒂组织瓣治疗濒临截肢二例 [J]. 中华显微外科杂志，2000，23（3）：199. DOI：10.3760/cma.j.issn.1001-2036.2000.03.053. {YIN Lin,FU Dongning,LIU Hongyan,ZONG Dan. Tissue flap pedicled with descending genicular artery for the limb witch being on the verge of amputation[J]. Zhonghua Xian Wei Wai Ke Za Zhi[Chin J Microsurg(Article in Chinese;No abstract available)],2000,23(3):199. DOI:10.3760/cma.j.issn.1001-2036.2000.03.053.}

[5875] 赵天兰，程新德，李光早，张莉，徐静，葛树星. 面动脉为蒂的下颌缘岛状皮瓣临床应用 [J]. 中华显微外科杂志，2000，23（3）：212. DOI：10.3760/cma.j.issn.1001-2036.2000.03.040. {ZHAO Tianlan,CHENG Xinde,LI Guangzao,ZHANG Li,XU Jing,GE Shuxing. Clinical application of mandibular marginal island flap pedicled with facial artery[J]. Zhonghua Xian Wei Wai Ke Za Zhi[Chin J Microsurg(Article in Chinese;No abstract available)],2000,23(3):212. DOI:10.3760/cma.j.issn.1001-2036.2000.03.040.}

[5876] 武峰，杨玉增. 桡神经浅支伴行血管蒂皮瓣临床应用 [J]. 中华显微外科杂志，2000，23（3）：240. DOI：10.3760/cma.j.issn.1001-2036.2000.03.056. {WU Feng,YANG Yuzeng. Clinical application of skin flap pedicled with superficial branch of radial nerve and vessels[J]. Zhonghua Xian Wei Wai Ke Za Zhi[Chin J Microsurg(Article in Chinese;No abstract available)],2000,23(3):240. DOI:10.3760/cma.j.issn.1001-2036.2000.03.056.}

[5877] 强晓军，蔡启卿，陈凡，陈志学，张国亮，陈兴民. 前路减压带血管蒂肋骨瓣植骨治疗胸腰椎爆裂型骨折伴不完全性截瘫 [J]. 中国矫形外科杂志，2000，7（6）：541-543. DOI：10.3969/j.issn.1005-8478.2000.06.006. {QIANG Xiaojun,CAI Qiqing,CHEN Fan,CHEN Zhixue,ZHANG Guoliang,CHEN Xingmin. Anterior decompression with vascular pedicle rib graft to treat thoracolumbar vertebrae burst fracture companying by incomplete paraplegia[J]. Zhongguo Jiao Xing Wai Ke Za Zhi[Orthop J China(Article in Chinese;Abstract in Chinese and English)],2000,7(6):541-543. DOI:10.3969/j.issn.1005-8478.2000.06.006.}

[5878] 张发惠，陈振光，刘经南，王珊. 胸廓内血管蒂肋软骨瓣移植修复关节软骨缺损的研究 [J]. 中华实验外科杂志，2000，17（6）：554-556. DOI：10.3760/j.issn：1001-9030.2000.06.031. {ZHANG Fahui,CHEN Zhenguang,LIU Jingnan,WANG Shan. Experiment study on costal cartilage flap for transplantation repairing defects of articular cartilages with internal thoracic blood-vessel[J]. Zhonghua Shi Yan Wai Ke Za Zhi[Chin J Exp Surg(Article in Chinese;Abstract in Chinese and English)],2000,17(6):554-556. DOI:10.3760/j.issn:1001-9030.2000.06.031.}

[5879] 何恢绪，吕军，赵莉，徐达传，钟世镇. 带蒂阴囊 L 型皮瓣修复重度尿道下裂（附 15 例报告）[J]. 中华泌尿外科杂志，2000，21（3）：167. DOI：10.3760/j：issn：1000-6702.2000.03.030. {HE Huixu,LV Jun,ZHAO Li,XU Dachuan,ZHONG Shizhen. Repair of severe hypospadias with pedicle scrotal l L-shaped flap (report of 15 cases)[J]. Zhonghua Mi Niao Wai Ke Za Zhi[Chin J Urol(Article in Chinese;No abstract available)],2000,21(3):167. DOI:10.3760/j:issn:1000-6702.2000.03.030.}

[5880] 邹庆贵，卢英杰，李福天，张玉斌，赵伟. 左前臂带蒂全厚层皮瓣移植治疗巨大头皮缺损一例 [J]. 中华神经外科杂志，2000，16（1）：28. DOI：10.3760/j.issn：1001-2346.2000.01.027. {ZOU Qinggui,LU Yingjie,LI Futian,ZHANG Yubin,ZHAO Wei. Pedicled full thickness flap of left forearm transplant for huge scalp defect:a case report[J]. Zhonghua Shen Jing Wai Ke Za Zhi[Chin J Neurosurg(Article in Chinese;No abstract available)],2000,16(1):28. DOI:10.3760/j.issn:1001-2346.2000.01.027.}

[5881] 沙力木江，冯德华，亚森. 应用包皮带蒂皮瓣修复全阴囊Ⅲ度烧伤 1 例 [J]. 中华烧伤杂志，2000，16（1）：49. DOI：10.3760/cma.j.issn.1009-2587.2000.01.032. {SHALIMU Jiang,FENG Dehua,YA Sen. Third degree burn of scrotum repair with pedicled prepuce flap:a case report[J]. Zhonghua Shao Shang Za Zhi[Chin J Burns(Article in Chinese;No abstract available)],2000,16(1):49. DOI:10.3760/cma.j.issn.1009-2587.2000.01.032.}

[5882] 王春，孙守秀，高小青，程天平. 包皮带蒂皮瓣修复阴茎深度烧伤 20 例 [J]. 中华烧伤杂志，2000，16(6)：361. DOI：10.3760/cma.j.issn.1009-2587.2000.06.017. {WANG Chun,SUN Shouxiu,GAO Xiaoqing,CHENG Tianping. Prepuce pedicled flap for repairing deep burn of penis:a report of 20 cases[J]. Zhonghua Shao Shang Za Zhi[Chin J Burns(Article in Chinese;No abstract available)],2000,16(6):361. DOI:10.3760/cma.j.issn.1009-2587.2000.06.017.}

[5883] 郭伟，郭明. 阴囊纵隔血管蒂皮瓣修复阴茎皮肤缺损二例 [J]. 中华整形外科杂志，2000，16（3）：182. DOI：10.3760/j.issn：1009-4598.2000.03.026. {GUO Wei,GUO Ming. Repair of penile skin defect with scrotal mediastinal vascular pedicle flap:a report of two cases[J]. Zhonghua Zheng Xing Wai Ke Za Zhi[Chin J Plast Surg(Article in Chinese;No abstract available)],2000,16(3):182. DOI:10.3760/j.issn:1009-4598.2000.03.026.}

[5884] 李森恺，刘元波，李养群. 阴囊前动、静脉血管蒂阴囊岛状皮瓣修复尿道下裂 [J]. 中华整形外科杂志，2000，16（5）：277. DOI：10.3760/j.issn：1009-4598.2000.05.006. {LI Senkai,LIU Yuanbo,LI Yangqun. Application of the scrotal axial skin flap in hypopadias repair[J].

Zhonghua Zheng Xing Wai Ke Za Zhi[Chin J Plast Surg(Article in Chinese;Abstract in Chinese and English)],2000,16(5):277. DOI:10.3760/j.issn:1009-4598.2000.05.006.}

[5885] 张功林，葛宝丰，荆浩. 一端带蒂另端吻合动脉的联合皮瓣修复骶部褥疮一例 [J]. 中华整形外科杂志，2000，16(6)：367. DOI：10.3760/j.issn：1009-4598.2000.06.023. {ZHANG Gonglin,GE Baofeng,JING Hao. Repair of sacral bedsore with combined flap pedicled at one end and anastomosed with artery at the other end:a case report[J]. Zhonghua Zheng Xing Wai Ke Za Zhi[Chin J Plast Surg(Article in Chinese;No abstract available)],2000,16(6):367. DOI:10.3760/j.issn:1009-4598.2000.06.023.}

[5886] 明立功，明新广，明新月，明新杰，明立德，明新文，张全金. 自体骨膜联合带蒂骨瓣移植替代月骨 [J]. 中国实用手外科杂志，2000，14(2)：206-207，209. {MING Ligong,MING Xinguang,MING Xinyue,MING Xinjie,MING Lide,MING Xinwen,ZHANG Quanjin. Grafting pedicled bone flap and auto-periosteum to substitute lunate bone[J]. Shi Yong Shou Wai Ke Za Zhi[Chin J Pract Hand Surg(Article in Chinese;Abstract in Chinese and English)],2000,14(2):206-207,209.}

[5887] 张伟，侯春林，陈爱民，匡勇，刘祖德. 带蒂组织瓣移位术修复膝关节周围的较大创面 [J]. 第二军医大学学报，2000，21(7)：S8-S9. DOI：10.3321/j.issn：0258-879X.2000.07.036. {ZHANG Wei,HOU Chunlin,CHEN Aimin,KUANG Yong,LIU Zude. Repair of larger wounds around the knee joint with pedicled tissue flap transposition[J]. Di Er Jun Yi Da Xue Xue Bao[Acad J Sec Mil Med Univ(Article in Chinese;No abstract available)],2000,21(7):S8-S9. DOI:10.3321/j.issn:0258-879X.2000.07.036.}

[5888] 周安令，罗斌，雷志福，房安毓. 44 例带血管蒂组织瓣的临床应用 [J]. 中国修复重建外科杂志，2000，14(2)：95. {ZHOU Anling,LUO Bin,LEI Zhifu,FANG Anmin. Clinical application of vascular pedicled tissue flap in 44 cases[J]. Zhongguo Xiu Fu Chong Jian Wai Ke Za Zhi[Chin J Repar Reconstr Surg(Article in Chinese;No abstract available)],2000,14(2):95.}

[5889] 王云亭，林朋，苏伯固，周文柱，李子荣. 远端为蒂的外踝上皮瓣修复足背软组织缺损 [J]. 中华骨科杂志，2001，21(3)：152-153. DOI：10.3760/j.issn：0253-2352.2001.03.008. {WANG Yunting,LIN Peng,SU Bogu,ZHOU Wenzhu,LI Zirong. Distally based lateral supramalleolar flap for the reconstruction of dorsal aspect of foot[J]. Zhonghua Gu Ke Za Zhi[Chin J Orthop(Article in Chinese;Abstract in Chinese and English)],2001,21(3):152-153. DOI:10.3760/j.issn:0253-2352.2001.03.008.}

[5890] 马心赤，柴益民，陈彦堃，林崇正，王快胜，潘云川. 逆行足底内侧动脉蒂足内侧岛状皮瓣修复前足底皮肤缺损 [J]. 中华显微外科杂志，2001，24(1)：55-56. DOI：10.3760/cma.j.issn.1001-2036.2001.01.023. {MA Xinchi,CHAI Yimin,CHEN Yankun,LIN Chongzheng,WANG Kuaisheng,PAN Yunchuan. Repair of anterior plantar skin defect with reverse medial plantar artery pedicled medial plantar island flap[J]. Zhonghua Xian Wei Wai Ke Za Zhi[Chin J Microsurg(Article in Chinese;Abstract in Chinese)],2001,24(1):55-56. DOI:10.3760/cma.j.issn.1001-2036.2001.01.023.}

[5891] 李永永，张积礼，李忠国，黄建军. 带血管蒂皮瓣的临床应用体会 [J]. 中华显微外科杂志，2001，24(2)：156. DOI：10.3760/cma.j.issn.1001-2036.2001.02.052. {LI Yongyong,ZHANG Jili,LI Zhongguo,HUANG Jianjun. Clinical application of vascularized skin flap[J]. Zhonghua Xian Wei Wai Ke Za Zhi[Chin J Microsurg(Article in Chinese;No abstract available)],2001,24(2):156. DOI:10.3760/cma.j.issn.1001-2036.2001.02.052.}

[5892] 张功林，葛宝丰，张军华，李慎松，荆浩. 一端带蒂另端吻合动脉的腕携带联合皮瓣一例 [J]. 中华显微外科杂志，2001，24(4)：313. DOI：10.3760/cma.j.issn.1001-2036.2001.04.044. {ZHANG Gonglin,GE Baofeng,ZHANG Junhua,LI Shensong,JING Hao. Carpal combined flap with one end for pedicled and the other end for the artery anastomosed:a case report[J]. Zhonghua Xian Wei Wai Ke Za Zhi[Chin J Microsurg(Article in Chinese;No abstract available)],2001,24(4):313. DOI:10.3760/cma.j.issn.1001-2036.2001.04.044.}

[5893] 杨润功，苏振东，周明武，赵东升，李坤德，吴学建. 双侧胸脐带蒂皮瓣联合修复前臂及手部两处软组织缺损 [J]. 中华手外科杂志，2001，17(z1)：7-9. DOI：10.3760/cma.j.issn.1005-054X.2001.z1.003. {YANG Rungong,SU Zhendong,ZHOU Mingwu,ZHAO Dongsheng,LI Kunde,WU Xuejian. Repair of soft tissue defects at forearm and hand with double thoracic-umbilical flaps[J]. Zhonghua Shou Wai Ke Za Zhi[Chin J Hand Surg(Article in Chinese;Abstract in Chinese and English)],2001,17(z1):7-9. DOI:10.3760/cma.j.issn.1005-054X.2001.z1.003.}

[5894] 张金明，陈小萱，杨斌，潘淑娟. 尿道口带阴囊纵隔皮瓣一期修复尿道下裂（附 18 例报告）[J]. 中华泌尿外科杂志，2001，22(7)：398-400. DOI：10.3760/j：issn：1000-6702.2001.07.003. {ZHANG Jinming,CHEN Xiaoxuan,YANG Bin,PAN Shujuan. Pilot study of one-stage repair of hypospadias using scrotal septal skin flap (report of 18 cases)[J]. Zhonghua Mi Niao Wai Ke Za Zhi[Chin J Urol(Article in Chinese;Abstract in Chinese and English)],2001,22(7):398-400. DOI:10.3760/j:issn:1000-6702.2001.07.003.}

[5895] 金三宝，陈忠，陈曾德. 一期双阴唇带蒂皮瓣尿道成形术治疗女性尿道闭锁（附二例报告）[J]. 中华泌尿外科杂志，2001，22(7)：404-406. {JIN Sanbao,CHEN Zhong,CHEN Zengde. Primary urethroplasty with the use of two pedunculated flaps of lip of pudenda for female urethral oblite-ration (report of 2 cases)[J]. Zhonghua Mi Niao Wai Ke Za Zhi[Chin J Urol(Article in Chinese;Abstract in Chinese and English)],2001,22(7):404-406.}

[5896] 方均强，廖坚文，江正康. 指背双蒂桥式皮瓣修复指掌侧皮肤缺损 [J]. 中国创伤骨科杂志，2001，3(1)：65-65. DOI：10.3760/cma.j.issn.1671-7600.2001.01.030. {FANG Junqiang,LIAO Jianwen,JIANG Zhengkang. Repair of finger palmar skin defects with dorsal bi-pedicled bridge-like flap[J]. Zhongguo Chuang Shang Gu Ke Za Zhi[Chin J Orthop Trauma(Article in Chinese;Abstract in Chinese and English)],2001,3(1):65-65. DOI:10.3760/cma.j.issn.1671-7600.2001.01.030.}

[5897] 陶谏，任永安，柏龙文. 阴囊双蒂袋状皮瓣套入法一期修复阴茎皮肤缺损一例 [J]. 中华整形外科杂志，2001，17(3)：143. DOI：10.3760/j.issn：1009-4598.2001.03.026. {TAO Jian,REN Yongan,BAI Longwen. One stage repair of penile skin defect with double pedicle scrotal bag flap:a case report[J]. Zhonghua Zheng Xing Wai Ke Za Zhi[Chin J Plast Surg(Article in Chinese;No abstract available)],2001,17(3):143. DOI:10.3760/j.issn:1009-4598.2001.03.026.}

[5898] 应弋阳，余忠，李重茂. 含前鞘下腹双蒂皮瓣修复上腹壁巨大缺损一例 [J]. 中华整形外科杂志，2001，17(5)：289. DOI：10.3760/j.issn：1009-4598.2001.05.028. {YING Shuyang,YU Zhong,LI Zhongmao. Double pedicled skin flap of lower abdomen with anterior sheath for huge defect of upper abdominal wall repair:a case report[J]. Zhonghua Zheng Xing Wai Ke Za Zhi[Chin J Plast Surg(Article in Chinese;No abstract available)],2001,17(5):289. DOI:10.3760/j.issn:1009-4598.2001.05.028.}

[5899] 杨润功，苏振东，乔丽，周明武，赵东升. 下腹部 Y 型蒂皮瓣在手部撕脱伤中的应用 [J]. 实用手外科杂志，2001，15(1)：18-19. DOI：10.3969/j.issn.1671-2722.2001.01.007. {YANG Rungong,SU Zhendong,QIAO Li,ZHOU Mingwu,ZHAO Dongsheng. Application of Y pedicle skin flap in lower abdomen to repair hand avulsion[J]. Shi Yong Shou Wai Ke Za Zhi[Chin J Pract Hand Surg(Article in Chinese;Abstract in Chinese and English)],2001,15(1):18-19. DOI:10.3969/j.issn.1671-2722.2001.01.007.}

[5900] 张旭. 前路减压固定带血管蒂肋骨瓣植骨治疗胸腰椎骨折 [J]. 中国修复重建外科杂志，2001，15(1)：38. {ZHANG Xu. Treatment of thoracolumbar fractures by anterior decompression and fixation with vascularized rib graft[J]. Zhongguo Xiu Fu Chong Jian Wai Ke Za Zhi[Chin J Repar Reconstr Surg(Article in Chinese;No abstract available)],2001,15(1):38.}

[5901] 强晓军，薛勇，陈志学，张国亮，郑德鹏，郭宁国，蔡启卿. 带血管蒂肋骨瓣植骨融合治疗胸腰椎化脓性椎间隙感染 [J]. 中国修复重建外科杂志，2001，15(4)：219-220. {QIANG Xiaojun,XUE Yong,CHEN Zhixue,ZHANG Guoliang,ZHENG Depeng,GUO Ningguo,CAI Qiqing. Treatment of the pyogenic infection of the thoracolumbar intervertebral space with vascular pedicled rib grafting[J]. Zhongguo Xiu Fu Chong Jian Wai Ke Za Zhi[Chin J Repar Reconstr Surg(Article in Chinese;Abstract in Chinese and English)],2001,15(4):219-220.}

[5902] 卢书文，唐茂林，彭毓斌，易斌. 骨间后血管及其返支为蒂串连皮瓣的临床应用 [J]. 中国修复重建外科杂志，2001，15(6)：330-332. {LU Shuwen,TANG Maolin,PENG Minbin,YI Bin. Clinical application of the serial flap pedicled with posterior interosseous artery and its recurrent branch[J]. Zhongguo Xiu Fu Chong Jian Wai Ke Za Zhi[Chin J Repar Reconstr Surg(Article in Chinese;Abstract in Chinese and English)],2001,15(6):330-332.}

[5903] 陈欣志，田小运，宋玉芹，张增方，张卓，李瑞平，张建利. 蒂部延长的足底内侧岛状皮瓣修复踇趾缺损 [J]. 中华显微外科杂志，2002，25(1)：73-74. DOI：10.3760/cma.j.issn.1001-2036.2002.01.035. {CHEN Xinzhi,TIAN Xiaoyun,SONG Yuqin,ZHANG Zengfang,ZHANG Zhuo,LI Ruiping,ZHANG Jianli. Medial plantar island flap with extended pedicle for toe defect repair[J]. Zhonghua Xian Wei Wai Ke Za Zhi[Chin J Microsurg(Article in Chinese;Abstract in Chinese)],2002,25(1):73-74. DOI:10.3760/cma.j.issn.1001-2036.2002.01.035.}

[5904] 谢广中，谭建文，王光耀. 同指近侧血管神经蒂皮瓣修复远节指腹缺损 [J]. 中华显微外科杂志，2002，25(3)：222-223. DOI：10.3760/cma.j.issn.1001-2036.2002.03.028. {XIE Guangzhong,TAN Jianwen,WANG Guangyao. Repairing distal pulp defect with proximal homodigital neurovascular pedicle flap[J]. Zhonghua Xian Wei Wai Ke Za Zhi[Chin J Microsurg(Article in Chinese;Abstract in Chinese)],2002,25(3):222-223. DOI:10.3760/cma.j.issn.1001-2036.2002.03.028.}

[5905] 黄建明，黄秋英. 带蒂皮瓣转移与外固定支架联合应用修复小腿严重创伤临床分析 [J]. 中华显微外科杂志，2002，25(4)：300-301. DOI：10.3760/cma.j.issn.1001-2036.2002.04.025. {HUANG Jianming,HUANG Qiuying. Clinical analysis of pedicled skin flap transfer combined with external fixation in the repair of severe leg trauma[J]. Zhonghua Xian Wei Wai Ke Za Zhi[Chin J Microsurg(Article in Chinese;Abstract in Chinese)],2002,25(4):300-301. DOI:10.3760/cma.j.issn.1001-2036.2002.04.025.}

[5906] 郑建河，魏伟明，林惠华. 前入路 Kaneda 内固定带血管蒂肋骨植骨融合治疗胸腰椎骨折并脊髓损伤 [J]. 中国脊柱脊髓杂志，2002，12(4)：318-319. DOI：10.3969/j.issn.1004-406X.2002.04.032. {ZHENG Jianhe,WEI Weiming,LIN Huihua. Treatment of thoracolumbar fractures with spinal cord injury by anterior Kaneda internal fixation with vascularized rib flap bone graft fusion[J]. Zhongguo Ji Zhu Ji Sui Za Zhi[Chin J Spine Spinal Cord(Article in Chinese;No abstract available)],2002,12(4):318-319. DOI:10.3969/j.issn.1004-406X.2002.04.032.}

[5907] 刘绍辉. 下腹部逆行超薄带蒂皮瓣修复手和前臂皮肤缺损 [J]. 中华手外科杂志，2002，18(2)：90. DOI：10.3760/cma.j.issn.1005-054X.2002.02.029. {LIU Shaohui. Retrograde ultrathin pedicled skin flap from lower abdomen for the skin defects of hand and forearm repair[J]. Zhonghua Shou Wai Ke Za Zhi[Chin J Hand Surg(Article in Chinese;No abstract available)],2002,18(2):90. DOI:10.3760/cma.j.issn.1005-054X.2002.02.029.}

[5908] 冯燕茹，纪大巍，刘雪海，崔海洲. 腹部双叶单蒂薄皮瓣修复多指套状撕脱伤 [J]. 中华手外科杂志，2002，18(2)：121. DOI：10.3760/cma.j.issn.1005-054X.2002.02.032. {FENG Yanru,JI Dawei,LIU Xuehai,CUI Haizhou. Double leaf and single pedicle thin skin flap of abdomen for multiple finger avulsion injury repair[J]. Zhonghua Shou Wai Ke Za Zhi[Chin J Hand Surg(Article in Chinese;No abstract available)],2002,18(2):121. DOI:10.3760/cma.j.issn.1005-054X.2002.02.032.}

[5909] 吴文波，章菊明，陈勇，牛丽文. 联合包皮及阴囊带蒂皮瓣修复阴囊型尿道下裂 [J]. 中华泌尿外科杂志，2002，23(10)：628-630. DOI：10.3760/j：issn：1000-6702.2002.10.017. {WU Wenbo,ZHANG Juming,CHEN Yong,NIU Liwen. The combined use of pedicle flap from both prepuce and scrotum for the treatment of scrotal hypospadias[J]. Zhonghua Mi Niao Wai Ke Za Zhi[Chin J Urol(Article in Chinese;Abstract in Chinese and English)],2002,23(10):628-630. DOI:10.3760/j:issn:1000-6702.2002.10.017.}

[5910] 史沛清，史东民，李翼飞，祝青国，刘国斌，孙长华，于景江，唐秀泉. 带蒂包皮、阴囊皮瓣尿道成形术治疗前尿道狭窄 14 例报告 [J]. 中华泌尿外科杂志，2002，23(11)：680-680. DOI：10.3760/j：issn：1000-6702.2002.11.029. {SHI Peiqing,SHI Dongmin,LI Yifei,ZHU Qingguo,LIU Guobin,SUN Changhua,YU Jingjiang,TANG Xiuquan. Urethroplasty with pedicle prepuce and scrotal flap for anterior urethral stricture:a report of 14 cases[J]. Zhonghua Mi Niao Wai Ke Za Zhi[Chin J Urol(Article in Chinese;No abstract available)],2002,23(11):680-680. DOI:10.3760/j:issn:1000-6702.2002.11.029.}

[5911] 张金明，陈小萱，杨斌，潘淑娟，刘小容. 尿道口周带阴囊纵隔皮瓣一期修复尿道下裂 [J]. 中华整形外科杂志，2002，18(1)：43-45. DOI：10.3760/j.issn：1009-4598.2002.01.016. {ZHANG Jinming,CHEN Xiaoxuan,YANG Bin,PAN Shujuan,LIU Xiaorong. One-stage repair of hypospadias using a scrotal septal skin flap based on perimeatus dartos fascia[J]. Zhonghua Zheng Xing Wai Ke Za Zhi[Chin J Plast Surg(Article in Chinese;Abstract in Chinese and English)],2002,18(1):43-45. DOI:10.3760/j.issn:1009-4598.2002.01.016.}

[5912] 赵天兰，程新德，徐达传，李光早，张莉，徐静，葛树星. 窄蒂侧颌颈部皮瓣修复面部组织缺损 [J]. 中华整形外科杂志，2002，18(3)：148-150. DOI：10.3760/j.issn：1009-4598.2002.03.007. {ZHAO Tianlan,CHENG Xinde,XU Dachuan,LI Guangzao,ZHANG Li,XU Jing,GE Shuxing. Repair of the facial tissue defects with reversed narrow pedicle lateral maxillocervical fasciocutaneous flap[J]. Zhonghua Zheng Xing Wai Ke Za Zhi[Chin J Plast Surg(Article in Chinese;Abstract in Chinese and English)],2002,18(3):148-150. DOI:10.3760/j.issn:1009-4598.2002.03.007.}

[5913] 高静，乔群，刘志飞. 下腹壁轴型皮下蒂皮瓣阴道成形术后退缩二例 [J]. 中华整形外科杂志，2002，18(5)：320. DOI：10.3760/j.issn：1009-4598.2002.05.032. {GAO Jing,QIAO Qun,LIU Zhifei. Withdrawal after vaginoplasty with axial subcutaneous pedicle flap of lower abdominal wall:a report of 2 cases[J]. Zhonghua Zheng Xing Wai Ke Za Zhi[Chin J Plast Surg(Article in Chinese;No abstract available)],2002,18(5):320. DOI:10.3760/j.issn:1009-4598.2002.05.032.}

[5914] 马桂娥，王世利，张旭辉，王黔，侯典举，栾杰，范金才. 颈胸双蒂 V 形扩张皮瓣修复颜面下部及颌颈部瘢痕挛缩 [J]. 中华整形外科杂志，2002，18(5)：276-277. DOI：10.3760/j.issn：1009-4598.2002.05.007. {MA Guidong,WANG Shili,ZHANG Xuhui,WANG Qian,HOU Dianju,LUAN Jie,FAN Jincai. Reconstruction of the lower face and the anterior neck with a bipedicled expanded flap[J]. Zhonghua Zheng Xing Wai Ke Za Zhi[Chin J Plast Surg(Article in Chinese;Abstract in Chinese and English)],2002,18(5):276-277. DOI:10.3760/j.issn:1009-4598.2002.05.007.}

[5915] 杨欣，马继光，王佳琦，孙广慈. 微循环监测方法在皮瓣断蒂前的应用 [J]. 中华整形外科杂志，2002，18(5)：283-284. DOI：10.3760/j.issn：1009-4598.2002.05.010. {YANG Xin,MA Jiguang,WANG Jiaqi,SUN Guangci. Microcirculation of lateral groin skin flaps:monitoring and clinical application[J]. Zhonghua Zheng Xing Wai Ke Za Zhi[Chin J Plast Surg(Article in Chinese;Abstract in Chinese and English)],2002,18(5):283-284. DOI:10.3760/j.issn:1009-4598.2002.05.010.}

[5916] 刘元波，李森恺，李养群，杨明勇，赵振民，霍然. 阴囊后动脉外侧支血管蒂阴囊皮瓣的临床应用 [J]. 中华整形外科杂志，2002，18(6)：367-368. DOI：10.3760/j.issn：1009-4598.2002.06.017. {LIU Yuanbo,LI Senkai,LI Yangqun,YANG Mingyong,ZHAO Zhenmin,HUO Ran. Clinical applications of the scrotal skin flaps pedicled on lateral branches of the posterior scrotal arteries[J]. Zhonghua Zheng Xing Wai Ke Za Zhi[Chin J Plast Surg(Article in Chinese;Abstract in Chinese and English)],2002,18(6):367-368. DOI:10.3760/j.issn:1009-4598.2002.06.017.}

[5917] 吴琳，宋良玉，康久杰，方光荣，何霭民. 带蒂骨瓣转移治疗腕舟骨骨不连 [J]. 中国骨伤，2002，15（9）：526-528. DOI: 10.3969/j.issn.1003-0034.2002.09.006. {WU Lin,SONG Liangyu,KANG Jiujie,FANG Guangrong,HE Aimin. Transposition of pedicled bone flap for non-union of carpal scaphiod fracture[J]. Zhongguo Gu Shang[China J Orthop Trauma(Article in Chinese;Abstract in Chinese and English)],2002,15(9):526-528. DOI:10.3969/j.issn.1003-0034.2002.09.006.}

[5918] 高建国，张泽江，王运本，郭昭建，宋亚林. 带蒂阴囊纵隔皮瓣套入法治疗复杂性尿道狭窄 11 例 [J]. 中华医学杂志，2002，82（5）：360-360. DOI: 10.3760/j: issn: 0376-2491.2002.05.022. {GAO Jianguo,ZHANG Zejiang,WANG Yunben,GUO Zhaojian,SONG Yalin. Management of complex urethral stricture with a pedicled scrotal mediastinal flap cuff:a report of 11 cases[J]. Zhonghua Yi Xue Za Zhi[Natl Med J China(Article in Chinese;No abstract available)],2002,82(5):360-360. DOI:10.3760/j:issn:0376-2491.2002.05.022.}

[5919] 陈振光，张发惠，余国荣，郑和平，喻爱喜，谭金海，谢昀. 带血管蒂跗骨瓣移位术修复踝及足部骨病损 [J]. 中华显微外科杂志，2003，26（3）：164-166. DOI: 10.3760/cma.j.issn.1001-2036.2003.03.001. {CHEN Zhenguang,ZHANG Fahui,YU Guorong,ZHENG Heping,YU Aixi,TAN Jinhai,XIE Jun. Transposition of vascularized tarsal bone flaps to repair bone lesions in ankle and foot[J]. Zhonghua Xian Wei Wai Ke Za Zhi[Chin J Microsurg(Article in Chinese;Abstract in Chinese and English)],2003,26(3):164-166. DOI:10.3760/cma.j.issn.1001-2036.2003.03.001.}

[5920] 陈国华，忻向荣，李梅. 足内侧血管神经蒂岛状皮瓣修复足部电损伤缺损九例 [J]. 中华烧伤杂志，2003，19（1）：41. DOI: 10.3760/cma.j.issn.1009-2587.2003.01.021. {CHEN Guohua,XIN Xiangrong,LI Mei. Repairing electric injury defect of foot with island flap pedicled with medial pedis blood vessel and nerve:a report of 9 cases[J]. Zhonghua Shao Shang Za Zhi[Chin J Burns(Article in Chinese;No abstract available)],2003,19(1):41. DOI:10.3760/cma.j.issn.1009-2587.2003.01.021.}

[5921] 潘朝晖，王成琪，郭德亮，蒋萍萍. 游离及带蒂皮瓣坏死后再手术问题的探讨 [J]. 中华显微外科杂志，2003，26（1）：75. {PAN Chaohui,WANG Chengqi,GUO Deliang,JIANG Pingping. Reoperation after necrosis of free and pedicled flaps[J]. Zhonghua Xian Wei Wai Ke Za Zhi[Chin J Microsurg(Article in Chinese;No abstract available)],2003,26(1):75.}

[5922] 张如明，滕胜，邢汝维，张瑾. 带蒂组织瓣转位治疗肿瘤性腹壁巨大缺损 [J]. 中华显微外科杂志，2003，26(1)：22-24. DOI: 10.3760/cma.j.issn.1001-2036.2003.01.008. {ZHANG Ruming,TENG Sheng,XING Ruwei,ZHANG Jin. Treatment of large defect of abdominal wall after tumors resection by transposition of tissue flaps with pedicle[J]. Zhonghua Xian Wei Wai Ke Za Zhi[Chin J Microsurg(Article in Chinese;Abstract in Chinese and English)],2003,26(1):22-24. DOI:10.3760/cma.j.issn.1001-2036.2003.01.008.}

[5923] 张志新，刘志刚，路来金，姜赛琳. 带蒂皮瓣移位术及游离皮瓣移植术失败原因分析 [J]. 中华显微外科杂志，2003，26（4）：272. DOI: 10.3760/cma.j.issn.1001-2036.2003.04.038. {ZHANG Zhixin,LIU Zhigang,LU Laijin,JIANG Sailin. Failure reasons analysis of pedicle flap transfer and free flap transplantation[J]. Zhonghua Xian Wei Wai Ke Za Zhi[Chin J Microsurg(Article in Chinese;No abstract available)],2003,26(4):272. DOI:10.3760/cma.j.issn.1001-2036.2003.04.038.}

[5924] 傅小宽，庄永青，李小军，杨样健，杜冬，陈振鹤. 手背 U-Ⅰ型血管蒂岛状皮瓣的临床应用 [J]. 中华手外科杂志，2003，19（4）：18-19. {FU Xiaokuan,ZHUANG Yongqing,LI Xiaojun,YANG Zejian,DU Dong,CHEN Zhenhe. Clinical application of U-Ⅰ shaped vascular pedicled island flap in dorsal hand[J]. Zhonghua Shou Wai Ke Za Zhi[Chin J Hand Surg(Article in Chinese;Abstract in Chinese and English)],2003,19(4):18-19.}

[5925] 朱再生，张心男，王建平，徐智慧. 袖状血管蒂岛状皮瓣一期修复重度尿道下裂 13 例报告 [J]. 中华泌尿外科杂志，2003，24（6）：376-376. DOI: 10.3760/j: issn: 1000-6702.2003.06.031. {ZHU Zaisheng,ZHANG Xinnan,WANG Jianping,XU Zhihui. One stage repair of severe hypospadias with sleeve vascular pedicle island flap:a report of 13 cases[J]. Zhonghua Mi Niao Wai Ke Za Zhi[Chin J Urol(Article in Chinese;No abstract available)],2003,24(6):376-376. DOI:10.3760/j:issn:1000-6702.2003.06.031.}

[5926] 聂海波，何恢绪，胡卫列，吕军，李清荣，黄孝庭，王尉，姚华强，张小明. 阴囊中隔肉膜蒂皮瓣治疗复杂性后尿道闭锁 15 年经验（附 32 例报告）[J]. 中华泌尿外科杂志，2003，24（6）：406-408. DOI: 10.3760/j: issn: 1000-6702.2003.06.015. {NIE Haibo,HE Huixu,HU Weilie,LV Jun,LI Qingrong,HUANG Xiaoting,WANG Wei,YAO Huaqiang,ZHANG Xiaoming. Dartos island skin flap in one-stage urethroplasty for complex posterior urethral obliteration[J]. Zhonghua Mi Niao Wai Ke Za Zhi[Chin J Urol(Article in Chinese;Abstract in Chinese and English)],2003,24(6):406-408. DOI:10.3760/j:issn:1000-6702.2003.06.015.}

[5927] 刘旭盛，李江，田彤，高玉宝，蒋树岗，毕军海. 超比例腹部带蒂皮瓣延迟修复右腕部电击伤一例 [J]. 中华烧伤杂志，2003，19（3）：144. DOI: 10.3760/cma.j.issn.1009-2587.2003.03.026. {LIU Xusheng,LI Jiang,TIAN Tong,GAO Yubao,JIANG Shugang,BI Junhai. Delayed repair of right wrist electrical injury with super proportion abdominal pedicle flap:a case report[J]. Zhonghua Shao Shang Za Zhi[Chin J Burns(Article in Chinese;No abstract available)],2003,19(3):144. DOI:10.3760/cma.j.issn.1009-2587.2003.03.026.}

[5928] 郑少萍，郭树忠. bFGF 和硫糖铝联合局部应用对皮瓣断蒂时间的影响 [J]. 中华整形外科杂志，2003，19（1）：71-72. DOI: 10.3760/j.issn: 1009-4598.2003.01.028. {ZHENG Shaoping,GUO Shuzhong. Effective study on bFGF and sucralfate combined use in local application on the pedicle amputation time of flap[J]. Zhonghua Zheng Xing Wai Ke Za Zhi[Chin J Plast Surg(Article in Chinese;No abstract available)],2003,19(1):71-72. DOI:10.3760/j.issn:1009-4598.2003.01.028.}

[5929] 毛运春，朱晓峰，王宇. 菱形去表皮皮下蒂皮瓣支撑法矫正乳头内陷 [J]. 中华整形外科杂志，2003，19（2）：126-128. DOI: 10.3760/j.issn: 1009-4598.2003.02.016. {MAO Yunchun,ZHU Xiaofeng,WANG Yu. Correction of nipple depression by using rhomboid de-epithelialized subcutaneous flaps[J]. Zhonghua Zheng Xing Wai Ke Za Zhi[Chin J Plast Surg(Article in Chinese;Abstract in Chinese and English)],2003,19(2):126-128. DOI:10.3760/j.issn:1009-4598.2003.02.016.}

[5930] 姜凯，丁小珩，刘正启，付波. 带蒂皮瓣修复手指创面及感觉重建 [J]. 中华整形外科杂志，2003，19(2)：156-157. DOI: 10.3760/j.issn: 1009-4598.2003.02.036. {JIANG Kai,DING Xiaoheng,LIU Zhengqi,FU Bo. Repair of finger wound with pedicled skin flap and sensory reconstruction[J]. Zhonghua Zheng Xing Wai Ke Za Zhi[Chin J Plast Surg(Article in Chinese;No abstract available)],2003,19(2):156-157. DOI:10.3760/j.issn:1009-4598.2003.02.036.}

[5931] 万德炎，江庆斌，杨东杰. 阴囊正中带蒂皮瓣修复尿道下裂的临床研究 [J]. 局解手术学杂志，2003，12（4）：264-265. DOI: 10.3969/j.issn.1672-5042.2003.04.008. {WAN Deyan,JIANG Qingbin,YANG Dongjie. Clinical study of one-stage repairing of hyposadies by scrotal septal skin flap[J]. Ju Jie Shou Shu Xue Za Zhi[J Reg Anat Oper Surg(Article in Chinese;Abstract in Chinese and English)],2003,12(4):264-265. DOI:10.3969/j.issn.1672-5042.2003.04.008.}

[5932] 许家汉，何恢绪. 阴囊中隔肉膜蒂皮瓣尿道上裂一期成形术（附 14 例报告）[J]. 解放军医学杂志，2003，28（2）：150. DOI: 10.3321/j.issn: 0577-7402.2003.02.036. {XU Jiahan,HE Huixu. Abdominoplasty for supraurethral cleft of the scrotal septal pedicle flap:a report of 14 cases[J]. Jie Fang Jun Yi Xue Za Zhi[Med J Chin PLA(Article in Chinese;No abstract available)],2003,28(2):150. DOI:10.3321/j.issn:0577-7402.2003.02.036.}

[5933] 庞德仁，李华贵，杨爱云，王宏光. T 型短节段胫后血管为蒂的内踝上皮瓣移植的临床应用 [J]. 中国修复重建外科杂志，2003，17（3）：268. {PANG Deren,LI Huagui,YANG Aiyun,WANG Hongguang. Clinical application of T-shaped short segment medial supramalleolar flap pedicled with posterior tibial vessels[J]. Zhongguo Xiu Fu Chong Jian Wai Ke Za Zhi[Chin J Repar Reconstr Surg(Article in Chinese;No abstract available)],2003,17(3):268.}

[5934] 姜佩珠，蔡培华，孙鲁源. 带血管蒂漂浮指皮甲瓣转移矫正复拇指畸形 [J]. 中华手外科杂志，2004，20（3）：6-7. {JIANG Peizhu,CAI Peihua,SUN Luyuan. Transfer of vascularized floating fingernail flap for thumb deformity[J]. Zhonghua Shou Wai Ke Za Zhi[Chin J Hand Surg(Article in Chinese;Abstract in Chinese)],2004,20(3):6-7.}

[5935] 巨积辉，侯瑞兴，赵强，吴长春，朱云. 长血管蒂皮瓣移植修复再植小腿创面八例 [J]. 中华显微外科杂志，2004，27（4）：302-303. DOI: 10.3760/cma.j.issn.1001-2036.2004.04.031. {JU Jihui,HOU Ruixing,ZHAO Qiang,WU Changchun,ZHU Yun. Leg wounds repair with long vessel pedicle flap transplantation:a report of 8 cases[J]. Zhonghua Xian Wei Wai Ke Za Zhi[Chin J Microsurg(Article in Chinese;Abstract in Chinese)],2004,27(4):302-303. DOI:10.3760/cma.j.issn.1001-2036.2004.04.031.}

[5936] 张少成，郭福玲，张雪松，马玉海，潘永太，麻文谦，刘传法. 带蒂肌膜瓣重建神经外膜的临床研究 [J]. 中华手外科杂志，2004，20（1）：29-30. {ZHANG Shaocheng,GUO Fuling,ZHANG Xuesong,MA Yuhai,PAN Yongtai,MA Wenqian,LIU Chuanfa. Clinical study of nerve adventitia reconstruction with pedicled myomembranous flap[J]. Zhonghua Shou Wai Ke Za Zhi[Chin J Hand Surg(Article in Chinese;Abstract in Chinese)],2004,20(1):29-30.}

[5937] 朱辉，蔡志明，龙云，宋博，冯子毅，叶炯贤，龙道畴. 阴茎海绵体延伸加带蒂皮瓣转移治疗不完全性阴茎缺损（附 42 例报告）[J]. 中华泌尿外科杂志，2004，25（7）：481-484. DOI: 10.3760/j: issn: 1000-6702.2004.07.014. {ZHU Hui,CAI Zhiming,LONG Yun,SONG Bo,FENG Ziyi,YE Jiongxian,LONG Daochou. Reconstruction of penile partial defect with corpora cavernosa lengthening and pedicle skin flap transferring (report of 42 cases)[J]. Zhonghua Mi Niao Wai Ke Za Zhi[Chin J Urol(Article in Chinese;Abstract in Chinese and English)],2004,25(7):481-484. DOI:10.3760/j:issn:1000-6702.2004.07.014.}

[5938] 陈伟华，吕远东，翟舒娅，刁志勇. 外上侧真皮腺体蒂皮瓣缩乳术 [J]. 中华整形外科杂志，2004，20（1）：16-17. DOI: 10.3760/j.issn: 1009-4598.2004.01.005. {CHEN Weihua,LV Yuandong,DI Shuya,DIAO Zhiyong. Reduction mammaplasty with the superior-lateral dermo-glandular pedicle[J]. Zhonghua Zheng Xing Wai Ke Za Zhi[Chin J Plast Surg(Article in Chinese;Abstract in Chinese and English)],2004,20(1):16-17. DOI:10.3760/j.issn:1009-4598.2004.01.005.}

[5939] 张群，杨川. 双菱形去表皮皮下蒂皮瓣推进转移治疗先天性乳头内陷 [J]. 中华整形外科杂志，2004，20(1)：21-23. DOI: 10.3760/j.issn: 1009-4598.2004.01.007. {ZHANG Qun,YANG Chuan. Correction of congenital nipple inversion with bilateral rhombus deepithelialized subcutaneous pedicle skin flaps and continuous traction[J]. Zhonghua Zheng Xing Wai Ke Za Zhi[Chin J Plast Surg(Article in Chinese;Abstract in Chinese and English)],2004,20(1):21-23. DOI:10.3760/j.issn:1009-4598.2004.01.007.}

[5940] 靳小雷，刘元波，徐军，穆兰花，朱晓峰，晏晓青，杨红岩，于浩. 扩张的腹壁双蒂皮瓣修复前臂环状皮肤软组织缺损 [J]. 中华整形外科杂志，2004，20（1）：76-77. DOI: 10.3760/j.issn: 1009-4598.2004.01.030. {JIN Xiaolei,LIU Yuanbo,XU Jun,MU Lanhua,ZHU Xiaofeng,YAN Xiaoqing,YANG Hongyan,YU Hao. Expanded double pedicled flap of abdominal wall for circular skin and soft tissue defect of forearm repair[J]. Zhonghua Zheng Xing Wai Ke Za Zhi[Chin J Plast Surg(Article in Chinese;No abstract available)],2004,20(1):76-77. DOI:10.3760/j.issn:1009-4598.2004.01.030.}

[5941] 邵家松，岳毅刚，周海. 应用下部蒂经乳腺上部皮瓣隧道行乳房肥大缩小术 17 例 [J]. 中华整形外科杂志，2004，20（4）：315-316. DOI: 10.3760/j.issn: 1009-4598.2004.04.029. {SHAO Jiasong,YUE Yigang,ZHOU Hai. Application of lower pedicle through the upper breast flap tunnel for breast hypertrophy reduction:a report of 17 cases[J]. Zhonghua Zheng Xing Wai Ke Za Zhi[Chin J Plast Surg(Article in Chinese;No abstract available)],2004,20(4):315-316. DOI:10.3760/j.issn:1009-4598.2004.04.029.}

[5942] 关志广，张治平，梁耀婵，黄雁翔. 不同形状的侧颌颈部窄蒂皮瓣的临床应用 [J]. 中华整形外科杂志，2004，20（6）：475-476. DOI: 10.3760/j.issn: 1009-4598.2004.06.024. {GUAN Zhiguang,ZHANG Zhiping,LIANG Yaochan,HUANG Yanxiang. Different shapes of lateral maxillocervical narrow pedicle flap[J]. Zhonghua Zheng Xing Wai Ke Za Zhi[Chin J Plast Surg(Article in Chinese;No abstract available)],2004,20(6):475-476. DOI:10.3760/j.issn:1009-4598.2004.06.024.}

[5943] 彭丽君，王旭，朱金星，周晓勇，尹国勇，于培俊. 刺五加生脉注射液对提高超薄超长带蒂皮瓣成活的临床研究 [J]. 中国骨伤，2004，17（11）：668-670. DOI: 10.3969/j.issn.1003-0034.2004.11.010. {PENG Lijun,WANG Xu,ZHU Jinxing,ZHOU Xiaoyong,YIN Guoyong,YU Peijun. Clinical application of the Ciwujia Shengmai injection for increasing survive rate of the thiner and longer pedicle randomized flap transfer[J]. Zhongguo Gu Shang[China J Orthop Trauma(Article in Chinese;Abstract in Chinese and English)],2004,17(11):668-670. DOI:10.3969/j.issn.1003-0034.2004.11.010.}

[5944] 殷中罡，阚世廉，张宝贵，张建兵，韩力，费起礼. 带蒂岛状皮瓣修复手部创面 [J]. 实用手外科杂志，2004，18（1）：23-24. DOI: 10.3969/j.issn.1671-2722.2004.01.011. {YIN Zhonggang,MIN Shilian,ZHANG Baogui,ZHANG Jianbing,HAN Li,FEI Qili. Repair of soft tissue defect of hand with pedicle island flap[J]. Shi Yong Shou Wai Ke Za Zhi[Chin J Pract Hand Surg(Article in Chinese;Abstract in Chinese and English)],2004,18(1):23-24. DOI:10.3969/j.issn.1671-2722.2004.01.011.}

[5945] 钱云良，张余光，章一新，王文革. 下肢单蒂多组织瓣游离移植一期修复烧伤手畸形 [J]. 中国修复重建外科杂志，2004，18（3）：184-186. {QIAN Yunliang,ZHANG Yuguang,ZHANG Yixin,WANG Wenge. Free multiple flaps of lower extremity for severly burned hand reconstruction[J]. Zhongguo Xiu Fu Chong Jian Wai Ke Za Zhi[Chin J Repar Reconstr Surg(Article in Chinese;Abstract in Chinese and English)],2004,18(3):184-186.}

[5946] 樊雄，李春，谢敏，林涛，张敏. 应用小腿内侧带血管蒂皮瓣治疗足、踝、小腿、膝部大面积软组织缺损骨肌腱外露 12 例 [J]. 中国骨伤，2005，18（9）：564-565. {FAN Xiong,LI Chun,XIE Min,LIN Tao,ZHANG Min. Inside vascularized skin flap of lge for the treatment of a large area soft tissue defect combined with exposure of bone and muscle tendon in feet,ankles,legs and knees:a report of 12 patients[J]. Zhongguo Gu Shang[China J Orthop Trauma(Article in Chinese;Abstract in Chinese and English)],2005,18(9):564-565.}

[5947] 柴益民，马心赤，陈世强，林崇正，王快胜，陈汉东，陈彦堃. 足底内侧动脉分支带蒂皮瓣的临床研究 [J]. 中华显微外科杂志，2005，28（3）：194-196. DOI: 10.3760/cma.j.issn.1001-2036.2005.03.002. {CHAI Yimin,MA Xinchi,CHEN Shiqiang,LIN Chongzheng,WANG Kuaisheng,CHEN Handong,CHEN Yankun. Clinical application of series flaps based on the medial plantar artery and its cutaneous branches[J]. Zhonghua Xian Wei Wai Ke Za Zhi[Chin J Microsurg(Article in Chinese;Abstract in Chinese and English)],2005,28(3):194-196. DOI:10.3760/cma.j.issn.1001-2036.2005.03.002.}

[5948] 李隆慧，韩国华，李铎，孔祥飞，郑良国，丁明，邵长胜，扈全德. 足部逆行血管蒂皮瓣修复前足皮肤缺损 [J]. 临床骨科杂志，2005，8（1）：17-18. DOI: 10.3969/j.issn.1008-0287.2005.01.006. {LI Longhui,HAN Guohua,LI Ze,KONG Xiangfei,ZHENG Liangguo,DING Ming,SHAO Changsheng,HU Quande. Treatment of forefoot cutaneous defect with retrograde foot vascularized flap transposition[J]. Lin Chuang Gu Ke Za Zhi[J Clin

Orthop(Article in Chinese;Abstract in Chinese and English)],2005,8(1):17-18. DOI:10.3969/j.issn.1008-0287.2005.01.006.}

[5949] 张世民，袁锋，俞光荣，李海丰，周家钤，张峰. 远端蒂拇指背尺侧皮瓣修复指端缺损及静脉回流 [J]. 中国临床解剖学杂志，2005，23（2）：206–208. DOI：10.3969/j.issn.1001–165X.2005.02.024. {ZHANG Shimin,YUAN Feng,YU Guangrong,LI Haifeng,ZHOU Jiaqian,ZHANG Feng. Distally based dorso-ulnar neurovenocutaneous flap of the thumb for fingertip reconstruction and its venous drainage[J]. Zhongguo Lin Chuang Jie Pou Xue Za Zhi[Chin J Clin Anat(Article in Chinese;Abstract in Chinese and English)],2005,23(2):206-208. DOI:10.3969/j.issn.1001-165X.2005.02.024.}

[5950] 李文庆，朱小弟，张鹏，王文胜，杨涛，陈传煌，惠明，王利，宫云霞. 手部加长血管蒂皮瓣修复手指中节以远软组织缺损 [J]. 中华骨科杂志，2005，25（6）：349–352. DOI：10.3760/j.issn：0253–2352.2005.06.006. {LI Wenqing,ZHU Xiaodi,ZHANG Peng,WANG Wensheng,YANG Tao,CHEN Chuanhuang,HUI Ming,WANG Li,GONG Yunxia. Repair of the soft tissue defect distal to the middle segment of finger with the lengthened vascular pedicled flaps in hand[J]. Zhonghua Gu Ke Za Zhi[Chin J Orthop(Article in Chinese;Abstract in Chinese and English)],2005,25(6):349-352. DOI:10.3760/j.issn:0253-2352.2005.06.006.}

[5951] 李光早，徐静，胡鸿泰，张莉，王琛. 指背血管蒂岛状皮瓣修复拇指组织缺损 [J]. 中华显微外科杂志，2005，28（3）：205–207. DOI：10.3760/cma.j.issn.1001–2036.2005.03.006. {LI Guangzao,XU Jing,HU Hongtai,ZHANG Li,WANG Shen. Vascular basis and clinical application of dorsal digital flaps for covering thumb soft tissue defects[J]. Zhonghua Xian Wei Wai Ke Za Zhi[Chin J Microsurg(Article in Chinese;Abstract in Chinese and English)],2005,28(3):205-207. DOI:10.3760/cma.j.issn.1001-2036.2005.03.006.}

[5952] 林松庆，徐皓，谢文彬，张发惠，唐焕章. 邻近非主干血管蒂（肌）皮瓣转移修复小腿中下段软组织缺损 [J]. 中华显微外科杂志，2005，28（4）：305–306. DOI：10.3760/cma.j.issn.1001–2036.2005.04.006. {LIN Songqing,XU Hao,XIE Wenbin,ZHANG Fahui,TANG Huanzhang. The flap transferred adjacent non-main vessel pedicle repairing soft tissue defect of one-third lower leg[J]. Zhonghua Xian Wei Wai Ke Za Zhi[Chin J Microsurg(Article in Chinese;Abstract in Chinese and English)],2005,28(4):305-306. DOI:10.3760/cma.j.issn.1001-2036.2005.04.006.}

[5953] 吕俊忠，王守东，陈恩典. 带血管蒂皮瓣转移治疗四肢创伤 28 例分析 [J]. 中华实验外科杂志，2005，22（7）：875. DOI：10.3760/j.issn：1001–9030.2005.07.047. {LV Junzhong,WANG Shoudong,CHEN Endian. Vascular pedicle flap transfer in the treatment of limb trauma:a report of 28 cases[J]. Zhonghua Shi Yan Wai Ke Za Zhi[Chin J Exp Surg(Article in Chinese;No abstract available)],2005,22(7):875. DOI:10.3760/j.issn:1001-9030.2005.07.047.}

[5954] 蔡伟力，孔繁山，范勇. 带蒂阴囊肉膜瓣一期修复尿道下裂 15 例报告 [J]. 中华泌尿外科杂志，2005，26（4）：239. DOI：10.3760/j：issn：1000–6702.2005.04.029. {CAI Weili,KONG Fanshan,FAN Yong. One stage repair of hypospadias with pedicled scrotal sarcoplasmic flap:a report of 15 cases[J]. Zhonghua Mi Niao Wai Ke Za Zhi[Chin J Urol(Article in Chinese;No abstract available)],2005,26(4):239. DOI:10.3760/j:issn:1000-6702.2005.04.029.}

[5955] 方乃成，邵高峰，何玉领，杜国森，赵明，陈江利，陈飞，金星火，杨刚，王马军. 带蒂标准外伤大骨瓣治疗重型颅脑外伤 [J]. 中华神经外科杂志，2005，21（9）：545. DOI：10.3760/j.issn：1001–2346.2005.09.023. {FANG Naicheng,SHAO Gaofeng,HE Yuling,DU Guosen,ZHAO Ming,CHEN Jiangli,CHEN Fei,JIN Xinghuo,YANG Gang,WANG Majun. Treatment of severe traumatic brain injury with standard pedicled large trauma bone flap[J]. Zhonghua Shen Jing Wai Ke Za Zhi[Chin J Neurosurg(Article in Chinese;No abstract available)],2005,21(9):545. DOI:10.3760/j.issn:1001-2346.2005.09.023.}

[5956] 刘忠武. 纵行带蒂岛状皮瓣尿道下裂修复术的疗效观察 [J]. 中华男科学杂志，2005，11（10）：790–791. {LIU Zhongwu. Clinical observation of longitudinal pedicle island flap for hypospadias repair[J]. Zhonghua Nan Ke Xue Za Zhi[Natl J Androl(Article in Chinese;No abstract available)],2005,11(10):790-791.}

[5957] 刘帅明，佘凌云，曲玉兰. 腹部带蒂皮瓣断蒂同时进行腹壁整形 12 例 [J]. 中华烧伤杂志，2005，21（2）：103. DOI：10.3760/cma.j.issn.1009–2587.2005.02.023. {LIU Shuaiming,SHE Lingyun,QU Yulan. Same stage pedicled skin flap of abdomen amputation and abdominal wall plastic[J]. Zhonghua Shao Shang Za Zhi[Chin J Burns(Article in Chinese;No abstract available)],2005,21(2):103. DOI:10.3760/cma.j.issn.1009-2587.2005.02.023.}

[5958] 王晓军，刘志飞，曾昂，赵玉明，杨红岩，晏晓青，张海林，乔群. 应用 SMAS 蒂岛状皮瓣修复面部皮肤缺损 [J]. 中华整形外科杂志，2005，21（3）：216–217. DOI：10.3760/j.issn：1009–4598.2005.03.019. {WANG Xiaojun,LIU Zhifei,ZENG Ang,ZHAO Yuming,YANG Hongyan,YAN Xiaoqing,ZHANG Hailin,QIAO Qun. Repair of facial skin defect with a skin flap of SMAS pedicle[J]. Zhonghua Zheng Xing Wai Ke Za Zhi[Chin J Plast Surg(Article in Chinese;Abstract in Chinese and English)],2005,21(3):216-217. DOI:10.3760/j.issn:1009-4598.2005.03.019.}

[5959] 胡鸿泰，陈黎华，刘文超，黄群武. 指掌横支血管蒂指掌侧皮瓣修复指端缺损 [J]. 中华整形外科杂志，2005，21（5）：353–355. DOI：10.3760/j.issn：1009–4598.2005.05.010. {HU Hongtai,CHEN Lihua,LIU Wenchao,HUANG Qunwu. Fingertip reconstruction using a volar flap based on the transverse palmar branch of the digital artery[J]. Zhonghua Zheng Xing Wai Ke Za Zhi[Chin J Plast Surg(Article in Chinese;Abstract in Chinese and English)],2005,21(5):353-355. DOI:10.3760/j.issn:1009-4598.2005.05.010.}

[5960] 杨荣华. 交锁髓内钉与带蒂皮瓣转移治疗小腿严重创伤 [J]. 临床骨科杂志，2005，8（5）：439–441. DOI：10.3969/j.issn.1008–0287.2005.05.023. {YANG Ronghua. Treatment of severe leg injuries with interlocking intramedullary nailing and pedicled flap transplantation[J]. Lin Chuang Gu Ke Za Zhi[J Clin Orthop(Article in Chinese;Abstract in Chinese and English)],2005,8(5):439-441. DOI:10.3969/j.issn.1008-0287.2005.05.023.}

[5961] 黄书润，李小毅，黄顺红. 线扎逐步缩窄蒂部法行皮瓣早期断蒂的临床应用 [J]. 创伤外科杂志，2005，7（4）：277–278. DOI：10.3969/j.issn.1009–4237.2005.04.014. {HUANG Shurun,LI Xiaoyi,HUANG Shunhong. Clinical application of early cut-off of skin flap by ligation to make pedicle narrow[J]. Chuang Shang Wai Ke Za Zhi[J Traum Surg(Article in Chinese;Abstract in Chinese and English)],2005,7(4):277-278. DOI:10.3969/j.issn.1009-4237.2005.04.014.}

[5962] 赵民，邵新中，田德虎，张继春，韩久卉，张克亮，韩金豹. 前臂远端复合血管网蒂带皮瓣的血供特点及应用 [J]. 实用手外科杂志，2005，19（2）：70–71. DOI：10.3969/j.issn.1671–2722.2005.02.002. {ZHAO Min,SHAO Xinzhong,TIAN Dehu,ZHANG Jichun,HAN Jiuhui,ZHANG Keliang,HAN Jinbao. Blood supply to distally pedicled composite vascular net flap of forearm and its clinical application[J]. Shi Yong Shou Wai Ke Za Zhi[Chin J Pract Hand Surg(Article in Chinese;Abstract in Chinese and English)],2005,19(2):70-71. DOI:10.3969/j.issn.1671-2722.2005.02.002.}

[5963] 黄书润，李小毅. 带蒂皮瓣修复手腕部创面方法的改进 [J]. 解放军医学杂志，2005，30（3）：272. DOI：10.3321/j.issn：0577–7402.2005.03.031. {HUANG Shurun,LI Xiaoyi. Improved method of wrist wound repair with pedicled flap[J]. Jie Fang Jun Yi Xue Za Zhi[Med J Chin PLA(Article in Chinese;No abstract available)],2005,30(3):272. DOI:10.3321/j.issn:0577-7402.2005.03.031.}

[5964] 赵怡芳，张文峰，赵吉宏，李祖兵，何三纲. 颈部带蒂组织瓣修复口腔颌面部肿瘤切除术后软组织缺损 [J]. 中国修复重建外科杂志，2005，19（10）：780–783. {ZHAO Yifang,ZHANG Wenfeng,ZHAO Jihong,LI Zubing,HE Sangang. Reconstruction of soft tissue defects in oral and maxillofacial regions after tumors surgery using cervical pedicle tissue flaps[J]. Zhongguo Xiu Fu Chong Jian Wai Ke Za Zhi[Chin J Repar Reconstr Surg(Article in Chinese;Abstract in Chinese and English)],2005,19(10):780-783.}

[5965] 舒衡生，张铁良，马宝通，阚世廉，张建国，于建华，金硕，孙杰，林枫松，崔玉杰，马晓冬. 带蒂皮瓣治疗小腿和足踝部皮肤软组织缺损 [J]. 中华骨科杂志，2006，26（6）：386–389. DOI：10.3760/j.issn：0253–2352.2006.06.006. {SHU Hengsheng,ZHANG Tieliang,MA Baotong,MIN Shilian,ZHANG Jianguo,YU Jianhua,JIN Shuo,SUN Jie,LIN Fengsong,CUI Yujie,MA Xiaodong. The operative treatment of the lower leg,ankle and foot soft tissue defects[J]. Zhonghua Gu Ke Za Zhi[Chin J Orthop(Article in Chinese;Abstract in Chinese and English)],2006,26(6):386-389. DOI:10.3760/j.issn:0253-2352.2006.06.006.}

[5966] 廖苏平，杨中华，李凡，危雷，吴波，刘俊，冯俊. 血管移植加长血管蒂游离皮瓣移植治疗大面积皮肤缺损 [J]. 中华骨科杂志，2006，26（2）：114–117. DOI：10.3760/j.issn：0253–2352.2006.02.010. {LIAO Suping,YANG Zhonghua,LI Fan,WEI Lei,WU Bo,LIU Jun,FENG Jun. Repairing the large skin defect by transplantation of the free lengthened vascular pedicel flap[J]. Zhonghua Gu Ke Za Zhi[Chin J Orthop(Article in Chinese;Abstract in Chinese and English)],2006,26(2):114-117. DOI:10.3760/j.issn:0253-2352.2006.02.010.}

[5967] 柳昊，叶澄宇，魏立坤，张怀保，张发惠，郑和平. 隐神经－大隐静脉营养血管远端蒂复合瓣的临床应用 [J]. 中华显微外科杂志，2006，29（3）：186–188，插图 3. DOI：10.3760/cma.j.issn.1001–2036.2006.03.009. {LIU Hao,YE Chengyu,WEI Likun,ZHANG Huaibao,ZHANG Fahui,ZHENG Heping. Clinical application of the compound flap of distally based of saphenous nerve-great saphenous vein nutritional vessels[J]. Zhonghua Xian Wei Wai Ke Za Zhi[Chin J Microsurg(Article in Chinese;Abstract in Chinese and English)],2006,29(3):186-188,insert 3. DOI:10.3760/cma.j.issn.1001-2036.2006.03.009.}

[5968] 李永廉，孟然. 带蒂阴囊 L 形皮瓣转位一期修复尿道下裂 [J]. 中华显微外科杂志，2006，29（4）：319–320. DOI：10.3760/cma.j.issn.1001–2036.2006.04.037. {LI Yonglian,MENG Ran. One stage repair of hypospadias with pedicled scrotal l L-shaped flap[J]. Zhonghua Xian Wei Wai Ke Za Zhi[Chin J Microsurg(Article in Chinese;Abstract in Chinese)],2006,29(4):319-320. DOI:10.3760/cma.j.issn.1001-2036.2006.04.037.}

[5969] 胡军，何明武，姚忠军，赵猛，严永祥. 改进腹部单蒂双叶皮瓣治疗手指贯通伤 [J]. 中华显微外科杂志，2006，29（5）：394. DOI：10.3760/cma.j.issn.1001–2036.2006.05.034. {HU Jun,HE Mingwu,YAO Zhongjun,ZHAO Meng,YAN Yongxiang. Improved abdominal single pedicled bilobed flap for penetrating injury of fingers[J]. Zhonghua Xian Wei Wai Ke Za Zhi[Chin J Microsurg(Article in Chinese;No abstract available)],2006,29(5):394. DOI:10.3760/cma.j.issn.1001-2036.2006.05.034.}

[5970] 潘勇卫，田光磊. 带蒂皮瓣移植修复手部创面 [J]. 中华手外科杂志，2006，22（5）：263–266. DOI：10.3760/cma.j.issn.1005–054X.2006.05.003. {PAN Yongwei,TIAN Guanglei. Distant pedicle flaps for soft tissue coverage of the hands[J]. Zhonghua Shou Wai Ke Za Zhi[Chin J Hand Surg(Article in Chinese;Abstract in Chinese and English)],2006,22(5):263-266. DOI:10.3760/cma.j.issn.1005-054X.2006.05.003.}

[5971] 郑永生，孙强，马涛，胡晓春，杜岩，赵雁. 眼轮匝肌蒂皮瓣在眼睑皮肤缺损修复中的应用 [J]. 中华整形外科杂志，2006，22（1）：77–78. DOI：10.3760/j.issn：1009–4598.2006.01.022. {ZHENG Yongsheng,SUN Qiang,MA Tao,HU Xiaochun,DU Yan,ZHAO Yan. Application of orbicularis oculi myocutaneous flap in eyelid skin defect repair[J]. Zhonghua Zheng Xing Wai Ke Za Zhi[Chin J Plast Surg(Article in Chinese;No abstract available)],2006,22(1):77-78. DOI:10.3760/j.issn:1009-4598.2006.01.022.}

[5972] 赵天兰，程新德，葛树星，王怀谷，李旭文. 以睑缘动脉弓为蒂的眼睑推进瓣的临床应用 [J]. 中华整形外科杂志，2006，22（6）：439–441. DOI：10.3760/j.issn：1009–4598.2006.06.012. {ZHAO Tianlan,CHENG Xinde,GE Shuxing,WANG Huaigu,LI Xuwen. Clinic application of compound flap pedicled with arterial arch of palpebral margin[J]. Zhonghua Zheng Xing Wai Ke Za Zhi[Chin J Plast Surg(Article in Chinese;Abstract in Chinese and English)],2006,22(6):439-441. DOI:10.3760/j.issn:1009-4598.2006.06.012.}

[5973] 李宗宝，赵风林，吴德富，王文德. 桡神经浅支营养血管蒂逆行岛状薄皮瓣修复手背创面 12 例 [J]. 中华整形外科杂志，2006，22（6）：476–477. DOI：10.3760/j.issn：1009–4598.2006.06.027. {LI Zongbao,ZHAO Fenglin,WU Defu,WANG Wende. Reverse island flap pedicled with nutrient vessel of superficial branch in radial nerve for dorsal hand wounds repair:a report of 12 cases[J]. Zhonghua Zheng Xing Wai Ke Za Zhi[Chin J Plast Surg(Article in Chinese;No abstract available)],2006,22(6):476-477. DOI:10.3760/j.issn:1009-4598.2006.06.027.}

[5974] 余发强. 胸腹带蒂皮瓣修复软组织缺损、骨外露 33 例 [J]. 组织工程与重建外科杂志，2006，2（4）：210–211. DOI：10.3969/j.issn.1673–0364.2006.04.010. {YU Faqiang. Chest-abdominal pedicled flap for repairing soft tissue defect[J]. Zu Zhi Gong Cheng Yu Chong Jian Wai Ke Za Zhi[J Tissue Eng Reconstr Surg(Article in Chinese;Abstract in Chinese and English)],2006,2(4):210-211. DOI:10.3969/j.issn.1673-0364.2006.04.010.}

[5975] 陆伟，吕军. 会阴双引流包皮及阴囊带蒂皮瓣一期修复尿道下裂 [J]. 中华医学杂志，2006，86（44）：3156–3157. DOI：10.3760/j：issn：0376–2491.2006.44.015. {LU Wei,LV Jun. One stage repair of hypospadias with perineal double drainage foreskin and scrotal band pedicle flap[J]. Zhonghua Yi Xue Za Zhi[Natl Med J China(Article in Chinese;No abstract available)],2006,86(44):3156-3157. DOI:10.3760/j:issn:0376-2491.2006.44.015.}

[5976] 陈文，李森恺，杨明勇，李强. 尿道口蒂皮瓣与口腔黏膜联合一期修复尿道下裂 [J]. 中国修复重建外科杂志，2006，20（3）：220–222. {CHEN Wen,LI Senkai,LI Yangqun,YANG Mingyong,LI Qiang. One stage repair of hypospadias using meatal-based flap overlapping with buccal mucosal graft[J]. Zhongguo Xiu Fu Chong Jian Wai Ke Za Zhi[Chin J Repar Reconstr Surg(Article in Chinese;Abstract in Chinese and English)],2006,20(3):220-222.}

[5977] 任志勇，杜玲，魏长月，王辉，李永江，黄现峰. 手及前臂带蒂组织瓣移植手术失败原因与防治对策 [J]. 中华显微外科杂志，2007，30（1）：65–66. DOI：10.3760/cma.j.issn.1001–2036.2007.01.025. {REN Zhiyong,DONG Ling,WEI Changyue,WANG Hui,LI Yongjiang,HUANG Xianfeng. Failure causes and prevention in pedicled tissue flap transplantation of hand and forearm[J]. Zhonghua Xian Wei Wai Ke Za Zhi[Chin J Microsurg(Article in Chinese;Abstract in Chinese)],2007,30(1):65-66. DOI:10.3760/cma.j.issn.1001-2036.2007.01.025.}

[5978] 朱生云，李建华. 应用带蒂阴囊纵隔皮瓣修复尿道下裂的远期疗效 [J]. 中华显微外科杂志，2007，30（4）：314–315. DOI：10.3760/cma.j.issn.1001–2036.2007.04.034. {ZHU Shengyun,LI Jianhua. Long term results of repairing hypospadias with pedicled scrotal mediastinal flap[J]. Zhonghua Xian Wei Wai Ke Za Zhi[Chin J Microsurg(Article in Chinese;Abstract in Chinese)],2007,30(4):314-315. DOI:10.3760/cma.j.issn.1001-2036.2007.04.034.}

[5979] 王玉召，丘奕军，汪伟基，张岩峰，闫国良，许春旺，陈靖. 第二掌骨远端血管蒂骨瓣移植治疗舟状骨骨折后骨不连 [J]. 中华显微外科杂志，2007，30（5）：322. DOI：10.3760/cma.j.issn.1001–2036.2007.05.031. {WANG Yuzhao,QIU Yijun,WANG Weiji,ZHANG Yanfeng,YAN Guoliang,XU Chunwang,CHEN Jing. Vascularized bone flap of distal second metacarpal bone for scaphoid nonunion[J]. Zhonghua Xian Wei Wai Ke Za Zhi[Chin J Microsurg(Article in Chinese;No abstract available)],2007,30(5):322. DOI:10.3760/cma.j.issn.1001-2036.2007.05.031.}

[5980] 冯亚高，洪光祥. 头静脉－桡神经浅支营养血管蒂皮瓣修复手部皮肤缺损 [J]. 中华显微外科杂志，2007，30（5）：354–355. DOI：10.3760/cma.j.issn.1001–2036.2007.05.011. {FENG Yagao,HONG Guangxiang. Superficial branches of radial nerve-cephalic vein neuro-veno-fasciocutaneous flap for skin defects in hand[J]. Zhonghua Xian Wei Wai Ke Za Zhi[Chin J Microsurg(Article in Chinese;Abstract in Chinese and English)],2007,30(5):354-355. DOI:10.3760/cma.j.issn.1001-2036.2007.05.011.}

[5981] 王玉发，田恒，朱清远，李锐，张为众. 保留隐神经的隐神经营养血管蒂皮瓣的临床应用 [J]. 中华显微外科杂志，2007，30（6）：451-453. DOI：10.3760/cma.j.issn.1001-2036.2007.06.018. {WANG Yufa,TIAN Heng,ZHU Qingyuan,LI Rui,ZHANG Weizhong. Clinical application of saphenous nerve nutrient vessel pedicle flap with saphenous nerve preservation[J]. Zhonghua Xian Wei Wai Ke Za Zhi[Chin J Microsurg(Article in Chinese;Abstract in Chinese)],2007,30(6):451-453. DOI:10.3760/cma.j.issn.1001-2036.2007.06.018.}

[5982] 王文德，王鑫，赵亮，姚保兵，王统立. 带蒂邻指指动脉岛状皮瓣修复手指皮肤缺损 [J]. 中华手外科杂志，2007，23（1）：7. {WANG Wende,WANG Xin,ZHAO Liang,YAO Baobing,WANG Tongli. Repair of finger skin defect with pedicled adjacent digital artery island flap[J]. Zhonghua Shou Wai Ke Za Zhi[Chin J Hand Surg(Article in Chinese;No abstract available)],2007,23(1):7.}

[5983] 赵茂荣. 改良腹部双蒂皮瓣修复手指背重度热压伤十例 [J]. 中华烧伤杂志，2007，23（3）：207. DOI：10.3760/cma.j.issn.1009-2587.2007.03.024. {ZHAO Maorong. Modified double pedicled abdominal skin flap for severe hot crush injury of dorsal fingers repair:a report of 10 cases[J]. Zhonghua Shao Shang Za Zhi[Chin J Burns(Article in Chinese;No abstract available)],2007,23(3):207. DOI:10.3760/cma.j.issn.1009-2587.2007.03.024.}

[5984] 张强，谭伟兵，陈林林. 带蒂颊脂垫瓣在关闭腭裂鼻腔黏膜缺损中的应用 [J]. 中华整形外科杂志，2007，23（4）：350. DOI：10.3760/j.issn：1009-4598.2007.04.029. {ZHANG Qiang,TAN Weibing,CHEN Linlin. Application of pedicled buccal fat pad flap for nasal mucosa defect in cleft palate closure[J]. Zhonghua Zheng Xing Wai Ke Za Zhi[Chin J Plast Surg(Article in Chinese;No abstract available)],2007,23(4):350. DOI:10.3760/j.issn:1009-4598.2007.04.029.}

[5985] 魏学庆，胡思斌，沈国军. 双带蒂皮瓣治疗前臂软组织缺损 [J]. 中国骨伤，2007，20（6）：410-411. DOI：10.3969/j.issn.1003-0034.2007.06.023. {WEI Xueqing,HU Sibin,SHEN Guojun. Repair of soft tissue defect of distal forearm with two vascular pedicled flaps[J]. Zhongguo Gu Shang[China J Orthop Trauma(Article in Chinese;Abstract in Chinese and English)],2007,20(6):410-411. DOI:10.3969/j.issn.1003-0034.2007.06.023.}

[5986] 王相，邢志利，林涧，吴春，谢玲丽，应建军，金鑫，梅垚峰. 带血管蒂皮瓣在指腹缺损中的应用 [J]. 中国骨伤，2007，20（9）：614-615. DOI：10.3969/j.issn.1003-0034.2007.09.012. {WANG Xiang,XING Zhili,LIN Jian,WU Chun,XIE Lingli,YING Jianjun,JIN Xin,MEI Yaofeng. Application of skin flap with vascular pedicle to the repair of digital pulp defects[J]. Zhongguo Gu Shang[China J Orthop Trauma(Article in Chinese;Abstract in Chinese and English)],2007,20(9):614-615. DOI:10.3969/j.issn.1003-0034.2007.09.012.}

[5987] 姚建民，徐靖宏，赵风景，马亮，丁晟，徐一波，秦建华，田文欣. 腹部带蒂皮瓣翻转瓦合修复脱套手掌侧创面 [J]. 实用手外科杂志，2007，21（4）：201-202，封 3. DOI：10.3969/j.issn.1671-2722.2007.04.003. {YAO Jianmin,XU Jinghong,ZHAO Fengjing,MA Liang,DING Cheng,XU Yibo,QIN Jianhua,TIAN Wenxin. Abdominal flap with reversed folding pedical for repair ventral wounds of avulsion injury fingers[J]. Shi Yong Shou Wai Ke Za Zhi[Chin J Pract Hand Surg(Article in Chinese;Abstract in Chinese and English)],2007,21(4):201-202,cover 3. DOI:10.3969/j.issn.1671-2722.2007.04.003.}

[5988] 张功林，章鸣，郁辉，王千生，陈剑峰. 以足底深支为蒂的双叶皮瓣修复中、环指软组织缺损一例 [J]. 中华手外科杂志，2008，24（2）：92. DOI：10.3760/cma.j.issn.1005-054X.2008.02.028. {ZHANG Gonglin,ZHANG Ming,YU Hui,WANG Gansheng,CHEN Jianfeng. Bilobed flap pedicled with deep plantar branch for repairing soft tissue defect of middle and ring fingers:a case report[J]. Zhonghua Shou Wai Ke Za Zhi[Chin J Hand Surg(Article in Chinese;No abstract available)],2008,24(2):92. DOI:10.3760/cma.j.issn.1005-054X.2008.02.028.}

[5989] 潘希贵，管同勋，李亮，田万成. 多个带蒂岛状皮瓣同时修复多手指远侧皮肤缺损 [J]. 中华显微外科杂志，2008，31（1）：57-58. DOI：10.3760/cma.j.issn.1001-2036.2008.01.022. {PAN Xigui,GUAN Tongxun,LI Liang,TIAN Wancheng. Multiple pedicled island flaps for distal skin defects repair of multiple fingers at the same time[J]. Zhonghua Xian Wei Wai Ke Za Zhi[Chin J Microsurg(Article in Chinese;Abstract in Chinese)],2008,31(1):57-58. DOI:10.3760/cma.j.issn.1001-2036.2008.01.022.}

[5990] 李俊明，陈聚伍，郑水长，张云飞，李道选，胡军华. 带蒂微型皮瓣修复指端软组织缺损 [J]. 中国矫形外科杂志，2008，16（6）：463-464. {LI Junming,CHEN Juwu,ZHENG Shuichang,ZHANG Yunfei,LI Daoxuan,HU Junhua. Miniature pedicle flap repair treatment for the fingertip soft tissue defects[J]. Zhongguo Jiao Xing Wai Ke Za Zhi[Orthop J China(Article in Chinese;Abstract in Chinese and English)],2008,16(6):463-464.}

[5991] 曹立鹤，陈山林，张朝. 带血管蒂的骨瓣植入治疗舟骨骨折不愈合 [J]. 中华手外科杂志，2008，24（1）：60. {CAO Lihe,CHEN Shanlin,ZHANG Chao. Treatment of scaphoid nonunion with vascularized bone flap implantation[J]. Zhonghua Shou Wai Ke Za Zhi[Chin J Hand Surg(Article in Chinese;No abstract available)],2008,24(1):60.}

[5992] 徐月敏，撒应龙，傅强，张炯，金三宝. 经耻骨途径带蒂阴唇皮瓣治疗女性尿道狭窄合并尿道阴道瘘 [J]. 中华泌尿外科杂志，2008，29（12）：853-854. DOI：10.3321/j.issn：1000-6702.2008.12.016. {XU Yuemin,SA Yinglong,FU Qiang,ZHANG Jiong,JIN Sanbao. Trauspubic access using pedicle labial skin flap urethroplasty for the treatment of female urethral stric-tures associated with urethrovaginal fistulas[J]. Zhonghua Mi Niao Wai Ke Za Zhi[Chin J Urol(Article in Chinese;Abstract in Chinese and English)],2008,29(12):853-854. DOI:10.3321/j.issn:1000-6702.2008.12.016.}

[5993] 张功林，章鸣，丁法明，郭翱，张灵芝，郁辉，吴发林. 桥式游离皮瓣移植血管蒂采用植皮包裹的方法介绍 [J]. 中华创伤骨科杂志，2008，10（12）：1200. DOI：10.3760/cma.j.issn.1671-7600.2008.12.032. {ZHANG Gonglin,ZHANG Ming,DING Faming,GUO Ao,ZHANG Lingzhi,YU Hui,WU Falin. Vascular pedicle wrapped in a skin graft in transfer using bridging free flaps[J]. Zhonghua Chuang Shang Gu Ke Za Zhi[Chin J Orthop Trauma(Article in Chinese;Abstract in Chinese and English)],2008,10(12):1200. DOI:10.3760/cma.j.issn.1671-7600.2008.12.032.}

[5994] 张伟，王礼放，王德运，龙忠恒，刘杰峰，谢卫国. 菱形皮下蒂瓣在烧伤后蹼状挛缩畸形中的应用 [J]. 中华烧伤杂志，2008，24（6）：461-462. DOI：10.3760/cma.j.issn.1009-2587.2008.06.020. {ZHANG Wei,WANG Lifang,WANG Deyun,LONG Zhongheng,LIU Jiefeng,XIE Weiguo. Rhombic subcutaneous pedicle flap in the treatment of webbed contracture after burn[J]. Zhonghua Shao Shang Za Zhi[Chin J Burns(Article in Chinese;No abstract available)],2008,24(6):461-462. DOI:10.3760/cma.j.issn.1009-2587.2008.06.020.}

[5995] 李养群，赵穆欣，吕淑珍，周传德，唐勇，李强，陈文，杨喆，李锋永. 眼轮匝肌蒂岛状扩张皮瓣修复下睑颧部软组织缺损九例 [J]. 中华烧伤杂志，2008，24（6）：466-467. DOI：10.3760/cma.j.issn.1009-2587.2008.06.024. {LI Yangqun,ZHAO Muxin,LV Shuzhen,ZHOU Chuande,TANG Yong,LI Qiang,CHEN Wen,YANG Jie,LI Fengyong. Orbicularis oculi muscle pedicled island expanded flap for soft tissue defect of lower eyelid and zygoma repair:a report of 9 cases[J]. Zhonghua Shao Shang Za Zhi[Chin J Burns(Article in Chinese;No abstract available)],2008,24(6):466-467. DOI:10.3760/cma.j.issn.1009-2587.2008.06.024.}

[5996] 黄巍，冯兰云，许海华，游静. 双侧单蒂瓣法加提肌吊带成形术修复 6 ~ 12 个月婴儿完全性腭裂畸形 [J]. 中华整形外科杂志，2008，24（4）：279-281. DOI：10.3760/j.issn：1009-4598.2008.04.008. {HUANG Wei,FENG Lanyun,XU Haihua,YOU Jing. Bilateral unipedicle flaps combined with levator sling plate for the repair of complete cleft palate at the age of 6 ~ 12 months[J]. Zhonghua Zheng Xing Wai Ke Za Zhi[Chin J Plast Surg(Article in Chinese;Abstract in Chinese and English)],2008,24(4):279-281. DOI:10.3760/j.issn:1009-4598.2008.04.008.}

[5997] 夏双印，陈伟华，夏昊晨，安宁，侯占江，傅朝蓬. 侧后腰背部扩张带蒂皮瓣修复上肢皮肤缺损一例 [J]. 中华整形外科杂志，2008，24（4）：324-325. DOI：10.3760/j.issn：1009-4598.2008.04.030. {XIA Shuangyin,CHEN Weihua,XIA Haochen,AN Ning,HOU Zhanjiang,FU Chaopeng. Expanded pedicle flap of lateral posterior lumbar back for skin defect in upper limb repair:a case report[J]. Zhonghua Zheng Xing Wai Ke Za Zhi[Chin J Plast Surg(Article in Chinese;No abstract available)],2008,24(4):324-325. DOI:10.3760/j.issn:1009-4598.2008.04.030.}

[5998] 马婷婷，王春梅. 以颈浅动脉为蒂的颈肩背皮瓣几种术式的临床应用 [J]. 中华整形外科杂志，2008，24（4）：326-329. DOI：10.3760/j.issn：1009-4598.2008.04.031. {MA Tingting,WANG Chunmei. Clinical application of several surgical methods in the dorsal neck shoulder flap pedicled with superficial carotid artery[J]. Zhonghua Zheng Xing Wai Ke Za Zhi[Chin J Plast Surg(Article in Chinese;No abstract available)],2008,24(4):326-329. DOI:10.3760/j.issn:1009-4598.2008.04.031.}

[5999] 高超，张舵. 眼轮匝肌蒂岛状推进皮瓣修复眉内侧 1/3 ~ 1/2 缺损 [J]. 中华整形外科杂志，2008，24（5）：397. DOI：10.3760/j.issn：1009-4598.2008.05.022. {GAO Chao,ZHANG Tuo. Orbicularis oculi muscle pedicled island advancement flap for medial 1/3-1/2 eyebrow defect repair[J]. Zhonghua Zheng Xing Wai Ke Za Zhi[Chin J Plast Surg(Article in Chinese;No abstract available)],2008,24(5):397. DOI:10.3760/j.issn:1009-4598.2008.05.022.}

[6000] 黄旭，谢庭鸿，杨兴华，张明华，张丕红，龙剑虹，黄晓元. 带蒂联合皮瓣移植修复上肢广泛软组织缺损 [J]. 中华整形外科杂志，2008，24（5）：368-370. DOI：10.3760/j.issn：1009-4598.2008.05.012. {HUANG Xu,XIE Tinghong,YANG Xinghua,ZHANG Minghua,ZHANG Peihong,LONG Jianhong,HUANG Xiaoyuan. Repair of large defects in upper extremities with pedicled combined flap[J]. Zhonghua Zheng Xing Wai Ke Za Zhi[Chin J Plast Surg(Article in Chinese;Abstract in Chinese and English)],2008,24(5):368-370. DOI:10.3760/j.issn:1009-4598.2008.05.012.}

[6001] 张功林，章鸣，丁法明，郭翱，张灵芝，郁辉，吴发林. 应用多普勒血流探测仪指导桥式皮瓣断蒂训练 [J]. 中国骨伤，2008，21（12）：893-894. DOI：10.3969/j.issn.1003-0034.2008.12.012. {ZHANG Gonglin,ZHANG Ming,DING Faming,GUO Ao,ZHANG Lingzhi,YU Hui,WU Falin. Clamping of bridge flag guided by Doppler flow detector[J]. Zhongguo Gu Shang[China J Orthop Trauma(Article in Chinese;Abstract in Chinese and English)],2008,21(12):893-894. DOI:10.3969/j.issn.1003-0034.2008.12.012.}

[6002] 连志鸿，刘阳，程开祥. 上睑皮下蒂旋转皮瓣在睑黄瘤切除创面修复中的应用 [J]. 组织工程与重建外科杂志，2008，4（3）：162-163. DOI：10.3969/j.issn.1673-0364.2008.03.012. {LIAN Zhihong,LIU Yang,CHENG Kaixiang. Upper eyelid rotation flap for resection of palpebral xanthoma[J]. Zu Zhi Gong Cheng Yu Chong Jian Wai Ke Za Zhi[J Tissue Eng Reconstr Surg(Article in Chinese;Abstract in Chinese and English)],2008,4(3):162-163. DOI:10.3969/j.issn.1673-0364.2008.03.012.}

[6003] 郭红江，陈鸿. 前臂骨间背动脉蒂岛状皮瓣创面修复 7 例报告 [J]. 局解手术学杂志，2008，17（6）：394-396. DOI：10.3969/j.issn.1672-5042.2008.06.010. {GUO Hongjiang,CHEN Hong. Report of antebrachial interosseous dorsal artery island flap transferring for wound repair(7 cases)[J]. Ju Jie Shou Shu Xue Za Zhi[J Reg Anat Oper Surg(Article in Chinese;Abstract in Chinese and English)],2008,17(6):394-396. DOI:10.3969/j.issn.1672-5042.2008.06.010.}

[6004] 杜昭，蔡文，黄德征. 带蒂组织瓣转位修复手部创伤组织缺损 [J]. 实用手外科杂志，2008，22（1）：13-15. DOI：10.3969/j.issn.1671-2722.2008.01.004. {DU Zhao,CAI Wen,HUANG Dezheng. Reconstruction of traumatic tissue defect of hand by transplantation of pedicled tissue flap[J]. Shi Yong Shou Wai Ke Za Zhi[Chin J Pract Hand Surg(Article in Chinese;Abstract in Chinese and English)],2008,22(1):13-15. DOI:10.3969/j.issn.1671-2722.2008.01.004.}

[6005] 明立功，明立山，肖辉，明立耀，乔玉，王慧，王自方. 同指顺行神经血管蒂岛状皮瓣修复指腹指端缺损 [J]. 实用手外科杂志，2008，22（1）：19-21，封 3. DOI：10.3969/j.issn.1671-2722.2008.01.006. {MING Ligong,MING Lishan,XIAO Hui,MING Liyao,QIAO Yu,WANG Hui,WANG Zifang. Transfer of dorso-lateral neurovascular island antergrate flap from the same digit for pulp loss and digit tip injury[J]. Shi Yong Shou Wai Ke Za Zhi[Chin J Pract Hand Surg(Article in Chinese;Abstract in Chinese and English)],2008,22(1):19-21,cover 3. DOI:10.3969/j.issn.1671-2722.2008.01.006.}

[6006] 朱跃良，徐永清，李军，杨军，欧阳云飞，何晓清. 组合应用带蒂皮瓣修复膝周大面积软组织缺损 [J]. 中华显微外科杂志，2009，32（3）：260-261. DOI：10.3760/cma.j.issn.1001-2036.2009.03.043. {ZHU Yueliang,XU Yongqing,LI Jun,YANG Jun,OU Yangyunfei,HE Xiaoqing. Combined application of pedicled flap to repair large area soft tissue defect around knee[J]. Zhonghua Xian Wei Wai Ke Za Zhi[Chin J Microsurg(Article in Chinese;No abstract available)],2009,32(3):260-261. DOI:10.3760/cma.j.issn.1001-2036.2009.03.043.}

[6007] 朱轶，申强，方键，肖方生，黎斌，徐长春，杨晟玮，魏金永. 一蒂双叶皮瓣游离移植修复手指皮肤软组织缺损 [J]. 中华显微外科杂志，2009，32（4）：314-315. DOI：10.3760/cma.j.issn.1001-2036.2009.04.022. {ZHU Die,SHEN Qiang,FANG Jian,XIAO Fangsheng,LI Bin,XU Changchun,YANG Chengwei,WEI Jinyong. Single pedicled bilobed flap for skin and soft tissue defects of fingers[J]. Zhonghua Xian Wei Wai Ke Za Zhi[Chin J Microsurg(Article in Chinese;Abstract in Chinese)],2009,32(4):314-315. DOI:10.3760/cma.j.issn.1001-2036.2009.04.022.}

[6008] 李建昌，王元云，马世云，陈凤兰. 胸部带蒂皮瓣修复手部软组织缺损 [J]. 中华手外科杂志，2009，25（1）：3. DOI：10.3760/cma.j.issn.1005-054X.2009.01.002. {LI Jianchang,WANG Yuanyun,MA Shiyun,CHEN Fenglan. Pedicled flap of chest for hand soft tissue defect repair[J]. Zhonghua Shou Wai Ke Za Zhi[Chin J Hand Surg(Article in Chinese;No abstract available)],2009,25(1):3. DOI:10.3760/cma.j.issn.1005-054X.2009.01.002.}

[6009] 王斌，顾建辉，倪锋，章一新，高振，周栩，朱吉，汤锦波. 第一、二伸肌室间支持带上动脉为血管蒂的楔形骨瓣转移治疗舟骨骨不连 [J]. 中华手外科杂志，2009，25（1）：15-18. DOI：10.3760/cma.j.issn.1005-054X.2009.01.007. {WANG Bin,GU Jianhui,NI Feng,ZHANG Yixin,GAO Zhen,ZHOU Xu,ZHU Ji,TANG Jinbo. Transfer of vascularized bone graft based on the 1,2 intercompartmental supraretinacular artery for treatment of scaphoid nonunion associated with dorsal intercalated segment instability[J]. Zhonghua Shou Wai Ke Za Zhi[Chin J Hand Surg(Article in Chinese;Abstract in Chinese and English)],2009,25(1):15-18. DOI:10.3760/cma.j.issn.1005-054X.2009.01.007.}

[6010] 林涧，余云兰，吴春，王正理，应振端，朱胜军. 腹部带蒂皮瓣修复多指中末节掌侧皮肤缺损 [J]. 中华手外科杂志，2009，25（2）：84-85. DOI：10.3760/cma.j.issn.1005-054X.2009.02.011. {LIN Jian,YU Yunlan,WU Chun,WANG Zhengli,YING Zhendong,ZHU Shengjun. Abdominal pedicled flap transfer for repair of multiple finger volar skin defects at the middle and distal phalanx level[J]. Zhonghua Shou Wai Ke Za Zhi[Chin J Hand Surg(Article in Chinese;Abstract in Chinese and English)],2009,25(2):84-85. DOI:10.3760/cma.j.issn.1005-054X.2009.02.011.}

[6011] 曹林升，唐松喜，周辉良，薛学义，毛厚平，罗义麒，林曦，魏勇，郑清水，高锐，江涛，吕夷松，黄金杯，许宁. 带蒂皮瓣在复杂性长段尿道闭锁中的应用 [J]. 中华泌尿外科杂志，2009，30（7）：490-493. DOI：10.3760/cma.j.issn.1000-6702.2009.07.021. {CAO Linsheng,TANG Songxi,ZHOU Huiliang,XUE Xueyi,MAO Houping,LUO Yiqi,LIN Xi,WEI Yong,ZHENG Qingshui,GAO Rui,JIANG Tao,LV Yisong,HUANG Jinbei,Xu Ning. Application of pediculated skin flaps in the treatment of complicated long urethratresia[J]. Zhonghua Mi Niao Wai

Ke Za Zhi[Chin J Urol(Article in Chinese;Abstract in Chinese and English)],2009,30(7):490-493. DOI:10.3760/cma.j.issn.1000-6702.2009.07.021.}

[6012] 胡稷杰，金丹，魏宽海，林昂如，王钢．不同带蒂皮瓣修复拇指软组织缺损的临床研究[J]．中华创伤骨科杂志，2009，11(12)：1137-1141．DOI：10.3760/cma.j.issn.1671-7600.2009.12.010．{HU Jijie,JIN Dan,WEI Kuanhai,LIN Angru,WANG Gang. Repair of thumb soft tissue defects with different pedicle flaps[J]. Zhonghua Chuang Shang Gu Ke Za Zhi[Chin J Orthop Trauma(Article in Chinese;Abstract in Chinese and English)],2009,11(12):1137-1141. DOI:10.3760/cma.j.issn.1671-7600.2009.12.010.}

[6013] 林涧，余云兰，吴春，王正理，郑和平．贵要静脉－尺神经浅支营养血管蒂皮瓣的临床应用[J]．中华创伤杂志，2009，25(4)：307-308．DOI：10.3760/cma.j.issn.1001-8050.2009.04.94．{LIN Jian,YU Yunlan,WU Chun,WANG Zhengli,ZHENG Heping. Clinical application of basilic vein superficial branch-ulnar nerve vascular pedicle flap[J]. Zhonghua Chuang Shang Za Zhi[Chin J Trauma(Article in Chinese;No abstract available)],2009,25(4):307-308. DOI:10.3760/cma.j.issn.1001-8050.2009.04.94.}

[6014] 陈智彬，崔军，宋永胜，费翔，张晖．阴囊带蒂皮瓣尿道成形术治疗复杂性尿道狭窄13例报道[J]．中华男科学杂志，2009，15(12)：1136-1137．{CHEN Zhibin,CUI Jun,SONG Yongsheng,FEI Xiang,ZHANG Hui. Scrotal pedicle flap urethroplasty for complex urethral stricture:a report of 13 cases[J]. Zhonghua Nan Ke Xue Za Zhi[Natl J Androl(Article in Chinese;No abstract available)],2009,15(12):1136-1137.}

[6015] 贲道锋，马兵，陈旭林，朱世辉，唐洪泰，路卫，程大胜，肖仕初，夏照帆．多个带蒂皮瓣联合移植修复下肢深度创面[J]．中华烧伤杂志，2009，25(1)：6-9．DOI：10.3760/cma.j.issn.1009-2587.2009.01.004．{FEN Daofeng,MA Bing,CHEN Xulin,ZHU Shihui,TANG Hongtai,LU Wei,CHENG Dasheng,XIAO Shichu,XIA Zhaofan. Repair of deep burn and traumatic wounds in lower extremities with combined transplantation of multiple pedicled skin flaps[J]. Zhonghua Shao Shang Za Zhi[Chin J Burns(Article in Chinese;Abstract in Chinese and English)],2009,25(1):6-9. DOI:10.3760/cma.j.issn.1009-2587.2009.01.004.}

[6016] 方声教，庞淑光，叶胜捷，张文振，谢瑞章，计宪珍．腹部多个单蒂薄皮瓣修复多指深度烧伤[J]．中华烧伤杂志，2009，25(1)：9-10．DOI：10.3760/cma.j.issn.1009-2587.2009.01.005．{FANG Shengjiao,PANG Shuguang,YE Shengjie,ZHANG Wenzhen,XIE Ruizhang,JI Xianzhen. Multiple single pedicled thin skin flaps in abdomen for deep burn of multiple fingers repair[J]. Zhonghua Shao Shang Za Zhi[Chin J Burns(Article in Chinese;No abstract available)],2009,25(1):9-10. DOI:10.3760/cma.j.issn.1009-2587.2009.01.005.}

[6017] 李红卫，冯世海，赵永健，谢宇钢，刘群．应用bFGF结合早期皮瓣夹压训练对断蒂时间的影响[J]．中华整形外科杂志，2009，25(2)：145-146．DOI：10.3760/cma.j.issn.1009-4598.2009.02.020．{LI Hongwei,FENG Shihai,ZHAO Yongjian,XIE Yugang,LIU Qun. Effective study of bFGF combined with early skin flap compression training on pedicle amputation time[J]. Zhonghua Zheng Xing Wai Ke Za Zhi[Chin J Plast Surg(Article in Chinese;No abstract available)],2009,25(2):145-146. DOI:10.3760/cma.j.issn.1009-4598.2009.02.020.}

[6018] 陈延武，李劲松，武东辉，林钊宇．应用带蒂颊脂垫瓣同期修复口咽部肿瘤切除术后组织缺损[J]．实用医学杂志，2009，25(8)：1276-1277．DOI：10.3969/j.issn.1006-5725.2009.08.040．{CHEN Yanwu,LI Jinsong,WU Donghui,LIN Zhaoyu. Simultaneous repair of tissue defects after oropharyngeal tumor resection using a pedicled buccal fat pad flap[J]. Shi Yong Yi Xue Za Zhi[J Pract Med(Article in Chinese;Abstract in Chinese)],2009,25(8):1276-1277. DOI:10.3969/j.issn.1006-5725.2009.08.040.}

[6019] 肖远松，吕军，谢克基．带蒂背侧皮下组织瓣转移覆盖技术在尿道下裂手术中的应用[J]．实用医学杂志，2009，25(22)：3841-3842．DOI：10.3969/j.issn.1006-5725.2009.22.043．{XIAO Yuansong,LV Jun,XIE Keji. Pedicled dorsal subcutaneous tissue flap transfer for coverage in hypospadias surgery[J]. Shi Yong Yi Xue Za Zhi[J Pract Med(Article in Chinese;Abstract in Chinese)],2009,25(22):3841-3842. DOI:10.3969/j.issn.1006-5725.2009.22.043.}

[6020] 周瑜，李小静，宁金龙，朱飞，张林，左宗宝．远端蒂隐神经营养血管皮瓣修复下肢骨外露创面[J]．安徽医科大学学报，2009，44(1)：135-136．DOI：10.3969/j.issn.1000-1492.2009.01.036．{ZHOU Yu,LI Xiaojing,NING Jinlong,ZHU Fei,ZHANG Lin,ZUO Zongbao. Repair of lower extremity exostosis wounds with a distal pedicle saphenous neurotrophic vascular flap[J]. An Hui Yi Ke Da Xue Xue Bao[Acta Univ Med Anhui(Article in Chinese;Abstract in Chinese)],2009,44(1):135-136. DOI:10.3969/j.issn.1000-1492.2009.01.036.}

[6021] 董忠根，郑磊，刘立宏，马丙栋，武文．带血管蒂腹壁下深血管皮瓣的临床应用[J]．中国修复重建外科杂志，2009，23(5)：637-638．{DONG Zhonggen,ZHENG Lei,LIU Lihong,MA Bingdong,WU Wen. Clinical application of deep vascular flap with vascular pedicle[J]. Zhongguo Xiu Fu Chong Jian Wai Ke Za Zhi[Chin J Repar Reconstr Surg(Article in Chinese;Abstract in Chinese)],2009,23(5):637-638.}

[6022] 魏强，刘久敏．带蒂阴囊纵隔皮瓣尿道成形术重建长段后尿道的临床疗效[J]．中国修复重建外科杂志，2009，23(8)：937-939．{WEI Qiang,LIU Jiumin. Clinical effect of pedicled scrotal septal flap urethroplasty on long-segment posterior urethral stricture[J]. Zhongguo Xiu Fu Chong Jian Wai Ke Za Zhi[Chin J Repar Reconstr Surg(Article in Chinese;Abstract in Chinese and English)],2009,23(8):937-939.}

[6023] 阚利民，陈超，张会文，刘建华．指固有动脉不同节段背侧皮支为蒂的岛状皮瓣修复同指皮肤缺损[J]．中华整形外科杂志，2010，26(2)：110-112．DOI：10.3760/cma.j.issn.1009-4598.2010.02.009．{MIN Limin,CHEN Chao,ZHANG Huiwen,LIU Jianhua. Application of island flap pedicled with dorsal cutaneous branches of digital internal artery for skin defect at the same finger[J]. Zhonghua Zheng Xing Wai Ke Za Zhi[Chin J Plast Surg(Article in Chinese;Abstract in Chinese and English)],2010,26(2):110-112. DOI:10.3760/cma.j.issn.1009-4598.2010.02.009.}

[6024] 魏在荣，王达利，王玉明，孙广峰，唐修俊，韩文杰．带隐神经足底内侧动脉蒂联合皮瓣修复对侧足底前跖区皮肤软组织缺损[J]．第二军医大学学报，2010，31(4)：408-411．DOI：10.3724/SP.J.1008.2010.00408．{WEI Zairong,WANG Dali,WANG Yuming,SUN Guangfeng,TANG Xiujun,HAN Wenjie. Medial plantar artery combined flaps with saphenous nerve in repairing opposite side ventri-planta soft tissue defects[J]. Di Er Jun Yi Da Xue Xue Bao[Acad J Sec Mil Med Univ(Article in Chinese;Abstract in Chinese and English)],2010,31(4):408-411. DOI:10.3724/SP.J.1008.2010.00408.}

[6025] 李宗玉，蔡锦方，尹海磊，崔宜栋，邹林，郑金龙，刘立峰，曹学成．带腓血管蒂的小腿外侧复合瓣逆行修复前足外侧缺损[J]．中华显微外科杂志，2010，33(6)：454-456，后插4．DOI：10.3760/cma.j.issn.1001-2036.2010.06.006．{LI Zongyu,CAI Jinfang,YIN Hailei,CUI Yidong,ZOU Lin,ZHENG Jinlong,LIU Lifeng,CAO Xuecheng. Distal pedical fibular osteoseptocutaneous flap transfer for the lateral forefoot defect[J]. Zhonghua Xian Wei Wai Ke Za Zhi[Chin J Microsurg(Article in Chinese;Abstract in Chinese and English)],2010,33(6):454-456,insert 4. DOI:10.3760/cma.j.issn.1001-2036.2010.06.006.}

[6026] 赵光勋，方健，邢动，王海峰，甘正祥．保留双侧血管蒂的皮瓣移植三例[J]．中华显微外科杂志，2010，33(6)：443．DOI：10.3760/cma.j.issn.1001-2036.2010.06.002．{ZHAO Guangxun,FANG Jian,XING Dong,WANG Haifeng,GAN Zhengxiang. Flap transplantation with preservation of bilateral vascular pedicle:a report of 3 cases[J]. Zhonghua Xian Wei Wai Ke Za Zhi[Chin J Microsurg(Article in Chinese;No abstract available)],2010,33(6):443. DOI:10.3760/cma.j.issn.1001-2036.2010.06.002.}

[6027] 张为宝，赵天兰，余道江，刘强，伍丽君．不同长宽比狭长窄蒂任意皮瓣成活面积与皮瓣微循环的关系[J]．中华实验外科杂志，2010，27(3)：397．DOI：10.3760/cma.j.issn.1001-9030.2010.03.046．{ZHANG Weibao,ZHAO Tianlan,YU Daojiang,LIU Qiang,WU Lijun. A relative study between the survival area and microcirculation of narrow pedicle random flap with different length width ratio[J]. Zhonghua Shi Yan Wai Ke Za Zhi[Chin J Exp Surg(Article in Chinese;No abstract available)],2010,27(3):397. DOI:10.3760/cma.j.issn.1001-9030.2010.03.046.}

[6028] 游传华，陆雪飞，可国安．分叶状腹部带蒂皮瓣在多指末端缺损中的应用[J]．中华手外科杂志，2010，26(1)：19．{YOU Chuanhua,LU Xuefei,KE Guoan. Lobulated abdominal pedicled flap in the treatment of multiple fingertip defects[J]. Zhonghua Shou Wai Ke Za Zhi[Chin J Hand Surg(Article in Chinese;No abstract available)],2010,26(1):19.}

[6029] 刘炳寅，殷晓东，张留栓，吕红雨，袁海丛．带血管蒂第2、3掌骨骨瓣移植治疗舟骨骨不连[J]．中华手外科杂志，2010，26(3)：191．DOI：10.3760/cma.j.issn.1005-054X.2010.03.026．{LIU Bingyin,YIN Xiaodong,ZHANG Liushuan,LV Hongyu,YUAN Haicong. Treatment of scaphoid nonunion with vascularized second and third metacarpal bone flaps[J]. Zhonghua Shou Wai Ke Za Zhi[Chin J Hand Surg(Article in Chinese;No abstract available)],2010,26(3):191. DOI:10.3760/cma.j.issn.1005-054X.2010.03.026.}

[6030] 姚群，许亚军，芮永军，周晓．指根部远近端蒂岛状皮瓣修复相邻两指指端缺损[J]．中华手外科杂志，2010，26(3)：179-181．{YAO Qun,XU Yajun,RUI Yongjun,ZHOU Xiao. Reair of fingertip defects of two neighboring fingers with proximal and distal pedicled island flap from finger base[J]. Zhonghua Shou Wai Ke Za Zhi[Chin J Hand Surg(Article in Chinese;Abstract in Chinese and English)],2010,26(3):179-181.}

[6031] 刘中华，钟爱梅，周瑞锦，姬彤宇，范志强．带蒂包皮双面皮瓣治疗小儿尿道下裂[J]．中华泌尿外科杂志，2010，31(2)：125-127．DOI：10.3760/cma.j.issn.1000-6702.2010.02.019．{LIU Zhonghua,ZHONG Aimei,ZHOU Ruijin,JI Tongyu,FAN Zhiqiang. Pedicled preputial double-faced island flap urethroplasty for hypospadias in children[J]. Zhonghua Mi Niao Wai Ke Za Zhi[Chin J Urol(Article in Chinese;Abstract in Chinese and English)],2010,31(2):125-127. DOI:10.3760/cma.j.issn.1000-6702.2010.02.019.}

[6032] 唐有玲，谢卫国，张瑛，黄文卫．低温热塑板固定小儿腹部带蒂皮瓣11例[J]．中华烧伤杂志，2010，26(5)：381．DOI：10.3760/cma.j.issn.1009-2587.2010.05.017．{TANG Youling,XIE Weiguo,ZHANG Ying,HUANG Wenwei. Low temperature thermoplastic plate fixation of pedicled abdominal skin flap in 11 children[J]. Zhonghua Shao Shang Za Zhi[Chin J Burns(Article in Chinese;No abstract available)],2010,26(5):381. DOI:10.3760/cma.j.issn.1009-2587.2010.05.017.}

[6033] 朱再生，吴汉，李瑞阳，汪定海．袖状蒂岛状环形包皮瓣尿道成形术一期修复会阴型尿道下裂[J]．中华整形外科杂志，2010，26(4)：258-261．DOI：10.3760/cma.j.issn.1009-4598.2010.04.006．{ZHU Zaisheng,WU Han,LI Ruiyang,WANG Dinghai. One-stage urethroplasty with circumferential vascular pedicle preputial island flap for perineal hypospadias[J]. Zhonghua Zheng Xing Wai Ke Za Zhi[Chin J Plast Surg(Article in Chinese;Abstract in Chinese and English)],2010,26(4):258-261. DOI:10.3760/cma.j.issn.1009-4598.2010.04.006.}

[6034] 范志强，刘中华，周瑞锦，姬彤宇，杜涛．横行带蒂双面包皮皮瓣法一期修复尿道下裂[J]．中华整形外科杂志，2010，26(4)：307-308．DOI：10.3760/cma.j.issn.1009-4598.2010.04.022．{FAN Zhiqiang,LIU Zhonghua,ZHOU Ruijin,JI Tongyu,DU Tao. One stage repair of hypospadias with transverse pedicled double-sided prepuce flap[J]. Zhonghua Zheng Xing Wai Ke Za Zhi[Chin J Plast Surg(Article in Chinese;No abstract available)],2010,26(4):307-308. DOI:10.3760/cma.j.issn.1009-4598.2010.04.022.}

[6035] 肖斌，邢新，张敬德，王晓云，陈江萍，周英晋，朱吉．皮下组织蒂岛状皮瓣在面部皮肤缺损修复中的应用[J]．组织工程与重建外科杂志，2010，6(2)：101-102，105．DOI：10.3969/j.issn.1673-0364.2010.02.011．{XIAO Bin,XING Xin,ZHANG Jingde,WANG Xiaoyun,CHEN Jiangping,ZHOU Yingjin,ZHU Ji. Application of island flap with subcutaneous pedicle for the reconstruction of the facial defects[J]. Zu Zhi Gong Cheng Yu Chong Jian Wai Ke Za Zhi[J Tissue Eng Reconstr Surg(Article in Chinese;Abstract in Chinese and English)],2010,6(2):101-102,105. DOI:10.3969/j.issn.1673-0364.2010.02.011.}

[6036] 储国平，许亚军，吕国忠，赵庆国，杨敏烈．邻指带蒂双叶瓦合皮瓣修复手指中远节掌背侧软组织缺损[J]．中华手外科杂志，2011，27(5)：314-316．{CHU Guoping,XU Yajun,LV Guozhong,ZHAO Qingguo,YANG Minlie. Middle and distal segment of finger with adjacent digital pedicled bilobed flap for dorsal metacarpal soft tissue defect repair[J]. Zhonghua Shou Wai Ke Za Zhi[Chin J Hand Surg(Article in Chinese;Abstract in Chinese)],2011,27(5):314-316.}

[6037] 彭智，贾振华，黄海华，郭晓瑞，韦有万，李谨，吴志远，张培华．应用小腿内侧逆行带蒂皮瓣修复足底皮肤缺损[J]．中华显微外科杂志，2011，34(1)：31-33．DOI：10.3760/cma.j.issn.1001-2036.2011.01.015．{PENG Zhi,JIA Zhenhua,HUANG Haihua,GUO Xiaorui,WEI Youwan,LI Jin,WU Zhiyuan,ZHANG Peihua. Treatment of plantar cutaneous deficiency with retrograde medial pedicled skin flap of the leg[J]. Zhonghua Xian Wei Wai Ke Za Zhi[Chin J Microsurg(Article in Chinese;Abstract in Chinese and English)],2011,34(1):31-33. DOI:10.3760/cma.j.issn.1001-2036.2011.01.015.}

[6038] 王凯，梁富旭，蒋国栋．足部一蒂多瓣同时修复手部多处皮肤缺损[J]．中华手外科杂志，2011，27(6)：334-335．{WANG Kai,LIANG Fuxu,JIANG Guodong. Multiple flaps based on one pedicle from the foot to repair multiple skin defects of the hand[J]. Zhonghua Shou Wai Ke Za Zhi[Chin J Hand Surg(Article in Chinese;Abstract in Chinese and English)],2011,27(6):334-335.}

[6039] 朱运海，赵杰，高凌．应用带蒂空肠瓣修复十二指肠缺损的临床体会[J]．中华显微外科杂志，2011，34(2)：157-158．DOI：10.3760/cma.j.issn.1001-2036.2011.02.031．{ZHU Yunhai,ZHAO Jie,GAO Ling. Clinical experience of repairing duodenal defect with pedicled jejunal flap[J]. Zhonghua Xian Wei Wai Ke Za Zhi[Chin J Microsurg(Article in Chinese;Abstract in Chinese)],2011,34(2):157-158. DOI:10.3760/cma.j.issn.1001-2036.2011.02.031.}

[6040] 刘会仁，王立新，曹磊，张艳茂，刘志旺，王岩，李国华，于占勇．以远端损伤的皮神经为蒂的逆行皮瓣修复小腿远端创面[J]．中华显微外科杂志，2011，34(5)：401-403．DOI：10.3760/cma.j.issn.1001-2036.2011.05.017．{LIU Huiren,WANG Lixin,CAO Lei,ZHANG Yanmao,LIU Zhiwang,WANG Yan,LI Guohua,YU Zhanyong. Retrograde skin flap pedicled with distal injured cutaneous nerve for distal leg wound repair[J]. Zhonghua Xian Wei Wai Ke Za Zhi[Chin J Microsurg(Article in Chinese;Abstract in Chinese)],2011,34(5):401-403. DOI:10.3760/cma.j.issn.1001-2036.2011.05.017.}

[6041] 何祖胜，锡林宝勒日，白靖平，江仁兵，周洋，艾则孜·买买提艾力．带血管蒂组织瓣移植在治疗四肢软组织肉瘤中的应用[J]．中国实用外科杂志，2011，31(4)：311-312．{HE Zusheng,XI Linbaoleri,BAI Jingping,JIANG Renbing,ZHOU Yang,AIZEZI · Maimaitiaili. Application of vascularized pedicle flap graft on the treatment of extremities soft tissue sarcoma[J]. Zhongguo Shi Yong Wai Ke Za Zhi[Chin J Pract Surg(Article in Chinese;Abstract in Chinese and English)],2011,31(4):311-312.}

[6042] 陈波，陈振兵，杜远立，王华，乐锦波．游离膝降血管蒂骨瓣移植治疗舟骨骨不连[J]．中华手外科杂志，2011，27(6)：323-325．DOI：10.3760/cma.j.issn.1005-054X.2011.06.003．{CHEN Bo,CHEN Zhenbing,DU Yuanli,WANG Hua,LE Jinbo. Free bone flap transplantation with descending genicular vessels for treatment of scaphoid nonunion[J]. Zhonghua Shou Wai Ke Za Zhi[Chin J Hand Surg(Article in Chinese;Abstract in Chinese and English)],2011,27(6):323-325. DOI:10.3760/cma.j.issn.1005-054X.2011.06.003.}

[6043] 张小明，何恢绪，胡卫列，吕军，聂海波，姚华强，杨槐．带蒂皮瓣加盖术治疗男性复杂性后尿道狭窄八例报告[J]．中华泌尿外科杂志，2011，32(9)：648．DOI：10.3760/cma.

j.issn.1000-6702.2011.09.022. {ZHANG Xiaoming,HE Huixu,HU Weilie,LV Jun,NIE Haibo,YAO Huaqiang,YANG Huai. Pedicled flap capping for the treatment of male complex posterior urethral stricture:a report of 8 cases[J]. Zhonghua Mi Niao Wai Ke Za Zhi[Chin J Urol(Article in Chinese;No abstract available)],2011,32(9):648. DOI:10.3760/cma.j.issn.1000-6702.2011.09.022.}

[6044] **梁钢，崔正军，孙建平，韩兆峰. 应用带血管蒂皮（肌）瓣修复上肢Ⅳ度烧伤创面 [J]. 中华烧伤杂志，2011，27（1）：59-60. DOI：10.3760/cma.j.issn.1009-2587.2011.01.016.** {LIANG Gang,CUI Zhengjun,SUN Jianping,HAN Zhaofeng. Vascularized pedicled skin (muscle) flap in repairing fourth degree burn wounds of upper limbs[J]. Zhonghua Shao Shang Za Zhi[Chin J Burns(Article in Chinese;No abstract available)],2011,27(1):59-60. DOI:10.3760/cma.j.issn.1009-2587.2011.01.016.}

[6045] **崔雅宁，王晓军，刘志飞，朱琳，斯楼斌，乔群. 眶区眼轮匝肌蒂岛状皮瓣在眶周皮肤缺损修复中的应用 [J]. 中华整形外科杂志，2011，27（5）：352-355. DOI：10.3760/cma.j.issn.1009-4598.2011.05.009.** {CUI Yaning,WANG Xiaojun,LIU Zhifei,ZHU Lin,SI Loubin,QIAO Qun. The technique of periorbital defects reconstruction with island orbicularis oculi myocutaneous flap in orbital zone[J]. Zhonghua Zheng Xing Wai Ke Za Zhi[Chin J Plast Surg(Article in Chinese;Abstract in Chinese and English)],2011,27(5):352-355. DOI:10.3760/cma.j.issn.1009-4598.2011.05.009.}

[6046] **宋向阳，管丹丹，林辉，戴益，郑雪咏，朱一平，王先法. 乳腺癌保乳术后腹腔镜带蒂网膜瓣一期乳房重建术 [J]. 中华整形外科杂志，2011，27（6）：401-405. DOI：10.3760/cma.j.issn.1009-4598.2011.06.001.** {SONG Xiangyang,GUAN Dandan,LIN Hui,DAI Yi,ZHENG Xueyong,ZHU Yiping,WANG Xianfa. Immediate breast reconstruction using laparoscopically harvested omental flap after breastconserving surgery[J]. Zhonghua Zheng Xing Wai Ke Za Zhi[Chin J Plast Surg(Article in Chinese;Abstract in Chinese and English)],2011,27(6):401-405. DOI:10.3760/cma.j.issn.1009-4598.2011.06.001.}

[6047] **龙忠恒，李鸿祥，张祥明，张伟，刘杰锋，谢卫国. 皮下组织蒂菱形皮瓣成形术治疗烧伤后疤痕挛缩 [J]. 中华损伤与修复杂志（电子版），2011，6（3）：364-369. DOI：10.3877/cma.j.issn.1673-9450.2011.03.008.** {LONG Zhongheng,LI Hongxiang,ZHANG Xiangming,ZHANG Wei,LIU Jiefeng,XIE Weiguo. Subcutaneous pedicle rhomboid flap plasty for the treatment of postburn scar contractures[J]. Zhonghua Sun Shang Yu Xiu Fu Za Zhi Dian Zi Ban[Chin J Injury Repair Wound Healing(Electr Ed)(Article in Chinese;Abstract in Chinese and English)],2011,6(3):364-369. DOI:10.3877/cma.j.issn.1673-9450.2011.03.008.}

[6048] **黄书润，李小毅，王浩，刘江涛. 腹部带蒂皮瓣修复手部组织缺损方法的改进 [J]. 南方医科大学学报，2011，31（10）：1771-1773. DOI：44-1627/R.20111003.1001.003.** {HUANG Shurun,LI Xiaoyi,WANG Hao,LIU Jiangtao. An improved technique for repairing hand defects with abdominal pedicled flaps[J]. Nan Fang Yi Ke Da Xue Xue Bao [J South Med Univ(Article in Chinese;Abstract in Chinese and English)],2011,31(10):1771-1773. DOI:44-1627/R.20111003.1001.003.}

[6049] **孙涛，温海涛，汤春波，齐勇，杨剑辉，杜洲舸，郑斌，周克文. 带蒂包皮瓣尿道成形手术治疗前尿道长段狭窄 [J]. 实用医学杂志，2011，27（10）：1857. DOI：10.3969/j.issn.1006-5725.2011.10.064.** {SUN Tao,WEN Haitao,TANG Chunbo,QI Yong,YANG Jianhui,DU Zhouge,ZHENG Bin,ZHOU Kewen. Pedicled foreskin flap urethroplasty for anterior long segment urethral stenosis[J]. Shi Yong Yi Xue Za Zhi[J Pract Med(Article in Chinese;No abstract available)],2011,27(10):1857. DOI:10.3969/j.issn.1006-5725.2011.10.064.}

[6050] **任永强，李庆华. 颧部带蒂皮瓣联合口腔黏膜修复下睑全层缺损 [J]. 实用医学杂志，2011，27（14）：2682-2683. DOI：10.3969/j.issn.1006-5725.2011.14.089.** {REN Yongqiang,LI Qinghua. Malar pedicled flap combined with oral mucosa for full-thickness defect of lower eyelid repair[J]. Shi Yong Yi Xue Za Zhi[J Pract Med(Article in Chinese;No abstract available)],2011,27(14):2682-2683. DOI:10.3969/j.issn.1006-5725.2011.14.089.}

[6051] **张中峰，陈芬兰. 双侧鼻底皮下蒂皮瓣修复鼻小柱缺损疗效 [J]. 中国修复重建外科杂志，2011，25（11）：1404-1406.** {ZHANG Zhongfeng,CHEN Fenlan. Repair of nasal columella defect with bilateral subcutaneous pedicle flap[J]. Zhongguo Xiu Fu Chong Jian Wai Ke Za Zhi[Chin J Repar Reconstr Surg(Article in Chinese;Abstract in Chinese)],2011,25(11):1404-1406.}

[6052] **周晓，芮永军，寿奎水，许亚军，姚群. 指动脉背侧皮支为蒂的岛状皮瓣修复同指指背皮肤缺损 [J]. 中华手外科杂志，2012，28（5）：273-275. DOI：10.3760/cma.j.issn.1005-054X.2012.05.009.** {ZHOU Xiao,RUI Yongjun,SHOU Kuishui,XU Yajun,YAO Qun. Application of island flap pedicled with digital artery dorsal cutaneous branch for dorsal skin defect of the same finger[J]. Zhonghua Shou Wai Ke Za Zhi[Chin J Hand Surg(Article in Chinese;Abstract in Chinese and English)],2012,28(5):273-275. DOI:10.3760/cma.j.issn.1005-054X.2012.05.009.}

[6053] **杨庆达，卢家灵，苏瑞鉴，李文恒，张智钊，卢建国，梁波，曾麟杰. 应用足部带蒂皮瓣修复前足皮肤缺损的疗效分析 [J]. 中华显微外科杂志，2012，35（3）：232-234. DOI：10.3760/cma.j.issn.1001-2036.2012.03.022.** {YANG Qingda,LU Jialing,SU Ruijian,LI Wenheng,ZHANG Zhizhao,LU Jianguo,LIANG Bo,ZENG Linjie. Pedicled flap of foot in forefoot skin defect repair[J]. Zhonghua Xian Wei Wai Ke Za Zhi[Chin J Microsurg(Article in Chinese;Abstract in Chinese)],2012,35(3):232-234. DOI:10.3760/cma.j.issn.1001-2036.2012.03.022.}

[6054] **李祥军，侯瑞兴，巨积辉，王友兵，黄志强，邹国平，金光哲，刘跃飞. 游离足部一蒂多瓣修复手部多块皮肤软组织缺损 [J]. 中华手外科杂志，2012，28（4）：224-226.** {LI Xiangjun,HOU Ruixing,JU Jihui,WANG Youbing,HUANG Zhiqiang,ZOU Guoping,JIN Guangzhe,LIU Yuefei. Free multiple flaps of foot based on one pedicle for repairing multiple soft tissue defects of the hand[J]. Zhonghua Shou Wai Ke Za Zhi[Chin J Hand Surg(Article in Chinese;Abstract in Chinese and English)],2012,28(4):224-226.}

[6055] **闫少清，邹剑. 足底内侧动脉分支带蒂皮瓣的临床应用 [J]. 组织工程与重建外科杂志，2012，8（2）：91-93. DOI：10.3969/j.issn.1673-0364.2012.02.008.** {YAN Shaoqing,ZOU Jian. Clinical application of flap pedicled with medial plantar artery branch[J]. Zu Zhi Gong Cheng Yu Chong Jian Wai Ke Za Zhi[J Tissue Eng Reconstr Surg(Article in Chinese;Abstract in Chinese and English)],2012,8(2):91-93. DOI:10.3969/j.issn.1673-0364.2012.02.008.}

[6056] **张浩，张晓东，庚东春，石磊，柴瑛. 应用带蒂皮瓣修复皮肤软组织缺损 [J]. 中华骨科杂志，2012，32（3）：260-264. DOI：10.3760/cma.j.issn.0253-2352.2012.03.013.** {ZHANG Hao,ZHANG Xiaodong,YU Dongchun,SHI Lei,CHAI Ying. Reconstruction of skin and soft tissue defects by pedicle skin flaps[J]. Zhonghua Gu Ke Za Zhi[Chin J Orthop(Article in Chinese;Abstract in Chinese and English)],2012,32(3):260-264. DOI:10.3760/cma.j.issn.0253-2352.2012.03.013.}

[6057] **刘会仁，王立新，曹磊，张艳茂，于占勇，刘志旺，王岩，李国华. 以远端损伤的隐神经为蒂的逆行皮瓣修复小腿下端软组织缺损 [J]. 中华显微外科杂志，2012，35（5）：402-404. DOI：10.3760/cma.j.issn.1001-2036.2012.05.016.** {LIU Huiren,WANG Lixin,CAO Lei,ZHANG Yanmao,YU Zhanyong,LIU Zhiwang,WANG Yan,LI Guohua. Reversed flap pedicled with saphenous nerve for repairing soft tissue defect of lower leg[J]. Zhonghua Xian Wei Wai Ke Za Zhi[Chin J Microsurg(Article in Chinese;Abstract in Chinese)],2012,35(5):402-404. DOI:10.3760/cma.j.issn.1001-2036.2012.05.016.}

[6058] **沈小芳，芮永军，许亚军，糜菁熠，赵刚. 第一掌骨背动脉桡侧皮支蒂桡神经浅支皮瓣的临床应用 [J]. 中华手外科杂志，2012，28（2）：84-85. DOI：10.3760/cma.j.issn.1005-054X.2012.02.009.** {SHEN Xiaofang,RUI Yongjun,XU Yajun,MI Qingyi,ZHAO Gang. Clinical application of first dorsal metacarpal artery radial cutaneous branch and superficial radial nerve flap[J]. Zhonghua Shou Wai Ke Za Zhi[Chin J Hand Surg(Article in Chinese;Abstract in Chinese and English)],2012,28(2):84-85. DOI:10.3760/cma.j.issn.1005-054X.2012.02.009.}

[6059] **宿晓雷，杜志国，丁明斌，赵建勇，张远林，王鸿飞. 下腹部单蒂三叶薄皮瓣修复多指套脱伤 [J]. 中华手外科杂志，2012，28（2）：86-87.** {SU Xiaolei,DU Zhiguo,DING Mingbin,ZHAO Jianyong,ZHANG Yuanlin,WANG Hongfei. Repair of multiple degloving injuries using lower abdominal three-leaf flap based on a single pedicle[J]. Zhonghua Shou Wai Ke Za Zhi[Chin J Hand Surg(Article in Chinese;Abstract in Chinese and English)],2012,28(2):86-87.}

[6060] **张文龙，王增涛，马铁鹏，陈超，高顺红. 多种指掌部带蒂皮瓣修复手指末节套状撕脱伤 [J]. 中华手外科杂志，2012，28（6）：357-360.** {ZHANG Wenlong,WANG Zengtao,MA Tiepeng,CHEN Chao,GAO Shunhong. Multiform flaps for reconstruction of circumferential fingertip avulsion[J]. Zhonghua Shou Wai Ke Za Zhi[Chin J Hand Surg(Article in Chinese;Abstract in Chinese and English)],2012,28(6):357-360.}

[6061] **尹绍雅. 经皮下隧道带蒂皮瓣转移治疗颅骨成形材料外露一例 [J]. 中华神经外科杂志，2012，28（1）：37. DOI：10.3760/cma.j.issn.1001-2346.2012.01.012.** {YIN Shaoya. Subcutaneous tunnel pedicled flap transfer for the treatment of skull plastic material exposure:a case report[J]. Zhonghua Shen Jing Wai Ke Za Zhi[Chin J Neurosurg(Article in Chinese;No abstract available)],2012,28(1):37. DOI:10.3760/cma.j.issn.1001-2346.2012.01.012.}

[6062] **李晓刚，金铁雄. 带蒂包皮皮瓣联合睾丸鞘膜治疗长段前尿道狭窄1例报告并文献复习 [J]. 中华男科学杂志，2012，18（2）：168-171.** {LI Xiaogang,JIN Tiexiong. Urethroplasty with pedunculated preputial flap and testicular tunica vaginalis for long anterior urethal stricture:A case report and review of the literature[J]. Zhonghua Nan Ke Xue Za Zhi[Natl J Androl(Article in Chinese;Abstract in Chinese and English)],2012,18(2):168-171.}

[6063] **段奕星，袁俊斌，郭玺，吴万瑞，祖雄兵. 带蒂阴囊正中皮瓣一期尿道下裂成形术的疗效分析 [J]. 中华男科学杂志，2012，18（9）：816-818.** {DONG Yixing,YUAN Junbin,GUO Xi,WU Wanrui,ZU Xiongbing. One-stage urethroplasty with pedicled scrotal skin flap for hypospadias[J]. Zhonghua Nan Ke Xue Za Zhi[Natl J Androl(Article in Chinese;Abstract in Chinese and English)],2012,18(9):816-818.}

[6064] **夏成德，赵耀华，狄海萍，张业龙，薛继东，李晓亮，牛希华，朱雄翔. 带蒂皮瓣修复头颈肩部严重高压电烧伤创面 [J]. 中华烧伤杂志，2012，28（6）：435-437. DOI：10.3760/cma.j.issn.1009-2587.2012.06.010.** {XIA Chengde,ZHAO Yaohua,DI Haiping,ZHANG Yelong,XUE Jidong,LI Xiaoliang,NIU Xihua,ZHU Xiongxiang. Severe high voltage burn wounds of head,neck and shoulder repair with pedicled skin flap[J]. Zhonghua Shao Shang Za Zhi[Chin J Burns(Article in Chinese;No abstract available)],2012,28(6):435-437. DOI:10.3760/cma.j.issn.1009-2587.2012.06.010.}

[6065] **赵天兰，余道江，谢晓明，张云涛，陈琦，韩文雅. 狭长窄蒂皮瓣在面额部皮肤癌治疗中的应用 [J]. 中华整形外科杂志，2012，28（3）：181-184. DOI：10.3760/cma.j.issn.1009-4598.2012.03.006.** {ZHAO Tianlan,YU Daojiang,XIE Xiaoming,ZHANG Yuntao,CHEN Qi,HAN Wenya. Application of slender narrow pedicle flap in facial skin cancer treatment[J]. Zhonghua Zheng Xing Wai Ke Za Zhi[Chin J Plast Surg(Article in Chinese;Abstract in Chinese and English)],2012,28(3):181-184. DOI:10.3760/cma.j.issn.1009-4598.2012.03.006.}

[6066] **李小昌，明夏，尹相武，陈继红，刘庭兵，修丽军. 腹部改良带蒂皮瓣在基层医院手外伤修复中的应用 [J]. 创伤外科杂志，2012，14（4）：359-359. DOI：10.3969/j.issn.1009-4237.2012.04.024.** {LI Xiaochang,MING Xia,YIN Xiangwu,CHEN Jihong,LIU Tingbing,XIU Lijun. Utilization of reforming abdominal pedicle skin flaps in repairing hand injury in basic-level hospital[J]. Chuang Shang Wai Ke Za Zhi[J Traum Surg(Article in Chinese;Abstract in Chinese and English)],2012,14(4):359-359. DOI:10.3969/j.issn.1009-4237.2012.04.024.}

[6067] **刘涛，胡义明，张增方，鲍飞龙，高伟，董晓光，亢世杰，王磊. 1，2 伸肌室间支持带上动脉为蒂骨瓣移植治疗舟骨骨折不愈合 [J]. 实用手外科杂志，2012，26（2）：123-126. DOI：10.3969/j.issn.1671-2722.2012.02.011.** {LIU Tao,HU Yiming,ZHANG Zengfang,BAO Feilong,GAO Wei,DONG Xiaoguang,KANG Shijie,WANG Lei. 1,2 ICSRA vascularized pedicled bone grafts in the treatment of scaphoid nonunion[J]. Shi Yong Shou Wai Ke Za Zhi[Chin J Pract Hand Surg(Article in Chinese;Abstract in Chinese and English)],2012,26(2):123-126. DOI:10.3969/j.issn.1671-2722.2012.02.011.}

[6068] **郭爱民，王治国，武志刚，乔悾，张立岳，邬恩泉，万文婷，刘慧清. 七种轴型血管蒂皮瓣修复手部软组织缺损 [J]. 实用手外科杂志，2012，26（3）：265-267. DOI：10.3969/j.issn.1671-2722.2012.03.022.** {GUO Aimin,WANG Zhiguo,WU Zhigang,QIAO Kong,ZHANG Liyue,WU Enquan,WAN Wenting,LIU Huiqing. Repair of soft tissue defects in the hands by using seven axial vascular pedicle flap[J]. Shi Yong Shou Wai Ke Za Zhi[Chin J Pract Hand Surg(Article in Chinese;Abstract in Chinese and English)],2012,26(3):265-267. DOI:10.3969/j.issn.1671-2722.2012.03.022.}

[6069] **葛华平，田永宾，苗平，张圆. 联合远端蒂的下肢内侧复合皮瓣的临床应用 [J]. 实用手外科杂志，2012，26（3）：268-270. DOI：10.3969/j.issn.1671-2722.2012.03.023.** {GE Huaping,TIAN Yongbin,MIAO Ping,ZHANG Yuan. The clinical application of composite flaps in lower limb medial combined with distal pedicle[J]. Shi Yong Shou Wai Ke Za Zhi[Chin J Pract Hand Surg(Article in Chinese;Abstract in Chinese and English)],2012,26(3):268-270. DOI:10.3969/j.issn.1671-2722.2012.03.023.}

[6070] **刘君，林杰，郝雅婷，杨艳芳，方志沂，顾林. 带蒂脂肪瓣在保乳术后局部缺损整形修复中的应用 [J]. 中华医学杂志，2012，92（48）：3420-3422. DOI：10.3760/cma.j.issn.0376-2491.2012.48.010.** {LIU Jun,LIN Jie,HAO Yating,YANG Yanfang,FANG Zhiyi,GU Lin. Application of pedicle fat flap for defect repair in breast-conserving surgery of breast cancer[J]. Zhonghua Yi Xue Za Zhi[Natl Med J China(Article in Chinese;Abstract in Chinese and English)],2012,92(48):3420-3422. DOI:10.3760/cma.j.issn.0376-2491.2012.48.010.}

[6071] **曾莉，单伟，袁淼，黄桂珍，黄鲁刚. 纵行带蒂包皮瓣卷管尿道间置矫治先天性 Donnahoo Ⅳ型阴茎下曲畸形 [J]. 中国修复重建外科杂志，2012，26（11）：1352-1355.** {ZENG Li,DAN Wei,YUAN 淼 ,HUANG Guizhen,HUANG Lugang. Longitudinal preputial pedicled flap urethroplasty for chordee of donnahoo type Ⅳ [J]. Zhongguo Xiu Fu Chong Jian Wai Ke Za Zhi[Chin J Repar Reconstr Surg(Article in Chinese;Abstract in Chinese and English)],2012,26(11):1352-1355.}

[6072] **张凯，孟中华，徐涛，李建成，陈永锋，吴志刚. 颞肌蒂下颌骨瓣修复上颌骨缺损 [J]. 中华整形外科杂志，2012，28（1）：13-15. DOI：10.3760/cma.j.issn.1009-4598.2012.01.004.** {ZHANG Kai,MENG Zhonghua,XU Tao,LI Jiancheng,CHEN Yongfeng,WU Zhigang. Clinical application of mandibular osteomuscular flap pedicled with temporalis to repair maxillary bone defect[J]. Zhonghua Zheng Xing Wai Ke Za Zhi[Chin J Plast Surg(Article in Chinese;Abstract in Chinese and English)],2012,28(1):13-15. DOI:10.3760/cma.j.issn.1009-4598.2012.01.004.}

[6073] **刘亮，张凯，王元银. 颞肌蒂下颌骨瓣在上颌骨缺损修复中的临床观察 [J]. 安徽医科大学学报，2012，47（6）：751-752，封 3. DOI：10.3969/j.issn.1000-1492.2012.06.038.** {LIU Liang,ZHANG Kai,WANG Yuanyin. Clinical observation of mandibular bone flap pedicled with temporal muscle to repair maxillary defects[J]. An Hui Yi Ke Da Xue Xue Bao[Acta Univ Med Anhui(Article in Chinese;Abstract in Chinese and English)],2012,47(6):751-752,cover3. DOI:10.3969/j.issn.1000-1492.2012.06.038.}

[6074] **张凯，徐涛，徐锦程，高廷益，刘亮，路晓淼，卢保全. 颞肌蒂下颌骨瓣联合前臂皮瓣一期修复腭上颌缺损 [J]. 中华显微外科杂志，2012，35（4）：272-275，后插 2. DOI：10.3760/cma.j.issn.1001-2036.2012.04.003.** {ZHANG Kai,XU Tao,XU Jincheng,GAO Tingyi,LIU Liang,LU Xiaomiao,LU Baoquan. Immediate reconstruction of palatomaxillary defects by mandibular osteomuscular flap pedicled with temporalis and radial forearm free flap[J]. Zhonghua Xian Wei Wai Ke Za Zhi[Chin J Microsurg(Article in Chinese;Abstract in Chinese and

English)],2012,35(4):272-275,insert 2. DOI:10.3760/cma.j.issn.1001-2036.2012.04.003.}

[6075] 周晓，芮永军，寿奎水，许亚军，陈政. 指动脉背侧皮支血管网为蒂顺行皮瓣修复同指指背皮肤缺损 [J]. 中华手外科杂志，2013，29（4）：218–219. {ZHOU Xiao,RUI Yongjun,SHOU Kuishui,XU Yajun,CHEN Zheng. Antegrade flap pedicled with dorsal digital artery vascular network for repairing skin defect of the same finger[J]. Zhonghua Shou Wai Ke Za Zhi[Chin J Hand Surg(Article in Chinese;Abstract in Chinese)],2013,29(4):218-219.}

[6076] 胡勇，李淑媛，孙文海，刘培亭，白龙滨，王增涛. 足踝部外伤皮肤缺损常用带蒂皮瓣的选择 [J]. 中华显微外科杂志，2013，36（3）：220–224. DOI：10.3760/cma.j.issn.1001–2036.2013.03.004. {HU Yong,LI Shuyuan,SUN Wenhai,LIU Peiting,BAI Longbin,WANG Zengtao. Choices of pedicle skin flaps in repairing cutaneous defects of foot and ankle[J]. Zhonghua Xian Wei Wai Ke Za Zhi[Chin J Microsurg(Article in Chinese;Abstract in Chinese and English)],2013,36(3):220-224. DOI:10.3760/cma.j.issn.1001-2036.2013.03.004.}

[6077] 农明善，黄武，陈凯宁，黎斌兵，雷鸣，杨幸. 三种带蒂皮瓣修复前足软组织缺损的临床应用 [J]. 中华显微外科杂志，2013，36（2）：207–208. DOI：10.3760/cma.j.issn.1001–2036.2013.02.041. {NONG Mingshan,HUANG Wu,CHEN Kaining,LI Binbing,LEI Ming,YANG Xing. Three kinds of pedicled skin flaps in repairing soft tissue defect of forefoot[J]. Zhonghua Xian Wei Wai Ke Za Zhi[Chin J Microsurg(Article in Chinese;No abstract available)],2013,36(2):207-208. DOI:10.3760/cma.j.issn.1001-2036.2013.02.041.}

[6078] 钱德俭，郭相凯，刘玉男，刘伟，窦连大，赵刚. 带蒂组合皮瓣修复足踝部严重组织缺损 [J]. 组织工程与重建外科杂志，2013，9（4）：213–215. DOI：10.3969/j.issn.1673–0364.2013.04.009. {QIAN Dejian,GUO Xiangkai,LIU Yunan,LIU Wei,DOU Lianda,ZHAO Gang. Combined skin flaps for the repair of severe tissue defects of ankle and foot[J]. Zu Zhi Gong Cheng Yu Chong Jian Wai Ke Za Zhi[J Tissue Eng Reconstr Surg(Article in Chinese;Abstract in Chinese and English)],2013,9(4):213-215. DOI:10.3969/j.issn.1673-0364.2013.04.009.}

[6079] 宿晓雷，杜志国，张远林，丁明斌，赵建勇. 改良腹股沟单蒂双叶薄皮瓣修复两指套脱伤 [J]. 中华手外科杂志，2013，29（3）：186. {SU Xiaolei,DU Zhiguo,ZHANG Yuanlin,DING Mingbin,ZHAO Jianyong. Repair of two fingers degloving injury with improved single pedicled bilobed thin skin flap from groin[J]. Zhonghua Shou Wai Ke Za Zhi[Chin J Hand Surg(Article in Chinese;No abstract available)],2013,29(3):186.}

[6080] 游传华，王连召，房琳. 腹部扩张轴型动脉蒂皮瓣修复小儿前臂皮肤软组织缺损 [J]. 中华手外科杂志，2013，29（5）：319–320. DOI：10.3760/cma.j.issn.1005–054X.2013.05.028. {YOU Chuanhua,WANG Lianzhao,FANG Lin. Repair of forearm skin and soft tissue defects in children with abdominal expanded axial artery pedicle flap[J]. Zhonghua Shou Wai Ke Za Zhi[Chin J Hand Surg(Article in Chinese;No abstract available)],2013,29(5):319-320. DOI:10.3760/cma.j.issn.1005-054X.2013.05.028.}

[6081] 徐庆康，段跃，于田强，洪翔，孙先军，杨益，陈峰，于永涛，徐哲丰. 倒 L 形阴茎带蒂皮瓣治疗复杂性长段前尿道狭窄的临床研究 [J]. 中华泌尿外科杂志，2013，34（11）：851–854. DOI：10.3760/cma.j.issn.1000–6702.2013.11.014. {XU Qingkang,DONG Yue,YU Tianqiang,HONG Xiang,SUN Xianjun,YANG Yi,CHEN Feng,YU Yongtao,XU Zhefeng. Clinical research with inverted L-shaped penis pedicle flap treatment of complicated long segment anterior urethral stricture[J]. Zhonghua Mi Niao Wai Ke Za Zhi[Chin J Urol(Article in Chinese;Abstract in Chinese and English)],2013,34(11):851-854. DOI:10.3760/cma.j.issn.1000-6702.2013.11.014.}

[6082] 梁钢，孙建平，杨建民. 八例术前误判致带血管蒂组织瓣移位术失败分析 [J]. 中华整形外科杂志，2013，29（3）：213–214. DOI：10.3760/cma.j.issn.1009–4598.2013.03.015. {LIANG Gang,SUN Jianping,YANG Jianmin. Failure analysis of vascularized tissue flap transposition due to preoperative misjudgment:a report of 8 cases[J]. Zhonghua Zheng Xing Wai Ke Za Zhi[Chin J Plast Surg(Article in Chinese;No abstract available)],2013,29(3):213-214. DOI:10.3760/cma.j.issn.1009-4598.2013.03.015.}

[6083] 周芳，成智. 皮下蒂菱形、星形皮瓣在挛缩性瘢痕治疗中的应用 [J]. 中华整形外科杂志，2013，29（3）：229–231. DOI：10.3760/cma.j.issn.1009–4598.2013.03.022. {ZHOU Fang,CHENG Zhi. Application of subcutaneous pedicle rhomboid and star shaped flaps for contracture scar[J]. Zhonghua Zheng Xing Wai Ke Za Zhi[Chin J Plast Surg(Article in Chinese;No abstract available)],2013,29(3):229-231. DOI:10.3760/cma.j.issn.1009-4598.2013.03.022.}

[6084] 郭伶俐，邢新，李军辉，杨超，张培培，薛春雨. 带蒂眶脂肪瓣在中老年人泪槽和睑颊沟畸形整复术中的应用 [J]. 中华整形外科杂志，2013，29（4）：251–253. DOI：10.3760/cma.j.issn.1009–4598.2013.04.004. {GUO Lingli,XING Xin,LI Junhui,YANG Chao,ZHANG Peipei,XUE Chunyu. The application of pedicle orbital fat flap for the correction of lacrimal groove and palpebromalar groove deformity in the middle-aged and old people[J]. Zhonghua Zheng Xing Wai Ke Za Zhi[Chin J Plast Surg(Article in Chinese;Abstract in Chinese and English)],2013,29(4):251-253. DOI:10.3760/cma.j.issn.1009-4598.2013.04.004.}

[6085] 钱冲，刘成倍，王文敏. 加盖带蒂包皮瓣尿道成形术治疗尿道下裂 52 例临床分析 [J]. 局解手术学杂志，2013，22（4）：401–402. DOI：10.11659/jjssx.1672–5042.201304022. {QIAN Chong,LIU Chengbei,WANG Wenmin. Onlay preputial island flap urethroplasty in treatment of hypospadias:a report of 52 cases[J]. Ju Jie Shou Shu Xue Za Zhi[J Reg Anat Oper Surg(Article in Chinese;Abstract in Chinese and English)],2013,22(4):401-402. DOI:10.11659/jjssx.1672-5042.201304022.}

[6086] 覃茂林，朱永东，黎绍杰，胡盛，邱盛春，李劲松，刘泳烽. 第 1 掌骨背桡侧动脉蒂岛状皮瓣的临床应用 [J]. 实用手外科杂志，2013，27（3）：319–320，323. DOI：10.3969/j.issn.1671–2722.2013.03.005. {QIN Maolin,ZHU Yongdong,LI Shaojie,HU Sheng,QIU Shengchun,LI Jinsong,LIU Yongfeng. Clinical application of island flap with the first metacarpal dorsal radial artery[J]. Shi Yong Shou Wai Ke Za Zhi[Chin J Pract Hand Surg(Article in Chinese;Abstract in Chinese and English)],2013,27(3):319-320,323. DOI:10.3969/j.issn.1671-2722.2013.03.005.}

[6087] 张超，林锋，冷明，王秋艳. 狭长窄蒂皮瓣治疗面额部皮肤癌的临床应用 [J]. 安徽医科大学学报，2013，48（5）：555–557. {ZHANG Chao,LIN Feng,LENG Ming,WANG Qiuyan. Application of slender narrow pedicle flap in the treatment of facial skin cancer[J]. An Hui Yi Ke Da Xue Xue Bao[Acta Univ Med Anhui(Article in Chinese;Abstract in Chinese and English)],2013,48(5):555-557.}

[6088] 朱永东，覃茂林，黎绍杰，邱盛春. 外踝上动脉降支蒂逆行皮瓣修复足踝部软组织缺损 [J]. 中国骨伤，2014，27(3)：258–260. DOI：10.3969/j.issn.1003–0034.2014.03.022. {ZHU Yongdong,QIN Maolin,LI Shaojie,QIU Shengchun. Lateral supramalleolar artery descending branch antidromic flap for the repair of soft tissue defects in the foot and ankle[J]. Zhongguo Gu Shang[China J Orthop Trauma(Article in Chinese;Abstract in Chinese and English)],2014,27(3):258-260. DOI:10.3969/j.issn.1003-0034.2014.03.022.}

[6089] 梁富旭，王凯，巨积辉. 足部一蒂多瓣在修复手部复合组织缺损中的应用 [J]. 中华手外科杂志，2014，30（2）：146–147. DOI：10.3760/cma.j.issn.1005–054X.2014.02.026. {LIANG Fuxu,WANG Kai,JU Jihui. Multiple free flaps based on one pedicle of foot for repairing multiple skin and soft tissue defects of the hand[J]. Zhonghua Shou Wai Ke Za Zhi[Chin J Hand Surg(Article in Chinese;Abstract in Chinese)],2014,30(2):146-147. DOI:10.3760/cma.j.issn.1005-054X.2014.02.026.}

[6090] 冯亚高，王秋生，陶忠生，吕振木，魏斌，刘少华，霍飞. 逆行足内侧隐神经营养血管蒂皮瓣修复拇趾皮肤缺损 [J]. 中华整形外科杂志，2014，30（4）：302–303. DOI：10.3760/cma.j.issn.1009–4598.2014.04.018. {FENG Yagao,WANG Qiusheng,TAO Zhongsheng,LV Zhenmu,WEI Bin,LIU Shaohua,HUO Fei. Repairing toe skin defect with reverse medial saphenous nerve flap[J]. Zhonghua Zheng Xing Wai Ke Za Zhi[Chin J Plast Surg(Article in Chinese;No abstract available)],2014,30(4):302-303. DOI:10.3760/cma.j.issn.1009-4598.2014.04.018.}

[6091] 蔡广荣，李义强，刘强，欧光信. 两种带蒂皮瓣修复拇指皮肤缺损的疗效比较 [J]. 中华显微外科杂志，2014，37（3）：269–271. DOI：10.3760/cma.j.issn.1001–2036.2014.03.020. {CAI Guangrong,LI Yiqiang,LIU Qiang,OU Guangxin. Two pedicled skin flaps comparison for repairing thumb skin defect[J]. Zhonghua Xian Wei Wai Ke Za Zhi[Chin J Microsurg(Article in Chinese;No abstract available)],2014,37(3):269-271. DOI:10.3760/cma.j.issn.1001-2036.2014.03.020.}

[6092] 靳兆印，张敬良，安全业，方文，丁亚南，陈雷，张志新，周全，胡庆威. 反取皮植皮并二期腹部带蒂皮瓣修复全手皮肤脱套伤的临床效果 [J]. 中华显微外科杂志，2014，37（5）：468–471. DOI：10.3760/cma.j.issn.1001–2036.2014.05.014. {JIN Zhaoyin,ZHANG Jingliang,AN Quanye,FANG Wen,DING Yanan,CHEN Lei,ZHANG Zhixin,ZHOU Quan,HU Qingwei. Application of anti skin grafting and two pedicled abdominal flap to repair the whole hand degloving injury[J]. Zhonghua Xian Wei Wai Ke Za Zhi[Chin J Microsurg(Article in Chinese;Abstract in Chinese and English)],2014,37(5):468-471. DOI:10.3760/cma.j.issn.1001-2036.2014.05.014.}

[6093] 李程科，肖军波，梁江声，谭加群，何明飞，邓国超，雷彦文，许明刚，张敬良. 一蒂多叶不反转动脉化静脉皮瓣一次性修复手部多创面损伤 [J]. 中华显微外科杂志，2014，37（6）：608–610. DOI：10.3760/cma.j.issn.1001–2036.2014.06.028. {LI Chengke,XIAO Junbo,LIANG Jiangsheng,TAN Jiaqun,HE Mingfei,DENG Guochao,LEI Yanwen,XU Minggang,ZHANG Jingliang. Single pedicled multi leaf non reversed arterialized venous flap for multiple wounds of hand repair[J]. Zhonghua Xian Wei Wai Ke Za Zhi[Chin J Microsurg(Article in Chinese;Abstract in Chinese)],2014,37(6):608-610. DOI:10.3760/cma.j.issn.1001-2036.2014.06.028.}

[6094] 孙卫，赵天兰，余道江，王守利，伍丽君，柴筠. 重组人生长激素促进狭长窄蒂皮瓣成活及碱性成纤维细胞因子表达的研究 [J]. 中华实验外科杂志，2014，31（2）：335. DOI：10.3760/cma.j.issn.1001–9030.2014.02.040. {SUN Wei,ZHAO Tianlan,YU Daojiang,WANG Shouli,WU Lijun,CHAI Jun. Effective study of recombinant human growth hormone on the survival in long narrow pedicle flap and the expression in basic fibroblast factor[J]. Zhonghua Shi Yan Wai Ke Za Zhi[Chin J Exp Surg(Article in Chinese;No abstract available)],2014,31(2):335. DOI:10.3760/cma.j.issn.1001-9030.2014.02.040.}

[6095] 李青松，杨颇，宋开芳，秦杰，季亮，陶磊，梁伟，周家顺. 带神经的指动脉残端蒂皮瓣修复指端皮肤缺损 [J]. 中华手外科杂志，2014，30（4）：286–288. DOI：10.3760/cma.j.issn.1005–054X.2014.04.018. {LI Qingsong,YANG Po,SONG Kaifang,QIN Jie,JI Liang,TAO Lei,LIANG Wei,ZHOU Jiashun. Digital artery and nerve stump pedicle flap for repair of fingertip skin defects[J]. Zhonghua Shou Wai Ke Za Zhi[Chin J Hand Surg(Article in Chinese;Abstract in Chinese and English)],2014,30(4):286-288. DOI:10.3760/cma.j.issn.1005-054X.2014.04.018.}

[6096] 周炎，陈振兵，瞿新丛，方祖怡，刘祥，潘晓辉. 应用带血管蒂皮瓣修复手背软组织缺损 [J]. 中华手外科杂志，2014，30（4）：303–304. {ZHOU Yan,CHEN Zhenbing,QU Xincong,FANG Zuyi,LIU Xiang,PAN Xiaohui. Repair of soft tissue defect on the dorsal hand with vascularized flap[J]. Zhonghua Shou Wai Ke Za Zhi[Chin J Hand Surg(Article in Chinese;No abstract available)],2014,30(4):303-304.}

[6097] 赵宇辉，李莉，王阳. 蒂部维持扩张法对远位扩张皮瓣血运影响的临床观察 [J]. 中华创伤杂志，2014，30（8）：795–797. DOI：10.3760/cma.j.issn.1001–8050.2014.08.012. {ZHAO Yuhui,LI Li,WANG Yang. Clinical effective observation on the blood supply with pedicle maintenance expansion of distal expanded flap[J]. Zhonghua Chuang Shang Za Zhi[Chin J Trauma(Article in Chinese;No abstract available)],2014,30(8):795-797. DOI:10.3760/cma.j.issn.1001-8050.2014.08.012.}

[6098] 夏成德，连鸿凯，狄海萍，薛继东，李晓亮，李强，牛希华. 三种带蒂岛状皮瓣修复会阴部创面效果分析 [J]. 中华烧伤杂志，2014，30（1）：70–72. DOI：10.3760/cma.j.issn.1009–2587.2014.01.019. {XIA Chengde,LIAN Hongkai,DI Haiping,XUE Jidong,LI Xiaoliang,LI Qiang,NIU Xihua. Effect analysis in three kinds of pedicled island flap for perineal wound repair[J]. Zhonghua Shao Shang Za Zhi[Chin J Burns(Article in Chinese;No abstract available)],2014,30(1):70-72. DOI:10.3760/cma.j.issn.1009-2587.2014.01.019.}

[6099] 许砾思，李养群，唐勇，陈文，杨喆，赵穆欣，马宁，冯隽. 颈前部蒂双翼状薄型扩张皮瓣修复面中下部瘢痕创面 [J]. 中华烧伤杂志，2014，30（2）：124–127. DOI：10.3760/cma.j.issn.1009–2587.2014.02.006. {XU Lisi,LI Yangqun,TANG Yong,CHEN Wen,YANG Jie,ZHAO Muxin,MA Ning,FENG Jun. Repair of middle and lower face scars using alar thin expanded cervical flap with pedicle in anterior neck[J]. Zhonghua Shao Shang Za Zhi[Chin J Burns(Article in Chinese;Abstract in Chinese and English)],2014,30(2):124-127. DOI:10.3760/cma.j.issn.1009-2587.2014.02.006.}

[6100] 李养群，唐勇，陈文，杨喆，赵穆欣，许砾思，胡春梅，刘媛媛，马宁. 固定血管分支蒂扩张皮瓣修复面部软组织缺损 [J]. 中华整形外科杂志，2014，30（5）：326–329. DOI：10.3760/cma.j.issn.1009–4598.2014.05.002. {LI Yangqun,TANG Yong,CHEN Wen,YANG Jie,ZHAO Muxin,XU Lisi,HU Chunmei,LIU Yuanyuan,MA Ning. Reconstruction of facial soft tissue defects with pedicled expanded flaps[J]. Zhonghua Zheng Xing Wai Ke Za Zhi[Chin J Plast Surg(Article in Chinese;Abstract in Chinese and English)],2014,30(5):326-329. DOI:10.3760/cma.j.issn.1009-4598.2014.05.002.}

[6101] 李俊明，李艳华，宛磊，黄贺军，彭高峰，李道选，张晓光，代彭威，李鹏. 带蒂皮瓣修复拇趾皮肤软组织缺损 [J]. 中华整形外科杂志，2014，30（5）：335–338. DOI：10.3760/cma.j.issn.1009–4598.2014.05.004. {LI Junming,LI Yanhua,WAN Lei,HUANG Hejun,PENG Gaofeng,LI Daoxuan,ZHANG Xiaoguang,DAI Pengwei,LI Peng. Treatment of skin and soft tissue defect in the hallex with flaps[J]. Zhonghua Zheng Xing Wai Ke Za Zhi[Chin J Plast Surg(Article in Chinese;Abstract in Chinese and English)],2014,30(5):335-338. DOI:10.3760/cma.j.issn.1009-4598.2014.05.004.}

[6102] 余道江，赵天兰，徐又佳，Morice，Anne，孙卫，王玉龙，洪嘉昀. 狭长窄蒂皮下蒂皮瓣在乳腺癌术后放射性溃疡治疗中的应用 [J]. 中华整形外科杂志，2014，30（6）：454–457. DOI：10.3760/cma.j.issn.1009–4598.2014.06.015. {YU Daojiang,ZHAO Tianlan,XU Youjia,Morice,Anne,SUN Wei,WANG Yulong,HONG Jiajun. Application of long narrow pedicle skin flap for radiation ulcer after breast cancer operation[J]. Zhonghua Zheng Xing Wai Ke Za Zhi[Chin J Plast Surg(Article in Chinese;No abstract available)],2014,30(6):454-457. DOI:10.3760/cma.j.issn.1009-4598.2014.06.015.}

[6103] 薛俊红，陈惠敏，张艳敏，范华波，李浩，胡娟. 同指三种带蒂皮瓣修复指端（腹）缺损的中远期疗效对比 [J]. 实用手外科杂志，2014，28（4）：407–409. DOI：10.3969/j.issn.1671–2722.2014.04.020. {XUE Junhong,CHEN Huimin,ZHANG Yanmin,FAN Huabo,LI Hao,HU Juan. Comparative study on the repair of digit tip injury and pulp loss by three kinds of flap in long-term effect[J]. Shi Yong Shou Wai Ke Za Zhi[Chin J Pract Hand Surg(Article in Chinese;Abstract in Chinese and English)],2014,28(4):407-409. DOI:10.3969/j.issn.1671-2722.2014.04.020.}

[6104] 嵇伟平，韩培，柴益民. 1、2 间室伸肌支持带上动脉血管蒂骨瓣结合外固定支架治疗舟骨骨不连伴缺血性坏死 [J]. 上海医学，2014，37（12）：1048–1051，前插 2. {JI Weiping,HAN Pei,CHAI Yimin. Vascularized bone graft of 1,2 intercompartmental supraretinacular artery combined with external fixation for scaphoid nonunion with avascular necrosis[J]. Shanghai Yi Xue[Shanghai Med J(Article in Chinese;Abstract in Chinese and English)],2014,37(12):1048-1051,insert 2.}

[6105] 康庆林，贾亚超，王亚洲，徐佳，陈红浩，龚子凌，柴益民，曾炳芳. 序贯式带蒂皮

瓣修复足踝部皮肤缺损[J]. 中华显微外科杂志，2015，38（6）：561-564. DOI：10.3760/cma.j.issn.1001-2036.2015.06.011. {KANG Qinglin,JIA Yachao,WANG Yazhou,XU Jia,CHEN Honghao,GONG Ziling,CHAI Yimin,ZENG Bingfang. Sequential pedicled flaps for coverage of skin defects in foot and ankle[J]. Zhonghua Xian Wei Wai Ke Za Zhi[Chin J Microsurg(Article in Chinese;Abstract in Chinese and English)],2015,38(6):561-564. DOI:10.3760/cma.j.issn.1001-2036.2015.06.011.}

[6106] 刘建云，刘军. 皮下组织蒂皮瓣修复足底皮肤软组织缺损五例[J]. 中华烧伤杂志，2015，31（1）：66-67. DOI：10.3760/cma.j.issn.1009-2587.2015.01.018. {LIU Jianyun,LIU Jun. Repairing plantar skin and soft tissue defects with subcutaneous pedicle flap:a report of 5 cases[J]. Zhonghua Shao Shang Za Zhi[Chin J Burns(Article in Chinese;No abstract available)],2015,31(1):66-67. DOI:10.3760/cma.j.issn.1009-2587.2015.01.018.}

[6107] 林涧，梁成，郑和平，陆骅，张天浩，王之江，万华俊. 踇趾胫侧底动脉蒂足内侧缘静脉营养血管皮瓣的临床应用[J]. 中华整形外科杂志，2015，31（3）：179-182. DOI：10.3760/cma.j.issn.1009-4598.2015.03.006. {LIN Jian,LIANG Cheng,ZHENG Heping,LU 骅,ZHANG Tianhao,WANG Zhijiang,WAN Huajun. Clinical application of venous nutrition flap pedicled by medial plantar artery of the hallux on the medical aspect of the foot[J]. Zhonghua Zheng Xing Wai Ke Za Zhi[Chin J Plast Surg(Article in Chinese;Abstract in Chinese and English)],2015,31(3):179-182. DOI:10.3760/cma.j.issn.1009-4598.2015.03.006.}

[6108] 季易，陈卓，陈亮，刘剑毅，王珍祥. 超长蒂岛状皮瓣修复足部大面积组织缺损[J]. 组织工程与重建外科杂志，2015，11（6）：370-372. DOI：10.3969/j.issn.1673-0364.2015.06.006. {JI Yi,CHEN Zhuo,CHEN Liang,LIU Jianyi,WANG Zhenxiang. Super long pedicle island flap for repairing large tissue defect of the heel[J]. Zu Zhi Gong Cheng Yu Chong Jian Wai Ke Za Zhi[J Tissue Eng Reconstr Surg(Article in Chinese;Abstract in Chinese and English)],2015,11(6):370-372. DOI:10.3969/j.issn.1673-0364.2015.06.006.}

[6109] 张全荣，芮永军，许亚军，钱俊，张志海，吴权，魏苏明，杨凯. 游离足背同蒂多叶皮瓣治疗多指指背皮肤缺损[J]. 实用手外科杂志，2015，29（1）：6-9. DOI：10.3969/j.issn.1671-2722.2015.01.002. {ZHANG Quanrong,RUI Yongjun,XU Yajun,QIAN Jun,ZHANG Zhihai,WU Quan,WEI Suming,YANG Kai. Repair of skin defect on dorsum of multi fingers with free multi-petal dorsalis pedis flap based on a single pedicle[J]. Shi Yong Shou Wai Ke Za Zhi[Chin J Pract Hand Surg(Article in Chinese;Abstract in Chinese and English)],2015,29(1):6-9. DOI:10.3969/j.issn.1671-2722.2015.01.002.}

[6110] 杨晨晖，王克平，周海宇，夏亚一，刘建文，何余金. 踝上动脉降支蒂胫骨瓣移位治疗距骨缺血坏死[J]. 中国临床解剖学杂志，2015，33（3）：360-363. DOI：10.13418/j.issn.1001-165x.2015.03.028. {YANG Chenhui,WANG Keping,ZHOU Haiyu,XIA Yayi,LIU Jianwen,HE Yujin. Translocation of tibial bone flap pedicled with descending branches of supramalleolar artery for treatment of avascular necrosis of talus[J]. Zhongguo Lin Chuang Jie Pou Xue Za Zhi[Chin J Clin Anat(Article in Chinese;Abstract in Chinese and English)],2015,33(3):360-363. DOI:10.13418/j.issn.1001-165x.2015.03.028.}

[6111] 王文军，薛静波，晏怡果，王麓山，姚女兆，蔡斌. 带骨膜蒂枕骨外板翻转骨瓣在寰枢椎融合术中的应用[J]. 中华骨科杂志，2015，35（5）：571-575. DOI：10.3760/cma.j.issn.0253-2352.2015.05.016. {WANG Wenjun,XUE Jingbo,YAN Yiguo,WANG Lushan,YAO Nvzhao,CAI Bin. Clinical application of flipping periosteum pedicle occipital outer plate for atlantoaxial fusion[J]. Zhonghua Gu Ke Za Zhi[Chin J Orthop(Article in Chinese;Abstract in Chinese and English)],2015,35(5):571-575. DOI:10.3760/cma.j.issn.0253-2352.2015.05.016.}

[6112] 卢耀军，周福临. 带蒂腹部分层组织瓣结合自体皮移植一期修复手部皮肤脱套伤[J]. 中华显微外科杂志，2015，38（2）：180-182. DOI：10.3760/cma.j.issn.1001-2036.2015.02.024. {LU Yaojun,ZHOU Fulin. Pedicled abdominal layered tissue flap combined with autologous skin graft for the first stage repair of hand skin degloving injury[J]. Zhonghua Xian Wei Wai Ke Za Zhi[Chin J Microsurg(Article in Chinese;Abstract in Chinese)],2015,38(2):180-182. DOI:10.3760/cma.j.issn.1001-2036.2015.02.024.}

[6113] 董延召，王义生，刘福云，郭永成. 局部皮下带蒂脂肪瓣填充分离融合区治疗先天性尺桡骨融合[J]. 中国矫形外科杂志，2015，23（13）：1241-1244. DOI：10.3977/j.issn.1005-8478.2015.13.21. {DONG Yanzhao,WANG Yisheng,LIU Fuyun,GUO Yongcheng. Local subcutaneous pedicled fat flap filling separation fusion area for the treatment of congenital ulnar and radial fusion[J]. Zhongguo Jiao Xing Wai Ke Za Zhi[Orthop J China(Article in Chinese;Abstract in Chinese)],2015,23(13):1241-1244. DOI:10.3977/j.issn.1005-8478.2015.13.21.}

[6114] 任一，胡建山，李溥，贺叶彬，肖松，江勇，唐广应，岑石强. 带血管神经蒂皮瓣切除修复21例多指畸形治疗体会[J]. 中国矫形外科杂志，2015，23（21）：2011-2013. DOI：10.3977/j.issn.1005-8478.2015.21.22. {REN Yi,HU Jianshan,LI Pu,HE Yebin,XIAO Song,JIANG Yong,TANG Guangying,Cen Shiqiang. Treatment of 21 cases of polydactyly with neurovascular pedicle flap[J]. Zhongguo Jiao Xing Wai Ke Za Zhi[Orthop J China(Article in Chinese;Abstract in Chinese)],2015,23(21):2011-2013. DOI:10.3977/j.issn.1005-8478.2015.21.22.}

[6115] 王云锋，伍辉国，张文正，张春风. 指总动脉为蒂的双叶岛状皮瓣瓦合修复拇指离断伴半环形皮肤缺损[J]. 中华手外科杂志，2015，31（3）：217-218. {WANG Yunfeng,WU Huiguo,ZHANG Wenzheng,ZHANG Chunfeng. Bilobed island flap pedicled with common digital artery for repairing thumb amputation with semicircular skin defect[J]. Zhonghua Shou Wai Ke Za Zhi[Chin J Hand Surg(Article in Chinese;No abstract available)],2015,31(3):217-218.}

[6116] 朱再生，付强，叶敏，陈良佑，刘全启，张春霆，罗荣利，杨庆，吴汉，李瑞阳. 带蒂环形包皮瓣尿道成形术一期修复复杂性前尿道狭窄37例报告[J]. 中华泌尿外科杂志，2015，36（6）：446-449. DOI：10.3760/cma.j.issn.1000-6702.2015.06.012. {ZHU Zaisheng,FU Qiang,YE Min,CHEN Liangyou,LIU Quanqi,ZHANG Chunting,LUO Rongli,YANG Qing,WU Han,LI Ruiyang. One-stage urethroplasty using circular fasciocutaneous preputial skin flap for the treatment of complex anterior urethral strictures[J]. Zhonghua Mi Niao Wai Ke Za Zhi[Chin J Urol(Article in Chinese;Abstract in Chinese and English)],2015,36(6):446-449. DOI:10.3760/cma.j.issn.1000-6702.2015.06.012.}

[6117] 黄盛松，桂亚平，罗华荣，吴旻，张琪敏，李军亮，吴登龙. 带蒂皮瓣尿道外口成形术治疗炎症性尿道外口狭窄[J]. 中华男科学杂志，2015，21（7）：630-633. DOI：10.13263/j.cnki.nja.2015.07.010. {HUANG Shengsong,GUI Yaping,LUO Huarong,WU Min,ZHANG qimin,LI Junliang,WU Denglong. Meatoplasty with pedicle flap for meatal stenosis secondary to chronic balanitis[J]. Zhonghua Nan Ke Xue Za Zhi[Natl J Androl(Article in Chinese;Abstract in Chinese and English)],2015,21(7):630-633. DOI:10.13263/j.cnki.nja.2015.07.010.}

[6118] 刘积东，张斌，林中梅. 旋转皮瓣联合皮下蒂皮瓣修复眶下区皮肤肿瘤术后缺损[J]. 中华整形外科杂志，2015，31（4）：309-310. DOI：10.3760/cma.j.issn.1009-4598.2015.04.020. {LIU Jidong,ZHANG Bin,LIN Zhongmei. Rotation flap combined with subcutaneous pedicle flap for repairing the postoperative defects of skin tumor in infraorbital region[J]. Zhonghua Zheng Xing Wai Ke Za Zhi[Chin J Plast Surg(Article in Chinese;No abstract available)],2015,31(4):309-310. DOI:10.3760/cma.j.issn.1009-4598.2015.04.020.}

[6119] 刘媛媛，卢小生. 双蒂滑行皮瓣在隐耳矫正中的应用[J]. 中华整形外科杂志，2015，31（5）：332-334. DOI：10.3760/cma.j.issn.1009-4598.2015.05.004. {LIU Yuanyuan,LU Xiaosheng. Application of double pedicle sliding skin flap in cryptotia correction[J]. Zhonghua Zheng Xing Wai Ke Za Zhi[Chin J Plast Surg(Article in Chinese;Abstract in Chinese and English)],2015,31(5):332-334. DOI:10.3760/cma.j.issn.1009-4598.2015.05.004.}

[6120] 张红闯，万延俊，张扬，张阳，成雨生，杜春荣. Sommerlad腭帆提肌重建联合带蒂颊脂垫瓣在完全性腭裂修复中的应用[J]. 组织工程与重建外科杂志，2015，11（4）：252-254. DOI：10.3969/j.issn.1673-0364.2015.04.008. {ZHANG Hongchuang,WAN Yanjun,ZHANG Yang,ZHANG Yang,CHENG Yusheng,DU Chunrong. Application of levator veli palatini retropositioning combined with buccal fat pad flap for complete cleft palate repair[J]. Zu Zhi Gong Cheng Yu Chong Jian Wai Ke Za Zhi[J Tissue Eng Reconstr Surg(Article in Chinese;Abstract in Chinese and English)],2015,11(4):252-254. DOI:10.3969/j.issn.1673-0364.2015.04.008.}

[6121] 林宏伟，邹育才，赵资坚，肖瑛，林秋萍. 手指带蒂皮瓣逆行转移修复指端缺损的临床观察[J]. 实用手外科杂志，2015，29（2）：179-180，183. DOI：10.3969/j.issn.1671-2722.2015.02.022. {LIN Hongwei,ZOU Yucai,ZHAO Zijian,XIAO Ying,LIN Qiuping. Clinical study of reverse island flaps in treating extrusive fingertip defects[J]. Shi Yong Shou Wai Ke Za Zhi[Chin J Pract Hand Surg(Article in Chinese;Abstract in Chinese and English)],2015,29(2):179-180,183. DOI:10.3969/j.issn.1671-2722.2015.02.022.}

[6122] 袁海平，王红胜，袁勇，崔剑华，樊川. 同指不同蒂双叶皮瓣瓦合修复手指末节脱套伤[J]. 实用手外科杂志，2015，29（2）：188-190. DOI：10.3969/j.issn.1671-2722.2015.02.026. {YUAN Haiping,WANG Hongsheng,YUAN Yong,CUI Jianhua,FAN Chuan. Repairing degloving injury of distal phalanx with bilobed flaps which in different vascular pedicle of the finger[J]. Shi Yong Shou Wai Ke Za Zhi[Chin J Pract Hand Surg(Article in Chinese;Abstract in Chinese and English)],2015,29(2):188-190. DOI:10.3969/j.issn.1671-2722.2015.02.026.}

[6123] 何晓清，朱跃良，徐永清，杨军，梅良斌，王毅，范新宇，段家章，朱敏. 儿童足后跟Ⅲ级轮辐伤后跟腱重建中带蒂皮瓣选择[J]. 中华创伤杂志，2016，32（5）：434-439. DOI：10.3760/cma.j.issn.1001-8050.2016.05.012. {HE Xiaoqing,ZHU Yueliang,XU Yongqing,YANG Jun,MEI Liangbin,WANG Yi,FAN Xinyu,DUAN Jiazhang,ZHU Min. Selection of pedicled flaps in Achilles tendon reconstruction for grade Ⅲ spoke heel injuries in children[J]. Zhonghua Chuang Shang Za Zhi[Chin J Trauma(Article in Chinese;Abstract in Chinese and English)],2016,32(5):434-439. DOI:10.3760/cma.j.issn.1001-8050.2016.05.012.}

[6124] 陆向阳，赵立宗，苏博义，任嘉明，王建中，任洋洲，籍贻华. 两段式冲洗法联合带蒂皮瓣治疗足踝部感染性组织缺损[J]. 实用手外科杂志，2016，30（4）：427-429，441. DOI：10.3969/j.issn.1671-2722.2016.04.017. {LU Xiangyang,ZHAO Lizong,SU Boyi,REN Ximing,WANG Jianzhong,REN Yangzhou,JI Yihua. The application of the two-phase flushing technique plus pedicle flap grafting for the treatment of the tissue defects of the infected ankle[J]. Shi Yong Shou Wai Ke Za Zhi[Chin J Pract Hand Surg(Article in Chinese;Abstract in Chinese and English)],2016,30(4):427-429,441. DOI:10.3969/j.issn.1671-2722.2016.04.017.}

[6125] 赵飞，巩凡，李晓亮，丁冬，温鹏，黄永禄，姚占川，杨子洋，马建明. 宁夏地区带蒂皮瓣远端蒂覆盖软组织缺损延迟愈合的多因素分析[J]. 中华显微外科杂志，2016，39（5）：449-451. DOI：10.3760/cma.j.issn.1001-2036.2016.05.009. {ZHAO Fei,GONG Fan,LI Xiaoliang,DING Dong,WEN Peng,HUANG Yonglu,YAO Zhanchuan,YANG Ziyang,MA Jianming. The multiple factors analysis of distal pedicle flap to treat incision delayed healing for soft tissue defect in Ningxia region[J]. Zhonghua Xian Wei Wai Ke Za Zhi[Chin J Microsurg(Article in Chinese;Abstract in Chinese and English)],2016,39(5):449-451. DOI:10.3760/cma.j.issn.1001-2036.2016.05.009.}

[6126] 尚峥辉，梁杰，严超，张帆，黄富国. 带血管蒂骨瓣联合外固定支架及内固定治疗陈旧性经舟骨月骨周围脱位[J]. 中华显微外科杂志，2016，39（6）：544-547. DOI：10.3760/cma.j.issn.1001-2036.2016.06.008. {SHANG Zhenghui,LIANG Jie,YAN Chao,ZHANG Fan,HUANG Fuguo. Treatment of old transcaphoid perilunate dislocation with vascular pedicle bone flap graft and external fixator and internal fixation[J]. Zhonghua Xian Wei Wai Ke Za Zhi[Chin J Microsurg(Article in Chinese;Abstract in Chinese and English)],2016,39(6):544-547. DOI:10.3760/cma.j.issn.1001-2036.2016.06.008.}

[6127] 于文渊，余道江，赵天兰，伍丽君，孙卫. 狭长窄蒂皮瓣成活过程中低氧诱导因子-1α的表达及作用[J]. 中华实验外科杂志，2016，33（1）：256. DOI：10.3760/cma.j.issn.1001-9030.2016.01.079. {YU Wenyuan,YU Daojiang,ZHAO Tianlan,WU Lijun,SUN Wei. Experiment research of expression and effect of hypoxia inducible factor-1α in the survival process of the long and narrow pedicle flap[J]. Zhonghua Shi Yan Wai Ke Za Zhi[Chin J Exp Surg(Article in Chinese;Abstract in Chinese and English)],2016,33(1):256. DOI:10.3760/cma.j.issn.1001-9030.2016.01.079.}

[6128] 崔满意，王培吉，田恒进，王志勇，盛辉，张治家，李德保，沙震兴. 邻指皮瓣缺血训练早期断蒂的临床治疗体会[J]. 中华手外科杂志，2016，32（5）：396. {CUI Manyi,WANG Peiji,TIAN Hengjin,WANG Zhiyong,SHENG Hui,ZHANG Zhijia,LI Debao,SHA Zhenxing. Clinical experience of early pedicle amputation of adjacent finger skin flap after ischemic training[J]. Zhonghua Shou Wai Ke Za Zhi[Chin J Hand Surg(Article in Chinese;No abstract available)],2016,32(5):396.}

[6129] 关立锋，马强，赵翔. 利用腹部皮瓣蒂分期修复手部多处高压电烧伤创面12例[J]. 中华烧伤杂志，2016，32（10）：618-619. DOI：10.3760/cma.j.issn.1009-2587.2016.10.009. {GUAN Lifeng,MA Qiang,ZHAO Xiang. Pedicled abdominal skin flap for multiple high voltage burn wounds of the hand repair by stages:a report of 12 cases[J]. Zhonghua Shao Shang Za Zhi[Chin J Burns(Article in Chinese;No abstract available)],2016,32(10):618-619. DOI:10.3760/cma.j.issn.1009-2587.2016.10.009.}

[6130] 夏成德，薛继东，狄海萍，牛景林，李晓亮，曹大勇，李强，牛希华. 侧胸腹部扩张皮瓣带蒂转移整复上肢烧伤后大面积增生性瘢痕的效果[J]. 中华烧伤杂志，2016，32（11）：649-652. DOI：10.3760/cma.j.issn.1009-2587.2016.11.003. {XIA Chengde,XUE Jidong,DI Haiping,NIU Jinglin,LI Xiaoliang,CAO Dayong,LI Qiang,NIU Xihua. Effect of expanded lateral thoracic abdominal flap transferred with pedicle on repairing large area of hypertrophic scar after burn of the upper extremity[J]. Zhonghua Shao Shang Za Zhi[Chin J Burns(Article in Chinese;Abstract in Chinese and English)],2016,32(11):649-652. DOI:10.3760/cma.j.issn.1009-2587.2016.11.003.}

[6131] 郑永生，孙强，马涛，戴利，张君毅，韩新鸣，许莲姬. 眼轮匝肌蒂推进皮瓣在眼睑缺损修复中的应用[J]. 中华整形外科杂志，2016，32（1）：18-21. DOI：10.3760/cma.j.issn.1009-4598.2016.01.005. {ZHENG Yongsheng,SUN Qiang,MA Tao,DAI Li,ZHANG Junyi,HAN Xinming,XU Lianji. Advanced orbicularis oculi muscle flap for eyelid defect[J]. Zhonghua Zheng Xing Wai Ke Za Zhi[Chin J Plast Surg(Article in Chinese;Abstract in Chinese and English)],2016,32(1):18-21. DOI:10.3760/cma.j.issn.1009-4598.2016.01.005.}

[6132] 孙晓晨，刘毅，张绪生，张诚. 腹部"翼型"带蒂皮瓣在手部创伤缺损修复术中的应用[J]. 创伤外科杂志，2016，18（2）：117-118. DOI：10.3969/j.issn.1009-4237.2016.02.017. {SUN Xiaochen,LIU Yi,ZHANG Xusheng,ZHANG Cheng. Application of abdominal airfoils pediced flap in hand trauma defect repair[J]. Chuang Shang Wai Ke Za Zhi[J Traum Surg(Article in Chinese;Abstract in Chinese and English)],2016,18(2):117-118. DOI:10.3969/j.issn.1009-4237.2016.02.017.}

[6133] 张鲜英，刘毅，王刚. 上臂内侧带蒂皮瓣在创伤后鼻缺损美容整形中的应用[J]. 创伤外科杂志，2016，18（3）：132-134. DOI：10.3969/j.issn.1009-4237.2016.03.002. {ZHANG Xianying,LIU Yi,WANG Gang. Cosmetic repair of nasal defects with medial pedicle skin flap of the upper arm[J]. Chuang Shang Wai Ke Za Zhi[J Traum Surg(Article in Chinese;Abstract in Chinese and English)],2016,18(3):132-134. DOI:10.3969/j.issn.1009-4237.2016.03.002.}

[6134] 徐梁，俞哲元，袁捷，韦敏. 鼻面沟带蒂皮瓣在鼻部亚单位缺损修复中的应用[J]. 组织工程与重建外科杂志，2016，12（3）：174-176. DOI：10.3969/j.issn.1673-0364.2016.03.008. {XU Liang,YU Zheyuan,YUAN Jie,WEI Min. Application of nasofacial groove pedicle flap in repairing nasal subunit defects[J]. Zu Zhi Gong Cheng Yu Chong Jian Wai Ke Za Zhi[J Tissue Eng Reconstr Surg(Article in Chinese;Abstract in Chinese and English)],2016,12(3):174-176. DOI:10.3969/j.issn.1673-0364.2016.03.008.}

[6135] 张健，王剑利，刘兴龙，王福宁. 带血管蒂骨瓣与自体骨移植治疗陈旧性腕舟骨骨折的疗效比较[J]. 实用手外科杂志，2016，30(1)：5-9. DOI：10.3969/j.issn.1671-2722.2016.01.003. {ZHANG Jian,WANG Jianli,LIU Xinglong,WANG Funing. The efficacy comparison of the vascularized bone graft and autologous bone graft treatment for the obsolete scaphoid fracture[J]. Shi Yong Shou Wai Ke Za Zhi[Chin J Pract Hand Surg(Article in Chinese;Abstract in Chinese and English)],2016,30(1):5-9. DOI:10.3969/j.issn.1671-2722.2016.01.003.}

[6136] 卢俊岳，崔浩杰，张巍，李启朝，何奎乐，彭永利，边朝辉. 带血管蒂的邻指皮瓣修复手指末节离断伤[J]. 实用手外科杂志，2016，30(1)：56-58. DOI：10.3969/j.issn.1671-2722.2016.01.021. {LU Junyue,CUI Haojie,ZHANG Wei,LI Qichao,HE Kuile,PENG Yongli,BIAN Chaohui. Pepair of amputation of fingertip with vascular pedicled cross finger flap[J]. Shi Yong Shou Wai Ke Za Zhi[Chin J Pract Hand Surg(Article in Chinese;Abstract in Chinese and English)],2016,30(1):56-58. DOI:10.3969/j.issn.1671-2722.2016.01.021.}

[6137] 覃瑞良，许永秋，王文权，卢庆弘，李冰. 蒂部加宽加长指背岛状神经皮瓣修复手指软组织缺损的临床观察[J]. 实用手外科杂志，2016，30(2)：166-168. DOI：10.3969/j.issn.1671-2722.2016.02.014. {QIN Ruiliang,XU Yongqiu,WANG Wenquan,LU Qinghong,LI Bing. Clinical observation of digital dorsal neural flap with widened lengthened pedicle to repair digital soft tissue defect[J]. Shi Yong Shou Wai Ke Za Zhi[Chin J Pract Hand Surg(Article in Chinese;Abstract in Chinese and English)],2016,30(2):166-168. DOI:10.3969/j.issn.1671-2722.2016.02.014.}

[6138] 梁高峰，郭永明，滕云升，张满盈，文波，贾宗海，智丰，董俊文，马志雄，刘俊良. 改良短蒂双供血跗外侧皮瓣修复手指软组织缺损[J]. 实用手外科杂志，2016，30(4)：450-452. DOI：10.3969/j.issn.1671-2722.2016.04.025. {LIANG Gaofeng,GUO Yongming,TENG Yunsheng,ZHANG Manying,WEN Bo,JIA Zonghai,ZHI Feng,DONG Junwen,MA Zhixiong,LIU Junliang. The modified lateral tarsal flap with the double arterial system transfer for repairment of skin defects of fingers[J]. Shi Yong Shou Wai Ke Za Zhi[Chin J Pract Hand Surg(Article in Chinese;Abstract in Chinese and English)],2016,30(4):450-452. DOI:10.3969/j.issn.1671-2722.2016.04.025.}

[6139] 唐耘熳，王学军，毛宇，陈绍基，刘茂，陈月娇. 横行带蒂岛状包皮瓣尿道成形造瘘术分期矫治尿道下裂[J]. 中国修复重建外科杂志，2016，30(5)：594-598. DOI：10.7507/1002-1892.20160120. {TANG Yunman,WANG Xuejun,MAO Yu,CHEN Shaoji,LIU Mao,CHEN Yuejiao. Duckett urethroplasty-urethrotomy for staged hypospadias repair[J]. Zhongguo Xiu Fu Chong Jian Wai Ke Za Zhi[Chin J Repar Reconstr Surg(Article in Chinese;Abstract in Chinese and English)],2016,30(5):594-598. DOI:10.7507/1002-1892.20160120.}

[6140] 夏雷，许玉本，张红星，李鹏，黄良库. 两种手部带蒂逆行皮瓣修复手指软组织缺损的疗效分析[J]. 中华显微外科杂志，2017，40(2)：134-138. DOI：10.3760/cma.j.issn.1001-2036.2017.02.008. {XIA Lei,XU Yuben,ZHANG Hongxing,LI Peng,HUANG Liangku. Efficacy of two reverse pedicle flaps for repairing soft tissue defects of the finger[J]. Zhonghua Xian Wei Wai Ke Za Zhi[Chin J Microsurg(Article in Chinese;Abstract in Chinese and English)],2017,40(2):134-138. DOI:10.3760/cma.j.issn.1001-2036.2017.02.008.}

[6141] 姜德欣，胡静波，陈林，李大为. 应用双蒂双套血供的交臂固定的巨大皮瓣修复前臂软组织复合缺损[J]. 中华手外科杂志，2017，33(5)：367-368. DOI：10.3760/cma.j.issn.1005-054X.2017.05.019. {JIANG Dexin,HU Jingbo,CHEN Lin,LI Dawei. Application of bipedicled massive cross arm flap with dual blood supply for repair of forearm soft tissue defects[J]. Zhonghua Shou Wai Ke Za Zhi[Chin J Hand Surg(Article in Chinese;Abstract in Chinese and English)],2017,33(5):367-368. DOI:10.3760/cma.j.issn.1005-054X.2017.05.019.}

[6142] 陶婷婷，段跃，胡青，吕伯东，徐庆康，于田强. 带蒂阴唇皮瓣背侧尿道嵌入扩大成形术治疗女性远端尿道狭窄的疗效分析[J]. 中华泌尿外科杂志，2017，38(10)：755-759. DOI：10.3760/cma.j.issn.1000-6702.2017.10.009. {TAO Tingting,DONG Yue,HU Qing,LV Bodong,XU Qingkang,YU Tianqiang. Effect of dorsal onlay pedicled labium flap urethroplasty augmentation for female distal urethral stricture[J]. Zhonghua Mi Niao Wai Ke Za Zhi[Chin J Urol(Article in Chinese;Abstract in Chinese and English)],2017,38(10):755-759. DOI:10.3760/cma.j.issn.1000-6702.2017.10.009.}

[6143] 刘项，彭博，褚晗，毛长坤，余鑫，杨超，曹永胜. 竖形带蒂皮瓣横置法治疗重度小儿隐匿阴茎的应用研究[J]. 中华男科学杂志，2017，23(6)：527-530. DOI：10.13263/j.cnki.nja.2017.06.008. {LIU Xiang,PENG Bo,CHU Han,MAO Changkun,YU Xin,YANG Chao,CAO Yongsheng. Traversing the vertical pedicle flap for the treatment of severely buried penis in children[J]. Zhonghua Nan Ke Xue Za Zhi[Natl J Androl(Article in Chinese;Abstract in Chinese and English)],2017,23(6):527-530. DOI:10.13263/j.cnki.nja.2017.06.008.}

[6144] 徐成党，吴登龙，刘博，向振东，钱多成，黄盛松. 带蒂皮瓣尿道外口成形术治疗前列腺电切后尿道外口狭窄[J]. 中华男科学杂志，2017，23(6)：574-575. DOI：10.13263/j.cnki.nja.2017.06.016. {XU Chengdang,WU Denglong,LIU Bo,XIANG Zhendong,QIAN Dongcheng,HUANG Shengsong. Urethral stricture after transurethral resection of prostate treat with pedicle flap urethroplasty[J]. Zhonghua Nan Ke Xue Za Zhi[Natl J Androl(Article in Chinese;No abstract available)],2017,23(6):574-575. DOI:10.13263/j.cnki.nja.2017.06.016.}

[6145] 陈琦，赵天兰，余道江，谢晓明，伍丽君，于文渊，孙卫. 邻近狭长皮瓣和窄蒂皮瓣在面部瘢痕整复中的应用效果[J]. 中华烧伤杂志，2017，33(6)：383-385. DOI：10.3760/cma.j.issn.1009-2587.2017.06.019. {CHEN Qi,ZHAO Tianlan,YU Daojiang,XIE Xiaoming,WU Lijun,YU Wenyuan,SUN Wei. Application effect of adjacent long narrow flap and narrow pedicle flap in facial scar reconstruction[J]. Zhonghua Shao Shang Za Zhi[Chin J Burns(Article in Chinese;Abstract in Chinese)],2017,33(6):383-385. DOI:10.3760/cma.j.issn.1009-2587.2017.06.019.}

[6146] 韩军涛，何亭，王洪涛，李军. 以肋下动脉侧皮支前支为血管蒂皮瓣的临床应用[J]. 中华整形外科杂志，2017，33(6)：438-441. DOI：10.3760/cma.j.issn.1009-4598.2017.06.009. {HAN Juntao,HE Ting,WANG Hongtao,LI Jun. The design and clinical application of anterior branch of subcostal artery perforator flap[J]. Zhonghua Zheng Xing Wai Ke Za Zhi[Chin J Plast Surg(Article in Chinese;Abstract in Chinese and English)],2017,33(6):438-441. DOI:10.3760/cma.j.issn.1009-4598.2017.06.009.}

[6147] 刘玉林，冯亚高，徐翀，王秋生，魏斌，刘少华，刘龙刚. 示指背神经血管蒂岛状皮瓣修复拇指远端缺损[J]. 实用手外科杂志，2017，31(1)：38-39. DOI：10.3969/j.issn.1671-2722.2017.01.012. {LIU Yulin,FENG Yagao,XU Li,WANG Qiusheng,WEI Bin,LIU Shaohua,LIU Longgang. Neurovascular pedicle island flap of index finger for covering thumb soft tissue defects[J]. Shi Yong Shou Wai Ke Za Zhi[Chin J Pract Hand Surg(Article in Chinese;Abstract in Chinese and English)],2017,31(1):38-39. DOI:10.3969/j.issn.1671-2722.2017.01.012.}

[6148] 刘应良，双志仁，张春能，陈春辉，赵庆华，陆俊奇，赵晓祥，杨正权，余翔，孙红伟. 手部带蒂皮瓣修复手指皮肤软组织缺损[J]. 实用手外科杂志，2017，31(1)：52-55. DOI：10.3969/j.issn.1671-2722.2017.01.017. {LIU Yingliang,SHUANG Zhiren,ZHANG Chunneng,CHEN Chunhui,ZHAO Qinghua,LU Junqi,ZHAO Xiaoxiang,YANG Zhengquan,YU Xiang,SUN Hongwei. Repair of finger soft tissue defects by pedicled flap of hand[J]. Shi Yong Shou Wai Ke Za Zhi[Chin J Pract Hand Surg(Article in Chinese;Abstract in Chinese and English)],2017,31(1):52-55. DOI:10.3969/j.issn.1671-2722.2017.01.017.}

[6149] 王鑫，王家强，姚伟涛，田志超，刘志勇，蔡启卿. 带蒂皮瓣修复四肢关节周围恶性肿瘤切除后创面103例[J]. 中华显微外科杂志，2018，41(5)：464-468. DOI：10.3760/cma.j.issn.1001-2036.2018.05.012. {WANG Xin,WANG Jiaqiang,YAO Weitao,TIAN Zhichao,LIU Zhiyong,CAI Qiqing. Experience of pedicled flaps for defect reconstruction after resection of sarcoma around extremities joint in 103 cases[J]. Zhonghua Xian Wei Wai Ke Za Zhi[Chin J Microsurg(Article in Chinese;Abstract in Chinese and English)],2018,41(5):464-468. DOI:10.3760/cma.j.issn.1001-2036.2018.05.012.}

[6150] 储国平，吕国忠，朱宇刚，顾在秋，杨敏烈，程佳，周滇. 改良腹部带蒂皮瓣修复患儿手掌侧电烧伤创面十例[J]. 中华烧伤杂志，2018，34(3)：171-172. DOI：10.3760/cma.j.issn.1009-2587.2018.03.011. {CHU Guoping,LV Guozhong,ZHU Yugang,GU Zaiqiu,YANG Minlie,CHENG Jia,ZHOU Dian. Modified abdominal pedicled flap for repair of palmar electrical burn wounds in children:a report of 10 cases[J]. Zhonghua Shao Shang Za Zhi[Chin J Burns(Article in Chinese;No abstract available)],2018,34(3):171-172. DOI:10.3760/cma.j.issn.1009-2587.2018.03.011.}

[6151] 孙强，崔梦莹，周楷荐，孙旭，佟爽，郭澍. 风筝皮下蒂皮瓣修复人中区皮肤软组织缺损[J]. 中华整形外科杂志，2018，34(12)：1020-1022. DOI：10.3760/cma.j.issn.1009-4598.2018.12.007. {SUN Qiang,CUI Mengying,ZHOU Kaijian,SUN Xu,TONG Shuang,GUO Shu. Application of kite subcutaneous pedicled skin flap to repair philtrum skin defects[J]. Zhonghua Zheng Xing Wai Ke Za Zhi[Chin J Plast Surg(Article in Chinese;Abstract in Chinese and English)],2018,34(12):1020-1022. DOI:10.3760/cma.j.issn.1009-4598.2018.12.007.}

[6152] 王辉，杨晓溪，霍永鑫，王斌，刘伟，王伟，蒋文萍，杨焕友. 两种带蒂岛状皮瓣修复拇指软组织缺损的对比研究[J]. 中华解剖与临床杂志，2018，23(1)：64-67. DOI：10.3760/cma.j.issn.2095-7041.2018.01.011. {WANG Hui,YANG Xiaoxi,HUO YongXin,WANG Bin,LIU Wei,WANG Wei,JIANG Wenping,YANG Huanyou. A comparative study on two kinds of pedicle island flap for repairing thumb defects with the reversed dorsal digital artery island flap and first dorsal metacarpal artery island flap[J]. Zhonghua Jie Pou Yu Lin Chuang Za Zhi[Chin J Anat Clin(Article in Chinese;Abstract in Chinese and English)],2018,23(1):64-67. DOI:10.3760/cma.j.issn.2095-7041.2018.01.011.}

[6153] 万强，赵云珍，赵岩. 缝接神经的带蒂顺行指掌侧固有动脉皮瓣修复拇指软组织缺损[J]. 中华显微外科杂志，2019，42(6)：584-587. DOI：10.3760/cma.j.issn.1001-2036.2019.06.018. {WAN Qiang,ZHAO Yunzhen,ZHAO Yan. Antegrade digital palmar proper artery flap pedicled with suture nerve for thumb soft tissue defect repair[J]. Zhonghua Xian Wei Wai Ke Za Zhi[Chin J Microsurg(Article in Chinese;Abstract in Chinese)],2019,42(6):584-587. DOI:10.3760/cma.j.issn.1001-2036.2019.06.018.}

[6154] 欧阳阳钢，姜宗圆，熊章霞，梁海，刘岸雄，陈琪，谢统明. 吻合指血管的短蒂游离皮瓣重建手功能[J]. 中华手外科杂志，2019，35(4)：250-251. {OUYANG Yanggang,JIANG Zongyuan,XIONG Zhangxia,LIANG Hai,LIU Anxiong,CHEN Qi,XIE Tongming. Reconstruction of hand function by short pedicle free flap anastomosed with digital vessels[J]. Zhonghua Shou Wai Ke Za Zhi[Chin J Hand Surg(Article in Chinese;Abstract in Chinese)],2019,35(4):250-251.}

[6155] 沈一丁，诸林峰，茹伟，杨帆，王晓豪，陶畅，陈光杰，唐达星. 改良带蒂包皮瓣法分期治疗重度尿道下裂的疗效分析[J]. 中华泌尿外科杂志，2019，40(6)：431-435. DOI：10.3760/cma.j.issn.1000-6702.2019.06.008. {SHEN Yiding,ZHU Linfeng,RU Wei,YANG Fan,WANG Xiaohao,TAO Chang,CHEN Guangjie,TANG Daxing. A modified two-stage procedure strategy treat severe hypospadias with preputial flap[J]. Zhonghua Mi Niao Wai Ke Za Zhi[Chin J Urol(Article in Chinese;Abstract in Chinese and English)],2019,40(6):431-435. DOI:10.3760/cma.j.issn.1000-6702.2019.06.008.}

[6156] 赵海洋，王洪涛，周琴，杨薛康，朱婵，党瑞，梁敏，齐宗师，胡大海，石雪芹. 应用低温热塑板结合特制腹带固定修复17例患者手部深度电烧伤创面的腹部带蒂皮瓣[J]. 中华烧伤杂志，2019，35(11)：819-820. DOI：10.3760/cma.j.issn.1009-2587.2019.11.010. {ZHAO Haiyang,WANG Hongtao,ZHOU Qin,YANG Xuekang,ZHU Chan,DANG Rui,LIANG Min,QI Zongshi,HU Dahai,SHI Xueqin. Application of low temperature thermoplastic plate combined with special abdominal band in fixing abdominal pedicled flap for repairing 17 patients with deep electric burn wounds in hands[J]. Zhonghua Shao Shang Za Zhi[Chin J Burns(Article in Chinese;Abstract in Chinese and English)],2019,35(11):819-820. DOI:10.3760/cma.j.issn.1009-2587.2019.11.010.}

[6157] 李华，徐昆明，昝涛，谢芸，刘凯，顾斌，谢峰. 侧胸部扩张带蒂皮瓣在面颈部大面积缺损修复中的应用[J]. 组织工程与重建外科杂志，2019，15(3)：163-167. DOI：10.3969/j.issn.1673-0364.2019.03.009. {LI Hua,XU Kunming,JIU Tao,XIE Yun,LIU Kai,GU Bin,XIE Feng. The application of expanded lateral thoracic pedicle flap in repairing large defect of face and neck[J]. Zu Zhi Gong Cheng Yu Chong Jian Wai Ke Za Zhi[J Tissue Eng Reconstr Surg(Article in Chinese;Abstract in Chinese and English)],2019,15(3):163-167. DOI:10.3969/j.issn.1673-0364.2019.03.009.}

[6158] 吴震，邵文年，黄立军. 以示指近节指掌侧固有动脉为蒂的双叶皮瓣修复拇指末节缺损[J]. 中华显微外科杂志，2020，43(1)：78-81. DOI：10.3760/cma.j.issn.1001-2036.2020.01.021. {WU Zhen,SHAO Wennian,HUANG Lijun. Bilobed flap pedicled with the proper palmar artery of the proximal phalanx in the index finger for distal thumb defect repair[J]. Zhonghua Xian Wei Wai Ke Za Zhi[Chin J Microsurg(Article in Chinese;Abstract in Chinese)],2020,43(1):78-81. DOI:10.3760/cma.j.issn.1001-2036.2020.01.021.}

[6159] 蒋加斌，范登信，张殷，张晔，张开平，潮敏. 横行包皮岛状带蒂皮瓣两种不同转移途径治疗儿童尿道下裂的对比分析[J]. 中华男科学杂志，2020，26(5)：431-435. DOI：10.13263/j.cnki.nja.2020.05.008. {JIANG Jiabin,FAN Dengxin,ZHANG Yin,ZHANG Hua,ZHANG Kaiping,CHAO Min. Two different routes for transferring the pedicled preputial island flap for hypospadias in children:A comparative analysis[J]. Zhonghua Nan Ke Xue Za Zhi[Natl J Androl(Article in Chinese;Abstract in Chinese and English)],2020,26(5):431-435. DOI:10.13263/j.cnki.nja.2020.05.008.}

[6160] 杨晓宁，李洁，李芯，于璐，王克明，王春虎，王梦，梁雪冰，马继光. 躯干部扩张皮瓣带蒂转移修复先天性上肢巨痣的临床研究[J]. 组织工程与重建外科杂志，2020，16(3)：216-219. DOI：10.3969/j.issn.1673-0364.2020.03.011. {YANG Xiaoning,LI Jie,LI Xin,YU Lu,WANG Keming,WANG Chunhu,WANG Meng,LIANG Xuebing,MA Jiguang. Pedicled expanded trunk flap in the treatment of congenital giant nevus of upper extremity[J]. Zu Zhi Gong Cheng Yu Chong Jian Wai Ke Za Zhi[J Tissue Eng Reconstr Surg(Article in Chinese;Abstract in Chinese and English)],2020,16(3):216-219. DOI:10.3969/j.issn.1673-0364.2020.03.011.}

[6161] 王晨，罗鹏飞，蒋勇，何飞，伍国胜，李理，孙瑜，贲道锋. 双蒂皮瓣在复杂软组织缺损创面修复中的应用[J]. 第二军医大学学报，2020，41(3)：330-333. DOI：10.16781/j.0258-879x.2020.03.0330. {WANG Chen,LUO Pengfei,JIANG Yong,HE Fei,WU Guosheng,LI Li,SUN Yu,Fen Daofeng. Application of bi-pedicle flap in repair of complex soft-tissue-defect wounds[J]. Di Er Jun Yi Da Xue Xue Bao[Acad J Sec Mil Med Univ(Article in Chinese;Abstract in Chinese and English)],2020,41(3):330-333. DOI:10.16781/j.0258-879x.2020.03.0330.}

4.1.9 皮瓣移植
flap transfer

[6162] Li SY,Li SK,Zhuang HX. The use of scrotal septal neurovascular pedicle island skin flap in one-stage repair of hypospadias[J]. Ann Plast Surg,1985,15(6):529-533. doi:10.1097/00000637-198512000-00012.

[6163] Hwang WY,Chang TS,Cheng KX,Gao TM. The application of free twin

flaps in one-stage treatment of severe hand deformity[J]. Ann Plast Surg,1988,21(5):430-433. doi:10.1097/00000637-198811000-00006.
[6164] Shen TY,Sun YH,Cao DX,Wang NZ. The use of free flaps in burn patients:experiences with 70 flaps in 65 patients[J]. Plast Reconstr Surg,1988,81(3):352-357. doi:10.1097/00006534-198803000-00006.
[6165] Zhou LY,Cao YL. Clinical application of the free flap based on the cutaneous branch of the acromiothoracic artery[J]. Ann Plast Surg,1989,23(1):11-16. doi:10.1097/00000637-198907000-00003.
[6166] Chen D,Jupiter JB,Lipton HA,Li SQ. The parascapular flap for treatment of lower extremity disorders[J]. Plast Reconstr Surg,1989,84(1):108-116. doi:10.1097/00006534-198907000-00020.
[6167] Zhu ZX,Zhang YJ,Wang TJ,Want Y,Liu XY. Increasing flap survival:a new method[J]. Ann Plast Surg,1990,24(5):414-419.
[6168] Fan Z,He J. Preventing necrosis of the skin flaps with nitroglycerin after radical resection for breast cancer[J]. J Surg Oncol,1993,53(3):210. doi:10.1002/jso.2930530319.
[6169] Ren YF,Wang GH. A modified palatopharyngeous flap operation and its application in the correction of velopharyngeal incompetence[J]. Plast Reconstr Surg,1993,91(4):612-617. doi:10.1097/00006534-199304000-00007.
[6170] Ren YF,Isberg A,Henningsson G. Interactive influence of a pharyngeal flap and an adenoid on maxillofacial growth in cleft lip and palate patients[J]. Cleft Palate Craniofac J,1993,30(2):144-149. doi:10.1597/1545-1569_1993_030_0144_iioapf_2.3.co_2.
[6171] Shen Z. Reconstruction of refractory defect of scalp and skull using microsurgical free flap transfer[J]. Microsurgery,1994,15(9):633-638. doi:10.1002/micr.1920150906.
[6172] Li X,Wang Y,You R. Application of different types of free foot flaps in hand surgery[J]. Microsurgery,1995,16(11):730-738. doi:10.1002/micr.1920161106.
[6173] Song R,Song Y,Qi K,Jiang H,Pan F. The superior auricular artery and retroauricular arterial island flaps[J]. Plast Reconstr Surg,1996,98(4):657-667; discussion 668-670. doi:10.1097/00006534-199609001-00009.
[6174] Yao JM,Shong JL,Sun H,Xu JH,Ye P. Repair of incomplete simple syndactyly by a web flap on a subcutaneous tissue pedicle[J]. Plast Reconstr Surg,1997,99(7):2079-2081.
[6175] Fan J. Tissue expansion of a tube flap during the last transferring stage in reconstructions of the face and neck[J]. Scand J Plast Reconstr Surg Hand Surg,1998,32(2):229-232. doi:10.1080/02844319850158868.
[6176] Song R,Liu C,Zhao Y. A new principle for unilateral complete cleft lip repair,the lateral columellar flap method[J]. Plast Reconstr Surg,1998,102(6):1848-1852; discussion 1853-1854. doi:10.1097/00006534-199811000-00006.
[6177] Yao J,Li J,Shen X,Chen Q,Jing S. Clinical application of free digital artery flap of the hand[J]. Plast Reconstr Surg,199,103(3):980-983. doi:10.1097/00006534-199903000-00034.
[6178] Pei G,Zhao D,Wang Q,Zhong S. Free flap transfer bridged by antegrade and retrograde posterior tibial vessel flaps temporally borrowed from the healthy leg[J]. Chin J Traumatol,1999,2(2):70-74.
[6179] Pei G,Zhao D,Wang Q,Zhong S. Clinical studies on free-flap transplantation bridged by both antegrade and retrograde posterior tibial vessel flaps from the healthy leg[J]. Plast Reconstr Surg,2000,105(1):188-194. doi:10.1097/00006534-200001000-00034.
[6180] Lu WW,Ip WY,Jing WM,Holmes AD,Chow SP. Biomechanical properties of thin skin flap after basic fibroblast growth factor (bFGF) administration[J]. Br J Plast Surg,2000,53(3):225-229. doi:10.1054/bjps.1999.3264.
[6181] Wu WC,Chan WF. Defatting of skin flaps using arthroscopic instruments--an effective alternative[J]. J Hand Surg Br,2000,25(3):300-303. doi:10.1054/jhsb.2000.0390.
[6182] Wu W,Xu J,Yan S,He B. Correction of severe congenital epicanthus using the modified square-flap method[J]. Br J Plast Surg,2000,53(8):667-668. doi:10.1054/bjps.2000.3442.
[6183] Liu J,Okutomi T,Cao Z,Tatematsu N. Modified labial tissue sliding flaps for repairing large lower lip defects[J]. J Oral Maxillofac Surg,2001,59(8):887-891. doi:10.1053/joms.2001.25024.
[6184] Zhao YF,Zhang WF,Zhao JH. Reconstruction of intraoral defects after cancer surgery using cervical pedicle flaps[J]. J Oral Maxillofac Surg,2001,59(10):1142-1146. doi:10.1053/joms.2001.26713.
[6185] Chen WX,Ruan YY,Cui PC,Sun YZ. Long-term results of the sternohyoid myocutaneous rotary door flap for laryngotracheal reconstruction[J]. Ann Otol Rhinol Laryngol,2002,111(1):93-95. doi:10.1177/000348940211100115.
[6186] Cao X,Cai J. Double mini-flaps from fingers for reconstruction of distal portion of thumb[J]. Hand Surg,2002,7(1):15-19. doi:10.1142/s0218810402000935.
[6187] Wang W,Qi Z,Lin X,Hu Q,Dong J,Zhou L,Dai C. Neurovascular musculus obliquus internus abdominis flap free transfer for facial reanimation in a single stage[J]. Plast Reconstr Surg,2002,110(6):1430-1440. doi:10.1097/01.PRS.0000029809.71845.04.
[6188] Wang Z,Qiu W,Mendenhall WM. Influence of radiation therapy on reconstructive flaps after radical resection of head and neck cancer[J]. Int J Oral Maxillofac Surg,2003,32(1):35-38. doi:10.1054/ijom.2002.0320.
[6189] Zhang Q,Zhang J,Li S. Endoscope-assisted repair of large nasal septal perforation using a complex mucoperichondrial flap and free tissue graft[J]. Chin Med J,2003,116(1):157-158.
[6190] Hou WM,Chen LP,Xu DC. Brow fat pad flap transfer for repairing depressed deformity of the upper eyelids[J]. Di Yi Jun Yi Da Xue Xue Bao,2003,23(4):375-376,379.
[6191] Chen GF,Zhong LP. A bilateral musculomucosal buccal flap method for cleft palate surgery[J]. J Oral Maxillofac Surg,2003,61(12):1399-1404. doi:10.1016/j.joms.2003.06.001.
[6192] Yongwei P,Jianing W,Junhui Z,Guanglei T,Wen T,Chun L. The abdominal flap using scarred skin in the treatment of postburn hand deformities of severe burn patients[J]. J Hand Surg Am,2004,29(2):209-215. doi:10.1016/j.jhsa.2003.12.004.
[6193] Pan Y,Ai Y,Li H,Guo S. Local hatchet flap for facial skin defects reconstruction in special areas[J]. Dermatol Surg,2004,30(9):1256-1260. doi:10.1111/j.1524-4725.2004.30388.x.
[6194] Jun-Hui L,Xin X,Tian-Xiang O,Ping L,Jie X,En-Tan G. Subcutaneous pedicle limberg flap for facial reconstruction[J]. Dermatol Surg,2005,31(8 Pt 1):949-952. doi:10.1097/00042728-200508000-00010.
[6195] Zhao Z,Li Y,Xiao S,Li Y,Fan X,Liu P,Zhang Z,Li S,Deng C,He M. Innervated buccal musculomucosal flap for wider vermilion and orbicularis oris muscle reconstruction[J]. Plast Reconstr Surg,2005,116(3):846-852. doi:10.1097/01.prs.0000176895.43781.5a.
[6196] Lu LJ,Gong X,Liu ZG,Zhang ZX. Retrospective study of reverse dorsal metacarpal flap and compound flap:a review of 122 cases[J]. Chin J Traumatol,2006,9(1):21-24.
[6197] Yi C,Xia W,Zheng Y,Zhang L,Shu M,Liang J,Han Y,Guo S. Transplantation of endothelial progenitor cells transferred by vascular endothelial growth factor gene for vascular regeneration of ischemic flaps[J]. J Surg Res,2006,135(1):100-106. doi:10.1016/j.jss.2006.01.014.
[6198] Li JH,Xing X,Ouyang TX,Li P,Xu J. An innovation in the subcutaneous island pedicle flap for cutaneous reconstruction[J]. J Plast Reconstr Aesthet Surg,2006,59(2):174-180. doi:10.1016/j.bjps.2005.06.009.
[6199] LU Lai-jin,GONG Xu. The reverse dorsal metacarpal flap:experience with 153 cases[J]. Ann Plast Surg,2006,56(6):614-647. doi:10.1097/01.sap.0000205775.41405.fa.
[6200] Li JH,Xing X,Liu HY,Li P,Xu J. Subcutaneous island pedicle flap:variations and versatility for facial reconstruction[J]. Ann Plast Surg,2006,57(3):255-259. doi:10.1097/01.sap.0000221639.76906.3a.
[6201] Lin J,Tan X,Chen X,Lin J,Shi S,Tian F,Shen J. Another use of the alar cartilaginous flap[J]. Aesthetic Plast Surg,2006,30(5):560-563; discussion 564-567. doi:10.1007/s00266-005-0183-0.
[6202] Wu X,Qian G,Fang F. Repair of basal cell carcinoma on the outer canthus via a bifurcated island flap[J]. Dermatol Surg,2006,32(11):1421-1423. doi:10.1111/j.1524-4725.2006.32317.x.
[6203] Fu Q. Repair of necrosis and defects of penile skin with autologous free skin flap[J]. Asian J Androl,2006,8(6):741-744. doi:10.1111/j.1745-7262.2006.00222.x.
[6204] Li S,Cao W,Cheng K,Yin C,Qian Y,Cao Y,Chang TS. Microvascular reconstruction of nasal ala using a reversed superficial temporal artery auricular flap[J]. J Plast Reconstr Aesthet Surg,2006,59(12):1300-1304. doi:10.1016/j.bjps.2006.03.050.
[6205] Hongying WU,Shan ZC,Thakuri B. Origin and countermeasure for common skin flap complications after radical operation for breast cancer[J]. Kathmandu Univ Med J (KUMJ),2006,4(1):14-17.
[6206] Chen W,Zeng S,Li J,Yang Z,Huang Z,Wang Y. Reconstruction of full-thickness cheek defects with combined temporalis myofacial and facial-cervico-pectoral flaps[J]. Oral Surg Oral Med Oral Pathol Oral Radiol Endod,2007,103(1):e10-15. doi:10.1016/j.tripleo.2006.07.009.
[6207] Song XM,Yuan Y,Tao ZJ,Wu HM,Yuan H,Wu YN. Application of lateral arm free flap in oral and maxillofacial reconstruction following tumor surgery[J]. Med Princ Pract,2007,16(5):394-398. doi:10.1159/000104815.
[6208] Xu JH,Xu JH,Chen H,Tan WQ,Yao JM. Linguiform rotation flap for amputations of the fingertip[J]. Scand J Plast Reconstr Surg Hand Surg,2007,41(6):320-325. doi:10.1080/02844310701546896.
[6209] Li S,Wang J,Cao W,Yin C,Chang TS. A free reverse preauricular flap for reconstruction of a nasal defect[J]. Plast Reconstr Surg,2007,120(7):2120-2121. doi:10.1097/01.prs.0000264706.89353.86.
[6210] Xu JH,Chen H,Tan WQ,Lin J,Wu WH. The square flap method for cleft palate repair[J]. Cleft Palate Craniofac J,2007,44(6):579-584. doi:10.1597/06-159.1.
[6211] Ng RW,Chan JY,Mok V,Wei WI. Free posterior tibial flap for head and neck reconstruction after tumor expiration[J]. Laryngoscope,2008,118(2):216-221. doi:10.1097/MLG.0b013e3181593dcb.
[6212] Gu Y,Tang R,Gong DQ,Qian YL. Reconstruction of the abdominal wall by using a combination of the human acellular dermal matrix implant and an interpositional omentum flap after extensive tumor resection in patients with abdominal wall neoplasm:a preliminary result[J]. World J Gastroenterol,2008,14(5):752-757. doi:10.3748/wjg.14.752.
[6213] Wu HL,Huang X,Zheng SS. A new procedure for correction of severe inverted nipple with two triangular areolar dermofibrous flaps[J]. Aesthetic Plast Surg,2008,32(4):641-644. doi:10.1007/s00266-008-9116-z.
[6214] Han D,Hu HT,Jiang H. The subcutaneous pulp flap for fingertip defects[J]. J Hand Surg Am,2008,33(2):254-256. doi:10.1016/j.jhsa.2007.11.006.
[6215] Yang Q,Yu L,Wang L,Gao L,Su M,Yang B,Sun Y. Rotary mutiflaps for defect reconstruction in penoscrotal extramammary Paget's disease[J]. Urol Oncol,2008,26(6):600-603. doi:10.1016/j.urolonc.2007.07.018.
[6216] Zhang YX,Yang J,Wang D,Ong YS,Follmar KE,Zhang Y,Erdmann D,Zenn MR,Qian Y,Levin LS. Extended applications of vascularized preauricular and helical rim flaps in reconstruction of nasal defects[J]. Plast Reconstr Surg,2008,121(5):1589-1597. doi:10.1097/PRS.0b013e31816a8d83.
[6217] Zhang CP,Zhong LP,Hu YJ,Zhang ZY. Three-flap reconstruction of a large defect caused by radical resection of advanced oral cancer[J]. J Oral Maxillofac Surg,2008,66(6):1269-1277. doi:10.1016/j.joms.2007.07.005.
[6218] Chen W,Li J,Yang Z,Yongjie W,Zhiquan W,Wang Y. SMAS fold flap and ADM repair of the parotid bed following removal of parotid haemangiomas via pre- and retroauricular incisions to improve cosmetic outcome and prevent Frey's syndrome[J]. J Plast Reconstr Aesthet Surg,2008,61(8):894-899; discussion 899-900. doi:10.1016/j.bjps.2007.10.061.
[6219] Tan WQ,Xu JH,Wu WH. Surgical correction of cryptotia with the three-flap method[J]. Plast Reconstr Surg,2008,122(1):27e-29e. doi:10.1097/PRS.0b013e3181774779.
[6220] Chen L,Yang F,Zhang ZX,Lu LJ,Hiromichi J,Satoshi T. Free fillet foot flap for salvage of below-knee amputation stump[J]. Chin J Traumatol,2008,11(6):380-384. doi:10.1016/s1008-1275(08)60077-2.
[6221] Wang D,Wei Z,Sun G,Luo Z. Thin-trimming of the scrotal reconstruction flap:long-term follow-up shows reversal of spermatogenesis arrest[J]. J Plast Reconstr Aesthet Surg,2009,62(11):e455-456. doi:10.1016/j.bjps.2008.06.014.
[6222] Wu HL,Le SJ,Zheng SS. Double opposing-rhomboid flaps for closure of a circular facial defect in a special position[J]. Aesthetic Plast

Surg,2009,33(4):523-526. doi:10.1007/s00266-008-9237-4.
[6223] Shu-xu Y,Zhi-peng S,Zhang H,Yi-rong W,Yanjun Z. A study of fractured cranial flap refixation[J]. J Plast Reconstr Aesthet Surg,2009,62(11):1424-1427. doi:10.1016/j.bjps.2008.03.030.
[6224] Xu JH,Wu WH,Tan WQ. Surgical correction of cryptotia with the square flap method:a preliminary report[J]. Scand J Plast Reconstr Surg Hand Surg,2009,43(1):29-35. doi:10.1080/02844310802410075.
[6225] Zhuo Q,Li S,Wu J,Wang Z,Yang D,Tao L. Clinical application of scrotal flap on penis lengthening[J]. Saudi Med J,2009,30(3):418-421.
[6226] Xue CY,Li L,Guo LL,Li JH,Xing X. The bilobed flap for reconstruction of distal nasal defect in Asians[J]. Aesthetic Plast Surg,2009,33(4):600-604. doi:10.1007/s00266-009-9336-x.
[6227] Wang J,Wang Y,Yu L,Guo X,Zhang L. Correction of adhesive folded upper eyelid by adhesiotomy and restoration of volume with retro-orbicularis oculi fat flap and fat granule injection[J]. Plast Reconstr Surg,2009,123(6):196e-197e. doi:10.1097/PRS.0b013e3181a3f41d.
[6228] Xu JH,Hong XY,Yao JM,Dawreeawo J. A long-term follow-up and improvement of the repair of incomplete syndactyly by web flap on a subcutaneous tissue pedicle[J]. Plast Reconstr Surg,2009,124(1):176e-177e. doi:10.1097/PRS.0b013e3181a83bfb.
[6229] Shao X,Chen C,Zhang X,Yu Y,Ren D,Lu L. Coverage of fingertip defect using a dorsal island pedicle flap including both dorsal digital nerves[J]. J Hand Surg Am,2009,34(8):1474-81. doi:10.1016/j.jhsa.2009.06.021.
[6230] Shi B,He X,Zheng Q,Wan Y,Li S,Xu Q,Lu D,Liao L. Modified 2-flap technique in the correction of the wide "circumflex"-shaped incomplete cleft palate[J]. J Oral Maxillofac Surg,2009,67(10):2302-2306. doi:10.1016/j.joms.2009.03.016.
[6231] Zhao YQ,Zhang J,Yu MS,Long DC. Functional restoration of penis with partial defect by scrotal skin flap[J]. J Urol,2009,182(5):2358-2361. doi:10.1016/j.juro.2009.07.048.
[6232] Wang RY,Hu JZ,Xin LW,Tang JC,Gao Y. Nervus cutaneus femoris posterior pedicle flap for repairing large soft tissue defects at the heel or inferior segment of the shank[J]. Chin J Traumatol,2009,12(5):275-278.
[6233] Lin H,Li W. Use of the spiral flap for closure of small defects of the lower eyelid[J]. Ann Plast Surg,2009,63(5):514-546. doi:10.1097/SAP.0b013e3181953883.
[6234] Tang W,Long J,Feng F,Guo L,Gao C,Tian W. Serratus anterior composite flaps for reconstruction of large-area oral and maxillofacial defects:a new neuromuscular flap[J]. Ann Plast Surg,2009,63(5):507-513. doi:10.1097/SAP.0b013e3181955d19.
[6235] Jin X,Teng L,Zhao M,Xu J,Ji Y,Lu J,Zhang B. Reconstruction of cicatricial microstomia and lower facial deformity by windowed,bipedicled deep inferior epigastric perforator flap[J]. Ann Plast Surg,2009,63(6):616-620. doi:10.1097/SAP.0b013e3181955c9f.
[6236] Zhu L,Qiao Q,Liu Z,Wang Y,Zeng A,Li W,Bai M,Li D,Wang X. Treatment of divided eyelid nevus with island skin flap:report of ten cases and review of the literature[J]. Ophthalmic Plast Reconstr Surg,2009,25(6):476-480. doi:10.1097/IOP.0b013e3181b81eb7.
[6237] Sa YL,Xu YM,Qian Y,Jin SB,Fu Q,Zhang XR,Zhang J,Gu BJ. A comparative study of buccal mucosa graft and penile pedical flap for reconstruction of anterior urethral strictures[J]. Chin Med J,2010,123(3):365-368.
[6238] Chen QK,Jiang GN,Ding JA,Tong WP,Chen XF. Reconstruction of the lower trachea using a pedicled autologous bronchial flap[J]. Ann Thorac Surg,2010,89(4):e29-30. doi:10.1016/j.athoracsur.2010.01.059.
[6239] Yu H,Wei Q. Report of unilateral cleft lip repaired with the skin-vermilion flap method[J]. Plast Reconstr Surg,2010,126(1):24e-26e. doi:10.1097/PRS.0b013e3181dab41c.
[6240] Pan B,Zhao Y,Zhuang H,Lin L,Liu L,Jiang H. Tumbling cartilage flap and free auricular composite tissue transplantation for correcting mild and moderate forms of constricted ear[J]. Arch Facial Plast Surg,2010,12(4):241-244. doi:10.1001/archfacial.2010.42.
[6241] Liu Y,Yu S,Song B,Yang L,Zhu S,Jin J. Reconstruction of posterior lumbar defects in oncologic patients using two island flaps of the back in series[J]. Ann Plast Surg,2010,65(3):326-329. doi:10.1097/SAP.0b013e3181cbfe83.
[6242] Xu JH,Shen H,Hong XY. The aesthetic repair of complete traumatic cleft earlobe with a three-flap method[J]. Ann Plast Surg,2010,65(3):318-320. doi:10.1097/SAP.0b013e3181cc272f.
[6243] Chen C,Zhang X,Shao X,Gao S,Wang B,Liu D. Treatment of a combination of volar soft tissue and proper digital nerve defects using the dorsal digital nerve island flap[J]. J Hand Surg Am,2010,35(10):1655-1662.e3. doi:10.1016/j.jhsa.2010.07.011.
[6244] Chen Q. A novel technique of tracheal reconstruction with autologous bronchial pedicle flap[J]. Thorac Cardiovasc Surg,2010,58(7):427-428. doi:10.1055/s-0029-1240805.
[6245] Sun W,Wang Z,Qiu S,Li S,Guan S,Hu Y,Zhu L. Communicating branch of toe web veins as a venous return pathway in free toe pulp flaps[J]. Plast Reconstr Surg,2010,126(5):268e-269e. doi:10.1097/PRS.0b013e3181ef8158.
[6246] Xue CY,Li L,Guo LL,Li JH,Xing X. Combined flaps for reconstructing wide-range facial defects[J]. Aesthetic Plast Surg,2011,35(1):13-18. doi:10.1007/s00266-010-9548-0.
[6247] Song T,Yin N,Li H,Zhao Z,Zhao M,Huang J. Bilobed mucosal flap for correction of secondary lip deformities following cleft lip surgery[J]. J Plast Reconstr Aesthet Surg,2011,64(5):589-594. doi:10.1016/j.bjps.2010.07.031.
[6248] Chen W,Yang D,Wang P,Gao S,Zhang X,Wang T. Microencapsulated myoblasts transduced by the vascular endothelial growth factor (VEGF) gene for the ischemic skin flap[J]. Aesthetic Plast Surg,2011,35(3):326-332. doi:10.1007/s00266-010-9610-y.
[6249] Huang W,Liu D,Robb GL,Zhang Q. Distally based dorsal pedal neurocutaneous flap for forefoot coverage[J]. Ann Plast Surg,2011,66(3):235-240. doi:10.1097/SAP.0b013e3181e6d6bb.
[6250] Liu DX,Wang H,Li XD,Du SX. Three kinds of forearm flaps for hand skin defects:experience of 65 cases[J]. Arch Orthop Trauma Surg,2011,131(5):675-680. doi:10.1007/s00402-010-1214-0.
[6251] Han Y,Pan Y,Yang L,Ai Y,Ma G,Xia W,Zhang H. Resurfacing partial nose defects with a retroauricular skin/cartilage free flap[J]. Ann Plast Surg,2011,67(1):34-39. doi:10.1097/SAP.0b013e3181d50e80.
[6252] Sun CF,Li RW,Liu FY. Superficial cervical artery island flap for large soft-tissue reconstruction of occipital and parotid region after tumor resection[J]. J Craniofac Surg,2011,22(1):259-260. doi:10.1097/SCS.0b013e3181f7b76c.
[6253] Chen WL,Wang YY,Zhang DM,Chai Q,Wang HJ,Wang L. Use of the contralateral retroangular island flap for reconstructing midfacial defects after skin cancer ablation[J]. Head Neck,2011,33(12):1765-1768. doi:10.1002/hed.21676.
[6254] Zhao YG,Ding J,Wang N. Coupled external fixator and skin flap transposition for treatment of exposed and nonunion bone[J]. Chin J Traumatol,2011,14(1):58-60.
[6255] Li CH,Shi B,Zheng Q,Li S,Liu RK. Use of the reverse Yu flap for difficult reconstruction of the upper lip[J]. Plast Reconstr Surg,2011,127(2):993-994. doi:10.1097/PRS.0b013e318200b06e.
[6256] Shen L,Fan GK,Zhu Y,Xu F,Zhan W. Superficial temporal artery flap:a new option for posterior hypopharyngeal wall reconstruction[J]. Eur Arch Otorhinolaryngol,2011,268(7):1017-1021. doi:10.1007/s00405-011-1528-8.
[6257] Lu LJ,Gong X,Cui JL,Liu B. The anteromedial thigh fasciocutaneous flap pedicled on the supragenicular septocutaneous perforator:application in 11 patients[J]. Ann Plast Surg,2011,67(3):275-278. doi:10.1097/SAP.0b013e3181f89151.
[6258] Liu X,Li Y,Li S,Tang Y,Li Q. A new use of scrotal septal skin flap in repairing hypospadias[J]. Ann Plast Surg,2011,67(2):164-166. doi:10.1097/SAP.0b013e3181cc2aa1.
[6259] Gao W,Qiao X,Ma S,Cui L. Adipose-derived stem cells accelerate neovascularization in ischaemic diabetic skin flap via expression of hypoxia-inducible factor-1α[J]. J Cell Mol Med,2011,15(12):2575-2585. doi:10.1111/j.1582-4934.2011.01313.x.
[6260] Feng Y,Hu M,Yan H,Zhang X,Tao Z,Lv Z. Repair of dorsal defects over the middle phalanx and proximal interphalangeal joint with a transposition flap from the dorsum of the proximal phalanx[J]. J Hand Surg Am,2011,36(5):864-869. doi:10.1016/j.jhsa.2011.02.023.
[6261] Zeng A,Qiao Q,Zhao R,Song K,Long X. Anterolateral thigh flap-based reconstruction for oncologic vulvar defects[J]. Plast Reconstr Surg,2011,127(5):1939-1945. doi:10.1097/PRS.0b013e31820e9223.
[6262] Liu Y,Zang M,Song B,Zhu S,Jin J,Yu S,Xu L,Liu D,Ding Q. The 'buddy flap' concept of soft-tissue-defect reconstruction[J]. J Plast Reconstr Aesthet Surg,2011,64(11):1475-1482. doi:10.1016/j.bjps.2011.05.019.
[6263] Zhang X,Shao X,Ren C,Zhang Z,Wen S,Sun J. Reconstruction of thumb pulp defects using a modified kite flap[J]. J Hand Surg Am,2011,36(10):1597-1603. doi:10.1016/j.jhsa.2011.06.033.
[6264] Huang L. The impact of lidocaine on secondary ischemia injury of skin flaps[J]. Transplant Proc,2011,43(7):2550-2553. doi:10.1016/j.transproceed.2011.04.018.
[6265] Du Z,Zan T,Li H,Li Q. A study of blood flow dynamics in flap delay using the full-field laser perfusion imager[J]. Microvasc Res,2011,82(3):284-290. doi:10.1016/j.mvr.2011.09.010.
[6266] Liu FY,Xu ZF,Li P,Sun CF,Li RW,Ge SF,Li JL,Huang SH,Tan X. The versatile application of cervicofacial and cervicothoracic rotation flaps in head and neck surgery[J]. World J Surg Oncol,2011,9:135. doi:10.1186/1477-7819-9-135.
[6267] Lou ZC,Tang YM,Wu XH,Chen JH. Relation between eardrum flap area and healing outcome of traumatic eardrum perforation[J]. Chin J Traumatol,2011,14(5):264-269.
[6268] Deng R,Lu M,Yang X,Hu Q. A salvage operation for flap compromise following internal jugular venous thrombosis[J]. J Craniofac Surg,2011,22(6):2426-2427. doi:10.1097/SCS.0b013e3182389f94.
[6269] Wang B,Chen L,Lu L,Liu Z,Zhang Z,Song L. The homodigital neurovascular antegrade island flap for fingertip reconstruction in children[J]. Acta Orthop Belg,2011,77(5):598-602.
[6270] Huang L. The impact of ischemic postconditioning on ischemic skin flap injuries[J]. Wounds,2011,23(11):328-331.
[6271] Yu L,Tan J,Cai L,Yu G,Tao S,Wei R,Chen Z. Repair of severe composite tissue defects in the lower leg using two different cross-leg free composite tissue flaps[J]. Ann Plast Surg,2012,68(1):83-87. doi:10.1097/SAP.0b013e3181fe9351.
[6272] Qin JZ,Wang PJ. Fingertip reconstruction with a flap based on the dorsal branch of the digital artery at the middle phalanx:a simple and reliable flap[J]. Ann Plast Surg,2012,69(5):526-528. doi:10.1097/SAP.0b013e31821ee3c5.
[6273] Zhi-guo W,Quan-chen X,Rui-xia K,Zhen-yu C,Ran H. Principles of hatchet-skin flap for repair of tissue defects on the cheek[J]. Aesthetic Plast Surg,2012,36(1):163-168. doi:10.1007/s00266-011-9759-z.
[6274] Zhao TL,Wu LJ,Yu DJ,Chen Q,Han WY. The application of bilateral lip mucosa flaps in repairing upper vermilion defects[J]. Ann Plast Surg,2012,69(2):161-164. doi:10.1097/SAP.0b013e318226b4fc.
[6275] Chen MY,Wang SL,Zhu YL,Shen GP,Qiu F,Luo DH,Chen QY,Jiang R,Cao KJ,Qian CN,Hong MH. Use of a posterior pedicle nasal septum and floor mucoperiosteum flap to resurface the nasopharynx after endoscopic nasopharyngectomy for recurrent nasopharyngeal carcinoma[J]. Head Neck,2012,34(10):1383-1388. doi:10.1002/hed.21928.
[6276] Chen MY,Hua YJ,Wan XB,Sun R,Huang PY,Xiang YQ,Guo L,Mo HY,Yang Y,Hong MH. A posteriorly pedicled middle turbinate mucoperiosteal flap resurfacing nasopharynx after endoscopic nasopharyngectomy for recurrent nasopharyngeal carcinoma[J]. Otolaryngol Head Neck Surg,2012,146(3):409-411. doi:10.1177/0194599811430918.
[6277] Xue CY,Dai HY,Li L,Wang YC,Yang C,Li JH,Xing X. Reconstruction of lower eyelid retraction or ectropion using a paranasal flap[J]. Aesthetic Plast Surg,2012,36(3):611-617. doi:10.1007/s00266-011-9855-0.
[6278] Dong Y,Dong F,Zhang X,Hao F,Shi P,Ren G,Yong P,Guo Y. An effect comparison between Furlow double opposing Z-plasty and two-flap palatoplasty on velopharyngeal closure[J]. Int J Oral Maxillofac Surg,2012,41(5):604-611. doi:10.1016/j.ijom.2012.01.010.
[6279] Ying B. Adjacent flaps for lower lip reconstruction after mucocele resection[J]. J Craniofac Surg,2012,23(2):556-557. doi:10.1097/SCS.0b013e31824cd67a.

[6280] Ono S,Chung KC,Takami Y,Chin T,Ogawa R,Gao JH,Hyakusoku H. Perforator-supercharged occipitocervicopectoral flaps for lower face and neck reconstruction[J]. Plast Reconstr Surg,2012,129(4):879-887. doi:10.1097/PRS.0b013e318244230b.
[6281] Chi Z,Gao W,Yan H,Li Z,Chen X,Zhang F. Reconstruction of totally degloved fingers with a spiraled parallelogram medial arm free flap[J]. J Hand Surg Am,2012,37(5):1042-1050. doi:10.1016/j.jhsa.2012.02.010.
[6282] Chang L,Wang J,Yu L,Zhang B,Zhu C. Closure of nasal floor by mucosal flaps on the upper lip margin in wide unilateral complete cleft lip[J]. J Craniofac Surg,2012,23(3):866-868. doi:10.1097/SCS.0b013e31824ddc43.
[6283] Qi Z,Liang W,Wang Y,Long X,Sun X,Wang X,Zhao Z,Zhou Z,Qiao Q. "X"-shaped incision and keloid skin-flap resurfacing:a new surgical method for auricle keloid excision and reconstruction[J]. Dermatol Surg,2012,38(8):1378-1382. doi:10.1111/j.1524-4725.2012.02455.x.
[6284] Yan H,Fan C,Gao W,Chen Z,Li Z,Chi Z. Finger pulp reconstruction with free flaps from the upper extremity[J]. Microsurgery,2012,32(5):406-414. doi:10.1002/micr.21991.
[6285] Chen C,Tang P,Zhang X. Sensory reconstruction of a finger pulp defect using a dorsal homodigital island flap[J]. Plast Reconstr Surg,2012,130(5):1077-1086. doi:10.1097/PRS.0b013e318267ef99.
[6286] Ying B,Ye W,Zhu S,Zhu H,Hu J,Zhang Y. Buccal reconstruction with the mouth floor mucosal flap[J]. J Craniofac Surg,2012,23(4):1143-1145. doi:10.1097/SCS.0b013e31824e734a.
[6287] Zhang X,Fang X,Shao X,Wen S,Zhu H,Ren C. The use of a third metacarpal base osteoarticular flap for treatment of metacarpophalangeal joint traumatic defects[J]. J Hand Surg Am,2012,37(9):1791-1805. doi:10.1016/j.jhsa.2012.06.004.
[6288] Wei FH,Chen WL,Zhang DM. Contralateral full-thickness retroangular flap for the reconstruction of midfacial through-and-through defects following skin cancer ablation[J]. Chin J Dent Res,2012,15(1):21-24.
[6289] Wang H,Fan F,You J,Wang S. Correction of unilateral cleft lip nose deformity using nasal alar rim flap[J]. J Craniofac Surg,2012,23(5):1378-1381. doi:10.1097/SCS.0b013e318252fd09.
[6290] Zhang M,Ma L,Sun W,Zhang H,Yu C. The role of the superior turbinate flap in skull base reconstruction[J]. J Clin Neurosci,2012,19(11):1602-1604. doi:10.1016/j.jocn.2012.03.015.
[6291] Liu L,Zou L,Cao X,Cai J. Two different flaps for reconstruction of gunshot wounds to the foot and ankle in a child[J]. J Pediatr Surg,2012,47(9):E13-17. doi:10.1016/j.jpedsurg.2012.03.084.
[6292] Qin X,Zhang S,Zhang H,Shen Y,Zhu Y,Ye D. Reconstruction with scrotal skin flaps after wide local resection of penoscrotal extramammary Paget's disease[J]. BJU Int,2012,110(11 Pt C):E1121-1124. doi:10.1111/j.1464-410X.2012.11491.x.
[6293] Wei JW,Ni JD,Dong ZG,Liu LH,Luo ZB,Zheng L. The importance of a skin bridge in peripheral tissue perfusion in perforator flaps[J]. Plast Reconstr Surg,2012,130(5):757e-758e. doi:10.1097/PRS.0b013e318267d981.
[6294] Zhang X,Shao X,Zhu M,Jiang R,Feng Y,Ren C. Repair of a palmar soft tissue defect of the proximal interphalangeal joint with a transposition flap from the dorsum of the proximal phalanx[J]. J Hand Surg Eur,2013,38(4):378-385. doi:10.1177/1753193411432676.
[6295] Zunjiang Z,Zongsheng Y,Yong L,Yudong H. Reconstruction of an electric burn in the ventral thumb using the middle ring digital artery island flap with nerve[J]. Burns,2013,39(2):e1-3. doi:10.1016/j.burns.2012.02.023.
[6296] Wang WH,Zhu J,Deng JY,Xia B,Xu B. Three-dimensional virtual technology in reconstruction of mandibular defect including condyle using double-barrel vascularized fibula flap[J]. J Craniomaxillofac Surg,2013,41(5):417-422. doi:10.1016/j.jcms.2012.11.008.
[6297] Chen C,Tang P,Zhang X. Treatment of soft-tissue loss with nerve defect in the finger using the boomerang nerve flap[J]. Plast Reconstr Surg,2013,131(1):44e-54e. doi:10.1097/PRS.0b013e3182729f5e.
[6298] Zhao J,Wang P,Jiang B. Using the pedicle flap for taking pressure off the pedicle in distally based skin flaps[J]. J Reconstr Microsurg,2013,29(4):271-276. doi:10.1055/s-0032-1333321.
[6299] Song M,Chen WK,Zhang Q,Chen SW,Zhuang SM,Yang AK. Irradiation of the recipient site does not adversely affect successful free flap transfer in the repair of head and neck defects after salvage surgery for recurrent nasopharyngeal carcinoma originally treated with radiotherapy[J]. J Plast Surg Hand Surg,2013,47(1):40-45. doi:10.3109/2000656X.2012.729510.
[6300] Liu F,Xu H,Wang T,Dong J,Dai C. Columella lengthening by a vascularized preauricular flap[J]. Aesthetic Plast Surg,2013,37(2):232-239. doi:10.1007/s00266-012-0051-7.
[6301] Qing Y,Cen Y,Xu X,Chen J. A new technique for correction of simple congenital earlobe clefts:diametric hinge flaps method[J]. Ann Plast Surg,2013,70(6):657-658. doi:10.1097/SAP.0b013e31824144a7.
[6302] Fang T,Zhang EW,Lineaweaver WC,Zhang F. Recipient vessels in the free flap reconstruction around the knee[J]. Ann Plast Surg,2013,71(4):429-433. doi:10.1097/SAP.0b013e31824e5e6e.
[6303] Jin X,Teng L,Lu J,Xu J,Zhang C,Xu M,Zhao J. Upper-lip vermilion reconstruction with a modified cross-lip vermilion flap in hemifacial atrophy[J]. J Plast Reconstr Aesthet Surg,2013,66(4):e101-106. doi:10.1016/j.bjps.2012.12.012.
[6304] Kai S,Zhao J,Jin Z,Wu W,Yang M,Wang Y,Xie C,Yu J. Release of severe post-burn contracture of the first web space using the reverse posterior interosseous flap:Our experience with 12 cases[J]. Burns,2013,39(6):1285-1289. doi:10.1016/j.burns.2013.02.002.
[6305] Yan J,Liu L,Qian J. Reconstruction of upper eyelid and medial canthus following basal cell carcinoma resection:a successful one-stage repair with three local flaps[J]. Int J Dermatol,2013,52(5):611-613. doi:10.1111/j.1365-4632.2012.05842.x.
[6306] Lv C,Cai C,Tao R,Song JX,Zhang JD. Primary repair of broad bilateral complete cleft palate with hard palate rotation flap[J]. J Craniofac Surg,2013,24(3):809-811. doi:10.1097/SCS.0b013e31828dcd1d.
[6307] Shi J,Xu B,Shen GF,Wang XD. Application of lateral thoracic flap in maxillofacial defect reconstruction:experience with 28 cases[J]. J Plast Reconstr Aesthet Surg,2013,66(10):1369-1375. doi:10.1016/j.bjps.2013.05.032.
[6308] Wang F,Xu Y,Zhong H. Systematic review and meta-analysis of studies comparing the perimeatal-based flap and tubularized incised-plate techniques for primary hypospadias repair[J]. Pediatr Surg Int,2013,29(8):811-821. doi:10.1007/s00383-013-3335-3.
[6309] Chen C,Tang P,Zhang L,Li X,Zheng Y. Repair of multiple finger defects using the dorsal homodigital island flaps[J]. Injury,2013,44(11):1582-1588. doi:10.1016/j.injury.2013.05.019.
[6310] Ying B,Ye W,Li Z. Tongue musculomucosal flap for soft palate reconstruction in patients with OSAHS-clinical experience in technical strategy[J]. Eur Rev Med Pharmacol Sci,2013,17(14):1963-1966.
[6311] Lu L,Liu A,Zhu L,Zhang J,Zhu X,Jiang H. Cross-leg flaps:our preferred alternative to free flaps in the treatment of complex traumatic lower extremity wounds[J]. J Am Coll Surg,2013,217(3):461-471. doi:10.1016/j.jamcollsurg.2013.03.029.
[6312] Yang Y,Sun J,Xiong L,Li Q. Treatment of xanthelasma palpebrarum by upper eyelid skin flap incorporating blepharoplasty[J]. Aesthetic Plast Surg,2013,37(5):882-886. doi:10.1007/s00266-013-0195-0.
[6313] Liu X,Liang F,Yang J,Li Z,Hou X,Wang Y,Gao C. Effects of stromal cell derived factor-1 and CXCR4 on the promotion of neovascularization by hyperbaric oxygen treatment in skin flaps[J]. Mol Med Rep,2013,8(4):1118-1124. doi:10.3892/mmr.2013.1638.
[6314] Li ZN,Li RW,Tan XX,Xu ZF,Liu FY,Duan WY,Fang QG,Zhang X,Sun CF. Yu's flap for lower lip and reverse Yu's flap for upper lip reconstruction:20 years experience[J]. Br J Oral Maxillofac Surg,2013,51(8):767-772. doi:10.1016/j.bjoms.2013.07.006.
[6315] Feng SM,Gu JX,Wang JC. Venous flow of the free flap perfused by reversed recipient artery[J]. Plast Reconstr Surg,2013,132(3):474e-475e. doi:10.1097/PRS.0b013e31829ad4f5.
[6316] Yang Z,Liu L,Fan J,Chen W,Fu S,Yin Z. Use of the buccinator musculomucosal flap for bone coverage in primary cleft palate repair[J]. Aesthetic Plast Surg,2013,37(6):1171-1175. doi:10.1007/s00266-013-0198-x.
[6317] Wu C,Zhou L,Zhu L,Zheng J. Deep digital burns treated with 2 abdominal flaps:case report[J]. J Hand Surg Am,2013,38(11):2169-2172. doi:10.1016/j.jhsa.2013.06.037.
[6318] Fang QG,Safdar J,Shi S,Zhang X,Li ZN,Liu FY,Sun CF. Comparison studies of different flaps for reconstruction of buccal defects[J]. J Craniofac Surg,2013,24(5):e450-451. doi:10.1097/SCS.0b013e31828b7456.
[6319] Zhu YL,Wang Y,He XQ,Zhu M,Li FB,Xu YQ. Foot and ankle reconstruction:an experience on the use of 14 different flaps in 226 cases[J]. Microsurgery,2013,33(8):600-604. doi:10.1002/micr.22177.
[6320] Xue S,Mutesi R,Rong M,Liu J. The Mercedes flap:a modified closure for circular skin defects around the eyebrow[J]. Clin Exp Dermatol,2013,38(7):816-817. doi:10.1111/ced.12201.
[6321] Xuejian W,Fan H,Xiaobiao Z,Yong Y,Ye G,Tao X,Junqi G. Endonasal endoscopic skull base multilayer reconstruction surgery with nasal pedicled mucosal flap to manage high flow CSF leakage[J]. Turk Neurosurg,2013,23(4):439-445. doi:10.5137/1019-5149.JTN.6176-12.0.
[6322] Zhu L,Liu Z. Repairing the high-riding nipple with reciprocal transposition flaps[J]. Plast Reconstr Surg,2013,132(6):1070e-1071e. doi:10.1097/PRS.0b013e3182a98000.
[6323] Xu N,Xue XY,Li XD,Wei Y,Zheng QS,Jiang T,Huang JB,Sun XL. Comparative outcomes of the tubularized incised plate and transverse island flap onlay techniques for the repair of proximal hypospadias[J]. Int Urol Nephrol,2014,46(3):487-491. doi:10.1007/s11255-013-0567-z.
[6324] Zheng Y,Zhao J,Wang X,Yi C,Xia W,Li Y,Ma X. The application of axial superficial temporal artery island flap for repairing the defect secondary to the removal of the lower eyelid basal cell carcinoma[J]. Br J Oral Maxillofac Surg,2014,52(1):72-75. doi:10.1016/j.bjoms.2013.09.009.
[6325] Lu S,Wang C,Wen G,Han P,Chai Y. Versatility of the greater saphenous fasciocutaneous perforator flap in coverage of the lower leg[J]. J Reconstr Microsurg,2014,30(3):179-186. doi:10.1055/s-0033-1357499.
[6326] Fang QG,Shi S,Li M,Zhang X,Liu FY,Sun CF. Free flap reconstruction versus non-free flap reconstruction in treating elderly patients with advanced oral cancer[J]. J Oral Maxillofac Surg,2014,72(7):1420-1424. doi:10.1016/j.joms.2014.01.010.
[6327] Chen C,Tang P,Zhang X. The dorsal homodigital island flap based on the dorsal branch of the digital artery:a review of 166 cases[J]. Plast Reconstr Surg,2014,133(4):519e-529e. doi:10.1097/PRS.0000000000000016.
[6328] Li Y,Song H,Liu J,Li D. Use of lateral upper arm free flaps for soft-tissue reconstruction of the contracted eye socket[J]. Plast Reconstr Surg,2014,133(5):675e-682e. doi:10.1097/PRS.0000000000000133.
[6329] Zhang B,Wan JH,Wan HF,Li DZ,Zhang YX. Free perforator flap transfer for reconstruction of skull base defects after resection of advanced recurrent tumor[J]. Microsurgery,2014,34(8):623-628. doi:10.1002/micr.22271.
[6330] Yang J,Chen J,Wu XF,Song NJ,Li Q,Qiao D,Zhang JY,Song NH. Glans-reconstruction with preputial flap is superior to primary closure for post-surgical restoration of male sexual function in glans-preserving surgery[J]. Andrology,2014,2(5):729-733. doi:10.1111/j.2047-2927.2014.00239.x.
[6331] Hu J,Zhang Q,Zhang Y,Zhou X,Qian J,Liu T. Partial helix defect repair by use of postauricular advancement flap combined with ipsilateral conchal cartilage graft[J]. J Plast Reconstr Aesthet Surg,2014,67(8):1045-1049. doi:10.1016/j.bjps.2014.04.016.
[6332] Wang Y,Long X,Wang X. Reconstruction of periorbital soft tissue defect with reversed superficial temporal artery island flap[J]. Ann Plast Surg,2014,73(Suppl 1):S70-73. doi:10.1097/SAP.0000000000000243.
[6333] Wu D,Wang Y,Song T,Li H,Wu J,Qu W,Ma H,Yin N. Aesthetic reconstruction of the upper lip with novel split musculomucosal-pedicle cross-lip flap[J]. Ann Plast Surg,2014,73 Suppl 1:S88-S91. doi:10.1097/SAP.0000000000000250.
[6334] Yang Z,Fan J,Tian J,Liu L,Gan C,Chen W,Yin Z. Aesthetic sideburn reconstruction with an expanded reversed temporoparieto-occipital scalp flap[J]. J Craniofac Surg,2014,25(4):1168-1170. doi:10.1097/

SCS.0000000000000805.
[6335] Ye W,Hu J,Zhu H,Zhang C,Zhang Z. Application of modified Karapandzic flaps in large lower lip defect reconstruction[J]. J Oral Maxillofac Surg,2014,72(10):2077-2082. doi:10.1016/j.joms.2014.04.014.
[6336] Rong L,Lan SJ,Zhang D,Wang WS,Liu C,Peng WH. Reconstruction of the lower vermilion with a musculomucosal flap from the upper lip in the repair of extensive lower lip and chin defects[J]. J Craniofac Surg,2014,25(5):1855-1858. doi:10.1097/SCS.0000000000000894.
[6337] Xu M,Yang C,Li JH,Lü WL,Xing X. Reconstruction of the zygomatic cheek defects using a flap based on the pretragal perforator of the superficial temporal artery[J]. J Plast Reconstr Aesthet Surg,2014,67(11):1508-1514. doi:10.1016/j.bjps.2014.07.006.
[6338] Wang YC,Dai HY,Xing X,Lv C,Zhu J,Xue CY. Pedicled lower lid-sharing flap for full-thickness reconstruction of the upper eyelid[J]. Eye (Lond),2014,28(11):1292-1296. doi:10.1038/eye.2014.183.
[6339] Wang ZQ,Cao YL,Huang YF,Liu DQ,Li XF. Cross-leg repair of large soft-tissue defects in distal sites of the feet by distally based neuro-fasciocutaneous flaps with perforating vessels[J]. Genet Mol Res,2014,13(3):5484-5491. doi:10.4238/2014.July.25.1.
[6340] Xu Z,Wu L,Sun Y,Guo Y,Qin G,Mu S,Fan R,Wang B,Gao W,Zhang Z. Tanshinone IIA pretreatment protects free flaps against hypoxic injury by upregulating stem cell-related biomarkers in epithelial skin cells[J]. BMC Complement Altern Med,2014,14:331. doi:10.1186/1472-6882-14-331.
[6341] Chen C,Tang P,Zhao G. Direct and reversed dorsal digital island flaps:a review of 65 cases[J]. Injury,2014,45(12):2013-2017. doi:10.1016/j.injury.2014.08.030.
[6342] Chen F,Liu J,Lv D,Wang L,Liu Y. Reconstruction of the oropharynx with free posterior tibial flap after tonsillar cancer extirpation[J]. J Oral Maxillofac Surg,2014,72(10):2083-2091. doi:10.1016/j.joms.2014.04.027.
[6343] Zhang FG,Tang XF. New advances in the mesenchymal stem cells therapy against skin flaps necrosis[J]. World J Stem Cells,2014,6(4):491-496. doi:10.4252/wjsc.v6.i4.491.
[6344] Liu L,Zhou Y,Cao X,Cao X,Cai J. Heel reconstruction with free instep flap:a case report[J]. J Med Case Rep,2014,8:319. doi:10.1186/1752-1947-8-319.
[6345] Li BH,Byun SH,Kim SM,Lee JH. The clinical outcome of dental implants placed through skin flaps[J]. Otolaryngol Head Neck Surg,2014,151(6):945-951. doi:10.1177/0194599814552061.
[6346] Huang C,Ogawa R. Three-dimensional reconstruction of scar contracture-bearing axilla and digital webs using the square flap method[J]. Plast Reconstr Surg Glob Open,2014,2(5):e149. doi:10.1097/GOX.0000000000000110.
[6347] Wu L,Tong D,Zhu S,Zang M,Tian G,Chen S. Consecutive flap transfer for repairing massive soft tissue defects in the opisthenar with improved donor site closure[J]. Chin J Traumatol,2014,17(5):256-260.
[6348] Xu Z,Zhang Z,Wu L,Sun Y,Guo Y,Qin G,Mu S,Fan R,Wang B,Gao W. Tanshinone IIA pretreatment renders free flaps against hypoxic injury through activating Wnt signaling and upregulating stem cell-related biomarkers[J]. Int J Mol Sci,2014,15(10):18117-1830. doi:10.3390/ijms151018117.
[6349] Bi H,Xing X,Li J. Nasolabial-alar crease:a natural line to facilitate transposition of the nasolabial flap for lower nasal reconstruction[J]. Ann Plast Surg,2014,73(5):520-524. doi:10.1097/SAP.0b013e31827f547e.
[6350] Zhu L,Xu Q,Kou W,Ning B,Jia T. Outcome of free digital artery perforator flap transfer for reconstruction of fingertip defects[J]. Indian J Orthop,2014,48(6):594-598. doi:10.4103/0019-5413.144228.
[6351] Dong X,Ma J,Ma S,Wen H. The application of reverse tubular medial upper arm flap in the reconstruction of ripped facial defects[J]. Int J Clin Exp Med,2014,7(11):4347-4351.
[6352] Zhao JC,Xian CJ,Yu JA,Shi K. Pedicled full-thickness abdominal flap combined with skin grafting for the reconstruction of anterior chest wall defect following major electrical burn[J]. Int Wound J,2015,12(1):59-62. doi:10.1111/iwj.12051.
[6353] Lu S,Wang C,Wen G,Han P,Chai Y. Versatility of the reversed superficial peroneal neurocutaneous island flap in the coverage of ankle and foot[J]. Ann Plast Surg,2015,74(1):69-73. doi:10.1097/SAP.0000000000000054.
[6354] Hu F,Gu Y,Zhang X,Xie T,Yu Y,Sun C,Li W. Combined use of a gasket seal closure and a vascularized pedicle nasoseptal flap multilayered reconstruction technique for high-flow cerebrospinal fluid leaks after endonasal endoscopic skull base surgery[J]. World Neurosurg,2015,83(2):181-187. doi:10.1016/j.wneu.2014.06.004.
[6355] Yuan H,Fan GK. Modified application of superficial temporal artery flap in hypopharyngeal reconstruction[J]. Eur Arch Otorhinolaryngol,2015,272(2):511-512. doi:10.1007/s00405-014-3190-4.
[6356] Zhang X,Lin Y,Sun Q,Huang H. Dermo-glandular flap for treatment of recurrent periductal mastitis[J]. J Surg Res,2015,193(2):738-744. doi:10.1016/j.jss.2014.07.067.
[6357] Xie YF,Shu R,Qian JL,Lin ZK,Romanos GE. Esthetic management of mucogingival defects after excision of epulis using laterally positioned flaps[J]. Cell Biochem Biophys,2015,71(2):1005-1010. doi:10.1007/s12013-014-0301-1.
[6358] Liu L,Cao X,Cai J. Reconstruction of weightbearing forefoot defects with digital artery flaps[J]. J Foot Ankle Surg,2015,54(1):41-45. doi:10.1053/j.jfas.2014.09.026.
[6359] Liu Z,Tian Z,Zhang C,Sun J,Zhang Z,He Y. Microvascular reconstruction in elderly oral cancer patients:does diabetes status have a predictive role in free flap complications?[J]. J Oral Maxillofac Surg,2015,73(2):357-369. doi:10.1016/j.joms.2014.08.009.
[6360] Yang B,Su M,Li H,Li J,Ouyang J,Han Z. Use of submandibular gland flap for repairing defects after tumor resection in the infratemporal region[J]. J Craniomaxillofac Surg,2015,43(1):87-91. doi:10.1016/j.jcms.2014.10.014.
[6361] Gao ZM,Lin DM,Wang Y,Li JJ,Chen S,Gao WY. Role of the NO/cGMP pathway in postoperative vasodilation in perforator flaps[J]. J Reconstr Microsurg,2015,31(2):107-112. doi:10.1055/s-0034-1384663.
[6362] Lin W,Qing Y,Liu J,Cen Y. Alar flap combined with free auricular composite flap for the reconstruction of nasal alar defect[J]. J Craniofac Surg,2015,26(2):562-564. doi:10.1097/SCS.0000000000001275.
[6363] Yang M,Zhao Y. Reconstruction of full-thickness lower eyelid defect using superficial temporal artery island flap combined with auricular cartilage graft[J]. J Craniofac Surg,2015,26(2):576-579. doi:10.1097/SCS.0000000000001430.
[6364] Wang SJ,Kim YD,Huang HH,Wu ZY,Lu L,Chen HF,Guo XR,Wei XH. Lateral calcaneal artery perforator-based skin flaps for coverage of lower-posterior heel defects[J]. J Plast Reconstr Aesthet Surg,2015,68(4):571-579. doi:10.1016/j.bjps.2014.12.027.
[6365] Zhang C,Sun J,Zhu H,Xu L,Ji T,He Y,Yang W,Hu Y,Yang X,Zhang Z. Microsurgical free flap reconstructions of the head and neck region:Shanghai experience of 34 years and 4640 flaps[J]. Int J Oral Maxillofac Surg,2015,44(6):675-684. doi:10.1016/j.ijom.2015.02.017.
[6366] Zhang S,Liu Z. Airway reconstruction with autologous pulmonary tissue flap and an elastic metallic stent[J]. World J Surg,2015,39(8):1981-1985. doi:10.1007/s00268-015-3066-9.
[6367] Wang L,Yang D,Chen L,Tao L,Liu J,Dai X,Li S. Giant congenital lower lip nevus restored by local advanced skin flap:a case report[J]. J Med Case Rep,2015,9:99. doi:10.1186/s13256-015-0515-x.
[6368] Zhang GL,Meng H,Huang JH,Hong XF,Zhang HS,Liu XT,Luo HY,Liu WY. Reconstruction of digital skin defects with the free wrist crease flap[J]. J Reconstr Microsurg,2015,31(6):471-476. doi:10.1055/s-0035-1549366.
[6369] Zhao XW,Ma JY,Wang YX,Zhang H,Zhang J,Kang S. Laparoscopic vaginoplasty using a single peritoneal flap:10 years of experience in the creation of a neovagina in patients with Mayer-Rokitansky-Küster-Hauser syndrome[J]. Fertil Steril,2015,104(1):241-247. doi:10.1016/j.fertnstert.2015.04.014.
[6370] Zhou R,Wang C,Qian Y,Wang D. Combined flaps based on the superficial temporal vascular system for reconstruction of facial defects[J]. J Plast Reconstr Aesthet Surg,2015,68(9):1235-1241. doi:10.1016/j.bjps.2015.04.022.
[6371] Li M,Jiang HB,Tao ZJ,Wu YN. Extended free forearm flap for treatment of temporomandibular joint pseudoankylosis[J]. J Craniofac Surg,2015,26(4):e358-359. doi:10.1097/SCS.0000000000001800.
[6372] Cheng C,Lv Y,Zhang E,Yan T,Li C,Hou DX,Li JH. Effects of the Zhikang capsule on healing of the flap after radical breast cancer surgery[J]. Genet Mol Res,2015,14(2):5127-5131. doi:10.4238/2015.May.18.2.
[6373] Sun YC,Gong YP,Chen QZ. A reverse dorsoradial pedicled flap from the thumb for a soft tissue defect in the finger[J]. J Hand Surg Eur,2015,40(9):1000-1001. doi:10.1177/1753193415595192.
[6374] Wang J,Min P,Grassetti L,Lazzeri D,Zhang YX,Nicoli F,Innocenti M,Torresetti M,Levin LS,Persichetti P. Preliminary outcomes of distal IMAP and SEAP flaps for the treatment of unstable keloids subject to recurrent inflammation and infections in the lower sternal and upper abdominal areas[J]. J Reconstr Microsurg,2015,31(9):621-630. doi:10.1055/s-0035-1556078.
[6375] Zhu YL,He XQ,Wang Y,Lv Q,Fan XY,Xu YQ. Traumatic forefoot reconstructions with free perforator flaps[J]. J Foot Ankle Surg,2015,54(6):1025-1030. doi:10.1053/j.jfas.2015.04.019.
[6376] Liu X,Liu Y,Chen K,Gao Y,Huang W,Yuan W,Cai Q. Reconstruction of skin defects in the medial cheek using lateral cheek rotation flap combined with Z-plasties[J]. J Plast Reconstr Aesthet Surg,2015,68(12):e183-188. doi:10.1016/j.bjps.2015.07.014.
[6377] Dan X,Hongfei J,Huahui Z,Chunmao H,Hang H. A skin-stretching wound closure system to prevent and manage dehiscence of high-tension flap donor sites:a report of 2 cases[J]. Ostomy Wound Manage,2015,61(8):35-40.
[6378] Cheng JX,Zuo L,Huang XY,Cui JZ,Wu S,Du YY. Extensive full-thickness eyelid reconstruction with rotation flaps through "subcutaneous tunnel" and palatal mucosal grafts[J]. Int J Ophthalmol,2015,8(4):794-799. doi:10.3980/j.issn.2222-3959.2015.04.27.
[6379] Chen B,Song H. The Modification of five-flap z-plasty for web contracture[J]. Aesthetic Plast Surg,2015,39(6):922-926. doi:10.1007/s00266-015-0548-y.
[6380] Huang CH,Qian HG,Zhao XY,Shen GL,Lin W,Qi Q. Repairing facial soft tissue defects by swelling anesthesia after tumor resection with narrow pedicle flaps[J]. Asian Pac J Cancer Prev,2015,16(15):6761-6763. doi:10.7314/apjcp.2015.16.15.6761.
[6381] Ye Y,Yuan Y,Lu F,Gao J. Possible role of mechanical force in regulating regeneration of the vascularized fat flap inside a tissue engineering chamber[J]. Med Hypotheses,2015,85(6):807-809. doi:10.1016/j.mehy.2015.10.005.
[6382] Jiao H,Ding X,Liu Y,Zhang H,Cao X. Clinical experience of multiple flaps for the reconstruction of dorsal digital defects[J]. Int J Clin Exp Med,2015,8(10):18058-18065.
[6383] Chen K,Jiang C,Wu Q,Sun Y,Shi R. A new flap technique for reconstruction of microtia and congenital aural atresia[J]. Indian J Surg,2015,77(Suppl 3):1237-1241. doi:10.1007/s12262-015-1263-2.
[6384] Ji C,Zhang J,Liang W,Pan S,Chen Y,Zhang J,Yao Y. Correcting glanular dislocation in hypospadias with up-to-tip technique and double wing flaps[J]. Ann Plast Surg,2016,76(1):102-107. doi:10.1097/SAP.0000000000000170.
[6385] Cheng Z,Wu W,Hu P,Wang M. Distally based saphenous nerve-greater saphenous venofasciocutaneous flap for reconstruction of soft tissue defects in distal lower leg[J]. Ann Plast Surg,2016,77(1):102-105. doi:10.1097/SAP.0000000000000338.
[6386] Wu P,Li Z,Liu C,Ouyang J,Zhong S. The posterior pedicled inferior turbinate-nasoseptal flap:a potential combined flap for skull base reconstruction[J]. Surg Radiol Anat,2016,38(2):187-194. doi:10.1007/s00276-015-1516-6.
[6387] Sun YC,Chen QZ,Chen J,Qian ZW,Kong J,Gong YP. Prevalence,characteristics and natural history of cold intolerance after the reverse digital artery flap[J]. J Hand Surg Eur,2016,41(2):171-176. doi:10.1177/1753193415596438.
[6388] Mu D,Luan J,Guo X,Xu B. Male Nipple reduction with a simple circular-flap technique[J]. Aesthet Surg J,2016,36(1):113-116. doi:10.1093/asj/sjv136.
[6389] Mashrah MA,Zhou SH,Abdelrehem A,Ma C,Xu L,He Y,Zhang CP. Oropharyngeal reconstruction with a pedicled submandibular gland flap[J]. Br J Oral Maxillofac Surg,2016,54(4):388-393. doi:10.1016/j.bjoms.2015.08.267.
[6390] Fang S,Yang C,Zhang Y,Xue C,Bi H,Dai H,Xing X. The Use of composite flaps in the management of large full-thickness defects of the lower eyelid[J]. Medicine(Baltimore),2016,95(2):e2505. doi:10.1097/MD.0000000000002505.

[6391] Yang XD,Zhao SF,Zhang Q,Wang YX,Li W,Hong XW,Hu QG. Use of modified lateral upper arm free flap for reconstruction of soft tissue defect after resection of oral cancer[J]. Head Face Med,2016,12:9. doi:10.1186/s13005-016-0105-1.

[6392] Gong ZJ,Chen YR,Wang K,Zhang S,Ren ZH,Wu HJ. Longitudinal contraction venoplasty in prevention of internal jugular vein thrombosis after free flap vascular anastomosis[J]. J Oral Maxillofac Surg,2016,74(6):1277-1283. doi:10.1016/j.joms.2016.01.006.

[6393] Zhao J,Chan FC,Yang X,Zong X,Sun H,Qi Z,Jin X. Salvage free anterolateral thigh composite flap transfer based on the musculocutaneous perforator retrograde blood flow principle[J]. J Craniofac Surg,2016,27(2):e178-181. doi:10.1097/SCS.0000000000002427.

[6394] Zhang M,Song K,Ding N,Shu C,Wang Y. Using a distant abdominal skin flap to treat digital constriction bands:a case report for vohwinkel syndrome[J]. Medicine(Baltimore),2016,95(6):e2762. doi:10.1097/MD.0000000000002762.

[6395] Hirche C,Kneser U,Xiong L,Wurzer P,Ringwald F,Obitz F,Fischer S,Harhaus L,Gazyakan E,Kremer T. Microvascular free flaps are a safe and suitable training procedure during structured plastic surgery residency:A comparative cohort study with 391 patients[J]. J Plast Reconstr Aesthet Surg,2016,69(5):715-721. doi:10.1016/j.bjps.2016.01.022.

[6396] Sun R,Ding Y,Sun C,Li X,Wang J,Li L,Yang J,Ren Y,Zhong Z. Color doppler sonographic and cadaveric study of the arterial vascularity of the lateral upper arm flap[J]. J Ultrasound Med,2016,35(4):767-774. doi:10.7863/ultra.15.01032.

[6397] Zhu C,Chen S,Chui CH,Tan BK,Liu Q. Early detection and differentiation of venous and arterial occlusion in skin flaps using visible diffuse reflectance spectroscopy and autofluorescence spectroscopy[J]. Biomed Opt Express,2016,7(2):570-580. doi:10.1364/BOE.7.000570.

[6398] Xue D,Qian H. Surgical management for large chest keloids with internal mammary artery perforator flap[J]. An Bras Dermatol,2016,91(1):103-105. doi:10.1590/abd1806-4841.20163977.

[6399] Wan J,Dong Z,Lei C,Lu F. Generating an engineered adipose tissue flap using an external suspension device[J]. Plast Reconstr Surg,2016,138(1):109-120. doi:10.1097/PRS.0000000000002305.

[6400] Shi Y,Zhou X,Yu J,Liu H. Reconstruction of full-thickness eyelid defects following malignant tumor excision:the retroauricular flap and palatal mucosal graft[J]. J Craniofac Surg,2016,27(3):612-614. doi:10.1097/SCS.0000000000002543.

[6401] He XQ,Zhu YL,Duan JZ,Xu YQ,Jin T,Yang J,Mei LB,Wang Y. Post traumatic reconstruction of the pediatric heel and achilles tendon:a review of pedicle flap options in 31 motorcycle spoke trauma patients[J]. Ann Plast Surg,2016,77(6):653-661. doi:10.1097/SAP.0000000000000820.

[6402] Fang Z,Tian Z,Zhang C,Sun J,Hu J,He Y. Risk factors for pedicle flap complications in 251 elderly chinese patients who underwent oral and maxillofacial reconstruction[J]. J Oral Maxillofac Surg,2016,74(10):2073-2080. doi:10.1016/j.joms.2016.03.029.

[6403] Li CY,Ye XD. Folded superficial temporal artery flap for repair of penetrated nasal defects[J]. ANZ J Surg,2016,86(6):524. doi:10.1111/ans.13390.

[6404] Liang W,Ji C,Chen Y,Zhang G,Zhang J,Yao Y,Zhang J. Surgical repair of mid-shaft hypospadias using a transverse preputial island flap and pedicled dartos flap around urethral orifice[J]. Aesthetic Plast Surg,2016,40(4):535-539. doi:10.1007/s00266-016-0659-0.

[6405] Zan T,Jin R,Li H,Herrler T,Meng X,Huang X,Li Q,Gu B. A novel u-flap epicanthoplasty for asian patients[J]. Aesthetic Plast Surg,2016,40(4):458-465. doi:10.1007/s00266-016-0665-2.

[6406] Shen XF,Mi JY,Xue MY,Zhao G,Qiang L,Zhou X,Rui YJ,Chim H. Modified great toe wraparound flap with preservation of plantar triangular flap for reconstruction of degloving injuries of the thumb and fingers:long-term follow-up[J]. Plast Reconstr Surg,2016,138(1):155-163. doi:10.1097/PRS.0000000000002301.

[6407] Han ZF,Guo LL,Liu LB,Li Q,Zhou J,Wei AZ,Guo PF. A comparison of the Cook-Swartz doppler with conventional clinical methods for free flap monitoring:A systematic review and a meta-analysis[J]. Int J Surg,2016,32:109-115. doi:10.1016/j.ijsu.2016.06.034.

[6408] Liu H,Regmi S,He Y,Hou R. Thumb tip defect reconstruction using neurovascular island pedicle flap obtained from long finger[J]. Aesthetic Plast Surg,2016,40(5):755-760. doi:10.1007/s00266-016-0674-1.

[6409] Li X,Cui J,Maharjan S,Yu X,Lu L,Gong X. Neo-digit functional reconstruction of mutilating hand injury using transplantation of multiple composite tissue flaps[J]. Medicine(Baltimore),2016,95(27):e4179. doi:10.1097/MD.0000000000004179.

[6410] Wei P,Chen W,Mei J,Ding M,Yu Y,Xi S,Zhou R,Tang M. Repair of fingertip defect using an anterograde pedicle flap based on the dorsal perforator[J]. Plast Reconstr Surg Glob Open,2016,4(6):e730. doi:10.1097/GOX.0000000000000732.

[6411] Wan YJ,Zhang HC,Zhang Y,Cheng YS,Zhang Y,Wang C. Application of levator veli palatini retropositioning combined with Buccinator myomucosal island flap for congenital cleft palate[J]. Exp Ther Med,2016,12(4):2544-2546. doi:10.3892/etm.2016.3666.

[6412] Guo EQ,Xie QP. A totally laparoscopic peritoneal free flap for reconstruction of hand[J]. Chin J Traumatol,2016,19(5):302-304. doi:10.1016/j.cjtee.2015.12.014.

[6413] Zhang YZ,Wen SZ,Zhang HQ,Li YG,Zhao JM,Yang Y. Three-dimensional digitalized virtual planning for saphenous artery flap:a pilot study[J]. Comput Assist Surg (Abingdon),2016,21(1):102-106. doi:10.1080/24699322.2016.1209243.

[6414] Zhang X,Grobmyer SR,Wang Y,Sun Q,Huang H. Duct ectasia in an accessory breast successfully treated with a flap technique:a case report[J]. J Thorac Dis,2016,8(12):E1585-E1588. doi:10.21037/jtd.2016.12.29.

[6415] Wang F,Huang W,Zhang C,Sun J,Qu X,Wu Y. Functional outcome and quality of life after a maxillectomy:a comparison between an implant supported obturator and implant supported fixed prostheses in a free vascularized flap[J]. Clin Oral Implants Res,2017,28(2):137-143. doi:10.1111/clr.12771.

[6416] Yang Y,Zhang F,Lyu X,Yan Z,Hua H,Peng X. Prevention of oral candidiasis after free flap surgery:role of 3% sodium bicarbonate saline in oral care[J]. J Oral Maxillofac Surg,2017,75(3):641-647. doi:10.1016/j.joms.2016.08.037.

[6417] Li Z,Luan J. Long-term results of a one-stage secondary debulking procedure after flap reconstruction for foot[J]. Plast Reconstr Surg,2017,139(2):578e-579e. doi:10.1097/PRS.0000000000002978.

[6418] Chen S,Zhu C,Hoe-Kong Chui C,Sheoran G,Tan BK,Liu Q. Spectral diffuse reflectance and autofluorescence imaging can perform early prediction of blood vessel occlusion in skin flaps[J]. J Biophotonics,2017,10(12):1665-1675. doi:10.1002/jbio.201600189.

[6419] Hu L,Xi Y,Wang Y,Jiannan L,Han J,Miao Y,Gokavarapu S,Zhang C,Xu L. Reconstruction with soft tissue free flaps for large defects after the resection of giant facial neurofibroma[J]. Int J Oral Maxillofac Surg,2017,46(4):440-446. doi:10.1016/j.ijom.2016.11.013.

[6420] Li SJ,Cheng H,Fang X,Xu JY,Wang F,Liu S,Chen XL,Lv XW. Modified reversed superficial peroneal artery flap in the reconstruction of ankle and foot defects following severe burns or trauma[J]. Burns,2017,43(4):839-845. doi:10.1016/j.burns.2016.12.003.

[6421] Wan T,Wang G,Yang Y,Chen Y,Zhang Y,Liang Y,Wu Y. Analysis of postoperative bleeding after posterior pharyngeal flap pharyngoplasty[J]. J Craniofac Surg,2017,28(3):600-603. doi:10.1097/SCS.0000000000003358.

[6422] Yang B,Qu Y,Su M,Li J,Li H,Xing R,Han Z. Characteristics and surgical management of flap compromise caused by thrombosis of the internal jugular vein[J]. J Craniomaxillofac Surg,2017,45(2):347-351. doi:10.1016/j.jcms.2016.12.012.

[6423] Liu HP,Shao Y,Yu XJ,Zhang D. A simplified surgical algorithm for flap reconstruction of eyebrow defects[J]. J Plast Reconstr Aesthet Surg,2017,70(4):450-458. doi:10.1016/j.bjps.2016.12.013.

[6424] Lok LW,Chan WL,Lau YK. Functional outcomes of antegrade homodigital neurovascular island flaps for fingertip amputation[J]. J Hand Surg Asian Pac,2017,22(1):39-45. doi:10.1142/S0218810417500071.

[6425] Feng S,Zhang B,Kappos EA,Tremp M,Yang C. Modified S-flap for nipple reconstruction[J]. Aesthetic Plast Surg,2017,41(2):312-317. doi:10.1007/s00266-017-0789-z.

[6426] Vijayasekaran A,Mohan AT,Zhu L,Sharaf B,Saint-Cyr M. Anastomosis of the superficial inferior epigastric vein to the internal mammary vein to augment deep inferior artery perforator flaps[J]. Clin Plast Surg,2017,44(2):361-369. doi:10.1016/j.cps.2016.12.006.

[6427] Li G,Zhang F,Ding W,Wu Z,Hu Y,Luo T,Zhang B,Jiang X. A new microtia reconstruction method using delayed postauricular skin flap[J]. Plast Reconstr Surg,2017,139(4):946-955. doi:10.1097/PRS.0000000000003227.

[6428] Huang Y,Xie H,Lv Y,Yu L,Sun L,Li X,Chen Y,Sun H,Chen F. One-stage repair of proximal hypospadias with severe chordee by in situ tubularization of the transverse preputial island flap[J]. J Pediatr Urol,2017,13(3):296-299. doi:10.1016/j.jpurol.2017.02.015.

[6429] Tian X,Xiao J,Li T,Chen W,Lin Q,Chim H. Single-stage separation of 3- and 4-finger incomplete simple syndactyly with contiguous gull wing flaps:a technique to minimize or avoid skin grafting[J]. J Hand Surg Am,2017,42(4):257-264. doi:10.1016/j.jhsa.2017.01.021.

[6430] Yu Y,Wei L,Shen Y,Xiao W,Huang J,Xu J. Windmill flap Nipple reduction:a new method of Nipple plasty[J]. Aesthetic Plast Surg,2017,41(4):788-792. doi:10.1007/s00266-017-0860-9.

[6431] Zhou W,Zhang WB,Yu Y,Wang Y,Mao C,Guo CB,Yu GY,Peng X. Risk factors for free flap failure:a retrospective analysis of 881 free flaps for head and neck defect reconstruction[J]. Int J Oral Maxillofac Surg,2017,46(8):941-945. doi:10.1016/j.ijom.2017.03.023.

[6432] Zhao X,Zhang Y,Fu S,Zhang C,Li M,Wu Y. Clinical application of a pedicled forearm flap in the reconstruction after oral cancer resection[J]. J Craniofac Surg,2017,28(3):e222-e225. doi:10.1097/SCS.0000000000003406.

[6433] Guo L,Zhang M,Zeng J,Liang P,Zhang P,Huang X. Utilities of scrotal flap for reconstruction of penile skin defects after severe burn injury[J]. Int Urol Nephrol,2017,49(9):1593-1603. doi:10.1007/s11255-017-1635-6.

[6434] Cao J,Li W,Cui C,Li B,Xin Y,Cai L,Gong Z,Lin H. Hypoxic postconditioning attenuates apoptosis via activation of adenosine A(2a) receptors on dermal microvascular endothelial cells of human flaps[J]. J Surg Res,2017,217:144-152. doi:10.1016/j.jss.2017.05.016.

[6435] Yin N,Wu D,Wang Y,Song T,Li H,Jiang C,Ma H,Zhao Z. Complete philtrum reconstruction on the partial-thickness cross-lip flap by nasolabial muscle tension line group reconstruction in the same stage of flap transfer[J]. JAMA Facial Plast Surg,2017,19(6):496-501. doi:10.1001/jamafacial.2017.0296.

[6436] Yu X,Yang Q,Jiang H,Pan B,Zhao Y,Lin L. Surgical correction of cryptotia combined with an ultra-delicate split-thickness skin graft in continuity with a full-thickness skin rotation flap[J]. J Plast Reconstr Aesthet Surg,2017,70(11):1620-1623. doi:10.1016/j.bjps.2017.05.053.

[6437] Chen J,Bhatt R,Tang JB. Technical points of 5 free vascularized flaps for the hand repairs[J]. Hand Clin,2017,33(3):443-454. doi:10.1016/j.hcl.2017.04.011.

[6438] Ji C,Li R,Shen G,Zhang J,Liang W. Multiple pedicled flaps cover for large defects following resection of malignant tumors with partition concept[J]. Medicine(Baltimore),2017,96(27):e7455. doi:10.1097/MD.0000000000007455.

[6439] Zhang Y,Zhao X,Fu S,Wu Y. Clinical application of the pedicled buccal fat pad flap in immediate reconstruction of oral tissue defects in oral surgery[J]. J Craniofac Surg,2017,28(6):1531-1533. doi:10.1097/SCS.0000000000003757.

[6440] Zhong Q,Fang J,Huang Z,Chen X,Hou L,Zhang Y,Li P,Ma H,Xu H. Clinical applications of free medial tibial flap with posterior tibial artery for head and neck reconstruction after tumor resection[J]. Chin J Cancer Res,2017,29(3):231-236. doi:10.21147/j.issn.1000-9604.2017.03.09.

[6441] Dong Y,Wang Y. The use of a dorsal double-wing flap without skin grafts for congenital syndactyly treatment:A STROBE compliant study[J]. Medicine (Baltimore),2017,96(30):e7639. doi:10.1097/MD.0000000000007639.

[6442] Li J,Dong C,Liu X,He W. Treatment of children with congenital severe blepharoptosis by frontalis aponeurosis flap advancement under general anesthesia in a single incision[J]. J Craniofac Surg,2017,28(6):1495-1497. doi:10.1097/SCS.0000000000003948.

[6443] Peng W,Tan B,Wang Y,Wang H,Wang Z,Liang X. A modified preserved nasal and lacrimal flap technique in endoscopic dacryocystorhinostomy[J]. Sci Rep,2017,7(1):6809. doi:10.1038/s41598-017-07364-9.

[6444] Aladimi MT,Han B,Li C,Helal H,Gao Z,Li L. Factors to consider when deciding on the type of free-flap reconstruction of head and neck soft tissue defects[J]. ORL J Otorhinolaryngol Relat Spec,2017,79(4):230-238. doi:10.1159/000478103.

[6445] Gong X,Cui J,Jiang Z,Maharjan S,Lu L,Li X. Comparison of perioperative complications of pedicled island flap in reconstruction of extremities[J]. J Surg Res,2017,220:94-104. doi:10.1016/j.jss.2017.06.089.

[6446] Fan B,Liu JJ,Wang BF,Sun YJ,Li GY. Case report repairing orbital skin defects using composite flaps after giant eyelid-derived tumor excision and orbital exenteration[J]. Medicine(Baltimore),2017,96(48):e8978. doi:10.1097/MD.0000000000008978.

[6447] Li ZR,Jiang Y,Zhang JY,Su YW,Hu JZ. Modified O-T advancement flap for reconstruction of skin defects[J]. Int J Clin Exp Pathol,2017,10(9):9158-9163.

[6448] Gong X,Cui J,Jiang Z,Lu L,Li X. Risk factors for pedicled flap necrosis in hand soft tissue reconstruction:a multivariate logistic regression analysis[J]. ANZ J Surg,2018,88(3):E127-E131. doi:10.1111/ans.13977.

[6449] Liang J,Yu T,Wang X,Zhao Y,Fang F,Zeng W,Li Z. Free tissue flaps in head and neck reconstruction:clinical application and analysis of 93 patients of a single institution[J]. Braz J Otorhinolaryngol,2018,84(4):416-425. doi:10.1016/j.bjorl.2017.04.009.

[6450] Liu S,Liang W,Song K,Wang Y. Keloid skin flap retention and resurfacing in facial keloid treatment[J]. Aesthetic Plast Surg,2018,42(1):304-309. doi:10.1007/s00266-017-0949-1.

[6451] Xiao H,Wang H. A novel reverse periauricular flap reconstruction method that uses additional anastomosis to avoid venous congestion for periorbital defects[J]. J Craniofac Surg,2018,29(1):e33-e34. doi:10.1097/SCS.0000000000003994.

[6452] Wei SY,Li FY,Li Q,Li SK,Zhou CD,Zhou Y,Cao YJ,Zhang SY,Zhao Y. Autologous buccal micro-mucosa free graft combined with posterior scrotal flap transfer for vaginoplasty in male-to-female transsexuals:a pilot study[J]. Aesthetic Plast Surg,2018,42(1):188-196. doi:10.1007/s00266-017-0977-x.

[6453] Yu H,Qiu L. Efficacy of the split-thickness labial flap method for soft tissue management in anterior ridge horizontal augmentation procedures:A clinical prospective study in the anterior maxilla[J]. J Craniomaxillofac Surg,2018,46(2):323-328. doi:10.1016/j.jcms.2017.11.018.

[6454] Yu WY,Sun W,Yu DJ,Zhao TL,Wu LJ,Zhuang HR. Adipose-derived stem cells improve neovascularization in ischemic flaps in diabetic mellitus through HIF-1α/VEGF pathway[J]. Eur Rev Med Pharmacol Sci,2018,22(1):10-16. doi:10.26355/eurrev_201801_14094.

[6455] Saenthaveesuk P,Zhang SE,Zheng GS,Liang YJ,Su YX,Liao GQ. Use of medial upper arm free flap in oral cavity reconstruction:a preliminary study[J]. Int J Oral Maxillofac Surg,2018,47(5):595-602. doi:10.1016/j.ijom.2017.12.008.

[6456] Yan J,Zhang J,Zhang Q,Zhang X,Ji K. Effectiveness of laser adjunctive therapy for surgical treatment of gingival recession with flap graft techniques:a systematic review and meta-analysis[J]. Lasers Med Sci,2018,33(4):899-908. doi:10.1007/s10103-018-2440-x.

[6457] Zhao J,Song G,Zong X,Yang X,Du L,Guo X,Lai C,Qi Z,Jin X. Using the reversed temporal island flap to cover small forehead defects from titanium mesh exposure after cranial reconstruction[J]. World Neurosurg,2018,112:e514-e519. doi:10.1016/j.wneu.2018.01.070.

[6458] Wang H,Yang X,Chen C,Wang B,Wang W,Jia S. Modified Littler flap for sensory reconstruction of large thumb pulp defects[J]. J Hand Surg Eur,2018,43(5):546-553. doi:10.1177/1753193417754191.

[6459] Wu W,Yang Y,Zhang P,Sun M. The "Flap suture anchoring" technique for safe oral floor reconstruction with preservation of alveolar process[J]. J Craniofac Surg,2018,29(5):1300-1304. doi:10.1097/SCS.0000000000004533.

[6460] Pan C,Cen Y. A new microtia reconstruction method using delayed postauricular skin flap[J]. Plast Reconstr Surg,2018,141(6):972e-973e. doi:10.1097/PRS.0000000000004394.

[6461] Wang F,Ding X,Zhang J,Song X,Wu Y,Svensson P,Wang K. Somatosensory changes at forearm donor sites following three different surgical flap techniques[J]. Int J Surg,2018,53:326-332. doi:10.1016/j.ijsu.2018.04.008.

[6462] Xu YM,Liu J,Qiu XW,Liu C,Wu HJ,Gong ZJ. Characteristics and management of free flap compromise following internal jugular venous thrombosis[J]. J Oral Maxillofac Surg,2018,76(11):2437-2442. doi:10.1016/j.joms.2018.05.006.

[6463] Li XQ,Wang JQ. Glabellar rejuvenation in forehead lift:reversed periosteum or dermal fat graft to cover pedicled glabellar flap[J]. J Craniofac Surg,2018,29(6):1558-1561. doi:10.1097/SCS.0000000000004620.

[6464] Yue J,Zhuo S,Zhang H,Liu X,Zhang W. Long-term quality of life measured by the University of Washington QoL questionnaire (version 4) in patients with oral cancer treated with or without reconstruction with a microvascular free flap[J]. Br J Oral Maxillofac Surg,2018,56(6):475-481. doi:10.1016/j.bjoms.2017.12.017.

[6465] Cao Y,Yu C,Liu W,Miao C,Han B,Yang J,Li L,Li C. Obturators versus flaps after maxillary oncological ablation:A systematic review and best evidence synthesis[J]. Oral Oncol,2018,82:152-161. doi:10.1016/j.oraloncology.2018.05.019.

[6466] Zhang S,Xue H. Upper arch flap combined with extended incision of lower eyelid:a modified epicanthoplasty in correcting epicanthus[J]. Aesthetic Plast Surg,2018,42(4):1033-1038. doi:10.1007/s00266-018-1175-1.

[6467] Li G,Mu L,Bi Y,Yang K,Liu Y,Peng Z,Zhu Y,Zang H,Cao S,Zhang P,Qian Y. Pacman flap for oncologic reconstruction of soft-tissue defects after tumor resection:A retrospective case series[J]. Medicine(Baltimore),2018,97(25):e11114. doi:10.1097/MD.0000000000011114.

[6468] Shen K,Luo H,Hu J,Xie Z. Perianal Paget disease treated with wide excision and thigh skin flap reconstruction:a case report and review of literature[J]. Medicine(Baltimore),2018,97(30):e11638. doi:10.1097/MD.0000000000011638.

[6469] Wu K,Lei JS,Mao YY,Cao W,Wu HJ,Ren ZH. Prediction of flap compromise by preoperative coagulation parameters in head and neck cancer patients[J]. J Oral Maxillofac Surg,2018,76(11):2453.e1-2453.e7. doi:10.1016/j.joms.2018.07.001.

[6470] Zhang S,Xue HY. Adjustable V-flap epicanthoplasty based on desired eyelid morphology[J]. Aesthetic Plast Surg,2018,42(6):1571-1575. doi:10.1007/s00266-018-1193-z.

[6471] Jin L,Wu X,Zha L,Feng Y,Xu J,Zheng H,Shao J,Zhao M,Cui X,Giuliano AE,Gong Y. Adjacent skin rotation flap for large defect in primary breast tumor[J]. J Surg Oncol,2018,118(7):1199-1204. doi:10.1002/jso.25240.

[6472] Sun Y,Dong X,Zhang G,An J,Sun J,Yuan H,Xue L. Rational use of antibacterials and drug sensitivity analysis in the repair of large lip defect with skin flap[J]. Pak J Pharm Sci,2018,31(5Special):2215-2221.

[6473] Zhao Y,Cheng J,Yang J,Li P,Zhang Z,Wang Z. Modified endoscopic inferior meatal fenestration with mucosal flap for maxillary sinus diseases[J]. Wideochir Inne Tech Maloinwazyjne,2018,13(4):533-538. doi:10.5114/wiitm.2018.77556.

[6474] Mao X,Cheng R,Zhang H,Bae J,Cheng L,Zhang L,Deng L,Cui W,Zhang Y,Santos HA,Sun X. Self-healing and injectable hydrogel for matching skin flap regeneration[J]. Adv Sci (Weinh),2018,6(3):1801555. doi:10.1002/advs.201801555.

[6475] Zhang D,Guo B,Cai W. Effect of frontal muscle aponeurosis flap suspension surgery for severe congenital ptosis in children[J]. Minerva Pediatr,2019,71(4):358-361. doi:10.23736/S0026-4946.17.04382-1.

[6476] Liu S,Zhang WB,Yu Y,Wang Y,Mao C,Guo CB,Yu GY,Peng X. Free flap transfer for pediatric head and neck reconstruction:what factors influence flap survival?[J]. Laryngoscope,2019,129(8):1915-1921. doi:10.1002/lary.27442.

[6477] Lin Y,He JF,Zhang X,Wang HM. Intraoperative factors associated with free flap failure in the head and neck region:a four-year retrospective study of 216 patients and review of the literature[J]. Int J Oral Maxillofac Surg,2019,48(4):447-451. doi:10.1016/j.ijom.2018.08.009.

[6478] Yang Y,Li PJ,Shuai T,Wang Y,Mao C,Yu GY,Guo CB,Peng X. Cost analysis of oral and maxillofacial free flap reconstruction for patients at an institution in China[J]. Int J Oral Maxillofac Surg,2019,48(5):590-596. doi:10.1016/j.ijom.2018.10.020.

[6479] Luo Z,Wu P,Qing L,Zhou Z,Yu F,Zhang P,Tang J. The hemodynamic and molecular mechanism study on the choke vessels in the multi-territory perforator flap transforming into true anastomosis[J]. Gene,2019,687:99-108. doi:10.1016/j.gene.2018.11.019.

[6480] Fang F,Zhang Z,Wang K,Wang F,Zheng HP,Zhuang Y. The skin bridge is more important as an additional venous draining route in a perforator-plus flap[J]. J Surg Res,2019,234:40-48. doi:10.1016/j.jss.2018.09.020.

[6481] Zhang JF,Wang L,Hao RZ,Huo YX,Yang HY,Hu YC. Treatment of fingertip avulsion injuries using two periposition pedicled flaps[J]. J Plast Reconstr Aesthet Surg,2019,72(4):628-635. doi:10.1016/j.bjps.2018.12.051.

[6482] Mao X,Liu L,Cheng L,Cheng R,Zhang L,Deng L,Sun X,Zhang Y,Sarmento B,Cui W. Adhesive nanoparticles with inflammation regulation for promoting skin flap regeneration[J]. J Control Release,2019,297:91-101. doi:10.1016/j.jconrel.2019.01.031.

[6483] Li L,Zou L,Fang J. A case report of application of posterior pharyngeal flap in resection and reconstruction of posterior pharyngeal wall carcinomas located at the level of the cricoid cartilage[J]. Medicine(Baltimore),2019,98(7):e14412. doi:10.1097/MD.0000000000014412.

[6484] Khavanin N,Qiu C,Darrach H,Kraenzlin F,Kokosis G,Han T,Sacks JM. Intraoperative perfusion assessment in mastectomy skin flaps:how close are we to preventing complications?[J]. J Reconstr Microsurg,2019,35(7):471-478. doi:10.1055/s-0039-1679958.

[6485] Xue B,Zang M,Chen B,Tang M,Zhu S,Li S,Han T,Liu Y. Septocutaneous perforator mapping and clinical applications of the medial arm flap[J]. J Plast Reconstr Aesthet Surg,2019,72(4):600-608. doi:10.1016/j.bjps.2019.01.025.

[6486] Weng XJ,Li XJ. Reconstruction of large facial malignant tumor defects using local angular perforator flap[J]. J Craniofac Surg,2019,30(4):1268-1269. doi:10.1097/SCS.0000000000005276.

[6487] Wang S,Yin S,Zhang ZL,Su X,Xu ZF. Quality of life after oral cancer resection and free flap reconstruction[J]. J Oral Maxillofac Surg,2019,77(8):1724-1732. doi:10.1016/j.joms.2019.02.029.

[6488] Chen C,Meng Z,Tang P,Zhao G. A comparison of the bipedicled nerve flap with the Littler flap for reconstructing a neurocutaneous defect of digits[J]. Injury,2019,50(4):848-854. doi:10.1016/j.injury.2019.03.026.

[6489] Peng Q,Zhang L,Ren Y,He W,Xie D,Jiang G,Zhu Y,Zheng H,Chen C. Reconstruction of long noncircumferential tracheal or carinal resections with bronchial flaps[J]. Ann Thorac Surg,2019,108(2):417-423. doi:10.1016/j.athoracsur.2019.02.057.

[6490] Mao S,Li M,Li D,Lin H,Ye H,Tang R,Su K,Zhang W. Septal floor rotational flap pedicled on ethmoidal arteries for endoscopic skull base reconstruction[J]. Laryngoscope,2019,129(12):2696-2701. doi:10.1002/lary.27942.

[6491] Chen WL,Wang Y,Zhou B,Liao JK,Chen R. Comparison of the reconstruction of through-and-through cheek defects involving the labial commissure following tumor resection using four types of local and pedicle flaps[J]. Head Face Med,2019,15(1):12. doi:10.1186/s13005-019-0196-6.

[6492] Zhou P,Qiu L,Liu Y,Li T,Ding X. Surgical repair for transverse facial cleft:two flaps with a superiorly rotated single Z-plasty lateral to the commissure[J]. J Plast Surg Hand Surg,2019,53(4):240-246. doi:10.1080/2000656X.2019.1588739.

[6493] Mashrah MA,Lingjian Y,Handley TP,Pan C,Weiliang C. Novel technique for the direct closure of the radial forearm flap donor site defect with a local bilobed flap[J]. Head Neck,2019,41(9):3282-3289. doi:10.1002/hed.25839.

[6494] Wang J,Wang Z. Osteochondral flap fracture of the coronoid in pediatric humeral lateral condyle:A report of 3 cases[J]. Medicine(Baltimore),2019,98(25):e15915. doi:10.1097/MD.0000000000015915.

[6495] Chen C,Wang ZT,Hao LW,Liu Y,Liu HL. Vascularized flap transfer to fingers with volar digital veins as recipient vessels[J]. J Hand Surg Eur,2019,44(10):1019-1025. doi:10.1177/1753193419866413.

[6496] Li R,Liu Y,Xu T,Zhao H,Hou J,Wu Y,Zhang D. The additional effect of autologous platelet concentrates to coronally advanced flap in the treatment of gingival recessions:a systematic review and meta-analysis[J]. Biomed Res Int,2019,2019:2587245. doi:10.1155/2019/2587245.

[6497] Qiu Y,Gao W,Chen H,Ma G,Jin Y,Lin X. A complete lower lip and chin unit resurfacing with expanded cheek flaps:A modified approach with minimal influence on facial cosmetic units[J]. J Plast Reconstr Aesthet Surg,2019,72(10):1700-1738. doi:10.1016/j.bjps.2019.07.012.

[6498] Dai X,Li P,Xu H. Free Flap Transplantation on the repair of defects caused by oral and maxillofacial tumors resection[J]. Pak J Med Sci,2019,35(5):1339-1343. doi:10.12669/pjms.35.5.316.

[6499] Zhang Y,Liu Y,Tian S,Song L,Peng A. Step-advanced rectangular flap:A novel technique for the reconstruction of soft-tissue defects overlying the Achilles tendon in children (an observational study)[J]. Medicine(Baltimore),2019,98(41):e17268. doi:10.1097/MD.0000000000017268.

[6500] Qin H,Kong J,Xu L,Wang H,Ma N,Xia J. The width of pedicle included in reverse dorsoradial flap of the thumb:As wide as possible?[J]. J Plast Reconstr Aesthet Surg,2019,72(12):2064-2094. doi:10.1016/j.bjps.2019.10.003.

[6501] Wang D,Chen W. Closure of multiple defects from titanium mesh after cranioplasty with a super-long diagonal tubed flap of the neck[J]. J Craniofac Surg,2019,30(8):2570-2572. doi:10.1097/SCS.0000000000006005.

[6502] Xie H,Zhang Y,Yu F,Wang X. Repair of a defect in the cervical trachea with thyroid-pericardium flap:A case report[J]. Medicine(Baltimore),2019,98(46):e17871. doi:10.1097/MD.0000000000017871.

[6503] Fan ZQ,Yu BF,Zeng Q,Cai B,Xia GM,Huang SH. The free neurovascular transverse wrist crease flap for repairing soft tissue defects of the fingers:clinical outcomes of multiple centers[J]. J Orthop Surg Res,2019,14(1):365. doi:10.1186/s13018-019-1444-y.

[6504] Ouyang Y,Li C,Du X,Liu C. Effect of endothelial growth factor on flap surgical delay[J]. Plast Reconstr Surg,2019,144(6):1116e-1117e. doi:10.1097/PRS.0000000000006219.

[6505] Gu M,Huang X,Xu H,Chen F,Jiang Y,Li X. Modified two-flaps palatoplasty with lateral mucus relaxing incision in cleft repair:A STROBE-compliant retrospective study[J]. Medicine(Baltimore),2019,98(47):e17958. doi:10.1097/MD.0000000000017958.

[6506] Gao QG,Qu W. Penile resurfacing using a reverse bilateral anterior scrotal artery flap:A case report of penile skin defects following circumcision[J]. Medicine(Baltimore),2019,98(49):e18106. doi:10.1097/MD.0000000000018106.

[6507] Jiang L,Deng Y,Li W. Application of orbital septum fat flap stuffing to correct inferior orbital sulcus deformities[J]. Plast Reconstr Surg Glob Open,2019,7(12):e2561. doi:10.1097/GOX.0000000000002561.

[6508] Zhang C,Yang N,Mu L,Wu C,Li C,Li W,Xu S,Li X,Ma X. The application of nasoseptal "rescue" flap technique in endoscopic transsphenoidal pituitary adenoma resection[J]. Neurosurg Rev,2020,43(1):259-263. doi:10.1007/s10143-018-1048-8.

[6509] Chen JH,Zhang W,Shi ZH,Chen L,Hu X,He JQ,Wang YH. Infections under skin flap after cranioplasty and a simple effective treatment[J]. Turk Neurosurg,2020,30(6):808-812. doi:10.5137/1019-5149.JTN.22011-17.2.

[6510] Wang S,Zheng S,Li N,Feng Z,Liu Q. Dorsal hexagon local flap without skin graft for web reconstruction of congenital syndactyly[J]. J Hand Surg Am,2020,45(1):63.e1-63.e9. doi:10.1016/j.jhsa.2019.03.009.

[6511] Wang H,Yang X,Chen C,Huo Y,Wang B,Wang W. Modified heterodigital neurovascular island flap for sensory reconstruction of pulp or volar soft tissue defect of digits[J]. J Hand Surg Am,2020,45(1):67.e1-67.e8. doi:10.1016/j.jhsa.2019.04.014.

[6512] Zhong B,Song NY,Deng D,Li LK,Du JT,Liu F,Liu YF,Liu SX. Intraoperative repair of cerebrospinal fluid rhinorrhea in skull base tumor resection:a retrospective study of acellular dermal matrix versus turbinate flap[J]. World Neurosurg,2020,133:e275-e280. doi:10.1016/j.wneu.2019.08.245.

[6513] Yin SC,Su XZ,So HI,Wang S,Zhang ZL,Xu ZF,Sun CF. Comparison of internal jugular vein system anastomosis and external jugular vein system anastomosis in free flaps for head and neck reconstruction:a meta-analysis[J]. J Oral Maxillofac Surg,2020,78(1):142-152. doi:10.1016/j.joms.2019.08.015.

[6514] Cai TY,Zhang WB,Yu Y,Wang Y,Mao C,Guo CB,Yu GY,Peng X. Scoring system for selective tracheostomy in head and neck surgery with free flap reconstruction[J]. Head Neck,2020,42(3):476-484. doi:10.1002/hed.26028.

[6515] Yang Y,Wu HY,Wei L,Li PJ,Cai ZG,Shan XF. Improvement of the patient early mobilization protocol after oral and maxillofacial free flap reconstruction surgery[J]. J Craniomaxillofac Surg,2020,48(1):43-48. doi:10.1016/j.jcms.2019.11.016.

[6516] Li J,Song P,Yang D,Liu L,Wang J. Complicated intraoral defects:reconstruction using a three-paddle perforator free flap. A case report[J]. Br J Oral Maxillofac Surg,2020,58(3):355-357. doi:10.1016/j.bjoms.2019.10.318.

[6517] Luo X,Guo C,Yin H,Shi B,Yin X,Li J. Comparison of Hogan pharyngeal flap and sphincter pharyngoplasty in postoperative velopharyngeal function[J]. Br J Oral Maxillofac Surg,2020,58(3):291-295. doi:10.1016/j.bjoms.2019.11.023.

[6518] Zhu J,Yuan X,Yan L,Li T,Guang M,Zhang Y. Comparison of postoperative outcomes between envelope and triangular flaps after mandibular third molar surgery:a systematic review and meta-analysis[J]. J Oral Maxillofac Surg,2020,78(4):515-527. doi:10.1016/j.joms.2019.11.026.

[6519] Ni XD,Xu Y,Wang M,Cang ZQ,Wang Q,Yuan SM. Application of superficial temporal artery flap in wound repairing after the resection of craniofacial malignant tumors[J]. J Craniofac Surg,2020,31(2):534-537. doi:10.1097/SCS.0000000000006222.

[6520] Ma X,Ouyang Y,Li C,Du X,Liu C. When to assess the flap perfusion by introperative indocyanine green angiography(ICGA):On the donor site or the recipient site?[J]. Breast,2020,52:150. doi:10.1016/j.breast.2020.01.002.

[6521] Xu JL,Song GX,Yin ZQ. Lichen simplex chronicus secondary to scald injury and skin flap transplantation[J]. Indian J Dermatol,2020,65(1):47-49. doi:10.4103/ijd.IJD_88_19.

[6522] Lou Z. The elevation of the mucosal flap without additional anterior canal wall incisions for repairing anterior perforations using endoscopic cartilage tympanoplasty[J]. Eur Arch Otorhinolaryngol,2020,277(6):1851-1852. doi:10.1007/s00405-020-05870-7.

[6523] Lou Z. Is the elevation of tympanomeatal flap need for modified palisade cartilage-perichondrium graft myringoplasty[J]. Am J Otolaryngol,2020,41(3):102438. doi:10.1016/j.amjoto.2020.102438.

[6524] Lei C,Cai B,Chen X,Huang Z,Wang B. Introduction of ligated vessels promote the retention and regeneration of free fat:constructing a fat flap in tissue engineering chamber[J]. Adipocyte,2020,9(1):108-115. doi:10.1080/21623945.2020.1735025.

[6525] Lou Z. The Elevation of tympanomeatal skin flap could not be necessary for endoscopic cartilage myringoplasty[J]. Ear Nose Throat J,2020 Mar 3:145561320910671. doi:10.1177/0145561320910671. Online ahead of print.

[6526] Jia MQ,Zou HX,Xiong XP,Ma SR,Yu S,Wei LL,Jia J. Utility of the lateral arm free flap in oral cavity reconstruction:a single-centre experience with Chinese patients[J]. Int J Oral Maxillofac Surg,2020,49(10):1264-1270. doi:10.1016/j.ijom.2020.02.016.

[6527] Yao XY,Liu H,Liu WW. Reconstruction of composite oral and maxillofacial defects by free flaps based on a new classification[J]. Sci Rep,2020,10(1):4300. doi:10.1038/s41598-020-61345-z.

[6528] Chu CK,Fang L,Kaplan J,Liu J,Hanasono MM,Yu P. The chicken or the egg? Relationship between venous congestion and hematoma in free flaps[J]. J Plast Reconstr Aesthet Surg,2020,73(8):1442-1447. doi:10.1016/j.bjps.2020.02.031.

[6529] Huang C,Zhao Y,Guo W,Yu M,Li R,Zhu Z. An L-shaped flap for the correction of pincer nail deformity:A case report[J]. Australas J Dermatol,2020,61(3):253-256. doi:10.1111/ajd.13275.

[6530] Lou Z. Endoscopic cartilage myringoplasty with inside out elevation of a tympanomeatal flap for repairing anterior tympanic membrane perforations[J]. Ann Otol Rhinol Laryngol,2020,129(8):795-800. doi:10.1177/0003489420915208.

[6531] Mao T,Xie R,Wang G,Xing S. Application of a modified dorsoulnar artery pedicle flap in the repair of thumb tip defects:A case report[J]. Exp Ther Med,2020,19(5):3300-3304. doi:10.3892/etm.2020.8583.

[6532] Sun ZY,Chen YM,Xie L,Yang X,Ji T. Free flap reconstruction in paediatric patients with head and neck cancer:clinical considerations for comprehensive care[J]. Int J Oral Maxillofac Surg,2020,49(11):1416-1420. doi:10.1016/j.ijom.2020.03.005.

[6533] Abula A,Yushan M,Ren P,Abulaiti A,Ma C,Yusufu A. Reconstruction of soft tissue defects and bone loss in the tibia by flap transfer and bone transport by distraction osteogenesis:a case series and our experience[J]. Ann Plast Surg,2020,84(5S Suppl 3):S202-S207. doi:10.1097/SAP.0000000000002367.

[6534] Cui M,Wang P. Fingertip reconstruction using a lateral flap based on the distal transverse arch of the digital artery[J]. Ann Plast Surg,2020,84(5S Suppl 3):S186-S189. doi:10.1097/SAP.0000000000002370.

[6535] Zhou H,Lu J,Zhang C,Li X,Li Y. Abnormal acoustic features following pharyngeal flap surgery in patients aged six years and older[J]. J Craniofac Surg,2020,31(5):1395-1399. doi:10.1097/SCS.0000000000006483.

[6536] Jie B,Yao B,Li R,An J,Zhang Y,He Y. Post-traumatic maxillofacial reconstruction with vascularized flaps and digital techniques:10-year experience[J]. Int J Oral Maxillofac Surg,2020,49(11):1408-1415. doi:10.1016/j.ijom.2020.04.012.

[6537] Zhang Y,Shen Z,Zhou X,Chi Z,Hong X,Huang Y,Huang H,Chen S,Lan K,Lin J,Wu W,Zhou Y,Zhang Y. Comparison of meatal-based flap (Mathieu) and tubularized incised-plate (TIP) urethroplasties for primary distal hypospadias:A systematic review and meta-analysis[J]. J Pediatr Surg,2020,55(12):2718-2727. doi:10.1016/j.jpedsurg.2020.03.013.

[6538] Lou Z. Use of endoscopic cartilage graft myringoplasty without tympanomeatal flap elevation to repair posterior marginal perforations[J]. Ear Nose Throat J,2020 Jun 8:145561320931220. doi:10.1177/0145561320931220. Online ahead of print.

[6539] Ou Q,Tang JY. Reconstruction of the first web space with an intersegmental flap in congenital triphalangeal thumb deformity:a case report[J]. J Hand Surg Eur,2020,45(10):1096-1098. doi:10.1177/1753193420932492.

[6540] Jin R,Shen Y,Yu W,Xia Y,Yuan Z,Ding F,Lu L,Liu F,Sun D,Yang J. Tarsal-fixation with aponeurotic flap linkage in blepharoplasty:bridge technique[J]. Aesthet Surg J,2020,40(12):NP648-NP654. doi:10.1093/asj/sjaa195.

[6541] Ding X,Wang QQ,Zhou Y,Xu JC. Case report:Malignant transformation of noma:repair by forearm flap[J]. Am J Trop Med Hyg,2020,103(4):1697-1699. doi:10.4269/ajtmh.19-0899.

[6542] Qin H,Ma N,Du X,Kong J,Wang H,Xu L,Hu B. Modified homodigital dorsolateral proximal phalangeal island flap for the reconstruction of finger-pulp defects[J]. J Plast Reconstr Aesthet Surg,2020,73(11):1976-1981. doi:10.1016/j.bjps.2020.08.061.

[6543] Hao R,Wang B,Wang H,Yang H,Huo Y. Repair of distal thumb degloving injury using combination of reverse dorsoradial flap of the thumb and middle finger proper digital arterial island flap[J]. J Orthop Surg Res,2020,15(1):417. doi:10.1186/s13018-020-01940-y.

[6544] Wang D,Wang W. The outcomes of endoscopic myringoplasty:elevating a tympanomeatal flap or not[J]. J Laryngol Otol,2020 Sep 28:1-5. doi:10.1017/S002221512000198X. Online ahead of print.

[6545] Cui A,Zhou J,Mudalal M,Wang Y,Wang J,Gong M,Zhou Y. Soft tissue regeneration around immediate implant placement utilizing a platelet-rich fibrin membrane and without tightly flap closure:Two case reports[J]. Medicine (Baltimore),2020,99(40):e22507. doi:10.1097/MD.0000000000022507.

[6546] Zhang W,Fang J,Lu Y,Ma F,Wang J. Bilateral flaps based on the dorsal branches of the proper digital artery:A reliable reconstruction in one-stage for the multiple defects in one finger[J]. Injury,2021,52(3):532-536. doi:10.1016/j.injury.2020.06.035.

[6547] Yang L,Huang Y,Li H. Epicanthoplasty with rotated-advanced-back cut flap[J]. J Craniofac Surg,2021 Jun 1;32(4):1526-1528. doi:10.1097/SCS.0000000000007164.

[6548] Xia L,Jie B,Zhang Y,An J,Zheng L,He Y. Temporomandibular joint reconstruction with medial femoral condyle osseocartilaginous flap:a case series[J]. Int J Oral Maxillofac Surg,2021,50(5):604-609. doi:10.1016/j.ijom.2020.09.017.

[6549] Shi XX,Tan XF. A novel strategy for repairing middle upper lip defects:Bullhead flap[J]. J Am Acad Dermatol,2020 Oct 10:S0190-9622(20)32816-4. doi:10.1016/j.jaad.2020.09.094. Online ahead of print.

[6550] Yan M,Xiaobo Z,Zhaoqi Y,Xiuxia W,Rui J,Fei L,Jun C,Xusong L,Jun Y,Di S. The kite flap for reconstructing tumour excision wounds in the middle and lower face:a retrospective study[J]. J Wound Care,2020,29(10):562-566. doi:10.12968/jowc.2020.29.10.562.

[6551] Yu B,Xia Y,Ji Y,Tu Y,Wu W. Ethmoid sinus mucosal and lacrimal sac flap anastomosing in patients with failed dacryocystorhinostomy[J]. J Craniofac Surg,2020 Oct 12. doi:10.1097/SCS.0000000000007190. Online ahead of print.

[6552] Liu X,Li J,He W,Zhang S,Dong C. Application of opposing triangle flaps in three different kinds of conjoined twins[J]. Adv Skin Wound Care,2020,33(11):1-5. doi:10.1097/01.ASW.0000695768.34932.d0.

[6553] Xu Y,You J,Wang H,Fan F. Repairing nasal defect and lower eyelid defect with a tube flap[J]. J Craniofac Surg,2020,31(8):2376-2377. doi:10.1097/SCS.0000000000006764.

[6554] Hu C,Lian Y,Guo S,Zhu L. Modified wrap-around flap incisional method and observation of donor foot effects[J]. J Coll Physicians Surg Pak,2020,30(10):1109-1110. doi:10.29271/jcpsp.2020.10.1109.

[6555] Zhu Y. Whether is the double flap tympanoplasty necessary for endoscopic tympanoplasty?[J]. Eur Arch Otorhinolaryngol,2020 Nov 9. doi:10.1007/s00405-020-06468-9. Online ahead of print.

[6556] Xia X,Yang Z,Deng C,Song C,Chen L,Wei P. Effects of microsurgical repair treatment on the clinical efficacy,complications,and flap follow-up scores of patients with exposed steel plates after surgery for foot and ankle fractures[J]. Ann Palliat Med,2020,9(6):4089-4096. doi:10.21037/apm-20-2018.

[6557] Li YY,Zhang BH,Shi B,Li CH. To Reduce the secondary nose deformity on unilateral cleft lip by lateral nasal-base triangle flap[J]. Plast Reconstr Surg,2020,146(6):829e-830e. doi:10.1097/PRS.0000000000007395.

[6558] Yao L,Deng Z,Guo M,Zeng W,Yao L. Repair of donor site defects after forearm free flap harvest with dual triangular flaps and in situ small full-thickness skin flaps[J]. J Craniofac Surg,2020 Nov 23. doi:10.1097/SCS.0000000000007265. Online ahead of print.

[6559] Ding W,Zhang B,Wu Z,Zhang Y,Long X,Xu S,Li G. Treatment of ectopic earlobe in microtia reconstruction using delayed postauricular skin flap[J]. Ear Nose Throat J,2020 Dec 9:145561320973554. doi:10.1177/0145561320973554. Online ahead of print.

[6560] Zhang Z,Cheng L,Huang TC,Hu H,Liu R,Pu Y,Wang R,Li Z,Chen J,Cen Y,Liang G,Qing Y. Repair of severe traumatic nasal alar defects with combined pedicled flap and conchal cartilage composite grafts:a retrospective study[J]. Ann Transl Med,2020,8(22):1495. doi:10.21037/atm-20-6454.

[6561] Wu L,Gao S,Tian K,Zhao T,Li K. "Pingpong racket" flap model for evaluating flap survival[J]. J Cosmet Dermatol,2020 Dec 18. doi:10.1111/jocd.13886. Online ahead of print.

[6562] Zheng WJ,Li LM,Lin SH. Persisting postoperative pneumocephalus after cranioplasty in sunken skin flap syndrome[J]. Neurol India,2020,68(6):1488-1489. doi:10.4103/0028-3886.304089.

[6563] Liao JK,Tang QL,Chen WL,Zhou B,Wen ZZ,Huang ZX. Bilateral,buccinator myomucosal advancement flaps to reconstruct central upper labial myomucosal defects after ablation of early-stage cancer in minor salivary glands[J]. J Cosmet Dermatol,2021,20(1):300-303. doi:10.1111/jocd.13513.

[6564] Chu H,Huang L,Xu F,Chen G,Xu X. Long-term outcomes of zygomaticomaxillary reconstruction with autologous bone grafts supported by pedicled buccal fat pad flap[J]. J Craniofac Surg,2021,32(1):212-214. doi:10.1097/SCS.0000000000006842.

[6565] Zhao F. Flap Repair Technique for Soft Tissue Defects of the Hand[J]. Ann Plast Surg,2021,86(3S Suppl 2):S319-S321. doi:10.1097/SAP.0000000000002645.

[6566] Liu X,Zhou T,Zhao T,Xu Z. Reconstruction of an iatrogenic anterior conchal defect with a revolving-door flap[J]. BMC Surg,2021,21(1):25. doi:10.1186/s12893-020-01020-2.

[6567] Pei J,Zhang J,Song B. The use of abdominal flaps for complex syndactyly release:a case series[J]. J Hand Surg Eur,2021,46(5):552-554. doi:10.1177/1753193420981842.

[6568] Liu Y,Wei J,Dai C,Li X. Supra Alar island flap and costal cartilage for "Arrow Tail" short nose deformity correction[J]. J Plast Reconstr Aesthet Surg,2021,74(7):1633-1701. doi:10.1016/j.bjps.2020.12.105.

[6569] Yuan L,Zhao Z. Resilience,self-efficacy,social support,and quality of life in patients with skin defects of the lower extremity after flap transplantation[J]. Ann Palliat Med,2021,10(1):443-453. doi:10.21037/apm-20-2432.

[6570] Xiao YD,Zhang MZ,Zeng A. Facial microcystic adnexal carcinoma-treatment with a "jigsaw puzzle" advancement flap and immediate esthetic reconstruction:A case report[J]. World J Clin Cases,2021,9(3):607-613. doi:10.12998/wjcc.v9.i3.607.

[6571] Yang F,Zhang J,Gu C,Chen W. Medial epicanthoplasty using a lower palpebral margin incision combined with a tiny triangular flap[J]. Aesthetic Plast Surg,2021,45(3):1056-1063. doi:10.1007/s00266-021-02151-4.

[6572] Chen J,Zhong Chen Q. Problems with dorsal digital artery perforator flaps for fingertip repair[J]. J Hand Surg Eur,2021,46(3):323-324. doi:10.1177/1753193421991957.

[6573] Zheng L,Liu S,Lv X,Shi Y. Use of facial vein graft with vascularized composite auricular helical rim flap for alar rim defects[J]. Int J Oral Maxillofac Surg,2021 Mar 4:S0901-5027(21)00080-1. doi:10.1016/j.ijom.2021.02.022. Online ahead of print.

[6574] Zheng J,Guo W,Zhan S,Zhou D,Fang M,Zhou D. Modified nasoseptal rescue flap technique for pituitary adenoma resection via endoscopic endonasal approach[J]. J Craniofac Surg,2021 Mar 10. doi:10.1097/SCS.0000000000007621. Online ahead of print.

[6575] Chen Z,Liu H,Li Y,Zhou Z,Qiu J,Tang Y,Cui T. ZNF667 attenuates leukocyte-endothelial adhesion via downregulation of P-selectin in skin flap following remote limb ischemic preconditioning[J]. Cell Biol Int,2021,45(7):1477-1486. doi:10.1002/cbin.11586.

[6576] 杨东岳，李鸿儒. 神经血管蒂皮瓣移植在手外伤中的应用 [J]. 上海第一医学院学报，1965（4）：384. {YANG Dongyue,LI Hongru.Application of neurovascular pedicle flap transplantation in hand injury[J].Shanghai Di Yi Yi Xue Yuan Xue Bao[Acta Acad Med Primae Shanghai(Article in Chinese;No abstract available)],1965(4):384.}【非显微修复 Non-microsurgical repair】

[6577] 杨东岳，顾玉东，吴敏明，郑忆柳. 超长游离皮瓣的移植 [J]. 上海医学，1979，2（5）：7-9，66. {YANG Dongyue,GU Yudong,WU Minming,ZHENG Yiliu.Transplantation of long free flap[J]. Shanghai Yi Xue[Shanghai Med J(Article in Chinese;Abstract in Chinese)],1979,2(5):7-9,66.}

[6578] 郭恩覃，张明利，季正伦，赵月珍，袁敏芬. 带血管蒂游离皮瓣移植术在整复手术中的应用 [J]. 第二军医大学学报，1980（2）：49-51，53. {GUO Entan,ZHANG Mingli,JI Zhenglun,ZHAO Yuezhen,YUAN Minfen. Application of vascularized free flap transplantation in prosthetic operation[J]. Di Er Jun Yi Da Xue Xue Bao[Acad J Second Mil Med Univ(Article in Chinese;Abstract in Chinese)],1980(2):49-51,53.}

[6579] 袁中华，宁金龙，汪春兰，高学宏. 带血管蒂游离皮瓣和复合组织瓣在整形外科的应用 [J]. 安徽医科大学学报，1980（2）：17-19. {YUAN Zhonghua,NING Jinlong,WANG Chunlan,GAO Xuehong. Application of free flap and composite tissue flap with vascular pedicle in plastic surgery[J]. Anhui Yi Xue Yuan Xue Bao[Acta Univ Med Anhui(Article in Chinese;No abstract available)],1980(2):17-19.}

[6580] 柴仲培，周铁政，徐荣成. 兔耳游离皮瓣移植的实验观察 [J]. 安徽医学院学报，1980（2）：20-22. {CHAI Zhongpei,ZHOU Tiezheng,XU Rongcheng. Experimental observation on free flap transplantation of rabbit ear[J].Anhui Yi Xue Yuan Xue Bao[Acta Univ Med Anhui(Article in Chinese;Abstract in Chinese)],1980(2):20-22.}

[6581] 钟世镇 陶永松. 阴囊皮瓣的应用解剖学 [J]. 广东解剖学通报，1980，2(2)：49. {ZHONG Shizhen,Tao Yongsong. Applied anatomy of scrotal flap[J].Guangdong Jie Pou Xue Tong Bao[J Guangdong Anat(Article in Chinese;No abstract available)],1980,2(2):49.}

[6582] 万国泰，孙耀昌，何清濂. 皮瓣修复胸壁大块组织切除后缺损 [J]. 解放军医学杂志，1981，6（1）：31-32，67. {WAN Guotai,SUN Yaochang,HE Qinglian. Repair of the defect of the chest wall by skin flap[J]. Jie Fang Jun Yi Xue Za Zhi[Med J Chin PLA(Article in Chinese;Abstract in Chinese)],1981,6(1):31-32,67.}

[6583] 陈宝驹，高玉智，刘晓燕，杨果凡. 颞部血管化皮瓣游离移植术 [J]. 显微外科，1981，4（3-4）：84. {CHEN Baoju,GAO Yuzhi,LIU Xiaoyan,YANG Guofan. Free transplantation of temporal vascularized flap[J]. Xian Wei Wai Ke[J Microsurg(Article in Chinese;No abstract available],1981,4(3-4):84.}

[6584] 钟世镇，陶永松，刘牧之，徐达传. 肌间隔血管皮瓣—新型游离皮瓣的解剖学研究 [J]. 广东解剖学通报，1981，3（1）：1-8. {ZHONG Shizhen,TAO Yongsong,LIU Muzhi,XU Dachuan. skin flap supplied by Intermuscular septal vessel——A anatomic study of a new type of free flap[J]. Guangdong Jie Pou Xue Tong Bao[J Guangdong Anat(Article in Chinese;No abstract available)],1981,3(1):1-8.}

[6585] 陈保禔. 应用游离或岛状皮瓣修复足跟皮肤缺损 [J]. 上海第二医学院学报，1982（S1）：80. {CHEN Baoti. Repair of heel skin defect by free or island flap[J]. Shanghai Di Er Yi Xue Yuan Xue Bao[Acta Acad Med Secondoe Shanghai(Article in Chinese;Abstract in Chinese)],1982(S1):80.}

[6586] 陈守正，张涤生. 扩血药物对大白鼠皮瓣成活作用的研究 [J]. 上海第二医学院学报，1982（S1）：71-74. {CHEN Shouzheng,ZHANG Disheng. Effect of vasodilators on the survival of flap in rat[J]. Shanghai Di Er Yi Xue Yuan Xue Bao[Acta Acad Med Second Coll Shanghai(Article in Chinese;Abstract in Chinese)],1982(S1):71-74.}

[6587] 陈保禔. 经皮氧分压监测器对估计皮瓣的活力及预见其成活的实验与临床研究 [J]. 上海第二医学院学报，1982（S1）：63. {CHEN Baoati. An experimental and clinical study on the estimation of flap viability and prediction of flap survival by transcutaneous oxygen partial pressure monitor[J]. Shanghai Di Er Yi Xue Yuan Xue Bao[Acta Acad Med Second Coll Shanghai(Article in Chinese;No abstract available)],1982(S1):63.}

[6588] 李柱田. 带血管蒂皮瓣在治疗关节部位大面积软组织缺损中的应用（皮瓣形成方法和转移方式的改进）[J]. 白求恩医科大学学报，1982（4）：69-71，139. {LI Zhutian. Application of skin flap with vascular pedicle in the treatment of large-area soft tissue defect of joint (improvement of flap formation and transfer method)[J]. Baiqiuen Yi Ke Da Xue Xue Bao[Acad J Bethune Med Univ(Article in Chinese;No abstract available)],1982(4):69-71,139.}

[6589] 钟世镇，陶永松，刘牧之，徐达传. 肌间隔血管源游离皮瓣的解剖学 [J]. 解剖学报，1982，13（3）：230. {Zhong Shizhen,Tao Yongsong,Liu Muzhi,Xu Dachuan. Anatomic study of free skin flap supplied by Intermuscular septal vessel[J]. Jie Pou Xue Bao[J Anat(Article in Chinese;Abstract in Chinese and English)],1982,13(3):230.}

[6590] 高学书，高建华，刘麒，章惠兰，袁相斌，何清濂. 应用游离皮瓣一次阴茎再造 2 例报告 [J]. 上海医学，1983，6（3）：125-128. {GAO Xueshu,GAO Jianhua,LIU Qi,ZHANG Huilan,YUAN Xiangbin,HE Qinglian. Penile reconstruction by free flap:2 case reports[J]. Shanghai Yi Xue[Shanghai Med J(Article in Chinese;No abstract available)],1983,6(3):125-128.}

[6591] 罗锦辉. 应用轴型皮瓣修复手足部创伤性缺损 [J]. 中华外科杂志，1983，21（10）：609. {LUO Jinhui. Application of axial flap to repair the traumatic defect of hands and feet[J]. Zhonghua Wai Ke Za Zhi[Chin J Surg(Article in Chinese;No abstract available)],1983;21(10):609.}

[6592] 李主一，王锡琏，周中英，朱盛修，姚建祥. 游离皮瓣移植修复晚期四肢战伤的体会（附 15 例报告）[J]. 解放军医学杂志，1983，8（1）：45-46. {LI Zhuyi,WANG Xilian,ZHOU Zhongying,ZHU Shengxiu,YAO Jianxiang. Experience of free skin flap transplantation in the treatment of late limb war injury:15 case reports[J]. Jie Fang Jun Yi Xue Za Zhi[Med J Chin PLA(Article in Chinese;No abstract available)],1983,8(1):45-46.}

[6593] 贺小林，林大雄. 邻指指背皮瓣修复虎口瘢痕挛缩二例 [J]. 中华外科杂志，1984，22（5）：305. {He Xiaolin,Lin Daxiong. Repair of scar contracture of thumb-index web with neighbouring dorsal finger flap[J]. Zhonghua Wai Ke Za Zhi[Chin J Surg(Article in Chinese;No abstract available)],1984,22(5):305 .}

[6594] 史少敏，陆裕朴. 食（示）指近节背侧带血管神经岛状皮瓣在拇指损伤中的应用 [J]. 中华骨科杂志，1984，4（4）：208. {SHI Shaomin,LU Yupu. Application of island flap with neurovascular pedicle of proximal dorsal index finger in thumb injury[J]. Zhonghua Gu Ke Za Zhi[Chin J Orthop(Article in Chinese;No abstract available)],1984,4(4):208.}

[6595] 吴梅英，曹宪政，吴继明，马树枝，区伯平. 食（示）指背侧岛状皮瓣修复拇指新鲜外伤（附 7 例报告）[J]. 解放军医学杂志，1984，9（1）：61. {Wu Meiying,Cao Xianzheng,Wu Jiming,Ma Shuzhi,Qu BoPing. The dorsal island flap of the index finger was used to repair the Fresh injury of thumb (including a report of 9 cases)[J]. Jie Fang Jun Yi Xue Za Zhi[J Med PLA(Article in Chinese;No abstract available)],1984,9(1):61.}

[6596] 孙博，孟石合，程军平，原林，刘牧之，钟世镇，李式瀛，李森恺，庄洪. 阴囊带血管蒂皮瓣的应用解剖学 [J]. 临床应用解剖学杂志，1984，2（4）：234. {Sun Bo,Meng Shihe,Cheng Junping,Yuan Lin,Liu Muzhi,Zhong Shizhen,Li Shiying,Li Senkai,Zhuang Hong. Applied anatomy of vascularized scrotal flap[J]. Lin Chuang Ying Yong Jie Pou Xue Za Zhi[J Clin Appl Anat(Article in Chinese;Abstract in Chinese)],1984,2(4):234.}

[6597] 汪立鑫，黄瀛，党瑞山. 前臂掌侧与背侧皮瓣的显微外科解剖 [J]. 解剖学通报，1984，7（4）：290. {WANG Lixin,HUANG Ying,DANG Ruishan. Microsurgical anatomy of forearm palmar and dorsal flaps[J]. Jie Pou Xue Tong Bao[J Anat(Article in Chinese;No abstract available)],1984,7(4):290.}

[6598] 鲁开化，钟德才，罗锦辉，林兰英. 局部皮瓣再造拇指方法的改进——食（示）指背侧皮瓣与虎口皮瓣瓦合法再造拇指 [J]. 中华骨科杂志，1985，5（6）：356 {LU Kaihua,ZHONG Decai,LUO Jinhui,LIN Lanying. Improvement of the reconstruction of thumb with local flap——Thumb reconstruction with the dorsal flap of index finger and the flap of thumb web[J]. Zhonghua Gu Ke Za Zhi[Chin J Orthop(Article in Chinese;No abstract available)],1985,5(6):356.}

[6599] 黄国华，徐玉渊. 吻合血管游离皮瓣移植 [J]. 显微医学杂志，1985，8(3)：137. {HUANG Guohua,XU Yuyuan. Free flap transplantation with vascular anastomosis[J]. Xian Wei Yi Xue Za

Zh[Chin J Microsurg(Article in Chinese;No abstract available)],1985,8(3):137.}

[6600] 邓世良．吻合血管的皮瓣移植术在四肢创伤急诊中的应用 [J]．显微医学杂志，1985，8（3）：1157．{DENG Shiliang. Application of flap transplantation with anastomotic vessel in emergency treatment of limb trauma[J]. Xian Wei Yi Xue Za Zhi[Chin J Microsurg(Article in Chinese;No abstract available)],1985,8(3):1157.}

[6601] 关桂春．二级串联游离皮瓣移植术 [J]．显微医学杂志，1985，8（2）：116．{GUANG Guichun. Two tandem free flap transplantation[J]. Xian Wei Yi Xue Za Zhi[Chin J Microsurg(Article in Chinese;No abstract available)],1985,8(2):116.}

[6602] 唐有健，等．带神经血管皮瓣的临床应用 [J]．显微医学杂志，1985，8（2）：116．{TANG Youjian,et al. Clinical application of flaps with nerves and blood vessels[J]. Xian Wei Yi Xue Za Zhi[Chin J Microsurg(Article in Chinese;No abstract available)],1985,8(2):116.}

[6603] 陈守正，张涤生．扩血管药物对大白鼠皮瓣成活作用的实验研究 [J]．中华整形烧伤外科杂志 1985;1（3）：175．{CHEN Shouzheng,ZHANG Disheng. Experimental study on the effect of vasodilator on the survival of rat skin flap[J]. Zhonghua Zheng Xing Shao Shang Wai Ke Za Zhi[Chin J Plast Burns Surg(Article in Chinese;Abstract in Chinese)],1985;1(3):175.}

[6604] 孙弘，陈必胜，王文崔．游离皮瓣立即整复颊癌术后组织缺损．附 16 例报告 [J]．中华口腔科杂志，1985，20（3）：148 {SUN Hong,CHEN Bisheng,WANG Wencui. Free flap was used to immediately repair the tissue defects following the operation on buccal cancer. A report of 16 cases is attached[J]. Zhonghua Kou Qiang Ke Za Zhi[Chin J Oral(Article in Chinese;Abstract in Chinese)],1985,20(3):148.}

[6605] 凌彤．带蒂皮瓣提前断蒂的实验研究与临床应用 [J]．中华外科杂志，1985，23（11）：643．{LING Tong. Experimental study and clinical application of Premature pedicle division of pedicled flaps[J]. Zhonghua Wai Ke Za Zhi[Chin J Surg(Article in Chinese;Abstract in Chinese)],1985,23(11):643.}

[6606] 张卫．吻合神经的邻指皮瓣修复指尖缺损 [J]．显微医学杂志，1985，8（2）：116．{Zhang Wei. The repair of fingertip defect with neighbouring finger flap with Anastomotic nerve[J]. Xian Wei Yi Xue Za Zhi[J Microsurg(Article in Chinese;No abstract available)],1985,8(2):116.}

[6607] 张信英，于钟毓，陈更新．手指掌侧前移皮瓣修复手指离断伤 [J]．中华骨科杂志，1985，5（3）：176 {ZHANG Xinying,YU Zhongyu,CHEN Gengxin. Repair of severed finger with Palmar flap of finger[J]. Zhonghua Gu Ke Za Zhi[Chin J Orthop(Article in Chinese;No abstract available)],1985,5(3):176 .}

[6608] 钟德才，谷斌，艾玉峰，李官禄．中指指背皮瓣 [J]. 中华整形烧伤外科杂志，1985，1（3）：213．{ZHONG Decai,GU Bin,AI Yufeng,LI Guanlu.Middle phalangeal dorsal flap[J]. Zhonghua Zheng Xing Shao Shang Wai Ke Za Zhi[Chin J Plast Burn Surg(Article in Chinese;No abstract available)],1985,1(3):213 .}

[6609] 衡代忠，陈绍宗，吴良贵，刘德贵．交叉邻指皮下瓣的临床应用 [J]．中华外科杂志 1985，23（3）：173．{HENG Daizhong,CHEN Shaozhong,WU Lianggui,Liu Degui. Clinical application of cross subcutaneous flap of adjacent finger[J]. Zhonghua Wai Ke Za Zhi[Chin J Surg(Article in Chinese;No abstract available)],1985,23(3):173.}

[6610] 朱星红，何光篪．耳后皮瓣血管的应用解剖学 [J]．显微医学杂志，1985，8(1)：34．{ZHU Xinghong,HE Guangchi. Applied anatomy of blood vessels of postauricular flap[J]. Xian Wei Wai Ke[J Microsurg(Article in Chinese;No abstract available],1985,8(1):34 .}

[6611] 张晓萍，冯光珍，林大雄．臀股复合皮瓣修复臀部及会阴部深在缺损 1 例报告 [J]．中华整形烧伤外科杂志，1985，1（2）：71．{ZHANG Xiaoping,FENG Guangzhen,LIN Daxiong. The repair of deep defects of buttocks and perineum with gluteal thigh composite flap in one patient[J]. Zhonghua Zheng Xing Shao Shang Wai Ke Za Zhi[Chin J Plast Burn Surg(Article in Chinese;No abstract available],1985,1(2):71.}

[6612] 孙弘，陈必胜，王文崔，姜晓钟，胡墨丽，李传义．用游离皮瓣整复唇、面颊、舌组织缺损 [J]．中华显微外科杂志，1986，9（1）：9-10．DOI：10.3760/cma.j.issn.1001-2036.1986.01.104．{SUN Hong,CHEN Bisheng,WANG Wencui,JIANG Xiaozhong,HU Moli,LI Chuanyi. Free skin flap was used to repare the tissue defects in the lip,cheek and tongue[J]. Zhonghua Xian Wei Wai Ke Za Zhi[Chin J Microsurg(Article in Chinese;No abstract available)],1986,9(1):9-10. DOI:10.3760/cma.j.issn.1001-2036.1986.01.104.}

[6613] 王绪凯，等．两个新游离皮瓣在临床的应用 [J]．中华显微外科杂志，1986，9（1）：58．{WANG Xukai,et al. Clinical application of two new free flaps[J]. Zhonghua Xian Wei Wai Ke Za Zhi[Chin J Microsurg(Article in Chinese;Abstract in Chinese)],1986,9(1):58.}

[6614] 李主一，周中英，翁龙江，文家福．处理 4 例皮瓣血管危象的体会 [J]．中华显微外科杂志，1986，9（1）：46-46．DOI：10.3760/cma.j.issn.1001-2036.1986.01.125．{LI Zhuyi,ZHOU Zhongying,WENG Longjiang,WEN Jiafu. Experience of treating 4 cases of vascular crisis of skin flap[J]. Zhonghua Xian Wei Wai Ke Za Zhi[Chin J Microsurg(Article in Chinese;No abstract available)],1986,9(1):46-46. DOI:10.3760/cma.j.issn.1001-2036.1986.01.125.}

[6615] 侯之启，钟世镇，孙博．皮瓣静脉回流解剖学研究概况 [J]．中华显微外科杂志，1986，9（1）：47-49．{HOU Zhiqi,ZHONG Shizhen,SUN Bo. Overview of anatomical study on venous reflux of skin flap[J]. Zhonghua Xian Wei Wai Ke Za Zhi[Chin J Microsurg(Article in Chinese;No abstract available)],1986,9(1):47.}

[6616] 朱志祥，杨华．皮瓣下持续冲洗——种局部用药新方法 [J]．中华整形烧伤外科杂志，1986，2（1）：70．{ZHU Zhixiang,YANG Hua. Continuous irrigation under skin flap - a new method of ocal application of drugs[J]. Zhonghua Zheng Xing Shao Shang Wai Ke Za Zhi[Chin J Plast Burns Surg(Article in Chinese and English;No abstract available)],1986,2(1):70.}

[6617] 荣国华．濒临坏死皮瓣的药物治疗 [J]．中华整形烧伤外科杂志，1986，2(2)：140．{RONG Guohua. pharmacotherapy of almost necrotic skin flap[J]. Zhonghua Zheng Xing Shao Shang Wai Ke Za Zhi[Chin J Plast Burns Surg(Article in Chinese;Abstract in Chinese)],1986,2(2):140.}

[6618] 杨力军，文锡基，卓小为，李茂申，钟贤纯，代维立．24 例皮瓣、肌皮瓣移植临床分析 [J]．中华整形烧伤外科杂志，1986，2（3）：177．{YANG Lijun,WeEN Xiji,ZHOU Xiaowei,LI Maoshen,ZHONG Xianchun,DAI Weili. Clinical analysis of 24 cases of flap transplantation and musculocutaneous flap transplantation[J]. Zhonghua Zheng Xing Shao Shang Wai Ke Za Zhi[Chin J Plast Burns Surg(Article in Chinese;No abstract available)],1986,2(3):177.}

[6619] 鲁开化，汪良能．轴型皮瓣和复合皮瓣（附 230 例次应用的体会）[J]．中华整形烧伤外科杂志，1986，2(4)：294．{LU Kaihua,WANG Liangneng. Axial flap and composite flap (experience of application in 230 cases is attached)[J]. Zhonghua Zheng Xing Shao Shang Wai Ke Za Zhi(Chin J Plast Burns Surg),1986,2(4):294.}

[6620] 赵书强，程绪西．静脉血营养游离皮瓣的实验研究 [J]．中华显微外科杂志，1986，9（2）：71-73．DOI：10.3760/cma.j.issn.1001-2036.1986.02.104．{ZHAO Shuqiang,CHENG Xuxi. Experimental study on free flap nourished by venous blood[J]. Zhonghua Xian Wei Wai Ke Za Zhi[Chin J Microsurg(Article in Chinese;No abstract available)],1986,9(2):71-73. DOI:10.3760/cma.j.issn.1001-2036.1986.02.104.}

[6621] 谢兴斌，罗力生，郝廷智．游离皮瓣治疗小腿下段及足部慢性溃疡 [J]．中华显微外科杂志，1986，9（3）：151-152．DOI：10.3760/cma.j.issn.1001-2036.1986.03.112．{XIE Xingbin,LUO Lisheng,HAO Tingzhi. Treatment of chronic ulcer of lower leg and foot with free flap[J]. Zhonghua Xian Wei Wai Ke Za Zhi[Chin J Microsurg(Article in Chinese;No abstract available)],1986,9(3):151-152. DOI:10.3760/cma.j.issn.1001-2036.1986.03.112.}

[6622] 廖忠林，关桂春，翟继秋，徐根宝，稂明业，黄朝辉．皮瓣移植 49 例报告 [J]．中华骨科杂志，1986，6（1）：29．{LIAO Zhonglin,GUAN Guichun,ZHAI Jiqiu,XU Genbao,LANG Mingye,HUANG Chaohui. Flap transplantation etc:a report of 49 cases[J]. Zhonghua Gu Ke Za Zhi[Chin J Orthop(Article in Chinese;No abstract available)],1986,6(1):29.}

[6623] 戴松茂，等．下肢带蒂轴型皮瓣、肌皮瓣转移在骨科的临床应用 [J]．中华显微外科杂志，1986，9（4）：247．{DAI Maosong,et al. Clinical application of transfer of pedicled axial skin flap of lower limb and musculocutaneous skin flap in orthopedics[J].Zhonghua Xian Wei Wai Ke Za Zhi[Chin J Microsurg(Article in Chinese;No abstract available)],1986,9(4):247.}

[6624] 俞晓岗，等．游离皮瓣、岛状皮瓣在手部创伤晚期修复的应用 [J]．中华显微外科杂志，1986，9（4）：247．{YU Xiaogang,et al. Application of free flap and island flap in the repair of late hand trauma[J]. Zhonghua Xian Wei Wai Ke Za Zhi[Chin J Microsurg(Article in Chinese;No abstract available)],1986,9(4):247.}

[6625] 纪树荣，贾淑兰，程绪西，褚为靖．“静脉网状皮瓣”一种不行动脉吻合的游离皮瓣移植——动物实验研究 [J]．中华骨科杂志，1986，6（1）：65．{JI Shurong,JIA Shulan,CHENG Xuxi,CHU Weijing. “venous reticular flap” A free flap transplantation without arterial anastomosis——animal studies[J]. Zhonghua Gu Ke Za Zhi[Chin J Orthop(Article in Chinese;No abstract available],1986,6(1):65.}

[6626] 吴金仙，孙志强，全宗烈，李太宁．静脉游离皮瓣在手指软组织修复中的应用 [J]．中华整形烧伤外科杂志，1986，2（4）：302．{WU Jjinxian,SUN Zhiqiang,QUAN Zonglie,Li Taining. Application of venous free flap in the repair of finger soft tissue[J]. Zhonghua Zheng Xing Shao Shang Wai Ke Za Zhi[Chin J Plast Burn Surg(Article in Chinese;No abstract available],1986,2(4):302 .}

4.1.9.1 皮瓣游离移植
free flap transfer

[6627] Wessells H，杨勇，方六．游离皮瓣在尿道狭窄修补术中的应用 [J]．中华泌尿外科杂志，1996，17（9）：576．{H,Wessells,YANG Yong,FANG Liu. Application of free skin flap in repair of urethral stricture[J]. Zhonghua Mi Niao Wai Ke Za Zhi[Chin J Urol(Article in Chinese;No abstract available)],1996,17(9):576.}

[6628] 李慧增，杨光玉，杨道福，梁昭华，樊东力，孙远．游离皮瓣移植一期修复口咽部术后缺损 [J]．中华耳鼻咽喉科杂志，1988，23（5）：296-297．{LI Huizeng,YANG Guangyu,YANG Daofu,LIANG Zhaohua,FAN Dongli,SUN Yuan. One - stage repair of postoperative oropharyngeal defects with free skin flap transplantation[J]. Zhonghua Er Bi Yan Hou Ke Za Zhi[Chin J Otorhinolaryngol(Article in Chinese;No abstract available)],1988,23(5):296 - 297.}

[6629] 陈林峰，罗力生，关国勤，李依力，高建华．游离皮瓣修复创伤性感染创面的体会 [J]．中华外科杂志，1990，28（7）：410-411．{CHEN Linfeng,LUO Lisheng,GUAN Guoqin,LI Yili,GAO Jianhua. Experience in repairing traumatic infected wounds with free skin flaps[J]. Zhonghua Wai Ke Za Zhi[Chin J Surg(Article in Chinese;Abstract in Chinese)],1990,28(7):410 - 411.}

[6630] 王希珍．游离皮瓣在功能部位深 Ⅲ 度烧伤早期创面应用的体会 [J]．中华整形烧伤外科杂志，1990，6（4）：267-269．DOI：10.3760/j.issn：1009-4598.1990.04.001．{WANG Xizhen. Application of free skin flaps on the early wounds of deep third degree burns at functional sites[J]. Zhonghua Zheng Xing Shao Shang Wai Ke Za Zhi[Chin J Plast Surg Burns(Article in Chinese;Abstract in Chinese)],1990,6(4):267 - 269. DOI:10.3760/j.issn:1009 - 4598.1990.04.001.}

[6631] 鲁开化，艾玉峰，郭树忠．吻合血管游离皮瓣及复合组织移植临床应用中的几个问题 [J]．中华医学杂志，1990，70（12）：713-714．{LU Kaihua,AI Yufeng,GUO Shuzhong. Several problems in the clinical application of anastomosed free vascular flap and composite tissue transplantation[J]. Zhonghua Yi Xue Za Zhi[Natl Med J China(Article in Chinese;No abstract available)],1990,70(12):713 - 714.}

[6632] 许声秀，许声联．吻合血管的游离皮瓣移植治疗软组织缺损 [J]．修复重建外科杂志，1990，4（3）：186．{XU Shengxiu,XU Shenglian. Anastomosed free skin flap transplantation for soft tissue defect[J]. Zhongguo Xiu Fu Chong Jian Wai Ke Za Zhi[Chin J Repar Reconstr Surg(Article in Chinese;No abstract available)],1990,4(3):186.}

[6633] 李慧增，杨光玉，孙远，杨道福，邓红镭．游离皮瓣 Ⅰ 期整复口底缺损 [J]．修复重建外科杂志，1990，4（4）：209-210，255-258．{LI Huizeng,YANG Guangyu,SUN Yuan,YANG Daofu,DENG Honglei. Free skin flap for repairing the defect of the floor of the mouth in stage Ⅰ [J]. Zhongguo Xiu Fu Chong Jian Wai Ke Za Zhi[Chin J Repar Reconstr Surg(Article in Chinese;No abstract available)],1990,4(4):209 - 210,255 - 258.}

[6634] 潘巨文，颜昌义．单一轴型静脉动脉化游离皮瓣临床应用 [J]．中华显微外科杂志，1991，14（3）：144-145．{PAN Juwen,YAN Changyi. Clinical application of single axial venous arterialized free skin flap[J]. Zhonghua Xian Wei Wai Ke Za Zhi[Chin J Microsurg(Article in Chinese;Abstract in Chinese)],1991,14(3):144 - 145.}

[6635] 谢兴斌，罗力生，关国勤，陈林峰，李依力，张立宪，高建华．游离皮瓣移植修复新鲜烧伤和烧伤瘢痕挛缩 [J]．修复重建外科杂志，1991，5（1）：37．{XIE Xingbin,LUO Lisheng,GUAN Guoqin,CHEN Linfeng,LI Yili,ZHANG Lixian,GAO Jianhua. Free skin flap transplantation to repair fresh burns and burn scar contractures[J]. Zhongguo Xiu Fu Chong Jian Wai Ke Za Zhi[Chin J Repar Reconstr Surg(Article in Chinese;No abstract available)],1991,5(1):37.}

[6636] 郭树忠，汪良能，鲁开化．超氧化物歧化酶提高缺血游离皮瓣成活率的研究 [J]．中华外科杂志，1992，30（3）：133．{GUO Shuzhong,WANG Liangneng,LU Kaihua. Study on the effect of superoxide dismutase on improving the survival rate of ischemic free skin flap[J]. Zhonghua Wai Ke Za Zhi[Chin J Surg(Article in Chinese;No abstract available)],1992,30(3):133.}

[6637] 陆伟，于国中．游离皮瓣感觉恢复的观察与评价 [J]．中华显微外科杂志，1993，16（3）：177-180．{LU Wei,YU Guozhong. Observation and evaluation of free skin flap sensory recovery[J]. Zhonghua Xian Wei Wai Ke Za Zhi[Chin J Microsurg(Article in Chinese;Abstract in Chinese)],1993,16(3):177 - 180.}

[6638] 宋铁滨，康子祥，陈金滨，杨海清，孟宪东，史金荣．小腿内侧游离皮瓣搭桥移植治疗手腕部深度电烧伤 [J]．中华外科杂志，1993，31（4）：238-239．{SONG Tiebin,KANG Zixiang,CHEN Jinbin,YANG Haiqing,MENG Xiandong,SHI Jinrong. Treatment of deep electric burn of wrist by free skin flap grafting on inner leg[J]. Zhonghua Wai Ke Za Zhi[Chin J Surg(Article in Chinese;Abstract in Chinese)],1993,31(4):238 - 239.}

[6639] 祝建中，李向荣．游离手指桡侧皮瓣 [J]．中华手外科杂志，1993，9（2）：70-72．{ZHU Jianzhong,LI Xiangrong. Free finger radial flap[J]. Zhonghua Shou Wai Ke Za Zhi[Chin J Hand Surg(Article in Chinese;Abstract in Chinese)],1993,9(2):70 - 72.}

[6640] 杨大平，夏双印．扩张后游离皮瓣移植修复手部瘢痕挛缩畸形 [J]．中华手外科杂志，1993，9（2）：93-94．{YANG Daping,XIA Shuangyin. Repair of hand scar contracture deformity with free skin flap transplantation after expansion[J]. Zhonghua Shou Wai Ke Za Zhi[Chin J Hand Surg(Article in Chinese;Abstract in Chinese)],1993,9(2):93 - 94.}

[6641] 朱文莉，吴家芸．足背带血管皮瓣游离移植修复手部热压伤 2 例报告 [J]．中国实用外科杂志，1994，14（2）：138．{ZHU Wenli,WU Jiayun. A report of 2 cases of repairing hand thermal compression injury with free grafting of vascular skin flap with dorsal band[J]. Zhongguo Shi Yong Wai Ke Za Zhi[Chin J Pract Surg(Article in Chinese;No abstract available)],1994,14(2):138.}

[6642] 郭恩覃，卢范，季正伦，欧阳天祥，邢新．小腿内侧（胫骨滋养血管皮支）游离皮瓣 [J]．中华整形烧伤外科杂志，1994，10（2）：89-91．DOI：10.3760/j.issn：1009-4598.1994.02.006．{GUO Enqin,LU Fan,JI Zhenglun,OUYANG Tianxiang,XING Xin. Free skin flap on the inner side of the calf (the skin branch of the tibial nourishing blood vessel)[J]. Zhonghua

Zheng Xing Shao Shang Wai Ke Za Zhi[Chin J Plast Surg Burns(Article in Chinese;Abstract in Chinese and English)],1994,10(2):89-91. DOI:10.3760/j.issn:1009-4598.1994.02.006.}

[6643] 许光普，闵华庆，曾宗渊，陈福进，郭朱明，刘均墀，朱家恺，劳振国. 双皮岛游离皮瓣在头颈部晚期肿瘤综合治疗中的应用 [J]. 中山医科大学学报，1994，15（1）：60-62. {XU Guangpu,MIN Huaqing,ZENG Zongyuan,CHEN Fujin,GUO Zhuming,LIU Junchi,ZHU Jiakai,LAO Zhenguo. Application of double skin island free skin flap in comprehensive treatment of advanced head and neck tumors[J]. Zhong Shan Yi Ke Da Xue Xue Bao[J Sun Yat-Sen Univ(Med Sci)(Article in Chinese;No abstract available)],1994,15(1):60-62.}

[6644] 许亚军，寿奎水，邱扬，陈政，薛明宇. 吻合血管的第一跖背、足外侧分叶皮瓣游离移植 [J]. 中华显微外科杂志，1995，18（4）：286-287. {XU Yajun,SHOU Kuishui,QIU Yang,CHEN Zheng,XUE Mingyu. Free transplantation of anastomosed first plantar dorsal and lateral foot flaps[J]. Zhonghua Xian Wei Wai Ke Za Zhi[Chin J Microsurg(Article in Chinese;No abstract available)],1995,18(4):286-287.}

[6645] 徐立录. 带血管复合皮瓣游离移植修复四肢骨与软组织缺损 [J]. 中华显微外科杂志，1995，18（2）：123-124. {XU Lilu. Repair of bone and soft tissue defects of extremities with free grafting of composite flaps with blood vessels[J]. Zhonghua Xian Wei Wai Ke Za Zhi[Chin J Microsurg(Article in Chinese;No abstract available)],1995,18(2):123-124.}

[6646] 张圆，杨建荣. 钴 60 局部照射对游离皮瓣影响的初步观察 [J]. 中华显微外科杂志，1995，18（4）：297-298. {ZHANG Yuan,YANG Jianrong. Preliminary observation of the effect of cobalt 60 local irradiation on free skin flap[J]. Zhonghua Xian Wei Wai Ke Za Zhi[Chin J Microsurg(Article in Chinese;No abstract available)],1995,18(4):297-298.}

[6647] 蔡国斌，凌诒淳，张海明，滕利，王春梅，陈光宇，周刚. 侧胸游离皮瓣修复面颈部软组织损伤 [J]. 中华整形烧伤外科杂志，1995，11（3）：216-218. DOI：10.3760/j.issn：1009-4598.1995.03.020. {CAI Guobin,LING Yichun,ZHANG Haiming,TENG Li,WANG Chunmei,CHEN Guangyu,ZHOU Gang. Repair of soft tissue injuries of face and neck with free thoracic skin flap[J]. Zhonghua Zheng Xing Shao Shang Wai Ke Za Zhi[Chin J Plast Surg Burns(Article in Chinese;Abstract in Chinese and English)],1995,11(3):216-218. DOI:10.3760/j.issn:1009-4598.1995.03.020.}

[6648] 宋修军，吴鸿昌，徐国士，杨彬. 侧胸皮瓣游离移植修复重度颈颌胸瘢痕粘连下唇外翻一例 [J]. 中国修复重建外科杂志，1995，9（2）：128. {SONG Xiujun,WU Hongchang,XU Guoshi,YANG Bin. Free transplantation of lateral thoracic flaps to repair severe cervical-maxillo-thoracic scar adhesion and lower lip valgus[J]. Zhongguo Xiu Fu Chong Jian Wai Ke Za Zhi[Chin J Repar Reconstr Surg(Article in Chinese;No abstract available)],1995,9(2):128.}

[6649] 王铁军，祁锋，朱志祥，许晓光，王野，刘学源，杨华. 足部深度烧伤游离皮瓣早期修复 [J]. 中华显微外科杂志，1996，19（2）：136-137. {WANG Tiejun,QI Feng,ZHU Zhixiang,XU Xiaoguang,WANG Ye,LIU Xueyuan,YANG Hua. Early repair of deep burns of feet with free skin flaps[J]. Zhonghua Xian Wei Wai Ke Za Zhi[Chin J Microsurg(Article in Chinese;No abstract available)],1996,19(2):136-137.}

[6650] 裴国献，李忠华，赵东升，杨润功，钟世镇. 胫后血管逆行皮瓣及所携带游离皮瓣血液循环形态学研究 [J]. 中国临床解剖学杂志，1997，15（4）：246-249. {PEI Guoxian,LI Zhonghua,ZHAO Dongsheng,YANG Rungong,ZHONG Shizhen. Morphologic study on the blood circulations of the retrograde posterior tibial vascular flap and the carried free flap[J]. Zhongguo Lin Chuang Jie Pou Xue Za Zhi[Chin J Clin Anat(Article in Chinese;Abstract in Chinese)],1997,15(4):246-249.}

[6651] 王永刚，王东，王秋生，朱永伟. 双血供皮瓣游离移植术 [J]. 中华显微外科杂志，1997，20（4）：297-298. {WANG Yonggang,WANG Dong,WANG Qiusheng,ZHU Yongwei. Free double blood supply flap transplantation[J]. Zhonghua Xian Wei Wai Ke Za Zhi[Chin J Microsurg(Article in Chinese;No abstract available)],1997,20(4):297-298.}

[6652] 裴国献，赵东升，杨润功，李忠华，钟世镇. 胫后血管顺、逆行皮瓣分别携带游离皮瓣动脉压及血流量动态变化 [J]. 中国临床解剖学杂志，1998，16（2）：160-163. {PEI Guoxian,ZHAO Dongsheng,YANG Rungong,LI Zhonghua,ZHONG Shizhen. Haemodynamic studies on the anterograde/retrograde posterior tibial vascular flap and the carried free flap[J]. Zhongguo Lin Chuang Jie Pou Xue Za Zhi[Chin J Clin Anat(Article in Chinese;Abstract in Chinese and English)],1998,16(2):160-163.}

[6653] 霍华春，陈剑兵，庞军. 二次游离皮瓣移植修复小腿严重毁损伤一侧 [J]. 中华显微外科杂志，1998，21（4）：258. DOI：10.3760/cma.j.issn.1001-2036.1998.04.047. {HUO Huachun,CHEN Jianbing,PANG Jun. Secondary free skin flap transplantation to repair the severely damaged side of the calf[J]. Zhonghua Xian Wei Wai Ke Za Zhi[Chin J Microsurg(Article in Chinese;No abstract available)],1998,21(4):258. DOI:10.3760/cma.j.issn.1001-2036.1998.04.047.}

[6654] 张陈平，解雪涛，张霖，胡海生. 放疗 - 手术的不同序列联合治疗对游离皮瓣的影响 [J]. 中华实验外科杂志，1998，15（4）：363. {ZHANG Chenping,XIE Xuetao,ZHANG Lin,HU Haisheng. The effect of radiotherapy-surgery combined treatment with different sequences on free skin flaps[J]. Zhonghua Shi Yan Wai Ke Za Zhi[Chin J Exp Surg(Article in Chinese;No abstract available)],1998,15(4):363.}

[6655] 姚建民，宋建良，范希玲，沈向前，叶坡，吴守成. 游离指部微型皮瓣修复指端软组织缺损 [J]. 中华手外科杂志，1998，14（1）：61. {YAO Jianmin,SONG Jianliang,FAN Xiling,SHEN Xiangqian,YE Po,WU Shoucheng. Repair of fingertip soft tissue defects with free finger micro-skin flaps[J]. Zhonghua Shou Wai Ke Za Zhi[Chin J Hand Surg(Article in Chinese;No abstract available)],1998,14(1):61.}

[6656] 成红兵，吴森斌，刘明之，吴锦生. 前臂游离皮瓣修复口腔颌面部软组织缺损的远期疗效 [J]. 中国修复重建外科杂志，1998，12（2）：65-67. {CHENG Hongbing,WU Senbin,LIU Mingzhi,WU Jinsheng. Long-term result of free forearm skin flap for repair of soft tissue defects of the oral and maxillofacial regions[J]. Zhongguo Xiu Fu Chong Jian Wai Ke Za Zhi[Chin J Repar Reconstr Surg(Article in Chinese;Abstract in Chinese and English)],1998,12(2):65-67.}

[6657] 鲁开化，马显杰，艾玉峰，郭树忠，韩岩，李向东. 游离皮瓣移植在整形外科的临床应用 [J]. 中华显微外科杂志，1999，22(1)：25-26. DOI：10.3760/cma.j.issn.1001-2036.1999.01.009. {LU Kaihua,MA Xianjie,AI Yufeng,GUO Shuzhong,HAN Yan,LI Xiangdong. Clinical application of free skin flap transplantation in plastic surgery[J]. Zhonghua Xian Wei Wai Ke Za Zhi[Chin J Microsurg(Article in Chinese;Abstract in Chinese and English)],1999,22(1):25-26. DOI:10.3760/cma.j.issn.1001-2036.1999.01.009.}

[6658] 裴国献，赵东升，钟世镇. 健侧胫后血管皮瓣桥携带游离皮瓣临床应用 [J]. 中华显微外科杂志，1999，22（1）：27-29. DOI：10.3760/cma.j.issn.1001-2036.1999.01.010. {PEI Guoxian,ZHAO Dongsheng,ZHONG Shizhen. Clinical application of free flap with posterior tibial vessel flap on the contralateral side[J]. Zhonghua Xian Wei Wai Ke Za Zhi[Chin J Microsurg(Article in Chinese;Abstract in Chinese and English)],1999,22(1):27-29. DOI:10.3760/cma.j.issn.1001-2036.1999.01.010.}

[6659] 姚建民，宋建良，沈向前，吴守成，孙豪. 游离指动脉皮瓣的临床应用 [J]. 中华显微外科杂志，1999，22（1）：74-75. DOI：10.3760/cma.j.issn.1001-2036.1999.01.044. {YAO Jianmin,SONG Jianliang,SHEN Xiangqian,WU Shoucheng,SUN Hao. Clinical application of free digital artery flap[J]. Zhonghua Xian Wei Wai Ke Za Zhi[Chin J Microsurg(Article in Chinese;No abstract available)],1999,22(1):74-75. DOI:10.3760/cma.j.issn.1001-2036.1999.01.044.}

[6660] 刘宜民，马清亮，韩永利. 与腓肠内外侧血管吻合的小腿部游离皮瓣移植术 [J]. 中华显微外科杂志，1999，22（1）：79. DOI：10.3760/cma.j.issn.1001-2036.1999.01.063. {LIU Yimin,MA Qingliang,HAN Yongli. Transplantation of free skin flaps of the leg anastomosed to the internal and external sural vessels[J]. Zhonghua Xian Wei Wai Ke Za Zhi[Chin J Microsurg(Article in Chinese;No abstract available)],1999,22(1):79. DOI:10.3760/cma.j.issn.1001-2036.1999.01.063.}

[6661] 陆平，周晓南，郭崇信. 游离皮瓣移植应用肝素处理一例 [J]. 中华显微外科杂志，1999，22（2）：103. DOI：10.3760/cma.j.issn.1001-2036.1999.02.051. {LU Ping,ZHOU Xiaonan,GUO Chongxin. A case of free skin flap transplantation treated with heparin[J]. Zhonghua Xian Wei Wai Ke Za Zhi[Chin J Microsurg(Article in Chinese;No abstract available)],1999,22(2):103. DOI:10.3760/cma.j.issn.1001-2036.1999.02.051.}

[6662] 刁新清，王培水，徐滋代. 吻合血管游离皮瓣移植 14 例报告 [J]. 中华显微外科杂志，1999，22（2）：封三. DOI：10.3760/cma.j.issn.1001-2036.1999.02.056. {DIAO Xinqing,WANG Peishui,XU Zidai. A report of 14 cases of anastomosed free skin flap transplantation[J]. Zhonghua Xian Wei Wai Ke Za Zhi[Chin J Microsurg(Article in Chinese;No abstract available)],1999,22(2):cover 3. DOI:10.3760/cma.j.issn.1001-2036.1999.02.056.}

[6663] 欧耀芬，彭扬国. 吻合血管游离组织瓣与单侧外固定支架联合应用修复小腿严重创伤 [J]. 中华显微外科杂志，1999，22（3）：224. DOI：10.3760/cma.j.issn.1001-2036.1999.03.029. {OU Yaofen,PENG Yangguo. Combined application of anastomosed vascular free tissue flap and unilateral external fixation stent to repair severe calf trauma[J]. Zhonghua Xian Wei Wai Ke Za Zhi[Chin J Microsurg(Article in Chinese;No abstract available)],1999,22(3):224. DOI:10.3760/cma.j.issn.1001-2036.1999.03.029.}

[6664] 周礼荣，蔡仁祥. 废弃小指游离皮瓣修复拇指指腹皮肤缺损一例 [J]. 中华显微外科杂志，1999，22（S1）：59. {ZHOU Lirong,CAI Renxiang. A case of repairing the skin defect of the thumb of the thumb with a discarded little finger free skin flap[J]. Zhonghua Xian Wei Wai Ke Za Zhi[Chin J Microsurg(Article in Chinese;No abstract available)],1999,22(S1):59.}

[6665] 吴克俭，王富，张伟佳，王华东，李文锋，王予彬，侯树勋. 平行固定桥接吻合血管游离皮瓣移植 [J]. 中国矫形外科杂志，1999，6（1）：47-48. {WU Kejian,WANG Fu,ZHANG Weijia,WANG Huadong,LI Wenfeng,WANG Yubin,HOU Shuxun. Parallel fixed bridging anastomosis free vascular flap transplantation[J]. Zhongguo Jiao Xing Wai Ke Za Zhi[Orthop J China(Article in Chinese;Abstract in Chinese)],1999,6(1):47-48.}

[6666] 谢庆平，谭海涛，容桂荣. 受区炎性瘢痕吻合血管游离皮瓣移植术中的血管处理 [J]. 实用手外科杂志，1999，13（4）：15-16. {XIE Qingping,TAN Haitao,RONG Guirong. Disposal of the vascular pedicle in inflammatory scar of recipient region in reconstruction with free flap of anastomosed blood vessel[J]. Shi Yong Shou Wai Ke Za Zhi[Chin J Pract Hand Surg(Article in Chinese;Abstract in Chinese and English)],1999,13(4):15-16.}

[6667] 姜晓钟，陈必胜，赵云富，苗林，刘渊，胡世辉，梅长林，朱秋峰. 尿毒症患者舌癌切除前臂游离皮瓣修复缺损 [J]. 上海医学，1999，22（12）：734-736. {JIANG Xiaozhong,CHEN Bisheng,ZHAO Yunfu,MIAO Lin,LIU Yuan,HU Shihui,MEI Changlin,ZHU Qiufeng. Tonguerepair with forearm free flap in lingual carcinoma patient with uremia[J]. Shanghai Yi Xue[Shanghai Med J(Article in Chinese;Abstract in Chinese and English)],1999,22(12):734-736.}

[6668] 冯连银，侯瑞兴，纪冰，施良森，叶铁良，吴智林. 骨间背侧动脉皮瓣游离移植修复手指皮肤缺损 [J]. 中华显微外科杂志，2000，23（4）：300. DOI：10.3760/cma.j.issn.1001-2036.2000.04.027. {FENG Lianyin,HOU Ruixing,JI Bing,SHI Liangsen,YE Tieliang,WU Zhilin. Free grafting of dorsal interosseous artery flap to repair finger skin defect[J]. Zhonghua Xian Wei Wai Ke Za Zhi[Chin J Microsurg(Article in Chinese;No abstract available)],2000,23(4):300. DOI:10.3760/cma.j.issn.1001-2036.2000.04.027.}

[6669] 庄永青，李小军，刘效民，傅小宽，童静，陈振鹤，李珍生，杜冬. 足部游离组织瓣移植修复手部相应组织缺损的疗效 [J]. 中华手外科杂志，2000，16（4）：30-32. {ZHUANG Yongqing,LI Xiaojun,LIU Xiaomin,FU Xiaokuan,TONG Jing,CHEN Zhenhe,LI Zhensheng,DU Dong. The effect of free foot tissue flap transplantation to repair the corresponding tissue defect of the hand[J]. Zhonghua Shou Wai Ke Za Zhi[Chin J Hand Surg(Article in Chinese;Abstract in Chinese)],2000,16(4):30-32.}

[6670] 俞立新，马锁坤，吴水培. 踝前血管逆行吻合的游离皮瓣修复小腿中下段创面 [J]. 中华显微外科杂志，2000，23（3）：235-236. DOI：10.3760/cma.j.issn.1001-2036.2000.03.044. {YU Lixin,MA Suokun,WU Shuipei. Free skin flap with retrograde anastomosis of anterior ankle blood vessel to repair middle and lower leg wounds[J]. Zhonghua Xian Wei Wai Ke Za Zhi[Chin J Microsurg(Article in Chinese;No abstract available)],2000,23(3):235-236. DOI:10.3760/cma.j.issn.1001-2036.2000.03.044.}

[6671] 宋一平，刘宏滨，孙俊，藏谋生，雷会宁，陈启忠，张传开，王善松，张庆涛，童迅. 健侧下肢组合血管皮瓣桥携游离（骨）皮瓣转移修复对侧下肢严重创伤 [J]. 中国矫形外科杂志，2000，7（9）：904-905. DOI：10.3969/j.issn.1005-8478.2000.09.026. {SONG Yiping,LIU Hongbin,SUN Jun,ZANG Mousheng,LEI Huining,Chen Qizhong,ZHANG Chuankai,WANG Shansong,ZHANg Qingtao,TONG Xun. Severe low limb trauma reconstruction by free(bone) flap bridged by posterior tibialvascular flaps from the healthy leg[J]. Zhongguo Jiao Xing Wai Ke Za Zhi[Orthop J China(Article in Chinese;No abstract available)],2000,7(9):904-905. DOI:10.3969/j.issn.1005-8478.2000.09.026.}

[6672] 李宁毅，贾暮云，袁荣涛. 吻合血管的游离复合皮瓣修复下颌骨及软组织缺损 [J]. 中华整形外科杂志，2000，16（1）：20. DOI：10.3760/j.issn：1009-4598.2000.01.008. {LI Ningyi,JIA Muyun,YUAN Rongtao. Repair of mandibular and soft tissue defects with free composite flaps anastomosed with blood vessels[J]. Zhonghua Zheng Xing Wai Ke Za Zhi[Chin J Plast Surg(Article in Chinese;Abstract in Chinese and English)],2000,16(1):20. DOI:10.3760/j.issn:1009-4598.2000.01.008.}

[6673] 吴守成，范卫星，姚建民. 小型游离皮瓣修复肢体末端软组织缺损 18 例 [J]. 中华整形外科杂志，2000，16（3）：154. DOI：10.3760/j.issn：1009-4598.2000.03.008. {WU Shoucheng,FAN Weixing,YAO Jianmin. Repair of soft tissue defects of extremities with small free skin flaps in 18 cases[J]. Zhonghua Zheng Xing Wai Ke Za Zhi[Chin J Plast Surg(Article in Chinese;No abstract available)],2000,16(3):154. DOI:10.3760/j.issn:1009-4598.2000.03.008.}

[6674] 李海富，陈彤宇，孙维琦，王松岩. 游离静脉皮瓣修复伴有双侧指固有动脉缺损的软组织缺损 [J]. 中国实用手外科杂志，2000，14（1）：19-20. {LI Haifu,CHEN Tongyu,SUN Weiqi,WANG Songyan. The repairment of soft tissue defect with double side proper volar digital arteries defection by free venous flap[J]. Shi Yong Shou Wai Ke Za Zhi[Chin J Pract Hand Surg(Article in Chinese;Abstract in Chinese and English)],2000,14(1):19-20.}

[6675] 屈跃峰，杨柳春. 带第二足趾的足背游离皮瓣移植一期修复手背组织及手指缺损 [J]. 中华手外科杂志，2001，17（z1）：53. DOI：10.3760/cma.j.issn.1005-054X.2001.z1.033. {QU Yuefeng,YANG Liuchun. Transplantation of free dorsal foot flap with second toe to repair hand dorsum and finger defects in one stage[J]. Zhonghua Shou Wai Ke Za Zhi[Chin J Hand Surg(Article in Chinese;No abstract available)],2001,17(z1):53. DOI:10.3760/cma.j.issn.1005-054X.2001.z1.033.}

[6676] 廖苏平，周必光，邢丹谋，林强，李凡，彭正人. 废弃足全足皮瓣游离异位移植术 [J]. 中国局解手术学杂志，2001，10（4）：359-360. DOI：10.3969/j.issn.1672-5042.2001.04.007. {LIAO Suping,ZHOU Biguang,XING Danmou,LIN Qiang,LI Fan,PENG Zhengren. Heterotopic transplantation for coverage defect with"Sparepart" whole foot free flaps of the other foot skin[J]. Ju Jie Shou Shu Xue Za Zhi[J] Reg Anat Oper Surg(Article in Chinese;Abstract in Chinese and English)],2001,10(4):359-360. DOI:10.3969/j.issn.1672-5042.2001.04.007.}

[6677] 蒋纯志，管磊，王谦军. 微型游离皮瓣在手指电烧伤创面修复中的应用 [J]. 中华外科杂志，2001，39（4）：307. DOI：10.3760/j：issn：0529-5815.2001.04.028. {JIANG Chunzhi,GUAN Lei,WANG Qianjun. Application of mini free skin flap in the repair of electric burn wounds of fingers[J]. Zhonghua Wai Ke Za Zhi[Chin J Surg(Article in Chinese;No abstract available)],2001,39(4):307. DOI:10.3760/j:issn:0529-5815.2001.04.028.}

[6678] 宋长利，刘春才，孔宪述，柴红林，金述涛. 游离带掌长肌的静脉皮瓣修复指背皮肤伴伸肌腱缺损 [J]. 中华手外科杂志，2001，17（4）：59. {SONG Changli,LIU Chuncai,KONG Xianshu,CHAI Honglin,JIN Shutao. Free venous flap with palmar longus muscle to repair the defect of dorsal finger skin with extensor tendon[J]. Zhonghua Shou Wai Ke Za Zhi[Chin J Hand Surg(Article in Chinese;No abstract available)],2001,17(4):59.}

[6679] 沈国良，唐忠义，陆兴安，林伟，祁强. 游离皮瓣移植修复深度放射性溃疡 [J]. 中华烧伤杂志，2001，17(1)：62. DOI：10.3760/cma.j.issn.1009-2587.2001.01.022. {SHEN Guoliang,TANG Zhongyi,LU Xingan,LIN Wei,QI Qiang. Free skin flap transplantation to repair deep radiation ulcer[J]. Zhonghua Shao Shang Za Zhi[Chin J Burns(Article in Chinese;No abstract available)],2001,17(1):62. DOI:10.3760/cma.j.issn.1009-2587.2001.01.022.}

[6680] 毛驰，俞光岩，彭歆，郭传瑸，黄敏娴，张益. 应用游离组织瓣行上颌骨缺损修复的临床研究 [J]. 现代口腔医学杂志，2001，15（5）：352-354. DOI：10.3969/j.issn.1003-7632.2001.05.014. {MAO Chi,YU Guangyan,PENG Xin,GUO Chuanyu,HUANG Minxian,ZHANG Yi. A prelininary study of maxillary reconstruction using free flaps:A review of 20 consecutive cases[J]. Xian Dai Kou Qiang Yi Xue Za Zhi[J Mod Stomatol(Article in Chinese;Abstract in Chinese and English)],2001,15(5):352-354. DOI:10.3969/j.issn.1003-7632.2001.05.014.}

[6681] 裴国献. 下肢毁损性创伤修复新术式—健侧胫后血管顺、逆皮瓣桥携带的游离皮瓣移植 [J]. 第一军医大学学报，2001，21（3）：179. {PEI Guoxian. A new method of repairing destructive trauma of lower limbs— free skin flap transplantation carried by cis and inverse flaps of the posterior tibial vessel on the healthy side[J]. Di Yi Jun Yi Da Xue Xue Bao[J First Mil Med Univ(Article in Chinese;No abstract available)],2001,21(3):179.}

[6682] 王增涛，蔡锦方，曹学成，忻向荣，吴立志. 足内侧跨供区皮瓣游离移植修复虎口创面 [J]. 中华显微外科杂志，2002，25（2）：104-105. DOI：10.3760/cma.j.issn.1001-2036.2002.02.009. {WANG Zengtao,CAI Jinfang,CAO Xuecheng,XIN Xiangrong,WU Lizhi. Use combined flap on the medial foot to reconstitute the first web of hand[J]. Zhonghua Xian Wei Wai Ke Za Zhi[Chin J Microsurg(Article in Chinese;Abstract in Chinese and English)],2002,25(2):104-105. DOI:10.3760/cma.j.issn.1001-2036.2002.02.009.}

[6683] 巫伟东，张成进，蒋纯志. 吻合神经游离皮瓣移植修复手部软组织缺损 28 例 [J]. 中华显微外科杂志，2002，25(1)：76. DOI：10.3760/cma.j.issn.1001-2036.2002.01.040. {WU Weidong,ZHANG Chengjin,JIANG Chunzhi. Anastomosed nerve free skin flap transplantation to repair 28 cases of hand soft tissue defect[J]. Zhonghua Xian Wei Wai Ke Za Zhi[Chin J Microsurg(Article in Chinese;No abstract available)],2002,25(1):76. DOI:10.3760/cma.j.issn.1001-2036.2002.01.040.}

[6684] 刘敏，田少斌. 游离皮瓣移植临床应用分析 [J]. 中华显微外科杂志，2002，25（1）：68-69. DOI：10.3760/cma.j.issn.1001-2036.2002.01.031. {LIU Min,TIAN Shaobin. Analysis of clinical application of free skin flap transplantation[J]. Zhonghua Xian Wei Wai Ke Za Zhi[Chin J Microsurg(Article in Chinese;Abstract in Chinese)],2002,25(1):68-69. DOI:10.3760/cma.j.issn.1001-2036.2002.01.031.}

[6685] 孙有树，吕捐献，张卫东. 应用胫后游离皮瓣桥接修复腕部组织缺损九例 [J]. 中华显微外科杂志，2002，25（2）：160. DOI：10.3760/cma.j.issn.1001-2036.2002.02.049. {SUN Youshu,LU Juanxian,ZHANG Weidong. Nine cases of repairing wrist tissue defect with free posterior tibial flap[J]. Zhonghua Xian Wei Wai Ke Za Zhi[Chin J Microsurg(Article in Chinese;No abstract available)],2002,25(2):160. DOI:10.3760/cma.j.issn.1001-2036.2002.02.049.}

[6686] 孙中寅. 2 岁幼儿游离皮瓣移植成功一例 [J]. 中华显微外科杂志，2002，25（2）：160. DOI：10.3760/cma.j.issn.1001-2036.2002.02.051. {SUN Zhongyin. A successful case of free skin flap transplantation in a 2-year-old child[J]. Zhonghua Xian Wei Wai Ke Za Zhi[Chin J Microsurg(Article in Chinese;No abstract available)],2002,25(2):160. DOI:10.3760/cma.j.issn.1001-2036.2002.02.051.}

[6687] 蔡志刚，田丰华，赵福运，丁海曙，王晓霞. 近红外光谱系统在游离皮瓣微循环血氧检测中的应用研究 [J]. 中华显微外科杂志，2002，25（3）：207-208. DOI：10.3760/cma.j.issn.1001-2036.2002.03.017. {CAI Zhigang,TIAN Fenghua,ZHAO Fuyun,DING Haishu,WANG Xiaoxia. Application research of near infrared spectroscopy system in free skin flap microcirculation blood oxygen detection[J]. Zhonghua Xian Wei Wai Ke Za Zhi[Chin J Microsurg(Article in Chinese;Abstract in Chinese)],2002,25(3):207-208. DOI:10.3760/cma.j.issn.1001-2036.2002.03.017.}

[6688] 毛驰，俞光岩，彭歆，郭传瑸，黄敏娴，张益. 192 例头颈部游离组织瓣移植的临床分析 [J]. 中华整形外科杂志，2002，18（2）：104-106. DOI：10.3760/j.issn：1009-4598.2002.02.014. {MAO Chi,YU Guangyan,PENG Xin,GUO Chuanyu,HUANG Minxian,ZHANG Yi. A review of 192 consecutive free flap transfers for head and neck reconstruction[J]. Zhonghua Zheng Xing Wai Ke Za Zhi[Chin J Plast Surg(Article in Chinese;Abstract in Chinese and English)],2002,18(2):104-106. DOI:10.3760/j.issn:1009-4598.2002.02.014.}

[6689] 吴琳，宋良玉，康久杰. 游离皮瓣修复头皮颅骨缺损 [J]. 中国修复重建外科杂志，2002，16（5）：361. {WU Lin,SONG Liangyu,KANG Jiujie. Repair of scalp and skull defect with free skin flap[J]. Zhongguo Xiu Fu Chong Jian Wai Ke Za Zhi[Chin J Repar Reconstr Surg(Article in Chinese;No abstract available)],2002,16(5):361.}

[6690] 孙东升，郭澄水，管廷进，魏传垠. 含隐神经的膝内侧皮瓣游离移植修复手掌皮肤及神经缺损 [J]. 中华显微外科杂志，2003，26（4）：266. DOI：10.3760/cma.j.issn.1001-2036.2003.04.037. {SUN Dongsheng,GUO Chengshui,GUAN Tingjin,WEI Chuanyin. Free transplantation of medial knee flap with saphenous nerve to repair palm skin and nerve defects[J]. Zhonghua Xian Wei Wai Ke Za Zhi[Chin J Microsurg(Article in Chinese;No abstract available)],2003,26(4):266. DOI:10.3760/cma.j.issn.1001-2036.2003.04.037.}

[6691] 李强，于加平，申屠刚，王众，黄飞，于凤宾. 吻合腓肠浅动脉游离小腿后侧皮瓣修复全手掌软组织缺损 [J]. 中国矫形外科杂志，2003，11（14）：968-969. DOI：10.3969/j.issn.1005-8478.2003.14.011. {LI Qiang,YU Jiaping,SHEN Tugang,WANG Zhong,HUANG Fei,YU Fengbin. Repair of the full palms soft tissue defect with the free flaps anastomosing with superficial peroneal vessels[J]. Zhongguo Jiao Xing Wai Ke Za Zhi[Orthop J China(Article in Chinese;Abstract in Chinese and English)],2003,11(14):968-969. DOI:10.3969/j.issn.1005-8478.2003.14.011.}

[6692] 岳中瑾，左陵君，王家吉，钟甘平，段建敏，王志平，秦大山. 游离组织瓣移植分期尿道下裂修复术 [J]. 中华泌尿外科杂志，2003，24（12）：849-851. DOI：10.3760/j：issn：1000-6702.2003.12.018. {YUE Zhongjin,ZUO Lingjun,WANG Jiaji,ZHONG Ganping,DUAN Jianmin,WANG Zhiping,QIN Dashan. Free graft two-stage urethroplasty for hypospadias repair[J]. Zhonghua Mi Niao Wai Ke Za Zhi[Chin J Urol(Article in Chinese;Abstract in Chinese and English)],2003,24(12):849-851. DOI:10.3760/j:issn:1000-6702.2003.12.018.}

[6693] 李强，于加平，申屠刚，王众，黄飞，高建明，王胜华，于凤宾. 吻合腓肠浅动脉的游离小腿后侧皮瓣修复手掌软组织及神经缺损 [J]. 中华创伤骨科杂志，2003，5（2）：124-125，129. DOI：10.3760/cma.j.issn.1671-7600.2003.02.014. {LI Qiang,YU Jiaping,SHEN Tugang,WANG Zhong,HUANG Fei,GAO Jianming,WANG Shenghua,YU Fengbin. Repair of soft tissue and nerve defects of palms with free flaps anastomosed with superficial peroneal vessels[J]. Zhonghua Chuang Shang Gu Ke Za Zhi[Chin J Orthop Trauma(Article in Chinese;Abstract in Chinese and English)],2003,5(2):124-125,129. DOI:10.3760/cma.j.issn.1671-7600.2003.02.014.}

[6694] 朱雄翔，徐明达，刘亚玲，姚庆君，胡大海. 超宽侧胸皮瓣游离移植修复小腿毁损性烧伤一例 [J]. 中华烧伤杂志，2003，19（1）：28. DOI：10.3760/cma.j.issn.1009-2587.2003.01.027. {ZHU Xiongxiang,XU Mingda,LIU Yaling,YAO Qingjun,HU Dahai. Free transplantation of extra-wide thoracic flap for repairing a destructive burn of the calf:A case[J]. Zhonghua Shao Shang Za Zhi[Chin J Burns(Article in Chinese;No abstract available)],2003,19(1):28. DOI:10.3760/cma.j.issn.1009-2587.2003.01.027.}

[6695] 尹良军，王爱民，杜全印. 联合应用人工关节和游离组织瓣治疗严重肘关节损伤 1 例 [J]. 创伤外科杂志，2003，5（4）：313-313. DOI：10.3969/j.issn.1009-4237.2003.04.039. {YIN Liangjun,WANG Aimin,DU Quanyin. Treatment of severe elbow injury with free flap and joint prostheses[J]. Chuang Shang Wai Ke Za Zhi[J Traum Surg(Article in Chinese;Abstract in Chinese)],2003,5(4):313-313. DOI:10.3969/j.issn.1009-4237.2003.04.039.}

[6696] 彭歆，毛驰，俞光岩，郭传瑸，黄敏娴，张益. 游离组织瓣修复上颌骨缺损 65 例临床分析 [J]. 中国口腔颌面外科杂志，2003，1（1）：9-12. DOI：10.3969/j.issn.1672-3244.2003.01.004. {PENG Xin,MAO Chi,YU Guangyan,GUO Chuanyu,HUANG Minxian,ZHANG Yi. Maxillary reconstruction with free flaps:A review of 65 consecutive cases[J]. Zhongguo Kou Qiang He Mian Wai Ke Za Zhi[Chin J Oral Maxillofac Surg(Article in Chinese;Abstract in Chinese and English)],2003,1(1):9-12. DOI:10.3969/j.issn.1672-3244.2003.01.004.}

[6697] 申屠刚，黄飞. 游离小腿后侧皮瓣修复手掌软组织缺损 [J]. 实用手外科杂志，2003，17（4）：211-212. DOI：10.3969/j.issn.1671-2722.2003.04.009. {SHEN Tugang,HUANG Fei. Repair of soft tissue defect in palm by transplantation of posterior shank flap[J]. Shi Yong Shou Wai Ke Za Zhi[Chin J Pract Hand Surg(Article in Chinese;Abstract in Chinese and English)],2003,17(4):211-212. DOI:10.3969/j.issn.1671-2722.2003.04.009.}

[6698] 毛驰，俞光岩，彭歆，郭传瑸，黄敏娴，张益. 545 块头颈部游离组织瓣移植的临床分析 [J]. 中华耳鼻咽喉科杂志，2003，38（1）：3-6. DOI：10.3760/j.issn：1673-0860.2003.01.002. {MAO Chi,YU Guangyan,PENG Xin,GUO Chuanyu,HUANG Minxian,ZHANG Yi. A review of 545 consecutive free flap transfers for head and neck reconstruction in a new microsurgery unit[J]. Zhonghua Er Bi Yan Hou Ke Za Zhi[Chin J Otorhinolaryngol(Article in Chinese;Abstract in Chinese and English)],2003,38(1):3-6. DOI:10.3760/j.issn:1673-0860.2003.01.002.}

[6699] 毛驰，俞光岩，彭歆，郭传瑸，黄敏娴，张益. 吻合血管的双游离瓣技术在大型头颈部缺损修复中的应用 [J]. 中华耳鼻咽喉科杂志，2003，38(2)：128-131. DOI：10.3760/j.issn：1673-0860.2003.02.016. {MAO Chi,YU Guangyan,PENG Xin,GUO Chuanyu,HUANG Minxian,ZHANG Yi. Simultaneous double free flap transfer for extensive defects in head and neck region:A review of 33 consecutive cases[J]. Zhonghua Er Bi Yan Hou Ke Za Zhi[Chin J Otorhinolaryngol(Article in Chinese;Abstract in Chinese and English)],2003,38(2):128-131. DOI:10.3760/j.issn:1673-0860.2003.02.016.}

[6700] 王静，孙曙光，程大胜，王良喜. 侧胸壁游离皮瓣修复功能部位深度烧伤 [J]. 中国修复重建外科杂志，2003，17（4）：348. {WANG Jing,SUN Shuguang,CHENG Dasheng,WANG Liangxi. Free lateral chest wall skin flaps for repairing deep burns at functional sites[J]. Zhongguo Xiu Fu Chong Jian Wai Ke Za Zhi[Chin J Repar Reconstr Surg(Article in Chinese;No abstract available)],2003,17(4):348.}

[6701] 王树锋，王海华，潘勇卫，陈山林，栗鹏程，戴鲁飞. 游离足内侧微型皮瓣修复手指软组织缺损 [J]. 中华骨科杂志，2004，24（7）：418-421. DOI：10.3760/j.issn：0253-2352.2004.07.008. {WANG Shufeng,WANG Haihua,PAN Yongwei,CHEN Shanlin,LI Pengcheng,DAI Lufei. A free medialis pedis mini-flap pedicled on medal branch of deep branch of the medial plantar artery to repair the soft tissue defect of the finger[J]. Zhonghua Gu Ke Za Zhi[Chin J Orthop(Article in Chinese;Abstract in Chinese and English)],2004,24(7):418-421. DOI:10.3760/j.issn:0253-2352.2004.07.008.}

[6702] 庄永青，傅小宽，杜冬，温桂芬，陈振鹤，童静，姜浩力，杨怿健. 游离组织移植与外固定器固定对创伤性下肢组织缺损的修复 [J]. 中华显微外科杂志，2004，27（3）：161-163. DOI：10.3760/cma.j.issn.1001-2036.2004.03.001. {ZHUANG Yongqing,FU Xiaokuan,DU Dong,WEN Guifen,CHEN Zhenhe,TONG Jing,JIANG Haoli,YANG Yijian. Repairing complex defect of skin and bone by using vascular tissue flap and external fixation in leg[J]. Zhonghua Xian Wei Wai Ke Za Zhi[Chin J Microsurg(Article in Chinese;Abstract in Chinese and English)],2004,27(3):161-163. DOI:10.3760/cma.j.issn.1001-2036.2004.03.001.}

[6703] 蔡喜雨，徐耀. 仅吻合动脉的游离指动脉皮瓣一例 [J]. 中华显微外科杂志，2004，27（4）：277. DOI：10.3760/cma.j.issn.1001-2036.2004.04.047. {CAI Xiyu,XU Yao. A case of free finger artery flap with anastomosed artery only[J]. Zhonghua Xian Wei Wai Ke Za Zhi[Chin J Microsurg(Article in Chinese;No abstract available)],2004,27(4):277. DOI:10.3760/cma.j.issn.1001-2036.2004.04.047.}

[6704] 刘道功，张浩，简玉洛，王保健，张俊峰. 胸脐游离皮瓣在四肢软组织缺损修复中的应用 [J]. 中华显微外科杂志，2004，27（4）：297-298. DOI：10.3760/cma.j.issn.1001-2036.2004.04.027. {LIU Daogong,ZHANG Hao,JIAN Yuluo,WANG Health Care,Zhang Junfeng. Application of thoracic umbilical free skin flap in the repair of soft tissue defects of extremities[J]. Zhonghua Xian Wei Wai Ke Za Zhi[Chin J Microsurg(Article in Chinese;Abstract in Chinese)],2004,27(4):297-298. DOI:10.3760/cma.j.issn.1001-2036.2004.04.027.}

[6705] 申屠刚，黄飞. 游离小腿后侧皮瓣修复手掌部软组织缺损 [J]. 中华手外科杂志，2004，20（2）：72. DOI：10.3760/cma.j.issn.1005-054X.2004.02.021. {SHEN Tugang,HUANG Fei. Repair of soft tissue defect of palm with free skin flap on posterior side of calf[J]. Zhonghua Shou Wai Ke Za Zhi[Chin J Hand Surg(Article in Chinese;Abstract in Chinese)],2004,20(2):72. DOI:10.3760/cma.j.issn.1005-054X.2004.02.021.}

[6706] 袁冶，邢树忠，施星辉. 前臂游离全厚皮片修复前臂游离皮瓣供区缺损的临床观察 [J]. 中国口腔颌面外科杂志，2004，2（4）：301-302. DOI：10.3969/j.issn.1672-3244.2004.04.020. {YUAN Ye,XING Shuzhong,SHI Xinghui. Closure of radial forearm free flap donor site with forearm full thickness skin graft[J]. Zhongguo Kou Qiang He Mian Wai Ke Za Zhi[Chin J Oral Maxillofac Surg(Article in Chinese;Abstract in Chinese and English)],2004,2(4):301-302. DOI:10.3969/j.issn.1672-3244.2004.04.020.}

[6707] 毛驰，俞光岩，彭歆，郭传瑸，黄敏娴，张益. 老年患者头颈部游离组织瓣移植的临床分析 [J]. 现代口腔医学杂志，2004，18（3）：227-230. DOI：10.3969/j.issn.1003-7632.2004.03.012. {MAO Chi,YU Guangyan,PENG Xin,GUO Chuanyu,HUANG Minxian,ZHANG Yi. A review of 89 consecutive free flap transfers for head and neck reconstruction in the elderly patients[J]. Xian Dai Kou Qiang Yi Xue Za Zhi[J Mod Stomatol(Article in Chinese;Abstract in Chinese and English)],2004,18(3):227-230. DOI:10.3969/j.issn.1003-7632.2004.03.012.}

[6708] 毛驰，俞光岩. 游离组织瓣移植应用于头颈肿瘤缺损修复的现状 [J]. 中华耳鼻咽喉科杂志，2004，39(12)：765-769. DOI：10.3760/j.issn：1673-0860.2004.12.021. {MAO Chi,YU Guangyan. Current status of free tissue flap transplantation for head and neck tumor defect repair[J]. Zhonghua Er Bi Yan Hou Ke Za Zhi[Chin J Otorhinolaryngol(Article in Chinese;No abstract available)],2004,39(12):765-769. DOI:10.3760/j.issn:1673-0860.2004.12.021.}

[6709] 叶为民，张志愿，竺涵光，孙坚，张陈平. 口腔颌面部游离组织瓣危象的观察和处理：附 44 例报告 [J]. 上海口腔医学，2004，13（2）：91-94. DOI：10.3969/j.issn.1006-7248.2004.02.004. {YE Weimin,ZHANG Zhiyuan,ZHU Hanguang,SUN Jian,ZHANG Chenping. Clinical observation and treatment of failing flaps in oral and maxillofacial surgery:A report of 44 cases[J]. Shang Hai Kou Qiang Yi Xue[Shanghai J Stom(Article in Chinese;Abstract in Chinese and English)],2004,13(2):91-94. DOI:10.3969/j.issn.1006-7248.2004.02.004.}

[6710] 罗盛康，汪海滨. 吻合血管的游离组织瓣充填修复半侧颜面萎缩术后继发感染一例 [J]. 中华显微外

科杂志，2005，28（2）：147. DOI：10.3760/cma.j.issn.1001－2036.2005.02.051. {LUO Shengkang,WANG Haibin. A case of secondary infection after anastomosed free tissue flap filling to repair hemi-facial atrophy[J]. Zhonghua Xian Wei Wai Ke Za Zhi[Chin J Microsurg(Article in Chinese;No abstract available)],2005,28(2):147. DOI:10.3760/cma.j.issn.1001-2036.2005.02.051.}

[6711] 穆广态，李峰，康志学，梁定顺，俞玮. 游离皮瓣移植修复四肢复杂性软组织缺损 [J]. 中华显微外科杂志，2005，28（3）：252－253. DOI：10.3760/cma.j.issn.1001－2036.2005.03.023. {MU Guangtai,LI Feng,KANG Zhixue,LIANG Dingshun,YU Wei. Free skin flap transplantation to repair complex soft tissue defects of extremities[J]. Zhonghua Xian Wei Wai Ke Za Zhi[Chin J Microsurg(Article in Chinese;Abstract in Chinese)],2005,28(3):252-253. DOI:10.3760/cma.j.issn.1001-2036.2005.03.023.}

[6712] 童亚林，潘葵，朱金红，缪洪城，杨福旺，龚震宇，孔质彬. 大型胸脐下腹游离皮瓣联合修复双下肢 Ⅲ 度烧伤创面 [J]. 中华外科杂志，2005，43（3）：190－191. DOI：10.3760/j：issn：0529－5815.2005.03.017. {TONG Yalin,PAN Kui,ZHU Jinhong,MIAO Hongcheng,YANG Fuwang,GONG Zhenyu,KONG Zhibin. Repair of third degree burn wounds of both lower extremities with large-scale thoracic and lower abdomen free skin flaps[J]. Zhonghua Wai Ke Za Zhi[Chin J Surg(Article in Chinese;No abstract available)],2005,43(3):190-191. DOI:10.3760/j:issn:0529-5815.2005.03.017.}

[6713] 徐家杰，李森恺，李养群，李强，王永前，刘立强. 包皮内板游离移植耦合包皮岛状瓣治疗阴茎型尿道下裂 [J]. 中华整形外科杂志，2005，21(6)：426－428. DOI：10.3760/j.issn：1009－4598.2005.06.008. {XU Jiajie,LI Senkai,LI Yangqun,LI Qiang,WANG Yongqian,LIU Liqiang. Inner preputial skin grafts combined with preputial island flap for treatment of penile hypospadias[J]. Zhonghua Zheng Xing Wai Ke Za Zhi[Chin J Plast Surg(Article in Chinese;Abstract in Chinese and English)],2005,21(6):426-428. DOI:10.3760/j.issn:1009-4598.2005.06.008.}

[6714] 李泽龙，谢逸波，王培信. 游离隐神经营养血管皮瓣修复虎口缺损蟹状畸形 1 例 [J]. 创伤外科杂志，2005，7（3）：181－181. DOI：10.3969/j.issn.1009－4237.2005.03.037. {LI Zelong,XIE Yibo,WANG Peixin. Reconstruction the defect of first web with saphenous neurocutaneous vascular free flap[J]. Chuang Shang Wai Ke Za Zhi[J Traum Surg(Article in Chinese;Abstract in Chinese)],2005,7(3):181-181. DOI:10.3969/j.issn.1009-4237.2005.03.037.}

[6715] 毛驰，彭歆，俞光岩，郭传瑸，黄敏娴，陈传俊. 对提高头颈部游离组织瓣移植成功率的探讨 [J]. 中国口腔颌面外科杂志，2005，3（2）：134－138. DOI：10.3969/j.issn.1672－3244.2005.02.012. {MAO Chi,PENG Xin,YU Guangyan,GUO Chuan Funeral,Huang Minxian,Chen Chuanjun. How to improve the success rate of free flap reconstruction in head and neck surgery[J]. Zhongguo Kou Qiang He Mian Wai Ke Za Zhi[Chin J Oral Maxillofac Surg(Article in Chinese;Abstract in Chinese and English)],2005,3(2):134-138. DOI:10.3969/j.issn.1672-3244.2005.02.012.}

[6716] 蒋封运，廖天安，郑长泰，钟少波，王鸿，邱勋定，柴益民. 前臂游离皮瓣修复口腔组织缺损五例 [J]. 中国修复重建外科杂志，2005，19（4）：266. {JIANG Fengyun,LIAO Tianan,ZHENG Changtai,ZHONG Shaobo,WANG Hong,QIU Xunding,CHAI Yimin. Five cases of repairing oral tissue defects with forearm free skin flap[J]. Zhongguo Xiu Fu Chong Jian Wai Ke Za Zhi[Chin J Repar Reconstr Surg(Article in Chinese;No abstract available)],2005,19(4):266.}

[6717] 曾炳芳，眭述平，姜佩珠，范存义，于仲嘉. 游离皮瓣在组合移植中的应用 [J]. 中国修复重建外科杂志，2005，19（7）：508－510. {ZENG Bingfang,SUI Shuping,JIANG Peizhu,FAN Cunyi,YU Zhongjia. Application of free flaps in combined transplantation[J]. Zhongguo Xiu Fu Chong Jian Wai Ke Za Zhi[Chin J Repar Reconstr Surg(Article in Chinese;Abstract in Chinese and English)],2005,19(7):508-510.}

[6718] 唐举玉，李康华，谢松林，刘鸣江，刘俊. 游离皮瓣移植修复小儿四肢创伤性软组织缺损 [J]. 中华显微外科杂志，2006，29（1）：58－60\r\n. DOI：10.3760/cma.j.issn.1001－2036.2006.01.021. {TANG Juyu,LI Kanghua,XIE Songlin,LIU Mingjiang,LIU Jun. Free skin flap transplantation to repair traumatic soft tissue defects of children's extremities[J]. Zhonghua Xian Wei Wai Ke Za Zhi[Chin J Microsurg(Article in Chinese;Abstract in Chinese)],2006,29(1):58-60\r\n. DOI:10.3760/cma.j.issn.1001-2036.2006.01.021.}

[6719] 侯书健，程国良，方光荣，汤海萍，丁小珩，王振军，孙乐天. 游离皮瓣移植修复手部及前臂皮肤缺损 407 例分析 [J]. 中华手外科杂志，2006，22（5）：259－262. DOI：10.3760/cma.j.issn.1005－054X.2006.05.002. {HOU Shujian,CHENG Guoliang,FANG Guangrong,TANG Haiping,DING Xiaoheng,WANG Zhenjun,SUN Letian. Repair of skin defect of the hand and forearm by free flaps:Analysis of 407 cases[J]. Zhonghua Shou Wai Ke Za Zhi[Chin J Hand Surg(Article in Chinese;Abstract in Chinese and English)],2006,22(5):259-262. DOI:10.3760/cma.j.issn.1005-054X.2006.05.002.}

[6720] 杨大平，付海亮，郭铁芳，邵林，韩剑峰，刘建宇，郝晨光. 吻合血管的游离肌肉瓣加网状皮片移植修复胫骨骨折合并骨外露及感染创面 [J]. 中华创伤骨科杂志，2006，8（12）：1125－1127. DOI：10.3760/cma.j.issn.1671－7600.2006.12.007. {YANG Daping,FU Hailiang,GUO Tiefang,SHAO Lin,HAN Jianfeng,LIU Jianyu,HAO Chenguang. Microvascular free muscle flap reconstruction of soft-tissue defects with bone exposure after the distal tibial fracture[J]. Zhonghua Chuang Shang Gu Ke Za Zhi[Chin J Orthop Trauma(Article in Chinese;Abstract in Chinese and English)],2006,8(12):1125-1127. DOI:10.3760/cma.j.issn.1671-7600.2006.12.007.}

[6721] 顾斌，姜浩，李青峰. 游离复合皮瓣一期修复腕晚期电烧伤畸形 [J]. 中华整形外科杂志，2006，22（1）：31－33. DOI：10.3760/j.issn：1009－4598.2006.01.008. {GU Bin,JIANG Hao,LI Qingfeng. Restore hand's function after electric injuries at the wrist by a free composite flap[J]. Zhonghua Zheng Xing Wai Ke Za Zhi[Chin J Plast Surg(Article in Chinese;Abstract in Chinese and English)],2006,22(1):31-33. DOI:10.3760/j.issn:1009-4598.2006.01.008.}

[6722] 王先成，乔群，刘志飞，冯锐，张海林，阎迎军，王阳，白鸣，曾昂. 吻合血管的游离组织瓣修复进行性单侧面萎缩症 [J]. 中华整形外科杂志，2006，22（6）：433－435. DOI：10.3760/j.issn：1009－4598.2006.06.010. {WANG Xiancheng,QIAO Qun,LIU Zhifei,FENG Rui,ZHANG Hailin,YAN Yingjun,WANG Yang,BAI Ming,ZENG Ang. Microsurgical tissue transfer for the reconstruction of hemifacial atrophy (parry-romberg syndrome)[J]. Zhonghua Zheng Xing Wai Ke Za Zhi[Chin J Plast Surg(Article in Chinese;Abstract in Chinese and English)],2006,22(6):433-435. DOI:10.3760/j.issn:1009-4598.2006.06.010.}

[6723] 郑晓勇，杨润功，吴克俭，孙大铭，王庆雷，张伟佳，李文锋，侯树勋. 单臂外固定架结合游离（肌）皮瓣治疗胫腓骨下段开放性粉碎性骨折并严重皮肤软组织缺损 [J]. 创伤外科杂志，2006，8（4）：315－318. DOI：10.3969/j.issn.1009－4237.2006.04.009. {ZHENG Xiaoyong,YANG Rungong,WU Kejian,SUN Daming,WANG Qinglei,ZHANG Weijia,LI Wenfeng,HOU Shuxun. Treatment of lower tibia and fibula open fracture with large soft-tissue defect by single-arm external fixator combined with free musculocutaneous flaps[J]. Chuang Shang Wai Ke Za Zhi[J Traum Surg(Article in Chinese;Abstract in Chinese and English)],2006,8(4):315-318. DOI:10.3969/j.issn.1009-4237.2006.04.009.}

[6724] 陈传俊，朱祖武，吴晓亮，潘建辉，王来平，李容新，李志来. 驱血和非驱血状态下制备游离前臂瓣对皮瓣血压及出血的影响 [J]. 中国口腔颌面外科杂志，2006，4（1）：63－65. DOI：10.3969/j.issn.1672－3244.2006.01.015. {CHEN Chuanjun,ZHU Zuwu,WU Xiaoliang,PAN Jianhui,WANG Laiping,LI Rongxin,LI Zhilai. Free forearm flap harvesting under blood-evacuation and non-blood-evacuation:Comparison of the effect on blood pressure and intraoperative bleeding[J]. Zhongguo Kou Qiang He Mian Wai Ke Za Zhi[Chin J Oral Maxillofac Surg(Article in Chinese;Abstract in Chinese and English)],2006,4(1):63-65. DOI:10.3969/j.issn.1672-3244.2006.01.015.}

[6725] 巫家晓，庞芳河，王代友，韦山良，伍曼曼. 82 例游离组织瓣移植修复口腔颌面组织缺损的临床分析 [J]. 现代口腔医学杂志，2006，20（5）：457－458. DOI：10.3969/j.issn.1003－7632.2006.05.004. {WU Jiaxiao,PANG Fanghe,WANG Daiyou,WEI Shanliang,WU Manman. A review of 82 cases with oral and maxillofacial reconstruction by free flaps[J]. Xian Dai Kou Qiang Yi Xue Za Zhi[J Mod Stomatol(Article in Chinese;Abstract in Chinese and English)],2006,20(5):457-458. DOI:10.3969/j.issn.1003-7632.2006.05.004.}

[6726] 闫合德，高伟阳，李志杰，洪建军，陈星隆，李晓阳. 大面积游离皮瓣移植术失败原因分析及对策 [J]. 中国修复重建外科杂志，2006，20（9）：954－955. {YAN Hede,GAO Weiyang,LI Zhijie,HONG Jianjun,CHEN Xinglong,LI Xiaoyang. Analysis and countermeasures of failure of large-area free flap transplantation[J]. Zhongguo Xiu Fu Chong Jian Wai Ke Za Zhi[Chin J Repar Reconstr Surg(Article in Chinese;No abstract available)],2006,20(9):954-955.}

[6727] 潘朝晖，王剑利，袁勇，蒋萍萍，薛山. 带感觉神经的骨间背侧游离皮瓣修复手指皮肤缺损 [J]. 中华显微外科杂志，2007，30（4）：304－306. DOI：10.3760/cma.j.issn.1001－2036.2007.04.028. {PAN Zhaohui,WANG Jianli,YUAN Yong,JIANG Pingping,XUE Shan. Repair of finger skin defect with dorsal free interosseous skin flap with sensory nerve[J]. Zhonghua Xian Wei Wai Ke Za Zhi[Chin J Microsurg(Article in Chinese;Abstract in Chinese)],2007,30(4):304-306. DOI:10.3760/cma.j.issn.1001-2036.2007.04.028.}

[6728] 唐举玉，李康华，谢松林，刘鸣江，刘俊，吴攀峰. 足背分叶皮瓣游离移植一期修复多指电烧伤组织缺损 [J]. 中华显微外科杂志，2007，30（5）：334－337，插 3. DOI：10.3760/cma.j.issn.1001－2036.2007.05.005. {TANG Juyu,LI Kanghua,XIE Songlin,LIU Mingjiang,LIU Jun,WU Panfeng. Free dorsum flap lobule grafting for repair of third degree electric burn in two or three fingers[J]. Zhonghua Xian Wei Wai Ke Za Zhi[Chin J Microsurg(Article in Chinese;Abstract in Chinese and English)],2007,30(5):334-337,insert 3. DOI:10.3760/cma.j.issn.1001-2036.2007.05.005.}

[6729] 王光耀，李敬矿，谢广中，黄潮桐. 应用游离皮瓣修复手指皮肤软组织缺损 [J]. 中华显微外科杂志，2007，30（4）：306－307. DOI：10.3760/cma.j.issn.1001－2036.2007.04.029. {WANG Guangyao,LI Jingkuang,XIE Guangzhong,HUANG Chaotong. Repair of finger skin and soft tissue defects with free skin flaps[J]. Zhonghua Xian Wei Wai Ke Za Zhi[Chin J Microsurg(Article in Chinese;Abstract in Chinese)],2007,30(4):306-307. DOI:10.3760/cma.j.issn.1001-2036.2007.04.029.}

[6730] 刘学贵，张铭盛，杨俊贵，潘其波，郑胜，张军，毕镜铭，廖贤万. 改良动脉化游离静脉皮瓣的临床应用 [J]. 中华手外科杂志，2007，23（4）：224－226. DOI：10.3760/cma.j.issn.1005－054X.2007.04.014. {LIU Xuegui,ZHANG Mingsheng,YANG Jungui,PAN Qibo,ZHENG Sheng,ZHANG Jun,BI Jingming,LIAO Xianwan. Clinical application of modified arterialized venous skin flap[J]. Zhonghua Shou Wai Ke Za Zhi[Chin J Hand Surg(Article in Chinese;Abstract in Chinese and English)],2007,23(4):224-226. DOI:10.3760/cma.j.issn.1005-054X.2007.04.014.}

[6731] 郑晓勇，任昕宇，杨润功，吴克俭，孙大铭，张伟佳，侯树勋. 老年患者游离组织瓣的临床应用分析 [J]. 中华创伤骨科杂志，2007，9（1）：91－93. DOI：10.3760/cma.j.issn.1671－7600.2007.01.028. {ZHENG Xiaoyong,REN Xinyu,YANG Rungong,WU Kejian,SUN Daming,ZHANG Weijia,HOU Shuxun. Clinical application of free tissue flaps for elderly patients[J]. Zhonghua Chuang Shang Gu Ke Za Zhi[Chin J Orthop Trauma(Article in Chinese;No abstract available)],2007,9(1):91-93. DOI:10.3760/cma.j.issn.1671-7600.2007.01.028.}

[6732] 陈雪松，肖茂明，王元山，管力，黄敢，张黎明. 游离小腿内侧皮瓣修复小儿严重肢体损伤 [J]. 中华创伤杂志，2007，23（10）：791－792. DOI：10.3760/j.issn：1001－8050.2007.10.024. {CHEN Xuesong,XIAO Maoming,WANG Yuanshan,GUAN Li,HUANG Gan,ZHANG Liming. Free internal calf skin flap for repairing severe limb injuries in children[J]. Zhonghua Chuang Shang Za Zhi[Chin J Trauma(Article in Chinese;Abstract in Chinese)],2007,23(10):791-792. DOI:10.3760/j.issn:1001-8050.2007.10.024.}

[6733] 张连波，高庆国，王冰，张广，尹维田. 前臂游离皮瓣在修复面部皮肤缺损中的应用 [J]. 中华整形外科杂志，2007，23（3）：266－267. DOI：10.3760/j.issn：1009－4598.2007.03.029. {ZHANG Lianbo,GAO Qingguo,WANG Bing,ZHANG Guang,YIN Weitian. Application of forearm free skin flap in repairing facial skin defect[J]. Zhonghua Zheng Xing Wai Ke Za Zhi[Chin J Plast Surg(Article in Chinese;Abstract in Chinese and English)],2007,23(3):266-267. DOI:10.3760/j.issn:1009-4598.2007.03.029.}

[6734] 叶信海，穆雄铮，董佳生，陈熙，周胜杰，王开元. 颅眶截骨前移结合游离皮瓣整复放疗后眶畸形 [J]. 中华整形外科杂志，2007，23（6）：463－466. DOI：10.3760/j.issn：1009－4598.2007.06.003. {YE Xinhai,MU Xiongzheng,DONG Jiasheng,CHEN Xi,ZHOU Shengjie,WANG Kaiyuan. Reconstruction of orbital deformity after radiotherapy with transcranial orbitotomy advancement combining free flap[J]. Zhonghua Zheng Xing Wai Ke Za Zhi[Chin J Plast Surg(Article in Chinese;Abstract in Chinese and English)],2007,23(6):463-466. DOI:10.3760/j.issn:1009-4598.2007.06.003.}

[6735] 刘学胜，张成进，李忠. 游离静脉皮瓣修复手指皮肤及指动脉损伤 [J]. 实用骨科杂志，2007，13（2）：79－80. DOI：10.3969/j.issn.1008－5572.2007.02.007. {LIU Xuesheng,ZHANG Chengjin,LI Zhong. Free vein flap repair the finger skin and artery defect[J]. Shi Yong Gu Ke Za Zhi[J Pract Orthop(Article in Chinese;Abstract in Chinese and English)],2007,13(2):79-80. DOI:10.3969/j.issn.1008-5572.2007.02.007.}

[6736] 刘学胜，张成进，李忠. 游离静脉皮瓣修复手指皮肤伴指动脉缺损 [J]. 临床骨科杂志，2007，10（1）：75－75. DOI：10.3969/j.issn.1008－0287.2007.01.031. {LIU Xuesheng,ZHANG Chengjin,LI Zhong. Free vein flap for repair of the finger skin and artery defect[J]. Lin Chuang Gu Ke Za Zhi[J Clin Orthop(Article in Chinese;Abstract in Chinese and English)],2007,10(1):75-75. DOI:10.3969/j.issn.1008-0287.2007.01.031.}

[6737] 张铁柱，毛驰，姜颖，陈坤，彭韵. 修复口腔缺损常用游离皮瓣供区表面感觉的研究 [J]. 现代口腔医学杂志，2007，21(6)：573－574. DOI：10.3969/j.issn.1003－7632.2007.06.005. {ZHANG Tiezhu,MAO Chi,JIANG Ying,CHEN Kun,PENG Yun. Study on sensation of free flap donor site for oral reconstruction[J]. Xian Dai Kou Qiang Yi Xue Za Zhi[J Mod Stomatol(Article in Chinese;Abstract in Chinese and English)],2007,21(6):573-574. DOI:10.3969/j.issn.1003-7632.2007.06.005.}

[6738] 劳克诚，李忠，王蕾，王成琪，范启申. 足背动脉多分支游离皮瓣修复手多部位皮肤缺损 [J]. 中华整形外科杂志，2008，24（6）：480－481. DOI：10.3760/j.issn：1009－4598.2008.06.022. {LAO Kecheng,LI Zhong,WANG Lei,WANG Chengqi,FAN Qishen. Repair of skin defects in multiple parts of the hand with multi-branch free flap of dorsal foot artery[J]. Zhonghua Zheng Xing Wai Ke Za Zhi[Chin J Plast Surg(Article in Chinese;No abstract available)],2008,24(6):480-481. DOI:10.3760/j.issn:1009-4598.2008.06.022.}

[6739] 王爱国，王荣军，贺增良. 游离组织瓣移植修复足踝部特殊类型组织缺损 [J]. 临床骨科杂志，2008，11(6)：514－516. DOI：10.3969/j.issn.1008－0287.2008.06.009. {WANG Aiguo,WANG Rongjun,HE Zengliang. Repair of the special types tissue defect at the foot and(or)heel by tissue transplantation[J]. Lin Chuang Gu Ke Za Zhi[J Clin Orthop(Article in Chinese;Abstract in Chinese and English)],2008,11(6):514-516. DOI:10.3969/j.issn.1008-0287.2008.06.009.}

[6740] 王斌，高顺红，蒋文萍，李春江，焦成，何丽娜，李康华. 健侧隐神经营养血管皮瓣桥携带游离皮瓣修复小腿软组织缺损 [J]. 中华显微外科杂志，2008，31（2）：132－133. DOI：10.3760/cma.j.issn.1001－2036.2008.02.020. {WANG Bin,GAO Shunhong,JIANG Wenping,LI Chunjiang,JIAO Cheng,HE Lina,LI Kanghua. The contralateral saphenous nerve nutrient vessel skin flap bridge carrying free skin flap to repair the soft tissue defect of the calf[J]. Zhonghua Xian Wei Wai Ke Za Zhi[Chin J Microsurg(Article in Chinese;Abstract in

Chinese)],2008,31(2):132-133. DOI:10.3760/cma.j.issn.1001-2036.2008.02.020.}

[6741] 胡建方，甘干达，刘亚莉，陶智刚，扈克治，简彦豪，蒋钦柏，黄育胡．应用游离皮瓣修复上肢组织严重缺损 [J]．中华显微外科杂志，2008，31（3）：218-220．DOI：10.3760/cma.j.issn.1001-2036.2008.03.020．{HU Jianfang,GAN Ganda,LIU Yali,TAO Zhigang,HU Kezhi,JIAN Yanhao,JIANG Qinbo,HUANG Yuhu. Repairing severe defects of upper limb tissues with free skin flaps[J]. Zhonghua Xian Wei Wai Ke Za Zhi[Chin J Microsurg(Article in Chinese;Abstract in Chinese)],2008,31(3):218-220. DOI:10.3760/cma.j.issn.1001-2036.2008.03.020.}

[6742] 李长根，李小军，胡秀梅，张华胜．游离组织瓣移植修复颌面部组织缺损 [J]．中华显微外科杂志，2008，31（4）：297-299．DOI：10.3760/cma.j.issn.1001-2036.2008.04.025．{LI Changgen,LI Xiaojun,HU Xiumei,ZHANG Huasheng. Free tissue flap transplantation to repair maxillofacial tissue defect[J]. Zhonghua Xian Wei Wai Ke Za Zhi[Chin J Microsurg(Article in Chinese;Abstract in Chinese)],2008,31(4):297-299. DOI:10.3760/cma.j.issn.1001-2036.2008.04.025.}

[6743] 南利民，胡溱，赵立宗，苏博义，乔栓杰，贾孟轩，陆向阳，申明亮，宁秦武，贺王峰．小腿内侧游离皮瓣桥接修复离断肢体合并大面积软组织缺损 [J]．中华显微外科杂志，2008，31（4）：319-320．DOI：10.3760/cma.j.issn.1001-2036.2008.04.040．{NAN Limin,HU Qin,ZHAO Lizong,SU Boyi,QIAO Shuanjie,JIA Mengxuan,LU Xiangyang,SHEN Mingliang,NING Qinwu,HE Wangfeng. Repair of severed limbs with large soft tissue defects by bridging free skin flaps on the inner side of the leg[J]. Zhonghua Xian Wei Wai Ke Za Zhi[Chin J Microsurg(Article in Chinese;No abstract available)],2008,31(4):319-320. DOI:10.3760/cma.j.issn.1001-2036.2008.04.040.}

[6744] 张开刚，王军，王永福，赵铭，马玉栋，范启申．健侧胫后血管皮管桥接游离皮瓣在小腿骨折合并软组织缺损及血管损伤的修复应用 [J]．中国矫形外科杂志，2008，16（2）：144-146．{ZHANG Kaigang,WANG Jun,WANG Yongfu,ZHAO Ming,MA Yudong,FAN Qishen. Reconstruction of low extremity with tibial fracture,blood vessel and soft tissue defect with posterior tibial vessel of the contralateral uninjured leg as a vascular pedicle to bridge free flaps[J]. Zhongguo Jiao Xing Wai Ke Za Zhi[Orthop J China(Article in Chinese;Abstract in Chinese)],2008,16(2):144-146.}

[6745] 姜辉，张帅梅，王晨霖，李金晟．废肢（指）体游离皮瓣修复组织缺损 [J]．中华手外科杂志，2008，24（5）：279．DOI：10.3760/cma.j.issn.1005-054X.2008.05.017．{JIANG Hui,ZHANG Shuaimei,WANG Chenlin,LI Jinsheng. Repair of tissue defect with free limb (finger) body flap[J]. Zhonghua Shou Wai Ke Za Zhi[Chin J Hand Surg(Article in Chinese;Abstract in Chinese)],2008,24(5):279. DOI:10.3760/cma.j.issn.1005-054X.2008.05.017.}

[6746] 万光勇，刘太生，张明宾，赵峰，李晓光．小腿内侧游离皮瓣修复舌根癌切除后缺损 [J]．中华整形外科杂志，2008，24（1）：3-5．DOI：10.3760/j.issn：1009-4598.2008.01.002．{WAN Guangyong,LIU Taisheng,ZHANG Mingbin,ZHAO Feng,LI Xiaoguang. Using the lower medial leg fasciocutanneous flap to repair soft tissue defects at root of tongue[J]. Zhonghua Zheng Xing Wai Ke Za Zhi[Chin J Plast Surg(Article in Chinese;Abstract in Chinese and English)],2008,24(1):3-5. DOI:10.3760/j.issn:1009-4598.2008.01.002.}

[6747] 赵小朋，潘朝斌，黄洪章，张彬，李劲松，王建广．舌癌根治同期前臂游离皮瓣或直接缝合修复半舌缺损的语音功能评价 [J]．中华整形外科杂志，2008，24（1）：6-9．DOI：10.3760/j.issn：1009-4598.2008.01.003．{ZHAO Xiaopeng,PAN Chaobin,HUANG Hongzhang,ZHANG Bin,LI Jinsong,WANG Jianguang. Evaluation of the articulator function in the hemi-tongue defect patients after radical tongue cancer resection and simultaneous reconstruction with forearm flap or primary close[J]. Zhonghua Zheng Xing Wai Ke Za Zhi[Chin J Plast Surg(Article in Chinese;Abstract in Chinese and English)],2008,24(1):6-9. DOI:10.3760/j.issn:1009-4598.2008.01.003.}

[6748] 张韬，陈永宁，赵继志，李倩，余立江，鄢雪川．应用前臂游离皮瓣折叠法修复大型腭部洞穿性缺损 [J]．中华整形外科杂志，2008，24（6）：444-446．DOI：10.3760/j.issn：1009-4598.2008.06.009．{ZHANG Tao,CHEN Yongning,ZHAO Jizhi,LI Qian,YU Lijiang,YAN Xuechuan. Reconstruction of large through-and-through palate defects with folded free forearm flap[J]. Zhonghua Zheng Xing Wai Ke Za Zhi[Chin J Plast Surg(Article in Chinese;Abstract in Chinese and English)],2008,24(6):444-446. DOI:10.3760/j.issn:1009-4598.2008.06.009.}

[6749] 李强，李森恺，李养群，唐勇，周传德，陈文，李鹏程，陈斌．应用阴茎皮瓣结合颊黏膜游离移植治疗阴茎段尿道狭窄 [J]．中国修复重建外科杂志，2008，22（12）：1412-1414．{LI Qiang,LI Senkai,LI Yangqun,TANG Yong,ZHOU Chuande,CHEN Wen,LI Pengcheng,CHEN Bin. Combination of penis flap and buccal mucosa graft to treat phallical urethral stricture[J]. Zhongguo Xiu Fu Chong Jian Wai Ke Za Zhi[Chin J Repar Reconstr Surg(Article in Chinese;Abstract in Chinese and English)],2008,22(12):1412-1414.}

[6750] 张建利，李瑞平，张志彬．弃指游离指甲瓣移植在指端缺损修复中的临床应用 [J]．临床骨科杂志，2009，12（5）：531-532．DOI：10.3969/j.issn.1008-0287.2009.05.018．{ZHANG Jianli,LI Ruiping,ZHANG Zhibin. Clinical application of rejection finger nail flap free grafting for repairing of finger tip defect[J]. Lin Chuang Gu Ke Za Zhi[J Clin Orthop(Article in Chinese;Abstract in Chinese and English)],2009,12(5):531-532. DOI:10.3969/j.issn.1008-0287.2009.05.018.}

[6751] 赵刚，曹学成，蔡锦方．利用废弃上肢皮瓣游离移植修复足踝部软组织缺损一例 [J]．中华显微外科杂志，2009，32（2）：112．{ZHAO Gang,CAO Xuecheng,CAI Jinfang. A case of repairing soft tissue defect of foot and ankle by free transplantation of discarded upper limb skin flap[J]. Zhonghua Xian Wei Wai Ke Za Zhi[Chin J Microsurg(Article in Chinese;No abstract available)],2009,32(2):112.}

[6752] 杨晓东，杨锦，刘杨武，陈逸民，付尚俊，周阳，丁建波．足部多个微型皮瓣游离移植修复多指软组织缺损 [J]．中华手外科杂志，2009，25（6）：390．{YANG Xiaodong,YANG Jin,LIU Yangwu,CHEN Yimin,FU Shangjun,ZHOU Yang,DING Jianbo. Free transplantation of multiple micro skin flaps to repair multi-finger soft tissue defects[J]. Zhonghua Shou Wai Ke Za Zhi[Chin J Hand Surg(Article in Chinese;No abstract available)],2009,25(6):390.}

[6753] 黄飞，李骥，王刚．应用游离皮瓣修复前臂及手部软组织缺损 [J]．中华显微外科杂志，2009，32（1）：61-63．DOI：10.3760/cma.j.issn.1001-2036.2009.01.028．{HUANG Fei,LI Ji,WANG Gang. Repair of soft tissue defects of forearm and hand with free skin flap[J]. Zhonghua Xian Wei Wai Ke Za Zhi[Chin J Microsurg(Article in Chinese;Abstract in Chinese)],2009,32(1):61-63. DOI:10.3760/cma.j.issn.1001-2036.2009.01.028.}

[6754] 施海峰，芮永军，张全荣，寿奎水，张辉，张圣智．臃肿游离皮瓣一次性修薄整形21例 [J]．中华显微外科杂志，2009，32（3）：238-239．DOI：10.3760/cma.j.issn.1001-2036.2009.03.029．{SHI Haifeng,RUI Yongjun,ZHANG Quanrong,SHOU Kuishui,ZHANG Hui,ZHANG Shengzhi. 21 cases of bloated free skin flap thinning and plastic surgery at one time[J]. Zhonghua Xian Wei Wai Ke Za Zhi[Chin J Microsurg(Article in Chinese;Abstract in Chinese)],2009,32(3):238-239. DOI:10.3760/cma.j.issn.1001-2036.2009.03.029.}

[6755] 匡斌，赵成利，邓国三，邝石峰，黄广香．应用前臂游离皮瓣修复颌面部软组织缺损 [J]．中华显微外科杂志，2009，32（5）：412-413．DOI：10.3760/cma.j.issn.1001-2036.2009.05.029．{KUANG Bin,ZHAO Chengli,DENG Guosan,KUANG Shifeng,HUANG Guangxiang. Repair of maxillofacial soft tissue defect with forearm free skin flap[J]. Zhonghua Xian Wei Wai Ke Za Zhi[Chin J Microsurg(Article in Chinese;Abstract in Chinese)],2009,32(5):412-413. DOI:10.3760/cma.j.issn.1001-2036.2009.05.029.}

[6756] 沈福全，张敬良，雷彦文．双游离皮瓣桥接治愈下肢浓硝酸Ⅳ度烧伤一例 [J]．中华烧伤杂志，2009，25（5）：376．DOI：10.3760/cma.j.issn.1009-2587.2009.05.017．{SHEN Fuquan,ZHANG Jingliang,LEI Yanwen. A case of Ⅳ degree burn of lower extremity cured by double free skin flaps[J]. Zhonghua Shao Shang Za Zhi[Chin J Burns(Article in Chinese;No abstract available)],2009,25(5):376. DOI:10.3760/cma.j.issn.1009-2587.2009.05.017.}

[6757] 于光，雷红雨，陈积源，秦光保，陈景迅，刘文富，陈武华．游离动脉化静脉皮瓣修复手指皮肤缺损七例 [J]．中华烧伤杂志，2009，25（6）：466-467．DOI：10.3760/cma.j.issn.1009-2587.2009.06.025．{YU Guang,LEI Hongyu,CHEN Jiyuan,QIN Guangbao,CHEN Jingxun,LIU Wenfu,CHEN Wuhua. Repair of finger skin defects with free arterialized venous flaps in 7 cases[J]. Zhonghua Shao Shang Za Zhi[Chin J Burns(Article in Chinese;Abstract in Chinese)],2009,25(6):466-467. DOI:10.3760/cma.j.issn.1009-2587.2009.06.025.}

[6758] 孙国文，杨旭东，胡勤刚，徐明耀，文建民，卢明星，邓润智，唐恩溢．应用钛网支架及前臂游离皮瓣修复上颌部肿瘤切除后洞穿缺损 [J]．中华整形外科杂志，2009，25（4）：251-254．DOI：10.3760/cma.j.issn.1009-4598.2009.04.005．{SUN Guowen,YANG Xudong,HU Qingang,XU Mingyao,WEN Jianmin,LU Mingxing,DENG Runzhi,TANG Enyi. Application of titanium mesh and free forearm flap for reconstruction of maxillary defect resulted from tumor resection[J]. Zhonghua Zheng Xing Wai Ke Za Zhi[Chin J Plast Surg(Article in Chinese;Abstract in Chinese and English)],2009,25(4):251-254. DOI:10.3760/cma.j.issn.1009-4598.2009.04.005.}

[6759] 杨志诚，王兴，伊彪，李自力，毛驰，彭歆．游离组织瓣在矫治半侧颜面发育不全中的应用 [J]．中华整形外科杂志，2009，25（4）：290-291．DOI：10.3760/cma.j.issn.1009-4598.2009.04.018．{YANG Zhicheng,WANG Xing,YI Biao,LI Zili,MAO Chi,PENG Xin. Application of free tissue flap in the treatment of hemifacial hypoplasia[J]. Zhonghua Zheng Xing Wai Ke Za Zhi[Chin J Plast Surg(Article in Chinese;No abstract available)],2009,25(4):290-291. DOI:10.3760/cma.j.issn.1009-4598.2009.04.018.}

[6760] 王光辉，吴宇平，吕扬成，朱江，刘劲松，马杰科，李成．小腿内侧游离皮瓣修复口腔肿瘤切除后组织缺损 [J]．中华整形外科杂志，2009，25（5）：386-387．DOI：10.3760/cma.j.issn.1009-4598.2009.05.020．{WANG Guanghui,WU Yuping,LU Yangcheng,ZHU Jiang,LIU Jinsong,MA Jieke,LI Cheng. Repair of tissue defect after resection of oral tumor with free skin flap on inner calf[J]. Zhonghua Zheng Xing Wai Ke Za Zhi[Chin J Plast Surg(Article in Chinese;Abstract in Chinese)],2009,25(5):386-387. DOI:10.3760/cma.j.issn.1009-4598.2009.05.020.}

[6761] 于光，梁钢，项礼，丁健，雷红丙，徐洪艳．示指拇指化术加游离皮瓣修复手桡侧列损伤 [J]．中华整形外科杂志，2009，25（6）：463-464．DOI：10.3760/cma.j.issn.1009-4598.2009.06.021．{YU Guang,LIANG Gang,XIANG Li,DING Jian,LEI Hongbing,XU Hongyan. Finger thumbing operation and free skin flap to repair the injury of the radial side of the hand[J]. Zhonghua Zheng Xing Wai Ke Za Zhi[Chin J Plast Surg(Article in Chinese;Abstract in Chinese)],2009,25(6):463-464. DOI:10.3760/cma.j.issn.1009-4598.2009.06.021.}

[6762] 李平，顾立强，向剑平，戚剑，朱庆棠，劳镇国．应用岛状皮瓣或游离皮瓣修复严重放射性溃疡 [J]．中华损伤与修复杂志（电子版），2009，4（5）：555-559．DOI：10.3969/j.issn.1673-9450.2009.05.009．{LI Ping,GU Liqiang,XIANG Jianping,QI Jian,ZHU Qingtang,LAO Zhenguo. Reconstruction of severe radiation,induced ulceration with island flap or free flap[J]. Zhonghua Sun Shang Yu Xiu Fu Za Zhi Dian Zi Ban[Chin J Injury Repair Wound Healing(Electr Ed)(Article in Chinese;Abstract in Chinese and English)],2009,4(5):555-559. DOI:10.3969/j.issn.1673-9450.2009.05.009.}

[6763] 龚志鑫，邵新中，张桂生，田德虎，于亚东，高彦华．应用踝前与足背联合皮瓣游离移植修复手掌部贯通伤皮肤缺损 [J]．中华显微外科杂志，2010，33（6）：444-446，后插3．DOI：10.3760/cma.j.issn.1001-2036.2010.06.003．{GONG Zhixin,SHAO Xinzhong,ZHANG Guisheng,TIAN Dehu,YU Yadong,GAO Yanhua. Repairment of skin defects secondary to penetrating wound of palm with the application of free string-type dorsalis pedis flap and anterior malleolus flap[J]. Zhonghua Xian Wei Wai Ke Za Zhi[Chin J Microsurg(Article in Chinese;Abstract in Chinese and English)],2010,33(6):444-446,insert 3. DOI:10.3760/cma.j.issn.1001-2036.2010.06.003.}

[6764] 蔡晓斌，王培吉，金子清．游离足背组织瓣修复手部复合组织缺损 [J]．中华手外科杂志，2010，26（4）：253．{CAI Xiaobin,WANG Peiji,JIN Ziqing. Repair of complex tissue defect of hand with free dorsal tissue flap[J]. Zhonghua Shou Wai Ke Za Zhi[Chin J Hand Surg(Article in Chinese;No abstract available)],2010,26(4):253.}

[6765] 高树林，曹艳，唐永丰，孙中华，杨志贤，石昆，周鑫．臂外侧下部游离皮瓣在手部创面修复中的应用 [J]．中华显微外科杂志，2010，33（2）：155-156．DOI：10.3760/cma.j.issn.1001-2036.2010.02.026．{GAO Shulin,CAO Yan,TANG Yongfeng,SUN Zhonghua,YANG Zhixian,SHI Kun,ZHOU Xin. Application of free skin flap of lower lateral arm in repair of hand wound[J]. Zhonghua Xian Wei Wai Ke Za Zhi[Chin J Microsurg(Article in Chinese;Abstract in Chinese)],2010,33(2):155-156. DOI:10.3760/cma.j.issn.1001-2036.2010.02.026.}

[6766] 王镖，魏建伟．应用游离组织瓣修复颌面部肿瘤术后组织缺损 [J]．中华显微外科杂志，2010，33（3）：243-245．DOI：10.3760/cma.j.issn.1001-2036.2010.03.033．{WANG Biao,WEI Jianwei. Repair of tissue defect after maxillofacial tumor operation with free tissue flap[J]. Zhonghua Xian Wei Wai Ke Za Zhi[Chin J Microsurg(Article in Chinese;Abstract in Chinese)],2010,33(3):243-245. DOI:10.3760/cma.j.issn.1001-2036.2010.03.033.}

[6767] 罗翔，谭海涛，江建中，陆俭军，韦平欧，杨克勤，覃天金，林汉．应用游离皮瓣修复头颈部大面积软组织缺损 [J]．中华显微外科杂志，2010，33（5）：357-359，后插3．DOI：10.3760/cma.j.issn.1001-2036.2010.05.002．{LUO Xiang,TAN Haitao,JIANG Jianzhong,LU Jianjun,WEI Pingou,YANG Keqin,QIN Tianjin,LIN Han. Free flap transplantation in the reconstruction of large area defects in head and neck[J]. Zhonghua Xian Wei Wai Ke Za Zhi[Chin J Microsurg(Article in Chinese;Abstract in Chinese and English)],2010,33(5):357-359,cover 3. DOI:10.3760/cma.j.issn.1001-2036.2010.05.002.}

[6768] 刘成龙，靳安民，李奇，李夏林，闵少雄．小型游离皮瓣在手外伤软组织缺损修复中的应用 [J]．中华显微外科杂志，2010，33（5）：414-415．DOI：10.3760/cma.j.issn.1001-2036.2010.05.024．{LIU Chenglong,JIN Anmin,LI Qi,LI Xialin,MIN Shaoxiong. Application of small free skin flaps in the repair of soft tissue defects in hand trauma[J]. Zhonghua Xian Wei Wai Ke Za Zhi[Chin J Microsurg(Article in Chinese;No abstract available)],2010,33(5):414-415. DOI:10.3760/cma.j.issn.1001-2036.2010.05.024.}

[6769] 蔡晓斌，吴凌峰．改良游离静脉皮瓣修复多指软组织缺损 [J]．中华整形外科杂志，2010，26（6）：456．DOI：10.3760/cma.j.issn.1009-4598.2010.06.014．{CAI Xiaobin,WU Lingfeng. Repair of multi-finger soft tissue defect with modified free vein flap[J]. Zhonghua Zheng Xing Wai Ke Za Zhi[Chin J Plast Surg(Article in Chinese;Abstract in Chinese)],2010,26(6):456. DOI:10.3760/cma.j.issn.1009-4598.2010.06.014.}

[6770] 金武龙，叶为民，竺涵光．前臂游离皮瓣功能性修复颌面部缺损的临床体会 [J]．中国口腔颌面外科杂志，2010，8（1）：16-19．{JIN Wulong,YE Weimin,ZHU Hanguang. Clinical experience of functional reconstruction of maxillofacial defects with free forearm flap[J]. Zhongguo Kou Qiang He Mian Wai Ke Za Zhi[Chin J Oral Maxillofac Surg(Article in Chinese;Abstract in Chinese and English)],2010,8(1):16-19.}

[6771] 徐中飞，谭学新，秦兴军，尚德浩，黄绍辉，孙长伏．影响头颈部游离皮瓣移植成活的因素分析 [J]．中国口腔颌面外科杂志，2010，8（3）：265-268．{XU Zhongfei,TAN Xuexin,QIN Xingjun,SHANG Dehao,HUANG Shaohui,SUN Changfu. Analysis of factors associated with success rate of 124 free flaps in head and neck reconstruction[J]. Zhongguo Kou Qiang He

Mian Wai Ke Za Zhi[Chin J Oral Maxillofac Surg(Article in Chinese;Abstract in Chinese and English)],2010,8(3):265-268.}

[6772] **张雄斌，王才波，朱辉，王强，吴林，张波涛．游离骨间背侧微型皮瓣修复手指创面 [J]．实用手外科杂志，2011，25(4)：291-292．DOI：10.3969/j.issn.1671-2722.2011.04.013．** {ZHANG Xiongbin,WANG Caibo,ZHU Hui,WANG Qiang,WU Lin,ZHANG Botao. Repair of finger wound by freeing interosseous dorsal mini flap[J]. Shi Yong Shou Wai Ke Za Zhi[Chin J Pract Hand Surg(Article in Chinese;Abstract in Chinese and English)],2011,25(4):291-292. DOI:10.3969/j.issn.1671-2722.2011.04.013.}

[6773] **王祝民，丛海波，王崧伊，余志平．游离皮瓣移植结合外固定支架Ⅰ期治疗小腿严重复合伤 [J]．中华显微外科杂志，2011，34(3)：236-238．DOI：10.3760/cma.j.issn.1001-2036.2011.03.026．** {WANG Zhumin,CONG Haibo,WANG Songyi,YU Zhiping. Free skin flap transplantation combined with external fixation stent for treatment of severe compound injury of lower leg[J]. Zhonghua Xian Wei Wai Ke Za Zhi[Chin J Microsurg(Article in Chinese;Abstract in Chinese)],2011,34(3):236-238. DOI:10.3760/cma.j.issn.1001-2036.2011.03.026.}

[6774] **王海文，江新民，顾荣，侯瑞兴，江吉勇，曾德庆．下腹部浅动脉游离皮瓣修复上肢皮肤软组织缺损 [J]．中华显微外科杂志，2011，34(6)：450-453．DOI：10.3760/cma.j.issn.1001-2036.2011.06.004．** {WANG Haiwen,JIANG Xinmin,GU Rong,HOU Ruixing,JIANG Jiyong,ZENG Deqing. Repair of skin and soft tissue defects in upper limbs with low abdominal superficial artery flap[J]. Zhonghua Xian Wei Wai Ke Za Zhi[Chin J Microsurg(Article in Chinese;Abstract in Chinese and English)],2011,34(6):450-453. DOI:10.3760/cma.j.issn.1001-2036.2011.06.004.}

[6775] **曾剑文，谢建军，李国勇，付剑平，饶海群，罗志平．小腿桥式交腿游离皮瓣的临床应用 [J]．中华显微外科杂志，2011，34(6)：500-502．DOI：10.3760/cma.j.issn.1001-2036.2011.06.027．** {ZENG Jianwen,XIE Jianjun,LI Guoyong,FU Jianping,RAO Haiqun,LUO Zhiping. Clinical application of cross-leg free skin flap of calf bridge[J]. Zhonghua Xian Wei Wai Ke Za Zhi[Chin J Microsurg(Article in Chinese;Abstract in Chinese)],2011,34(6):500-502. DOI:10.3760/cma.j.issn.1001-2036.2011.06.027.}

[6776] **王海文，顾荣，江新民，陈宏彬，侯瑞兴．游离下腹部双叶皮瓣修复前臂及手部多处皮肤软组织缺损 [J]．中华手外科杂志，2011，27(4)：244-245．** {WANG Haiwen,GU Rong,JIANG Xinmin,CHEN Hongbin,HOU Ruixing. Free lower abdomen double-leaf skin flap to repair multiple skin and soft tissue defects of forearm and hand[J]. Zhonghua Shou Wai Ke Za Zhi[Chin J Hand Surg(Article in Chinese;Abstract in Chinese)],2011,27(4):244-245.}

[6777] **翟沁凯，薛雷，王绪凯，卢利，孙长伏，谭学新，秦兴军，黄绍辉．应用血管化游离组织瓣修复口腔颌面部缺损 168 例临床分析 [J]．中国口腔颌面外科杂志，2011，9(2)：160-163．** {ZHAI Qinkai,XUE Lei,WANG Xukai,LU Li,SUN Changfu,TAN Xuexin,QIN Xingjun,HUANG Shaohui. Clinical analysis of microsurgical free flap for oral and maxillofacial region reconstruction[J]. Zhongguo Kou Qiang He Mian Wai Ke Za Zhi[Chin J Oral Maxillofac Surg(Article in Chinese;Abstract in Chinese and English)],2011,9(2):160-163.}

[6778] **江起庭，冯明生，江志伟，刘进竹，杨丽娜．改良动脉化游离静脉皮瓣修复手指软组织缺损 [J]．实用手外科杂志，2011，25(4)：295-297，307．DOI：10.3969/j.issn.1671-2722.2011.04.015．** {JIANG Qiting,FENG Mingsheng,JIANG Zhiwei,LIU Jinzhu,YANG Lina. Repairing soft tissue defect of finger by using modified arterialized venous skin flap[J]. Shi Yong Shou Wai Ke Za Zhi[Chin J Pract Hand Surg(Article in Chinese;Abstract in Chinese and English)],2011,25(4):295-297,307. DOI:10.3969/j.issn.1671-2722.2011.04.015.}

[6779] **刘曙光，艾伟健，栾修文，周会喜，王治平，李志强，盘杰，黄元瑾．血管化游离组织瓣移植在口腔颌面部缺损修复中的应用 [J]．实用医学杂志，2011，27(15)：2742-2744．DOI：10.3969/j.issn.1006-5725.2011.15.020．** {LIU Shuguang,AI Weijian,LUAN Xiuwen,ZHOU Huixi,WANG Zhiping,LI Zhiqiang,PAN Jie,HUANG Yuanjin. Application of 119 vascularized free flaps transplantation in the reparation of maxillofacial region defect[J]. Shi Yong Yi Xue Za Zhi[J Pract Med(Article in Chinese;Abstract in Chinese and English)],2011,27(15):2742-2744. DOI:10.3969/j.issn.1006-5725.2011.15.020.}

[6780] **王晓峰，李基民，蔡晓明，李学渊．游离足跗外侧皮瓣移植修复手部软组织缺损 [J]．中华手外科杂志，2012，28(5)：271-272．DOI：10.3760/cma.j.issn.1005-054X.2012.05.008．** {WANG Xiaofeng,LI Jimin,CAI Xiaoming,LI Xueyuan. Free lateral tarsal flap transfer for repair of skin defects of the hand[J]. Zhonghua Shou Wai Ke Za Zhi[Chin J Hand Surg(Article in Chinese;Abstract in Chinese and English)],2012,28(5):271-272. DOI:10.3760/cma.j.issn.1005-054X.2012.05.008.}

[6781] **杨锦，杨晓东，丁建波，周阳，刘扬武，陈逸民，付尚俊．游离足底内侧静脉皮瓣动脉化修复指背软组织缺损 [J]．中华手外科杂志，2012，28(5)：263-264．** {YANG Jin,YANG Xiaodong,DING Jianbo,ZHOU Yang,LIU Yangwu,CHEN Yimin,FU Shangjun. Arterialization of free medial plantar venous flap for repair of soft tissue defect in the dorsal finger[J]. Zhonghua Shou Wai Ke Za Zhi[Chin J Hand Surg(Article in Chinese;No abstract available)],2012,28(5):263-264.}

[6782] **陆振良，陆大明，陆向荣，徐雪平．应用游离皮瓣修复前足残端创面 [J]．中华创伤骨科杂志，2012，14(9)：822-824．DOI：10.3760/cma.j.issn.1671-7600.2012.09.021．** {LU Zhenliang,LU Daming,LU Xiangrong,XU Xueping. Repair of forefoot stump wound with free skin flap[J]. Zhonghua Chuang Shang Gu Ke Za Zhi[Chin J Orthop Trauma(Article in Chinese;Abstract in Chinese)],2012,14(9):822-824. DOI:10.3760/cma.j.issn.1671-7600.2012.09.021.}

[6783] **陈奇鸣，罗锦辉，杨福周，余林权，黄远清，朱伟荣．跗内侧游离静脉皮瓣修复手部软组织缺损的临床应用 [J]．中华显微外科杂志，2012，35(2)：158-160．DOI：10.3760/cma.j.issn.1001-2036.2012.02.028．** {CHEN Qiming,LUO Jinhui,YANG Fuzhou,YU Linquan,HUANG Yuanqing,ZHU Weirong. Clinical application of free venous flap of medial tarsal to repair hand soft tissue defect[J]. Zhonghua Xian Wei Wai Ke Za Zhi[Chin J Microsurg(Article in Chinese;Abstract in Chinese)],2012,35(2):158-160. DOI:10.3760/cma.j.issn.1001-2036.2012.02.028.}

[6784] **李浩，梅劲，季卫平，沈永辉，丁茂超．膝降动脉隐支皮瓣游离移植修复手部软组织缺损 [J]．中华显微外科杂志，2012，35(2)：97-99，后插 2．DOI：10.3760/cma.j.issn.1001-2036.2012.02.003．** {LI Hao,MEI Jin,JI Weiping,SHEN Yonghui,DING Maochao. Anatomy of the free saphenous branch of descending genicular artery flap and its clinical application for the hand soft-tissue defects[J]. Zhonghua Xian Wei Wai Ke Za Zhi[Chin J Microsurg(Article in Chinese;Abstract in Chinese and English)],2012,35(2):97-99,insert 2. DOI:10.3760/cma.j.issn.1001-2036.2012.02.003.}

[6785] **王剑利，赵刚，王五洲，郭永强，曲新强，王根，孙圣亮，付磊．游离皮瓣移植 1270 例回顾性研究 [J]．中华显微外科杂志，2012，35(3)：189-193．DOI：10.3760/cma.j.issn.1001-2036.2012.03.005．** {WANG Jianli,ZHAO Gang,WANG Wuzhou,GUO Yongqiang,QU Xinqiang,WANG Gen,SUN Shengliang,FU Lei. A retrospective study of 1270 cases with free flap transplantation[J]. Zhonghua Xian Wei Wai Ke Za Zhi[Chin J Microsurg(Article in Chinese;Abstract in Chinese and English)],2012,35(3):189-193. DOI:10.3760/cma.j.issn.1001-2036.2012.03.005.}

[6786] **杨锦，杨晓东，刘扬武，丁建波，周阳，陈逸民，付尚俊．游离跗外侧皮瓣修复指腹皮肤软组织缺损 [J]．中华显微外科杂志，2012，35(3)：222-223．DOI：10.3760/cma.j.issn.1001-2036.2012.03.016．** {YANG Jin,YANG Xiaodong,LIU Yangwu,DING Jianbo,ZHOU Yang,CHEN Yimin,FU Shangjun. Free lateral tarsal skin flap to repair the skin and soft tissue defects of the fingertips[J]. Zhonghua Xian Wei Wai Ke Za Zhi[Chin J Microsurg(Article in Chinese;Abstract in Chinese)],2012,35(3):222-223. DOI:10.3760/cma.j.issn.1001-2036.2012.03.016.}

[6787] **黄代营，李智勇，冯崇锦．前臂游离皮瓣修复口腔颌面部软组织缺损 [J]．中华显微外科杂志，2012，35(4)：319-320．DOI：10.3760/cma.j.issn.1001-2036.2012.04.019．** {HUANG Daiying,LI Zhiyong,FENG Chongjin. Repair of oral and maxillofacial soft tissue defects with free skin flap of forearm[J]. Zhonghua Xian Wei Wai Ke Za Zhi[Chin J Microsurg(Article in Chinese;Abstract in Chinese)],2012,35(4):319-320. DOI:10.3760/cma.j.issn.1001-2036.2012.04.019.}

[6788] **黄飞，孙军健，魏雅莉，赖爱宁，李骥．游离皮瓣修复手背软组织缺损的临床选择 [J]．中华手外科杂志，2012，28(6)：343-345．DOI：10.3760/cma.j.issn.1005-054X.2012.06.010．** {HUANG Fei,SUN Junjian,WEI Yali,LAI Aining,LI Ji. Selection of free flaps for repairing soft tissue defects of the dorsum of the hand[J]. Zhonghua Shou Wai Ke Za Zhi[Chin J Hand Surg(Article in Chinese;Abstract in Chinese and English)],2012,28(6):343-345. DOI:10.3760/cma.j.issn.1005-054X.2012.06.010.}

[6789] **韩正学，李金忠，李华，苏明，张力伟，吴震，张俊廷．游离组织瓣移植重建颅内外沟通性缺损的临床研究 [J]．中华神经外科杂志，2012，28(8)：772-774．DOI：10.3760/cma.j.issn.1001-2346.2012.08.008．** {HAN Zhengxue,LI Jinzhong,LI Hua,SU Ming,ZHANG Liwei,WU Zhen,ZHANG Junting. Reconstruction of combined intra-extracranial defects by mycutaneous free flap[J]. Zhonghua Shen Jing Wai Ke Za Zhi[Chin J Neurosurg(Article in Chinese;Abstract in Chinese and English)],2012,28(8):772-774. DOI:10.3760/cma.j.issn.1001-2346.2012.08.008.}

[6790] **巨积辉，邹国平，金光哲，李建宁，李雷，刘跃飞，刘海亮，侯瑞兴．多种游离皮瓣修复手背侧热压伤 27 例 [J]．中华烧伤杂志，2012，28(4)：312-313．DOI：10.3760/cma.j.issn.1009-2587.2012.04.029．** {JU Jihui,ZOU Guoping,JIN Guangzhe,LI Jianning,LI Lei,LIU Yuefei,LIU Hailiang,HOU Ruixing. A variety of free skin flaps to repair 27 cases of thermal compression injury on the dorsal side of the hand[J]. Zhonghua Shao Shang Za Zhi[Chin J Burns(Article in Chinese;Abstract in Chinese)],2012,28(4):312-313. DOI:10.3760/cma.j.issn.1009-2587.2012.04.029.}

[6791] **李华涛，海恒林，吴胜刚，李强，陈杨．改良股内侧皮瓣游离移植二例 [J]．中华整形外科杂志，2012，28(5)：387-388．DOI：10.3760/cma.j.issn.1009-4598.2012.05.026．** {LI Huatao,HAI Henglin,WU Shenggang,LI Qiang,CHEN Yang. Two cases of free transplantation of improved medial femoral flap[J]. Zhonghua Zheng Xing Wai Ke Za Zhi[Chin J Plast Surg(Article in Chinese;Abstract in Chinese)],2012,28(5):387-388. DOI:10.3760/cma.j.issn.1009-4598.2012.05.026.}

[6792] **姜蕾，陈潇卿，石荣华，王国栋，李崴，黄建涛，刘渊，吴洋，姜晓钟，赵云富．前臂桡侧游离皮瓣静脉回流障碍的临床观察：附 13 例报道 [J]．中国口腔颌面外科杂志，2012，10(2)：146-150．** {JIANG Lei,CHEN Xiaoqing,SHI Ronghua,WANG Guodong,LI Wei,HUANG Jiantao,LIU Yuan,WU Yang,JIANG Xiaozhong,ZHAO Yunfu. Clinical analysis of venous compromise of the radial forearm free flap:A retrospective study of 13 cases[J]. Zhongguo Kou Qiang He Mian Wai Ke Za Zhi[Chin J Oral Maxillofac Surg(Article in Chinese;Abstract in Chinese)],2012,10(2):146-150.}

[6793] **薛浩伟，后军，潘涛，胡玉坤，孙明，张令达．前臂游离皮瓣在口腔鳞状细胞癌术后缺损中的应用 [J]．安徽医科大学学报，2012，47(8)：995-996．DOI：10.3969/j.issn.1000-1492.2012.08.030．** {XUE Haowei,HOU Jun,PAN Tao,HU Yukun,SUN Ming,ZHANG Lingda. The application of forearm free flap in defect caused by resection of oral squamous cell carcinoma[J]. An Hui Yi Ke Da Xue Xue Bao[Acta Univ Med Anhui(Article in Chinese;Abstract in Chinese)],2012,47(8):995-996. DOI:10.3969/j.issn.1000-1492.2012.08.030.}

[6794] **杨薪勃，吴晓曙，杨大伟，蒋纯志．利用截肢肢体游离组织瓣移植修复残端创面 [J]．中国修复重建外科杂志，2012，26(2)：215-218．** {YANG Xingbo,WU Xiaoshu,YANG Dawei,JIANG Chunzhi. Free tissue transplantation from amputated limbs for covering raw surface of stumps[J]. Zhongguo Xiu Fu Chong Jian Wai Ke Za Zhi[Chin J Repar Reconstr Surg(Article in Chinese;Abstract in Chinese and English)],2012,26(2):215-218.}

[6795] **郑良军，郭翱，李俊，金岩泉，蔡灵敏．游离指动脉背侧皮支皮瓣修复指指端缺损 [J]．中华显微外科杂志，2013，36(2)：206-207．DOI：10.3760/cma.j.issn.1001-2036.2013.02.040．** {ZHENG Liangjun,GUO Ao,LI Jun,JIN Yanquan,CAI Lingmin. Repair of finger tip defect with free skin flap of dorsal digital artery[J]. Zhonghua Xian Wei Wai Ke Za Zhi[Chin J Microsurg(Article in Chinese;No abstract available)],2013,36(2):206-207. DOI:10.3760/cma.j.issn.1001-2036.2013.02.040.}

[6796] **杨锦，杨晓东，丁建波，刘扬武，周阳，陈逸民，付尚俊．游离足底内侧动脉化静脉皮瓣修复指端缺损 [J]．中华显微外科杂志，2013，36(2)：188-189．DOI：10.3760/cma.j.issn.1001-2036.2013.02.031．** {YANG Jin,YANG Xiaodong,DING Jianbo,LIU Yangwu,ZHOU Yang,CHEN Yimin,FU Shangjun. Repair of fingertip defect with free medial plantar arterialized venous flap[J]. Zhonghua Xian Wei Wai Ke Za Zhi[Chin J Microsurg(Article in Chinese;Abstract in Chinese)],2013,36(2):188-189. DOI:10.3760/cma.j.issn.1001-2036.2013.02.031.}

[6797] **刘跃飞，巨积辉，吕文涛，侯瑞兴．下腹部双叶皮瓣游离移植修复手和足部创面九例 [J]．中华显微外科杂志，2013，36(6)：588-589．DOI：10.3760/cma.j.issn.1001-2036.2013.06.022．** {LIU Yuefei,JU Jihui,LU Wentao,HOU Ruixing. Nine cases of repairing hand and foot wounds by free transplantation of lower abdominal double-leaf skin flap[J]. Zhonghua Xian Wei Wai Ke Za Zhi[Chin J Microsurg(Article in Chinese;Abstract in Chinese)],2013,36(6):588-589. DOI:10.3760/cma.j.issn.1001-2036.2013.06.022.}

[6798] **黄剑，郑远圆，李基民，王晓峰，李学渊，陈宏．游离上臂外侧分叶皮瓣在手部多创面皮肤缺损中的应用 [J]．中华手外科杂志，2013，29(1)：25-27．DOI：10.3760/cma.j.issn.1005-054X.2013.01.010．** {HUANG Jian,ZHENG Yuanyuan,LI Jimin,WANG Xiaofeng,LI Xueyuan,CHEN Hong. The application of lateral arm multifoliate flaps to repair multiple soft tissue defects of the hand[J]. Zhonghua Shou Wai Ke Za Zhi[Chin J Hand Surg(Article in Chinese;Abstract in Chinese and English)],2013,29(1):25-27. DOI:10.3760/cma.j.issn.1005-054X.2013.01.010.}

[6799] **顾玉东．游离下腹部皮瓣 40 年 [J]．中华手外科杂志，2013，29(2)：67．DOI：10.3760/cma.j.issn.1005-054X.2013.02.003．** {GU Yudong. Free lower abdominal skin flap for 40 years[J]. Zhonghua Shou Wai Ke Za Zhi[Chin J Hand Surg(Article in Chinese;No abstract available)],2013,29(2):67. DOI:10.3760/cma.j.issn.1005-054X.2013.02.003.}

[6800] **戚建武，柴益铜，王科杰，蔡利兵，李学渊，王欣．游离腹股沟皮瓣修复手部皮肤缺损 [J]．中华手外科杂志，2013，29(5)：271-273．DOI：10.3760/cma.j.issn.1005-054X.2013.05.006．** {QI Jianwu,CHAI Yitong,WANG Kejie,CAI Libing,LI Xueyuan,WANG Xin. Free groin flap for coverage of soft tissue defect of the hand[J]. Zhonghua Shou Wai Ke Za Zhi[Chin J Hand Surg(Article in Chinese;Abstract in Chinese and English)],2013,29(5):271-273. DOI:10.3760/cma.j.issn.1005-054X.2013.05.006.}

[6801] **梁钢，孙建平，徐宝成．应用小腿内侧游离皮瓣桥接修复上肢较大面积皮肤及主干血管缺损 [J]．中华烧伤杂志，2013，29(4)：389-390．DOI：10.3760/cma.j.issn.1009-2587.2013.04.017．** {LIANG Gang,SUN Jianping,XU Baocheng. Repair of large area skin and main vascular defects of upper limbs by bridging with free skin flaps on the inner side of the leg[J]. Zhonghua Shao Shang Za Zhi[Chin J Burns(Article in Chinese;Abstract in Chinese)],2013,29(4):389-390. DOI:10.3760/cma.j.issn.1009-2587.2013.04.017.}

[6802] **史也，张韬，陈永宁，赵继志，余立江，石田印，马超．应用游离组织瓣同期修复舌癌切除后缺损 [J]．中华整形外科杂志，2013，29(5)：325-328．DOI：10.3760/cma.j.issn.1009-4598.2013.05.002．** {SHI Ye,ZHANG Tao,CHEN Yongning,ZHAO Jizhi,YU Lijiang,SHI Tianyin,MA Chao. The application of free tissue flap in simultaneous reconstruction of defects after tongue cancer resection[J]. Zhonghua Zheng Xing Wai Ke Za Zhi[Chin J Plast Surg(Article in Chinese;Abstract in Chinese and English)],2013,29(5):325-328. DOI:10.3760/cma.j.issn.1009-4598.2013.05.002.}

[6803] 朱新红，黄飞，陶德刚，赖爱宁，郭龙，王佳孜，陈冰，戴志元．吻合一组血管的游离联合皮瓣修复下肢复合组织缺损 [J]．中华整形外科杂志，2013，29（5）：376-378. DOI：10.3760/cma.j.issn.1009-4598.2013.05.014．{ZHU Xinhong,HUANG Fei,TAO Degang,LAI Aining,GUO Long,WANG Jiazi,CHEN Bing,DAI Zhiyuan. Repair of complex tissue defects of lower limbs with free combined skin flaps anastomosed a set of blood vessels[J]. Zhonghua Zheng Xing Wai Ke Za Zhi[Chin J Plast Surg(Article in Chinese;Abstract in Chinese)],2013,29(5):376-378. DOI:10.3760/cma.j.issn.1009-4598.2013.05.014.}

[6804] 黄飞，赖爱宁，朱新红，郭龙，王刚．选择性利用游离皮瓣修复手、腕部软组织缺损 [J]．实用手外科杂志，2013，27（3）：337-340. DOI：10.3969/j.issn.1671-2722.2013.03.011. {HUANG Fei,LAI Aining,ZHU Xinhong,GUO Long,WANG Gang. The clinical research of soft tissue defects repair of hand and wrist by using free flap selectively[J]. Shi Yong Shou Wai Ke Za Zhi[Chin J Pract Hand Surg(Article in Chinese;Abstract in Chinese and English)],2013,27(3):337-340. DOI:10.3969/j.issn.1671-2722.2013.03.011.}

[6805] 林伟栋，张全荣，张志海，吴柯．废弃指游离甲瓣移植修复另指指端缺损 [J]．实用手外科杂志，2014，28（4）：414-415. DOI：10.3969/j.issn.1671-2722.2014.04.022. {LIN Weidong,ZHANG Quanrong,ZHANG Zhihai,WU Ke. The application of abandon finger nail flap to repair tip defect of another finger[J]. Shi Yong Shou Wai Ke Za Zhi[Chin J Pract Hand Surg(Article in Chinese;Abstract in Chinese and English)],2014,28(4):414-415. DOI:10.3969/j.issn.1671-2722.2014.04.022.}

[6806] 赵勇刚，杨铭华，郭德华，付强．四种游离皮瓣修复前足及足底软组织缺损 [J]．中华显微外科杂志，2014，37（2）：193-194. DOI：10.3760/cma.j.issn.1001-2036.2014.02.033. {ZHAO Yonggang,YANG Minghua,GUO Dehua,FU Qiang. Four kinds of free skin flaps to repair forefoot and plantar soft tissue defects[J]. Zhonghua Xian Wei Wai Ke Za Zhi[Chin J Microsurg(Article in Chinese;Abstract in Chinese)],2014,37(2):193-194. DOI:10.3760/cma.j.issn.1001-2036.2014.02.033.}

[6807] 尹成国，王业本，姚保兵，郝作斌，王文德，赵亮，李宗宝．游离足底内侧静脉皮瓣在手指软组织缺损中的应用 [J]．中华手外科杂志，2014，30（6）：470-472. DOI：10.3760/cma.j.issn.1005-054X.2014.06.030. {YIN Chengguo,WANG Yeben,YAO Baobing,HAO Zuobin,WANG Wende,ZHAO Liang,LI Zongbao. Application of free medial plantar vein flap in soft tissue defect of finger[J]. Zhonghua Shou Wai Ke Za Zhi[Chin J Hand Surg(Article in Chinese;Abstract in Chinese)],2014,30(6):470-472. DOI:10.3760/cma.j.issn.1005-054X.2014.06.030.}

[6808] 王兆庆，刘刚义．足背游离皮瓣在颌面部的临床应用 [J]．实用手外科杂志，2014，28（2）：151-152，155. DOI：10.3969/j.issn.1671-2722.2014.02.013. {WANG Zhaoqing,LIU Gangyi. The clinical application of free dorsum pedis flap to repair skin defect of maxillofacial region[J]. Shi Yong Shou Wai Ke Za Zhi[Chin J Pract Hand Surg(Article in Chinese;Abstract in Chinese and English)],2014,28(2):151-152,155. DOI:10.3969/j.issn.1671-2722.2014.02.013.}

[6809] 周钢，邱勋永，沈宁江．儿童游离组织瓣修复组织缺损 27 例的临床分析 [J]．中华显微外科杂志，2014，37(1)：26-28. DOI：10.3760/cma.j.issn.1001-2036.2014.01.009. {ZHOU Gang,QIU Xunyong,SHEN Ningjiang. Clinical analysis of microsurgical free tissue flap transfers in pediatric reconstruction of various defects[J]. Zhonghua Xian Wei Wai Ke Za Zhi[Chin J Microsurg(Article in Chinese;Abstract in Chinese and English)],2014,37(1):26-28. DOI:10.3760/cma.j.issn.1001-2036.2014.01.009.}

[6810] 段维轶，徐中飞，刘法昱，张恩礁，代炜，戚忠政，谭学新，黄绍辉，孙长伏．游离组织瓣修复口腔颌面 - 头颈部缺损 244 例 [J]．中华显微外科杂志，2014，37（5）：444-448. DOI：10.3760/cma.j.issn.1001-2036.2014.05.007. {DUAN Weiyi,XU Zhongfei,LIU Fayu,ZHANG Enjiao,DAI Wei,QI Zhongzheng,TAN Xuexin,HUANG Shaohui,SUN Changfu. Clinical application of free flap for head and neck reconstruction in 244 patients[J]. Zhonghua Xian Wei Wai Ke Za Zhi[Chin J Microsurg(Article in Chinese;Abstract in Chinese and English)],2014,37(5):444-448. DOI:10.3760/cma.j.issn.1001-2036.2014.05.007.}

[6811] 李匡文，唐举玉，刘俊，刘鸣江，谢松林，黄雄杰，黄新锋，肖湘君，吴攀峰．游离分叶骨间背动脉皮瓣修复多指皮肤缺损 [J]．中华手外科杂志，2014，30（1）：50-52. DOI：10.3760/cma.j.issn.1005-054X.2014.01.018. {LI Kuangwen,TANG Juyu,LIU Jun,LIU Mingjiang,XIE Songlin,HUANG Xiongjie,HUANG Xinfeng,XIAO Xiangjun,WU Panfeng. Free lobulated posterior interosseous artery flap for multi-finger skin defect coverage[J]. Zhonghua Shou Wai Ke Za Zhi[Chin J Hand Surg(Article in Chinese;Abstract in Chinese and English)],2014,30(1):50-52. DOI:10.3760/cma.j.issn.1005-054X.2014.01.018.}

[6812] 胡大蛟，宋志强．游离移植残肢皮瓣在上肢毁损伤中的临床应用 [J]．中华手外科杂志，2014，30（2）：152-153. {HU Dajiao,SONG Zhiqiang. Clinical application of free transplanted residual limb skin flap in upper limb damaged injury[J]. Zhonghua Shou Wai Ke Za Zhi[Chin J Hand Surg(Article in Chinese;No abstract available)],2014,30(2):152-153.}

[6813] 罗锦辉，杨福周，朱伟荣，罗毅．跗内侧游离静脉皮瓣与前臂游离静脉皮瓣疗效分析比较 [J]．创伤外科杂志，2014，16（3）：219-221. {LUO Jinhui,YANG Fuzhou,ZHU Weirong,LUO Yi. Comparison of the clinical efficacy between inside tarsal free vein flap and forearm free vein flap[J]. Chuang Shang Wai Ke Za Zhi[J Traum Surg(Article in Chinese;Abstract in Chinese and English)],2014,16(3):219-221.}

[6814] 白印伟，李征，余少校，陈泽华，柯于海，周望高，熊懿，钟科明，张振伟．前臂掌侧游离动脉化静脉皮瓣修复手部皮肤软组织缺损的疗效观察 [J]．中国修复重建外科杂志，2014，28（3）：362-365. DOI：10.7507/1002-1892.20140081. {BAI Yinwei,LI Zheng,YU Shaojiao,CHEN Zehua,KE Yuhai,ZHOU Wanggao,XIONG Yi,ZHONG Keming,ZHANG Zhenwei. Forearm free arterialized venous flap in repairing soft tissue defect of hand[J]. Zhongguo Xiu Fu Chong Jian Wai Ke Za Zhi[Chin J Repar Reconstr Surg(Article in Chinese;Abstract in Chinese and English)],2014,28(3):362-365. DOI:10.7507/1002-1892.20140081.}

[6815] 陈文雄，谢广中，梅林军，王湘伟．应用游离足背并联皮瓣修复 16 例多指软组织缺损 [J]．中华显微外科杂志，2015，38(2)：178-180. DOI：10.3760/cma.j.issn.1001-2036.2015.02.023. {CHEN Wenxiong,XIE Guangzhong,MEI Linjun,WANG Xiangwei. Repair of 16 cases of multi-finger soft tissue defect with free dorsal foot and skin flap[J]. Zhonghua Xian Wei Wai Ke Za Zhi[Chin J Microsurg(Article in Chinese;Abstract in Chinese)],2015,38(2):178-180. DOI:10.3760/cma.j.issn.1001-2036.2015.02.023.}

[6816] 胡小峰，陈建民，郑晓飞，李建美，周明伟，许光跃．足背双叶皮瓣游离移植修复手部 2 个手指皮肤缺损 [J]．中华手外科杂志，2015，31（3）：195-196. {HU Xiaofeng,CHEN Jianmin,ZHENG Xiaofei,LI Jianmei,ZHOU Mingwei,XU Guangyue. Free transplantation of dorsum double-leaf skin flaps to repair the skin defects of two fingers on the hand[J]. Zhonghua Shou Wai Ke Za Zhi[Chin J Hand Surg(Article in Chinese;Abstract in Chinese)],2015,31(3):195-196.}

[6817] 陈颖，陈嘉健，杨犇龙，陈嘉莹，楼菲菲，柳光宇，邵志敏，沈镇宙，吴炅．近红外组织血氧参数监测在游离腹部皮瓣监测中的应用 [J]．中华显微外科杂志，2015，38（2）：152-156. DOI：10.3760/cma.j.issn.1001-2036.2015.02.013. {CHEN Ying,CHEN Jiajian,YANG Benlong,CHEN Jiaying,LOU Feifei,LIU Guangyu,SHAO Zhimin,SHEN Zhenzhou,WU Jiong. Application of near infrared tissue blood oxygen parameter monitoring in free abdominal flap monitoring[J]. Zhonghua Xian Wei Wai Ke Za Zhi[Chin J Microsurg(Article in Chinese;Abstract in Chinese)],2015,38(2):152-156. DOI:10.3760/cma.j.issn.1001-2036.2015.02.013.}

[6818] 尹志成，曾昕明，袁灼辉，吴秀娟，洪永昌．桥接式静脉动脉化皮瓣游离移植修复手部创面缺损 [J]．中华手外科杂志，2015，31（2）：149-150. DOI：10.3760/cma.j.issn.1005-054X.2015.02.027. {YIN Zhicheng,ZENG Xinming,YUAN Zhuohui,WU Xiujuan,HONG Yongchang. Free grafting of bridging venous arterialized skin flap to repair hand wound defect[J]. Zhonghua Shou Wai Ke Za Zhi[Chin J Hand Surg(Article in Chinese;Abstract in Chinese)],2015,31(2):149-150. DOI:10.3760/cma.j.issn.1005-054X.2015.02.027.}

[6819] 李瑞华，阚世廉，宫可同，高燕新，尹路．桥接血管的游离皮瓣一期修复肢（指）皮肤伴血管缺损 [J]．中华手外科杂志，2015，31（2）：151-152. {LI Ruihua,KAN Shilian,GONG Ketong,GAO Yanxin,YIN Lu. Free skin flaps bridging blood vessels to repair limb (finger) skin with vascular defects in one stage[J]. Zhonghua Shou Wai Ke Za Zhi[Chin J Hand Surg(Article in Chinese;Abstract in Chinese)],2015,31(2):151-152.}

[6820] 庄加川，李敏姣，陈乐锋，陈国荣，叶学浪，张振伟．上臂内侧游离皮瓣修复手部皮肤缺损的临床应用 [J]．中华手外科杂志，2015，31（3）：185-187. {ZHUANG Jiachuan,LI Minjiao,CHEN Lefeng,CHEN Guorong,YE Xuelang,ZHANG Zhenwei. Clinical application of free skin flap on the inner side of upper arm to repair hand skin defect[J]. Zhonghua Shou Wai Ke Za Zhi[Chin J Hand Surg(Article in Chinese;Abstract in Chinese and English)],2015,31(3):185-187.}

[6821] 李大为，姜德欣，胡静波，蒋明，高鹏．游离静脉皮瓣移植修复指背软组织缺损 [J]．中华手外科杂志，2015，31（6）：466. DOI：10.3760/cma.j.issn.1005-054X.2015.06.025. {LI Dawei,JIANG Dexin,HU Jingbo,JIANG Ming,GAO Peng. Free vein skin flap transplantation to repair the soft tissue defect of the dorsal finger[J]. Zhonghua Shou Wai Ke Za Zhi[Chin J Hand Surg(Article in Chinese;No abstract available)],2015,31(6):466. DOI:10.3760/cma.j.issn.1005-054X.2015.06.025.}

[6822] 段崇锋，焦涛，谭春玲，孙荣涛，黄林林，李贤华，翟兴鹏．应用游离皮瓣修复足踝部皮肤缺损 [J]．实用手外科杂志，2016，30(4)：419-421. DOI：10.3969/j.issn.1671-2722.2016.04.014. {DUAN Chongfeng,JIAO Tao,TAN Chunling,SUN Rongtao,HUANG Linlin,LI Xianhua,DI Xingpeng. Application of free flap to repair the skin defect in the ankle[J]. Shi Yong Shou Wai Ke Za Zhi[Chin J Pract Hand Surg(Article in Chinese;Abstract in Chinese and English)],2016,30(4):419-421. DOI:10.3969/j.issn.1671-2722.2016.04.014.}

[6823] 吴立萌，蒋灿华，陈洁，李宁，闵安杰，高兴，翦新春．口腔颌面部游离组织瓣移植受区血管制备困难时的处理 [J]．中华显微外科杂志，2016，39（2）：114-118. DOI：10.3760/cma.j.issn.1001-2036.2016.02.004. {WU Limeng,JIANG Canhua,CHEN Jie,LI Ning,MIN Anjie,GAO Xing,JIANXINCHUN. Management of difficult recipient vessel preparation in microsurgical reconstruction for oral and maxillofacial defects with free flaps[J]. Zhonghua Xian Wei Wai Ke Za Zhi[Chin J Microsurg(Article in Chinese;Abstract in Chinese and English)],2016,39(2):114-118. DOI:10.3760/cma.j.issn.1001-2036.2016.02.004.}

[6824] 祝李霖，吴伟炽，黄东．游离跗外侧皮瓣修复虎口瘢痕挛缩 12 例 [J]．中华显微外科杂志，2016，39（3）：296-298. DOI：10.3760/cma.j.issn.1001-2036.2016.03.024. {ZHU Lilin,WU Weichi,HUANG Dong. Free lateral tarsal skin flap to repair 12 cases of scar contracture of tiger mouth[J]. Zhonghua Xian Wei Wai Ke Za Zhi[Chin J Microsurg(Article in Chinese;Abstract in Chinese)],2016,39(3):296-298. DOI:10.3760/cma.j.issn.1001-2036.2016.03.024.}

[6825] 闫军锋，靳兆印，胡庆威，付春林．前臂掌侧静脉游离皮瓣修复指背皮肤缺损 15 例 [J]．中华显微外科杂志，2016，39（4）：385-386. DOI：10.3760/cma.j.issn.1001-2036.2016.04.022. {YAN Junfeng,JIN Zhaoyin,HU Qingwei,FU Chunlin. Repair of the skin defect of the dorsum of the fingers with free flaps of palmar veins of forearm[J]. Zhonghua Xian Wei Wai Ke Za Zhi[Chin J Microsurg(Article in Chinese;Abstract in Chinese)],2016,39(4):385-386. DOI:10.3760/cma.j.issn.1001-2036.2016.04.022.}

[6826] 张航，王学松，曾福俊，顾尚武，吴德生，唐林俊．带神经游离环指近节静脉皮瓣修复指腹缺损 [J]．中华手外科杂志，2016，32（1）：35-36. {ZHANG Hang,WANG Xuesong,ZENG Fujun,GU Shangwu,WU Desheng,TANG Linjun. Repair of finger belly defect with free ring finger proximal venous flap with nerve[J]. Zhonghua Shou Wai Ke Za Zhi[Chin J Hand Surg(Article in Chinese;Abstract in Chinese and English)],2016,32(1):35-36.}

[6827] 郑大伟，黎章灿，许立，张旭阳，石荣剑，孙峰，寿奎水．静脉动脉化前臂静脉皮瓣游离移植一期修复掌浅弓及手掌软组织缺损 [J]．中华手外科杂志，2016，32（1）：37-39. DOI：10.3760/cma.j.issn.1005-054X.2016.01.019. {ZHENG Dawei,LI Zhangcan,XU Li,ZHANG Xuyang,SHI Rongjian,SUN Feng,SHOU Kuishui. Application of a flow-through venous forearm flap for repair of defects of the superficial palmar arch and palmar soft tissue[J]. Zhonghua Shou Wai Ke Za Zhi[Chin J Hand Surg(Article in Chinese;Abstract in Chinese)],2016,32(1):37-39. DOI:10.3760/cma.j.issn.1005-054X.2016.01.019.}

[6828] 池征璘，杨鹏，宋达疆．臂内侧平行四边形游离皮瓣修复手指完全套状撕脱伤 [J]．中华整形外科杂志，2016，32（2）：103-106. DOI：10.3760/cma.j.issn.1009-4598.2016.02.005. {CHI Zhenglin,YANG Peng,SONG Dajiang. Reconstruction of totally degloved fingers with a spiraled parallelogram medial arm free flap[J]. Zhonghua Zheng Xing Wai Ke Za Zhi[Chin J Plast Surg(Article in Chinese;Abstract in Chinese and English)],2016,32(2):103-106. DOI:10.3760/cma.j.issn.1009-4598.2016.02.005.}

[6829] 高顺红，赵刚，于志亮，张文龙，吴昊，胡宏宇，张云鹏，董惠双．以膝降动脉逆行供血的游离组织瓣修复小腿软组织缺损 [J]．中华整形外科杂志，2016，32（5）：384-386. DOI：10.3760/cma.j.issn.1009-4598.2016.05.016. {GAO Shunhong,ZHAO Gang,YU Zhiliang,ZHANG Wenlong,WU Hao,HU Hongyu,ZHANG Yunpeng,DONG Huishuang. Repair of calf soft tissue defect with free tissue flap with retrograde blood supply from descending genicular artery[J]. Zhonghua Zheng Xing Wai Ke Za Zhi[Chin J Plast Surg(Article in Chinese;No abstract available)],2016,32(5):384-386. DOI:10.3760/cma.j.issn.1009-4598.2016.05.016.}

[6830] 周喆刚，万圣祥，肖颖锋，张建，孟繁斌，褚云峰，于龙彪．游离皮瓣失败病例的原因及临床处理结果分析 [J]．实用骨科杂志，2016，22（9）：802-805. {ZHOU Zhegang,WAN Shengxiang,XIAO Yingfeng,ZHANG Jian,MENG Fanbin,CHU Yunfeng,YU Longbiao. Analysis the cause and the outcomes after salvage treatments following the failure of free flaps[J]. Shi Yong Gu Ke Za Zhi[J Pract Orthop(Article in Chinese;Abstract in Chinese and English)],2016,22(9):802-805.}

[6831] 王佳，白爽，孙长伏，刘法昱，徐中飞．273 例口腔颌面部游离皮瓣中 14 例皮瓣危象的相关因素分析 [J]．中国口腔颌面外科杂志，2016，14（6）：538-541. {WANG Jia,BAI Shuang,SUN Changfu,LIU Fayu,XU Zhongfei. Analysis of risk factors of free flap crisis in 14 of 273 consecutive patients with free flap reconstruction of oral and maxillofacial defects[J]. Zhongguo Kou Qiang He Mian Wai Ke Za Zhi[Chin J Oral Maxillofac Surg(Article in Chinese;Abstract in Chinese and English)],2016,14(6):538-541.}

[6832] 肖海涛，王怀胜，刘晓雪，刘勇，岑瑛．应用游离皮瓣修复头皮恶性肿瘤术后缺损 18 例 [J]．中国修复重建外科杂志，2016，30（1）：87-90. DOI：10.7507/1002-1892.20160018. {XIAO Haitao,WANG Huaisheng,LIU Xiaoxue,LIU Yong,CEN Ying. Clinical application of free flap on repair of scalp defect after resection of malignant tumor in 18 cases[J]. Zhongguo Xiu Fu Chong Jian Wai Ke Za Zhi[Chin J Repar Reconstr Surg(Article in Chinese;Abstract in Chinese and English)],2016,30(1):87-90. DOI:10.7507/1002-1892.20160018.}

[6833] 叶曙明，滕晓峰，陈宏，荆珏华，张积森．游离上臂外侧分叶皮瓣修复手部多创面皮肤缺损的临床应用 [J]．中国修复重建外科杂志，2016，30（4）：444-446. DOI：10.7507/1002-1892.20160089. {YE Shuming,TENG Xiaofeng,CHEN Hong,JING Juehua,ZHANG Jisen. Clinical application of lateral arm lobulated flaps to repair multiple soft tissue defect of hand[J]. Zhongguo Xiu Fu Chong Jian Wai Ke Za Zhi[Chin J Repar Reconstr Surg(Article in Chinese;Abstract in Chinese and English)],2016,30(4):444-446. DOI:10.7507/1002-1892.20160089.}

[6834] 张智. 游离足背三叶皮瓣修复多指皮肤缺损5例分析[J]. 中国矫形外科杂志，2017，25（22）：2100-2102. DOI：10.3977/j.issn.1005-8478.2017.22.19. {ZHANG Zhi. Analysis of 5 cases of repairing multi-finger skin defects with free foot tri-leaf skin flap[J]. Zhongguo Jiao Xing Wai Ke Za Zhi[Orthop J China(Article in Chinese;Abstract in Chinese)],2017,25(22):2100-2102. DOI:10.3977/j.issn.1005-8478.2017.22.19.}

[6835] 吴春，谭莉，应建军，王正理，戴本东. 吻合浅静脉的足底内侧游离皮瓣修复手掌皮肤软组织缺损[J]. 中华手外科杂志，2017，33（3）：230-231. DOI：10.3760/cma.j.issn.1005-054X.2017.03.030. {WU Chun,TAN Li,YING Jianjun,WANG Zhengli,DAI Bendong. Repair of palm skin soft tissue defects with free medial plantar flaps anastomosed with superficial veins[J]. Zhonghua Shou Wai Ke Za Zhi[Chin J Hand Surg(Article in Chinese;Abstract in Chinese)],2017,33(3):230-231. DOI:10.3760/cma.j.issn.1005-054X.2017.03.030.}

[6836] 欧阳嘉杰，苏明，李德龙，牛其芳，杨扬，韩正学. 硝酸盐转运蛋白Sialin与游离组织瓣缺血再灌注损伤的相关性研究[J]. 中华显微外科杂志，2017，40（3）：252-256. DOI：10.3760/cma.j.issn.1001-2036.2017.03.012. {OUYANG Jiajie,SU Ming,LI Delong,NIU Qifang,YANG Yang,HAN Zhengxue. Research for relevance between nitrate transporters (sialin) and ischemia-reperfusion injury in free flaps[J]. Zhonghua Xian Wei Wai Ke Za Zhi[Chin J Microsurg(Article in Chinese;Abstract in Chinese and English)],2017,40(3):252-256. DOI:10.3760/cma.j.issn.1001-2036.2017.03.012.}

[6837] 彭城，黎蕊，黄东旭，郑笑天，宫旭. 游离皮瓣坏死的危险因素：多变量Logistic回归分析[J]. 中华显微外科杂志，2017，40（4）：337-341. DOI：10.3760/cma.j.issn.1001-2036.2017.04.007. {PENG Cheng,LI Rui,HUANG Dongxu,ZHENG Xiaotian,GONG Xu. Risk factors of free flap necrosis:Multivariate logistic regression analysis[J]. Zhonghua Xian Wei Wai Ke Za Zhi[Chin J Microsurg(Article in Chinese;Abstract in Chinese and English)],2017,40(4):337-341. DOI:10.3760/cma.j.issn.1001-2036.2017.04.007.}

[6838] 葛华平，苗平，王瑞，刘会军，张艳军. 重建感觉的游离手背尺侧缘皮瓣修复手指指腹缺损[J]. 中华显微外科杂志，2017，40（6）：577-579. DOI：10.3760/cma.j.issn.1001-2036.2017.06.017. {GE Huaping,MIAO Ping,WANG Rui,LIU Huijun,ZHANG Yanjun. Reconstructing sensation free dorsal ulnar edge skin flap for repairing finger pulp defect[J]. Zhonghua Xian Wei Wai Ke Za Zhi[Chin J Microsurg(Article in Chinese;Abstract in Chinese)],2017,40(6):577-579. DOI:10.3760/cma.j.issn.1001-2036.2017.06.017.}

[6839] 姚阳，孙洁，李崇杰，梁晓旭，沙德峰. 胫前后动脉残端的病理变化及用作游离皮瓣的供血动脉修复小腿软组织缺损[J]. 实用手外科杂志，2017，31（4）：433-435. DOI：10.3969/j.issn.1671-2722.2017.04.010. {YAO Yang,SUN Jie,LI Chongjie,LIANG Xiaoxu,SHA Defeng. The pathological changes of traumatic anterior and posterior tibial artery stump and the application in repair of soft tissue defect in leg[J]. Shi Yong Shou Wai Ke Za Zhi[Chin J Pract Hand Surg(Article in Chinese;Abstract in Chinese and English)],2017,31(4):433-435. DOI:10.3969/j.issn.1671-2722.2017.04.010.}

[6840] 冯铁成，查明建，刘方刚，柯荣军，陈春书，张立亮，范爱民. 游离前臂静脉皮瓣转移修复手指皮肤缺损[J]. 实用手外科杂志，2017，31（4）：450-452. DOI：10.3969/j.issn.1671-2722.2017.04.016. {FENG Tiecheng,ZHA Mingjian,LIU Fanggang,KE Rongjun,CHEN Chunshu,ZHANG Liliang,FAN Aimin. The free venous flap of forearm transfer for repairing the finger skin and soft tissue defects[J]. Shi Yong Shou Wai Ke Za Zhi[Chin J Pract Hand Surg(Article in Chinese;Abstract in Chinese and English)],2017,31(4):450-452. DOI:10.3969/j.issn.1671-2722.2017.04.016.}

[6841] 林伟栋，施海峰，吴权，沈泳. 利用废弃手指游离指甲皮瓣修复手指套脱伤[J]. 中华手外科杂志，2018，34（6）：412-413. {LIN Weidong,SHI Haifeng,WU Quan,SHEN Yong. Repair of finger cover injury with free fingernail skin flap of discarded fingers[J]. Zhonghua Shou Wai Ke Za Zhi[Chin J Hand Surg(Article in Chinese;Abstract in Chinese)],2018,34(6):412-413.}

[6842] 金俊俊，李平松，刘宏君，卓璐凯，潘俊博. 游离下腹部皮瓣修复足背软组织缺损[J]. 中华整形外科杂志，2018，34（7）：549-551. DOI：10.3760/cma.j.issn.1009-4598.2018.07.014. {JIN Junjun,LI Pingsong,LIU Hongjun,ZHUO Lukai,PAN Junbo. To repair soft tissue defects of the foot through the free abdominal flap[J]. Zhonghua Zheng Xing Wai Ke Za Zhi[Chin J Plast Surg(Article in Chinese;Abstract in Chinese and English)],2018,34(7):549-551. DOI:10.3760/cma.j.issn.1009-4598.2018.07.014.}

[6843] 赵晓航，胡振业，胡德锋，孙艺，马建安，叶红禹，易兵. 两种微型游离皮瓣修复手指皮肤缺损的疗效观察[J]. 中华显微外科杂志，2018，41（1）：35-39. DOI：10.3760/cma.j.issn.1001-2036.2018.01.009. {ZHAO Xiaohang,HU Zhenye,HU Defeng,SUN Yi,MA Jianan,YE Hongyu,YI Bing. Observation of the curative effect of two kinds of mini perforator free flap for digital injuries reconstruction[J]. Zhonghua Xian Wei Wai Ke Za Zhi[Chin J Microsurg(Article in Chinese;Abstract in Chinese and English)],2018,41(1):35-39. DOI:10.3760/cma.j.issn.1001-2036.2018.01.009.}

[6844] 伍成奇，谢锋，谢振军，李昊，翟弘峰，赵国红，王凯. 游离组织瓣修复半侧颜面萎缩19例[J]. 中华显微外科杂志，2018，41（2）：142-144. DOI：10.3760/cma.j.issn.1001-2036.2018.02.010. {WU Chengqi,XIE Feng,XIE Zhenjun,LI Hao,ZHAI Hongfeng,ZHAO Guohong,WANG Kai. Surgical manmgement with free flap in repairing hemifacial atrophy in 19 cases[J]. Zhonghua Xian Wei Wai Ke Za Zhi[Chin J Microsurg(Article in Chinese;Abstract in Chinese and English)],2018,41(2):142-144. DOI:10.3760/cma.j.issn.1001-2036.2018.02.010.}

[6845] 曾红，吴敏，邵乐，郑国寿，王海平. 头颈部受区静脉逆向吻合在游离皮瓣中的应用[J]. 中华显微外科杂志，2018，41（3）：268-270. DOI：10.3760/cma.j.issn.1001-2036.2018.03.018. {ZENG Hong,WU Min,SHAO Le,ZHENG Guoshou,WANG Haiping. Application of reverse vein anastomosis in recipient area of head and neck in free skin flap[J]. Zhonghua Xian Wei Wai Ke Za Zhi[Chin J Microsurg(Article in Chinese;Abstract in Chinese)],2018,41(3):268-270. DOI:10.3760/cma.j.issn.1001-2036.2018.03.018.}

[6846] 王国定，郑晓菊，王新宏，张锋锋，刘帅，陈万富. 臂外侧游离分叶皮瓣修复手部多创面的体会[J]. 中华显微外科杂志，2018，41（4）：376-378. DOI：10.3760/cma.j.issn.1001-2036.2018.04.016. {WANG Guoding,ZHENG Xiaoju,WANG Xinhong,ZHANG Fengfeng,LIU Shuai,CHEN Wanfu. The experience of repairing multiple wounds of the hand with the free lobed skin flap on the lateral side of the arm[J]. Zhonghua Xian Wei Wai Ke Za Zhi[Chin J Microsurg(Article in Chinese;Abstract in Chinese)],2018,41(4):376-378. DOI:10.3760/cma.j.issn.1001-2036.2018.04.016.}

[6847] 董文静，庄雷岚，卞薇薇. 自制皮瓣颜色比色卡在游离皮瓣术后观察中的应用[J]. 中华显微外科杂志，2018，41（6）：601-602. DOI：10.3760/cma.j.issn.1001-2036.2018.06.025. {DONG Wenjing,ZHUANG Leilan,BIAN Weiwei. Application of self-made skin flap color chart in observation of free skin flap operation[J]. Zhonghua Xian Wei Wai Ke Za Zhi[Chin J Microsurg(Article in Chinese;Abstract in Chinese)],2018,41(6):601-602. DOI:10.3760/cma.j.issn.1001-2036.2018.06.025.}

[6848] 吴刚，付强，黄一拯，王华松，黄继锋. 三种前臂微型游离皮瓣修复手指软组织缺损的比较[J]. 中国矫形外科杂志，2018，26（14）：1274-1277. DOI：10.3977/j.issn.1005-8478.2018.14.06. {WU Gang,FU Qiang,HUANG Yizheng,WANG Huasong,HUANG Jifeng. Comparison of three kinds of forearm micro free flaps for soft tissue defect of fingers[J]. Zhongguo Jiao Xing Wai Ke Za Zhi[Orthop J China(Article in Chinese;Abstract in Chinese and English)],2018,26(14):1274-1277. DOI:10.3977/j.issn.1005-8478.2018.14.06.}

[6849] 王兵，张蛟，陈博，宋鹍鹏. 游离静脉皮瓣修复手指环形热压伤伴血管损伤[J]. 中华手外科杂志，2018，34（4）：261-262. {WANG Bing,ZHANG Jiao,CHEN Bo,SONG Kunpeng. Free venous flap for repairing finger ring thermal compression injury with vascular injury[J]. Zhonghua Shou Wai Ke Za Zhi[Chin J Hand Surg(Article in Chinese;Abstract in Chinese)],2018,34(4):261-262.}

[6850] 张展，孙景峰，王悦书，吴广智，孙鸿斌，杨光. 游离皮瓣再手术探查的临床分析[J]. 中华手外科杂志，2018，34（5）：360-362. {ZHANG Zhan,SUN Jingfeng,WANG Yueshu,WU Guangzhi,SUN Hongbin,YANG Guang. Clinical analysis of free flap reoperation exploration[J]. Zhonghua Shou Wai Ke Za Zhi[Chin J Hand Surg(Article in Chinese;Abstract in Chinese and English)],2018,34(5):360-362.}

[6851] 李坚强，范春海. 跗内侧游离静脉皮瓣修复单手指掌侧皮肤软组织缺损[J]. 实用手外科杂志，2018，32（4）：448-449. DOI：10.3969/j.issn.1671-2722.2018.04.023. {LI Jianqiang,FAN Chunhai. Repair of single finger palmar defect with free medial tarsal venous flap[J]. Shi Yong Shou Wai Ke Za Zhi[Chin J Pract Hand Surg(Article in Chinese;Abstract in Chinese and English)],2018,32(4):448-449. DOI:10.3969/j.issn.1671-2722.2018.04.023.}

[6852] 杜新辉，邱忠鹏，李刚. 改良游离臂外侧下部皮瓣修复手部中小面积软组织缺损[J]. 中华显微外科杂志，2019，42（1）：77-79. DOI：10.3760/cma.j.issn.1001-2036.2019.01.024. {DU Xinhui,QIU Zhongpeng,LI Gang. Repair of small and medium-sized soft tissue defects of hand with modified free lateral lower arm skin flap[J]. Zhonghua Xian Wei Wai Ke Za Zhi[Chin J Microsurg(Article in Chinese;Abstract in Chinese)],2019,42(1):77-79. DOI:10.3760/cma.j.issn.1001-2036.2019.01.024.}

[6853] 刘族安，马亮华，孙传伟，李汉华，罗红敏，黄志锋，熊兵，卞徽宁，郑少逸，赖文. 静脉超引流技术在游离皮瓣移植中的应用[J]. 中华显微外科杂志，2019，42（4）：335-338. DOI：10.3760/cma.j.issn.1001-2036.2019.04.006. {LIU Zuan,MA Lianghua,SUN Chuanwei,LI Hanhua,LUO Hongmin,HUANG Zhifeng,XIONG Bing,BIAN Huining,ZHENG Shaoyi,LAI Wen. Application of venous super drainage technique in free flaps transfer[J]. Zhonghua Xian Wei Wai Ke Za Zhi[Chin J Microsurg(Article in Chinese;Abstract in Chinese and English)],2019,42(4):335-338. DOI:10.3760/cma.j.issn.1001-2036.2019.04.006.}

[6854] 窦雪娇，张子阳，魏在荣，张红. 术中平均动脉压管控对游离皮瓣血运的影响[J]. 中华显微外科杂志，2019，42（5）：480-483. DOI：10.3760/cma.j.issn.1001-2036.2019.05.015. {DOU Xuejiao,ZHANG Ziyang,WEI Zairong,ZHANG Hong. The influence of intraoperative mean arterial pressure control on blood supply of free skin flap[J]. Zhonghua Xian Wei Wai Ke Za Zhi[Chin J Microsurg(Article in Chinese;Abstract in Chinese)],2019,42(5):480-483. DOI:10.3760/cma.j.issn.1001-2036.2019.05.015.}

[6855] 伍翰笙，邓建林，吴霄，罗燕，丘开亿，王海文. 早期运动康复在游离皮瓣移植修复上肢软组织缺损术后的应用[J]. 中华显微外科杂志，2019，42（6）：587-589. DOI：10.3760/cma.j.issn.1001-2036.2019.06.019. {WU Hansheng,DENG Jianlin,WU Xiao,LUO Yan,QIU Kaiyi,WANG Haiwen. Application of early exercise rehabilitation after free skin flap transplantation to repair soft tissue defects of upper limbs[J]. Zhonghua Xian Wei Wai Ke Za Zhi[Chin J Microsurg(Article in Chinese;Abstract in Chinese)],2019,42(6):587-589. DOI:10.3760/cma.j.issn.1001-2036.2019.06.019.}

[6856] 欧昌良，周鑫，罗旭超，邹永根，刘安铭，黄天宇，杨杰翔，陈孝均，周洪波. 单臂外固定支架联合游离皮瓣在治疗前臂Gustilo Ⅲ型骨折中的应用[J]. 中华创伤骨科杂志，2019，21（11）：991-994. DOI：10.3760/cma.j.issn.1671-7600.2019.11.011. {OU Changliang,ZHOU Xin,LUO Xuchao,ZOU Yonggen,LIU Anming,HUANG Tianyu,YANG Jiexiang,CHEN Xiaojun,ZHOU Hongbo. Single-arm external stent combined with free flap used in forearm fractures of gustilo type Ⅲ[J]. Zhonghua Chuang Shang Gu Ke Za Zhi[Chin J Orthop Trauma(Article in Chinese;Abstract in Chinese and English)],2019,21(11):991-994. DOI:10.3760/cma.j.issn.1671-7600.2019.11.011.}

[6857] 黎章灿，郑大伟，齐伟亚，朱辉，石荣剑，寿奎水. 上臂内侧双叶游离皮瓣修复手部两处皮肤软组织缺损的效果[J]. 中华烧伤杂志，2019，35（8）：604-607. DOI：10.3760/cma.j.issn.1009-2587.2019.08.009. {LI Zhangcan,ZHENG Dawei,QI Weiya,ZHU Hui,SHI Rongjian,SHOU Kuishui. Effects of medial upper arm bilobed free flaps in the repair of two skin and soft tissue defects of hand[J]. Zhonghua Shao Shang Za Zhi[Chin J Burns(Article in Chinese;Abstract in Chinese and English)],2019,35(8):604-607. DOI:10.3760/cma.j.issn.1009-2587.2019.08.009.}

[6858] 过筠，何优雅，陈一铭，唐妍毅，季彤. 21例儿童头颈部恶性肿瘤患者游离皮瓣修复临床分析[J]. 中国口腔颌面外科杂志，2019，17（6）：545-549. DOI：10.19438/j.cjoms.2019.06.013. {GUO Jun,HE Youya,CHEN Yiming,TANG Yanyi,JI Tong. Free flap reconstruction in 21 pediatric patients with head and neck cancer:Clinical considerations for comprehensive care[J]. Zhongguo Kou Qiang He Mian Wai Ke Za Zhi[Chin J Oral Maxillofac Surg(Article in Chinese;Abstract in Chinese and English)],2019,17(6):545-549. DOI:10.19438/j.cjoms.2019.06.013.}

[6859] 向滔，田林，张晓星，刘小胜，石峰. 微型游离皮瓣在修复多手指软组织缺损中的应用效果[J]. 实用手外科杂志，2019，33（1）：53-55. DOI：10.3969/j.issn.1671-2722.2019.01.019. {XIANG Tao,TIAN Lin,ZHANG Xiaoxing,LIU Xiaosheng,SHI Feng. Clinical application of microfree skin flap in repairing soft tissue defect of multiple fingers[J]. Shi Yong Shou Wai Ke Za Zhi[Chin J Pract Hand Surg(Article in Chinese;Abstract in Chinese and English)],2019,33(1):53-55. DOI:10.3969/j.issn.1671-2722.2019.01.019.}

[6860] 杨绍浦，周丕育，李尚权，苏期波，黄振华，赵亮，马元俊. 游离股内侧皮瓣在修复手部皮肤软组织缺损中的临床应用[J]. 实用手外科杂志，2019，33（1）：56-57. DOI：10.3969/j.issn.1671-2722.2019.01.020. {YANG Shaopu,ZHOU Piyu,LI Shangquan,SU Qibo,HUANG Zhenhua,ZHAO Liang,MA Yuanjun. The application of free medial thigh flap for repairing skin and soft tissue defect in hand[J]. Shi Yong Shou Wai Ke Za Zhi[Chin J Pract Hand Surg(Article in Chinese;Abstract in Chinese and English)],2019,33(1):56-57. DOI:10.3969/j.issn.1671-2722.2019.01.020.}

[6861] 王乐，王辉，郭慧，李春江. 指腹缺损患者皮瓣组织游离移植修复失败的危险因素分析及防治建议[J]. 创伤外科杂志，2020，22（7）：537-540. DOI：10.3969j.issn.1009-4237.2020.07.014. {WANG Le,WANG Hui,GUO Hui,LI Chunjiang. Risk factors for failure of free skin flap transplantation in patients with finger pulp defect and suggestions for prevention and treatment[J]. Chuang Shang Wai Ke Za Zhi[J Traum Surg(Article in Chinese;Abstract in Chinese and English)],2020,22(7):537-540. DOI:10.3969j.issn.1009-4237.2020.07.014.}

[6862] 姚麟，郭萌萌，邓璋，曾威. 对偶三角瓣联合原位小面积全厚皮片修复前臂游离皮瓣供区缺损[J]. 中国口腔颌面外科杂志，2020，18（1）：64-67. DOI：10.19438/j.cjoms.2020.01.013. {YAO Lin,GUO Mengmeng,DENG Zhang,ZENG Wei. Repair of donor site defect after forearm free flap harvest with dual triangular flaps and in situ small full thickness skin flaps[J]. Zhongguo Kou Qiang He Mian Wai Ke Za Zhi[Chin J Oral Maxillofac Surg(Article in Chinese;Abstract in Chinese and English)],2020,18(1):64-67. DOI:10.19438/j.cjoms.2020.01.013.}

[6863] 邱辉，李冠军，伍美艺，谢健良，徐亚非. 两种前臂微型游离皮瓣在修复手指皮肤软组织缺损中的疗效比较[J]. 实用手外科杂志，2020，34（2）：198-200，206. DOI：10.3969/j.issn.1671-2722.2020.02.025. {QIU Hui,LI Guanjun,WU Meiyi,XIE Jianliang,XU Yafei. Comparison of two kinds of forearm mini free flaps in repairing finger skin and soft tissue defects[J]. Shi Yong Shou Wai Ke Za Zhi[Chin J Pract Hand Surg(Article in Chinese;Abstract in Chinese and English)],2020,34(2):198-200,206. DOI:10.3969/j.issn.1671-2722.2020.02.025.}

4.1.9.2 （吻合血管的）桥式交叉皮瓣移植
crossed bridge flap transfer

[6864] Yu ZJ,Zeng BF,Huang YC,He HG,Sui SP,Jiang PZ,Yu S. Application of the cross-bridge microvascular anastomosis when no recipient vessels are available for anastomosis:85 cases[J]. Plast Reconstr Surg,2004,114(5):1099-1107. doi:10.1097/01.prs.0000135331.08938.4a.

[6865] 于仲嘉，汤成华，何鹤皋．桥式交叉游离背阔肌皮瓣移植一例报告 [J]．中华医学杂志，1984，64（5）：309-311．{YU Zhongjia,TANG Chenghua,HE Hegao. A case report of bridge cross free latissimus dorsi flap transplantation[J]. Zhonghua Yi Xue Za Zhi[Natl Med J China(Article in Chinese;No abstract available)],1984,64(5):309-311.}

[6866] 谢国瑞．前臂桥式交叉游离背阔肌皮瓣移植一例报告 [J]．修复重建外科杂志，1988，2（2）：79．{XIE Guorui. A case report of forearm bridge cross free latissimus dorsi flap transplantation[J]. Zhongguo Xiu Fu Chong Jian Wai Ke Za Zhi[Chin J Repar Reconstr Surg(Article in Chinese;No abstract available)],1988,2(2):79.}

[6867] 于仲嘉，曾炳芳，何鹤皋．桥式交叉吻合血管游离组织移植 [J]．中华骨科杂志，1994，14（3）：332-335．{YU Zhongjia,ZENG Bingfang,HE Hegao. Free tissue transplantat ion with cross bridged vas-acular anastomosis[J]. Zhonghua Gu Ke Za Zhi[Chin J Orthop(Article in Chinese;Abstract in Chinese)],1994,14(3):332-335.}

[6868] 胡剑秋，张旭东，周军．桥式交叉吻合血管组织瓣移植修复软组织缺损的临床应用 [J]．中华骨科杂志，1999，19（9）：60-61．{HU Jianqiu,ZHANG Xudong,ZHOU Jun. Clinical application of bridge cross anastomosis vascular tissue flap transplantation to repair soft tissue defects[J]. Zhonghua Gu Ke Za Zhi[Chin J Orthop(Article in Chinese;No abstract available)],1999,19(9):60-61.}

[6869] 胡剑秋，张旭东．桥式交叉吻合血管组织瓣移植的临床应用 [J]．中国矫形外科杂志，1999，6（11）：61-62．{HU Jianqiu,ZHANG Xudong. Clinical application of bridge cross anastomosis vascular tissue flap transplantation[J]. Zhongguo Jiao Xing Wai Ke Za Zhi[Orthop J China(Article in Chinese;Abstract in Chinese)],1999,6(11):61-62.}

[6870] 杨东元，高建华，颜玲，张立宪．前臂桥式交叉吻合血管游离脐旁皮瓣修复下肢软组织缺损一例 [J]．中华创伤杂志，1999，15（6）：479．DOI：10.3760/j：issn：1001-8050.1999.06.037．{YANG Dongyuan,GAO Jianhua,YAN Ling,ZHANG Lixian. One case of forearm bridge cross anastomosis with free paraumbilical skin flap for repair of soft tissue defect of lower extremity[J]. Zhonghua Chuang Shang Za Zhi[Chin J Trauma(Article in Chinese;No abstract available)],1999,15(6):479. DOI:10.3760/j:issn:1001-8050.1999.06.037.}

[6871] 吴克俭，王富，张伟佳．桥式交叉吻合血管的组织移植 [J]．中华外科杂志，2000，38（1）：74．DOI：10.3760/j：issn：0529-5815.2000.01.032．{WU Kejian,WANG Fu,ZHANG Weijia. Tissue transplantation of bridge cross anastomosis blood vessel[J]. Zhonghua Wai Ke Za Zhi[Chin J Surg(Article in Chinese;No abstract available)],2000,38(1):74. DOI:10.3760/j:issn:0529-5815.2000.01.032.}

[6872] 张超，曾炳芳．桥式交叉吻合血管游离组织移植术远期疗效分析 [J]．上海医学，2000，23（12）：710-713．DOI：10.3969/j.issn.0253-9934.2000.12.003．{ZHANG Chao,ZENG Bingfang. Long-term result of free tissue transplantation by cross-bridge vascular anastomosis[J]. Shanghai Yi Xue[Shanghai Med J(Article in Chinese;Abstract in Chinese and English)],2000,23(12):710-713. DOI:10.3969/j.issn.0253-9934.2000.12.003.}

[6873] 陈德松，薛峰，陈琳．背阔肌皮瓣桥式交叉移位修复小腿感染创面 [J]．上海医学，2001，24（11）：693-694．DOI：10.3969/j.issn.0253-9934.2001.11.017．{CHEN Desong,XUE Feng,CHEN Lin. Latissimus dorsi musculocutaneous flap bridge type cross displacement to repair the infected wound of lower leg[J]. Shanghai Yi Xue[Shanghai Med J(Article in Chinese;No abstract available)],2001,24(11):693-694. DOI:10.3969/j.issn.0253-9934.2001.11.017.}

[6874] 汪枚初，贺文，黄烈育，齐秋长，谭绪云，王立君，覃承诃，杨俊，袁岱军，欧腾文，韩赛平，汪建怀．桥式交叉吻合血管组织移植修复小腿重度创伤 [J]．中华创伤骨科杂志，2001，3（3）：231-233．DOI：10.3760/cma.j.issn.1671-7600.2001.03.026．{WANG Meichu,HE Wen,HUANG Lieyu,QI Qiuchang,TAN Xuyun,WANG Lijun,QIN Chenghe,YANG Jun,YUAN Daijun,OU Tengwen,HAN Saiping,WNAG Jianhuai. Repairing severed leg trauma by tissue transplantation carrying bridged crossing anastomotic vessel[J]. Zhonghua Chuang Shang Gu Ke Za Zhi[Chin J Orthop Trauma(Article in Chinese;No abstract available)],2001,3(3):231-233. DOI:10.3760/cma.j.issn.1671-7600.2001.03.026.}

[6875] 赵奎，马华，周嘉庆，王华．桥式交叉吻合血管的皮瓣移植修复下肢严重毁损伤 [J]．临床骨科杂志，2005，8（2）：129-130．DOI：10.3969/j.issn.1008-0287.2005.02.012．{ZHAO Kui,MA Hua,ZHOU Jiaqing,WANG Hua. Cross legs vascular anastomosed flap transplantation for severe injury of lower extremities[J]. Lin Chuang Gu Ke Za Zhi[J Clin Orthop(Article in Chinese;Abstract in Chinese and English)],2005,8(2):129-130. DOI:10.3969/j.issn.1008-0287.2005.02.012.}

[6876] 姜佩珠，范存义，蔡培华，孙鲁源，梅国华．上下肢桥式交叉吻合血管游离组织移植修复下肢严重创伤一例 [J]．中华显微外科杂志，2005，28（3）：289．DOI：10.3760/cma.j.issn.1001-2036.2005.03.055．{JIANG Peizhu,FAN Cunyi,CAI Peihua,SUN Luyuan,MEI Guohua. A case of bridge-type cross anastomosis of upper and lower limbs with free tissue transplantation for repairing severe trauma of lower limbs[J]. Zhonghua Xian Wei Wai Ke Za Zhi[Chin J Microsurg(Article in Chinese;No abstract available)],2005,28(3):289. DOI:10.3760/cma.j.issn.1001-2036.2005.03.055.}

[6877] 李海清，蔡培华，姜佩珠，梅国华．桥式交叉皮瓣修复小腿软组织缺损 [J]．中华显微外科杂志，2006，29（2）：91．DOI：10.3760/cma.j.issn.1001-2036.2006.02.037．{LI Haiqing,CAI Peihua,JIANG Peizhu,MEI Guohua. Repair of calf soft tissue defect with bridge type cross flap[J]. Zhonghua Xian Wei Wai Ke Za Zhi[Chin J Microsurg(Article in Chinese;No abstract available)],2006,29(2):91. DOI:10.3760/cma.j.issn.1001-2036.2006.02.037.}

[6878] 韩同坤，范存义，曾炳芳，窦庆寅．桥式交叉皮瓣修复小腿软组织缺损 [J]．中华创伤骨科杂志，2006，8（2）：197-198．DOI：10.3760/cma.j.issn.1671-7600.2006.02.032．{HAN Tongkun,FAN Cunyi,ZENG Bingfang,DOU Qingyin. Repair of calf soft tissue defect with bridge type cross flap[J]. Zhonghua Chuang Shang Gu Ke Za Zhi[Chin J Orthop Trauma(Article in Chinese;Abstract in Chinese)],2006,8(2):197-198. DOI:10.3760/cma.j.issn.1671-7600.2006.02.032.}

[6879] 邵新中，张川，张桂生，刘柳，杨磊．改良带血管蒂桥式交叉小腿内侧皮瓣的临床应用 [J]．中华创伤骨科杂志，2006，8（2）：199-200．DOI：10.3760/cma.j.issn.1671-7600.2006.02.033．{SHAO Xinzhong,ZHANG Chuan,ZHANG Guisheng,LIU Liu,YANG Lei. Clinical application of modified vascularized pedicle bridge cross medial calf flap[J]. Zhonghua Chuang Shang Gu Ke Za Zhi[Chin J Orthop Trauma(Article in Chinese;Abstract in Chinese)],2006,8(2):199-200. DOI:10.3760/cma.j.issn.1671-7600.2006.02.033.}

[6880] 姜佩珠，范存义，蔡培华，孙鲁源，王海明，睢述平，曾炳芳，于仲嘉．桥式交叉游离组织移植修复肢体组织缺损 [J]．中国修复重建外科杂志，2007，21（7）：710-713．{JIANG Peizhu,FAN Cunyi,CAI Peihua,SUN Luyuan,WANG Haiming,SUI Shuping,ZENG Bingfang,YU Zhongjia. Cross-bridge vascular anastomosis free tissue transplantation in repairing tissue defects of extremities[J]. Zhongguo Xiu Fu Chong Jian Wai Ke Za Zhi[Chin J Repar Reconstr Surg(Article in Chinese;Abstract in Chinese and English)],2007,21(7):710-713.}

[6881] 张功林，章鸣，郭翱，郁辉，吴发林，丁法明，张文正．桥式交叉“T”形血管吻合游离背阔肌皮瓣移植修复小腿软组织缺损 [J]．中华骨科杂志，2008，28（5）：364-368．DOI：10.3321/j.issn：0253-2352.2008.05.003．{ZHANG Gonglin,ZHANG Ming,GUO Ao,YU Hui,WU Falin,DING Faming,ZHANG Wenzheng. Application of T-shaped cross-bridge vascular anastomosis free latissmus dorsi musculocutaneous flap transplantation in repairing of soft tissue defect in the lower extremity[J]. Zhonghua Gu Ke Za Zhi[Chin J Orthop(Article in Chinese;Abstract in Chinese and English)],2008,28(5):364-368. DOI:10.3321/j.issn:0253-2352.2008.05.003.}

[6882] 刘生和，蔡培华，柴益民，徐铮宇，江潮胤，范存义．桥式交叉逆行股前外侧皮瓣转移修复对侧小腿中下段软组织缺损 [J]．中华显微外科杂志，2009，32（1）：29-31，插1．DOI：10.3760/cma.j.issn.1001-2036.2009.01.012．{LIU Shenghe,CAI Peihua,CHAI Yimin,XU Zhengyu,JIANG Chaoyin,FAN Cunyi. The distally based cross-leg anterolateral thigh flap for reconstruction of soft tissue defects in middle and distal thirds of the contralateral leg[J]. Zhonghua Xian Wei Wai Ke Za Zhi[Chin J Microsurg(Article in Chinese;Abstract in Chinese and English)],2009,32(1):29-31,insert 1. DOI:10.3760/cma.j.issn.1001-2036.2009.01.012.}

[6883] 黄继锋，汪国栋，王华松，黄卫兵，刘曦明，陈庄洪．胫后动脉逆行皮瓣桥式交叉移植术的临床应用 [J]．中华显微外科杂志，2009，32（6）：505-506．DOI：10.3760/cma.j.issn.1001-2036.2009.06.028．{HUANG Jifeng,WANG Guodong,WANG Huasong,HUANG Weibing,LIU Ximing,CHEN Zhuanghong. Clinical application of bridge cross grafting of posterior tibial artery retrograde flap[J]. Zhonghua Xian Wei Wai Ke Za Zhi[Chin J Microsurg(Article in Chinese;Abstract in Chinese)],2009,32(6):505-506. DOI:10.3760/cma.j.issn.1001-2036.2009.06.028.}

[6884] 郑磊，郑稼，董忠根，罗建平，刘继军．双下肢桥式交叉吻合血管腹壁下深血管皮瓣的临床应用 [J]．中华显微外科杂志，2011，34（6）：453．DOI：10.3760/cma.j.issn.1001-2036.2011.06.005．{ZHENG Lei,ZHENG Jia,DONG Zhonggen,LUO Jianping,LIU Jijun. Clinical application of deep vascular skin flaps under the abdominal wall with double lower limbs bridge cross anastomosis[J]. Zhonghua Xian Wei Wai Ke Za Zhi[Chin J Microsurg(Article in Chinese;Abstract in Chinese)],2011,34(6):453. DOI:10.3760/cma.j.issn.1001-2036.2011.06.005.}

[6885] 范存义，阮洪江，蔡培华，刘坤，黎逢峰，曾炳芳．桥式交叉胫后动脉或腓动脉穿支皮瓣修复对侧下肢软组织缺损 [J]．中国修复重建外科杂志，2011，25（7）：826-829．{FAN Cunyi,RUAN Hongjiang,CAI Peihua,LIU Kun,LI Fengfeng,ZENG Bingfang. Repair of soft tissue defects of lower extremity by using cross-bridge contralateral distally based posterior tibial artery perforator flaps or peroneal artery perforator flaps[J]. Zhongguo Xiu Fu Chong Jian Wai Ke Za Zhi[Chin J Repar Reconstr Surg(Article in Chinese;Abstract in Chinese and English)],2011,25(7):826-829.}

[6886] 高翔．桥式交叉游离组织移植修复小腿组织缺损 [J]．实用医学杂志，2011，27（4）：728．DOI：10.3969/j.issn.1006-5725.2011.04.086．{GAO Xiang. Repair of calf tissue defect with bridge cross free tissue transplantation[J]. Shi Yong Yi Xue Za Zhi[J Pract Med(Article in Chinese;No abstract available)],2011,27(4):728. DOI:10.3969/j.issn.1006-5725.2011.04.086.}

[6887] 陈垦，鲍同柱，王河洲，周纳新，龚春龙，潘振宇．VSD 联合桥式交叉皮瓣治疗小腿 Gustilo Ⅲ C 型骨折创面 [J]．中华显微外科杂志，2013，36（4）：407-408．DOI：10.3760/cma.j.issn.1001-2036.2013.06.035．{CHEN Ken,BAO Tongzhu,WANG Hezhou,ZHOU Naxin,GONG Chunlong,PAN Zhenyu. Treatment of gustilo type Ⅲ c fracture wounds of lower leg with vsd combined bridge cross skin flap[J]. Zhonghua Xian Wei Wai Ke Za Zhi[Chin J Microsurg(Article in Chinese;Abstract in Chinese)],2013,36(4):407-408. DOI:10.3760/cma.j.issn.1001-2036.2013.06.035.}

[6888] 陶胜林，滕云升，张朝，刘重，折胜利，王攀，马建龙．股前外侧皮瓣移植桥式交叉供血修复下肢软组织缺损 [J]．中华显微外科杂志，2013，36（6）：590-591．DOI：10.3760/cma.j.issn.1001-2036.2013.06.023．{TAO Shenglin,TENG Yunsheng,ZHANG Chao,LIU Zhong,ZHE Shengli,WANG Pan,MA Jianlong. Transplantation of anterolateral thigh flap with bridge-like cross blood supply to repair soft tissue defects of lower limbs[J]. Zhonghua Xian Wei Wai Ke Za Zhi[Chin J Microsurg(Article in Chinese;Abstract in Chinese)],2013,36(6):590-591. DOI:10.3760/cma.j.issn.1001-2036.2013.06.023.}

[6889] 陈宏，王欣，徐吉海，李学渊，章伟文．桥式交叉联合游离背阔肌肌皮瓣及游离腓骨修复小腿复合组织缺损 [J]．中华创伤杂志，2013，29（3）：262-266．DOI：10.3760/cma.j.issn.1001-8050.2013.3.019．{CHEN Hong,WANG Xin,XU Jihai,LI Xueyuan,ZHANG Weiwen. Cross-bridge transplantation of free latissimus dorsi muscular flap and free fibula for repair of complex tissue defect of lower legs[J]. Zhonghua Chuang Shang Za Zhi[Chin J Trauma(Article in Chinese;Abstract in Chinese)],2013,29(3):262-266. DOI:10.3760/cma.j.issn.1001-8050.2013.3.019.}

[6890] 瞿刚，全仁夫，侯桥，曾林如，岳振双，任国华．指动脉皮瓣桥式交叉转移修复邻指难愈性创面 11 例 [J]．中华显微外科杂志，2015，38（5）：497-499．DOI：10.3760/cma.j.issn.1001-2036.2015.05.028．{QU Gang,QUAN Renfu,HOU Qiao,ZENG Linru,YUE Zhenshuang,REN Guohua. Digital artery skin flap bridge type cross transfer to repair 11 cases of difficult-to-heal wounds of adjacent fingers[J]. Zhonghua Xian Wei Wai Ke Za Zhi[Chin J Microsurg(Article in Chinese;Abstract in Chinese)],2015,38(5):497-499. DOI:10.3760/cma.j.issn.1001-2036.2015.05.028.}

[6891] 杨林，刘宏君，张文忠，宋国勋，夏狮聪，张乃臣，顾加祥，袁超群．改良股前外侧游离穿支皮瓣桥式交叉移植修复小腿中下段软组织缺损 [J]．中国修复重建外科杂志，2017，31（10）：1240-1244．DOI：10.7507/1002-1892.201705022．{YANG Lin,LIU Hongjun,ZHANG Wenzhong,SONG Guoxun,XIA Shicong,ZHANG Naichen,GU Jiaxiang,YUAN Chaoqun. Modified anterolateral thigh perforator flap pedicled by cross-bridge microvascular anastomosis for repairing soft tissue defects in middle and lower segments of leg[J]. Zhongguo Xiu Fu Chong Jian Wai Ke Za Zhi[Chin J Repar Reconstr Surg(Article in Chinese;Abstract in Chinese and English)],2017,31(10):1240-1244. DOI:10.7507/1002-1892.201705022.}

4.1.9.3 随意型皮瓣与局部皮瓣
random pattern flap

[6892] Cui L,Li FC,Zhang Q,Qian YL,Guan WX. Effect of adenovirus-mediated gene transfection of vascular endothelial growth factor on survival of random flaps in rats[J]. Chin J Traumatol,2003,6(4):199-204.

[6893] Yang LW,Zhang JX,Zeng L,Xu JJ,Du FT,Luo W,Luo ZJ,Jiang JH. Vascular endothelial growth factor gene therapy with intramuscular injections of plasmid DNA enhances the survival of random pattern flaps in a rat model[J]. Br J Plast Surg,2005,58(3):339-347. doi:10.1016/j.bjps.2004.11.009.

[6894] Pan Y,Ai Y,Li H. Reconstruction by local flap of a hypertrophic scar on the upper lip of a woman[J]. Dermatol Surg,2005,31(3):341-344. doi:10.1111/j.1524-4725.2005.31088.

[6895] Li Q,Li S,Chen W,Xu J,Yang M,Li Y,Wang Y,Zhao Z. Combined buccal mucosa graft and local flap for urethral reconstruction in various forms of hypospadias[J]. J Urol,2005,174(2):690-692. doi:10.1097/01.ju.0000164759.49877.f4.

[6896] Zhang T,Gong W,Li Z,Yang S,Zhang K,Yin D,Xu P,Jia T. Efficacy of hyperbaric oxygen on survival of random pattern skin flap in diabetic rats[J]. Undersea Hyperb Med,2007,34(5):335-339.

[6897] Lu F,Mizuno H,Uysal CA,Cai X,Ogawa R,Hyakusoku H. Improved viability of random pattern skin flaps through the use of adipose-derived stem cells[J]. Plast Reconstr Surg,2008,121(1):50-58. doi:10.1097/01.prs.0000293876.10700.b8.

[6898] Zheng Y,Yi C,Xia W,Ding T,Zhou Z,Han Y,Guo S. Mesenchymal stem cells transduced by vascular endothelial growth factor gene for ischemic random skin flaps[J]. Plast Reconstr Surg,2008,121(1):59-69. doi:10.1097/01.prs.0000293877.84531.5a.

[6899] Yan X,Zeng B,Chai Y,Luo C,Li X. Improvement of blood flow,expression of nitric oxide,and vascular endothelial growth factor by low-energy shockwave therapy in random-pattern skin flap model[J]. Ann Plast Surg,2008,61(6):646-653. doi:10.1097/SAP.0b013e318172ba1f.

[6900] Weng R,Li Q,Li H,Yang M,Sheng L. Mimic hypoxia improves angiogenesis in ischaemic random flaps[J]. J Plast Reconstr Aesthet Surg,2010,63(12):2152-2159. doi:10.1016/j.bjps.2010.02.001.

[6901] Gao W,Yan H,Zhang F,Jiang L,Wang A,Yang J,Zhou F. Dorsal pentagonal local flap:a new technique of web reconstruction for syndactyly without skin graft[J]. Aesthetic Plast Surg,2011,35(4):530-537. doi:10.1007/s00266-011-9654-7.

[6902] Wang JC,Xia L,Song XB,Wang CE,Wei FC. Transplantation of hypoxia preconditioned bone marrow mesenchymal stem cells improves survival of ultra-long random skin flap[J]. Chin Med J,2011,124(16):2507-2511.

[6903] Ying-Xin G,Guo-Qian Y,Jia-Quan L,Han X. Effects of natural and recombinant hirudin on superoxide dismutase,malondialdehyde and endothelin levels in a random pattern skin flap model[J]. J Hand Surg Eur,2012,37(1):42-49. doi:10.1177/1753193411414628.

[6904] Guo-Qian Y,Gang W,Zhi-Yong S. Investigation on the microcirculation effect of local application of natural hirudin on porcine random skin flap venous congestion[J]. Cell Biochem Biophys,2012,62(1):141-146. doi:10.1007/s12013-011-9274-5.

[6905] Wang XK,Zhai QK,Xue L,Lu L,Wang YX,Wang ZL. Treatment of postburn anteriorly located neck contractures with local flaps[J]. J Craniofac Surg,2012,23(5):e387-390. doi:10.1097/SCS.0b013e31825882e7.

[6906] Zhao H,Shi Q,Sun ZY,Yin GQ,Yang HL. Effect of natural hirudin on random pattern skin flap survival in a porcine model[J]. J Int Med Res,2012,40(6):2267-2273. doi:10.1177/030006051204000624.

[6907] Yingxin G,Guoqian Y,Jiaquan L,Han X. Effects of natural and recombinant hirudin on VEGF expression and random skin flap survival in a venous congested rat model[J]. Int Surg,2013,98(1):82-87. doi:10.9738/CC171.1.

[6908] Xiao-Xiao T,Sen-Min W,Ding-Sheng L. Effects of vinpocetine on random skin flap survival in rats[J]. J Reconstr Microsurg,2013,29(6):393-398. doi:10.1055/s-0033-1343834.

[6909] Hu XH,Huang L,Chen Z,DU WL,Wang C,Shen YM. Effect of a combination of local flap and sequential compression-distraction osteogenesis in the reconstruction of post-traumatic tibial bone and soft tissue defects[J]. Chin Med J,2013,126(15):2846-2851.

[6910] Wang SP,Lan ZY,Xia W,Zhao X,Ma GJ,Liu B,Pan BH,Guo SZ. The effects of vasonatrin peptide on random pattern skin flap survival[J]. Ann Plast Surg,2014,72(1):94-99. doi:10.1097/SAP.0b013e318255a3eb.

[6911] Gong L,Wang C,Li Y,Sun Q,Li G,Wang D. Effects of human adipose-derived stem cells on the viability of rabbit random pattern flaps[J]. Cytotherapy,2014,16(4):496-507. doi:10.1016/j.jcyt.2013.11.005.

[6912] Yin GQ,Sun ZY,Wang G. The effect of local application of natural hirudin on random pattern skin flap microcirculation in a porcine model[J]. Cell Biochem Biophys,2014,69(3):741-746. doi:10.1007/s12013-014-9861-3.

[6913] Cai L,Huang W,Lin D. Effects of traditional Chinese medicine Shuxuetong injection on random skin flap survival in rats[J]. Sci World J,2014,2014:816545. doi:10.1155/2014/816545.

[6914] Ding J,Li Q,Li S,Li F,Zhou C,Zhou Y,Hu J,Xie L,Cao Y,Zhang S. Ten years' experience for hypospadias repair:combined buccal mucosa graft and local flap for urethral reconstruction[J]. Urol Int,2014,93(4):454-459. doi:10.1159/000360796.

[6915] Cao B,Wang L,Lin D,Cai L,Gao W. Effects of lidocaine on random skin flap survival in rats[J]. Dermatol Surg,2015,41(1):53-58. doi:10.1097/DSS.0000000000000241.

[6916] Bin C,Dingsheng L,Leyi C,Bin L,Yuting L,Liren W,Zhijie L. Beneficial effects of Xuebijing injection on random skin flap survival in rats[J]. J Surg Res,2015,196(2):421-426. doi:10.1016/j.jss.2015.03.012.

[6917] Lin Y,Lin B,Lin D,Huang G,Cao B. Effect of Thymosin β4 on the Survival of Random Skin Flaps in Rats[J]. J Reconstr Microsurg,2015,31(6):464-470. doi:10.1055/s-0035-1549444.

[6918] Yang X,Li Z,Gao C,Liu R. Effect of dexmedetomidine on preventing agitation and delirium after microvascular free flap surgery:a randomized,double-blind,control study[J]. J Oral Maxillofac Surg,2015,73(6):1065-1072. doi:10.1016/j.joms.2015.01.011.

[6919] Qin YH,Jiao HS,Li AS,Jiao Y,Wei LM,Zhang J,Zhong L,Liu K,Zhang XF. Transdermal application of azithromycin-amlodipine-heparin gel enhances survival of infected random ischaemic flap[J]. J Plast Surg Hand Surg,2015,49(6):319-326. doi:10.3109/2000656X.2015.1042386.

[6920] Cai L,Cao B,Lin D. Effects of traditional chinese medicine huangqi injection (radix astragali) on random skin flap survival in rats[J]. J Reconstr Microsurg,2015,31(8):565-570. doi:10.1055/s-0035-1555142.

[6921] Zhao F,He W,Zhang G,Liu S,Yu K,Bai J,Zhang H,Tian D. Comparison of shoulder management strategies after stage i of fingertip skin defect repair with a random-pattern abdominal skin flap[J]. Med Sci Monit,2015,21:3042-3047. doi:10.12659/MSM.894458.

[6922] Xie XG,Zhang M,Dai YK,Ding MS,Meng SD. Combination of vascular endothelial growth factor-loaded microspheres and hyperbaric oxygen on random skin flap survival in rats[J]. Exp Ther Med,2015,10(3):954-958. doi:10.3892/etm.2015.2620.

[6923] Kailiang Z,Yihui Z,Dingsheng L,Xianyao T. Effects of muscone on random skin flap survival in rats[J]. J Reconstr Microsurg,2016,32(3):200-207. doi:10.1055/s-0035-1565264.

[6924] Chen GJ,Chen YH,Yang XQ,Li ZJ. Nano-microcapsule basic fibroblast growth factor combined with hypoxia-inducible factor-1 improves random skin flap survival in rats[J]. Mol Med Rep,2016,13(2):1661-6. doi:10.3892/mmr.2015.4699.

[6925] Zhou KL,Zhang YH,Lin DS,Tao XY,Xu HZ. Effects of calcitriol on random skin flap survival in rats[J]. Sci Rep,2016,6:18945. doi:10.1038/srep18945.

[6926] Lin B,Lin Y,Lin D,Cao B. Effects of bezafibrate on the survival of random skin flaps in rats[J]. J Reconstr Microsurg,2016,32(5):395-401. doi:10.1055/s-0036-1571348.

[6927] Deheng C,Kailiang Z,Weidong W,Haiming J,Daoliang X,Ningyu C,Huazi X. Salidroside promotes random skin flap survival in rats by enhancing angiogenesis and inhibiting apoptosis[J]. J Reconstr Microsurg,2016,32(8):580-586. doi:10.1055/s-0036-1584205.

[6928] Lv QB,Gao X,Lin DS,Chen Y,Cao B,Zhou KL. Effects of diammonium glycyrrhizinate on random skin flap survival in rats:An experimental study[J]. Biomed Rep,2016,5(3):383-389. doi:10.3892/br.2016.733.

[6929] Zhu J,Zhao H,Wu K,Lv C,Bi HD,Sun MY,Wang YC,Xing X,Xue CY. Reconstruction of auricular conchal defects with local flaps[J]. Medicine (Baltimore),2016,95(46):e5282. doi:10.1097/MD.0000000000005282.

[6930] Dingsheng L,Zengbing L,Dong H. Favorable effects of progesterone on skin random flap survival in rats[J]. Iran J Basic Med Sci,2016,19(11):1166-1170.

[6931] Liu L,Zhang C,Tong H,Song T,Yin N,Li H,Zhao Z. Silk ligation delay for the random pattern flap[J]. J Craniofac Surg,2017,28(1):104-107. doi:10.1097/SCS.0000000000003233.

[6932] Wang LR,Cai LY,Lin DS,Cao B,Li ZJ. Effect of electroacupuncture at the zusanli point (Stomach-36) on dorsal random pattern skin flap survival in a rat model[J]. Dermatol Surg,2017,43(10):1213-1220. doi:10.1097/DSS.0000000000001178.

[6933] Ma X,Li Y,Li W,Liu C,Peng P,Song B,Xia W,Yi C,Lu K,Su Y. Reconstruction of large postburn facial-scalp scars by expanded pedicled deltopectoral flap and random scalp flap:technique improvements to enlarge the reconstructive territory[J]. J Craniofac Surg,2017,28(6):1526-1530. doi:10.1097/SCS.0000000000003902.

[6934] Chen L,Zhou K,Chen H,Li S,Lin D,Zhou D. Calcitriol promotes survival of experimental random pattern flap via activation of autophagy[J]. Am J Transl Res,2017,9(8):3642-3653.

[6935] Chen L,Pi L,Ke N,Chen X,Liu Q. The protective efficacy and safety of bandage contact lenses in children aged 5 to 11 after frontalis muscle flap suspension for congenital blepharoptosis:A single-center randomized controlled trial[J]. Medicine(Baltimore),2017,96(36):e8003. doi:10.1097/MD.0000000000008003.

[6936] Lin R,Chen H,Callow D,Li S,Wang L,Li S,Chen L,Ding J,Gao W,Xu H,Kong J,Zhou K. Multifaceted effects of astragaloside IV on promotion of random pattern skin flap survival in rats[J]. Am J Transl Res,2017,9(9):4161-4172.

[6937] Xu PF,Fang MJ,Jin YZ,Wang LS,Lin DS. Effect of oxytocin on the survival of random skin flaps[J]. Oncotarget,2017,8(54):92955-92965. doi:10.18632/oncotarget.21696.

[6938] Cheng L,Chen T,Tu Q,Li H,Feng Z,Li Z,Lin D. Naringin improves random skin flap survival in rats[J]. Oncotarget,2017,8(55):94142-94150. doi:10.18632/oncotarget.21589.

[6939] Xu L,Lin D,Cao B,Ping D. Effects of traditional Chinese medicine,dilong injection,on random skin flap survival in rats[J]. J Invest Surg,2018,31(1):38-43. doi:10.1080/08941939.2016.1273981.

[6940] Cheng L,Chen T,Li H,Feng Z,Li Z,Lin D. Effects of tirofiban on random skin flap survival in rats[J]. J Reconstr Microsurg,2018,34(2):138-144. doi:10.1055/s-0037-1607304.

[6941] Meng T,Zhang HL,Long X,Wang XJ. Functional and aesthetic reconstruction of a large upper lip defect using combined three local flaps:A case report[J]. Medicine(Baltimore),2018,97(12):e0191. doi:10.1097/MD.0000000000010191.

[6942] Chen T,Tu Q,Cheng L,Li Z,Lin D. Effects of curculigoside A on random skin flap survival in rats[J]. Eur J Pharmacol,2018,834:281-287. doi:10.1016/j.ejphar.2018.07.030.

[6943] Lin R,Lin J,Li S,Ding J,Wu H,Xiang G,Li S,Huang Y,Lin D,Gao W,Kong J,Xu H,Zhou K. Effects of the traditional Chinese medicine baicalein on the viability of random pattern skin flaps in rats[J]. Drug Des Devel Ther,2018,12:2267-2276. doi:10.2147/DDDT.S173371.

[6944] Lin J,Lin R,Li S,Wu H,Ding J,Xiang G,Li S,Wang Y,Lin D,Gao W,Kong J,Xu H,Zhou K. Salvianolic acid B promotes the survival of random-pattern skin flaps in rats by inducing autophagy[J]. Front Pharmacol,2018,9:1178. doi:10.3389/fphar.2018.01178.

[6945] Wu H,Ding J,Wang L,Lin J,Li S,Xiang G,Jiang L,Xu H,Gao W,Zhou K. Valproic acid enhances the viability of random pattern skin flaps:involvement of enhancing angiogenesis and inhibiting oxidative stress and apoptosis[J]. Drug Des Devel Ther,2018,12:3951-3960. doi:10.2147/DDDT.S186222.

[6946] Wu H,Ding J,Li S,Lin J,Jiang R,Lin C,Dai L,Xie C,Lin D,Xu H,Gao W,Zhou K. Metformin promotes the survival of random-pattern skin flaps by inducing autophagy via the AMPK-mTOR-TFEB signaling pathway[J]. Int J Biol Sci,2019,15(2):325-340. doi:10.7150/ijbs.29009.

[6947] Lin J,Lin R,Li S,Wu H,Ding J,Xiang G,Li S,Wang Y,Lin D,Gao W,Kong J,Xu H,Zhou K. Protective effects of resveratrol on random-pattern skin flap survival:an experimental study[J]. Am J Transl Res,2019,11(1):379-392.

[6948] Zhai Z,Jin X,Yu L,Yang X,Qi Z. Using π-shaped auricular cartilage with a local flap for lower eyelid support[J]. Ann Plast Surg,2019,82(4):403-406. doi:10.1097/SAP.0000000000001817.

[6949] Zhou F,Zhang L,Chen L,Xu Y,Chen Y,Li Z,Liu X,Wu J,Qi S. Prevascularized mesenchymal stem cell-sheets increase survival of random skin flaps in a nude mouse model[J]. Am J Transl Res,2019,11(3):1403-1416.

[6950] Cai Y,Yu Z,Yu Q,Zheng H,Xu Y,Deng M,Wang X,Zhang L,Zhang W,Li W. Fat extract improves random pattern skin flap survival in a rat model[J]. Aesthet Surg J,2019,39(12):NP504-NP514. doi:10.1093/asj/sjz112.

[6951] Fang MJ,Qi CY,Chen XY,Hu PY,Wang JW,Xu PF,Jin YZ,Lin DS. Effects of batroxobin treatment on the survival of random skin flaps in rats[J]. Int Immunopharmacol,2019,72:235-242. doi:10.1016/j.intimp.2019.04.011.

[6952] Lin J,Jia C,Wang Y,Jiang S,Jia Z,Chen N,Sheng S,Li S,Jiang L,Xu H,Zhou K,Chen Y. Therapeutic potential of pravastatin for random skin flaps necrosis:involvement of promoting angiogenesis and inhibiting apoptosis and oxidative stress[J]. Drug Des Devel Ther,2019,13:1461-1472. doi:10.2147/DDDT.S195479.

[6953] Lin Y,Huang G,Jin Y,Fang M,Lin D. Effects and mechanism of urinary kallidinogenase in the survival of random skin flaps in rats[J]. Int Immunopharmacol,2019,74:105720. doi:10.1016/j.intimp.2019.105720.

[6954] Huang G,Lin Y,Fang M,Lin D. Protective effects of icariin on dorsal random skin flap survival:An experimental study[J]. Eur J Pharmacol,2019,861:172600. doi:10.1016/j.ejphar.2019.172600.

[6955] Tu Q,Liu S,Chen T,Li Z,Lin D. Effects of adiponectin on random pattern skin flap survival in rats[J]. Int Immunopharmacol,2019,76:105875. doi:10.1016/j.intimp.2019.105875.

[6956] Zheng W,Wang J,Xie L,Xie H,Chen C,Zhang C,Lin D,Cai L. An injectable thermosensitive hydrogel for sustained release of apelin-13 to enhance flap survival in rat random skin flap[J]. J Mater Sci Mater Med,2019,30(9):106. doi:10.1007/s10856-019-6306-y.

[6957] Wu H,Chen H,Zheng Z,Li J,Ding J,Huang Z,Jia C,Shen Z,Bao G,Wu L,Mamun AA,Xu H,Gao W,Zhou K. Trehalose promotes the survival of random-pattern skin flaps by TFEB mediated autophagy enhancement[J]. Cell Death Dis,2019,10(7):483. doi:10.1038/s41419-019-1704-0.

[6958] Li J,Bao G,ALyafeai E,Ding J,Li S,Sheng S,Shen Z,Jia Z,Lin C,Zhang C,Lou Z,Xu H,Gao W,Zhou K. Betulinic acid enhances the viability of random-pattern skin flaps by activating autophagy[J]. Front Pharmacol,2019,10:1017. doi:10.3389/fphar.2019.01017.

[6959] Zheng DC,Xie MK,Fu SB,Guo JH,Li WJ,Yao HJ,Wang Z. Staged male genital reconstruction with a local flap and free oral graft:a case report and literature review[J]. BMC Urol,2019,19(1):104. doi:10.1186/s12894-019-0537-6.

[6960] Zhou K,Chen H,Lin J,Xu H,Wu H,Bao G,Li J,Deng X,Shui X,Gao W,Ding J,Xiao J,Xu H. FGF21 augments autophagy in random-pattern skin flaps via AMPK signaling pathways and improves tissue survival[J]. Cell Death Dis,2019,10(12):872. doi:10.1038/s41419-019-2105-0.

[6961] Xie L,Wang J,Zhang Y,Chen H,Lin D,Ding J,Xuan J,Chen Q,Cai L. The effects of local injection of exosomes derived from BMSCs on random skin flap in rats[J]. Am J Transl Res,2019,11(11):7063-7073.

[6962] Lin Y,Lin B,Lin D. Effects of Morroniside on the viability of random skin flaps in rats[J]. J Invest Surg,2020,33(2):182-188. doi:10.1080/08941939.2018.1479007.

[6963] Qi C,Lin Y,Lin D. The Effect of Shu Xue Tong treatment on random skin flap survival via the VEGF-Notch/Dll4 signaling pathway[J]. J Invest Surg,2020,33(7):615-620. doi:10.1080/08941939.2018.1551948.

[6964] Sun C,Zhao J,Liu Z,Tan L,Huang Y,Zhao L,Tao H. Comparing conventional flap-less immediate implantation and socket-shield technique for esthetic and clinical outcomes:A randomized clinical study[J]. Clin Oral Implants Res,2020,31(2):181-191. doi:10.1111/clr.13554.

[6965] Jiang R,Lin C,Jiang C,Huang Z,Gao W,Lin D. Nobiletin enhances the survival of random pattern skin flaps:Involvement of enhancing angiogenesis and inhibiting oxidative stress[J]. Int Immunopharmacol,2020,78:106010. doi:10.1016/j.intimp.2019.106010.

[6966] Yu D,Cai W,An L,Feng Y,Cao J,Zhang S. The application of a modified random flap in breast cancer patients after surgery and radiation[J]. Asian J Surg,2020,43(3):513-516. doi:10.1016/j.asjsur.2019.11.008.

[6967] Feng X,Chen Y,Zhang M,Fang M,Xiao C,Chen J. Protective effect of citicoline on random flap survival in a rat mode[J]. Int Immunopharmacol,2020,83:106448. doi:10.1016/j.intimp.2020.106448.

[6968] Fang M,He J,Ma X,Li W,Lin D. Protective effects of dexmedetomidine on the survival of random flaps[J]. Biomed Pharmacother,2020,128:110261. doi:10.1016/j.biopha.2020.110261.

[6969] Liu Y,Zhu X,Zhou D,Han F,Yang X. Dexmedetomidine for prevention of postoperative pulmonary complications in patients after oral and maxillofacial surgery with fibular free flap reconstruction:a prospective,double-blind,randomized,placebo-controlled trial[J]. BMC Anesthesiol,2020,20(1):127. doi:10.1186/s12871-020-01045-3.

[6970] Cai L,Xie L,Dong Q. Crocin enhances the viability of random pattern skin flaps:involvement of enhancing angiogenesis and inhibiting oxidative stress[J]. Am J Transl Res,2020,12(6):2929-2938.

[6971] Hamushan M,Cai W,Lou T,Cheng P,Zhang Y,Tan M,Chai Y,Zhang F,Lineaweaver WC,Han P,Ju J. Postconditioning with red-blue light therapy improves survival of random skin flaps in a rat model[J]. Ann Plast Surg,2021,86(5):582-587. doi:10.1097/SAP.0000000000002501.

[6972] He JB,Fang MJ,Ma XY,Li WJ,Lin DS. Angiogenic and anti-inflammatory properties of azadirachtin A improve random skin flap survival in rats[J]. Exp Biol Med(Maywood),2020,245(18):1672-1682. doi:10.1177/1535370220951896.

[6973] Feng X,Huang D,Lin D,Zhu L,Zhang M,Chen Y,Wu F. Effects of asiaticoside treatment on the survival of random skin flaps in rats[J]. J Invest Surg,2021,34(1):107-117. doi:10.1080/08941939.2019.1584255.

[6974] Li J,Chen H,Lou J,Bao G,Wu C,Lou Z,Wang X,Ding J,Li Z,Xiao J,Xu H,Gao W,Zhou K. Exenatide improves random-pattern skin flap survival via TFE3 mediated autophagy augment[J]. J Cell Physiol,2021,236(5):3641-3659. doi:10.1002/jcp.30102.

[6975] He JB,Ma XY,Li WJ,Liu YY,Lin DS. Exenatide inhibits necrosis by enhancing angiogenesis and ameliorating ischemia/reperfusion injury in a random skin flap rat model[J]. Int Immunopharmacol,2021,90:107192. doi:10.1016/j.intimp.2020.107192.

[6976] Chen H,Chen B,Li B,Luo X,Wu H,Zhang C,Liu J,Jiang J,Zhao B. Gastrodin promotes the survival of random-pattern skin flaps via autophagy flux stimulation[J]. Oxid Med Cell Longev,2021,2021:6611668. doi:10.1155/2021/6611668.

[6977] Lou ZL,Zhang CX,Li JF,Chen RH,Wu WJ,Hu XF,Shi HC,Gao WY,Zhao QF. Apelin/apj-manipulated camkk/ampk/gsk3 β signaling works as an endogenous counterinjury mechanism in promoting the vitality of random-pattern skin flaps[J]. Oxid Med Cell Longev,2021,2021:8836058. doi:10.1155/2021/8836058.

[6978] Luo Z,Bian Y,Zheng G,Wang H,Yan B,Su W,Dong W,Hu Z,Ding J,Wang A,Li S,Fu W,Xue J. Chemically modified sdf-1α mrna promotes random flap survival by activating the sdf-1α/cxcr4 axis in rats[J]. Front Cell Dev Biol,2021,9:623959. doi:10.3389/fcell.2021.623959.

[6979] Luo X,Zhao B,Chen B,Chen H,Han T,Bsoul NBN,Yan H. Trans-cinnamaldehyde increases random pattern flap survival through activation of the nitric oxide pathway[J]. Drug Des Devel Ther,2021,15:679-688. doi:10.2147/DDDT.S297458.

[6980] Xu J,Yin L,Cao S,Zhan H,Zhang J,Zhou Q,Gong K. Application of WALANT technique for repairing finger skin defect with a random skin flap[J]. J Orthop Surg Res,2021,16(1):164. doi:10.1186/s13018-021-02319-3.

[6981] 林如衡，张道楔，朱瑞文. 用局部皮瓣修复唇缺损 [J]. 中华外科杂志，1959，7（11）：1127-1130. {LIN Ruheng,ZHANG Daoxie,ZHU Ruiwen. Repair lip defects with local flaps[J]. Zhonghua Wai Ke Za Zhi[Chin J Surg(Article in Chinese;No abstract available)],1959,7(11):1127-1130.}

[6982] 李满，翟君鹤. 采用局部皮瓣修复先天性翘趾内翻畸形一例报告 [J]. 中华外科杂志，1965，13（12）：1056. {LI Man,ZHAI Junhe. A case report of repairing congenital inverted toe deformity with local skin flap[J]. Zhonghua Wai Ke Za Zhi[Chin J Surg(Article in Chinese;No abstract available)],1965,13(12):1056.}

[6983] 侍德，赵敦炎，曹汉均. 局部皮瓣修复头皮癌切除后缺损（附 16 例报告）[J]. 中华外科杂志，1982，20（1）：27-29. {SHI De,ZHAO Dunyan,CAO Hanjun. Local skin flap repairing the defect after resection of scalp cancer (report of 16 cases)[J]. Zhonghua Wai Ke Za Zhi[Chin J Surg(Article in Chinese;No abstract available)],1982,20(1):27-29.}

[6984] 赵书强，曹大鑫，尹大庆，张桂林，韩行义，苏虹，阎汝蕴. 超比例随意皮瓣的实验研究与临床应用 [J]. 中华医学杂志，1987，67（7）：378-381. {ZHAO Shuqiang,CAO Daxin,YIN Daqing,ZHANG Guilin,HAN Xingyi,SU Hong,YAN Ruyun. Experimental research and clinical application of super-scale random skin flap[J]. Zhonghua Yi Xue Za Zhi[Natl Med J China(Article in Chinese;No abstract available)],1987,67(7):378-381.}

[6985] 张科军，周广华. 带蒂超薄随意皮瓣在手外伤的应用 [J]. 修复重建外科杂志，1991，5（3）：145-147，190. {ZHANG Kejun,ZHOU Guanghua. Application of pedicled ultrathin random skin flap in hand trauma[J]. Zhongguo Xiu Fu Chong Jian Wai Ke Za Zhi[Chin J Repar Reconstr Surg(Article in Chinese;No abstract available)],1991,5(3):145-147,190.}

[6986] 阿效诚，曾祥元. 中药对超长随意皮瓣成活影响的实验研究 [J]. 手外科杂志，1992，8（2）：98-101. {A Xiaocheng,ZENG Xiangyuan. Experimental study on the effect of chinese medicine on survival of ultra-long random skin flap[J]. Shou Wai Ke Za Zhi[Chin J Hand Surg(Article in Chinese;No abstract available)],1992,8(2):98-101.}

[6987] 范志宏，关文祥，金一涛，施耀明. 皮肤软组织快速扩张对随意型皮瓣长宽比例影响 [J]. 中华整形烧伤外科杂志，1992，8（3）：208-210. {FAN Zhihong,GUAN Wenxiang,JIN Yitao,SHI Yaoming. The effect of rapid expansion of skin and soft tissue on the ratio of length to width of random flap[J]. Zhonghua Zheng Xing Shao Shang Wai Ke Za Zhi[Chin J Plast Surg Burns(Article in Chinese;No abstract available)],1992,8(3):208-210.}

[6988] 王正红，朱义用. 小腿超长随意筋膜皮瓣的临床应用 [J]. 中国修复重建外科杂志，1993，7（3）：147-148，191-192. {WANG Zhenghong,ZHU Yiyong. Clinical application of super-long random fasciocutaneous flap of calf[J]. Zhongguo Xiu Fu Chong Jian Wai Ke Za Zhi[Chin J Repar Reconstr Surg(Article in Chinese;No abstract available)],1993,7(3):147-148,191-192.}

[6989] 梁建，容汉坚，罗盛康，黄健，郑文玲，邱世国. 丹参对随意型皮瓣活力影响的微循环观察实验研究 [J]. 中华显微外科杂志，1994，17（5）：207-209，240. {LIANG Jian,RONG Hanjian,LUO Shengkang,HUANG Jian,ZHENG Wenling,QIU Shiguo. Effect of salvia miltiorrhiza on microcirculatory events of random flaps in rabbits[J]. Zhonghua Xian Wei Wai Ke Za Zhi[Chin J Microsurg(Article in Chinese;Abstract in Chinese and English)],1994,17(5):207-209,240.}

[6990] 袁相斌，陈卫平，杨勇，朱晓海，林子豪，何清濂，刘会敏. 随意超薄皮瓣的超薄层次及长宽比例的实验研究 [J]. 中国修复重建外科杂志，1994，8（5）：71-73. {YUAN Xiangbin,CHEN Weiping,YANG Yong,ZHU Xiaohai,LIN Zihao,HE Qinglian,LIU Huimin. Abstracts experimental study on the thickness and the ratio of length to width of a randomized extra-thin defatted skin flap[J]. Zhongguo Xiu Fu Chong Jian Wai Ke Za Zhi[Chin J Repar Reconstr Surg(Article in Chinese;Abstract in Chinese)],1994,8(5):71-73.}

[6991] 杨云霞，杨国玉，黄文义. 局部皮瓣整复烧伤后指蹼瘢痕 [J]. 中国修复重建外科杂志，1994，8（1）：58. {YANG Yunxia,YANG Guoyu,HUANG Wenyi. Reconstruction of webbed scars after burns with local skin flaps[J]. Zhongguo Xiu Fu Chong Jian Wai Ke Za Zhi[Chin J Repar Reconstr Surg(Article in Chinese;No abstract available)],1994,8(1):58.}

[6992] 胡韶楠，徐建光，陶国治. 两块局部皮瓣移位修复胸壁巨大皮肤缺损一例 [J]. 中国修复重建外科杂志，1994，8（2）：85. {HU Shaonan,XU Jianguang,TAO Guozhi. A case of repairing a huge skin defect of chest wall by the displacement of two local skin flaps[J]. Zhongguo Xiu Fu Chong Jian Wai Ke Za Zhi[Chin J Repar Reconstr Surg(Article in Chinese;No abstract available)],1994,8(2):85.}

[6993] 范飞，陈宗基. 随意型皮瓣血运障碍过程的观测 [J]. 中华整形烧伤外科杂志，1995，11（5）：371-374. DOI：10.3760/j.issn：1009-4598.1995.05.002. {FAN Fei,CHEN Zongji. Observation of the process of random flap blood supply disorder[J]. Zhonghua Zheng Xing Shao Shang Wai Ke Za Zhi[Chin J Plast Surg Burns(Article in Chinese;Abstract in Chinese and English)],1995,11(5):371-374. DOI:10.3760/j.issn:1009-4598.1995.05.002.}

[6994] 张科军，宫德卿，张建峰. 带蒂超薄随意皮瓣应用中的并发症分析 [J]. 中国修复重建外科杂志，1995，9（4）：243. {ZHANG Kejun,GONG Deqing,ZHANG Jianfeng. Analysis of complications in the application of pedicled ultrathin random skin flaps[J]. Zhongguo Xiu Fu Chong Jian Wai Ke Za Zhi[Chin J Repar Reconstr Surg(Article in Chinese;No abstract available)],1995,9(4):243.}

[6995] 王秋根，程庭英，王秀会. 局部皮瓣转移治疗严重虎口挛缩的体会 [J]. 中华显微外科杂志，1995，18（3）：213. {WANG Qiugen,CHENG Tingying,WANG Xiuhui. Experience in the treatment of severe first web contracture with local flap transfer[J]. Zhonghua Xian Wei Wai Ke Za Zhi[Chin J Microsurg(Article in Chinese;No abstract available)],1995,18(3):213.}

[6996] 熊明根，司徒朴，陈兵，王晋煌，侯文明，肖能坎，马西武. 四肢带表浅静脉干的局部皮瓣在创伤修复中的应用 [J]. 中华整形烧伤外科杂志，1995，11（3）：181-183. DOI：10.3760/j.issn：1009-4598.1995.03.010. {XIONG Minggen,SITU Pu,CHEN Bing,WANG Jinhuang,HOU Wenming,XIAO Nengkan,MA Xiwu. Application of local skin flaps with superficial vein trunks in limbs in wound repair[J]. Zhonghua Zheng Xing Shao Shang Wai Ke Za Zhi[Chin J Plast Surg Burns(Article in Chinese;Abstract in Chinese)],1995,11(3):181-183. DOI:10.3760/j.issn:1009-4598.1995.03.010.}

[6997] 赵天兰，程新德. 应用随意头皮瓣及轴型皮瓣修复大面积头皮缺损及颅骨外露 [J]. 中华显微外科杂志，1996，19（4）：311. {ZHAO Tianlan,CHENG Xinde. Use random scalp flaps and axial flaps to repair large-area scalp defects and skull exposure[J]. Zhonghua Xian Wei Wai Ke Za Zhi[Chin J Microsurg(Article in Chinese;No abstract available)],1996,19(4):311.}

[6998] 张伯勋，梁雨田，刘郑生，卢世璧，郭义柱，朱盛修. 带蒂超长随意皮瓣的临床应用——介绍两极双蒂随意皮瓣延迟术 [J]. 中国修复重建外科杂志，1996，10（2）：81-83. {ZHANG Boxun,LIANG Yutian,LIU Zhengsheng,LU Shibi,GUO Yizhu,ZHU Shengxiu. Clinical application of pediculated super-long randomized flap:introduction to delay transfer of bipolar double-pediculated randomized flap[J]. Zhongguo Xiu Fu Chong Jian Wai Ke Za Zhi[Chin J Repar Reconstr Surg(Article in Chinese;Abstract in Chinese and English)],1996,10(2):81-83.}

[6999] 杨川，蔡佩佩，李伟. 局部皮瓣转移指蹼成形术 [J]. 中国修复重建外科杂志，1996，10(1)：

57-58. {YANG Chuan,CAI Peipei,LI Wei. Local flap transfer finger webplasty[J]. Zhongguo Xiu Fu Chong Jian Wai Ke Za Zhi[Chin J Repar Reconstr Surg(Article in Chinese;No abstract available)],1996,10(1):57-58.}

[7000] 杨杰，夏家骝，夏有辰，陶平，田珑，陈莉. He-Ne激光对随意型真皮下血管网皮瓣远段血管重建的影响[J]. 中华整形烧伤外科杂志，1997，13(1)：48-50. DOI：10.3760/j.issn：1009-4598.1997.01.013. {YANG Jie,XIA Jialiu,XIA Youchen,TAO Ping,TIAN Long,CHEN Li. The effect of He-Ne laser on the distal vascular reconstruction of random subdermal vascular network flap[J]. Zhonghua Zheng Xing Shao Shang Wai Ke Za Zhi[Chin J Plast Surg Burns(Article in Chinese;Abstract in Chinese and English)],1997,13(1):48-50. DOI:10.3760/j.issn:1009-4598.1997.01.013.}

[7001] 廖威明，杨忠汉，万勇，徐栋梁. 不同基底血供和断蒂时间对随意型真皮下血管网薄皮瓣成活与质量关系的实验研究[J]. 中华整形烧伤外科杂志，1997，13(2)：117-119. DOI：10.3760/j.issn：1009-4598.1997.02.014. {LIAO Weiming,YANG Zhonghan,WAN Yong,XU Dongliang. Experimental study on the relationship between the survival and quality of random subdermal vascular network thin skin flaps with different basal blood supply and pedicle breaking time[J]. Zhonghua Zheng Xing Shao Shang Wai Ke Za Zhi[Chin J Plast Surg Burns(Article in Chinese;Abstract in Chinese and English)],1997,13(2):117-119. DOI:10.3760/j.issn:1009-4598.1997.02.014.}

[7002] 姜平，罗力生. 远红外线对鼠随意皮瓣成活的影响[J]. 中国修复重建外科杂志，1997，11(2)：9-11. {JIANG Ping,LUO Lisheng. The effect of far-infrared rays on the survival of random skin flaps in mice[J]. Zhongguo Xiu Fu Chong Jian Wai Ke Za Zhi[Chin J Repar Reconstr Surg(Article in Chinese;Abstract in Chinese)],1997,11(2):9-11.}

[7003] 熊伟，李解，李迺泽，杨贵斌. 胸大肌肌瓣和局部皮瓣修复胸壁缺损[J]. 中华整形烧伤外科杂志，1997，13(2)：144-145. DOI：10.3760/j.issn：1009-4598.1997.02.025. {XIONG Wei,LI Jie,LI Xize,YANG Guibin. Repair of chest wall defect with pectoralis major muscle flap and local skin flap[J]. Zhonghua Zheng Xing Shao Shang Wai Ke Za Zhi[Chin J Plast Surg Burns(Article in Chinese;No abstract available)],1997,13(2):144-145. DOI:10.3760/j.issn:1009-4598.1997.02.025.}

[7004] 李东伟，罗锦辉，刘金汉，尹军. 前列环素对随意皮瓣血液流变学的影响[J]. 中国临床解剖学杂志，1998，16(4)：91-92. {LI Dongwei,LUO Jinhui,LIU Jinhan,YIN Jun. Effect of prostacyclin on hemorrheology of random skin flaps[J]. Zhongguo Lin Chuang Jie Pou Xue Za Zhi[Chin J Clin Anat(Article in Chinese;Abstract in Chinese and English)],1998,16(4):91-92.}

[7005] 江奕恒，黄东，张惠茹. 动脉化静脉皮瓣与随意皮瓣修复手指软组织缺损的比较[J]. 中华显微外科杂志，1998，21(3)：232. DOI：10.3760/cma.j.issn.1001-2036.1998.03.035. {JIANG Yiheng,HUANG Dong,ZHANG Huiru. Comparison of arterialized venous flaps and random flaps for repairing finger soft tissue defects[J]. Zhonghua Xian Wei Wai Ke Za Zhi[Chin J Microsurg(Article in Chinese;No abstract available)],1998,21(3):232. DOI:10.3760/cma.j.issn.1001-2036.1998.03.035.}

[7006] 朱斌，高建华，百束比古，青木律. 随意型皮瓣蒂宽瓣宽比例与皮瓣成活长度关系的实验研究[J]. 中华整形烧伤外科杂志，1999，15(6)：441-443，484. {ZHU Bin,GAO Jianhua,Hiko Hyakusoku,Qing Mulu. Experimental study on the relationship between the ratio of pedicle width to flap width and the surviving length of the random skin flap[J]. Zhonghua Zheng Xing Shao Shang Wai Ke Za Zhi[Chin J Plast Surg Burns(Article in Chinese;Abstract in Chinese and English)],1999,15(6):441-443,484.}

[7007] 孙业祥，李云，汪昌荣，王立基，王永杰，李守生，陈侠英. 腹部各类随意型皮瓣在修复手腕部电烧伤创面中的应用效果[J]. 安徽医科大学学报，1999，34(6)：478-479. DOI：10.3969/j.issn.1000-1492.1999.06.028. {SUN Yexiang,LI Yun,WANG Changrong,WANG Liji,WANG Yongjie,LI Shousheng,CHEN Xiaying. Application effect of various random flaps of abdomen in repairing electric burn wounds of wrist[J]. An Hui Yi Ke Da Xue Xue Bao[Acta Univ Med Anhui(Article in Chinese;No abstract available)],1999,34(6):478-479. DOI:10.3969/j.issn.1000-1492.1999.06.028.}

[7008] 刘芬兰，王震宇，李吉，王昌立. 碱性成纤维细胞生长因子促进大鼠随意皮瓣成活的实验研究[J]. 中国临床解剖学杂志，2000，16(2)：167-169. DOI：10.3969/j.issn.1001-165X.2000.02.029. {LIU Finnish,WANG Zhenyu,LI Ji,WANG Changli. Research of basic fibroblast growth factor promoting the survival of the rat's random flap[J]. Zhongguo Lin Chuang Jie Pou Xue Za Zhi[Chin J Clin Anat(Article in Chinese;Abstract in Chinese and English)],2000,16(2):167-169. DOI:10.3969/j.issn.1001-165X.2000.02.029.}

[7009] 王法刚，赵敏，黄秉仁，刘珍君，熊斌，成铤，霍孟华. 皮下注射血管内皮生长因子基因提高大鼠背部随意皮瓣活力的实验研究[J]. 中华整形外科杂志，2002，18(3)：157-159. DOI：10.3760/j.issn：1009-4598.2002.03.011. {WANG Fagang,ZHAO Min,HUANG Bingren,LIU Zhenjun,XIONG Bin,CHENG Ting,HUO Menghua. Subcutaneous injection of plasmid vegf gene:A method of gene therapy to enhance the viability of random skin flap[J]. Zhonghua Zheng Xing Wai Ke Za Zhi[Chin J Plast Surg(Article in Chinese;Abstract in Chinese and English)],2002,18(3):157-159. DOI:10.3760/j.issn:1009-4598.2002.03.011.}

[7010] 刘志辉，朱镇，刘春丽，车彦海. 皮下局部注射血管内皮细胞生长因子对大鼠背部随意型皮瓣成活影响的实验性研究[J]. 现代口腔医学杂志，2002，16(5)：397-400. DOI：10.3969/j.issn.1003-7632.2002.05.006. {LIU Zhihui,ZHU Zhen,LIU Chunli,CHE Yanhai. The effect of vegf on survival of a random flap in the rat[J]. Xian Dai Kou Qiang Yi Xue Za Zhi[J Mod Stomatol(Article in Chinese;Abstract in Chinese and English)],2002,16(5):397-400. DOI:10.3969/j.issn.1003-7632.2002.05.006.}

[7011] 姚树源，马宝通，姜文学，孙波，胡茂忠，张建国，尤佳，冯卫，徐东明，邢泽军. 随意髂骨皮瓣治疗尺、桡骨缺损性骨不连[J]. 中华骨科杂志，2003，23(12)：714-718. DOI：10.3760/j.issn：0253-2352.2003.12.003. {YAO Shuyuan,MA Baotong,JIANG Wenxue,SUN Bo,HU Maozhong,ZHANG Jianguo,YOU Jia,FENG Wei,XU Dongming,XING Zejun. Random iliac osteocutaneous flap for defective non-union of radius or ulna[J]. Zhonghua Gu Ke Za Zhi[Chin J Orthop(Article in Chinese;Abstract in Chinese and English)],2003,23(12):714-718. DOI:10.3760/j.issn:0253-2352.2003.12.003.}

[7012] 关德宏，吕松岑，陈天新，李贵东，王新涛，韩竹，王冬艳，焦尔康，赵大光，刘锋. 带隐神经交腿随意皮瓣修复足底皮肤缺损[J]. 中华显微外科杂志，2003，26(3)：171-173. DOI：10.3760/cma.j.issn.1001-2036.2003.03.004. {GUAN Dehong,LU Songcen,CHEN Tianxin,LI Guidong,WANG Xintao,HAN Zhu,WANG Dongyan,JIAO Erkang,ZHAO Daguang,LIU Feng. Plantar skin defects repaired by random flap with saphenous nerve[J]. Zhonghua Xian Wei Wai Ke Za Zhi[Chin J Microsurg(Article in Chinese;Abstract in Chinese)],2003,26(3):171-173. DOI:10.3760/cma.j.issn.1001-2036.2003.03.004.}

[7013] 秦巍，石团元，罗军复，候舒，朱正鹏. 超比例随意皮瓣治疗骨外露创面六例[J]. 中华烧伤杂志，2003，19(1)：62. DOI：10.3760/cma.j.issn.1009-2587.2003.01.026. {QIN Wei,SHI Tuanyuan,LUO Junfu,HOU Shu,ZHU Zhengpeng. Treatment of 6 cases of bone exposure wounds with oversized random skin flap[J]. Zhonghua Shao Shang Za Zhi[Chin J Burns(Article in Chinese;No abstract available)],2003,19(1):62. DOI:10.3760/cma.j.issn.1009-2587.2003.01.026.}

[7014] 王永春，侯明钟. 手指粘液囊肿切除与局部皮瓣修复[J]. 中国矫形外科杂志，2003，11(10)：688. DOI：10.3969/j.issn.1005-8478.2003.10.029. {WANG Yongchun,HOU Mingzhong. Resection of finger mucous cyst and local flap repair[J]. Zhongguo Jiao Xing Wai Ke Za Zhi[Orthop J China(Article in Chinese;No abstract available)],2003,11(10):688. DOI:10.3969/j.issn.1005-8478.2003.10.029.}

[7015] 张强，蔡锦方，刘立峰，克丙申，黄象艳. bFGF-PLGA微球促进随意皮瓣早期断蒂[J]. 中国矫形外科杂志，2004，12(5)：353-355. DOI：10.3969/j.issn.1005-8478.2004.05.010. {ZHANG Qiang,CAI Jinfang,LIU Lifeng,KE Bingshen,HUANG Xiangyan. Improvement on early pedicle division of random flap of basic fibroblast growth factor-poly(lactide-co-glycolide)acid microspheres[J]. Zhongguo Jiao Xing Wai Ke Za Zhi[Orthop J China(Article in Chinese;Abstract in Chinese and English)],2004,12(5):353-355. DOI:10.3969/j.issn.1005-8478.2004.05.010.}

[7016] 赵建勇，吴海钰，刘振利，张植生，王华柱，张远林. 逆行随意型筋膜瓣在手外伤中的应用[J]. 中国矫形外科杂志，2004，12(18)：1409. DOI：10.3969/j.issn.1005-8478.2004.18.033. {ZHAO Jianyong,WU Haiyu,LIU Zhenli,ZHANG Zhisheng,WANG Huazhu,ZHANG Yuanlin. Application of retrograde random fascia flap in hand trauma[J]. Zhongguo Jiao Xing Wai Ke Za Zhi[Orthop J China(Article in Chinese;No abstract available)],2004,12(18):1409. DOI:10.3969/j.issn.1005-8478.2004.18.033.}

[7017] 李华，邵雁，叶学红，胡莹，顾子春，胡海瓯，马奇. 随意微小皮瓣在颜面部缺损的合理应用[J]. 中华整形外科杂志，2005，21(5)：391-392. DOI：10.3760/j.issn：1009-4598.2005.05.020. {LI Hua,SHAO Yan,YE Xuehong,HU Ying,GU Zichun,HU Haiou,MA Qi. Reasonable application of random small skin flaps in facial defects[J]. Zhonghua Zheng Xing Wai Ke Za Zhi[Chin J Plast Surg(Article in Chinese;No abstract available)],2005,21(5):391-392. DOI:10.3760/j.issn:1009-4598.2005.05.020.}

[7018] 高嵩，程新德，赵天兰. 猪背部窄蒂随意型皮瓣的实验研究[J]. 中华显微外科杂志，2006，29(4)：286-288. DOI：10.3760/cma.j.issn.1001-2036.2006.04.017. {GAO Song,CHENG Xinde,ZHAO Tianlan. Experimental study of random skin flap with narrow pedicle on the back of pig[J]. Zhonghua Xian Wei Wai Ke Za Zhi[Chin J Microsurg(Article in Chinese;Abstract in Chinese)],2006,29(4):286-288. DOI:10.3760/cma.j.issn.1001-2036.2006.04.017.}

[7019] 崔海文，王立新，崔树科. 腹部随意多皮瓣修复多指皮肤缺损[J]. 中华整形外科杂志，2006，22(5)：399-400. DOI：10.3760/j.issn：1009-4598.2006.05.025. {CUI Haiwen,WANG Lixin,CUI Shuke. Multiple skin flaps on the abdomen to repair multi-finger skin defects[J]. Zhonghua Zheng Xing Wai Ke Za Zhi[Chin J Plast Surg(Article in Chinese;No abstract available)],2006,22(5):399-400. DOI:10.3760/j.issn:1009-4598.2006.05.025.}

[7020] 孙强，郑永生，翁瑞. 应用局部皮瓣治疗脂溢性角化症[J]. 组织工程与重建外科杂志，2006，2(3)：161-162. DOI：10.3969/j.issn.1673-0364.2006.03.013. {SUN Qiang,ZHENG Yongsheng,WENG Rui. Treatment of seborrheic keratosis with the technique of excision and local flap transplantation[J]. Zu Zhi Gong Cheng Yu Chong Jian Wai Ke Za Zhi[J Tissue Eng Reconstr Surg(Article in Chinese;Abstract in Chinese and English)],2006,2(3):161-162. DOI:10.3969/j.issn.1673-0364.2006.03.013.}

[7021] 唐龙，许庆利，张馨，葛蔚. 局部皮瓣在肢体纹身治疗中的应用[J]. 组织工程与重建外科杂志，2006，2(4)：216-217. DOI：10.3969/j.issn.1673-0364.2006.04.013. {TANG Long,XU Qingli,ZHANG Xin,GE Wei. Application of local flap in body tattoo[J]. Zu Zhi Gong Cheng Yu Chong Jian Wai Ke Za Zhi[J Tissue Eng Reconstr Surg(Article in Chinese;Abstract in Chinese and English)],2006,2(4):216-217. DOI:10.3969/j.issn.1673-0364.2006.04.013.}

[7022] 叶胜捷，张文振，庞淑光，章锦成，方声教，李泳焱，陈如俊，叶鹂柳，郑庆兴. 随意型薄皮瓣修复手背及手掌合并多指深度烧伤[J]. 中华创伤杂志，2007，23(9)：715-716. DOI：10.3760/j.issn：1001-8050.2007.09.028. {YE Shengjie,ZHANG Wenzhen,PANG Shuguang,ZHANG Jincheng,FANG Shengjiao,LI Yongyan,CHEN Rujun,YE Liliu,ZHENG Qingxing. Random thin skin flaps for repair of deep burns on the back of the hand and palm with multiple fingers[J]. Zhonghua Chuang Shang Za Zhi[Chin J Trauma(Article in Chinese;No abstract available)],2007,23(9):715-716. DOI:10.3760/j.issn:1001-8050.2007.09.028.}

[7023] 史振满，王鑫，史疆，许刚，俞洁. 随意型筋膜皮下翻转瓣最小基底长度[J]. 创伤外科杂志，2007，9(5)：438-440. DOI：10.3969/j.issn.1009-4237.2007.05.017. {SHI Zhenman,WANG Xin,SHI Jiang,XU Gang,YU Jie. Shortest base length of random adipofascial turnover flap[J]. Chuang Shang Wai Ke Za Zhi[J Traum Surg(Article in Chinese;Abstract in Chinese and English)],2007,9(5):438-440. DOI:10.3969/j.issn.1009-4237.2007.05.017.}

[7024] 何引飞，王亚荣，李丽芬，王树华，叶锦文. 低分子量肝素钠软膏对大鼠随意型皮瓣一氧化氮的影响[J]. 中华医学杂志，2007，87(43)：3092-3094. DOI：10.3760/j.issn：0376-2491.2007.43.018. {HE Yinfei,WANG Yarong,LI Lifen,WANG Shuhua,YE Jinwen. Effect of low molecular heparin sodium cream on the content of serum nitric oxide in random pattern skin flap:Experiment with rats[J]. Zhonghua Yi Xue Za Zhi[Natl Med J China(Article in Chinese;Abstract in Chinese and English)],2007,87(43):3092-3094. DOI:10.3760/j.issn:0376-2491.2007.43.018.}

[7025] 井万里，岑瑛，张艳阁，向小燕. 还原型谷胱甘肽对大鼠随意皮瓣成活影响的实验研究[J]. 中国修复重建外科杂志，2007，21(9)：909-912. {JING Wanli,CEN Ying,ZHANG Yange,XIANG Xiaoyan. Experimental study on effect of reduced glutathione on random flap survival in rats[J]. Zhongguo Xiu Fu Chong Jian Wai Ke Za Zhi[Chin J Repar Reconstr Surg(Article in Chinese;Abstract in Chinese and English)],2007,21(9):909-912.}

[7026] 马晓荣，祁佐良. 应用局部皮瓣修复上睑全层缺损一例报告[J]. 组织工程与重建外科杂志，2007，3(6)：347-349. DOI：10.3969/j.issn.1673-0364.2007.06.013. {MA Xiaorong,QI Zuoliang. Reconstruction of subtotal full-thickness upper eyelid defect by local eyelid tissue flap:Case report[J]. Zu Zhi Gong Cheng Yu Chong Jian Wai Ke Za Zhi[J Tissue Eng Reconstr Surg(Article in Chinese;Abstract in Chinese and English)],2007,3(6):347-349. DOI:10.3969/j.issn.1673-0364.2007.06.013.}

[7027] 燕晓宇，曾炳芳，柴益民，罗从风，李晓林，刘旭东. 低能量体外震波扩大随意皮瓣成活面积的实验研究[J]. 中华显微外科杂志，2008，31(1)：43-46，插6. DOI：10.3760/cma.j.issn.1001-2036.2008.01.016. {YAN Xiaoyu,ZENG Bingfang,CHAI Yimin,LUO Congfeng,LI Xiaolin,LIU Xudong. Low-energy shockwave therapy enlarges the survival dimension of random-pattern flaps:An experimental study[J]. Zhonghua Xian Wei Wai Ke Za Zhi[Chin J Microsurg(Article in Chinese;Abstract in Chinese and English)],2008,31(1):43-46,insert 6. DOI:10.3760/cma.j.issn.1001-2036.2008.01.016.}

[7028] 孙智勇，王刚，杨晓楠，杨健祥，滕晓耀，殷国前. 天然水蛭素对猪随意型皮瓣静脉淤血影响的实验研究[J]. 中国修复重建外科杂志，2008，22(11)：1296-1300. {SUN Zhiyong,WANG Gang,YANG Xiaonan,YANG Jianxiang,TENG Xiaoping,YIN Guoqian. Experimental study on effect of natural hirudin on vein congestion of random skin fuap in porcine models[J]. Zhongguo Xiu Fu Chong Jian Wai Ke Za Zhi[Chin J Repar Reconstr Surg(Article in Chinese;Abstract in Chinese and English)],2008,22(11):1296-1300.}

[7029] 李正勇，岑瑛，许学文，古鸣兢，弓晓媛，王怀胜. 股二头肌肌瓣复合局部皮瓣修复坐骨结节周围重度褥疮创面[J]. 中华外科杂志，2008，46(10)：791-792. DOI：10.3321/j.issn：0529-5815.2008.10.022. {LI Zhengyong,CEN Ying,XU Xuewen,GU Mingjing,GONG Xiao 媛,WANG Huaisheng. Biceps femoris muscle flap combined with local skin flap to repair severe bedsore wounds around ischial tuberosity[J]. Zhonghua Wai Ke Za Zhi[Chin J Surg(Article in Chinese;No abstract available)],2008,46(10):791-792. DOI:10.3321/j.issn:0529-5815.2008.10.022.}

[7030] 吴银生，沈江涌，姚明，李津宁，赵巍，苏荣，陆安民. 脂质体介导血管内皮生长因子对不同时间断蒂大鼠随意型皮瓣的影响[J]. 中华整形外科杂志，2009，25(2)：120-124. DOI：10.3760/cma.j.issn.1009-4598.2009.02.013. {WU Yinsheng,SHEN Jiangyong,YAO Ming,LI Jinning,ZHAO Wei,SU Rong,LU Anmin. Experimental study of the effect of liposome-mediated vascular endothelial growth factor gene on the flap survival in rats[J]. Zhonghua Zheng Xing Wai Ke Za Zhi[Chin J Plast Surg(Article in Chinese;Abstract in Chinese and

English)],2009,25(2):120-124. DOI:10.3760/cma.j.issn.1009-4598.2009.02.013.}

[7031] 高欣凤，岑瑛，宋烨. 蜕皮甾酮对大鼠背部随意皮瓣成活影响的实验研究[J]. 中国修复重建外科杂志，2009，23(10)：1187-1190. {GAO Xinfeng,CEN Ying,SONG Ye. Effect of ecdysterone on survival of random-pattern skin flap in rats[J]. Zhongguo Xiu Fu Chong Jian Wai Ke Za Zhi[Chin J Repar Reconstr Surg(Article in Chinese;Abstract in Chinese and English)],2009,23(10):1187-1190.}

[7032] 李鹏程，刘晓吉，李森恺，赵穆欣，石炳毅，李强，王永前，陈文，刘立强，陈斌. 微粒黏膜复合明胶海绵移植耦合局部皮瓣再造尿道[J]. 中国修复重建外科杂志，2009，23(3)：313-315. {LI Pengcheng,LIU Xiaoji,LI Senkai,ZHAO Muxin,SHI Bingyi,LI Qiang,WANG Yongqian,CHEN Wen,LIU Liqiang,CHEN Bin. Reconstruction of urethra with micro-mucosal composite gelatin sponge transplantation coupled with local skin flap[J]. Zhongguo Xiu Fu Chong Jian Wai Ke Za Zhi[Chin J Repar Reconstr Surg(Article in Chinese;Abstract in Chinese and English)],2009,23(3):313-315.}

[7033] 王小龙，张选奋，秦永红，钟琳，刘凯，张瑾. 复方地塞米松－氨氯地平凝胶经皮渗透能力及其对缺血随意皮瓣成活的影响[J]. 中国修复重建外科杂志，2010，24(5)：566-570. {WANG Xiaolong,ZHANG Xuanfen,QIN Yonghong,ZHONG Lin,LIU Kai,ZHANG Jin. Percutaneous penetration ability of dexamethasone-amlodipine besylate compound gel and its effect on survival of ischemic random skin flap[J]. Zhongguo Xiu Fu Chong Jian Wai Ke Za Zhi[Chin J Repar Reconstr Surg(Article in Chinese;Abstract in Chinese)],2010,24(5):566-570.}

[7034] 王大为，赵龙，张敬德，王晓云，吕川，邢新. 局部皮瓣结合埋线法修复唇裂鼻底畸形[J]. 组织工程与重建外科杂志，2010，6(1)：31-32，40. DOI：10.3969/j.issn.1673-0364.2010.01.009. {WANG Dawei,ZHAO Long,ZHANG Jingde,WANG Xiaoyun,LU Chuan,XING Xin. Repair of cleft lip with nasal basilar deformity by local skin flap in combination with thread embedding[J]. Zu Zhi Gong Cheng Yu Chong Jian Wai Ke Za Zhi[J Tissue Eng Reconstr Surg(Article in Chinese;Abstract in Chinese and English)],2010,6(1):31-32,40. DOI:10.3969/j.issn.1673-0364.2010.01.009.}

[7035] 张敬德，王晓云，陶然，吕川，邢新. 局部皮瓣在口唇组织缺损修复中的应用[J]. 组织工程与重建外科杂志，2010，6(2)：103-105. DOI：10.3969/j.issn.1673-0364.2010.02.012. {ZHANG Jingde,WANG Xiaoyun,TAO Ran,LU Chuan,XING Xin. Clinical application of local flap in the repair of lip tissue defects[J]. Zu Zhi Gong Cheng Yu Chong Jian Wai Ke Za Zhi[J Tissue Eng Reconstr Surg(Article in Chinese;Abstract in Chinese and English)],2010,6(2):103-105. DOI:10.3969/j.issn.1673-0364.2010.02.012.}

[7036] 林丁盛，郑鑫，李志杰，张义鹏，王安远，解学关，高伟阳. 水蛭素对大鼠随意型皮瓣存活的影响[J]. 中华整形外科杂志，2011，27(1)：35-39. DOI：10.3760/cma.j.issn.1009-4598.2011.01.010. {LIN Dingsheng,ZHENG Xin,LI Zhijie,ZHANG Yipeng,WANG Anyuan,XIE Xueguan,GAO Weiyang. Effect of hirudin on random skin flap survival in rats[J]. Zhonghua Zheng Xing Wai Ke Za Zhi[Chin J Plast Surg(Article in Chinese;Abstract in Chinese and English)],2011,27(1):35-39. DOI:10.3760/cma.j.issn.1009-4598.2011.01.010.}

[7037] 赵天兰，余道江，吴浩荣，谢晓明，张云涛，徐妍，陈琦. 猪狭长窄蒂随意型皮瓣蒂部不同长宽比例与成活面积关系的研究[J]. 中华整形外科杂志，2011，27(1)：40-43. DOI：10.3760/cma.j.issn.1009-4598.2011.01.011. {ZHAO Tianlan,YU Daojiang,WU Haorong,XIE Xiaoming,ZHANG Yuntao,XU Yan,CHEN Qi. Experimental study on the relationship between the ratio of length to width of slender narrow pedicle and random flap survival area in pig[J]. Zhonghua Zheng Xing Wai Ke Za Zhi[Chin J Plast Surg(Article in Chinese;Abstract in Chinese and English)],2011,27(1):40-43. DOI:10.3760/cma.j.issn.1009-4598.2011.01.011.}

[7038] 王秋生，刘振旗，吴清华，侯小东，郭永军. 随意型筋膜瓣在腱鞘囊肿复发手术中的应用[J]. 临床骨科杂志，2011，14(4)：458-459. DOI：10.3969/j.issn.1008-0287.2011.04.046. {WANG Qiusheng,LIU Zhenqi,WU Qinghua,HOU Xiaodong,GUO Yongjun. Application of random fascial flap in treatment of recurrent thecal cyst[J]. Lin Chuang Gu Ke Za Zhi[J Clin Orthop(Article in Chinese;No abstract available)],2011,14(4):458-459. DOI:10.3969/j.issn.1008-0287.2011.04.046.}

[7039] 盛玲玲，杜子婧，李华，李慧婕，周达，李青峰，李青峰. 脂肪基质血管成分移植促进随意皮瓣成活的实验研究[J]. 组织工程与重建外科杂志，2011，7(3)：143-146. DOI：10.3969/j.issn.1673-0364.2011.03.006. {SHENG Lingling,DU Zijing,LI Hua,LI Huijie,ZHOU Da,LI Qingfeng,LI Qingfeng. Effect of stromal vascular fraction transplantation on improvement of random skin flap survival[J]. Zu Zhi Gong Cheng Yu Chong Jian Wai Ke Za Zhi[J Tissue Eng Reconstr Surg(Article in Chinese;Abstract in Chinese and English)],2011,7(3):143-146. DOI:10.3969/j.issn.1673-0364.2011.03.006.}

[7040] 常强，李科成，鲁峰. 脂肪组织来源干细胞促进随意型皮瓣存活的血管发生机制[J]. 中华实验外科杂志，2012，29(7)：1405. DOI：10.3760/cma.j.issn.1001-9030.2012.07.077. {CHANG Qiang,LI Kecheng,LU Feng. The angiogenesis mechanism of adipose tissue-derived stem cells promoting the survival of random flaps[J]. Zhonghua Shi Yan Wai Ke Za Zhi[Chin J Exp Surg(Article in Chinese;No abstract available)],2012,29(7):1405. DOI:10.3760/cma.j.issn.1001-9030.2012.07.077.}

[7041] 陶晓晓，吴森敏，林上进，林丁盛. 长春西汀对大鼠随意型皮瓣成活的影响[J]. 中华烧伤杂志，2012，28(3)：231-233. DOI：10.3760/cma.j.issn.1009-2587.2012.03.022. {TAO Xiaoxiao,WU Senmin,LIN Shangjin,LIN Dingsheng. Effect of vinpocetine on the survival of random skin flap in rats[J]. Zhonghua Shao Shang Za Zhi[Chin J Burns(Article in Chinese;No abstract available)],2012,28(3):231-233. DOI:10.3760/cma.j.issn.1009-2587.2012.03.022.}

[7042] 杜志国，宿晓雷，王伟，赵建勇，王华柱，吴兴，王鸿飞. 腹部随意单蒂三叶皮瓣修复多指末端皮肤缺损[J]. 中国骨伤，2012，25(7)：579-581. DOI：10.3969/j.issn.1003-0034.2012.07.013. {DU Zhiguo,SU Xiaolei,WANG Wei,ZHAO Jianyong,WANG Huazhu,WU Xing,WANG Hongfei. Abdominal random single pedicled flap of three leaves for the treatment of multiple finger skin defects[J]. Zhongguo Gu Shang[China J Orthop Trauma(Article in Chinese;Abstract in Chinese and English)],2012,25(7):579-581. DOI:10.3969/j.issn.1003-0034.2012.07.013.}

[7043] 吴东方，赵丽娜，庄跃宏，陈秀芳，杨晓东. 胰岛素依赖型糖尿病对大鼠随意皮瓣存活率的影响[J]. 中华显微外科杂志，2013，36(2)：154-156. DOI：10.3760/cma.j.issn.1001-2036.2013.02.015. {WU Dongfang,ZHAO Lina,ZHUANG Yuehong,CHEN Xiufang,YANG Xiaodong. Effect of insulin-dependent diabetes on the survival rate of random skin flaps in rats[J]. Zhonghua Xian Wei Wai Ke Za Zhi[Chin J Microsurg(Article in Chinese;Abstract in Chinese)],2013,36(2):154-156. DOI:10.3760/cma.j.issn.1001-2036.2013.02.015.}

[7044] 刘斌钰，刘斌焰，李丽芬，何引飞，王亚荣. 紫花烧伤膏对大鼠随意型皮瓣成活的影响[J]. 中华整形外科杂志，2013，29(5)：370-376. DOI：10.3760/cma.j.issn.1009-4598.2013.05.013. {LIU Binyu,LIU Binyan,LI Lifen,HE Yinfei,WANG Yarong. The influence of zi-hua burn cream on the survival of random skin flaps in rats[J]. Zhonghua Zheng Xing Wai Ke Za Zhi[Chin J Plast Surg(Article in Chinese;Abstract in Chinese and English)],2013,29(5):370-376. DOI:10.3760/cma.j.issn.1009-4598.2013.05.013.}

[7045] 吴森敏，刘扬波，林丁盛. 苦碟子注射液对大鼠随意皮瓣存活的影响[J]. 中国骨伤，2013，26(8)：689-693. DOI：10.3969/j.issn.1003-0034.2013.08.017. {WU Senmin,LIU Yangbo,LIN Dingsheng. Effects of sowthistle leaf ixeris seedling injection on survival of random skin flap in rats[J]. Zhongguo Gu Shang[China J Orthop Trauma(Article in Chinese;Abstract in Chinese and English)],2013,26(8):689-693. DOI:10.3969/j.issn.1003-0034.2013.08.017.}

[7046] 李骥，王众，苏加向，吴亚乐，张玉良. 腹部随意超薄皮瓣修复手部缺损的临床应用[J]. 实用手外科杂志，2013，27(3)：349-351. DOI：10.3969/j.issn.1671-2722.2013.03.015. {LI Ji,WANG Zhong,SU Jiaxiang,WU Yale,ZHANG Yuliang. Application of abdominal random ultrathin flap to repair hand defect[J]. Shi Yong Shou Wai Ke Za Zhi[Chin J Pract Hand Surg(Article in Chinese;Abstract in Chinese and English)],2013,27(3):349-351. DOI:10.3969/j.issn.1671-2722.2013.03.015.}

[7047] 韩志强，殷国前，韦淑怡，林博杰，潘新元. 天然水蛭素对大鼠背部随意皮瓣早期断蒂后成活的影响[J]. 中国修复重建外科杂志，2013，27(6)：738-742. DOI：10.7507/1002-1892.20130164. {HAN Zhiqiang,YIN Guoqian,WEI Shuyi,LIN Bojie,PAN Xinyuan. Effect of natural hirudin on survival of dorsal random flap after early pedicle division in rats[J]. Zhongguo Xiu Fu Chong Jian Wai Ke Za Zhi[Chin J Repar Reconstr Surg(Article in Chinese;Abstract in Chinese and English)],2013,27(6):738-742. DOI:10.7507/1002-1892.20130164.}

[7048] 龙笑，王晓军，王友彬，李文博，孙显松. 应用放疗辅助局部皮瓣治疗不同部位耳廓瘢痕疙瘩[J]. 中国医学科学院学报，2013，35(2)：213-216. DOI：10.3881/j.issn.1000-503X.2013.02.015. {LONG Xiao,WANG Xiaojun,WANG Youbin,LI Wenbo,SUN Xiansong. An individualized approach combining local flaps with radiotherapy for the treatment of auricle keloid[J]. Zhongguo Yi Xue Ke Xue Yuan Xue Bao[Acta Acad Med Sin(Article in Chinese;Abstract in Chinese and English)],2013,35(2):213-216. DOI:10.3881/j.issn.1000-503X.2013.02.015.}

[7049] 朱海涛，万霖，姜久龙，曹玉珏，屠海霞. 同侧腹部多个随意皮瓣修复儿童多指电烧伤12例[J]. 中华烧伤杂志，2014，30(5)：415-416. DOI：10.3760/cma.j.issn.1009-2587.2014.05.010. {ZHU Haitao,WAN Lin,JIANG Jiulong,CAO Yujue,TU Haixia. Multiple random skin flaps on the same side of the abdomen to repair 12 cases of children's multiple finger electric burn[J]. Zhonghua Shao Shang Za Zhi[Chin J Burns(Article in Chinese;No abstract available)],2014,30(5):415-416. DOI:10.3760/cma.j.issn.1009-2587.2014.05.010.}

[7050] 李江，郭小平，王克华，赵东红，韩童，郎育红，彭黎军. 局部皮瓣加耳廓复合组织块修复单侧鼻翼缺损[J]. 中华整形外科杂志，2014，30(4)：296-297. DOI：10.3760/cma.j.issn.1009-4598.2014.04.015. {LI Jiang,GUO Xiaoping,WANG Kehua,ZHAO Donghong,HAN Tong,LANG Yuhong,PENG Lijun. Repair of unilateral alar defect with local skin flap and auricle composite tissue block[J]. Zhonghua Zheng Xing Wai Ke Za Zhi[Chin J Plast Surg(Article in Chinese;No abstract available)],2014,30(4):296-297. DOI:10.3760/cma.j.issn.1009-4598.2014.04.015.}

[7051] 张建超，于斌，许明，钟贤，钱源源. 指动脉终末背侧支局部皮瓣修复指端斜形缺损[J]. 中华手外科杂志，2014，30(5)：354. DOI：10.3760/cma.j.issn.1005-054X.2014.05.015. {ZHANG Jianchao,YU Bin,XU Ming,ZHONG Xian,QIAN Yuanyuan. Repair of oblique finger tip defect with local flap of dorsal branch of digital artery terminal[J]. Zhonghua Shou Wai Ke Za Zhi[Chin J Hand Surg(Article in Chinese;No abstract available)],2014,30(5):354. DOI:10.3760/cma.j.issn.1005-054X.2014.05.015.}

[7052] 满富强，李树刚，李兴隆. 手指局部皮瓣修复指端缺损[J]. 中华手外科杂志，2015，31(3)：236-236. {MAN Fuqiang,LI Shugang,LI Xinglong. Repair of fingertip defects with partial finger flaps[J]. Zhonghua Shou Wai Ke Za Zhi[Chin J Hand Surg(Article in Chinese;Abstract in Chinese)],2015,31(3):236-236.}

[7053] 李卫，齐鹏飞，于德军，毕佳琦，李宝林，费剑峰，张守相，胡清海，郭振贵，孟庆刚. 硝酸甘油软膏对随意型皮瓣成活的影响[J]. 中华显微外科杂志，2016，39(6)：611-612. DOI：10.3760/cma.j.issn.1001-2036.2016.06.031. {LI Wei,QI Pengfei,YU Dejun,BI Jiaqi,LI Baolin,FEI Jianfeng,ZHANG Shouxiang,HU Qinghai,GUO Zhengui,MENG Qinggang. The effect of nitroglycerin ointment on the survival of random skin flaps[J]. Zhonghua Xian Wei Wai Ke Za Zhi[Chin J Microsurg(Article in Chinese;Abstract in Chinese)],2016,39(6):611-612. DOI:10.3760/cma.j.issn.1001-2036.2016.06.031.}

[7054] 刘全，游晓波，蔡震，唐昵昀，张寒. 随意型皮瓣整复脐旁皮瓣修复会阴部缺损后瘢痕挛缩致肛门狭窄[J]. 中华烧伤杂志，2016，32(11)：644-648. DOI：10.3760/cma.j.issn.1009-2587.2016.11.002. {LIU Quan,YOU Xiaobo,CAI Zhen,TANG Bianyun,ZHANG Han. Reconstruction of anal stenosis induced by scar contracture after repair of defect in perineal region with paraumbilical flap using random pattern flap[J]. Zhonghua Shao Shang Za Zhi[Chin J Burns(Article in Chinese;Abstract in Chinese and English)],2016,32(11):644-648. DOI:10.3760/cma.j.issn.1009-2587.2016.11.002.}

[7055] 袁守勤，李发成，蒋宏传. 局部皮瓣在乳腺癌保乳术后一期修复中的应用[J]. 组织工程与重建外科杂志，2016，12(3)：171-173. DOI：10.3969/j.issn.1673-0364.2016.03.007. {YUAN Shouqin,LI Facheng,JIANG Hongchuan. The application of local flap in immediate reconstruction after breast conserving surgery for breast cancer[J]. Zu Zhi Gong Cheng Yu Chong Jian Wai Ke Za Zhi[J Tissue Eng Reconstr Surg(Article in Chinese;Abstract in Chinese and English)],2016,12(3):171-173. DOI:10.3969/j.issn.1673-0364.2016.03.007.}

[7056] 蔡乐益，王特，林丁盛，卢迪. 比伐卢定对大鼠背部随意型皮瓣成活的影响及相关机制[J]. 中华烧伤杂志，2017，33(4)：228-232. DOI：10.3760/cma.j.issn.1009-2587.2017.04.008. {CAI Leyi,WANG Te,LIN Dingsheng,LU Di. Effects and related mechanism of bivalirudin on the survival of random skin flap on the back of rat[J]. Zhonghua Shao Shang Za Zhi[Chin J Burns(Article in Chinese;Abstract in Chinese and English)],2017,33(4):228-232. DOI:10.3760/cma.j.issn.1009-2587.2017.04.008.}

[7057] 周为军，纪郁郁，李朝阳，余萍，郭智龙. 局部皮瓣修复Tessier颅面裂皮肤软组织缺损[J]. 中华整形外科杂志，2017，33(6)：453-455. DOI：10.3760/cma.j.issn.1009-4598.2017.06.013. {ZHOU Weijun,JI Yuyu,LI Chaoyang,YU Ping,GUO Zhilong. Repair of tessier craniofacial cleft skin and soft tissue defects with local skin flap[J]. Zhonghua Zheng Xing Wai Ke Za Zhi[Chin J Plast Surg(Article in Chinese;No abstract available)],2017,33(6):453-455. DOI:10.3760/cma.j.issn.1009-4598.2017.06.013.}

[7058] 方震，陈振鹤，韦喆，刘海燕. 头面部非黑色素瘤皮肤癌一期切除术后局部皮瓣的修复治疗[J]. 局解手术学杂志，2017，26(8)：605-608. DOI：10.11659/jjssx.11E016038. {FANG Zhen,CHEN Zhenhe,WEI Zhe,LIU Haiyan. Repair and treatment with local skin flap after primary surgical resection of non melanoma skin cancer[J]. Ju Jie Shou Shu Xue Za Zhi[J Reg Anat Oper Surg(Article in Chinese;Abstract in Chinese and English)],2017,26(8):605-608. DOI:10.11659/jjssx.11E016038.}

[7059] 蔡洁云，林博杰，潘新元，崔佳，Pradhan R，殷国前. 天然水蛭素联合高压氧治疗对大鼠随意皮瓣成活的影响研究[J]. 中国修复重建外科杂志，2018，32(4)：484-490. DOI：10.7507/1002-1892.201711135. {CAI Jieyun,LIN Bojie,PAN Xinyuan,CUI Jia,Pradhan R,YIN Guoqian. Effects of combined natural hirudin and hyperbaric oxygen therapy on survival of transplanted random-pattern skin flap in rats[J]. Zhongguo Xiu Fu Chong Jian Wai Ke Za Zhi[Chin J Repar Reconstr Surg(Article in Chinese;Abstract in Chinese and English)],2018,32(4):484-490. DOI:10.7507/1002-1892.201711135.}

[7060] 曾开达，姚振晟，展望. 局部皮瓣在修复面部软组织缺损中的应用[J]. 中华显微外科杂志，2018，41(5)：509-511. DOI：10.3760/cma.j.issn.1001-2036.2018.05.027. {ZENG Kaida,YAO Zhensheng,ZHANWang. Application of local skin flaps in repairing facial soft tissue defects[J]. Zhonghua Xian Wei Wai Ke Za Zhi[Chin J Microsurg(Article in Chinese;Abstract in Chinese)],2018,41(5):509-511. DOI:10.3760/cma.j.issn.1001-2036.2018.05.027.}

[7061] 梁群，唐修俊，王达利，魏在荣，王波，曾雪琴，祁建平. 局部皮瓣在鬓角美学亚单位修复中的临床应用[J]. 中华整形外科杂志，2018，34(10)：837-840. DOI：10.3760/cma.j.issn.1009-4598.2018.10.012. {LIANG Qun,TANG Xiujun,WANG Dali,WEI Zairong,WANG Bo,ZENG Xueqin,QI Jianping. The clinical application of recontruction of sideburns aesthetic subunit with local flaps[J]. Zhonghua Zheng Xing Wai Ke Za Zhi[Chin J Plast

Surg(Article in Chinese;Abstract in Chinese and English)],2018,34(10):837-840. DOI:10.3760/cma.j.issn.1009-4598.2018.10.012.}

[7062] 赵强，巨积辉，程贺云，李祥军，王本元，杜伟伟. 指残端局部皮瓣改善再造拇手指外形[J]. 中华手外科杂志，2018，34(2)：84-86. DOI：10.3760/cma.j.issn.1005-054X.2018.02.002.{ZHAO Qiang,JU Jihui,CHENG Heyun,LI Xiangjun,WANG Benyuan,DONG Weiwei. Finger stump partial skin flap to improve and reconstruct the shape of thumb and finger[J]. Zhonghua Shou Wai Ke Za Zhi[Chin J Hand Surg(Article in Chinese;Abstract in Chinese and English)],2018,34(2):84-86. DOI:10.3760/cma.j.issn.1005-054X.2018.02.002.}

[7063] 蒋治远，游晓波，蔡震，刘全，唐则昀，张寒，崔玮，陈再洪，罗姗. 局部皮瓣在二期修整再造鼻翼中的应用[J]. 中国修复重建外科杂志，2018，32(1)：55-58. DOI：10.7507/1002-1892.201707113.{JIANG Zhiyuan,YOU Xiaobo,CAI Zhen,LIU Quan,TANG Xiongjun,ZHANG Han,CUI Wei,CHEN Zaihong,LUO Shan. Application of local flaps in the second-stage repair and reconstruction of the wing of the nose[J]. Zhongguo Xiu Fu Chong Jian Wai Ke Za Zhi[Chin J Repar Reconstr Surg(Article in Chinese;Abstract in Chinese)],2018,32(1):55-58. DOI:10.7507/1002-1892.201707113.}

[7064] 田新立，江波，颜洪. 富血小板血浆对大鼠背部超长随意皮瓣成活的影响[J]. 中华烧伤杂志，2019，35(1)：48-53. DOI：10.3760/cma.j.issn.1009-2587.2019.01.009.{TIAN Xinli,JIANG Bo,YAN Hong. Effects of platelet-rich plasma on the survival of ultra-long dorsal random flaps in rats[J]. Zhonghua Shao Shang Za Zhi[Chin J Burns(Article in Chinese;Abstract in Chinese and English)],2019,35(1):48-53. DOI:10.3760/cma.j.issn.1009-2587.2019.01.009.}

[7065] 李雪丽，姜蕾，黄勇，车海杰. 负压伤口疗法联合局部皮瓣治疗感染性腹主动脉瘤移植人工血管后窦道愈合不良一例[J]. 中华烧伤杂志，2020，36(2)：133-136. DOI：10.3760/cma.j.issn.1009-2587.2020.02.010.{LI Xueli,JIANG Lei,HUANG Yong,CHE Haijie. Negative pressure wound therapy combined with local skin flaps for the treatment of infective abdominal aortic aneurysm after transplantation of artificial blood vessels:a case of sinus healing[J]. Zhonghua Shao Shang Za Zhi[Chin J Burns(Article in Chinese;Abstract in Chinese and English)],2020,36(2):133-136. DOI:10.3760/cma.j.issn.1009-2587.2020.02.010.}

4.1.9.4 轴型皮瓣
axial pattern flap

[7066] 沈祖尧，王澍寰，程绪西，卢家泽，尹大庆，孙永华，王学威. 大网膜轴型皮瓣——一种形成游离皮瓣的新技术[J]. 中华外科杂志，1979，17(3)：151-153.{SHEN Zuyao,WANG Shuhuan,CHENG Xuxi,LU Jiaze,YIN Daqing,SUN Yonghua,WANG Xuewei. Omentum axial flap:a new technique for forming free flap[J]. Zhonghua Wai Ke Za Zhi[Chin J Surg(Article in Chinese;No abstract available)],1979,17(3):151-153.}

[7067] 沈祖尧，王旭春，芦家泽，李迟. 血管束移位形成轴型皮瓣的实验研究[J]. 中华外科杂志，1981，19(11)：692-695.{SHEN Zuyao,WANG Xuchun,LU Jiaze,LI Chi. Experimental study of axial flap formed by vascular bundle displacement[J]. Zhonghua Wai Ke Za Zhi[Chin J Surg(Article in Chinese;No abstract available)],1981,19(11):692-695.}

[7068] 李荟元，衡代忠，王云侠，吴良贵. 跖内侧轴型皮瓣即时转移修复足跟缺损[J]. 中华外科杂志，1982，20(8)：475.{LI Huiyuan,HENG Daizhong,WANG Yunxia,WU Lianggui. Immediate transfer of medial plantar axial flap to repair heel defect[J]. Zhonghua Wai Ke Za Zhi[Chin J Surg(Article in Chinese;No abstract available)],1982,20(8):475.}

[7069] 罗锦辉，鲁开化，钟德才. 应用轴型皮瓣修复手足部创伤性缺损[J]. 中华外科杂志，1983，21(10)：609-610.{LUO Jinhui,LU Kaihua,ZHONG Decai. Repair of traumatic defects of hands and feet with axial flap[J]. Zhonghua Wai Ke Za Zhi[Chin J Surg(Article in Chinese;No abstract available)],1983,21(10):609-610.}

[7070] 侯春林，张文明，周志华，包聚良，臧鸿声，刘洪奎，徐印坎. 轴型皮瓣、肌皮瓣转移治疗四肢软组织缺损[J]. 中华外科杂志，1985，23(11)：648-651.{HOU Chunlin,ZHANG Wenming,ZHOU Zhihua,BAO Juliang,ZANG Hongsheng,LIU Hongkui,XU Yinkan. Axial flap and musculocutaneous flap transfer to treat soft tissue defects of extremities[J]. Zhonghua Wai Ke Za Zhi[Chin J Surg(Article in Chinese;No abstract available)],1985,23(11):648-651.}

[7071] 戴松茂. 86例次下肢带蒂轴型皮瓣、肌瓣和肌皮瓣的临床应用：[J]. 修复重建外科杂志，1988，2(2)：125.{DAI Songmao. Clinical application of 86 cases of pedicled axial flaps,muscle flaps and myocutaneous flaps of lower extremities:[J]. Zhongguo Xiu Fu Chong Jian Wai Ke Za Zhi[Chin J Repar Reconstr Surg(Article in Chinese;No abstract available)],1988,2(2):125.}

[7072] 刘沂. 轴型皮瓣肌皮瓣在修复四肢软组织缺损的应用[J]. 修复重建外科杂志，1988，2(2)：210.{LIU Yi. Application of axial skin flap and musculocutaneous flap in repairing soft tissue defects of extremities[J]. Zhongguo Xiu Fu Chong Jian Wai Ke Za Zhi[Chin J Repar Reconstr Surg(Article in Chinese;No abstract available)],1988,2(2):210.}

[7073] 李长华. 轴型皮瓣、肌皮瓣在四肢软组织缺损中的应用[J]. 修复重建外科杂志，1988，2(2)：214.{LI Changhua. Application of axial flaps and musculocutaneous flaps in soft tissue defects of extremities[J]. Zhongguo Xiu Fu Chong Jian Wai Ke Za Zhi[Chin J Repar Reconstr Surg(Article in Chinese;No abstract available)],1988,2(2):214.}

[7074] 封国刚，常登科. 轴型皮瓣、肌皮瓣转位治疗四肢软组织缺损[J]. 修复重建外科杂志，1988，2(2)：221.{FENG Guogang,CHANG Dengke. Treatment of soft tissue defects of extremities with axial flap and musculocutaneous flap[J]. Zhongguo Xiu Fu Chong Jian Wai Ke Za Zhi[Chin J Repar Reconstr Surg(Article in Chinese;No abstract available)],1988,2(2):221.}

[7075] 赵启明. 轴型皮瓣移植用于肿瘤术后一期修复[J]. 修复重建外科杂志，1988，2(2)：200-201.{ZHAO Qiming. Axial flap transplantation for primary repair of tumor after surgery[J]. Zhongguo Xiu Fu Chong Jian Wai Ke Za Zhi[Chin J Repar Reconstr Surg(Article in Chinese;No abstract available)],1988,2(2):200-201.}

[7076] 刘沂. 轴型皮瓣、肌皮瓣在修复四肢软组织缺损的应用[J]. 修复重建外科杂志，1988，2(2)：210.{LIU Yi. Application of axial flaps and musculocutaneous flaps in repairing soft tissue defects of extremities[J]. Zhongguo Xiu Fu Chong Jian Wai Ke Za Zhi[Chin J Repar Reconstr Surg(Article in Chinese;No abstract available)],1988,2(2):210.}

[7077] 沈祖尧. 肌皮瓣和轴型皮瓣移位修复深度烧伤[J]. 中华整形烧伤外科杂志，1989，5(1)：4-7. DOI：10.3760/j.issn：1009-4598.1989.01.004.{SHEN Zuyao. Relocation of musculocutaneous flap and axial flap to repair deep burns[J]. Zhonghua Zheng Xing Shao Shang Wai Ke Za Zhi[Chin J Plast Surg Burns(Article in Chinese;Abstract in Chinese)],1989,5(1):4-7. DOI:10.3760/j.issn:1009-4598.1989.01.004.}

[7078] 林子豪. 脐旁轴型皮瓣16例应用报告[J]. 中华整形烧伤外科杂志，1989，5(4)：249-250. DOI：10.3760/j.issn：1009-4598.1989.04.002.{LIN Zihao. Application report of 16 cases of para-umbilical skin flap[J]. Zhonghua Zheng Xing Shao Shang Wai Ke Za Zhi[Chin J Plast Surg Burns(Article in Chinese;Abstract in Chinese)],1989,5(4):249-250. DOI:10.3760/j.issn:1009-4598.1989.04.002.}

[7079] 于发来，于学文，韩德福. 带蒂髂腹部轴型皮瓣在手外科的应用(附8例报告)[J]. 修复重建外科杂志，1990，4(1)：40.{YU Falai,YU Xuewen,HAN Defu. Application of pedicled iliac abdomen axial flap in hand surgery (report of 8 cases)[J]. Zhongguo Xiu Fu Chong Jian Wai Ke Za Zhi[Chin J Repar Reconstr Surg(Article in Chinese;No abstract available)],1990,4(1):40.}

[7080] 刘用楫，黄汉兴，高景恒，杜学义，刘丹，李万. 轴型皮瓣法膀胱外翻功能性修复术[J]. 修复重建外科杂志，1990，4(4)：222-224.{LIU Yongji,HUANG Hanxing,GAO Jingheng,DU Xueyi,LIU Dan,LI Wan. Functional repairment of bladder exstrophy with axialflap method[J]. Zhongguo Xiu Fu Chong Jian Wai Ke Za Zhi[Chin J Repar Reconstr Surg(Article in Chinese;Abstract in Chinese and English)],1990,4(4):222-224.}

[7081] 蔡珍福. 轴型皮瓣肌皮瓣治疗感染创面[J]. 修复重建外科杂志，1991，5(1)：3.{CAI Zhenfu. Axial skin flap and myocutaneous flap for the treatment of infected wounds[J]. Zhongguo Xiu Fu Chong Jian Wai Ke Za Zhi[Chin J Repar Reconstr Surg(Article in Chinese;No abstract available)],1991,5(1):3.}

[7082] 张德春，郭克斌，崔永. 腹部轴型皮瓣治疗手外伤一例[J]. 修复重建外科杂志，1991，5(1)：60.{ZHANG Dechun,GUO Kebin,CUI Yong. A case of treatment of hand trauma with axial flap of abdomen[J]. Zhongguo Xiu Fu Chong Jian Wai Ke Za Zhi[Chin J Repar Reconstr Surg(Article in Chinese;No abstract available)],1991,5(1):60.}

[7083] 侯春林. 轴型皮瓣肌皮瓣治疗足跟缺损[J]. 中华显微外科杂志，1992，15(1)：19-21.{HOU Chunlin. Treatment of heel defect with axial flap and myocutaneous flap[J]. Zhonghua Xian Wei Wai Ke Za Zhi[Chin J Microsurg(Article in Chinese;Abstract in Chinese)],1992,15(1):19-21.}

[7084] 林其仁，李树梁. 轴型皮瓣肌皮瓣移位修复四肢创伤[J]. 中国修复重建外科杂志，1992，6(3)：183.{LIN Qiren,LI Shuliang. Relocation of axial flap and myocutaneous flap to repair limb trauma[J]. Zhongguo Xiu Fu Chong Jian Wai Ke Za Zhi[Chin J Repar Reconstr Surg(Article in Chinese;No abstract available)],1992,6(3):183.}

[7085] 陈云瀛，陈之白. 轴型皮瓣肌皮瓣移位在创伤修复中的应用[J]. 中华显微外科杂志，1993，16(2)：88-90.{CHEN Yunying,CHEN Zhibai. The application of the displacement of the axial flap and the myocutaneous flap in wound repair[J]. Zhonghua Xian Wei Wai Ke Za Zhi[Chin J Microsurg(Article in Chinese;Abstract in Chinese)],1993,16(2):88-90.}

[7086] 路青林，王成琪，张成进，魏海温，王建利，张树明，王增涛，陈勇. 轴型皮瓣肌皮瓣修复足跟感染性创面[J]. 中华显微外科杂志，1994，17(2)：241-242，316.{LU Qinglin,WANG Chengqi,ZHANG Chengjin,WEI Haiwen,WANG Jianli,ZHANG Shuming,WANG Zengtao,CHEN Yong. Axial flap and neurocutaneous flap for treatment of infected calcaneal defects[J]. Zhonghua Xian Wei Wai Ke Za Zhi[Chin J Microsurg(Article in Chinese;Abstract in Chinese)],1994,17(2):241-242,316.}

[7087] 谢惠缄，谢晞衷，陆炳刚，黄炳奎. 轴型皮瓣肌皮瓣在创伤骨科中的应用体会[J]. 中华显微外科杂志，1996，19(1)：51-52.{XIE Huijian,XIE Xizhong,LU Binggang,HUANG Bingkui. Application experience of axial skin flap and musculocutaneous flap in trauma orthopedics[J]. Zhonghua Xian Wei Wai Ke Za Zhi[Chin J Microsurg(Article in Chinese;No abstract available)],1996,19(1):51-52.}

[7088] 杨群，汪希，钱云良，杨川，金一涛. 用肌皮瓣轴型皮瓣修复严重放射性溃疡[J]. 中华整形烧伤外科杂志，1997，13(2)：120-121. DOI：10.3760/j.issn：1009-4598.1997.02.015.{YANG Qun,WANG Xi,QIAN Yunliang,YANG Chuan,JIN Yitao. Musculocutaneous or axial flap for severe radiation ulcer[J]. Zhonghua Zheng Xing Shao Shang Wai Ke Za Zhi[Chin J Plast Surg Burns(Article in Chinese;Abstract in Chinese and English)],1997,13(2):120-121. DOI:10.3760/j.issn:1009-4598.1997.02.015.}

[7089] 刘达恩，黎信森，王润秀. 腹股沟轴型皮瓣修复手部软组织缺损三例[J]. 中国修复重建外科杂志，1997，11(1)：64.{LIU Dadong,LI Xinsen,WANG Runxiu. Three cases of repair of hand soft tissue defects with inguinal axial skin flap[J]. Zhongguo Xiu Fu Chong Jian Wai Ke Za Zhi[Chin J Repar Reconstr Surg(Article in Chinese;No abstract available)],1997,11(1):64.}

[7090] 孙占胜，张十一，邓世良，种振岳，朱小雷，高聿同. 吻合静脉的皮瓣回植加腹部轴型皮瓣修复手部脱套伤[J]. 中华手外科杂志，1998，14(2)：88. DOI：10.3760/cma.j.issn.1005-054X.1998.02.031.{SUN Zhansheng,ZHANG Shiyi,DENG Shiliang,ZHONG Zhenyue,ZHU Xiaolei,GAO Yutong. Replantation of anastomosed vein skin flap and abdominal axial skin flap for repair of degloving injury of hand[J]. Zhonghua Shou Wai Ke Za Zhi[Chin J Hand Surg(Article in Chinese;No abstract available)],1998,14(2):88. DOI:10.3760/cma.j.issn.1005-054X.1998.02.031.}

[7091] 柴勇，石宣贵，钱尼文. 轴型皮瓣修复小腿和足部慢性溃疡创面[J]. 安徽医科大学学报，1999，34(4)：322. DOI：10.3969/j.issn.1000-1492.1999.04.040.{CHAI Yong,SHI Xuangui,QIAN Niwen. Axial skin flap repairing chronic ulcer wounds of lower legs and feet[J]. An Hui Yi Ke Da Xue Xue Bao[Acta Univ Med Anhui(Article in Chinese;No abstract available)],1999,34(4):322. DOI:10.3969/j.issn.1000-1492.1999.04.040.}

[7092] 陈玉兵，王群殿，冯英强. 邻指逆行轴型皮瓣修复手指末节脱套伤[J]. 中华显微外科杂志，1999，22(3)：封三. DOI：10.3760/cma.j.issn.1001-2036.1999.03.060.{CHEN Yubing,WANG Qundian,FENG Yingqiang. Repair of degloving injury of distal segment of finger with retrograde axial skin flap of adjacent finger[J]. Zhonghua Xian Wei Wai Ke Za Zhi[Chin J Microsurg(Article in Chinese;No abstract available)],1999,22(3):cover 3. DOI:10.3760/cma.j.issn.1001-2036.1999.03.060.}

[7093] 郭永明. 轴型皮瓣肌皮瓣修复小腿及足踝部软组织缺损68例[J]. 中华显微外科杂志，2000，23(1)：54. DOI：10.3760/cma.j.issn.1001-2036.2000.01.054.{GUO Yongming. Axial skin flap and myocutaneous flap for repairing 68 cases of soft tissue defect of calf and ankle[J]. Zhonghua Xian Wei Wai Ke Za Zhi[Chin J Microsurg(Article in Chinese;No abstract available)],2000,23(1):54. DOI:10.3760/cma.j.issn.1001-2036.2000.01.054.}

[7094] 王渭滨，柳大烈，孟庆延，杨果凡. 跨区互带轴型皮瓣的研究进展[J]. 中国临床解剖学杂志，2000，18(4)：385-386，388. DOI：10.3969/j.issn.1001-165X.2000.04.039.{WANG Weibin,LIU Dalie,MENG Qingyan,YANG Guofan. Progress of the studies on the interregional cutaneous flap pedicled with axis artery[J]. Zhongguo Lin Chuang Jie Pou Xue Za Zhi[Chin J Clin Anat(Article in Chinese;No abstract available)],2000,18(4):385-386,388. DOI:10.3969/j.issn.1001-165X.2000.04.039.}

[7095] 王渭滨，柳大烈，孟庆延，杨果凡. 肘后外侧区动脉网在跨区互带轴型皮瓣中的意义[J]. 中国修复重建外科杂志，2000，14(4)：200-204.{WANG Weibin,LIU Dalie,MENG Qingyan,YANG Guofan. Importance of the posterior and lateral arterial network of elbow on the super-regional and mutual-pedicled axial flap[J]. Zhongguo Xiu Fu Chong Jian Wai Ke Za Zhi[Chin J Repar Reconstr Surg(Article in Chinese;Abstract in Chinese and English)],2000,14(4):200-204.}

[7096] 霍然，李森恺，李养群，李强，黄渭清，杨明勇. 下腹部轴型皮瓣在阴茎延长术的应用[J]. 中华整形外科杂志，2001，17(3)：144-145. DOI：10.3760/j.issn：1009-4598.2001.03.006.{HUO Ran,LI Senkai,LI Yangqun,LI Qiang,HUANG Weiqing,YANG Mingyong. Penile elongation using an axial pattern skin flap pedicled with the superficial epigastric artery[J]. Zhonghua Zheng Xing Wai Ke Za Zhi[Chin J Plast Surg(Article in Chinese;Abstract in Chinese and English)],2001,17(3):144-145. DOI:10.3760/j.issn:1009-4598.2001.03.006.}

[7097] 夏增兵，李强. 部分削薄轴型皮瓣修复手部皮肤缺损[J]. 中华创伤骨科杂志，2002，4(1)：75. DOI：10.3760/cma.j.issn.1671-7600.2002.01.030.{XIA Zengbing,LI Qiang. Repair of hand skin defect with partly thinned axial skin flap[J]. Zhonghua Chuang SHANG Gu Ke Za Zhi[Chin J Orthop Trauma(Article in Chinese;No abstract available)],2002,4(1):75. DOI:10.3760/cma.j.issn.1671-7600.2002.01.030.}

[7098] 祁峰，王春玲，刘颖，孙海宁. 阴部外动脉轴型皮瓣修复手电击伤创面[J]. 中华烧伤杂志，2002，18(6)：345. DOI：10.3760/cma.j.issn.1009-2587.2002.06.019.{QI Feng,WANG Chunling,LIU Ying,SUN Haining. Repairing the wounds of electric shock with external pudendal artery axial flap[J]. Zhonghua Shao Shang Za Zhi[Chin J Burns(Article in Chinese;No abstract available)],2002,18(6):345. DOI:10.3760/cma.j.issn.1009-2587.2002.06.019.}

[7099] 牙祖蒙，陈宗基. 跨区反流轴型皮瓣成活机理的实验研究[J]. 中华整形外科杂志，2002，

18（4）：197-199. DOI：10.3760/j.issn：1009-4598.2002.04.001. {Ya Zumeng,CHEN Zongji. A study on the survival mechanism of the reverse-flow axial skin flap[J]. Zhonghua Zheng Xing Wai Ke Za Zhi[Chin J Plast Surg(Article in Chinese;Abstract in Chinese and English)],2002,18(4):197-199. DOI:10.3760/j.issn:1009-4598.2002.04.001.}

[7100] 卢刚，周刚，陈光宇，范飞，李斌斌，王连召. 过度扩张对轴型皮瓣血运影响的实验研究[J]. 中华整形外科杂志，2002，18（5）：280-282. DOI：10.3760/j.issn：1009-4598.2002.05.009. {LU Gang,ZHOU Gang,CHEN Guangyu,FAN Fei,LI Binbin,WANG Lianzhao. The influence of over-expansion on the blood supply of an axial-pattern flap[J]. Zhonghua Zheng Xing Wai Ke Za Zhi[Chin J Plast Surg(Article in Chinese;Abstract in Chinese and English)],2002,18(5):280-282. DOI:10.3760/j.issn:1009-4598.2002.05.009.}

[7101] 刘志飞，乔群，张启旭，孙家明，高静，赵宇，岳颖，孙广慈. 扩张的锁骨前胸轴型皮瓣跨区修复面颌部大面积软组织缺损[J]. 中华整形外科杂志，2002，18（6）：330-332. DOI：10.3760/j.issn：1009-4598.2002.06.003. {LIU Zhifei,QIAO Qun,ZHANG Qixu,SUN Jiaming,GAO Jing,ZHAO Yu,YUE Ying,SUN Guangci. Repair of large facial defect with an expanded clavicular-pectoral skin flap[J]. Zhonghua Zheng Xing Wai Ke Za Zhi[Chin J Plast Surg(Article in Chinese;Abstract in Chinese and English)],2002,18(6):330-332. DOI:10.3760/j.issn:1009-4598.2002.06.003.}

[7102] 何向阳，汪国平，陈进，赵晋进. 轴型皮瓣肌皮瓣修复四肢感染创面82例[J]. 中华创伤杂志，2003，19（9）：572. DOI：10.3760/j：issn：1001-8050.2003.09.021. {HE Xiangyang,WANG Guoping,CHEN Jin,ZHAO Jinjin. Axial skin flap and myocutaneous flap for repairing 82 cases of infected wounds of extremities[J]. Zhonghua Chuang Shang Za Zhi[Chin J Trauma(Article in Chinese;No abstract available)],2003,19(9):572. DOI:10.3760/j:issn:1001-8050.2003.09.021.}

[7103] 牙祖蒙，陈宗基. 轴心血管供血的跨区反流轴型皮瓣[J]. 中华整形外科杂志，2003，19(3)：227-228. DOI：10.3760/j.issn：1009-4598.2003.03.023. {Ya Zumeng,CHEN Zongji. Trans-regional reflux axial flap with axial cardiovascular blood supply[J]. Zhonghua Zheng Xing Wai Ke Za Zhi[Chin J Plast Surg(Article in Chinese;No abstract available)],2003,19(3):227-228. DOI:10.3760/j.issn:1009-4598.2003.03.023.}

[7104] 陈广哲，韩光明，宁金龙，李虎. 应用轴型皮瓣早期修复腹部及足背高压电烧伤巨大创面一例[J]. 中华整形外科杂志，2005，21（1）：77-78. DOI：10.3760/j.issn：1009-4598.2005.01.027. {CHEN Guangzhe,HAN Guangming,NING Jinlong,LI Hu. A case of early repair of a huge wound of abdomen and dorsal high voltage electric burn with axial flap[J]. Zhonghua Zheng Xing Wai Ke Za Zhi[Chin J Plast Surg(Article in Chinese;No abstract available)],2005,21(1):77-78. DOI:10.3760/j.issn:1009-4598.2005.01.027.}

[7105] 钟波夫，徐中和，侯之启. 经皮血气分析监测轴型皮瓣血运的临床应用[J]. 中华显微外科杂志，2005，28（1）：17-18. DOI：10.3760/cma.j.issn.1001-2036.2005.01.007. {ZHONG Bofu,XU Zhonghe,HOU Zhiqi. Clinical application of transcutaneus blood gas monitoring on axial pattern flap[J]. Zhonghua Xian Wei Wai Ke Za Zhi[Chin J Microsurg(Article in Chinese;Abstract in Chinese and English)],2005,28(1):17-18. DOI:10.3760/cma.j.issn.1001-2036.2005.01.007.}

[7106] 陈鸿，张颖，蔡永悍，刘路平，解京明. 应用小腿后方轴型皮瓣创面修复30例疗效分析[J]. 创伤外科杂志，2007，9（4）：318-320. DOI：10.3969/j.issn.1009-4237.2007.04.008. {CHEN Hong,ZHANG Ying,CAI Yonghan,LIU Luping,XIE Jingming. Operative therapeutic effect of 30 cases of posterior axial pattern skin flap of the leg in tissue reconstruction[J]. Chuang Shang Wai Ke Za Zhi[J Traum Surg(Article in Chinese;Abstract in Chinese)],2007,9(4):318-320. DOI:10.3969/j.issn.1009-4237.2007.04.008.}

[7107] 孙强，郑永生，马涛，翁瑞. 血管内皮生长因子促进跨区供血反流轴型皮瓣成活的实验研究[J]. 中国修复重建外科杂志，2007，21（1）：44-47. {SUN Qiang,ZHENG Yongsheng,MA Tao,WENG Rui. The effects of vascular endothelial growth factor on survival of reverse flow axial skin flap[J]. Zhongguo Xiu Fu Chong Jian Wai Ke Za Zhi[Chin J Repar Reconstr Surg(Article in Chinese;Abstract in Chinese and English)],2007,21(1):44-47.}

[7108] 梁钢，孙建平，于光. 应用多种轴型皮瓣修复手腕部热压伤创面[J]. 中华创伤杂志，2009，25(12)：1095-1097. DOI：10.3760/cma.j.issn.1001-8050.2009.12.347. {LIANG Gang,SUN Jianping,YU Guang. Application of various axial skin flap to repair the thermal compression wound of the wrist[J]. Zhonghua Chuang Shang Za Zhi[Chin J Trauma(Article in Chinese;No abstract available)],2009,25(12):1095-1097. DOI:10.3760/cma.j.issn.1001-8050.2009.12.347.}

[7109] 孙建平，梁钢，石凯. 足踝部深度创面的轴型皮瓣修复[J]. 中华整形外科杂志，2010，26（4）：309-311. DOI：10.3760/cma.j.issn.1009-4598.2010.04.023. {SUN Jianping,LIANG Gang,SHI Kai. Repair of deep wound of foot and ankle with axial flap[J]. Zhonghua Zheng Xing Wai Ke Za Zhi[Chin J Plast Surg(Article in Chinese;No abstract available)],2010,26(4):309-311. DOI:10.3760/cma.j.issn.1009-4598.2010.04.023.}

[7110] 梁钢，孙建平，于光，徐宝成. 轴型皮瓣或肌瓣修复肘部软组织缺损18例[J]. 中华烧伤杂志，2011，27（1）：67-68. DOI：10.3760/cma.j.issn.1009-2587.2011.01.021. {LIANG Gang,SUN Jianping,YU Guang,XU Baocheng. Repair of soft tissue defect of elbow with axial flap or muscle flap in 18 cases[J]. Zhonghua Shao Shang Za Zhi[Chin J Burns(Article in Chinese;No abstract available)],2011,27(1):67-68. DOI:10.3760/cma.j.issn.1009-2587.2011.01.021.}

[7111] 梁钢，徐宝成，李大为. 轴型皮瓣修复手指软组织缺损[J]. 中华烧伤杂志，2012，28（1）：9-12. DOI：10.3760/cma.j.issn.1009-2587.2012.01.004. {LIANG Gang,XU Baocheng,LI Dawei. Repair of finger soft tissue defects using axial pattern flap[J]. Zhonghua Shao Shang Za Zhi[Chin J Burns(Article in Chinese;Abstract in Chinese and English)],2012,28(1):9-12. DOI:10.3760/cma.j.issn.1009-2587.2012.01.004.}

[7112] 沈余明，田彭，宁方刚，覃凤均，张国安. 腹部联合轴型皮瓣修复腕部环状高压电烧伤创面[J]. 中华烧伤杂志，2012，28(6)：408-410. DOI：10.3760/cma.j.issn.1009-2587.2012.06.003. {SHEN Yuming,TIAN Peng,NING Fanggang,QIN Fengjun,ZHANG Guoan. Repair of circumferential wound in the wrist region due to high-voltage electrical burn using combined abdominal axial pattern flap[J]. Zhonghua Shao Shang Za Zhi[Chin J Burns(Article in Chinese;Abstract in Chinese and English)],2012,28(6):408-410. DOI:10.3760/cma.j.issn.1009-2587.2012.06.003.}

[7113] 费静，孙晓强，高琳，祝琳，刘跃华，李雷激. 额部轴型皮瓣修复外鼻皮肤组织缺损19例[J]. 实用医学杂志，2017，33（5）：770-774. DOI：10.3969/j.issn.1006?5725.2017.05.026. {FEI Jing,SUN Xiaoqiang,GAO Lin,ZHU Lin,LIU Yuehua,LI Leiji. Repair of skin tissue defect of external nose with frontal axial skin flap in 19 cases[J]. Shi Yong Yi Xue Za Zhi[J Pract Med(Article in Chinese;Abstract in Chinese and English)],2017,33(5):770-774. DOI:10.3969/j.issn.1006?5725.2017.05.026.}

[7114] 于东宁，沈余明，陈欣. 带血管蒂的邻位动脉穿支轴型皮瓣修复患者面颈部瘢痕畸形的效果[J]. 中华烧伤杂志，2019，35(12)：848-854. DOI：10.3760/cma.j.issn.1009-2587.2019.12.004. {YU Dongning,SHEN Yuming,CHEN Xin. Effect of axial flap of adjacent artery perforator with vascular pedicle in repairing facial and cervical scar deformity in patients[J]. Zhonghua Shao Shang Za Zhi[Chin J Burns(Article in Chinese;Abstract in Chinese and English)],2019,35(12):848-854. DOI:10.3760/cma.j.issn.1009-2587.2019.12.004.}

4.1.9.5 筋膜皮瓣与筋膜皮下瓣（筋膜瓣）
fasciocutaneous flap and adipofascial flap (fascial flap)

[7115] Wang ZG,Zeng XJ,Wang XL. Skin deep-fascia flap graft in infected vascular prosthesis[J]. Chin Med J,1984,97(5):333-335.

[7116] Jin YT,Cao HP,Chang TS. Clinical application of the free scapular fascial flap[J]. Ann Plast Surg,1989,23(2):170-177. doi:10.1097/00000637-198908000-00013.

[7117] Hong G,Steffens K,Wang FB. Reconstruction of the lower leg and foot with the reverse pedicled posterior tibial fasciocutaneous flap[J]. Br J Plast Surg,1989,42(5):512-516. doi:10.1016/0007-1226(89)90035-0.

[7118] ZHAO Jucai,ZHANG Tieliang,LUO Jianping,ZHENG Jia,LI Xiaolin,TIAN Shujian. Transplantation of an island fascial flap with a vascular pedicle for arthoplasty of the hip[J]. Int Orthop,1992,16(3):232-234. doi:10.1007/BF00182700.

[7119] Mu X,Dong J,Chang T. Correction of the contracted eye socket and orbitozygomatic hypoplasia using postauricular skin flap and temporal fascial flap[J]. J Craniofac Surg,1999,10(1):11-17. doi:10.1097/00001665-199901000-00004.

[7120] Wang J,Zhao Z,Yu L,Li Q,Qi K. The extra-long artery-pedicled back fascia skin flap for treatment of cervical contractive scar[J]. J Plast Reconstr Aesthet Surg,2006,59(4):331-336. doi:10.1016/j.bjps.2005.09.024.

[7121] Qian JG,Wang XJ,Wu Y. Severe cicatrical ectropion:repair with a large advancement flap and autologous fascia sling[J]. J Plast Reconstr Aesthet Surg,2006,59(8):878-881. doi:10.1016/j.bjps.2005.11.009.

[7122] Wang Y,Zhuang X,Jiang H,Yang Q,Zhao Y,Han J,Yu D,Zhang Z. The anatomy and application of the postauricular fascia flap in auricular reconstruction for congenital microtia[J]. J Plast Reconstr Aesthet Surg,2008,61(Suppl 1):S70-76. doi:10.1016/j.bjps.2008.07.008.

[7123] Xu Y,Hai H,Liang Z,Feng S,Wang C. Pedicled fasciocutaneous flap of multi-island design for large sacral defects[J]. Clin Orthop Relat Res,2009,467(8):2135-2141. doi:10.1007/s11999-008-0643-3.

[7124] Zhang Y,Jin R,Shi Y,Sun B,Zhang Y,Qian Y. Pedicled superficial temporal fascia sandwich flap for reconstruction of severe facial depression[J]. J Craniofac Surg,2009,20(2):505-508. doi:10.1097/SCS.0b013e31819b9e64.

[7125] Zhang Y,Fang J,Zhu G,Wei M,Wang W,Qi Z. Ultralong pedicled superficial temporal fascia island flaps for lower nasal defect[J]. J Craniofac Surg,2009,20(2):494-497. doi:10.1097/SCS.0b013e31819b9e2e.

[7126] Ying Z,Jianlin F,Guoxian Z,Min W,Wei W,Zuoliang Q. Ultralong pedicled superficial temporal fascia island flaps for lower nasal defect[J]. J Craniofac Surg,2009,20(3):864-867. doi:10.1097/SCS.0b013e3181a14bf8.

[7127] Xianyu M,Lei C,Laijin L,Zhigang L. Reconstruction of finger-pulp defect with a homodigital laterodorsal fasciocutaneous flap distally based on the dorsal branches of the proper palmar digital artery[J]. Injury,2009,40(12):1346-1350. doi:10.1016/j.injury.2009.07.067.

[7128] Zhao G,Cao XC,Sang CL,Zheng JL,Cai JF. Application of a fasciocutaneous free flap for treatment of a severe soft tissue injury of the foot and ankle:a case report[J]. J Foot Ankle Surg,2009,48(6):691.e1-4. doi:10.1053/j.jfas.2009.07.010.

[7129] Zhang FG,Tang XF,Hua CG,Feng NY. Anterior skull base reconstruction with galeal-frontalis-pericranial flap based on temporalis myofascial flap[J]. J Craniofac Surg,2010,21(4):1247-1249. doi:10.1097/SCS.0b013e3181e20a74.

[7130] Hou R,Ju J,Zhao Q,Liu Y. Distally based dorsal digital fasciocutaneous flap for the repair of digital terminal amputation defects[J]. Int Surg,2012,97(4):321-326. doi:10.9738/CC65.1.

[7131] Zheng DC,Wang H,Lu MJ,Chen Q,Chen YB,Ren XM,Yao HJ,Xu MX,Zhang K,Cai ZK,Wang Z. A comparative study of the use of a transverse preputial island flap (the Duckett technique) to treat primary and secondary hypospadias in older Chinese patients with severe chordee[J]. World J Urol,2013,31(4):965-969. doi:10.1007/s00345-012-0990-2.

[7132] Chen W,Dong Z,Cao G,Liu B,Meng Z,Zhang S. Reconstruction of anterior floor of mouth defects by the local mandible myofascial flap following cancer ablation:a pilot study[J]. J Plast Reconstr Aesthet Surg,2013,66(9):1238-1242. doi:10.1016/j.bjps.2013.04.008.

[7133] Ying B,Hu J,Zhu S. Modified Leclerc blocking procedure with miniplates and temporal fascial flap for recurrent temporomandibular joint dislocation[J]. J Craniofac Surg,2013,24(3):740-742. doi:10.1097/SCS.0b013e3182802441.

[7134] Sun LQ,Zhao G,Gao SH,Chen C. Vascularized dorsal digital fascial flap improves flexor tendon repairs[J]. J Hand Surg Eur,2014,39(7):714-748. doi:10.1177/1753193413484625.

[7135] Dai XM,Liu H,Li YS,Ji SG,Qin SH,Liu L. Prevention of frey syndrome with temporal fascia flap in parotidectomy[J]. Ann Plast Surg,2015,75(6):610-614. doi:10.1097/SAP.0000000000000225.

[7136] Song B,Li Y,Wang B,Han Y,Hu Y,Zhang J,Liu C,Hao D,Guo S. Treatment of severe hemifacial atrophy with dorsal thoracic adipofascial free flap and concurrent lipoinjection[J]. J Craniofac Surg,2015,26(2):e162-166. doi:10.1097/SCS.0000000000001388.

[7137] Wang JL,Huang WG,Liu XL. The application of temporo-occipital fascial flap in the wound of medium scalp defect with bone exposure[J]. Int J Clin Exp Med,2015,8(8):14136-14139.

[7138] Jiang J,Fernandes JC. A lateral approach defect closure technique with deep fascia flap for valgus knee TKA[J]. J Orthop Surg Res,2015,10:173. doi:10.1186/s13018-015-0316-3.

[7139] Zhang S,Zhou C,Li F,Li S,Zhou Y,Li Q. Scrotal-septal fasciocutaneous flap used as a multifunctional coverage for prior failed hypospadias repair[J]. Urol Int,2016,96(3):255-259. doi:10.1159/000444331.

[7140] Wang WS,Yan DM,Chen JY,Zhang D,Shao Y,Peng WH. Clinical efficacy of a modified nagata method that retains the fascia pedicle of the mastoid skin flap in auricular reconstruction of Chinese microtia patients[J]. Plast Reconstr Surg,2016,137(3):977-979. doi:10.1097/01.prs.0000479997.42304.cc.

[7141] Xu M,He Y,Bai X. Effect of temporal fascia and pedicle inferior turbinate mucosal flap on repair of large nasal septal perforation via endoscopic surgery[J]. ORL J Otorhinolaryngol Relat Spec,2016,78(6):303-307. doi:10.1159/000453269.

[7142] Dou H,Wang G,Xing N,Zhang L. Repair of large segmental bone defects with fascial flap-wrapped allogeneic bone[J]. J Orthop Surg Res,2016,11(1):162. doi:10.1186/s13018-016-0492-9.

[7143] Li Y,Zhang R,Zhang Q,Xu Z,Xu F,Li D. An alternative posterosuperior auricular fascia flap for ear elevation during microtia reconstruction[J]. Aesthetic Plast Surg,2017,41(1):47-55. doi:10.1007/s00266-016-0743-5.

[7144] Yang X,Zhao H,Liu M,Zhang Y,Chen Q,Li Z,Han J,Hu D. Repair of deep tissue defects in the posterior talocrural region using a superficial temporal fascia free flap plus thin split-skin grafting in extensively burned patients:A retrospective case series[J]. Medicine(Baltimore),2018,97(3):e9250. doi:10.1097/MD.0000000000009250.

[7145] Yang X,Fang Z,Liu M,Zhang Y,Chen Q,Tao K,Han J,Hu D. Free vascularized fascia flap combined with skin grafting for deep toe ulcer in diabetic patients[J]. J Surg Res,2018,231:167-172. doi:10.1016/j.jss.2018.05.051.

[7146] Liu Y,Li X,Li R,Zhang J,Lu L. Reconstruction of complex nail matrix defect using the homodigital reverse fasciocutaneous flap[J]. Medicine(Baltimore), 2018,97(44):e12974. doi:10.1097/MD.0000000000012974.

[7147] Yang X,Fang Z,Liu M,Zhang Y,Chen Q,Tao K,Han J,Hu D. Reconstruction of deep burn wounds around the ankle with free fascia flaps transfer and split-thickness skin graft[J]. J Burn Care Res,2019,40(6):763-768. doi:10.1093/jbcr/irz078.

[7148] Hong S,Wang S,Liu J,Qiang Z,Zheng X,Chen G. Usefulness of lateral thoracic adipofascial flaps after breast-conserving surgery in small-to-moderate-sized breasts[J]. Clin Breast Cancer,2019,19(5):370-376. doi:10.1016/j.clbc.2019.04.009.

[7149] Wu J,Yan C,Wang L,Yang Y,Ling R,Li N. Oncoplastic technique using a lateral mammary adipofascial flap for the breast-conserving reconstruction[J]. Ann Transl Med,2019,7(23):794. doi:10.21037/atm.2019.12.12.

[7150] Guo P,Jiang H,Yang Q,He L,Lin L,Pan B. Burned ear reconstruction using a superficial temporal fascia flap[J]. Ear Nose Throat J,2020 Jul 1:145561320937620. doi:10.1177/0145561320937620. Online ahead of print.

[7151] Lang Z,Zhao L,Chu Y. Esthetic repair of facial skin defect after resection of malignant tumor with lateral maxillocervical-island fasciocutaneous flap[J]. J Craniofac Surg,2020 Sep 17. doi:10.1097/SCS.0000000000007075. Online ahead of print.

[7152] 卫莲郡，王炜，施耀明，钱元仁，张涤生．游离头皮筋膜瓣移植医治灼伤后爪形手畸形[J]. 上海第二医学院学报，1982（S1）：28-30，90. {WEI Lianjun,WANG Wei,SHI Yaoming,QIAN Yuanren,ZHANG Disheng. Free cephalic flap graft for treatment of claw hand deformity after burn[J]. Shanghai Di er Yi Xue Yuan Xue Bao[Acad J Shanghai Second Med Coll(Article in Chinese;No abstract available)],1982(S1):28-30+90.}

[7153] 季正伦，郭恩覃，张明利，罗玲玲．筋膜皮肤瓣在烧伤晚期治疗中的应用[J]. 中华整形烧伤外科杂志，1985，1（1）：54. {JI Zhenglun,GUO Entan,ZHANG Mingli,LUO Lingling. Application of fascial skin flap in the treatment of late stage burn[J]. Zhonghua Zhengxing Shao Shang Wai Ke Za Zhi[Chin J Plast Surg Burns(Article in Chinese;No abstract available)],1985,1(1):54.}

[7154] 李柱田，况冬柏，曹玉德，杨清江．大型筋膜皮瓣在下肢软组织缺损修复中的应用（附15例报告）[J]. 中华整形烧伤外科杂志，1985，1（3）：182. {LI Zhutian,KUANG Dongbai,CAO Yude,YANG Qingjiang. Application of large fascial flap in the repair of soft tissue defect of lower extremity (report of 15 cases)[J]. Zhonghua Zhengxing Shao Shang Wai Ke Za Zhi[Chin J Plast Surg Burns(Article in Chinese;No abstract available)],1985,1(3):182.}

[7155] 方东海，李主一，李其训，曾小青，李华玲，张国训．带血管蒂筋膜瓣在临床的应用（附11例报告）[J]. 显微医学杂志，1985，8（3）：162. {FANG Donghai,LI Zhuyi,LI Qixun,ZENG Xiaoqing,LI Hualing,ZHANG Guoxun. Clinical application of vascularized fascial flap (report of 11 cases)[J]. Xian Wei Yi Xue Za Zhi[J Microsurg(Article in Chinese;No abstract available)],1985,8(3):162.}

[7156] 用腹外斜肌的筋膜皮瓣复盖肘部软组织缺损（李佛保摘）. 显微医学杂志，1985，8（3）：174. {LI Fobao. Fascial flap of the external oblique muscle was used to cover the soft tissue defect of the elbow[J]. Xian Wei Yi Xue Za Zhi[J Microsurg(Article in Chinese;No abstract available)],1985,8(3):174.}

[7157] 原林，钟世镇，唐之星．用颞肌和颞浅血管筋膜瓣作皮层贴合术的应用解剖学[J]. 中华神经外科杂志，1986，2（2）：97-99. {YUAN Lin,ZHONG Shizhen,TANG Zhixing. Applied anatomy of cortical lamination with temporal muscle and superficial temporal vessel fascia flap[J]. Zhonghua Shen Jing Wai Ke Za Zhi[Chin J Neurosurg(Article in Chinese;Abstract in Chinese and English)],1986,2(2):97-99.}

[7158] 王业江，王其芳，张凤起，满明．肩胛背筋膜皮瓣修复烧伤后腋窝瘢痕挛缩[J]. 天津医药，1986，14（9）：561-562. {WANG Yejiang,WANG Qifang,ZHANG Fengqi,MAN Ming. Repair scar contracture of axilla caused by burn with dorsal scapular fascial flap[J]. Tian Jing Yi Yao[Tianjin Med J(Article in Chinese;No abstract available)],1986,14(9):561-562.}

[7159] 袁启明，潘婕，梁佩红，陈志兴，麦鼎铭．静脉血营养筋膜瓣存活的探讨[J]. 中华显微外科杂志，1986，9（4）：219-221，C1. DOI：10.3760/cma.j.issn.1001-2036.1986.04.115. {YUAN Qiming,PAN Jie,LIANG Peihong,CHEN Zhixing,MAI Dingming. Discussion about the survival of fascial flap with venous vascular nutrition[J]. Zhonghua Xian Wei Wai Ke Za Zhi[Chin J Microsurg(Article in Chinese;No abstract available)],1986,09(4):219-221,C1. DOI:10.3760/cma.j.issn.1001-2036.1986.04.115.}

[7160] 章树桐，马梦然，张烈，王建设．足弓岛状筋膜皮瓣修复足跟溃疡[J]. 中华骨科杂志，1986，6（1）：27. {ZHANG Shutong,MA Mengran,ZHANG Lie,WANG Jianshe. Arch island fascial skin flap to repair heel ulcers[J]. Zhonghua Gu Ke Za Zhi[Chin J Orthop(Article in Chinese;No abstract available)],1986,6(1):27.}

[7161] 王国宪．颈筋膜肌瓣修补气管咽瘘一例[J]. 中华耳鼻咽喉科杂志，1987，22（6）：340. {WANG Guoxian. A case of repairing trachepharyngeal fistula with cervical fascia muscle flap[J]. Zhonghua Er Bi Yan Hou Ke Za Zhi[Chin J Otorhinolaryngol(Article in Chinese;No abstract available)],1987,22(6):340.}

[7162] 李主一，周中英．小腿筋膜瓣移植[J]. 中华显微外科杂志，1990，13（4）：212-214. {LI Zhuyi,ZHOU Zhongying. Calf fascia flap transplantation[J]. Zhonghua Xian Wei Wai Ke Za Zhi[Chin J Microsurg(Article in Chinese;Abstract in Chinese)],1990,13(4):212-214.}

[7163] 吴登举，王玉明．前臂筋膜皮瓣修复唇颊部缺损一例[J]. 修复重建外科杂志，1990，4（2）：123. {WU Dengju,WANG Yuming. A case of forearm fasciocutaneous flap to repair the defect of lip and cheek[J]. Zhongguo Xiu Fu Chong Jian Wai Ke Za Zhi[Chin J Repar Reconstr Surg(Article in Chinese;No abstract available)],1990,4(2):123.}

[7164] 赖成仲．反折型皮下筋膜瓣临床应用[J]. 修复重建外科杂志，1990，4（3）：186. {LAI Chengzhong. Clinical application of reflexed subcutaneous fascia flap[J]. Zhongguo Xiu Fu Chong Jian Wai Ke Za Zhi[Chin J Repar Reconstr Surg(Article in Chinese;No abstract available)],1990,4(3):186.}

[7165] 胡伯年，李忠麟．脂肪筋膜瓣转移修复乳腺肿瘤术后缺损[J]. 修复重建外科杂志，1990，4（3）：188. {HU Bonian,LI Zhonglin. Fatty fascia flap transfer to repair postoperative defects of breast tumors[J]. Zhongguo Xiu Fu Chong Jian Wai Ke Za Zhi[Chin J Repar Reconstr Surg(Article in Chinese;No abstract available)],1990,4(3):188.}

[7166] 张长松，庞博训，张广明，陶熙民，许刚，沈志敏，吕学升，刘康．重度马蹄内翻足的足背筋膜皮瓣转位矫正[J]. 中华外科杂志，1991，29（2）：133-134. {ZHANG Changsong,PANG Boxun,ZHANG Guangming,TAO Ximin,XU Gang,SHEN Zhimin,LU Xuesheng,LIU Kang. Transposition correction of dorsal fascia flap for severe clubfoot[J]. Zhonghua Wai Ke Za Zhi[Chin J Surg(Article in Chinese;Abstract in Chinese)],1991,29(2):133-134.}

[7167] 衡代忠．小腿内侧逆行窄筋膜血管蒂皮瓣的临床应用[J]. 中华整形烧伤外科杂志，1991，7（3）：186-188. DOI：10.3760/j.issn：1009-4598.1991.03.001. {HENG Daizhong. Clinical application of retrograde narrow fascia vascular pedicle flap of inner leg[J]. Zhonghua Zheng Xing Shao Shang Wai Ke Za Zhi[Chin J Plast Surg Burns(Article in Chinese;Abstract in Chinese)],1991,7(3):186-188. DOI:10.3760/j.issn:1009-4598.1991.03.001.}

[7168] 黄发明．应用眉区额肌筋膜瓣悬吊术矫治完全性上睑下垂[J]. 中华医学杂志，1991，71（5）：298. {HUANG Faming. Correction of complete blepharoptosis with frontal muscle fascia flap suspension in the brow area[J]. Zhonghua Yi Xue Za Zhi[Natl Med J China(Article in Chinese;No abstract available)],1991,71(5):298.}

[7169] 孙宝田，张济，李勃，马艳红．前臂骨间背动脉筋膜瓣整复烧伤爪形手[J]. 修复重建外科杂志，1991，5（1）：4-5. {SUN Baotian,ZHANG Ji,LI Bo,MA Yanhong. Forearm interosseous dorsal artery fascial flap to restore burned claw-shaped hand[J]. Zhongguo Xiu Fu Chong Jian Wai Ke Za Zhi[Chin J Repar Reconstr Surg(Article in Chinese;No abstract available)],1991,5(1):4-5.}

[7170] 易传勋，辛时林，张一鸣，王玉荣，闫法红，冯晓玲．额肌筋膜瓣悬吊治疗上睑下垂[J]. 修复重建外科杂志，1991，5（2）：106. {YI Chuanxun,XIN Shilin,ZHANG Yiming,WANG Yurong,YAN Fahong,FENG Xiaoling. Frontal muscle fascia flap suspension to treat ptosis[J]. Zhongguo Xiu Fu Chong Jian Wai Ke Za Zhi[Chin J Repar Reconstr Surg(Article in Chinese;No abstract available)],1991,5(2):106.}

[7171] 于益鹏，李罗珠．逆行岛状筋膜皮瓣在手部的应用[J]. 修复重建外科杂志，1991，5（3）：159. {YU Yipeng,LI Luozhu. Application of retrograde island fasciocutaneous flap in hand[J]. Zhongguo Xiu Fu Chong Jian Wai Ke Za Zhi[Chin J Repar Reconstr Surg(Article in Chinese;No abstract available)],1991,5(3):159.}

[7172] 李菊成，陆海，吴道锋，杨兴福，张国兴．筋膜皮瓣修复早期烧伤创面[J]. 修复重建外科杂志，1991，5（3）：172. {LI Jucheng,LU Hai,WU Daofeng,YANG Xingfu,ZHANG Guoxing. Fasciocutaneous flap repairing early burn wounds[J]. Zhongguo Xiu Fu Chong Jian Wai Ke Za Zhi[Chin J Repar Reconstr Surg(Article in Chinese;No abstract available)],1991,5(3):172.}

[7173] 童莲元．筋膜瘢痕皮瓣修复烧伤晚期畸形[J]. 修复重建外科杂志，1991，5（4）：245. {TONG Lianyuan. Fascial scar skin flaps for repairing deformities in advanced burns[J]. Zhongguo Xiu Fu Chong Jian Wai Ke Za Zhi[Chin J Repar Reconstr Surg(Article in Chinese;No abstract available)],1991,5(4):245.}

[7174] 张德文，王正红．筋膜瓣转位移植治疗深部骨疾患[J]. 中华显微外科杂志，1992，15（2）：101-102. {ZHANG Dewen,WANG Zhenghong. Fascia flap transposition transplantation for treatment of deep bone diseases[J]. Zhonghua Xian Wei Wai Ke Za Zhi[Chin J Microsurg(Article in Chinese;No abstract available)],1992,15(2):101-102.}

[7175] 赵炬才，张铁良，王照言，罗建平，郑稼，李小林，田书建．带血管蒂岛状筋膜瓣关节内移位的关节成形术[J]. 中华外科杂志，1992，30（1）：14-17. {ZHAO Jucai,ZHANG Tieliang,WANG Zhaoyan,LUO Jianping,ZHENG Jia,LI Xiaolin,TIAN Shujian. Arthroplasty with intra-articular displacement of vascularized island fascia flap[J]. Zhonghua Wai Ke Za Zhi[Chin J Surg(Article in Chinese;Abstract in Chinese)],1992,30(1):14-17.}

[7176] 张世民，陈中伟．前臂远端蒂筋膜皮瓣的静脉回流[J]. 手外科杂志，1992，8（2）：72-73. {ZHANG Shimin,CHEN Zhongwei. Venous return of the distal forearm pedicle fasciocutaneous flap[J]. Shou Wai Ke Za Zhi[Chin J Hand Surg(Article in Chinese;Abstract in Chinese)],1992,8(2):72-73.}

[7177] 张国成．筋膜条延长额肌瓣法矫治重度上睑下垂[J]. 中华整形烧伤外科杂志，1992，8（1）：74-75. DOI：10.3760/j.issn：1009-4598.1992.01.002. {ZHANG Guocheng. Correction of severe blepharoptosis by using fascia strip to extend frontal muscle flap[J]. Zhonghua Zheng Xing Shao Shang Wai Ke Za Zhi[Chin J Plast Surg Burns(Article in Chinese;No abstract available)],1992,8(1):74-75. DOI:10.3760/j.issn:1009-4598.1992.01.002.}

[7178] 陈文弦，钟德才，迟汝澄，王智．弓状软骨插入筋膜皮瓣修复巨形颈气管瘘及喉狭窄一例[J]. 中华耳鼻咽喉科杂志，1992，27（4）：236. {CHEN Wenxian,ZHONG Decai,CHI Rucheng,WANG Zhi. A case of arcuate cartilage inserted into fasciocutaneous flap to repair giant neck tracheal fistula and laryngeal stenosis[J]. Zhonghua Er Bi Yan Hou Ke Za Zhi[Chin J Otorhinolaryngol(Article in Chinese;No abstract available)],1992,27(4):236.}

[7179] 陈运祥．筋膜蒂皮瓣修复手部创伤三例[J]. 中国修复重建外科杂志，1992，6（1）：59. {CHEN Yunxiang. Three cases of repairing hand trauma with fascial pedicle flap[J]. Zhongguo Xiu Fu Chong Jian Wai Ke Za Zhi[Chin J Repar Reconstr Surg(Article in Chinese;No abstract available)],1992,6(1):59.}

[7180] 张东臣，曹永明．前臂逆行肌腱筋膜瓣一期修复屈肌腱缺损[J]. 中国修复重建外科杂志，1992，6（2）：123. {ZHANG Dongchen,CAO Yongming. One-stage repair of flexor tendon defect with retrograde tendon fascial flap of forearm[J]. Zhongguo Xiu Fu Chong Jian Wai Ke Za Zhi[Chin J Repar Reconstr Surg(Article in Chinese;No abstract available)],1992,6(2):123.}

[7181] 颜玲，罗力生．筋膜皮瓣最大长宽比例微循环观察实验研究[J]. 中华显微外科杂志，1993，16（1）：26-28. {YAN Ling,LUO Lisheng. Experimental study of microcirculation observation of the maximum length-to-width ratio of fasciocutaneous flap[J]. Zhonghua Xian Wei Wai Ke Za Zhi[Chin J Microsurg(Article in Chinese;Abstract in Chinese)],1993,16(1):26-28.}

[7182] 杨建申，高增寿．股前正中筋膜皮瓣临床应用探讨[J]. 中华显微外科杂志，1993，16（3）：209-210. {YANG Jianshen,GAO Zengshou. Clinical application of anterior median fasciocutaneous flap[J]. Zhonghua Xian Wei Wai Ke Za Zhi[Chin J Microsurg(Article in Chinese;No abstract available)],1993,16(3):209-210.}

[7183] 郑承泽，郭燕堂．前臂逆行筋膜皮瓣应用7例报告[J]. 中华手外科杂志，1993，9（2）：114. {ZHENG Chengze,GUO Yantang. Report of 7 cases of forearm retrograde fasciocutaneous flap[J]. Zhonghua Shou Wai Ke Za Zhi[Chin J Hand Surg(Article in Chinese;No abstract available)],1993,9(2):114.}

[7184] 徐利华．前臂逆行筋膜瓣修复虎口挛缩[J]. 中国修复重建外科杂志，1993，7（3）：189. {XU Lihua. Repair of first web contracture with retrograde fascia flap of forearm[J]. Zhongguo Xiu Fu Chong Jian Wai Ke Za Zhi[Chin J Repar Reconstr Surg(Article in Chinese;No abstract available)],1993,7(3):189.}

[7185] 顾黎明，寿奎水，吴建林．腹部同蒂双层筋膜皮瓣修复手部皮肤缺损[J]. 中国修复重建外科杂志，1993，7（4）：243. {GU Liming,SHOU Kuishui,WU Jianlin. Repair of hand skin defect with double-layer fasciocutaneous flap on the same pedicle of abdomen[J]. Zhongguo Xiu Fu Chong Jian Wai Ke Za Zhi[Chin J Repar Reconstr Surg(Article in Chinese;No abstract available)],1993,7(4):243.}

[7186] 杨忠岑．带蒂筋膜瓣一期修复屈肌腱及腱鞘损伤[J]. 中国修复重建外科杂志，1993，7（4）：212-213. {YANG Zhongcen. Pedicle fascia flap for repair of flexor tendon and tendon sheath injury[J]. Zhongguo Xiu Fu Chong Jian Wai Ke Za Zhi[Chin J Repar Reconstr Surg(Article in Chinese;No abstract available)],1993,7(4):212-213.}

[7187] 贝抗胜，张德，刘国强，陈光磊．前臂筋膜远端蒂岛状皮瓣的血供依据及临床应用[J]. 中国临床解剖学杂志，1994，12（1）：66-68. {BEI Kangsheng,ZHANG De,LIU Guoqiang,CHEN Guanglei. Blood supply to the fasciocutaneous island flap of forearm and its clinical application[J]. Zhongguo Lin Chuang Jie Pou Xue Za Zhi[Chin J Clin Anat(Article in Chinese;Abstract in

Chinese)],1994,12(1):66-68.}

[7188] **赵炬才，罗建平，郑稼，李小林，田书建，张铁良. 带血管蒂筋膜瓣移位髋关节内成形术[J]. 中华骨科杂志，1994，14(12)：330-331.** {ZHAO Jucai,LUO Jianping,ZHENG Jia,LI Xiaolin,TIAN Shujian,ZHANG Tieliang. Vascular pedicled fascial flap transplantation forhip arthroplasty[J]. Zhonghua Gu Ke Za Zhi[Chin J Orthop(Article in Chinese;Abstract in Chinese)],1994,14(12):330-331.}

[7189] **张世民，张连生，刘大雄. 带皮神经血管丛的小腿筋膜皮下组织瓣[J]. 中华显微外科杂志，1994，17(2)：284-285.** {ZHANG Shimin,ZHANG Liansheng,LIU Daxiong. Calf fascia subcutaneous tissue flap with cutaneous nerve vascular plexus[J]. Zhonghua Xian Wei Wai Ke Za Zhi[Chin J Microsurg(Article in Chinese;No abstract available)],1994,17(2):284-285.}

[7190] **郭文荣，林国叶，阮雄星. 小腿双蒂筋膜皮瓣治疗小腿慢性溃疡伴骨外露[J]. 中华显微外科杂志，1994，17(3)：183.** {GUO Wenrong,LIN Guoye,RUAN Xiongxing. Calf double-pedicle fasciocutaneous flap for treatment of chronic ulcer of calf with bone exposure[J]. Zhonghua Xian Wei Wai Ke Za Zhi[Chin J Microsurg(Article in Chinese;No abstract available)],1994,17(3):183.}

[7191] **常万绅，诸寅. 掌骨背动脉筋膜岛状皮瓣[J]. 中华手外科杂志，1994，10(4)：83-85.** {CHANG Wanshen,ZHU Yin. Dorsal metacarpal reverse island flap[J]. Zhonghua Shou Wai Ke Za Zhi[Chin J Hand Surg(Article in Chinese;Abstract in Chinese)],1994,10(4):83-85.}

[7192] **罗义云，郑晓斌，王伟吾，王修理. 带蒂腰大肌肌筋膜瓣修复长段输尿管中段狭窄一例[J]. 中国修复重建外科杂志，1994，8(3)：155.** {LUO Yiyun,ZHENG Xiaobin,WANG Weiwu,WANG Xiuli. A case of repairing middle ureteral stenosis with pedicled psoas muscle myofascial flap[J]. Zhongguo Xiu Fu Chong Jian Wai Ke Za Zhi[Chin J Repar Reconstr Surg(Article in Chinese;No abstract available)],1994,8(3):155.}

[7193] **赵桂仁. 筋膜血管蒂骨瓣植骨治疗陈旧性腕舟骨骨折[J]. 中华骨科杂志，1995，15(6)：333-334.** {ZHAO Guiren. Treatment of old fracture of carpal scaphoidwith fascial vascular-pedicled bone flap graft[J]. Zhonghua Gu Ke Za Zhi[Chin J Orthop(Article in Chinese;Abstract in Chinese and English)],1995,15(6):333-334.}

[7194] **刘瑞军，冯承臣，陈沂民，刘茂文，杨佃玉，刘道平. 前臂逆行岛状筋膜瓣治疗指屈肌腱损伤[J]. 中华显微外科杂志，1995，18(1)：61-63.** {LIU Ruijun,FENG Chengchen,CHEN Yimin,LIU Maowen,YANG Dianyu,LIU Daoping. Treatment of finger flexor tendon injury with retrograde island fascia flap of forearm[J]. Zhonghua Xian Wei Wai Ke Za Zhi[Chin J Microsurg(Article in Chinese;No abstract available)],1995,18(1):61-63.}

[7195] **何明武，曹文华，刘仁寿，王平年. 小腿后侧逆行窄筋膜蒂皮瓣修复下肢软组织缺损[J]. 中华显微外科杂志，1995，18(2)：112-113，158.** {HE Mingwu,CAO Wenhua,LIU Renshou,WANG Pingnian. Repair the soft tissue defect of the lowlimb by using reversed narrow pedi-ciled fascio vascular flap of the posterior crural region surface[J]. Zhonghua Xian Wei Wai Ke Za Zhi[Chin J Microsurg(Article in Chinese;Abstract in Chinese)],1995,18(2):112-113,158.}

[7196] **韩岩，殷奇，鲁开化. 小腿后侧逆行筋膜皮瓣修复胫前皮肤软组织缺损[J]. 中华显微外科杂志，1995，18(4)：291-292.** {HAN Yan,YIN Qi,LU Kaihua. Repair of anterior tibial skin and soft tissue defects with retrograde fasciocutaneous flap on the posterior side of the leg[J]. Zhonghua Xian Wei Wai Ke Za Zhi[Chin J Microsurg(Article in Chinese;No abstract available)],1995,18(4):291-292.}

[7197] **陈江萍，郭恩覃. 血管束移位形成轴型筋膜瓣移植的实验研究[J]. 中华外科杂志，1995，33(1)：14.** {CHEN Jiangping,GUO Enqin. Experimental study on transplantation of vascular bundles to form axial fascial flap[J]. Zhonghua Wai Ke Za Zhi[Chin J Surg(Article in Chinese;Abstract in Chinese)],1995,33(1):14.}

[7198] **汪虹，马克娴，魏迪南，付晋凤，葛茂星. 小腿筋膜皮瓣治疗膝关节严重烧伤[J]. 中华外科杂志，1995，33(7)：236-237.** {WANG Hong,MA KE Xian,WEI Dinan,FU Jinfeng,GE Maoxing. Treatment of severe burn of knee joint with fasciocutaneous flap of the lower leg[J]. Zhonghua Wai Ke Za Zhi[Chin J Surg(Article in Chinese;No abstract available)],1995,33(7):236-237.}

[7199] **李廷林，黄先功，方杉，郭新生. 邻指翻转筋膜瓣修复手指皮肤缺损[J]. 中华手外科杂志，1995，11(2)：98.** {LI Tinglin,HUANG Xiangong,FANG Shan,GUO Xinsheng. Repair of finger skin defect with adjacent finger flipped fascia flap[J]. Zhonghua Shou Wai Ke Za Zhi[Chin J Hand Surg(Article in Chinese;No abstract available)],1995,11(2):98.}

[7200] **孙铁. 劈开式腹部皮瓣、筋膜瓣治疗多指脱套伤[J]. 中华手外科杂志，1995，11(2)：109.** {SUN Tie. Split abdominal skin flap and fascia flap for treatment of multi-finger degloving injury[J]. Zhonghua Shou Wai Ke Za Zhi[Chin J Hand Surg(Article in Chinese;No abstract available)],1995,11(2):109.}

[7201] **张东臣，苏天福，谭天双，昝慧敏. 带血管蒂的岛状筋膜皮瓣与前臂肌腱筋膜瓣联合修复手掌重度瘢痕挛缩[J]. 中华手外科杂志，1995，11(2)：127.** {ZHANG Dongchen,SU Tianfu,TAN Tianshuang,ZAN Huimin. The combination of vascularized island fasciocutaneous flap and forearm tendon-fascial flap to repair severe palm scar contracture[J]. Zhonghua Shou Wai Ke Za Zhi[Chin J Hand Surg(Article in Chinese;No abstract available)],1995,11(2):127.}

[7202] **陈绍礼，陈相奇，武勇. 筋膜皮瓣在四肢软组织缺损中的临床应用[J]. 中国骨伤，1995，8(3)：37.** {CHEN Shaoli,CHEN Xiangqi,WU Yong. Clinical application of fasciocutaneous flap in soft tissue defects of extremities[J]. Zhongguo Gu Shang[China J Orthop Trauma(Article in Chinese;No abstract available)],1995,8(3):37.}

[7203] **陈言汤，刘林嶓，秦垦，张建文. 逆行筋膜蒂岛状皮瓣移位修复胫前下段溃疡一例[J]. 中国修复重建外科杂志，1995，9(1)：64.** {CHEN Yantang,LIU Linpan,QIN Ken,ZHANG Jianwen. A case of retrograde fascia pedicle island flap for repairing ulcer of anterior and lower tibial segment[J]. Zhongguo Xiu Fu Chong Jian Wai Ke Za Zhi[Chin J Repar Reconstr Surg(Article in Chinese;No abstract available)],1995,9(1):64.}

[7204] **戚美玲，姜长明，吕德成，黄辽江，裴炯. 带腓肠浅动脉蒂的逆行岛状筋膜皮瓣临床应用[J]. 中华显微外科杂志，1996，19(4)：262-264.** {QI Meiling,JIANG Changming,LU Decheng,HUANG Liaojiang,PEI Jiong. Clinical application of distally based skin island flap supplied by a axis of superficial sural artery[J]. Zhonghua Xian Wei Wai Ke Za Zhi[Chin J Microsurg(Article in Chinese;Abstract in Chinese and English)],1996,19(4):262-264.}

[7205] **李军，李主一，陈尔瑜. 筋膜皮瓣术后血流量的动态变化[J]. 中华显微外科杂志，1996，19(4)：280-282.** {LI Jun,LI Zhuyi,CHEN Eryu. A study of dynamic changes of blood flow in fasciocutaneous flap[J]. Zhonghua Xian Wei Wai Ke Za Zhi[Chin J Microsurg(Article in Chinese;Abstract in Chinese and English)],1996,19(4):280-282.}

[7206] **刘作华，张世民，梁广俊，韩平良，李元勇，杨秀海. 前臂翻转筋膜瓣修复腕掌部电烧伤[J]. 中国矫形外科杂志，1996，3(1)：85.** {LIU Zuohua,ZHANG Shimin,LIANG Guangjun,HAN Pingliang,LI Yuanyong,YANG Xiuhai. Flip fascia flap of forearm to repair electric burn of wrist and palm[J]. Zhongguo Jiao Xing Wai Ke Za Zhi[Orthop J China(Article in Chinese;No abstract available)],1996,3(1):85.}

[7207] **姚建民，宋建良，何葆华，范希玲，吴守成. 筋膜蒂指蹼皮瓣治疗单纯先天性并指[J]. 中华手外科杂志，1996，12(3)：9-10.** {YAO Jianmin,SONG Jianliang,HE Baohua,FAN Xiling,WU Shoucheng. Fascial pedicled web space flap for congenital simple syndactly[J]. Zhonghua Shou Wai Ke Za Zhi[Chin J Hand Surg(Article in Chinese;Abstract in Chinese)],1996,12(3):9-10.}

[7208] **董仁章，戴松茂，蒋白川，邵稳喜，顾德毅. 带隐血管分支的筋膜瓣在膝关节外科中的应用[J]. 骨与关节损伤杂志，1996，11(2)：82-83.** {DONG Renzhang,DAI Songmao,JIANG Baichuan,SHAO Wenxi,GU Deyi. Using saphenous branches vascularized fascia flap in knee joint surgery[J]. Gu Yu Guan Jie Sun Shang Za Zhi[J Bone Joint Injury(Article in Chinese;No abstract available)],1996,11(2):82-83.}

[7209] **周建国，郑隆宝，范启申，张敬良，丁自海. 带蒂深筋膜脂肪复合瓣在股四头肌成形术中的应用[J]. 解放军医学杂志，1996，21(1)：72-73.** {ZHOU Jianguo,ZHENG Longbao,FAN Qishen,ZHANG Jingliang,DING Zihai. Application of pedicled deep fascia fat compound flap in quadriceps femoral platy[J]. Jie Fang Jun Yi Xue Za Zhi[Med J Chin PLA(Article in Chinese;No abstract available)],1996,21(1):72-73.}

[7210] **侯春林，刘岩，陈爱民，匡勇，李晓华. 筋膜皮瓣治疗褥疮[J]. 第二军医大学学报，1996，17(3)：61-64.** {HOU Chunlin,LIU Yan,CHEN Aimin,KuANG Yong,LI Xiaohua. Treatment of decubitus ulcers with fasciocutaneous flap[J]. Di Er Jun Yi Da Xue Xue Bao[Acad J Sec Mil Med Univ(Article in Chinese;Abstract in Chinese and English)],1996,17(3):61-64.}

[7211] **汤桂明. 带蒂筋膜瓣重建腱鞘治疗跟腱断裂[J]. 中国修复重建外科杂志，1996，10(2)：66.** {TANG Guiming. Reconstruction of tendon sheath with pedicled fascia flap to treat Achilles tendon rupture[J]. Zhongguo Xiu Fu Chong Jian Wai Ke Za Zhi[Chin J Repar Reconstr Surg(Article in Chinese;No abstract available)],1996,10(2):66.}

[7212] **陈日景，梁梗南，钟桂午. 带血管蒂髂腹股部岛状真皮筋膜瓣髋关节成形术[J]. 中国修复重建外科杂志，1996，10(3)：183-184.** {CHEN Rijing,LIANG Gengnan,ZHONG Guiwu. Hip arthroplasty with vascularized iliac groin island dermal fascia flap[J]. Zhongguo Xiu Fu Chong Jian Wai Ke Za Zhi[Chin J Repar Reconstr Surg(Article in Chinese;Abstract in Chinese)],1996,10(3):183-184.}

[7213] **李光锋，张震，陈辉，陈华军，衡建伟. 额肌筋膜瓣移位修复一例复发性额骨骨囊肿切除后缺损[J]. 中国修复重建外科杂志，1996，10(4)：69-70.** {LI Guangfeng,ZHANG Zhen,CHEN Hui,CHEN Huajun,HENG Jianwei. Relocation of frontal muscle fascia flap to repair a case of recurrent frontal bone cyst defect[J]. Zhongguo Xiu Fu Chong Jian Wai Ke Za Zhi[Chin J Repar Reconstr Surg(Article in Chinese;No abstract available)],1996,10(4):69-70.}

[7214] **李军，陈尔瑜，李主一. 筋膜皮瓣再血管化动态变化的实验研究[J]. 中国临床解剖学杂志，1997，15(4)：52-54.** {LI Jun,CHEN Eryu,LI Zhuyi. Experimental study of dynamic vascular changes during fasciocutaneous flap revascularization[J]. Zhongguo Lin Chuang Jie Pou Xue Za Zhi[Chin J Clin Anat(Article in Chinese;Abstract in Chinese)],1997,15(4):52-54.}

[7215] **赵炬才，郑稼，罗建平，田书建，李小林，张铁良. 带血管蒂岛状筋膜瓣移植治疗晚期类风湿性髋关节炎[J]. 中华骨科杂志，1997，17(5)：19-21，67.** {ZHAO Jucai,ZHENG Jia,LUO Jianping,TIAN Shujian,LI Xiaolin,ZHANG Tieliang. Treatment of advanced rheumatoid arthritis of the hip using vascularised island fascial flap arthroplasty[J]. Zhonghua Gu Ke Za Zhi[Chin J Orthop(Article in Chinese;Abstract in Chinese and English)],1997,17(5):19-21,67.}

[7216] **王洪业，苏彦农，刘建寅，侯春梅，程绪西. 逆行的外踝后外侧筋膜皮瓣移位修复足部软组织缺损[J]. 中华显微外科杂志，1997，20(1)：60-61.** {WANG Hongye,SU Yannong,LIU Jianyin,HOU Chunmei,CHENG Xuxi. Transposition of retrograde lateral malleolus posterolateral fasciocutaneous flap to repair soft tissue defects of the foot[J]. Zhonghua Xian Wei Wai Ke Za Zhi[Chin J Microsurg(Article in Chinese;No abstract available)],1997,20(1):60-61.}

[7217] **史振满，史疆，周雪峰，刘刚，彭江. 远侧腓血管蒂筋膜腱索瓣跟腱重建术[J]. 中华显微外科杂志，1997，20(1)：67-68.** {SHI Zhenman,SHI Jiang,ZHOU Xuefeng,LIU Gang,PENG Jiang. Reconstruction of achilles tendon with distal peroneal pedicle fascia chordae flap[J]. Zhonghua Xian Wei Wai Ke Za Zhi[Chin J Microsurg(Article in Chinese;No abstract available)],1997,20(1):67-68.}

[7218] **孙业祥，李守生，王永杰，陈新寿. 带肌膜的筋膜皮瓣在修复深度烧伤创面中的应用[J]. 中华显微外科杂志，1997，20(2)：72.** {SUN Yexiang,LI Shousheng,WANG Yongjie,CHEN Xinshou. Application of fasciocutaneous flap with muscle membrane in repairing deep burn wounds[J]. Zhonghua Xian Wei Wai Ke Za Zhi[Chin J Microsurg(Article in Chinese;No abstract available)],1997,20(2):72.}

[7219] **林勇，万年宇，宋展昭，宫岩虎，马培理. 骶棘肌筋膜覆盖和肌瓣转移治疗硬膜缺损[J]. 中华外科杂志，1997，35(6)：43.** {LIN Yong,WAN Nianyu,SONG Zhanzhao,GONG Yanhu,MA Peijin. Treatment of dural defect with sacrospinous myofascial covering and muscle flap transfer[J]. Zhonghua Wai Ke Za Zhi[Chin J Surg(Article in Chinese;No abstract available)],1997,35(6):43.}

[7220] **李世德. 筋膜皮瓣的临床应用[J]. 中华创伤杂志，1997，13(1)：52-53.** {LI Shide. Clinical application of fasciocutaneous flap[J]. Zhonghua Chuang Shang Za Zhi[Chin J Trauma(Article in Chinese;No abstract available)],1997,13(1):52-53.}

[7221] **李军，陈尔瑜，李主一. 筋膜皮瓣愈合强度和柔顺性动态变化[J]. 中华整形烧伤外科杂志，1997，13(4)：251-254.** {LI Jun,CHEN Eryu,LI Zhuyi. The biomechanical characteristics of the fasciocutaneous flap during healing phases[J]. Zhonghua Zheng Xing Shao Shang Wai Ke Za Zhi[Chin J Plast Surg Burns(Article in Chinese;Abstract in Chinese and English)],1997,13(4):251-254.}

[7222] **周天启，赵庆林，王洪. 颈肩肱筋膜皮瓣修复颈部瘢痕挛缩畸形[J]. 中华整形烧伤外科杂志，1997，13(4)：314-315.** {ZHOU Tianqi,ZHAO Qinglin,WANG Hong. Cervical shoulder bronchial fasciocutaneous flap to repair neck scar contracture deformity[J]. Zhonghua Zheng Xing Shao Shang Wai Ke Za Zhi[Chin J Plast Surg Burns(Article in Chinese;No abstract available)],1997,13(4):314-315.}

[7223] **汪昌荣，孙业祥，王永杰，方林森，王立基，李守生. 胸腹部H形筋膜皮瓣修复腕部环形烧伤创面[J]. 安徽医科大学学报，1997，32(6)：787-788.** {WANG Changrong,SUN Yexiang,WANG Yongjie,FANG Linsen,WANG Liji,LI Shousheng. H-shaped fasciocutaneous flap of chest and abdomen for repairing circular electrical burn wounds of wrist[J]. An Hui Yi Ke Da Xue Xue Bao[Acta Univ Med Anhui(Article in Chinese;No abstract available)],1997,32(6):787-788.}

[7224] **万伟东，冷永成. 筋膜皮瓣的临床应用进展综述[J]. 中国修复重建外科杂志，1997，11(2)：37-39.** {WAN Weidong,LENG Yongcheng. Summary of clinical application progress of fasciocutaneous flap[J]. Zhongguo Xiu Fu Chong Jian Wai Ke Za Zhi[Chin J Repar Reconstr Surg(Article in Chinese;No abstract available)],1997,11(2):37-39.}

[7225] **张增方，杨连根，宋玉芹，方绍孟. 含深筋膜血管网的三种小腿后侧逆行筋膜皮瓣的临床应用[J]. 中国修复重建外科杂志，1997，11(6)：40-42.** {ZHANG Zengfang,YANG Liangen,SONG Yuqin,FANG Shaomeng. Clinical application of three kinds of retrograde fasciocutaneous flap containing deep fascia vascular network[J]. Zhongguo Xiu Fu Chong Jian Wai Ke Za Zhi[Chin J Repar Reconstr Surg(Article in Chinese;Abstract in Chinese)],1997,11(6):40-42.}

[7226] **张德. 逆行筋膜蒂岛状皮瓣修复肢体创面[J]. 中国修复重建外科杂志，1997，11(6)：43-45.** {ZHANG De. Repair of limb wounds with retrograde fascia pedicle island flap[J]. Zhongguo Xiu Fu Chong Jian Wai Ke Za Zhi[Chin J Repar Reconstr Surg(Article in Chinese;Abstract in Chinese)],1997,11(6):43-45.}

[7227] **陈相奇，马梦昆，郝维真，王明珠. 筋膜蒂岛状皮瓣逆行转位的临床应用[J]. 中华显微外科杂志，1998，21(1)：59.** {CHEN Xiangqi,MA Mengkun,HAO Weizhen,WANG Mingzhu. Clinical application of retrograde transposition of fascial island flap[J]. Zhonghua Xian Wei Wai Ke Za Zhi[Chin J Microsurg(Article in Chinese;No abstract available)],1998,21(1):59.}

[7228] **殷广信，韩华，马峦旭. 前臂桡侧筋膜皮瓣修复手外伤组织缺损[J]. 中华显微外科杂志，1998，21(1)：54.** {YIN Guangxin,HAN Hua,MA Luanxu. Repair of traumatic tissue defect of hand with forearm radial fasciocutaneous flap[J]. Zhonghua Xian Wei Wai Ke Za Zhi[Chin J Microsurg(Article in Chinese;No abstract available)],1998,21(1):54.}

[7229] **周围，伊斯克坦，宋朝辉，吕才模，王锐，谢乃潺. 趾蹼间筋膜蒂足背逆行皮瓣临床应用研究[J]. 中华显微外科杂志，1998，21(1)：52-53.** {ZHOU Wei,Isketan,SONG Chaohui,LU Caimo,WANG Rui,XIE Naichan. Clinical application of dorsal foot retrograde flap pedicled with interdigital web fascia[J]. Zhonghua Xian Wei Wai Ke Za Zhi[Chin J Microsurg(Article in Chinese;No abstract available)],1998,21(1):52-53.}

[7230] **李建军，吴恙，陈有光. 前臂逆行筋膜皮瓣与筋膜瓣的临床应用[J]. 中华显微外科杂志，**

1998，21（2）：139. DOI：10.3760/cma.j.issn.1001-2036.1998.02.026. {LI Jianjun,WU Chao,CHEN Youguang. Clinical application of forearm retrograde fasciocutaneous flap and fascial flap[J]. Zhonghua Xian Wei Wai Ke Za Zhi[Chin J Microsurg(Article in Chinese;No abstract available)],1998,21(2):139. DOI:10.3760/cma.j.issn.1001-2036.1998.02.026.}

[7231] 宋巍，田小运. 腘窝皮动脉深筋膜瓣在小腿脱套伤中的应用 [J]. 中华显微外科杂志，1998，21（3）：240. DOI：10.3760/cma.j.issn.1001-2036.1998.03.049. {SONG Wei,TIAN Xiaoyun. Application of deep fascia flap of popliteal fossa skin artery in degloving injury of lower leg[J]. Zhonghua Xian Wei Wai Ke Za Zhi[Chin J Microsurg(Article in Chinese;No abstract available)],1998,21(3):240. DOI:10.3760/cma.j.issn.1001-2036.1998.03.049.}

[7232] 高伟阳，姚岳波，廖孔荣. 前臂背桡侧逆行筋膜蒂岛状皮瓣修复手部软组织缺损 [J]. 中华显微外科杂志，1998，21（4）：296. DOI：10.3760/cma.j.issn.1001-2036.1998.04.027. {GAO Weiyang,YAO Yuebo,LIAO Kongrong. Repair of hand soft tissue defect with reverse fascial pedicle island flap on dorsal and radial side of forearm[J]. Zhonghua Xian Wei Wai Ke Za Zhi[Chin J Microsurg(Article in Chinese;No abstract available)],1998,21(4):296. DOI:10.3760/cma.j.issn.1001-2036.1998.04.027.}

[7233] 李远景，刘建平，吴强，刘国强. 逆行筋膜皮瓣修复小腿下 1/3 段足部软组织缺损 [J]. 中国矫形外科杂志，1998，5（9）：50. {LI Yuanjing,LIU Jianping,WU Qiang,LIU Guoqiang. Retrograde fasciocutaneous flap to repair the soft tissue defect of the lower 1/3 of the leg[J]. Zhongguo Jiao Xing Wai Ke Za Zhi[Orthop J China(Article in Chinese;No abstract available)],1998,5(9):50.}

[7234] 徐英杰，张树伟，王铁翔，邢国利，黄昌永. 带蒂脂肪浅筋膜瓣移植预防椎板切除后硬膜周围纤维化 [J]. 中国矫形外科杂志，1998，5（2）：128-129. {XU Yingjie,ZHANG Shuwei,WANG Tiexiang,XING Guoli,HUANG Changyong. Transplantation of pedicled superficial fat fascia flap to prevent peridural fibrosis after laminectomy[J]. Zhongguo Jiao Xing Wai Ke Za Zhi[Orthop J China(Article in Chinese;No abstract available)],1998,5(2):128-129.}

[7235] 廖道生. 腹外斜肌筋膜瓣的临床应用 [J]. 中华手外科杂志，1998，14（1）：16. {LIAO Daosheng. Clinical application of external oblique muscle fascia flap[J]. Zhonghua Shou Wai Ke Za Zhi[Chin J Hand Surg(Article in Chinese;No abstract available)],1998,14(1):16.}

[7236] 李卫忠，王景枝，许宝玉，张国强，段伟焘. 胫骨滋养动脉筋膜皮支游离皮瓣在手部皮肤缺损中的应用 [J]. 中华手外科杂志，1998，14（2）：83-84. DOI：10.3760/cma.j.issn.1005-054X.1998.02.011. {LI Weizhong,WANG Jingzhi,XU Baoyu,ZHANG Guoqiang,DUAN Weitao. Application of free facial flap based on tibial nutritious artery for coverage of hand skin defect[J]. Zhonghua Shou Wai Ke Za Zhi[Chin J Hand Surg(Article in Chinese;Abstract in Chinese and English)],1998,14(2):83-84. DOI:10.3760/cma.j.issn.1005-054X.1998.02.011.}

[7237] 王涛，顾玉东，芮永军，赵新. 第一掌骨背逆行筋膜皮瓣修复拇指皮肤缺损 [J]. 中华手外科杂志，1998，14（2）：67-68. DOI：10.3760/cma.j.issn.1005-054X.1998.02.002. {WANG Tao,GU Yudong,RUI Yongjun,ZHAO Xin. Repair of thumb skin defect with dorsal first metacarpal retrograde fasciocutaneous flap[J]. Zhonghua Shou Wai Ke Za Zhi[Chin J Hand Surg(Article in Chinese;Abstract in Chinese and English)],1998,14(2):67-68. DOI:10.3760/cma.j.issn.1005-054X.1998.02.002.}

[7238] 高庆国，尹维田，张君，王玉发，李锐. 逆行筋膜骨瓣移植加桡骨茎突切除治疗腕舟骨骨不连 [J]. 中华手外科杂志，1998，14（3）：153-155. {GAO Qingguo,YIN Weitian,ZHANG Jun,WANG Yufa,LI Rui. Treatment of scaphoid nonunion using reversed f ascial vascular pedicled bone grafting and resection of processus styloideus radii[J]. Zhonghua Shou Wai Ke Za Zhi[Chin J Hand Surg(Article in Chinese;Abstract in Chinese and English)],1998,14(3):153-155.}

[7239] 毛波，裴富生，钟泽沛. 筋膜皮瓣修复皮肤软组织缺损 [J]. 中国修复重建外科杂志，1998，12（3）：152. {MAO Bo,PEI Fusheng,ZHONG Zepei. Fasciocutaneous flap to repair skin and soft tissue defects[J]. Zhongguo Xiu Fu Chong Jian Wai Ke Za Zhi[Chin J Repar Reconstr Surg(Article in Chinese;No abstract available)],1998,12(3):152.}

[7240] 谭加韬，赵群英. 深筋膜皮瓣修复膝关节深度烧伤合并感染一例 [J]. 中国修复重建外科杂志，1998，12（3）：183. {TAN Jiatao,ZHAO Qunying. Deep fascia flap repairing a case of knee joint deep burn combined with infection[J]. Zhongguo Xiu Fu Chong Jian Wai Ke Za Zhi[Chin J Repar Reconstr Surg(Article in Chinese;No abstract available)],1998,12(3):183.}

[7241] 高庆国，尹维田，张君，王玉发，李锐. 逆行筋膜骨瓣移植加桡骨茎突切除治疗腕舟骨骨折不连的远期疗效 [J]. 中华显微外科杂志，1999，22（S1）：60. {GAO Qingguo,YIN Weitian,ZHANG Jun,WANG Yufa,LI Rui. Long-term effect of retrograde fascia bone flap transplantation and radius styloid process resection for treatment of nonunion of carpal scaphoid fracture[J]. Zhonghua Xian Wei Wai Ke Za Zhi[Chin J Microsurg(Article in Chinese;No abstract available)],1999,22(S1):60.}

[7242] 罗建平，赵炬才. 带血蒂小腿内侧筋膜瓣移位膝关节治疗退行性膝关节病 [J]. 中国矫形外科杂志，1999，6（7）：483-485. {LUO Jianping,ZHAO Jucai. Transfer of vascularized fascial flap of medical leg for treatment of degenerative arthropathy of knee[J]. Zhongguo Jiao Xing Wai Ke Za Zhi[Orthop J China(Article in Chinese;Abstract in Chinese and English)],1999,6(7):483-485.}

[7243] 张增方，娄宏亮，杨连根，宋巍. 脂肪筋膜蒂逆行指背岛状皮瓣的临床应用 [J]. 中华手外科杂志，1999，15（1）：41. {ZHANG Zengfang,LOU Hongliang,YANG Liangen,SONG Wei. Clinical application of adipose fascia pedicle retrograde dorsal finger island flap[J]. Zhonghua Shou Wai Ke Za Zhi[Chin J Hand Surg(Article in Chinese;No abstract available)],1999,15(1):41.}

[7244] 周洪春，姜艳，王利民，王安利，武永春. 逆行筋膜蒂近节指背岛状皮瓣修复同指远端掌侧缺损 [J]. 中华整形烧伤外科杂志，1999，15（4）：259-261. {ZHOU Hongchun,JIANG Yan,WANG Limin,WANG Anli,WU Yongchun. Retrograde fascial pedicle proximal dorsal finger island flap for repairing distal volar defect of the same finger[J]. Zhonghua Zheng Xing Shao Shang Wai Ke Za Zhi[Chin J Plast Surg Burns(Article in Chinese;Abstract in Chinese and English)],1999,15(4):259-261.}

[7245] 张占仲，李彤，郭新春，李加森. 筋膜蒂逆行皮瓣在四肢电烧伤修复中的应用 [J]. 中华整形烧伤外科杂志，1999，15（6）：460-461. {ZHANG Zhanzhong,LI Tong,GUO Xinchun,LI Jiasen. The use of reverse fasciocutaneous pedicle flap in repairing electrical burn wound on extremity[J]. Zhonghua Zheng Xing Shao Shang Wai Ke Za Zhi[Chin J Plast Surg Burns(Article in Chinese;Abstract in Chinese and English)],1999,15(6):460-461.}

[7246] 胡志奇，罗锦辉，陈林峰，时安平. 轴型筋膜瓣加植皮修复下睑外翻及眶下组织重度凹陷 [J]. 中国修复重建外科杂志，1999，13（1）：24-27. {HU Zhiqi,LUO Jinhui,CHEN Linfeng,SHI Anping. Axial aponeurotic flap combined with skin graft in the treatment of lower lid ectropion and severe infra-orbital soft tissue depression[J]. Zhongguo Xiu Fu Chong Jian Wai Ke Za Zhi[Chin J Repar Reconstr Surg(Article in Chinese;Abstract in Chinese and English)],1999,13(1):24-27.}

[7247] 汪功久. 带血管蒂筋膜脂肪瓣重建髌上囊治疗膝部骨折后遗关节僵直 [J]. 中华骨科杂志，2000，20（11）：703. DOI：10.3760/j.issn：0253-2352.2000.11.017. {WANG Gongjiu. Reconstruction of suprapatellar capsule with vascularized fascial fat flap for treatment of joint stiffness after knee fracture[J]. Zhonghua Gu Ke Za Zhi[Chin J Orthop(Article in Chinese;No abstract available)],2000,20(11):703. DOI:10.3760/j.issn:0253-2352.2000.11.017.}

[7248] 许声联. 带腓肠浅血管蒂逆行筋膜岛状皮瓣修复小腿及足跟部组织缺损 [J]. 中华显微外科杂志，2000，23（1）：54. DOI：10.3760/cma.j.issn.1001-2036.2000.01.051. {XU Shenglian. Reverse fascial island flap with superficial sural vascular pedicle to repair tissue defects of calf and heel[J]. Zhonghua Xian Wei Wai Ke Za Zhi[Chin J Microsurg(Article in Chinese;No abstract available)],2000,23(1):54. DOI:10.3760/cma.j.issn.1001-2036.2000.01.051.}

[7249] 韩守江，杨连根，张增方，安小刚，刘晓军. 以深筋膜为蒂的小腿后侧岛状肌皮瓣的临床应用 [J]. 中华显微外科杂志，2000，23(1)：69. DOI：10.3760/cma.j.issn.1001-2036.2000.01.028. {HAN Shoujiang,YANG Liangen,ZHANG Zengfang,AN Xiaogang,LIU Xiaojun. Clinical application of posterior calf island myocutaneous flap pedicled with deep fascia[J]. Zhonghua Xian Wei Wai Ke Za Zhi[Chin J Microsurg(Article in Chinese;No abstract available)],2000,23(1):69. DOI:10.3760/cma.j.issn.1001-2036.2000.01.028.}

[7250] 庄小强，白宇. 手背筋膜皮瓣修复指背皮肤缺损 [J]. 中华显微外科杂志，2000，23（2）：129. DOI：10.3760/cma.j.issn.1001-2036.2000.02.043. {ZHUANG Xiaoqiang,BAI Yu. Repair of the skin defect on the back of the finger with fascia flap[J]. Zhonghua Xian Wei Wai Ke Za Zhi[Chin J Microsurg(Article in Chinese;No abstract available)],2000,23(2):129. DOI:10.3760/cma.j.issn.1001-2036.2000.02.043.}

[7251] 傅常清，白丽梅，刘永灿. 带蒂岛状筋膜瓣修复指背皮肤缺损 [J]. 中华显微外科杂志，2000，23（2）：159. DOI：10.3760/cma.j.issn.1001-2036.2000.02.060. {FU Changqing,BAI Limei,LIU Yongcan. Pedicled island fascia flap to repair the skin defect of the back of the finger[J]. Zhonghua Xian Wei Wai Ke Za Zhi[Chin J Microsurg(Article in Chinese;No abstract available)],2000,23(2):159. DOI:10.3760/cma.j.issn.1001-2036.2000.02.060.}

[7252] 阮国辉，白道永，李世红. 逆行筋膜骨瓣移植加桡骨茎突切除治疗腕舟骨骨不连 [J]. 中华显微外科杂志，2000，23（2）：159. DOI：10.3760/cma.j.issn.1001-2036.2000.02.058. {RUAN Guohui,BAI Daoyong,LI Shihong. Retrograde fascia bone flap transplantation and radius styloid process resection for the treatment of carpal scaphoid nonunion[J]. Zhonghua Xian Wei Wai Ke Za Zhi[Chin J Microsurg(Article in Chinese;No abstract available)],2000,23(2):159. DOI:10.3760/cma.j.issn.1001-2036.2000.02.058.}

[7253] 罗建平，郑稼，李丽莉，田书建，赵炬才. 带血管蒂骨间背侧筋膜瓣移位肘关节成形术 [J]. 中国矫形外科杂志，2000，7（7）：710-712. DOI：10.3969/j.issn.1005-8478.2000.07.033. {LUO Jianping,ZHENG Jia,LI Lili,TIAN Shujian,ZHAO Jucai. Elbow joint arthroplasty with vessel pedicle fascia dorsal interosseous fascia joint graft[J]. Zhongguo Jiao Xing Wai Ke Za Zhi[Orthop J China(Article in Chinese;Abstract in Chinese)],2000,7(7):710-712. DOI:10.3969/j.issn.1005-8478.2000.07.033.}

[7254] 中华医学会显微外科学分会.《筋膜皮瓣与筋膜蒂组织瓣》面世 [J]. 中国矫形外科杂志，2000，7（12）：1186. {Microsurgery Branch of Chinese Medical Association. "Facial Skin Flap and Fascia Pedicled Tissue Flap" is published[J]. Zhongguo Jiao Xing Wai Ke Za Zhi[Orthop J China(Article in Chinese;No abstract available)],2000,7(12):1186.}

[7255] 黄永红. 胸壁带深筋膜蒂皮瓣移位修复手掌皮肤缺损 [J]. 中华手外科杂志，2000，16（3）：180. DOI：10.3760/cma.j.issn.1005-054X.2000.03.023. {HUANG Yonghong. Relocation of chest wall with deep fascia pedicle flap to repair palm skin defect[J]. Zhonghua Shou Wai Ke Za Zhi[Chin J Hand Surg(Article in Chinese;No abstract available)],2000,16(3):180. DOI:10.3760/cma.j.issn.1005-054X.2000.03.023.}

[7256] 汪功久. 带血管蒂筋膜脂肪瓣重建髌上囊治疗外伤后膝关节僵直 [J]. 中国创伤骨科杂志，2000，2（1）：77-78. {WANG Gongjiu. Reconstruction of suprapatellar capsule with vascularized fascial fat flap for treatment of knee joint stiffness after trauma[J]. Zhongguo Chuang SHANG Gu Ke Za Zhi[China J Orthop Trauma(Article in Chinese;No abstract available)],2000,2(1):77-78.}

[7257] 卢君，关志广，梁耀婵. 腓肠浅动脉逆行岛状筋膜皮瓣的临床应用 [J]. 中华整形外科杂志，2000，16（1）：17. DOI：10.3760/j.issn：1009-4598.2000.01.007. {LU Jun,GUAN Zhiguang,LIANG Yaochan. The clinical application of the reverse island by the superficial fasciocutaneous sural artery[J]. Zhonghua Zheng Xing Wai Ke Za Zhi[Chin J Plast Surg(Article in Chinese;Abstract in Chinese and English)],2000,16(1):17. DOI:10.3760/j.issn:1009-4598.2000.01.007.}

[7258] 彭俊良. 带血管蒂的筋膜岛状皮瓣修复四肢软组织缺损 [J]. 中国骨伤，2000，13（7）：425. DOI：10.3969/j.issn.1003-0034.2000.07.026. {PENG Junliang. Repair of soft tissue defects of extremities with vascularized fascial island flaps[J]. Zhongguo Gu Shang[China J Orthop Trauma(Article in Chinese;No abstract available)],2000,13(7):425. DOI:10.3969/j.issn.1003-0034.2000.07.026.}

[7259] 刘成，陈向军. 逆行皮神经伴行血管蒂筋膜皮瓣治疗足部缺损 [J]. 中国骨伤，2000，13（8）：494. DOI：10.3969/j.issn.1003-0034.2000.08.030. {LIU Cheng,CHEN Xiangjun. Treatment of foot defect with retrograde cutaneous nerve and vascular pedicle fasciocutaneous flap[J]. Zhongguo Gu Shang[China J Orthop Trauma(Article in Chinese;No abstract available)],2000,13(8):494. DOI:10.3969/j.issn.1003-0034.2000.08.030.}

[7260] 李进波，陈运祥. 小腿内侧逆行超薄筋膜皮瓣交腿修复足端创面 1 例报告 [J]. 第一军医大学学报，2000，20（3）：196. DOI：10.3321/j.issn：1673-4254.2000.03.049. {LI Jinbo,CHEN Yunxiang. One case report of cross-leg repair of foot wound with retrograde ultra-thin fasciocutaneous flap of inner leg[J]. Di Yi Jun Yi Da Xue Xue Bao[J First Mil Med Univ(Article in Chinese;No abstract available)],2000,20(3):196. DOI:10.3321/j.issn:1673-4254.2000.03.049.}

[7261] 张世民，侯春林. 前臂桡侧远端蒂岛状筋膜皮瓣修复手部缺损 [J]. 第二军医大学学报，2000，21（7）：693-696. DOI：10.3321/j.issn：0258-879X.2000.07.029. {ZHANG Shimin,HOU Chunlin. Distally based radial forearm island fasciocutaneous flap for hand reconstruction[J]. Di Er Jun Yi Da Xue Xue Bao[Acad J Sec Mil Med Univ(Article in Chinese;Abstract in Chinese and English)],2000,21(7):693-696. DOI:10.3321/j.issn:0258-879X.2000.07.029.}

[7262] 龚渭波，操少荣，何家勤，童慧娟，王东平. 深筋膜皮瓣移位修复多发性褥疮 [J]. 中国修复重建外科杂志，2000，14（5）：260. {GONG Weibo,CAO Shaorong,HE Jiaqin,TONG Huijuan,WANG Dongping. Deep fascia flap displacement to repair multiple bedsore[J]. Zhongguo Xiu Fu Chong Jian Wai Ke Za Zhi[Chin J Repar Reconstr Surg(Article in Chinese;No abstract available)],2000,14(5):260.}

[7263] 李发成，关文祥. 上臂内侧筋膜皮瓣的临床应用 [J]. 中国修复重建外科杂志，2000，14（6）：350-351. {LI Facheng,GUAN Wenxiang. Clinical application of the medial fasciocutaneous flap of arm[J]. Zhongguo Xiu Fu Chong Jian Wai Ke Za Zhi[Chin J Repar Reconstr Surg(Article in Chinese;Abstract in Chinese and English)],2000,14(6):350-351.}

[7264] 黄启顺，洪光祥，王发斌，陈振兵，翁雨雄，康皓. 同指掌侧脂肪筋膜瓣翻转修复指背皮肤及软组织缺损 [J]. 中华骨科杂志，2001，21（10）：616-618. DOI：10.3760/j.issn：0253-2352.2001.10.015. {HUANG Qishun,HONG Guangxiang,WANG Fabin,CHEN Zhenbing,WENG Yuxiong,KANG Hao. The use of the homodigital volar adipofascial turnover flap for repairing of dorsal skin and soft tissue defects[J]. Zhonghua Gu Ke Za Zhi[Chin J Orthop(Article in Chinese;Abstract in Chinese and English)],2001,21(10):616-618. DOI:10.3760/j.issn:0253-2352.2001.10.015.}

[7265] 刘伟，李崇杰，王春渤，高文. 手部骨间背侧逆行岛状筋膜皮瓣修复手指皮肤缺损 [J]. 中华显微外科杂志，2001，24（4）：269. DOI：10.3760/cma.j.issn.1001-2036.2001.04.038. {LIU Wei,LI Chongjie,WANG Chunbo,GAO Wen. Repair of finger skin defect with dorsal interosseous reverse island fasciocutaneous flap of hand[J]. Zhonghua Xian Wei Wai Ke Za Zhi[Chin J Microsurg(Article in Chinese;No abstract available)],2001,24(4):269. DOI:10.3760/cma.j.issn.1001-2036.2001.04.038.}

[7266] 卢仕良. 远端带大隐静脉筋膜皮瓣修复足跟皮肤缺损 [J]. 中华显微外科杂志，2001，24（4）：314. {LU Shiliang. Repair of heel skin defect with distally pedicled great saphenous vein fascial flap[J]. Zhonghua Xian Wei Wai Ke Za Zhi[Chin J Microsurg(Article in Chinese;No abstract available)],2001,24(4):314.}

[7267] 史宝明，袁培义，荆鑫，郭钧，候效正. 小腿后侧逆行筋膜蒂岛状皮瓣的临床应用 [J]. 中华显微外科杂志，2001，24（4）：303-304. DOI：10.3760/cma.j.issn.1001-2036.2001.04.028. {SHI Baoming,YUAN Peiyi,JING Xin,GUO Jun,HOU Xiaozheng. Clinical application of retrograde fascia - pedicle island flap on the posterior side of the leg[J]. Zhonghua Xian Wei Wai Ke Za Zhi[Chin J Microsurg(Article in Chinese;Abstract in Chinese)],2001,24(4):303 - 304. DOI:10.3760/cma.j.issn.1001 - 2036.2001.04.028.}

[7268] 钱尼文，柴勇，徐惠玲，石宣贵，方云德，江长青，尤涛. 小腿逆行岛状筋膜皮瓣的临床应用[J]. 临床骨科杂志，2001，4（3）：228. DOI：10.3969/j.issn.1008－0287.2001.03.031. {Chaneyman,CHAI Yong,XU Huiling,SHI Xuangui,FANG Yunde,JIANG Changqing,YOU Tao. Clinical application of reversed island fasciocutaneous flap of lower leg[J]. Lin Chuang Gu Ke Za Zhi[J Clin Orthop(Article in Chinese;No abstract available)],2001,4(3):228. DOI:10.3969/j.issn.1008 - 0287.2001.03.031.}

[7269] 邢丹谋，周必光，彭正人，杨中华，王俊文，廖苏平，危蕾，潘昊. 带指固有神经背侧支的指背筋膜逆行岛状皮瓣修复指腹缺损[J]. 中华骨科杂志，2002，22（7）：390－393. DOI：10.3760/j.issn：0253－2352.2002.07.003. {XING Danmou,ZHOU Biguang,PENG Zhengren,YANG Zhonghua,WANG Junwen,LIAO Suping,WEI Lei,PAN Hao. A reverse dorsal digital island fascial flap with the dorsal branch from the proper digital nerve for repair of pulp defects[J]. Zhonghua Gu Ke Za Zhi[Chin J Orthop(Article in Chinese;Abstract in Chinese and English)],2002,22(7):390 - 393. DOI:10.3760/j.issn:0253 - 2352.2002.07.003.}

[7270] 冯鹏，刘茂文，杨殿玉，李秋实，冯承臣，张清云. 带血管蒂双叶筋膜瓣移位膝关节治疗血友病性膝关节病[J]. 中国矫形外科杂志，2002，9（6）：613－614. DOI：10.3969/j.issn.1005－8478.2002.06.029. {FENG Peng,LIU Maowen,YANG Dianyu,LI Qiushi,FENG Chengchen,ZHANG Qingyun. Transfer of double vascularized fascia flap for treatment of hemophilic arthropathy of knee[J]. Zhongguo Jiao Xing Wai Ke Za Zhi[Orthop J China(Article in Chinese;Abstract in Chinese)],2002,9(6):613 - 614. DOI:10.3969/j.issn.1005 - 8478.2002.06.029.}

[7271] 陈玉兵，王丽丽，房辉赞，杨红梅，卓祥龙. 带前臂外侧皮神经的逆行筋膜皮瓣转移修复虎口皮肤缺损[J]. 中国矫形外科杂志，2002，10（12）：1160. DOI：10.3969/j.issn.1005－8478.2002.12.041. {CHEN Yubing,WANG Lili,FANG Huizan,YANG Hongmei,ZHUO Xianglong. Transfer of retrograde fasciocutaneous flap with lateral cutaneous nerve of forearm to repair skin defect of first web[J]. Zhongguo Jiao Xing Wai Ke Za Zhi[Orthop J China(Article in Chinese;No abstract available)],2002,10(12):1160. DOI:10.3969/j.issn.1005 - 8478.2002.12.041.}

[7272] 杨中华，周必光，彭正人，林强，危蕾，潘昊，廖苏平. 拇指桡侧逆行筋膜皮瓣修复拇指软组织缺损[J]. 中华手外科杂志，2002，18（1）：28－30. {YANG Zhonghua,ZHOU Biguang,PENG Zhengren,LIN Qiang,WEI Lei,PAN Hao,LIAO Suping. Repair of the soft tissue defect of the thumb with a homodigital reversed radial fasciocutaneous flap[J]. Zhonghua Shou Wai Ke Za Zhi[Chin J Hand Surg(Article in Chinese;Abstract in Chinese and English)],2002,18(1):28 - 30.}

[7273] 王涛，顾玉东，杨剑云，陈琳，赵新. 第五掌骨背逆行筋膜蒂皮瓣修复小指皮肤缺损[J]. 中华手外科杂志，2002，18（3）：21－23. {WANG Tao,GU Yudong,YANG Jianyun,CHEN Lin,ZHAO Xin. The repair of soft tissue loss at the little finger with the fifth dorsal metacarpal reversed fascial flap[J]. Zhonghua Shou Wai Ke Za Zhi[Chin J Hand Surg(Article in Chinese;Abstract in Chinese and English)],2002,18(3):21 - 23.}

[7274] 蔡景龙，李东. 腱周筋膜瓣修复烧伤后双跟腱外露一例[J]. 中华烧伤杂志，2002，18（1）：51. DOI：10.3760/cma.j.issn.1009－2587.2002.01.024. {CAI Jinglong,LI Dong. A case of double achilles tendons exposed after repairing burn wound with peritendinous fascia flap[J]. Zhonghua Shao Shang Za Zhi[Chin J Burns(Article in Chinese;No abstract available)],2002,18(1):51. DOI:10.3760/cma.j.issn.1009 - 2587.2002.01.024.}

[7275] 赵桂香，罗洪，郭晓波. 三头额肌筋膜瓣悬吊法治疗上睑下垂[J]. 中华整形外科杂志，2002，18（2）：121－122. DOI：10.3760/j.issn：1009－4598.2002.02.022. {ZHAO Guixiang,LUO Hong,GUO Xiaobo. Treatment of ptosis with triceps frontalis fascia flap suspension[J]. Zhonghua Zheng Xing Wai Ke Za Zhi[Chin J Plast Surg(Article in Chinese;No abstract available)],2002,18(2):121 - 122. DOI:10.3760/j.issn:1009 - 4598.2002.02.022.}

[7276] 修志夫，宋业光. 指背筋膜蒂岛状皮瓣修复同指指腹皮肤软组织缺损[J]. 中华整形外科杂志，2002，18（3）：151－152. DOI：10.3760/j.issn：1009－4598.2002.03.008. {XIU Zhifu,SONG Yeguang. The dorsal fasciocutaneous island flap of the finger for the repair of volar skin defects of the same finger[J]. Zhonghua Zheng Xing Wai Ke Za Zhi[Chin J Plast Surg(Article in Chinese;Abstract in Chinese and English)],2002,18(3):151 - 152. DOI:10.3760/j.issn:1009 - 4598.2002.03.008.}

[7277] 宋基学，李玉泉，郑铁辉，宋培茂，刘风文，张生. 双侧旋转筋膜蒂皮瓣修复骶尾部巨大褥疮一例[J]. 中华整形外科杂志，2002，18（5）：319－391. DOI：10.3760/j.issn：1009－4598.2002.05.030. {SONG Jixue,LI Yuquan,ZHENG Tiehui,SONG Peimao,LIU Fengwen,ZHANG Sheng. A case of repairing huge bedsore in sacrococcygeal region with bilateral rotating fascial pedicle flap[J]. Zhonghua Zheng Xing Wai Ke Za Zhi[Chin J Plast Surg(Article in Chinese;No abstract available)],2002,18(5):319 - 391. DOI:10.3760/j.issn:1009 - 4598.2002.05.030.}

[7278] 赵祚墘，贾红伟，汤金城. 带隐神经小腿内侧筋膜皮支皮瓣修复重度虎口挛缩应用体会[J]. 中国骨伤，2002，15（5）：294. DOI：10.3969/j.issn.1003－0034.2002.05.017. {ZHAO Zuolan,JIA Hongwei,TANG Jincheng. Repair of severe contracture of first web of the hand with medial skin flap of the leg pedicled with medial cutaneous branch of the saphenous nerve[J]. Zhongguo Gu Shang[China J Orthop Trauma(Article in Chinese;No abstract available)],2002,15(5):294. DOI:10.3969/j.issn.1003 - 0034.2002.05.017.}

[7279] 朱家骏，陈有芬，宋拥正. 小腿后侧逆行筋膜蒂皮瓣临床应用[J]. 中国修复重建外科杂志，2002，16（2）：111. {ZHU Jiajun,CHEN Youfen,SONG Yongzheng. Clinical application of retrograde fascia pedicle flap on the posterior side of calf[J]. Zhongguo Xiu Fu Chong Jian Wai Ke Za Zhi[Chin J Repar Reconstr Surg(Article in Chinese;No abstract available)],2002,16(2):111.}

[7280] 潘有春，易善钧. 小腿内侧皮支筋膜皮瓣的临床应用[J]. 中国修复重建外科杂志，2002，16（4）：276. {PAN Youchun,YI Shanjun. Clinical application of the fasciocutaneous flap with the skin branch of the inner leg[J]. Zhongguo Xiu Fu Chong Jian Wai Ke Za Zhi[Chin J Repar Reconstr Surg(Article in Chinese;No abstract available)],2002,16(4):276.}

[7281] 孙立新，袁晓达，赵诚钰，王海东，李崇杰. 小腿后侧逆行筋膜皮瓣于蒂部结扎小隐静脉的疗效观察[J]. 中国临床解剖学杂志，2003，21（4）：398. DOI：10.3969/j.issn.1001－165X.2003.04.034. {SUN Lixin,YUAN Xiaoda,ZHAO Chengyu,WANG Haidong,LI Chongjie. Clinical effect of antidromic fasciocutaneous flap of posterior crews ligating small saphenous vein at the edicle repair soft tissue defect[J]. Zhongguo Lin Chuang Jie Pou Xue Za Zhi[Chin J Clin Anat(Article in Chinese;Abstract in Chinese)],2003,21(4):398. DOI:10.3969/j.issn.1001 - 165X.2003.04.034.}

[7282] 陈青，李汉秀，辛杰，田鲁峰，尚小鹏，隋国侠. 腓浅血管逆行皮瓣肌筋膜下切取的改进及应用[J]. 中华显微外科杂志，2003，26（1）：60－61. DOI：10.3760/cma.j.issn.1001－2036.2003.01.026. {CHEN Qing,LI Hanxiu,XIN Jie,TIAN Lufeng,SHNAG Xiaopeng,SUI Guoxia. Improvement and application of sub - myofascial resection of superficial peroneal blood vessel retrograde flap[J]. Zhonghua Xian Wei Wai Ke Za Zhi[Chin J Microsurg(Article in Chinese;Abstract in Chinese)],2003,26(1):60 - 61. DOI:10.3760/cma.j.issn.1001 - 2036.2003.01.026.}

[7283] 杨东辉，时俊业，张宝岑，王力军，王忠明. 带血管蒂岛状筋膜瓣移位髋关节成形术治疗强直性脊椎炎髋关节强直[J]. 中华显微外科杂志，2003，26（1）：70－71. DOI：10.3760/cma.j.issn.1001－2036.2003.01.033. {YANG Donghui,SHI Junye,ZHANG Baocen,WANG Lijun,WANG Zhongming. Vascular pedicled island fascia flap displacement hip arthroplasty for the treatment of ankylosis spondulicks and hip joint ankylosis[J]. Zhonghua Xian Wei Wai Ke Za Zhi[Chin J Microsurg(Article in Chinese;Abstract in Chinese)],2003,26(1):70 - 71. DOI:10.3760/cma.j.issn.1001 - 2036.2003.01.033.}

[7284] 何建新，侯春林. 足背逆行筋膜蒂皮瓣修复踇趾缺损[J]. 中国矫形外科杂志，2003，11(24)：1722－1723. DOI：10.3969/j.issn.1005－8478.2003.24.026. {HE Jianxin,HOU Chunlin. Hallux defect repair using dorsal pedic retrograde fascia pedicle flap[J]. Zhongguo Jiao Xing Wai Ke Za Zhi[Orthop J China(Article in Chinese;Abstract in Chinese)],2003,11(24):1722 - 1723. DOI:10.3969/j.issn.1005 - 8478.2003.24.026.}

[7285] 李强，李森恺，李养群，霍然. 采用阴囊肉膜筋膜瓣交叉嵌入法防治尿道下裂术后尿瘘[J]. 中华整形外科杂志，2003，19（4）：311－312. DOI：10.3760/j.issn：1009－4598.2003.04.029. {LI Qiang,LI Senkai,LI Yangqun,HUO Ran. Prevention and treatment of urinary fistula after hypospadias by cross insertion method of scrotal sarcofascial flap[J]. Zhonghua Zheng Xing Wai Ke Za Zhi[Chin J Plast Surg(Article in Chinese;No abstract available)],2003,19(4):311 - 312. DOI:10.3760/j.issn:1009 - 4598.2003.04.029.}

[7286] 刘光军，范启申，张树明，王亮，郭升玲. 拇指桡侧逆行岛状筋膜皮瓣修复拇指指腹缺损[J]. 实用骨科杂志，2003，9（2）：130－132. DOI：10.3969/j.issn.1008－5572.2003.02.015. {LIU Guangjun,FAN Qishen,ZHANG Shuming,WANG Liang,GUO Shengling. Repair of thumb pulp defects with a reverse island fascial flap pedicled by thumb radial vessels[J]. Shi Yong Gu Ke Za Zhi[J Pract Orthop(Article in Chinese;Abstract in Chinese and English)],2003,9(2):130 - 132. DOI:10.3969/j.issn.1008 - 5572.2003.02.015.}

[7287] 刘光军，范启申，张树明，王亮，郭升玲. 指背筋膜逆行岛状皮瓣修复指腹缺损[J]. 实用手外科杂志，2003，17（3）：147－148. DOI：10.3969/j.issn.1671－2722.2003.03.009. {LIU Guangjun,FAN Qishen,ZHANG Shuming,WANG Liang,GUO Shengling. Repair of finger pulp defects with reverse dorsal digital island fascial flap[J]. Shi Yong Shou Wai Ke Za Zhi[Chin J Pract Hand Surg(Article in Chinese;Abstract in Chinese and English)],2003,17(3):147 - 148. DOI:10.3969/j.issn.1671 - 2722.2003.03.009.}

[7288] 李耀胜，王兆庆，程驰，王华东，许永刚. 第五掌骨尺侧逆行筋膜皮瓣修复小指软组织缺损[J]. 实用手外科杂志，2003，17（3）：151－152. DOI：10.3969/j.issn.1671－2722.2003.03.011. {LI Yaosheng,WANG Zhaoqing,CHENG Chi,WANG Huadong,XU Yonggang. Repair of soft tissue defect of the little finger with reversed ulnar fasciocutaneous flap of fifth metacarpal bone[J]. Shi Yong Shou Wai Ke Za Zhi[Chin J Pract Hand Surg(Article in Chinese;Abstract in Chinese and English)],2003,17(3):151 - 152. DOI:10.3969/j.issn.1671 - 2722.2003.03.011.}

[7289] 简玉洛，王晓，张自清. 小腿后侧筋膜皮瓣的临床应用[J]. 中华显微外科杂志，2004，27（1）：56－57. DOI：10.3760/cma.j.issn.1001－2036.2004.01.023. {JIAN Yuluo,WANG Xiao,ZHANG Ziqing. Clinical application of the posterior fasciocutaneous flap of the calf[J]. Zhonghua Xian Wei Wai Ke Za Zhi[Chin J Microsurg(Article in Chinese;Abstract in Chinese)],2004,27(1):56 - 57. DOI:10.3760/cma.j.issn.1001 - 2036.2004.01.023.}

[7290] 黄东，刘颜，毛莉颖，吴伟炽，张惠茹，江奕恒，林浩. 带拇指背皮神经筋膜蒂逆行皮瓣的临床应用[J]. 中华显微外科杂志，2004，27（2）：144－145. DOI：10.3760/cma.j.issn.1001－2036.2004.02.028. {HUANG Dong,LIU Yan,MAO Liying,WU Weichi,ZHANG Huiru,JIANG Yiheng,LIN Hao. Clinical application of retrograde skin flap with dorsal cutaneous neurofascial pedicle of thumb[J]. Zhonghua Xian Wei Wai Ke Za Zhi[Chin J Microsurg(Article in Chinese;Abstract in Chinese)],2004,27(2):144 - 145. DOI:10.3760/cma.j.issn.1001 - 2036.2004.02.028.}

[7291] 刘月波，张宁，刘德群，赵少平，汪琦. 带血管蒂筋膜瓣移位的肘关节成形术[J]. 中华显微外科杂志，2004，27（3）：182. DOI：10.3760/cma.j.issn.1001－2036.2004.03.041. {LIU Yuebo,ZHANG Ning,LIU Dequn,ZHAO Shaoping,WANG Qi. Elbow arthroplasty with displacement of vascularized fascia flap[J]. Zhonghua Xian Wei Wai Ke Za Zhi[Chin J Microsurg(Article in Chinese;No abstract available)],2004,27(3):182. DOI:10.3760/cma.j.issn.1001 - 2036.2004.03.041.}

[7292] 廖继忠. 食（示）指桡侧固有动脉岛状筋膜皮瓣修复食（示）指指腹大缺损[J]. 中国矫形外科杂志，2004，12（14）：1051. DOI：10.3969/j.issn.1005－8478.2004.14.031. {LIAO Jizhong. Repair of large defect of index finger belly with index finger’s proper radial artery island fasciocutaneous flap[J]. Zhongguo Jiao Xing Wai Ke Za Zhi[Orthop J China(Article in Chinese;No abstract available)],2004,12(14):1051. DOI:10.3969/j.issn.1005 - 8478.2004.14.031.}

[7293] 肖荣驰. 小腿后侧远端带蒂筋膜皮瓣的临床运用[J]. 中国矫形外科杂志，2004，12（22）：1758. {XIAO Rongchi. Clinical application of pedicled fasciocutaneous flap on the posterior side of calf[J]. Zhongguo Jiao Xing Wai Ke Za Zhi[Orthop J China(Article in Chinese;Abstract in Chinese)],2004,12(22):1758.}

[7294] 郑永生，周兵，张天明，邱鄂，赵景武. 额肌筋膜岛状瓣修补肿瘤切除术后颅前窝缺损二例[J]. 中华整形外科杂志，2004，20（4）：261. DOI：10.3760/j.issn：1009－4598.2004.04.032. {ZHENG Yongsheng,ZHOU Bing,ZHANG Tianming,QIU E,ZHAO Jingwu. Two cases of frontal muscle fascia island flap repairing anterior fossa defect after tumor resection[J]. Zhonghua Zheng Xing Wai Ke Za Zhi[Chin J Plast Surg(Article in Chinese;No abstract available)],2004,20(4):261. DOI:10.3760/j.issn:1009 - 4598.2004.04.032.}

[7295] 张焰祥，夏仁云，余国庆，巴正国，陈述伟，方斌，邱建雄. 带筋膜外踝前动脉蒂外踝骨膜骨瓣治疗距骨病损[J]. 临床骨科杂志，2004，7（3）：261－263. DOI：10.3969/j.issn.1008－0287.2004.03.008. {ZHANG Yanxiang,XIA Renyun,YU Guoqing,Ba Zhengguo,ShuHANG Wei,FANG Bin,QIU Jianxiong. Lateral malleolus periosteum bone flap pedicled with fascia and lateral malleolus anterior artery for talus injury[J]. Lin Chuang Gu Ke Za Zhi[J Clin Orthop(Article in Chinese;Abstract in Chinese and English)],2004,7(3):261 - 263. DOI:10.3969/j.issn.1008 - 0287.2004.03.008.}

[7296] 张发平，王爱民，吴思宇. 小腿后侧远端蒂筋膜皮瓣临床应用[J]. 创伤外科杂志，2004，6（4）：300. DOI：10.3969/j.issn.1009－4237.2004.04.026. {ZHANG Faping,WANG Aimin,WU Siyu. Clinical application of the poster - lateral and distal pedicle fascio - cutaneous flap of the lower leg[J]. Chuang Shang Wai Ke Za Zhi[J Traum Surg(Article in Chinese;Abstract in Chinese and English)],2004,6(4):300. DOI:10.3969/j.issn.1009 - 4237.2004.04.026.}

[7297] 李世民，胡溱，周艳玲，彭桂嫦. 伤指背筋膜岛状皮瓣修复手指软组织缺损[J]. 实用手外科杂志，2004，18（1）：15－16. DOI：10.3969/j.issn.1671－2722.2004.01.007. {LI Shimin,HU Qin,ZHOU Yanling,PENG Guichang. Homodigital dorsal fascia island flap for repairing dorsal or palmer soft tissue defect of the injuried finger[J]. Shi Yong Shou Wai Ke Za Zhi[Chin J Pract Hand Surg(Article in Chinese;Abstract in Chinese and English)],2004,18(1):15 - 16. DOI:10.3969/j.issn.1671 - 2722.2004.01.007.}

[7298] 王欣，张健，陈宏. 同指指动脉岛状筋膜瓣修复指背组织缺损[J]. 实用手外科杂志，2004，18（4）：198－199. DOI：10.3969/j.issn.1671－2722.2004.04.002. {WANG Xin,ZHANG Jian,CHEN Hong. Repair of soft tissue defect of dorsal finger with homodigital pedicle fascial flap[J]. Shi Yong Shou Wai Ke Za Zhi[Chin J Pract Hand Surg(Article in Chinese;Abstract in Chinese and English)],2004,18(4):198 - 199. DOI:10.3969/j.issn.1671 - 2722.2004.04.002.}

[7299] 柴益民，吕国坤，陈彦堃，林崇正，陈汉东. 隐神经大隐静脉筋膜蒂皮瓣的临床应用[J]. 中国修复重建外科杂志，2004，18（6）：466－467. {CHAI Yimin,LU Guokun,CHEN Yankun,LIN Chongzheng,CHEN Handong. Clinical application of the saphenous neuro - veno - fascial cutaneous flap[J]. Zhongguo Xiu Fu Chong Jian Wai Ke Za Zhi[Chin J Repar Reconstr Surg(Article in Chinese;Abstract in Chinese and English)],2004,18(6):466 - 467.}

[7300] 苏伟，赵劲民，杨志，沙轲，花奇凯，丁晓飞. 对小腿逆行筋膜蒂皮瓣手术方法的改良和应用[J]. 中华显微外科杂志，2005，28（3）：210－212. DOI：10.3760/cma.

j.issn.1001-2036.2005.03.008. {SU Wei,ZHAO Jinmin,YANG Zhi,Sha Ke,HUA Qikai,DING Xiaofei. Clinical application and improvements for reverse transposition fasciocutaneous flap of leg[J]. Zhonghua Xian Wei Wai Ke Za Zhi[Chin J Microsurg(Article in Chinese;Abstract in Chinese and English)],2005,28(3):210-212. DOI:10.3760/cma.j.issn.1001-2036.2005.03.008.}

[7301] 毛莉颖，黄东，张惠茹，吴伟炽，江奕恒，林浩，伍庆松，黄国英．尺神经手背支营养血管筋膜皮瓣在手部皮肤缺损修复中的应用[J]．中华显微外科杂志，2005，28（3）：256-257．DOI：10.3760/cma.j.issn.1001-2036.2005.03.026．{MAO Liying,HUANG Dong,ZHANG Huiru,WU Weichi,JIANG Yiheng,LIN Hao,WU Qingsong,HUANG Guoying. Application of fasciocutaneous flap with nutrient vessel of dorsal branch of ulnar nerve in repairing hand skin defect[J]. Zhonghua Xian Wei Wai Ke Za Zhi[Chin J Microsurg(Article in Chinese;Abstract in Chinese)],2005,28(3):256-257. DOI:10.3760/cma.j.issn.1001-2036.2005.03.026.}

[7302] 谢广中，陆晓强，王光耀，李敬矿，苗存良，黄潮桐．尺神经手背支营养血管筋膜皮瓣的临床应用[J]．中华显微外科杂志，2005，28（4）：354-355．DOI：10.3760/cma.j.issn.1001-2036.2005.04.027．{XIE Guangzhong,LU Xiaoqiang,WANG Guangyao,LI Jingkuang,MIAO Cunliang,HUANG Chaotong. Clinical application of fasciocutaneous flap with nutrient vessel of dorsal branch of ulnar nerve[J]. Zhonghua Xian Wei Wai Ke Za Zhi[Chin J Microsurg(Article in Chinese;Abstract in Chinese)],2005,28(4):354-355. DOI:10.3760/cma.j.issn.1001-2036.2005.04.027.}

[7303] 林松庆，徐皓．内踝上逆行岛状筋膜皮瓣修复踝关节周围皮肤缺损[J]．中华显微外科杂志，2005，28（4）：378-379．DOI：10.3760/cma.j.issn.1001-2036.2005.04.045．{LIN Songqing,XU Hao. Repair of skin defect around ankle joint with retrograde island fasciocutaneous flap on medial malleolus[J]. Zhonghua Xian Wei Wai Ke Za Zhi[Chin J Microsurg(Article in Chinese;No abstract available)],2005,28(4):378-379. DOI:10.3760/cma.j.issn.1001-2036.2005.04.045.}

[7304] 黄书润，李小毅，王浩，黄顺红，邱双双．局部筋膜皮瓣修复四肢功能部位深度烧伤创面[J]．中华外科杂志，2005，43（3）：182-184．DOI：10.3760/j：issn：0529-5815.2005.03.014．{HUANG Shurun,LI Xiaoyi,WANG Hao,HUANG Shunhong,QIU Shuangshuang. The use of local flap in repairing deeply burned wound of extremities[J]. Zhonghua Wai Ke Za Zhi[Chin J Surg(Article in Chinese;Abstract in Chinese and English)],2005,43(3):182-184. DOI:10.3760/j:issn:0529-5815.2005.03.014.}

[7305] 谷增泉，孙雪生，吕伯实，朱涛，王加利，申立林，蔺楚．吻合皮神经腓肠筋膜皮瓣修复前足皮肤缺损[J]．中国矫形外科杂志，2005，13（10）：736-737．DOI：10.3969/j.issn.1005-8478.2005.10.006．{GU Zengquan,SUN Xuesheng,LU Boshi,ZHU Tao,WANG Jiali,SHEN Lilin,LIN Chu. Studies on calf fasciocutaneous flap for repairing avulsion injury of anterior foot by anastomosis cutaneous nerves[J]. Zhongguo Jiao Xing Wai Ke Za Zhi[Orthop J China(Article in Chinese;Abstract in Chinese and English)],2005,13(10):736-737. DOI:10.3969/j.issn.1005-8478.2005.10.006.}

[7306] 周小祥．拇指桡侧指背筋膜蒂皮瓣的临床应用[J]．中华手外科杂志，2005，21（2）：120．DOI：10.3760/cma.j.issn.1005-054X.2005.02.026．{ZHOU Xiaoxiang. Clinical application of fascia pedicle flap on the dorsal digit of the thumb[J]. Zhonghua Shou Wai Ke Za Zhi[Chin J Hand Surg(Article in Chinese;No abstract available)],2005,21(2):120. DOI:10.3760/cma.j.issn.1005-054X.2005.02.026.}

[7307] 徐林，付胜强，林江涛，孙政文．第一掌骨背逆行筋膜皮蒂皮瓣修复2～5指指端软组织缺损[J]．中华手外科杂志，2005，21（4）：223．DOI：10.3760/cma.j.issn.1005-054X.2005.04.026．{XU Lin,FU Shengqiang,LIN Jiangtao,SUN Zhengwen. Repair of 2~5 fingertip soft tissue defects with retrograde fasciocutaneous pedicle flap of the first dorsal metacarpal bone[J]. Zhonghua Shou Wai Ke Za Zhi[Chin J Hand Surg(Article in Chinese;No abstract available)],2005,21(4):223. DOI:10.3760/cma.j.issn.1005-054X.2005.04.026.}

[7308] 丰波，武宇赤，张霄雁，张志，高翔，于绍斌．第一掌骨背逆行筋膜蒂皮瓣修复拇指皮肤缺损[J]．中华手外科杂志，2005，21（6）：330．{FENG Bo,WU Yuchi,ZHANG Xiaoyan,ZHANG Zhi,GAO Xiang,YU Shaobin. Repair of thumb skin defect with retrograde fascial pedicle flap of dorsal first metacarpal bone[J]. Zhonghua Shou Wai Ke Za Zhi[Chin J Hand Surg(Article in Chinese;No abstract available)],2005,21(6):330.}

[7309] 李进波，陈运祥．小腿内侧神经血管复合体逆行筋膜皮瓣的临床应用[J]．中华创伤杂志，2005，21（Z1）：38-40．DOI：10.3760/j：issn：1001-8050.2005.z1.010．{LI Jinbo,CHEN Yunxiang. Clinical application of retrograde medial leg fasciocutaneous flap with neurovascular composite[J]. Zhonghua Chuang Shang Za Zhi[Chin J Trauma(Article in Chinese;Abstract in Chinese and English)],2005,21(Z1):38-40. DOI:10.3760/j:issn:1001-8050.2005.z1.010.}

[7310] 闵定宏，余於荣，刘上基，李国辉．前臂链式血供筋膜皮瓣修复腕部电烧伤五例[J]．中华烧伤杂志，2005，21(2)：142．DOI：10.3760/cma.j.issn.1009-2587.2005.02.031．{MIN Dinghong,YU Yurong,LIU Shangji,LI Guohui. Five cases of repairing wrist electric burn with chain-type blood supply fasciocutaneous flap of forearm[J]. Zhonghua Shao Shang Za Zhi[Chin J Burns(Article in Chinese;No abstract available)],2005,21(2):142. DOI:10.3760/cma.j.issn.1009-2587.2005.02.031.}

[7311] 孙步梅，李罗珠，于益鹏，陈传俊．掌指背岛状筋膜蒂皮瓣修复指掌侧软组织缺损86例[J]．中华烧伤杂志，2005，21(3)：222-223．DOI：10.3760/cma.j.issn.1009-2587.2005.03.025．{SUN Bumei,LI Luozhu,YU Yipeng,CHEN Chuanjun. Repairing 86 cases of palmar soft tissue defect with island fascia pedicle flap on dorsal metacarpal finger[J]. Zhonghua Shao Shang Za Zhi[Chin J Burns(Article in Chinese;No abstract available)],2005,21(3):222-223. DOI:10.3760/cma.j.issn.1009-2587.2005.03.025.}

[7312] 陈康，刘淑华，刘杰峰，王德运，王礼放，龙忠恒，胡必忆，谢卫国．带隐神经的小腿内侧逆行岛状筋膜皮瓣修复足部缺损21例[J]．中华烧伤杂志，2005，21（5）：383-384．DOI：10.3760/cma.j.issn.1009-2587.2005.05.027．{CHEN Kang,LIU Shuhua,LIU Jiefeng,WANG Deyun,WANG Lifang,LONG Zhongheng,HU Biyi,XIE Weiguo. Repair of 21 cases of foot defect with retrograde island fasciocutaneous flap of inner leg with saphenous nerve[J]. Zhonghua Shao Shang Za Zhi[Chin J Burns(Article in Chinese;No abstract available)],2005,21(5):383-384. DOI:10.3760/cma.j.issn.1009-2587.2005.05.027.}

[7313] 焦玉峰，李耀胜，郭延章，杨德勇，周光林，孙旭海．第5掌骨尺侧逆行筋膜岛状皮瓣修复小指软组织缺损[J]．中华整形外科杂志，2005，21（1）：11-12．DOI：10.3760/j.issn：1009-4598.2005.01.003．{JIAO Yufeng,LI Yaosheng,GUO Yanzhang,YANG Deyong,ZHOU Guanglin,SUN Xuhai. Repair of the soft tissue defect of the fifth finger with a reversed ulnar fasciocutaneous flap from the fifth metacarpal side[J]. Zhonghua Zheng Xing Wai Ke Za Zhi[Chin J Plast Surg(Article in Chinese;Abstract in Chinese and English)],2005,21(1):11-12. DOI:10.3760/j.issn:1009-4598.2005.01.003.}

[7314] 赵劲民，苏伟，花奇凯，沙轲，杨志．小腿交腿筋膜蒂皮瓣的临床应用[J]．上海医学，2005，28(7)：547-548．DOI：10.3969/j.issn.0253-9934.2005.07.004．{ZHAO Jinmin,SU Wei,HUA Qikai,Sha Ke,YANG Zhi. Clinical application of transposition of reversed pedicle cross-leg fasciocutaneous flap[J]. Shang Hai Yi Xue[Shanghai Med J(Article in Chinese;Abstract in Chinese and English)],2005,28(7):547-548. DOI:10.3969/j.issn.0253-9934.2005.07.004.}

[7315] 张世民，侯春林，俞光荣，袁锋．翻转筋膜皮下瓣修复四肢创面[J]．中国修复重建外科杂志，2005，19（7）：531-532．{ZHANG Shimin,HOU Chunlin,YU Guangrong,YUAN Feng. Turnover adipofascial flap for wound repair of the extremities[J]. Zhongguo Xiu Fu Chong Jian Wai Ke Za Zhi[Chin J Repar Reconstr Surg(Article in Chinese;Abstract in Chinese and English)],2005,19(7):531-532.}

[7316] 孙明举，王艳辉，李垂启，张晔，孙宏彦，鲁春华，高赛明．指背逆行筋膜瓣联合髂骨片修复拇指末节背侧缺损一例[J]．中华显微外科杂志，2006，29（3）：188．DOI：10.3760/cma.j.issn.1001-2036.2006.03.040．{SUN Mingju,WANG Yanhui,LI Chuiqi,ZHANG Ye,SUN Hongyan,LU Chunhua,GAO Saiming. A case of repairing the defect of the distal segment of the thumb with dorsal digit reverse fascia flap combined with iliac bone slice[J]. Zhonghua Xian Wei Wai Ke Za Zhi[Chin J Microsurg(Article in Chinese;No abstract available)],2006,29(3):188. DOI:10.3760/cma.j.issn.1001-2036.2006.03.040.}

[7317] 叶吉忠，周剑峰，朱新华，林同，潘宇平，陆男吉，柴益民．尺神经手背支营养血管逆行筋膜皮瓣的临床应用[J]．中华显微外科杂志，2006，29（4）：294-296．DOI：10.3760/cma.j.issn.1001-2036.2006.04.022．{YE Jizhong,ZHOU Jianfeng,ZHU Xinhua,LIN Tong,PAN Yuping,LU Nanji,CHAI Yimin. Clinical application of retrograde fasciocutaneous flap with nutrient vessel of dorsal branch of ulnar nerve[J]. Zhonghua Xian Wei Wai Ke Za Zhi[Chin J Microsurg(Article in Chinese;Abstract in Chinese)],2006,29(4):294-296. DOI:10.3760/cma.j.issn.1001-2036.2006.04.022.}

[7318] 许俊岭，韩广普，石国君，李晓明，高淑芬，王红玉．"三明治样"静脉筋膜瓣在手指末节离断修复中的应用[J]．中华显微外科杂志，2006，29（5）：327．{XU Junling,HAN Guangpu,SHI Guojun,LI Xiaoming,GAO Shufen,WANG Hongyu. Application of "sandwich-like" venous fascia flap in repair of broken finger segment[J]. Zhonghua Xian Wei Wai Ke Za Zhi[Chin J Microsurg(Article in Chinese;No abstract available)],2006,29(5):327.}

[7319] 张功林．足背逆行筋膜瓣移植修复踇趾软组织缺损[J]．中华显微外科杂志，2006，29（5）：356．{ZHANG Gonglin. Retrograde fascia flap on dorsal foot to repair (stump) soft tissue defect of toe[J]. Zhonghua Xian Wei Wai Ke Za Zhi[Chin J Microsurg(Article in Chinese;No abstract available)],2006,29(5):356.}

[7320] 胡军祖，唐际存，姚新德，辛桂桐，唐志宏．手部筋膜皮瓣修复手指皮肤软组织缺损[J]．中华显微外科杂志，2006，29（5）：381-382．DOI：10.3760/cma.j.issn.1001-2036.2006.05.024．{HU Junzu,TANG Jicun,YAO Xinde,XIN Guitong,TANG Zhihong. Repair of finger skin and soft tissue defects with hand fascia flap[J]. Zhonghua Xian Wei Wai Ke Za Zhi[Chin J Microsurg(Article in Chinese;Abstract in Chinese)],2006,29(5):381-382. DOI:10.3760/cma.j.issn.1001-2036.2006.05.024.}

[7321] 卢耀军，洪光祥，徐南伟，胡智勇，邵磊．同指逆行筋膜蒂岛状皮瓣修复指腹缺损25例[J]．中华显微外科杂志，2006，29（6）：471-472．DOI：10.3760/cma.j.issn.1001-2036.2006.06.033．{LU Yaojun,HONG Guangxiang,XU Nanwei,HU Zhiyong,SHAO Lei. Reverse fascia pedicled island flap of the same finger to repair 25 cases of finger belly defect[J]. Zhonghua Xian Wei Wai Ke Za Zhi[Chin J Microsurg(Article in Chinese;No abstract available)],2006,29(6):471-472. DOI:10.3760/cma.j.issn.1001-2036.2006.06.033.}

[7322] 赵维彦，李炳万，李锐，梁丽荣．利用浅筋膜蒂改善逆行岛状皮瓣的静脉回流[J]．中华显微外科杂志，2006，29（6）：472-473．DOI：10.3760/cma.j.issn.1001-2036.2006.06.034．{ZHAO Weiyan,LI Bingwan,LI Rui,LIANG Lirong. Using superficial fascia pedicle to improve venous return of retrograde island flap[J]. Zhonghua Xian Wei Wai Ke Za Zhi[Chin J Microsurg(Article in Chinese;No abstract available)],2006,29(6):472-473. DOI:10.3760/cma.j.issn.1001-2036.2006.06.034.}

[7323] 张抒，刘亚，张英，蔡锦方．四叶岛状筋膜皮瓣修复骶部褥疮[J]．中国矫形外科杂志，2006，14（8）：639．DOI：10.3969/j.issn.1005-8478.2006.08.029．{ZHANG Shu,LIU Ya,ZHANG Ying,CAI Jinfang. Repair of sacral bedsore with four-leaf island fasciocutaneous flap[J]. Zhongguo Jiao Xing Wai Ke Za Zhi[Orthop J China(Article in Chinese;No abstract available)],2006,14(8):639. DOI:10.3969/j.issn.1005-8478.2006.08.029.}

[7324] 游传华，陆雪飞，可国安，刘柏林．指背筋膜瓣在手指屈曲畸形矫形术中的应用[J]．中华手外科杂志，2006，22（3）：148．DOI：10.3760/cma.j.issn.1005-054X.2006.03.025．{YOU Chuanhua,LU Xuefei,KE Guoan,LIU Bolin. Application of dorsal fascia flap in finger flexion deformity correction[J]. Zhonghua Shou Wai Ke Za Zhi[Chin J Hand Surg(Article in Chinese;No abstract available)],2006,22(3):148. DOI:10.3760/cma.j.issn.1005-054X.2006.03.025.}

[7325] 林涧，余云兰，应振端，王正理，朱胜军，侯春林．手背掌指关节支筋膜（蒂）皮瓣修复指蹼、手指皮肤缺损57例[J]．中华创伤杂志，2006，22（11）：868-869．DOI：10.3760/j：issn：1001-8050.2006.11.019．{LIN Jian,YU Yunlan,YING Zhenduan,WANG Zhengli,ZHU Shengjun,HOU Chunlin. Repair of 57 cases of finger web and finger skin defects with metacarpophalangeal joint branch fascia (pedicle) flap on the back of the hand[J]. Zhonghua Chuang Shang Za Zhi[Chin J Trauma(Article in Chinese;No abstract available)],2006,22(11):868-869. DOI:10.3760/j:issn:1001-8050.2006.11.019.}

[7326] 夏增兵，王丹，袁永健，杨文龙，闵继康，徐旭纯．小腿穿支血管筋膜蒂皮瓣修复胫骨外露创面[J]．中华创伤杂志，2006，22（12）：901-903．DOI：10.3760/j：issn：1001-8050.2006.12.007．{XIA Zengbing,WANG Dan,YUAN Yongjian,YANG Wenlong,MIN Jikang,XU Xuchun. Repair of wound defect with exposed tibia with facial flap pedicled with vascular perforating branch of leg[J]. Zhonghua Chuang Shang Za Zhi[Chin J Trauma(Article in Chinese;Abstract in Chinese and English)],2006,22(12):901-903. DOI:10.3760/j:issn:1001-8050.2006.12.007.}

[7327] 李向云．小腿内侧筋膜蒂皮瓣逆行修复足踝部皮肤软组织缺损六例[J]．中华烧伤杂志，2006，22（6）：465．DOI：10.3760/cma.j.issn.1009-2587.2006.06.022．{LI Xiangyun. Retrograde repair of skin and soft tissue defects of foot and ankle with medial fascial flap of calf[J]. Zhonghua Shao Shang Za Zhi[Chin J Burns(Article in Chinese;No abstract available)],2006,22(6):465. DOI:10.3760/cma.j.issn.1009-2587.2006.06.022.}

[7328] 任敏，滕利，冯国平，靳小雷，季滢，徐家杰．重睑切口额肌筋膜瓣拉下式悬吊矫治先天性重度上睑下垂[J]．组织工程与重建外科杂志，2006，2（5）：274-276．DOI：10.3969/j.issn.1673-0364.2006.05.012．{REN Min,TENG Li,FENG Guoping,JIN Xiaolei,JI Ying,XU Jiajie. Congenital severe blepharoptosis correction with frontal is muscular flap draw down suspension through upper eyelid fold incision[J]. Zu Zhi Gong Cheng Yu Chong Jian Wai Ke Za Zhi[J Tissue Eng Reconstr Surg(Article in Chinese;Abstract in Chinese and English)],2006,2(5):274-276. DOI:10.3969/j.issn.1673-0364.2006.05.012.}

[7329] 林涧，余云兰，王正理，王相，胡德峰，孙忆．小指掌指关节筋膜皮瓣修复小指近中节皮肤缺损[J]．实用手外科杂志，2006，20（1）：23-24，后插2．DOI：10.3969/j.issn.1671-2722.2006.01.009．{LIN Jian,YU Yunlan,WANG Zhengli,WANG Xiang,HU Defeng,SUN Yi. Repair of skin defect of proximal and middle segment of little finger with its metacarpophalangeal joint fascial flap[J]. Shi Yong Shou Wai Ke Za Zhi[Chin J Pract Hand Surg(Article in Chinese;Abstract in Chinese and English)],2006,20(1):23-24,insert 2. DOI:10.3969/j.issn.1671-2722.2006.01.009.}

[7330] 黄书润，李小毅．筋膜皮瓣修复四肢关节部位烧伤创面[J]．中国修复重建外科杂志，2006，20（3）：301．{HUANG Shurun,LI Xiaoyi. Fascio-cutaneous flap repairing burn wounds at joints of extremities[J]. Zhongguo Xiu Fu Chong Jian Wai Ke Za Zhi[Chin J Repar Reconstr Surg(Article in Chinese;No abstract available)],2006,20(3):301.}

[7331] 龙云，朱辉，蔡志明，李爱林，陈学杰，龙道畴．阴囊筋膜血管网蒂皮瓣重建尿道[J]．中国修复重建外科杂志，2006，20（3）：229-231．{LONG Yun,ZHU Hui,CAI Zhiming,LI Ailin,CHEN Xuejie,LONG Daochou. Reconstruction of urethra partial defect with scrotal flap[J]. Zhongguo Xiu Fu Chong Jian Wai Ke Za Zhi[Chin J Repar Reconstr Surg(Article in Chinese;Abstract in Chinese and English)],2006,20(3):229-231.}

[7332] 李士民，赵东升，李坤德，周明武，幸超峰．静脉动脉化的指背筋膜瓣修复指端缺损[J]．中华显微外科杂志，2007，30（2）：83．DOI：10.3760/cma.j.issn.1001-2036.2007.02.042．

{LI Shimin,ZHAO Dongsheng,LI Kunde,ZHOU Mingwu,XING Chaofeng. Venous arterialized dorsal finger fascia flap to repair finger tip defect[J]. Zhonghua Xian Wei Wai Ke Za Zhi[Chin J Microsurg(Article in Chinese;No abstract available)],2007,30(2):83. DOI:10.3760/cma.j.issn.1001-2036.2007.02.042.}

[7333] 王金昌，刘云江，刘健伟，王天斌. 指中节带指背神经的逆行岛状筋膜皮瓣修复同指指端缺损[J]. 中华显微外科杂志，2007，30（3）：164. DOI：10.3760/cma.j.issn.1001-2036.2007.03.034. {WANG Jinchang,LIU Yunjiang,LIU Jianwei,WANG Tianbin. Repair of the defect of the same finger tip with the retrograde island fasciocutaneous flap of the middle phalanx and dorsal digital nerve[J]. Zhonghua Xian Wei Wai Ke Za Zhi[Chin J Microsurg(Article in Chinese;No abstract available)],2007,30(3):164. DOI:10.3760/cma.j.issn.1001-2036.2007.03.034.}

[7334] 陈超，邵新中，刘德群. 指背筋膜岛状皮瓣的临床应用[J]. 中华显微外科杂志，2007，30（3）：215-216. DOI：10.3760/cma.j.issn.1001-2036.2007.03.019. {CHEN Chao,SHAO Xinzhong,LIU Dequn. Clinical application of dorsum fascia island flap[J]. Zhonghua Xian Wei Wai Ke Za Zhi[Chin J Microsurg(Article in Chinese;Abstract in Chinese)],2007,30(3):215-216. DOI:10.3760/cma.j.issn.1001-2036.2007.03.019.}

[7335] 展望，宁金龙，刘韵，朱飞. 逆行翻转脂肪筋膜瓣修复四肢深度软组织缺损[J]. 中华显微外科杂志，2007，30（3）：232-233. DOI：10.3760/cma.j.issn.1001-2036.2007.03.029. {ZHAN Wang,NING Jinlong,LIU Yun,ZHU Fei. Repair of deep soft tissue defects of extremities with retrograde overturned fatty fascia flap[J]. Zhonghua Xian Wei Wai Ke Za Zhi[Chin J Microsurg(Article in Chinese;Abstract in Chinese)],2007,30(3):232-233. DOI:10.3760/cma.j.issn.1001-2036.2007.03.029.}

[7336] 叶吉忠，柴益民，陆男吉，周剑峰，朱新华. 带隐神经营养血管交腿筋膜皮瓣修复小腿创伤性骨外露创面[J]. 中华显微外科杂志，2007，30（4）：297-299. DOI：10.3760/cma.j.issn.1001-2036.2007.04.024. {YE Jizhong,CHAI Yimin,LU Nanji,ZHOU Jianfeng,ZHU Xinhua. Repair of traumatic bone exposed wounds of lower leg with cross leg fascia flap with saphenous nerve nutrient vessel[J]. Zhonghua Xian Wei Wai Ke Za Zhi[Chin J Microsurg(Article in Chinese;Abstract in Chinese)],2007,30(4):297-299. DOI:10.3760/cma.j.issn.1001-2036.2007.04.024.}

[7337] 张功林，章鸣，陈剑峰，郁辉，王千生，凌爱军. 足背筋膜肌腱瓣修复示指伸肌腱及软组织缺损一例[J]. 中华显微外科杂志，2007，30（6）：416. DOI：10.3760/cma.j.issn.1001-2036.2007.06.037. {ZHANG Gonglin,ZHANG Ming,CHEN Jianfeng,YU Hui,WANG Qiansheng,LING Aijun. Repair of index finger extensor tendon and soft tissue defect with dorsal foot fascia tendon flap[J]. Zhonghua Xian Wei Wai Ke Za Zhi[Chin J Microsurg(Article in Chinese;Abstract in Chinese)],2007,30(6):416. DOI:10.3760/cma.j.issn.1001-2036.2007.06.037.}

[7338] 明立功，明立山，王慧，王自方，乔玉. 带蒂筋膜瓣翻转联合游离植皮一期修复足踝部软组织缺损[J]. 中华显微外科杂志，2007，30（6）：476. DOI：10.3760/cma.j.issn.1001-2036.2007.06.035. {MING Ligong,MING Lishan,WANG Hui,WANG Zifang,QIAO Yu. One-stage repair of soft tissue defects of ankle and foot with pedicled fascia flap flip and free skin grafting[J]. Zhonghua Xian Wei Wai Ke Za Zhi[Chin J Microsurg(Article in Chinese;Abstract in Chinese)],2007,30(6):476. DOI:10.3760/cma.j.issn.1001-2036.2007.06.035.}

[7339] 陈超，邵新中，刘德群. 指背顺行筋膜岛状皮瓣修复手指皮肤缺损[J]. 中华显微外科杂志，2007，30（6）：459-460. DOI：10.3760/cma.j.issn.1001-2036.2007.06.023. {CHEN Chao,SHAO Xinzhong,LIU Dequn. Repair of finger skin defect with anterograde fascia island flap on dorsal finger[J]. Zhonghua Xian Wei Wai Ke Za Zhi[Chin J Microsurg(Article in Chinese;Abstract in Chinese)],2007,30(6):459-460. DOI:10.3760/cma.j.issn.1001-2036.2007.06.023.}

[7340] 张志刚，王宇，李海，张大伟，吴其常，朱东，闫鹏. 应用骨输送与筋膜皮瓣一期修复下肢大段（块）骨软组织缺损[J]. 中国矫形外科杂志，2007，15（8）：573-576. DOI：10.3969/j.issn.1005-8478.2007.08.007. {ZHANG Zhigang,WANG Yu,LI Hai,ZHANG Dawei,WU Qichang,ZHU Dong,YAN Peng. Application of bone transmission and fascia skin flap recover large deficiency of bone and soft tissue of lower limb[J]. Zhongguo Jiao Xing Wai Ke Za Zhi[Orthop J China(Article in Chinese;Abstract in Chinese and English)],2007,15(8):573-576. DOI:10.3969/j.issn.1005-8478.2007.08.007.}

[7341] 周武平，郭宏亮，何纯清，吾木尔. 髌骨骨筋膜瓣在习惯性髌骨脱位矫形中的应用[J]. 中国矫形外科杂志，2007，15（15）：1189-1190. DOI：10.3969/j.issn.1005-8478.2007.15.024. {ZHOU Wuping,GUO Hongliang,HE Chunqing,WU Muer. Patella fascial flap used in therapy of recurrent patellar dislocation[J]. Zhongguo Jiao Xing Wai Ke Za Zhi[Orthop J China(Article in Chinese;Abstract in Chinese)],2007,15(15):1189-1190. DOI:10.3969/j.issn.1005-8478.2007.15.024.}

[7342] 朱红，黄富国，陈玉隆，蒲超，李清泉，杨灵. 结扎浅静脉干的指背逆行筋膜皮瓣修复指端软组织缺损[J]. 中华手外科杂志，2007，23（2）：126. {ZHU Hong,HUANG Fuguo,CHEN Yulong,PU Chao,LI Qingquan,YANG Ling. Repair of fingertip soft tissue defects with dorsal digital retrograde fasciocutaneous flap ligated superficial vein trunk[J]. Zhonghua Shou Wai Ke Za Zhi[Chin J Hand Surg(Article in Chinese;No abstract available)],2007,23(2):126.}

[7343] 陈建生，方建根，王星华. 第一掌骨背逆行筋膜皮瓣修复拇指缺损[J]. 中华手外科杂志，2007，23（3）：167. DOI：10.3760/cma.j.issn.1005-054X.2007.03.030. {CHEN Jiansheng,FANG Jiangen,WANG Xinghua. Repair of thumb defect with retrograde fasciocutaneous flap of dorsal first metacarpal bone[J]. Zhonghua Shou Wai Ke Za Zhi[Chin J Hand Surg(Article in Chinese;No abstract available)],2007,23(3):167. DOI:10.3760/cma.j.issn.1005-054X.2007.03.030.}

[7344] 邢志利，孙捷，王相，徐国金，吴春，谢玲丽，张扬贞. 同指指背筋膜逆行岛状皮瓣修复指腹缺损[J]. 中华手外科杂志，2007，23（4）：231. DOI：10.3760/cma.j.issn.1005-054X.2007.04.017. {XING Zhili,SUN Jie,WANG Xiang,XU Guojin,WU Chun,XIE Lingli,ZHANG Yangzhen. Retrograde fascia island flap from dorsum of the same digit for repair of pulp defect[J]. Zhonghua Shou Wai Ke Za Zhi[Chin J Hand Surg(Article in Chinese;No abstract available)],2007,23(4):231. DOI:10.3760/cma.j.issn.1005-054X.2007.04.017.}

[7345] 钟云祥，汪庆红，林潮东，姚卫兵，王泽民，郑富强. 同指指背筋膜蒂逆行岛状皮瓣修复指端缺损[J]. 中华手外科杂志，2007，23（4）：233. {ZHONG Yunxiang,WANG Qinghong,LIN Chaodong,YAO Weibing,WANG Zemin,ZHENG Fuqiang. Repair of finger tip defect with retrograde island flap of dorsal fascia pedicle of same finger[J]. Zhonghua Shou Wai Ke Za Zhi[Chin J Hand Surg(Article in Chinese;No abstract available)],2007,23(4):233.}

[7346] 陈超，邵新中，刘月波，刘德群. 带指背神经筋膜蒂顺行岛状皮瓣的临床应用[J]. 中华手外科杂志，2007，23（4）：219-220. DOI：10.3760/cma.j.issn.1005-054X.2007.04.012. {CHEN Chao,SHAO Xinzhong,LIU Yuebo,LIU Dequn. Clinical application of fascial island flap with dorsal digital nerve[J]. Zhonghua Shou Wai Ke Za Zhi[Chin J Hand Surg(Article in Chinese;Abstract in Chinese and English)],2007,23(4):219-220. DOI:10.3760/cma.j.issn.1005-054X.2007.04.012.}

[7347] 卢林宗，张文霞，卢普玄，张占仲，姚书林，李娜，赵志刚. 手背逆顺行筋膜蒂皮瓣在手掌侧创伤中的应用[J]. 中华创伤杂志，2007，23（5）：363-364. DOI：10.3760/j：issn：1001-8050.2007.05.014. {LU Linzong,ZHANG Wenxia,LU Puxuan,ZHANG Zhanzhong,YAO Shulin,LI Na,ZHAO Zhigang. Application of reverse anterograde fascial pedicle flap of dorsal hand in palmar trauma[J]. Zhonghua Chuang Shang Za Zhi[Chin J Trauma(Article in Chinese;No abstract available)],2007,23(5):363-364. DOI:10.3760/j:issn:1001-8050.2007.05.014.}

[7348] 赵耀华，夏成德，狄海萍，吴兰草，张红卫，曹平. 双叶瘢痕筋膜蒂皮瓣修复腋部严重瘢痕15例[J]. 中华烧伤杂志，2007，23（2）：145-146. DOI：10.3760/cma.j.issn.1009-2587.2007.02.023. {ZHAO Yaohua,XIA Chengde,DI Haiping,WU Lancao,ZHANG Hongwei,CAO Ping. Repair of severe axillary scar with double leaf scar fascia pedicle flap[J]. Zhonghua Shao Shang Za Zhi[Chin J Burns(Article in Chinese;No abstract available)],2007,23(2):145-146. DOI:10.3760/cma.j.issn.1009-2587.2007.02.023.}

[7349] 杨建秋，任家骠，郑国平，付智慧，金汉宏，吴继炎. 掌指背筋膜蒂皮瓣修复手指Ⅳ度烧伤14例[J]. 中华烧伤杂志，2007，23（5）：355. DOI：10.3760/cma.j.issn.1009-2587.2007.05.022. {YANG Jianqiu,REN Jiapi,ZHENG Guoping,FU Zhihui,JIN Hanhong,WU Jiyan. Repair of fourth degree burns of fingers with dorsal metacarpal fascia pedicle flap[J]. Zhonghua Shao Shang Za Zhi[Chin J Burns(Article in Chinese;No abstract available)],2007,23(5):355. DOI:10.3760/cma.j.issn.1009-2587.2007.05.022.}

[7350] 巴特，王凌峰，曹胜军，张军，荣志东，王宏，侯智慧，孙晶. 小腿后侧逆行筋膜蒂皮瓣修复足踝部烧伤五例[J]. 中华烧伤杂志，2007，23（6）：464-465. DOI：10.3760/cma.j.issn.1009-2587.2007.06.031. {BA Te,WANG Lingfeng,CAO Shengjun,ZHANG Jun,RONG Zhidong,WANG Hong,HOU Zhihui,SUN Jing. Five cases of retrograde fascia pedicle flap on the posterior side of the calf for repair of ankle burns[J]. Zhonghua Shao Shang Za Zhi[Chin J Burns(Article in Chinese;No abstract available)],2007,23(6):464-465. DOI:10.3760/cma.j.issn.1009-2587.2007.06.031.}

[7351] 李传吉，李俊，吴少军，高华，张龙. 任意筋膜皮瓣修复高压电击伤12例[J]. 中华烧伤杂志，2007，23（6）：470-471. DOI：10.3760/cma.j.issn.1009-2587.2007.06.037. {LI Chuanji,LI Jun,WU Shaojun,GAO Hua,ZHANG Long. Repair of 12 cases of high voltage electric injury with random fasciocutaneous flap[J]. Zhonghua Shao Shang Za Zhi[Chin J Burns(Article in Chinese;No abstract available)],2007,23(6):470-471. DOI:10.3760/cma.j.issn.1009-2587.2007.06.037.}

[7352] 张志扬，海恒林. 颈烧伤后瘢痕挛缩以深筋膜翻转瓣重建颏颈角[J]. 中华整形外科杂志，2007，23（1）：7. DOI：10.3760/j.issn：1009-4598.2007.01.023. {ZHANG Zhiyang,HAI Henglin. Reconstruction of mental neck angle with deep fascia flap after scar contracture after neck burn[J]. Zhonghua Zheng Xing Wai Ke Za Zhi[Chin J Plast Surg(Article in Chinese;No abstract available)],2007,23(1):7. DOI:10.3760/j.issn:1009-4598.2007.01.023.}

[7353] 宋建星，白晋. 会阴部坏死性筋膜炎的皮瓣手术治疗[J]. 中华整形外科杂志，2007，23（3）：267-268. DOI：10.3760/j.issn：1009-4598.2007.03.030. {SONG Jianxing,BAI Jin. Surgical treatment of skin flap for perineal necrotizing fasciitis[J]. Zhonghua Zheng Xing Wai Ke Za Zhi[Chin J Plast Surg(Article in Chinese;No abstract available)],2007,23(3):267-268. DOI:10.3760/j.issn:1009-4598.2007.03.030.}

[7354] 叶信海，杨青华，陈熙，周胜杰，王开元. 额肌筋膜瓣经眶隔膜滑车下转移矫治重度上睑下垂[J]. 中华整形外科杂志，2007，23（5）：396-398. DOI：10.3760/j.issn：1009-4598.2007.05.012. {YE Xinhai,YANG Qinghua,CHEN Xi,ZHOU Shengjie,WANG Kaiyuan. Frontalis muscle fascial flap passing through the pulley of orbital septum for correction of severe blepharoptosis[J]. Zhonghua Zheng Xing Wai Ke Za Zhi[Chin J Plast Surg(Article in Chinese;Abstract in Chinese and English)],2007,23(5):396-398. DOI:10.3760/j.issn:1009-4598.2007.05.012.}

[7355] 卓巍，秦骥. 带筋膜蒂的逆行岛状皮瓣修复足踝部皮肤缺损[J]. 中国骨伤，2007，20（7）：476-477. DOI：10.3969/j.issn.1003-0034.2007.07.019. {ZHUO Wei,QIN Ji. Reverse island skin flap with fascia pedicle for repairing skin defect of foot and malleolus[J]. Zhongguo Gu Shang[China J Orthop Trauma(Article in Chinese;No abstract available)],2007,20(7):476-477. DOI:10.3969/j.issn.1003-0034.2007.07.019.}

[7356] 陈志东，王金华，许如福，宋玉芹，李治国，侯志强，马治国. 小腿后侧远端蒂筋膜皮瓣修复踝足部皮肤缺损[J]. 临床骨科杂志，2007，10（2）：186-187. DOI：10.3969/j.issn.1008-0287.2007.02.041. {CHEN Zhidong,WANG Jinhua,XU Rufu,SONG Yuqin,LI Zhiguo,HOU Zhiqiang,MA Zhiguo. Clinical application of reversed island fasciocutaneous flap of lower leg for foot or ankle soft tissue defect[J]. Lin Chuang Gu Ke Za Zhi[J Clin Orthop(Article in Chinese;Abstract in Chinese and English)],2007,10(2):186-187. DOI:10.3969/j.issn.1008-0287.2007.02.041.}

[7357] 廖德允，谢文伟，姚汉刚，熊秉刚. 远端为蒂的隐神经-大隐静脉筋膜皮瓣修复下肢软组织缺损[J]. 临床骨科杂志，2007，10（6）：546-548. DOI：10.3969/j.issn.1008-0287.2007.06.028. {LIAO Deyun,XIE Wenwei,YAO Hangang,XIONG Binggang. Great saphenous veno-saphenous neurocutaneous vascular flap pedicled distally to treat lower extremity with soft-tissue defect[J]. Lin Chuang Gu Ke Za Zhi[J Clin Orthop(Article in Chinese;No abstract available)],2007,10(6):546-548. DOI:10.3969/j.issn.1008-0287.2007.06.028.}

[7358] 黎德规，左中男，李庆生，杜学亮，杜永军，许琪琨，徐路生，邓莉菲. 带指固有神经背侧支筋膜皮瓣修复手指软组织缺损[J]. 创伤外科杂志，2007，9（2）：130-132. DOI：10.3969/j.issn.1009-4237.2007.02.012. {LI Degui,ZUO Zhongnan,LI Qingsheng,DU Xueliang,DU Yongjun,XU Qikun,XU Lusheng,DENG Lifei. Homodigital dorsal fascia island flap for repair of dorsal or palmer soft tissue defect of the injured finger[J]. Chuang Shang Wai Ke Za Zhi[J Traum Surg(Article in Chinese;Abstract in Chinese)],2007,9(2):130-132. DOI:10.3969/j.issn.1009-4237.2007.02.012.}

[7359] 林涧，余云兰，朱胜军，王正理，钱宇莹. 邻近节指背筋膜（蒂）皮瓣修复手指皮肤软组织缺损[J]. 实用手外科杂志，2007，21（1）：19-20，封4. DOI：10.3969/j.issn.1671-2722.2007.01.007. {LIN Jian,YU Yunlan,ZHU Shengjun,WANG Zhengli,QIAN Yuying. Repair of hand soft tissue defect with fascial pedicle flap of proximal segment of hand[J]. Shi Yong Shou Wai Ke Za Zhi[Chin J Pract Hand Surg(Article in Chinese;Abstract in Chinese and English)],2007,21(1):19-20,cover 4. DOI:10.3969/j.issn.1671-2722.2007.01.007.}

[7360] 谢松林，唐举玉，刘俊，刘鸣江，吴攀峰，夏晓丹，黄新锋. 逆行四肢皮神经筋膜皮瓣及其远端蒂前移的临床应用[J]. 实用手外科杂志，2007，21（1）：24-26. DOI：10.3969/j.issn.1671-2722.2007.01.009. {XIE Songlin,TANG Juyu,LIU Jun,LIU Mingjiang,WU Panfeng,XIA Xiaodan,HUANG Xinfeng. Clinical application of traditional and modified reverse neurofaciocutaneous flap in extremities[J]. Shi Yong Shou Wai Ke Za Zhi[Chin J Pract Hand Surg(Article in Chinese;Abstract in Chinese and English)],2007,21(1):24-26. DOI:10.3969/j.issn.1671-2722.2007.01.009.}

[7361] 陈超，邵新中，刘德群. 指背逆行筋膜岛状皮瓣的临床应用[J]. 实用手外科杂志，2007，21（3）：138-139，封3. DOI：10.3969/j.issn.1671-2722.2007.03.004. {CHEN Chao,SHAO Xinzhong,LIU Dequn. Clinical application of reverse fasciocutaneous island flap of finger dorsum[J]. Shi Yong Shou Wai Ke Za Zhi[Chin J Pract Hand Surg(Article in Chinese;Abstract in Chinese and English)],2007,21(3):138-139,cover 3. DOI:10.3969/j.issn.1671-2722.2007.03.004.}

[7362] 王江宁，赵莲茹，林琳，王娜，张立彬，王寿宇，唐一源. 带血管筋膜瓣移位修复直肠阴道隔的临床研究[J]. 中国修复重建外科杂志，2007，21（9）：937-939. {WANG Jiangning,ZHAO Lianru,LIN Lin,WANG Na,ZHANG Libin,WANG Shouyu,TANG Yiyuan. Repair of rectovaginal septum with pedicled fascia flap[J]. Zhongguo Xiu Fu Chong Jian Wai Ke Za Zhi[Chin J Repar Reconstr Surg(Article in Chinese;Abstract in Chinese and English)],2007,21(9):937-939.}

[7363] 苏伟，赵劲民，沙轲，花奇凯，丁晓飞. 四肢筋膜蒂皮瓣改良手术的临床应用[J]. 中国修复重建外科杂志，2007，21（12）：1281-1283. {SU Wei,ZHAO Jinmin,Sha Ke,HUA Qikai,DING Xiaofei. Improvement of surgical techniques in fasciocutaneous flap of limbs[J]. Zhongguo Xiu Fu Chong Jian Wai Ke Za Zhi[Chin J Repar Reconstr Surg(Article in Chinese;Abstract in Chinese and English)],2007,21(12):1281-1283.}

[7364] 阳富春，赵劲民，杨志，薄占东，陈良军，程建文. 带蒂侧胸壁筋膜皮瓣修复肩前锁骨区皮肤软组织巨大缺损[J]. 中华显微外科杂志，2008，31（1）：58-60. DOI：10.3760/cma.j.issn.1001-2036.2008.01.023. {YANG Fuchun,ZHAO Jinmin,YANG Zhi,Bo

Zhandong,CHEN Liangjun,CHENG Jianwen. Pedicle side chest wall fasciocutaneous flap to repair huge skin and soft tissue defects in the anterior clavicle area of the shoulder[J]. Zhonghua Xian Wei Wai Ke Za Zhi[Chin J Microsurg(Article in Chinese;Abstract in Chinese)],2008,31(1):58-60. DOI:10.3760/cma.j.issn.1001-2036.2008.01.023.}

[7365] 肖鹏，吴学建，王庆雷，王楷. 改良筋膜蒂皮瓣的临床应用[J]. 中华显微外科杂志，2008，31(3)：220-222. DOI：10.3760/cma.j.issn.1001-2036.2008.03.021. {XIAO Peng,WU Xuejian,WANG Qinglei,WANG Kai. Clinical application of modified fascia pedicle flap[J]. Zhonghua Xian Wei Wai Ke Za Zhi[Chin J Microsurg(Article in Chinese;Abstract in Chinese)],2008,31(3):220-222. DOI:10.3760/cma.j.issn.1001-2036.2008.03.021.}

[7366] 谭旭昌，刘景臣，曹锐铃，朱易凡. 指背筋膜岛状皮瓣修复手指皮肤缺损[J]. 中华显微外科杂志，2008，31(4)：293-294. DOI：10.3760/cma.j.issn.1001-2036.2008.04.022. {TAN Xuchang,LIU Jingchen,CAO Ruiling,ZHU Yifan. Repair of finger skin defect with dorsum fascia island flap[J]. Zhonghua Xian Wei Wai Ke Za Zhi[Chin J Microsurg(Article in Chinese;Abstract in Chinese)],2008,31(4):293-294. DOI:10.3760/cma.j.issn.1001-2036.2008.04.022.}

[7367] 邢志利，熊革，谢玲丽，王相，徐国金，韩良军，孙捷. 前臂桡侧筋膜蒂相连皮瓣一期修复手部多处创面[J]. 中华显微外科杂志，2008，31(5)：376-378. DOI：10.3760/cma.j.issn.1001-2036.2008.05.020. {XING Zhili,XIONG Ge,XIE Lingli,WANG Xiang,XU Guojin,HAN Liangjun,SUN Jie. One-stage repair of multiple wounds on the hand with a flap connected to the radial fascia of the forearm[J]. Zhonghua Xian Wei Wai Ke Za Zhi[Chin J Microsurg(Article in Chinese;Abstract in Chinese)],2008,31(5):376-378. DOI:10.3760/cma.j.issn.1001-2036.2008.05.020.}

[7368] 陈越林，王增涛，李玲娣，韩国华，孟治国. 带皮神经手部筋膜皮瓣组合修复拇指末节脱套伤九例[J]. 中华显微外科杂志，2008，31(6)：474. DOI：10.3760/cma.j.issn.1001-2036.2008.06.035. {CHEN Yuelin,WANG Zengtao,LI Lingdi,HAN Hua,MENG Zhiguo. Nine cases of repairing thumb terminal degloving injury with cutaneous nerve hand fasciocutaneous flap[J]. Zhonghua Xian Wei Wai Ke Za Zhi[Chin J Microsurg(Article in Chinese;Abstract in Chinese)],2008,31(6):474. DOI:10.3760/cma.j.issn.1001-2036.2008.06.035.}

[7369] 刘秉锐，马洪光，马玉林. 远端蒂筋膜皮瓣内浅静脉干定时放血的临床应用[J]. 中国矫形外科杂志，2008，16(16)：1275-1276. {LIU Bingrui,MA Hongguang,MA Yulin. Clinical application of regular flood drainage in superficial vein trunk on distal pedicled fascio-cutaneous flap[J]. Zhongguo Jiao Xing Wai Ke Za Zhi[Orthop J China(Article in Chinese;Abstract in Chinese)],2008,16(16):1275-1276.}

[7370] 李华涛，海恒林，吴胜刚，边琳芬，李强. 逆行岛状筋膜蒂指背皮瓣修复同指中远节软组织缺损[J]. 中华手外科杂志，2008，24(3)：192. DOI：10.3760/cma.j.issn.1005-054X.2008.03.022. {LI Huatao,HAI Henglin,WU Shenggang,BIAN Linfen,LI Qiang. Repair of soft tissue defect of the same finger with dorsal pedicled finger flap[J]. Zhonghua Shou Wai Ke Za Zhi[Chin J Hand Surg(Article in Chinese;No abstract available)],2008,24(3):192. DOI:10.3760/cma.j.issn.1005-054X.2008.03.022.}

[7371] 张功林，章鸣，夏丽萍，王千生，杨德福，陈剑峰. 筋膜瓣联合肋骨移植修复中指骨与软组织缺损一例[J]. 中华手外科杂志，2008，24(6)：357-357，371. DOI：10.3760/cma.j.issn.1005-054X.2008.06.031. {ZHANG Gonglin,ZHANG Ming,XIA Liping,WANG Qiansheng,YANG Defu,CHEN Jianfeng. A case of repairing middle finger bone and soft tissue defect with fascia flap combined with rib graft[J]. Zhonghua Shou Wai Ke Za Zhi[Chin J Hand Surg(Article in Chinese;No abstract available)],2008,24(6):357-357,371. DOI:10.3760/cma.j.issn.1005-054X.2008.06.031.}

[7372] 李汝生，陈德松. 改良的逆行筋膜骨瓣移植治疗不稳定腕舟骨骨折[J]. 中华手外科杂志，2008，24(6)：383. DOI：10.3760/cma.j.issn.1005-054X.2008.06.027. {LI Rusheng,CHEN Desong. Improved retrograde fascia bone flap transplantation for unstable carpal scaphoid fracture[J]. Zhonghua Shou Wai Ke Za Zhi[Chin J Hand Surg(Article in Chinese;No abstract available)],2008,24(6):383. DOI:10.3760/cma.j.issn.1005-054X.2008.06.027.}

[7373] 林涧，余云兰，吴春，王正理，王相，朱胜军，应振端. 带真皮下毛细血管网前臂筋膜蒂皮瓣临床应用[J]. 中华创伤杂志，2008，24(10)：835-836. DOI：10.3321/j.issn：1001-8050.2008.10.022. {LIN Jian,YU Yunlan,WU Chun,WANG Zhengli,WANG Xiang,ZHU Shengjun,YING Zhenduan. Clinical application of forearm fascia pedicle flap with subdermal capillary network[J]. Zhonghua Chuang Shang Za Zhi[Chin J Trauma(Article in Chinese;No abstract available)],2008,24(10):835-836. DOI:10.3321/j.issn:1001-8050.2008.10.022.}

[7374] 赵耀华，夏成德，娄季鹤，牛希华，狄海萍，张红卫，曹平. 腹部肌肉－筋膜皮瓣修复腕部严重电烧伤八例[J]. 中华烧伤杂志，2008，24(2)：135-136. DOI：10.3760/cma.j.issn.1009-2587.2008.02.022. {ZHAO Yaohua,XIA Chengde,LOU Jihe,NIU Xihua,DI Haiping,ZHANG Hongwei,CAO Ping. Abdominal muscle-fasciocutaneous flap repairing severe electrical burns of wrist[J]. Zhonghua Shao Shang Za Zhi[Chin J Burns(Article in Chinese;No abstract available)],2008,24(2):135-136. DOI:10.3760/cma.j.issn.1009-2587.2008.02.022.}

[7375] 王黎丽，海恒林，华云飞，李华涛. 应用多个筋膜皮瓣一次性修复多发褥疮一例[J]. 中华烧伤杂志，2008，24(6)：470-471. DOI：10.3760/cma.j.issn.1009-2587.2008.06.030. {WANG Lili,HAI Henglin,HUA Yunfei,LI Huatao. One case of multiple bedsore repaired with multiple fascia flap[J]. Zhonghua Shao Shang Za Zhi[Chin J Burns(Article in Chinese;No abstract available)],2008,24(6):470-471. DOI:10.3760/cma.j.issn.1009-2587.2008.06.030.}

[7376] 张功林，章鸣，蔡国荣，张文正，郭翱，胡玉祥. 足背逆行岛状筋膜瓣及皮片修复踇趾组织缺损[J]. 中华整形外科杂志，2008，24(2)：159-160. DOI：10.3760/j.issn：1009-4598.2008.02.023. {ZHANG Gonglin,ZHANG Ming,CAI Guorong,ZHANG Wenzheng,GUO Ao,HU Yuxiang. Repair of toe tissue defects with reverse island fascia flap and skin flap on dorsal foot[J]. Zhonghua Zheng Xing Wai Ke Za Zhi[Chin J Plast Surg(Article in Chinese;No abstract available)],2008,24(2):159-160. DOI:10.3760/j.issn:1009-4598.2008.02.023.}

[7377] 陈立军，薛防震，朱劲松. 带蒂筋膜瓣治疗髌前软组织缺损[J]. 中国骨伤，2008，21(1)：45-46. DOI：10.3969/j.issn.1003-0034.2008.01.020. {CHEN Lijun,XUE Fangzhen,ZHU Jinsong. Treatment of soft tissue defects of anterior patellar region by the vascularized fascia flap[J]. Zhongguo Gu Shang[China J Orthop Trauma(Article in Chinese;No abstract available)],2008,21(1):45-46. DOI:10.3969/j.issn.1003-0034.2008.01.020.}

[7378] 王凌峰，王宏，史二栓，巴特，张军，刘和平，侯智慧，胡国林，荣志东，曹胜军，孙一凡. 小腿内侧链型筋膜皮瓣的应用研究[J]. 中华损伤与修复杂志(电子版)，2008，3(1)：52-57. DOI：10.3969/j.issn.1673-9450.2008.01.010. {WANG Lingfeng,WANG Hong,SHI Ershuan,BA Te,ZHANG Jun,LIU Heping,HOU Zhihui,HU Guolin,RONG Zhidong,CAO Shengjun,SUN Yifan. Research on the medial chain-type fascial flap application[J]. Zhonghua Sun Shang Yu Xiu Fu Za Zhi Dian Zi Ban[Chin J Injury Repair Wound Healing(Electr Ed)(Article in Chinese;Abstract in Chinese and English)],2008,3(1):52-57. DOI:10.3969/j.issn.1673-9450.2008.01.010.}

[7379] 沈卫民，崔杰，陈建兵，王顺荣，季易. 四肢远近端顺行双筋膜皮下蒂皮瓣修复四肢缺损[J]. 中华损伤与修复杂志(电子版)，2008，3(1)：58-62. DOI：10.3969/j.issn.1673-9450.2008.01.011. {SHEN Weimin,CUI Jie,CHEN Jianbing,WANG Shunrong,JI Yi. The flap on a subcutaneous pedicle for the limbs skin defects[J]. Zhonghua Sun Shang Yu Xiu Fu Za Zhi Dian Zi Ban[Chin J Injury Repair Wound Healing(Electr Ed)(Article in Chinese;Abstract in Chinese and English)],2008,3(1):58-62. DOI:10.3969/j.issn.1673-9450.2008.01.011.}

[7380] 武志刚，李宝成，王金山，郭爱民. 足底内侧逆行筋膜蒂皮瓣的应用[J]. 中国修复重建外科杂志，2008，22(5)：635-636. {WU Zhigang,LI Baocheng,WANG Jinshan,GUO Aimin. Application of retrograde fascia pedicle flap on the medial plantar[J]. Zhongguo Xiu Fu Chong Jian Wai Ke Za Zhi[Chin J Repar Reconstr Surg(Article in Chinese;Abstract in Chinese)],2008,22(5):635-636.}

[7381] 邵新中，苏晓清，于亚东，徐建杰，杨晓亮，许娅莉. 改良小腿内侧筋膜蒂皮瓣的临床应用和筋膜蒂位置分区的研究[J]. 中华显微外科杂志，2009，32(5)：366-368，后插2. DOI：10.3760/cma.j.issn.1001-2036.2009.05.006. {SHAO Xinzhong,SU Xiaoqing,YU Yadong,XU Jianjie,YANG Xiaoliang,XU Yali. Clinical application of the modified medial fascia pedicle flap of the lower leg and the research of the zonation of the fascia pedicel's location[J]. Zhonghua Xian Wei Wai Ke Za Zhi[Chin J Microsurg(Article in Chinese;Abstract in Chinese and English)],2009,32(5):366-368,insert 2. DOI:10.3760/cma.j.issn.1001-2036.2009.05.006.}

[7382] 徐蒙，王加利. 小儿逆行指背筋膜皮瓣临床应用56例(62指)近期疗效观察[J]. 中国矫形外科杂志，2009，17(22)：1751-1753. {XU Meng,WANG Jiali. Pediatric reversed dorsal digital fascia flap:a 56 cases(62 finger) series[J]. Zhongguo Jiao Xing Wai Ke Za Zhi[Orthop J China(Article in Chinese;Abstract in Chinese)],2009,17(22):1751-1753.}

[7383] 张伟平，段仲礼，杜维卫，廖勇，翁则福，闫玉明，任唯杰. 手部筋膜蒂皮瓣在手指皮肤缺损中的应用[J]. 中华手外科杂志，2009，25(6)：377. DOI：10.3760/cma.j.issn.1005-054X.2009.06.023. {ZHANG Weiping,DUAN Zhongli,DU Weiwei,LIAO Yong,WENG Zefu,YAN Yuming,REN Weijie. Application of hand fascia pedicle flap in finger skin defect[J]. Zhonghua Shou Wai Ke Za Zhi[Chin J Hand Surg(Article in Chinese;No abstract available)],2009,25(6):377. DOI:10.3760/cma.j.issn.1005-054X.2009.06.023.}

[7384] 周才胜，时健身，刘军，金晨，何世凯，董娜，王华，杜远立. 足背筋膜蒂皮瓣在小趾趾囊炎手术治疗中的应用[J]. 中华整形外科杂志，2009，25(2)：150-151. DOI：10.3760/cma.j.issn.1009-4598.2009.02.024. {ZHOU Caisheng,SHI Fitness,LIU Jun,JIN Chen,HE Shikai,DONG Na,WANG Hua,DU Yuanli. Application of dorsal fascia pedicle flap in the surgical treatment of little toe bursitis[J]. Zhonghua Zheng Xing Wai Ke Za Zhi[Chin J Plast Surg(Article in Chinese;No abstract available)],2009,25(2):150-151. DOI:10.3760/cma.j.issn.1009-4598.2009.02.024.}

[7385] 胡起文，汪学松，薛峰，孙伟方，沈万祥，赵嘉懿. 内踝前动脉穿支蒂逆行筋膜皮瓣修复足背软组织缺损[J]. 中华整形外科杂志，2009，25(3)：184-186. DOI：10.3760/cma.j.issn.1009-4598.2009.03.008. {HU Qiwen,WANG Xuesong,XUE Feng,SUN Weifang,SHEN Wanxiang,ZHAO Jiayi. Reverse fasciocutaneous flap pedicled with perforator branch of anterior medial malleolus artery for soft tissue defect on the dorsal side of foot[J]. Zhonghua Zheng Xing Wai Ke Za Zhi[Chin J Plast Surg(Article in Chinese;Abstract in Chinese and English)],2009,25(3):184-186. DOI:10.3760/cma.j.issn.1009-4598.2009.03.008.}

[7386] 夏增兵，王丹，袁永健，闵继康，杨文龙，李战春，徐旭纯，梅劲. 小腿穿支血管筋膜蒂皮瓣修复下肢软组织缺损[J]. 中国骨伤，2009，22(11)：853-855. DOI：10.3969/j.issn.1003-0034.2009.11.006. {XIA Zengbing,WANG Dan,YUAN Yongjian,MIN Jikang,YANG Wenlong,LI Zhanchun,XU Xuchun,MEI Jin. Repair of soft tissue defects on the lower limbs with the facial pedicled flap with vascular perforating branch of leg[J]. Zhongguo Gu Shang[China J Orthop Trauma(Article in Chinese;Abstract in Chinese and English)],2009,22(11):853-855. DOI:10.3969/j.issn.1003-0034.2009.11.006.}

[7387] 农明善，赵钦来，黄武，杨幸，黎斌兵. 同指掌侧脂肪筋膜瓣修复指腹软组织缺损[J]. 临床骨科杂志，2009，12(3)：286-287. DOI：10.3969/j.issn.1008-0287.2009.03.016. {NONG Mingshan,ZHAO Qinlai,HUANG Wu,YANG Xing,LI Binbing. Repair of finger pulp defect with volar adipofascial flap from the same finger[J]. Lin Chuang Gu Ke Za Zhi[J Clin Orthop(Article in Chinese;Abstract in Chinese and English)],2009,12(3):286-287. DOI:10.3969/j.issn.1008-0287.2009.03.016.}

[7388] 崔红旺，李中锋，王迭利，魏在荣，孙广峰，王俊波. 带感觉支指背筋膜逆行岛状皮瓣修复手指皮肤缺损[J]. 中华损伤与修复杂志(电子版)，2009，4(3)：312-316. DOI：10.3969/j.issn.1673-9450.2009.03.012. {CUI Hongwang,LI Zhongfeng,WANG Dieli,WEI Zairong,SUN Guangfeng,WANG Junbo. A reverse dorsal digital island fascial nap with the dorsal digital sensory nerves for repairing skin defect of the finger[J]. Zhonghua Sun Shang Yu Xiu Fu Za Zhi Dian Zi Ban[Chin J Injury Repair Wound Healing(Electr Ed)(Article in Chinese;Abstract in Chinese and English)],2009,4(3):312-316. DOI:10.3969/j.issn.1673-9450.2009.03.012.}

[7389] 陈永峰，刘伟，艾合买提江·玉素甫. 含指背皮神经的逆行岛状筋膜蒂皮瓣在指端软组织缺损骨外露修复中的临床应用[J]. 组织工程与重建外科杂志，2009，5(6)：333-334，351. DOI：10.3969/j.issn.1673-0364.2009.006.010. {CHEN Yongfeng,LIU Wei,AhmatiJIANG Yusufu. Clinical application of the island flap with dorsal branch of the digital nerve on repairing the finger tip soft tissue defect and bone exposure[J]. Zu Zhi Gong Cheng Yu Chong Jian Wai Ke Za Zhi[J Tissue Eng Reconstr Surg(Article in Chinese;Abstract in Chinese and English)],2009,5(6):333-334,351. DOI:10.3969/j.issn.1673-0364.2009.006.010.}

[7390] 钟云祥，王青松，姚卫兵. 邻指近节指背筋膜蒂岛状皮瓣的临床应用[J]. 实用手外科杂志，2009，23(1)：16-18. DOI：10.3969/j.issn.1671-2722.2009.01.006. {ZHONG Yunxiang,WANG Qingsong,YAO Weibing. Clinical application of adjacent finger proximal dorsal fascial pedicle island flap[J]. Shi Yong Shou Wai Ke Za Zhi[Chin J Pract Hand Surg(Article in Chinese;Abstract in Chinese and English)],2009,23(1):16-18. DOI:10.3969/j.issn.1671-2722.2009.01.006.}

[7391] 黎洪棉，高建华，鲁峰，李华，陈晓炜，付冰川. 两种不同肌筋膜瓣包裹脂肪来源干细胞载体复合物体内成脂效率的比较研究[J]. 中国修复重建外科杂志，2009，23(2)：161-165. {LI Hongmian,GAO Jianhua,LU Feng,LI Hua,CHEN Xiaowei,FU Bingchuan. Comparison between kinds of myofascial flap encapsulating adipose-derived stromal cells carrier complex in terms of adipogenic efficacy in vivo[J]. Zhongguo Xiu Fu Chong Jian Wai Ke Za Zhi[Chin J Repar Reconstr Surg(Article in Chinese;Abstract in Chinese and English)],2009,23(2):161-165.}

[7392] 陈坤峰，张传林，贺长清. 应用小腿后侧逆行岛状筋膜皮瓣修复跟骨骨折术后骨钢板外露[J]. 中华显微外科杂志，2010，33(2)：148-150. DOI：10.3760/cma.j.issn.1001-2036.2010.02.022. {CHEN Kunfeng,ZHANG Chuanlin,HE Changqing. Application of retrograde island fasciocutaneous flap on the posterior side of the leg to repair the exposed bone plate after calcaneal fracture[J]. Zhonghua Xian Wei Wai Ke Za Zhi[Chin J Microsurg(Article in Chinese;Abstract in Chinese)],2010,33(2):148-150. DOI:10.3760/cma.j.issn.1001-2036.2010.02.022.}

[7393] 郭志民，林斌，练克俭，丁真奇，沙漠，陈卫. 小腿内侧逆行筋膜蒂皮瓣修复胫前踝足跟部软组织缺损[J]. 中华显微外科杂志，2010，33(5)：407-408. DOI：10.3760/cma.j.issn.1001-2036.2010.05.020. {GUO Zhimin,LIN Bin,LIAN Kejian,DING Zhenqi,SHA Mo,CHEN Wei. Repair of the soft tissue defect of the heel of the tibial anterior malleolus with retrograde fascial pedicle flap on the inner leg[J]. Zhonghua Xian Wei Wai Ke Za Zhi[Chin J Microsurg(Article in Chinese;Abstract in Chinese)],2010,33(5):407-408. DOI:10.3760/cma.j.issn.1001-2036.2010.05.020.}

[7394] 张志国，董忠根，刘立宏，罗顺红，周征兵，杨洋，何苗，蒋波. 以骨间背侧血管及筋膜皮下组织为蒂的骨间背侧皮瓣的临床应用[J]. 中国矫形外科杂志，2010，18(12)：1038-1040. {ZHANG Zhiguo,DONG Zhonggen,LIU Lihong,LUO Shunhong,ZHOU Zhengbing,YANG Yang,HE Miao,JIANG Bo. Clinical application of posterior interosseous flap pedicaled with the posterior interosseous vessel and adipofascia[J]. Zhongguo Jiao Xing Wai Ke Za Zhi[Orthop J China(Article in Chinese;Abstract in Chinese)],2010,18(12):1038-1040.}

[7395] 胡寿勇，丁伟，佟微，朱小飞，李鑫，郑谟英，陈茂康. 近节指背筋膜蒂皮瓣在同指皮肤缺损中的应用[J]. 中华手外科杂志，2010，26(4)：233. DOI：10.3760/cma.

j.issn.1005-054X.2010.04.017. {HU Shouyong,DING Wei,TONG Wei,ZHU Xiaofei,LI Xin,ZHENG Moying,CHEN Maokang. Application of the dorsal fascial pedicle flap of the proximal finger in the skin defect of the same finger[J]. Zhonghua Shou Wai Ke Za Zhi[Chin J Hand Surg(Article in Chinese;No abstract available)],2010,26(4):233. DOI:10.3760/cma.j.issn.1005-054X.2010.04.017.}

[7396] **张玲芝，侯桥，潘则昂，胡亚飞．静脉动脉化筋膜蒂岛状皮瓣修复手部缺损 [J]．中华手外科杂志，2010，26（5）：310．DOI：10.3760/cma.j.issn.1005-054X.2010.05.022．** {ZHANG Lingzhi,HOU Qiao,PAN Zeang,HU Yafei. Repair of hand defect with venous arterialized fascial island flap[J]. Zhonghua Shou Wai Ke Za Zhi[Chin J Hand Surg(Article in Chinese;No abstract available)],2010,26(5):310. DOI:10.3760/cma.j.issn.1005-054X.2010.05.022.}

[7397] **王欣，张世民，祝晓忠，周家钤，黄轶刚，李海丰，俞光荣．低分子肝素钠在远端蒂筋膜皮瓣中的应用 [J]．中华手外科杂志，2010，26（5）：277-279．** {WANG Xin,ZHANG Shimin,ZHU Xiaozhong,ZHOU Jiaqian,HUANG Yigang,LI Haifeng,YU Guangrong. The application of low-molecular-weight heparin in the distally based fascial flap[J]. Zhonghua Shou Wai Ke Za Zhi[Chin J Hand Surg(Article in Chinese;Abstract in Chinese and English)],2010,26(5):277-279.}

[7398] **倪跃平，张伟，陈嘉如．组织瓣（筋膜瓣）转移加植皮治疗指腹缺损 [J]．中华手外科杂志，2010，26（6）：375．** {NI Yueping,ZHANG Wei,CHEN Jiaru. Tissue flap(fascial flap) transfer and skin grafting to treat finger belly defect[J]. Zhonghua Shou Wai Ke Za Zhi[Chin J Hand Surg(Article in Chinese;No abstract available)],2010,26(6):375.}

[7399] **张志宏，欧阳钟石，王海波，王佳琦．猪扩张后动脉筋膜皮瓣的张力与血流变化的关系 [J]．中华整形外科杂志，2010，26（4）：286-289．DOI：10.3760/cma.j.issn.1009-4598.2010.04.013．** {ZHANG Zhihong,OuyANG Zhongshi,WANG Haibo,WANG Jiaqi. The relationship of tension and blood flow of the expanded pedicled fasciocutaneous flap in pig[J]. Zhonghua Zheng Xing Wai Ke Za Zhi[Chin J Plast Surg(Article in Chinese;Abstract in Chinese and English)],2010,26(4):286-289. DOI:10.3760/cma.j.issn.1009-4598.2010.04.013.}

[7400] **耿成龙，徐建平，郭文荣，林国兵，陈雄．指背逆行岛状筋膜蒂皮瓣修复指端皮肤软组织缺损 [J]．中国骨伤，2010，23（3）：169-171．DOI：10.3969/j.issn.1003-0034.2010.03.005．** {GENG Chenglong,XU Jianping,GUO Wenrong,LIN Guobing,CHEN Xiong. Repair of skin defects of the fingertip with reverse insular fascial flap[J]. Zhongguo Gu Shang[China J Orthop Trauma(Article in Chinese;No abstract available)],2010,23(3):169-171. DOI:10.3969/j.issn.1003-0034.2010.03.005.}

[7401] **郭志民，丁真奇，林斌，沙漠．小腿内侧逆行筋膜蒂皮瓣交腿修复下肢软组织缺损 [J]．临床骨科杂志，2010，13（2）：163-165．DOI：10.3969/j.issn.1008-0287.2010.02.015．** {GUO Zhimin,DING Zhenqi,LIN Bin,SHA Mo. Reverse transposition of the medial crural fasciocutaneous flap for repair of lower extremity soft tissue defects[J]. Lin Chuang Gu Ke Za Zhi[J Clin Orthop(Article in Chinese;Abstract in Chinese and English)],2010,13(2):163-165. DOI:10.3969/j.issn.1008-0287.2010.02.015.}

[7402] **王帮河，汪春兰，曹东升，丁浩，张林．改良延迟小腿内侧逆行筋膜皮瓣交腿移植修复复杂创面 [J]．组织工程与重建外科杂志，2010，6（4）：193-195．DOI：10.3969/j.issn.1673-0364.2010.04.005．** {WANG Banghe,WANG Chunlan,CAO Dongsheng,DING Hao,ZHANG Lin. Repair of complex wound with modified opposed reversed fascial flap of medial leg[J]. Zu Zhi Gong Cheng Yu Chong Jian Wai Ke Za Zhi[J Tissue Eng Reconstr Surg(Article in Chinese;Abstract in Chinese and English)],2010,6(4):193-195. DOI:10.3969/j.issn.1673-0364.2010.04.005.}

[7403] **杨文彬，杨珂，王锋，陈明，屈永奎，钟浩．跖背逆行筋膜蒂皮瓣修复姆趾皮肤缺损 [J]．中国修复重建外科杂志，2010，24（5）：639-640．** {YANG Wenbin,YANG Ke,WANG Feng,CHEN Ming,QU Yongkui,ZHONG Hao. Repair of toe skin defect with retrograde fascia pedicle flap[J]. Zhongguo Xiu Fu Chong Jian Wai Ke Za Zhi[Chin J Repar Reconstr Surg(Article in Chinese;Abstract in Chinese)],2010,24(5):639-640.}

[7404] **姚兴伟，韩德志，于成涌，刘艳红，孙伟晶，陈向军．穿支血管筋膜蒂皮瓣修复胫前皮肤软组织缺损 [J]．中国修复重建外科杂志，2010，24（6）：767-768．** {YAO Xingwei,HAN Dezhi,YU Chengyong,LIU Yanhong,SUN Weijing,CHEN Xiangjun. Repair of skin and soft tissue defects of anterior tibia with perforator fascia pedicle flap[J]. Zhongguo Xiu Fu Chong Jian Wai Ke Za Zhi[Chin J Repar Reconstr Surg(Article in Chinese;Abstract in Chinese)],2010,24(6):767-768.}

[7405] **邓雪峰，陈杰明，黄定根，刘军，周丽英，夏翠兰．手背链型血供筋膜蒂皮瓣的临床应用 [J]．中华显微外科杂志，2011，34（2）：145-146．DOI：10.3760/cma.j.issn.1001-2036.2011.02.024．** {DENG Xuefeng,CHEN Jieming,HUANG Dinggen,LIU Jun,ZHOU Liying,XIA Cuilan. Clinical application of blood supply fascia pedicle flap on the back of the hand[J]. Zhonghua Xian Wei Wai Ke Za Zhi[Chin J Microsurg(Article in Chinese;Abstract in Chinese)],2011,34(2):145-146. DOI:10.3760/cma.j.issn.1001-2036.2011.02.024.}

[7406] **张克勇，余国荣，余黎，张桃根，陶圣祥．带血供脂肪筋膜瓣对骺板缺损骨桥形成的预防作用 [J]．中华实验外科杂志，2011，28（11）：1973-1975．DOI：10.3760/cma.j.issn.1001-9030.2011.11.054．** {ZHANG Keyong,YU Guorong,YU Li,ZHANG Taogen,TAO Shengxiang. Prevention of bone bridge formation after epiphyseal defect with vascularized fat-fascia flap[J]. Zhonghua Shi Yan Wai Ke Za Zhi[Chin J Exp Surg(Article in Chinese;Abstract in Chinese and English)],2011,28(11):1973-1975. DOI:10.3760/cma.j.issn.1001-9030.2011.11.054.}

[7407] **刘文剑，付建华，姚玉婷，杨红华．筋膜瘢痕瓣五瓣法修复腋窝蹼状瘢痕挛缩畸形 [J]．中华烧伤杂志，2011，27（6）：436-437．DOI：10.3760/cma.j.issn.1009-2587.2011.06.008．** {LIU Wenjian,FU Jianhua,YAO Yuting,YANG Honghua. Repair of axillary webbed scar contracture deformity with five flap of fascia scar flap[J]. Zhonghua Shao Shang Za Zhi[Chin J Burns(Article in Chinese;No abstract available)],2011,27(6):436-437. DOI:10.3760/cma.j.issn.1009-2587.2011.06.008.}

[7408] **马莉，李小静，宁金龙，左宗宝．小腿角形穿支筋膜皮瓣的临床应用 [J]．中华整形外科杂志，2011，27（5）：337-339．DOI：10.3760/cma.j.issn.1009-4598.2011.05.005．** {MA Li,LI Xiaojing,NING Jinlong,ZUO Zongbao. The application of the horn shaped fascio-cutaneous flap in lower leg[J]. Zhonghua Zheng Xing Wai Ke Za Zhi[Chin J Plast Surg(Article in Chinese;Abstract in Chinese and English)],2011,27(5):337-339. DOI:10.3760/cma.j.issn.1009-4598.2011.05.005.}

[7409] **王世刚，王彦杰，赵琳．背侧入路筋膜瓣覆盖钢板治疗桡骨远端粉碎性骨折 [J]．临床骨科杂志，2011，14（2）：234-235．DOI：10.3969/j.issn.1008-0287.2011.02.058．** {WANG Shigang,WANG Yanjie,ZHAO Lin. Dorsal fascial flap coverage and plate fixation in the treatment of comminuted fractures of distal radius[J]. Lin Chuang Gu Ke Za Zhi[J Clin Orthop(Article in Chinese;Abstract in Chinese and English)],2011,14(2):234-235. DOI:10.3969/j.issn.1008-0287.2011.02.058.}

[7410] **张忠荣，杨星华，郭元，张艺栋，郭庆山．指背筋膜蒂岛状瓣修复手指皮肤缺损 [J]．创伤外科杂志，2011，13（5）：459．DOI：10.3969/j.issn.1009-4237.2011.05.028．** {ZHANG Zhongrong,YANG Xinghua,GUO Yuan,ZHANG Yidong,GUO Qingshan. Repair of finger soft tissue defects with dorsal fascial island flap[J]. Chuang Shang Wai Ke Za Zhi[J Traum Surg(Article in Chinese;Abstract in Chinese and English)],2011,13(5):459. DOI:10.3969/j.issn.1009-4237.2011.05.028.}

[7411] **张功林，陈克明，夏丽萍，王千生，赵来绪，杨军林．顺行指动脉岛状皮瓣治疗掌筋膜挛缩 [J]．组织工程与重建外科杂志，2011，7（3）：159-161．DOI：10.3969/j.issn.1673-0364.2011.03.011．** {ZHANG Gonglin,CHEN Keming,XIA Liping,WANG Qiansheng,ZHAO Laixu,YANG Junlin. Anterograde digital artery island flap for treating dupuytren's contracture[J]. Zu Zhi Gong Cheng Yu Chong Jian Wai Ke Za Zhi[J Tissue Eng Reconstr Surg(Article in Chinese;Abstract in Chinese and English)],2011,7(3):159-161. DOI:10.3969/j.issn.1673-0364.2011.03.011.}

[7412] **钱俊，芮永军，寿奎水，张全荣，薛明宇．指背筋膜瓣修复同指软组织缺损 [J]．中华显微外科杂志，2012，35（1）：58-59．DOI：10.3760/cma.j.issn.1001-2036.2012.01.023．** {QIAN Jun,RUI Yongjun,SHOU Kuishui,ZHANG Quanrong,XUE Mingyu. Repair of soft tissue defects of the same finger with dorsal digital fascia flap[J]. Zhonghua Xian Wei Wai Ke Za Zhi[Chin J Microsurg(Article in Chinese;Abstract in Chinese)],2012,35(1):58-59. DOI:10.3760/cma.j.issn.1001-2036.2012.01.023.}

[7413] **王星华，陈建生，吴高臣，周文彬，蔡丹宇．指背神经筋膜皮瓣修复多指末端皮肤缺损 [J]．中华手外科杂志，2012，28（6）：360．DOI：10.3760/cma.j.issn.1005-054X.2012.06.018．** {WANG Xinghua,CHEN Jiansheng,WU Gaochen,ZHOU Wenbin,CAI Danyu. Repair of multi-finger end skin defect with dorsal digital neurofascial flap[J]. Zhonghua Shou Wai Ke Za Zhi[Chin J Hand Surg(Article in Chinese;No abstract available)],2012,28(6):360. DOI:10.3760/cma.j.issn.1005-054X.2012.06.018.}

[7414] **杨新明，孟宪勇，张瑛，王耀一，胡振顺，阴彦林，张军威，张培楠，赵御森，王海波．带蒂筋膜瓣包裹自体红骨髓复合体修复骨缺损的疗效 [J]．中华创伤骨科杂志，2012，14（9）：741-747．DOI：10.3760/cma.j.issn.1671-7600.2012.09.002．** {YANG Xinming,MENG Xianyong,ZHANG Ying,WANG Yaoyi,HU Zhenshun,YIN Yanlin,ZHANG Junwei,ZHANG Peinan,ZHAO Yusen,WANG Haibo. Bone composite with autologous red bone marrow and wrapped by a pedicle fascial flap for treatment of bone defects after limb wound with low toxicity infection[J]. Zhonghua Chuang SHANG Gu Ke Za Zhi[Chin J Orthop Trauma(Article in Chinese;Abstract in Chinese and English)],2012,14(9):741-747. DOI:10.3760/cma.j.issn.1671-7600.2012.09.002.}

[7415] **丁晟，张龙春，马亮，赵风景，陈莹，秦建华，姚建民．改良指蹼筋膜蒂皮瓣治疗单纯性并指 [J]．中华整形外科杂志，2012，28（3）：226-227．DOI：10.3760/cma.j.issn.1009-4598.2012.03.019．** {DING Sheng,ZHANG Longchun,MA Liang,ZHAO Jingjing,CHEN Ying,QIN Jianhua,YAO Jianmin. Modified webbed fascia pedicle flap for simple complex finger[J]. Zhonghua Zheng Xing Wai Ke Za Zhi[Chin J Plast Surg(Article in Chinese;No abstract available)],2012,28(3):226-227. DOI:10.3760/cma.j.issn.1009-4598.2012.03.019.}

[7416] **周晓，芮永军，寿奎水，许亚军，姚群．指背筋膜蒂皮瓣修复指掌侧软组织缺损 [J]．中华整形外科杂志，2012，28（5）：374-375．DOI：10.3760/cma.j.issn.1009-4598.2012.05.018．** {ZHOU Xiao,RUI Yongjun,SHOU Kuishui,XU Yajun,YAO Qun. Repair of soft tissue defect on palm side of finger with dorsal fascia pedicle flap[J]. Zhonghua Zheng Xing Wai Ke Za Zhi[Chin J Plast Surg(Article in Chinese;No abstract available)],2012,28(5):374-375. DOI:10.3760/cma.j.issn.1009-4598.2012.05.018.}

[7417] **钱俊，芮永军，张全荣，薛明宇．指腹筋膜瓣翻转修复甲床缺损 [J]．中华整形外科杂志，2012，28（5）：378-379．DOI：10.3760/cma.j.issn.1009-4598.2012.05.020．** {QIAN Jun,RUI Yongjun,ZHANG Quanrong,XUE Mingyu. Repair of nail bed defect with fascia flap of finger belly[J]. Zhonghua Zheng Xing Wai Ke Za Zhi[Chin J Plast Surg(Article in Chinese;No abstract available)],2012,28(5):378-379. DOI:10.3760/cma.j.issn.1009-4598.2012.05.020.}

[7418] **马才英，胡永福，陈万国．前臂骨间背侧动脉逆行脂肪筋膜瓣联合皮片移植修复手背缺损创面 [J]．临床骨科杂志，2012，15（1）：36-38．DOI：10.3969/j.issn.1008-0287.2012.01.017．** {MA Caiying,HU Yongfu,CHEN Wanguo. Repair of soft tissue defects of the dorsum of hands with retrograde forearm dorsal interosseous fascial fat flap and stage Ⅰ skin grafts[J]. Lin Chuang Gu Ke Za Zhi[J Clin Orthop(Article in Chinese;Abstract in Chinese and English)],2012,15(1):36-38. DOI:10.3969/j.issn.1008-0287.2012.01.017.}

[7419] **杨抒，陈祥军，雷雨，杨亚南．筋膜皮下组织为蒂的筋膜皮瓣在修复四肢软组织毁损性创面中的临床应用 [J]．中华损伤与修复杂志（电子版），2012，7（4）：355-359．DOI：10.3877/cma.j.issn.1673-9450.2012.04.006．** {YANG Shu,CHEN Xiangjun,LEI Yu,YANG Yanan. Clinical application of fascio-cutaneous flap with adipotascial-flap pedical in repairing refractory wounds on extremities[J]. Zhonghua Sun Shang Yu Xiu Fu Za Zhi Dian Zi Ban[Chin J Injury Repair Wound Healing(Electr Ed)(Article in Chinese;Abstract in Chinese and English)],2012,7(4):355-359. DOI:10.3877/cma.j.issn.1673-9450.2012.04.006.}

[7420] **赵军，曾昕明，谢见欢，王鹏程，李建杭，陈裕祥，陈海生．指背筋膜蒂逆行岛状皮瓣修复指远端皮肤软组织缺损 38 例 [J]．实用手外科杂志，2012，26（2）：135-137．DOI：10.3969/j.issn.1671-2722.2012.02.016．** {ZHAO Jun,ZENG Xinming,XIE Jianhuan,WANG Pengcheng,LI Jianhang,CHEN Yuxiang,CHEN Haisheng. Reverse homodigital dorsal proximal island flap pedicled with fascia for repairing distal digital defect in 38 cases[J]. Shi Yong Shou Wai Ke Za Zhi[Chin J Pract Hand Surg(Article in Chinese;Abstract in Chinese and English)],2012,26(2):135-137. DOI:10.3969/j.issn.1671-2722.2012.02.016.}

[7421] **霍华春，周陈刚，杨涛，张厚敏，王俊玲．双蒂对称旋转筋膜皮瓣修复巨大骶尾部软组织缺损 [J]．中华显微外科杂志，2013，36（1）：45．DOI：10.3760/cma.j.issn.1001-2036.2013.01.012．** {HUO Huachun,ZHOU Chengang,YANG Tao,ZHANG Houmin,WANG Junling. Repair of giant sacrococcygeal soft tissue defect with double-pedicle symmetrical rotating fasciocutaneous flap[J]. Zhonghua Xian Wei Wai Ke Za Zhi[Chin J Microsurg(Article in Chinese;No abstract available)],2013,36(1):45. DOI:10.3760/cma.j.issn.1001-2036.2013.01.012.}

[7422] **丁晟，马亮，姚建民，张龙春，赵风景，陈莹，秦建华．两种指间筋膜蒂皮瓣治疗先天性并指 36 例 [J]．中华显微外科杂志，2013，36（1）：70-71．DOI：10.3760/cma.j.issn.1001-2036.2013.01.021．** {DING Sheng,MA Liang,YAO Jianmin,ZHANG Longchun,ZHAO Jingjing,CHEN Ying,QIN Jianhua. Two kinds of inter digital fascia pedicle flap for the treatment of 36 cases of congenital complex digit[J]. Zhonghua Xian Wei Wai Ke Za Zhi[Chin J Microsurg(Article in Chinese;Abstract in Chinese)],2013,36(1):70-71. DOI:10.3760/cma.j.issn.1001-2036.2013.01.021.}

[7423] **罗世兴，董桂甫，陆春，兰天露，陈才儒，龙光华．交锁髓内钉联合胫前筋膜瓣治疗胫骨开放性骨折 62 例疗效观察 [J]．中国矫形外科杂志，2013，21（6）：619-620．DOI：10.3977/j.issn.1005-8478.2013.06.20．** {LUO Shixing,DONG Guifu,LU Chun,LAN Tianlu,CHEN Cairu,LONG Guanghua. Treatment of 62 cases of open fracture of tibia with interlocking intramedullary nail and anterior tibial fascia flap[J]. Zhongguo Jiao Xing Wai Ke Za Zhi[Orthop J China(Article in Chinese;No abstract available)],2013,21(6):619-620. DOI:10.3977/j.issn.1005-8478.2013.06.20.}

[7424] **张克勇，余国荣，余黎，张桃根，蔡林，陶圣祥．切除骨桥并填塞带血供脂肪筋膜瓣治疗中心型骨桥形成的研究 [J]．中华实验外科杂志，2013，30（11）：2364-2366．DOI：10.3760/cma.j.issn.1001-9030.2013.11.038．** {ZHANG Keyong,YU Guorong,YU Li,ZHANG Taogen,CAI Lin,TAO Shengxiang. Treatment of bone bridge formation by resection of bone bridge and filling of vascularized fat-fascia flap[J]. Zhonghua Shi Yan Wai Ke Za Zhi[Chin J Exp Surg(Article in Chinese;Abstract in Chinese and English)],2013,30(11):2364-2366. DOI:10.3760/cma.j.issn.1001-9030.2013.11.038.}

[7425] **张方，王良喜，潘晓峰，刘坤，孙勇．筋膜瓣结合游离皮片修复严重烧伤后骨外露 10 例 [J]．中华烧伤杂志，2013，29（5）：483-485．DOI：10.3760/cma.j.issn.1009-2587.2013.05.022．** {ZHANG Fang,WANG Liangxi,PAN Xiaofeng,LIU Kun,SUN Yong. Repair of bone exposure after severe burn with fascia flap and free skin[J]. Zhonghua Shao Shang Za Zhi[Chin J Burns(Article in Chinese;No abstract available)],2013,29(5):483-485. DOI:10.3760/cma.j.issn.1009-2587.2013.05.022.}

[7426] **朱再生，陈良佑，刘全启，罗荣利，张春霞，杨庆，吴汉．单侧带蒂包皮筋膜瓣尿道成形术修复近端型尿道下裂 [J]．中华整形外科杂志，2013，29（3）：218-220．DOI：**

10.3760/cma.j.issn.1009-4598.2013.03.017. {ZHU Zaisheng,CHEN Liangyou,LIU Quanqi,LUO Rongli,ZHANG Chunting,YANG Qing,WU Han. Unilateral pedicled foreskin fascia flap urethroplasty to repair proximal hypospadias[J]. Zhonghua Zheng Xing Wai Ke Za Zhi[Chin J Plast Surg(Article in Chinese;No abstract available)],2013,29(3):218-220. DOI:10.3760/cma.j.issn.1009-4598.2013.03.017.}

[7427] 姚伟涛，蔡启卿，王家强，高嵩涛，张鹏，王鑫. 筋膜皮瓣修复四肢关节周围肿瘤术后巨大创面的应用研究[J]. 中国骨与关节杂志，2013，2(11)：618-622. DOI：10.3969/j.issn.2095-252X.2013.11.005. {YAO Weitao,CAI Qiqing,WANG Jiaqiang,GAO Songtao,ZHANG Peng,WANG Xin. Application research of fasciocutaneous flap in repairing large defects after tumor resection around the joints of limbs[J]. Zhongguo Gu Yu Guan Jie Za Zhi[Chin J Bone Joint(Article in Chinese;Abstract in Chinese and English)],2013,2(11):618-622. DOI:10.3969/j.issn.2095-252X.2013.11.005.}

[7428] 杨颇，宋开芳，李青松，秦杰，季亮，陶磊，梁伟，周家顺. 改良的逆行指背筋膜蒂皮瓣修复指端皮肤缺损[J]. 创伤外科杂志，2013，15(3)：244-246. DOI：10.3969/j.issn.1009-4237.2013.03.017. {YANG Po,SONG Kaifang,LI Qingsong,QIN Jie,JI Liang,TAO Lei,LIANG Wei,ZHOU Jiashun. A modified reverse fascial pedicle flap for repairing skin defect in finger tip[J]. Chuang Shang Wai Ke Za Zhi[J Traum Surg(Article in Chinese;Abstract in Chinese)],2013,15(3):244-246. DOI:10.3969/j.issn.1009-4237.2013.03.017.}

[7429] 王志勇，田恒进，盛辉，李德保，沙震兴. 小腿逆行筋膜皮瓣坏死11例原因分析及对策[J]. 创伤外科杂志，2013，15(4)：367. DOI：10.3969/j.issn.1009-4237.2013.04.032. {WANG Zhiyong,TIAN Hengjin,SHENG Hui,LI Debao,Sha Zhenxing. Analysis of the causes of 11 cases of reversed crural fasciocutaneous flap necrosis and its postoperative treatment experience[J]. Chuang Shang Wai Ke Za Zhi[J Traum Surg(Article in Chinese;Abstract in Chinese)],2013,15(4):367. DOI:10.3969/j.issn.1009-4237.2013.04.032.}

[7430] 张全荣，芮永军，薛明宇，陈政，钱俊，张志海，吴权，魏苏明，杨凯. 指背筋膜瓣或筋膜蒂岛状皮瓣的临床应用[J]. 实用手外科杂志，2013，27(1)：14-15，23. DOI：10.3969/j.issn.1671-2722.2013.01.004. {ZHANG Quanrong,RUI Yongjun,XUE Mingyu,CHEN Zheng,QIAN Jun,ZHANG Zhihai,WU Quan,WEI Suming,YANG Kai. Clinical application of the finger dorsum fascia pedicle flap or fascia flap[J]. Shi Yong Shou Wai Ke Za Zhi[Chin J Pract Hand Surg(Article in Chinese;Abstract in Chinese and English)],2013,27(1):14-15,23. DOI:10.3969/j.issn.1671-2722.2013.01.004.}

[7431] 王夫平，陈康察，丘日升，林戈亮，石惠文，冷树立. 保留桡神经浅支的血管筋膜蒂皮瓣的临床研究[J]. 实用手外科杂志，2013，27(1)：16-18，31. DOI：10.3969/j.issn.1671-2722.2013.01.005. {WANG Fuping,CHEN Kangcha,QIU Risheng,LIN Geliang,SHI Huiwen,LENG Shuli. Clinical research of retention radial nerve superficial branch vascular fasciocutaneous pedicle flap[J]. Shi Yong Shou Wai Ke Za Zhi[Chin J Pract Hand Surg(Article in Chinese;Abstract in Chinese and English)],2013,27(1):16-18,31. DOI:10.3969/j.issn.1671-2722.2013.01.005.}

[7432] 江波，王培吉，赵家举. 指背神经筋膜蒂逆行皮瓣蒂部不同处理修复指端缺损[J]. 实用手外科杂志，2013，27(2)：107-109. DOI：10.3969/j.issn.1671-2722.2013.02.001. {JIANG Bo,WANG Peiji,ZHAO Jiaju. Reverse dorsal digital nerve fascial pedicled flap based on different treatment of pedicle for repairing fingertip defect[J]. Shi Yong Shou Wai Ke Za Zhi[Chin J Pract Hand Surg(Article in Chinese;Abstract in Chinese and English)],2013,27(2):107-109. DOI:10.3969/j.issn.1671-2722.2013.02.001.}

[7433] 余少校，张振伟，杨诚，李征，白印伟，陈国荣，周望高，熊懿. 改良指背筋膜蒂逆行岛状皮瓣修复指端皮肤缺损[J]. 实用手外科杂志，2013，27(3)：331-334. DOI：10.3969/j.issn.1671-2722.2013.03.009. {Major Yu,ZHANG Zhenwei,YANG Cheng,LI Zheng,BAI Yinwei,CHEN Guorong,ZHOU Wanggao,XIONG Yi. Repairing fingertip defects by the modified retrograde dorsal fasciocutaneous flap[J]. Shi Yong Shou Wai Ke Za Zhi[Chin J Pract Hand Surg(Article in Chinese;Abstract in Chinese and English)],2013,27(3):331-334. DOI:10.3969/j.issn.1671-2722.2013.03.009.}

[7434] 欧学海，蔡鹰，许玉本，杜晓龙，尚驰. 不同筋膜血管蒂骨瓣植入治疗舟状骨陈旧性骨折[J]. 实用手外科杂志，2013，27(3)：352-353，356. DOI：10.3969/j.issn.1671-2722.2013.03.016. {OU Xuehai,CAI Ying,XU Yuben,DU Xiaolong,SHNAG Chi. Treatment of chronic wrist scaphoid fracture with radial styloid bone flap graft[J]. Shi Yong Shou Wai Ke Za Zhi[Chin J Pract Hand Surg(Article in Chinese;Abstract in Chinese and English)],2013,27(3):352-353,356. DOI:10.3969/j.issn.1671-2722.2013.03.016.}

[7435] 牛开元，刘业海，陈文文，吴开乐，赵益，高潮兵，吴静，陆地红. 双蒂带状肌筋膜甲状软骨外膜瓣在下咽癌术后修复中的应用[J]. 安徽医科大学学报，2013，48(3)：309-311. {NIU Kaiyuan,LIU Yehai,CHEN Wenwen,WU Kaile,ZHAO Yi,GAO Chaobing,WU Jing,LU Hong. The application of bi-pedical strap muscular flap and thyroid cartilage perichondrium flap for rehabilitation of hypopharyngeal defects following hypopharyngeal carcinoma removal[J]. An Hui Yi Ke Da Xue Xue Bao[Acta Univ Med Anhui(Article in Chinese;Abstract in Chinese)],2013,48(3):309-311.}

[7436] 王海波，杨新明，赵御森. 带蒂筋膜瓣的稳定性对其促超临界骨缺损成骨作用影响的实验研究[J]. 安徽医科大学学报，2013，48(9)：1044-1048. {WANG Haibo,YANG Xinming,ZHAO Yusen. Study about effect of the pedicle fascial flap stability to supercritical bone defect osteogenesis[J]. An Hui Yi Ke Da Xue Xue Bao[Acta Univ Med Anhui(Article in Chinese;Abstract in Chinese)],2013,48(9):1044-1048.}

[7437] 杨新明，张瑛，孟宪勇，赵御森，王海波. 内固定对带蒂筋膜瓣稳定性影响及其促超临界骨缺损成骨作用的观察[J]. 中国修复重建外科杂志，2013，27(3)：358-364. DOI：10.7507/1002-1892.20130081. {YANG Xinming,ZHANG Ying,MENG Xianyong,ZHAO Yusen,WANG Haibo. Effect of internal fixation on stability of pedicled fascial flap and osteogenesis of exceed critical size defect of bone[J]. Zhongguo Xiu Fu Chong Jian Wai Ke Za Zhi[Chin J Repar Reconstr Surg(Article in Chinese;Abstract in Chinese and English)],2013,27(3):358-364. DOI:10.7507/1002-1892.20130081.}

[7438] 周健辉，李秀文，石惠文，王夫平，冷树立，李国强，丘日升. 游离翻转筋膜瓣应用于手创面临时覆盖八例[J]. 中华显微外科杂志，2014，37(1)：75-77. DOI：10.3760/cma.j.issn.1001-2036.2014.01.023. {ZHOU Jianhui,LI Xiuwen,SHI Huiwen,WANG Fuping,LENG Shuli,LI Guoqiang,QIU Risheng. Free flip fascia flap applied to cover 8 cases of hand wound[J]. Zhonghua Xian Wei Wai Ke Za Zhi[Chin J Microsurg(Article in Chinese;Abstract in Chinese)],2014,37(1):75-77. DOI:10.3760/cma.j.issn.1001-2036.2014.01.023.}

[7439] 孙军，潘新. 吻合头静脉及桡神经浅支营养血管筋膜皮瓣在临床中的应用[J]. 中国矫形外科杂志，2014，22(14)：1335-1337. DOI：10.3977/j.issn.1005-8478.2014.14.21. {SUN Jun,PAN Xin. Clinical application of anastomosed cephalic vein and superficial branch of radial nerve nutrient vessel fasciocutaneous flap[J]. Zhongguo Jiao Xing Wai Ke Za Zhi[Orthop J China(Article in Chinese;Abstract in Chinese)],2014,22(14):1335-1337. DOI:10.3977/j.issn.1005-8478.2014.14.21.}

[7440] 宋良松，刘志刚，陈雷，路来金，刘彬，王涛. 应用桡神经浅支营养血管筋膜皮瓣修复虎口背侧皮肤缺损[J]. 中华手外科杂志，2014，30(3)：236-237. DOI：10.3760/cma.j.issn.1005-054X.2014.03.031. {SONG Liangsong,LIU Zhigang,CHEN Lei,LU Laijin,LIU Bin,WANG Tao. Repair of skin defect on the dorsal side of first web with fasciocutaneous flap with superficial branch of radial nerve[J]. Zhonghua Shou Wai Ke Za Zhi[Chin J Hand Surg(Article in Chinese;No abstract available)],2014,30(3):236-237. DOI:10.3760/cma.j.issn.1005-054X.2014.03.031.}

[7441] 齐杰，李雯，刘艳杰，蔺利剑，苏伟海，生孟军，王旭文，梁剑虹. 残指背侧筋膜皮瓣联合甲床移植修复指残端缺损[J]. 中华整形外科杂志，2014，30(1)：56-57. DOI：10.3760/cma.j.issn.1009-4598.2014.01.015. {QI Jie,LI Wen,LIU Yanjie,LIN Lijian,SU Weihai,SHENG Mengjun,WANG Xuwen,LIANG Jianhong. Repair of finger stump defect with dorsal fasciocutaneous flap of stump and nail bed transplantation[J]. Zhonghua Zheng Xing Wai Ke Za Zhi[Chin J Plast Surg(Article in Chinese;No abstract available)],2014,30(1):56-57. DOI:10.3760/cma.j.issn.1009-4598.2014.01.015.}

[7442] 姚文德，李小静，宁金龙，李心怡，陈钊，唐茂林，崔怀瑞. 邻近角形穿支筋膜皮瓣在躯干部的临床应用[J]. 中华整形外科杂志，2014，30(4)：241-244. DOI：10.3760/cma.j.issn.1009-4598.2014.04.001. {YAO Wende,LI Xiaojing,NING Jinlong,LI Xinyi,CHEN Zhao,TANG Maolin,CUI Huairui. Clinical application of the adjacent horn shaped perforator fasciocutaneous flap in the trunk area[J]. Zhonghua Zheng Xing Wai Ke Za Zhi[Chin J Plast Surg(Article in Chinese;Abstract in Chinese and English)],2014,30(4):241-244. DOI:10.3760/cma.j.issn.1009-4598.2014.04.001.}

[7443] 王伟，刘林嶓，王喜梅，翟晓梅. 额肌筋膜复合瓣悬吊术治疗儿童先天性上睑下垂[J]. 中华整形外科杂志，2014，30(5)：343-345. DOI：10.3760/cma.j.issn.1009-4598.2014.05.006. {WANG Wei,LIU Linqi,WANG Ximei,ZhAI Xiaomei. Application and therapeutic effect of frontal muscle fascia compound flap suspension for congenital blepharoptosis in children[J]. Zhonghua Zheng Xing Wai Ke Za Zhi[Chin J Plast Surg(Article in Chinese;Abstract in Chinese and English)],2014,30(5):343-345. DOI:10.3760/cma.j.issn.1009-4598.2014.05.006.}

[7444] 林涧，侯春林，郑和平. 双侧脂肪筋膜瓣治疗坐骨结节Ⅳ度压疮[J]. 中华整形外科杂志，2014，30(6)：421-423. DOI：10.3760/cma.j.issn.1009-4598.2014.06.006. {LIN Jian,HOU Chunlin,ZHENG Heping. Double adipofascial turnover flap in repairing stage Ⅳ ischial pressure scores[J]. Zhonghua Zheng Xing Wai Ke Za Zhi[Chin J Plast Surg(Article in Chinese;Abstract in Chinese and English)],2014,30(6):421-423. DOI:10.3760/cma.j.issn.1009-4598.2014.06.006.}

[7445] 张功林，甄平，赵来绪，陈克明，杨军林，周建华，薛钦义. 小腿内侧脂肪筋膜瓣桥式带蒂移植修复对侧小腿软组织缺损[J]. 实用骨科杂志，2014，20(1)：29-32. {ZHANG Gonglin,ZHEN Ping,ZHAO Laixu,CHEN Keming,YANG Junlin,ZHOU Jianhua,XUE Qinyi. Soft-tissue defect coverage in contalateral leg with a bridge shaped adipofascial flap pedicle transplantation at the medial aspect of the leg[J]. Shi Yong Gu Ke Za Zhi[J Pract Orthop(Article in Chinese;Abstract in Chinese and English)],2014,20(1):29-32.}

[7446] 樊志强，宋润来，李梅. 逆行腓浅血管筋膜蒂皮瓣修复小腿中下段软组织缺损[J]. 临床骨科杂志，2014，17(5)：587-588. DOI：10.3969/j.issn.1008-0287.2014.05.035. {FAN Zhiqiang,SONG Runlai,LI Mei. Repair of soft tissue defect of middle and inferior leg with reversed superficial peroneal vascular pedicled fascial skin flap[J]. Lin Chuang Gu Ke Za Zhi[J Clin Orthop(Article in Chinese;Abstract in Chinese and English)],2014,17(5):587-588. DOI:10.3969/j.issn.1008-0287.2014.05.035.}

[7447] 赵国红，谢振军，晋强，樊志强，孙华伟，郑竞舟，邓小兵. 足内侧远端筋膜蒂皮瓣修复踇及前足背皮肤缺损[J]. 实用手外科杂志，2014，28(2)：146-148. DOI：10.3969/j.issn.1671-2722.2014.02.011. {ZHAO Guohong,XIE Zhenjun,JIN Qiang,FAN Zhiqiang,SUN Huawei,ZHENG Jingzhou,DENG Xiaobing. Repair of the skin defect of the foot and forefoot with distal fascial pedicle flap of the medial foot[J]. Shi Yong Shou Wai Ke Za Zhi[Chin J Pract Hand Surg(Article in Chinese;Abstract in Chinese and English)],2014,28(2):146-148. DOI:10.3969/j.issn.1671-2722.2014.02.011.}

[7448] 庄加川，张振伟，李敏姣，陈乐锋，陈国荣，叶学浪. 改良小腿筋膜蒂皮瓣修复皮肤缺损的临床应用[J]. 实用手外科杂志，2014，28(3)：291-293. DOI：10.3969/j.issn.1671-2722.2014.03.019. {ZHUANG Jiachuan,ZHANG Zhenwei,LI Minjiao,CHEN Lefeng,CHEN Guorong,YE Xuelang. Clinical application of modified calf fascia pedicle flap to repair the skin defect[J]. Shi Yong Shou Wai Ke Za Zhi[Chin J Pract Hand Surg(Article in Chinese;Abstract in Chinese and English)],2014,28(3):291-293. DOI:10.3969/j.issn.1671-2722.2014.03.019.}

[7449] 赵玉华，吴震，蔡华. 带指背静脉、神经的指背筋膜蒂岛状皮瓣修复手指皮肤伴指动脉缺损[J]. 实用手外科杂志，2014，28(3)：308-310. DOI：10.3969/j.issn.1671-2722.2014.03.025. {ZHAO Yuhua,WU Zhen,CAI Hua. Using finger dorsum fascial pedicle island flap with arteries and nerves to repair finger skin with artery defects[J]. Shi Yong Shou Wai Ke Za Zhi[Chin J Pract Hand Surg(Article in Chinese;Abstract in Chinese and English)],2014,28(3):308-310. DOI:10.3969/j.issn.1671-2722.2014.03.025.}

[7450] 谢昀，林建华，叶君健，郑和平. 前臂桡侧中段穿支筋膜皮瓣的临床应用[J]. 中国修复重建外科杂志，2014，28(11)：1368-1371. DOI：10.7507/1002-1892.20140296. {XIE Yun,LIN Jianhua,YE Junjian,ZHENG Heping. Clinical application of radial mid-forearm perforator fasciocutaneous flap[J]. Zhongguo Xiu Fu Chong Jian Wai Ke Za Zhi[Chin J Repar Reconstr Surg(Article in Chinese;Abstract in Chinese and English)],2014,28(11):1368-1371. DOI:10.7507/1002-1892.20140296.}

[7451] 朱小弟，李文庆，毛仁群，张国雷，姚海波，李楚炎. 多种指动脉皮（筋膜）瓣修复手指软组织缺损[J]. 中华显微外科杂志，2015，38(1)：77-79. DOI：10.3760/cma.j.issn.1001-2036.2015.01.020. {ZHU Xiaodi,LI Wenqing,MAO Renqun,ZHANG Guolei,YAO Haibo,LI Chuyan. A variety of digital artery skin(fascia) flap to repair finger soft tissue defects[J]. Zhonghua Xian Wei Wai Ke Za Zhi[Chin J Microsurg(Article in Chinese;Abstract in Chinese)],2015,38(1):77-79. DOI:10.3760/cma.j.issn.1001-2036.2015.01.020.}

[7452] 王国伟，孙绳亮，窦洪磊. 胫骨周围筋膜瓣包裹同种异体骨修复长段骨缺损的实验研究[J]. 中国矫形外科杂志，2015，23(24)：2277-2282. DOI：10.3977/j.issn.1005-8478.2015.24.15. {WANG Guowei,SUN Shengliang,DOU Honglei. Repair of large bone defect with allograft combined with fascial flap:a prospective study in a rabbit model[J]. Zhongguo Jiao Xing Wai Ke Za Zhi[Orthop J China(Article in Chinese;Abstract in Chinese and English)],2015,23(24):2277-2282. DOI:10.3977/j.issn.1005-8478.2015.24.15.}

[7453] 余道江，赵天兰，伍丽君，于文渊，MORICE Anne，孙卫，王玉龙，洪嘉昀，李秀洁. 应用健侧胸壁网球拍状皮下筋膜蒂皮瓣修复乳腺癌术后放射性溃疡[J]. 中华整形外科杂志，2015，31(3)：176-179. DOI：10.3760/cma.j.issn.1009-4598.2015.03.005. {YU Daojiang,ZHAO Tianlan,WU Lijun,YU Wenyuan,MORICE Anne,SUN Wei,WANG Yulong,HONG Jiayun,LI Xiujie. Application of "tennis racket" flap with fascial pedicle on the healthy chest for the radiation ulcer after surgical treatment of breast carcinoma[J]. Zhonghua Zheng Xing Wai Ke Za Zhi[Chin J Plast Surg(Article in Chinese;Abstract in Chinese and English)],2015,31(3):176-179. DOI:10.3760/cma.j.issn.1009-4598.2015.03.005.}

[7454] 毕郑刚，黎清炜，杨成林，耿硕. 轴型筋膜皮瓣和筋膜组织瓣长宽比与皮瓣成活之间关系的实验研究[J]. 中国骨与关节杂志，2015，4(6)：451-455. DOI：10.3969/j.issn.2095-252X.2015.06.006. {BI Zhenggang,LI Qingwei,YANG Chenglin,GENG Shuo. An experimental study on the relationship between the length/width ratio and survival rate of the axial pattern fascio-cutaneous flap and adipofascial flap[J]. Zhongguo Gu Yu Guan Jie Za Zhi[Chin J Bone Joint(Article in Chinese;Abstract in Chinese and English)],2015,4(6):451-455. DOI:10.3969/j.issn.2095-252X.2015.06.006.}

[7455] 张功林，甄平，陈克明，安勇，李凤强，王平平. 远端为蒂的前臂背侧皮下筋膜瓣修复手背软组织缺损[J]. 实用骨科杂志，2015，21(3)：203-206. {ZHANG Gonglin,ZHEN Ping,CHEN Keming,AN Yong,LI Fengqiang,WANG Pingping. Soft-tissue defect coverage on the dorsum of hands with distally based dorsal forearm fasciosub-cutaneous flap[J]. Shi Yong Gu Ke Za Zhi[J Pract Orthop(Article in Chinese;Abstract in Chinese and English)],2015,21(3):203-206.}

[7456] **李超，何建荣．外踝上筋膜蒂皮瓣修复足踝部软组织缺损［J］．临床骨科杂志，2015，18（5）：639．DOI：10.3969/j.issn.1008-0287.2015.05.054．**{LI Chao,HE Jianrong. Repair of soft tissue defect of ankle with lateral malleolus pedicle flap[J]. Lin Chuang Gu Ke Za Zhi[J Clin Orthop(Article in Chinese;No abstract available)],2015,18(5):639. DOI:10.3969/j.issn.1008-0287.2015.05.054.}

[7457] **王连存，周庆文，孙海艳，杨晓清，高克，张得．逆行指背神经营养血管筋膜蒂皮瓣修复邻指背侧皮肤缺损［J］．实用手外科杂志，2015，29（1）：62-63．DOI：10.3969/j.issn.1671-2722.2015.01.021．**{WANG Liancun,ZHOU Qingwen,SUN Haiyan,YANG Xiaoqing,GAO Ke,ZHANG De. Retrograde digital dorsal fascia pedical flap to repair adjacent digital dorsal defect[J]. Shi Yong Shou Wai Ke Za Zhi[Chin J Pract Hand Surg(Article in Chinese;Abstract in Chinese and English)],2015,29(1):62-63. DOI:10.3969/j.issn.1671-2722.2015.01.021.}

[7458] **钟少开，汪庆红，曾德庆，余纯斌，曹喜华，卢文景．同指近、中节指背筋膜蒂皮瓣修复指端缺损［J］．实用手外科杂志，2015，29（2）：139-141．DOI：10.3969/j.issn.1671-2722.2015.02.007．**{ZHONG Shaokai,WANG Qinghong,ZENG Deqing,YU Chunbin,CAO Xihua,LU Wenjing. Dorsal fascia pedicle flap of proximal or middle section in the same finger to repair finger tip defect[J]. Shi Yong Shou Wai Ke Za Zhi[Chin J Pract Hand Surg(Article in Chinese;Abstract in Chinese and English)],2015,29(2):139-141. DOI:10.3969/j.issn.1671-2722.2015.02.007.}

[7459] **孙中建，孙尚峰，刘晓晨，李宏磊，徐鹏，张海燕．高压氧应用于指背筋膜蒂岛状皮瓣移植术的疗效观察［J］．实用手外科杂志，2015，29（2）：176-178．DOI：10.3969/j.issn.1671-2722.2015.02.021．**{SUN Zhongjian,SUN Shangfeng,LIU Xiaochen,LI Honglei,XU Peng,ZHANG Haiyan. Hyperbaric oxygen used in finger fascia pedicle island flap transplantation[J]. Shi Yong Shou Wai Ke Za Zhi[Chin J Pract Hand Surg(Article in Chinese;Abstract in Chinese and English)],2015,29(2):176-178. DOI:10.3969/j.issn.1671-2722.2015.02.021.}

[7460] **刘飞，陈伟明，钟子敏，吴日强，黄彬．应用指背筋膜瓣加植皮修复指背创面15例［J］．中华显微外科杂志，2016，39（2）：191-192．DOI：10.3760/cma.j.issn.1001-2036.2016.02.028．**{LIU Fei,CHEN Weiming,ZHONG Zimin,WU Riqiang,HUANG Bin. Application of dorsal fascia flap and skin grafting to repair the wound of dorsal finger[J]. Zhonghua Xian Wei Wai Ke Za Zhi[Chin J Microsurg(Article in Chinese;Abstract in Chinese)],2016,39(2):191-192. DOI:10.3760/cma.j.issn.1001-2036.2016.02.028.}

[7461] **周飞亚，蒋良福，宋永焕，杨景全，丁健，褚庭纲．近节指背筋膜蒂皮瓣修复手指皮肤缺损的临床应用［J］．中华显微外科杂志，2016，39（4）：324-327．DOI：10.3760/cma.j.issn.1001-2036.2016.04.003．**{ZHOU Feiya,JIANG Liangfu,SONG Yonghuan,YANG Jingquan,DING Jian,CHU Tinggang. Clinical application of finger soft tissue defect coverage with dosal proximal digit fatty fasciocutaneous flap[J]. Zhonghua Xian Wei Wai Ke Za Zhi[Chin J Microsurg(Article in Chinese;Abstract in Chinese and English)],2016,39(4):324-327. DOI:10.3760/cma.j.issn.1001-2036.2016.04.003.}

[7462] **李敬矿，王光耀，刘三磊．手部联合筋膜蒂皮瓣修复两指皮肤软组织缺损［J］．中华显微外科杂志，2016，39（6）：585-588．DOI：10.3760/cma.j.issn.1001-2036.2016.06.020．**{LI Jingkuang,WANG Guangyao,LIU Sanlu. Repair of skin and soft tissue defects of two fingers with combined fascial pedicle flap of hand[J]. Zhonghua Xian Wei Wai Ke Za Zhi[Chin J Microsurg(Article in Chinese;Abstract in Chinese)],2016,39(6):585-588. DOI:10.3760/cma.j.issn.1001-2036.2016.06.020.}

[7463] **安宝泉，江海廷，杨玉平．足背皮下筋膜瓣在足背软组织损伤初期的应用［J］．中国矫形外科杂志，2016，24（10）：940-942．DOI：10.3977/j.issn.1005-8478.2016.10.17．**{AN Baoquan,JIANG Haiting,YANG Yuping. Application of dorsal foot subcutaneous fascia flap in the initial stage of soft tissue injury[J]. Zhongguo Jiao Xing Wai Ke Za Zhi[Orthop J China(Article in Chinese;Abstract in Chinese)],2016,24(10):940-942. DOI:10.3977/j.issn.1005-8478.2016.10.17.}

[7464] **黎斌，徐长春，刘志强，刘建，杨晟玮．足内侧远端筋膜蒂岛状皮瓣修复踇趾创面缺损［J］．中华手外科杂志，2016，32（1）：73-74．DOI：10.3760/cma.j.issn.1005-054X.2016.01.031．**{LI Bin,XU Changchun,LIU Zhiqiang,LIU Jian,YANG Chengwei. Repair of (hump) toe wound defect with distal fascial island flap of medial foot[J]. Zhonghua Shou Wai Ke Za Zhi[Chin J Hand Surg(Article in Chinese;No abstract available)],2016,32(1):73-74. DOI:10.3760/cma.j.issn.1005-054X.2016.01.031.}

[7465] **陈学明，周建东，陈政，许亚军．骨间背筋膜瓣加延期植皮修复手背缺损［J］．中华手外科杂志，2016，32（3）：211-213．DOI：10.3760/cma.j.issn.1005-054X.2016.03.023．**{CHEN Xueming,ZHOU Jiandong,CHEN Zheng,XU Yajun. Distally based posterior interosseous adipofascial flap with delayed skin grafting for soft-tissue reconstruction of the dorsal hand[J]. Zhonghua Shou Wai Ke Za Zhi[Chin J Hand Surg(Article in Chinese;Abstract in Chinese and English)],2016,32(3):211-213. DOI:10.3760/cma.j.issn.1005-054X.2016.03.023.}

[7466] **张兆飞，周小祥，刘立春，刘成君．近指间关节处指动脉穿支筋膜蒂皮瓣修复手指中末节缺损［J］．中华手外科杂志，2016，32（5）：341-342．DOI：10.3760/cma.j.issn.1005-054X.2016.05.008．**{ZHANG Zhaofei,ZHOU Xiaoxiang,LIU Lichun,LIU Chengjun. Repair of defect of middle and distal segment of finger with perforator fascia pedicle flap of digital artery near interphalangeal joint[J]. Zhonghua Shou Wai Ke Za Zhi[Chin J Hand Surg(Article in Chinese;Abstract in Chinese)],2016,32(5):341-342. DOI:10.3760/cma.j.issn.1005-054X.2016.05.008.}

[7467] **李德全，黄真，莫钦国．乳头基底筋膜脂肪腺体瓣矫正乳头凹陷［J］．中华整形外科杂志，2016，32(3)：230-232．DOI：10.3760/cma.j.issn.1009-4598.2016.03.018．**{LI Dequan,HUANG Zhen,MO Qinguo. Correction of inverted nipple with fat gland flap of basal nipple fascia[J]. Zhonghua Zheng Xing Wai Ke Za Zhi[Chin J Plast Surg(Article in Chinese;No abstract available)],2016,32(3):230-232. DOI:10.3760/cma.j.issn.1009-4598.2016.03.018.}

[7468] **王连存，周庆文，孙海艳，高克，李静成，张得．双逆行指背神经营养血管筋膜蒂皮瓣治疗末节脱套伤及末节离断伤［J］．临床骨科杂志，2016，19（6）：749-750．DOI：10.3969/j.issn.1008-0287.2016.06.047．**{WANG Liancun,ZHOU Qingwen,SUN Haiyan,GAO Ke,LI Jingcheng,ZHANG De. Double retrograde refers to the dorsal nerve nutrition blood vessels fascia pedicle flap for treatment of distal degloving injury of the distal amputation[J]. Lin Chuang Gu Ke Za Zhi[J Clin Orthop(Article in Chinese;No abstract available)],2016,19(6):749-750. DOI:10.3969/j.issn.1008-0287.2016.06.047.}

[7469] **邹国平，兰伟斌，曾渊源．指背神经筋膜蒂皮瓣修复小儿手指指端缺损［J］．局解手术学杂志，2016，25（7）：491-493．DOI：10.11659/jjssx.01E016014．**{ZOU Guoping,LAN Weibin,ZENG Yuanyuan. Repair of children fingertip defect with dorsal nerve fasciocutaneous flap[J]. Ju Jie Shou Shu Xue Za Zhi[J Reg Anat Oper Surg(Article in Chinese;Abstract in Chinese and English)],2016,25(7):491-493. DOI:10.11659/jjssx.01E016014.}

[7470] **周健辉，李秀文，冷树立，丘日升，王夫平．游离翻转静脉筋膜瓣临时覆盖创面的临床研究［J］．实用手外科杂志，2016，30（3）：251-254．DOI：10.3969/j.issn.1671-2722.2016.03.001．**{ZHOU Jianhui,LI Xiuwen,LENG Shuli,QIU Risheng,WANG Fuping. Clinical study on free reversed vein fascial flap covering wound surface temporarily[J]. Shi Yong Shou Wai Ke Za Zhi[Chin J Pract Hand Surg(Article in Chinese;Abstract in Chinese and English)],2016,30(3):251-254. DOI:10.3969/j.issn.1671-2722.2016.03.001.}

[7471] **李正勇，伍俊良，岑瑛，张振宇，陈志兴，陈俊杰．弧形额肌筋膜瓣治疗中重度先天性上睑下垂疗效观察［J］．中国修复重建外科杂志，2016，30（4）：457-460．DOI：10.7507/1002-1892.20160092．**{LI Zhengyong,WU Junliang,Cen Ying,ZHANG Zhenyu,CHEN Zhixing,CHEN Junjie. Clinical observation of moderate to severe blepharoptosis correction with arc-shaped frontalis aponeurosis flap[J]. Zhongguo Xiu Fu Chong Jian Wai Ke Za Zhi[Chin J Repair Reconstr Surg(Article in Chinese;Abstract in Chinese and English)],2016,30(4):457-460. DOI:10.7507/1002-1892.20160092.}

[7472] **傅福仁，谢义德．应用眶隔筋膜瓣与额肌瓣治疗重度上睑下垂的美容学意义探讨［J］．中国临床解剖学杂志，2017，35(2)：217-219．DOI：10.13418/j.issn.1001-165x.2017.02.020．**{FU Furen,XIE Yide. To explore a beautiful method of using orbital septum aponeurosis flap and frontal muscle flap to correct serious blepharoptosis[J]. Zhongguo Lin Chuang Jie Pou Xue Za Zhi[Chin J Clin Anat(Article in Chinese;Abstract in Chinese and English)],2017,35(2):217-219. DOI:10.13418/j.issn.1001-165x.2017.02.020.}

[7473] **常艳，陈燕，刘海燕，窦洪磊，刘宏波，王建国，白杨．指腹筋膜瓣修复同指甲床缺损19例临床分析［J］．中华显微外科杂志，2017，40（1）：插页1-7，1-8．DOI：10.3760/cma.j.issn.1001-2036.2017.01.034．**{CHANG Yan,CHEN Yan,LIU Haiyan,DOU Honglei,LIU Hongbo,WANG Jianguo,BAI Yang. Clinical analysis of 19 cases of repairing defect of the same nail bed with fascia flap[J]. Zhonghua Xian Wei Wai Ke Za Zhi[Chin J Microsurg(Article in Chinese;No abstract available)],2017,40(1):insert 1-7,1-8. DOI:10.3760/cma.j.issn.1001-2036.2017.01.034.}

[7474] **黄平，余晓芳，王金波，裴军．外踝上穿支皮肤筋膜瓣修复踝部腔隙性软组织缺损［J］．中华显微外科杂志，2017，40(3)：283-285．DOI：10.3760/cma.j.issn.1001-2036.2017.03.023．**{HUANG Ping,YU Xiaofang,WANG Jinbo,PEI Jun. Repair of lacunar soft tissue defect of ankle with perforator skin fascia flap on lateral malleolus[J]. Zhonghua Xian Wei Wai Ke Za Zhi[Chin J Microsurg(Article in Chinese;Abstract in Chinese)],2017,40(3):283-285. DOI:10.3760/cma.j.issn.1001-2036.2017.03.023.}

[7475] **姚海波，李文庆，李楚炎，周斌，朱小弟．足背内侧筋膜蒂皮支链皮瓣修复前足软组织缺损八例［J］．中华显微外科杂志，2017，40（4）：383-385．DOI：10.3760/cma.j.issn.1001-2036.2017.04.021．**{YAO Haibo,LI Wenqing,LI Chuyan,ZHOU Bin,ZHU Xiaodi. Eight cases of repairing soft tissue defect of forefoot with branch chain flap of fascia pedicle on medial dorsal foot[J]. Zhonghua Xian Wei Wai Ke Za Zhi[Chin J Microsurg(Article in Chinese;Abstract in Chinese)],2017,40(4):383-385. DOI:10.3760/cma.j.issn.1001-2036.2017.04.021.}

[7476] **刘继军，郑磊，唐超．以主干血管及筋膜皮肤为蒂的兔逆行岛状皮瓣的研究［J］．中华实验外科杂志，2017，34（10）：1751-1753．DOI：10.3760/cma.j.issn.1001-9030.2017.10.040．**{LIU Jijun,ZHENG Lei,TANG Chao. Experimental research of reverse island flap in fasciocutaueous-pedicled form in rabbit model[J]. Zhonghua Shi Yan Wai Ke Za Zhi[Chin J Exp Surg(Article in Chinese;Abstract in Chinese and English)],2017,34(10):1751-1753. DOI:10.3760/cma.j.issn.1001-9030.2017.10.040.}

[7477] **杨海洲，顾家平，许勇．中节指背逆行筋膜蒂岛状皮瓣修复同指皮肤软组织缺损［J］．中华手外科杂志，2017，33（3）：220-221．DOI：10.3760/cma.j.issn.1005-054X.2017.03.024．**{YANG Haizhou,GU Jiaping,XU Yong. Repair of the skin and soft tissue defects of the same finger with the reverse fascial pedicled island flap of the dorsal middle digit[J]. Zhonghua Shou Wai Ke Za Zhi[Chin J Hand Surg(Article in Chinese;No abstract available)],2017,33(3):220-221. DOI:10.3760/cma.j.issn.1005-054X.2017.03.024.}

[7478] **颜景坤，仙跃华，曾文超，梁文勇，纪林善，王玉祺，岳震，巩茹．指背筋膜蒂皮瓣不同蒂部处理方式对修复手指软组织缺损的疗效分析［J］．中华手外科杂志，2017，33（5）：387-388．DOI：10.3760/cma.j.issn.1005-054X.2017.05.027．**{YAN Jingkun,XIAN Yuehua,ZENG Wenchao,LIANG Wenyong,JI Linshan,WANG Yuqi,YUE Zhen,GONG Ru. Analysis of the effect of different pedicle processing methods of dorsal finger fascia pedicle flap on repairing finger soft tissue defects[J]. Zhonghua Shou Wai Ke Za Zhi[Chin J Hand Surg(Article in Chinese;Abstract in Chinese)],2017,33(5):387-388. DOI:10.3760/cma.j.issn.1005-054X.2017.05.027.}

[7479] **黄素芳，王朝亮，王仲秋，葛庆玲，董学广．指腹筋膜瓣联合甲床移植修复伴指骨外露的甲床缺损［J］．中华整形外科杂志，2017，33（6）：456-458．DOI：10.3760/cma.j.issn.1009-4598.2017.06.014．**{HUANG Sufang,WANG Chaoliang,WANG Zhongqiu,GE Qingling,DONG Xueguang. Finger abdominal fascia flap combined with nail bed transplantation to repair nail bed defect with exposed phalanx[J]. Zhonghua Zheng Xing Wai Ke Za Zhi[Chin J Plast Surg(Article in Chinese;No abstract available)],2017,33(6):456-458. DOI:10.3760/cma.j.issn.1009-4598.2017.06.014.}

[7480] **雷伟，金德富，申运山，高骏，蒋云峰．逆行筋膜骨瓣移植联合Herbert螺钉固定治疗不稳定性腕舟骨骨折［J］．骨科临床与研究杂志，2017，2（5）：303-306．DOI：10.19548/j.2096-269x.2017.05.010．**{LEI Wei,JIN Defu,SHEN Yunshan,GAO Jun,JIANG Yunfeng. Effects of retrograde fascia bone flap combined with Herbert screw fixation for unstable scaphoid fractures[J]. Gu Ke Lin Chuang Yu Yan Jiu Za Zhi[J Clin Orthop Res(Article in Chinese;Abstract in Chinese and English)],2017,2(5):303-306. DOI:10.19548/j.2096-269x.2017.05.010.}

[7481] **孙汝涛，刘会仁，刘家寅，张艳茂，马铁鹏，于占勇，王岩，吴学强，刘建华，王力．指背筋膜蒂逆行岛状皮瓣修复指端软组织缺损［J］．中华显微外科杂志，2018，41（2）：184-186．DOI：10.3760/cma.j.issn.1001-2036.2018.02.023．**{SUN Rutao,LIU Huiren,LIU Jiayin,ZHANG Yanmao,MA Tiepeng,YU Zhanyong,WANG Yan,WU Xueqiang,LIU Jianhua,WANG Li. Repair of fingertip soft tissue defect with retrograde island flap with dorsal fascia pedicle[J]. Zhonghua Xian Wei Wai Ke Za Zhi[Chin J Microsurg(Article in Chinese;Abstract in Chinese)],2018,41(2):184-186. DOI:10.3760/cma.j.issn.1001-2036.2018.02.023.}

[7482] **钱汉根，黄春辉，沈国良，赵小瑜，林伟，祁强．微型筋膜蒂皮瓣在修复小腿骨及内固定外露创面中的应用［J］．中华显微外科杂志，2018，41（3）：283-284．DOI：10.3760/cma.j.issn.1001-2036.2018.03.024．**{QIAN Hangen,HUANG Chunhui,SHEN Guoliang,ZHAO Xiaoyu,LIN Wei,QI Qiang. Application of mini fascia pedicle flap in repairing exposed wounds of calf bone and internal fixation[J]. Zhonghua Xian Wei Wai Ke Za Zhi[Chin J Microsurg(Article in Chinese;Abstract in Chinese)],2018,41(3):283-284. DOI:10.3760/cma.j.issn.1001-2036.2018.03.024.}

[7483] **付洁，李小静，王瑜，翁晓娟．蒂部筋膜组织量对小型猪腹壁穿支皮瓣成活的影响［J］．中华显微外科杂志，2018，41（5）：475-479．DOI：10.3760/cma.j.issn.1001-2036.2018.05.014．**{FU Jie,LI Xiaojing,WANG Yu,WENG Xiaojuan. Effect of the amount of pedicle fascia tissue on the survival of abdominal wall perforator flap in miniature pigs[J]. Zhonghua Xian Wei Wai Ke Za Zhi[Chin J Microsurg(Article in Chinese;Abstract in Chinese)],2018,41(5):475-479. DOI:10.3760/cma.j.issn.1001-2036.2018.05.014.}

[7484] **李俊明，李艳华，宛磊，王伟，黄贺军，张晓光，代彭威，李道选．改良肌筋膜瓣固定尺神经前置术［J］．中国矫形外科杂志，2018，26（11）：1048-1052．DOI：10.3977/j.issn.1005-8478.2018.11.17．**{LI Junming,LI Yanhua,WAN Lei,WANG Wei,HUANG Hejun,ZHANG Xiaoguang,DAI Pengwei,LI Daoxuan. A modified myofascial flap for maintenance of anterior transposition of ulnar nerve[J]. Zhongguo Jiao Xing Wai Ke Za Zhi[Orthop J China(Article in Chinese;Abstract in Chinese and English)],2018,26(11):1048-1052. DOI:10.3977/j.issn.1005-8478.2018.11.17.}

[7485] **王朝亮，黄素芳，李伟延，葛庆玲，董学广，孙雪生．指固有血管蒂筋膜瓣营养甲床移植修复指甲缺损［J］．中华手外科杂志，2018，34（3）：215-217．**{WANG Chaoliang,HUANG Sufang,LI Weiyan,GE Qingling,DONG Xueguang,SUN Xuesheng. Repair of nail defect by transplantation of nutrient nail bed with pedicle fascia flap of proper digital blood vessel[J]. Zhonghua Shou Wai Ke Za Zhi[Chin J Hand Surg(Article in Chinese;Abstract in Chinese)],2018,34(3):215-217.}

[7486] **郭礼平，巨积辉，金光哲，王凯，郭全伟．吻合浅静脉的指背神经筋膜蒂皮瓣修复指端**

缺损[J]. 中华手外科杂志，2018，34(4)：254-256. {GUO Liping,JU Jihui,JIN Guangzhe,WANG Kai,GUO Quanwei. Repair of finger tip defect with dorsal digital neurofascial flap anastomosed to superficial vein[J]. Zhonghua Shou Wai Ke Za Zhi[Chin J Hand Surg(Article in Chinese;Abstract in Chinese)],2018,34(4):254-256.}

[7487] 谭权昌，闫浩，周胜，汪健龄，舒忠军，杨俊生，李力毅，陈约东，李颖. 改良岛状筋膜蒂皮瓣重建指端缺损的临床疗效观察[J]. 中华手外科杂志，2018，34(4)：314-315. {TAN Quanchang,YAN Hao,ZHOU Sheng,WANG Jianling,SHU Zhongjun,YANG Junsheng,LI Liyi,CHEN Yuedong,LI Ying. Observation on the clinical curative effect of modified island fascia pedicle flap to reconstruct fingertip defect[J]. Zhonghua Shou Wai Ke Za Zhi[Chin J Hand Surg(Article in Chinese;Abstract in Chinese)],2018,34(4):314-315.}

[7488] 林涧，王之江，张天浩，吴立志. 穿支蒂筋膜皮瓣移位修复老年踝关节周围皮肤软组织缺损[J]. 中华创伤杂志，2018，34(10)：892-897. DOI：10.3760/cma.j.issn.1001-8050.2018.10.007. {LIN Jian,WANG Zhijiang,ZHANG Tianhao,WU Lizhi. Transferring perforator fascial flap to repair skin soft tissue defect around ankle joint in elderly patients[J]. Zhonghua Chuang Shang Za Zhi[Chin J Trauma(Article in Chinese;Abstract in Chinese and English)],2018,34(10):892-897. DOI:10.3760/cma.j.issn.1001-8050.2018.10.007.}

[7489] 张永宏，沈国良，赵小瑜，钱汉根，黄春辉，徐军，范姝雯. 邻近筋膜皮瓣修复胫前区骨或钢板外露小创面的临床效果[J]. 中华烧伤杂志，2018，34(12)：907-909. DOI：10.3760/cma.j.issn.1009-2587.2018.12.016. {ZHANG Yonghong,SHEN Guoliang,ZHAO Xiaoyu,QIAN Hangen,HUANG Chunhui,XU Jun,FAN Shuwen. Clinical effects of adjacent fasciocutaneous flap in repairing small wounds with bone or steel plate exposure in anterior tibia[J]. Zhonghua Shao Shang Za Zhi[Chin J Burns(Article in Chinese;Abstract in Chinese and English)],2018,34(12):907-909. DOI:10.3760/cma.j.issn.1009-2587.2018.12.016.}

[7490] 王连存，周庆文，孙海艳，杨柳，高克，李静成，刘广超. 逆行指背神经营养血管筋膜蒂皮瓣修复手指中、末节掌侧皮肤缺损[J]. 临床骨科杂志，2018，21(2)：221-222. DOI：10.3969/j.issn.1008-0287.2018.02.036. {WANG Liancun,ZHOU Qingwen,SUN Haiyan,YANG Liu,GAO Ke,LI Jingcheng,LIU Guangchao. Retrograde finger dorsal nerve nutrition vascular fasciocutaneous flap in repair of finger,distal palm skin defect[J]. Lin Chuang Gu Ke Za Zhi[J Clin Orthop(Article in Chinese;Abstract in Chinese and English)],2018,21(2):221-222. DOI:10.3969/j.issn.1008-0287.2018.02.036.}

[7491] 黄益楚，章伟祥，都巍，黄嘉伟. 近节指背筋膜皮瓣修复同指中节皮肤缺损[J]. 临床骨科杂志，2018，21(4)：490-491，495. DOI：10.3969/j.issn.1008-0287.2018.04.036. {HUANG Yichu,ZHANG Weixiang,DU Wei,HUANG Jiawei. Repair of skin defects of the intermediate phalanges with dorsal fascia flap of the proximal phalanx[J]. Lin Chuang Gu Ke Za Zhi[J Clin Orthop(Article in Chinese;Abstract in Chinese and English)],2018,21(4):490-491,495. DOI:10.3969/j.issn.1008-0287.2018.04.036.}

[7492] 张宝岭，王瑞，苗平，孙莹，葛华平，夏既柏，严纪辉. 同指指背逆行岛状筋膜蒂皮瓣在修复指端软组织缺损中的应用[J]. 实用手外科杂志，2018，32(1)：17-19. DOI：10.3969/j.issn.1671-2722.2018.01.006. {ZHANG Baoling,WANG Rui,MIAO Ping,SUN Ying,GE Huaping,XIA Jibai,YAN Jihui. Application of dorsal digital retrograde island flap in repairing the soft tissue defect of finger tip[J]. Shi Yong Shou Wai Ke Za Zhi[Chin J Pract Hand Surg(Article in Chinese;Abstract in Chinese and English)],2018,32(1):17-19. DOI:10.3969/j.issn.1671-2722.2018.01.006.}

[7493] 程超，李梓瑞，刘海波，刘攀. 小腿穿支血管筋膜蒂皮瓣修复小儿足踝部软组织缺损[J]. 实用手外科杂志，2018，32(2)：166-168. DOI：10.3969/j.issn.1671-2722.2018.02.010. {CHENG Chao,LI Zirui,LIU Haibo,LIU Pan. Repair of soft tissue defect of foot and ankle in children with leg perforator vascular pedicle flap[J]. Shi Yong Shou Wai Ke Za Zhi[Chin J Pract Hand Surg(Article in Chinese;Abstract in Chinese and English)],2018,32(2):166-168. DOI:10.3969/j.issn.1671-2722.2018.02.010.}

[7494] 徐昌政，李王，杨蓊勃. 手部筋膜蒂皮瓣修复手指电击伤创面[J]. 实用手外科杂志，2018，32(4)：386-388. DOI：10.3969/j.issn.1671-2722.2018.04.003. {XU Changzheng,LI Wang,YANG Yingbo. Treating electrical injury of digits using fascial pedicle flap of hand[J]. Shi Yong Shou Wai Ke Za Zhi[Chin J Pract Hand Surg(Article in Chinese;Abstract in Chinese and English)],2018,32(4):386-388. DOI:10.3969/j.issn.1671-2722.2018.04.003.}

[7495] 庄家正，王开放，刘敏敏，林奕楠，鲍文珍，王锋，郑海波，方芳，庄跃宏. 皮蒂在穿支筋膜蒂皮瓣中的作用探讨[J]. 中国临床解剖学杂志，2019，37(1)：34-39. DOI：10.13418/j.issn.1001-165x.2019.01.008. {ZHUANG Jiazheng,WANG Kaikai,LIU Minmin,LIN Yinan,BAO Wenzhen,WANG Feng,ZHENG Haibo,FANG Fang,ZHUANG Yuehong. The role of skin base in perforator-plus flap survival[J]. Zhongguo Lin Chuang Jie Pou Xue Za Zhi[Chin J Clin Anat(Article in Chinese;Abstract in Chinese and English)],2019,37(1):34-39. DOI:10.13418/j.issn.1001-165x.2019.01.008.}

[7496] 汪剑龄，杨俊生，谭权昌，周胜，孙中洋，闫浩，施晓成，彭赛，李颖. 中指中节指背短窄蒂筋膜皮瓣修复邻指Allen Ⅲ型指端缺损[J]. 中华显微外科杂志，2019，42(2)：163-165. DOI：10.3760/cma.j.issn.1001-2036.2019.02.015. {WANG Jianling,YANG Junsheng,TAN Quanchang,ZHOU Sheng,SUN Zhongyang,YAN Hao,SHI Xiaocheng,PENG Sai,LI Ying. Repair of Allen type Ⅲ defect of adjacent finger with short and narrow dorsal fascial flap of middle finger[J]. Zhonghua Xian Wei Wai Ke Za Zhi[Chin J Microsurg(Article in Chinese;Abstract in Chinese)],2019,42(2):163-165. DOI:10.3760/cma.j.issn.1001-2036.2019.02.015.}

[7497] 张国雷，李文庆，朱小弟，李楚炎，杨涛，姚海波. 手指筋膜蒂指掌侧固有动脉皮支链皮瓣修复指端软组织缺损13例[J]. 中华显微外科杂志，2019，42(3)：275-276. DOI：10.3760/cma.j.issn.1001-2036.2019.03.016. {ZHANG Guolei,LI Wenqing,ZHU Xiaodi,LI Chuyan,YANG Tao,YAO Haibo. Repair of fingertip soft tissue defect with finger fascia pedicled finger flap[J]. Zhonghua Xian Wei Wai Ke Za Zhi[Chin J Microsurg(Article in Chinese;Abstract in Chinese)],2019,42(3):275-276. DOI:10.3760/cma.j.issn.1001-2036.2019.03.016.}

[7498] 王锟，雷伟，陈江海，陈振兵. 吻合指动脉皮支的近节指背筋膜蒂岛状皮瓣的临床应用[J]. 中华手外科杂志，2019，35(1)：16-18. DOI：10.3760/cma.j.issn.1005-054X.2019.01.007. {WANG Kun,LEI Wei,CHEN Jianghai,CHEN Zhenbing. Clinical application of dorsal proximal phalanx fasciocutaneous island flap with anastomosis of cutaneous branch of the digital artery[J]. Zhonghua Shou Wai Ke Za Zhi[Chin J Hand Surg(Article in Chinese;Abstract in Chinese and English)],2019,35(1):16-18. DOI:10.3760/cma.j.issn.1005-054X.2019.01.007.}

[7499] 毛仁群，王培吉，李文庆，朱小弟，王文胜，杨涛，陈传煌. 同指筋膜蒂指动脉皮支链皮瓣修复指端软组织缺损[J]. 中华手外科杂志，2019，35(3)：189-191. DOI：10.3760/cma.j.issn.1005-054X.2019.03.010. {MAO Renqun,WANG Peiji,LI Wenqing,ZHU Xiaodi,WANG Wensheng,YANG Tao,CHEN Chuanhuang. Clinical application of fascial pedicle digital artery cutaneous branch chain flap of the same finger for repair of soft tissue defects of fingertip[J]. Zhonghua Shou Wai Ke Za Zhi[Chin J Hand Surg(Article in Chinese;Abstract in Chinese and English)],2019,35(3):189-191. DOI:10.3760/cma.j.issn.1005-054X.2019.03.010.}

[7500] 冯超，张炯，谢弘，张心如，宋鲁杰，撒应龙，俞建军，徐月敏，傅强. 带蒂岛状转位筋膜皮瓣治疗尿道外口及舟状窝狭窄的临床研究[J]. 中华泌尿外科杂志，2019，40(6)：408-411. DOI：10.3760/cma.j.issn.1000-6702.2019.06.003. {FENG Chao,ZHANG Jiong,XIE Hong,ZHANG Xinru,SONG Lujie,Sa Yinglong,YU Jianjun,XU Yuemin,FU Qiang. Clinical study of transverse island fasciocutaneous fascia flap for treatment of meatus and navicular fossa stricture[J]. Zhonghua Mi Niao Wai Ke Za Zhi[Chin J Urol(Article in Chinese;Abstract in Chinese and English)],2019,40(6):408-411. DOI:10.3760/cma.j.issn.1000-6702.2019.06.003.}

[7501] 林涧，张天浩，胡德庆，王之江，刘蔡钺，郑和平. 掌深弓手背穿支蒂筋膜皮瓣修复指蹼区皮肤软组织缺损的临床效果[J]. 中华烧伤杂志，2019，35(7)：490-494. DOI：10.3760/cma.j.issn.1009-2587.2019.07.003. {LIN Jian,ZHANG Tianhao,HU Deqing,WANG Zhijiang,LIU Caiyue,ZHENG Heping. Clinical effects of dorsal perforator fascia pedicle flap of the deep palmar arch in the repair of skin and soft tissue defects of finger web area[J]. Zhonghua Shao Shang Za Zhi[Chin J Burns(Article in Chinese;Abstract in Chinese and English)],2019,35(7):490-494. DOI:10.3760/cma.j.issn.1009-2587.2019.07.003.}

[7502] 陈山林，刘路，童德迪，栗鹏程，武竞衡，杨勇，荣艳波，蒋协远. 骨间背侧血管为蒂穿支岛状筋膜脂肪瓣充填治疗先天性上尺桡关节融合[J]. 中华整形外科杂志，2019，35(9)：881-886. DOI：10.3760/cma.j.issn.1009-4598.2019.09.007. {CHEN Shanlin,LIU Lu,TONG Dedi,LI Pengcheng,WU Jingheng,YANG Yong,RONG Yanbo,JIANG Xieyuan. Treatment of congenital proximal radioulnar synostosis using pedicle posterior interosseous perforator adipofascial flap[J]. Zhonghua Zheng Xing Wai Ke Za Zhi[Chin J Plast Surg(Article in Chinese;Abstract in Chinese and English)],2019,35(9):881-886. DOI:10.3760/cma.j.issn.1009-4598.2019.09.007.}

[7503] 刘军. 改良指背筋膜蒂岛状皮瓣治疗指端皮肤缺损的临床疗效分析[J]. 创伤外科杂志，2019，21(3)：228-229. DOI：10.3969/j.issn.1009-4237.2019.03.018. {LIU Jun. Clinical efficacy analysis of improved dorsal fascia island flap in the treatment of skin defect of fingertip[J]. Chuang Shang Wai Ke Za Zhi[J Traum Surg(Article in Chinese;Abstract in Chinese and English)],2019,21(3):228-229. DOI:10.3969/j.issn.1009-4237.2019.03.018.}

[7504] 王红胜，袁海平，袁勇，崔剑华，樊川，吴孙东. 以近节指动脉弓为旋转点的指背筋膜皮瓣的临床应用[J]. 实用手外科杂志，2019，33(2)：210-211，242. DOI：10.3969/j.issn.1671-2722.2019.02.027. {WANG Hongsheng,YUAN Haiping,YUAN Yong,CUI Jianhua,FAN Chuan,WU Sundong. Clinical application of dorsal digital fasciocutaneous flap with proximal digital artery arch as rotation point[J]. Shi Yong Shou Wai Ke Za Zhi[Chin J Pract Hand Surg(Article in Chinese;Abstract in Chinese and English)],2019,33(2):210-211,242. DOI:10.3969/j.issn.1671-2722.2019.02.027.}

[7505] 朱卫，徐晓峰，周峰，巨积辉，侯瑞兴. 带桡神经浅支的第一掌骨背逆行筋膜皮瓣修复拇指缺损[J]. 中华手外科杂志，2020，36(1)：41-43. {ZHU Wei,XU Xiaofeng,ZHOU Feng,JU Jihui,HOU Ruixing. Repair of thumb defect with reversed dorsal metacarpal fasciocutaneous flap with superficial branch of radial nerve[J]. Zhonghua Shou Wai Ke Za Zhi[Chin J Hand Surg(Article in Chinese;Abstract in Chinese)],2020,36(1):41-43.}

[7506] 刘林峰，丛锐，臧成五. 浅筋膜层切取腹部穿支皮瓣修复手足背侧皮肤缺损[J]. 实用手外科杂志，2020，34(2)：129-131. DOI：10.3969/j.issn.1671-2722.2020.02.003. {LIU Linfeng,CONG Rui,ZANG Chengwu. Repair of dorsal skin defect of hand and foot with abdominal perforator flap in subcutaneous layer[J]. Shi Yong Shou Wai Ke Za Zhi[Chin J Pract Hand Surg(Article in Chinese;Abstract in Chinese and English)],2020,34(2):129-131. DOI:10.3969/j.issn.1671-2722.2020.02.003.}

[7507] 徐承新，刘毅，陈黎明，王刚. 臀部筋膜脂肪瓣修复坐骨结节和大转子复发性窦道型压疮[J]. 中国修复重建外科杂志，2020，34(10)：1354-1355. DOI：10.7507/1002-1892.202003071. {XU Chengxin,LIU Yi,CHEN Liming,WANG Gang. Repair of recurrent sinus pressure ulcers of ischial tuberosity and greater trochanter with hip fascia fat flap[J]. Zhongguo Xiu Fu Chong Jian Wai Ke Za Zhi[Chin J Repair Reconstr Surg(Article in Chinese;Abstract in Chinese)],2020,34(10):1354-1355. DOI:10.7507/1002-1892.202003071.}

4.1.9.6 真皮下血管网皮瓣
subdermal vascular plexus flap

[7508] Wu BG. Vascularized free skin grafts[J]. Chin Med J,1983,96(6):432-434.

[7509] Chia SL,Cheng HH,Mao L. Free transplantation of venous network pattern skin flap[J]. Plast Reconstr Surg,1988,82(5):892-895. doi:10.1097/00006534-198811000-00028.

[7510] Xiong SH,Cheng XD,Xu DC,Li N,Yan L,Zhao TL,Yu L,Liao H,Suwa F,Takemura A,Toda I,Ike H,Fang YR. Facial subdermal vascular network flap:anatomic study and clinical application[J]. Surg Radiol Anat,2002,24(5):258-264. doi:10.1007/s00276-002-0061-2.

[7511] Wu D,Song T,Li H,Ma H,Yin N. An innovative cross-lip flap with a musculomucosal pedicle based on the vascular network of the lower lip[J]. Plast Reconstr Surg,2013,131(2):265-269. doi:10.1097/PRS.0b013e3182789be7.

[7512] 宋一平. 带蒂的保留真皮下血管网皮瓣(管)在手外伤中的应用[J]. 修复重建外科杂志，1988，2(2)：70-71. {SONG Yiping. Application of pedicled subdermal vascular network preserving skin flap(tube) in hand trauma[J]. Zhongguo Xiu Fu Chong Jian Wai Ke Za Zhi[Chin J Repar Reconstr Surg(Article in Chinese;No abstract available)],1988,2(2):70-71.}

[7513] 黄桂书，陈佰民，高博文，胡德康，郑延. 带真皮下血管网游离皮瓣移植的临床应用[J]. 修复重建外科杂志，1988，2(4)：40. {HUANG Guishu,CHEN Baimin,GAO Bowen,HU Dekang,ZHENG Yan. Clinical application of free skin flap transplantation with subdermal vascular network[J]. Zhongguo Xiu Fu Chong Jian Wai Ke Za Zhi[Chin J Repar Reconstr Surg(Article in Chinese;No abstract available)],1988,2(4):40.}

[7514] 夏双印，杨大平. 带蒂真皮下血管网超薄皮瓣在手部皮肤缺损中应用[J]. 手外科杂志，1992，8(2)：76-77. {XIA Shuangyin,YANG Daping. Application of pedicled subdermal vascular network ultra-thin skin flap in skin defect of hand[J]. Shou Wai Ke Za Zhi[Chin J Hand Surg(Article in Chinese;No abstract available)],1992,8(2):76-77.}

[7515] 焦向阳，郭恩覃. 真皮下血管网皮瓣血供重建的实验研究[J]. 中华整形烧伤外科杂志，1992，8(3)：213-215. DOI：10.3760/j.issn：1009-4598.1992.03.022. {JIAO Xiangyang,GUO Entan. Experimental study on blood supply reconstruction of subdermal vascular network flap[J]. Zhonghua Zheng Xing Shao Shang Wai Ke Za Zhi[Chin J Plast Surg Burns(Article in Chinese;Abstract in Chinese)],1992,8(3):213-215. DOI:10.3760/j.issn:1009-4598.1992.03.022.}

[7516] 司徒朴，陈伯华. 真皮下血管网游离皮瓣和岛状皮瓣的临床应用[J]. 中华显微外科杂志，1993，16(4)：258-259. {SITU Pu,CHEN Bohua. Clinical application of subdermal vascular network free flap and island flap[J]. Zhonghua Xian Wei Wai Ke Za Zhi[Chin J Microsurg(Article in Chinese;Abstract in Chinese)],1993,16(4):258-259.}

[7517] 马福顺，杨智义，原林，钟世镇. 真皮下血管网皮瓣血循环途径的实验研究[J]. 中华整形烧伤外科杂志，1993，9(5)：344-346. DOI：10.3760/j.issn：1009-4598.1993.05.010. {MA Fushun,YANG Zhiyi,Yuanlin,ZHONG Shizhen. Experimental study on blood circulation route of subdermal vascular network flap[J]. Zhonghua Zheng Xing Shao Shang Wai Ke Za Zhi[Chin J Plast Surg Burns(Article in Chinese;Abstract in Chinese)],1993,9(5):344-346. DOI:10.3760/j.issn:1009-4598.1993.05.010.}

[7518] 胡永才. 腹部保留真皮下血管网皮瓣治疗手拳状畸形[J]. 中华医学杂志，1993，73(3)：180-181. {HU Yongcai. Abdominal subdermal vascular network preserved flap for treatment of hand fist deformity[J]. Zhonghua Yi Xue Za Zhi[Natl Med J China(Article in Chinese;No abstract available)],1993,73(3):180-181.}

[7519] 高建华，百束比古，佐藤真美子，罗锦辉，文入正敏. 人体真皮下血管网皮瓣经皮血气及血流分析[J]. 中华显微外科杂志，1994，17（4）：248-250，316. {GAO Jianhua,Hiko Hyakusoku,Sato Mamiko,LUO Jinhui,WEN RU Masatoshi. An analysis of trans-cutaneous blood gas and flow in narrow pedicled flap with subdermal vascular network[J]. Zhonghua Xian Wei Wai Ke Za Zhi[Chin J Microsurg(Article in Chinese;Abstract in Chinese and English)],1994,17(4):248-250,316.}

[7520] 陈伯华，司徒朴，徐达传，熊明根，肖能坎. 真皮下血管网皮瓣成活长度的实验研究[J]. 中华显微外科杂志，1994，17（4）：280-281. {CHEN Bohua,SITU Pu,XU Dachuan,XIONG Minggen,XIAO Nengkan. Experimental study on survival length of subdermal vascular network flap[J]. Zhonghua Xian Wei Wai Ke Za Zhi[Chin J Microsurg(Article in Chinese;No abstract available)],1994,17(4):280-281.}

[7521] 熊明根，司徒朴. 应用腹部真皮下血管网带蒂皮瓣修复手部皮肤缺损[J]. 中华手外科杂志，1994，10（2）：85. {XIONG Minggen,SITU Pu. Repair of hand skin defect with abdominal subdermal vascular network pedicled skin flap[J]. Zhonghua Shou Wai Ke Za Zhi[Chin J Hand Surg(Article in Chinese;No abstract available)],1994,10(2):85.}

[7522] 袁相斌，林子豪，何清濂，赵耀中，刘麒，董帆. 真皮下血管网皮瓣修复手部软组织缺损[J]. 中华手外科杂志，1994，10（2）：92-94. {YUAN Xiangbin,LIN Zihao,HE Qinglian,ZHAO Yaozhong,LIU Qi,DONG Fan. Repair of hand soft tissue defect with subdermal vascular network flap[J]. Zhonghua Shou Wai Ke Za Zhi[Chin J Hand Surg(Article in Chinese;Abstract in Chinese)],1994,10(2):92-94.}

[7523] 张绪鹏，梅玉成. 原位带蒂真皮下血管网皮瓣修复血管瘤切除后皮肤缺损[J]. 中国修复重建外科杂志，1994，8（1）：47. {ZHANG Xupeng,MEI Yucheng. In situ pedicled subdermal vascular network flap to repair skin defect after hemangioma resection[J]. Zhongguo Xiu Fu Chong Jian Wai Ke Za Zhi[Chin J Repair Reconstr Surg(Article in Chinese;No abstract available)],1994,8(1):47.}

[7524] 梁智，周晓天，俞宝，任林森，黄广孚. 真皮下血管网超薄皮瓣血运重建的实验研究（一）血流病理生理学观察[J]. 中国修复重建外科杂志，1994，8（2）：76-78. {LIANG Zhi,ZHOU Xiaotian,YU Bao,REN Linsen,HUANG Guangfu. Experimental study on revascularization of ultra-thin skin flap of subdermal vascular network (1) Pathophysiological observation of blood flow[J]. Zhongguo Xiu Fu Chong Jian Wai Ke Za Zhi[Chin J Repair Reconstr Surg(Article in Chinese;Abstract in Chinese)],1994,8(2):76-78.}

[7525] 梁智，俞宝，任林森，周晓天. 带真皮下血管网超薄皮瓣血运重建的实验研究（二）超薄皮瓣血管密度变化的体视学观察[J]. 中国修复重建外科杂志，1994，8(3)：178-180. {LIANG Zhi,YU Bao,REN Linsen,ZHOU Xiaotian. Experimental study on revascularization of ultra-thin skin flap with subdermal vascular network (2) stereological observation of the change of ultra-thin skin flap's blood vessel density[J]. Zhongguo Xiu Fu Chong Jian Wai Ke Za Zhi[Chin J Repair Reconstr Surg(Article in Chinese;Abstract in Chinese)],1994,8(3):178-180.}

[7526] 梁智，任林森，俞宝，黄广孚，周晓天. 带真皮下血管网超薄皮瓣血运重建的实验研究（三）超薄皮瓣的再血管化与血供变化[J]. 中国修复重建外科杂志，1994，8（4）：242-245. {LIANG Zhi,REN Linsen,YU Bao,HUANG Guangfu,ZHOU Xiaotian. Experimental study on revascularization of ultra-thin skin flap with subdermal vascular network (3) revascularization and blood supply changes of ultra-thin skin flap[J]. Zhongguo Xiu Fu Chong Jian Wai Ke Za Zhi[Chin J Repair Reconstr Surg(Article in Chinese;Abstract in Chinese)],1994,8(4):242-245.}

[7527] 司徒朴，陈伯华，肖能坎，熊明根，顾浩，张余光，侯瑞兴，王晋煌，陈兵，梁雄. 轴型动脉带真皮下血管网皮瓣在创伤修复中的应用[J]. 中国修复重建外科杂志，1994，8（10）：146-147. {SITU Pu,CHEN Bohua,XIAO Nengkan,XIONG Minggen,GU Hao,ZHANG Yuguang,HOU Ruixing,WANG Jinhuang,CHEN Bing,LIANG Xiong. Abstracts application of subdermal vascular network skin flap(SVN flap) with axial-pattern of artery in the treatment of trauma and reconstruction[J]. Zhongguo Xiu Fu Chong Jian Wai Ke Za Zhi[Chin J Repair Reconstr Surg(Article in Chinese;Abstract in Chinese)],1994,8(10):146-147.}

[7528] 陈伯华，司徒朴，徐达传，钟世镇. 颈肩部真皮下血管网皮瓣的最佳脂肪厚度[J]. 中国修复重建外科杂志，1994，8（12）：74-75. {CHEN Bohua,SITU Pu,XU Dachuan,ZHONG Shizhen. Abstracts optimal thickness of fat of neck-shoulder SVN flap[J]. Zhongguo Xiu Fu Chong Jian Wai Ke Za Zhi[Chin J Repair Reconstr Surg(Article in Chinese;Abstract in Chinese)],1994,8(12):74-75.}

[7529] 冯光珍，薛晓东，钟晓玲，叶祥柏，白兰新，马志海，张芳玲，吴晓凤. 真皮下血管网皮瓣成活机理的实验研究[J]. 中华外科杂志，1995，33（10）：633-635. {FENG Guangzhen,XUE Xiaodong,ZHONG Xiaoling,YE Xiangbo,BAI Lanxin,MA Zhihai,ZHANG Fangling,WU Xiaofeng. Experimental study on survival mechanism of subdermal vascular network flap[J]. Zhonghua Wai Ke Za Zhi[Chin J Surg(Article in Chinese;No abstract available)],1995,33(10):633-635.}

[7530] 马显杰，鲁开化，艾玉峰，柳大烈. 下腹部双叶真皮下血管网皮瓣在手部撕脱伤中的应用[J]. 中华手外科杂志，1995，11（1）：116-118. {MA Xianjie,LU Kaihua,AI Yufeng,LIU Dalie. Application of thinned bilobate lower abdominal skin flap to repair of hand avulsion[J]. Zhonghua Shou Wai Ke Za Zhi[Chin J Hand Surg(Article in Chinese;Abstract in Chinese and English)],1995,11(1):116-118.}

[7531] 赵东风，孙诚信，宋广恩，白林诚，刘影，修渊. 真皮下血管网皮瓣在急诊手外伤中的应用[J]. 中华手外科杂志，1995，11（2）：115. {ZHAO Dongfeng,SUN Chengxin,SONG Guangdong,BAI Lincheng,LIU Ying,XIU Yuan. Application of subdermal vascular network flap in emergency hand trauma[J]. Zhonghua Shou Wai Ke Za Zhi[Chin J Hand Surg(Article in Chinese;No abstract available)],1995,11(2):115.}

[7532] 程国梁，高善岭，孙家明，周锐华. 下腹部真皮下血管网皮瓣修复手皮肤软组织缺损[J]. 中国修复重建外科杂志，1995，9（4）：254. {CHENG Guoliang,GAO Shanling,SUN Jiaming,ZHOU Ruihua. Repair of hand skin and soft tissue defects with subdermal vascular network flap in lower abdomen[J]. Zhongguo Xiu Fu Chong Jian Wai Ke Za Zhi[Chin J Repair Reconstr Surg(Article in Chinese;No abstract available)],1995,9(4):254.}

[7533] 荣俊良，花德发，王帮成. 原位真皮下血管网皮瓣治疗腋臭[J]. 中国修复重建外科杂志，1995，9（4）：256. {RONG Junliang,HUA Defa,WANG Bangcheng. In-situ subdermal vascular network flap for treatment of underarm odor[J]. Zhongguo Xiu Fu Chong Jian Wai Ke Za Zhi[Chin J Repair Reconstr Surg(Article in Chinese;No abstract available)],1995,9(4):256.}

[7534] 谭新东，吴文安，周海强. 真皮下血管网皮瓣在手部严重损伤修复中的应用[J]. 中华显微外科杂志，1996，19（3）：218. {TAN Xindong,WU Wenan,ZHOU Haiqiang. Application of subdermal vascular network flap in the repair of severe hand injury[J]. Zhonghua Xian Wei Wai Ke Za Zhi[Chin J Microsurg(Article in Chinese;No abstract available)],1996,19(3):218.}

[7535] 颜玲，高建华，罗锦辉. 窄蒂真皮下血管网皮瓣的临床应用[J]. 中华显微外科杂志，1996，19（3）：216-218. {YAN Ling,GAO Jianhua,LUO Jinhui. Clinical application of narrow-pedicle subdermal vascular network flap[J]. Zhonghua Xian Wei Wai Ke Za Zhi[Chin J Microsurg(Article in Chinese;No abstract available)],1996,19(3):216-218.}

[7536] 杨勇，袁相斌，吴其林，何清濂，林子豪. 真皮下血管网皮瓣修复感染创面的研究[J]. 中华手外科杂志，1996，12（2）：74-76. {YANG Yong,YUAN Xiangbin,WU Qilin,HE Qinglian,LIN Zihao. Animal and clinical study of infected wound repair by subdermal vascular network skin flap[J]. Zhonghua Shou Wai Ke Za Zhi[Chin J Hand Surg(Article in Chinese;Abstract in Chinese and English)],1996,12(2):74-76.}

[7537] 肖添有，司徒朴，陈兵，陈伯华，肖能坎，熊明根，王晋煌，赵克森. 腹部多个真皮下血管网皮瓣修复手指脱套伤[J]. 中华手外科杂志，1996，12（S1）：24-25. {XIAO Tianyou,SITU Pu,CHEN Bing,CHEN Bohua,XIAO Nengkan,XIONG Minggen,WANG Jinhuang,ZHAO Kesen. Multiple abdominal skin flap with subdermal vascular network to treat degloving injury of fingers[J]. Zhonghua Shou Wai Ke Za Zhi[Chin J Hand Surg(Article in Chinese;Abstract in Chinese and English)],1996,12(S1):24-25.}

[7538] 杨勇，何清濂，林子豪，吴其林. 真皮下血管网岛状皮瓣抗菌力的实验研究[J]. 中华整形烧伤外科杂志，1996，12（1）：15-18. DOI：10.3760/j.issn：1009-4598.1996.01.005. {YANG Yong,HE Qinglian,LIN Zihao,WU Qilin. Experimental study on antibacterial activity of island flap of subdermal vascular network[J]. Zhonghua Zheng Xing Shao Shang Wai Ke Za Zhi[Chin J Plast Surg Burns(Article in Chinese;Abstract in Chinese and English)],1996,12(1):15-18. DOI:10.3760/j.issn:1009-4598.1996.01.005.}

[7539] 于和平. 真皮下血管网薄皮瓣Ⅱ期修复手及指背创面[J]. 中华整形烧伤外科杂志，1996，12（5）：352-354. DOI：10.3760/j.issn：1009-4598.1996.05.001. {YU Heping. Repair of hand and finger back wounds with subdermal vascular network thin skin flap[J]. Zhonghua Zheng Xing Shao Shang Wai Ke Za Zhi[Chin J Plast Surg Burns(Article in Chinese;Abstract in Chinese and English)],1996,12(5):352-354. DOI:10.3760/j.issn:1009-4598.1996.05.001.}

[7540] 黄钟汉. 真皮下血管网薄皮瓣在前臂电烧伤早期修复中的应用[J]. 实用医学杂志，1996，12（6）：391. {HUANG Zhonghan. Application of subdermal vascular network thin skin flap in early repair of forearm electric burn[J]. Shi Yong Yi Xue Za Zhi[J Pract Med(Article in Chinese;No abstract available)],1996,12(6):391.}

[7541] 李晓静，宁金龙，高学宏，汪春兰，展望，曹东升，张林. 脐胸真皮下血管网薄皮瓣修复手部创面[J]. 安徽医科大学学报，1996，31（3）：203-204. {LI Xiaojing,NING Jinlong,GAO Xuehong,WANG Chunlan,ZHAN Wang,CAO Dongsheng,ZHANG Lin. Umbilical thoracic subdermal vascular network thin skin flap for repairing hand wounds[J]. An Hui Yi Ke Da Xue Xue Bao[Acta Univ Med Anhui(Article in Chinese;No abstract available)],1996,31(3):203-204.}

[7542] 杨勇，袁相斌，何清濂，吴其林. 真皮下血管网岛状皮瓣血供的实验研究[J]. 中国修复重建外科杂志，1996，10（1）：30-32. {YANG Yong,YUAN Xiangbin,HE Qinglian,WU Qilin. Experimental study on blood supply of island flap of subdermal vascular network[J]. Zhongguo Xiu Fu Chong Jian Wai Ke Za Zhi[Chin J Repair Reconstr Surg(Article in Chinese;Abstract in Chinese)],1996,10(1):30-32.}

[7543] 肖添有，司徒朴，侯瑞兴，史福喜，马龙俊. 自由基与轴型真皮下血管网皮瓣成活的实验研究[J]. 中华显微外科杂志，1997，20（3）：54-56. {XIAO Tianyou,SITU Pu,HOU Ruixing,SHI Fuxi,MA Longjun. The experimental study of the free radical affect on survival mechanism of axial subdermal vascular network skin flap[J]. Zhonghua Xian Wei Wai Ke Za Zhi[Chin J Microsurg(Article in Chinese;Abstract in Chinese and English)],1997,20(3):54-56.}

[7544] 殷广信，韩华，马峦旭. 真皮下血管网皮瓣在急诊手外伤中的应用[J]. 中华显微外科杂志，1997，20（4）：64-65. {YIN Guangxin,HAN Hua,MA Luanxu. Application of subdermal vascular network flap in emergency hand trauma[J]. Zhonghua Xian Wei Wai Ke Za Zhi[Chin J Microsurg(Article in Chinese;Abstract in Chinese)],1997,20(4):64-65.}

[7545] 肖添有，司徒朴，赵克森. 真皮下血管网皮瓣的基础研究进展[J]. 中华整形烧伤外科杂志，1997，13（4）：291-293. {XIAO Tianyou,SITU Pu,ZHAO Kesen. Basic research progress of subdermal vascular network flap[J]. Zhonghua Zheng Xing Shao Shang Wai Ke Za Zhi[Chin J Plast Surg Burns(Article in Chinese;Abstract in Chinese)],1997,13(4):291-293.}

[7546] 陈伯华，司徒朴，熊明根. 皮肤撕脱伤真皮下血管网薄皮瓣回植修复[J]. 中华显微外科杂志，1998，21（1）：62-63. {CHEN Bohua,SITU Pu,XIONG Minggen. Replantation of thin subdermal vascular network flap for skin avulsion injury[J]. Zhonghua Xian Wei Wai Ke Za Zhi[Chin J Microsurg(Article in Chinese;No abstract available)],1998,21(1):62-63.}

[7547] 肖能坎，沈绍勇，侯文明. 双侧脐旁带血管蒂真皮下血管网皮瓣修复多指皮肤脱套伤[J]. 中华显微外科杂志，1998，21（3）：195. DOI：10.3760/cma.j.issn.1001-2036.1998.03.013. {XIAO Nengkan,SHEN Shaoyong,HOU Wenming. Repairation of degloving injury of multiple fingers with bilateral paraumbillcal artery pedicle flap with subdermal vascular network[J]. Zhonghua Xian Wei Wai Ke Za Zhi[Chin J Microsurg(Article in Chinese;Abstract in Chinese and English)],1998,21(3):195. DOI:10.3760/cma.j.issn.1001-2036.1998.03.013.}

[7548] 苗雨露，席银雪，苏敏，郝新光. 真皮下血管网皮瓣蒂部的作用[J]. 中华整形烧伤外科杂志，1998，14（2）：16-18. {MIAO Yulu,XI Yinxue,SU Min,HAO Xinguang. Experimental study on the role of the pedicle of the subdermal vascular network skin flap[J]. Zhonghua Zheng Xing Shao Shang Wai Ke Za Zhi[Chin J Plast Surg Burns(Article in Chinese;Abstract in Chinese and English)],1998,14(2):16-18.}

[7549] 覃周忠，江健，莫建民. 真皮下血管网皮瓣覆盖治疗Ⅲ度烧伤[J]. 中华整形外科杂志，1998，14（3）：238. DOI：10.3760/j.issn：1009-4598.1998.03.028. {TAN Zhouzhong,JIANG Jian,MO Jianmin. Subdermal vascular network skin flap covering treatment of third degree burn[J]. Zhonghua Zheng Xing Wai Ke Za Zhi[Chin J Plast Surg(Article in Chinese;No abstract available)],1998,14(3):238. DOI:10.3760/j.issn:1009-4598.1998.03.028.}

[7550] 王凌峰，胡国林，巴特. 真皮下血管网薄皮瓣修复小儿手部创面[J]. 中国修复重建外科杂志，1998，12（4）：255. {WANG Lingfeng,HU Guolin,BA Te. Repair of hand wounds in children with thin skin flaps of subdermal vascular network[J]. Zhongguo Xiu Fu Chong Jian Wai Ke Za Zhi[Chin J Repair Reconstr Surg(Article in Chinese;No abstract available)],1998,12(4):255.}

[7551] 俞立新，高建明，吴水培. 脐旁分叶真皮下血管网皮瓣修复手指撕脱伤[J]. 中华显微外科杂志，1999，22（S1）：61-62. {YU Lixin,GAO Jianming,WU Shuipei. Repair of finger avulsion injury with subdermal vascular network flap[J]. Zhonghua Xian Wei Wai Ke Za Zhi[Chin J Microsurg(Article in Chinese;No abstract available)],1999,22(S1):61-62.}

[7552] 周传德，吴念，范飞，陈宗基. 大白鼠背部真皮下血管网皮瓣蒂部功能的研究[J]. 中华整形烧伤外科杂志，1999，15（3）：142-144. {ZHOU Chuande,WU Nian,FAN Fei,CHEN Zongji. The supporting effects of the pedicle of the subdermal vascular network flap in the rat[J]. Zhonghua Zheng Xing Shao Shang Wai Ke Za Zhi[Chin J Plast Surg Burns(Article in Chinese;Abstract in Chinese and English)],1999,15(3):142-144.}

[7553] 李辉. 带蒂真皮下血管网超薄皮瓣在手部皮肤缺损中的应用[J]. 实用医学杂志，1999，15（5）：417. DOI：10.3969/j.issn.1006-5725.1999.05.066. {LI Hui. Application of pedicled subdermal vascular network ultra-thin skin flap in skin defect of hand[J]. Shi Yong Yi Xue Za Zhi[J Pract Med(Article in Chinese;No abstract available)],1999,15(5):417. DOI:10.3969/j.issn.1006-5725.1999.05.066.}

[7554] 李秋实，冯承臣，陈沂民，刘茂文. 腹部双蒂真皮下血管网皮瓣修复手部脱套伤[J]. 中国修复重建外科杂志，1999，13（6）：335-336. {LI Qiushi,FENG Chengchen,CHEN Yimin,LIU Maowen. Abdominal bipedicled subepidermal vascular-network flap in repair of degloving injury of hand[J]. Zhongguo Xiu Fu Chong Jian Wai Ke Za Zhi[Chin J Repair Reconstr Surg(Article in Chinese;Abstract in Chinese and English)],1999,13(6):335-336.}

[7555] 黄巍，宋业光，修志夫. 真皮下血管网薄皮瓣血运重建方式的实验研究[J]. 中华整形外科杂志，2000，16（3）：161. DOI：10.3760/j.issn：1009-4598.2000.03.010. {HUANG Wei,SONG Yeguang,XIU Zhifu. Experimental study on revascularization of of subdermal vascular network thin flap[J]. Zhonghua Zheng Xing Wai Ke Za Zhi[Chin J Plast Surg(Article in Chinese;Abstract in Chinese and English)],2000,16(3):161. DOI:10.3760/j.issn:1009-4598.2000.03.010.}

[7556] 陈拓. 真皮下血管网薄皮瓣早期修复手部皮肤软组织缺损[J]. 中华显微外科杂志，2001，24（1）：77. {CHEN Tuo. Subdermal vascular network thin skin flap for early repair of hand skin and soft tissue defects[J]. Zhonghua Xian Wei Wai Ke Za Zhi[Chin J Microsurg(Article in Chinese;No abstract available)],2001,24(1):77.}

[7557] 杨英才. 脐旁轴形分叉真皮下血管网皮瓣修复手指皮肤撕脱伤12例[J]. 创伤外科杂志，2001，3（Z1）：100. DOI：10.3969/j.issn.1009-4237.2001.z1.072. {YANG Yingcai. Restoration of finger aversion with parwmwililal axial pattern skin flap which is faked intradermal vascular net repo a of 12 cases[J]. Chuang Shang Wai Ke Za Zhi[J Traum Surg(Article in Chinese;Abstract in Chinese and English)],2001,3(Z1):100. DOI:10.3969/j.issn.1009-4237.2001.z1.072.}

[7558] 郭树忠，鲁开化，张琳西，季红星. 撕脱皮瓣修剪成真皮下血管网皮瓣后对成活面积影响的研究[J]. 中国修复重建外科杂志，2001，15（6）：325-327. {GUO Shuzhong,LU Kaihua,ZHANG Linxi,JI Hongxing. Effect of subcutaneous tissue trimming on the survival skin area of avulsion skin flap[J]. Zhongguo Xiu Fu Chong Jian Wai Ke Za Zhi[Chin J Repar Reconstr Surg(Article in Chinese;Abstract in Chinese and English)],2001,15(6):325-327.}

[7559] 肖添有，肖能坎，司徒朴. 轴型血管蒂真皮下血管网皮瓣在创伤整形中的应用[J]. 中华显微外科杂志，2002，25（1）：63-64. DOI：10.3760/cma.j.issn.1001-2036.2002.01.027. {XIAO Tianyou,XIAO Nengkan,SITU Pu. Application of axial vascular pedicled subdermal vascular network flap in trauma plastic surgery[J]. Zhonghua Xian Wei Wai Ke Za Zhi[Chin J Microsurg(Article in Chinese;Abstract in Chinese)],2002,25(1):63-64. DOI:10.3760/cma.j.issn.1001-2036.2002.01.027.}

[7560] 卢青军，胡安军，雷芝瑞. 真皮下血管网皮瓣早期修复手热压伤32例报告[J]. 中国实用外科杂志，2002，22（7）：439. DOI：10.3321/j.issn：1005-2208.2002.07.019. {LU Qingjun,HU Anjun,LEI Zhirui. A report of 32 cases of early repair of hand thermal crush with subdermal vascular network flap[J]. Zhongguo Shi Yong Wai Ke Za Zhi [Chin J Pract Surg(Article in Chinese;No abstract available)],2002,22(7):439. DOI:10.3321/j.issn:1005-2208.2002.07.019.}

[7561] 贾堂宏，郭舒亚，刘培亭，华永新，张佐伦. 真皮下血管网皮瓣原位再植治疗手背皮肤逆行撕脱伤[J]. 中华手外科杂志，2002，18（4）：31-32. {JIA Tanghong,GUO Shuya,LIU Peiting,HUA Yongxin,ZHANG Zuolun. Repair of retrograde skin avulsion injury on the dorsum of the hand by replantation in SITU with subdermal vascular network flap[J]. Zhonghua Shou Wai Ke Za Zhi[Chin J Hand Surg(Article in Chinese;Abstract in Chinese and English)],2002,18(4):31-32.}

[7562] 李庆忠，魏云超，史翀，马龙，徐连营. 交臂真皮下血管网皮瓣修复较大面积指皮肤缺损[J]. 实用骨科杂志，2002，8（5）：337-338. DOI：10.3969/j.issn.1008-5572.2002.05.008. {LI Qingzhong,WEI Yunchao,SHI Chong,MA Long,XU Lianying. Repairing the finger defects of larger area with subdermal vascular network flap of cross-arm[J]. Shi Yong Gu Ke Za Zhi[J Pract Orthop(Article in Chinese;Abstract in Chinese and English)],2002,8(5):337-338. DOI:10.3969/j.issn.1008-5572.2002.05.008.}

[7563] 常建琪，贺晓黎，张子峰，张文生，庞军，王忻，吴浩华，高敏. 带蒂真皮下血管网皮瓣急诊修复手部创面[J]. 实用手外科杂志，2002，16（2）：87-88. DOI：10.3969/j.issn.1671-2722.2002.02.009. {CHANG Jianqi,HE Xiaoli,ZHANG Zifeng,ZHANG Wensheng,PANG Jun,WANG Xin,WU Haohua,GAO Min. Repairing wound on hand by subdermal vascular network flap with pedicle[J]. Shi Yong Shou Wai Ke Za Zhi[Chin J Pract Hand Surg(Article in Chinese;Abstract in Chinese and English)],2002,16(2):87-88. DOI:10.3969/j.issn.1671-2722.2002.02.009.}

[7564] 王波涛，扬新蕾，赵玲珑. 腹部真皮下血管网皮瓣修复多手指环形热压伤一例[J]. 中华烧伤杂志，2003，19（6）：374. DOI：10.3760/cma.j.issn.1009-2587.2003.06.037. {WANG Botao,YANG Xinlei,ZHAO Linglong. A case of abdomen subdermal vascular network skin flap for repairing multi-finger circular thermal compression injury[J]. Zhonghua Shao Shang Za Zhi[Chin J Burns(Article in Chinese;No abstract available)],2003,19(6):374. DOI:10.3760/cma.j.issn.1009-2587.2003.06.037.}

[7565] 王俊生，雷万军，董长青，李超. 下腹部轴型动脉蒂的真皮下血管网皮瓣修复手部软组织缺损[J]. 中华整形外科杂志，2003，19（4）：264. DOI：10.3760/j.issn：1009-4598.2003.04.023. {WANG Junsheng,LEI Wanjun,DONG Changqing,LI Chao. Repair of hand soft tissue defects with subdermal vascular network flap pedicled with axial artery in the lower abdomen[J]. Zhonghua Zheng Xing Wai Ke Za Zhi[Chin J Plast Surg(Article in Chinese;No abstract available)],2003,19(4):264. DOI:10.3760/j.issn:1009-4598.2003.04.023.}

[7566] 叶胜捷，陈如俊，叶鹂柳，庞淑光，张文振，方声教，章锦成，郑庆兴. 真皮下血管网皮瓣修复手掌合并多指掌面深度烧伤23例[J]. 中华烧伤杂志，2004，20（5）：314. DOI：10.3760/cma.j.issn.1009-2587.2004.05.032. {YE Shengjie,CHEN Rujun,YE Liliu,PANG Shuguang,ZHANG Wenzhen,FANG Shengjiao,ZHANG Jincheng,ZHENG Qingxing. Repair of palm with multi-finger deep burns with subdermal vascular network flap[J]. Zhonghua Shao Shang Za Zhi[Chin J Burns(Article in Chinese;No abstract available)],2004,20(5):314. DOI:10.3760/cma.j.issn.1009-2587.2004.05.032.}

[7567] 王生钰. 真皮下血管网皮瓣修复手部皮肤软组织缺损[J]. 实用手外科杂志，2004，18（2）：95-96. DOI：10.3969/j.issn.1671-2722.2004.02.012. {WANG Shengyu. Repair of skin and soft tissue defect in hand with blood vessel net beneath dermis flap[J]. Shi Yong Shou Wai Ke Za Zhi[Chin J Pract Hand Surg(Article in Chinese;Abstract in Chinese and English)],2004,18(2):95-96. DOI:10.3969/j.issn.1671-2722.2004.02.012.}

[7568] 吴中强，关志广. 脐旁真皮下血管网皮瓣修复手部高压电烧伤[J]. 中国修复重建外科杂志，2004，18（6）：515. {WU Zhongqiang,GUAN Zhiguang. Repair of high-voltage electric burn of hand with subdermal vascular network flap near the umbilical cord[J]. Zhongguo Xiu Fu Chong Jian Wai Ke Za Zhi[Chin J Repar Reconstr Surg(Article in Chinese;Abstract in Chinese)],2004,18(6):515.}

[7569] 龚志鑫，邵新中，张克亮，韩金豹，于亚东，田德虎，张冰. 腹部真皮下血管网皮瓣修复多指皮肤缺损[J]. 中华手外科杂志，2005，21（3）：167-168. {GONG Zhixin,SHAO Xinzhong,ZHANG Keliang,HAN Jinbao,YU Yadong,TIAN Dehu,ZHANG Bing. Repairing skin defects at multiple fingers by abdominal flap with subderminal plexus of vessels[J]. Zhonghua Shou Wai Ke Za Zhi[Chin J Hand Surg(Article in Chinese;Abstract in Chinese and English)],2005,21(3):167-168.}

[7570] 黄晓元，梁鹏飞，杨兴华，钟克勤，罗剑，雷少榕. 上臂真皮下血管网皮瓣与面颌部瘢痕瓣置换移植术[J]. 中华烧伤杂志，2005，21（2）：117-118. DOI：10.3760/cma.j.issn.1009-2587.2005.02.012. {HUANG Xiaoyuan,LIANG Pengfei,YANG Xinghua,ZHONG Keqin,LUO Jian,LEI Shaorong. Interchange of facial scar flap with upper arm subdermal vascular network skin flap to improve facial appearance[J]. Zhonghua Shao Shang Za Zhi[Chin J Burns(Article in Chinese;Abstract in Chinese and English)],2005,21(2):117-118. DOI:10.3760/cma.j.issn.1009-2587.2005.02.012.}

[7571] 林闻海，郑廷忠，王庆生，庞水发. 真皮下血管网皮瓣在手外伤修复中的应用[J]. 中国修复重建外科杂志，2005，19（7）：528-530. {LIN Wenhai,ZHENG Tingzhong,WANG Qingsheng,PANG Shuifa. Study on the effect of pedicle skin flap of subdermal vascular plexus on repairing the hand injury[J]. Zhongguo Xiu Fu Chong Jian Wai Ke Za Zhi[Chin J Repar Reconstr Surg(Article in Chinese;Abstract in Chinese and English)],2005,19(7):528-530.}

[7572] 熊龙，饶长秀，凌峰. 带蒂分叶真皮下血管网超薄皮瓣修复多指损伤[J]. 中华手外科杂志，2006，22（6）：355. DOI：10.3760/cma.j.issn.1005-054X.2006.06.026. {XIONG Long,RAO Changxiu,LING Feng. Repair of multi-finger injury with pedicled subdermal vascular network ultra thin skin flap[J]. Zhonghua Shou Wai Ke Za Zhi[Chin J Hand Surg(Article in Chinese;No abstract available)],2006,22(6):355. DOI:10.3760/cma.j.issn.1005-054X.2006.06.026.}

[7573] 兰珊珊，赵自然，张可佳. 应用超薄真皮下血管网皮瓣法治疗腋臭（附41例报告）[J]. 吉林大学学报（医学版），2007，33（2）：289. DOI：10.3969/j.issn.1671-587X.2007.02.069. {LAN Shanshan,ZHAO Ziran,ZHANG Kejia. Treatment of underarm odor with ultra-thin subdermal vascular network flap (report of 41 cases)[J]. Ji Lin Da Xue Xue Bao (Yi Xue Ban)[J Jilin Univ Med Ed(Article in Chinese;No abstract available)],2007,33(2):289. DOI:10.3969/j.issn.1671-587X.2007.02.069.}

[7574] 王肖蓉. 真皮下血管网皮瓣修复小儿会阴部瘢痕挛缩30例[J]. 中华烧伤杂志，2008，24（1）：25-252. DOI：10.3760/cma.j.issn.1009-2587.2008.01.019. {WANG Xiaorong. Repair of 30 cases of perineal scar contracture in children with subdermal vascular network flap[J]. Zhonghua Shao Shang Za Zhi[Chin J Burns(Article in Chinese;No abstract available)],2008,24(1):25-252. DOI:10.3760/cma.j.issn.1009-2587.2008.01.019.}

[7575] 龚志鑫，张桂生，邵新中，张克亮，王立，王伟. 应用H形腹部真皮下血管网皮瓣修复多指皮肤缺损[J]. 中华手外科杂志，2009，25（5）：294-295. DOI：10.3760/cma.j.issn.1005-054X.2009.05.022. {GONG Zhixin,ZHANG Guisheng,SHAO Xinzhong,ZHANG Keliang,WANG Li,WANG Wei. Repair of degloving injury of the fingers using the h shape abdominal flap with subdermal vascular plexus[J]. Zhonghua Shou Wai Ke Za Zhi[Chin J Hand Surg(Article in Chinese;Abstract in Chinese and English)],2009,25(5):294-295. DOI:10.3760/cma.j.issn.1005-054X.2009.05.022.}

[7576] 蔡晓斌，吴忠伟，杨碧虹. 真皮下血管网皮瓣修复手指脱套伤30例[J]. 临床骨科杂志，2009，12（4）：384-386. DOI：10.3969/j.issn.1008-0287.2009.04.010. {CAI Xiaobin,WU Zhongwei,YANG Bihong. Subdermal vascular plexus flap in repair of the degloving injury of finger in 30 cases[J]. Lin Chuang Gu Ke Za Zhi[J Clin Orthop(Article in Chinese;Abstract in Chinese and English)],2009,12(4):384-386. DOI:10.3969/j.issn.1008-0287.2009.04.010.}

[7577] 张桂生，王伟，龚志鑫，王世辉，刘建敏. 腹部双蒂真皮下血管网皮瓣修复手指脱套伤[J]. 实用手外科杂志，2009，23（1）：22-23，54. DOI：10.3969/j.issn.1671-2722.2009.01.009. {ZHANG Guisheng,WANG Wei,GONG Zhixin,WANG Shihui,LIU Jianmin. Repair of degloving injury of finger by abdominal double pedicle skin flap with subdermal vascular plexus[J]. Shi Yong Shou Wai Ke Za Zhi[Chin J Pract Hand Surg(Article in Chinese;Abstract in Chinese and English)],2009,23(1):22-23,54. DOI:10.3969/j.issn.1671-2722.2009.01.009.}

[7578] 袁湘斌，赵耀忠，江华，林子豪，朱晓海，章建林，孙美庆，张盈帆. 真皮下血管网皮瓣在手部创伤修复中的应用[J]. 实用手外科杂志，2009，23（4）：197-199. DOI：10.3969/j.issn.1671-2722.2009.04.002. {YUAN Xiangbin,ZHAO Yaozhong,JIANG Hua,LIN Zihao,ZHU Xiaohai,ZHANG Jianlin,SUN Meiqing,ZHANG Yingfan. Application of flap with subcutaneous capillary network in repairing soft tissue defects in hand traumas[J]. Shi Yong Shou Wai Ke Za Zhi[Chin J Pract Hand Surg(Article in Chinese;Abstract in Chinese and English)],2009,23(4):197-199. DOI:10.3969/j.issn.1671-2722.2009.04.002.}

[7579] 罗俊，宋君，余创豪，陆蕴红，钟建军. 带腹部真皮下血管网皮瓣修复手指末节皮肤套状缺损[J]. 中华手外科杂志，2010，26（6）：368. DOI：10.3760/cma.j.issn.1005-054X.2010.06.026. {LUO Jun,SONG Jun,YU Chuanghao,LU Yunhong,ZHONG Jianjun. Repair of the skin defect of the distal segment of the finger with a skin flap with abdominal subdermal vascular network[J]. Zhonghua Shou Wai Ke Za Zhi[Chin J Hand Surg(Article in Chinese;No abstract available)],2010,26(6):368. DOI:10.3760/cma.j.issn.1005-054X.2010.06.026.}

[7580] 李金亮，朱伟. 腹部埋藏和真皮下血管网皮瓣修复手部软组织缺损[J]. 中华手外科杂志，2012，28（4）：255. DOI：10.3760/cma.j.issn.1005-054X.2012.04.026. {LI Jinliang,ZHU Wei. Repair of hand soft tissue defects with buried abdominal and subdermal vascular network flap[J]. Zhonghua Shou Wai Ke Za Zhi[Chin J Hand Surg(Article in Chinese;No abstract available)],2012,28(4):255. DOI:10.3760/cma.j.issn.1005-054X.2012.04.026.}

[7581] 李永军，甄文甲，刘刚，古云芝，梁炳生. 真皮下血管网皮瓣在不同时间断蒂临床疗效的比较[J]. 中华手外科杂志，2012，28（6）：346-349. DOI：10.3760/cma.j.issn.1005-054X.2012.06.011. {LI Yongjun,ZHEN Wenjia,LIU Gang,GU Yunzhi,LIANG Bingsheng. A comparison of clinical results of the subdermal vascular network skin flap with different pedicle division time[J]. Zhonghua Shou Wai Ke Za Zhi[Chin J Hand Surg(Article in Chinese;Abstract in Chinese and English)],2012,28(6):346-349. DOI:10.3760/cma.j.issn.1005-054X.2012.06.011.}

[7582] 周晓，芮永军，许亚军，寿奎水，姚群. 腹部对合式真皮下血管网皮瓣修复多指套状撕脱伤[J]. 中华整形外科杂志，2012，28（3）：224-225. DOI：10.3760/cma.j.issn.1009-4598.2012.03.017. {ZHOU Xiao,RUI Yongjun,XU Yajun,SHOU Kuishui,YAO Qun. Repair of multi-finger cuff-like avulsion injury with a pair of abdominal subdermal vascular network flap[J]. Zhonghua Zheng Xing Wai Ke Za Zhi[Chin J Plast Surg(Article in Chinese;No abstract available)],2012,28(3):224-225. DOI:10.3760/cma.j.issn.1009-4598.2012.03.017.}

[7583] 闫国强，黄远华，钟振华，范晓明. 掌、指背真皮下血管网皮筋膜穿支血管岛状皮瓣修复指皮肤软组织缺损[J]. 实用手外科杂志，2012，26（1）：28-30. DOI：10.3969/j.issn.1671-2722.2012.01.011. {YAN Guoqiang,HUANG Yuanhua,ZHONG Zhenhua,FAN Xiaoming. Repairing soft tissue defect of finger by fascial flap with perforator vessel of dorsal carpometacarpal subdermal vascular network[J]. Shi Yong Shou Wai Ke Za Zhi[Chin J Pract Hand Surg(Article in Chinese;Abstract in Chinese and English)],2012,26(1):28-30. DOI:10.3969/j.issn.1671-2722.2012.01.011.}

[7584] 闫国强，刘长青，李家宇. 穿支血管筋膜蒂真皮下血管网皮瓣修复四肢创面[J]. 实用手外科杂志，2012，26（4）：322-323，373. DOI：10.3969/j.issn.1671-2722.2012.04.007. {YAN Guoqiang,LIU Changqing,LI Jiayu. Repairing limb wound by fascial pedicle flap with perforator vessel of subdermal vascular network[J]. Shi Yong Shou Wai Ke Za Zhi[Chin J Pract Hand Surg(Article in Chinese;Abstract in Chinese and English)],2012,26(4):322-323,373. DOI:10.3969/j.issn.1671-2722.2012.04.007.}

[7585] 王文德，李宗宝，胡亮，高广辉，韩会峰. 应用肿胀技术制作腹部真皮下血管网皮瓣治疗手部套脱伤[J]. 中华手外科杂志，2013，29（5）：314-315. DOI：10.3760/cma.j.issn.1005-054X.2013.05.024. {WANG Wende,LI Zongbao,HU Liang,GAO Guanghui,HAN Huifeng. Application of swelling technique to produce abdominal subdermal vascular network flap for treatment of hand sleeve injury[J]. Zhonghua Shou Wai Ke Za Zhi[Chin J Hand Surg(Article in Chinese;No abstract available)],2013,29(5):314-315. DOI:10.3760/cma.j.issn.1005-054X.2013.05.024.}

[7586] 李长青，孙晋中，崔雅宁，张翠兰，程红林，张军会，刘云峰. 保留真皮下血管网行皮瓣术后臃肿一次切除修整术42例[J]. 中华显微外科杂志，2015，38（2）：202. DOI：10.3760/cma.j.issn.1001-2036.2015.02.034. {LI Changqing,SUN Jinzhong,CUI Yaning,ZHANG Cuilan,CHENG Honglin,ZHANG Junhui,LIU Yunfeng. One-time excision and repair of 42 cases of bloated skin flap after preserving subdermal vascular network[J]. Zhonghua Xian Wei Wai Ke Za Zhi[Chin J Microsurg(Article in Chinese;Abstract in Chinese)],2015,38(2):202. DOI:10.3760/cma.j.issn.1001-2036.2015.02.034.}

[7587] 李永军，梁炳生，陈魁胜，崔彦明，古云芝，刘刚，石娜，石慧征，史志强. 真皮下血管网皮瓣联合甲床移植修复指端缺损[J]. 中华手外科杂志，2015，31（4）：314-316. DOI：10.3760/cma.j.issn.1005-054X.2015.04.029. {LI Yongjun,LIANG Bingsheng,CHEN Kuisheng,CUI Yanming,GU Yunzhi,LIU Gang,SHI Na,SHI Huizheng,SHI Zhiqiang. Repair of fingertip defects with subdermal vascular network flap combined with nail bed transplantation[J]. Zhonghua Shou Wai Ke Za Zhi[Chin J Hand Surg(Article in Chinese;Abstract in Chinese)],2015,31(4):314-316. DOI:10.3760/cma.j.issn.1005-054X.2015.04.029.}

[7588] 高华伟，雷英，田超，肖文明，张兰芳，李凌云，蒋婷. 腹部股动脉穿支双叶真皮下血管网皮瓣修复手部多处电烧伤创面疗效观察[J]. 中华烧伤杂志，2016，32（9）：566-568. DOI：10.3760/cma.j.issn.1009-2587.2016.09.011. {GAO Huawei,LEI Ying,TIAN Chao,XIAO Wenming,ZHANG Lanfang,LI Lingyun,JIANG Ting. Observation of curative effect of abdominal femoral artery perforator double-leaf subdermal vascular network flap for repairing multiple electric burn wounds of hand[J]. Zhonghua Shao Shang Za Zhi[Chin J Burns(Article in Chinese;Abstract in Chinese)],2016,32(9):566-568. DOI:10.3760/cma.j.issn.1009-2587.2016.09.011.}

[7589] 吴庆．腹部双叶带蒂真皮下血管网皮瓣在手指皮肤缺损修复中的应用效果 [J]．创伤外科杂志，2017，19（1）：13-16．DOI：10.3969/j.issn.1009-4237.2017.01.004．{WU Qing. Effect of abdominal subdermal vascular net bilobate flap in the treatment of finger skin defect[J]. Chuang Shang Wai Ke Za Zhi[J Traum Surg(Article in Chinese;Abstract in Chinese and English)],2017,19(1):13-16. DOI:10.3969/j.issn.1009-4237.2017.01.004.}

4.1.9.7 皮神经营养血管皮瓣（浅静脉营养血管皮瓣、皮神经浅静脉营养血管皮瓣）
neurocutaneous vascular flap (venocutaneous flap,neurovenocutaneous flap)

[7590] Zhang FH,Topp SG,Zhang WJ,Zheng HP,Zhang F. Anatomic study of distally based pedicle compound flaps with nutrient vessels of the cutaneous nerves and superficial veins of the forearm[J]. Microsurgery,2006,26(5):373-385. doi:10.1002/micr.20255.

[7591] Chai Y,Zeng B,Cai P,Kang Q,Chen Y,Wang C. A reversed superficial peroneal neurocutaneous island flap based on the descending branch of the distal peroneal perforator:clinical experiences and modifications[J]. Microsurgery,2008,28(1):4-9. doi:10.1002/micr.20437.

[7592] Zhang F,Zhang CC,Lin S,Zhang G,Zheng H. Distally based saphenous nerve-great saphenous veno-fasciocutaneous compound flap with nutrient vessels:microdissection and clinical application[J]. Ann Plast Surg,2009,63(1):81-88. doi:10.1097/SAP.0b013e318188b958.

[7593] Hu XH,Du WL,Chen Z,Li M,Wang C,Shen YM. The application of distally pedicled peroneus brevis muscle flaps and retrograde neurocutaneous accompanying artery flaps for treatment of bony and soft-tissue 3-dimensional defects of the lower leg and foot[J]. Int J Low Extrem Wounds,2013,12(1):53-62. doi:10.1177/1534734613479381.

[7594] Dai J,Chai Y,Wang C,Wen G. Proximal-based saphenous neurocutaneous flaps:a novel tool for reconstructive surgery in the proximal lower leg and knee[J]. J Reconstr Microsurg,2013,29(6):373-378. doi:10.1055/s-0033-1343958.

[7595] Dai J,Chai Y,Wang C,Wen G. Distally based saphenous neurocutaneous perforator flap for reconstructive surgery in the lower leg and the foot:a long-term follow-up study of 70 patients[J]. J Reconstr Microsurg,2013,29(7):481-485. doi:10.1055/s-0033-1345435.

[7596] Chen C,Tang P,Zhang L. Reconstruction of a soft tissue defect in the finger using the heterodigital neurocutaneous island flap[J]. Injury,2013,44(11):1607-1614. doi:10.1016/j.injury.2013.06.025.

[7597] Wu Z,Song D,Lin J,Zheng H,Hou C,Li L,Wang T. Anatomic basis of the distally based venocutaneous flap on the medial plantar artery of the hallux with medial plantar vein and nutrient vessels:a cadaveric dissection[J]. Surg Radiol Anat,2015,37(8):975-981. doi:10.1007/s00276-015-1464-1.

[7598] Wang CY,Chai YM,Wen G,Han P,Cheng L. Superficial peroneal neurocutaneous flap based on an anterior tibial artery perforator for forefoot reconstruction[J]. Ann Plast Surg,2015,74(6):703-707. doi:10.1097/SAP.0b013e3182a6ae22.

[7599] Zhong W,Lu S,Chai Y. Distally based saphenous neurocutaneous perforator flap:a versatile donor site for reconstruction of soft tissue defects of the medial malleolar region[J]. J Foot Ankle Surg,2016,55(2):391-396. doi:10.1053/j.jfas.2015.02.002.

[7600] Fan A,Song L,Zhang H,Gao W,Zhang X,Yu Y. Reconstruction of finger pulp defects with an innervated distally-based neurovascular flap[J]. J Hand Surg Am,2020,45(5):454.e1-454.e8. doi:10.1016/j.jhsa.2019.10.018.

[7601] Liu S,Tan J,Tao S,Duan Y,Hu X,Li Z. Reconstruction of a distal foot skin defect using an intermediate dorsal neurocutaneous flap[J]. Orthop Surg,2020,12(2):442-449. doi:10.1111/os.12623.

[7602] Wang C,Yang W,Zhang F,Lineaweaver WC,Wen G,Chai Y. Superficial peroneal neurocutaneous flap for coverage of donor site defect after the combined transfer of toe and dorsal foot flap[J]. Ann Plast Surg,2021,86(4):440-443. doi:10.1097/SAP.0000000000002520.

[7603] Yang YF,Gao XS,Liu ZL,Huang JW,Wang JW,Xu ZH. Repair of small-size wound of achilles tendon exposure with proximal pedicled cutaneous neurovascular flap[J]. Ann Plast Surg, 2021 Jan 28. doi:10.1097/SAP.0000000000002730. Online ahead of print.

[7604] 张世民．带皮神经及其营养血管的皮瓣 [J]．中国临床解剖学杂志，1996，14（1）：313-315．{ZHANG Shimin. Skin flap with cutaneous nerve and its nutritional blood vessel[J]. Zhongguo Lin Chuang Jie Pou Xue Za Zhi[Chin J Clin Anat(Article in Chinese;Abstract in Chinese)],1996,14(1):313-315.}

[7605] 柴益民，吕国坤，陈彦堃，王书成，马心赤，王和驹．带前臂皮神经营养血管蒂岛状皮瓣的临床应用 [J]．中华显微外科杂志，1998，21（1）：15-17．{CHAI Yimin,LU Guokun,CHEN Yankun,WANG Shucheng,MA Xinchi,WANG Heju. The clinical application of neuro cutaneous axial island flap in the forearm[J]. Zhonghua Xian Wei Wai Ke Za Zhi[Chin J Microsurg(Article in Chinese;Abstract in Chinese and English)],1998,21(1):15-17.}

[7606] 刘茂文，冯承臣，陈沂民，杨殿玉，李秋实，徐建东．带足背皮神经营养血管蒂岛状皮瓣的临床应用 [J]．中华显微外科杂志，1998，21（1）：57-58．{LIU Maowen,FENG Chengchen,CHEN Yimin,YANG Dianyu,LI Qiushi,XU Jiandong. Clinical application of island flap with dorsal cutaneous nerve nutrient vessel pedicle[J]. Zhonghua Xian Wei Wai Ke Za Zhi[Chin J Microsurg(Article in Chinese;No abstract available)],1998,21(1):57-58.}

[7607] 周礼荣，丁任，蔡仁祥，王伟，李峻，张燕，刘迎曦，王平，吴容．四肢皮神经营养血管皮瓣的临床应用 [J]．中华显微外科杂志，2000，23（1）：26-28．DOI：10.3760/cma.j.issn.1001-2036.2000.01.010．{ZHOU Lirong,DING Ren,CAI Renxiang,WANG Wei,LI Jun,ZHANG Yan,LIU Yingxi,WANG Ping,WU Rong. Clinic application of neurocutaneous vascular flap of extremities[J]. Zhonghua Xian Wei Wai Ke Za Zhi[Chin J Microsurg(Article in Chinese;Abstract in Chinese and English)],2000,23(1):26-28. DOI:10.3760/cma.j.issn.1001-2036.2000.01.010.}

[7608] 芮永军，徐建光，顾玉东．以皮神经营养血管为蒂岛状皮瓣的基础研究 [J]．中华手外科杂志，2000，16（4）：248．DOI：10.3760/cma.j.issn.1005-054X.2000.04.018．{RUI Yongjun,XU Jianguang,GU Yudong. Basic study on neurocutaneous concommitant vessel pedicled island flap[J]. Zhonghua Shou Wai Ke Za Zhi[Chin J Hand Surg(Article in Chinese;Abstract in Chinese and English)],2000,16(4):248. DOI:10.3760/cma.j.issn.1005-054X.2000.04.018.}

[7609] 卡索，刘成，陈向军，关志明．皮神经营养血管皮瓣修复手足软组织缺损 [J]．创伤外科杂志，2000，2（3）：168．DOI：10.3969/j.issn.1009-4237.2000.03.014．{CA Suo,LIU Cheng,CHEN Xiangjun,GUAN Zhiming. Repair of soft tissue defects with neurocutaneous vascular flap in the hands and feet[J]. Chuang Shang Wai Ke Za Zhi[J Traum Surg(Article in Chinese;Abstract in Chinese)],2000,2(3):168. DOI:10.3969/j.issn.1009-4237.2000.03.014.}

[7610] 傅小宽，庄永青，李小军．浅静脉－皮神经营养血管岛状皮瓣的临床应用 [J]．中华显微外科杂志，2000，23（2）：95．DOI：10.3760/cma.j.issn.1001-2036.2000.02.006．{FU Xiaokuan,ZHUANG Yongqing,LI Xiaojun. The clinical application of distally based veno-neurocutaneous vascular island flap in the extremities[J]. Zhonghua Xian Wei Wai Ke Za Zhi[Chin J Microsurg(Article in Chinese;Abstract in Chinese and English)],2000,23(2):95. DOI:10.3760/cma.j.issn.1001-2036.2000.02.006.}

[7611] 张世民，侯春林，徐达传．对带皮神经营养血管皮瓣的再评价 [J]．中国临床解剖学杂志，2001，19（1）：82-88．DOI：10.3969/j.issn.1001-165X.2001.01.030．{ZHANG Shimin,HOU Chunlin,XU Dachuan. Re-evaluation of skin flap with skin nerve nutrient vessel[J]. Zhongguo Lin Chuang Jie Pou Xue Za Zhi[Chin J Clin Anat(Article in Chinese;No abstract available)],2001,19(1):82-88. DOI:10.3969/j.issn.1001-165X.2001.01.030.}

[7612] 卡索，刘成，陈向军，关志明．足背内侧皮神经营养血管皮瓣临床应用 [J]．中华显微外科杂志，2001，24（1）：77．{KA Suo,LIU Cheng,CHEN Xiangjun,GUAN Zhiming. Clinical application of dorsal medial cutaneous nerve nutrient vascular flap[J]. Zhonghua Xian Wei Wai Ke Za Zhi[Chin J Microsurg(Article in Chinese;No abstract available)],2001,24(1):77.}

[7613] 苗平，阎永起，周明武．足背内侧皮神经内侧支营养血管皮瓣逆行修复跗趾缺损 [J]．中华显微外科杂志，2001，24（2）：156．DOI：10.3760/cma.j.issn.1001-2036.2001.02.050．{MIAO Ping,YAN Yongqi,ZHOU Mingwu. Retrograde repair of toe defect with flap with nutrient vessel of medial dorsal cutaneous nerve and medial branch[J]. Zhonghua Xian Wei Wai Ke Za Zhi[Chin J Microsurg(Article in Chinese;No abstract available)],2001,24(2):156. DOI:10.3760/cma.j.issn.1001-2036.2001.02.050.}

[7614] 俞立新，吴水培，高建明，于加平，黄飞．应用前臂内侧皮神经营养皮瓣修复手掌部创面 [J]．中华显微外科杂志，2001，24（4）：299-300．DOI：10.3760/cma.j.issn.1001-2036.2001.04.024．{YU Lixin,WU Shuipei,GAO Jianming,YU Jiaping,HUANG Fei. Repair of palmar wounds with nutrient skin flap of medial forearm cutaneous nerve[J]. Zhonghua Xian Wei Wai Ke Za Zhi[Chin J Microsurg(Article in Chinese;Abstract in Chinese)],2001,24(4):299-300. DOI:10.3760/cma.j.issn.1001-2036.2001.04.024.}

[7615] 黄飞，吴水培，高建明，李强，俞立新．前臂及拇背侧皮神经营养血管蒂岛状皮瓣的临床应用 [J]．中华手外科杂志，2001，17（S1）：24-25．{HUANG Fei,WU Shuipei,GAO Jianming,LI Qiang,YU Lixin. Clinical application of forearm and dorsal thumb neurocutaneous axial island flap[J]. Zhonghua Shou Wai Ke Za Zhi[Chin J Hand Surg(Article in Chinese;Abstract in Chinese and English)],2001,17(S1):24-25.}

[7616] 邓永高，陈伟明，邹仲兵，赵海生，陈志生．股前皮神经营养血管蒂岛状皮瓣的临床应用 [J]．中华整形外科杂志，2001，17（2）：72-74．DOI：10.3760/j.issn：1009-4598.2001.02.002．{DENG Yonggao,CHEN Weiming,ZOU Zhongbing,ZHAO Haisheng,CHEN Zhisheng. Clinical study on the island flap pedicled with vessels of the femoral cutaneous nerves[J]. Zhonghua Zheng Xing Wai Ke Za Zhi[Chin J Plast Surg(Article in Chinese;Abstract in Chinese and English)],2001,17(2):72-74. DOI:10.3760/j.issn:1009-4598.2001.02.002.}

[7617] 王彦生，田立杰，辛畅泰，李崇杰，王春勃，尚宇阳．臂内侧皮神经营养血管筋膜皮瓣的临床应用 [J]．中国局解手术学杂志，2001，10（2）：131-132．DOI：10.3969/j.issn.1672-5042.2001.02.016．{WANG Yansheng,TIAN Lijie,XIN Changtai,LI Chongjie,WANG Chunbo,SHNAG Yuyang. Clinical application of arm medial pedicle flap with cutaneous nerve and nutrient vessel[J]. Ju Jie Shou Shu Xue Za Zhi[J Reg Anat Oper Surg(Article in Chinese;Abstract in Chinese and English)],2001,10(2):131-132. DOI:10.3969/j.issn.1672-5042.2001.02.016.}

[7618] 田立杰，王彦生，王英搏，战杰，田芙蓉．皮神经营养血管蒂逆行皮瓣静脉回流障碍原因及处理 [J]．实用手外科杂志，2001，15（4）：199-201．DOI：10.3969/j.issn.1671-2722.2001.04.002．{TIAN Lijie,WANG Yansheng,WANG Yingbo,ZHAN Jie,TIAN Furong. The cause and disposal of venous reflux disturbance in neurocutaneous vascular resupinated island flap[J]. Shi Yong Shou Wai Ke Za Zhi[Chin J Pract Hand Surg(Article in Chinese;Abstract in Chinese and English)],2001,15(4):199-201. DOI:10.3969/j.issn.1671-2722.2001.04.002.}

[7619] 柳昊，魏立坤，田立杰．浅静脉皮神经营养血管蒂逆行皮瓣修复手部皮肤缺损 [J]．实用手外科杂志，2001，15(4)：205-206．DOI：10.3969/j.issn.1671-2722.2001.04.004．{LIU Hao,WEI Likun,TIAN Lijie. Repair of skin defect in hand by reversely pedicled transfer of the veno-neurocutaneous vascular island flap[J]. Shi Yong Shou Wai Ke Za Zhi[Chin J Pract Hand Surg(Article in Chinese;Abstract in Chinese and English)],2001,15(4):205-206. DOI:10.3969/j.issn.1671-2722.2001.04.004.}

[7620] 柴益民，林崇正，陈汉东，张燕翔，陈彦．吻合浅静脉的逆行皮神经营养血管皮瓣的应用 [J]．中国修复重建外科杂志，2001，15（4）：217-218．{CHAI Yimin,LIN Chongzheng,CHEN Handong,ZHANG Yanxiang,CHEN Yan. The clinical application of distally based neurocutaneous flap by anastomosis of superficial veins[J]. Zhongguo Xiu Fu Chong Jian Wai Ke Za Zhi[Chin J Repar Reconstr Surg(Article in Chinese;Abstract in Chinese and English)],2001,15(4):217-218.}

[7621] 柴益民，林崇正，陈彦堃，邱勋永，王清．骨间前血管前臂背侧皮神经营养血管皮瓣的临床应用 [J]．中华显微外科杂志，2002，25（4）：247-248．DOI：10.3760/cma.j.issn.1001-2036.2002.04.002．{CHAI Yimin,LIN Chongzheng,CHEN Yankun,QIU Xunyong,WANG Qing. Clinical application of posterior neurocutaneous vascular axial flap in the forearm pedicle with dorsal branch of anterior interossea vessel[J]. Zhonghua Xian Wei Wai Ke Za Zhi[Chin J Microsurg(Article in Chinese;Abstract in Chinese and English)],2002,25(4):247-248. DOI:10.3760/cma.j.issn.1001-2036.2002.04.002.}

[7622] 柴益民，林崇正，陈彦堃，陈汉东，邱勋永．手背皮神经营养血管蒂逆行皮瓣的临床应用 [J]．实用手外科杂志，2002，16（4）：215-216．DOI：10.3969/j.issn.1671-2722.2002.04.010．{CHAI Yimin,LIN Chongzheng,CHEN Yankun,CHEN Handong,QIU Xunyong. Clinical application of reversed neurovascular flap on dorsal part of hand[J]. Shi Yong Shou Wai Ke Za Zhi[Chin J Pract Hand Surg(Article in Chinese;Abstract in Chinese and English)],2002,16(4):215-216. DOI:10.3969/j.issn.1671-2722.2002.04.010.}

[7623] 傅小宽，徐达传．浅静脉－皮神经营养血管皮瓣的血供研究进展 [J]．中国临床解剖学杂志，2002，20（6）：489-490．DOI：10.3969/j.issn.1001-165X.2002.06.029．{FU Xiaokuan,XU Dachuan. Studies progress of blood support of superficial vein neurocutaneous vascular flop[J]. Zhongguo Lin Chuang Jie Pou Xue Za Zhi[Chin J Clin Anat(Article in Chinese;No abstract available)],2002,20(6):489-490. DOI:10.3969/j.issn.1001-165X.2002.06.029.}

[7624] 柳昊，叶澄宇，魏立坤，潘哲尔．吻合浅静脉的皮神经营养血管逆行皮瓣转位术 [J]．中华显微外科杂志，2002，25（4）：288-289．DOI：10.3760/cma.j.issn.1001-2036.2002.04.016．{LIU Hao,YE Chengyu,WEI Likun,PAN Zheer. Transposition of retrograde skin flap with cutaneous neurotrophic vessel anastomosing superficial vein[J]. Zhonghua Xian Wei Wai Ke Za Zhi[Chin J Microsurg(Article in Chinese;Abstract in Chinese)],2002,25(4):288-289. DOI:10.3760/cma.j.issn.1001-2036.2002.04.016.}

[7625] 罗志平，边子虎，饶海群，谢建军，黄大江，曾剑文，廖洪跃，刘思海．皮神经营养血管逆行岛状皮瓣吻合浅静脉的临床应用效果 [J]．中华显微外科杂志，2002，25（4）：290-291．DOI：10.3760/cma.j.issn.1001-2036.2002.04.018．{LUO Zhiping,BIAN Zihu,RAO Haiqun,XIE Jianjun,HUANG Dajiang,ZENG Jianwen,LIAO Hongyue,LIU Sihai. Clinical application effect of cutaneous neurotrophic island flap anastomosis with superficial vein[J]. Zhonghua Xian Wei Wai Ke Za Zhi[Chin J Microsurg(Article in Chinese;Abstract in Chinese)],2002,25(4):290-291. DOI:10.3760/cma.j.issn.1001-2036.2002.04.018.}

[7626] **陈世强，柴益民，姚伦龙，陈彦. 小腿皮神经营养血管蒂逆行皮瓣的临床应用 [J]. 中华创伤杂志，2003，19（2）：96-98. DOI：10.3760/j：issn：1001-8050.2003.02.010.** {CHEN Shiqiang,CHAI Yimin,YAO Lunlong,CHEN Yan. Clinical application of retrograde-flow neurocutaneous vascular flap from crus[J]. Zhonghua Chuang Shang Za Zhi[Chin J Trauma(Article in Chinese;Abstract in Chinese and English)],2003,19(2):96-98. DOI:10.3760/j:issn:1001-8050.2003.02.010.}

[7627] **刘毅，朱云，薛晓东，刘玲，肖斌. 小腿皮神经营养血管皮瓣的临床应用 17 例 [J]. 中华烧伤杂志，2003，19（3）：158. DOI：10.3760/cma.j.issn.1009-2587.2003.03.016.** {LIU Yi,ZHU Yun,XUE Xiaodong,LIU Ling,XIAO Bin. Clinical application of 17 cases of skin flap with calf cutaneous nerve nutrient vessel[J]. Zhonghua Shao Shang Za Zhi[Chin J Burns(Article in Chinese;No abstract available)],2003,19(3):158. DOI:10.3760/cma.j.issn.1009-2587.2003.03.016.}

[7628] **薛忠信，赵遵江，章荣涛，宁金龙. 腓肠皮神经营养皮瓣修复高龄患者足跟溃疡一例 [J]. 中华整形外科杂志，2003，19（5）：359. DOI：10.3760/j.issn：1009-4598.2003.05.034.** {XUE Zhongxin,ZHAO Zunjiang,ZHANG Rongtao,NING Jinlong. A case of sural cutaneous neurotrophic skin flap repairing heel ulcer in elderly patients[J]. Zhonghua Zheng Xing Wai Ke Za Zhi[Chin J Plast Surg(Article in Chinese;No abstract available)],2003,19(5):359. DOI:10.3760/j.issn:1009-4598.2003.05.034.}

[7629] **林涧，余云兰，刘光军. 皮神经营养血管（丛）指背逆行岛状皮瓣的临床应用 [J]. 实用手外科杂志，2003，17（3）：155-156. DOI：10.3969/j.issn.1671-2722.2003.03.013.** {LIN Jian,YU Yunlan,LIU Guangjun. Clinical application of dorsal digital reverse island flap with neurocutaneous vascular plexus[J]. Shi Yong Shou Wai Ke Za Zhi[Chin J Pract Hand Surg(Article in Chinese;Abstract in Chinese and English)],2003,17(3):155-156. DOI:10.3969/j.issn.1671-2722.2003.03.013.}

[7630] **张启旭，乔群，周刚. 皮神经营养血管皮瓣的基础研究及临床应用 [J]. 中华整形外科杂志，2004，20（1）：63-65. DOI：10.3760/j.issn：1009-4598.2004.01.021.** {ZHANG Qixu,QIAO Qun,ZHOU Gang. Basic research and clinical application of neurocutaneous nutrient vascular flap[J]. Zhonghua Zheng Xing Wai Ke Za Zhi[Chin J Plast Surg(Article in Chinese;No abstract available)],2004,20(1):63-65. DOI:10.3760/j.issn:1009-4598.2004.01.021.}

[7631] **闫永起，刘伟，赵方伟. 拇指背尺侧皮神经营养血管逆行岛状皮瓣的临床应用 [J]. 局解手术学杂志，2004，13（5）：302-303. DOI：10.3969/j.issn.1672-5042.2004.05.007.** {YAN Yongqi,LIU Wei,ZHAO Fangwei. Clinical application of the reversible island flap of neurocutaneous vessels in dorsopalmar thumb[J]. Ju Jie Shou Shu Xue Za Zhi[J Reg Anat Oper Surg(Article in Chinese;Abstract in Chinese and English)],2004,13(5):302-303. DOI:10.3969/j.issn.1672-5042.2004.05.007.}

[7632] **申屠刚，黄飞，吴水培，王众. 拇指背侧皮神经营养血管皮瓣修复虎口缺损 [J]. 实用手外科杂志，2004，18（2）：87-88. DOI：10.3969/j.issn.1671-2722.2004.02.008.** {SHEN Tugang,HUANG Fei,WU Shuipei,WANG Zhong. Repair defects of the area between thumb and index finger with dorsal thumb neurocutaneous vascular flap[J]. Shi Yong Shou Wai Ke Za Zhi[Chin J Pract Hand Surg(Article in Chinese;Abstract in Chinese and English)],2004,18(2):87-88. DOI:10.3969/j.issn.1671-2722.2004.02.008.}

[7633] **王绥江，罗少军，汤少明，梁杰，吕端远，金玉丹. 浅静脉干对前臂浅静脉－皮神经营养血管远端蒂皮瓣成活的影响 [J]. 中国临床解剖学杂志，2004，22（1）：17-18. DOI：10.3969/j.issn.1001-165X.2004.01.006.** {WANG Suijiang,LUO Shaojun,TANG Shaoming,LIANG Jie,LU Duanyuan,JIN Yudan. Clinical and experimental study of the role of large superficial veins in venoneurovascular retrograte fasciocutaneous flap[J]. Zhongguo Lin Chuang Jie Pou Xue Za Zhi[Chin J Clin Anat(Article in Chinese;Abstract in Chinese and English)],2004,22(1):17-18. DOI:10.3969/j.issn.1001-165X.2004.01.006.}

[7634] **黄河，吴迪，王义平，张国志. 第一掌指背皮神经营养血管皮瓣转移修复拇指远端皮肤缺损 [J]. 中华显微外科杂志，2005，28（1）：64-65. DOI：10.3760/cma.j.issn.1001-2036.2005.01.027.** {HUANG He,WU Di,WANG Yiping,ZHANG Guozhi. Transfer of the first metacarpal dorsal cutaneous nerve nutrient vessel flap to repair the skin defect of the distal thumb[J]. Zhonghua Xian Wei Wai Ke Za Zhi[Chin J Microsurg(Article in Chinese;Abstract in Chinese)],2005,28(1):64-65. DOI:10.3760/cma.j.issn.1001-2036.2005.01.027.}

[7635] **杨硕望，蒋礼源，梁海. 皮神经营养血管皮瓣修复下肢大面积创面 20 例 [J]. 中华显微外科杂志，2005，28（2）：105. DOI：10.3760/cma.j.issn.1001-2036.2005.02.046.** {YANG Shuowang,JIANG Liyuan,LIANG Hai. Repair of large-area wounds of lower limbs with skin flap of neurocutaneous nutrient blood vessels[J]. Zhonghua Xian Wei Wai Ke Za Zhi[Chin J Microsurg(Article in Chinese;No abstract available)],2005,28(2):105. DOI:10.3760/cma.j.issn.1001-2036.2005.02.046.}

[7636] **颜廷卫，王剑利，朱峰，王启宏，黄虎，王瑞海. 皮神经营养血管皮瓣在小腿下段及足踝部组织缺损修复中的应用 [J]. 中华显微外科杂志，2005，28（3）：288. DOI：10.3760/cma.j.issn.1001-2036.2005.03.051.** {YAN Tingwei,WANG Jianli,ZHU Feng,WANG Qihong,HUANG Hu,WANG Ruihai. Application of neurocutaneous nutrient vessel flap in repairing tissue defects of lower leg and ankle[J]. Zhonghua Xian Wei Wai Ke Za Zhi[Chin J Microsurg(Article in Chinese;No abstract available)],2005,28(3):288. DOI:10.3760/cma.j.issn.1001-2036.2005.03.051.}

[7637] **黄飞，吴水培，申屠刚，俞立新，王胜华，金浙滔. 带拇背侧皮神经营养血管蒂岛状皮瓣修复拇指软组织缺损 [J]. 中华显微外科杂志，2005，28（3）：203-204. DOI：10.3760/cma.j.issn.1001-2036.2005.03.005.** {HUANG Fei,WU Shuipei,SHEN Tugang,YU Lixin,WANG Shenghua,JIN Zhetao. Reparation of thumb soft tissue defect with dorsal thumb neurocutaneous vasotrophic island flap[J]. Zhonghua Xian Wei Wai Ke Za Zhi[Chin J Microsurg(Article in Chinese;Abstract in Chinese and English)],2005,28(3):203-204. DOI:10.3760/cma.j.issn.1001-2036.2005.03.005.}

[7638] **童贤平，朱峰，卢进. 以踝周围皮神经营养血管为蒂的皮瓣转移术 [J]. 中华创伤骨科杂志，2005，7（4）：396-397. DOI：10.3760/cma.j.issn.1671-7600.2005.04.028.** {TONG Xianping,ZHU Feng,LU Jin. Transfer of skin flap pedicled with nutrient blood vessels of cutaneous nerve around ankle[J]. Zhonghua Chuang SHANG Gu Ke Za Zhi[Chin J Orthop Trauma(Article in Chinese;Abstract in Chinese)],2005,7(4):396-397. DOI:10.3760/cma.j.issn.1671-7600.2005.04.028.}

[7639] **吕玉明，李健，高粱斌，潘永谦，曾勉东，余升华，张志，张平，张在恒. 皮神经营养血管筋膜皮瓣在四肢创面修复中的应用 [J]. 中华创伤骨科杂志，2005，7（6）：596-597. DOI：10.3760/cma.j.issn.1671-7600.2005.06.032.** {LU Yuming,LI Jian,GAO Liangbin,PAN Yongqian,ZENG Miandong,YU Shenghua,ZHANG Zhi,ZHANG Ping,ZHANG Zaiheng. Application of neurocutaneous nutrient vascular fasciocutaneous flap in the repair of extremities wounds[J]. Zhonghua Chuang SHANG Gu Ke Za Zhi[Chin J Orthop Trauma(Article in Chinese;Abstract in Chinese)],2005,7(6):596-597. DOI:10.3760/cma.j.issn.1671-7600.2005.06.032.}

[7640] **赵向东，赵翔，李津宁，陆安民，高庆祥. 皮神经营养血管皮瓣修复四肢创面 14 例 [J]. 中华烧伤杂志，2005，21（5）：385-386. DOI：10.3760/cma.j.issn.1009-2587.2005.05.029.** {ZHAO Xiangdong,ZHAO Xiang,LI Jinning,LU Anmin,GAO Qingxiang. Repair of 14 cases of wounds of extremities with skin flap of neurocutaneous nutrient blood vessels[J]. Zhonghua Shao Shang Za Zhi[Chin J Burns(Article in Chinese;No abstract available)],2005,21(5):385-386. DOI:10.3760/cma.j.issn.1009-2587.2005.05.029.}

[7641] **颜廷卫，王剑利，朱峰，王启宏. 皮神经营养血管皮瓣修复小腿下段及足踝部缺损 [J]. 实用手外科杂志，2005，19（3）：146-148. DOI：10.3969/j.issn.1671-2722.2005.03.007.** {YAN Tingwei,WANG Jianli,ZHU Feng,WANG Qihong. Repair of tissue defeats of lower limb and foot-ankle by neurovascular nutritional flap[J]. Shi Yong Shou Wai Ke Za Zhi[Chin J Pract Hand Surg(Article in Chinese;Abstract in Chinese and English)],2005,19(3):146-148. DOI:10.3969/j.issn.1671-2722.2005.03.007.}

[7642] **柴益民，曾炳芳. 皮神经营养血管皮瓣的临床应用和改进 [J]. 上海医学，2005，28（7）：544-546. DOI：10.3969/j.issn.0253-9934.2005.07.003.** {CHAI Yimin,ZENG Bingfang. Clinical application and modification of neurocutaneous vascular flap[J]. Shang Hai Yi Xue[Shanghai Med J(Article in Chinese;Abstract in Chinese and English)],2005,28(7):544-546. DOI:10.3969/j.issn.0253-9934.2005.07.003.}

[7643] **王彦生，沙德峰，田芙蓉，李崇杰，蔡林方. 臂内侧皮神经营养血管筋膜皮瓣的临床应用 [J]. 中国修复重建外科杂志，2005，19（7）：519-520.** {WANG Yansheng,SHA Defeng,TIAN Furong,LI Chongjie,CAI Linfang. Clinical application of the fasciocutaneous flap of the cutaneous nerve nutrient vessel of the medial arm[J]. Zhongguo Xiu Fu Chong Jian Wai Ke Za Zhi[Chin J Repar Reconstr Surg(Article in Chinese;Abstract in Chinese and English)],2005,19(7):519-520.}

[7644] **柳昊，魏立坤，张怀保，叶澄宇，洪光祥. 皮神经营养血管蒂复合组织瓣移位术的应用 [J]. 中国修复重建外科杂志，2005，19（11）：933-934.** {LIU Hao,WEI Likun,ZHANG Huaibao,YE Chengyu,HONG Guangxiang. Application of translocation of composite tissue flap with pedicle of cutaneous nerve nutrient vessel[J]. Zhongguo Xiu Fu Chong Jian Wai Ke Za Zhi[Chin J Repar Reconstr Surg(Article in Chinese;Abstract in Chinese)],2005,19(11):933-934.}

[7645] **张志宏，张发惠，郑和平，庄颜峰，吕琦，陈庆泉，王万明. 前臂内侧皮神经营养血管蒂皮瓣在修复拇指缺损中的应用 [J]. 中国临床解剖学杂志，2006，24（3）：341-343. DOI：10.3969/j.issn.1001-165X.2006.03.032.** {ZHANG Zhihong,ZHANG Fahui,ZHENG Heping,ZHUANG Yanfeng,LU Qi,CHEN Qingquan,WANG Wanming. Application of forearm neurocutaneous pedicled flap in the reconstruction of thumb defect[J]. Zhongguo Lin Chuang Jie Pou Xue Za Zhi[Chin J Clin Anat(Article in Chinese;Abstract in Chinese and English)],2006,24(3):341-343. DOI:10.3969/j.issn.1001-165X.2006.03.032.}

[7646] **李泽龙，谢逸波，曾波，刘玉刚，庄永. 贵要静脉－前臂内侧皮神经营养血管皮瓣的临床应用 [J]. 中华显微外科杂志，2006，29（1）：68-69. DOI：10.3760/cma.j.issn.1001-2036.2006.01.028.** {LI Zelong,XIE Yibo,ZENG Bo,LIU Yugang,ZHUANG Yong. Clinical application of Vena basilica medial-antebrachial neurocutaneous flap[J]. Zhonghua Xian Wei Wai Ke Za Zhi[Chin J Microsurg(Article in Chinese;Abstract in Chinese)],2006,29(1):68-69. DOI:10.3760/cma.j.issn.1001-2036.2006.01.028.}

[7647] **黄粹业，马世前，梁军，李郁享，仇继任，唐国能. 小腿皮神经营养血管筋膜皮瓣的临床应用 [J]. 中华显微外科杂志，2006，29（2）：142-144. DOI：10.3760/cma.j.issn.1001-2036.2006.02.025.** {HUANG Cuiye,MA Shiqian,LIANG Jun,LI Yuxiang,CHOU Jiren,TANG Guoneng. Clinical application of fasciocutaneous flap with cutaneous nerve nutrient vessel of leg[J]. Zhonghua Xian Wei Wai Ke Za Zhi[Chin J Microsurg(Article in Chinese;Abstract in Chinese)],2006,29(2):142-144. DOI:10.3760/cma.j.issn.1001-2036.2006.02.025.}

[7648] **吴立志，郑有卯，王增涛，金鑫，王相，梅垚峰. 手背尺侧皮神经营养血管皮瓣的临床应用 [J]. 中华显微外科杂志，2006，29（4）：293-294. DOI：10.3760/cma.j.issn.1001-2036.2006.04.021.** {WU Lizhi,ZHENG Youmao,WANG Zengtao,JIN Xin,WANG Xiang,MEI Yaofeng. Clinical application of the ulnar cutaneous nerve nutrient vessel flap on the back of the hand[J]. Zhonghua Xian Wei Wai Ke Za Zhi[Chin J Microsurg(Article in Chinese;Abstract in Chinese)],2006,29(4):293-294. DOI:10.3760/cma.j.issn.1001-2036.2006.04.021.}

[7649] **张世民，王保山，曹艳，高树林，李玉坤，俞光荣. 远端蒂指背皮神经营养血管皮瓣修复指腹创伤缺损 [J]. 中华显微外科杂志，2006，29（5）：331-334，插图 5. DOI：10.3760/cma.j.issn.1001-2036.2006.05.005.** {ZHANG Shimin,WANG Baoshan,CAO Yan,GAO Shulin,LI Yukun,YU Guangrong. Distally based dorsal digital neurocutaneous flap for finger-pulp reconstruction[J]. Zhonghua Xian Wei Wai Ke Za Zhi[Chin J Microsurg(Article in Chinese;Abstract in Chinese and English)],2006,29(5):331-334,insert figure 5. DOI:10.3760/cma.j.issn.1001-2036.2006.05.005.}

[7650] **张志宏，王万明，吕琦，陈庆泉，张发惠，郑和平. 手背双逆行皮神经营养血管蒂皮瓣修复两手指背侧皮肤缺损 [J]. 中国矫形外科杂志，2006，14（16）：1213-1214，加页 1. DOI：10.3969/j.issn.1005-8478.2006.16.005.** {ZHANG Zhihong,WANG Wanming,LU Qi,CHEN Qingquan,ZHANG Fahui,ZHENG Heping. Retrograde neurocutaneous flap to repair dorsal skin defect of fingers[J]. Zhongguo Jiao Xing Wai Ke Za Zhi[Orthop J China(Article in Chinese;Abstract in Chinese and English)],2006,14(16):1213-1214,add 1. DOI:10.3969/j.issn.1005-8478.2006.16.005.}

[7651] **朱新宏，黄飞，吴水培，于凤宾，李骥，周嵘. 前臂外侧皮神经营养血管皮瓣在虎口缺损中的临床应用 [J]. 中华手外科杂志，2006，22（3）：190. DOI：10.3760/cma.j.issn.1005-054X.2006.03.029.** {ZHU Xinhong,HUANG Fei,WU Shuipei,YU Fengbin,LI Ji,ZHOU Rong. Clinical application of forearm lateral cutaneous nerve nutrient vessel flap in first web defect[J]. Zhonghua Shou Wai Ke Za Zhi[Chin J Hand Surg(Article in Chinese;No abstract available)],2006,22(3):190. DOI:10.3760/cma.j.issn.1005-054X.2006.03.029.}

[7652] **杨占辉，王振普，石明国，孙艳玲，郭荣光，陈旸. 前臂外侧皮神经营养血管复合蒂皮瓣修复手部软组织缺损 [J]. 中华手外科杂志，2006，22（3）：191. DOI：10.3760/cma.j.issn.1005-054X.2006.03.030.** {YANG Zhanhui,WANG Zhenpu,SHI Mingguo,SUN Yanling,GUO Rongguang,CHEN Yang. Repair of hand soft tissue defect with compound pedicled skin flap of lateral forearm cutaneous nerve and nutrient vessel[J]. Zhonghua Shou Wai Ke Za Zhi[Chin J Hand Surg(Article in Chinese;No abstract available)],2006,22(3):191. DOI:10.3760/cma.j.issn.1005-054X.2006.03.030.}

[7653] **张志海，寿奎水，芮永军，柯尊山，储国平. 吻合神经的拇指背侧皮神经营养血管皮瓣修复拇指腹缺损 [J]. 中华手外科杂志，2006，22（5）：270-271.** {ZHANG Zhihai,SHOU Kuishui,RUI Yongjun,KE Zunshan,CHU Guoping. Sensate dorsal thumb neurocutaneous flap for coverage of thumb pulp defect[J]. Zhonghua Shou Wai Ke Za Zhi[Chin J Hand Surg(Article in Chinese;Abstract in Chinese and English)],2006,22(5):270-271.}

[7654] **柴益民，林崇正，邱勋永，陈汉东，王快胜，陈彦堃. 带皮穿支血管的皮神经营养血管皮瓣的临床应用 [J]. 中华整形外科杂志，2006，22（1）：34-37. DOI：10.3760/j.issn：1009-4598.2006.01.009.** {CHAI Yimin,LIN Chongzheng,QIU Xunyong,CHEN Handong,WANG Kuaisheng,CHEN Yankun. Clinical applications of the neurocutaneous axial flap pedicled with perforating vessels[J]. Zhonghua Zheng Xing Wai Ke Za Zhi[Chin J Plast Surg(Article in Chinese;Abstract in Chinese and English)],2006,22(1):34-37. DOI:10.3760/j.issn:1009-4598.2006.01.009.}

[7655] **王波，王达利，曾雪琴，王玉明. 皮神经和静脉营养血管逆行岛状筋膜皮瓣的临床应用 [J]. 中华整形外科杂志，2006，22（3）：232-233. DOI：10.3760/j.issn：1009-4598.2006.03.025.** {WANG Bo,WANG Dali,ZENG Xueqin,WANG Yuming. Clinical application of cutaneous nerve and venous nutrient vessel reverse island fasciocutaneous flap[J]. Zhonghua Zheng Xing Wai Ke Za Zhi[Chin J Plast Surg(Article in Chinese;No abstract available)],2006,22(3):232-233. DOI:10.3760/j.issn:1009-4598.2006.03.025.}

[7656] **张志宏，张朝春，张发惠，郑和平，陈庆泉，吕琦，王万明. 趾移植联合贵要静脉－皮神经营养血管远端蒂皮瓣与修复拇指 Ⅲ B 缺损 [J]. 中国骨与关节损伤杂志，2006，21（6）：435-437. DOI：10.3969/j.issn.1672-9935.2006.06.007.** {ZHANG

Zhihong,ZHANG Chaochun,ZHANG Fahui,ZHENG Heping,CHEN Qingquan,LU Qi,WANG Wanming. Second toe transplantation combined with basilic vein-cutaneous nerve nutrient vessels pedicled flap for reconstruction of thumb Ⅲ b defect[J]. Zhongguo Gu Yu Guan Jie Sun SHANG Za Zhi[Chin J Bone Joint Injury(Article in Chinese;Abstract in Chinese and English)],2006,21(6):435-437. DOI:10.3969/j.issn.1672-9935.2006.06.007.}

[7657] 甘干达，陶智刚，胡建方，唐继全．带前臂外侧皮神经营养血管皮瓣修复手背部软组织缺损［J］．创伤外科杂志，2006，8（5）：405-407．DOI：10.3969/j.issn.1009-4237.2006.05.007．{GAN Ganda,TAO Zhigang,HU Jianfang,TANG Jiquan. Repair of dorsal soft tissue defects of hand with lateral antebrachial cutaneous neurovascular flap[J]. Chuang Shang Wai Ke Za Zhi[J Traum Surg(Article in Chinese;Abstract in Chinese and English)],2006,8(5):405-407. DOI:10.3969/j.issn.1009-4237.2006.05.007.}

[7658] 朱新宏，黄飞，吴水培，于凤宾，李骥，周嵘．带前臂外侧皮神经营养血管皮瓣修复虎口缺损［J］．实用手外科杂志，2006，20（1）：14-15，后插1．DOI：10.3969/j.issn.1671-2722.2006.01.005．{ZHU Xinhong,HUANG Fei,WU Shuipei,YU Fengbin,LI Ji,ZHOU Rong. Repair of first web space defect with outside forearm neurocutaneous vascular flap[J]. Shi Yong Shou Wai Ke Za Zhi[Chin J Pract Hand Surg(Article in Chinese;Abstract in Chinese and English)],2006,20(1):14-15,insert 1. DOI:10.3969/j.issn.1671-2722.2006.01.005.}

[7659] 徐永清，李军，丁晶，汪新民，阮默，汤逊，陆声，朱跃良，马涛，郭远发，徐小山，师继红，李春晓．不同皮神经营养血管皮瓣的临床应用［J］．中华显微外科杂志，2007，30（1）：17-20．DOI：10.3760/cma.j.issn.1001-2036.2007.01.007．{XU Yongqing,LI Jun,DING Jing,WANG Xinmin,RUAN Mo,TANG Xun,LU Sheng,ZHU Yueliang,MA Tao,GUO Yuanfa,XU Xiaoshan,SHI Jihong,LI Chunxiao. Clinical application of different neurocutaneous vascular flap[J]. Zhonghua Xian Wei Wai Ke Za Zhi[Chin J Microsurg(Article in Chinese;Abstract in Chinese and English)],2007,30(1):17-20. DOI:10.3760/cma.j.issn.1001-2036.2007.01.007.}

[7660] 马心赤，邱勋永，王快胜，柴益民，王和驹．小腿血管穿支蒂皮神经营养血管皮瓣的临床应用［J］．中华显微外科杂志，2007，30（2）：149-151．DOI：10.3760/cma.j.issn.1001-2036.2007.02.027．{MA Xinchi,QIU Xunyong,WANG Kuaisheng,CHAI Yimin,WANG Heju. Clinical application of skin nerve nutrient vascular flap pedicled with vascular perforator of calf[J]. Zhonghua Xian Wei Wai Ke Za Zhi[Chin J Microsurg(Article in Chinese;Abstract in Chinese)],2007,30(2):149-151. DOI:10.3760/cma.j.issn.1001-2036.2007.02.027.}

[7661] 陈旸，柴益民，康庆林，陈云丰，曾炳芳．股内侧皮神经营养血管静脉筋膜逆行皮瓣的临床应用［J］．中华显微外科杂志，2007，30（4）：296-297．DOI：10.3760/cma.j.issn.1001-2036.2007.04.023．{CHEN Yang,CHAI Yimin,KANG Qinglin,CHEN Yunfeng,ZENG Bingfang. Clinical application of venous fascia retrograde flap with nutrient vessel of medial femoral cutaneous nerve[J]. Zhonghua Xian Wei Wai Ke Za Zhi[Chin J Microsurg(Article in Chinese;Abstract in Chinese)],2007,30(4):296-297. DOI:10.3760/cma.j.issn.1001-2036.2007.04.023.}

[7662] 张执大，钟敏广，邹发葵，林兆强．指背皮神经营养血管皮瓣修复指端软组织缺损［J］．中华显微外科杂志，2007，30（4）：302-304．DOI：10.3760/cma.j.issn.1001-2036.2007.04.027．{ZHANG Zhida,ZHONG Minguang,ZOU Fakui,LIN Zhaoqiang. Repair of fingertip soft tissue defect with dorsal digital nerve nutrient vessel flap[J]. Zhonghua Xian Wei Wai Ke Za Zhi[Chin J Microsurg(Article in Chinese;Abstract in Chinese)],2007,30(4):302-304. DOI:10.3760/cma.j.issn.1001-2036.2007.04.027.}

[7663] 张文庆，张勋辉，余屯德，何建华，吴军．皮神经营养血管逆行岛状皮瓣修复小腿远端及足踝部创面［J］．中国矫形外科杂志，2007，15（6）：472-473．DOI：10.3969/j.issn.1005-8478.2007.06.027．{ZHANG Wenqing,ZHANG Xunhui,YU Tunde,HE Jianhua,WU Jun. Repair of wounds of distal calf and ankle with cutaneous nerve nutrient vessel retrograde island flap[J]. Zhongguo Jiao Xing Wai Ke Za Zhi[Orthop J China(Article in Chinese;No abstract available)],2007,15(6):472-473. DOI:10.3969/j.issn.1005-8478.2007.06.027.}

[7664] 王德运，谢卫国，王礼放，张伟，刘杰锋，陈康．皮神经营养血管逆行岛状皮瓣修复肢体远端组织缺损［J］．中华烧伤杂志，2007，23（5）：356-358．DOI：10.3760/cma.j.issn.1009-2587.2007.05.011．{WANG Deyun,XIE Weiguo,WANG Lifang,ZHANG Wei,LIU Jiefeng,CHEN Kang. Application of reverse island flap pedicled with cutaneous nerve nutrient vessels to repair defect on distal parts of extremities[J]. Zhonghua Shao Shang Za Zhi[Chin J Burns(Article in Chinese;Abstract in Chinese and English)],2007,23(5):356-358. DOI:10.3760/cma.j.issn.1009-2587.2007.05.011.}

[7665] 李小静，宁金龙，张林，朱飞．逆行腓肠皮神经营养血管筋膜肌皮瓣转移修复胫骨外露创面［J］．中华整形外科杂志，2007，23（5）：439-440．DOI：10.3760/j.issn：1009-4598.2007.05.026．{LI Xiaojing,NING Jinlong,ZHANG Lin,ZHU Fei. Transfer of retrograde sural cutaneous nerve nutrient vessel fascia myocutaneous flap to repair exposed tibial wound[J]. Zhonghua Zheng Xing Wai Ke Za Zhi[Chin J Plast Surg(Article in Chinese;No abstract available)],2007,23(5):439-440. DOI:10.3760/j.issn:1009-4598.2007.05.026.}

[7666] 蔡湘波，罗胜明，陈峰，李文壮，李汛．拇指背侧皮神经营养血管逆行皮瓣的临床应用［J］．实用手外科杂志，2007，21（2）：90-92．DOI：10.3969/j.issn.1671-2722.2007.02.009．{CAI Xiangbo,LUO Shengming,CHEN Feng,LI Wenzhuang,LI Xun. Clinical application of reverse-flow nap of dorsal thumb cutaneous nerve nutrition blood vessels[J]. Shi Yong Shou Wai Ke Za Zhi[Chin J Pract Hand Surg(Article in Chinese;Abstract in Chinese and English)],2007,21(2):90-92. DOI:10.3969/j.issn.1671-2722.2007.02.009.}

[7667] 陈佳，龙兴敬，王国寿，赵万正，周茂，尹烈，周围．皮神经营养血管皮瓣的临床运用［J］．中国修复重建外科杂志，2007，21（5）：553-554．{CHEN Jia,LONG Xingjing,WANG Guoshou,ZHAO Wanzheng,ZHOU Mao,YIN Lie,ZHOU Wei. Clinical application of cutaneous nerve nutrition blood vessel flap[J]. Zhongguo Xiu Fu Chong Jian Wai Ke Za Zhi[Chin J Repair Reconstr Surg(Article in Chinese;Abstract in Chinese)],2007,21(5):553-554.}

[7668] 林海滨，林润，郑晓晖，郑和平．前臂内侧皮神经营养血管远端蒂皮瓣的临床应用［J］．中国临床解剖学杂志，2008，26（3）：335-337．DOI：10.3969/j.issn.1001-165X.2008.03.031．{LIN Haibin,LIN Jian,ZHENG Xiaohui,ZHENG Heping. Clinical application of distal based medial antebrachial neurocutaneous flap[J]. Zhongguo Lin Chuang Jie Pou Xue Za Zhi[Chin J Clin Anat(Article in Chinese;Abstract in Chinese and English)],2008,26(3):335-337. DOI:10.3969/j.issn.1001-165X.2008.03.031.}

[7669] 高建明，郭峰，刘云鹏，华国军，骆宇春．小腿皮神经营养血管筋膜皮瓣的临床应用［J］．中国临床解剖学杂志，2008，26（4）：446-447，450．DOI：10.3969/j.issn.1001-165X.2008.04.029．{GAO Jianming,GUO Feng,LIU Yunpeng,HUA Guojun,LUO Yuchun. Clinical application of the leg neurocutaneous vascular flap[J]. Zhongguo Lin Chuang Jie Pou Xue Za Zhi[Chin J Clin Anat(Article in Chinese;Abstract in Chinese and English)],2008,26(4):446-447,450. DOI:10.3969/j.issn.1001-165X.2008.04.029.}

[7670] 金玉丹，罗少军，王绥江，汤少明，梁杰，吕端远．前臂外侧皮神经-头静脉及其营养血管筋膜皮瓣的临床应用［J］．中华显微外科杂志，2008，31（1）：60-61．DOI：10.3760/cma.j.issn.1001-2036.2008.01.024．{JIN Yudan,LUO Shaojun,WANG Suijiang,TANG Shaoming,LIANG Jie,LU Duanyuan. Clinical application of forearm lateral cutaneous nerve-cephalic vein and its nutritional vascular fasciocutaneous flap[J]. Zhonghua Xian Wei Wai Ke Za Zhi[Chin J Microsurg(Article in Chinese;Abstract in Chinese)],2008,31(1):60-61. DOI:10.3760/cma.j.issn.1001-2036.2008.01.024.}

[7671] 厉孟，刘旭东，刘兴炎，段永宏．逆行足背内侧皮神经营养血管皮瓣急诊修复前足缺损［J］．中华显微外科杂志，2008，31（5）：341-343．DOI：10.3760/cma.j.issn.1001-2036.2008.05.007．{LI Meng,LIU Xudong,LIU Xingyan,DUAN Yonghong. Defects of fore foot repaired by reverse medial dorsal neurocutaneous flap of foot in emergency[J]. Zhonghua Xian Wei Wai Ke Za Zhi[Chin J Microsurg(Article in Chinese;Abstract in Chinese and English)],2008,31(5):341-343. DOI:10.3760/cma.j.issn.1001-2036.2008.05.007.}

[7672] 黄一雄，沈尊理，贾万新．以指蹼穿支为蒂的皮神经营养血管皮瓣修复手指创面［J］．中国矫形外科杂志，2008，16（22）：1756-1757．{HUANG Yixiong,SHEN Zunli,JIA Wanxin. Repair of finger wounds with cutaneous nerve nutrient vascular flap pedicled with web-based perforating branches[J]. Zhongguo Jiao Xing Wai Ke Za Zhi[Orthop J China(Article in Chinese;No abstract available)],2008,16(22):1756-1757.}

[7673] 沈尊理，黄一雄，贾万新，黄燮青，王岚，蔡嫣娴，章开衡，张兆锋，沈华，王永春．皮神经营养血管逆行皮瓣修复手部软组织缺损［J］．中华手外科杂志，2008，24（1）：5-7．DOI：10.3760/cma.j.issn.1005-054X.2008.01.002．{SHEN Zunli,HUANG Yixiong,JIA Wanxin,HUANG Xieqing,WANG Lan,CAI Yanxian,ZHANG Kaiheng,ZHANG Zhaofeng,SHEN Hua,WANG Yongchun. Soft tissue reconstruction in the hand using retrograde neurocutaneous flap[J]. Zhonghua Shou Wai Ke Za Zhi[Chin J Hand Surg(Article in Chinese;Abstract in Chinese and English)],2008,24(1):5-7. DOI:10.3760/cma.j.issn.1005-054X.2008.01.002.}

[7674] 李俊明，郑水长，张云飞，李道选，胡军华，黄贺军，杨凤云．同指指背侧皮神经营养血管皮瓣修复指端缺损［J］．中华手外科杂志，2008，24（2）：104-106．{LI Junming,ZHENG Shuichang,ZHANG Yunfei,LI Daoxuan,HU Junhua,HUANG Hejun,YANG Fengyun. Fingertip reconstruction by dorsal neurocutaneous flap from the same finger[J]. Zhonghua Shou Wai Ke Za Zhi[Chin J Hand Surg(Article in Chinese;Abstract in Chinese and English)],2008,24(2):104-106.}

[7675] 李海清，柴益民，曾炳芳．前臂皮神经营养血管筋膜瓣联合植皮术修复手部软组织缺损24例［J］．中华烧伤杂志，2008，24（1）：62-63．DOI：10.3760/cma.j.issn.1009-2587.2008.01.025．{LI Haiqing,CHAI Yimin,ZENG Bingfang. Repair of 24 cases of hand soft tissue defect with forearm cutaneous nerve nutrient vascular fascia flap combined with skin grafting[J]. Zhonghua Shao Shang Za Zhi[Chin J Burns(Article in Chinese;No abstract available)],2008,24(1):62-63. DOI:10.3760/cma.j.issn.1009-2587.2008.01.025.}

[7676] 李海清，柴益民，曾炳芳．皮神经营养血管筋膜瓣联合皮片移植修复手部软组织缺损［J］．中华整形外科杂志，2008，24（5）：395-396．DOI：10.3760/j.issn：1009-4598.2008.05.020．{LI Haiqing,CHAI Yimin,ZENG Bingfang. Repair of hand soft tissue defects with cutaneous neurotrophic vascular fascial flap combined with skin graft[J]. Zhonghua Zheng Xing Wai Ke Za Zhi[Chin J Plast Surg(Article in Chinese;No abstract available)],2008,24(5):395-396. DOI:10.3760/j.issn:1009-4598.2008.05.020.}

[7677] 林涧，余云兰，郑和平，吴春，王正理，朱胜军，应振端．前臂外侧皮神经营养血管远端蒂皮瓣的临床应用［J］．实用手外科杂志，2008，22（1）：16-18，插3．DOI：10.3969/j.issn.1671-2722.2008.01.005．{LIN Jian,YU Yunlan,ZHENG Heping,WU Chun,WANG Zhengli,ZHU Shengjun,YING Zhenduan. Application of distal based lateral antebrachial neurocutaneous flap[J]. Shi Yong Shou Wai Ke Za Zhi[Chin J Pract Hand Surg(Article in Chinese;Abstract in Chinese and English)],2008,22(1):16-18,insert 3. DOI:10.3969/j.issn.1671-2722.2008.01.005.}

[7678] 明立功，明立山，明新文，明立德，王慧，介志立．前臂皮神经营养血管筋膜皮瓣的临床应用［J］．实用手外科杂志，2008，22（3）：147-149．DOI：10.3969/j.issn.1671-2722.2008.03.008．{MING Ligong,MING Lishan,MING Xinwen,MING Lide,WANG Hui,JIE Zhili. Clinical application of forearm fasciocutaneous flap pedicled cutaneous neural vessels[J]. Shi Yong Shou Wai Ke Za Zhi[Chin J Pract Hand Surg(Article in Chinese;Abstract in Chinese and English)],2008,22(3):147-149. DOI:10.3969/j.issn.1671-2722.2008.03.008.}

[7679] 张玉海．前臂内侧皮神经营养血管逆行岛状皮瓣的应用［J］．中国修复重建外科杂志，2008，22（9）：1141-1142．{ZHANG Yuhai. Application of reverse island flap with nutrient vessel of medial forearm cutaneous nerve[J]. Zhongguo Xiu Fu Chong Jian Wai Ke Za Zhi[Chin J Repair Reconstr Surg(Article in Chinese;Abstract in Chinese)],2008,22(9):1141-1142.}

[7680] 宁金龙，李小静，左宗宝，张林，朱飞，展望，韩光明．下肢皮神经-浅静脉营养血管逆行皮瓣的应用改进［J］．中华整形外科杂志，2008，24（2）：108-111．DOI：10.3760/j.issn：1009-4598.2008.02.005．{NING Jinlong,LI Xiaojing,ZUO Zongbao,ZHANG Lin,ZHU Fei,ZHAN Wang,HAN Guangming. Application of modified reversed neurovascular flap nourished by cutaneous nerve-superficial vein in lower extremity[J]. Zhonghua Zheng Xing Wai Ke Za Zhi[Chin J Plast Surg(Article in Chinese;Abstract in Chinese and English)],2008,24(2):108-111. DOI:10.3760/j.issn:1009-4598.2008.02.005.}

[7681] 韩光明，宁金龙，李小静，左宗宝，张林，朱飞．小腿浅静脉-皮神经营养血管皮瓣修复骨外露缺损创面［J］．临床骨科杂志，2008，11（2）：124-126．DOI：10.3969/j.issn.1008-0287.2008.02.010．{HAN Guangming,NING Jinlong,LI Xiaojing,ZUO Zongbao,ZHANG Lin,ZHU Fei. Application of the lower limbs cutaneous nerve-superficial vein nutrient vessels flap to repair the leg bone exposure[J]. Lin Chuang Gu Ke Za Zhi[J Clin Orthop(Article in Chinese;Abstract in Chinese and English)],2008,11(2):124-126. DOI:10.3969/j.issn.1008-0287.2008.02.010.}

[7682] 陈雪松，肖茂明，王元山，黄敢，管力，张黎明，周晨．改良逆行皮神经营养血管皮瓣修复肢端组织创面［J］．中华显微外科杂志，2009，32（1）：66-68．DOI：10.3760/cma.j.issn.1001-2036.2009.01.031．{CHEN Xuesong,XIAO Maoming,WANG Yuanshan,HUANG Gan,GUAN Li,ZHANG Liming,ZHOU Chen. Modified retrograde cutaneous nerve nutrient vascular flap for repairing wounds of extremities[J]. Zhonghua Xian Wei Wai Ke Za Zhi[Chin J Microsurg(Article in Chinese;Abstract in Chinese)],2009,32(1):66-68. DOI:10.3760/cma.j.issn.1001-2036.2009.01.031.}

[7683] 靳高峰，左中男，于绍斌，左熙．皮神经营养血管皮瓣的临床应用［J］．中华显微外科杂志，2009，32（4）：312-314．DOI：10.3760/cma.j.issn.1001-2036.2009.04.021．{JIN Gaofeng,ZUO Zhongnan,YU Shaobin,ZUO Xi. Clinical application of cutaneous nerve nutrition blood vessel flap[J]. Zhonghua Xian Wei Wai Ke Za Zhi[Chin J Microsurg(Article in Chinese;Abstract in Chinese)],2009,32(4):312-314. DOI:10.3760/cma.j.issn.1001-2036.2009.04.021.}

[7684] 陈雪松，肖茂明，王元山，黄敢，管力，张黎明，周晨．以骨间后血管为蒂的前臂后侧皮神经营养血管皮瓣在手部创伤修复中的应用［J］．中华手外科杂志，2009，25（1）：40-42．{CHEN Xuesong,XIAO Maoming,WANG Yuanshan,HUANG Gan,GUAN Li,ZHANG Liming,ZHOU Chen. Posterior neurocutaneous vascular axial flap pedicled with distal segment of the posterior interosseous artery in the forearm for repairing defects of the hand[J]. Zhonghua Shou Wai Ke Za Zhi[Chin J Hand Surg(Article in Chinese;Abstract in Chinese and English)],2009,25(1):40-42.}

[7685] 张玉海．拇指背侧皮神经营养血管皮瓣的应用［J］．中华手外科杂志，2009，25（2）：80．{ZHANG Yuhai. Application of cutaneous nerve nutrient vascular flap on the dorsal side of the thumb[J]. Zhonghua Shou Wai Ke Za Zhi[Chin J Hand Surg(Article in Chinese;No abstract available)],2009,25(2):80.}

[7686] 崔立群，阚世廉，陈金钢，马睿．掌、指背皮神经营养血管逆行岛状皮瓣修复手指皮肤缺损［J］．中华手外科杂志，2009，25（2）：74-75．DOI：10.3760/cma.j.issn.1005-054X.2009.02.005．{CUI Liqun,KAN Shilian,CHEN Jingang,MA Rui. Repair of skin defects of the fingers with dorsal reverse island neurocutaneous flap from the hand and finger[J]. Zhonghua Shou Wai Ke Za Zhi[Chin J Hand Surg(Article in Chinese;Abstract in Chinese and English)],2009,25(2):74-75. DOI:10.3760/cma.j.issn.1005-054X.2009.02.005.}

[7687] 梁钢，孙建平，王永军，娄玉兰．拇指背侧皮神经营养血管皮瓣修复拇指Ⅳ度烧伤五例［J］．中华烧伤杂志，2009，25（4）：309-310．DOI：10.3760/cma.j.issn.1009-2587.2009.04.029．

{LIANG Gang,SUN Jianping,WANG Yongjun,LOU Yulan. Five cases of repairing thumb's fourth degree burn with skin flap of dorsal neurocutaneous vessel[J]. Zhonghua Shao Shang Za Zhi[Chin J Burns(Article in Chinese;No abstract available)],2009,25(4):309-310. DOI:10.3760/cma.j.issn.1009-2587.2009.04.029.}

[7688] 李海清，李书军，范存义，曾炳芳．指背皮神经营养血管皮瓣修复指腹缺损15例[J]．中华烧伤杂志，2009，25(5)：388-389．DOI：10.3760/cma.j.issn.1009-2587.2009.05.024．{LI Haiqing,LI Shujun,FAN Cunyi,ZENG Bingfang. Repairing 15 cases of finger belly defect with dorsal digital nerve nutrient blood vessel flap[J]. Zhonghua Shao Shang Za Zhi[Chin J Burns(Article in Chinese;No abstract available)],2009,25(5):388-389. DOI:10.3760/cma.j.issn.1009-2587.2009.05.024.}

[7689] 魏在荣，孙广峰，唐修俊，王达利，王玉明．前臂内侧皮神经营养血管皮瓣修复肘部瘢痕挛缩16例[J]．中华烧伤杂志，2009，25(5)：392-393．DOI：10.3760/cma.j.issn.1009-2587.2009.05.027．{WEI Zairong,SUN Guangfeng,TANG Xiujun,WANG Dali,WANG Yuming. Repair of 16 cases of elbow scar contracture with skin flap of medial forearm cutaneous nerve nutrition blood vessel[J]. Zhonghua Shao Shang Za Zhi[Chin J Burns(Article in Chinese;No abstract available)],2009,25(5):392-393. DOI:10.3760/cma.j.issn.1009-2587.2009.05.027.}

[7690] 王鹏，赵丽，刘小伟，李婷婷．逆行足背外侧皮神经营养血管皮瓣修复足前端皮肤缺损[J]．中华整形外科杂志，2009，25(4)：299-300．DOI：10.3760/cma.j.issn.1009-4598.2009.04.024．{WANG Peng,ZHAO Li,LIU Xiaowei,LI Tingting. Retrograde dorsolateral cutaneous nerve nutrient vascular flap to repair the skin defect of the front of the foot[J]. Zhonghua Zheng Xing Wai Ke Za Zhi[Chin J Plast Surg(Article in Chinese;No abstract available)],2009,25(4):299-300. DOI:10.3760/cma.j.issn.1009-4598.2009.04.024.}

[7691] 林涧，余云兰，应振端，朱胜军，郑和平．带皮穿支血管上臂内侧皮神经营养血管皮瓣的应用[J]．中华整形外科杂志，2009，25(5)：355-357．DOI：10.3760/cma.j.issn.1009-4598.2009.05.011．{LIN Jian,YU Yunlan,YING Zhenduan,ZHU Shengjun,ZHENG Heping. Clinical application of medial neurocutaneous flap with perforator vessel in upper arm[J]. Zhonghua Zheng Xing Wai Ke Za Zhi[Chin J Plast Surg(Article in Chinese;Abstract in Chinese and English)],2009,25(5):355-357. DOI:10.3760/cma.j.issn.1009-4598.2009.05.011.}

[7692] 钟云祥，余纯斌．小腿皮神经营养血管逆行岛状皮瓣修复踝周创面[J]．实用骨科杂志，2009，15(2)：103-105，154．DOI：10.3969/j.issn.1008-5572.2009.02.010．{ZHONG Yunxiang,YU Chunbin. Reconstruction of the soft tissue defects on ankle with retrograde island vascular pedicle skin flap of lower leg cutaneous nerve nutrient vessel[J]. Shi Yong Gu Ke Za Zhi[J Pract Orthop(Article in Chinese;Abstract in Chinese and English)],2009,15(2):103-105,154. DOI:10.3969/j.issn.1008-5572.2009.02.010.}

[7693] 冯亚高，张向宁，魏斌，吕振木，陶忠生．拇指背侧皮神经营养血管蒂岛状皮瓣修复拇指指端缺损[J]．临床骨科杂志，2009，12(3)：291-293．DOI：10.3969/j.issn.1008-0287.2009.03.018．{FENG Yagao,ZHANG Xiangning,WEI Bin,LU Zhenmu,TAO Zhongsheng. Repair of thumb tip defect with dorsal thumb neurocutaneous vasotrophic island flap[J]. Lin Chuang Gu Ke Za Zhi[J Clin Orthop(Article in Chinese;Abstract in Chinese and English)],2009,12(3):291-293. DOI:10.3969/j.issn.1008-0287.2009.03.018.}

[7694] 黄庆华，周才胜．逆行足背皮神经营养血管蒂皮瓣修复前足软组织缺损[J]．创伤外科杂志，2009，11(1)：80．DOI：10.3969/j.issn.1009-4237.2009.01.030．{HUANG Qinghua,ZHOU Caisheng. Repair of soft tissues defect in forefoot with the retrograde dorsal neurocutaneous flap on foot[J]. Chuang Shang Wai Ke Za Zhi[J Traum Surg(Article in Chinese;Abstract in Chinese)],2009,11(1):80. DOI:10.3969/j.issn.1009-4237.2009.01.030.}

[7695] 巨积辉，赵强，刘跃飞，魏诚，李雷，金光哲，李建宁，刘新益，侯瑞兴．前臂外侧皮神经营养血管远端蒂皮瓣修复手部皮肤软组织缺损[J]．中国修复重建外科杂志，2009，23(7)：888-889．{JU Jihui,ZHAO Qiang,LIU Yuefei,WEI Cheng,LI Lei,JIN Guangzhe,LI Jianning,LIU Xinyi,HOU Ruixing. Repair of hand skin and soft tissue defects with distally pedicled skin flap with nutrient vessels of lateral forearm cutaneous nerve[J]. Zhongguo Xiu Fu Chong Jian Wai Ke Za Zhi[Chin J Repar Reconstr Surg(Article in Chinese;Abstract in Chinese)],2009,23(7):888-889.}

[7696] 黄一雄，张世民．手背皮神经营养血管皮瓣修复手外伤的研究进展[J]．中国修复重建外科杂志，2009，23(10)：1191-1195．{HUANG Yixiong,ZHANG Shimin. Research progress on repairing hand injury with dorsal neurocutaneous vascular flap[J]. Zhongguo Xiu Fu Chong Jian Wai Ke Za Zhi[Chin J Repar Reconstr Surg(Article in Chinese;Abstract in Chinese and English)],2009,23(10):1191-1195.}

[7697] 宋一平，张发惠，刘宏滨．新型皮神经营养血管远端蒂组织瓣修复肢端创面[J]．中国修复重建外科杂志，2009，23(12)：1435-1439．{SONG Yiping,ZHANG Fahui,LIU Hongbin. Application of new type distal based neurocutaneous flap in repair of limb wound[J]. Zhongguo Xiu Fu Chong Jian Wai Ke Za Zhi[Chin J Repar Reconstr Surg(Article in Chinese;Abstract in Chinese and English)],2009,23(12):1435-1439.}

[7698] 杨运发，张光明，徐中和，王建炜，肖学军．应用足背外侧皮神经营养血管皮瓣修复跟腱外露创面[J]．中华显微外科杂志，2010，33(1)：58-59．DOI：10.3760/cma.j.issn.1001-2036.2010.01.023．{YANG Yunfa,ZHANG Guangming,XU Zhonghe,WANG Jianwei,XIAO Xuejun. Repair of exposed achilles tendon wound with dorsal lateral cutaneous nerve nutrient vessel flap[J]. Zhonghua Xian Wei Wai Ke Za Zhi[Chin J Microsurg(Article in Chinese;Abstract in Chinese)],2010,33(1):58-59. DOI:10.3760/cma.j.issn.1001-2036.2010.01.023.}

[7699] 杨晋，柴益民，张巍，陈明，燕晓宇，曾炳芳．皮神经营养血管对扩大穿支蒂皮瓣存活面积的实验研究[J]．中华显微外科杂志，2010，33(2)：137-139，后插7．DOI：10.3760/cma.j.issn.1001-2036.2010.02.018．{YANG Jin,CHAI Yimin,ZHANG Wei,CHEN Ming,YAN Xiaoyu,ZENG Bingfang. Nerocutneous vessels enlarges the survival area of perforator flap:an experimental study[J]. Zhonghua Xian Wei Wai Ke Za Zhi[Chin J Microsurg(Article in Chinese;Abstract in Chinese and English)],2010,33(2):137-139,insert 7. DOI:10.3760/cma.j.issn.1001-2036.2010.02.018.}

[7700] 滕范文，赵云芳，冯运垒，冯仕华．应用皮神经营养血管皮瓣修复组织缺损24例[J]．中华显微外科杂志，2010，33(6)：491-492．DOI：10.3760/cma.j.issn.1001-2036.2010.06.020．{TENG Fanwen,ZHAO Yunfang,FENG Yunlei,FENG Shihua. Repair of tissue defects with skin flap of neurocutaneous nutrient vessels[J]. Zhonghua Xian Wei Wai Ke Za Zhi[Chin J Microsurg(Article in Chinese;Abstract in Chinese)],2010,33(6):491-492. DOI:10.3760/cma.j.issn.1001-2036.2010.06.020.}

[7701] 汤红波，刘剑飞，裔式坤，刘谷才．示指背和拇指桡侧皮神经营养皮瓣修复拇指末节缺损的疗效比较[J]．中华手外科杂志，2010，26(6)：382-383．{TANG Hongbo,LIU Jianfei,YI Shikun,LIU Gucai. Comparison of the curative effect of the dorsal index finger and thumb radial cutaneous neurocutaneous flap for repairing defect of thumb terminal[J]. Zhonghua Shou Wai Ke Za Zhi[Chin J Hand Surg(Article in Chinese;Abstract in Chinese)],2010,26(6):382-383.}

[7702] 岳江涛，姚文暾．远端蒂臂内侧皮神经营养血管皮瓣修复肘部瘢痕挛缩11例[J]．中华烧伤杂志，2010，26(6)：459-460．DOI：10.3760/cma.j.issn.1009-2587.2010.06.019．{YUE Jiangtao,YAO Wentun. Repair of 11 cases of elbow scar contracture with distally pedicled medial cutaneous nerve vascular skin flap[J]. Zhonghua Shao Shang Za Zhi[Chin J Burns(Article in Chinese;No abstract available)],2010,26(6):459-460. DOI:10.3760/cma.j.issn.1009-2587.2010.06.019.}

[7703] 齐杰，李雯，刘艳杰，苏伟海，蔺利剑，梁剑虹，刘尧．前臂外侧皮神经营养血管逆行蒂岛状皮瓣修复手背软组织缺损[J]．中华整形外科杂志，2010，26(4)：241-243．DOI：10.3760/cma.j.issn.1009-4598.2010.04.001．{QI Jie,LI Wen,LIU Yanjie,SU Weihai,LIN Lijian,LIANG Jianhong,LIU Yao. Treatment of soft tissue defects at the dorsum of hand by retrograde island neurocutaneous flap pedicled with lateral antebrachial cutaneous nerve[J]. Zhonghua Zheng Xing Wai Ke Za Zhi[Chin J Plast Surg(Article in Chinese;Abstract in Chinese and English)],2010,26(4):241-243. DOI:10.3760/cma.j.issn.1009-4598.2010.04.001.}

[7704] 王华明，张皓，孙齐昌，周文武．足背内侧皮神经营养血管远端蒂筋膜皮瓣修复第1趾毁损伤后组织缺损[J]．创伤外科杂志，2010，12(1)：90．DOI：10.3969/j.issn.1009-4237.2010.01.039．{WANG Huaming,ZHANG Hao,SUN Qichang,ZHOU Wenwu. Repair of soft tissues defect in the first toe injury with distally based medial dorsal neurocutaneous flap[J]. Chuang Shang Wai Ke Za Zhi[J Traum Surg(Article in Chinese;Abstract in Chinese)],2010,12(1):90. DOI:10.3969/j.issn.1009-4237.2010.01.039.}

[7705] 顾增辉，刘鹏，郑隆宝．前臂外侧皮神经营养血管皮瓣修复手及前臂创伤[J]．实用手外科杂志，2010，24(1)：45-47．DOI：10.3969/j.issn.1671-2722.2010.01.016．{GU Zenghui,LIU Peng,ZHENG Longbao. Repair the soft tissue defects of hand and antebrachial discussion of lateral antebrachial cutaneous nerve nutrient vessel flap[J]. Shi Yong Shou Wai Ke Za Zhi[Chin J Pract Hand Surg(Article in Chinese;Abstract in Chinese and English)],2010,24(1):45-47. DOI:10.3969/j.issn.1671-2722.2010.01.016.}

[7706] 苏瑞鉴，杨庆达，曾麟杰，陈善豪，梁波，张智钊，吴耀康，卢建国，梁大喜．手背皮神经营养血管皮瓣修复手外伤的临床应用[J]．实用手外科杂志，2010，24(3)：188-190．DOI：10.3969/j.issn.1671-2722.2010.03.010．{SU Ruijian,YANG Qingda,ZENG Linjie,CHEN Shanhao,LIANG Bo,ZHANG Zhizhao,WU Yaokang,LU Jianguo,LIANG Daxi. Use of cutaneous neurovascular flap harvested from the dorsa of the hands for the soft tissue defects in the hands[J]. Shi Yong Shou Wai Ke Za Zhi[Chin J Pract Hand Surg(Article in Chinese;Abstract in Chinese and English)],2010,24(3):188-190. DOI:10.3969/j.issn.1671-2722.2010.03.010.}

[7707] 赵永健，刘群．逆行足背内侧皮神经营养血管皮瓣修复足前部缺损15例[J]．中华烧伤杂志，2011，27(6)：471．DOI：10.3760/cma.j.issn.1009-2587.2011.06.020．{ZHAO Yongjian,LIU Qun. Repair of anterior foot defect with retrograde medial dorsal cutaneous neurovascular skin flap[J]. Zhonghua Shao Shang Za Zhi[Chin J Burns(Article in Chinese;No abstract available)],2011,27(6):471. DOI:10.3760/cma.j.issn.1009-2587.2011.06.020.}

[7708] 常利民，郑亚光，孔斌，王丽群，李兴华，刘存仁．拇指背侧皮神经营养血管逆行皮瓣修复拇指Ⅳ度电烧伤12例[J]．中华烧伤杂志，2011，27(6)：473-474．DOI：10.3760/cma.j.issn.1009-2587.2011.06.022．{CHANG Limin,ZHENG Yaguang,KONG Bin,WANG Liqun,LI Xinghua,LIU Cunren. Repair of Ⅳ degree electrical burn of thumb with retrograde skin flap of dorsal cutaneous nerve and nutrient vessel of thumb[J]. Zhonghua Shao Shang Za Zhi[Chin J Burns(Article in Chinese;No abstract available)],2011,27(6):473-474. DOI:10.3760/cma.j.issn.1009-2587.2011.06.022.}

[7709] 王志强，汤峰，邢晓东．远端蒂皮神经营养血管皮瓣交腿转移修复足端大面积软组织缺损[J]．中华整形外科杂志，2011，27(5)：386-387．DOI：10.3760/cma.j.issn.1009-4598.2011.05.017．{WANG Zhiqiang,TANG Feng,XING Xiaodong. Cross-leg transfer of distally pedicled cutaneous nerve nutrient vessel flap to repair large-area soft tissue defects at the tip of the foot[J]. Zhonghua Zheng Xing Wai Ke Za Zhi[Chin J Plast Surg(Article in Chinese;No abstract available)],2011,27(5):386-387. DOI:10.3760/cma.j.issn.1009-4598.2011.05.017.}

[7710] 齐勇，孙鸿涛，徐汪洋，周晓忠．皮神经营养血管蒂皮瓣修复小腿及足部软组织缺损[J]．中华损伤与修复杂志（电子版），2011，6(3)：358-363．DOI：10.3877/cma.j.issn.1673-9450.2011.03.007．{QI Yong,SUN Hongtao,XU Wangyang,ZHOU Xiaozhong. Clinical application of neurocutaneous flap in repair of the soft tissue defects in the lower leg and foot[J]. Zhonghua Sun Shang Yu Xiu Fu Za Zhi Dian Zi Ban[Chin J Injury Repair Wound Healing(Electr Ed)(Article in Chinese;Abstract in Chinese and English)],2011,6(3):358-363. DOI:10.3877/cma.j.issn.1673-9450.2011.03.007.}

[7711] 杨晓明，潘昭勋，孙超，崔岩，姜厚森．手部皮神经营养血管逆行岛状皮瓣修复手指创面[J]．实用手外科杂志，2011，25(3)：213-214，232．DOI：10.3969/j.issn.1671-2722.2011.03.015．{YANG Xiaoming,PAN Zhaoxun,SUN Chao,CUI Yan,JIANG Housen. Use of the reverse dorsal hand neurocutaneous island flap for repair of the defect of the fingers[J]. Shi Yong Shou Wai Ke Za Zhi[Chin J Pract Hand Surg(Article in Chinese;Abstract in Chinese and English)],2011,25(3):213-214,232. DOI:10.3969/j.issn.1671-2722.2011.03.015.}

[7712] 陈明，文根，成亮，汪春阳，柴益民．不同血管蒂皮神经营养血管皮瓣的比较研究[J]．中国修复重建外科杂志，2011，25(10)：1231-1234．{CHEN Ming,WEN Gen,CHENG Liang,WANG Chunyang,CHAI Yimin. Comparative study on different pedicles based sural neurofasciocutaneous flap[J]. Zhongguo Xiu Fu Chong Jian Wai Ke Za Zhi[Chin J Repar Reconstr Surg(Article in Chinese;Abstract in Chinese and English)],2011,25(10):1231-1234.}

[7713] 张志宏，郑和平，张发惠，王万明．腓骨头瓣联合小腿皮神经营养血管皮瓣移植修复内踝骨及软组织缺损[J]．中华显微外科杂志，2012，35(2)：156-158．DOI：10.3760/cma.j.issn.1001-2036.2012.02.027．{ZHANG Zhihong,ZHENG Heping,ZHANG Fahui,WANG Wanming. Repair of medial malleolus bone and soft tissue defects with transplantation of fibular head flap combined with calf cutaneous neurotrophic blood vessel flap[J]. Zhonghua Xian Wei Wai Ke Za Zhi[Chin J Microsurg(Article in Chinese;Abstract in Chinese)],2012,35(2):156-158. DOI:10.3760/cma.j.issn.1001-2036.2012.02.027.}

[7714] 陈向军，闫德雄，于丽，姚兴伟，韩德志，高国珍，赵晓春．小腿皮神经营养血管逆行岛状皮瓣延迟修复足部难愈创面[J]．中华烧伤杂志，2012，28(4)：303-305．DOI：10.3760/cma.j.issn.1009-2587.2012.04.024．{CHEN Xiangjun,YAN Dexiong,YU Li,YAO Xingwei,HAN Dezhi,GAO Guozhen,ZHAO Xiaochun. Reverse island flap of calf cutaneous nerve nutrient vessels delay the repair of difficult-to-heal foot wounds[J]. Zhonghua Shao Shang Za Zhi[Chin J Burns(Article in Chinese;No abstract available)],2012,28(4):303-305. DOI:10.3760/cma.j.issn.1009-2587.2012.04.024.}

[7715] 刘艳山，赵永健，李红卫．皮神经营养血管微小皮瓣修复四肢深度烧伤创面34例[J]．中华烧伤杂志，2012，28(4)：313-314．DOI：10.3760/cma.j.issn.1009-2587.2012.04.030．{LIU Yanshan,ZHAO Yongjian,LI Hongwei. Repair of 34 cases of deep burn wounds of extremities with microcutaneous flap of neurocutaneous nutrient blood vessels[J]. Zhonghua Shao Shang Za Zhi[Chin J Burns(Article in Chinese;No abstract available)],2012,28(4):313-314. DOI:10.3760/cma.j.issn.1009-2587.2012.04.030.}

[7716] 齐杰，刘艳杰，李雯，蔺利剑，苏伟海，杨洪涛，梁剑虹，徐秀霞．足背内侧皮神经营养血管皮瓣修复足拇趾软组织缺损[J]．中华整形外科杂志，2012，28(2)：136-138．DOI：10.3760/cma.j.issn.1009-4598.2012.02.016．{QI Jie,LIU Yanjie,LI Wen,LIN Lijian,SU Weihai,YANG Hongtao,LIANG Jianhong,XU Xiuxia. Repair of the soft tissue defect of the hallux with the dorsal medial cutaneous nerve nutrient vessel flap[J]. Zhonghua Zheng Xing Wai Ke Za Zhi[Chin J Plast Surg(Article in Chinese;No abstract available)],2012,28(2):136-138. DOI:10.3760/cma.j.issn.1009-4598.2012.02.016.}

[7717] 梁钢，李坚，孙建平．小腿远端不同穿支蒂皮神经营养血管皮瓣的应用[J]．中华整形外科杂志，2012，28(5)：344-346．DOI：10.3760/cma.j.issn.1009-4598.2012.05.008．{LIANG Gang,LI Jian,SUN Jianping. Clinical application of different perforator neurofasciocutaneous flap at the distal legs[J]. Zhonghua Zheng Xing Wai Ke Za Zhi[Chin J Plast Surg(Article in Chinese;Abstract in Chinese and English)],2012,28(5):344-346. DOI:10.3760/cma.j.issn.1009-4598.2012.05.008.}

[7718] 朱文华，刘敏峰，缪玉龙，黄涛，邵志恩，邓智明，朱振兴．手指皮神经营养血管皮瓣修复末节皮肤缺损[J]．实用手外科杂志，2012，26(1)：33-34．DOI：10.3969/

j.issn.1671-2722.2012.01.013. {ZHU Wenhua,LIU Minfeng,MIAO Yulong,HUANG Tao,SHAO Zhien,DENG Zhiming,ZHU Zhenxing. Repair the skin defect of distal phalanx of finger by neurocutaneous vascular flap[J]. Shi Yong Shou Wai Ke Za Zhi[Chin J Pract Hand Surg(Article in Chinese;Abstract in Chinese and English)],2012,26(1):33-34. DOI:10.3969/j.issn.1671-2722.2012.01.013.}

[7719] 周祥吉，薛丁山，杨富强，葛健. 皮神经营养血管筋膜瓣转移在肢体创面修复中的应用[J]. 实用手外科杂志，2012，26(3)：220-221，246. DOI：10.3969/j.issn.1671-2722.2012.03.006. {ZHOU Xiangji,XUE Dingshan,YANG Fuqiang,GE Jian. Clinical application of neurocutaneous vascular fascial flap for repairing wounds in limbs[J]. Shi Yong Shou Wai Ke Za Zhi[Chin J Pract Hand Surg(Article in Chinese;Abstract in Chinese and English)],2012,26(3):220-221,246. DOI:10.3969/j.issn.1671-2722.2012.03.006.}

[7720] 王显勋，刘超，余黎，陶圣祥，蔡林，余国荣. 远端蒂小腿皮神经营养血管皮瓣及其复合组织瓣的临床应用[J]. 中华显微外科杂志，2013，36(2)：177-179. DOI：10.3760/cma.j.issn.1001-2036.2013.02.026. {WANG Xianxun,LIU Chao,YU Li,TAO Shengxiang,CAI Lin,YU Guorong. Clinical application of distally pedicled calf cutaneous nerve nutrient vessel flap and its composite tissue flap[J]. Zhonghua Xian Wei Wai Ke Za Zhi[Chin J Microsurg(Article in Chinese;Abstract in Chinese)],2013,36(2):177-179. DOI:10.3760/cma.j.issn.1001-2036.2013.02.026.}

[7721] 王会军，蒋永能，赵炳喻，鲁冰，李耀. 皮神经营养血管皮瓣修复下肢难愈性创面18例[J]. 中华烧伤杂志，2013，29(5)：438-439. DOI：10.3760/cma.j.issn.1009-2587.2013.05.008. {WANG Huijun,JIANG Yongneng,ZHAO Bingyu,LU Bing,LI Yao. Repair of 18 cases of refractory wounds of lower limbs with skin flap of neurocutaneous nutrient blood vessels[J]. Zhonghua Shao Shang Za Zhi[Chin J Burns(Article in Chinese;No abstract available)],2013,29(5):438-439. DOI:10.3760/cma.j.issn.1009-2587.2013.05.008.}

[7722] 陈雪松，徐永清，陈建明，马志显，管力，许建明，余小军，李彦林. 主穿支皮神经营养血管皮瓣一期修复小腿及足踝部高能损伤创面[J]. 中华整形外科杂志，2013，29(2)：81-87. DOI：10.3760/cma.j.issn.1009-4598.2013.02.001. {CHEN Xuesong,XU Yongqing,CHEN Jianming,MA Zhixian,GUAN Li,XU Jianming,YU Xiaojun,LI Yanlin. Dominant perforator neurocutaneous flap for one-staged reconstruction of defects caused by high energy at lower legs,ankles and feet[J]. Zhonghua Zheng Xing Wai Ke Za Zhi[Chin J Plast Surg(Article in Chinese;Abstract in Chinese and English)],2013,29(2):81-87. DOI:10.3760/cma.j.issn.1009-4598.2013.02.001.}

[7723] 周晓，芮永军，寿奎水，许亚军，陈学明. 拇指背侧皮神经营养皮瓣的临床应用[J]. 中华整形外科杂志，2013，29(5)：383-384. DOI：10.3760/cma.j.issn.1009-4598.2013.05.017. {ZHOU Xiao,RUI Yongjun,SHOU Kuishui,XU Yajun,CHEN Xueming. Clinical application of neurocutaneous flap on dorsal thumb[J]. Zhonghua Zheng Xing Wai Ke Za Zhi[Chin J Plast Surg(Article in Chinese;No abstract available)],2013,29(5):383-384. DOI:10.3760/cma.j.issn.1009-4598.2013.05.017.}

[7724] 厉孟，蓝旭，甄平，刘兴炎，高秋明，宋明甲. 不同形状蒂部减张瓣在逆行皮神经营养血管皮瓣中的应用[J]. 中国骨伤，2013，26(8)：627-630. DOI：10.3969/j.issn.1003-0034.2013.08.003. {LI Meng,LAN Xu,ZHEN Ping,LIU Xingyan,GAO Qiuming,SONG Mingjia. Application of the tension skin flap with different shapes in the pedicle of the reverse neurocutaneous island flap[J]. Zhongguo Gu Shang[China J Orthop Trauma(Article in Chinese;Abstract in Chinese and English)],2013,26(8):627-630. DOI:10.3969/j.issn.1003-0034.2013.08.003.}

[7725] 杨红志，冯亚高，陶忠生，吕振木. 小腿皮神经营养血管蒂皮瓣修复足部皮肤缺损[J]. 临床骨科杂志，2013，16(3)：315-317. DOI：10.3969/j.issn.1008-0287.2013.03.029. {YANG Hongzhi,FENG Yagao,TAO Zhongsheng,LU Zhenmu. Repair of the skin defect of foot with superficial neurovascular flap of the leg[J]. Lin Chuang Gu Ke Za Zhi[J Clin Orthop(Article in Chinese;Abstract in Chinese and English)],2013,16(3):315-317. DOI:10.3969/j.issn.1008-0287.2013.03.029.}

[7726] 田举，冯国友，罗志军，王和庚. 改良逆行球拍状皮神经营养血管皮瓣修复狭长组织缺损20例[J]. 实用医学杂志，2013，29(23)：3903-3905. DOI：10.3969/j.issn.1006-5725.2013.23.042. {TIAN Ju,FENG Guoyou,LUO Zhijun,WANG Hegeng. Modified retrograde racket-shaped cutaneous neurovascular skin flap for repairing 20 cases of long and narrow tissue defects[J]. Shi Yong Yi Xue Za Zhi[J Pract Med(Article in Chinese;Abstract in Chinese)],2013,29(23):3903-3905. DOI:10.3969/j.issn.1006-5725.2013.23.042.}

[7727] 邹锦考，邓国权，莫凤莲，涂青虹，姚永全，陈清丽. 前臂外侧皮神经营养血管皮瓣的临床应用[J]. 中华显微外科杂志，2014，37(4)：398-399. DOI：10.3760/cma.j.issn.1001-2036.2014.04.027. {ZOU Jinkao,DENG Guoquan,MO Fenglian,TU Qinghong,YAO Yongquan,CHEN Qingli. Clinical application of forearm lateral cutaneous nerve nutrient vessel flap[J]. Zhonghua Xian Wei Wai Ke Za Zhi[Chin J Microsurg(Article in Chinese;Abstract in Chinese)],2014,37(4):398-399. DOI:10.3760/cma.j.issn.1001-2036.2014.04.027.}

[7728] 周晓，芮永军，薛明宇，寿奎水，许亚军. 指动脉近创面皮支蒂皮神经营养皮瓣的临床应用[J]. 中华手外科杂志，2014，30(5)：338-340. {ZHOU Xiao,RUI Yongjun,XUE Mingyu,SHOU Kuishui,XU Yajun. The clinical application of neurocutaneous flap pedicled with digital artery dorsal cutaneous branches[J]. Zhonghua Shou Wai Ke Za Zhi[Chin J Hand Surg(Article in Chinese;Abstract in Chinese and English)],2014,30(5):338-340.}

[7729] 王磊，王平均，乔少林，范克轩，陆欢. 下肢皮神经营养血管皮瓣修复儿童足跟部开放损伤[J]. 临床骨科杂志，2014，17(4)：433-435. DOI：10.3969/j.issn.1008-0287.2014.04.030. {WANG Lei,WANG Pingping,QIAO Shaolin,FAN Kexuan,LU Huan. Lower extremity neurocutaneous vascular flap for repair of children's s heel open injury[J]. Lin Chuang Gu Ke Za Zhi[J Clin Orthop(Article in Chinese;Abstract in Chinese and English)],2014,17(4):433-435. DOI:10.3969/j.issn.1008-0287.2014.04.030.}

[7730] 谢艾玲，张荐，卢爱东，袁建新，王斌，杨焕友，张剑锋，王辉. 逆行前臂外侧皮神经营养血管筋膜蒂皮瓣修复手部皮肤缺损[J]. 中国修复重建外科杂志，2014，28(12)：1498-1501. DOI：10.7507/1002-1892.20140324. {XIE Ailing,ZHANG Jian,LU Aidong,YUAN Jianxin,WANG Bin,YANG Huanyou,ZHANG Jianfeng,WANG Hui. Effectiveness of retrograde island neurocutaneous flap pedicled with lateral antebrachial cutaneous nerve in treatment of hand defect[J]. Zhongguo Xiu Fu Chong Jian Wai Ke Za Zhi[Chin J Repar Reconstr Surg(Article in Chinese;Abstract in Chinese and English)],2014,28(12):1498-1501. DOI:10.7507/1002-1892.20140324.}

[7731] 张景僚，蔡俊雅，张海瑞，李丹丹. 足背内侧皮神经营养血管皮瓣逆行修复前足软组织缺损[J]. 中华创伤杂志，2016，32(4)：310-312. DOI：10.3760/cma.j.issn.1001-8050.2016.04.007. {ZHANG Jinglio,CAI Junya,ZHANG Hairui,LI Dandan. Retrograde repair of forefoot soft tissue defect with dorsal medial cutaneous nerve nutrient vessel flap[J]. Zhonghua Chuang Shang Za Zhi[Chin J Trauma(Article in Chinese;No abstract available)],2016,32(4):310-312. DOI:10.3760/cma.j.issn.1001-8050.2016.04.007.}

[7732] 荣向科，刘刚义，黄金红，王春旭，苟军全，马光兵，朱修文. 手部皮神经营养血管皮瓣修复手指软组织缺损[J]. 实用手外科杂志，2016，30(3)：304-306. DOI：10.3969/j.issn.1671-2722.2016.03.018. {RONG Xiangke,LIU Gangyi,HUANG Jinhong,WANG Chunxu,GOU Junquan,MA Guangbing,ZHU Xiuwen. Repairing digital defects with neurocutaneous flap of hand[J]. Shi Yong Shou Wai Ke Za Zhi[Chin J Pract Hand Surg(Article in Chinese;Abstract in Chinese and English)],2016,30(3):304-306. DOI:10.3969/j.issn.1671-2722.2016.03.018.}

[7733] 李楚炎，李文庆，姚海波，朱小弟，陈传煌，毛仁群. 足内侧皮神经营养血管远端蒂皮瓣修复前足软组织缺损[J]. 中国临床解剖学杂志，2017，35(4)：445-447. DOI：10.13418/j.issn.1001-165x.2017.04.018. {LI Chuyan,LI Wenqing,YAO Haibo,ZHU Xiaodi,CHEN Chuanhuang,MAO Renqun. Repair of soft-tissue defects at the forefoot using the distal pedicled neurocutaneous island flap at the medial aspect of the foot[J]. Zhongguo Lin Chuang Jie Pou Xue Za Zhi[Chin J Clin Anat(Article in Chinese;Abstract in Chinese and English)],2017,35(4):445-447. DOI:10.13418/j.issn.1001-165x.2017.04.018.}

[7734] 刘刚义，郑龙，刘宗义，苟军全，石定，宋永斌，谢瑞菊. 拇指背皮神经营养血管皮瓣修复拇指远端软组织缺损[J]. 中华显微外科杂志，2017，40(4)：342-344. DOI：10.3760/cma.j.issn.1001-2036.2017.04.008. {LIU Gangyi,ZHENG Long,LIU Zongyi,GOU Junquan,SHI Ding,SONG Yongbin,XIE Ruiju. Repair of soft tissue defect in distal thumb with dorsal thumb neurocutaneous vascular flap[J]. Zhonghua Xian Wei Wai Ke Za Zhi[Chin J Microsurg(Article in Chinese;Abstract in Chinese and English)],2017,40(4):342-344. DOI:10.3760/cma.j.issn.1001-2036.2017.04.008.}

[7735] 庄蕾，黎晓华，丁宝志，王惠东，张世民. 皮神经营养血管皮瓣修复37例足踝部软组织缺损[J]. 中华显微外科杂志，2017，40(4)：381-383. DOI：10.3760/cma.j.issn.1001-2036.2017.04.020. {ZHUANG Lei,LI Xiaohua,DING Baozhi,WANG Huidong,ZHANG Shimin. Repair of 37 cases of soft tissue defects of foot and ankle with skin flap with neurocutaneous nutrient vessel[J]. Zhonghua Xian Wei Wai Ke Za Zhi[Chin J Microsurg(Article in Chinese;Abstract in Chinese)],2017,40(4):381-383. DOI:10.3760/cma.j.issn.1001-2036.2017.04.020.}

[7736] 卫旭东，林涧，黄磊，胡德庆，钮朋，洪旭，戚瑞林，郑和平. 穿支蒂足背中间皮神经营养血管皮瓣修复前足软组织缺损[J]. 中华创伤杂志，2017，33(10)：878-882. DOI：10.3760/cma.j.issn.1001-8050.2017.10.004. {WEI Xudong,LIN Jian,HUANG Lei,HU Deqing,NIU Peng,HONG Xu,QI Ruilin,ZHENG Heping. Perforator-based intermediate dorsal pedal flap with vessels of cutaneous nerve nutrition for repair of soft tissue defects of the forefoot[J]. Zhonghua Chuang Shang Za Zhi[Chin J Trauma(Article in Chinese;Abstract in Chinese and English)],2017,33(10):878-882. DOI:10.3760/cma.j.issn.1001-8050.2017.10.004.}

[7737] 刘兴盛，刘兴旺，张永明，姚鸥，陈宝明，吾兰，马玲. 逆行足背外侧皮神经营养血管皮瓣修复第5足趾皮肤软组织缺损八例[J]. 中华烧伤杂志，2017，33(8)：508-509. DOI：10.3760/cma.j.issn.1009-2587.2017.08.012. {LIU Xingsheng,LIU Xingwang,ZHANG Yongming,YAO Ou,CHEN Baoming,Wulan,MA Ling. Eight cases of repairing skin and soft tissue defects of the fifth toe with retrograde dorsolateral cutaneous nerve nutrient vessel flap[J]. Zhonghua Shao Shang Za Zhi[Chin J Burns(Article in Chinese;No abstract available)],2017,33(8):508-509. DOI:10.3760/cma.j.issn.1009-2587.2017.08.012.}

[7738] 张飞，林涧，洪旭，林海青，薛来恩，郑和平. 第1跖骨间隙近端穿支蒂皮神经营养血管皮瓣的临床应用[J]. 中国临床解剖学杂志，2020，38(2)：150-152，156. DOI：10.13418/j.issn.1001-165x.2020.02.009. {ZHANG Fei,LIN Jian,HONG Xu,LIN Haiqing,XUE Laien,ZHENG Heping. Clinical application of the first metatarsal proximal perforator-based neurocutaneous vascular flap[J]. Zhongguo Lin Chuang Jie Pou Xue Za Zhi[Chin J Clin Anat(Article in Chinese;Abstract in Chinese)],2020,38(2):150-152,156. DOI:10.13418/j.issn.1001-165x.2020.02.009.}

[7739] 范宾，高顺红，张云鹏，胡宏宇，李军，于志亮. 腓肠外侧皮神经营养血管皮瓣修复小腿大面积软组织缺损[J]. 中国矫形外科杂志，2020，28(12)：1148-1150. DOI：10.3977/j.issn.1005-8478.2020.12.22. {FAN Bin,GAO Shunhong,ZHANG Yunpeng,HU Hongyu,LI Jun,YU Zhiliang. Repair of large soft tissue defect of calf with lateral sural cutaneous nerve nutrient vessel flap[J]. Zhongguo Jiao Xing Wai Ke Za Zhi[Orthop J China(Article in Chinese;Abstract in Chinese)],2020,28(12):1148-1150. DOI:10.3977/j.issn.1005-8478.2020.12.22.}

4.1.9.8 远端蒂皮瓣
distal-based flap

[7740] 张世民，刘大雄，张连生，韩平良. 远端蒂皮瓣的血液循环特征及临床意义[J]. 中国临床解剖学杂志，1998，16(4)：9-12. {ZHANG Shimin,LIU Daxiong,ZHANG Liansheng,HAN Pingliang. Characteristics in blood circulation of distally-based flap and its clinical significance[J]. Zhongguo Lin Chuang Jie Pou Xue Za Zhi[Chin J Clin Anat(Article in Chinese;Abstract in Chinese)],1998,16(4):9-12.}

[7741] 康安，熊明根，张世民. 远端蒂皮瓣的静脉回流[J]. 中国临床解剖学杂志，2001，19(2)：188-190. DOI：10.3969/j.issn.1001-165X.2001.02.036. {KANG An,XIONG Minggen,ZHANG Shimin. Venous blood circulation of distally-based flap[J]. Zhongguo Lin Chuang Jie Pou Xue Za Zhi[Chin J Clin Anat(Article in Chinese;Abstract in Chinese)],2001,19(2):188-190. DOI:10.3969/j.issn.1001-165X.2001.02.036.}

[7742] 张世民，顾玉东，徐达传，侯春林. 踝部血管网对小腿远端蒂皮瓣的供血作用[J]. 中国临床解剖学杂志，2002，20(3)：201-203. DOI：10.3969/j.issn.1001-165X.2002.03.013. {ZHANG Shimin,GU Yudong,XU Dachuan,HOU Chunlin. Anatomic observation of the ankle vascular network and its clinical correlation to the blood supply distally based flap of the lower leg[J]. Zhongguo Lin Chuang Jie Pou Xue Za Zhi[Chin J Clin Anat(Article in Chinese;Abstract in Chinese)],2002,20(3):201-203. DOI:10.3969/j.issn.1001-165X.2002.03.013.}

[7743] 蔡晓斌，刘云健，吴凌峰，吴忠伟. 远端蒂皮瓣修复肢体远端皮肤软组织缺损[J]. 实用骨科杂志，2008，14(7)：398-400. DOI：10.3969/j.issn.1008-5572.2008.07.005. {CAI Xiaobin,LIU Yunjian,WU Lingfeng,WU Zhongwei. Repairing soft tissue defect in extremity with distal pedicle flap[J]. Shi Yong Gu Ke Za Zhi[J Pract Orthop(Article in Chinese;Abstract in Chinese and English)],2008,14(7):398-400. DOI:10.3969/j.issn.1008-5572.2008.07.005.}

[7744] 陈玉兵，徐永清，吕凤，陆声. 低旋转点的隐神经营养血管远端蒂皮瓣修复足背缺损创面[J]. 中华整形外科杂志，2009，25(1)：65-66. DOI：10.3760/cma.j.issn.1009-4598.2009.01.021. {CHEN Yubing,XU Yongqing,LU Feng,LU Sheng. Low-rotation point saphenous nerve and nutrient vessel distally pedicled skin flap to repair the defect of the dorsal foot[J]. Zhonghua Zheng Xing Wai Ke Za Zhi[Chin J Plast Surg(Article in Chinese;No abstract available)],2009,25(1):65-66. DOI:10.3760/cma.j.issn.1009-4598.2009.01.021.}

[7745] 朱文华，刘敏峰，缪玉龙. 足内侧隐神经营养血管远端蒂皮瓣修复踇背皮肤缺损[J]. 实用手外科杂志，2009，23(4)：211-212. DOI：10.3969/j.issn.1671-2722.2009.04.010. {ZHU Wenhua,LIU Minfeng,MIAO Yulong. Repair of dorsal skin defect with distally pedicled skin flap of medial saphenous nerve nutrient vessel[J]. Shi Yong Shou Wai Ke Za Zhi[Chin J Pract Hand Surg(Article in Chinese;Abstract in Chinese and English)],2009,23(4):211-212. DOI:10.3969/j.issn.1671-2722.2009.04.010.}

[7746] 梁清国，甄电伟，焦建强，李烨. 远端蒂皮瓣预置静脉留置针防止静脉回流障碍16例[J]. 中华烧伤杂志，2010，26(2)：155-156. DOI：10.3760/cma.j.issn.1009-2587.2010.02.023. {LIANG Qingguo,ZHEN Dianwei,JIAO Jianqiang,LI Ye. Pre-installation of venous indwelling needle with distal pedicle flap to prevent venous reflux disorder in 16 cases[J]. Zhonghua Shao Shang Za Zhi[Chin J Burns(Article in Chinese;No abstract available)],2010,26(2):155-156. DOI:10.3760/cma.j.issn.1009-2587.2010.02.023.}

[7747] 刘永平，曾海滨，林松，张发惠. 低位隐神经营养血管远端蒂皮瓣修复足背软组织缺损[J]. 中国临床解剖学杂志，2011，29(5)：575-577. {LIU Yongping,ZENG Haibin,LIN Song,ZHANG Fahui. Repair of soft tissue defect in forefoot with the distally based saphenous neurocutaneous flap[J]. Zhongguo Lin Chuang Jie Pou Xue Za Zhi[Chin J Clin Anat(Article in Chinese;Abstract in Chinese)],2011,29(5):575-577.}

[7748] 雷林革，何如祥，沈美华，程鹏，李国海，闫宛春．蒂部减张皮瓣在远端蒂皮瓣中的应用[J]．中国修复重建外科杂志，2012，26（1）：58-60．{LEI Lingge,HE Ruxiang,SHEN Meihua,CHENG Peng,LI Guohai,YAN Wanchun. Application of pedicle reducing tension flap in the distally-based pedicle flap operation[J]. Zhongguo Xiu Fu Chong Jian Wai Ke Za Zhi[Chin J Repar Reconstr Surg(Article in Chinese;Abstract in Chinese and English)],2012,26(1):58-60.}

[7749] 毛莉颖，黄东，江奕恒，张惠茹，吴伟炽，林浩，牟勇，黄国英．手部不同远端蒂皮瓣静脉回流障碍的原因分析[J]．中国临床解剖学杂志，2013，31（4）：484-486．{MAO Liying,HUANG Dong,JIANG Yiheng,ZHANG Huiru,WU Weichi,LIN Hao,MOU Yong,HUANG Guoying. Analysis of the causes of the venous drainage problem of different pedicled flap[J]. Zhongguo Lin Chuang Jie Pou Xue Za Zhi[Chin J Clin Anat(Article in Chinese;Abstract in Chinese)],2013,31(4):484-486.}

4.1.9.9 逆行岛状皮瓣
reverse-flow island flap

[7750] Li ZT,Liu K,Cao YD. The reverse flow ulnar artery island flap:42 clinical cases[J]. Br J Plast Surg,1989,42(3):256-259. doi:10.1016/0007-1226(89)90141-0.

[7751] Liu K,Li Z,Lin Y,Cao Y. The reverse-flow posterior tibial artery island flap:anatomic study and 72 clinical cases[J]. Plast Reconstr Surg,1990,86(2):312-6; discussion 317-318.

[7752] Lu L,Gu G,Zhang Z. Using retrograde island flap with dorsal interosseous artery to repair soft tiss ue defect of hands[J]. Chin J Traumatol,1999,2(1):61-64.

[7753] Yang D,Morris SF. Reversed dorsal digital and metacarpal island flaps supplied by the dorsal cutaneous branches of the palmar digital artery[J]. Ann Plast Surg,2001,46(4):444-449. doi:10.1097/00000637-200104000-00017.

[7754] Li YF,Cui SS. Innervated reverse island flap based on the end dorsal branch of the digital artery:surgical technique[J]. J Hand Surg Am,2005,30(6):1305-1309. doi:10.1016/j.jhsa.2005.05.012.

[7755] Lu YJ,Hong GX,Xu NW,Hu ZY,Shao L. Reconstruction of finger pulp defect with reversed fasciocutaneous island flap from same finger[J]. Chin J Traumatol,2007,10(2):82-85.

[7756] Lai-Jin L,Xu G,Jian-Li C,Xi-Guang S. A modified approach of the reverse dorsal metacarpal island flap:anatomical basis and application in 24 cases[J]. Ann Plast Surg,2008,61(4):392-395. doi:10.1097/SAP.0b013e31815f6701.

[7757] Chen WL,Yang ZH,Huang ZQ,Chai Q,Zhang DM. Facial contour reconstruction after benign tumor ablation using reverse facial-submental artery deepithelialized submental island flaps[J]. J Craniofac Surg,2010,21(1):83-86. doi:10.1097/SCS.0b013e3181c3ba90.

[7758] Zhang B,Wang JG,Chen WL,Yang ZH,Huang ZQ. Reverse facial-submental artery island flap for reconstruction of oropharyngeal defects following middle and advanced-stage carcinoma ablation[J]. Br J Oral Maxillofac Surg,2011,49(3):194-197. doi:10.1016/j.bjoms.2010.04.009.

[7759] Fu S,Fan J,Chen W,Yang Z,Yin Z. Aesthetic correction of severe cicatricial upper-eyelid ectropion with a retrograde postauricular island flap[J]. Aesthetic Plast Surg,2013,37(1):95-101. doi:10.1007/s00266-012-0009-9.

[7760] Zhang DM,Chen WL,Lin ZY,Yang ZH. Use of a folded reverse facial-submental artery submental island flap to reconstruct soft palate defects following cancer ablation[J]. J Craniomaxillofac Surg,2014,42(6):910-914. doi:10.1016/j.jcms.2014.01.009.

[7761] Mao H,Shi Z,Yin W,Dong W,Wapner KL. Reconstruction of great toe soft-tissue defect with the retrograde-flow medial pedis island flap[J]. Plast Reconstr Surg,2014,134(1):120e-127e. doi:10.1097/PRS.0000000000000274.

[7762] Chen QZ,Sun YC,Chen J,Kong J,Gong YP,Mao T. Comparative study of functional and aesthetically outcomes of reverse digital artery and reverse dorsal homodigital island flaps for fingertip repair[J]. J Hand Surg Eur,2015,40(9):935-943. doi:10.1177/1753193415579300.

[7763] Chen W,Fan J,Liu L,Tian J,Yin Z. Upper and lower eyelid full thickness reconstruction using a retrograde postauricular island flap[J]. J Pediatr Gastroenterol Nutr,2015,26(6):e489-e490. doi:10.1097/SCS.0000000000001978.

[7764] Jia Y,Xu J,Kang Q,Zhang C,Chai Y. Reverse-flow lateral tarsal island flap for covering the great toe donor site of wraparound flap[J]. Ann Plast Surg,2016,77(4):445-449. doi:10.1097/SAP.0000000000000612.

[7765] Tu Q,Liu S,Chen T,Li S,Yan H,Li Z. A comparative study of finger pulp reconstruction using free distal ulnar artery perforator flaps and reverse dorsal homodigital island flaps[J]. Ann Plast Surg,2019,83(6):650-654. doi:10.1097/SAP.0000000000002106.

[7766] Lan X,Huang Y,Guo L,Lin J. Treatment of fingertip defect with reversed digital artery island flap through superficial vein anastomosis[J]. ANZ J Surg,2021 Feb 26. doi:10.1111/ans.16698. Online ahead of print.

[7767] 范遗恩，孙义久．大型同侧足背神经血管蒂岛状皮瓣移植（附一例报告）[J]．佳木斯医学院学报，1980,（1）：6．{FAN Yien,SUN Yijiu. transfer of Large ipsilateral vascular pedicle island flap of dorsalis pedis nerve(including a report of 1 case) [J]. Jia musi Yi Xue Yuan Xue Bao(J Jiamusi Med Coll(Article in Chinese;Abstract in Chinese)],1980,(1):6.}

[7768] 田奉宸，等．颞动脉岛状皮瓣在眼睑缺损再造术中的应用[J]．天津医药，1981，9（11）：674．{TIAN fengchen,et al. Application of temporal artery island flap in reconstruction of eyelid defect[J].Tianjin Yi Yao[Tianjin Med J(Article in Chinese;No abstract available)],1981,9(11):674 .}

[7769] 王炜，黄文义，张涤生，徐春扬，顾敬枚．前臂岛状皮瓣在手部创伤中的应用[J]．上海第二医学院学报，1982，2（增刊 Ⅰ）：31 {WANG Wei,HANG Wenyi,ZHANG Disheng,XU Chunyang,GU Jingmei. Application of forearm island flap in hand trauma[J]. Shanghai Di Er Yi Xue Yuan Xue Bao[J Shanghai Second Med Coll(Article in Chinese;No abstract available)],1982,2(S I):31.}

[7770] 王炜，卫莲郡，胡鸿泰，张涤生．足部岛状皮瓣在足外科的应用[J]．上海第二医学院学报，1982，2（增刊1）：39．{WANG Wei,WEI Lianjun,HU Hongtai,ZHANG Disheng. Application of pedis island flap in podiatric surgery[J]. Shanghai Di Er Yi Xue Yuan Xue Bao[J Shanghai Second Med Coll(Article in Chinese;No abstract available)],1982,2(S1):39.}

[7771] 卢传新，等．足背岛状游离皮瓣移植（附6例报告）[J]．广东医学，1982，3（1）：11．{LU Chuanxin,et al. Transplantation of island free flap of dorsal foot(including a report of 6 cases) [J]. Guangdong Yi Xue[Guangdong Med J(Article in Chinese;Abstract in Chinese)],1982,3(1):11.}

[7772] 孙博，刘牧之，原林，马富，李汉云，韩震，钟世镇，郑玉明，李运连，陈庄洪，丁伯坦，夏彭春．前臂桡侧岛状逆行旋转皮瓣静脉回流解剖学研究[J]．临床应用解剖学杂志，1983，1（1）：8 {SUN Bo,LIU Muzhi,YUAN Lin,MA Fu,LI Hanyun,HAN Zhen,ZHONG Shizhen,ZHENG Yuming,LI Yunlian,CHEN Zhuanghong,DING Botan,XIA Pengchun. Anatomic study on venous reflux of radial island reverse rotation flap of forearm[J]. Lin Chuang Ying Yong Jie Pou Xue Za Zhi[J Clin Appl Anat(Article in Chinese;Abstract in Chinese)],1983,1(1):8.}

[7773] 郑玉明，李运连，陈庄洪，丁伯坦，夏彭春，孙搏，刘牧之，原林，马富，李汉云，韩震，钟世镇．前臂岛状皮瓣移位术在手外科的应用（16例报告)[J]．解放军医学杂志，1983，8(3)：168．{ZHENG Yuming,LI Yunlian,CHEN Zhuanghong,DING Botan,XIA Pengchun,SUN Bo,LIU Muzhi,YUAN Lin,MA fu,LI Hanyun,HAN Zhen,ZHONG Shizhen. Application of forearm island flap transfer in hand surgery(including a report of 16 cases)[J]. Jie Fang Jun Yi Xue Za Zhi[Med J Chin PLA(Article in Chinese;Abstract in Chinese)],1983,8(3):168.}

[7774] 郑玉明，李运连．带血管蒂的前臂岛状皮瓣修复手部软组织缺损5例报告（介绍一种手术方法）[J]．中华骨科杂志，1983，3（6）：337．{ZHENG Yuming,LI Yunlian. The island flap of forearm pedicled with vessels for the repair of soft tissue defect of hand in five patients(To introduce a surgical method)[J]. Zhonghua Gu Ke Za Zhi[Chin J Orthop(Article in Chinese;No abstract available)],1983,3(6):337.}

[7775] 冯光珍，林大雄，张维东，贺小林，张绪生．应用桡动脉逆行岛状皮瓣修复手掌手背大面积深度缺损6例报告[J]．解放军医学杂志，1984，9（6）：459．{FENG Guangzhen,LIN Daxiong,ZHANG Weidong,HE Xiaolin,ZHANG Xusheng. The repair of the large deep defect of the palm and back of hand with radial artery retrograde island flap in six patients[J]. Jie Fang Jun Yi Xue Za Zhi[Med J Chin PLA(Article in Chinese;Abstract in Chinese)],1984,9(6):459.}

[7776] 丁伯坦，李运莲，郑玉明．前臂逆行岛状皮瓣重建虎口（附5例报告）[J]．中华骨科杂志，1984，4（4）：202．{DING Botan,LI Yunlian,ZHENG Yuming. Reconstruction of thumb-index web with retrograde island flap of forearm(including a report of 5 cases)[J]. Zhonghua Gu Ke Za Zhi(Chin J Orthop[Article in Chinese; Abstract in Chinese)],1984,4(4):202.}

[7777] 张善才，李金明，程春生．利用前臂岛状皮瓣扩大虎口（附2例报告）[J]．中华骨科杂志，1984，4（4）：205．{ZHANG Shancai,LI Jinming,CHENG Chunsheng. Enlarge thumb-index web with the forearm island flap[J]. Zhonghua Gu Ke Za Zhi[Chin J Orthop(Article in Chinese;Abstract in Chinese)],1984,4(4):205.}

[7778] 孙永华，贾淑兰，毛兰，宓惠茹．采用前臂倒转逆行皮瓣治疗新鲜手部骨烧伤[J]．北京医学，1984，6（6）：377．{SUN Yonghua,JIA Shulan,MAO Lan,MI Huiru. Fresh bone burn of the hand was treated with the reverse forearm flap[J]. Beijing Yi Xue[Beijing Med J(Article in Chinese;No abstract available)],1984,6(6):377.}

[7779] 林增禄．足部岛状皮瓣移植六例报道[J]．上海第一医学院学报，1984，11(3)：239．{LIN Zenglu. pedis island flap transplantation in six patients[J]. Shanghai Di Yi Yi Xue Yuan Xue Bao[J Shanghai First Med Coll(Article in Chinese;No abstract available)],1984,11(3):239.}

[7780] 徐根宝，廖忠林．介绍一种用前臂岛状皮瓣转移的拇指成形术（附2例报告）[J]．中华整形烧伤外科杂志，1985，1（1）：36．{XU Genbao,LIAO Zhonglin. thumb plasty with forearm island flap transfer(including a report of 2 cases)[J]. Zhonghua Zheng Xing Shao Shang Wai Ke Za Zhi[Chin J Plast Burn Surg(Article in Chinese;Abstract in Chinese)],1985,1(1):36.}

[7781] 陈振光，周必光，顾洁夫，蔡宗强，彭正人，李义贵． 应用前臂逆行岛状皮瓣修复手部创面及其他[J]．显微医学杂志，1985，8（3）：129．{CHEN Zhenguang,ZHOU Biguang,GU Jiefu,CAI Zongqiang,PENG Zhengren,LI Yigui. The hand and other wound were repaired with the reverse island flap of the forearm[J]. Xian Wei Yi Xue Za Zhi[J Microsurg(Article in Chinese;Abstract in Chinese)],1985,8(3):129 .}

[7782] 张信英，邵振恒，于钟毓．前臂逆行岛状皮瓣移位术在手外科应用中的一些问题[J]．显微医学杂志，1985，8（3）：135．{ZHANG Xinying,SHAO Zhenheng,YU Zhongyu. Some problems in the application of forearm reverse island flap transfer in hand surgery[J]. Xian Wei Yi Xue Za Zhi[J Microsurg(Article in Chinese;Abstract in Chinese)],1985,8(3):135.}

[7783] 洪光祥，朱通伯，王发斌，黄省秋，郑启新．前臂逆行岛状皮瓣在手部应用的几个有关问题[J]．显微医学杂志，1985，8（3）：131．{HONG Guangxiang,ZHU Tongbo,WANG Fabin,HUANG Shengqiu,ZHENG Qixin. Some problems in the application of the reverse island flap of the forearm in the hand[J]. Xian Wei Yi Xue Za Zhi[J Microsurg(Article in Chinese;Abstract in Chinese)],1985,8(3):131.}

[7784] 吴梅英，等．前臂逆行岛状皮瓣在手部应用的体会[J]．显微学杂志，1985，8（3）：138．{WU Meiying,et al. Experience of application of reverse island flap of forearm in hand[J]. Xian Wei Yi Xue Za Zhi[J Microsurg(Article in Chinese;Abstract in Chinese)],1985,8(3):138.}

[7785] 于钟毓，邵振恒，张信英．前臂逆行岛状桡骨皮瓣临床应用一例报告[J]．显微医学杂志，1985，8（3）：139．{YU Zhongyu,SHAO Zhenheng,ZHANG Xinying. Application of reverse island radius flap of forearm in one patient[J]. Xian Wei Yi Xue Za Zhi[J Microsurg(Article in Chinese;Abstract in Chinese)],1985,8(3):139.}

[7786] 陈健民，吴道锋．前臂逆行岛状皮瓣在手外科的应用[J]．显微医学杂志，1985，8（3）：140．{CHEN Jianming,WU Daofeng. Application of reverse island flap of forearm in hand surgery[J]. Xian Wei Yi Xue Za Zhi[J Microsurg(Article in Chinese;Abstract in Chinese)],1985,8(3):140 .}

[7787] 粮明业，关桂春，廖忠林，刘庆志． 前臂逆行岛状皮瓣移位术修复手部组织缺损22例报告[J]． 显微医学杂志，1985，8（3）：142．{LANG Mingye,GUAN Guichun,LIAO Zhonglin,LIU Qingzhi. The repair of hand tissue defect with retrograde island flap transfer of forearm in 22 patients[J]. Xian Wei Yi Xue Za Zhi[J Microsurg(Article in Chinese;Abstract in Chinese)],1985,8(3):142.}

[7788] 韩秉公．应用前臂逆行岛状皮瓣修复手外伤缺损畸形[J]．显微医学杂志，1985，8（3）：144．{HAN Binggong. The repair of the deformity of hand injury with A retrograde island flap of the forearm[J]. Xian Wei Yi Xue Za Zhi[J Microsurg(Article in Chinese;Abstract in Chinese)],1985,8(3):144.}

[7789] 顾玉东，吴敏明，张高孟，陈德松，李鸿儒．小腿外侧逆行岛状皮瓣在足部损伤中的应用[J]． 上海医学，1985，8（7）：377．{GU Yudong,WU Minming,ZHANG Gaomeng,CHEN Desong,LI Hongru. Application of lateral retrograde island flap of lower leg in the foot injury[J]. Shanghai Yi Xue[Shanghai Med J(Article in Chinese;Abstract in Chinese)],1985,8(7):377.}

[7790] 易传勋，辛时林，王玉荣，阎法红，冯晓玲，刘耀亮． 岛状皮瓣临床应用的体会[J]．中华显微外科杂志，1986，9（3）：147-147．DOI：10.3760/cma.j.issn.1001-2036.1986.03.109．{YI Chuanxun,XIN Shilin,WANG Yurong,YAN Fahong,FENG Xiaoling,LIU Yaoliang. Experience of clinical application of island flap[J]. Zhonghua Xian Wei Wai Ke Za Zhi[Chin J Microsurg(Article in Chinese;No abstract available)],1986,9(3):147-147. DOI:10.3760/cma.j.issn.1001-2036.1986.03.109.}

[7791] 李荫山，等．岛状皮瓣、肌皮瓣转位术的应用[J]．中华显微外科杂志，1986，9（4）：247．{LI Yinshan,et al. Application of island flap and musculocutaneous flap transposition[J]. Zhonghua Xian Wei Wai Ke Za Zhi[Chin J Microsurg(Article in Chinese;No abstract available)],1986,9(4):247.}

[7792] 董中，梁世伟，夏双印．前臂逆行岛状皮瓣修复手部缺损临床报告[J]．中华显微外科杂志，1986，9(1)：31-32．DOI：10.3760/cma.j.issn.1001-2036.1986.01.117．{DONG Zhong,LIANG Shiwei,XIA Shuangyin. Clinical report on repair of hand defect with retrograde island flap of forearm[J]. Zhonghua Xian Wei Wai Ke Za Zhi[Chin J Microsurg(Article in Chinese;No abstract available)],1986,9(1):31-32. DOI:10.3760/cma.j.issn.1001-2036.1986.01.117.}

[7793] 周炳坤．应用前臂逆行岛状皮瓣修复手部软组织缺损[J]．中华显微外科杂志，1986，9（2）：122 {ZHOU Bingkun. The repair of soft tissue defect of hand with retrograde island flap of forearm[J]. Zhonghua Xian Wei Wai Ke Za Zhi[Chin J Microsurg(Article in Chinese;Abstract in Chinese)],1986,9(2):122.}

[7794] 宁金龙，袁仲华，汪春兰，高学宏，韩之勋．前臂静脉网动脉化岛状皮瓣在手外科的应用[J]．中华

显微外科杂志，1986，9(2)：82-83. DOI: 10.3760/cma.j.issn.1001-2036.1986.02.109. {NING Jinlong,YUAN Zhonghua,WANG Chunlan,GAO Xuehong,HAN Zhixun. Application of forearm island flap with arterialized venous network in hand surgery[J]. Zhonghua Xian Wei Wai Ke Za Zhi[Chin J Microsurg(Article in Chinese;No abstract available)],1986,9(2):82-83. DOI:10.3760/cma.j.issn.1001-2036.1986.02.109.}

[7795] 李文庆，等. 前臂桡动脉逆行岛状皮瓣在手外科的应用[J]. 中华显微外科杂志，1986，9(3)：187. {LI Wemqing,et al. Application of radial artery reverse island flap of forearm in hand surgery[J]. Zhonghua Xian Wei Wai Ke Za Zhi[Chin J Microsurg(Article in Chinese;Abstract in Chinese)],1986,9(3):187.}

[7796] 赖成仲. 应用前臂逆行岛状皮瓣修复手掌皮肤缺损二例[J]. 中华显微外科杂志，1986，9(3)：187. {LAI Chengzhong. Repair the defect of palm skin by the reverse island flap of forearm[J]. Zhonghua Xian Wei Wai Ke Za Zhi[Chin J Microsurg(Article in Chinese;Abstract in Chinese)],1986,9(3):187.}

[7797] 王培先，等. 应用前臂岛状皮瓣修复手部严重损伤[J]. 中华显微外科杂志，1986，9(3)：187. {WANG Peixian,et al. Repair severe hand injury by the Island flap of forearm[J]. Zhonghua Xian Wei Wai Ke Za Zhi[Chin J Microsurg(Article in Chinese;Abstract in Chinese)],1986,9(3):187.}

[7798] 廖忠林，等. 前臂岛状皮瓣一期修复拇指严重外伤10例[J]. 中华显微外科杂志，1986，9(2)：122. {LIAO Zhonglin,et al. One-stage repair of severe thumb injury with the island flap of the forearm[J]. Zhonghua Xian Wei Wai Ke Za Zhi[Chin J Microsurg(Article in Chinese;Abstract in Chinese)],1986,9(2):122.}

[7799] 李柱田，曹玉德，况冬柏，杨清江. 小腿后侧逆行岛状皮瓣修复足部大面积缺损[J]. 中华骨科杂志，1986，6(5)：363. { LI Zhutian,CAO Yude,KUANG Dongbai,YANG Qingjiang. The repair of a large defect of the foot with Posterior retrograde island flap of the lower leg[J]. Zhonghua Gu Ke Za Zhi[Chin J Orthop(Article in Chinese;Abstract in Chinese)],1986,6(5):363.}

[7800] 李柱田，曹玉德，况冬柏，杨清江. 应用逆行胫后动脉岛状皮瓣修复足部组织缺损[J]. 中华显微外科杂志，1986，9(1)：21-22. DOI: 10.3760/cma.j.issn.1001-2036.1986.01.111. {LI Zhutian,CAO Yude,KUANG Dongbai,YANG Qingjiang. The repair of foot tissue defect by retrograde Island flap of posterior tibial artery[J]. Zhonghua Xian Wei Wai Ke Za Zhi[Chin J Microsurg(Article in Chinese;No abstract available)],1986,9(1):21-22. DOI:10.3760/cma.j.issn.1001-2036.1986.01.111.}

[7801] 杨庆元，李彪，刘献堂，徐英杰. 足背逆行岛状皮瓣修复第一跖趾关节裸露创面一例报告[J]. 中华整形烧伤外科杂志，1986，2(4)：287. {YANG Qingyuan,LI Biao,LIU Xiantang,XU Yingjie. Repair the exposed wound of the first metatarsophalangeal joint with the retrograde island flap of the dorsal foot[J]. Zhonghua Zheng Xing Shao Shang Wai Ke Za Zhi[Chin J Plast Burn SurgFNo abstract available)],1986,2(4):287.}

[7802] 王大雄，时述山. 足背岛状皮瓣转位修复踝及足部缺损[J]. 中华整形烧伤外科杂志，1986，2(2)：101. {WANG Daxiong,SHI Shushan. The repair of ankle and foot defects by the transfer of dorsalis pedis island flap[J]. Zhonghua Zheng Xing Shao Shang Wai Ke Za Zhi[Chin J Plast Burn Surg(Article in Chinese;No abstract available)],1986,2(2):101.}

[7803] 王浩烈，乔仲章，高殿文，白延峰，陈根元. 足背岛状皮瓣在胫骨慢性化脓性骨髓炎治疗中应用[J]. 中华骨科杂志，1986，6(5)：369 {WANG Haolie,QIAO Zhongzhang,GAO Dianwen,BAI Yanfeng,CHEN Genyuan. dorsalis pedis island flap is applied in the treatment of chronic suppurative osteomyelitis of tibia[J]. Zhonghua Gu Ke Za Zhi[Chin J Orthop(Article in Chinese;No abstract available)],1986,6(5):369.}

[7804] 王承德，宋增祥，扬振生. 足底岛状皮瓣早期修复足跟Ⅲ度冻伤一例报告[J]. 中华整形烧伤外科杂志，1986，2(2)：149. {WANG Chengde,SONG Zengxiang,YANG zhensheng.The Early repair of heel Ⅲ degrees of frostbite with Plantar island flap[J]. Zhonghua Zheng Xing Shao Shang Wai Ke Za Zhi[Chin J Plast Burn Surg(Article in Chinese;No abstract available)],1986,2(2):149.}

[7805] 胡顺祥，罗迎春，夏昌兴，徐崇义. 足底内侧岛状肌皮瓣转位治疗跟部软组织缺损[J]. 中华显微外科杂志，1986，9(4)：221-221. DOI: 10.3760/cma.j.issn.1001-2036.1986.04.116. {HU Shunxiang,LUO Yingchun,XIA Changxing,XU Chongyi. Medial plantar island musculocutaneous flap transfer for heel soft tissue defect[J]. Zhonghua Xian Wei Wai Ke Za Zhi[Chin J Microsurg(Article in Chinese;No abstract available)],1986,9(4) :221-221. DOI:10.3760/cma.j.issn.1001-2036.1986.04.116.}

[7806] 范启申，王成琪，陈之华，钟世镇，刘牧之，孙博，陈昌富，李传夫，金国华，施碧涛，李敏. 用足外侧岛状皮瓣治疗足跟部溃疡3例[J]. 中华显微外科杂志，1986，9(3)：186，181. DOI: 10.3760/cma.j.issn.1001-2036.1986.03.133. {FAN qishen,WANG Chengqi,CHEN Zhihua,ZHONG Shizhen,LIU Muzhi,SUN Bo,CHEN Changfu,LI Chuanfu,JIN Guohua,SHI Bitao,LI Min. Heel ulcers were treated with the lateral island flap of the foot[J]. Zhonghua Xian Wei Wai Ke Za Zhi[Chin J Microsurg(Article in Chinese;No abstract available)],1986,9(3):186,181. DOI:10.3760/cma.j.issn.1001-2036.1986.03.133.}

[7807] 崔大勇，邹士平. 指根侧腹逆行岛状皮瓣修复指背皮肤缺损[J]. 手外科杂志，1992，8(3)：174. {CUI Dayong,ZOU Shiping. Repair of the skin defect on the dorsum of the finger with a retrograde island flap on the flank of the finger root[J]. Shou Wai Ke Za Zhi[Chin J Hand Surg(Article in Chinese;Abstract in Chinese)],1992,8(3):174.}

[7808] 常万绅，诸寅. 带掌背动脉的逆行岛状皮瓣在手外伤中的应用[J]. 中华显微外科杂志，1993，16(4)：265-266. {CHANG Wanshen,ZHU Yin. Application of retrograde island flap with dorsal metacarpal artery in hand trauma[J]. Zhonghua Xian Wei Wai Ke Za Zhi[Chin J Microsurg(Article in Chinese;Abstract in Chinese)],1993,16(4):265-266.}

[7809] 陈守来，朱礼贤. 第二掌骨背侧逆行岛状皮瓣的临床应用[J]. 中华手外科杂志，1993，9(2)：115. {CHEN Shoulai,ZHU Lixian. Clinical application of the dorsal reverse island flap of the second metacarpal bone[J]. Zhonghua Shou Wai Ke Za Zhi[Chin J Hand Surg(Article in Chinese;No abstract available)],1993,9(2):115.}

[7810] 张全荣，吴建林. 手指血管蒂逆行岛状皮瓣修复指腹指端缺损[J]. 中华手外科杂志，1993，9(2)：116. {ZHANG Quanrong,WU Jianlin. Repair of fingertip defect with finger vascular pedicle retrograde island flap[J]. Zhonghua Shou Wai Ke Za Zhi[Chin J Hand Surg(Article in Chinese;No abstract available)],1993,9(2):116.}

[7811] 郭文荣，林国叶. 前臂逆行岛状皮瓣加肌腱移植一期修复手背部组织缺损[J]. 中华显微外科杂志，1994，17(3)：141-142. {GUO Wenrong,LIN Guoye. One-stage repair of tissue defect on the back of the hand with retrograde island flap of forearm and tendon transplantation[J]. Zhonghua Xian Wei Wai Ke Za Zhi[Chin J Microsurg(Article in Chinese;No abstract available)],1994,17(3):141-142.}

[7812] 许亚军，寿奎水，孔友谊，张全荣，邱扬，孙振中，马予军. 改良第一掌骨背逆行岛状皮瓣[J]. 中华显微外科杂志，1994，17(3)：283-284. {XU Yajun,SHOU Kuishui,KONG Youyi,ZHANG Quanrong,QIU Yang,SUN Zhenzhong,MA Yujun. Modified first dorsal metacarpal reverse island flap[J]. Zhonghua Xian Wei Wai Ke Za Zhi[Chin J Microsurg(Article in Chinese;No abstract available)],1994,17(3):283-284.}

[7813] 路新民，郝淑珍，赵庆荣. 前臂骨间背侧动脉逆行岛状皮瓣修复手部创面[J]. 中华手外科杂志，1994，10(2)：120. {LU Xinmin,HAO Shuzhen,ZHAO Qingrong. Repair of hand wound with retrograde island flap of dorsal interosseous artery of forearm[J]. Zhonghua Shou Wai Ke Za Zhi[Chin J Hand Surg(Article in Chinese;No abstract available)],1994,10(2):120.}

[7814] 宫相森，潘达德，杨志贤，程国良. 前臂骨间背侧动脉逆行岛状皮瓣重建虎口[J]. 中华手外科杂志，1994，10(2)：121. {GONG Xiangsen,Panda De,YANG Zhixian,CHENG Guoliang. Reconstruction of first web with retrograde island flap of interosseous artery of forearm[J]. Zhonghua Shou Wai Ke Za Zhi[Chin J Hand Surg(Article in Chinese;No abstract available)],1994,10(2):121.}

[7815] 孙运才，朱淡安，黄晃瑜. 用前臂逆行岛状皮瓣重建虎口[J]. 中华手外科杂志，1994，10(2)：123. {SUN Yuncai,ZHU Danan,HUANG Huangyu. Reconstruction of first web with forearm retrograde island flap[J]. Zhonghua Shou Wai Ke Za Zhi[Chin J Hand Surg(Article in Chinese;No abstract available)],1994,10(2):123.}

[7816] 宋建良，李松春，范希玲，吴守成，陈小平，姚建民，郑路. 皮神经逆行岛状皮瓣修复指端及指部损伤[J]. 中华手外科杂志，1994，10(2)：233-235. {SONG Jianliang,LI Songchun,FAN Xiling,WU Shoucheng,CHEN Xiaoping,YAO Jianmin,ZHENG Lu. Repair of finger tip and finger injury with cutaneous nerve retrograde island flap[J]. Zhonghua Shou Wai Ke Za Zhi[Chin J Hand Surg(Article in Chinese;Abstract in Chinese and English)],1994,10(2):233-235.}

[7817] 张烽，侍宏，侍德，倪启超. 手指逆行岛状皮瓣的应用研究[J]. 中华手外科杂志，1994，10(2)：86-87. {ZHANG Feng,SHI Hong,SHI De,NI Qichao. Application of pedicle traversal island flap in finger[J]. Zhonghua Shou Wai Ke Za Zhi[Chin J Hand Surg(Article in Chinese;Abstract in Chinese and English)],1994,10(2):86-87.}

[7818] 熊明根，司徒朴，王晋煌，侯文明. 静脉蒂逆行岛状皮瓣修复指掌侧皮肤缺损[J]. 中华手外科杂志，1994，10(4)：238. {XIONG Minggen,SITU Pu,WANG Jinhuang,HOU Wenming. Venous pedicle retrograde island flap to repair skin defect on palm side[J]. Zhonghua Shou Wai Ke Za Zhi[Chin J Hand Surg(Article in Chinese;No abstract available)],1994,10(4):238.}

[7819] 黄黎，林天辅，余佩琦，张跃. 小腿逆行岛状皮瓣的临床应用[J]. 中国修复重建外科杂志，1994，8(3)：190. {HUANG Li,LIN Tianfu,YU Peiqi,ZHANG Yue. Clinical application of retrograde island flap of calf[J]. Zhongguo Xiu Fu Chong Jian Wai Ke Za Zhi[Chin J Repar Reconstr Surg(Article in Chinese;No abstract available)],1994,8(3):190.}

[7820] 蔡兴东，张雁，陈文山，吴健，奚文. 前臂背侧宽蒂逆行岛状皮瓣修复手部瘢痕挛缩[J]. 中国修复重建外科杂志，1994，8(4)：250. {CAI Xingdong,ZHANG Yan,CHEN Wenshan,WU Jian,XI Wen. Repair of hand scar contracture with wide-pedicle retrograde island flap on dorsal forearm[J]. Zhongguo Xiu Fu Chong Jian Wai Ke Za Zhi[Chin J Repar Reconstr Surg(Article in Chinese;No abstract available)],1994,8(4):250.}

[7821] 庄永青，王琰. 四种前臂逆行岛状皮瓣在手外科的应用[J]. 中国修复重建外科杂志，1995，9(3)：175-176. {ZHUANG Yongqing,WANG Yan. Application of four kinds of forearm retrograde island flap in hand surgery[J]. Zhongguo Xiu Fu Chong Jian Wai Ke Za Zhi[Chin J Repar Reconstr Surg(Article in Chinese;Abstract in Chinese)],1995,9(3):175-176.}

[7822] 邢更彦，姚建祥. 前臂非主要血管逆行岛状皮瓣修复手部创面[J]. 中国修复重建外科杂志，1995，9(4)：201. {XING Gengyan,YAO Jianxiang. Repair of hand wound with retrograde island flap of non-major blood vessels of forearm[J]. Zhongguo Xiu Fu Chong Jian Wai Ke Za Zhi[Chin J Repar Reconstr Surg(Article in Chinese;No abstract available)],1995,9(4):201.}

[7823] 路新民，赵庆荣，郝淑珍，王乃英. 前臂背侧骨间动脉逆行岛状皮瓣修复虎口挛缩[J]. 中国修复重建外科杂志，1995，9(4)：255-256. {LU Xinmin,ZHAO Qingrong,HAO Shuzhen,WANG Naiying. Repair of first web contracture with retrograde island flap of interosseous artery on dorsal forearm[J]. Zhongguo Xiu Fu Chong Jian Wai Ke Za Zhi[Chin J Repar Reconstr Surg(Article in Chinese;No abstract available)],1995,9(4):255-256.}

[7824] 周围，周广恒，赵胡瑞. 足底深支为蒂踝前逆行岛状皮瓣临床应用[J]. 中华显微外科杂志，1996，19(1)：27-29. {ZHOU Wei,ZHOU Guangheng,ZHAO Hurui. Clinical study on antidromic island skin flap pedicled with ramus plantaris profundus in anterior of ankle[J]. Zhonghua Xian Wei Wai Ke Za Zhi[Chin J Microsurg(Article in Chinese;Abstract in Chinese and English)],1996,19(1):27-29.}

[7825] 谢晓勇，李平生. 应用小腿内侧逆行岛状皮瓣修复足底皮肤缺损[J]. 中华显微外科杂志，1996，19(2)：132-133. {XIE Xiaoyong,LI Pingsheng. Repair of plantar skin defect with retrograde island flap of inner leg[J]. Zhonghua Xian Wei Wai Ke Za Zhi[Chin J Microsurg(Article in Chinese;No abstract available)],1996,19(2):132-133.}

[7826] 王云亭. 骨间背侧动脉蒂逆行岛状皮瓣的应用体会[J]. 中华显微外科杂志，1996，19(2)：161. {WANG Yunting. Application experience of reverse island flap with dorsal interosseous artery pedicle[J]. Zhonghua Xian Wei Wai Ke Za Zhi[Chin J Microsurg(Article in Chinese;No abstract available)],1996,19(2):161.}

[7827] 徐中和，李卫平，郭奇峰，朱向辉，曾宁，王其海. 逆行岛状皮瓣修复肢端软组织缺损102例[J]. 中华显微外科杂志，1996，19(2)：94-96. {XU Zhonghe,LI Weiping,GUO Qifeng,ZHU Xianghui,ZENG Ning,WANG Qihai. Reverse island flap for repairing soft tissue defect of extremity[J]. Zhonghua Xian Wei Wai Ke Za Zhi[Chin J Microsurg(Article in Chinese;Abstract in Chinese and English)],1996,19(2):94-96.}

[7828] 付常清，刘永灿，王振海，王法. 吻合神经的指血管逆行岛状皮瓣[J]. 中华手外科杂志，1996，12(S1)：65-66. {FU Changqing,LIU Yongcan,WANG Zhenhai,WANG Fa. Nerve anastomosed finger vessel retrograde island flap[J]. Zhonghua Shou Wai Ke Za Zhi[Chin J Hand Surg(Article in Chinese;No abstract available)],1996,12(S1):65-66.}

[7829] 张全荣，邱扬，许亚军. 足背逆行岛状皮瓣修复趾皮肤缺损二例[J]. 中华显微外科杂志，1997，20(2)：24. {ZHANG Quanrong,QIU Yang,XU Yajun. Two cases of repairing toe skin defects with back-of-the-foot retrograde island skin flap[J]. Zhonghua Xian Wei Wai Ke Za Zhi[Chin J Microsurg(Article in Chinese;No abstract available)],1997,20(2):24.}

[7830] 季爱玉，邹云文，夏精武. 小腿腓肠浅动脉为蒂的逆行岛状皮瓣临床应用[J]. 中华显微外科杂志，1997，20(3)：71. {JI Aiyu,ZOU Yunwen,XIA Jingwu. Clinical application of retrograde island flap pedicled with superficial sural artery of lower leg[J]. Zhonghua Xian Wei Wai Ke Za Zhi[Chin J Microsurg(Article in Chinese;No abstract available)],1997,20(3):71.}

[7831] 傅小宽，王琰，庄永青，杜思勉，潘晓华. 手与前臂皮神经伴行血管逆行岛状皮瓣的临床应用[J]. 中华显微外科杂志，1997，20(3)：33-35. {FU Xiaokuan,WANG Yan,ZHUANG Yongqing,DU Simian,PAN Xiaohua. The clinical application of the retrograde-flow island flap pedicled with the neurocutaneous collateral vessels in the hand and forearm[J]. Zhonghua Xian Wei Wai Ke Za Zhi[Chin J Microsurg(Article in Chinese;Abstract in Chinese and English)],1997,20(3):33-35.}

[7832] 温晓阳，胡文斌，廖劲松. 逆行岛状皮瓣在肢端皮肤缺损中的临床应用[J]. 中华显微外科杂志，1997，20(4)：62-63. {WEN Xiaoyang,HU Wenbin,LIAO Jinsong. Clinical application of retrograde island flap in acral skin defect[J]. Zhonghua Xian Wei Wai Ke Za Zhi[Chin J Microsurg(Article in Chinese;No abstract available)],1997,20(4):62-63.}

[7833] 邢丹谋，周必光，彭正人，廖苏平，杨中华，李鹏，郑琼. 同指背侧逆行岛状皮瓣在指端损伤中的应用[J]. 中华手外科杂志，1999，15(2)：61-62. {XING Danmou,ZHOU Biguang,PENG Zhengren,LIAO Suping,YANG Zhonghua,LI Peng,ZHENG Qiong. Application of dorsal reverse island flap of the same finger in finger tip injury[J]. Zhonghua Shou Wai Ke Za Zhi[Chin J Hand Surg(Article in Chinese;No abstract available)],1999,15(2):61-62.}

[7834] 王培正，江海廷. 足背逆行岛状皮瓣修复第一跖趾关节部位皮肤缺损[J]. 中华显微外科杂志，1999，22(1)：75. DOI: 10.3760/cma.j.issn.1001-2036.1999.01.045. {WANG Peizheng,JIANG Haiting. Repair of skin defect at the first metatarsophalangeal joint with dorsal foot retrograde island flap[J]. Zhonghua Xian Wei Wai Ke Za Zhi[Chin J Microsurg(Article in Chinese;No abstract available)],1999,22(1):75. DOI:10.3760/cma.j.issn.1001-2036.1999.01.045.}

[7835] 周嘉顺，黄冬达. 同侧小腿内侧逆行岛状皮瓣修复足前部毁损伤六例[J]. 中华创伤杂志，1999，15(1)：68. DOI: 10.3760/j: issn: 1001-8050.1999.01.047. {ZHOU Jiashun,HUANG Dongda. Six cases of retrograde island flap on the medial side of the lower leg to repair the damaged anterior part of the foot[J]. Zhonghua Chuang Shang Za Zhi[Chin J Trauma(Article

in Chinese;No abstract available)],1999,15(1):68. DOI:10.3760/j:issn:1001-8050.1999.01.047.}
[7836] 潘云川，王和驹，柴益民，吕国坤，陈彦堃. 隐神经营养血管蒂逆行岛状皮瓣修复足踝部软组织缺损 [J]. 中华整形烧伤外科杂志，1999，15(2)：187-189. {PAN Yunchuan,WANG Heju,CHAI Yimin,LU Guokun,CHEN Yankun. Coverage of the lower leg defects using the reversed island skin flap based on the nutrient vessels of the saphenous nerve[J]. Zhonghua Zheng Xing Shao Shang Wai Ke Za Zhi[Chin J Plast Surg Burns(Article in Chinese;Abstract in Chinese and English)],1999,15(2):187-189.}
[7837] 温广明，徐达传，姚建民，钟世镇. 第2指掌动脉吻合类型及其在手背逆行岛状皮瓣中的意义 [J]. 中国临床解剖学杂志，1999，17(2)：37-39. {WEN Guangming,XU Dachuan,YAO Jianmin,ZHONG Shizhen. Classification of the second web artery and its application in dorsal metacarpal reverse island flap[J]. Zhongguo Lin Chuang Jie Pou Xue Za Zhi[Chin J Clin Anat(Article in Chinese;Abstract in Chinese and English)],1999,17(2):37-39.}
[7838] 蒙美运，陈文生，符国良. 小腿内侧逆行岛状皮瓣的临床应用 [J]. 中华显微外科杂志，1999，22(1)：69. DOI：10.3760/cma.j.issn.1001-2036.1999.01.036. {MENG Meiyun,CHEN Wensheng,FU Guoliang. Clinical application of retrograde island flap on inner leg[J]. Zhonghua Xian Wei Wai Ke Za Zhi[Chin J Microsurg(Article in Chinese;No abstract available)],1999,22(1):69. DOI:10.3760/cma.j.issn.1001-2036.1999.01.036.}
[7839] 郑文忠，黄令坚，陈昆. 前臂逆行岛状皮瓣修复手部软组织缺损 [J]. 中华显微外科杂志，1999，22(3)：223. DOI：10.3760/cma.j.issn.1001-2036.1999.03.028. {ZHENG Wenzhong,HUANG Lingjian,CHEN Kun. Repair of hand soft tissue defect with retrograde island flap of forearm[J]. Zhonghua Xian Wei Wai Ke Za Zhi[Chin J Microsurg(Article in Chinese;No abstract available)],1999,22(3):223. DOI:10.3760/cma.j.issn.1001-2036.1999.03.028.}
[7840] 田小运，方绍孟，张增方. 隐神经营养血管蒂逆行岛状皮瓣的临床应用 [J]. 中华显微外科杂志，1999，22(3)：233. DOI：10.3760/cma.j.issn.1001-2036.1999.03.039. {TIAN Xiaoyun,FANG Shaomeng,ZHANG Zengfang. Clinical application of reverse island flap pedicled with saphenous nerve nutrient vessel[J]. Zhonghua Xian Wei Wai Ke Za Zhi[Chin J Microsurg(Article in Chinese;No abstract available)],1999,22(3):233. DOI:10.3760/cma.j.issn.1001-2036.1999.03.039.}
[7841] 乔保中，张自清，伍成奇，于文中，孟伟正. 腓肠浅动脉逆行岛状皮瓣修复胫前软组织缺损 [J]. 中华显微外科杂志，1999，22(4)：67-68. {QIAO Baozhong,ZHANG Ziqing,WU Chengqi,YU Wenzhong,MENG Weizheng. Repair of anterior tibial soft tissue defect with superficial sural artery reverse island flap[J]. Zhonghua Xian Wei Wai Ke Za Zhi[Chin J Microsurg(Article in Chinese;No abstract available)],1999,22(4):67-68.}
[7842] 陈中，邢进峰，林平. 皮神经伴行血管蒂逆行岛状皮瓣的临床应用 [J]. 中华手外科杂志，1999，15(2)：92. {CHEN Zhong,XING Jinfeng,LIN Ping. Clinical application of retrograde island flap with cutaneous nerve and vascular pedicle[J]. Zhonghua Shou Wai Ke Za Zhi[Chin J Hand Surg(Article in Chinese;Abstract in Chinese)],1999,15(2):92.}
[7843] 杨国敬，张力成，林利兴，倪小鸥. 游离、逆行岛状皮瓣修复下肢软组织缺损 [J]. 临床骨科杂志，1999，2(2)：136-137. DOI：10.3969/j.issn.1008-0287.1999.02.022. {YANG Guojing,ZHANG Licheng,LIN Lixing,NI Xiaoou. Repair of soft tissue defect of lower limb by free retrograde island flap[J]. Lin Chuang Gu Ke Za Zhi[J Clin Orthop(Article in Chinese;Abstract in Chinese and English)],1999,2(2):136-137. DOI:10.3969/j.issn.1008-0287.1999.02.022.}
[7844] 孟庆延，胡复荪，刘卫明. 外踝上逆行岛状皮瓣修复足远端皮肤缺损 [J]. 中华整形外科杂志，2000，16(1)：58. DOI：10.3760/j.issn：1009-4598.2000.01.024. {MENG Qingyan,HU Fusun,LIU Weiming. Repair of distal foot skin defect with retrograde island flap on lateral malleolus[J]. Zhonghua Zheng Xing Wai Ke Za Zhi[Chin J Plast Surg(Article in Chinese;No abstract available)],2000,16(1):58. DOI:10.3760/j.issn:1009-4598.2000.01.024.}
[7845] 梁智，陶霖玉，朱通伯，吴良材. 血管蒂外置的前臂桡侧逆行岛状皮瓣应用一例 [J]. 中国修复重建外科杂志，2000，14(2)：76. {LIANG Zhi,TAO Linyu,ZHU Tongbo,WU Liangcai. A case of the application of the radial forearm retrograde island flap with external vascular pedicle[J]. Zhongguo Xiu Fu Chong Jian Wai Ke Za Zhi[Chin J Repar Reconstr Surg(Article in Chinese;No abstract available)],2000,14(2):76.}
[7846] 陈欣志，康少英，方绍孟，郭兆江，张增方，裴宝岩，宋玉荣. 大隐静脉隐神经蒂逆行岛状皮瓣的临床应用 [J]. 中国修复重建外科杂志，2000，14(4)：256. {CHEN Xinzhi,KANG Shaoying,FANG Shaomeng,GUO Zhaojiang,ZHANG Zengfang,PEI Baoyan,SONG Yurong. Clinical application of saphenous vein saphenous nerve pedicle retrograde island flap[J]. Zhongguo Xiu Fu Chong Jian Wai Ke Za Zhi[Chin J Repar Reconstr Surg(Article in Chinese;No abstract available)],2000,14(4):256.}
[7847] 周嘉顺，陈长力，袁良忠，王兆庆，程勇，尹文波. 隐神经营养血管逆行岛状皮瓣修复踝、足部软组织缺损12例 [J]. 中华创伤杂志，2001，17(1)：52. DOI：10.3760/j：issn：1001-8050.2001.01.027. {ZHOU Jiashun,CHEN Changli,YUAN Liangzhong,WANG Zhaoqing,CHENG Yong,YIN Wenbo. Repair of soft tissue defects of ankle and foot with reverse island flap of saphenous nerve nutrient vessel[J]. Zhonghua Chuang Shang Za Zhi[Chin J Trauma(Article in Chinese;No abstract available)],2001,17(1):52. DOI:10.3760/j:issn:1001-8050.2001.01.027.}
[7848] 徐茂龙. 腓肠浅动脉逆行岛状皮瓣临床应用 [J]. 中国矫形外科杂志，2001，8(1)：58. DOI：10.3969/j.issn.1005-8478.2001.01.047. {XU Maolong. Clinical application of superficial sural artery retrograde island flap[J]. Zhongguo Jiao Xing Wai Ke Za Zhi[Orthop J China(Article in Chinese;No abstract available)],2001,8(1):58. DOI:10.3969/j.issn.1005-8478.2001.01.047.}
[7849] 杜永军，冯祥生，徐国建，李庆生，杜学亮，阮树斌，陈应军. 指根侧部逆行岛状皮瓣的临床应用 [J]. 中华整形外科杂志，2001，17(5)：267-268. DOI：10.3760/j.issn：1009-4598.2001.05.003. {DU Yongjun,FENG Xiangsheng,XU Guojian,LI Qingsheng,DU Xueliang,RUAN Shubin,CHEN Yingjun. Clinical application of the reversed digital arteial island flap with digital vein and digital dorsal nerve anastomosis[J]. Zhonghua Zheng Xing Wai Ke Za Zhi[Chin J Plast Surg(Article in Chinese;Abstract in Chinese and English)],2001,17(5):267-268. DOI:10.3760/j.issn:1009-4598.2001.05.003.}
[7850] 侯书健，程国良，方光荣，王振军，屈志刚，刘亚平，张云飞. 不同类型前臂逆行岛状皮瓣修复手部皮肤缺损 [J]. 实用手外科杂志，2001，15(2)：76-77. DOI：10.3969/j.issn.1671-2722.2001.02.003. {HOU Shujian,CHENG Guoliang,FANG Guangrong,WANG Zhenjun,QU Zhigang,LIU Yaping,ZHANG Yunfei. Repair of skin defect in hand by reversely pedicled transfer of six types of forearm flap[J]. Shi Yong Shou Wai Ke Za Zhi[Chin J Pract Hand Surg(Article in Chinese;Abstract in Chinese and English)],2001,15(2):76-77. DOI:10.3969/j.issn.1671-2722.2001.02.003.}
[7851] 赵静忠，李计东，王晓飞. 外踝上逆行岛状皮瓣修复足背软组织缺损 [J]. 实用骨科杂志，2002，8(4)：265-266. DOI：10.3969/j.issn.1008-5572.2002.04.013. {ZHAO Jingzhong,LI Jidong,WANG Xiaofei. Lateral supramalleolar antidromic insular flap for the reconstruction of dorsal aspect of foot[J]. Shi Yong Gu Ke Za Zhi[J Pract Orthop(Article in Chinese;Abstract in Chinese and English)],2002,8(4):265-266. DOI:10.3969/j.issn.1008-5572.2002.04.013.}
[7852] 柴益民，马心赤，林崇正，王快胜，潘云川，陈彦堃. 足内侧逆行岛状皮瓣修复前足皮肤缺损 [J]. 中华整形外科杂志，2002，18(1)：27-28. DOI：10.3760/j.issn：1009-4598.2002.01.010. {CHAI Yimin,MA Xinchi,LIN Chongzheng,WANG Kuaisheng,PAN Yunchuan,CHEN Yankun. The reverse medialis pedis flap for coverage of forefoot skin defects[J]. Zhonghua Zheng Xing Wai Ke Za Zhi[Chin J Plast Surg(Article in Chinese;Abstract in Chinese and English)],2002,18(1):27-28. DOI:10.3760/j.issn:1009-4598.2002.01.010.}
[7853] 马宝通，张铁良，舒衡生，张建国，于建华. 隐神经营养血管蒂逆行岛状皮瓣的临床应用 [J]. 中华骨科杂志，2002，22(6)：359-361. DOI：10.3760/j.issn：0253-2352.2002.06.011. {MA Baotong,ZHANG Tieliang,SHU Hengsheng,ZHANG Jianguo,YU Jianhua. The clinical application of the reversed saphenous neurocutaneous island flap[J]. Zhonghua Gu Ke Za Zhi[Chin J Orthop(Article in Chinese;Abstract in Chinese and English)],2002,22(6):359-361. DOI:10.3760/j.issn:0253-2352.2002.06.011.}
[7854] 王献伟，孙怀钦，孙华伟，荣卫华. 带头静脉蒂的前臂逆行岛状皮瓣修复小儿手背创面 [J]. 中华手外科杂志，2002，18(4)：42. {WANG Xianwei,SUN Huaiqin,SUN Huawei,RONG Weihua. Repair of the wounds of the back of the hand in children with the retrograde island flap of the forearm with cephalic vein pedicle[J]. Zhonghua Shou Wai Ke Za Zhi[Chin J Hand Surg(Article in Chinese;No abstract available)],2002,18(4):42.}
[7855] 郝淑珍，路新民，王伟，梁盾，冯志华. 改进的骨间背侧动脉逆行岛状皮瓣修复手部创伤 [J]. 实用手外科杂志，2002，16(2)：77-79. DOI：10.3969/j.issn.1671-2722.2002.02.005. {HAO Shuzhen,LU Xinmin,WANG Wei,LIANG Dun,FENG Zhihua. Revised antidromic dorsal interosseous artery island flap to repair injuried hand[J]. Shi Yong Shou Wai Ke Za Zhi[Chin J Pract Hand Surg(Article in Chinese;Abstract in Chinese and English)],2002,16(2):77-79. DOI:10.3969/j.issn.1671-2722.2002.02.005.}
[7856] 岑海洋，岑健波，林钢，屈志刚，孙乐天. 足底内侧逆行岛状皮瓣在修复足底前部创面的应用 [J]. 中华显微外科杂志，2003，26(2)：146-147. DOI：10.3760/cma.j.issn.1001-2036.2003.02.026. {Cen Haiyang,Cen Jianbo,LIN Qiang,QU Zhigang,SUN Letian. Application of the medial plantar retrograde island flap in repairing the anterior plantar wound[J]. Zhonghua Xian Wei Wai Ke Za Zhi[Chin J Microsurg(Article in Chinese;Abstract in Chinese)],2003,26(2):146-147. DOI:10.3760/cma.j.issn.1001-2036.2003.02.026.}
[7857] 王辉，魏海温. 足背逆行岛状皮瓣的临床应用 [J]. 中国修复重建外科杂志，2003，17(3)：263. {WANG Hui,WEI Haiwen. Clinical application of dorsal foot retrograde island flap[J]. Zhongguo Xiu Fu Chong Jian Wai Ke Za Zhi[Chin J Repar Reconstr Surg(Article in Chinese;No abstract available)],2003,17(3):263.}
[7858] 屈志刚，程国良，方光荣，汤海萍，侯书健，丁小珩，孙乐天，潘达德. 前臂逆行岛状皮瓣在手外科的应用 [J]. 中华显微外科杂志，2003，26(3)：218-219. DOI：10.3760/cma.j.issn.1001-2036.2003.03.023. {QU Zhigang,CHENG Guoliang,FANG Guangrong,TANG Haiping,HOU Shujian,DING Xiaoheng,SUN Letian,Panda De. Application of forearm retrograde island flap in hand surgery[J]. Zhonghua Xian Wei Wai Ke Za Zhi[Chin J Microsurg(Article in Chinese;Abstract in Chinese)],2003,26(3):218-219. DOI:10.3760/cma.j.issn.1001-2036.2003.03.023.}
[7859] 梁云扬. 改良骨间背侧动脉逆行岛状皮瓣的临床应用 [J]. 中国骨伤，2003，16(10)：611. DOI：10.3969/j.issn.1003-0034.2003.10.015. {LIANG Yunyang. Clinical application of the improved interosseous dorsal antidromic artery issular flap[J]. Zhongguo Gu Shang[China J Orthop Trauma(Article in Chinese;Abstract in Chinese)],2003,16(10):611. DOI:10.3969/j.issn.1003-0034.2003.10.015.}
[7860] 范锡海，于连祥，蔡锦方，郭延章，孙旭海，周光林. 外踝上动脉逆行岛状皮瓣在足部皮肤缺损中的应用 [J]. 中华整形外科杂志，2004，20(2)：89. DOI：10.3760/j.issn：1009-4598.2004.02.023. {FAN Xihai,YU Lianxiang,CAI Jinfang,GUO Yanzhang,SUN Xuhai,ZHOU Guanglin. Application of lateral superior malleolus artery reverse island flap in skin defect of foot[J]. Zhonghua Zheng Xing Wai Ke Za Zhi[Chin J Plast Surg(Article in Chinese;No abstract available)],2004,20(2):89. DOI:10.3760/j.issn:1009-4598.2004.02.023.}
[7861] 陈伟明，叶劲，邓永高，莫茅. 应用足背逆行岛状皮瓣修复踇趾皮肤缺损 [J]. 中华显微外科杂志，2004，27(3)：225-226. DOI：10.3760/cma.j.issn.1001-2036.2004.03.030. {CHEN Weiming,YE Jin,DENG Yonggao,MO Mao. Repair of the skin defect of the toe with the reverse island flap of the dorsum of the foot[J]. Zhonghua Xian Wei Wai Ke Za Zhi[Chin J Microsurg(Article in Chinese;Abstract in Chinese)],2004,27(3):225-226. DOI:10.3760/cma.j.issn.1001-2036.2004.03.030.}
[7862] 孟庆延，袁晶，官浩，胡复逊，修一平. 胫后动静脉为蒂的逆行岛状皮瓣修复冻伤足跟部皮肤缺损 [J]. 中华烧伤杂志，2004，20(2)：103-104. DOI：10.3760/cma.j.issn.1009-2587.2004.02.014. {MENG Qingyan,YUAN Jing,GUAN Hao,HU Fuxun,XIU Yiping. Retrograde island flap pedicled with posterior tibial artery and vein for repairing frostbitten heel skin defect[J]. Zhonghua Shao Shang Za Zhi[Chin J Burns(Article in Chinese;No abstract available)],2004,20(2):103-104. DOI:10.3760/cma.j.issn.1009-2587.2004.02.014.}
[7863] 吴学建，崔永光，贺长清. 隐神经营养血管逆行岛状皮瓣的临床应用 [J]. 中华显微外科杂志，2004，27(2)：138-139. DOI：10.3760/cma.j.issn.1001-2036.2004.02.023. {WU Xuejian,CUI Yongguang,HE Changqing. Clinical application of saphenous nerve nutrient vessel reverse island flap[J]. Zhonghua Xian Wei Wai Ke Za Zhi[Chin J Microsurg(Article in Chinese;Abstract in Chinese)],2004,27(2):138-139. DOI:10.3760/cma.j.issn.1001-2036.2004.02.023.}
[7864] 董建峰，王建国，刘海军，吴强，高俊. 隐神经营养血管蒂逆行岛状皮瓣修复小腿远端骨外露的疗效 [J]. 中华创伤骨科杂志，2004，6(6)：715-716. DOI：10.3760/cma.j.issn.1671-7600.2004.06.038. {DONG Jianfeng,WANG Jianguo,LIU Haijun,WU Qiang,GAO Jun. Repair of naked bone at the distal leg by reversed saphenous neurocutaneous island flap[J]. Zhonghua Chuang SHANG Gu Ke Za Zhi[Chin J Orthop Trauma(Article in Chinese;Abstract in Chinese and English)],2004,6(6):715-716. DOI:10.3760/cma.j.issn.1671-7600.2004.06.038.}
[7865] 杨成林，毕郑钢，付春江，张军，曹阳，韩昕光. 应用带腓血管的小腿外侧逆行岛状皮瓣修复足踝部软组织缺损 [J]. 中华显微外科杂志，2005，28(4)：351-353. DOI：10.3760/cma.j.issn.1001-2036.2005.04.025. {YANG Chenglin,BI Zhenggang,FU Chunjiang,ZHANG Jun,CAO Yang,HAN Xinguang. Repair of the soft tissue defect of the foot and ankle with the retrograde island skin flap of the outer leg with peroneal blood vessel[J]. Zhonghua Xian Wei Wai Ke Za Zhi[Chin J Microsurg(Article in Chinese;Abstract in Chinese)],2005,28(4):351-353. DOI:10.3760/cma.j.issn.1001-2036.2005.04.025.}
[7866] 赵晖，历建华，肖伯春，程卓鑫. 外踝上逆行岛状皮瓣修复足踝部皮肤软组织损伤32例 [J]. 中华烧伤杂志，2005，21(2)：96. DOI：10.3760/cma.j.issn.1009-2587.2005.02.022. {ZHAO Hui,LI Jianhua,XIAO Bochun,CHENG Zhuoxin. 32 cases of retrograde island flap on lateral malleolus for repair of skin and soft tissue injury of foot and ankle[J]. Zhonghua Shao Shang Za Zhi[Chin J Burns(Article in Chinese;No abstract available)],2005,21(2):96. DOI:10.3760/cma.j.issn.1009-2587.2005.02.022.}
[7867] 康庆林，张春才，高堂成. 改良足底内侧逆行岛状皮瓣修复前足损伤 [J]. 中华显微外科杂志，2005，28(1)：87-88. DOI：10.3760/cma.j.issn.1001-2036.2005.01.049. {KANG Qinglin,ZHANG Chuncai,GAO Tangcheng. Repair of forefoot injury with modified medial plantar retrograde island flap[J]. Zhonghua Xian Wei Wai Ke Za Zhi[Chin J Microsurg(Article in Chinese;No abstract available)],2005,28(1):87-88. DOI:10.3760/cma.j.issn.1001-2036.2005.01.049.}
[7868] 王华柱，赵建勇，刘志波，张植生，吴海玉. 逆行岛状皮瓣临床应用失败原因分析及技术改进 [J]. 中华显微外科杂志，2005，28(1)：70-71. DOI：10.3760/cma.j.issn.1001-2036.2005.01.032. {WANG Huazhu,ZHAO Jianyong,LIU Zhibo,ZHANG Zhisheng,WU Haiyu. Analysis and technical improvement of clinical application failure of retrograde island flap[J]. Zhonghua Xian Wei Wai Ke Za Zhi[Chin J Microsurg(Article in Chinese;Abstract in Chinese)],2005,28(1):70-71. DOI:10.3760/cma.j.issn.1001-2036.2005.01.032.}
[7869] 夏增兵，钱为平，尧彦清，石盛生，费红良，陆翔. 手部逆行岛状皮瓣修复手指皮肤缺损 [J]. 中华

显微外科杂志，2005，28（4）：379. DOI：10.3760/cma.j.issn.1001-2036.2005.04.046. {XIA Zengbing,QIAN Weiping,YAO Yanqing,SHI Shengsheng,FEI Hongliang,LU Xiang. Repair of finger skin defect with retrograde island flap of hand[J]. Zhonghua Xian Wei Wai Ke Za Zhi[Chin J Microsurg(Article in Chinese;No abstract available)],2005,28(4):379. DOI:10.3760/cma.j.issn.1001-2036.2005.04.046.}

[7870] 李俊明，蔡喜雨，黄红山，黄贺军，李道选. 隐神经营养血管逆行岛状皮瓣的临床应用 [J]. 中华创伤骨科杂志，2005，7(6)：598-599. DOI：10.3760/cma.j.issn.1671-7600.2005.06.033. {LI Junming,CAI Xiyu,HUANG Hongshan,HUANG Hejun,LI Daoxuan. Clinical application of saphenous nerve nutrient vessel reverse island flap[J]. Zhonghua Chuang SHANG Gu Ke Za Zhi[Chin J Orthop Trauma(Article in Chinese;Abstract in Chinese)],2005,7(6):598-599. DOI:10.3760/cma.j.issn.1671-7600.2005.06.033.}

[7871] 夏增兵，李强，石盛生，尧彦清，钱为平. 逆行岛状皮瓣修复手部软组织缺损 [J]. 实用手外科杂志，2005，19(4)：211-212. DOI：10.3969/j.issn.1671-2722.2005.04.008. {XIA Zengbing,LI Qiang,SHI Shengsheng,YAO Yanqing,QIAN Weiping. Repair of soft tissue defect in hand with island flap based on distal pedicle[J]. Shi Yong Shou Wai Ke Za Zhi[Chin J Pract Hand Surg(Article in Chinese;Abstract in Chinese and English)],2005,19(4):211-212. DOI:10.3969/j.issn.1671-2722.2005.04.008.}

[7872] 钱运春，施申启，汪安和，詹才发. 前臂桡侧逆行岛状皮瓣修复虎口皮肤及软组织缺损一例 [J]. 中国修复重建外科杂志，2005，19(9)：750. {QIAN Yunchun,SHI Shenqi,WANG Anhe,ZHAN Caifa. A case of repairing skin and soft tissue defects of first web with retrograde island flap on the radial side of forearm[J]. Zhongguo Xiu Fu Chong Jian Wai Ke Za Zhi[Chin J Repar Reconstr Surg(Article in Chinese;No abstract available)],2005,19(9):750.}

[7873] 苗卫东，曹湘豫，张韶民. 重建感觉的手指背侧逆行岛状皮瓣修复指腹指端缺损 [J]. 中华显微外科杂志，2006，29(5)：356. {MIAO Weidong,CAO Xiangyu,ZHANG Shaomin. Restoration of sensory dorsal retrograde island flaps to repair the defect of the fingertips of the fingertips[J]. Zhonghua Xian Wei Wai Ke Za Zhi[Chin J Microsurg(Article in Chinese;No abstract available)],2006,29(5):356.}

[7874] 张杰，赵洪良，卢长虹，李志刚，胡太平，陶建光. 足背动脉逆行岛状皮瓣修复第一跖趾关节外露一例 [J]. 中华显微外科杂志，2006，29(6)：437. {ZHANG Jie,ZHAO Hongliang,LU Changhong,LI Zhigang,HU Taiping,TAO Jianguang. A case of repairing the first metatarsophalangeal joint exposed with dorsal foot artery reverse island flap[J]. Zhonghua Xian Wei Wai Ke Za Zhi[Chin J Microsurg(Article in Chinese;No abstract available)],2006,29(6):437.}

[7875] 张继春，田德虎，张克亮，韩金豹，邵新中. 应用足跗外侧动脉逆行岛状皮瓣修复前足皮肤缺损三例 [J]. 中华创伤杂志，2006，22(11)：870-871. DOI：10.3760/j：issn：1001-8050.2006.11.021. {ZHANG Jichun,TIAN Dehu,ZHANG Keliang,HAN Jinbao,SHAO Xinzhong. Three cases of forefoot skin defect repaired with retrograde island flap of the lateral foot tarsal artery[J]. Zhonghua Chuang Shang Za Zhi[Chin J Trauma(Article in Chinese;No abstract available)],2006,22(11):870-871. DOI:10.3760/j:issn:1001-8050.2006.11.021.}

[7876] 廖坚文，张振伟，陈泽华，庄加川，张家俊，余少校，陈乐锋. 带皮神经的手背逆行岛状皮瓣掌侧移位修复拇指指腹缺损 [J]. 中华显微外科杂志，2006，29(3)：223-224. DOI：10.3760/cma.j.issn.1001-2036.2006.03.023. {LIAO Jianwen,ZHANG Zhenwei,CHEN Zehua,ZHUANG Jiachuan,ZHANG Jiajun,Major Yu,CHEN Lefeng. Transplantation of retrograde island flap with cutaneous nerve on the dorsum of the hand to repair the defect of thumb pulp[J]. Zhonghua Xian Wei Wai Ke Za Zhi[Chin J Microsurg(Article in Chinese;Abstract in Chinese)],2006,29(3):223-224. DOI:10.3760/cma.j.issn.1001-2036.2006.03.023.}

[7877] 李俊，杨涛，黄金龙，沈干，闻可，郭琴. 前臂骨间背动脉逆行岛状皮瓣修复烧伤后虎口重度瘢痕挛缩六例 [J]. 中华烧伤杂志，2006，22(5)：384. DOI：10.3760/cma.j.issn.1009-2587.2006.05.029. {LI Jun,YANG Tao,HUANG Jinlong,SHEN Qian,WEN Ke,GUO Qin. Six cases of repairing severe scar contracture of first web after burn with reverse island flap of forearm interosseous artery[J]. Zhonghua Shao Shang Za Zhi[Chin J Burns(Article in Chinese;Abstract in Chinese)],2006,22(5):384. DOI:10.3760/cma.j.issn.1009-2587.2006.05.029.}

[7878] 陈祥军，刘宁，李丹，雷雨，彭静，刘忠山. 前臂骨间背侧逆行岛状皮瓣的临床应用 [J]. 中国修复重建外科杂志，2006，20(8)：858-859. {CHEN Xiangjun,LIU Ning,LI Dan,LEI Yu,PENG Jing,LIU Zhongshan. Clinical application of dorsal reverse island flap between forearm[J]. Zhongguo Xiu Fu Chong Jian Wai Ke Za Zhi[Chin J Repar Reconstr Surg(Article in Chinese;No abstract available)],2006,20(8):858-859.}

[7879] 张继春，田德虎，张克亮，韩金豹，邵新中. 应用足跗外侧动脉逆行岛状皮瓣修复前足皮肤缺损 [J]. 中华显微外科杂志，2007，30(2)：128. DOI：10.3760/cma.j.issn.1001-2036.2007.02.036. {ZHANG Jichun,TIAN Dehu,ZHANG Keliang,HAN Jinbao,SHAO Xinzhong. Repair of forefoot skin defect with retrograde island flap of lateral foot tarsal artery[J]. Zhonghua Xian Wei Wai Ke Za Zhi[Chin J Microsurg(Article in Chinese;No abstract available)],2007,30(2):128. DOI:10.3760/cma.j.issn.1001-2036.2007.02.036.}

[7880] 张功林，章鸣，蔡国荣，郭翱，张文正，胡玉祥. 跗背逆行岛状皮瓣修复跗趾软组织缺损 [J]. 中华显微外科杂志，2007，30(6)：453-454. DOI：10.3760/cma.j.issn.1001-2036.2007.06.019. {ZHANG Gonglin,ZHANG Ming,CAI Guorong,GUO Ao,ZHANG Wenzheng,HU Yuxiang. Repair of the soft tissue defect of the toe with the dorsal retrograde island flap[J]. Zhonghua Xian Wei Wai Ke Za Zhi[Chin J Microsurg(Article in Chinese;Abstract in Chinese)],2007,30(6):453-454. DOI:10.3760/cma.j.issn.1001-2036.2007.06.019.}

[7881] 闫立民，劳克诚，范启申. 逆行岛状皮瓣修复足趾残端缺损 [J]. 中国矫形外科杂志，2007，15(16)：1277-1278. DOI：10.3969/j.issn.1005-8478.2007.16.029. {YAN Limin,LAO Kecheng,FAN Qishen. Repair of toe stump defect with retrograde island flap[J]. Zhongguo Jiao Xing Wai Ke Za Zhi[Orthop J China(Article in Chinese;No abstract available)],2007,15(16):1277-1278. DOI:10.3969/j.issn.1005-8478.2007.16.029.}

[7882] 王华柱，赵建勇，田文，张植生，吴海钰，张远林，孙云川. 逆行岛状皮瓣修复肢体远端皮肤软组织缺损 [J]. 中华显微外科杂志，2007，30(3)：179-181. DOI：10.3760/cma.j.issn.1001-2036.2007.03.006. {WANG Huazhu,ZHAO Jianyong,TIAN Wen,ZHANG Zhisheng,WU Haiyu,ZHANG Yuanlin,SUN Yunchuan. Application of reverse-flow island flap to repair defect of the soft tissue in the distal limb[J]. Zhonghua Xian Wei Wai Ke Za Zhi[Chin J Microsurg(Article in Chinese;Abstract in Chinese and English)],2007,30(3):179-181. DOI:10.3760/cma.j.issn.1001-2036.2007.03.006.}

[7883] 马兆强，张丽香，于长征，毕福海，丛华. 隐神经营养血管蒂逆行岛状皮瓣的临床应用 [J]. 中国矫形外科杂志，2007，15(10)：740-741. DOI：10.3969/j.issn.1005-8478.2007.10.007. {MA Zhaoqiang,ZHANG Lixiang,YU Changzheng,BI Fuhai,CONG Hua. Clinical application of the reversed saphenous neurocutaneous concomitant vessel pedicled island flap[J]. Zhongguo Jiao Xing Wai Ke Za Zhi[Orthop J China(Article in Chinese;Abstract in Chinese and English)],2007,15(10):740-741. DOI:10.3969/j.issn.1005-8478.2007.10.007.}

[7884] 王凯夫，齐月宾，杨林. 指背逆行岛状皮瓣在指端皮肤缺损中的应用 [J]. 中国矫形外科杂志，2007，15(12)：955-956，加页4. DOI：10.3969/j.issn.1005-8478.2007.12.028. {WANG Kaifu,QI Yuebin,YANG Lin. Clinical application of repair of distal finger defect with the dorsal digital retrograde island skin flap[J]. Zhongguo Jiao Xing Wai Ke Za Zhi[Orthop J China(Article in Chinese;Abstract in Chinese and English)],2007,15(12):955-956,add 4. DOI:10.3969/j.issn.1005-8478.2007.12.028.}

[7885] 王毅，赵学姝，李传文. 指神经手背支营养血管逆行岛状皮瓣修复指腹缺损 [J]. 中华手外科杂志，2007，23(4)：240. DOI：10.3760/cma.j.issn.1005-054X.2007.04.029. {WANG Yi,ZHAO Xueshu,LI Chuanwen. Repair of finger belly defect with reverse island flap with nutrient vessel of dorsal branch of digital nerve[J]. Zhonghua Shou Wai Ke Za Zhi[Chin J Hand Surg(Article in Chinese;No abstract available)],2007,23(4):240. DOI:10.3760/cma.j.issn.1005-054X.2007.04.029.}

[7886] 刘东宁，韩智敏，曹凯，刘志礼，刘先明，安洪. 大隐静脉－隐神经营养血管蒂逆行岛状皮瓣的临床应用 [J]. 中华创伤杂志，2007，23(12)：934-936. DOI：10.3760/j.issn：1001-8050.2007.12.016. {LIU Dongning,HAN Zhimin,CAO Kai,LIU Zhili,LIU Xianming,AN Hong. Clinical application of the reversed great saphenous vein-saphenous neurocutaneous vascular pedicle island flap[J]. Zhonghua Chuang Shang Za Zhi[Chin J Trauma(Article in Chinese;Abstract in Chinese and English)],2007,23(12):934-936. DOI:10.3760/j.issn:1001-8050.2007.12.016.}

[7887] 郭志民，练克俭，芮昊，施建东，林斌，洪加源，庄泽民. 前臂骨间背侧动脉逆行岛状皮瓣修复手部创面 [J]. 临床骨科杂志，2007，10(3)：209-210. DOI：10.3969/j.issn.1008-0287.2007.03.007. {GUO Zhimin,LIAN Kejian,RUI Hao,SHI Jiandong,LIN Bin,HONG Jiayuan,ZHUANG Zemin. Forearm reverse posterior interosseous artery flap for repairing hand injury[J]. Lin Chuang Gu Ke Za Zhi[J Clin Orthop(Article in Chinese;Abstract in Chinese and English)],2007,10(3):209-210. DOI:10.3969/j.issn.1008-0287.2007.03.007.}

[7888] 左宗宝，李小静，宁金龙，张林，朱飞，王春，刘超华. 大隐静脉－隐神经营养血管逆行岛状皮瓣修复内、外踝部缺损 [J]. 组织工程与重建外科杂志，2007，3(6)：327-329. DOI：10.3969/j.issn.1673-0364.2007.06.008. {ZUO Zongbao,LI Xiaojing,NING Jinlong,ZHANG Lin,ZHU Fei,WANG Chun,LIU Chaohua. Coverage of the malleolus defect using great saphenousveno-saphenous neurocutaneousvascular flap[J]. Zu Zhi Gong Cheng Yu Chong Jian Wai Ke Za Zhi[J Tissue Eng Reconstr Surg(Article in Chinese;Abstract in Chinese and English)],2007,3(6):327-329. DOI:10.3969/j.issn.1673-0364.2007.06.008.}

[7889] 方声教，王冠，罗春娟，谢瑞章，计宪珍. 第3跖背逆行岛状皮瓣修复趾部深度烧伤一例 [J]. 中华烧伤杂志，2008，24(6)：469. DOI：10.3760/cma.j.issn.1009-2587.2008.06.029. {FANG Shengjiao,WANG Guan,LUO Chunjuan,XIE Ruizhang,JI Xianzhen. Repair of deep burn of toe with reverse island flap of the third dorsal plantar[J]. Zhonghua Shao Shang Za Zhi[Chin J Burns(Article in Chinese;No abstract available)],2008,24(6):469. DOI:10.3760/cma.j.issn.1009-2587.2008.06.029.}

[7890] 武峰，黄佳军，郝尧. 足背逆行岛状皮瓣修复足深部组织外露的皮肤缺损五例 [J]. 中华整形外科杂志，2008，24(4)：266. DOI：10.3760/j.issn：1009-4598.2008.04.019. {WU Feng,HUANG Jiajun,HAO Yao. Five cases of reverse island flap on the dorsal foot to repair the skin defects exposed in the deep part of the foot[J]. Zhonghua Zheng Xing Wai Ke Za Zhi[Chin J Plast Surg(Article in Chinese;No abstract available)],2008,24(4):266. DOI:10.3760/j.issn:1009-4598.2008.04.019.}

[7891] 王栋，李双，张世民. 逆行岛状皮瓣静脉回流的研究进展 [J]. 中国临床解剖学杂志，2008，26(4)：458-460. DOI：10.3969/j.issn.1001-165X.2008.04.033. {WANG Dong,LI Shuang,ZHANG Shimin. Progress of venous drainage in reverse-flow island flap[J]. Zhongguo Lin Chuang Jie Pou Xue Za Zhi[Chin J Clin Anat(Article in Chinese;Abstract in Chinese)],2008,26(4):458-460. DOI:10.3969/j.issn.1001-165X.2008.04.033.}

[7892] 荆志振，俞光荣，王栋，游木荣，张世民. 荧光示踪法研究逆行岛状皮瓣静脉回流 [J]. 中国修复重建外科杂志，2008，22(8)：959-963. {JING Zhizhen,YU Guangrong,WANG Dong,YOU Murong,ZHANG Shimin. Study of venous drainage in retrograde island flap by fluorescence tracing technique in a rabbit model[J]. Zhongguo Xiu Fu Chong Jian Wai Ke Za Zhi[Chin J Repar Reconstr Surg(Article in Chinese;Abstract in Chinese and English)],2008,22(8):959-963.}

[7893] 陈玉兵，徐永清，陆声. 改进第一跖背逆行岛状皮瓣修复跗趾缺损创面 [J]. 中华显微外科杂志，2009，32(1)：69-70. DOI：10.3760/cma.j.issn.1001-2036.2009.01.033. {CHEN Yubing,XU Yongqing,LU Sheng. Improvement of the first dorsal metatarsal reverse island flap to repair the toe defect[J]. Zhonghua Xian Wei Wai Ke Za Zhi[Chin J Microsurg(Article in Chinese;Abstract in Chinese)],2009,32(1):69-70. DOI:10.3760/cma.j.issn.1001-2036.2009.01.033.}

[7894] 张智，马远征，赵东升，闫宝山，吴小满. 带神经邻指近节指背逆行岛状皮瓣修复指腹缺损 [J]. 中华显微外科杂志，2009，32(4)：350. DOI：10.3760/cma.j.issn.1001-2036.2009.04.044. {ZHANG Zhi,MA Yuanzheng,ZHAO Dongsheng,YAN Baoshan,WU Xiaoman. Repair of finger belly defect with reversed reverse island flap of proximal dorsal finger with nerve[J]. Zhonghua Xian Wei Wai Ke Za Zhi[Chin J Microsurg(Article in Chinese;No abstract available)],2009,32(4):350. DOI:10.3760/cma.j.issn.1001-2036.2009.04.044.}

[7895] 冯亚高，黄晨，张向宁，魏斌. 隐神经营养血管蒂逆行岛状皮瓣的临床应用 [J]. 临床骨科杂志，2009，12(2)：160-162. DOI：10.3969/j.issn.1008-0287.2009.02.014. {FENG Yagao,HUANG Chen,ZHANG Xiangning,WEI Bin. Clinical use of distally based saphenous neurovascular flap[J]. Lin Chuang Gu Ke Za Zhi[J Clin Orthop(Article in Chinese;Abstract in Chinese and English)],2009,12(2):160-162. DOI:10.3969/j.issn.1008-0287.2009.02.014.}

[7896] 梁波，纪柳，李庆泰. 指背静脉逆行岛状皮瓣修复手指中节和远节指背缺损 [J]. 中华显微外科杂志，2010，33(1)：30. DOI：10.3760/cma.j.issn.1001-2036.2010.01.041. {LIANG Bo,JI Liu,LI Qingtai. Repair of the defect of the middle and distal digits with dorsal digital vein island flap[J]. Zhonghua Xian Wei Wai Ke Za Zhi[Chin J Microsurg(Article in Chinese;No abstract available)],2010,33(1):30. DOI:10.3760/cma.j.issn.1001-2036.2010.01.041.}

[7897] 王培吉，周忠良. 逆行岛状皮瓣或远端蒂皮瓣坏死的原因探讨及防治措施 [J]. 中华显微外科杂志，2010，33(2)：118-121. DOI：10.3760/cma.j.issn.1001-2036.2010.02.012. {WANG Peiji,ZHOU Zhongliang. Cause investigation and management of necrosis in reversed island flap or distally-pedicled flap[J]. Zhonghua Xian Wei Wai Ke Za Zhi[Chin J Microsurg(Article in Chinese;Abstract in Chinese and English)],2010,33(2):118-121. DOI:10.3760/cma.j.issn.1001-2036.2010.02.012.}

[7898] 陈政，许亚军，寿奎水，芮永军，周建东，陈学明. 近节指背逆行岛状皮瓣修复手指皮肤缺损 [J]. 中华手外科杂志，2010，26(1)：1-3. DOI：10.3760/cma.j.issn.1005-054X.2010.01.001. {CHEN Zheng,XU Yajun,SHOU Kuishui,RUI Yongjun,ZHOU Jiandong,CHEN Xueming. Repairing skin defects of the fingers with a reverse island flap from the dorsum of the proximal phalanx[J]. Zhonghua Shou Wai Ke Za Zhi[Chin J Hand Surg(Article in Chinese;Abstract in Chinese and English)],2010,26(1):1-3. DOI:10.3760/cma.j.issn.1005-054X.2010.01.001.}

[7899] 顾加祥，刘宏君，张乃臣，田恒，潘俊博. 手指软组织缺损的逆行岛状皮瓣修复 [J]. 实用手外科杂志，2010，24(1)：27-29. DOI：10.3969/j.issn.1671-2722.2010.01.008. {GU Jiaxiang,LIU Hongjun,ZHANG Naichen,TIAN Heng,PAN Junbo. Repair of soft tissue defects of fingers with the reverse island skin flap[J]. Shi Yong Shou Wai Ke Za Zhi[Chin J Pract Hand Surg(Article in Chinese;Abstract in Chinese and English)],2010,24(1):27-29. DOI:10.3969/j.issn.1671-2722.2010.01.008.}

[7900] 许亚军，孙振中，张志海，施海峰，糜菁熠，邱扬，薛明宇. 背侧骨间动脉逆行岛状皮瓣皮支血管的临床分型及应用体会 [J]. 实用手外科杂志，2010，24(3)：175-177. DOI：10.3969/j.issn.1671-2722.2010.03.005. {XU Yajun,SUN Zhenzhong,ZHANG Zhihai,SHI Haifeng,MI Jingyi,QIU Yang,XUE Mingyu. Clinical classification of the cutaneous perforating artery and application of the reversed dorsal interosseous artery-based island flap from the forearm[J]. Shi Yong Shou Wai Ke Za Zhi[Chin J Pract Hand Surg(Article in Chinese;Abstract in Chinese and English)],2010,24(3):175-177. DOI:10.3969/j.issn.1671-2722.2010.03.005.}

[7901] 汪翔，萧志雄，梁晓宗，王昌义，叶团飞，区彩琼. 足底内侧动脉逆行岛状皮瓣修复跗趾

近节皮肤缺损[J]. 中华显微外科杂志，2011，34(3)：258. DOI：10.3760/cma.j.issn.1001-2036.2011.03.039. {WANG Xiang,XIAO Zhixiong,LIANG Xiaozong,WANG Changyi,YE Tuanfei,OU Caiqiong. Repair of skin defect of proximal toe with retrograde island flap of medial plantar artery[J]. Zhonghua Xian Wei Wai Ke Za Zhi[Chin J Microsurg(Article in Chinese;No abstract available)],2011,34(3):258. DOI:10.3760/cma.j.issn.1001-2036.2011.03.039.}

[7902] 赵全，赵永健，梁彦辉，刘群. 指背神经营养血管逆行岛状皮瓣修复手指皮肤缺损[J]. 中华显微外科杂志，2011，34(6)：488-489. DOI：10.3760/cma.j.issn.1001-2036.2011.06.020. {ZHAO Quan,ZHAO Yongjian,LIANG Yanhui,LIU Qun. Repair of finger skin defect with reverse island flap of dorsal digital nerve nutrient vessel[J]. Zhonghua Xian Wei Wai Ke Za Zhi[Chin J Microsurg(Article in Chinese;Abstract in Chinese)],2011,34(6):488-489. DOI:10.3760/cma.j.issn.1001-2036.2011.06.020.}

[7903] 王欣，张世民，王栋，俞光荣. 结扎伴行静脉对逆行岛状皮瓣存活的影响[J]. 中华手外科杂志，2011，27(3)：181-184. DOI：10.3760/cma.j.issn.1005-054X.2011.03.022. {WANG Xin,ZHANG Shimin,WANG Dong,YU Guangrong. The influence of vein ligation on the survival of reverse-flow island flap:an experimental study in rabbits[J]. Zhonghua Shou Wai Ke Za Zhi[Chin J Hand Surg(Article in Chinese;Abstract in Chinese and English)],2011,27(3):181-184. DOI:10.3760/cma.j.issn.1005-054X.2011.03.022.}

[7904] 闫涛，黎立，乔为民，常磊，李靖扬，孟庆才. 前臂骨间背侧动脉逆行岛状皮瓣修复手部创面[J]. 中国修复重建外科杂志，2011，25(3)：377-378. {YAN Tao,LI Li,QIAO Weimin,CHANG Lei,LI Jingyang,MENG Qingcai. Repair of hand wound with retrograde island flap of dorsal interosseous artery of forearm[J]. Zhongguo Xiu Fu Chong Jian Wai Ke Za Zhi[Chin J Repar Reconstr Surg(Article in Chinese;No abstract available)],2011,25(3):377-378.}

[7905] 许亚军，周晓，柯尊山，周建东，陈学明. 不同穿支蒂足(底)内侧逆行岛状皮瓣修复前足底软组织缺损[J]. 中华显微外科杂志，2012，35(6)：501-502. DOI：10.3760/cma.j.issn.1001-2036.2012.06.023. {XU Yajun,ZHOU Xiao,KE Zunshan,ZHOU Jiandong,CHEN Xueming. Repair of forefoot soft tissue defects with different perforator pedicle (bottom) medial reverse island flap[J]. Zhonghua Xian Wei Wai Ke Za Zhi[Chin J Microsurg(Article in Chinese;Abstract in Chinese)],2012,35(6):501-502. DOI:10.3760/cma.j.issn.1001-2036.2012.06.023.}

[7906] 鲁世荣，秦晓霖，赵健，王雷，魏巍，赵杨，王广宏. 两种手指逆行岛状皮瓣修复指远节软组织缺损的疗效比较[J]. 中华显微外科杂志，2012，35(2)：132-134. DOI：10.3760/cma.j.issn.1001-2036.2012.02.016. {LU Shirong,QIN Xiaolin,ZHAO Jian,WANG Lei,WEI Wei,ZHAO Yang,WANG Guanghong. Comparison of repair distal soft tissue defect with two kind of reverse digital artery island flap[J]. Zhonghua Xian Wei Wai Ke Za Zhi[Chin J Microsurg(Article in Chinese;Abstract in Chinese and English)],2012,35(2):132-134. DOI:10.3760/cma.j.issn.1001-2036.2012.02.016.}

[7907] 储国平，吕国忠，赵庆国，苏青和，杨敏烈. 同指近节和中节逆行岛状皮瓣瓦合修复手指末节脱套伤[J]. 中华显微外科杂志，2012，35(4)：340-341. DOI：10.3760/cma.j.issn.1001-2036.2012.04.031. {CHU Guoping,LU Guozhong,ZHAO Qingguo,SU Qinghe,YANG Minlie. Repair of degloving injury of distal segment of finger with retrograde island flap of proximal and middle segments of the same phalanx[J]. Zhonghua Xian Wei Wai Ke Za Zhi[Chin J Microsurg(Article in Chinese;No abstract available)],2012,35(4):340-341. DOI:10.3760/cma.j.issn.1001-2036.2012.04.031.}

[7908] 陈金，章汉平，邢丹谋，吴飞，冯炜，胡锐. 邻指皮瓣与同指背逆行岛状皮瓣修复指端缺损的临床对比[J]. 中华手外科杂志，2012，28(5)：258-260. DOI：10.3760/cma.j.issn.1005-054X.2012.05.002. {CHEN Jin,ZHANG Hanping,XING Danmou,WU Fei,FENG Wei,HU Rui. Clinical comparison on cross finger flap and reverse dorsal digital island fascial flap for repairing of fingertip defects[J]. Zhonghua Shou Wai Ke Za Zhi[Chin J Hand Surg(Article in Chinese;Abstract in Chinese and English)],2012,28(5):258-260. DOI:10.3760/cma.j.issn.1005-054X.2012.05.002.}

[7909] 程勇，周海洋，欧才生. 足背逆行岛状皮瓣修复儿童第4或5足趾软组织缺损[J]. 中华烧伤杂志，2013，29(1)：31-33. DOI：10.3760/cma.j.issn.1009-2587.2013.01.011. {CHENG Yong,ZHOU Haiyang,OU Caisheng. Repair of soft tissue defects of the 4th or 5th toe in children with dorsal dorsal retrograde island flap[J]. Zhonghua Shao Shang Za Zhi[Chin J Burns(Article in Chinese;Abstract in Chinese)],2013,29(1):31-33. DOI:10.3760/cma.j.issn.1009-2587.2013.01.011.}

[7910] 闵定宏，张志安，李国辉，陈刚泉，郭光华，曾元临. 四种逆行岛状皮瓣坏死的原因与防治[J]. 中华显微外科杂志，2013，36(2)：161-163. DOI：10.3760/cma.j.issn.1001-2036.2013.02.018. {MIN Dinghong,ZHANG Zhian,LI Guohui,CHEN Gangquan,GUO Guanghua,ZENG Yuanlin. Causes and prevention of necrosis of four kinds of retrograde island flap[J]. Zhonghua Xian Wei Wai Ke Za Zhi[Chin J Microsurg(Article in Chinese;Abstract in Chinese)],2013,36(2):161-163. DOI:10.3760/cma.j.issn.1001-2036.2013.02.018.}

[7911] 许亚军，陈政，包岳丰，周晓，张辉，周建东，陈学明. 变异型前臂骨间背逆行岛状皮瓣的临床应用[J]. 中华手外科杂志，2013，29(6)：344-347. {XU Yajun,CHEN Zheng,BAO Yuefeng,ZHOU Xiao,ZHANG Hui,ZHOU Jiandong,CHEN Xueming. Clinical application of variant forearm interosseous dorsal retrograde island flap[J]. Zhonghua Shou Wai Ke Za Zhi[Chin J Hand Surg(Article in Chinese;Abstract in Chinese)],2013,29(6):344-347.}

[7912] 房嘉宾，李庆泰，纪柳，于志军，刘沐清. 指背逆行岛状皮瓣修复指端缺损时蒂部不同处理方法比较[J]. 实用手外科杂志，2013，27(3)：369-370，373. DOI：10.3969/j.issn.1671-2722.2013.03.023. {FANG Jiabin,LI Qingtai,JI Liu,YU Zhijun,LIU Muqing. To contrast different treating approach of the pedicle in the repair of finger tip defects with the reverse dorsal digital island fascial flap[J]. Shi Yong Shou Wai Ke Za Zhi[Chin J Pract Hand Surg(Article in Chinese;Abstract in Chinese and English)],2013,27(3):369-370,373. DOI:10.3969/j.issn.1671-2722.2013.03.023.}

[7913] 徐亚非，伍美艺，熊敏剑，邱辉，张德军，李冠军. 皮支链逆行岛状皮瓣修复小腿皮肤缺损伤[J]. 中华显微外科杂志，2014，37(6)：613-614. DOI：10.3760/cma.j.issn.1001-2036.2014.06.030. {XU Yafei,WU Meiyi,XIONG Minjian,QIU Hui,ZHANG Dejun,LI Guanjun. Skin branch chain retrograde island flap for repair of skin defect of calf[J]. Zhonghua Xian Wei Wai Ke Za Zhi[Chin J Microsurg(Article in Chinese;Abstract in Chinese)],2014,37(6):613-614. DOI:10.3760/cma.j.issn.1001-2036.2014.06.030.}

[7914] 许亚军，陈政，包岳丰，周晓，张辉，周建东，陈学明. 上臂外侧逆行岛状皮瓣修复前臂截肢后残端创面[J]. 中华手外科杂志，2014，30(6)：403-405. {XU Yajun,CHEN Zheng,BAO Yuefeng,ZHOU Xiao,ZHANG Hui,ZHOU Jiandong,CHEN Xueming. Repair of stump wounds of forearm after amputation with retrograde island flap on the outer side of upper arm[J]. Zhonghua Shou Wai Ke Za Zhi[Chin J Hand Surg(Article in Chinese;Abstract in Chinese)],2014,30(6):403-405.}

[7915] 王建云，何健飞，姜世平，唐敏，朱俊华. 应用小腿部逆行岛状皮瓣修复老年人足跟底部皮肤缺损[J]. 中华显微外科杂志，2015，38(1)：80-82. DOI：10.3760/cma.j.issn.1001-2036.2015.01.021. {WANG Jianyun,HE Jianfei,JIANG Shiping,TANG Min,ZHU Junhua. Repair of the skin defect of the bottom of the heel of the elderly with the retrograde island flap of the calf[J]. Zhonghua Xian Wei Wai Ke Za Zhi[Chin J Microsurg(Article in Chinese;Abstract in Chinese)],2015,38(1):80-82. DOI:10.3760/cma.j.issn.1001-2036.2015.01.021.}

[7916] 王培吉，周聚普，江波，赵家举，张勇. 改变动静脉压力差对逆行岛状皮瓣成活面积的影响[J]. 中华显微外科杂志，2015，38(2)：144-148. DOI：10.3760/cma.j.issn.1001-2036.2015.02.011. {WANG Peiji,ZHOU Jupu,JIANG Bo,ZHAO Jiaju,ZHANG Yong. Experimental study of changes in arteriovenous pressure difference on the survival area of reverse island flap[J]. Zhonghua Xian Wei Wai Ke Za Zhi[Chin J Microsurg(Article in Chinese;Abstract in Chinese and English)],2015,38(2):144-148. DOI:10.3760/cma.j.issn.1001-2036.2015.02.011.}

[7917] 赵国红，谢振军，孙华伟，邓名山，邓小兵，郑竟舟，赵建军. 上臂内侧逆行岛状皮瓣修复肘部及前臂皮肤缺损[J]. 中华手外科杂志，2015，31(5)：356-357. {ZHAO Guohong,XIE Zhenjun,SUN Huawei,DENG Mingshan,DENG Xiaobing,ZHENG Jingzhou,ZHAO Jianjun. Repair of elbow and forearm skin defects with retrograde island flap on the medial upper arm[J]. Zhonghua Shou Wai Ke Za Zhi[Chin J Hand Surg(Article in Chinese;Abstract in Chinese)],2015,31(5):356-357.}

[7918] 崔留超，陈捷，阮圣幸. 足底内侧动脉逆行岛状皮瓣修复踇趾创面[J]. 实用手外科杂志，2016，30(3)：318-320. DOI：10.3969/j.issn.1671-2722.2016.03.024. {CUI Liuchao,CHEN Jie,RUAN Shengxing. The plantar medial artery reverse island flap to repair the hallux wound[J]. Shi Yong Shou Wai Ke Za Zhi[Chin J Pract Hand Surg(Article in Chinese;Abstract in Chinese and English)],2016,30(3):318-320. DOI:10.3969/j.issn.1671-2722.2016.03.024.}

[7919] 赵刚，芮永军，糜菁熠，邱扬，姚群，柯尊山. 两种逆行岛状皮瓣修复拇指创面的对比研究[J]. 中华显微外科杂志，2016，39(2)：110-113. DOI：10.3760/cma.j.issn.1001-2036.2016.02.003. {ZHAO Gang,RUI Yongjun,MI Jingyi,QIU Yang,YAO Qun,KE Zunshan. A comparative study of two kinds of reverse radial flap for thumb soft tissue reconstruction[J]. Zhonghua Xian Wei Wai Ke Za Zhi[Chin J Microsurg(Article in Chinese;Abstract in Chinese and English)],2016,39(2):110-113. DOI:10.3760/cma.j.issn.1001-2036.2016.02.003.}

[7920] 王建兵，顾三军，徐可林，李海峰，刘宇，孙振中，芮永军. 臂远端外侧穿支逆行岛状皮瓣修复肘部中小面积软组织缺损[J]. 中华创伤杂志，2016，32(4)：307-309. DOI：10.3760/cma.j.issn.1001-8050.2016.04.006. {WANG Jianbing,GU Sanjun,XU Kelin,LI Haifeng,LIU Yu,SUN Zhenzhong,RUI Yongjun. Repair of small and medium-sized soft tissue defects in the elbow with retrograde island flap on the distal side of the arm[J]. Zhonghua Chuang Shang Za Zhi[Chin J Trauma(Article in Chinese;Abstract in Chinese)],2016,32(4):307-309. DOI:10.3760/cma.j.issn.1001-8050.2016.04.006.}

[7921] 张瑞红，张艳茂，刘会仁，于占勇，陈玉刚，高烁，刘建华. 指背逆行岛状皮瓣修复指端软组织缺损[J]. 创伤外科杂志，2016，18(10)：625-626，627. DOI：10.3969/j.issn.1009-4237.2016.10.016. {ZHANG Ruihong,ZHANG Yanmao,LIU Huiren,YU Zhanyong,CHEN Yugang,GAO Shuo,LIU Jianhua. Dorsal digital retrograde island flap for repairing the defect of soft tissue[J]. Chuang Shang Wai Ke Za Zhi[J Traum Surg(Article in Chinese;Abstract in Chinese and English)],2016,18(10):625-626,627. DOI:10.3969/j.issn.1009-4237.2016.10.016.}

[7922] 张述才，翟得平，陶友伦，范家强，张在轶，王爱国. 同指微型逆行岛状皮瓣修复手指指尖缺损[J]. 中华显微外科杂志，2017，40(5)：512-513. DOI：10.3760/cma.j.issn.1001-2036.2017.05.030. {ZHANG Shucai,ZhAI Deping,TAO Youlun,FAN Jiaqiang,ZHANG Zaiyi,WANG Aiguo. Repair of fingertip defect with same finger mini retrograde island flap[J]. Zhonghua Xian Wei Wai Ke Za Zhi[Chin J Microsurg(Article in Chinese;No abstract available)],2017,40(5):512-513. DOI:10.3760/cma.j.issn.1001-2036.2017.05.030.}

[7923] 伍美艺，徐亚非，邱辉，李春光，曾辉，李冠军. 小腿外侧皮支链逆行岛状皮瓣的应用[J]. 实用手外科杂志，2017，31(2)：154-156. DOI：10.3969/j.issn.1671-2722.2017.02.006. {WU Meiyi,XU Yafei,QIU Hui,LI Chunguang,ZENG Hui,LI Guanjun. Application of reverse island flap with lateral cutaneous branch of leg in 11 cases[J]. Shi Yong Shou Wai Ke Za Zhi[Chin J Pract Hand Surg(Article in Chinese;Abstract in Chinese and English)],2017,31(2):154-156. DOI:10.3969/j.issn.1671-2722.2017.02.006.}

[7924] 陈玉兵，王丽丽. 第1跖背逆行岛状皮瓣切取方法的改进及在足趾缺损创面修复中的应用[J]. 实用手外科杂志，2018，32(1)：64-67. DOI：10.3969/j.issn.1671-2722.2018.01.022. {CHEN Yubing,WANG Lili. Improvement of first metatarsal dorsal island flap and its application in reconstruction of toes soft-tissue defects[J]. Shi Yong Shou Wai Ke Za Zhi[Chin J Pract Hand Surg(Article in Chinese;Abstract in Chinese and English)],2018,32(1):64-67. DOI:10.3969/j.issn.1671-2722.2018.01.022.}

[7925] 盛辉，田恒进，靖树林，王志勇，张治家，李德保，沙震兴. 骨间背侧动脉逆行岛状皮瓣的临床应用[J]. 中华手外科杂志，2018，34(1)：61-62. DOI：10.3760/cma.j.issn.1005-054X.2018.01.026. {SHENG Hui,TIAN Hengjin,JING Shulin,WANG Zhiyong,ZHANG Zhijia,LI Debao,Sha Zhenxing. Clinical application of dorsal interosseous artery reverse island flap[J]. Zhonghua Shou Wai Ke Za Zhi[Chin J Hand Surg(Article in Chinese;Abstract in Chinese)],2018,34(1):61-62. DOI:10.3760/cma.j.issn.1005-054X.2018.01.026.}

[7926] 任建国，周超云，陈奇念，孙圳，龚明彬，余晓辉. 手背尺侧逆行岛状皮瓣修复小指近中节皮肤缺损[J]. 实用手外科杂志，2020，34(1)：65-66. DOI：10.3969/j.issn.1671-2722.2020.01.022. {REN Jianguo,ZHOU Chaoyun,CHEN Qinian,SUN Zhen,GONG Mingbin,YU Xiaohui. Repair of skin defect of middle and proximal segment of little finger with the dorsal ulnar reverse island flap of hand[J]. Shi Yong Shou Wai Ke Za Zhi[Chin J Pract Hand Surg(Article in Chinese;Abstract in Chinese and English)],2020,34(1):65-66. DOI:10.3969/j.issn.1671-2722.2020.01.022.}

4.1.9.10 静脉皮瓣
venous flap

[7927] Gu YD,Zhang GM,Chen DS,Yan JG,Cheng XM. Arterialized free flap. Report of four cases[J]. Chin Med J,1989,102(2):140-144.

[7928] Yuan R,Shan Y,Zhu S. Circulating mechanism of the "pure" venous flap:direct observation of microcirculation[J]. J Reconstr Microsurg,1998,14(3):147-152. doi:10.1055/s-2007-1000158.

[7929] Yu G,Lei HY,Guo S,Huang JH,Yu H. Dorsalis pedis arterialized venous flap for hand and foot reconstruction[J]. Chin J Traumatol,2012,15(1):32-35.

[7930] Yan H,Fan C,Zhang F,Gao W,Li Z,Zhang X. Reconstruction of large dorsal digital defects with arterialized venous flaps:our experience and comprehensive review of literature[J]. Ann Plast Surg,2013,70(6):666-671. doi:10.1097/SAP.0b013e3182433575.

[7931] Wang Y,Wu T,Lu S,Zhong W,Hu C,Wen G,Chai Y. Medial plantar venous flap:classic donor site modification for hand defects[J]. Ann Plast Surg,2018,81(4):444-448. doi:10.1097/SAP.0000000000001487.

[7932] Yang J,Tang Y,He H,Fu S. Repair of soft tissue defects of the fingers with medial plantar venous flap[J]. Rev Assoc Med Bras,2018,64(6):501-508. doi:10.1590/1806-9282.64.06.501.

[7933] 谢伟玉. 自体头静脉皮瓣重建阴茎段尿道[J]. 中华外科杂志，1980，18(2)：145. {XIE Weiyu. Reconstruction of penile urethra with autogenous cephalic vein flap[J]. Zhonghua Wai Ke Za Zhi[Chin J Surg(Article in Chinese;No abstract available)],1980,18(2):145.}

[7934] 赵启明. 前臂静脉皮瓣游离移植用于手畸形的修复[J]. 修复重建外科杂志，1988，2(2)：80. {ZHAO Qiming. Free transplantation of forearm vein flap for repair of hand deformities[J]. Zhongguo Xiu Fu Chong Jian Wai Ke Za Zhi[Chin J Repar Reconstr Surg(Article in Chinese;Abstract in Chinese)],1988,2(2):80.}

[7935] 吴金仙，董光文．静脉皮瓣在手指软组织缺损修复中的应用[J]．修复重建外科杂志，1988，2(2)：76-77．{WU Jinxian,DONG Guangwen. Application of venous flap in the repair of finger soft tissue defects[J]. Zhongguo Xiu Fu Chong Jian Wai Ke Za Zhi[Chin J Repar Reconstr Surg(Article in Chinese;Abstract in Chinese)],1988,2(2):76-77.}

[7936] 袁启明，梁秉中．静脉皮瓣的研究[J]．修复重建外科杂志，1988，2(4)：29-31．{YUAN Qiming,LIANG Bingzhong. Study of venous flap[J]. Zhongguo Xiu Fu Chong Jian Wai Ke Za Zhi[Chin J Repar Reconstr Surg(Article in Chinese;Abstract in Chinese)],1988,2(4):29-31.}

[7937] 陈新民．静脉皮瓣[J]．中华整形烧伤外科杂志，1989，5(2)：136-138．DOI：10.3760/j.issn：1009-4598.1989.02.001．{CHEN Xinmin. Venous flap[J]. Zhonghua Zheng Xing Shao Shang Wai Ke Za Zhi[Chin J Plast Surg Burns(Article in Chinese;No abstract available)],1989,5(2):136-138. DOI:10.3760/j.issn:1009-4598.1989.02.001.}

[7938] 谢贞玉，胡明玺．动静脉转流轴型静脉皮瓣的应用[J]．中华显微外科杂志，1990，13(2)：79-80．{XIE Zhenyu,HU Mingxi. Application of axial vein flap with arteriovenous diversion[J]. Zhonghua Xian Wei Wai Ke Za Zhi[Chin J Microsurg(Article in Chinese;Abstract in Chinese)],1990,13(2):79-80.}

[7939] 杨松林，陈卫年．动脉化静脉皮瓣血供特点的探讨[J]．中华显微外科杂志，1990，13(4)：217-219．{YANG Songlin,CHEN Weinian. Discussion on the characteristics of blood supply of arterialized venous flap[J]. Zhonghua Xian Wei Wai Ke Za Zhi[Chin J Microsurg(Article in Chinese;Abstract in Chinese)],1990,13(4):217-219.}

[7940] 杨松林，何清濂，陈卫平．动脉化静脉皮瓣的实验研究[J]．中华医学杂志，1990，70(12)：706-707．{YANG Songlin,HE Qinglian,CHEN Weiping. Experimental study of arterialized venous flap[J]. Zhonghua Yi Xue Za Zhi[Natl Med J China(Article in Chinese;No abstract available)],1990,70(12):706-707.}

[7941] 杨松林，何清濂．动脉化静脉皮瓣移植的研究进展[J]．修复重建外科杂志，1990，4(4)：239-241．{YANG Songlin,HE Qinglian. Research progress of arterialized venous flap transplantation[J]. Zhongguo Xiu Fu Chong Jian Wai Ke Za Zhi[Chin J Repar Reconstr Surg(Article in Chinese;Abstract in Chinese)],1990,4(4):239-241.}

[7942] 胡志奇，朱家恺．静脉皮瓣的微循环研究[J]．中华显微外科杂志，1991，14(3)：152-154．{HU Zhiqi,ZHU Jiakai. Study on the microcirculation of venous flap[J]. Zhonghua Xian Wei Wai Ke Za Zhi[Chin J Microsurg(Article in Chinese;Abstract in Chinese)],1991,14(3):152-154.}

[7943] 甄平，葛宝丰．静脉皮瓣的实验研究[J]．中华显微外科杂志，1991，14(3)：160-162．{ZHEN Ping,GE Baofeng. Experimental study of venous flap[J]. Zhonghua Xian Wei Wai Ke Za Zhi[Chin J Microsurg(Article in Chinese;Abstract in Chinese)],1991,14(3):160-162.}

[7944] 胡志奇，许扬滨，朱家恺．静脉皮瓣研究进展[J]．中华显微外科杂志，1991，14(4)：242-245．{HU Zhiqi,XU Yangbin,ZHU Jiakai. Research progress of venous flap[J]. Zhonghua Xian Wei Wai Ke Za Zhi[Chin J Microsurg(Article in Chinese;No abstract available)],1991,14(4):242-245.}

[7945] 陈德松，顾玉东，周肇平，苏锴昌，冯美华．正常皮瓣与静脉皮瓣比较的实验研究[J]．中华外科杂志，1991，29(11)：701-704．{CHEN Desong,GU Yudong,ZHOU Zhaoping,SU Yichang,FENG Meihua. Experimental study on comparison between normal skin flap and vein flap[J]. Zhonghua Wai Ke Za Zhi[Chin J Surg(Article in Chinese;Abstract in Chinese)],1991,29(11):701-704.}

[7946] 高贵，张崇义，刘晓民，包国玉．单纯静脉皮瓣的实验研究[J]．中华显微外科杂志，1992，15(1)：53-54．{GAO Gui,ZHANG Chongyi,LIU Xiaomin,BAO Guoyu. Experimental study of simple vein flap[J]. Zhonghua Xian Wei Wai Ke Za Zhi[Chin J Microsurg(Article in Chinese;No abstract available)],1992,15(1):53-54.}

[7947] 李保华，洪光祥，朱通伯．静脉皮瓣的微循环观察[J]．中华外科杂志，1992，30(9)：531-533．{LI Baohua,HONG Guangxiang,ZHU Tongbo. Observation of microcirculation of vein flap[J]. Zhonghua Wai Ke Za Zhi[Chin J Surg(Article in Chinese;Abstract in Chinese)],1992,30(9):531-533.}

[7948] 刘春利，鲁开化，汪石开．应用ECT研究动脉化静脉皮瓣的血流分布[J]．中华显微外科杂志，1993，16(1)：63-64．{LIU Chunli,LU Huakai,WANG Shikai. Study on blood flow distribution of arterialized venous flap with ECT[J]. Zhonghua Xian Wei Wai Ke Za Zhi[Chin J Microsurg(Article in Chinese;No abstract available)],1993,16(1):63-64.}

[7949] 王广顺，黄建中．小静脉皮瓣修复手指软组织缺损[J]．中华显微外科杂志，1993，16(2)：139-140．{WANG Guangshun,HUANG Jianzhong. Repair of finger soft tissue defect with small vein flap[J]. Zhonghua Xian Wei Wai Ke Za Zhi[Chin J Microsurg(Article in Chinese;No abstract available)],1993,16(2):139-140.}

[7950] 刘春利，鲁开化．动脉化静脉皮瓣的微循环方式[J]．中华显微外科杂志，1993，16(3)：191-193．{LIU Chunli,LU Kaihua. Microcirculation mode of arterialized venous flap[J]. Zhonghua Xian Wei Wai Ke Za Zhi[Chin J Microsurg(Article in Chinese;No abstract available)],1993,16(3):191-193.}

[7951] 胡志奇，朱家恺．血管活性药物对动脉化静脉皮瓣微循环的影响[J]．中华显微外科杂志，1993，16(4)：273-274．{HU Zhiqi,ZHU Jiakai. Effects of vasoactive drugs on the microcirculation of arterialized venous skin flap[J]. Zhonghua Xian Wei Wai Ke Za Zhi[Chin J Microsurg(Article in Chinese;Abstract in Chinese)],1993,16(4):273-274.}

[7952] 任志勇，王成琪．静脉皮瓣在断指再植中的应用[J]．中华手外科杂志，1993，9(4)：238-239．{REN Zhiyong,WANG Chengqi. Application of venous flap in replantation of amputated finger[J]. Zhonghua Shou Wai Ke Za Zhi[Chin J Hand Surg(Article in Chinese;Abstract in Chinese)],1993,9(4):238-239.}

[7953] 陈德松，成效敏，严计庚，蔡佩琴，徐建光，劳杰，顾玉东．静脉皮瓣修复手指部皮肤缺损[J]．中国修复重建外科杂志，1993，7(2)：72-73．{CHEN Desong,Effectiveness Min,YAN Jigeng,CAI Peiqin,XU Jianguang,LAO Jie,GU Yudong. Vein flap to repair finger skin defects[J]. Zhongguo Xiu Fu Chong Jian Wai Ke Za Zhi[Chin J Repar Reconstr Surg(Article in Chinese;Abstract in Chinese)],1993,7(2):72-73.}

[7954] 汤逊，李主一，曾才铭，王宏帮．单纯静脉皮瓣和静脉动脉化皮瓣实验研究[J]．中国修复重建外科杂志，1993，7(3)：174-176．{Thomson,LI Zhuyi,ZENG Caiming,WANG Hongbang. Experimental study of simple venous flap and venous arterialized flap[J]. Zhongguo Xiu Fu Chong Jian Wai Ke Za Zhi[Chin J Repar Reconstr Surg(Article in Chinese;Abstract in Chinese)],1993,7(3):174-176.}

[7955] 陈瑞光，关活茂．静脉皮瓣修复手指软组织缺损[J]．中华显微外科杂志，1994，17(2)：286-287．{CHEN Ruiguang,GUAN Huomao. Repair of finger soft tissue defect with vein flap[J]. Zhonghua Xian Wei Wai Ke Za Zhi[Chin J Microsurg(Article in Chinese;Abstract in Chinese)],1994,17(2):286-287.}

[7956] 袁伟伟，罗锦辉，刘春利．动脉化静脉皮瓣术后PGI-2、TXA-2变化及其意义[J]．中华显微外科杂志，1994，17(3)：137-138．{YUAN Weiwei,LUO Jinhui,LIU Chunli. Changes of PGI-2 and TXA-2 after arterialized venous skin flap and their significance[J]. Zhonghua Xian Wei Wai Ke Za Zhi[Chin J Microsurg(Article in Chinese;No abstract available)],1994,17(3):137-138.}

[7957] 修志夫，陈宗基．静脉皮瓣成活过程的实验研究[J]．中华整形烧伤外科杂志，1994，10(3)：169-172．DOI：10.3760/j.issn：1009-4598.1994.03.001．{XIU Zhifu,CHEN Zongji. Experimental study on the mechanism of survival of venous flap[J]. Zhonghua Zheng Xing Shao Shang Wai Ke Za Zhi[Chin J Plast Surg Burns(Article in Chinese;Abstract in Chinese and English)],1994,10(3):169-172. DOI:10.3760/j.issn:1009-4598.1994.03.001.}

[7958] 刘春利，鲁开化，吴宛堃，林海．动脉化静脉皮瓣坏死原因的探讨及皮瓣改造[J]．中华整形烧伤外科杂志，1994，10(3)：173-177．DOI：10.3760/j.issn：1009-4598.1994.03.002．{LIU Chunli,LU Kaihua,WU Wankun,LIN Hai. The causes of necrosis of arteriovenous flap and its modification[J]. Zhonghua Zheng Xing Shao Shang Wai Ke Za Zhi[Chin J Plast Surg Burns(Article in Chinese;Abstract in Chinese and English)],1994,10(3):173-177. DOI:10.3760/j.issn:1009-4598.1994.03.002.}

[7959] 袁伟伟，罗锦辉，刘春利．血液流变性改变对动脉化静脉皮瓣成活的影响[J]．中国修复重建外科杂志，1994，8(3)：246-247．{YUAN Weiwei,LUO Jinhui,LIU Chunli. Abstracts experimental study on the relationship between the survival of arterialized vein flap and the changes of hemorheology[J]. Zhongguo Xiu Fu Chong Jian Wai Ke Za Zhi[Chin J Repar Reconstr Surg(Article in Chinese;Abstract in Chinese)],1994,8(3):246-247.}

[7960] 胡志奇，朱家恺，于国中．温度对动脉化静脉皮瓣微循环的影响[J]．中华显微外科杂志，1995，18(1)：41-43，78．{HU Zhiqi,ZHU Jiakai,YU Guozhong. Influence of temperature to micro-circulation of arterialized venousflap[J]. Zhonghua Xian Wei Wai Ke Za Zhi[Chin J Microsurg(Article in Chinese;Abstract in Chinese)],1995,18(1):41-43,78.}

[7961] 宋修军，曲永明．串连静脉吻合的肌腱静脉皮瓣移植一例[J]．中华显微外科杂志，1995，18(2)：113．{SONG Xiujun,QU Yongming. A case of tendon vein flap transplantation with serial venous anastomosis[J]. Zhonghua Xian Wei Wai Ke Za Zhi[Chin J Microsurg(Article in Chinese;No abstract available)],1995,18(2):113.}

[7962] 修志夫，陈宗基．GSH，SOD和ATP—MgCl2对静脉皮瓣成活的影响[J]．中华实验外科杂志，1995，12(1)：27-28．{XIU Zhifu,CHEN Zongji. The influence of GSH,SOD and ATP-MgCl2 on the survival of venous flap[J]. Zhonghua Shi Yan Wai Ke Za Zhi[Chin J Exp Surg(Article in Chinese;Abstract in Chinese and English)],1995,12(1):27-28.}

[7963] 高学纯，卜海富，董吟林．前臂动脉化静脉皮瓣的临床应用[J]．中华手外科杂志，1995，11(2)：70-71．{GAO Xuechun,BU Haifu,DONG Yinlin. Clinical application of arterialized venous skin flap in the forearm[J]. Zhonghua Shou Wai Ke Za Zhi[Chin J Hand Surg(Article in Chinese;Abstract in Chinese and English)],1995,11(2):70-71.}

[7964] 朱灿，文家福，方东海，郭远发．静脉皮瓣临床应用失败原因分析[J]．中华整形烧伤外科杂志，1995，11(3)：177-178．DOI：10.3760/j.issn：1009-4598.1995.03.008．{ZHU Can,WEN Jiafu,FANG Donghai,GUO Yuanfa. Analysis of the causes of failure in clinical application of venous flap[J]. Zhonghua Zheng Xing Shao Shang Wai Ke Za Zhi[Chin J Plast Surg Burns(Article in Chinese;Abstract in Chinese)],1995,11(3):177-178. DOI:10.3760/j.issn:1009-4598.1995.03.008.}

[7965] 修志夫，陈宗基，陈美云．静脉皮瓣的临床应用研究[J]．中华整形烧伤外科杂志，1995，11(3)：179-180．DOI：10.3760/j.issn：1009-4598.1995.03.011．{XIU Zhifu,CHEN Zongji,CHEN Meiyun. Clinical application study of venous flap[J]. Zhonghua Zheng Xing Shao Shang Wai Ke Za Zhi[Chin J Plast Surg Burns(Article in Chinese;Abstract in Chinese)],1995,11(3):179-180. DOI:10.3760/j.issn:1009-4598.1995.03.011.}

[7966] 陈华勇，杨镇洙．动脉化静脉皮瓣微血管网的观测[J]．中国临床解剖学杂志，1996，14(1)：55-57．{CHEN Huayong,YANG Zhenzhu. Observation of the microvascular network of arterialized venous flap[J]. Zhongguo Lin Chuang Jie Pou Xue Za Zhi[Chin J Clin Anat(Article in Chinese;No abstract available)],1996,14(1):55-57.}

[7967] 罗少军，郝新光，陈剑铭，刘永义，何冬诚，汤少明，颜大胜．动脉化静脉皮瓣的实验研究[J]．中华显微外科杂志，1996，19(3)：197-199．{LUO Shaojun,HAO Xinguang,CHEN Jianming,LIU Yongyi,HE Dongcheng,TANG Shaoming,YAN Dasheng. Arterialised venous flap:an experimental study in rabbits[J]. Zhonghua Xian Wei Wai Ke Za Zhi[Chin J Microsurg(Article in Chinese;Abstract in Chinese)],1996,19(3):197-199.}

[7968] 陈华勇，杨镇洙．动脉化静脉皮瓣血管干管壁形态变化的实验观察[J]．中国临床解剖学杂志，1997，15(3)：213-214．{CHEN Huayong,YANG Zhenzhu. Experimental observation on morphological changes of arterialized venous flap[J]. Zhongguo Lin Chuang Jie Pou Xue Za Zhi[Chin J Clin Anat(Article in Chinese;Abstract in Chinese)],1997,15(3):213-214.}

[7969] 陈华勇，杨镇洙．动脉化静脉皮瓣血液循环途径的实验研究[J]．中华显微外科杂志，1997，20(2)：52-53．{CHEN Huayong,YANG Zhenzhu. Experimental study on blood circulation route of arterialized venous flap[J]. Zhonghua Xian Wei Wai Ke Za Zhi[Chin J Microsurg(Article in Chinese;No abstract available)],1997,20(2):52-53.}

[7970] 王玉明，王达利，王波，祁建平，陈世久，高振宇，杨兴华，徐友仁．静脉皮瓣类型与存活关系的实验研究[J]．中华显微外科杂志，1997，20(3)：61-62．{WANG Yuming,WANG Dali,WANG Bo,QI Jianping,CHEN Shijiu,GAO Zhenyu,YANG Xinghua,XU Youren. Experimental study on the relationship between venous flap types and survival[J]. Zhonghua Xian Wei Wai Ke Za Zhi[Chin J Microsurg(Article in Chinese;Abstract in Chinese)],1997,20(3):61-62.}

[7971] 张胜利，刘兆青，曹清峰，赵学魁，马跃斌，张维利，赵艾利．静脉皮瓣桥接在组织缺损断指再植中的应用[J]．中华手外科杂志，1997，13(4)：225．DOI：10.3760/cma.j.issn.1005-054X.1997.04.025．{ZHANG Shengli,LIU Zhaoqing,CAO Qingfeng,ZHAO Xuekui,MA Yuebin,ZHANG Weili,ZHAO Aili. Application of venous flap bridging in replantation of amputated finger in tissue defect[J]. Zhonghua Shou Wai Ke Za Zhi[Chin J Hand Surg(Article in Chinese;No abstract available)],1997,13(4):225. DOI:10.3760/cma.j.issn.1005-054X.1997.04.025.}

[7972] 陈剑名，郝新光，罗少军，颜大胜．动脉化静脉皮瓣移植的实验研究及临床应用[J]．中国修复重建外科杂志，1997，11(5)：33-37．{CHEN Jianming,HAO Xinguang,LUO Shaojun,YAN Dasheng. Experimental study and clinical application of arterialized venous flap transplantation[J]. Zhongguo Xiu Fu Chong Jian Wai Ke Za Zhi[Chin J Repar Reconstr Surg(Article in Chinese;Abstract in Chinese)],1997,11(5):33-37.}

[7973] 陈剑铭，梁建材，陈正耿．动脉化静脉皮瓣微循环特点的探讨[J]．中华显微外科杂志，1998，21(2)：132-133．DOI：10.3760/cma.j.issn.1001-2036.1998.02.021．{CHEN Jianming,LIANG Jiancai,CHEN Zhenggeng. Discussion on the microcirculation characteristics of arterialized venous flaps[J]. Zhonghua Xian Wei Wai Ke Za Zhi[Chin J Microsurg(Article in Chinese;No abstract available)],1998,21(2):132-133. DOI:10.3760/cma.j.issn.1001-2036.1998.02.021.}

[7974] 戴培光，张静，王剑利．静脉皮瓣在手外伤中的应用[J]．中华显微外科杂志，1998，21(2)：封三．DOI：10.3760/cma.j.issn.1001-2036.1998.02.050．{DAI Peiguang,ZHANG Jing,WANG Jianli. Application of venous flap in hand trauma[J]. Zhonghua Xian Wei Wai Ke Za Zhi[Chin J Microsurg(Article in Chinese;No abstract available)],1998,21(2):cover 3. DOI:10.3760/cma.j.issn.1001-2036.1998.02.050.}

[7975] 江奕恒，黄东，张惠茹．动脉化静脉皮瓣与随意皮瓣修复手指软组织缺损的比较[J]．中华显微外科杂志，1998，21(3)：232．DOI：10.3760/cma.j.issn.1001-2036.1998.03.035．{JIANG Yiheng,HUANG Dong,ZHANG Huiru. Comparison of arterialized venous skin flap and random flap for repairing finger soft tissue defects[J]. Zhonghua Xian Wei Wai Ke Za Zhi[Chin J Microsurg(Article in Chinese;No abstract available)],1998,21(3):232. DOI:10.3760/cma.j.issn.1001-2036.1998.03.035.}

[7976] 刘春利，袁伟伟，鲁开化．动脉化静脉皮瓣改建后的临床应用[J]．中华显微外科杂志，1998，21(4)：301．DOI：10.3760/cma.j.issn.1001-2036.1998.04.031．{LIU Chunli,YUAN Weiwei,LU Kaihua. Clinical application of arterialized venous flap after reconstruction[J]. Zhonghua Xian Wei Wai Ke Za Zhi[Chin J Microsurg(Article in Chinese;No abstract available)],1998,21(4):301. DOI:10.3760/cma.j.issn.1001-2036.1998.04.031.}

[7977] 陈德松．静脉皮瓣成活的机理与应用[J]．中华手外科杂志，1998，14(4)：202-203．DOI：10.3760/cma.j.issn.1005-054X.1998.04.005．{CHEN Desong. The survival mechanism and application of venous flap[J]. Zhonghua Shou Wai Ke Za Zhi[Chin J Hand Surg(Article in Chinese;No abstract available)],1998,14(4):202-203. DOI:10.3760/cma.j.issn.1005-054X.1998.04.005.}

[7978] 杨明勇，李森恺，李养群，凌诒淳．指背旗形静脉皮瓣的设计与应用 [J]．中华整形烧伤外科杂志，1998，14（5）：439-441．{YANG Mingyong,LI Senkai,LI Yangqun,LING Yichun. The flag venous flap in the dorsal finger[J]. Zhonghua Zheng Xing Shao Shang Wai Ke Za Zhi[Chin J Plast Surg Burns(Article in Chinese;Abstract in Chinese and English)],1998,14(5):439-441.}

[7979] 涂青虹．微型静脉皮瓣桥接断指再植 [J]．中华显微外科杂志，1999，22（2）：153．DOI：10.3760/cma.j.issn.1001-2036.1999.02.040．{TU Qinghong. Mini venous flap bridging severed finger replantation[J]. Zhonghua Xian Wei Wai Ke Za Zhi[Chin J Microsurg(Article in Chinese;No abstract available)],1999,22(2):153. DOI:10.3760/cma.j.issn.1001-2036.1999.02.040.}

[7980] 熊明根，罗奇．浅静脉干及其滋养血管对静脉皮瓣成活的影响 [J]．中华显微外科杂志，2000，23(4)：294．DOI：10.3760/cma.j.issn.1001-2036.2000.04.022．{XIONG Minggen,Roach. The effect of superficial vein trunk and its nourishing blood vessels on the survival of venous flap[J]. Zhonghua Xian Wei Wai Ke Za Zhi[Chin J Microsurg(Article in Chinese;No abstract available)],2000,23(4):294. DOI:10.3760/cma.j.issn.1001-2036.2000.04.022.}

[7981] 李海富，陈彤宇，孙维琦，王松岩．游离静脉皮瓣修复伴有双侧指固有动脉缺损的软组织缺损 [J]．实用手外科杂志，2000，14（1）：19-20．{LI Haifu,CHEN Tongyu,SUN Weiqi,WANG Songyan. The repairment of soft tissue defect with double side proper volar digital arteries defection by free venous flap[J]. Shi Yong Shou Wai Ke Za Zhi[Chin J Pract Hand Surg(Article in Chinese;Abstract in Chinese and English)],2000,14(1):19-20.}

[7982] 陈华勇，崔春爱，赵东海，金红莲，金范学，杨镇洙．动脉化静脉皮瓣套叠吻合区血管壁的动态变化 [J]．中华显微外科杂志，2001，24（3）：205-206．DOI：10.3760/cma.j.issn.1001-2036.2001.03.016．{CHEN Huayong,CUI Chunai,ZHAO Donghai,JIN Honglian,JIN Bumxue,YANG Jinzhu. Dynamic changes of blood vessel wall in intussusception area of arterialized venous flap[J]. Zhonghua Xian Wei Wai Ke Za Zhi[Chin J Microsurg(Article in Chinese;No abstract available)],2001,24(3):205-206. DOI:10.3760/cma.j.issn.1001-2036.2001.03.016.}

[7983] 宋长利，刘春才，孔宪述，柴红林，金述涛．游离带掌长肌的静脉皮瓣修复指背皮肤伴伸肌腱缺损 [J]．中华手外科杂志，2001，17（4）：59．{SONG Changli,LIU Chuncai,KONG Xianshu,CHAI Honglin,JIN Shutao. Free venous flap with palmar longus muscle to repair defects of dorsal finger skin with extensor tendon[J]. Zhonghua Shou Wai Ke Za Zhi[Chin J Hand Surg(Article in Chinese;No abstract available)],2001,17(4):59.}

[7984] 傅中国，姜保国，张殿英，徐海林．手背静脉皮瓣修复指部皮肤缺损的解剖基础及临床应用 [J]．中国临床解剖学杂志，2002，20（5）：394-395，398．DOI：10.3969/j.issn.1001-165X.2002.05.027．{FU Zhongguo,JIANG Baoguo,ZHANG Dianying,XU Hailin. Anatomy and clinical application on the anterograde venous skin flap at the back of the hand in the treatment of skin defect of the finger[J]. Zhongguo Lin Chuang Jie Pou Xue Za Zhi[Chin J Clin Anat(Article in Chinese;Abstract in Chinese and English)],2002,20(5):394-395,398. DOI:10.3969/j.issn.1001-165X.2002.05.027.}

[7985] 谢延，贺利军．静脉皮瓣桥接在复杂断指再植中的应用 [J]．中华显微外科杂志，2002，25（2）：160．DOI：10.3760/cma.j.issn.1001-2036.2002.02.047．{XIE Yan,HE Lijun. Application of venous flap bridging in the replantation of complex severed fingers[J]. Zhonghua Xian Wei Wai Ke Za Zhi[Chin J Microsurg(Article in Chinese;No abstract available)],2002,25(2):160. DOI:10.3760/cma.j.issn.1001-2036.2002.02.047.}

[7986] 左新成，黄昌林，林子豪，刘麒．动脉化静脉皮瓣静脉瓣膜演化的实验研究 [J]．解放军医学杂志，2002，27（2）：166-167．DOI：10.3321/j.issn：0577-7402.2002.02.027．{ZUO Xincheng,HUANG Changlin,LIN Zihao,LIU Qi. An experimental study on the evolution of venous valves in arterialised venous flap[J]. Jie Fang Jun Yi Xue Za Zhi[Med J Chin PLA(Article in Chinese;Abstract in Chinese and English)],2002,27(2):166-167. DOI:10.3321/j.issn:0577-7402.2002.02.027.}

[7987] 陈剑名，梁建，陈正耿．动脉化静脉皮瓣微循环方式的实验研究 [J]．中国修复重建外科杂志，2002，16（3）：170-172．{CHEN Jianming,LIANG Jian,CHEN Zhenggeng. Experimental study on forms of microcirculation of arterialized venous flap in rabbits[J]. Zhongguo Xiu Fu Chong Jian Wai Ke Za Zhi[Chin J Repar Reconstr Surg(Article in Chinese;Abstract in Chinese and English)],2002,16(3):170-172.}

[7988] 张惠茹，黄东，唐志荣，江奕恒，吴伟炽，毛莉颖．游离静脉皮瓣在伴有血管及皮肤缺损的断指再植中的应用 [J]．中华显微外科杂志，2003，26（1）：12-13．DOI：10.3760/cma.j.issn.1001-2036.2003.01.004．{ZHANG Huiru,HUANG Dong,TANG Zhirong,JIANG Yiheng,WU Weichi,MAO Liying. Application of free venous flap in replantation of severed finger with blood vessel and skin defect[J]. Zhonghua Xian Wei Wai Ke Za Zhi[Chin J Microsurg(Article in Chinese;Abstract in Chinese and English)],2003,26(1):12-13. DOI:10.3760/cma.j.issn.1001-2036.2003.01.004.}

[7989] 晏桂明，谢振荣，梁敏，秦刚，蒋玲玲．游离微型静脉皮瓣在断指再植中的应用 [J]．中华显微外科杂志，2003，26（4）：316．DOI：10.3760/cma.j.issn.1001-2036.2003.04.040．{YAN Guiming,XIE Zhenrong,LIANG Min,QIN Gang,JIANG Lingling. Application of free mini vein flap in replantation of severed finger[J]. Zhonghua Xian Wei Wai Ke Za Zhi[Chin J Microsurg(Article in Chinese;No abstract available)],2003,26(4):316. DOI:10.3760/cma.j.issn.1001-2036.2003.04.040.}

[7990] 崔成立，尹维刚，张新宇，王伟，李梁，史增元，阎桂彬，陈茂林．兔耳纯静脉皮瓣成活机理的实验研究 [J]．中国临床解剖学杂志，2005，23（2）：180-182．DOI：10.3969/j.issn.1001-165X.2005.02.017．{CUI Chengli,YIN Weigang,ZHANG Xinyu,WANG Wei,LI Liang,SHI Zengyuan,YAN Guibin,CHEN Maolin. Experimental study on the survival mechanism of rabbit ear pure vein flap[J]. Zhongguo Lin Chuang Jie Pou Xue Za Zhi[Chin J Clin Anat(Article in Chinese;Abstract in Chinese and English)],2005,23(2):180-182. DOI:10.3969/j.issn.1001-165X.2005.02.017.}

[7991] 崔成立，尹维刚，王继春，李梁，史增元，阎桂彬，陈茂林．兔耳纯静脉皮瓣血流量和血管网面密度观测 [J]．中国临床解剖学杂志，2005，23（3）：281-283．DOI：10.3969/j.issn.1001-165X.2005.03.016．{CUI Chengli,YIN Weigang,WANG Jichun,LI Liang,SHI Zengyuan,YAN Guibin,CHEN Maolin. Observation of blood flow and vascular net surface density of rabbit ear pure venous flap[J]. Zhongguo Lin Chuang Jie Pou Xue Za Zhi[Chin J Clin Anat(Article in Chinese;Abstract in Chinese and English)],2005,23(3):281-283. DOI:10.3969/j.issn.1001-165X.2005.03.016.}

[7992] 朱泽艺，刘晓军，夏霆．单供区串联游离静脉皮瓣修复手部洞穿伤并四指血运障碍一例 [J]．中华显微外科杂志，2005，28（4）：380．DOI：10.3760/cma.j.issn.1001-2036.2005.04.049．{ZHU Zeyi,LIU Xiaojun,XIA Ting. A case of repairing hand puncture injury with four-finger blood flow disorder with single donor site series free vein flap[J]. Zhonghua Xian Wei Wai Ke Za Zhi[Chin J Microsurg(Article in Chinese;No abstract available)],2005,28(4):380. DOI:10.3760/cma.j.issn.1001-2036.2005.04.049.}

[7993] 黄先功，亢长江，郭建光，刘伟，韩朝政，王港．微型动脉化静脉皮瓣修复手指软组织缺损 [J]．中国修复重建外科杂志，2005，19（4）：330．{HUANG Xiangong,KANG Changjiang,GUO Jianguang,LIU Wei,HAN Chaozheng,WANG Gang. Repair of finger soft tissue defects with miniature arterialized venous flap[J]. Zhongguo Xiu Fu Chong Jian Wai Ke Za Zhi[Chin J Repar Reconstr Surg(Article in Chinese;No abstract available)],2005,19(4):330.}

[7994] 林涧，余云兰，范启申．静脉皮瓣在手外科中的应用 [J]．中国修复重建外科杂志，2005，19（10）：849-850．{LIN Jian,YU Yunlan,FAN Qishen. Application of venous flap in hand surgery[J]. Zhongguo Xiu Fu Chong Jian Wai Ke Za Zhi[Chin J Repar Reconstr Surg(Article in Chinese;No abstract available)],2005,19(10):849-850.}

[7995] 李智勇，刘小林，刘均墀，刘云江，肖良宝，常湘珍，胡军，易建华．介绍一种静脉皮瓣血管流向的设计方法 [J]．中华显微外科杂志，2006，29（1）：28．DOI：10.3760/cma.j.issn.1001-2036.2006.01.034．{LI Zhiyong,LIU Xiaolin,LIU Junxi,LIU Yunjiang,XIAO Liangbao,CHANG Xiangzhen,HU Jun,YI Jianhua. Introduce a design method of venous flap blood vessel flow direction[J]. Zhonghua Xian Wei Wai Ke Za Zhi[Chin J Microsurg(Article in Chinese;No abstract available)],2006,29(1):28. DOI:10.3760/cma.j.issn.1001-2036.2006.01.034.}

[7996] 闵建华，陈谦，蔡喜雨，黄伟．游离串联静脉皮瓣修复手指贯通伤组织缺损一例 [J]．中华显微外科杂志，2006，29（6）：425．DOI：10.3760/cma.j.issn.1001-2036.2006.06.035．{MIN Jianhua,CHEN Qian,CAI Xiyu,HUANG Wei. A case of repairing penetrating finger tissue defect with free series vein flap[J]. Zhonghua Xian Wei Wai Ke Za Zhi[Chin J Microsurg(Article in Chinese;No abstract available)],2006,29(6):425. DOI:10.3760/cma.j.issn.1001-2036.2006.06.035.}

[7997] 肖志雄，刘晓军，徐基农，夏霆．静脉皮瓣移植治疗断掌再植术后手背皮肤坏死及静脉栓塞成功一例 [J]．中华手外科杂志，2006，22（1）：25．DOI：10.3760/cma.j.issn.1005-054X.2006.01.031．{XIAO Zhixiong,LIU Xiaojun,XU Jinong,XIA Ting. A successful case of venous flap transplantation in the treatment of skin necrosis and venous embolism on the back of the hand after replantation of amputated palm[J]. Zhonghua Shou Wai Ke Za Zhi[Chin J Hand Surg(Article in Chinese;No abstract available)],2006,22(1):25. DOI:10.3760/cma.j.issn.1005-054X.2006.01.031.}

[7998] 李瑞华，阚世廉，许效坤，李明新，夏英鹏．动脉化静脉皮瓣两种灌流方式比较的实验研究及临床应用 [J]．中华手外科杂志，2006，22（4）：242-244．DOI：10.3760/cma.j.issn.1005-054X.2006.04.021．{LI Ruihua,KAN Shilian,XU Xiaokun,LI Mingxin,XIA Yingpeng. Comparison between two types of in-and outflow arterialized venous flap:an experimental study and clinical application[J]. Zhonghua Shou Wai Ke Za Zhi[Chin J Hand Surg(Article in Chinese;Abstract in Chinese and English)],2006,22(4):242-244. DOI:10.3760/cma.j.issn.1005-054X.2006.04.021.}

[7999] 谭善彰，张继，王晖，陈碾，付琰，张大利．不同蒂型静脉皮瓣成活率的实验研究 [J]．中华整形外科杂志，2006，22（3）：196-199．DOI：10.3760/j.issn：1009-4598.2006.03.011．{TAN Shanzhang,ZHANG Ji,WANG Hui,CHEN Nian,FU Yan,ZHANG Dali. Experimental study on the survival of venous flap with different pedicle styles[J]. Zhonghua Zheng Xing Wai Ke Za Zhi[Chin J Plast Surg(Article in Chinese;Abstract in Chinese and English)],2006,22(3):196-199. DOI:10.3760/j.issn:1009-4598.2006.03.011.}

[8000] 谢广中，李敬矿，陆晓强，王光耀，黄潮桐．动脉化静脉皮瓣修复手部软组织缺损的临床研究 [J]．南方医科大学学报，2006，26（1）：126-127．DOI：10.3321/j.issn：1673-4254.2006.01.029．{XIE Guangzhong,LI Jingkuang,LU Xiaoqiang,WANG Guangyao,HUANG Chaotong. Clinical study of arterialized venous flap for repairing hand soft tissue defects[J]. Nan Fang Yi Ke Da Xue Xue Bao[J South Med Univ(Article in Chinese;Abstract in Chinese)],2006,26(1):126-127. DOI:10.3321/j.issn:1673-4254.2006.01.029.}

[8001] 胡洪涌，赵小伟，王威，刘国龙，赵一强，徐达传．指侧方皮瓣和静脉皮瓣解剖及在皮肤缺损型断指再植修复的应用 [J]．中国临床解剖学杂志，2007，25（4）：466-469．DOI：10.3969/j.issn.1001-165X.2007.04.033．{HU Hongyong,ZHAO Xiaowei,WANG Wei,LIU Guolong,ZHAO Yiqiang,XU Dachuan. Anatomy and clinical application of finger side quadrate island flap and vein skin flap in the repair of digital replantation with skin defect[J]. Zhongguo Lin Chuang Jie Pou Xue Za Zhi[Chin J Clin Anat(Article in Chinese;Abstract in Chinese and English)],2007,25(4):466-469. DOI:10.3969/j.issn.1001-165X.2007.04.033.}

[8002] 梁启善，陈永健，卢冉翔，林钦扬．串联动静脉皮瓣移植在指尖再造中的应用 [J]．中华显微外科杂志，2007，30（5）：378-379．DOI：10.3760/cma.j.issn.1001-2036.2007.05.020．{LIANG Qishan,CHEN Yongjian,LU Ranxiang,LIN Qinyang. Application of Tandem Arteriovenous Skin Flap Transplantation in Fingertip Reconstruction[J]. Zhonghua Xian Wei Wai Ke Za Zhi[Chin J Microsurg(Article in Chinese;Abstract in Chinese)],2007,30(5):378-379. DOI:10.3760/cma.j.issn.1001-2036.2007.05.020.}

[8003] 刘学贵，张铭盛，杨俊贵，潘其波，郑胜，张军，毕镜铭，廖贤万．改良动脉化游离静脉皮瓣的临床应用 [J]．中华手外科杂志，2007，23（4）：224-226．DOI：10.3760/cma.j.issn.1005-054X.2007.04.014．{LIU Xuegui,ZHANG Mingsheng,YANG Jungui,PAN Qibo,ZHENG Sheng,ZHANG Jun,BI Jingming,LIAO Xianwan. Clinical application of modified arterialized venous skin flap[J]. Zhonghua Shou Wai Ke Za Zhi[Chin J Hand Surg(Article in Chinese;Abstract in Chinese and English)],2007,23(4):224-226. DOI:10.3760/cma.j.issn.1005-054X.2007.04.014.}

[8004] 刘学胜，张成进，李忠．游离静脉皮瓣修复手指皮肤及指动脉损伤 [J]．实用骨科杂志，2007，13（2）：79-80．DOI：10.3969/j.issn.1008-5572.2007.02.007．{LIU Xuesheng,ZHANG Chengjin,LI Zhong. Free vein flap repair the finger skin and artery defect[J]. Shi Yong Gu Ke Za Zhi[J Pract Orthop(Article in Chinese;Abstract in Chinese and English)],2007,13(2):79-80. DOI:10.3969/j.issn.1008-5572.2007.02.007.}

[8005] 刘学胜，张成进，李忠．游离静脉皮瓣修复手指皮肤伴指动脉缺损 [J]．临床骨科杂志，2007，10（1）：75．DOI：10.3969/j.issn.1008-0287.2007.01.031．{LIU Xuesheng,ZHANG Chengjin,LI Zhong. Free vein flap for repair of the finger skin and artery defect[J]. Lin Chuang Gu Ke Za Zhi[J Clin Orthop(Article in Chinese;No abstract available)],2007,10(1):75. DOI:10.3969/j.issn.1008-0287.2007.01.031.}

[8006] 杨卫东，童致虹，孙焕伟，张铁慧，张洪权，梁武．动脉化静脉皮瓣修复手指软组织缺损 [J]．中国修复重建外科杂志，2007，21（6）：656-657．{YANG Weidong,TONG Zhihong,SUN Huanwei,ZHANG Tiehui,ZHANG Hongquan,LIANG Wu. Repair of finger soft tissue defect with arterialized venous flap[J]. Zhongguo Xiu Fu Chong Jian Wai Ke Za Zhi[Chin J Repar Reconstr Surg(Article in Chinese;Abstract in Chinese)],2007,21(6):656-657.}

[8007] 孙焕伟，童致虹，杨卫东，张铁慧．应用带掌长肌腱的静脉皮瓣修复指背软组织缺损八例 [J]．中华显微外科杂志，2008，31（5）：397．DOI：10.3760/cma.j.issn.1001-2036.2008.05.033．{SUN Huanwei,TONG Zhihong,YANG Weidong,ZHANG Tiehui. Eight cases of repairing the soft tissue defect of the back of the finger with the venous flap with palmar longus tendon[J]. Zhonghua Xian Wei Wai Ke Za Zhi[Chin J Microsurg(Article in Chinese;No abstract available)],2008,31(5):397. DOI:10.3760/cma.j.issn.1001-2036.2008.05.033.}

[8008] 杜国强，王敏．复制缺陷性腺病毒 AdCMV-VEGF 促进静脉皮瓣成活的实验研究 [J]．组织工程与重建外科杂志，2008，4（3）：150-153．DOI：10.3969/j.issn.1673-0364.2008.03.008．{DU Guoqiang,WANG Min. Experimental study on the survival of venous flap with repilication-deficient adenovirus AdCMV-VEGF[J]. Zu Zhi Gong Cheng Yu Chong Jian Wai Ke Za Zhi[J Tissue Eng Reconstr Surg(Article in Chinese;Abstract in Chinese and English)],2008,4(3):150-153. DOI:10.3969/j.issn.1673-0364.2008.03.008.}

[8009] 李瑞华，阚世廉，李明新．动脉化静脉皮瓣急诊修复手指软组织缺损 [J]．中国修复重建外科杂志，2008，22（7）：797-799．{LI Ruihua,KAN Shilian,LI Mingxin. Primary repair of soft tissue defect in fingers with arterialized venous flap[J]. Zhongguo Xiu Fu Chong Jian Wai Ke Za Zhi[Chin J Repar Reconstr Surg(Article in Chinese;Abstract in Chinese and English)],2008,22(7):797-799.}

[8010] 于光，雷红雨，陈积源，秦光保，陈景迅，刘文富，陈武华．游离动脉化静脉皮瓣修复手指皮肤缺损七例 [J]．中华烧伤杂志，2009，25（6）：466-467．DOI：10.3760/cma.j.issn.1009-2587.2009.06.025．{YU Guang,LEI Hongyu,CHEN Jiyuan,QIN Guangbao,CHEN Jingxun,LIU Wenfu,CHEN Wuhua. Repair of finger skin defect with free arterialized vein flap[J]. Zhonghua Shao Shang Za Zhi[Chin J Burns(Article in Chinese;No abstract available)],2009,25(6):466-467. DOI:10.3760/cma.j.issn.1009-2587.2009.06.025.}

[8011] 刘亮，段强民，吕云亮，常西海．静脉干动脉化游离大隐静脉皮瓣同时修复胫前动脉缺损一例[J]．中华显微外科杂志，2010，33(3)：193．DOI：10.3760/cma.j.issn.1001-2036.2010.03.008．{LIU Liang,DONG Qiangmin,LV Yunliang,CHANG Xihai. A case of venous trunk arterialization free saphenous vein flap for simultaneous repair of anterior tibial artery defect[J]. Zhonghua Xian Wei Wai Ke Za Zhi[Chin J Microsurg(Article in Chinese;No abstract available)],2010,33(3):193. DOI:10.3760/cma.j.issn.1001-2036.2010.03.008.}

[8012] 蔡晓斌，吴凌峰．改良游离静脉皮瓣修复多指软组织缺损[J]．中华整形外科杂志，2010，26(6)：456．DOI：10.3760/cma.j.issn.1009-4598.2010.06.014．{CAI Xiaobin,WU Lingfeng. Repair of multi-finger soft tissue defect with modified free vein flap[J]. Zhonghua Zheng Xing Wai Ke Za Zhi[Chin J Plast Surg(Article in Chinese;No abstract available)],2010,26(6):456. DOI:10.3760/cma.j.issn.1009-4598.2010.06.014.}

[8013] 于光，梁钢，雷红雨，黄建华，于浩，郭镛．应用含有U或V型静脉干动脉化静脉皮瓣修复手部软组织缺损[J]．中华整形外科杂志，2010，26(6)：465-466．DOI：10.3760/cma.j.issn.1009-4598.2010.06.020．{YU Guang,LIANG Gang,LEI Hongyu,HUANG Jianhua,YU Hao,GUO Li. Repair of hand soft tissue defects with arterialized venous skin flap containing u or v-shaped venous trunk[J]. Zhonghua Zheng Xing Wai Ke Za Zhi[Chin J Plast Surg(Article in Chinese;No abstract available)],2010,26(6):465-466. DOI:10.3760/cma.j.issn.1009-4598.2010.06.020.}

[8014] 孙文海，王增涛，仇申强，官士兵，胡勇，朱磊，刘培亭．足底内侧静脉皮瓣修复指掌侧软组织缺损[J]．中国修复重建外科杂志，2010，24(1)：50-52．{SUN Wenhai,WANG Zengtao,QIU Shenqiang,Officer Soldier,HU Yong,ZHU Lei,LIU Peiting. Repair of soft-tissue defects on volar aspect of fingers with medial plantar venous flap[J]. Zhongguo Xiu Fu Chong Jian Wai Ke Za Zhi[Chin J Repar Reconstr Surg(Article in Chinese;Abstract in Chinese and English)],2010,24(1):50-52.}

[8015] 徐亚非，伍美艺，张德军，曾国师，曾辉，梁伟强．应用改良动脉化静脉皮瓣修复指部软组织缺损[J]．中华显微外科杂志，2011，34(4)：321-322．DOI：10.3760/cma.j.issn.1001-2036.2011.04.022．{XU Yafei,WU Meiyi,ZHANG Dejun,ZENG Guoshi,ZENG Hui,LIANG Weiqiang. Application of modified arterialized venous flap to repair finger soft tissue defect[J]. Zhonghua Xian Wei Wai Ke Za Zhi[Chin J Microsurg(Article in Chinese;Abstract in Chinese)],2011,34(4):321-322. DOI:10.3760/cma.j.issn.1001-2036.2011.04.022.}

[8016] 谢振荣，肖军波，雷彦文，宋君，李杭，张敬良．提高动脉化静脉皮瓣成活的几个关键问题[J]．中华显微外科杂志，2011，34(4)：347-349．DOI：10.3760/cma.j.issn.1001-2036.2011.04.040．{XIE Zhenrong,XIAO Junbo,LEI Yanwen,SONG Jun,LI Hang,ZHANG Jingliang. Several key issues to improve the survival of arterialized venous skin flap[J]. Zhonghua Xian Wei Wai Ke Za Zhi[Chin J Microsurg(Article in Chinese;No abstract available)],2011,34(4):347-349. DOI:10.3760/cma.j.issn.1001-2036.2011.04.040.}

[8017] 吴迪，利春叶，周围，张学城，黄尹亭．H型顺行动脉化静脉皮瓣的临床应用[J]．中华手外科杂志，2011，27(1)：56-57．{WU Di,LI Chunye,ZHOU Wei,ZHANG Xuecheng,HUANG Yinting. Clinical application of h-type antegrade arterialized venous flap[J]. Zhonghua Shou Wai Ke Za Zhi[Chin J Hand Surg(Article in Chinese;Abstract in Chinese)],2011,27(1):56-57.}

[8018] 周晓，芮永军，许亚军，寿奎水，姚群．双干型静脉皮瓣在撕脱性断指再植中的应用[J]．中华手外科杂志，2011，27(2)：81-83．{ZHOU Xiao,RUI Yongjun,XU Yajun,SHOU Kuishui,YAO Qun. Application of double-stem venous flap in replantation of avulsed amputated finger[J]. Zhonghua Shou Wai Ke Za Zhi[Chin J Hand Surg(Article in Chinese;Abstract in Chinese)],2011,27(2):81-83.}

[8019] 江起庭，冯明生，江志伟，刘进竹，杨丽娜．改良动脉化游离静脉皮瓣修复手指软组织缺损[J]．实用手外科杂志，2011，25(4)：295-297，307．DOI：10.3969/j.issn.1671-2722.2011.04.015．{JIANG Qiting,FENG Mingsheng,JIANG Zhiwei,LIU Jinzhu,YANG Lina. Repairing soft tissue defect of finger by using modified arterialized venous skin flap[J]. Shi Yong Shou Wai Ke Za Zhi[Chin J Pract Hand Surg(Article in Chinese;Abstract in Chinese and English)],2011,25(4):295-297,307. DOI:10.3969/j.issn.1671-2722.2011.04.015.}

[8020] 张杰，陈长松，陈旭华，余玮，姚斌伟．带感觉支指背侧动脉化静脉皮瓣移植修复指腹缺损[J]．中华骨科杂志，2012，32(4)：344-347．DOI：10.3760/cma.j.issn.0253-2352.2012.04.009．{ZHANG Jie,CHEN Changsong,CHEN Xuhua,YU Wei,YAO Binwei. Repair of finger pulp defect by using arterialized venous dorsal finger flap with sensory nerves[J]. Zhonghua Gu Ke Za Zhi[Chin J Orthop(Article in Chinese;Abstract in Chinese and English)],2012,32(4):344-347. DOI:10.3760/cma.j.issn.0253-2352.2012.04.009.}

[8021] 张杰，陈长松，付勇强，姚斌伟．胫前动脉化静脉皮瓣修复踇趾背侧软组织缺损[J]．中华显微外科杂志，2012，35(1)：62-63．DOI：10.3760/cma.j.issn.1001-2036.2012.01.025．{ZHANG Jie,CHEN Changsong,FU Yongqiang,YAO Binwei. Anterior tibial arterialized venous flap for repair of soft tissue defect on the dorsal side of the toe[J]. Zhonghua Xian Wei Wai Ke Za Zhi[Chin J Microsurg(Article in Chinese;Abstract in Chinese)],2012,35(1):62-63. DOI:10.3760/cma.j.issn.1001-2036.2012.01.025.}

[8022] 陈奇鸣，罗锦辉，杨福周，余林权，黄远清，朱伟荣．跗内侧游离静脉皮瓣修复手部软组织缺损的临床应用[J]．中华显微外科杂志，2012，35(2)：158-160．DOI：10.3760/cma.j.issn.1001-2036.2012.02.028．{CHEN Qiming,LUO Jinhui,YANG Fuzhou,YU Linquan,HUANG Yuanqing,ZHU Weirong. Clinical application of free venous flap of medial tarsal to repair hand soft tissue defect[J]. Zhonghua Xian Wei Wai Ke Za Zhi[Chin J Microsurg(Article in Chinese;Abstract in Chinese)],2012,35(2):158-160. DOI:10.3760/cma.j.issn.1001-2036.2012.02.028.}

[8023] 聂水生，汤华，林坤波，邓宇杰，何学银，刘德华．应用指侧方皮瓣和静脉皮瓣修复伴有皮肤缺损的断指再植[J]．中华显微外科杂志，2012，35(2)：160-162．DOI：10.3760/cma.j.issn.1001-2036.2012.02.029．{NIE Shuisheng,TANG Hua,LIN Kunbo,DENG Yujie,HE Xueyin,Andy Lau. Replantation of amputated finger with skin defect using finger side flap and vein flap[J]. Zhonghua Xian Wei Wai Ke Za Zhi[Chin J Microsurg(Article in Chinese;Abstract in Chinese)],2012,35(2):160-162. DOI:10.3760/cma.j.issn.1001-2036.2012.02.029.}

[8024] 伍美艺，徐亚非，梁伟强，曾国师，张德军．带掌长肌腱的改进双干型动脉化静脉瓣的应用[J]．中华显微外科杂志，2012，35(4)：330-331．DOI：10.3760/cma.j.issn.1001-2036.2012.04.025．{WU Meiyi,XU Yafei,LIANG Weiqiang,ZENG Guoshi,ZHANG Dejun. Application of modified double-stem arterialized venous flap with palmar longus tendon[J]. Zhonghua Xian Wei Wai Ke Za Zhi[Chin J Microsurg(Article in Chinese;Abstract in Chinese)],2012,35(4):330-331. DOI:10.3760/cma.j.issn.1001-2036.2012.04.025.}

[8025] 杨锦，杨晓东，丁建波，周阳，刘扬武，陈逸民，付尚俊．游离足底内侧静脉皮瓣动脉化修复指背软组织缺损[J]．中华手外科杂志，2012，28(5)：263-264．{YANG Jin,YANG Xiaodong,DING Jianbo,ZHOU Yang,LIU Yangwu,CHEN Yimin,FU Shangjun. Arterialization of free medial plantar venous flap for repair of soft tissue defect in the dorsal finger[J]. Zhonghua Shou Wai Ke Za Zhi[Chin J Hand Surg(Article in Chinese;Abstract in Chinese)],2012,28(5):263-264.}

[8026] 侯桥，张玲芝．静脉血营养的静脉皮瓣修复手指皮肤软组织缺损[J]．中华整形外科杂志，2012，28(4)：297-298．DOI：10.3760/cma.j.issn.1009-4598.2012.04.017．{HOU Qiao,ZHANG Lingzhi. Repair of finger skin and soft tissue defects with venous skin flap nourished by venous blood[J]. Zhonghua Zheng Xing Wai Ke Za Zhi[Chin J Plast Surg(Article in Chinese;No abstract available)],2012,28(4):297-298. DOI:10.3760/cma.j.issn.1009-4598.2012.04.017.}

[8027] 何如祥，雷林革，祁多宝，马宝．游离静脉皮瓣修复断指伴皮肤和指动脉缺损的疗效分析[J]．实用手外科杂志，2012，26(3)：260-262．DOI：10.3969/j.issn.1671-2722.2012.03.020．{HE Ruxiang,LEI Linge,QI Dongbao,MA Bao. Analysis of the curative effect of free venous flaps in repairing severed finger with skin and digital artery defects[J]. Shi Yong Shou Wai Ke Za Zhi[Chin J Pract Hand Surg(Article in Chinese;Abstract in Chinese and English)],2012,26(3):260-262. DOI:10.3969/j.issn.1671-2722.2012.03.020.}

[8028] 周健辉，王夫平，林戈亮，李国强，冷树立．探讨前臂静脉皮瓣在断指再植中的应用设计[J]．实用手外科杂志，2012，26(4)：350-351．DOI：10.3969/j.issn.1671-2722.2012.04.018．{ZHOU Jianhui,WANG Fuping,LIN Geliang,LI Guoqiang,LENG Shuli. Discuss the application design of forearm vein flap in replantation of severed finger[J]. Shi Yong Shou Wai Ke Za Zhi[Chin J Pract Hand Surg(Article in Chinese;Abstract in Chinese and English)],2012,26(4):350-351. DOI:10.3969/j.issn.1671-2722.2012.04.018.}

[8029] 郑大伟，侯威，许立，孙峰，寿奎水．游离静脉皮瓣在复杂性断指再植中的应用[J]．中国修复重建外科杂志，2012，26(10)：1266-1268．{ZHENG Dawei,HOU Wei,XU Li,SUN Feng,SHOU Kuishui. Application of free vein flap in replantation of complicated severed finger[J]. Zhongguo Xiu Fu Chong Jian Wai Ke Za Zhi[Chin J Repar Reconstr Surg(Article in Chinese;Abstract in Chinese)],2012,26(10):1266-1268.}

[8030] 杨锦，杨晓东，丁建波，刘扬武，周阳，陈逸民，付尚俊．游离足底内侧动脉化静脉皮瓣修复指端缺损[J]．中华显微外科杂志，2013，36(2)：188-189．DOI：10.3760/cma.j.issn.1001-2036.2013.02.031．{YANG Jin,YANG Xiaodong,DING Jianbo,LIU Yangwu,ZHOU Yang,CHEN Yimin,FU Shangjun. Repair of fingertip defects with free medial plantar arterialized venous flap[J]. Zhonghua Xian Wei Wai Ke Za Zhi[Chin J Microsurg(Article in Chinese;Abstract in Chinese)],2013,36(2):188-189. DOI:10.3760/cma.j.issn.1001-2036.2013.02.031.}

[8031] 梁启善，郭小惠，杨小文，刘明龙，林钦扬，陈景涛，李日添，肖立罡，汪平．应用动脉化小隐静脉皮瓣修复四肢组织缺损六例[J]．中华显微外科杂志，2013，36(4)：398-400．DOI：10.3760/cma.j.issn.1001-2036.2013.06.031．{LIANG Qishan,GUO Xiaohui,YANG Xiaowen,LIU Minglong,LIN Qinyang,CHEN Jingtao,LI Ritian,XIAO Ligang,WANG Ping. Application of arterialized small saphenous vein flap to repair six cases of extremities defects[J]. Zhonghua Xian Wei Wai Ke Za Zhi[Chin J Microsurg(Article in Chinese;Abstract in Chinese)],2013,36(4):398-400. DOI:10.3760/cma.j.issn.1001-2036.2013.06.031.}

[8032] 秦钢，李建美，周明伟，苏明海．静脉皮瓣桥接在皮肤血管缺损断指再植中的应用[J]．临床骨科杂志，2013，16(4)：476-477．DOI：10.3969/j.issn.1008-0287.2013.04.064．{QIN Gang,LI Jianmei,ZHOU Mingwei,SU Minghai. Application of venous flap bridging in replantation of severed finger in skin vascular defect[J]. Lin Chuang Gu Ke Za Zhi[J Clin Orthop(Article in Chinese;No abstract available)],2013,16(4):476-477. DOI:10.3969/j.issn.1008-0287.2013.04.064.}

[8033] 林大木，宋永焕，杨景全，丁健，陈星隆，李志杰，高伟阳．微小双干静脉皮瓣在Ishikawa Ⅲ/Ⅳ区末节断指合并皮肤缺损的应用[J]．中华显微外科杂志，2014，37(5)：509-510．DOI：10.3760/cma.j.issn.1001-2036.2014.05.030．{LIN Damu,SONG Yonghuan,YANG Jingquan,DING Jian,CHEN Xinglong,LI Zhijie,GAO Weiyang. Application of small double-stem vein skin flap in ishikawa Ⅲ / Ⅳ with amputated finger and skin defect[J]. Zhonghua Xian Wei Wai Ke Za Zhi[Chin J Microsurg(Article in Chinese;Abstract in Chinese)],2014,37(5):509-510. DOI:10.3760/cma.j.issn.1001-2036.2014.05.030.}

[8034] 李程科，肖军波，梁江声，谭加群，何明飞，邓国超，雷彦文，许明刚，张敬良．一蒂多叶不反转动脉化静脉皮瓣一次性修复手部多创面损伤[J]．中华显微外科杂志，2014，37(6)：608-610．DOI：10.3760/cma.j.issn.1001-2036.2014.06.028．{LI Chengke,XIAO Junbo,LIANG Jiangsheng,TAN Jiaqun,HE Mingfei,DENG Guochao,LEI Yanwen,XU Minggang,ZHANG Jingliang. One-pedicle multi-leaf non-reversal arterialized vein flap for repairing multiple wounds of hand[J]. Zhonghua Xian Wei Wai Ke Za Zhi[Chin J Microsurg(Article in Chinese;Abstract in Chinese)],2014,37(6):608-610. DOI:10.3760/cma.j.issn.1001-2036.2014.06.028.}

[8035] 赵亮，徐有静，王鑫，王文德，李宗宝．大鱼际动脉化静脉皮瓣修复手指末节软组织缺损[J]．中华手外科杂志，2014，30(2)：92-93．DOI：10.3760/cma.j.issn.1005-054X.2014.02.005．{ZHAO Liang,XU Youjing,WANG Xin,WANG Wende,LI Zongbao. Repair of soft tissue defect in distal segment of finger with large thenar arterialized venous flap[J]. Zhonghua Shou Wai Ke Za Zhi[Chin J Hand Surg(Article in Chinese;No abstract available)],2014,30(2):92-93. DOI:10.3760/cma.j.issn.1005-054X.2014.02.005.}

[8036] 李杭，万华，梁智荣，张敬良，谢振荣．桥式一蒂多叶串联动脉化静脉皮瓣一次性修复手部多个创面[J]．中华手外科杂志，2014，30(3)：198-200．DOI：10.3760/cma.j.issn.1005-054X.2014.03.015．{LI Hang,WAN Hua,LIANG Zhirong,ZHANG Jingliang,XIE Zhenrong. Multi-lobulated arterialized venous skin flap with single bridge pedicle for one-stage repair of multiple soft tissue defects in the hand[J]. Zhonghua Shou Wai Ke Za Zhi[Chin J Hand Surg(Article in Chinese;Abstract in Chinese and English)],2014,30(3):198-200. DOI:10.3760/cma.j.issn.1005-054X.2014.03.015.}

[8037] 周健辉，李秀文，石惠文，王夫平，冷树立，李国强，丘日升．组合静脉皮瓣在皮肤缺损断指再植中的应用[J]．中华手外科杂志，2014，30(3)：238-239．DOI：10.3760/cma.j.issn.1005-054X.2014.03.033．{ZHOU Jianhui,LI Xiuwen,SHI Huiwen,WANG Fuping,LENG Shuli,LI Guoqiang,QIU Risheng. Application of combined venous flap in replantation of severed finger in skin defect[J]. Zhonghua Shou Wai Ke Za Zhi[Chin J Hand Surg(Article in Chinese;No abstract available)],2014,30(3):238-239. DOI:10.3760/cma.j.issn.1005-054X.2014.03.033.}

[8038] 熊懿，李征，周望高，陈国荣，余少校，陈乐锋，陈泽华，张振伟．调节动脉化静脉皮瓣前负荷的实验研究[J]．中华手外科杂志，2014，30(6)：461-464．DOI：10.3760/cma.j.issn.1005-054X.2014.06.025．{XIONG Yi,LI Zheng,ZHOU Wanggao,CHEN Guorong,Major Yu,CHEN Lefeng,CHEN Zehua,ZHANG Zhenwei. An experimental study on regulating the preload of arterialized venous skin flap[J]. Zhonghua Shou Wai Ke Za Zhi[Chin J Hand Surg(Article in Chinese;Abstract in Chinese and English)],2014,30(6):461-464. DOI:10.3760/cma.j.issn.1005-054X.2014.06.025.}

[8039] 尹成国，王业本，姚保兵，郝作斌，王文德，赵亮，李宗宝．游离足底内侧静脉皮瓣在手指软组织缺损中的应用[J]．中华手外科杂志，2014，30(6)：470-472．DOI：10.3760/cma.j.issn.1005-054X.2014.06.030．{YIN Chengguo,WANG Yeben,YAO Baobing,HAO Zuobin,WANG Wende,ZHAO Liang,LI Zongbao. Application of free medial plantar vein flap in soft tissue defect of finger[J]. Zhonghua Shou Wai Ke Za Zhi[Chin J Hand Surg(Article in Chinese;Abstract in Chinese)],2014,30(6):470-472. DOI:10.3760/cma.j.issn.1005-054X.2014.06.030.}

[8040] 杨锦，杨晓东，丁建波，周阳，陈逸民，付尚俊，刘杨武，楼旭鹏．应用足底内侧静脉皮瓣修复手指不同部位皮肤软组织缺损[J]．中华创伤杂志，2014，30(6)：579-583．DOI：10.3760/cma.j.issn.1001-8050.2014.06.029．{YANG Jin,YANG Xiaodong,DING Jianbo,ZHOU Yang,CHEN Yimin,FU Shangjun,LIU Yangwu,LOU Xupeng. Medial pantar venous flap for reconstruction of different locations of digital soft tissue defects[J]. Zhonghua Chuang Shang Za Zhi[Chin J Trauma(Article in Chinese;Abstract in Chinese and English)],2014,30(6):579-583. DOI:10.3760/cma.j.issn.1001-8050.2014.06.029.}

[8041] 罗锦辉，杨福周，朱伟荣，罗毅．跗内侧游离静脉皮瓣与前臂游离静脉皮瓣疗效分析比较[J]．创伤外科杂志，2014，16(3)：219-221．{LUO Jinhui,YANG Fuzhou,ZHU Weirong,LUO Yi. Comparison of the clinical efficacy between inside tarsal free vein flap and forearm free vein flap[J]. Chuang Shang Wai Ke Za Zhi[J Traum Surg(Article in Chinese;Abstract in Chinese and English)],2014,16(3):219-221.}

[8042] 白印伟，李征，余少校，陈泽华，柯于海，周望高，熊懿，钟科明，张振伟. 前臂掌侧游离动脉化静脉皮瓣修复手部皮肤软组织缺损的疗效观察[J]. 中国修复重建外科杂志，2014，28(3): 362-365. DOI: 10.7507/1002-1892.20140081. {BAI Yinwei,LI Zheng,Major Yu,CHEN Zehua,KE Yuhai,ZHOU Wanggao,XIONG Yi,ZHONG Keming,ZHANG Zhenwei. Forearm free arterialized venous flap in repairing soft tissue defect of hand[J]. Zhongguo Xiu Fu Chong Jian Wai Ke Za Zhi[Chin J Repar Reconstr Surg(Article in Chinese;Abstract in Chinese and English)],2014,28(3):362-365. DOI:10.7507/1002-1892.20140081.}

[8043] 卢晖，王文刚，吴慧玲，罗壬满，韦伟，王旭东. 游离移植吻合皮神经的前臂双动脉化静脉皮瓣修复手指缺损疗效观察[J]. 中国修复重建外科杂志，2014，28(6): 707-709. DOI: 10.7507/1002-1892.20140156. {LU Hui,WANG Wengang,WU Huiling,LUO Renman,WEI Wei,WANG Xudong. Effectiveness of free anastomosis cutaneous nerve double arterialized venous flap graft for repairing finger defect[J]. Zhongguo Xiu Fu Chong Jian Wai Ke Za Zhi[Chin J Repar Reconstr Surg(Article in Chinese;Abstract in Chinese and English)],2014,28(6):707-709. DOI:10.7507/1002-1892.20140156.}

[8044] 郑大伟，黎章灿，许立，张旭阳，石荣剑，孙峰，寿奎水. Flow-through 静脉皮瓣在伴环形缺损断指再植中的应用[J]. 中国修复重建外科杂志，2014，28(8): 977-980. DOI: 10.7507/1002-1892.20140215. {ZHENG Dawei,LI Zhangcan,XU Li,ZHANG Xuyang,SHI Rongjian,SUN Feng,SHOU Kuishui. Application of flow-through venous flap in replantation of amputated finger with circular defect[J]. Zhongguo Xiu Fu Chong Jian Wai Ke Za Zhi[Chin J Repar Reconstr Surg(Article in Chinese;Abstract in Chinese and English)],2014,28(8):977-980. DOI:10.7507/1002-1892.20140215.}

[8045] 郑大伟，黎章灿，许立，张旭阳，石荣剑，孙峰，寿奎水. Flow-through 静脉皮瓣在复杂性断指再植中的应用[J]. 中华显微外科杂志，2015，38(1): 25-28. DOI: 10.3760/cma.j.issn.1001-2036.2015.01.007. {ZHENG Dawei,LI Zhangcan,XU Li,ZHANG Xuyang,SHI Rongjian,SUN Feng,SHOU Kuishui. Application of flow-through venous flap in replantation of complicated severed finger[J]. Zhonghua Xian Wei Wai Ke Za Zhi[Chin J Microsurg(Article in Chinese;Abstract in Chinese and English)],2015,38(1):25-28. DOI:10.3760/cma.j.issn.1001-2036.2015.01.007.}

[8046] 莫华贵，何明飞，黄远翘，陈元庄，邬黎平，马滚韶. 纯静脉皮瓣临床应用 25 例体会[J]. 中华显微外科杂志，2015，38(2): 162-164. DOI: 10.3760/cma.j.issn.1001-2036.2015.02.016. {MO Huagui,HE Mingfei,HUANG Yuanqiao,CHEN Yuanzhuang,WU Liping,MA Gunshao. Clinical application of pure vein flap in 25 cases[J]. Zhonghua Xian Wei Wai Ke Za Zhi[Chin J Microsurg(Article in Chinese;Abstract in Chinese)],2015,38(2):162-164. DOI:10.3760/cma.j.issn.1001-2036.2015.02.016.}

[8047] 何明飞，吴建伟，李亮，黄忠明，吴详，陆蕴红，陈毅城，雷彦文，张敬良. 改良动脉化静脉皮瓣在伴有环形皮肤软组织缺损断指再植中的应用[J]. 中华显微外科杂志，2015，38(5): 432-434. DOI: 10.3760/cma.j.issn.1001-2036.2015.05.006. {HE Mingfei,WU Jianwei,LI Liang,HUANG Zhongming,WU Xiang,LU Yunhong,CHEN Yicheng,LEI Yanwen,ZHANG Jingliang. Application of modified arterialized venous flap in replantation of severed finger with annular skin and soft tissue defect[J]. Zhonghua Xian Wei Wai Ke Za Zhi[Chin J Microsurg(Article in Chinese;Abstract in Chinese and English)],2015,38(5):432-434. DOI:10.3760/cma.j.issn.1001-2036.2015.05.006.}

[8048] 杨俊贵，陈禄，崔建德，杨帅智，黄昱. 控制动脉化静脉血管皮肤穿支的动脉化静脉皮瓣的临床应用[J]. 中华显微外科杂志，2015，38(5): 481-484. DOI: 10.3760/cma.j.issn.1001-2036.2015.05.022. {YANG Jungui,CHEN Lu,CUI Jiande,YANG Shuaizhi,HUANG Yu. Clinical application of arterialized venous flap for controlling skin perforation of arterialized vein[J]. Zhonghua Xian Wei Wai Ke Za Zhi[Chin J Microsurg(Article in Chinese;Abstract in Chinese)],2015,38(5):481-484. DOI:10.3760/cma.j.issn.1001-2036.2015.05.022.}

[8049] 陈禄，黄文柱，杨俊贵，崔建德，黄昱，杨帅智，王志军，罗人彰，丁自海. 前臂动脉化静脉皮瓣解剖分型、特点及临床应用[J]. 中华显微外科杂志，2015，38(6): 574-578. DOI: 10.3760/cma.j.issn.1001-2036.2015.06.014. {CHEN Lu,HUANG Wenzhu,YANG Jungui,CUI Jiande,HUANG Yu,YANG Shuaizhi,WANG Zhijun,LUO Renzhang,DING Zihai. The dissection classification,characteristics of arterialized venous flap in forearm and clinical application[J]. Zhonghua Xian Wei Wai Ke Za Zhi[Chin J Microsurg(Article in Chinese;Abstract in Chinese and English)],2015,38(6):574-578. DOI:10.3760/cma.j.issn.1001-2036.2015.06.014.}

[8050] 章峰火，胡玉祥，郭随林，江旭. "H"型静脉皮瓣修复离断指尖再植皮肤缺损[J]. 中华显微外科杂志，2015，38(6): 603-605. DOI: 10.3760/cma.j.issn.1001-2036.2015.06.024. {ZHANG Fenghuo,HU Yuxiang,GUO Suilin,JIANG Xu. "H" type venous flap to repair skin defect after replantation of amputated fingertip[J]. Zhonghua Xian Wei Wai Ke Za Zhi[Chin J Microsurg(Article in Chinese;Abstract in Chinese)],2015,38(6):603-605. DOI:10.3760/cma.j.issn.1001-2036.2015.06.024.}

[8051] 李程科，肖军波，梁江声，谭加群，邓国超，何明飞，许明刚，李齐付，彭建江. 两种灌流方式的多叶动脉化静脉皮瓣修复手部软组织缺损存活的比较分析[J]. 中华手外科杂志，2015，31(3): 181-184. DOI: 10.3760/cma.j.issn.1005-054X.2015.03.010. {LI Chengke,XIAO Junbo,LIANG Jiangsheng,TAN Jiaqun,DENG Guochao,HE Mingfei,XU Minggang,LI Qifu,PENG Jianjiang. Comparison of two perfusion types of arterialized venous flap in treating soft tissue defects of the hand[J]. Zhonghua Shou Wai Ke Za Zhi[Chin J Hand Surg(Article in Chinese;Abstract in Chinese and English)],2015,31(3):181-184. DOI:10.3760/cma.j.issn.1005-054X.2015.03.010.}

[8052] 李大为，姜德欣，胡静波，蒋明，高鹏. 游离静脉皮瓣移植修复指背软组织缺损[J]. 中华手外科杂志，2015，31(6): 466. DOI: 10.3760/cma.j.issn.1005-054X.2015.06.025. {LI Dawei,JIANG Dexin,HU Jingbo,JIANG Ming,GAO Peng. Free vein skin flap transplantation to repair soft tissue defect of the dorsal finger[J]. Zhonghua Shou Wai Ke Za Zhi[Chin J Hand Surg(Article in Chinese;No abstract available)],2015,31(6):466. DOI:10.3760/cma.j.issn.1005-054X.2015.06.025.}

[8053] 袁灼辉，尹志成，赵军，王鹏程，陈木升. 双静脉皮瓣桥接移植修复手指腹皮肤缺损[J]. 实用手外科杂志，2015，29(1): 55-56. DOI: 10.3969/j.issn.1671-2722.2015.01.018. {YUAN Zhuohui,YIN Zhicheng,ZHAO Jun,WANG Pengcheng,CHEN Musheng. The double vein bridge flap for repair of finger cutaneous blood vessels defect[J]. Shi Yong Shou Wai Ke Za Zhi[Chin J Pract Hand Surg(Article in Chinese;Abstract in Chinese and English)],2015,29(1):55-56. DOI:10.3969/j.issn.1671-2722.2015.01.018.}

[8054] 白印伟，张振伟，李征，余少校，熊懿，吴文溢，曾锦浩. 皮瓣内穿支血管对游离动脉化静脉皮瓣微循环影响的临床对比研究[J]. 实用手外科杂志，2015，29(2): 154-157，178. DOI: 10.3969/j.issn.1671-2722.2015.02.013. {BAI Yinwei,ZHANG Zhenwei,LI Zheng,Major Yu,XIONG Yi,WU Wenyi,ZENG Jinhao. Clinical comparative study of the perforator vessel in flap for improving the microcirculation of free forearm arterialized venous skin flap[J]. Shi Yong Shou Wai Ke Za Zhi[Chin J Pract Hand Surg(Article in Chinese;Abstract in Chinese and English)],2015,29(2):154-157,178. DOI:10.3969/j.issn.1671-2722.2015.02.013.}

[8055] 袁灼辉，赵军，王鹏程，陈木升，尹志成. 静脉皮瓣移植术后血管危象的原因及处理[J]. 实用手外科杂志，2015，29(2): 184-185. DOI: 10.3969/j.issn.1671-2722.2015.02.024. {YUAN Zhuohui,ZHAO Jun,WANG Pengcheng,CHEN Musheng,YIN Zhicheng. Investigation on improving the survival rate of venous flap after transplantation[J]. Shi Yong Shou Wai Ke Za Zhi[Chin J Pract Hand Surg(Article in Chinese;Abstract in Chinese and English)],2015,29(2):184-185. DOI:10.3969/j.issn.1671-2722.2015.02.024.}

[8056] 蒋守念，胡伟军，陶海南，方钢，韦玮，黄绍东. 游离足背静脉皮瓣在复杂软组织缺损断指再植中的应用[J]. 实用手外科杂志，2015，29(2): 191-192. DOI: 10.3969/j.issn.1671-2722.2015.02.027. {JIANG Shounian,HU Weijun,TAO Hainan,FANG Gang,WEI Wei,HUANG Shaodong. Application of free dorsal foot vein flap in replantation of severed finger in complex soft tissue defect[J]. Shi Yong Shou Wai Ke Za Zhi[Chin J Pract Hand Surg(Article in Chinese;Abstract in Chinese and English)],2015,29(2):191-192. DOI:10.3969/j.issn.1671-2722.2015.02.027.}

[8057] 周明霞，周晓，芮永军. 双干型动脉化静脉皮瓣修复指末节脱套离断的护理[J]. 中华显微外科杂志，2016，39(1): 94-97. DOI: 10.3760/cma.j.issn.1001-2036.2016.01.029. {ZHOU Mingxia,ZHOU Xiao,RUI Yongjun. Nursing care of double-trunk arterialized venous skin flap for repairing the detached fingertips[J]. Zhonghua Xian Wei Wai Ke Za Zhi[Chin J Microsurg(Article in Chinese;Abstract in Chinese)],2016,39(1):94-97. DOI:10.3760/cma.j.issn.1001-2036.2016.01.029.}

[8058] 黄辉强，郑晓东，张敬良，陈民毅，陈立，陈焕伟，曾艺平. 微型动脉化静脉皮瓣修复 50 例指端皮肤缺损[J]. 中华显微外科杂志，2016，39(2): 188-191. DOI: 10.3760/cma.j.issn.1001-2036.2016.02.027. {HUANG Huiqiang,ZHENG Xiaodong,ZHANG Jingliang,CHEN Minyi,CHEN Li,CHEN Huanwei,ZENG Yiping. Repair of 50 cases of fingertip skin defects with miniature arterialized venous flap[J]. Zhonghua Xian Wei Wai Ke Za Zhi[Chin J Microsurg(Article in Chinese;Abstract in Chinese)],2016,39(2):188-191. DOI:10.3760/cma.j.issn.1001-2036.2016.02.027.}

[8059] 李亮，高增阳，万华，李程科，何明飞，黄忠明，雷彦文，张敬良. 动脉化静脉皮瓣Ⅰ期塑形修复指腹及甲廓缺损[J]. 中华显微外科杂志，2016，39(6): 552-554. DOI: 10.3760/cma.j.issn.1001-2036.2016.06.010. {LI Liang,GAO Zengyang,WAN Hua,LI Chengke,HE Mingfei,HUANG Zhongming,LEI Yanwen,ZHANG Jingliang. The arterialized venous flap for one-stage repairing finger pulp and nail folds defect[J]. Zhonghua Xian Wei Wai Ke Za Zhi[Chin J Microsurg(Article in Chinese;Abstract in Chinese and English)],2016,39(6):552-554. DOI:10.3760/cma.j.issn.1001-2036.2016.06.010.}

[8060] 张航，王学松，曾福俊，顾尚武，吴德生，唐林俊. 带神经游离环指近节静脉皮瓣修复指腹缺损[J]. 中华手外科杂志，2016，32(1): 35-36. {ZHANG Hang,WANG Xuesong,ZENG Fujun,GU Shangwu,WU Desheng,TANG Linjun. Repair of finger belly defect with free ring finger proximal venous flap with nerve[J]. Zhonghua Shou Wai Ke Za Zhi[Chin J Hand Surg(Article in Chinese;Abstract in Chinese)],2016,32(1):35-36.}

[8061] 郑大伟，黎章灿，许立，张旭阳，石荣剑，孙峰，寿奎水. 静脉动脉化前臂静脉皮瓣游离移植一期修复掌浅弓及手掌软组织缺损[J]. 中华手外科杂志，2016，32(1): 37-39. DOI: 10.3760/cma.j.issn.1005-054X.2016.01.019. {ZHENG Dawei,LI Zhangcan,XU Li,ZHANG Xuyang,SHI Rongjian,SUN Feng,SHOU Kuishui. Application of a flow-through venous forearm flap for repair of defects of the superficial palmar arch and palmar soft tissue[J]. Zhonghua Shou Wai Ke Za Zhi[Chin J Hand Surg(Article in Chinese;Abstract in Chinese and English)],2016,32(1):37-39. DOI:10.3760/cma.j.issn.1005-054X.2016.01.019.}

[8062] 郑大伟，黎章灿，曹广超，吴尧，石荣剑，寿奎水. 应用大型血流桥接静脉皮瓣挽救伴动脉缺损的濒临截肢上肢[J]. 中华创伤杂志，2016，32(5): 444-448. DOI: 10.3760/cma.j.issn.1001-8050.2016.05.014. {ZHENG Dawei,LI Zhangcan,CAO Guangchao,WU Yao,SHI Rongjian,SHOU Kuishui. Application of large blood flow bridging venous flaps to rescue upper limbs on the verge of amputation with arterial defects[J]. Zhonghua Chuang Shang Za Zhi[Chin J Trauma(Article in Chinese;Abstract in Chinese and English)],2016,32(5):444-448. DOI:10.3760/cma.j.issn.1001-8050.2016.05.014.}

[8063] 郑大伟，黎章灿，曹广超，吴尧，石荣剑，寿奎水. 大型血流贯通式静脉皮瓣的临床应用[J]. 中华整形外科杂志，2016，32(4): 249-253. DOI: 10.3760/cma.j.issn.1009-4598.2016.04.003. {ZHENG Dawei,LI Zhangcan,CAO Guangchao,WU Yao,SHI Rongjian,SHOU Kuishui. Clinical application of a large flow-through venous flap[J]. Zhonghua Zheng Xing Wai Ke Za Zhi[Chin J Plast Surg(Article in Chinese;Abstract in Chinese and English)],2016,32(4):249-253. DOI:10.3760/cma.j.issn.1009-4598.2016.04.003.}

[8064] 杨帅智，陈禄，郑灿镔，杨俊贵，黄昱，崔建德. 分叶串联游离静脉皮瓣在双手指近中节软组织缺损修复中的应用[J]. 中国修复重建外科杂志，2016，30(4): 440-443. DOI: 10.7507/1002-1892.20160088. {YANG Shuaizhi,CHEN Lu,ZHENG Canpin,YANG Jungui,HUANG Yu,CUI Jiande. Application of the double skin paddle arterialized venous skin flap for reconstructing soft tissue defects of middle and proximal parts of double figures[J]. Zhongguo Xiu Fu Chong Jian Wai Ke Za Zhi[Chin J Repar Reconstr Surg(Article in Chinese;Abstract in Chinese)],2016,30(4):440-443. DOI:10.7507/1002-1892.20160088.}

[8065] 崔建德，刘学贵，杨俊贵，黄昱，杨帅智，陈禄. 带掌长肌腱的控制皮下静脉属支动脉化静脉皮瓣在修复手部复合组织缺损中的应用[J]. 中华显微外科杂志，2017，40(2): 195-198. DOI: 10.3760/cma.j.issn.1001-2036.2017.02.027. {CUI Jiande,LIU Xuegui,YANG Jungui,HUANG Yu,YANG Shuaizhi,CHEN Lu. Application of arterialized vein flap with palmar longus tendon to control subcutaneous veins in repairing complex tissue defects of hand[J]. Zhonghua Xian Wei Wai Ke Za Zhi[Chin J Microsurg(Article in Chinese;Abstract in Chinese)],2017,40(2):195-198. DOI:10.3760/cma.j.issn.1001-2036.2017.02.027.}

[8066] 陈禄，黄文柱，崔建德. 动脉化静脉皮瓣的临床应用[J]. 中华显微外科杂志，2017，40(4): 414-416. DOI: 10.3760/cma.j.issn.1001-2036.2017.04.035. {CHEN Lu,HUANG Wenzhu,CUI Jiande. Clinical application of arterialized venous flap[J]. Zhonghua Xian Wei Wai Ke Za Zhi[Chin J Microsurg(Article in Chinese;No abstract available)],2017,40(4):414-416. DOI:10.3760/cma.j.issn.1001-2036.2017.04.035.}

[8067] 韩芳，徐慧，郑大伟，黎章灿，许立，石荣剑，寿奎水. 应用 Flow-through 静脉皮瓣再植复杂性断指的术后护理[J]. 中华显微外科杂志，2017，40(5): 508-510. DOI: 10.3760/cma.j.issn.1001-2036.2017.05.028. {HAN Fang,XU Hui,ZHENG Dawei,LI Zhangcan,XU Li,SHI Rongjian,SHOU Kuishui. Postoperative nursing care of complicated amputated fingers replanted with flow-through vein flap[J]. Zhonghua Xian Wei Wai Ke Za Zhi[Chin J Microsurg(Article in Chinese;Abstract in Chinese)],2017,40(5):508-510. DOI:10.3760/cma.j.issn.1001-2036.2017.05.028.}

[8068] 蔡若赋，李守炎，周杰，金德镐. 静脉皮瓣在治疗手指皮肤脱套伤中的应用[J]. 实用手外科杂志，2017，31(3): 332-335. DOI: 10.3969/j.issn.1671-2722.2017.03.021. {CAI Ruofu,LI Shouyan,ZHOU Jie,JIN Dehao. Application of venous skin flap in treatment of skin degloving injury of fingers[J]. Shi Yong Shou Wai Ke Za Zhi[Chin J Pract Hand Surg(Article in Chinese;Abstract in Chinese and English)],2017,31(3):332-335. DOI:10.3969/j.issn.1671-2722.2017.03.021.}

[8069] 冯铁成，查明建，刘方刚，柯荣军，陈春书，张立亮，范爱民. 游离前臂静脉皮瓣转移修复手指皮肤缺损[J]. 实用手外科杂志，2017，31(4): 450-452. DOI: 10.3969/j.issn.1671-2722.2017.04.016. {FENG Tiecheng,ZHA Mingjian,LIU Fanggang,KE Rongjun,CHEN Chunshu,ZHANG Liliang,FAN Aimin. The free venous flap of forearm transfer for repairing the finger skin and soft tissue defects[J]. Shi Yong Shou Wai Ke Za Zhi[Chin J Pract Hand Surg(Article in Chinese;Abstract in Chinese and English)],2017,31(4):450-452. DOI:10.3969/j.issn.1671-2722.2017.04.016.}

[8070] 江吉勇，汪庆红，曾德庆，余纯斌，卢文景，钟少开，李培，王海文. 逆行动脉化供血静脉皮瓣修复手指皮肤软组织缺损[J]. 实用手外科杂志，2017，31(4): 453-456，459. DOI: 10.3969/j.issn.1671-2722.2017.04.017. {JIANG Jiyong,WANG Qinghong,ZENG

Deqing,YU Chunbin,LU Wenjing,ZHONG Shaokai,LI Pei,WANG Haiwen. Reverse circulation arterialized venous flap to repair the finger soft tissue defect[J]. Shi Yong Shou Wai Ke Za Zhi[Chin J Pract Hand Surg(Article in Chinese;Abstract in Chinese and English)],2017,31(4):453-456,459. DOI:10.3969/j.issn.1671-2722.2017.04.017.}

[8071] 吕文涛，巨积辉，蒋国栋，唐晓强，张庆阳. 血流桥接型静脉皮瓣修复伴有指掌侧固有动脉缺损的手指创面 [J]. 中华显微外科杂志，2018，41（1）：40-43. DOI：10.3760/cma.j.issn.1001-2036.2018.01.010. {LU Wentao,JU Jihui,JIANG Guodong,TANG Xiaoqiang,ZHANG Qingyang. Blood bridge venous flap to repair finger wound with proper palmar digital artery defect[J]. Zhonghua Xian Wei Wai Ke Za Zhi[Chin J Microsurg(Article in Chinese;Abstract in Chinese and English)],2018,41(1):40-43. DOI:10.3760/cma.j.issn.1001-2036.2018.01.010.}

[8072] 闫韵飞，解秀峰，褚立涛，李斌，曾晓峰，陆维举. 臂部头静脉皮瓣修复胸壁放射性溃疡伴胸骨骨髓炎一例 [J]. 中华显微外科杂志，2018，41（3）：309. DOI：10.3760/cma.j.issn.1001-2036.2018.03.036. {YAN Yunfei,XIE Xiufeng,CHU Litao,LI Bin,ZENG Xiaofeng,LU Weiju. Repair of radiation ulcer of chest wall with eternal osteomyelitis with cephalic vein flap[J]. Zhonghua Xian Wei Wai Ke Za Zhi[Chin J Microsurg(Article in Chinese;No abstract available)],2018,41(3):309. DOI:10.3760/cma.j.issn.1001-2036.2018.03.036.}

[8073] 吴海林，巨积辉，刘新益，蒋国栋. 带掌长肌腱的超大静脉皮瓣修复手指掌侧复合组织缺损 [J]. 中华显微外科杂志，2018，41（3）：223-226. DOI：10.3760/cma.j.issn.1001-2036.2018.03.005. {WU Hailin,JU Jihui,LIU Xinyi,JIANG Guodong. Repair complex tissue defect of the palm of fingers by the super large vein flap with palmaris longus tendon[J]. Zhonghua Xian Wei Wai Ke Za Zhi[Chin J Microsurg(Article in Chinese;Abstract in Chinese and English)],2018,41(3):223-226. DOI:10.3760/cma.j.issn.1001-2036.2018.03.005.}

[8074] 陈文锋，李征，吴立业，熊懿，吴文溢，曾锦浩，柯于海，张振伟. 乌拉地尔减少动脉化静脉皮瓣血流灌注量的作用 [J]. 中华显微外科杂志，2018，41（4）：368-370. DOI：10.3760/cma.j.issn.1001-2036.2018.04.013. {CHEN Wenfeng,LI Zheng,WU Liye,XIONG Yi,WU Wenyi,ZENG Jinhao,KE Yuhai,ZHANG Zhenwei. Urapidil reduces blood perfusion of arterialized venous flap[J]. Zhonghua Xian Wei Wai Ke Za Zhi[Chin J Microsurg(Article in Chinese;Abstract in Chinese)],2018,41(4):368-370. DOI:10.3760/cma.j.issn.1001-2036.2018.04.013.}

[8075] 于涛，袁云华，张俊，沈明荃，王群殿，李凯. 带掌长肌腱的静脉皮瓣在指背皮肤伴伸肌腱缺损中的应用 [J]. 中华显微外科杂志，2018，41（5）：484-486. DOI：10.3760/cma.j.issn.1001-2036.2018.05.017. {YU Tao,YUAN Yunhua,ZHANG Jun,SHEN Mingquan,WANG Qundian,LI Kai. Application of venous flap with palmar longus tendon in the dorsal skin of the finger with extensor tendon defect[J]. Zhonghua Xian Wei Wai Ke Za Zhi[Chin J Microsurg(Article in Chinese;Abstract in Chinese)],2018,41(5):484-486. DOI:10.3760/cma.j.issn.1001-2036.2018.05.017.}

[8076] 王本元，巨积辉，蒋国栋，胡淼. 带掌长肌腱的静脉皮瓣修复伴有肌腱缺损的指背创面 [J]. 中华手外科杂志，2018，34（3）：167-169. {WANG Benyuan,JU Jihui,JIANG Guodong,HU Miao. Vein flap with palmar longus tendon to repair the wound on the back of the finger with tendon defect[J]. Zhonghua Shou Wai Ke Za Zhi[Chin J Hand Surg(Article in Chinese;Abstract in Chinese)],2018,34(3):167-169.}

[8077] 王兵，张蛟，陈博，宋鹏鹏. 游离静脉皮瓣修复手指环形热压伤伴血管损伤 [J]. 中华手外科杂志，2018，34（4）：261-262. {WANG Bing,ZHANG Jiao,CHEN Bo,SONG Kunpeng. Free venous skin flap for repairing finger ring thermal compression injury with vascular injury[J]. Zhonghua Shou Wai Ke Za Zhi[Chin J Hand Surg(Article in Chinese;Abstract in Chinese)],2018,34(4):261-262.}

[8078] 祝斌，竺枫，张健，李斯宏，田敏涛，李俊杰，王欣. 前臂掌侧Ⅰ型静脉皮瓣在复杂断指再植中的临床应用 [J]. 中华手外科杂志，2018，34（5）：398-399. {ZHU Bin,ZHU Feng,ZHANG Jian,LI Sihong,TIAN Mintao,LI Junjie,WANG Xin. Clinical application of forearm palmar vein flap in the replantation of complex amputated fingers[J]. Zhonghua Shou Wai Ke Za Zhi[Chin J Hand Surg(Article in Chinese;Abstract in Chinese)],2018,34(5):398-399.}

[8079] 刘伟. 足部游离静脉皮瓣在断指合并软组织缺损再植中的应用分析 [J]. 创伤外科杂志，2018，20（2）：144-146. DOI：10.3969/j.issn.1009-4237.2018.02.018. {LIU Wei. Application analysis of foot free venous flap in replantation of severed finger combined with soft tissue defect[J]. Chuang Shang Wai Ke Za Zhi[J Traum Surg(Article in Chinese;Abstract in Chinese and English)],2018,20(2):144-146. DOI:10.3969/j.issn.1009-4237.2018.02.018.}

[8080] 余纯斌，江吉勇，李培，卢文景，汪庆红，凌利，钟少开，曾德庆. 带掌长肌腱动脉化静脉皮瓣在修复手指背侧复合组织缺损中的应用 [J]. 实用手外科杂志，2018，32（1）：22-25. DOI：10.3969/j.issn.1671-2722.2018.01.008. {YU Chunbin,JIANG Jiyong,LI Pei,LU Wenjing,WANG Qinghong,LING Li,ZHONG Shaokai,ZENG Deqing. The application of repairing the compound tissue defects on dorsal side of the finger by an arterialiazed vein flap with a metacarpal long tendon[J]. Shi Yong Shou Wai Ke Za Zhi[Chin J Pract Hand Surg(Article in Chinese;Abstract in Chinese and English)],2018,32(1):22-25. DOI:10.3969/j.issn.1671-2722.2018.01.008.}

[8081] 李坚强，范春海. 跗内侧游离静脉皮瓣修复单手指掌侧皮肤软组织缺损 [J]. 实用手外科杂志，2018，32（4）：448-449. DOI：10.3969/j.issn.1671-2722.2018.04.023. {LI Jianqiang,FAN Chunhai. Repair of single finger palmar defect with free medial tarsal venous flap[J]. Shi Yong Shou Wai Ke Za Zhi[Chin J Pract Hand Surg(Article in Chinese;Abstract in Chinese and English)],2018,32(4):448-449. DOI:10.3969/j.issn.1671-2722.2018.04.023.}

[8082] 韩芳，郑大伟，惠悦华，徐慧，石荣剑. 加速康复外科理念在大面积 Flow-through 静脉皮瓣护理中的应用 [J]. 中华显微外科杂志，2019，42（5）：509-511. DOI：10.3760/cma.j.issn.1001-2036.2019.05.025. {HAN Fang,ZHENG Dawei,HUI Yuehua,XU Hui,SHI Rongjian. Application of the concept of accelerated rehabilitation surgery in the nursing of large-area flow-through vein flap[J]. Zhonghua Xian Wei Wai Ke Za Zhi[Chin J Microsurg(Article in Chinese;Abstract in Chinese)],2019,42(5):509-511. DOI:10.3760/cma.j.issn.1001-2036.2019.05.025.}

[8083] 方杰，高俊杰，张文龙. 应用静脉皮瓣修复手部软组织缺损 [J]. 中华手外科杂志，2019，35（3）：221-223. DOI：10.3760/cma.j.issn.1005-054X.2019.03.021. {FANG Jie,GAO Junjie,ZHANG Wenlong. Repair of soft tissue defect of hand with vein flap[J]. Zhonghua Shou Wai Ke Za Zhi[Chin J Hand Surg(Article in Chinese;Abstract in Chinese)],2019,35(3):221-223. DOI:10.3760/cma.j.issn.1005-054X.2019.03.021.}

[8084] 凌李，李学渊，沈华军，吴天泉. 足背超薄静脉皮瓣游离修复手指软组织缺损 [J]. 中华手外科杂志，2019，35（6）：452-455. {LING Li,LI Xueyuan,SHEN Huajun,WU Tianquan. Application of free super-thin venous skin flap of dorsal foot for repair of soft tissue defects of finger[J]. Zhonghua Shou Wai Ke Za Zhi[Chin J Hand Surg(Article in Chinese;Abstract in Chinese and English)],2019,35(6):452-455.}

[8085] 钟云祥，张玉善，刘丽珍，张火林，廖宇红，蔡国雄，杨文理，官龙洲. 回流静脉吻合数量对游离前臂不倒置静脉皮瓣成活的影响 [J]. 实用手外科杂志，2019，33（1）：22-25. DOI：10.3969/j.issn.1671-2722.2019.01.008. {ZHONG Yunxiang,ZHANG Yushan,LIU Lizhen,ZHANG Huolin,LIAO Yuhong,CAI Guoxiong,YANG Wenli,GUAN Longzhou. The clinical study of the effect of reflux vein amount on free forearm no-inverted venous flap[J]. Shi Yong Shou Wai Ke Za Zhi[Chin J Pract Hand Surg(Article in Chinese;Abstract in Chinese and English)],2019,33(1):22-25. DOI:10.3969/j.issn.1671-2722.2019.01.008.}

[8086] 陈靖，陈情忠，李双，王洋，王维峰，谭军. 改良动脉化静脉皮瓣修复手指软组织缺损 [J]. 中国修复重建外科杂志，2019，33（4）：475-478. DOI：10.7507/1002-1892.201811114. {CHEN Jing,CHEN Qingzhong,LI Shuang,WANG Yang,WANG Weifeng,TAN Jun. Repair of soft tissue defect of fingers with modified arterialized venous flap[J]. Zhongguo Xiu Fu Chong Jian Wai Ke Za Zhi[Chin J Repar Reconstr Surg(Article in Chinese;Abstract in Chinese and English)],2019,33(4):475-478. DOI:10.7507/1002-1892.201811114.}

[8087] 赵建勇，宿晓雷，陈广先，李统，张宁，邵新中. Flow-through 前臂静脉皮瓣结合静脉移位在拇指旋转撕脱离断伤再植中的应用 [J]. 中国修复重建外科杂志，2019，33（4）：516-518. DOI：10.7507/1002-1892.201811107. {ZHAO Jianyong,SU Xiaolei,CHEN Guangxian,LI Tong,ZHANG Ning,SHAO Xinzhong. Application of flow-through forearm vein flap combined with vein displacement in replantation of thumb rotational avulsion injury[J]. Zhongguo Xiu Fu Chong Jian Wai Ke Za Zhi[Chin J Repar Reconstr Surg(Article in Chinese;Abstract in Chinese)],2019,33(4):516-518. DOI:10.7507/1002-1892.201811107.}

[8088] 方杰，李军，高俊杰，张文龙. 静脉皮瓣与桡动脉掌浅支皮瓣修复伴动脉缺损手指创面的疗效对比 [J]. 中华显微外科杂志，2020，43（1）：28-32. DOI：10.3760/cma.j.issn.1001-2036.2020.01.008. {FANG Jie,LI Jun,GAO Junjie,ZHANG Wenlong. Comparison of therapeutic efficacy between venous flap and the flap with superficial palmar branch of radial artery in reconstruction of the defect of finger with segmental defect of proper digital artery[J]. Zhonghua Xian Wei Wai Ke Za Zhi[Chin J Microsurg(Article in Chinese;Abstract in Chinese and English)],2020,43(1):28-32. DOI:10.3760/cma.j.issn.1001-2036.2020.01.008.}

[8089] 周鑫，刘东，欧昌良，伍光辉，罗琳，邹永根. 带感觉神经的足内侧静脉皮瓣在末节指腹缺损中的应用 [J]. 中华手外科杂志，2020，36（2）：122-125. {ZHOU Xin,LIU Dong,OU Changliang,WU Guanghui,LUO Lin,ZOU Yonggen. Application of the medial foot vein flap with sensory nerves in the defect of the distal phalanx[J]. Zhonghua Shou Wai Ke Za Zhi[Chin J Hand Surg(Article in Chinese;Abstract in Chinese)],2020,36(2):122-125.}

[8090] 吴裕平，林平，吴咏军. 单干微型动脉化静脉皮瓣修复手指近中节掌侧软组织缺损 [J]. 中华手外科杂志，2020，36（2）：142-144. {WU Yuping,LIN Ping,WU Yongjun. Repair of volar soft tissue defect in mesial segment of finger with single-stem micro-arterialized venous flap[J]. Zhonghua Shou Wai Ke Za Zhi[Chin J Hand Surg(Article in Chinese;Abstract in Chinese)],2020,36(2):142-144.}

[8091] 凌李，李学渊，沈华军，范小龙，左莉红. 以足背为供区的静脉皮瓣修复手背较大面积皮肤软组织缺损 [J]. 中华手外科杂志，2020，36（3）：177-179. DOI：10.3760/cma.j.cn311653-20200305-00098. {LING Li,LI Xueyuan,SHEN Huajun,FAN Xiaolong,ZUO Lihong. Clinical application of dorsalis pedis venous flap for repair of large-area skin and soft tissue defects of dorsal hand[J]. Zhonghua Shou Wai Ke Za Zhi[Chin J Hand Surg(Article in Chinese;Abstract in Chinese and English)],2020,36(3):177-179. DOI:10.3760/cma.j.cn311653-20200305-00098.}

4.1.9.11 感觉皮瓣与皮瓣感觉功能重建
sensory flap and sensory reconstruction with a flap

[8092] Yan H,Gao W,Zhang F,Li Z,Chen X,Fan C. A comparative study of finger pulp reconstruction using arterialised venous sensate flap and insensate flap from forearm[J]. J Plast Reconstr Aesthet Surg,2012,65(9):1220-6. doi:10.1016/j.bjps.2012.03.036.

[8093] Chen C,Tang P,Zhang X. Reconstruction of proper digital nerve defects in the thumb using a pedicle nerve graft[J]. Plast Reconstr Surg,2012,130(5):1089-1097. doi:10.1097/PRS.0b013e318267d56b.

[8094] Chen C,Tang P,Zhang X. Finger sensory reconstruction with transfer of the proper digital nerve dorsal branch[J]. J Hand Surg Am,2013,38(1):82-9. doi:10.1016/j.jhsa.2012.10.016.

[8095] Yu YD,Zhang YZ,Bi WD,Wu T. Functional sensory function recovery of random-pattern abdominal skin flap in the repair of fingertip skin defects[J]. Exp Ther Med,2013,5(3):830-834. doi:10.3892/etm.2012.877.

[8096] Chen C,Tang P,Zhang L. Use of a bipedicled nerve flap taken from the dorsum of the digit for reconstruction of neurocutaneous defect in the adjacent finger[J]. J Plast Reconstr Aesthet Surg,2013,66(10):1322-9. doi:10.1016/j.bjps.2013.06.001.

[8097] Chen C,Tang P,Zhang X. Use of the dorsal digital sensate free flap for reconstruction of volar soft tissue defect of digits[J]. Ann Plast Surg,2014,72(5):537-41. doi:10.1097/SAP.0b013e318268a97f.

[8098] Bao QY,Xiao CW,Peng F,Han D,Wang T,Gu YD. Restoration of thumb sensibility with innervated reverse homodigital dorsoradial flap[J]. J Reconstr Microsurg,2014,30(1):15-20. doi:10.1055/s-0033-1345430.

[8099] Chen C,Tang P,Zhang X. Reconstruction of a neurocutaneous defect of the proximal phalanx with a heterodigital arterialised nerve pedicle flap[J]. Injury,2014,45(4):799-804. doi:10.1016/j.injury.2013.09.034.

[8100] Chen C,Tang P,Zhang X. A comparison of the dorsal digital island flap with the dorsal branch of the digital nerve versus the dorsal digital nerve for fingertip and finger pulp reconstruction[J]. Plast Reconstr Surg,2014,133(2):165e-173e. doi:10.1097/PRS.0000000000000057.

[8101] Chen C,Tang P,Zhao G. Bilaterally innervated dorsal digital flap for sensory reconstruction of digits[J]. Injury,2014,45(12):2018-24. doi:10.1016/j.injury.2014.09.012.

[8102] Zhang X,Chen C,Li Y,Shao X,Guo W,Sun J. Does nerve repair influence the outcome of reconstruction of a digital nail defect using a free composite flap taken from the great toe?[J]. J Hand Surg Eur Vol,2015,40(6):583-90. doi:10.1177/1753193414532806.

[8103] Bai L,Han YN,Zhang WT,Huang W,Zhang HL. Natural history of sensory nerve recovery after cutaneous nerve injury following foot and ankle surgery[J]. Neural Regen Res,2015,10(1):99-103. doi:10.4103/1673-5374.150713.

[8104] Sun YC,Chen QZ,Chen J,Gong YP,Gu JH. Reverse dorsoradial flaps for thumb coverage show increased sensory recovery with smaller flap sizes[J]. J Reconstr Microsurg,2015,31(6):426-33. doi:10.1055/s-0035-1548743.

[8105] Zhao G,Wang B,Zhang W,Tang P,Chen C. Sensory reconstruction in different regions of the digits:A review of 151 cases[J]. Injury,2016,47(10):2269-2275. doi:10.1016/j.injury.2016.07.035.

[8106] Feng SM,Sun QQ,Cheng J,Wang AG,Li CK. Superficial radial nerve transection improves sensory outcomes in first dorsal metacarpal artery flaps[J]. Plast Reconstr Surg,2017,140(3):558-564. doi:10.1097/PRS.0000000000003582.

[8107] Feng SM,Wang AG,Zhang ZY,Sun QQ,Tao YL,Zhou MM,Hao YJ. Repair and sensory reconstruction of the children's finger pulp defects with perforator pedicled propeller flap in proper digital artery[J]. Eur Rev Med Pharmacol Sci,2017,21(16):3533-3537.

[8108] Feng SM,Sun QQ,Cheng J,Wang AG. A novel approach for reconstruction of finger neurocutaneous defect:a sensory reverse dorsal digital artery flap from the neighboring digit[J]. Orthop Surg,2017,9(4):372-379. doi:10.1111/os.12350.

[8109] Zhu ZW,Zou XY,Huang YJ,Liu JH,Huang XJ,He B,Wang ZT. Evaluation of sensory function and recovery after replantation of fingertips at Zone I in children[J]. Neural Regen Res,2017,12(11):1911-1917. doi:10.4103/1673-5374.219053.

[8110] Tang JB. Fingertip repair methods:choices for different fingers and sides emphasizing sensation[J]. J Hand Surg Eur,2019,44(10):1109-1111. doi:10.1177/1753193419876496.

[8111] Pan Z,Jiang P,Xue S,Zhao Y,Li H,Gao P,Wang J. Use of free sensate SCIA flap for reconstruction of distal limb defects of moderate size[J]. J Plast Reconstr Aesthet Surg,2020,73(3):434-442. doi:10.1016/j.bjps.2019.10.013.

[8112] Tremp M,Waldkircher NJ,Wang W,Oranges CM,di Summa PG,Zhang Y,Wang W,Schaefer DJ,Kalbermatten DF. Sensory assessment of meshed skin grafts over free gracilis muscle flaps without nerve coaptation for lower extremity reconstruction[J]. Arch Plast Surg,2021,48(2):224-230. doi:10.5999/aps.2019.00584.

[8113] Lai B,Zhang Y,Li H,Yuan W,Yang S. Sihler's staining of the cutaneous nerves of the leg and its implications for sensory reconstruction[J]. Clin Anat,2021,34(4):565-573. doi:10.1002/ca.23613.

[8114] Pan J,Li M,Huang Y,Dong J,Wang X,Wang L. Pure perforator free sensory proximal ulnar artery perforator flap for resurfacing hand defects[J]. J Int Med Res,2020,48(5):300060520922396. doi:10.1177/0300060520922396.

[8115] Yang W,Wen G,Zhang F,Lineaweaver WC,Wang C,Jones K,Chai Y. Free neurosensory flap based on the accompanying vessels of lateral sural cutaneous nerve:anatomic study and preliminary clinical applications[J]. J Plast Surg Hand Surg,2021,55(2):111-117. doi:10.1080/2000656X.2020.1838294.

[8116] Liu X,Sun Y,Jia Y,Hong SM,Xu J,Wang C,Wen G,Lineaweaver WC,Chai Y. Free extended posterior tibial artery perforator flap with the neurovascular plexus of a saphenous nerve branch for large soft tissue and sensory reconstruction:Anatomic study and clinical application[J]. Microsurgery,2021,41(2):133-139. doi:10.1002/micr.30675.

[8117] 唐玲丽. 用辣椒素去感觉神经后降低鼠实验性临界皮瓣的成活[J]. 修复重建外科杂志，1988，2(3)：38. {TANG Lingli. Using capsaicin to remove sensory nerves reduces the survival of experimental critical skin flaps in rats[J]. Zhongguo Xiu Fu Chong Jian Wai Ke Za Zhi[Chin J Repar Reconstr Surg(Article in Chinese;No abstract available)],1988,2(3):38.}

[8118] 蔡锦方，孙宝国. 足跟足底移植皮瓣的感觉功能重建[J]. 中华显微外科杂志，1992，15(1)：7-8. {CAI Jinfang,SUN Baoguo. Reconstruction of sensory function of heel plantar transplantation flap[J]. Zhonghua Xian Wei Wai Ke Za Zhi[Chin J Microsurg(Article in Chinese;Abstract in Chinese)],1992,15(1):7-8.}

[8119] 夏双印，杨大平. 含指背感觉支及指固有动脉的手指中节背侧岛状皮瓣[J]. 手外科杂志，1992，8(3)：173. {XIA Shuangyin,YANG Daping. Dorsal island flap of middle finger with sensory branch of dorsal finger and proper digital artery[J]. Shou Wai Ke Za Zhi[Chin J Hand Surg(Article in Chinese;No abstract available)],1992,8(3):173.}

[8120] 范启申，王成琪，周建国，李庆喜，曹斌，郭德亮，蒋纯志，潘昭勋，魏长月，郑隆宝，梁跃光. 感觉神经植入皮瓣重建感觉的实验研究与临床应用[J]. 中华整形烧伤外科杂志，1992，8(3)：193-195. DOI：10.3760/j.issn：1009-4598.1992.03.006. {FAN Qishen,WANG Chengqi,ZHOU Jianguo,LI Qingxi,CAO Bin,GUO Deliang,JIANG Chunzhi,PAN Zhaoxun,WEI Changyue,ZHENG Longbao,LIANG Yueguang. Experimental study and clinical application of sensory nerve implantation flap[J]. Zhonghua Zheng Xing Shao Shang Wai Ke Za Zhi[Chin J Plast Surg Burns(Article in Chinese;Abstract in Chinese)],1992,8(3):193-195. DOI:10.3760/j.issn:1009-4598.1992.03.006.}

[8121] 陆伟，于国中. 游离皮瓣感觉恢复的观察与评价[J]. 中华显微外科杂志，1993，16(3)：177-180. {LU Wei,YU Guozhong. Observation and evaluation of free skin flap sensory recovery[J]. Zhonghua Xian Wei Wai Ke Za Zhi[Chin J Microsurg(Article in Chinese;Abstract in Chinese)],1993,16(3):177-180.}

[8122] 陈海啸，朱忠，高远动. 感觉训练对邻指皮瓣移位后感觉恢复影响的观察[J]. 中华骨科杂志，1994，14(5)：410-412. {CHEN Haixiao,ZHU Zhong,GAO Yuandong. Effect of sensory nerve re education after transplantation of cross finger flap[J]. Zhonghua Gu Ke Za Zhi[Chin J Orthop(Article in Chinese;Abstract in Chinese)],1994,14(5):410-412.}

[8123] 范启申，王成琪，梁跃光，周建国，李庆喜，曹斌，郭德亮，蒋纯志，潘兆勋，魏长月，郑隆宝，李忠. 感觉神经植入皮瓣重建感觉功能的实验与临床研究[J]. 中华实验外科杂志，1994，11(1)：211-212，258. {FAN Qishen,WANG Chengqi,LIANG Yueguang,ZHOU Jianguo,LI Qingxi,CAO Bin,GUO Deliang,JIANG Chunzhi,PAN Zhaoxun,WEI Changyue,ZHENG Longbao,LI Zhong. Experimental study of implanting sensory nerve into flap to recover senses anditsclinical application[J]. Zhonghua Shi Yan Wai Ke Za Zhi[Chin J Exp Surg(Article in Chinese;Abstract in Chinese)],1994,11(1):211-212,258.}

[8124] 夏双印，杨大平，郝立君，蒋海越，王洁. 含指背感觉支全指背岛状皮瓣[J]. 中华手外科杂志，1994，10(2)：90-91. {XIA Shuangyin,YANG Daping,HAO Lijun,JIANG Haiyue,WANG Jie. Island flap with sensory branches of the dorsal finger[J]. Zhonghua Shou Wai Ke Za Zhi[Chin J Hand Surg(Article in Chinese;Abstract in Chinese)],1994,10(2):90-91.}

[8125] 李学拥，李荟元，陈绍宗. 感觉神经植入失神经皮瓣后神经再支配的电镜观察[J]. 中华医学杂志，1994，74(10)：624-625. {LI Xueyong,LI Huiyuan,CHEN Shaozong. Electron microscopic observation of sensory nerve reinnervation after implantation of denervated skin flap[J]. Zhonghua Yi Xue Za Zhi[Natl Med J China(Article in Chinese;Abstract in Chinese)],1994,74(10):624-625.}

[8126] 夏双印，杨大平，郝立君，蒋海越，王洁. 含指背感觉支的指背岛状皮瓣修复指腹缺损[J]. 中国修复重建外科杂志，1994，8(2)：127-128. {XIA Shuangyin,YANG Daping,HAO Lijun,JIANG Haiyue,WANG Jie. Repair of finger belly defect with dorsal finger island flap with sensory branch of dorsal finger[J]. Zhongguo Xiu Fu Chong Jian Wai Ke Za Zhi[Chin J Repar Reconstr Surg(Article in Chinese;No abstract available)],1994,8(2):127-128.}

[8127] 李学拥，陈绍宗. 感觉神经植入皮瓣后再生纤维成熟过程的电镜观察[J]. 中国修复重建外科杂志，1995，9(1)：31-34. {LI Xueyong,CHEN Shaozong. Electron microscopic observation of the maturation process of the regenerated fibers of the sensory nerve after implantation of the skin flap[J]. Zhongguo Xiu Fu Chong Jian Wai Ke Za Zhi[Chin J Repar Reconstr Surg(Article in Chinese;Abstract in Chinese)],1995,9(1):31-34.}

[8128] 潘希贵，王成琪，张尔坤. 带感觉神经的静脉网动脉化皮瓣移植修复手指脱套伤[J]. 中国修复重建外科杂志，1995，9(4)：199-201. {PAN Xigui,WANG Chengqi,ZHANG Erkun. Transplantation of arteriolized venous network flap with sensory nerve for repairing digital deglove-injury[J]. Zhongguo Xiu Fu Chong Jian Wai Ke Za Zhi[Chin J Repar Reconstr Surg(Article in Chinese;Abstract in Chinese and English)],1995,9(4):199-201.}

[8129] 潘希贵，王成琪，张尔坤，肖朋康，巫伟东，胡红军. 带感觉神经的静脉网动脉化皮瓣移植修复手指脱套伤[J]. 中华显微外科杂志，1996，19(2)：85-87. {PAN Xigui,WANG Chengqi,ZHANG Erkun,XIAO Pengkang,WU Weidong,HU Hongjun. Transplantation of arteriolized venous network flap with sensory nerve for repairing digital deglove-injury[J]. Zhonghua Xian Wei Wai Ke Za Zhi[Chin J Microsurg(Article in Chinese;Abstract in Chinese and English)],1996,19(2):85-87.}

[8130] 李跃军，陈绍宗，胡三觉，李荟元. 兔耳大神经植入颈肩部失神经皮瓣后感觉重建的量化研究[J]. 中华显微外科杂志，1996，19(3)：193-196. {LI Yuejun,CHEN Shaozong,HU Sanjue,LI 荟 yuan. Quantitative study of sensory reconstruction after implantation of rabbit's greater auricular nerve with denervated neck and shoulder flap[J]. Zhonghua Xian Wei Wai Ke Za Zhi[Chin J Microsurg(Article in Chinese;Abstract in Chinese and English)],1996,19(3):193-196.}

[8131] 匡勇，侯春林. 皮瓣感觉功能重建研究进展[J]. 中国修复重建外科杂志，1997，11(2)：34-36. {KuANG Yong,HOU Chunlin. Research progress on sensory function reconstruction of skin flap[J]. Zhongguo Xiu Fu Chong Jian Wai Ke Za Zhi[Chin J Repar Reconstr Surg(Article in Chinese;No abstract available)],1997,11(2):34-36.}

[8132] 陈辉，陈绍宗，李荟元，李跃军，李学拥，程飚，曲辉. 带感觉或重建感觉皮瓣修复足跟软组织缺损[J]. 中华创伤杂志，1998，14(6)：407. {CHEN Hui,CHEN Shaozong,LI Huiyuan,LI Yuejun,LI Xueyong,CHENG BiaoQU Hui. Repair of heel soft tissue defects with sensory or reconstructed sensory skin flaps[J]. Zhonghua Chuang Shang Za Zhi[Chin J Trauma(Article in Chinese;No abstract available)],1998,14(6):407.}

[8133] 陆伟，王琰. 皮瓣供区创面用整张中厚皮片覆盖后感觉恢复的临床观察[J]. 中华手外科杂志，1999，15(3)：159. DOI：10.3760/cma.j.issn.1005-054X.1999.03.012. {LU Wei,WANG Yan. Clinical observation of the sensation recovery after covering the wound of the skin flap donor site with a whole medium-thickness skin[J]. Zhonghua Shou Wai Ke Za Zhi[Chin J Hand Surg(Article in Chinese;No abstract available)],1999,15(3):159. DOI:10.3760/cma.j.issn.1005-054X.1999.03.012.}

[8134] 陈辉，陈绍宗，李跃军. 神经端侧吻合重建皮瓣感觉修复足跟软组织缺损[J]. 中国修复重建外科杂志，1999，13(1)：14-15. {CHEN Hui,CHEN Shaozong,LI Yuejun. Reinnervation of skin flap by end-to-side neuro-anastomosis in the repair of soft tissue defect of heel[J]. Zhongguo Xiu Fu Chong Jian Wai Ke Za Zhi[Chin J Repar Reconstr Surg(Article in Chinese;Abstract in Chinese and English)],1999,13(1):14-15.}

[8135] 颜玲，钟世镇. 带肋间神经外侧前支脐旁感觉皮瓣的应用解剖[J]. 中国修复重建外科杂志，1999，13(4)：213-216. {YAN Ling,ZHONG Shizhen. Applied anatomy of the paraumbilical flap with the lateral anterior branch of the thoracic nerve[J]. Zhongguo Xiu Fu Chong Jian Wai Ke Za Zhi[Chin J Repar Reconstr Surg(Article in Chinese;Abstract in Chinese and English)],1999,13(4):213-216.}

[8136] 朱云，刘宏伟，于晟，钟晓玲. 小隐静脉动脉化腓肠神经移植重建足部皮瓣感觉功能[J]. 中国修复重建外科杂志，1999，13(6)：393. {ZHU Yun,LIU Hongwei,YU Sheng,ZHONG Xiaoling. Small saphenous vein arterialized sural nerve transplantation for reconstruction of foot flap sensory function[J]. Zhongguo Xiu Fu Chong Jian Wai Ke Za Zhi[Chin J Repar Reconstr Surg(Article in Chinese;No abstract available)],1999,13(6):393.}

[8137] 叶锡鎏，彭涛. 神经生长因子诱导腹股沟皮瓣感觉神经生长[J]. 中华显微外科杂志，2000，23(2)：145. DOI：10.3760/cma.j.issn.1001-2036.2000.02.033. {YE Xiliu,PENG Tao. Nerve growth factor induces sensory nerve growth in inguinal flap[J]. Zhonghua Xian Wei Wai Ke Za Zhi[Chin J Microsurg(Article in Chinese;No abstract available)],2000,23(2):145. DOI:10.3760/cma.j.issn.1001-2036.2000.02.033.}

[8138] 颜玲，钟世镇. 横行腹直肌肌皮瓣感觉神经的应用解剖[J]. 中华整形外科杂志，2000，16(2)：81. DOI：10.3760/j.issn：1009-4598.2000.02.005. {YAN Ling,ZHONG Shizhen. Applied anatomy of the sensory nerve of the transverse rectus abdominis myocutaneous flap[J]. Zhonghua Zheng Xing Wai Ke Za Zhi[Chin J Plast Surg(Article in Chinese;Abstract in Chinese)],2000,16(2):81. DOI:10.3760/j.issn:1009-4598.2000.02.005.}

[8139] 陈绍宗，程飚，李跃军. 神经端侧吻合重建足部皮瓣手术后感觉功能[J]. 中华整形外科杂志，2000，16(3)：149. DOI：10.3760/j.issn：1009-4598.2000.03.006. {CHEN Shaozong,CHENG Biao,LI Yuejun. Maintenance of foot sensory function by end-to-side neurorrhaphyneuroend-to-side anastomosis to reconstruct the sensory function of the foot flap after surgery[J]. Zhonghua Zheng Xing Wai Ke Za Zhi[Chin J Plast Surg(Article in Chinese;Abstract in Chinese and English)],2000,16(3):149. DOI:10.3760/j.issn:1009-4598.2000.03.006.}

[8140] 南欣荣，唐友盛，沈国芳，张念光，Saman N. 髂骨复合瓣移植肢体感觉障碍的临床研究[J]. 现代口腔医学杂志，2000，14(2)：105-106. DOI：10.3969/j.issn.1003-7632.2000.02.013. {NAN Xinrong,TANG Yousheng,SHEN Guofang,ZHANG Nianguang,Saman N. Clinical study on sensory function of limbs following iliac crest composite free flap transfer[J]. Xian Dai Kou Qiang Yi Xue Za Zhi[J Mod Stomatol(Article in Chinese;Abstract in Chinese and English)],2000,14(2):105-106. DOI:10.3969/j.issn.1003-7632.2000.02.013.}

[8141] 颜玲，钟世镇. 带肋间神经前支的游离脐旁感觉皮瓣的应用解剖[J]. 中山医科大学学报，2000，21(S1)：80-82. {YAN Ling,ZHONG Shizhen. Applied anatomy of free paraumbilical sensory flap with anterior branch of intercostal nerve[J]. Zhong Shan Yi Ke Da Xue Xue Bao[Acad J SUMS(Article in Chinese;Abstract in Chinese and English)],2000,21(S1):80-82.}

[8142] 颜玲，钟世镇，徐达传，高建华，邵正仁. 游离背阔肌皮瓣的感觉神经支配应用解剖[J]. 中国临床解剖学杂志，2001，19(1)：11-13. DOI：10.3969/j.issn.1001-165X.2001.01.003. {YAN Ling,ZHONG Shizhen,XU Dachuan,GAO Jianhua,SHAO Zhengren. Applied anatomy of free latissimus dorsal muscular flap with sensate nerve[J]. Zhongguo Lin Chuang Jie Pou Xue Za Zhi[Chin J Clin Anat(Article in Chinese;Abstract in Chinese and English)],2001,19(1):11-13. DOI:10.3969/j.issn.1001-165X.2001.01.003.}

[8143] 陈辉，陈绍宗，李跃军. 神经端侧吻合植入失神经皮瓣感觉功能研究[J]. 中华显微外科杂志，2001，24(1)：40-41. DOI：10.3760/cma.j.issn.1001-2036.2001.01.015. {CHEN Hui,CHEN Shaozong,LI Yuejun. A study on the functions of the regenerated axons in end-to-side neurorrhaphy[J]. Zhonghua Xian Wei Wai Ke Za Zhi[Chin J Microsurg(Article in Chinese;Abstract in Chinese and English)],2001,24(1):40-41. DOI:10.3760/cma.j.issn.1001-2036.2001.01.015.}

[8144] 张绪生，于晟，肖斌. 吻合血管的腓肠神经植入重建皮瓣感觉[J]. 中华显微外科杂志，2001，24(3)：213-214. DOI：10.3760/cma.j.issn.1001-2036.2001.03.022. {ZHANG Xusheng,YU Sheng,XIAO Bin. Implantation of anastomosed sural nerve to reconstruct skin flap sensation[J]. Zhonghua Xian Wei Wai Ke Za Zhi[Chin J Microsurg(Article in Chinese;Abstract in Chinese)],2001,24(3):213-214. DOI:10.3760/cma.j.issn.1001-2036.2001.03.022.}

[8145] 颜玲，钟世镇，徐达传，邵政仁. 带肋间神经外侧后支背阔肌感觉皮瓣的应用解剖[J]. 中国修复重建外科杂志，2001，15(2)：86-88. {YAN Ling,ZHONG Shizhen,XU Dachuan,SHAO Zhengren. Applied anatomy of the sensate latissimus dorsal muscular flap with the lateral posterior branch of the intercostal nerve[J]. Zhongguo Xiu Fu Chong Jian Wai Ke Za Zhi[Chin J Repar Reconstr Surg(Article in Chinese;Abstract in Chinese and English)],2001,15(2):86-88.}

[8146] 陈辉，陈绍宗. 端侧神经吻合恢复隐神经营养血管蒂逆行皮瓣感觉的应用[J]. 中华显微外科杂志，2002，25(1)：54-55. DOI：10.3760/cma.j.issn.1001-2036.2002.01.021. {CHEN Hui,CHEN Shaozong. Application of end-to-side nerve anastomosis to restore sensation of saphenous neurotrophic vascular flap[J]. Zhonghua Xian Wei Wai Ke Za Zhi[Chin J Microsurg(Article in Chinese;No abstract available)],2002,25(1):54-55. DOI:10.3760/cma.j.issn.1001-2036.2002.01.021.}

[8147] 曾述强，张功林，刘景堂. 重建感觉的逆行腓肠神经营养血管岛状皮瓣失败二例[J]. 中华整形外科杂志，2002，18(1)：11. DOI：10.3760/j.issn：1009-4598.2002.01.031.

{ZENG Shuqiang,ZHANG Gonglin,LIU Jingtang. Two cases of failure of retrograde sural nerve nutrient vessel island flap for sensory reconstruction[J]. Zhonghua Zheng Xing Wai Ke Za Zhi[Chin J Plast Surg(Article in Chinese;No abstract available)],2002,18(1):11. DOI:10.3760/j.issn:1009-4598.2002.01.031.}

[8148] 陆云涛，李光早，汪新民，熊绍虎，原林，余磊，钟世镇. 带感觉支指背侧岛状皮瓣的应用解剖学研究 [J]. 中华手外科杂志，2003，19（4）：208-210. DOI: 10.3760/cma.j.issn.1005-054X.2003.04.007. {LU Yuntao,LI Guangzao,WANG Xinmin,XIONG Shaohu,YUAN Lin,YU Lei,ZHONG Shizhen. Applied anatomic study of dorsal digital island flap with dorsal digital sensory nerves[J]. Zhonghua Shou Wai Ke Za Zhi[Chin J Hand Surg(Article in Chinese;Abstract in Chinese and English)],2003,19(4):208-210. DOI:10.3760/cma.j.issn.1005-054X.2003.04.007.}

[8149] 姜凯，丁小珩，刘正启，付波. 带蒂皮瓣修复手指创面及感觉重建 [J]. 中华整形外科杂志，2003，19(2)：156-157. DOI: 10.3760/j.issn: 1009-4598.2003.02.036. {JIANG Kai,DING Xiaoheng,LIU Zhengqi,FU Bo. Pedicled skin flap repairing finger wounds and sensory reconstruction[J]. Zhonghua Zheng Xing Wai Ke Za Zhi[Chin J Plast Surg(Article in Chinese;No abstract available)],2003,19(2):156-157. DOI:10.3760/j.issn:1009-4598.2003.02.036.}

[8150] 兰秀夫. 早期康复训练促进手指皮瓣术后的感觉恢复 [J]. 实用骨科杂志，2003，9（3）：214-216. DOI: 10.3969/j.issn.1008-5572.2003.03.012. {LAN Xiufu. Sensory reeducation on restoration of fingers tele-segment palm after operation[J]. Shi Yong Gu Ke Za Zhi[J Pract Orthop(Article in Chinese;Abstract in Chinese and English)],2003,9(3):214-216. DOI:10.3969/j.issn.1008-5572.2003.03.012.}

[8151] 吴强，李康华，贝抗胜，黄水云，李雄，唐华军，章良森，刘建平，何小龙，熊英辉. 神经端侧缝合重建腓肠神经营养血管逆行皮瓣感觉功能的临床观察 [J]. 中华显微外科杂志，2004，27（2）：106-108. DOI: 10.3760/cma.j.issn.1001-2036.2004.02.010. {WU Qiang,LI Kanghua,BEI Kangsheng,HUANG Shuiyun,LI Xiong,TANG Huajun,ZHANG Liangsen,LIU Jianping,HE Xiaolong,XIONG Yinghui. Clinical study of reconstructing the sensation of the sural island skin flap by the way of end-to-side neuro-anastomosis[J]. Zhonghua Xian Wei Wai Ke Za Zhi[Chin J Microsurg(Article in Chinese;Abstract in Chinese and English)],2004,27(2):106-108. DOI:10.3760/cma.j.issn.1001-2036.2004.02.010.}

[8152] 傅小宽，庄永青，李小军，童静，杜冬，陈振鹤，姜浩力. 六种含感觉神经皮瓣修复桡侧三指指腹缺损 [J]. 中华创伤骨科杂志，2004，6（6）：631-634. DOI: 10.3760/cma.j.issn.1671-7600.2004.06.010. {FU Xiaokuan,ZHUANG Yongqing,LI Xiaojun,TONG Jing,DU Dong,CHEN Zhenhe,JIANG Haoli. Repair of the pulp defects of thumb,index and middle fingers with flap carrying sensory nerves[J]. Zhonghua Chuang SHANG Gu Ke Za Zhi[Chin J Orthop Trauma(Article in Chinese;Abstract in Chinese and English)],2004,6(6):631-634. DOI:10.3760/cma.j.issn.1671-7600.2004.06.010.}

[8153] 杨红岩，徐军，靳小雷，严义坪，穆兰花，刘元波，晏晓青，李森恺. 腹壁下动脉穿支皮瓣血管穿支及感觉神经的应用解剖 [J]. 中华整形外科杂志，2004，20（1）：27-29. DOI: 10.3760/j.issn: 1009-4598.2004.01.009. {YANG Hongyan,XU Jun,JIN Xiaolei,YAN Yiping,MU Lanhua,LIU Yuanbo,YAN Xiaoqing,LI Senkai. Anatomic study of perforator neurovascular bundles of the deep inferior epigastric perforator flap[J]. Zhonghua Zheng Xing Wai Ke Za Zhi[Chin J Plast Surg(Article in Chinese;Abstract in Chinese and English)],2004,20(1):27-29. DOI:10.3760/j.issn:1009-4598.2004.01.009.}

[8154] 吴包金，江华. 失神经皮瓣移植感觉功能恢复的研究进展 [J]. 中华整形外科杂志，2004，20（3）：231-233. DOI: 10.3760/j.issn: 1009-4598.2004.03.022. {WU Baojin,JIANG Hua. Research progress on sensory function recovery of denervated skin flap transplantation[J]. Zhonghua Zheng Xing Wai Ke Za Zhi[Chin J Plast Surg(Article in Chinese;No abstract available)],2004,20(3):231-233. DOI:10.3760/j.issn:1009-4598.2004.03.022.}

[8155] 邵金龙，任可，王昭，康庆林. 示指背侧岛状皮瓣修复拇指指腹缺损的感觉功能重建 [J]. 中国骨伤，2004，17（2）：121. DOI: 10.3969/j.issn.1003-0034.2004.02.037. {SHAO Jinlong,REN Ke,WANG Zhao,KANG Qinglin. Reconstruction of sensory function of index finger dorsal island flap for repair of thumb pulp defect[J]. Zhongguo Gu Shang[China J Orthop Trauma(Article in Chinese;Abstract in Chinese)],2004,17(2):121. DOI:10.3969/j.issn.1003-0034.2004.02.037.}

[8156] 吴同申，孟娟，张磊，孔详清. 指侧方神经血管蒂岛状皮瓣重建拇食（示）指指腹感觉功能 [J]. 中国修复重建外科杂志，2004，18（4）：303. {WU Tongshen,MENG Juan,ZHANG Lei,KONG Xiangqing. Reconstruction of the sensory function of the thumb and index finger with a neurovascular island flap on the side of the finger[J]. Zhongguo Xiu Fu Chong Jian Wai Ke Za Zhi[Chin J Repar Reconstr Surg(Article in Chinese;No abstract available)],2004,18(4):303.}

[8157] 崔树森，李岩峰，尹维田，李福，谢升伟，徐明珠. 重建感觉的指动脉远侧指间关节背侧皮支逆行岛状皮瓣 [J]. 中华显微外科杂志，2005，28（1）：3-5. DOI: 10.3760/cma.j.issn.1001-2036.2005.01.002. {CUI Shusen,LI Yanfeng,YIN Weitian,LI Fu,XIE Shengwei,XU Mingzhu. Innervated reverse island flap based on the dorsal cutaneous branch at distal interphalangeal joint of the digital artery[J]. Zhonghua Xian Wei Wai Ke Za Zhi[Chin J Microsurg(Article in Chinese;Abstract in Chinese and English)],2005,28(1):3-5. DOI:10.3760/cma.j.issn.1001-2036.2005.01.002.}

[8158] 李志安，伍成奇，裴志强. 改良指动脉岛状皮瓣修复手指创面及感觉重建 [J]. 中国矫形外科杂志，2005，13(16)：13741275. DOI: 10.3969/j.issn.1005-8478.2005.16.025. {LI Zhian,WU Chengqi,PEI Zhiqiang. Modified finger artery island flag in repairing of finger loss and sense reconstruction[J]. Zhongguo Jiao Xing Wai Ke Za Zhi [Orthop J Chin(Article in Chinese;Abstract in Chinese)],2005,13(16):13741275. DOI:10.3969/j.issn.1005-8478.2005.16.025.}

[8159] 苗卫东，曹湘豫，张韶民. 重建感觉的手指背侧逆行岛状皮瓣修复指腹指端缺损 [J]. 中华显微外科杂志，2006，29（5）：356. {MIAO Weidong,CAO Xiangyu,ZHANG Shaomin. Restoration of sensory dorsal retrograde island flaps for repair of fingertip defects[J]. Zhonghua Xian Wei Wai Ke Za Zhi[Chin J Microsurg(Article in Chinese;No abstract available)],2006,29(5):356.}

[8160] 李自力，赵桂香，程代薇，朱文，彭德飞，王毅，肖向阳，严晓寒. 带感觉的小隐静脉 - 腓肠神经皮支营养血管蒂逆行岛状皮瓣修复足底、足跟皮肤缺损 [J]. 中华整形外科杂志，2006，22（5）：394-395. DOI: 10.3760/j.issn: 1009-4598.2006.05.022. {LI Zili,ZHAO Guixiang,CHENG Daiwei,ZHU Wen,PENG Defei,WANG Yi,XIAO Xiangyang,YAN Xiaohan. Repair of plantar and heel skin defects with sensory small saphenous vein-sural nerve cutaneous branch nutrient vessel pedicled retrograde island flap[J]. Zhonghua Zheng Xing Wai Ke Za Zhi[Chin J Plast Surg(Article in Chinese;No abstract available)],2006,22(5):394-395. DOI:10.3760/j.issn:1009-4598.2006.05.022.}

[8161] 黄汉伟，林建华，郑和平，张发惠，叶君健. 逆行腓肠神经营养血管岛状皮瓣感觉重建的解剖研究 [J]. 中国修复重建外科杂志，2006，20（1）：44-46. {HUANG Hanwei,LIN Jianhua,ZHENG Heping,ZHANG Fahui,YE Junjian. Anatomical study on restoration of the sensation of distal based sural island flap[J]. Zhongguo Xiu Fu Chong Jian Wai Ke Za Zhi[Chin J Repar Reconstr Surg(Article in Chinese;Abstract in Chinese and English)],2006,20(1):44-46.}

[8162] 蒋文萍，赵少平，王洪涛，杨焕友. 应用足趾皮瓣重建手指掌侧皮肤感觉 [J]. 中华显微外科杂志，2007，30（2）：146-147. DOI: 10.3760/cma.j.issn.1001-2036.2007.02.025. {JIANG Wenping,ZHAO Shaoping,WANG Hongtao,YANG Huanyou. Reconstruction of skin sensation on palm side of fingers with toe flap[J]. Zhonghua Xian Wei Wai Ke Za Zhi[Chin J Microsurg(Article in Chinese;Abstract in Chinese)],2007,30(2):146-147. DOI:10.3760/cma.j.issn.1001-2036.2007.02.025.}

[8163] 胡勇，王增涛，朱小雷，孙文海，许庆家，朱磊，刘志波，吴昊，王德华. 带感觉神经的足背动脉蒂跗外侧动脉皮瓣修复前足缺损 [J]. 中华显微外科杂志，2007，30（2）：91-92，插图 2. DOI: 10.3760/cma.j.issn.1001-2036.2007.02.004. {HU Yong,WANG Zengtao,ZHU Xiaolei,SUN Wenhai,XU Qingjia,ZHU Lei,LIU Zhibo,WU Hao,WANG Dehua. Lateral tarsal artery flap with dorsal lateral cutaneous nerve to close forefoot cutaneous defect[J]. Zhonghua Xian Wei Wai Ke Za Zhi[Chin J Microsurg(Article in Chinese;Abstract in Chinese and English)],2007,30(2):91-92,insert 2. DOI:10.3760/cma.j.issn.1001-2036.2007.02.004.}

[8164] 潘朝晖，王剑利，袁勇，蒋萍萍，薛山. 带感觉神经的骨间背侧游离皮瓣修复手指皮肤缺损 [J]. 中华显微外科杂志，2007，30（4）：304-306. DOI: 10.3760/cma.j.issn.1001-2036.2007.04.028. {PAN Zhaohui,WANG Jianli,YUAN Yong,JIANG Pingping,XUE Shan. Repair of finger skin defect with free interosseous flap with sensory nerve[J]. Zhonghua Xian Wei Wai Ke Za Zhi[Chin J Microsurg(Article in Chinese;Abstract in Chinese)],2007,30(4):304-306. DOI:10.3760/cma.j.issn.1001-2036.2007.04.028.}

[8165] 寿奎水. 重视皮瓣感觉的测定 [J]. 中华手外科杂志，2007，23（4）：193-194. DOI: 10.3760/cma.j.issn.1005-054X.2007.04.001. {SHOU Kuishui. Emphasis on the measurement of flap sensation[J]. Zhonghua Shou Wai Ke Za Zhi[Chin J Hand Surg(Article in Chinese;Abstract in Chinese and English)],2007,23(4):193-194. DOI:10.3760/cma.j.issn.1005-054X.2007.04.001.}

[8166] 吴包金，江华，李文鹏，张盈帆，陈刚. 感觉神经植入兔带蒂皮瓣转移再造阴茎后的再生神经形态学观察 [J]. 中华整形外科杂志，2007，23（5）：416-419. DOI: 10.3760/j.issn: 1009-4598.2007.05.018. {WU Baojin,JIANG Hua,LI Wenpeng,ZHANG Yingfan,CHEN Gang. Morphologic observation of the regenerated nerve in reconstructed penis with sensory nerve implantation in rabbit[J]. Zhonghua Zheng Xing Wai Ke Za Zhi[Chin J Plast Surg(Article in Chinese;Abstract in Chinese and English)],2007,23(5):416-419. DOI:10.3760/j.issn:1009-4598.2007.05.018.}

[8167] 张铁柱，毛驰，姜颖，陈坤，彭韵. 修复口腔缺损常用游离皮瓣供区表面感觉的研究 [J]. 现代口腔医学杂志，2007，21（6）：573-574. DOI: 10.3969/j.issn.1003-7632.2007.06.005. {ZHANG Tiezhu,MAO Chi,JIANG Ying,CHEN Kun,PENG Yun. Study on sensation of free flap donor site for oral reconstruction[J]. Xian Dai Kou Qiang Yi Xue Za Zhi[J Mod Stomatol(Article in Chinese;Abstract in Chinese and English)],2007,21(6):573-574. DOI:10.3969/j.issn.1003-7632.2007.06.005.}

[8168] 张铁柱，毛驰，栾修文，陈坤，高岩. 兔耳大神经植入颈部皮瓣修复颊缺损重建感觉的实验研究 [J]. 中国修复重建外科杂志，2007，21（4）：336-339. {ZHANG Tiezhu,MAO Chi,LUAN Xiuwen,CHEN Kun,GAO Yan. Reestablishment of sensory function after greater auricular nerve implanted into flap for reconstruction of buccal defect in rabbits[J]. Zhongguo Xiu Fu Chong Jian Wai Ke Za Zhi[Chin J Repar Reconstr Surg(Article in Chinese;Abstract in Chinese and English)],2007,21(4):336-339.}

[8169] 郑和平，汪华侨，张发惠. 腓浅神经营养血管远端蒂皮瓣感觉重建的解剖学基础 [J]. 中华显微外科杂志，2008，31（6）：435-437，插 5. DOI: 10.3760/cma.j.issn.1001-2036.2008.06.011. {ZHENG Heping,WANG Huaqiao,ZHANG Fahui. Anatomic basis of sensation restoration of distally based island flap pedicled with nutrient vessels of superficial peroneal nerve[J]. Zhonghua Xian Wei Wai Ke Za Zhi[Chin J Microsurg(Article in Chinese;Abstract in Chinese and English)],2008,31(6):435-437,insert 5. DOI:10.3760/cma.j.issn.1001-2036.2008.06.011.}

[8170] 王朝亮，黄素芳，孙雪生，朱涛，王加利，康颂科，李新霞. 重建感觉的指神经背侧支岛状皮瓣修复末节皮肤缺损 [J]. 中华手外科杂志，2008，24（2）：86. {WANG Chaoliang,HUANG Sufang,SUN Xuesheng,ZHU Tao,WANG Jiali,KANG Songke,LI Xinxia. Reconstruction of sensory dorsal branch island flap of digital nerve to repair skin defect of distal segment[J]. Zhonghua Shou Wai Ke Za Zhi[Chin J Hand Surg(Article in Chinese;No abstract available)],2008,24(2):86.}

[8171] 胡孔和，吴强，刘建平，何小龙，席新华，靳安民，刘成龙. 神经端侧吻合重建股前外侧游离皮瓣感觉功能 [J]. 中华显微外科杂志，2009，32（2）：146-148. DOI: 10.3760/cma.j.issn.1001-2036.2009.02.023. {HU Konghe,WU Qiang,LIU Jianping,HE Xiaolong,XI Xinhua,JIN Anmin,LIU Chenglong. Reconstruction of sensory function of free anterolateral thigh flap with nerve end-to-side anastomosis[J]. Zhonghua Xian Wei Wai Ke Za Zhi[Chin J Microsurg(Article in Chinese;Abstract in Chinese)],2009,32(2):146-148. DOI:10.3760/cma.j.issn.1001-2036.2009.02.023.}

[8172] 任东良，邵新中，陈超，于亚东，王立. 重建感觉的指动脉背侧支筋膜岛状皮瓣修复多指指端缺损 [J]. 中国矫形外科杂志，2009，17（2）：154-155. {REN Dongliang,SHAO Xinzhong,CHEN Chao,YU Yadong,WANG Li. Fascial island flap with the dorsal branch from the proper digital artery and the contralateral dorsal branch from the proper digital nerve for repairing fingertip soft tissue defects at multiple fingers[J]. Zhongguo Jiao Xing Wai Ke Za Zhi[Orthop J China(Article in Chinese;Abstract in Chinese)],2009,17(2):154-155.}

[8173] 苏利国，刘勇，张晓军，刘晓军，段家波，樊利军，张会勇. 足背皮瓣在修复手掌部皮肤缺损中的感觉功能重建 [J]. 中国矫形外科杂志，2009，17（14）：1117. {SU Liguo,LIU Yong,ZHANG Xiaojun,LIU Xiaojun,DUAN Jiabo,FAN Lijun,ZHANG Huiyong. Reconstruction of sensory function of dorsal foot flap in repairing skin defect of palm[J]. Zhongguo Jiao Xing Wai Ke Za Zhi[Orthop J China(Article in Chinese;No abstract available)],2009,17(14):1117.}

[8174] 陈超，邵新中，高顺红，王斌，刘德群. 缝合双侧指神经背侧支的改良邻指皮瓣重建指腹感觉 [J]. 中华手外科杂志，2009，25（5）：288-290. DOI: 10.3760/cma.j.issn.1005-054X.2009.05.019. {CHEN Chao,SHAO Xinzhong,GAO Shunhong,WANG Bin,LIU Dequn. Sensory reconstruction of finger pulp using the bilaterally innervated sensory modified cross-finger flap[J]. Zhonghua Shou Wai Ke Za Zhi[Chin J Hand Surg(Article in Chinese;Abstract in Chinese and English)],2009,25(5):288-290. DOI:10.3760/cma.j.issn.1005-054X.2009.05.019.}

[8175] 翁雨雄，王发斌，黄启顺，陈振兵. 重建感觉的腓肠神经营养皮瓣修复足跟部缺损的临床研究 [J]. 中华手外科杂志，2009，25（6）：378-380. {WENG Yuxiong,WANG Fabin,HUANG Qishun,CHEN Zhenbing. A clinical study of sural neurotrophic skin flap with sensory reconstruction for repairing heel defects[J]. Zhonghua Shou Wai Ke Za Zhi[Chin J Hand Surg(Article in Chinese;Abstract in Chinese)],2009,25(6):378-380.}

[8176] 朱新红，吴水培，俞立新，于凤宾，朱亚中，周嵘. 带感觉神经的股前外侧皮瓣修复手、足皮肤缺损 [J]. 中国微创外科杂志，2009，15（8）：753-755. DOI: 10.3969/j.issn.1009-6604.2009.08.031. {ZHU Xinhong,WU Shuipei,YU Lixin,YU Fengbin,ZHU Yazhong,ZHOU Rong. Repair of skin defects of hands and feet with anterolateral thigh flap with sensory nerve[J]. Zhongguo Wei Chuang Wai Ke Za Zhi[Chin J Minim Inva Surg(Article in Chinese;No abstract available)],2009,15(8):753-755. DOI:10.3969/j.issn.1009-6604.2009.08.031.}

[8177] 崔红旺，李中锋，王迭利，魏在荣，孙广峰，王俊波. 带感觉支指背筋膜逆行岛状皮瓣修复手指皮肤缺损 [J]. 中华损伤与修复杂志（电子版），2009，4（3）：312-316. DOI: 10.3969/j.issn.1673-9450.2009.03.012. {CUI Hongwang,LI Zhongfeng,WANG Dieli,WEI Zairong,SUN Guangfeng,WANG Junbo. Repair of finger skin defect with retrograde island flap with sensory dorsal fascia[J]. Zhonghua Sun Shang Yu Xiu Fu Za Zhi Dian Zi Ban[Chin J Injury Repair Wound Healing(Electr Ed)(Article in Chinese;Abstract in Chinese and English)],2009,4(3):312-316. DOI:10.3969/j.issn.1673-9450.2009.03.012.}

[8178] 苏日宝，梅晰凡，孙乐天，王健. 改良食（示）指指侧岛状皮瓣及其感觉训练的临床研究 [J]. 实用手外科杂志，2009，23（3）：134-136. DOI: 10.3969/

j.issn.1671-2722.2009.03.002. {SU Ribao,MEI Xifan,SUN Letian,WANG Jian. The clinical research of reforming posterior island flap of index-finger and aesthesia rehabilitation training of the flap dystopia[J]. Shi Yong Shou Wai Ke Za Zhi[Chin J Pract Hand Surg(Article in Chinese;Abstract in Chinese and English)],2009,23(3):134-136. DOI:10.3969/j.issn.1671-2722.2009.03.002.}

[8179] 刘鸣江，唐举玉，吴攀峰，肖湘君. 逆行腓肠神经营养血管皮瓣的感觉重建 [J]. 中华显微外科杂志，2011，34(3)：194-197. DOI：10.3760/cma.j.issn.1001-2036.2011.03.008. {LIU Mingjiang,TANG Juyu,WU Panfeng,XIAO Xiangjun. The study on the sensory reconstruction in denervation areas after the operation of reversed island pedicled sural flap[J]. Zhonghua Xian Wei Wai Ke Za Zhi[Chin J Microsurg(Article in Chinese;Abstract in Chinese and English)],2011,34(3):194-197. DOI:10.3760/cma.j.issn.1001-2036.2011.03.008.}

[8180] 张杰，陈长松，陈旭华，余玮，姚斌伟. 带感觉支动脉化静脉指背侧皮瓣移植修复指腹缺损 [J]. 中华显微外科杂志，2011，34(5)：413-415. DOI：10.3760/cma.j.issn.1001-2036.2011.05.024. {ZHANG Jie,CHEN Changsong,CHEN Xuhua,YU Wei,YAO Binwei. Transplantation of dorsal finger flap with sensory branch arterialized vein to repair finger belly defect[J]. Zhonghua Xian Wei Wai Ke Za Zhi[Chin J Microsurg(Article in Chinese;Abstract in Chinese)],2011,34(5):413-415. DOI:10.3760/cma.j.issn.1001-2036.2011.05.024.}

[8181] 孙乾，祝伟，曹群华. 胫后动脉穿支为蒂的隐神经营养皮瓣感觉重建的临床研究 [J]. 实用手外科杂志，2011，25(1)：20-22. DOI：10.3969/j.issn.1671-2722.2011.01.010. {SUN Qian,ZHU Wei,CAO Qunhua. Application of the reversed saphenous neurocutaneous flap based on the perforator of the posterior tibial artery[J]. Shi Yong Shou Wai Ke Za Zhi[Chin J Pract Hand Surg(Article in Chinese;Abstract in Chinese and English)],2011,25(1):20-22. DOI:10.3969/j.issn.1671-2722.2011.01.010.}

[8182] 鲁明，曲巍，张卫国，吕德成. 跨甲瓣移植再造拇指术后的感觉功能恢复 [J]. 实用手外科杂志，2011，25(2)：116-117，132. DOI：10.3969/j.issn.1671-2722.2011.02.011. {LU Ming,QU Wei,ZHANG Weiguo,LU Decheng. Recovery of sensation after thumb reconstructions with the free great toe wrap-around flap[J]. Shi Yong Shou Wai Ke Za Zhi[Chin J Pract Hand Surg(Article in Chinese;Abstract in Chinese and English)],2011,25(2):116-117,132. DOI:10.3969/j.issn.1671-2722.2011.02.011.}

[8183] 刘光军，郭升玲，谭琪，高志刚，王谦，范启申. 带感觉的上臂外侧皮瓣游离移植修复手部皮肤缺损 [J]. 实用手外科杂志，2011，25(4)：281-283. DOI：10.3969/j.issn.1671-2722.2011.04.008. {LIU Guangjun,GUO Shengling,TAN Qi,GAO Zhigang,WANG Qian,FAN Qishen. Free lateral arm neurocutaneous flap for reconstruction of skin defects of hand[J]. Shi Yong Shou Wai Ke Za Zhi[Chin J Pract Hand Surg(Article in Chinese;Abstract in Chinese and English)],2011,25(4):281-283. DOI:10.3969/j.issn.1671-2722.2011.04.008.}

[8184] 唐修俊，魏在荣，王波，王达利，祁建平，孙广峰，金文虎. 重建感觉的指固有动脉穿支蒂逆行岛状皮瓣的临床应用 [J]. 中国修复重建外科杂志，2011，25(6)：761-762. {TANG Xiujun,WEI Zairong,WANG Bo,WANG Dali,QI Jianping,SUN Guangfeng,JIN Wenhu. Clinical application of retrograde island flap pedicled with perforator of proper digital artery[J]. Zhongguo Xiu Fu Chong Jian Wai Ke Za Zhi[Chin J Repar Reconstr Surg(Article in Chinese;Abstract in Chinese)],2011,25(6):761-762.}

[8185] 卢忠存，余金良，彭伟华，韦铭铭，韦炳雷. 重建感觉的指动脉终末背侧支逆行岛状皮瓣修复指端缺损的近期疗效 [J]. 中国修复重建外科杂志，2011，25(9)：1033-1035. {LU Zhongcun,YU Jinliang,PENG Weihua,WEI Mingming,WEI Binglei. Short-term effectiveness of reverse island flap pedicled with terminal dorsal branch of digital artery with sense reconstruction for repairing fingertip defects[J]. Zhongguo Xiu Fu Chong Jian Wai Ke Za Zhi[Chin J Repar Reconstr Surg(Article in Chinese;Abstract in Chinese and English)],2011,25(9):1033-1035.}

[8186] 张杰，陈长松，陈旭华，余玮，姚斌伟. 带感觉支指背侧动脉化静脉皮瓣移植修复指腹缺损 [J]. 中华骨科杂志，2012，32(4)：344-347. DOI：10.3760/cma.j.issn.0253-2352.2012.04.009. {ZHANG Jie,CHEN Changsong,CHEN Xuhua,YU Wei,YAO Binwei. Transplantation of dorsal arterialized vein flap with sensory branch to repair finger belly defect[J]. Zhonghua Gu Ke Za Zhi[Chin J Orthop(Article in Chinese;Abstract in Chinese and English)],2012,32(4):344-347. DOI:10.3760/cma.j.issn.0253-2352.2012.04.009.}

[8187] 胡孔和，吴强，靳安民，席新华，段扬，刘成龙. 神经端侧吻合重建游离皮瓣感觉功能的临床效果 [J]. 中华显微外科杂志，2012，35(3)：237-239. DOI：10.3760/cma.j.issn.1001-2036.2012.03.025. {HU Konghe,WU Qiang,JIN Anmin,XI Xinhua,DUAN Yang,LIU Chenglong. Clinical effect of neuroend-to-side anastomosis to reconstruct sensory function of free skin flap[J]. Zhonghua Xian Wei Wai Ke Za Zhi[Chin J Microsurg(Article in Chinese;Abstract in Chinese)],2012,35(3):237-239. DOI:10.3760/cma.j.issn.1001-2036.2012.03.025.}

[8188] 唐举玉，李康华，谢松林，刘俊，宋达疆. 股前外侧皮瓣修复足跟大面积软组织缺损的感觉重建探讨 [J]. 中华显微外科杂志，2012，35(4)：267-271，后插1. DOI：10.3760/cma.j.issn.1001-2036.2012.04.002. {TANG Juyu,LI Kanghua,XIE Songlin,LIU Jun,SONG Dajiang. Innervation of free anterolateral thigh flap for repairing widespreadly traumatic soft tissue defects in heel[J]. Zhonghua Xian Wei Wai Ke Za Zhi[Chin J Microsurg(Article in Chinese;Abstract in Chinese and English)],2012,35(4):267-271,insert 1. DOI:10.3760/cma.j.issn.1001-2036.2012.04.002.}

[8189] 王五洲，王剑利，郭德亮，曲新强，郭永强，孙圣亮. 携带指背感觉神经的近节指背皮瓣修复指腹缺损 [J]. 中华手外科杂志，2012，28(2)：125. DOI：10.3760/cma.j.issn.1005-054X.2012.02.027. {WANG Wuzhou,WANG Jianli,GUO Deliang,QU Xinqiang,GUO Yongqiang,SUN Shengliang. Repair of finger pulp defect with proximal dorsal finger flap carrying sensory nerve[J]. Zhonghua Shou Wai Ke Za Zhi[Chin J Hand Surg(Article in Chinese;No abstract available)],2012,28(2):125. DOI:10.3760/cma.j.issn.1005-054X.2012.02.027.}

[8190] 张连双，任志勇，史迅. 吻合感觉神经穿支皮瓣移植修复足跟部软组织缺损 [J]. 中国矫形外科杂志，2013，21(16)：1681-1683. DOI：10.3977/j.issn.1005-8478.2013.16.19. {ZHANG Lianshuang,REN Zhiyong,SHI Xun. Anastomosed sensory nerve perforator flap transplantation to repair soft tissue defect of heel[J]. Zhongguo Jiao Xing Wai Ke Za Zhi[Orthop J China(Article in Chinese;Abstract in Chinese)],2013,21(16):1681-1683. DOI:10.3977/j.issn.1005-8478.2013.16.19.}

[8191] 刘勇，张成进，付兴茂，王剑利，张雪涛，王蕾. 跨供区髂骨皮瓣联合感觉神经植入一期修复大面积跟骨与皮肤缺损 [J]. 中华创伤骨科杂志，2013，15(7)：571-574. DOI：10.3760/cma.j.issn.1671-7600.2013.07.005. {LIU Yong,ZHANG Chengjin,FU Xingmao,WANG Jianli,ZHANG Xuetao,WANG Lei. An iliac flap straddling the donor site plus sensory nerve implantation for one-stage repair of massive defects of calcaneal bone and skin[J]. Zhonghua Chuang SHANG Gu Ke Za Zhi[Chin J Orthop Trauma(Article in Chinese;Abstract in Chinese and English)],2013,15(7):571-574. DOI:10.3760/cma.j.issn.1671-7600.2013.07.005.}

[8192] 张文龙，王增涛，李瑞国，曹磊. 改良邻指皮瓣在指腹感觉重建中的应用 [J]. 中华整形外科杂志，2013，29(6)：461-462. DOI：10.3760/cma.j.issn.1009-4598.2013.06.015. {ZHANG Wenlong,WANG Zengtao,LI Ruiguo,CAO Lei. Application of improved adjacent finger skin flap in finger belly sensory reconstruction[J]. Zhonghua Zheng Xing Wai Ke Za Zhi[Chin J Plast Surg(Article in Chinese;No abstract available)],2013,29(6):461-462. DOI:10.3760/cma.j.issn.1009-4598.2013.06.015.}

[8193] 杨焕友，王斌，李瑞国，蒋文平，马铁鹏，张剑锋. 吻合神经的指侧方岛状皮瓣重建拇指皮管掌侧感觉 [J]. 中华显微外科杂志，2014，37(1)：103-104. DOI：10.3760/cma.j.issn.1001-2036.2014.01.038. {YANG Huanyou,WANG Bin,LI Ruiguo,JIANG Wenping,MA Tiepeng,ZHANG Jianfeng. Reconstruction of palmar sensation of thumb cutaneous tube with finger side island flap of anastomosed nerve[J]. Zhonghua Xian Wei Wai Ke Za Zhi[Chin J Microsurg(Article in Chinese;No abstract available)],2014,37(1):103-104. DOI:10.3760/cma.j.issn.1001-2036.2014.01.038.}

[8194] 魏立友，王国强，周红艳，陈华，张宏伟. 三种重建感觉的带蒂岛状皮瓣急诊修复儿童拇指损伤 [J]. 中华整形外科杂志，2014，30(2)：129-131. DOI：10.3760/cma.j.issn.1009-4598.2014.02.013. {WEI Liyou,WANG Guoqiang,ZHOU Hongyan,CHEN Hua,ZHANG Hongwei. Three kinds of pedicled island flap for restoring sensation for emergency repair of thumb injuries in children[J]. Zhonghua Zheng Xing Wai Ke Za Zhi[Chin J Plast Surg(Article in Chinese;No abstract available)],2014,30(2):129-131. DOI:10.3760/cma.j.issn.1009-4598.2014.02.013.}

[8195] 刘辉，杨勇，黄华凤，陆国通，罗文方，徐月忠，杜红敏，谢欢，林鹏. 结扎小隐静脉及重建腓肠感觉神经的逆行腓肠神经营养血管皮瓣修复足部软组织缺损 [J]. 实用手外科杂志，2014，28(3)：255-258. DOI：10.3969/j.issn.1671-2722.2014.03.005. {LIU Hui,YANG Yong,HUANG Huafeng,LU Guotong,LUO Wenfang,XU Yuezhong,DU Hongmin,XIE Huan,LIN Peng. Ligation of the small saphenous vein and reconstruction of sural sensory nerve to repair tissue defect of foot with retrograde sural neurovascular flap[J]. Shi Yong Shou Wai Ke Za Zhi[Chin J Pract Hand Surg(Article in Chinese;Abstract in Chinese and English)],2014,28(3):255-258. DOI:10.3969/j.issn.1671-2722.2014.03.005.}

[8196] 黄小进，王忠堂，杨家森，李健宁. 携带感觉神经岛状穿支皮瓣修复褥疮的疗效观察 [J]. 中国修复重建外科杂志，2014，28(2)：261-262. DOI：10.7507/1002-1892.20140057. {HUANG Xiaojin,WANG Zhongtang,YANG Jiasen,LI Jianning. Observation of curative effect of repairing bedsore with sensory nerve island perforator flap[J]. Zhongguo Xiu Fu Chong Jian Wai Ke Za Zhi[Chin J Repar Reconstr Surg(Article in Chinese;Abstract in Chinese)],2014,28(2):261-262. DOI:10.7507/1002-1892.20140057.}

[8197] 杨焕友，王斌，卢爱东，李瑞国，陈超，马铁鹏. 重建感觉的指侧方岛状皮瓣修复拇指指腹缺损 [J]. 中国修复重建外科杂志，2014，28(7)：862-864. DOI：10.7507/1002-1892.20140190. {YANG Huanyou,WANG Bin,LU Aidong,LI Ruiguo,CHEN Chao,MA Tiepeng. Repair of thumb pulp defects with side island flap coinciding dorsal branch of digital nerve[J]. Zhongguo Xiu Fu Chong Jian Wai Ke Za Zhi[Chin J Repar Reconstr Surg(Article in Chinese;Abstract in Chinese and English)],2014,28(7):862-864. DOI:10.7507/1002-1892.20140190.}

[8198] 周晓，芮永军，薛明宇，许亚军，黄军. 重建感觉的桡背侧皮神经营养M形皮瓣修复拇指末节套脱伤 [J]. 中华手外科杂志，2015，31(6)：421-423. {ZHOU Xiao,RUI Yongjun,XUE Mingyu,XU Yajun,HUANG Jun. M-shaped sensate dorsal radial neurocutaneous flap in repairing degloving injury of the distal thumb[J]. Zhonghua Shou Wai Ke Za Zhi[Chin J Hand Surg(Article in Chinese;Abstract in Chinese and English)],2015,31(6):421-423.}

[8199] 冯仕明，王爱国，张在轶，陶友伦，周明明，郝云甲，孙擎擎. 同指指固有动脉终末背侧支穿支螺旋桨皮瓣修复儿童指腹缺损并重建感觉效果观察 [J]. 中华烧伤杂志，2015，31(5)：345-348. DOI：10.3760/cma.j.issn.1009-2587.2015.05.008. {FENG Shiming,WANG Aiguo,ZHANG Zaiyi,TAO Youlun,ZHOU Mingming,HAO Yunjia,SUN Qingqing. Efficacy observation on repair of finger pulp defects and sensory reconstruction of children with the perforator propeller flap based on the end dorsal branch of digital proper artery in the same finger[J]. Zhonghua Shao Shang Za Zhi[Chin J Burns(Article in Chinese;Abstract in Chinese and English)],2015,31(5):345-348. DOI:10.3760/cma.j.issn.1009-2587.2015.05.008.}

[8200] 曹广超，郑大伟，孙峰，寿奎水. 预构感觉皮瓣修复足跟软组织撕脱伤 [J]. 中国修复重建外科杂志，2015，29(2)：198-201. DOI：10.7507/1002-1892.20150043. {CAO Guangchao,ZHENG Dawei,SUN Feng,SHOU Kuishui. Reconstruction of avulsed injuries of heel with a sensory prefabricated flap[J]. Zhongguo Xiu Fu Chong Jian Wai Ke Za Zhi[Chin J Repar Reconstr Surg(Article in Chinese;Abstract in Chinese)],2015,29(2):198-201. DOI:10.7507/1002-1892.20150043.}

[8201] 唐修俊，王波，魏在荣，王达利，韩文杰，张文夺，李书俊. 保留感觉的胫后动脉穿支皮瓣V-Y推进修复踝周创面 [J]. 中国修复重建外科杂志，2015，29(12)：1515-1518. DOI：10.7507/1002-1892.20150324. {TANG Xiujun,WANG Bo,WEI Zairong,WANG Dali,HAN Wenjie,ZHANG Wenduo,LI Shujun. Application of V-Y advancement sense-remained posterior tibial artery perforator flap in repairing wound around ankle[J]. Zhongguo Xiu Fu Chong Jian Wai Ke Za Zhi[Chin J Repar Reconstr Surg(Article in Chinese;Abstract in Chinese)],2015,29(12):1515-1518. DOI:10.7507/1002-1892.20150324.}

[8202] 沈永辉，季卫平，李浩. 带感觉腕横纹穿支皮瓣游离移植修复16例手指外伤缺损 [J]. 中华显微外科杂志，2016，39(2)：193-194. DOI：10.3760/cma.j.issn.1001-2036.2016.02.029. {SHEN Yonghui,JI Weiping,LI Hao. Repair of 16 cases of finger trauma defect with free grafting of perforator skin flap with sensory wrist[J]. Zhonghua Xian Wei Wai Ke Za Zhi[Chin J Microsurg(Article in Chinese;Abstract in Chinese)],2016,39(2):193-194. DOI:10.3760/cma.j.issn.1001-2036.2016.02.029.}

[8203] 杨何平，张洪武，杨书雄，王君，胡达旺. 带感觉神经与失神经的股前外侧穿支皮瓣在头颈部感觉重建的对比研究 [J]. 中华显微外科杂志，2016，39(3)：225-229. DOI：10.3760/cma.j.issn.1001-2036.2016.03.005. {YANG Heping,ZHANG Hongwu,YANG Shuxiong,WANG Jun,HU Dawang. A comparative study of anterolateral thigh perforator flap with and without sensory nerve graft for sensation reconstruction in head and neck region[J]. Zhonghua Xian Wei Wai Ke Za Zhi[Chin J Microsurg(Article in Chinese;Abstract in Chinese and English)],2016,39(3):225-229. DOI:10.3760/cma.j.issn.1001-2036.2016.03.005.}

[8204] 阳跃，崔树森，李春雨，吴广智. 重建感觉的游离臂外侧皮瓣修复手背皮肤缺损12例疗效分析 [J]. 中华显微外科杂志，2016，39(3)：234-236. DOI：10.3760/cma.j.issn.1001-2036.2016.03.007. {YANG Yue,CUI Shusen,LI Chunyu,WU Guangzhi. Analysis of clinic effect of the free arm lateral neurocutaneous flap in repairing cutaneous defects of opisthenar:12 cases report[J]. Zhonghua Xian Wei Wai Ke Za Zhi[Chin J Microsurg(Article in Chinese;Abstract in Chinese and English)],2016,39(3):234-236. DOI:10.3760/cma.j.issn.1001-2036.2016.03.007.}

[8205] 王付勇，李华强. 吻合神经的腹壁下动脉穿支皮瓣再造乳房感觉恢复 [J]. 中华实验外科杂志，2016，33(4)：1150-1151. DOI：10.3760/cma.j.issn.1001-9030.2016.04.086. {WANG Fuyong,LI Huaqiang. The therapeutic effects of nerve anastomosis on breast reconstruction using deep inferior epigastric perforator flap[J]. Zhonghua Shi Yan Wai Ke Za Zhi[Chin J Exp Surg(Article in Chinese;No abstract available)],2016,33(4):1150-1151. DOI:10.3760/cma.j.issn.1001-9030.2016.04.086.}

[8206] 王思月，王钦航，冯满林，陈利江，王先威，李景涛. 带感觉神经的尺动脉近端穿支皮瓣修复手指掌侧皮肤缺损 [J]. 中华手外科杂志，2016，32(3)：233-234. {WANG Siyue,WANG Qinhang,FENG Manlin,CHEN Lijiang,WANG Xianwei,LI Jingtao. Repair of palmar skin defect of finger with perforator flap of proximal ulnar artery with sensory nerve[J]. Zhonghua Shou Wai Ke Za Zhi[Chin J Hand Surg(Article in Chinese;Abstract in Chinese)],2016,32(3):233-234.}

[8207] 薛明宇，周晓，强力，沈小芳，卜凡玉，黄军. 重建感觉的指动脉M形皮瓣修复儿童指端套脱伤 [J]. 中华手外科杂志，2016，32(6)：420-422. {XUE Mingyu,ZHOU Xiao,QIANG Li,SHEN Xiaofang,BU Fanyu,HUANG Jun. Reconstructing sensation of digital artery m-shaped skin flap to repair children's finger cuff injury[J]. Zhonghua Shou Wai Ke Za Zhi[Chin J Hand Surg(Article in Chinese;Abstract in Chinese)],2016,32(6):420-422.}

[8208] 赵刚，芮永军，糜菁熠，邱扬，姚群，柯尊山，华雍. 缝合双侧神经带感觉岛状皮瓣重建指腹缺损 [J]. 中华手外科杂志，2016，32(6)：443-445. DOI：10.3760/cma.j.issn.1005-054X.2016.06.019. {ZHAO Gang,RUI Yongjun,MI Jingyi,QIU Yang,YAO

Qun,KE Zunshan,HUA Yong. Finger pulp reconstruction with innervated reverse digital artery flap through bilateral neurorrhaphy[J]. Zhonghua Shou Wai Ke Za Zhi[Chin J Hand Surg(Article in Chinese;Abstract in Chinese and English)],2016,32(6):443-445. DOI:10.3760/cma.j.issn.1005-054X.2016.06.019.}

[8209] 唐修俊，李丰，魏在荣，王达利，王波，张文夺，李书俊. 保留感觉的改良指固有动脉阶梯递进皮瓣修复指端皮肤缺损[J]. 中华创伤杂志，2016，32（4）：300-303. DOI：10.3760/cma.j.issn.1001-8050.2016.04.004. {TANG Xiujun,LI Feng,WEI Zairong,WANG Dali,WANG Bo,ZHANG Wenduo,LI Shujun. Advanced sensate proper digital artery escalating flap for repair of fingertip skin defect[J]. Zhonghua Chuang Shang Za Zhi[Chin J Trauma(Article in Chinese;Abstract in Chinese and English)],2016,32(4):300-303. DOI:10.3760/cma.j.issn.1001-8050.2016.04.004.}

[8210] 黄耀鹏，方炫量，尹善青，潘佳栋，王欣. 带感觉神经的小指尺侧指动脉穿支皮瓣的显微解剖及临床应用[J]. 中华整形外科杂志，2016，32（4）：264-267. DOI：10.3760/cma.j.issn.1009-4598.2016.04.006. {HUANG Yaopeng,FANG Xuanliang,YIN Shanqing,PAN Jiadong,WANG Xin. Anatomical study and clinical application of the sensory perforator flap from the ulnar palmar digital artery of the little finger[J]. Zhonghua Zheng Xing Wai Ke Za Zhi[Chin J Plast Surg(Article in Chinese;Abstract in Chinese and English)],2016,32(4):264-267. DOI:10.3760/cma.j.issn.1009-4598.2016.04.006.}

[8211] 张功林，甄平，陈克明，李福民，黄尧，赵来绪，杨军林，周建华，薛钦义. 带感觉神经的股前外侧带蒂皮瓣修复大粗隆部软组织缺损[J]. 中国骨伤，2016，29（4）：365-368. DOI：10.3969/j.issn.1003-0034.2016.04.016. {ZHANG Gonglin,ZHEN Ping,CHEN Keming,LI Fumin,HUANG Yao,ZHAO Laixu,YANG Junlin,ZHOU Jianhua,XUE Qinyi. Repair of the soft tissue defect in the greater trochanter of femoral with innervated anterolateral thigh pedicled skin flap[J]. Zhongguo Gu Shang[China J Orthop Trauma(Article in Chinese;Abstract in Chinese and English)],2016,29(4):365-368. DOI:10.3969/j.issn.1003-0034.2016.04.016.}

[8212] 李泽龙，黄宾，蔡习炜，陈庆洲，刘喜彬，郑永佳. 优选皮瓣修复足跟部负重区并重建感觉功能[J]. 创伤外科杂志，2016，18（9）：541-544. DOI：10.3969/j.issn.1009-4237.2016.09.009. {LI Zelong,HUANG Bin,CAI Xiwei,CHEN Qingzhou,LIU Xibin,ZHENG Yongjia. Optimization of the flap in repairing tissue defects in heel weight-bearing area and reconstructing their sensory function[J]. Chuang Shang Wai Ke Za Zhi[J Traum Surg(Article in Chinese;Abstract in Chinese and English)],2016,18(9):541-544. DOI:10.3969/j.issn.1009-4237.2016.09.009.}

[8213] 葛华平，苗平，王瑞，刘会军，张艳军. 重建感觉的游离手背尺侧缘皮瓣修复手指指腹缺损[J]. 中华显微外科杂志，2017，40（6）：577-579. DOI：10.3760/cma.j.issn.1001-2036.2017.06.017. {GE Huaping,MIAO Ping,WANG Rui,LIU Huijun,ZHANG Yanjun. Reconstruction of sensory free back ulnar edge flap for repairing finger pulp defects[J]. Zhonghua Xian Wei Wai Ke Za Zhi[Chin J Microsurg(Article in Chinese;Abstract in Chinese)],2017,40(6):577-579. DOI:10.3760/cma.j.issn.1001-2036.2017.06.017.}

[8214] 周晓，芮永军，薛明宇，许亚军，强力. 携带感觉神经的拇指指背侧穿支皮瓣的临床应用[J]. 中华手外科杂志，2017，33（1）：15-17. DOI：10.3760/cma.j.issn.1005-054X.2017.01.007. {ZHOU Xiao,RUI Yongjun,XUE Mingyu,XU Yajun,QIANG Li. Clinical application of dorsal perforator flap of the thumb carrying sensory nerves[J]. Zhonghua Shou Wai Ke Za Zhi[Chin J Hand Surg(Article in Chinese;Abstract in Chinese and English)],2017,33(1):15-17. DOI:10.3760/cma.j.issn.1005-054X.2017.01.007.}

[8215] 吴广智，张展，阳跃，李春雨，崔树森. 臂外侧皮瓣与股前外侧皮瓣游离移植后感觉恢复的比较研究[J]. 中华手外科杂志，2017，33（1）：23-24. {WU Guangzhi,ZHANG Zhan,YANG Yue,LI Chunyu,CUI Shusen. Comparative study of sensory recovery after free transplantation of lateral arm flap and anterolateral thigh flap[J]. Zhonghua Shou Wai Ke Za Zhi[Chin J Hand Surg(Article in Chinese;Abstract in Chinese)],2017,33(1):23-24.}

[8216] 宋达疆，李赞，周晓，谢松林. 游离带感觉超薄股前外侧穿支皮瓣修复踇甲瓣供区创面的疗效观察[J]. 中国修复重建外科杂志，2017，31（8）：987-991. DOI：10.7507/1002-1892.201703122. {SONG Dajiang,LI Zan,ZHOU Xiao,XIE Songlin. Observation on the effect of free zone sensory ultra-thin anterolateral thigh perforator flap for repairing the wounds of the donor site of the nail[J]. Zhongguo Xiu Fu Chong Jian Wai Ke Za Zhi[Chin J Repar Reconstr Surg(Article in Chinese;Abstract in Chinese)],2017,31(8):987-991. DOI:10.7507/1002-1892.201703122.}

[8217] 肖容，王建华，吴毓强. 携带感觉神经足底内侧动脉皮瓣修复足跟软组织缺损的临床应用[J]. 中国临床解剖学杂志，2018，36（4）：433-435. DOI：10.13418/j.issn.1001-165x.2018.04.017. {XIAO Rong,WANG Jianhua,WU Yuqiang. Clinical application of medial plantar artery flap carrying sensory nerve in repairing soft tissue defect of heel[J]. Zhongguo Lin Chuang Jie Pou Xue Za Zhi[Chin J Clin Anat(Article in Chinese;Abstract in Chinese and English)],2018,36(4):433-435. DOI:10.13418/j.issn.1001-165x.2018.04.017.}

[8218] 吴建龙，谢庆平，唐林峰，巨积辉. 带感觉神经尺动脉远端穿支微型皮瓣修复全指腹缺损[J]. 中国临床解剖学杂志，2018，36（5）：565-568. DOI：10.13418/j.issn.1001-165x.2018.05.016. {WU Jianlong,XIE Qingping,TANG Linfeng,JU Jihui. Application of the distal ulnar perforator mini type flap with anastomosed sensory nerve to repair the full pulp defect[J]. Zhongguo Lin Chuang Jie Pou Xue Za Zhi[Chin J Clin Anat(Article in Chinese;Abstract in Chinese and English)],2018,36(5):565-568. DOI:10.13418/j.issn.1001-165x.2018.05.016.}

[8219] 赖柏安，杨胜波. 腓肠神经营养血管皮瓣的解剖学基础和感觉重建临床应用进展[J]. 中国临床解剖学杂志，2018，36（5）：590-592. DOI：10.13418/j.issn.1001-165x.2018.05.022. {LAI Bai'an,YANG Shengbo. The anatomical basis and clinical application on sensory reconstruction of the sural neurocutaneous vascular flap[J]. Zhongguo Lin Chuang Jie Pou Xue Za Zhi[Chin J Clin Anat(Article in Chinese;Abstract in Chinese)],2018,36(5):590-592. DOI:10.13418/j.issn.1001-165x.2018.05.022.}

[8220] 潘佳栋，李苗钟，王科杰，黄耀鹏，王胜伟，尹善青，丁文全，郭浩，王欣. 改良法重建感觉的近端尺动脉穿支皮瓣修复相邻指腹缺损的临床观察[J]. 中华显微外科杂志，2018，41（4）：329-333. DOI：10.3760/cma.j.issn.1001-2036.2018.04.004. {PAN Jiadong,LI Miaozhong,WANG Kejie,HUANG Yaopeng,WANG Shengwei,YIN Shanqing,DING Wenquan,GUO Hao,WANG Xin. Reconstruction of adjacent large finger pulps with the modified sensate free proximal ulnar artery perforator flap[J]. Zhonghua Xian Wei Wai Ke Za Zhi[Chin J Microsurg(Article in Chinese;Abstract in Chinese and English)],2018,41(4):329-333. DOI:10.3760/cma.j.issn.1001-2036.2018.04.004.}

[8221] 吴昌盛，潘振宇，李平华，张浩. 缝合神经的游离股前外侧皮瓣修复前足皮肤缺损皮瓣感觉恢复情况的中期随访[J]. 中华显微外科杂志，2018，41（4）：371-373. DOI：10.3760/cma.j.issn.1001-2036.2018.04.014. {WU Changsheng,PAN Zhenyu,LI Pinghua,ZHANG Hao. Mid-term follow-up of the sensory recovery of the free anterolateral thigh flap with sutured nerves to repair the skin defect of the forefoot[J]. Zhonghua Xian Wei Wai Ke Za Zhi[Chin J Microsurg(Article in Chinese;Abstract in Chinese)],2018,41(4):371-373. DOI:10.3760/cma.j.issn.1001-2036.2018.04.014.}

[8222] 修秉虬. 游离腹壁下动脉穿支皮瓣重建乳房感觉恢复研究进展[J]. 中华显微外科杂志，2018，41（4）：412-414. DOI：10.3760/cma.j.issn.1001-2036.2018.04.033. {XIU Bingqiu. Research progress of free inferior abdominal artery perforator flap to reconstruct breast sensory recovery[J]. Zhonghua Xian Wei Wai Ke Za Zhi[Chin J Microsurg(Article in Chinese;No abstract available)],2018,41(4):412-414. DOI:10.3760/cma.j.issn.1001-2036.2018.04.033.}

[8223] 荣存敏，李印龙，王芳，徐宝强，张清林，张志，王洪军，韩清銮. 携带正中神经掌皮支的游离桡动脉掌浅支皮瓣修复指损伤感觉恢复的评价[J]. 中华显微外科杂志，2018，41（5）：446-449. DOI：10.3760/cma.j.issn.1001-2036.2018.05.008. {RONG Cunmin,LI Yinlong,WANG Fang,XU Baoqiang,ZHANG Qinglin,ZHANG Zhi,WANG Hongjun,HAN Qingluan. The sensation recovery of superficial palmar branch of the radial artery flap with palmar branch of median nerve and donor site[J]. Zhonghua Xian Wei Wai Ke Za Zhi[Chin J Microsurg(Article in Chinese;Abstract in Chinese and English)],2018,41(5):446-449. DOI:10.3760/cma.j.issn.1001-2036.2018.05.008.}

[8224] 李海，魏在荣，孙广峰，唐修俊，邓呈亮，聂开瑜，金文虎，王达利. 带感觉指固有动脉穿支V-Y推进皮瓣修复手指软组织缺损的临床应用[J]. 中华手外科杂志，2018，34（6）：401-403. {LI Hai,WEI Zairong,SUN Guangfeng,TANG Xiujun,DENG Chengliang,NIE Kaiyu,JIN Wenhu,WANG Dali. Clinical application of V-Y advance skin flap with perforator of proper finger artery to repair finger soft tissue defect[J]. Zhonghua Shou Wai Ke Za Zhi[Chin J Hand Surg(Article in Chinese;Abstract in Chinese)],2018,34(6):401-403.}

[8225] 杨焕友，李劲松，王斌，李瑞国，王伟，霍永鑫，黄蕾. 指侧方岛状皮瓣修复邻指掌侧皮肤软组织缺损并重建血运及感觉[J]. 中华烧伤杂志，2018，34（6）：389-391. DOI：10.3760/cma.j.issn.1009-2587.2018.06.015. {YANG Huanyou,LI Jinsong,WANG Bin,LI Ruiguo,WANG Wei,HUO Yongxin,HUANG Lei. Finger side island flap to repair the defect of the palm side skin and soft tissue of the adjacent finger and rebuild blood supply and sensation[J]. Zhonghua Shao Shang Za Zhi[Chin J Burns(Article in Chinese;Abstract in Chinese)],2018,34(6):389-391. DOI:10.3760/cma.j.issn.1009-2587.2018.06.015.}

[8226] 吴迎，王先成，熊祥，孙杨，宋姮玥. 带感觉神经的薄型股前外侧穿支皮瓣修复足背创面[J]. 中华整形外科杂志，2018，34（10）：848-852. DOI：10.3760/cma.j.issn.1009-4598.2018.10.015. {WU Ying,WANG Xiancheng,XIONG Xiang,SUN Yang,SONG Hengyue. Repair of wound on dorsum of foot with thin anterolateral thigh perforator flap with sensory nerve[J]. Zhonghua Zheng Xing Wai Ke Za Zhi[Chin J Plast Surg(Article in Chinese;Abstract in Chinese and English)],2018,34(10):848-852. DOI:10.3760/cma.j.issn.1009-4598.2018.10.015.}

[8227] 洪永昌，赵军，曾昕明，吴秀娟，尹志成，赵容山. 带感觉神经的拇指固有动脉穿支皮瓣的临床应用[J]. 实用手外科杂志，2018，32（1）：29-31. DOI：10.3969/j.issn.1671-2722.2018.01.010. {HONG Yongchang,ZHAO Jun,ZENG Xinming,WU Xiujuan,YIN Zhicheng,ZHAO Rongshan. Clinical application of thumb digital proper artery perforator flap with sensory nerve[J]. Shi Yong Shou Wai Ke Za Zhi[Chin J Pract Hand Surg(Article in Chinese;Abstract in Chinese and English)],2018,32(1):29-31. DOI:10.3969/j.issn.1671-2722.2018.01.010.}

[8228] 孙鲁源，柴益民，文根，刘生和，韩培，汪春阳，张长青. 携带隐神经分支的胫后动脉穿支皮瓣感觉重建的临床应用[J]. 中华显微外科杂志，2019，42（2）：125-127. DOI：10.3760/cma.j.issn.1001-2036.2019.02.006. {SUN Luyuan,CHAI Yimin,WEN Gen,LIU Shenghe,HAN Pei,WANG Chunyang,ZHANG Changqing. Clinical application of posterior tibial artery perforator flap within saphenous nerve branch for sensory reconstruction[J]. Zhonghua Xian Wei Wai Ke Za Zhi[Chin J Microsurg(Article in Chinese;Abstract in Chinese and English)],2019,42(2):125-127. DOI:10.3760/cma.j.issn.1001-2036.2019.02.006.}

[8229] 葛占洲，陈秀民，李晓良，常宗伟，何龙，伍永权，周瑾，孙小旭，韩彬. 应用有感觉功能的股前外侧穿支皮瓣修复足踝部创面[J]. 中华显微外科杂志，2019，42（4）：385-388. DOI：10.3760/cma.j.issn.1001-2036.2019.04.018. {GE Zhanzhou,CHEN Xiumin,LI Xiaoliang,CHANG Zongwei,HE Long,WU Yongquan,ZHOU Jin,SUN Xiaoxu,HAN Bin. Application of sensory anterolateral thigh perforator flap to repair the ankle wound[J]. Zhonghua Xian Wei Wai Ke Za Zhi[Chin J Microsurg(Article in Chinese;Abstract in Chinese)],2019,42(4):385-388. DOI:10.3760/cma.j.issn.1001-2036.2019.04.018.}

[8230] 胡其恭，欧昌良，吴金雨，周鑫，邹永根，杨杰翔，罗旭超. 游离带感觉骨间背侧穿支皮瓣移植修复手指外伤缺损[J]. 中华手外科杂志，2019，35（2）：148-149. DOI：10.3760/cma.j.issn.1005-054X.2019.02.023. {HU Qigong,OU Changliang,WU Jinyu,ZHOU Xin,ZOU Yonggen,YANG Jiexiang,LUO Xuchao. Transplantation of dorsal perforator skin flap between free zone sensory bone to repair finger trauma defect[J]. Zhonghua Shou Wai Ke Za Zhi[Chin J Hand Surg(Article in Chinese;Abstract in Chinese)],2019,35(2):148-149. DOI:10.3760/cma.j.issn.1005-054X.2019.02.023.}

[8231] 陈林海，林光豪，陈芝武，王扬剑，叶朝辉，魏鹏，傅燕璐. 重建感觉的股前外侧穿支皮瓣修复会阴部Paget病根治术后软组织缺损的疗效分析[J]. 中华整形外科杂志，2019，35（9）：907-912. DOI：10.3760/cma.j.issn.1009-4598.2019.09.012. {CHEN Linhai,LIN Guanghao,CHEN Zhiwu,WANG Yangjian,YE Chaohui,WEI Peng,FU Yanlu. Clinical analysis of reconstruction of sensory anterolateral thigh perforator flap for repairing soft tissue defects after radical operation of paget's disease of perineum[J]. Zhonghua Zheng Xing Wai Ke Za Zhi[Chin J Plast Surg(Article in Chinese;Abstract in Chinese and English)],2019,35(9):907-912. DOI:10.3760/cma.j.issn.1009-4598.2019.09.012.}

[8232] 孙荣涛，焦涛. 携带神经的示指桡侧指背动脉逆行岛状皮瓣重建示指外形及感觉[J]. 实用手外科杂志，2019，33（2）：189-192. DOI：10.3969/j.issn.1671-2722.2019.02.020. {SUN Rongtao,JIAO Tao. Reconstruction of shape and sensation of index finger with tretrograde island flap of radial dorsal digital artery with nerve[J]. Shi Yong Shou Wai Ke Za Zhi[Chin J Pract Hand Surg(Article in Chinese;Abstract in Chinese and English)],2019,33(2):189-192. DOI:10.3969/j.issn.1671-2722.2019.02.020.}

[8233] 余晓军，陈雪松，徐永清，王晓凤，张世民. 逆行缝接神经法重建腓肠皮瓣感觉功能的临床应用[J]. 中华显微外科杂志，2020，43（3）：248-253. DOI：10.3760/cma.j.cn441206-20191230-00396. {YU Xiaojun,CHEN Xuesong,XU Yongqing,WANG Xiaofeng,ZHANG Shimin. Report on clinical application of retrograde neurorrhaphy for reconstruction of sensory function of sural flap[J]. Zhonghua Xian Wei Wai Ke Za Zhi[Chin J Microsurg(Article in Chinese;Abstract in Chinese and English)],2020,43(3):248-253. DOI:10.3760/cma.j.cn441206-20191230-00396.}

[8234] 周鑫，刘东，欧昌良，伍光辉，罗琳，邹永根. 带感觉神经的足内侧静脉皮瓣在末节指腹缺损中的应用[J]. 中华手外科杂志，2020，36（2）：122-125. {ZHOU Xin,LIU Dong,OU Changliang,WU Guanghui,LUO Lin,ZOU Yonggen. Application of the medial foot vein flap with sensory nerves in the defect of the distal phalanx[J]. Zhonghua Shou Wai Ke Za Zhi[Chin J Hand Surg(Article in Chinese;Abstract in Chinese and English)],2020,36(2):122-125.}

[8235] 施凯兵，周振宇，刘璠，沈美华，施晓健，沈灵杰. 掌背动脉逆行岛状皮瓣修复手指掌侧软组织缺损的感觉功能随访研究[J]. 中华骨与关节外科杂志，2020，13（3）：210-213. DOI：10.3969/j.issn.2095-9958.2020.03.06. {SHI Kaibing,ZHOU Zhenyu,LIU Fan,SHEN Meihua,SHI Xiaojian,SHEN Lingjie. A follow-up of sensory reconstruction in palmar soft tissue defect repaired by retrograde island flap of dorsal metacarpal artery[J]. Zhonghua Gu Yu Guan Jie Wai Ke Za Zhi[Chin J Bone Joint Surg(Article in Chinese;Abstract in Chinese and English)],2020,13(3):210-213. DOI:10.3969/j.issn.2095-9958.2020.03.06.}

[8236] 张兴群，姚毅，饶磊，秦振波，张龙春，徐一波，陈莹，姚建民，宋达疆. 游离带感觉神经肋间动脉穿支皮瓣移植修复手外伤缺损[J]. 中国修复重建外科杂志，2020，34（4）：497-500. DOI：10.7507/1002-1892.201904072. {ZHANG Xingqun,YAO Yi,RAO Lei,QIN Zhenbo,ZHANG Longchun,XU Yibo,CHEN Ying,YAO Jianmin,SONG Dajiang. Free sensate intercostal artery perforator flap for hand soft tissue reconstruction[J]. Zhongguo Xiu Fu Chong Jian Wai Ke Za Zhi[Chin J Repar Reconstr Surg(Article in Chinese;Abstract in Chinese and English)],2020,34(4):497-500. DOI:10.7507/1002-1892.201904072.}

4.1.9.12 预构皮瓣与预制皮瓣、预扩张皮瓣

prefabricated flap,prelaminated flap,preexpanded flap

[8237] Fan J. Post-transferred tissue expansion of a musculocutaneous free flap for debulking and further reconstruction[J]. Ann Plast Surg,1997,38(5):523-526. doi:10.1097/00000637-199705000-00014.

[8238] Fan J,Yang P. Aesthetic reconstruction of burn alopecia by using expanded hair-bearing scalp flaps[J]. Aesthetic Plast Surg,1997,21(6):440-444. doi:10.1007/s002669900154.

[8239] Fan J,Yang P. Versatility of expanded forehead flaps for facial reconstruction. Case report[J]. Scand J Plast Reconstr Surg Hand Surg,1997,31(4):357-363. doi:10.3109/02844319709008984.

[8240] Fan J. A new technique of scarless expanded forehead flap for reconstructive surgery[J]. Plast Reconstr Surg,2000,106(4):777-785. doi:10.1097/00006534-200009040-00004.

[8241] Jia Cy,Chen B,Su Yj. Pre-fabricated lined axial flaps for reconstruction of extensive post-burn facial and forehead full-thickness composite defects[J]. Burns,2002,28(7):688-690. doi:10.1016/s0305-4179(02)00101-8.

[8242] Gao JH,Ogawa R,Hyakusoku H,Lu F,Hu ZQ,Jiang P,Yang L,Feng C. Reconstruction of the face and neck scar contractures using staged transfer of expanded "Super-thin flaps"[J]. Burns,2007,33(6):760-763. doi:10.1016/j.burns.2006.10.386.

[8243] Liu X,Li S,Li Y. Prefabricated cervical flap for facial reconstruction[J]. Plast Reconstr Surg,2008,121(5):342e-344e. doi:10.1097/PRS.0b013e31816b12bf.

[8244] Zhang GL,Cai GR,Zhang M,Zheng LJ,Zhang Y. Coverage of soft tissue defect in palm with prefabricated flap[J]. Chin J Traumatol,2008,11(3):190-192. doi:10.1016/s1008-1275(08)60040-1.

[8245] Jiang H,Li QF,Gu B,Fu K,Zheng D,Liu K,Shen G. Reconstruction of advanced-stage electrical hand injury in a one stage procedure using a prefabricated medial lateral crural composite flap[J]. Ann Plast Surg,2008,60(6):626-630. doi:10.1097/SAP.0b013e318137a49e.

[8246] Xianjie M,Zheng Y,Ai Y,Guo S,Han Y,Xia W,Yi C,Lu K. Repair of faciocervical scars by expanded deltopectoral flap[J]. Ann Plast Surg,2008,61(1):56-60. doi:10.1097/SAP.0b013e31815799f0.

[8247] Zhang GL,Zhang M,Yu H,Huang JH,Wang GS. Prefabricated flap to repair heel defect of child[J]. Chin J Traumatol,2008,11(5):319-320. doi:10.1016/s1008-1275(08)60065-6.

[8248] Yang SL,Zheng JH,Ding Z,Liu QY,Mao GY,Jin YP. Combined fascial flap and expanded skin flap for enveloping Medpor framework in microtia reconstruction[J]. Aesthetic Plast Surg,2009,33(4):518-522. doi:10.1007/s00266-008-9249-0.

[8249] Liu Y,Jiao P,Tan X,Zhu S. Reconstruction of facial defects using prefabricated expanded flaps carried by temporoparietal fascia flaps[J]. Plast Reconstr Surg,2009,123(2):556-561. doi:10.1097/PRS.0b013e3181954e71.

[8250] Fan J,Liu L,Tian J,Gan C,Lei M. The expanded "flying-wings" scalp flap for aesthetic hemiscalp alopecia reconstruction in children[J]. Aesthetic Plast Surg,2009,33(3):361-365. doi:10.1007/s00266-009-9330-3.

[8251] Zhang GL,Ge BF,Hu YX,Wu HG,Yin Y. Reconstruction of degloved thumb with prefabricated flap[J]. Chin J Traumatol,2009,12(3):184-186.

[8252] Feng L,Gao J,Ogawa R,Hu Z,Jiang P,Feng C. Bilateral expanded cervico-pectoral "super-thin flap" for entire neck reconstruction[J]. Ann Plast Surg,2009,63(4):404-408. doi:10.1097/SAP.0b013e318195383a.

[8253] Fan J,Liu L,Tian J,Gan C,Lei M. Aesthetic full-perioral reconstruction of burn scar by using a bilateral-pedicled expanded forehead flap[J]. Ann Plast Surg,2009,63(6):640-644. doi:10.1097/SAP.0b013e31819adfdd.

[8254] DUAN Chenwang,BAO Shiwei,YU Dashan,LI Qiang,CHEN Bin,ZHAO Muxin,LI Pengcheng,LI Senkai. Application of botulinum toxin type A in myocutaneous flap expansion[J]. Plast Reconstr Surg,2009,124(5):1450-1457. doi:10.1097/PRS.0b013e3181b989be.

[8255] Zan T,Li Q,Dong J,Zheng S,Xie Y,Yu D,Zheng D,Gu B. Transplanted endothelial progenitor cells increase neo-vascularisation of rat pre-fabricated flaps[J]. J Plast Reconstr Aesthet Surg,2010,63(3):474-481. doi:10.1016/j.bjps.2008.11.076.

[8256] Zhang Q,Quan Y,Su Y,Shi L,Xie Y,Liu X. Expanded retroauricular skin and fascial flap in congenital microtia reconstruction[J]. Ann Plast Surg,2010,64(4):428-434. doi:10.1097/SAP.0b013e3181b0bb7e.

[8257] Chen W,Li Y,Wang N. The need for a complete platysma component for platysma myocutaneous flaps?—an introduction of the expanded cutaneous-dominant platysma flap for facial defect reconstruction[J]. J Plast Reconstr Aesthet Surg,2010,63(12):2172-2176. doi:10.1016/j.bjps.2010.03.011.

[8258] Li H,Zan T,Li Y,Weng R,Yang M,Du Z,Zhong S,Li Q. Transplantation of adipose-derived stem cells promotes formation of prefabricated flap in a rat model[J]. Tohoku J Exp Med,2010,222(2):131-140. doi:10.1620/tjem.222.131.

[8259] Shen G,Xie F,Wang H,Gu B,Li Q. Resurfacing of lower face scars with a pre-expanded flap from the neck[J]. Ann Plast Surg,2011,66(2):131-136. doi:10.1097/SAP.0b013e3181f3e0b7.

[8260] Bin S,Yuanbo L,Ji J,Shan Z. Preexpanded pedicle medial arm flap:an alternative method of massive facial defect reconstruction[J]. Aesthetic Plast Surg,2011,35(6):946-952. doi:10.1007/s00266-011-9709-9.

[8261] Chen Z,Zhang W,Huang J,Ren J,Zhu Y. Exceedingly expanded retroauricular flaps for microtia reconstruction[J]. J Plast Reconstr Aesthet Surg,2011,64(11):1448-453. doi:10.1016/j.bjps.2011.06.025.

[8262] Xiaobo Y,Yanyong Z,Haiyue J,Hongxing Z,Bo P,Lei L. Aesthetic and functional restoration of anterior neck scar contracture using a bipedicled expanded forehead flap[J]. Burns,2011,37(8):1444-448. doi:10.1016/j.burns.2011.07.012.

[8263] Liu Y,Huang J,Wen K,Liu N,Wang J. Treatment of giant congenital melanocytic nevus of the left upper extremity with staged expanded flap[J]. J Plast Reconstr Aesthet Surg,2012,65(2):258-263. doi:10.1016/j.bjps.2011.06.042.

[8264] Tang Y,Zhou C,Luan J,Hu J. Improvement of length of survival of expanded flap by application of topical papaverine cream[J]. J Plast Surg Hand Surg,2012,46(6):389-392. doi:10.3109/2000656X.2012.717897.

[8265] Fu S,Fan J,Liu L,Gan C,Tian J,Jiao H,Chen W,Yang Z,Yin Z. Aesthetic mental and cervical reconstruction after severe acne inversa by using a bilateral pedicled expanded forehead flap[J]. J Craniofac Surg,2012,23(6):e615-617. doi:10.1097/SCS.0b013e31826cf6b2.

[8266] Song B,Zhao J,Guo S,Yi C,Liu C,He L,Li Y,Shao J,Zhang X. Repair of facial scars by the free expanded deltopectoral flap[J]. Plast Reconstr Surg,2013,131(2):200e-208e. doi:10.1097/PRS.0b013e3182789c02.

[8267] Xie F,Li H,Li Q,Gu B,Zhou S,Liu K,Zan T,Xie Y. Application of the expanded lateral thoracic pedicle flap in face and neck reconstruction[J]. Burns,2013,39(6):1257-1262. doi:10.1016/j.burns.2013.01.003.

[8268] Zan T,Li H,Du Z,Gu B,Liu K,Xie F,Xie Y,Li Q. Reconstruction of the face and neck with different types of pre-expanded anterior chest flaps:a comprehensive strategy for multiple techniques[J]. J Plast Reconstr Aesthet Surg,2013,66(8):1074-1081. doi:10.1016/j.bjps.2013.04.028.

[8269] Wei X,Li Q. Prefabrication as a term in flap surgery:do we need a broader definition?[J]. J Reconstr Microsurg,2013,29(8):559-560. doi:10.1055/s-0033-1345433.

[8270] Gu Y,Guo X,Wang T,Yu H,Yang W,Wang J. Reconstruction of total upper eyelid with prefabricated capsule-lined advancement flaps[J]. J Craniofac Surg,2013,24(3):1038-1041. doi:10.1097/SCS.0b013e3182801983.

[8271] Song B,Jin J,Liu Y,Zhu S. Prefabricated expanded free lower abdominal skin flap for cutaneous coverage of a forearm burn wound defect[J]. Aesthetic Plast Surg,2013,37(5):956-959. doi:10.1007/s00266-013-0155-8.

[8272] Gan C,Fan J,Liu L,Tian J,Jiao H,Chen W,Fu S,Feng S. Reconstruction of large unilateral hemi-facial scar contractures with supercharged expanded forehead flaps based on the anterofrontal superficial temporal vessels[J]. J Plast Reconstr Aesthet Surg,2013,66(11):1470-1476. doi:10.1016/j.bjps.2013.06.055.

[8273] Yan H,He Z,Li Z,Lin K,Lv L,Li Z,Chen X,Gao W. Large prefabricated skin flaps based on the venous system in rabbits:a preliminary study[J]. Plast Reconstr Surg,2013,132(3):372e-380e. doi:10.1097/PRS.0b013e31829acf3d.

[8274] Zhu H,Xie Y,Xie F,Gu B,Liu K,Zan T,Li Q. Prevention of necrosis of adjacent expanded flaps by surgical delay[J]. Ann Plast Surg,2014,73(5):525-530. doi:10.1097/SAP.0b013e31827fafce.

[8275] Li Q,Zan T,Li H,Zhou S,Gu B,Liu K,Xie F,Xie Y. Flap prefabrication and stem cell-assisted tissue expansion:how we acquire a monoblock flap for full face resurfacing[J]. J Craniofac Surg,2014,25(1):21-25. doi:10.1097/01.scs.0000436743.75289.6b.

[8276] Liu Y,Zang M,Ding Q,Guo L,Peng T. A new way to pre-expand the thoracodorsal artery perforator flap:expansion under the muscle[J]. J Plast Reconstr Aesthet Surg,2014,67(5):e134-135. doi:10.1016/j.bjps.2013.12.052.

[8277] Hu J,Liu T,Zhou X,Zhang YB,Zhang Q. Treatment of postburn ear defect with expanded upper arm flap and consequent expansion without skin grafting[J]. Ann Plast Surg,2014,72(4):398-401. doi:10.1097/SAP.0000000000000113.

[8278] Zhao D,Ma X,Li J,Zhang L,Zhu B. Expanded flap to repair facial scar left by radiotherapy of hemangioma[J]. Cell Biochem Biophys,2014,70(1):157-160. doi:10.1007/s12013-014-9873-z.

[8279] Wang AW,Zhang WF,Liang F,Li JY,Zhang XF,Niu XT. Pre-expanded thoracodorsal artery perforator-based flaps for repair of severe scarring in cervicofacial regions[J]. J Reconstr Microsurg,2014,30(8):539-546. doi:10.1055/s-0033-1361839.

[8280] Yang Z,Hu C,Li Y,Tang Y,Zhao M,Chen W,Xu L,Liu Y. Pre-expanded cervico-acromial fasciocutaneous flap based on the supraclavicular artery for resurfacing post-burn neck scar contractures[J]. Ann Plast Surg,2014,73(Suppl 1):S92-98. doi:10.1097/SAP.0000000000000245.

[8281] Xie F,Zhu H,Gu B,Zan T,Liu K,Li Q. Resurfacing severe facial burn scars:an algorithm based on three different types of prefabricated expanded flaps[J]. J Reconstr Microsurg,2014,30(9):627-634. doi:10.1055/s-0034-1372476.

[8282] Li GS,Zan T,Li QF,Li H,Dong MM,Liu LB,Gu B,Li H,Ding S,Zheng Y,Liu K,Xie Y. Internal mammary artery perforator-supercharged prefabricated cervicothoracic flap for face and neck reconstruction[J]. Ann Plast Surg,2015,75(1):29-33. doi:10.1097/SAP.0000000000000214.

[8283] Song B,Xiao B,Liu C,He L,Li Y,Sun F,Washington KM,Hu Y,Hao D,Zhang J,Guo S. Neck burn reconstruction with pre-expanded scapular free flaps[J]. Burns,2015,41(3):624-30. doi:10.1016/j.burns.2014.08.015.

[8284] Li B,Li H,Jin R,Cheng C,Wang J,Zhu H,Zan T,Li Q,Hao L. Desferrioxamine:a practical method for improving neovascularization of prefabricated flaps[J]. Ann Plast Surg,2015,74(2):252-255. doi:10.1097/SAP.0000000000000412.

[8285] Wang Q,Song W,Hou D,Wang J. Expanded forehead flaps for reconstruction of different faciocervical units:selection of flap types based on 143 cases[J]. Plast Reconstr Surg,2015,135(5):1461-1471. doi:10.1097/PRS.0000000000001157.

[8286] Wang Q,Wang J. Expanded thoracoacromial artery perforator flap for reconstruction of full-perioral scar contracture[J]. J Craniofac Surg,2015,26(2):506-508. doi:10.1097/SCS.0000000000001277.

[8287] Chen B,Xu M,Chai J,Song H,Gao Q. Surgical treatment of severe or moderate axillary burn scar contracture with transverse island scapular flap and expanded transverse island scapular flap in adult and pediatric patients—A clinical experience of 15 cases[J]. Burns,2015,41(4):872-880. doi:10.1016/j.burns.2014.10.029.

[8288] Shen W,Cui J,Chen J,Zou J. Repair lower face defect with an expanded flap from submental and submandibular region in children[J]. J Craniofac Surg,2015,26(2):333-335. doi:10.1097/SCS.0000000000001458.

[8289] Li HD,Cai G,Li B. Reconstruction of upper lip scar using tissue expander advancement flap[J]. J Craniofac Surg,2015,26(2):e158-160. doi:10.1097/SCS.0000000000001386.

[8290] Li H,Zhou Y,Du Z,Gu B,Liu K,Xie F,Xie Y,Herrler T,Li Q,Zan T. Strategies for customized neck reconstruction based on the pre-expanded superficial cervical artery flap[J]. J Plast Reconstr Aesthet Surg,2015,68(8):1064-1071. doi:10.1016/j.bjps.2015.04.002.

[8291] Ren YJ,Zheng H,Shen LX,Jiang GN,Zhou FY,Ying PQ,Qin LL,Chen C. A novel technique of long-segment tracheal repair with extended bronchial flap of right upper and main bronchus plus tracheoplasty[J]. Ann Thorac Surg,2015,99(6):2188-190. doi:10.1016/j.athoracsur.2014.08.052.

[8292] Zhang L,Yang Q,Jiang H,Liu G,Huang W,Dong W. Reconstruction of complex facial defects using cervical expanded flap prefabricated by temporoparietal fascia flap[J]. J Craniofac Surg,2015,26(6):e472-5. doi:10.1097/SCS.0000000000001912.

[8293] Li ZB,Hu JT,Liu T,Zhou X,Zhang QG. Treatment of folliculitis on the expanded postauricular skin flap by topical iodine tincture[J]. Plast Reconstr Surg Glob Open,2015,3(8):e486. doi:10.1097/GOX.0000000000000354.

[8294] Zhou RR,Zhao QM,Zhang XD,Gan JB. Treatment of nasal microcystic adnexal carcinoma with an expanded rotational forehead skin flap:A case report and review of the literature[J]. Exp Ther Med,2015,10(3):1202-1206. doi:10.3892/etm.2015.2614.

[8295] Wang C,Zhang J,Yang S,Hyakusoku H,Song P,Pu LL. The clinical application of preexpanded and prefabricated super-thin skin perforator flap for reconstruction of post-burn neck contracture[J]. Ann Plast Surg,2016,77 Suppl 1:S49-52. doi:10.1097/SAP.0000000000000711.

[8296] Xu H,Zhang Z,Tao W,Steinberger Z,Li H,Levin LS,Fang Y,Zhang YX. Ex vivo delay:a novel approach to increase prefabricated flaps survival rate[J]. J Reconstr Microsurg,2016,32(8):632-8. doi:10.1055/s-0036-1584809.

[8297] Gao B,Xiao K,Zhu H,Sheng L,Yu Q,Mao X,Li Q,Xie F. An algorithm for using expanded cervical flaps to resurface facial defects based on five different methods[J]. Burns,2016,42(8):1867-1874. doi:10.1016/j.burns.2016.06.006.

[8298] Tian J,Fan J,Liu L,Gan C,Yang Z,Chen W,Yin Z. Expanded cheek-shaped flap for aesthetic cheek reconstruction in the cervicoperiauricular area[J]. Ann Plast Surg,2016,77(Suppl 1):S43-8. doi:10.1097/SAP.0000000000000829.

[8299] Li H,Xiang-Yu Z,Lei L,Haizhou T,Hengyuan M,MinZhen Z. Bipedicled expanded cervical postauricular combined flap or bipedicled expanded cervical flap for facial reconstruction[J]. J Craniofac Surg,2016,27(7):1652-1655. doi:10.1097/SCS.0000000000002896.

[8300] Chen B,Song H,Xu M,Gao Q. Reconstruction of cica-contracture on the face and neck with skin flap and expanded skin flap pedicled by anterior branch of transverse cervical artery[J]. J Craniomaxillofac Surg,2016,44(9):1280-6. doi:10.1016/j.jcms.2016.04.020.

[8301] Zhou X,Luo X,Liu F,Gu C,Wang X,Yang Q,Qian Y,Yang J. A novel animal model for skin flap prelamination with biomaterials[J]. Sci Rep,2016,6:34144. doi:10.1038/srep34144.

[8302] Song B,Chen J,Ma X,Li Y,Zhang J,Guo S. The pre-expanded subclavicular island flap:A new tool for facial reconstruction[J]. J Plast Reconstr Aesthet Surg,2016,69(12):1653-1661. doi:10.1016/j.bjps.2016.09.001.

[8303] Luo L,He Y,Chang Q,Xie G,Zhan W,Wang X,Zhou T,Xing M,Lu F. Polycaprolactone nanofibrous mesh reduces foreign body reaction and induces adipose flap expansion in tissue engineering chamber[J]. Int J Nanomedicine,2016,11:6471-6483. doi:10.2147/IJN.S114295.

[8304] Ma N,Li YQ,Tang Y,Chen W,Yang Z,Zhao MX,Wang WX,Xu LS,Feng J. Pre-expanded submental island flap for resurfacing middle and lower facial defect[J]. J Craniofac Surg,2016,27(8):e739-e741. doi:10.1097/SCS.0000000000003070.

[8305] Yu N,Long X. The Clinical Applicationof preexpanded and prefabricated superthin skin perforator flap for reconstruction of post-burn neck contracture[J]. Ann Plast Surg,2017,78(2):240. doi:10.1097/SAP.0000000000000852.

[8306] Zhang M,Tian X,Shi J,Liu H,Liu N,Cui Z. Investigation of microsurgical technique combined with skin flap expansion for ear reconstruction in treating hunter type iii congenital microtia[J]. Ann Plast Surg,2017,78(6):680-683. doi:10.1097/SAP.0000000000000908.

[8307] Xu H,Feng S,Xia Y,Steinberger Z,Xi W,Fang H,Li Z,Xie Y,Zhang Y. Prefabricated flaps:identification of microcirculation structure and supercharging technique improving survival area[J]. J Reconstr Microsurg,2017,33(2):112-117. doi:10.1055/s-0036-1593770.

[8308] Wang C,Yang S,Zhang J,Yan L,Song P,Hyakusoku H,Pu LL. An overview of pre-expanded perforator flaps:part 1,current concepts[J]. Clin Plast Surg,2017,44(1):1-11. doi:10.1016/j.cps.2016.09.008.

[8309] Liu Y,Zang M,Tang M,Zhu S,Zhang J,Zhou Y. Pre-expanded brachial artery perforator flap[J]. Clin Plast Surg,2017,44(1):117-128. doi:10.1016/j.cps.2016.08.006.

[8310] Wang C,Zhang J,Hyakusoku H,Song P,Pu LL. An overview of pre-expanded perforator flaps:part 2,clinical applications[J]. Clin Plast Surg,2017,44(1):13-20. doi:10.1016/j.cps.2016.09.007.

[8311] Feng S,Zhang Z,Xi W,Lazzeri D,Fang Y,Zhang YX. Pre-expanded bipedicled supratrochlear perforator flap for simultaneous reconstruction of the nasal and upper lip defects[J]. Clin Plast Surg,2017,44(1):153-162. doi:10.1016/j.cps.2016.09.006.

[8312] Zan T,Gao Y,Li H,Gu B,Xie F,Li Q. Pre-expanded,prefabricated monoblock perforator flap for total facial resurfacing[J]. Clin Plast Surg,2017,44(1):163-170. doi:10.1016/j.cps.2016.08.007.

[8313] Wang C,Zhang J,Yang S,Song P,Yang L,Pu LL. Pre-expanded and prefabricated abdominal superthin skin perforator flap for total hand resurfacing[J]. Clin Plast Surg,2017,44(1):171-177. doi:10.1016/j.cps.2016.09.005.

[8314] Pu LL,Wang C. Future perspectives of pre-expanded perforator flaps[J]. Clin Plast Surg,2017,44(1):179-183. doi:10.1016/j.cps.2016.08.009.

[8315] Wang C,Yang S,Pu LL. Pre-expanded super-thin skin perforator flaps[J]. Clin Plast Surg,2017,44(1):31-40. doi:10.1016/j.cps.2016.08.008.

[8316] Song H,Chai J. Pre-expanded transverse cervical artery perforator flap[J]. Clin Plast Surg,2017,44(1):41-47. doi:10.1016/j.cps.2016.08.002.

[8317] Liao Y,Luo Y,Lu F,Hyakusoku H,Gao J,Jiang P. Pre-expanded intercostal perforator super-thin skin flap[J]. Clin Plast Surg,2017,44(1):73-89. doi:10.1016/j.cps.2016.09.005.

[8318] Pu LL,Wang C. Pre-expanded perforator flaps[J]. Clin Plast Surg,2017,44(1):xiii-xiv. doi:10.1016/j.cps.2016.10.001.

[8319] Hu X,Zeng G,Zhou Y,Sun C. Reconstruction of skin defects on the mid and lower face using expanded flap in the neck[J]. J Craniofac Surg,2017,28(2):e137-e141. doi:10.1097/SCS.0000000000003394.

[8320] Wang W,Zhao M,Tang Y,Chen W,Yang Z,Ma N,Xu L,Feng J,Li Y. Long-term follow-up of flap prefabrication in facial reconstruction[J]. Ann Plast Surg,2017,79(1):17-23. doi:10.1097/SAP.0000000000000992.

[8321] Pang XY,Ren J,Xu W,Wan R,Yuan W,Shu Y. Aesthetic eyebrow reconstruction with an expanded scalp island flap pedicled by the superficial temporal artery[J]. Aesthetic Plast Surg,2017,41(3):563-567. doi:10.1007/s00266-016-0736-4.

[8322] Qing L,Lei P,Tang J,Wu P,Wang L,Xie J,Hu Y. Inflammatory response associated with choke vessel remodeling in the extended perforator flap model[J]. Exp Ther Med,2017,13(5):2012-2018. doi:10.3892/etm.2017.4205.

[8323] Ma X,Li Y,Li W,Liu C,Liu H,Xue P,Cui J. Reconstruction of facial-cervical scars with pedicled expanded deltopectoral flap[J]. J Craniofac Surg,2017,28(6):1554-1558. doi:10.1097/SCS.0000000000003901.

[8324] Zhao M,Li Y,Xu L,Yang Z,Hu C,Tang Y,Chen W,Ma N,Wang W,Feng J. Resurfacing of the mid and lower faces by preexpanded supraclavicular flap[J]. J Craniofac Surg,2017,28(6):1565-1569. doi:10.1097/SCS.0000000000003949.

[8325] Huang RL,Tremp M,Ho CK,Sun Y,Liu K,Li Q. Prefabrication of a functional bone graft with a pedicled periosteal flap as an in vivo bioreactor[J]. Sci Rep,2017,7(1):18038. doi:10.1038/s41598-017-17452-5.

[8326] Li K,Min P,Sadigh P,Grassetti L,Lazzeri D,Torresetti M,Marsili R,Feng S,Liu N,Zhang YX. Prefabricated cervical skin flaps for hemi-facial resurfacing:elucidating the natural history of postoperative edema using indocyanine green[J]. Lymphat Res Biol,2018,16(1):100-108. doi:10.1089/lrb.2015.0043.

[8327] Zhu H,Gao Z,Tremp M,Zan T,Li Q,Xie F,Gu B. Application of tissue expansion with perforator flaps for reconstruction of challenging skin lesions[J]. J Reconstr Microsurg,2018,34(1):13-20. doi:10.1055/s-0037-1606122.

[8328] Bae J,Wang Z,Li H,Lu L,Yu Q,Li Q,Tao Z. Activation of TRPV4 increases neovascularization of rat prefabricated flaps[J]. J Reconstr Microsurg,2018,34(1):35-40. doi:10.1055/s-0037-1607210.

[8329] Xue B,Liu Y,Zhu S,Zang M,Chen B,Li S. Total cheek reconstruction using the pre-expanded medial arm flap with functional and aesthetic donor site closure[J]. J Craniofac Surg,2018,29(3):640-644. doi:10.1097/SCS.0000000000004127.

[8330] Wei J,Herrler T,Gu B,Yang M,Li Q,Dai C,Xie F. Large-scale skin resurfacing of the upper extremity in pediatric patients using a pre-expanded intercostal artery perforator flap[J]. J Craniofac Surg,2018,29(3):562-565. doi:10.1097/SCS.0000000000004402.

[8331] Zhu S,Liu Y,Zang M,Chen B,Li S,Xue B,Han T. Facial defect reconstruction using the true scarless pre-expanded forehead flap[J]. J Craniofac Surg,2018,29(5):1154-1160. doi:10.1097/SCS.0000000000004450.

[8332] Li Y,Li W,Liu C,Yang Q,Xue P,Liu H,Cui J,Ding J,Su Y,Ma X. The combination of expanded scalp flap and 800 nm diode laser in the reconstruction of forehead defect[J]. Aesthetic Plast Surg,2018,42(4):1019-1023. doi:10.1007/s00266-018-1142-x.

[8333] Han B,Fan J,Liu L,Tian J,Gan C,Yang Z,Jiao H,Zhang T,Liu Z,Zhang H. Faciocervical reconstruction using a large expanded forehead island flap grafted using a microsurgical technique for burned cicatricial contracture correction[J]. J Craniofac Surg,2018,29(7):1848-1850. doi:10.1097/SCS.0000000000004647.

[8334] Ding J,Li Y,Li W,Liu C,Liu H,Cui J,Su Y,Ma X. Use of expanded deltopectoral skin flaps for facial reconstruction after sizeable benign tumor resections[J]. Am J Transl Res,2018,10(7):2158-2163.

[8335] Xing W,Wang Y,Qian J,Wang B,Zhou X,Liu T,Zhang Y,Zhang Q. Simultaneous bilateral microtia reconstruction using single-expanded postauricular flap without skin grafting[J]. Ann Plast Surg,2018,81(6):669-674. doi:10.1097/SAP.0000000000001628.

[8336] Dong W,Yang Q. Reconstruction of facial defects with three-stage frontal expanded bipedicled flaps[J]. J Craniofac Surg,2019,30(1):175-177. doi:10.1097/SCS.0000000000004852.

[8337] Wang X,Wang H. Nonexpanded prefabricated anterior perforator of transverse cervical artery flap for full facial reconstruction[J]. J Craniofac Surg,2019,30(4):1206-1207. doi:10.1097/SCS.0000000000005061.

[8338] Chen H,Tian J. Resurfacing large skin defects of the face and neck by optimizing the utilization of expanded forehead axial-pattern flap and cervicofacial local flap[J]. J Craniofac Surg,2019,30(3):e276-e278. doi:10.1097/SCS.0000000000005376.

[8339] Xu H,Steinberger Z,Wo Y,Li K,Kuo C,Tong Y,Zhang Y. Supercharging strategies for prefabricated flaps in a rat model[J]. J Reconstr Microsurg,2019,35(8):568-574. doi:10.1055/s-0039-1688752.

[8340] Yang DP,Zhang P. Facial Resurfacing with prefabricated induced expanded skin flap[J]. J Craniofac Surg,2019,30(4):1131-1134. doi:10.1097/SCS.0000000000005152.

[8341] Chen S,Li Y,Yang Z,Ma N,Wang W,Xu L,Liu Q. Surgical treatment for facial port wine stain by prefabricated expanded cervical flap carried by superficial temporal artery[J]. J Craniofac Surg,2019,30(7):2124-2127. doi:10.1097/SCS.0000000000005612.

[8342] Fang F,Liu M,Xiao J,Zhuang Y. Arterial supercharging is more beneficial to flap survival due to quadruple dilation of venules[J]. J Surg Res,2020,247:490-498. doi:10.1016/j.jss.2019.09.056.

[8343] Guo HL,Wang L,Jia ZM,Bao XQ,Huang YC,Zhou JM,Xie H,Yang XJ,Chen F. Tissue expander capsule as an induced vascular bed to prefabricate an axial vascularized buccal mucosa-lined flap for tubularized posterior urethral reconstruction:preliminary results in an animal model[J]. Asian J Androl,2020,22(5):459-464. doi:10.4103/aja.aja_133_19.

[8344] Xiong J,Liu Z,Wu M,Sun M,Xia Y,Wang Y. Comparison of proangiogenic effects of adipose-derived stem cells and foreskin fibroblast exosomes on artificial dermis prefabricated flaps[J]. Stem Cells Int,2020,2020:5293850. doi:10.1155/2020/5293850.

[8345] Wang Y,Qi H. Perfect combination of the expanded flap and 3D printing technology in reconstructing a child's craniofacial region[J]. Head Face Med,2020,16(1):3. doi:10.1186/s13005-020-00219-1.

[8346] Min P,Li J,Brunetti B,Pu Z,Su W,Xi W,Zhang Z,Salzillo R,Feng S,Zhang Y. Pre-expanded bipedicled visor flap:an ideal option for the reconstruction of upper and lower lip defects postburn in Asian males[J]. Burns Trauma,2020,8:tkaa005. doi:10.1093/burnst/tkaa005.

[8347] Han T,Khavanin N,Zang M,Zhu S,Chen B,Li S,Xie T,Yue S,Wang D,Liu Y. Use of indocyanine green imaging for perforator identification in preexpanded brachial artery perforator flaps[J]. Facial Plast Surg,2020,36(5):650-658. doi:10.1055/s-0040-1713791.

[8348] Zan T,Li H,Huang X,Gao Y,Gu B,Pu LLQ,Xu X,Gu S,Khoong Y,Li Q. Augmentation of perforator flap blood supply with sole or combined vascular supercharge and flap prefabrication for difficult head and neck reconstruction[J]. Facial Plast Surg Aesthet Med,2020,22(6):441-448. doi:10.1089/fpsam.2020.0040.

[8349] Wang X,Pan J,Xiao D,Li M,Huang T,Lu C,Lineaweaver WC,Chen H,Yang H. Comparison of arterial supercharging and venous superdrainage on improvement of survival of the extended perforator flap in rats[J]. Microsurgery,2020, 40(8):874-880. doi:10.1002/micr.30660.

[8350] Guo P,Pan B,Jiang H,Yang Q,Lin L. Burned ear reconstruction using the combination of an expanded postauricular scar skin flap and a postauricular fascial flap[J]. Facial Plast Surg,2021,37(3):354-359. doi:10.1055/s-0040-1719101.

[8351] Ding J,Liu C,Cui J,Liu H,Su Y,Ma X. Efficacy of pre-expanded forehead flap based on the superficial temporal artery in correction of cicatricial ectropion of the lower eyelid[J]. Br J Oral Maxillofac Surg,2021,59(1):58-63. doi:10.1016/j.bjoms.2020.07.011.

[8352] Yue S,Liu Y,Zhu S,Zang M,Chen B,Li S,Han T. Cervicofacial defect reconstruction using the pre-expanded medial arm flap without immobilization of the upper extremity[J]. J Craniofac Surg,2021 Jan 5. doi:10.1097/SCS.0000000000007391. Online ahead of print.

[8353] Sun H,Liu Y,Yao P,Shi Y,Char S,Wang X,Yao J,Yang C,Tan X. Prefabricated expanded flap combined with expanded scalp flap for total face resurfacing[J]. Ann Plast Surg,2021,86(3S Suppl 2):S265-S268. doi:10.1097/SAP.0000000000002635.

[8354] Chen H,Su Z,Tian J. "Zipper" concept for designing expanded forehead flap in facial-cervical reconstruction[J]. J Craniofac Surg,2021,32(4):1504-1506. doi:10.1097/SCS.0000000000007469.

[8355] Zhang Y,Xiao W,Ng S,Zhou H,Min P,Xi W,Masia J,Blondeel P,Feng S. Infrared thermography-guided designing and harvesting of pre-expanded pedicled flap for head and neck reconstruction[J]. J Plast Reconstr Aesthet Surg,2021 Jan 14.S1748-6815(21)00038-3. doi:10.1016/j.bjps.2020.12.102. Online ahead of print.

[8356] Li X,Fan J,Ma J,Tian J. Reconstruction of circumferential upper extremity defect using a bipedicle expanded flank flap[J]. Ann Plast Surg,2021,86(3):279-286. doi:10.1097/SAP.0000000000002694.

[8357] 鲁开化，艾主峰，刘春利，柳大烈，郭树忠. 轴型皮瓣供区预扩张术的临床应用 [J]. 中华整形烧伤外科杂志，1992，8(3)：235-236. DOI：10.3760/j.issn：1009-4598.1992.03.016. {LU Kaihua,AI Zhufeng,LIU Chunli,LIU Dalie,GUO Shuzhong. Expanded deltopectoral flap for treatment of cervical cicatricial contracture[J]. Zhonghua Zheng Xing Shao Shang Wai Ke Za Zhi[Chin J Plast Surg Burns(Article in Chinese;Abstract in Chinese and English)],1992,8(3):235-236. DOI:10.3760/j.issn:1009-4598.1992.03.016.}

[8358] 展望，鲁开化. 血管植入预构皮瓣进展 [J]. 中华显微外科杂志，1993，16(4)：303-304. {ZHAN Wang,LU Kaihua. Advances in vascular implantation of prefabricated flaps[J]. Zhonghua Xian Wei Wai Ke Za Zhi[Chin J Microsurg(Article in Chinese;No abstract available)],1993,16(4):303-304.}

[8359] 任晓平，刘淑学，汪洋，孙政育. 静脉游离移植预构动脉网状皮瓣的实验 [J]. 中华骨科杂志，1994，14(7)：350-351. {REN Xiaoping,LIU Shuxue,WANG Yang,SUN Zhengyu. Experiment of free vein grafting prefabricated arterial mesh flap[J]. Zhonghua Gu Ke Za Zhi[Chin J Orthop(Article in Chinese;Abstract in Chinese)],1994,14(7):350-351.}

[8360] 吴樾，田奉宸，陈仲欣，李崇谦，吴正启，卢彬. 预制薄形轴型皮瓣血液供应重构的实验研究 [J]. 中华显微外科杂志，1994，17(2)：277-278，319. {WU Yue,TIAN Fengchen,CHEN Zhongxin,LI Chongqian,WU Zhengqi,LU Bin. Experimental study on revascularisation of the thin axial pattern skin flap prefabricated[J]. Zhonghua Xian Wei Wai Ke Za Zhi[Chin J Microsurg(Article in Chinese;Abstract in Chinese)],1994,17(2):277-278,319.}

[8361] 沈祖尧，王乃佐，沈余明. 预构扩张游离皮瓣移植术 [J]. 中国修复重建外科杂志，1996，10(2)：70-71. {SHEN Zuyao,WANG Naizuo,SHEN Yuming. Prefabricated expanded free skin flap transplantation[J]. Zhongguo Xiu Fu Chong Jian Wai Ke Za Zhi[Chin J Repair Reconstr Surg(Article in Chinese;Abstract in Chinese)],1996,10(2):70-71.}

[8362] 王臻，鲁开化. 跨区供血皮瓣与预构皮瓣血管化研究进展 [J]. 中华显微外科杂志，1997，20(3)：13-16. {WANG Zhen,LU Kaihua. Research progress of cross-regional blood supply flap and prefabricated flap vascularization[J]. Zhonghua Xian Wei Wai Ke Za Zhi[Chin J Microsurg(Article in Chinese;No abstract available)],1997,20(3):13-16.}

[8363] 李存生，孙曙光，王静，徐能武. 扩张法预制局部薄皮瓣修复肛周瘢痕 [J]. 中国修复重建外科杂志，1997，11(2)：117. {LI Cunsheng,SUN Shuguang,WANG Jing,XU Nengwu. Expansion method prefabricated local thin skin flap to repair perinatal scar[J]. Zhongguo Xiu Fu Chong Jian Wai Ke Za Zhi[Chin J Repair Reconstr Surg(Article in Chinese;No abstract available)],1997,11(2):117.}

[8364] 张敬良，王庆良，鲁开化. 预扩张游离（岛状）皮瓣的研究与应用 [J]. 中华显微外科杂志，1997，20(2)：155-157. {ZHANG Jingliang,WANG Qingliang,LU Kaihua. Research and application of pre-expanded free(island) skin flap[J]. Zhonghua Xian Wei Wai Ke Za Zhi[Chin J Microsurg(Article in Chinese;No abstract available)],1997,20(2):155-157.}

[8365] 张敬良，王庆良. 预扩张对游离（岛状）皮瓣血管构筑影响的实验研究 [J]. 中华显微外科杂志，1997，20(4)：288-289. DOI：10.3760/cma.j.issn.1001-2036.1997.04.016. {ZHANG Jingliang,WANG Qingliang. Experimental study on the effect of pre-dilation on the vascular architecture of free (island) flap[J]. Zhonghua Xian Wei Wai Ke Za Zhi[Chin J Microsurg(Article in Chinese;No abstract available)],1997,20(4):288-289. DOI:10.3760/cma.j.issn.1001-2036.1997.04.016.}

[8366] 鲁开化，曹景敏，王臻. 预制皮瓣基础与临床应用 [J]. 中华手外科杂志，1998，14(4)：197. {LU Kaihua,CAO Jingmin,WANG Zhen. Basic and clinical application of prefabricated skin flap[J]. Zhonghua Shou Wai Ke Za Zhi[Chin J Hand Surg(Article in Chinese;No abstract available)],1998,14(4):197.}

[8367] 杨彪炳，唐胜建，刘儒森. 预扩张静脉筋膜皮瓣的临床应用 [J]. 中华外科杂志，1998，36(5)：277. DOI：10.3760/j：issn：0529-5815.1998.05.026. {YANG Biaobing,TANG Shengjian,LIU Rusen. Clinical application of pre-expanded venous fasciocutaneous flap[J]. Zhonghua Wai Ke Za Zhi[Chin J Surg(Article in Chinese;No abstract available)],1998,36(5):277. DOI:10.3760/j:issn:0529-5815.1998.05.026.}

[8368] 张敬良，王庆良，鲁开化. 预扩张对游离（岛状）皮瓣应用特性影响的实验研究 [J]. 中华创伤杂志，1998，14(6)：402-403. {ZHANG Jingliang,WANG Qingliang,LU Kaihua. Experimental study on the influence of pre-dilation on the application characteristics of free (island) skin flaps[J]. Zhonghua Chuang Shang Za Zhi[Chin J Trauma(Article in Chinese;No abstract available)],1998,14(6):402-403.}

[8369] 刘元波，赵敏，李养群，李森恺，杨明勇，翟洪峰. 以颞浅动、静脉为携带血管的扩张预制皮瓣的临床应用 [J]. 中华整形烧伤外科杂志，1999，15(3)：183-186. {LIU Yuanbo,ZHAO Min,LI Yangqun,LI SenKai3,YANG Mingyong,DI Hongfeng. Clinical application of expanded prefabricated skin flaps with superficial temporal arteries and veins as carrying vessels[J]. Zhonghua Zheng Xing Shao Shang Wai Ke Za Zhi[Chin J Plast Surg Burns(Article in Chinese;Abstract in Chinese and English)],1999,15(3):183-186.}

[8370] 宁金龙，展望，李小静，高学宏，曹东升，张林，武建潮. 改进设计额部预扩张皮瓣的应用 [J]. 安徽医科大学学报，1999，34(5)：356-358. {NING Jinlong,ZHAN Wang,LI Xiaojing,GAO Xuehong,CAO Dongsheng,ZHANG Lin,WU Jianchao. Application of modified expanded forehead skin flap[J]. An Hui Yi Ke Da Xue Xue Bao[Acta Univ Med Anhui(Article in Chinese;Abstract in Chinese)],1999,34(5):356-358.}

[8371] 马显杰，鲁开化. 预构皮瓣的研究进展 [J]. 中国修复重建外科杂志，2000，14(4)：249-252. {MA Xianjie,LU Kaihua. Development of prefabricated flap[J]. Zhongguo Xiu Fu Chong Jian Wai Ke Za Zhi[Chin J Repair Reconstr Surg(Article in Chinese;No abstract available)],2000,14(4):249-252.}

[8372] 王剑利，王成琪，付兴茂. 预制复合皮瓣修复足底负重区软组织缺损初步报告 [J]. 中华显微外科杂志，2000，23(2)：99. DOI：10.3760/cma.j.issn.1001-2036.2000.02.008. {WANG Jianli,WANG Chengqi,FU Xingmao. Preliminary report on repairing soft tissue defects in the weight-bearing area of the plantar with prefabricated composite flap[J]. Zhonghua Xian Wei Wai Ke Za Zhi[Chin J Microsurg(Article in Chinese;Abstract in Chinese and English)],2000,23(2):99. DOI:10.3760/cma.j.issn.1001-2036.2000.02.008.}

[8373] 马秦，毛天球，刘宝林，赵晋龙. 复合骨预制髂骨瓣的实验研究 [J]. 中国修复重建外科杂志，2000，14(2)：99-102. {MA Qin,MAO Tianqiu,LIU Baolin,ZHAO Jinlong. Experimental study on prefabricating iliac grafts using composite bone[J]. Zhongguo Xiu Fu Chong Jian Wai Ke Za Zhi[Chin J Repair Reconstr Surg(Article in Chinese;Abstract in Chinese and English)],2000,14(2):99-102.}

[8374] 王绪凯，严冬，刘永权. 碱性成纤维细胞生长因子对预构皮瓣血管化及皮瓣成活的影响 [J]. 中华显微外科杂志，2001，24(4)：52-53. DOI：10.3760/cma.j.issn.1001-2036.2001.04.019. {WANG Xukai,YAN Dong,LIU Yongquan. Effects of basic fibroblast growth factor on vascularization and survival of prefabricated skin flaps[J]. Zhonghua Xian Wei Wai Ke Za Zhi[Chin J Microsurg(Article in Chinese;Abstract in Chinese)],2001,24(4):52-53. DOI:10.3760/cma.j.issn.1001-2036.2001.04.019.}

[8375] 展望，宁金龙. 预构皮瓣的应用进展 [J]. 中华整形外科杂志，2001，17(6)：369-370. DOI：10.3760/j.issn：1009-4598.2001.06.017. {ZHAN Wang,NING Jinlong. Application progress of prefabricated skin flap[J]. Zhonghua Zheng Xing Wai Ke Za Zhi[Chin J Plast Surg(Article in Chinese;No abstract available)],2001,17(6):369-370. DOI:10.3760/j.issn:1009-4598.2001.06.017.}

[8376] 王快胜，陈彦，王书成，柴益民，王和驹，张燕翔. 预扩张皮瓣修复颈部挛缩瘢痕 [J]. 中国修复重建外科杂志，2001，15(1)：64. {WANG Kuaisheng,CHEN Yan,WANG Shucheng,CHAI Yimin,WANG Heju,ZHANG Yanxiang. Repair of neck contracture scar with pre-expanded skin flap[J]. Zhongguo Xiu Fu Chong Jian Wai Ke Za Zhi[Chin J Repair Reconstr Surg(Article in Chinese;No abstract available)],2001,15(1):64.}

[8377] 张培礼，李健宁，毕洪森. 预构皮瓣的研究进展 [J]. 中国微创外科杂志，2002，2(2)：130-132. DOI：10.3969/j.issn.1009-6604.2002.02.030. {ZHANG Peili,LI Jianning,BI Hongsen. Research progress of prefabricated skin flap[J]. Zhongguo Wei Chuang Wai Ke Za Zhi[Chin J Minim Inva Surg(Article in Chinese;No abstract available)],2002,2(2):130-132. DOI:10.3969/j.issn.1009-6604.2002.02.030.}

[8378] 李青峰，平萍，张涤生. 血管内皮生长因子促进预构皮瓣成活的实验研究 [J]. 中华整形外科杂志，2002，18(2)：69-71. DOI：10.3760/j.issn：1009-4598.2002.02.001. {LI Qingfeng,PING Ping,ZHANG Disheng. Experimental study of vascular endothelial growth factor promoting the survival of prefabricated skin flaps[J]. Zhonghua Zheng Xing Wai Ke Za Zhi[Chin J Plast Surg(Article in Chinese;Abstract in Chinese and English)],2002,18(2):69-71. DOI:10.3760/j.issn:1009-4598.2002.02.001.}

[8379] 王绪凯，严冬，刘永权. 碱性成纤维细胞生长因子对预构皮瓣血管化及成活的影响 [J]. 中华整形外科杂志，2002，18(5)：278-279. DOI：10.3760/j.issn：1009-4598.2002.05.008. {WANG Xukai,YAN Dong,LIU Yongquan. Effects of basic fibroblast growth factor on vascularization and survival of prefabricated skin flaps[J]. Zhonghua Zheng Xing Wai Ke Za Zhi[Chin J Plast Surg(Article in Chinese;Abstract in Chinese and English)],2002,18(5):278-279. DOI:10.3760/j.issn:1009-4598.2002.05.008.}

[8380] 王剑利，王成琪，付兴茂，李秀忠. 预制皮瓣修复足底负重区软组织缺损 [J]. 中国修复重建外科杂志，2002，16(3)：177-178. {WANG Jianli,WANG Chengqi,FU Xingmao,LI Xiuzhong. Application of pre-fabricated free flap in reconstruction and repair of skin defect of foot in weight-bearing area[J]. Zhongguo Xiu Fu Chong Jian Wai Ke Za Zhi[Chin J Repair Reconstr Surg(Article in Chinese;Abstract in Chinese and English)],2002,16(3):177-178.}

[8381] 胡文杰，邓宇杰，何学银，陈明俊，谢峰，刘相燕. 预构真皮下薄型皮瓣的实验研究与临床应用 [J]. 中国临床解剖学杂志，2003，21(2)：180-181. DOI：10.3969/j.issn.1001-165X.2003.02.026. {HU Wenjie,DENG Yujie,HE Xueyin,CHEN Mingjun,XIE Feng,LIU Xiangyan. Experiment study and clinical application of the prefabricated subcutaneous thin skin flap[J]. Zhongguo Lin Chuang Jie Pou Xue Za Zhi[Chin J Clin Anat(Article in Chinese;Abstract in Chinese and English)],2003,21(2):180-181. DOI:10.3969/j.issn.1001-165X.2003.02.026.}

[8382] 黄晨昱，沈祖尧. 血管内皮细胞生长因子和碱性成纤维细胞生长因子加速预构扩张皮瓣成熟的研究 [J]. 中国修复重建外科杂志，2003，17(4)：293-297. {HUANG Chenyi,SHEN Zuyao. Vascular Endothelial Growth Factor and basic Fibroblast Growth Factor accelerate the maturation of prefabricated expanded skin flap[J]. Zhongguo Xiu Fu Chong Jian Wai Ke Za Zhi[Chin J Repair Reconstr Surg(Article in Chinese;Abstract in Chinese and English)],2003,17(4):293-297.}

[8383] 宋慧锋，柴家科，陈敏亮，吴焱秋，董巍，张建林，陈宝驹. 预扩张颈肩背反流轴型皮瓣及颈胸皮瓣联合修复颈侧部瘢痕挛缩畸形 [J]. 解放军医学杂志，2003，28(10)：897-898. DOI：10.3321/j.issn：0577-7402.2003.10.017. {SONG Huifeng,CHAI Jiake,CHEN Minliang,WU Yanqiu,DONG Wei,ZHANG Jianlin,CHEN Baoju. The use of prefabricated expanded cervico-scapulo-dorsal reverse axial flap combined with cervico-thoracic skin flap to repair cicatricial contracture of lateral neck[J]. Jie Fang Jun Yi Xue Za Zhi[Med J Chin PLA(Article in Chinese;Abstract in Chinese and English)],2003,28(10):897-898. DOI:10.3321/j.issn:0577-7402.2003.10.017.}

[8384] 赵宇，胡平，陆应麟，高峰，乔群，戚可名. 带血管肌筋膜包埋促进细胞载体复合体成骨效应与预构骨肌皮瓣的实验研究 [J]. 中华整形外科杂志，2004，20(2)：132-135. DOI：10.3760/j.issn：1009-4598.2004.02.017. {ZHAO Yu,HU Ping,LU YingLin,GAO Feng,QIAO Qun,QI Keming. Experimental study of vascularized myofascial embedding in promoting the osteogenesis effect of cell carrier complex and prefabricated musculocutaneous flap[J]. Zhonghua Zheng Xing Wai Ke Za Zhi[Chin J Plast Surg(Article in Chinese;Abstract in Chinese and English)],2004,20(2):132-135. DOI:10.3760/j.issn:1009-4598.2004.02.017.}

[8385] 徐军，张国安，崔世日，苏虹，宓惠茹，王浩，张明良. 机能代偿性皮瓣—快速预制随意皮瓣的实验研究 [J]. 中华外科杂志，2004，42(11)：692-694. DOI：10.3760/j：issn：0529-5815.2004.11.015. {XU Jun,ZHANG Guoan,CUI Shiri,SU Hong,MI Huiru,WANG

Hao,ZHANG Mingliang. Study in functional compensation of skin flap:an experimental of fast prefabricated random skin flap[J]. Zhonghua Wai Ke Za Zhi[Chin J Surg(Article in Chinese;Abstract in Chinese and English)],2004,42(11):692-694. DOI:10.3760/j:issn:0529-5815.2004.11.015.}

[8386] **徐军，陈辉，张国安，周光峰，胡晓骅，陈忠，孙永华. 快速预制球拍形随意皮瓣的实验研究[J]. 中华实验外科杂志，2004，21(2)：248. DOI：10.3760/j.issn：1001-9030.2004.02.062.** {XU Jun,CHEN Hui,ZHANG Guoan,ZHOU Guangfeng,HU Xiaohua,CHEN Zhong,SUN Yonghua. Experimental study of fast prefabricated racket-shaped random skin flap[J]. Zhonghua Shi Yan Wai Ke Za Zhi[Chin J Exp Surg(Article in Chinese;No abstract available)],2004,21(2):248. DOI:10.3760/j.issn:1001-9030.2004.02.062.}

[8387] **徐军，张国安，宓惠茹，苏虹，韩行义，陈辉，曹大鑫. 快速预制随意皮瓣的实验研究与临床应用[J]. 中华整形外科杂志，2004，20(3)：165-168. DOI：10.3760/j.issn：1009-4598.2004.03.001.** {XU Jun,ZHANG Guoan,MI Huiru,SU Hong,HAN Xingyi,CHEN Hui,CAO Daxin. Experimental studies and clinical application of quickly prefabricated random skin flap[J]. Zhonghua Zheng Xing Wai Ke Za Zhi[Chin J Plast Surg(Article in Chinese;Abstract in Chinese and English)],2004,20(3):165-168. DOI:10.3760/j.issn:1009-4598.2004.03.001.}

[8388] **京萨，陈宝驹. 胸三角轴型皮瓣预扩张修复面部瘢痕的效果[J]. 第三军医大学学报，2004，26(11)：1025-1026. DOI：10.3321/j.issn：1000-5404.2004.11.030.** {JING Sa,CHEN Baoju. Repair of facial scar by pre-dilated deltoid-thoracic axial flap[J]. Di San Jun Yi Da Xue Xue Bao[Acta Acad Med Mil Tert(Article in Chinese;No abstract available)],2004,26(11):1025-1026. DOI:10.3321/j.issn:1000-5404.2004.11.030.}

[8389] **孙占胜，王伯珉，王永会，张云峰，李连欣，穆卫东，陈振强. 带神经、血管预构皮瓣动物模型的建立及研究[J]. 中华创伤杂志，2005，21(9)：672-674. DOI：10.3760/j:issn：1001-8050.2005.09.009.** {SUN Zhansheng,WANG Boyin,WANG Yonghui,ZHANG Yunfeng,LI Lianxin,MU Weidong,CHEN Zhenqiang. Study and establishment of animal model with prefabricated flap containing nerves and vessels[J]. Zhonghua Chuang Shang Za Zhi[Chin J Trauma(Article in Chinese;Abstract in Chinese and English)],2005,21(9):672-674. DOI:10.3760/j:issn:1001-8050.2005.09.009.}

[8390] **陈传俊，郑家伟，张志愿，董佳生. 预制皮瓣在口腔颌面部缺损修复中的应用[J]. 中国口腔颌面外科杂志，2005，3(3)：242-245. DOI：10.3969/j.issn.1672-3244.2005.03.016.** {CHEN Chuanjun,ZHENG Jiawei,ZHANG Zhiyuan,DONG Jiasheng. Application of prefabricated flap for reconstruction of oral and maxillofacial defects[J]. Zhongguo Kou Qiang He Mian Wai Ke Za Zhi [Chin J Oral Maxillofac Surg(Article in Chinese;Abstract in Chinese and English)],2005,3(3):242-245. DOI:10.3969/j.issn.1672-3244.2005.03.016.}

[8391] **李养群，周传德，杨明勇，刘元波，唐勇，陈文，王勇前，徐家杰，刘立强，李森恺. 岛状颞浅血管颈部预制扩张皮瓣修复面部软组织缺损[J]. 中国修复重建外科杂志，2005，19(2)：130-132.** {LI Yangqun,ZHOU Chuande,YANG Mingyong,LIU Yuanbo,TANG Yong,CHEN Wen,WANG Yongqian,XU Jiajie,LIU Liqiang,LI Senkai. Repair of face soft tissue defect with prefabricated the neck expander flap with the vessles of temporalis superficialis[J]. Zhongguo Xiu Fu Chong Jian Wai Ke Za Zhi[Chin J Repar Reconstr Surg(Article in Chinese;Abstract in Chinese and English)],2005,19(2):130-132.}

[8392] **昝涛，李青峰. 预构皮瓣基础研究进展[J]. 中华整形外科杂志，2007，23(3)：258-260. DOI：10.3760/j.issn：1009-4598.2007.03.025.** {JIU Tao,LI Qingfeng. Advances in basic research on prefabricated skin flaps[J]. Zhonghua Zheng Xing Wai Ke Za Zhi[Chin J Plast Surg(Article in Chinese;No abstract available)],2007,23(3):258-260. DOI:10.3760/j.issn:1009-4598.2007.03.025.}

[8393] **张功林，章鸣，郁辉，黄建华，王千生，陈剑峰，蔡国荣，凌爱军. 足跟预制皮瓣移植修复小儿足跟缺损一例[J]. 中华外科杂志，2007，45(24)：1700. DOI：10.3760/j.issn：0529-5815.2007.24.028.** {ZHANG Gonglin,ZHANG Ming,YU Hui,HUANG Jianhua,WANG Qiansheng,CHEN Jianfeng,CAI Guorong,LING Aijun. One case of repairing a child's heel defect with transplantation of prefabricated heel flap[J]. Zhonghua Wai Ke Za Zhi[Chin J Surg(Article in Chinese;No abstract available)],2007,45(24):1700. DOI:10.3760/j.issn:0529-5815.2007.24.028.}

[8394] **蔡国荣，张功林，郑良军，汤海军，王顺炳，张燕. 以撕脱手掌皮肤预制游离皮瓣修复手掌缺损一例[J]. 中华整形外科杂志，2007，23(2)：176-177. DOI：10.3760/j.issn：1009-4598.2007.02.034.** {CAI Guorong,ZHANG Gonglin,ZHENG Liangjun,TANG Haijun,WANG Shunbing,ZHANG Yan. A case of repairing palm defect with prefabricated free flap of palm skin[J]. Zhonghua Zheng Xing Wai Ke Za Zhi[Chin J Plast Surg(Article in Chinese;No abstract available)],2007,23(2):176-177. DOI:10.3760/j.issn:1009-4598.2007.02.034.}

[8395] **刘元波，范金财，焦鹏，唐欣，刘立强，王黔，田佳，甘承，杨增杰，张卓南，陈玉刚. 颞顶筋膜岛状瓣植入耳后乳突区预制扩张筋膜皮瓣修复面部皮肤软组织缺损[J]. 中华整形外科杂志，2007，23(3)：187-190. DOI：10.3760/j.issn：1009-4598.2007.03.003.** {LIU Yuanbo,FAN Jincai,JIAO Peng,TANG Xin,LIU Liqiang,WANG Qian,TIAN Jia,GAN Cheng,YANG Zengjie,ZHANG Zhuonan,CHEN Yugang. Repair of the facial defects using the expanded induced prefabricated skin flap of the retroauricular and mastoid process region based on the superficial temporal vascular bundle[J]. Zhonghua Zheng Xing Wai Ke Za Zhi[Chin J Plast Surg(Article in Chinese;Abstract in Chinese and English)],2007,23(3):187-190. DOI:10.3760/j.issn:1009-4598.2007.03.003.}

[8396] **孙柒林，袁华，裴斌，李德胜，刘羽. 预制岛状皮瓣修复手足大面积软组织缺损[J]. 实用手外科杂志，2007，21(3)：140-141，143. DOI：10.3969/j.issn.1671-2722.2007.03.005.** {SUN Qilin,YUAN Hua,PEI Bin,LI Desheng,LIU Yu. Repairation soft tissue defects of hand and foot with prefabricated island flap[J]. Shi Yong Shou Wai Ke Za Zhi[Chin J Pract Hand Surg(Article in Chinese;Abstract in Chinese and English)],2007,21(3):140-141,143. DOI:10.3969/j.issn.1671-2722.2007.03.005.}

[8397] **董继英，昝涛，李青峰. VEGF促进预构皮瓣血管新生的实验研究[J]. 组织工程与重建外科杂志，2008，4(2)：97-100. DOI：10.3969/j.issn.1673-0364.2008.02.010.** {DONG Jiying,JIU Tao,LI Qingfeng. Experimental study of VEGF promoting angiogenesis of prefabricated skin flap[J]. Zu Zhi Gong Cheng Yu Chong Jian Wai Ke Za Zhi[J Tissue Eng Reconstr Surg(Article in Chinese;Abstract in Chinese and English)],2008,4(2):97-100. DOI:10.3969/j.issn.1673-0364.2008.02.010.}

[8398] **李青峰，昝涛，顾斌，刘凯，沈国雄，谢芸，翁瑞. 颈胸部预构扩张皮瓣在颜面修复中的应用[J]. 中华整形外科杂志，2008，24(2)：116-119，115. DOI：10.3760/j.issn：1009-4598.2008.02.007.** {LI Qingfeng,ZAN Tao,GU Bin,LIU Kai,SHEN Guoxiong,XIE Yun,WENG Rui. Cervicothracic prefabricated flap for reconstruction of face and neck[J]. Zhonghua Zheng Xing Wai Ke Za Zhi[Chin J Plast Surg(Article in Chinese;Abstract in Chinese and English)],2008,24(2):116-119,115. DOI:10.3760/j.issn:1009-4598.2008.02.007.}

[8399] **张功林，章鸣，蔡国荣，郁辉，黄建华，王千生，陈剑峰，凌爱军. 足跟预制皮瓣移植修复足跟组织缺损二例[J]. 中华显微外科杂志，2008，31(3)：187. DOI：10.3760/cma.j.issn.1001-2036.2008.03.036.** {ZHANG Gonglin,ZHANG Ming,CAI Guorong,YU Hui,HUANG Jianhua,WANG Qiansheng,CHEN Jianfeng,LING Aijun. Two cases of repairing heel tissue defect with transplantation of prefabricated heel flap[J]. Zhonghua Xian Wei Wai Ke Za Zhi[Chin J Microsurg(Article in Chinese;Abstract in Chinese)],2008,31(3):187. DOI:10.3760/cma.j.issn.1001-2036.2008.03.036.}

[8400] **张继，王春梅，归来，刘育凤，李慧超，戚可名. 扩张预制对跨区供血轴型皮瓣的桥联效应[J]. 中国修复重建外科杂志，2008，22(5)：554-557.** {ZHANG Ji,WANG Chunmei,Return,LIU Yufeng,LI Huichao,QI Keming. Bridging effect of expansion prefabrication on crossing area supply axial pattern flap in pigs[J]. Zhongguo Xiu Fu Chong Jian Wai Ke Za Zhi[Chin J Repar Reconstr Surg(Article in Chinese;Abstract in Chinese and English)],2008,22(5):554-557.}

[8401] **昝涛，董继英，李华，翁瑞，杨湄，谢芸，李青峰. 血管内皮祖细胞和血管内皮生长因子促进预构皮瓣血管新生作用的比较[J]. 中华整形外科杂志，2009，25(6)：451-455. DOI：10.3760/cma.j.issn.1009-4598.2009.06.016.** {JIU Tao,DONG Jiying,LI Hua,WENG Rui,YANG Mei,XIE Yun,LI Qingfeng. Comparison of vascular endothelial progenitor cells and vascular endothelial growth factor in promoting angiogenesis of prefabricated skin flaps[J]. Zhonghua Zheng Xing Wai Ke Za Zhi[Chin J Plast Surg(Article in Chinese;Abstract in Chinese and English)],2009,25(6):451-455. DOI:10.3760/cma.j.issn.1009-4598.2009.06.016.}

[8402] **张功林，胡玉祥，伍辉国，张灵芝，侯桥. 用跖内侧预制皮瓣修复拇指脱套伤一例[J]. 中华显微外科杂志，2009，32(1)：31. DOI：10.3760/cma.j.issn.1001-2036.2009.01.013.** {ZHANG Gonglin,HU Yuxiang,WU Huiguo,ZHANG Lingzhi,HOU Qiao. A case of repairing thumb degloving injury with prefabricated skin flap on the medial plantar[J]. Zhonghua Xian Wei Wai Ke Za Zhi[Chin J Microsurg(Article in Chinese;No abstract available)],2009,32(1):31. DOI:10.3760/cma.j.issn.1001-2036.2009.01.013.}

[8403] **郭翱，张功林，尤灵建，胡继苏，蔡灵敏，李俊. 用手指脱套皮预制皮瓣修复示指和中指脱套性损伤一例[J]. 中华显微外科杂志，2009，32(6)：447. DOI：10.3760/cma.j.issn.1001-2036.2009.06.003.** {GUO Ao,ZHANG Gonglin,YOU Lingjian,HU Jisu,CAI Lingmin,LI Jun. A case of repairing index finger and middle finger degloving injury with prefabricated skin flap[J]. Zhonghua Xian Wei Wai Ke Za Zhi[Chin J Microsurg(Article in Chinese;No abstract available)],2009,32(6):447. DOI:10.3760/cma.j.issn.1001-2036.2009.06.003.}

[8404] **张旭东，赵启明，甘精兵，陈丽梅. 延迟术在胸三角皮瓣预扩张修复面部大面积瘢痕中的应用[J]. 中华烧伤杂志，2009，25(5)：360-362. DOI：10.3760/cma.j.issn.1009-2587.2009.05.011.** {ZHANG Xudong,ZHAO Qiming,GAN Jingbing,CHEN Limei. The application of deltopectoral flap with delayed expansion in repairing large scars on face[J]. Zhonghua Shao Shang Za Zhi[Chin J Burns(Article in Chinese;Abstract in Chinese and English)],2009,25(5):360-362. DOI:10.3760/cma.j.issn.1009-2587.2009.05.011.}

[8405] **王爱武，张万锋，李金有，张小峰，梁锋，牛雪涛，李林，赵丽靓，高秋芳. 扩张预构胸背动脉穿支皮瓣修复儿童颈部瘢痕[J]. 中华整形外科杂志，2010，26(3)：161-165. DOI：10.3760/cma.j.issn.1009-4598.2010.03.001.** {WANG Aiwu,ZHANG Wanfeng,LI Jinyou,ZHANG Xiaofeng,LIANG Feng,NIU Xuetao,LI Lin,ZHAO Liliang,GAO Qiufang. Fabricated expanded thoracodorsal artery perforator flap to repair cervical scar in children[J]. Zhonghua Zheng Xing Wai Ke Za Zhi[Chin J Plast Surg(Article in Chinese;Abstract in Chinese and English)],2010,26(3):161-165. DOI:10.3760/cma.j.issn.1009-4598.2010.03.001.}

[8406] **章鸣，郭翱，张功林. 足跟撕脱皮肤寄养预制皮瓣修复足跟软组织撕脱伤[J]. 中华显微外科杂志，2010，33(5)：404-405. DOI：10.3760/cma.j.issn.1001-2036.2010.05.018.** {ZHANG Ming,GUO Ao,ZHANG Gonglin. Heel avulsion skin fostering prefabricated skin flap to repair heel soft tissue avulsion injury[J]. Zhonghua Xian Wei Wai Ke Za Zhi[Chin J Microsurg(Article in Chinese;No abstract available)],2010,33(5):404-405. DOI:10.3760/cma.j.issn.1001-2036.2010.05.018.}

[8407] **马显杰，彭湃，郑岩，郭树忠，韩岩，鲁开化. 胸三角皮瓣预扩张后修复颈部瘢痕挛缩[J]. 中华整形外科杂志，2010，26(1)：21-23. DOI：10.3760/cma.j.issn.1009-4598.2010.01.008.** {MA Xianjie,PENG Pai,ZHENG Yan,GUO Shuzhong,HAN Yan,LU Kaihua. Expanded deltopectoral flap for treatment of cervical cicatricial contracture[J]. Zhonghua Zheng Xing Wai Ke Za Zhi[Chin J Plast Surg(Article in Chinese;Abstract in Chinese and English)],2010,26(1):21-23. DOI:10.3760/cma.j.issn.1009-4598.2010.01.008.}

[8408] **王颖倩，王德伟，许家军，李玲巧，周虹，卫振邦，王天昊. 羊膜上皮细胞胶原海绵复合体促大鼠预构皮瓣成活及其再血管化[J]. 中国临床解剖学杂志，2012，30(5)：533-538，542.** {WANG Yingqian,WANG Dewei,XU Jiajun,LI Lingqiao,ZHOU Hong,WEI Zhenbang,WANG Tianhao. Amniotic membrane epithelial cell collagen sponge complex promotes the survival and revascularization of prefabricated skin flaps in rats[J]. Zhongguo Lin Chuang Jie Pou Xue Za Zhi[Chin J Clin Anat(Article in Chinese;Abstract in Chinese and English)],2012,30(5):533-538,542.}

[8409] **郭翱，张功林，李俊，金岩泉，郑良军，章鸣. 应用预制皮瓣修复足底负重区软组织撕脱伤[J]. 中华显微外科杂志，2012，35(6)：512-513. DOI：10.3760/cma.j.issn.1001-2036.2012.06.029.** {GUO Ao,ZHANG Gonglin,LI Jun,JIN Yanquan,ZHENG Liangjun,ZHANG Ming. Application of prefabricated skin flap to repair soft tissue avulsion in the weight-bearing area of the plantar[J]. Zhonghua Xian Wei Wai Ke Za Zhi[Chin J Microsurg(Article in Chinese;Abstract in Chinese)],2012,35(6):512-513. DOI:10.3760/cma.j.issn.1001-2036.2012.06.029.}

[8410] **栗威，韩清銮，张玉，陈磊，荣存敏，陈菁华. 异体骨预制骨皮瓣的实验研究[J]. 中华显微外科杂志，2013，36(3)：257-260. DOI：10.3760/cma.j.issn.1001-2036.2013.03.013.** {LI Wei,HAN Qingluan,ZHANG Yu,CHEN Lei,RONG Cunmin,CHEN Jinghua. An experimental study for prefabrication of skin flap with frozen allogeneic bone[J]. Zhonghua Xian Wei Wai Ke Za Zhi[Chin J Microsurg(Article in Chinese;Abstract in Chinese and English)],2013,36(3):257-260. DOI:10.3760/cma.j.issn.1001-2036.2013.03.013.}

[8411] **周显玉，刘菲，顾钏，罗旭松，汪希，杨群，杨军. 脱细胞真皮基质预制人工皮瓣的血管化研究[J]. 组织工程与重建外科杂志，2013，9(2)：72-75. DOI：10.3969/j.issn.1673-0364.2013.02.003.** {ZHOU Xianyu,LIU Fei,GU Chuan,LUO Xusong,WANG Xi,YANG Qun,YANG Jun. Vascularization of artificial skin flap fabricated by acellular dermal matrix[J]. Zu Zhi Gong Cheng Yu Chong Jian Wai Ke Za Zhi[J Tissue Eng Reconstr Surg(Article in Chinese;Abstract in Chinese and English)],2013,9(2):72-75. DOI:10.3969/j.issn.1673-0364.2013.02.003.}

[8412] **周斌，周苗，陈伟良. 预制血管化骨瓣修复大面积骨缺损的研究进展[J]. 中国口腔颌面外科杂志，2013，11(4)：349-352.** {ZHOU Bin,ZHOU Miao,CHEN Weiliang. Research progress on reconstruction of large compound bone defects with prefabricated,vascularized bone flap[J]. Zhongguo Kou Qiang He Mian Wai Ke Za Zhi [Chin J Oral Maxillofac Surg(Article in Chinese;Abstract in Chinese and English)],2013,11(4):349-352.}

[8413] **王宇翀，薛春雨. 预构皮瓣的研究与应用进展[J]. 中华烧伤杂志，2014，30(5)：437-440. DOI：10.3760/cma.j.issn.1009-2587.2014.05.017.** {WANG Yuchong,XUE Chunyu. Advances in the research and application of prefabricated flap[J]. Zhonghua Shao Shang Za Zhi[Chin J Burns(Article in Chinese;No abstract available)],2014,30(5):437-440. DOI:10.3760/cma.j.issn.1009-2587.2014.05.017.}

[8414] **胡君玲，郑健生. 血管束预构皮瓣再血管化及其成活影响因素研究进展[J]. 中华整形外科杂志，2014，30(5)：396-399. DOI：10.3760/cma.j.issn.1009-4598.2014.05.021.** {HU Junling,ZHENG Jiansheng. Advances in research on revascularization of vascular bundle prefabricated skin flap and factors affecting its survival[J]. Zhonghua Zheng Xing Wai Ke Za Zhi[Chin J Plast Surg(Article in Chinese;No abstract available)],2014,30(5):396-399. DOI:10.3760/cma.j.issn.1009-4598.2014.05.021.}

[8415] **尤灵建，郭宇华，王威，吴立志，陈忠义，董凌波，张晗. 应用预制皮瓣修复足部皮肤脱套伤四例[J]. 中华显微外科杂志，2014，37(1)：86-88. DOI：10.3760/cma.j.issn.1001-2036.2014.01.029.** {YOU Lingjian,GUO Yuhua,WANG Wei,WU Lizhi,CHEN Zhongyi,DONG Lingbo,ZHANG Han. Application of prefabricated skin flap to repair four cases of foot skin degloving injury[J]. Zhonghua Xian Wei Wai Ke Za Zhi[Chin J Microsurg(Article in Chinese;Abstract in Chinese)],2014,37(1):86-88. DOI:10.3760/cma.j.issn.1001-2036.2014.01.029.}

[8416] 张英，俞哲元，袁捷，韦敏，祁佐良. 颞浅筋膜预置耳后扩张皮瓣在面部较大面积创面修复中的应用 [J]. 组织工程与重建外科杂志，2014，10（5）：266-268，271. DOI：10.3969/j.issn.1673-0364.2014.05.008. {ZHANG Ying,YU Zheyuan,YUAN Jie,WEI Min,QI Zuoliang. The application of prefabricated superficial temporal fascia postauricular flap in the repair of huge facial defect[J]. Zu Zhi Gong Cheng Yu Chong Jian Wai Ke Za Zhi[J Tissue Eng Reconstr Surg(Article in Chinese;Abstract in Chinese and English)],2014,10(5):266-268,271. DOI:10.3969/j.issn.1673-0364.2014.05.008.}

[8417] 李科，冯少清，李华，闵沛如，喜雯婧，刘宁飞，章一新. 预构皮瓣修复头面部瘢痕术后淋巴水肿的监测 [J]. 中华显微外科杂志，2015，38（5）：451-455. DOI：10.3760/cma.j.issn.1001-2036.2015.05.012. {LI Ke,FENG Shaoqing,LI Hua,MIN Peiru,XI Wenjing,LIU Ningfei,ZHANG Yixin. Monitoring the post-operative lymph edema in prefabricated flap after resurfacing for facial scar[J]. Zhonghua Xian Wei Wai Ke Za Zhi[Chin J Microsurg(Article in Chinese;Abstract in Chinese and English)],2015,38(5):451-455. DOI:10.3760/cma.j.issn.1001-2036.2015.05.012.}

[8418] 柏国芳，谢峰. 颞浅筋膜预构颈部扩张皮瓣修复大面积面部缺损的临床研究 [J]. 组织工程与重建外科杂志，2015，11（6）：373-375，378. DOI：10.3969/j.issn.1673-0364.2015.06.007. {BAI Guofang,XIE Feng. Clinical application of the expanded neck flap prefabricated by superficial temporal fascia for facial resurfacing[J]. Zu Zhi Gong Cheng Yu Chong Jian Wai Ke Za Zhi[J Tissue Eng Reconstr Surg(Article in Chinese;Abstract in Chinese and English)],2015,11(6):373-375,378. DOI:10.3969/j.issn.1673-0364.2015.06.007.}

[8419] 曹广超，郑大伟，孙峰，寿奎水. 预构感觉皮瓣修复足跟软组织撕脱伤 [J]. 中国修复重建外科杂志，2015，29（2）：198-201. DOI：10.7507/1002-1892.20150043. {CAO Guangchao,ZHENG Dawei,SUN Feng,SHOU Kuishui. Repair of soft tissue avulsion injury of heel with prefabricated sensory skin flap[J]. Zhongguo Xiu Fu Chong Jian Wai Ke Za Zhi[Chin J Repar Reconstr Surg(Article in Chinese;Abstract in Chinese and English)],2015,29(2):198-201. DOI:10.7507/1002-1892.20150043.}

[8420] 王春梅，杨思奇，范金财，任家骠，徐伟，许开元，郭静苹，梅劲，高建华. 扩张预制超薄穿支皮瓣在面颈部瘢痕修复中的研究及应用 [J]. 中华整形外科杂志，2015，31（1）：5-10. DOI：10.3760/cma.j.issn.1009-4598.2015.01.003. {WANG Chunmei,YANG Sifen,FAN Jincai,REN Jiapi,XU Wei,XU Kaiyuan,GUO Jingping,MEI Jin,GAO Jianhua. Clinical application of prefabricated super-thin perforator flap after expansion in the reconstruction of facial and cervical scar[J]. Zhonghua Zheng Xing Wai Ke Za Zhi[Chin J Plast Surg(Article in Chinese;Abstract in Chinese)],2015,31(1):5-10. DOI:10.3760/cma.j.issn.1009-4598.2015.01.003.}

[8421] 高雅姗，昝涛，李海洲，李青峰. 预扩张皮瓣及植皮治疗面颈部及关节部瘢痕挛缩的比较研究 [J]. 中国修复重建外科杂志，2015，29（9）：1124-1128. DOI：10.7507/1002-1892.20150244. {GAO Yashan,ZAN Tao,LI Haizhou,LI Qingfeng. A comparative study on treatment of scar contracture on face,neck,and joints with pre-expanded flap and skin grafts[J]. Zhongguo Xiu Fu Chong Jian Wai Ke Za Zhi[Chin J Repar Reconstr Surg(Article in Chinese;Abstract in Chinese)],2015,29(9):1124-1128. DOI:10.7507/1002-1892.20150244.}

[8422] 张迅，周立，侯建玺，周明武，张胜利，宋健，王跃兵，杨瑞甫，幸超峰. 局部缓释 VEGF 对兔同种异体骨异位预构骨皮瓣的影响 [J]. 中华显微外科杂志，2016，39（6）：574-577. DOI：10.3760/cma.j.issn.1001-2036.2016.06.016. {ZHANG Xun,ZHOU Li,HOU Jian 玺,ZHOU Mingwu,ZHANG Shengli,SONG Jian,WANG Yuebing,YANG Ruifu,XING Chaofeng. Effect of local slow-release VEGF on rabbit allogeneic bone heterotopic prefabricated bone flap[J]. Zhonghua Xian Wei Wai Ke Za Zhi[Chin J Microsurg(Article in Chinese;Abstract in Chinese)],2016,39(6):574-577. DOI:10.3760/cma.j.issn.1001-2036.2016.06.016.}

[8423] 姜平，陈其庆，胡振富，罗勇，胡志奇，高建华. 分区预扩张颈浅动脉蒂颈肩背皮瓣修复面部大面积缺损 [J]. 中华整形外科杂志，2016，32（1）：39-42. DOI：10.3760/cma.j.issn.1009-4598.2016.01.010. {JIANG Ping,CHEN Qiqing,HU Zhenfu,LUO Yong,HU Zhiqi,GAO Jianhua. Large facial defect reconstruction with partition pre-expanded cervico-scapulo-dorsal flap based on the superficial cervical artery[J]. Zhonghua Zheng Xing Wai Ke Za Zhi[Chin J Plast Surg(Article in Chinese;Abstract in Chinese and English)],2016,32(1):39-42. DOI:10.3760/cma.j.issn.1009-4598.2016.01.010.}

[8424] 朱珊，刘元波，臧梦青，陈博，丁强，张健华，刘龙灿. 预扩张脐旁穿支皮瓣修复上肢大面积皮肤软组织缺损 [J]. 中华整形外科杂志，2016，32（3）：186-190. DOI：10.3760/cma.j.issn.1009-4598.2016.03.007. {ZHU Shan,LIU Yuanbo,ZANG Mengqing,CHEN Bo,DING Qiang,ZHANG Jianhua,LIU Longcan. Reconstruction of extensive soft-tissue defects at the upper extremities using the pre-expanded paraumbilical perforator flap[J]. Zhonghua Zheng Xing Wai Ke Za Zhi[Chin J Plast Surg(Article in Chinese;Abstract in Chinese and English)],2016,32(3):186-190. DOI:10.3760/cma.j.issn.1009-4598.2016.03.007.}

[8425] 李广学，穆蘭，刘岩，臧梦青，刘元波. 预扩张的脐旁穿支皮瓣修复肘关节瘢痕挛缩畸形 [J]. 中华肩肘外科电子杂志，2016，4（1）：24-28. DOI：10.3877/cma.j.issn.2095-5790.2016.01.005. {LI Guangxue,MU Lai,LIU Yan,ZANG Mengqing,LIU Yuanbo. Reconstruction of elbow scar contracture using pre-expanded perforator-based paraumbilical flap[J]. Zhonghua Jian Zhou Wai Ke Dian Zi Za Zhi[Chin J Should Elbow Surg(Article in Chinese;Abstract in Chinese and English)],2016,4(1):24-28. DOI:10.3877/cma.j.issn.2095-5790.2016.01.005.}

[8426] 王付勇，李华强. 岛状颞浅筋膜瓣移植预构颈部扩张轴型皮瓣修复面部大面积瘢痕畸形 [J]. 中华实验外科杂志，2017，34（3）：529-530. DOI：10.3760/cma.j.issn.1001-9030.2017.03.056. {WANG Fuyong,LI Huaqiang. Expanded neck axial flap prefabricated by island flap of superficial temporal fascia in treating facial cicatrix deformity[J]. Zhonghua Shi Yan Wai Ke Za Zhi[Chin J Exp Surg(Article in Chinese;Abstract in Chinese)],2017,34(3):529-530. DOI:10.3760/cma.j.issn.1001-9030.2017.03.056.}

[8427] 何永静，朱礼昆，杨蔚琪，张威，王嘉飞，郭群，杨晓敏，杨云，吕乐春，刘文军，王继华. 预扩张肩胛皮瓣游离移植修复大面积面颈部瘢痕 [J]. 中华整形外科杂志，2017，33（Z1）：50-53. DOI：10.3760/cma.j.issn.1009-4598.2017.s1.011. {HE Yongjing,ZHU Likun,YANG Weiqi,ZHANG Wei,WANG Jiafei,GUO Qun,YANG Xiaomin,YANG Yun,LU Lechun,LIU Wenjun,WANG Jihua. Free pre-expanded scapular skin flap for repairing of large size facial and cervical scar[J]. Zhonghua Zheng Xing Wai Ke Za Zhi[Chin J Plast Surg(Article in Chinese;Abstract in Chinese and English)],2017,33(Z1):50-53. DOI:10.3760/cma.j.issn.1009-4598.2017.s1.011.}

[8428] 王付勇，李华强. 丹参酮用于 SD 大鼠扩张预构皮瓣瘢痕整复的研究 [J]. 中华实验外科杂志，2018，35（1）：58-60. DOI：10.3760/cma.j.issn.1001-9030.2018.01.020. {WANG Fuyong,LI Huaqiang. Study of Tanshinone for scar reconstruction of expanded prefabricated skin flap in sd rats[J]. Zhonghua Shi Yan Wai Ke Za Zhi[Chin J Exp Surg(Article in Chinese;Abstract in Chinese and English)],2018,35(1):58-60. DOI:10.3760/cma.j.issn.1001-9030.2018.01.020.}

[8429] 李征，张振伟，余少校，柯于海，熊懿，林慧鑫，陈文锋. 预制减压型静脉动脉化皮瓣的临床应用 [J]. 中国临床解剖学杂志，2018，36（4）：430-432. DOI：10.13418/j.issn.1001-165x.2018.04.016. {LI Zheng,ZHANG Zhenwei,Major Yu,KE Yuhai,XIONG Yi,LIN Huixin,CHEN Wenfeng. The clinical application of prefabricated-decompression arterialized vein flap[J]. Zhongguo Lin Chuang Jie Pou Xue Za Zhi[Chin J Clin Anat(Article in Chinese;Abstract in Chinese)],2018,36(4):430-432. DOI:10.13418/j.issn.1001-165x.2018.04.016.}

[8430] 李杉珊，臧梦青，朱珊，陈博，薛兵建，韩婷璐，刘元波. 预扩张穿支蒂螺旋桨皮瓣手术设计和临床应用 [J]. 中华整形外科杂志，2018，34（9）：714-719. DOI：10.3760/cma.j.issn.1009-4598.2018.09.007. {LI Shanshan,ZANG Mengqing,ZHU Shan,CHEN Bo,XUE Bingjian,HAN Tinglu,LIU Yuanbo. Flap design and clinical applications of the pre-expanded perforator propeller flap[J]. Zhonghua Zheng Xing Wai Ke Za Zhi[Chin J Plast Surg(Article in Chinese;Abstract in Chinese and English)],2018,34(9):714-719. DOI:10.3760/cma.j.issn.1009-4598.2018.09.007.}

[8431] 张桦，范金财. 预构皮瓣的再血管化研究进展 [J]. 中华整形外科杂志，2019，35（3）：305-309. DOI：10.3760/cma.j.issn.1009-4598.2019.03.019. {ZHANG Hua,FAN Jincai. Advances in the revascularization of prefabricated flap[J]. Zhonghua Zheng Xing Wai Ke Za Zhi[Chin J Plast Surg(Article in Chinese;No abstract available)],2019,35(3):305-309. DOI:10.3760/cma.j.issn.1009-4598.2019.03.019.}

[8432] 张桦，范金财. 兔预构皮瓣模型的建立及氧化铅微血管造影方法的研究 [J]. 中华整形外科杂志，2019，35（5）：483-488. DOI：10.3760/cma.j.issn.1009-4598.2019.05.014. {ZHANG Hua,FAN Jincai. The establishment of a rabbit prefabricated skin flap model and the study of lead oxide microangiography[J]. Zhonghua Zheng Xing Wai Ke Za Zhi[Chin J Plast Surg(Article in Chinese;Abstract in Chinese and English)],2019,35(5):483-488. DOI:10.3760/cma.j.issn.1009-4598.2019.05.014.}

[8433] 李玢，程辰，李华，昝涛. 低氧模拟剂预处理提高预构皮瓣成活率的实验研究 [J]. 组织工程与重建外科杂志，2019，15（3）：142-145，151. DOI：10.3969/j.issn.1673-0364.2019.03.004. {LI Fen,CHENG Chen,LI Hua,JIU Tao. Experimental study of hypoxia simulant pretreatment to improve the survival rate of prefabricated skin flaps[J]. Zu Zhi Gong Cheng Yu Chong Jian Wai Ke Za Zhi[J Tissue Eng Reconstr Surg(Article in Chinese;No abstract available)],2019,15(3):142-145,151. DOI:10.3969/j.issn.1673-0364.2019.03.004.}

[8434] 王占统，余州，丁健科，唐银科，苏映军，李杨，马显杰. 预扩张胸三角皮瓣修复面颈部瘢痕的效果评价 [J]. 中华整形外科杂志，2019，35（10）：953-960. DOI：10.3760/cma.j.issn.1009-4598.2019.10.002. {WANG Zhantong,YU Zhou,DING Jianke,TANG Yinke,SU Yingjun,LI Yang,MA Xianjie. Evaluation of the postoperative effect of pre-expanded pedicled deltopectoral flap on repairing facial-cervical scars[J]. Zhonghua Zheng Xing Wai Ke Za Zhi[Chin J Plast Surg(Article in Chinese;Abstract in Chinese and English)],2019,35(10):953-960. DOI:10.3760/cma.j.issn.1009-4598.2019.10.002.}

[8435] 闵沛如，章一新. 颞浅双蒂预扩张头皮瓣在严重烧伤后下面部轮廓重建中的应用 [J]. 组织工程与重建外科杂志，2019，15（1）：20-24. DOI：10.3969/j.issn.1673-0364.2019.01.006. {MIN Peiru,ZHANG Yixin. Bipedicled pre-expended superficial temporary artery visor flap for post-burn reshaping of lower facial contour[J]. Zu Zhi Gong Cheng Yu Chong Jian Wai Ke Za Zhi[J Tissue Eng Reconstr Surg(Article in Chinese;Abstract in Chinese and English)],2019,15(1):20-24. DOI:10.3969/j.issn.1673-0364.2019.01.006.}

[8436] 王占统，董琛，唐银科，余州，马显杰. 预扩张胸三角皮瓣修复面颈部病损的临床效果 [J]. 中华烧伤杂志，2020，36（5）：363-369. DOI：10.3760/cma.j.cn501120-20200113-00019. {WANG Zhantong,DONG Chen,TANG Yinke,YU Zhou,MA Xianjie. Clinical effect of pre-expanded deltopectoral flap in the repair of faciocervical lesion and defect[J]. Zhonghua Shao Shang Za Zhi[Chin J Burns(Article in Chinese;Abstract in Chinese and English)],2020,36(5):363-369. DOI:10.3760/cma.j.cn501120-20200113-00019.}

4.1.9.13 穿支皮瓣及其影像学导航

perforator flap and perforator radiological navigation

[8437] Lee DW,Chan AC,Lam YH,Wong SK,Fung TM,Mui LM,Ng EK,Chung SC. Early clinical outcomes after subfascial endoscopic perforator surgery(SEPS) and saphenous vein surgery in chronic venous insufficiency[J]. Surg Endosc,2001,15(7):737-740. doi:10.1007/s004640090050.

[8438] Tang M,Yin Z,Morris SF. A pilot study on three-dimensional visualization of perforator flaps by using angiography in cadavers[J]. Plast Reconstr Surg,2008,122(2):429-437. doi:10.1097/PRS.0b013e31817d625a.

[8439] Lui KW,Hu S,Ahmad N,Tang M. Three-dimensional angiography of the superior gluteal artery and lumbar artery perforator flap[J]. Plast Reconstr Surg,2009,123(1):79-86. doi:10.1097/PRS.0b013e3181904b24.

[8440] Tang M,Ding M,Almutairi K,Morris SF. Three-dimensional angiography of the submental artery perforator flap[J]. J Plast Reconstr Aesthet Surg,2011,64(5):608-613. doi:10.1016/j.bjps.2010.08.040.

[8441] Su W,Lu L,Lazzeri D,Zhang YX,Wang D,Innocenti M,Qian Y,Agostini T,Levin LS,Messmer C. Contrast-enhanced ultrasound combined with three-dimensional reconstruction in preoperative perforator flap planning[J]. Plast Reconstr Surg,2013,131(1):80-93. doi:10.1097/PRS.0b013e3182729e9e.

[8442] Gan SJ,Qian SX,Zhang C,Mao JQ,Li K,Tang JD. Combined subfascial endoscopic perforator surgery and endovenous laser treatment without impact on the great saphenous vein for management of lower-extremity varicose veins[J]. Chin Med J,2013,126(3):405-408.

[8443] Nie JY,Lu LJ,Gong X,Li Q,Nie JJ. Delineating the vascular territory (perforasome) of a perforator in the lower extremity of the rabbit with four-dimensional computed tomographic angiography[J]. Plast Reconstr Surg,2013,131(3):565-571. doi:10.1097/PRS.0b013e31827c6e49.

[8444] Wang Y,Lv C,Lou X,Song J. Application of 320-row multidetector computed tomography angiography and three-dimensional reconstruction for pudendal thigh perforator flap[J]. Plast Reconstr Surg,2013,131(3):470e-471e. doi:10.1097/PRS.0b013e31827c72e5.

[8445] Shen XQ,Shen H,Xu JH,Wu SC,Chen Q,Chen B. Color Doppler imaging of an ulnar artery perforator forearm flap for resurfacing finger defects[J]. Ann Plast Surg,2014,73(1):43-45. doi:10.1097/SAP.0b013e31826cb294.

[8446] He Y,Tian Z,Ma C,Zhang C. Superficial circumflex iliac artery perforator flap:identification of the perforator by computed tomography angiography and reconstruction of a complex lower lip defect[J]. Int J Oral Maxillofac Surg,2015,44(4):419-423. doi:10.1016/j.ijom.2014.11.001.

[8447] Jin S,He Y,Tian Z,Feng S,Zhang Y. Superficial circumflex iliac artery perforator flap aided by color Doppler sonography mapping for like-with-like buccal reconstruction[J]. Oral Surg Oral Med Oral Pathol Oral Radiol,2015,119(2):170-176. doi:10.1016/j.oooo.2014.10.024.

[8448] Feng S,Min P,Grassetti L,Lazzeri D,Sadigh P,Nicoli F,Torresetti M,Gao W,di Benedetto G,Zhang W,Zhang YX. A prospective head-to-head comparison of color doppler ultrasound and computed tomographic angiography in the preoperative planning of lower extremity perforator flaps[J]. Plast Reconstr Surg,2016,137(1):335-347. doi:10.1097/PRS.0000000000001895.

[8449] Sur YJ,Morsy M,Mohan AT,Zhu L,Michalak GJ,Lachman N,Laungani AT,van Alphen N,Saint-Cyr M. Three-dimensional computed tomographic angiography study of the interperforator flow of the lower leg[J]. Plast Reconstr Surg,2016,137(5):1615-1628. doi:10.1097/PRS.0000000000002111.

[8450] Feng S,Chen J,Wo Y,Li Y,Chen S,Zhang Y,Zhang W. Real-time and long-time in vivo imaging in the shortwave infrared window of perforator vessels for more precise evaluation of flap perfusion[J]. Biomaterials,2016,103:256-264. doi:10.1016/j.biomaterials.2016.06.043.

[8451] Gao Z,Meng D,Lu H,Yao B,Huang N,Ye Z. Utility of dual-energy spectral CT and low-iodine contrast medium in DIEP angiography[J]. Int J Clin Pract,2016,70(Suppl 9B):B64-71. doi:10.1111/ijcp.12855.

[8452] Tao Y,Ding M,Wang A,Zhuang Y,Chang SM,Mei J,Tang M,Hallock GG. Basic perforator flap hemodynamic mathematical model[J]. Plast Reconstr Surg Glob Open,2016,4(5):e714. doi:10.1097/GOX.0000000000000689.

[8453] Jiang T,Zhu M,Zan T,Gu B,Li Q. A novel augmented reality-based navigation system in perforator flap transplantation-a feasibility study[J]. Ann Plast Surg,2017,79(2):192-196. doi:10.1097/SAP.0000000000001078.

[8454] Wang Z,Yi X,He J,Qing L,Zhou Z,Zhang Y,Zhu Z,Zhou C,Xie H,Li X,Zee C,Chen BT. Catheter-based computed tomography angiography in anterolateral thigh perforator mapping of Chinese patients[J]. J Reconstr Microsurg,2019,35(3):221-228. doi:10.1055/s-0038-1672129.

[8455] Chen R,Huang ZQ,Chen WL,Ou ZP,Li SH,Wang JG. Value of a smartphone-compatible thermal imaging camera in the detection of peroneal artery perforators:Comparative study with computed tomography angiography[J]. Head Neck,2019,41(5):1450-1456. doi:10.1002/hed.25581.

[8456] Fang X,Kong W,Yu Z,Qiu J,Duan H. Catheter-based computed tomography angiography in anterolateral thigh perforator mapping of Chinese patients:statistical estimates[J]. J Reconstr Microsurg,2019,35(3):e1. doi:10.1055/s-0039-1691786.

[8457] Cui H,Ding M,Mao Y,Zhou P,Sun C,Tang M,Xu D. Three-dimensional visualization for extended deep inferior epigastric perforator flaps[J]. Ann Plast Surg,2020,85(6):e48-e53. doi:10.1097/SAP.0000000000002379.

[8458] Pan JD,Xu H,Xiao DC,Hacquebord JH,Chang SM,Wang X. Perforator detection by thermographic imaging augmented with tourniquet-reperfusion:A modified approach and preliminary report in distal lower leg reconstruction[J]. Ann Plast Surg,2021 Feb 12. doi:10.1097/SAP.0000000000002741. Online ahead of print.

[8459] 高建明，薛峰，夏云宝，储旭东，华国军，李坤，骆宇春，潘龚茂. MSCTA辅助穿支皮瓣移植的初步报告[J]. 中国临床解剖学杂志，2011，29(6)：637-640. {GAO Jianming,XUE Feng,XIA Yunbao,CHU Xudong,HUA Guojun,LI Kun,LUO Yuchun,PAN Gongmao. Perforator flap transplantation assisted by the multislice spiral computed tomographic angiography:the clinical report[J]. Zhongguo Lin Chuang Jie Pou Xue Za Zhi[Chin J Clin Anat(Article in Chinese;Abstract in Chinese and English)],2011,29(6):637-640.}

[8460] 章一新. 穿支血管的术前影像学导航技术[J]. 中华显微外科杂志，2012，35(6)：441-443. DOI：10.3760/cma.j.issn.1001-2036.2012.06.001. {ZHANG Yixin. Preoperative imaging navigation technology for perforating vessels[J]. Zhonghua Xian Wei Wai Ke Za Zhi[Chin J Microsurg(Article in Chinese;No abstract available)],2012,35(6):441-443. DOI:10.3760/cma.j.issn.1001-2036.2012.06.001.}

[8461] 王珏，田涛，冯少清，章一新. 多层螺旋CT血管造影技术在穿支皮瓣修复下肢软组织缺损中的应用[J]. 中华显微外科杂志，2013，36(4)：317-321. DOI：10.3760/cma.j.issn.1001-2036.2013.06.002. {WANG Jue,TIAN Tao,FENG Shaoqing,ZHANG Yixin. Application of multidetector-row computed tomography angiography in soft tissue defect of lower extremities with perforator flap[J]. Zhonghua Xian Wei Wai Ke Za Zhi[Chin J Microsurg(Article in Chinese;Abstract in Chinese and English)],2013,36(4):317-321. DOI:10.3760/cma.j.issn.1001-2036.2013.06.002.}

[8462] 范学锴，潘佳栋，夏华杰，王欣，陈川，陈宏，章伟文. MDCTA辅助设计的腓肠内侧动脉穿支皮瓣修复手腕部皮肤软组织缺损[J]. 中华手外科杂志，2015，31(5)：365-368. DOI：10.3760/cma.j.issn.1005-054X.2015.05.020. {FAN Xuekai,PAN Jiadong,XIA Huajie,WANG Xin,CHEN Chuan,CHEN Hong,ZHANG Weiwen. Reconstruction of the hand and wrist defect with the medial sural artery perforator flap designed with the help of multi-detector computer tomography angiography[J]. Zhonghua Shou Wai Ke Za Zhi[Chin J Hand Surg(Article in Chinese;Abstract in Chinese and English)],2015,31(5):365-368. DOI:10.3760/cma.j.issn.1005-054X.2015.05.020.}

[8463] 方早，金淑芳，田卓炜，张陈平，何悦. CT血管造影在腓肠内侧动脉穿支皮瓣血管定位中的应用[J]. 中国口腔颌面外科杂志，2015，13(3)：220-225. {FANG Zao,JIN Shufang,TIAN Zhuowei,ZHANG Chenping,HE Yue. A preliminary study on application of ct angiography in accurate mapping of the free medial sural artery perforator[J]. Zhongguo Kou Qiang He Mian Wai Ke Za Zhi [Chin J Oral Maxillofac Surg(Article in Chinese;Abstract in Chinese and English)],2015,13(3):220-225.}

[8464] 杨锴，穆蘭，刘岩，彭喆，李广学. 吲哚菁绿血管造影在皮瓣手术中的应用价值[J]. 中国修复重建外科杂志，2015，29(9)：1113-1116. DOI：10.7507/1002-1892.20150241. {YANG Kai,MU Yan,LIU Yan,PENG Zhe,LI Guangxue. Application value of indocyanine green angiography in flap reconstructive surgery[J]. Zhongguo Xiu Fu Chong Jian Wai Ke Za Zhi[Chin J Repar Reconstr Surg(Article in Chinese;Abstract in Chinese)],2015,29(9):1113-1116. DOI:10.7507/1002-1892.20150241.}

[8465] 项杨，高建明，夏云宝，陈伟南，夏晓亮，王亚东，Liang ZHANG. 股前外侧皮瓣穿支及其源动脉CTA影像特点观测[J]. 中国临床解剖学杂志，2016，34(5)：499-503. DOI：10.13418/j.issn.1001-165x.2016.05.005. {XIANG Yang,GAO Jianming,XIA Yunbao,CHEN Weinan,XIA Xiaoliang,WANG Yadong,Liang ZHANG. Characteristics of CTA images of anterolateral thigh flap perforators and its source artery:CT-angiography study[J]. Zhongguo Lin Chuang Jie Pou Xue Za Zhi[Chin J Clin Anat(Article in Chinese;Abstract in Chinese and English)],2016,34(5):499-503. DOI:10.13418/j.issn.1001-165x.2016.05.005.}

[8466] 常树森，魏在荣. 穿支皮瓣术前影像学导航技术的研究进展[J]. 中国临床解剖学杂志，2016，34(5)：596-598. DOI：10.13418/j.issn.1001-165x.2016.05.025. {CHANG Shusen,WEI Zairong. Research progress of perforator flap preoperative imaging navigation technology[J]. Zhongguo Lin Chuang Jie Pou Xue Za Zhi[Chin J Clin Anat(Article in Chinese;No abstract available)],2016,34(5):596-598. DOI:10.13418/j.issn.1001-165x.2016.05.025.}

[8467] 朱洪章，杨有优，朱庆棠，王东，郑灿镔，周碧，郭辉其，杨旭峰. CT血管造影与手持式多普勒在股前外侧皮瓣术前穿支体表定位的比较[J]. 中华显微外科杂志，2016，39(5)：432-436. DOI：10.3760/cma.j.issn.1001-2036.2016.05.005. {ZHU Hongzhang,YANG Youyou,ZHU Qingtang,WANG Dong,ZHENG Canpin,ZHOU Bi,GUO Huiqi,YANG Xufeng. Preoperative imaging evaluation in anterolateral thigh flap:comparison of computed tomography angiography and handheld Doppler[J]. Zhonghua Xian Wei Wai Ke Za Zhi[Chin J Microsurg(Article in Chinese;Abstract in Chinese and English)],2016,39(5):432-436. DOI:10.3760/cma.j.issn.1001-2036.2016.05.005.}

[8468] 李科，章一新. 吲哚菁绿荧光造影技术在皮瓣外科中的应用[J]. 中华显微外科杂志，2016，39(5)：520，后插1-3. DOI：10.3760/cma.j.issn.1001-2036.2016.05.035. {LI Ke,ZHANG Yixin. Application of indocyanine green fluorescence contrast technique in skin flap surgery[J]. Zhonghua Xian Wei Wai Ke Za Zhi[Chin J Microsurg(Article in Chinese;Abstract in Chinese)],2016,39(5):520,insert 1-3. DOI:10.3760/cma.j.issn.1001-2036.2016.05.035.}

[8469] 莫勇军，谭海涛，杨克勤，江建中，韦平欧，罗翔，林汉，梁旭权. CTA三维重建技术在股前外侧穿支皮瓣移植中的应用[J]. 中国矫形外科杂志，2016，24(6)：570-573. DOI：10.3977/j.issn.1005-8478.2016.06.19. {MO Yongjun,TAN Haitao,YANG Keqin,JIANG Jianzhong,WEI Pingou,LUO Xiang,LIN Han,LIANG Xuquan. Application of CTA three-dimensional reconstruction technique in the transplantation of anterolateral thigh perforator flap[J]. Zhongguo Jiao Xing Wai Ke Za Zhi[Orthop J China(Article in Chinese;Abstract in Chinese)],2016,24(6):570-573. DOI:10.3977/j.issn.1005-8478.2016.06.19.}

[8470] 张子阳，魏在荣，张文夺，唐修俊，金文虎，孙广峰. 数字减影血管造影术前导航指导切取胫前动脉穿支皮瓣修复足踝部创面13例[J]. 中华烧伤杂志，2016，32(10)：620-622. DOI：10.3760/cma.j.issn.1009-2587.2016.10.010. {ZHANG Ziyang,WEI Zairong,ZHANG Wenduo,TANG Xiujun,JIN Wenhu,SUN Guangfeng. Preoperative navigation guidance of digital subtraction angiography to cut 13 cases of anterior tibial artery perforator flap for repair of foot and ankle wounds[J]. Zhonghua Shao Shang Za Zhi[Chin J Burns(Article in Chinese;No abstract available)],2016,32(10):620-622. DOI:10.3760/cma.j.issn.1009-2587.2016.10.010.}

[8471] 贺继强，唐举玉，卿黎明，李文政，易小平，周征兵，吴攀峰，俞芳，曹哲明. 动脉插管造影CTA与普通CTA显影股前外侧穿支的比较研究[J]. 中国临床解剖学杂志，2017，35(5)：508-512. DOI：10.13418/j.issn.1001-165x.2017.05.007. {HE Jiqiang,TANG Juyu,QING Liming,LI Wenzheng,YI Xiaoping,ZHOU Zhengbing,WU Panfeng,YU Fang,CAO Zheming. A comparative study of selective ct arteriography versus ct angiography on three-dimensional display of perforators in anterolateral thigh perforator flap[J]. Zhongguo Lin Chuang Jie Pou Xue Za Zhi[Chin J Clin Anat(Article in Chinese;Abstract in Chinese and English)],2017,35(5):508-512. DOI:10.13418/j.issn.1001-165x.2017.05.007.}

[8472] 杨克勤，莫勇军，谭海涛，韦平欧，罗翔，林汉，梁旭权，许林，林鑫欣. CTA技术在小腿穿支皮瓣修复踝周组织缺损中的应用[J]. 中华显微外科杂志，2017，40(2)：168-171. DOI：10.3760/cma.j.issn.1001-2036.2017.02.016. {YANG Keqin,MO Yongjun,TAN Haitao,WEI Pingou,LUO Xiang,LIN Han,LIANG Xuquan,XU Lin,LIN Xinxin. Application of CTA technique in repairing tissue defect around ankle with perforator skin flap of calf[J]. Zhonghua Xian Wei Wai Ke Za Zhi[Chin J Microsurg(Article in Chinese;Abstract in Chinese)],2017,40(2):168-171. DOI:10.3760/cma.j.issn.1001-2036.2017.02.016.}

[8473] 韦平欧，谭海涛，莫勇军，杨克勤，谭汉提，罗翔，林汉，韦堡升. CTA三维重建技术辅助股前外侧穿支皮瓣再造舌13例[J]. 中华显微外科杂志，2017，40(4)：333-336. DOI：10.3760/cma.j.issn.1001-2036.2017.04.006. {WEI Pingou,TAN Haitao,MO Yongjun,YANG Keqin,TAN Handi,LUO Xiang,LIN Han,WEI Baosheng. Repair of significant tongue defect after tongue cancer radical resection using anterolateral thigh perforator free flap with CTA three-dimensional reconstruction technique assistance:a report of 13 cases[J]. Zhonghua Xian Wei Wai Ke Za Zhi[Chin J Microsurg(Article in Chinese;Abstract in Chinese and English)],2017,40(4):333-336. DOI:10.3760/cma.j.issn.1001-2036.2017.04.006.}

[8474] 薛兵建，刘元波，臧梦青，朱珊，陈博，李杉珊，孙蕊. 吲哚菁绿SPY成像技术在皮瓣外科中的应用[J]. 中华整形外科杂志，2017，33(5)：339-344. DOI：10.3760/cma.j.issn.1009-4598.2017.05.004. {XUE Bingjian,LIU Yuanbo,ZANG Mengqing,ZHU Shan,CHEN Bo,LI Shanshan,SUN Rui. Application of indocyanine green spy imaging in flap surgery[J]. Zhonghua Zheng Xing Wai Ke Za Zhi[Chin J Plast Surg(Article in Chinese;Abstract in Chinese)],2017,33(5):339-344. DOI:10.3760/cma.j.issn.1009-4598.2017.05.004.}

[8475] 莫勇军，杨克勤，谭海涛，韦平欧，罗翔，许林，林汉，梁旭权. CTA联合彩色多普勒超声检测在股前外侧穿支皮瓣中的应用[J]. 中华显微外科杂志，2018，41(1)：68-72. DOI：10.3760/cma.j.issn.1001-2036.2018.01.017. {MO Yongjun,YANG Keqin,TAN Haitao,WEI Pingou,LUO Xiang,XU Lin,LIN Han,LIANG Xuquan. Application of CTA combined with color Doppler ultrasound in the anterolateral thigh perforator flap[J]. Zhonghua Xian Wei Wai Ke Za Zhi[Chin J Microsurg(Article in Chinese;Abstract in Chinese)],2018,41(1):68-72. DOI:10.3760/cma.j.issn.1001-2036.2018.01.017.}

[8476] 喜雯婧，李科，冯少清，章一新. 吲哚菁绿荧光造影在穿支皮瓣微循环检测中的应用[J]. 组织工程与重建外科杂志，2018，14(3)：139-142. DOI：10.3969/j.issn.1673-0364.2018.03.006. {XI Wenjing,LI Ke,FENG Shaoqing,ZHANG Yixin. The application of the indocyanine green angiography in the micro-circulation evaluation of perforator flap[J]. Zu Zhi Gong Cheng Yu Chong Jian Wai Ke Za Zhi[J Tissue Eng Reconstr Surg(Article in Chinese;Abstract in Chinese and English)],2018,14(3):139-142. DOI:10.3969/j.issn.1673-0364.2018.03.006.}

[8477] 崔轶，李国栋，杨曦，徐月仙，许育健，何晓清，徐永清. CTA联合手持彩色多普勒超声设计小腿穿支螺旋桨皮瓣的临床应用[J]. 中华显微外科杂志，2019，42(3)：232-236. DOI：10.3760/cma.j.issn.1001-2036.2019.03.006. {CUI Yi,LI Guodong,YANG Xi,XU Yuexian,XU Yujian,HE Xiaoqing,XU Yongqing. Clinic application of CTA and hhd:mapping for propeller perforator flap in shank[J]. Zhonghua Xian Wei Wai Ke Za Zhi[Chin J Microsurg(Article in Chinese;Abstract in Chinese and English)],2019,42(3):232-236. DOI:10.3760/cma.j.issn.1001-2036.2019.03.006.}

[8478] 罗翔，谭海涛，杨克勤，谭汉提，韦平欧，莫勇军，许林，梁旭权，韦堡升. CTA联合增强现实技术实施股前外侧穿支皮瓣游离移植舌再造九例[J]. 中华显微外科杂志，2019，42(4)：339-343. DOI：10.3760/cma.j.issn.1001-2036.2019.04.007. {LUO Xiang,TAN Haitao,YANG Keqin,TAN Handi,WEI Pingou,MO Yongjun,XU Lin,LIANG Xuquan,WEI Baosheng. The use of CTA combined augmented reality navigation in free anterolateral thigh perforator flap for tongue reconstruction:9 cases report[J]. Zhonghua Xian Wei Wai Ke Za Zhi[Chin J Microsurg(Article in Chinese;Abstract in Chinese and English)],2019,42(4):339-343. DOI:10.3760/cma.j.issn.1001-2036.2019.04.007.}

[8479] 张德溪，张国辉，郑广程，王远征，宋克伟，孙鲁伟. 3D-CTA辅助股前外侧分叶穿支皮瓣修复四肢软组织缺损11例[J]. 中华显微外科杂志，2019，42(6)：548-552. DOI：10.3760/cma.j.issn.1001-2036.2019.06.008. {ZHANG Dexi,ZHANG Guohui,ZHENG Guangcheng,WANG Yuanzheng,SONG Kewei,SUN Luwei. 3D-CTA assisted anterolateral thigh lobulated perforator flap in repairing soft tissue defect of limb:11 cases report[J]. Zhonghua Xian Wei Wai Ke Za Zhi[Chin J Microsurg(Article in Chinese;Abstract in Chinese and English)],2019,42(6):548-552. DOI:10.3760/cma.j.issn.1001-2036.2019.06.008.}

[8480] 李雷，巨积辉，周正虎，方利平，徐军，邓伟. DSA技术结合多普勒彩超在股前外侧皮瓣穿支定位中的应用[J]. 中国临床解剖学杂志，2020，38(3)：331-334. DOI：10.13418/j.issn.1001-165x.2020.03.017. {LI Lei,JU Jihui,ZHOU Zhenghu,FANG Liping,XU Jun,DENG Wei. The application of dosa technique combined with color Doppler ultrasound in the location of the perforating branch of the anterolateral thigh flap[J]. Zhongguo Lin Chuang Jie Pou Xue Za Zhi[Chin J Clin Anat(Article in Chinese;Abstract in Chinese and English)],2020,38(3):331-334. DOI:10.13418/j.issn.1001-165x.2020.03.017.}

[8481] 马文国，王成德，王爱，刘飞. 三维CT血管造影辅助下游离足底内侧穿支皮瓣修复手掌深度烧伤创面的效果[J]. 中华烧伤杂志，2020，36(4)：323-326. DOI：10.3760/cma.j.cn501120-20190308-00091. {MA Wenguo,WANG Chengde,WANG Ai,LIU Fei. Effect of free medial plantar perforator flap in repairing deep burn wound on palm with the assistance of three dimensional computed tomography angiography[J]. Zhonghua Shao Shang Za Zhi[Chin J Burns(Article in Chinese;Abstract in Chinese and English)],2020,36(4):323-326. DOI:10.3760/cma.j.cn501120-20190308-00091.}

4.1.9.14 肌皮穿支皮瓣 musculocutaneous perforator flap

[8482] 沈怀亮. 以肌皮动脉穿支为轴的臀部皮瓣解剖学 [J]. 临床应用解剖学杂志，1984，2（3）：156-157. {SHEN Huailiang. Anatomy of hip flap with musculocutaneous artery as its axis[J]. Lin Chuang Ying Yong Jie Pou Xue Za Zhi[J Clin Appl Anat(Article in Chinese;Abstract in Chinese)],1984,2(3):156-157.}

[8483] 侯团结，高学宏，郑和平，宁金龙，李小静，李平松，陈啸. 胸背动脉肌皮穿支皮瓣的解剖学研究与临床意义 [J]. 中华整形外科杂志，2007，23（3）：202-205. DOI: 10.3760/j.issn：1009-4598.2007.03.008. {HOU Tuanjie,GAO Xuehong,ZHENG Heping,NING Jinlong,LI Xiaojing,LI Pingsong,CHEN Xiao. The thoracodorsal artery musculocutaneous perforator flap:anatomic study and clinical significance[J]. Zhonghua Zheng Xing Wai Ke Za Zhi[Chin J Plast Surg(Article in Chinese;Abstract in Chinese and English)],2007,23(3):202-205. DOI:10.3760/j.issn:1009-4598.2007.03.008.}

[8484] 李学渊，王晓峰，滕晓峰，陈宏，章伟文. 游离腓动脉肌皮穿支皮瓣修复手部皮肤缺损 [J]. 中华手外科杂志，2007，23（4）：214-215. {LI Xueyuan,WANG Xiaofeng,TENG Xiaofeng,CHEN Hong,ZHANG Weiwen. Free myocutaneous perforator flap from the peroneal artery to repair skin defects of the hand[J]. Zhonghua Shou Wai Ke Za Zhi[Chin J Hand Surg(Article in Chinese;Abstract in Chinese and English)],2007,23(4):214-215.}

[8485] 许亚军，寿奎水，芮永军，孙振中，姚群，陈政，周晓. 以旋髂深动脉及肌皮穿支供血的髂骨皮瓣移植修复四肢复合组织缺损 [J]. 中华显微外科杂志，2009，32（5）：400-401. DOI: 10.3760/cma.j.issn.1001-2036.2009.05.021. {XU Yajun,SHOU Kuishui,RUI Yongjun,SUN Zhenzhong,YAO Qun,CHEN Zheng,ZHOU Xiao. Repair of complex tissue defects of extremities by transplantation of iliac bone flap with deep circumflex iliac artery and musculocutaneous branch[J]. Zhonghua Xian Wei Wai Ke Za Zhi[Chin J Microsurg(Article in Chinese;Abstract in Chinese)],2009,32(5):400-401. DOI:10.3760/cma.j.issn.1001-2036.2009.05.021.}

[8486] 王爱国，邱勇. 股前外侧皮瓣远侧肌皮穿支的解剖学研究与临床应用 [J]. 中华骨科杂志，2011，31（3）：255-259. DOI: 10.3760/cma.j.issn.0253-2352.2011.03.011. {WANG Aiguo,QIU Yong. The clinical application of distal musculocutaneous perforators in the anterolateral thigh flap transplantation[J]. Zhonghua Gu Ke Za Zhi[Chin J Orthop(Article in Chinese;Abstract in Chinese and English)],2011,31(3):255-259. DOI:10.3760/cma.j.issn.0253-2352.2011.03.011.}

[8487] 郭天武，陈祥军. 腓动脉肌皮穿支皮瓣的解剖学研究及临床应用 [J]. 实用手外科杂志，2016，30（2）：189-190. DOI: 10.3969/j.issn.1671-2722.2016.02.022. {GUO Tianwu,CHEN Xiangjun. Anatomical study and clinical application of musculocutaneous perforator flap with peroneal artery[J]. Shi Yong Shou Wai Ke Za Zhi[Chin J Pract Hand Surg(Article in Chinese;Abstract in Chinese and English)],2016,30(2):189-190. DOI:10.3969/j.issn.1671-2722.2016.02.022.}

[8488] 宋达疆，李赞，周晓，章一新，彭小伟，周波，吕春柳，彭文，王旭，欧延. 游离股深动脉蒂股薄肌嵌合肌皮穿支皮瓣修复口颊癌术后缺损 [J]. 中华整形外科杂志，2017，33（4）：242-247. DOI: 10.3760/cma.j.issn.1009-4598.2017.04.002. {SONG Dajiang,LI Zan,ZHOU Xiao,ZHANG Yixin,PENG Xiaowei,ZHOU Bo,LU Chunliu,PENG Wen,WANG Xu,OU Yan. Free profound femoral artery pedicled gracilis chimeric myocutaneous flap in the reconstruction of defect after buccal mucoca squamous cell carcinoma resection[J]. Zhonghua Zheng Xing Wai Ke Za Zhi[Chin J Plast Surg(Article in Chinese;Abstract in Chinese and English)],2017,33(4):242-247. DOI:10.3760/cma.j.issn.1009-4598.2017.04.002.}

4.1.9.15 肌间隔穿支皮瓣 septocutaneous perforator flap

[8489] 钟世镇，孙博，刘牧之，徐达传，陶永松，程军平. 肌间隙血管皮瓣的解剖学研究 [J]. 中华外科杂志，1983，21（10）：596-599. {ZHONG Shizhen,SUN Bo,LIU Muzhi,XU Dachuan,TAO Yongsong,CHENG Junping. Anatomical study of intermuscular vascular flap[J]. Zhonghua Wai Ke Za Zhi[Chin J Surg(Article in Chinese;No abstract available)],1983,21(10):596-599.}

[8490] 侯春林，苟三怀. 小腿肌间隙血管皮瓣的临床应用 [J]. 中华显微外科杂志，1991，14（2）：71-72. {HOU Chunlin,GOU Sanhuai. Clinical application of vascular skin flap of calf muscle space[J]. Zhonghua Xian Wei Wai Ke Za Zhi[Chin J Microsurg(Article in Chinese;Abstract in Chinese)],1991,14(2):71-72.}

[8491] 钟桂午，张发惠，郑和平，刘经南，闫毅，胡万华. 胫后血管肌间隙支为蒂胫骨内侧骨膜瓣移位术的临床应用 [J]. 中国临床解剖学杂志，1997，15（6）：68-70. {ZHONG Guiwu,ZHANG Fahui,ZHENG Heping,LIU Jingnan,YAN Yi,HU Wanhua. The transfer of medial tibial periosteal flap with the intermuscular septum branches of posterior tibial vessels[J]. Zhongguo Lin Chuang Jie Pou Xue Za Zhi[Chin J Clin Anat(Article in Chinese;Abstract in Chinese)],1997,15(6):68-70.}

[8492] 胡存根，席光庆，宁建君. 腓动脉的肌间隔皮支岛状皮瓣旋转转位术 [J]. 中华显微外科杂志，1999，22（S1）：64-65. {HU Cungen,XI Guangqing,NING Jianjun. Rotational transposition of the island flap of the muscular septal branch of the peroneal artery[J]. Zhonghua Xian Wei Wai Ke Za Zhi[Chin J Microsurg(Article in Chinese;No abstract available)],1999,22(S1):64-65.}

[8493] 粮明业，戴闽，李金赋，裴来寿，宗世璋，韩智敏，涂凯. 胫后血管肌间隙支胫骨内侧骨膜瓣移位术的临床应用 [J]. 创伤外科杂志，2001，3（Z1）：97. DOI: 10.3969/j.issn.1009-4237.2001.z1.068. {JIN Mingye,DAI Min,LI Jinfu,PEI Laishou,ZONG Shizhang,HAN Zhimin,TU Kai. Clinical application of grafting medial tibial posteriori flap with intermuscular branch of posterior tibial vessels[J]. Chuang Shang Wai Ke Za Zhi[J Traum Surg(Article in Chinese;Abstract in Chinese)],2001,3(Z1):97. DOI:10.3969/j.issn.1009-4237.2001.z1.068.}

[8494] 张功林，章鸣，凌爱军，郁辉，王千生. 股前外侧肌间隔肌腱瓣修复示指伸肌腱与软组织缺损一例 [J]. 中华显微外科杂志，2007，30（5）：337. DOI: 10.3760/cma.j.issn.1001-2036.2007.05.034. {ZHANG Gonglin,ZHANG Ming,LING Aijun,YU Hui,WANG Qiansheng. Repair of index finger extensor tendon and soft tissue defect with anterolateral femoral muscle tendon flap[J]. Zhonghua Xian Wei Wai Ke Za Zhi[Chin J Microsurg(Article in Chinese;No abstract available)],2007,30(5):337. DOI:10.3760/cma.j.issn.1001-2036.2007.05.034.}

[8495] 钱尼文，柴勇，方云德，黄远发. 内踝上肌间隙穿支逆行岛状皮瓣的临床应用 [J]. 中华显微外科杂志，2009，32（2）：155. DOI: 10.3760/cma.j.issn.1001-2036.2009.02.029. {Chaneyman,CHAI Yong,FANG Yunde,HUANG Yuanfa. Clinical application of perforating branch retrograde island flap in medial supramuscular space[J]. Zhonghua Xian Wei Wai Ke Za Zhi[Chin J Microsurg(Article in Chinese;Abstract in Chinese)],2009,32(2):155. DOI:10.3760/cma.j.issn.1001-2036.2009.02.029.}

[8496] 郭天武，陈祥军，李嘉琥，刘宁，张怀军. 腓动脉肌间隙穿支皮瓣修复小腿足踝部组织缺损 18 例 [J]. 中华烧伤杂志，2009，25（5）：390-391. DOI: 10.3760/cma.j.issn.1009-2587.2009.05.026. {GUO Tianwu,CHEN Xiangjun,LI Jiahu,LIU Ning,ZHANG Huaijun. Repair of tissue defects of calf,foot and ankle with perforator flap in the space of peroneal artery[J]. Zhonghua Shao Shang Za Zhi[Chin J Burns(Article in Chinese;No abstract available)],2009,25(5):390-391. DOI:10.3760/cma.j.issn.1009-2587.2009.05.026.}

[8497] 吴迪，利春叶，杨钦泰，陈金仁，贾赛雄，龙海泉. 前臂背侧肌间隔远端皮穿支近端皮瓣修复手部皮肤软组织缺损 [J]. 中华显微外科杂志，2016，39（4）：377-380. DOI: 10.3760/cma.j.issn.1001-2036.2016.04.019. {WU Di,LI Chunye,YANG Qintai,CHEN Jinren,JIA Saixiong,LONG Haiquan. Repair of hand skin and soft tissue defects with the distal skin perforator and proximal skin flap of the forearm dorsal muscle septum[J]. Zhonghua Xian Wei Wai Ke Za Zhi[Chin J Microsurg(Article in Chinese;Abstract in Chinese)],2016,39(4):377-380. DOI:10.3760/cma.j.issn.1001-2036.2016.04.019.}

[8498] 薛兵建，臧梦青，陈博，朱珊，李杉珊，张健华，刘元波. 上臂内侧肌间隔穿支血管分布规律及其皮瓣的临床应用 [J]. 中华整形外科杂志，2019，35（9）：874-880. DOI: 10.3760/cma.j.issn.1009-4598.2019.09.006. {XUE Bingjian,ZANG Mengqing,CHEN Bo,ZHU Shan,LI Shanshan,ZHANG Jianhua,LIU Yuanbo. Distribution of the septocutaneous perforators in the medial arm and its clinical applications[J]. Zhonghua Zheng Xing Wai Ke Za Zhi[Chin J Plast Surg(Article in Chinese;Abstract in Chinese and English)],2019,35(9):874-880. DOI:10.3760/cma.j.issn.1009-4598.2019.09.006.}

4.1.9.16 特殊类型穿支皮瓣 special perforator flap

[8499] 唐举玉，吴攀峰，俞芳，梁捷予，卿黎明，王聪杨，符劲飞. 特殊类型穿支皮瓣在创伤骨科的临床应用 [J]. 中华创伤杂志，2014，30（11）：1085-1088. DOI: 10.3760/cma.j.issn.1001-8050.2014.11.006. {TANG Juyu,WU Panfeng,YU Fang,LIANG Jieyu,QING Liming,WANG Congyang,FU Jinfei. Clinical application of special forms of perforator flap in orthopedic trauma[J]. Zhonghua Chuang Shang Za Zhi[Chin J Trauma(Article in Chinese;Abstract in Chinese and English)],2014,30(11):1085-1088. DOI:10.3760/cma.j.issn.1001-8050.2014.11.006.}

[8500] 郑和平. 特殊部位与特殊类型穿支皮瓣基础研究 [J]. 中国临床解剖学杂志，2020，38（2）：121-122. DOI: 10.13418/j.issn.1001-165x.2020.02.001. {ZHENG Heping. Basic research on privileged sites and special types of perforator flap[J]. Zhongguo Lin Chuang Jie Pou Xue Za Zhi[Chin J Clin Anat(Article in Chinese;No abstract available)],2020,38(2):121-122. DOI:10.13418/j.issn.1001-165x.2020.02.001.}

4.1.9.17 分叶穿支皮瓣 polyfoliate perforator flap

[8501] 汤海萍，杨志贤，路玲玲，宫相森，卢志远. 前臂分叶皮瓣修复鼻与上唇洞穿缺损一例 [J]. 中国修复重建外科杂志，1992，6（4）：245. {TANG Haiping,YANG Zhixian,LU Lingling,GONG Xiangsen,LU Zhiyuan. A case of repairing piercing defect of nose and upper lip with forearm leaf flap[J]. Zhongguo Xiu Fu Chong Jian Wai Ke Za Zhi[Chin J Repar Reconstr Surg(Article in Chinese;No abstract available)],1992,6(4):245.}

[8502] 徐云钦，梁再跃，冯水云，海恒林，陈才平，王朝阳，朱亚中. 以臀上动脉浅支穿支血管为蒂分叶皮瓣修复骶尾部软组织缺损 [J]. 中国修复重建外科杂志，2007，21（8）：850-853. {XU Yunqin,LIANG Zaiyue,FENG Shuiyun,HAI Henglin,CHEN Caiping,WANG Chaoyang,ZHU Yazhong. An effect of multi-island flap with shallow branch of gluteus upper artery on repair of sacrum soft tissue defect[J]. Zhongguo Xiu Fu Chong Jian Wai Ke Za Zhi[Chin J Repar Reconstr Surg(Article in Chinese;Abstract in Chinese and English)],2007,21(8):850-853.}

[8503] 梁久龙，陶凯，邱涛，刘晓燕. 股前外侧分叶穿支皮瓣游离移植修复下肢软组织缺损 [J]. 中华整形外科杂志，2012，28（5）：340-343. DOI: 10.3760/cma.j.issn.1009-4598.2012.05.007. {LIANG Jiulong,TAO Kai,QIU Tao,LIU Xiaoyan. Repair of lower extremity traumatic soft tissue defect with ALT polyfoliate perforator flap[J]. Zhonghua Zheng Xing Wai Ke Za Zhi[Chin J Plast Surg(Article in Chinese;Abstract in Chinese and English)],2012,28(5):340-343. DOI:10.3760/cma.j.issn.1009-4598.2012.05.007.}

[8504] 王欣，潘佳栋，胡皓良，周丹亚，胡瑞斌，杨科跃，陈宏，章伟文. 分叶型穿支皮瓣在四肢皮肤软组织缺损修复中的临床应用 [J]. 中华显微外科杂志，2013，36（4）：327-330. DOI: 10.3760/cma.j.issn.1001-2036.2013.06.004. {WANG Xin,PAN Jiadong,HU Haoliang,ZHOU Danya,HU Ruibin,YANG Keyue,CHEN Hong,ZHANG Weiwen. Reconstruction of the irregular shape defects in the surface of limbs using the free polyfoliate perforator flap[J]. Zhonghua Xian Wei Wai Ke Za Zhi[Chin J Microsurg(Article in Chinese;Abstract in Chinese and English)],2013,36(4):327-330. DOI:10.3760/cma.j.issn.1001-2036.2013.06.004.}

[8505] 谭琪，刘光军，王谦，高志刚，杨磊. 分叶式股前外侧穿支皮瓣修复四肢复杂性皮肤软组织缺损 [J]. 中华创伤杂志，2014，30（8）：793-794. DOI: 10.3760/cma.j.issn.1001-8050.2014.08.011. {TAN Qi,LIU Guangjun,WANG Qian,GAO Zhigang,YANG Lei. Repair of complex skin and soft tissue defects of extremities with leaflet anterolateral thigh perforator flap[J]. Zhonghua Chuang Shang Za Zhi[Chin J Trauma(Article in Chinese;No abstract available)],2014,30(8):793-794. DOI:10.3760/cma.j.issn.1001-8050.2014.08.011.}

[8506] 王宝云，唐修俊，魏在荣，王达利，孙广峰，王波，祁建平，金文虎. 前臂骨间背侧动脉穿支分叶皮瓣修复手背部或腕部两处创面疗效观察 [J]. 中国修复重建外科杂志，2014，28（4）：495-498. DOI: 10.7507/1002-1892.20140111. {WANG Baoyun,TANG Xiujun,WEI Zairong,WANG Dali,SUN Guangfeng,WANG Bo,QI Jianping,JIN Wenhu. Clinical application of forearm interosseous dorsal artery perforator sublobe flap to repair two wounds in dorsal hand or wrist[J]. Zhongguo Xiu Fu Chong Jian Wai Ke Za Zhi[Chin J Repar Reconstr Surg(Article in Chinese;Abstract in Chinese)],2014,28(4):495-498. DOI:10.7507/1002-1892.20140111.}

[8507] 吴攀峰，唐举玉，李康华，梁捷予，俞芳，周征兵. 旋股外侧动脉降支分叶穿支皮瓣临床应用 16 例 [J]. 中华显微外科杂志，2015，38（6）：526-529. DOI: 10.3760/cma.j.issn.1001-2036.2015.06.003. {WU Panfeng,TANG Juyu,LI Kanghua,LIANG Jieyu,YU Fang,ZHOU Zhengbing. Clinical application of the polyfoliate perforator flap with descending branch of the lateral circumflex femoral artery:16 cases report[J]. Zhonghua Xian Wei Wai Ke Za Zhi[Chin J Microsurg(Article in Chinese;Abstract in Chinese and English)],2015,38(6):526-529. DOI:10.3760/cma.j.issn.1001-2036.2015.06.003.}

[8508] 董玉金，张铁慧，钟声，任远飞. 带神经削薄的游离股前外侧穿支分叶皮瓣修复足踝部软组织缺损 [J]. 中华骨科杂志，2016，36（13）：826-832. DOI: 10.3760/cma.j.issn.0253-2352.2016.13.002. {DONG Yujin,ZHANG Tiehui,ZHONG Sheng,REN Yuanfei. Clinical application of free super-thin anterolateral femoral perforator lobulated skin flap with nerve for repair of tissue defect of the foot and ankle[J]. Zhonghua Gu Ke Za Zhi[Chin J Orthop(Article in Chinese;Abstract in Chinese and English)],2016,36(13):826-832. DOI:10.3760/cma.j.issn.0253-2352.2016.13.002.}

[8509] 唐举玉，卿黎明，贺继强，吴攀峰，周征兵，梁捷予，俞芳，李文政，易小平. 数字化技术辅助旋股外侧动脉降支分叶穿支皮瓣设计的初步应用 [J]. 中华显微外科杂志，2016，39（2）：123-126. DOI: 10.3760/cma.j.issn.1001-2036.2016.02.006. {TANG Juyu,QING Liming,HE Jiqiang,WU Panfeng,ZHOU Zhengbing,LIANG Jieyu,YU Fang,LI Wenzheng,YI Xiaoping. Application of computer assisted technique to design polyfoliate perforator flap pedicled on the descending branch of the circumflex femoral lateral artery[J]. Zhonghua Xian Wei Wai Ke Za Zhi[Chin J Microsurg(Article in Chinese;Abstract in Chinese and English)],2016,39(2):123-126. DOI:10.3760/cma.j.issn.1001-2036.2016.02.006.}

[8510] 尹路，宫可同，殷中罡，张波，曹树明，徐建华，齐江明. 高位皮动脉在分叶嵌合旋股外侧动脉降支穿支皮瓣中应用两例 [J]. 中华显微外科杂志，2016，39（6）：619-620. DOI：10.3760/cma.j.issn.1001-2036.2016.06.036. {YIN Lu,GONG Ketong,YIN Zhonggang,ZHANG Bo,CAO Shuming,XU Jianhua,QI Jiangming. Two cases of application of high cutaneous artery in the perforator flap of the descending branch of the lateral femoral circumflex artery[J]. Zhonghua Xian Wei Wai Ke Za Zhi[Chin J Microsurg(Article in Chinese;No abstract available)],2016,39(6):619-620. DOI:10.3760/cma.j.issn.1001-2036.2016.06.036.}

[8511] 游兴，魏在荣，金文虎，李海，张文夺，孙广峰，唐修俊，聂开瑜，王达利. 分叶显微削薄旋股外侧动脉降支穿支皮瓣修复手足复杂创面 [J]. 中华整形外科杂志，2016，32（4）：303-305. DOI：10.3760/cma.j.issn.1009-4598.2016.04.014. {YOU Xing,WEI Zairong,JIN Wenhu,LI Hai,ZHANG Wenduo,SUN Guangfeng,TANG Xiujun,NIE Kaiyu,WANG Dali. Repair of complex wounds of hands and feet with perforating branch of lateral femoral circumflex artery[J]. Zhonghua Zheng Xing Wai Ke Za Zhi[Chin J Plast Surg(Article in Chinese;No abstract available)],2016,32(4):303-305. DOI:10.3760/cma.j.issn.1009-4598.2016.04.014.}

[8512] 常树森，何春念，金文虎，魏在荣，李海，邓呈亮，王波，孙广峰，唐修俊，聂开瑜. 股前外侧穿支分叶皮瓣修复肢体复杂创面的疗效 [J]. 中华创伤杂志，2017，33（6）：544-547. DOI：10.3760/cma.j.issn.1001-8050.2017.06.013. {CHANG Shusen,HE Chunnian,JIN Wenhu,WEI Zairong,LI Hai,DENG Chengliang,WANG Bo,SUN Guangfeng,TANG Xiujun,NIE Kaiyu. The effect of anterolateral thigh perforating branch flap in repairing complex wounds of limbs[J]. Zhonghua Chuang Shang Za Zhi[Chin J Trauma(Article in Chinese;No abstract available)],2017,33(6):544-547. DOI:10.3760/cma.j.issn.1001-8050.2017.06.013.}

[8513] 郑炜，魏在荣，马琳，邓呈亮，李海，金文虎，常树森. 高频彩色多普勒超声在旋股外侧动脉降支穿支分叶皮瓣术前导航中的应用效果 [J]. 中华烧伤杂志，2017，33（10）：616-618. DOI：10.3760/cma.j.issn.1009-2587.2017.10.006. {ZHENG Wei,WEI Zairong,MA Lin,DENG Chengliang,LI Hai,JIN Wenhu,CHANG Shusen. Application of high-frequency color Doppler ultrasound in preoperative navigation of the perforating branch of the lateral femoral circumflex artery flap[J]. Zhonghua Shao Shang Za Zhi[Chin J Burns(Article in Chinese;Abstract in Chinese)],2017,33(10):616-618. DOI:10.3760/cma.j.issn.1009-2587.2017.10.006.}

[8514] 孙广峰，邓呈亮，吴必华，吴祥奎，聂开瑜，祁建平，金文虎，魏在荣，王达利. 游离旋股外侧动脉穿支分叶皮瓣修复足踝部非负重区创面 [J]. 中华整形外科杂志，2017，33（4）：255-258. DOI：10.3760/cma.j.issn.1009-4598.2017.04.005. {SUN Guangfeng,DENG Chengliang,WU Bihua,WU Xiangkui,NIE Kaiyu,QI Jianping,JIN Wenhu,WEI Zairong,WANG Dali. Free lobulated lateral circumflex femoral artery perforator flap for foot and ankle defect at non-weight bearing area[J]. Zhonghua Zheng Xing Wai Ke Za Zhi[Chin J Plast Surg(Article in Chinese;Abstract in Chinese)],2017,33(4):255-258. DOI:10.3760/cma.j.issn.1009-4598.2017.04.005.}

[8515] 蔡晓明，王欣，张健，陈宏，章伟文. 游离前臂骨间后动脉分叶穿支皮瓣修复指体软组织缺损 [J]. 中华整形外科杂志，2017，33（5）：387-389. DOI：10.3760/cma.j.issn.1009-4598.2017.05.015. {CAI Xiaoming,WANG Xin,ZHANG Jian,CHEN Hong,ZHANG Weiwen. Free forearm posterior interosseous artery perforator flap to repair finger body soft tissue defect[J]. Zhonghua Zheng Xing Wai Ke Za Zhi[Chin J Plast Surg(Article in Chinese;No abstract available)],2017,33(5):387-389. DOI:10.3760/cma.j.issn.1009-4598.2017.05.015.}

[8516] 李海，邓呈亮，魏在荣，金文虎，聂开瑜，唐修俊，王达利，常树森，李书俊. 分叶股前外侧穿支皮瓣在血管蒂保护中的作用研究 [J]. 中国修复重建外科杂志，2017，31（10）：1245-1249. DOI：10.7507/1002-1892.201703048. {LI Hai,DENG Chengliang,WEI Zairong,JIN Wenhu,NIE Kaiyu,TANG Xiujun,WANG Dali,CHANG Shusen,LI Shujun. Clinical application of anterolateral thigh polyfoliate perforator flap for vascular pedicle protection[J]. Zhongguo Xiu Fu Chong Jian Wai Ke Za Zhi[Chin J Repar Reconstr Surg(Article in Chinese;Abstract in Chinese)],2017,31(10):1245-1249. DOI:10.7507/1002-1892.201703048.}

[8517] 孙广峰，邓呈亮，吴必华，吴祥奎，李书俊，聂开瑜，王达利，魏在荣. 修薄股前外侧穿支分叶皮瓣修复手部创面 [J]. 中华手外科杂志，2018，34（2）：81-83. DOI：10.3760/cma.j.issn.1005-054X.2018.02.001. {SUN Guangfeng,DENG Chengliang,WU Bihua,WU Xiangkui,LI Shujun,NIE Kaiyu,WANG Dali,WEI Zairong. Thin anterolateral thigh perforator lobulated flap for repair of hand wounds[J]. Zhonghua Shou Wai Ke Za Zhi[Chin J Hand Surg(Article in Chinese;Abstract in Chinese and English)],2018,34(2):81-83. DOI:10.3760/cma.j.issn.1005-054X.2018.02.001.}

[8518] 康永强，吴永伟，马运宏，刘军，杨通，顾珺，惠涛涛，徐鹏，林芳，芮永军. 穿支定位技术辅助股前外侧分叶穿支皮瓣移植修复前臂及手部大面积软组织缺损 [J]. 中华创伤杂志，2018，34（10）：886-891. DOI：10.3760/cma.j.issn.1001-8050.2018.10.006. {KANG Yongqiang,WU Yongwei,MA Yunhong,LIU Jun,YANG Tong,GU Jun,HUI Taotao,XU Peng,LIN Fang,RUI Yongjun. Application of perforators positioning technique in anterolateral thigh perforator sub lobe flap transplantation for reconstructing soft tissue defects of forearm or hand[J]. Zhonghua Chuang Shang Za Zhi[Chin J Trauma(Article in Chinese;Abstract in Chinese and English)],2018,34(10):886-891. DOI:10.3760/cma.j.issn.1001-8050.2018.10.006.}

[8519] 宋达疆，李赞，周晓，章一新，彭小伟，周波，吕春柳，彭翠娥，彭文，欧延. 游离分叶股前外侧穿支皮瓣修复口腔颌面部恶性肿瘤术后颊部洞穿缺损 [J]. 中国修复重建外科杂志，2018，32（5）：607-611. DOI：10.7507/1002-1892.201708110. {SONG Dajiang,LI Zan,ZHOU Xiao,ZHANG Yixin,PENG Xiaowei,ZHOU Bo,LU Chunliu,PENG Cui'e,PENG Wen,OU Yan. Effectiveness of bipaddled anterolateral thigh perforator flap in repair of through-and-through maxillofacial defect after oral cancer ablation[J]. Zhongguo Xiu Fu Chong Jian Wai Ke Za Zhi[Chin J Repar Reconstr Surg(Article in Chinese;Abstract in Chinese)],2018,32(5):607-611. DOI:10.7507/1002-1892.201708110.}

[8520] 牟勇，黎路根，胡春兰，林浩，黄永军，刘晓春，卓日波，黄东，覃承诃. 削薄分叶股前外侧穿支皮瓣修复四肢复杂软组织缺损 [J]. 中华显微外科杂志，2019，42（3）：218-222. DOI：10.3760/cma.j.issn.1001-2036.2019.03.003. {MOU Yong,LI Lugen,HU Chunlan,LIN Hao,HUANG Yongjun,LIU Xiaochun,ZHUO Ribo,HUANG Dong,QIN Chenghe. The application of micro-dissected polyfoliate anterolateral thigh perforator flap in repair of complex wound in extremities[J]. Zhonghua Xian Wei Wai Ke Za Zhi[Chin J Microsurg(Article in Chinese;Abstract in Chinese and English)],2019,42(3):218-222. DOI:10.3760/cma.j.issn.1001-2036.2019.03.003.}

[8521] 孙鹏，战杰，王思夏. 旋股外侧动脉降支分叶穿支皮瓣修复小腿复杂软组织缺损 [J]. 中华显微外科杂志，2019，42（4）：383-385. DOI：10.3760/cma.j.issn.1001-2036.2019.04.017. {SUN Peng,ZHAN Jie,WANG Sixia. Repair of complex soft tissue defect of lower leg with perforator flap of descending branch of lateral femoral circumflex artery[J]. Zhonghua Xian Wei Wai Ke Za Zhi[Chin J Microsurg(Article in Chinese;Abstract in Chinese)],2019,42(4):383-385. DOI:10.3760/cma.j.issn.1001-2036.2019.04.017.}

[8522] 张德溪，张国辉，郑广程，王远征，宋克伟，孙鲁伟. 3D-CTA 辅助股前外侧分叶穿支皮瓣修复四肢软组织缺损 11 例 [J]. 中华显微外科杂志，2019，42（6）：548-552. DOI：10.3760/cma.j.issn.1001-2036.2019.06.008. {ZHANG Dexi,ZHANG Guohui,ZHENG Guangcheng,WANG Yuanzheng,SONG Kewei,SUN Luwei. 3D-CTA-assisted anterolateral thigh perforator flap for repair of soft tissue defects of extremities in 11 cases[J]. Zhonghua Xian Wei Wai Ke Za Zhi[Chin J Microsurg(Article in Chinese;Abstract in Chinese and English)],2019,42(6):548-552. DOI:10.3760/cma.j.issn.1001-2036.2019.06.008.}

[8523] 张伟，谢卫国，杨飞，张卫东，陈斓. 游离股前外侧穿支皮瓣分叶移植在四肢电烧伤治疗中的临床应用 [J]. 中华烧伤杂志，2019，35（11）：790-797. DOI：10.3760/cma.j.issn.1009-2587.2019.11.005. {ZHANG Wei,XIE Weiguo,YANG Fei,ZHANG Weidong,CHEN Lan. Clinical application of lobulated transplantation of free anterolateral thigh perforator flap in the treatment of electric burns of limbs[J]. Zhonghua Shao Shang Za Zhi[Chin J Burns(Article in Chinese;Abstract in Chinese)],2019,35(11):790-797. DOI:10.3760/cma.j.issn.1009-2587.2019.11.005.}

[8524] 宋达疆，李赞，周晓，章一新，彭小伟，冯光，周波，吕春柳，伍鹏，唐园园，彭文，毛煌兴. 分叶股前外侧穿支皮瓣修复口腔复杂洞穿缺损 [J]. 中华整形外科杂志，2019，35（10）：978-985. DOI：10.3760/cma.j.issn.1009-4598.2019.10.006. {SONG Dajiang,LI Zan,ZHOU Xiao,ZHANG Yixin,PENG Xiaowei,FENG Guang,ZHOU Bo,LU Chunliu,WU Peng,TANG Yuanyuan,PENG Wen,MAO Huangxing. Reconstruction of complicated through-and-through cheek defects with multiple-paddled anterolateral thigh flap[J]. Zhonghua Zheng Xing Wai Ke Za Zhi[Chin J Plast Surg(Article in Chinese;Abstract in Chinese and English)],2019,35(10):978-985. DOI:10.3760/cma.j.issn.1009-4598.2019.10.006.}

[8525] 俞芳，唐举玉，吴攀峰，周征兵，庞晓阳，曾磊，肖勇兵，潘丁，卿黎明，刘睿. 桡侧副动脉分叶穿支皮瓣在手部创面修复中的应用 [J]. 中国修复重建外科杂志，2019，33（6）：721-725. DOI：10.7507/1002-1892.201902005. {YU Fang,TANG Juyu,WU Panfeng,ZHOU Zhengbing,PANG Xiaoyang,ZENG Lei,XIAO Yongbing,PAN Ding,QING Liming,LIU Rui. Repair of resurfacing soft tissue defect of hand with radial collateral artery polyfoliate perforator flap[J]. Zhongguo Xiu Fu Chong Jian Wai Ke Za Zhi[Chin J Repar Reconstr Surg(Article in Chinese;Abstract in Chinese)],2019,33(6):721-725. DOI:10.7507/1002-1892.201902005.}

4.1.9.18 嵌合穿支皮瓣

chimeric perforator flap

[8526] Chai YM,Wang CY,Zeng BF,Chen ZG,Cai PH,Kang QL,Ruan HJ. Peroneal artery perforator chimeric flap for reconstruction of composite defects in extremities[J]. Microsurgery,2010,30(3):199-206. doi:10.1002/micr.20729.

[8527] Song D,Xu J,Lv H,Liu J,Li J. Wraparound chimeric radial collateral artery perforator flap for reconstruction of thumb loss[J]. J Reconstr Microsurg,2015,31(2):95-101. doi:10.1055/s-0034-1384670.

[8528] Liu J,Song D,Wu S,Li J,Deng X,Li K,Lv H,Xu J. Modified chimeric radial collateral artery perforator flap for repairing hand composite defects[J]. J Reconstr Microsurg,2015,31(3):171-178. doi:10.1055/s-0034-1390324.

[8529] Guo E,Xie Q,Zhu Z,Jin P,Jin P,Wang L. Laparoscopy-assisted chimeric peritoneal-deep inferior epigastric perforator flap for reconstruction of hand and foot[J]. Wounds,2018,30(2):36-40.

[8530] Ye SM,Yu Y,Jing JH,Zhou Y,Zhang JS,Teng XF,Xu CG,Cheng WD,Li ZY,Xu YJ. One-stage reconstruction of complex soft tissue defects in the hands using multidigit,chimeric,lateral arm,perforator flaps[J]. J Plast Reconstr Aesthet Surg,2019,72(6):902-908. doi:10.1016/j.bjps.2018.12.034.

[8531] Qing L,Wu P,Yu F,Zhou Z,Tang J. Use of a sequential chimeric perforator flap for one-stage reconstruction of complex soft tissue defects of the extremities[J]. Microsurgery,2020,40(2):167-174. doi:10.1002/micr.30450.

[8532] Yu J,Luo Z,Wu P,Tang J. Novel design of the chimeric deep inferior epigastric artery perforator flap that provides for three-dimensional reconstruction of composite tissue defects of the heel in children[J]. Orthop Surg,2021,13(1):216-224. doi:10.1111/os.12887.

[8533] 王锴，谭宏宇，吴汉江，朱兆夫，刘金兵，龚朝建. 以旋股外侧动脉降支为蒂的穿支嵌合皮瓣修复口腔颌面部缺损 [J]. 中华整形外科杂志，2009，25（6）：422-424. DOI：10.3760/cma.j.issn.1009-4598.2009.06.007. {WANG Kai,TAN Hongyu,WU Hanjiang,ZHU Zhaofu,LIU Jinbing,GONG Chaojian. The chimeric perforator flap pedicled with descending branch of lateral circumflex femoral artery for reconstruction of oromaxillary soft tissue defect[J]. Zhonghua Zheng Xing Wai Ke Za Zhi[Chin J Plast Surg(Article in Chinese;Abstract in Chinese and English)],2009,25(6):422-424. DOI:10.3760/cma.j.issn.1009-4598.2009.06.007.}

[8534] 潘朝晖，蒋萍萍，薛山，刘学胜，李洪飞，赵玉祥. 旋髂浅动脉穿支嵌合骨皮瓣修复四肢骨与软组织缺损 [J]. 中华骨科杂志，2010，30（6）：584-588. DOI：10.3760/cma.j.issn.0253-2352.2010.06.010. {PAN Zhaohui,JIANG Pingping,XUE Shan,LIU Xuesheng,LI Hongfei,ZHAO Yuxiang. Transplantation of the chimerical osteocutaneous perforator flap with superficial circumflex iliac artery for repair of bone and skin defect in limbs[J]. Zhonghua Gu Ke Za Zhi[Chin J Orthop(Article in Chinese;Abstract in Chinese and English)],2010,30(6):584-588. DOI:10.3760/cma.j.issn.0253-2352.2010.06.010.}

[8535] 徐中飞，代炜，张恩礁，段维轶，刘法昱，谭学新，黄绍辉，秦兴军，孙长伏. 股前外侧穿支嵌合皮瓣修复头颈肿瘤根治术后缺损 [J]. 上海口腔医学，2012，21（1）：107-112. {XU Zhongfei,DAI Wei,ZHANG Enjiao,DUAN Weiyi,LIU Fayu,TAN Xuexin,HUANG Shaohui,QIN Xingjun,SUN Changfu. Perforator-based chimeric anterolateral thigh flap for head and neck reconstruction after en bloc resection[J]. SHANG Hai Kou Qiang Yi Xue[Shanghai J Stom(Article in Chinese;Abstract in Chinese and English)],2012,21(1):107-112.}

[8536] 陈勇，杨旭东，李威，胡勤刚. 后桡侧副动脉穿支嵌合皮瓣修复舌癌术后缺损的早期疗效 [J]. 中国修复重建外科杂志，2012，26（11）：1336-1339. {CHEN Yong,YANG Xudong,LI Wei,HU Qingang. Early effectiveness of posterior radial collateral artery perforator compound flap for reconstruction of tongue defects after tumor excision[J]. Zhongguo Xiu Fu Chong Jian Wai Ke Za Zhi[Chin J Repar Reconstr Surg(Article in Chinese;Abstract in Chinese and English)],2012,26(11):1336-1339.}

[8537] 郑晓菊，张忠，李海军，王新宏. 旋股外侧动脉穿支嵌合皮瓣在修复四肢复杂创伤中的应用 [J]. 中华显微外科杂志，2013，36（2）：115-118. DOI：10.3760/cma.j.issn.1001-2036.2013.02.006. {ZHENG Xiaoju,ZHANG Zhong,LI Haijun,WANG Xinhong. Application of lateral femoral circumflex artery perforator flap and fit together for limbs complex wound surface[J]. Zhonghua Xian Wei Wai Ke Za Zhi[Chin J Microsurg(Article in Chinese;Abstract in Chinese and English)],2013,36(2):115-118. DOI:10.3760/cma.j.issn.1001-2036.2013.02.006.}

[8538] 吴攀峰，唐举玉，李康华，梁捷予，俞芳，周征兵. 旋髂深动脉嵌合穿支皮瓣修复四肢骨和软组织缺损 [J]. 中华显微外科杂志，2014，37（6）：524-527. DOI：10.3760/cma.j.issn.1001-2036.2014.06.002. {WU Panfeng,TANG Juyu,LI Kanghua,LIANG Jieyu,YU Fang,ZHOU Zhengbing. Vascularized chimerical perforator flap of deep circumflex iliac artery repairing bone and soft tissue defects of limbs[J]. Zhonghua Xian Wei Wai Ke Za Zhi[Chin J Microsurg(Article in Chinese;Abstract in Chinese and English)],2014,37(6):524-527. DOI:10.3760/cma.j.issn.1001-2036.2014.06.002.}

[8539] 金日浩，王夫平，冷树立，陈康察，李国强，余业文，金昱. 膝上外侧动脉嵌合穿支皮瓣修复第一掌背复合组织缺损 [J]. 中国修复重建外科杂志，2014，28（3）：393-394. DOI：10.7507/1002-1892.20140088. {JIN Rihao,WANG Fuping,LENG Shuli,CHEN Kangcha,LI Guoqiang,YU Yewen,JIN Yu. Repair of the first metacarpal dorsal composite tissue defect with a chimeric perforator flap of the superior lateral knee artery[J]. Zhongguo Xiu Fu Chong Jian Wai Ke Za Zhi[Chin J Repar Reconstr Surg(Article in Chinese;Abstract in Chinese)],2014,28(3):393-394.

DOI:10.7507/1002-1892.20140088.}

[8540] 周明武，李扬，朱杰，宋力，熊颖杰，张迅. 胫后动脉穿支蒂嵌合组织瓣游离移植修复四肢骨与皮肤软组织缺损 [J]. 中华显微外科杂志，2015，38（4）：342-346. DOI：10.3760/cma.j.issn.1001-2036.2015.04.009. {ZHOU Mingwu,LI Yang,ZHU Jie,SONG Li,XIONG Yingjie,ZHANG Xun. Free transplantation of the chimeric flap based on the perforator of the posterior tibial artery for reconstruction of bone and skin defect in extremities[J]. Zhonghua Xian Wei Wai Ke Za Zhi[Chin J Microsurg(Article in Chinese;Abstract in Chinese and English)],2015,38(4):342-346. DOI:10.3760/cma.j.issn.1001-2036.2015.04.009.}

[8541] 郭永明，刘重，滕云升，吴勐. 以旋股外侧动脉降支为蒂的穿支嵌合皮瓣治疗跟骨慢性骨髓炎 11 例 [J]. 中华显微外科杂志，2015，38（5）：476-478. DOI：10.3760/cma.j.issn.1001-2036.2015.05.020. {GUO Yongming,LIU Zhong,TENG Yunsheng,WU Meng. Treatment of 11 cases of chronic osteomyelitis of calcaneus with perforating chimeric skin flap pedicled with descending branch of lateral femoral circumflex artery[J]. Zhonghua Xian Wei Wai Ke Za Zhi[Chin J Microsurg(Article in Chinese;Abstract in Chinese)],2015,38(5):476-478. DOI:10.3760/cma.j.issn.1001-2036.2015.05.020.}

[8542] 郭恩琪，谢庆平，王鑫炎，朱孜冠，王亮. 游离腹膜瓣和腹壁下动脉穿支皮瓣构建嵌合瓣修复四肢大创面的设计与临床应用 [J]. 中华显微外科杂志，2015，38（6）：530-534. DOI：10.3760/cma.j.issn.1001-2036.2015.06.004. {GUO Enqi,XIE Qingping,WANG Xinyan,ZHU Ziguan,WANG Liang. Design and clinical application of the free chimeric peritoneal-deep inferior epigastric artery perforator flap in reconstruction of extremities[J]. Zhonghua Xian Wei Wai Ke Za Zhi[Chin J Microsurg(Article in Chinese;Abstract in Chinese and English)],2015,38(6):530-534. DOI:10.3760/cma.j.issn.1001-2036.2015.06.004.}

[8543] 唐举玉，卿黎明，吴攀峰，周征兵，梁捷予，俞芳，符劲飞. 游离腹壁下动脉嵌合穿支皮瓣修复合并深部死腔的下肢皮肤软组织缺损 [J]. 中华整形外科杂志，2015，31（6）：425-428. DOI：10.3760/cma.j.issn.1009-4598.2015.06.007. {TANG Juyu,QING Liming,WU Panfeng,ZHOU Zhengbing,LIANG Jieyu,YU Fang,FU Jinfei. Application of free chimeric perforator flap with deep epigastric inferior artery for the soft tissue defect on the lower extremity with deep dead space[J]. Zhonghua Zheng Xing Wai Ke Za Zhi[Chin J Plast Surg(Article in Chinese;Abstract in Chinese and English)],2015,31(6):425-428. DOI:10.3760/cma.j.issn.1009-4598.2015.06.007.}

[8544] 尹路，宫可同，殷中罡，张波，曹树明，徐建华，齐江明. 高位皮动脉在分叶嵌合旋股外侧动脉降支穿支皮瓣中应用两例 [J]. 中华显微外科杂志，2016，39（6）：619-620. DOI：10.3760/cma.j.issn.1001-2036.2016.06.036. {YIN Lu,GONG Ketong,YIN ZhongGang,ZHANG Bo,CAO Shuming,XU Jianhua,QI Jiangming. Two cases of application of high cutaneous artery in the perforator flap of the descending branch of the lateral femoral circumflex artery with lobed chimera[J]. Zhonghua Xian Wei Wai Ke Za Zhi[Chin J Microsurg(Article in Chinese;Abstract in Chinese)],2016,39(6):619-620. DOI:10.3760/cma.j.issn.1001-2036.2016.06.036.}

[8545] 常树森，杨敏萍，魏在荣，金文虎，王波，邓呈亮，孙广峰，唐修俊，曾雪琴. 旋股外侧动脉降支穿支皮瓣嵌合股外侧肌肌瓣修复下肢两处较远创面 [J]. 中华创伤杂志，2016，32（8）：741-744. DOI：10.3760/cma.j.issn.1001-8050.2016.08.016. {CHANG Shusen,YANG Minping,WEI Zairong,JIN Wenhu,WANG Bo,DENG Chengliang,SUN Guangfeng,TANG Xiujun,ZENG Xueqin. Descending branch of the lateral femoral circumflex artery perforating branch flap combined with lateral femoral muscle flap for repairing two distant wounds of lower limbs[J]. Zhonghua Chuang Shang Za Zhi[Chin J Trauma(Article in Chinese;Abstract in Chinese)],2016,32(8):741-744. DOI:10.3760/cma.j.issn.1001-8050.2016.08.016.}

[8546] 刘莉. 嵌合（穿支）皮瓣的定义分类和临床应用进展 [J]. 中国临床解剖学杂志，2017，35（2）：232-235. DOI：10.13418/j.issn.1001-165x.2017.02.024. {LIU Li. The definition of the chimeric (perforator) flap classification and clinical application progress[J]. Zhongguo Lin Chuang Jie Pou Xue Za Zhi[Chin J Clin Anat(Article in Chinese;No abstract available)],2017,35(2):232-235. DOI:10.13418/j.issn.1001-165x.2017.02.024.}

[8547] 黄耀鹏，丁文全，尹善青，潘佳栋，胡瑞斌，王胜伟，王欣. 游离旋髂浅动脉穿支嵌合骨皮瓣修复拇指再造术后的足部供区 [J]. 中华显微外科杂志，2017，40（3）：229-233. DOI：10.3760/cma.j.issn.1001-2036.2017.03.006. {HUANG Yaopeng,DING Wenquan,YIN Shanqing,PAN Jiadong,HU Ruibin,WANG Shengwei,WANG Xin. Repairing donor site of foot after improved toe-to-thumb reconstruction utilizing superficial circumflex iliac artery perforator chimeric flap[J]. Zhonghua Xian Wei Wai Ke Za Zhi[Chin J Microsurg(Article in Chinese;Abstract in Chinese and English)],2017,40(3):229-233. DOI:10.3760/cma.j.issn.1001-2036.2017.03.006.}

[8548] 宋达疆，李赞，周晓，章一新，彭小伟，周波，吕春柳，彭文，王旭，欧延. 游离股深动脉蒂股薄肌嵌合肌皮穿支皮瓣修复口颊癌术后缺损 [J]. 中华整形外科杂志，2017，33（4）：242-247. DOI：10.3760/cma.j.issn.1009-4598.2017.04.002. {SONG Dajiang,LI Zan,ZHOU Xiao,ZHANG Yixin,PENG Xiaowei,ZHOU Bo,LV Chunliu,PENG Wen,WANG Xu,OU Yan. Free deep femoral artery pedicle gracilis chimeric musculocutaneous perforator flap to repair postoperative defect of cheek cancer[J]. Zhonghua Zheng Xing Wai Ke Za Zhi[Chin J Plast Surg(Article in Chinese;Abstract in Chinese and English)],2017,33(4):242-247. DOI:10.3760/cma.j.issn.1009-4598.2017.04.002.}

[8549] 宋达疆，李赞，周晓，谢松林，邬娇，刘志中，彭文，欧延，李小慧，柳泽洋. 不同形式游离股深动脉蒂嵌合穿支肌皮瓣修复舌癌术后缺损的疗效观察 [J]. 中国修复重建外科杂志，2017，31（6）：696-701. DOI：10.7507/1002-1892.201701045. {SONG Dajiang,LI Zan,ZHOU Xiao,XIE Songlin,WU Jiao,LIU Zhizhong,PENG Wen,OU Yan,LI Xiaohui,LIU Zeyang. Clinical application of various forms of free profound femoral artery pedicled chimeric myocutaneous perforator flap in defect reconstruction after tongue carcinoma resection[J]. Zhongguo Xiu Fu Chong Jian Wai Ke Za Zhi[Chin J Repar Reconstr Surg(Article in Chinese;Abstract in Chinese)],2017,31(6):696-701. DOI:10.7507/1002-1892.201701045.}

[8550] 唐举玉，贺继强，吴攀峰，周征兵，俞芳，龚斯铭. 股前外侧嵌合穿支皮瓣修复腓骨皮瓣供区术后骨筋膜室综合征一例 [J]. 中华显微外科杂志，2018，41（1）：99-100. DOI：10.3760/cma.j.issn.1001-2036.2018.01.029. {TANG Juyu,HE Jiqiang,WU Panfeng,ZHOU Zhengbing,YU Fang,GONG Siming. A case of osteofascial compartment syndrome after repair of fibular skin flap donor site with chimeric perforator flap on anterolateral thigh[J]. Zhonghua Xian Wei Wai Ke Za Zhi[Chin J Microsurg(Article in Chinese;No abstract available)],2018,41(1):99-100. DOI:10.3760/cma.j.issn.1001-2036.2018.01.029.}

[8551] 唐举玉，贺继强，吴攀峰，周征兵，俞芳，卿黎明，潘丁，庞晓阳，曾磊，肖勇兵，刘睿. 旋股外侧动脉降支嵌合穿支皮瓣立体修复合并深部死腔的下肢软组织缺损 [J]. 中华显微外科杂志，2018，41（5）：424-427. DOI：10.3760/cma.j.issn.1001-2036.2018.05.003. {TANG Juyu,HE Jiqiang,WU Panfeng,ZHOU Zhengbing,YU Fang,QING Liming,PAN Ding,PANG Xiaoyang,ZENG Lei,XIAO Yongbing,LIU Rui. Repair of the soft tissue defects combined dead space in lower extremities with the descending branch of lateral circumflex femoral artery chimeric perforator flap[J]. Zhonghua Xian Wei Wai Ke Za Zhi[Chin J Microsurg(Article in Chinese;Abstract in Chinese and English)],2018,41(5):424-427. DOI:10.3760/cma.j.issn.1001-2036.2018.05.003.}

[8552] 陈黎明，刘毅，张诚，廉娟. 股前外侧嵌合穿支皮瓣修复合并深部无效腔特殊部位创面 [J]. 中华烧伤杂志，2018，34（5）：288-290. DOI：10.3760/cma.j.issn.1009-2587.2018.05.007. {CHEN Liming,LIU Yi,ZHANG Cheng,LIAN Juan. Repair of wounds in special parts of deep void cavity with chimeric perforator flap on the anterolateral thigh[J]. Zhonghua Shao Shang Za Zhi[Chin J Burns(Article in Chinese;Abstract in Chinese)],2018,34(5):288-290. DOI:10.3760/cma.j.issn.1009-2587.2018.05.007.}

[8553] 唐举玉，杜威，卿黎明，吴攀峰，周征兵，俞芳，庞晓阳，曾磊，潘丁，肖勇兵，刘睿. Flow-through 嵌合旋股外侧动脉降支穿支皮瓣的临床应用 [J]. 中国修复重建外科杂志，2018，32（8）：1052-1055. DOI：10.7507/1002-1892.201802039. {TANG Juyu,DU Wei,QING Liming,WU Panfeng,ZHOU Zhengbing,YU Fang,PANG Xiaoyang,ZENG Lei,PAN Ding,XIAO Yongbing,LIU Rui. Clinical application of flow-through chimeric anterolateral thigh perforator flap[J]. Zhongguo Xiu Fu Chong Jian Wai Ke Za Zhi[Chin J Repar Reconstr Surg(Article in Chinese;Abstract in Chinese)],2018,32(8):1052-1055. DOI:10.7507/1002-1892.201802039.}

[8554] 宋达疆，李赞，周晓，章一新，彭小伟，周波，吕春柳，伍鹏，唐园园，彭文，毛煌兴，柳泽洋. 带蒂胸肩峰动脉嵌合穿支肌皮瓣修复下咽环周缺损 [J]. 中国修复重建外科杂志，2018，32（11）：1441-1445. DOI：10.7507/1002-1892.201802017. {SONG Dajiang,LI Zan,ZHOU Xiao,ZHANG Yixin,PENG Xiaowei,ZHOU Bo,LU Chunliu,WU Peng,TANG Yuanyuan,PENG Wen,MAO Huangxing,LIU Zeyang. Clinical application of pedicled chimeric thoracoacromial artery perforator flap for circular hypopharyngeal reconstruction[J]. Zhongguo Xiu Fu Chong Jian Wai Ke Za Zhi[Chin J Repar Reconstr Surg(Article in Chinese;Abstract in Chinese)],2018,32(11):1441-1445. DOI:10.7507/1002-1892.201802017.}

[8555] 王海文，顾荣，江新民，邓建林，吴霄，伍翰笙. 髂腹股沟嵌合穿支骨皮瓣修复四肢骨和软组织缺损的临床应用 [J]. 中华显微外科杂志，2019，42（1）：32-36. DOI：10.3760/cma.j.issn.1001-2036.2019.01.009. {WANG Haiwen,GU Rong,JIANG Xinmin,DENG Jianlin,WU Xiao,WU Hansheng. Application of ilioinguinal chimeric perforator bone flap to repair the bone and soft tissue defect of limbs[J]. Zhonghua Xian Wei Wai Ke Za Zhi[Chin J Microsurg(Article in Chinese;Abstract in Chinese and English)],2019,42(1):32-36. DOI:10.3760/cma.j.issn.1001-2036.2019.01.009.}

[8556] 李海军，郑晓菊，宋文斌，王新宏，代创国，张忠. 急诊穿支嵌合皮瓣移植联合原位回植撕脱手掌皮肤治疗严重手部损伤 12 例 [J]. 中华显微外科杂志，2019，42（4）：393-396. DOI：10.3760/cma.j.issn.1001-2036.2019.04.021. {LI Haijun,ZHENG Xiaoju,SONG Wenbin,WANG Xinhong,DAI Chuangguo,ZHANG Zhong. Emergency treatment of 12 cases of severe hand injury by transplantation of chimeric perforator flap combined with in-SITU replantation and avulsion of palm skin[J]. Zhonghua Xian Wei Wai Ke Za Zhi[Chin J Microsurg(Article in Chinese;Abstract in Chinese)],2019,42(4):393-396. DOI:10.3760/cma.j.issn.1001-2036.2019.04.021.}

[8557] 展昭均，廖圣恺，陈永锋，高廷益，都晓英，刘亮，杨东昆，余松涛. 数字化技术辅助旋髂深动脉穿支嵌合瓣在下颌骨复合组织缺损重建中的临床应用 [J]. 中华显微外科杂志，2019，42（5）：429-433. DOI：10.3760/cma.j.issn.1001-2036.2019.05.003. {ZHAN Zhaojun,LIAO Shengkai,CHEN Yongfeng,GAO Tingyi,DONG Xiaoying,LIU Liang,YANG Dongkun,YU Songtao. The clinical application of digital technology-assisted deep circumflex iliac artery perforator chimeric flap in the reconstruction of mandibular composite tissue defect[J]. Zhonghua Xian Wei Wai Ke Za Zhi[Chin J Microsurg(Article in Chinese;Abstract in Chinese and English)],2019,42(5):429-433. DOI:10.3760/cma.j.issn.1001-2036.2019.05.003.}

[8558] 段超鹏，何俊娥，梁高峰，滕云升，张满盈，贾宗海，张伟，董俊文，权小波. Flow-through 腓动脉嵌合穿支皮瓣治疗上肢感染性骨缺损 [J]. 中华手外科杂志，2019，35（4）：303-304. DOI：10.3760/cma.j.issn.1005-054X.2019.04.025. {DUAN Chaopeng,HE Jun'e,LIANG Gaofeng,TENG Yunsheng,ZHANG Manying,JIA Zonghai,ZHANG Wei,DONG Junwen,QUAN Xiaobo. Flow-through peroneal artery chimeric perforator flap for treatment of upper limb infectious bone defect[J]. Zhonghua Shou Wai Ke Za Zhi[Chin J Hand Surg(Article in Chinese;Abstract in Chinese)],2019,35(4):303-304. DOI:10.3760/cma.j.issn.1005-054X.2019.04.025.}

[8559] 俞芳，唐举玉，吴攀峰，周征兵，庞晓阳，曾磊，肖勇兵，潘丁，卿黎明，刘睿. 桡侧副动脉嵌合穿支皮瓣修复拇指复合组织缺损 [J]. 中华整形外科杂志，2019，35（9）：887-891. DOI：10.3760/cma.j.issn.1009-4598.2019.09.008. {YU Fang,TANG Juyu,WU Panfeng,ZHOU Zhengbing,PANG Xiaoyang,ZENG Lei,XIAO Yongbing,PAN Ding,QING Liming,LIU Rui. Radial collateral artery perforator flap combining a vascularized fragment of the distal humerus in reconstruction of thumb complex defects[J]. Zhonghua Zheng Xing Wai Ke Za Zhi[Chin J Plast Surg(Article in Chinese;Abstract in Chinese and English)],2019,35(9):887-891. DOI:10.3760/cma.j.issn.1009-4598.2019.09.008.}

[8560] 陈黎明，刘毅，张诚，张鲜英，廉娟. 带肌瓣的嵌合穿支皮瓣修复合并深部死腔的难愈性创面 [J]. 中华整形外科杂志，2020，36（3）：279-283. DOI：10.3760/cma.j.cn114453-20190605-00176. {CHEN Liming,LIU Yi,ZHANG Cheng,ZHANG Xianying,LIAN Juan. Chimeric perforator flap with muscle flap for repairing refractory wounds with deep dead space[J]. Zhonghua Zheng Xing Wai Ke Za Zhi[Chin J Plast Surg(Article in Chinese;Abstract in Chinese and English)],2020,36(3):279-283. DOI:10.3760/cma.j.cn114453-20190605-00176.}

4.1.9.19 组合穿支皮瓣
combined perforator flap

[8561] 潘朝晖，王剑利，蒋萍萍，李洪飞，薛山，赵玉祥. 股前外侧穿支皮瓣桥接旋髂浅动脉蒂组织瓣组合移植修复四肢骨与软组织缺损 [J]. 中华骨科杂志，2013，33（7）：723-730. DOI：10.3760/cma.j.issn.0253-2352.2013.07.007. {PAN Zhaohui,WANG Jianli,JIANG Pingping,LI Hongfei,XUE Shan,ZHAO Yuxiang. Anterolateral thigh perforator flap bridging superficial circumflex iliac artery flap for the treatment of complex limb wound[J]. Zhonghua Gu Ke Za Zhi[Chin J Orthop(Article in Chinese;Abstract in Chinese and English)],2013,33(7):723-730. DOI:10.3760/cma.j.issn.0253-2352.2013.07.007.}

[8562] 李学渊，黄剑，胡浩良，刘林海，周晓玲，费剑荣，何凌峰. 游离上臂外侧组合穿支皮瓣修复上肢较大面积皮肤软组织缺损 [J]. 中华手外科杂志，2015，31（6）：418-420. {LI Xueyuan,HUANG Jian,HU Haoliang,LIU Linhai,ZHOU Xiaoling,FEI Jianrong,HE Lingfeng. Free outer upper arm combined perforator flap to repair large area skin and soft tissue defects of upper limb[J]. Zhonghua Shou Wai Ke Za Zhi[Chin J Hand Surg(Article in Chinese;Abstract in Chinese and English)],2015,31(6):418-420.}

[8563] 杨光，赵光勋，胡沣，王进，石磊，夏添，赵光彩，孙名超. 组合式股前外侧穿支皮瓣在四肢较大创面缺损修复中的应用 [J]. 中华显微外科杂志，2018，41（6）：584-586. DOI：10.3760/cma.j.issn.1001-2036.2018.06.018. {YANG Guang,ZHAO Guangxun,HU Feng,WANG Jin,SHI Lei,XIA Tian,ZHAO Guangcai,SUN Mingchao. Application of combined anterolateral thigh perforator flap in the repair of large wound defects in extremities[J]. Zhonghua Xian Wei Wai Ke Za Zhi[Chin J Microsurg(Article in Chinese;Abstract in Chinese)],2018,41(6):584-586. DOI:10.3760/cma.j.issn.1001-2036.2018.06.018.}

[8564] 张建华，谢振军. 旋股外侧血管束组合股动脉两非共干穿支的股前外侧皮瓣切取一例 [J]. 中华显微外科杂志，2019，42（3）：304-305. DOI：10.3760/cma.j.issn.1001-2036.2019.03.029. {ZHANG Jianhua,XIE Zhenjun. A case of anterolateral thigh flap with lateral femoral circumflex vascular bundle combined with two non-common branches of femoral artery[J]. Zhonghua Xian Wei Wai Ke Za Zhi[Chin J Microsurg(Article in Chinese;Abstract in Chinese)],2019,42(3):304-305. DOI:10.3760/cma.j.issn.1001-2036.2019.03.029.}

4.1.9.20 联体穿支皮瓣
samieses perforator flap,conjoint perforator flap

[8565] 顾荣，王海文，江新民，梅雄军，钟达强. 髂腹股沟联体穿支皮瓣移植修复上肢较大面积皮肤缺损[J]. 中华显微外科杂志，2017，40(5)：433-437. DOI：10.3760/cma.j.issn.1001-2036.2017.05.005. {GU Rong,WANG Haiwen,JIANG Xinmin,MEI Xiongjun,ZHONG Daqiang. Ilioinguinal conjoined perforator flap transplantation for repairing large skin defects of the upper extremity[J]. Zhonghua Xian Wei Wai Ke Za Zhi[Chin J Microsurg(Article in Chinese;Abstract in Chinese and English)],2017,40(5):433-437. DOI:10.3760/cma.j.issn.1001-2036.2017.05.005.}

[8566] 江吉勇，秦本刚，汪庆红，曾德庆，余纯斌，卢文晨，钟少开，李培. 桡动脉蒂联体穿支游离皮瓣修复手指跨节长条形皮肤软组织缺损[J]. 中华显微外科杂志，2018，41(1)：44-48. DOI：10.3760/cma.j.issn.1001-2036.2018.01.011. {JIANG Jiyong,QIN Bengang,WANG Qinghong,ZENG Deqing,YU Chunbin,LU Wenjing,ZHONG Shaokai,LI Pei. Radial artery pedigreed conjoined perforator flap repair cross-joint long-shaped skin and soft tissue defects in fingers[J]. Zhonghua Xian Wei Wai Ke Za Zhi[Chin J Microsurg(Article in Chinese;Abstract in Chinese and English)],2018,41(1):44-48. DOI:10.3760/cma.j.issn.1001-2036.2018.01.011.}

[8567] 巨积辉，李雷，徐磊，蒋国栋，侯瑞兴. 双血供来源的超长胸脐联体穿支皮瓣修复前臂大面积皮肤缺损[J]. 中华显微外科杂志，2018，41(2)：137-141. DOI：10.3760/cma.j.issn.1001-2036.2018.02.009. {JU Jihui,LI Lei,XU Lei,JIANG Guodong,HOU Ruixing. Repair of large area skin defect of forearm with over length thoracic umbilical conjoined perforator flap with double blood supply[J]. Zhonghua Xian Wei Wai Ke Za Zhi[Chin J Microsurg(Article in Chinese;Abstract in Chinese and English)],2018,41(2):137-141. DOI:10.3760/cma.j.issn.1001-2036.2018.02.009.}

[8568] 赵铭，李涛. 联体形式的股前外侧穿支皮瓣修复特殊类型创面的临床应用[J]. 中华显微外科杂志，2018，41(2)：181-184. DOI：10.3760/cma.j.issn.1001-2036.2018.02.022. {ZHAO Ming,LI Tao. Clinical application of conjoined anterolateral thigh perforator flap for repairing special types of wounds[J]. Zhonghua Xian Wei Wai Ke Za Zhi[Chin J Microsurg(Article in Chinese;Abstract in Chinese)],2018,41(2):181-184. DOI:10.3760/cma.j.issn.1001-2036.2018.02.022.}

[8569] 张小东，魏义涛，周杰，钟桂午，梁海华，梁周然. 联体尺动脉穿支皮瓣在多指毁损伤修复中的临床应用[J]. 中华整形外科杂志，2020，36(3)：270-278. DOI：10.3760/cma.j.cnZHZXWKZZ-2018-0604-00078. {ZHANG Xiaodong,WEI Yitao,ZHOU Jie,ZHONG Guiwu,LIANG Haihua,LIANG Zhouran. Clinical application of ulnar artery conjoined perforator flap in repair of multiple fingers damage[J]. Zhonghua Zheng Xing Wai Ke Za Zhi[Chin J Plast Surg(Article in Chinese;Abstract in Chinese)],2020,36(3):270-278. DOI:10.3760/cma.j.cnZHZXWKZZ-2018-0604-00078.}

[8570] 曾德庆，江吉勇，李培，汪庆红，钟少开，余纯斌，卢文晨. 游离桡动脉联体穿支皮瓣修复手指较大皮肤软组织缺损[J]. 实用手外科杂志，2020，34(1)：30-32，87. DOI：10.3969/j.issn.1671-2722.2020.01.010. {ZENG Deqing,JIANG Jiyong,LI Pei,WANG Qinghong,ZHONG Shaokai,YU Chunbin,LU Wenjing. Repair of large finger skin defect with free radial artery conjoined perforator flap[J]. Shi Yong Shou Wai Ke Za Zhi[Chin J Pract Hand Surg(Article in Chinese;Abstract in Chinese)],2020,34(1):30-32,87. DOI:10.3969/j.issn.1671-2722.2020.01.010.}

4.1.9.21 血流桥接穿支皮瓣
flow-through perforator flap

[8571] Xiu ZF,Chen ZJ. The microcirculation and survival of experimental flow-through venous flaps[J]. Br J Plast Surg,1996,49(1):41-45. doi:10.1016/s0007-1226(96)90185-x.

[8572] He Y,Zhu HG,Zhang ZY,He J,Sader R. Three-dimensional model simulation and reconstruction of composite total maxillectomy defects with fibula osteomyocutaneous flap flow-through from radial forearm flap[J]. Oral Surg Oral Med Oral Pathol Oral Radiol Endod,2009,108(6):e6-12. doi:10.1016/j.tripleo.2009.07.027.

[8573] Wang Y,Chen SY,Gao WY,Ding J,Shi W,Feng XL,Tao XY,Wang L,Ling DS. Experimental study of survival of pedicled perforator flap with flow-through and flow-end blood supply[J]. Br J Surg,2015,102(4):375-381. doi:10.1002/bjs.9732.

[8574] Zhao P,Li S. Comparison of venous drainage in flow-through and conventional dorsalis pedis flaps for repair of dorsal foot defects[J]. Int J Clin Exp Med,2015,8(6):9519-24.

[8575] Zheng DW,Li ZC,Shi RJ,Sun F,Xu L,Shou KS. Use of giant-sized flow-through venous flap for simultaneous reconstruction of dual or multiple major arteries in salvage therapy for complex upper limb traumatic injury[J]. Injury,2016,47(2):364-371. doi:10.1016/j.injury.2015.11.037.

[8576] Song J,Li Z,Yu A. Effects of preserving different veins on flow-through flap survival:An experimental study[J]. Exp Ther Med,2016,11(1):318-324. doi:10.3892/etm.2015.2869.

[8577] Chen C,Hao L,Sun W,Wang Z,Ding Z,Zhong S. Glabrous flow-through flaps for simultaneous resurfacing,revascularization,and reinnervation of digits[J]. Ann Plast Surg,2016,77(5):547-554. doi:10.1097/SAP.0000000000000889.

[8578] Li Z,Yu A,Qi B,Pan Z,Ding J. Flow-through free fibula osteocutaneous flap in reconstruction of tibial bone,soft tissue,and main artery segmental defects[J]. Ann Plast Surg,2017,79(2):174-179. doi:10.1097/SAP.0000000000001084.

[8579] Gu S,Fu H,Huang Y,Xie R. Flow-through arterialized venous free thenar flaps for palmar soft tissue defects in fingers[J]. J Int Med Res,2021,49(2):300060521991032. doi:10.1177/0300060521991032.

[8580] 张大伟，赵广跃，裴国献，李军，祝勇刚，王文军. 应用Flow-through股前外侧游离皮瓣同期修复软组织和主干血管缺损[J]. 中华创伤骨科杂志，2012，14(10)：839-843. DOI：10.3760/cma.j.issn.1671-7600.2012.10.004. {ZHANG Dawei,ZHAO Guangyue,PEI Guoxian,LI Jun,ZHU Yonggang,WANG Wenjun. Flow-through anterolateral thigh flap for simultaneous repair of defects of soft tissue and major artery[J]. Zhonghua Chuang SHANG Gu Ke Za Zhi[Chin J Orthop Trauma(Article in Chinese;Abstract in Chinese and English)],2012,14(10):839-843. DOI:10.3760/cma.j.issn.1671-7600.2012.10.004.}

[8581] 李军，张大伟，赵广跃，祝勇刚，吴子祥，裴国献. 股前外侧Flow-through皮瓣修复四肢Gustilo Ⅲ c损伤的临床研究[J]. 中华显微外科杂志，2013，36(4)：331-334. DOI：10.3760/cma.j.issn.1001-2036.2013.06.005. {LI Jun,ZHANG Dawei,ZHAO Guangyue,ZHU Yonggang,WU Zixiang,PEI Guoxian. Flow-through anterolateral thigh flap for reconstruction of gustilo type Ⅲ c open fractures in upper and lower extremities[J]. Zhonghua Xian Wei Wai Ke Za Zhi[Chin J Microsurg(Article in Chinese;Abstract in Chinese and English)],2013,36(4):331-334. DOI:10.3760/cma.j.issn.1001-2036.2013.06.005.}

[8582] 王杰，王永标，杨开波，王浩，范亚生. 游离小腿内侧Flow-through皮瓣桥接修复血管缺损性断肢六例[J]. 中华显微外科杂志，2013，36(6)：584-585. DOI：10.3760/cma.j.issn.1001-2036.2013.06.020. {WANG Jie,WANG Yongbiao,YANG Kaibo,WANG Hao,FAN Yasheng. Repair of vascular defect and amputated limb with free flow-through flap on inner leg[J]. Zhonghua Xian Wei Wai Ke Za Zhi[Chin J Microsurg(Article in Chinese;Abstract in Chinese)],2013,36(6):584-585. DOI:10.3760/cma.j.issn.1001-2036.2013.06.020.}

[8583] 李涛，陈振兵，丛晓斌，艾方兴，洪光祥. 邻指指动脉Flow-through皮瓣桥接断指血运的临床应用[J]. 中华显微外科杂志，2014，37(1)：10-13. DOI：10.3760/cma.j.issn.1001-2036.2014.01.004. {LI Tao,CHEN Zhenbing,CONG Xiaobin,AI Fangxing,HONG Guangxiang. One-staged coverage and revascularisation of traumatised fingers by neighboring digital artery flow-through flap[J]. Zhonghua Xian Wei Wai Ke Za Zhi[Chin J Microsurg(Article in Chinese;Abstract in Chinese and English)],2014,37(1):10-13. DOI:10.3760/cma.j.issn.1001-2036.2014.01.004.}

[8584] 李涛，陈振兵，黄启顺，丛晓斌，艾方兴，洪光祥. 带背阔肌的胸背动脉血流桥接皮瓣重建前臂屈肌功能[J]. 中华骨科杂志，2014，34(5)：558-563. DOI：10.3760/cma.j.issn.0253-2352.2014.05.009. {LI Tao,CHEN Zhenbing,HUANG Qishun,CONG Xiaobin,AI Fangxing,HONG Guangxiang. Flow-through latissimus dorsal musculocutaneous flap transplantation for functional reconstruction of forearm muscular flexor digitorum defects[J]. Zhonghua Gu Ke Za Zhi[Chin J Orthop(Article in Chinese;Abstract in Chinese and English)],2014,34(5):558-563. DOI:10.3760/cma.j.issn.0253-2352.2014.05.009.}

[8585] 李涛，陈振兵，艾方兴，丛晓斌，田甲，洪光祥. 尺动脉近段血流桥接穿支皮瓣修复手掌部创面缺损[J]. 中华手外科杂志，2014，30(4)：271-274. DOI：10.3760/cma.j.issn.1005-054X.2014.04.012. {LI Tao,CHEN Zhenbing,AI Fangxing,CONG Xiaobin,TIAN Jia,HONG Guangxiang. Flow-through ulnar artery proximal perforator flap for wound coverage of palm defects[J]. Zhonghua Shou Wai Ke Za Zhi[Chin J Hand Surg(Article in Chinese;Abstract in Chinese and English)],2014,30(4):271-274. DOI:10.3760/cma.j.issn.1005-054X.2014.04.012.}

[8586] 李涛，陈振兵，丛晓斌，艾方兴，周攀，洪光祥. 游离骨间后动脉血流桥接皮瓣修复伴指动脉缺损的手指创面[J]. 中华创伤杂志，2014，30(9)：932-935. DOI：10.3760/cma.j.issn.1001-8050.2014.09.023. {LI Tao,CHEN Zhenbing,CONG Xiaobin,AI Fangxing,ZHOU Pan,HONG Guangxiang. Flow-through posterior interosseous artery flap for repair of digital wounds combined with artery injury[J]. Zhonghua Chuang Shang Za Zhi[Chin J Trauma(Article in Chinese;Abstract in Chinese and English)],2014,30(9):932-935. DOI:10.3760/cma.j.issn.1001-8050.2014.09.023.}

[8587] 李涛，陈振兵，陈燕花，丛晓斌，艾方兴，王锟，洪光祥. 以腹壁下动脉穿支为蒂的血流桥接皮瓣修复肢体创面缺损[J]. 中华整形外科杂志，2014，30(5)：339-343. DOI：10.3760/cma.j.issn.1009-4598.2014.05.005. {LI Tao,CHEN Zhenbing,CHEN Yanhua,CONG Xiaobin,AI Fangxing,WANG Kun,HONG Guangxiang. Flow-through deep inferior epigastric perforator flap transplantation for reconstruction of large defects at the extremities[J]. Zhonghua Zheng Xing Wai Ke Za Zhi[Chin J Plast Surg(Article in Chinese;Abstract in Chinese and English)],2014,30(5):339-343. DOI:10.3760/cma.j.issn.1009-4598.2014.05.005.}

[8588] 郑文伟，黎章灿，许立，张旭阳，石荣剑，孙峰，寿奎水. 桡动脉掌浅支腕横纹部flow-through皮瓣修复伴动脉缺损的拇指创面[J]. 中国修复重建外科杂志，2015，29(4)：457-461. DOI：10.7507/1002-1892.20150099. {ZHENG Dawei,LI Zhangcan,XU Li,ZHANG Xuyang,SHI Rongjian,SUN Feng,SHOU Kuishui. Application of wrist crease island flap based on the superficial palmar branch of the radial artery for thumb reconstruction[J]. Zhongguo Xiu Fu Chong Jian Wai Ke Za Zhi[Chin J Repar Reconstr Surg(Article in Chinese;Abstract in Chinese)],2015,29(4):457-461. DOI:10.7507/1002-1892.20150099.}

[8589] 纪翔，刘育杰，丁小珩，屈志刚，姜凯，焦鸿生，张宏勋，仲霄鹏，刘春雷. 患侧前臂两种血流桥接皮瓣修复手指掌侧创面[J]. 中华创伤杂志，2015，31(7)：628-631. DOI：10.3760/cma.j.issn.1001-8050.2015.07.013. {JI Xiang,LIU Yujie,DING Xiaoheng,QU Zhigang,JIANG Kai,JIAO Hongsheng,ZHANG Hongxun,ZHONG Xiaopeng,LIU Chunlei. Flow-through forearm flap in palmar finger reconstruction[J]. Zhonghua Chuang Shang Za Zhi[Chin J Trauma(Article in Chinese;Abstract in Chinese and English)],2015,31(7):628-631. DOI:10.3760/cma.j.issn.1001-8050.2015.07.013.}

[8590] 叶沪菊，胡兰平，刘鸿，陶圣祥，潘振宇，喻爱喜. Flow-through皮瓣修复小腿复合组织缺损患者的护理[J]. 中华显微外科杂志，2016，39(2)：196-198. DOI：10.3760/cma.j.issn.1001-2036.2016.02.031. {YE Huju,HU Lanping,LIU Hong,TAO Shengxiang,PAN Zhenyu,YU Aixi. Nursing care of patients with complex tissue defect of calf repaired by flow-through flap[J]. Zhonghua Xian Wei Wai Ke Za Zhi[Chin J Microsurg(Article in Chinese;Abstract in Chinese)],2016,39(2):196-198. DOI:10.3760/cma.j.issn.1001-2036.2016.02.031.}

[8591] 谢文斌，王海文，江新明，顾荣，梅雄军，农航. 血流桥接股前外侧穿支皮瓣修复伴有血供障碍手掌皮肤软组织缺损[J]. 中国临床解剖学杂志，2016，34(1)：24-27. DOI：10.13418/j.issn.1001-165x.2016.01.007. {XIE Wenbin,WANG Haiwen,JIANG Xinming,GU Rong,MEI Xiongjun,Agricultural Aviation. Flow-through anterolateral thigh perforator flap for the treatment of skin and soft tissue defects of palm with circulatory disorder[J]. Zhongguo Lin Chuang Jie Pou Xue Za Zhi[Chin J Clin Anat(Article in Chinese;Abstract in Chinese and English)],2016,34(1):24-27. DOI:10.13418/j.issn.1001-165x.2016.01.007.}

[8592] 郑大伟，黎章灿，曹广超，吴尧，石荣剑，寿奎水. 应用大型血流桥接静脉皮瓣挽救伴动脉缺损的濒临截肢上肢[J]. 中华创伤杂志，2016，32(5)：444-448. DOI：10.3760/cma.j.issn.1001-8050.2016.05.014. {ZHENG Dawei,LI Zhangcan,CAO Guangchao,WU Yao,SHI Rongjian,SHOU Kuishui. Large flow-through venous flap for salvaging limb on the verge of amputation combined with arterial defect[J]. Zhonghua Chuang Shang Za Zhi[Chin J Trauma(Article in Chinese;Abstract in Chinese and English)],2016,32(5):444-448. DOI:10.3760/cma.j.issn.1001-8050.2016.05.014.}

[8593] 李海军，郑晓菊，张忠，薛学文. 股前外侧嵌合皮瓣与Flow-through修复四肢环形组织缺损[J]. 中华显微外科杂志，2017，40(1)：97-100. DOI：10.3760/cma.j.issn.1001-2036.2017.01.031. {LI Haijun,ZHENG Xiaoju,ZHANG Zhong,XUE Xuewen. Repair of circular tissue defects of extremities with chimeric anterolateral thigh flap and flow-through[J]. Zhonghua Xian Wei Wai Ke Za Zhi[Chin J Microsurg(Article in Chinese;Abstract in Chinese)],2017,40(1):97-100. DOI:10.3760/cma.j.issn.1001-2036.2017.01.031.}

[8594] 何晓清，朱跃良，徐永清，范新宇，王腾，董凯旋，冯凡哲，杨曦. 股前外侧flow-through皮瓣在四肢组织缺损修复重建中的应用[J]. 中华显微外科杂志，2017，40(2)：109-113. DOI：10.3760/cma.j.issn.1001-2036.2017.02.002. {HE Xiaoqing,ZHU Yueliang,XU Yongqing,FAN Xinyu,WANG Teng,DONG Kaixuan,FENG Fanzhe,YANG Xi. Anterolateral thigh flow-through flap for reconstruction of soft tissue defect in the extremities[J]. Zhonghua Xian Wei Wai Ke Za Zhi[Chin J Microsurg(Article in Chinese;Abstract in Chinese and English)],2017,40(2):109-113. DOI:10.3760/cma.j.issn.1001-2036.2017.02.002.}

[8595] 廖海芬，杨连招，韦衡秋，陈玲，杨永，李鹏，韦玉娟，李文. 股前外侧Flow-through游离皮瓣同期修复上肢Gustilo Ⅲ C型损伤患者的围手术期护理[J]. 中华显微外科杂志，2017，40(3)：303-304. DOI：10.3760/cma.j.issn.1001-2036.2017.03.031.

{LIAO Haifen,YANG Lianzhao,WEI Hengqiu,CHEN Ling,YANG Yong,LI Peng,WEI Yujuan,LI Wen. Perioperative nursing care of patients with Gustilo type Ⅲ C injury of upper extremity repaired by flow-through free flap of anterolateral thigh[J]. Zhonghua Xian Wei Wai Ke Za Zhi[Chin J Microsurg(Article in Chinese;Abstract in Chinese)],2017,40(3):303-304. DOI:10.3760/cma.j.issn.1001-2036.2017.03.031.}

[8596] 谢文斌，王海文，顾荣，江新民. Flow-through 的第二趾复合组织瓣移植修复 25 例手指复合组织缺损伤 [J]. 中华显微外科杂志，2017，40（4）：369-371. DOI：10.3760/cma.j.issn.1001-2036.2017.04.015. {XIE Wenbin,WANG Haiwen,GU Rong,JIANG Xinmin. Flow-through second toe compound tissue flap transplantation to repair 25 cases of finger compound tissue defect[J]. Zhonghua Xian Wei Wai Ke Za Zhi[Chin J Microsurg(Article in Chinese;Abstract in Chinese)],2017,40(4):369-371. DOI:10.3760/cma.j.issn.1001-2036.2017.04.015.}

[8597] 唐林峰，巨积辉，刘跃飞，周荣，杨开航，郭全伟，侯瑞兴. 第一跖背动脉 Flow-through 皮瓣修复指掌侧复合组织缺损 [J]. 中华显微外科杂志，2017，40（5）：452-455. DOI：10.3760/cma.j.issn.1001-2036.2017.05.010. {TANG Linfeng,JU Jihui,LIU Yuefei,ZHOU Rong,YANG Kaihang,GUO Quanwei,HOU Ruixing. Reconstruction of palmar finger soft tissue defects by using first dorsal metatarsal artery flow-through flap with digital artery and nerve anastomosis[J]. Zhonghua Xian Wei Wai Ke Za Zhi[Chin J Microsurg(Article in Chinese;Abstract in Chinese and English)],2017,40(5):452-455. DOI:10.3760/cma.j.issn.1001-2036.2017.05.010.}

[8598] 韩芳，徐慧，郑大伟，黎章灿，许立，石荣剑，寿奎水. 应用 Flow-through 静脉皮瓣再植复杂性断指的术后护理 [J]. 中华显微外科杂志，2017，40（5）：508-510. DOI：10.3760/cma.j.issn.1001-2036.2017.05.028. {HAN Fang,XU Hui,ZHENG Dawei,LI Zhangcan,XU Li,SHI Rongjian,SHOU Kuishui. Postoperative nursing care of replanting complex finger with flow-through vein flap[J]. Zhonghua Xian Wei Wai Ke Za Zhi[Chin J Microsurg(Article in Chinese;Abstract in Chinese)],2017,40(5):508-510. DOI:10.3760/cma.j.issn.1001-2036.2017.05.028.}

[8599] 滕云升，段超鹏，梁高峰，智丰，张满盈，贾宗海，文波. Flow-through 腓骨骨皮瓣治疗前臂 Cierny-Mader Ⅳ A / B 型骨髓炎 [J]. 中华手外科杂志，2017，33（1）：67-68. {TENG Yunsheng,DUAN Chaopeng,LIANG Gaofeng,Zhifeng,ZHANG Manying,JIA Zonghai,WEN Bo. Treatment of cierny-mader Ⅳ a/b osteomyelitis of forearm with flow-through fibula bone flap[J]. Zhonghua Shou Wai Ke Za Zhi[Chin J Hand Surg(Article in Chinese;Abstract in Chinese)],2017,33(1):67-68.}

[8600] 徐柯烽，高顺红，于志亮，张文龙，胡宏宇，张云鹏，张净宇，王建. 股前外侧 flow-through 皮瓣联合腓骨（皮）瓣修复小腿复合组织缺损 [J]. 中华整形外科杂志，2017，33（5）：335-339. DOI：10.3760/cma.j.issn.1009-4598.2017.05.003. {XU Kefeng,GAO Shunhong,YU Zhiliang,ZHANG Wenlong,HU Hongyu,ZHANG Yunpeng,ZHANG Jingyu,WANG Jian. Transplantation of flow-through anterolateral thigh flap combined with fibular flap for reconstruction of composite tissue defects at leg[J]. Zhonghua Zheng Xing Wai Ke Za Zhi[Chin J Plast Surg(Article in Chinese;Abstract in Chinese and English)],2017,33(5):335-339. DOI:10.3760/cma.j.issn.1009-4598.2017.05.003.}

[8601] 邓伟，巨积辉，李雷，周正虎，郑彬兵，赵东阳. 血流桥接型股前外侧皮瓣修复下肢主干血管及软组织缺损创面 [J]. 中国临床解剖学杂志，2017，35（6）：676-680. DOI：10.13418/j.issn.1001-165x.2017.06.017. {DENG Wei,JU Jihui,LI Lei,ZHOU Zhenghu,ZHENG Binbing,ZHAO Dongyang. Flow-through anterolateral thigh flap for the treatment of lower limbs wounds[J]. Zhongguo Lin Chuang Jie Pou Xue Za Zhi[Chin J Clin Anat(Article in Chinese;Abstract in Chinese)],2017,35(6):676-680. DOI:10.13418/j.issn.1001-165x.2017.06.017.}

[8602] 李祥军，巨积辉，刘海亮，刘新益，赵强，熊胜，周荣. 游离第二趾胫侧血流桥接皮瓣修复伴指动脉缺损的手指创面 [J]. 中华手外科杂志，2017，33（5）：355-357. {LI Xiangjun,JU Jihui,LIU Hailiang,LIU Xinyi,ZHAO Qiang,XIONG Sheng,ZHOU Rong. Free tibial second toe flow-through flap for repair of finger wound with artery defect[J]. Zhonghua Shou Wai Ke Za Zhi[Chin J Hand Surg(Article in Chinese;Abstract in Chinese and English)],2017,33(5):355-357.}

[8603] 沈余明，陈旭，张琮，王成，覃凤均，马春旭，胡晓骅. 旋股外侧动脉降支血流桥接皮瓣修复患者腕部高压电烧伤创面的效果 [J]. 中华烧伤杂志，2017，33（7）：422-425. DOI：10.3760/cma.j.issn.1009-2587.2017.07.006. {SHEN Yuming,CHEN Xu,ZHANG Cong,WANG Cheng,QIN Fengjun,MA Chunxu,HU Xiaohua. Effects of flow-through descending branch of lateral circumflex femoral artery flap on repairing high-voltage electrical burn wounds of wrist of patients[J]. Zhonghua Shao Shang Za Zhi[Chin J Burns(Article in Chinese;Abstract in Chinese and English)],2017,33(7):422-425. DOI:10.3760/cma.j.issn.1009-2587.2017.07.006.}

[8604] 黄永军，黄东，江奕恒，牟勇，刘晓春. 血流桥接股前外侧皮瓣在小腿大面积软组织伴血管缺损修复中的应用 [J]. 实用手外科杂志，2017，31（2）：147-149. DOI：10.3969/j.issn.1671-2722.2017.02.004. {HUANG Yongjun,HUANG Dong,JIANG Yiheng,MOU Yong,LIU Xiaochun. Flow-through anterolateral thigh flap in the repairmen of large area of soft tissue defects with vessels defects on leg[J]. Shi Yong Shou Wai Ke Za Zhi[Chin J Pract Hand Surg(Article in Chinese;Abstract in Chinese and English)],2017,31(2):147-149. DOI:10.3969/j.issn.1671-2722.2017.02.004.}

[8605] 车永琦，翟伟，王军成，亢向辉，赵凯敏，段冰，赵建强. 桡动脉掌浅支腕横纹部 flow-through 皮瓣重建指端血运 [J]. 中华手外科杂志，2018，34（2）：137-138. DOI：10.3760/cma.j.issn.1005-054X.2018.02.021. {CHE Yongqi,ZhAI Wei,WANG Juncheng,KANG Xianghui,ZHAO Kaimin,DUAN Bing,ZHAO Jianqiang. Reconstruction of fingertip blood flow through flow-through flap of superficial palmar branch of radial artery[J]. Zhonghua Shou Wai Ke Za Zhi[Chin J Hand Surg(Article in Chinese;Abstract in Chinese)],2018,34(2):137-138. DOI:10.3760/cma.j.issn.1005-054X.2018.02.021.}

[8606] 吴建龙，谢庆平，唐林峰，侯瑞兴. 急诊 Flow-through 带关节的第二足趾复合组织瓣移植修复手指复合组织损伤 [J]. 中华手外科杂志，2018，34（5）：322-325. DOI：10.3760/cma.j.issn.1005-054X.2018.05.002. {WU Jianlong,XIE Qingping,TANG Linfeng,HOU Ruixing. Emergency repair of the soft tissue defects of finger by transplantation of flow-through composite tissue flap with the joint from the second toe[J]. Zhonghua Shou Wai Ke Za Zhi[Chin J Hand Surg(Article in Chinese;Abstract in Chinese and English)],2018,34(5):322-325. DOI:10.3760/cma.j.issn.1005-054X.2018.05.002.}

[8607] 唐举玉，杜威，卿黎明，吴攀峰，周征兵，俞芳，庞晓阳，曾磊，潘丁，肖勇兵，刘睿. Flow-through 嵌合旋股外侧动脉降支穿支皮瓣的临床应用 [J]. 中国修复重建外科杂志，2018，32（8）：1052-1055. DOI：10.7507/1002-1892.201802039. {TANG Juyu,DONG Wei,QING Liming,WU Panfeng,ZHOU Zhengbing,YU Fang,PANG Xiaoyang,ZENG Lei,PAN Ding,XIAO Yongbing. Clinical application of Flow-through chimeric perforator flap of the descending branch of lateral femoral circumflex artery[J]. Zhongguo Xiu Fu Chong Jian Wai Ke Za Zhi[Chin J Repar Reconstr Surg(Article in Chinese;Abstract in Chinese and English)],2018,32(8):1052-1055. DOI:10.7507/1002-1892.201802039.}

[8608] 吕文涛，巨积辉，蒋国栋，唐晓强，张庆阳. 血流桥接型静脉皮瓣修复伴有指掌侧固有动脉缺损的手指创面 [J]. 中华显微外科杂志，2018，41（1）：40-43. DOI：10.3760/cma.j.issn.1001-2036.2018.01.010. {LV Wentao,JU Jihui,JIANG Guodong,TANG Xiaoqiang,ZHANG Qingyang. Blood flow bridging venous flap for repairing finger wounds with defect of palmar proper artery[J]. Zhonghua Xian Wei Wai Ke Za Zhi[Chin J Microsurg(Article in Chinese;Abstract in Chinese and English)],2018,41(1):40-43. DOI:10.3760/cma.j.issn.1001-2036.2018.01.010.}

[8609] 李雷，巨积辉，周正虎，邓伟. 开槽灌洗序贯 Flow-through 型股前外侧嵌合肌皮瓣治疗胫骨慢性骨髓炎 [J]. 中华显微外科杂志，2019，42（3）：223-227. DOI：10.3760/cma.j.issn.1001-2036.2019.03.004. {LI Lei,JU Jihui,ZHOU Zhenghu,DENG Wei. Treatment of chronictibial osteomyelitis with irrigation sequential flow-through type anterolateral thigh chimeric myocutaneous flap[J]. Zhonghua Xian Wei Wai Ke Za Zhi[Chin J Microsurg(Article in Chinese;Abstract in Chinese and English)],2019,42(3):223-227. DOI:10.3760/cma.j.issn.1001-2036.2019.03.004.}

[8610] 梁高峰，张伟，段超鹏，张满盈，贾宗海，文波，董俊文，何俊娥，查蕊，智丰，滕云升. 游离足底内侧 Flow-through 皮瓣修复手指软组织缺损 12 例 [J]. 中华显微外科杂志，2019，42（4）：411-413. DOI：10.3760/cma.j.issn.1001-2036.2019.04.028. {LIANG Gaofeng,ZHANG Wei,DUAN Chaopeng,ZHANG Manying,JIA Zonghai,WEN Bo,DONG Junwen,HE Jun'e,Cha Rui,Zhifeng,TENG Yunsheng. Repair of finger soft tissue defect with free medial flow-through flap[J]. Zhonghua Xian Wei Wai Ke Za Zhi[Chin J Microsurg(Article in Chinese;Abstract in Chinese)],2019,42(4):411-413. DOI:10.3760/cma.j.issn.1001-2036.2019.04.028.}

[8611] 韩芳，郑大伟，惠悦华，徐慧，石荣剑. 加速康复外科理念在大面积 Flow-through 静脉皮瓣护理中的应用 [J]. 中华显微外科杂志，2019，42（5）：509-511. DOI：10.3760/cma.j.issn.1001-2036.2019.05.025. {HAN Fang,ZHENG Dawei,HUI Yuehua,XU Hui,SHI Rongjian. Application of the concept of accelerated rehabilitation surgery in the nursing of large-area Flow-through vein flaps[J]. Zhonghua Xian Wei Wai Ke Za Zhi[Chin J Microsurg(Article in Chinese;Abstract in Chinese)],2019,42(5):509-511. DOI:10.3760/cma.j.issn.1001-2036.2019.05.025.}

[8612] 段超鹏，何俊娥，梁高峰，滕云升，张满盈，贾宗海，张伟，董俊文，权小波. Flow-through 腓动脉嵌合穿支皮瓣治疗上肢感染性骨缺损 [J]. 中华手外科杂志，2019，35（4）：303-304. DOI：10.3760/cma.j.issn.1005-054X.2019.04.025. {DONG Chaopeng,HE Jundong,LIANG Gaofeng,TENG Yunsheng,ZHANG Manying,JIA Zonghai,ZHANG Wei,DONG Junwen,QUAN Xiaobo. Flow-through peroneal artery chimeric perforator flap for treatment of upper extremity infectious bone defect[J]. Zhonghua Shou Wai Ke Za Zhi[Chin J Hand Surg(Article in Chinese;Abstract in Chinese)],2019,35(4):303-304. DOI:10.3760/cma.j.issn.1005-054X.2019.04.025.}

[8613] 刘则义，荣向科，刘宗义，苟军全，石定，宋永斌，马光兵，李志宏，谢瑞菊. 应用股前外侧 flow-through 皮瓣同时修复肢体软组织并主干血管缺损 [J]. 中华手外科杂志，2019，35（6）：448-451. DOI：10.3760/cma.j.issn.1005-054X.2019.06.019. {LIU Zeyi,RONG Xiangke,LIU Zongyi,GOU Junquan,SHI Ding,SONG Yongbin,MA Guangbing,LI Zhihong,XIE Ruiju. Application of anterolateral thigh flow-through flap for simultaneous repair of soft tissue and main vascular defects of extremities[J]. Zhonghua Shou Wai Ke Za Zhi[Chin J Hand Surg(Article in Chinese;Abstract in Chinese and English)],2019,35(6):448-451. DOI:10.3760/cma.j.issn.1005-054X.2019.06.019.}

[8614] 张建华，谢振军，赵国红，孙华伟，白辉凯，赵建军. 包绕血管的小腿内侧 Flow-through 皮管在上肢严重节段性毁损伤中的应用 [J]. 中华显微外科杂志，2019，42（4）：371-373. DOI：10.3760/cma.j.issn.1001-2036.2019.04.013. {ZHANG Jianhua,XIE Zhenjun,ZHAO Guohong,SUN Huawei,BAI Huikai,ZHAO Jianjun. Application of flow-through skin tube on inner leg surrounding blood vessel in severe segmental injury of upper limb[J]. Zhonghua Xian Wei Wai Ke Za Zhi[Chin J Microsurg(Article in Chinese;Abstract in Chinese)],2019,42(4):371-373. DOI:10.3760/cma.j.issn.1001-2036.2019.04.013.}

[8615] 付记乐，罗桦杰，詹晓欢，张家盛，王兮，黄昭华，李雪，高峻青. Flow-through 背阔肌肌皮瓣修复儿童四肢创面 [J]. 中华显微外科杂志，2020，43（3）：261-265. DOI：10.3760/cma.j.cn441206-20200207-00046. {FU Jile,LUO Huajie,ZHAN Xiaohuan,ZHANG Jiasheng,WANG Xi,HUANG Zhaohua,LI Xue,GAO Junqing. Application of flow-through latissimus dorsal musculocutaneous flap to repair the wounds in children's limb[J]. Zhonghua Xian Wei Wai Ke Za Zhi[Chin J Microsurg(Article in Chinese;Abstract in Chinese and English)],2020,43(3):261-265. DOI:10.3760/cma.j.cn441206-20200207-00046.}

[8616] 郑颂耀. 桡动脉掌浅支腕横纹 Flow-through 皮瓣修复手指皮肤软组织缺损 [J]. 实用手外科杂志，2020，34（1）：59-61. DOI：10.3969/j.issn.1671-2722.2020.01.020. {ZHENG Songyao. Repair of digital skin soft tissue deflect by transverse carpal flow-through flap with superficial palmar branch of radial artery[J]. Shi Yong Shou Wai Ke Za Zhi[Chin J Pract Hand Surg(Article in Chinese;Abstract in Chinese and English)],2020,34(1):59-61. DOI:10.3969/j.issn.1671-2722.2020.01.020.}

4.1.9.22 穿支蒂螺旋桨皮瓣

propeller perforator flap

[8617] Zhang Y. Discussion. Application of multidetector-row computed tomography in propeller flap planning[J]. Plast Reconstr Surg,2011,127(2):712-715. doi:10.1097/PRS.0b013e318200aa7f.

[8618] Chang SM,Tao YL,Zhang YQ. The distally perforator-pedicled propeller flap[J]. Plast Reconstr Surg,2011,128(5):575e-577e. doi:10.1097/PRS.0b013e31822b6aad.

[8619] Chang SM,Wang X,Huang YG,Zhu XZ,Tao YL,Zhang YQ. Distally based perforator propeller sural flap for foot and ankle reconstruction:a modified flap dissection technique[J]. Ann Plast Surg,2014,72(3):340-345. doi:10.1097/SAP.0b013e31826108f1.

[8620] Dong KX,Xu YQ,Fan XY,Xu LJ,Su XX,Long H,Xu LQ,He XQ. Perforator pedicled propeller flaps for soft tissue coverage of lower leg and foot defects[J]. Orthop Surg,2014,6(1):42-46. doi:10.1111/os.12081.

[8621] Zang M,Guo L,Liu Y. Propeller medial arm flap:a plan "B" for reconstruction of radiation ulcer of the chest wall[J]. J Plast Reconstr Aesthet Surg,2014,67(12):1769-1770. doi:10.1016/j.bjps.2014.07.040.

[8622] Zhang J,Zang M,Yu S,Xu L,Liu Y. Reconstruction of forearm soft tissue defects with radial artery perforator-pedicled propeller flaps[J]. J Plast Reconstr Aesthet Surg,2015,68(1):125-126. doi:10.1016/j.bjps.2014.08.057.

[8623] Zang M,Yu S,Xu L,Zhao Z,Zhu S,Ding Q,Liu Y. Intercostal artery perforator propeller flap for reconstruction of trunk defects following sarcoma resection[J]. J Plast Reconstr Aesthet Surg,2015,68(6):822-829. doi:10.1016/j.bjps.2015.02.009.

[8624] Shen XF,Xue MY,Mi JY,Qiang L,Rui YJ,Chim H. Innervated digital artery perforator propeller flap for reconstruction of lateral oblique fingertip defects[J]. J Hand Surg Am,2015,40(7):1382-1388. doi:10.1016/j.jhsa.2015.03.024.

[8625] Yu S,Zang M,Xu L,Zhao Z,Zhang X,Zhu S,Chen B,Ding Q,Liu Y. Perforator propeller flap for oncologic reconstruction of soft tissue defects in trunk and extremities[J]. Ann Plast Surg,2016,77(4):456-463. doi:10.1097/SAP.0000000000000649.

[8626] Wei JW,Ni JD,Dong ZG,Liu LH,Liu X,Peng P. A systematic review and meta-analysis of perforator-pedicled propeller flaps in lower extremity defects:identification of risk factors for complications[J]. Plast Reconstr Surg,2016,138(2):382e-383e. doi:10.1097/PRS.0000000000002392.

[8627] Zhou ZB,Pan D,Tang JY. Adipofascial extension of the propeller perforator flap:Achieve two things at one stroke[J]. J Plast Reconstr Aesthet Surg,2017,70(4):542-543. doi:10.1016/j.bjps.2016.12.006.

[8628] Shen L,Liu Y,Zhang C,Guo Q,Huang W,Wong KKL,Chang S. Peroneal perforator pedicle propeller flap for lower leg soft tissue defect reconstruction:Clinical applications and treatment of venous congestion[J]. J Int Med Res,2017,45(3):1074-1089. doi:10.1177/0300060516687229.

[8629] Ding JP,Chen B,Yao J. Lateral orbital propeller flap technique for reconstruction of the lower eyelid defect[J]. Ann R Coll Surg Engl,2018,100(5):e103-e105. doi:10.1308/rcsann.2018.0005.

[8630] Huang L,Pafitanis G,Song D,Hu D,Niu P,Hong X,Qi R,Wei X,Zheng H. Anatomical basis of the intermediate dorsal pedal neurocutaneous perforator pedicled propeller flap:a cadaveric dissection[J]. Clin Anat,2018,31(7):1077-1084. doi:10.1002/ca.23229.

[8631] Zheng J,Liao H,Li J,Zhuo L,Ren G,Zhang P,Hu J. Double-pedicle propeller flap for reconstruction of the foot and ankle:anatomical study and clinical applications[J]. J Int Med Res,2019,47(10):4775-4786. doi:10.1177/0300060519865625.

[8632] Hu H,Chen H,Hong J,Mao W,Tian M,Wang L,Dong J,Li X. Propeller perforator flaps from the dorsal digital artery perforator chain for repairing soft tissue defects of the finger[J]. BMC Surg,2019,19(1):188. doi:10.1186/s12893-019-0649-7.

[8633] Zhang YX,Hallock GG,Song D,Vargas MS,Correa S. Synchronous Closure of A large medial perforator-based superficial circumflex iliac artery perforator free flap donor site using an ipsilateral lateral perforator-based superficial circumflex iliac artery perforator propeller flap[J]. Ann Plast Surg,2020,85(2):146-148. doi:10.1097/SAP.0000000000002159.

[8634] Lin J,Zhou F,Sun YD,Gao YS,Li HZ,Zheng HP,Zhang YF,Li QF,Ward PJ,Yang YL,Liu CY. Modified anterior tibial artery perforator-pedicled propeller flap for soft-tissue coverage of the ankle and heel[J]. World J Surg,2020,44(7):2237-2242. doi:10.1007/s00268-020-05452-y.

[8635] Ding JP,Chen B,Yao JM. Reconstruction of lagophthalmos of upper eyelid with a subcutaneous pedicled propeller flap[J]. J Craniofac Surg,2020 Nov 25. doi:10.1097/SCS.0000000000006966. Online ahead of print.

[8636] Liu XJ,Liu YN,Zhang J. Primary reconstruction of extensive forehead defects using supraorbital artery propeller perforator flap[J]. J Oral Maxillofac Surg,2021,79(7):1564-1569. doi:10.1016/j.joms.2021.01.039.

[8637] **周晓，芮永军，寿奎水，许亚军，姚群．带神经的同指螺旋状顺行岛状皮瓣修复指端缺损[J]．中华手外科杂志，2010，26（6）：366-368．DOI：10.3760/cma.j.issn.1005-054X.2010.06.025．**{ZHOU Xiao,RUI Yongjun,SHOU Kuishui,XU Yajun,YAO Qun. Transfer of neurovascular island spiral flap from the same finger for repairing fingertip defects[J]. Zhonghua Shou Wai Ke Za Zhi[Chin J Hand Surg(Article in Chinese;Abstract in Chinese and English)],2010,26(6):366-368. DOI:10.3760/cma.j.issn.1005-054X.2010.06.025.}

[8638] **陶友伦，张世民．穿支血管蒂螺旋桨皮瓣[J]．中国临床解剖学杂志，2011，29（6）：606-608，618．**{TAO Youlun,ZHANG Shimin. Perforator pedicled propeller flap[J]. Zhongguo Lin Chuang Jie Pou Xue Za Zhi[Chin J Clin Anat(Article in Chinese;No abstract available)],2011,29(6):606-608,618.}

[8639] **张智，闫宝山，吴小满，唐加义，赵东升．同指螺旋岛状皮瓣修复指腹缺损[J]．中国骨伤，2011，24（5）：422-424．DOI：10.3969/j.issn.1003-0034.2011.05.019．**{ZHANG Zhi,YAN Baoshan,WU Xiaoman,TANG Jiayi,ZHAO Dongsheng. Repair of finger pulp defect with the homodigital spiral neurovascular island flap[J]. Zhongguo Gu Shang[China J Orthop Trauma(Article in Chinese;Abstract in Chinese and English)],2011,24(5):422-424. DOI:10.3969/j.issn.1003-0034.2011.05.019.}

[8640] **刘勇，马进宁，穆广态，俞玮，尹高军，冯福成，李全成，马杰，陈国川．小腿穿支血管蒂螺旋桨皮瓣修复足踝部软组织缺损[J]．中华显微外科杂志，2012，35（4）：323-325．DOI：10.3760/cma.j.issn.1001-2036.2012.04.021．**{LIU Yong,MA Jinning,MU Guangtai,YU Wei,YIN Gaojun,FENG Fucheng,LI Quancheng,MA Jie,CHEN Guochuan. Repair of soft tissue defect of foot and ankle with propeller skin flap pedicled with perforator blood vessel[J]. Zhonghua Xian Wei Wai Ke Za Zhi[Chin J Microsurg(Article in Chinese;Abstract in Chinese)],2012,35(4):323-325. DOI:10.3760/cma.j.issn.1001-2036.2012.04.021.}

[8641] **沈立锋，郭峭峰，张晓文，张展，张春．穿支螺旋桨皮瓣修复足踝部软组织缺损25例临床分析[J]．中华显微外科杂志，2012，35（6）：447-449，后插2．DOI：10.3760/cma.j.issn.1001-2036.2012.06.003．**{SHEN Lifeng,GUO Qiaofeng,ZHANG Xiaowen,ZHANG Zhan,ZHANG Chun. Application of perforator pedicled propeller flap for soft-tissue coverage of the lower leg and foot defects:25 cases report[J]. Zhonghua Xian Wei Wai Ke Za Zhi[Chin J Microsurg(Article in Chinese;Abstract in Chinese and English)],2012,35(6):447-449,insert 2. DOI:10.3760/cma.j.issn.1001-2036.2012.06.003.}

[8642] **董凯旋，徐永清，范新宇，徐龙江，苏锡雄，龙海，许立奇，何晓清．穿支血管蒂螺旋桨皮瓣修复足踝部软组织缺损[J]．中华骨科杂志，2013，33（10）：1048-1052．DOI：10.3760/cma.j.issn.0253-2352.2013.10.012．**{DONG Kaixuan,XU Yongqing,FAN Xinyu,XU Longjiang,SU Xixiong,LONG Hai,XU Liqi,HE Xiaoqing. Perforator pedicled propeller flap for soft tissue coverage of the lower leg and foot defects[J]. Zhonghua Gu Ke Za Zhi[Chin J Orthop(Article in Chinese;Abstract in Chinese and English)],2013,33(10):1048-1052. DOI:10.3760/cma.j.issn.0253-2352.2013.10.012.}

[8643] **郭亮，刘炳胜．小腿穿支螺旋桨皮瓣修复小腿及足踝部软组织缺损十例[J]．中华显微外科杂志，2013，36(6)：580-581．DOI：10.3760/cma.j.issn.1001-2036.2013.06.017．**{GUO Liang,LIU Bingsheng. Ten cases of calf perforating propeller skin flap for repair of soft tissue defects of calf and ankle[J]. Zhonghua Xian Wei Wai Ke Za Zhi[Chin J Microsurg(Article in Chinese;Abstract in Chinese)],2013,36(6):580-581. DOI:10.3760/cma.j.issn.1001-2036.2013.06.017.}

[8644] **董凯旋，徐永清，范新宇．穿支血管蒂螺旋桨皮瓣的研究进展[J]．中华创伤骨科杂志，2013，15（8）：714-716．DOI：10.3760/cma.j.issn.1671-7600.2013.08.014．**{DONG Kaixuan,XU Yongqing,FAN Xinyu. Research progress of perforator pedicled propeller flap[J]. Zhonghua Chuang SHANG Gu Ke Za Zhi[Chin J Orthop Trauma(Article in Chinese;No abstract available)],2013,15(8):714-716. DOI:10.3760/cma.j.issn.1671-7600.2013.08.014.}

[8645] **厉孟，蓝旭，高秋明，甄平，高杰．穿支蒂腓肠神经营养血管螺旋桨皮瓣修复跟后软组织缺损[J]．中国修复重建外科杂志，2013，27（8）：1021-1022．DOI：10.7507/1002-1892.20130221．**{LI Meng,LAN Xu,GAO Qiuming,ZHEN Ping,GAO Jie. Repair of heel soft tissue defect with perforator pedicle sural nerve nutrient vessel propeller flap[J]. Zhongguo Xiu Fu Chong Jian Wai Ke Za Zhi[Chin J Repar Reconstr Surg(Article in Chinese;No abstract available)],2013,27(8):1021-1022. DOI:10.7507/1002-1892.20130221.}

[8646] **魏鹏，王扬剑，陈薇薇，梅劲，李学渊，滕晓峰，刘万宝，王欣，陈宏．腓动脉链型螺旋桨皮瓣修复足部及踝部软组织缺损[J]．中华显微外科杂志，2013，36（5）：451-454．DOI：10.3760/cma.j.issn.1001-2036.2013.05.010．**{WEI Peng,WANG Yangjian,CHEN Weiwei,MEI Jin,LI Xueyuan,TENG Xiaofeng,LIU Wanbao,WANG Xin,CHEN Hong. Using the chain-type pedicled propeller flap based on perforators of peroneal artery to repair soft tissue defects of the dorsum and ankle[J]. Zhonghua Xian Wei Wai Ke Za Zhi[Chin J Microsurg(Article in Chinese;Abstract in Chinese)],2013,36(5):451-454. DOI:10.3760/cma.j.issn.1001-2036.2013.05.010.}

[8647] **陶友伦，张世民，陈文龙，张英琪，王欣，刘天一，马飞，顾玉东．穿支血管蒂螺旋桨皮瓣蒂部血管扭转的非线性有限元模拟研究[J]．中国临床解剖学杂志，2014，32（2）：201-205，209．DOI：10.13418/j.issn.1001-165x.2014.02.020．**{TAO Youlun,ZHANG Shimin,CHEN Wenlong,ZHANG Yingqi,WANG Xin,LIU Tianyi,MA Fei,GU Yudong. Nonlinear finite element simulations of perforator vessels twist in perforator pedicled propeller flap[J]. Zhongguo Lin Chuang Jie Pou Xue Za Zhi[Chin J Clin Anat(Article in Chinese;Abstract in Chinese and English)],2014,32(2):201-205,209. DOI:10.13418/j.issn.1001-165x.2014.02.020.}

[8648] **张德志，丁法明，周程林，陈龙华，章鸣．应用指动脉背侧穿支螺旋桨皮瓣修复手指皮肤缺损[J]．中华显微外科杂志，2014，37（4）：396-398．DOI：10.3760/cma.j.issn.1001-2036.2014.04.026．**{ZHANG Dezhi,DING Faming,ZHOU Chenglin,CHEN Longhua,ZHANG Ming. Repair of finger skin defect with dorsal perforating propeller flap of digital artery[J]. Zhonghua Xian Wei Wai Ke Za Zhi[Chin J Microsurg(Article in Chinese;Abstract in Chinese)],2014,37(4):396-398. DOI:10.3760/cma.j.issn.1001-2036.2014.04.026.}

[8649] **唐举玉，卿黎明，吴攀峰，俞芳，梁捷予，符劲飞．改良腓动脉穿支螺旋桨皮瓣修复足踝部皮肤软组织缺损[J]．中华显微外科杂志，2015，38（4）：338-341．DOI：10.3760/cma.j.issn.1001-2036.2015.04.008．**{TANG Juyu,QING Liming,WU Panfeng,YU Fang,LIANG Jieyu,FU Jinfei. The modified peroneal artery perforator-based propeller flap for the reconstruction of distal lower extremity defect[J]. Zhonghua Xian Wei Wai Ke Za Zhi[Chin J Microsurg(Article in Chinese;Abstract in Chinese and English)],2015,38(4):338-341. DOI:10.3760/cma.j.issn.1001-2036.2015.04.008.}

[8650] **李涛，陈振兵，丛晓斌，艾方兴，周攀，洪光祥．多穿支共同血管蒂的小腿后外侧“螺旋桨”皮瓣修复足踝部皮肤缺损[J]．中华显微外科杂志，2015，38（4）：359-362．DOI：10.3760/cma.j.issn.1001-2036.2015.04.013．**{LI Tao,CHEN Zhenbing,CONG Xiaobin,AI Fangxing,ZHOU Pan,HONG Guangxiang. Clinical application of lateral leg multi-perforators pedicled propeller flap for reconstructing the foot and ankle defects[J]. Zhonghua Xian Wei Wai Ke Za Zhi[Chin J Microsurg(Article in Chinese;Abstract in Chinese and English)],2015,38(4):359-362. DOI:10.3760/cma.j.issn.1001-2036.2015.04.013.}

[8651] **冯仕明，王爱国，张在轶，陶友伦，周明明，郝云甲，孙擎擎．同指固有动脉终末背侧支穿支螺旋桨皮瓣修复儿童指腹缺损并重建感觉效果观察[J]．中华烧伤杂志，2015，31（5）：345-348．DOI：10.3760/cma.j.issn.1009-2587.2015.05.008．**{FENG Shiming,WANG Aiguo,ZHANG Zaizhe,TAO Youlun,ZHOU Mingming,HAO Yunjia,SUN Qingqing. Observation of the effect of the dorsal branch perforating propeller flap of the terminal dorsal branch of the same finger proper digital artery in repairing the defect of the finger belly in children and reconstructing the sensory[J]. Zhonghua Shao Shang Za Zhi[Chin J Burns(Article in Chinese;Abstract in Chinese and English)],2015,31(5):345-348. DOI:10.3760/cma.j.issn.1009-2587.2015.05.008.}

[8652] **李涛，陈振兵，丛晓斌，艾方兴，周攀，洪光祥．吻合浅静脉的穿支螺旋桨皮瓣的临床应用[J]．中华整形外科杂志，2015，31（2）：107-110．DOI：10.3760/cma.j.issn.1009-4598.2015.02.008．**{LI Tao,CHEN Zhenbing,CONG Xiaobin,AI Fangxing,ZHOU Pan,HONG Guangxiang. Clinical application of perforator propeller flap with anastomosis of superficial veins[J]. Zhonghua Zheng Xing Wai Ke Za Zhi[Chin J Plast Surg(Article in Chinese;Abstract in Chinese)],2015,31(2):107-110. DOI:10.3760/cma.j.issn.1009-4598.2015.02.008.}

[8653] **蔡晓斌，兰益南．穿支血管蒂螺旋桨皮瓣修复小腿及足踝慢性溃疡创面[J]．中华整形外科杂志，2015，31(3)：217-219．DOI：10.3760/cma.j.issn.1009-4598.2015.03.016．**{CAI Xiaobin,LAN Yinan. Repair of chronic ulcer wounds of calf and ankle with perforator pedicled propeller skin flap[J]. Zhonghua Zheng Xing Wai Ke Za Zhi[Chin J Plast Surg(Article in Chinese;No abstract available)],2015,31(3):217-219. DOI:10.3760/cma.j.issn.1009-4598.2015.03.016.}

[8654] **黄凯，张春，郭峭峰，张展，刘亦杨，沈立锋．腓动脉穿支蒂螺旋桨皮瓣治疗跟骨骨折术后感染创面28例[J]．中华显微外科杂志，2016，39（1）：85-87．DOI：10.3760/cma.j.issn.1001-2036.2016.01.025．**{HUANG Kai,ZHANG Chun,GUO Qiaofeng,ZHANG Zhan,LIU Yiyang,SHEN Lifeng. Treatment of 28 cases of postoperative infection wounds of calcaneus fracture with perforator pedicled propeller skin flap of peroneal artery[J]. Zhonghua Xian Wei Wai Ke Za Zhi[Chin J Microsurg(Article in Chinese;Abstract in Chinese)],2016,39(1):85-87. DOI:10.3760/cma.j.issn.1001-2036.2016.01.025.}

[8655] **胡涛，袁智丽，王进，张波．小腿穿支螺旋桨皮瓣在修复足踝部软组织缺损中的临床应用[J]．中华显微外科杂志，2016，39（3）：279-281．DOI：10.3760/cma.j.issn.1001-2036.2016.03.017．**{HU Tao,YUAN Zhili,WANG Jin,ZHANG Bo. Clinical application of perforating propeller skin flap of leg in repairing soft tissue defect of foot and ankle[J]. Zhonghua Xian Wei Wai Ke Za Zhi[Chin J Microsurg(Article in Chinese;Abstract in Chinese)],2016,39(3):279-281. DOI:10.3760/cma.j.issn.1001-2036.2016.03.017.}

[8656] **段家章，何晓清，徐永清，王腾，冯凡哲，余开富，杨曦，李国栋．万古霉素骨水泥联合螺旋桨皮瓣在修复感染性跟骨外露创面中的应用[J]．中国矫形外科杂志，2016，24（22）：2035-2039．DOI：10.3977/j.issn.1005-8478.2016.22.05．**{DONG Jiazhang,HE Xiaoqing,XU Yongqing,WANG Teng,FENG Fanzhe,YU Kaifu,YANG Xi,LI Guodong. Application of vancomycin bone cement combined with propeller skin flap in repairing infected calcaneal wound[J]. Zhongguo Jiao Xing Wai Ke Za Zhi[Orthop J China(Article in Chinese;Abstract in Chinese and English)],2016,24(22):2035-2039. DOI:10.3977/j.issn.1005-8478.2016.22.05.}

[8657] **胡浩良，李学渊，王胜伟，何凌锋，周晓玲，刘林海，费剑荣，王欣，陈宏．微型穿支螺旋桨皮瓣修复手指皮肤软组织缺损[J]．中华手外科杂志，2016，32（3）：190-193．DOI：10.3760/cma.j.issn.1005-054X.2016.03.014．**{HU Haoliang,LI Xueyuan,WANG Shengwei,HE Lingfeng,ZHOU Xiaoling,LIU Linhai,FEI Jianrong,WANG Xin,CHEN Hong. Mini perforator propeller flap for coverage of soft tissue defects of the finger[J]. Zhonghua Shou Wai Ke Za Zhi[Chin J Hand Surg(Article in Chinese;Abstract in Chinese)],2016,32(3):190-193. DOI:10.3760/cma.j.issn.1005-054X.2016.03.014.}

[8658] **孙艺，赵晓航，胡振业，杨初见，易兵．中节指动脉终末背侧穿支螺旋桨皮瓣修复指端皮肤缺损[J]．中华手外科杂志，2016，32（5）：343-344．DOI：10.3760/cma.j.issn.1005-054X.2016.05.009．**{SUN Yi,ZHAO Xiaohang,HU Zhenye,YANG Chujian,YI Bing. Repair of fingertip skin defects with dorsal perforating propeller flap at the end of the middle segment of the digital artery[J]. Zhonghua Shou Wai Ke Za Zhi[Chin J Hand Surg(Article in Chinese;Abstract in Chinese and English)],2016,32(5):343-344. DOI:10.3760/cma.j.issn.1005-054X.2016.05.009.}

[8659] **常利民，白洪涛，房冰，陈同林，刘杨，陈旭晖．同侧胫后动脉穿支单叶螺旋桨皮瓣修复内踝和/或小腿内侧胫骨外露创面33例[J]．中华烧伤杂志，2016，32（1）：51-52．DOI：10.3760/cma.j.issn.1009-2587.2016.01.013．**{CHANG Limin,BAI Hongtao,FANG Bing,CHEN Tonglin,LIU Yang,CHEN Xuhui. Repair of exposed wounds of medial malleolus and/or medial tibia with ipsilateral posterior tibial artery perforating single leaf propeller flap[J]. Zhonghua Shao Shang Za Zhi[Chin J Burns(Article in Chinese;No abstract available)],2016,32(1):51-52.

DOI:10.3760/cma.j.issn.1009-2587.2016.01.013.}

[8660] **朱珊，刘元波，于胜吉，臧梦青，陈博，丁强，张健华，赵振国，徐立斌. 肋间后动脉穿支螺旋桨皮瓣修复躯干皮肤软组织缺损[J]. 中华整形外科杂志，2016，32（2）：98-102. DOI：10.3760/cma.j.issn.1009-4598.2016.02.004.** {ZHU Shan,LIU Yuanbo,YU Shengji,ZANG Mengqing,CHEN Bo,DING Qiang,ZHANG Jianhua,ZHAO Zhenguo,XU Libin. Reconstruction of trunk soft-tissue defect using the propeller flap based on the perforators of the posterior intercostal artery[J]. Zhonghua Zheng Xing Wai Ke Za Zhi[Chin J Plast Surg(Article in Chinese;Abstract in Chinese and English)],2016,32(2):98-102. DOI:10.3760/cma.j.issn.1009-4598.2016.02.004.}

[8661] **周征兵，唐举玉，梁捷予，吴攀峰，俞芳，曾磊，庞晓阳，潘丁，肖勇兵. 带筋膜瓣的腓动脉穿支螺旋桨皮瓣修复合并死腔的足踝部创面[J]. 中华整形外科杂志，2016，32（5）：328-332. DOI：10.3760/cma.j.issn.1009-4598.2016.05.002.** {ZHOU Zhengbing,TANG Juyu,LIANG Jieyu,WU Panfeng,YU Fang,ZENG Lei,PANG Xiaoyang,PAN Ding,XIAO Yongbing. Propeller flap with adipofascial tissue based on peroneal artery perforator for repairing the wound with a dead space in foot and ankle[J]. Zhonghua Zheng Xing Wai Ke Za Zhi[Chin J Plast Surg(Article in Chinese;Abstract in Chinese and English)],2016,32(5):328-332. DOI:10.3760/cma.j.issn.1009-4598.2016.05.002.}

[8662] **刘建，黄凯，沈立峰，王健，郭峭峰. 腓动脉穿支蒂螺旋桨皮瓣修复足踝部软组织缺损[J]. 中国骨伤，2016，29（12）：1088-1091. DOI：10.3969/j.issn.1003-0034.2016.12.005.** {LIU Jian,HUANG Kai,SHEN Lifeng,WANG Jian,GUO Qiaofeng. Repairing ankle and foot injuries with perforator-based propeller flap[J]. Zhongguo Gu Shang[China J Orthop Trauma(Article in Chinese;Abstract in Chinese and English)],2016,29(12):1088-1091. DOI:10.3969/j.issn.1003-0034.2016.12.005.}

[8663] **朱珊，刘元波，于胜吉，臧梦青，赵振国，徐立斌，张鑫鑫，陈博，丁强. 穿支螺旋桨皮瓣在四肢软组织恶性肿瘤切除后创面修复中的临床应用[J]. 中国修复重建外科杂志，2016，30（1）：82-86. DOI：10.7507/1002-1892.20160017.** {ZHU Shan,LIU Yuanbo,YU Shengji,ZANG Mengqing,ZHAO Zhenguo,XU Libin,ZHANG Xinxin,CHEN Bo,DING Qiang. Clinical application and experience in reconstruction of soft tissue defects following malignant tumor removal of limbs using perforator propeller flap[J]. Zhongguo Xiu Fu Chong Jian Wai Ke Za Zhi[Chin J Repar Reconstr Surg(Article in Chinese;Abstract in Chinese and English)],2016,30(1):82-86. DOI:10.7507/1002-1892.20160017.}

[8664] **徐建华，宫可同，韩力，鲁毅军，张波. 以指掌侧固有动脉末节皮支为蒂的螺旋桨皮瓣修复指端缺损[J]. 中华显微外科杂志，2017，40（1）：79-81. DOI：10.3760/cma.j.issn.1001-2036.2017.01.023.** {XU Jianhua,GONG Ketong,HAN Li,LU Yijun,ZHANG Bo. Repair of fingertip defects with propeller flap pedicled with cutaneous branch of proper palmar artery[J]. Zhonghua Xian Wei Wai Ke Za Zhi[Chin J Microsurg(Article in Chinese;Abstract in Chinese)],2017,40(1):79-81. DOI:10.3760/cma.j.issn.1001-2036.2017.01.023.}

[8665] **高顺红，符健松，张净宇，胡宏宇，于志亮，于俊，周彤，倪玉龙. 股前外侧螺旋桨皮瓣修复腹股沟皮肤软组织缺损[J]. 中华显微外科杂志，2017，40（2）：123-125. DOI：10.3760/cma.j.issn.1001-2036.2017.02.005.** {GAO Shunhong,FU Jiansong,ZHANG Jingyu,HU Hongyu,YU Zhiliang,YU Jun,ZHOU Tong,NI Yulong. The application of pedicled anterolateral thigh propeller flap in reconstruction of inguinal skin and soft tissue defects[J]. Zhonghua Xian Wei Wai Ke Za Zhi[Chin J Microsurg(Article in Chinese;Abstract in Chinese and English)],2017,40(2):123-125. DOI:10.3760/cma.j.issn.1001-2036.2017.02.005.}

[8666] **柳权哲，李强，杨光，刘兴宇，孙鸿斌. 应用螺旋桨皮瓣修复足踝部皮肤软组织缺损[J]. 中华显微外科杂志，2017，40（3）：278-280. DOI：10.3760/cma.j.issn.1001-2036.2017.03.021.** {LIU Quanzhe,LI Qiang,YANG Guang,LIU Xingyu,SUN Hongbin. Repair of skin and soft tissue defects of ankle and foot with propeller flap[J]. Zhonghua Xian Wei Wai Ke Za Zhi[Chin J Microsurg(Article in Chinese;Abstract in Chinese)],2017,40(3):278-280. DOI:10.3760/cma.j.issn.1001-2036.2017.03.021.}

[8667] **刘伟，肖艳，麦海妙，陈铭青，区佩诗，李贝，严志强，区广鹏，黄瑞良，余斌. 改良腓动脉穿支螺旋桨皮瓣修复足跟部轮辐伤软组织缺损[J]. 中华显微外科杂志，2017，40（3）：295-297. DOI：10.3760/cma.j.issn.1001-2036.2017.03.028.** {LIU Wei,XIAO Yan,MAI Haimiao,CHEN Mingqing,OU Peishi,LI Bei,YAN Zhiqiang,OU Guangpeng,HUANG Ruiliang,YU Bin. Modified peroneal artery perforator propeller flap for repairing soft tissue defects of heel and spoke injury[J]. Zhonghua Xian Wei Wai Ke Za Zhi[Chin J Microsurg(Article in Chinese;Abstract in Chinese)],2017,40(3):295-297. DOI:10.3760/cma.j.issn.1001-2036.2017.03.028.}

[8668] **俞芳，唐举玉，吴攀峰，周征兵，潘丁，肖勇兵，庞晓阳，曾磊，卿黎明，刘睿. 胫后动脉穿支蒂螺旋桨皮瓣修复小腿及足踝部皮肤软组织缺损[J]. 中华显微外科杂志，2017，40（5）：419-423. DOI：10.3760/cma.j.issn.1001-2036.2017.05.002.** {YU Fang,TANG Juyu,WU Panfeng,ZHOU Zhengbing,PAN Ding,XIAO Yongbing,PANG Xiaoyang,ZENG Lei,QING Liming,LIU Rui. Posterior tibial artery perforator pedicle propeller flap for soft tissue coverage of the lower leg and foot defects[J]. Zhonghua Xian Wei Wai Ke Za Zhi[Chin J Microsurg(Article in Chinese;Abstract in Chinese and English)],2017,40(5):419-423. DOI:10.3760/cma.j.issn.1001-2036.2017.05.002.}

[8669] **黄海华，王绥江，吴泽勇，陈秀凤，李小芳，史玉仓，彭智. 面动脉穿支蒂螺旋桨皮瓣修复外鼻皮肤软组织缺损之蒂部浅析[J]. 中华显微外科杂志，2017，40（5）：499-502. DOI：10.3760/cma.j.issn.1001-2036.2017.05.025.** {HUANG Haihua,WANG Suijiang,WU Zeyong,CHEN Xiufeng,LI Xiaofang,SHI Yucang,PENG Zhi. Analysis of the pedicle of facial artery perforator pedicled propeller flap for repairing skin and soft tissue defects of external nose[J]. Zhonghua Xian Wei Wai Ke Za Zhi[Chin J Microsurg(Article in Chinese;Abstract in Chinese)],2017,40(5):499-502. DOI:10.3760/cma.j.issn.1001-2036.2017.05.025.}

[8670] **张宏宁，朱永展，沈国栋，邹运璇，李雪，杨康勇. 不带腓浅神经的外踝上穿支降支蒂螺旋桨皮瓣在中前足创面修复中的应用[J]. 中华显微外科杂志，2017，40（6）：588-590. DOI：10.3760/cma.j.issn.1001-2036.2017.06.022.** {ZHANG Hongning,ZHU Yongzhan,SHEN Guodong,ZOU Yunxuan,LI Xue,YANG Kangyong. Application of propeller flap with perforator and descending branch pedicles of lateral malleolus without superficial peroneal nerve in repairing middle and forefoot wounds[J]. Zhonghua Xian Wei Wai Ke Za Zhi[Chin J Microsurg(Article in Chinese;Abstract in Chinese)],2017,40(6):588-590. DOI:10.3760/cma.j.issn.1001-2036.2017.06.022.}

[8671] **周洪翔，陈亮，李俊杰，周洁浩，宁涛，付永彬，周涛. 改良螺旋桨穿支皮瓣在修复足跟周围软组织缺损中的应用[J]. 中国矫形外科杂志，2017，25（6）：517-520. DOI：10.3977/j.issn.1005-8478.2017.06.08.** {ZHOU Hongxiang,CHEN Liang,LI Junjie,ZHOU Jiehao,NING Tao,FU Yongbin,ZHOU Tao. Modified propeller perforator flap for repairing the soft tissue defects around the heel[J]. Zhongguo Jiao Xing Wai Ke Za Zhi[Orthop J China(Article in Chinese;Abstract in Chinese and English)],2017,25(6):517-520. DOI:10.3977/j.issn.1005-8478.2017.06.08.}

[8672] **刘金伟，何藻鹏，李卫，周琮镇，郑玉东，曾迪藩，刘东波. 指蹼动脉穿支螺旋桨皮瓣修复指动脉逆行岛状皮瓣供区[J]. 中华手外科杂志，2017，33（1）：18-20. DOI：10.3760/cma.j.issn.1005-054X.2017.01.008.** {LIU Jinwei,HE Zaopeng,LI Wei,ZHOU Congzhen,ZHENG Yudong,ZENG Difan,LIU Dongbo. The web artery perforator pedicled propeller flap for covering donor site defect of reverse digital artery island flap[J]. Zhonghua Shou Wai Ke Za Zhi[Chin J Hand Surg(Article in Chinese;Abstract in Chinese and English)],2017,33(1):18-20. DOI:10.3760/cma.j.issn.1005-054X.2017.01.008.}

[8673] **郭峭峰，黄凯，沈立锋，林炳远，刘亦杨，张展，鲁宁，马苟平，翟利锋. 穿支蒂螺旋桨皮瓣在下肢骨折术后切口愈合不良中的应用[J]. 中华创伤杂志，2017，33（2）：118-122. DOI：10.3760/cma.j.issn.1001-8050.2017.02.006.** {GUO Qiaofeng,HUANG Kai,SHEN Lifeng,LIN Bingyuan,LIU Yiyang,ZHANG Zhan,LU Ning,MA Gouping,ZhAI Lifeng. Application of pedicled perforator propeller flap for incision poor healing after lower extremity fracture surgery[J]. Zhonghua Chuang Shang Za Zhi[Chin J Trauma(Article in Chinese;Abstract in Chinese and English)],2017,33(2):118-122. DOI:10.3760/cma.j.issn.1001-8050.2017.02.006.}

[8674] **杨颇，金鑫，周家顺，陶磊，何宣林，宋开芳. 指动脉皮支血管螺旋桨皮瓣修复儿童拇指指端皮肤缺损[J]. 中华整形外科杂志，2017，33（4）：252-255. DOI：10.3760/cma.j.issn.1009-4598.2017.04.004.** {YANG Po,JIN Xin,ZHOU Jiashun,TAO Lei,HE Xuanlin,SONG Kaifang. Propeller flap with cutaneous branch of digital artery for skin defect at children's thumb tip[J]. Zhonghua Zheng Xing Wai Ke Za Zhi[Chin J Plast Surg(Article in Chinese;Abstract in Chinese and English)],2017,33(4):252-255. DOI:10.3760/cma.j.issn.1009-4598.2017.04.004.}

[8675] **胡浩良，李学渊，毛维晟，李一，王欣，陈宏. 改良远端蒂腓动脉穿支螺旋桨皮瓣修复小腿远端及足踝部皮肤软组织缺损[J]. 中华整形外科杂志，2017，33（4）：299-301. DOI：10.3760/cma.j.issn.1009-4598.2017.04.015.** {HU Haoliang,LI Xueyuan,MAO Weisheng,LI Yi,WANG Xin,CHEN Hong. Modified distally pedicled perforator propeller flap for repairing skin and soft tissue defects in the distal leg and ankle[J]. Zhonghua Zheng Xing Wai Ke Za Zhi[Chin J Plast Surg(Article in Chinese;No abstract available)],2017,33(4):299-301. DOI:10.3760/cma.j.issn.1009-4598.2017.04.015.}

[8676] **孙广峰，吴必华，吴祥奎，聂开瑜，祁建平，金文虎，邓呈亮，魏在荣，王达利. 应用优化腓动脉低位穿支螺旋桨皮瓣修复足踝、足跟后外侧创面[J]. 中华整形外科杂志，2017，33（6）：441-444. DOI：10.3760/cma.j.issn.1009-4598.2017.06.010.** {SUN Guangfeng,WU Bihua,WU Xiangkui,NIE Kaiyu,QI Jianping,JIN Wenhu,DENG Chengliang,WEI Zairong,WANG Dali. The optimization of propeller flap with low peroneal artery perforator for defects at ankle and heel[J]. Zhonghua Zheng Xing Wai Ke Za Zhi[Chin J Plast Surg(Article in Chinese;Abstract in Chinese and English)],2017,33(6):441-444. DOI:10.3760/cma.j.issn.1009-4598.2017.06.010.}

[8677] **陈国威，胡发明，周国海，关志广. 鼻唇沟螺旋桨皮瓣在面部皮肤软组织缺损中的应用[J]. 创伤外科杂志，2017，19（3）：211-213. DOI：10.3969/j.issn.1009-4237.2017.03.013.** {CHEN Guowei,HU Faming,ZHOU Guohai,GUAN Zhiguang. Application of nasolabial propeller flap in the repair of facial soft tissue defect[J]. Chuang Shang Wai Ke Za Zhi[J Traum Surg(Article in Chinese;Abstract in Chinese and English)],2017,19(3):211-213. DOI:10.3969/j.issn.1009-4237.2017.03.013.}

[8678] **段家章，何晓清，徐永清，王腾，余开富，冯凡哲，罗浩天，杨曦，李国栋. 抗生素骨水泥联合螺旋桨皮瓣在修复糖尿病足踝部创面中的应用[J]. 创伤外科杂志，2017，19（11）：809-813. DOI：10.3969/j.issn.1009-4237.2017.11.003.** {DUAN Jiazhang,HE Xiaoqing,XU Yongqing,WANG Teng,YU Kaifu,FENG Fanzhe,LUO Haotian,YANG Xi,LI Guodong. Application of antibiotic cement combined with propeller flap in the repair of diabetic foot and ankle wound[J]. Chuang Shang Wai Ke Za Zhi[J Traum Surg(Article in Chinese;Abstract in Chinese and English)],2017,19(11):809-813. DOI:10.3969/j.issn.1009-4237.2017.11.003.}

[8679] **池征璘，李赞，宋达疆. 游离螺旋形穿支皮瓣修复拇指完全套脱伤[J]. 中华创伤杂志，2017，33（2）：123-128. DOI：10.3760/cma.j.issn.1001-8050.2017.02.007.** {CHI Zhenglin,LI Zan,SONG Dajiang. Spiral free perforator flap for completely degloved thumb reconstruction[J]. Zhonghua Chuang Shang Za Zhi[Chin J Trauma(Article in Chinese;Abstract in Chinese)],2017,33(2):123-128. DOI:10.3760/cma.j.issn.1001-8050.2017.02.007.}

[8680] **黄凯，郭峭峰，林炳远，沈立锋，刘亦杨，翟利锋，马苟平，张展，张春. 胫后动脉穿支蒂螺旋桨皮瓣联合植骨一期治疗胫骨远端创伤性骨髓炎[J]. 中华显微外科杂志，2018，41（1）：66-68. DOI：10.3760/cma.j.issn.1001-2036.2018.01.016.** {HUANG Kai,GUO Qiaofeng,LIN Bingyuan,SHEN Lifeng,LIU Yiyang,ZhAI Lifeng,MA Gouping,ZHANG Zhan,ZHANG Chun. Posterior tibial artery perforator pedicle propeller flap combined with bone grafting for primary treatment of traumatic osteomyelitis of distal tibia[J]. Zhonghua Xian Wei Wai Ke Za Zhi[Chin J Microsurg(Article in Chinese;Abstract in Chinese)],2018,41(1):66-68. DOI:10.3760/cma.j.issn.1001-2036.2018.01.016.}

[8681] **孙广峰，吴必华，聂开瑜，祁建平，金文虎，邓呈亮，李书俊，魏在荣，王达利. 肩背部穿支螺旋桨皮瓣修复皮肤恶性肿瘤创面的体会[J]. 中华显微外科杂志，2018，41（2）：122-124. DOI：10.3760/cma.j.issn.1001-2036.2018.02.005.** {SUN Guangfeng,WU Bihua,NIE Kaiyu,QI Jianping,JIN Wenhu,DENG Chengliang,LI Shujun,WEI Zairong,WANG Dali. Use propeller perforator flap to repair the skin malignancies wound on the back of the shoulder[J]. Zhonghua Xian Wei Wai Ke Za Zhi[Chin J Microsurg(Article in Chinese;Abstract in Chinese and English)],2018,41(2):122-124. DOI:10.3760/cma.j.issn.1001-2036.2018.02.005.}

[8682] **周征兵，潘丁，唐举玉，吴攀峰，俞芳，肖勇兵，曾磊，庞晓阳，卿黎明，刘睿. 指掌侧固有动脉终末背侧皮支血管蒂螺旋桨皮瓣修复指端缺损[J]. 中华显微外科杂志，2018，41（2）：152-155. DOI：10.3760/cma.j.issn.1001-2036.2018.02.013.** {ZHOU Zhengbing,PAN Ding,TANG Juyu,WU Panfeng,YU Fang,XIAO Yongbing,ZENG Lei,PANG Xiaoyang,QING Liming,LIU Rui. Propeller flap based on the terminal dorsal perforator of proper palmar digital artery for reconstruction of fingertip defects[J]. Zhonghua Xian Wei Wai Ke Za Zhi[Chin J Microsurg(Article in Chinese;Abstract in Chinese and English)],2018,41(2):152-155. DOI:10.3760/cma.j.issn.1001-2036.2018.02.013.}

[8683] **韩素琴，王欣，胡浩良，李学渊，潘佳栋，黄耀鹏，陈盛，葛爱玲. 改良远端蒂腓动脉穿支螺旋桨皮瓣修复小腿及足踝部软组织缺损的围手术期护理[J]. 中华显微外科杂志，2018，41（2）：201-202. DOI：10.3760/cma.j.issn.1001-2036.2018.02.030.** {HAN Suqin,WANG Xin,HU Haoliang,LI Xueyuan,PAN Jiadong,HUANG Yaopeng,CHEN Sheng,GE Ailing. Perioperative nursing care of modified distally pedicled perforator propeller flap for repairing soft tissue defects of calves and ankles[J]. Zhonghua Xian Wei Wai Ke Za Zhi[Chin J Microsurg(Article in Chinese;Abstract in Chinese)],2018,41(2):201-202. DOI:10.3760/cma.j.issn.1001-2036.2018.02.030.}

[8684] **刘亦杨，沈立锋，林炳远，黄凯，张展，郭峭峰，张春. 小腿下段穿支蒂螺旋桨皮瓣术后严重并发症的原因分析及对策[J]. 中华显微外科杂志，2018，41（5）：441-445. DOI：10.3760/cma.j.issn.1001-2036.2018.05.007.** {LIU Yiyang,SHEN Lifeng,LIN Bingyuan,HUANG Kai,ZHANG Zhan,GUO Qiaofeng,ZHANG Chun. Analysis of the causes and the countermeasures for the serious complications after perforating pedicle flap of lower leg[J]. Zhonghua Xian Wei Wai Ke Za Zhi[Chin J Microsurg(Article in Chinese;Abstract in Chinese and English)],2018,41(5):441-445. DOI:10.3760/cma.j.issn.1001-2036.2018.05.007.}

[8685] **俞华军，黄凯，马苟平，郭峭峰，张晓文，张春. 腓动脉穿支蒂螺旋桨皮瓣修复跟骨骨折术后L形感染创面17例[J]. 中华整形外科杂志，2018，34（2）：134-136. DOI：10.3760/cma.j.issn.1009-4598.2018.02.013.** {YU Huajun,HUANG Kai,MA Gouping,GUO Qiaofeng,ZHANG Xiaowen,ZHANG Chun. Treatment of postoperative infected unhealed wounds in calcaneus fractures using l-shaped flap pedicled with peroneal artery perforator[J]. Zhonghua Zheng Xing Wai Ke Za Zhi[Chin J Plast Surg(Article in Chinese;Abstract in Chinese and English)],2018,34(2):134-136. DOI:10.3760/cma.j.issn.1009-4598.2018.02.013.}

[8686] **陈黎明，刘毅，王刚，孙晓晨. 三叶形臀部穿支螺旋桨皮瓣修复骶尾部创面[J]. 中华整形外科**

杂志，2018，34（7）：519-521. DOI：10.3760/cma.j.issn.1009-4598.2018.07.006. {CHEN Liming,LIU Yi,WANG Gang,SUN Xiaochen. Trilobed buttocks perforator pedicled propeller flap for repairing sacrococcygeal wounds[J]. Zhonghua Zheng Xing Wai Ke Za Zhi[Chin J Plast Surg(Article in Chinese;Abstract in Chinese and English)],2018,34(7):519-521. DOI:10.3760/cma.j.issn.1009-4598.2018.07.006.}

[8687] 唐举玉，俞芳，吴攀峰，周征兵，肖勇兵，庞晓阳，曾磊，潘丁，卿黎明，刘睿. 胫后动脉穿支螺旋桨皮瓣修复儿童足跟部轮辐伤[J]. 中华整形外科杂志，2018，34（8）：636-639. DOI：10.3760/cma.j.issn.1009-4598.2018.08.012. {TANG Juyu,YU Fang,WU Panfeng,ZHOU Zhengbing,XIAO Yongbing,PANG Xiaoyang,ZENG Lei,PAN Ding,QING Liming,LIU Rui. Posterior tibial artery perforator pedicled propeller flap for children heel injuries in spoke wheel accident[J]. Zhonghua Zheng Xing Wai Ke Za Zhi[Chin J Plast Surg(Article in Chinese;Abstract in Chinese and English)],2018,34(8):636-639. DOI:10.3760/cma.j.issn.1009-4598.2018.08.012.}

[8688] 姚远镇，唐修俊，王达利，魏在荣，王波，邓呈亮，张子阳，金文虎. 面动脉穿支螺旋桨皮瓣修复上唇皮肤恶性肿瘤切除后创面[J]. 中国修复重建外科杂志，2018，32（2）：210-214. DOI：10.7507/1002-1892.201709126. {YAO Yuanzhen,TANG Xiujun,WANG Dali,WEI Zairong,WANG Bo,DENG Chengliang,ZHANG Ziyang,JIN Wenhu. Propeller facial artery perforator flap for repairing defect after resection of skin malignant tumor at upper lip[J]. Zhongguo Xiu Fu Chong Jian Wai Ke Za Zhi[Chin J Repar Reconstr Surg(Article in Chinese;Abstract in Chinese and English)],2018,32(2):210-214. DOI:10.7507/1002-1892.201709126.}

[8689] 黄剑，李基民，陈益，李学渊，刘晓健，阮健. 臀上动脉穿支螺旋桨肌皮瓣联合万古霉素骨水泥治疗骶尾部Ⅳ期压疮疗效分析[J]. 中华显微外科杂志，2019，42（1）：61-64. DOI：10.3760/cma.j.issn.1001-2036.2019.01.017. {HUANG Jian,LI Jimin,CHEN Yi,LI Xueyuan,LIU Xiaojian,RUAN Jian. Therapeutic effect of superior gluteal artery perforator propeller musculocutaneous flap combined with vancomycin bone cement in the treatment of sacral pressure ulcer[J]. Zhonghua Xian Wei Wai Ke Za Zhi[Chin J Microsurg(Article in Chinese;No abstract available)],2019,42(1):61-64. DOI:10.3760/cma.j.issn.1001-2036.2019.01.017.}

[8690] 郑健雄，李杰，卓灵剑，任高宏，张萍，廖华，胡稷杰. 运用外增压的腓动脉穿支螺旋桨皮瓣修复足踝软组织缺损[J]. 中华显微外科杂志，2019，42（2）：141-145. DOI：10.3760/cma.j.issn.1001-2036.2019.02.010. {ZHENG Jianxiong,LI Jie,ZHUO Lingjian,REN Gaohong,ZHANG Ping,LIAO Hua,HU Jijie. Repair of soft tissue defect of foot and ankle with the supercharged peroneal artery perforator propeller flap[J]. Zhonghua Xian Wei Wai Ke Za Zhi[Chin J Microsurg(Article in Chinese;Abstract in Chinese and English)],2019,42(2):141-145. DOI:10.3760/cma.j.issn.1001-2036.2019.02.010.}

[8691] 徐永清，柴益民，张世民，汪华侨，侯春林，徐达传，顾立强，章一新，何晓清，王欣，刘元波，高伟阳，唐举玉，魏在荣，朱庆棠，陆芸，穆兰，谢庆平，刘小林. 穿支螺旋桨皮瓣专家共识[J]. 中华显微外科杂志，2019，42（5）：417-422. DOI：10.3760/cma.j.issn.1001-2036.2019.05.001. {XU Yongqing,CHAI Yimin,ZHANG Shimin,WANG Huaqiao,HOU Chunlin,XU Dachuan,GU Liqiang,ZHANG Yixin,HE Xiaoqing,WANG Xin,LIU Yuanbo,GAO Weiyang,TANG Juyu,WEI Zairong,ZHU Qingtang,LU Yun,MU Lai,XIE Qingping,LIU Xiaolin. Expert consensus on perforating propeller flap[J]. Zhonghua Xian Wei Wai Ke Za Zhi[Chin J Microsurg(Article in Chinese;No abstract available)],2019,42(5):417-422. DOI:10.3760/cma.j.issn.1001-2036.2019.05.001.}

[8692] 韩婷璐，臧梦青，朱珊，陈博，李杉珊，王世东，姬涛，郭卫，刘元波. 以旋股外侧动脉不同分支来源的穿支为蒂的螺旋桨皮瓣手术设计和临床应用[J]. 中华整形外科杂志，2019，35（9）：854-861. DOI：10.3760/cma.j.issn.1009-4598.2019.09.003. {HAN Tinglu,ZANG Mengqing,ZHU Shan,CHEN Bo,LI Shanshan,WANG Shidong,JI Tao,GUO Wei,LIU Yuanbo. Design and clinical applications of the propeller flap based on perforators from different branches of the lateral circumflex femoral artery[J]. Zhonghua Zheng Xing Wai Ke Za Zhi[Chin J Plast Surg(Article in Chinese;Abstract in Chinese and English)],2019,35(9):854-861. DOI:10.3760/cma.j.issn.1009-4598.2019.09.003.}

[8693] 韩春梅，王光耀，钟振东. 腓动脉穿支螺旋桨皮瓣修复足跟外侧缺损创面[J]. 临床骨科杂志，2019，22（3）：307-309. DOI：10.3969/j.issn.1008-0287.2019.03.018. {HAN Chunmei,WANG Guangyao,ZHONG Zhendong. Radial artery perforator propeller flap for repairing defect wound of lateral heel[J]. Lin Chuang Gu Ke Za Zhi[J Clin Orthop(Article in Chinese;Abstract in Chinese and English)],2019,22(3):307-309. DOI:10.3969/j.issn.1008-0287.2019.03.018.}

[8694] 宋鹏，段建青，李朋飞，荆凯，李光辉，杜晨飞. 携带腓肠神经营养血管的改良型腓动脉穿支螺旋桨皮瓣修复足跟部创面[J]. 临床骨科杂志，2019，22（3）：310-314. DOI：10.3969/j.issn.1008-0287.2019.03.019. {SONG Peng,DUAN Jianqing,LI Pengfei,JING Kai,LI Guanghui,DU Chenfei. The modified peroneal artery perforators propeller flap with the nutritional vessels of sural nerve in the repair of heel wounds[J]. Lin Chuang Gu Ke Za Zhi[J Clin Orthop(Article in Chinese;Abstract in Chinese and English)],2019,22(3):310-314. DOI:10.3969/j.issn.1008-0287.2019.03.019.}

[8695] 林润，吴立志，刘蔡钺，张天浩，王之江，张娟. 大腿远端穿支带螺旋桨皮瓣修复膝关节周围创面72例[J]. 中华显微外科杂志，2020，43（3）：227-232. DOI：10.3760/cma.j.cn441206-20200214-00055. {LIN Jian,WU Lizhi,LIU Caiyue,ZHANG Tianhao,WANG Zhijiang,ZHANG Juan. Soft tissue defects around knee joints repaired with thigh distal perforator propeller flap:a report of 72 cases[J]. Zhonghua Xian Wei Wai Ke Za Zhi[Chin J Microsurg(Article in Chinese;Abstract in Chinese and English)],2020,43(3):227-232. DOI:10.3760/cma.j.cn441206-20200214-00055.}

[8696] 任远飞，钟声，尚耀华，杨文峰，徐连春，张铁慧，杨茂伟. 应用腓动脉双穿支螺旋桨皮瓣修复跟腱区大面积软组织缺损一例[J]. 中华显微外科杂志，2020，43（3）：309-310. DOI：10.3760/cma.j.cn441206-20190224-00059. {REN Yuanfei,ZHONG Sheng,SHNAG Yaohua,YANG Wenfeng,XU Lianchun,ZHANG Tiehui,YANG Maowei. A case of repairing large area soft tissue defect in achilles tendon area with double perforating propeller flap of peroneal artery[J]. Zhonghua Xian Wei Wai Ke Za Zhi[Chin J Microsurg(Article in Chinese;Abstract in Chinese)],2020,43(3):309-310. DOI:10.3760/cma.j.cn441206-20190224-00059.}

[8697] 姚智广，沈彬彬. 同指固有动脉穿支血管螺旋桨皮瓣修复末节指体缺损[J]. 临床骨科杂志，2020，23（1）：68-70. DOI：10.3969/j.issn.1008-0287.2020.01.022. {YAO Zhiguang,SHEN Binbin. Repair of end identity finger defect with perforator artery propeller flap of the same finger[J]. Lin Chuang Gu Ke Za Zhi[J Clin Orthop(Article in Chinese;Abstract in Chinese and English)],2020,23(1):68-70. DOI:10.3969/j.issn.1008-0287.2020.01.022.}

4.1.9.23 穿支蒂V-Y推进皮瓣

V-Y advancement perforator flap

[8698] Hu D,Chen P,Zhang F,Lin H,Zheng H,Zhou X. The V-Y advancement flap based on the dorsal carpal perforators for dorsal metacarpal reconstruction:Anatomical and clinical study[J]. Clin Anat,2020,33(8):1144-1151. doi:10.1002/ca.23554.

[8699] 童仁联，黄峻，钟晓旻，李叶扬. 臀大肌远侧穿支V-Y皮瓣修复骶部褥疮[J]. 中国修复重建外科杂志，2006，20（12）：1208-1210. {TONG Renlian,HUANG Jun,ZHONG Xiaomin,LI Yeyang. Distal perforator-based gluteus maximus muscle V-Y flap for treatment of sacral ulcers[J]. Zhongguo Xiu Fu Chong Jian Wai Ke Za Zhi[Chin J Repar Reconstr Surg(Article in Chinese;Abstract in Chinese)],2006,20(12):1208-1210.}

[8700] 周晓，许亚军，芮永军，寿奎水，姚群. 以踝前皮支为蒂的V-Y推进皮瓣修复足背近端较小创面[J]. 中华整形外科杂志，2011，27（4）：266-268. DOI：10.3760/cma.j.issn.1009-4598.2011.04.008. {ZHOU Xiao,XU Yajun,RUI Yongjun,SHOU Kuishui,YAO Qun. Application of V-Y flap pedicled with superior malleolus cutaneous branch for small skin defect at the dorsal side of foot[J]. Zhonghua Zheng Xing Wai Ke Za Zhi[Chin J Plast Surg(Article in Chinese;Abstract in Chinese)],2011,27(4):266-268. DOI:10.3760/cma.j.issn.1009-4598.2011.04.008.}

[8701] 周晓，许亚军，芮永军，寿奎水，姚群. 以上臂外侧穿支为蒂的V-Y推进皮瓣修复肘背部较小创面[J]. 中国修复重建外科杂志，2012，26（1）：55-57. {ZHOU Xiao,XU Yajun,RUI Yongjun,SHOU Kuishui,YAO Qun. V-Y advancement of skin flap pedicled with upper limb lateral branch for small skin defect in the dorsal elbow[J]. Zhongguo Xiu Fu Chong Jian Wai Ke Za Zhi[Chin J Repar Reconstr Surg(Article in Chinese;Abstract in Chinese)],2012,26(1):55-57.}

[8702] 周晓，许亚军，芮永军，寿奎水，陈学明. 以腕背皮支为蒂的V-Y推进皮瓣修复掌背动脉穿支皮瓣供区[J]. 中华整形外科杂志，2013，29（4）：307-308. DOI：10.3760/cma.j.issn.1009-4598.2013.04.021. {ZHOU Xiao,XU Yajun,RUI Yongjun,SHOU Kuishui,CHEN Xueming. Repair of donor site of dorsal metacarpal artery perforator flap with V-Y advance skin flap pedicled with dorsal carpal branch[J]. Zhonghua Zheng Xing Wai Ke Za Zhi[Chin J Plast Surg(Article in Chinese;Abstract in Chinese)],2013,29(4):307-308. DOI:10.3760/cma.j.issn.1009-4598.2013.04.021.}

[8703] 杨绍沛，彭祥志，周丕育，周健，李尚权，马元俊，苏期波，张钦超，刘波. 腓动脉穿支为蒂的V-Y推进皮瓣修复小腿中下段创面[J]. 中华显微外科杂志，2014，37（2）：207-208. DOI：10.3760/cma.j.issn.1001-2036.2014.02.039. {YANG Shaopu,PENG Xiangzhi,ZHOU Piyu,ZHOU Jian,LI Shangquan,MA Yuanjun,SU Qibo,ZHANG Qinchao,LIU Bo. Repair of middle and lower leg wounds with V-Y advance skin flap pedicled with perforating branches of peroneal artery[J]. Zhonghua Xian Wei Wai Ke Za Zhi[Chin J Microsurg(Article in Chinese;No abstract available)],2014,37(2):207-208. DOI:10.3760/cma.j.issn.1001-2036.2014.02.039.}

[8704] 周晓，薛明宇，芮永军，许亚军，寿奎水，卜凡玉. 以膝上外侧穿支为蒂的V-Y皮瓣修复股前外侧皮瓣供区[J]. 中华整形外科杂志，2014，30（1）：26-29. DOI：10.3760/cma.j.issn.1009-4598.2014.01.008. {ZHOU Xiao,XUE Mingyu,RUI Yongjun,XU Yajun,SHOU Kuishui,BU Fanyu. Reconstruction of donor site defect after harvesting anterolateral thigh flap by V-Y flap pedicled with the lateral superior genicular perforator[J]. Zhonghua Zheng Xing Wai Ke Za Zhi[Chin J Plast Surg(Article in Chinese;Abstract in Chinese)],2014,30(1):26-29. DOI:10.3760/cma.j.issn.1009-4598.2014.01.008.}

[8705] 周晓，薛明宇，芮永军，许亚军，强力. 以内踝后穿支为蒂的V-Y推进皮瓣修复跟腱区较小创面[J]. 中华整形外科杂志，2014，30（4）：255-257. DOI：10.3760/cma.j.issn.1009-4598.2014.04.005. {ZHOU Xiao,XUE Mingyu,RUI Yongjun,XU Yajun,QIANG Li. Application of V-Y advancement flap pedicled with posterior perforator from medial malleolus for small skin defect at achilles tendon region[J]. Zhonghua Zheng Xing Wai Ke Za Zhi[Chin J Plast Surg(Article in Chinese;Abstract in Chinese)],2014,30(4):255-257. DOI:10.3760/cma.j.issn.1009-4598.2014.04.005.}

[8706] 周晓，芮永军，薛明宇，许亚军，强力. 鼻咽窝穿支V-Y接力皮瓣修复拇指指背动脉皮瓣供区[J]. 中国修复重建外科杂志，2014，28（7）：923-924. DOI：10.7507/1002-1892.20140202. {ZHOU Xiao,RUI Yongjun,XUE Mingyu,XU Yajun,QIANG Li. Nasopharyngeal fossa perforator V-Y relay flap to repair the donor site of dorsal digital artery flap of thumb[J]. Zhongguo Xiu Fu Chong Jian Wai Ke Za Zhi[Chin J Repar Reconstr Surg(Article in Chinese;Abstract in Chinese)],2014,28(7):923-924. DOI:10.7507/1002-1892.20140202.}

[8707] 周晓，芮永军，薛明宇，寿奎水，强力. 以旋髂深动脉肌皮穿支为蒂的V-Y接力皮瓣修复腹部供区创面的临床应用[J]. 中华显微外科杂志，2015，38（5）：421-424. DOI：10.3760/cma.j.issn.1001-2036.2015.05.003. {ZHOU Xiao,RUI Yongjun,XUE Mingyu,SHOU Kuishui,QIANG Li. Clinical application of repairing donor site of abdomen flap by V-Y flap pedicled with deep circumflex iliac artery perforator musculocutaneous[J]. Zhonghua Xian Wei Wai Ke Za Zhi[Chin J Microsurg(Article in Chinese;Abstract in Chinese and English)],2015,38(5):421-424. DOI:10.3760/cma.j.issn.1001-2036.2015.05.003.}

[8708] 周晓，薛明宇，芮永军，许亚军，强力，郑和平. 带外踝后腓动脉穿支的V-Y推进皮瓣修复儿童足跟后区较小创面[J]. 中华整形外科杂志，2015，31（4）：288-291. DOI：10.3760/cma.j.issn.1009-4598.2015.04.012. {ZHOU Xiao,XUE Mingyu,RUI Yongjun,XU Yajun,QIANG Li,ZHENG Heping. Reconstruction of small skin defect on children heel with V-Y advancement flap pedicled with perforator of peroneal artery at posterior lateral malleolus[J]. Zhonghua Zheng Xing Wai Ke Za Zhi[Chin J Plast Surg(Article in Chinese;Abstract in Chinese)],2015,31(4):288-291. DOI:10.3760/cma.j.issn.1009-4598.2015.04.012.}

[8709] 唐修俊，王波，魏在荣，王达利，韩文杰，张文夺，李书俊. 保留感觉的胫后动脉穿支皮瓣V-Y推进修复踝周创面[J]. 中国修复重建外科杂志，2015，29（12）：1515-1518. DOI：10.7507/1002-1892.20150324. {TANG Xiujun,WANG Bo,WEI Zairong,WANG Dali,HAN Wenjie,ZHANG Wendong,LI Shujun. V-Y advancement of the perforator flap of posterior tibial artery with sensory preservation to repair the wound around the ankle[J]. Zhongguo Xiu Fu Chong Jian Wai Ke Za Zhi[Chin J Repar Reconstr Surg(Article in Chinese;Abstract in Chinese and English)],2015,29(12):1515-1518. DOI:10.7507/1002-1892.20150324.}

[8710] 常树森，唐修俊，王波，魏在荣，何春念，金文虎，邓呈亮，孙广峰，曾雪琴. 远端携带胫后动脉穿支旋转V-Y推进皮瓣修复小腿中下段创面[J]. 中华创伤杂志，2016，32（3）：241-243. DOI：10.3760/cma.j.issn.1001-8050.2016.03.011. {CHANG Shusen,TANG Xiujun,WANG Bo,WEI Zairong,HE Chunnian,JIN Wenhu,DENG Chengliang,SUN Guangfeng,ZENG Xueqin. The distal end carries the posterior tibial artery perforator and rotates the V-Y advancement flap to repair the middle and lower leg wounds[J]. Zhonghua Chuang Shang Za Zhi[Chin J Trauma(Article in Chinese;Abstract in Chinese)],2016,32(3):241-243. DOI:10.3760/cma.j.issn.1001-8050.2016.03.011.}

[8711] 蔡晓斌，蓝益南，沈立锋. 改良小腿穿支皮瓣V-Y推进修复踝周创面[J]. 中华整形外科杂志，2016，32（1）：65-67. DOI：10.3760/cma.j.issn.1009-4598.2016.01.017. {CAI Xiaobin,LAN Yinan,SHEN Lifeng. Improved calf perforator flap V-Y advancement to repair wound around ankle[J]. Zhonghua Zheng Xing Wai Ke Za Zhi[Chin J Plast Surg(Article in Chinese;Abstract in Chinese)],2016,32(1):65-67. DOI:10.3760/cma.j.issn.1009-4598.2016.01.017.}

[8712] 黄海华，王绥江，吴泽勇，陈秀凤，李小芳，张培华. 阶梯状V-Y穿支皮瓣修复前臂及手部掌侧皮肤缺损[J]. 中华手外科杂志，2017，33（1）：21-22. DOI：10.3760/cma.j.issn.1005-054X.2017.01.009. {HUANG Haihua,WANG Suijiang,WU Zeyong,CHEN Xiufeng,LI Xiaofang,ZHANG Peihua. Repair of forearm and palmar skin defects with stepped V-Y perforator flap[J]. Zhonghua Shou Wai Ke Za Zhi[Chin J Hand Surg(Article in Chinese;Abstract in Chinese)],2017,33(1):21-22. DOI:10.3760/cma.j.issn.1005-054X.2017.01.009.}

[8713] 李攀登，沈国良，张远贵，李之华. 以随意穿支为蒂的V-Y推进皮瓣修复膝前区较小创面效果观察[J]. 中华烧伤杂志，2017，33（6）：381-383. DOI：10.3760/cma.j.issn.1009-2587.2017.06.018. {LI Pandeng,SHEN Guoliang,ZHANG Yuangui,LI Zhihua. Observation on the effect of V-Y advance skin flap pedicled with random perforating branches for repairing small wounds in the anterior knee area[J]. Zhonghua Shao Shang Za Zhi[Chin J Burns(Article in Chinese;Abstract in Chinese)],2017,33(6):381-383. DOI:10.3760/cma.j.issn.1009-2587.2017.06.018.}

[8714] 李攀登，沈国良. 胫后动脉穿支为蒂的V-Y推进皮瓣修复胫前区骨外露较小创面22例[J]. 中华烧伤杂志，2017，33(7)：448-450. DOI：10.3760/cma.j.issn.1009-2587.2017.07.013. {LI Pandeng,SHEN Guoliang. 22 cases of V-Y advancing skin flap pedicled with perforator of posterior tibial artery for repairing small wounds in anterior tibial area[J]. Zhonghua Shao Shang Za Zhi[Chin J Burns(Article in Chinese;Abstract in Chinese)],2017,33(7):448-450. DOI:10.3760/cma.j.issn.1009-2587.2017.07.013.}

[8715] 周思拓，黄飓韬，曾纪章，梁鹏飞，张明华. 携带知名血管穿支的新型V-Y推进皮瓣修复全身多处皮肤软组织缺损的疗效[J]. 中华烧伤杂志，2017，33(10)：611-615. DOI：10.3760/cma.j.issn.1009-2587.2017.10.005. {ZHOU Situo,HUANG Yutao,ZENG Jizhang,LIANG Pengfei,ZHANG Minghua. Effects of improved V-Y advancement flap with major artery perforator on repairing skin and soft tissue defects[J]. Zhonghua Shao Shang Za Zhi[Chin J Burns(Article in Chinese;Abstract in Chinese and English)],2017,33(10):611-615. DOI:10.3760/cma.j.issn.1009-2587.2017.10.005.}

[8716] 周晓，薛明宇，张雁，强力，芮永军，许亚军. 近创面穿支蒂V-Y推进皮瓣修复六种常用皮瓣供区缺损[J]. 中华整形外科杂志，2017，33(5)：328-334. DOI：10.3760/cma.j.issn.1009-4598.2017.05.002. {ZHOU Xiao,XUE Mingyu,ZHANG Yan,QIANG Li,RUI Yongjun,XU Yajun. Adjacent V-Y advancement perforator flap for defect at donor site leaving by six commonly-used flap[J]. Zhonghua Zheng Xing Wai Ke Za Zhi[Chin J Plast Surg(Article in Chinese;Abstract in Chinese)],2017,33(5):328-334. DOI:10.3760/cma.j.issn.1009-4598.2017.05.002.}

[8717] 李扬，郑世军，李琛琦，周明武，张广超，宋力. 胫后动脉双穿支蒂V-Y推进皮瓣修复跟腱区小面积软组织缺损[J]. 中华显微外科杂志，2018，41(5)：421-423. DOI：10.3760/cma.j.issn.1001-2036.2018.05.002. {LI Yang,ZHENG Shijun,LI Chenqi,ZHOU Mingwu,ZHANG Guangchao,SONG Li. V-Y advancement flap based on the double perforator of the posterior tibial artery for reconstruction of small-area tissue defect in the achilles tendon[J]. Zhonghua Xian Wei Wai Ke Za Zhi[Chin J Microsurg(Article in Chinese;Abstract in Chinese and English)],2018,41(5):421-423. DOI:10.3760/cma.j.issn.1001-2036.2018.05.002.}

[8718] 李海，魏在荣，孙广峰，唐修俊，邓呈亮，聂开瑜，金文虎，王达利. 带感觉指固有动脉穿支V-Y推进皮瓣修复手指软组织缺损的临床应用[J]. 中华手外科杂志，2018，34(6)：401-403. DOI：10.3760/cma.j.issn.1005-054X.2018.06.001. {LI Hai,WEI Zairong,SUN Guangfeng,TANG Xiujun,DENG Chengliang,NIE Kaiyu,JIN Wenhu,WANG Dali. Clinical application of V-Y advance skin flap with sensory perforator of proper digital artery to repair finger soft tissue defect[J]. Zhonghua Shou Wai Ke Za Zhi[Chin J Hand Surg(Article in Chinese;Abstract in Chinese and English)],2018,34(6):401-403. DOI:10.3760/cma.j.issn.1005-054X.2018.06.001.}

[8719] 刘黎平，聂开瑜，陈伟，王波，魏在荣. 面动脉穿支V-Y推进皮瓣修复上唇皮肤软组织缺损[J]. 中华整形外科杂志，2018，34(5)：364-367. DOI：10.3760/cma.j.issn.1009-4598.2018.05.009. {LIU Liping,NIE Kaiyu,CHEN Wei,WANG Bo,WEI Zairong. V-Y advancement flap with facial artery perforator for repairing the upper lip defect[J]. Zhonghua Zheng Xing Wai Ke Za Zhi[Chin J Plast Surg(Article in Chinese;Abstract in Chinese)],2018,34(5):364-367. DOI:10.3760/cma.j.issn.1009-4598.2018.05.009.}

[8720] 智丰，王红，冯雪梅，杜晓彬，仇永锋，梁高峰，张满盈，段超鹏，滕云升，郭永明. 近创面穿支蒂V-Y皮瓣修复踝部较小创面五例[J]. 中华显微外科杂志，2019，42(5)：512-514. DOI：10.3760/cma.j.issn.1001-2036.2019.05.026. {ZHI Feng,WANG Hong,FENG Xuemei,DU Xiaobin,QIU Yongfeng,LIANG Gaofeng,ZHANG Manying,DUAN Chaopeng,TENG Yunsheng,GUO Yongming. Five cases of repairing small ankle wound with near wound perforating V-Y flap[J]. Zhonghua Xian Wei Wai Ke Za Zhi[Chin J Microsurg(Article in Chinese;Abstract in Chinese)],2019,42(5):512-514. DOI:10.3760/cma.j.issn.1001-2036.2019.05.026.}

[8721] 张航，王学松，曾福俊，将国华，刘愉川，吴德生，刘亚平，唐林俊. 带神经指动脉背侧支V-Y推进皮瓣修复指背中末节皮肤缺损[J]. 中华手外科杂志，2019，35(3)：192-194. DOI：10.3760/cma.j.issn.1005-054X.2019.03.011. {ZHANG Hang,WANG Xuesong,ZENG Fujun,JIANG Guohua,LIU Yuchuan,WU Desheng,LIU Yaping,TANG Linjun. Application of V-Y advancement flap pedicled with dorsal cutaneous branch of digital artery with sensory nerve for repair of middle and distal dorsal finger defects[J]. Zhonghua Shou Wai Ke Za Zhi[Chin J Hand Surg(Article in Chinese;Abstract in Chinese and English)],2019,35(3):192-194. DOI:10.3760/cma.j.issn.1005-054X.2019.03.011.}

[8722] 金文虎，李海，常树森，魏在荣，李书俊，吴祥奎，王达利. 臀上动脉穿支蒂V-Y推进皮瓣治疗骶尾部压疮的效果评价[J]. 中华创伤杂志，2019，35(12)：1138-1141. DOI：10.3760/cma.j.issn.1001-8050.2019.12.014. {JIN Wenhu,LI Hai,CHANG Shusen,WEI Zairong,LI Shujun,WU Xiangkui,WANG Dali. Evaluation of the effect of superior gluteal artery perforator pedicle V-Y propulsion flap in the treatment of sacrococcygeal pressure ulcer[J]. Zhonghua Chuang Shang Za Zhi[Chin J Trauma(Article in Chinese;Abstract in Chinese)],2019,35(12):1138-1141. DOI:10.3760/cma.j.issn.1001-8050.2019.12.014.}

[8723] 吴泽勇，王绥江，黄海华，姚平，史玉仓，李小芳，陈秀凤. 跟外侧动脉穿支阶梯状V-Y推进皮瓣修复足跟部中小创面[J]. 中华整形外科杂志，2019，35(2)：148-153. DOI：10.3760/cma.j.issn.1009-4598.2019.02.010. {WU Zeyong,WANG Suijiang,HUANG Haihua,YAO Ping,SHI Yucang,LI Xiaofang,CHEN Xiufeng. Stepladder V-Y advancement flap based on the lateral calcaneal artery perforator for reconstruct the defects of lower-posterior heel[J]. Zhonghua Zheng Xing Wai Ke Za Zhi[Chin J Plast Surg(Article in Chinese;Abstract in Chinese)],2019,35(2):148-153. DOI:10.3760/cma.j.issn.1009-4598.2019.02.010.}

4.1.9.24 穿支蒂拱顶石皮瓣
keystone perforator flap

[8724] Sun Y. Keystone flap for large posterior neck defect[J]. Indian J Surg,2016,78(4):321-322. doi:10.1007/s12262-015-1406-5.

[8725] Huang J,Yu N,Long X,Wang X. A systematic review of the keystone design perforator island flap in lower extremity defects[J]. Medicine(Baltimore),2017,96(21):e6842. doi:10.1097/MD.0000000000006842.

[8726] Fang S,Tang W,Li Y,Zhu W,Zhuang W,Xing X,Yang C. A novel modification of keystone flap for superficial defects repair[J]. J Plast Reconstr Aesthet Surg,2019,72(5):848-862. doi:10.1016/j.bjps.2018.12.041.

[8727] Huang J,Kim CW,Wang X,Zhao Y,Yu N,Zhao R,Bai M,Long X,Park TH. Successful application of modified keystone flaps following skin tumor ablation[J]. Medicine(Baltimore),2019,98(40):e17469. doi:10.1097/MD.0000000000017469.

[8728] Fang S,Li Y,Tang W,Zhu W,Zhuang W,Xing X,Yang C. The use of modified keystone flap in periarticular or large superficial tumor resection surgery[J]. J Surg Oncol,2020,121(7):1090-1096. doi:10.1002/jso.25879.

[8729] Huang J,Dong R,Wang X,Yu N,Zhao R,Bai M,Zhang H,Wang Y,Long X. Keystone-designed perforator island flaps for reconstruction after chest keloid excision:A retrospective case series[J]. J Cosmet Dermatol,2021,20(3):937-942. doi:10.1111/jocd.13684.

[8730] Tang W,Fang S,Yang C. Different considerations on the modified keystone flap[J]. J Surg Oncol,2021,123(4):1166. doi:10.1002/jso.26283.

[8731] 方硕，杨超，邢新. 拱顶石穿支岛状皮瓣[J]. 中华整形外科杂志，2013，29(6)：472-476. DOI：10.3760/cma.j.issn.1009-4598.2013.06.021. {FANG Shuo,YANG Chao,XING Xin. the keystone perforated island flap[J]. Zhonghua Zheng Xing Wai Ke Za Zhi[Chin J Plast Surg(Article in Chinese;No abstract available)],2013,29(6):472-476. DOI:10.3760/cma.j.issn.1009-4598.2013.06.021.}

[8732] 杨超，邢新，徐建国，徐苗，方硕，孙肇晟. 拱顶石穿支岛状皮瓣在皮肤软组织缺损修复中的应用[J]. 中华整形外科杂志，2014，30(1)：10-13. DOI：10.3760/cma.j.issn.1009-4598.2014.01.004. {YANG Chao,XING Xin,XU Jianguo,Xu Miao,FANG Shuo,SUN Zhaosheng. Application of keystone perforated island flap in the repair of skin and soft tissue defect[J]. Zhonghua Zheng Xing Wai Ke Za Zhi[Chin J Plast Surg(Article in Chinese;No abstract available)],2014,30(1):10-13. DOI:10.3760/cma.j.issn.1009-4598.2014.01.004.}

[8733] 杨成兰，魏在荣，邓呈亮，聂开瑜，吴必华，金文虎，唐修俊，曾雪琴. 改良拱顶石皮瓣修复躯干皮肤软组织缺损九例[J]. 中华烧伤杂志，2015，31(6)：458-459. DOI：10.3760/cma.j.issn.1009-2587.2015.06.018. {YANG Chenglan,WEI Zairong,DENG Chengliang,NIE Kaiyu,WU Bihua,JIN Wenhu,TANG Xiujun,ZENG Xueqing. 9 cases of skin and soft tissue defect of trunk repaired by modified keystone flap[J]. Zhonghua Shao Shang Za Zhi[Chin J Burns(Article in Chinese;No abstract available)],2015,31(6):458-459. DOI:10.3760/cma.j.issn.1009-2587.2015.06.018.}

[8734] 刘忠山，赵天兰，何志旭，余道江，刘宁，陈祥军，莫晓群. 改良拱顶石穿支岛状皮瓣修复头面部皮肤软组织缺损[J]. 中华整形外科杂志，2016，32(3)：183-185. DOI：10.3760/cma.j.issn.1009-4598.2016.03.006. {LIU Zhongshan,ZHAO Tianlan,HE Zhixu,Yu Daojiang,LIU Ning,CHENG Xiangjun,MO Xiaoqun. The modified keystone perforator island flap for reconstruction of skin and soft tissue defects of head and face[J]. Zhonghua Zheng Xing Wai Ke Za Zhi[Chin J Plast Surg(Article in Chinese;Abstract in Chinese and English)],2016,32(3):183-185. DOI:10.3760/cma.j.issn.1009-4598.2016.03.006.}

[8735] 龙忠恒，陈季玲，徐培，姚泉，谢卫国，张祥明. 拱顶石皮瓣修复臀部和下肢深度创面13例[J]. 中华烧伤杂志，2017，33(3)：173-175. DOI：10.3760/cma.j.issn.1009-2587.2017.03.010. {LONG Zhongheng,CHENG Jiling,XU Pei,YAO Quan,XIE Weiguo,ZHANG Xiangming. 13 cases of Deep wounds in hip and lower limb repaired by keystone flap[J]. Zhonghua Shao Shang Za Zhi[Chin J Burns(Article in Chinese;No abstract available)],2017,33(3):173-175. DOI:10.3760/cma.j.issn.1009-2587.2017.03.010.}

[8736] 徐培，龙忠恒，张祥明，刘小芹. 拱顶石皮瓣修复臀部难愈性创面八例[J]. 中华显微外科杂志，2018，41(6)：575-576. DOI：10.3760/cma.j.issn.1001-2036.2018.06.014. {XU Pei,LONG Zhongheng,ZHANG Xiangming,LIU Liuqin. Eight cases of hip refractory wound repaired with Keystone flap[J]. Zhonghua Xian Wei Wai Ke Za Zhi[Chin J Microsurg(Article in Chinese;Abstract in Chinese)],2018,41(6):575-576. DOI:10.3760/cma.j.issn.1001-2036.2018.06.014.}

[8737] 邹平志，刘斌，姜任武，彭小青. 应用改良拱顶石皮瓣修复骶尾部难治性压疮创面[J]. 中华整形外科杂志，2018，34(4)：288-290. DOI：10.3760/cma.j.issn.1009-4598.2018.04.011. {ZOU Pingzhi,LIU Bing,JIANG Renwu,PENG Xiaoqing. Repairing sacroiliac refractory decubital necrosis wound with modified keystone perforator island flap[J]. Zhonghua Zheng Xing Wai Ke Za Zhi[Chin J Plast Surg(Article in Chinese;Abstract in Chinese)],2018,34(4):288-290. DOI:10.3760/cma.j.issn.1009-4598.2018.04.011.}

[8738] 黄久佐，俞楠泽，龙笑，赵茹，白明，王晓军. 拱顶石穿支皮瓣手术设计要点和临床应用研究[J]. 中华整形外科杂志，2018，34(9)：720-723. DOI：10.3760/cma.j.issn.1009-4598.2018.09.008. {HUANG Jiuzuo,YU Lanze,LONG Xiao,ZHAO Ru,BAI Ming,WANG Xiaojun. Study on the design and clinical application of the keystone stone perforator flap[J]. Zhonghua Zheng Xing Wai Ke Za Zhi[Chin J Plast Surg(Article in Chinese;Abstract in Chinese and English)],2018,34(9):720-723. DOI:10.3760/cma.j.issn.1009-4598.2018.09.008.}

[8739] 吴敏靓，郭蕊，戴海英，徐建国，孙梦妍，王欣玮，于淏，王宇翀，薛春雨. 改良拱顶石皮瓣在关节部位皮肤软组织缺损修复中的应用[J]. 中国修复重建外科杂志，2019，33(4)：471-474. DOI：10.7507/1002-1892.201812004. {WU Mingliang,GUO Rui,DAI Haiyiing,XU Jianguo,SUN Jianyan,WANG Xingwei,YU Hao,WANG Yuchong,XUE Chunyu. Application of the modified keystone flap in repairing of skin and soft tissue defect around joint[J]. Zhongguo Xiu Fu Chong Jian Wai Ke Za Zhi[Chin J Repar Reconstr Surg(Article in Chinese;Abstract in Chinese and English)],2019,33(4):471-474. DOI:10.7507/1002-1892.201812004.}

4.1.9.25 穿支KISS皮瓣
"KISS"Style perforator flap

[8740] Zhang YX,Hayakawa TJ,Levin LS,Hallock GG,Lazzeri D. The economy in autologous tissue transfer:part 1. the kiss flap technique[J]. Plast Reconstr Surg,2016,137(3):1018-1030. doi:10.1097/01.prs.0000479971.99309.21.

[8741] Zhao JC,Zhang BR,Shi K,Yu JA,Wang J,Yu QH,Hong L. Couple-kissing flaps for successful repair of severe sacral pressure ulcers in frail elderly patients[J]. BMC Geriatr,2017,17(1):285. doi:10.1186/s12877-017-0680-4.

[8742] Song J,Han Y,Liu J,Cheng K,Gao Q,Wang X,Yang ZL. Using kiss flaps in a chest wall reconstruction after mastectomy for locally advanced breast cancer:a new technique[J]. Surg Innov,2020,27(1):5-10. doi:10.1177/1553350619877299.

[8743] 唐修俊，魏在荣，王波，王达利，孙广峰，金文虎，李海. 游离旋股外侧动脉穿支KISS皮瓣修复四肢创面的临床应用[J]. 中华显微外科杂志，2015，38(1)：29-32. DOI：10.3760/cma.j.issn.1001-2036.2015.01.008. {TANG Xiujun,WEI Zairong,WANG Bo,WANG Dali,SUN Guangfeng,JIN Wenhu,LI Hai. Clinical application of free KISS lateral femoral circumflex artery perforator flap in repairing defects of limbs[J]. Zhonghua Xian Wei Wai Ke Za Zhi[Chin J Microsurg(Article in Chinese;Abstract in Chinese and English)],2015,38(1):29-32. DOI:10.3760/cma.j.issn.1001-2036.2015.01.008.}

[8744] 吕春柳，李赞，周晓，宋达疆，彭小伟，周波，杨丽娣. 带蒂背阔肌Kiss皮瓣修复肿瘤切除术后胸壁皮肤软组织缺损的临床研究[J]. 中国修复重建外科杂志，2016，30(12)：1498-1501. DOI：10.7507/1002-1892.20160310. {LV Chunliu,LI Zan,ZHOU Xiao,SONG Dajiang,PENG Xiaowei,ZHOU Bo,YANG Lichang. Application of pedicled latissimus dorsi Kiss flap to repair chest wall skin defects after tumor resection[J]. Zhongguo Xiu Fu Chong Jian Wai Ke Za Zhi[Chin J Repar Reconstr Surg(Article in Chinese;Abstract in Chinese and English)],2016,30(12):1498-1501. DOI:10.7507/1002-1892.20160310.}

[8745] 唐修俊，王达利，魏在荣，王波，张子阳，吴必华，陈伟. 旋股外侧动脉降支KISS皮瓣的术中穿支的个性化设计[J]. 中华显微外科杂志，2017，40(6)：547-550. DOI：10.3760/cma.j.issn.1001-2036.2017.06.008. {TANG Xiujun,WANG Dali,WEI Zairong,WANG Bo,ZHANG Ziyang,WU Bihua,CHENG Wei. Intraoperative perforators of personalized designed KISS flap of the descending branch of the lateral circum-flex femoral artery[J]. Zhonghua Xian Wei Wai Ke Za Zhi[Chin J Microsurg(Article in Chinese;Abstract in Chinese and

English)],2017,40(6):547-550. DOI:10.3760/cma.j.issn.1001-2036.2017.06.008.}

[8746] 程芳，郭亮，肖芃，杨杰，王荣荣，熊凌云，孙家明. 带蒂股前外侧 KISS 皮瓣在女性外阴重建中的应用 [J]. 中华整形外科杂志，2017，33（6）：430-433. DOI：10.3760/cma.j.issn.1009-4598.2017.06.007. {CHENG Fang,GUO Liang,XIAO Peng,YANG Jie,WANG Rongrong,XIANG Linyun,SUN Jiaming. Pedicled anterolateral thigh flap with kiss technique for reconstruction of vulva[J]. Zhonghua Zheng Xing Wai Ke Za Zhi[Chin J Plast Surg(Article in Chinese;Abstract in Chinese and English)],2017,33(6):430-433. DOI:10.3760/cma.j.issn.1009-4598.2017.06.007.}

[8747] 刘志远，唐修俊，王达利，魏在荣，金文虎，邓呈亮，祁建平. 背阔肌 Kiss 皮瓣修复上臂复合组织缺损及功能重建 [J]. 中国修复重建外科杂志，2017，31（9）：1106-1110. DOI：10.7507/1002-1892.201704047. {LIU Zhiyuan,TANG Xiujun,WANG Dali,WEI Zairong,JIN Wenhu,DENG Chengliang,QI Jianping. Repair of composite tissue defects and functional reconstruction of upper arm with latissimus dorsi Kiss flap[J]. Zhongguo Xiu Fu Chong Jian Wai Ke Za Zhi[Chin J Repair Reconstr Surg(Article in Chinese;Abstract in Chinese and English)],2017,31(9):1106-1110. DOI:10.7507/1002-1892.201704047.}

[8748] 熊凌云，肖芃，郭亮，杨杰，王荣荣，郭科，郭能强，孙家明. 游离股前外侧 KISS 皮瓣在修复头皮缺损中的应用 [J]. 中华整形外科杂志，2018，34（7）：499-502. DOI：10.3760/cma.j.issn.1009-4598.2018.07.002. {XIONG Lingyun,XIAO Peng,GUO Liang,YANG Jie,WANG Rongrong,GUO Ke,GUO Nengqiang,SUN Jiaming. The free anterolateral thigh flap with KISS technique for reconstruction of the scalp defect[J]. Zhonghua Zheng Xing Wai Ke Za Zhi[Chin J Plast Surg(Article in Chinese;Abstract in Chinese and English)],2018,34(7):499-502. DOI:10.3760/cma.j.issn.1009-4598.2018.07.002.}

[8749] 左良，喻建军，周晓，戴捷，田皞，单振锋，胡杰，谌星，王鸿涵，蔡旭，高水超. 游离股前外侧 Kiss 皮瓣修复巨大头皮恶性肿瘤术后缺损 [J]. 中国修复重建外科杂志，2018，32（3）：346-349. DOI：10.7507/1002-1892.201711046. {ZUO Liang,YU Jianjun,ZHOU Xiao,DAI Jie,TIAN Hao,DAN Zhengfeng,HU Jie,ZHAN Xing,WANG Honghan,CAI Xu,GAO Shuichao. Application of free anterolateral thigh Kiss flap in repair of large scalp defect after malignant tumor resection[J]. Zhongguo Xiu Fu Chong Jian Wai Ke Za Zhi[Chin J Repair Reconstr Surg(Article in Chinese;Abstract in Chinese and English)],2018,32(3):346-349. DOI:10.7507/1002-1892.201711046.}

[8750] 陈传俊，王祎，王来平，周瑜，朱伟政，彭晖，项先旺，章礼玉. 前臂 Kiss 皮瓣设计及其应用价值探讨 [J]. 中国口腔颌面外科杂志，2019，17（4）：349-351. DOI：10.19438/j.cjoms.2019.04.014. {CHEN Chuanjun,WANG Yi,WANG Laiping,ZHOU Yu,ZHU Weizheng,PENG Hui,XIANG Xianwang,ZHANG Liyu. Kiss flap design of radial forearm flap for primary closure of donorsite without skin-grafting[J]. Zhongguo Kou Qiang He Mian Wai Ke Za Zhi [Chin J Oral Maxillofac Surg(Article in Chinese;Abstract in Chinese and English)],2019,17(4):349-351. DOI:10.19438/j.cjoms.2019.04.014.}

[8751] 吴春，王正理，谭莉，戴本东，潘小建. 股前外侧 KISS 皮瓣修复多个手指背侧软组织缺损 [J]. 中华显微外科杂志，2020，43（1）：37-41. DOI：10.3760/cma.j.issn.1001-2036.2020.01.010. {WU Chun,WANG Zhengli,TAN Li,DAI Bendong,PAN Xiaojian. Application of KISS anterolateral thigh flap in repairing soft tissue defect of dorsal side of multiple fingers[J]. Zhonghua Xian Wei Wai Ke Za Zhi[Chin J Microsurg(Article in Chinese;Abstract in Chinese and English)],2020,43(1):37-41. DOI:10.3760/cma.j.issn.1001-2036.2020.01.010.}

[8752] 赵梓岐，牟国煜，王娅，汪菲，王洪江，蔡振刚. 胸廓内动脉穿支皮瓣及背阔肌 Kiss 皮瓣在乳腺肿瘤切除术后胸壁缺损中的应用 [J]. 中华整形外科杂志，2020，36（3）：289-293. DOI：10.3760/cma.j.cn114453-20190215-00047. {ZHAO Ziqi,MOU Guoyu,WANG Ya,WANG Fei,WANG Hongjiang,CAI Zhengang. Application of internal thoracic artery perforator propeller flap combines with latissimus dorsi kiss flap to repair skin defects after breast wall tumor resection[J]. Zhonghua Zheng Xing Wai Ke Za Zhi[Chin J Plast Surg(Article in Chinese;Abstract in Chinese and English)],2020,36(3):289-293. DOI:10.3760/cma.j.cn114453-20190215-00047.}

4.1.9.26　微型穿支皮瓣
mini perforator flap

[8753] 张敬良，谢振荣，雷艳文，宋君，郭桥鸿，何明飞，汤钟铭，江南. 骨间后动脉单一穿支微型皮瓣的游离移植 [J]. 中华显微外科杂志，2006，29（3）：183-185，插图 3. DOI：10.3760/cma.j.issn.1001-2036.2006.03.008. {ZHANG Jingliang,XIE Zhengrong,NEI Yanwen,SONG Jun,GUO Qiaohong,HE Mingfei,TANG Zhongming,JIANG Nan. A minitype vascularized posterior interosseous artery's singleness perforator flap transfer[J]. Zhonghua Xian Wei Wai Ke Za Zhi[Chin J Microsurg(Article in Chinese;Abstract in Chinese and English)],2006,29(3):183-185,insert figure 3. DOI:10.3760/cma.j.issn.1001-2036.2006.03.008.}

[8754] 张敬良，谢振荣，雷彦文，宋君，郭桥鸿，黄忠明，汤钟铭，江南. 应用骨间后动脉单一穿支微型皮瓣修复手指皮肤缺损 [J]. 中华手外科杂志，2006，22（5）：267-269. {ZHANG Jinglianv,XIE Zhenrong,NEI Yanwen,SONG Jun,GUO Qiaohong,HUANG Zhongming,TANF Zhongming,JIANG Nan. repair of skin defect of the finger by posterior interosseous perforator mini flap[J]. Zhonghua Shou Wai Ke Za Zhi[Chin J Hand Surg(Article in Chinese;Abstract in Chinese and English)],2006,22(5):267-269.}

[8755] 庄加川，廖坚文，李敏姣，陈国荣，陈乐峰，张振伟. 前臂微型穿支皮瓣修复手指皮肤缺损 [J]. 中华手外科杂志，2009，25（1）：35-37. DOI：10.3760/cma.j.issn.1005-054X.2009.01.015. {ZHUANG Jiachuan,LIAO Jianwen. LI Minjiao,CHEN Guorong. CHEN Lefeng,ZHANG Zhenwei. Clinical applications of forearm perforator flaps for repairing skin defect of the finger[J]. Zhonghua Shou Wai Ke Za Zhi[Chin J Hand Surg(Article in Chinese;Abstract in Chinese and English)],2009,25(1):35-37. DOI:10.3760/cma.j.issn.1005-054X.2009.01.015.}

[8756] 周晓，许亚军，芮永军，寿奎水，姚群. 掌远端微型穿支皮瓣在指蹼挛缩修复中的应用 [J]. 中国修复重建外科杂志，2011，25（2）：206-208. {ZHOU Xiao,XU Yajun,WO Yongjun,SHOU Kuishui,YAO Qun. Application of distal palm perforator mini-flap in repair of scar contracture of digital web-spaces[J]. Zhongguo Xiu Fu Chong Jian Wai Ke Za Zhi[Chin J Repair Reconstr Surg(Article in Chinese;Abstract in Chinese and English)],2011,25(2):206-208.}

[8757] 江长青，孟繁斌，张建，邱健钊，桂先革，徐贵升. 腓浅动脉单一穿支微型皮瓣游离移植修复手足部皮肤缺损 [J]. 中华显微外科杂志，2012，35（2）：104-106，后插 3. DOI：10.3760/cma.j.issn.1001-2036.2012.02.005. {JIANG Changqing,MENG Fanbing,ZHANG Jian,QIU Jianzhao,GUI Xiange,XU Guisheng. Superficial peroneal artery's singleness perforator flaps transfer to repair skin and soft defect of hands and feet[J]. Zhonghua Xian Wei Wai Ke Za Zhi[Chin J Microsurg(Article in Chinese;Abstract in Chinese and English)],2012,35(2):104-106,insert 3. DOI:10.3760/cma.j.issn.1001-2036.2012.02.005.}

[8758] 邹国平，巨积辉，刘新益，刘海亮，侯瑞兴. 以骨间背动脉为轴多块游离微型穿支皮瓣修复手部多处软组织缺损 [J]. 实用手外科杂志，2012，26（3）：241-243. DOI：10.3969/j.issn.1671-2722.2012.03.013. {ZOU Guoping,JU Jihui,LIU Xinyi,LIU Hailiang,HOU Ruixing. Multiple free micro perforator flaps based on the axis of interosseous dorsal artery for repairing multiple soft tissue defects of hand[J]. Shi Yong Shou Wai Ke Za Zhi[Chin J Pract Hand Surg(Article in Chinese;Abstract in Chinese and English)],2012,26(3):241-243. DOI:10.3969/j.issn.1671-2722.2012.03.013.}

[8759] 周晓，芮永军，许亚军，寿奎水. 大鱼际微型穿支皮瓣在拇指近节指腹挛缩修复中的应用 [J]. 中国修复重建外科杂志，2012，26（11）：1405-1406. {ZHOU Xiao,WO Yongjun,XU Yajun,SHOU Kuishui. Application of thenar microperforator flap in the repair of proximal contracture of thumb pulp[J]. Zhongguo Xiu Fu Chong Jian Wai Ke Za Zhi[Chin J Repair Reconstr Surg(Article in Chinese;Abstract in Chinese)],2012,26(11):1405-1406.}

[8760] 丛海波，杜全红，隋海明，翟建国，丁英杰，余志平. 游离微型腓动脉穿支皮瓣修复前足皮肤缺损 [J]. 中华显微外科杂志，2013，36（5）：496-498. DOI：10.3760/cma.j.issn.1001-2036.2013.05.026. {CONG Haibo,DU Quanhong,SUI Haiming,QU Jianguo,DING Yingjie,YU Zhiping. Free micro peroneal artery perforator flap for repairing skin defect of forefoot[J]. Zhonghua Xian Wei Wai Ke Za Zhi[Chin J Microsurg(Article in Chinese;Abstract in Chinese)],2013,36(5):496-498. DOI:10.3760/cma.j.issn.1001-2036.2013.05.026.}

[8761] 王培吉，赵家举，张勇. 掌背动脉穿支蒂逆行筋膜皮瓣与蒂部微型瓣的设计与应用 [J]. 中华手外科杂志，2013，29（4）：212-214. DOI：10.3760/cma.j.issn.1005-054X.2013.04.009. {WANG Peiji,ZHAO Jiaju,ZHANG Yong. Design and application of mini-flap at the pedide of dorsal metacarpal perforator reversed fasciocutaneous flap[J]. Zhonghua Shou Wai Ke Za Zhi[Chin J Hand Surg(Article in Chinese;Abstract in Chinese and English)],2013,29(4):212-214. DOI:10.3760/cma.j.issn.1005-054X.2013.04.009.}

[8762] 董凯旋，朱跃良，徐永清，范新宇，何晓清，徐晓燕，徐龙江，孟云，张朝晖. 微型游离腓动脉穿支皮瓣修复手指软组织缺损八例 [J]. 中华显微外科杂志，2015，38（6）：584-586. DOI：10.3760/cma.j.issn.1001-2036.2015.06.016. {DONG Kaixuan,ZHU Yueliang,XU Yongqing,FAN Xinyu,HE Xiaoqing,XU Xiaoyan,XU Longjiang,MENGY Yun,ZHANG Chaohui. miniature free peroneal artery perforator flap for repairing soft tissue defect of fingers in 8 cases[J]. Zhonghua Xian Wei Wai Ke Za Zhi[Chin J Microsurg(Article in Chinese;Abstract in Chinese)],2015,38(6):584-586. DOI:10.3760/cma.j.issn.1001-2036.2015.06.016.}

[8763] 窦洪磊，焦玉坤，王国伟. 前臂骨间背侧动脉穿支微型皮瓣游离移植修复手指软组织缺损 [J]. 中国矫形外科杂志，2015，23（18）：1727-1728. DOI：10.3977/j.issn.1005-8478.2015.18.23. {DOU Honglei,JIAO Yukun,WANG Guowei. Repair of finger soft tissue defect by free transplantation of miniature flap with forearm interosseous dorsal artery perforator[J]. Zhongguo Jiao Xing Wai Ke Za Zhi[Orthop J China(Article in Chinese;Abstract in Chinese)],2015,23(18):1727-1728. DOI:10.3977/j.issn.1005-8478.2015.18.23.}

[8764] 刘井达，李大村，李海雷，李建峰，赵民，赵亮，王小磊，张文桐，崔健礼. 游离腓动脉穿支微型皮瓣修复手指皮肤缺损 [J]. 中华手外科杂志，2015，31（4）：317-318. {LIU Jingda,LI Dacun,LI Hailei,LI Jianfeng,ZHAO Ming,ZHAO Liang,WANG Xiaolei,ZHANG Wentong,CUI Jianli. Repair of finger skin defect with free peroneal artery perforator mini-flap[J]. Zhonghua Shou Wai Ke Za Zhi[Chin J Hand Surg(Article in Chinese;No abstract available)],2015,31(4):317-318.}

[8765] 胡浩良，李学渊，王胜伟，何凌锋，周晓玲，刘林海，费剑荣，王欣，陈宏. 微型穿支螺旋桨皮瓣修复手指皮肤软组织缺损 [J]. 中华手外科杂志，2016，32（3）：190-193. DOI：10.3760/cma.j.issn.1005-054X.2016.03.014. {HU Haoliang,LI Xueyuan,WANG Shengwei,HE Lingfeng,ZHOU Xiaoling,LIU Linhai,FEI Jianrong,WANG Xing,CHENG Hong. Mini perforator propeller flaps for coverage of soft tissue defects of the finger[J]. Zhonghua Shou Wai Ke Za Zhi[Chin J Hand Surg(Article in Chinese;Abstract in Chinese and English)],2016,32(3):190-193. DOI:10.3760/cma.j.issn.1005-054X.2016.03.014.}

[8766] 吴志林，陈长松，张杰，陈洋，吴澄斌，李蕾，郑怀远. 游离微型腓动脉穿支皮瓣修复 15 例手足皮肤软组织缺损 [J]. 中华显微外科杂志，2017，40（4）：385-387. DOI：10.3760/cma.j.issn.1001-2036.2017.04.022. {WU Zhiling,CHEN Changsong,ZHANG Jie,CHENG Yang,WU Chengbing,LI Nei,ZHENG Huaiyuan. miniature free peroneal artery perforator flap for repairing skin and soft tissue defects of hands and feet in 15 cases[J]. Zhonghua Xian Wei Wai Ke Za Zhi[Chin J Microsurg(Article in Chinese;Abstract in Chinese)],2017,40(4):385-387. DOI:10.3760/cma.j.issn.1001-2036.2017.04.022.}

[8767] 吴建龙，谢庆平，唐林峰，巨积辉. 带感觉神经尺动脉远端穿支微型皮瓣修复全指腹缺损 [J]. 中国临床解剖学杂志，2018，36（5）：565-568. DOI：10.13418/j.issn.1001-165x.2018.05.016. {WU Jianlong,XIE Qingping,TANG Lingfeng,JU Jihui. Application of the distal ulnar perforator minitype flap with anastomosed sensory nerve to repair the full pulp defect[J]. Zhongguo Lin Chuang Jie Pou Xue Za Zhi[Chin J Clin Anat(Article in Chinese;Abstract in Chinese and English)],2018,36(5):565-568. DOI:10.13418/j.issn.1001-165x.2018.05.016.}

[8768] 王成，刘金伟，郑有卯，郑卜真，易利奇，顾仕林. 逆行切取法游离大鱼际区微型穿支皮瓣在指掌侧软组织缺损中的应用 [J]. 中华显微外科杂志，2018，41（3）：209-212. DOI：10.3760/cma.j.issn.1001-2036.2018.03.001. {WANG Cheng,LIU Jinwei,ZHENG Youmao,ZHENG Puzheng,YI Liqi,GU Shilin. Application of reversed free thenar mini-perforator flaps for the skin and soft tissue defects at finger palm side[J]. Zhonghua Xian Wei Wai Ke Za Zhi[Chin J Microsurg(Article in Chinese;Abstract in Chinese and English)],2018,41(3):209-212. DOI:10.3760/cma.j.issn.1001-2036.2018.03.001.}

[8769] 牟勇，胡春兰，黎路根，林浩，黄永军，刘晓春，黄东. 微型削薄穿支皮瓣修复小面积软组织缺损 [J]. 实用手外科杂志，2018，32（4）：379-382. DOI：10.3969/j.issn.1671-2722.2018.04.001. {MOU Yong,HU Chunlan,LI Lugeng,LIN Hao,HUANG Yongjun,LIU Xiaochun,HUANG Dong. Micro thinning perforator flap for reconstruction of small area soft tissue defect[J]. Shi Yong Shou Wai Ke Za Zhi[Chin J Pract Hand Surg(Article in Chinese;Abstract in Chinese and English)],2018,32(4):379-382. DOI:10.3969/j.issn.1671-2722.2018.04.001.}

4.1.9.27　超薄穿支皮瓣
ultrathin perforator flap,superthin perforator flap

[8770] Lu F,Gao JH,Ogawa R,Hykusoku H. Preexpanded distant "super-thin" intercostal perforator flaps for facial reconstruction without the need for microsurgery[J]. J Plast Reconstr Aesthet Surg,2006,59(11):1203-1208. doi:10.1016/j.bjps.2006.03.052.

[8771] 刘华水，苏振荣，刘士懂，栾涛，李强，谢新敏. 肋间动脉皮穿支超薄皮瓣治疗手指脱套伤 [J]. 中国骨伤，2005，18（5）：285-286. DOI：10.3969/j.issn.1003-0034.2005.05.011. {LIU Huashui,SU Zhenrong,LIU Shidong,LUAN Tao,LI Qiang,XIE Xinmin. Treatment of Finger degloving injury with thin flap of intercostals artery perforating branch[J]. Zhongguo Gu Shang[China J Orthop Trauma(Article in Chinese;Abstract in Chinese and English)],2005,18(5):285-286. DOI:10.3969/j.issn.1003-0034.2005.05.011.}

[8772] 张功林，葛宝丰. 超薄穿支皮瓣技术进展 [J]. 国际骨科学杂志，2010，31（4）：229-230，234. DOI：10.3969/j.issn.1673-7083.2010.04.011. {ZHANG Gongling,GE Baiofeng. Progress on ultrathin perforator flap technique[J]. Guo Ji Gu Ke Xue Za Zhi [Int J Orthop(Article in Chinese;No abstract available)],2010,31(4):229-230,234. DOI:10.3969/j.issn.1673-7083.2010.04.011.}

[8773] 赵风林，李宗宝，王鑫，韩会峰，王昌德，胡亮. 超薄型胫后动脉穿支皮瓣的解剖学观察与临床应用 [J]. 中华整形外科杂志，2013，29（4）：261-265. DOI：10.3760/cma.j.issn.1009-4598.2013.04.007. {ZHAO Fenglin,LI Zongbao,WANG Xing,HAN Huifeng,WANG Changde,HU Liang. Anatomic study and clinical application of thinned posterior tibial artery perforator flap[J]. Zhonghua Zheng Xing Wai Ke Za Zhi[Chin J Plast Surg(Article in Chinese;Abstract in Chinese and English)],2013,29(4):261-265. DOI:10.3760/cma.j.issn.1009-4598.2013.04.007.}

[8774] 黄雄杰，唐举玉，谢松林，刘鸣江，刘昌雄，吴攀峰，黄新锋，夏晓丹. 游离股前外侧

超薄穿支皮瓣修复踇甲皮瓣供区创面[J]. 中华显微外科杂志，2014，37（3）：271-273. DOI：10.3760/cma.j.issn.1001-2036.2014.03.021. {HUANG Xiongjie,TANG Juyu,XIE Songlin,LIU Mingjiang,LIU Changxiong,WU Panfeng,HUANG Xinfeng,XIA Xiaodan. Free anterolateral thigh ultrathin perforator flap repair donor area wound of first toe nail flap[J]. Zhonghua Xian Wei Wai Ke Za Zhi[Chin J Microsurg(Article in Chinese;Abstract in Chinese)],2014,37(3):271-273. DOI:10.3760/cma.j.issn.1001-2036.2014.03.021.}

[8775] 庄加川，李敏姣，陈乐锋，陈国荣，叶学浪，张振伟. 穿支血管导航下超薄股前外侧皮瓣临床应用[J]. 中华手外科杂志，2015，31（2）：113-115. DOI：10.3760/cma.j.issn.1005-054X.2015.02.014. {ZHUANG Jiachuan,LI Mingjiao,CHENG Lefeng,CHENG Guorong,YE Xuelang,ZHANG Zhenwei. Clinical application of ultrathin anterolateral femoral perforator flaps under the assistance of perforator vessel navigation[J]. Zhonghua Shou Wai Ke Za Zhi[Chin J Hand Surg(Article in Chinese;Abstract in Chinese and English)],2015,31(2):113-115. DOI:10.3760/cma.j.issn.1005-054X.2015.02.014.}

[8776] 杨敏烈，朱宇刚，丁羚涛，储国平，俞舜，吕国忠，苏青和，顾在秋，虞俊杰. 胸三角区超薄双蒂穿支皮瓣游离移植整复颜面部严重烧伤后瘢痕12例[J]. 中华烧伤杂志，2015，31（6）：454-456. DOI：10.3760/cma.j.issn.1009-2587.2015.06.016. {YANG Minglie,ZHU Yugang,DING Lingtao,CHU Guoping,YU Shun,LV Guozhong,SU Qinghe,GU Zaiqiu,YU Junjie,ZHAO Qingguo. Free transplantation of ultrathin double pedicled perforator flaps in the trigonometry area to repair facial scar after severe burn in 12 cases[J]. Zhonghua Shao Shang Za Zhi[Chin J Burns(Article in Chinese;No abstract available)],2015,31(6):454-456. DOI:10.3760/cma.j.issn.1009-2587.2015.06.016.}

[8777] 王春梅，杨思奋，范金财，任家骠，徐伟，许开元，郭静苹，梅劲，高建华. 扩张预制超薄穿支皮瓣在面颈部瘢痕修复中的研究及应用[J]. 中华整形外科杂志，2015，31（1）：5-10. DOI：10.3760/cma.j.issn.1009-4598.2015.01.003. {WANG Chunmei,YANG Sifen,FAN Jincai,REN Jiabiao,XU Wei,XU Kaiyuan,GUO Jingping,MEI Jing,GAO Jianhua. Clinical application of prefabricated super-thin perforator flaps after expansion in the reconstruction of facial and cervical scar[J]. Zhonghua Zheng Xing Wai Ke Za Zhi[Chin J Plast Surg(Article in Chinese;Abstract in Chinese and English)],2015,31(1):5-10. DOI:10.3760/cma.j.issn.1009-4598.2015.01.003.}

[8778] 陈实，邱志龙，颜翼，戴海波，罗小中，杨战京，胡楷. 游离超薄股前外侧穿支皮瓣修复足踝皮肤软组织缺损[J]. 中国矫形外科杂志，2016，24（14）：1340-1343. DOI：10.3977/j.issn.1005-8478.2016.14.21. {CHEN Shi,QIU Zhilong,YAN Yi,DAI Haibo,LUO Xiaozhong,YANG Zhaojing,HU Kai. Free ultrathin anterolateral thigh perforator flap for repairing skin and soft tissue defect of ankle[J]. Zhongguo Jiao Xing Wai Ke Za Zhi[Orthop J China(Article in Chinese;Abstract in Chinese)],2016,24(14):1340-1343. DOI:10.3977/j.issn.1005-8478.2016.14.21.}

[8779] 王芳，李文芳，刘伟，杨红华. 扩张超薄穿支皮瓣在颈部瘢痕修复中的应用[J]. 中华整形外科杂志，2016，32(6)：464-465. DOI：10.3760/cma.j.issn.1009-4598.2016.06.017. {WANG Fang,LI Wenfang,LIU Wei,YANG Honghua. Application of dilated ultra-thin perforator flap in the repair of neck scar[J]. Zhonghua Zheng Xing Wai Ke Za Zhi[Chin J Plast Surg(Article in Chinese;No abstract available)],2016,32(6):464-465. DOI:10.3760/cma.j.issn.1009-4598.2016.06.017.}

[8780] 徐祥，李涛，陈振兵，雷伟，周攀，季伟. 应用超薄皮瓣技术改进胸背动脉穿支皮瓣的修复效果[J]. 中华显微外科杂志，2017，40（5）：438-440. DOI：10.3760/cma.j.issn.1001-2036.2017.05.006. {XU Xiang,LI Tao,CHENG Zhenbing,LEI Wei,ZHOU Pan,JI Wei. Improving the repairing effect of thoracodorsal artery perforator flap through ultra-thin flap technology[J]. Zhonghua Xian Wei Wai Ke Za Zhi[Chin J Microsurg(Article in Chinese;Abstract in Chinese and English)],2017,40(5):438-440. DOI:10.3760/cma.j.issn.1001-2036.2017.05.006.}

[8781] 杨德育，周晓文，符祖昶，黄春福，尤瑞金，郑文忠. 超薄游离股前外侧穿支皮瓣修复趾脱套伤15例[J]. 中华显微外科杂志，2017，40（6）：615-617. DOI：10.3760/cma.j.issn.1001-2036.2017.06.034. {YANG Deyu,ZHOU Xiaowen,FU Zuchang,HUANG Chunfu,YOU Ruijin,ZHENG Wenzhong. repair 15 cases of toe degloving injury by the free ultrathin anterolateral thigh perforator flap[J]. Zhonghua Xian Wei Wai Ke Za Zhi[Chin J Microsurg(Article in Chinese;No abstract available)],2017,40(6):615-617. DOI:10.3760/cma.j.issn.1001-2036.2017.06.034.}

[8782] 陈雪松，徐永清，杨黎，张黎明，何金顺，余晓军，马志显，李小松，吉丽，王晓凤. 超薄游离腓动脉穿支皮神经营养血管皮瓣修复手、足皮肤软组织缺损[J]. 中华创伤杂志，2017，33（4）：355-361. DOI：10.3760/cma.j.issn.1001-8050.2017.04.014. {CHENG Xuesong,XU Yongqing,YANG Li,ZHANG Liming,HE Jinshun,YU Xiaojun,MA Zhixian,LI Xiaosong,JI Li,WANG Xiaofeng. Free super-thin peroneal artery perforator flap containing neurovascular axis for coverage of hand or foot tissue defects[J]. Zhonghua Chuang Shang Za Zhi[Chin J Trauma(Article in Chinese;Abstract in Chinese and English)],2017,33(4):355-361. DOI:10.3760/cma.j.issn.1001-8050.2017.04.014.}

[8783] 方辉，颜翼. 游离超薄股前外侧穿支皮瓣修复手部及足踝部皮肤软组织缺损[J]. 实用手外科杂 志，2017，31（1）：85-87. DOI：10.3969/j.issn.1671-2722.2017.01.028. {FANG Hui,YAN Yi. Free ultra-thin femoral anterolateral perforator flap in repairing skin and soft tissue defect of hand or foot and ankle[J]. Shi Yong Shou Wai Ke Za Zhi[Chin J Pract Hand Surg(Article in Chinese;Abstract in Chinese and English)],2017,31(1):85-87. DOI:10.3969/j.issn.1671-2722.2017.01.028.}

[8784] 宋达疆，李赞，周晓，谢松林. 游离带感觉超薄股前外侧穿支皮瓣修复（足母）甲瓣供区创面的疗效观察[J]. 中国修复重建外科杂志，2017，31（8）：987-991. DOI：10.7507/1002-1892.201703122. {SONG Dajiang,LI Zan,ZHOU Xiao,XIE Songlin. Repair of the donor defect after wrap-around flap transfer with free thinned innervated anterolateral thigh perforator flap[J]. Zhongguo Xiu Fu Chong Jian Wai Ke Za Zhi[Chin J Repar Reconstr Surg(Article in Chinese;Abstract in Chinese and English)],2017,31(8):987-991. DOI:10.7507/1002-1892.201703122.}

[8785] 杨思奋，王春梅，刘龙灿，许开元，肖树朋，梅劲，闫伦. 肩颈胸部扩张超薄穿支皮瓣修复面部大面积烧伤瘢痕的临床效果[J]. 中华烧伤杂志，2019，35（9）：661-667. DOI：10.3760/cma.j.issn.1009-2587.2019.09.004. {YANG Sifen,WANG Chunmei,LIU Longcan,XU Kaiyuan,XIAO Shupeng,MEI Jing,YAN Lun. Clinical effects of expanded super-thin perforator flaps in the shoulder,neck,and chest in reconstruction of extensive burn scars in the face[J]. Zhonghua Shao Shang Za Zhi[Chin J Burns(Article in Chinese;Abstract in Chinese and English)],2019,35(9):661-667. DOI:10.3760/cma.j.issn.1009-2587.2019.09.004.}

4.1.9.28 Free-Style（自由型，随意型）游离皮瓣和超级显微外科

free-style free flaps and supermicrosurgery

[8786] Bhat S,Shah A,Burd A. The role of freestyle perforator-based pedicled flaps in reconstruction of delayed traumatic defects[J]. Ann Plast Surg,2009,63(1):45-52. doi:10.1097/SAP.0b013e318189383d.

[8787] Liu Y,Song B,Jin J,Zhu S,Pan L. A freestyle pedicled thoracodorsal artery perforator flap aiding the donorsite closure of a parascapular flap[J]. J Plast Reconstr Aesthet Surg,2010,63(3):e280-282. doi:10.1016/j.bjps.2009.05.033.

[8788] Zang M,Yu S,Xu L,Zhao Z,Ding Q,Guo L,Liu Y. Freestyle perforator-based propeller flap of medial arm for medial elbow reconstruction[J]. Microsurgery,2015,35(5):411-414. doi:10.1002/micr.22358.

[8789] Yang SF,Wang CM,Ono S,Xu W,Xu KY,Pu LL. The value of multidetector row computed tomography angiography for preoperative planning of freestyle pedicled perforator flaps[J]. Ann Plast Surg,2016,77(6):669-673. doi:10.1097/SAP.0000000000000728.

[8790] Song D,Pafitanis G,Yang P,Narushima M,Li Z,Liu L,Wang Z. Innervated dorsoradial perforator free flap:A reliable supermicrosurgery fingertip reconstruction technique[J]. J Plast Reconstr Aesthet Surg,2017,70(8):1001-1008. doi:10.1016/j.bjps.2017.05.038.

[8791] Qian Y,Li G,Zang H,Cao S,Liu Y,Yang K,Mu L. A systematic review and meta-analysis of free-style flaps:risk analysis of complications[J]. Plast Reconstr Surg Glob Open,2018,6(2):e1651. doi:10.1097/GOX.0000000000001651.

[8792] Li H,Wang Z,Gu B,Gao Y,Xie F,Zhu H,Li Q,Zan T. Postburn neck reconstruction with preexpanded upper back perforator flaps:free-style design and an update of treatment strategies[J]. Ann Plast Surg,2018,81(1):45-49. doi:10.1097/SAP.0000000000001491.

[8793] Yu D,Cao S,Zhang S. The application of a jigsaw puzzle flap based on a freestyle perforator and an aesthetic unit for large facial defects[J]. J Craniofac Surg,2019,30(5):1529-1532. doi:10.1097/SCS.0000000000005350.

[8794] Wang KL,Zhang ZQ,Buckwalter JA,Yang Y. Supermicrosurgery in fingertip defects-split tibial flap of the second toe to reconstruct multiple fingertip defects:A case report[J]. World J Clin Cases,2019,7(17):2562-2566. doi:10.12998/wjcc.v7.i17.2562.

[8795] Wei J,Chen Q,Herrler T,Xu H,Li Q,He J,Dai C. Supermicrosurgical reconstruction of nasal tip defects using the preauricular reversed superficial temporal artery flap[J]. J Plast Reconstr Aesthet Surg,2020,73(1):58-64. doi:10.1016/j.bjps.2019.06.028.

[8796] An L,Sun W,Wu L,Feng Y,Shao J,Zhang S,Wang Y,Yu D. Design of a reliable surgery process for large back defects:Jigsaw puzzle flap concept based on free-style perforator[J]. Asian J Surg,2020,43(9):932-934. doi:10.1016/j.asjsur.2020.02.005.

[8797] 陈洁，蒋灿华，尹乒，杨龙，吴晓珊，黄龙，翦新春. 股前外侧free-style穿支皮瓣在口腔颌面部缺损修复重建中的应用[J]. 中华显微外科杂志，2015，38（1）：20-24. DOI：10.3760/cma.j.issn.1001-2036.2015.01.006. {CHEN Jie,JIANG Canhua,YIN Bing,YANG Long,WU Xiaoshan,HUANG Long,JIAN Xinchun. Application of vascularized anterolateral thigh perforator flap harvested with free-style approach in oral and maxillofacial reconstruction[J]. Zhonghua Xian Wei Wai Ke Za Zhi[Chin J Microsurg(Article in Chinese;Abstract in Chinese and English)],2015,38(1):20-24. DOI:10.3760/cma.j.issn.1001-2036.2015.01.006.}

[8798] 陈步国，朱辉，郑大伟，孙峰，李刚，董自强，寿奎水. 自由设计的穿支皮瓣在腓肠神经皮瓣供区修复中的应用[J]. 中华整形外科杂志，2015，31（6）：456-457. DOI：10.3760/cma.j.issn.1009-4598.2015.06.014. {CHEN Buguo,ZHU Hui,ZHENG Dawei,SUN Feng,LI Gang,DONG Ziqiang,SHOU Kuishui. Application of freely designed perforator flap in the repair of sural nerve flap donor site[J]. Zhonghua Zheng Xing Wai Ke Za Zhi[Chin J Plast Surg(Article in Chinese;No abstract available)],2015,31(6):456-457. DOI:10.3760/cma.j.issn.1009-4598.2015.06.014.}

[8799] 胡浩良，李学渊，费剑荣，周晓玲，刘林海，王欣，陈宏. Free-style概念在小腿穿支螺旋桨皮瓣设计及切取中的应用[J]. 中华显微外科杂志，2017，40（2）：190-192. DOI：10.3760/cma.j.issn.1001-2036.2017.02.025. {HU Haoliang,LI Xueyuan,FEI Jianrong,ZHOU Xiaoling,LIU Linghai,WANG Xin,CHEN Hong. Application of free-style concept in the design and harvest of leg perforating propeller flap[J]. Zhonghua Xian Wei Wai Ke Za Zhi[Chin J Microsurg(Article in Chinese;Abstract in Chinese)],2017,40(2):190-192. DOI:10.3760/cma.j.issn.1001-2036.2017.02.025.}

[8800] 何晓清，徐永清. 超级显微外科介绍[J]. 创伤外科杂志，2017，19（1）：1-4. DOI：10.3969/j.issn.1009-4237.2017.01.001. {HE Xiaoqing,XU Yongqing. An introduction to supermicrosurgery[J]. Chuang Shang Wai Ke Za Zhi[J Traum Surg(Article in Chinese;Abstract in Chinese and English)],2017,19(1):1-4. DOI:10.3969/j.issn.1009-4237.2017.01.001.}

[8801] 胡浩良，李学渊，范学锴，毛维晟，王欣，陈宏，章伟文. Free-style概念在特殊肌皮穿支型股前外侧皮瓣的应用[J]. 中华显微外科杂志，2019，42（5）：477-479. DOI：10.3760/cma.j.issn.1001-2036.2019.05.014. {HU Haoliang,LI Xueyuan,FAN Xuekai,MAO Weisheng,WANG Yin,CHENG hong,ZHANG Weiwen. Application of free-style concept in special musculocutaneous perforator anterolateral thigh flap[J]. Zhonghua Xian Wei Wai Ke Za Zhi[Chin J Microsurg(Article in Chinese;Abstract in Chinese)],2019,42(5):477-479. DOI:10.3760/cma.j.issn.1001-2036.2019.05.014.}

[8802] 孙广峰，吴必华，祁建平，聂开瑜，李书俊，金文虎，魏在荣，王达利. 臀部自由穿支皮瓣治疗骶尾部Ⅳ度压疮[J]. 中华整形外科杂志，2019，35（1）：56-58. DOI：10.3760/cma.j.issn.1009-4598.2019.01.013. {SUN Guangfeng,WU Bihua,HAO Jianping,NIE Kaiyu,LI Shujun,JIN Wenhu,WEI Zairong,WANG Dali. The experience of free perforators flap in the treatment of patients with Ⅳ degree ischia-sacral ulcer[J]. Zhonghua Zheng Xing Wai Ke Za Zhi[Chin J Plast Surg(Article in Chinese;Abstract in Chinese and English)],2019,35(1):56-58. DOI:10.3760/cma.j.issn.1009-4598.2019.01.013.}

[8803] 余道江，曹世坤，蔡卫超，孙卫，韩文雅，伍丽君，于文渊，庄卉如，赵天兰. 基于美容单位的自由式穿支皮瓣在面部肿瘤切除后缺损修复中的应用[J]. 中华整形外科杂志，2019，35（11）：1096-1101. DOI：10.3760/cma.j.issn.1009-4598.2019.11.008. {YU Daojiang,CAO Shikun,CAI Weichao,SUN Wei,HAN Wenya,WU Lijun,YU Wenyuan,ZHUANG Huiru,ZHAO Tianlan. Clinical effect of using free-style perforator flap based on aesthetic units on facial reconstruction after tumor resection[J]. Zhonghua Zheng Xing Wai Ke Za Zhi[Chin J Plast Surg(Article in Chinese;Abstract in Chinese and English)],2019,35(11):1096-1101. DOI:10.3760/cma.j.issn.1009-4598.2019.11.008.}

[8804] 余道江，孙卫，伍丽君，于文渊，曹世坤，蔡卫超，赵天兰. 自由式穿支皮瓣在膝部软组织缺损修复中的应用[J]. 中国修复重建外科杂志，2019，33（11）：1424-1428. DOI：10.7507/1002-1892.201904121. {YU Daojiang,SUN Wei,WU Lijun,YU Wenyuan,CAO Shikun,CAI Weichao,ZHAO Tianlan. Application of free-style perforator flap for soft tissue defect of knee[J]. Zhongguo Xiu Fu Chong Jian Wai Ke Za Zhi[Chin J Repar Reconstr Surg(Article in Chinese;Abstract in Chinese and English)],2019,33(11):1424-1428. DOI:10.7507/1002-1892.201904121.}

[8805] 陈黎明，徐立炜，刘毅，王刚. 臀部自由穿支螺旋桨皮瓣修复臀部深度创面的效果[J]. 中华烧伤杂 志，2020，36（2）：106-109. DOI：10.3760/cma.j.issn.1009-2587.2020.02.005. {CHEN Liming,XU Liwei,LIU Yi,WANG Gang. Effects of free perforator propeller flap from buttock in repairing deep wound of buttock[J]. Zhonghua Shao Shang Za Zhi[Chin J Burns(Article in Chinese;Abstract in Chinese and English)],2020,36(2):106-109. DOI:10.3760/cma.j.issn.1009-2587.2020.02.005.}

[8806] 杨远明，王先成，熊祥，孙杨，孟宪熙，梁瑛，李文波，李晓芳，曾芳琳，胡一鸣，常劲远. 自由式局部穿支皮瓣在臀部褥疮修复中的应用[J]. 中华整形外科杂志，2020，36（5）：531-535. DOI：10.3760/cma.j.cn114453-20191017-00310. {YANG Yuanming,WANG Xiancheng,XIONG Xiang,SUN Yang,MWENG Xianxi,LIANG Ying,LI Wenbo,LI

Xiaofang,ZENG Fanglin,HU Yiming,CHANG Jinyuan. Application of local free-style perforator flap in repairing gluteal bedsores[J]. Zhonghua Zheng Xing Wai Ke Za Zhi[Chin J Plast Surg(Article in Chinese;Abstract in Chinese and English)],2020,36(5):531-535. DOI:10.3760/cma.j.cn114453-20191017-00310.}

4.1.10 皮瓣供区并发症
complication of flap donor site

[8807] 王绥江，罗少军，金玉丹，汤少明，梁杰，吕端远．前臂外侧皮神经－头静脉营养血管筋膜皮瓣供区并发症分析 [J]．中国临床解剖学杂志，2007，25（6）：702-704．DOI：10.3969/j.issn.1001-165X.2007.06.027．{WANG Lvjiang,LUO Shaojun,jin Yudan,TANG Shaoming,LIANG Jie,LV Duanyuan. Radial forearm neurovenofasciocutaneous flap donorsite complications and morbidity[J]. Zhongguo Lin Chuang Jie Pou Xue Za Zhi[Chin J Clin Anat(Article in Chinese;Abstract in Chinese and English)],2007,25(6):702-704. DOI:10.3969/j.issn.1001-165X.2007.06.027.}

[8808] 文根，柴益民，吴旭华，康庆林，曾炳芳．股前外侧皮瓣供区并发症的防治 [J]．中华显微外科杂志，2009，32（6）：461-463．DOI：10.3760/cma.j.issn.1001-2036.2009.06.010．{WEN Gen,CHAI Yiming,WU Xuhua,KANG Qinglin,ZENG Bingfang. The donor site morbidity of the anterolateral thigh flap and its coantermeasure[J]. Zhonghua Xian Wei Wai Ke Za Zhi[Chin J Microsurg(Article in Chinese;Abstract in Chinese and English)],2009,32(6):461-463. DOI:10.3760/cma.j.issn.1001-2036.2009.06.010.}

[8809] 文根，吴旭华，柴益民，康庆林，曾炳芳．股前外侧皮瓣供区并发症的分析 [J]．中国修复重建外科杂志，2009，23（10）：1177-1179．{WEN Gen,WU Xuhua,CHAI Yiming,KANG Qinglin,ZENG Bingfang. Analysis of the donorsite complications of the anterolateral thigh flap[J]. Zhongguo Xiu Fu Chong Jian Wai Ke Za Zhi[Chin J Repar Reconstr Surg(Article in Chinese;Abstract in Chinese and English)],2009,23(10):1177-1179.}

[8810] 芮永军，张雁，施海峰，陆征峰，张志海，糜菁熠，薛明宇，吴永伟，刘军．穿支定位技术在预防股前外侧皮瓣供区并发症中的应用 [J]．中华显微外科杂志，2016，39（6）：529-533．DOI：10.3760/cma.j.issn.1001-2036.2016.06.004．{RUI Yongjun,ZHANG Yan,SHI Haifeng,LU Zhengfeng,ZHANG Zhihai,MI Qingyi,XUE Mingyu,WU Yongwei,LIU Jun. Application of perforators positioning technique in preventing anterolateral thigh flap donor site complications[J]. Zhonghua Xian Wei Wai Ke Za Zhi[Chin J Microsurg(Article in Chinese;Abstract in Chinese and English)],2016,39(6):529-533. DOI:10.3760/cma.j.issn.1001-2036.2016.06.004.}

[8811] 常树森，何春念，金文虎．股前外侧皮瓣的供区并发症 [J]．中华显微外科杂志，2018，41（1）：101-104．DOI：10.3760/cma.j.issn.1001-2036.2018.01.030．{CHANG Shusen,HE Chunnian,JIN Wenhu. Complications of donor site after anterolateral thigh flap transplantation[J]. Zhonghua Xian Wei Wai Ke Za Zhi[Chin J Microsurg(Article in Chinese;No abstract available)],2018,41(1):101-104. DOI:10.3760/cma.j.issn.1001-2036.2018.01.030.}

[8812] 李雷，周正虎，唐林峰，邓伟，巨积辉．股前外侧皮瓣修复全足皮肤脱套伤术后并发供区股静脉血栓形成一例 [J]．中华显微外科杂志，2018，41（5）：517-518．DOI：10.3760/cma.j.issn.1001-2036.2018.05.031．{LI Lei,ZHOU Zhenghu,TANF Linfeng,DENG Wei,JU Jifeng. the degloving injury of whole foot skin was complicated with femoral vein thrombosis at the donor site after repaired by The anterolateral thigh flap[J]. Zhonghua Xian Wei Wai Ke Za Zhi[Chin J Microsurg(Article in Chinese;No abstract available)],2018,41(5):517-518. DOI:10.3760/cma.j.issn.1001-2036.2018.05.031.}

4.2 头颈部皮瓣
head and neck flap

[8813] Wang TD. Subtotal laryngectomy and immediate extensive reconstruction with cervical skin flap[J]. Chin Med J,1987,100(3):185-191.

[8814] Wang TD,Zhu P. Vertical frontal subtotal laryngectomy and immediate reconstruction of larynx with cervical skin flap[J]. Chin Med J,1990,103(11):921-924.

[8815] Li A,Wang T. Laryngotracheal flap for reconstruction of hypopharynx and upper esophagus after resection of advanced pyriform sinus cancer[J]. Chin Med J,1995,108(1):48-51.

[8816] Jiang HQ,Wang Y,Hu XB,Li YS,Li JS. Composite tissue allograft transplantation of cephalocervical skin flap and two ears[J]. Plast Reconstr Surg,2005,115(3):31e-35e; discussion 36e-37e. doi:10.1097/01.prs.0000153038.31865.02.

4.2.1 额瓣、阿贝瓣
forehead flap,Abbe flap

[8817] Zhou LY,Hu QY. Median forehead island skin flap for the correction of severely collapsed nose[J]. Ann Plast Surg,1989,22(6):516-522. doi:10.1097/00000637-198906000-00008.

[8818] Fan J,Liu Y,Liu L,Gan C. Aesthetic pubic reconstruction after electrical burn using a portion of hair-bearing expanded free-forehead flap[J]. Aesthetic Plast Surg,2009,33(4):643-646. doi:10.1007/s00266-008-9216-9.

[8819] Xue CY,Li L,Guo LL,Li JH,Zhang ML,Xing X. The axial frontonasal flap for reconstruction of large nasal-tip defects based on modified nasal subunits in East Asians[J]. Clin Exp Dermatol,2009,34(3):426-428. doi:10.1111/j.1365-2230.2008.03103.x.

[8820] Yan W,Zhao ZM,Yin NB,Song T,Li HD,Wu D,Gao F,Wang XG. A new modified forked flap and a reverse V shaped flap for secondary correction of bilateral cleft lip nasal deformities[J]. Chin Med J,2011,124(23):3993-3996.

[8821] Zeng QX,Wang T. The combination of modified small forked flap and Tajima incision in the reconstruction of bilateral cleft lip nasal deformities[J]. Plast Reconstr Surg,2012,130(6):912e-913e. doi:10.1097/PRS.0b013e31826da15a.

[8822] Xiang XF,Cheng B,Tang JB,Wu YH,Xuan M,Peng Y. The scalping forehead flap for 1-stage reconstruction of large facial defects after tumor resection[J]. J Craniofac Surg,2013,24(4):e346-347. doi:10.1097/SCS.0b013e31828f2d8a.

[8823] Wang L,Xu F,Fan GK,Li W,Shen L. Forehead flap for simultaneous reconstruction after head and neck malignant tumor resection[J]. Ann Plast Surg,2014 Mar 28. doi:10.1097/SAP.0000000000000023. Online ahead of print.

[8824] Su W,Min P,Sadigh P,Grassetti L,Lazzeri D,Munnee K,Pu Z,Zhang Y. Bipedicled preexpanded forehead flaps for simultaneous reconstruction of total nasal and upper lip subunits:a novel approach to complex facial resurfacing[J]. J Reconstr Microsurg,2016,32(5):411-414. doi:10.1055/s-0036-1583933.

[8825] Wei J,Chiang CA,Zhou D,Li Q,Liu K. Domino flaps for repairing of secondary bilateral cleft lip with severe columella deformity[J]. J Craniofac Surg,2017,28(1):17-20. doi:10.1097/SCS.0000000000003187.

[8826] An J,Chen X,Sun Y. Pentoxifylline intervention and drug action in scalping forehead flap for large temporal cutaneous defects[J]. Pak J Pharm Sci,2017,30(3Special):1173-1177.

[8827] He J,Xu H,Wang T,Zhang Y,Dong J,Wei J,Dai C. Simultaneous reconstruction of columella and philtrum using prolabial flap combined with Abbe flap in secondary bilateral cleft lip and nasal deformity[J]. J Craniomaxillofac Surg,2018,46(1):1-5. doi:10.1016/j.jcms.2017.10.014.

[8828] Ni HC,Wang JC,Sun JM,Guo NQ. Expanded paramedian forehead flaps for nasal defects:beyond aesthetic subunits[J]. Ann Plast Surg,2018,81(6S Suppl 1):S54-S58. doi:10.1097/SAP.0000000000001371.

[8829] Wu J,Qing Y,Cen Y,Chen J. Frontal axial pattern flap combined with hard palate mucosa transplant in the reconstruction of midfacial defects after the excision of huge basal cell carcinoma[J]. World J Surg Oncol,2018,16(1):120. doi:10.1186/s12957-018-1421-7.

[8830] Liang Y,Yang Y,Wu Y. Correction of labial tubercle defect in repaired bilateral cleft lips using bilateral vermilion musculomucosal sliding flaps:Case series[J]. Medicine(Baltimore),2019,98(29):e16161. doi:10.1097/MD.0000000000016161.

[8831] Chen L,Wang Z,Zhang S,Gong Z,Wang K,Wu H. A novel method for reconstruction of the lower lip after lip cancer ablation:double abbe flap[J]. J Oral Maxillofac Surg,2020,78(3):488.e1-488.e10. doi:10.1016/j.joms.2019.10.021.

[8832] Zhang WC,Liu Z,Wang X,Dong R,Zeng A,Yu N,Zhu L,Long F,Si L,Teng Y. Refinements of the application of paramedian forehead flap in nasal defects repair in Asian patients[J]. J Cosmet Dermatol,2020,19(8):2041-2048. doi:10.1111/jocd.13273.

[8833] Lian C,Li XL,Liu XJ. Modified supratrochlear artery forehead island flap:a novel approach for 1-stage reconstruction of nasal defects[J]. Ear Nose Throat J,2020 Mar 5. 145561319900389. doi:10.1177/0145561319900389. Online ahead of print.

[8834] Ding F,Huang C,Sun D,Zhu Z,Yang J,Jin R,Luo X. Combination of extended paramedian forehead flap and laser hair removal in the reconstruction of distal nasal defect[J]. Ann Plast Surg. 2021 Mar 1;86(3 Suppl 2):S293-S298. doi:10.1097/SAP.0000000000002588.

[8835] 廖仿荣，区深明，曾宗渊，赖国强，陈直华，陈福进，魏茂文，伍国号，谢汝华，李振权．前额皮瓣在头颈癌瘤术后缺损修复中的应用 [J]．中山医科大学学报，1986，7（2）：87-88．{LIAO Fangrong,QU Shenming,ZENG Zongzhou,LAI Guoqiang,CHEN Zhihua,CHEN Fujin,WEI Maowen,WEI Guohao,XIE Ruhua,LI Zhenquan. The application of forehead flap in repairing postoperative defect of head and neck cancer[J]. Zhong Shan Yi Ke Da Xue Xue Bao[Acad J SUMS(Article in Chinese;Abstract in Chinese)],1986,7(2):87-88.}

[8836] 吕春堂，毛天球，沈宁江．滑车上动脉额部岛状皮瓣在鼻整复上的应用 [J]．中华耳鼻咽喉科杂志，1988，23（5）：286-287．{LV Chuntang,MAO Tianqiu,SHEN Ningjiang. The application of supratrochlear arterial frontal island flap in nasal reconstruction[J]. Zhonghua Er Bi Yan Hou Ke Za Zhi[Chin J Otorhinolaryngol(Article in Chinese;No abstract available)],1988,23(5):286-287.}

[8837] 高登群，华晔，粟均茹，夏双印，杨大平，郝立君．改良前额岛状皮瓣修复面部皮肤缺损 [J]．中国修复重建外科杂志，1993，7（1）：9-10，61-62．{GAO Dengqun,HUA Ye,SU Junru,XIA Shuangying,YANG Daping,HAO Lijun. Modified prefrontal island flap for repairing facial skin defect[J]. Zhongguo Xiu Fu Chong Jian Wai Ke Za Zhi[Chin J Repar Reconstr Surg(Article in Chinese;Abstract in Chinese)],1993,7(1):9-10,61-62.}

[8838] 夏双印，杨大平，郝立君，蒋海越，王洁，高登群．皮肤扩张后的前额部岛状皮瓣修复面部皮肤缺损 [J]．中国修复重建外科杂志，1993，7（4）：257-258．{XIA Shuangyin,YANG Daping,HAO Lijun,JIANG Haiyue,WANG Jie,GAO Dengqun. The forehead island flap with skin expansionis fou the repair of the facial skin defect[J]. Zhongguo Xiu Fu Chong Jian Wai Ke Za Zhi[Chin J Repar Reconstr Surg(Article in Chinese;No abstract available)],1993,7(4):257-258.}

[8839] 鲁伟，张骏诚，金艳，杨湛，谢春，李杰．胸大肌肌皮瓣、额部皮瓣整复面颊部洞穿性缺损一例 [J]．中华整形外科杂志，2001，17（4）：217．DOI：10.3760/j.issn：1009-4598.2001.04.028．{LU Wei,ZHANG Juncheng,JIN Yan,YANG Zhan,XIE Chun,LI Jie. Reconstruction of perforation defect of cheek by pectoralis major musculocutaneous flap and frontal flap in one case[J]. Zhonghua Zheng Xing Wai Ke Za Zhi[Chin J Plast Surg(Article in Chinese;No abstract available)],2001,17(4):217. DOI:10.3760/j.issn:1009-4598.2001.04.028.}

[8840] 刘帅明，李津军，李辉建，林学顺，李德昌．一侧颞浅动脉岛状全额皮瓣修复颅顶巨大缺损三例 [J]．中华烧伤杂志，2003，19（1）：59．DOI：10.3760/cma.j.issn.1009-2587.2003.01.031．{LIU Shuaiming,LI Jingjun,LI Huijian,LIN Xueshun,LI Dchang. One-side superficial temporal artery island flap with whole forehead was used to repair the huge defect of the cranial top in 3 cases[J]. Zhonghua Shao Shang Za Zhi[Chin J Burns(Article in Chinese;No abstract available)],2003,19(1):59. DOI:10.3760/cma.j.issn.1009-2587.2003.01.031.}

[8841] 游文健，刘韵，李文平，展望．额部皮瓣在面颊部缺损修复中的应用 [J]．中华显微外科杂志，2008，31（4）：301-302．DOI：10.3760/cma.j.issn.1001-2036.2008.04.027．{YOU Wenjian,LIU Yun,LI Wenping,ZHAN Wang. The application of forehead flap in the repair of cheek defect[J]. Zhonghua Xian Wei Wai Ke Za Zhi[Chin J Microsurg(Article in Chinese;Abstract in Chinese)],2008,31(4):301-302. DOI:10.3760/cma.j.issn.1001-2036.2008.04.027.}

[8842] 张培华，郝新光，罗少军，梁杰，李瑾．应用颞浅动脉全额皮瓣修复颜面部组织缺损 [J]．中华显微外科杂志，2010，33（5）：415-417．DOI：10.3760/cma.j.issn.1001-2036.2010.05.025．{ZHANG Peihua,HAO Xinguang,LUO Shaojun,LIANG Jie,LI Jingjin. The superficial temporal artery forehead flap was applied to repair the facial tissue defect[J]. Zhonghua Xian Wei Wai Ke Za Zhi[Chin J Microsurg(Article in Chinese;Abstract in Chinese)],2010,33(5):415-417. DOI:10.3760/cma.j.issn.1001-2036.2010.05.025.}

[8843] 于晓波，赵延勇，庄洪兴，蒋海越，潘博，刘磊．双蒂额部扩张皮瓣修复颈部瘢痕挛缩畸形 [J]．中华整形外科杂志，2011，27（1）：19-22．DOI：10.3760/cma.j.issn.1009-4598.2011.01.006．{YU Xiaobo,ZHAO Yanyong,ZHUANG Hongxing,JIANG Haiyue,PAN Bo,LIU Lei. Application of bi-pedicled frontal expanded flap for cervical cicatricial contracture[J]. Zhonghua Zheng Xing Wai Ke Za Zhi[Chin J Plast Surg(Article in Chinese;Abstract in Chinese and English)],2011,27(1):19-22. DOI:10.3760/cma.j.issn.1009-4598.2011.01.006.}

[8844] 文辉才，刘文剑，姚玉婷，付建华，杨红华，刘伟，阎俊．额部扩张延迟岛状皮瓣修复面部大面积皮肤缺损 [J]．中华整形外科杂志，2011，27（4）：303-305．DOI：10.3760/cma.j.issn.1009-4598.2011.04.016．{LIU Huicai,LIU Wenjian,YAO Yuting,FU Jianhua,YANG Honghua,LIU Wei,YAN Jun. Frontal dilatation delayed island flap for repair of large facial skin defect[J]. Zhonghua Zheng Xing Wai Ke Za Zhi[Chin J Plast Surg(Article in Chinese;No abstract available)],2011,27(4):303-305. DOI:10.3760/cma.j.issn.1009-4598.2011.04.016.}

[8845] 谢义德，詹明坤，郭志辉，李铭，江成鸿，陈小松，周亚宽，黄拔瑞. 滑车上动脉蒂额部皮瓣在颜面部整形中的应用及其设计技巧 [J]. 第三军医大学学报，2013，35（1）：84-87. {XIE Yide,ZHAN Mingkun,GUO Zhihui,LI Min,JIANG Chenghong,CHEN Xiaosong,ZHOU Yakuan,HUANG Barui. The application and design of frontal flap pedicled by supratrochlear artery in facial plastic surgery[J]. Di San Jun Yi Da Xue Xue Bao[Acta Acad Med Mil Tert(Article in Chinese;Abstract in Chinese)],2013,35(1):84-87.}

[8846] 李莉，刘建宇，曹志红，张丽，张学兵，徐刚，赵宇辉. 双蒂额部扩张皮瓣治疗面部烧伤后口周瘢痕挛缩 15 例 [J]. 中华创伤杂志，2014，30（1）：47-48. DOI: 10.3760/cma.j.issn.1001-8050.2014.01.013. {LI Li,LIU Jianyu,CAO Zhihong,ZHANG Li,ZHANG Xuebing,XU Gang,ZHAO Yuhui. Treatment of 15 cases of perioral scar contracture after facial burn with double pedicled expanded forehead flap[J]. Zhonghua Chuang Shang Za Zhi[Chin J Trauma(Article in Chinese;No abstract available)],2014,30(1):47-48. DOI:10.3760/cma.j.issn.1001-8050.2014.01.013.}

[8847] 燕静杰，杨庆华，刘戈，黄婉璐. 应用颞浅及眶上滑车上血管为双蒂的额部扩张皮瓣修复面部缺损 [J]. 中华整形外科杂志，2014，30（1）：18-21. DOI: 10.3760/cma.j.issn.1009-4598.2014.01.006. {YAN Jingjie,YANG Qinghua,LIU Ge,HAUNG Wanlu. Reconstruction of facial defects with frontal expanded flaps bipedicled by superficial temple vessels and supraorbital/supratrochlear neurovascular bundles[J]. Zhonghua Zheng Xing Wai Ke Za Zhi[Chin J Plast Surg(Article in Chinese;Abstract in Chinese and English)],2014,30(1):18-21. DOI:10.3760/cma.j.issn.1009-4598.2014.01.006.}

[8848] 廖怀伟，文辉才，简雪平，杨红华，付建华，章杰，卢颖洁. 扩张额部皮瓣修复鼻尖鼻小柱缺损 [J]. 中华整形外科杂志，2016，32（5）：378-379. DOI: 10.3760/cma.j.issn.1009-4598.2016.05.013. {LIAO Huaiwei,WEN Huicai,JIAN Xueping,YANG Honghua,FU Jianhua,ZHANG Jie,LU Yingjie. Reconstruction of nasal tip and columella defect with expanded forehead flap[J]. Zhonghua Zheng Xing Wai Ke Za Zhi[Chin J Plast Surg(Article in Chinese;No abstract available)],2016,32(5):378-379. DOI:10.3760/cma.j.issn.1009-4598.2016.05.013.}

[8849] 李斌斌，陈长永，李文志，孙智. 额部、头皮扩张皮瓣联合激光脱毛修复儿童先天性面部巨痣 [J]. 中华整形外科杂志，2017，33（2）：102-105. DOI: 10.3760/cma.j.issn.1009-4598.2017.02.005. {LI Binbin,CHEN Changyong,LI Wenzhi,SUN Zhi. Frontal and scalp expanded skin flap combined with laser hair removal for children congenital facial giant nevi[J]. Zhonghua Zheng Xing Wai Ke Za Zhi[Chin J Plast Surg(Article in Chinese;Abstract in Chinese and English)],2017,33(2):102-105. DOI:10.3760/cma.j.issn.1009-4598.2017.02.005.}

[8850] 王千文，王佳琦，宋维铭，侯典举，王太玲，郭鑫，于浩. 额部扩张皮瓣在面颈部不同区域修复重建中的应用 [J]. 中华整形外科杂志，2017，33（z1）：43-49. DOI: 10.3760/cma.j.issn.1009-4598.2017.s1.010. {WANG Qianwen,WANG Jiaqi,SONG Weiming,HOU Dianju,WANG Tailing,GUO Xin,YU Hao. Application of expanded forehead flaps in reconstruction of different faciocervical units[J]. Zhonghua Zheng Xing Wai Ke Za Zhi[Chin J Plast Surg(Article in Chinese;Abstract in Chinese and English)],2017,33(z1):43-49. DOI:10.3760/cma.j.issn.1009-4598.2017.s1.010.}

[8851] 彭湃，丁健科，刘士强，唐银科，楚菲菲，王占统，董琛，陈淑强，马显杰. 扩张后额部皮瓣修复面中部病损的临床效果 [J]. 中华烧伤杂志，2019，35（12）：855-858. DOI: 10.3760/cma.j.issn.1009-2587.2019.12.005. {PENG Pai,DING Jianke,LIU Shiqiang,TANG Yinke,CHU Feifei,WANG Zhantong,DONG Tan,CHEN Shuqiang,MA Xianjie. Clinical effects of expanded forehead flaps in repairing midfacial defects[J]. Zhonghua Shao Shang Za Zhi[Chin J Burns(Article in Chinese;Abstract in Chinese and English)],2019,35(12):855-858. DOI:10.3760/cma.j.issn.1009-2587.2019.12.005.}

[8852] 温磊，王望舒，高海，耿雨佳，马奔驰，顿新星，邵英. 下唇 Abbe 皮瓣联合面颊部风筝推进皮瓣修复大面积上唇缺损 [J]. 中国修复重建外科杂志，2019，33（6）：778-780. DOI: 10.7507/1002-1892.201812029. {WEN Lei,WANG Wangshu,GAO Hai,GENG Yujia,MA Benchi,DUN Xinxing,SHAO Ying. Abbe flap of lower lip combined with Kite propulsion flap of cheek to repair large defect of upper lip[J]. Zhongguo Xiu Fu Chong Jian Wai Ke Za Zhi[Chin J Repair Reconstr Surg(Article in Chinese;Abstract in Chinese)],2019,33(6):778-780. DOI:10.7507/1002-1892.201812029.}

4.2.2 颞顶部、枕部筋膜（皮）瓣
temporal-parietal fascia flap,occipital fascia flap

[8853] Kuei SJ,Chen EC,Li SY. The use of temporal artery pedicle skin flaps in the repair of facial burns and other deformities[J]. Chin Med J,1964,83:65-79.

[8854] 桂世礽，陈恩济，李式瀛. 颞动脉皮瓣在颜面烧伤和其它畸形治疗上的应用 [J]. 中华外科杂志，1964，12（z1）：199-204. {GUI Shireng,CHEN Enji,LI Shiying. Application of temporal artery flap in the treatment of facial burns and other malformations[J]. Zhonghua Wai Ke Za Zhi[Chin J Surg(Article in Chinese;No abstract available)],1964,12(z1):199-204.}

[8855] 马世融，虞渝生. 颞浅血管蒂筋膜瓣一次完成耳廓成形一例 [J]. 中华耳鼻咽喉科杂志，1987，22（4）：207. {MA Shirong,YU Yusheng. a case of pinnaplasty with superficial temporal vascularized fascial flap in one time[J]. Zhonghua Er Bi Yan Hou Ke Za Zhi[Chin J Otorhinolaryngol(Article in Chinese;No abstract available)],1987,22(4):207.}

[8856] 张弘. 带蒂颞肌瓣乳突填塞术 22 例远期效果观察 [J]. 中华耳鼻咽喉科杂志，1987，22（6）：334. {ZHANG Hong. Long-term effect of mastoid tamponade with pedicled temporalis muscle flaps in 22 cases[J]. Zhonghua Er Bi Yan Hou Ke Za Zhi[Chin J Otorhinolaryngol(Article in Chinese;No abstract available)],1987,22(6):334.}

[8857] 谢卫国，李济时，王德运，王礼放. 对侧颞浅动脉岛状头皮瓣修复眉缺损 [J]. 修复重建外科杂志，1988，2（4）：41-42，49. {XIE Weiguo,LI Jishi,WANG Deyun,WANG Lifang. Repair of eyebrow defect with contralateral superficial temporal artery island head fla[J]. Zhongguo Xiu Fu Chong Jian Wai Ke Za Zhi[Chin J Repair Reconstr Surg(Article in Chinese;No abstract available)],1988,2(4):41-42,49.}

[8858] 吕春堂，周树夏，毛天球，斯方杰，李德伦，沈宁江. 颞筋膜组织瓣对颌面部组织缺损畸形的整复与重建 [J]. 修复重建外科杂志，1989，3（1）：32-35，51. {LV Chuntang,ZHOU Shuxia,MAO Tianqiu,SI Fangjie,LI Delun,SHEN Ningjiang. The reconstruction of maxillofacial tissue defect with temporal fascia fla[J]. Zhongguo Xiu Fu Chong Jian Wai Ke Za Zhi[Chin J Repair Reconstr Surg(Article in Chinese;No abstract available)],1989,3(1):32-35,51.}

[8859] 傅沛养，秦良忠. 带颞浅血管蒂组织瓣在整形外科的应用 [J]. 中华显微外科杂志，1992，15（2）：77-78. {FU Peiyang,QIN Liangzhong. Application of superficial temporal vascular pedicled tissue flap in plastic surgery[J]. Zhonghua Xian Wei Wai Ke Za Zhi[Chin J Microsurg(Article in Chinese;No abstract available)],1992,15(2):77-78.}

[8860] 王兰芝，郭玲，崔志宏. 内淋巴囊减压颞肌瓣覆盖术治疗 Ménière 病 21 例 [J]. 中华耳鼻咽喉科杂志，1992，27（1）：20. {WAANG Lanzhi,GUO Ling,CUIZhihong. Treatment of 21 cases of Meniere's disease by endolytic capsule decompression and temporalis muscle flap covering[J]. Zhonghua Er Bi Yan Hou Ke Za Zhi[Chin J Otorhinolaryngol(Article in Chinese;No abstract available)],1992,27(1):20.}

[8861] 王才根，龚旦，陆平，蒋永祥. 颧颞部转移皮瓣下睑重建 [J]. 中国修复重建外科杂志，1992，6（4）：222-223，257. {WANG Caigen,GONG Dan,LU Ping,JIANG Yongxiang. Reconstruction of lower eyelid with zygomatic temporal flap transfer[J]. Zhongguo Xiu Fu Chong Jian Wai Ke Za Zhi[Chin J Repair Reconstr Surg(Article in Chinese;Abstract in Chinese)],1992,6(4):222-223,257.}

[8862] 朱炎昌，蒋先惠. 带蒂延长颞肌瓣修补脑脊液鼻漏或耳漏 [J]. 中华神经外科杂志，1994，10（5）：53-54. {ZHU Yanchang,JIANG Xianhui. Repair of cerebrospinal fluid rhinorrhea or otorrhea with pedicled extended temporalis muscle flap[J]. Zhonghua Shen Jing Wai Ke Za Zhi[Chin J Neurosurg(Article in Chinese;No abstract available)],1994,10(5):53-54.}

[8863] 张小毛，刘明广，郑永福，韩庭义，罗时芝. 颞筋膜瓣和全厚皮片联合移植修复颌面部缺损 [J]. 解放军医学杂志，1994，19（2）：147-148. {ZHANG Xiaomao,LIU Mingguang,ZHENG Yongfu,HAN Tingyi,LUO Shizhi. Reconstruction of maxillofacial defect with temporal fascial flap combined with full thickness skin[J]. Jie Fang Jun Yi Xue Za Zhi[Med J Chin PLA(Article in Chinese;No abstract available)],1994,19(2):147-148.}

[8864] 孙弘. 带血管蒂颞筋膜瓣等多层组织一期修复感染性腮瘘 [J]. 中国修复重建外科杂志，1994，8（1）：18. {SUN Hong. The vascular pedicled temporal fascial flap and other multilayer tissues for the repair of the infective branchial fistula in one stage[J]. Zhongguo Xiu Fu Chong Jian Wai Ke Za Zhi[Chin J Repair Reconstr Surg(Article in Chinese;No abstract available)],1994,8(1):18.}

[8865] 赵永宏，刘东文，赵兴昌，张小青. 改良带蒂颞肌筋膜皮瓣一期重建乳突根治术腔和鼓膜 [J]. 中华耳鼻咽喉科杂志，1995，30（4）：253. {ZHAO Yonghong,LIU Dongwen,ZHAO Xingdong,ZHANG Xiaoqing. One stage reconstruction of mastoidectomy cavity and tympanic membrane with modified pedicled temporalis myofascial flap[J]. Zhonghua Er Bi Yan Hou Ke Za Zhi[Chin J Otorhinolaryngol(Article in Chinese;No abstract available)],1995,30(4):253.}

[8866] 高学宏，宁金龙，李晓静，展望，曹东升，张林. 带颞浅血管筋膜蒂的颅骨外板复合瓣移位修复额面部缺损 [J]. 安徽医科大学学报，1996，31（4）：492-493. {GAO Xuehong,NING Jinlong,LI Xiaojing,ZHAN Wang,CAO Dongsheng,ZHANG Lin. Superficial temporal vascular fascial outer-table calvarial bone flap transfer for repair of frontofacial defect[J]. An Hui Yi Ke Da Xue Xue Bao[Acta Univ Med Anhui(Article in Chinese;Abstract in Chinese and English)],1996,31(4):492-493.}

[8867] 钟础授，刘丹龙. 右颞顶枕后部双皮瓣修复头顶皮肤癌切除后缺损一例 [J]. 中国修复重建外科杂志，1996，10（1）：68. {ZHONG Chushou,LIU Danlong. The right temporoparietal occipital posterior double flap for the repair of the defect after skin cancer resection on the head[J]. Zhongguo Xiu Fu Chong Jian Wai Ke Za Zhi[Chin J Repair Reconstr Surg(Article in Chinese;No abstract available)],1996,10(1):68.}

[8868] 王笃权，李春芬，姚斌. 颞浅血管岛状瓣转移修复口腔颌面部组织缺损 20 例 [J]. 中华显微外科杂志，1997，20（2）：57. {WANG Duquan,LI Chunfen,YAO Bin. Superficial temporal vascular island flap transfer for the repair of oral and maxillofacial tissue defects in 20 cases[J]. Zhonghua Xian Wei Wai Ke Za Zhi[Chin J Microsurg(Article in Chinese;No abstract available)],1997,20(2):57.}

[8869] 高建华，罗锦辉，百束比古，张立宪，颜玲，文入正敏. 窄蒂并远端吻合血管的巨大枕颈背真皮下血管网薄皮瓣 [J]. 中华整形烧伤外科杂志，1997，13（2）：115-116. DOI: 10.3760/j.issn: 1009-4598.1997.02.013. {GAO Jianhua,LUO Jinhui,Hiko Hyakusoku,ZHANG Lixian,YAN Ling,WENRU Zhengmin. transfer of the narrow-pidicled thin occipital-cervical-dorsal flap with vascular anastomosis[J]. Zhonghua Zheng Xing Shao Shang Wai Ke Za Zhi[Chin J Plast Surg Burns(Article in Chinese;Abstract in Chinese and English)],1997,13(2):115-116. DOI:10.3760/j.issn:1009-4598.1997.02.013.}

[8870] 陈光宇，周刚，李罡，乔群，滕利，柳成. 眼轮匝肌蒂颞区皮瓣修复面部缺损 [J]. 中华整形烧伤外科杂志，1998，14：130-132. {CHRN Guangyu,ZHOU Gang,LI Gang,QIAO Qun,TENG Li,LIU Cheng. Repair of facial skin defect with the temporal myocutaneous flap pedicled with the orbicularis oculi muscle[J]. Zhonghua Zheng Xing Shao Shang Wai Ke Za Zhi[Chin J Plast Surg Burns(Article in Chinese;Abstract in Chinese and English)],1998,14:130-132.}

[8871] 汪春兰，李晓静，曹东升. 以眼轮匝肌为蒂颞侧皮瓣修复中颌面软组织缺损 [J]. 安徽医科大学学报，1998，33（2）：37-38. {WANG Chunlan,LI Xiaojing,CAO Dongsheng. The temporal flap pedicled with orbicularis oculi muscle for the repair of the soft tissue defect of the middle jaw[J]. An Hui Yi Ke Da Xue Xue Bao[Acta Univ Med Anhui(Article in Chinese;Abstract in Chinese)],1998,33(2):37-38.}

[8872] 方乃成，马毅军，邵高峰. 带蒂颞深筋膜瓣修复在重型颅脑损伤颞肌下减压术中的应用价值 [J]. 中华神经外科杂志，1999，15（2）：125. DOI: 10.3760/j.issn: 1001-2346.1999.02.024. {FANG Naicheng,MA Yijun,SHAO Gaofeng. the value of pedicled deep temporal fascia flap in subtemporalis decompression in severe craniocerebral injury[J]. Zhonghua Shen Jing Wai Ke Za Zhi[Chin J Neurosurg(Article in Chinese;No abstract available)],1999,15(2):125. DOI:10.3760/j.issn:1001-2346.1999.02.024.}

[8873] 方乃成，马毅军，邵高峰，何玉领，杜国森，赵明，金星火，陈江利. 带蒂颞深筋膜瓣修复张力性硬脑膜缺损 56 例 [J]. 中华创伤杂志，1999，15（1）：17. DOI: 10.3760/j: issn: 1001-8050.1999.01.043. {FANG Naicheng,MA Yijun,SHAO Gaofeng,HE Yuling,DU Guosen,ZHAO Ming,JIN Xinghuo,CHEN Jiangli. The pedicled deep temporal fascia flap was used to repair tension dural defect in 56 cases[J]. Zhonghua Chuang Shang Za Zhi[Chin J Trauma(Article in Chinese;No abstract available)],1999,15(1):17. DOI:10.3760/j:issn:1001-8050.1999.01.043.}

[8874] 陈光宇，周刚，滕利. 眼轮匝肌蒂颞区皮瓣一期修复鼻翼缺损一例 [J]. 中华整形外科杂志，1999，15（2）：128. DOI: 10.3760/j.issn: 1009-4598.1999.02.036. {CHRN Guangyu,ZHOU Gang,TENG Li. A case of temporal flap pedicled with orbicularis oculi muscle to repair alar defect in one stage[J]. Zhonghua Zheng Xing Wai Ke Za Zhi[Chin J Plast Surg(Article in Chinese;No abstract available)],1999,15(2):128. DOI:10.3760/j.issn:1009-4598.1999.02.036.}

[8875] 高莉莉，赵光喜. 颞侧眶缘翻转骨膜瓣矫正小睑裂畸形 [J]. 中华整形外科杂志，2000，16（1）：14. DOI: 10.3760/j.issn: 1009-4598.2000.01.006. {GAO Lili,ZHAO Guangxi. Correction of blepharophimosis with a temporal periosteal flap[J]. Zhonghua Zheng Xing Wai Ke Za Zhi[Chin J Plast Surg(Article in Chinese;Abstract in Chinese and English)],2000,16(1):14. DOI:10.3760/j.issn:1009-4598.2000.01.006.}

[8876] 邹丽剑，冯胜之，施耀明. 带蒂颞浅筋膜瓣复合真皮脂肪修复面部凹陷畸形的疗效评价 [J]. 中华整形外科杂志，2000，16（6）：340. DOI: 10.3760/j.issn: 1009-4598.2000.06.006. {ZOU Lijian,FENG Shengzhi,SHI Yaoming. Evaluation of derma and fat combined pedicled superficial temporal fascia flap for reconstruction of facial depression[J]. Zhonghua Zheng Xing Wai Ke Za Zhi[Chin J Plast Surg(Article in Chinese;Abstract in Chinese and English)],2000,16(6):340. DOI:10.3760/j.issn:1009-4598.2000.06.006.}

[8877] 张彬，唐平章，祁永发. 颞浅血管为蒂的帽状腱膜瓣修复头颈肿瘤术后缺损 [J]. 中华耳鼻咽喉科杂志，2000，35(1): 35-38. DOI: 10.3760/j.issn: 1673-0860.2000.01.011. {ZHANG Bin,TANG Pingzhang,QI Yongfa. Pedicled galeal flap in the reconstruction of head and neck tumor defects[J]. Zhonghua Er Bi Yan Hou Ke Za Zhi[Chin J Otorhinolaryngol(Article in Chinese;Abstract in Chinese and English)],2000,35(1):35-38. DOI:10.3760/j.issn:1673-0860.2000.01.011.}

[8878] 陈召伟，张福奎，蒋红，邵景祥，刘通. 颞浅动脉双蒂岛状组织瓣修复上颌窦洞穿伤一例 [J]. 中华整形外科杂志，2001，17（1）：61. DOI: 10.3760/j.issn: 1009-4598.2001.01.027. {CHEN Shaowei,ZHANG Fukui,JIANG Hong,SHAO Jingxiang,LIU Tong. Repair of maxillary sinus perforation injury by double pedicled island tissue flap of superficial temporal artery:a case report[J]. Zhonghua Zheng Xing Wai Ke Za Zhi[Chin J Plast Surg(Article in Chinese;No abstract available)],2001,17(1):61. DOI:10.3760/j.issn:1009-4598.2001.01.027.}

[8879] 朱石江，郎国荣．颞浅血管Y形蒂双岛状瓣修复颧部洞穿缺损一例[J]．中华整形外科杂志，2001，17(1)：62．DOI：10.3760/j.issn：1009-4598.2001.01.028．{ZHU Shijiang,LANG Guorong. Repair of zygomatic perforation defect with double island flap with Y-shaped pedicle from superficial temporal vessel in one case[J]. Zhonghua Zheng Xing Wai Ke Za Zhi[Chin J Plast Surg(Article in Chinese;No abstract available)],2001,17(1):62. DOI:10.3760/j.issn:1009-4598.2001.01.028.}

[8880] 宁金龙，孔祥安，李小静，张林．逆流颞顶筋膜瓣翻转修复顶额部缺损[J]．中华整形外科杂志，2001，17(1)：34-36．DOI：10.3760/j.issn：1009-4598.2001.01.010．{NING Jinlong,KONG Xiangan,LI Xiaojing,ZHANG Lin. Repair of the defect of frontoparietal region by a reversed-flow temporoparietal fascial flap[J]. Zhonghua Zheng Xing Wai Ke Za Zhi[Chin J Plast Surg(Article in Chinese;Abstract in Chinese and English)],2001,17(1):34-36. DOI:10.3760/j.issn:1009-4598.2001.01.010.}

[8881] 傅跃先，向代理，张显文，邱林，唐毅，王珊．颞浅动脉组织瓣修复儿童头面部畸形[J]．中国修复重建外科杂志，2001，15(1)：36-38．{FU Yuexian,XIANG Daili,ZHANG Xianwen,XIU Lin,TANG Yi,WANG Shan. Repairing deformity of the head and face with tissue flap pedicled with the superficial temporal artery in children[J]. Zhongguo Xiu Fu Chong Jian Wai Ke Za Zhi[Chin J Repar Reconstr Surg(Article in Chinese;Abstract in Chinese and English)],2001,15(1):36-38.}

[8882] 陈石海，周翔．颞筋膜瓣加植皮修复颅骨外露创面[J]．中国修复重建外科杂志，2001，15(3)：187．{CHEN Shihai,ZHOU Xiang. Temporal fascia flap combined with skin graft for the repair of the exposed wound of skull[J]. Zhongguo Xiu Fu Chong Jian Wai Ke Za Zhi[Chin J Repar Reconstr Surg(Article in Chinese;No abstract available)],2001,15(3):187.}

[8883] 杨彪炳，唐胜建，梁晓琴，牟少春，蔡霞．两面真皮夹带蒂颞浅筋膜瓣复合组织修复半面萎缩[J]．中华外科杂志，2002，40(1)：74-74．DOI：10.3760/j：issn：0529-5815.2002.01.031．{YANG Biaobing,TANG Shengjian,LIANG Xiaoqin,MOU Shaochun,CAI Xia. Compound tissue of two-side dermis pedicled superficial temporal fascia flap repaired hemifacial atrophy[J]. Zhonghua Wai Ke Za Zhi[Chin J Surg(Article in Chinese;No abstract available)],2002,40(1):74-74. DOI:10.3760/j:issn:0529-5815.2002.01.031.}

[8884] 张锋，陈光宇，范飞，李森恺，徐军，乔群，周刚．眼轮匝肌蒂颞区皮瓣的临床应用[J]．中华外科杂志，2002，40(7)：556．DOI：10.3760/j：issn：0529-5815.2002.07.029．{ZHANG Feng,CHEN Guangyu,FAN Fei,LI Senkai,XU Jun,QIAO Qun,ZHOU gang. Clinical application of temporal region flap pedicled with orbicularis oculi muscle[J]. Zhonghua Wai Ke Za Zhi[Chin J Surg(Article in Chinese;No abstract available)],2002,40(7):556. DOI:10.3760/j:issn:0529-5815.2002.07.029.}

[8885] 杨松林，朱晓海，万伟东，陶宏伟，张旭东，林子豪，郑江红．颞顶筋膜瓣包裹Medpor全外耳一期成形术[J]．中华整形外科杂志，2002，18(5)：285-287．DOI：10.3760/j.issn：1009-4598.2002.05.011．{YANG Songlin,ZHU Xiaohai,WAN Weidong,TAO Hongwei,ZHANG Xudong,LIN Zihao,ZHENG Jianghong. Auricular reconstruction with Medpor framework and temporal-parietal fascia flap[J]. Zhonghua Zheng Xing Wai Ke Za Zhi[Chin J Plast Surg(Article in Chinese;Abstract in Chinese and English)],2002,18(5):285-287. DOI:10.3760/j.issn:1009-4598.2002.05.011.}

[8886] 赵明，方乃成，郜高峰．带蒂颞深筋膜瓣在颅脑损伤后颅骨修补中的应用[J]．中华创伤杂志，2003，19(11)：664．DOI：10.3760/j：issn：1001-8050.2003.11.025．{ZHAO Ming,FANG Naicheng,HAO Gaofeng. Application of pedicled deep temporal fascia flap in cranial repair after craniocerebral injury[J]. Zhonghua Chuang Shang Za Zhi[Chin J Trauma(Article in Chinese;No abstract available)],2003,19(11):664. DOI:10.3760/j:issn:1001-8050.2003.11.025.}

[8887] 吴信峰，王锡勤，方方．颞部岛状分叉皮瓣修复外眦基底细胞癌一例[J]．中华整形外科杂志，2003，19(4)：313．DOI：10.3760/j.issn：1009-4598.2003.04.033．{WU Xinfeng,WANG Xiqin,FANG Fang. A case of temporal island bifurcation flap for repairing basal cell carcinoma of lateral canthus[J]. Zhonghua Zheng Xing Wai Ke Za Zhi[Chin J Plast Surg(Article in Chinese;No abstract available)],2003,19(4):313. DOI:10.3760/j.issn:1009-4598.2003.04.033.}

[8888] 于丹，陶智路．面侧旋转皮瓣修复眶下、颧、颞部缺损12例报道[J]．中国口腔颌面外科杂志，2003，1(3)：183-184．DOI：10.3969/j.issn.1672-3244.2003.03.016．{YU Dan,TAO Zhilu. Clinical appliance of lateral facial rotation flaps in repairing of the infraorbital,zygomatic and temporal defects[J]. Zhongguo Kou Qiang He Mian Wai Ke Za Zhi [Chin J Oral Maxillofac Surg(Article in Chinese;Abstract in Chinese and English)],2003,1(3):183-184. DOI:10.3969/j.issn.1672-3244.2003.03.016.}

[8889] 李永生，邹弘驹，赵斌．上颌窦癌切除后颞肌瓣移位即刻修复的临床应用[J]．中国修复重建外科杂志，2003，17(4)：346．{LI Yongsheng,ZOU Hongju,ZHAO Bin. Clinical application of temporal muscle flap transposition for immediate repair after resection of maxillary sinus carcinoma[J]. Zhongguo Xiu Fu Chong Jian Wai Ke Za Zhi[Chin J Repar Reconstr Surg(Article in Chinese;No abstract available)],2003,17(4):346.}

[8890] 廖立新，刘曾旭，赵英，李国辉，曾元临，郭光华，余于荣．枕动脉轴型头皮瓣修复头皮缺损[J]．中华整形外科杂志，2003，19(1)：68-69．DOI：10.3760/j.issn：1009-4598.2003.01.025．{LIAO Lixin,LIU Zengxu,ZHAO Ying,LI Guohui,ZENG Yuanlin,GUO Guanghua,YU Yurong. repair scalp defect by occipital artery axial flap of head[J]. Zhonghua Zheng Xing Wai Ke Za Zhi[Chin J Plast Surg(Article in Chinese;No abstract available)],2003,19(1):68-69. DOI:10.3760/j.issn:1009-4598.2003.01.025.}

[8891] 雷永德，李亚捷，陈昱云，戴成国，期俊辉，庄永辉．带蒂颞肌瓣在颅底骨折术中的应用[J]．创伤外科杂志，2004，6(2)：90-90．DOI：10.3969/j.issn.1009-4237.2004.02.034．{LEI Yongde,LI Yajie,CHEN Yuyun,DAI Chengguo,QI Junhui,ZHUANG Yonghui. Application of temporalis pedicle flap in treatment of fracture of cranial base[J]. Chuang Shang Wai Ke Za Zhi[J Traum Surg(Article in Chinese;Abstract in Chinese and English)],2004,6(2):90-90. DOI:10.3969/j.issn.1009-4237.2004.02.034.}

[8892] 黄金龙，刘育凤，章庆国，闻可．颞浅筋膜瓣在修复手部创面中的应用[J]．中华手外科杂志，2005，21(1)：36-37．DOI：10.3760/cma.j.issn.1005-054X.2005.01.015．{HUANG Jinlong,LIU Yufeng,ZHANG Qingguo,WEN Ke. Clinical application of temporoparietal fascial flap in the treatment of hand injuries and deformities[J]. Zhonghua Shou Wai Ke Za Zhi[Chin J Hand Surg(Article in Chinese;Abstract in Chinese and English)],2005,21(1):36-37. DOI:10.3760/cma.j.issn.1005-054X.2005.01.015.}

[8893] 郑永生，陈宗基，孙强，马涛．颞浅血管顺行与逆行岛状皮瓣的临床应用[J]．中华整形外科杂志，2005，21(1)：8-10．DOI：10.3760/j.issn：1009-4598.2005.01.002．{ZHENG Yongsheng,CHEN Zongji,SUN Qiang,MA Tao. The application of forward and reversal flow axial island flap based on the superficial temporal artery in the orbital skin defects[J]. Zhonghua Zheng Xing Wai Ke Za Zhi[Chin J Plast Surg(Article in Chinese;Abstract in Chinese and English)],2005,21(1):8-10. DOI:10.3760/j.issn:1009-4598.2005.01.002.}

[8894] 靳小雷，滕利，刘元波，朱晓峰，季滢，李养群，戚可名．不同供瓣区的颞浅动脉岛状皮瓣修复面部缺损[J]．中国修复重建外科杂志，2005，19(10)：843-844．{JIN Xiaolei,TENG Li,LIU Yuanbo,ZHU Xiaofeng,JI Ying,LI Yangqun,QI Keming. Superficial temporal artery island flaps of different donor regions for the repair of facial defects[J]. Zhongguo Xiu Fu Chong Jian Wai Ke Za Zhi[Chin J Repar Reconstr Surg(Article in Chinese;No abstract available)],2005,19(10):843-844.}

[8895] 张正文，康深松，俞海燕，翟弘峰．颞浅筋膜岛状瓣结合游离真皮脂肪修复单侧颜面萎缩症[J]．中华整形外科杂志，2006，22(1)：16-17．DOI：10.3760/j.issn：1009-4598.2006.01.004．{ZHANG Zhengwen,KANG Shensong,YU Haiyan,ZHAI Hongfeng. Combined superficial temporal fascial flap with free dermis-fat graft to reconstruct hemifacial atrophy[J]. Zhonghua Zheng Xing Wai Ke Za Zhi[Chin J Plast Surg(Article in Chinese;Abstract in Chinese and English)],2006,22(1):16-17. DOI:10.3760/j.issn:1009-4598.2006.01.004.}

[8896] 董佳生，刘天一．颞浅动静脉岛状皮瓣修复鼻翼缺损[J]．组织工程与重建外科杂志，2006，2(5)：264-266．DOI：10.3969/j.issn.1673-0364.2006.05.008．{DONG Jiasheng,LIU Tianyi. Repair of nosewing by microsurgical transfer of island flap with superficial temporal vessels[J]. Zu Zhi Gong Cheng Yu Chong Jian Wai Ke Za Zhi[J Tissue Eng Reconstr Surg(Article in Chinese;Abstract in Chinese and English)],2006,2(5):264-266. DOI:10.3969/j.issn.1673-0364.2006.05.008.}

[8897] 吴焱秋，柴家科，柳春明，关雪峰，朱志强，孙有志，戴承旺，陈宝驹．额部扩张双蒂轴型皮瓣修复老年患者颅顶部慢性难治性溃疡[J]．中国修复重建外科杂志，2007，21(9)：917-920．{WU Yanqiu,CHAI Jiake,LIU Chunming,GUAN Xuefeng,ZHU Zhiqiang,SUN Youzhi,DAI Chengwang,CHEN Baoju. Repair of immedicable ulcer in skull cap with expanded bipedical axial flap in senile patients[J]. Zhongguo Xiu Fu Chong Jian Wai Ke Za Zhi[Chin J Repar Reconstr Surg(Article in Chinese;Abstract in Chinese and English)],2007,21(9):917-920.}

[8898] 叶信海，周胜杰，王开元，陈熙．眶内容剜除术后一期改良颞肌瓣眼窝重建术一例[J]．中华整形外科杂志，2008，24(2)：166．DOI：10.3760/j.issn：1009-4598.2008.02.029．{YE Xinhai,ZHOU Shengjie,WANG Kaiyuan,CHEN Xi. One case of orbital socket reconstruction with improved temporal muscle flap after evisceration of the eye[J]. Zhonghua Zheng Xing Wai Ke Za Zhi[Chin J Plast Surg(Article in Chinese;No abstract available)],2008,24(2):166. DOI:10.3760/j.issn:1009-4598.2008.02.029.}

[8899] 夏双印，杨大平，陈伟华，夏昊晨．颞筋膜蒂乳突发际皮瓣修复前额发际皮肤缺损[J]．中华整形外科杂志，2008，24(3)：196-198．DOI：10.3760/j.issn：1009-4598.2008.03.009．{XIA Shuangyin,YANG Daping,CHEN Weihua,XIA Haochen. Reconstruction of skin defect at frontal hair line with mastoid fasciocutaneous island flap[J]. Zhonghua Zheng Xing Wai Ke Za Zhi[Chin J Plast Surg(Article in Chinese;Abstract in Chinese and English)],2008,24(3):196-198. DOI:10.3760/j.issn:1009-4598.2008.03.009.}

[8900] 王朝阳，朱世泽，吴文艺，陈志量，郑志芳．颞浅血管岛状皮瓣修复全耳垂缺损[J]．中华整形外科杂志，2008，24(6)：439-440．DOI：10.3760/j.issn：1009-4598.2008.06.007．{WANG Chaoyang,ZHU Shize,WU Wenyi,CHEN Zhiliang,ZHEN Zhifang. Island skin flap supplied by superficial temporal vessel for the whole ear lobe defect[J]. Zhonghua Zheng Xing Wai Ke Za Zhi[Chin J Plast Surg(Article in Chinese;Abstract in Chinese and English)],2008,24(6):439-440. DOI:10.3760/j.issn:1009-4598.2008.06.007.}

[8901] 吴为民，赵东刚，何德年，闫俊．颞浅动脉为蒂的岛状皮瓣一期修复巨大头皮及颅骨缺损[J]．组织工程与重建外科杂志，2008，4(3)：160-161．DOI：10.3969/j.issn.1673-0364.2008.03.011．{WU Weiming,ZHAO Donggang,HE Denian,YAN Jun. Primary repair on great defect of the scalp and skull bone by pedicle island flap based on superficial temporal artery[J]. Zu Zhi Gong Cheng Yu Chong Jian Wai Ke Za Zhi[J Tissue Eng Reconstr Surg(Article in Chinese;Abstract in Chinese and English)],2008,4(3):160-161. DOI:10.3969/j.issn.1673-0364.2008.03.011.}

[8902] 黄永新，詹新华，范金财，郑静伟，吴祖煌，陈建崇，刘世康．带双侧颞浅动静脉额支筋膜蒂的额部轴型扩张皮瓣修复下颌部瘢痕[J]．中华烧伤杂志，2010，26(4)：251-255．DOI：10.3760/cma.j.issn.1009-2587.2010.04.002．{HUANG Yongxin,ZHAN Xinhua,FAN Jincai,ZHENG Jingwei,WU Zuhuang,CHEN Jianchong,LIU Shikang. Repair of scars in submaxillary region using expanded forehead axial flaps with fascia pedicles carrying bilateral frontal branches of superficial temporal artery and vein[J]. Zhonghua Shao Shang Za Zhi[Chin J Burns(Article in Chinese;Abstract in Chinese and English)],2010,26(4):251-255. DOI:10.3760/cma.j.issn.1009-2587.2010.04.002.}

[8903] 陈文，李养群，唐勇，周传德，杨喆，赵穆欣，陈威威，胡春梅，张寒．眼轮匝肌蒂颞颧区扩张皮瓣修复眶下区皮肤缺损[J]．中华整形外科杂志，2010，26(6)：406-408．DOI：10.3760/cma.j.issn.1009-4598.2010.06.002．{CHEN Wen,LI Yangqun,TANG Yong,ZHOU Chunde,YANG Ji,ZHAO Muxin,CHEN Weiwei,HU Chunmei,ZHANG Han. Application of temporal-zygomatic expanded flaps pedicled with orbicularis oculi muscle for sub-orbital defects[J]. Zhonghua Zheng Xing Wai Ke Za Zhi[Chin J Plast Surg(Article in Chinese;Abstract in Chinese and English)],2010,26(6):406-408. DOI:10.3760/cma.j.issn.1009-4598.2010.06.002.}

[8904] 黄永新，范金财，刘立强，詹新华，郑静伟．双蒂颞浅动静脉筋膜轴型扩张皮瓣修复男性颌颈部瘢痕[J]．中华医学杂志，2010，90(26)：1820-1823．DOI：10.3760/cma.j.issn.0376-2491.2010.26.007．{HUANG Yongxin,FAN Jincai,LIU Liqiang,ZHAN Xinhua,ZHENG Jingwei. Repair of cervicofacial scar by forehead expansive skin flap double-pedicled with superficial temporal vessels[J]. Zhonghua Yi Xue Za Zhi[Natl Med J China(Article in Chinese;Abstract in Chinese and English)],2010,90(26):1820-1823. DOI:10.3760/cma.j.issn.0376-2491.2010.26.007.}

[8905] 于丽，赵作钧，王佳琦．面部除皱术中颞浅筋膜瓣转移覆盖眼轮匝肌治疗鱼尾纹[J]．中华整形外科杂志，2012，28(1)：6-8．DOI：10.3760/cma.j.issn.1009-4598.2012.01.002．{YU Li,ZHAO Zuojun,WANG Jiaqi. A new procedure to correct the crow's feet by covering the orbicularis oculi muscles with the superficial temporal fascia flap in rhytidectomy[J]. Zhonghua Zheng Xing Wai Ke Za Zhi[Chin J Plast Surg(Article in Chinese;Abstract in Chinese and English)],2012,28(1):6-8. DOI:10.3760/cma.j.issn.1009-4598.2012.01.002.}

[8906] 陈石海，于海生，刘庆丰，麦慧，韦强，廖明德．扩张颞浅血管蒂头部皮瓣移植联合激光脱毛修复面部缺损[J]．中华整形外科杂志，2012，28(3)：177-180．DOI：10.3760/cma.j.issn.1009-4598.2012.03.005．{CHEN Shihai,YU Haisheng,LIU Qingfeng,MAI Hui,WEI Qiang,LIAO Mingde. Scalp flaps pedicled with superficial temporal vessel and hair removal for reconstruction of facial skin defects[J]. Zhonghua Zheng Xing Wai Ke Za Zhi[Chin J Plast Surg(Article in Chinese;Abstract in Chinese and English)],2012,28(3):177-180. DOI:10.3760/cma.j.issn.1009-4598.2012.03.005.}

[8907] 陈卓，张玲，戴霞，王珍祥，李世荣，王量．岛状筋膜瓣联合全厚度皮片修复额颞部钛网外露[J]．局解手术学杂志，2012，21(4)：348-350．DOI：10.3969/j.issn.1672-5042.2012.04.003．{CHEN Zhuo,ZHANG Ling,DAI Xia,WANG Zhenxiang,LI Shirong,WANG Liang. Cover of titanium nets exposed with island fascia flap and full thick skin graft[J]. Ju Jie Shou Shu Xue Za Zhi[J Reg Anat Oper Surg(Article in Chinese;Abstract in Chinese and English)],2012,21(4):348-350. DOI:10.3969/j.issn.1672-5042.2012.04.003.}

[8908] 韩飞，胡大海，朱雄翔，官浩，王洪涛，张剑锋，徐志刚．颞浅筋膜组织瓣修复头面部鳞状细胞癌切除后缺损六例[J]．中华烧伤杂志，2013，29(6)：569-571．DOI：10.3760/cma.j.issn.1009-2587.2013.06.020．{HAN Fei,HU Dahai,ZHU Xiongxiang,GUAN Hao,WANG Hongtao,ZHANG Jianfeng,XU Zhigang. Superficial temporal fascia flap was used to repair the defect of head and face after the resection of squamous cell carcinoma in 6 cases[J]. Zhonghua Shao Shang Za Zhi[Chin J Burns(Article in Chinese;No abstract available)],2013,29(6):569-571. DOI:10.3760/cma.j.issn.1009-2587.2013.06.020.}

[8909] 李平栋，陈晓红．改良颞肌瓣纠正术后供区凹陷畸形的作用[J]．组织工程与重建外科杂志，2013，9(4)：216-217．DOI：10.3969/j.issn.1673-0364.2013.04.010．{LI Pingdong,CHEN Xiaohong. The modified temporalis muscle flap for correcting depressed deformity of donor site after surgery[J]. Zu Zhi Gong Cheng Yu Chong Jian Wai Ke Za Zhi[J Tissue Eng Reconstr Surg(Article in Chinese;Abstract in Chinese and English)],2013,9(4):216-217. DOI:10.3969/j.issn.1673-0364.2013.04.010.}

[8910] 李高峰，罗滔，丁卫，欧阳华伟，刘婉丽，谭军．颞部旋转皮瓣联合耳软骨塑形治疗隐耳[J]．中华整形外科杂志，2014，30(1)：1-4．DOI：10.3760/cma.j.issn.1009-4598.2014.01.001．{LI Gaofeng,LUO Tao,DING Wei,OUYANG Huawei,LIU Wanli,TAN Jun. Temporal rotation skin flap combined with cartilage plasty for correcting cryptotia[J]. Zhonghua Zheng Xing Wai Ke Za Zhi[Chin J Plast Surg(Article in Chinese;Abstract in Chinese and English)],2014,30(1):1-4. DOI:10.3760/cma.j.issn.1009-4598.2014.01.001.}

[8911] 葛礼正，刘安军，郭利刚，焦洋，苏显林．颞浅动脉及其吻合支为蒂的头皮瓣在修复头皮缺损颅骨外露中的临床应用[J]．中华整形外科杂志，2014，30(6)：466-468．DOI：10.3760/cma.j.issn.1009-4598.2014.06.020．{GE Lizheng,LIU Anjun,GUO Ligang,JIAO Yang,SU Xianlin. Clinical application of head flap pedicled with superficial temporal artery and its anastomotic branch in repairing scalp defect and skull exposure[J]. Zhonghua Zheng Xing Wai Ke Za Zhi[Chin J Plast Surg(Article in Chinese;No abstract available)],2014,30(6):466-468. DOI:10.3760/cma.j.issn.1009-4598.2014.06.020.}

[8912] 于淼，秦兴军，刘剑楠，张陈平，徐立群．冠突颞肌瓣联合血管化腓骨肌皮瓣修复全上颌骨缺损[J]．中国口腔颌面外科杂志，2014，12(5)：462-466．{YU Miao,QIN Xingjun,LIU Jiannan,ZHANG Chenping,XU Liqun. Application of vascularized fibular flap combined with coronoid temporalis pedicle flap in the reconstruction of maxillary Class Ⅲ b defect[J]. Zhongguo Kou Qiang He Mian Wai Ke Za Zhi [Chin J Oral Maxillofac Surg(Article in Chinese;Abstract in Chinese and English)],2014,12(5):462-466.}

[8913] 肖辉，曾宁，王海平．吻合静脉的颞浅动脉额支逆行岛状皮瓣修复眶周缺损[J]．中华整形外科杂志，2017，33(3)：175-179．DOI：10.3760/cma.j.issn.1009-4598.2017.03.004．{XIAO Hui,ZENG Ning,WANG Haiping. A retrograde island flap pedicled on the frontal branch of superficial temporal artery with additional vein anastomosis for reconstruction of periauricular defects[J]. Zhonghua Zheng Xing Wai Ke Za Zhi[Chin J Plast Surg(Article in Chinese;Abstract in Chinese and English)],2017,33(3):175-179. DOI:10.3760/cma.j.issn.1009-4598.2017.03.004.}

[8914] 梁群，唐修俊，魏在荣，王达利，王波，曾雪琴．颞浅动脉额支葫芦形皮瓣推进修复颞下区耳前肿瘤切除术后创面[J]．中华整形外科杂志，2017，33(6)：423-426．DOI：10.3760/cma.j.issn.1009-4598.2017.06.005．{LIANG Qun,TANG Xiujun,WEI Zairong,WANG Dali,WANG Bo,ZENG Xueqin. Advanced gourd-shaped flap with frontal branch of superficial temporal artery for defects after resection of per-auricular tumor[J]. Zhonghua Zheng Xing Wai Ke Za Zhi[Chin J Plast Surg(Article in Chinese;Abstract in Chinese and English)],2017,33(6):423-426. DOI:10.3760/cma.j.issn.1009-4598.2017.06.005.}

[8915] 万睿，庞星原，谢卫国．扩张颞浅动脉轴型岛状皮瓣修复烧伤患者眉缺损的效果[J]．中华烧伤杂志，2018，34(5)：290-292．DOI：10.3760/cma.j.issn.1009-2587.2018.05.008．{WAN Rui,PANG Xingyuan,XIE Wei Guo. The effect of dilated axial island flap of superficial temporal artery in repairing eyebrow defect after burn injury[J]. Zhonghua Shao Shang Za Zhi[Chin J Burns(Article in Chinese;No abstract available)],2018,34(5):290-292. DOI:10.3760/cma.j.issn.1009-2587.2018.05.008.}

[8916] 于海生，陆思锭，覃朝，蒙旭昌，韩志强．颞浅血管蒂头皮扩张皮瓣修复面部大面积皮肤病变及缺损[J]．中华整形外科杂志，2019，35(1)：45-48．DOI：10.3760/cma.j.issn.1009-4598.2019.01.010．{YU Haisheng,LU Siding,QIN Chao,MENG Xuchang,HAN Zhiqiang. The therapeutic effect of expanded scalp flaps pedicled with superficial temporal vessel for reconstruction of large facial defects[J]. Zhonghua Zheng Xing Wai Ke Za Zhi[Chin J Plast Surg(Article in Chinese;Abstract in Chinese and English)],2019,35(1):45-48. DOI:10.3760/cma.j.issn.1009-4598.2019.01.010.}

[8917] 夏成德，薛继东，狄海萍，曹大勇，韩大伟，谢江帆，王丽敏，牛希华．额颞部扩张皮瓣修复面颈部瘢痕挛缩畸形[J]．中华整形外科杂志，2019，35(5)：430-435．DOI：10.3760/cma.j.issn.1009-4598.2019.05.003．{XIA Chengde,XUE Jidong,DI Haiping,CAO Dayong,HAN Dawei,XIE Jiangfan,WANG Limin,NIU Xihua. Repair face-neck scar contracture deformity with expanded frontotemporal flap[J]. Zhonghua Zheng Xing Wai Ke Za Zhi[Chin J Plast Surg(Article in Chinese;Abstract in Chinese and English)],2019,35(5):430-435. DOI:10.3760/cma.j.issn.1009-4598.2019.05.003.}

[8918] 郭佩佩，蒋海越．颞浅筋膜瓣在整形修复外科领域的临床应用进展[J]．中华整形外科杂志，2019，35(12)：1271-1274．DOI：10.3760/cma.j.issn.1009-4598.2019.12.022．{GUO Peipei,JIANG Haiyue. Clinical application of temporal superficial fascia flap in plastic surgery[J]. Zhonghua Zheng Xing Wai Ke Za Zhi[Chin J Plast Surg(Article in Chinese;Abstract in Chinese and English)],2019,35(12):1271-1274. DOI:10.3760/cma.j.issn.1009-4598.2019.12.022.}

[8919] 张功林，张建东，李毓军，胡军．枕部双蒂皮瓣转移修复耳后部软组织缺损一例[J]．中华显微外科杂志，2019，42(4)：414．DOI：10.3760/cma.j.issn.1001-2036.2019.04.029．{ZHANG Gonglin,ZHANG Jiandong,LI Yujun,HU Jun. Repair of soft tissue defect of posterior ear by occipital double pedicled flap in one case[J]. Zhonghua Xian Wei Wai Ke Za Zhi[Chin J Microsurg(Article in Chinese;No abstract available)],2019,42(4):414. DOI:10.3760/cma.j.issn.1001-2036.2019.04.029.}

[8920] 刘梅君，聂开瑜，胡鹏，魏在荣，王达利，曾雪琴．颞浅动脉复合穿支皮瓣修复颞区皮肤软组织缺损并重建鬓角[J]．中国修复重建外科杂志，2020，34(4)：493-496．DOI：10.7507/1002-1892.201909046．{LIU Meijun,NIE Kaiyu,HU Peng,WEI Zairong,WANG Dali,ZENG Xueqin. Superficial temporal artery composite perforator flap in repair of temporal skin and soft tissue defects and reconstruction of sideburns[J]. Zhongguo Xiu Fu Chong Jian Wai Ke Za Zhi[Chin J Repar Reconstr Surg(Article in Chinese;Abstract in Chinese and English)],2020,34(4):493-496. DOI:10.7507/1002-1892.201909046.}

4.2.3 鼻唇沟瓣
nasolabial flap

[8921] Liang CY,Zhao HW,Wang LJ,Li LJ. Reconstruction of penetrated nasal defects with nasolabial skin flap pedicled on the infraorbital vessels[J]. J Craniofac Surg,2010,21(1):68-70. doi:10.1097/SCS.0b013e3181c3b76e.

[8922] Zhang Y,Wu HL,Lu YM. Contralateral nasolabial flap for reconstruction of midface defects[J]. Aesthetic Plast Surg,2012,36(5):1175-1178. doi:10.1007/s00266-012-9943-9.

[8923] Rong L,Lin Q,Zhang D,Peng WH. Repair of alar defects using a nasolabial flap and a partial-thickness cartilage complex graft[J]. Dermatol Surg,2015,41(5):655-657. doi:10.1097/DSS.0000000000000344.

[8924] Chen Q,Abasi K,Gong Z,Ling B,Liu H,Shao B. Inferiorly pedicled nasolabial flap for reconstruction of anterior maxilla defects class I and II[J]. J Craniofac Surg,2018,29(2):457-459. doi:10.1097/SCS.0000000000004203.

[8925] Cui MY,Guo S,Wang CC,Lv MZ,Jin SF. Surgical treatment strategy for severe rhinophyma with bilateral pedicled nasolabial flaps[J]. J Craniofac Surg,2019,30(6):e542-e544. doi:10.1097/SCS.0000000000005524.

[8926] Gao W,Jin Y,Lin X. Nasolabial flap based on the upper lateral lip subunit for large involuted infantile hemangiomas of the upper lip[J]. Ann Plast Surg,2020,84(5):545-549. doi:10.1097/SAP.0000000000002030.

[8927] Jiang B,Zhang L,Xu J,Zhang L,Liu H. One-stage reconstruction of the large lower nose defect involving 2 subunits with lateral nasal artery pedicle nasolabial flap[J]. J Craniofac Surg,2020,31(7):e701-e704. doi:10.1097/SCS.0000000000006614.

[8928] Wang W,Meng H,Yu S,Liu T,Shao Y. Reconstruction of giant full-thickness lower eyelid defects using a combination of palmaris longus tendon with superiorly based nasolabial skin flap and palatal mucosal graft[J]. J Plast Surg Hand Surg,2021,55(3):147-152. doi:10.1080/2000656X.2020.1856123.

[8929] 胡永升，董淑芬．鼻背－鼻唇沟皮瓣修复部分性鼻缺损[J]．中华医学杂志，1984，64(10)：646-647．{HU Yongsheng,DONG Shufen. Repair of partial nasal defects with dorsal-nasolabial groove skin flap[J]. Zhonghua Yi Xue Za Zhi[Natl Med J China(Article in Chinese;No abstract available)],1984,64(10):646-647.}

[8930] 郑举卫，倪绍炘，刘引兰，扬家骥，任军，庞星原，朱辉．鼻唇沟皮瓣在面部整形中的应用[J]．中华外科杂志，1990，28(10)：620-621．{ZHENG Juwei,NI Shaoxin,LIU Yinlan,YANG Jiayi,REN Jun,PANG Xingyuan,ZHU Huideng. Application of nasolabial groove flap in facial plastic surgery[J]. Zhonghua Wai Ke Za Zhi[Chin J Surg(Article in Chinese;Abstract in Chinese)],1990,28(10):620-621.}

[8931] 郑举卫，倪绍炘，刘引兰．鼻唇沟皮瓣在面部整形中的应用[J]．修复重建外科杂志，1990，4(3)：189．{ZHENG Juwei,NI Shaoxin,LIU Yinlan. Application of nasolabial groove flap in facial plastic surgery[J]. Zhongguo Xiu Fu Chong Jian Wai Ke Za Zhi[Chin J Repar Reconstr Surg(Article in Chinese;Abstract in Chinese)],1990,4(3):189.}

[8932] 任军，倪昭炘，杨家骥，刘引兰，郑举卫，朱辉．应用带皮下组织蒂鼻唇沟皮瓣修复鼻下端部分缺损五例[J]．中华耳鼻咽喉科杂志，1991，26(2)：75．{REN Jun,NI Zhaoxin,YANG Jiayi,LIU Yinlan,ZHENG Juwei,ZHU Hui. Nasolabial groove flap with subcutaneous pedicle for the repair of partial defect of the lower nasal end in 5 cases[J]. Zhonghua Er Bi Yan Hou Ke Za Zhi[Chin J Otorhinolaryngol(Article in Chinese;No abstract available)],1991,26(2):75.}

[8933] 李世福．鼻唇沟双叶皮瓣在修复鼻唇及腭部缺损的应用[J]．中华耳鼻咽喉科杂志，1992，27(3)：152．{LI Shifu. The application of the nasolabial groove double leaf flap in repairing the defect of nasolabial and palatal[J]. Zhonghua Er Bi Yan Hou Ke Za Zhi[Chin J Otorhinolaryngol(Article in Chinese;No abstract available)],1992,27(3):152.}

[8934] 宋建良，郭光昭，林洁．鼻唇沟皮瓣修复鼻下部缺损[J]．中国修复重建外科杂志，1992，6(3)：163-164．{SONG Jianliang,GUO Guangzhao,LIN Jie. repair of nasal lower defect by nasolabial groove flap[J]. Zhongguo Xiu Fu Chong Jian Wai Ke Za Zhi[Chin J Repar Reconstr Surg(Article in Chinese;Abstract in Chinese)],1992,6(3):163-164.}

[8935] 柳家志，张吉焱，都本华．双侧鼻唇沟组织瓣修复下唇缺失一例[J]．中国修复重建外科杂志，1995，9(2)：128．{LIU Jiazhi,ZHANG Jiyan,DU Benhua. repair of lower lip absence by bilateral nasolabial sulcus flap in one case[J]. Zhongguo Xiu Fu Chong Jian Wai Ke Za Zhi[Chin J Repar Reconstr Surg(Article in Chinese;No abstract available)],1995,9(2):128.}

[8936] 曹川，况明才，杨茂进，叶伟，李莉．面动静脉蒂鼻唇沟肌皮瓣一期修复联合根治术后口腔内缺损[J]．中国修复重建外科杂志，1998，12(3)：159-161．{CAO Chuan,KUANG Mingcai,YANG Maojin,YE Wei,LI Li. One stage repair of intraoral defects after radical operation of oral carcinoma by facial vessels pedicled naso-labial myocutaneous flap[J]. Zhongguo Xiu Fu Chong Jian Wai Ke Za Zhi[Chin J Repar Reconstr Surg(Article in Chinese;Abstract in Chinese and English)],1998,12(3):159-161.}

[8937] 梁尚争，李万山，刘双庆．鼻唇沟皮瓣在口腔颌面部的应用[J]．中华整形外科杂志，2001，17(5)：319-320．DOI：10.3760/j.issn：1009-4598.2001.05.025．{LIANG Shangzheng,LI Wanshan,LIU Shuangqing. Application of nasolabial groove flap in oral and maxillofacial repair[J]. Zhonghua Zheng Xing Wai Ke Za Zhi[Chin J Plast Surg(Article in Chinese;No abstract available)],2001,17(5):319-320. DOI:10.3760/j.issn:1009-4598.2001.05.025.}

[8938] 冉维志，范希明，谭志军，倪少杰．上唇动脉逆行鼻唇沟岛状皮瓣的临床应用[J]．中华整形外科杂志，2002，18(1)：25-26．DOI：10.3760/j.issn：1009-4598.2002.01.009．{RAN Weizhi,FAN Ximing,TAN Zhijun,NI Shaojie. Clinical application of a retrograde nasolabial fold island flap based on the upper lip artery[J]. Zhonghua Zheng Xing Wai Ke Za Zhi[Chin J Plast Surg(Article in Chinese;Abstract in Chinese and English)],2002,18(1):25-26. DOI:10.3760/j.issn:1009-4598.2002.01.009.}

[8939] 王朝晖，陈建超，樊晋川．应用鼻唇沟皮瓣修复口内缺损五例[J]．中华整形外科杂志，2004，20(4)：296．DOI：10.3760/j.issn：1009-4598.2004.04.025．{WANG Chaohui,CHEN Jianchao,FAN Jinchuan. repair the internal oral defect by nasolabial groove flap in 5 cases[J]. Zhonghua Zheng Xing Wai Ke Za Zhi[Chin J Plast Surg(Article in Chinese;No abstract available)],2004,20(4):296. DOI:10.3760/j.issn:1009-4598.2004.04.025.}

[8940] 褚福海，孙岚．鼻唇沟皮瓣一期修复鼻翼巨大缺损一例[J]．中国修复重建外科杂志，2005，19(4)：299．{CHU Fuhai,SUN Lan. repair the huge defect of alar in one stage by the nasolabial groove flap[J]. Zhongguo Xiu Fu Chong Jian Wai Ke Za Zhi[Chin J Repar Reconstr Surg(Article in Chinese;No abstract available)],2005,19(4):299.}

[8941] 李薇薇，王玉荣，孙家明．鼻唇沟皮瓣一期修复先天性左鼻翼缺失一例[J]．中华整形外科杂志，2006，22(2)：102．DOI：10.3760/j.issn：1009-4598.2006.02.025．{LI Weiwei,WANG Yurong,SUN Jiaming. repair of congenital left alar defect by nasolabial groove flapin one case[J]. Zhonghua Zheng Xing Wai Ke Za Zhi[Chin J Plast Surg(Article in Chinese;No abstract available)],2006,22(2):102. DOI:10.3760/j.issn:1009-4598.2006.02.025.}

[8942] 卢新华，刘海涛，徐拥军，夏刚，叶明华．面动脉为蒂的鼻唇沟岛状皮瓣修复口腔颌面部软组织缺损17例分析[J]．中国口腔颌面外科杂志，2006，4(5)：345-348．DOI：10.3969/j.issn.1672-3244.2006.05.006．{LU Xinhua,LIU Haitao,XU Yongjun,XIA Gang,YE Minghua. Reconstruction of soft tissue defects of the oral and maxillofacial region with nasolabial fold island flap based on the facial artery:Clinical analysis of 17 consecutive cases[J]. Zhongguo Kou Qiang He Mian Wai Ke Za Zhi [Chin J Oral Maxillofac Surg(Article in Chinese;Abstract in Chinese and English)],2006,4(5):345-348. DOI:10.3969/j.issn.1672-3244.2006.05.006.}

[8943] 李军辉，邢新，欧阳天祥，李萍，许洁，郭恩覃．鼻唇沟岛状皮瓣在面部皮肤缺损修复中的应用[J]．第二军医大学学报，2006，27(3)：292-294．DOI：10.3321/j.issn：0258-879X.2006.03.015．{LI Junhui,XING Xin,OUYANG Tianxiang,LI Ping,XU Jie,GUO Entan. Nasolabial island pedicle flap for cutaneous reconstruction in the face[J]. Di Er Jun Yi Da Xue Xue Bao[Acad J Sec Mil Med Univ(Article in Chinese;Abstract in Chinese and English)],2006,27(3):292-294. DOI:10.3321/j.issn:0258-879X.2006.03.015.}

[8944] 朱飞，宁金龙，李小静，张林，陈旭林．鼻唇沟"风筝"皮下蒂皮瓣的临床应用[J]．安徽医科大学学报，2006，41(3)：336-337．DOI：10.3969/j.issn.1000-1492.2006.03.033．{ZHU Fei,NING Jinlong,LI Xiaojing,ZHANG Lin,CHEN Xulin. Clinical application of nasolabial fold flap on a subcutaneous pedicle[J]. An Hui Yi Ke Da Xue Xue Bao[Acta Univ Med Anhui(Article in Chinese;Abstract in Chinese and English)],2006,41(3):336-337. DOI:10.3969/j.issn.1000-1492.2006.03.033.}

[8945] 林松柏，曾融生．双侧鼻唇沟肌皮瓣修复口底大面积缺损的临床研究[J]．中山大学学报(医学科学版)，2007，28(6)：699-701．DOI：10.3321/j.issn：1672-3554.2007.06.023．{LIN Songbai,ZENG Rongsheng. Clinical Study on Repair of Large Defect in Oral Floor with Bilateral Nasolabial Myocutancous Flap[J]. Zhong Shan Da Xue Xue Bao(Yi Xue Ke Xue Ban)[J Sun Yat-Sen Univ(Med Sci)(Article in Chinese;Abstract in Chinese and English)],2007,28(6):699-701. DOI:10.3321/j.issn:1672-3554.2007.06.023.}

[8946] **王鹏，赵丽．皮下蒂鼻唇沟皮瓣在面部急诊外伤修复中的应用[J]．创伤外科杂志，2009，11（1）：74-74．DOI：10.3969/j.issn.1009-4237.2009.01.024．**{WANG Peng,ZHAO Li. Application of subcutaneous pedicle flaps of nasolabial groove facial trauma[J]. Chuang Shang Wai Ke Za Zhi[J Traum Surg(Article in Chinese;Abstract in Chinese and English)],2009,11(1):74-74. DOI:10.3969/j.issn.1009-4237.2009.01.024.}

[8947] **包霆威，王榕，黄旭，刘建华．鼻唇沟双动脉蒂岛状肌皮瓣修复上唇缺损二例[J]．中国修复重建外科杂志，2009，23（6）：746．**{BAO Tingwei,WANG Rong,HUANG Xu,LIU Jianhua. repaire of the defect of upper lip by nasolabial sulcus island musculocutaneous flap pedicled with double arteries[J]. Zhongguo Xiu Fu Chong Jian Wai Ke Za Zhi[Chin J Repar Reconstr Surg(Article in Chinese;No abstract available)],2009,23(6):746.}

[8948] **周芳，成智．上蒂鼻唇沟皮瓣修复眼睑前层缺损[J]．中华整形外科杂志，2010，26（6）：467-468．DOI：10.3760/cma.j.issn.1009-4598.2010.06.021．**{ZHOU Fang,CHENG Zhi. repair the defect of the anterior layer of eyelid by the pedicled nasolabial groove flap[J]. Zhonghua Zheng Xing Wai Ke Za Zhi[Chin J Plast Surg(Article in Chinese;No abstract available)],2010,26(6):467-468. DOI:10.3760/cma.j.issn.1009-4598.2010.06.021.}

[8949] **邵英，张舵，赵自然，金洪娟，荣莉．侧鼻动脉为蒂的鼻唇沟皮瓣修复鼻缺损[J]．中国修复重建外科杂志，2010，24（5）：552-555．**{SHAO Ying,ZHANG Duo,ZHAO Ziran,JIN Hongjuan,RONG Li. REconstruction of large nasal defects with lateral nasal artery pedicled nasolabial flap[J]. Zhongguo Xiu Fu Chong Jian Wai Ke Za Zhi[Chin J Repar Reconstr Surg(Article in Chinese;Abstract in Chinese and English)],2010,24(5):552-555.}

[8950] **马莉．鼻唇沟皮瓣的研究进展[J]．安徽医科大学学报，2011，46（12）：1295-1298．DOI：10.3969/j.issn.1000-1492.2011.12.021．**{MA Li. Research progress of nasolabial groove flap[J]. An Hui Yi Ke Da Xue Xue Bao[Acta Univ Med Anhui(Article in Chinese;Abstract in Chinese)],2011,46(12):1295-1298. DOI:10.3969/j.issn.1000-1492.2011.12.021.}

[8951] **陈誉华．含真皮下血管网真皮蒂鼻唇沟皮瓣修复鼻唇部缺损[J]．中国修复重建外科杂志，2011，25（12）：1459-1461．**{CHEN Yuhua. Dermal pedicled nasolabial flap with subdermal vascular network for repairing nasolabial skin defects[J]. Zhongguo Xiu Fu Chong Jian Wai Ke Za Zhi[Chin J Repar Reconstr Surg(Article in Chinese;Abstract in Chinese and English)],2011,25(12):1459-1461.}

[8952] **黄治飞，王志强，曹余亮，刘德全，李晓飞，孟庆红．鼻唇沟皮下蒂岛状皮瓣修复鼻部皮肤缺损[J]．中华整形外科杂志，2013，29（6）：460．DOI：10.3760/cma.j.issn.1009-4598.2013.06.014．**{HUANG Zhifei,WANG Zhiqiang,CAO Yuliang,LIU Dequan,LI Xiaofei,MENG Qinghong. Nasolabial groove subcutaneous island flap repair nasal skin defect[J]. Zhonghua Zheng Xing Wai Ke Za Zhi[Chin J Plast Surg(Article in Chinese;No abstract available)],2013,29(6):460. DOI:10.3760/cma.j.issn.1009-4598.2013.06.014.}

[8953] **袁伟伟，赵成利，匡斌，王冕．应用鼻唇沟皮瓣修复鼻部缺损创面的临床效果[J]．中华显微外科杂志，2014，37（3）：278-280．DOI：10.3760/cma.j.issn.1001-2036.2014.03.024．**{YUAN Weiwei,ZHAO Chengli,KUANG Bin,WANG Mian. Clinical effect of nasolabial groove flap in repairing nasal defect[J]. Zhonghua Xian Wei Wai Ke Za Zhi[Chin J Microsurg(Article in Chinese;Abstract in Chinese)],2014,37(3):278-280. DOI:10.3760/cma.j.issn.1001-2036.2014.03.024.}

[8954] **彭维海，荣莉，王望舒，刘超，张舵．鼻唇沟皮瓣联合耳廓复合组织瓣修复鼻翼缺损[J]．中华整形外科杂志，2014，30（3）：161-164．DOI：10.3760/cma.j.issn.1009-4598.2014.03.001．**{PENG Weihai,RONG Li,WANG Wangshu,LIU Chao,ZHANG Duo. Reconstruction of full-thickness nasal alar defect with combined nasolabial flap and free auricular composite flap[J]. Zhonghua Zheng Xing Wai Ke Za Zhi[Chin J Plast Surg(Article in Chinese;Abstract in Chinese and English)],2014,30(3):161-164. DOI:10.3760/cma.j.issn.1009-4598.2014.03.001.}

[8955] **胡小华，黄桂林，张霓霓，易杰，姚礼，张林．鼻唇沟岛状皮瓣在口底组织缺损修复重建中的应用[J]．中国修复重建外科杂志，2014，28（6）：710-713．DOI：10.7507/1002-1892.20140157．**{HU Xiaohua,HUANG Guilin,ZHANG Nini,YI Jie,YAO Li,ZHANF Lin. Clinical application of nasolabial island pedicled flap for repairing mouth floor defects[J]. Zhongguo Xiu Fu Chong Jian Wai Ke Za Zhi[Chin J Repar Reconstr Surg(Article in Chinese;Abstract in Chinese and English)],2014,28(6):710-713. DOI:10.7507/1002-1892.20140157.}

[8956] **陈洁，蒋灿华，陈立纯，李宁，任辉，吴立萌，翦新春．改良鼻唇沟皮瓣修复前颊部黏膜缺损[J]．中国修复重建外科杂志，2015，29（5）：582-585．DOI：10.7507/1002-1892.20150126．**{CHEN Jie,JIANG Canhua,CHEN Lichun,LI Ning,REN Hui,WU Limeng,JIAN Xinchun. Extended nasolabial flaps in management of anterior buccal mucosal defects[J]. Zhongguo Xiu Fu Chong Jian Wai Ke Za Zhi[Chin J Repar Reconstr Surg(Article in Chinese;Abstract in Chinese and English)],2015,29(5):582-585. DOI:10.7507/1002-1892.20150126.}

[8957] **张驰，唐修俊，魏在荣，王达利，王波，曾雪琴，金文虎．面动脉穿支鼻唇沟皮瓣修复中面部肿瘤切除术后创面[J]．中华整形外科杂志，2016，32（5）：342-346．DOI：10.3760/cma.j.issn.1009-4598.2016.05.006．**{ZHANG Kou,TANG Xiujun,WEI Zairong,WANG Dali,WANG Bo,ZENG Xueqin,JIN Wenhu. Nasolabial flap with facial artery perforator for repairing defects after resection of midface tumor[J]. Zhonghua Zheng Xing Wai Ke Za Zhi[Chin J Plast Surg(Article in Chinese;Abstract in Chinese and English)],2016,32(5):342-346. DOI:10.3760/cma.j.issn.1009-4598.2016.05.006.}

[8958] **仇雅璟，金云波，林晓曦，陈辉，马刚，杨希，胡晓洁．改良旋转鼻唇沟皮瓣用于上唇缺损的亚单位修复[J]．组织工程与重建外科杂志，2016，12（5）：300-301．DOI：10.3969/j.issn.1673-0364.2016.05.008．**{CHOU Yajing,JIN Yubo,LIN Xiaoxi,CHEN Hui,MA Gang,YANG Xi,HU Xiaojie. Modified nasolabial rotation flap in the reconstruction of upper lateral lip subunit[J]. Zu Zhi Gong Cheng Yu Chong Jian Wai Ke Za Zhi[J Tissue Eng Reconstr Surg(Article in Chinese;Abstract in Chinese and English)],2016,12(5):300-301. DOI:10.3969/j.issn.1673-0364.2016.05.008.}

[8959] **卿勇，岑瑛，陈俊杰，许学文．鼻唇沟皮瓣联合耳甲腔软骨移植修复鼻翼基底细胞癌术后缺损[J]．中国修复重建外科杂志，2016，30（6）：736-738．DOI：10.7507/1002-1892.20160150．**{QING Yong,CEN Ying,CHEN Junjie,XU Xuewen. Application of nasolabial flap and ear cartilage in repairing defects after nasal ala basal cell carcinoma resection[J]. Zhongguo Xiu Fu Chong Jian Wai Ke Za Zhi[Chin J Repar Reconstr Surg(Article in Chinese;Abstract in Chinese and English)],2016,30(6):736-738. DOI:10.7507/1002-1892.20160150.}

[8960] **付洁，李小静，宁金龙，李心怡，王瑜，田小雨．应用改良鼻唇沟推进式皮瓣修复中面部体表肿瘤术后缺损[J]．中华整形外科杂志，2017，33（3）：222-224．DOI：10.3760/cma.j.issn.1009-4598.2017.03.014．**{FU Jie,LI Xiaojing,NING Jinlong,LI Xinyi,WANG Yu,TIAN Xiaoyu. repair the postoperative defect of middle facial surface tumor with the modified nasolabial groove propulsive flap[J]. Zhonghua Zheng Xing Wai Ke Za Zhi[Chin J Plast Surg(Article in Chinese;No abstract available)],2017,33(3):222-224. DOI:10.3760/cma.j.issn.1009-4598.2017.03.014.}

[8961] **侯俊杰，陈凤超，杨欣．鼻唇沟皮瓣和耳郭复合组织在鼻翼缺损修复中的应用[J]．组织工程与重建外科杂志，2017，13（1）：36-39．DOI：10.3969/j.issn.1673-0364.2017.01.010．**{HOU Junjie,CHEN Fengchao,YANG Xin. The application of nasolabial fold flap and auricle compound tissue in repairing nasal alar defect[J]. Zu Zhi Gong Cheng Yu Chong Jian Wai Ke Za Zhi[J Tissue Eng Reconstr Surg(Article in Chinese;Abstract in Chinese and English)],2017,13(1):36-39. DOI:10.3969/j.issn.1673-0364.2017.01.010.}

[8962] **孙洋，邵英，李甜，袁菊，刘纬驰，张舵．带轴心血管的鼻唇沟皮瓣修复多个亚单位鼻缺损一例[J]．中国修复重建外科杂志，2017，31（2）：256．DOI：10.7507/1002-1892.201610031．**{SUN Yang,SHAO Ying,LI Tian,YUAN Ju,LIU Weichi,ZHANG Duo. repair of multiple subunit nasal defects by nasolabial flaps with axial vessels in one case[J]. Zhongguo Xiu Fu Chong Jian Wai Ke Za Zhi[Chin J Repar Reconstr Surg(Article in Chinese;No abstract available)],2017,31(2):256. DOI:10.7507/1002-1892.201610031.}

[8963] **刘玉生，刘小容，高雁，陈可琼，黄伟龙．鼻外侧动脉穿支鼻唇沟岛状皮瓣修复鼻缺损10例[J]．中华显微外科杂志，2018，41（4）：395-397．DOI：10.3760/cma.j.issn.1001-2036.2018.04.024．**{LIU Yusheng,LIU Xiaorong,GAO Yan,CHEN Keqiong,HUANG Weilong. nasolabial sulcus island flap with lateral nasal artery perforator for the repair of nasal defect in 10 cases[J]. Zhonghua Xian Wei Wai Ke Za Zhi[Chin J Microsurg(Article in Chinese;Abstract in Chinese)],2018,41(4):395-397. DOI:10.3760/cma.j.issn.1001-2036.2018.04.024.}

[8964] **王旗，唐修俊，吴必华，王达利，魏在荣，王波，张子阳．改良鼻唇沟加面部皮下蒂推进皮瓣修复中面部肿瘤切除术后创面[J]．中华整形外科杂志，2018，34（11）：944-948．DOI：10.3760/cma.j.issn.1009-4598.2018.11.013．**{WANG Qi,TANG Xiujun,WU Bihua,WANG Dali,WEI Zairong,WANG Bo,ZHANG Ziyang. The modified nasolabial flap with facial subcutaneous pedicle advanced flap for repairing the defects after midcheek tumor resection[J]. Zhonghua Zheng Xing Wai Ke Za Zhi[Chin J Plast Surg(Article in Chinese;Abstract in Chinese and English)],2018,34(11):944-948. DOI:10.3760/cma.j.issn.1009-4598.2018.11.013.}

[8965] **武净净，林泉，郑杰，丘木水，刘纬驰，张舵．鼻唇沟皮瓣联合口轮匝肌瓣修复上唇全层缺损一例[J]．中国修复重建外科杂志，2018，32（2）：256．DOI：10.7507/1002-1892.201708096．**{WU Jingjing,LIN Quan,ZHENG Jie,QIU Mushui,LIU Weichi,ZHANG Duo. Nasolabial groove flap combined with orbicularis orbicularis muscle flap for repair of full-thickness defect of upper lip in one case[J]. Zhongguo Xiu Fu Chong Jian Wai Ke Za Zhi[Chin J Repar Reconstr Surg(Article in Chinese;No abstract available)],2018,32(2):256. DOI:10.7507/1002-1892.201708096.}

[8966] **王朝阳，林新恭，周仙颖，吴诗权，吴友谊，朱世泽．面动脉穿支蒂鼻唇沟-鼻旁推进皮瓣修复内眦及内下睑皮肤缺损[J]．中华整形外科杂志，2019，35（1）：49-52．DOI：10.3760/cma.j.issn.1009-4598.2019.01.011．**{WANG Chaoyang,LIN Xingong,ZHOU Xianying,WU Shiquan,WU Youyi,ZHU Shize. Using the facial artery perforator-based nasolabial para-nasal advanced flap to repair the medial canthus and inner lower eyelid skin defects[J]. Zhonghua Zheng Xing Wai Ke Za Zhi[Chin J Plast Surg(Article in Chinese;Abstract in Chinese and English)],2019,35(1):49-52. DOI:10.3760/cma.j.issn.1009-4598.2019.01.011.}

[8967] **侯俊杰，刘畅，陈凤超，张思娅，颜彤彤，贾玉磊．鼻唇沟皮瓣在鼻部较大皮肤肿物治疗中的应用[J]．组织工程与重建外科杂志，2019，15（5）：342-344．DOI：10.3969/j.issn.1673-0364.2019.05.008．**{HOU Junjie,LIU Chang,CHEN Fengchao,ZHANG Siya,YAN Tongtong,JIA Yulei. Application of nasolabial flap in the treatment of large nasal skin mass[J]. Zu Zhi Gong Cheng Yu Chong Jian Wai Ke Za Zhi[J Tissue Eng Reconstr Surg(Article in Chinese;Abstract in Chinese and English)],2019,15(5):342-344. DOI:10.3969/j.issn.1673-0364.2019.05.008.}

4.2.4 滑车上动脉穿支皮瓣
perforator flap of supratrochlear artery

[8968] **郭苓玲，臧梦青，朱珊，陈博，李杉珊，韩婷璐，刘元波．预扩张滑车上动脉和眶上动脉穿支螺旋桨皮瓣的临床应用[J]．中华整形外科杂志，2018，34（9）：688-692．DOI：10.3760/cma.j.issn.1009-4598.2018.09.002．**{GUO Lingling,ZANG Mengqing,ZHU Shan,CHEN Bo,LI Shanshan,HAN Tinglu,LIU Yuanbo. Clinical application of the pre-expanded propeller flap based on the perforators of the supratrochlear artery or the supraorbital artery[J]. Zhonghua Zheng Xing Wai Ke Za Zhi[Chin J Plast Surg(Article in Chinese;Abstract in Chinese and English)],2018,34(9):688-692. DOI:10.3760/cma.j.issn.1009-4598.2018.09.002.}

4.2.5 唇部皮瓣
labial flap

[8969] **王大玫，朱洪荫．口唇交叉皮瓣的应用：附病例报告[J]．中华外科杂志，1955，3（6）：422-429．**{WANG Damei,ZHU Hongyin. Application of cross-lip flap:a case report[J]. Zhonghua Wai Ke Za Zhi[Chin J Surg(Article in Chinese;No abstract available)],1955,3(6):422-429.}【非显微修复 Non-microsurgical repair】

[8970] **田奉宸，吴廷椿，陈哲，张兆祥，游赐汀．应用唇颊滑行组织瓣即时修复下唇癌切除后缺损[J]．中华外科杂志，1980，18（4）：356-357．**{TIAN Fengchen,WU Tingchun,CHEN Zhe,ZHANG Zhaoxiang,YOU Citing. The defect of lower lip carcinoma was repaired by labial and buccal sliding tissue flap[J]. Zhonghua Wai Ke Za Zhi[Chin J Surg(Article in Chinese;No abstract available)],1980,18(4):356-357.}

[8971] **唐有建．上对偶三角瓣修复单侧唇裂[J]．修复重建外科杂志，1991，5（1）：21-22，63．**{TANG Youjian. Repair of unilateral cleft lip with upper dual triangular flap[J]. Zhongguo Xiu Fu Chong Jian Wai Ke Za Zhi[Chin J Repar Reconstr Surg(Article in Chinese;No abstract available)],1991,5(1):21-22,63.}

[8972] **邓印．唇瓣与支架置入矫正唇裂术后继发畸形[J]．修复重建外科杂志，1991，5（3）：186．**{DENG Ying. Labial flap and stent implantation to correct secondary deformity to the surgery for cleft lip[J]. Zhongguo Xiu Fu Chong Jian Wai Ke Za Zhi[Chin J Repar Reconstr Surg(Article in Chinese;No abstract available)],1991,5(3):186.}

[8973] **翦新春．前唇瓣联合下唇瓣矫正双侧唇腭裂术后鼻唇畸形[J]．中华整形烧伤外科杂志，1993，9（2）：95-96．DOI：10.3760/j.issn：1009-4598.1993.02.019．**{JAIN Xinchun. Correction of nasolabial deformity after bilateral cleft lip and palate with anterior lip flap combined with lower lip flap[J]. Zhonghua Zheng Xing Shao Shang Wai Ke Za Zhi[Chin J Plast Surg Burns(Article in Chinese;Abstract in Chinese)],1993,9(2):95-96. DOI:10.3760/j.issn:1009-4598.1993.02.019.}

[8974] **吕美勋，吉姿，甘军联．"反Z"形瓣法修复单侧唇裂[J]．上海口腔医学，1994，3（4）：105．**{LV Meixun,JI Suo,GAN Junlian. Repair of unilateral cleft lip with "anti-Z" flap[J]. Shang Hai Kou Qiang Yi Xue[Shanghai J Stom(Article in Chinese;No abstract available)],1994,3(4):105.}

[8975] **罗渝宁，李伟忠，吴乃强，姚小武．用延伸旋转推进瓣法修复严重的单侧完全性唇裂[J]．第一军医大学学报，1995，15（1）：258-259．**{LUO Yuning,LI Weizhong,WU Naiqiang,YAO Xiaowu. Repair of severe unilateral complete cleft lip with extended rotator-propelling flap[J]. Di Yi Jun Yi Da Xue Xue Bao[J First Mil Med Univ(Article in Chinese;Abstract in Chinese)],1995,15(1):258-259.}

[8976] **黄迪炎，马静玉，杨春济．唇颊瓣修复全下唇缺损[J]．中国修复重建外科杂志，1995，9（4）：253．**{HAUNG Diyan,MA Jingyu,YANG Chunji. Repair of total lower lip defect with labial-buccal flap[J]. Zhongguo Xiu Fu Chong Jian Wai Ke Za Zhi[Chin J Repar Reconstr Surg(Article in Chinese;No abstract available)],1995,9(4):253.}

[8977] **汪春兰，李晓静，方柯，曹东升，袁中华．一侧复合组织唇瓣修复双侧唇裂19例[J]．中华外科杂志，1996，34（12）：250-252．**{WANG Chunlan,JI Xiaojing,FANG Ke,CAO Dongsheng,YUAN Zhonghua. Repair of bilateral cleft lip with unilateral composite lip flap:report 19 patients[J]. Zhonghua Wai Ke Za Zhi[Chin J Surg(Article in Chinese;Abstract in Chinese and English)],1996,34(12):250-252.}

[8978] 李水清. 唇颊滑行瓣修复下唇巨大血管瘤切除后缺损一例 [J]. 中华整形烧伤外科杂志，1996，12（2）：151. DOI：10.3760/j.issn：1009-4598.1996.02.026. {LI Shuiqing. Repair of defect after resection of giant hemangioma of lower lip with lip and buccal gliding flap:a case report[J]. Zhonghua Zheng Xing Shao Shang Wai Ke Za Zhi[Chin J Plast Surg Burns(Article in Chinese;No abstract available)],1996,12(2):151. DOI:10.3760/j.issn:1009-4598.1996.02.026.}

[8979] 郭力，Barradas，Ricarrdo. 颊部全厚梯形四边矩形皮瓣转移Ⅰ期修复全下唇缺损 [J]. 中华整形烧伤外科杂志，1996，12（2）：155-156. DOI：10.3760/j.issn：1009-4598.1996.02.030. {GUO Li,Barradas,Ricarrdo. ull thickness buccal trapezoidal rectangular skin flap for stage 1 repair of total lower lip defect[J]. Zhonghua Zheng Xing Shao Shang Wai Ke Za Zhi[Chin J Plast Surg Burns(Article in Chinese;Abstract in Chinese)],1996,12(2):155-156. DOI:10.3760/j.issn:1009-4598.1996.02.030.}

[8980] 吴坤南，徐剑炜，林瑜，施越冬，顾建英，张学军，黎冠瑜. 下唇围裙状粘膜瓣修复唇裂术后上唇过紧 [J]. 中华整形烧伤外科杂志，1996，12（3）：203-204. DOI：10.3760/j.issn：1009-4598.1996.03.016. {WU Kunnan,XU Jianwei,LIN Yu,SHI Yuedong,GU Jianying,ZHANG Xuejun,LI Guanyu. repair tight upper lip with apron-shaped flap of lower lip after cleft lip repair[J].[Chin J Plast Surg Burns(Article in Chinese;Abstract in Chinese and English)],1996,12(3):203-204. DOI:10.3760/j.issn:1009-4598.1996.03.016.}

[8981] 叶昆禄，姜晓钟，赵云富. 双侧人中旁矩形瓣修复下唇缺损四例报告 [J]. 第二军医大学学报，1998，19（3）：243. DOI：10.3321/j.issn：0258-879X.1998.03.043. {YE Kunlu,JIANG Xiaozhong,ZHAO Yunfu. Report of four cases of repair of lower lip defect with bilateral rectangular flap of philtrum[J]. Di Er Jun Yi Da Xue Xue Bao[Acad J Sec Mil Med Univ(Article in Chinese;No abstract available)],1998,19(3):243. DOI:10.3321/j.issn:0258-879X.1998.03.043.}

[8982] 宋开芳，袁媛，朱凯萍，张从顺. 口周联合组织瓣Ⅰ期修复上唇癌切除大部缺损 [J]. 中华整形烧伤外科杂志，1999，15（6）：466，484. {SONG Kaifang,YUAN Yuan,ZHU Kaiping,ZHANG Congshun. repair of large defect after the resection of upper lip cancer with Perioral Conjoint tissue flap[J]. Zhonghua Zheng Xing Shao Shang Wai Ke Za Zhi[Chin J Plast Surg Burns(Article in Chinese;No abstract available)],1999,15(6):466,484.}

[8983] 黄迪炎，王学礼. 双侧矩形旋转唇颊组织瓣修复下唇缺损 [J]. 中华整形外科杂志，2000，16（3）：191. DOI：10.3760/j.issn：1009-4598.2000.03.023. {HUANG Diyan,wang Xueli. Repair defect of lower lip with bilateral rectangular rotated labiobuccal tissue flaps[J]. Zhonghua Zheng Xing Wai Ke Za Zhi[Chin J Plast Surg(Article in Chinese;No abstract available)],2000,16(3):191. DOI:10.3760/j.issn:1009-4598.2000.03.023.}

[8984] 邝石峰，黄广香，邓国三，匡斌，刘志德. 唇缘肌瓣在单侧唇裂一期、二期中红唇修复的应用 [J]. 实用医学杂志，2001，17（5）：431-432. DOI：10.3969/j.issn.1006-5725.2001.05.031. {KUANG Shifeng,HUANG Guangxiang,DENG Guosan,KUANG Bing,LIU Zhide. Application of labial margin muscle flap in primary and secondary repair of unilateral cleft lip[J]. Shi Yong Yi Xue Za Zhi[J Pract Med(Article in Chinese;Abstract in Chinese)],2001,17(5):431-432. DOI:10.3969/j.issn.1006-5725.2001.05.031.}

[8985] 唐建民，李德峰. 扇形组织瓣修复下唇缺损三例 [J]. 中华整形外科杂志，2002，18（2）：124. DOI：10.3760/j.issn：1009-4598.2002.02.028. {TANG Jianming LI Defeng. Reconstruction of three cases of lower lip defect with fan-shaped tissue flap[J]. Zhonghua Zheng Xing Wai Ke Za Zhi[Chin J Plast Surg(Article in Chinese;No abstract available)],2002,18(2):124. DOI:10.3760/j.issn:1009-4598.2002.02.028.}

[8986] 张锤，高静，张春莉，苏晓光，赵雪莲. 舌状上唇皮瓣修复中度 Tessier 0 号面裂 [J]. 中华整形外科杂志，2002，18（6）：382-382. DOI：10.3760/j.issn：1009-4598.2002.06.030. {ZHANG Chui,GAO Jing,ZHANG Chunli,SU Xiaoguang,ZHAO Xuelian. Repair of moderate Tessier 0 facial cleft with ligulate upper lip fla[J]. Zhonghua Zheng Xing Wai Ke Za Zhi[Chin J Plast Surg(Article in Chinese;No abstract available)],2002,18(6):382-382. DOI:10.3760/j.issn:1009-4598.2002.06.030.}

[8987] 范巨峰，李森恺，李养群，杨明勇，赵振民，黄渭清，唐勇，周传德. 应用瘢痕组织瓣修复单侧唇裂继发鼻畸形 [J]. 中华整形外科杂志，2003，19（1）：33-35. DOI：10.3760/j.issn：1009-4598.2003.01.010. {FAN Jufeng,LI Senkai,LI Yangqun,YANG Mingyong,ZHAO Zhenmin,HUANG Weiqing,TANG Yong,ZHOU Chuande. Using scar tissue flap to repair secondary masal deformities of unilateral cleft lip[J]. Zhonghua Zheng Xing Wai Ke Za Zhi[Chin J Plast Surg(Article in Chinese;Abstract in Chinese and English)],2003,19(1):33-35. DOI:10.3760/j.issn:1009-4598.2003.01.010.}

[8988] 刘庆丰，黎冻，韦强，陈石海. 瘢痕组织瓣旋转修复双侧唇裂继发红唇缺损 [J]. 中华整形外科杂志，2003，19（6）：474-474. DOI：10.3760/j.issn：1009-4598.2003.06.029. {LIU Qingfeng,LI Dong,WEI Qiang,CHEN Shihai. Repair of lip defect secondary to bilateral cleft lip by scar tissue flap[J]. Zhonghua Zheng Xing Wai Ke Za Zhi[Chin J Plast Surg(Article in Chinese;No abstract available)],2003,19(6):474-474. DOI:10.3760/j.issn:1009-4598.2003.06.029.}

[8989] 任森洋，杨茂林，陈燕敏，陈伟仕，胡竺，叶亚萍. 口轮匝肌肌黏膜瓣推进修复下唇缺损 [J]. 中华整形外科杂志，2004，20（2）：119-120. DOI：10.3760/j.issn：1009-4598.2004.02.013. {REN Senyang,YANG Maolin,CHEN Yanmin,CHEN Weishi,HU Lan,YE Yaping. Orbicular muscular-mucous advancement flap for repairing the lower lip loss after lip cancer[J]. Zhonghua Zheng Xing Wai Ke Za Zhi[Chin J Plast Surg(Article in Chinese;Abstract in Chinese and English)],2004,20(2):119-120. DOI:10.3760/j.issn:1009-4598.2004.02.013.}

[8990] 黄海滨，梁建，郝新光，梁杰，颜大胜. 下唇动脉弓岛状红唇瓣修复上唇红唇缺损 [J]. 中华整形外科杂志，2005，21（4）：264-265. DOI：10.3760/j.issn：1009-4598.2005.04.007. {HUANG Haibin,LIANG Jian,HE Xinguang,LIANG Jie,YAN Dasheng. Repair of upper lip defects with an island flap based on the inferior labial arterial arch[J]. Zhonghua Zheng Xing Wai Ke Za Zhi[Chin J Plast Surg(Article in Chinese;Abstract in Chinese and English)],2005,21(4):264-265. DOI:10.3760/j.issn:1009-4598.2005.04.007.}

[8991] 赵天兰，程新德，葛树星，王怀谷，李旭文. 唇动脉蒂唇瓣修复中、重度全层唇缺损 [J]. 中华整形外科杂志，2005，21（4）：315-316. DOI：10.3760/j.issn：1009-4598.2005.04.024. {ZHAO Tianlan,CHENG Xinde,GE Shuxing,WANG Huaigu,LI Xuwen. Repair of moderate and severe full-thickness lip defect by lip flap with labial artery pedicle[J]. Zhonghua Zheng Xing Wai Ke Za Zhi[Chin J Plast Surg(Article in Chinese;No abstract available)],2005,21(4):315-316. DOI:10.3760/j.issn:1009-4598.2005.04.024.}

[8992] 袁湘斌，朱晓海. 前唇皮瓣及下唇交叉瓣联合修复双侧唇裂术后继发唇鼻畸形 [J]. 第二军医大学学报，2005，26（1）：55-56. DOI：10.3321/j.issn：0258-879X.2005.01.020. {YUAN Xiangbing,ZHU Xiaohai. Secondary lip and nose deformities after upper lip prolabium flap combined with lower lip cross-link flap in repair of bilateral cleft lip[J]. Di Er Jun Yi Da Xue Xue Bao[Acad J Sec Mil Med Univ(Article in Chinese;Abstract in Chinese and English)],2005,26(1):55-56. DOI:10.3321/j.issn:0258-879X.2005.01.020.}

[8993] 雷建如，魏学黎，杨忠一，吴志军. 扩张皮瓣修复复杂性唇缺损三例 [J]. 中华整形外科杂志，2006，22（3）：203. DOI：10.3760/j.issn：1009-4598.2006.03.024. {LEI Jianru,WEI Xueli,YANG Zhongyi,WU Zhijun. Repair of complex lip defect with expanded skin flap in three cases[J]. Zhonghua Zheng Xing Wai Ke Za Zhi[Chin J Plast Surg(Article in Chinese;No abstract available)],2006,22(3):203. DOI:10.3760/j.issn:1009-4598.2006.03.024.}

[8994] 王新刚，颜薇，吴镝，黄晨煜，吴宏志，王春燕，施泽红，赵振民. 超长下唇瓣的血液供应及其临床应用 [J]. 组织工程与重建外科杂志，2006，2（6）：325-326. DOI：10.3969/j.issn.1673-0364.2006.06.008. {WANG Xingang,YAN Wei,WU Di,HAUNG Chenyu,WU Hongzhi,WANG Chunyan,SHI Zehong,ZHAO Zhenhong. The blood supply of the supra-length inferior lip flap and its clinical application[J]. Zu Zhi Gong Cheng Yu Chong Jian Wai Ke Za Zhi[J Tissue Eng Reconstr Surg(Article in Chinese;Abstract in Chinese and English)],2006,2(6):325-326. DOI:10.3969/j.issn.1673-0364.2006.06.008.}

[8995] 陈建，赵振民，李森恺，尹宁北，熊斌，吕唯，石蕾. 颊肌黏膜瓣在宽大红唇及口轮匝肌缺损修复中的应用 [J]. 中华整形外科杂志，2007，23（6）：493-495. DOI：10.3760/j.issn：1009-4598.2007.06.012. {CHEN Jian,ZHAO Zhenming,LI Senkai,YI Ningbei,XIONG Bing,LV Wei,SHI Lei. Buccal musculomucosal flap for reconstruction of wide vermilion and orbicularis oris muscle defect[J]. Zhonghua Zheng Xing Wai Ke Za Zhi[Chin J Plast Surg(Article in Chinese;Abstract in Chinese and English)],2007,23(6):493-495. DOI:10.3760/j.issn:1009-4598.2007.06.012.}

[8996] 李志来. 推进唇瓣法修复下唇缺损 [J]. 中华整形外科杂志，2007，23（6）：531-532. DOI：10.3760/j.issn：1009-4598.2007.06.026. {LI Zhilai. Repair lower lip defect with propulsive lip flap[J]. Zhonghua Zheng Xing Wai Ke Za Zhi[Chin J Plast Surg(Article in Chinese;No abstract available)],2007,23(6):531-532. DOI:10.3760/j.issn:1009-4598.2007.06.026.}

[8997] 卢仕良，熊明根，柳大烈. 以双蒂下唇动脉岛状唇瓣行上唇唇红增厚术 [J]. 中国修复重建外科杂志，2007，21（2）：221-222. {LU Shiliang,XIONG Minggen,LIU Dalie. Upper lip thickening was performed with double pedicled island lip flap with lower lip artery[J]. Zhongguo Xiu Fu Chong Jian Wai Ke Za Zhi[Chin J Repar Reconstr Surg(Article in Chinese;Abstract in Chinese)],2007,21(2):221-222.}

[8998] 邵月保，杨建斌，魏东义. 红唇缘瓣在先天性单侧完全性唇裂修复中的应用 [J]. 中华整形外科杂志，2008，24（3）：240-241. DOI：10.3760/j.issn：1009-4598.2008.03.024. {SHAO Yuebao,YANG Jianbin,WEI Dongyi. Application of labial margin flap in repair of congenital unilateral complete cleft lip[J]. Zhonghua Zheng Xing Wai Ke Za Zhi[Chin J Plast Surg(Article in Chinese;No abstract available)],2008,24(3):240-241. DOI:10.3760/j.issn:1009-4598.2008.03.024.}

[8999] 冯航，朱李军，陈仲伟，王启明，江穗. 单侧唇裂修复旋转推进法与三角瓣法术后上唇外形及鼻部改变的比较 [J]. 南方医科大学学报，2008，28（6）：1096-1097. DOI：10.3321/j.issn：1673-4254.2008.06.055. {FENG Hang,ZHU Lijun,CHEN Zhongwei,WANG Qipeng,JIANG Hui. Comparison of the changes of upper lip shape and nose after the repair of unilateral cleft lip by rotary propelling,tennison,respectivly[J]. Nan Fang Yi Ke Da Xue Xue Bao[J South Med Univ(Article in Chinese;Abstract in Chinese)],2008,28(6):1096-1097. DOI:10.3321/j.issn:1673-4254.2008.06.055.}

[9000] 李彬，李超，唐梓轩，王少新，陈锦. 保留同侧面动脉和唇动脉的扇形瓣修复下唇组织缺损 [J]. 中华整形外科杂志，2009，25（2）：149-150. DOI：10.3760/cma.j.issn.1009-4598.2009.02.023. {LI Bin,LI Chao,TANG Zixuan,WANG Shaoxin,CHEN Jin. The fan-shaped flap with ipsilateral facial artery and labial artery was used to repair the defect of lower lip tissue[J]. Zhonghua Zheng Xing Wai Ke Za Zhi[Chin J Plast Surg(Article in Chinese;No abstract available)],2009,25(2):149-150. DOI:10.3760/cma.j.issn.1009-4598.2009.02.023.}

[9001] 尹宁北，赵敏，黄金井，赵振民，熊斌，刘珍君，何媛璐，成挺，张超. 单侧唇裂三叶瓣修复术 [J]. 中华整形外科杂志，2009，25（2）：81-84. DOI：10.3760/cma.j.issn.1009-4598.2009.02.001. {YIN Ningbei,ZHAO Min,HUANG Jinjing,ZHAO Zhenming,XIONG Bin,ZHAO Zhenjun,HE Yuanlu,CHENG Ting,ZHANG Chao. Trilobate technique,a new principal to repail cleft lip[J]. Zhonghua Zheng Xing Wai Ke Za Zhi[Chin J Plast Surg(Article in Chinese;Abstract in Chinese and English)],2009,25(2):81-84. DOI:10.3760/cma.j.issn.1009-4598.2009.02.001.}

[9002] 于海生，韦强. 皮肤红唇复合瓣法修复单侧完全性唇裂的临床分析 [J]. 中华整形外科杂志，2009，25（3）：172-174. DOI：10.3760/cma.j.issn.1009-4598.2009.03.004. {YU Haisheng,WEI Qiang. Analysis of unilateral complete cleft lip repaired with skin-vermilion flap method[J]. Zhonghua Zheng Xing Wai Ke Za Zhi[Chin J Plast Surg(Article in Chinese;Abstract in Chinese and English)],2009,25(3):172-174. DOI:10.3760/cma.j.issn.1009-4598.2009.03.004.}

[9003] 林泉，路来金，张舵. 鼻小柱基底侧方联合上唇移位皮瓣修复轻度单侧上唇外翻畸形 [J]. 中国修复重建外科杂志，2009，23（3）：319-321. {LIN Quan,LU Laijin,ZHANG Duo. Lateral columella base-labrum transposition flap for repairing mild unilateral eclabium deformity of upper lip[J]. Zhongguo Xiu Fu Chong Jian Wai Ke Za Zhi[Chin J Repar Reconstr Surg(Article in Chinese;Abstract in Chinese and English)],2009,23(3):319-321.}

[9004] 王廷金. 双侧"V"形唇红瓣联合口轮匝肌成形术修复双侧唇裂术后凹陷畸形 [J]. 组织工程与重建外科杂志，2010，6（3）：161-162. DOI：10.3969/j.issn.1673-0364.2010.03.011. {WANG Yanjin. Combined double "V" flap and reconstruction of orbicularis oris muscle for the treatment of secondary bilateral cleft lip deformity[J]. Zu Zhi Gong Cheng Yu Chong Jian Wai Ke Za Zhi[J Tissue Eng Reconstr Surg(Article in Chinese;Abstract in Chinese and English)],2010,6(3):161-162. DOI:10.3969/j.issn.1673-0364.2010.03.011.}

[9005] 丁文雄，常雷，朱昌，余力，张波，王健. 应用唇缘黏膜瓣修复单侧完全性唇裂的鼻底畸形 [J]. 组织工程与重建外科杂志，2010，6（4）：188-189，198. DOI：10.3969/j.issn.1673-0364.2010.04.003. {DING Wenxiong,CHANG Lei,ZHU Chang,YU Li,ZHANG Bo,WANG Jian. Use of mucosal flaps at lip margin in the repair of nasal floor defect of unilateral complete cleft lip[J]. Zu Zhi Gong Cheng Yu Chong Jian Wai Ke Za Zhi[J Tissue Eng Reconstr Surg(Article in Chinese;Abstract in Chinese and English)],2010,6(4):188-189,198. DOI:10.3969/j.issn.1673-0364.2010.04.003.}

[9006] 朱格非，麦慧. 榫卯型口轮匝肌肌瓣修复单侧唇裂术后继发人中嵴畸形 [J]. 中国修复重建外科杂志，2012，26（9）：1081-1083. {ZHU Gefei,MAI Hui. Application of mortise-tenon orbicularis oris muscle flap for philtrum column deformity secondary to unilateral cleft lip repair[J]. Zhongguo Xiu Fu Chong Jian Wai Ke Za Zhi[Chin J Repar Reconstr Surg(Article in Chinese;Abstract in Chinese and English)],2012,26(9):1081-1083.}

[9007] 田孝臣，吕晓杰，胡晓春，陈俊男，崔立龙，刘莹，刘会娜. 前唇皮下组织瓣修复双侧唇裂术后继发口哨畸形和鼻底凹陷 [J]. 中华整形外科杂志，2013，29（3）：164-167. DOI：10.3760/cma.j.issn.1009-4598.2013.03.002. {TIAN Xiaochen,LV Xiaojie,HU Xiaochun,CHEN Junnan,CUI Lilong,LIU Ying,LIU Huina. Correction of secondary lip whistle deformities and nasal base depression after bilateral cleft lip repair with lip subdermal soft tissue flap[J]. Zhonghua Zheng Xing Wai Ke Za Zhi[Chin J Plast Surg(Article in Chinese;Abstract in Chinese and English)],2013,29(3):164-167. DOI:10.3760/cma.j.issn.1009-4598.2013.03.002.}

[9008] 沈卫民，崔杰，陈建兵，陈海妮，邹继军，季易. 脱细胞真皮包裹口轮匝肌瓣治疗儿童上唇萎缩 [J]. 中华整形外科杂志，2013，29（4）：241-243. DOI：10.3760/cma.j.issn.1009-4598.2013.04.001. {SHEN Weiming,CUI Jie,CHEN Jianbing,CHEN Haini,ZOU Jijun,JI Yi. Orbicular oris muscle flap wrapped by acelluar dermis for the treatment of upper lip atrophy in children[J]. Zhonghua Zheng Xing Wai Ke Za Zhi[Chin J Plast Surg(Article in Chinese;Abstract in Chinese and English)],2013,29(4):241-243. DOI:10.3760/cma.j.issn.1009-4598.2013.04.001.}

[9009] 于仁义，刘顺利，陈铭锐，刘本立，卞东会，武铠. 双旗形皮瓣矫正双侧唇裂术后前唇部过短过宽畸形 [J]. 中华整形外科杂志，2013，29（4）：244-247. DOI：10.3760/cma.j.issn.1009-4598.2013.04.002. {YU Wenyi,LIU Shunli,CHEN Mingrui,LIU Benli,BIAN Donghui,WU Kai. Correction of shortened and broaden prolabium deformity with double flag-shaped flaps following bilateral cleft lip repair[J]. Zhonghua Zheng Xing Wai Ke Za Zhi[Chin J Plast Surg(Article in Chinese;Abstract in Chinese and English)],2013,29(4):244-247. DOI:10.3760/cma.j.issn.1009-4598.2013.04.002.}

[9010] 韦强，徐思达，陈石海，刘庆丰，廖明德. 皮肤红唇复合三角瓣井口轮匝肌功能性修复在先天性唇裂红唇整复中的应用 [J]. 中华整形外科杂志，2013，29（4）：247-250. DOI: 10.3760/cma.j.issn.1009-4598.2013.04.003. {WEI Qiang,XU Sida,CHEN Shihai,LIU Qingfeng,LIAO Mingde. The application of composite skin-vermilion triangle fap and functional reposition of orbicularis muscle in congenital cleft lip[J]. Zhonghua Zheng Xing Wai Ke Za Zhi[Chin J Plast Surg(Article in Chinese;Abstract in Chinese and English)],2013,29(4):247-250. DOI:10.3760/cma.j.issn.1009-4598.2013.04.003.}

[9011] 田孝臣，胡晓春，吕晓杰，陈俊男，马园园，杜群，刘莹，王艺. 皮下组织瓣修复单侧唇裂术后继发唇珠缺如和鼻底凹陷 [J]. 中华损伤与修复杂志（电子版），2013，8（3）：249-253. DOI: 10.3877/cma.j.issn.1673-9450.2013.03.008. {TIAN Xiaochen,HU Xiaochun,LU Xiaojie,CHEN Junnan,MA Yuanyuan,DU Qun,LIU Ying,WANG Yi. Secondary correction of median tubercle deficient in vermilion and nostril-bottom deformity with subdermal soft tissue flaps after uilateral cleft lip repair[J]. Zhonghua Sun Shang Yu Xiu Fu Za Zhi Dian Zi Ban[Chin J Injury Repair Wound Healing(Electr Ed)(Article in Chinese;Abstract in Chinese and English)],2013,8(3):249-253. DOI:10.3877/cma.j.issn.1673-9450.2013.03.008.}

[9012] 韩景健，赵延勇，姬东硕，杨媚，刘戈，蒋海越. 颊肌黏膜瓣修复大范围红唇缺损 [J]. 中华整形外科杂志，2014，30（4）：248-251. DOI: 10.3760/cma.j.issn.1009-4598.2014.04.003. {HAN Jingjian,ZHAO Yanyong,JI Dongshuo,YANG Mei,LIU Ge,JIANG Haiyue. Reconstruction of large vermilion defects with buccinator myomucosal flap[J]. Zhonghua Zheng Xing Wai Ke Za Zhi[Chin J Plast Surg(Article in Chinese;Abstract in Chinese and English)],2014,30(4):248-251. DOI:10.3760/cma.j.issn.1009-4598.2014.04.003.}

[9013] 赵竞伊，靳小雷，滕利，徐家杰，卢建建，张超. 下唇唇红复合组织瓣转移修复 1/4 上唇唇红缺损 [J]. 中华整形外科杂志，2015，31（3）：161-164. DOI: 10.3760/cma.j.issn.1009-4598.2015.03.001. {ZHAO Jingyi,JIN Xiaolei,TENG Li,XU Jiajie,LU Jianjian,ZHANG Chao. Reconstruction of the 1/4 defect on upper-lip vermilion with a lower-lip vermilion compound tissue flap[J]. Zhonghua Zheng Xing Wai Ke Za Zhi[Chin J Plast Surg(Article in Chinese;Abstract in Chinese and English)],2015,31(3):161-164. DOI:10.3760/cma.j.issn.1009-4598.2015.03.001.}

[9014] 吴颖之，丁伟，陈凌枫，杨君毅. 黏膜瓣 Z 成形术矫正二期单侧唇裂鼻翼畸形 [J]. 组织工程与重建外科杂志，2015，11（1）：28-29. DOI: 10.3969/j.issn.1673-0364.2015.01.008. {WU Yingzhi,DING Wei,CHEN Lingfeng,YANG Junyi. Mucochondrial z plasty in correcting secondary unilateral cleft lip and nasal deformity[J]. Zu Zhi Gong Cheng Yu Chong Jian Wai Ke Za Zhi[J Tissue Eng Reconstr Surg(Article in Chinese;Abstract in Chinese and English)],2015,11(1):28-29. DOI:10.3969/j.issn.1673-0364.2015.01.008.}

[9015] 梁赟，杨育生，吴忆来，张勇，王国民. 口轮匝肌肌瓣瓦合法在单侧唇裂一期修复中的应用 [J]. 中国口腔颌面外科杂志，2015，13（1）：28-30. {LIANG Yun,YANG Yusheng,WU Yilai,ZHANG Yong,WANG Guomin. Application of orbicularis oris muscle overlapping in the primary repair of unilateral cleft lip[J]. Zhongguo Kou Qiang He Mian Wai Ke Za Zhi [Chin J Oral Maxillofac Surg(Article in Chinese;Abstract in Chinese and English)],2015,13(1):28-30.}

[9016] 彭喆，穆蘭，刘岩，李广学，杨锴. 同期吻合唇动脉的交叉唇瓣修复上唇缺损疗效观察 [J]. 中国修复重建外科杂志，2015，29（1）：54-57. DOI: 10.7507/1002-1892.20150013. {PENG Ji,MU Lan,LIU Yan,LI Guangxue,YANG Kai. Effectiveness of cross-lip flap with simutaneous vascular anastomosis[J]. Zhongguo Xiu Fu Chong Jian Wai Ke Za Zhi[Chin J Repair Reconstr Surg(Article in Chinese;Abstract in Chinese and English)],2015,29(1):54-57. DOI:10.7507/1002-1892.20150013.}

[9017] 李喆，王凡，刘林奇，吕巍，李世荣. 下唇双蒂口轮匝肌黏膜瓣一期修复双侧唇裂术后口哨样畸形 [J]. 中华整形外科杂志，2016，32（6）：401-404. DOI: 10.3760/cma.j.issn.1009-4598.2016.06.001. {LI Ji,WANG Fan,LIU Linqi,LV Wei,LI Shirong. Correction of whistle deformity in bilateral cleft lip with lower lip bipedicle orbicularis oris musculomucosal island flap[J]. Zhonghua Zheng Xing Wai Ke Za Zhi[Chin J Plast Surg(Article in Chinese;Abstract in Chinese and English)],2016,32(6):401-404. DOI:10.3760/cma.j.issn.1009-4598.2016.06.001.}

[9018] 杨晓楠，崔海燕，靳小雷，祁佐良. 应用下唇轴型复合组织瓣一期修复进行性半侧颜面萎缩继发上唇缺损畸形 [J]. 组织工程与重建外科杂志，2016，12（3）：177-179. DOI: 10.3969/j.issn.1673-0364.2016.03.009. {YANG Xiaonan,CHUI Haiyan,JIN Xiaolei,QI Zuoliang. Upper-lip vermilion reconstruction with a modified pedicle cross-lip vermilion flap in progressive hemifacial atrophy[J]. Zu Zhi Gong Cheng Yu Chong Jian Wai Ke Za Zhi[J Tissue Eng Reconstr Surg(Article in Chinese;Abstract in Chinese and English)],2016,12(3):177-179. DOI:10.3969/j.issn.1673-0364.2016.03.009.}

[9019] 梁贇，杨育生，吴忆来. 应用双侧唇红黏膜滑行瓣修复双侧唇裂术后唇珠缺失 5 例报告 [J]. 中国口腔颌面外科杂志，2018，16（5）：449-451. DOI: 10.19438/j.cjoms.2018.05.013. {LIANG Yun,YANG Yusheng,WU Yilai. Application of bilateral sliding red lip flaps in correction of the secondary lip deformities of bilateral cleft lip with postoperative vermilion tubercle defect in 5 consecutive cases[J]. Zhongguo Kou Qiang He Mian Wai Ke Za Zhi [Chin J Oral Maxillofac Surg(Article in Chinese;Abstract in Chinese and English)],2018,16(5):449-451. DOI:10.19438/j.cjoms.2018.05.013.}

[9020] 孙维绎，王永前，宋涛，吴镝，李海东，尹宁北. 三叶瓣法结合唇鼻肌肉张力系统构建的单侧唇裂修复术式 [J]. 中华整形外科杂志，2019，35（1）：6-11. DOI: 10.3760/cma.j.issn.1009-4598.2019.01.002. {SUN Weize,WANG Yongqian,SONG Tao,WU Zhai,LI Haidong,YIN Ningbei. Trilobate flap combined with reconstruction of nasal-labial Muscle Tension Lines Group theory in unilateral cleft lip repair[J]. Zhonghua Zheng Xing Wai Ke Za Zhi[Chin J Plast Surg(Article in Chinese;Abstract in Chinese and English)],2019,35(1):6-11. DOI:10.3760/cma.j.issn.1009-4598.2019.01.002.}

[9021] 朱洪平，罗奕. 改良矩形红唇瓣法修复先天性单侧大口畸形 [J]. 中华整形外科杂志，2019，35（1）：31-34. DOI: 10.3760/cma.j.issn.1009-4598.2019.01.007. {ZHU Hongping,LUO Yi. Surgical correction of unilateral macrostomia with modified square vermilion flap[J]. Zhonghua Zheng Xing Wai Ke Za Zhi[Chin J Plast Surg(Article in Chinese;Abstract in Chinese and English)],2019,35(1):31-34. DOI:10.3760/cma.j.issn.1009-4598.2019.01.007.}

[9022] 王耀钟，杨银辉，官群立，林锡江. 应用上唇动脉逆行血供邻近瓣和 Bernard-Webster 颊部推进组织瓣修复巨大下唇癌切除术后缺损：1 例报告及文献复习 [J]. 中国口腔颌面外科杂志，2019，17（1）：93-96. DOI: 10.19438/j.cjoms.2019.01.019. {WANG Yaozhong,YANG Yinhui,GUAN Qunli,LIN Xijiang. Total lower lip reconstruction with local rotation advancement flap and Bernard-Webster flap after giant lip squamous cell carcinoma resection-a case report and literature review[J]. Zhongguo Kou Qiang He Mian Wai Ke Za Zhi [Chin J Oral Maxillofac Surg(Article in Chinese;Abstract in Chinese and English)],2019,17(1):93-96. DOI:10.19438/j.cjoms.2019.01.019.}

[9023] 刘建华，张志愿，石冰，郭传瑸，孙坚，王慧明，孙长伏，郑谦. 唇缺损局部组织瓣修复重建专家共识 [J]. 中国口腔颌面外科杂志，2019，17（5）：391-396. DOI: 10.19438/j.cjoms.2019.05.002. {LIU Jianhua,ZHANG Zhiyuan,SHI Bing,GUO Chuanbin,SUN Jian,WANG Huiming,SUN Changfu,ZHENG Qian. Treatment protocols for lip defects based on local flap reconstruction:Chinese expert consensus[J]. Zhongguo Kou Qiang He Mian Wai Ke Za Zhi [Chin J Oral Maxillofac Surg(Article in Chinese;Abstract in Chinese and English)],2019,17(5):391-396. DOI:10.19438/j.cjoms.2019.05.002.}

4.2.6 耳后皮瓣
posterior auricular flap

[9024] 周孝麟，裘鸿英，吴念. 以缺损缘为蒂的耳后皮瓣一期修复耳廓部分缺损一例 [J]. 中华耳鼻咽喉科杂志，1988，23（1）：36. {ZHOU Xiaolin,QIU Hongying,WU Nian. A case of primary repair of auricle partial defect with retroauricular flap pedicled with defect edge[J]. Zhonghua Er Bi Yan Hou Ke Za Zhi[Chin J Otorhinolaryngol(Article in Chinese;No abstract available)],1988,23(1):36.}

[9025] 陈宗基，陆纯惠. 以颞浅血管为蒂的耳后乳突区皮瓣应用的研究 [J]. 修复重建外科杂志，1988，2（2）：254-255. {CHEN Zongji,LU Chunhui. Study on application of posterior auricular mastoid flap pedicled with superficial temporal vessels[J]. Zhongguo Xiu Fu Chong Jian Wai Ke Za Zhi[Chin J Repar Reconstr Surg(Article in Chinese;No abstract available)],1988,2(2):254-255.}

[9026] 范加裕. 耳后皮下蒂皮瓣外耳成形术 [J]. 中华耳鼻咽喉科杂志，1989，24(4)：223. {FAN Jiayu. External otoplasty with subcutaneous pedicle flap behind ear[J]. Zhonghua Er Bi Yan Hou Ke Za Zhi[Chin J Otorhinolaryngol(Article in Chinese;No abstract available)],1989,24(4):223.}

[9027] 张全安，樊玉林，韦俊荣. 应用耳后组织蒂岛状皮瓣行外耳道成形术 [J]. 中华耳鼻咽喉科杂志，1989，24（5）：316. {ZHANG Quanan,FAN Yulin,WEI Junrong. External auditory meatus plasty through postauricular island flap with tissue pedicle[J]. Zhonghua Er Bi Yan Hou Ke Za Zhi[Chin J Otorhinolaryngol(Article in Chinese;No abstract available)],1989,24(5):316.}

[9028] 丁祖鑫，张涤生，周丽云，曹谊林. 应用耳后游离皮瓣修复鼻尖和部分鼻翼鼻小柱缺损 [J]. 修复重建外科杂志，1991，5（4）：215-216，251-259. {DING Zuxin,ZHANG Disheng,ZHOU Liyun,CAO Yilin. Repair of nasal tip and alinasal columella defects with free retroauricular flap[J]. Zhongguo Xiu Fu Chong Jian Wai Ke Za Zhi[Chin J Repar Reconstr Surg(Article in Chinese;No abstract available)],1991,5(4):215-216,251-259.}

[9029] 秦小云，文质君，钟世镇，徐达传. 耳后皮瓣蒂血管和神经的选择依据 [J]. 中国临床解剖学杂志，1995，13：100-102. {QIN Xiaoyun,WEN Zhijun,ZHONG Shizhen,XU Dachuan. Basic selection of the arterial and nervous pedicle for posterior auricular flap[J]. Zhongguo Lin Chuang Jie Pou Xue Za Zhi[Chin J Clin Anat(Article in Chinese;Abstract in Chinese and English)],1995,13:100-102.}

[9030] 吕金陵. 耳后皮下蒂皮瓣修复耳甲腔缺损 [J]. 中华整形外科杂志，1999，15（3）：198. DOI: 10.3760/j.issn: 1009-4598.1999.03.035. {LV Jinling. Repair of auricular cavity defect by postauricular flap with subcutaneous pedicle[J]. Zhonghua Zheng Xing Wai Ke Za Zhi[Chin J Plast Surg(Article in Chinese;No abstract available)],1999,15(3):198. DOI:10.3760/j.issn:1009-4598.1999.03.035.}

[9031] 韩岩，艾玉峰，雷永红，杨力，张辉. 耳后游离皮瓣移植修复鼻部分缺损 [J]. 中华整形外科杂志，2002，18（4）：204-205. DOI: 10.3760/j.issn: 1009-4598.2002.04.003. {HAN Yan,AI Yufeng,LEI Yonghong,YANG Li,ZHANG Hui. Reconstruction of partial nose defects with retroauricular free flap transplantation[J]. Zhonghua Zheng Xing Wai Ke Za Zhi[Chin J Plast Surg(Article in Chinese;Abstract in Chinese and English)],2002,18(4):204-205. DOI:10.3760/j.issn:1009-4598.2002.04.003.}

[9032] 郭同荣，郭群，张锴. 耳后皮下带皮瓣在耳郭畸形修复中的应用 [J]. 上海口腔医学，2002，11（1）：94-95. DOI: 10.3969/j.issn.1006-7248.2002.01.034. {GUO Tongrong,GUO Qun,ZHANG Kai. The application of postauricular subcutaneously pedicled flap in repairing auricular deformity[J]. Shang Hai Kou Qiang Yi Xue[Shanghai J Stom(Article in Chinese;Abstract in Chinese and English)],2002,11(1):94-95. DOI:10.3969/j.issn.1006-7248.2002.01.034.}

[9033] 王丹茹，章一新，钱云良，杨军. 双筋膜蒂耳后皮瓣一期修复大块耳廓缺损 [J]. 组织工程与重建外科杂志，2005，1（3）：149-150. DOI: 10.3969/j.issn.1673-0364.2005.03.009. {WANG Danru,ZHANG Yixin,QIAN Yunliang,YANG Jun. The postauricular bi-fascial pedicle flap in one stage reconstruction of large auricular defect[J]. Zu Zhi Gong Cheng Yu Chong Jian Wai Ke Za Zhi[J Tissue Eng Reconstr Surg(Article in Chinese;Abstract in Chinese and English)],2005,1(3):149-150. DOI:10.3969/j.issn.1673-0364.2005.03.009.}

[9034] 王晓军，刘志飞，由磊，乔群，赵红艺，钱文江. 应用耳后乳突区双皮下蒂皮瓣早期修复外伤性大面积耳廓缺损 [J]. 中华整形外科杂志，2005，21（5）：351-352. DOI: 10.3760/j.issn: 1009-4598.2005.05.009. {WANG Xiaojun,LIU Zhifei,YOU Lei,QIAO Qun,ZHAO Hongyi,QIAN Wenjiang. Application of auricle posterior flap with two subcutaneous pedicles on mastoidea for repairing of big defect of auricled[J]. Zhonghua Zheng Xing Wai Ke Za Zhi[Chin J Plast Surg(Article in Chinese;Abstract in Chinese and English)],2005,21(5):351-352. DOI:10.3760/j.issn:1009-4598.2005.05.009.}

[9035] 袁兆昌，胡海波，王赟，贺应梅. 改良耳后皮瓣修复耳廓缺损 [J]. 中国修复重建外科杂志，2006，20（7）：742. {YUAN Zhaochang,HU Haibo,WANG Yun,HE Yingmei. Repair auricle defect with modified retroauricular flap[J]. Zhongguo Xiu Fu Chong Jian Wai Ke Za Zhi[Chin J Repar Reconstr Surg(Article in Chinese;No abstract available)],2006,20(7):742.}

[9036] 郭万厚，庄洪兴，杨庆华，蒋海越，国冬军. 耳后扩张皮瓣破溃后的手术处理 [J]. 中华整形外科杂志，2006，22（5）：396. DOI: 10.3760/j.issn: 1009-4598.2006.05.023. {GUO Wanhou,ZHUANG Hongxing,YANG Qinghua,JIANG Haiyue,GUO Dongjun. Surgical management of ulceration of dilated retroauricular flap[J]. Zhonghua Zheng Xing Wai Ke Za Zhi[Chin J Plast Surg(Article in Chinese;No abstract available)],2006,22(5):396. DOI:10.3760/j.issn:1009-4598.2006.05.023.}

[9037] 宋建星，白晋，乌兰哈斯. 耳后皮瓣一期修复耳郭内软组织缺损 [J]. 第二军医大学学报，2007，28(4)：461-461. DOI: 10.3321/j.issn: 0258-879X.2007.04.032. {SONG Jianxing,BAI Jin,WULAN Hasi. Post aur flap in primary repair of auric soft tissue defection[J]. Di Er Jun Yi Da Xue Xue Bao[Acad J Sec Mil Med Univ(Article in Chinese;Abstract in Chinese and English)],2007,28(4):461-461. DOI:10.3321/j.issn:0258-879X.2007.04.032.}

[9038] 侯团结，李平松，陈啸. 耳后岛状皮瓣修复耳前肿物切除创面一例 [J]. 中华整形外科杂志，2007，23（4）：351. DOI: 10.3760/j.issn: 1009-4598.2007.04.031. {HOU Tuanjie,LI Pingsong,CHEN Xiao. Repair the wound surface after excision of preauricular mass with retroauricular island flap[J]. Zhonghua Zheng Xing Wai Ke Za Zhi[Chin J Plast Surg(Article in Chinese;No abstract available)],2007,23(4):351. DOI:10.3760/j.issn:1009-4598.2007.04.031.}

[9039] 卿勇，岑瑛，刘晓雪，段伟强，许学文，刘勇. 耳后皮瓣的临床应用 [J]. 中国修复重建外科杂志，2010，24（7）：895-896. {QING Yong,CEN Ying,LIU Xiaoxue,DUAN Weiqiang,XU Xuewen,LIU Yong. Clinical application of retroauricular flap[J]. Zhongguo Xiu Fu Chong Jian Wai Ke Za Zhi[Chin J Repar Reconstr Surg(Article in Chinese;Abstract in Chinese)],2010,24(7):895-896.}

[9040] 侯范金，袁捷，韦敏. 采用耳后筋膜瓣行鼻尖塑形 [J]. 组织工程与重建外科杂志，2011，7（3）：157-158. DOI: 10.3969/j.issn.1673-0364.2011.03.010. {HOU Fanjin,YUAN Jie,WEI Min. Rhinoplasty of contouring nasal tip with postauricular fascial flap[J]. Zu Zhi Gong Cheng Yu Chong Jian Wai Ke Za Zhi[J Tissue Eng Reconstr Surg(Article in Chinese;Abstract in Chinese and English)],2011,7(3):157-158. DOI:10.3969/j.issn.1673-0364.2011.03.010.}

[9041] 余道江，赵天兰，徐又佳，谢晓明，陈琦，韩文雅，伍丽君，柴筠. 耳后窄蒂皮下蒂皮瓣修复耳廓内软组织缺损 [J]. 中国修复重建外科杂志，2012，26（6）：721-723. {YU

Daojiang,ZHAO Tianlan,XU Youjia,XIE Xiaoming,CHEN Qi,HAN Wenya,WU Lijun,CHAI Yun. Application of narrow hypodermal pedicled retroauricular flap in repairing preauricular soft tissue defect[J]. Zhongguo Xiu Fu Chong Jian Wai Ke Za Zhi[Chin J Repar Reconstr Surg(Article in Chinese;Abstract in Chinese and English)],2012,26(6):721-723.}

[9042] 左宗宝，孙家明，郭科，郭能强，宁金龙．耳后皮下蒂皮瓣一期贯穿修复耳廓前部组织缺损[J]．组织工程与重建外科杂志，2014，10(2)：104-105，120．DOI：10.3969/j.issn.1673-0364.2014.02.011．{ZUO Zongbao,SUN Jiaming,GUO Ke,GUO Nengqiang,NING Jinlong. Postauricular subcutaneous pedicle flap in one stage reconstruction of retroauricula defect[J]. Zu Zhi Gong Cheng Yu Chong Jian Wai Ke Za Zhi[J Tissue Eng Reconstr Surg(Article in Chinese;Abstract in Chinese and English)],2014,10(2):104-105,120. DOI:10.3969/j.issn.1673-0364.2014.02.011.}

[9043] 曹宁，林广民，许和平，郑美莲，汤逸颜，熊舒原．耳后翻转岛状瓣修复耳甲腔缺损[J]．组织工程与重建外科杂志，2015，11(1)：32-33．DOI：10.3969/j.issn.1673-0364.2015.01.010．{CAO Ning,LIN Guangmin,XU Heping,ZHENG Meilian,TANG Yiyan,XIONG Shuyuan. Postauricular revolving door island flap in repairing anterior conchal defect[J]. Zu Zhi Gong Cheng Yu Chong Jian Wai Ke Za Zhi[J Tissue Eng Reconstr Surg(Article in Chinese;Abstract in Chinese and English)],2015,11(1):32-33. DOI:10.3969/j.issn.1673-0364.2015.01.010.}

[9044] 王子佳，黄谢山，刘德裕，陈尧卉，廖军．耳后瓣联合多瓣修复颞部恶性肿瘤大缺损一例[J]．中国修复重建外科杂志，2016，30(10)：1315-1316．DOI：10.7507/1002-1892.20160267．{WANG Zijia,HUANG Xieshan,LIU Deyu,CHEN Yaohui,LIAO Jun. repair large defect of temporal malignant tumor by retroauricular flap combined with several other flaps[J]. Zhongguo Xiu Fu Chong Jian Wai Ke Za Zhi[Chin J Repar Reconstr Surg(Article in Chinese;Abstract in Chinese)],2016,30(10):1315-1316. DOI:10.7507/1002-1892.20160267.}

[9045] 张林，赵宇，李小静，丁浩，王帮河，朱飞，宁金龙，汪春兰．耳后皮瓣在外耳部分缺损的亚单位分区精准修复[J]．中华整形外科杂志，2018，34(8)：625-629．DOI：10.3760/cma.j.issn.1009-4598.2018.08.010．{ZHANG Lin,ZHAO Yu,LI Xiaojing,DING Hao,WANG Banghe,ZHU Fei,NING Jinlong,WANG Chunlan. Precise regional reconstruction of segmental ear defect with postauricular skin flap[J]. Zhonghua Zheng Xing Wai Ke Za Zhi[Chin J Plast Surg(Article in Chinese;Abstract in Chinese and English)],2018,34(8):625-629. DOI:10.3760/cma.j.issn.1009-4598.2018.08.010.}

[9046] 于晓波，杨庆华，何乐人，蒋海越，潘博，赵延勇，林琳．耳后旋转皮瓣延续薄层刃厚头皮片联合Z成形术矫治隐耳畸形[J]．中华整形外科杂志，2018，34(6)：468-470．DOI：10.3760/cma.j.issn.1009-4598.2018.06.013．{YU Xiaobo,YANG Qinghua,HE Leren,JIANG Haiyue,PAN Bo,ZHAO Yanyong,LIN Lin. Ultra-delicate split-thickness skin graft in continuity with full-thickness skin flap combined with Z-plasty for correction of cryptotia[J]. Zhonghua Zheng Xing Wai Ke Za Zhi[Chin J Plast Surg(Article in Chinese;Abstract in Chinese and English)],2018,34(6):468-470. DOI:10.3760/cma.j.issn.1009-4598.2018.06.013.}

4.2.7 耳廓复合组织瓣
auricule composite tissue flap

[9047] 刘运章，朱雪敏．耳后骨膜瓣及耳甲软骨部分切除术在乳突手术中的应用[J]．中华耳鼻咽喉科杂志，1990，25(6)：337．{LIU Yunzhang,ZHU Xuemin. Application of retroauricular periosteum flap and auricular cartilage partial resection in mastoid process surgery[J]. Zhonghua Er Bi Yan Hou Ke Za Zhi[Chin J Otorhinolaryngol(Article in Chinese;No abstract available)],1990,25(6):337.}

[9048] 张纯明．自体耳廓复合组织瓣修复大面积鼻翼缺损一例[J]．修复重建外科杂志，1990，4(2)：123．{ZHANG Chunming. Repair of large alar defect with autologous auricle composite flap[J]. Zhongguo Xiu Fu Chong Jian Wai Ke Za Zhi[Chin J Repar Reconstr Surg(Article in Chinese;No abstract available)],1990,4(2):123.}

[9049] 田奉宸，庞晓钢，李润桐，濮礼臣，张洪杰，张澜成，吴正启，金惠玲．耳廓复合组织瓣移植修复鼻下端缺损[J]．修复重建外科杂志，1990，4(4)：201-202，254．{TIAN Fengchen,PANG Xiaogang,LI Runtong,PU Lichen,ZHANG Hongjie,ZHANG Lancheng,WU Zhengqi,JIN Huiling. Reconstruction of Inferior nasal defect by auricle composite tissue flap[J]. Zhongguo Xiu Fu Chong Jian Wai Ke Za Zhi[Chin J Repar Reconstr Surg(Article in Chinese;No abstract available)],1990,4(4):201-202,254.}

[9050] 陈启才，何永坤．耳后带蒂肌骨膜瓣在乳突手术中的应用[J]．中华显微外科杂志，1992，15(4)：235-236．{CHEN Qicai,HE Yongkun. Application of posterior auricular pedicled myoosseous flap in mastoid surgery[J]. Zhonghua Xian Wei Wai Ke Za Zhi[Chin J Microsurg(Article in Chinese;No abstract available)],1992,15(4):235-236.}

[9051] 孙宝珊，施耀明，金一涛．面颈耳后联合旋转皮瓣修复颊部瘢痕畸形[J]．中国修复重建外科杂志，1995，9(4)：196-198．{SUN Baoshan,SHI Yao-ming,JIN Yi-tao. Repair of buccal scar deformity with combined rotating flap of face,neck and behind ear[J]. Zhongguo Xiu Fu Chong Jian Wai Ke Za Zhi[Chin J Repar Reconstr Surg(Article in Chinese;No abstract available)],1995,9(4):196-198.}

[9052] 程新德，赵天兰，李光早．耳甲复合上旋瓣及耳前、后皮瓣的耳廓成形术[J]．中华整形烧伤外科杂志，1996，12(2)：143-144．DOI：10.3760/j.issn：1009-4598.1996.02.023．{CHENG Xinde,ZHAO Tianlan,LI Guangzao. pinnaplasty with auricular concha combined supination flap and anterior and posterior auricular flap[J]. Zhonghua Zheng Xing Shao Shang Wai Ke Za Zhi[Chin J Plast Surg Burns(Article in Chinese;No abstract available)],1996,12(2):143-144. DOI:10.3760/j.issn:1009-4598.1996.02.023.}

[9053] 焦传家，赵福田，林波．乳突皮瓣修复耳轮外伤性缺损二例[J]．中华耳鼻咽喉科杂志，1998，33(4)：209．DOI：10.3760/j.issn：1673-0860.1998.04.029．{JIAO Chuanjia,ZHAO Futian,LIN Bo. Two cases of traumatic ear contour defect repaired with mastoid flap[J]. Zhonghua Er Bi Yan Hou Ke Za Zhi[Chin J Otorhinolaryngol(Article in Chinese;No abstract available)],1998,33(4):209. DOI:10.3760/j.issn:1673-0860.1998.04.029.}

[9054] 郑永生，孙强，马涛，陈宗基．眶上动脉跨区供血的反流轴型耳前岛状皮瓣修复眼睑皮肤组织缺损[J]．中华整形外科杂志，2001，17(5)：269-271．DOI：10.3760/j.issn：1009-4598.2001.05.004．{ZHENG Yongsheng,SUN Qiang,MA Tao,CHEN Zongji. Eyelid reconstruction with a reversal flow axial preauricular island flap based on the supraorbital artery[J]. Zhonghua Zheng Xing Wai Ke Za Zhi[Chin J Plast Surg(Article in Chinese;Abstract in Chinese and English)],2001,17(5):269-271. DOI:10.3760/j.issn:1009-4598.2001.05.004.}

[9055] 吴铖林，林智强，余晓玲．门状外耳道皮瓣在鼓膜成形术的应用[J]．中华耳鼻咽喉科杂志，2001，36(3)：230．DOI：10.3760/j.issn：1673-0860.2001.03.032．{WU Chenglin,LIN Zhiqiang,YU Xiaoling. Application of external auditory canal flap in tympanoplasty[J]. Zhonghua Er Bi Yan Hou Ke Za Zhi[Chin J Otorhinolaryngol(Article in Chinese;No abstract available)],2001,36(3):230. DOI:10.3760/j.issn:1673-0860.2001.03.032.}

[9056] 范飞，陈宗基，周传德，吴念，毛运春，王连召，周刚．反流轴型岛状耳廓瓣修复大面积鼻翼缺损[J]．中华整形外科杂志，2003，19(2)：107-109．DOI：10.3760/j.issn：1009-4598.2003.02.009．{FAN Fei,CHEN Zongji,ZHOU Chuande,WU Nian,MAO Yunchun,WANG Lianzhao,ZHOU Gang. Repairing large alar defects by using a retro-grade auricular flap[J]. Zhonghua Zheng Xing Wai Ke Za Zhi[Chin J Plast Surg(Article in Chinese;Abstract in Chinese and English)],2003,19(2):107-109. DOI:10.3760/j.issn:1009-4598.2003.02.009.}

[9057] 林渊，宁金龙，李晓静，张林，曹东升，朱飞，侯团结．耳前窄蒂侧颌颈皮瓣修复面部缺损[J]．中华整形外科杂志，2003，19(6)：410-412．DOI：10.3760/j.issn：1009-4598.2003.06.004．{LIN Yuan,NING Jinlong,LI Xiaojing,ZHANG Lin,CAO Dongsheng,ZHU Fei,HOU Tuanjie. Preauricular lateral maxillocervical fasciocutaneous flap[J]. Zhonghua Zheng Xing Wai Ke Za Zhi[Chin J Plast Surg(Article in Chinese;Abstract in Chinese and English)],2003,19(6):410-412. DOI:10.3760/j.issn:1009-4598.2003.06.004.}

[9058] 谢卫国，杨璐，张剑，李长根，方震．应用颞浅血管蒂耳后复合组织皮瓣修复下睑外翻畸形[J]．中华显微外科杂志，2006，29(4)：300-301．DOI：10.3760/cma.j.issn.1001-2036.2006.04.026．{XIE Weiguo,YANG Lu,ZHANG Jian,LI Changgen,FANG Zhen. repair lower eyelid ectropion by posterior auricular composite tissue flap pedicled with superficial temporal vascular[J]. Zhonghua Xian Wei Wai Ke Za Zhi[Chin J Microsurg(Article in Chinese;Abstract in Chinese)],2006,29(4):300-301. DOI:10.3760/cma.j.issn.1001-2036.2006.04.026.}

[9059] 李圣利，曹卫刚，程开祥，王健．吻合血管的逆行游离耳前皮瓣移植修复鼻部分缺损[J]．中华整形外科杂志，2006，22(4)：248-251．DOI：10.3760/j.issn：1009-4598.2006.04.002．{LI Shengli,CAO Weigang,CHENG Kaixiang,WANG Jian. Reconstruction of nasal defects using a reverse preauricular flap by microsurgical technique[J]. Zhonghua Zheng Xing Wai Ke Za Zhi[Chin J Plast Surg(Article in Chinese;Abstract in Chinese and English)],2006,22(4):248-251. DOI:10.3760/j.issn:1009-4598.2006.04.002.}

[9060] 夏昊晨，安宇，侯占江，夏双印，傅朝蓬，张国权．穿过耳舟的带蒂皮瓣修复耳前皮肤缺损二例[J]．中华整形外科杂志，2007，23(5)：442-443．DOI：10.3760/j.issn：1009-4598.2007.05.029．{XIA Haochen,AN Yu,HOU Zhanjiang,XIA Shuangyin,FU Chaopeng,ZHANG Guoquan. Repair of preauricular skin defect with pedicled skin flap through Scapha:two cases[J]. Zhonghua Zheng Xing Wai Ke Za Zhi[Chin J Plast Surg(Article in Chinese;No abstract available)],2007,23(5):442-443. DOI:10.3760/j.issn:1009-4598.2007.05.029.}

[9061] 陈石海，韦强，廖明德，刘庆丰，于海生．颞浅动脉蒂跨耳后动脉逆行岛状耳廓复合组织瓣修复鼻翼缺损[J]．中华整形外科杂志，2009，25(4)：248-250．DOI：10.3760/cma.j.issn.1009-4598.2009.04.004．{CHEN Shihai,WEI Qiang,LIAO Mingde,LIU Qingfeng,YU Haisheng. Repairing alar defects by using a retro-grade island auricle composite tissue flap based on the interconnection of superficial temporal artery and posterior auricular artery[J]. Zhonghua Zheng Xing Wai Ke Za Zhi[Chin J Plast Surg(Article in Chinese;Abstract in Chinese and English)],2009,25(4):248-250. DOI:10.3760/cma.j.issn.1009-4598.2009.04.004.}

[9062] 孙玉，韦强．颞侧耳前滑行皮瓣修复眼睑前层缺损[J]．中华整形外科杂志，2009，25(6)：468-469．DOI：10.3760/cma.j.issn.1009-4598.2009.06.024．{SUN Yu,WEI Qiang. Repair of eyelid anterior layer defect with lateral temporal preauricular gliding flap[J]. Zhonghua Zheng Xing Wai Ke Za Zhi[Chin J Plast Surg(Article in Chinese;No abstract available)],2009,25(6):468-469. DOI:10.3760/cma.j.issn.1009-4598.2009.06.024.}

[9063] 俞峰，马威．应用自体耳甲软骨瓣重建眶底[J]．现代口腔医学杂志，2009，23(4)：374-376．DOI：10.3969/j.issn.1003-7632.2009.04.011．{YU Feng,MA Wei. Reconstruction of orbital floor with autogenous conchal cartilage graft[J]. Xian Dai Kou Qiang Yi Xue Za Zhi[J Mod Stomatol(Article in Chinese;Abstract in Chinese and English)],2009,23(4):374-376. DOI:10.3969/j.issn.1003-7632.2009.04.011.}

[9064] 余海，刘德裕，李传真，黄谢山，钟伟．耳后肌筋膜骨膜瓣及改良除皱切口在腮腺手术中的应用[J]．中国修复重建外科杂志，2009，23(10)：1167-1169．{YU Hai,LIU Deyu,LI Fazhen,HUANG Xieshan,ZHONG Wei. Clinical application of postauricular muscular fasciae-periosteal flap and modified unwrinkle incision in parotidectomy[J]. Zhongguo Xiu Fu Chong Jian Wai Ke Za Zhi[Chin J Repar Reconstr Surg(Article in Chinese;Abstract in Chinese and English)],2009,23(10):1167-1169.}

[9065] 杨彪炳，梁晓琴，苗春雷，翟朝晖，唐胜建．眶上动脉蒂跨区反流耳廓复合组织岛状瓣鼻翼重建的基础研究及临床应用[J]．中华外科杂志，2012，50(11)：1044-1045．DOI：10.3760/cma.j.issn.0529-5815.2012.11.022．{YANG Buobing,LIANG Xiaoqin,MIAO Chunlei,ZHAI Zhaohui,TANG Shengjian. Basic research and clinical application of reconstruction of nasal alar with superorbital artery pedicle cross-region reflux auricle composite tissue island flap[J]. Zhonghua Wai Ke Za Zhi[Chin J Surg(Article in Chinese;No abstract available)],2012,50(11):1044-1045. DOI:10.3760/cma.j.issn.0529-5815.2012.11.022.}

[9066] 程宏宇，王一兵，王光军，杨卫玺，熊猛．颞浅动脉供血的耳后乳突区反流轴型皮瓣修复面颊部缺损九例[J]．中华烧伤杂志，2012，28(2)：150-151．DOI：10.3760/cma.j.issn.1009-2587.2012.02.020．{CHENG Hongyu,WANG Yibing,WANG Guangjun,YANG Weixi,XIONG Meng. Repair of cheek defect with reflux axial flap of posterior auricular mastoid region supplied by superficial temporal artery in 9 cases[J]. Zhonghua Shao Shang Za Zhi[Chin J Burns(Article in Chinese;No abstract available)],2012,28(2):150-151. DOI:10.3760/cma.j.issn.1009-2587.2012.02.020.}

[9067] 李乐，刘林奇，李晓格，陈亮，王珍祥．应用耳廓复合组织瓣移植修复鼻翼缺损[J]．局解手术学杂志，2014，23(5)：489-491，492．DOI：10.11659/jjssx.1672-5042.201405015．{LI Le,LIU Linqi,LI Xiaoge,CHEN Liang,WANG Zhenxiang. Application of auricular composite tissue flap graft in reconstruction of nasal alar defect[J]. Ju Jie Shou Shu Xue Za Zhi[J Reg Anat Oper Surg(Article in Chinese;Abstract in Chinese and English)],2014,23(5):489-491,492. DOI:10.11659/jjssx.1672-5042.201405015.}

[9068] 龙瑞清，付丽艳，林垦，张帆，阮标，汤勇，杨晶，刘卓慧．外耳道皮肤鼓环瓣并颞肌筋膜修补鼓膜大穿孔的疗效观察[J]．中华显微外科杂志，2018，41(5)：506-509．DOI：10.3760/cma.j.issn.1001-2036.2018.05.026．{LONG Ruiqing,FU Liyan,LIN Ken,ZHANG Fan,RUAN Biao,TANG Yong,YANG Jing,LIU Zhuohui. efficacy observation of repairing tympanic membrane perforation with external auditory meatus skin drum flap and temporal myofascial membrane[J]. Zhonghua Xian Wei Wai Ke Za Zhi[Chin J Microsurg(Article in Chinese;Abstract in Chinese)],2018,41(5):506-509. DOI:10.3760/cma.j.issn.1001-2036.2018.05.026.}

[9069] 郝冬月，董立维．耳上局部旋转皮瓣结合耳舟舒展矫正隐耳畸形[J]．中华整形外科杂志，2018，34(9)：732-734．DOI：10.3760/cma.j.issn.1009-4598.2018.09.011．{HAO Dongyue,DONG Liwei. Supra-auricular flap and stretch of scapha cartilage:a method of cryptotia's treatment[J]. Zhonghua Zheng Xing Wai Ke Za Zhi[Chin J Plast Surg(Article in Chinese;Abstract in Chinese and English)],2018,34(9):732-734. DOI:10.3760/cma.j.issn.1009-4598.2018.09.011.}

[9070] 于晓波．耳甲腔软骨瓣折叠矫正轻度杯状耳[J]．中华整形外科杂志，2019，35(2)：166-169．DOI：10.3760/cma.j.issn.1009-4598.2019.02.013．{YU Xiaobo. The tumbling concha-cartilage flap for correction of mild constricted ear[J]. Zhonghua Zheng Xing Wai Ke Za Zhi[Chin J Plast Surg(Article in Chinese;Abstract in Chinese and English)],2019,35(2):166-169. DOI:10.3760/cma.j.issn.1009-4598.2019.02.013.}

[9071] 常树森，唐修俊，魏在荣，吴必华，王波，金文虎，陈伟，李海，张子阳．接力皮瓣修复耳廓及供瓣区皮肤软组织缺损[J]．中国修复重建外科杂志，2019，33(1)：66-69．DOI：10.7507/1002-1892.201807141．{CHANG Shusen,TANG Xiujun,WEI Zairong,WU Bihua,WANG Bo,JIN Wenhu,CHEN Wei,LI Hai,ZHANG Ziyang. Repair of skin and soft tissue defects of auricle and donor site with relay flap[J]. Zhongguo Xiu Fu Chong Jian Wai Ke Za Zhi[Chin J Repar Reconstr Surg(Article in Chinese;Abstract in Chinese and English)],2019,33(1):66-69. DOI:10.7507/1002-1892.201807141.}

4.2.8 面动脉穿支皮瓣
perforator flap of facial artery

[9072] Wang R,Cen Y. Vascular basis of the facial artery perforator flap:analysis of 101 perforator territories[J]. Plast Reconstr Surg,2012,130(5):743e. doi:10.1097/PRS.0b013e318267d6ee.

[9073] Zhao XP,Zhang H,Yu X,Wang JG,Zhang B,Pan CB. Reverse facial artery flap to reconstruct the medium-sized defects in the middle facial region following cancer ablation[J]. J Craniofac Surg,2013,24(6):2077-2081. doi:10.1097/SCS.0b013e3182a21100.

[9074] Zhou WN,Wan LZ,Zhang P,Yuan H,Jiang HB,Du YF. Anatomical study and clinical application of facial artery perforator flaps in intraoral reconstruction:focusing on venous system[J]. J Oral Maxillofac Surg,2017,75(3):649.e1-649.e10. doi:10.1016/j.joms.2016.11.018.

[9075] Pan M,Ma T,Mao J,Qin X,Li B. Clinical Application of foci contralateral facial artery myomucosal flap for tongue defect repair[J]. Plast Reconstr Surg Glob Open,2018,6(2):e1669. doi:10.1097/GOX.0000000000001669.

[9076] 张培培，杨超，邢新，戴海英，郭伶俐，吕文亮．面动脉穿支皮瓣修复鼻、唇与颊部皮肤软组织缺损［J］．中华整形外科杂志，2016，32（1）：35-38．DOI：10.3760/cma.j.issn.1009-4598.2016.01.009．{ZHANG Peipei,YANG Chao,XING Xin,DAI Haiying,GUO Lingli,LV Wenliang. Reconstruction of soft tissue defects at nose,lip,and cheek with facial artery perforator flaps[J]. Zhonghua Zheng Xing Wai Ke Za Zhi[Chin J Plast Surg(Article in Chinese;Abstract in Chinese and English)],2016,32(1):35-38. DOI:10.3760/cma.j.issn.1009-4598.2016.01.009.}

[9077] 冀玫宏，唐修俊，王达利，魏在荣，陈伟，张子阳，杨成兰．改良面动脉穿支旋转推进式皮瓣修复眶下区皮肤软组织缺损［J］．中华整形外科杂志，2019，35（1）：40-44．DOI：10.3760/cma.j.issn.1009-4598.2019.01.009．{JI Meihong,TANG Xiujun,WANG Dali,WEI Zairong,CHEN Wei,ZHANG Ziyang,YANG Chenglan. Reconstruction of infraorbital soft tissue defects with modified rotary-propulsion facial artery perforator flaps[J]. Zhonghua Zheng Xing Wai Ke Za Zhi[Chin J Plast Surg(Article in Chinese;Abstract in Chinese and English)],2019,35(1):40-44. DOI:10.3760/cma.j.issn.1009-4598.2019.01.009.}

[9078] 姬琳琳，魏在荣，陈伟，王波，张文夺，金文虎，李海，李书俊，邓呈亮，袁妤婷．面动脉穿支接力皮瓣修复中面部缺损［J］．中华整形外科杂志，2019，35（4）：390-394．DOI：10.3760/cma.j.issn.1009-4598.2019.04.013．{JI Linlin,WEI Zairong,CHEN Wei,WANG Bo,ZHANG Wentuo,JIN Wenhu,LI Hai,LI Shujun,DENG Chengliang,YUAN Yuting. Repair of the defect on midface using perforator flap of facial artery[J]. Zhonghua Zheng Xing Wai Ke Za Zhi[Chin J Plast Surg(Article in Chinese;Abstract in Chinese and English)],2019,35(4):390-394. DOI:10.3760/cma.j.issn.1009-4598.2019.04.013.}

[9079] 吴乐昊，尤建军，王欢，朱珊，刘元波．面动脉穿支皮瓣修复鼻部缺损的临床应用现状和存在的问题［J］．中华整形外科杂志，2019，35（11）：1151-1155．DOI：10.3760/cma.j.issn.1009-4598.2019.11.018．{Wu Lehao,You Jianjun,Wang Huan,Zhu Shan,Liu Yuanbo. Facial artery perforator flaps in reconstructing nasal defects:the evolution and challenges[J]. Zhonghua Zheng Xing Wai Ke Za Zhi[Chin J Plast Surg(Article in Chinese;Abstract in Chinese and English)],2019,35(11):1151-1155. DOI:10.3760/cma.j.issn.1009-4598.2019.11.018.}

4.2.9 颏下皮瓣
submental flap

[9080] Shi CL,Wang XC. Reconstruction of lower face defect or deformity with submental artery perforator flaps[J]. Ann Plast Surg,2012,69(1):41-44. doi:10.1097/SAP.0b013e3182223cde.

[9081] Chow TL,Choi CY,Ho LI,Fung SC. The use of bipaddled submental flap for reconstructing composite buccal defect[J]. J Maxillofac Oral Surg,2014,13(1):75-77. doi:10.1007/s12663-013-0477-8.

[9082] Huang L,Wang WM,Gao X,Yuan YX,Chen XQ,Jian XC. Reconstruction of intraoral defects after resection of cancer with two types of submental artery perforator flaps[J]. Br J Oral Maxillofac Surg,2018,56(1):34-38. doi:10.1016/j.bjoms.2017.11.001.

[9083] Ou XR,Su T,Huang L,Jiang CH,Guo F,Li N,Min AJ,Jian XC. A comparative study between submandibular-facial artery island flaps(including perforator flap) and submental artery perforator flap:A novel flap in oral cavity reconstruction[J]. Oral Oncol,2019,99:104446. doi:10.1016/j.oraloncology.2019.104446.

[9084] Zhi-Jun X,Yue-Xiao L,Bo-Yu G,Ya-Tin J,Si-Si L,Kun-Min Z,Chang-Fu S,Xue-Xin T. Are contralateral submental artery perforator flaps feasible for the reconstruction of postoperative defects of oral cancer?[J]. Head Neck,2020,42(12):3647-3654. doi:10.1002/hed.26422.

[9085] Bin X,Wu X,Huang L,Zhou Y,Guo F. Surgical anatomy of the submental artery perforator flap and assessment for application in postoperative reconstruction following oral cancer surgery:a prospective clinical study[J]. Int J Oral Maxillofac Surg,2021,50(7):879-886. doi:10.1016/j.ijom.2020.07.038.

[9086] 柴仲培．颏下双蒂皮瓣修复上唇缺损［J］．中华外科杂志，1981，19（8）：495．{CHAI Zhongpei. Reconstruction of upper lip defect with submental double-pedicled skin flap[J]. Zhonghua Wai Ke Za Zhi[Chin J Surg(Article in Chinese;No abstract available)],1981,19(8):495.}

[9087] 王伯钧，侯增辉，秦小云．带血管蒂颏下皮瓣修复口腔颌面部软组织缺损［J］．中华显微外科杂志，1998，21（4）：299．DOI：10.3760/cma.j.issn.1001-2036.1998.04.029．{WANG Bojun,HOU Zenghui,QIN Xiaoyun. Reconstruction of soft tissue defect of oral and maxillofacial with vascular pedicled submental skin flap[J]. Zhonghua Xian Wei Wai Ke Za Zhi[Chin J Microsurg(Article in Chinese;No abstract available)],1998,21(4):299. DOI:10.3760/cma.j.issn.1001-2036.1998.04.029.}

[9088] 王先成，李晓芳，鲁青，吴祖林，贺吉庸．颏下动脉穿支皮瓣修复面下部畸形及缺损［J］．中华整形外科杂志，2010，26（1）：18-20．DOI：10.3760/cma.j.issn.1009-4598.2010.01.007．{WANG Xiancheng,LI Xiaofang,LU Qing,WU Zulin,HE Jiyong. The submental artery perforator flap for lower face defect and deformity[J]. Zhonghua Zheng Xing Wai Ke Za Zhi[Chin J Plast Surg(Article in Chinese;No abstract available)],2010,26(1):18-20. DOI:10.3760/cma.j.issn.1009-4598.2010.01.007.}

[9089] 刘堃，彭歆，毛驰．应用游离颏下皮瓣修复口腔癌术后组织缺损［J］．中华显微外科杂志，2015，38（1）：8-11．DOI：10.3760/cma.j.issn.1001-2036.2015.01.003．{Liu Kun,Peng Xin,Mao Chi. Free submental flap for defects reconstruction after oral cancer ablation[J]. Zhonghua Xian Wei Wai Ke Za Zhi[Chin J Microsurg(Article in Chinese;Abstract in Chinese and English)],2015,38(1):8-11. DOI:10.3760/cma.j.issn.1001-2036.2015.01.003.}

4.2.10 颈肱皮瓣
cervicobrachial flap

[9090] 王会军，张捷，王金龙．颈肱皮瓣修复颈颌部瘢痕挛缩［J］．中华整形外科杂志，2000，16（2）：118．DOI：10.3760/j.issn：1009-4598.2000.02.021．{WANG Huijun,ZHANG Jie,WANG Jinlong. Repair of cervical and maxillary scar contracture with cervical humerus flap[J]. Zhonghua Zheng Xing Wai Ke Za Zhi[Chin J Plast Surg(Article in Chinese;No abstract available)],2000,16(2):118. DOI:10.3760/j.issn:1009-4598.2000.02.021.}

4.3 躯干部皮瓣
flap of trunk

4.3.1 胸背部皮瓣
thoracodorsal flap

[9091] 胡滨成，姜均本，王銮波，张宝庆，林亦卿．胸前皮瓣的血管［J］．解剖学通报，1981，4（2-3）：220．{HU Bincheng,JIANG Juncheng,WANG Luanbo,ZHANG Baoqing,LIN Yiqi. The blood vessels of the anterior chest flap[J]. Jie Pou Xue Tong Bao[J Anat(Article in Chinese;No abstract available)],1981,4(2-3):220.}

[9092] 兰行简，王绪凯，王玉新．侧胸皮瓣游离移植［J］．中国医科大学学报，1981，10（2）：75．{LAN Xingjian,WANG Xukai,WANG Yuxin. Lateral thoracic flap free transplantation. [J]. Zhongguo Yi Ke Da Xue Xue Bao[J Chin Med Univ(Article in Chinese;No abstract available)],10(2):75.}

[9093] 陈日亭，周树夏，李德伦，梁河清，王永海．三角胸皮瓣的应用和改进［J］．解放军医学杂志，1981，6（5）：296．{CHEN Riting,ZHOU Shuxia,LI Delun.LIANG Hrzhou,WANG Yonghai. Application and improvement of deltopectoral flap[J]. Jie Fang Jun Yi Xue Za Zhi[Med J Chin PLA(Article in Chinese;No abstract available)],1981,6(5):296.}

[9094] 兰行简，李瑞武，王玉春，王玉新，张船．应用胸三角皮瓣修复颌面部缺损［J］．中华口腔科杂志，1982，17（4）：227．{LAN Xingjian,LI Ruiwu,WANG Yuchun,WANG Yuxin,ZHANG Chuan. The defect of maxillofacial region was repaired by thoracic deltopectoral flap[J]. Zhonghua Kou Qiang Ke Za Zhi[Chin J Oral(Article in Chinese;No abstract available)],1982,17(4):227.}

[9095] 陈尔瑜，等．胸内侧皮瓣血管的显微解剖 J］．解剖学通报，1982，5（增刊1）：67．{Chen Eryu,et al. Microanatomy of vessels of medial thoracic flap[J]. Jie Pou Xue Tong Bao[J Anat(Article in Chinese;No abstract available)],1982,5(S 1):67.}

[9096] 刘怀琛，王永贤，易信刚，李赋庄．胸前皮瓣血管的观测及其调查［J］．四川医学院学报，1982，13（2）：163-169．{LIU Huaichen,WANG Yongxian,YI Xingang,LI Fuzhuang. The blood vessels of the anterior pectoral flap[J]. Sichuan Yi Xue Yuan Xue Bao[J Sichuan Med Coll(Article in Chinese;Abstract in Chinese and English)],1982,13(2):163-169.}

[9097] 陆英，何光篪．侧胸区皮瓣血管的观察［J］．解剖学报，1983，14（1）：23．{LUYing,HE Guangchi. The blood vessels of lateral thoracic flap[J]. Jie Pou Xue Bao[J Anat(Article in Chinese;Abstract in Chinese and English)],1983,14(1:23.})

[9098] 张成立，施恩娟，毛增荣．侧胸腹部联合皮瓣内血管的显微外科解剖［J］．解剖学通报，1984，7（2）：143-150．{ZHANG Chengli,SHI Enjuan,MAO Zengrong. The vascular microsurgical anatomy of the lateral thoracicabdominal skin flap[J]. Jie Pou Xue Tong Bao[J Anat(Article in Chinese; Abstract in Chinese and English)],1984,7(2):143-150.}

[9099] 范启申，王成琪，张尔坤．改进腋胸部皮瓣的临床应用［J］．显微医学杂志，1985，8（2）：115．{FAN Qishen,WANG Chengqi,ZHANG Erkun. Improvement on the clinical application of axillo-thoracic flap[J]. Xian Wei Yi Xue Za Zhi[J Microsurg(Article in Chinese;No abstract available)],1985,8(2):115.}

[9100] 张发惠，李芳华，林焕琪．侧肋间血管神经皮瓣的应用解剖学——介绍一种多蒂式多功能复合供区［J］．解剖学杂志，1986，9（4）：282．{ZHANG Fahui,LI Fanghua,LIN Huanyi. Applied anatomy of lateral intercostal neurovascular flap – an introduction of a multi-pedicled and multifunctional composite donor site[J]. Jie Pou Xue Za Zhi[J Anat(Article in Chinese; Abstract in Chinese)],1986,9(4):282.}

[9101] 兰行简，张船，王玉春，李瑞武，王玉新．同时应用双胸三角皮瓣修复面颌颈部大型缺损（附10例报告）［J］．中华整形烧伤外科杂志，1986;2（3）：179．{LAN Xingjian,ZHANG Chuan,WANG Yuchun,LI Duanwu,WANG Yuxin. Both of bilateral thoracic deltopectoral flaps to repair the large defect of maxillofacial and neck (a report of 10 cases is attached)[J]. Zhonghua Zheng Xing Shao Shang Wai Ke Za Zhi[Chin J Plast Burn Surg(Article in Chinese;No abstract available)],1986;2(3):179.}

4.3.1.1 胸三角皮瓣
thoracic triangle flap

[9102] 廖仿荣，区深明，曾宗渊，赖国强，陈直华，陈福进．用胸三角皮瓣修复癌瘤术后大面积缺损［J］．中山医学院学报，1983，4（2）：57-60，76．{LIAO Fangrong,QU Shenming,ZENG Zongyuan,LAI Guoqiang,CHEN Zhihua,CHEN Fujin. Thoracic triangle flap was used to repair large defect after cancer operation[J]. Zhong Shan Yi Xue Yuan Xue Bao [Acta acad med zhong shan(Article in Chinese;No abstract available)],1983,4(2):57-60,76.}

[9103] 罗锦辉．胸三角皮瓣修复颌面部烧伤瘢痕挛缩［J］．修复重建外科杂志，1991，5（4）：224．{LUO Jinhui. Repair of maxillofacial burn scar contracture with thoracic triangle flap[J]. Zhongguo Xiu Fu Chong Jian Wai Ke Za Zhi[Chin J Repar Reconstr Surg(Article in Chinese;No abstract available)],1991,5(4):224.}

[9104] 刘延鑫，李兆德，段永安．胸三角皮瓣修复鼻缺损一例［J］．中国修复重建外科杂志，1993，7（3）：188．{LIU Yanxin,LI Zhaode,DUAN Yongan. Repair of nasal defect with thoracic triangle flap:case report[J]. Zhongguo Xiu Fu Chong Jian Wai Ke Za Zhi[Chin J Repar Reconstr Surg(Article in Chinese;No abstract available)],1993,7(3):188.}

[9105] 鲁开化，马显杰，艾玉峰，柳大烈．扩张后的胸三角皮瓣修复面颈部瘢痕［J］．中华整形烧伤外科杂志，1996，12（3）：187-189．DOI：10.3760/j.issn：1009-4598.1996.03.010．{LU Kaihua,MA Xianjie,AI Yufeng,LIU Dalie. Repair of facial and neck scar with expanded thoracic triangular flap[J]. Zhonghua Zheng Xing Shao Shang Wai Ke Za Zhi[Chin J Plast Surg Burns(Article in Chinese;No abstract available)],1996,12(3):187-189. DOI:10.3760/j.issn:1009-4598.1996.03.010.}

[9106] 陆安民，李津宁，吴银生．胸三角真皮下血管网皮瓣修复面颈部缺损［J］．中华整形烧伤外科杂志，1998，14：152-153．{LU Anmin,LI Jinning,WU Yinsheng. Repair of face and neck defect with thoracic triangle flap with subdermal vascular network[J]. Zhonghua Zheng Xing Shao Shang Wai Ke Za Zhi[Chin J Plast Surg Burns(Article in Chinese;No abstract available)],1998,14:152-153.}

[9107] 宁金龙，李小静，展望，张林，孔祥安，武建潮．胸三角岛状皮瓣一期修复对侧胸壁大面积深度缺损［J］．中华整形外科杂志，2000，16（2）：117．DOI：10.3760/j.issn：1009-4598.2000.02.020．{NING Jinlong,LI Xiaojing,ZHAN Wang,Zhang Lin,KONG Xiangan,WU

Jianchao. The triangular thoracic island flap was used to repair a large area of deep defect on the contralateral chest wall in one stage[J]. Zhonghua Zheng Xing Wai Ke Za Zhi[Chin J Plast Surg(Article in Chinese;No abstract available)],2000,16(2):117. DOI:10.3760/j.issn:1009-4598.2000.02.020.}

[9108] 余东，李傅健. 扩张的胸三角皮瓣修复面颈部瘢痕 [J]. 中华整形外科杂志，2003，19（2）：152. DOI：10.3760/j.issn：1009-4598.2003.02.032. {YU Dong,LI Fujian. Repair of facial and neck scar with expanded thoracic triangular flap[J]. Zhonghua Zheng Xing Wai Ke Za Zhi[Chin J Plast Surg(Article in Chinese;No abstract available)],2003,19(2):152. DOI:10.3760/j.issn:1009-4598.2003.02.032.}

[9109] 唐宗联，严刚，黄斌，梁明，张劲松. 胸大肌皮瓣加胸三角皮瓣联合修复下颌部洞穿性缺损一例 [J]. 中国修复重建外科杂志，2003，17（2）：146. {TANG Zonglian,YAN Gang,HUANG Bin,LIANG Ming,ZHANG Jinsong. The combination of pectoralis major musculocutaneous flap and pectoralis triangle flap to repair the perforating defect of mandible:a case report[J]. Zhongguo Xiu Fu Chong Jian Wai Ke Za Zhi[Chin J Repar Reconstr Surg(Article in Chinese;No abstract available)],2003,17(2):146.}

[9110] 李小静，宁金龙，张林，朱飞. 应用对侧胸三角岛状瓣即期修复胸壁乳腺癌术后再发病灶 [J]. 中华显微外科杂志，2004，27（3）：221-222. DOI：10.3760/cma.j.issn.1001-2036.2004.03.027. {LI Xiaojing,NING Jinlong,ZHANG Lin,ZHU Fei. Contralateral thoracic triangular island flap for immediate repair of postoperative recurrence of breast cancer[J]. Zhonghua Xian Wei Wai Ke Za Zhi[Chin J Microsurg(Article in Chinese;Abstract in Chinese)],2004,27(3):221-222. DOI:10.3760/cma.j.issn.1001-2036.2004.03.027.}

[9111] 王鲁峰. 胸三角岛状瓣一期修复胸壁组织缺损 [J]. 中华显微外科杂志，2007，30（2）：140-141. DOI：10.3760/cma.j.issn.1001-2036.2007.02.021. {WANG Lufeng. The triangular thoracic island flap for the repair of the chest wall tissue defect in one stage[J]. Zhonghua Xian Wei Wai Ke Za Zhi[Chin J Microsurg(Article in Chinese;Abstract in Chinese)],2007,30(2):140-141. DOI:10.3760/cma.j.issn.1001-2036.2007.02.021.}

[9112] 马显杰，夏炜，郑岩，夏文森，鲁开化，郭树忠，韩岩，卢丙仑. 扩张后胸三角皮瓣修复面颈部瘢痕 [J]. 中华烧伤杂志，2008，24（3）：207-209. DOI：10.3760/cma.j.issn.1009-2587.2008.03.013. {MA Xianjie,XIA Wei,ZHENG Yan,XIA Wensen,LU Kaihua,GUO Shuzhong,HAN Yan,LU Binglun. Repair of facial and cervical scars with expanded deltopectoral flaps[J]. Zhonghua Shao Shang Za Zhi[Chin J Burns(Article in Chinese;Abstract in Chinese and English)],2008,24(3):207-209. DOI:10.3760/cma.j.issn.1009-2587.2008.03.013.}

[9113] 王德运，谢卫国，张伟，刘杰峰，余刚，陈康. 阻隔式延迟超长胸三角皮瓣修复头面部组织缺损 [J]. 中华烧伤杂志，2008，24（4）：294-295. DOI：10.3760/cma.j.issn.1009-2587.2008.04.017. {WANG Deyun,XIE Weiguo,ZHANG Wei,LIU Jiefeng,YU Gang,CHEN Kang. Repair of head and face tissue defects with delayed super long thoracic triangle flap[J]. Zhonghua Shao Shang Za Zhi[Chin J Burns(Article in Chinese;No abstract available)],2008,24(4):294-295. DOI:10.3760/cma.j.issn.1009-2587.2008.04.017.}

[9114] 商子寅，赵宇，王帮河，汪春兰，吴丽丽，孙伟. 带穿支血管的胸三角扩张皮瓣在面颈部瘢痕修复中的应用 [J]. 中华整形外科杂志，2010，26（1）：61-62. DOI：10.3760/cma.j.issn.1009-4598.2010.01.018. {SHANG Ziyin,ZHAO Yu,WANG Banghe,WANG Chunlan,WU Lili,SUN Wei. Application of thoracic triangular expanded skin flap with perforator vessel in the repair of facial and neck scar[J]. Zhonghua Zheng Xing Wai Ke Za Zhi[Chin J Plast Surg(Article in Chinese;No abstract available)],2010,26(1):61-62. DOI:10.3760/cma.j.issn.1009-4598.2010.01.018.}

[9115] 杨艳清，孙家明，王玉荣，李琼，张瑞瑞. 联合应用胸三角及邻位皮瓣修复咽瘘五例 [J]. 中华整形外科杂志，2010，26（2）：149. DOI：10.3760/cma.j.issn.1009-4598.2010.02.022. {YANG Yanqing,SUN Jiaming,WANG Yurong,LI Qiong,ZHANG Ruirui. Five cases of pharyngeal fistula were repaired with thoracic triangle flap and adjacent flap[J]. Zhonghua Zheng Xing Wai Ke Za Zhi[Chin J Plast Surg(Article in Chinese;No abstract available)],2010,26(2):149. DOI:10.3760/cma.j.issn.1009-4598.2010.02.022.}

[9116] 潘勇，杨力，马显杰，鲁开化，彭湃，卢丙仑，韩岩，郭树忠. 应用扩张的胸三角皮瓣修复成人面颈部葡萄酒色斑 [J]. 组织工程与重建外科杂志，2010，6（2）：93-95. DOI：10.3969/j.issn.1673-0364.2010.02.009. {PAN Yong,YANG Li,MA Xianjie,LU Kaihua,PENG Pai,LU Binglun,HAN Yan,GUO Shuzhong. Treatment of adult facial port-wine stains by expanded deltopectoral flap[J]. Zu Zhi Gong Cheng Yu Chong Jian Wai Ke Za Zhi[J Tissue Eng Reconstr Surg(Article in Chinese;Abstract in Chinese and English)],2010,6(2):93-95. DOI:10.3969/j.issn.1673-0364.2010.02.009.}

[9117] 赵宇辉，李莉，刘淑岩，刘媛媛，张向飞. 蒂部维持扩张法在胸三角区扩张皮瓣中的临床应用 [J]. 中华整形外科杂志，2013，29（3）：211-212. DOI：10.3760/cma.j.issn.1009-4598.2013.03.014. {ZHAO Yuhui,LI Li,LIU Shuyan,LIU Yuanyuan,ZHANG Xiangfei. Clinical application of pedicle maintenance dilatation in thoracic trigonometric dilated skin flap[J]. Zhonghua Zheng Xing Wai Ke Za Zhi[Chin J Plast Surg(Article in Chinese;No abstract available)],2013,29(3):211-212. DOI:10.3760/cma.j.issn.1009-4598.2013.03.014.}

[9118] 李鹏程，胡国栋，贾赤宇，邱亚斌，吴玉家，郑淑娟. 双侧胸三角区扩张皮瓣修复面颈部瘢痕的效果 [J]. 中华医学杂志，2013，93（14）：1055-1057. DOI：10.3760/cma.j.issn.0376-2491.2013.14.005. {LI Pengcheng,HU Guodong,JIA Chiyu,QIU Yabin,WU Yujia,ZHENG Shujuan. Application of expansion bilateral delto-pectoral thin skin flap in the repair of extensive scar in faciocervical region[J]. Zhonghua Yi Xue Za Zhi[Natl Med J China(Article in Chinese;Abstract in Chinese and English)],2013,93(14):1055-1057. DOI:10.3760/cma.j.issn.0376-2491.2013.14.005.}

[9119] 杨敏烈，朱宇刚，丁羚涛，储国平，俞舜，吕国忠，苏青和，顾在秋，虞俊杰，赵庆国. 胸三角区超薄双蒂穿支皮瓣游离移植整复颜面部严重烧伤后瘢痕 12 例 [J]. 中华烧伤杂志，2015，31（6）：454-456. DOI：10.3760/cma.j.issn.1009-2587.2015.06.016. {YANG Minlie,ZHU Yugang,DING Chaitao,CHU Guoping,YU Shun,LV Guozhong,SU Qinghe,GU Zaiqiu,YU Junjie,ZHAO Qingguo. Free transplantation of ultra-thin double-pedicled perforator flap in thoracic trigonal region for repairing facial scar after severe burn in 12 cases[J]. Zhonghua Shao Shang Za Zhi[Chin J Burns(Article in Chinese;No abstract available)],2015,31(6):454-456. DOI:10.3760/cma.j.issn.1009-2587.2015.06.016.}

[9120] 彭海仙，陈明志，廖金平，董德胜，宋斌. 扩张后胸三角皮瓣治疗修复因烧烫伤所致的颈部带状瘢痕挛缩畸形效果分析 [J]. 创伤外科杂志，2016，18（5）：295-297. DOI：10.3969/j.issn.1009-4237.2016.05.011. {PENG Haixian,CHEN Mingzhi,LIAO Jinping,DONG Desheng,SONG Bin. Analysis of expanded deltopectoral skin flap for repairing cervical scar contracture deformity[J]. Chuang Shang Wai Ke Za Zhi[J Traum Surg(Article in Chinese;Abstract in Chinese and English)],2016,18(5):295-297. DOI:10.3969/j.issn.1009-4237.2016.05.011.}

[9121] 古梓颖，包国宏，韦强. 扩张后胸三角超薄皮瓣修复面颈部瘢痕切除后创面 [J]. 中华整形外科杂志，2018，34(2)：123-127. DOI：10.3760/cma.j.issn.1009-4598.2018.02.010. {GU Ziying,BAO Guohong,WEI Qiang. Expanded thoracic triangle ultra-thin flap for repairing facial and neck defects[J]. Zhonghua Zheng Xing Wai Ke Za Zhi[Chin J Plast Surg(Article in Chinese;Abstract in Chinese and English)],2018,34(2):123-127. DOI:10.3760/cma.j.issn.1009-4598.2018.02.010.}

[9122] 刘超华，李杨，肖博，郝冬月，姚文德，马显杰，彭湃. 扩张后胸三角游离皮瓣修复面部大中面积皮肤软组织缺损 [J]. 中华整形外科杂志，2018，34（12）：996-999. DOI：10.3760/cma.j.issn.1009-4598.2018.12.003. {LIU Chaohua,LI Yang,XIAO Bo,HAO Dongyue,YAO Wende,MA Xianjie,PENG Pai. Repair of large and medium size facial skin and soft tissue defects by the free expanded deltopectoral flap[J]. Zhonghua Zheng Xing Wai Ke Za Zhi[Chin J Plast Surg(Article in Chinese;Abstract in Chinese and English)],2018,34(12):996-999. DOI:10.3760/cma.j.issn.1009-4598.2018.12.003.}

4.3.1.2 锁骨上穿支皮瓣
supraclavicular perforator flap

[9123] Xie F,Wang J,Li Q,Zhou S,Zan T,Gu B,Liu K. Resurfacing large skin defects of the face and neck with expanded subclavicular flaps pedicled by the thoracic branch of the supraclavicular artery[J]. Burns,2012,38(6):924-930. doi:10.1016/j.burns.2012.01.001.

[9124] Wu H,Chen WL,Yang ZH. Functional reconstruction with an extended supraclavicular fasciocutaneous island flap following ablation of advanced oropharyngeal cancer[J]. J Craniofac Surg,2012,23(6):1668-1671. doi:10.1097/SCS.0b013e318266f948.

[9125] Ma X,Li Y,Wang L,Li W,Dong L,Xia W,Su Y. Reconstruction of cervical scar contracture using axial thoracic flap based on the thoracic branch of the supraclavicular artery[J]. Ann Plast Surg,2014,73(Suppl 1):S53-56. doi:10.1097/SAP.0000000000000257.

[9126] Gao Y,Yuan Y,Li H,Gu B,Xie F,Herrler T,Li Q,Zan T. Preoperative imaging for thoracic branch of supraclavicular artery flap:A comparative study of contrast-enhanced ultrasound with three-dimensional reconstruction and color duplex ultrasound[J]. Ann Plast Surg,2016,77(2):201-205. doi:10.1097/SAP.0000000000000601.

[9127] Fang SL,Zhang DM,Chen WL,Wang YY,Fan S. Reconstruction of full-thickness cheek defects with a folded extended supraclavicular fasciocutaneous island flap following ablation of advanced oral cancer[J]. J Cancer Res Ther,2016,12(2):888-891. doi:10.4103/0973-1482.177497.

[9128] Li Y,Zhao Z,Wu D,Li H,Guo Z,Liu X. Clinical application of supraclavicular flap for head and neck reconstruction[J]. Eur Arch Otorhinolaryngol, 2019,276(8):2319-2324. doi:10.1007/s00405-019-05483-9.

[9129] Zhou J,Ding YM,Zhou MJ,Kuang YX,Ma TY,Chen XH. Application of bilateral supraclavicular artery island flaps in the repair of hypopharyngeal and cervical skin defects:a case report[J]. Chin Med J,2020,133(11):1380-1382. doi:10.1097/CM9.0000000000000831.

[9130] Li C,Chen W,Lin X,Zheng L,Chen X,Wang D. Application of the supraclavicular artery island flap for fistulas in patients with laryngopharyngeal cancer with prior radiotherapy[J]. Ear Nose Throat J,2020 Aug 25. 145561320951678. doi:10.1177/0145561320951678. Online ahead of print.

[9131] 曹谊林，周苏. 吻合血管的锁骨上皮瓣临床应用 [J]. 中华显微外科杂志，1992，15（1）：1-2. {CAO Yilin,ZHOU Su. Clinical application of supraclavicular skin flap with anastomotic vessels[J]. Zhonghua Xian Wei Wai Ke Za Zhi[Chin J Microsurg(Article in Chinese;No abstract available)],1992,15(1):1-2.}

[9132] 李华涛，边琳芬，李强，吴胜刚，王黎丽. 锁骨上双叶皮瓣修复轻中度颈部瘢痕挛缩畸形 [J]. 中华整形外科杂志，2009，25（4）：294-295. DOI：10.3760/cma.j.issn.1009-4598.2009.04.020. {LI Huatao,BIAN Linfen,LI Qiang,WU Shenggang,WANG Lili. Repair of mild and moderate cervical scar contracture deformity with supraclavicular double-lobed flap[J]. Zhonghua Zheng Xing Wai Ke Za Zhi[Chin J Plast Surg(Article in Chinese;No abstract available)],2009,25(4):294-295. DOI:10.3760/cma.j.issn.1009-4598.2009.04.020.}

[9133] 张森林，尹英，毛天球. 锁骨上动脉岛状瓣在头颈部修复重建中的应用 [J]. 中国口腔颌面外科杂志，2010，8（6）：562-565. {ZHANG Senlin,YIN Ying,MAO Tianqiu. Supraclavicular artery island flap for head and neck reconstruction[J]. Zhongguo Kou Qiang He Mian Wai Ke Za Zhi [Chin J Oral Maxillofac Surg(Article in Chinese;Abstract in Chinese and English)],2010,8(6):562-565.}

[9134] 杜伟力，胡骁骅，沈余明，张国安. 锁骨上岛状皮瓣修复颈部深度烧伤创面 [J]. 中华烧伤杂志，2012，28（4）：253-255. DOI：10.3760/cma.j.issn.1009-2587.2012.04.004. {DU Weili,HU Xiaohua,SHEN Yuming,ZHANG Guoan. Repair of deep burn wound of neck with supraclavicular island flap[J]. Zhonghua Shao Shang Za Zhi[Chin J Burns(Article in Chinese;Abstract in Chinese and English)],2012,28(4):253-255. DOI:10.3760/cma.j.issn.1009-2587.2012.04.004.}

[9135] 杨艳清，任军，庞星原，白彦，袁伟，徐威. 扩张的锁骨上皮瓣修复面颈部瘢痕 [J]. 中华整形外科杂志，2015，31（1）：11-13. DOI：10.3760/cma.j.issn.1009-4598.2015.01.004. {YANG Yanqing,REN Jun,PANG Xingyuan,BAI Yan,YUAN Wei,XU Wei. Reconstruction of facial and cervical scar with the expanded supraclavicular island flaps[J]. Zhonghua Zheng Xing Wai Ke Za Zhi[Chin J Plast Surg(Article in Chinese;Abstract in Chinese and English)],2015,31(1):11-13. DOI:10.3760/cma.j.issn.1009-4598.2015.01.004.}

[9136] 袁宇雯，李海州，顾斌，刘凯，谢峰，谢芸，李青峰，昝涛. 微泡增强多普勒超声技术在锁骨上动脉穿支皮瓣设计中的应用 [J]. 中华整形外科杂志，2015，31（1）：14-18. DOI：10.3760/cma.j.issn.1009-4598.2015.01.005. {YUAN Yuwen,LI Haizhou,GU Bin,LIU Kai,XIE Feng,XIE Yun,LI Qingfeng,ZAN Tao. Application of microbubble-enhanced ultrasound in preoperative mapping of perforators in supraclavicular artery based flaps[J]. Zhonghua Zheng Xing Wai Ke Za Zhi[Chin J Plast Surg(Article in Chinese;Abstract in Chinese and English)],2015,31(1):14-18. DOI:10.3760/cma.j.issn.1009-4598.2015.01.005.}

[9137] 李芯，于璐，王克明，蔡磊，李洁，杨晓宁，张怡，赵小晖，张倜然，马继光. 以锁骨上动脉为蒂的颈肩区皮瓣在大面积面颈部缺损修复中的应用 [J]. 中华整形外科杂志，2018，34（12）：1027-1033. DOI：10.3760/cma.j.issn.1009-4598.2018.12.009. {LI Xin,YU Lu,WANG Keming,CAI Lei,LI Jie,YANG Xiaoning,ZHANG Yi,ZHAO Xiaohui,ZHANG Tiran,MA Jiguang. Cervico-acromial flap based on the supraclavicular artery for head and neck reconstruction[J]. Zhonghua Zheng Xing Wai Ke Za Zhi[Chin J Plast Surg(Article in Chinese;Abstract in Chinese and English)],2018,34(12):1027-1033. DOI:10.3760/cma.j.issn.1009-4598.2018.12.009.}

[9138] 王伟，黄文泉，蒋琳，邵益森. 带蒂锁骨上动脉皮瓣与胸大肌肌皮瓣在口腔癌术后缺损修复中的对比研究 [J]. 中华整形外科杂志，2019，35（3）：264-268. DOI：10.3760/cma.j.issn.1009-4598.2019.03.010. {WANG Wei,HUANG Wenquan,JIANG Lin,SHAO Yisen. Oral cancer reconstruction using the pedicled supraclavicular artery island flap:comparison to pectoralis major myocutaneous flap[J]. Zhonghua Zheng Xing Wai Ke Za Zhi[Chin J Plast Surg(Article in Chinese;Abstract in Chinese and English)],2019,35(3):264-268. DOI:10.3760/cma.j.issn.1009-4598.2019.03.010.}

4.3.1.3 颈横动脉颈段穿支皮瓣
perforator flap of transverse carotid artery

[9139] Chen WL,Zhang DM,Yang ZH,Huang ZQ,Wang JG,Zhang B,Li JS. Extended supraclavicular fasciocutaneous island flap based on the transverse cervical artery for head and neck reconstruction after cancer ablation[J]. J Oral Maxillofac Surg,2010,68(10):2422-2430. doi:10.1016/j.joms.2010.01.015.

[9140] Liu W,Chen X. A new option for hypopharyngeal reconstruction with transverse cervical artery perforator flap:a case report[J]. Am J Otolaryngol,2013,34(5):589-591. doi:10.1016/j.amjoto.2013.01.016.

[9141] 马显杰. 颈横动脉颈段皮支轴型皮瓣的临床应用 [J]. 中华整形烧伤外科杂志，1993，9（1）：22-24. DOI：10.3760/j.issn：1009-4598.1993.01.014. {MA Xianjie. Clinical application of axial skin flap with cervical cutaneous branch of transverse carotid artery[J]. Zhonghua Zheng Xing Shao Shang Wai Ke Za Zhi[Chin J Plast Surg Burns(Article in Chinese;No abstract available)],1993,9(1):22-24. DOI:10.3760/j.issn:1009-4598.1993.01.014.}

[9142] 马显杰，鲁开化，艾玉峰. 颈横动脉颈段皮支岛状皮瓣的临床应用 [J]. 中华显微外科杂志，1995，18（1）：54-55. {MA Xianjie,LU Kaihua,AI Yufeng. Clinical application of island skin flap of carotid cutaneous branch of transverse carotid artery[J]. Zhonghua Xian Wei Wai Ke Za Zhi[Chin J Microsurg(Article in Chinese;No abstract available)],1995,18(1):54-55.}

[9143] 茹战锋，任永安，陈长安，陶谏，刘晓荣，郝剑. 颈横动脉颈段皮支皮瓣修复颈面部瘢痕 [J]. 中华外科杂志，1995，33（4）：251. {RU Zhanfeng,REN Yongan,CHEN Changan,TAO Jian,LIU Xiaorong,HAO Jian. Carotid cutaneous branch flap of transverse carotid artery to repair cervical and facial scar[J]. Zhonghua Wai Ke Za Zhi[Chin J Surg(Article in Chinese;No abstract available)],1995,33(4):251.}

[9144] 王涛，丰德宽. 含颈横动脉颈段皮支皮瓣修复乳腺癌放疗后溃疡 [J]. 中国修复重建外科杂志，1999，13（1）：23. {WANG Tao,FENG Dekuan. Carotid cutaneous branch flap containing transverse carotid artery to repair ulcer after breast cancer radiotherapy[J]. Zhongguo Xiu Fu Chong Jian Wai Ke Za Zhi[Chin J Repar Reconstr Surg(Article in Chinese;No abstract available)],1999,13(1):23.}

[9145] 茹战锋，任永安，刘晓荣，陶谏. 颈横动脉颈段皮支皮瓣的应用 [J]. 中华整形外科杂志，2001，17（6）：380. DOI：10.3760/j.issn：1009-4598.2001.06.022. {RU Zhanfeng,REN Yongan,LIU Xiaorong,TAO Jian. Application of carotid cutaneous branch flap of transverse carotid artery[J]. Zhonghua Zheng Xing Wai Ke Za Zhi[Chin J Plast Surg(Article in Chinese;No abstract available)],2001,17(6):380. DOI:10.3760/j.issn:1009-4598.2001.06.022.}

[9146] 马显杰，李杨，王璐，李威扬，董立维. 颈横动脉颈段皮支皮瓣修复颈部瘢痕挛缩 [J]. 中华烧伤杂志，2012，28（4）：256-259. DOI：10.3760/cma.j.issn.1009-2587.2012.04.005. {MA Xianjie,LI Yang,WANG Lu,LI Weiyang,DONG Liwei. Repair of cervical scar contracture with flaps containing cervical cutaneous branch of the transverse cervical artery[J]. Zhonghua Shao Shang Za Zhi[Chin J Burns(Article in Chinese;Abstract in Chinese and English)],2012,28(4):256-259. DOI:10.3760/cma.j.issn.1009-2587.2012.04.005.}

[9147] 文辉才，姜鹏君，杨红华，付建华，郭光华. 岛状颈横动脉背段浅支皮瓣联合植皮整复小儿烧伤后颏胸粘连畸形 [J]. 中华烧伤杂志，2012，28（5）：382-384. DOI：10.3760/cma.j.issn.1009-2587.2012.05.019. {WEN Huicai,JIANG Pengjun,YANG Honghua,FU Jianhua,GUO Guanghua. flap with Island superficial dorsal branch of transverse carotid artery combined with skin grafting for treatment of mental and thoracic adhesion deformity after burn in children[J]. Zhonghua Shao Shang Za Zhi[Chin J Burns(Article in Chinese;No abstract available)],2012,28(5):382-384. DOI:10.3760/cma.j.issn.1009-2587.2012.05.019.}

[9148] 黄志权，王友元，张丽萍，程蔚琪，陈伟良，游云华，梁军. 以颈横动静脉为蒂的延长锁骨上岛状瓣折叠修复口咽瘘 [J]. 中国口腔颌面外科杂志，2013，11（4）：329-333. {HUANG Zhiquan,WANG Youyuan,ZHANG Liping,CHENG Weiqi,CHEN Weiliang,YOU Yunhua,LIANG Jun. Closure of large oropharyngocutaneous fistulas using a folded extensive supraclavicular fasciocutaneous island flap[J]. Zhongguo Kou Qiang He Mian Wai Ke Za Zhi [Chin J Oral Maxillofac Surg(Article in Chinese;Abstract in Chinese and English)],2013,11(4):329-333.}

[9149] 王艳丽，昝涛，王涛，顾斌. 颈横动脉颈段皮支扩张皮瓣联合增压技术修复面颈部大面积缺损 [J]. 中华整形外科杂志，2015，31（1）：58-60. DOI：10.3760/cma.j.issn.1009-4598.2015.01.016. {WANG Yanli,ZAN Tao,WANG Tao,GU Bin. Repair of large facial and neck defects with transverse carotid cutaneous branch expanding flap combined with supercharging technique[J]. Zhonghua Zheng Xing Wai Ke Za Zhi[Chin J Plast Surg(Article in Chinese;No abstract available)],2015,31(1):58-60. DOI:10.3760/cma.j.issn.1009-4598.2015.01.016.}

[9150] 马显杰，董立维，李杨，王璐，李威扬. 扩张后颈横动脉颈段皮支皮瓣的临床应用 [J]. 中华整形外科杂志，2015，31（3）：165-167. DOI：10.3760/cma.j.issn.1009-4598.2015.03.002. {MA Xianjie,DONG Liwei,LI Yang,WANG Lu,LI Weiyang. Clinical application of expanded flap based on the cutaneous branch of transverse cervical artery[J]. Zhonghua Zheng Xing Wai Ke Za Zhi[Chin J Plast Surg(Article in Chinese;Abstract in Chinese and English)],2015,31(3):165-167. DOI:10.3760/cma.j.issn.1009-4598.2015.03.002.}

[9151] 许澎，王淑琴，燕辛，林樾，葛华强，谭谦. 颈横动脉颈段皮支扩张皮瓣整复面部烧伤后瘢痕挛缩畸形 [J]. 中华烧伤杂志，2016，32（8）：458-462. DOI：10.3760/cma.j.issn.1009-2587.2016.08.004. {XU Peng,WANG Shuqin,YAN Xin,LIN Yue,GE Huaqiang,TAN Qian. Reconstruction of postburn facial scar contracture deformity with expanded flap containing cervical cutaneous branch of transverse cervical artery[J]. Zhonghua Shao Shang Za Zhi[Chin J Burns(Article in Chinese;Abstract in Chinese and English)],2016,32(8):458-462. DOI:10.3760/cma.j.issn.1009-2587.2016.08.004.}

[9152] 卢仕良，朱茗，廖清婷. 颈横动脉穿支皮瓣结合重复皮肤扩张术修复重度面部瘢痕 [J]. 中华显微外科杂志，2017，40（1）：86-88. DOI：10.3760/cma.j.issn.1001-2036.2017.01.026. {LU Shiliang,ZHU Ming,LIAO Qingting. Transverse carotid artery perforator flap combined with repeated skin expansion to repair severe facial scar[J]. Zhonghua Xian Wei Wai Ke Za Zhi[Chin J Microsurg(Article in Chinese;Abstract in Chinese)],2017,40(1):86-88. DOI:10.3760/cma.j.issn.1001-2036.2017.01.026.}

[9153] 陈建武，马显杰，郭树忠. 以颈横动脉分支为蒂的锁骨上皮瓣和颈段皮支皮瓣的区别与联系 [J]. 中华整形外科杂志，2018，34（3）：239-242. DOI：10.3760/cma.j.issn.1009-4598.2018.03.019. {CHEN Jianwu,MA Xianjie,GUO Shuzhong. The differences and relations between subclavicular flap and supraclavicular flap pedicled by branches of transverse cervical artery[J]. Zhonghua Zheng Xing Wai Ke Za Zhi[Chin J Plast Surg(Article in Chinese;Abstract in Chinese and English)],2018,34(3):239-242. DOI:10.3760/cma.j.issn.1009-4598.2018.03.019.}

4.3.1.4 胸肩峰动脉穿支皮瓣
perforator flap of thoracoacromial artery

[9154] Zhang YX,Yongjie H,Messmer C,Ong YS,Li Z,Zhou X,Spinelli G,Agostini T,Levin LS,Lazzeri D. Thoracoacromial artery perforator flap:anatomical basis and clinical applications[J]. Plast Reconstr Surg,2013,131(5):759e-770e. doi:10.1097/PRS.0b013e3182865bf5.

[9155] Li Z,Cui J,Zhang YX,Levin LS,Zhou X,Spinelli G,Lazzeri D,Persichetti P. Versatility of the thoracoacromial artery perforator flap in head and neck reconstruction[J]. J Reconstr Microsurg,2014,30(7):497-503. doi:10.1055/s-0034-1370359.

[9156] Zhang YX,Li Z,Grassetti L,Lazzeri D,Nicoli F,Zenn MR,Zhou X,Spinelli G,Yu P. A new option with the pedicle thoracoacromial artery perforator flap for hypopharyngeal reconstructions[J]. Laryngoscope,2016,126(6):1315-1320. doi:10.1002/lary.25675.

[9157] Song D,Pafitanis G,Reissis D,Koshima I,Zhang Y,Narushima M,Zhou X,Li Z. A sequential thoracoacromial artery perforator flap for reconstructing the donor site of sternocleidomastoid myocutaneous flaps:Extended indications and technical modifications[J]. Ann Plast Surg,2020,84(6):657-664. doi:10.1097/SAP.0000000000002042.

[9158] Deng D,Xu F,Liu J,Li B,Li L,Liu J,Chen F. Clinical application of pedicled thoracoacromial artery perforator flaps for tracheal reconstruction[J]. BMC Surg,2020,20(1):299. doi:10.1186/s12893-020-00972-9.

[9159] 陈绍礼，武勇. 带胸肩峰动脉蒂筋膜皮瓣急诊修复拇指严重软组织缺损 [J]. 中华骨科杂志，1994，14（5）：352-354. {CHEN Shaoli,WU Yong. The use of arteriae thoracoacromialis pedicled tis-sue graft for the treatment of severe soft tissue defectof the thumb[J]. Zhonghua Gu Ke Za Zhi[Chin J Orthop(Article in Chinese;Abstract in Chinese and English)],1994,14(5):352-354.}

[9160] 杨欣，马继光，孙广慈. 胸肩峰皮瓣微循环监测及临床应用 [J]. 中华外科杂志，2000，38（2）：125-127. DOI：10.3760/j：issn：0529-5815.2000.02.015. {YANG Xin,MA Jiguang,SUN Guangci. Microcirculation of thoraco acromial flaps:monitoring and clinical application[J]. Zhonghua Wai Ke Za Zhi[Chin J Surg(Article in Chinese;Abstract in Chinese and English)],2000,38(2):125-127. DOI:10.3760/j:issn:0529-5815.2000.02.015.}

[9161] 王春，孙守秀，高小青. 颈肩峰带蒂筋膜皮瓣移植修复烧伤后颈部瘢痕挛缩 30 例 [J]. 中华烧伤杂志，2000，16（4）：218. DOI：10.3760/cma.j.issn.1009-2587.2000.04.021. {WANG Chun,SUN Shouxiu,GAO Xiaoqing. Cervicoacromial pedicle fascial skin flap for repair of scar contracture of neck after burn in 30 cases[J]. Zhonghua Shao Shang Za Zhi[Chin J Burns(Article in Chinese;No abstract available)],2000,16(4):218. DOI:10.3760/cma.j.issn.1009-2587.2000.04.021.}

[9162] 彭国栋，张云飞，林勇，历强. 带肩峰骨瓣喙肩韧带转移修复喙锁韧带治疗Ⅲ度肩锁关节脱位 [J]. 中国骨伤，2005，18（11）：655-657. DOI：10.3969/j.issn.1003-0034.2005.11.007. {PENG Guodong,ZHANG Yunfei,LIN Yong,LI Qiang. Transposition grafting of coracoacromial ligament with acromion bone flap to reconstruct coracoclavicular ligament in treatment of type Ⅲ acromioclavicular joint dislocation[J]. Zhongguo Gu Shang[China J Orthop Trauma(Article in Chinese;Abstract in Chinese and English)],2005,18(11):655-657. DOI:10.3969/j.issn.1003-0034.2005.11.007.}

[9163] 胡春梅，李养群，唐勇，杨喆，赵穆欣，陈文，陈威威，刘媛媛，马宁. 颈肩峰扩张皮瓣修复颈部瘢痕挛缩 [J]. 中华烧伤杂志，2011，27（4）：277-278. DOI：10.3760/cma.j.issn.1009-2587.2011.04.009. {HU Chunmei,LI Yangqun,TANG Yong,YANG Zhe,ZHAO Muxin,CHEN Wen,CHEN Weiwei,LIU Yuanyuan,MA Ning. Cervicoacromial expanded skin flap to repair scar contracture of neck[J]. Zhonghua Shao Shang Za Zhi[Chin J Burns(Article in Chinese;No abstract available)],2011,27(4):277-278. DOI:10.3760/cma.j.issn.1009-2587.2011.04.009.}

[9164] 宋达疆，李赞，周晓，章一新，彭小伟，周波，吕春柳，杨丽嫦，彭文. 胸肩峰动脉穿支皮瓣修复下咽癌切除术后缺损 [J]. 中华整形外科杂志，2016，32（4）：245-249. DOI：10.3760/cma.j.issn.1009-4598.2016.04.002. {SONG Dajiang,LI Zan,ZHOU Xiao,ZHANG Yixin,PENG Xiaowei,ZHOU Bo,LU Chunliu,YANG Lichang,PENG Wen. Clinical application of thoracoacromial artery perforator flap for hypopharyngeal reconstruction[J]. Zhonghua Zheng Xing Wai Ke Za Zhi[Chin J Plast Surg(Article in Chinese;Abstract in Chinese and English)],2016,32(4):245-249. DOI:10.3760/cma.j.issn.1009-4598.2016.04.002.}

[9165] 宋达疆，李赞，周晓，章一新，彭小伟，周波，吕春柳，杨丽嫦，彭文. 带蒂胸肩峰动脉穿支皮瓣在放疗和全喉切除术后咽瘘修复的临床应用 [J]. 中国修复重建外科杂志，2016，30（10）：1249-1252. DOI：10.7507/1002-1892.20160255. {SONG Dajiang,LI Zan,ZHOU Xiao,ZHANG Yixin,PENG Xiaowei,ZHOU Bo,LU Chunliu,YANG Lichang,PENG Wen. Clinical application of pedicled thoracoacromial artery perforator flap for pharyngocutaneous fistula repair after radiotherapy and salvage total laryngectomy[J]. Zhongguo Xiu Fu Chong Jian Wai Ke Za Zhi[Chin J Repar Reconstr Surg(Article in Chinese;Abstract in Chinese and English)],2016,30(10):1249-1252. DOI:10.7507/1002-1892.20160255.}

[9166] 宋达疆，李赞，周晓，章一新，彭小伟，周波，吕春柳，彭文，欧延. 游离胸肩峰动脉穿支皮瓣在口腔肿瘤术后缺损修复的临床效果 [J]. 中华显微外科杂志，2017，40（3）：222-224. DOI：10.3760/cma.j.issn.1001-2036.2017.03.004. {SONG Dajiang,LI Zan,ZHOU Xiao,ZHANG Yixin,PENG Xiaowei,ZHOU Bo,LV Chunliu,PENG Wen,OU Yan. Outcome of thoracoacromial artery perforator(TAAP) flap for reconstruction of defect after oral tumor radical resection[J]. Zhonghua Xian Wei Wai Ke Za Zhi[Chin J Microsurg(Article in Chinese;Abstract in Chinese and English)],2017,40(3):222-224. DOI:10.3760/cma.j.issn.1001-2036.2017.03.004.}

[9167] 宋达疆，李赞，周晓，章一新，谢松林，彭小伟，周波，吕春柳，杨丽嫦. 游离胸肩峰动脉穿支皮瓣修复舌癌术后缺损的疗效观察 [J]. 中国修复重建外科杂志，2017，31（2）：222-226. DOI：10.7507/1002-1892.201609090. {SONG Dajiang,LI Zan,ZHOU Xiao,ZHANG Yixin,XIE Songlin,PENG Xiaowei,ZHOU Bo,LU Chunliu,YANG Lichang. Clinical application of free thoracoacromial artery perforator flap in reconstruction of tongue and mouth floor defects after resection of tongue carcinoma[J]. Zhongguo Xiu Fu Chong Jian Wai Ke Za Zhi[Chin J Repar Reconstr Surg(Article in Chinese;Abstract in Chinese and English)],2017,31(2):222-226. DOI:10.7507/1002-1892.201609090.}

[9168] 宋达疆，李赞，周晓，章一新，彭小伟，周波，吕春柳，伍鹏，唐园园，彭文，毛煌兴，柳泽洋. 带蒂胸肩峰动脉嵌合穿支肌皮瓣修复下咽环周缺损 [J]. 中国修复重建外科杂志，2018，32（11）：1441-1445. DOI：10.7507/1002-1892.201802017. {SONG Dajiang,LI Zan,ZHOU Xiao,ZHANG Yixin,PENG Xiaowei,ZHOU Bo,LV Chunliu,WU Peng,TANG Yuanyuan,PENG Wen,MAO Huangxing,LIU Zeyang. Clinical application of pedicled chimeric thoracoacromial artery perforator flap for circular hypopharyngeal reconstruction[J]. Zhongguo Xiu Fu Chong Jian Wai Ke Za Zhi[Chin J Repar Reconstr Surg(Article in Chinese;Abstract in Chinese and English)],2018,32(11):1441-1445. DOI:10.7507/1002-1892.201802017.}

4.3.1.5 胸廓内动脉穿支皮瓣
perforator flap of internal thoracic artery

[9169] 张彬，鄢丹桂，冯云，徐震纲，唐平章. 胸廓内动脉穿支皮瓣修复气管造瘘口和颈前皮肤缺损 [J]. 中华整形外科杂志，2011，27（1）：12-14. DOI：10.3760/cma.j.issn.1009-4598.2011.01.004. {ZHANG Bin,YAN Dangui,FENG Yun,XU Zhenggang,TANG Pingzhang. Application of internal mammary artery perforator flap for tracheostoma and anterior cervical defect[J]. Zhonghua Zheng Xing Wai Ke Za Zhi[Chin J Plast Surg(Article in Chinese;Abstract in Chinese and English)],2011,27(1):12-14. DOI:10.3760/cma.j.issn.1009-4598.2011.01.004.}

4.3.1.6 肩胛与肩胛旁皮瓣
scapular and parascapular flap

[9170] 吴仁秀. 儿童肩甲下动脉系解剖学研究 [J]. 广东解剖学通报，1981，3（1）：73. {WU Renxiu. Anatomic study of the subscapular artery system in children[J]. Guangdong Jie Pou Xue Tong Bao[J](Guangdong J Anat(Article in Chinese;Abstract in Chinese)],1981,3(1):73.}

[9171] 杨伟莲. 肩胛下血管及其分支的测量和观察 [J]. 广东解剖学通报，1982，4（1）：46. {YANG Weilian. Measurement and observation of subscapular vessels and their branches[J].

Guangdong Jie Pou Xue Tong Bao[(Guangdong J Anat(Article in Chinese;Abstract in Chinese)],1982,4(1):46.}

[9172] 于国中，刘均墀，庞水发，劳镇国，汤海云．不带肌肉的背部游离皮瓣——肩胛皮瓣 [J]. 显微外科，1982，5（3-4）：79．{YU Guozhong,LIU Junchi,PANG Shuifa,LAO Zhenguo,TANG Haiyun. Free back flap without muscle attachment-scapular flap[J]. Xian Wei Wai Ke[Chin J Microsurg(Article in Chinese;No abstract available)],1982,5(3、4):79.}

[9173] 高学纯，董吟林，李迎胜，吴仁秀．肩背部皮瓣的临床应用（附 2 例报告）[J]. 安徽医学院学报，1983，18（2）：7．{GAO Xuechun,DONG yinlin,LI Yingsheng,WU Renxiu.Clinical application of the flap of the shoulder and back (report of 2 cases is attached) [J].Anhui Yi Xue Yuan Xue Bao[J Anhui Med Coll(Article in Chinese;No abstract available)],1983,18(2):7.}

[9174] 罗永湘，胡存根，王泰仪，侯祺元．肩胛皮瓣游离五例移植报告 [J]. 显微外科，1984，7（1-2）：1．{LUO Yongxiang,HU Cungen,WANG Taiyi,HOU Qiyuan. Report of Five cases of scapular flap free transplantation[J]. Xian Wei Wai Ke[J Microsurg(Article in Chinese;No abstract available)],1984,7(1-2):1.}

[9175] 孙以鲁，等．肩胛皮瓣的游离移植三例报告 [J]. 上海第一医学院学报，1984，11（1）：65．{SUN Yilu,et al.report of three cases of scapular flap free transplantation[J]. Shanghai Di Yi Yi Yuan Xue Bao[J Shanghai First Med Coll(Article in Chinese;No abstract available)], 1984,11(1):65.}

[9176] 于国中，刘均墀，庞水发，劳镇国，汤海云，朱家恺，翁凤山，陈硕朗．肩胛游离皮瓣的临床应用（附 8 例报告）[J]. 显微医学杂志，1985，8（1）：9．{YU Guozhong,LIU Junchi,PANG Shuifa,LAO Zhenguo,TANG Haiyun,ZHU Jiakai,WENG Fengshan,CHEN Shuolang. Clinical application of scapular free flap[J]. Xian Wei Yi Xue Za Zhi[J Microsurg(Article in Chinese;No abstract available)],1985,8(1):9.}

[9177] 于仲嘉，施时琴．肩胛皮瓣与踇趾皮甲瓣组合移植一例报告 [J]. 中华骨科杂志，1985，5（6）：327．{YU Zhongjia,SHI Shiqin.report of a case of combined transplantation of scapular flap and big toe flap[J]. Zhonghua Gu Ke Za Zhi[Chin J Orthop(Article in Chinese;No abstract available)],1985,5(6):327.}

[9178] 洪光祥，朱通伯，王发斌，黄省秋．用肩胛皮瓣游离移植修复四肢软组织缺损 [J]. 显微医学杂志，1985，8（2）：112．{HONG Guangxiang,ZHU Tongbo,WANG Fabin,HUANG Shengqiu. Scapular flap free transplantation to repair soft tissue defects of limbs[J]. Xian Wei Yi Xue Za Zhi[J Microsurg(Article in Chinese;No abstract available)],1985,8(2):112.}

[9179] 林子豪．肩胛皮瓣游离移植四例报告 [J]. 显微医学杂志，1985，8（4）：243．{LIN Zihao. Report of four cases of scapular flap free transplantation[J]. Xian Wei Yi Xue Za Zhi[J Microsurg(Article in Chinese;No abstract available)],1985,8(4):243.}

[9180] 陈美云，陈宗基．应用肩胛皮瓣游离移植修复颌颈挛缩 [J]. 中国医学科学院学报，1985，7（1）：41-42．{CHEN Meiyun,CHEN Zongji. Submaxillo-cervical scar contracture reconstruction with scapular free skin flap [J].Zhongguo Yi Xue Ke Xue Yuan Xue Bao[J Chin Acad Med Sci(Article in Chinese; Abstract in English)],1985,7(1):41-42.}

[9181] 陈林峰，罗力生，高建华，吴文安．肩胛旁皮瓣游离移植 10 例 [J]. 中华外科杂志，1986，24（11）：691-692．{CHEN Linfeng,LUO Lisheng,GAO Jianhua,WU Wenan. parascapular flap free transplantation in 10 cases[J]. Zhonghua Wai Ke Za Zhi[Chin J Surg(Article in Chinese;No abstract available)],1986,24(11):691-692.}

[9182] 王 炜．肩胛游离皮瓣特殊应用及其血管变异．中华显微外科杂志，1986，9（1）：15．{WANG Wei. Special application of free scapular flap and its vascular variation[J]. Zhonghua Xian Wei Wai Ke Za Zhi[Chin J Microsurg(Article in Chinese;No abstract available)],1986,9(1):15.}

[9183] 陈风苞，贺长青，张树桧，翟福英，陈言汤，牛扶幼，晏国勋，刘霖嶓．肩胛游离皮瓣的临床应用 [J]. 中华显微外科杂志，1986，9（3）：184-185．DOI：10.3760/cma.j.issn.1001-2036.1986.03.131．{CHEN Fengbao,HE Changqing,ZHANG Shuhui,ZHAI Fuying,CHEN Yantang,NIU Fuyou,YAN Guoxun,LIU Linbo. Clinical application of free scapular flap[J]. Zhonghua Xian Wei Wai Ke Za Zhi[Chin J Microsurg(Article in Chinese;No abstract available)],1986,9(3):184-185. DOI:10.3760/cma.j.issn.1001-2036.1986.03.131.}

[9184] 杨君礼．儿童肩胛皮瓣游离移植 2 例 [J]. 中华显微外科杂志，1986，9（4）：247．{YANG Junli. Two cases of free scapular flap transplantation in children[J]. Zhonghua Xian Wei Wai Ke Za Zhi[Chin J Microsurg(Article in Chinese;No abstract available)],1986,9(4):247.}

[9185] 林子豪，高学书，袁湘斌，刘麒，章惠兰，何清濂．肩胛皮瓣的临床应用 [J]. 中华外科杂志，1988，26（1）：41-43．{LIN Zihao,GAO Xueshu,YUAN Xiangbin,LIU Qi,ZHANG Huilan,HE Qinglian. Clinical application of scapular flap[J]. Zhonghua Wai Ke Za Zhi[Chin J Surg(Article in Chinese;Abstract in Chinese)],1988,26(1):41-43.}

[9186] 唐友盛，邱蔚六．肩胛区组织瓣在口腔颌面缺损整复中的应用 [J]. 修复重建外科杂志，1988，2（2）：22-23．{TANG Yousheng,QIU Weiliu. Application of scapular tissue flap in the reconstruction of oral and maxillofacial defects[J]. Zhongguo Xiu Fu Chong Jian Wai Ke Za Zhi[Chin J Repar Reconstr Surg(Article in Chinese;No abstract available)],1988,2(2):22-23.}

[9187] 张咸中．肩胛皮瓣治疗虎口挛缩 8 例体会 [J]. 修复重建外科杂志，1988，2（2）：95-96．{ZHANG Xianzhong. Scapular flap for treatment of the first web's contracture in 8 cases[J]. Zhongguo Xiu Fu Chong Jian Wai Ke Za Zhi[Chin J Repar Reconstr Surg(Article in Chinese;No abstract available)],1988,2(2):95-96.}

[9188] 梁尚争，万仲淑，曾正芳，冯天佑，周丕立，雷光阳，王模堂．游离肩胛旁皮瓣在面颌颈的应用 [J]. 修复重建外科杂志，1990，4（1）：21-22，64．{LIANG Shangzheng,WAN Zhongshu,ZENG Zhengfang,Feng Tianyou,Zhou Pili,Lei Guangyang,Wang Motang. Application of free parascapular flap in facial and maxillary neck[J]. Zhongguo Xiu Fu Chong Jian Wai Ke Za Zhi[Chin J Repar Reconstr Surg(Article in Chinese;No abstract available)],1990,4(1):21-22,64.}

[9189] 陈言汤，黄云阳，牛扶幼，晏国勋，刘林嶓．应用游离肩胛皮瓣移植修复软组织缺损 [J]. 修复重建外科杂志，1991，5（2）：121．{CHEN Yantang,HUANG Yunyang,NIU Fuyou,YAN Guoxun. Free scapular flap was used to repair soft tissue defect[J]. Zhongguo Xiu Fu Chong Jian Wai Ke Za Zhi[Chin J Repar Reconstr Surg(Article in Chinese;No abstract available)],1991,5(2):121.}

[9190] 方东海，李主一，周中英，李其训，文家福，陶树樟，郭远发，李华玲，朱灿．肩胛下动脉系供血组织瓣的临床应用 [J]. 修复重建外科杂志，1991，5（3）：131-133+189．{FANG Donghai,LI Zhuyi,ZHOU Zhongying,LI Qixun,WEN Jiafu,TAO Shuzhang,GUO Yuanfa,LI Hualing,ZHU Can. Clinical application of tissue flap supplied by subscapular artery[J]. Zhongguo Xiu Fu Chong Jian Wai Ke Za Zhi[Chin J Repar Reconstr Surg(Article in Chinese;No abstract available)],1991,5(3):131-133+189.}

[9191] 李官禄，艾玉峰．肩胛区皮瓣的浅静脉及静脉瓣 [J]. 中华显微外科杂志，1993，16（4）：291-292．{LI Guanlu,AI Yufeng. The superficial vein and venous valve of Scapular flap[J]. Zhonghua Xian Wei Wai Ke Za Zhi[Chin J Microsurg(Article in Chinese;No abstract available)],1993,16(4):291-292.}

[9192] 陈振光，余国荣，陈廖斌，谭金海．肩胛上血管冈下支为蒂的肩胛冈骨瓣移植术 [J]. 中华显微外科杂志，1994，17（2）：191-192，238．{CHEN Zhenguang,YU Guorong,CHEN Liaobin,TAN Jinhai. Transplantation of spina scapula bone flap pedicled with the inferior spina branch of suprascapularis artery[J]. Zhonghua Xian Wei Wai Ke Za Zhi[Chin J Microsurg(Article in Chinese;Abstract in Chinese and English)],1994,17(2):191-192,238.}

[9193] 丛海波，隋海明，曾涛，王树波．股前外侧－胸脐－肩胛皮瓣组合移植一例 [J]. 中华显微外科杂志，1995，18（2）：115．{CONG Haibo,SUI Haming,ZENG Tao,WANG Shubo. A case of combined transplantation of anterolateral femoral-thoracic umbilical-scapular flap[J]. Zhonghua Xian Wei Wai Ke Za Zhi[Chin J Microsurg(Article in Chinese;No abstract available)],1995,18(2):115.}

[9194] 韩凤山，蔡宝仁，王海军，许辉，王晨光，孔繁英，徐卫平．肩胛、侧胸、背阔肌皮瓣联合移植术 [J]. 中华显微外科杂志，1996，19（2）：100-101．{HAN Fengshan,CAI Baoren,WANG Haijun,XU Hui,WANG Chenguang,KONG Fanying,XU Weiping. Application of combination of scapular,thoracic lateral skin flap and latissmus dorsi myocutaneous flap for complex tissue defect[J]. Zhonghua Xian Wei Wai Ke Za Zhi[Chin J Microsurg(Article in Chinese;Abstract in Chinese and English)],1996,19(2):100-101.}

[9195] 李养群，李森恺，徐军，杨明勇，赵振民，穆兰花，黄渭清，刘元波．小儿游离肩胛皮瓣移植 [J]. 中华整形烧伤外科杂志，1998，14（4）：290-292，324．{LI Yangqun,LI Senkai,XU Jun,YANG Mingyong,ZHAO Zhenmin,MU Lanhua,HUANG Weiqing,LIU Yuanbo. Application of the free parascapular flap in children[J]. Zhonghua Zheng Xing Shao Shang Wai Ke Za Zhi[Chin J Plast Surg Burns(Article in Chinese;Abstract in Chinese and English)],1998,14(4):290-292,324.}

[9196] 张功林，葛宝丰，张军华．肩胛旁－腹股沟联合皮瓣移植一例报告 [J]. 中华骨科杂志，1999，19（1）：53．DOI：10.3760/j.issn：0253-2352.1999.01.020．{ZHANG Gonglin,GE Baofeng,ZHANG Junhua. Parascapular-inguinal flap transplantation:a case report[J]. Zhonghua Gu Ke Za Zhi[Chin J Orthop(Article in Chinese;No abstract available)],1999,19(1):53. DOI:10.3760/j.issn:0253-2352.1999.01.020.}

[9197] 郑季南，郑文忠，徐新华．肩胛皮瓣游离移植修复重度电烧伤八例 [J]. 中华显微外科杂志，1999，22（2）：144．DOI：10.3760/cma.j.issn.1001-2036.1999.02.031．{ZHENG Jinan,ZHENG Wenzhong,XU Xinhua. Free scapular flap transplantation for repair of severe electric burn in 8 cases[J]. Zhonghua Xian Wei Wai Ke Za Zhi[Chin J Microsurg(Article in Chinese;No abstract available)],1999,22(2):144. DOI:10.3760/cma.j.issn.1001-2036.1999.02.031.}

[9198] 李养群，李森恺，杨明勇，刘元波，赵振民，穆兰花，黄渭清．横过中线的肩胛游离皮瓣移植 [J]. 中华整形外科杂志，1999，15（4）：257-258．DOI：10.3760/j.issn：1009-4598.1999.04.008．{LI Yangqun,LI Senkai,YANG Mingyong,LIU Yuanbo,ZHAO Zhenmin,MU Lanhua,HUANG Weiqing. Transplantation of free scapular flap across the midline[J]. Zhonghua Zheng Xing Wai Ke Za Zhi[Chin J Plast Surg(Article in Chinese;Abstract in Chinese)],1999,15(4):257-258. DOI:10.3760/j.issn:1009-4598.1999.04.008.}

[9199] 郑文忠，马国棣，郑季南，黄令坚，王森林，赵枫，方钧，陈昆，曹杰，刘爱刚．吻合血管的肩胛皮瓣移植修复四肢软组织缺损 [J]. 中华显微外科杂志，2000，23（3）：225．DOI：10.3760/cma.j.issn.1001-2036.2000.03.028．{ZHENG Wenzhong,MA Guodi,ZHENG Jinan,HUANG Lingjian,WANG Senlin,ZHAO Feng,FANG Jun,CHEN Kun,CAO Jie,LIU Aigang. Repair of soft tissue defect of extremities with shoulder flap anastomosed with blood vessels[J]. Zhonghua Xian Wei Wai Ke Za Zhi[Chin J Microsurg(Article in Chinese;No abstract available)],2000,23(3):225. DOI:10.3760/cma.j.issn.1001-2036.2000.03.028.}

[9200] 卢刚，陈光宇，柳成，李斌斌，滕利，王连召，李太颖，周刚．扩张游离肩胛皮瓣修复颈前瘢痕 [J]. 中华整形外科杂志，2000，16（1）：56．DOI：10.3760/j.issn：1009-4598.2000.01.023．{LU Gang,CHEN Guangyu,LIN Cheng,LI Binbin,TENG Li,WANG Lianzhao,LI Taiying,ZHOU Gang. Expansion of free scapular flap to repair anterior neck scar[J]. Zhonghua Zheng Xing Wai Ke Za Zhi[Chin J Plast Surg(Article in Chinese;No abstract available)],2000,16(1):56. DOI:10.3760/j.issn:1009-4598.2000.01.023.}

[9201] 徐军，林华，刘元波，穆兰花，李森恺．应用肩胛皮瓣游离移植修复小儿颈部烧伤瘢痕挛缩 [J]. 中华外科杂志，2001，39（5）：356-358．DOI：10.3760/j：issn：0529-5815.2001.05.007．{XU Jun,LIN Hua,LIU Yuanbo,MU Lanhua,LI Senka. Reconstruction of children cervial postburn scar contracture with free scapular flaps[J]. Zhonghua Wai Ke Za Zhi[Chin J Surg(Article in Chinese;Abstract in Chinese and English)],2001,39(5):356-358. DOI:10.3760/j:issn:0529-5815.2001.05.007.}

[9202] 周翔，陈石海，彭福仁，黎冻，刘庆丰，殷国前，韦强．肩胛部游离脂肪筋膜瓣修复半侧颜面凹陷畸形 [J]. 中华整形外科杂志，2001，17（5）：318．DOI：10.3760/j.issn：1009-4598.2001.05.024．{ZHOU Xiang,CHEN Shihai,PENG Furen,LI Dong,LIU Qingfeng,YIN Guoqian,WEI Qiang. ree fat fascia flap of scapula to repair hemifacial depression deformity[J]. Zhonghua Zheng Xing Wai Ke Za Zhi[Chin J Plast Surg(Article in Chinese;No abstract available)],2001,17(5):318. DOI:10.3760/j.issn:1009-4598.2001.05.024.}

[9203] 李养群，李森恺，刘元波，杨明勇，黄渭清，赵振民．一期开窗的肩胛旁游离皮瓣移植 [J]. 中华整形外科杂志，2001，17（5）：264-266．DOI：10.3760/j.issn：1009-4598.2001.05.002．{LI Yangqun,LI Senkai,LIU Yuanbo,YANG Mingyong,HUANG Weiqing,ZHAO Zhenmin. The window parascapular free flap for the treatment of severe facial scar contracture[J]. Zhonghua Zheng Xing Wai Ke Za Zhi[Chin J Plast Surg(Article in Chinese;Abstract in Chinese and English)],2001,17(5):264-266. DOI:10.3760/j.issn:1009-4598.2001.05.002.}

[9204] 徐军，刘元波，穆兰花，朱晓锋，李森恺．不同形状肩胛区游离皮瓣修复颈部瘢痕挛缩的临床应用 [J]. 中华整形外科杂志，2001，17（6）：337-338．DOI：10.3760/j.issn：1009-4598.2001.06.005．{XU Jun,LIU Yuanbo,MU Lanhua,ZHU Xiaofeng,LI Senkai. Clinical applications of variform free flaps of the scapular region for cervical burn contracture[J]. Zhonghua Zheng Xing Wai Ke Za Zhi[Chin J Plast Surg(Article in Chinese;Abstract in Chinese and English)],2001,17(6):337-338. DOI:10.3760/j.issn:1009-4598.2001.06.005.}

[9205] 李养群，李森恺，刘元波，杨明勇，赵振民，黄渭清，穆兰花，翟弘峰．应用斜向乳房下皱襞的肩胛旁游离皮瓣治疗面颈部瘢痕挛缩 [J]. 中华整形外科杂志，2001，17（6）：339-340．DOI：10.3760/j.issn：1009-4598.2001.06.006．{LI Yangqun,LI Senkai,LIU Yuanbo,YANG Mingyong,ZHAO Zhenmin,HUANG Weiqing,MU Lanhua,ZHAI Hongfeng. The parascapular free flap extended to the inframammary fold[J]. Zhonghua Zheng Xing Wai Ke Za Zhi[Chin J Plast Surg(Article in Chinese;Abstract in Chinese and English)],2001,17(6):339-340. DOI:10.3760/j.issn:1009-4598.2001.06.006.}

[9206] 林立，谭雄进，陈国奋，林昂如，顾立强，裴国献．急诊肩胛侧胸背阔肌皮瓣移植修复儿童上肢大面积软组织缺损一例 [J]. 中华显微外科杂志，2002，25（4）：254．DOI：10.3760/cma.j.issn.1001-2036.2002.04.041．{LIN Li,TAN Xiongjin,CHEN Guofen,LIN Angru,GU Liqiang,PEI Guoxian. Repair of large soft tissue defect of upper limb with scapular-side thoracic Latissimus dorsi flap in an emergency case:a case report[J]. Zhonghua Xian Wei Wai Ke Za Zhi[Chin J Microsurg(Article in Chinese;No abstract available)],2002,25(4):254. DOI:10.3760/cma.j.issn.1001-2036.2002.04.041.}

[9207] 韩文岭，杨秀民．带蒂肩胛皮瓣临床应用二例 [J]. 中华烧伤杂志，2002，18（2）：121．DOI：10.3760/cma.j.issn.1009-2587.2002.02.032．{HAN Wenling,YANG Xiumin. Clinical application of pedicled scapular flap:two cases[J]. Zhonghua Shao Shang Za Zhi[Chin J Burns(Article in Chinese;No abstract available)],2002,18(2):121. DOI:10.3760/cma.j.issn.1009-2587.2002.02.032.}

[9208] 韩岩，艾玉峰，雷永红，栗勇．肩胛区脂肪筋膜瓣在面部充填术中的应用 [J]. 中华整形外科杂志，2002，18（5）：316．DOI：10.3760/j.issn：1009-4598.2002.05.024．{HAN Yan,AI Yufeng,LEI Yonghong,LI Yong. Application of scapular adipose fascia flap in facial filling[J]. Zhonghua Zheng Xing Wai Ke Za Zhi[Chin J Plast Surg(Article in Chinese;No abstract available)],2002,18(5):316. DOI:10.3760/j.issn:1009-4598.2002.05.024.}

[9209] 霍然，李森恺，李养群，李强，杨明勇，黄渭清．跨越人体中线的肩胛皮瓣微血管构筑研究 [J]. 中华整形外科杂志，2002，18（6）：357-359．DOI：10.3760/j.issn：1009-4598.2002.06.013．{HUO Ran,LI Senkai,LI Yangqun,LI Qiang,YANG Mingyong,HUANG Weiqing. Microvascular structure of the transmidline scapular flap[J]. Zhonghua Zheng Xing Wai Ke Za Zhi[Chin J Plast Surg(Article in Chinese;Abstract in Chinese and English)],2002,18(6):357-359. DOI:10.3760/j.issn:1009-4598.2002.06.013.}

[9210] 刘帅明，李津军，丁宝财，李辉建. 肩胛游离皮瓣修复足部电烧伤创面五例 [J]. 中华烧伤杂志，2003，19（6）：380. DOI：10.3760/cma.j.issn.1009-2587.2003.06.046. {LIU Shuaoming,LI Jinjun,DING Baocai,LI Huijian. Free scapular skin flap for repairing electric foot burn in 5 cases[J]. Zhonghua Shao Shang Za Zhi[Chin J Burns(Article in Chinese;No abstract available)],2003,19(6):380. DOI:10.3760/cma.j.issn.1009-2587.2003.06.046.}

[9211] 汪军，姜会庆，洪志竖，陈馨，陈一飞. 颈肩胛皮瓣的临床应用 [J]. 中华整形外科杂志，2003，19（2）：157-158. DOI：10.3760/j.issn：1009-4598.2003.02.037. {WANG Jun,JIANG Huiqing,HONG Zhizhi,CHEN Xin,CHEN Yifei. Clinical application of cervical and scapular flap[J]. Zhonghua Zheng Xing Wai Ke Za Zhi[Chin J Plast Surg(Article in Chinese;No abstract available)],2003,19(2):157-158. DOI:10.3760/j.issn:1009-4598.2003.02.037.}

[9212] 陈星隆，高伟阳，洪建军，李志杰，李晓阳，闫合德. 游离肩胛皮瓣修复手腕部软组织缺损 [J]. 中华手外科杂志，2004，20（2）：77-78. DOI：10.3760/cma.j.issn.1005-054X.2004.02.006. {CHEN Xinglong,GAO Weiyang,HONG Jianjun,LI Zhijie,LI Xiaoyang,YAN Hede. Transplantation of free scapular flap to repair soft tissue defects in hand and wrist[J]. Zhonghua Shou Wai Ke Za Zhi[Chin J Hand Surg(Article in Chinese;Abstract in Chinese and English)],2004,20(2):77-78. DOI:10.3760/cma.j.issn.1005-054X.2004.02.006.}

[9213] 仲纪年，居进. 肩胛皮瓣游离移植覆盖小腿创面 [J]. 中华创伤杂志，2004，20（5）：299. DOI：10.3760/j：issn：1001-8050.2004.05.028. {ZHONG Jinian,JU Jin. The free scapular flap was transplanted to cover the lower leg wound[J]. Zhonghua Chuang Shang Za Zhi[Chin J Trauma(Article in Chinese;No abstract available)],2004,20(5):299. DOI:10.3760/j:issn:1001-8050.2004.05.028.}

[9214] 杨明勇，李养群，李森恺，黄渭清，周传德，唐勇. 以旋肩胛动脉降外侧支为蒂的肩胛皮瓣临床应用 [J]. 中国修复重建外科杂志，2004，18（3）：187-188. {YANG Mingyong,LI Yangqun,LI Senkai,HUANG Weiqing,ZHOU Chuande,TANG Yong. Clinical application of scapular flap pedical on lateral descending cutaneous branch of circumflex scapular artery[J]. Zhongguo Xiu Fu Chong Jian Wai Ke Za Zhi[Chin J Repar Reconstr Surg(Article in Chinese;Abstract in Chinese and English)],2004,18(3):187-188.}

[9215] 张静琦，徐军，李小兵，刘光晶，曹建功，刘宁. 桡动脉携带肩胛皮瓣修复电击伤后股骨外露一例 [J]. 中华烧伤杂志，2005，21（2）：150. DOI：10.3760/cma.j.issn.1009-2587.2005.02.044. {ZHANG Jingqi,XU Jun,LI Xiaobing,LIU Guangjing,CAO Jiangong,LIU Ning. Radial artery with scapular flap to repair femoral exposure after electrical injury:a case report[J]. Zhonghua Shao Shang Za Zhi[Chin J Burns(Article in Chinese;No abstract available)],2005,21(2):150. DOI:10.3760/cma.j.issn.1009-2587.2005.02.044.}

[9216] 孙奎，张颖. 肩胛皮瓣和小腿后侧皮瓣联合修复足部缺损 [J]. 中华整形外科杂志，2005，21（6）：475. DOI：10.3760/j.issn：1009-4598.2005.06.024. {SUN Kui,ZHANG Ying. Repair of foot defect with scapular flap and posterior leg flap[J]. Zhonghua Zheng Xing Wai Ke Za Zhi[Chin J Plast Surg(Article in Chinese;No abstract available)],2005,21(6):475. DOI:10.3760/j.issn:1009-4598.2005.06.024.}

[9217] 王强，赵玉玲，曹全斌，胡福兴，朱典勇. 跨中线肩胛游离皮瓣修复手足大面积软组织缺损 [J]. 中华烧伤杂志，2006，22（6）：437-439. DOI：10.3760/cma.j.issn.1009-2587.2006.06.010. {WANG Qiang,ZHAO Yuling,CAO Quanbin,HU Fuxing,ZHU Dianyong. Repair of massive soft tissue defect in upper and lower extremities with free transmidline bi-lobed scapular skin flap[J]. Zhonghua Shao Shang Za Zhi[Chin J Burns(Article in Chinese;Abstract in Chinese and English)],2006,22(6):437-439. DOI:10.3760/cma.j.issn.1009-2587.2006.06.010.}

[9218] 叶祥柏，沈运彪，夏来启，陈忠勇，谷才之. 背阔肌肌皮瓣修复肩胛部巨大软组织缺损一例 [J]. 中华整形外科杂志，2006，22（1）：54. DOI：10.3760/j.issn：1009-4598.2006.01.025. {YE Xiangbai,SHEN Yunbiao,XIA Laiqi,CHEN Zhongyong,GU Caizhi. Repair of large soft tissue defect of scapula with latissimus dorsi myocutaneous flap:a case report[J]. Zhonghua Zheng Xing Wai Ke Za Zhi[Chin J Plast Surg(Article in Chinese;No abstract available)],2006,22(1):54. DOI:10.3760/j.issn:1009-4598.2006.01.025.}

[9219] 赵国红，谢振军，郑竟舟，邓小兵，晋强，邓名山，章剑，廖国龙. 肩胛皮瓣移植修复四肢软组织缺损 [J]. 实用手外科杂志，2006，20（2）：80-82. DOI：10.3969/j.issn.1671-2722.2006.02.006. {ZHAO Guohong,XIE Zhenjun,ZHENG Jingzhou,DENG Xiaobing,JIN Qiang,DENG Mingshan,ZHANG Jian,LIAO Guolong. Repair of soft tissue defect of limb with free or pedicled scapular flap[J]. Shi Yong Shou Wai Ke Za Zhi[Chin J Pract Hand Surg(Article in Chinese;Abstract in Chinese and English)],2006,20(2):80-82. DOI:10.3969/j.issn.1671-2722.2006.02.006.}

[9220] 洪建军，高伟阳，李志杰，陈星隆，池永龙. 分叶肩胛皮瓣的临床应用 [J]. 中华骨科杂志，2007，27（12）：893-896. DOI：10.3760/j.issn：0253-2352.2007.12.006. {HONG Jianjun,GAO Weiyang,LI Zhijie,CHEN Xinglong,CHI Yonglong. Clinical application of the free ramified scapular flap[J]. Zhonghua Gu Ke Za Zhi[Chin J Orthop(Article in Chinese;Abstract in Chinese and English)],2007,27(12):893-896. DOI:10.3760/j.issn:0253-2352.2007.12.006.}

[9221] 郭翱，徐招跃，张功林，周鹏，李俊，汪超. 以肩胛下血管为蒂的组织瓣临床应用 [J]. 中国修复重建外科杂志，2007，21（8）：905-907. {GUO Ao,XU Zhaoyue,ZHANG Gonglin,ZHOU Peng,LI Jun,WANG Chao. Clinical application of tissue flap pedicled with subscapular vessels[J]. Zhongguo Xiu Fu Chong Jian Wai Ke Za Zhi[Chin J Repar Reconstr Surg(Article in Chinese;Abstract in Chinese)],2007,21(8):905-907.}

[9222] 章鸣，张功林，张灵芝，伍辉国，胡玉祥，侯桥. 吻合血管的肩胛－背阔肌联合皮瓣修复下肢大面积软组织缺损一例 [J]. 中华显微外科杂志，2008，31（6）：416. DOI：10.3760/cma.j.issn.1001-2036.2008.06.037. {ZHANG Ming,ZHANG Gonglin,ZHANG Lingzhi,WU Huiguo,HU Yuxiang,HOU Qiao. Scapular-latissimus dorsi muscle flap with vascular anastomosis to repair a large soft tissue defect of the lower extremities:a case report[J]. Zhonghua Xian Wei Wai Ke Za Zhi[Chin J Microsurg(Article in Chinese;No abstract available)],2008,31(6):416. DOI:10.3760/cma.j.issn.1001-2036.2008.06.037.}

[9223] 刘元波，范金财，焦鹏，唐欣，刘立强，王黔，田佳，甘承，杨增杰，张卓南，陈玉刚. 向上臂延伸的肩胛游离皮瓣的临床应用研究 [J]. 中华整形外科杂志，2008，24（2）：112-115. DOI：10.3760/j.issn：1009-4598.2008.02.006. {LIU Yuanbo,FAN Jincai,JIAO Peng,TANG Xin,LIU Liqiang,WANG Qian,TIAN Jia,GAN Cheng,YANG Zengjie,ZHANG Zhuonan,CHEN Yugang. Clinical application of the scapular free flap extended to the upper arm[J]. Zhonghua Zheng Xing Wai Ke Za Zhi[Chin J Plast Surg(Article in Chinese;Abstract in Chinese and English)],2008,24(2):112-115. DOI:10.3760/j.issn:1009-4598.2008.02.006.}

[9224] 鲍世威，杨明勇，李森恺，李养群. 肩胛游离皮瓣修复大面积难愈性骨外露创面 [J]. 中华整形外科杂志，2008，24（2）：160-161. DOI：10.3760/j.issn：1009-4598.2008.02.024. {BAO Shiwei,YANG Mingyong,LI Senkai,LI Yangqun. Free scapular skin flap to repair large area of refractory bone exposure wound[J]. Zhonghua Zheng Xing Wai Ke Za Zhi[Chin J Plast Surg(Article in Chinese;No abstract available)],2008,24(2):160-161. DOI:10.3760/j.issn:1009-4598.2008.02.024.}

[9225] 吴晓明，孙奎，耿琪瑛，孙喜平，戴文英. 带血管蒂肩胛游离皮瓣修复创伤后颅面缺损 [J]. 创伤外科杂志，2008，10（3）：219-221. DOI：10.3969/j.issn.1009-4237.2008.03.008. {WU Xiaoming,SUN Kui,GENG Qiying,SUN Xiping,DAI Wenying. Pedicled scapular free flaps for repair of the craniofacial defect after trauma[J]. Chuang Shang Wai Ke Za Zhi[J Traum Surg(Article in Chinese;Abstract in Chinese and English)],2008,10(3):219-221. DOI:10.3969/j.issn.1009-4237.2008.03.008.}

[9226] 刘宁，李小兵，张静琦. 直接携带游离肩胛皮瓣修复难治性创面 [J]. 中华烧伤杂志，2010，26（3）：228-229. DOI：10.3760/cma.j.issn.1009-2587.2010.03.019. {LIU Ning,LI Xiaobing,ZHANG Jingqi. The free scapular skin flap was directly carried to repair the refractory wound[J]. Zhonghua Shao Shang Za Zhi[Chin J Burns(Article in Chinese;No abstract available)],2010,26(3):228-229. DOI:10.3760/cma.j.issn.1009-2587.2010.03.019.}

[9227] 梁钢，李坚，丁健，张志新，孙建平. 以肩胛下血管为蒂的侧胸皮瓣修复上肢组织缺损 [J]. 中华整形外科杂志，2010，26（6）：426-430. DOI：10.3760/cma.j.issn.1009-4598.2010.06.007. {LIANG Gang,LI Jian,DING Jian,ZHANG Zhixin,SUN Jianping. Lateral thoracic flaps pedicled with subscapular vessels for defects in the upper extremities[J]. Zhonghua Zheng Xing Wai Ke Za Zhi[Chin J Plast Surg(Article in Chinese;Abstract in Chinese and English)],2010,26(6):426-430. DOI:10.3760/cma.j.issn.1009-4598.2010.06.007.}

[9228] 李钢，王其芳，李小兵，张静琦. 游离肩胛皮瓣桥接胫后或桡动脉远位转移修复难愈性创面 [J]. 中华整形外科杂志，2012，28（4）：299-301. DOI：10.3760/cma.j.issn.1009-4598.2012.04.018. {LI Gang,WANG Qifang,LI Xiaobing,ZHANG Jingqi. distal transfer of free scapular flap bridging posterior tibial artery or radial artery to repair intractable wounds[J]. Zhonghua Zheng Xing Wai Ke Za Zhi[Chin J Plast Surg(Article in Chinese;No abstract available)],2012,28(4):299-301. DOI:10.3760/cma.j.issn.1009-4598.2012.04.018.}

[9229] 李钢，李小兵，张静琦，王其芳，刘子建，刘光晶. T 形血管蒂肩胛皮瓣游离移植修复面部软组织缺损 [J]. 中华整形外科杂志，2013，29（4）：302-304. DOI：10.3760/cma.j.issn.1009-4598.2013.04.018. {LI Gang,LI Xiaobing,ZHANG Jingqi,WANG Qifang,LIU Zijian,LIU Guangjing. Free transplantation of T-shaped vascular pedicle scapular flap to repair facial soft tissue defect[J]. Zhonghua Zheng Xing Wai Ke Za Zhi[Chin J Plast Surg(Article in Chinese;No abstract available)],2013,29(4):302-304. DOI:10.3760/cma.j.issn.1009-4598.2013.04.018.}

[9230] 臧成五，赵睿，张航，鲜航，史林，张文志，马继，秦凯，丛锐. 游离肩胛皮瓣修复足踝部创面的临床应用 [J]. 中华显微外科杂志，2014，37（3）：297-298. DOI：10.3760/cma.j.issn.1001-2036.2014.03.033. {ZANG Chengwu,ZHAO Rui,ZHANG Hang,XIAN Hang,SHI Lin,ZHANG Wenzhi,MA Ji,QIN Kai,CONG Rui. Clinical application of free scapular flap in repairing ankle wounds[J]. Zhonghua Xian Wei Wai Ke Za Zhi[Chin J Microsurg(Article in Chinese;Abstract in Chinese)],2014,37(3):297-298. DOI:10.3760/cma.j.issn.1001-2036.2014.03.033.}

[9231] 李钢，李小兵，刘子健，张静琦，刘光晶. 改良肩胛皮瓣修复难愈性创面效果观察 [J]. 中华烧伤杂志，2014，30（3）：219-222. DOI：10.3760/cma.j.issn.1009-2587.2014.03.009. {LI Gang,LI Xiaobing,LIU Zijian,ZHANG Jingqi,LIU Guangjing. Effects of improved scapula flap in repairing refractory wound[J]. Zhonghua Shao Shang Za Zhi[Chin J Burns(Article in Chinese;Abstract in Chinese and English)],2014,30(3):219-222. DOI:10.3760/cma.j.issn.1009-2587.2014.03.009.}

[9232] 卞徽宁，孙传伟，马亮华，李汉华，陈华德，赖文. 肩胛瘢痕瓣联合复合皮移植修复大面积烧伤后严重腋窝瘢痕挛缩八例 [J]. 中华显微外科杂志，2015，38（3）：297-299. DOI：10.3760/cma.j.issn.1001-2036.2015.03.028. {BIAN Huining,SUN Chuanwei,MA Lianghua,LI Hanhua,CHEN Huade,LAI Wen. Scapular scar flap combined with composite skin grafting to repair severe axillary scar contracture after large area burn in 8 cases[J]. Zhonghua Xian Wei Wai Ke Za Zhi[Chin J Microsurg(Article in Chinese;Abstract in Chinese)],2015,38(3):297-299. DOI:10.3760/cma.j.issn.1001-2036.2015.03.028.}

[9233] 王磊，张申申，郭卫中. 游离肩胛皮瓣修复足踝部大面积软组织缺损的临床体会 [J]. 中华显微外科杂志，2015，38（4）：399-401. DOI：10.3760/cma.j.issn.1001-2036.2015.04.028. {WANG Lei,ZHANG Shenshen,GUO Weizhong. Clinical experience of free scapular flap for repairing large soft tissue defect of foot and ankle[J]. Zhonghua Xian Wei Wai Ke Za Zhi[Chin J Microsurg(Article in Chinese;Abstract in Chinese)],2015,38(4):399-401. DOI:10.3760/cma.j.issn.1001-2036.2015.04.028.}

[9234] 卢仕良，陶国贵. 游离肩胛筋膜瓣修复半侧颜面萎缩 11 例 [J]. 中华显微外科杂志，2016，39（1）：81-82. DOI：10.3760/cma.j.issn.1001-2036.2016.01.023. {LU Shiliang,TAO Guogui. Free scapular fascia flap was used to repair hemifacial atrophy in 11 cases[J]. Zhonghua Xian Wei Wai Ke Za Zhi[Chin J Microsurg(Article in Chinese;Abstract in Chinese)],2016,39(1):81-82. DOI:10.3760/cma.j.issn.1001-2036.2016.01.023.}

[9235] 李杉珊，朱珊，臧梦青，陈博，韩婷璐，谢婷珺，刘元波. 以旋肩胛动脉为蒂的肩胛区皮瓣整复烧伤后腋窝瘢痕挛缩的临床效果 [J]. 中华烧伤杂志，2019，35（6）：423-427. DOI：10.3760/cma.j.issn.1009-2587.2019.06.005. {LI Shanshan,ZHU Shan,ZANG Mengqing,CHEN Bo,HAN Tinglu,XIE Tingjun,LIU Yuanbo. Clinical effects of scapular region flaps pedicled with circumflex scapular artery in the reconstruction of axillary burn scar contractures[J]. Zhonghua Shao Shang Za Zhi[Chin J Burns(Article in Chinese;Abstract in Chinese and English)],2019,35(6):423-427. DOI:10.3760/cma.j.issn.1009-2587.2019.06.005.}

4.3.1.7 旋肩胛动脉穿支皮瓣

perforator flap of circumflex scapular artery

[9236] Gao W,Hong J,Li Z,Chen X. Hand reconstruction with lobulated combined flaps based on the circumflex scapular pedicle[J]. Microsurgery,2008,28(5):355-360. doi:10.1002/micr.20500.

[9237] Sui X,Cao Z,Pang X,He J,Wu P,Zhou Z,Yu F,Tang JY. Reconstruction of moderate-sized soft tissue defects in foot and ankle in children:Free deep inferior epigastric artery perforator flap versus circumflex scapular artery perforator flap[J]. J Plast Reconstr Aesthet Surg,2019,72(9):1494-1502. doi:10.1016/j.bjps.2019.05.026.

[9238] Qing L,Wu P,Zhou Z,Yu F,Tang M,Tang J. A design for the dual skin paddle circumflex scapular artery perforator flap for the reconstruction of complex soft-tissue defects in children:anatomical study and clinical applications[J]. Ann Plast Surg,2019,83(4):439-446. doi:10.1097/SAP.0000000000001814.

[9239] Pang X,Cao Z,Wu P,Tang M,Qin L,Yu F,Zhou Z,Tang J. Anatomic study and clinic application of transverse circumflex scapular artery perforator flap repair of lower limb soft tissue defects in children[J]. Ann Plast Surg,2020,84(5S Suppl 3):S225-S229. doi:10.1097/SAP.0000000000002365.

[9240] 俞芳，唐举玉，贺湘玲，吴安华，吴攀峰，周征兵. 旋肩胛动脉穿支皮瓣游离移植修复白血病患儿前臂毛霉菌感染创面一例 [J]. 中华手外科杂志，2016，32（6）：462-463. DOI：10.3760/cma.j.issn.1005-054X.2016.06.028. {YU Fang,TANG Juyu,HE Xiangling,WU Anhua,WU Panfeng,ZHOU Zhenbing. Repair of forearm Mucor infection wound with circumferential scapular artery perforator flap by free transplantation in a child with leukemia[J]. Zhonghua Shou Wai Ke Za Zhi[Chin J Hand Surg(Article in Chinese;No abstract available)],2016,32(6):462-463. DOI:10.3760/cma.j.issn.1005-054X.2016.06.028.}

[9241] 吴攀峰，唐举玉，周征兵，俞芳，庞晓阳，曾磊，潘丁，肖勇兵，卿黎明，刘睿. 旋肩胛动脉穿支皮瓣游离移植修复儿童四肢皮肤软组织缺损 [J]. 中华整形外科杂志，2018，34（9）：698-704. DOI：10.3760/cma.j.issn.1009-4598.2018.09.004. {WU Panfeng,TANG Juyu,ZHOU Zhengbing,YU Fang,PANG Xiaoyang,ZENG Lei,PAN Ding,XIAO Yongbing,QING Liming,LIU Rui. Reconstruction of the soft-tissue defects of the limbs in children by free circumflex scapular artery perforator flap[J]. Zhonghua Zheng Xing Wai Ke Za Zhi[Chin J Plast Surg(Article in Chinese;Abstract in Chinese and English)],2018,34(9):698-704. DOI:10.3760/cma.j.issn.1009-4598.2018.09.004.}

4.3.1.8 胸背动脉穿支皮瓣
perforator flap of thoracodosal artery

[9242] Yang LC,Wang XC,Bentz ML,Fang BR,Xiong X,Li XF,Lu Q,Wu Q,Wang RF,Feng W,He JY,Wang YY. Clinical application of the thoracodorsal artery perforator flaps[J]. J Plast Reconstr Aesthet Surg,2013,66(2):193-200. doi:10.1016/j.bjps.2012.09.005.

[9243] Lim SY,Kim GH,Sung IH,Jang DW,Yoon JS,Kim YH,Kim SW. Lower extremity salvage with thoracodorsal artery perforator free flap in condition of symmetrical peripheral gangrene[J]. Biomed Res Int,2018,2018:6508607. doi:10.1155/2018/6508607.

[9244] 王先成，鲁青，李晓芳，邱文奎，赵柏程，王玉银，皮立，贺吉庸，吴祖林. 不带背阔肌的胸背动脉穿支皮瓣的临床应用[J]. 中华整形外科杂志，2008，24(3)：184-186. DOI：10.3760/j.issn：1009-4598.2008.03.005. {WANG Xiancheng,LU Qing,LI Xiaofang,QIU Wenkui,ZHAO Baicheng,WANG Yuyin,PI Li,HE Jiyong,WU Zulin. Clinical application of thoradorsal artery perforator flaps[J]. Zhonghua Zheng Xing Wai Ke Za Zhi[Chin J Plast Surg(Article in Chinese;Abstract in Chinese and English)],2008,24(3):184-186. DOI:10.3760/j.issn:1009-4598.2008.03.005.}

[9245] 张功林，郭翱，章鸣，章峰火，尤灵建，李俊. 胸背动脉穿支游离皮瓣修复前臂创面部分坏死一例[J]. 中华整形外科杂志，2008，24(6)：485. DOI：10.3760/j.issn：1009-4598.2008.06.027. {ZHANG Gonglin,GUO Ao,ZHANG Ming,ZHANG Fenghuo,YOU Lingjian,LI Jun. A case of partial necrosis of forearm wound repaired with free perforator flap with dorsal thoracic artery[J]. Zhonghua Zheng Xing Wai Ke Za Zhi[Chin J Plast Surg(Article in Chinese;No abstract available)],2008,24(6):485. DOI:10.3760/j.issn:1009-4598.2008.06.027.}

[9246] 张功林，章鸣，丁法明，郭翱，杨德福，王千生，吴发林，张文正，凌爱军. 应用胸背动脉穿支带蒂皮瓣修复前臂残端创面的初步报告[J]. 中华创伤骨科杂志，2009，11(2)：139-141. DOI：10.3760/cma.j.issn.1671-7600.2009.02.011. {ZHANG Gonglin,ZHANG Ming,DING Faming,GUO Ao,YANG Defu,WANG Gansheng,WU Falin,ZHANG Wenzheng,LING Aijun. Repair of soft-tissue defects on the forearm stump with a pedicled flap of thoracodorsal artery perfo-rator[J]. Zhonghua Chuang Shang Gu Ke Za Zhi[Chin J Orthop Trauma(Article in Chinese;Abstract in Chinese and English)],2009,11(2):139-141. DOI:10.3760/cma.j.issn.1671-7600.2009.02.011.}

[9247] 张功林，葛宝丰，王锦华，吴发林，王千生. 胸背动脉穿支带蒂皮瓣修复同侧上肢软组织缺损[J]. 中国骨伤，2009，22(7)：530-532. DOI：10.3969/j.issn.1003-0034.2009.07.022. {ZHANG Gonglin,GE Baofeng,WANG Jinhua,WU Falin,WANG Gansheng. Thoracodorsal artery perforator pedicled flap for repair of soft tissue defects on the ipsilateral upper limb:a report of 8 cases[J]. Zhongguo Gu Shang[China J Orthop Trauma(Article in Chinese;Abstract in Chinese and English)],2009,22(7):530-532. DOI:10.3969/j.issn.1003-0034.2009.07.022.}

[9248] 张功林，丁法明，郭翱，陈克明，郑良君. 游离胸背动脉穿支皮瓣桥式移植修复小腿软组织缺损[J]. 组织工程与重建外科杂志，2010，6(4)：190-192. DOI：10.3969/j.issn.1673-0364.2010.04.004. {ZHANG Gonglin,DING Faming,GUO Ao,CHEN Keming,ZHENG Liangjun. Repair of Soft Tissue Defect of Leg Using Thoracodorsal Perforator Flap by Bridge Transfer[J]. Zu Zhi Gong Cheng Yu Chong Jian Wai Ke Za Zhi[J Tissue Eng Reconstr Surg(Article in Chinese;Abstract in Chinese and English)],2010,6(4):190-192. DOI:10.3969/j.issn.1673-0364.2010.04.004.}

[9249] 杜威. 胸背动脉穿支皮瓣的研究进展[J]. 中国临床解剖学杂志，2013，31(3)：365-367. {DU Weili,HU Xiaohua,SHEN Yuming,ZHANG Guoan. The progress on study of thoracodorsal arterial perforator flap[J]. Zhongguo Lin Chuang Jie Pou Xue Za Zhi[Chin J Clin Anat(Article in Chinese;Abstract in Chinese)],2013,31(3):365-367.}

[9250] 唐举玉，杜威，宋达疆，梁捷予，俞芳，卿黎明，王聪杨. 胸背动脉穿支皮瓣移植修复不同部位皮肤软组织缺损16例[J]. 中华整形外科杂志，2013，29(3)：178-180. DOI：10.3760/cma.j.issn.1009-4598.2013.03.006. {TANG Juyu,DU Wei,SONG Dajiang,LIANG Jieyu,YU Fang,QING Liming,WANG Congyang. The clinic application of thoracodorsal artery perforator flap:a report of 16 cases[J]. Zhonghua Zheng Xing Wai Ke Za Zhi[Chin J Plast Surg(Article in Chinese;Abstract in Chinese and English)],2013,29(3):178-180. DOI:10.3760/cma.j.issn.1009-4598.2013.03.006.}

[9251] 李涛，陈振兵，翁雨雄，丛晓斌，艾方兴，周攀，洪光祥. T形血管吻合的游离胸背动脉穿支皮瓣的临床应用[J]. 中华手外科杂志，2015，31(1)：56-60. DOI：10.3760/cma.j.issn.1005-054X.2015.01.021. {LI Tao,CHEN Zhenbing,WENG Yuxiong,CONG Xiaobin,AI Fangxing,ZHOU Pan,HONG Guangxiang. Clinical application thoracodorsal artery perforator flap with T-configuration vascular anastomosis[J]. Zhonghua Shou Wai Ke Za Zhi[Chin J Hand Surg(Article in Chinese;Abstract in Chinese and English)],2015,31(1):56-60. DOI:10.3760/cma.j.issn.1005-054X.2015.01.021.}

[9252] 王先成，熊祥，方柏荣，孙杨，李晓芳，鲁青，贺吉庸，王玉银. 胸背动脉穿支皮瓣修复乳房缺损畸形的临床应用[J]. 组织工程与重建外科杂志，2015，11(2)：69-71. DOI：10.3969/j.issn.1673-0364.2015.02.004. {WANG Xiancheng,XIONG Xiang,FANG Bairong,SUN Yang,LI Xiaofang,LU Qing,HE Jiyong,WANG Yuyin. Clinical application of the thoradorsal artery perforator flaps for reconstruction of breast defect and deformity[J]. Zu Zhi Gong Cheng Yu Chong Jian Wai Ke Za Zhi[J Tissue Eng Reconstr Surg(Article in Chinese;Abstract in Chinese and English)],2015,11(2):69-71. DOI:10.3969/j.issn.1673-0364.2015.02.004.}

[9253] 刘晓韬，张干林，王爱武，葛鑿，洪小芳，张华胜，孟宏，黄建华. 胸背动脉穿支扩张皮瓣游离移植修复面颈部大面积瘢痕[J]. 中华整形外科杂志，2015，31(2)：134-136. DOI：10.3760/cma.j.issn.1009-4598.2015.02.014. {LIU Xiaotao,ZHANG Ganlin,WANG Aiwu,GE Jun,HONG Xiaofang,ZHANG Huasheng,MENG Hong,HUANG Jianhua. Free transplantation of dilated thoracic and dorsal artery perforator flap to repair large area scar of face and neck[J]. Zhonghua Zheng Xing Wai Ke Za Zhi[Chin J Plast Surg(Article in Chinese;No abstract available)],2015,31(2):134-136. DOI:10.3760/cma.j.issn.1009-4598.2015.02.014.}

[9254] 孙涛，王晓峰，周坚龙，薛建波，洪锦炯，李学渊，王欣，章伟文. 胸背动脉穿支皮瓣修复手部皮肤软组织缺损35例[J]. 中华显微外科杂志，2016，39(3)：221-224. DOI：10.3760/cma.j.issn.1001-2036.2016.03.004. {SUN Tao,WANG Xiaofeng,ZHOU Jianlong,XUE Jianbo,HONG Jinjiong,LI Xueyuan,WANG Xin,ZHANG Weiwen. The thoracodorsal artery perforator flap repairing soft tissue defects in hands:35 cases report[J]. Zhonghua Xian Wei Wai Ke Za Zhi[Chin J Microsurg(Article in Chinese;Abstract in Chinese and English)],2016,39(3):221-224. DOI:10.3760/cma.j.issn.1001-2036.2016.03.004.}

[9255] 蔡国荣，郭翱，张文亚，胡玉祥，汤海军. 游离胸背动脉穿支皮瓣修复足踝部皮肤软组织缺损12例[J]. 中华显微外科杂志，2016，39(4)：399-402. DOI：10.3760/cma.j.issn.1001-2036.2016.04.028. {CAI Guorong,GUO Ao,ZHANG Wenya,HU Yuxiang,TANG Haijun. Free thoracic dorsal artery perforator flap to repair skin and soft tissue defect of foot and ankle in 12 cases[J]. Zhonghua Xian Wei Wai Ke Za Zhi[Chin J Microsurg(Article in Chinese;Abstract in Chinese)],2016,39(4):399-402. DOI:10.3760/cma.j.issn.1001-2036.2016.04.028.}

[9256] 龙海光，叶华，邹崇琪，钟家云，朱贤康，叶敏才，庞成. 游离胸背动脉穿支皮瓣修复头皮肿瘤创面15例[J]. 中华显微外科杂志，2016，39(6)：606-608. DOI：10.3760/cma.j.issn.1001-2036.2016.06.029. {LONG Haiguang,YE Hua,ZOU Chongqi,ZHONG Jiayun,ZHU Xiankang,YE Mincai,PANG Cheng. Repair of scalp tumor wound with free thoracic dorsal artery perforator flap in 15 cases[J]. Zhonghua Xian Wei Wai Ke Za Zhi[Chin J Microsurg(Article in Chinese;Abstract in Chinese)],2016,39(6):606-608. DOI:10.3760/cma.j.issn.1001-2036.2016.06.029.}

[9257] 黄雄杰，刘昌雄，刘鸣江，黄新锋，宋剑刚，周淑平. 胸背动脉穿支皮瓣修复小儿足踝皮肤软组织缺损[J]. 实用手外科杂志，2016，30(1)：20-22. DOI：10.3969/j.issn.1671-2722.2016.01.008. {HUANG Xiongjie,LIU Changxiong,LIU Mingjiang,HUANG Xinfeng,SONG Jiangang,ZHOU Shuping. Clinical application of thoracodorsal artery perforator flap to repair soft tissue defect of ankle and foot in children[J]. Shi Yong Shou Wai Ke Za Zhi[Chin J Pract Hand Surg(Article in Chinese;Abstract in Chinese and English)],2016,30(1):20-22. DOI:10.3969/j.issn.1671-2722.2016.01.008.}

[9258] 徐祥，李涛，陈振兵，雷伟，周攀，季伟. 应用超薄皮瓣技术改进胸背动脉穿支皮瓣的修复效果[J]. 中华显微外科杂志，2017，40(5)：438-440. DOI：10.3760/cma.j.issn.1001-2036.2017.05.006. {XU Xiang,LI Tao,CHEN Zhenbing,LEI Wei,ZHOU Pan,JI Wei. Improving the repairing effect of thoracodorsal artery perforator flap through ultra-thin flap technology[J]. Zhonghua Xian Wei Wai Ke Za Zhi[Chin J Microsurg(Article in Chinese;Abstract in Chinese and English)],2017,40(5):438-440. DOI:10.3760/cma.j.issn.1001-2036.2017.05.006.}

[9259] 汪星，何英剑，李金锋，解云涛，王天峰，范照青，霍苓，欧阳涛. 胸背动脉穿支组织瓣用于乳腺癌保留乳房手术联合一期部分乳房成形术33例临床分析[J]. 中华外科杂志，2017，55(2)：120-125. DOI：10.3760/cma.j.issn.0529-5815.2017.02.009. {WANG Xing,HE Yingjian,LI Jinfeng,XIE Yuntao,WANG Tianfeng,FAN Zhaoqing,HUO Ling,OUYANG Tao. Breast-conserving surgery with immediate partial breast reconstruction using pedicled thoracodorsal artery perforator flap:a clinical analysis of 33 patients[J]. Zhonghua Wai Ke Za Zhi[Chin J Surg(Article in Chinese;Abstract in Chinese and English)],2017,55(2):120-125. DOI:10.3760/cma.j.issn.0529-5815.2017.02.009.}

[9260] 王建华，肖容，徐家余，周亮贤. 胸背穿支皮瓣游离移植修复足踝部软组织缺损的手术方法及效果[J]. 创伤外科杂志，2017，19(11)：814-817. DOI：10.3969/j.issn.1009-4237.2017.11.004. {WANG Jianhua,Xiao Rong,Xu Jiayu,Zhou Liangxian. Surgical method and effect of free implantation of thoracolumbar flap for repairing soft tissue defect of foot and ankle[J]. Chuang Shang Wai Ke Za Zhi[J Traum Surg(Article in Chinese;Abstract in Chinese and English)],2017,19(11):814-817. DOI:10.3969/j.issn.1009-4237.2017.11.004.}

[9261] 周丹亚，潘佳栋，胡瑞斌，王欣，黄耀鹏，陈宏. 游离胸背动脉穿支皮瓣在四肢创面修复中的临床应用[J]. 中华显微外科杂志，2018，41(3)：243-246. DOI：10.3760/cma.j.issn.1001-2036.2018.03.010. {ZHOU Danya,PAN Jiadong,HU Ruibin,WANG Xin,HUANG Yaopeng,CHEN Hong. Reconstruction of the soft tissue defects of limbs using the free thoracodorsal artery perforator flaps[J]. Zhonghua Xian Wei Wai Ke Za Zhi[Chin J Microsurg(Article in Chinese;Abstract in Chinese and English)],2018,41(3):243-246. DOI:10.3760/cma.j.issn.1001-2036.2018.03.010.}

[9262] 庄加川，张振伟，李敏姣，陈泽华，陈乐锋，陈国荣，曾锦浩，叶学浪. 胸背动脉穿支皮瓣修复手部皮肤缺损的临床应用[J]. 中华手外科杂志，2018，34(3)：161-163. DOI：10.3760/cma.j.issn.1005-054X.2018.03.001. {ZHUANG Jiachuan,ZHANG Zhenwei,LI Minjiao,CHEN Zehua,CHEN Lefeng,CHEN Guorong,ZENG Jinhao,YE Xuelang. Clinical application of the thoracodorsal artery perforator flap for repair of hand skin defects[J]. Zhonghua Shou Wai Ke Za Zhi[Chin J Hand Surg(Article in Chinese;Abstract in Chinese and English)],2018,34(3):161-163. DOI:10.3760/cma.j.issn.1005-054X.2018.03.001.}

[9263] 胡长青，连勇，白晓亮，杨帅，刘智伟，蒋美超. 游离胸背动脉穿支皮瓣修复小腿远端及足踝部创面九例[J]. 中华烧伤杂志，2018，34(4)：240-242. DOI：10.3760/cma.j.issn.1009-2587.2018.04.009. {HU Changqing,LIAN Yong,BAI Xiaoliang,YANG Shuai,LIU Zhiwei,JIANG Meichao. Repair of distal leg and ankle wounds with free thoracic dorsal artery perforator flap:9 cases[J]. Zhonghua Shao Shang Za Zhi[Chin J Burns(Article in Chinese;Abstract in Chinese and English)],2018,34(4):240-242. DOI:10.3760/cma.j.issn.1009-2587.2018.04.009.}

[9264] 王九松，刘昌雄，黄雄杰，刘鸣江. 游离胸背动脉穿支皮瓣修复小儿足跟部软组织缺损的临床经验[J]. 中华显微外科杂志，2019，42(6)：610-611. DOI：10.3760/cma.j.issn.1001-2036.2019.06.027. {WANG Jiusong,LIU Changxiong,HUANG Xiongjie,LIU Mingjiang. Clinical experience of free thoracic dorsal artery perforator flap for repairing soft tissue defect of heel in children[J]. Zhonghua Xian Wei Wai Ke Za Zhi[Chin J Microsurg(Article in Chinese;Abstract in Chinese)],2019,42(6):610-611. DOI:10.3760/cma.j.issn.1001-2036.2019.06.027.}

[9265] 刘安铭，欧昌良，周鑫，罗旭超，邹永根，黄宇，黄波，唐鑫城. 胸背动脉穿支皮瓣在修复手背软组织缺损中的临床应用[J]. 中华显微外科杂志，2020，43(2)：176-178. DOI：10.3760/cma.j.cn441206-20190609-00200. {LIU Anming,OU Changliang,ZHOU Xin,LUO Xuchao,ZOU Yonggen,HUANG Yu,HUANG Bo,TANG Xincheng. Clinical application of thoracic dorsal artery perforator flap in repairing soft tissue defect of dorsal hand[J]. Zhonghua Xian Wei Wai Ke Za Zhi[Chin J Microsurg(Article in Chinese;Abstract in Chinese)],2020,43(2):176-178. DOI:10.3760/cma.j.cn441206-20190609-00200.}

[9266] 江从航，王先成，李晓芳，熊祥，孙杨，孟宪熙. 带蒂胸背动脉穿支皮瓣整复腋窝中重度瘢痕挛缩畸形的效果[J]. 中华烧伤杂志，2020，36(6)：480-483. DOI：10.3760/cma.j.cn501120-20190322-00133. {JIANG Conghang,WANG Xiancheng,LI Xiaofang,XIONG Xiang,SUN Yang,MENG Xianxi. Effect of pedicled thoracodorsal artery perforator flap on the repair of moderate to severe axillary scar contracture deformity[J]. Zhonghua Shao Shang Za Zhi[Chin J Burns(Article in Chinese;Abstract in Chinese and English)],2020,36(6):480-483. DOI:10.3760/cma.j.cn501120-20190322-00133.}

[9267] 胡瑞斌，周丹亚，王欣，朱亮，章一新，许恒. 游离胸背动脉穿支皮瓣整复面部亚单位大面积瘢痕的临床效果[J]. 中华烧伤杂志，2020，36(7)：586-589. DOI：10.3760/cma.j.cn501120-20190505-00223. {HU Ruibin,ZHOU Danya,WANG Xin,ZHU Liang,ZHANG Yixin,XU Heng. Clinical effect of free thoracodorsal artery perforator flap in reconstructing large scar on the facial subunit[J]. Zhonghua Shao Shang Za Zhi[Chin J Burns(Article in Chinese;Abstract in Chinese and English)],2020,36(7):586-589. DOI:10.3760/cma.j.cn501120-20190505-00223.}

4.3.1.9 肋间后动脉穿支皮瓣
perforator flap of posterior intercostal artery

[9268] Gao JH,Hyakusoku H,Inoue S,Aoki R,Kanno K,Akimoto M,Hirai T,Fumirri M,Luo JH. Usefulness of narrow pedicled intercostal cutaneous perforator flap for coverage of the burned hand[J]. Burns,1994,20(1):65-70. doi:10.1016/0305-4179(94)90110-4.

[9269] Yunchuan P,Jiaqin X,Sihuan C,Zunhong L. Use of the lateral intercostal perforator-based pedicled abdominal flap for upper-limb wounds from severe electrical injury[J]. Ann Plast Surg,2006,56(2):116-121. doi:10.1097/01.sap.0000189705.09281.5a.

[9270] Jiang Z,Li S,Kretlow JD,Cao W. Closure of large defects after microcystic lymphatic malformations using lateral intercostal artery perforator flap[J]. J Plast Reconstr Aesthet Surg,2014,67(9):1230-1236. doi:10.1016/

j.bjps.2014.05.023.

[9271] Song KX,Wang YB,Zhang MZ,Wang XJ. A parasternal intercostal perforator flap for esthetic reconstruction after complete chest keloid resection:A retrospective observational cohort study[J]. J Cosmet Dermatol,2018,17(6):1205-1208. doi:10.1111/jocd.12782.

[9272] 王斌，刘德群，赵少平，周自贵，张宁. 含肋间神经前皮支皮瓣修复手部皮肤缺损 [J]. 中国修复重建外科杂志，2000，14（2）：119. {WANG Bin,LIU Dequn,ZHAO Shaoping,ZHOU Zigui,ZHANG Ning. Repair of hand skin defect by flap with anterior cutaneous branch of intercostal nerve[J]. Zhongguo Xiu Fu Chong Jian Wai Ke Za Zhi[Chin J Repar Reconstr Surg(Article in Chinese;No abstract available)],2000,14(2):119.}

[9273] 刘华水，苏振荣，刘士懂，栾涛，李强，谢新敏. 肋间动脉皮穿支超薄皮瓣治疗手指脱套伤 [J]. 中国骨伤，2005，18(5)：285-286. DOI：10.3969/j.issn.1003-0034.2005.05.011. {LIU Huashui,SU Zhenrong,LIU Shiyong,LUAN Tao,LI Qiang,XIE Xinmin. Treatment for tearing injuries of finger skin with thin flap of intercostals artery perforating branch[J]. Zhongguo Gu Shang[China J Orthop Trauma(Article in Chinese;Abstract in Chinese and English)],2005,18(5):285-286. DOI:10.3969/j.issn.1003-0034.2005.05.011.}

[9274] 潘云川，陈思环，徐家钦，粱尊鸿，陈彦堃，钟琼梅. 肋间皮穿支带蒂腹部皮瓣修复上肢创面 [J]. 组织工程与重建外科杂志，2006，2（3）：153-155. DOI：10.3969/j.issn.1673-0364.2006.03.010. {PAN Yunchuan,CHEN Sihuan,XU Jiaqin,LIANG Zunhong,CHEN Yankun,ZHONG Qiongmei. Abdominal pedicled flap with intercostal perforating vessels for repairing would of upper extremity[J]. Zu Zhi Gong Cheng Yu Chong Jian Wai Ke Za Zhi[J Tissue Eng Reconstr Surg(Article in Chinese;Abstract in Chinese and English)],2006,2(3):153-155. DOI:10.3969/j.issn.1673-0364.2006.03.010.}

[9275] 潘云川，陈思环，徐家钦，粱尊鸿，宋文娟，林诗燕. 肋间后动脉外侧穿支蒂皮瓣修复上肢电损伤创面 [J]. 中华烧伤杂志，2007，23（1）：55-57. DOI：10.3760/cma.j.issn.1009-2587.2007.01.016. {PAN Yunchuan,CHEN Sihuan,XU Jiaqin,LIANG Zunhong,SONG Wenjuan,LIN Shiyan. Repair of electric bum wound in the upper limbs with lateral intercostal perforator-based pedicled flap[J]. Zhonghua Shao Shang Za Zhi[Chin J Burns(Article in Chinese;Abstract in Chinese and English)],2007,23(1):55-57. DOI:10.3760/cma.j.issn.1009-2587.2007.01.016.}

[9276] 张兴群，张龙春，赵风景，陈莹姚，姚建民. 游离肋间动脉穿支皮瓣修复手部软组织缺损 [J]. 中华显微外科杂志，2011，34（3）：256-257. DOI：10.3760/cma.j.issn.1001-2036.2011.03.037. {ZHANG Xingqun,ZHANG Longchun,ZHAO Wenjing,CHEN Yingyao,YAO Jianmin. Free intercostal artery perforator flap to repair soft tissue defect of hand[J]. Zhonghua Xian Wei Wai Ke Za Zhi[Chin J Microsurg(Article in Chinese;No abstract available)],2011,34(3):256-257. DOI:10.3760/cma.j.issn.1001-2036.2011.03.037.}

[9277] 王海珍，崔春晓，蒋朝华，李圣利，曹卫刚. 应用肋间后动脉穿支皮瓣修复微囊型淋巴管畸形切除后的大面积缺损 [J]. 组织工程与重建外科杂志，2014，10（6）：329-331，338. DOI：10.3969/j.issn.1673-0364.2014.06.007. {WANG Haizhen,CUI Chunxiao,JIANG Chaohua,LI Shengli,CAO Weigang. Closure of large defects after microcystic lymphatic malformations using lateral intercostal artery perforator flap[J]. Zu Zhi Gong Cheng Yu Chong Jian Wai Ke Za Zhi[J Tissue Eng Reconstr Surg(Article in Chinese;Abstract in Chinese and English)],2014,10(6):329-331,338. DOI:10.3969/j.issn.1673-0364.2014.06.007.}

[9278] 王耀军，任忠亮，薛佳杰，郭雷，高登文，郝青晔，高富成，杨洁. 肋间后动脉穿支皮瓣修复背阔肌皮瓣供区创面 [J]. 中国修复重建外科杂志，2018，32（9）：1187-1191. DOI：10.7507/1002-1892.201803046. {WANG Yaojun,REN Zhongliang,XUE Jiajie,GUO Lei,GAO Dengwen,HAO Qingye,GAO Fucheng,YANG Jie. Effectiveness of posterior intercostal artery perforator flap in repair of donor defect after latissimus dorsi myocutaneous flap transfer[J]. Zhongguo Xiu Fu Chong Jian Wai Ke Za Zhi[Chin J Repar Reconstr Surg(Article in Chinese;Abstract in Chinese and English)],2018,32(9):1187-1191. DOI:10.7507/1002-1892.201803046.}

[9279] 张兴群，姚毅，饶磊，秦振波，张龙春，徐一波，陈莹，姚建民，宋达疆. 游离带感觉神经肋间动脉穿支皮瓣移植修复手外伤缺损 [J]. 中国修复重建外科杂志，2020，34（4）：497-500. DOI：10.7507/1002-1892.201904072. {ZHANG Xingqun,YAO Yi,RAO Lei,QIN Zhenbo,ZHANG Longchun,XU Yibo,CHEN Ying,YAO Jianmin,SONG Dajiang. Free sensate intercostal artery perforator flap for hand soft tissue reconstruction[J]. Zhongguo Xiu Fu Chong Jian Wai Ke Za Zhi[Chin J Repar Reconstr Surg(Article in Chinese;Abstract in Chinese and English)],2020,34(4):497-500. DOI:10.7507/1002-1892.201904072.}

4.3.1.10 胸脐皮瓣
thoracic umbilical flap

[9280] Xu Y,Li J,Lin Y,Li Z,Guo Y,Wang X,Ruan M. The free thoracoumbilical flap for resurfacing large soft-tissue defects of the lower extremity[J]. Plast Reconstr Surg,2003,111(3):1167-1173. doi:10.1097/01.PRS.0000046610.97727.1A.

[9281] Zhang XQ,Wang SD,Fan QY,Mao BA,Zhou Y,Zhang MH. Thoracoumbilical flap:experience with 33 cases[J]. J Reconstr Microsurg,2004,20(2):133-137. doi:10.1055/s-2004-820768.

[9282] Zhang XQ,Wang SD,Fan QY,Ma BA,Li Z. Thoraco-umbilical flap:experience with 33 cases[J]. Di Yi Jun Yi Da Xue Xue Bao,2004,24(5):489-492.

[9283] Chen Q,Liu Q,Suo Y,Xie Q. A new surgical treatment for abdominal wall defects:A vascularized ribs-pleural transfer technique that can be used with or without a thoracic umbilical flap a case report[J]. Medicine(Baltimore),2018, 97(9):e9993. doi:10.1097/MD.0000000000009993.

[9284] 王玉明，王肃生，何竞成，吕志坚. 胸脐皮瓣有蒂移植的临床应用 [J]. 修复重建外科杂志，1989，3（2）：82. {WANG Yuming,WANG Susheng,HE Jingcheng,Lv Zhijian. Clinical application of pedicled thoracic and umbilical flap transplantation[J]. Zhongguo Xiu Fu Chong Jian Wai Ke Za Zhi[Chin J Repar Reconstr Surg(Article in Chinese;No abstract available)],1989,3(2):82.}

[9285] 陈林峰，罗力生. 吻合血管的胸脐皮瓣移植术 [J]. 中华显微外科杂志，1990，13（4）：244-245. {Chen Linfeng,Luo Lisheng. Thoracic and umbilical flap transplantation with anastomosis of blood vessels[J]. Zhonghua Xian Wei Wai Ke Za Zhi[Chin J Microsurg(Article in Chinese;No abstract available)],1990,13(4):244-245.}

[9286] 范启申，郭德亮. 轴型胸脐皮瓣转移在手前臂巨大创面修复中应用 [J]. 手外科杂志，1992，8（2）：81-82. {FAN Qishen,GUO Deliang. Application of axial thoracic-umbilical skin flap transfer in the repair of the giant wound of the forearm[J]. Shou Wai Ke Za Zhi[Chin J Hand Surg(Article in Chinese;No abstract available)],1992,8(2):81-82.}

[9287] 丛海波，朱惠芳. 急诊胸脐皮瓣移植治疗四肢大面积皮肤缺损 [J]. 中华显微外科杂志，1993，16（1）：16-17. {Cong Haibo,Zhu Huifang. chest and umbilical flap transplantation for treatment of large skin defect of limbs in emergency[J]. Zhonghua Xian Wei Wai Ke Za Zhi[Chin J Microsurg(Article in Chinese;No abstract available)],1993,16(1):16-17.}

[9288] 彭福荣，刘宗礼，马丹志. 胸脐皮瓣游离移植修复手部感染创面 [J]. 中国修复重建外科杂志，1993，7（1）：58. {PENG Furong,LIU Zongli,MA Danzhi. Free transplantation of thoracic and umbilical skin flap to repair hand infection wound[J]. Zhongguo Xiu Fu Chong Jian Wai Ke Za Zhi[Chin J Repar Reconstr Surg(Article in Chinese;No abstract available)],1993,7(1):58.}

[9289] 李宝克，王铁兵，张新正，张成浩. 胸脐皮瓣在小腿修复中应用二例 [J]. 中华显微外科杂志，1995，18（4）：245. {LI Baoke,WANG Tiebing,ZHANG Xinzheng,ZHANG Chenghao. application of thoracic and umbilical flap of leg repair in two cases[J]. Zhonghua Xian Wei Wai Ke Za Zhi[Chin J Microsurg(Article in Chinese;No abstract available)],1995,18(4):245.}

[9290] 罗少军，郝新光，刘永义，何冬诚，颜大胜，汤少明，梁文波. 胸脐皮瓣的临床应用 [J]. 中华整形烧伤外科杂志，1995，11（3）：219-221. DOI：10.3760/j.issn：1009-4598.1995.03.019. {LUO Shaojun,HAO Xinguang,LIU Yongyi,HE Dongcheng,YAN Dasheng,TANG Shaoming,LIANG Wenbo. Clinical application of thoracic and umbilical flap[J]. Zhonghua Zheng Xing Shao Shang Wai Ke Za Zhi[Chin J Plast Surg Burns(Article in Chinese;No abstract available)],1995,11(3):219-221. DOI:10.3760/j.issn:1009-4598.1995.03.019.}

[9291] 汤海萍，杨志贤，程国良，方充荣. 胸脐皮瓣在足部皮肤软组织缺损中的应用 [J]. 中华显微外科杂志，1996，19（2）：135-136. {TANG Haiping,YANG Zhixian,CHENG Guoliang,FANG Chongrong. Application of thoracic and umbilical flap in the defect of skin and soft tissue of foot[J]. Zhonghua Xian Wei Wai Ke Za Zhi[Chin J Microsurg(Article in Chinese;No abstract available)],1996,19(2):135-136.}

[9292] 范启申，周祥吉. 胸脐皮瓣修复严重下肢损伤选择的探讨 [J]. 中国矫形外科杂志，1996，3（3）：284. {FAN Qishen,ZHOU Xiangji. Selection of thoracic and umbilical flap for repair of severe lower limb injury[J]. Zhongguo Jiao Xing Wai Ke Za Zhi[Orthop J China(Article in Chinese;No abstract available)],1996,3(3):284.}

[9293] 高学宏，宁金龙，李晓静，展望，曹东升，张林. 带血管蒂胸脐皮瓣临床应用 20 例分析 [J]. 安徽医科大学学报，1996，31（4）：184-186. {GAO Xuehong,NING Jinlong,LI Xiaojing,ZHAN Zhan,CAO Dongsheng,ZHANG Lin. Clinical application of vascular pedicled umbilical-thoracic skin flap[J]. An Hui Yi Ke Da Xue Xue Bao[Acta Univ Med Anhui(Article in Chinese;Abstract in Chinese and English)],1996,31(4):184-186.}

[9294] 王肃生，余楠生，白波. 胸脐皮瓣转移修复软组织缺损 [J]. 中国修复重建外科杂志，1996，10（2）：117. {WANG Susheng,YU Nan Sheng,BAI Bo. Repair of soft tissue defect with thoracic and umbilical flap transfer[J]. Zhongguo Xiu Fu Chong Jian Wai Ke Za Zhi[Chin J Repar Reconstr Surg(Article in Chinese;No abstract available)],1996,10(2):117.}

[9295] 徐永清，李主一，李其训，方东海，郭远发，李军，张云光，李建生. 吻合胫前或胫后远端血管逆行供血的胸脐皮瓣修复小腿创面 [J]. 中华显微外科杂志，1997，20（1）：6-8. {XU Yongqing,LI Zhuyi,LI Qixun,FANG Donghai,GUO Yuanfa,LI Jun,ZHANG Yunguang,LI Jiansheng. Thoracic-umbilical flap with retrograde blood supply anastomosed with distal vessels of anterior or posterior tibial was used to repair leg wounds[J]. Zhonghua Xian Wei Wai Ke Za Zhi[Chin J Microsurg(Article in Chinese;Abstract in Chinese)],1997,20(1):6-8.}

[9296] 张跃辉，张自清. 胸脐皮瓣修复前臂及手部组织缺损 [J]. 中华显微外科杂志，1997，20（3）：67-68. {ZHANG Yuehui,ZHANG Ziqing. pectoral-umbilical flap to repair tissue defects of forearm and hand[J]. Zhonghua Xian Wei Wai Ke Za Zhi[Chin J Microsurg(Article in Chinese;No abstract available)],1997,20(3):67-68.}

[9297] 贝抗胜，张德，吴强. 胸脐皮瓣移位治疗坐骨部褥疮 [J]. 中华显微外科杂志，1998，21(4)：300. DOI：10.3760/cma.j.issn.1001-2036.1998.04.030. {BEI Kangsheng,ZHANG De,WU Qiang. Treatment of ischial bedsore by transposition of pectoral-umbilical flap[J]. Zhonghua Xian Wei Wai Ke Za Zhi[Chin J Microsurg(Article in Chinese;No abstract available)],1998,21(4):300. DOI:10.3760/cma.j.issn.1001-2036.1998.04.030.}

[9298] 吕桂欣，赵雁，潘达德，程国良. 胸脐皮瓣在四肢创伤修复中的应用 [J]. 中华显微外科杂志，1999，22（S1）：3-5. {LU Guixin,ZHAO Yan,PAN Dade,CHENG Guoliang. Application of pectoral-umbilical flap in the repair of limb trauma[J]. Zhonghua Xian Wei Wai Ke Za Zhi[Chin J Microsurg(Article in Chinese;No abstract available)],1999,22(S1):3-5.}

[9299] 韦兆祥，朱亚平，张志霖. 吻合肋间神经外侧皮支的胸脐皮瓣治疗手和前臂软组织缺损 [J]. 中华创伤杂志，1999，15（6）：420-421. DOI：10.3760/j：issn：1001-8050.1999.06.006. {WEI Zhaoxiang,ZHU Yaping,ZHANH Zhilin. The pedicle thoracoumbilical flap with lateral branches of intercostal nerve to treat large soft tissue defect in hand and forearm[J]. Zhonghua Chuang Shang Za Zhi[Chin J Trauma(Article in Chinese;Abstract in Chinese and English)],1999,15(6):420-421. DOI:10.3760/j:issn:1001-8050.1999.06.006.}

[9300] 曾博龙，余斌，杨绍安. 双侧胸脐皮瓣修复手及前臂巨大创面 10 例 [J]. 中华显微外科杂志，2000，23(4)：309. DOI：10.3760/cma.j.issn.1001-2036.2000.04.037. {ZENG Bolong,YU Bin,YANG Shaoan. Bilateral pectoral-umbilical flap were used to repair huge wounds of hand and forearm in 10 cases[J]. Zhonghua Xian Wei Wai Ke Za Zhi[Chin J Microsurg(Article in Chinese;No abstract available)],2000,23(4):309. DOI:10.3760/cma.j.issn.1001-2036.2000.04.037.}

[9301] 曾博龙，余斌，杨绍安，朱立新. 双侧胸脐皮瓣修复手部皮肤脱套伤 8 例 [J]. 中国矫形外科杂志，2000，7（5）：519. DOI：10.3969/j.issn.1005-8478.2000.05.049. {ZENG Bolong,YU Bin,YANG Shaoan,ZHU Lixin. Bilateral thoracic and umbilical flaps were used to repair skin degloving injury of hand in 8 cases[J]. Zhongguo Jiao Xing Wai Ke Za Zhi[Orthop J China(Article in Chinese;No abstract available)],2000,7(5):519. DOI:10.3969/j.issn.1005-8478.2000.05.049.}

[9302] 徐永清，李主一，周中英，李军，郭远发，汪新明，阮默，李俊辉. 吻合血管的逆行供血胸脐皮瓣修复小腿创面 [J]. 中国创伤骨科杂志，2000，2（4）：37-39. {XU Yongqing,LI Zhuyi,ZHOU Zhongying,LI Jun,GUO Yuanfa,WANG Xinming,RUAN Mo,LI Junhui. Repair of large area skin defects in leg with free vascularized thoracoumibical flap with reversed flow[J]. Zhongguo Chuang Shang Gu Ke Za Zhi[China J Orthop Trauma(Article in Chinese;Abstract in Chinese and English)],2000,2(4):37-39.}

[9303] 曾博龙，余斌，杨绍安. 双侧胸脐皮瓣修复手部皮肤脱套伤 [J]. 实用骨科杂志，2000，6：75-76. {ZENG Bolong,YU Bin,YANG Shaoan. Repair avulsion of hand with double thoraco-umbilical pedicle flap[J]. Shi Yong Gu Ke Za Zhi[J Pract Orthop(Article in Chinese;Abstract in Chinese and English)],2000,6:75-76.}

[9304] 徐永清，李主一，李军，郭远发，汪新明，阮默，李俊辉. 逆行供血的胸脐皮瓣游离移植修复胫骨外露创面 [J]. 中国修复重建外科杂志，2000，14（6）：352-354. {XU Yongqing,LI Zhuyi,LI Jun,GUO Yuanfa,WANG Xinming,RUAN Mo,LI Junhu. Repairing of soft tissue defect in leg by free vascularized thoracoumbilical flap with reversed flow[J]. Zhongguo Xiu Fu Chong Jian Wai Ke Za Zhi[Chin J Repar Reconstr Surg(Article in Chinese;Abstract in Chinese and English)],2000,14(6):352-354.}

[9305] 袁相斌，林子豪，刘麒，赵耀中，杨松林，陈敏亮，朱晓海，吴建明，何清濂. 胸脐皮瓣在修复重建外科中的应用 [J]. 中华显微外科杂志，2001，24（2）：144. DOI：10.3760/cma.j.issn.1001-2036.2001.02.027. {YUAN Xiangbin,LIN Zihao,LIU Qi,ZHAO Yaozhong,YANG Songlin,CHEN Minliang,ZHU Xiaohai,WU Jianming,HE Qinglian. Application of pectoral-umbilical flap in reconstructive surgery[J]. Zhonghua Xian Wei Wai Ke Za Zhi[Chin J Microsurg(Article in Chinese;Abstract in Chinese)],2001,24(2):144. DOI:10.3760/cma.j.issn.1001-2036.2001.02.027.}

[9306] 宋晓军，崔雅宁，申立勇. 胸脐皮瓣修复多个手指创面早期断蒂同时分指一例 [J]. 中华烧伤杂志，2002，18（2）：104. DOI：10.3760/cma.j.issn.1009-2587.2002.02.029. {SONG Xiaojun,CUI Yaning,SHEN Liyong. Thoracic-umbilical flap repair of wound of several fingers with early pedicle amputation,at the same time,separation of the fingers:one case[J]. Zhonghua Shao Shang Za Zhi[Chin J Burns(Article in Chinese;No abstract available)],2002,18(2):104. DOI:10.3760/cma.j.issn.1009-2587.2002.02.029.}

[9307] 吴文，尹庆水，黄山东. 应用胸脐皮瓣治疗前臂瘢痕 [J]. 中国矫形外科杂志，2003，11（9）：606-607. DOI：10.3969/j.issn.1005-8478.2003.09.010. {WU Wen,YIN

Qingshui,HUANG Shandong. Application of thoracoumbilical flap in the treatment of forearm scar[J]. Zhongguo Jiao Xing Wai Ke Za Zhi[Orthop J China(Article in Chinese;Abstract in Chinese and English)],2003,11(9):606-607. DOI:10.3969/j.issn.1005-8478.2003.09.010.}

[9308] 张志霖，韦兆祥，李欢. 带神经的双侧胸脐皮瓣修复全手皮肤撕脱伤 [J]. 中华创伤骨科杂志，2004，6(3)：352-353. DOI：10.3760/cma.j.issn.1671-7600.2004.03.038. {ZHANG Zhilin,WEI Zhaoxiang,LI Huan. Bilateral chest-navel flaps with nerves for repairing the avulsion injury of total hand skin[J]. Zhonghua Chuang Shang Gu Ke Za Zhi[Chin J Orthop Trauma(Article in Chinese;Abstract in Chinese and English)],2004,6(3):352-353. DOI:10.3760/cma.j.issn.1671-7600.2004.03.038.}

[9309] 张杏泉，王少东，范清宇，马保安，李钊. 胸脐皮瓣的应用(附 33 例报告)[J]. 第一军医大学学报，2004，24(5)：489-492.DOI：10.3321/j.issn：1673-4254.2004.05.022. {ZHANG Xingquan,WANG Shaodong,FAN Qingyu,MA Baoan,LI Zhao. Thoraco-umbilical flap:experience with 33 cases[J]. Di Yi Jun Yi Da Xue Xue Bao[J First Mil Med Univ(Article in Chinese;Abstract in Chinese and English)],2004,24(5):489-492. DOI:10.3321/j.issn:1673-4254.2004.05.022.}

[9310] 王亚平，王振强，蒋华付，张玉兴，沈成华. 修薄胸脐皮瓣修复四肢创面 [J]. 创伤外科杂志，2005，7(4)：279-281. DOI：10.3969/j.issn.1009-4237.2005.04.015. {WANG Yaping,WANG Zhenqiang,JIANG Huafu,ZHANG Yuxing,SHEN Chenghua. Application of thinning thoracoumibical flap in repair of limb wounds[J]. Chuang Shang Wai Ke Za Zhi[J Traum Surg(Article in Chinese;Abstract in Chinese and English)],2005,7(4):279-281. DOI:10.3969/j.issn.1009-4237.2005.04.015.}

[9311] 王增星，李伟，梁志强，蔡晓霞. 带蒂胸脐皮瓣修复前臂和手部软组织缺损的临床应用 [J]. 中国临床解剖学杂志，2006，24(4)：459-461. {WANG Zengxing,Li Wei,Liang Zhiqiang,Cai Xiaoxia. Clinical application of the pedicled thoracoumbilicus flap for repairing soft tissue defect of the forearm and hand[J]. Zhongguo Lin Chuang Jie Pou Xue Za Zhi[Chin J Clin Anat(Article in Chinese;Abstract in Chinese and English)],2006,24(4):459-461.}

[9312] 王强，赵玉玲，曹全斌，杨占杰，朱典勇. 胸脐皮瓣修复深度烧伤创面疗效观察 [J]. 中华烧伤杂志，2006，22(4)：266-268. DOI：10.3760/cma.j.issn.1009-2587.2006.04.008. {WANG Qiang,ZHAO Yuling,CAO Quanbin,YANG Zhanjie,ZHU Dianyong. Clinical observation of the paraumbilical skin flaps application in the repair of the wounds of 39 patients with severe burns[J]. Zhonghua Shao Shang Za Zhi[Chin J Burns(Article in Chinese;Abstract in Chinese and English)],2006,22(4):266-268. DOI:10.3760/cma.j.issn.1009-2587.2006.04.008.}

[9313] 李忠，劳克诚，范启申，王成琪，张成进，曲连军，王蕾. 胸脐皮瓣的临床应用 [J]. 中华显微外科杂志，2007，30(3)：229-231. DOI：10.3760/cma.j.issn.1001-2036.2007.03.027. {LI Zhong,LUO Kecheng,FAN Qishen,WANG Chengqi,ZHANG Chengjin,QU Lianjun,WANG Lei. Clinical application of pectoral-umbilical flap[J]. Zhonghua Xian Wei Wai Ke Za Zhi[Chin J Microsurg(Article in Chinese;Abstract in Chinese)],2007,30(3):229-231. DOI:10.3760/cma.j.issn.1001-2036.2007.03.027.}

[9314] 许庆家，刘志波，王增涛，朱小雷，孙文海. 胸脐皮瓣串连对侧小腿内侧皮瓣修复足部软组织缺损 3 例报告 [J]. 中国骨伤，2007，20(5)：319-320. DOI：10.3969/j.issn.1003-0034.2007.05.032. {XU Qingjia,LIU Zhibo,WANG Zengtao,ZHU Xiaolei,SUN Wenhai. Reconstruction of foot soft tissue defect by combining the thoraco-umbilical flap and the medial leg flap[J]. Zhongguo Gu Shang[China J Orthop Trauma(Article in Chinese;Abstract in Chinese and English)],2007,20(5):319-320. DOI:10.3969/j.issn.1003-0034.2007.05.032.}

[9315] 邱海胜，谢秉局，潘展鹏. 游离胸脐皮瓣与单侧外固定支架联合应用修复小腿严重创伤 [J]. 临床骨科杂志，2007，10(4)：342-343. DOI：10.3969/j.issn.1008-0287.2007.04.022. {QIU Haisheng,XIE Bingju,PAN Zhanpeng. Treatment of severe injury of legs by using external fixator combined with free thoracoumbilical flap[J]. Lin Chuang Gu Ke Za Zhi[J Clin Orthop(Article in Chinese;Abstract in Chinese and English)],2007,10(4):342-343. DOI:10.3969/j.issn.1008-0287.2007.04.022.}

[9316] 甘干达，胡建方，陶智刚，扈克治，刘亚莉. 吻合血管的胸脐皮瓣移植修复足踝部大面积软组织缺损 [J]. 创伤外科杂志，2007，9(2)：133-136. DOI：10.3969/j.issn.1009-4237.2007.02.013. {GAN Ganda,HU Jianfang,TAO Zhigang,HU Kezhi,LIU Yali. Repair of large soft tissue defects on foot-ankle region by vascular thoracoumbilical flaps[J]. Chuang Shang Wai Ke Za Zhi[J Traum Surg(Article in Chinese;Abstract in Chinese and English)],2007,9(2):133-136. DOI:10.3969/j.issn.1009-4237.2007.02.013.}

[9317] 闫新海，孙书海，孙同新，房波. 吻合血管的胸脐皮瓣修复下肢巨大软组织缺损的临床观察 [J]. 创伤外科杂志，2008，10(6)：526-528. DOI：10.3969/j.issn.1009-4237.2008.06.019. {YAN Xinhai,SUN Shuhai,SUN Tongxin,FANG Bo. Repair of the large soft tissue defects on the lower extremity with vascular thoracoumbilical flaps[J]. Chuang Shang Wai Ke Za Zhi[J Traum Surg(Article in Chinese;Abstract in Chinese and English)],2008,10(6):526-528. DOI:10.3969/j.issn.1009-4237.2008.06.019.}

[9318] 王斌，邵新中，高顺红，蒋文萍，马铁鹏，李春江，杨焕友，杨义，何丽娜，焦成，林楠，尹佳丽，张文龙. 游离胸脐皮瓣修复四肢软组织缺损 [J]. 中国修复重建外科杂志，2008，22(3)：383-384. {WANG Bin,SHAO Xinzhong,GAO Shunhong,JIANG Wenping,MA Tiepeng,LI Chunjiang,YANG Huanyou,YANG Yi,HE Lina,JIAO Cheng,LIN Nan,YIN Jiali,ZHANG Wenlong. thoracic and umbilical skin flap to repair soft tissue defect of limbs[J]. Zhongguo Xiu Fu Chong Jian Wai Ke Za Zhi[Chin J Repar Reconstr Surg(Article in Chinese;Abstract in Chinese)],2008,22(3):383-384.}

[9319] 李玉坤，王保山，隋永强，杨志贤，高树林，曹艳，赵超，张忠溢，余丹. 胸脐皮瓣修复四肢组织缺损的临床应用 [J]. 中华显微外科杂志，2009，32(3)：230-231. DOI：10.3760/cma.j.issn.1001-2036.2009.03.023. {LI Yukun,WANG Bao shan,SUI Yong qiang,YANG Zhi xian,GAO Shin lin,CAO Yan,ZHAO Chao,ZHANG Zhong yi,YU Dan. Clinical application of pectoral-umbilical flap to repair tissue defect of limbs[J]. Zhonghua Xian Wei Wai Ke Za Zhi[Chin J Microsurg(Article in Chinese;Abstract in Chinese)],2009,32(3):230-231. DOI:10.3760/cma.j.issn.1001-2036.2009.03.023.}

[9320] 张玉峰，王剑利，弓志国. 胸脐皮瓣在下肢截肢创面修复中的应用 [J]. 中华显微外科杂志，2010，33(1)：82. DOI：10.3760/cma.j.issn.1001-2036.2010.01.038. {ZHANG Yufeng,WANG Jianli,GONG Zhiguo. Application of thoracic and umbilical skin flap in wound repair of lower limb amputation[J]. Zhonghua Xian Wei Wai Ke Za Zhi[Chin J Microsurg(Article in Chinese;No abstract available)],2010,33(1):82. DOI:10.3760/cma.j.issn.1001-2036.2010.01.038.}

[9321] 徐传岗，张桂萍，王莉，满中亚. 胸脐皮瓣修复腹股沟放射性损伤溃疡一例 [J]. 中华烧伤杂志，2010，26(4)：314. DOI：10.3760/cma.j.issn.1009-2587.2010.04.025. {XU Chuangang,ZHANG Guiping,WANG Li,MAN Zhongya. Thoracic-umbilical flap for repair of inguinal ulceration after radiation injury:a case report[J]. Zhonghua Shao Shang Za Zhi[Chin J Burns(Article in Chinese;No abstract available)],2010,26(4):314. DOI:10.3760/cma.j.issn.1009-2587.2010.04.025.}

[9322] 范启申，周祥吉，郑隆宝，高学建. 改良胸脐皮瓣修复软组织缺损 54 例 [J]. 中华显微外科杂志，2011，34(5)：363-365. DOI：10.3760/cma.j.issn.1001-2036.2011.05.003. {FAN Qishen,ZHOU Xiangji,ZHENG Longbao,GAO Xuejian. Improvement of thoraco-umbilicus flap repair in 54 cases of soft tissue defect[J]. Zhonghua Xian Wei Wai Ke Za Zhi[Chin J Microsurg(Article in Chinese;Abstract in Chinese and English)],2011,34(5):363-365. DOI:10.3760/cma.j.issn.1001-2036.2011.05.003.}

[9323] 吴迪，黄河，魏建营. 应用游离修薄胸脐皮瓣修复四肢软组织缺损 [J]. 中华显微外科杂志，2012，35(2)：150-151. DOI：10.3760/cma.j.issn.1001-2036.2012.02.023. {WU Di,HUANG He,WEI Jianying. The soft tissue defect of limbs was repaired by free thin thoracic and umbilical flaps[J]. Zhonghua Xian Wei Wai Ke Za Zhi[Chin J Microsurg(Article in Chinese;Abstract in Chinese)],2012,35(2):150-151. DOI:10.3760/cma.j.issn.1001-2036.2012.02.023.}

[9324] 米高松，李全友，方光荣，周曙光. 对侧胸脐皮瓣移植治疗腹股沟感染性假性动脉瘤 [J]. 中华显微外科杂志，2012，35(3)：262. DOI：10.3760/cma.j.issn.1001-2036.2012.03.036. {MI Gaosong,LI Quanyou,FANG Guangrong,ZHOU Shuguang. Contralateral thoracic and umbilical flap transplantation for the treatment of infective pseudoaneurysms in the inguinal area[J]. Zhonghua Xian Wei Wai Ke Za Zhi[Chin J Microsurg(Article in Chinese;No abstract available)],2012,35(3):262. DOI:10.3760/cma.j.issn.1001-2036.2012.03.036.}

[9325] 陈睦虎，陈红生，王亮. 胸脐皮瓣修复足部脱套伤的临床应用 [J]. 创伤外科杂志，2013，15(5)：419-421. DOI：10.3969/j.issn.1009-4237.2013.05.011. {CHEN Muhu,CHEN Hongsheng,WANG Liang. Clinical application of thoraco-umbilicus flaps in repairing degloving injury in foot[J]. Chuang Shang Wai Ke Za Zhi[J Traum Surg(Article in Chinese;Abstract in Chinese and English)],2013,15(5):419-421. DOI:10.3969/j.issn.1009-4237.2013.05.011.}

[9326] 王占忠，倪娇，姜涌，郑晓川，刘玮，王海生，徐昌维. 应用反取皮植皮联合带蒂胸脐皮瓣治疗前臂脱套伤 [J]. 实用手外科杂志，2013，27(1)：37-39. DOI：10.3969/j.issn.1671-2722.2013.01.013. {WANG Zhanzhong,NI Jiao,JIANG Yong,ZHENG Xiaochuan,LIU Wei,WANG Haisheng,XU Changwei. Application of anti skin grafting combined with pedicled thoracoumbilicus flap in the treatment of forearm degloving injury[J]. Shi Yong Shou Wai Ke Za Zhi[Chin J Pract Hand Surg(Article in Chinese;Abstract in Chinese and English)],2013,27(1):37-39. DOI:10.3969/j.issn.1671-2722.2013.01.013.}

[9327] 王占忠，倪娇，姜涌，王海生，郑晓川，刘玮，徐昌维，崔志强. 胸脐皮瓣在小腿软组织缺损中的应用和受区血管位置临床分型及意义 [J]. 实用手外科杂志，2013，27(2)：153-155，168. DOI：10.3969/j.issn.1671-2722.2013.02.018. {WANG Zhanzhong,NI Jiao,JIANG Yong,WANG Haisheng,ZHENG Xiaochuan,LIU Wei,XU Changwei,CUI Zhiqiang. Application of thoracic umbilical flap in repairing calf skin defect and clinical types and the significance of the location of accepting-site vessel[J]. Shi Yong Shou Wai Ke Za Zhi[Chin J Pract Hand Surg(Article in Chinese;Abstract in Chinese and English)],2013,27(2):153-155,168. DOI:10.3969/j.issn.1671-2722.2013.02.018.}

[9328] 许亚军，陈政，包岳丰，周晓，张辉，周建东，陈学明. 单蒂跨胸腹胸脐皮瓣移植修复上肢超长创面的临床应用 [J]. 中华手外科杂志，2014，30(2)：81-83. DOI：10.3760/cma.j.issn.1005-054X.2014.02.001. {XU Yajun,CHEN Zheng,BAO Yuefeng,ZHOU Xiao,ZHANG Hui,ZHOU Jiandong,CHEN Xueming. Clinical application of single pedicle thoraco-umbilical flaps spanning chest and abdomen in the repair of upper extremity giant soft-tissue defects[J]. Zhonghua Shou Wai Ke Za Zhi[Chin J Hand Surg(Article in Chinese;Abstract in Chinese and English)],2014,30(2):81-83. DOI:10.3760/cma.j.issn.1005-054X.2014.02.001.}

[9329] 车永琦，赵建强，翟伟，王文亮，王军成，亢向辉，赵凯敏. 带蒂胸脐皮瓣在肘部大面积皮肤缺损修复中的应用 [J]. 中华手外科杂志，2014，30(4)：312-313. DOI：10.3760/cma.j.issn.1005-054X.2014.04.031. {CHE Yongqi,ZHAO Jianqiang,ZHAI Wei,WANG Wenliang,WANG Juncheng,KANG Xianghui,ZHAO Kaimin. Application of pedicled thoracic and umbilical skin flap in the repair of large skin defect of elbow[J]. Zhonghua Shou Wai Ke Za Zhi[Chin J Hand Surg(Article in Chinese;No abstract available)],2014,30(4):312-313. DOI:10.3760/cma.j.issn.1005-054X.2014.04.031.}

[9330] 屠海霞，贺立新，曹玉珏，李冬海，赵鹏亮，朱海涛，马彩虹. 胸脐皮瓣修复伴血管外露的髂腹股沟区创面 12 例 [J]. 中华烧伤杂志，2014，30(4)：372-374. DOI：10.3760/cma.j.issn.1009-2587.2014.04.023. {TU Haixia,HE Lixin,CAO Yujue,LI Donghai,ZHAO Pengliang,ZHU Haitao,MA Caihong. Thoracic-umbilical flap was used to repair ilio-inguinal wounds with vascular exposure in 12 cases[J]. Zhonghua Shao Shang Za Zhi[Chin J Burns(Article in Chinese;No abstract available)],2014,30(4):372-374. DOI:10.3760/cma.j.issn.1009-2587.2014.04.023.}

[9331] 胡锐，任义军，严立，易新成，黄振峰，韩琼. 游离胸脐皮瓣治疗复杂足踝部大面积皮肤软组织缺损 [J]. 创伤外科杂志，2017，19(11)：805-808. DOI：10.3969/j.issn.1009-4237.2017.11.002. {HU Rui,REN Yijun,YAN Li,YI Xincheng,HUANG Zhenfeng,HAN Qiong. Free thoracoumbilicus flap for repairing severe skin and soft tissue defect of foot and ankle[J]. Chuang Shang Wai Ke Za Zhi[J Traum Surg(Article in Chinese;Abstract in Chinese and English)],2017,19(11):805-808. DOI:10.3969/j.issn.1009-4237.2017.11.002.}

[9332] 刘宏波，朱军，董卿，王建国，窦洪磊. 改良胸脐皮瓣修复四肢超长软组织缺损 [J]. 中华整形外科杂志，2019，35(5)：476-478. DOI：10.3760/cma.j.issn.1009-4598.2019.05.012. {LIU Hongbo,ZHU Jun,DONG Na,WANG Jianguo,DOU Honglei. Improvement of thoracic umbilical flap repair the extremity giant soft-tissue defects[J]. Zhonghua Zheng Xing Wai Ke Za Zhi[Chin J Plast Surg(Article in Chinese;Abstract in Chinese and English)],2019,35(5):476-478. DOI:10.3760/cma.j.issn.1009-4598.2019.05.012.}

4.3.2 腹部皮瓣 abdominal flap

[9333] Zhang R,Wang C,Chen Y,Zheng B,Shi Y. The use of unilateral or bilateral external oblique myocutaneous flap in the reconstruction of lower abdominal wall or groin defects after malignant tumor resection[J]. J Surg Oncol,2014,110(8):930-934. doi:10.1002/jso.23763.

4.3.2.1 脐旁皮瓣 parumbilical flap

[9334] Zang M,Zhu S,Song B,Jin J,Liu D,Ding Q,Liu Y. Reconstruction of extensive upper extremity defects using pre-expanded oblique perforator-based paraumbilical flaps[J]. Burns,2012,38(6):917-923. doi:10.1016/j.burns.2012.01.002.

[9335] Hu XH,Qin FJ,Chen Z,Shen ZY,Shen YM. Combined rectus abdominis muscle/paraumbilical flap and lower abdominal flap for the treatment of type III circumferential electrical burns of the wrist[J]. Burns,2013,39(8):1631-1638. doi:10.1016/j.burns.2013.04.014.

[9336] Liu Y,Zang M,Zhu S,Chen B,Ding Q. Pre-expanded paraumbilical perforator flap[J]. Clin Plast Surg,2017,44(1):99-108. doi:10.1016/j.cps.2016.08.003.

[9337] 夏英慧，李平统，林益清. 胫前血管缺损改用足背血管远端供血的脐旁皮瓣移植术 [J]. 中国临床解剖学杂志，1995，13(4)：308-309. {XIA Yonghui,LI Pingtong,LIN Yiqing. Paraumbilic flap transplantation for the treatment of extensive defect of low leg—a case report[J]. Zhongguo Lin Chuang Jie Pou Xue Za Zhi[Chin J Clin Anat(Article in Chinese;Abstract in Chinese and English)],1995,13(4):308-309.}

[9338] 蒋纯志，范启申，管磊，王晓. 带血管蒂脐旁皮瓣治疗手部皮肤脱套伤 [J]. 中华手外科杂志，1995，11(2)：118. {JIANG Chunzhi,FAN Qishen,GUAN Lei,WANG Xiao. Treatment of hand skin degloving injury with vascular pedicled paravumbilical flap[J]. Zhonghua Shou Wai Ke Za Zhi[Chin J Hand Surg(Article in Chinese;No abstract available)],1995,11(2):118.}

[9339] 李小军，傅小宽，童静. 部分削薄的游离脐旁皮瓣修复手部皮肤缺损 [J]. 中华显微外科杂志，1996，19（3）：170-172. {LI Xiaojun,FU Xiaokuan,TONG Jing. Free vascularized thinned skin flap based on inferior epigastric artery for repairing hand skin defect[J]. Zhonghua Xian Wei Wai Ke Za Zhi[Chin J Microsurg(Article in Chinese;Abstract in Chinese and English)],1996,19(3):170-172.}

[9340] 孙业祥，汪昌荣，王永杰，李守生. 带肌膜的脐旁皮瓣修复手腕部电烧伤创面 [J]. 安徽医科大学学报，1997，32（1）：113-114. {SUN Yexiang,WANG Changrong,WANG Yongjie,LI Shousheng. Perumbilical flap with muscle membrane for repair of wrist electric burn wound[J]. An Hui Yi Ke Da Xue Xue Bao[Acta Univ Med Anhui(Article in Chinese;No abstract available)],1997,32(1):113-114.}

[9341] 王爱武，李金有，李克峰，张万峰，王文俊，陈俊刚. 脐旁皮瓣修复腕与前臂部电烧伤创面 [J]. 实用手外科杂志，2003，17（4）：213-214. DOI：10.3969/j.issn.1671-2722.2003.04.010. {WANG Ai-wu,LI Jin you,LI Ke feng,ZHANG Wan feng,WANG Wen jun,CHEN Jun gang. Reconstruction of electrical burn in wrist and forearm with parumbilical flap[J]. Shi Yong Shou Wai Ke Za Zhi[Chin J Pract Hand Surg(Article in Chinese;Abstract in Chinese and English)],2003,17(4):213-214. DOI:10.3969/j.issn.1671-2722.2003.04.010.}

[9342] 蒋章佳，涂赤辉，刘尧初，刘题斌. 开窗的脐旁皮瓣修复手热压伤五例 [J]. 中华整形外科杂志，2005，21（3）：183. DOI：10.3760/j.issn：1009-4598.2005.03.025. {JIANG Zhangjia,TU Chihui,LIU Yaochu,LIU Tibin. Perumbilical flaps with window opening were used to repair five cases of hot hand compression[J]. Zhonghua Zheng Xing Wai Ke Za Zhi[Chin J Plast Surg(Article in Chinese;No abstract available)],2005,21(3):183. DOI:10.3760/j.issn:1009-4598.2005.03.025.}

[9343] 赵永健，刘群，冯世海. 应用窄蒂脐旁皮瓣修复手部重度热压伤 [J]. 中国修复重建外科杂志，2006，20（7）：772. {ZHAO Yongjian,LIU Qun,FENG Shihai. The narrow pedicle paravumbilical skin flap was used to repair severe hot compression injury of hand[J]. Zhongguo Xiu Fu Chong Jian Wai Ke Za Zhi[Chin J Repar Reconstr Surg(Article in Chinese;No abstract available)],2006,20(7):772.}

[9344] 刘安，李旭晨，曹江龙，赵二波. 管状脐旁皮瓣修复手指末端脱套伤 [J]. 中华损伤与修复杂志（电子版），2008，3（5）：617-620. DOI：10.3969/j.issn.1673-9450.2008.05.015. {LIU An,LI Xuchen,CAO Jianglong,ZHAO Erbo. The use of tubed paraumbilical flaps in repairing degloving injuries of fingers[J]. Zhonghua Sun Shang Yu Xiu Fu Za Zhi Dian Zi Ban[Chin J Injury Repair Wound Healing(Electr Ed)(Article in Chinese;Abstract in Chinese and English)],2008,3(5):617-620. DOI:10.3969/j.issn.1673-9450.2008.05.015.}

[9345] 关术，余东，李日绍，张海武，王自锋，吴辛定，林广宜. 脐旁皮瓣移植修复老年人四肢皮肤软组织缺损 [J]. 中华显微外科杂志，2015，38（3）：290-291. DOI：10.3760/cma.j.issn.1001-2036.2015.03.025. {GUAN Shu,YU Dong,LI RiShao,ZHANG HaiWu,WANG ZiFeng,WU XinDing,LIN GuangYi. Repair of skin and soft tissue defects of limbs in old people with paravumbilical flap[J]. Zhonghua Xian Wei Wai Ke Za Zhi[Chin J Microsurg(Article in Chinese;Abstract in Chinese)],2015,38(3):290-291. DOI:10.3760/cma.j.issn.1001-2036.2015.03.025.}

[9346] 张思平，黄希勤，文娟玲，刘志雄，王骥，叶芝赛. 游离脐旁皮瓣修复手足部大面积软组织缺损 [J]. 实用手外科杂志，2019，33（4）：416-418. DOI：10.3969/j.issn.1671-2722.2019.04.017. {ZHANG Siping,HUANG Xiqin,WEN Juanling,LIU Zhixiong,WANG Ji,YE Zhisai. Repair of large area soft tissue defect of hand and foot by free paraumbilical bypass flap[J]. Shi Yong Shou Wai Ke Za Zhi[Chin J Pract Hand Surg(Article in Chinese;Abstract in Chinese and English)],2019,33(4):416-418. DOI:10.3969/j.issn.1671-2722.2019.04.017.}

4.3.2.2 腹壁上动脉穿支皮瓣
perforator flap of superior epigastric artery

[9347] 蔡晓斌，蓝益南，张扬，沈立锋，寿旦，郑荣宗. 腹壁上动脉血管推进距离对大鼠穿支皮瓣成活的影响 [J]. 中华显微外科杂志，2017，40（1）：63-65. DOI：10.3760/cma.j.issn.1001-2036.2017.01.017. {CAI Xiaobin,LAN Yinan,YANG Zhang,SHEN Lifeng,SHOU Dan,ZHENG Rongzong. Effect of superior abdominal artery propelling distance on the survival of perforator flap in rats[J]. Zhonghua Xian Wei Wai Ke Za Zhi[Chin J Microsurg(Article in Chinese;Abstract in Chinese)],2017,40(1):63-65. DOI:10.3760/cma.j.issn.1001-2036.2017.01.017.}

4.3.2.3 腹壁下动脉穿支皮瓣
perforator flap of inferior epigastric artery

[9348] Zeng A,Xu J,Yan X,You L,Yang H. Pedicled deep inferior epigastric perforator flap:an alternative method to repair groin and scrotal defects[J]. Ann Plast Surg,2006,57(3):285-288. doi:10.1097/01.sap.0000221466.97653.15.

[9349] Hu YJ,Hardianto A,Li SY,Zhang ZY,Zhang CP. Reconstruction of a palatomaxillary defect with vascularized iliac bone combined with a superficial inferior epigastric artery flap and zygomatic implants as anchorage[J]. Int J Oral Maxillofac Surg,2007,36(9):854-857. doi:10.1016/j.ijom.2007.04.011.

[9350] Zhang B,Li DZ,Xu ZG,Tang PZ. Deep inferior epigastric artery perforator free flaps in head and neck reconstruction[J]. Oral Oncol,2009,45(2):116-120. doi:10.1016/j.oraloncology.2008.04.005.

[9351] Liu Y,Song B,Zhu S,Jin J. Reconstruction of the burned hand using a super-thin abdominal flap,with donorsite closure by an island deep inferior epigastric perforator flap[J]. J Plast Reconstr Aesthet Surg,2010,63(3):e265-268. doi:10.1016/j.bjps.2009.07.010.

[9352] Shang Z,Zhao Y,Ding H,Liu B,Cao D,Wang B. Repair of hand scars by a dilated deep inferior epigastric artery perforator flap[J]. J Plast Surg Hand Surg,2011,45(2):102-108. doi:10.3109/2000656X.2011.571844.

[9353] Fang BR,Ameet H,Li XF,Lu Q,Wang XC,Zeng A,Qiao Q. Pedicled thinned deep inferior epigastric artery perforator flap for perineal reconstruction:a preliminary report[J]. J Plast Reconstr Aesthet Surg,2011,64(12):1627-1634. doi:10.1016/j.bjps.2011.04.013.

[9354] Minqiang X,Jie L,Dali M,Lanhua M. Hemodynamic effect of different kinds of venous augmentation in a pig transmidline flap model of DIEP flap[J]. J Reconstr Microsurg,2013,29(6):379-386. doi:10.1055/s-0033-1343497.

[9355] Tang J,Fang T,Song D,Liang J,Yu F,Wang C. Free deep inferior epigastric artery perforator flap for reconstruction of soft-tissue defects in extremities of children[J]. Microsurgery,2013,33(8):612-619. doi:10.1002/micr.22127.

[9356] Luo Z,Qing L,Zhou Z,Wu P,Yu F,Tang J. Reconstruction of large soft tissue defects of the extremities in children using the kiss deep inferior epigastric artery perforator flap to achieve primary closure of donor site[J]. Ann Plast Surg,2019,82(1):64-70. doi:10.1097/SAP.0000000000001659.

[9357] Qing LM,Tang JY. Use of intraflap and extraflap microvascular anastomoses in combination for facilitating bipedicled DIEP/SIEA free flap for reconstruction of circumference soft tissue defect of extremity[J]. Microsurgery,2019,39(2):190-191. doi:10.1002/micr.30407.

[9358] Li C,Ouyang YY,Liu C. Several opinions on preoperative and postoperative assessment of rectus abdominis muscle size and function following DIEP flap surgery[J]. Plast Reconstr Surg,2019,143(3):655e-656e. doi:10.1097/PRS.0000000000005328.

[9359] Cao ZM,Du W,Qing LM,Zhou ZB,Wu PF,Yu F,Pan D,Xiao YB,Pang XY,Liu R,Tang JY. Reconstructive surgery for foot and ankle defects in pediatric patients:Comparison between anterolateral thigh perforator flaps and deep inferior epigastric perforator flaps[J]. Injury,2019,50(8):1489-1494. doi:10.1016/j.injury.2019.06.021.

[9360] Li C,Du X,Ouyang YY,Liu C. Tailored DIEP flap insetting algorithm:an innovative research[J]. Plast Reconstr Surg,2020,145(2):442e-443e. doi:10.1097/PRS.0000000000006500.

[9361] Zhang Z,Wang C,Zhang Z,Xin M. Outcomes of DIEP flap and fluorescent angiography:a randomized controlled clinical trial[J]. Plast Reconstr Surg,2020,146(5):688e-689e. doi:10.1097/PRS.0000000000007297.

[9362] Ou Q,Wu P,Zhou Z,Lei Z,Pan D,Tang JY. Algorithm for covering circumferential wound on limbs with ALTP or/and DIEP flaps based on chain-linked design and combined transplantation[J]. Injury,2021,52(6):1356-1362. doi:10.1016/j.injury.2020.10.031.

[9363] Ouyang Y,Li C,Du X,Ma X,Liu C. Deconstructing the reconstruction:Evaluation of process and efficiency in deep inferior epigastric perforator flaps[J]. Plast Reconstr Surg,2020,146(6):816e-817e. doi:10.1097/PRS.0000000000007400.

[9364] Wang D,Chen W. Indocyanine green angiography for continuously monitoring blood flow changes and predicting perfusion of deep inferior epigastric perforator flap in rats[J]. J Invest Surg,2021,34(4):393-400. doi:10.1080/08941939.2019.1641253.

[9365] Liu X,Huo D,Wu G. Deep inferior epigastric flap combined bilateral-anterolateral thigh flap for the coverage of both lower extremity soft-tissue defect:a case report and a literature review[J]. Clin Cosmet Investig Dermatol,2021,14:153-161. doi:10.2147/CCID.S292053.

[9366] 徐军，刘元波，穆兰花，朱晓锋，杨红岩，晏晓青，孙奎. 腹壁下动脉穿支岛状皮瓣修复大腿环形瘢痕挛缩 [J]. 中国修复重建外科杂志，2002，16（5）：337-339. {XU Jun,LIU Yuanbo,MU Lanhua,ZHU Xiaofeng,YANG Hongyan,YAN Xiaoqing,SUN Kui. Repair of circular cicatricial contracture of the thigh using deep inferior epigastric perforator flap[J]. Zhongguo Xiu Fu Chong Jian Wai Ke Za Zhi[Chin J Repar Reconstr Surg(Article in Chinese;Abstract in Chinese and English)],2002,16(5):337-339.}

[9367] 白雪莉，虞渝生，刘小蕉，林礼根. 游离腹壁下深动脉穿支皮瓣一期重建乳房 [J]. 中华整形外科杂志，2004，20（1）：6-9. DOI：10.3760/j.issn：1009-4598.2004.01.002. {BAI Xueli,YU Yusheng,LIU Xiaojiao,LIN Ligen. Deep inferior epigastric perforator(DIEP) free flap in immediate breast reconstruction[J]. Zhonghua Zheng Xing Wai Ke Za Zhi[Chin J Plast Surg(Article in Chinese;Abstract in Chinese and English)],2004,20(1):6-9. DOI:10.3760/j.issn:1009-4598.2004.01.002.}

[9368] 张功林，章鸣，蔡国荣，郭翱. 腹壁下血管穿支带蒂皮瓣修复同侧股部残端创面一例 [J]. 中华显微外科杂志，2007，30（1）：37. DOI：10.3760/cma.j.issn.1001-2036.2007.01.035. {ZHANG Gonglin,ZHANG Ming,CAI Guorong,GUO Ao. A case of repairing ipsilateral femoral stump wound with pedicled skin flap with inferior abdominal artery perforation branch[J]. Zhonghua Xian Wei Wai Ke Za Zhi[Chin J Microsurg(Article in Chinese;No abstract available)],2007,30(1):37. DOI:10.3760/cma.j.issn.1001-2036.2007.01.035.}

[9369] 颜蕴文，王本忠，张敬杰，徐晓军，许骏，徐军. 即刻 DIEP 皮瓣移植在乳癌改良根治术后乳房重建中应用 [J]. 安徽医科大学学报，2008，43（5）：588-590. DOI：10.3969/j.issn.1000-1492.2008.05.033. {YAN Yunwen,WANG Benzhong,ZHANG Jingjie,XU Xiaojun,XU Jun,XU Jun. Application of immediate DIEP flap transplantation in breast reconstruction after modified radical mastectomy for breast cancer[J]. An Hui Yi Ke Da Xue Xue Bao[Acta Univ Med Anhui(Article in Chinese;Abstract in Chinese)],2008,43(5):588-590. DOI:10.3969/j.issn.1000-1492.2008.05.033.}

[9370] 唐举玉，罗令，何洪波，刘华，李康华. 小儿腹壁下动脉穿支皮瓣移植修复足踝部软组织缺损 [J]. 中华显微外科杂志，2008，31（4）：249-252，插图 4-2. DOI：10.3760/cma.j.issn.1001-2036.2008.04.004. {TANG Juyu,LUO Ling,HE Hongbo,LIU Hua,LI Kanghua. The deep inferior epigastric perforator flap for foot and malleolus reconstruction of child[J]. Zhonghua Xian Wei Wai Ke Za Zhi[Chin J Microsurg(Article in Chinese;Abstract in Chinese and English)],2008,31(4):249-252,insert figure 4-2. DOI:10.3760/cma.j.issn.1001-2036.2008.04.004.}

[9371] 张敬杰，王本忠，王劲，徐晓军，颜蕴文，裴静，俞士炳，徐军. 腹壁下动脉穿支游离皮瓣在乳腺肿瘤术后一期乳房重建中的应用 [J]. 中华外科杂志，2008，46（12）：958-959. DOI：10.3321/j.issn：0529-5815.2008.12.027. {HANG Jingjie,WANG Benzhong,WANG Jin,XU Xiaojun,YAN Yunwen,PEI Jing,YU Shibing,XU Jun. Application of free perforator branch of inferior abdominal artery flap in primary breast reconstruction after surgery for breast tumor[J]. Zhonghua Wai Ke Za Zhi[Chin J Surg(Article in Chinese;No abstract available)],2008,46(12):958-959. DOI:10.3321/j.issn:0529-5815.2008.12.027.}

[9372] 刘元波，范金财，焦鹏，唐欣，刘立强，田佳，甘承，杨增杰，陈玉刚，张卓男. 腹壁下动脉穿支岛状皮瓣修复会阴部瘢痕挛缩 [J]. 中华整形外科杂志，2008，24（1）：79-80. DOI：10.3760/j.issn：1009-4598.2008.01.028. {LIU Yuanbo,FAN Jincai,JIAO Peng,TANG Xin,LIU Liqiang,TIAN Jia,GAN Cheng,YANG Zengjie,CHEN Yugang,ZHANG Zhuonan. Repair of perineal scar contracture with inferior epigastric artery perforator island flap[J]. Zhonghua Zheng Xing Wai Ke Za Zhi[Chin J Plast Surg(Article in Chinese;No abstract available)],2008,24(1):79-80. DOI:10.3760/j.issn:1009-4598.2008.01.028.}

[9373] 郑敏，林海舵，蒋正财，杨景全. 乳腺癌改良根治术后腹壁下动脉穿支皮瓣即刻乳房重建十例 [J]. 中华医学杂志，2008，88（15）：1069-1070. DOI：10.3321/j.issn：0376-2491.2008.15.015. {ZHENG Min,LIN Hairuo,JIANG Zhengcai,YANG Jingquan. Free deep inferior epigastric artery perforator flap techniques for the immediate post modified radial mastectomy reconstruction[J]. Zhonghua Yi Xue Za Zhi[Natl Med J China(Article in Chinese;Abstract in Chinese and English)],2008,88(15):1069-1070. DOI:10.3321/j.issn:0376-2491.2008.15.015.}

[9374] 曾昂，乔群，方柏荣，贾懿，张海林，朱琳，潘博. 增强 CT 辅助设计带蒂腹壁下动脉穿支皮瓣的临床应用 [J]. 中国修复重建外科杂志，2008，22（12）：1426-1428. {ZENG Ang,QIAO Qun,FANG Bailong,JIA Yi,ZHANG Hailin,ZHU Lin,PAN Bo. Clinical application of intensive ct in pedicled deep inferior epigastric perforator flap design[J]. Zhongguo Xiu Fu Chong Jian Wai Ke Za Zhi[Chin J Repar Reconstr Surg(Article in Chinese;Abstract in Chinese and English)],2008,22(12):1426-1428.}

[9375] 王本忠，任敏，张敬杰，王劲，余士炳，徐晓军，裴静，颜蕴文，许骏，徐军. 保留皮肤及乳头乳晕复合体乳腺癌改良根治术后腹壁下动脉穿支皮瓣即刻乳房重建 [J]. 中华外科杂志，2009，47（4）：312-313. DOI：10.3760/cma.j.issn.0529-5815.2009.04.021. {WANG Benzhong,REN Min,ZHANG Jingjie,WANG Jin,YU Shi-bing,XU Xiaojun,PEI Jing,YAN Yunwen,XU Jun,XU Jun. Imimmediate breast reconstruction with inferior epigastric artery perforator flap after modified radical resection of subcutaneous breast cancer with skin and nipple and areola preserved[J]. Zhonghua Wai Ke Za Zhi[Chin J Surg(Article in Chinese;No abstract available)],2009,47(4):312-313. DOI:10.3760/cma.j.issn.0529-5815.2009.04.021.}

[9376] 谢庆平，郭恩琪，王亮，范奔，倪建平，许新伟，晋培红. 改良腹壁下动脉穿支皮瓣的临床应用[J]. 中华手外科杂志，2009，25(6)：358-360. DOI：10.3760/cma.j.issn.1005-054X.2009.06.017. {XIE Qingping,GUO Enqi,WANG Liang,FAN Ben,NI Jianping,XU Xinwei,JIN Peihong. Clinical application of modified deep inferior epigastric perforator flap[J]. Zhonghua Shou Wai Ke Za Zhi[Chin J Hand Surg(Article in Chinese;Abstract in Chinese and English)],2009,25(6):358-360. DOI:10.3760/cma.j.issn.1005-054X.2009.06.017.}

[9377] 高曙光，唐举玉，罗令，雷光华，李雄，李康华. 腹壁下动脉穿支皮瓣在小儿足踝部软组织缺损中的应用[J]. 中华创伤杂志，2009，25(4)：294-297. DOI：10.3760/cma.j.issn.1001-8050.2009.04.91. {GAO Shuguang,TANG Juyu,LUO Ling,LEI Guanghua,LI Xiong,LI Kanghua. Repair of foot and malleolus defects with deep inferior epigastric perforator flap in children[J]. Zhonghua Chuang Shang Za Zhi[Chin J Trauma(Article in Chinese;Abstract in Chinese and English)],2009,25(4):294-297. DOI:10.3760/cma.j.issn.1001-8050.2009.04.91.}

[9378] 任敏，王本忠，张敬杰，王劲，徐晓军，裴静，颜蕴文，许骏，徐军. 保留乳头乳晕的皮下乳腺癌改良根治术同期腹壁下动脉穿支蒂腹壁游离皮瓣乳房重建[J]. 中华整形外科杂志，2009，25(3)：223-224. DOI：10.3760/cma.j.issn.1009-4598.2009.03.019. {REN Min,WANG Benzhong,ZHANG Jingjie,WANG Jin,XU Xiaojun,PEI Jing,YAN Yunwen,XU Jun,XU Jun. Modified subcutaneous radical mastectomy for breast cancer with nipple and areola preserved and inferior abdominal artery perforator pedicle flap for breast reconstruction,at he same time[J]. Zhonghua Zheng Xing Wai Ke Za Zhi[Chin J Plast Surg(Article in Chinese;No abstract available)],2009,25(3):223-224. DOI:10.3760/cma.j.issn.1009-4598.2009.03.019.}

[9379] 商子寅，赵宇，丁浩，王帮河，谢娟，陈增红. 腹壁下动脉穿支分布特点及扩张穿支皮瓣临床应用[J]. 中华整形外科杂志，2009，25(5)：351-354. DOI：10.3760/cma.j.issn.1009-4598.2009.05.010. {SHANG Ziyin,ZHAO Yu,DING Hao,Wang Banghe,Xie Juan,Chen Zenghong. Distribution of deep inferior epigastric perforator vessel and application of the expanded perforator flaps[J]. Zhonghua Zheng Xing Wai Ke Za Zhi[Chin J Plast Surg(Article in Chinese;Abstract in Chinese and English)],2009,25(5):351-354. DOI:10.3760/cma.j.issn.1009-4598.2009.05.010.}

[9380] 徐华，王露萍，王涛，麻荪香，董佳生. 双蒂腹壁下动脉穿支(DIEP)皮瓣的血供重建[J]. 组织工程与重建外科杂志，2010，6(6)：330-333. DOI：10.3969/j.issn.1673-0364.2010.06.008. {XU Hua,WANG Luping,WANG Tao,MA Sunxiang,DONG Jiasheng. Reconstruction of the blood supply on double pedicle deep inferior epigastric perforator (DIEP) flap[J]. Zu Zhi Gong Cheng Yu Chong Jian Wai Ke Za Zhi[J Tissue Eng Reconstr Surg(Article in Chinese;Abstract in Chinese and English)],2010,6(6):330-333. DOI:10.3969/j.issn.1673-0364.2010.06.008.}

[9381] 张俊峰，毋磊，孙笛，李钢，简玉洛. 腹壁下动脉穿支皮瓣游离移植修复四肢软组织缺损[J]. 中华显微外科杂志，2010，33(1)：61-62. DOI：10.3760/cma.j.issn.1001-2036.2010.01.025. {ZHANG Junfeng,WU Lei,SUN Di,LI Gang,JIAN Yuluo. Free transplantation of inferior abdominal perforator flap to repair soft tissue defect of extremities[J]. Zhonghua Xian Wei Wai Ke Za Zhi[Chin J Microsurg(Article in Chinese;Abstract in Chinese)],2010,33(1):61-62. DOI:10.3760/cma.j.issn.1001-2036.2010.01.025.}

[9382] 陈保国，乔群，黄渭清，赵茹，张海林，曾昂. 纵形腹壁下动脉穿支皮瓣修复外阴肿瘤术后缺损创面[J]. 中国修复重建外科杂志，2010，24(5)：633-635. {CHEN Baoguo,QIAO Qun,HUANG Weiqing,ZHAO Ru,ZHANG Hailin,ZENG Ang. Longitudinal inferior epigastric artery perforator flap to repair postoperative defect of vulva tumor[J]. Zhongguo Xiu Fu Chong Jian Wai Ke Za Zhi[Chin J Repar Reconstr Surg(Article in Chinese;Abstract in Chinese)],2010,24(5):633-635.}

[9383] 陈世新，丁茂超，崔怀瑞，胡斯旺，毛以华，唐茂林. 腹壁下动脉穿支皮瓣的3D可视化研究[J]. 解剖学报，2011，42(2)：269-273. DOI：10.3969/j.issn.0529-1356.2011.02.026. {CHEN Shixin,DING Maochao,CUI Huairui,HU Siwang,MAO Yihua,TANG Maolin. Three-dimensional angiography of the deep inferior epigastric perforator flap[J]. Jie Pou Xue Bao[Acta Anat Sin(Article in Chinese;Abstract in Chinese and English)],2011,42(2):269-273. DOI:10.3969/j.issn.0529-1356.2011.02.026.}

[9384] 陈辉，陈龙，童洪飞，郑敏. 腹壁下动脉穿支游离皮瓣乳房重建13例分析[J]. 中国实用外科杂志，2011，31(8)：716，729. {CHEN Hui,CHEN Long,TONG Hongfei,ZHENG Min. Analysis of 13 cases of breast reconstruction with free perforator branch of inferior abdominal artery flap[J]. Zhongguo Shi Yong Wai Ke Za Zhi [Chin J Pract Surg(Article in Chinese;No abstract available)],2011,31(8):716,729.}

[9385] 李宏烨，姚平，姚建民，章文峰，丁晟，秦建华. 游离腹壁下动脉穿支皮瓣修复四肢缺损创面[J]. 中华显微外科杂志，2012，35(2)：172. DOI：10.3760/cma.j.issn.1001-2036.2012.02.035. {LI Hongye,YAO Ping,YAO Jianmin,ZHANG Wenfeng,DING Sheng,QIN Jianhua. Free inferior epigastric artery perforator flap to repair the wound surface of limb defect[J]. Zhonghua Xian Wei Wai Ke Za Zhi[Chin J Microsurg(Article in Chinese;No abstract available)],2012,35(2):172. DOI:10.3760/cma.j.issn.1001-2036.2012.02.035.}

[9386] 陈文，李养群，唐勇，杨喆，赵穆欣. 大鼠腹壁下动脉穿支皮瓣动态血流观测模型的构建[J]. 中华显微外科杂志，2012，35(5)：391-394，448. DOI：10.3760/cma.j.issn.1001-2036.2012.05.012. {CHEN Wen,LI Yangqun,TANG Yong,YANG Zhe,ZHAO Muxin. Continuously observing cutaneous vitality of DIEP flap in rat model[J]. Zhonghua Xian Wei Wai Ke Za Zhi[Chin J Microsurg(Article in Chinese;Abstract in Chinese and English)],2012,35(5):391-394,448. DOI:10.3760/cma.j.issn.1001-2036.2012.05.012.}

[9387] 张兆祥，郭树忠，耿健，夏文森. 腹壁下动脉穿支皮瓣游离移植修复下肢大面积缺损[J]. 中华显微外科杂志，2013，36(1)：15-18. DOI：10.3760/cma.j.issn.1001-2036.2013.01.005. {ZHANG Zhaoxiang,GUO Shuzhong,GENG Jian,XIA Wensen. Soft tissue repair of large defects of lower limbs with deep inferior epigastric perforator flap[J]. Zhonghua Xian Wei Wai Ke Za Zhi[Chin J Microsurg(Article in Chinese;Abstract in Chinese and English)],2013,36(1):15-18. DOI:10.3760/cma.j.issn.1001-2036.2013.01.005.}

[9388] 陈绵，谢广中，苗存良，梅林军. 应用腹壁下动脉穿支皮瓣游离移植修复四肢软组织缺损[J]. 中华显微外科杂志，2014，37(1)：70-71. DOI：10.3760/cma.j.issn.1001-2036.2014.01.020. {CHEN Mian,XIE Guangzhong,MIAO Cunliang,MEI Linjun. Free transplantation of inferior epigastric artery perforator flap was used to repair soft tissue defect of limbs[J]. Zhonghua Xian Wei Wai Ke Za Zhi[Chin J Microsurg(Article in Chinese;Abstract in Chinese)],2014,37(1):70-71. DOI:10.3760/cma.j.issn.1001-2036.2014.01.020.}

[9389] 张功林，甄平，陈克明，赵来绪，杨军林，周建华，薛钦义. 腹壁下动脉穿支皮瓣游离移植修复四肢软组织缺损[J]. 中国骨伤，2014，27(9)：775-777. DOI：10.3969/j.issn.1003-0034.2014.09.20. {ZHANG Gonglin,ZHEN Ping,CHEN Keming,ZHAO Laixu,YANG Junlin,ZHOU Jianhua,XUE Qinyi. Repair of limb soft tissue defect with free deep inferior epigastric perforator flap[J]. Zhongguo Gu Shang[China J Orthop Trauma(Article in Chinese;Abstract in Chinese and English)],2014,27(9):775-777. DOI:10.3969/j.issn.1003-0034.2014.09.20.}

[9390] 辛敏强，栾杰，穆大力. 小型猪静脉增流DIEP皮瓣的血流动力学研究[J]. 组织工程与重建外科杂志，2015，11(3)：133-135. DOI：10.3969/j.issn.1673-0364.2015.03.004. {XIN Minqiang,LUAN Jie,MU Dali. Hemodynamic studies of the venous augmented diep flap in pig[J]. Zu Zhi Gong Cheng Yu Chong Jian Wai Ke Za Zhi[J Tissue Eng Reconstr Surg(Article in Chinese;Abstract in Chinese and English)],2015,11(3):133-135. DOI:10.3969/j.issn.1673-0364.2015.03.004.}

[9391] 许澍洽，朱洪章，刘祥厦，许扬滨. 穿支定位在原瘢痕区切取腹壁下动脉穿支皮瓣的意义：附一例报道[J]. 中华显微外科杂志，2015，38(2)：127-129. DOI：10.3760/cma.j.issn.1001-2036.2015.02.007. {XU Shuxia,ZHU Hongzhang,LIU Xiangsha,XU Yangbin. Perforator identification before DIEP dissection for the patient with abdominal scar:one case report[J]. Zhonghua Xian Wei Wai Ke Za Zhi[Chin J Microsurg(Article in Chinese;Abstract in Chinese and English)],2015,38(2):127-129. DOI:10.3760/cma.j.issn.1001-2036.2015.02.007.}

[9392] 郭恩琪，谢庆平，王鑫炎，朱孜冠，王亮. 游离腹膜瓣和腹壁下动脉穿支皮瓣构建嵌合瓣修复四肢大创面的设计与临床应用[J]. 中华显微外科杂志，2015，38(6)：530-534. DOI：10.3760/cma.j.issn.1001-2036.2015.06.004. {GUO Enqi,XIE Qingping,WANG Xinyan,ZHU Ziguan,WANG Liang. Design and clinical application of the free chimeric peritoneal-deep inferior epigastric artery perforator flap in reconstruction of extremities[J]. Zhonghua Xian Wei Wai Ke Za Zhi[Chin J Microsurg(Article in Chinese;Abstract in Chinese and English)],2015,38(6):530-534. DOI:10.3760/cma.j.issn.1001-2036.2015.06.004.}

[9393] 方柏荣，孙杨，贺吉庸，王先成. 腹壁静脉血管构造在腹壁下动脉穿支皮瓣修薄中的应用[J]. 中华整形外科杂志，2015，31(5)：360-364. DOI：10.3760/cma.j.issn.1009-4598.2015.05.012. {FANG Bailong,SUN Yang,HE Jiyong,WANG Xiancheng. Application of abdominal venous angio-architecture in flap thinning of deep inferior epigastric artery perforator flap[J]. Zhonghua Zheng Xing Wai Ke Za Zhi[Chin J Plast Surg(Article in Chinese;Abstract in Chinese and English)],2015,31(5):360-364. DOI:10.3760/cma.j.issn.1009-4598.2015.05.012.}

[9394] 梁锋，章一新，陈昴. 腹壁下动脉穿支皮瓣修复外阴癌根治术后创面的方法及效果[J]. 中国临床解剖学杂志，2016，34(1)：33-35. DOI：10.13418/j.issn.1001-165x.2016.01.009. {LIANG Feng,ZHANG Yixin,CHEN Lian. Application of DIEP to repair the wound after radical vulvectomy[J]. Zhongguo Lin Chuang Jie Pou Xue Za Zhi[Chin J Clin Anat(Article in Chinese;Abstract in Chinese and English)],2016,34(1):33-35. DOI:10.13418/j.issn.1001-165x.2016.01.009.}

[9395] 王谦，王剑利，李振，谭琪，刘光军. 双叶式腹壁下动脉穿支皮瓣移植修复全手套状撕脱伤[J]. 中华显微外科杂志，2016，39(1)：21-25. DOI：10.3760/cma.j.issn.1001-2036.2016.01.006. {WANG Qian,WANG Jianli,LI Zhen,TAN Qi,LIU Guangjun. Clinical application of bilobed deep inferior epigastric perforator flap to repair degloving injury of hand[J]. Zhonghua Xian Wei Wai Ke Za Zhi[Chin J Microsurg(Article in Chinese;Abstract in Chinese and English)],2016,39(1):21-25. DOI:10.3760/cma.j.issn.1001-2036.2016.01.006.}

[9396] 方柏荣，孙杨，熊祥，贺吉庸，王先成. 腹壁下动脉穿支血管构造在腹壁下动脉穿支皮瓣修薄中的应用[J]. 中华整形外科杂志，2017，33(1)：16-20. DOI：10.3760/cma.j.issn.1009-4598.2017.01.005. {FANG Borong,SUN Yang,XIONG Xiang,HE Jiyong,WANG Xiancheng. Thinning of the deep inferior epigastric artery perforator flap based on the vascular structure of the arterial perforator[J]. Zhonghua Zheng Xing Wai Ke Za Zhi[Chin J Plast Surg(Article in Chinese;Abstract in Chinese and English)],2017,33(1):16-20. DOI:10.3760/cma.j.issn.1009-4598.2017.01.005.}

[9397] 欧昌良，周鑫，罗旭超，邹永根，黄宇，吴健，黄波. 腹壁下动脉穿支皮瓣修复小腿软组织缺损的临床应用[J]. 中华显微外科杂志，2018，41(4)：339-342. DOI：10.3760/cma.j.issn.1001-2036.2018.04.006. {OU Changliang,ZHOU Xin,LUO Xuchao,ZOU Yonggen,HUANG Yu,WU Jian,HUANG Bo. Clinical application of deep inferior epigastric perforator flap in repair of soft tissue defects of the calf[J]. Zhonghua Xian Wei Wai Ke Za Zhi[Chin J Microsurg(Article in Chinese;Abstract in Chinese and English)],2018,41(4):339-342. DOI:10.3760/cma.j.issn.1001-2036.2018.04.006.}

[9398] 修秉虬. 游离腹壁下动脉穿支皮瓣重建乳房感觉恢复研究进展[J]. 中华显微外科杂志，2018，41(4)：412-414. DOI：10.3760/cma.j.issn.1001-2036.2018.04.033. {XIU Bingqiu. Research progress of breast sensory recovery reconstruction with free inferior abdominal artery perforator flap[J]. Zhonghua Xian Wei Wai Ke Za Zhi[Chin J Microsurg(Article in Chinese;No abstract available)],2018,41(4):412-414. DOI:10.3760/cma.j.issn.1001-2036.2018.04.033.}

[9399] 杨丽，方柏荣，贺吉庸，王先成. 基于CT血管造影的腹壁下动脉穿支皮瓣三维模型的构建及应用[J]. 中华烧伤杂志，2018，34(5)：297-302. DOI：10.3760/cma.j.issn.1009-2587.2018.05.010. {YANG Li,FANG Birong,HE Jiyong,WANG Xiancheng. Establishment and application of three-dimensional model of deep inferior epigastric artery perforator flap based on computed tomography angiography[J]. Zhonghua Shao Shang Za Zhi[Chin J Burns(Article in Chinese;Abstract in Chinese and English)],2018,34(5):297-302. DOI:10.3760/cma.j.issn.1009-2587.2018.05.010.}

[9400] 卿黎明，唐举玉，吴攀峰，周征兵，俞芳，庞晓阳，潘丁，曾磊，肖勇兵，刘睿. 个性化设计腹壁下动脉穿支皮瓣在修复四肢皮肤软组织缺损中的临床应用[J]. 中华整形外科杂志，2018，34(9)：709-714. DOI：10.3760/cma.j.issn.1009-4598.2018.09.006. {QING Liming,TANG Juyu,WU Panfeng,ZHOU Zhengbing,YU Fang,PANG Xiaoyang,PAN Ding,ZENG Lei,XIAO Yongbing,LIU Rui. The clinical application of individual design deep inferior epigastric perforator flap for resurfacing the various types of soft tissue defects in extremities[J]. Zhonghua Zheng Xing Wai Ke Za Zhi[Chin J Plast Surg(Article in Chinese;Abstract in Chinese and English)],2018,34(9):709-714. DOI:10.3760/cma.j.issn.1009-4598.2018.09.006.}

[9401] 徐伯扬，李杉珊，臧梦青，朱珊，陈博，薛兵建，韩婷璐，刘元波. 带蒂腹壁下动脉穿支皮瓣的分型及临床应用[J]. 中华整形外科杂志，2018，34(12)：990-995. DOI：10.3760/cma.j.issn.1009-4598.2018.12.002. {XU Boyang,LI Shanshan,ZANG Mengqing,ZHU Shan,CHEN Bo,XUE Bingjian,HAN Tinglu,LIU Yuanbo. Classification and applications of the pedicled deep inferior epigastric artery perforator flap[J]. Zhonghua Zheng Xing Wai Ke Za Zhi[Chin J Plast Surg(Article in Chinese;Abstract in Chinese and English)],2018,34(12):990-995. DOI:10.3760/cma.j.issn.1009-4598.2018.12.002.}

[9402] 贺智榆，欧昌良，周鑫，罗旭超，陈孝均，邹永根，杨杰翔. 游离ALTP串联DIEP修复高能量创伤后小腿及足部大面积软组织缺损[J]. 中华显微外科杂志，2019，42(6)：576-578. DOI：10.3760/cma.j.issn.1001-2036.2019.06.015. {HE Zhiyu,OU Changliang,ZHOU Xin,LUO Xuchao,CHEN Xiaojun,ZOU Yonggen,YANG Jiexiang. Free ALTP chained with DIEP to repair large soft tissue defects of leg and foot after high energy trauma[J]. Zhonghua Xian Wei Wai Ke Za Zhi[Chin J Microsurg(Article in Chinese;Abstract in Chinese)],2019,42(6):576-578. DOI:10.3760/cma.j.issn.1001-2036.2019.06.015.}

[9403] 储呈玉，金贻婷，张薇，王红鹰，董佳生，徐华，邹强. 保留乳头乳晕的乳房切除术联合DIEP即刻乳房重建临床效果分析[J]. 中国实用外科杂志，2019，39(11)：1181-1185. DOI：10.19538/j.cjps.issn1005-2208.2019.11.15. {CHU Chengyu,JIN Yiting,ZHANG Wei,WANG Hongying,DONG Jiasheng,XU Hua,ZOU Qiang. Clinical results of autologous reconstruction with DIEP flap following nipple-sparing mastectomy[J]. Zhongguo Shi Abstract in Chinese and EnglishWai Ke Za Zhi [Chin J Pract Surg(Article in Chinese;Abstract in Chinese and English)],2019,39(11):1181-1185. DOI:10.19538/j.cjps.issn1005-2208.2019.11.15.}

[9404] 彭睿. 腹壁下动脉穿支皮瓣的研究进展[J]. 中华显微外科杂志，2019，42(2)：204-207. DOI：10.3760/cma.j.issn.1001-2036.2019.02.030. {PENG Rui. Research progress of inferior epigastric artery perforator flap[J]. Zhonghua Xian Wei Wai Ke Za Zhi[Chin J Microsurg(Article in Chinese;Abstract in Chinese)],2019,42(2):204-207. DOI:10.3760/cma.j.issn.1001-2036.2019.02.030.}

[9405] 林光豪，陈芝武，陈林海，吴屹冰，叶朝辉，华祖广，魏鹏. 腹壁下动脉穿支皮瓣一期修复下肢软组织恶性肿瘤切除术后创面11例[J]. 中华显微外科杂志，2019，42(4)：330-

334. DOI: 10.3760/cma.j.issn.1001-2036.2019.04.005. {LIN Guanghao,CHEN Zhiwu,CHEN Linhai,WU Qibing,YE Zhaohui,HUA Zuguang,WEI Peng. Experience of one-stage repair of the wounds after excision of soft tissue malignant tumor in lower limb by deep inferior epigastric perforator flap in 11 cases[J]. Zhonghua Xian Wei Wai Ke Za Zhi[Chin J Microsurg(Article in Chinese;Abstract in Chinese and English)],2019,42(4):330-334. DOI:10.3760/cma.j.issn.1001-2036.2019.04.005.}

[9406] 李军，黄晶，高炳菊，邱宇，林阳，阮召伟，叶卓，林李嵩. 腹壁下动脉穿支皮瓣在全舌癌缺损修复中的应用效果评价 [J]. 中国口腔颌面外科杂志，2019，17（6）：550-553. DOI：10.19438/j.cjoms.2019.06.014. {LI Jun,HUANG Jing,GAO Bingju,QIU Yu,LIN Yang,RUAN Zhaowei,YE Zhuo,LIN Lisong. Application of deep inferior epigastric perforator flaps (DIEP) in total tongue reconstruction after resection of tongue carcinoma[J]. Zhongguo Kou Qiang He Mian Wai Ke Za Zhi [Chin J Oral Maxillofac Surg(Article in Chinese;Abstract in Chinese and English)],2019,17(6):550-553. DOI:10.19438/j.cjoms.2019.06.014.}

[9407] 刘洋，宋达疆，谢松林，宋涛，张文韬，田小宁，从飞，杜晓龙，陈勋，范金柱，郝定均. 游离修薄腹壁下动脉穿支皮瓣修复四肢大面积软组织缺损的临床效果 [J]. 中华烧伤杂志，2020，36（7）：590-593. DOI：10.3760/cma.j.cn501120-20190415-00185. {LIU Yang,SONG Dajiang,XIE Songlin,SONG Tao,ZHANG Wentao,TIAN Xiaoning,CONG Fei,DU Xiaolong,CHEN Xun,FAN Jinzhu,HAO Dingjun. Clinical effects of free thinned deep inferior epigastric artery perforator flap in repairing extensive soft tissue defects in extremities[J]. Zhonghua Shao Shang Za Zhi[Chin J Burns(Article in Chinese;Abstract in Chinese and English)],2020,36(7):590-593. DOI:10.3760/cma.j.cn501120-20190415-00185.}

4.3.2.4 髂腹股沟游离皮瓣
free groin flap

[9408] Repair of facial defect with large island flap from the groin by microvascular anastomosis. A case report[J]. Chin Med J,1975,1(4):297-298.

[9409] Li YY,Wang JL,Lu Y,Huang J. Resurfacing deep wound of upper extremities with pedicled groin flaps[J]. Burns,2000,26(3):283-288. doi:10.1016/s0305-4179(99)00136-9.

[9410] Dong L,Li F,Jiang J,Zhang G. Techniques for covering soft tissue defects resulting from plantar ulcers in leprosy:Part V. Use of the flap in the inguinal region and latissimus dorsi musculocutaneous flap[J]. Indian J Lepr,2000,72(2):227-244.

[9411] Huang D,Wang HW,Wang HG,Wu WZ,Zhao CY. Reconstruction of soft tissue defect of the extremity with the perforator flap from inguinal region[J]. Chin Med J,2009,122(23):2861-2864.

[9412] Tong D,Liu Y,Wu LW,Zhu S,Zhu J,Chen S. Free groin flap for aesthetic and functional donorsite closure of the anterolateral thigh flap[J]. J Plast Reconstr Aesthet Surg,2016,69(8):1116-1120. doi:10.1016/j.bjps.2016.04.026.

[9413] Gong WY,Pan F,Cheng C,Fan K. Selective nerve blocks in pedicled groin flap dissection for hand combined with ulnar-ilium external fixator removal[J]. J Clin Anesth,2021,68:110088. doi:10.1016/j.jclinane.2020.110088.

[9414] Gong HY,Sun XG,Lu LJ,Liu PC,Yu X. Repair of a severe palm injury with anterolateral thigh and ilioinguinal flaps:A case report[J]. World J Clin Cases,2021,9(2):502-508. doi:10.12998/wjcc.v9.i2.502.

[9415] 李赋庄，王永贤，罗克纯，易信刚，刘怀琛. 腹股沟皮瓣血管的解剖 [J]. 四川医学院学报，1980，11（3）：200. {LI Fuzhuang,WANG Yongxian,LUO Kechun,YI Xingang,LIU Huaichen.Anatomy of blood vessels of inguinal flap[J] .Sichuan Yi Xue Yuan Xue Bao[J Sichuan Med Coll(Article in Chinese;Abstract in Chinese and English)],1980,11(3):200.}

[9416] 陈尔瑜，何光篪，程耕历，刘正津. 腹股沟区皮瓣的血管——一、旋髂浅动脉和静脉的巨微解剖 [J]. 解剖学报，1981，12（4）：337-345. {CHEN Eryu,HE Guangchi,CHENG Gengli,LIU Zhengjin. The blood vessels of the flaps at the groin region,the macro-microanatomy 0f the Superficial epigastric vessels[J]. Jie Pou Xue Bao[J Anat(Article in Chinese;Abstract in Chinese and English)],1981,12(4):337-345.}

[9417] 党汝霖，等. 腹股沟区皮瓣血管的解剖 [J]. 西安医学院学报，198l，2（2）：227. {DANG RuLin,et al. Anatomy of blood vessels of the flaps at the inguinal region[J]. Xian Yi Xue Yuan Xue Bao[J Xian Med Coll(Article in Chinese;No abstract available)],198l,2(2):227.}

[9418] 安长荣，陈宝驹，高玉智，杨果凡. 髂腰部即时转移皮瓣在复杂手外伤中的应用 [J]. 解放军医学杂志，1981，6（6）：352. {AN Changrong,CHEN Baoju,GAO Yuzhi,YANG Guofan. Application of immediate transplantation of Iliolumbar flap in complex hand trauma[J]. Jie Fang Jun Yi Xue Za Zhi[Med J Chin PLA(Article in Chinese;No abstract available)],1981,6(6):352.}

[9419] 鲍国正，陈遥良，陈芝仪，沈宗文，郑思竞，杨东岳. 下腹部和腹股沟区皮瓣的血管解剖 [J]. 中华骨科杂志，1983，3（4）：237. {BAO Guozheng,CHEN Yaoliang,CHEN Zhiyi,SHEN Zongwen,ZHENG Sijing,YANG Dongyue. Vascular anatomy of the flaps at lower abdomen and groin region[J]. Zhonghua Gu Ke Za Zhi[Chin J Orthop(Article in Chinese;No abstract available)],1983,3(4):237.}

[9420] 党汝霖，马英让，段保国，毛履真，王坤正，王宜民. 腹股沟部皮瓣血管的解剖 [J]. 中华骨科杂志，1983，3（4）：242. {DANG Rulin,MA Yingrang,DUAN Baoguo,MAO Lvzhen,WANG Kunzheng,WANG Yiming. Vascular anatomy of the flaps at groin region[J]. Zhonghua Gu Ke Za Zhi[Chin J Orthop(Article in Chinese;Abstract in Chinese)],1983,3(4):242 .}

[9421] 卢范，司心成，雷晓寰，黄瀛. 股内侧区皮瓣的显微外科解剖 [J]. 解剖学报，1984，15（3）：233. {LU Fan,SI Xincheng,LEI Xiaohuan,HUANG Ying. Microsurgical anatomy of the flap of the medial femoral region[J]. Jie Pou Xue Bao[J Anat(Article in Chinese;Abstract in Chinese and English)],1984,15(3):233.}

[9422] 汪立鑫，黄瀛. 腹股沟部皮瓣的动脉 [J]. 解剖学通报，1984，7（4）：279. {WANG Lixing,HUANG Ying. A Study on artery of the of the flaps at groin region[J]. Jie Pou Xue Bao[J Anat(Article in Chinese;No abstract available)],1984,7(4):279.}

[9423] 党瑞山，司心成，卢范，雷晓环，汪立鑫，黄瀛. 腰臀区皮瓣的显微外科解剖 [J]. 解剖学通报，1984，7（2）：151. {DANG Ruishang,SI Xincheng,LU Fan,LEI Xiaohuan,WANG Li Xin. Microsurgical anatomy of the waist-buttock flap[J]. Jie Pou Xue Tong Bao[J Anat(Article in Chinese;Abstract in Chinese and English)],1984,7(2):151.}

[9424] 于国中，刘均墀，劳镇国，汤海云，王长印，朱家恺. 侧腹部游离皮瓣 [J]. 显微医学杂志，1985，8（4）：201. {YU Guozhong,LIU Junchi,LAO Zhenguo,TANG Haiyun,WANG Changyin,ZHU Jiakai. A study on Lateral abdominal free flap[J]. Xian Wei Yi Xue Za Zhi[J Microsurg(Article in Chinese;No abstract available)],1985,8(4):201.}

[9425] 顾玉东，吴敏明，杨东岳. 下腹部游离皮瓣 70 例报告 [J]. 中华显微外科杂志，1986，9（1）：2-4. DOI：10.3760/cma.j.issn.1001-2036.1986.01.102. {GU Yudong,WU Minming,YANG Dongyue. Free flap of the lower abdomen in 70 petients[J]. Zhonghua Xian Wei Wai Ke Za Zhi[Chin J Microsurg(Article in Chinese;No abstract available)],1986,9(1):2-4. DOI:10.3760/cma.j.issn.1001-2036.1986.01.102.}

[9426] 孙广慈，钟安国，赫伟. 利用腹股沟外侧及下腹部共蒂岛状皮瓣修复阴茎阴囊象皮肿切除创面 [J]. 中华整形烧伤外科杂志，1986，2（4）：299. {SUN Guangci,ZHONG Anguo,HE Wei. pedicled island flap of Lateral groin and lower abdomen was used to repair The wound afterexcision of elephantiasis of penile and scrotum[J]. Zhonghua Zheng Xing Shao Shang Wai Ke Za Zhi[Chin J Plast Burn Surg(Article in Chinese;No abstract available)],1986,2(4):299.}

[9427] 田波，聂希健. 髂腹股沟皮瓣在复杂手部创伤中的应用 [J]. 中华手外科杂志，1994，10(2)：75. {TIAN Bo,NIE Xijian. Application of ilioinguinal flap in complex hand injuries[J]. Zhonghua Shou Wai Ke Za Zhi[Chin J Hand Surg(Article in Chinese;No abstract available)],1994,10(2):75.}

[9428] 周国明，刘国礼，杨光群，刘仁英，刘春旭. 髂腹股沟皮瓣修复手部创伤 [J]. 中国修复重建外科杂志，1997，11（6）：30. {ZHOU Guoming,LIU Guoli,YANG Guangqun,LIU Renying,LIU Chunxu. Ilioinguinal flap for repair of hand injury[J]. Zhongguo Xiu Fu Chong Jian Wai Ke Za Zhi[Chin J Repar Reconstr Surg(Article in Chinese;No abstract available)],1997,11(6):30.}

[9429] 王达利，王玉明，程代薇. 髂腹股沟岛状皮瓣修复会阴部皮肤软组织缺损 [J]. 中华显微外科杂志，1999，22（4）：3-5. {WANG Dali,WANG Yuming,CHENG Daiwei. Repair of perineal skin and soft tissue defect with ilioinguinal island flap[J]. Zhonghua Xian Wei Wai Ke Za Zhi[Chin J Microsurg(Article in Chinese;No abstract available)],1999,22(4):3-5.}

[9430] 黄龙江，王玖志. 髂腹股沟皮瓣修复手部缺损 33 例 [J]. 中国修复重建外科杂志，2003，17（3）：208. {HUANG Longjiang,WANG Jiuzhi. Repair of hand defect with ilioinguinal flap in 33 cases[J]. Zhongguo Xiu Fu Chong Jian Wai Ke Za Zhi[Chin J Repar Reconstr Surg(Article in Chinese;No abstract available)],2003,17(3):208.}

[9431] 彭光军，牛犇，朱喆，张印峰，李国建，许屾. 髂腹股沟皮瓣修复拇指皮肤脱套伤的临床应用 [J]. 中华创伤骨科杂志，2004，6（8）：956-957. DOI：10.3760/cma.j.issn.1671-7600.2004.08.039. {PENG Guangjun,NIU Ben,ZHU Zhe,ZHANG Yifeng,LI Guojian,XU Shen. Clinical application of groin flaps repairing degloved thumbs[J]. Zhonghua Chuang Shang Gu Ke Za Zhi[Chin J Orthop Trauma(Article in Chinese;Abstract in Chinese and English)],2004,6(8):956-957. DOI:10.3760/cma.j.issn.1671-7600.2004.08.039.}

[9432] 张桂生，邵新中，张克亮，朱晓光，苗存良. 髂腹股沟皮瓣在手部软组织缺损中的临床应用 [J]. 中华创伤骨科杂志，2004，6（9）：1072-1073. DOI：10.3760/cma.j.issn.1671-7600.2004.09.035. {ZHANG Guisheng,SHAO Xinzhong,ZHANG Keliang,ZHU Xiaoguang,MIAO Cunliang. Clinical application of ilioinguinal flap[J]. Zhonghua Chuang Shang Gu Ke Za Zhi[Chin J Orthop Trauma(Article in Chinese;Abstract in Chinese and English)],2004,6(9):1072-1073. DOI:10.3760/cma.j.issn.1671-7600.2004.09.035.}

[9433] 王波，王达利，曾雪琴，陈世玖，王玉明. 髂腹股沟皮瓣在会阴部瘢痕修复中的临床应用 [J]. 中华整形外科杂志，2004，20（6）：476-477. DOI：10.3760/j.issn：1009-4598.2004.06.025. {WANG Bo,WANG Dali,ZENG Xueqin,CHEN Shijiu,WANG Yuming. Clinical application of ilioinguinal skin flap in perineal scar repair[J]. Zhonghua Zheng Xing Wai Ke Za Zhi[Chin J Plast Surg(Article in Chinese;No abstract available)],2004,20(6):476-477. DOI:10.3760/j.issn:1009-4598.2004.06.025.}

[9434] 黄东，黄永军，吴伟炽，黄国英. 应用游离髂腹股沟皮瓣修复四肢软组织缺损 [J]. 中华显微外科杂志，2008，31（6）：447-448. DOI：10.3760/cma.j.issn.1001-2036.2008.06.017. {HUANG Dong,HUANG Yongjun,WU Weici,HUANG Guoying. Free ilioinguinal flap was used to repair soft tissue defects of limbs[J]. Zhonghua Xian Wei Wai Ke Za Zhi[Chin J Microsurg(Article in Chinese;Abstract in Chinese)],2008,31(6):447-448. DOI:10.3760/cma.j.issn.1001-2036.2008.06.017.}

[9435] 王海文，侯瑞兴，郭大强，陈宏彬，江新民，盛进，尚清祥. 多皮支供血的髂腹股沟皮瓣移植修复上肢较大皮肤缺损 [J]. 中华显微外科杂志，2008，31（6）：450-451. DOI：10.3760/cma.j.issn.1001-2036.2008.06.019. {WANG Haiwen,HOU Ruixing,GUO Daqiang,CHEN Hongbin,JIANG Xinmin,SHENG Jin,SHANG Qingxiang. Repair of large skin defect of upper extremity by grafting ilioinguinal flap with blood supply from multiple cutaneous branches[J]. Zhonghua Xian Wei Wai Ke Za Zhi[Chin J Microsurg(Article in Chinese;Abstract in Chinese)],2008,31(6):450-451. DOI:10.3760/cma.j.issn.1001-2036.2008.06.019.}

[9436] 朱稷兴，邵新中，吕莉，喻伟光，王立. 髂腹股沟皮瓣治疗儿童严重虎口挛缩 [J]. 中华手外科杂志，2010，26（3）：165-166. DOI：10.3760/cma.j.issn.1005-054X.2010.03.017. {ZHU Jixing,SHAO Xinzhong,LV Li,YU Weiguang,WANG Li. Groin flap for treatment of severe first web contracture in children[J]. Zhonghua Shou Wai Ke Za Zhi[Chin J Hand Surg(Article in Chinese;Abstract in Chinese and English)],2010,26(3):165-166. DOI:10.3760/cma.j.issn.1005-054X.2010.03.017.}

[9437] 苏红青，高凤梅，邵新中，刘艳辉，赵红林. 髂腹股沟皮瓣修复手指套脱伤 [J]. 中华手外科杂志，2011，27（2）：128. {SU Hongqing,GAO Fengmei,SHAO Xinzhong,LIU Yanhui,ZHAO Honglin. Ilio-inguinal flap for repair of finger degloving injury[J]. Zhonghua Shou Wai Ke Za Zhi[Chin J Hand Surg(Article in Chinese;No abstract available)],2011,27(2):128.}

[9438] 顾加祥，刘宏君，潘俊博，张乃臣，田恒，张文忠. 游离髂腹股沟皮瓣在足部创面的应用 [J]. 实用手外科杂志，2012，26（3）：229-230，251. DOI：10.3969/j.issn.1671-2722.2012.03.009. {GU Jiaxiang,LIU Hongjun,PAN Junbo,ZHANG Naichen,TIAN Heng,ZHANG Wenzhong. Clinical application of free groin flap in treating wound surface of foot[J]. Shi Yong Shou Wai Ke Za Zhi[Chin J Pract Hand Surg(Article in Chinese;Abstract in Chinese and English)],2012,26(3):229-230,251. DOI:10.3969/j.issn.1671-2722.2012.03.009.}

[9439] 寇伟，胡勇，朱磊，郝丽文，官士兵，吴昊，王增涛. 游离髂腹股沟皮瓣在手足创面修复中的应用 [J]. 中华显微外科杂志，2013，36（4）：400-402. DOI：10.3760/cma.j.issn.1001-2036.2013.06.032. {KOU Wei,HU Yong,ZHU Lei,HAO Liwen,GUAN Dianbing,WU Hao,WANG Zengtao. Application of free ilioinguinal skin flap in hand and foot wound repair[J]. Zhonghua Xian Wei Wai Ke Za Zhi[Chin J Microsurg(Article in Chinese;Abstract in Chinese)],2013,36(4):400-402. DOI:10.3760/cma.j.issn.1001-2036.2013.06.032.}

[9440] 谭斌，赵久岩，陈少华，侯识志. 游离髂腹股沟皮瓣在足部皮肤缺损中的应用 [J]. 临床骨科杂志，2013，16（5）：573-574. DOI：10.3969/j.issn.1008-0287.2013.05.042. {TAN Bin,ZHAN Jiuyan,CHEN Shaohua,HOU Shizhi. Clinical application of free groin flap in treating defect of skin of foot[J]. Lin Chuang Gu Ke Za Zhi[J Clin Orthop(Article in Chinese;Abstract in Chinese and English)],2013,16(5):573-574. DOI:10.3969/j.issn.1008-0287.2013.05.042.}

[9441] 赵国红，谢振军，樊志强，曾元临，孙华伟，邓小兵，熊辉，廖忠林. 双侧髂腹股沟皮瓣转移瓦合修复阴囊皮肤缺损七例 [J]. 中华显微外科杂志，2014，37（5）：495-496. DOI：10.3760/cma.j.issn.1001-2036.2014.05.023. {ZHAO Guohong,XIE Zhenjun,FAN Zhiqiang,ZENG Yuanlin,SUN Huawei,DENG Xiaobing,XIONG Hui,LIAO Zhonglin. Repair of scrotal skin defect with bilateral ilioinguinal flaps lap-jointed[J]. Zhonghua Xian Wei Wai Ke Za Zhi[Chin J Microsurg(Article in Chinese;Abstract in Chinese)],2014,37(5):495-496. DOI:10.3760/cma.j.issn.1001-2036.2014.05.023.}

[9442] 任远飞，由欣岩，钟声，刘清，张铁慧. 髂腹股沟靴形皮瓣修复多指及手背部皮肤缺损 11 例 [J]. 中华显微外科杂志，2015，38(1)：97. DOI：10.3760/cma.j.issn.1001-2036.2015.01.029. {REN Yuanfei,YOU Xinyan,ZHONG Ling,LIU Qing,ZHANG Tiehui. Ilio-inguinal boot-shaped flap for repairing skin defect of fingers and back of hand in 11 cases[J]. Zhonghua Xian Wei Wai Ke Za Zhi[Chin J Microsurg(Article in Chinese;No abstract available)],2015,38(1):97. DOI:10.3760/cma.j.issn.1001-2036.2015.01.029.}

[9443] 龙航，陈世玖，吕占武，刘珑玲，李智，倪少俊. 髂腹股沟皮瓣修复手掌毁损合并拇指脱套伤八例 [J]. 中华显微外科杂志，2015，38（1）：98-99. DOI：10.3760/cma.j.issn.1001-2036.2015.01.030. {LONG Hang,CHEN Shijiu,LV Zhanwu,LIU Longling,LI Zhi,NI Shaojun. The ilioinguinal flap was used to repair 8 cases of dissleeve injury of thumb complicated with Palm damage[J]. Zhonghua Xian Wei Wai Ke Za Zhi[Chin J Microsurg(Article in Chinese;No abstract available)],2015,38(1):98-99. DOI:10.3760/cma.j.issn.1001-2036.2015.01.030.}

[9444] 钟少开，汪庆红，余纯斌，曹喜华，曾德庆，卢文景，凌利. 应用双侧髂腹股沟游离皮瓣修复双手背大面积软组织缺损[J]. 实用手外科杂志，2015，29（4）：380-382. DOI: 10.3969/j.issn.1671-2722.2015.04.014. {ZHONG Shaokai,WANG Qinghong,YU Chunbin,CAO Xihua,ZENG Deqing,LU Wen-jing,LING Li. Using double sides free groin flap to repairing the large area soft tissue defects on the two hands back[J]. Shi Yong Shou Wai Ke Za Zhi[Chin J Pract Hand Surg(Article in Chinese;Abstract in Chinese and English)],2015,29(4):380-382. DOI:10.3969/j.issn.1671-2722.2015.04.014.}

[9445] 牟勇，黄国英，林浩，黄永军，刘晓春. 吻合多条穿支动脉的髂腹股沟皮瓣修复手足背软组织缺损[J]. 实用手外科杂志，2016，30（1）：71-73. DOI: 10.3969/j.issn.1671-2722.2016.01.027. {MOU Yong,HUANG Guoying,LIN Hao,HUANG Yongjun,LIU Xiaochun. Repair of skin and soft tissue defect with multiple perforating artery anastomosis of the ilio-abdominal flap[J]. Shi Yong Shou Wai Ke Za Zhi[Chin J Pract Hand Surg(Article in Chinese;Abstract in Chinese and English)],2016,30(1):71-73. DOI:10.3969/j.issn.1671-2722.2016.01.027.}

[9446] 顾荣，王海文，江新民，梅雄军，农进杭，钟启彬. "U"形修薄髂腹股沟皮瓣移植修复四肢皮肤软组织缺损[J]. 中华显微外科杂志，2016，39（4）：340-343. DOI: 10.3760/cma.j.issn.1001-2036.2016.04.008. {GU Rong,WANG Haiwen,JIANG Xinmin,MEI Xiongjun,NONG Jinhang,ZHONG Qibin. Repair of skin and soft tissue defects of the extremity by transplantation of a U-shaped trimmed ilioinguinal flap[J]. Zhonghua Xian Wei Wai Ke Za Zhi[Chin J Microsurg(Article in Chinese;Abstract in Chinese and English)],2016,39(4):340-343. DOI:10.3760/cma.j.issn.1001-2036.2016.04.008.}

[9447] 沈余明，马春旭，覃凤均，王成，杜伟力，张琮. 髂腹股沟皮瓣整复大面积深度烧伤后会阴部闭锁畸形[J]. 中华烧伤杂志，2016，32（12）：709-713. DOI: 10.3760/cma.j.issn.1009-2587.2016.12.002. {SHEN Yuming,MA Chunxu,QIN Fengjun,WANG Cheng,DU Weili,ZHANG Cong. Reconstruction of perineal obliteration deformity after extensive deep burn with ilioinguinal flap[J]. Zhonghua Shao Shang Za Zhi[Chin J Burns(Article in Chinese;Abstract in Chinese and English)],2016,32(12):709-713. DOI:10.3760/cma.j.issn.1009-2587.2016.12.002.}

[9448] 梁晓宗，萧志雄，尤庆国，吴伟炽，余超群，兰万利. 游离髂腹股沟皮瓣修复足踝部组织缺损18例[J]. 中华显微外科杂志，2017，40（2）：176-178. DOI: 10.3760/cma.j.issn.1001-2036.2017.02.019. {LIANG Xiaozong,XIAO Zhixiong,YOU Qingguo,WU Weici,YU Chaoqun,LAN Wanli. Repair of foot and ankle tissue defect with free ilioinguinal flap in 18 cases[J]. Zhonghua Xian Wei Wai Ke Za Zhi[Chin J Microsurg(Article in Chinese;Abstract in Chinese)],2017,40(2):176-178. DOI:10.3760/cma.j.issn.1001-2036.2017.02.019.}

[9449] 顾荣，王海文，江新民，梅雄军，钟达强. 髂腹股沟穿支皮瓣移植修复四肢皮肤软组织缺损[J]. 中国临床解剖学杂志，2017，35（2）：211-216. DOI: 10.13418/j.issn.1001-165x.2017.02.019. {GU Rong,WANG Haiwen,JIANG Xinmin,MEI Xiongjun,ZHONG Daqiang. Application of ilioinguinal perforator flap for repairing soft tissue defects of the extremities[J]. Zhongguo Lin Chuang Jie Pou Xue Za Zhi[Chin J Clin Anat(Article in Chinese;Abstract in Chinese and English)],2017,35(2):211-216. DOI:10.13418/j.issn.1001-165x.2017.02.019.}

[9450] 李永军，梁炳生，陈魁胜，崔彦明，崔爽爽，古云芝，刘刚，石娜. 健侧髂腹股沟区真皮下血管网皮瓣修复手部创面的疗效观察[J]. 中华手外科杂志，2017，33（4）：248-250. {LI Yongjun,LIANG Bingsheng,CHEN Kuisheng,CUI Yanming,CUI Shuangshuang,GU Yunzhi,LIU Gang,SHI Na. Clinical observation of hand wound repair by contralateral ilioinguinal flap with subdermal vascular network[J]. Zhonghua Shou Wai Ke Za Zhi[Chin J Hand Surg(Article in Chinese;Abstract in Chinese and English)],2017,33(4):248-250.}

[9451] 邱辉，伍美艺，徐亚非. 髂腹股沟皮瓣游离移植修复上下肢软组织缺损[J]. 临床骨科杂志，2018，21（5）：590-592. DOI: 10.3969/j.issn.1008-0287.2018.05.030. {QIU Hui,WU Meiyi,XU Yafei. Free groin flap transplantation in repairing of soft tissus defect in the upper or lower limbs[J]. Lin Chuang Gu Ke Za Zhi[J Clin Orthop(Article in Chinese;Abstract in Chinese and English)],2018,21(5):590-592. DOI:10.3969/j.issn.1008-0287.2018.05.030.}

[9452] 李永军，梁炳生，陈魁胜，崔爽爽，古云芝，刘刚，石娜. 髂腹股沟区真皮下血管网皮瓣修复手部创面的疗效分析[J]. 实用手外科杂志，2018，32（1）：11-12，19. DOI: 10.3969/j.issn.1671-2722.2018.01.004. {LI Yongjun,LIANG Bingsheng,CHEN Kuisheng,CUI Shuangshuang,GU Yunzhi,LIU Gang,SHI Na. The clinical therapeutic effects analysis of the ilioinguinal subdermal vascular network skin flap to repair the wound surface of hand[J]. Shi Yong Shou Wai Ke Za Zhi[Chin J Pract Hand Surg(Article in Chinese;Abstract in Chinese and English)],2018,32(1):11-12,19. DOI:10.3969/j.issn.1671-2722.2018.01.004.}

[9453] 戚建武，孙斌鸿，刘林海，柴益铜，黄剑，方炫量，范学锴，孙赫阳，王欣，陈宏. 游离髂腹股沟皮瓣修复手部皮肤软组织缺损[J]. 中华手外科杂志，2019，35（1）：12-15. {QI Jianwu,SUN Binhong,LIU Linhai,CHAI Yitong,HUANG Jian,FANG Xuanliang,FAN Xuekai,SUN Heyang,WANG Xin,CHEN Hong. Free ilioinguinal flap for repairing skin and soft tissue defect of hand[J]. Zhonghua Shou Wai Ke Za Zhi[Chin J Hand Surg(Article in Chinese;Abstract in Chinese and English)],2019,35(1):12-15.}

[9454] 丁治红，李有斌，王德，曾献波，陈光华. 游离髂腹股沟骨皮瓣修复足部复合组织缺损的临床疗效[J]. 实用手外科杂志，2020，34（1）：33-34，46. DOI: 10.3969/j.issn.1671-2722.2020.01.011. {DING Zhihong,LI Youbin,WANG De,ZENG Xianbo,CHEN Guanghua. Clinical application of ilioinguinal (bone) flap in the repair of composite tissue defect of foot[J]. Shi Yong Shou Wai Ke Za Zhi[Chin J Pract Hand Surg(Article in Chinese;Abstract in Chinese and English)],2020,34(1):33-34,46. DOI:10.3969/j.issn.1671-2722.2020.01.011.}

4.3.2.5 旋髂浅动脉穿支皮瓣

perforator flap of superfacial circumflex iliac artery

[9455] Ma C,Tian Z,Kalfarentzos E,He Y. Superficial circumflex iliac artery perforator flap:a promising candidate for large soft tissue reconstruction of retromolar and lateral buccal defects after oncologic surgery[J]. J Oral Maxillofac Surg,2015,73(8):1641-1650. doi:10.1016/j.joms.2014.12.022.

[9456] He Y,Jin S,Tian Z,Fang Z,Ma C,Tao X,Zhang Y,Qiu W,Zhang Z,Zhang C. Superficial circumflex iliac artery perforator flap's imaging,anatomy and clinical applications in oral maxillofacial reconstruction[J]. J Craniomaxillofac Surg,2016,44(3):242-248. doi:10.1016/j.jcms.2015.12.002.

[9457] Li Z,Zheng D,Zheng J,Qi W,Qi Q,Liu Y. Free superficial circumflex iliac artery perforator flap with a single-pedicle bilobed design for pediatric multi-digit defect reconstruction[J]. J Orthop Surg Res,2020,15(1):216. doi:10.1186/s13018-020-01733-3.

[9458] 李世骐，吴求亮. 应用旋髂浅血管的游离皮瓣及骨-皮瓣移植[J]. 中华医学杂志，1982，62（11）：683-685. {LI Shiqi,WU Qiuliang. Free skin flap and bone-skin flap of superficial circumflex iliac vessels for transplantation[J]. Zhonghua Yi Xue Za Zhi[Natl Med J China(Article in Chinese;No abstract available)],1982,62(11):683-685.}

[9459] 顾玉东，陈德松. 带旋髂浅血管蒂的髂骨皮瓣的应用（附二例报告）[J]. 中华医学杂志，1985，65（9）：556-557. {GU Yudong,CHEN Desong. Application of iliac bone flap pedicled with superficial circumflex iliac vessel(report of two cases)[J]. Zhonghua Yi Xue Za Zhi[Natl Med J China(Article in Chinese;No abstract available)],1985,65(9):556-557.}

[9460] 梁炳生，裴连奎. 以旋髂浅血管为蒂髂骨皮瓣的临床应用[J]. 中华显微外科杂志，1992，15（4）：229-230. {LIANG Bingsheng,PEI Liankui. Clinical application of iliac bone flap pedicled with superficial circumflex iliac vessels[J]. Zhonghua Xian Wei Wai Ke Za Zhi[Chin J Microsurg(Article in Chinese;No abstract available)],1992,15(4):229-230.}

[9461] 杜昭，黄德征. 带旋髂浅血管蒂腹股沟削薄皮瓣修复手指皮肤脱套伤[J]. 中华显微外科杂志，1999，22（S1）：3-5. {DU Zhao,HUANG Dezheng. Repair of finger skin degloving injury with groin trimed flap pedicled with superficial circumflex iliac vessel[J]. Zhonghua Xian Wei Wai Ke Za Zhi[Chin J Microsurg(Article in Chinese;No abstract available)],1999,22(S1):3-5.}

[9462] 何明武. 旋髂浅血管岛状皮瓣修复会阴部软组织缺损[J]. 中华显微外科杂志，2003，26（3）：209. DOI: 10.3760/cma.j.issn.1001-2036.2003.03.045. {HE Mingwu. Repair of perineal soft tissue defect with superficial circumflex iliac vessel island flap[J]. Zhonghua Xian Wei Wai Ke Za Zhi[Chin J Microsurg(Article in Chinese;No abstract available)],2003,26(3):209. DOI:10.3760/cma.j.issn.1001-2036.2003.03.045.}

[9463] 王欣，陈宏，章伟文，张健，薛建波. 带旋髂浅血管蒂腹股沟骨皮瓣移位修复手部骨皮肤缺损[J]. 中国修复重建外科杂志，2006，20（5）：547-549. {WANG Xin,CHEN Hong,ZHANG Weiwen,ZHANG Jian,XUE Jianbo. Repair of compound skin and bone defects in hands with pedicle osteocutaneous groin flap based on superficial circumflex iliac vessels[J]. Zhongguo Xiu Fu Chong Jian Wai Ke Za Zhi[Chin J Repar Reconstr Surg(Article in Chinese;Abstract in Chinese and English)],2006,20(5):547-549.}

[9464] 朱毅，赵永健，李红卫，冯世海，刘群. 旋髂浅动脉皮瓣修复手部热压伤[J]. 中华整形外科杂志，2007，23（6）：529-530. DOI: 10.3760/j.issn: 1009-4598.2007.06.024. {ZHU Yi,ZHAO Yongjian,LI Hongwei,FENG Shihai,LIU Qun. The superficial circumflex iliac artery flap for the repair of hand hot compression injury[J]. Zhonghua Zheng Xing Wai Ke Za Zhi[Chin J Plast Surg(Article in Chinese;No abstract available)],2007,23(6):529-530. DOI:10.3760/j.issn:1009-4598.2007.06.024.}

[9465] 潘朝晖，蒋萍萍，薛山，刘学胜，李洪飞，赵玉祥. 旋髂浅动脉穿支嵌合骨皮瓣修复四肢骨与软组织缺损[J]. 中华骨科杂志，2010，30（6）：584-588. DOI: 10.3760/cma.j.issn.0253-2352.2010.06.010. {PAN Zhaohui,JIANG Pingping,XUE Shan,LIU Xuesheng,LI Hongfei,ZHAO Yuxiang. Transplantation of the chimerical osteocutaneous perforator flap with superficial circumflex iliac artery for repair of bone and skin defect in limbs[J]. Zhonghua Gu Ke Za Zhi[Chin J Orthop(Article in Chinese;Abstract in Chinese and English)],2010,30(6):584-588. DOI:10.3760/cma.j.issn.0253-2352.2010.06.010.}

[9466] 李小明，谢广中，吴恒烜，胡争波，梅林军，陈文雄. 游离旋髂浅动脉皮瓣移植修复手部软组织缺损[J]. 中华显微外科杂志，2010，33（6）：494-495. DOI: 10.3760/cma.j.issn.1001-2036.2010.06.022. {LI Xiaoming,XIE Guangzhong,WU Hengxuan,HU Zhengbo,MEI linJun,CHEN Wenxiong. Repair of soft tissue defect of hand with free superficial circumflex iliac artery flap[J]. Zhonghua Xian Wei Wai Ke Za Zhi[Chin J Microsurg(Article in Chinese;Abstract in Chinese)],2010,33(6):494-495. DOI:10.3760/cma.j.issn.1001-2036.2010.06.022.}

[9467] 刘安堂，江华，章建林. 旋髂浅动脉岛状皮瓣修复会阴部创面[J]. 组织工程与重建外科杂志，2010，6（5）：282-284. DOI: 10.3969/j.issn.1673-0364.2010.05.012. {LIU Antang,JIANG Hua,ZHANG Jianlin. Application of superficial iliac circumflex artery island flaps in repairing defects of perineal region[J]. Zu Zhi Gong Cheng Yu Chong Jian Wai Ke Za Zhi[J Tissue Eng Reconstr Surg(Article in Chinese;Abstract in Chinese and English)],2010,6(5):282-284. DOI:10.3969/j.issn.1673-0364.2010.05.012.}

[9468] 韩军涛，谢松涛，陶克，计鹏，张万福，胡大海. 旋髂浅动脉岛状分叶皮瓣修复下腹部及会阴区瘢痕挛缩22例[J]. 中华烧伤杂志，2012，28（2）：153-154. DOI: 10.3760/cma.j.issn.1009-2587.2012.02.022. {HAN Juntao,XIE Songtao,TAO Ke,JI Peng,ZHANG Wanfu,HU Dahai. Repair of 22 cases of scar contracture in lower abdomen and perineal region with island lobulated skin flap of superficial circumflex iliac artery[J]. Zhonghua Shao Shang Za Zhi[Chin J Burns(Article in Chinese;No abstract available)],2012,28(2):153-154. DOI:10.3760/cma.j.issn.1009-2587.2012.02.022.}

[9469] 潘朝晖，蒋萍萍，赵玉祥，薛山，李洪飞，刘学胜，叶兴华. 游离旋髂浅动脉深支皮瓣修复多指皮肤缺损[J]. 中华整形外科杂志，2012，28（2）：135-136. DOI: 10.3760/cma.j.issn.1009-4598.2012.02.015. {PAN Zhaohui,JIANG Pingping,ZHAO Yuxiang,XUE Shan,LI Hongfei,LIU Xuesheng,YE Xinghua. Free flap with deep branch of superficial circumflex iliac artery for repairing multifinger skin defect[J]. Zhonghua Zheng Xing Wai Ke Za Zhi[Chin J Plast Surg(Article in Chinese;No abstract available)],2012,28(2):135-136. DOI:10.3760/cma.j.issn.1009-4598.2012.02.015.}

[9470] 潘朝晖，王剑利，蒋萍萍，李洪飞，薛山，赵玉祥. 股前外侧穿支皮瓣桥接旋髂浅动脉蒂组织瓣组合移植修复四肢骨与软组织缺损[J]. 中华骨科杂志，2013，33（7）：723-730. DOI: 10.3760/cma.j.issn.0253-2352.2013.07.007. {PAN Zhaohui,WANG Jianli,JIANG Pingping,LI Hongfei,XUE Shan,ZHAO Yuxiang. Anterolateral thigh perforator flap bridging superficial circumflex iliac artery flap for the treatment of complex limb wound[J]. Zhonghua Gu Ke Za Zhi[Chin J Orthop(Article in Chinese;Abstract in Chinese and English)],2013,33(7):723-730. DOI:10.3760/cma.j.issn.0253-2352.2013.07.007.}

[9471] 潘朝晖，王剑利，李洪飞，薛山，赵玉祥，刘学胜，叶兴华. 游离旋髂浅动脉髂骨骨皮瓣修复手部复合组织缺损[J]. 中华显微外科杂志，2013，36（3）：278-280. DOI: 10.3760/cma.j.issn.1001-2036.2013.03.020. {PAN Zhaohui,WANG Jianli,LI Hongfei,XUE Shan,ZHAO Yuxiang,LIU Xuesheng,YE Xinghua. iliac bone flap with free superficial circumflex iliac artery for repairing complex tissue defect of hand[J]. Zhonghua Xian Wei Wai Ke Za Zhi[Chin J Microsurg(Article in Chinese;Abstract in Chinese)],2013,36(3):278-280. DOI:10.3760/cma.j.issn.1001-2036.2013.03.020.}

[9472] 包国宏，黄朝帅，朱小平. 带蒂旋髂浅动脉皮瓣修复右股骨大转子压疮一例[J]. 中华烧伤杂志，2013，29（1）：80-81. DOI: 10.3760/cma.j.issn.1009-2587.2013.01.028. {BAO Guohong,HUANG Chaoshuai,ZHU Xiaoping. Repair of right great trochanter pressure sore with pedicled superficial circumflex iliac artery flap:a case report[J]. Zhonghua Shao Shang Za Zhi[Chin J Burns(Article in Chinese;No abstract available)],2013,29(1):80-81. DOI:10.3760/cma.j.issn.1009-2587.2013.01.028.}

[9473] 韩军涛，谢松涛，陶克，张万福，计鹏，胡大海. 旋髂浅动脉游离皮瓣的临床应用及供瓣区处理[J]. 中华整形外科杂志，2013，29（3）：175-177. DOI: 10.3760/cma.j.issn.1009-4598.2013.03.005. {HAN Juntao,XIE Songtao,TAO Ke,ZHANG Wanfu,JI Peng,HU Dahai. Free superficial iliac circumflex artery skin flap :the clinical application and management of donor site defects[J]. Zhonghua Zheng Xing Wai Ke Za Zhi[Chin J Plast Surg(Article in Chinese;Abstract in Chinese and English)],2013,29(3):175-177. DOI:10.3760/cma.j.issn.1009-4598.2013.03.005.}

[9474] 包国宏，黄朝帅，朱小平. 旋髂浅动脉皮瓣的临床应用[J]. 中华整形外科杂志，2013，29（6）：440-443. DOI: 10.3760/cma.j.issn.1009-4598.2013.06.009. {BAO Guohong,HUANG Chaoshuai,ZHU Xiaoping. The clinical application of superficial circumflex iliac artery flaps[J]. Zhonghua Zheng Xing Wai Ke Za Zhi[Chin J Plast Surg(Article in Chinese;Abstract in Chinese and English)],2013,29(6):440-443. DOI:10.3760/cma.j.issn.1009-4598.2013.06.009.}

[9475] 潘朝晖，王剑利，薛山，李洪飞，赵玉祥，蒋萍萍，李建娜，高朋. 旋髂浅动脉蒂髂骨骨瓣重建足踝部复杂骨缺损的回顾性分析[J]. 中华显微外科杂志，2016，39

（2）：156-159. DOI：10.3760/cma.j.issn.1001-2036.2016.02.013. {PAN Zhaohui,WANG Jianli,XUE Shan,LI Hongfei,ZHAO Yuxiang,JIANG Pingping,LI Jianna,GAO Peng. Retrospective analysis of complex defect reconstruction of foot and ankle with iliac bone flap pedicled with superficial circumflex iliac artery[J]. Zhonghua Xian Wei Wai Ke Za Zhi[Chin J Microsurg(Article in Chinese;Abstract in Chinese)],2016,39(2):156-159. DOI:10.3760/cma.j.issn.1001-2036.2016.02.013.}

[9476] 孙广峰，金文虎，李书俊，聂开瑜，祁建平，邓呈亮，吴必华，魏在荣，王达利．游离旋髂浅动脉穿支皮瓣修复上肢创面 [J]．中华手外科杂志，2016，32（6）：435-437. DOI：10.3760/cma.j.issn.1005-054X.2016.06.015. {SUN Guangfeng,JIN Wenhu,LI Shujun,NIE Kaiyu,QI Jianping,DENG Chengliang,WU Bihua,WEI Zairong,WANG Dali. The application of free superficial circumflex iliac artery perforator flap in the coverage of upper extremity wounds[J]. Zhonghua Shou Wai Ke Za Zhi[Chin J Hand Surg(Article in Chinese;Abstract in Chinese and English)],2016,32(6):435-437. DOI:10.3760/cma.j.issn.1005-054X.2016.06.015.}

[9477] 王芳，宋慧锋．旋髂浅动脉穿支皮瓣的研究进展 [J]．中华损伤与修复杂志（电子版），2016，11（5）：378-381. DOI：10.3877/cma.j.issn.1673-9450.2016.05.014. {WANG Fang,SONG Huifeng. Progress on study of superficial circumflex iliac artery perforator flaps[J]. Zhonghua Sun Shang Yu Xiu Fu Za Zhi Dian Zi Ban[Chin J Injury Repair Wound Healing(Electr Ed)(Article in Chinese;No abstract available)],2016,11(5):378-381. DOI:10.3877/cma.j.issn.1673-9450.2016.05.014.}

[9478] 李木卫，罗朝晖，马立峰，黄少耿，刘良燚，杨延军，张子清．旋髂浅动脉游离皮瓣修复手指背侧皮肤软组织缺损 [J]．中华手外科杂志，2017，33（2）：98-100. DOI：10.3760/cma.j.issn.1005-054X.2017.02.007. {LI Muwei,LUO Zhaohui,MA Lifeng,HUANG Shaogeng,LIU Liangyi,YANG Yanjun,ZHANG Ziqing. Free superficial iliac circumflex artery flap for coverage of dorsal skin defect of the fingers[J]. Zhonghua Shou Wai Ke Za Zhi[Chin J Hand Surg(Article in Chinese;Abstract in Chinese and English)],2017,33(2):98-100. DOI:10.3760/cma.j.issn.1005-054X.2017.02.007.}

[9479] 陈佳，杨鹏飞，杨世林，匡安银，代羽，龙兴敬．带旋髂浅动脉和皮神经的髂腹股沟皮瓣修复股骨大转子严重骨外露 27 例 [J]．中华烧伤杂志，2017，33（2）：95-96. DOI：10.3760/cma.j.issn.1009-2587.2017.02.009. {CHEN Jia,YANG Pengfei,YANG Shilin,KUANG Anyin,DAI Yu,LONG Xingjing. The ilioinguinal flap with superficial circumflex iliac artery and cutaneous nerve was used to repair 27 cases of severe trochanteric femoral bone exposure[J]. Zhonghua Shao Shang Za Zhi[Chin J Burns(Article in Chinese;No abstract available)],2017,33(2):95-96. DOI:10.3760/cma.j.issn.1009-2587.2017.02.009.}

[9480] 施权，魏在荣，金文虎，孙广峰，唐修俊，李海，李书俊，聂开瑜，王达利，王波．旋髂浅动脉穿支皮瓣修复股前外侧穿支皮瓣供区创面的可行性及效果 [J]．中华烧伤杂志，2017，33（5）：309-311. DOI：10.3760/cma.j.issn.1009-2587.2017.05.010. {SHI Quan,WEI Zairong,JIN Wenhu,SUN Guangfeng,TANG Xiujun,LI Hai,LI Shujun,NIE Kaiyu,WANG Dali,WANG Bo. Feasibility and effect of superficial circumflex iliac artery perforator flap to repair wound of donor site of anterolateral femoral perforator flap[J]. Zhonghua Shao Shang Za Zhi[Chin J Burns(Article in Chinese;Abstract in Chinese)],2017,33(5):309-311. DOI:10.3760/cma.j.issn.1009-2587.2017.05.010.}

[9481] 喜雯婧，冯少清，李华，李科，许恒，肖文天，章一新．旋髂浅动脉穿支皮瓣的重新评价和手术策略 [J]．中华显微外科杂志，2018，41（4）：313-318. DOI：10.3760/cma.j.issn.1001-2036.2018.04.001. {XI Wenjing,FENG Shaoqing,LI Hua,LI Ke,XU Heng,XIAO Wentian,ZHANG Yixin. The reevaluation and surgical strategy of the superficial circumflex iliac artery perforator (SCIP) flap[J]. Zhonghua Xian Wei Wai Ke Za Zhi[Chin J Microsurg(Article in Chinese;Abstract in Chinese and English)],2018,41(4):313-318. DOI:10.3760/cma.j.issn.1001-2036.2018.04.001.}

[9482] 施权．旋髂浅动脉穿支皮瓣的应用进展 [J]．中华显微外科杂志，2018，41（5）：519-520，后插 1，后插 2. DOI：10.3760/cma.j.issn.1001-2036.2018.05.032. {SHI Quan. Progress in application of perforator flap of superficial circumflex iliac artery[J]. Zhonghua Xian Wei Wai Ke Za Zhi[Chin J Microsurg(Article in Chinese;No abstract available)],2018,41(5):519-520,insert 1,insert 2. DOI:10.3760/cma.j.issn.1001-2036.2018.05.032.}

[9483] 李晓光，刘忠龙，马春跃，付水霆，姜钧健，章一新，冯绍清，陶晓峰，艾松涛，张志愿，邱蔚六，何悦．旋髂浅动脉穿支皮瓣修复颊 - 咽 - 腭缺损的临床应用 [J]．中华整形外科杂志，2018，34（9）：693-698. DOI：10.3760/cma.j.issn.1009-4598.2018.09.003. {LI Xiaoguang,LIU Zhonglong,MA Chunyue,FU Shuiting,JIANG Junjian,ZHANG Yixin,FENG Shaoqing,TAO Xiaofeng,AI Songtao,ZHANG Zixin,QIU Weiliu,HE Yue. Superficial circumflex iliac artery perforator flap for reconstruction of buccal and plate soft tissue defects[J]. Zhonghua Zheng Xing Wai Ke Za Zhi[Chin J Plast Surg(Article in Chinese;Abstract in Chinese and English)],2018,34(9):693-698. DOI:10.3760/cma.j.issn.1009-4598.2018.09.003.}

[9484] 孙贤杰．游离旋髂浅动脉穿支皮瓣修复虎口软组织缺损 [J]．临床骨科杂志，2018，21（3）：377-378. DOI：10.3969/j.issn.1008-0287.2018.03.048. {SUN Xianjie. Free superficial circumflex iliac artery perforator flap for repair of soft tissue defect of the first web space[J]. Lin Chuang Gu Ke Za Zhi[J Clin Orthop(Article in Chinese;Abstract in Chinese and English)],2018,21(3):377-378. DOI:10.3969/j.issn.1008-0287.2018.03.048.}

[9485] 左荣跃，陈一勇，史增元，毛海蛟，尹维刚，林荣，丁杰，刘振新．旋髂浅动脉联合缝匠肌蒂髂骨瓣治疗青壮年股骨颈骨折 [J]．中华显微外科杂志，2019，42（3）：254-257. DOI：10.3760/cma.j.issn.1001-2036.2019.03.011. {ZUO Rongyue,CHEN Yiyong,SHI Zengyuan,MAO Haijiao,YIN Weigang,LIN Rong,DING Jie,LIU Zhenxin. The use of iliac flap pedicled with superficial circumflex iliac artery and sartorius in treatment of femoral neck fracture of young adults[J]. Zhonghua Xian Wei Wai Ke Za Zhi[Chin J Microsurg(Article in Chinese;Abstract in Chinese and English)],2019,42(3):254-257. DOI:10.3760/cma.j.issn.1001-2036.2019.03.011.}

[9486] 马光义，陈鑫，宋力，闫寒，祝海峰，高治宇，宋振磊，王亚珂．游离旋髂浅动脉皮瓣修复足部皮肤缺损的临床应用 [J]．创伤外科杂志，2019，21（1）：64-66. DOI：10.3969/j.issn.1009-4237.2019.01.017. {MA Guangyi,CHEN Xin,SONG Li,YAN Han,ZHU Haifeng,GAO Zhiyu,SONG Zhenlei,WANG Yake. Clinical application of free superficial iliac circumflex artery skin flap in repairing skin defect of foot[J]. Chuang Shang Wai Ke Za Zhi[J Traum Surg(Article in Chinese;Abstract in Chinese and English)],2019,21(1):64-66. DOI:10.3969/j.issn.1009-4237.2019.01.017.}

[9487] 董栋，张国锋，左荣跃，陈薇薇，陈育宏．游离以旋髂浅动脉为蒂的髂骨复合组织瓣修复手部骨与软组织缺损 [J]．中华显微外科杂志，2020，43（1）：65-67. DOI：10.3760/cma.j.issn.1001-2036.2020.01.016. {DONG Dong,ZHANG Guofeng,ZUO Rongyue,CHEN Weiwei,CHEN Yuhong. Dissociated iliac composite tissue flap pedicled with the superficial circumflex iliac artery to repair bone and soft tissue defects of hand[J]. Zhonghua Xian Wei Wai Ke Za Zhi[Chin J Microsurg(Article in Chinese;Abstract in Chinese)],2020,43(1):65-67. DOI:10.3760/cma.j.issn.1001-2036.2020.01.016.}

[9488] 李贤海，周建东，许亚军，杨蓊勃．旋髂浅动脉穿支皮瓣切取中预防生殖股神经股支损伤的体会 [J]．中华显微外科杂志，2020，43（1）：85-88. DOI：10.3760/cma.j.issn.1001-2036.2020.01.023. {LI Xianhai,ZHOU Jiandong,XU Yajun,YANG Wengbo. Experience of prevention of femoral branch injury of genital femoral nerve in excision of perforator flap of superficial circumflex iliac artery[J]. Zhonghua Xian Wei Wai Ke Za Zhi[Chin J Microsurg(Article in Chinese;Abstract in Chinese)],2020,43(1):85-88. DOI:10.3760/cma.j.issn.1001-2036.2020.01.023.}

[9489] 刘林峰，臧成五，丛锐．应用旋髂浅动脉浅支为蒂的穿支皮瓣修复手部皮肤缺损 [J]．中华手外科杂志，2020，36（2）：140-141. {LIU Linfeng,ZANG Chengwu,CONG Rui. The perforator flap pedicled with the superficial branch of the superficial circumflex iliac artery was used to repair the skin defect of hand[J]. Zhonghua Shou Wai Ke Za Zhi[Chin J Hand Surg(Article in Chinese;Abstract in Chinese)],2020,36(2):140-141.}

4.3.2.6 旋髂深动脉穿支皮瓣

perforator flap of deep circumflex iliac artery

[9490] Ji C,Li R,Zhang G,Zhang J,Liang W,Chen Y. Reconstruction of a giant wound induced by advanced penile carcinoma with bilateral anteromedial thigh flap and left deep circumflex iliac artery flaps[J]. World J Plast Surg,2018,7(1):118-121.

[9491] Qing L,Wu P,Yu F,Zhou Z,Tang J. Sequential chimeric deep circumflex iliac artery perforator flap and flow-through anterolateral thigh perforator flap for one-stage reconstruction of complex tissue defects[J]. J Plast Reconstr Aesthet Surg,2019,72(7):1091-1099. doi:10.1016/j.bjps.2019.02.029.

[9492] 康庆林，曾炳芳，柴益民，韩培，蒋佳，唐剑飞．旋髂深动脉供应的髂骨穿支皮瓣设计与应用 [J]．中华骨科杂志，2007，27（6）：442-445. DOI：10.3760/j.issn：0253-2352.2007.06.011. {KANG Qinglin,ZENG Bingfang,CHAI Yimin,HAN Pei,JIANG Jia,TANG Jianfei. Vascularized iliac osteocutaneous perforator flap based on the deep circumflex iliac artery:operative design and clinical applications[J]. Zhonghua Gu Ke Za Zhi[Chin J Orthop(Article in Chinese;Abstract in Chinese and English)],2007,27(6):442-445. DOI:10.3760/j.issn:0253-2352.2007.06.011.}

[9493] 金联洲，崔怀瑞，戴开宇，胡斯旺，周小兵，唐茂林．旋髂深动脉穿支骨皮瓣 3D 可视化模型的制备 [J]．中国临床解剖学杂志，2008，26（1）：8-10. DOI：10.3969/j.issn.1001-165X.2008.01.002. {JIN Lianzhou,CUI Huairui,DAI Kaiyu,HU Siwang,ZHOU Xiaobing,TANG Maolin. The establishment of visual model of the deep circumflex iliac artery osteocutaneous perforator flap[J]. Zhongguo Lin Chuang Jie Pou Xue Za Zhi[Chin J Clin Anat(Article in Chinese;Abstract in Chinese and English)],2008,26(1):8-10. DOI:10.3969/j.issn.1001-165X.2008.01.002.}

[9494] 金联洲，周小兵，胡斯旺，戴开宇，唐茂林．旋髂深动脉穿支皮瓣的数字解剖学研究 [J]．解剖学报，2008，39（2）：260-263. DOI：10.3321/j.issn：0529-1356.2008.02.026. {JIN Lianzhou,ZHOU Xiaobing,HU Siwang,DAI Kaiyu,TANG Maolin. Digital anatomy of the deep circumflex iliac artery osteocutaneous perforator flap[J]. Jie Pou Xue Bao[Acta Anat Sin(Article in Chinese;Abstract in Chinese and English)],2008,39(2):260-263. DOI:10.3321/j.issn:0529-1356.2008.02.026.}

[9495] 许亚军，寿奎水，芮永军，孙振中，姚群，陈政，周晓．以旋髂深动脉及肌皮穿支供血的髂骨皮瓣移植修复四肢复合组织缺损 [J]．中华显微外科杂志，2009，32（5）：400-401. DOI：10.3760/cma.j.issn.1001-2036.2009.05.021. {XU Yajun,SHOU Kuishui,RUI Yongjun,SUN Zhenzhong,YAO Qun,CHEN Zheng,ZHOU Xiao. Composite tissue defects of limbs were repaired by grafting iliac bone flap supplied by deep circumflex iliac artery and musculocutaneous perforator branch[J]. Zhonghua Xian Wei Wai Ke Za Zhi[Chin J Microsurg(Article in Chinese;Abstract in Chinese)],2009,32(5):400-401. DOI:10.3760/cma.j.issn.1001-2036.2009.05.021.}

[9496] 吴攀峰，唐举玉，李康华，梁捷予，俞芳，周征兵．旋髂深动脉嵌合穿支皮瓣修复四肢骨和软组织缺损 [J]．中华显微外科杂志，2014，37（6）：524-527. DOI：10.3760/cma.j.issn.1001-2036.2014.06.002. {WU Panfeng,TANG Juyu,LI Kanghua,LIANG Jieyu,YU Fang,ZHOU Zhenbing. Vascularized chimerical perforator flaps of deep circumflex iliac artery repairing bone and soft tissue defects of limbs[J]. Zhonghua Xian Wei Wai Ke Za Zhi[Chin J Microsurg(Article in Chinese;Abstract in Chinese and English)],2014,37(6):524-527. DOI:10.3760/cma.j.issn.1001-2036.2014.06.002.}

[9497] 周晓，芮永军，薛明宇，寿奎水，强力．以旋髂深动脉肌皮穿支为蒂的 V-Y 接力皮瓣修复腹部供区创面的临床应用 [J]．中华显微外科杂志，2015，38（5）：421-424. DOI：10.3760/cma.j.issn.1001-2036.2015.05.003. {ZHOU Xiao,RUI Yongjun,XUE Mingyu,SHOU Kuishui,QIANG Li. Clinical application of repairing donor site of abdomen flap by V-Y flap pedicled with deep circumflex iliac artery perforator musculocutaneous[J]. Zhonghua Xian Wei Wai Ke Za Zhi[Chin J Microsurg(Article in Chinese;Abstract in Chinese and English)],2015,38(5):421-424. DOI:10.3760/cma.j.issn.1001-2036.2015.05.003.}

[9498] 赵刚，芮永军，糜菁熠，张雁．小型猪旋髂深动脉穿支皮瓣模型的建立 [J]．中华显微外科杂志，2017，40(2)：165-167. DOI：10.3760/cma.j.issn.1001-2036.2017.02.015. {ZHAO Gang,RUI Yongjun,MI Jingyi,ZHANG Yan. Establishment of miniature pig model with perforator flap of deep circumflex iliac artery[J]. Zhonghua Xian Wei Wai Ke Za Zhi[Chin J Microsurg(Article in Chinese;Abstract in Chinese)],2017,40(2):165-167. DOI:10.3760/cma.j.issn.1001-2036.2017.02.015.}

[9499] 展昭均，廖圣恺，陈永锋，高廷益，都晓英，刘亮，杨东昆，余松涛．数字化技术辅助旋髂深动脉穿支嵌合瓣在下颌骨复合组织缺损重建中的临床应用 [J]．中华显微外科杂志，2019，42（5）：429-433. DOI：10.3760/cma.j.issn.1001-2036.2019.05.003. {ZHAN Zhaojun,LIAO Shengkai,CHEN Yongfeng,GAO Tingyi,DU Xiaoying,LIU Liang,YANG Dongkun,YU Songtao. Digital assisted chimeric deep circumflex iliac artery perforator flap in the reconstruction of mandibular composite defects[J]. Zhonghua Xian Wei Wai Ke Za Zhi[Chin J Microsurg(Article in Chinese;Abstract in Chinese and English)],2019,42(5):429-433. DOI:10.3760/cma.j.issn.1001-2036.2019.05.003.}

4.3.2.7 腹壁浅动脉穿支皮瓣

perforator flap of superficial epigastric artery

[9500] 方冬，林海双，余丰，章思芳，丁茂超，崔怀瑞，唐茂林，徐达传．大鼠腹壁浅动脉穿支皮瓣的解剖学 [J]．解剖学报，2014，45(4)：531-535. DOI：10.3969/j.issn.0529-1356.2014.04.016. {FANG Dong,LIN Haishuang,YU Feng,ZHANG Sifang,DING Maochao,CUI Huairui,TANG Maolin,XU Dachuan. Anatomy of the superficial epigastric artery perforator flap in rats[J]. Jie Pou Xue Bao[Acta Anat Sin(Article in Chinese;Abstract in Chinese and English)],2014,45(4):531-535. DOI:10.3969/j.issn.0529-1356.2014.04.016.}

[9501] 王宏伟，郭兵，马春跃，李晓光，尹建新，周辉红，艾松涛，孙坚，张陈平，秦兴军．腹壁浅动脉穿支皮瓣修复口腔颌面部软组织缺损 3 例报道 [J]．中国口腔颌面外科杂志，2018，16（01）：78-83. {WANG Hongwei,GUO Bing,MA Chunyue,LI Xiaoguang,YIN Jianxin,ZHOU Huihong,AI Songtao,SUN Jian,ZHANG Chenping,QIN Xingjun. Report of 3 cases of repairing oral and maxillofacial soft tissue defects with perforator flap of superficial abdominal artery [J]. Zhong Guo Kou Qiang He Mian Wai Ke Za Zhi [Chin J Oral Maxil Surg (Article in Chinese;Abstract in Chinese and English)],2018,16 (01):78-83. DOI:10.19438/j.cjoms.2018.01.017.}

4.3.3 臀部皮瓣
Hip flap

4.3.3.1 腰动脉穿支皮瓣
perforator flap of lamber artery

[9502] 朱金强，沈柏晓，雷云龙．第四腰动脉穿支皮瓣治疗骶尾部小面积褥疮 [J]．中国修复重建外科杂志，2013，27（12）：1531-1532．DOI：10.7507/1002-1892.20130335．{ZHU Jinqiang,SHEN Baixiao,LEI Yunlong. Fourth lumbar artery perforator flap for treatment of small area of sacrococcygeal decubitus[J]. Zhongguo Xiu Fu Chong Jian Wai Ke Za Zhi[Chin J Repar Reconstr Surg(Article in Chinese;Abstract in Chinese)],2013,27(12):1531-1532. DOI:10.7507/1002-1892.20130335.}

4.3.3.2 臀大肌（臀上）穿支皮瓣
perforator flap of superior gluteal artery

[9503] Hurbungs A,Ramkalawan H. Sacral pressure sore reconstruction—the pedicled superior gluteal artery perforator flap[J]. S Afr J Surg,2012,50(1):6-8.

[9504] Hai HL,Shen CA,Chai JK,Li HT,Yu YM,Li DW. Quadrilobed superior gluteal artery perforator flap for sacrococcygeal defects[J]. Chin Med J,2013,126(9):1743-1749.

[9505] Weitao Y,Qiqing C,Songtao G,Jiaqiang W. Use of gluteus maximus adipomuscular sliding flaps in the reconstruction of sacral defects after tumor resection[J]. World J Surg Oncol,2013,11:110. doi:10.1186/1477-7819-11-110.

[9506] Liang W,Zhou Z,Zhao Z. Application of split gluteus maximus muscle——adipofascial turnover flap and subcutaneous tension-reducing suture technique in repair of decubitus ulcers[J]. Int Surg,2014,99(4):447-451. doi:10.9738/INTSURG-D-13-00034.1.

[9507] Xie Y,Zhuang YH,Xue L,Zheng HP,Lin JH. A composite gluteofemoral flap for reconstruction of large pressure sores over the sacrococcygeal region[J]. J Plast Reconstr Aesthet Surg,2015,68(12):1733-1742. doi:10.1016/j.bjps.2015.08.016.

[9508] Chen W,Jiang B,Zhao J,Wang P. The superior gluteal artery perforator flap for reconstruction of sacral sores[J]. Saudi Med J,2016,37(10):1140-1143. doi:10.15537/smj.2016.10.15682.

[9509] 王先成，李晓芳，鲁青，方柏荣，高远，唐亮，杨丽嫦，吴祖林，贺吉庸．臀上或臀下动脉穿支皮瓣修复臀部褥疮 [J]．中华整形外科杂志，2010，26（2）：113-115．DOI：10.3760/cma.j.issn.1009-4598.2010.02.010．{WANG Xiancheng,LI Xiaofang,LU Qing,FANG Bailong,GAO Yuan,TANG Liang,YANG Lichang,WU Zulin,HE Jiyong. Superior or inferior gluteal artery perforator flaps for the gluteal sores[J]. Zhonghua Zheng Xing Wai Ke Za Zhi[Chin J Plast Surg(Article in Chinese;Abstract in Chinese and English)],2010,26(2):113-115. DOI:10.3760/cma.j.issn.1009-4598.2010.02.010.}

[9510] 傅重洋，李晓天，程超，曲巍．臀上动脉穿支皮瓣修复骶尾部Ⅳ度褥疮 [J]．实用手外科杂志，2014，28（4）：379-380，390．DOI：10.3969/j.issn.1671-2722.2014.04.009．{FU Chongyang,LI Xiaotian,CHENG Chao,QU Wei. Repairing stage Ⅳ sacrococcygeal pressure sore by superior gluteal artery perforator flap[J]. Shi Yong Shou Wai Ke Za Zhi[Chin J Pract Hand Surg(Article in Chinese;Abstract in Chinese and English)],2014,28(4):379-380,390. DOI:10.3969/j.issn.1671-2722.2014.04.009.}

[9511] 王君，井刚，潘云川，徐家钦．臀上动脉穿支皮瓣修复骶尾部Ⅳ期压疮 12 例 [J]．中华显微外科杂志，2019，42（6）：602-604．DOI：10.3760/cma.j.issn.1001-2036.2019.06.024．{WANG Jun,JING Gang,PAN Yunchuan,XU Jiaqin. Repair of 12 cases of stage IV pressure sores in sacrococcyx with superior gluteal artery perforator flap[J]. Zhonghua Xian Wei Wai Ke Za Zhi[Chin J Microsurg(Article in Chinese;No abstract available)],2019,42(6):602-604. DOI:10.3760/cma.j.issn.1001-2036.2019.06.024.}

[9512] 史宸硕，唐修俊，王达利，魏在荣，王波，吴必华，刘志远．臀上动脉穿支岛状皮瓣修复骶尾部压疮的临床效果 [J]．中华烧伤杂志，2019，35（5）：367-370．DOI：10.3760/cma.j.issn.1009-2587.2019.05.008．{SHI Chenshuo,TANG Xiujun,WANG Dali,WEI Zairong,WANG Bo,WU Bihua,LIU Zhiyuan. Clinical effects of superior gluteal artery perforator island flap in repair of sacral pressure ulcer[J]. Zhonghua Shao Shang Za Zhi[Chin J Burns(Article in Chinese;Abstract in Chinese and English)],2019,35(5):367-370. DOI:10.3760/cma.j.issn.1009-2587.2019.05.008.}

4.3.3.3 臀部筋膜皮瓣
gluteal fasciocutaneous flap

[9513] Lin H,Hou C,Xu Z,Chen A. Treatment of ischial pressure sores with double adipofascial turnover flaps[J]. Ann Plast Surg,2010,64(1):59-61. doi:10.1097/SAP.0b013e31819adf6f.

[9514] Lin H,Hou C,Chen A,Xu Z. Long-term outcome of using posterior-thigh fasciocutaneous flaps for the treatment of ischial pressure sores[J]. J Reconstr Microsurg,2010,26(6):355-358. doi:10.1055/s-0030-1249318.

[9515] Jiao X,Cui C,Ng SK,Jiang Z,Tu C,Zhou J,Lu X,Ouyang X,Luo T,Li K,Zhang Y. The modified bilobed flap for reconstructing sacral decubitus ulcers[J]. Burns Trauma,2020,8:tkaa012. doi:10.1093/burnst/tkaa012.

[9516] 张功林，葛宝丰，陈新．双侧臀股部带蒂皮瓣修复双侧足跟软组织缺损一例 [J]．中华显微外科杂志，1998，21（4）：243．DOI：10.3760/cma.j.issn.1001-2036.1998.04.044．{ZHANG Gonglin,GE Baofeng,CHEN Xin. Repair of bilateral soft tissue defect of heel with bilateral buttofemoral pedicle flap:a case report[J]. Zhonghua Xian Wei Wai Ke Za Zhi[Chin J Microsurg(Article in Chinese;No abstract available)],1998,21(4):243. DOI:10.3760/cma.j.issn.1001-2036.1998.04.044.}

[9517] 赫伟，章建荣，PANG CY．猪臀部游离与岛状皮瓣继发性缺血耐受时间的比较 [J]．中华整形烧伤外科杂志，1998，14（4）：9-12．DOI：10.3760/j.issn：1009-4598.1998.01.003．{HE Wei,ZHANG Jianrong,PANG CY. Comparison of secondary ischemia tolerance between free skin flap and island skin flap raised on the buttock of the pig[J]. Zhonghua Zheng Xing Shao Shang Wai Ke Za Zhi[Chin J Plast Surg Burns(Article in Chinese;Abstract in Chinese and English)],1998,14(4):9-12. DOI:10.3760/j.issn:1009-4598.1998.01.003.}

[9518] 蔡希宇，牛腾峰，曹鹏克．臀下部皮瓣带蒂移植修复儿童同侧跟部创面 [J]．中华显微外科杂志，1999，22（1）：59．DOI：10.3760/cma.j.issn.1001-2036.1999.01.026．{CAI Xiyu,NIU Tengfeng,CAO Pengke. Pedicled lower gluteal flap transplantation to repair ipsilateral heel wounds in children[J]. Zhonghua Xian Wei Wai Ke Za Zhi[Chin J Microsurg(Article in Chinese;No abstract available)],1999,22(1):59. DOI:10.3760/cma.j.issn.1001-2036.1999.01.026.}

[9519] 张功林，葛宝丰，陈新．臀股部轴型皮瓣修复足跟软组织缺损 [J]．中华整形外科杂志，2000，16（2）：116．DOI：10.3760/j.issn：1009-4598.2000.02.019．{ZHANG Gonglin,GE Baofeng,CHEN Xin. Repair of soft tissue defect of heel with buttock-femoral axial flap[J]. Zhonghua Zheng Xing Wai Ke Za Zhi[Chin J Plast Surg(Article in Chinese;No abstract available)],2000,16(2):116. DOI:10.3760/j.issn:1009-4598.2000.02.019.}

[9520] 吴伯瑜，黄逢元，杨际慧．双侧臀部皮瓣修复骶臀部巨大褥疮 [J]．中华整形外科杂志，2000，16（5）：318．DOI：10.3760/j.issn：1009-4598.2000.05.023．{WU Boyu,HUANG Fengyuan,YANG Jihui. Bilateral buttocks flaps to repair giant bedsore of sacral buttocks[J]. Zhonghua Zheng Xing Wai Ke Za Zhi[Chin J Plast Surg(Article in Chinese;No abstract available)],2000,16(5):318. DOI:10.3760/j.issn:1009-4598.2000.05.023.}

[9521] 王鹏建，邱强，龚文汇，梁戈，陈波，巫发祥．肌皮瓣转移修复臀骶部褥疮及溃疡 [J]．中华显微外科杂志，2001，24（4）：305-306．DOI：10.3760/cma.j.issn.1001-2036.2001.04.029．{WANG Pengjian,QIU Qiang,GONG Wenhui,LIANG Ge,CHEN Bo,WU Faxiang. Repair of gluteal sacral bedsore and ulcer with myocutaneous flap transfer[J]. Zhonghua Xian Wei Wai Ke Za Zhi[Chin J Microsurg(Article in Chinese;Abstract in Chinese and English)],2001,24(4):305-306. DOI:10.3760/cma.j.issn.1001-2036.2001.04.029.}

[9522] 张抒，刘亚，张英，蔡锦方．以臀上动脉为蒂的筋膜皮瓣修复骶尾部褥疮 [J]．中华显微外科杂志，2006，29（1）：54．DOI：10.3760/cma.j.issn.1001-2036.2006.01.035．{ZHANG Shu,LIU Ya,ZHANG Ying,CAI Jinfang. Repair of sacrococcygeal bedsore with fascial flap pedicled with superior gluteal artery[J]. Zhonghua Xian Wei Wai Ke Za Zhi[Chin J Microsurg(Article in Chinese;No abstract available)],2006,29(1):54. DOI:10.3760/cma.j.issn.1001-2036.2006.01.035.}

[9523] 海恒林，戴海华，华云飞，王黎丽，李华涛，边琳芬，吴胜刚，李强．臀部四叶岛状肌皮瓣修复骶尾部褥疮 [J]．中华整形外科杂志，2008，24（2）：153-154．DOI：10.3760/j.issn：1009-4598.2008.02.019．{HAI Henglin,DAI Haihua,HUA Yunfei,WANG Lili,LI Huatao,BIAN Linfen,WU Shenggang,LI Qiang. Repair of sacrococcygeal decubitus with four-lobe island musculocutaneous flap of buttock[J]. Zhonghua Zheng Xing Wai Ke Za Zhi[Chin J Plast Surg(Article in Chinese;No abstract available)],2008,24(2):153-154. DOI:10.3760/j.issn:1009-4598.2008.02.019.}

[9524] 于治，贾立平．臀骶部褥疮皮瓣修复进展 [J]．中华烧伤杂志，2010，26（5）：405-406．DOI：10.3760/cma.j.issn.1009-2587.2010.05.025．{YU Ye,JIA Liping. Progress of repair of gluteal sacral bedsore with skin flap[J]. Zhonghua Shao Shang Za Zhi[Chin J Burns(Article in Chinese;No abstract available)],2010,26(5):405-406. DOI:10.3760/cma.j.issn.1009-2587.2010.05.025.}

[9525] 徐永清，朱跃良，李军，郭远发，陆声，范新宇，徐小山，唐辉，马涛，丁晶，汤逊，林月秋，吕乾．臀上皮神经营养血管皮瓣转位修复骶尾部褥疮 [J]．中华显微外科杂志，2011，34（1）：29-30．DOI：10.3760/cma.j.issn.1001-2036.2011.01.014．{XU Yongqing,ZHU Yueliang,LI Jun,GUO Yuanfa,LU Sheng,FAN Xinyu,XU Xiaoshan,TANG Hui,MA Tao,DING Jing,TANG Xun,LIN Yueqiu,LV Qian. The superior gluteal neurocutaneous flap transfer for sacrococcygeal pressure sores[J]. Zhonghua Xian Wei Wai Ke Za Zhi[Chin J Microsurg(Article in Chinese;Abstract in Chinese)],2011,34(1):29-30. DOI:10.3760/cma.j.issn.1001-2036.2011.01.014.}

[9526] 黄道强，谢家水，汤培．改良臀股部肌皮瓣修复褥疮 22 例 [J]．中国矫形外科杂志，2011，19（12）：981-981．DOI：10.3977/j.issn.1005-8478.2011.12.04．{HUANG Daoqiang,XIE Jiashui,TANG Pei. Modified gluteal femoral musculocutaneous flap to repair 22 cases of bedsore[J]. Zhongguo Jiao Xing Wai Ke Za Zhi[Orthop J China(Article in Chinese;No abstract available)],2011,19(12):981-981. DOI:10.3977/j.issn.1005-8478.2011.12.04.}

[9527] 夏双印，陈伟华，殷赫，夏昊晨．扩张的侧后臀腰部双蒂 Ω 形皮瓣修复前臂环形瘢痕 [J]．中华整形外科杂志，2011，27（2）：104-106．DOI：10.3760/cma.j.issn.1009-4598.2011.02.008．{XIA Shuangyin,CHEN Weihua,YIN He,XIA Haochen. Repair of circular scar in the forearm by expanded double-pedicle Ω-shaped flap at the rear flank of bottom-waist[J]. Zhonghua Zheng Xing Wai Ke Za Zhi[Chin J Plast Surg(Article in Chinese;Abstract in Chinese and English)],2011,27(2):104-106. DOI:10.3760/cma.j.issn.1009-4598.2011.02.008.}

[9528] 吴志贤，卫裴，梁杰，彭智．臀上皮神经营养血管双叶筋膜皮瓣转位修复骶尾部褥疮 [J]．中华显微外科杂志，2013，36（3）：302-304．DOI：10.3760/cma.j.issn.1001-2036.2013.03.030．{WU Zhixian,WEI Pei,LIANG Jie,PENG Zhi. Restoration of sacrococcygeal bedsore by transposition of double leaf fascia flap with gluteal epithelial nerve nutrient vessels[J]. Zhonghua Xian Wei Wai Ke Za Zhi[Chin J Microsurg(Article in Chinese;Abstract in Chinese)],2013,36(3):302-304. DOI:10.3760/cma.j.issn.1001-2036.2013.03.030.}

[9529] 郭峭峰，黄凯，张展，刘亦杨，沈立锋，张春．肌（皮）瓣转移修复臀骶部褥疮的临床疗效 [J]．中华显微外科杂志，2014，37（5）：515-517．DOI：10.3760/cma.j.issn.1001-2036.2014.05.033．{GUO Qiaofeng,HUANG Kai,ZHANG Zhan,LIU Yiyang,SHEN Lifeng,ZHANG Chun. Clinical effect of muscle (skin) flap transfer in repairing gluteal sacral bedsore[J]. Zhonghua Xian Wei Wai Ke Za Zhi[Chin J Microsurg(Article in Chinese;Abstract in Chinese)],2014,37(5):515-517. DOI:10.3760/cma.j.issn.1001-2036.2014.05.033.}

[9530] 王君，潘云川，徐家钦，梁尊鸿，井刚，潘南芳．双侧臀部旋转皮瓣修复骶尾部巨大压疮 52 例 [J]．中华烧伤杂志，2017，33（12）：775-777．DOI：10.3760/cma.j.issn.1009-2587.2017.12.011．{WANG Jun,PAN Yunchuan,XU Jiaqin,LIANG Zunhong,JING Gang,PAN Nanfang. Repair of 52 cases of giant pressure ulcers in sacrococcyx with bilateral rotary hip flap[J]. Zhonghua Shao Shang Za Zhi[Chin J Burns(Article in Chinese;No abstract available)],2017,33(12):775-777. DOI:10.3760/cma.j.issn.1009-2587.2017.12.011.}

[9531] 崔泽龙，首家保，刘波，汪海涵，林阳洋，曾佳兴，龙照忠，陈英斌，张雪梅．X-N 推进皮瓣修复臀部或背部压疮创面的临床效果 [J]．中华烧伤杂志，2020，36（6）：476-479．DOI：10.3760/cma.j.cn501120-20191011-00399．{CUI Zelong,SHOU Jialong,WANG Haihan,LIN Yangyang,ZENG Jiaxing,LONG Zhaozhong,CHEN Yingbin,ZHANG Xuemei. Clinical effect of X-N advancement flap in repairing pressure ulcer on the buttock or back[J]. Zhonghua Shao Shang Za Zhi[Chin J Burns(Article in Chinese;Abstract in Chinese and English)],2020,36(6):476-479. DOI:10.3760/cma.j.cn501120-20191011-00399.}

4.3.3.4 臀动脉穿支皮瓣
perforator flap of gluteal artery

[9532] Zhang N,Yu X,Zhao Q,Shi K,Jin Z,Zhang X,Lei H,Yu J. Rotational repair of pressure ulcer using double-perforators based flaps:A report of 11 cases[J]. J Tissue Viability,2016,25(4):244-248. doi:10.1016/j.jtv.2016.06.003.

[9533] Cheng J,Zhang Q,Feng S,Wu X,Huo W,Ma Y,Cai J,Liu M. Clover-style fasciocutaneous perforator flap for reconstruction of massive sacral pressure sores[J]. Ann Plast Surg,2021,86(1):62-66. doi:10.1097/SAP.0000000000002442.

[9534] 穆兰花，严义坪，栾杰，范飞，李森恺．臀上、臀下动脉穿支皮瓣的解剖学研究 [J]．中华整形外科杂志，2005，21（4）：278-280．DOI：10.3760/j.issn：1009-4598.2005.04.012．{MU Lanhua,YAN Yiping,LUAN Jie,FAN Fei,LI Senkai. Anatomy study of superior and inferior gluteal artery perforator flap[J]. Zhonghua Zheng Xing Wai Ke Za Zhi[Chin J Plast Surg(Article in Chinese;Abstract in Chinese and English)],2005,21(4):278-280. DOI:10.3760/

j.issn:1009-4598.2005.04.012.}

[9535] 胡斯旺，戴开宇，梅劲，唐茂林．臀区穿支皮瓣的应用解剖学研究[J]．中国临床解剖学杂志，2006，24(3)：243-246．DOI：10.3969/j.issn.1001-165X.2006.03.006．{HU Siwang,DAI Kaiyu,MEI Jin,TANG Maolin. Applied anatomy of the superior and inferior gluteal artery perforator flaps[J]. Zhongguo Lin Chuang Jie Pou Xue Za Zhi[Chin J Clin Anat(Article in Chinese;Abstract in Chinese and English)],2006,24(3):243-246. DOI:10.3969/j.issn.1001-165X.2006.03.006.}

[9536] 谢昀，林建华，叶君健，郑和平．臀下动脉穿支蒂复合组织瓣修复骶尾部巨大褥疮的解剖与临床应用[J]．中华显微外科杂志，2014，37(4)：373-376．DOI：10.3760/cma.j.issn.1001-2036.2014.04.015．{XIE Yun,LIN Jianhua,YE Junjian,ZHENG Heping. Anatomical study and clinical applications of complex tissue flap pedicled with inferior gluteal artery perforator for repairing giant sacrococcygeal pressure sore[J]. Zhonghua Xian Wei Wai Ke Za Zhi[Chin J Microsurg(Article in Chinese;Abstract in Chinese and English)],2014,37(4):373-376. DOI:10.3760/cma.j.issn.1001-2036.2014.04.015.}

4.3.4 其他
other flaps

[9537] 范锡海，郭延章，梁进，孙旭海．内踝上穿支皮瓣修复踝部皮肤缺损九例[J]．中华整形外科杂志，2003，19(4)：257．DOI：10.3760/j.issn：1009-4598.2003.04.022．{FAN Xihai,GUO Yanzhang,LIANG Jin,SUN Xuhai. Repair of skin defect of ankle with upper medial malleolus perforator flap in 9 cases[J]. Zhonghua Zheng Xing Wai Ke Za Zhi[Chin J Plast Surg(Article in Chinese;No abstract available)],2003,19(4):257. DOI:10.3760/j.issn:1009-4598.2003.04.022.}

[9538] 张世民，徐达传，张发惠，袁锋，李海丰，俞光荣．外踝后穿支皮瓣[J]．中国临床解剖学杂志，2005，23(4)：345-348，356．DOI：10.3969/j.issn.1001-165X.2005.04.003．{ZHANG Shimin,XU Dachuan,ZHANG Fahui,YUAN Feng,LI Haifeng,YU Guangrong. Lateral retromalleolar perforator flap[J]. Zhongguo Lin Chuang Jie Pou Xue Za Zhi[Chin J Clin Anat(Article in Chinese;Abstract in Chinese and English)],2005,23(4):345-348,356. DOI:10.3969/j.issn.1001-165X.2005.04.003.}

[9539] 冯瑞铮，吴志雄，董佳生．大鼠腹部穿支皮瓣动物模型的建立[J]．组织工程与重建外科杂志，2005，1(3)：167-169．DOI：10.3969/j.issn.1673-0364.2005.03.015．{FENG Ruizheng,WU Zhixiong,DONG Jiasheng. The investigation of model with abdominal perforator flap in rat[J]. Zu Zhi Gong Cheng Yu Chong Jian Wai Ke Za Zhi[J Tissue Eng Reconstr Surg(Article in Chinese;Abstract in Chinese and English)],2005,1(3):167-169. DOI:10.3969/j.issn.1673-0364.2005.03.015.}

[9540] 张彬，李德志，唐平章．穿支游离皮瓣修复头颈肿瘤术后缺损[J]．中华整形外科杂志，2006，22(5)：347-350．DOI：10.3760/j.issn：1009-4598.2006.05.008．{ZHANG Bin,LI Dezhi,TANG Pingzhang. Free perforator flaps in head and neck reconstruction[J]. Zhonghua Zheng Xing Wai Ke Za Zhi[Chin J Plast Surg(Article in Chinese;Abstract in Chinese and English)],2006,22(5):347-350. DOI:10.3760/j.issn:1009-4598.2006.05.008.}

[9541] 方声教，叶胜捷，李泳焱．窄蒂脐旁穿支皮瓣修复手指电烧伤36例[J]．中华烧伤杂志，2007，23(4)：307．DOI：10.3760/cma.j.issn.1009-2587.2007.04.026．{FANG Shengjiao,YE Shengjie,LI Yongyan. Repair of 36 cases of electric finger burn with narrow pedicle paravumbilical perforator flap[J]. Zhonghua Shao Shang Za Zhi[Chin J Burns(Article in Chinese;No abstract available)],2007,23(4):307. DOI:10.3760/cma.j.issn.1009-2587.2007.04.026.}

[9542] 刘育凤，归来，张智勇，牛峰，黄绿萍，张继，李慧超．主干蒂与穿支蒂穿支皮瓣血流动力学的比较研究[J]．中国修复重建外科杂志，2007，21(4)：331-335．{LIU Yufeng,LEI Lei,ZHANG Zhiyong,NIU Feng,HUANG Luping,ZHANG Ji,LI Huichao. Influence of pedicle length on perforator flap in hemodynamics[J]. Zhongguo Xiu Fu Chong Jian Wai Ke Za Zhi[Chin J Repar Reconstr Surg(Article in Chinese;Abstract in Chinese and English)],2007,21(4):331-335.}

[9543] 张彬．穿支皮瓣修复的新进展[J]．中国修复重建外科杂志，2007，21(9)：945-947．{ZHANG Bin. New progress of perforator flap repair[J]. Zhongguo Xiu Fu Chong Jian Wai Ke Za Zhi[Chin J Repar Reconstr Surg(Article in Chinese;Abstract in Chinese and English)],2007,21(9):945-947.}

[9544] 王先成，鲁青，李晓芳，吴祖林，赵柏程，贺吉庸，王玉银，刘小平，皮立．岛状穿支皮瓣在会阴部及腹股沟创面的应用[J]．中华整形外科杂志，2008，24(4)：318-319．DOI：10.3760/j.issn：1009-4598.2008.04.023．{WANG Xiancheng,LU Qing,LI Xiaofang,WU Zulin,ZHAO Baicheng,HE Jiyong,WANG Yuyin,LIU Xiaoping,PI Li. Application of island perforator flap in repair of perineum and groin wounds[J]. Zhonghua Zheng Xing Wai Ke Za Zhi[Chin J Plast Surg(Article in Chinese;No abstract available)],2008,24(4):318-319. DOI:10.3760/j.issn:1009-4598.2008.04.023.}

[9545] 梁奕敏，李青峰．穿支皮瓣在头颈部修复重建中的应用进展[J]．中华整形外科杂志，2008，24(5)：409-412．DOI：10.3760/j.issn：1009-4598.2008.05.030．{LIANG Yimin,LI Qingfeng. Progress in application of perforator flap in the repair and reconstruction of head and neck[J]. Zhonghua Zheng Xing Wai Ke Za Zhi[Chin J Plast Surg(Article in Chinese;No abstract available)],2008,24(5):409-412. DOI:10.3760/j.issn:1009-4598.2008.05.030.}

[9546] 陈铿，柴益民．穿支皮瓣研究进展[J]．国际骨科学杂志，2008，29(6)：370-371，404．DOI：10.3969/j.issn.1673-7083.2008.06.008．{CHEN Keng,CHAI Yimin. New progress of the perforator flaps[J]. Guo Ji Gu Ke Xue Za Zhi [Int J Orthop(Article in Chinese;No abstract available)],2008,29(6):370-371,404. DOI:10.3969/j.issn.1673-7083.2008.06.008.}

[9547] 张红霞，赵笑燕，林浩．骨间背侧动脉近端穿支皮瓣的临床应用[J]．中华显微外科杂志，2009，32(5)：435．DOI：10.3760/cma.j.issn.1001-2036.2009.05.042．{ZHANG Hongxia,ZHAO Xiaoyan,LIN Hao. Clinical application of proximal interosseous dorsal artery perforator flap[J]. Zhonghua Xian Wei Wai Ke Za Zhi[Chin J Microsurg(Article in Chinese;No abstract available)],2009,32(5):435. DOI:10.3760/cma.j.issn.1001-2036.2009.05.042.}

[9548] 高伟阳，张峰，李志杰，李晓阳，蒋良福，虞庆．前臂背桡侧穿支皮瓣游离移植修复手指软组织缺损[J]．中华手外科杂志，2009，25(2)：71-73．{GAO Weiyang,ZHANG Feng,LI Zhijie,LI Xiaoyang,JIANG Liangfu,YU Qing. Free transplantation of radial perforator flap on dorsal forearm to repair finger soft tissue defect[J]. Zhonghua Shou Wai Ke Za Zhi[Chin J Hand Surg(Article in Chinese;Abstract in Chinese)],2009,25(2):71-73.}

[9549] 周祥吉，庞晖，杨富强，李东柱，高学建，范启申．穿支皮瓣移植在手指创面修复中的应用[J]．中华手外科杂志，2009，25(2)：78-80．{ZHOU Xiangji,PANG Hui,YANG Fuqiang,LI Dongzhu,GAO Xuejian,FAN Qishen. Application of perforator flap transplantation in finger wound repair[J]. Zhonghua Shou Wai Ke Za Zhi[Chin J Hand Surg(Article in Chinese;Abstract in Chinese)],2009,25(2):78-80.}

[9550] 刘坤，阮洪江，刘俊建，范存义，蔡培华．肋间皮穿支带蒂腹部皮瓣在肘前创面的应用[J]．中华创伤骨科杂志，2009，11(10)：997-998．DOI：10.3760/cma.j.issn.1671-7600.2009.10.026．{LIU Kun,RUAN Hongjiang,LIU Junjian,FAN Cunyi,CAI Peihua. Application of abdominal flap pedicled with intercostal perforator to repair anterior cubital wounds[J]. Zhonghua Chuang Shang Gu Ke Za Zhi[Chin J Orthop Trauma(Article in Chinese;Abstract in Chinese and English)],2009,11(10):997-998. DOI:10.3760/cma.j.issn.1671-7600.2009.10.026.}

[9551] 梁钢，孙建平，张庆洋，张水良，王永军．穿支皮瓣修复足踝部Ⅳ度烧伤15例[J]．中华烧伤杂志，2009，25(2)：151-152．DOI：10.3760/cma.j.issn.1009-2587.2009.02.027．{LIANG Gang,SUN Jianping,ZHANG Qingyang,ZHANG Shuiliang,WANG Yongjun. Perforators of skin flap to repair the Ⅳ-degree ankle burns in 15 cases[J]. Zhonghua Shao Shang Za Zhi[Chin J Burns(Article in Chinese;No abstract available)],2009,25(2):151-152. DOI:10.3760/cma.j.issn.1009-2587.2009.02.027.}

[9552] 崔立群，陈金钢，张明，赵万超，马睿．足底内侧动脉穿支蒂足背内侧皮神经逆行皮瓣的应用[J]．中华整形外科杂志，2009，25(3)：178-180．DOI：10.3760/cma.j.issn.1009-4598.2009.03.006．{CUI Liqun,CHEN Jingang,ZHANG Ming,ZHAO Wanchao,MA Rui. The clinical application of plantar medial perforator artery based reverse island medial dorsal pedal neurocutaneous vascular flaps[J]. Zhonghua Zheng Xing Wai Ke Za Zhi[Chin J Plast Surg(Article in Chinese;Abstract in Chinese and English)],2009,25(3):178-180. DOI:10.3760/cma.j.issn.1009-4598.2009.03.006.}

[9553] 巨积辉，赵强，刘跃飞，魏诚，李雷，金光哲，李建宁，刘新益，侯瑞兴．改良游离下腹部穿支皮瓣修复手部创面[J]．中华损伤与修复杂志（电子版），2009，4(2)：156-164．DOI：10.3969/j.issn.1673-9450.2009.02.007．{JU Jihui,ZHAO Qiang,LIU Yuefei,WEI Cheng,LI Lei,JIN Guangzhe,LI Jianning,LIU Xinyi,HOU Ruixing. Clinical application of modified hand reconstruction using deep inferior epigastric artery perforator flaps[J]. Zhonghua Sun Shang Yu Xiu Fu Za Zhi Dian Zi Ban[Chin J Injury Repair Wound Healing(Electr Ed)(Article in Chinese;Abstract in Chinese and English)],2009,4(2):156-164. DOI:10.3969/j.issn.1673-9450.2009.02.007.}

[9554] 黄友华，吴多庆，符林雄，杨能，李文平，张寿．穿支皮瓣修复小腿及足踝部软组织缺损[J]．中华损伤与修复杂志（电子版），2009，4(4)：430-439．DOI：10.3969/j.issn.1673-9450.2009.04.012．{HUANG Youhua,WU Duoqing,FU Linxiong,YANG Neng,LI Wenping,ZHANG Shou. Perforator flap for tissue defect in foot and ankle[J]. Zhonghua Sun Shang Yu Xiu Fu Za Zhi Dian Zi Ban[Chin J Injury Repair Wound Healing(Electr Ed)(Article in Chinese;Abstract in Chinese and English)],2009,4(4):430-439. DOI:10.3969/j.issn.1673-9450.2009.04.012.}

[9555] 戴捷，周晓，陈杰，喻建军，李赞．穿支皮瓣移植修复头颈肿瘤术后洞穿性缺损[J]．组织工程与重建外科杂志，2009，5(3)：153-155．DOI：10.3969/j.issn.1673-0364.2009.06.010．{DAI Jie,ZHOU Xiao,CHEN Jie,YU Jianjun,LI Zan. Clinical application of perforator flaps for the reconstruction of perforating defects in the head and neck[J]. Zu Zhi Gong Cheng Yu Chong Jian Wai Ke Za Zhi[J Tissue Eng Reconstr Surg(Article in Chinese;Abstract in Chinese and English)],2009,5(3):153-155. DOI:10.3969/j.issn.1673-0364.2009.06.010.}

[9556] 毛以华，唐茂林．Choke vessels与穿支皮瓣的扩展[J]．中国临床解剖学杂志，2010，28(2)：228-230．{MAO Yihua,TANG Maolin. Choke vessels and expansion of perforator[J]. Zhongguo Lin Chuang Jie Pou Xue Za Zhi[Chin J Clin Anat(Article in Chinese;Abstract in Chinese and English)],2010,28(2):228-230.}

[9557] 杨晓荣，孟泽明，康彦文，臧成五，罗旭超，唐光伟．游离穿支皮瓣修复手部软组织缺损61例[J]．中华显微外科杂志，2010，33(1)：84．DOI：10.3760/cma.j.issn.1001-2036.2010.01.040．{YANG Xiaorong,MENG Zezu,KANG Yanwen,ZANG Chengwu,LUO Xuchao,TANG Guangwei. Repair of soft tissue defect of hand with free perforator flap in 61 cases[J]. Zhonghua Xian Wei Wai Ke Za Zhi[Chin J Microsurg(Article in Chinese;No abstract available)],2010,33(1):84. DOI:10.3760/cma.j.issn.1001-2036.2010.01.040.}

[9558] 林松庆，林凤英，张发惠．内踝前穿支蒂隐神经营养血管皮瓣的临床应用[J]．中华显微外科杂志，2010，33(2)：112-114，后插五．DOI：10.3760/cma.j.issn.1001-2036.2010.02.010．{LIN Songqing,LIN Fengying,ZHANG Fahui. Clinical application of distally-based the perforator saphenous neuro-veno-fasciocutaneous flap[J]. Zhonghua Xian Wei Wai Ke Za Zhi[Chin J Microsurg(Article in Chinese;Abstract in Chinese and English)],2010,33(2):112-114,insert 5. DOI:10.3760/cma.j.issn.1001-2036.2010.02.010.}

[9559] 唐举玉，李康华，廖前德，何洪波，林涨源，梁捷予，罗令，吴攀峰，宋达疆．穿支皮瓣移植修复四肢软组织缺损108例[J]．中华显微外科杂志，2010，33(3)：186-189，后插1．DOI：10.3760/cma.j.issn.1001-2036.2010.03.005．{TANG Juyu,LI Kanghua,LIAO Qiande,HE Hongbo,LIN Zhengyuan,LIANG Jieyu,LUO Ling,WU Panfeng,SONG Dajiang. Transplantation of perforator flaps:Systematic review of 108 case series[J]. Zhonghua Xian Wei Wai Ke Za Zhi[Chin J Microsurg(Article in Chinese;Abstract in Chinese and English)],2010,33(3):186-189,insert 1. DOI:10.3760/cma.j.issn.1001-2036.2010.03.005.}

[9560] 潘朝晖，王剑利，蒋萍萍，薛山，刘学胜．应用穿支皮瓣治疗下肢远端慢性骨髓炎并皮肤缺损[J]．中华显微外科杂志，2010，33(5)：353-356．DOI：10.3760/cma.j.issn.1001-2036.2010.05.001．{PAN Zhaohui,WANG Jianli,JIANG Pingping,XUE Shan,LIU Xuesheng. Application of perforator flaps to repair chronic osteomyelitis with soft tissue defect in the distal lower extremity[J]. Zhonghua Xian Wei Wai Ke Za Zhi[Chin J Microsurg(Article in Chinese;Abstract in Chinese and English)],2010,33(5):353-356. DOI:10.3760/cma.j.issn.1001-2036.2010.05.001.}

[9561] 杨晓东，刘杨武，杨锦，丁建波，楼旭鹏，张根福．穿支皮瓣游离移植修复足部创面缺损[J]．中华创伤骨科杂志，2010，12(8)：761-765．DOI：10.3760/cma.j.issn.1671-7600.2010.08.014．{YANG Xiaodong,LIU Yangwu,YANG Jin,DING Jianbo,LOU Xupeng,ZHANG Genfu. Reconstruction of soft-tissue defects in foot using free graft of perforator flap[J]. Zhonghua Chuang Shang Gu Ke Za Zhi[Chin J Orthop Trauma(Article in Chinese;Abstract in Chinese and English)],2010,12(8):761-765. DOI:10.3760/cma.j.issn.1671-7600.2010.08.014.}

[9562] 崔立群，马睿，赵万超，张明．内踝上穿支蒂隐神经营养血管逆行皮瓣的临床应用[J]．中华显微外科杂志，2011，34(2)：141-142．DOI：10.3760/cma.j.issn.1001-2036.2011.02.021．{CUI Liqun,MA Rui,ZHAO Wanchao,ZHANG Ming. Clinical application of retrograde saphenous nerve nutrient flap with superior perforator branch of medial malleolus[J]. Zhonghua Xian Wei Wai Ke Za Zhi[Chin J Microsurg(Article in Chinese;Abstract in Chinese)],2011,34(2):141-142. DOI:10.3760/cma.j.issn.1001-2036.2011.02.021.}

[9563] 张俊峰，毋磊，李钢，孙笛，赵丽，简玉洛．应用小腿外侧穿支皮瓣修复手部皮肤缺损[J]．中华显微外科杂志，2011，34(2)：143-145．DOI：10.3760/cma.j.issn.1001-2036.2011.02.023．{ZHANG Junfeng,WU Lei,LI Gang,SUN Di,ZHAO Li,JIAN Yuluo. The lateral leg perforator flap was used to repair the skin defect of hand[J]. Zhonghua Xian Wei Wai Ke Za Zhi[Chin J Microsurg(Article in Chinese;Abstract in Chinese)],2011,34(2):143-145. DOI:10.3760/cma.j.issn.1001-2036.2011.02.023.}

[9564] 杨庆达，卢建国，苏瑞鉴，卢家灵，张智钊，梁波，曾麟杰．穿支血管蒂足内侧隐神经营养血管皮瓣修复踇趾皮肤缺损[J]．中华显微外科杂志，2011，34(4)：319-321．DOI：10.3760/cma.j.issn.1001-2036.2011.04.021．{YANG Qingda,LU Jianguo,SU Ruijian,LU Jialing,ZHANG Zhizhao,LIANG Bo,ZENG Linjie. Repair of toe skin defect with medial saphenous nerve nutrient vascular flap pedicled with perforator branch[J]. Zhonghua Xian Wei Wai Ke Za Zhi[Chin J Microsurg(Article in Chinese;Abstract in Chinese)],2011,34(4):319-321. DOI:10.3760/cma.j.issn.1001-2036.2011.04.021.}

[9565] 唐举玉．穿支皮瓣的临床应用进展[J]．中华显微外科杂志，2011，34(5)：359-362．DOI：10.3760/cma.j.issn.1001-2036.2011.05.002．{TANG Juyu. Progress in clinical application of perforator flap[J]. Zhonghua Xian Wei Wai Ke Za Zhi[Chin J Microsurg(Article in Chinese;No abstract available)],2011,34(5):359-362. DOI:10.3760/cma.j.issn.1001-2036.2011.05.002.}

[9566] 朱庆棠，戚剑，顾立强，王东，郑灿镔，李平，李智勇，向剑平，刘小林．前臂背侧终末穿支游离皮瓣修复指端缺损[J]．中华显微外科杂志，2011，34(5)：410-411．

DOI：10.3760/cma.j.issn.1001-2036.2011.05.022. {ZHU Qingtang,QI Jian,GU Liqiang,WANG Dong,ZHENG Canbin,LI Ping,LI Zhiyong,XIANG Jianping,LIU Xiaolin. Free forearm dorsal perforator flap to repair finger tip defect[J]. Zhonghua Xian Wei Wai Ke Za Zhi[Chin J Microsurg(Article in Chinese;Abstract in Chinese)],2011,34(5):410-411. DOI:10.3760/cma.j.issn.1001-2036.2011.05.022.}

[9567] 王亮，郭恩琪，谢庆平，晋培红，范奔，许新伟，朱孜冠. 前臂尺侧穿支皮瓣修复邻双指指端缺损 [J]. 中华手外科杂志，2011，27(3)：186-187. DOI：10.3760/cma.j.issn.1005-054X.2011.03.024. {WANG Liang,GUO Enqi,XIE Qingping,JIN Peihong,FAN Ben,XU Xinwei,ZHU Ziguan. The ulnar perforator flap of forearm was used to repair the defect of adjacent fingertips[J]. Zhonghua Shou Wai Ke Za Zhi[Chin J Hand Surg(Article in Chinese;Abstract in Chinese)],2011,27(3):186-187. DOI:10.3760/cma.j.issn.1005-054X.2011.03.024.}

[9568] 许亚军，姚群，芮永军，陈政，周晓，柯尊山，周建东，陈学明. 游离髂腹部穿支皮瓣的临床应用 [J]. 中华手外科杂志，2011，27(4)：208-210. DOI：10.3760/cma.j.issn.1005-054X.2011.04.009. {XU Yajun,YAO Qun,RUI Yongjun,CHEN Zheng,ZHOU Xiao,KE Zunshan,ZHOU Jiandong,CHEN Xueming. Clinical application of free ilio-abdominal perforator flap[J]. Zhonghua Shou Wai Ke Za Zhi[Chin J Hand Surg(Article in Chinese;Abstract in Chinese and English)],2011,27(4):208-210. DOI:10.3760/cma.j.issn.1005-054X.2011.04.009.}

[9569] 张沛，梁钢，徐宝成，丁健. 前臂穿支皮瓣修复手及腕部软组织缺损 24 例 [J]. 中华烧伤杂志，2011，27(3)：234-235. DOI：10.3760/cma.j.issn.1009-2587.2011.03.026. {ZHANG Pei,LIANG Gang,XU Baocheng,DING Jian. Repair of soft tissue defect of hand and wrist with forearm perforator flap in 24 cases[J]. Zhonghua Shao Shang Za Zhi[Chin J Burns(Article in Chinese;No abstract available)],2011,27(3):234-235. DOI:10.3760/cma.j.issn.1009-2587.2011.03.026.}

[9570] 竺枫，尹峰. 游离膝降动脉股内侧穿支皮瓣修复下肢软组织缺损 [J]. 实用手外科杂志，2011，25(3)：187-188. DOI：10.3969/j.issn.1671-2722.2011.03.004. {ZHU Feng,YIN Feng. Transplanting the free descending genicular artery pedis perforator flap for repairing the limb soft-tissue defect[J]. Shi Yong Shou Wai Ke Za Zhi[Chin J Pract Hand Surg(Article in Chinese;Abstract in Chinese and English)],2011,25(3):187-188. DOI:10.3969/j.issn.1671-2722.2011.03.004.}

[9571] 杨大平，唐茂林. 穿支皮瓣修复肢体软组织缺损的疗效观察 [J]. 中国修复重建外科杂志，2011，25(9)：1047-1050. {ZHANG Bin. Clinical application of perforator flap in repairing soft tissue defects of extremities[J]. Zhongguo Xiu Fu Chong Jian Wai Ke Za Zhi[Chin J Repar Reconstr Surg(Article in Chinese;Abstract in Chinese and English)],2011,25(9):1047-1050.}

[9572] 周荣，金光哲，巨积辉，李建宁，赵强，刘跃飞，李雷，侯瑞兴. 内踝上穿支皮瓣修复足踝部皮肤缺损 [J]. 中国临床解剖学杂志，2012，30(6)：693-695. {ZHOU Rong,JIN Guangzhe,JU Zhihui,LI Jianning,ZHAO Qiang,LIU Yuefei,LI Lei,HOU Ruixing. Repair of ankle skin defect with upper perforator flap of the medial malleolus[J]. Zhongguo Lin Chuang Jie Pou Xue Za Zhi[Chin J Clin Anat(Article in Chinese;Abstract in Chinese and English)],2012,30(6):693-695.}

[9573] 张世民，王欣，陶友伦，张英琪，黄轶刚. 小腿远端蒂穿支皮瓣修复足踝创面的蒂部改进 [J]. 中华显微外科杂志，2012，35(1)：23-26. DOI：10.3760/cma.j.issn.1001-2036.2012.01.011. {ZHANG Shimin,WANG Xin,TAO Youlun,ZHANG Yingqi,HUANG Yigang. Distally based sural perforator propeller flap for foot and ankle reconstruction:technical pedicle evolufion[J]. Zhonghua Xian Wei Wai Ke Za Zhi[Chin J Microsurg(Article in Chinese;Abstract in Chinese and English)],2012,35(1):23-26. DOI:10.3760/cma.j.issn.1001-2036.2012.01.011.}

[9574] 刘鸣江，夏晓丹，唐举玉，谢松林. 股外侧穿支皮瓣的临床应用研究 [J]. 中华显微外科杂志，2012，35(2)：100-103，后插 2. DOI：10.3760/cma.j.issn.1001-2036.2012.02.004. {LIU Mingjiang,XIA Xiaodan,TANG Juyu,XIE Songlin. Clinical application study of lateral thigh perforator flap[J]. Zhonghua Xian Wei Wai Ke Za Zhi[Chin J Microsurg(Article in Chinese;Abstract in Chinese and English)],2012,35(2):100-103,insert 2. DOI:10.3760/cma.j.issn.1001-2036.2012.02.004.}

[9575] 梅劲，魏鹏，章伟文，唐茂林. PubMed 数据库中有关穿支皮瓣研究的文献计量学分析 [J]. 中华显微外科杂志，2012，35(2)：107-110. DOI：10.3760/cma.j.issn.1001-2036.2012.02.006. {MEI Jin,WEI Peng,ZHANG Weiwen,TANG Maolin. Bibliometric analysis on perforator flap research literatures based on PubMed[J]. Zhonghua Xian Wei Wai Ke Za Zhi[Chin J Microsurg(Article in Chinese;Abstract in Chinese and English)],2012,35(2):107-110. DOI:10.3760/cma.j.issn.1001-2036.2012.02.006.}

[9576] 谢松林，唐举玉，陶克奇，黄雄杰，夏小丹，刘昌雄，李匡文. 游离穿支皮瓣移植的临床应用经验 [J]. 中华显微外科杂志，2012，35(3)：229-231. DOI：10.3760/cma.j.issn.1001-2036.2012.03.020. {XIE Songlin,TANG Juyu,TAO Keqi,HUANG Xiongjie,XIA Xiaodan,LIU Changxiong,LI Kuangwen. Clinical experience of free perforator flap transplantation[J]. Zhonghua Xian Wei Wai Ke Za Zhi[Chin J Microsurg(Article in Chinese;Abstract in Chinese)],2012,35(3):229-231. DOI:10.3760/cma.j.issn.1001-2036.2012.03.020.}

[9577] 谢松林，唐举玉，陶克奇，黄雄杰，夏小丹，李匡文. 游离修薄穿支皮瓣的临床研究 [J]. 中华显微外科杂志，2012，35(4)：321-322. DOI：10.3760/cma.j.issn.1001-2036.2012.04.020. {XIE Songlin,TANG Juyu,TAO Keqi,HUANG Xiongjie,XIA Xiaodan,LI Kuangwen. Clinical study of free thinning perforator flap[J]. Zhonghua Xian Wei Wai Ke Za Zhi[Chin J Microsurg(Article in Chinese;Abstract in Chinese)],2012,35(4):321-322. DOI:10.3760/cma.j.issn.1001-2036.2012.04.020.}

[9578] 刘成，付纳新，李坚，寿康全，黄晖，唐化政. 小腿穿支皮瓣修复胫前皮肤软组织缺损 [J]. 中华显微外科杂志，2012，35(5)：433-434. DOI：10.3760/cma.j.issn.1001-2036.2012.05.032. {LIU Cheng,FU Naxin,LI Jian,SHOU Kangquan,HUANG Hui,TANG Huazheng. Repair of anterior tibial skin and soft tissue defect with leg perforator flap[J]. Zhonghua Xian Wei Wai Ke Za Zhi[Chin J Microsurg(Article in Chinese;Abstract in Chinese)],2012,35(5):433-434. DOI:10.3760/cma.j.issn.1001-2036.2012.05.032.}

[9579] 徐永清，朱跃良，范新宇，石骥，梅良斌，李军，唐辉，李川. 吻合血管的小腿穿支皮瓣修复四肢创面 [J]. 中华显微外科杂志，2012，35(6)：450-452，后插 3. DOI：10.3760/cma.j.issn.1001-2036.2012.06.004. {XU Yongqing,ZHU Yueliang,FAN Xinyu,SHI Ji,MEI Liangbin,LI Jun,TANG Hui,LI Chuan. Free vascularized leg perforator flap for the wounds of the extremities[J]. Zhonghua Xian Wei Wai Ke Za Zhi[Chin J Microsurg(Article in Chinese;Abstract in Chinese and English)],2012,35(6):450-452,insert 3. DOI:10.3760/cma.j.issn.1001-2036.2012.06.004.}

[9580] 厉孟，高秋明，刘兴炎，文益民. 应用穿支皮瓣修复小腿下 1/3 软组织缺损 26 例 [J]. 中华显微外科杂志，2012，35(6)：503-504. DOI：10.3760/cma.j.issn.1001-2036.2012.06.024. {LI Meng,GAO Qiuming,LIU Xingyan,WEN Yimin. The perforator flap was used to repair the soft tissue defect of the lower third of the leg in 26 cases[J]. Zhonghua Xian Wei Wai Ke Za Zhi[Chin J Microsurg(Article in Chinese;Abstract in Chinese)],2012,35(6):503-504. DOI:10.3760/cma.j.issn.1001-2036.2012.06.024.}

[9581] 李军，朱跃良，徐永清，金涛，梅良斌，江慕尧. 一期修薄游离穿支皮瓣修复足踝部软组织缺损 [J]. 中华显微外科杂志，2012，35(6)：504-506. DOI：10.3760/cma.j.issn.1001-2036.2012.06.025. {LI Jun,ZHU Yueliang,XU Yongqing,JIN Tao,MEI Liangbin,JIANG Muyao. Repair soft tissue defect of ankle and foot with one-stage thinning free perforator flap[J]. Zhonghua Xian Wei Wai Ke Za Zhi[Chin J Microsurg(Article in Chinese;Abstract in Chinese)],2012,35(6):504-506. DOI:10.3760/cma.j.issn.1001-2036.2012.06.025.}

[9582] 吴攀峰，唐举玉，李康华，刘鸣江，肖湘君，黄雄杰，陈彦名，王郑钢. 吻合血管的骨间背穿支皮瓣修复手指皮肤缺损 [J]. 中华手外科杂志，2012，28(6)：361-363. DOI：10.3760/cma.j.issn.1005-054X.2012.06.019. {WU Panfeng,TANG Juyu,LI Kanhua,LIU Mingjiang,XIAO Xiangjun,HUANG Xiongjie,CHEN Yanming,WANG Zhenggang. Free posterior interosseous dorsal perforator flap for soft-tissue coverage of the finger[J]. Zhonghua Shou Wai Ke Za Zhi[Chin J Hand Surg(Article in Chinese;Abstract in Chinese and English)],2012,28(6):361-363. DOI:10.3760/cma.j.issn.1005-054X.2012.06.019.}

[9583] 朱跃良，梅良斌，王家祥，陈一英，吕乾，赵万秋，李军，徐永清. 穿支皮瓣修复跟周软组织缺损 [J]. 中华创伤骨科杂志，2012，14(10)：835-838. DOI：10.3760/cma.j.issn.1671-7600.2012.10.003. {ZHU Yueliang,MEI Liangbin,WANG Jiaxiang,CHEN Yiying,Lv Gan,ZHAO Wanqiu,LI Jun,XU Yongqing. Perforator flaps for soft tissue defects around the heel[J]. Zhonghua Chuang Shang Gu Ke Za Zhi[Chin J Orthop Trauma(Article in Chinese;Abstract in Chinese and English)],2012,14(10):835-838. DOI:10.3760/cma.j.issn.1671-7600.2012.10.003.}

[9584] 林涧，郑和平，林加福，余云兰. 臂内侧远端穿支皮瓣的临床应用 [J]. 中华创伤杂志，2012，28(10)：937-940. DOI：10.3760/cma.j.issn.1001-8050.2012.08.020. {LIN Jian,ZHENG Heping,LIN Jiafu,YU Yunlan. Clinical application of distal medial arm perforator flaps[J]. Zhonghua Chuang Shang Za Zhi[Chin J Trauma(Article in Chinese;Abstract in Chinese and English)],2012,28(10):937-940. DOI:10.3760/cma.j.issn.1001-8050.2012.08.020.}

[9585] 高建华，姜平. 穿支皮瓣之浅见 [J]. 中华整形外科杂志，2012，28(2)：81-82. DOI：10.3760/cma.j.issn.1009-4598.2012.02.001. {GAO Jianhua,JIANG Ping. A brief view of perforator flap[J]. Zhonghua Zheng Xing Wai Ke Za Zhi[Chin J Plast Surg(Article in Chinese;No abstract available)],2012,28(2):81-82. DOI:10.3760/cma.j.issn.1009-4598.2012.02.001.}

[9586] 竺枫，陈宏，薛建波，魏鹏，戚建武，王科杰，丁茂超，梅劲. 游离膝降动脉股内侧穿支皮瓣修复四肢软组织缺损 [J]. 中华整形外科杂志，2012，28(2)：92-95. DOI：10.3760/cma.j.issn.1009-4598.2012.02.004. {ZHU Feng,CHEN Hong,XUE Jianbo,Wei Peng,Qi Jianwu,Wang Kejie,Ding Maochao,Mei Jin. Anatomy of the free descending genicular artery perforator flap and its clinical application for softtissue defects at extremities[J]. Zhonghua Zheng Xing Wai Ke Za Zhi[Chin J Plast Surg(Article in Chinese;Abstract in Chinese and English)],2012,28(2):92-95. DOI:10.3760/cma.j.issn.1009-4598.2012.02.004.}

[9587] 江峰，刘雪涛. 游离骨间背侧动脉穿支皮瓣在手部软组织缺损中的应用 [J]. 实用骨科杂志，2012，18(6)：492-495. DOI：10.3969/j.issn.1008-5572.2012.06.005. {JIANG Feng,LIU Xuetao. Application of free dorsal interosseous artery perforator flap in hand soft tissue defects[J]. Shi Yong Gu Ke Za Zhi[J Pract Orthop(Article in Chinese;Abstract in Chinese and English)],2012,18(6):492-495. DOI:10.3969/j.issn.1008-5572.2012.06.005.}

[9588] 傅荣，游晓波，卫东，刘全. 穿支动脉皮瓣手术治疗骶尾部压疮 [J]. 创伤外科杂志，2012，14(1)：75-75. DOI：10.3969/j.issn.1009-4237.2012.01.028. {FU Rong,YOU Xiaobo,WEI Dong,LIU Quan. Reconstruction of sacral pressure ulcers utilizing perforator flaps:100 case report[J]. Chuang Shang Wai Ke Za Zhi[J Traum Surg(Article in Chinese;Abstract in Chinese and English)],2012,14(1):75-75. DOI:10.3969/j.issn.1009-4237.2012.01.028.}

[9589] 吕乾，朱跃良，梅良斌，徐永清. 前臂骨间背侧动脉穿支游离皮瓣修复手指创面 [J]. 创伤外科杂志，2012，14(4)：324-325. DOI：10.3969/j.issn.1009-4237.2012.04.011. {LV Gan,ZHU Yueliang,MEI Liangbin,XU Yongqing. Antebrachial interosseous artery free flap for repair of finger soft tissue defect[J]. Chuang Shang Wai Ke Za Zhi[J Traum Surg(Article in Chinese;Abstract in Chinese and English)],2012,14(4):324-325. DOI:10.3969/j.issn.1009-4237.2012.04.011.}

[9590] 滕晓峰，陈宏，梅劲. 臂外侧穿支皮瓣修复手指皮肤缺损的临床应用 [J]. 中华显微外科杂志，2013，36(1)：11-14. DOI：10.3760/cma.j.issn.1001-2036.2013.01.004. {TENG Xiaofeng,CHEN Hong,MEI Jin. Clinical apply of middle and small skin defect in finger injury with lateral arm free perforator flap[J]. Zhonghua Xian Wei Wai Ke Za Zhi[Chin J Microsurg(Article in Chinese;Abstract in Chinese and English)],2013,36(1):11-14. DOI:10.3760/cma.j.issn.1001-2036.2013.01.004.}

[9591] 唐举玉. 特殊形式穿支皮瓣的临床应用教程 [J]. 中华显微外科杂志，2013，36(2)：201-205. DOI：10.3760/cma.j.issn.1001-2036.2013.02.038. {TANG Juyu. Clinical application of special perforator flaps[J]. Zhonghua Xian Wei Wai Ke Za Zhi[Chin J Microsurg(Article in Chinese;No abstract available)],2013,36(2):201-205. DOI:10.3760/cma.j.issn.1001-2036.2013.02.038.}

[9592] 欧迪军，林阳. 应用修薄的腹部穿支皮瓣修复手部皮肤软组织缺损 [J]. 中华显微外科杂志，2013，36(3)：300-302. DOI：10.3760/cma.j.issn.1001-2036.2013.03.029. {OU DiJun,LIN Yang. The thinned perforator flap of abdomen was used to repair the skin and soft tissue defect of hand[J]. Zhonghua Xian Wei Wai Ke Za Zhi[Chin J Microsurg(Article in Chinese;Abstract in Chinese)],2013,36(3):300-302. DOI:10.3760/cma.j.issn.1001-2036.2013.03.029.}

[9593] 徐永清，范新宇. 小腿穿支皮瓣的临床应用 [J]. 中华显微外科杂志，2013，36(3)：308-311. DOI：10.3760/cma.j.issn.1001-2036.2013.03.033. {XU Yongqing,FAN Xinyu. Clinical application of leg perforator flap[J]. Zhonghua Xian Wei Wai Ke Za Zhi[Chin J Microsurg(Article in Chinese;No abstract available)],2013,36(3):308-311. DOI:10.3760/cma.j.issn.1001-2036.2013.03.033.}

[9594] 魏宝富，薛存银，伏传升，贾照强，裴红见，边海林. 小腿穿支皮瓣游离移植修复前足皮肤缺损 [J]. 中华显微外科杂志，2013，36(4)：390-392. DOI：10.3760/cma.j.issn.1001-2036.2013.06.026. {WEI Baofu,XUE Cunyin,FU Chuansheng,JIA Zhaoqiang,PEI Hongjian,BIAN Hailin. Repair of forefoot skin defect with free leg perforator flap graft[J]. Zhonghua Xian Wei Wai Ke Za Zhi[Chin J Microsurg(Article in Chinese;Abstract in Chinese)],2013,36(4):390-392. DOI:10.3760/cma.j.issn.1001-2036.2013.06.026.}

[9595] 韩培，杨庆诚，朱轶，张智长，汪春阳，王峰，柴益民. 前臂逆行带蒂穿支皮瓣修复手部肿瘤术后软组织缺损 [J]. 中华显微外科杂志，2013，36(5)：484-485. DOI：10.3760/cma.j.issn.1001-2036.2013.05.020. {HAN Pei,YANG Qingcheng,ZHU Yi,ZHANG Zhichang,WANG Chunyang,WANG Feng,CHAI Yimin. Repair of soft tissue defect after operation for hand tumor with retrograde forearm pedicle perforator flap[J]. Zhonghua Xian Wei Wai Ke Za Zhi[Chin J Microsurg(Article in Chinese;Abstract in Chinese)],2013,36(5):484-485. DOI:10.3760/cma.j.issn.1001-2036.2013.05.020.}

[9596] 王海文，顾荣，江新民，曾德庆，江吉勇，侯瑞兴. 足底内侧动脉穿支皮瓣修复手部掌侧皮肤软组织缺损 [J]. 中华显微外科杂志，2013，36(5)：486-488. DOI：10.3760/cma.j.issn.1001-2036.2013.05.021. {WANG Haiwen,GU Rong,JIANG Xinmin,ZENG Deqing,JIANG Jiyong,HOU Ruixing. Medial plantar artery perforator flap for repair of palmar skin and soft tissue defect of hand[J]. Zhonghua Xian Wei Wai Ke Za Zhi[Chin J Microsurg(Article in Chinese;Abstract in Chinese)],2013,36(5):486-488. DOI:10.3760/cma.j.issn.1001-2036.2013.05.021.}

[9597] 张道坤，张龙春，赵风景，陈莹. 胫骨滋养动脉穿支皮瓣修复虎口中度瘢痕挛缩七例 [J]. 中华烧伤杂志，2013，29(2)：210-211. DOI：10.3760/cma.j.issn.1009-2587.2013.02.030. {ZHANG Daokun,ZHANG Longchun,ZHAO Fengjing,CHEN Ying. Repair of seven cases of moderate scar contracture of the first web with tibial perforator flap with nourishing artery[J]. Zhonghua Shao Shang Za Zhi[Chin J Burns(Article in Chinese;No abstract available)],2013,29(2):210-211. DOI:10.3760/cma.j.issn.1009-2587.2013.02.030.}

[9598] 赵风林，赵太荣，王鑫，王文德，韩会峰. 胫骨滋养动脉穿支薄型皮瓣修复手部创面 11 例 [J]. 中华烧伤杂志，2013，29(4)：399-400. DOI：10.3760/cma.j.issn.1009-2587.2013.04.022. {ZHAO Fenglin,ZHAO Tairong,WANG Xin,WANG Wende,HAN Huifeng. Repair of hand wounds with thin tibial perforator flap with nourishing artery in 11 cases[J]. Zhonghua Shao Shang Za Zhi[Chin J Burns(Article in Chinese;No abstract available)],2013,29(4):399-400. DOI:10.3760/cma.j.issn.1009-2587.2013.04.022.}

[9599] 黄晓元. 重视穿支皮瓣在烧伤外科中的应用[J]. 中华烧伤杂志，2013，29(5)：417-420. DOI：10.3760/cma.j.issn.1009-2587.2013.05.001. {HUANG Xiaoyuan. Pay emphasis on the use of perforator flaps in burn surgery[J]. Zhonghua Shao Shang Za Zhi[Chin J Burns(Article in Chinese;Abstract in Chinese and English)],2013,29(5):417-420. DOI:10.3760/cma.j.issn.1009-2587.2013.05.001.}

[9600] 张丕红，张明华，谢庭鸿，周捷，任利成，梁鹏飞，曾纪章，黄晓元. 游离上臂外侧穿支皮瓣修复手足部电烧伤创面[J]. 中华烧伤杂志，2013，29(5)：424-426. DOI：10.3760/cma.j.issn.1009-2587.2013.05.004. {ZHANG Pihong,ZHANG Minghua,XIE Tinghong,ZHOU Jie,REN Licheng,LIANG Pengfei,ZENG Jizhang,HUANG Xiaoyuan. Repair of wound on hand or foot due to electrical burn using free lateral upper arm perforator flap[J]. Zhonghua Shao Shang Za Zhi[Chin J Burns(Article in Chinese;Abstract in Chinese and English)],2013,29(5):424-426. DOI:10.3760/cma.j.issn.1009-2587.2013.05.004.}

[9601] 李心怡，李小静，宁金龙，左宗宝. 应用足底角形穿支皮瓣修复足跟及前跖底缺损[J]. 中华整形外科杂志，2013，29(5)：341-344. DOI：10.3760/cma.j.issn.1009-4598.2013.05.006. {LI Xinyi,LI Xiaojing,NING Jinlong,ZUO Zongbao. Application of the plantar horn shaped fasciocutaneous perforator flaps for the reconstruction of the defects on heel and fore plantar[J]. Zhonghua Zheng Xing Wai Ke Za Zhi[Chin J Plast Surg(Article in Chinese;Abstract in Chinese and English)],2013,29(5):341-344. DOI:10.3760/cma.j.issn.1009-4598.2013.05.006.}

[9602] 杨明，曹东升，池征磷，谢娟，李红红，陈增红，朱邦中，鲍琼. 改良外踝上穿支皮瓣修复足背皮肤软组织缺损[J]. 安徽医科大学学报，2013，48(10)：1259-1261. {YANG Ming,CAO Dongsheng,CHI Zhengphosphorus,XIE Juan,LI Honghong,CHEN Zenghong,ZHU Bangzhong,BAO Qiong. Modified lateral supramalleolar perforator flaps for reconstruction of the soft tissue defect on dorsum of foot[J]. An Hui Yi Ke Da Xue Xue Bao[Acta Univ Med Anhui(Article in Chinese;Abstract in Chinese and English)],2013,48(10):1259-1261.}

[9603] 杨科跃，周丹亚，潘佳栋，胡瑞斌，李学渊，陈宏，滕晓峰，王欣. 游离穿支皮瓣在老年患者四肢皮肤缺损中的应用[J]. 中华显微外科杂志，2014，37(1)：17-21. DOI：10.3760/cma.j.issn.1001-2036.2014.01.006. {YANG Keyue,ZHOU Danya,PAN Jiadong,HU Ruibin,LI Xueyuan,CHEN Hong,TENG Xiaofeng,WANG Xin. Application of free perforator flaps transfer in senile patients with limb skin defects[J]. Zhonghua Xian Wei Wai Ke Za Zhi[Chin J Microsurg(Article in Chinese;Abstract in Chinese and English)],2014,37(1):17-21. DOI:10.3760/cma.j.issn.1001-2036.2014.01.006.}

[9604] 高自勉，李俊杰，高伟阳，陈时益，汪洋. 枸橼酸西地那非促进大鼠穿支皮瓣成活的研究[J]. 中华显微外科杂志，2014，37(1)：67-69. DOI：10.3760/cma.j.issn.1001-2036.2014.01.019. {GAO Zimian,LI Junjie,GAO Weiyang,CHEN Shiyi,WANG Yang. Study on the effect of sildenafil citrate on the survival of perforator flap in rats[J]. Zhonghua Xian Wei Wai Ke Za Zhi[Chin J Microsurg(Article in Chinese;Abstract in Chinese)],2014,37(1):67-69. DOI:10.3760/cma.j.issn.1001-2036.2014.01.019.}

[9605] 丰波，张志，呼和，庞有明，张澜，王永军，牛克成. 小腿穿支皮瓣修复踝周皮肤软组织缺损[J]. 中华显微外科杂志，2014，37(2)：139-142. DOI：10.3760/cma.j.issn.1001-2036.2014.02.011. {FENG Bo,ZHANG Zhi,HU He,PANG Youming,ZHANG Lan,WANG Yongjun,NIU Kecheng. Using lower leg perforator flaps to repair soft tissue defect on ankle[J]. Zhonghua Xian Wei Wai Ke Za Zhi[Chin J Microsurg(Article in Chinese;Abstract in Chinese and English)],2014,37(2):139-142. DOI:10.3760/cma.j.issn.1001-2036.2014.02.011.}

[9606] 徐永清，朱跃良，梅良斌. 上肢穿支皮瓣的临床应用[J]. 中华显微外科杂志，2014，37(2)：205-207. DOI：10.3760/cma.j.issn.1001-2036.2014.02.038. {XU Yongqing,ZHU Yueliang,MEI Liangbin. Clinical application of upper limb perforator flap[J]. Zhonghua Xian Wei Wai Ke Za Zhi[Chin J Microsurg(Article in Chinese;No abstract available)],2014,37(2):205-207. DOI:10.3760/cma.j.issn.1001-2036.2014.02.038.}

[9607] 任义军，丁凡，胡锐，严立，程文俊，勘武生，郑琼. 游离股内侧区穿支皮瓣修复下肢软组织缺损[J]. 中华显微外科杂志，2014，37(3)：238-241. DOI：10.3760/cma.j.issn.1001-2036.2014.03.011. {REN Yijun,DING Fan,HU Rui,YAN Li,CHENG Wenjun,KAN Wusheng,ZHENG Qiong. Free anteromedial thigh perforator flap transplantation for repairing soft tissue defect in lower extremity[J]. Zhonghua Xian Wei Wai Ke Za Zhi[Chin J Microsurg(Article in Chinese;Abstract in Chinese and English)],2014,37(3):238-241. DOI:10.3760/cma.j.issn.1001-2036.2014.03.011.}

[9608] 徐家钦，邱勋永，潘云川，梁尊鸿，毛汉儒. 应用游离穿支皮瓣修复头部电烧伤创面六例[J]. 中华显微外科杂志，2014，37(3)：282-284. DOI：10.3760/cma.j.issn.1001-2036.2014.03.026. {XU Jiachin,QIU Xunyong,PAN Yunchuan,LIANG Zunhong,MAO Hanru. Free perforator flap was used to repair 6 cases of electric head burn[J]. Zhonghua Xian Wei Wai Ke Za Zhi[Chin J Microsurg(Article in Chinese;Abstract in Chinese)],2014,37(3):282-284. DOI:10.3760/cma.j.issn.1001-2036.2014.03.026.}

[9609] 曹学新，常荣刚，陈金峰，张顺强. 前臂穿支皮瓣游离移植修复手指软组织缺损[J]. 中华手外科杂志，2014，30(4)：314-315. DOI：10.3760/cma.j.issn.1005-054X.2014.04.033. {CAO Xuexin,CHANG Ronggang,CHEN Jinfeng,ZHANG Shunqiang. Free transplantation of forearm perforator flap to repair finger soft tissue defect[J]. Zhonghua Shou Wai Ke Za Zhi[Chin J Hand Surg(Article in Chinese;Abstract in Chinese)],2014,30(4):314-315. DOI:10.3760/cma.j.issn.1005-054X.2014.04.033.}

[9610] 谭琪，刘光军，杨磊，王谦，李振. 腹部穿支瓦合皮瓣修复手部大面积皮肤套脱伤[J]. 中华手外科杂志，2014，30(5)：341-344. DOI：10.3760/cma.j.issn.1005-054X.2014.05.009. {TAN Qi,LIU Guangjun,YANG Lei,WANG Qian,LI Zhen. Repair of large-size degloving injury of the hand with epigastric perforator tile flap[J]. Zhonghua Shou Wai Ke Za Zhi[Chin J Hand Surg(Article in Chinese;Abstract in Chinese and English)],2014,30(5):341-344. DOI:10.3760/cma.j.issn.1005-054X.2014.05.009.}

[9611] 徐永清，范新宇. 穿支皮瓣临床应用的若干问题探讨[J]. 中华创伤杂志，2014，30(11)：1082-1084. DOI：10.3760/cma.j.issn.1001-8050.2014.11.005. {XU Yongqing,FAN Xinyu. Discussion on the clinical application of perforator flap[J]. Zhonghua Chuang Shang Za Zhi[Chin J Trauma(Article in Chinese;No abstract available)],2014,30(11):1082-1084. DOI:10.3760/cma.j.issn.1001-8050.2014.11.005.}

[9612] 林涧，郑和平，陆骅，张天浩，王之江，张豪杰. 小指尺掌侧动脉穿支皮瓣的临床应用[J]. 中华创伤杂志，2014，30(11)：1089-1092. DOI：10.3760/cma.j.issn.1001-8050.2014.11.007. {LIN Jian,ZHENG Heping,LU Hua,ZHANG Tianhao,WANG Zhijiang,ZHANG Haojie. Clinical application of little finger ulnar palmar artery perforator flaps[J]. Zhonghua Chuang Shang Za Zhi[Chin J Trauma(Article in Chinese;Abstract in Chinese and English)],2014,30(11):1089-1092. DOI:10.3760/cma.j.issn.1001-8050.2014.11.007.}

[9613] 李俊杰，高自勉，高伟阳，李浙峰. 皮瓣延迟术对大鼠三血管体穿支皮瓣成活的影响及其机制[J]. 中华烧伤杂志，2014，30(4)：337-343. DOI：10.3760/cma.j.issn.1009-2587.2014.04.013. {LI Junjie,GAO Zimian,GAO Weiyang,LI Zhefeng. Effects of surgical delay procedure on the survival of perforator flap with three angiosomes in rat and its mechanism[J]. Zhonghua Shao Shang Za Zhi[Chin J Burns(Article in Chinese;Abstract in Chinese and English)],2014,30(4):337-343. DOI:10.3760/cma.j.issn.1009-2587.2014.04.013.}

[9614] 唐修俊，魏在荣，王达利，祁建平，韩文杰，曾雪琴，王波. 携带皮下穿支血管对五瓣成形术治疗患者四肢蹼状瘢痕挛缩的影响[J]. 中华烧伤杂志，2014，30(5)：454-456. DOI：10.3760/cma.j.issn.1009-2587.2014.05.024. {TANG Xiujun,WEI Zairong,WANG Dali,QI Jianping,HAN Wenjie,ZENG Xueqin,WANG Bo. The effect of carrying subcutaneous perforator vessels on the treatment of webbed scar contracture of extremities in patients with pentapuloplasty[J]. Zhonghua Shao Shang Za Zhi[Chin J Burns(Article in Chinese;Abstract in Chinese)],2014,30(5):454-456. DOI:10.3760/cma.j.issn.1009-2587.2014.05.024.}

[9615] 袁宇雯，昝涛. 穿支皮瓣术前血管定位技术的研究进展[J]. 组织工程与重建外科杂志，2014，10(5)：285-288. DOI：10.3969/j.issn.1673-0364.2014.05.015. {YUAN Yuwen,ZAN Tao. Preoperative vascular imaging techniques for perforator selections in reconstructive surgery[J]. Zu Zhi Gong Cheng Yu Chong Jian Wai Ke Za Zhi[J Tissue Eng Reconstr Surg(Article in Chinese;No abstract available)],2014,10(5):285-288. DOI:10.3969/j.issn.1673-0364.2014.05.015.}

[9616] 黄健，孙坚. 影像学技术在术前评估穿支皮瓣血供构型中的价值[J]. 中国口腔颌面外科杂志，2014，12(1)：82-86. {HUANG Jian,SUN Jian. The value of preoperative imaging of perforator vasculature for planning perforator flaps[J]. Zhongguo Kou Qiang He Mian Wai Ke Za Zhi [Chin J Oral Maxillofac Surg(Article in Chinese;Abstract in Chinese and English)],2014,12(1):82-86.}

[9617] 李浙峰，高伟阳，陈时益，李俊杰，闫合德，李志杰，林丁盛. 吡格列酮药物延迟对大鼠跨区穿支皮瓣成活的影响[J]. 中国修复重建外科杂志，2014，28(6)：701-706. DOI：10.7507/1002-1892.20140155. {LI Zhefeng,GAO Weiyang,CHEN Shiyi,LI Junjie,YAN Hede,LI Zhijie,LIN Dingsheng. Effect of pharmacologic delay with pioglitazone on extended perforator flap survival in a rat model[J]. Zhongguo Xiu Fu Chong Jian Wai Ke Za Zhi[Chin J Repar Reconstr Surg(Article in Chinese;Abstract in Chinese and English)],2014,28(6):701-706. DOI:10.7507/1002-1892.20140155.}

[9618] 张发惠，谢昀，张朝春，林松庆，郑和平. 踝管动脉穿支小腿皮瓣修复足部软组织缺损[J]. 中国临床解剖学杂志，2015，33(5)：581-583. DOI：10.13418/j.issn.1001-165x.2015.05.021. {ZHANG Fahui,XIE Yun,ZHANG Chaochun,LIN Songqing,ZHENG Heping. Distally based tarsal tunnel arterial perforator flap for skin defects in foot[J]. Zhongguo Lin Chuang Jie Pou Xue Za Zhi[Chin J Clin Anat(Article in Chinese;Abstract in Chinese and English)],2015,33(5):581-583. DOI:10.13418/j.issn.1001-165x.2015.05.021.}

[9619] 张亚斌，李会晓，裴少琨，夏利锋，王增涛. 第一掌骨颈桡侧穿支皮瓣游离移植修复手指指腹软组织缺损的临床应用[J]. 中华显微外科杂志，2015，38(3)：285-287. DOI：10.3760/cma.j.issn.1001-2036.2015.03.023. {ZHANG Yabin,LI Huixiao,PEI Shaokun,XIA Lifeng,WANG Zengtao. Clinical application of free grafting of the first metacarpal cervical-radial perforator flap to repair the soft tissue defect of the finger pulp[J]. Zhonghua Xian Wei Wai Ke Za Zhi[Chin J Microsurg(Article in Chinese;Abstract in Chinese)],2015,38(3):285-287. DOI:10.3760/cma.j.issn.1001-2036.2015.03.023.}

[9620] 李涛，陈振兵，陈燕花，丛晓斌，季伟，徐祥. 吻合远端浅静脉干的带蒂穿支皮瓣修复四肢创面14例[J]. 中华显微外科杂志，2015，38(6)：539-541. DOI：10.3760/cma.j.issn.1001-2036.2015.06.006. {LI Tao,CHEN Zhenbing,CHEN Yanhua,CONG Xiaobin,JI Wei,XU Xiang. Perforator pedicled flaps by anastomosis of superficial veins for reconstructing the extremity defects:14 cases report[J]. Zhonghua Xian Wei Wai Ke Za Zhi[Chin J Microsurg(Article in Chinese;Abstract in Chinese and English)],2015,38(6):539-541. DOI:10.3760/cma.j.issn.1001-2036.2015.06.006.}

[9621] 王宝云，唐修俊，魏在荣，王波，祁建平，孙广峰，王达利. 拇指桡侧指固有动脉指背穿支皮瓣修复拇指同侧Ⅰ、Ⅱ度指端斜向缺损[J]. 中华创伤杂志，2015，31(5)：443-446. DOI：10.3760/cma.j.issn.1001-8050.2015.05.016. {WANG Baoyun,TANG Xiujun,WEI Zairong,WANG Bo,QI Jianping,SUN Guangfeng,WANG Dali. Inherent artery dorsal perforator flaps of thumb radial palmar for repair of thumb ipsilateral degree Ⅰ and Ⅱ oblique defect of the fingertip[J]. Zhonghua Chuang Shang Za Zhi[Chin J Trauma(Article in Chinese;Abstract in Chinese and English)],2015,31(5):443-446. DOI:10.3760/cma.j.issn.1001-8050.2015.05.016.}

[9622] 邓呈亮，魏在荣，孙广峰，唐修俊，金文虎，李海，吴必华，王达利. 接力逆行穿支皮瓣修复手指远端及供瓣区皮肤软组织缺损[J]. 中华烧伤杂志，2015，31(2)：107-111. DOI：10.3760/cma.j.issn.1009-2587.2015.02.008. {DENG Chengliang,WEI Zairong,SUN Guangfeng,TANG Xiujun,JIN Wenhu,LI Hai,WU Bihua,WANG Dali. Repair of skin and soft tissue defects at distal end of finger and donor site with relaying reversed perforator flaps[J]. Zhonghua Shao Shang Za Zhi[Chin J Burns(Article in Chinese;Abstract in Chinese and English)],2015,31(2):107-111. DOI:10.3760/cma.j.issn.1009-2587.2015.02.008.}

[9623] 邓呈亮，魏在荣，孙广峰，金文虎，聂开瑜，祁建平，唐修俊，王达利. 接力逆行穿支皮瓣修复足部及供瓣区缺损七例[J]. 中华烧伤杂志，2015，31(3)：221-222. DOI：10.3760/cma.j.issn.1009-2587.2015.03.015. {DENG Chengliang,WEI Zairong,SUN Guangfeng,JIN Wenhu,NIE Kaiyu,QI Jianping,TANG Xiujun,WANG Dali. Retrograde perforator flap was used for relay-repair of the defect of foot and donor site in 7 cases[J]. Zhonghua Shao Shang Za Zhi[Chin J Burns(Article in Chinese;No abstract available)],2015,31(3):221-222. DOI:10.3760/cma.j.issn.1009-2587.2015.03.015.}

[9624] 杨国涛，李云龙，陈金亮，夏炎，荆卫兵，毛华杰. 小腿旋转推进穿支皮瓣修复踝部创伤性溃疡18例[J]. 中华烧伤杂志，2015，31(6)：464-465. DOI：10.3760/cma.j.issn.1009-2587.2015.06.021. {YANG Guotao,LI Yunlong,CHEN Jinliang,XIA Yan,JING Weibing,MAO Huajie. Repair of 18 cases of traumatic ankle ulcers with propelled-rotation perforator flaps of lower leg[J]. Zhonghua Shao Shang Za Zhi[Chin J Burns(Article in Chinese;No abstract available)],2015,31(6):464-465. DOI:10.3760/cma.j.issn.1009-2587.2015.06.021.}

[9625] 周晓，薛明宇，许亚军，强力，黄军. 以指动脉皮穿支蒂接力皮瓣修复指端皮肤软组织缺损[J]. 中华整形外科杂志，2015，31(6)：422-425. DOI：10.3760/cma.j.issn.1009-4598.2015.06.006. {ZHOU Xiao,XUE Mingyu,XU Yajun,Qiang li,Huang Jun. Reconstruction of soft tissue defects at finger tip with relay flaps pedicled by perforator from digital artery[J]. Zhonghua Zheng Xing Wai Ke Za Zhi[Chin J Plast Surg(Article in Chinese;Abstract in Chinese and English)],2015,31(6):422-425. DOI:10.3760/cma.j.issn.1009-4598.2015.06.006.}

[9626] 王剑利，刘兴龙，赵刚，张龙. 传统皮瓣与穿支皮瓣的临床回顾对比研究[J]. 中国骨与关节杂志，2015，4(2)：128-132. DOI：10.3969/j.issn.2095-252X.2015.02.18. {WANG Jianli,LIU Xinglong,ZHAO Gang,ZHANG Long. A retrospective study of the application of traditional lfaps and perforator lfaps[J]. Zhongguo Gu Yu Guan Jie Za Zhi[Chin J Bone Joint(Article in Chinese;Abstract in Chinese and English)],2015,4(2):128-132. DOI:10.3969/j.issn.2095-252X.2015.02.18.}

[9627] 胡稷杰，金丹，王钢，余斌，任高宏，黎健伟. 三种游离穿支皮瓣修复足背及前足组织缺损[J]. 国际骨科学杂志，2015，36(2)：122-127. DOI：10.3969/j.issn.1673-7083.2015.02.12. {HU Jijie,JIN Dan,WANG Gang,YU Bin,REN Gaohong,LI Jianwei. Repair of forefoot or acrotarsium tissue defect with three different free perforator flaps[J]. Guo Ji Gu Ke Xue Za Zhi [Int J Orthop(Article in Chinese;Abstract in Chinese and English)],2015,36(2):122-127. DOI:10.3969/j.issn.1673-7083.2015.02.12.}

[9628] 董继英，金锐，谢峰，昝涛，王琴. 激光脱毛在头皮扩张穿支皮瓣制备过程中的应用[J]. 组织工程与重建外科杂志，2015，11(4)：255-257. DOI：10.3969/j.issn.1673-0364.2015.04.009. {DONG Jiying,JIN Rui,XIE Feng,ZAN Tao,WANG Shen. Application of laser hair removal in preparation of expanded perforator scalp flap[J]. Zu Zhi Gong Cheng Yu Chong Jian Wai Ke Za Zhi[J Tissue Eng Reconstr Surg(Article in Chinese;Abstract in Chinese and English)],2015,11(4):255-257. DOI:10.3969/j.issn.1673-0364.2015.04.009.}

[9629] 冯仕明，王爱国. 穿支皮瓣在下肢创面修复中的临床应用研究进展[J]. 中华解剖与临床杂志，

2015，20（3）：272-275. DOI：10.3760/cma.j.issn.2095-7041.2015.03.024. {FENG Shiming,WANG Aiguo. Research progress in reconstruction of lower extremity soft-tissue defects using perforator flaps[J]. Zhonghua Jie Pou Yu Lin Chuang Za Zhi[Chin J Anat Clin(Article in Chinese;No abstract available)],2015,20(3):272-275. DOI:10.3760/cma.j.issn.2095-7041.2015.03.024.}

[9630] 李士民，刘林嶓，周明武，幸超峰，于书友. 小腿远端蒂穿支皮瓣修复足踝部皮肤软组织缺损 [J]. 实用手外科杂志，2015，29（1）：20-22. DOI：10.3969/j.issn.1671-2722.2015.01.006. {LI Shimin,LIU Linpan,ZHOU Mingwu,XING Chaofeng,YU Shuyou. An investigation of restoring cutaneous soft tissue defects in ankle and foot through sural distal pedicle perforator flaps[J]. Shi Yong Shou Wai Ke Za Zhi[Chin J Pract Hand Surg(Article in Chinese;Abstract in Chinese and English)],2015,29(1):20-22. DOI:10.3969/j.issn.1671-2722.2015.01.006.}

[9631] 胡长青，连勇，赵小飞，赵韬源，陆芳，刘淑英，白晓亮，刘智伟，蒋美超. 前臂骨间背动脉穿支蒂皮瓣修复手部皮肤软组织缺损 [J]. 实用手外科杂志，2015，29（3）：268-269，271. DOI：10.3969/j.issn.1671-2722.2015.03.013. {HU Changqing,LIAN Yong,ZHAO Xiaofei,ZHAO Taoyuan,LU Fang,LIU Shuying,BAI Xiaoliang,LIU Zhiwei,JIANG Meichao. The perforator pedicle skin flap with forearm interosseous dorsal artery to repair soft tissue defect of hand[J]. Shi Yong Shou Wai Ke Za Zhi[Chin J Pract Hand Surg(Article in Chinese;Abstract in Chinese and English)],2015,29(3):268-269,271. DOI:10.3969/j.issn.1671-2722.2015.03.013.}

[9632] 周晓，薛明宇，芮永军，许亚军，强力. 以小腿后侧穿支蒂接力皮瓣修复小儿跟后区皮肤软组织缺损 [J]. 中华医学杂志，2015，95（7）：544-546. DOI：10.3760/cma.j.issn.0376-2491.2015.07.017. {ZHOU Xiao,XUE Mingyu,RUI Yongjun,XU Yajun,QIANG li. Repair the skin and soft tissue defect of the posterior calcaneal region in children with the relay posterior flap of the lower leg with perforator pedicle[J]. Zhonghua Yi Xue Za Zhi[Natl Med J China(Article in Chinese;No abstract available)],2015,95(7):544-546. DOI:10.3760/cma.j.issn.0376-2491.2015.07.017.}

[9633] 陶友伦，庄跃宏，张世民，丁茂超，梅劲，张在轶，王爱国，唐茂林. 穿支皮瓣血流动力学模型的建立及研究进展 [J]. 中华医学杂志，2015，95（11）：870-872. DOI：10.3760/cma.j.issn.0376-2491.2015.11.017. {TAO Youlun,ZHUANG Yuehong,ZHANG Shimin,DING Maochao,MEI Jin,ZHANG Zaiyi,WANG Aiguo,TANG Maolin. Development and research progress of hemodynamic model of perforator flap[J]. Zhonghua Yi Xue Za Zhi[Natl Med J China(Article in Chinese;No abstract available)],2015,95(11):870-872. DOI:10.3760/cma.j.issn.0376-2491.2015.11.017.}

[9634] 梅劲，唐茂林，徐达传. 穿支皮瓣研究的新趋势 [J]. 中国临床解剖学杂志，2016，34（1）：1-3. DOI：10.13418/j.issn.1001-165x.2016.01.001. {MEI Jin,TANG Maolin,XU Dachuan. Perforator flap research:a candid view[J]. Zhongguo Lin Chuang Jie Pou Xue Za Zhi[Chin J Clin Anat(Article in Chinese;No abstract available)],2016,34(1):1-3. DOI:10.13418/j.issn.1001-165x.2016.01.001.}

[9635] 李红，陈世新，唐茂林，毛以华. 穿支皮瓣 choke vessels 新生的研究进展 [J]. 中国临床解剖学杂志，2016，34（6）：711-712，715. DOI：10.13418/j.issn.1001-165x.2016.06.023. {LI Hong,CHEN Shixin,TANG Maolin,MAO Yihua. Research progress of choke vessels'angiogenesis of perforator flaps[J]. Zhongguo Lin Chuang Jie Pou Xue Za Zhi[Chin J Clin Anat(Article in Chinese;No abstract available)],2016,34(6):711-712,715. DOI:10.13418/j.issn.1001-165x.2016.06.023.}

[9636] 唐举玉，周征兵，吴攀峰，俞芳，肖勇兵，潘丁，庞晓阳，曾磊，卿黎明. 显微削薄穿支皮瓣技术在臃肿皮瓣二期削薄中的应用 [J]. 中华显微外科杂志，2016，39（1）：4-7. DOI：10.3760/cma.j.issn.1001-2036.2016.01.002. {TANG Juyu,ZHOU Zhengbing,WU Panfeng,YU Fang,XIAO Yongbing,PAN Ding,PANG Xiaoyang,ZENG Lei,QING Liming. Clinic application of micro-dissected perforator flap technique for defatting bulky flap at the second stage[J]. Zhonghua Xian Wei Wai Ke Za Zhi[Chin J Microsurg(Article in Chinese;Abstract in Chinese and English)],2016,39(1):4-7. DOI:10.3760/cma.j.issn.1001-2036.2016.01.002.}

[9637] 徐永清，何晓清，段家章，朱跃良，梅良斌，王毅，王腾，范新宇，李川. 腓肠外侧浅动脉穿支皮瓣在手部创面修复中的临床应用 [J]. 中华显微外科杂志，2016，39（3）：213-216. DOI：10.3760/cma.j.issn.1001-2036.2016.03.002. {XU Yongqing,HE Xiaoqing,DUAN Jiazhang,ZHU Yueliang,MEI Liangbin,WANG Yi,WANG Teng,FAN Xinyu,LI Chuan. Superficial lateral sural artery perforator flap for hand reconstruction[J]. Zhonghua Xian Wei Wai Ke Za Zhi[Chin J Microsurg(Article in Chinese;Abstract in Chinese and English)],2016,39(3):213-216. DOI:10.3760/cma.j.issn.1001-2036.2016.03.002.}

[9638] 许亚军，陈政，周晓，包岳丰，张辉，杨凯，陈学明. 前踝上皮瓣穿支血管的临床分型及意义 [J]. 中华显微外科杂志，2016，39（3）：217-220. DOI：10.3760/cma.j.issn.1001-2036.2016.03.003. {XU Yajun,CHEN Zheng,ZHOU Xiao,BAO Yuefeng,ZHANG Hui,YANG Kai,CHEN Xueming. The clinical types and application of perforator branches of anterosuperior malleolus flap[J]. Zhonghua Xian Wei Wai Ke Za Zhi[Chin J Microsurg(Article in Chinese;Abstract in Chinese and English)],2016,39(3):217-220. DOI:10.3760/cma.j.issn.1001-2036.2016.03.003.}

[9639] 曾伟，吴晓荣，施明宏，郑能方，郭金星，程建和，周江军，孟令军. 以小腿主干动脉穿支为蒂的顺行推进皮瓣修复跟踝部小创面 32 例 [J]. 中华显微外科杂志，2016，39（3）：289-291. DOI：10.3760/cma.j.issn.1001-2036.2016.03.021. {ZENG Wei,WU Xiaorong,SHI Minghong,ZHENG Nengfang,GUO Jinxing,CHENG Jianhe,ZHOU Jiangjun,MENG Lingjun. The anterograde advance flap pedicled with the perforator branch of the main leg artery was used to repair the small wound of heel and ankle in 32 cases[J]. Zhonghua Xian Wei Wai Ke Za Zhi[Chin J Microsurg(Article in Chinese;Abstract in Chinese)],2016,39(3):289-291. DOI:10.3760/cma.j.issn.1001-2036.2016.03.021.}

[9640] 付记乐，高峻青，张家盛，陈浩宇，涂宇东，张宏宁. 同期应用小腿内侧和外侧动脉穿支皮瓣修复足踝部复杂创面 [J]. 中华显微外科杂志，2016，39（3）：293-296. DOI：10.3760/cma.j.issn.1001-2036.2016.03.023. {FU Jile,GAO Junqing,ZHANG Jiasheng,CHEN Haoyu,TU Yudong,ZHANG Hongning. the perforator flaps of the medial and lateral leg arteries were used to repair the complex wounds of the ankle and foot at the same time[J]. Zhonghua Xian Wei Wai Ke Za Zhi[Chin J Microsurg(Article in Chinese;Abstract in Chinese)],2016,39(3):293-296. DOI:10.3760/cma.j.issn.1001-2036.2016.03.023.}

[9641] 王旭东，巫文强，王文刚，宋付芳，杨瑛艳，黄美贤，徐达传. 带肋间神经外侧皮支的上侧胸部穿支皮瓣的临床应用 [J]. 中华显微外科杂志，2016，39（4）：380-382. DOI：10.3760/cma.j.issn.1001-2036.2016.04.020. {WANG Xudong,WU Wenqiang,WANG Wengang,SONG Fufang,YANG Yingyan,HUANG Meixian,XU Dachuan. Clinical application of upper thoracic perforator flap with lateral cutaneous branch of intercostal nerve[J]. Zhonghua Xian Wei Wai Ke Za Zhi[Chin J Microsurg(Article in Chinese;Abstract in Chinese)],2016,39(4):380-382. DOI:10.3760/cma.j.issn.1001-2036.2016.04.020.}

[9642] 朱洪章，杨有优，朱庆棠，王东，郑灿镔，周碧. 穿支皮瓣术前血管评估的研究进展 [J]. 中华显微外科杂志，2016，39（4）：415-418. DOI：10.3760/cma.j.issn.1001-2036.2016.04.035. {ZHU Hongzhang,YANG Youyou,ZHU Qingtang,WANG Dong,ZHENG Canbin,ZHOU Bi. Research progress in preoperative vascular evaluation of perforator flap[J]. Zhonghua Xian Wei Wai Ke Za Zhi[Chin J Microsurg(Article in Chinese;No abstract available)],2016,39(4):415-418. DOI:10.3760/cma.j.issn.1001-2036.2016.04.035.}

[9643] 魏在荣，汪华侨，王达利，唐茂林，徐达传，侯春林. 穿支皮瓣供瓣区选择原则 [J]. 中华显微外科杂志，2016，39（5）：417-419. DOI：10.3760/cma.j.issn.1001-2036.2016.05.001. {,WANG Huaqiao,WANG Dali,TANG Maolin,XU Dachuan,HOU Chunlin. Selection principle of perforator flap donor area[J]. Zhonghua Xian Wei Wai Ke Za Zhi[Chin J Microsurg(Article in Chinese;No abstract available)],2016,39(5):417-419. DOI:10.3760/cma.j.issn.1001-2036.2016.05.001.}

[9644] 苗平，王瑞，葛华平，夏既柏，严纪辉. 足背动脉远端穿支皮瓣逆行修复 12 例前足缺损伤 [J]. 中华显微外科杂志，2016，39（6）：595-597. DOI：10.3760/cma.j.issn.1001-2036.2016.06.024. {MIAO Ping,WAMG Rui,GE Huaping,XIA Xiabai,YAN Jihui. Retrograde repair of 12 cases of forefoot injury with distal perforator flap of dorsal foot artery[J]. Zhonghua Xian Wei Wai Ke Za Zhi[Chin J Microsurg(Article in Chinese;Abstract in Chinese)],2016,39(6):595-597. DOI:10.3760/cma.j.issn.1001-2036.2016.06.024.}

[9645] 周洪翔，尹宗生. 小腿舵形穿支皮瓣修复儿童足跟部软组织缺损 [J]. 中国矫形外科杂志，2016，24（10）：936-939. DOI：10.3977/j.issn.1005-8478.2016.10.16. {ZHOU Hongxiang,YIN Zongsheng. Repair of soft tissue defect of heel in children with rudder-shaped perforator flap of leg[J]. Zhongguo Jiao Xing Wai Ke Za Zhi[Orthop J China(Article in Chinese;Abstract in Chinese)],2016,24(10):936-939. DOI:10.3977/j.issn.1005-8478.2016.10.16.}

[9646] 张建磊，臧成五，陈永祥，张文志，孟泽祖，丛锐. 游离骨间背侧动脉桡侧穿支皮瓣在手部软组织缺损中的应用 [J]. 中华手外科杂志，2016，32（6）：447-449. {ZHANG Jianlei,ZANG Chengwu,CHEN Yongxiang,ZHANG Wenzhi,MENG Zezu,CONG Rui. Application of free radial perforator flap with interosseous dorsal artery in soft tissue defect of hand[J]. Zhonghua Shou Wai Ke Za Zhi[Chin J Hand Surg(Article in Chinese;Abstract in Chinese)],2016,32(6):447-449.}

[9647] 尹路，宫可同，殷中罡，徐建华，张波. 穿支皮瓣游离移植修复手部软组织缺损 [J]. 中华手外科杂志，2016，32（6）：451-453. {YIN Lu,GONG Ketong,YIN Zhonggang,XU Jianhua,ZHANG Bo. Free transplantation of perforator flap to repair soft tissue defect of hand[J]. Zhonghua Shou Wai Ke Za Zhi[Chin J Hand Surg(Article in Chinese;Abstract in Chinese)],2016,32(6):451-453.}

[9648] 胡长青，连勇，赵小飞，赵韬源，陆芳，刘淑英，白晓亮，刘智伟，蒋美超. 前臂骨间背侧动脉穿支皮瓣修复手部皮肤软组织缺损 21 例 [J]. 中华烧伤杂志，2016，32（3）：183-184. DOI：10.3760/cma.j.issn.1009-2587.2016.03.012. {HU Changqing,LIAN Yong,ZHAO Xiaofei,ZHAO Taoyuan,LU Fang,LIU Shuying,BAI Xiaoliang,LIU Zhiwei,JIANG Meichao. Repair of hand skin and soft tissue defect with forearm interosseous dorsal artery perforator flap in 21 cases[J]. Zhonghua Shao Shang Za Zhi[Chin J Burns(Article in Chinese;No abstract available)],2016,32(3):183-184. DOI:10.3760/cma.j.issn.1009-2587.2016.03.012.}

[9649] 昝涛，高雅姗，李海洲，顾斌，谢峰，朱海南，李青峰. 颈部大面积烧伤后瘢痕分型及用背部扩张穿支皮瓣整复的策略 [J]. 中华烧伤杂志，2016，32（8）：463-468. DOI：10.3760/cma.j.issn.1009-2587.2016.08.005. {ZAN Tao,GAO Gaoshan,LI Haizhou,GU Bin,XIE Feng,ZHU Hainan,LI Qingfeng. Classification of massive postburn scars on neck and the reconstruction strategy using pre-expanded perforator flaps from the back[J]. Zhonghua Shao Shang Za Zhi[Chin J Burns(Article in Chinese;Abstract in Chinese and English)],2016,32(8):463-468. DOI:10.3760/cma.j.issn.1009-2587.2016.08.005.}

[9650] 王进，王慜，徐媛，郭遥，汪军，洪志坚，袁斯明. 脐旁穿支皮瓣在手和前臂深度软组织缺损修复中的应用 [J]. 组织工程与重建外科杂志，2016，12（4）：248-250. DOI：10.3969/j.issn.1673-0364.2016.04.010. {WANG Jin,WANG Min,XU Yuan,GUO Yao,WANG Jun,HONG Zhijian,YUAN Siming. Repair of the deep soft tissue defect in hand and forearm by paraumbilical perforator flap[J]. Zu Zhi Gong Cheng Yu Chong Jian Wai Ke Za Zhi[J Tissue Eng Reconstr Surg(Article in Chinese;Abstract in Chinese and English)],2016,12(4):248-250. DOI:10.3969/j.issn.1673-0364.2016.04.010.}

[9651] 张全荣，芮永军，许亚军，薛明宇，邱扬，钱俊，魏苏明. 不同构制的穿支皮瓣修复足踝部皮肤缺损 [J]. 实用手外科杂志，2016，30（2）：131-133，139. DOI：10.3969/j.issn.1671-2722.2016.02.001. {ZHANG Quanrong,RUI Yongjun,XU Yajun,XUE Mingyu,QIU Yang,QIAN Jun,WEI Suming. Repair skin and soft tissue defects by different constructive perforator flap in ankles and feet[J]. Shi Yong Shou Wai Ke Za Zhi[Chin J Pract Hand Surg(Article in Chinese;Abstract in Chinese and English)],2016,30(2):131-133,139. DOI:10.3969/j.issn.1671-2722.2016.02.001.}

[9652] 王强，成德亮，张丽君，李家庚，李刚，魏登科，邱武安. 穿支皮瓣修复下肢软组织缺损的临床观察 [J]. 实用手外科杂志，2016，30（2）：154-155，159. DOI：10.3969/j.issn.1671-2722.2016.02.009. {WANG Qiang,CHENG Deliang,ZHANG Lijun,LI Jiageng,LI Gang,WEI Dengke,QI Wuan. Clinical observation of the treatment in lower limb soft tissue defect by perforator flap[J]. Shi Yong Shou Wai Ke Za Zhi[Chin J Pract Hand Surg(Article in Chinese;Abstract in Chinese and English)],2016,30(2):154-155,159. DOI:10.3969/j.issn.1671-2722.2016.02.009.}

[9653] 杨曦，徐永清，何晓清，王腾，李国栋. 神经生长因子对大鼠跨区穿支皮瓣成活的影响 [J]. 中国临床解剖学杂志，2017，35（2）：160-165，171. DOI：10.13418/j.issn.1001-165x.2017.02.009. {YANG Xi,XU Yongqing,HE Xiaoqing,WANG Teng,LI Guodong. Effect of nerve growth factor on survival of cross-boundary perforator flap in rats[J]. Zhongguo Lin Chuang Jie Pou Xue Za Zhi[Chin J Clin Anat(Article in Chinese;Abstract in Chinese and English)],2017,35(2):160-165,171. DOI:10.13418/j.issn.1001-165x.2017.02.009.}

[9654] 王辉，杨晓溪，王斌，霍永鑫，费小轩，王伟，杨焕友，李军. 逆行穿支皮瓣接力修复第 2～5 指的中或末节及供区软组织缺损 [J]. 中华显微外科杂志，2017，40（6）：540-543. DOI：10.3760/cma.j.issn.1001-2036.2017.06.006. {WANG Hui,YANG Xiaoxi,WANG Bin,HUO Yongxin,FEI Xiaoxuan,WANG Wei,YANG Huanyou,LI Jun. Repair of soft tissue defects at middle or distal part of 2nd ~ 5th finger and donor site with relaying reversed perforator flaps[J]. Zhonghua Xian Wei Wai Ke Za Zhi[Chin J Microsurg(Article in Chinese;Abstract in Chinese and English)],2017,40(6):540-543. DOI:10.3760/cma.j.issn.1001-2036.2017.06.006.}

[9655] 杨科跃，黄剑，王科杰，竺枫，胡浩良，周贤挺，张健，王欣. 中小面积穿支皮瓣在糖尿病合并高血压患者四肢皮肤缺损中的应用 [J]. 中华显微外科杂志，2017，40（6）：574-577. DOI：10.3760/cma.j.issn.1001-2036.2017.06.016. {YANG Keyue,HUANG Jian,WANG Kejie,ZHU Feng,HU Haoliang,ZHOU Xianting,ZHANG Jian,WANG Xin. Application of small and medium-sized perforator flap in the treatment of extremities skin defect in patients with diabetes mellitus complicated with hypertension[J]. Zhonghua Xian Wei Wai Ke Za Zhi[Chin J Microsurg(Article in Chinese;Abstract in Chinese)],2017,40(6):574-577. DOI:10.3760/cma.j.issn.1001-2036.2017.06.016.}

[9656] 王欣，潘佳栋，陈宏. 穿支皮瓣技术在四肢组织缺损重建中的临床应用 [J]. 中华创伤杂志，2017，33（2）：107-110. DOI：10.3760/cma.j.issn.1001-8050.2017.02.004. {WANG Xin,PAN Jiadong,CHEN Hong. Clinical application of perforator-flap technique in reconstruction of tissue defect of limbs[J]. Zhonghua Chuang Shang Za Zhi[Chin J Trauma(Article in Chinese;No abstract available)],2017,33(2):107-110. DOI:10.3760/cma.j.issn.1001-8050.2017.02.004.}

[9657] 王欣，潘佳栋，李苗钟，黄耀鹏，李学渊，滕晓峰，王晓峰，竺枫，戚建武. 穿支皮瓣游离移植术后淤血危象的临床分型与救治 [J]. 中华创伤杂志，2017，33（2）：111-117. DOI：10.3760/cma.j.issn.1001-8050.2017.02.005. {WANG Xin,PAN Jiadong,LI Miaozhong,HUANG Yaopeng,LI Xueyuan,TENG Xiaofeng,WANG Xiaofeng,ZHU Feng,QI JianWu. Clinical classification and salvage of congestion crisis following free perforator flap transplantation[J]. Zhonghua Chuang Shang Za Zhi[Chin J Trauma(Article in Chinese;Abstract in Chinese and English)],2017,33(2):111-117. DOI:10.3760/cma.j.issn.1001-8050.2017.02.005.}

[9658] 李苗钟，潘佳栋，王欣，章伟文. 特殊形式穿支皮瓣在四肢严重创伤修复中的应用进展 [J]. 中华创伤杂志，2017，33（2）：137-140. DOI：10.3760/cma.j.issn.1001-8050.2017.02.010.

{LI Miaozhong,PAN Jiadong,WANG Xin,ZHANG WeiWen. Application progress of special perforator flap in repair of severe limb trauma[J]. Zhonghua Chuang Shang Za Zhi[Chin J Trauma(Article in Chinese;No abstract available)],2017,33(2):137-140. DOI:10.3760/cma.j.issn.1001-8050.2017.02.010.}

[9659] **汤样华，曾林如，胡中青，辛大伟，岳振双，徐灿达. 穿支皮瓣移植修复虎口皮肤软组织缺损35例[J]. 中华创伤杂志，2017，33(9)：834-837. DOI：10.3760/cma.j.issn.1001-8050.2017.09.011.** {TANG Yanghua,ZENG Linru,HU Zhongqing,XIN Dawei,YUE Zhenshuang,XU Canda. Transplantation of perforator flap to repair skin and soft tissue defect of the first web in 35 cases[J]. Zhonghua Chuang Shang Za Zhi[Chin J Trauma(Article in Chinese;No abstract available)],2017,33(9):834-837. DOI:10.3760/cma.j.issn.1001-8050.2017.09.011.}

[9660] **张万锋，高秋芳，张小锋，牛雪涛，马亚军，吴宝恩，陈霖. 膝降动脉隐支穿支皮瓣修复老年烧伤患者膝部深度创面的效果[J]. 中华烧伤杂志，2017，33(7)：444-447. DOI：10.3760/cma.j.issn.1009-2587.2017.07.012.** {ZHANG Wanfeng,GAO Qiufang,ZHANG Xiaofeng,NIU Xuetao,MA Yajun,WU Baoen,CHEN Lin. The effect of the perforator flaps with the hidden branch of the descending genicular artery in repairing the deep knee wound of elderly burn patients[J]. Zhonghua Shao Shang Za Zhi[Chin J Burns(Article in Chinese;Abstract in Chinese)],2017,33(7):444-447. DOI:10.3760/cma.j.issn.1009-2587.2017.07.012.}

[9661] **狄海萍，夏成德，邢培朋，李强，韩大伟，薛继东，曹大勇. 腕部游离穿支皮瓣修复手指电烧伤创面的临床效果[J]. 中华烧伤杂志，2017，33(9)：557-561. DOI：10.3760/cma.j.issn.1009-2587.2017.09.007.** {DI Haiping,XIA Chengde,XING Peipeng,LI Qiang,HAN Dawei,XUE Jidong,CAO Dayong. Clinical effects of repair of wounds in fingers after electrical burn with wrist perforator free flaps[J]. Zhonghua Shao Shang Za Zhi[Chin J Burns(Article in Chinese;Abstract in Chinese and English)],2017,33(9):557-561. DOI:10.3760/cma.j.issn.1009-2587.2017.09.007.}

[9662] **郑炜，马琳，程天平，李向云，杨帆，郭亚峰，张龙军，程芳，何润之，张涛，张艳，谢瑾. 高频彩色多普勒超声探测下应用携带桡神经浅支的同指指固有动脉穿支皮瓣修复拇指指端皮肤软组织缺损的效果[J]. 中华烧伤杂志，2017，33(11)：705-707. DOI：10.3760/cma.j.issn.1009-2587.2017.11.010.** {ZHENG Wei,MA Lin,CHENG Tianping,LI Xiangyun,YANG Fan,GUO Yafeng,ZHANG Longjun,CHENG Fang,HE Runzhi,ZHANG Tao,ZHANG Yan,XIE Jin. The effect of repairing the skin and soft tissue defect of the fingertip of the thumb with the perforator flap of the same finger with proper artery carrying the superficial branch of radial nerve under the detection of high-frequency color Doppler ultrasound[J]. Zhonghua Shao Shang Za Zhi[Chin J Burns(Article in Chinese;Abstract in Chinese)],2017,33(11):705-707. DOI:10.3760/cma.j.issn.1009-2587.2017.11.010.}

[9663] **卜凡玉，薛明宇，强力，黄军，周晓，沈小芳. 游离上臂内侧穿支皮瓣修复手部皮肤软组织缺损[J]. 中华整形外科杂志，2017，33(2)：143-145. DOI：10.3760/cma.j.issn.1009-4598.2017.02.014.** {BU Fanyu,XUE Mingyu,QIANG Li,HUANG Jun,ZHOU Xiao,SHEN Xiaofang. Free medial perforator flap of upper arm for repairing skin and soft tissue defect of hand[J]. Zhonghua Zheng Xing Wai Ke Za Zhi[Chin J Plast Surg(Article in Chinese;No abstract available)],2017,33(2):143-145. DOI:10.3760/cma.j.issn.1009-4598.2017.02.014.}

[9664] **梁好，陈莹恩，陈书奎，王起印，郭广惠. 带皮神经的前臂骨间背侧动脉远端穿支皮瓣修复手部软组织缺损[J]. 临床骨科杂志，2017，20(2)：245-247. DOI：10.3969/j.issn.1008-0287.2017.02.047.** {LIANG Hao,CHEN Yingen,CHEN Shukui,WANG Qiyin,GUO Guanghui. Posterior interosseous artery distal perforator flap with nerves cutaneous for repair of soft tissue defect of hand[J]. Lin Chuang Gu Ke Za Zhi[J Clin Orthop(Article in Chinese;Abstract in Chinese and English)],2017,20(2):245-247. DOI:10.3969/j.issn.1008-0287.2017.02.047.}

[9665] **于志亮，张净宇，高顺红，张云鹏，张文龙，胡宏宇，于俊. 内踝前动脉穿支为蒂的隐神经营养血管皮瓣修复足中前部背侧软组织缺损[J]. 中华解剖与临床杂志，2017，22(5)：416-418. DOI：10.3760/cma.j.issn.2095-7041.2017.05.013.** {YU Zhiliang,ZHANG Jingyu,GAO Shunhong,ZHANG Yunpeng,ZHANG Wenlong,HU Hongyu,YU Jun. Repair of the front foot dorsal soft tissue defect using the medial anterior malleolus artery perforator pedicled saphenous neurocutaneous flap[J]. Zhonghua Jie Pou Yu Lin Chuang Za Zhi[Chin J Anat Clin(Article in Chinese;Abstract in Chinese and English)],2017,22(5):416-418. DOI:10.3760/cma.j.issn.2095-7041.2017.05.013.}

[9666] **梁晓宗，温贤金，李曼丹，黄国英，黄永军. 前臂近端内侧穿支皮瓣在手部皮肤软组织缺损修复中的应用[J]. 实用手外科杂志，2017，31(1)：80-82. DOI：10.3969/j.issn.1671-2722.2017.01.026.** {LIANG Xiaozong,WEN Xianjin,LI Mandan,HUANG Guoying,HUANG Yongjun. Application of proximal forearm medial perforator flap in repairing skin and soft tissue defect of hand[J]. Shi Yong Shou Wai Ke Za Zhi[Chin J Pract Hand Surg(Article in Chinese;Abstract in Chinese and English)],2017,31(1):80-82. DOI:10.3969/j.issn.1671-2722.2017.01.026.}

[9667] **巫文强，王旭东，韦伟，王文刚，胡湘元，凌素舫. 游离上臂外侧穿支皮瓣修复手部皮肤软组织缺损[J]. 实用手外科杂志，2017，31(3)：336-337，348. DOI：10.3969/j.issn.1671-2722.2017.03.022.** {WU Wenqiang,WANG Xudong,WEI Wei,WANG Wengang,HU Xiangyuan,LING Sufang. Application of free lateral arm perforation flap in the repair of hand skin and soft tissue defect[J]. Shi Yong Shou Wai Ke Za Zhi[Chin J Pract Hand Surg(Article in Chinese;Abstract in Chinese and English)],2017,31(3):336-337,348. DOI:10.3969/j.issn.1671-2722.2017.03.022.}

[9668] **尹路. 显微削薄穿支皮瓣的临床研究进展[J]. 中国临床解剖学杂志，2018，36(2)：234-235. DOI：10.13418/j.issn.1001-165x.2018.02.023.** {YIN Lu. Progress on clinical application of the microdissected perforator flap[J]. Zhongguo Lin Chuang Jie Pou Xue Za Zhi[Chin J Clin Anat(Article in Chinese;No abstract available)],2018,36(2):234-235. DOI:10.13418/j.issn.1001-165x.2018.02.023.}

[9669] **程晟，习珊珊，何耀之，梅劲，丁茂超. 穿支皮瓣Choke区动、静脉血流阻力对皮瓣存活的影响[J]. 中国临床解剖学杂志，2018，36(6)：648-651，656. DOI：10.13418/j.issn.1001-165x.2018.06.010.** {CHENG Sheng,XI Shanshan,HE Yaozhi,MEI Jin,DING Maochao. The influence of arterial flow resistance and venous flow resistance of the choke area on the survival of perforator flap[J]. Zhongguo Lin Chuang Jie Pou Xue Za Zhi[Chin J Clin Anat(Article in Chinese;Abstract in Chinese and English)],2018,36(6):648-651,656. DOI:10.13418/j.issn.1001-165x.2018.06.010.}

[9670] **赵英波，戴国光，张记川，李海清. 外踝上前穿支皮瓣修复踝部及足背软组织缺损[J]. 中华显微外科杂志，2018，41(3)：232-235. DOI：10.3760/cma.j.issn.1001-2036.2018.03.007.** {ZHAO Yingbo,DAI Guoguang,ZHANG Jichuan,LI Haiqing. Different reverse points of forward lateral malleolus perforator flap in the repair of skin and soft tissue defect of ankle or dorsal foot[J]. Zhonghua Xian Wei Wai Ke Za Zhi[Chin J Microsurg(Article in Chinese;Abstract in Chinese and English)],2018,41(3):232-235. DOI:10.3760/cma.j.issn.1001-2036.2018.03.007.}

[9671] **于宁，王彦生，娄琳，张辉，许蕙，沈勇，叶放. 足背动脉穿支皮瓣游离移植修复手部皮肤缺损[J]. 中华手外科杂志，2018，34(2)：143-144.** {YU Ning,WANG Yansheng,LOU Lin,ZHANG Hui,XU Hui,SHEN Yong,YE Fang. Free transplantation of perforator flap of dorsal foot artery to repair skin defect of hand[J]. Zhonghua Shou Wai Ke Za Zhi[Chin J Hand Surg(Article in Chinese;Abstract in Chinese)],2018,34(2):143-144.}

[9672] **欧阳阳钢，姜宗圆，梁海，刘岸雄，陈琪，谢统明，黄晓瑜. 应用小腿穿支皮瓣修复足趾移植后供区的软组织缺损[J]. 中华手外科杂志，2018，34(3)：164-166.** {OUYANG Yanggang,JIANG Zongyuan,LIANG Hai,LIU Anxiong,CHEN Qi,XIE Tongming,HUANG Xiaoyu. The perforator lower leg flap was used to repair the soft tissue defect in the donor area after toe transplantation[J]. Zhonghua Shou Wai Ke Za Zhi[Chin J Hand Surg(Article in Chinese;Abstract in Chinese)],2018,34(3):164-166.}

[9673] **芮永军，吴永伟，刘军，黎逢峰，马运宏，陆尧，康永强，周明，杨通，林芳. 早期内固定联合穿支血管蒂皮瓣治疗前臂Gustilo Ⅲ B、Ⅲ C型开放性骨折伴软组织缺损[J]. 中华创伤骨科杂志，2018，20(8)：648-653. DOI：10.3760/cma.j.issn.1671-7600.2018.08.002.** {RUI Yongjun,WU Yongwei,LIU Jun,LI Fengfeng,MA Yunhong,LU Yao,KANG Yongqiang,ZHOU Ming,YANG Tong,LIN Fang. Early internal fixation combined with perforator flap for treatment of forearm open fractures with soft tissue defects of Gustilo types Ⅲ B & Ⅲ C[J]. Zhonghua Chuang Shang Gu Ke Za Zhi[Chin J Orthop Trauma(Article in Chinese;Abstract in Chinese and English)],2018,20(8):648-653. DOI:10.3760/cma.j.issn.1671-7600.2018.08.002.}

[9674] **刘元波，唐茂林. 穿支皮瓣的历史、演变和给予我们的启示[J]. 中华整形外科杂志，2018，34(9)：681-687. DOI：10.3760/cma.j.issn.1009-4598.2018.09.001.** {LIU Yuanbo,TANG Maolin. Perforator flap:history,evolution,and inspiration[J]. Zhonghua Zheng Xing Wai Ke Za Zhi[Chin J Plast Surg(Article in Chinese;No abstract available)],2018,34(9):681-687. DOI:10.3760/cma.j.issn.1009-4598.2018.09.001.}

[9675] **谢昆，温冰，翟伟，何睿，李强，周常青，齐心. 穿支皮瓣在修复会阴区肿瘤术后缺损中的应用[J]. 中华整形外科杂志，2018，34(9)：704-708. DOI：10.3760/cma.j.issn.1009-4598.2018.09.005.** {XIE Kun,WEN Bing,ZHAI Wei,HE Rui,LI Qiang,ZHOU Changqing,QI xin. Clinical application of perforator flap in defects after wide resection of tumor in perineal region[J]. Zhonghua Zheng Xing Wai Ke Za Zhi[Chin J Plast Surg(Article in Chinese;Abstract in Chinese and English)],2018,34(9):704-708. DOI:10.3760/cma.j.issn.1009-4598.2018.09.005.}

[9676] **葛礼正，李小静，苏显林，焦洋，杨萍. 内眦动脉穿支为蒂的角形皮瓣在中面部重建中的应用[J]. 中华整形外科杂志，2018，34(10)：826-828. DOI：10.3760/cma.j.issn.1009-4598.2018.10.009.** {GE Lizheng,LI Xiaojing,SU Xianlin,JIAO Yang,YANG Ping. Application of horn shaped flap pedicled with the angular artery perforator for midface reconstruction[J]. Zhonghua Zheng Xing Wai Ke Za Zhi[Chin J Plast Surg(Article in Chinese;Abstract in Chinese and English)],2018,34(10):826-828. DOI:10.3760/cma.j.issn.1009-4598.2018.10.009.}

[9677] **钱俊，芮永军，糜菁熠，邱杨，赵刚. 指背皮瓣修复指固有动脉穿支皮瓣供区[J]. 中华整形外科杂志，2018，34(11)：948-950. DOI：10.3760/cma.j.issn.1009-4598.2018.11.014.** {QIAN Jun,RUI Yongjun,MI Jingyi,QIU Yang,ZHAO Gang. Using dorsal digital flap to repair donor site of the digital artery perforator flap[J]. Zhonghua Zheng Xing Wai Ke Za Zhi[Chin J Plast Surg(Article in Chinese;Abstract in Chinese and English)],2018,34(11):948-950. DOI:10.3760/cma.j.issn.1009-4598.2018.11.014.}

[9678] **沈余明，覃凤均，王成，张琮，马春旭，胡骁骅. 穿支皮瓣联合补片修复深度烧伤后瘢痕性腹壁疝[J]. 中华整形外科杂志，2018，34(12)：1000-1004. DOI：10.3760/cma.j.issn.1009-4598.2018.12.004.** {SHEN Yuming,QIN Fengjun,WANG Cheng,ZHANG Cong,MA Chunxu,HU Xiaohua. Perforator flap combined with mesh to repair scar abdominal hernia after deep burn[J]. Zhonghua Zheng Xing Wai Ke Za Zhi[Chin J Plast Surg(Article in Chinese;Abstract in Chinese and English)],2018,34(12):1000-1004. DOI:10.3760/cma.j.issn.1009-4598.2018.12.004.}

[9679] **陈鑫，马光义，宋力，高治宇，张建华，刘本全，祝海峰，王亚珂. 外踝后穿支皮瓣修复足跟区皮肤缺损的疗效观察[J]. 创伤外科杂志，2018，20(5)：367-370. DOI：10.3969/j.issn.1009-4237.2018.05.012.** {CHEN Xin,MA Guangyi,SONG Li,GAO Zhiyu,ZHANG Jianhua,LIU Benquan,ZHU Haifeng,WANG Yake. Curative effect of lateral retromalleolar perforator flap in repair of heel skin defect[J]. Chuang Shang Wai Ke Za Zhi[J Traum Surg(Article in Chinese;Abstract in Chinese and English)],2018,20(5):367-370. DOI:10.3969/j.issn.1009-4237.2018.05.012.}

[9680] **何奎乐，边朝辉，姜建忠，郑俊生，卢俊岳，顾建民，史志刚，金硕. 前臂逆行穿支皮瓣在修复手背软组织缺损中的应用[J]. 创伤外科杂志，2018，20(6)：410-412，415. DOI：10.3969/j.issn.1009-4237.2018.06.004.** {HE Kuile,BIAN Chaohui,JIANG Jianzhong,ZHENG Junsheng,LU Junyue,GU Jianmin,SHI Zhigang,JIN Shuo. Forearm reverse island flap for repairing soft tissue defect of hand[J]. Chuang Shang Wai Ke Za Zhi[J Traum Surg(Article in Chinese;Abstract in Chinese and English)],2018,20(6):410-412,415. DOI:10.3969/j.issn.1009-4237.2018.06.004.}

[9681] **梁文勇，侯书健. 改良外踝上穿支皮瓣在跟骨术后软组织缺损中的应用[J]. 创伤外科杂志，2018，20(10)：778-781. DOI：10.3969/j.issn.1009-4237.2018.10.015.** {LIANG Wenyong,HOU Shujian. Application of skin flap in soft tissue defect after calcaneus surgery[J]. Chuang Shang Wai Ke Za Zhi[J Traum Surg(Article in Chinese;Abstract in Chinese and English)],2018,20(10):778-781. DOI:10.3969/j.issn.1009-4237.2018.10.015.}

[9682] **刘代明，黄昕，昝涛，吴志远. 扩展穿支皮瓣血供范围的基础和临床研究进展[J]. 组织工程与重建外科杂志，2018，14(2)：101-104. DOI：10.3969/j.issn.1673-0364.2018.02.011.** {LIU Daiming,HUANG Xin,ZAN Tao,WU Zhiyuan. Advance of basic and clinical research in expansion of vascular supply of perforator flap[J]. Zu Zhi Gong Cheng Yu Chong Jian Wai Ke Za Zhi[J Tissue Eng Reconstr Surg(Article in Chinese;No abstract available)],2018,14(2):101-104. DOI:10.3969/j.issn.1673-0364.2018.02.011.}

[9683] **李达. 改良穿支皮瓣修复老年患者下肢皮肤软组织缺损[J]. 实用手外科杂志，2018，32(1)：55-57，60. DOI：10.3969/j.issn.1671-2722.2018.01.019.** {LI Da. Modified perforator flap in treatment of elderly patients with skin and soft tissue defect of lower extremity[J]. Shi Yong Shou Wai Ke Za Zhi[Chin J Pract Hand Surg(Article in Chinese;Abstract in Chinese and English)],2018,32(1):55-57,60. DOI:10.3969/j.issn.1671-2722.2018.01.019.}

[9684] **宋升，孙振中，刘学光，印飞，周明，庄胤. 肩周穿支蒂岛状皮瓣联合修复中老年胸部巨大软组织缺损[J]. 实用手外科杂志，2018，32(2)：176-178. DOI：10.3969/j.issn.1671-2722.2018.02.013.** {SONG Sheng,SUN Zhenzhong,LIU Xueguang,YIN Fei,ZHOU Ming,ZHUANG Yin. Repair of large soft tissue defect in middle and old aged breast with island flap pedicled with shoulder perforating branch[J]. Shi Yong Shou Wai Ke Za Zhi[Chin J Pract Hand Surg(Article in Chinese;Abstract in Chinese and English)],2018,32(2):176-178. DOI:10.3969/j.issn.1671-2722.2018.02.013.}

[9685] **陈文，何志军，田莉，丛海波. 外踝上穿支皮瓣的临床应用[J]. 实用手外科杂志，2018，32(2)：196-197. DOI：10.3969/j.issn.1671-2722.2018.02.019.** {CHEN Wen,HE Zhijun,TIAN Li,CONG Haibo. Clinical application of the lateral supra malleolar flap[J]. Shi Yong Shou Wai Ke Za Zhi[Chin J Pract Hand Surg(Article in Chinese;Abstract in Chinese and English)],2018,32(2):196-197. DOI:10.3969/j.issn.1671-2722.2018.02.019.}

[9686] **米守湖，滕云升，梁高峰，贾宗海，张满盈，刘云华. 游离腓肠外侧浅动脉穿支皮瓣修复指背软组织缺损[J]. 实用手外科杂志，2018，32(3)：285-287. DOI：10.3969/j.issn.1671-2722.2018.03.008.** {MI Shouhu,TENG Yunsheng,LIANG Gaofeng,JIA Zonghai,ZHANG Manying,LIU Yunhua. Application of free lateral sural superficial artery perforator flap for repairing digital dorsal soft tissue defect[J]. Shi Yong Shou Wai Ke Za Zhi[Chin J Pract Hand Surg(Article in Chinese;Abstract in Chinese and English)],2018,32(3):285-287. DOI:10.3969/j.issn.1671-2722.2018.03.008.}

[9687] **宋科，周明武，熊颖杰，朱光显，仓飞成，胡智玉，幸超峰. 旋转点下移的外踝上穿支皮瓣在修复前足软组织缺损中的临床应用[J]. 中华显微外科杂志，2019，42(1)：17-20. DOI：10.3760/cma.j.issn.1001-2036.2019.01.006.** {SONG Ke,ZHOU Mingwu,XIONG Yingjie,ZHU Guangxian,CANG Feicheng,HU Zhiyu,XING Chaofeng. Clinical application of lateral supramalleolar perforator flap with the rotation point down on the repair of forefoot soft tissue defect[J]. Zhonghua Xian Wei Wai Ke Za Zhi[Chin J Microsurg(Article in Chinese;Abstract in Chinese and English)],2019,42(1):17-20. DOI:10.3760/cma.j.issn.1001-2036.2019.01.006.}

[9688] 胡祥，崔操，范曲立，陶圣祥，漆白文，程震，喻爱喜. 光声成像观测大鼠穿支皮瓣微小血管的动态构筑 [J]. 中华显微外科杂志，2019，42(2)：160-162. DOI：10.3760/cma.j.issn.1001-2036.2019.02.014. {HU Xiang,CUI Cao,FAN Quli,TAO Shengxiang,QI Baiwen,CHENG Zhen,YU Aixi. The dynamic construction of microvessels in the perforator flap of rats was observed by photoacoustic imaging[J]. Zhonghua Xian Wei Wai Ke Za Zhi[Chin J Microsurg(Article in Chinese;Abstract in Chinese)],2019,42(2):160-162. DOI:10.3760/cma.j.issn.1001-2036.2019.02.014.}

[9689] 王自方，明立功，李洋洋，王晓文. 指蹼动脉穿支皮瓣接力修复手指近节皮瓣供区创面 [J]. 中华手外科杂志，2019，35(6)：472-473. {WANG Zifang,MING Ligong,LI Yangyang,WANG Xiaowen. Relay repair of donor wound after resection of proximal flap of finger with perforator flap of webbed finger artery[J]. Zhonghua Shou Wai Ke Za Zhi[Chin J Hand Surg(Article in Chinese;Abstract in Chinese)],2019,35(6):472-473.}

[9690] 常树森，何春念，唐修俊，张子阳，魏在荣，王达利，李海，龚飞宇，陈伟. 手指尺桡侧指固有动脉穿支皮瓣治疗患儿同指蹼状瘢痕挛缩的效果 [J]. 中华烧伤杂志，2019，35(5)：356-361. DOI：10.3760/cma.j.issn.1009-2587.2019.05.006. {CHANG Shusen,HE Chunnian,TANG Xiujun,ZHANG Ziyang,WEI Zairong,WANG Dali,LI Hai,GONG Feiyu,CHEN Wei. Effect of perforator flap of the proper digital artery of the ulnar or radial side of finger in the treatment of webbed scar contracture of the same finger in child[J]. Zhonghua Shao Shang Za Zhi[Chin J Burns(Article in Chinese;Abstract in Chinese and English)],2019,35(5):356-361. DOI:10.3760/cma.j.issn.1009-2587.2019.05.006.}

[9691] 朱雄翔，郑朝，张冬梅，朱镇森. 扩张穿支皮瓣游离移植治疗儿童严重瘢痕挛缩畸形的效果 [J]. 中华烧伤杂志，2019，35(6)：405-409. DOI：10.3760/cma.j.issn.1009-2587.2019.06.002. {ZHU Xiongxiang,ZHENG Chao,ZHANG Dongmei. Effects of free transplantation of expanded perforator flaps in the treatment of severe scar contracture deformities in children[J]. Zhonghua Shao Shang Za Zhi[Chin J Burns(Article in Chinese;Abstract in Chinese and English)],2019,35(6):405-409. DOI:10.3760/cma.j.issn.1009-2587.2019.06.002.}

[9692] 胡晓骅，覃凤均，李娟，马春旭，沈余明. 穿支皮瓣整复严重烧伤患者四肢大关节部位瘢痕增生挛缩畸形的效果 [J]. 中华烧伤杂志，2019，35(6)：417-422. DOI：10.3760/cma.j.issn.1009-2587.2019.06.004. {HU Xiaohua,QIN Fengjun,LI Juan,MA Chunxu,SHEN Yuming. Effects of perforator flaps in the reconstruction of hypertrophic scar contracture deformities in the large joints of extremities of patients after severe burns[J]. Zhonghua Shao Shang Za Zhi[Chin J Burns(Article in Chinese;Abstract in Chinese and English)],2019,35(6):417-422. DOI:10.3760/cma.j.issn.1009-2587.2019.06.004.}

[9693] 魏在荣，常树森. 穿支皮瓣简述 [J]. 中华烧伤杂志，2019，35(7)：481-485. DOI：10.3760/cma.j.issn.1009-2587.2019.07.001. {WEI Zairong,CHANG Shusen. Brief introduction of perforator flap[J]. Zhonghua Shao Shang Za Zhi[Chin J Burns(Article in Chinese;No abstract available)],2019,35(7):481-485. DOI:10.3760/cma.j.issn.1009-2587.2019.07.001.}

[9694] 张凤玲，魏在荣，郭宇，金文虎，李海，张子阳，李书俊，张文夺，王达利. 游离股浅动脉股三角穿支皮瓣修复四肢皮肤软组织缺损的临床效果 [J]. 中华烧伤杂志，2019，35(7)：486-489. DOI：10.3760/cma.j.issn.1009-2587.2019.07.002. {ZHANG Fengling,WEI Zairong,GUO Yu,JIN Wenhu,LI Hai,ZHANG Ziyang,LI Shujun,ZHANG Wenduo,WANG Dali. Clinical effects of free superficial femoral artery femoral triangle perforator flap in the repair of skin and soft tissue defects in extremities[J]. Zhonghua Shao Shang Za Zhi[Chin J Burns(Article in Chinese;Abstract in Chinese and English)],2019,35(7):486-489. DOI:10.3760/cma.j.issn.1009-2587.2019.07.002.}

[9695] 巨积辉，周荣，刘跃飞，杨亮，金光哲，侯瑞兴. 超长股外侧区内增压型穿支皮瓣修复足踝部创面的临床效果 [J]. 中华烧伤杂志，2019，35(7)：495-500. DOI：10.3760/cma.j.issn.1009-2587.2019.07.004. {JU Jihui,ZHOU Rong,LIU Yuefei,YANG Liang,JIN Guangzhe,HOU Ruixin. Clinical effects of extra-long lateral femoral supercharged perforator flaps in repair of foot and ankle wounds[J]. Zhonghua Shao Shang Za Zhi[Chin J Burns(Article in Chinese;Abstract in Chinese and English)],2019,35(7):495-500. DOI:10.3760/cma.j.issn.1009-2587.2019.07.004.}

[9696] 潘冬经，姜魏，李永莲，李汉伟. 阴部内动脉穿支"天使之翼"岛状皮瓣修复外阴和阴道及臀部皮肤软组织缺损六例 [J]. 中华烧伤杂志，2019，35(7)：540-542. DOI：10.3760/cma.j.issn.1009-2587.2019.07.012. {PAN Dongjing,JIANG Wei,LI Yonglian,LI Hanwei. Repair of skin and soft tissue defects of vulva,vagina,and buttock with internal pudendal artery perforator "angel wing" island flaps in six cases[J]. Zhonghua Shao Shang Za Zhi[Chin J Burns(Article in Chinese;Abstract in Chinese and English)],2019,35(7):540-542. DOI:10.3760/cma.j.issn.1009-2587.2019.07.012.}

[9697] 俞学子，张龙，王殷红. 游离穿支皮瓣修复足背软组织缺损 [J]. 中华整形外科杂志，2019，35(4)：376-380. DOI：10.3760/cma.j.issn.1009-4598.2019.04.010. {YU Xueke,ZHANG Long,WANG Yinhong. Clinical analysis of free perforator flap for repairing soft tissue defects of the dorsum of foot[J]. Zhonghua Zheng Xing Wai Ke Za Zhi[Chin J Plast Surg(Article in Chinese;Abstract in Chinese and English)],2019,35(4):376-380. DOI:10.3760/cma.j.issn.1009-4598.2019.04.010.}

[9698] 刘元波，朱珊，臧梦青，韩婷璐，陈博，李杉珊，唐茂林. 穿支皮瓣研究领域的新技术、新方法 [J]. 中华整形外科杂志，2019，35(9)：835-846. DOI：10.3760/cma.j.issn.1009-4598.2019.09.001. {LIU Yuanbo,ZHU Shan,ZANG Mengqing,HAN Tinglu,CHEN Bo,LI Shanshan,TANG Maolin. New methods and technologies in the field of perforator flap studies[J]. Zhonghua Zheng Xing Wai Ke Za Zhi[Chin J Plast Surg(Article in Chinese;No abstract available)],2019,35(9):835-846. DOI:10.3760/cma.j.issn.1009-4598.2019.09.001.}

[9699] 胡浩良，李学渊，田敏涛，毛维晟，王欣，陈宏，章伟文. 内增压技术在游离穿支皮瓣修复大面积皮肤缺损创面中的应用 [J]. 中华整形外科杂志，2019，35(9)：862-867. DOI：10.3760/cma.j.issn.1009-4598.2019.09.004. {HU Haoliang,LI Xueyuan,TIAN Mintao,MAO Weisheng,WANG Xin,CHEN Hong,ZHANG Weiwen. The application of turbocharging technique in repairing large defect with free perforator flap[J]. Zhonghua Zheng Xing Wai Ke Za Zhi[Chin J Plast Surg(Article in Chinese;Abstract in Chinese and English)],2019,35(9):862-867. DOI:10.3760/cma.j.issn.1009-4598.2019.09.004.}

[9700] 王宝云，肖向阳，郑德义，程代薇，彭德飞，李自力. 游离穿支皮瓣对前臂和手部电击伤创面的美学修复 [J]. 中华整形外科杂志，2019，35(10)：1004-1007. DOI：10.3760/cma.j.issn.1009-4598.2019.10.011. {WANG Baoyun,XIAO Xiangyang,ZHENG Deyi,CHENG Daiwei,PENG Defei,LI Zili. The clinical application of free perforator flaps in the aesthetic repair of electric burns of forearm and hand[J]. Zhonghua Zheng Xing Wai Ke Za Zhi[Chin J Plast Surg(Article in Chinese;Abstract in Chinese and English)],2019,35(10):1004-1007. DOI:10.3760/cma.j.issn.1009-4598.2019.10.011.}

[9701] 林涧，吴立志，张天浩，王之江，郑和平. 前臂近端桡侧时下动脉穿支皮瓣修复肘前创面 [J]. 中华整形外科杂志，2019，35(11)：1090-1095. DOI：10.3760/cma.j.issn.1009-4598.2019.11.007. {LIN Jian,WU Lizhi,ZHANG Tianhao,WANG Zhijiang,ZHENG Heping. Using the forearm proximal radial inferior cubital artery perforator flap to repair the wound defects of anterior elbow[J]. Zhonghua Zheng Xing Wai Ke Za Zhi[Chin J Plast Surg(Article in Chinese;Abstract in Chinese and English)],2019,35(11):1090-1095. DOI:10.3760/cma.j.issn.1009-4598.2019.11.007.}

[9702] 何小鹏，张亚斌，李敏杰，姚永锋，徐文龙，蒋永彬，瞿超，庞仲辉. 应用游离前臂背侧动脉穿支皮瓣移植修复手指部软组织缺损 [J]. 临床骨科杂志，2019，22(1)：60-62. DOI：10.3969/j.issn.1008-0287.2019.01.025. {HE Xiaopeng,ZHANG Yabin,LI Minjie,YAO Yongfeng,XU Wen-long,JIANG Yongbin,QU Chao,PANG Zhonghui. The free forearm dorsal artery perforator flap for repairing soft tissue defect of fingers[J]. Lin Chuang Gu Ke Za Zhi[J Clin Orthop(Article in Chinese;Abstract in Chinese and English)],2019,22(1):60-62. DOI:10.3969/j.issn.1008-0287.2019.01.025.}

[9703] 刘会军，夏既柏，郭路齐，曹云，梁德全，张正善，谢山洪. 外踝上穿支岛状皮瓣在足底软组织缺损修复中的应用 [J]. 中华损伤与修复杂志（电子版），2019，14(3)：213-217. DOI：10.3877/cma.j.issn.1673-9450.2019.03.009. {LIU Huijun,XIA Xianbai,GUO Luqi,CAO Yun,LIANG Dequan,ZHANG Zhengshan,XIE Shanhong. Application of lateral malleolus perforator island flap on repairing plantar soft tissue injury[J]. Zhonghua Sun Shang Yu Xiu Fu Za Zhi Dian Zi Ban[Chin J Injury Repair Wound Healing(Electr Ed)(Article in Chinese;Abstract in Chinese and English)],2019,14(3):213-217. DOI:10.3877/cma.j.issn.1673-9450.2019.03.009.}

[9704] 刘俊，陈贝，王新平，何雨生，刘小仁，胡明山，李承杰，曾冬莲，刘其兴. 游离穿支皮瓣修复虎口创面缺损与挛缩 [J]. 实用手外科杂志，2019，33(1)：42-44. DOI：10.3969/j.issn.1671-2722.2019.01.015. {LIU Jun,CHEN Bei,WANG Xinping,HE Yusheng,LIU Xiaoren,HU Mingshan,LI Chengjie,ZENG Donglian,LIU Qixing. Free perforator flap in repairing wound and contracture of first web space[J]. Shi Yong Shou Wai Ke Za Zhi[Chin J Pract Hand Surg(Article in Chinese;Abstract in Chinese and English)],2019,33(1):42-44. DOI:10.3969/j.issn.1671-2722.2019.01.015.}

[9705] 牟勇，张钊，徐世明，黄东，林浩，向茜. 游离骨间背动脉穿支皮瓣修复手背侧皮肤软组织缺损 [J]. 实用手外科杂志，2019，33(2)：131-133，149. DOI：10.3969/j.issn.1671-2722.2019.02.001. {MOU Yong,ZHANG Zhao,XU Shiming,HUANG Dong,LIN Hao,XIANG Qian. Free posterior interosseous artery perforator flap to repair skin and soft tissue defects on the dorsal side of hand[J]. Shi Yong Shou Wai Ke Za Zhi[Chin J Pract Hand Surg(Article in Chinese;Abstract in Chinese and English)],2019,33(2):131-133,149. DOI:10.3969/j.issn.1671-2722.2019.02.001.}

[9706] 金俊俊，李平松，刘宏君. 小腿外侧穿支皮瓣修复跟骨外露的临床效果 [J]. 实用手外科杂志，2019，33(2)：165-167. DOI：10.3969/j.issn.1671-2722.2019.02.012. {JIN Junjun,LI Pingsong,LIU Hongjun. Clinical application of the lateral perforator flap of leg to repair calcaneal exposure of the lower leg[J]. Shi Yong Shou Wai Ke Za Zhi[Chin J Pract Hand Surg(Article in Chinese;Abstract in Chinese and English)],2019,33(2):165-167. DOI:10.3969/j.issn.1671-2722.2019.02.012.}

[9707] 王瑛. 小腿穿支皮瓣修复四肢皮肤软组织缺损的临床疗效 [J]. 实用手外科杂志，2019，33(3)：302-305. DOI：10.3969/j.issn.1671-2722.2019.03.014. {WANG Ying. The clinical effect of lower leg perforator flap on repairing skin soft tissue defect of extremities[J]. Shi Yong Shou Wai Ke Za Zhi[Chin J Pract Hand Surg(Article in Chinese;Abstract in Chinese and English)],2019,33(3):302-305. DOI:10.3969/j.issn.1671-2722.2019.03.014.}

[9708] 张兴，郭峰松，苏凯华，李锦秀，马彩歌，陈洋洋，李高雅. 穿支皮瓣修复四肢创面临床应用 56 例 [J]. 中华显微外科杂志，2020，43(2)：141-144. DOI：10.3760/cma.j.cn441206-20190918-00314. {ZHANG Xing,GUO Fengsong,SU Kaihua,LI Jinxiu,MA Caige,CHEN Yangyang,LI Gaoyao. Application of perforator flap in repair of limb defects:56 cases report[J]. Zhonghua Xian Wei Wai Ke Za Zhi[Chin J Microsurg(Article in Chinese;Abstract in Chinese and English)],2020,43(2):141-144. DOI:10.3760/cma.j.cn441206-20190918-00314.}

[9709] 刘勇，王剑利，隋志强，林荣候，张雪涛，王蕾，于承琪，刘晓辉. 接力穿支皮瓣修复小腿中下段软组织缺损 13 例 [J]. 中华显微外科杂志，2020，43(2)：185-187. DOI：10.3760/cma.j.cn441206-20191027-00341. {LIU Yong,WANG Jianli,SUI Zhiqiang,LIN Ronghou,ZHANG Xuetao,WANG Lei,YU Chengqi,LIU Xiaohui. Relay perforator flaps were used to repair soft tissue defect of middle and lower leg in 13 cases[J]. Zhonghua Xian Wei Wai Ke Za Zhi[Chin J Microsurg(Article in Chinese;Abstract in Chinese)],2020,43(2):185-187. DOI:10.3760/cma.j.cn441206-20191027-00341.}

[9710] 彭永利，李启朝，李根群，姜素平，尹向超，郭超，张焕宁. 第一掌骨颈尺侧穿支岛状皮瓣修复拇指软组织缺损 [J]. 中华手外科杂志，2020，36(3)：234-235. {PENG Yongli,LI Qichao,LI Genqun,JIANG Suping,YIN Xiangchao,GUO Chao,ZHANG Huanning. The island flap o the ulnar perforator branch of the first metacarpal neck to repair the soft tissue defect of the thumb[J]. Zhonghua Shou Wai Ke Za Zhi[Chin J Hand Surg(Article in Chinese;Abstract in Chinese)],2020,36(3):234-235.}

[9711] 刘誉，李小静，宁金龙，万丽颖，王文静. 四种局部穿支皮瓣在鼻翼缺损修复中的应用 [J]. 中华整形外科杂志，2020，36(2)：157-164. DOI：10.3760/cma.j.issn.1009-4598.2020.02.009. {LIU Yu,LI Xiaojing,NING Jinlong,WAN Liying,WANG Wenjing. Application of four kinds of local perforator flaps in reconstruction of nasal wing defects[J]. Zhonghua Zheng Xing Wai Ke Za Zhi[Chin J Plast Surg(Article in Chinese;Abstract in Chinese and English)],2020,36(2):157-164. DOI:10.3760/cma.j.issn.1009-4598.2020.02.009.}

[9712] 张玉城，李海，魏在荣，邓呈亮，金文虎，刘志远，周健，张子阳，李书俊，聂开瑜. 股浅动脉低位穿支皮瓣修复四肢皮肤软组织缺损 [J]. 中国修复重建外科杂志，2020，34(8)：1071-1072. {ZHANG Yucheng,LI Hai,WEI Zairong,DENG Chengliang,JIN Wenhu,LIU Zhiyuan,ZHOU Jian,ZHANG Ziyang,LI Shujun,NIE Kaiyu. Repair of skin and soft tissue defects of extremities with superficial femoral artery lower perforator flap[J]. Zhongguo Xiu Fu Chong Jian Wai Ke Za Zhi[Chin J Repar Reconstr Surg(Article in Chinese;Abstract in Chinese)],2020,34(8):1071-1072.}

4.4 上肢皮瓣

flap of upper limb

[9713] 李吉，姜树学，郝咸春，杨果凡，陈宝驹，高玉智. 臂外侧皮瓣显微外科解剖学 [J]. 中国医科大学学报，1981，10(6)：5-9. {LI Ji,JIANG Shuxue,HAO Xianchun,YANG Guofan,CHEN Baoju,GAO Yuzhi. Microsurgical anatomy of lateral flap of arm[J].Zhong Guo Yi Ke Da Xue Xue Bao[J Chin Med Univ(Article in Chinese;No abstract available)],1981,10(6):5-9.}

[9714] 李吉，姜树学，郝咸春，杨果凡，陈宝驹，高玉智. 臂外侧皮瓣显微外科解剖学 [J]. 解剖学通报，1982，5(增刊 1)：69. {LI Ji,JIANG Shuxue,HAO Xianchun,YANG Guofan,CHEN Baoju,GAO Yuzhi. Microsurgical anatomy of the lateral flap of the arm[J]. Jie Pou Xue Bao[J Ana(Article in Chinese;Abstract in Chinese)],1982,5(S1):69.}

[9715] 王德昭，丁祖鑫，赵平萍，朱昌. 腋下胸外侧游离肌皮瓣在修复颌面部缺损上的应用 [J]. 上海第二医学院学报，1982，2(增刊 1)：26-27. {WANG Dezhao,DING Zuxin,ZHAO Pingping,ZHU Chang. Application of lateral thoracic free myocutaneous flap of underarm in repairing maxillofacial defect[J]. Shanghai Di Er Yi Yuan Xue Bao[J Shanghai Second Med Coll(Article in Chinese;No abstract available)],1982,2(S1):26-27.}

[9716] 毛增荣，施恩娟，张成立，张东铭. 臂内侧皮瓣的显微血管 [J]. 解剖学报，1983，14(1)：15-22. {MAO Zengrong,SHI Enjuan,ZHANG Chengli,ZHANG Dongming. A study of microvascular supply of medial arm flap [J]. Jie Pou Xue Bao[J Anat(Article in Chinese;Abstract in Chinese and English)],1983,14(1):15-22.}

[9717] 姜树学，李吉．臂内侧皮瓣的显微外科解剖学[J]．解剖学通报，1983;14(3): 262-266. {JIANG Shuxue,LI Ji. Microsurgical anatomy of the medial arm flap [J].Jie Pou Xue Bao[J Anat(Article in Chinese;Abstract in Chinese and English)],1983;14(3):262-266.}

[9718] 高学书，何清濂，章惠兰，刘琪，袁相斌，高健华，毛增荣，施思娟．上臂内侧皮瓣游离移植一例报告[J]．上海医学，1984，7(11): 631. {Gao Xueshu,He qinglian,Zhang Huilan,Liu qi,Yuan Xiangbin,Gao Jianhua,Mao Zengrong,Shi Sijuan. A case of medial upper arm flap free transplantation[J]. Shanghai Yi Xue[Shanghai Med J(Article in Chinese;No abstract available)],1984,7(11):631.}

[9719] 罗力生，高建华，谢兴斌，李依力，钟世镇，徐达传，孙博．臂上外侧皮瓣及三角肌皮瓣的临床应用[J]．中华显微外科杂志，1986，9(2): 118-119. {LUO Lisheng,GAO Jianhua,XIE Xingbin,LI Yili,ZHONG Shizhen,XU Dachuan,SUN Bo. Clinical application of lateral arm skin flap and deltoid muscle skin flap[J]. Zhonghua Xian Wei Wai Ke Za Zhi(Chin J Microsurg[Article in Chinese and English;Abstract in Chinese)],1986,9(2):118.}

4.4.1 肩与臂皮瓣
shoulder and arm flap

4.4.1.1 三角肌皮瓣
deltoid muscular flap

[9720] 张功林，葛宝丰，张军华．双肩胛 - 三角肌联合皮瓣移植一例[J]．中华显微外科杂志，1999，22(1): 39. DOI: 10.3760/cma.j.issn.1001-2036.1999.01.049. {ZHANG Gonglin,GE Baofeng,ZHANG Junhua. Double scapular-deltoid flap transplantation:a case report[J]. Zhonghua Xian Wei Wai Ke Za Zhi[Chin J Microsurg(Article in Chinese;No abstract available)],1999,22(1):39. DOI:10.3760/cma.j.issn.1001-2036.1999.01.049.}

[9721] 张功林，葛宝丰，张军华，曾述强，王世勇．岛状三角肌皮瓣转移修复腋部软组织缺损一例[J]．中华显微外科杂志，2002，25(2): 160. DOI: 10.3760/cma.j.issn.1001-2036.2002.02.050. {ZHANG Gonglin,GE Baofeng,ZHANG Junhua,ZENG Shuqiang,WANG Shiyong. Repair of soft tissue defect in axilla with island triangular musculocutaneous flap[J]. Zhonghua Xian Wei Wai Ke Za Zhi[Chin J Microsurg(Article in Chinese;No abstract available)],2002,25(2):160. DOI:10.3760/cma.j.issn.1001-2036.2002.02.050.}

4.4.1.2 臂外侧皮瓣
lateral arm flap

[9722] 杨果凡，陈宝驹，高玉智，刘晓燕，刘晓林，李政仁，李吉，姜树学．臂外侧游离皮瓣移植术[J]．中华外科杂志，1983，21(5): 272-274. {YANG Guofan,CHEN Baoju,GAO Yuzhi,LI Xiaoyan,LIU Xiaolin,LI Zhenren,LI Ji,JIANG Shuxue. Free flap transplantation of lateral arm[J]. Zhonghua Wai Ke Za Zhi[Chin J Surg(Article in Chinese;No abstract available)],1983,21(5):272-274.}

[9723] 邹永华，王炜．上臂外侧小型皮瓣游离移植在手外科应用[J]．修复重建外科杂志，1988，2(3): 3-4，49. {ZOU Yonghua,WANG Wei. Application of free small flap transplantation of the lateral upper arm in hand surgery[J]. Zhongguo Xiu Fu Chong Jian Wai Ke Za Zhi[Chin J Repar Reconstr Surg(Article in Chinese;No abstract available)],1988,2(3):3-4,49.}

[9724] 芮永军，李向荣，张全荣，顾黎明，徐雷，许亚军．上臂外侧皮瓣的临床应用[J]．中国修复重建外科杂志，1994，8(11): 52. {RUI Yongjun,LI Xiangrong,ZHANG Quanrong,GU Liming,XU Lei,XU Yajun. Clinical application of lateral upper arm flap[J]. Zhongguo Xiu Fu Chong Jian Wai Ke Za Zhi[Chin J Repar Reconstr Surg(Article in Chinese;No abstract available)],1994,8(11):52.}

[9725] 朱庆生，李华林，吴克俭，傅炳峨．臂外侧皮瓣游离移植修复手部皮肤缺损[J]．中国修复重建外科杂志，1995，9(4): 261. {ZHU Qingsheng,LI Hualin,WU Kejian,FU Binge. Free transplantation of lateral arm flap to repair skin defect of hand[J]. Zhongguo Xiu Fu Chong Jian Wai Ke Za Zhi[Chin J Repar Reconstr Surg(Article in Chinese;No abstract available)],1995,9(4):261.}

[9726] 李赞，喻建军，黄文孝，周晓，陈杰．游离上臂外侧皮瓣在头颈肿瘤术后缺损修复的临床应用[J]．组织工程与重建外科杂志，2007，3(2): 83-85. DOI: 10.3969/j.issn.1673-0364.2007.02.006. {LI Zan,YU Jianjun,HUANG Wenxiao,ZHOU Xiao,CHEN Jie. Clinical study of lateral arm free flap for repairing after resecting the head and neck carcinoma[J]. Zu Zhi Gong Cheng Yu Chong Jian Wai Ke Za Zhi[J Tissue Eng Reconstr Surg(Article in Chinese;Abstract in Chinese and English)],2007,3(2):83-85. DOI:10.3969/j.issn.1673-0364.2007.02.006.}

[9727] 李学渊，王欣，陈宏，陈德松．游离上臂外侧皮瓣在手部皮肤缺损中的应用[J]．中华手外科杂志，2009，25(2): 69-70. DOI: 10.3760/cma.j.issn.1005-054X.2009.02.003. {LI Xueyuan,WANG Xin,CHEN Hong,CHEN Desong. Application of free lateral arm flap in repairing skin defects of the hand[J]. Zhonghua Shou Wai Ke Za Zhi[Chin J Hand Surg(Article in Chinese;Abstract in Chinese and English)],2009,25(2):69-70. DOI:10.3760/cma.j.issn.1005-054X.2009.02.003.}

[9728] 梁钢，孙建平，金伟英．逆行臂外侧皮瓣修复肘部高压电烧伤六例[J]．中华烧伤杂志，2009，25(1): 28-29. DOI: 10.3760/cma.j.issn.1009-2587.2009.01.012. {LIANG Gang,SUN Jianping,JIN Weiying. Retrograde lateral arm flap to repair 6 cases of high voltage burn of elbow[J]. Zhonghua Shao Shang Za Zhi[Chin J Burns(Article in Chinese;No abstract available)],2009,25(1):28-29. DOI:10.3760/cma.j.issn.1009-2587.2009.01.012.}

[9729] 杨卫玺，李春江，王一兵，赵步祥．游离上臂外侧皮瓣修复手部深度烧伤[J]．中华显微外科杂志，2010，33(5): 436. DOI: 10.3760/cma.j.issn.1001-2036.2010.05.037. {YANG Weixi,LI Chunjiang,WANG Yibing,ZHAO Buxiang. Free lateral upper arm flap for repair of deep burn of hand[J]. Zhonghua Xian Wei Wai Ke Za Zhi[Chin J Microsurg(Article in Chinese;No abstract available)],2010,33(5):436. DOI:10.3760/cma.j.issn.1001-2036.2010.05.037.}

[9730] 刘鸣江，黄新锋，刘俊，黄雄杰，李匡文．上臂外侧皮瓣游离移植修复手部皮肤缺损[J]．中华手外科杂志，2011，27(6): 377-378. DOI: 10.3760/cma.j.issn.1005-054X.2011.06.024. {LIU Mingjiang,HUANG Xinfeng,LIU Jun,HUANG Xiongjie,LI Kuangwen. Free transplantation of lateral upper arm flap to repair skin defect of hand[J]. Zhonghua Shou Wai Ke Za Zhi[Chin J Hand Surg(Article in Chinese;No abstract available)],2011,27(6):377-378. DOI:10.3760/cma.j.issn.1005-054X.2011.06.024.}

[9731] 马文龙，程春生，赵治伟，单海民，查朱青，程真真，赵熙熹．上臂外侧皮瓣修复手 / 足部小面积皮肤缺损[J]．创伤外科杂志，2011，13(2): 172-172. DOI: 10.3969/j.issn.1009-4237.2011.02.029. {MA Wenlong,CHENG Chunsheng,ZHAO Zhiwei,SHAN Haimin,ZHA Zhuqing,CHENG Zhenzhen,ZHAO Xixi. Efficacy analysis of lateral arm flap for repairing small-area soft tissue defects of the hand or foot[J]. Chuang Shang Wai Ke Za Zhi[J Traum Surg(Article in Chinese;Abstract in Chinese and English)],2011,13(2):172-172. DOI:10.3969/j.issn.1009-4237.2011.02.029.}

[9732] 刘光军，郭升玲，谭琪，高志刚，王谦，范启申．带感觉的上臂外侧皮瓣游离移植修复手部皮肤缺损[J]．实用手外科杂志，2011，25(4): 281-283. DOI: 10.3969/j.issn.1671-2722.2011.04.008. {LIU Guangjun,GUO Shengling,TAN Qi,GAO Zhigang,WANG Qian,FAN Qishen. Free lateral arm neurocutaneous flap for reconstruction of skin defects of hand[J]. Shi Yong Shou Wai Ke Za Zhi[Chin J Pract Hand Surg(Article in Chinese;Abstract in Chinese and English)],2011,25(4):281-283. DOI:10.3969/j.issn.1671-2722.2011.04.008.}

[9733] 陈勇，杨旭东，李威，胡勤刚．游离延展上臂外侧皮瓣修复洞穿性颊部缺损一例[J]．中国修复重建外科杂志，2012，26(4): 508-510. {CHEN Yong,YANG Xudong,LI Wei,HU Qingang. Repair of perforating buccal defect with free and extended lateral upper arm flap:a case report[J]. Zhongguo Xiu Fu Chong Jian Wai Ke Za Zhi[Chin J Repar Reconstr Surg(Article in Chinese;Abstract in Chinese)],2012,26(4):508-510.}

[9734] 陈勇，杨旭东，李威，陈修娟，胡勤刚．游离延展上臂外侧皮瓣修复颊癌术后软组织缺损[J]．中华整形外科杂志，2013，29(1): 22-25. DOI: 10.3760/cma.j.issn.1009-4598.2013.01.007. {CHEN Yong,YANG Xudong,LI Wei,CHEN Xiujuan,HU Qingang. The extended free lateral arm flap for buccal soft tissue reconstruction after buccal cancer[J]. Zhonghua Zheng Xing Wai Ke Za Zhi[Chin J Plast Surg(Article in Chinese;Abstract in Chinese and English)],2013,29(1):22-25. DOI:10.3760/cma.j.issn.1009-4598.2013.01.007.}

[9735] 祝为桥，李冬梅，刘静明，毛驰，戚戈．臂外侧皮瓣修复重度眶窝闭锁畸形[J]．中华显微外科杂志，2014，37(5): 461-463. DOI: 10.3760/cma.j.issn.1001-2036.2014.05.012. {ZHU Weiqiao,LI Dongmei,LIU Jingming,MAO Chi,QI Ge. Reconstruction of severe atresic eye socket with lateral arm free flap[J]. Zhonghua Xian Wei Wai Ke Za Zhi[Chin J Microsurg(Article in Chinese;Abstract in Chinese and English)],2014,37(5):461-463. DOI:10.3760/cma.j.issn.1001-2036.2014.05.012.}

[9736] 梅良斌，朱跃良，王毅，何晓清，吕乾，徐永清．游离上臂外侧皮瓣修复手足皮肤缺损[J]．中华创伤骨科杂志，2014，16(4): 357-358. DOI: 10.3760/cma.j.issn.1671-7600.2014.04.019. {MEI Liangbin,ZHU Yueliang,WANG Yi,HE Xiaoqing,LV Gan,XU Yongqing. Free lateral upper arm flap to repair skin defect of hand and foot[J]. Zhonghua Chuang Shang Gu Ke Za Zhi[Chin J Orthop Trauma(Article in Chinese;Abstract in Chinese)],2014,16(4):357-358. DOI:10.3760/cma.j.issn.1671-7600.2014.04.019.}

[9737] 杨旭东，王育新，李威，文建民，洪小伟，胡勤刚．游离延展上臂外侧皮瓣在口腔癌术后软组织缺损中的应用[J]．上海口腔医学，2015，24(6): 753-757. {YANG Xudong,WANG Yuxin,LI Wei,WEN Jianmin,HONG Xiaowei,HU Qingang. Use of extend lateral upper arm free flap for reconstruction of soft tissue defect after resection of oral cancer[J]. Shang Hai Kou Qiang Yi Xue[Shanghai J Stom(Article in Chinese;Abstract in Chinese and English)],2015,24(6):753-757.}

[9738] 阳跃，崔树森，李春雨，吴广智．重建感觉的游离臂外侧皮瓣修复手背皮肤缺损 12 例疗效分析[J]．中华显微外科杂志，2016，39(3): 234-236. DOI: 10.3760/cma.j.issn.1001-2036.2016.03.007. {YANG Yue,CUI Shusen,LI Chunyu,WU Guangzhi. Analysis of clinic effect of the free arm lateral neurocutaneous flap in repairing cutaneous defects of opisthenar:12 cases report[J]. Zhonghua Xian Wei Wai Ke Za Zhi[Chin J Microsurg(Article in Chinese;Abstract in Chinese and English)],2016,39(3):234-236. DOI:10.3760/cma.j.issn.1001-2036.2016.03.007.}

[9739] 刘宏君，张文忠，王天亮，戚仁竞，张乃臣，顾加祥．游离上臂外侧皮瓣修复手部热压伤 15 例[J]．中华整形外科杂志，2016，32(5): 337-339. DOI: 10.3760/cma.j.issn.1009-4598.2016.05.004. {LIU Hongjun,ZHANG Wenzhong,WANG Tianliang,QI Renjing,ZHANG Naichen,GU Jiaxiang. The experience of lateral arm free-flaps for hand thermal-crush injury:15 cases[J]. Zhonghua Zheng Xing Wai Ke Za Zhi[Chin J Plast Surg(Article in Chinese;Abstract in Chinese and English)],2016,32(5):337-339. DOI:10.3760/cma.j.issn.1009-4598.2016.05.004.}

4.4.1.3 桡侧副动脉穿支皮瓣
perforator flap of radial collateral artery

[9740] Song D,Li J,Li K,Liu J,Xu J. Modified innervated radial collateral artery perforator flap for repairing digital defects[J]. Indian J Surg,2015,77(Suppl 3): 1032-7. doi:10.1007/s12262-014-1117-3.

[9741] 陈勇，杨旭东，李威，胡勤刚．后桡侧副动脉穿支嵌合瓣修复舌癌术后缺损的早期疗效[J]．中国修复重建外科杂志，2012，26(11): 1336-1339. {CHEN Yong,YANG Xudong,LI Wei,HU Qingang. Early effectiveness of posterior radial collateral artery perforator compound flap for reconstruction of tongue defects after tumor excision[J]. Zhongguo Xiu Fu Chong Jian Wai Ke Za Zhi[Chin J Repar Reconstr Surg(Article in Chinese;Abstract in Chinese and English)],2012,26(11):1336-1339.}

[9742] 池征，林浩东，侯春林，宋达疆．以桡侧副动脉后支为蒂的嵌合骨皮瓣游离移植修复手指复杂缺损[J]．中国骨与关节杂志，2015，4(6): 447-450. DOI: 10.3969/j.issn.2095-252X.2015.06.005. {CHI Zheng,LIN Haodong,HOU Chunlin,SONG Dajiang. Repair of composite digital defects by free chimeric radial collateral artery perforator lfaps[J]. Zhongguo Gu Yu Guan Jie Za Zhi[Chin J Bone Joint(Article in Chinese;Abstract in Chinese and English)],2015,4(6):447-450. DOI:10.3969/j.issn.2095-252X.2015.06.005.}

[9743] 石磊，赵光勋，胡沣，王进，杨光，夏添，黄晓星．臂桡侧副动脉穿支皮瓣修复趾腓侧皮瓣和甲瓣术后供区[J]．中华显微外科杂志，2019，42(4): 396-399. DOI: 10.3760/cma.j.issn.1001-2036.2019.04.022. {SHI Lei,ZHAO Guangxun,HU Feng,WANG Jin,YANG Guang,XIA Tian,HUANG Xiaoxing. Donor area of the peroneal flap and nail flap of the toe was repaired by flap with perforator branch of brachial radial accessory artery[J]. Zhonghua Xian Wei Wai Ke Za Zhi[Chin J Microsurg(Article in Chinese;Abstract in Chinese)],2019,42(4):396-399. DOI:10.3760/cma.j.issn.1001-2036.2019.04.022.}

[9744] 俞芳，唐举玉，吴攀峰，周征兵，庞晓阳，曾磊，肖勇兵，潘丁，卿黎明，刘睿．桡侧副动脉嵌合穿支皮瓣修复拇指复合组织缺损[J]．中华整形外科杂志，2019，35(9): 887-891. DOI: 10.3760/cma.j.issn.1009-4598.2019.09.008. {YU Fang,TANG Juyu,WU Panfeng,ZHOU Zhengbing,PANG Xiaoyang,ZENG Lei,XIAO Yongbing,PAN Ding,QING Liming,LIU Rui. Radial collateral artery perforator flap combining a vascularized fragment of the distal humerus in reconstruction of thumb complex defects[J]. Zhonghua Zheng Xing Wai Ke Za Zhi[Chin J Plast Surg(Article in Chinese;Abstract in Chinese and English)],2019,35(9):887-891. DOI:10.3760/cma.j.issn.1009-4598.2019.09.008.}

[9745] 俞芳，唐举玉，吴攀峰，周征兵，庞晓阳，曾磊，肖勇兵，潘丁，卿黎明，刘睿．桡侧副动脉分叶穿支皮瓣在手部创面修复中的应用[J]．中国修复重建外科杂志，2019，33(6): 721-725. DOI: 10.7507/1002-1892.201902005. {YU Fang,TANG Juyu,WU Panfeng,ZHOU Zhengbing,PANG Xiaoyang,ZENG Lei,XIAO Yongbing,PAN Ding,QING Liming,LIU Rui. Repair of resurfacing soft tissue defect of hand with radial collateral artery polyfoliate perforator flap[J]. Zhongguo Xiu Fu Chong Jian Wai Ke Za Zhi[Chin J Repar Reconstr Surg(Article in Chinese;Abstract in Chinese and English)],2019,33(6):721-725. DOI:10.7507/1002-1892.201902005.}

[9746] 吴春，王正理，谭莉，戴本东，潘小建，孙捷．桡侧副动脉骨皮瓣修复拇指复合组织缺损[J]．中华手外科杂志，2020，36(2): 150-151-152. {WU Chun,WANG Zhengli,TAN Li,DAI Bendong,PAN Xiaojian,SUN Jie. Radial accessory artery osteocutaneous flap to repair complex tissue defect of thumb[J]. Zhonghua Shou Wai Ke Za Zhi[Chin J Hand Surg(Article in Chinese;Abstract in Chinese)],2020,36(2):150-151-152.}

4.4.1.4 臂内侧皮瓣
medial arm flap

[9747] 崔日香. 臂内侧皮瓣的修正[J]. 修复重建外科杂志，1987，1(1)：15. {CUI Rixiang. Correction of medial arm flap[J]. Zhongguo Xiu Fu Chong Jian Wai Ke Za Zhi[Chin J Repar Reconstr Surg(Article in Chinese;No abstract available)],1987,1(1):15.}

[9748] 顾黎明，吴建林，沈建祖，祝伟，徐雷，寿奎水. 吻合血管的上臂内侧皮瓣在手外科的应用[J]. 中华手外科杂志，1994，10(3)：74-75. {GU Liming,WU Jianlin,SHEN Jianzu,ZHU Wei,XU Lei,SHOU Kuishui. Clinical application of free medial arm flap in hand surgery[J]. Zhonghua Shou Wai Ke Za Zhi[Chin J Hand Surg(Article in Chinese;Abstract in Chinese and English)],1994,10(3):74-75.}

[9749] 周祥吉，范启申. 臂内侧皮瓣修复虎口软组织重度缺损10例[J]. 中华手外科杂志，1995，11(4)：206. {ZHOU Xiangji,FAN Qishen. Restoration of 10 cases of severe soft tissue defect of the first web with medial arm flap[J]. Zhonghua Shou Wai Ke Za Zhi[Chin J Hand Surg(Article in Chinese;No abstract available)],1995,11(4):206.}

[9750] 廖进民，王绥江，黄群武，钟桂午，林炎生，欧伟. 以皮神经及营养血管为蒂臂内侧皮瓣的应用解剖[J]. 中国临床解剖学杂志，2000，18(3)：211-212. DOI：10.3969/j.issn.1001-165X.2000.03.008. {LIAO Jinmin,WANG Suijiang,HUANG Qunwu,ZHONG Guiwu,LIN Yansheng,OU Wei. Applied anatomy of medial arm flap pedicled with cutaneous nerve and nntrient vessel[J]. Zhongguo Lin Chuang Jie Pou Xue Za Zhi[Chin J Clin Anat(Article in Chinese;Abstract in Chinese and English)],2000,18(3):211-212. DOI:10.3969/j.issn.1001-165X.2000.03.008.}

[9751] 黄永军，王增涛，黄东. 臂内侧皮瓣皮支血管临床解剖研究[J]. 中国临床解剖学杂志，2008，26(6)：585-589. DOI：10.3969/j.issn.1001-165X.2008.06.001. {HUANG Yongjun,WANG Zengtao,HUANG Dong. Clinical anatomy of the medial upper arm flap pedicled with different cutaneous vessels[J]. Zhongguo Lin Chuang Jie Pou Xue Za Zhi[Chin J Clin Anat(Article in Chinese;Abstract in Chinese and English)],2008,26(6):585-589. DOI:10.3969/j.issn.1001-165X.2008.06.001.}

[9752] 卜凡玉，薛明宇，黄军，强力，芮永军，许亚军. 游离上臂内侧皮瓣急诊修复手指皮肤及神经缺损[J]. 中华手外科杂志，2015，31(5)：337-339. {BU Fanyu,XUE Mingyu,HUANG Jun,LI Qiang,RUI Yongjun,XU Yajun. Free upper medial arm flap for emergency repair of finger skin and nerve defects[J]. Zhonghua Shou Wai Ke Za Zhi[Chin J Hand Surg(Article in Chinese;Abstract in Chinese)],2015,31(5):337-339.}

4.4.1.5 尺侧上副动脉穿支皮瓣
medial arm perforator flap

[9753] 李瑞君，路来金，宫旭，张志新，宣昭鹏，崔建礼. 远端蒂尺侧上副动脉穿支皮瓣的应用解剖[J]. 中国临床解剖学杂志，2011，29(1)：21-24. {LI Ruijun,LU Laijin,GONG Xu,ZHANG Zhixin,XUAN Zhaopeng,CUI Jianli. The anatomical study of superior ulnar collateral artery perforator flap[J]. Zhongguo Lin Chuang Jie Pou Xue Za Zhi[Chin J Clin Anat(Article in Chinese;Abstract in Chinese and English)],2011,29(1):21-24.}

4.4.1.6 臂后侧皮瓣
posterior arm flap

[9754] 高建华. 上臂后侧皮瓣移植[J]. 修复重建外科杂志，1988，2(2)：68. {GAO Jianhua. Transplantation of posterior flap of upper arm[J]. Zhongguo Xiu Fu Chong Jian Wai Ke Za Zhi[Chin J Repar Reconstr Surg(Article in Chinese;No abstract available)],1988,2(2):68.}

[9755] 沈建祖，顾黎明，寿奎水. 上臂后侧皮瓣修复手创伤的临床应用[J]. 中华手外科杂志，1995，11(2)：69. {SHEN Jianzu,GU Liming,SHOU Kuishui. Clinical application of posterior upper arm flap to repair hand injury[J]. Zhonghua Shou Wai Ke Za Zhi[Chin J Hand Surg(Article in Chinese;No abstract available)],1995,11(2):69.}

4.4.2 肘与前臂皮瓣
elbow and forearm flap

[9756] Song R,Gao Y,Song Y,Yu Y,Song Y. The forearm flap[J]. Clin Plast Surg,1982,9(1):21-26.

[9757] 杨果凡，陈宝驹，高玉智，刘晓燕，李吉，姜树学，何尚仁. 前臂皮瓣游离移植术(附56例报告)[J]. 中华医学杂志，1981，61(3)：139-141. {YANG Guofan,CHEN Baoju,GAO Yuzhi,LIU Xiaoyan,LI Ji,JIANG Shuxue,HE Shangren. Free transplantation of forearm flap (report of 56 cases)[J]. Zhonghua Yi Xue Za Zhi[Natl Med J China(Article in Chinese;No abstract available)],1981,61(3):139-141.}

[9758] 张涤生，王炜，徐春阳，顾敬枚，胡鸿泰. 前臂游离皮瓣移植在手外科的应用[J]. 上海医学，1981，4(8)：22. {ZHANG Disheng,WANG Wei,XU Chunyang,GU Jingmei,HU Hongtai. Application of forearm free flap transplantation in hand surgery[J]. Shanghai Yi Xue[Shanghai Med J(Article in Chinese;No abstract available)],1981,4(8):22.}

[9759] 陈秋生，陈杰，吴德贤，赵左向，蔡日新，毕绍臣，刘喜文，邓隆明. 吻合血管的前臂游离皮瓣移植术(附6例报告)[J]. 显微外科，1981，4(1-2)：7. {CHEN Qiusheng,CHEN Jie,WU Dexian,ZHAO Zuoxiang,CAI Rixin,BI Shaochen,LIU Xiwen,DENG Longming. Free forearm skin flap transplantation with Anastomotic vessel[J]. Xian Wei Wai Ke[Chin J Microsurg(Article in Chinese;No abstract available)],1981,4(1-2):7.}

[9760] 张永成，潘玉兰，高瑞驹，刘先君，叶国坤，李晓刚，于忠毓，张信英. 前臂游离皮瓣在口腔颌面外科的应用[J]. 哈尔滨医科大学学报，1981，15(1)：62. {ZHANG YongCheng,PAN Yulan,GAO Ruiju,LIU Xianjun,YE Guokun,LI Xiaogang,YU Zhongyu,ZHANG Xinying. Application of free forearm flap in oral and maxillofacial surgery [J]. Haerbin Yi Ke Da Xue Xue Bao[J Haerbin Med Univ(Article in Chinese;No abstract available)],1981,15(1):62.}

[9761] 马荣赓，杨国锦，王学铭. 前臂游离皮瓣移植修复手掌部外伤畸形[J]. 江苏医药，1981，7(11)：7. {MA Ronggang,YANG Guojin,WANG Xueming. Free forearm flap transplantation to repair the traumatic deformity of the palm[J]. Jiangsu Yi Yao[Jiangsu Med J(Article in Chinese;Abstract in Chinese)],1981,7(11):7.}

[9762] 王德昭，丁祖鑫，朱昌，张涤生. 游离前臂皮瓣进行全鼻再造(附6例报告)[J]. 上海第二医院学报，1982，2(增刊1)：20. {WANG Dezhao,DING zuxing,ZHU Chang,ZHANG Disheng. Free forearm flap for total nasal reconstruction(A report of 6 cases is attached)[J].Shanghai Di Er Yi Yuan Xue Bao[J Shanghai Second Coll(Article in Chinese;No abstract available)],1982,2(S1):20.}

[9763] 张涤生，黄文义，徐春扬，顾敬枚. 前臂游离皮瓣移植治疗一例急诊手外伤的体会[J]. 上海第二医学院学报，1982，2(增刊1)：33. {ZHANG Disheng,HUANG Wenyi,XU ChunYang. Experience of forearm free flap transplantation in the treatment of an emergency hand injury[J]. Shanghai Di Er Yi Yuan Xue Bao[J Shanghai Second Coll(Article in Chinese;No abstract available)],1982,2(S1):33.}

[9764] 陈秋生，陈杰，吴德贤，赵左向，蔡日新，毕绍臣，刘喜文，邓隆明. 吻合血管的前臂游离皮瓣移植术(附7例报告)[J]. 第一军医大学学报 1982，2(1)：71. {CHENG Qiusheng,CHENG Ji,WU Dexian,ZHAO Zuoxiang,CAI Rixin,BI Shaocheng,LIU Xiwen,DENG Longming. Free forearm skin flap transplantation with Anastomotic vessel(a report of 56 cases attached)[J]. Di Yi Jun Yi Da Xue Xue Bao[J First Milit Med Univ(Article in Chinese;No abstract available)],1982,2(1):71.}

[9765] 张永成，等. 应用前臂游离皮瓣修复颌面部缺损[J]. 北方医学，1982，(2)：34. {ZHANG Yongcheng,et al. Free forearm flap was used to repair maxillofacial defect[J]. Beifang Yi Xue[Northern Med J(Article in Chinese;No abstract available)],1982,(2):34.}

[9766] 刘同行，等. 前臂游离皮瓣移植两侧报告[J]. 江苏医药，1982，8(5)：38. {LIU Tongxing,et al. A Report of Free forearm flap graft from both sides [J]. Jiangsu Yi Yao[Jiangsu Med J(Article in Chinese;No abstract available)],1982,8(5):38.}

[9767] 陈宝驹，杨果凡，高玉智，刘晓燕，刘晓林，李政仁. 应用前臂皮瓣进行全鼻再造(附21例报告)[J]. 中华外科杂志，1983，21(6)：348-350. {CHEN Baoju,YANG Guofan,GAO Yuzhi,LIU Xiaoyan,LIU Xiaolin,LI Zhengren. Total nasal reconstruction with forearm flap (report of 21 cases)[J]. Zhonghua Wai Ke Za Zhi[Chin J Surg(Article in Chinese;No abstract available)],1983,21(6):348-350.}

[9768] 孙弘. 前臂皮瓣游离移植法行舌缺损再造术的几点体会[J]. 显微外科，1983，6(1-2)：12. {SUN Hong. Experience of reconstruction of tongue defect by free forearm flap transplantation[J]. Xian Wei Wai Ke[J Microsurg(Article in Chinese;No abstract available)],1983,6(1-2):12.}

[9769] 王光和，孙勇刚. 前臂游离皮瓣移植修复口腔颌面部缺损(附13例报告)[J]. 中华口腔科杂志，1983，18(4)：205. {WANG Guanghe,SUN Yonggang. Free forearm skin flap transplantation to repair oral and maxillofacial defects (A report of 13 cases is attached)[J]. Zhonghua Kou Qiang Za Zhi[Chin J Oral(Article in Chinese;No abstract available)],1983,18(4):205.}

[9770] 蒋佩珏，程绪西，贾淑兰，尹大庆. 用前臂游离皮瓣进行颊粘膜、口咽、舌再造术[J]. 北京医学，1983，5(1)：14. {JIANG Peiyu,CHENG Xuxi,JIA Shulan,YING Daqing. Free forearm skin flap was used to reconstruct buccal mucosa,oropharynx and tongue[J]. Beijing Yi Xue[Bejing Med J,(Article in Chinese;No abstract available)],1983,5(1):14.}

[9771] 陈必胜，孙弘，王文崔，姜晓钟. 前臂游离皮瓣移植行舌缺损的再造和修复(附10例报告)[J]. 中华口腔科杂志，1983，18(1)：39. {CHEN Bisheng,SUN Hong,WANG Wencui,JIANG Xiaozhong. Reconstruction and repair of tongue defect by transplantation of free forearm flap(A report of 10 cases is attached)[J]. Zhonghua Kou Qiang Ke Za Zhi[Chin J Oral(Article in Chinese;No abstract available)],1983,18(1):39.}

[9772] 刘世勋，邱蔚六，刘善学，唐友盛，袁文化，林国础，潘可风，张志勇. 前臂游离皮瓣整复口腔颌面缺损55例报告. 中华口腔科杂志[J]，1983，18(2)：84. {LIU Shixun,QIU Weiliu,LIU Shanxue,TANG Yousheng,YUAN Wenhua,LIN Guochu,PAN Kefeng,ZHANG Zhiyong. A report of 55 cases of oral and maxillofacial defects repaired by free forearm flap[J]. Zhonghua Kou Qiang Ke Za Zhi[Chin J Oral(Article in Chinese;No abstract available)],1983,18(2):84.}

[9773] 高学书. 应用前臂游离皮瓣一次完成阴茎再造(附5例报告)[J]. 中华医学杂志，1984，64(8)：470. {GAO Xueshu. A free forearm flap was used to complete penile reconstruction in one time(A report of 5 cases is attached)[J]. Zhonghua Yi Xue Za Zhi[Natl Med J China(Article in Chinese;No abstract available)],1984,64(8):470.}

[9774] 邓世良. 前臂游离皮瓣移植术[J]. 山东医药，1984，(8)：13. {DENG Shiliang. Free forearm flap transplantation[J].Shandong Yi Yao(Shandong Med J(Article in Chinese;No abstract available)],1984,(8):13.}

[9775] 沈恒志. 吻合手部血管的前臂皮瓣移植修复新鲜手部创伤[J]. 解放军医学杂志，1984，9(1)：60. {SHEN Hengzhi. Fresh hand trauma was repaired by forearm flap transplantation with anastomotic blood vessels in the hand[J]. Jie Fang Jun Yi Xue Za Zhi[Med J Chin PLA(Article in Chinese;No abstract available)],1984,9(1):60.}

[9776] 孙弘，陈必胜，姜晓钟. 前臂皮瓣游离移植法行舌缺损再造术的体会[J]. 解放军医学杂志，1985，10(3)：197. {SUN Hong,Chen Bisheng,Jiang Xiaozhong. Experience of reconstruction of tongue defect by free forearm flap transplantation[J]. Jie Fang Jun Yi Xue Za Zhi[Med J Chin PLA(Article in Chinese;No abstract available)],1985,10(3):197.}

[9777] 暴连喜，罗光华，林大雄，李广智，苏增贵. 游离左前臂皮瓣修复头皮缺损一例报告[J]. 中华神经外科杂志，1985，1(1)：35. {BAO Lianxi,LUO Guanghua,LIN Daxiong,LI Guangzhi,SU Zenggui. Repair of scalp defect with free left forearm flap:a case report[J]. Zhonghua Shen Jing Wai Ke Za Zhi(Chin J Neurosurg(Article in Chinese;No abstract available),1985,1(1):35.}

[9778] 鲁胜武，孙传友，葛廷贵，杨为学. 前臂游离皮瓣一期修复全足撕脱伤一例报告[J]. 中华骨科杂志，1985，5(4)：209. {LU Shengwu,SUN Chuanyou,GE Tinggui,YANG Weixue. A case report of one-stage repair of total foot avulsion injury with free forearm flap[J]. Zhonghua Gu Ke Za Zhi[China J Orthop(Article in Chinese;No abstract available)],1985,5(4):209.}

[9779] 王景文，尉洪祥，张学忠. 前臂游离皮瓣移植治疗严重会阴疤痕挛缩(附一例报告)[J]. 中华整形烧伤外科杂志，1985，1(3)：220. {WANG Jingwen,WEI Hongxiang,ZHANG Xuezhong. Treatment of severe perineal scar contracture with forearm free flap transplantation (report of one case is attached)[J]. Zhonghua Zheng Xing Shao Shang Wai Ke Za Zhi[Chin J Plast Burn Surg(Article in Chinese;No abstract available)],1985,1(3):220.}

[9780] 方绍孟，等. 前臂游离皮瓣及岛状皮瓣在创伤中的应用[J]. 显微医学杂志，1985，8(2)：116. {FANG Shaogang,et al. Application of free forearm flap and island flap in trauma[J]. Xian Wei Yi Xue Za Zhi[J Microsurg(Article in Chinese;No abstract available)],1985,8(2):116.}

[9781] 廖忠林，关桂春. 前臂皮瓣在手部创伤急诊中的应用(附10例报告)[J]. 显微医学杂志，1985，8(3)：133. {LIAO Zhongyuan,GUAN Guichun. Application of forearm flap in emergency treatment of hand trauma(report of 10 cases is attached)[J]. Xian Wei Yi Xue Za Zhi[J Microsurg(Article in Chinese;No abstract available)],1985,8(3):133.}

[9782] 赵启明，张元龙，朱毓琪，李传杭. 前臂皮瓣在手外科的应用(附8例报告)[J]. 显微医学杂志，1985，8(3)：146. {ZHAO Qiming,ZHANG Yuanlong,ZHU Yuqi,LI Chuanyou. Application of forearm flap in hand surgery[J]. Xian Wei Yi Xue Za Zhi[J Microsurg(Article in Chinese;No abstract available)],1985,8(3):146.}

[9783] 孙博，钟世镇，郑玉明. 前臂、小腿逆行皮瓣静脉回流的实验研究[J]. 显微医学杂志，1985，8(3)：148. {SUN Bo,ZHONG Shizhen,ZHENG Yuming. Experimental study on venous reflux of the retrograde flap of forearm and leg[J]. Xian Wei Yi Xue Za Zhi[J Microsurg(Article in Chinese;No abstract available)],1985,8(3):148.}

[9784] 庞水发. 前臂皮瓣、前臂逆行岛状皮瓣临床应用概况[J]. 显微医学杂志，1985，8(3)：151. {Pang Shuifa. Clinical application profiles of forearm flap and forearm reverse island flap[J]. Xian Wei Yi Xue Za Zhi[J Microsurg(Article in Chinese;No abstract available)],1985,8(3):151.}

[9785] 沈恒志，陈洪勋，马梦然，张志诚，梁起鹏，章树桐. 前臂游离皮瓣在四肢创伤急诊中的应用[J]. 显微医学杂志，1985，8(4)：205. {SHEN Hengzhi,CHEN Hongxun,MA Mengran,ZHANG Zhicheng,LIANG Qipeng,ZHANG Shutong. Application of free forearm flap in emergency treatment of limb trauma[J]. Xian Wei Yi Xue Za Zhi[J Microsurg(Article in Chinese;No abstract available)],1985,8(4):205.}

[9786] 郭云彩. 应用前臂皮瓣再造阴茎一例[J]. 中华显微外科杂志，1986，9(4)：247. {GUO Yuncai. One case of penis reconstruction with forearm flap[J]. Zhonghua Xian Wei Wai Ke Za Zhi[Chin J Microsurg(Article in Chinese;No abstract available)],1986,9(4):247.}

[9787] 肖世德. 带血管前臂皮瓣移植修补鼻面部缺损一例[J]. 中华耳鼻咽喉科杂志，1987，22(6)：

331. {XIAO Shide. Transplantation of vascularized forearm flap to repair nasal and facial defect:a case report[J]. Zhonghua Er Bi Yan Hou Ke Za Zhi[Chin J Otorhinolaryngol(Article in Chinese;No abstract available)],1987,22(6):331.}

[9788] 张涤生，王炜，关文祥，金一涛，黄文义. 前臂皮瓣的进展[J]. 修复重建外科杂志，1988，2(1)：2-4，49-52. {ZHANG Disheng,WANG Wei,GUAN Wenxiang,JIN Yitao,HUANG Wenyi. Development of forearm flap[J]. Zhongguo Xiu Fu Chong Jian Wai Ke Za Zhi[Chin J Repar Reconstr Surg(Article in Chinese;No abstract available)],1988,2(1):2-4,49-52.}

[9789] 李永海. 口腔内组织缺损用游离前臂皮瓣即刻修复12例报告[J]. 修复重建外科杂志，1988，2(2)：30. {LI Yonghai. Immediate repair of oral tissue defect with free forearm flap:report of 12 cases[J]. Zhongguo Xiu Fu Chong Jian Wai Ke Za Zhi[Chin J Repar Reconstr Surg(Article in Chinese;No abstract available)],1988,2(2):30.}

[9790] 杨志贤. Y型前臂皮瓣修复鼻与上唇洞穿性缺损一例[J]. 修复重建外科杂志，1988，2(2)：15-16. {YANG Zhixian. A case of Y-shaped forearm flap for repairing perforation defect of nose and upper lip[J]. Zhongguo Xiu Fu Chong Jian Wai Ke Za Zhi[Chin J Repar Reconstr Surg(Article in Chinese;No abstract available)],1988,2(2):15-16.}

[9791] 李永海，王能安，黄继贤，孙璐，邰振星. 游离前臂皮瓣修复口腔内组织缺损[J]. 修复重建外科杂志，1988，2(4)：4-5. {LI Yonghai,WANG Nengan,HUANG Jixian,SUN Lu,TAI Zhenxing. Free forearm flap to repair tissue defect in oral cavity[J]. Zhongguo Xiu Fu Chong Jian Wai Ke Za Zhi[Chin J Repar Reconstr Surg(Article in Chinese;No abstract available)],1988,2(4):4-5.}

[9792] 庞水发，朱家恺. 吻合血管的前臂皮瓣移植术[J]. 中华显微外科杂志，1990，13(3)：185-187. {PANG Shuifa,ZHU Jiakai. Transplantation of forearm flap anastomosed with blood vessels[J]. Zhonghua Xian Wei Wai Ke Za Zhi[Chin J Microsurg(Article in Chinese;No abstract available)],1990,13(3):185-187.}

[9793] 刘均墀，朱家恺. 前臂皮瓣移植修复喉癌全喉切除术后咽食道及软组织缺损[J]. 中华显微外科杂志，1991，14(3)：171-172. {LIU Junchi,ZHU Jiakai. Reconstruction of pharyngoesophageal and soft tissue defects after total laryngectomy with forearm flap transplantation[J]. Zhonghua Xian Wei Wai Ke Za Zhi[Chin J Microsurg(Article in Chinese;No abstract available)],1991,14(3):171-172.}

[9794] 杨代茂，黄涛. 应用前臂皮瓣管修复咽、食管缺损一例[J]. 修复重建外科杂志，1991，5(1)：5. {YANG Daimao,HUANG Tao. A case of pharynx and esophagus defect repaired with forearm flap tube[J]. Zhongguo Xiu Fu Chong Jian Wai Ke Za Zhi[Chin J Repar Reconstr Surg(Article in Chinese;No abstract available)],1991,5(1):5.}

[9795] 李松岳. 游离前臂皮瓣移植修复面部瘢痕一例[J]. 中国修复重建外科杂志，1993，7(1)：60. {LI Songyue. Transplantation of free forearm flap to repair facial scar:a case report[J]. Zhongguo Xiu Fu Chong Jian Wai Ke Za Zhi[Chin J Repar Reconstr Surg(Article in Chinese;No abstract available)],1993,7(1):60.}

[9796] 马富锦，杨果凡，姚世义，张新生，曲家骐，陈宝驹，侯维平，史宁江，高昕，滕洪，穆峰，李铸. 前臂皮瓣钛支架气管置换术四例[J]. 中华外科杂志，1994，32(10)：618. {MA Fujin,YANG Guofan,YAO Shiyi,ZHANG Xinsheng,QU Jiaqi,CHEN Baoju,HOU Wei-ping,SHI Ningjiang,GAO Xin,TENG Hong,MU Feng,LI Zhu. Four cases of tracheal replacement with forearm flap and titanium scaffold[J]. Zhonghua Wai Ke Za Zhi[Chin J Surg(Article in Chinese;No abstract available)],1994,32(10):618.}

[9797] 陈亚多，温玉明，唐休发. 前臂皮瓣游离移植在口腔颌面部的应用[J]. 中国修复重建外科杂志，1994，8(6)：235. {CHEN Yaduo,WEN Yuming,TANG Xiufa. Application of free forearm flap transplantation in oral and maxillofacial area[J]. Zhongguo Xiu Fu Chong Jian Wai Ke Za Zhi[Chin J Repar Reconstr Surg(Article in Chinese;No abstract available)],1994,8(6):235.}

[9798] 田江宜，宿忠信，刘志铁. 离断前臂皮瓣修复小腿皮肤缺损一例[J]. 中华显微外科杂志，1996，19(2)：84. {TIAN Jiangyi,SU Zhongxin,LIU Zhitie. Repair of shank skin defect with amputated forearm flap:a case report[J]. Zhonghua Xian Wei Wai Ke Za Zhi[Chin J Microsurg(Article in Chinese;No abstract available)],1996,19(2):84.}

[9799] 张功林，刘景堂，葛宝丰，张军华，王清. 废弃全前臂皮瓣修复肩及侧胸巨大创面一例[J]. 中华显微外科杂志，1996，19(2)：96. {ZHANG Gonglin,LIU Jingtang,GE Baofeng,ZHANG Junhua,WANG Qing. Discarded full forearm flap to repair giant shoulder and lateral chest wounds:a case report[J]. Zhonghua Xian Wei Wai Ke Za Zhi[Chin J Microsurg(Article in Chinese;No abstract available)],1996,19(2):96.}

[9800] 李吉，杨果凡，姜树学. 浅谈前臂皮瓣游离移植[J]. 中国实用外科杂志，1997，17(1)：6-7. {LI Ji,YANG Guofan,JIANG Shuxue. Discussion on free transplantation of forearm flap[J]. Zhongguo Shi Yong Wai Ke Za Zhi [Chin J Pract Surg(Article in Chinese;No abstract available)],1997,17(1):6-7.}

[9801] 张彬，唐友盛，叶为民. 前臂皮瓣串联髂骨肌瓣一期重建面下1/3大型复合缺损[J]. 中华显微外科杂志，1997，20(4)：6-8. {ZHANG Bin,TANG Yousheng,YE Weimin. One-stage reconstruction of a large subfacial composite defect with forearm skin flap coupled with iliac muscle flap[J]. Zhonghua Xian Wei Wai Ke Za Zhi[Chin J Microsurg(Article in Chinese;No abstract available)],1997,20(4):6-8.}

[9802] 佟剑平，杨小辉，纪柳，梁容奇. 游离静脉及前臂皮瓣移植修复面部复合性缺损一例[J]. 中国修复重建外科杂志，2000，14(2)：86. {TONG Jianping,YANG Xiaohui,JI Liu,LIANG Rongqi. Transplantation of and forearm flap with free vein to repair complex facial defect:a case report[J]. Zhongguo Xiu Fu Chong Jian Wai Ke Za Zhi[Chin J Repar Reconstr Surg(Article in Chinese;No abstract available)],2000,14(2):86.}

[9803] 李小军，童静，李长根. 游离肘外侧皮瓣修复手部皮肤缺损[J]. 中华显微外科杂志，2000，23(4)：269. DOI：10.3760/cma.j.issn.1001-2036.2000.04.012. {LI Xiaojun,TONG Jing,LI Changgen. Free lateral elbow flap to repair skin defect of hand[J]. Zhonghua Xian Wei Wai Ke Za Zhi[Chin J Microsurg(Article in Chinese;Abstract in Chinese)],2000,23(4):269. DOI:10.3760/cma.j.issn.1001-2036.2000.04.012.}

[9804] 程怀正，黄广恩. 静脉移植修复前臂皮瓣供瓣区血供三例[J]. 中华显微外科杂志，2001，24(4)：314. {CHENG Huaizheng,HUANG Guangen. Restoration of blood supply in donor area of forearm skin flap by vein transplantation in three cases[J]. Zhonghua Xian Wei Wai Ke Za Zhi[Chin J Microsurg(Article in Chinese;No abstract available)],2001,24(4):314.}

[9805] 李庆生，王跃建，陈伟雄，杜学亮. 保留喉功能前臂皮瓣重建下咽部及颈段食管缺损二例[J]. 中华显微外科杂志，2002，25(1)：77. DOI：10.3760/cma.j.issn.1001-2036.2002.01.043. {LI Qingsheng,WANG Yuejian,CHEN Weixiong,DU Xueliang. Reconstruction of inferior pharynx and cervical esophagus with forearm flap retaining larynx function:two cases[J]. Zhonghua Xian Wei Wai Ke Za Zhi[Chin J Microsurg(Article in Chinese;No abstract available)],2002,25(1):77. DOI:10.3760/cma.j.issn.1001-2036.2002.01.043.}

[9806] 毛驰，俞光岩，彭歆，郭传瑸，黄敏娴，张益. 50例口腔颌面部游离前臂皮瓣移植的临床分析[J]. 现代口腔医学杂志，2002，16(2)：138-140. DOI：10.3969/j.issn.1003-7632.2002.02.015. {MAO Chi,YU Guangyan,PENG Xin,GUO Chuanbin,HUANG Minxian,ZHANG Yi. A review of 50 consecutive free radial forearm flap transfers for head and neck reconstruction[J]. Xian Dai Kou Qiang Yi Xue Za Zhi[J Mod Stomatol(Article in Chinese;Abstract in Chinese and English)],2002,16(2):138-140. DOI:10.3969/j.issn.1003-7632.2002.02.015.}

[9807] 陈永宁，毛驰，赖钦声，李倩，吴青. 应用前臂皮瓣游离移植一期修复口腔颌面软组织缺损[J]. 中国医学科学院学报，2002，24(4)：422-423. {CHEN Yongning,MAO Chi,LAI Qinsheng,LI Qian,WU Qing. One-stage reconstruction of oral and maxillofacial soft tissue defect by using forearm free flap[J]. Zhongguo Yi Xue Ke Xue Yuan Xue Bao[Acta Acad Med Sin(Article in Chinese;Abstract in Chinese and English)],2002,24(4):422-423.}

[9808] 赵斌，王东. 废弃上肢全前臂皮瓣移植一例报告[J]. 中华创伤骨科杂志，2003，5(1)：18-18. DOI：10.3760/cma.j.issn.1671-7600.2003.01.026. {ZHAO Bin,WANG Dong. One case report of the whole forearm skin flap from discarded traumatic amputated arm[J]. Zhonghua Chuang Shang Gu Ke Za Zhi[Chin J Orthop Trauma(Article in Chinese;Abstract in Chinese and English)],2003,5(1):18-18. DOI:10.3760/cma.j.issn.1671-7600.2003.01.026.}

[9809] 毛驰，俞光岩，彭歆，郭传，王宾，黄敏娴，张益. 应用折叠的双皮岛游离前臂皮瓣修复口腔颌面部缺损[J]. 现代口腔医学杂志，2004，18(6)：520-522. DOI：10.3969/j.issn.1003-7632.2004.06.013. {MAO Chi,YU Guangyan,PENG Xin,GUO Chuan,WANG Bin,HUANG Minxian,ZHANG Yi. A review of 33 folded double-paddle free radial forearm flap transfers for head and neck reconstruction[J]. Xian Dai Kou Qiang Yi Xue Za Zhi[J Mod Stomatol(Article in Chinese;Abstract in Chinese and English)],2004,18(6):520-522. DOI:10.3969/j.issn.1003-7632.2004.06.013.}

[9810] 李永军，路新民，李镔. 不同类型前臂皮瓣在修复手部创面中的应用[J]. 中华显微外科杂志，2005，28(1)：29. DOI：10.3760/cma.j.issn.1001-2036.2005.01.060. {LI Yongjun,LU Xinmin,LI Bin. Application of different types of forearm skin flap in repairing hand wounds[J]. Zhonghua Xian Wei Wai Ke Za Zhi[Chin J Microsurg(Article in Chinese;No abstract available)],2005,28(1):29. DOI:10.3760/cma.j.issn.1001-2036.2005.01.060.}

[9811] 胡永杰，曲行舟，李思毅，徐立群，Hardianto，A，张陈平. 筋膜悬吊联合前臂皮瓣修复唇或口角缺损10例报道[J]. 上海口腔医学，2005，14(2)：117-119. DOI：10.3969/j.issn.1006-7248.2005.02.006. {HU Yongjie,QU Xingzhou,LI Siyi,XU Liqun,ZHANG Chenping. Reconstruction of total lower lip or corner of mouth defects with forearm free flap suspending over fascia:Report of 10 cases[J]. Shang Hai Kou Qiang Yi Xue[Shanghai J Stom(Article in Chinese;Abstract in Chinese and English)],2005,14(2):117-119. DOI:10.3969/j.issn.1006-7248.2005.02.006.}

[9812] 李建成，廖圣恺，卢保全. 颊脂垫与游离前臂皮瓣联合移植修复上颌缺损[J]. 中华显微外科杂志，2006，29(6)：457-458. DOI：10.3760/cma.j.issn.1001-2036.2006.06.021. {LI Jiancheng,LIAO Shengkai,LU Baoquan. Buccal fat pad combined with free forearm flap transplantation to repair maxillary defect[J]. Zhonghua Xian Wei Wai Ke Za Zhi[Chin J Microsurg(Article in Chinese;Abstract in Chinese)],2006,29(6):457-458. DOI:10.3760/cma.j.issn.1001-2036.2006.06.021.}

[9813] 梁炳生，吕国栋，常文凯，田江华，张登峰，余宗保，贾英伟. 肘部尺神经筋膜瓣下前置的几点体会[J]. 中华手外科杂志，2007，23(5)：286-287. DOI：10.3760/cma.j.issn.1005-054X.2007.05.013. {LIANG Bingsheng,LU Guodong,CHANG Wenkai,TIAN Jianghua,ZHANG Dengfeng,YU Zongbao,JIA Yingwei. Pearls and pitfalls in anterior transposition of the ulnar nerve at the elbow[J]. Zhonghua Shou Wai Ke Za Zhi[Chin J Hand Surg(Article in Chinese;Abstract in Chinese and English)],2007,23(5):286-287. DOI:10.3760/cma.j.issn.1005-054X.2007.05.013.}

[9814] 高凤山，居国平，刘阿贵，单丽英，董继英，李虎，高扬，董煜，赵健. 应用前臂皮瓣修复半舌或口腔软组织缺损[J]. 中华显微外科杂志，2011，34(3)：241-243. DOI：10.3760/cma.j.issn.1001-2036.2011.03.029. {GAO Fengshan,JU Guoping,LIU Agui,SHAN Liying,DONG Jiying,LI Hu,GAO Yang,DONG Yu,ZHAO Jian. The forearm flap was used to repair hemilingual or oral soft tissue defects[J]. Zhonghua Xian Wei Wai Ke Za Zhi[Chin J Microsurg(Article in Chinese;Abstract in Chinese)],2011,34(3):241-243. DOI:10.3760/cma.j.issn.1001-2036.2011.03.029.}

[9815] 徐锦程，卢保全，黄全顺，李建成，张凯，廖圣恺，徐涛. 游离前臂皮瓣联合髂骨同期修复重建口底及面下部的复合性组织缺损[J]. 中华显微外科杂志，2011，34(4)：283-286. DOI：10.3760/cma.j.issn.1001-2036.2011.04.008. {XU Jincheng,LU Baoquan,HUANG Quanshun,LI Jiancheng,ZHANG Kai,LIAO Shengkai,XU Tao. Free forearm flap and free iliac bone reconstruct the composite tissue defects of the floor of mouth and the lower part of face in the same period[J]. Zhonghua Xian Wei Wai Ke Za Zhi[Chin J Microsurg(Article in Chinese;Abstract in Chinese and English)],2011,34(4):283-286. DOI:10.3760/cma.j.issn.1001-2036.2011.04.008.}

[9816] 李叶扬，梁岷，李罡，汪锦伦，张涛. 游离前臂皮瓣Ⅰ期修复面颊高压电击伤洞穿性缺损一例[J]. 中华烧伤杂志，2011，27(2)：165-166. DOI：10.3760/cma.j.issn.1009-2587.2011.02.025. {LI Yeyang,LIANG Min,LI Gang,WANG Jinlun,ZHANG Tao. One-stage repair of perforation defect of cheek after high voltage injury with free forearm flap:a case report[J]. Zhonghua Shao Shang Za Zhi[Chin J Burns(Article in Chinese;No abstract available)],2011,27(2):165-166. DOI:10.3760/cma.j.issn.1009-2587.2011.02.025.}

[9817] 陈永锋，张凯，李建成，徐锦程，廖圣恺，徐涛. 前臂皮瓣联合邻近组织瓣修复腭及上颌组织缺损早期疗效[J]. 中国修复重建外科杂志，2011，25(9)：1051-1054. {CHEN Yongfeng,ZHANG Kai,LI Jiancheng,XU Jincheng,LIAO Shengkai,XU Tao. Early effectiveness of combining radial forearm free flap and adjacent tissue flap in reconstruction of palatomaxillary defects[J]. Zhongguo Xiu Fu Chong Jian Wai Ke Za Zhi[Chin J Repar Reconstr Surg(Article in Chinese;Abstract in Chinese and English)],2011,25(9):1051-1054.}

[9818] 宋晓萌，袁冶，施星辉，江宏兵，邢树忠，陈宁，叶金海，汤春波，武和明，王东苗，丁旭，万林忠，袁华，陶震江，吴煜农. 部分去皮化前臂皮瓣修复舌癌和口底癌[J]. 中华整形外科杂志，2012，28(1)：62-64. DOI：10.3760/cma.j.issn.1009-4598.2012.01.016. {SONG Xiaomeng,YUAN Ye,SHI Xinghui,JIANG Hongbing,XING Shuzhong,CHEN Ning,YE Jinhai,TANG Chunbo,WU Heming,WANG Dongmiao,DING Xu,WAN Linzhong,YUAN Hua,TAO Zhenjiang,WU Yunong. Partial peeling forearm flap for the repair of tongue and mouth floor carcinoma[J]. Zhonghua Zheng Xing Wai Ke Za Zhi[Chin J Plast Surg(Article in Chinese;No abstract available)],2012,28(1):62-64. DOI:10.3760/cma.j.issn.1009-4598.2012.01.016.}

[9819] 欧阳思远，单小峰，蔡志刚. 应用近红外光谱监测前臂皮瓣供区术后血运变化[J]. 中国口腔颌面外科杂志，2012，10(5)：403-407. {OUYANG Siyuan,SHAN Xiaofeng,CAI Zhigang. Preliminary study of blood flow changes in the donor site of radial forearm flap with near-infrared spectroscopy[J]. Zhongguo Kou Qiang He Mian Wai Ke Za Zhi [Chin J Oral Maxillofac Surg(Article in Chinese;Abstract in Chinese and English)],2012,10(5):403-407.}

[9820] 王谦，刘光军，谭琪，李振，王剑利. 肘窝部穿支皮瓣移植修复手指皮肤缺损的临床应用[J]. 中华显微外科杂志，2014，37(6)：531-534. DOI：10.3760/cma.j.issn.1001-2036.2014.06.004. {WANG Qian,LIU Guangjun,TAN Qi,LI Zhen,WANG Jianli. Clinical application of perforator flap in cubital fossa to repair skin defect in fingers[J]. Zhonghua Xian Wei Wai Ke Za Zhi[Chin J Microsurg(Article in Chinese;Abstract in Chinese and English)],2014,37(6):531-534. DOI:10.3760/cma.j.issn.1001-2036.2014.06.004.}

[9821] 崔海滨，李世平，刘景辉，赵家尧，严越茂，黄燕花. 肘下动脉穿支皮瓣修复手指皮肤缺损六例[J]. 中华显微外科杂志，2016，39(2)：167-169. DOI：10.3760/cma.j.issn.1001-2036.2016.02.018. {CUI Haibin,LI Shiping,LIU Jinghui,ZHAO Jiayao,YAN Yuemao,HUANG Yanhua. Repair of finger skin defect with perforator flap of subcubit artery in 6 cases[J]. Zhonghua Xian Wei Wai Ke Za Zhi[Chin J Microsurg(Article in Chinese;Abstract in Chinese)],2016,39(2):167-169. DOI:10.3760/cma.j.issn.1001-2036.2016.02.018.}

[9822] 刘亮，张凯，李建成，刘畅. 个性化前臂皮瓣在口腔颌面部缺损修复的临床观察[J]. 中华显微外科杂志，2017，40(1)：30-34. DOI：10.3760/cma.j.issn.1001-2036.2017.01.010. {LIU Liang,ZHANG Kai,LI Jiancheng,LIU Chang. Clinical observation of individualized forearm flap in reconstruction of oral and maxillofacial defects[J]. Zhonghua Xian Wei Wai Ke Za Zhi[Chin J

Microsurg(Article in Chinese;Abstract in Chinese and English)],2017,40(1):30-34. DOI:10.3760/cma.j.issn.1001-2036.2017.01.010.}

[9823] 王少新，李灵，刘吉峰，李超，盛建峰，王薇，蔡永聪，朱桂全. 改良前臂皮瓣的制备及其供区修复方法 [J]. 中华整形外科杂志，2017，33（1）：63-64. DOI：10.3760/cma.j.issn.1009-4598.2017.01.016. {WANG Shaoxin,LI Ling,LIU Jifeng,LI Chao,SHENG Jianfeng,WANG Wei,CAI Yongcong,ZHU Guiquan. Modified forearm flap preparation and donor site repair[J]. Zhonghua Zheng Xing Wai Ke Za Zhi[Chin J Plast Surg(Article in Chinese;No abstract available)],2017,33(1):63-64. DOI:10.3760/cma.j.issn.1009-4598.2017.01.016.}

4.4.2.1 肘前皮瓣

antecubital flap

[9824] 冯佃生，丰德宽，杨连海，李骞，李储忠. 肘前内侧皮瓣修复肘部软组织缺损创面 [J]. 中华手外科杂志，1996，12（4）：67-68. {FENG Diansheng,FENG Dekuan,YANG Lianhai,LI Qian,LI Chuzhong. Anteromedial elbow flap to repair soft tissue defect of elbow[J]. Zhonghua Shou Wai Ke Za Zhi[Chin J Hand Surg(Article in Chinese;No abstract available)],1996,12(4):67-68.}

[9825] 林涧，郑和平，余云兰，吴春，王正理. 应用远端蒂肘前穿支皮瓣修复前臂下段皮肤缺损 [J]. 中华显微外科杂志，2009，32（5）：409-410. DOI：10.3760/cma.j.issn.1001-2036.2009.05.027. {LIN Jian,ZHENG Heping,YU Yunlan,WU Chun,WANG Zhengli. The skin defect of the lower forearm was repaired with distally pedicled anterior elbow perforator flap[J]. Zhonghua Xian Wei Wai Ke Za Zhi[Chin J Microsurg(Article in Chinese;Abstract in Chinese)],2009,32(5):409-410. DOI:10.3760/cma.j.issn.1001-2036.2009.05.027.}

4.4.2.2 前臂桡侧皮瓣

radial forearm flap

[9826] Liu Y,Jiang X,Huang J,Wu Y,Wang G,Jiang L,Li W,Zhao Y. Reliability of the superficial venous drainage of the radial forearm free flaps in oral and maxillofacial reconstruction[J]. Microsurgery,2008,28(4):243-237. doi:10.1002/micr.20489.

[9827] Sun G,Yang X,Tang E,Wen J,Lu M,Hu Q. Palatomaxillary reconstruction with titanium mesh and radial forearm flap[J]. Oral Surg Oral Med Oral Pathol Oral Radiol Endod,2009,108(4):514-519. doi:10.1016/j.tripleo.2009.05.003.

[9828] Song M,Chen SW,Zhang Q,Yang AK,Zhuang SM,Wang LP,Chen WK,Guo ZM. External monitoring of buried radial forearm free flaps in hypopharyngeal reconstruction[J]. Acta Otolaryngol,2011,131(2):204-209. doi:10.3109/00016489.2010.518157.

[9829] Liu Y,Zhao YF,Huang JT,Wu Y,Jiang L,Wang GD,Li W,Chen XQ,Shi RH. Analysis of 13 cases of venous compromise in 178 radial forearm free flaps for intraoral reconstruction[J]. Int J Oral Maxillofac Surg,2012,41(4):448-452. doi:10.1016/j.ijom.2012.01.016.

[9830] Fang QG,Li ZN,Zhang X,Liu FY,Xu ZF,Sun CF. Clinical reliability of radial forearm free flap in repair of buccal defects[J]. World J Surg Oncol,2013,11:26. doi:10.1186/1477-7819-11-26.

[9831] Li YY,Sun JE,Li G,Liang M. Reconstructing a full-thickness cheek defect of electrical burn with a folding radial forearm flap[J]. J Oral Maxillofac Surg,2013,71(10):1811.e1-3. doi:10.1016/j.joms.2013.05.003.

[9832] Fang QG,Shi S,Zhang X,Li ZN,Liu FY,Sun CF. Upper extremity morbidity after radial forearm flap harvest:a prospective study[J]. J Int Med Res,2014,42(1):231-235. doi:10.1177/0300060513508041.

[9833] Zhou W,He M,Liao Y,Yao Z. Reconstructing a complex central facial defect with a multiple-folding radial forearm flap[J]. J Oral Maxillofac Surg,2014,72(4):836.e1-4. doi:10.1016/j.joms.2013.12.027.

[9834] Zhang YX,Xi W,Lazzeri D,Zhou X,Li Z,Nicoli F,Zenn MR,Torresetti M,Grassetti L,Spinelli G. Bipaddle radial forearm flap for head and neck reconstruction[J]. J Craniofac Surg,2015,26(2):350-353. doi:10.1097/SCS.0000000000001468.

[9835] Li P,Zhang X,Luo RH,Zhao M,Liu ST,Du W,Qi JX. Long-term quality of life in survivors of head and neck cancer who have had defects reconstructed with radial forearm free flaps[J]. J Craniofac Surg,2015,26(2):e75-78. doi:10.1097/SCS.0000000000001280.

[9836] Zheng L,Dong Z,Zheng J. Cephalic vein-pedicled radial forearm semi-free flap:an alternative when no suitable vein in recipient site for free forearm flap[J]. J Hand Microsurg,2015,7(1):87-90. doi:10.1007/s12593-015-0184-4.

[9837] Liu F,Wang L,Pang S,Kan Q. Reconstruction of full-thickness buccal defects with folded radial forearm flaps:A retrospective clinical study[J]. Medicine (Baltimore),2017,96(32):e7344. doi:10.1097/MD.0000000000007344.

[9838] Zhai QK,Dai W,Tan XX,Sun J,Zhang CP,Qin XJ. Proper choice of donor site veins for patients undergoing free radial forearm flap reconstruction for the defects of head and neck[J]. J Oral Maxillofac Surg,2018,76(3):664-669. doi:10.1016/j.joms.2017.07.170.

[9839] Qin-Kai Z,Bing G,Wei D,Xue-Xin T,Jian S,Chen-Ping Z,Qin XJ. Radial forearm flaps with venous compromise:correlations between salvage techniques and their rates of success[J]. Br J Oral Maxillofac Surg,2018,56(6):510-513. doi:10.1016/j.bjoms.2018.04.011.

[9840] Wang C,Fu G,Liu F,Liu L,Cao M. Perioperative risk factors that predict complications of radial forearm free flaps in oral and maxillofacial reconstruction[J]. Br J Oral Maxillofac Surg,2018,56(6):514-519. doi:10.1016/j.bjoms.2018.04.015.

[9841] Wang C,Fu G,Ji F,Cheng S,Liu Z,Cao M. Perioperative risk factors for radial forearm-free flap complications[J]. J Craniofac Surg,2020,31(2):381-384. doi:10.1097/SCS.0000000000006035.

[9842] Xie Y,Feng T,Ou Y,Lin Y,Gong W,Wang Y. Superficial versus deep system single venous anastomosis in the radial forearm free flap:a meta-analysis[J]. Int J Oral Maxillofac Surg,2021,50(7):873-878. doi:10.1016/j.ijom.2020.11.007.

[9843] Mashrah MA,Aldhohrah TA,Abdelrehem Moustafa A,Al-Sharani HM,Alrmali A,Wang L. Are hand biomechanics affected following radial forearm flap harvest? A systematic review and meta-analysis[J]. Int J Oral Maxillofac Surg,2021,50(1):21-31. doi:10.1016/j.ijom.2020.06.016.

[9844] 张世民，陈中伟. 不带桡动脉的前臂逆行筋膜瓣 [J]. 中华显微外科杂志，1990，13（3）：143-145. {ZHANG Shimin,CHEN Zhongwei. Retrograde fascial flap of forearm without radial artery[J]. Zhonghua Xian Wei Wai Ke Za Zhi[Chin J Microsurg(Article in Chinese;No abstract available)],1990,13(3):143-145.}

[9845] 庄永青，王琰. 前臂皮瓣修复口腔肿瘤缺损同期桡动脉重建 [J]. 中华显微外科杂志，1995，18（3）：195-197，238-239. {ZHUANG Yongqing,WANG Yan. Application of foreare free flap on o-ral cavity defect and radial artery im-mediate reconstruvtion[J]. Zhonghua Xian Wei Wai Ke Za Zhi[Chin J Microsurg(Article in Chinese;Abstract in Chinese and English)],1995,18(3):195-197,238-239.}

[9846] 马心赤，邱勋永，廖天安，王和驹. 舌癌根治切除术后即时应用前臂桡侧皮瓣修复 [J]. 中华显微外科杂志，2008，31（6）：451-452. DOI：10.3760/cma.j.issn.1001-2036.2008.06.020. {MA Xinchi,QIU Xunyong,LIAO Tianan,WANG Heju. Radial forearm flap was applied to repair defect after radical resection of tongue carcinoma[J]. Zhonghua Xian Wei Wai Ke Za Zhi[Chin J Microsurg(Article in Chinese;Abstract in Chinese)],2008,31(6):451-452. DOI:10.3760/cma.j.issn.1001-2036.2008.06.020.}

[9847] 徐立群，范秦寅，张宝亮，张华，张陈平，胡广洪. 前臂桡侧皮瓣血流动力学模型的建立 [J]. 上海口腔医学，2011，20（2）：136-140. {XU Liqun,FAN Qinyin,ZHANG Baoliang,ZHANG Hua,ZHANG Chenping,HU Guanghong. Establishment of hemodynamic model of human radial forearm free flap[J]. Shang Hai Kou Qiang Yi Xue[Shanghai J Stom(Article in Chinese;Abstract in Chinese and English)],2011,20(2):136-140.}

4.4.2.2.1 桡动脉皮瓣

flap of radial artery

[9848] Chang SM,Hou CL,Zhang F,Lineaweaver WC,Chen ZW,Gu YD. Distally based radial forearm flap with preservation of the radial artery:anatomic,experimental,and clinical studies[J]. Microsurgery,2003,23(4):328-337. doi:10.1002/micr.10155.

[9849] Yang D,Morris SF,Tang M,Geddes CR. Reversed forearm island flap supplied by the septocutaneous perforator of the radial artery:anatomical basis and clinical applications[J]. Plast Reconstr Surg,2003,112(4):1012-1016. doi:10.1097/01.PRS.0000076192.14536.90.

[9850] Yang D,Yang JF. The radial artery pedicle perforator flap:vascular analysis and clinical implications[J]. Plast Reconstr Surg,2011,127(3):1392-1393. doi:10.1097/PRS.0b013e31820631a4.

[9851] Chi Z,Pafitanis G,Pont LEP,Vijayan R,Marcelli S,Gao W,Li Z,Zhou X,Song D,Yang P. The use of innervated radial artery superficial palmar branch perforator free flap for complex digital injuries reconstruction[J]. J Plast Surg Hand Surg,2018,52(2):111-116. doi:10.1080/2000656X.2017.1360317.

[9852] Fang J,Zhang W,Song Z,Liu B,Xie C. The experience of the free superficial palmar branch of the radial artery perforator flap application[J]. Injury,2019,50(11):1997-2003. doi:10.1016/j.injury.2019.06.030.

[9853] 鲁开化，钟德才，陈璧，罗锦辉. 前臂桡动脉逆行皮瓣及其临床应用 [J]. 中华外科杂志，1982，20（11）：695-697. {LU Kaihua,ZHONG Decai,CHEN Bi,LUO Jinhui. Retrograde forearm radial artery flap and its clinical application[J]. Zhonghua Wai Ke Za Zhi[Chin J Surg(Article in Chinese;No abstract available)],1982,20(11):695-697.}

[9854] 谢尚文. 前臂桡动脉逆行岛状皮瓣术后静脉血流障碍一例报告 [J]. 修复重建外科杂志，1988，2（2）：71. {XIE Shangwen. A case report of venous blood flow disturbance after transfer of retrograde island flap with radial forearm artery[J]. Zhongguo Xiu Fu Chong Jian Wai Ke Za Zhi[Chin J Repar Reconstr Surg(Article in Chinese;No abstract available)],1988,2(2):71.}

[9855] 贾继锋，张震宇，曹阳. 前臂桡动脉逆行岛状皮瓣加游离植皮修复手部脱套伤 [J]. 中国修复重建外科杂志，2003，17（1）：55. {JIA Jifeng,ZHANG Zhenyu,CAO Yang. Retrograde forearm radial artery island flap plus free skin graft for repair of degloving injury of hand[J]. Zhongguo Xiu Fu Chong Jian Wai Ke Za Zhi[Chin J Repar Reconstr Surg(Article in Chinese;No abstract available)],2003,17(1):55.}

[9856] 殷莹，葛宝丰. 介绍一种桡动脉皮瓣切取新技术 [J]. 国际骨科学杂志，2010，31（5）：322. DOI：10.3969/j.issn.1673-7083.2010.05.022. {YIN Ying,GE Baofeng. Split-thickness skin flap technique for elevating the radial forearm flap[J]. Guo Ji Gu Ke Xue Za Zhi [Int J Orthop(Article in Chinese;No abstract available)],2010,31(5):322. DOI:10.3969/j.issn.1673-7083.2010.05.022.}

[9857] 张彩顺，张基仁，肖强，张锦程. 桡动脉皮瓣修复手掌手指皮肤缺损及一次性两个以上指蹼重建 [J]. 中国矫形外科杂志，2011，19（24）：2095-2096. DOI：10.3977/j.issn.1005-8478.2011.24.20. {ZHANG Caishun,ZHANG Jiren,XIAO Qiang,ZHANG Jincheng. Radial artery flap for repair of skin defect of palm and finger and reconstruction of more than two webs at once[J]. Zhongguo Jiao Xing Wai Ke Za Zhi[Orthop J China(Article in Chinese;Abstract in Chinese)],2011,19(24):2095-2096. DOI:10.3977/j.issn.1005-8478.2011.24.20.}

4.4.2.2.2 桡动脉穿支皮瓣（含：茎突部穿支、鼻烟窝穿支）

perforator flap of radial artery(including perforator of styloid radial artery,snuff-box perforator)

[9858] 陈运祥，李进波. 前臂桡动脉皮支血管网逆行筋膜皮瓣修复手部创面 [J]. 中华整形烧伤外科杂志，1999，15（6）：457-459. {CHEN Yunxiang,LI Jinbo. Repair of skin defects of the hand with the reverse forearm fasciocutaneous flap on the terminal radial artery[J]. Zhonghua Zheng Xing Shao Shang Wai Ke Za Zhi[Chin J Plast Surg Burns(Article in Chinese;Abstract in Chinese and English)],1999,15(6):457-459.}

[9859] 董晖，赵胡瑞，黎苑，陆永江，马磊，刘刚. 桡动脉穿支逆行筋膜皮瓣的临床应用 [J]. 中华显微外科杂志，2009，32（4）：310-312. DOI：10.3760/cma.j.issn.1001-2036.2009.04.020. {DONG Hui,ZHAO Hului,LI Yuan,LU Yongjiang,MA Lei,LIU Gang. Clinical application of retrograde fascial flap with radial artery perforator branch[J]. Zhonghua Xian Wei Wai Ke Za Zhi[Chin J Microsurg(Article in Chinese;Abstract in Chinese)],2009,32(4):310-312. DOI:10.3760/cma.j.issn.1001-2036.2009.04.020.}

[9860] 魏在荣，谭静，袁凌，王达利，王玉明. 应用桡动脉远侧穿支皮瓣修复手部创面 [J]. 中华显微外科杂志，2010，33（1）：60-61. DOI：10.3760/cma.j.issn.1001-2036.2010.01.024. {WEI Zairong,TAN Jing,YUAN Ling,WANG Dali,WANG Yuming. The distal perforator flap with radial artery was used to repair hand wounds[J]. Zhonghua Xian Wei Wai Ke Za Zhi[Chin J Microsurg(Article in Chinese;Abstract in Chinese)],2010,33(1):60-61. DOI:10.3760/cma.j.issn.1001-2036.2010.01.024.}

[9861] 谢庆平，郭恩琪，晋培红，许新伟，范奔，王亮. 改良桡动脉穿支皮瓣在修复额面部组织缺损中的应用 [J]. 中华显微外科杂志，2010，33（1）：6-8，89. DOI：10.3760/cma.j.issn.1001-2036.2010.01.003. {XIE Qingping,GUO Enqi,JIN Peihong,XU Xinwei,FAN Ben,WANG Liang. Facial and frontal reconstruction with a modified radial artery perforator-based flap[J]. Zhonghua Xian Wei Wai Ke Za Zhi[Chin J Microsurg(Article in Chinese;Abstract in Chinese and English)],2010,33(1):6-8,89. DOI:10.3760/cma.j.issn.1001-2036.2010.01.003.}

[9862] 孙振中，寿奎水，宋骁军，盛鹏，王建兵，马运宏，韦旭明，刘军. 桡动脉穿支蒂岛状皮瓣修复腕及前臂创面 [J]. 中华手外科杂志，2011，27（6）：329-331. DOI：10.3760/cma.

j.issn.1005－054X.2011.06.005. {SUN Zhenzhong,SHOU Kuishui,SONG Xiaojun,SHENG Peng,WANG Jianbing,MA Yunhong,WEI Xuming,LIU Jun. Radial artery perforating branch island flap for repair of defects of the wrist and forearm[J]. Zhonghua Shou Wai Ke Za Zhi[Chin J Hand Surg(Article in Chinese;Abstract in Chinese and English)],2011,27(6):329-331. DOI:10.3760/cma.j.issn.1005-054X.2011.06.005.}

[9863] 薛明强，沙轲，赵劲民，白鹤，程建文，杜刚．桡动脉穿支皮瓣游离移植修复手指末端组织缺损 [J]．中华显微外科杂志，2012，35（6）：487－488．DOI：10.3760/cma.j.issn.1001－2036.2012.06.015．{XUE Mingqiang,SHA Ke,ZHAO Jinmin,BAI He,CHENG Jianwen,DU Gang. Free transplantation of radial artery perforator flap to repair tissue defect of finger end[J]. Zhonghua Xian Wei Wai Ke Za Zhi[Chin J Microsurg(Article in Chinese;Abstract in Chinese)],2012,35(6):487-488. DOI:10.3760/cma.j.issn.1001-2036.2012.06.015.}

[9864] 蔡晓燕，冯裕董，林联锋，周纳禧，麦杞峰．前臂桡动脉穿支筋膜蒂皮瓣在手部、腕部热压伤修复中的应用 [J]．中华外科杂志，2012，50（5）：473－474．DOI：10.3760/cma.j.issn.0529－5815.2012.05.024．{CAI Xiaoyan,FENG Yudong,LIN Lianduo,ZHOU Naxi,MAI Qifeng. Application of fascia-pedicled flap of perforating branch based on radial forearm artery in repair of hot compression injury of hand and wrist[J]. Zhonghua Wai Ke Za Zhi[Chin J Surg(Article in Chinese;No abstract available)],2012,50(5):473-474. DOI:10.3760/cma.j.issn.0529-5815.2012.05.024.}

[9865] 毛炳焱，刘俊，刘平均，贺用礼，胡志喜，丁原，熊荣华．桡动脉腕部皮支穿支蒂皮瓣修复手部创面 [J]．中华手外科杂志，2012，28（6）：352－354．{MAO Bingyan,LIU Jun,LIU Pingjun,HE Yongli,HU Zhixi,DING Yuan,XIONG Ronghua. Repair hand wounds by pedicle flap with perforating branch of radial artery wrist cutaneous branch[J]. Zhonghua Shou Wai Ke Za Zhi[Chin J Hand Surg(Article in Chinese;Abstract in Chinese)],2012,28(6):352-354.}

[9866] 索岩，魏壮，刘飙，杨光，刘浩宇，尹维田．桡动脉穿支皮瓣修复手及腕部皮肤缺损 [J]．实用手外科杂志，2012，26（3）：263－264．DOI：10.3969/j.issn.1671－2722.2012.03.021．{SUO Yan,WEI Zhuang,LIU Biao,YANG Guang,LIU Haoyu,YIN Weitian. Clinical research of using radial artery perforator flap for coverage of skin defect in hand or wrist[J]. Shi Yong Shou Wai Ke Za Zhi[Chin J Pract Hand Surg(Article in Chinese;Abstract in Chinese and English)],2012,26(3):263-264. DOI:10.3969/j.issn.1671-2722.2012.03.021.}

[9867] 江吉勇，王海文，顾荣，江新民，梅雄军．桡动脉掌浅支腕部微型皮瓣移植修复手指皮肤软组织缺损 [J]．中国临床解剖学杂志，2014，32（6）：729－731．DOI：10.13418/j.issn.1001－165x.2014.06.024．{JIANG Jiyong,WANG Haiwen,GU Rong,JIANG Xinmin,MEI Xiongjun. Transfer of minute wrist flap supplied by superficial palmar branch of radial artery for reconstruction of soft tissue defects of the fingers[J]. Zhongguo Lin Chuang Jie Pou Xue Za Zhi[Chin J Clin Anat(Article in Chinese;Abstract in Chinese and English)],2014,32(6):729-731. DOI:10.13418/j.issn.1001-165x.2014.06.024.}

[9868] 侯桥，李宏烨，岳振双，曾林如，申丰，任国华，汪扬．腕部掌侧桡动脉掌浅支皮瓣修复指腹缺损 [J]．中华显微外科杂志，2014，37（6）：535－537．DOI：10.3760/cma.j.issn.1001－2036.2014.06.005．{HOU Qiao,LI Hongye,YUE Zhenshuang,ZENG Linru,SHEN Feng,REN Guohua,WANG Yang. Using free superficial palmar branch of the radial artery flap to repair soft tissue defect of finger pulp[J]. Zhonghua Xian Wei Wai Ke Za Zhi[Chin J Microsurg(Article in Chinese;Abstract in Chinese and English)],2014,37(6):535-537. DOI:10.3760/cma.j.issn.1001-2036.2014.06.005.}

[9869] 董晖，侯巍，马磊，高源泽，赵胡瑞．逆行前臂桡动脉穿支筋膜皮瓣修复手部软组织缺损 [J]．中华手外科杂志，2014，30（3）：232－233．DOI：10.3760/cma.j.issn.1005－054X.2014.03.028．{DONG Hui,HOU Wei,MA Lei,GAO Yuanze,ZHAO Huirui. Repair of soft tissue defect of hand with retrograde fascial flap with radial artery perforator branch of forearm[J]. Zhonghua Shou Wai Ke Za Zhi[Chin J Hand Surg(Article in Chinese;Abstract in Chinese)],2014,30(3):232-233. DOI:10.3760/cma.j.issn.1005-054X.2014.03.028.}

[9870] 赵民，邵新中，吴金英，田德虎，李大村，刘井达，赵亮，李海雷，王晓磊，张文桐，李建锋，袁作雄．桡动脉掌浅支复合组织皮瓣游离移植修复手指皮肤缺损 [J]．中华手外科杂志，2014，30（5）：333－336．{ZHAO Min,SHAO Xinzhong,WU Jinying,TIAN Dehu,LI Dacun,LIU Jingda,ZHAO Liang,LI Hailei,WANG Xiaolei,ZHANG Wentong,LI Jianfeng,YUAN Zuoxiong. Free transplantation of combined tissue flap with superficial palmar branch of radial artery for repair of finger skin defect[J]. Zhonghua Shou Wai Ke Za Zhi[Chin J Hand Surg(Article in Chinese;Abstract in Chinese)],2014,30(5):333-336.}

[9871] 刘建标，韩伟杰，马世辉，柴润千，崔冈，马增奎，刘志钢．腕掌侧桡动脉掌浅支游离皮瓣修复手指皮肤缺损并桥接手指动脉 [J]．创伤外科杂志，2014，16（3）：226－228．{LIU Jianbiao,HAN Weijie,MA Shihui,CHAI Runqian,CUI Gang,MA Zengkui,LIU Zhigang. Treatment of finger skin defect and arterial rupture by using free flap from the superficial palmar branch of the radial artery and bridging digital artery[J]. Chuang Shang Wai Ke Za Zhi[J Traum Surg(Article in Chinese;Abstract in Chinese and English)],2014,16(3):226-228.}

[9872] 金日浩，王夫平，李国强，周健辉，陈康察．桡动脉浅支皮瓣修复手指皮肤缺损 [J]．实用手外科杂志，2014，28（2）：144－145，148．DOI：10.3969/j.issn.1671－2722.2014.02.010．{JIN Rihao,WANG Fuping,LI Guoqiang,ZHOU Jianhui,CHEN Kangcha. Repair of finger skin defects by superficial branch of radial artery flap[J]. Shi Yong Shou Wai Ke Za Zhi[Chin J Pract Hand Surg(Article in Chinese;Abstract in Chinese and English)],2014,28(2):144-145,148. DOI:10.3969/j.issn.1671-2722.2014.02.010.}

[9873] 吴耿，邓雪峰，关助明，黄定根，林利忠，李岩松，谢锡洪．桡动脉掌浅支皮瓣游离移植修复手指皮肤缺损 [J]．实用手外科杂志，2014，28（2）：153－155．DOI：10.3969/j.issn.1671－2722.2014.02.014．{WU Geng,DENG Xuefeng,GUAN Zhaoming,HUANG Dinggen,LIN Lizhong,LI Yansong,XIE Xihong. The superficial palmar branch of radial artery flap graft to repair skin defect of the finger[J]. Shi Yong Shou Wai Ke Za Zhi[Chin J Pract Hand Surg(Article in Chinese;Abstract in Chinese and English)],2014,28(2):153-155. DOI:10.3969/j.issn.1671-2722.2014.02.014.}

[9874] 张重阳，杨英才，叶永奇．逆行带蒂桡动脉穿支皮瓣修复手及腕部软组织缺损 [J]．中华手外科杂志，2015，31（1）：78．DOI：10.3760/cma.j.issn.1005－054X.2015.01.032．{ZHANG Chongyang,YANG Yingcai,YE Yongqi. Repair of soft tissue defect of hand and wrist with retrograde pedicled radial artery perforator flap[J]. Zhonghua Shou Wai Ke Za Zhi[Chin J Hand Surg(Article in Chinese;No abstract available)],2015,31(1):78. DOI:10.3760/cma.j.issn.1005-054X.2015.01.032.}

[9875] 尚修超，张乃臣，刘宏君，张文忠，许涛，顾加祥．游离桡动脉掌浅支皮瓣修复手指软组织缺损 [J]．中华手外科杂志，2015，31（1）：77－77．{SHANG Xiuchao,ZHANG Naichen,LIU Hongjun,ZHANG Wenzhong,XU Tao,GU Jiaxiang. Flap with free superficial palmar branch of radial artery to repair soft tissue defect of finger[J]. Zhonghua Shou Wai Ke Za Zhi[Chin J Hand Surg(Article in Chinese;No abstract available)],2015,31(1):77-77.}

[9876] 王立波，初海坤，孙智颖，徐衍斌，国丽，李敏．腕掌侧桡动脉掌浅支游离皮瓣与指背筋膜皮瓣比较研究 [J]．中华手外科杂志，2015，31（5）：391－392．DOI：10.3760/cma.j.issn.1005－054X.2015.05.033．{WANG Libo,CHU Haikun,SUN Zhiying,XU Yanbin,GUO Li,LI Min. Comparison of free flap with superficial palmar branch of radial artery and dorsal finger fascia flap[J]. Zhonghua Shou Wai Ke Za Zhi[Chin J Hand Surg(Article in Chinese;Abstract in Chinese)],2015,31(5):391-392. DOI:10.3760/cma.j.issn.1005-054X.2015.05.033.}

[9877] 郑大伟，黎章灿，曹广超，吴尧，裴广楠，许立，张旭阳，石荣剑，孙峰．动脉化静脉复合组织瓣应对桡动脉掌浅支组织瓣血管变异一例 [J]．中国修复重建外科杂志，2015，29（12）：1575．DOI：10.7507/1002－1892.20150336．{ZHENG Dawei,LI Zhangcan,CAO Guangchao,WU Yao,PEI Guangnan,XU Li,ZHANG Xuyang,SHI Rongjian,SUN Feng. Treatment of vascular variation of tissue flap based on superficial palmaric branch of radial artery with arterialized vein combined tissue flap[J]. Zhongguo Xiu Fu Chong Jian Wai Ke Za Zhi[Chin J Repar Reconstr Surg(Article in Chinese;No abstract available)],2015,29(12):1575. DOI:10.7507/1002-1892.20150336.}

[9878] 肖媚媚，刘鸣江，谢松林，刘俊，许云华．游离桡动脉掌浅支复合组织瓣修复手指背侧皮肤软组织缺损 [J]．中华显微外科杂志，2016，39（1）：87－89．DOI：10.3760/cma.j.issn.1001－2036.2016.01.026．{XIAO Meimei,LIU Mingjiang,XIE Songlin,LIU Jun,XU Yunhua. Composite tissue flap with ree superficial palmar branch of radial artery to repair the skin and soft tissue defect on the dorsal side of finger[J]. Zhonghua Xian Wei Wai Ke Za Zhi[Chin J Microsurg(Article in Chinese;Abstract in Chinese)],2016,39(1):87-89. DOI:10.3760/cma.j.issn.1001-2036.2016.01.026.}

[9879] 周建东，许亚军，糜菁熠，芮永军．桡动脉茎突部穿支蒂筋膜皮下瓣联合延期植皮重建手背缺损 [J]．中华显微外科杂志，2017，40（5）：481－483．DOI：10.3760/cma.j.issn.1001－2036.2017.05.017．{ZHOU Jiandong,XU Yajun,MI Jingyi,RUI Yongjun. Reconstruction of dorsal hand defect with fascial subcutaneous flap with perforating branch of radial artery styloid process combined with delayed skin grafting[J]. Zhonghua Xian Wei Wai Ke Za Zhi[Chin J Microsurg(Article in Chinese;Abstract in Chinese)],2017,40(5):481-483. DOI:10.3760/cma.j.issn.1001-2036.2017.05.017.}

[9880] 侯桥，辛大伟，庄伟，曾林如，全仁夫，瞿钢，任国华，陈城，洪生虎．带蒂桡动脉掌浅支复合组织皮瓣修复拇指近节缺损 [J]．中华显微外科杂志，2017，40（6）：529－532．DOI：10.3760/cma.j.issn.1001－2036.2017.06.003．{HOU Qiao,XIN Dawei,ZHUANG Wei,ZENG Linru,QUAN Renfu,QU Gang,REN Guohua,CHEN Cheng,HONG Shenghu. Pedicle composite tissue flap based on superficial palmar branch of the radial artery repair the soft tissue defect of thumb[J]. Zhonghua Xian Wei Wai Ke Za Zhi[Chin J Microsurg(Article in Chinese;Abstract in Chinese and English)],2017,40(6):529-532. DOI:10.3760/cma.j.issn.1001-2036.2017.06.003.}

[9881] 柯于海，李征，李志新，林慧鑫，陈乐锋，周望高，熊懿，曾锦浩，余少校，张振伟．带前臂外侧皮神经的桡动脉掌浅支皮瓣修复手指指腹缺损 [J]．中华显微外科杂志，2017，40（6）：533－535．DOI：10.3760/cma.j.issn.1001－2036.2017.06.004．{KE Yuhai,LI Zheng,LI Zhixin,LIN Huixin,CHEN Lefeng,ZHOU Wanggao,XIONG Yi,ZENG Jinhao,YU Shaoxiao,ZHANG Zhenwei. The free flap from the superficial palmar branch of radial artery innervated by the lateral cutaneous nerve of the forearm repair the defects of finger pulp[J]. Zhonghua Xian Wei Wai Ke Za Zhi[Chin J Microsurg(Article in Chinese;Abstract in Chinese and English)],2017,40(6):533-535. DOI:10.3760/cma.j.issn.1001-2036.2017.06.004.}

[9882] 吴双军，赵明兴．桡动脉掌浅支皮瓣修复手指指腹软组织缺损 [J]．中华手外科杂志，2017，33（2）：101－102．DOI：10.3760/cma.j.issn.1005－054X.2017.02.008．{WU Shuangjun,ZHAO Mingxing. Repair of soft tissue defect of fingertip with flap based on superficial palmar branch of radial artery[J]. Zhonghua Shou Wai Ke Za Zhi[Chin J Hand Surg(Article in Chinese;Abstract in Chinese)],2017,33(2):101-102. DOI:10.3760/cma.j.issn.1005-054X.2017.02.008.}

[9883] 荣存敏，王芳，李印龙，栗威，张磊，韩清銮，赵振国，孙丽颖，田光磊．急诊、亚急诊桡动脉掌浅支皮瓣修复手指皮肤软组织缺损的疗效比较 [J]．中华手外科杂志，2017，33（4）：252－254．DOI：10.3760/cma.j.issn.1005－054X.2017.04.006．{RONG Cunmin,WANG Fang,LI Yinlong,LI Wei,ZHANG Lei,HAN Qingluan,ZHAO Zhenguo,SUN Liying,TIAN Guanglei. Comparison of clinical outcomes of emergency and sub-emergency transfer of radial artery superficial palmar branch flap to repair soft tissue defect of the fingers[J]. Zhonghua Shou Wai Ke Za Zhi[Chin J Hand Surg(Article in Chinese;Abstract in Chinese and English)],2017,33(4):252-254. DOI:10.3760/cma.j.issn.1005-054X.2017.04.006.}

[9884] 胡振业，赵晓航，胡德锋，孙艺，叶红禹，马建安，易兵，徐鸿杰．桡动脉掌浅支穿支皮瓣游离移植修复手指软组织缺损 [J]．中华手外科杂志，2017，33（6）：409－410．{HU Zhenye,ZHAO Xiaohang,HU Defeng,SUN Yi,YE Hongyu,MA Jianan,YI Bing,XU Hongjie. Free transplantation of perforator flap based on superficial palmar branch of radial artery to repair soft tissue defect of finger[J]. Zhonghua Shou Wai Ke Za Zhi[Chin J Hand Surg(Article in Chinese;Abstract in Chinese)],2017,33(6):409-410.}

[9885] 张文龙，董亮，孙文弢，王建．桡动脉掌浅支皮瓣 [J]．中华解剖与临床杂志，2017，22（4）：350－352．DOI：10.3760/cma.j.issn.2095－7041.2017.04.022．{ZHANG Wenlong,DONG Liang,SUN Wentao,WANG Jian. The superficial palmar branch of the radial artery flap[J]. Zhonghua Jie Pou Yu Lin Chuang Za Zhi[Chin J Anat Clin(Article in Chinese;Abstract in Chinese and English)],2017,22(4):350-352. DOI:10.3760/cma.j.issn.2095-7041.2017.04.022.}

[9886] 胡大蛟，蔡喜雨，李杰，郑水长，董帅，朱征威．游离移植桡动脉掌浅支皮瓣修复手指皮肤缺损 [J]．实用手外科杂志，2017，31（4）：428－429，432．DOI：10.3969/j.issn.1671－2722.2017.04.008．{HU Dajao,CAI Xiyu,LI Jie,ZHENG Shuichang,DONG Shuai,ZHU Zhengwei. The superficial palmar branch of radial artery flap graft to repair skin defect of the finger[J]. Shi Yong Shou Wai Ke Za Zhi[Chin J Pract Hand Surg(Article in Chinese;Abstract in Chinese and English)],2017,31(4):428-429,432. DOI:10.3969/j.issn.1671-2722.2017.04.008.}

[9887] 江吉勇，秦本刚，汪庆红，曾德庆，余纯斌，卢文景，钟少开，李培．桡动脉带蒂联体穿支游离皮瓣修复手指跨节长条形皮肤软组织缺损 [J]．中华显微外科杂志，2018，41（1）：44－48．DOI：10.3760/cma.j.issn.1001－2036.2018.01.011．{JIANG Jiyong,QIN Bengang,WANG Qinghong,ZENG Deqing,YU Chunbin,LU Wenjing,ZHONG Shaokai,LI Pei. Radial artery pedigreed conjoined perforator flap repair cross-joint long-shaped skin and soft tissue defects in fingers[J]. Zhonghua Xian Wei Wai Ke Za Zhi[Chin J Microsurg(Article in Chinese;Abstract in Chinese and English)],2018,41(1):44-48. DOI:10.3760/cma.j.issn.1001-2036.2018.01.011.}

[9888] 毕本军，高飞，王志龙，于胜军．加强吻合伴行静脉的桡动脉掌浅支皮瓣移植修复手指软组织缺损 [J]．中华显微外科杂志，2018，41（3）：220－222．DOI：10.3760/cma.j.issn.1001－2036.2018.03.004．{BI Benjun,GAO Fei,WANG Zhilong,YU Shengjun. Clinincal research for superficial palmar branch of radial artery flaps with anastomosed accompanying vein to treat soft tissues defec[J]. Zhonghua Xian Wei Wai Ke Za Zhi[Chin J Microsurg(Article in Chinese;Abstract in Chinese and English)],2018,41(3):220-222. DOI:10.3760/cma.j.issn.1001-2036.2018.03.004.}

[9889] 荣存敏，李印龙，王芳，徐宝强，张清林，张志，王洪军，韩清銮．携带正中神经掌皮支的游离桡动脉掌浅支皮瓣修复指损伤感觉恢复的评价 [J]．中华显微外科杂志，2018，41（5）：446－449．DOI：10.3760/cma.j.issn.1001－2036.2018.05.008．{RONG Cunmin,LI Yinlong,WANG Fang,XU Baoqiang,ZHANG Qinglin,ZHANG Zhi,WANG Hongjun,HAN Qingluan. The sensation recovery of superficial palmar branch of the radial artery flap with palmar branch of median nerve and donor site[J]. Zhonghua Xian Wei Wai Ke Za Zhi[Chin J Microsurg(Article in Chinese;Abstract in Chinese and English)],2018,41(5):446-449. DOI:10.3760/cma.j.issn.1001-2036.2018.05.008.}

[9890] 曹旺广，汤样华，侯桥，董黎强．带掌长肌腱的桡动脉掌浅支复合组织瓣修复指背软组织缺损 [J]．中华显微外科杂志，2018，41（5）：480－481．DOI：10.3760/cma.j.issn.1001－2036.2018.05.015．{CAO Yanguang,TANG Xianghua,HOU Qiao,DONG Liqiang. Repair of soft tissue defect of dorsal finger with compound flap based on superficial palmar branch of radial artery with palmar longus tendon[J]. Zhonghua Xian Wei Wai Ke Za Zhi[Chin J Microsurg(Article in Chinese;Abstract in Chinese)],2018,41(5):480-481. DOI:10.3760/cma.j.issn.1001-2036.2018.05.015.}

[9891] 江吉勇，黄东，李培，汪庆红，曾德庆，余纯斌，卢文景，钟少开. 游离桡动脉穿支皮瓣移植修复手指皮肤软组织缺损[J]. 实用手外科杂志，2018，32(1)：13-16，31. DOI：10.3969/j.issn.1671-2722.2018.01.005. {JIANG Jiyong,HUANG Dong,LI Pei,WANG Qinghong,ZENG Deqing,YU Chunbin,LU Wenjing,ZHONG Shaokai. Clinical application of radial artery perforator free flap transplant to repair finger's skin and soft tissue defects[J]. Shi Yong Shou Wai Ke Za Zhi[Chin J Pract Hand Surg(Article in Chinese;Abstract in Chinese and English)],2018,32(1):13-16,31. DOI:10.3969/j.issn.1671-2722.2018.01.005.}

[9892] 郑大伟，黎章灿，齐伟亚，朱辉，石荣剑，寿奎水. 桡动脉掌浅支蒂的腕掌侧嵌合骨皮瓣带蒂转移修复拇指复合组织缺损[J]. 中华骨科杂志，2018，38(21)：1301-1306. DOI：10.3760/cma.j.issn.0253-2352.2018.21.003. {ZHENG Dawei,LI Zhangcan,QI Weiya,ZHU Hui,SHI Rongjian,SHOU Kuishui. Chimeric flap pedicled with the palmar branch of the radial artery from the wrist crease area for repairing complex tissue defect of the thumb[J]. Zhonghua Gu Ke Za Zhi[Chin J Orthop(Article in Chinese;Abstract in Chinese and English)],2018,38(21):1301-1306. DOI:10.3760/cma.j.issn.0253-2352.2018.21.003.}

[9893] 黎章灿，郑大伟，齐伟亚，朱辉，石荣剑，寿奎水. 桡动脉掌浅支为蒂的嵌合骨皮瓣游离移植修复手指复合组织缺损[J]. 中华显微外科杂志，2018，41(6)：534-537. DOI：10.3760/cma.j.issn.1001-2036.2018.06.004. {LI Zhangcan,ZHENG Dawei,QI Weiya,ZHU Hui,SHI Rongjian,SHOU Kuishui. Reconstruction of digital composite defects via a free chimeric bone flap based on the superficial palmar branch of the radial artery[J]. Zhonghua Xian Wei Wai Ke Za Zhi[Chin J Microsurg(Article in Chinese;Abstract in Chinese and English)],2018,41(6):534-537. DOI:10.3760/cma.j.issn.1001-2036.2018.06.004.}

[9894] 胡俊生，程定，郑大伟，许立，寿奎水. 桡动脉掌浅支蒂的双叶游离皮瓣在相邻手指创面修复中的应用[J]. 中华显微外科杂志，2019，42(5)：506-508. DOI：10.3760/cma.j.issn.1001-2036.2019.05.024. {HU Junsheng,CHENG Ding,ZHENG Dawei,XU Li,SHOU Kuishui. Application of double leaf free flap based on superficial palmar branch of radial artery in wound repair of adjacent fingers[J]. Zhonghua Xian Wei Wai Ke Za Zhi[Chin J Microsurg(Article in Chinese;Abstract in Chinese)],2019,42(5):506-508. DOI:10.3760/cma.j.issn.1001-2036.2019.05.024.}

[9895] 钟少开，李培，凌利，汪庆红，余纯斌，曾德庆，卢文景. 桡动脉穿支皮瓣修复手部皮肤缺损的临床应用[J]. 中华手外科杂志，2019，35(6)：422-423-424. {ZHONG Shaokai,LI Pei,LING Li,WANG Qinghong,YU Chunbin,ZENG Deqing,LU Wenjing. Clinical application of radial perforator flap for repairing skin defect of hand[J]. Zhonghua Shou Wai Ke Za Zhi[Chin J Hand Surg(Article in Chinese;Abstract in Chinese)],2019,35(6):422-423-424.}

[9896] 方杰，李军，高俊杰，张文龙. 静脉皮瓣与桡动脉掌浅支皮瓣修复伴动脉缺损手指创面的疗效对比[J]. 中华显微外科杂志，2020，43(1)：28-32. DOI：10.3760/cma.j.issn.1001-2036.2020.01.008. {FANG Jie,LI Jun,GAO Junjie,ZHANG Wenlong. Comparison of therapeutic efficacy between venous flap and the flap with superficial palmar branch of radial artery in reconstruction of the defect of finger with segmental defect of proper digital artery[J]. Zhonghua Xian Wei Wai Ke Za Zhi[Chin J Microsurg(Article in Chinese;Abstract in Chinese and English)],2020,43(1):28-32. DOI:10.3760/cma.j.issn.1001-2036.2020.01.008.}

[9897] 吴海林，巨积辉，刘新益，蒋国栋，潘彰. 带掌长肌腱的桡动脉掌浅支皮瓣修复手指复合组织缺损[J]. 中华显微外科杂志，2020，43(1)：33-36. DOI：10.3760/cma.j.issn.1001-2036.2020.01.009. {WU Hailin,JU Jihui,LIU Xinyi,JIANG Guodong,PAN Zhang. Repairing dorsal complex tissue defect of finger with flaps based on superficial palmar branch of radial artery with palmaris longus tendon[J]. Zhonghua Xian Wei Wai Ke Za Zhi[Chin J Microsurg(Article in Chinese;Abstract in Chinese and English)],2020,43(1):33-36. DOI:10.3760/cma.j.issn.1001-2036.2020.01.009.}

[9898] 董玉金，张铁慧，徐连春. 不同类型的游离桡动脉掌浅支穿支皮瓣修复指端缺损[J]. 中华显微外科杂志，2020，43(2)：136-140. DOI：10.3760/cma.j.cn441206-20190930-00325. {DONG Yujin,ZHANG Tiehui,XU Lianchun. Repairing defect of fingertip with different types of free tissue perforator flaps based on superficial palmar branch of radial artery[J]. Zhonghua Xian Wei Wai Ke Za Zhi[Chin J Microsurg(Article in Chinese;Abstract in Chinese and English)],2020,43(2):136-140. DOI:10.3760/cma.j.cn441206-20190930-00325.}

[9899] 曾德庆，江吉勇，李培，汪庆红，钟少开，余纯斌，卢文景. 游离桡动脉联体穿支皮瓣修复手指较大皮肤软组织缺损[J]. 实用手外科杂志，2020，34(1)：30-32，87. DOI：10.3969/j.issn.1671-2722.2020.01.010. {ZENG Deqing,JIANG Jiyong,LI Pei,WANG Qinghong,ZHONG Shaokai,YU Chunbin,LU Wenjing. Repair of large finger skin defect with free radial artery conjoined perforator flap[J]. Shi Yong Shou Wai Ke Za Zhi[Chin J Pract Hand Surg(Article in Chinese;Abstract in Chinese and English)],2020,34(1):30-32,87. DOI:10.3969/j.issn.1671-2722.2020.01.010.}

4.4.2.3 前臂尺侧皮瓣
ulnar forearm flap

[9900] 李慧增，高崇敬. 前臂尺侧皮瓣解剖及临床应用[J]. 中华显微外科杂志，1990，13(3)：171-172. {LI Huizeng,GAO Chongjing. Anatomy and clinical application of ulnar forearm flap[J]. Zhonghua Xian Wei Wai Ke Za Zhi[Chin J Microsurg(Article in Chinese;No abstract available)],1990,13(3):171-172.}

4.4.2.3.1 尺动脉皮瓣
flap of ulnar artery

[9901] 孙大力，李占彪. 尺动脉逆行岛状皮瓣临床应用[J]. 修复重建外科杂志，1991，5(3)：168. {SUN Dali,LI Zhanbiao. Clinical application of reverse island flap with ulnar artery[J]. Zhongguo Xiu Fu Chong Jian Wai Ke Za Zhi[Chin J Repar Reconstr Surg(Article in Chinese;No abstract available)],1991,5(3):168.}

[9902] 薛宏斌. 尺动脉皮支轴型皮瓣修复双腕电烧伤[J]. 中国修复重建外科杂志，1992，6(1)：23. {XUE Hongbin. Axial skin flap with cutaneous branch of ulnar artery to repair electric burn of both wrists[J]. Zhongguo Xiu Fu Chong Jian Wai Ke Za Zhi[Chin J Repar Reconstr Surg(Article in Chinese;No abstract available)],1992,6(1):23.}

4.4.2.3.2 尺动脉穿支皮瓣（含：腕上穿支、腕上穿支的下行支）
ulnar artery perforator flap,dorsal ulnar artery perforator flap,Becker flap

[9903] Jihui JU,Liu Y,Hou R. Ulnar artery distal cutaneous descending branch as free flap in hand reconstruction[J]. Injury,2009,40(12):1320-1326. doi:10.1016/j.injury.2009.04.009.

[9904] Liu DX,Zheng CY,Li XD,Wang H,Du SX. Clinical application of the flap based on the distal cutaneous branch of the ulnar artery[J]. J Trauma,2011,70(5):E93-97. doi:10.1097/TA.0b013e3181f02979.

[9905] Sun C,Hou ZD,Wang B,Ding ZH. An anatomical study on the characteristics of cutaneous branches-chain perforator flap with ulnar artery pedicle[J]. Plast Reconstr Surg,2013,131(2):329-336. doi:10.1097/PRS.0b013e318277884c.

[9906] Xiao C,Bao Q,Wang T,Peng F,Gu Y. Clinical application and outcome of the free ulnar artery perforator flap for soft-tissue reconstruction of fingers in five patients[J]. Plast Reconstr Surg,2013,131(1):132e-133e. doi:10.1097/PRS.0b013e318272a183.

[9907] Liu J,Zheng H. Free distal ulnar artery perforator flaps for the reconstruction of a volar defect in fingers[J]. J Plast Reconstr Aesthet Surg,2014,67(11):1557-1563. doi:10.1016/j.bjps.2014.05.060.

[9908] Zheng DW,Li ZC,Sun F,Shi RJ,Shou KS. Use of a distal ulnar artery perforator-based bilobed free flap for repairing complex digital defects[J]. J Hand Surg Am,2014,39(11):2235-2242. doi:10.1016/j.jhsa.2014.08.019.

[9909] Wei Y,Shi X,Yu Y,Zhong G,Tang M,Mei J. Vascular anatomy and clinical application of the free proximal ulnar artery perforator flaps[J]. Plast Reconstr Surg Glob Open,2014,2(7):e179. doi:10.1097/GOX.0000000000000113.

[9910] 张高孟，顾玉东，徐建光，张丽银，虞聪，韩弘燮. 尺动脉腕上皮支皮瓣12例报告[J]. 中华显微外科杂志，1991，14(2)：69-70. DOI：10.3760/cma.j.issn.1001-2036.1991.02.014. {ZHANG Gaomeng,GU Yudong,XU Jianguang,ZHANG Liyin,YU Cong,HAN Hongxie. Repair with flap based on supracarpal cutaneous branch of ulnar artery:report of 12 cases[J]. Zhonghua Xian Wei Wai Ke Za Zhi[Chin J Microsurg(Article in Chinese;No abstract available)],1991,14(2):69-70. DOI:10.3760/cma.j.issn.1001-2036.1991.02.014.}

[9911] 张志霖，朱亚平，瞿玉兴. 尺动脉腕上皮支皮瓣修复手部创面[J]. 中华整形烧伤外科杂志，1993，9(5)：333-335. DOI：10.3760/j.issn：1009-4598.1993.05.011. {ZHANG Zhilin,ZHU Yaping,QU Yuxing. flap based on supracarpal cutaneous branch of ulnar artery for repairing hand wounds[J]. Zhonghua Zheng Xing Shao Shang Wai Ke Za Zhi[Chin J Plast Surg Burns(Article in Chinese;No abstract available)],1993,9(5):333-335. DOI:10.3760/j.issn:1009-4598.1993.05.011.}

[9912] 黄燮青，侯明钟，袁启智，缪勇. 尺动脉腕上皮支皮瓣的静脉返流问题[J]. 中国修复重建外科杂志，1993，7(1)：24. {HUANG Xieqing,HOU Mingzhong,YUAN Qizhi,MIAO Yong. Venous regurgitation of ulnar artery supracarpal cutaneous branch flap[J]. Zhongguo Xiu Fu Chong Jian Wai Ke Za Zhi[Chin J Repar Reconstr Surg(Article in Chinese;No abstract available)],1993,7(1):24.}

[9913] 曲智勇，程国良，陈力嘉，方光荣，丁小珩. 尺动脉腕上皮支皮瓣修复手部创面四例[J]. 中国修复重建外科杂志，1993，7(3)：167. {QU Zhiyong,CHENG Guoliang,CHEN Lijia,FANG Guangrong,DING Xiaoheng. Supracarpal cutaneous branch flap of ulnar artery for repairing hand wounds in 4 cases[J]. Zhongguo Xiu Fu Chong Jian Wai Ke Za Zhi[Chin J Repar Reconstr Surg(Article in Chinese;No abstract available)],1993,7(3):167.}

[9914] 徐庆中，陈哨军，谭文榜. 尺动脉腕上皮支皮瓣修复手部皮肤缺损[J]. 中国修复重建外科杂志，1993，7(3)：189. {XU Qingzhong,CHEN Shaojun,TAN Wenbang. Repair of skin defect of hand with ulnar artery supracarpal cutaneous branch flap[J]. Zhongguo Xiu Fu Chong Jian Wai Ke Za Zhi[Chin J Repar Reconstr Surg(Article in Chinese;No abstract available)],1993,7(3):189.}

[9915] 李康仁，姚远志. 尺动脉腕上皮支皮瓣二例[J]. 中国修复重建外科杂志，1995，9(1)：49. {LI Kangren,YAO Yuanzhi. Application of supracarpal cutaneous branch flap of ulnar artery in two cases[J]. Zhongguo Xiu Fu Chong Jian Wai Ke Za Zhi[Chin J Repar Reconstr Surg(Article in Chinese;No abstract available)],1995,9(1):49.}

[9916] 汪志明，徐礼华. 尺动脉腕上皮支皮瓣修复手部软组织缺损[J]. 中华显微外科杂志，1997，20(2)：73. {WANG Zhiming,XU Lihua. Flap based on supracarpal cutaneous branch of ulnar artery for repair of soft tissue defect of hand[J]. Zhonghua Xian Wei Wai Ke Za Zhi[Chin J Microsurg(Article in Chinese;No abstract available)],1997,20(2):73.}

[9917] 裴建华，赵升宇，王冠天，董祥，林格. 尺动脉腕上皮支皮瓣的临床应用[J]. 中华手外科杂志，1998，14(2)：3-5. {PEI Jianhua,ZHAO Shengyu,WANG Guantian,DONG Xiang,Ling Ge. Clinical application of supracarpal cutaneous branch flap of ulnar artery[J]. Zhonghua Shou Wai Ke Za Zhi[Chin J Hand Surg(Article in Chinese;No abstract available)],1998,14(2):3-5.}

[9918] 卢帆，陈扬，潘宁，刘健民，曹文安，傅荣，张家建，卫东. 尺动脉腕上皮支皮瓣的临床应用[J]. 中国修复重建外科杂志，1998，12(6)：380. {LU Fan,CHEN Yang,PAN Ning,LIU Jianmin,CAO Wenan,FU Rong,ZHANG Jiajian,WEI Dong. Clinical application of cutaneous branch flap of ulnar artery[J]. Zhongguo Xiu Fu Chong Jian Wai Ke Za Zhi[Chin J Repar Reconstr Surg(Article in Chinese;No abstract available)],1998,12(6):380.}

[9919] 梁斌，韦绍仁，刘勇，李荣祝. 吻合静脉的尺动脉腕上皮支皮瓣应用体会[J]. 中华显微外科杂志，2000，23(1)：66. DOI：10.3760/cma.j.issn.1001-2036.2000.01.042. {LIANG Bin,WEI Shaoren,LIU Yong,LI Rongzhu. Experience in application of flap based on ulnar artery supracarpal cutaneous branch with venous anastomosis[J]. Zhonghua Xian Wei Wai Ke Za Zhi[Chin J Microsurg(Article in Chinese;No abstract available)],2000,23(1):66. DOI:10.3760/cma.j.issn.1001-2036.2000.01.042.}

[9920] 冯亚高，汪功久，刘大朋. 尺动脉腕上皮支皮瓣的临床应用[J]. 中华显微外科杂志，2000，23(4)：315. DOI：10.3760/cma.j.issn.1001-2036.2000.04.048. {FENG Yagao,WANG Gongjiu,LIU Dapeng. Clinical application of flap based on cutaneous branch flap of ulnar artery[J]. Zhonghua Xian Wei Wai Ke Za Zhi[Chin J Microsurg(Article in Chinese;No abstract available)],2000,23(4):315. DOI:10.3760/cma.j.issn.1001-2036.2000.04.048.}

[9921] 冯亚高，汪功久. 尺动脉腕上皮支皮瓣的临床应用[J]. 临床骨科杂志，2000，3(1)：37-38. DOI：10.3969/j.issn.1008-0287.2000.01.029. {FENG Yagao,WANG Gongjiu. Clinical application of the skin flap based on superior-wrist cutaneous branch of ulnar artery[J]. Lin Chuang Gu Ke Za Zhi[J Clin Orthop(Article in Chinese;Abstract in Chinese and English)],2000,3(1):37-38. DOI:10.3969/j.issn.1008-0287.2000.01.029.}

[9922] 叶劲，莫茅，陈伟明，蔡维山. 尺动脉腕上皮动脉升支皮瓣修复手部皮肤缺损的临床应用[J]. 中华显微外科杂志，2001，24(2)：99-100. DOI：10.3760/cma.j.issn.1001-2036.2001.02.007. {YE Jin,MO Mao,CHEN Weiming,CAI Weishan. Clinical application of the ascending branch of ulnar part of superwrist repair skin defect on hand[J]. Zhonghua Xian Wei Wai Ke Za Zhi[Chin J Microsurg(Article in Chinese;Abstract in Chinese and English)],2001,24(2):99-100. DOI:10.3760/cma.j.issn.1001-2036.2001.02.007.}

[9923] 张会久，郑学成，贾俊. 逆行尺动脉腕上皮支皮瓣的临床应用[J]. 中华显微外科杂志，2001，24(3)：200. DOI：10.3760/cma.j.issn.1001-2036.2001.03.039. {ZHANG Huijiu,ZHENG Xuecheng,JIA Jun. Clinical application of flap based on retrograde ulnar artery supracarpal cutaneous branch[J]. Zhonghua Xian Wei Wai Ke Za Zhi[Chin J Microsurg(Article in Chinese;No abstract available)],2001,24(3):200. DOI:10.3760/cma.j.issn.1001-2036.2001.03.039.}

[9924] 陈青，李汉秀，李学红，张培良，隋国侠，李忠，刘伟强. 尺动脉腕上皮瓣切取的改进及临床应用[J]. 中华显微外科杂志，2001，24(3)：204. DOI：10.3760/cma.j.issn.1001-2036.2001.03.040. {CHEN Qing,LI Hanxiu,LI Xuehong,ZHANG Peiliang,SUI Guoxia,LI Zhong,LIU Weiqiang. Improvement and clinical application of skin flap resection with superior carpal branch of ulnar artery[J]. Zhonghua Xian Wei Wai Ke Za Zhi[Chin J Microsurg(Article in Chinese;No abstract available)],2001,24(3):204. DOI:10.3760/cma.j.issn.1001-2036.2001.03.040.}

[9925] 王秋生，王东，田德虎. 吻合贵要静脉的尺动脉腕上皮支皮瓣的临床应用[J]. 中华显微外科杂志，2001，24(3)：240. {WANG Qiusheng,WANG Dong,TIAN Dehu. Clinical application of flap based on supracarpal cutaneous branch of ulnar artery anastomosed with basilic vein[J]. Zhonghua Xian Wei Wai Ke Za Zhi[Chin J Microsurg(Article in Chinese;No abstract available)],2001,24(3):240.}

[9926] 倪国华，董献瑞，杨志立，冯小霞. 尺动脉腕上皮支皮瓣的应用体会 [J]. 中国创伤骨科杂志，2001，3（1）：68-68. DOI：10.3760/cma.j.issn.1671-7600.2001.01.033. {NI Guohua,DONG Xianrui,YANG Zhili,FENG Xiaoxia. Application experience of upper carpal branch of ulnar artery skin flap[J]. Zhongguo Chuang Shang Gu Ke Za Zhi[China J Orthop Trauma(Article in Chinese;Abstract in Chinese and English)],2001,3(1):68-68. DOI:10.3760/cma.j.issn.1671-7600.2001.01.033.}

[9927] 夏成德，赵耀华. 手部烧伤应用尺动脉腕上皮支皮瓣八例 [J]. 中华烧伤杂志，2003，19（4）：232. DOI：10.3760/cma.j.issn.1009-2587.2003.04.021. {XIA Chengde,ZHAO Yaohua. Eight cases of hand burn were treated with flap based on supracarpal cutaneous branch of ulnar artery[J]. Zhonghua Shao Shang Za Zhi[Chin J Burns(Article in Chinese;No abstract available)],2003,19(4):232. DOI:10.3760/cma.j.issn.1009-2587.2003.04.021.}

[9928] 陈洪杰，沈斌，王金辉. 尺动脉腕上皮支皮瓣转移术失败原因分析及对策 [J]. 中华显微外科杂志，2004，27（2）：92. DOI：10.3760/cma.j.issn.1001-2036.2004.02.052. {CHEN Hongjie,SHEN Bin,WANG Jinhui. analysis and countermeasure of failure of flap transfer with cutaneous branch of ulnar artery[J]. Zhonghua Xian Wei Wai Ke Za Zhi[Chin J Microsurg(Article in Chinese;No abstract available)],2004,27(2):92. DOI:10.3760/cma.j.issn.1001-2036.2004.02.052.}

[9929] 李建兵，宋建良，吴守成，沈向前，叶坡，陈强，王磊. 尺动脉腕上皮支上下行支为蒂的前臂逆行岛状皮瓣修复手部缺损 [J]. 中华整形外科杂志，2004，20（6）：428-430. DOI：10.3760/j.issn：1009-4598.2004.06.009. {LI Jianbing,SONG Jianliang,WU Shoucheng,SHEN Xiangqian,YE Po,CHEN Qiang,WANG Lei. The reverse forearm flap pedicled with the ulnar branch of the ulnar artery[J]. Zhonghua Zheng Xing Wai Ke Za Zhi[Chin J Plast Surg(Article in Chinese;Abstract in Chinese and English)],2004,20(6):428-430. DOI:10.3760/j.issn:1009-4598.2004.06.009.}

[9930] 李昶，郑鹏飞，马志新，白志刚，王润生，王爱国. 尺动脉腕上支皮瓣修复手部皮肤缺损 [J]. 临床骨科杂志，2004，7（2）：133-135. DOI：10.3969/j.issn.1008-0287.2004.02.004. {LI Chang,ZHENG Pengfei,MA Zhixin,BAI Zhigang,WANG Runsheng,WANG Aiguo. Skin defect repaired by flap of suprawrist cutaneous branch of ulnar artery[J]. Lin Chuang Gu Ke Za Zhi[J Clin Orthop(Article in Chinese;Abstract in Chinese and English)],2004,7(2):133-135. DOI:10.3969/j.issn.1008-0287.2004.02.004.}

[9931] 陈伟明，邓永高，叶劲，莫茅. 外固定架与尺动脉腕上皮支皮瓣治疗桡骨远端骨折伴软组织缺损 [J]. 中华显微外科杂志，2005，28（2）：171-172. DOI：10.3760/cma.j.issn.1001-2036.2005.02.030. {CHEN Weiming,DENG Yonggao,YE Jin,MO Mao. Treatment of distal radius fracture with soft tissue defect with external fixator and ulnar artery supracarpal cutaneous branch flap[J]. Zhonghua Xian Wei Wai Ke Za Zhi[Chin J Microsurg(Article in Chinese;Abstract in Chinese)],2005,28(2):171-172. DOI:10.3760/cma.j.issn.1001-2036.2005.02.030.}

[9932] 巨积辉，侯瑞兴，赵强，魏诚，李雷，赵世铖. 游离尺动脉腕上皮支下行支皮瓣的临床应用 [J]. 中华手外科杂志，2005，21（6）：337-338. DOI：10.3760/cma.j.issn.1005-054X.2005.06.007. {JU Jihui,HOU Ruixing,ZHAO Qiang,WEI Cheng,LI Lei,ZHAO Shicheng. Clinical application of free vascularized flaps based on descending ramus of the above wrist cutaneous branch of the ulnar artery[J]. Zhonghua Shou Wai Ke Za Zhi[Chin J Hand Surg(Article in Chinese;Abstract in Chinese and English)],2005,21(6):337-338. DOI:10.3760/cma.j.issn.1005-054X.2005.06.007.}

[9933] 胡晓莺，袁光海，姜凯. 尺动脉腕上皮支筋膜瓣在手部软组织缺损中的应用 [J]. 中华创伤杂志，2005，21（z1）：77-78. DOI：10.3760/j：issn：1001-8050.2005.z1.022. {HU Xiaoying,YUAN Guanghai,JIANG Kai. Application of fascial flap based on supracarpal cutaneous branch of ulnar artery in soft tissue defect of hand[J]. Zhonghua Chuang Shang Za Zhi[Chin J Trauma(Article in Chinese;No abstract available)],2005,21(z1):77-78. DOI:10.3760/j:issn:1001-8050.2005.z1.022.}

[9934] 王一兵，王增涛，缪博，李昊. 微型尺动脉腕上皮支上行支皮瓣游离移植修复手指创面 [J]. 中华显微外科杂志，2006，29（5）：344-346，插图 5-3. DOI：10.3760/cma.j.issn.1001-2036.2006.05.009. {WANG Yibing,WANG Zengtao,MIAO Bo,LI Hao. Transplanting the flap pedicled with the ascending branch of the supracarpal cutaneous branch of ulnar artery to repair skin defect on fingers[J]. Zhonghua Xian Wei Wai Ke Za Zhi[Chin J Microsurg(Article in Chinese;Abstract in Chinese and English)],2006,29(5):344-346,insert figure 5-3. DOI:10.3760/cma.j.issn.1001-2036.2006.05.009.}

[9935] 王鹏，万太玉，王乃震. 尺动脉腕上皮支皮瓣临床体会 [J]. 中华手外科杂志，2006，22（2）：89. DOI：10.3760/cma.j.issn.1005-054X.2006.02.026. {WANG Peng,WAN Taiyu,WANG Naizhen. Clinical experience of supracarpal cutaneous branch flap of ulnar artery[J]. Zhonghua Shou Wai Ke Za Zhi[Chin J Hand Surg(Article in Chinese;No abstract available)],2006,22(2):89. DOI:10.3760/cma.j.issn.1005-054X.2006.02.026.}

[9936] 夏增兵，王丹，袁永健. 带尺动脉腕上皮支的不同蒂皮瓣临床应用 [J]. 中华显微外科杂志，2007，30（2）：83. DOI：10.3760/cma.j.issn.1001-2036.2007.02.041. {XIA Zengbing,WANG Dan,YUAN Yongjian. Clinical application of different pedicle skin flaps with supracarpal cutaneous branch of ulnar artery[J]. Zhonghua Xian Wei Wai Ke Za Zhi[Chin J Microsurg(Article in Chinese;No abstract available)],2007,30(2):83. DOI:10.3760/cma.j.issn.1001-2036.2007.02.041.}

[9937] 巨积辉，金光哲，李雷，赵强，刘跃飞，魏诚，李建宁，侯瑞兴. 尺动脉腕上皮支皮瓣移植术中的变异及处理 [J]. 中国临床解剖学杂志，2008，26（3）：341-343. DOI：10.3969/j.issn.1001-165X.2008.03.033. {JU Jihui,JIN Guangzhe,LI Lei,ZHAO Qiang,LIU Yuefei,WEI Cheng,LI Jianning,HOU Ruixing. Blood vessel variation and treatment during the transferring of akin flap pedicled with dorsal carpal branch of ulnar artery[J]. Zhongguo Lin Chuang Jie Pou Xue Za Zhi[Chin J Clin Anat(Article in Chinese;Abstract in Chinese and English)],2008,26(3):341-343. DOI:10.3969/j.issn.1001-165X.2008.03.033.}

[9938] 邹勇，王朝亮，黄素芳，刘兵. 吻合神经的尺动脉腕上皮支逆行岛状皮瓣修复手背软组织缺损 [J]. 创伤外科杂志，2008，10（3）：224. DOI：10.3969/j.issn.1009-4237.2008.03.036. {ZOU Yong,WANG Chaoliang,HUANG Sufang,LIU Bing. Soft tissue defect of back of hand repaired with island flap of reversed ulnar artery epithelial branch[J]. Chuang Shang Wai Ke Za Zhi[J Traum Surg(Article in Chinese;Abstract in Chinese and English)],2008,10(3):224. DOI:10.3969/j.issn.1009-4237.2008.03.036.}

[9939] 方箭，杨超，虞泽珑，周锦梅. 尺动脉腕上皮支皮瓣在手部皮肤缺损中的应用 [J]. 创伤外科杂志，2008，10（6）：556. DOI：10.3969/j.issn.1009-4237.2008.06.031. {FANG Jian,YANG Chao,YU Zedong,ZHOU Jinmei. Clinical application of the flap based on superior wrist cutaneous branch of ulnar artery wrist for coverage of hand skin defect[J]. Chuang Shang Wai Ke Za Zhi[J Traum Surg(Article in Chinese;Abstract in Chinese and English)],2008,10(6):556. DOI:10.3969/j.issn.1009-4237.2008.06.031.}

[9940] 巨积辉，赵强，金光哲，李雷，刘跃飞，魏诚，李建宁，侯瑞兴. 游离尺动脉腕上皮支下行支皮瓣修复手指创面的应用研究 [J]. 中华骨科杂志，2009，29（1）：36-39. DOI：10.3760/cma.j.issn.0253-2352.2009.01.009. {JU Jihui,ZHAO Qiang,JIN Guangzhe,LI Lei,LIU Yuefei,WEI Cheng,LI Jianning,HOU Ruixing. Repairing finger defects with free vascularized flaps based on the descending branch of the upper-wrist cutaneous branch of ulnar anery[J]. Zhonghua Gu Ke Za Zhi[Chin J Orthop(Article in Chinese;Abstract in Chinese and English)],2009,29(1):36-39. DOI:10.3760/cma.j.issn.0253-2352.2009.01.009.}

[9941] 庄加川，廖坚文，李敏姣，陈乐峰，陈国荣，李俊辉，张振伟. 尺动脉腕上穿支游离皮瓣修复手指皮肤缺损 [J]. 中华显微外科杂志，2009，32（1）：18. DOI：10.3760/cma.j.issn.1001-2036.2009.01.007. {ZHUANG Jiachuan,LIAO Jianwen,LI Minjiao,CHEN Lefeng,CHEN Guorong,LI Junhui,ZHANG Zhenwei. Free flap based on supracarpal perforator branch of ulnar artery for repairing finger skin defect[J]. Zhonghua Xian Wei Wai Ke Za Zhi[Chin J Microsurg(Article in Chinese;No abstract available)],2009,32(1):18. DOI:10.3760/cma.j.issn.1001-2036.2009.01.007.}

[9942] 朱轶，黎斌，肖方生，徐长春，杨晟玮. 选择性应用游离尺动脉腕上皮支皮瓣修复手指皮肤缺损 [J]. 中华创伤骨科杂志，2009，11（1）：88-90. DOI：10.3760/cma.j.issn.1671-7600.2009.01.024. {ZHU Yi,LI Bin,XIAO Fangsheng,XU Changchun,YANG Shengwei. Selective application of free flaps of supracarpal cutaneous branch of ulnar artery to repair skin defects of fingers[J]. Zhonghua Chuang Shang Gu Ke Za Zhi[Chin J Orthop Trauma(Article in Chinese;Abstract in Chinese and English)],2009,11(1):88-90. DOI:10.3760/cma.j.issn.1671-7600.2009.01.024.}

[9943] 王海峰，方健，赵光勋，陈前永，吴端. 尺动脉腕上皮支皮瓣修复手掌软组织缺损 [J]. 临床骨科杂志，2009，12（3）：288-290. DOI：10.3969/j.issn.1008-0287.2009.03.017. {WANG Haifeng,FANG Jian,ZHAO Guangxun,CHEN Qianyong,WU Duan. Repair of palmar defects with akin flap pedicled with dorsal carpal branch of ulnar artery[J]. Lin Chuang Gu Ke Za Zhi[J Clin Orthop(Article in Chinese;Abstract in Chinese and English)],2009,12(3):288-290. DOI:10.3969/j.issn.1008-0287.2009.03.017.}

[9944] 金光哲，巨积辉，侯瑞兴，赵强，刘跃飞，魏诚，李雷，李建宁，刘新益. 尺动脉腕上皮支及下行支筋膜皮瓣修复手部创面的临床应用 [J]. 临床骨科杂志，2009，12（5）：533-535. DOI：10.3969/j.issn.1008-0287.2009.05.019. {JIN Guangzhe,JU Jihui,HOU Ruixing,ZHAO Qiang,LIU Yuefei,WEI Cheng,LI Lei,LI Jianning,LIU Xinyi. Reconstruction of hand defects using the distally pedicled dorsoulnar fascial flap based on the dorsal descending branch of the ulnar artery[J]. Lin Chuang Gu Ke Za Zhi[J Clin Orthop(Article in Chinese;Abstract in Chinese and English)],2009,12(5):533-535. DOI:10.3969/j.issn.1008-0287.2009.05.019.}

[9945] 陈伟明，邓永高，陈桂全，叶劲，莫茅，黄彬. 尺动脉腕上皮支降支皮瓣的临床应用 [J]. 中华显微外科杂志，2010，33（5）：412-413. DOI：10.3760/cma.j.issn.1001-2036.2010.05.023. {CHEN Weiming,DENG Yonggao,CHEN Guiquan,YE Jin,MO Mao,HUANG Bin. Clinical application of skin flap with descending branch of supracarpal cutaneous branch of ulnar artery[J]. Zhonghua Xian Wei Wai Ke Za Zhi[Chin J Microsurg(Article in Chinese;Abstract in Chinese)],2010,33(5):412-413. DOI:10.3760/cma.j.issn.1001-2036.2010.05.023.}

[9946] 袁勇，王红胜，袁海平，崔剑华，樊川. 游离尺动脉腕上皮支下行支皮瓣修复手指创面 [J]. 中华显微外科杂志，2010，33（6）：518. DOI：10.3760/cma.j.issn.1001-2036.2010.06.036. {YUAN Yong,WANG Hongsheng,YUAN Haiping,CUI Jianhua,FAN Chuan. Free flap with descending branch of supracarpal cutaneous branch of ulnar artery for repair of finger wound surface[J]. Zhonghua Xian Wei Wai Ke Za Zhi[Chin J Microsurg(Article in Chinese;No abstract available)],2010,33(6):518. DOI:10.3760/cma.j.issn.1001-2036.2010.06.036.}

[9947] 竺枫，陈宏，戚建武，薛建波，陈薇薇，方文冲，蔡利兵. 游离尺动脉腕上皮支上行支皮瓣修复手指软组织缺损 [J]. 中华手外科杂志，2010，26（1）：4-6. {ZHU Feng,CHEN Hong,QI Jianwu,XUE Jianbo,CHEN Weiwei,FANG Wenchong,CAI Libing. Free flap based on upward branch of supracarpal cutaneous branch of ulnar artery for repairing soft tissue defect of finger[J]. Zhonghua Shou Wai Ke Za Zhi[Chin J Hand Surg(Article in Chinese;Abstract in Chinese)],2010,26(1):4-6.}

[9948] 周飞亚，高伟阳，蒋良福，池征璘，李志杰，宋永焕. 游离尺动脉腕上皮支上行支皮瓣修复手指创面及指神经缺损 [J]. 中华整形外科杂志，2010，26（6）：469. DOI：10.3760/cma.j.issn.1009-4598.2010.06.022. {ZHOU Feiya,GAO Weiyang,JIANG Liangfu,CHI Zhenglin,LI Zhijie,SONG Yonghuan. flap pedicled with the ascending branch of ulnar artery above-wrist cutaneous branch for repairing finger wound surface and digital nerve defect[J]. Zhonghua Zheng Xing Wai Ke Za Zhi[Chin J Plast Surg(Article in Chinese;No abstract available)],2010,26(6):469. DOI:10.3760/cma.j.issn.1009-4598.2010.06.022.}

[9949] 沈向前，徐骥华. 前臂中段尺动脉穿支游离皮瓣修复指端软组织缺损 [J]. 中华整形外科杂志，2010，26（5）：321-324. DOI：10.3760/cma.j.issn.1009-4598.2010.05.001. {SHEN Xiangqian,XU Jihua. Reconstruction of phalangeal defect with free mesio-forearm flap based on perforator of ulnar artery[J]. Zhonghua Zheng Xing Wai Ke Za Zhi[Chin J Plast Surg(Article in Chinese;Abstract in Chinese and English)],2010,26(5):321-324. DOI:10.3760/cma.j.issn.1009-4598.2010.05.001.}

[9950] 陈莹，姚建民，赵风景，马亮，杨伟渊. 微型游离尺动脉腕上皮支下行支皮瓣修复手指创面 [J]. 中华整形外科杂志，2011，27（1）：67-68. DOI：10.3760/cma.j.issn.1009-4598.2011.01.019. {CHEN Ying,YAO Jianmin,ZHAO Wenjing,MA Liang,YANG Weiyuan. Miniature flap pedicled with the descending branch of suprachipal cutaneous branch of ulnar artery to repair finger wound surface[J]. Zhonghua Zheng Xing Wai Ke Za Zhi[Chin J Plast Surg(Article in Chinese;No abstract available)],2011,27(1):67-68. DOI:10.3760/cma.j.issn.1009-4598.2011.01.019.}

[9951] 李东柱，周祥吉，李庆喜，鹿松波，卢文坤，杨富强. 尺动脉腕上皮支下行支皮瓣游离修复手部软组织缺损 [J]. 创伤外科杂志，2011，13（3）：265. DOI：10.3969/j.issn.1009-4237.2011.03.028. {LI Dongzhu,ZHOU Xiangji,LI Qingxi,LU Songbo,LU Wenkun,YANG Fuqiang. Hand-wound repair using free vascularised flaps based on the descending ramus of the above-wrist cutaneous branch of the ulnar artery[J]. Chuang Shang Wai Ke Za Zhi[J Traum Surg(Article in Chinese;Abstract in Chinese and English)],2011,13(3):265. DOI:10.3969/j.issn.1009-4237.2011.03.028.}

[9952] 叶琪毅，唐亚飞，郭浩，陈浩，许扬滨. 应用尺动脉腕上皮支逆行皮瓣修复手部软组织缺损 [J]. 中华显微外科杂志，2012，35（6）：498-499. DOI：10.3760/cma.j.issn.1001-2036.2012.06.021. {YE Qiyi,TANG Yafei,GUO Hao,CHEN Hao,XU Yangbin. Repair of soft tissue defect of hand with retrograde flap based on supracarpal cutaneous branch of ulnar artery[J]. Zhonghua Xian Wei Wai Ke Za Zhi[Chin J Microsurg(Article in Chinese;Abstract in Chinese)],2012,35(6):498-499. DOI:10.3760/cma.j.issn.1001-2036.2012.06.021.}

[9953] 孔婧，钟格兰. 尺动脉腕上皮支下行支筋膜皮瓣的应用 [J]. 中华手外科杂志，2012，28（5）：316-317. {KONG Jing,ZHONG Gelan. Application of fascial skin flap based on inferior branch of suprachipal cutaneous branch of ulnar artery[J]. Zhonghua Shou Wai Ke Za Zhi[Chin J Hand Surg(Article in Chinese;Abstract in Chinese)],2012,28(5):316-317.}

[9954] 张玉海，林承焕，谷静波. 尺动脉腕上皮支下行支蒂岛状皮瓣修复手部组织缺损 10 例 [J]. 中华创伤杂志，2012，28（6）：544-545. DOI：10.3760/cma.j.issn.1001-8050.2012.06.017. {ZHANG Yuhai,LIN Chenghuan,GU Jingbo. Repair of hand tissue defect with island skin flap pedicled by suprachipal cutaneous branch of ulnar artery in 10 cases[J]. Zhonghua Chuang Shang Za Zhi[Chin J Trauma(Article in Chinese;No abstract available)],2012,28(6):544-545. DOI:10.3760/cma.j.issn.1001-8050.2012.06.017.}

[9955] 赵风景，姚建民，马亮，张兴群，张龙春，陈莹，杨伟渊. 以尺动脉腕上皮支下行支为蒂的超长皮瓣修复手背缺损七例 [J]. 中华烧伤杂志，2012，28（2）：151-152. DOI：10.3760/cma.j.issn.1009-2587.2012.02.021. {ZHAO Wenjing,YAO Jianmin,MA Liang,ZHANG Xingqun,ZHANG Longchun,CHEN Ying,YANG Weiyuan. Seven cases of dorsal hand defect were repaired with ultra-long skin flap pedicled with the descending branch of suprachipal cutaneous branch of ulnar artery[J]. Zhonghua Shao Shang Za Zhi[Chin J Burns(Article in Chinese;No abstract available)],2012,28(2):151-152. DOI:10.3760/cma.j.issn.1009-2587.2012.02.021.}

[9956] 梅良斌，徐永清，朱跃良，王毅，何晓清，吕乾. 游离尺动脉腕上皮支皮瓣修复手指皮肤缺损 [J].

临床骨科杂志，2012，15（3）：301-303. DOI：10.3969/j.issn.1008-0287.2012.03.024. {MEI Liangbin,XU Yongqing,ZHU Yueliang,WANG Yi,HE Xiaoqing,LV Gan. Transplanting the upper carpal branch of ulnar artery skin flap to repair soft tissue defect on fingers[J]. Lin Chuang Gu Ke Za Zhi[J Clin Orthop(Article in Chinese;Abstract in Chinese and English)],2012,15(3):301-303. DOI:10.3969/j.issn.1008-0287.2012.03.024.}

[9957] 李国强，王夫平，周健辉，金日浩，冷树立，陈康察. 游离尺动脉腕上皮支上行支皮瓣修复手指损伤12例[J]. 中华显微外科杂志，2013，36（1）：85-86. DOI：10.3760/cma.j.issn.1001-2036.2013.01.029. {LI Guoqiang,WANG Fuping,ZHOU Jianhui,JIN Rihao,LENG Shuli,CHEN Kangcha. Free flap based on Upward branch of supracarpal cutaneous branch of ulnar artery for repairing finger injury in 12 cases[J]. Zhonghua Xian Wei Wai Ke Za Zhi[Chin J Microsurg(Article in Chinese;Abstract in Chinese)],2013,36(1):85-86. DOI:10.3760/cma.j.issn.1001-2036.2013.01.029.}

[9958] 郑大伟，黎章灿，许立，张旭阳，石荣剑，孙峰，寿奎水. 尺动脉腕上皮支双叶皮瓣修复手指脱套伤[J]. 中华显微外科杂志，2013，36（4）：388-390. DOI：10.3760/cma.j.issn.1001-2036.2013.06.025. {ZHENG Dawei,LI Zhangcan,XU Li,ZHANG Xuyang,SHI Rongjian,SUN Feng,SHOU Kuishui. Repair of finger degloving injury with double-lobed flap based on supracarpal cutaneous branch of ulnar artery[J]. Zhonghua Xian Wei Wai Ke Za Zhi[Chin J Microsurg(Article in Chinese;Abstract in Chinese)],2013,36(4):388-390. DOI:10.3760/cma.j.issn.1001-2036.2013.06.025.}

[9959] 刘铭波，曹爱兵，张丹丹，赵波，刘良燚，马立峰，杨延军，张子清. 带尺侧腕屈肌腱的尺动脉腕上皮支皮瓣修复指背复合组织缺损[J]. 中华显微外科杂志，2013，36（5）：501-502. DOI：10.3760/cma.j.issn.1001-2036.2013.05.028. {LIU Mingbo,CAO Aibing,ZHANG Dandan,ZHAO Bo,LIU Liangyi,MA Lifeng,YANG Yanjun,ZHANG Ziqing. Supracarpal cutaneous branch flap of ulnar artery with ulnar flexor carpi tendon for repairing complex tissue defect of dorsal finger[J]. Zhonghua Xian Wei Wai Ke Za Zhi[Chin J Microsurg(Article in Chinese;Abstract in Chinese)],2013,36(5):501-502. DOI:10.3760/cma.j.issn.1001-2036.2013.05.028.}

[9960] 曾林如，侯桥，任国华，王利祥，吴国明，许良，吴档. 游离尺动脉腕上皮支皮瓣修复手指创面[J]. 实用手外科杂志，2013，27（4）：343-345. DOI：10.3969/j.issn.1671-2722.2013.04.011. {ZENG Linru,HOU Qiao,REN Guohua,WANG Lixiang,WU Guoming,XU Liang,WU Duang. Free ulnar artery wrist cutaneous branches flap to repair finger wound[J]. Shi Yong Shou Wai Ke Za Zhi[Chin J Pract Hand Surg(Article in Chinese;Abstract in Chinese and English)],2013,27(4):343-345. DOI:10.3969/j.issn.1671-2722.2013.04.011.}

[9961] 李涛，陈振兵，丛晓斌，田甲，季伟，鲁晓乘，洪光祥. 尺动脉近段穿支皮瓣移植修复手指皮肤缺损临床研究[J]. 中华手外科杂志，2013，29（5）：277-279. DOI：10.3760/cma.j.issn.1005-054X.2013.05.010. {LI Tao,CHEN Zhenbing,CONG Xiaobin,TIAN Jia,JI Wei,LU Xiaocheng,HONG Guangxiang. Ulnar artery proximal perforator flap transfer for reconstruction of soft tissue defects of the fingers:a clinical observation[J]. Zhonghua Shou Wai Ke Za Zhi[Chin J Hand Surg(Article in Chinese;Abstract in Chinese and English)],2013,29(5):277-279. DOI:10.3760/cma.j.issn.1005-054X.2013.05.010.}

[9962] 陈海涛，梁群英，李启中，郭海欧，区杰雄，毛萍. 带肌腱尺动脉腕上皮支复合皮瓣修复手背复合组织缺损[J]. 中华显微外科杂志，2014，37（2）：191-192. DOI：10.3760/cma.j.issn.1001-2036.2014.02.032. {CHEN Haitao,LIANG Qunying,LI Qizhong,GUO Haiou,QU Jiexiong,MAO Ping. Repair of compound tissue defect of dorsal hand with suprachipal cutaneous branch flap of ulnar artery with tendon[J]. Zhonghua Xian Wei Wai Ke Za Zhi[Chin J Microsurg(Article in Chinese;Abstract in Chinese)],2014,37(2):191-192. DOI:10.3760/cma.j.issn.1001-2036.2014.02.032.}

[9963] 姚群，芮永军，寿奎水，刘宇州，赵刚，周建东，章鸿. 改良游离尺动脉腕上皮支下行支皮瓣移植修复手指软组织缺损[J]. 中华手外科杂志，2014，30（1）：47-49. {YAO Qun,RUI Yongjun,SHOU Kuishui,LIU Yuzhou,ZHAO Gang,ZHOU Jiandong,ZHANG Hong. Modified free flap transplantation with ulnar artery suprachipal cutaneous descending branch to repair finger soft tissue defect[J]. Zhonghua Shou Wai Ke Za Zhi[Chin J Hand Surg(Article in Chinese;Abstract in Chinese)],2014,30(1):47-49.}

[9964] 任明亮，崔新刚，王金山，张文峰. 微型游离尺动脉腕上皮支皮瓣修复手指创面[J]. 中华手外科杂志，2014，30（4）：301-303. DOI：10.3760/cma.j.issn.1005-054X.2014.04.025. {REN Mingliang,CUI Xingang,WANG Jinshan,ZHANG Wenfeng. Miniature free flap based on supracarpal cutaneous branch of ulnar artery for repairing finger wound surface[J]. Zhonghua Shou Wai Ke Za Zhi[Chin J Hand Surg(Article in Chinese;Abstract in Chinese)],2014,30(4):301-303. DOI:10.3760/cma.j.issn.1005-054X.2014.04.025.}

[9965] 姚群，芮永军，寿奎水，周建东，赵刚. 游离尺动脉腕上穿支皮瓣修复手指套脱伤[J]. 中华手外科杂志，2014，30（6）：411-413. {YAO Qun,RUI Yongjun,SHOU Kuishui,ZHOU Jiandong,ZHAO Gang. Free ulnar artery supracarpal perforator flap to repair finger degloving injury[J]. Zhonghua Shou Wai Ke Za Zhi[Chin J Hand Surg(Article in Chinese;Abstract in Chinese)],2014,30(6):411-413.}

[9966] 昝钦，唐修俊，魏在荣，王达利，王波，孙广峰，胡鹏，王宝云. 尺动脉腕上穿支逆行岛状皮瓣修复腕部软组织缺损[J]. 中华创伤杂志，2014，30（9）：935-937. DOI：10.3760/cma.j.issn.1001-8050.2014.09.024. {ZAN Qin,TANG Xiujun,WEI Zairong,WANG Dali,WANG Bo,SUN Guangfeng,HU Peng,WANG Baoyun. Repair of soft tissue defect of wrist with retrograde island skin flap based on supracarpal perforator branch of ulnar artery[J]. Zhonghua Chuang Shang Za Zhi[Chin J Trauma(Article in Chinese;No abstract available)],2014,30(9):935-937. DOI:10.3760/cma.j.issn.1001-8050.2014.09.024.}

[9967] 苏森，杨家辉，石红卫，渠刚，余伦红，彭汉书，曹辉. 尺动脉腕上穿支皮瓣在修复手部缺损创面中的应用[J]. 中华创伤杂志，2014，30（11）：1097-1099. DOI：10.3760/cma.j.issn.1001-8050.2014.11.009. {SU Sen,YANG Jiahui,SHI Hongwei,QU Gang,YU Lunhong,PENG Hanshu,CAO Hui. Application of supracarpal perforator flap of ulnar artery in repairing hand defect[J]. Zhonghua Chuang Shang Za Zhi[Chin J Trauma(Article in Chinese;No abstract available)],2014,30(11):1097-1099. DOI:10.3760/cma.j.issn.1001-8050.2014.11.009.}

[9968] 王相，张威凯，毛根莲，王海兵. 游离尺动脉腕上皮支分叶皮瓣包裹废弃指骨重建手指末节[J]. 中华整形外科杂志，2014，30（6）：462-464. DOI：10.3760/cma.j.issn.1009-4598.2014.06.018. {WANG Xiang,ZHANG Weikai,MAO Genlian,WANG Haibing. The disused phalanx was wrapped with a lobed flap based on the cutaneous branch of the ulnar artery to reconstruct the distal segment of the finger[J]. Zhonghua Zheng Xing Wai Ke Za Zhi[Chin J Plast Surg(Article in Chinese;No abstract available)],2014,30(6):462-464. DOI:10.3760/cma.j.issn.1009-4598.2014.06.018.}

[9969] 吴立志，顾仕林，郑有卯，王成，易利奇，李博文. 游离尺动脉腕上皮支皮瓣在皮肤缺损性断指再植中的应用[J]. 中国骨伤，2014，27（6）：471-474. DOI：10.3969/j.issn.1003-0034.2014.06.007. {WU Lizhi,GU Shilin,ZHENG Youmao,WANG Cheng,YI Liqi,LI Bowen. Application of free flap pedicled with supracarpal cutaneous branch of ulnar artery in repairing of finger replantation with skin defect[J]. Zhongguo Gu Shang[China J Orthop Trauma(Article in Chinese;Abstract in Chinese and English)],2014,27(6):471-474. DOI:10.3969/j.issn.1003-0034.2014.06.007.}

[9970] 汤样华，曾林如，黄忠名，岳振双，徐灿达，辛大伟. 游离尺动脉腕上穿支皮瓣修复手指软组织缺损的临床应用[J]. 中国骨伤，2014，27（9）：778-780. DOI：10.3969/j.issn.1003-0034.2014.09.016. {TANG Xianghua,ZENG Linru,HUANG Zhongming,YUE Zhenshuang,XU Canda,XIN Dawei. Clinical application of free vascularized flaps based on the wrist cutaneous branch of ulnar artery in repairing finger soft tissue defect[J]. Zhongguo Gu Shang[China J Orthop Trauma(Article in Chinese;Abstract in Chinese and English)],2014,27(9):778-780. DOI:10.3969/j.issn.1003-0034.2014.09.016.}

[9971] 戚建武，陈中，王欣，蔡利兵，蔡晓明，柴益铜，田敏涛，李文东. 游离带肌腱的尺动脉腕掌侧穿支皮瓣修复指背皮肤肌腱缺损[J]. 中华显微外科杂志，2014，37（3）：222-224. DOI：10.3760/cma.j.issn.1001-2036.2014.03.007. {QI Jianwu,CHEN Zhong,WANG Xin,CAI Libing,CAI Xiaoming,CHAI Yitong,TIAN Mintao,LI Wendong. Skin defect of finger with free flap which with tendon pedicled on the supracarpal palmar perforator of ulnar artery[J]. Zhonghua Xian Wei Wai Ke Za Zhi[Chin J Microsurg(Article in Chinese;Abstract in Chinese and English)],2014,37(3):222-224. DOI:10.3760/cma.j.issn.1001-2036.2014.03.007.}

[9972] 储国平，杨敏烈，俞舜，秦宏波，赵庆国，苏青和，吕国忠. 前臂中段尺动脉穿支皮瓣修复腕部电击伤创面[J]. 中华整形外科杂志，2014，30（5）：346-348. DOI：10.3760/cma.j.issn.1009-4598.2014.05.007. {CHU Guoping,YANG Minlie,YU Shun,QIN Hongbo,ZHAO Qingguo,SU Qinghe,LV Guozhong. The middle-forearm flap based on perforator of ulnar artery for electrical burn wound on the wrist[J]. Zhonghua Zheng Xing Wai Ke Za Zhi[Chin J Plast Surg(Article in Chinese;Abstract in Chinese and English)],2014,30(5):346-348. DOI:10.3760/cma.j.issn.1009-4598.2014.05.007.}

[9973] 郭松华，俞立新，吴群峰，冯炜，于健，陈学强. 游离尺动脉近端皮支皮瓣移植修复手指皮肤软组织缺损[J]. 中华显微外科杂志，2014，37（5）：502-504. DOI：10.3760/cma.j.issn.1001-2036.2014.05.027. {GUO Songhua,YU Lixin,WU Qunfeng,FENG Wei,YU Jian,CHEN Xueqiang. Free transplantation proximal cutaneous branch flap of ulnar artery to repair finger skin and soft tissue defect[J]. Zhonghua Xian Wei Wai Ke Za Zhi[Chin J Microsurg(Article in Chinese;Abstract in Chinese)],2014,37(5):502-504. DOI:10.3760/cma.j.issn.1001-2036.2014.05.027.}

[9974] 张伟平，吴亮，林君，唐贤翱，赵志林，尚超，杜维卫. 游离尺动脉腕上支上行穿支皮瓣在手指皮肤缺损中的应用[J]. 中华显微外科杂志，2015，38（3）：277-278. DOI：10.3760/cma.j.issn.1001-2036.2015.03.019. {ZHANG Weiping,WU Liang,LIN Jun,TANG Xianao,ZHAO Zhilin,SHANG Chao,DU Weiwei. Application of Free flap based on Upward branch of supracarpal cutaneous branch of ulnar artery in repairing finger skin defect[J]. Zhonghua Xian Wei Wai Ke Za Zhi[Chin J Microsurg(Article in Chinese;Abstract in Chinese)],2015,38(3):277-278. DOI:10.3760/cma.j.issn.1001-2036.2015.03.019.}

[9975] 王海林，程翔，金汉宏，郑国平，邹文，金方. 尺动脉腕上皮支下行支筋膜皮瓣的临床应用[J]. 中华手外科杂志，2015，31（1）：75. DOI：10.3760/cma.j.issn.1005-054X.2015.01.029. {WANG Hailin,CHENG Xiang,JIN Hanhong,ZHENG Guoping,ZOU Wen,JIN Fang. Clinical application of fascial skin flap based on inferior branch of suprachipal cutaneous branch of ulnar artery[J]. Zhonghua Shou Wai Ke Za Zhi[Chin J Hand Surg(Article in Chinese;No abstract available)],2015,31(1):75. DOI:10.3760/cma.j.issn.1005-054X.2015.01.029.}

[9976] 靳兆印，张敬良，陈雷，丁亚南，方文，童立苗，张志新，张国平. 尺动脉腕上皮支上行支皮瓣游离移植修复手指末节软组织缺损[J]. 中华手外科杂志，2015，31（1）：47-49. DOI：10.3760/cma.j.issn.1005-054X.2015.01.018. {JIN Zhaoyin,ZHANG Jingliang,CHEN Lei,DING Yanan,FANG Wen,TONG Limiao,ZHANG Zhixin,ZHANG Guoping. Transfer of the flap pedicled with the ascending branch of ulnar artery above-wrist cutaneous branch for repair of fingertip soft tissue defect[J]. Zhonghua Shou Wai Ke Za Zhi[Chin J Hand Surg(Article in Chinese;Abstract in Chinese and English)],2015,31(1):47-49. DOI:10.3760/cma.j.issn.1005-054X.2015.01.018.}

[9977] 鹿亮，刘彬，尚希福. 尺动脉腕上支皮瓣修复手部软组织缺损[J]. 临床骨科杂志，2015，18（5）：602-603，604. DOI：10.3969/j.issn.1008-0287.2015.05.038. {LU Liang,LIU Bin,SHANG Xifu. Repair of the hand's soft tissue defect with free flap taken from the supra-wrist branch of the ;ulnar artery[J]. Lin Chuang Gu Ke Za Zhi[J Clin Orthop(Article in Chinese;Abstract in Chinese and English)],2015,18(5):602-603,604. DOI:10.3969/j.issn.1008-0287.2015.05.038.}

[9978] 吴建龙，侯瑞兴，金光哲，周广良，刘跃飞，巨积辉. 游离尺动脉远端穿支皮瓣修复手部皮肤软组织缺损[J]. 中华显微外科杂志，2015，38（6）：542-545. DOI：10.3760/cma.j.issn.1001-2036.2015.06.007. {WU Jianlong,HOU Ruixing,JIN Guangzhe,ZHOU Guangliang,LIU Yuefei,JU Jihui. Application of free vascularized flaps based on the distal perforator of ulnar artery in repairing hand soft tissue defect[J]. Zhonghua Xian Wei Wai Ke Za Zhi[Chin J Microsurg(Article in Chinese;Abstract in Chinese and English)],2015,38(6):542-545. DOI:10.3760/cma.j.issn.1001-2036.2015.06.007.}

[9979] 郑大伟，黎章灿，许立，张旭阳，石荣剑，孙峰，寿奎水. 应用尺动脉远端穿支双叶皮瓣修复手指复杂创面[J]. 中华解剖与临床杂志，2015，20（5）：440-444. DOI：10.3760/cma.j.issn.2095-7041.2015.05.015. {ZHENG Dawei,LI Zhangcan,XU Li,ZHANG Xuyang,SHI Rongjian,SUN Feng,SHOU Kuishui. Application of bilobed flaps based on the supracarpal cutaneous branch of ulnar artery in digital reconstruction[J]. Zhonghua Jie Pou Yu Lin Chuang Za Zhi[Chin J Anat Clin(Article in Chinese;Abstract in Chinese and English)],2015,20(5):440-444. DOI:10.3760/cma.j.issn.2095-7041.2015.05.015.}

[9980] 章剑，谢振军，邓小兵，郑竞舟，孙华伟，邓名山. 游离尺动脉腕上支皮瓣修复手指末节皮肤缺损[J]. 中华手外科杂志，2016，32（6）：478. {ZHANG Jian,XIE Zhenjun,DENG Xiaobing,ZHENG Jingzhou,SUN Huawei,DENG Mingshan. Repair skin defect of distal segment of finger with free supracarpal branch flap of ulnar artery[J]. Zhonghua Shou Wai Ke Za Zhi[Chin J Hand Surg(Article in Chinese;No abstract available)],2016,32(6):478.}

[9981] 贾学军，寇剑铭，王聖，田伟，高冲，侯建文，朱涛，韩学敢. 吻合浅静脉和皮神经的尺侧腕上皮支皮瓣逆转修复手部皮肤缺损[J]. 中华手外科杂志，2016，32（3）：172-173. DOI：10.3760/cma.j.issn.1005-054X.2016.03.007. {JIA Xuejun,KOU Jianming,WANG Xi,TIAN Wei,GAO Chong,HOU Jianwen,ZHU Tao,HAN Xuegang. The ulnar supracarpal cutaneous branch flap with anastomosed superficial vein and cutaneous nerve reversely repair the skin defect of hand[J]. Zhonghua Shou Wai Ke Za Zhi[Chin J Hand Surg(Article in Chinese;No abstract available)],2016,32(3):172-173. DOI:10.3760/cma.j.issn.1005-054X.2016.03.007.}

[9982] 王思月，王钦航，冯满林，陈利江，王先威，李景涛. 带感觉神经的尺动脉近端穿支皮瓣修复手指掌侧皮肤缺损[J]. 中华手外科杂志，2016，32（3）：233-234. {WANG Siyue,WANG Qinhang,FENG Manlin,CHEN Lijiang,WANG Xianwei,LI Jingtao. Proximal ulnar artery perforator flap with sensory nerve for repairing palmar skin defect of finger[J]. Zhonghua Shou Wai Ke Za Zhi[Chin J Hand Surg(Article in Chinese;Abstract in Chinese)],2016,32(3):233-234.}

[9983] 白辉凯，谢振军，赵国红，赵建军，梁正洋. 应用游离尺动脉腕上皮支皮瓣修复手部小面积皮肤缺损[J]. 中华手外科杂志，2017，33（2）：153-154. {BAI Huikai,XIE Zhenjun,ZHAO Guohong,ZHAO Jianjun,LIANG Zhengyang. free supracarpal branch flap of ulnar artery for repairing small skin defect of hand[J]. Zhonghua Shou Wai Ke Za Zhi[Chin J Hand Surg(Article in Chinese;No abstract available)],2017,33(2):153-154.}

[9984] 姚群，芮永军，糜菁熠，华雍，赵刚. 前臂远端与近端双尺动脉穿支皮瓣移植修复两指皮肤及软组织缺损[J]. 中华显微外科杂志，2017，40（6）：525-528. DOI：10.3760/cma.j.issn.1001-2036.2017.06.002. {YAO Qun,RUI Yongjun,MI Jingyi,HUA Yong,ZHAO Gang. Two flaps based on the proximal and distal perforator from ulnar artery in the repair of defect of two fin-gers[J]. Zhonghua Xian Wei Wai Ke Za Zhi[Chin J Microsurg(Article in Chinese;Abstract in Chinese and English)],2017,40(6):525-528. DOI:10.3760/cma.j.issn.1001-2036.2017.06.002.}

[9985] 倪凌之，张贻春，瞿杭波，李陶冶，叶辛. 尺动脉近中段穿支皮瓣修复虎口软组织缺损

15 例 [J]. 中华显微外科杂志，2017，40（6）：596-597. DOI：10.3760/cma.j.issn.1001-2036.2017.06.025. {NI Lingzhi,ZHANG Yichun,QU Hangbo,LI Taoye,YE Xin. Repair of soft tissue defect of the first web with proximal middle perforator flap of ulnar artery in 15 cases[J]. Zhonghua Xian Wei Wai Ke Za Zhi[Chin J Microsurg(Article in Chinese;Abstract in Chinese)],2017,40(6):596-597. DOI:10.3760/cma.j.issn.1001-2036.2017.06.025.}

[9986] 潘小平，王敏，石玮，杨继国，李庆红. 尺动脉腕上皮支皮瓣在严重手毁损伤中的应用 [J]. 中华显微外科杂志，2018，41（3）：264-265. DOI：10.3760/cma.j.issn.1001-2036.2018.03.016. {PAN Xiaoping,WANG Min,SHI Wei,YANG Jiguo,LI Qinghong. Application of supracarpal cutaneous branch flap of ulnar artery in severe hand injury[J]. Zhonghua Xian Wei Wai Ke Za Zhi[Chin J Microsurg(Article in Chinese;Abstract in Chinese)],2018,41(3):264-265. DOI:10.3760/cma.j.issn.1001-2036.2018.03.016.}

[9987] 王瑞，苗平，孙莹，胡晓美. 尺动脉腕上皮支皮瓣血管变异一例 [J]. 中华手外科杂志，2018，34（3）：217-218. DOI：10.3760/cma.j.issn.1005-054X.2018.03.022. {WANG Rui,MIAO Ping,SUN Ying,HU Xiaomei. A case of vascular variation in supracarpal cutaneous branch flap of ulnar artery[J]. Zhonghua Shou Wai Ke Za Zhi[Chin J Hand Surg(Article in Chinese;No abstract available)],2018,34(3):217-218. DOI:10.3760/cma.j.issn.1005-054X.2018.03.022.}

[9988] 潘跃，王西迅，胡继超，金成，魏勇，雷钧，王国庆. 尺动脉腕上皮支逆行岛状皮瓣修复手部创面缺损的临床分析 [J]. 中国骨伤，2018，31（1）：79-82. DOI：10.3969/j.issn.1003-0034.2018.01.014. {PAN Yue,WANG Xixun,HU Jichao,JIN Cheng,WEI Yong,LEI Jun,WANG Guoqing. Clinical analysis of repairing the defect of hand with reverse island skin flap of upper carpal cutaneous branches of ulnar artery[J]. Zhongguo Gu Shang[China J Orthop Trauma(Article in Chinese;Abstract in Chinese and English)],2018,31(1):79-82. DOI:10.3969/j.issn.1003-0034.2018.01.014.}

[9989] 吴建龙，谢庆平，唐林峰，巨积辉. 带感觉神经尺动脉远端穿支微型皮瓣修复全指腹缺损 [J]. 中国临床解剖学杂志，2018，36（5）：565-568. DOI：10.13418/j.issn.1001-165x.2018.05.016. {WU Jianlong,XIE Qingping,TANG Linfeng,JU Jihui. Application of the distal ulnar perforator minitype flap with anastomosed sensory nerve to repair the full pulp defect[J]. Zhongguo Lin Chuang Jie Pou Xue Za Zhi[Chin J Clin Anat(Article in Chinese;Abstract in Chinese and English)],2018,36(5):565-568. DOI:10.13418/j.issn.1001-165x.2018.05.016.}

[9990] 潘佳栋，李苗钟，王科杰，黄耀鹏，王胜伟，尹善青，丁文全，郭浩，王欣. 改良法重建感觉的近端尺动脉穿支皮瓣修复相邻指腹缺损的临床观察 [J]. 中华显微外科杂志，2018，41（4）：329-333. DOI：10.3760/cma.j.issn.1001-2036.2018.04.004. {PAN Jiadong,LI Miaozhong,WANG Kejie,HUANG Yaopeng,WANG Shengwei,YIN Shanqing,DING Wenquan,GUO Hao,WANG Xin. Reconstruction of adjacent large finger pulps with the modified sensate free proximal ulnar artery perforator flap[J]. Zhonghua Xian Wei Wai Ke Za Zhi[Chin J Microsurg(Article in Chinese;Abstract in Chinese and English)],2018,41(4):329-333. DOI:10.3760/cma.j.issn.1001-2036.2018.04.004.}

[9991] 姚群，芮永军，糜菁熠，华雍，赵刚，邱扬. 吻合血管的前臂中段尺动脉穿支皮瓣修复手指皮肤软组织缺损 [J]. 中华手外科杂志，2018，34（2）：124-125. {YAO Qun,RUI Yongjun,MI Jingyi,HUA Yong,ZHAO Gang,QIU Yang. Repair finger skin and soft tissue defect with ulnar artery perforator flap of middle forearm anastomosed with blood vessels[J]. Zhonghua Shou Wai Ke Za Zhi[Chin J Hand Surg(Article in Chinese;Abstract in Chinese)],2018,34(2):124-125.}

[9992] 徐灿达，汤样华，曾林如，岳振双，辛大伟. 尺动脉近中段穿支皮瓣修复手指近中节软组织缺损 [J]. 中华手外科杂志，2018，34（2）：139-140. DOI：10.3760/cma.j.issn.1005-054X.2018.02.022. {XU Canda,TANG Yanghua,ZENG Linru,YUE Zhenshuang,XIN Dawei. Repair of soft tissue defect of proximal middle segment of finger with proximal middle perforator flap of ulnar artery[J]. Zhonghua Shou Wai Ke Za Zhi[Chin J Hand Surg(Article in Chinese;Abstract in Chinese)],2018,34(2):139-140. DOI:10.3760/cma.j.issn.1005-054X.2018.02.022.}

[9993] 孙鹏，战杰，王思夏. 游离尺动脉腕上皮支上行穿支皮瓣修复拇指软组织缺损 [J]. 中华显微外科杂志，2019，42（2）：187-189. DOI：10.3760/cma.j.issn.1001-2036.2019.02.023. {SUN Peng,ZHAN Jie,WANG Sixia. Free flap based on upward branch of supracarpal cutaneous branch of ulnar artery to repair thumb soft tissue defect[J]. Zhonghua Xian Wei Wai Ke Za Zhi[Chin J Microsurg(Article in Chinese;Abstract in Chinese)],2019,42(2):187-189. DOI:10.3760/cma.j.issn.1001-2036.2019.02.023.}

[9994] 王春生，钟怡鸣，孙焕伟，张洪权. 游离尺动脉腕上支穿支皮瓣移植修复手部软组织缺损 42 例 [J]. 中华显微外科杂志，2019，42（5）：496-498. DOI：10.3760/cma.j.issn.1001-2036.2019.05.020. {WANG Chunsheng,ZHONG Yiming,SUN Huanwei,ZHANG Hongquan. Repair of soft tissue defect of hand with free ulnar artery supracarpal perforator flap[J]. Zhonghua Xian Wei Wai Ke Za Zhi[Chin J Microsurg(Article in Chinese;Abstract in Chinese)],2019,42(5):496-498. DOI:10.3760/cma.j.issn.1001-2036.2019.05.020.}

[9995] 陈西政，白龙，宋晓波，陈科明，于志勇，陈林清，黄从伍. 带尺骨瓣的游离尺动脉腕上皮支复合皮瓣修复手指复合组织缺损 [J]. 实用手外科杂志，2019，33（1）：19-21. DOI：10.3969/j.issn.1671-2722.2019.01.007. {CHEN Xizheng,BAI Long,SONG Xiaobo,CHEN Keming,YU Zhiyong,CHEN Linqing,HUANG Congwu. Clinical study of repairing composite tissue defects of fingers with free flap pedicled with wrist cutaneous branch of ulnar artery combined with ulnar flap[J]. Shi Yong Shou Wai Ke Za Zhi[Chin J Pract Hand Surg(Article in Chinese;Abstract in Chinese and English)],2019,33(1):19-21. DOI:10.3969/j.issn.1671-2722.2019.01.007.}

[9996] 张小东，魏义涛，周杰，钟桂午，梁海华，梁周然. 联体尺动脉穿支皮瓣在多指毁损伤修复中的临床应用 [J]. 中华整形外科杂志，2020，36（3）：270-278. DOI：10.3760/cma.j.cnZHZXWKZZ-2018-0604-00078. {ZHANG Xiaodong,WEI Yitao,ZHOU Jie,ZHONG Guiwu,LIANG Haihua,LIANG Zhouran. Clinical application of ulnar artery conjoined perforator flap in repair of multiple fingers damage[J]. Zhonghua Zheng Xing Wai Ke Za Zhi[Chin J Plast Surg(Article in Chinese;Abstract in Chinese and English)],2020,36(3):270-278. DOI:10.3760/cma.j.cnZHZXWKZZ-2018-0604-00078.}

4.4.2.4 前臂背侧皮瓣

posterior forearm flap

[9997] Gao W,Yan H,Li Z,Li X,Jiang L,Yu Q,Maxwell EH,Zhang F. The free dorsoradial forearm perforator flap:anatomical study and clinical application in finger reconstruction[J]. Ann Plast Surg,2011,66(1):53-8. doi:10.1097/SAP.0b013e3181d3772e.

[9998] Mei J,Morris SF,Ji W,Li H,Zhou R,Tang M. An anatomic study of the dorsal forearm perforator flaps[J]. Surg Radiol Anat,2013,35(8):695-700. doi:10.1007/s00276-013-1097-1.

[9999] 潘朝晖，王剑利，蒋萍萍，王昌德，薛山. 游离前臂背侧皮瓣的应用解剖 [J]. 中国临床解剖学杂志，2008，26(6)：590-593. DOI：10.3969/j.issn.1001-165X.2008.06.002. {PAN Zhaohui,WANG Jianli,JIANG Pingping,WANG Changde,XUE Shan. Applied anatomy of free posterior interosseous flap[J]. Zhongguo Lin Chuang Jie Pou Xue Za Zhi[Chin J Clin Anat(Article in Chinese;Abstract in Chinese and English)],2008,26(6):590-593. DOI:10.3969/j.issn.1001-165X.2008.06.002.}

[10000] 周明武，王瑞金，宋力，幸超峰，朱杰，卢留斌，王飞云，宋鹏，李士民. 血管变异型前臂背侧皮瓣修复手部皮肤软组织缺损 [J]. 中华手外科杂志，2009，25（3）：182-184. DOI：10.3760/cma.j.issn.1005-054X.2009.03.026. {ZHOU Ming-wu,WANG Ruijin,SONG Li,XING Chaofeng,ZHU Jie,LU Liubin,WANG Feiyun,SONG Peng,LI Shimin. Dorsal forearm flaps with vascular variation for repair of soft tissue defect on dorsum of the hand[J]. Zhonghua Shou Wai Ke Za Zhi[Chin J Hand Surg(Article in Chinese;Abstract in Chinese and English)],2009,25(3):182-184. DOI:10.3760/cma.j.issn.1005-054X.2009.03.026.}

4.4.2.4.1 骨间后动脉皮瓣

flap of posterior interosseous artery

[10001] Wang Y,Li X,Yuan Z,Seiler H. Anatomy and clinical use of posterior interosseous island forearm flap[J]. Unfallchirurg,1994,97(10):541-544.

[10002] Lu L,Gong X,Liu Z,Zhang Z. Analysis of long-term outcomes of the posterior interosseous flap and compound flap[J]. Chin Med J,2003,116(2):222-225.

[10003] Lu LJ,Gong X,Liu ZG,Zhang ZX. Antebrachial reverse island flap with pedicle of posterior interosseous artery:a report of 90 cases[J]. Br J Plast Surg,2004,57(7):645-652. doi:10.1016/j.bjps.2004.05.027.

[10004] Lu LJ,Gong X,Lu XM,Wang KL. The reverse posterior interosseous flap and its composite flap:experience with 201 flaps[J]. J Plast Reconstr Aesthet Surg,2007,60(8):876-882. doi:10.1016/j.bjps.2006.11.024.

[10005] Pan ZH,Jiang PP,Wang JL. Posterior interosseous free flap for finger resurfacing[J]. J Plast Reconstr Aesthet Surg,2010,63(5):832-837. doi:10.1016/j.bjps.2009.01.071.

[10006] Gong X,Lu LJ. Reconstruction of severe contracture of the first web space using the reverse posterior interosseous artery flap[J]. J Trauma,2011,71(6):1745-1749. doi:10.1097/TA.0b013e3182325e27.

[10007] Wang JQ,Cai QQ,Yao WT,Gao ST,Wang X,Zhang P. Reverse posterior interosseous artery flap for reconstruction of the wrist and hand after sarcoma resection[J]. Orthop Surg,2013,5(4):250-254. doi:10.1111/os.12074.

[10008] Sun C,Wang YL,Ding ZH,Liu P,Qin XZ,Lee HL,Jin AM. Anatomical basis of a proximal fasciocutaneous extension of the distal-based posterior interosseous flap that allows exclusion of the proximal posterior interosseous artery[J]. J Plast Reconstr Aesthet Surg,2015,68(1):17-25. doi:10.1016/j.bjps.2014.09.042.

[10009] Zhang Y,Lu L,Lu N,Yang Y,Gu J,Qi F. Perioperative glucocorticoid treatment of soft tissue reconstruction in patients on long-term steroid therapy:the experience of 6 cases using reversed posterior interosseous flap for hand neoplasm surgery[J]. Ann Plast Surg,2018,81(3):302-304. doi:10.1097/SAP.0000000000001534.

[10010] 罗永湘，曹代成，吴洋管，王建超，王体沛. 骨间后动脉前臂背侧岛状皮瓣与筋膜瓣 [J]. 中华显微外科杂志，1989，12（1）：26-27. {LUO Yongxiang,CAO Daicheng,WU Yangguan,WANG Jianchao,WANG Tipei. Forearm dorsal island flap and fascial flap of posterior interosseous artery[J]. Zhonghua Xian Wei Wai Ke Za Zhi[Chin J Microsurg(Article in Chinese;Abstract in Chinese)],1989,12(1):26-27.}

[10011] 宋基学，冯云鹏，张国强. 骨间后动脉前臂背侧逆行岛状皮瓣修复手部软组织缺损 [J]. 中华整形烧伤外科杂志，1995，11（1）：26-28. DOI：10.3760/j.issn：1009-4598.1995.01.007. {SONG Jixue,FENG Yunpeng,ZHANG Guoqiang. Repair of soft tissue defect on the hand using anterbtachial posterior interosseous artery retrograde island flap[J]. Zhonghua Zheng Xing Shao Shang Wai Ke Za Zhi[Chin J Plast Surg Burns(Article in Chinese;Abstract in Chinese and English)],1995,11(1):26-28. DOI:10.3760/j.issn:1009-4598.1995.01.007.}

[10012] 陈茂松，方光荣，程国良，张宁埠，唐林俊. 前臂骨间后动脉岛状皮瓣手术失败的原因分析 [J]. 中华手外科杂志，1998，14（2）：59. DOI：10.3760/cma.j.issn.1005-054X.1998.02.038. {CHEN Maosong,FANG Guangrong,CHENG Guoliang,ZHANG Ningbu,TANG Linjun. Failure analysis of forearm posterior interosseous artery island flap[J]. Zhonghua Shou Wai Ke Za Zhi[Chin J Hand Surg(Article in Chinese;Abstract in Chinese)],1998,14(2):59. DOI:10.3760/cma.j.issn.1005-054X.1998.02.038.}

[10013] 温晓阳，廖世文，胡文斌，廖松劲. 骨间后动脉逆行皮瓣在手部的应用 [J]. 中华手外科杂志，2000，16（4）：256. DOI：10.3760/cma.j.issn.1005-054X.2000.04.025. {WEN Xiaoyang,LIAO Shiwen,HU Wenbin,LIAO Jinsong. Application of reverse posterior interosseous artery flap in hand[J]. Zhonghua Shou Wai Ke Za Zhi[Chin J Hand Surg(Article in Chinese;No abstract available)],2000,16(4):256. DOI:10.3760/cma.j.issn.1005-054X.2000.04.025.}

[10014] 路来金，宫旭，刘志刚，张志新，刘彬，杨喜林，于家傲，陈雷. 前臂骨间后动脉逆行岛状皮瓣及复合组织瓣移植的远期疗效分析 [J]. 中华显微外科杂志，2002，25（4）：249-251. DOI：10.3760/cma.j.issn.1001-2036.2002.04.003. {LU Laijin,GONG Xu,LIU Zhigang,ZHANG Zhixin,LIU Bin,YANG Xilin,YU Jiaao,CHEN Lei. Long term outcomes of antebrachial flap with a pedicle of the posterior interosseous artery[J]. Zhonghua Xian Wei Wai Ke Za Zhi[Chin J Microsurg(Article in Chinese;Abstract in Chinese and English)],2002,25(4):249-251. DOI:10.3760/cma.j.issn.1001-2036.2002.04.003.}

[10015] 李文庆，宫云霞，王利. 前臂骨间后动脉皮瓣切取的改进及临床应用 [J]. 中华显微外科杂志，2002，25（4）：305-306. DOI：10.3760/cma.j.issn.1001-2036.2002.04.029. {LI Wenqing,GONG Yunxia,WANG Li. Clinical application and improvement of forearm posterior interosseous artery flap[J]. Zhonghua Xian Wei Wai Ke Za Zhi[Chin J Microsurg(Article in Chinese;Abstract in Chinese)],2002,25(4):305-306. DOI:10.3760/cma.j.issn.1001-2036.2002.04.029.}

[10016] 李建峰，董建峰. 前臂骨间后动脉逆行岛状皮瓣在临床中的应用 [J]. 中华手外科杂志，2006，22（3）：157. DOI：10.3760/cma.j.issn.1005-054X.2006.03.026. {LI Jianfeng,DONG Jianfeng. Clinical application of antebrachial posterior interosseous artery reverse island[J]. Zhonghua Shou Wai Ke Za Zhi[Chin J Hand Surg(Article in Chinese;No abstract available)],2006,22(3):157. DOI:10.3760/cma.j.issn.1005-054X.2006.03.026.}

[10017] 王润生，李昶，白志刚，王爱国. 前臂骨间后动脉逆行岛状皮瓣的术式改进方法 [J]. 实用手外科杂志，2006，20（1）：25-26. DOI：10.3969/j.issn.1671-2722.2006.01.010. {WANG Runsheng,LI Chang,BAI Zhigang,WANG Aiguo. Modified method of antebrachial reversal island flap with pedicle of posterior inter osseous artery[J]. Shi Yong Shou Wai Ke Za Zhi[Chin J Pract Hand Surg(Article in Chinese;Abstract in Chinese and English)],2006,20(1):25-26. DOI:10.3969/j.issn.1671-2722.2006.01.010.}

[10018] 路新民，陈魁胜，郝丽丽，石娜，石惠征. 逆行前臂骨间后动脉岛状扩张皮瓣的应用 [J]. 中华整形外科杂志，2009，25（4）：296-297. DOI：10.3760/cma.j.issn.1009-4598.2009.04.022. {LU Xinmin,CHEN Kuisheng,HAO Lili,SHI Na,SHI Huizheng. Application of reverse interosseous artery island expanded flap[J]. Zhonghua Zheng Xing Wai Ke Za Zhi[Chin J Plast Surg(Article in Chinese;No abstract available)],2009,25(4):296-297. DOI:10.3760/cma.j.issn.1009-4598.2009.04.022.}

[10019] 王涛，路来金. 前臂骨间后动脉逆行岛状皮瓣在多指缺损中的临床应用 [J]. 实用手外科杂志，2010，24（4）：270-271. DOI：10.3969/j.issn.1671-2722.2010.04.011.

{WANG Tao,LU Laijin. Clinical application of antebrachial flap with a pedicle of the posterior interosseous artery to repair defects of several fingers[J]. Shi Yong Shou Wai Ke Za Zhi[Chin J Pract Hand Surg(Article in Chinese;Abstract in Chinese and English)],2010,24(4):270-271. DOI:10.3969/j.issn.1671-2722.2010.04.011.}

[10020] 梁钢，丁健，孙建平，徐宝成，谷云峰．多种骨间后动脉皮瓣修复上肢软组织缺损[J]．中华整形外科杂志，2011，27(1)：23-27．DOI：10.3760/cma.j.issn.1009-4598.2011.01.007．{LIANG Gang,DING Jian,SUN Jianping,XU Baocheng,GU Yunfeng. Repair of soft tissue defects in the upper limbs using multiple types of posterior interosseous artery flaps[J]. Zhonghua Zheng Xing Wai Ke Za Zhi[Chin J Plast Surg(Article in Chinese;Abstract in Chinese and English)],2011,27(1):23-27. DOI:10.3760/cma.j.issn.1009-4598.2011.01.007.}

[10021] 李匡文，刘鸣江，刘俊，黄新锋，黄雄杰，伍鹏．游离双叶骨间后动脉皮瓣修复两个手指软组织缺损[J]．中华显微外科杂志，2012，35(5)：378-380，445．DOI：10.3760/cma.j.issn.1001-2036.2012.05.008．{LI Kuangwen,LIU Mingjiang,LIU Jun,HUANG Xinfeng,HUANG Xiongjie,WU Peng. Free bilobed posterior interosseous flaps for two fingers reconstruction[J]. Zhonghua Xian Wei Wai Ke Za Zhi[Chin J Microsurg(Article in Chinese;Abstract in Chinese and English)],2012,35(5):378-380,445. DOI:10.3760/cma.j.issn.1001-2036.2012.05.008.}

[10022] 林涧，郑和平，余云兰，林加福．骨间后动脉远端皮支链皮瓣移位修复手背皮肤缺损[J]．中华显微外科杂志，2012，35(5)：421-422．DOI：10.3760/cma.j.issn.1001-2036.2012.05.026．{LI Jian,ZHENG Heping,YU Yunlan,LIN Jiafu. Distal cutaneous branch chain of posterior interosseous artery flap for repair of skin defect on the back of hand[J]. Zhonghua Xian Wei Wai Ke Za Zhi[Chin J Microsurg(Article in Chinese;Abstract in Chinese)],2012,35(5):421-422. DOI:10.3760/cma.j.issn.1001-2036.2012.05.026.}

[10023] 葛建华，万永鲜，阳运康，鲁晓波，尹一然．前臂骨间后动脉逆行皮瓣修复手背创面的临床应用[J]．中华手外科杂志，2012，28(5)：275-276．DOI：10.3760/cma.j.issn.1005-054X.2012.05.010．{GE Jianfeng,WANG Yongxian,YANG Yunkang,LU Xiaobo,YIN Yiran. Clinical application of antebrachial reverse posterior interosseous artery flap for repair of dorsal hand wound[J]. Zhonghua Shou Wai Ke Za Zhi[Chin J Hand Surg(Article in Chinese;Abstract in Chinese)],2012,28(5):275-276. DOI:10.3760/cma.j.issn.1005-054X.2012.05.010.}

[10024] 徐宝成，梁钢，陈福生．游离骨间后动脉皮瓣桥接修复手指掌侧皮肤及动脉缺损[J]．中华整形外科杂志，2012，28(3)：190-193．DOI：10.3760/cma.j.issn.1009-4598.2012.03.008．{XU Baocheng,LIANG Gang,CHEN Fusheng. Reconstruction of combined skin and bilateral artey defects at palmar side of fingers by free posterior interrosseous artery flap in a bridge fashion[J]. Zhonghua Zheng Xing Wai Ke Za Zhi[Chin J Plast Surg(Article in Chinese;Abstract in Chinese and English)],2012,28(3):190-193. DOI:10.3760/cma.j.issn.1009-4598.2012.03.008.}

[10025] 宿晓雷，杜志国，张远林，丁明斌，王伟，陈广先，赵建勇．吻合血管的骨间后动脉皮支皮瓣修复手指末节脱套伤[J]．中华显微外科杂志，2013，36(1)：76-77．DOI：10.3760/cma.j.issn.1001-2036.2013.01.024．{SU Xiaolei,DU Zhiguo,ZHANG Yuanlin,DING Mingbin,WANG Wei,CHEN Guangxian,ZHAO Jianyong. Posterior interosseous artery with anastomosis for repair of degloving injury of the distal segment of finger[J]. Zhonghua Xian Wei Wai Ke Za Zhi[Chin J Microsurg(Article in Chinese;Abstract in Chinese)],2013,36(1):76-77. DOI:10.3760/cma.j.issn.1001-2036.2013.01.024.}

[10026] 梁钢，孙建平，谢垒．改良骨间后动脉逆行皮瓣修复腕掌尺侧缺损[J]．中华整形外科杂志，2013，29(2)：151-152．DOI：10.3760/cma.j.issn.1009-4598.2013.02.021．{LIANG Gang,SUN Jianping,XIE Lei. Modified posterior interosseous artery flap for repair of ulnar defect of wrist[J]. Zhonghua Zheng Xing Wai Ke Za Zhi[Chin J Plast Surg(Article in Chinese;Abstract in Chinese)],2013,29(2):151-152. DOI:10.3760/cma.j.issn.1009-4598.2013.02.021.}

[10027] 秦建华，刘亚臣，杨伟渊，程业，张兴群，林忠泵，姚平．游离骨间后动脉分叶皮瓣修复指背缺损创面[J]．中华显微外科杂志，2015，38(6)：586-588．DOI：10.3760/cma.j.issn.1001-2036.2015.06.017．{QIN Jianwei,LIU Yachen,YANG Weiyuan,CHENG Ye,ZHANG Xingqun,LIN Zhongbeng,YAO Ping. Free posterior interosseous artery fasciocutaneous flap for repair of dorsal finger defect[J]. Zhonghua Xian Wei Wai Ke Za Zhi[Chin J Microsurg(Article in Chinese;Abstract in Chinese)],2015,38(6):586-588. DOI:10.3760/cma.j.issn.1001-2036.2015.06.017.}

[10028] 黄雄杰，刘鸣江，刘昌雄，谢松林，李匡文，夏晓丹，黄新锋．游离携带浅静脉的骨间后动脉皮瓣修复手指皮肤缺损[J]．中华手外科杂志，2015，31(3)：188-190．DOI：10.3760/cma.j.issn.1005-054X.2015.03.013．{HUANG Xiongjie,LIU Mingjiang,LIU Changxiong,XIE Songlin,LI Kuangwen,XIA Xiaodan,HUANG Xinfeng. Free dorsal interosseous artery flap transfer along with a superficial vein for coverage of soft tissue defects in the finger[J]. Zhonghua Shou Wai Ke Za Zhi[Chin J Hand Surg(Article in Chinese;Abstract in Chinese and English)],2015,31(3):188-190. DOI:10.3760/cma.j.issn.1005-054X.2015.03.013.}

[10029] 苏日宝，王培吉，崔满意，王秀会．改良的骨间后动脉逆行岛状皮瓣修复手背部热压伤的临床疗效[J]．中华显微外科杂志，2018，41(2)：125-128．DOI：10.3760/cma.j.issn.1001-2036.2018.02.006．{SU Ribao,WANG Peiji,CUI Manyi,WANG Xiuhui. The clinical curative effect for wound surface of hand heatcompression injury treated by improved posterior interosseous artery reversed island flap[J]. Zhonghua Xian Wei Wai Ke Za Zhi[Chin J Microsurg(Article in Chinese;Abstract in Chinese and English)],2018,41(2):125-128. DOI:10.3760/cma.j.issn.1001-2036.2018.02.006.}

[10030] 魏苏明，陆征峰，刘宇舟，龚灏，芮永军．游离骨间后动脉双皮瓣移植修复两指软组织缺损[J]．中华显微外科杂志，2019，42(1)：59-61．DOI：10.3760/cma.j.issn.1001-2036.2019.01.016．{WEI Suming,LU Zhengfeng,LIU Yuzhou,GONG Hao,RUI Yongjun. Free posterior interosseous artery flaps for repair of soft tissue defects of two fingers[J]. Zhonghua Xian Wei Wai Ke Za Zhi[Chin J Microsurg(Article in Chinese;Abstract in Chinese)],2019,42(1):59-61. DOI:10.3760/cma.j.issn.1001-2036.2019.01.016.}

[10031] 曾德庆，江吉勇，汪庆红，余纯斌，钟少开，卢文景，李培，王海文，顾荣．骨间后动脉双叶皮瓣修复手部皮肤缺损的临床应用[J]．中国临床解剖学杂志，2020，38(2)：153-156．DOI：10.13418/j.issn.1001-165x.2020.02.010．{ZENG Deqing,JIANG Jiyong,WANG Qinghong,YU Chunbin,ZHONG Shaokai,LU Wenjing,LI Pei,WANG Haiwen,GU Rong. Clinical application of posterior interosseous artery bilobate flap in repairing hand skin defect[J]. Zhongguo Lin Chuang Jie Pou Xue Za Zhi[Chin J Clin Anat(Article in Chinese;Abstract in Chinese and English)],2020,38(2):153-156. DOI:10.13418/j.issn.1001-165x.2020.02.010.}

4.4.2.4.2 骨间后动脉穿支皮瓣
perforator flap of posterior interosseous artery

[10032] Zhang YX,Qian Y,Pu Z,Ong YS,Messmer C,Li Q,Agostini T,Erdmann D,Levin LS,Lazzeri D. Reverse bipaddle posterior interosseous artery perforator flap[J]. Plast Reconstr Surg,2013,131(4):552e-562e. doi:10.1097/PRS.0b013e31828275d9.

[10033] Li KW,Liu J,Liu MJ,Xie SL,Liu CX. Free multilobed posterior interosseous artery perforator flap for multi-finger skin defect reconstruction[J]. J Plast Reconstr Aesthet Surg,2015,68(1):9-16. doi:10.1016/j.bjps.2014.08.063.

[10034] Liu J,Song D,Xu J,Li J,Li K,Lv H. Use of free modified innervated posterior interosseous artery perforator flap to repair digital skin and soft tissue defects[J]. Indian J Surg,2015,77(Suppl 3):886-892. doi:10.1007/s12262-014-1052-3.

[10035] 张敬良，谢振荣，雷艳文，宋君，郭桥鸿，何明飞，汤钟铭，江南．骨间后动脉单一穿支微型皮瓣的游离移植[J]．中华显微外科杂志，2006，29(3)：183-185，插图3．DOI：10.3760/cma.j.issn.1001-2036.2006.03.008．{ZHANG Jingliang,XIE Zhenrong,LEI Yanwen,SONG Jun,GUO Qiaohong,HE Mingfei,TANG Zhongming,JIANG Nan. A minitype vascularized posterior interosseous artery's singleness perforator flap transfer[J]. Zhonghua Xian Wei Wai Ke Za Zhi[Chin J Microsurg(Article in Chinese;Abstract in Chinese and English)],2006,29(3):183-185,insert 3. DOI:10.3760/cma.j.issn.1001-2036.2006.03.008.}

[10036] 张敬良，谢振荣，雷彦文，宋君，郭桥鸿，黄忠明，汤钟铭，江南．应用骨间后动脉单一穿支微型皮瓣修复手指皮肤缺损[J]．中华手外科杂志，2006，22(5)：267-269．{ZHANG Jingliang,XIE Zhenrong,LEI Yanwen,SONG Jun,GUO Qiaohong,HUANG Zhongming,TANG Zhongming,JIANG Nan. Repair of skin defect of the finger by posterior interosseous perforator mini flap[J]. Zhonghua Shou Wai Ke Za Zhi[Chin J Hand Surg(Article in Chinese;Abstract in Chinese and English)],2006,22(5):267-269.}

[10037] 胡浩良，王欣，陈宏，范学锴，华祖广，章伟文．游离前臂骨间后动脉穿支皮瓣移植修复手指软组织缺损[J]．中华手外科杂志，2011，27(3)：189-190．{HU Haoliang,WANG Xin,CHEN Hong,FAN Xuekai,HUA Zuguang,ZHANG Weiwen. Repair of finger soft tissue defect with free forearm posterior interosseous artery perforator flap[J]. Zhonghua Shou Wai Ke Za Zhi[Chin J Hand Surg(Article in Chinese;No abstract available)],2011,27(3):189-190.}

[10038] 胡浩良，王欣，陈宏，潘佳栋，王胜伟，华祖广，章伟文．吻合浅静脉的游离前臂骨间后动脉穿支皮瓣修复手背皮肤缺损[J]．中华显微外科杂志，2012，35(3)：224-225．DOI：10.3760/cma.j.issn.1001-2036.2012.03.017．{HU Haoliang,WANG Xin,CHEN Hong,PAN Jiadong,WANG Shengwei,HUA Zuguang,ZHANG Weiwen. Free posterior interosseous artery perforator flap superficial vein anastomosis for repair of skin defect on the back of hand[J]. Zhonghua Xian Wei Wai Ke Za Zhi[Chin J Microsurg(Article in Chinese;Abstract in Chinese)],2012,35(3):224-225. DOI:10.3760/cma.j.issn.1001-2036.2012.03.017.}

[10039] 王欣，潘佳栋，陈宏，胡浩良，王胜伟，王科杰，章伟文．骨间后动脉近端穿支皮瓣游离移植修复手部软组织缺损[J]．中华整形外科杂志，2012，28(2)：83-87．DOI：10.3760/cma.j.issn.1009-4598.2012.02.002．{WANG Xin,PAN Jiadong,CHEN Hong,HU Haoliang,WANG Shengwei,WANG Kejie,ZHANG Weiwen. Reconstruction of soft-tissue defects in hands using the free proximal posterior interrosseous artery forearm perforator flaps[J]. Zhonghua Zheng Xing Wai Ke Za Zhi[Chin J Plast Surg(Article in Chinese;Abstract in Chinese and English)],2012,28(2):83-87. DOI:10.3760/cma.j.issn.1009-4598.2012.02.002.}

[10040] 胡浩良，潘志军，王欣，陈宏，章伟文．游离骨间后动脉穿支皮瓣血管变异的临床处理[J]．中华显微外科杂志，2013，36(2)：119-122．DOI：10.3760/cma.j.issn.1001-2036.2013.02.007．{HU Haoliang,WANG Xin,CHEN Hong,ZHANG Weiwen. Management of vascular variation in free transplantation of posterior interosseous perforator flap[J]. Zhonghua Xian Wei Wai Ke Za Zhi[Chin J Microsurg(Article in Chinese;Abstract in Chinese and English)],2013,36(2):119-122. DOI:10.3760/cma.j.issn.1001-2036.2013.02.007.}

[10041] 李修权，孙广峰，王达利，魏在荣，祁建平，聂开瑜，金文虎，邓呈亮，李海．逆行骨间后动脉双叶穿支皮瓣修复腕部皮肤软组织缺损疗效分析[J]．中华烧伤杂志，2014，30(5)：424-427．DOI：10.3760/cma.j.issn.1009-2587.2014.05.014．{LI Xiuquan,SUN Guangfeng,WANG Dali,WEI Zairong,QI Jianping,NIE Kaiyu,JIN Wenhu,DENG Chengliang,LI Hai. Repair of skin and soft tissue defects on the wrist with reverse bi-pedicle posterior interosseous artery perforator flap[J]. Zhonghua Shao Shang Za Zhi[Chin J Burns(Article in Chinese;Abstract in Chinese and English)],2014,30(5):424-427. DOI:10.3760/cma.j.issn.1009-2587.2014.05.014.}

[10042] 柳霞，李传富，梅良斌．游离前臂骨间后动脉穿支皮瓣修复手指皮肤缺损[J]．临床骨科杂志，2014，17(3)：313-315．DOI：10.3969/j.issn.1008-0287.2014.03.029．{LIU Xia,LI Chuanfu,MEI Liangbin. Transplanting the posterior interosseous artery skin flap to repair soft tissue defect on fingers[J]. Lin Chuang Gu Ke Za Zhi[J Clin Orthop(Article in Chinese;Abstract in Chinese and English)],2014,17(3):313-315. DOI:10.3969/j.issn.1008-0287.2014.03.029.}

[10043] 李浩，王健，沈永辉，季卫平．骨间后动脉桡侧支穿支蒂前臂后皮神经营养血管皮瓣游离移植修复手指缺损[J]．中华显微外科杂志，2015，38(5)：506-508．DOI：10.3760/cma.j.issn.1001-2036.2015.05.032．{LI Hao,WANG Jian,SHEN Yonghui,JI Weiping. Free forearm neurocutaneous flap pedicled with radial branch of posterior interosseous artery for repair of finger defect[J]. Zhonghua Xian Wei Wai Ke Za Zhi[Chin J Microsurg(Article in Chinese;Abstract in Chinese)],2015,38(5):506-508. DOI:10.3760/cma.j.issn.1001-2036.2015.05.032.}

[10044] 王强，许玉本，李家庚，张丽君，李刚，成德亮，魏登科．前臂骨间后动脉穿支皮瓣的临床应用[J]．中华手外科杂志，2016，32(5)：391-392．{WANG Qiang,XU Yuben,LI Jiageng,ZHANG Lijun,LI Gang,CHENG Deliang,WEI Dengke. Clinical application of forearm posterior interosseous artery perforator flap[J]. Zhonghua Shou Wai Ke Za Zhi[Chin J Hand Surg(Article in Chinese;Abstract in Chinese)],2016,32(5):391-392.}

[10045] 吴春，谭莉，王正理，应建军，戴本东．游离骨间后动脉远端蒂的穿支皮瓣修复手指软组织缺损[J]．中华显微外科杂志，2017，40(1)：81-84．DOI：10.3760/cma.j.issn.1001-2036.2017.01.024．{WU Chun,TAN Li,WANG Zhengli,YING Jianjun,DAI Bendong. Free distal posterior interosseous artery perforator flap for repair of finger soft tissue defect[J]. Zhonghua Xian Wei Wai Ke Za Zhi[Chin J Microsurg(Article in Chinese;Abstract in Chinese)],2017,40(1):81-84. DOI:10.3760/cma.j.issn.1001-2036.2017.01.024.}

[10046] 陈黎明，刘毅，张鲜英，张诚．前臂骨间后动脉穿支皮瓣修复手部Ⅳ度电击伤创面的效果[J]．中华烧伤杂志，2017，33(7)：437-438．DOI：10.3760/cma.j.issn.1009-2587.2017.07.009．{CHEN Liming,LIU Yi,ZHANG Xianying,ZHANG Cheng. Effect of forearm posterior interosseous artery perforator flap for repair of the wound of degree IV electrical injury of hand[J]. Zhonghua Shao Shang Za Zhi[Chin J Burns(Article in Chinese;Abstract in Chinese)],2017,33(7):437-438. DOI:10.3760/cma.j.issn.1009-2587.2017.07.009.}

[10047] 蔡晓明，王欣，张健，陈宏，章伟文．游离前臂骨间后动脉分叶穿支皮瓣修复指体软组织缺损[J]．中华整形外科杂志，2017，33(5)：387-389．DOI：10.3760/cma.j.issn.1009-4598.2017.05.015．{CAI Xiaoming,WANG Xin,ZHANG Jian,CHEN Hong,ZHANG Weiwen. Free forearm posterior interosseous artery perforator flap for repair of finger soft tissue defect[J]. Zhonghua Zheng Xing Wai Ke Za Zhi[Chin J Plast Surg(Article in Chinese;No abstract available)],2017,33(5):387-389. DOI:10.3760/cma.j.issn.1009-4598.2017.05.015.}

[10048] 宋杰，杨胜相，王再岭，周文升，姚伟，张明慧．游离改良型骨间后动脉穿支皮瓣修复手指复合组织缺损的临床应用[J]．中华显微外科杂志，2018，41(2)：206．DOI：10.3760/cma.j.issn.1001-2036.2018.02.033．{SONG Jie,YANG Shengxiang,WANG Zailing,ZHOU Wensheng,YAO Wei,ZHANG Minghui. Clinical application of modified posterior interosseous artery perforator flap for repair of composite tissue defect of fingers[J]. Zhonghua Xian Wei Wai Ke Za Zhi[Chin J Microsurg(Article in Chinese;No abstract available)],2018,41(2):206. DOI:10.3760/cma.j.issn.1001-2036.2018.02.033.}

[10049] 吴春，王正理，谭莉，戴本东，潘小建．携带浅静脉的骨间后动脉双叶穿支皮瓣修复两指软组织缺损[J]．中华手外科杂志，2019，35(3)：224-225．{WU Chun,WANG Zhengli,TAN Li,DAI Bendong,PAN Xiaojian. Bilobed posterior interosseous artery perforator flap of with superficial vein for repair of soft tissue defects of two fingers[J]. Zhonghua Shou Wai Ke Za Zhi[Chin J Hand Surg(Article in Chinese;Abstract in Chinese)],2019,35(3):224-225.}

[10050] **周维，李学渊，胡浩良. 高频超声辅助下前臂中下段游离骨间后动脉穿支皮瓣修复手指软组织缺损 [J]. 中华显微外科杂志，2020，43（3）：285-288. DOI：10.3760/cma.j.cn441206-20200216-00062.** {ZHOU Wei,LI Xueyuan,HU Lianghao. Free posterior interosseous artery perforator flap from middle and lower forearm assisted by high frequency ultrasound for repair of finger soft tissue defect[J]. Zhonghua Xian Wei Wai Ke Za Zhi[Chin J Microsurg(Article in Chinese;Abstract in Chinese)],2020,43(3):285-288. DOI:10.3760/cma.j.cn441206-20200216-00062.}

4.4.2.4.3 前臂后外侧中段穿支皮瓣
medium posterior forearm perforator flap

[10051] **Zhuang YH,Lin J,Fu FH,Cai ZD,Huang HM,Zheng HP. The posterolateral mid-forearm perforator flap:anatomical study and clinical application[J]. Microsurgery, 2013,33(8):638-645. doi:10.1002/micr.22175.**

[10052] **林涧，郑和平. 前臂后外侧中段穿支皮瓣的临床应用 [J]. 中华显微外科杂志，2010，33（6）：490-491. DOI：10.3760/cma.j.issn.1001-2036.2010.06.019.** {LIN Jian,ZHENG Heping. Clinical application of middle anterolateral forearm perforator flap[J]. Zhonghua Xian Wei Wai Ke Za Zhi[Chin J Microsurg(Article in Chinese;Abstract in Chinese)],2010,33(6):490-491. DOI:10.3760/cma.j.issn.1001-2036.2010.06.019.}

[10053] **林涧，余云兰，郑和平. 前臂后外侧中段穿支皮瓣修复前臂下段背侧皮肤缺损 [J]. 中华整形外科杂志，2012，28（5）：325-328. DOI：10.3760/cma.j.issn.1009-4598.2012.05.002.** {LIN Jian,YU Yunlan,ZHENG Heping. Perforator flap in the middle segment of posterolateral forearm for dorsal defects at the lower forearm[J]. Zhonghua Zheng Xing Wai Ke Za Zhi[Chin J Plast Surg(Article in Chinese;Abstract in Chinese and English)],2012,28(5):325-328. DOI:10.3760/cma.j.issn.1009-4598.2012.05.002.}

4.4.2.4.4 骨间前动脉腕背支逆行岛状皮瓣
reverse island flap pedicled on dorsal branch of anterior interosseous artery

[10054] **王树锋，曹文德，路培法，王明山，吕占辉. 骨间前动脉背侧支岛状皮瓣的临床应用 [J]. 中华显微外科杂志，1995，18（2）：103-104.** {WANG Shufeng,CAO Wende,LU Peifa,WANG Mingshan,LV Zhanhui. Clinical application of dorsal branch of anterior interosseous artery island flap[J]. Zhonghua Xian Wei Wai Ke Za Zhi[Chin J Microsurg(Article in Chinese;Abstract in Chinese)],1995,18(2):103-104.}

[10055] **许亚军，寿奎水，邱扬，高建军，姚群. 以骨间前动脉背侧支为蒂桡骨皮瓣的临床应用 [J]. 中华手外科杂志，1999，15（2）：3-5.** {XU Yajun,SHOU Kuishui,QIU Yang,GAO Jianjun,YAO Qun. Radial bone island flap pedicled with dorsal branch of anterior interosseous artery[J]. Zhonghua Shou Wai Ke Za Zhi[Chin J Hand Surg(Article in Chinese;Abstract in Chinese and English)],1999,15(2):3-5.}

[10056] **屈志刚，方光荣，孙乐天，潘达德. 骨间前动脉桡侧骨皮支皮瓣的临床应用 [J]. 中华显微外科杂志，2001，24（4）：247-248. DOI：10.3760/cma.j.issn.1001-2036.2001.04.002.** {QU Zhigang,FANG Guangrong,SUN Letian,PAN Dade. Clinical application of pedicled flap supplied by radial osteo-cutaneous branch of anterior interosseous[J]. Zhonghua Xian Wei Wai Ke Za Zhi[Chin J Microsurg(Article in Chinese;Abstract in Chinese and English)],2001,24(4):247-248. DOI:10.3760/cma.j.issn.1001-2036.2001.04.002.}

[10057] **张继春，张经岐，田德虎. 骨间掌侧动脉背侧支岛状皮瓣的临床应用 [J]. 实用手外科杂志，2001，15(4)：210-211. DOI：10.3969/j.issn.1671-2722.2001.04.006.** {ZHANG Jichun,ZHANG Jingqi,TIAN Dehu. The clinical application of the dorsal branch of volar interosseous artery island flap[J]. Shi Yong Shou Wai Ke Za Zhi[Chin J Pract Hand Surg(Article in Chinese;Abstract in Chinese and English)],2001,15(4):210-211. DOI:10.3969/j.issn.1671-2722.2001.04.006.}

[10058] **张立沼，管志强，臧东升，刘金磊. 骨间前动脉背侧支为蒂的桡骨瓣临床应用 [J]. 中华显微外科杂志，2002，25（3）：80.** {ZHANG Lizhao,GUAN Zhiqian,ZANG Dongsheng,LIU Jinlei. Clinical application of radial flap pedicled by dorsal branch of anterior interosseous artery[J]. Zhonghua Xian Wei Wai Ke Za Zhi[Chin J Microsurg(Article in Chinese;No abstract available)],2002,25(3):80.}

[10059] **张继春，张经岐，田德虎. 骨间掌动脉背侧支岛状皮瓣的临床应用 [J]. 中国修复重建外科杂志，2002，16（3）：165.** {ZHANG Jichun,ZHANG Jingqi,TIAN Dehu. The clinical application of the dorsal branch of volar interosseous artery island flap[J]. Zhongguo Xiu Fu Chong Jian Wai Ke Za Zhi[Chin J Repar Reconstr Surg(Article in Chinese;No abstract available)],2002,16(3):165.}

[10060] **许亚军，寿奎水，芮永军，陈政，薛明宇，姚群. 以骨间前动脉及背侧支为蒂组织瓣的临床应用 [J]. 中华手外科杂志，2004，20（3）：157-159. DOI：10.3760/cma.j.issn.1005-054X.2004.03.013.** {XU Yajun,SHOU Kuishui,RUI Yongjun,CHEN Zheng,XU Mingyu,YAO Qun. Clinical use of tissue flap pedicled with anterior interosseous artery and its dorsal branch[J]. Zhonghua Shou Wai Ke Za Zhi[Chin J Hand Surg(Article in Chinese;Abstract in Chinese and English)],2004,20(3):157-159. DOI:10.3760/cma.j.issn.1005-054X.2004.03.013.}

[10061] **贝抗胜，刘建平，吴强，何小龙. 前臂骨间掌侧动脉腕背支尺骨骨（膜）瓣治疗桡骨骨不连 [J]. 中华显微外科杂志，2006，29（1）：57-58. DOI：10.3760/cma.j.issn.1001-2036.2006.01.020.** {BEI Kangsheng,LIU Jianping,WU Qiang,HE Xiaolong. Ulnar osteoperiosteal flap pedicled by dorsal carpal branch of antebrachial metacarpal interosseous artery in treatment of nonunion of radius[J]. Zhonghua Xian Wei Wai Ke Za Zhi[Chin J Microsurg(Article in Chinese;Abstract in Chinese)],2006,29(1):57-58. DOI:10.3760/cma.j.issn.1001-2036.2006.01.020.}

[10062] **蔡国荣，张功林，郑良军，黄建华，王顺炳. 骨间掌侧动脉腕背穿支前臂背侧岛状皮瓣成功修复双拇指左示指毁损一例 [J]. 中华整形外科杂志，2006，22（3）：235-236. DOI：10.3760/j.issn：1009-4598.2006.03.027.** {CAI Guorong,ZHANG Gonglin,ZHENG Liangjun,HUANG Jianhua,WANG Shunbing. Successful repair of bilateral thumbs and left index finger destructive injury with forearm dorsal island flap pedicled with dorsal carpal perforator of palmar interosseous artery:a case report[J]. Zhonghua Zheng Xing Wai Ke Za Zhi[Chin J Plast Surg(Article in Chinese;No abstract available)],2006,22(3):235-236. DOI:10.3760/j.issn:1009-4598.2006.03.027.}

[10063] **杨锦，杨晓东，陈逸民，付尚俊，周阳，何华斌，唐永丰. 游离骨间背动脉桡背侧穿支皮瓣修复手指皮肤软组织缺损 [J]. 中华显微外科杂志，2015，38（4）：407-408. DOI：10.3760/cma.j.issn.1001-2036.2015.04.032.** {YANG Jin,YANG Xiaodong,CHEN Yimin,FU Shangjun,ZHOU Yang,HE Huabin,TANG Yongfeng. Free interosseous artery dorsal perforator flap for repair of finger skin and soft tissue defects[J]. Zhonghua Xian Wei Wai Ke Za Zhi[Chin J Microsurg(Article in Chinese;Abstract in Chinese)],2015,38(4):407-408. DOI:10.3760/cma.j.issn.1001-2036.2015.04.032.}

4.4.2.4.5 腕横纹穿支皮瓣
transverse wrist crease perforator flap

[10064] **刘建标. 手部创伤患者应用桡动脉掌浅支腕横纹游离皮瓣修复的临床效果观察 [J]. 创伤外科杂志，2015，17（3）：240-242.** {LIU Jianbiao. Clinical effect of free skin flap with superficial palmar branch in the repair of hand injury[J]. Chuang Shang Wai Ke Za Zhi[J Traum Surg(Article in Chinese;Abstract in Chinese and English)],2015,17(3):240-242.}

[10065] **肖宁，王伟，戴黎明. 腕横纹皮瓣游离移植修复手指皮肤缺损 [J]. 创伤外科杂志，2015，17（4）：370-370，380.** {XIAO Ning,WANG Wei,DAI Liming. Clinical application of rasceta flap to repair skin defect of fingers[J]. Chuang Shang Wai Ke Za Zhi[J Traum Surg(Article in Chinese;Abstract in Chinese)],2015,17(4):370-370,380.}

[10066] **郑大伟，黎章灿，许立，张旭阳，石荣剑，孙峰，寿奎水. 桡动脉掌浅支腕横纹皮瓣在虎口修复中的应用 [J]. 中华解剖与临床杂志，2015，20（1）：45-49. DOI：10.3760/cma.j.issn.2095-7041.2015.01.010.** {ZHENG Dawei,LI Zhangcan,XU Li,ZHANG Xuyang,SHI Rongjian,SUN Feng,SHOU Kuishui. Application of reversed island flaps based on the superficial palmar branch of the radial artery to reconstruct the first web[J]. Zhonghua Jie Pou Yu Lin Chuang Za Zhi[Chin J Anat Clin(Article in Chinese;Abstract in Chinese and English)],2015,20(1):45-49. DOI:10.3760/cma.j.issn.2095-7041.2015.01.010.}

[10067] **石荣剑，郑大伟，黎章灿，吴尧，曹广超. 带蒂桡动脉掌浅支腕横纹部皮瓣在拇指创面修复中的应用 [J]. 实用手外科杂志，2015，29（4）：351-353. DOI：10.3969/j.issn.1671-2722.2015.04.002.** {SHI Rongjian,ZHENG Dawei,LI Zhangcan,WU Yao,CAO Guangchao. Application of a pedicled wrist crease flap based on the superficial palmar branch of the radial artery (SPBRA) for thumb reconstruction[J]. Shi Yong Shou Wai Ke Za Zhi[Chin J Pract Hand Surg(Article in Chinese;Abstract in Chinese and English)],2015,29(4):351-353. DOI:10.3969/j.issn.1671-2722.2015.04.002.}

[10068] **郑大伟，黎章灿，曹广超，吴尧，裴广楠，许立，张旭阳，石荣剑，孙峰，寿奎水. 多种类型的桡动脉掌浅支腕横纹部游离皮瓣修复手指复合软组织缺损 [J]. 中华显微外科杂志，2016，39（1）：12-16. DOI：10.3760/cma.j.issn.1001-2036.2016.01.004.** {ZHENG Dawei,LI Zhangcan,CAO Guangchao,WU Yao,PEI Guangnan,XU Li,ZHANG Xuyang,SHI Jianrong,SUN Feng,SHOU Kuishui. Using the special type of free tissue flap based on radial artery superficial palmar branch from palmar wrist repairing complex soft tissue defects of the digitals[J]. Zhonghua Xian Wei Wai Ke Za Zhi[Chin J Microsurg(Article in Chinese;Abstract in Chinese and English)],2016,39(1):12-16. DOI:10.3760/cma.j.issn.1001-2036.2016.01.004.}

[10069] **沈永辉，季卫平，李浩. 带感觉腕横纹穿支皮瓣游离移植修复16例手指外伤缺损 [J]. 中华显微外科杂志，2016，39（2）：193-194. DOI：10.3760/cma.j.issn.1001-2036.2016.02.029.** {SHENG Yonghui,JI Weiping,LI Hao. Repair of finger injury with free wrist crease perforator flap with sensory nerve[J]. Zhonghua Xian Wei Wai Ke Za Zhi[Chin J Microsurg(Article in Chinese;Abstract in Chinese)],2016,39(2):193-194. DOI:10.3760/cma.j.issn.1001-2036.2016.02.029.}

[10070] **赵风景，张兴群，李宏烨，姚建民，章文锋. 腕横纹桡动脉掌浅支皮瓣修复手指软组织缺损 [J]. 中华整形外科杂志，2016，32（6）：468-469. DOI：10.3760/cma.j.issn.1009-4598.2016.06.019.** {ZHAO Fengjing,ZHANG Xingqun,LI Hongye,YAO Jianmin,ZHANG Wenfeng. Repair of soft tissue defect of fingers with wrist wrist horizontal stripes flap pedicled by superficial palmar branch of radial artery[J]. Zhonghua Zheng Xing Wai Ke Za Zhi[Chin J Plast Surg(Article in Chinese;No abstract available)],2016,32(6):468-469. DOI:10.3760/cma.j.issn.1009-4598.2016.06.019.}

[10071] **肖建林，廖前德，戴顺平，卢吉平，牛永刚，续俊华，唐向，龙诚. 桡动脉掌浅支腕横纹皮瓣微创修复手部软组织缺损 [J]. 临床骨科杂志，2016，19（6）：713-715. DOI：10.3969/j.issn.1008-0287.2016.06.031.** {XIAO Jianlin,LIAO Qiande,DAI Shunping LU Jiping,NIU Yonggang,XU Junhua,TANG Xiang,LONG Cheng. Repair of the hand soft tissue defects by superficial palmar branch of the radial artery wrist horizontal stripes flaps[J]. Lin Chuang Gu Ke Za Zhi[J Clin Orthop(Article in Chinese;Abstract in Chinese and English)],2016,19(6):713-715. DOI:10.3969/j.issn.1008-0287.2016.06.031.}

[10072] **张德志，李力群，丁法明，王巍，陈龙华，唐正华. 应用桡动脉掌浅支腕横纹皮瓣修复手指皮肤软组织缺损30例 [J]. 中华显微外科杂志，2017，40（3）：276-278.** {ZHANG Dezhi,LI Liqun,DING Faming,WANG Wei,CHEN Longhua,TANG Zhenghua. Superficial palmar branch of radial artery wrist transverse crease flap for repair of skin and soft tissue defects of fingers:30 case reports[J]. Zhonghua Xian Wei Wai Ke Za Zhi[Chin J Microsurg(Article in Chinese;Abstract in Chinese)],2017,40(3):276-278.}

[10073] **强力，薛明宇，卜凡玉，周晓，沈小芳，黄军. 游离腕横纹嵌合皮瓣修复手指复合组织缺损八例 [J]. 中华显微外科杂志，2017，40（4）：371-373. DOI：10.3760/cma.j.issn.1001-2036.2017.04.016.** {QIANG Li,XUE Mingyu,BU Fanyu,ZHOU Xiao,SHEN Xiaofang,HUANG Jun. Free wrist transverse crease chimeric flap for repair of composite tissue defect of fingers:8 case reports[J]. Zhonghua Xian Wei Wai Ke Za Zhi[Chin J Microsurg(Article in Chinese;Abstract in Chinese)],2017,40(4):371-373. DOI:10.3760/cma.j.issn.1001-2036.2017.04.016.}

[10074] **宋振有，方杰，李雅伟，王锦，刘斌，谢昌平. 桡动脉掌浅支缺如型腕横纹皮瓣改为静脉网状皮瓣成功一例 [J]. 中华手外科杂志，2017，33（2）：160. DOI：10.3760/cma.j.issn.1005-054X.2017.02.037.** {SONG Zhenyou,FANG Jie,LI Yawei,WANG Jin,LIU Bin,XIE Changping. Venous reticular flap changed by wrist transverse striated flap with absence of superficial palmar branch of radial artery:a successful case report[J]. Zhonghua Shou Wai Ke Za Zhi[Chin J Hand Surg(Article in Chinese;No abstract available)],2017,33(2):160. DOI:10.3760/cma.j.issn.1005-054X.2017.02.037.}

[10075] **白杰，许玉本，周海振，田钊，邢梅利. 桡动脉掌浅支腕横纹游离皮瓣修复治疗手部创伤的临床效果 [J]. 局解手术学杂志，2017，26（6）：435-437. DOI：10.11659/jjssx.02E017043.** {BAI Jie,XU Yugang,ZHOU Haizhen,TIAN Zhao,XING Meili. Clinical effect of treatment for hand trauma with free flap of radial artery superficial palmar branch[J]. Ju Jie Shou Shu Xue Za Zhi[J Reg Anat Oper Surg(Article in Chinese;Abstract in Chinese and English)],2017,26(6):435-437. DOI:10.11659/jjssx.02E017043.}

[10076] **巫文强，郭俊光，刘世豪，王旭东，王文刚，凌素舫. 游离桡动脉腕横纹穿支皮瓣修复手指小面积软组织缺损 [J]. 中国临床解剖学杂志，2018，36（3）：349-351. DOI：10.13418/j.issn.1001-165x.2018.03.024.** {WU Wenqiang,GUO Junguang,LIU Shihao,WANG Xudong,WANG Wengang,LING Sufang. Repairing of small-sized soft tissue defect of finger with transverse wrist crease perforator flap[J]. Zhongguo Lin Chuang Jie Pou Xue Za Zhi[Chin J Clin Anat(Article in Chinese;Abstract in Chinese and English)],2018,36(3):349-351. DOI:10.13418/j.issn.1001-165x.2018.03.024.}

[10077] **陈德广，王进，王雪山，侍新玺，赵连民. 带掌长肌腱的游离腕横纹皮瓣修复手指复合组织缺损 [J]. 组织工程与重建外科杂志，2018，14（4）：212-214. DOI：10.3969/j.issn.1673-0364.2018.04.009.** {CHEN Degang,WANG Jin,WANG Xueshan,SHI Xinxi,ZHAO Lianming. Wrist transverse free flap with palmaris longus tendon in the repair of finger complex tissue defect[J]. Zu Zhi Gong Cheng Yu Chong Jian Wai Ke Za Zhi[J Tissue Eng Reconstr Surg(Article in Chinese;Abstract in Chinese and English)],2018,14(4):212-214. DOI:10.3969/j.issn.1673-0364.2018.04.009.}

[10078] **郑大伟，黎章灿，石荣剑，寿奎水. 腕横纹逆行岛状皮瓣修复虎口瘢痕挛缩16例 [J]. 中华显微外科杂志，2019，42（2）：170-172. DOI：10.3760/cma.j.issn.1001-2036.2019.02.017.** {ZHENG Dawei,LI Zhangshou,SHI Rongjian,SHOU Kuishui. Wrist transverse crease reverse island flap for repair of scar contracture of first web space[J]. Zhonghua Xian Wei Wai Ke Za Zhi[Chin J Microsurg(Article in Chinese;Abstract in Chinese)],2019,42(2):170-172. DOI:10.3760/cma.

j.issn.1001-2036.2019.02.017.}

[10079] 唐举玉. 论腕横纹皮瓣[J]. 中华手外科杂志, 2019, 35(6): 401-403. DOI: 10.3760/cma.j.issn.1005-054X.2019.06.001. {TANG Junyu. Discussion on wrist transverse crease flap[J]. Zhonghua Shou Wai Ke Za Zhi[Chin J Hand Surg(Article in Chinese;No abstract available)],2019,35(6):401-403. DOI:10.3760/cma.j.issn.1005-054X.2019.06.001.}

[10080] 王春生, 钟怡鸣, 孙焕伟, 张洪权. 游离桡动脉腕横纹穿支皮瓣修复手指皮肤缺损[J]. 中华手外科杂志, 2019, 35(6): 419-421. DOI: 10.3760/cma.j.issn.1005-054X.2019.06.008. {WANG Chunsheng,ZHONG Yiming,SUN Huangwei,ZHANG Hongquan. Application of free wrist crease radial artery perforator flap for repair of finger skin defects[J]. Zhonghua Shou Wai Ke Za Zhi[Chin J Hand Surg(Article in Chinese;Abstract in Chinese and English)],2019,35(6):419-421. DOI:10.3760/cma.j.issn.1005-054X.2019.06.008.}

[10081] 杜新辉, 邱忠鹏, 陈凯, 李刚. 游离腕横纹穿支皮瓣修复手部复杂创面的临床应用[J]. 中华手外科杂志, 2019, 35(6): 426-428. DOI: 10.3760/cma.j.issn.1005-054X.2019.06.011. {DU Xinhui,QIU Zhongpeng,CHEN Kai,LI Gang. Clinical application of free wrist crease perforator flap for repair of complex wound in hand[J]. Zhonghua Shou Wai Ke Za Zhi[Chin J Hand Surg(Article in Chinese;Abstract in Chinese)],2019,35(6):426-428. DOI:10.3760/cma.j.issn.1005-054X.2019.06.011.}

[10082] 郑大伟, 黎章灿, 齐伟亚, 朱辉, 石荣剑, 寿奎水. 接力腕横纹岛状皮瓣修复手部皮肤软组织缺损创面[J]. 中华整形外科杂志, 2019, 35(10): 1008-1011. DOI: 10.3760/cma.j.issn.1009-4598.2019.10.012. {ZHENG Dawei,LI Zhangcan,QI Weiya,ZHU Hui,SHI Rongjian,SHOU Kuishui. Emergency repair of soft tissue defect with relay wrist transverse skin flap[J]. Zhonghua Zheng Xing Wai Ke Za Zhi[Chin J Plast Surg(Article in Chinese;Abstract in Chinese and English)],2019,35(10):1008-1011. DOI:10.3760/cma.j.issn.1009-4598.2019.10.012.}

[10083] 石盛生, 费国芳. 桡动脉掌浅支腕横纹皮瓣游离移植修复手指软组织缺损[J]. 临床骨科杂志, 2019, 22(6): 701-704. DOI: 10.3969/j.issn.1008-0287.2019.06.022. {SHI Shengsheng,FEI Guofang. The wrist horizontal stripes flap based on the superficial palmar branch of the radial artery free transplantation in repairing the defect of finger soft tissue[J]. Lin Chuang Gu Ke Za Zhi[J Clin Orthop(Article in Chinese;Abstract in Chinese and English)],2019,22(6):701-704. DOI:10.3969/j.issn.1008-0287.2019.06.022.}

[10084] 任远飞, 吕亚因, 钟声, 尹晓, 尚耀华, 杨文峰, 徐连春, 董玉金, 张铁慧. 游离桡动脉掌浅支腕横纹皮瓣亚急诊修复手指皮肤缺损25例[J]. 中华手外科杂志, 2020, 36(2): 145-147. {REN Yuanfei,LV Yanan,ZHONG Sheng,YIN Xiao,SHANG Yaohua,YANG Wenfeng,XU Chunlian,DONG Yujin,ZHANG Tiehui. Free superficial palm branch of radial artery wrist transverse crease flap for subemergent repair of finger skin defects:25 case reports[J]. Zhonghua Shou Wai Ke Za Zhi[Chin J Hand Surg(Article in Chinese;Abstract in Chinese)],2020,36(2):145-147.}

[10085] 巫文强, 郭俊光, 刘世豪, 王旭东, 王文刚. 游离腕横纹穿支复合组织瓣修复手指复合软组织缺损[J]. 实用手外科杂志, 2020, 34(1): 20-22. DOI: 10.3969/j.issn.1671-2722.2020.01.006. {WU Wenqiang,GUO Junguang,LIU Shihao,WANG Xudong,WANG Wengang. Repair of digital composite soft tissue defect by free composite flap of transverse carpal crease perfprating branch[J]. Shi Yong Shou Wai Ke Za Zhi[Chin J Pract Hand Surg(Article in Chinese;Abstract in Chinese and English)],2020,34(1):20-22. DOI:10.3969/j.issn.1671-2722.2020.01.006.}

4.4.3 手部皮瓣
flap of hand

4.4.3.1 鱼际皮瓣
thenar flap

[10086] 王友华, 汤锦波, 成红兵, 张烽, 侍德. 带血管神经蒂的大鱼际近端皮瓣修复指腹缺损[J]. 中华手外科杂志, 2001, 17(4): 16-18. {WANG Youhua,TANG Jinbo,CHENG Hongbing,ZHANG Feng,SHI De. Proximal thenar flap with vascular and nerve pedicle for repair of finger pulp defect[J]. Zhonghua Shou Wai Ke Za Zhi[Chin J Hand Surg(Article in Chinese;Abstract in Chinese)],2001,17(4):16-18.}

[10087] 林崇正, 柴益民, 王和驹, 陈汉东, 陈彦堃. 逆行桡动脉掌浅支蒂大鱼际岛状皮瓣的临床应用[J]. 中华显微外科杂志, 2002, 25(3): 221-222. DOI: 10.3760/cma.j.issn.1001-2036.2002.03.027. {LIN Chongzheng,CHAI Yimin,WANG Heju,CHEN Handong,CHEN Yankun. Clinical application of reverse thenar island flap pedicled by superficial palmar branch of radial artery[J]. Zhonghua Xian Wei Wai Ke Za Zhi[Chin J Microsurg(Article in Chinese;Abstract in Chinese)],2002,25(3):221-222. DOI:10.3760/cma.j.issn.1001-2036.2002.03.027.}

[10088] 关德宏, 吕松岑, 李贵东, 焦尔康, 王新涛, 韩竹. 拇指桡掌侧动脉为蒂的大鱼际逆行岛状瓣修复拇指指腹缺损[J]. 中华手外科杂志, 2002, 18(3): 45-46. {GUAN Dehong,LV Songcen,LI Guidong,JIAO Erkang,WANG Xintao,HAN Zhu. Repair of thumb pulp defect with greater thenar reversed island flap pedicled by thumb radial-palmar artery[J]. Zhonghua Shou Wai Ke Za Zhi[Chin J Hand Surg(Article in Chinese;Abstract in Chinese and English)],2002,18(3):45-46.}

[10089] 李晋, 王江宁, 杨卫东, 童致虹, 宋春辉, 张爽. 带血管神经蒂的大鱼际桡侧皮瓣修复拇指指腹缺损[J]. 中华手外科杂志, 2002, 18(4): 33-35. {LI Jin,WANG Jiangning,YANG Weidong,TONG Zhihong,SONG Chunhui,ZHANG Shuang. Repair of thumb pulp defect using the radial thenar flap with neurovascular pedicle[J]. Zhonghua Shou Wai Ke Za Zhi[Chin J Hand Surg(Article in Chinese;Abstract in Chinese and English)],2002,18(4):33-35.}

[10090] 郭建欣, 石法亮, 王萌, 王宝平, 刘泽庆, 程英杰. 鱼际穿支动脉岛状皮瓣修复拇指指腹缺损[J]. 实用手外科杂志, 2004, 18(2): 75-76. DOI: 10.3969/j.issn.1671-2722.2004.02.003. {GUO Jianxin,SHI Faliang,WANG Meng,LIU Zeqing,CHENG Yingjie. Repair of thumb pulp defect by island flap with thenar perforating artery[J]. Shi Yong Shou Wai Ke Za Zhi[Chin J Pract Hand Surg(Article in Chinese;Abstract in Chinese and English)],2004,18(2):75-76. DOI:10.3969/j.issn.1671-2722.2004.02.003.}

[10091] 李锦荣, 李浪, 许亚军, 张健荣, 赵善明, 卢尔海, 赵双奇. 吻合血管的大鱼际皮瓣移植修复手指软组织缺损[J]. 中华显微外科杂志, 2005, 28(2): 127-129. DOI: 10.3760/cma.j.issn.1001-2036.2005.02.011. {LI Jinrong,LI Lang,XU Yajun,ZHANG Jianrong,ZHAO Shanming,LU Erhai,ZHAO Shuangqi. Free vascularized thenar flap graft repairing the soft tissue digital defects[J]. Zhonghua Xian Wei Wai Ke Za Zhi[Chin J Microsurg(Article in Chinese;Abstract in Chinese and English)],2005,28(2):127-129. DOI:10.3760/cma.j.issn.1001-2036.2005.02.011.}

[10092] 林涧, 余云兰, 王相, 赵晓航, 何亮. 大鱼际桡侧缘逆行岛状皮瓣的临床应用[J]. 实用手外科杂志, 2005, 19(1): 14-15, 封三. DOI: 10.3969/j.issn.1671-2722.2005.01.005. {LIN Jian,YU Yunlan,WANG Xiang,ZHAO Xiaohang,HE Liang. Clinical application of radial border reverse island flap of greater thenar[J]. Shi Yong Shou Wai Ke Za Zhi[Chin J Pract Hand Surg(Article in Chinese;Abstract in Chinese and English)],2005,19(1):14-15,cover 3. DOI:10.3969/j.issn.1671-2722.2005.01.005.}

[10093] 姚群, 许亚军, 芮永军, 刘宇舟, 鲍建军. 大鱼际远近端逆行岛状皮瓣修复拇指软组织缺损的临床应用[J]. 中华手外科杂志, 2007, 23(1): 53-55. {YAO Qun,XU Yajun,RUI Yongjun,LIU Yuzhou,BAO Jianjun. Clinical application of retrograde proximal and distal thenar flap for coverage of soft tissue defect of the thumb[J]. Zhonghua Shou Wai Ke Za Zhi[Chin J Hand Surg(Article in Chinese;Abstract in Chinese and English)],2007,23(1):53-55.}

[10094] 陶圣祥, 喻爱喜, 余国荣, 胡祥, 刘兴邦, 刘春. 逆行大鱼际皮神经营养血管岛状肌肌皮瓣修复重度拇指指腹缺损[J]. 中华整形外科杂志, 2009, 25(2): 147-148. DOI: 10.3760/cma.j.issn.1009-4598.2009.02.022. {TAO Shengxiang,YU Aixi,YU Guorong,HU Xiang,LIU Xingbang,LIU Chun. Reverse thenar neurocutaneous vascular island myocutaneous flap for repair of severe thumb pulp defect[J]. Zhonghua Zheng Xing Wai Ke Za Zhi[Chin J Plast Surg(Article in Chinese;No abstract available)],2009,25(2):147-148. DOI:10.3760/cma.j.issn.1009-4598.2009.02.022.}

[10095] 欧富强, 邱全光, 刘彬, 杜勇军. 鱼际肌返支动脉皮瓣逆行修复虎口挛缩12例报告[J]. 局解手术学杂志, 2011, 20(4): 457. DOI: 10.3969/j.issn.1672-5042.2011.04.065. {OU Fuqiang,QIU Quanguang,LIU Bin,DU Yongjun. Retrograde repair of thumb web spasm by recurrent artery flap of thenar muscles in 12 cases[J]. Ju Jie Shou Shu Xue Za Zhi[J Reg Anat Oper Surg(Article in Chinese;Abstract in Chinese and English)],2011,20(4):457. DOI:10.3969/j.issn.1672-5042.2011.04.065.}

[10096] 王欣, 张世民, 俞光荣, 祝晓忠, 黄轶刚. 鱼际皮瓣修复环指指尖缺损[J]. 中华手外科杂志, 2012, 28(3): 136-137. DOI: 10.3760/cma.j.issn.1005-054X.2012.03.005. {WANG Xin,ZHANG Shimin,YU Guangrong,ZHU Xiaozhong,HUANG Yigang. Thenar flap transfer to repair fingertip defect of the ring finger[J]. Zhonghua Shou Wai Ke Za Zhi[Chin J Hand Surg(Article in Chinese;Abstract in Chinese and English)],2012,28(3):136-137. DOI:10.3760/cma.j.issn.1005-054X.2012.03.005.}

[10097] 费剑荣, 杨科跃, 孙涛, 李学渊, 陈宏, 章伟文. 游离大鱼际穿支皮瓣修复指腹软组织缺损[J]. 中华手外科杂志, 2013, 29(3): 157-158. {FEI Jianrong,YANG Keyue,SUN Tao,LI Xueyuan,CHEN Hong,ZHANG Weiwen. Free thenar perforator flap to repair soft tissue defect of pulp[J]. Zhonghua Shou Wai Ke Za Zhi[Chin J Hand Surg(Article in Chinese;Abstract in Chinese and English)],2013,29(3):157-158.}

[10098] 周晓, 许亚军, 芮永军, 寿奎水, 包岳丰. 大鱼际部穿支皮瓣在拇指及虎口狭长瘢痕挛缩中的应用[J]. 中华整形外科杂志, 2013, 29(3): 181-183. DOI: 10.3760/cma.j.issn.1009-4598.2013.03.007. {ZHOU Xiao,XU Yajun,RUI Yongjun,SHOU Kuishui,BAO Yuefeng. Application of thenar perforator flaps for the narrow cicatricial contracture at thumb and the first web[J]. Zhonghua Zheng Xing Wai Ke Za Zhi[Chin J Plast Surg(Article in Chinese;Abstract in Chinese and English)],2013,29(3):181-183. DOI:10.3760/cma.j.issn.1009-4598.2013.03.007.}

[10099] 刘学胜, 叶兴华, 谭瑞仪. 大鱼际桡侧逆行岛状瓣修复拇指背侧软组织缺损[J]. 临床骨科杂志, 2013, 16(4): 412-414. DOI: 10.3969/j.issn.1008-0287.2013.04.022. {LIU Xuesheng,YE Xinghua,TAN Ruiyi. Repair of thumb dorsal soft tissue defect with greater thenar palmer reversed island flap[J]. Lin Chuang Gu Ke Za Zhi[J Clin Orthop(Article in Chinese;Abstract in Chinese and English)],2013,16(4):412-414. DOI:10.3969/j.issn.1008-0287.2013.04.022.}

[10100] 赵亮, 徐有静, 王鑫, 王文德, 李宗宝. 大鱼际动脉化静脉皮瓣修复手指末节软组织缺损[J]. 中华手外科杂志, 2014, 30(2): 92-93. DOI: 10.3760/cma.j.issn.1005-054X.2014.02.005. {ZHAO Liang,XU Youjing,WANG Xin,WANG Wende,LI Zongbao. Thenar arteriovenous flap flap for repair of soft tissue defect of distal finger[J]. Zhonghua Shou Wai Ke Za Zhi[Chin J Hand Surg(Article in Chinese;Abstract in Chinese)],2014,30(2):92-93. DOI:10.3760/cma.j.issn.1005-054X.2014.02.005.}

[10101] 赵亮, 王文德, 姚保兵, 尹成国, 高广辉, 李宗宝. 大鱼际桡侧半为供区的三种皮瓣修复手指软组织缺损的临床应用[J]. 中华手外科杂志, 2014, 30(5): 344-345. {ZHAO Liang,WANG Wende,YAO Baobing,YIN Chengguo,GAO Guanghui,LI Zongbao. Clinical application of three kinds of flaps with radial part of thenar as donor site for repair of soft tissue defect of fingers[J]. Zhonghua Shou Wai Ke Za Zhi[Chin J Hand Surg(Article in Chinese;No abstract available)],2014,30(5):344-345.}

[10102] 李敬矿, 王光耀, 刘治军, 陈隆福, 黄潮桐. 大鱼际筋膜蒂皮瓣修复拇指桡掌侧皮肤软组织缺损的临床应用[J]. 中华手外科杂志, 2015, 31(2): 147-148. DOI: 10.3760/cma.j.issn.1005-054X.2015.02.026. {LI Jingkuang,WANG Guangyao,LIU Zhijun,CHEN Longfu,HUANG Chaotong. Clinical application of thenar fasciocutaneous flap for repair of skin and soft tissue defects of radial palmar side of thumb[J]. Zhonghua Shou Wai Ke Za Zhi[Chin J Hand Surg(Article in Chinese;Abstract in Chinese)],2015,31(2):147-148. DOI:10.3760/cma.j.issn.1005-054X.2015.02.026.}

[10103] 魏长月, 葛东江, 任志勇. 大鱼际肌皮瓣在拇指掌侧皮肤缺损中的临床应用[J]. 实用手外科杂志, 2015, 29(2): 146-147. DOI: 10.3969/j.issn.1671-2722.2015.02.010. {WEI Changyue,GE Dongjiang,REN Zhiyong. Application of metastasis retrograde of the muscle of thenar island skin flap in repairment of pulp defects of the thumbs[J]. Shi Yong Shou Wai Ke Za Zhi[Chin J Pract Hand Surg(Article in Chinese;Abstract in Chinese and English)],2015,29(2):146-147. DOI:10.3969/j.issn.1671-2722.2015.02.010.}

[10104] 郑良军, 郭翱, 李俊, 金岩泉. 游离大鱼际部桡动脉掌浅支微型皮瓣移植修复手指掌侧缺损[J]. 中华显微外科杂志, 2017, 40(5): 449-451. DOI: 10.3760/cma.j.issn.1001-2036.2017.05.009. {ZHENG Liangjun,GUO Ao,LI Jun,JIN Yanquan. Repairing the defected volar finger with the free micro-flap based on the superficial palmar branch of radial artery[J]. Zhonghua Xian Wei Wai Ke Za Zhi[Chin J Microsurg(Article in Chinese;Abstract in Chinese and English)],2017,40(5):449-451. DOI:10.3760/cma.j.issn.1001-2036.2017.05.009.}

[10105] 王成, 刘金伟, 郑有卯, 郑卜真, 易利奇, 顾仕林. 逆行切取法游离大鱼际区微型穿支皮瓣在指掌侧软组织缺损中的应用[J]. 中华显微外科杂志, 2018, 41(3): 209-212. DOI: 10.3760/cma.j.issn.1001-2036.2018.03.001. {WANG Cheng,LIU Jinwei,ZHENG Youmao,ZHENG Buzhen,YI Liqi,GU Shilin. Application of reversed free thenar mini-perforator flaps for the skin and soft tissue defects at finger palm side[J]. Zhonghua Xian Wei Wai Ke Za Zhi[Chin J Microsurg(Article in Chinese;Abstract in Chinese and English)],2018,41(3):209-212. DOI:10.3760/cma.j.issn.1001-2036.2018.03.001.}

[10106] 叶红禹, 赵晓航, 胡振业, 胡德锋, 孙艺, 程永松, 易兵, 卢跃奔, 吕斌. 桡动脉掌浅支穿支蒂接力大鱼际皮瓣修复拇指末节皮肤缺损[J]. 中华手外科杂志, 2018, 34(2): 153-154. {YE Hongyu,ZHAO Xiaohang,HU Zhenye,HU Defeng,SUN Yi,CHENG Yongsong,YI Bing,LU Yueben,LV Bin. Repair of distal thumb skin defect with thenar flap pedicled with perforator of superficial palmar branch of radial artery[J]. Zhonghua Shou Wai Ke Za Zhi[Chin J Hand Surg(Article in Chinese;Abstract in Chinese)],2018,34(2):153-154.}

[10107] 张成, 孙德麟, 李成立, 康乐, 曲军杰, 孟永春, 徐林. 序贯邻指皮瓣联合鱼际皮瓣修复陈旧性多手指指尖软组织缺损[J]. 创伤外科杂志, 2018, 20(6): 407-409. DOI: 10.3969/j.issn.1009-4237.2018.06.003. {ZHANG Cheng,SUN Delin,LI Licheng,KANG Le,QU Junjie,MENG Yongchun,XU Lin. Sequential adjacent finger flap combined with thenar flap to repair the old multiple fingertip soft tissue defects[J]. Chuang Shang Wai Ke Za Zhi[J Traum Surg(Article in Chinese;Abstract in Chinese and English)],2018,20(6):407-409. DOI:10.3969/j.issn.1009-4237.2018.06.003.}

[10108] 龙航, 黄银浩, 徐佳丽, 张小林, 朱珠, 王玉波, 陈飞艳, 陈世玖. 拇指桡侧指掌侧固有动脉穿支大鱼际皮瓣修复拇指掌侧软组织缺损[J]. 中华显微外科杂志, 2019, 42(3): 284-286. DOI: 10.3760/cma.j.issn.1001-2036.2019.03.020. {LONG Hang,HUANG Yinhao,XU Jiali,ZHANG Xiaolin,ZHU Zhu,WANG Yubo,CHEN Feiyan CHEN Shijiu. Thenar flap based on perforator of proper palmar digital artery of radial side of thumb

for repair of palmar soft tissue defect of thumb[J]. Zhonghua Xian Wei Wai Ke Za Zhi[Chin J Microsurg(Article in Chinese;Abstract in Chinese)],2019,42(3):284-286. DOI:10.3760/cma.j.issn.1001-2036.2019.03.020.}

[10109] 唐俊华，金国栋，曾永文，杨贺，黎斌．游离大鱼际皮支皮瓣修复手指掌侧皮肤软组织缺损 [J]．中华手外科杂志，2019，35（3）：194-195．{TANG Junhua,JIN Guodong,ZENG Yongwen,YANG He,LI Bin. Free thenar cutaneous branch flap for repair of skin and soft tissue defect of volar side of fingers[J]. Zhonghua Shou Wai Ke Za Zhi[Chin J Hand Surg(Article in Chinese;Abstract in Chinese)],2019,35(3):194-195.}

4.4.3.2 小鱼际皮瓣
hypothenar flap

[10110] 顾玉东，张高孟，张丽银，虞聪．小鱼际皮瓣 [J]．手外科杂志，1992，8（2）：65-66．{GU Yudong,ZHANG Gaomeng,ZHANG Liyin,YU Cong. Hypothenar flap[J]. Shou Wai Ke Za Zhi[Chin J Hand Surg(Article in Chinese;Abstract in Chinese)],1992,8(2):65-66.}

[10111] 王文刚，张忠清，郭世杰，任志勇．第二掌背复合组织瓣与小鱼际皮瓣组合移植一例 [J]．中华显微外科杂志，1998，21（3）：176．DOI：10.3760/cma.j.issn.1001-2036.1998.03.042．{WANG Wengang,ZHANG Zhongqing,GUO Shijie,REN Zhiyong. The second dorsal metacarpal composite flap combined with hypothenar flap:a case report[J]. Zhonghua Xian Wei Wai Ke Za Zhi[Chin J Microsurg(Article in Chinese;No abstract available)],1998,21(3):176. DOI:10.3760/cma.j.issn.1001-2036.1998.03.042.}

[10112] 马亮，丁晟，宋建良．小鱼际皮瓣修复指腹瘢痕挛缩 [J]．中华手外科杂志，2003，19（1）：37．{MA Liang,DING Sheng,SONG Jianliang. Repair of finger pulp scar contracture with hypothenar flap[J]. Zhonghua Shou Wai Ke Za Zhi[Chin J Hand Surg(Article in Chinese;No abstract available)],2003,19(1):37.}

[10113] 郑有卯，张法云，吴立志，王增涛，王成，易利奇，赵志林．逆行桡侧小鱼际皮瓣修复手指软组织缺损 [J]．中华整形外科杂志，2011，27（2）：92-95．DOI：10.3760/cma.j.issn.1009-4598.2011.02.004．{ZHENG Youmao,ZHANG Fayun,WU Lizhi,WANG Zengtao,WANG Cheng,YI Liqi,ZHAO Zhilin. Clinical application of reverse radial hypothenar flap for finger soft tissue defect[J]. Zhonghua Zheng Xing Wai Ke Za Zhi[Chin J Plast Surg(Article in Chinese;Abstract in Chinese and English)],2011,27(2):92-95. DOI:10.3760/cma.j.issn.1009-4598.2011.02.004.}

[10114] 刘学胜，赵玉祥，叶兴华，潘朝晖．足底内侧皮瓣修复手小鱼际部软组织缺损 [J]．中国修复重建外科杂志，2012，26（2）：253-254．{LIU Xuesheng,ZHAO Yuxiang,YE Xinghua,PAN Chaohui.Repair of soft tissue defects in the hypothenar region of the hand with medial plantar flap[J]. Zhongguo Xiu Fu Chong Jian Wai Ke Za Zhi[Chin J Repar Reconstr Surg(Article in Chinese; Abstract in Chinese)],2012,26(2):253-254.}

[10115] 周晓，芮永军，薛明宇，许亚军，强力，郑和平．游离小鱼际穿支皮瓣修复拇指指腹缺损 [J]．中华整形外科杂志，2015，31（3）：188-191．DOI：10.3760/cma.j.issn.1009-4598.2015.03.008．{ZHOU Xiao,RUI Yongjun,XUE Mingyu,XU Yajun,QIANG Li,ZHENG Heping. Clinical application of free perforator hypothenar flap for thumb pulp defect[J]. Zhonghua Zheng Xing Wai Ke Za Zhi[Chin J Plast Surg(Article in Chinese;Abstract in Chinese and English)],2015,31(3):188-191. DOI:10.3760/cma.j.issn.1009-4598.2015.03.008.}

[10116] 周晓，薛明宇，许亚军，芮永军，强力，黄军．小指尺掌侧指动脉穿支蒂小鱼际岛状皮瓣的临床应用 [J]．中华显微外科杂志，2018，41（2）：178-181．DOI：10.3760/cma.j.issn.1001-2036.2018.02.021．{ZHOU Xiao,XUE Mingyu,XU Yajun,RUI Yongjun,QIANG Li,HUANG Jun. Clinical application of thenar island flap pedicled by perforating branch of ulnar palmar digital artery of little finger[J]. Zhonghua Xian Wei Wai Ke Za Zhi[Chin J Microsurg(Article in Chinese;Abstract in Chinese)],2018,41(2):178-181. DOI:10.3760/cma.j.issn.1001-2036.2018.02.021.}

[10117] 尹善青，黄耀鹏，潘佳栋，丁文全，方文冲，王欣．不同血管来源的小鱼际穿支皮瓣游离移植修复手指指腹皮肤缺损 [J]．中华整形外科杂志，2019，35（1）：53-55．DOI：10.3760/cma.j.issn.1009-4598.2019.01.012．{YIN Shanqing,HUANG Yaopeng,PAN Jiadong,DING Wenquan,FANG Wenchong,WANG Xin. The clinical results of free hypothenar perforator flap based on different sources of blood vessels transfer in the treatment of skin defects of the finger[J]. Zhonghua Zheng Xing Wai Ke Za Zhi[Chin J Plast Surg(Article in Chinese;Abstract in Chinese and English)],2019,35(1):53-55. DOI:10.3760/cma.j.issn.1009-4598.2019.01.012.}

4.4.3.3 手背皮瓣
dorsal hand flap

[10118] 董友，李庆．手背尺侧岛状皮瓣修复小鱼际软组织缺损 [J]．中华手外科杂志，1995，11（2）：112．{DONG You,LI Qing. Dorsal ulnar island flap for repairing thenar soft tissue defects[J]. Zhonghua Shou Wai Ke Za Zhi[Chin J Hand Surg(Article in Chinese;No abstract available)],1995,11(2):112.}

4.4.3.3.1 掌背动脉逆行岛状皮瓣
reverse dorsal metacarpal artery island flap

[10119] Jing H,Liu XY,Ge BF,Liu KY,Shi J. The second dorsal metacarpal flap with vascular pedicle composed of the second dorsal metacarpal artery and the dorsal carpal branch of radial artery[J]. Plast Reconstr Surg,1993,92(3):501-506.

[10120] Yu GR,Yuan F,Chang SM,Zhang F. Microsurgical second dorsal metacarpal artery cutaneous and tenocutaneous flap for distal finger reconstruction:anatomic study and clinical application[J]. Microsurgery,2005,25(1):30-35. doi:10.1002/micr.20077.

[10121] Zhang X,He Y,Shao X,Li Y,Wen S,Zhu H. Second dorsal metacarpal artery flap from the dorsum of the middle finger for coverage of volar thumb defect[J]. J Hand Surg Am,2009,34(8):1467-1473. doi:10.1016/j.jhsa.2009.04.040.

[10122] Chen C,Zhang X,Shao X,Gao S,Wang B,Liu D. Treatment of thumb tip degloving injury using the modified first dorsal metacarpal artery flap[J]. J Hand Surg Am,2010,35(10):1663-1670. doi:10.1016/j.jhsa.2010.06.030.

[10123] Wang P,Zhou Z,Dong Q,Jiang B,Zhao J. Reverse second and third dorsal metacarpal artery fasciocutaneous flaps for repair of distal- and middle-segment finger soft tissue defects[J]. J Reconstr Microsurg,2011,27(8):495-502. doi:10.1055/s-0031-1284235.

[10124] Zhang X,Shao X,Ren C,Wen S,Zhu H,Sun J. Coverage of dorsal-ulnar hand wounds with a reverse second dorsal metacarpal artery flap[J]. J Reconstr Microsurg,2012,28(3):167-173. doi:10.1055/s-0031-1301067.

[10125] Zhu H,Zhang X,Yan M,Sheng Q,Wen S,Ren C. Treatment of complex soft-tissue defects at the metacarpophalangeal joint of the thumb using the bilobed second dorsal metacarpal artery-based island flap[J]. Plast Reconstr Surg,2013,131(5):1091-1097. doi:10.1097/PRS.0b013e3182865c26.

[10126] Shen H,Shen Z,Wang Y,Zhang K,Zhang Z,Dai X. Extended reverse dorsal metacarpal artery flap for coverage of finger defects distal to the proximal interphalangeal joint[J]. Ann Plast Surg,2014,72(5):529-536. doi:10.1097/SAP.0b013e318269e510.

[10127] Chen C,Zhang W,Tang P. Direct and reversed dorsal digito-metacarpal flaps:a review of 24 cases[J]. Injury,2014,45(4):805-812. doi:10.1016/j.injury.2013.11.002.

[10128] Liu P,Qin X,Zhang H,Sun C,Zheng Y,Xu Y,Ding Z. The second dorsal metacarpal artery chain-link flap:an anatomical study and a case report[J]. Surg Radiol Anat,2015,37(4):349-356. doi:10.1007/s00276-014-1372-9.

[10129] Wang H,Chen C,Li J,Yang X,Zhang H,Wang Z. Modified first dorsal metacarpal artery island flap for sensory reconstruction of thumb pulp defects[J]. J Hand Surg Eur,2016,41(2):177-184. doi:10.1177/1753193415610529.

[10130] Chi Z,Lin D,Chen Y,Xue J,Li S,Chu T,Li Z. Routine closure of the donor site with a second dorsal metacarpal artery flap to avoid the use of a skin graft after harvest of a first dorsal metacarpal artery flap[J]. J Plast Reconstr Aesthet Surg,2018,71(6):870-875. doi:10.1016/j.bjps.2018.01.031.

[10131] Zhang X,Shao X,Shen Q,Yu Y,Li Y,Fan A. Use of the first dorsal metacarpal artery-based fascial flap for reconstruction of small defects on the dorsum of the hands[J]. J Hand Surg Am,2019,44(12):1096.e1-1096.e6. doi:10.1016/j.jhsa.2019.02.013.

[10132] Luan Z,Liu B,Jiang H,Gao F,Yang B. Reverse first dorsal metacarpal artery flap repair of a right thumb epidermis granuloma:A case study[J]. Oncol Lett,2019,18(3):2384-2387. doi:10.3892/ol.2019.10583.

[10133] 路来金，姜永冲，张巨，王飞，刘志刚．手背逆行岛状皮瓣的临床应用 [J]．中华外科杂志，1991，29（10）：593-595．{LU Laijin,JIANG Yongchong,ZHANG Ju,WANG Fei,LIU Zhigang. Clinical application of reverse dorsal palmar island flap[J]. Zhonghua Wai Ke Za Zhi[Chin J Surg(Article in Chinese;Abstract in Chinese)],1991,29(10):593-595.}

[10134] 路来金，姜永冲，王国君，张巨，王玉发，刘飙．以掌背动脉为蒂的手背逆行多种组织移植 [J]．中华显微外科杂志，1993，16（4）：263-264．{LU Laijin,JIANG Yongchong,WANG Guojun,ZHANG Ju,WANG Yufa,LIU Biao. Reverse multi tissue transplantation pedicled by dorsal metacarpal artery[J]. Zhonghua Xian Wei Wai Ke Za Zhi[Chin J Microsurg(Article in Chinese;Abstract in Chinese)],1993,16(4):263-264.}

[10135] 范颂鸣，钟志龙．掌背动脉岛状皮瓣的临床应用 [J]．中华显微外科杂志，1993，16（3）：205-206．{FAN Songming,ZHONG Zhilong. Clinical application of dorsal metacarpal artery island flap[J]. Zhonghua Xian Wei Wai Ke Za Zhi[Chin J Microsurg(Article in Chinese;No abstract available)],1993,16(3):205-206.}

[10136] 王少华，刘文忠，周晓利，刘海鹰，赵焕童，张林清，房志明．掌背动脉岛状皮瓣修复手部软组织缺损 [J]．中国修复重建外科杂志，1993，7（4）：224-226，276．{WANG Shaohua,LIU Wenzhong,ZHOU Xiaoli,LIU Haiying,ZHAO Huantong,ZHANG Linqing,FANG Zhiming. Dorsal metacarpal artery island flap for repair of soft tissue defect of hand[J]. Zhongguo Xiu Fu Chong Jian Wai Ke Za Zhi[Chin J Repar Reconstr Surg(Article in Chinese;Abstract in Chinese)],1993,7(4):224-226,276.}

[10137] 俞光荣．第二掌背动脉皮瓣在拇指末节损伤中的应用 [J]．中华手外科杂志，1994，10（4）：236-238．{YU Guangrong. Application of second dorsal metacarpal arterial flap in treatment of distal thumb injury[J]. Zhonghua Shou Wai Ke Za Zhi[Chin J Hand Surg(Article in Chinese;Abstract in Chinese and English)],1994,10(004):236-238.}

[10138] 姜永冲，路来金，张亚华，王玉发，韩素云．掌背动脉蒂逆行掌骨瓣移位治疗指骨骨折不连接 [J]．中华手外科杂志，1995，11（2）：186-188．{JIANG Yongchong,LU Laijin,ZHANG Yahua,WANG Yufa,HAN Suyun. Clinical application of reversed metacarpal bone flap with dorsal metacarpal artery for phalangeal nonunion[J]. Zhonghua Shou Wai Ke Za Zhi[Chin J Hand Surg(Article in Chinese;Abstract in Chinese and English)],1995,11(2):186-188.}

[10139] 张占仲，姚树林，张玉荣，邹鸣岚，吴银河，秦新福，李彤，郭新春．第一掌背动脉双叶皮瓣在手外科中的应用 [J]．中华整形烧伤外科杂志，1995，11（3）：222-224．DOI：10.3760/j.issn：1009-4598.1995.03.027．{ZHANG Zhanzhong,YAO Shulin,ZHANG Yurong,ZOU Minglan,WU Yinhe,QIN Xinfu,LI Tong,GUO Xinchun. Clinical aapplication of the bilobed flap with first volardorsal artery in repair of the hand[J]. Zhonghua Zheng Xing Shao Shang Wai Ke Za Zhi[Chin J Plast Surg Burns(Article in Chinese;Abstract in Chinese and English)],1995,11(3):222-224. DOI:10.3760/j.issn:1009-4598.1995.03.027.}

[10140] 李松春，宋建良．第二掌背动脉岛状皮瓣在急诊手创伤中的应用 [J]．中国修复重建外科杂志，1995，9（2）：117．{LI Chunsong,SONG Jianliang. Application of second dorsal metacarpal artery island flap in emergency hand trauma[J]. Zhongguo Xiu Fu Chong Jian Wai Ke Za Zhi[Chin J Repar Reconstr Surg(Article in Chinese;No abstract available)],1995,9(2):117.}

[10141] 钟广玲，左中男，陈逊文．带掌背动脉的逆行复合组织皮瓣修复手外伤的临床应用 [J]．中华显微外科杂志，1995，18（2）：109-111，158．{ZHONG Guangling,ZUO Zhongnan,LU Xunwen. Clinical application of reversed compound tissue with dorsal metacarpalartery for repairing hand injuries[J]. Zhonghua Xian Wei Wai Ke Za Zhi[Chin J Microsurg(Article in Chinese;Abstract in Chinese)],1995,18(2):109-111,158.}

[10142] 李亚屏，奚季秋，刘为民，朱德才．以掌背动脉为蒂的手背逆行骨膜骨皮瓣移植 [J]．中华显微外科杂志，1995，18（4）：248．{LI Yaping,XI Jiqiu,LIU Weimin,ZHU Decai. Reverse periosteal bone flap pedicled with dorsal metacarpal artery[J]. Zhonghua Xian Wei Wai Ke Za Zhi[Chin J Microsurg(Article in Chinese;No abstract available)],1995,18(4):248.}

[10143] 左中男，陈逊文，元启鸿，杨志锋，何斌．带掌背动脉的逆行掌骨关节面复合组织瓣修复手部骨关节缺损 [J]．中华显微外科杂志，1995，18（4）：246-248，317．{ZUO Zhongnan,CHEN Xunwen,YUAN Qihong,YANG Zhifeng,HE Bin. Bone and joint defects of hand repaird by the reverse metacarpal surface combined flap with dorsal metacarpal artery[J]. Zhonghua Xian Wei Wai Ke Za Zhi[Chin J Microsurg(Article in Chinese;Abstract in Chinese)],1995,18(4):246-248,317.}

[10144] 俞光荣，周晓进，钱明富，唐兆濂，杨少岩．第二掌背动脉皮瓣血管的临床分型及其意义 [J]．中国临床解剖学杂志，1996，14（1）：12-14．{YU Guangrong,ZHOU Xiaojin,QIAN Mingfu,TANG Zhaolian,YANG Shaoyan. Clinical types of the second dorsal metacarpal artery in flap transfer[J]. Zhongguo Lin Chuang Jie Pou Xue Za Zhi[Chin J Clin Anat(Article in Chinese;Abstract in Chinese and English)],1996,14(1):12-14.}

[10145] 王静成，戴松茂，陆春才，董仁章，冯新民，顾德义，孙克西，虞堂云．第二掌背动脉岛状皮瓣的临床应用 [J]．中华手外科杂志，1996，12（3）：71-73．{WANG Jingcheng,DAI Songmao,LU Chuncai,DONG Renzhang,FENG Xinmin,GU Deyi,SUN Kexi,YU Tangyum. The clinical application of second dorsal metacarpal artery island flap[J]. Zhonghua Shou Wai Ke Za Zhi[Chin J Hand Surg(Article in Chinese;Abstract in Chinese and English)],1996,12(3):71-73.}

[10146] 甄平，刘兴炎，文益民，石骥．吻合浅静脉的掌背动脉岛状皮瓣 [J]．中华手外科杂志，1996，12（1）：68-70．{ZHEN Ping,LIU Xingyan,WEN Yimin,SHI Ji. The retrograde dorsal metacarpal artery island flap with vein anastomosis[J]. Zhonghua Shou Wai Ke Za Zhi[Chin J Hand

Surg(Article in Chinese;Abstract in Chinese and English)],1996,12(1):68-70.}

[10147] 林志雄，叶劲，余楠生. 掌背动脉逆行岛状皮瓣在手外伤的应用 [J]. 中国修复重建外科杂志，1996，10（2）：119. {LIN Zhixiong,YE Jing,YU Nansheng. Application of dorsal metacarpal artery reverse island flap in hand trauma[J]. Zhongguo Xiu Fu Chong Jian Wai Ke Za Zhi[Chin J Repar Reconstr Surg(Article in Chinese;No abstract available)],1996,10(2):119.}

[10148] 宋建良，范希玲，吴守成，姚建民，何葆华，孙豪，吴健，沈向前，叶坡. 掌背皮神经营养血管及筋膜蒂逆行岛状皮瓣的临床应用 [J]. 中华显微外科杂志，1996，19（3）：176-179. {SONG Jianliang,FAN Xiling,WU Shoucheng,YAO Jianmin,HE Baohua,SUN Hao,WU Jian,SHEN Xiangqian,YE Po. Clinical application of retrograde neurocutaneous fascial island flap on dorsal part of hand[J]. Zhonghua Xian Wei Wai Ke Za Zhi[Chin J Microsurg(Article in Chinese;Abstract in Chinese and English)],1996,19(3):176-179.}

[10149] 夏兆洪，严伟宏，瞿玉兴. 第一掌背动脉皮瓣修复手部软组织缺损 [J]. 中华手外科杂志，1997，13（2）：123. DOI：10.3760/cma.j.issn.1005-054X.1997.02.024. {XIA Zhaohong,YAN Weihong,QU Yuxing. The first dorsal metacarpal artery flap for repair of soft tissue defect of hand[J]. Zhonghua Shou Wai Ke Za Zhi[Chin J Hand Surg(Article in Chinese;No abstract available)],1997,13(2):123. DOI:10.3760/cma.j.issn.1005-054X.1997.02.024.}

[10150] 潘希贵，王成琪，田青业，潘朝辉. 掌背动脉逆行岛状皮瓣瓦合修复中环指脱套伤 [J]. 中华显微外科杂志，1998，21（1）：3-5. {PAN Xigui,WANG Chengqi,TIAN Qingye,PAN Chaohui. Repairing of the middle and ring-digit degloving injury with the dorsal metacarpal artery reversive island flaps tiled[J]. Zhonghua Xian Wei Wai Ke Za Zhi[Chin J Microsurg(Article in Chinese;Abstract in Chinese and English)],1998,21(1):3-5.}

[10151] 张益民，李汉秀，辛杰，陈青，刘学胜. 以第二掌背动脉为蒂的岛状皮瓣逆行转移修复示指掌侧皮肤缺损 [J]. 实用骨科杂志，1998，4（3）：202-203. {ZHANG Yimin,LI Hanxiu,XIN Jie,CHEN Qing,LIU Xuesheng. The repairing of the volar skin defect of index applying the retroversal inland flap based on the second dorsal metacarpal artery[J]. Shi Yong Gu Ke Za Zhi[J Pract Orthop(Article in Chinese;Abstract in Chinese and English)],1998,4(3):202-203.}

[10152] 俞光荣，袁锋，张世民，李海峰，周家铃，朱辉，杨云峰，陈雁西. 第二掌背动脉游离皮瓣的临床应用 [J]. 中华显微外科杂志，1999，22（3）：174. DOI：10.3760/cma.j.issn.1001-2036.1999.03.005. {YU Guangrong,YUAN Feng,ZHANG Shimin,LI Haifeng,ZHOU Jialing,ZHU Hui,YANG Yunfeng,CHEN Yanxi. Clinical application of second dorsal metacarpal artery flap in hand surgey[J]. Zhonghua Xian Wei Wai Ke Za Zhi[Chin J Microsurg(Article in Chinese;Abstract in Chinese and English)],1999,22(3):174. DOI:10.3760/cma.j.issn.1001-2036.1999.03.005.}

[10153] 陈振兵，洪光祥，王发斌，万圣祥，黄启顺，翁雨雄. 掌背动脉皮瓣的临床应用 [J]. 中华显微外科杂志，1999，22（S1）：3-5. {CHEN Zhenbing,HONG Guangxiang,WANG Fabin,WAN Shengxiang,HUANG Qishun,WENG Yuxiong. The clinical application of dorsal metacarpal artery flaps[J]. Zhonghua Xian Wei Wai Ke Za Zhi[Chin J Microsurg(Article in Chinese;Abstract in Chinese and English)],1999,22(S1):3-5.}

[10154] 朱永伟，王东，王永刚，张卫，左方. 掌背动脉及指动脉岛状皮瓣瓦合修复单指皮肤脱套伤 [J]. 中华手外科杂志，1999，15（2）：3-5. {ZHU Yongwei,WANG Dong,WANG Yonggang,ZHANG Wei,ZUO Fang. Dorsal metacarpal artery and digital artery island flap for repair of degloving injury of single finger[J]. Zhonghua Shou Wai Ke Za Zhi[Chin J Hand Surg(Article in Chinese;No abstract available)],1999,15(2):3-5.}

[10155] 俞光荣，袁锋. 第二掌背动脉肌腱皮瓣的临床应用 [J]. 中华手外科杂志，1999，15（4）：212. DOI：10.3760/cma.j.issn.1005-054X.1999.04.007. {YU Guangrong,YUAN Feng. Clinical application of the second dorsal metacarpal artery flap with extensor index proper tendon[J]. Zhonghua Shou Wai Ke Za Zhi[Chin J Hand Surg(Article in Chinese;Abstract in Chinese and English)],1999,15(4):212. DOI:10.3760/cma.j.issn.1005-054X.1999.04.007.}

[10156] 唐迎九，刘方刚，邓建龙. 掌背动脉逆行岛状皮瓣修复手指软组织缺损 [J]. 实用手外科杂志，1999，13（1）：206-207. {TANG Yingjiu,LIU Fanggang,DENG Jianlong. The reverse island flap pedieled with dorsal metacarpal artery for repairing the soft tissue defect of finger[J]. Shi Yong Shou Wai Ke Za Zhi[Chin J Pract Hand Surg(Article in Chinese;Abstract in Chinese and English)],1999,13(1):206-207.}

[10157] 陈振兵，洪光祥，王发斌，黄启顺，翁雨雄. 第 3 掌背动脉逆行岛状皮瓣切取方法的改进 [J]. 中国修复重建外科杂志，1999，13（1）：58. {CHEN Zhenbing,HONG Guangxiang,WANG Fabin,HUANG Qishun,WENG Yuxiong. Improvement of the third dorsal metacarpal artery reversed island flap[J]. Zhongguo Xiu Fu Chong Jian Wai Ke Za Zhi[Chin J Repar Reconstr Surg(Article in Chinese;No abstract available)],1999,13(1):58.}

[10158] 袁锋，俞光荣. 第二掌背动脉复合组织瓣修复指背皮肤肌腱缺损 [J]. 中华显微外科杂志，2000，23（2）：138. DOI：10.3760/cma.j.issn.1001-2036.2000.02.026. {YUAN Feng,YU Guangrong. The second dorsal metacarpal artery composite flaps for repair of dorsal digital skin and tendon defect[J]. Zhonghua Xian Wei Wai Ke Za Zhi[Chin J Microsurg(Article in Chinese;No abstract available)],2000,23(2):138. DOI:10.3760/cma.j.issn.1001-2036.2000.02.026.}

[10159] 袁锋，俞光荣，蔡宣松，郭荻萍. 第二掌背动脉皮瓣修复拇指指腹缺损的远期疗效 [J]. 中华手外科杂志，2000，16（1）：63. {YUAN Feng,YU Guangrong,CAI Xuansong,GUO Diping. Long term effect of the second dorsal metacarpal artery flap for repair of thumb pulp defect[J]. Zhonghua Shou Wai Ke Za Zhi[Chin J Hand Surg(Article in Chinese;No abstract available)],2000,16(1):63.}

[10160] 姚建民，赵正，李建兵，吴守成，沈向前. 以第二掌背动脉近、远端为双轴点的掌背部岛状皮瓣 [J]. 中华手外科杂志，2000，16（1）：37-39. {YAO Jianmin,ZHAO Zheng,LI Jianbing,WU Shoucheng,SHEN Xiangqiang. The second dorsal metacarpal artery island flap with proximal and distal pivot point[J]. Zhonghua Shou Wai Ke Za Zhi[Chin J Hand Surg(Article in Chinese;Abstract in Chinese and English)],2000,16(1):37-39.}

[10161] 俞光荣，袁锋，梅炯，朱辉. 第二掌背动脉双轴点岛状皮瓣的临床应用 [J]. 中华手外科杂志，2000，16（4）：39-41. {YU Guangrong,YUAN Feng,MEI Jiong,ZHU Hui. Clinical application of second dorsal metacarpal artery island flap with proximal and distal pivot points[J]. Zhonghua Shou Wai Ke Za Zhi[Chin J Hand Surg(Article in Chinese;Abstract in Chinese and English)],2000,16(4):39-41.}

[10162] 姚建民，宋建良，李建兵，吴守成，沈向前. 第 Ⅱ 掌背动脉蒂掌背岛状皮瓣 [J]. 中华整形外科杂志，2000，16（5）：284. DOI：10.3760/j.issn：1009-4598.2000.05.008. {YAO Jianmin,SONG Jianliang,LI Jianbing,WU Shoucheng,SHEN Xiangqian. The second dorsal metacarpal artery flap with distant pivot point[J]. Zhonghua Zheng Xing Wai Ke Za Zhi[Chin J Plast Surg(Article in Chinese;Abstract in Chinese and English)],2000,16(5):284. DOI:10.3760/j.issn:1009-4598.2000.05.008.}

[10163] 陈保光，丘奕军，刘华，雷恩忠，杨爱德，冯毅，陈状，王海宏. 掌背动脉逆行皮瓣修复手指软组织缺损 [J]. 中华手外科杂志，2000，16（4）：41. {CHEN Baoguang,QIU Yijun,LIU Hua,LEI Enzhong,YANG Aide,FENG Yi,CHEN Zhuang,WANG Haihong. Repair of finger soft tissue defect with dorsal metacarpal artery reverse flap[J]. Zhonghua Shou Wai Ke Za Zhi[Chin J Hand Surg(Article in Chinese;No abstract available)],2000,16(4):41.}

[10164] 陈保光，邱奕军，刘华，雷恩忠，杨爱德，冯毅，陈状. 掌背动脉逆行皮瓣修复手指软组织缺损 [J]. 中国创伤骨科杂志，2000，2（1）：60. {CHEN Baoguang,QIU Yijun,LIU Hua,LEI Enzhong,YANG Aide,FENG Yi,CHEN Zhuang. Reverse dorsal metacarpal artery flap for repair of finger soft tissue defect[J]. Zhongguo Chuang Shang Gu Ke Za Zhi[China J Orthop Trauma(Article in Chinese;No abstract available)],2000,2(1):60.}

[10165] 王博，谷卫，姚志喜，王岩. 掌背动脉蒂逆行岛状组织瓣在手外伤中的应用 [J]. 中国修复重建外科杂志，2000，14（1）：54. {WANG Bo,GU Wei,YAO Zhixi,WANG Yan. Application of reversed island flap pedicled with dorsal metacarpal artery in hand trauma[J]. Zhongguo Xiu Fu Chong Jian Wai Ke Za Zhi[Chin J Repar Reconstr Surg(Article in Chinese;No abstract available)],2000,14(1):54.}

[10166] 王国深，隋法昌. 第一掌背动脉顺行岛状皮瓣修复拇指皮肤缺损 [J]. 中华显微外科杂志，2000，23（3）：240. DOI：10.3760/cma.j.issn.1001-2036.2000.03.058. {WANG Guoshen,SUI Fachang. Repair of thumb skin defect with antegrade island flap of first dorsal metacarpal artery[J]. Zhonghua Xian Wei Wai Ke Za Zhi[Chin J Microsurg(Article in Chinese;No abstract available)],2000,23(3):240. DOI:10.3760/cma.j.issn.1001-2036.2000.03.058.}

[10167] 徐学武，杨大平，鲁世荣，郭杰，关德宏. 改良第四掌背动脉逆行岛状皮瓣的临床应用 [J]. 中华手外科杂志，2001，17（4）：209-211. DOI：10.3760/cma.j.issn.1005-054X.2001.04.007. {XU Xuewu,YANG Daping,LU Shirong,GUO Jie,GUAN Dehong. The clinical application of modified fourth dorsal metacarpal artery reversed is land flap[J]. Zhonghua Shou Wai Ke Za Zhi[Chin J Hand Surg(Article in Chinese;Abstract in Chinese and English)],2001,17(4):209-211. DOI:10.3760/cma.j.issn.1005-054X.2001.04.007.}

[10168] 闵祥辉，郭金转. 掌背动脉肌腱皮瓣修复手指皮肤肌腱缺损 [J]. 中华显微外科杂志，2002，25（2）：160. DOI：10.3760/cma.j.issn.1001-2036.2002.02.048. {MIN Xianghui,GUO Jinzhun. Dorsal metacarpal artery tendon flap for repair of skin and tenon defects of fingers[J]. Zhonghua Xian Wei Wai Ke Za Zhi[Chin J Microsurg(Article in Chinese;No abstract available)],2002,25(2):160. DOI:10.3760/cma.j.issn.1001-2036.2002.02.048.}

[10169] 王彦生，田立杰，王春勃，战杰，富玲，梁晓旭，曹福慧. 掌背动脉复合组织瓣在手指复合损伤中的应用 [J]. 中华显微外科杂志，2002，25（3）：188. DOI：10.3760/cma.j.issn.1001-2036.2002.03.042. {WANG Yansheng,TIAN Lijie,WANG Chunbo,ZHAN Jie,FU Ling,LIANG Xiaoxu,CAO Fuhui. The clinical application of the dorsal metacarpal artery composite flap[J]. Zhonghua Xian Wei Wai Ke Za Zhi[Chin J Microsurg(Article in Chinese;Abstract in Chinese and English)],2002,25(3):188. DOI:10.3760/cma.j.issn.1001-2036.2002.03.042.}

[10170] 杜永军，冯祥生，李庆生，杜学亮，阮树斌，徐国建. 带掌背浅静脉的第三掌背动脉岛状皮瓣 [J]. 中华创伤骨科杂志，2002，4（2）：123-124. DOI：10.3760/cma.j.issn.1671-7600.2002.02.013. {DU Yongjun,FENG Xiangsheng,LI Qingsheng,DU Xueliang,RUAN Shubin,XU Jianguo. Clinical application of the third dorsal metacarpal artery island flap with the dorsal metacarpal superficial vein[J]. Zhonghua Chuang Shang Gu Ke Za Zhi[Chin J Orthop Trauma(Article in Chinese;Abstract in Chinese and English)],2002,4(2):123-124. DOI:10.3760/cma.j.issn.1671-7600.2002.02.013.}

[10171] 王彦生，田立杰，王春勃，战杰，梁晓旭，曹福慧. 掌背动脉复合组织瓣在手指复合损伤中的应用 [J]. 实用手外科杂志，2002，16（1）：10-11. DOI：10.3969/j.issn.1671-2722.2002.01.004. {WANG Yansheng,TIAN Lijie,WANG Chunbo,ZHAN Jie,LIANG Xiaoxu,CAO Fuhui. The Clinical appfication of the dosal metacarpal artery composite flap[J]. Shi Yong Shou Wai Ke Za Zhi[Chin J Pract Hand Surg(Article in Chinese;Abstract in Chinese and English)],2002,16(1):10-11. DOI:10.3969/j.issn.1671-2722.2002.01.004.}

[10172] 冯祥生，杜永军. 带掌背浅静脉的掌背动脉皮瓣修复手指软组织缺损及深部组织外露 [J]. 中华创伤杂志，2003，19（6）：371-372. DOI：10.3760/j：issn：1001-8050.2003.06.016. {FENG Xiangsheng,DU Yongjun. Dorsal metacarpal artery flap with superficial dorsal metacarpal vein for repair of soft tissue defect and deep tissue exposure of fingers[J]. Zhonghua Chuang Shang Za Zhi[Chin J Trauma(Article in Chinese;No abstract available)],2003,19(6):371-372. DOI:10.3760/j:issn:1001-8050.2003.06.016.}

[10173] 王玉发，李军，李玉祥. 带固有伸肌腱掌背动脉逆行岛状皮瓣修复手指屈肌腱及皮肤缺损 [J]. 中华显微外科杂志，2003，26（1）：58. DOI：10.3760/cma.j.issn.1001-2036.2003.01.024. {WANG Yufa,LI Jun,LI Yuxiang. Repair of flexor tendon and skin defect of fingers with reverse dorsal metacarpal artery island flap with proper extensor tendon[J]. Zhonghua Xian Wei Wai Ke Za Zhi[Chin J Microsurg(Article in Chinese;Abstract in Chinese)],2003,26(1):58. DOI:10.3760/cma.j.issn.1001-2036.2003.01.024.}

[10174] 屈跃峰，郑漠英. 带肌腱的掌背动脉逆行岛状皮瓣的临床应用 [J]. 中华显微外科杂志，2003，26（2）：100-100. DOI：10.3760/cma.j.issn.1001-2036.2003.02.039. {QU Yuefeng,ZHENG Moying. Clinical application of dorsal metacarpal artery reverse island flap with tendon[J]. Zhonghua Xian Wei Wai Ke Za Zhi[Chin J Microsurg(Article in Chinese;No abstract available)],2003,26(2):100-100. DOI:10.3760/cma.j.issn.1001-2036.2003.02.039.}

[10175] 袁光海，程国良，滕国栋，胡晓莺. 第一掌背动脉逆行岛状筋膜瓣修复示指掌侧皮肤缺损 [J]. 中华手外科杂志，2003，19（4）：33-34. {YUAN Guanghai,CHENG Guoliang,TENG Guodong,HU Xiaoying. Use of reversed first dorsal metacarpal artery island fascial flap in repair of volar skin defect of index finger[J]. Zhonghua Shou Wai Ke Za Zhi[Chin J Hand Surg(Article in Chinese;Abstract in Chinese and English)],2003,19(4):33-34.}

[10176] 潘希贵，王克佳，管同勋，李亮. 第一掌背动脉逆行筋膜皮瓣修复示指软组织缺损 [J]. 实用手外科杂志，2003，17（4）：197-198. DOI：10.3969/j.issn.1671-2722.2003.04.002. {PAN Xigui,WANG Kejia,GUAN Tongxun,LI Liang. Repair of soft tissue defect at index finger with the first dorsal metacarpal artery reverse fascial flap[J]. Shi Yong Shou Wai Ke Za Zhi[Chin J Pract Hand Surg(Article in Chinese;Abstract in Chinese and English)],2003,17(4):197-198. DOI:10.3969/j.issn.1671-2722.2003.04.002.}

[10177] 江起庭，张运峰，杨丽娜，程儒平，程燕，任海生. 掌背静脉逆行皮瓣修复手指近节软组织缺损 [J]. 实用手外科杂志，2003，17（4）：215-216. DOI：10.3969/j.issn.1671-2722.2003.04.011. {JIANG Qiting,ZHANG Yunfeng,YANG Lina,CHENG Ruping,CHENG Yan,REN Haisheng. Repair of proximal finger's soft tissue defect with dorsal metacarpal venous flap[J]. Shi Yong Shou Wai Ke Za Zhi[Chin J Pract Hand Surg(Article in Chinese;Abstract in Chinese and English)],2003,17(4):215-216. DOI:10.3969/j.issn.1671-2722.2003.04.011.}

[10178] 路来金，宫旭，刘志刚，张志新. 掌背动脉逆行皮瓣及复合组织瓣的临床回顾性研究 [J]. 中华显微外科杂志，2004，27（2）：104-105. DOI：10.3760/cma.j.issn.1001-2036.2004.02.009. {LU Laijin,GONG Xu,LIU Zhigang,ZHANG Zhixin. Retrospective study on the dorsal metacarpal flap and compound flap[J]. Zhonghua Xian Wei Wai Ke Za Zhi[Chin J Microsurg(Article in Chinese;Abstract in Chinese and English)],2004,27(2):104-105. DOI:10.3760/cma.j.issn.1001-2036.2004.02.009.}

[10179] 潘希贵，管同勋，李亮，田万成. 不同形式的第一掌背动脉筋膜皮瓣的临床应用 [J]. 实用手外科杂志，2004，18（1）：21-22. DOI：10.3969/j.issn.1671-2722.2004.01.010. {PAN Xigui,GUAN Tongxun,LI Liang,TIAN Wancheng. Clinical application of different form first dorsal metacarpal artery fascial flap[J]. Shi Yong Shou Wai Ke Za Zhi[Chin J Pract Hand Surg(Article in Chinese;Abstract in Chinese and English)],2004,18(1):21-22. DOI:10.3969/j.issn.1671-2722.2004.01.010.}

[10180] 潘希贵，管同勋，潘风雨，李亮，田万成. 第一掌背动脉筋膜皮瓣的临床应用 [J]. 中国修复重建外科杂志，2004，18（1）：57-57. {PAN Xigui,GUAN Tongxun,PAN Fengyu,LI Liang,TIAN Wancheng. Clinical application of the first dorsal metacarpal artery fasciocutaneous flap[J]. Zhongguo Xiu Fu Chong Jian Wai Ke Za Zhi[Chin J Repar Reconstr Surg(Article in Chinese;No abstract available)],2004,18(1):57-57.}

[10181] 廖坚文，张振伟，陈泽华，庄加川，詹伟鹏，殷明天. 第 3 掌背动脉逆行岛状皮瓣掌侧移位修复拇指指端缺损 [J]. 中国临床解剖学杂志，2004，22（3）：321-323. DOI：10.3969/

j.issn.1001-165X.2004.03.031. {LIAO Jianwen,ZHANG Zhenwei,CHEN Zehua,ZHUANG Jiachuan,ZHAN Weipeng,YIN Mingtian. Clinical application of the third dorsal metacarpal artery island flap in treatment of distal thumb injury[J]. Zhongguo Lin Chuang Jie Pou Xue Za Zhi[Chin J Clin Anat(Article in Chinese;Abstract in Chinese and English)],2004,22(3):321-323. DOI:10.3969/j.issn.1001-165X.2004.03.031.}

[10182] 宋会江，谢宏，梁剑聪，霍锋．掌背动脉逆行筋膜瓣治疗指伸肌腱严重粘连 26 例 [J]．实用手外科杂志，2004，18（2）：91-92．DOI：10.3969/j.issn.1671-2722.2004.02.010．{SONG Huijiang,XIE Hong,LIANG Jiancong,HUO Feng. Treatment of severe tendon adhesion with dorsal metacarpal artery reverse fascial flap[J]. Shi Yong Shou Wai Ke Za Zhi[Chin J Pract Hand Surg(Article in Chinese;Abstract in Chinese and English)],2004,18(2):91-92. DOI:10.3969/j.issn.1671-2722.2004.02.010.}

[10183] 闵祥辉，傅寿宁，郭金转．第 2、4 掌背动脉皮瓣的临床应用 [J]．中国矫形外科杂志，2005，13（10）：798-799．DOI：10.3969/j.issn.1005-8478.2005.10.028．{MIN Xianghui,FU Shouning,GUO Jinzhuan. Clinical application of the second and fourth dorsal metacarpal artery flap[J]. Zhongguo Jiao Xing Wai Ke Za Zhi[Orthop J China(Article in Chinese;Abstract in Chinese)],2005,13(10):798-799. DOI:10.3969/j.issn.1005-8478.2005.10.028.}

[10184] 王晓南，陈克俊，韩宝平．掌背动脉为蒂的两种岛状皮瓣的临床应用 [J]．中华手外科杂志，2005，21（3）：189．{WANG Xiaonan,CHEN Kejun,HAN Baoping. Clinical application of two kinds of island flaps pedicled with dorsal metacarpal artery[J]. Zhonghua Shou Wai Ke Za Zhi[Chin J Hand Surg(Article in Chinese;No abstract available)],2005,21(3):189.}

[10185] 俞光荣，袁锋，张世民，李海峰，周家钤，朱辉，杨云峰，陈雁西．第二掌背动脉皮瓣的临床应用 [J]．中国修复重建外科杂志，2005，19（7）：521-524．{YU Guangrong,YUAN Feng,ZHANG Shimin,LI Haifeng,ZHOU Jiaqian,ZHU Hui,YANG Yunfeng,CHEN Yanxi. Clinical application of second dorsal metacarpal artery flap in hand surgery[J]. Zhongguo Xiu Fu Chong Jian Wai Ke Za Zhi[Chin J Repar Reconstr Surg(Article in Chinese;Abstract in Chinese and English)],2005,19(7):521-524.}

[10186] 潘希贵，田万成，管同勋，李亮．以指动脉为蒂第一掌背动脉逆行岛状皮瓣修复示指皮肤缺损 [J]．中华显微外科杂志，2005，28（1）：92．DOI：10.3760/cma.j.issn.1001-2036.2005.01.054．{PAN Xigui,TIAN Wancheng,GUAN Tongxun,LI Liang. The first dorsal metacarpal artery reversed island flap pedicled by digital artery for repair of skin defect of index finger[J]. Zhonghua Xian Wei Wai Ke Za Zhi[Chin J Microsurg(Article in Chinese;No abstract available)],2005,28(1):92. DOI:10.3760/cma.j.issn.1001-2036.2005.01.054.}

[10187] 李嗣生，郭澄水，王维军，潘成波，李荣军，张文骞，曲智勇，潘达德．第 1 掌背动脉为蒂的逆行皮瓣 [J]．中国矫形外科杂志，2005，13（10）：794-795．DOI：10.3969/j.issn.1005-8478.2005.10.026．{LI Sisheng,GUO Chengshui,WANG Weijun,PAN Chengbo,LI Rongjun,ZHANG Wenqiang,QU Zhiyong,PAN Dade. First dorsal metacarpal artery pedieled reversed island flap[J]. Zhongguo Jiao Xing Wai Ke Za Zhi[Orthop J China(Article in Chinese;Abstract in Chinese)],2005,13(10):794-795. DOI:10.3969/j.issn.1005-8478.2005.10.026.}

[10188] 高伟业，谢龙魁，容杰良，范景光，周勤．掌背动脉逆行筋膜瓣加植皮术修复指背侧软组织缺损 [J]．创伤外科杂志，2005，7（4）：305．DOI：10.3969/j.issn.1009-4237.2005.04.028．{GAO Weiye,XIE Longkui,RONG Jieliang,FAN Jingguang,ZHOU Qin. Treatment of dorsal soft-tissue defects of finger with dorsal metacarpal artery reverse fascial flap[J]. Chuang Shang Wai Ke Za Zhi[J Traum Surg(Article in Chinese;Abstract in Chinese)],2005,7(4):305. DOI:10.3969/j.issn.1009-4237.2005.04.028.}

[10189] 张朝晖，陈振兵．逆行掌背动脉皮瓣切取方法的改进及应用 [J]．中国修复重建外科杂志，2005，19（8）：680-681．{ZHANG Chaohui,CHEN Zhenbing. Improvement and application of reversed dorsal metacarpal artery flap[J]. Zhongguo Xiu Fu Chong Jian Wai Ke Za Zhi[Chin J Repar Reconstr Surg(Article in Chinese;No abstract available)],2005,19(8):680-681.}

[10190] 袁光海，程国良，胡晓莺，滕国栋．以远端为蒂的第一掌背动脉逆行岛状筋膜瓣治疗手掌部皮肤缺损 [J]．中华显微外科杂志，2006，29（6）：470-471．DOI：10.3760/cma.j.issn.1001-2036.2006.06.032．{YUAN Guanghai,CHENG Guoliang,HU Xiaoying,TENG Guodong. Reversed island fascial flap pedicled by distal part of the first dorsal metacarpal artery for treatment of palmar skin defects[J]. Zhonghua Xian Wei Wai Ke Za Zhi[Chin J Microsurg(Article in Chinese;No abstract available)],2006,29(6):470-471. DOI:10.3760/cma.j.issn.1001-2036.2006.06.032.}

[10191] 李海清，范存义，蔡培华，柴益民，曾炳芳．掌背皮神经营养血管逆行岛状皮瓣修复指背皮肤缺损 14 例 [J]．中华烧伤杂志，2006，22（3）：183．DOI：10.3760/cma.j.issn.1009-2587.2006.03.023．{LI Haiqing,FAN Cunyi,CAI Peihua,CHAI Yimin,ZENG Bingfang. Reversed dorsal metacarpal neurocutaneous vascular island flap for repair of finger dorsal skin defect in 14 cases[J]. Zhonghua Shao Shang Za Zhi[Chin J Burns(Article in Chinese;No abstract available)],2006,22(3):183. DOI:10.3760/cma.j.issn.1009-2587.2006.03.023.}

[10192] 孙峰，宗亚力，张旭阳，许立，石荣剑，寿奎水．以第一、二掌背动脉为蒂的岛状皮瓣修复拇指套脱伤 [J]．中华手外科杂志，2007，23（2）：101-102．{SUN Feng,ZONG Yali,ZHANG Xuyang,XU Li,SHI Rongjian,SHOU Kuishui. Repair of thumb degloving injuries by island flaps with pedicle of the first or second dorsal metacarpal artery[J]. Zhonghua Shou Wai Ke Za Zhi[Chin J Hand Surg(Article in Chinese;Abstract in Chinese and English)],2007,23(2):101-102.}

[10193] 谢建华，王生钰，李再桂，刘海华，张克录，张永强．掌背动脉逆行岛状皮瓣修复多指皮肤缺损 [J]．中华手外科杂志，2007，23（5）：297-298．{XIE Jianhua,WANG Shengyu,LI Zaigui,LIU Haihua,ZHANG Kelu,ZHANG Yongqiang. Dorsal metacarpal artery reverse island flap to repair skin defect of the fingers[J]. Zhonghua Shou Wai Ke Za Zhi[Chin J Hand Surg(Article in Chinese;Abstract in Chinese and English)],2007,23(5):297-298.}

[10194] 武建康．第一掌背动脉皮瓣转移修复拇指远端皮肤缺损 [J]．中华手外科杂志，2008，24（3）：147．DOI：10.3760/cma.j.issn.1005-054X.2008.03.019．{WU Jiankang. The first dorsal metacarpal artery flap for repair of distal thumb skin defect[J]. Zhonghua Shou Wai Ke Za Zhi[Chin J Hand Surg(Article in Chinese;No abstract available)],2008,24(3):147. DOI:10.3760/cma.j.issn.1005-054X.2008.03.019.}

[10195] 程开明，左熙，左中男．逆行掌背动脉复合组织瓣修复手部多种组织缺损 [J]．中华显微外科杂志，2008，31（3）：217-218．DOI：10.3760/cma.j.issn.1001-2036.2008.03.019．{CHENG Kaiming,ZUO Xi,ZUO Zhongnan. Reverse dorsal metacarpal artery composite flap for repair of multiple tissue defects in hand[J]. Zhonghua Xian Wei Wai Ke Za Zhi[Chin J Microsurg(Article in Chinese;Abstract in Chinese)],2008,31(3):217-218. DOI:10.3760/cma.j.issn.1001-2036.2008.03.019.}

[10196] 梁钢，孙建平．掌背动脉逆行皮瓣在手指深度烧伤修复中的应用 [J]．中华显微外科杂志，2008，31（5）：357．DOI：10.3760/cma.j.issn.1001-2036.2008.05.031．{LIANG Gang,SUN Jianping. Application of dorsal metacarpal artery reverse flap in repairing deep burn of fingers[J]. Zhonghua Xian Wei Wai Ke Za Zhi[Chin J Microsurg(Article in Chinese;No abstract available)],2008,31(5):357. DOI:10.3760/cma.j.issn.1001-2036.2008.05.031.}

[10197] 孙焕伟，童致虹，杨卫东，张铁慧．逆行掌背动脉皮瓣移植修复手指背侧皮肤缺损 [J]．中华显微外科杂志，2008，31（5）：397-398．DOI：10.3760/cma.j.issn.1001-2036.2008.05.034．{SUN Huanwei,TONG Zhihong,YANG Weidong,ZHANG Tiehui. Reversed dorsal metacarpal artery flap for repair of dorsal finger skin defect[J]. Zhonghua Xian Wei Wai Ke Za Zhi[Chin J Microsurg(Article in Chinese;No abstract available)],2008,31(5):397-398. DOI:10.3760/cma.j.issn.1001-2036.2008.05.034.}

[10198] 于吉文，刘建，张建，何维栋，霍永峰，姚力．第二、三、四掌背动脉逆行岛状皮瓣修复手指皮肤缺损 [J]．中华手外科杂志，2008，24（5）：312．{YU Jiwen,LIU Jian,ZHANG Jian,HE Weidong,HUO Yongfeng,YAO Li. Repair of finger skin defect with reverse island flap of the second,third and fourth dorsal metacarpal artery[J]. Zhonghua Shou Wai Ke Za Zhi[Chin J Hand Surg(Article in Chinese;No abstract available)],2008,24(5):312.}

[10199] 陈鸿，张颖，刘路平，杨阳．应用逆行掌背动脉蒂岛状皮瓣创面修复 12 例疗效分析 [J]．创伤外科杂志，2008，10（1）：28-30．DOI：10.3969/j.issn.1009-4237.2008.01.009．{CHEN Hong,ZHANG Ying,LIU Luping,YANG Yang. Therapeutic effect of treatment of the soft tissue defects of fingers with dorsal metacarpal artery reversed island flap in 12 cases[J]. Chuang Shang Wai Ke Za Zhi[J Traum Surg(Article in Chinese;Abstract in Chinese and English)],2008,10(1):28-30. DOI:10.3969/j.issn.1009-4237.2008.01.009.}

[10200] 陈飞，杨延军，张子清，马立峰，黄刚．掌背动脉逆行岛状皮瓣的临床应用 [J]．实用手外科杂志，2008，22（2）：81-82．DOI：10.3969/j.issn.1671-2722.2008.02.006．{CHEN Fei,YANG Yanjun,ZHANG Ziqing,MA Lifeng,HUANG Gang. Clinical application of retroversal island flap based on dorsal metacarpal artery[J]. Shi Yong Shou Wai Ke Za Zhi[Chin J Pract Hand Surg(Article in Chinese;Abstract in Chinese and English)],2008,22(2):81-82. DOI:10.3969/j.issn.1671-2722.2008.02.006.}

[10201] 储辉，周霞，徐希斌，张金成，陈明亮，郑翔．掌背动脉逆行筋膜皮瓣修复掌横纹区组织缺损 [J]．实用手外科杂志，2008，22（4）：219-220．DOI：10.3969/j.issn.1671-2722.2008.04.010．{CHU Hui,ZHOU Xia,XU Xibin ZHANG Jincheng,CHEN Mingliang,ZHENG Xiang. Repair tissue defect of palm transverse striation domain with dorsal metacarpal artery reverse fascial flap[J]. Shi Yong Shou Wai Ke Za Zhi[Chin J Pract Hand Surg(Article in Chinese;Abstract in Chinese and English)],2008,22(4):219-220. DOI:10.3969/j.issn.1671-2722.2008.04.010.}

[10202] 乔学岭．掌背动脉岛状皮瓣修复手指皮肤缺损 [J]．中华手外科杂志，2009，25（4）：250．DOI：10.3760/cma.j.issn.1005-054X.2009.04.025．{QIAO Xueling. Dorsal metacarpal artery island flap for repair of finger skin defect[J]. Zhonghua Shou Wai Ke Za Zhi[Chin J Hand Surg(Article in Chinese;No abstract available)],2009,25(4):250. DOI:10.3760/cma.j.issn.1005-054X.2009.04.025.}

[10203] 刘敏峰，朱文华，梅远东，缪玉龙．改良第二掌背动脉皮瓣修复食（示）中指指背组织缺损 [J]．实用手外科杂志，2009，23（3）：140-141．DOI：10.3969/j.issn.1671-2722.2009.03.005．{LIU Minfeng,ZHU Wenhua,MEI Yuandong,MIU Yulong. Repair of dorsal tissue defect of index and middle fingers with the modified second dorsal metacarpal artery flap[J]. Shi Yong Shou Wai Ke Za Zhi[Chin J Pract Hand Surg(Article in Chinese;Abstract in Chinese and English)],2009,23(3):140-141. DOI:10.3969/j.issn.1671-2722.2009.03.005.}

[10204] 梁钢，周永利，孙建平．改良掌背动脉逆行皮瓣修复手指 IV 度烧伤 [J]．中华烧伤杂志，2009，25（6）：462-463．DOI：10.3760/cma.j.issn.1009-2587.2009.06.022．{LIANG Gang,ZHOU Yongli,SUN Jianping. Modified dorsal metacarpal artery reverse flap for repair of Degree IV burn of fingers[J]. Zhonghua Shao Shang Za Zhi[Chin J Burns(Article in Chinese;No abstract available)],2009,25(6):462-463. DOI:10.3760/cma.j.issn.1009-2587.2009.06.022.}

[10205] 郭欣欣，阚世廉，李瑞华，韩力，殷中罡．改良第一掌背动脉岛状皮瓣修复拇指软组织缺损的疗效观察 [J]．中华骨科杂志，2010，30（9）：882-886．DOI：10.3760/cma.j.issn.0253-2352.2010.09.011．{GUO Xinxin,KAN Shilian,LI Ruihua,HAN Li,YIN Zhonggang. Preliminary outcomes of the modified first dorsal metacarpal artery island flap for soft tissue defects of the thumb[J]. Zhonghua Gu Ke Za Zhi[Chin J Orthop(Article in Chinese;Abstract in Chinese and English)],2010,30(9):882-886. DOI:10.3760/cma.j.issn.0253-2352.2010.09.011.}

[10206] 葛建华，田泽高，阳运康，卓乃强，鲁晓波．第一、二掌背动脉分叶岛状皮瓣急诊修复拇指套脱伤 [J]．中华手外科杂志，2010，26（6）：380．DOI：10.3760/cma.j.issn.1005-054X.2010.06.032．{GE Jianhua,TIAN Zegao,YANG Yunkang,ZHUO Naiqiang,LU Xiaobo. The first and second dorsal metacarpal artery lobulated island flap for repair of thumb degloving injury in emergency[J]. Zhonghua Shou Wai Ke Za Zhi[Chin J Hand Surg(Article in Chinese;No abstract available)],2010,26(6):380. DOI:10.3760/cma.j.issn.1005-054X.2010.06.032.}

[10207] 刘永涛，朱晓东，刘颖，尹刚，王志莲，张桂兰．远端蒂掌背动脉皮瓣覆盖手指创面 [J]．中华创伤骨科杂志，2010，12（10）：991-992．DOI：10.3760/cma.j.issn.1671-7600.2010.10.024．{LIU Yongtao,ZHU Xiaodong,LIU Ying,YIN Gang,WANG Zhilian,ZHANG Guilan. Distally pedicled flap of dorsal metacarpal arteries for digital wounds[J]. Zhonghua Chuang Shang Gu Ke Za Zhi[Chin J Orthop Trauma(Article in Chinese;Abstract in Chinese)],2010,12(10):991-992. DOI:10.3760/cma.j.issn.1671-7600.2010.10.024.}

[10208] 张文龙，高顺红，陈超，马铁鹏，王斌，费小轩，焦成，董惠双．双蒂掌背动脉逆行皮瓣治疗手指末节脱套伤 [J]．中华整形外科杂志，2010，26（3）：175-178．DOI：10.3760/cma.j.issn.1009-4598.2010.03.005．{ZHANG Wenlong,GAO Shunhong,CHEN Chao,MA Tielong,WANG Bin,FEI Xiaoxuan,JIAO Cheng,DONG Huishuang. The reverse flap based on two dorsal metacarpal artery for reconstruction of degloved fingertip avulsion[J]. Zhonghua Zheng Xing Wai Ke Za Zhi[Chin J Plast Surg(Article in Chinese;Abstract in Chinese and English)],2010,26(3):175-178. DOI:10.3760/cma.j.issn.1009-4598.2010.03.005.}

[10209] 郭松华，俞立新，吴群峰，王众，冯炜，于健，贾永鹏，陈学强．改良第 1 掌背桡侧逆行筋膜皮瓣修复拇指远端软组织缺损 [J]．中华显微外科杂志，2010，33（2）：173．DOI：10.3760/cma.j.issn.1001-2036.2010.02.037．{GUO Songhua,YU Lixin,WU Qunfeng,WANG Zhong,FENG Wei,YU Jian,JIA Yongpeng,CHEN Xueqiang. Repair of soft tissue defect of distal thumb with modified first dorsal radial dorsal metacarpal fasciocutaneous flap[J]. Zhonghua Xian Wei Wai Ke Za Zhi[Chin J Microsurg(Article in Chinese;No abstract available)],2010,33(2):173. DOI:10.3760/cma.j.issn.1001-2036.2010.02.037.}

[10210] 张文龙，张子明，高顺红，陈超．改良第二掌背动脉皮瓣修复示中指中末节套脱伤 [J]．中华手外科杂志，2011，27（2）：87-89．{ZHANG Wenlong,ZHANG Ziming,GAO Shunhong,CHEN Chao. Modified reversed island flap of the second dorsal metacarpal artery for the repair of degloving injuries of the index or long finger[J]. Zhonghua Shou Wai Ke Za Zhi[Chin J Hand Surg(Article in Chinese;Abstract in Chinese and English)],2011,27(2):87-89.}

[10211] 赵建强，车永琦，王军成，赵凯敏．以指固有动脉为蒂的掌背动脉皮瓣修复手指中远节皮肤缺损 [J]．中华手外科杂志，2011，27（6）：336-337．{ZHAO Jianqiang,CHE Yongqi,WANG Juncheng,ZHAO Kaimin. Dorsal metacarpal artery flap based on proper digital artery for repair of skin defects at middle and distal segment of fingers[J]. Zhonghua Shou Wai Ke Za Zhi[Chin J Hand Surg(Article in Chinese;Abstract in Chinese and English)],2011,27(6):336-337.}

[10212] 张文龙，王增涛，高顺红，陈超，于志亮．第一掌背动脉皮瓣 I 期修复拇指皮肤缺损合并神经缺损 [J]．中华创伤杂志，2011，27（12）：1102-1105．DOI：10.3760/cma.j.issn.1001-8050.2011.12.012．{ZHANG Wenlong,WANG Zengtao,GAO Shunhong,CHEN Chao,YU Zhiliang. One stage repair of soft tissue and nerve defect of thumb with island flap of first dorsal metacarpal artery[J]. Zhonghua Chuang Shang Za Zhi[Chin J Trauma(Article in Chinese;Abstract in Chinese and English)],2011,27(12):1102-1105. DOI:10.3760/cma.j.issn.1001-8050.2011.12.012.}

[10213] 邓雪峰，陈杰明，周丽英．掌背动脉筋膜瓣修复手指背侧组织缺损 [J]．实用手外科杂志，2011，25（3）：208-209，228．DOI：10.3969/j.issn.1671-2722.2011.03.013．{DENG Xuefeng,CHEN Jieming,ZHOU Liying. Repair of the soft tissue defects in dorsal fingers using the dorsal metacarpal artery-based fascial flaps[J]. Shi Yong Shou Wai Ke Za Zhi[Chin J Pract Hand Surg(Article in Chinese;Abstract in Chinese and English)],2011,25(3):208-209,228. DOI:10.3969/j.issn.1671-2722.2011.03.013.}

[10214] 张文龙，高顺红，陈超，费小轩，马铁鹏，焦成，董惠双．改良掌背动脉逆行超大皮瓣治

疗手指末节脱套伤 [J]. 中华创伤杂志，2011，27（1）: 51–53. DOI: 10.3760/cma.j.issn.1001–8050.2011.01.017. {ZHANG Wenlong,GAO Shunhong,CHEN Chao,FEI Xiaoxuan,MA Tielong,JIAO Cheng,DONG Huishuang. Modified super large dorsal metacarpal artery flap for reconstruction of circumferential fingertip avulsion[J]. Zhonghua Chuang Shang Za Zhi[Chin J Trauma(Article in Chinese;Abstract in Chinese and English)],2011,27(1):51-53. DOI:10.3760/cma.j.issn.1001-8050.2011.01.017.}

[10215] 林涧，郑和平，余云兰，王正理. 指动脉背侧穿支蒂掌背筋膜皮瓣修复指腹缺损 41 例 [J]. 中华显微外科杂志，2011，34（5）: 405–406. DOI: 10.3760/cma.j.issn.1001–2036.2011.05.019. {LIN Jian,ZHENG Heping,YU Yunlan,WANG Zhengli. Dorsal metacarpal fasciocutaneous flap pedicled with dorsal perforator of digital artery for repair of finger pulp defects:41 case reports[J]. Zhonghua Xian Wei Wai Ke Za Zhi[Chin J Microsurg(Article in Chinese;Abstract in Chinese)],2011,34(5):405-406. DOI:10.3760/cma.j.issn.1001-2036.2011.05.019.}

[10216] 吴波，廖苏平. 带第二掌背动脉血管蒂的掌骨骨皮瓣治疗手指骨骨缺损八例 [J]. 中华显微外科杂志，2012，35(4): 350. DOI: 10.3760/cma.j.issn.1001–2036.2012.04.037. {WU Bo,LIAO Suping. Metacarpal bone flap pedicled pedicled by the second dorsal metacarpal artery for repair of finger bone defect:eight case reports[J]. Zhonghua Xian Wei Wai Ke Za Zhi[Chin J Microsurg(Article in Chinese;No abstract available)],2012,35(4):350. DOI:10.3760/cma.j.issn.1001-2036.2012.04.037.}

[10217] 陈伟听，陈龙，王立军，童雅琼. 第 1 掌背动脉逆行岛状皮瓣修复食（示）指软组织缺损 [J]. 临床骨科杂志，2012，15（6）: 705–706. {CHEN Weiting,CHEN Long,WANG Lijun,TONG Yaqiong. First dorsal metacarpal artery reversed island flap for repairing index finger soft tissuedefects[J]. Lin Chuang Gu Ke Za Zhi[J Clin Orthop(Article in Chinese;No abstract available)],2012,15(6):705-706.}

[10218] 姚群，芮永军，许亚军，周晓，陈学明. 不同远端蒂逆行掌背皮瓣修复手指软组织缺损 [J]. 中华手外科杂志，2012，28（3）: 140–142. DOI: 10.3760/cma.j.issn.1005–054X.2012.03.007. {YAO Qun,RUI Yongjun,XU Yajun,ZHOU Xiao,CHEN Xueming. Different distal-based dorsal metacarpal flaps for repair of soft tissue defects of the finger[J]. Zhonghua Shou Wai Ke Za Zhi[Chin J Hand Surg(Article in Chinese;Abstract in Chinese and English)],2012,28(3):140-142. DOI:10.3760/cma.j.issn.1005-054X.2012.03.007.}

[10219] 赵全，赵永健. 掌背皮神经营养血管逆行岛状皮瓣修复手指电烧伤创面 [J]. 中华手外科杂志，2012，28（5）: 320. DOI: 10.3760/cma.j.issn.1005–054X.2012.05.031. {ZHAO Quan,ZHAO Yongjian. Reversed dorsal metacarpal neurocutaneous vascular island flap for repair of electric burn wounds of fingers[J]. Zhonghua Shou Wai Ke Za Zhi[Chin J Hand Surg(Article in Chinese;No abstract available)],2012,28(5):320. DOI:10.3760/cma.j.issn.1005-054X.2012.05.031.}

[10220] 王虔. 蹼间穿支血管蒂掌背筋膜皮瓣在手指创伤中的应用 [J]. 临床骨科杂志，2012，15（2）: 225–226. DOI: 10.3969/j.issn.1008–0287.2012.02.052. {WANG Qiang,XU Yuben,LI Jiageng,ZHANG Lijun,LI Gang,CHENG Deliang,WEI Dengke. Application of the web fascial flap between dorsal palm in the finger trauma[J]. Lin Chuang Gu Ke Za Zhi[J Clin Orthop(Article in Chinese;No abstract available)],2012,15(2):225-226. DOI:10.3969/j.issn.1008-0287.2012.02.052.}

[10221] 王怀玺，左中男，于绍斌，李进，许琪坤，黎德规，钱芳. 应用带掌背神经的掌背动脉皮瓣修复手指脱套伤 [J]. 中华显微外科杂志，2013，36（2）: 198–200. DOI: 10.3760/cma.j.issn.1001–2036.2013.02.036. {WANG Huaixi,ZUO Zhongnan,YU Shaobin,LI Jin,XU Qikun,LI Degui,QIAN Fang. Application of dorsal metacarpal artery flap with dorsal metacarpal nerve for repair of degloving injury of fingers[J]. Zhonghua Xian Wei Wai Ke Za Zhi[Chin J Microsurg(Article in Chinese;Abstract in Chinese and English)],2013,36(2):198-200. DOI:10.3760/cma.j.issn.1001-2036.2013.02.036.}

[10222] 杨锦，杨晓东，丁建波，周阳，刘扬武，陈逸民，付尚俊，何华斌，潘志军. 肌腱松解加掌背动脉皮瓣治疗伴有皮肤缺损的屈肌腱粘连 [J]. 中华手外科杂志，2013，29（4）: 249–250. DOI: 10.3760/cma.j.issn.1005–054X.2013.04.024. {YANG Jin,YANG Xiaodong,DING Jianbo,ZHOU Yang,LIU Yangwu,CHEN Yimin,FU Shangjun,HE Huabin,PAN Zhijun. Tendon release and dorsal metacarpal artery flap for treatment of flexor tendon adhesion with skin defect[J]. Zhonghua Shou Wai Ke Za Zhi[Chin J Hand Surg(Article in Chinese;Abstract in Chinese)],2013,29(4):249-250. DOI:10.3760/cma.j.issn.1005-054X.2013.04.024.}

[10223] 夏成德，薛继东，李晓亮，狄海萍，张红卫，牛希华. 第 2 掌背动脉岛状皮瓣同时修复 2 个手指深度烧伤创面 [J]. 中华烧伤杂志，2013，29（1）: 65–67. DOI: 10.3760/cma.j.issn.1009–2587.2013.01.021. {XIA Chengde,XUE Jidong,LI Xiaoliang,DI Haiping,ZHANG Hongwei,NIU Xihua. The second dorsal metacarpal artery island flap for repair of deep burn wounds of two fingers[J]. Zhonghua Shao Shang Za Zhi[Chin J Burns(Article in Chinese;Abstract in Chinese)],2013,29(1):65-67. DOI:10.3760/cma.j.issn.1009-2587.2013.01.021.}

[10224] 南利民，赵立宗，苏博义，陆向阳，王晓峰. 第一掌背动脉皮瓣修复拇、食（示）指皮肤软组织缺损 [J]. 实用手外科杂志，2013，27（4）: 370–373. DOI: 10.3969/j.issn.1671–2722.2013.04.022. {NAN Limin,ZHAO Lizong,SU Boyi,LU Xiangyang,WANG Xiaofeng. Repair skin defect of thumb index finger by first dorsal metacarpal artery flap[J]. Shi Yong Shou Wai Ke Za Zhi[Chin J Pract Hand Surg(Article in Chinese;Abstract in Chinese and English)],2013,27(4):370-373. DOI:10.3969/j.issn.1671-2722.2013.04.022.}

[10225] 张道坤，张龙春，陈莹. 第 2、3 掌背动脉双蒂逆行皮瓣修复中指中末节脱套伤 [J]. 临床骨科杂志，2013，16（1）: 35–36. DOI: 10.3969/j.issn.1008–0287.2013.01.015. {ZHANG Daokun,ZHANG Longchun,CHEN Ying. The reverse double pedicle flap based on the second and third dorsal metacarpal artery to repair the middle finger distal degloving injury[J]. Lin Chuang Gu Ke Za Zhi[J Clin Orthop(Article in Chinese;Abstract in Chinese and English)],2013,16(1):35-36. DOI:10.3969/j.issn.1008-0287.2013.01.015.}

[10226] 闫庆军，赵科，吴毓强. 拇指掌背筋膜皮瓣逆行转位修复拇指软组织缺损 [J]. 实用骨科杂志，2013，19(3): 221–223，后插 1. DOI: 10.3969/j.issn.1008–5572.2013.03.009. {YAN Qingjun,ZHAO Ke,WU Yuqiang. Treatment of soft tissue defects of thumbs with distal based thumb dorsal cutaneous nerve nutritional vessel fasciocutaneous flap[J]. Shi Yong Gu Ke Za Zhi[J Pract Orthop(Article in Chinese;Abstract in Chinese and English)],2013,19(3):221-223,inse 1. DOI:10.3969/j.issn.1008-5572.2013.03.009.}

[10227] 冯仕明，王爱国，张在轶，高顺红，陶友伦，周明明. 改良第一掌背动脉皮瓣修复拇指末节脱套伤 [J]. 中华显微外科杂志，2014，37（2）: 181–182. DOI: 10.3760/cma.j.issn.1001–2036.2014.02.027. {FENG Shiming,WANG Aiguo,ZHANG Zaiyi,GAO Shunhong,TAO Youlun,ZHOU Mingming. Repair of degloving injury of distal thumb with modified first dorsal metacarpal artery flap[J]. Zhonghua Xian Wei Wai Ke Za Zhi[Chin J Microsurg(Article in Chinese;Abstract in Chinese)],2014,37(2):181-182. DOI:10.3760/cma.j.issn.1001-2036.2014.02.027.}

[10228] 周飞亚，蒋良福，宋永焕. 改良掌背动脉筋膜蒂皮瓣修复手指皮肤缺损 [J]. 中华显微外科杂志，2014，37（5）: 448. DOI: 10.3760/cma.j.issn.1001–2036.2014.05.008. {ZHOU Feiya,JIANG Liangfu,SONG Yonghuang. Repair of finger skin defect with modified dorsal metacarpal artery fascial flap[J]. Zhonghua Xian Wei Wai Ke Za Zhi[Chin J Microsurg(Article in Chinese;No abstract available)],2014,37(5):448. DOI:10.3760/cma.j.issn.1001-2036.2014.05.008.}

[10229] 刘兴盛. 应用第 4 掌背动脉皮瓣修复手指软组织缺损 12 例 [J]. 中华创伤杂志，2014，30（12）: 1211–1212. DOI: 10.3760/cma.j.issn.1001–8050.2014.12.013. {LIU Xingsheng. Application of the fourth dorsal metacarpal artery flap for repair of finger soft tissue defect in 12 cases[J]. Zhonghua Chuang Shang Za Zhi[Chin J Trauma(Article in Chinese;No abstract available)],2014,30(12):1211-1212. DOI:10.3760/cma.j.issn.1001-8050.2014.12.013.}

[10230] 魏立友，王国强，陈华，张宏伟. 第 1 掌背动脉皮瓣一期修复儿童拇指软组织缺损 [J]. 中国骨与关节损伤杂志，2014，29（3）: 257–259. DOI: 10.7531/j.issn.1672–9935.2014.03.020. {WEI Liyou,WANG Guoqiang,CHEN Hua,ZHANG Hongwei. Clinical application of first dorsal metacarpal artery flap for repair of thumb tissue defect in emergency[J]. Zhongguo Gu Yu Guan Jie Sun Shang Za Zhi[Chin J Bone Joint Injury(Article in Chinese;Abstract in Chinese and English)],2014,29(3):257-259. DOI:10.7531/j.issn.1672-9935.2014.03.020.}

[10231] 宋力，沈立云，周明武，杨瑞甫，幸超峰，熊颖杰，李士民，朱杰. 掌背动脉逆行复合组织瓣修复手指复杂损伤 [J]. 中国骨与关节损伤杂志，2014，29（7）: 691–693. DOI: 10.7531/j.issn.1672–9935.2014.07.023. {SONG Li,SHEN Liyun,ZHOU Mingwu,YANG Ruifu,XING Chaofeng,XIONG Yingjie,LI Shimin,ZHU Jie. Reversed flap based on dorsal metacarpal artery in repairing finger complex injury[J]. Zhongguo Gu Yu Guan Jie Sun Shang Za Zhi[Chin J Bone Joint Injury(Article in Chinese;Abstract in Chinese and English)],2014,29(7):691-693. DOI:10.7531/j.issn.1672-9935.2014.07.023.}

[10232] 汤红波，裔式坤，戴克冬，王刚，杨峰. 哑铃形掌背逆行岛状皮瓣在手指皮肤缺损中的应用 [J]. 中华手外科杂志，2014，30（5）: 348–349. {TANG Hongbo,YI Shikun,DAI Kedong,WANG Gang,YANG Feng. Application of dumbbell-shaped reversed dorsal metacarpal island flap for treatment of finger skin defect[J]. Zhonghua Shou Wai Ke Za Zhi[Chin J Hand Surg(Article in Chinese;No abstract available)],2014,30(5):348-349.}

[10233] 周健，周丕育，杨绍浦，李尚权，苏期波. 游离第二掌背动脉皮瓣修复手指皮肤软组织缺损 [J]. 中华显微外科杂志，2015，38（1）: 99–100. DOI: 10.3760/cma.j.issn.1001–2036.2015.01.031. {ZHOU Jian,ZHOU Piyu,YANG Shaopu,LI Shangquan,SU Qibo. Free second dorsal metacarpal artery flap for repair of finger skin and soft tissue defects[J]. Zhonghua Xian Wei Wai Ke Za Zhi[Chin J Microsurg(Article in Chinese;No abstract available)],2015,38(1):99-100. DOI:10.3760/cma.j.issn.1001-2036.2015.01.031.}

[10234] 冯仕明，王爱国，张在轶，陶友伦，周明明，高顺红. 改良第一掌背动脉皮瓣修复拇指指腹缺损 [J]. 中华显微外科杂志，2015，38（2）: 166–169. DOI: 10.3760/cma.j.issn.1001–2036.2015.02.018. {FENG Shiming,WANG Aiguo,ZHANG Zaiyi,TAO Youlun,ZHOU Mingming,GAO Shunhong. Repair of thumb pulp defect with modified first dorsal metacarpal artery flap[J]. Zhonghua Xian Wei Wai Ke Za Zhi[Chin J Microsurg(Article in Chinese;Abstract in Chinese)],2015,38(2):166-169. DOI:10.3760/cma.j.issn.1001-2036.2015.02.018.}

[10235] 王湘伟，谢广中，梅林军，陈文雄. 第二掌背动脉逆行皮瓣修复指组织缺损 34 例 [J]. 中华显微外科杂志，2015，38（3）: 283–285. DOI: 10.3760/cma.j.issn.1001–2036.2015.03.022. {WANG Xiangwei,XIE Guangzhong,MEI Linjun,CHEN Wenxiong. The second dorsal metacarpal artery reverse flap for repair of finger tissue defects in 34 cases[J]. Zhonghua Xian Wei Wai Ke Za Zhi[Chin J Microsurg(Article in Chinese;Abstract in Chinese)],2015,38(3):283-285. DOI:10.3760/cma.j.issn.1001-2036.2015.03.022.}

[10236] 晏妮，罗庚，王国胜. 逆行第 1 掌背筋膜蒂皮瓣修复拇指创面 24 例疗效分析 [J]. 中华手外科杂志，2015，31（2）: 159–159. {YAN Ni,LUO Geng,WANG Guosheng. Clinical analysis of reversed first dorsal metacarpal fasciocutaneous flap for repair of thumb wound in 24 cases[J]. Zhonghua Shou Wai Ke Za Zhi[Chin J Hand Surg(Article in Chinese;No abstract available)],2015,31(2):159-159.}

[10237] 唐修俊，魏在荣，孙广峰，祁建平，王波，王达利. 改良指蹼动脉穿支链掌背皮瓣的临床应用 [J]. 中国临床解剖学杂志，2015，33（1）: 108–110. DOI: 10.13418/j.issn.1001–165x.2015.01.026. {TANG Xiujun,WEI Zairong,SUN Guangfeng,QI Jianping,WANG Bo,WANG Dali. Clinical application of modified fingerweb perforator artery chain-like dorsal metacarpal flap[J]. Zhongguo Lin Chuang Jie Pou Xue Za Zhi[Chin J Clin Anat(Article in Chinese;Abstract in Chinese and English)],2015,33(1):108-110. DOI:10.13418/j.issn.1001-165x.2015.01.026.}

[10238] 杨春来，海林，周围，梁敏，刘芙蓉，关瑞珍，彭满荣，陆向蓉. 指动脉背侧穿支蒂掌背皮瓣修复手指皮肤组织缺损 47 例 [J]. 中华显微外科杂志，2015，38（6）: 590–592. DOI: 10.3760/cma.j.issn.1001–2036.2015.06.019. {YANG Chunlai,HAI Lin,ZHOU Wei,LIANG Min,LIU Furong,GUAN Ruizhen,PENG Manrong,LU Xiangrong. Dorsal metacarpal flap pedicled with dorsal perforator of digital artery for repair of skin defects of fingers in cases[J]. Zhonghua Xian Wei Wai Ke Za Zhi[Chin J Microsurg(Article in Chinese;Abstract in Chinese)],2015,38(6):590-592. DOI:10.3760/cma.j.issn.1001-2036.2015.06.019.}

[10239] 周飞亚，高伟阳，蒋良福，池征璘，杨景全，宋永焕，丁健，褚庭纲. 掌背动脉复合组织皮瓣一期修复手指皮肤伴肌腱缺损的临床应用 [J]. 中华手外科杂志，2016，32（5）: 352–354. DOI: 10.3760/cma.j.issn.1005–054X.2016.05.015. {ZHOU Feiya,GAO Weiyang,JIANG Liangfu,CHI Zhenglin,YANG Jingquan,SONG Yonghuan,DING Jian,CHU Tinggang. Clinical application of dorsal metacarpal artery composite flap for coverage of tendon and skin defects of the fingers[J]. Zhonghua Shou Wai Ke Za Zhi[Chin J Hand Surg(Article in Chinese;Abstract in Chinese and English)],2016,32(5):352-354. DOI:10.3760/cma.j.issn.1005-054X.2016.05.015.}

[10240] 王辉，杨晓溪，王斌，张剑锋，贾松，王伟. 带神经第 1 掌背动脉皮瓣修复拇指指端较大面积皮肤软组织缺损 15 例 [J]. 中华烧伤杂志，2016，32（3）: 181–183. DOI: 10.3760/cma.j.issn.1009–2587.2016.03.011. {WANG Hui,YANG Xiaoxi,WANG Bin,ZHANG Jianfeng,JIA Song,WANG Wei. The first dorsal metacarpal artery flap with nerve for repair of large-area skin and soft tissue defects of thumb tip in 15 cases[J]. Zhonghua Shao Shang Za Zhi[Chin J Burns(Article in Chinese;No abstract available)],2016,32(3):181-183. DOI:10.3760/cma.j.issn.1009-2587.2016.03.011.}

[10241] 张杰，李津，李瑞华. 接合神经的第 1 掌背动脉皮瓣修复拇指指腹缺损 [J]. 实用手外科杂志，2016，30(4): 424–426. DOI: 10.3969/j.issn.1671–2722.2016.04.016. {ZHANG Jie,LI Jin,LI Ruihua. Repair of thumb pulp defect with first metacarpal dorsal artery flap with nerve suture[J]. Shi Yong Shou Wai Ke Za Zhi[Chin J Pract Hand Surg(Article in Chinese;Abstract in Chinese and English)],2016,30(4):424-426. DOI:10.3969/j.issn.1671-2722.2016.04.016.}

[10242] 刘永亮，王晓辉，陈仲华，王加利. 以指蹼动脉为蒂的掌背动脉皮瓣的临床应用 [J]. 实用手外科杂志，2017，31（1）: 46–48. DOI: 10.3969/j.issn.1671–2722.2017.01.015. {LIU Deliang,WANG Xiaohui,CHEN Zhonghua,WANG Jiali. Clinical application of dorsal metacarpal arterial flap with the pedicle of fingerweb artery[J]. Shi Yong Shou Wai Ke Za Zhi[Chin J Pract Hand Surg(Article in Chinese;Abstract in Chinese and English)],2017,31(1):46-48. DOI:10.3969/j.issn.1671-2722.2017.01.015.}

[10243] 魏诚，巨积辉，金乾衡，侯瑞兴. 第一掌背动脉岛状皮瓣修复虎口瘢痕挛缩 [J]. 中华手外科杂志，2018，34（2）: 141–142. DOI: 10.3760/cma.j.issn.1005–054X.2018.02.023. {WEI Cheng,JU Jihui,JIN Qianheng,HOU Ruixing. The first dorsal metacarpal artery island flap for repair of scar contracture of the first web space[J]. Zhonghua Shou Wai Ke Za Zhi[Chin J Hand Surg(Article in Chinese;Abstract in Chinese)],2018,34(2):141-142. DOI:10.3760/cma.j.issn.1005-054X.2018.02.023.}

[10244] 魏苏明，陆征峰，刘宇舟，龚灏，芮永军. 游离第一掌背动脉皮瓣修复手指皮肤软组织缺损 [J]. 中华手外科杂志，2018，34（5）: 326–328. DOI: 10.3760/cma.j.issn.1005–054X.2018.05.003. {WEI Suming,LU Zhengfeng,LIU Yuzhou,GONG Hao,RUI Yongjun. Application of the first dorsal metacarpal artery flap for repair of soft tissue defects of finger by free transplantation[J]. Zhonghua Shou Wai Ke Za Zhi[Chin J Hand Surg(Article in Chinese;Abstract in Chinese and English)],2018,34(5):326-328. DOI:10.3760/cma.j.issn.1005-054X.2018.05.003.}

[10245] 刘斌，胡学斌，沙亘，何成洁，金东，芦隽轩，姜黎. 第 2 掌背动脉逆行岛状皮瓣修复

示指掌侧皮肤软组织缺损 [J]. 实用手外科杂志，2018，32（3）：305-306. DOI：10.3969/j.issn.1671-2722.2018.03.015. {LIU Bin,HU Xuebin,SHA Gen,HE Chengjie,JIN Dong,LU Juanxuan,JIANG Li. Repair the soft tissue defect in the index finger by the second dorsal metacarpal artery retrograde island flap[J]. Shi Yong Shou Wai Ke Za Zhi[Chin J Pract Hand Surg(Article in Chinese;Abstract in Chinese and English)],2018,32(3):305-306. DOI:10.3969/j.issn.1671-2722.2018.03.015.}

[10246] 何小鹏，张亚斌，庞仲辉，姚永锋，蒋永彬，瞿超，钟文生，黄省利. 逆行第1掌背皮瓣修复示指组织缺损的疗效 [J]. 临床骨科杂志，2018，21（4）：487-489. DOI：10.3969/j.issn.1008-0287.2018.04.035. {HE Xiaopeng,ZHANG Yabin,PANG Zhonghui,YAO Yongfeng,JIANG Yongbing,QU Chao,ZHONG Wensheng,HUANG Shengli. The effect of the reverse first dorsal metacarpal flap repairing of index finger with soft tissue defect[J]. Lin Chuang Gu Ke Za Zhi[J Clin Orthop(Article in Chinese;Abstract in Chinese and English)],2018,21(4):487-489. DOI:10.3969/j.issn.1008-0287.2018.04.035.}

[10247] 江克罗，张文正，黎小艇，邓同明，徐凌锋，张崇健. 掌背动脉顺行皮瓣修复手背皮肤软组织缺损的临床应用 [J]. 中华手外科杂志，2018，34（5）：385-386. DOI：10.3760/cma.j.issn.1005-054X.2018.05.023. {JIANG Keluo,ZHANG Wenzheng,LI Xiaoting,DENG Tongming,XU Lingfeng,ZHANG Chongjian. Clinical application of anterograde dorsal metacarpal artery flap in repair of skin and soft tissue defects of the back of hand[J]. Zhonghua Shou Wai Ke Za Zhi[Chin J Hand Surg(Article in Chinese;Abstract in Chinese)],2018,34(5):385-386. DOI:10.3760/cma.j.issn.1005-054X.2018.05.023.}

[10248] 胡玉庆，高文华，宋利华，白庆兵，王洪庆，焦延杰，王冬月，马天骁，侯瑞兴. 超长掌背逆行岛状皮瓣修复全示指背侧皮肤软组织缺损 [J]. 中华手外科杂志，2019，35（6）：457-458. {HU Yuqing,GAO Wenhua,SONG Lihua,BAI Qingbing,WANG Hongqing,JIAO Yanjie,WANG Dongyue,MA Tianxiao,HOU Ruixing. Ultra-long dorsal metacarpal reverse island flap for repair of dorsal skin and soft tissue defects of the whole index finger[J]. Zhonghua Shou Wai Ke Za Zhi[Chin J Hand Surg(Article in Chinese;Abstract in Chinese)],2019,35(6):457-458.}

[10249] 陶先耀，薛明宇，强力，芮永军，卜凡玉，周晓. 指蹼穿支为蒂的超长逆行掌背岛状皮瓣修复手指侧方大面积软组织缺损 [J]. 中华显微外科杂志，2019，42（3）：280-282. DOI：10.3760/cma.j.issn.1001-2036.2019.03.018. {TAO Xianyao,XUE Mingyu,QIANG Li,RUI Yongjun,BU Fanyu,ZHOU Xiao. Over-long reverse dorsal metacarpal island flap pedicled with perforator of finger web for repairing large area soft tissue defect on the lateral fingers[J]. Zhonghua Xian Wei Wai Ke Za Zhi[Chin J Microsurg(Article in Chinese;Abstract in Chinese)],2019,42(3):280-282. DOI:10.3760/cma.j.issn.1001-2036.2019.03.018.}

[10250] 孙荣涛，焦涛. 改良指蹼动脉穿支掌背皮瓣修复手指软组织缺损 [J]. 临床骨科杂志，2019，22（1）：63-66. DOI：10.3969/j.issn.1008-0287.2019.01.026. {SUN Rongtao,JIAO Tao. The palmar dorsal flap with improved fingerweb artery perforation in repairing finger soft tissue defect[J]. Lin Chuang Gu Ke Za Zhi[J Clin Orthop(Article in Chinese;Abstract in Chinese and English)],2019,22(1):63-66. DOI:10.3969/j.issn.1008-0287.2019.01.026.}

[10251] 施凯兵，周振宇，刘璠，沈美华，施晓健，沈灵杰. 掌背动脉逆行岛状皮瓣修复手指掌侧软组织缺损的感觉功能随访研究 [J]. 中华骨与关节外科杂志，2020，13（3）：210-213. DOI：10.3969/j.issn.2095-9958.2020.03.06. {SHI Kaibing,ZHOU Zhenyu,LIU Fan,SHEN Meihua,SHI Xiaojian,SHEN Lingjie. A follow-up of sensory reconstruction in palmar soft tissue defect repaired by retrograde island flap of dorsal metacarpal artery[J]. Zhonghua Gu Yu Guan Jie Wai Ke Za Zhi[Chin J Bone Joint Surg(Article in Chinese;Abstract in Chinese and English)],2020,13(3):210-213. DOI:10.3969/j.issn.2095-9958.2020.03.06.}

[10252] 赵洋，曾文超. 第1掌背动脉逆行岛状皮瓣修复示指皮肤缺损 [J]. 实用手外科杂志，2020，34（2）：157-159. DOI：10.3969/j.issn.1671-2722.2020.02.012. {ZHAO Yang,ZENG Wenchao. Treatment of skin defect of index finger with reverse island flap of the firstdorsal metacarpal artery[J]. Shi Yong Shou Wai Ke Za Zhi[Chin J Pract Hand Surg(Article in Chinese;Abstract in Chinese and English)],2020,34(2):157-159. DOI:10.3969/j.issn.1671-2722.2020.02.012.}

4.4.3.3.2 掌背皮动脉逆行岛状皮瓣

reverse dorsal metacarpal cutaneous artery island flap

[10253] 路来金，宫旭，刘志刚，张志新. 双轴点掌背皮动脉皮瓣修复腕手指软组织缺损 [J]. 中国修复重建外科杂志，2004，18（6）：457-458. {LU Laijin,GONG Xu,LIU Zhixin,ZHANG Zhixin. Repair of soft tissue defects of wrist and fingers by antegrade and retrograde dorsal metacarpal flaps with cutaneous branches as pedicles[J]. Zhongguo Xiu Fu Chong Jian Wai Ke Za Zhi[Chin J Repar Reconstr Surg(Article in Chinese;Abstract in Chinese and English)],2004,18(6):457-458.}

[10254] 葛华平，阚世廉，王富基，苗平，夏既柏，王瑞，张园. 改良掌背皮动脉皮瓣修复指掌侧较大面积皮肤缺损 [J]. 中华手外科杂志，2012，28（4）：254. {GE Huaping,KAN Shilian,WANG Fuji,MIAO Ping,XIA Jibo,WANG Rui,ZHANG Yuan. Repair of large palmar skin defect with modified dorsal metacarpal cutaneous artery flap[J]. Zhonghua Shou Wai Ke Za Zhi[Chin J Hand Surg(Article in Chinese;No abstract available)],2012,28(4):254.}

4.4.3.3.3 掌背动脉穿支皮瓣

perforator flap of dorsal metacarpal artery

[10255] 陈青，王光斗，李汉秀，杨连海，冯殿生，王在刚，李骞，田青业，曹焕军. 指掌侧总动脉掌背穿支组织瓣的临床应用 [J]. 中华骨科杂志，1994，14（3）：355-356. {CHEN Qing,WANG Guangdong,LI Hanxiu,YANG Lianmei,FENG Diansheng,WANG Zaigang,LI Qian,TIAN Qingye,CAO Huanjun. The use of tissue flap pedicled by the dorsal metacarpal branches of the digital volar common artery[J]. Zhonghua Gu Ke Za Zhi[Chin J Orthop(Article in Chinese;Abstract in Chinese and English)],1994,14(3):355-356.}

[10256] 刘文泉，孙建行，单连美，程建高，刘伟. 带掌背动脉远侧穿支蒂掌骨骨膜瓣移植治疗指间关节面缺损 [J]. 骨与关节损伤杂志，2000，15（1）：24-25. DOI：10.3969/j.issn.1672-9935.2000.01.009. {LIU Wenquan,SUN Jianhang,SHAN Lianmei,CHENG Jiangao,LIU Wei. Grafting of metacarpal periosteum island flaps with distal perforating branches of dorsal matacarpal artery for treatmeat the proximal articular surface defects of the fingers[J]. Gu Yu Guan Jie Sun Shang Za Zhi[J Bone Joint Injury(Article in Chinese;Abstract in Chinese and English)],2000,15(1):24-25. DOI:10.3969/j.issn.1672-9935.2000.01.009.}

[10257] 王增涛，朱磊，李常辉. T形掌背动脉皮支皮瓣逆行转移修复手指环形软组织缺损 [J]. 中华显微外科杂志，2008，31(1)：12-14，插1. DOI：10.3760/cma.j.issn.1001-2036.2008.01.006. {WANG Zengtao,ZHU Lei,LI Changhui. Use T shape flap based dorsal metacarpal artery cutaneous branch to repair the ring form tissue defect of finger[J]. Zhonghua Xian Wei Wai Ke Za Zhi[Chin J Microsurg(Article in Chinese;Abstract in Chinese and English)],2008,31(1):12-14,insert 1. DOI:10.3760/cma.j.issn.1001-2036.2008.01.006.}

[10258] 罗伟国，云雄，邹重文，黄智，杨柏林，陆焱. 掌背动脉背侧皮支皮瓣修复手指软组织缺损27例报告 [J]. 中国矫形外科杂志，2008，16（18）：1432-1433. {LUO Weiguo,YUN Xiong,ZOU Chongwen,HUANG Zhi,YANG Bolin,LU Yan. Repair of finger parenchyma defects with flaps based on the hypodermic ramus of dorsal metacarpal artery[J]. Zhongguo Jiao Xing Wai Ke Za Zhi[Orthop J China(Article in Chinese;Abstract in Chinese)],2008,16(18):1432-1433.}

[10259] 顾增辉，郑隆宝，周东明，黄宏前. 掌背动脉皮支皮瓣的临床应用 [J]. 中华手外科杂志，2008，24（1）：58. {GU Zenghui,ZHENG Longbao,ZHOU Dongming,HUANG Hongqian. Clinical application of cutaneous branch of dorsal metacarpal artery flap[J]. Zhonghua Shou Wai Ke Za Zhi[Chin J Hand Surg(Article in Chinese;No abstract available)],2008,24(1):58.}

[10260] 祁强，李永林，林伟. 以掌背动脉远端皮支为蒂的逆行皮瓣修复手指创面 [J]. 创伤外科杂志，2008，10（5）：418-420. DOI：10.3969/j.issn.1009-4237.2008.05.016. {QI Qiang,LI Yonglin,LIN Wei. Repair of the soft tissue defects of fingers with dorsal metacarpal artery reversed flaps[J]. Chuang Shang Wai Ke Za Zhi[J Traum Surg(Article in Chinese;Abstract in Chinese and English)],2008,10(5):418-420. DOI:10.3969/j.issn.1009-4237.2008.05.016.}

[10261] 刘杰，胡军，陈志刚，黄德东，林琅山. 掌背动脉皮支皮瓣串联筋膜蒂皮瓣修复环指皮肤缺损一例 [J]. 中华手外科杂志，2009，25（3）：157. DOI：10.3760/cma.j.issn.1005-054X.2009.03.014. {LIU Jie,HU Jun,CHEN Zhigang,HUANG Dedong,LIN Langshan. Repair of skin defect of ring finger with dorsal metacarpal artery flap combined with fascial pedicle flap:a case report[J]. Zhonghua Shou Wai Ke Za Zhi[Chin J Hand Surg(Article in Chinese;No abstract available)],2009,25(3):157. DOI:10.3760/cma.j.issn.1005-054X.2009.03.014.}

[10262] 林涧，郑和平，余云兰，王正理，吴春. 掌背动脉皮穿支"哑铃型"筋膜皮瓣修复手指皮肤贯通缺损 [J]. 中华整形外科杂志，2010，26（3）：172-175. DOI：10.3760/cma.j.issn.1009-4598.2010.03.004. {LIN Jian,ZHENG Heping,YU Yunlan,WANG Zhengli,WU Chun. Repairing finger's penetrating soft tissue defects with "dumbbell" fascial metacarpal flap pedicled with skin perforator of dorsal metacarpal artery[J]. Zhonghua Zheng Xing Wai Ke Za Zhi[Chin J Plast Surg(Article in Chinese;Abstract in Chinese and English)],2010,26(3):172-175. DOI:10.3760/cma.j.issn.1009-4598.2010.03.004.}

[10263] 苏瑞鉴，杨庆达，曾麟杰，陈善豪，梁波，张智钊，吴耀康，卢建国，梁大喜. 掌背动脉穿支蒂营养血管皮瓣的临床应用 [J]. 实用医学杂志，2010，26（18）：3462-3463. DOI：10.3969/j.issn.1006-5725.2010.18.090. {SU Ruijian,YANG Qingda,ZENG Linjie,CHEN Shanhao,LIANG Bo,ZHANG Zhizhao,WU Yaokang,LU Jianguo,LIANG Daxi. Clinical application of nutrient vessels from dorsal metacarpal artery perforator flap[J]. Shi Yong Yi Xue Za Zhi[J Pract Med(Article in Chinese;No abstract available)],2010,26(18):3462-3463. DOI:10.3969/j.issn.1006-5725.2010.18.090.}

[10264] 王培吉，周忠良，江波. 掌背动脉皮支蒂逆行筋膜皮瓣修复手指皮肤缺损 [J]. 中华手外科杂志，2010，26(4)：195-197. DOI：10.3760/cma.j.issn.1005-054X.2010.04.002. {WANG Peiji,ZHOU Zhongliang,JIANG Bo. Dorsal metacarpal artery cutaneous branch reverse fascio-cutaneous flap to repair soft tissue defects of the fingers[J]. Zhonghua Shou Wai Ke Za Zhi[Chin J Hand Surg(Article in Chinese;Abstract in Chinese and English)],2010,26(4):195-197. DOI:10.3760/cma.j.issn.1005-054X.2010.04.002.}

[10265] 张文龙，张子明，高顺红，陈超. 改良掌背动脉穿支皮瓣修复手指软组织缺损 [J]. 中华创伤骨科杂志，2011，13（4）：332-335. DOI：10.3760/cma.j.issn.1671-7600.2011.04.008. {ZHANG Wenlong,ZHANG Ziming,GAO Shunhong,CHEN Chao. Repair of digital soft tissue defects with a modified reversed island flap pedicled on a perforating branch of the dorsal metacarpal artery[J]. Zhonghua Chuang Shang Gu Ke Za Zhi[Chin J Orthop Trauma(Article in Chinese;Abstract in Chinese and English)],2011,13(4):332-335. DOI:10.3760/cma.j.issn.1671-7600.2011.04.008.}

[10266] 王培吉，董启榕，江波，张鹏，赵家举. 第2、3掌背动脉皮支筋膜皮瓣修复手指中远节软组织缺损 [J]. 中华显微外科杂志，2011，34（6）：447-449. DOI：10.3760/cma.j.issn.1001-2036.2011.06.003. {WANG Peiji,DONG Qirong,JIANG Bo,ZHANG Peng,ZHAO Jiaju. Cutaneous branches of second and third dorsal metacarpal artery fasciocutaneous flaps for repair of distal-and middle-segment finger soft tissue defects[J]. Zhonghua Xian Wei Wai Ke Za Zhi[Chin J Microsurg(Article in Chinese;Abstract in Chinese and English)],2011,34(6):447-449. DOI:10.3760/cma.j.issn.1001-2036.2011.06.003.}

[10267] 梁钢，孙建平. 不同轴点的第二掌背动脉远端皮支皮瓣的应用 [J]. 中华创伤杂志，2013，29(11)：1089-1090. DOI：10.3760/cma.j.issn.1001-8050.2013.11.017. {LIANG Gang,SUN Jianping. Application of different axial points of the distal cutaneous branch of second dorsal metacarpal artery flap[J]. Zhonghua Chuang Shang Za Zhi[Chin J Trauma(Article in Chinese;No abstract available)],2013,29(11):1089-1090. DOI:10.3760/cma.j.issn.1001-8050.2013.11.017.}

[10268] 张文龙，王增涛，高顺红，焦成，费小轩，刘亚静. 第二掌背动脉终末支双"n"形皮瓣修复拇指末节脱套伤 [J]. 中华显微外科杂志，2013，36（1）：65-67. DOI：10.3760/cma.j.issn.1001-2036.2013.01.019. {ZHANG Wenlong,WANG Zengtao,GAO Shunhong,JIAO Cheng,FEI Xiaoxuan,LIU Yajing. Double N shaped flap with terminal branch of second dorsal metacarpal artery for repair of degloving injury of distal segment of thumb[J]. Zhonghua Xian Wei Wai Ke Za Zhi[Chin J Microsurg(Article in Chinese;Abstract in Chinese)],2013,36(1):65-67. DOI:10.3760/cma.j.issn.1001-2036.2013.01.019.}

[10269] 刘宇舟，寿奎水，糜菁熠，邱扬，华雍. 掌背动脉返支蒂筋膜皮瓣修复手指软组织缺损 [J]. 中华手外科杂志，2013，29（1）：24. {LIU Yuzhou,SHOU Kuishui,MI Jingyi,QIU Yang,HUA Yong. Repair of finger soft tissue defect with fasciocutaneous flap pedicled with dorsal metacarpal artery recurrent branch[J]. Zhonghua Shou Wai Ke Za Zhi[Chin J Hand Surg(Article in Chinese;No abstract available)],2013,29(1):24.}

[10270] 卜凡玉，薛明宇，芮永军，寿奎水，杨惟翔. 应用第2掌背动脉穿支皮瓣急诊修复手指指腹缺损 [J]. 中华显微外科杂志，2014，37（6）：588-590. DOI：10.3760/cma.j.issn.1001-2036.2014.06.018. {BU Fanyu,XUE Mingyu,RUI Yongjun,SHOU Kuishui,YANG Weixiang. The second dorsal metacarpal artery perforator flap emergent repair of finger pulp defect[J]. Zhonghua Xian Wei Wai Ke Za Zhi[Chin J Microsurg(Article in Chinese;Abstract in Chinese)],2014,37(6):588-590. DOI:10.3760/cma.j.issn.1001-2036.2014.06.018.}

[10271] 谢勇，詹友达，李洪兵，陶金国，李懿，卢刚，李立，高春锦. 掌背动脉远侧皮支皮瓣修复手指软组织缺损的体会 [J]. 中华手外科杂志，2014，30（1）：76. DOI：10.3760/cma.j.issn.1005-054X.2014.01.030. {XIE Yong,ZHAN Youda,LI Hongbing,TAO Jinguo,LI Yi,LU Gang,LI Li,GAO Chunjin. Experience of dorsal metacarpal artery flap for repair of finger soft tissue defect[J]. Zhonghua Shou Wai Ke Za Zhi[Chin J Hand Surg(Article in Chinese;No abstract available)],2014,30(1):76. DOI:10.3760/cma.j.issn.1005-054X.2014.01.030.}

[10272] 刘焕龙，王增涛，张文龙，郑有卯. 掌背穿支皮瓣滑移术在并指畸形指蹼重建中的应用 [J]. 中华整形外科杂志，2015，31（3）：195-197. DOI：10.3760/cma.j.issn.1009-4598.2015.03.010. {LIU Huanlong,WANG Zengtao,ZHANG Wenlong,ZHENG Youmao. The application of the dorsal metacarpal perforator sliding flap for web-space reconstruction in congenital syndactyly[J]. Zhonghua Zheng Xing Wai Ke Za Zhi[Chin J Plast Surg(Article in Chinese;Abstract in Chinese and English)],2015,31(3):195-197. DOI:10.3760/cma.j.issn.1009-4598.2015.03.010.}

[10273] 袁翔，柯雯昙，雷毅. 第一掌背动脉穿支皮瓣修复拇指软组织缺损 [J]. 创伤外科杂志，2015，17（3）：267-267. {YUAN Xiang,KE Wentan,LEI Yi. The first dorsal metacarpal artery perforator flap to repair the thumb with soft-tusse defect[J]. Chuang Shang Wai Ke Za Zhi[J Traum Surg(Article in Chinese;Abstract in Chinese)],2015,17(3):267-267.}

[10274] 刘宇舟，芮永军，糜菁熠，邱扬，华雍. 掌背动脉皮支皮瓣修复多个手指软组织缺损 [J]. 中华显微外科杂志，2015，38（4）：347-349. DOI：10.3760/cma.j.issn.1001-2036.2015.04.010. {LIU Yuzhou,RUI Yongjun,MI Jingyi,QIU Yang,HUA Yong. Repair of multi-fingers soft tissue defects with flaps based on cutaneous branches of dorsal metacarpal artery[J]. Zhonghua Xian Wei Wai Ke Za Zhi[Chin J Microsurg(Article in Chinese;Abstract in Chinese and English)],2015,38(4):347-349. DOI:10.3760/cma.j.issn.1001-2036.2015.04.010.}

[10275] 黄平，余晓芳．掌背动脉皮支皮瓣修复手指深度电烧伤创面 [J]．中华手外科杂志，2015，31（4）：279–280．{HUANG Ping,YU Xiaofang. Repair of deep electric burn wounds of fingers with dorsal metacarpal artery flap[J]. Zhonghua Shou Wai Ke Za Zhi[Chin J Hand Surg(Article in Chinese;No abstract available)],2015,31(4):279-280.}

[10276] 冯仕明，王爱国，张在轶，陶友伦，周明明，郝云甲，武艳云，孙擎擎．第一掌背动脉远端支皮瓣修复拇指末节皮肤套状缺损 [J]．中华手外科杂志，2015，31（5）：331–333．DOI：10.3760/cma.j.issn.1005–054X.2015.05.006．{FENG Shiming,WANG Aiguo,ZHANG Zaiyi,TAO Youlun,ZHOU Mingming,HAO Yunjia,WU Yanyun,SUN Qingqing. Thumb-tip degloving injury reconstruction using the first dorsal metacarpal distal artery flap[J]. Zhonghua Shou Wai Ke Za Zhi[Chin J Hand Surg(Article in Chinese;Abstract in Chinese and English)],2015,31(5):331-333. DOI:10.3760/cma.j.issn.1005-054X.2015.05.006.}

[10277] 朱海涛，贺立新，李冬海，曹玉珏，屠海霞．多个掌背动脉穿支皮瓣逆行转移修复 12 例患者手部多处深度创面 [J]．中华烧伤杂志，2016，32（9）：569–571．DOI：10.3760/cma.j.issn.1009–2587.2016.09.012．{ZHU Haitao,HE Lixin,LI Donghai,CAO Yujue,TU Haixia. Multiple reversed dorsal metacarpal artery perforator flaps for repair of multiple deep wounds of the hand in 12 cases[J]. Zhonghua Shao Shang Za Zhi[Chin J Burns(Article in Chinese;No abstract available)],2016,32(9):569-571. DOI:10.3760/cma.j.issn.1009-2587.2016.09.012.}

[10278] 周晓，薛明宇，许亚军，强力，黄军．掌背动脉穿支皮瓣在手指近、中节皮肤软组织缺损修复中的应用 [J]．中华整形外科杂志，2016，32（6）：462–463．DOI：10.3760/cma.j.issn.1009–4598.2016.06.016．{ZHOU Xiao,XUE Mingyu,XU Yajun,QIANG Li,HUANG Jun. Application of dorsal metacarpal artery perforator flap for repair of skin and soft tissue defects of proximal and middle segments of fingers[J]. Zhonghua Zheng Xing Wai Ke Za Zhi[Chin J Plast Surg(Article in Chinese;No abstract available)],2016,32(6):462-463. DOI:10.3760/cma.j.issn.1009-4598.2016.06.016.}

[10279] 汤样华，曾林如，胡中青，辛大伟，岳振双，徐灿达．掌背动脉穿支逆行筋膜皮瓣修复多指近、中节指背侧软组织缺损 [J]．临床骨科杂志，2016，19（6）：751–751，752．DOI：10.3969/j.issn.1008–0287.2016.06.049．{TANG Yanghua,ZENG Linru,HU Zhongqing,XIN Dawei,YUE Zhenshuang,XU Canda. Dorsal metacarpal artery perforators flap for repairing the defect of proximal and middle segment of the fingers[J]. Lin Chuang Gu Ke Za Zhi[J Clin Orthop(Article in Chinese;No abstract available)],2016,19(6):751-751,752. DOI:10.3969/j.issn.1008-0287.2016.06.049.}

[10280] 李文庆，李楚炎，王文胜，姚海波，毛仁群，张国雷，谭荣志．示指桡侧指动脉掌背皮支皮瓣的临床应用 [J]．中华显微外科杂志，2016，39（6）：604–606．DOI：10.3760/cma.j.issn.1001–2036.2016.06.028．{LI Wenqing,LI Chuyan,WANG Wensheng,YAO Haibo,MAO Renqun,ZHANG Guolei,TAN Rongzhi. Clinical application of dorsal metacarpal cutaneous branch flap of radial digital artery of index finger[J]. Zhonghua Xian Wei Wai Ke Za Zhi[Chin J Microsurg(Article in Chinese;Abstract in Chinese)],2016,39(6):604-606. DOI:10.3760/cma.j.issn.1001-2036.2016.06.028.}

[10281] 韩超前，侯小赛，温树正，郭卫春．第三掌背动脉穿支蒂逆行岛状皮瓣修复中指尺侧缺损的临床研究 [J]．中华手外科杂志，2017，33（4）：261–263．DOI：10.3760/cma.j.issn.1005–054X.2017.04.009．{HAN Chaoqian,HOU Xiaosai,WEN Shuzheng,GUO Weichun. Clinical study of reversed island flap pedicled with the third dorsal metacarpal artery branch for repair of ulnar defect of middle finger[J]. Zhonghua Shou Wai Ke Za Zhi[Chin J Hand Surg(Article in Chinese;Abstract in Chinese and English)],2017,33(4):261-263. DOI:10.3760/cma.j.issn.1005-054X.2017.04.009.}

[10282] 王扬剑，陈林海，郑雪红，宋庆华，吴睿，黄斌，魏鹏．掌背动脉背侧皮支皮瓣修复手指中末节软组织缺损 [J]．中华显微外科杂志，2018，41（3）：213–215．DOI：10.3760/cma.j.issn.1001–2036.2018.03.002．{WANG Yangjian,CHEN Linhai,ZHENG Xuehong,SONG Qinghua,WU Rui,HUANG Bin,WEI Peng. Repair soft tissue defect of middle-and-distal finger with reversed flap based on cutaneous branch of dorsal metacarpal artery[J]. Zhonghua Xian Wei Wai Ke Za Zhi[Chin J Microsurg(Article in Chinese;Abstract in Chinese and English)],2018,41(3):213-215. DOI:10.3760/cma.j.issn.1001-2036.2018.03.002.}

[10283] 王自方，明立功，李洋洋．第 2 掌背动脉皮支皮瓣接力修复示指和中指供区创面 [J]．中华显微外科杂志，2019，42（5）：490–493．DOI：10.3760/cma.j.issn.1001–2036.2019.05.018．{WANG Zifang,MING Ligong,LI Yangyang. Second dorsal metacarpal artery relay flap for repair of donor site of index finger and middle finger[J]. Zhonghua Xian Wei Wai Ke Za Zhi[Chin J Microsurg(Article in Chinese;Abstract in Chinese)],2019,42(5):490-493. DOI:10.3760/cma.j.issn.1001-2036.2019.05.018.}

[10284] 王洋洋，邵牧，巨积辉，侯瑞兴．应用第 2 掌背动脉穿支皮瓣急诊修复示指指背软组织缺损 [J]．中华显微外科杂志，2020，43（1）：71–73．DOI：10.3760/cma.j.issn.1001–2036.2020.01.018．{WANG Yangyang,SHAO Mu,JU Jihui,HOU Ruixing. Application of the second dorsal metacarpal artery perforator flap for repair of soft tissue defect of the dorsal index finger[J]. Zhonghua Xian Wei Wai Ke Za Zhi[Chin J Microsurg(Article in Chinese;Abstract in Chinese)],2020,43(1):71-73. DOI:10.3760/cma.j.issn.1001-2036.2020.01.018.}

[10285] 张天浩，林涧，王之江，李博．第 1 掌背动脉穿支蒂皮瓣 II 期修复拇示指远端皮肤软组织缺损 [J]．实用手外科杂志，2020，34（2）：126–128．DOI：10.3969/j.issn.1671–2722.2020.02.002．{ZHANG Tianhao,LIN Jian,WANG Zhijiang,LI Bo. Repair soft tissue defects of thumb and index finger with the first dorsal metacarpal artery perforator flap in the second phase[J]. Shi Yong Shou Wai Ke Za Zhi[Chin J Pract Hand Surg(Article in Chinese;Abstract in Chinese and English)],2020,34(2):126-128. DOI:10.3969/j.issn.1671-2722.2020.02.002.}

4.4.3.3.4 虎口背侧皮瓣
dorsal flap of the first web space

[10286] 郑有卯，张法云，吴立志，金子清，郑卜真，王斌，顾仕林．虎口背侧逆行岛状皮瓣的临床应用 [J]．中华手外科杂志，2009，25（4）：251–252．{ZHENG Youmao,ZHANG Fayun,WU Lizhi,JIN Ziqing,ZHENG Buzhen,WANG Bin,GU Shilin. Clinical application of reversed island flap of the first web dorsal space[J]. Zhonghua Shou Wai Ke Za Zhi[Chin J Hand Surg(Article in Chinese;No abstract available)],2009,25(4):251-252.}

[10287] 魏壮，索岩，杨光，刘飙，尹维田，刘浩宇．虎口背侧逆行岛状皮瓣修复拇指皮肤缺损的临床体会 [J]．中华显微外科杂志，2012，35（4）：338–339．DOI：10.3760/cma.j.issn.1001–2036.2012.04.029．{WEI Zhuang,SUO Yan,YANG Guang,LIU Biao,YIN Weitian,LIU Haoyu. Clinical experience of reversed island flap of the first web dorsal space for repair thumb skin defect[J]. Zhonghua Xian Wei Wai Ke Za Zhi[Chin J Microsurg(Article in Chinese;No abstract available)],2012,35(4):338-339. DOI:10.3760/cma.j.issn.1001-2036.2012.04.029.}

[10288] 许亚军，周晓，柯尊山，周建东，陈学明．双穿支蒂虎口背侧逆行岛状皮瓣修复拇示指软组织缺损 [J]．中华手外科杂志，2012，28（5）：261–263．{XU Yajun,ZHOU Xiao,KE Zunshan,ZHOU Jiandong,CHEN Xueming. Application of distal biperforator based island flap of the first web dorsal space for repairing soft tissue defects of the thumb or index fingers[J]. Zhonghua Shou Wai Ke Za Zhi[Chin J Hand Surg(Article in Chinese;Abstract in Chinese and English)],2012,28(5):261-263.}

4.4.3.3.4.1 腕掌侧动脉虎口掌侧穿支皮瓣
palmar first web space perforator flap of carpometacarpal artery

[10289] 王田佺，胡德庆，林海青，温福利，薛来恩．虎口掌侧动脉背侧穿支蒂跨区供血皮瓣的解剖基础 [J]．中国临床解剖学杂志，2020，38（2）：127–130．DOI：10.13418/j.issn.1001–165x.2020.02.003．{WANG Tianquan,HU Deqing,LIN Haiqing,WEN Fuli,XUE Laien. Anatomical basis of the dorsal perforating extended flap based on the palmar artery at the site between the thumb and the index finger[J]. Zhongguo Lin Chuang Jie Pou Xue Za Zhi[Chin J Clin Anat(Article in Chinese;Abstract in Chinese and English)],2020,38(2):127-130. DOI:10.13418/j.issn.1001-165x.2020.02.003.}

4.4.3.3.4.2 鼻烟窝穿支皮瓣
snuff-box perforator flap

[10290] 张高孟，胡建平．桡动脉鼻烟窝筋膜穿支皮瓣 [J]．手外科杂志，1992，8（2）：67–68．{ZHANG Gaomeng,HU Jianping. Snuffbox perforator of radial artery fascial flap[J]. Shou Wai Ke Za Zhi[Chin J Hand Surg(Article in Chinese;Abstract in Chinese)],1992,8(2):67-68.}

[10291] 冯峰，田松，程春生，张俊，贾红伟．吻合头静脉的桡动脉鼻烟窝筋膜穿支皮瓣 [J]．中华手外科杂志，1994，10（2）：114．{FENG Feng,TIAN Song,CHENG Chunsheng,ZHANG Jun,JIA Hongwei. Snuffbox perforator of radial artery fascial flap with cephalic vein anastomosis[J]. Zhonghua Shou Wai Ke Za Zhi[Chin J Hand Surg(Article in Chinese;No abstract available)],1994,10(2):114.}

[10292] 顾玉东，张高孟，劳杰，张丽银，虞聪．桡动脉鼻烟窝皮支皮瓣 [J]．中华显微外科杂志，1995，18（2）：101–102，157．{GU Yudong,ZHANG Gaomeng,LAO Jie,ZHANG Liyin,YU Cong. Snuffbox perforator of radial artery flap[J]. Zhonghua Xian Wei Wai Ke Za Zhi[Chin J Microsurg(Article in Chinese;No abstract available)],1995,18(2):101-102,157.}

[10293] 梁清国，黎海辉，李梅．桡动脉鼻烟窝穿支远端蒂岛状筋膜皮瓣修复手部烧伤七例 [J]．中华烧伤杂志，2004，20（4）：243．DOI：10.3760/cma.j.issn.1009–2587.2004.04.024．{LIANG Qingguo,LI Haihui,LI Mei. Island fasciocutaneous flap pedicled with the distal snuffbox branch of radial artery for repair of hand burn in 7 cases[J]. Zhonghua Shao Shang Za Zhi[Chin J Burns(Article in Chinese;No abstract available)],2004,20(4):243. DOI:10.3760/cma.j.issn.1009-2587.2004.04.024.}

[10294] 王晓峰，赵立宗，任喜明．鼻烟窝神经血管蒂皮瓣在手部皮肤缺损中的应用 [J]．中华手外科杂志，2005，21（2）：111．{WANG Xiaofeng,ZHAO Lizong,REN Ximing. Application of snuffbox neurovascular flap in hand skin defect[J]. Zhonghua Shou Wai Ke Za Zhi[Chin J Hand Surg(Article in Chinese;No abstract available)],2005,21(2):111.}

[10295] 王文龙，董忠根．鼻烟窝皮瓣修复虎口皮肤缺损 5 例临床分析 [J]．中国骨伤，2005，18（3）：179．DOI：10.3969/j.issn.1003–0034.2005.03.027．{WANG Wenlong,DONG Zhonggen. Repair of cutaneous deficiency of first web space with skin flap of snuff-box[J]. Zhongguo Gu Shang[China J Orthop Trauma(Article in Chinese;No abstract available)],2005,18(3):179. DOI:10.3969/j.issn.1003-0034.2005.03.027.}

[10296] 吴德富，王鑫，李艳．鼻烟窝皮瓣修复手背创面 18 例初步报告 [J]．中国矫形外科杂志，2006，14（14）：1119–1120．{WU Defu,WANG Xin,LI Yan. Primary application of repair of soft tissue defect in dorsal hands with tabatiere anatomique flap in 18 cases[J]. Zhongguo Jiao Xing Wai Ke Za Zhi[Orthop J China(Article in Chinese;Abstract in Chinese)],2006,14(14):1119-1120.}

[10297] 姚保兵，王文德，李宗宝，胡亮，赵亮．鼻烟窝皮瓣治疗虎口皮肤软组织缺损 [J]．中华手外科杂志，2006，22（5）：271–272．{YAO Baobing,WANG Wende,LI Zongbao,HU Liang,ZHAO Liang. Snuffbox flap for repair of skin and soft tissue defect of the first web[J]. Zhonghua Shou Wai Ke Za Zhi[Chin J Hand Surg(Article in Chinese;No abstract available)],2006,22(5):271-272.}

[10298] 姚保兵，王文德，李宗宝．鼻烟窝皮瓣修复中重度虎口挛缩 [J]．中国骨伤，2007，20（5）：323–324．DOI：10.3969/j.issn.1003–0034.2007.05.014．{YAO Baobing,WANG Wende,LI Zongbao. Reconstruction of middle and severe contractures of the first-web space with snuff-box flap[J]. Zhongguo Gu Shang[China J Orthop Trauma(Article in Chinese;No abstract available)],2007,20(5):323-324. DOI:10.3969/j.issn.1003-0034.2007.05.014.}

[10299] 何如祥，雷林革，冯海军．桡动脉鼻烟窝穿支筋膜皮瓣修复虎口皮肤缺损 [J]．中华手外科杂志，2009，25（5）：263．{HE Ruxiang,LEI Linge,FENG Haijun. Repair of skin defect of the first web space with snuffbox perforator of radial artery fasciocutaneous flap[J]. Zhonghua Shou Wai Ke Za Zhi[Chin J Hand Surg(Article in Chinese;No abstract available)],2009,25(5):263.}

[10300] 孙乐天，方光荣，侯书健，屈志刚，丁小珩，刘亚平，汤海萍．应用桡动脉鼻烟窝皮支皮瓣修复虎口挛缩 [J]．中华显微外科杂志，2010，33（2）：92–94，后插三．DOI：10.3760/cma.j.issn.1001–2036.2010.02.002．{SUN Letian,FANG Guangrong,HOU Shujian,QU Zhigang,DING Xiaoheng,LIU Yaping,TANG Haiping. Reconstruction of contracture of the first web space with snuff-box flap[J]. Zhonghua Xian Wei Wai Ke Za Zhi[Chin J Microsurg(Article in Chinese;Abstract in Chinese and English)],2010,33(2):92-94,insert 3. DOI:10.3760/cma.j.issn.1001-2036.2010.02.002.}

[10301] 陶水良，曾林如，汤样华．鼻烟窝皮瓣在手部皮肤缺损中的应用 [J]．中华手外科杂志，2010，26（4）：201–202．DOI：10.3760/cma.j.issn.1005–054X.2010.04.004．{TAO Shuiliang,ZENG Linru,TANG Yanghua. Application of snuff-box flap in repairing skin defects of the hand[J]. Zhonghua Shou Wai Ke Za Zhi[Chin J Hand Surg(Article in Chinese;Abstract in Chinese and English)],2010,26(4):201-202. DOI:10.3760/cma.j.issn.1005-054X.2010.04.004.}

[10302] 赵成利，蓝飞晓，邝石峰，匡斌，邓国三．应用桡动脉鼻烟窝穿支皮瓣修复手部皮肤缺损 [J]．中华显微外科杂志，2011，34（3）：226–227．DOI：10.3760/cma.j.issn.1001–2036.2011.03.020．{ZHAO Chengli,LAN Feixiao,KUANG Shifeng,KUANG Bin,DENG Guosan. Application of snuffbox perforator of radial artery flap for repair of hand skin defect[J]. Zhonghua Xian Wei Wai Ke Za Zhi[Chin J Microsurg(Article in Chinese;Abstract in Chinese)],2011,34(3):226-227. DOI:10.3760/cma.j.issn.1001-2036.2011.03.020.}

[10303] 刘宏君，潘俊博，张乃臣，田恒，顾加祥．鼻烟窝穿支皮瓣修复手背部软组织缺损 [J]．中华手外科杂志，2013，29（4）：200．{LIU Hongjun,PAN Junbo,ZHANG Naichen,TIAN Heng,GU Jiaxiang. Repair of soft tissue defect of dorsal hand with snuffbox perforator flap[J]. Zhonghua Shou Wai Ke Za Zhi[Chin J Hand Surg(Article in Chinese;No abstract available)],2013,29(4):200.}

[10304] 于俊，于志亮，齐巍，张云鹏，张净宇，胡宏宇，焦成，周彤，高顺红．桡动脉鼻烟窝穿支皮瓣与手指侧方顺行岛状皮瓣瓦合修复拇指旋转撕脱离断后大面积套状皮肤缺损 [J]．中华手外科杂志，2014，30（5）：346–348．{YU Jun,YU Zhiliang,QI Wei,ZHANG Yunpeng,ZHANG Jingyu,HU Hongyu,JIAO Cheng,ZHOU Tong,GAO Shunhong. Snuffbox radial artery perforator flap combined with lateral finger island flap for repairing large skin defects after thumb rotation avulsion injury[J]. Zhonghua Shou Wai Ke Za Zhi[Chin J Hand Surg(Article in Chinese;Abstract in Chinese and English)],2014,30(5):346-348.}

[10305] 杨大威，张军，姜明久，王鹏．桡动脉鼻烟窝筋膜穿支皮瓣与骨间背动脉皮瓣修复虎口挛缩的比较 [J]．中华解剖与临床杂志，2014，19（1）：41–45．DOI：10.3760/cma.j.issn.2095–7041.2014.01.011．{YANG Dawei,ZHANG Jun,JIANG Mingjiu,WANG Peng. Thirty-five cases of contractures of the first web space repairing with snuffbox flap and

the posterior interosseous artery flap[J]. Zhonghua Jie Pou Yu Lin Chuang Za Zhi[Chin J Anat Clin(Article in Chinese;Abstract in Chinese and English)],2014,19(1):41-45. DOI:10.3760/cma.j.issn.2095-7041.2014.01.011.}

[10306] 张发惠，张朝春，林松庆，宋一平，郑和平. 桡动脉鼻烟窝穿支蒂前臂皮瓣修复手部软组织缺损[J]. 中国临床解剖学杂志，2015，33（2）：223-225. DOI：10.13418/j.issn.1001-165x.2015.02.022. {ZHANG Fahui,ZHANG Chaochun,LIN Songqing,SONG Yiping,ZHENG Heping. Reconstruction of defects on the hand with flaps based on the perforator located at the snuff box[J]. Zhongguo Lin Chuang Jie Pou Xue Za Zhi[Chin J Clin Anat(Article in Chinese;Abstract in Chinese and English)],2015,33(2):223-225. DOI:10.13418/j.issn.1001-165x.2015.02.022.}

[10307] 贾明，刘林峰，宋达疆，唐亮，王增涛. 游离鼻烟窝穿支皮瓣修复手指皮肤缺损12例[J]. 中华显微外科杂志，2017，40（4）：374-376. DOI：10.3760/cma.j.issn.1001-2036.2017.04.017. {JIA Ming,LIU Linfeng,SONG Dajiang,TANG Liang,WANG Zengtao. Free snuffbox perforator flap for repair of finger skin defect in 12 cases[J]. Zhonghua Xian Wei Wai Ke Za Zhi[Chin J Microsurg(Article in Chinese;Abstract in Chinese)],2017,40(4):374-376. DOI:10.3760/cma.j.issn.1001-2036.2017.04.017.}

[10308] 王辉，杨晓溪，霍永鑫，李军，王伟，刘伟，王斌. 桡动脉鼻烟窝穿支筋膜皮瓣修复手部大鱼际及拇指背侧较大面积软组织缺损[J]. 中华整形外科杂志，2019，35（12）：1226-1229. DOI：10.3760/cma.j.issn.1009-4598.2019.12.013. {WANG Hui,YANG Xiaoxi,HUO Yongxin,LI Jun,WANG Wei,LIU Wei,WANG Bin. Repair of large soft tissue defects of the thenar and dorsal thumb with snuffbox perforator flap of radial artery[J]. Zhonghua Zheng Xing Wai Ke Za Zhi[Chin J Plast Surg(Article in Chinese;Abstract in Chinese and English)],2019,35(12):1226-1229. DOI:10.3760/cma.j.issn.1009-4598.2019.12.013.}

4.4.3.4 拇指尺背侧逆行岛状皮瓣
reverse dorsal-ulnar island flap of thumb

[10309] 胡鸿泰. 拇指尺背侧动脉为蒂的逆行皮瓣[J]. 中华手外科杂志，2002，18（4）：38-39. {HU Hongtai. The dorsoulnar arterial retrograde flap of the thumb[J]. Zhonghua Shou Wai Ke Za Zhi[Chin J Hand Surg(Article in Chinese;Abstract in Chinese and English)],2002,18(4):38-39.}

[10310] 李军，徐永清，汪新民，徐小山. 拇指尺背侧逆行皮神经营养血管皮瓣的临床应用[J]. 实用手外科杂志，2004，18(1)：9-10. DOI：10.3969/j.issn.1671-2722.2004.01.004. {LI Jun,XU Yongqing,WANG Xinmin,XU Xiaoshan. Clinical application of thumb reversed neurocutaneous flap on dorsal-ulnar side[J]. Shi Yong Shou Wai Ke Za Zhi[Chin J Pract Hand Surg(Article in Chinese;Abstract in Chinese and English)],2004,18(1):9-10. DOI:10.3969/j.issn.1671-2722.2004.01.004.}

[10311] 方俊英，梁萍. 拇指尺背侧动脉逆行皮瓣修复拇指远节软组织缺损[J]. 中华显微外科杂志，2006，29（4）：298-299. DOI：10.3760/cma.j.issn.1001-2036.2006.04.024. {FANG Junying,LIANG Ping. Reversed ulnar dorsal artery flap of thumb for repair of soft tissue defect of distal segment of thumb[J]. Zhonghua Xian Wei Wai Ke Za Zhi[Chin J Microsurg(Article in Chinese;Abstract in Chinese)],2006,29(4):298-299. DOI:10.3760/cma.j.issn.1001-2036.2006.04.024.}

[10312] 闫德明，刘拥军，武军龙，王伟民，李会奇. 拇指尺背侧动脉逆行皮瓣修复拇指软组织缺损[J]. 中华手外科杂志，2007，23（5）：314. DOI：10.3760/cma.j.issn.1005-054X.2007.05.025. {YAN Deming,LIU Yongjun,WU Junlong,WANG Weimin,LI Huiqi. Repair of thumb soft tissue defect with[J]. Zhonghua Shou Wai Ke Za Zhi[Chin J Hand Surg(Article in Chinese;No abstract available)],2007,23(5):314. DOI:10.3760/cma.j.issn.1005-054X.2007.05.025.}

[10313] 潘伟波，梁军波，陈海啸. 拇指尺背侧逆行皮瓣修复拇指末节软组织缺损[J]. 中国骨伤，2009，22（2）：146-147. DOI：10.3969/j.issn.1003-0034.2009.02.031. {PAN Weibo,LIANG Junbo,CHEN Haixiao. Thumb reversed neurocutaneous flap on dorsal-ulnar side to repair thumb soft tissue defects[J]. Zhongguo Gu Shang[China J Orthop Trauma(Article in Chinese;No abstract available)],2009,22(2):146-147. DOI:10.3969/j.issn.1003-0034.2009.02.031.}

[10314] 陈小伟，刘峰，杨成勇. 拇指尺背侧皮神经逆行皮瓣修复拇指指腹缺损[J]. 临床骨科杂志，2009，12(4)：466-467. DOI：10.3969/j.issn.1008-0287.2009.04.044. {CHEN Xiaowei,LIU Feng,YANG Chengyong. Application of the thumb-foot dorsal nerve retrograde flap to repair thumb pulp defect[J]. Lin Chuang Gu Ke Za Zhi[J Clin Orthop(Article in Chinese;No abstract available)],2009,12(4):466-467. DOI:10.3969/j.issn.1008-0287.2009.04.044.}

[10315] 袁晓东，祝伟，曹群华. 拇尺背侧动脉逆行岛状皮瓣修复拇指指端皮肤缺损[J]. 中华手外科杂志，2010，26（4）：221. DOI：10.3760/cma.j.issn.1005-054X.2010.04.013. {YUAN Xiaodong,ZHU Wei,CAO Qunhua. Reversed thumb dorsoulnar artery island flap for repair of skin defect of thumb tip[J]. Zhonghua Shou Wai Ke Za Zhi[Chin J Hand Surg(Article in Chinese;No abstract available)],2010,26(4):221. DOI:10.3760/cma.j.issn.1005-054X.2010.04.013.}

[10316] 杨克勤，谭海涛，江建中，陆俭军，韦平欧，罗翔. 拇指尺背侧动脉逆行岛状皮瓣修复拇指远节软组织缺损24例[J]. 中华显微外科杂志，2011，34（5）：407-408. DOI：10.3760/cma.j.issn.1001-2036.2011.05.020. {YANG Keqin,TAN Haitao,JIANG Jianzhong,LU Jianjun,WEI Pingou,LUO Xiang. Reversed thumb dorsoulnar artery island flap for repair of soft tissue defect of distal segment of thumb in 24 cases[J]. Zhonghua Xian Wei Wai Ke Za Zhi[Chin J Microsurg(Article in Chinese;Abstract in Chinese)],2011,34(5):407-408. DOI:10.3760/cma.j.issn.1001-2036.2011.05.020.}

[10317] 张云，方明. 拇指尺背侧皮瓣在手指软组织缺损中的应用[J]. 中华手外科杂志，2011，27（2）：68. DOI：10.3760/cma.j.issn.1005-054X.2011.02.002. {ZHANG Yun,FANG Ming. Application of thumb dorsoulnar flap in finger soft tissue defect[J]. Zhonghua Shou Wai Ke Za Zhi[Chin J Hand Surg(Article in Chinese;No abstract available)],2011,27(2):68. DOI:10.3760/cma.j.issn.1005-054X.2011.02.002.}

[10318] 陈伟听，严利明，韩冰. 吻合神经的拇指尺背侧皮瓣修复拇指末节软组织缺损[J]. 临床骨科杂志，2011，14（1）：102-102. DOI：10.3969/j.issn.1008-0287.2011.01.050. {CHEN Weiting,YAN Liming,HAN Bing. Repair of thumb tip defect with thumb reversed neurocutaneous flap on dorsal-ulnar side[J]. Lin Chuang Gu Ke Za Zhi[J Clin Orthop(Article in Chinese;No abstract available)],2011,14(1):102-102. DOI:10.3969/j.issn.1008-0287.2011.01.050.}

[10319] 骆华松，彭松明，张记恩，刘克斌，易洋，李五洲. 拇指尺背侧皮神经营养血管皮瓣修复拇指末节缺损[J]. 临床骨科杂志，2013，16（4）：475. DOI：10.3969/j.issn.1008-0287.2013.04.063. {LUO Huasong,PENG Songming,ZHANG Jien,LIU Kebin,YI Yang,LI Wuzhou. Repair of thumb tip defect with reversed ulnar-dorsa-side neurocutaneous island flap[J]. Lin Chuang Gu Ke Za Zhi[J Clin Orthop(Article in Chinese;No abstract available)],2013,16(4):475. DOI:10.3969/j.issn.1008-0287.2013.04.063.}

[10320] 张蕾，杨英才，王博. 不同构制的拇指尺背侧逆行桡神经浅支营养血管皮瓣的比较研究[J]. 中华手外科杂志，2014，30（5）：350-351. DOI：10.3760/cma.j.issn.1005-054X.2014.05.013. {ZHANG Lei,YANG Yingcai,WANG Bo. A comparative study of the different configurations of reverse superficial radial nerve neurocutaneous flap on dorsoulnar aspect of the thumb[J]. Zhonghua Shou Wai Ke Za Zhi[Chin J Hand Surg(Article in Chinese;Abstract in Chinese and English)],2014,30(5):350-351. DOI:10.3760/cma.j.issn.1005-054X.2014.05.013.}

[10321] 朱海涛，曹玉珏，万霖，姜久龙. 拇指尺背侧岛状皮瓣修复拇指深度创面的临床应用[J]. 中华烧伤杂志，2014，30(5)：405-407. DOI：10.3760/cma.j.issn.1009-2587.2014.05.006. {ZHU Haitao,CAO Yujue,WANG Lin,JIANG Jiulong. Repair of deep wound on thumb using island flap from dorsoulnar side of thumb[J]. Zhonghua Shao Shang Za Zhi[Chin J Burns(Article in Chinese;Abstract in Chinese and English)],2014,30(5):405-407. DOI:10.3760/cma.j.issn.1009-2587.2014.05.006.}

[10322] 廖胜，张忠荣. 拇指尺背侧筋膜皮瓣修复手指末节软组织缺损[J]. 中华手外科杂志，2016，32（4）：317-318. {LIAO Sheng,ZHANG Zhongrong. Repair of soft tissue defect of distal finger with thumb dorsoulnar fasciocutaneous flap[J]. Zhonghua Shou Wai Ke Za Zhi[Chin J Hand Surg(Article in Chinese;No abstract available)],2016,32(4):317-318.}

[10323] 沈泳，施海峰，钱俊，吴柯，芮永军. 大鱼际逆行岛状皮瓣联合拇指尺背侧皮神经营养血管皮瓣修复拇指末节套脱伤[J]. 中华手外科杂志，2016，32（5）：348-350. {SHEN Yong,SHI Haifeng,QIAN Jun,WU Ke,RUI Yongjun. The reversed island flap combined with thumb dorsoulnar neurocutaneous vascular flap for repairing of distal thumb degloving injury[J]. Zhonghua Shou Wai Ke Za Zhi[Chin J Hand Surg(Article in Chinese;Abstract in Chinese and English)],2016,32(5):348-350.}

[10324] 程金生，李俊霞，周永刚，王海宾，吕品. 拇指尺背侧和示指背侧岛状皮瓣修复拇指皮损临床对比研究[J]. 创伤外科杂志，2016，18（2）：108-110. DOI：10.3969/j.issn.1009-4237.2016.02.013. {CHENG Jinsheng,LI Junxia,ZHOU Yonggang,WANG Haibin,LV Pin. Clinical comparative study of dorsal flap of thumb and dorsal flap of index finger for the repair of thumb lesions[J]. Chuang Shang Wai Ke Za Zhi[J Traum Surg(Article in Chinese;Abstract in Chinese and English)],2016,18(2):108-110. DOI:10.3969/j.issn.1009-4237.2016.02.013.}

[10325] 李坚强，范春海. 拇指尺背侧皮瓣修复拇指指端软组织缺损30例[J]. 实用手外科杂志，2016，30（3）：314-315. DOI：10.3969/j.issn.1671-2722.2016.03.022. {LI Jianqiang,FAN Chunhai. Using ulnar dorsal flap of thumb to repair soft tissue defect in the finger tip of thumb[J]. Shi Yong Shou Wai Ke Za Zhi[Chin J Pract Hand Surg(Article in Chinese;Abstract in Chinese and English)],2016,30(3):314-315. DOI:10.3969/j.issn.1671-2722.2016.03.022.}

[10326] 刘宇舟，芮永军，陆征峰，魏苏明，龚灏. 大鱼际穿支皮瓣与拇指尺背侧筋膜皮瓣瓦合修复拇指桡侧半环形软组织缺损[J]. 中华手外科杂志，2018，34（6）：404-406. DOI：10.3760/cma.j.issn.1005-054X.2018.06.002. {LIU Yuzhou,RUI Yongjun,LU Zhengfeng,WEI Suming,GONG Hao. Thenar perforator flap combined with thumb dorsoulnar flap for repair of radial semicircular soft tissue defects of thumb[J]. Zhonghua Shou Wai Ke Za Zhi[Chin J Hand Surg(Article in Chinese;Abstract in Chinese and English)],2018,34(6):404-406. DOI:10.3760/cma.j.issn.1005-054X.2018.06.002.}

4.4.3.5 拇指桡背侧逆行岛状皮瓣
reverse dorsal-radial island flap of thumb

[10327] 何葆华，宋建良，严晟. 拇指桡侧血管筋膜蒂第Ⅰ掌骨背侧皮瓣的临床应用[J]. 中华整形外科杂志，2000，16（4）：226. DOI：10.3760/j.issn：1009-4598.2000.04.010. {HE Baohua,SONG Jianliang,YAN Sheng. Clinical application of the first metacarpal fasciocutaneous flap[J]. Zhonghua Zheng Xing Wai Ke Za Zhi[Chin J Plast Surg(Article in Chinese;Abstract in Chinese and English)],2000,16(4):226. DOI:10.3760/j.issn:1009-4598.2000.04.010.}

[10328] 张锴，孙书海，唐胜建，张开刚，刘广鹏. 第一掌骨背侧逆行筋膜皮瓣修复拇指软组织缺损[J]. 创伤外科杂志，2003，5（3）：226-226. DOI：10.3969/j.issn.1009-4237.2003.03.029. {ZHANG Kai,SUN Shuhai,TANG Shengjian,ZHANG Kaigang,LIU Guangpeng. Repair of the soft tissue defect of the thumb with reversed dorsal fasciocutaneous flap of the first metacarpal[J]. Chuang Shang Wai Ke Za Zhi[J Traum Surg(Article in Chinese;No abstract available)],2003,5(3):226-226. DOI:10.3969/j.issn.1009-4237.2003.03.029.}

[10329] 张远林，赵建勇，刘志波. 第一掌骨背侧间隙皮瓣修复拇指腹缺损[J]. 中国骨伤，2005，18（1）：54-54. DOI：10.3969/j.issn.1003-0034.2005.01.024. {ZHANG Yuanlin,ZHAO Jianyong,LIU Zhibo. Repair of subcutaneous tissue defect of thumb with dorsal inter-space flap of the first metacarpal bone[J]. Zhongguo Gu Shang[China J Orthop Trauma(Article in Chinese;No abstract available)],2005,18(1):54-54. DOI:10.3969/j.issn.1003-0034.2005.01.024.}

[10330] 王万军，张国锋，范建荣，庄而慷，王炜，孙华山. 拇指桡背侧皮神经营养血管皮瓣急诊修复拇指指腹缺损[J]. 中华手外科杂志，2008，24（5）：289. DOI：10.3760/cma.j.issn.1005-054X.2008.05.019. {WANG Wanjun,ZHANG Guofeng,FAN Jianrong,ZHUANG Erkang,WANG Wei,SUN Huashan. Thumb dorsoradial neurocutaneous flap for emergent repair of thumb pulp defect[J]. Zhonghua Shou Wai Ke Za Zhi[Chin J Hand Surg(Article in Chinese;No abstract available)],2008,24(5):289. DOI:10.3760/cma.j.issn.1005-054X.2008.05.019.}

[10331] 杨超，吕川，陈江萍，宋建星，邢新. 逆行拇指桡背侧岛状皮瓣修复拇指末节软组织缺损[J]. 中华整形外科杂志，2009，25（3）：186-188. DOI：10.3760/cma.j.issn.1009-4598.2009.03.009. {YANG Chao,LV Chuan,CHEN Jiangping,SONG Jianxing,XING Xin. Reconstruction of distal segment defect of thumb with reverse dorsal radial flap[J]. Zhonghua Zheng Xing Wai Ke Za Zhi[Chin J Plast Surg(Article in Chinese;Abstract in Chinese and English)],2009,25(3):186-188. DOI:10.3760/cma.j.issn.1009-4598.2009.03.009.}

[10332] 程鑫华，漆白文，黄振华，余永桂，王小涛，张功礼. 拇指桡背侧皮神经营养皮瓣修复拇指皮肤软组织缺损[J]. 临床骨科杂志，2009，12（5）：529-530. DOI：10.3969/j.issn.1008-0287.2009.05.017. {CHENG Xinhua,QI Baiwen,HUANG Zhenhua,YU Yonggui,WANG Xiaotao,ZHANG Gongli. Thumb soft tissue defect repaired with radial thumb neurocutaneous vasotrophic island flap[J]. Lin Chuang Gu Ke Za Zhi[J Clin Orthop(Article in Chinese;Abstract in Chinese and English)],2009,12(5):529-530. DOI:10.3969/j.issn.1008-0287.2009.05.017.}

[10333] 苗卫华，许超，刘振. 吻合神经的拇指桡背侧皮瓣修复拇指末节皮肤软组织缺损[J]. 中华显微外科杂志，2010，33（2）：136. DOI：10.3760/cma.j.issn.1001-2036.2010.02.017. {MIAO Weihua,XU Chao,LIU Zhen. Thumb dorsoradial flap with nerve anastomosis for repair of skin and soft tissue defect of distal segment of thumb[J]. Zhonghua Xian Wei Wai Ke Za Zhi[Chin J Microsurg(Article in Chinese;No abstract available)],2010,33(2):136. DOI:10.3760/cma.j.issn.1001-2036.2010.02.017.}

[10334] 刘志功，马广山，冯会祥，李海义，张立杰，吴晨忠，孙连录，兰明星. 拇指背侧逆行皮瓣的临床应用[J]. 实用手外科杂志，2012，26（2）：117-119. DOI：10.3969/j.issn.1671-2722.2012.02.009. {LIU Zhigong,MA Guangshan,FENG Huixiang,LI Haiyi,ZHANG Lijie,WU Chenzhong,SUN Lianlu,LAN Mingxing. Clinical application of reverse dorsal island fascial flap of thumb[J]. Shi Yong Shou Wai Ke Za Zhi[Chin J Pract Hand Surg(Article in Chinese;Abstract in Chinese and English)],2012,26(2):117-119. DOI:10.3969/j.issn.1671-2722.2012.02.009.}

[10335] 徐一波，王鹏，赵风景，祝震，姚建民，张兴群. 拇指近节背侧远端蒂皮瓣修复拇指指端软组织缺损[J]. 中华整形外科杂志，2013，29（5）：379-380. DOI：10.3760/cma.j.issn.1009-4598.2013.05.015. {XU Yibo,WANG Peng,ZHAO Fengjing,ZHU Zhen,YAO Jianmin,ZHANG Xingqun. Repair of soft tissue defect of thumb tip with the flap pedicled with proximal segment of dorsal thumb[J]. Zhonghua Zheng Xing Wai Ke Za Zhi[Chin J Plast Surg(Article in Chinese;No abstract available)],2013,29(5):379-380. DOI:10.3760/cma.j.issn.1009-4598.2013.05.015.}

[10336] 王加利，丁小珩，陈仲华，王晓辉，刘永亮，宋飞远. 拇指桡背侧筋膜蒂皮瓣逆行修复拇指大面积皮肤缺损13例[J]. 中华显微外科杂志，2014，37（4）：414-415. DOI：10.3760/cma.j.issn.1001-2036.2014.04.035. {WANG Jiali,DING Xiaoheng,CHEN

Zhonghua,WANG Xiaohui,LIU Yongliang,SONG Feiyuan. Reversed thumb dorsoradial fasciocutaneous flap for repair of thumb skin defect in 13 cases[J]. Zhonghua Xian Wei Wai Ke Za Zhi[Chin J Microsurg(Article in Chinese;No abstract available)],2014,37(4):414-415. DOI:10.3760/cma.j.issn.1001-2036.2014.04.035.}

[10337] 吴迪，利春叶，杨钦泰，贾赛雄，相文龙，欧春培. 拇指桡背侧皮神经营养血管皮瓣临床应用 31 例 [J]. 中华显微外科杂志，2015，38（1）: 74-75. DOI: 10.3760/cma.j.issn.1001-2036.2015.01.018. {WU Di,LI Chunye,YANG Qintai,JIA Saixiong,XIANG Wenlong,OU Chunpei. Clinical application of thumb dorsoradial neurocutaneous vascular flap in 31 cases[J]. Zhonghua Xian Wei Wai Ke Za Zhi[Chin J Microsurg(Article in Chinese;Abstract in Chinese)],2015,38(1):74-75. DOI:10.3760/cma.j.issn.1001-2036.2015.01.018.}

[10338] 周晓，芮永军，薛明宇，许亚军，黄军. 重建感觉的桡背侧皮神经营养 M 形皮瓣修复拇指末节套脱伤 [J]. 中华手外科杂志，2015，31（6）: 421-423. {ZHOU Xiao,RUI Yongjun,XUE Mingyu,XU Yajun,HUANG Jun. M-shaped sensate dorsal radial neurocutaneous flap in repairing degloving injury of the distal thumb[J]. Zhonghua Shou Wai Ke Za Zhi[Chin J Hand Surg(Article in Chinese;Abstract in Chinese and English)],2015,31(6):421-423.}

[10339] 王镖，徐强，张锡平，刘志勤，杨新佑. 应用吻合神经的拇指桡背侧皮瓣修复拇指末节缺损 28 例 [J]. 中华显微外科杂志，2016，39（3）: 285-287. DOI: 10.3760/cma.j.issn.1001-2036.2016.03.019. {WANG Biao,XU Qiang,ZHANG Xiping,LIU Zhiqin,YANG Xinyou. Repair of distal thumb defect with thumb dorsoradial flap with nerve anastomosis in 28 cases[J]. Zhonghua Xian Wei Wai Ke Za Zhi[Chin J Microsurg(Article in Chinese;Abstract in Chinese)],2016,39(3):285-287. DOI:10.3760/cma.j.issn.1001-2036.2016.03.019.}

[10340] 徐风瑞，何明武，姚忠军，杨帆. 急诊拇指桡背侧皮瓣修复拇指指腹侧软组织缺损 [J]. 中华手外科杂志，2016，32（2）: 111-112. {XU Fengrui,HE Mingwu,YAO Zhongjun,YANG Fan. Thumb dorsoradial flap for emergent repair of soft tissue defect in the ventral side of thumb[J]. Zhonghua Shou Wai Ke Za Zhi[Chin J Hand Surg(Article in Chinese;No abstract available)],2016,32(2):111-112.}

[10341] 吴学强，刘会仁，马铁鹏，张艳茂，刘志旺，于占勇. 拇指桡背侧窄蒂逆行岛状皮瓣的临床应用 [J]. 实用手外科杂志，2016，30（1）: 34-36. DOI: 10.3969/j.issn.1671-2722.2016.01.013. {WU Xueqiang,LIU Huiren,MA Tiepeng,ZHANG Yanmao,LIU Zhiwang,YU Zhanyong. Clinical application of narrow pedicled reverse dorsoradial flap of the thumb[J]. Shi Yong Shou Wai Ke Za Zhi[Chin J Pract Hand Surg(Article in Chinese;Abstract in Chinese and English)],2016,30(1):34-36. DOI:10.3969/j.issn.1671-2722.2016.01.013.}

[10342] 张年翁，高胜山，韩建锋，刘启生，汪怀树，王运刚，马兆峰，邹立科. 第一掌骨背侧岛状皮瓣在拇指末节中小面积创面修复中的应用 [J]. 中华手外科杂志，2017，33（5）: 395-396. DOI: 10.3760/cma.j.issn.1005-054X.2017.05.031. {ZHANG Nianweng,GAO Shengshan,HAN Jianfeng,LIU Qisheng,WANG Huaishu,WANG Yungang,MA Zhaofeng,ZOU Like. Application of the first metacarpal dorsal island flap in repair of small and medium-sized wound of the distal thumb[J]. Zhonghua Shou Wai Ke Za Zhi[Chin J Hand Surg(Article in Chinese;No abstract available)],2017,33(5):395-396. DOI:10.3760/cma.j.issn.1005-054X.2017.05.031.}

[10343] 刘俊杰，朱敦传，张新伟，江洪水，张玉标，任鹏举，黄泽忠，赵守国，郝剑军. 拇指桡背侧筋膜蒂逆行岛状皮瓣修复拇指缺损的临床疗效 [J]. 中华手外科杂志，2019，35（4）: 309-310. DOI: 10.3760/cma.j.issn.1005-054X.2019.04.028. {LIU Junjie,ZHU Dunchuan,ZHANG Xinwei,JIANG Hongshui,ZHANG Yubiao,REN Pengju,HUANG Zezhong,ZHAO Shouguo,HAO Jianjun. Clinical effect of reversed island flap pedicled with thumb dorsoradial fascia for repair of thumb defect[J]. Zhonghua Shou Wai Ke Za Zhi[Chin J Hand Surg(Article in Chinese;Abstract in Chinese)],2019,35(4):309-310. DOI:10.3760/cma.j.issn.1005-054X.2019.04.028.}

4.4.3.6 示指背侧皮瓣
dorsal index-finger flap

[10344] Guan WX,Huang WY,Xu CY,Qian YL,Zhang DS. Dorsalis indicis flap for repair of thumb and first web space deformities. Report of 6 cases[J]. Chin Med J,1983,96(3):159-63.

[10345] 孙义久，史萍. 用食（示）指背侧岛状皮瓣和游离拇甲移植修复拇指功能和外形 [J]. 中华显微外科杂志，1994，17（2）: 101-103. {SUN Yijiu,SHI Ping,JIANG Youchong. Repair of thumb function and appearance with dorsal island flap of index finger and free thumb nail transfer[J]. Zhonghua Xian Wei Wai Ke Za Zhi[Chin J Microsurg(Article in Chinese;Abstract in Chinese)],1994,17(2):101-103.}

[10346] 宓士军，王庆良，李自新，田久祥. 第二指背侧舌形皮瓣一期修复虎口皮肤缺损 [J]. 中华手外科杂志，1994，10（2）: 73. {FU Shijun,WANG Qingliang,LI Zixin,TIAN Jiuxiang. One-stage repair of skin defect of first web space with tongue-shaped dorsal flap of the second finger[J]. Zhonghua Shou Wai Ke Za Zhi[Chin J Hand Surg(Article in Chinese;No abstract available)],1994,10(2):73.}

[10347] 何宏生，赵中强，王进胜，曾开平，李忠友. 单纯静脉蒂示指背侧皮瓣修复拇指指端缺损 [J]. 中华手外科杂志，1995，11（S1）: 22. {HE Hongsheng,ZHAO Zhongqiang,WANG Jinsheng,ZENG Kaiping,LI Zhongyou. Repair of thumb tip defect with dorsal index finger flap pedicled with vein[J]. Zhonghua Shou Wai Ke Za Zhi[Chin J Hand Surg(Article in Chinese;No abstract available)],1995,11(S1):22.}

[10348] 毛聚昌，胡嘉存，吴伟，吕永强. 改良食（示）指背侧皮瓣修复拇指软组织缺损 [J]. 中华手外科杂志，1995，11（2）: 128. {MAO Juchang,HU Jiacun,WU Wei,LV Yongqiang. Repair of thumb soft tissue defect with modified dorsal forefinger flap[J]. Zhonghua Shou Wai Ke Za Zhi[Chin J Hand Surg(Article in Chinese;No abstract available)],1995,11(2):128.}

[10349] 冯国平，郭隆升，胡守成，刘斌，刘冬，马可. 示指背侧复合皮瓣修复拇指皮肤肌腱缺损 [J]. 中华手外科杂志，1996，12（2）: 124. {FENG Guoping,GUO Longsheng,HU Shoucheng,LIU Bin,LIU Dong,MA Ke. Repair of skin and tendon defect of thumb with dorsal composite flap of index finger[J]. Zhonghua Shou Wai Ke Za Zhi[Chin J Hand Surg(Article in Chinese;No abstract available)],1996,12(2):124.}

[10350] 王培信. 示中指背侧皮瓣修复拇指损伤 [J]. 中华显微外科杂志，1996，19（2）: 161. {WANG Peixin. Repair of thumb injury with dorsal flap of index and middle fingers[J]. Zhonghua Xian Wei Wai Ke Za Zhi[Chin J Microsurg(Article in Chinese;No abstract available)],1996,19(2):161.}

[10351] 韦兴聪，张剑翘. 食（示）指神经营养血管及筋膜蒂岛状皮瓣的临床应用 [J]. 中华显微外科杂志，1997，20（2）: 73-74. {WANG Zhiming,XU Lihua. Clinical application of dorsal neurovascular and fascial island flap of index finger[J]. Zhonghua Xian Wei Wai Ke Za Zhi[Chin J Microsurg(Article in Chinese;No abstract available)],1997,20(02):73-74.}

[10352] 陈剑帆. 示指背侧岛状皮瓣修复拇指软组织缺损 [J]. 中华显微外科杂志，1998，21（2）: 3-5. {CHEN Jianfan. Repair of thumb soft tissue defect with dorsal island flap of index finger[J]. Zhonghua Xian Wei Wai Ke Za Zhi[Chin J Microsurg(Article in Chinese;No abstract available)],1998,21(2):3-5.}

[10353] 邵建康，李强一. 示指背侧岛状皮瓣在急诊手外伤中的应用 [J]. 中华手外科杂志，1998，14（4）: 3-5. {SHAO Jiankang,LI Qiangyi. Application of dorsal island flap of index finger in acute hand injury[J]. Zhonghua Shou Wai Ke Za Zhi[Chin J Hand Surg(Article in Chinese;No abstract available)],1998,14(4):3-5.}

[10354] 李长青，费起礼. 中环指岛状皮瓣、示指背侧岛状皮瓣转移修复拇指损伤 [J]. 中华骨科杂志，2000，20（6）: 351. DOI: 10.3760/j.issn: 0253-2352.2000.06.008. {LI Changqing,FEI Qili. Transfer of island flaps from middle and ring finger and/or index finger dorsal island flap for the repair of injuries of the thumb[J]. Zhonghua Gu Ke Za Zhi[Chin J Orthop(Article in Chinese;Abstract in Chinese and English)],2000,20(6):351. DOI:10.3760/j.issn:0253-2352.2000.06.008.}

[10355] 高峻青，左中男，陈志维，何斌，李锦塘. 带第二掌背动脉及神经的食（示）指背侧皮瓣修复虎口挛缩 [J]. 中国矫形外科杂志，2000，7（3）: 303-303. DOI: 10.3969/j.issn.1005-8478.2000.03.037. {GAO Junqing,ZUO Zhongnan,CHEN Zhiwei,HE Bin,LI Jintang. Using dosal flap of index finger with metacarpal periosteum artery and nerves to repair the contracture of first web[J]. Zhongguo Jiao Xing Wai Ke Za Zhi[Orthop J China(Article in Chinese;Abstract in Chinese)],2000,7(3):303-303. DOI:10.3969/j.issn.1005-8478.2000.03.037.}

[10356] 王旭东，陈耀湘. 食（示）指背侧岛状皮瓣修复拇指指腹缺损 12 例 [J]. 中华创伤杂志，2000，16（6）: 384. DOI: 10.3760/j: issn: 1001-8050.2000.06.031. {WANG Xudong,CHEN Yaoxiang. Repair of thumb pulp defect with dorsal island flap of index finger in 12 cases[J]. Zhonghua Chuang Shang Za Zhi[Chin J Trauma(Article in Chinese;No abstract available)],2000,16(6):384. DOI:10.3760/j:issn:1001-8050.2000.06.031.}

[10357] 杨绍安，余斌，肖晓桃. 食（示）指背侧岛状皮瓣修复第 1 掌指关节周围皮肤缺损 [J]. 第一军医大学学报，2000，20（2）: 173-173. DOI: 10.3321/j.issn: 1673-4254.2000.02.027. {YANG Shaoan,YU Bin,XIAO Xiaotao. Repair of coloboma at the first phalangeal joints with island flap from dorsal skin of the forefinger[J]. Di Yi Jun Yi Da Xue Xue Bao[J First Mil Med Univ(Article in Chinese;No abstract available)],2000,20(2):173-173. DOI:10.3321/j.issn:1673-4254.2000.02.027.}

[10358] 褚俊良，张学奎，方军，郑兆峰，李丹智. 示指背侧皮瓣修复拇指远端缺损 16 例 [J]. 中华创伤杂志，2001，17（4）: 256. DOI: 10.3760/j: issn: 1001-8050.2001.04.032. {CHU Junliang,ZHANG Xuekui,FANG Jun,ZHENG Zhaofeng,LI Danzhi. Repair of distal thumb defect with dorsal flap of index finger in 16 cases[J]. Zhonghua Chuang Shang Za Zhi[Chin J Trauma(Article in Chinese;No abstract available)],2001,17(4):256. DOI:10.3760/j:issn:1001-8050.2001.04.032.}

[10359] 冯子平. 食（示）指背侧翻转皮瓣和拇指掌侧前移皮瓣修复拇指末节脱套伤 [J]. 中国骨伤，2001，14(6): 328-329. DOI: 10.3969/j.issn.1003-0034.2001.06.003. {FENG Ziping. Degloving injury of the distal segment of the thumb treated with dorsally reversed skin flap of the index finger and advancing ventral skin flap of the thumb[J]. Zhongguo Gu Shang[China J Orthop Trauma(Article in Chinese;Abstract in Chinese and English)],2001,14(6):328-329. DOI:10.3969/j.issn.1003-0034.2001.06.003.}

[10360] 徐茂龙，刘长胜，闵凡理，何庆华. 食（示）中指背侧岛状皮瓣转移修复拇指 [J]. 中国矫形外科杂志，2001，8(12): 1168-1168. DOI: 10.3969/j.issn.1005-8478.2001.12.043. {XU Maolong,LIU Changsheng,MIN Fanli,HE Qinghua. Dorsal island flap of index and middle fingers for repair of thumb[J]. Zhongguo Jiao Xing Wai Ke Za Zhi[Orthop J China(Article in Chinese;No abstract available)],2001,8(12):1168-1168. DOI:10.3969/j.issn.1005-8478.2001.12.043.}

[10361] 卓巍，王开明，历文华. 食（示）指背侧岛状皮瓣修复拇指末节皮肤缺损 [J]. 中国骨伤，2002，15(10): 623-623. DOI: 10.3969/j.issn.1003-0034.2002.10.023. {ZHUO Wei,WANG Kaiming,LI Wenhua. Clinical application of the island cutaneous flap of the dorsal aspect of the index finger for repairing the cutaneous defect over distal segement of the thumb[J]. Zhongguo Gu Shang[China J Orthop Trauma(Article in Chinese;No abstract available)],2002,15(10):623-623. DOI:10.3969/j.issn.1003-0034.2002.10.023.}

[10362] 邵金龙，任可，王昭，康庆林. 示指背侧岛状皮瓣修复拇指指腹缺损的感觉功能重建 [J]. 中国骨伤，2004，17(2): 121. DOI: 10.3969/j.issn.1003-0034.2004.02.037. {SHAO Jinlong,REN Ke,WANG Zhao,KANG Qinglin. Sensate dorsal island flap of index finger for repair of thumb pulp defect[J]. Zhongguo Gu Shang[China J Orthop Trauma(Article in Chinese;No abstract available)],2004,17(2):121. DOI:10.3969/j.issn.1003-0034.2004.02.037.}

[10363] 王晓南，陈克俊，殷忠罡. 示指和中指近节背侧岛状皮瓣修复拇指脱套伤 [J]. 中华显微外科杂志，2005，28（1）: 86. DOI: 10.3760/cma.j.issn.1001-2036.2005.01.047. {WANG Xiaonan,CHEN Kejun,YIN Zhonggang. Repair of degloving injury of thumb with dorsal island flap of proximal segment of index and middle fingers[J]. Zhonghua Xian Wei Wai Ke Za Zhi[Chin J Microsurg(Article in Chinese;No abstract available)],2005,28(1):86. DOI:10.3760/cma.j.issn.1001-2036.2005.01.047.}

[10364] 倪增良. 示指背侧岛状皮瓣修复拇指指腹缺损的技术改进 [J]. 中国骨伤，2005，18（4）: 235. DOI: 10.3969/j.issn.1003-0034.2005.04.018. {NI Zengliang. Technical improvement of repair in thumb abdominal defect with dorsal island skin flap of index finger[J]. Zhongguo Gu Shang[China J Orthop Trauma(Article in Chinese;No abstract available)],2005,18(4):235. DOI:10.3969/j.issn.1003-0034.2005.04.018.}

[10365] 邵汝谊，卢焕兴，章银灿. 示指背侧岛状皮瓣在拇指指端缺损中的应用 [J]. 中华显微外科杂志，2006，29(5): 393-394. DOI: 10.3760/cma.j.issn.1001-2036.2006.05.033. {SHAO Ruyi,LU Huanxing,ZHANG Yincan. Application of dorsal island flap of index finger for repair of thumb tip defect[J]. Zhonghua Xian Wei Wai Ke Za Zhi[Chin J Microsurg(Article in Chinese;No abstract available)],2006,29(5):393-394. DOI:10.3760/cma.j.issn.1001-2036.2006.05.033.}

[10366] 刘杰，司小强，骆文远，郭士方，王和平. 示指背侧、环指侧方岛状皮瓣修复拇指损伤 [J]. 中华手外科杂志，2007，23（3）: 170-171. DOI: 10.3760/cma.j.issn.1005-054X.2007.03.023. {LIU Jie,SI Xiaoqiang,LUO Wenyuan,GUO Shifang,WANG Heping. Transfer of index finger dorsal island flap and island flaps from ring finger for repairing injuries of the thumb[J]. Zhonghua Shou Wai Ke Za Zhi[Chin J Hand Surg(Article in Chinese;Abstract in Chinese and English)],2007,23(3):170-171. DOI:10.3760/cma.j.issn.1005-054X.2007.03.023.}

[10367] 孙建行. 带神经示指背侧邻指皮瓣修复拇指指腹缺损 [J]. 中华手外科杂志，2007，23（6）: 354. DOI: 10.3760/cma.j.issn.1005-054X.2007.06.021. {SUN Jianhang. Repair of thumb pulp defect with index finger dorsal flap with nerve[J]. Zhonghua Shou Wai Ke Za Zhi[Chin J Hand Surg(Article in Chinese;No abstract available)],2007,23(6):354. DOI:10.3760/cma.j.issn.1005-054X.2007.06.021.}

[10368] 林志新，华嘉，张李祥. 食（示）指背侧皮瓣修复拇指指端缺损 [J]. 中国骨伤，2007，20（8）: 559. DOI: 10.3969/j.issn.1003-0034.2007.08.026. {LIN Zhixin,HUA Jia,ZHANG Lixiang. Dorsolateral flap of the index finger for repairing the finger trip defect of the thumb[J]. Zhongguo Gu Shang[China J Orthop Trauma(Article in Chinese;No abstract available)],2007,20(8):559. DOI:10.3969/j.issn.1003-0034.2007.08.026.}

[10369] 沈锐，冯祥生，宋红梅，杜永军，阮树斌，陈晓东，张凤刚，林泽鹏，林颜，张敬群. 食（示）指背侧岛状皮瓣修复拇指的深度烧伤的临床应用 [J]. 中华损伤与修复杂志（电子版），2007，2（6）: 345-348. {SHEN Rui,FENG Xiangsheng,SONG Hongmei,DU Yongjun,RUAN Shubin,CHEN Xiaodong,ZHANG Fenggang,LIN Zepeng,LIN Yan,ZHANG Jingqun. Clinic research of dorsal skin flap of index finger to cure deep burn of thumb[J]. Zhonghua Sun Shang Yu Xiu Fu Za Zhi Dian Zi Ban[Chin J Injury Repair Wound Healing(Electr Ed)(Article in Chinese;Abstract in Chinese and English)],2007,2(6):345-348.}

[10370] 朱轶，黎斌，肖方生，徐长春，杨晟玮. 示指背侧皮瓣与趾腓侧皮瓣瓦合修复拇指套脱伤 [J]. 中华手外科杂志，2008，24（5）: 277-279. DOI: 10.3760/cma.j.issn.1005-054X.2008.05.007. {ZHU Yi,LI Bin,XIAO Fangsheng,XU Changchun,YANG Shengwei. Combined transfer of dorsal Island skin flap of the Index finger and fibular side flap of the great toe for repair of degloving injury of the thumb[J]. Zhonghua Shou Wai Ke Za Zhi[Chin J Hand Surg(Article in Chinese;Abstract in Chinese and English)],2008,24(5):277-279. DOI:10.3760/cma.j.issn.1005-

054X.2008.05.007.}

[10371] 李瑞华，阚世廉，李明新．改进的食（示）指背侧岛状皮瓣修复拇指皮肤缺损 [J]．实用手外科杂志，2008，22（1）：25-26，封 3．DOI：10.3969/j.issn.1671-2722.2008.01.008．{LI Ruihua,KAN Shilian,LI Mingxin. Revised dorsal indicis island flap for repair of thumb skin defect[J]. Shi Yong Shou Wai Ke Za Zhi[Chin J Pract Hand Surg(Article in Chinese;Abstract in Chinese and English)],2008,22(1):25-26,cover 3. DOI:10.3969/j.issn.1671-2722.2008.01.008.}

[10372] 赵金坤，谭红略，周琦，孙钟武．改良食（示）指背侧岛状皮瓣修复拇指末节 A 区软组织缺损 [J]．中国矫形外科杂志，2009，17（22）：1746-1747．{ZHAO Jinkun,TAN Honglue,ZHOU Qi,SUN Zhongwu. Repair of distal thumb zone A defects by modified dorsal island flap of index finger[J]. Zhongguo Jiao Xing Wai Ke Za Zhi[Orthop J China(Article in Chinese;Abstract in Chinese)],2009,17(22):1746-1747.}

[10373] 苏日宝，梅晰凡，孙乐天，王健．改良食（示）指背侧岛状皮瓣及其感觉训练的临床研究 [J]．实用手外科杂志，2009，23（3）：134-136．DOI：10.3969/j.issn.1671-2722.2009.03.002．{SU Ribao,MEI Xifan,SUN Letian,WANG Jian. The clinical research of reforming posterior island flap of index-finger and aesthesia rehabilitation training of the flap dystopia[J]. Shi Yong Shou Wai Ke Za Zhi[Chin J Pract Hand Surg(Article in Chinese;Abstract in Chinese and English)],2009,23(3):134-136. DOI:10.3969/j.issn.1671-2722.2009.03.002.}

[10374] 焦鸿生，姜凯，屈志刚，丁小珩，方光荣．应用改良的示指近节背侧皮瓣修复轻中度虎口挛缩 [J]．中华显微外科杂志，2010，33（2）：107-109，后插五．DOI：10.3760/cma.j.issn.1001-2036.2010.02.008．{JIAO Hongsheng,JIANG Kai,QU Zhigang,DING Xiaoheng,FANG Guangrong. Apply improved first dorsal metacarpal flap to correct mild-to-moderate thumb web contracture realeasing[J]. Zhonghua Xian Wei Wai Ke Za Zhi[Chin J Microsurg(Article in Chinese;Abstract in Chinese and English)],2010,33(2):107-109,insert 5. DOI:10.3760/cma.j.issn.1001-2036.2010.02.008.}

[10375] 谭红略，王生介，赵金坤，钱臣，周琦，石岩，王高峰．带双蒂示指背侧岛状皮瓣修复拇指软组织缺损 [J]．中华手外科杂志，2010，26（1）：56-57．DOI：10.3760/cma.j.issn.1005-054X.2010.01.025．{TAN Honglue,WANG Shengjie,ZHAO Jinkun,QIAN Chen,ZHOU Qi,SHI Yan,WANG Gaofeng. Repair of thumb soft tissue defect with double pedicled dorsal island flap of index finger[J]. Zhonghua Shou Wai Ke Za Zhi[Chin J Hand Surg(Article in Chinese;No abstract available)],2010,26(1):56-57. DOI:10.3760/cma.j.issn.1005-054X.2010.01.025.}

[10376] 刘凤彬，田宝祥，杨雄，蔺海龙，樊华，刘洋，魏纯琳．示指背侧岛状皮瓣修复拇指及虎口深度烧伤 23 例 [J]．中华烧伤杂志，2010，26（3）：230-231．DOI：10.3760/cma.j.issn.1009-2587.2010.03.020．{LIU Fengbin,TIAN Baoxiang,YANG Xiong,LIN Hailong,FAN Hua,LIU Yang,WEI Chunlin. Repair of deep burn of thumb and first web space with dorsal island flap of index finger in 23 cases[J]. Zhonghua Shao Shang Za Zhi[Chin J Burns(Article in Chinese;No abstract available)],2010,26(3):230-231. DOI:10.3760/cma.j.issn.1009-2587.2010.03.020.}

[10377] 相胜利，张勇，戴庆丰，马升贵．应用示指近节背侧皮瓣修复拇指软组织缺损 [J]．创伤外科杂志，2010，12（6）：537．DOI：10.3969/j.issn.1009-4237.2010.06.022．{XIANG Shengli,ZHANG Yong,DAI Qingfeng,MA Shenggui. Application of dorsolateral flap of proximal index finger for treating soft tissue defects in thumb[J]. Chuang Shang Wai Ke Za Zhi[J Traum Surg(Article in Chinese;Abstract in Chinese)],2010,12(6):537. DOI:10.3969/j.issn.1009-4237.2010.06.022.}

[10378] 付强，郭泉．吻合掌背动脉的示指背皮瓣修复拇指缺损一例 [J]．中华显微外科杂志，2013，36（2）：160．DOI：10.3760/cma.j.issn.1001-2036.2013.02.017．{FU Qiang,GUO Quan. Repair of thumb defect with index finger dorsal flap with dorsal metacarpal artery anastomosis:a case report[J]. Zhonghua Xian Wei Wai Ke Za Zhi[Chin J Microsurg(Article in Chinese;No abstract available)],2013,36(2):160. DOI:10.3760/cma.j.issn.1001-2036.2013.02.017.}

[10379] 冯仕明，王爱国，高顺红，张在轶．携带指固有神经背侧支的示指背侧岛状皮瓣修复拇指指腹合并神经缺损 [J]．中华整形外科杂志，2014，30（2）：134-135．DOI：10.3760/cma.j.issn.1009-4598.2014.02.015．{FENG Shiming,WANG Aiguo,GAO Shunhong,ZHANG Zaiyi. Repair of thumb pulp and nerve defect with dorsal island flap of index finger with dorsal branch of proper digital nerve[J]. Zhonghua Zheng Xing Wai Ke Za Zhi[Chin J Plast Surg(Article in Chinese;No abstract available)],2014,30(2):134-135. DOI:10.3760/cma.j.issn.1009-4598.2014.02.015.}

[10380] 魏立友，王国强．示指背侧皮神经营养血管岛状皮瓣联合中指尺侧指神经营养血管岛状皮瓣急诊修复儿童拇指脱套伤的效果 [J]．中华烧伤杂志，2017，33（11）：702-704．DOI：10.3760/cma.j.issn.1009-2587.2017.11.009．{WEI Liyou,WANG Guoqiang. Emergent repair of thumb degloving injury in children with dorsal index finger neurocutaneous vascular island flap combined with ulnar middle finger neurocutaneous vascular island flap[J]. Zhonghua Shao Shang Za Zhi[Chin J Burns(Article in Chinese;Abstract in Chinese)],2017,33(11):702-704. DOI:10.3760/cma.j.issn.1009-2587.2017.11.009.}

[10381] 张广平．改良示指背侧岛状皮瓣一期修复拇指末节缺损的临床效果分析 [J]．创伤外科杂志，2017，19(6)：457-460．DOI：10.3969/j.issn.1009-4237.2017.06.015．{ZHANG Guangping. Analysis of the effect of modified forefinger dorsal island flap for repair of distal thumb defect[J]. Chuang Shang Wai Ke Za Zhi[J Traum Surg(Article in Chinese;Abstract in Chinese and English)],2017,19(6):457-460. DOI:10.3969/j.issn.1009-4237.2017.06.015.}

[10382] 陈增刚，黎明，范远俊．附加桡侧指动脉为血管蒂示指背侧皮瓣修复拇指皮肤缺损的疗效 [J]．中华创伤杂志，2018，34（4）：351-356．DOI：10.3760/cma.j.issn.1001-8050.2018.04.011．{CHEN Zenggang,LI Ming,FAN Yuanjun. Efficacy of reconstruction of thumb skin defect with dorsal index finger flap pedicled with radial digital proper artery[J]. Zhonghua Chuang Shang Za Zhi[Chin J Trauma(Article in Chinese;Abstract in Chinese and English)],2018,34(4):351-356. DOI:10.3760/cma.j.issn.1001-8050.2018.04.011.}

[10383] 池征璘，陈一衡，罗鹏，褚庭纲，林大木，李志杰，闫合德．改良示指背侧岛状皮瓣修复拇指指端软组织缺损 [J]．中华显微外科杂志，2019，42（3）：228-231．DOI：10.3760/cma.j.issn.1001-2036.2019.03.005．{CHI Zhenglin,CHEN Yiheng,LUO Peng,CHU Tinggang,LIN Damu,LI Zhijie,YAN Hede. Clinical application of modified dorsal island flap of index finger for repairing the soft tissue defect of thumb tip[J]. Zhonghua Xian Wei Wai Ke Za Zhi[Chin J Microsurg(Article in Chinese;Abstract in Chinese and English)],2019,42(3):228-231. DOI:10.3760/cma.j.issn.1001-2036.2019.03.005.}

[10384] 段崇锋，焦涛，孙荣涛，李贤华，翟兴鹏，陈志恒．示指背侧岛状皮瓣联合掌长肌腱移植修复拇指背侧皮肤并肌腱缺损的临床疗效 [J]．实用手外科杂志，2019，33（2）：187-188．DOI：10.3969/j.issn.1671-2722.2019.02.019．{DUAN Chongfeng,JIAO Tao,SUN Rongtao,LI Xianhua,ZHAI Xingpeng,CHEN Zhiheng. Effect of dorsal island flap of index finger combined with palmaris longus tendon transplantation on repairing the defect of dorsal skin and tendon of thumb[J]. Shi Yong Shou Wai Ke Za Zhi[Chin J Pract Hand Surg(Article in Chinese;Abstract in Chinese and English)],2019,33(2):187-188. DOI:10.3969/j.issn.1671-2722.2019.02.019.}

[10385] 侍朋举，孙柏山，齐巍，张文龙，赵刚．携带桡神经浅支的示指背侧岛状皮瓣在拇指尺掌侧皮肤缺损中的应用 [J]．创伤外科杂志，2020，22（4）：293-295．DOI：10.3969j.issn.1009-4237.2020.04.013．{SHI Pengju,SUN Boshan,QI Wei,ZHANG Wenlong,ZHAO Gang. Application of rectangular island flap from dorsal index finger with superficial branch of radial nerve in the skin defect of palm and ulnar sides of thumb[J]. Chuang Shang Wai Ke Za Zhi[J Traum Surg(Article in Chinese;Abstract in Chinese and English)],2020,22(4):293-295. DOI:10.3969j.issn.1009-4237.2020.04.013.}

4.4.3.7 指动脉逆行岛状皮瓣
reverse digital artery island flap

[10386] 李卫平，徐中和．指动脉逆行岛状皮瓣修复指腹和指掌侧缺损 [J]．中华显微外科杂志，1993，16（3）：207-209．{LI Weiping,XU Zhonghe. Repair of finger pulp and palm defects with reversed digital artery island flap[J]. Zhonghua Xian Wei Wai Ke Za Zhi[Chin J Microsurg(Article in Chinese;No abstract available)],1993,16(3):207-209.}

[10387] 董斌．指掌侧固有动脉逆行岛状皮瓣修复指端缺损 [J]．中华手外科杂志，1994，10（4）：239-240．{DONG Bin. Repair of fingertip defect with reversed proper palmar digital artery island flap[J]. Zhonghua Shou Wai Ke Za Zhi[Chin J Hand Surg(Article in Chinese;No abstract available)],1994,10(4):239-240.}

[10388] 高伟阳．指动脉逆行岛状皮瓣修复指端缺损 [J]．中华显微外科杂志，1997，20（1）：62-63．{GAO Weiyang. Repair of fingertip defect with reversed digital artery island flap[J]. Zhonghua Xian Wei Wai Ke Za Zhi[Chin J Microsurg(Article in Chinese;No abstract available)],1997,20(1):62-63.}

[10389] 杜昭，黄德征．缝接指神经背侧支的指动脉逆行岛状皮瓣修复指腹缺损 [J]．中华显微外科杂志，1999，22（2）：156．DOI：10.3760/cma.j.issn.1001-2036.1999.02.046．{DU Zhao,HUANG Dezheng. Repair of finger pulp defect with reversed digital artery island flap with dorsal branch of digital nerve[J]. Zhonghua Xian Wei Wai Ke Za Zhi[Chin J Microsurg(Article in Chinese;No abstract available)],1999,22(2):156. DOI:10.3760/cma.j.issn.1001-2036.1999.02.046.}

[10390] 李卫平，朱向辉．带皮蒂的指动脉逆行岛状皮瓣 [J]．中华手外科杂志，1999，15（4）：234．DOI：10.3760/cma.j.issn.1005-054X.1999.04.029．{LI Weiping,ZHU Xianghui. Reversed digital artery island flap[J]. Zhonghua Shou Wai Ke Za Zhi[Chin J Hand Surg(Article in Chinese;No abstract available)],1999,15(4):234. DOI:10.3760/cma.j.issn.1005-054X.1999.04.029.}

[10391] 董乐乐，杜延，樊建军，常振华，王恩峰．带指神经背侧支指动脉逆行岛状皮瓣的临床应用 [J]．中华手外科杂志，2001，17（3）：175．DOI：10.3760/cma.j.issn.1005-054X.2001.03.027．{DONG Lele,DU Yan,FAN Jianjun,CHANG Zhenhua,WANG Enfeng. Clinical application of reversed digital artery island flap with dorsal branch of digital nerve[J]. Zhonghua Shou Wai Ke Za Zhi[Chin J Hand Surg(Article in Chinese;No abstract available)],2001,17(3):175. DOI:10.3760/cma.j.issn.1005-054X.2001.03.027.}

[10392] 宋震坤，姚建民，吴守成，沈向前，李建兵，宋春轶，宋建良，孙豪．指动脉逆行岛状皮瓣修复 63 例 69 指指端缺损 [J]．中华整形外科杂志，2001，17（2）：78-79．DOI：10.3760/j.issn：1009-4598.2001.02.004．{SONG Zhenkun,YAO Jianmin,WU Shoucheng,SHEN Xiangqian,LI Jianbing,SONG Chunyi,SONG Jianliang,SUN Hao. The reverse digital artery island flap for coverage of 63 cases 69 fingertip defects[J]. Zhonghua Zheng Xing Wai Ke Za Zhi[Chin J Plast Surg(Article in Chinese;Abstract in Chinese and English)],2001,17(2):78-79. DOI:10.3760/j.issn:1009-4598.2001.02.004.}

[10393] 杜颋，董乐乐，樊建军，常振华．吻合指神经的指动脉逆行岛状皮瓣修复指腹缺损 [J]．中国临床解剖学杂志，2002，20（2）：125-126．DOI：10.3969/j.issn.1001-165X.2002.02.016．{DU Ting,DONG Lele,FAN Jianjun,CHANG Zhenhua. Applied anatomy of reversed digital artery island flap anastomosed with digital nerve for the repair of pulp defect[J]. Zhongguo Lin Chuang Jie Pou Xue Za Zhi[Chin J Clin Anat(Article in Chinese;Abstract in Chinese and English)],2002,20(2):125-126. DOI:10.3969/j.issn.1001-165X.2002.02.016.}

[10394] 杨晓东，黄洪斌，王胜利，季向荣，鲍丰．指动脉蒂逆行转移的邻指动脉岛状皮瓣修复手指创面 [J]．中华手外科杂志，2002，18（3）：191．DOI：10.3760/cma.j.issn.1005-054X.2002.03.028．{YANG Xiaodong,HUANG Hongbin,WANG Shengli,JI Xiangrong,BAO Feng. Adjacent reversed digital artery island flap for repair of finger wound[J]. Zhonghua Shou Wai Ke Za Zhi[Chin J Hand Surg(Article in Chinese;No abstract available)],2002,18(3):191. DOI:10.3760/cma.j.issn.1005-054X.2002.03.028.}

[10395] 朱小弟，王利，宫云霞．邻指指动脉逆行岛状皮瓣修复手指中节皮肤及软组织缺损 [J]．中华手外科杂志，2002，18（4）：36-37．{ZHU Xiaodi,WANG Li,GONG Yunxia. Repair of skin and soft tissue of the middle segment of finger with digital artery reverse island flap of the adjcent digit[J]. Zhonghua Shou Wai Ke Za Zhi[Chin J Hand Surg(Article in Chinese;Abstract in Chinese and English)],2002,18(4):36-37.}

[10396] 谢仁国，汤锦波，成红兵，侍德．逆行指动脉桥式皮瓣的应用 [J]．中国修复重建外科杂志，2002，16（3）：181-182．{XIE Renguo,TANG Jinbo,CHENG Hongbing,SHI De. Application of reversed digital artery cross-finger flap with a compound skin pedicle[J]. Zhongguo Xiu Fu Chong Jian Wai Ke Za Zhi[Chin J Repar Reconstr Surg(Article in Chinese;Abstract in Chinese and English)],2002,16(3):181-182.}

[10397] 张德辉，左新成，黄昌林．指动脉逆行岛状皮瓣的临床应用 [J]．中华手外科杂志，2003，19（3）：168．DOI：10.3760/cma.j.issn.1005-054X.2003.03.032．{ZHANG Dehui,ZUO Xincheng,HUANG Changlin. Clinical application of reversed digital artery island flap[J]. Zhonghua Shou Wai Ke Za Zhi[Chin J Hand Surg(Article in Chinese;No abstract available)],2003,19(3):168. DOI:10.3760/cma.j.issn.1005-054X.2003.03.032.}

[10398] 崔守新，于凤珍，肖善富．改良指动脉皮瓣逆行转移修复指腹缺损 [J]．中华显微外科杂志，2004，27（2）：92．DOI：10.3760/cma.j.issn.1001-2036.2004.02.050．{CUI Shouxin,YU Fengzhen,XIAO Shanfu. Modified reversed digital artery flap for repair of finger pulp defect[J]. Zhonghua Xian Wei Wai Ke Za Zhi[Chin J Microsurg(Article in Chinese;No abstract available)],2004,27(2):92. DOI:10.3760/cma.j.issn.1001-2036.2004.02.050.}

[10399] 朱喆，彭光军，张印峰，李国建，许屾，李伟元．逆行指动脉岛状皮瓣修复手指皮肤缺损 19 例 [J]．中国矫形外科杂志，2004，12（3）：316-316．DOI：10.3969/j.issn.1005-8478.2004.03.060．{ZHU Zhe,PENG Guangjun,ZHANG Yinfeng,LI Guojian,XU Shen,LI Weiyuan. Reverse digital artery island flap for repair of finger skin defect in 19 cases[J]. Zhongguo Jiao Xing Wai Ke Za Zhi[Orthop J China(Article in Chinese;No abstract available)],2004,12(3):316-316. DOI:10.3969/j.issn.1005-8478.2004.03.060.}

[10400] 王淑杰，郭杰，陈天新，夏双印．指动脉逆行岛状皮瓣修复手指末节脱套伤 [J]．中华手外科杂志，2004，20（2）：125．DOI：10.3760/cma.j.issn.1005-054X.2004.02.031．{WANG Shujie,GUO Jie,CHEN Tianxin,XIA Shuangyin. Reversed digital artery island flap for repair of degloving injury of distal segment of finger[J]. Zhonghua Shou Wai Ke Za Zhi[Chin J Hand Surg(Article in Chinese;No abstract available)],2004,20(2):125. DOI:10.3760/cma.j.issn.1005-054X.2004.02.031.}

[10401] 潘希贵，田万成，管同勋．延长的指动脉逆行岛状皮瓣的临床研究 [J]．中华整形外科杂志，2004，20（1）：33-34．DOI：10.3760/j.issn：1009-4598.2004.01.011．{PAN Xigui,TIAN Wancheng,GUAN Tongxun. A clinical study on the extended reverse digital artery island flap[J]. Zhonghua Zheng Xing Wai Ke Za Zhi[Chin J Plast Surg(Article in Chinese;Abstract in Chinese and English)],2004,20(1):33-34. DOI:10.3760/j.issn:1009-4598.2004.01.011.}

[10402] 林涧，余云兰．指动脉逆行岛状皮瓣临床应用 69 例报告 [J]．实用手外科杂志，2004，18（4）：218-219．DOI：10.3969/j.issn.1671-2722.2004.04.012．{LIN Jian,YU Yunlan. Application of reverse island flap of digital artery in 69 cases[J]. Shi Yong Shou Wai Ke Za Zhi[Chin J Pract Hand Surg(Article in Chinese;Abstract in Chinese and English)],2004,18(4):218-219. DOI:10.3969/j.issn.1671-2722.2004.04.012.}

[10403] 谭旭昌，刘景臣．指固有动脉岛状皮瓣逆行修复指末节软组织缺损 [J]．中华显微外科杂志，

2004，27（4）：298-299. DOI：10.3760/cma.j.issn.1001-2036.2004.04.028. {TAN Xuchang,LIU Jingchen. Reversed proper artery digital island flap for repair of soft tissue defect of distal phalanx[J]. Zhonghua Xian Wei Wai Ke Za Zhi[Chin J Microsurg(Article in Chinese;Abstract in Chinese)],2004,27(4):298-299. DOI:10.3760/cma.j.issn.1001-2036.2004.04.028.}

[10404] 崔树森，李岩峰，尹维田，李福，谢升伟，徐明珠. 重建感觉的指动脉远侧指间关节背侧皮支逆行岛状皮瓣 [J]. 中华显微外科杂志，2005，28（1）：3-5. DOI：10.3760/cma.j.issn.1001-2036.2005.01.002. {CUI Shusen,LI Yanfeng,YIN Weitian,LI Fu,XIE Shengwei,XU Mingzhu. Innervated reverse island flap based on the dorsal cutaneous branch at distal interphalangeal joint of the digital artery[J]. Zhonghua Xian Wei Wai Ke Za Zhi[Chin J Microsurg(Article in Chinese;Abstract in Chinese and English)],2005,28(1):3-5. DOI:10.3760/cma.j.issn.1001-2036.2005.01.002.}

[10405] 邱勋永，柴益民，林崇正，陈彦堃，陈汉东，马心赤. 掌指动脉指蹼穿支蒂手背皮神经营养血管逆行皮瓣的应用 [J]. 中华显微外科杂志，2005，28（4）：356-357. DOI：10.3760/cma.j.issn.1001-2036.2005.04.028. {QIU Xunyong,CHAI Yimin,LIN Chongzheng,CHEN Yankun,CHEN Handong,MA Xinchi. Application of reversed dorsal neurocutaneous vascular flap pedicled with metacarpophalangeal artery web space perforator[J]. Zhonghua Xian Wei Wai Ke Za Zhi[Chin J Microsurg(Article in Chinese;Abstract in Chinese)],2005,28(4):356-357. DOI:10.3760/cma.j.issn.1001-2036.2005.04.028.}

[10406] 李卫平，朱向辉. 改良指动脉逆行岛状皮瓣的临床应用 [J]. 中华手外科杂志，2005，21(1)：44-45. DOI：10.3760/cma.j.issn.1005-054X.2005.01.019. {LI Weiping,ZHU Xianghui. Modified distally based digital artery island flap:clinical application[J]. Zhonghua Shou Wai Ke Za Zhi[Chin J Hand Surg(Article in Chinese;Abstract in Chinese and English)],2005,21(1):44-45. DOI:10.3760/cma.j.issn.1005-054X.2005.01.019.}

[10407] 王进刚，李善祥，赵国栋，李坤. 改良邻指指动脉逆行岛状皮瓣的应用 [J]. 中华手外科杂志，2005，21（5）：295-296. {WANG Jingang,LI Shanxiang,ZHAO Guodong,LI Kun. Application of modified reverse digital artery island flap from the neighboring finger[J]. Zhonghua Shou Wai Ke Za Zhi[Chin J Hand Surg(Article in Chinese;Abstract in Chinese and English)],2005,21(5):295-296.}

[10408] 唐殿成，刘美杰，王德宇，侯健，杨东亮，王洪. 指动脉逆行岛状皮瓣修复指端深度烧伤八例 [J]. 中华烧伤杂志，2005，21（4）：299. DOI：10.3760/cma.j.issn.1009-2587.2005.04.025. {TANG Diancheng,LIU Meijie,WANG Deyu,HOU Jian,YANG Dongliang,WANG Hong. Reversed digital artery island flap for repair of deep burn of finger tip in 8 cases[J]. Zhonghua Shao Shang Za Zhi[Chin J Burns(Article in Chinese;No abstract available)],2005,21(4):299. DOI:10.3760/cma.j.issn.1009-2587.2005.04.025.}

[10409] 巨积辉，侯瑞兴，吴长春，赵强，陈宏彬. 980 例指动脉逆行岛状皮瓣的临床分析 [J]. 实用手外科杂志，2005，19（3）：153-154. DOI：10.3969/j.issn.1671-2722.2005.03.010. {JU Jihui,HOU Ruixing,WU Changchun,ZHAO Qiang,CHEN Hongbin. Clinical analysis of reverse island flap pedicle of digital artery in 980 cases[J]. Shi Yong Shou Wai Ke Za Zhi[Chin J Pract Hand Surg(Article in Chinese;Abstract in Chinese and English)],2005,19(3):153-154. DOI:10.3969/j.issn.1671-2722.2005.03.010.}

[10410] 朱弢，任建峰，陈华. 指动脉逆行岛状皮瓣修复指腹缺损 [J]. 中华手外科杂志，2006，22（1）：36-37. DOI：10.3760/cma.j.issn.1005-054X.2006.01.015. {ZHU Tao,REN Jianfeng,CHEN Hua. Repair of pulp defect with reverse digital artery island flap including the palmar cutaneous branch of proper digital nerve[J]. Zhonghua Shou Wai Ke Za Zhi[Chin J Hand Surg(Article in Chinese;Abstract in Chinese and English)],2006,22(1):36-37. DOI:10.3760/cma.j.issn.1005-054X.2006.01.015.}

[10411] 马铁鹏，王斌，杨义，尹佳丽，李春江，刘德群. 超半环形指动脉逆行岛状皮瓣修复手指末节套脱伤 [J]. 中华手外科杂志，2007，23（4）：232. DOI：10.3760/cma.j.issn.1005-054X.2007.04.018. {MA Tiepeng,WANG Bin,YANG Yi,YIN Jiali,LI Chunjiang,LIU Dequn. Semicircular reversed digital artery island flap for repair of avulsion injury of distal segment of the fingers[J]. Zhonghua Shou Wai Ke Za Zhi[Chin J Hand Surg(Article in Chinese;No abstract available)],2007,23(4):232. DOI:10.3760/cma.j.issn.1005-054X.2007.04.018.}

[10412] 桑向群，李培春，付炉春. 带指神经分支的指动脉逆行岛状皮瓣修复指腹创面的体会 [J]. 中华手外科杂志，2007，23（4）：244. DOI：10.3760/cma.j.issn.1005-054X.2007.04.030. {SANG Xiangqun,LI Peichun,FU Luchun. Experience of digital artery reverse island flap with digital nerve branch for repair of finger pulp wound[J]. Zhonghua Shou Wai Ke Za Zhi[Chin J Hand Surg(Article in Chinese;No abstract available)],2007,23(4):244. DOI:10.3760/cma.j.issn.1005-054X.2007.04.030.}

[10413] 王凯夫. 指动脉逆行岛状皮瓣在手指皮肤缺损中的应用 [J]. 创伤外科杂志，2007，9（4）：365-365. DOI：10.3969/j.issn.1009-4237.2007.04.023. {WANG Kaifu. Application of digital artery reversed island flap in finger tissue defect[J]. Chuang Shang Wai Ke Za Zhi[J Traum Surg(Article in Chinese;Abstract in Chinese)],2007,9(4):365-365. DOI:10.3969/j.issn.1009-4237.2007.04.023.}

[10414] 肖颖锋，万圣祥，王拥军，江长青，彭艳斌，周喆刚. 指动脉逆行岛状皮瓣结合甲床扩大术修复指端缺损 [J]. 实用手外科杂志，2007，21（2）：88-89. DOI：10.3969/j.issn.1671-2722.2007.02.008. {XIAO Yingfeng,WAN Shengxiang,WANG Yongjun,JIANG Changqing,PENG Yanbin,ZHOU Zhegang. Repair of traumatic tissue defects at finger tip with retrograde digital artery island flap and nail-bed lengthening[J]. Shi Yong Shou Wai Ke Za Zhi[Chin J Pract Hand Surg(Article in Chinese;Abstract in Chinese and English)],2007,21(2):88-89. DOI:10.3969/j.issn.1671-2722.2007.02.008.}

[10415] 马铁鹏，王斌，尹佳丽，刘德群. 超半环形指动脉逆行岛状皮瓣修复手指末节离断型脱套伤 [J]. 中华显微外科杂志，2008，31（3）：202. DOI：10.3760/cma.j.issn.1001-2036.2008.03.033. {MA Tiepeng,WANG Bin,YIN Jiali,LIU Dequn. Repair of amputated degloving injury of distal segment of finger with reversed ultra semicircular island flap of digital artery[J]. Zhonghua Xian Wei Wai Ke Za Zhi[Chin J Microsurg(Article in Chinese;No abstract available)],2008,31(3):202. DOI:10.3760/cma.j.issn.1001-2036.2008.03.033.}

[10416] 易建华，李智勇，刘小林，刘云江，肖良宝，胡军. 保留指神经的指动脉逆行岛状皮瓣修复指端缺损 [J]. 中华显微外科杂志，2008，31（4）：289-290. DOI：10.3760/cma.j.issn.1001-2036.2008.04.019. {YI Jianhua,LI Zhiyong,LIU Xiaolin,LIU Yunjiang,XIAO Liangbao,HU Jun. Repair of fingertip defect with reversed digital artery island flap with preservation of the digital nerve[J]. Zhonghua Xian Wei Wai Ke Za Zhi[Chin J Microsurg(Article in Chinese;Abstract in Chinese)],2008,31(4):289-290. DOI:10.3760/cma.j.issn.1001-2036.2008.04.019.}

[10417] 潘希贵，管同勋，田献，田万成. 指动脉逆行岛状皮瓣切取后发生血液循环障碍的补救措施 [J]. 中华显微外科杂志，2009，32（4）：321-323. DOI：10.3760/cma.j.issn.1001-2036.2009.04.027. {PAN Xigui,GUAN Tongxun,TIAN Xian,TIAN Wancheng. Remedial measures of blood circulation disturbance after reversed digital artery island flap resection[J]. Zhonghua Xian Wei Wai Ke Za Zhi[Chin J Microsurg(Article in Chinese;Abstract in Chinese)],2009,32(4):321-323. DOI:10.3760/cma.j.issn.1001-2036.2009.04.027.}

[10418] 周喆刚，肖颖锋，万圣祥，王拥军，江长青. 带指神经背侧支的指动脉逆行岛状皮瓣修复指端皮肤缺损 [J]. 中华手外科杂志，2010，26（2）：128. DOI：10.3760/cma.j.issn.1005-054X.2010.02.032. {ZHOU Zhegang,XIAO Yingfeng,WAN Shengxiang,WANG Yongjun,JIANG Changqing. Reversed digital artery island flap with dorsal branch of digital nerve for repair of fingertip skin defect[J]. Zhonghua Shou Wai Ke Za Zhi[Chin J Hand Surg(Article in Chinese;No abstract available)],2010,26(2):128. DOI:10.3760/cma.j.issn.1005-054X.2010.02.032.}

[10419] 张文龙，张子明，高顺红，陈超. 改良指动脉逆行岛状皮瓣修复指端缺损 [J]. 中华整形外科杂志，2010，26（5）：378-379. DOI：10.3760/cma.j.issn.1009-4598.2010.05.016. {ZHANG Wenlong,ZHANG Ziming,GAO Shunhong,CHEN Chao. Repair of fingertip defect with modified reversed digital artery island flap[J]. Zhonghua Zheng Xing Wai Ke Za Zhi[Chin J Plast Surg(Article in Chinese;No abstract available)],2010,26(5):378-379. DOI:10.3760/cma.j.issn.1009-4598.2010.05.016.}

[10420] 席志峰，刘刚义，王从虎，朱修文，张志敏. 指动脉逆行岛状皮瓣修复小儿指端指腹缺损的临床体会 [J]. 中华显微外科杂志，2012，35（1）：45. DOI：10.3760/cma.j.issn.1001-2036.2012.01.017. {XI Zhifeng,LIU Gangyi,WANG Conghu,ZHU Xiuwen,ZHANG Zhimin. Clinical experience of reversed digital artery island flap for repair of fingertip pulp defect in children[J]. Zhonghua Xian Wei Wai Ke Za Zhi[Chin J Microsurg(Article in Chinese;No abstract available)],2012,35(1):45. DOI:10.3760/cma.j.issn.1001-2036.2012.01.017.}

[10421] 王文德，李宗宝，王业本，赵凤林. 指动脉逆行岛状皮瓣修复指端软组织缺损长期回访报告 [J]. 中华手外科杂志，2012，28（3）：142-143. DOI：10.3760/cma.j.issn.1005-054X.2012.03.008. {WANG Wende,LI Zongbao,WANG Yeben,ZHAO Fenglin. Long term follow-up report of reversed digital artery island flap for repair of fingertip soft tissue defect[J]. Zhonghua Shou Wai Ke Za Zhi[Chin J Hand Surg(Article in Chinese;No abstract available)],2012,28(3):142-143. DOI:10.3760/cma.j.issn.1005-054X.2012.03.008.}

[10422] 李文庆，朱小弟，杨涛，陈传煌，李楚炎，姚海波. 手部指动脉逆行筋膜瓣临床应用 15 例分析 [J]. 中华显微外科杂志，2014，37（3）：267-269. DOI：10.3760/cma.j.issn.1001-2036.2014.03.019. {LI Wenqing,ZHU Xiaodi,YANG Tao,CHEN Chuanhuang,LI Chuyan,YAO Haibo. Clinical application of reversed digital artery fascial flap in 15 cases[J]. Zhonghua Xian Wei Wai Ke Za Zhi[Chin J Microsurg(Article in Chinese;Abstract in Chinese)],2014,37(3):267-269. DOI:10.3760/cma.j.issn.1001-2036.2014.03.019.}

[10423] 陆振良，朱金宏，陆向荣，陆大明，张世民. 指蹼穿支蒂皮瓣推进修复指动脉逆行岛状皮瓣供区创面 [J]. 中华显微外科杂志，2014，37（5）：499-500. DOI：10.3760/cma.j.issn.1001-2036.2014.05.025. {LU Zhenliang,ZHU Jinhong,LU Xianrong,LU Daming,ZHANG Shimin. Web space perforator advanced flap for repair of donor site wound of reversed digital artery island flap[J]. Zhonghua Xian Wei Wai Ke Za Zhi[Chin J Microsurg(Article in Chinese;Abstract in Chinese)],2014,37(5):499-500. DOI:10.3760/cma.j.issn.1001-2036.2014.05.025.}

[10424] 陈乐锋，张振伟，游楚红，陈国荣，周望高，柯于海，叶学浪，熊懿. 中指近节桡侧指动脉邻指逆行岛状皮瓣修复拇指指端缺损 [J]. 中华手外科杂志，2014，30（1）：44-46. {CHEN Lefeng,ZHANG Zhenwei,YOU Chuhong,CHEN Guorong,ZHOU Wanggao,KE Yuhai,YE Xuelang,XIONG Yi. Transfer of a radial digital reverse island flap from proximal phalange of the middle finger to cover fingertip defect of th thumb[J]. Zhonghua Shou Wai Ke Za Zhi[Chin J Hand Surg(Article in Chinese;Abstract in Chinese and English)],2014,30(1):44-46.}

[10425] 冯仕明，王爱国，张在轶，陶友伦，周明明. 指动脉背侧穿支血管链逆行岛状皮瓣修复指端皮肤缺损 [J]. 中华手外科杂志，2014，30（4）：315-316. {FENG Shiming,WANG Aiguo,ZHANG Zaiyi,TAO Youlun,ZHOU Mingming. Reversed island flap with dorsal perforator chain of digital artery for repair of fingertip skin defect[J]. Zhonghua Shou Wai Ke Za Zhi[Chin J Hand Surg(Article in Chinese;No abstract available)],2014,30(4):315-316.}

[10426] 侯桥，曾林如，任国华，许良，陈城，许世超. 邻指指动脉逆行带蒂岛状皮瓣修复手指难愈性创面五例 [J]. 中华烧伤杂志，2014，30（1）：78-79. DOI：10.3760/cma.j.issn.1009-2587.2014.01.022. {HOU Qiao,ZENG Linru,REN Guohua,XU Liang,CHEN Cheng,XU Shichao. Adjacent reversed island flap pedicled with digital artery for repair of refractory wound of fingers in 5 cases[J]. Zhonghua Shao Shang Za Zhi[Chin J Burns(Article in Chinese;No abstract available)],2014,30(1):78-79. DOI:10.3760/cma.j.issn.1009-2587.2014.01.022.}

[10427] 王建国，赵立宁，田清业，王建丽，王文雪. 不含指神经的逆行指动脉皮瓣修复手指末端缺损 [J]. 实用手外科杂志，2014，28（1）：50-52. DOI：10.3969/j.issn.1671-2722.2014.01.018. {WANG Jianguo,ZHAO Lining,TIAN Qingye,WANG Jianli,WANG Wenxue. Without digital nerve retrograde digital artery flap to repair finger tip defect[J]. Shi Yong Shou Wai Ke Za Zhi[Chin J Pract Hand Surg(Article in Chinese;Abstract in Chinese and English)],2014,28(1):50-52. DOI:10.3969/j.issn.1671-2722.2014.01.018.}

[10428] 秦建忠，王培吉，董启榕. 指固有动脉旗形逆行岛状皮瓣修复手指皮肤软组织缺损 [J]. 中华显微外科杂志，2014，37(1)：77-78. DOI：10.3760/cma.j.issn.1001-2036.2014.01.024. {QIN Jianzhong,WANG Peiji,DONG Qirong. Repair of skin and soft tissue defects of fingers with flag-shape reversed island flap of proper digital artery[J]. Zhonghua Xian Wei Wai Ke Za Zhi[Chin J Microsurg(Article in Chinese;Abstract in Chinese)],2014,37(1):77-78. DOI:10.3760/cma.j.issn.1001-2036.2014.01.024.}

[10429] 张建华. 改良术式修复指动脉逆行岛状皮瓣供区创面的临床疗效 [J]. 中华手外科杂志，2015，31（5）：399. DOI：10.3760/cma.j.issn.1005-054X.2015.05.038. {ZHANG Jianhua. Clinical effect of modified reversed digital artery island flap for repair of donor site wound[J]. Zhonghua Shou Wai Ke Za Zhi[Chin J Hand Surg(Article in Chinese;No abstract available)],2015,31(5):399. DOI:10.3760/cma.j.issn.1005-054X.2015.05.038.}

[10430] 张彬，陈捷，张鲁山，阮圣幸. 指动脉皮支血管网逆行皮瓣修复指端创面 [J]. 创伤外科杂志，2015，17（3）：268-268. {ZHANG Bin,CHEN Jie,ZHANG Lushan,RUAN Shengxing. Reverse flap of vascular net of digital artery in the repair of finger-tip wound[J]. Chuang Shang Wai Ke Za Zhi[J Traum Surg(Article in Chinese;Abstract in Chinese)],2015,17(3):268-268.}

[10431] 张剑锋，王斌，王辉，杨焕友，郝睿峥，霍永鑫. 改良指固有动脉逆行岛状皮瓣与腹部超薄皮瓣修复远节指套脱伤的疗效比较 [J]. 中国骨与关节损伤杂志，2015，30（11）：1178-1180. DOI：10.7531/j.issn.1672-9935.2015.11.018. {ZHANG Jianfeng,WANG Bin,WANG Hui,YANG Huanyou,HAO Ruizheng,HUO Yongxin. Comparison of improved reverse flap of digital artery and abdominal random ultrathin flap for repairing degloved injury of fingertip[J]. Zhongguo Gu Yu Guan Jie Sun Shang Za Zhi[Chin J Bone Joint Injury(Article in Chinese;Abstract in Chinese and English)],2015,30(11):1178-1180. DOI:10.7531/j.issn.1672-9935.2015.11.018.}

[10432] 刘金伟，王成，李卫，何藻鹏，周琮镇，郑玉东，曾迪藩，刘东波. 掌背动脉穿支蒂皮瓣转移修复指动脉逆行岛状皮瓣供区创面 [J]. 中华显微外科杂志，2016，39（6）：608-610，611. DOI：10.3760/cma.j.issn.1001-2036.2016.06.030. {LIU Jinwei,WANG Cheng,LI Wei,HE Zaopeng,ZHOU Congzhen,ZHENG Yudong,ZENG Difan,LIU Dongbo. Dorsal metacarpal artery perforator flap for repair of the donor site of reversed digital artery island flap[J]. Zhonghua Xian Wei Wai Ke Za Zhi[Chin J Microsurg(Article in Chinese;Abstract in Chinese)],2016,39(6):608-610,611. DOI:10.3760/cma.j.issn.1001-2036.2016.06.030.}

[10433] 王辉，杨晓溪，张剑锋，贾松，王伟，王斌. 第 2～5 指近节侧方带指固有神经背侧支指动脉逆行岛状皮瓣修复同指指端皮肤软组织缺损 35 例 [J]. 中华烧伤杂志，2016，32（4）：233-235. DOI：10.3760/cma.j.issn.1009-2587.2016.04.009. {WANG Hui,YANG Xiaoxi,ZHANG Jianfeng,JIA Song,WANG Wei,WANG Bin. Reversed digital artery island flap with dorsal branch of proper digital nerve on the proximal segment of the second to fifth fingers for repair of skin and soft tissue defects of the ipsilateral finger in 35 cases[J]. Zhonghua Shao Shang Za Zhi[Chin J Burns(Article in Chinese;No abstract available)],2016,32(4):233-235. DOI:10.3760/cma.j.issn.1009-2587.2016.04.009.}

[10434] 王红胜，袁海平，袁勇，崔剑华，樊川. 指动脉逆行岛状皮瓣修复手指中节组织缺损 20 例 [J]. 中华显微外科杂志，2017，40（4）：376-378. DOI：10.3760/cma.j.issn.1001-2036.2017.04.018. {WANG Hongsheng,YUAN Haiping,YUAN Yong,CUI Jianhua,FAN Chuan. Reversed digital artery island flap for repair of tissue defect of middle segment of fingers in 20 cases[J]. Zhonghua Xian Wei Wai Ke Za Zhi[Chin J Microsurg(Article in Chinese;Abstract in Chinese)],2017,40(4):376-378. DOI:10.3760/cma.j.issn.1001-2036.2017.04.018.}

[10435] 杨林，刘宏君，张文忠，王天亮，张乃臣，顾加祥．带指固有神经皮支指动脉逆行岛状皮瓣修复同指指端软组织缺损 [J]．中华手外科杂志，2017，33（4）：307-309. DOI: 10.3760/cma.j.issn.1005-054X.2017.04.026. {YANG Lin,LIU Hongjun,ZHANG Wenzhong,WANG Tianliang,ZHANG Naichen,GU Jiaxiang. Reverse dorsal digital island flap with cutaneous branches of proper digital nerve for repair of soft tissue defects of the same fingertip[J]. Zhonghua Shou Wai Ke Za Zhi[Chin J Hand Surg(Article in Chinese;Abstract in Chinese and English)],2017,33(4):307-309. DOI:10.3760/cma.j.issn.1005-054X.2017.04.026.}

[10436] 杨林，刘宏君，顾加祥，张文忠，张乃臣，夏狮聪．同指带指固有神经皮支指动脉逆行岛状皮瓣与邻指皮瓣修复指端软组织缺损的疗效对比 [J]．实用手外科杂志，2017，31（4）：424-427. DOI: 10.3969/j.issn.1671-2722.2017.04.007. {YANG Lin,LIU Hongjun,GU Jiaxiang,ZHANG Wenzhong,ZHANG Naichen,XIA Shicong. Clinical comparison on cross finger flap and reverse-flow homodigital island flap pedicled with cutaneous branches of proper digital nerve for repairing soft tissue defects of fingertip[J]. Shi Yong Shou Wai Ke Za Zhi[Chin J Pract Hand Surg(Article in Chinese;Abstract in Chinese and English)],2017,31(4):424-427. DOI:10.3969/j.issn.1671-2722.2017.04.007.}

[10437] 严雪港，戚建武，董子升，姜跃国．指掌侧固有动脉逆行岛状皮瓣修复指端缺损 23 例 [J]．中华显微外科杂志，2017，40（6）：568-570. DOI: 10.3760/cma.j.issn.1001-2036.2017.06.013. {YAN Xuegang,QI Jianwu,DONG Zisheng,JIANG Yueguo. Repair of fingertip defect with reverse island flap of proper palmar digital artery in 23 cases[J]. Zhonghua Xian Wei Wai Ke Za Zhi[Chin J Microsurg(Article in Chinese;Abstract in Chinese)],2017,40(6):568-570. DOI:10.3760/cma.j.issn.1001-2036.2017.06.013.}

[10438] 梁好，陈莹恩，黎丹东，郭广惠．携带指固有神经直接小分支的指动脉逆行岛状皮瓣修复指端缺损 [J]．中华手外科杂志，2018，34（2）：147-148. DOI: 10.3760/cma.j.issn.1005-054X.2018.02.026. {LIANG Hao,CHEN Yingen,LI Dandong,GUO Guanghui. Reversed digital artery island flap with direct branch of proper digital nerve for repair of fingertip defect[J]. Zhonghua Shou Wai Ke Za Zhi[Chin J Hand Surg(Article in Chinese;Abstract in Chinese)],2018,34(2):147-148. DOI:10.3760/cma.j.issn.1005-054X.2018.02.026.}

[10439] 郭朝剑，帅明，徐敏，双峰，李浩，熊绪．顺行及逆行指动脉岛状皮瓣修复指端缺损的临床疗效比较 [J]．局解手术学杂志，2018，27（2）：102-106. DOI: 10.11659/jjssx.07E017075. {GUO Chaojian,SHUAI Ming,XU Min,SHUANG Feng,LI Hao,XIONG Xu. Effect comparison of anterograde and reverse digital artery island flap in repairing of fingertip defects[J]. Ju Jie Shou Shu Xue Za Zhi[J Reg Anat Oper Surg(Article in Chinese;Abstract in Chinese and English)],2018,27(2):102-106. DOI:10.11659/jjssx.07E017075.}

[10440] 钟宏星，王道明，柯建华，曾荣铭，林磊，张松林，洪朝浮，林乐发，叶永同．逆行指动脉穿支蒂皮瓣切取后动脉供血障碍分析与补救方法 [J]．实用手外科杂志，2018，32（1）：36-37. DOI: 10.3969/j.issn.1671-2722.2018.01.012. {ZHONG Hongxing,WANG Daoming,KE Jianhua,ZENG Rongming,LIN Lei,ZHANG Songlin,HONG Chaofu,LIN Lefa,YE Yongtong. The analysis and remedies of the arterial crisis occured in retrograde digital arterial perforator flaps[J]. Shi Yong Shou Wai Ke Za Zhi[Chin J Pract Hand Surg(Article in Chinese;Abstract in Chinese and English)],2018,32(1):36-37. DOI:10.3969/j.issn.1671-2722.2018.01.012.}

[10441] 王道明，林磊，柯建华，曾荣铭，叶永同，林乐发．短节段指动脉蒂改良逆行指动脉皮瓣的临床研究 [J]．实用手外科杂志，2018，32（4）：389-390. DOI: 10.3969/j.issn.1671-2722.2018.04.004. {WANG Daoming,LIN Lei,KE Jianhua,ZENG Rongming,YE Yongtong,LIN Lefa. The clinical study of modified retrograde finger arterial flaps in short segment[J]. Shi Yong Shou Wai Ke Za Zhi[Chin J Pract Hand Surg(Article in Chinese;Abstract in Chinese and English)],2018,32(4):389-390. DOI:10.3969/j.issn.1671-2722.2018.04.004.}

4.4.3.8 指神经血管神经束岛状皮瓣

digital neurovascular fascicular island flap,Littler flap

[10442] 赵亮，王文德，徐有静，王鑫，李宗宝．指掌侧血管神经束指背支筋膜蒂岛状皮瓣修复手指创面 [J]．中华手外科杂志，2004，20（3）：192. DOI: 10.3760/cma.j.issn.1005-054X.2004.03.032. {ZHAO Liang,WANG Wende,XU Youjing,WANG Xin,LI Zongbao. Repair of finger wound with island flap pedicled with proper neurovascular bundles of the dorsal branches[J]. Zhonghua Shou Wai Ke Za Zhi[Chin J Hand Surg(Article in Chinese;No abstract available)],2004,20(3):192. DOI:10.3760/cma.j.issn.1005-054X.2004.03.032.}

[10443] 周晓，许亚军，芮永军，寿奎水，姚群．阶梯状带血管神经束顺行推进皮瓣及甲床扩大术修复指端缺损 [J]．中华整形外科杂志，2011，27（1）：66-67. DOI: 10.3760/cma.j.issn.1009-4598.2011.01.018. {ZHOU Xiao,XU Yajun,RUI Yongjun,SHOU Kuishui,YAO Qun. Stepwise antegrade advanced flap with vascular nerve bundle and nail bed lengthening for repair of fingertip defect[J]. Zhonghua Zheng Xing Wai Ke Za Zhi[Chin J Plast Surg(Article in Chinese;No abstract available)],2011,27(1):66-67. DOI:10.3760/cma.j.issn.1009-4598.2011.01.018.}

[10444] 沈小芳，糜菁熠，赵刚，田建，寿奎水，杨惠林，芮永军．双侧指血管神经束推进皮瓣修复指端缺损 [J]．中华手外科杂志，2013，29（1）：31-33. DOI: 10.3760/cma.j.issn.1005-054X.2013.01.013. {SHEN Xiaofang,MI Jingyi,ZHAO Gang,TIAN Jian,SHOU Kuishui,YANG Huilin,RUI Yongjun. Bilateral digital neurovascular advancement flap to repair fingertip defects[J]. Zhonghua Shou Wai Ke Za Zhi[Chin J Hand Surg(Article in Chinese;Abstract in Chinese and English)],2013,29(1):31-33. DOI:10.3760/cma.j.issn.1005-054X.2013.01.013.}

[10445] 魏鹏，陈薇薇，沈华军，梅劲，周佳鑫，余雅玲，李学渊，王欣．指固有血管神经束背侧支顺行岛状皮瓣修复指端缺损 [J]．中华显微外科杂志，2014，37（5）：464-467. DOI: 10.3760/cma.j.issn.1001-2036.2014.05.013. {WEI Peng,CHEN Weiwei,SHEN Huajun,MEI Jin,ZHOU Jiaxin,YU Yalin,LI Xueyuan,WANG Xin. Repair of the fingertip defect with anterograde island flap with the proper neurovascular bundles of the dorsal branches[J]. Zhonghua Xian Wei Wai Ke Za Zhi[Chin J Microsurg(Article in Chinese and English)],2014,37(5):464-467. DOI:10.3760/cma.j.issn.1001-2036.2014.05.013.}

[10446] 周晓，薛明宇，芮永军，许亚军，寿奎水．以一侧指血管神经束为蒂的指腹旗帜状皮瓣修复指端缺损 [J]．中华整形外科杂志，2015，31（1）：67-68. DOI: 10.3760/cma.j.issn.1009-4598.2015.01.021. {ZHOU Xiao,XUE Mingyu,RUI Yongjun,XU Yajun,SHOU Kuishui. Repair of fingertip defect with flag-shape pulp flap pedicled with one finger neurovascular bundles[J]. Zhonghua Zheng Xing Wai Ke Za Zhi[Chin J Plast Surg(Article in Chinese;No abstract available)],2015,31(1):67-68. DOI:10.3760/cma.j.issn.1009-4598.2015.01.021.}

[10447] 许明，邹艳，张建超，徐晓晨，于斌，戴平，郑杰．指动脉血管神经束残端蒂旋转皮瓣修复手指远节缺损 [J]．中华骨与关节外科杂志，2018，11（7）：532-534. DOI: 10.3969/j.issn.2095-9958.2018.07.011. {XU Ming,ZOU Yan,ZHANG Jianchao,XU Xiaochen,YU Bin,DAI Ping,ZHENG Jie. Digital artery rotation flap in the repair of fingertip defects[J]. Zhonghua Gu Yu Guan Jie Wai Ke Za Zhi[Chin J Bone Joint Surg(Article in Chinese;Abstract in Chinese and English)],2018,11(7):532-534. DOI:10.3969/j.issn.2095-9958.2018.07.011.}

4.4.3.9 交指皮瓣

cross-finger flap

[10448] Heng D,Zhang C,Yao Y,Liu L,Chen Yi YI. Experimental study on early division of cross-finger pedicle flap and its clinical application[J]. Chin J Traumatol,2000,3(3):159-162.

[10449] Zhao J,Abdullah S,Li WJ,Appukuttan A,Tien HY. A novel solution for venous congestion following digital replantation:a proximally based cross-finger flap[J]. J Hand Surg Am,2011,36(7):1224-30. doi:10.1016/j.jhsa.2011.04.013.

[10450] Wang B,Zhang X,Jiang W,Ma T,Li H,Wang H. Reconstruction of distally degloved fingers with a cross-finger flap and a composite-free flap from the dorsum of the second toe[J]. J Hand Surg Am,2012,37(2):303-9,309.e1-4. doi:10.1016/j.jhsa.2011.10.009.

[10451] Feng SM,Gu JX,Liu HJ,Zhang NC,Pan JB,Tian H,Xu T. Treatment of distal fingertip degloving injuries using a cross-finger flap based on the dorsal branch of the proper digital artery at the middle phalanx[J]. J Reconstr Microsurg,2013,29(9):623-30. doi:10.1055/s-0033-1356550.

[10452] Chen C,Tang P,Zhang L,Wang B. Treatment of fingertip degloving injury using the bilaterally innervated sensory cross-finger flap[J]. Ann Plast Surg,2014,73(6):645-51. doi:10.1097/SAP.0b013e31828d7258.

[10453] Chen C,Tang P,Zhang L. Reconstruction of a large soft-tissue defect in the single finger using the modified cross-finger flap[J]. J Plast Reconstr Aesthet Surg,2015,68(7):990-4. doi:10.1016/j.bjps.2015.03.033.

[10454] Yang J,Wang T,Yu C,Gu Y,Jia X. Reconstruction of large area defect of the nail bed by cross finger fascial flap combined with split-thickness toe nail bed graft:A new surgical method[J]. Medicine(Baltimore),2017,96(6):e6048. doi:10.1097/MD.0000000000006048.

[10455] Chen S,Wen G,Cheng L,Chai Y. Mangled finger salvage using cross-finger revascularization[J]. J Orthop Surg Res,2020,15(1):104. doi:10.1186/s13018-020-01621-w.

4.4.3.10 V-Y 推进皮瓣

V-Y advancement flap

[10456] Xu YQ,Zhu YL,Ysng J,Li J,Ding J,Lu S,Liu Y. Bi-pedicled V-Y gastrocnemius myocutaneous flap for repairing Achilles tendon and overlying skin defect:the anatomic basis and clinical application[J]. Chin J Traumatol,2007,10(2):77-81.

[10457] Li JH,Xing X,Li P,Xu J. Transposition movement of V-Y flaps for facial reconstruction[J]. J Plast Reconstr Aesthet Surg,2007,60(11):1244-1247. doi:10.1016/j.bjps.2006.10.011.

[10458] Jin X,Teng L,Zhang C,Xu J,Lu J,Zhang B,Xie F,Xu M. Reconstruction of partial-thickness vermilion defects with a mucosal V-Y advancement flap based on the orbicularis oris muscle[J]. J Plast Reconstr Aesthet Surg,2011,64(4):472-476. doi:10.1016/j.bjps.2010.07.017.

[10459] Chen WL,Wang YY,Zhou M,Yang ZH,Zhang DM. Double mental neurovascular V-Y island advancement flaps combined with tongue flaps for functionally reconstructing total lower-lip defects[J]. J Craniofac Surg,2012,23(1):181-183. doi:10.1097/SCS.0b013e3182418ed5.

[10460] Fang QG,Shi S,Zhang X,Li ZN,Liu FY,Sun CF. Total lower lip reconstruction with a double mental neurovascular V-Y island advancement flap[J]. J Oral Maxillofac Surg,2014,72(4):834.e1-6. doi:10.1016/j.joms.2013.12.010.

[10461] Xu M,Yang C,Wang WJ,Bi HD,Xing X. An "oxhorn"-shaped V-Y advancement flap unilaterally pedicled on a nasal superficial musculoaponeurotic system for nasal reconstruction[J]. J Plast Reconstr Aesthet Surg,2015,68(11):1516-1521. doi:10.1016/j.bjps.2015.07.016.

[10462] Gu ZC,Li H,Hamann D,Xu F. V-Y advancement flaps based on yotsuyanagi aesthetic subunit principles for small nasal defects in Asian patients[J]. Facial Plast Surg,2016,32(3):315-319. doi:10.1055/s-0036-1579783.

[10463] Liu HP,Shao Y,Zhang D. Single-stage reconstruction of eyebrow defect using a v-y advancement pedicle flap based on the orbicularis oculi muscle[J]. J Craniofac Surg,2017,28(6):e521-e522. doi:10.1097/SCS.0000000000003727.

[10464] Liu X,Lu W,Zhang Y,Liu Y,Yang X,Liao S,Zhang Z. Application of gluteus maximus fasciocutaneous V-Y advancement flap combined with resection in sacrococcygeal pressure ulcers:A CONSORT-compliant article[J]. Medicine (Baltimore),2017,96(47):e8829. doi:10.1097/MD.0000000000008829.

[10465] Shen H,Dai X,Chen J,Wang J,Zhang Z,Cai Z. Modified unilateral pedicled V-Y advancement flap for scalp defect repair[J]. J Craniofac Surg,2018,29(3):608-613. doi:10.1097/SCS.0000000000004330.

[10466] Duan W,Liu Y. Correction of Tanzer Type IIB constricted ears via Z-shaped double V-Y advancement flaps[J]. Ann Plast Surg,2019,82(3):284-288. doi:10.1097/SAP.0000000000001750.

[10467] Zhang WC,Liu Z,Zeng A,Wang X,Yu N,Zhu L,Dong R,Wang S,Li X. Repair of cutaneous and mucosal upper lip defects using double V-Y advancement flaps[J]. J Cosmet Dermatol,2020,19(1):211-217. doi:10.1111/jocd.13107.

[10468] Yang ZL,Peng YH,Yang C,Cheng B,Ji MK,Zhao Y. Preoperative evaluation of V-Y flap design based on computer-aided analysis[J]. Comput Math Methods Med,2020,2020:8723571. doi:10.1155/2020/8723571.

[10469] Lu R,Xiao Z,Li Z,Guo X. Modified V-Y myocutaneous flap with vascular pedicle for the repair of maxillofacial skin defects[J]. J Craniofac Surg,2020,31(8):e786-e789. doi:10.1097/SCS.0000000000006745.

[10470] 田慧中，吴杰．4V—Y 皮瓣矫正近指间关节屈曲挛缩 [J]．修复重建外科杂志，1988，2(2)：97. {TIAN Huizhong,WU Jie. Correction of flexion contracture of proximal interphalangeal joint with 4v-y flap[J]. Zhongguo Xiu Fu Chong Jian Wai Ke Za Zhi[Chin J Repair Reconstr Surg(Article in Chinese;No abstract available)],1988,2(2):97.}

[10471] 陈海啸，梅光秀，高运动，薛跃华．双侧臀大肌 V—Y 推进肌皮瓣治疗骶尾部深度褥疮 [J]．中华显微外科杂志，1991，14（4）：232-233. {CHEN Haixiao,MEI Guangxiu,GAO Yundong,XUE Yuehua. Treatment of sacrococcygeal deep bedsore with bilateral gluteus maximus V-Y advancement myocutaneous flap[J]. Zhonghua Xian Wei Wai Ke Za Zhi[Chin J Microsurg(Article in Chinese;No abstract available)],1991,14(4):232-233.}

[10472] 任志勇，王成琪，颜晗，王剑利．指掌侧 V—Y 推进皮瓣修复手指皮肤缺损 [J]．中国修复重建外科杂志，1992，6（2）：98-99. {REN Zhiyong,WANG Chengqi,YAN Han,WANG Jianli. Repair of finger skin defect with volar V-Y advancement flap[J]. Zhongguo Xiu Fu Chong Jian Wai Ke Za Zhi[Chin J Repair Reconstr Surg(Article in Chinese)],1992,6(2):98-99.}

[10473] 夏宁晓，马玉林，董敬舒，刘定汉，王振华，王军．应用两种改良的 V—Y 皮瓣修复指端缺损 [J]．中华手外科杂志，1993，9（2）：87-88. {XIA Ningxiao,MA Yulin,DONG Jingshu,LIU Dinghan,WANG Zhenhua,WANG Jun. Application of two kinds of modified V-Y flap for repair of

fingertip defect[J]. Zhonghua Shou Wai Ke Za Zhi[Chin J Hand Surg(Article in Chinese;No abstract available)],1993,9(2):87-88.}

[10474] 胡鸿泰，王炜，杨红华. 指神经血管蒂V—Y岛状推进皮瓣修复指端缺损[J]. 中国修复重建外科杂志，1993，7(3)：161-162，195. {HU Hongtai,WANG Wei,YANG Honghua. Repair of fingertip defect with V-Y island advancement flap pedicled with digital nerve and blood vessel[J]. Zhongguo Xiu Fu Chong Jian Wai Ke Za Zhi[Chin J Repar Reconstr Surg(Article in Chinese;Abstract in Chinese)],1993,7(3):161-162,195.}

[10475] 孙义久，张亚华，史萍，朴明香. 用V－Y皮瓣和游离指（趾）甲修复指端损伤[J]. 中华手外科杂志，1995，11(2)：79-80. {SUN Yijiu,ZHANG Yahua,SHI Ping,PIAO Mingxiang. Finger tip repair with V-Yflap and nail graft[J]. Zhonghua Shou Wai Ke Za Zhi[Chin J Hand Surg(Article in Chinese;Abstract in Chinese and English)],1995,11(2):79-80.}

[10476] 张巨祥，方振玉，高洪君，陈金民，傅双印，段世荣. 指蹼的Y－2V瓣修复方法[J]. 中华修复重建外科杂志，1995，9(4)：238. {ZHANG Juxiang,FANG Zhenyu,GAO Hongjun,CHEN Jinmin,FU Shuangyin,DUAN Shirong. Repair of web space with Y-2V flap[J]. Zhongguo Xiu Fu Chong Jian Wai Ke Za Zhi[Chin J Repar Reconstr Surg(Article in Chinese;No abstract available)],1995,9(4):238.}

[10477] 张世民. 蒂部潜移法增加V—Y筋膜皮瓣的推进距离[J]. 中华手外科杂志，1996，12(Z1)：13-15. {ZHANG Shimin. Undermining the pedicle of V-Y fasciocutaneous flap to maximize advancement[J]. Zhonghua Shou Wai Ke Za Zhi[Chin J Hand Surg(Article in Chinese;Abstract in Chinese and English)],1996,12(Z1):13-15.}

[10478] 丁真奇，康两期，郭延杰，杨立民. 手背部岛状V－Y推进皮瓣修复腕背部软组织缺损[J]. 中华创伤杂志，1996，12(001)：57-58. {DING Zhenqi,KANG Liangqi,GUO Yanjie,YANG Limin. Repair of soft tissue defect of dorsal wrist with island V-Y advancement flap of dorsal hand[J]. Zhonghua Chuang Shang Za Zhi[Chin J Trauma(Article in Chinese;No abstract available)],1996,12(001):57-58.}

[10479] 张会川. 改良指掌侧V－Y推进皮瓣在指腹缺损中的应用[J]. 中华显微外科杂志，1997，20(4)：45. {ZHANG Huichuan. Application of modified volar V-Y advancement flap in finger pulp defect[J]. Zhonghua Xian Wei Wai Ke Za Zhi[Chin J Microsurg(Article in Chinese;No abstract available)],1997,20(4):45.}

[10480] 沈光裕，林明南，谢金. 三角形皮下蒂皮瓣V－Y改形在组织缺损修复中的应用[J]. 中华实验外科杂志，1997，14(12)：12. {SHEN Guangyu,LIN Mingnan,XIE Jin. Application of triangular subcutaneous pedicle flap modified by V-Y in repair of tissue defect[J]. Zhonghua Shi Yan Wai Ke Za Zhi[Chin J Exp Surg(Article in Chinese;No abstract available)],1997,14(12):12.}

[10481] 丰德宽，陈鹏云，冯殿生，肖鹏康，李骞，李储忠. 指侧方皮下组织蒂V－Y皮瓣重建指端缺损[J]. 中华手外科杂志，1997，13(3)：166-168. DOI：10.3760/cma.j.issn.1005-054X.1997.03.014. {FENG Dekuan,CHEN Pengyun,FENG Diansheng,XIAO Pengkang,LI Qian,LI Chuzhong. Finger-side subcutaneous pedicle flap for fingertip reconstruction[J]. Zhonghua Shou Wai Ke Za Zhi[Chin J Hand Surg(Article in Chinese;Abstract in Chinese and English)],1997,13(3):166-168. DOI:10.3760/cma.j.issn.1005-054X.1997.03.014.}

[10482] 吴杰，黄硕麟. 近指间关节屈曲挛缩4V－Y皮瓣成形矫正术（附63例报告）[J]. 中国矫形外科杂志，1998，5(23)：53-54. {WU Jie,HUANG Shuolin. Correction of flexion contracture of proximal interphalangeal joint with 4V-Y flap in 63 cases[J]. Zhongguo Jiao Xing Wai Ke Za Zhi[Orthop J China(Article in Chinese;No abstract available)],1998,5(23):53-54.}

[10483] 黄文宏. 侧方V－Y皮瓣重建指尖缺损的体会[J]. 实用医学杂志，1999，15(1)：70. DOI：10.3969/j.issn.1006-5725.1999.01.054. {HUANG Wenhong. Reconstruction of fingertip defect with lateral V-Y flap[J]. Shi Yong Yi Xue Za Zhi[J Pract Med(Article in Chinese;No abstract available)],1999,15(1):70. DOI:10.3969/j.issn.1006-5725.1999.01.054.}

[10484] 朱敏，徐朝旺，程乐牛，李业海，樊道斌. 双V－Y局部滑动皮瓣矫正指间关节屈曲挛缩[J]. 中国实用手外科杂志，2000，14(1)：15-16. {ZHU Min,XU Chaowang,CHENG Leniu,LI Yehai,FAN Daobin. Double v-y local slide flap for correcting interdigital joint curve contracture[J]. Shi Yong Shou Wai Ke Za Zhi[Chin J Pract Hand Surg(Article in Chinese;Abstract in Chinese and English)],2000,14(1):15-16.}

[10485] 康庆林，张春才，谢庆平. Y－V血管延长法在岛状皮瓣移位术中的应用[J]. 中华骨科杂志，2003，23(2)：105-107. DOI：10.3760/j.issn：0253-2352.2003.02.011. {KANG Qinglin,ZHANG Chuncai,XIE Qingping. Y-V vascular pedicle elongation technique in island flap transplantation[J]. Zhonghua Gu Ke Za Zhi[Chin J Orthop(Article in Chinese;Abstract in Chinese and English)],2003,23(2):105-107. DOI:10.3760/j.issn:0253-2352.2003.02.011.}

[10486] 潘希贵，王克佳，管同勋，田万成，潘风雨，李亮. 筋膜蒂V－Y提升皮瓣修复指端缺损[J]. 中华手外科杂志，2003，19(4)：201-202. {PAN Xigui,WANG Kejia,GUAN Tongxun,TIAN Wancheng,PAN Fengyu,LI Liang. Repair of fingertip defect with V-Y elevating fascial flap[J]. Zhonghua Shou Wai Ke Za Zhi[Chin J Hand Surg(Article in Chinese;Abstract in Chinese and English)],2003,19(4):201-202.}

[10487] 李忠哲，苏彦农，胡琪，常万绅. 带指神经血管蒂的V－Y岛状推进皮瓣治疗指端皮肤缺损[J]. 中华手外科杂志，2003，19(4)：15-17. {LI Zhongzhe,SU Yannong,HU Qi,CHANG Wanshen. Treatment of fingertip skin defect with neurovessel pedicled V-Y advanced island flap[J]. Zhonghua Shou Wai Ke Za Zhi[Chin J Hand Surg(Article in Chinese;Abstract in Chinese and English)],2003,19(4):15-17.}

[10488] 何斌，王成云. 指尖缺损V－Y皮瓣重建79例[J]. 中国修复重建外科杂志，2003，17(3)：184. {HE Bin,WANG Chengyun. Reconstruction of fingertip defect with V-Y flap in 79 cases[J]. Zhongguo Xiu Fu Chong Jian Wai Ke Za Zhi[Chin J Repar Reconstr Surg(Article in Chinese;No abstract available)],2003,17(3):184.}

[10489] 张锦平，田慧中. 4V－Y皮瓣矫正近指间关节屈曲挛缩[J]. 中国矫形外科杂志，2005，13(7)：513-514. DOI：10.3969/j.issn.1005-8478.2005.07.010. {ZHANG Jinping,TIAN Huizhong. Treatment of the flexion contracture of juxta-interphalangeal joint with 4V-Y flap[J]. Zhongguo Jiao Xing Wai Ke Za Zhi[Orthop J China(Article in Chinese;Abstract in Chinese and English)],2005,13(7):513-514. DOI:10.3969/j.issn.1005-8478.2005.07.010.}

[10490] 范梓航，贾建忠，王建华. 带指神经血管蒂的V－Y岛状推进皮瓣修复指端皮肤缺损[J]. 中国骨伤，2006，19(7)：433-434. DOI：10.3969/j.issn.1003-0034.2006.07.021. {FAN Zihang,JIA Jianzhong,WANG Jianhua. Using V-Y advanced island skin flap with neuro-vessel pedicled for treating finger tip skin defect[J]. Zhongguo Gu Shang[China J Orthop Trauma(Article in Chinese;No abstract available)],2006,19(7):433-434. DOI:10.3969/j.issn.1003-0034.2006.07.021.}

[10491] 康庆林，柴益民，陈宇杰，沈灏，宋文奇，韩培，曾炳芳. Y－V血管蒂延长技术在拇甲瓣供区修复中的应用[J]. 中华显微外科杂志，2010，33(1)：15-18，92. DOI：10.3760/cma.j.issn.1001-2036.2010.01.008. {KANG Qinglin,CHAI Yimin,CHEN Yujie,SHEN Hao,SONG Wenqi,HAN Pei,ZENG Bingfang. Resurfacing of the donor defect after wrap-around toe transfer using the Y-V vascular pedicle lengthening technique[J]. Zhonghua Xian Wei Wai Ke Za Zhi[Chin J Microsurg(Article in Chinese;Abstract in Chinese and English)],2010,33(1):15-18,92. DOI:10.3760/cma.j.issn.1001-2036.2010.01.008.}

[10492] 周飞亚，高伟阳，吴剑彬，李志杰，蒋良福，池征，张弦. 双皮下蒂V－Y推进皮瓣修复指端缺损及疗效观察[J]. 中华手外科杂志，2010，26(3)：162-164. DOI：10.3760/cma.j.issn.1005-054X.2010.03.016. {ZHOU Feiya,GAO Weiyang,WU Jianbin,LI Zhijie,JIANG Liangfu,CHI Zheng,ZHANG Xian. Bilaterally pedicled V-Y advancement flap for fingertip defect reconstruction and long-term outcome[J]. Zhonghua Shou Wai Ke Za Zhi[Chin J Hand Surg(Article in Chinese;Abstract in Chinese and English)],2010,26(3):162-164. DOI:10.3760/cma.j.issn.1005-054X.2010.03.016.}

[10493] 周晓，芮永军，许亚军，寿奎水，姚群. 同指尺侧岛状皮瓣远侧V－Y推进修复拇指指端缺损[J]. 中华整形外科杂志，2010，26(6)：414-416. DOI：10.3760/cma.j.issn.1009-4598.2010.06.004. {ZHOU Xiao,RUI Yongjun,XU Yajun,SHOU Kuishui,YAO Qun. Repair of thumb tip defect with thumb island flaps at ulnar side by V-Y advancement[J]. Zhonghua Zheng Xing Wai Ke Za Zhi[Chin J Plast Surg(Article in Chinese;Abstract in Chinese and English)],2010,26(6):414-416. DOI:10.3760/cma.j.issn.1009-4598.2010.06.004.}

[10494] 谢建新，王刚祥，竺湘江，徐宏宇，赵勇，赵阳虎. 急诊V－Y推进皮瓣术治疗手指末节缺损34例[J]. 临床骨科杂志，2010，13(4)：446-447. DOI：10.3969/j.issn.1008-0287.2010.04.043. {XIE Jianxin,WANG Gangxiang,ZHU Xiangjiang,XU Hongyu,ZHAO Yong,ZHAO Yanghu. The emergency V-Y advancement flap on the treatment of soft tissue loss of fingertip in 34 patients[J]. Lin Chuang Gu Ke Za Zhi[J Clin Orthop(Article in Chinese;Abstract in Chinese and English)],2010,13(4):446-447. DOI:10.3969/j.issn.1008-0287.2010.04.043.}

[10495] 智丰，吴勐，郭永明，滕云升，张朝，赵玲珑，陶胜林，梁高峰，刘重，李涛. 带指侧方血管神经蒂V－Y皮瓣修复指端缺损[J]. 中华手外科杂志，2011，27(1)：59-60. DOI：10.3760/cma.j.issn.1005-054X.2011.01.022. {ZHI Feng,WU Meng,GUO Yongming,TENG Yunsheng,ZHANG Chao,ZHAO Linglong,TAO Shenglin,LIANG Gaofeng,LIU Chong,LI Tao. Repair of fingertip defect with V-Y flap pedicled with lateral digital vessels and nerves[J]. Zhonghua Shou Wai Ke Za Zhi[Chin J Hand Surg(Article in Chinese;No abstract available)],2011,27(1):59-60. DOI:10.3760/cma.j.issn.1005-054X.2011.01.022.}

[10496] 周晓，芮永军，寿奎水，许亚军，姚群. 双V－Y推进皮瓣修复拇指指端缺损的临床应用[J]. 中华手外科杂志，2011，27(6)：332-333. DOI：10.3760/cma.j.issn.1005-054X.2011.06.006. {ZHOU Xiao,RUI Yongjun,SHOU Kuishui,XU Yajun,YAO Qun. Clinical application of double V-Y advancement flap to repair thumb fingertip defect[J]. Zhonghua Shou Wai Ke Za Zhi[Chin J Hand Surg(Article in Chinese;Abstract in Chinese and English)],2011,27(6):332-333. DOI:10.3760/cma.j.issn.1005-054X.2011.06.006.}

[10497] 侯桥，曾林如，王利祥，许良，吴国明. V－Y推进皮瓣蒂部植皮修复指尖缺损[J]. 中华手外科杂志，2012，28(3)：134-135. {HOU Qiao,ZENG Linru,WANG Lixiang,XU Liang,WU Guoming. V-Y advancement flap combined with skin graft around the pedicle to repair fingertip defects[J]. Zhonghua Shou Wai Ke Za Zhi[Chin J Hand Surg(Article in Chinese;Abstract in Chinese and English)],2012,28(3):134-135.}

[10498] 刘宇舟，芮永军，糜菁熠，邱扬，华雍. 吻合浅静脉的邻指逆行指动脉Y－V血管蒂皮瓣的临床应用[J]. 中华显微外科杂志，2013，36(4)：313-316. DOI：10.3760/cma.j.issn.1001-2036.2013.06.001. {LIU Yuzhou,RUI Yongjun,MI Jingyi,QIU Yang,HUA Yong. Clinical application of reverse island flap of the adjacent digit pedicled with the Y-V vascular of digital artery by anastomosis of superficial veins[J]. Zhonghua Xian Wei Wai Ke Za Zhi[Chin J Microsurg(Article in Chinese;Abstract in Chinese and English)],2013,36(4):313-316. DOI:10.3760/cma.j.issn.1001-2036.2013.06.001.}

[10499] 智丰，王龙虎，杨宏，梁高峰，张满盈，石宇，贾晶，段超鹏，滕云升. 带指固有动脉神经蒂V－Y皮瓣修复指一侧皮肤伴血管神经缺损[J]. 中华手外科杂志，2013，29(2)：122-123. {ZHI Feng,WANG Longhu,YANG Hong,LIANG Gaofeng,ZHANG Manying,SHI Yu,JIA Jing,DUAN Chaopeng,TENG Yunsheng. V-Y flap pedicled with proper digital artery and nerve for repairing skin defect with blood vessel and nerve on one side of finger[J]. Zhonghua Shou Wai Ke Za Zhi[Chin J Hand Surg(Article in Chinese;No abstract available)],2013,29(2):122-123.}

[10500] 吴泽勇，王绥江，黄海华，李小芳，郭晓瑞，梁莹，杨春燕. 改良V－Y推进皮瓣在手指软组织缺损中的应用[J]. 中华手外科杂志，2014，30(4)：289-291. {WU Zeyong,WANG Suijiang,HUANG Haihua,LI Xiaofang,GUO Xiaorui,LIANG Ying,YANG Chunyan. Clinical application of modified V-Y advancement flap in repairing skin and tissue defects of the fingers[J]. Zhonghua Shou Wai Ke Za Zhi[Chin J Hand Surg(Article in Chinese;Abstract in Chinese and English)],2014,30(4):289-291.}

[10501] 谭轩昂，王洪财，丁德伟，罗亦康，杜军荣，洪加乐，黄志新. 指动脉蒂V－Y皮瓣修复甲床部分缺损[J]. 中华手外科杂志，2014，30(4)：318-319. DOI：10.3760/cma.j.issn.1005-054X.2014.04.036. {TAN Xuanang,WANG Hongcai,DING Dewei,LUO Yikang,DU Junrong,HONG Jiale,HUANG Zhixin. Repair of partial nail bed defect with V-Y flap pedicled with digital artery[J]. Zhonghua Shou Wai Ke Za Zhi[Chin J Hand Surg(Article in Chinese;No abstract available)],2014,30(4):318-319. DOI:10.3760/cma.j.issn.1005-054X.2014.04.036.}

[10502] 唐林峰，巨积辉，蒋国栋，金光哲，李祥军，张广亮，侯瑞兴. 指背神经筋膜蒂皮瓣供区应用掌指背V－Y推进皮瓣修复的研究[J]. 中华手外科杂志，2015，31(2)：126-128. DOI：10.3760/cma.j.issn.1005-054X.2015.02.019. {TANG Linfeng,JU Jihui,JIANG Guodong,JIN Guangzhe,LI Xiangjun,ZHANG Guangliang,HOU Ruixing. A study of the dorsal palm-linger V-Y advancement flap to reconstruct the donor site of fasciocutaneous flap pedicled dorsal digital nerves[J]. Zhonghua Shou Wai Ke Za Zhi[Chin J Hand Surg(Article in Chinese;Abstract in Chinese and English)],2015,31(2):126-128. DOI:10.3760/cma.j.issn.1005-054X.2015.02.019.}

[10503] 孙金刚，陈岩，焦涛，段崇锋，孙荣涛. 改良"V-Y"推进皮瓣结合甲床延长修复指尖缺损[J]. 实用手外科杂志，2015，29(1)：64-65. DOI：10.3969/j.issn.1671-2722.2015.01.022. {SUN Jingang,CHEN Yan,JIAO Tao,DUAN Chongfeng,SUN Rongtao. Repair fingertip defect by modified "V-Y" advance flap combined with nailbed extending[J]. Shi Yong Shou Wai Ke Za Zhi[Chin J Pract Hand Surg(Article in Chinese;Abstract in Chinese and English)],2015,29(1):64-65. DOI:10.3969/j.issn.1671-2722.2015.01.022.}

[10504] 王鑫，郝作斌，王业本，吴德富，尹成国. 带指侧方血管神经束的V－Y推进皮瓣修复指端缺损[J]. 中华手外科杂志，2016，32(5)：346-347. {WANG Xin,HAO Zuobin,WANG Yeben,WU Defu,YIN Chengguo. Repair of fingertip defect with V-Y advancement flap with lateral digital neurovascular bundle[J]. Zhonghua Shou Wai Ke Za Zhi[Chin J Hand Surg(Article in Chinese;No abstract available)],2016,32(5):346-347.}

[10505] 常树森，金文虎，魏在荣，孙广峰，王波，邓呈亮，唐修俊，曾雪琴，聂开瑜. 患指锯齿状指固有动脉神经蒂皮瓣联合双皮下蒂V－Y推进皮瓣修复同指指端皮肤软组织缺损[J]. 中华烧伤杂志，2016，32(4)：204-207. DOI：10.3760/cma.j.issn.1009-2587.2016.04.004. {CHANG Shusen,JIN Wenhu,WEI Zairong,SUN Guangfeng,WANG Bo,DENG Chengliang,TANG Xiujun,ZENG Xueqin,NIE Kaiyu. Repair of skin and soft tissue defects at distal end of finger with serrated flap with digital proper artery and nerve pedicle combined with bilaterally pedicled V-Y advancement flap of the injured finger[J]. Zhonghua Shao Shang Za Zhi[Chin J Burns(Article in Chinese;Abstract in Chinese and English)],2016,32(4):204-207. DOI:10.3760/cma.j.issn.1009-2587.2016.04.004.}

[10506] 文文，佘远举，艾方兴，许永涛，熊健，秦超，李志浩. 改良V－Y推进皮瓣联合甲床扩大治疗指端缺损[J]. 临床骨科杂志，2016，19(2)：197-198. DOI：10.3969/j.issn.1008-0287.2016.02.024. {WEN Wen,SHE Yuanju,AI Fangxing,XU Yongtao,XIONG Jian,QIN Chao,LI Zhihao. Repair of traumatic fingertip defect by advance V-Y skin flap and nail-bed lengthening[J]. Lin Chuang Gu Ke Za Zhi[J Clin Orthop(Article in Chinese;Abstract in Chinese and English)],2016,19(2):197-198. DOI:10.3969/j.issn.1008-0287.2016.02.024.}

[10507] 李扬，方文革. 急诊应用V－Y推进皮瓣修复指端组织缺损[J]. 临床骨科杂志，2016，19(6)：750-750. DOI：10.3969/j.issn.1008-0287.2016.06.048. {LI Yang,FANG Wenge. Clinical application of V-Y advancement of skin flap in repairing fingertip defects[J]. Lin Chuang Gu Ke Za Zhi[J Clin Orthop(Article in Chinese;No abstract available)],2016,19(6):750-750.

DOI:10.3969/j.issn.1008-0287.2016.06.048.}

[10508] 仇申强，王增涛，孙法威，孙文海，张迪. 携带单侧指动脉及神经的长 V-Y 推进皮瓣修复指端缺损 [J]. 中国修复重建外科杂志，2016，30（8）：1049-1050. DOI: 10.7507/1002-1892.20160210. {QIU Shenqiang,WANG Zengtao,SUN Fawei,SUN Wenhai,ZHANG Di. Repair of fingertip defect with long V-Y advancement flap with unilateral digital artery and nerve[J]. Zhongguo Xiu Fu Chong Jian Wai Ke Za Zhi[Chin J Repar Reconstr Surg(Article in Chinese;Abstract in Chinese)],2016,30(8):1049-1050. DOI:10.7507/1002-1892.20160210.}

[10509] 缪华，戴靖宇，李金付，刘正涛，巨积辉. 指背筋膜蒂皮瓣联合 V-Y 皮瓣修复拇指掌侧缺损 [J]. 中华手外科杂志，2017，33（1）：69. {MIAO Hua,DAI Jingyu,LI Jinfu,LIU Zhengtao,JU Jihui. Repair of thumb volar defect with dorsal digital fasciocutaneous flap combined with V-Y flap[J]. Zhonghua Shou Wai Ke Za Zhi[Chin J Hand Surg(Article in Chinese;No abstract available)],2017,33(1):69.}

[10510] 肖志宏，邢丹谋，任东，冯伟，陈焱，王欢，赵志明，张燕宾，彭正人. 单向或反向双 V-Y 推进皮瓣在治疗指背皮肤缺损中的应用 [J]. 中华手外科杂志，2017，33（4）：241-243. DOI: 10.3760/cma.j.issn.1005-054X.2017.04.001. {XIAO Zhihong,XING Danmou,REN Dong,FENG Wei,CHEN Yan,WANG Huan,ZHAO Zhiming,ZHANG Yanbing,PENG Zhengren. Clinical application of antegrade or retrograde double V-Y advancement flap in repairing skin and soft tissue defect of the dorsal finger[J]. Zhonghua Shou Wai Ke Za Zhi[Chin J Hand Surg(Article in Chinese;Abstract in Chinese and English)],2017,33(4):241-243. DOI:10.3760/cma.j.issn.1005-054X.2017.04.001.}

[10511] 王云锋，张春风，杨敏，伍辉国，张文正. 指背 V-Y 推进皮瓣修复多指近节岛状皮瓣供区 [J]. 中华手外科杂志，2017，33（4）：243-244. DOI: 10.3760/cma.j.issn.1005-054X.2017.04.002. {WANG Yunfeng,ZHANG Chunfeng,YANG Min,WU Huiguo,ZHANG Wenzheng. V-Y advancement flap from dorsal finger for repair of the donor site of multi finger proximal segment island flap[J]. Zhonghua Shou Wai Ke Za Zhi[Chin J Hand Surg(Article in Chinese;Abstract in Chinese)],2017,33(4):243-244. DOI:10.3760/cma.j.issn.1005-054X.2017.04.002.}

[10512] 周飞亚，高伟阳，吴剑彬，蒋良福，杨景全，丁健，褚庭纲. 血管神经蒂 V-Y 皮瓣修复手指末节 Ⅱ 区皮肤缺损 [J]. 中华手外科杂志，2017，33（5）：364-366. DOI: 10.3760/cma.j.issn.1005-054X.2017.05.018. {ZHOU Feiya,GAO Weiyang,WU Jianbin,JIANG Liangfu,YANG Jingquan,DING Jian,CHU Tinggang. Application of neurovascular pedicle V-Y flap for repair of distal finger soft tissue defect in Ⅱ area[J]. Zhonghua Shou Wai Ke Za Zhi[Chin J Hand Surg(Article in Chinese;Abstract in Chinese and English)],2017,33(5):364-366. DOI:10.3760/cma.j.issn.1005-054X.2017.05.018.}

[10513] 王云锋，杨敏，张文正，伍辉国，江克罗，邓同明. 指背 V-Y 推进皮瓣修复手指近节侧方岛状皮瓣供区 32 例 [J]. 中华显微外科杂志，2018，41（3）：275-277. DOI: 10.3760/cma.j.issn.1001-2036.2018.02.021. {WANG Yunfeng,YANG Min,ZHANG Wenzheng,WU Huiguo,JIANG Keluo,DENG Tongming. Dorsal digital V-Y advancement flap for repair of donor site of proximal finger lateral island flap in 32 cases[J]. Zhonghua Xian Wei Wai Ke Za Zhi[Chin J Microsurg(Article in Chinese;Abstract in Chinese)],2018,41(3):275-277. DOI:10.3760/cma.j.issn.1001-2036.2018.02.021.}

[10514] 周飞亚，吴剑彬，张弦，高伟阳，宋永焕，杨景全，丁健，褚庭纲. 改良单侧血管神经蒂 V-Y 皮瓣修复末节指腹皮肤缺损 [J]. 中华手外科杂志，2018，34(6)：410-412. {ZHOU Feiya,WU Jianbin,ZHANG Xian,GAO Weiyang,SONG Yonghuan,YANG Jingquan,DING Jian,CHU Tinggang. Clinical application of modified unilateral neurovascular V-Y flap for repair of skin defects in volar distal fingers[J]. Zhonghua Shou Wai Ke Za Zhi[Chin J Hand Surg(Article in Chinese;Abstract in Chinese and English)],2018,34(6):410-412.}

[10515] 魏苏明，陆征峰，芮永军，刘宇舟，龚灏. 带部分甲床的单侧或双侧 V-Y 推进皮瓣修复手指末节皮肤及甲床缺损 [J]. 实用手外科杂志，2018，32（3）：272-273，284. DOI: 10.3969/j.issn.1671-2722.2018.03.003. {WEI Suming,LU Zhengfeng,RUI Yongjun,LIU Yuzhou,GONG Hao. Application of unilateral or bilateral V-Y advanced flap combined with partial nail bed for repairing the defect of skin and nail bed at the end of finger[J]. Shi Yong Shou Wai Ke Za Zhi[Chin J Pract Hand Surg(Article in Chinese;Abstract in Chinese and English)],2018,32(3):272-273,284. DOI:10.3969/j.issn.1671-2722.2018.03.003.}

[10516] 米守湖，滕云升，梁高峰，贾宗海，郭永明，刘云华. V-Y 皮瓣联合人工真皮修复手指末节 Allen Ⅱ 型损伤 [J]. 中华显微外科杂志，2019，42（2）：201-202. DOI: 10.3760/cma.j.issn.1001-2036.2019.02.028. {MI Shouhu,TENG Yunsheng,LIANG Gaofeng,JIA Zonghai,GUO Yongming,LIU Yunhua. V-Y flap combined with artificial dermis for repair of Allen II injury of distal finger[J]. Zhonghua Xian Wei Wai Ke Za Zhi[Chin J Microsurg(Article in Chinese;Abstract in Chinese)],2019,42(2):201-202. DOI:10.3760/cma.j.issn.1001-2036.2019.02.028.}

[10517] 米守湖，滕云升，梁高峰，贾宗海，刘云华. 人工真皮与 V-Y 皮瓣修复手指末节软组织缺损的比较 [J]. 中华手外科杂志，2019，35（1）：73-74. DOI: 10.3760/cma.j.issn.1005-054X.2019.01.028. {MI Shouhu,TENG Yunsheng,LIANG Gaofeng,JIA Zonghai,LIU Yunhua. Comparison of artificial dermis and V-Y flap in repairing soft tissue defect of distal finger[J]. Zhonghua Shou Wai Ke Za Zhi[Chin J Hand Surg(Article in Chinese;Abstract in Chinese)],2019,35(1):73-74. DOI:10.3760/cma.j.issn.1005-054X.2019.01.028.}

[10518] 陶先耀，薛明宇，芮永军，强力，卜凡玉，周晓. 近节指背横形 V-Y 筋膜推进皮瓣修复指动脉逆行岛状皮瓣供区 [J]. 中华手外科杂志，2019，35（3）：180-182. {TAO Xianyao,XUE Mingyu,RUI Yongjun,QIANG Li,BU Fanyu,ZHOU Xiao. Repair of donor site of reverse digital artery island flap with transverse V-Y fascial advancement flap of proximal dorsum of the finger[J]. Zhonghua Shou Wai Ke Za Zhi[Chin J Hand Surg(Article in Chinese;Abstract in Chinese and English)],2019,35(3):180-182.}

[10519] 何县委，吴荣博. 双侧 V-Y 推进皮瓣联合人工指甲修复指端缺损疗效分析 [J]. 创伤外科杂志，2019，21（4）：281-283. DOI: 10.3969/j.issn.1009-4237.2019.04.010. {HE Xianwei,WU Rongbo. Therapeutic effect of bilateral V-Y advanced flap combined with artificial nail for repairing finger-end defect[J]. Chuang Shang Wai Ke Za Zhi[J Traum Surg(Article in Chinese;Abstract in Chinese and English)],2019,21(4):281-283. DOI:10.3969/j.issn.1009-4237.2019.04.010.}

[10520] 岳震，曾文超，赵兴长，赵洋，王福宁，巩超，尤建宇，梁文勇. 指动脉顺行 V-Y 岛状皮瓣修复指腹缺损 [J]. 实用手外科杂志，2020，34（1）：25-27. DOI: 10.3969/j.issn.1671-2722.2020.01.008. {YUE Zhen,ZENG Wenchao,ZHAO Xingchang,ZHAO Yang,WANG Funing,GONG Chao,YOU Jianyu,LIANG Wenyong. Repair of digital pulp defect by digital arterial anterograde V-Y island flap[J]. Shi Yong Shou Wai Ke Za Zhi[Chin J Pract Hand Surg(Article in Chinese;Abstract in Chinese and English)],2020,34(1):25-27. DOI:10.3969/j.issn.1671-2722.2020.01.008.}

4.4.3.11 手指掌侧推进皮瓣
palmar advancement flap

[10521] Ni F,Mao H,Yang X,Zhou S,Jiang Y,Wang B. The use of an hourglass dorsal advancement flap without skin graft for congenital syndactyly[J]. J Hand Surg Am,2015,40(9):1748-1754.e1. doi:10.1016/j.jhsa.2015.04.031.

[10522] Liu J,Zheng H,Chen Z,Dai X,Schilling AF,Machens HG. Dorsal plane-shaped advancement flap for the reconstruction of web space in syndactyly without skin grafting:A preliminary report[J]. J Plast Reconstr Aesthet Surg,2015,68(11):e167-173. doi:10.1016/j.bjps.2015.06.016.

[10523] Zhou JL,Zhao Q,Zhang YL,Sun YW,Zhao DH,Li YH,Xu L. A new triangular rotation and advancement pulp flap for lateral oblique fingertip defect[J]. Plast Reconstr Surg Glob Open,2020,8(8):e3033. doi:10.1097/GOX.0000000000003033.

[10524] Ma YM,Meng XJ,Su Y,Yan ZF,Shao QS,Chen YQ. Bipedicle advancement flap for skin coverage after digital mucous cyst excision:a retrospective study of 18 cases[J]. Orthop Surg,2021,13(1):196-201. doi:10.1111/os.12869.

[10525] 衡代忠，刘德贵，李荟元. 拇指掌侧推进皮瓣的临床应用 [J]. 中华医学杂志，1986，66（10）：621-622. {HENG Daizhong,LIU Degui,LI Huiyuan. Clinical application of thumb volar advancement flap[J]. Zhonghua Yi Xue Za Zhi[Natl Med J China(Article in Chinese;No abstract available)],1986,66(10):621-622.}

[10526] 任志勇，王成琪，颜晗，王剑利，孙国峰. 全指掌侧岛状皮瓣推进修复指端缺损和疤痕挛缩 [J]. 中华整形烧伤外科杂志，1993，9（2）：91-92. DOI: 10.3760/j.issn: 1009-4598.1993.02.018. {REN Zhiyong,WANG Chengqi,YAN Han,WANG Jianli,SUN Guofeng. Reconstruction of fingertip defect and scar contracture with whole palmar digital island flap[J]. Zhonghua Zheng Xing Shao Shang Wai Ke Za Zhi[Chin J Plast Surg Burns(Article in Chinese;No abstract available)],1993,9(2):91-92. DOI:10.3760/j.issn:1009-4598.1993.02.018.}

[10527] 韩弘燮，崔振泽，梁虎峰，刘国芳，宋国静. 改良指掌侧推进皮瓣修复指肚缺损 [J]. 中华手外科杂志，1994，10（2）：118. {HAN Hongxie,CUI Zhenze,LIANG Hufeng,LIU Guofang,SONG Guojing. Repair of finger pulp defect with modified palmar advancement flap[J]. Zhonghua Shou Wai Ke Za Zhi[Chin J Hand Surg(Article in Chinese;No abstract available)],1994,10(2):118.}

[10528] 赵东风，孙诚倍，宋广恩，刘影，白林成，张舒，葛杰. 改良指掌侧推进皮瓣修复指端缺损 [J]. 中华手外科杂志，1994，10（4）：200. {ZHAO Dongfeng,SUN Chengbei,SONG Guangen,LIU Ying,BAI Lincheng,ZHANG Shu,GE Jie. Repair of fingertip defect with improved palmar advancement flap[J]. Zhonghua Shou Wai Ke Za Zhi[Chin J Hand Surg(Article in Chinese;No abstract available)],1994,10(4):200.}

[10529] 张志霖. 指掌侧推进皮瓣修复指端缺损 [J]. 中华手外科杂志，1994，10（4）：239. {ZHANG Zhilin. Repair of fingertip defect with palmar advancement flap[J]. Zhonghua Shou Wai Ke Za Zhi[Chin J Hand Surg(Article in Chinese;No abstract available)],1994,10(4):239.}

[10530] 滕晓，万钦云，杨国栋. 锥形岛状皮瓣推进修复指腹缺损 [J]. 中华显微外科杂志，1995，18（3）：211. {TENG Xiao,WAN Qinyun,YANG Guodong. Reconstruction of finger pulp defect with conical advancement island flap[J]. Zhonghua Xian Wei Wai Ke Za Zhi[Chin J Microsurg(Article in Chinese;No abstract available)],1995,18(3):211.}

[10531] 陈爱民，侯春林，屠开元. 带指固有血管蒂的指掌侧推进皮瓣 [J]. 中华手外科杂志，1996，12（2）：126. {CHEN Aimin,HOU Chunlin,TU Kaiyuan. Palmar advancement flap pedicled with proper digital vessels[J]. Zhonghua Shou Wai Ke Za Zhi[Chin J Hand Surg(Article in Chinese;No abstract available)],1996,12(2):126.}

[10532] 丁真奇，郭延杰，练克俭，郭林新，康两奇. 带血管神经蒂皮瓣推进修复手指端缺损 [J]. 中国矫形外科杂志，1998，5（5）：14-15，94. {DING Zhenqi,GUO Yanjie,LIAN Kejian,GUO Linxin,KANG Liangqi. Advancement pedicle flaps with neurovascular bundle in repairing fingertip defects[J]. Zhongguo Jiao Xing Wai Ke Za Zhi[Orthop J China(Article in Chinese;Abstract in Chinese)],1998,5(5):14-15,94.}

[10533] 胡必寺，沈华. 指神经血管蒂推进皮瓣修复指端缺损 [J]. 实用手外科杂志，1999，13（4）：197-198. {HU Bisi,SHEN Hua. Fingertip repairment with a palmar advancement island flap[J]. Shi Yong Shou Wai Ke Za Zhi[Chin J Pract Hand Surg(Article in Chinese;Abstract in Chinese and English)],1999,13(4):197-198.}

[10534] 崔彦明，王克力，鲁均. 改良指掌侧矩形推进皮瓣修复指端指腹缺损 [J]. 中国实用手外科杂志，2000，14（3）：208-209. {CUI Yanming,WANG Keli,LU Jun. Revised digital palmar step-advanced rectangular flap to repair fingertip and pulp defects[J]. Shi Yong Shou Wai Ke Za Zhi[Chin J Pract Hand Surg(Article in Chinese;Abstract in Chinese and English)],2000,14(3):208-209.}

[10535] 李宗宝，孙文海，李丽，李强，王文德，赵风林. 指固有神经血管蒂指背皮瓣旋转推进修复远节指腹缺损 [J]. 中华手外科杂志，2001，17（3）：144. DOI: 10.3760/cma.j.issn.1005-054X.2001.03.025. {LI Zongbao,SUN Wenhai,LI Li,LI Qiang,WANG Wende,ZHAO Fenglin. Repair of distal pulp defect with dorsal digital flap pedicled with digital proper nerve and blood vessel[J]. Zhonghua Shou Wai Ke Za Zhi[Chin J Hand Surg(Article in Chinese;No abstract available)],2001,17(3):144. DOI:10.3760/cma.j.issn.1005-054X.2001.03.025.}

[10536] 李宝山，章雪松，杨飞，邹豪杰，刘俊辰，车建伟. 矩形推进皮瓣及甲床扩大成形术治疗合并指甲部分缺失的指远端损伤 [J]. 中华手外科杂志，2002，18（3）：26-27. {LI Baoshan,ZHANG Xuesong,YANG Fei,ZOU Haojie,LIU Junchen,CHE Jianwei. The rectangular advance flap and nailbed augumentation plastic surgery for treatment of finger tip injuries combined with partial loss of nail[J]. Zhonghua Shou Wai Ke Za Zhi[Chin J Hand Surg(Article in Chinese;Abstract in Chinese and English)],2002,18(3):26-27.}

[10537] 李忠哲，易传军，田光磊，胡臻. 改良 Moberg 岛状推进皮瓣修复拇指指端皮肤缺损及长期疗效分析 [J]. 实用手外科杂志，2006，20（1）：11-13，后插 1. DOI: 10.3969/j.issn.1671-2722.2006.01.004. {LI Zhongzhe,YI Chuanjun,TIAN Guanglei,HU Zhen. Repair of soft tissue defect of thumb fingertip with modified Moberg flap[J]. Shi Yong Shou Wai Ke Za Zhi[Chin J Pract Hand Surg(Article in Chinese;Abstract in Chinese and English)],2006,20(1):11-13,insert 1. DOI:10.3969/j.issn.1671-2722.2006.01.004.}

[10538] 孙文海，王增涛，朱小雷，胡勇，刘志波，朱磊，许庆家，吴昊，王德华. 指掌侧推进皮瓣修复手指屈曲挛缩畸形 [J]. 中华整形外科杂志，2007，23（3）：270-271. DOI: 10.3760/j.issn: 1009-4598.2007.03.032. {SUN Wenhai,WANG Zengtao,ZHU Xiaolei,HU Yong,LIU Zhibo,ZHU Lei,XU Qingjia,WU Hao,WANG Dehua. Repair of finger flexion contracture with palmar digital advancement flap[J]. Zhonghua Zheng Xing Wai Ke Za Zhi[Chin J Plast Surg(Article in Chinese;No abstract available)],2007,23(3):270-271. DOI:10.3760/j.issn:1009-4598.2007.03.032.}

[10539] 丁宝志，黎晓华，庄蕾，王惠东，陈铿. 同指推进岛状皮瓣在指端软组织缺损修复中的应用 [J]. 中华显微外科杂志，2012，35（1）：68-69. DOI: 10.3760/cma.j.issn.1001-2036.2012.01.028. {DING Baozhi,LI Xiaohua,ZHUANG Lei,WANG Huidong,CHEN Keng. Application of ipsilateral advancement island flap in repairing fingertip soft tissue defect[J]. Zhonghua Xian Wei Wai Ke Za Zhi[Chin J Microsurg(Article in Chinese;Abstract in Chinese and English)],2012,35(1):68-69. DOI:10.3760/cma.j.issn.1001-2036.2012.01.028.}

[10540] 吴巍巍，徐德洪，张杰彪，江志强，李之斌，史德军. 双推进皮瓣治疗指端缺损的临床应用 [J]. 中华手外科杂志，2012，28（6）：378. DOI: 10.3760/cma.j.issn.1005-054X.2012.06.028. {WU Weiwei,XU Dehong,ZHANG Jiebiao,JIANG Zhiqiang,LI Zhibin,SHI Dejun. Clinical application of double advancement flap in the treatment of fingertip defect[J]. Zhonghua Shou Wai Ke Za Zhi[Chin J Hand Surg(Article in Chinese;No abstract available)],2012,28(6):378. DOI:10.3760/cma.j.issn.1005-054X.2012.06.028.}

[10541] 钱俊，张全荣，芮永军，薛明宇，张志海. 旋转推进皮瓣修复指端缺损 [J]. 中华手外科杂志，2013，29（5）：274-276. DOI: 10.3760/cma.j.issn.1005-054X.2013.05.008. {QIAN Jun,ZHANG Quanrong,RUI Yongjun,XUE Mingyu,ZHANG Zhihai. Rotation advancement flap to

repair fingertip defects[J]. Zhonghua Shou Wai Ke Za Zhi[Chin J Hand Surg(Article in Chinese;Abstract in Chinese and English)],2013,29(5):274-276. DOI:10.3760/cma.j.issn.1005-054X.2013.05.008.}

[10542] 张航，李箭，陈浩贤，唐林俊. 带指固有动脉及神经旋转推进皮瓣修复指腹缺损 [J]. 中华显微外科杂志，2014，37(6)：594-595. DOI：10.3760/cma.j.issn.1001-2036.2014.06.021. {ZHANG Hang,LI Jian,CHEN Haoxian,TANG Linjun. Repair of finger pulp defect with rotation advancement flap with digital proper artery and nerve[J]. Zhonghua Xian Wei Wai Ke Za Zhi[Chin J Microsurg(Article in Chinese;Abstract in Chinese)],2014,37(6):594-595. DOI:10.3760/cma.j.issn.1001-2036.2014.06.021.}

[10543] 张文龙，王增涛，陈超，费小轩. 携带指动脉指背推进皮瓣修复指腹缺损 [J]. 中华创伤杂志，2014，30(3)：235-237. DOI：10.3760/cma.j.issn.1001-8050.2014.03.011. {ZHANG Wenlong,WANG Zengtao,CHEN Chao,FEI Xiaoxuan. Dorsal digital advancement flaps vascularized with digital arteries for repair of finger pulp defect[J]. Zhonghua Chuang Shang Za Zhi[Chin J Trauma(Article in Chinese;Abstract in Chinese and English)],2014,30(3):235-237. DOI:10.3760/cma.j.issn.1001-8050.2014.03.011.}

[10544] 周晓，薛明宇，芮永军，许亚军，强力. 顺行推进皮瓣结合克氏针矫形治疗拇指外伤术后钩甲畸形疼痛 [J]. 中华手外科杂志，2015，31(5)：325-327. DOI：10.3760/cma.j.issn.1005-054X.2015.05.003. {ZHOU Xiao,XUE Mingyu,RUI Yongjun,XU Yajun,QIANG Li. Anterograde advancement flap combined with Kirschner wire correction for treatment of post-traumatic hook nail deformity of the thumb[J]. Zhonghua Shou Wai Ke Za Zhi[Chin J Hand Surg(Article in Chinese;Abstract in Chinese and English)],2015,31(5):325-327. DOI:10.3760/cma.j.issn.1005-054X.2015.05.003.}

[10545] 张松健，侯建玺，谢书强，杨超凡，董其强，吴召森. 菱形推进皮瓣在短指并指加深指蹼治疗中的应用 [J]. 中华手外科杂志，2017，33(3)：233-234. DOI：10.3760/cma.j.issn.1005-054X.2017.03.032. {ZHANG Songjian,HOU Jianxi,XIE Shuqiang,YANG Chaofan,DONG Qiqiang,WU Zhaosen. Application of rhombic advancement flap for deepening space web in treatment of brachydactyly and syndactyly[J]. Zhonghua Shou Wai Ke Za Zhi[Chin J Hand Surg(Article in Chinese;Abstract in Chinese)],2017,33(3):233-234. DOI:10.3760/cma.j.issn.1005-054X.2017.03.032.}

[10546] 张文龙，赵刚，高顺红，于志亮，张云鹏，张净宇，胡宏宇，董慧双，于俊. 同指指背矩形推进皮瓣修复指背皮肤软组织缺损 16 例 [J]. 中华烧伤杂志，2017，33(12)：780-781. DOI：10.3760/cma.j.issn.1009-2587.2017.12.013. {ZHANG Wenlong,ZHAO Gang,GAO Shunhong,YU Zhiliang,ZHANG Yunpeng,ZHANG Jingyu,HU Hongyu,DONG Huishuang,YU Jun. Rectangular dorsal finger advancement flap for repair of dorsal skin and soft tissue defects of the same finger in 16 cases[J]. Zhonghua Shao Shang Za Zhi[Chin J Burns(Article in Chinese;No abstract available)],2017,33(12):780-781. DOI:10.3760/cma.j.issn.1009-2587.2017.12.013.}

[10547] 苏云，马彦明，孟祥俊，严佐发，董新利，禹铭杨. 局部双蒂推进皮瓣在手指黏液囊肿手术中的应用 [J]. 中华手外科杂志，2018，34(4)：310-311. DOI：10.3760/cma.j.issn.1005-054X.2018.04.026. {SU Yun,MA Yanming,MENG Xiangjun,YAN Zuofa,DONG Xinli,YU Mingyang. Application of local double pedicle advancement flap in the operation of finger mucocele[J]. Zhonghua Shou Wai Ke Za Zhi[Chin J Hand Surg(Article in Chinese;Abstract in Chinese)],2018,34(4):310-311. DOI:10.3760/cma.j.issn.1005-054X.2018.04.026.}

[10548] 侯海鑫，杨帆，侯海琴，陈雷. 指动脉顺行推进岛状皮瓣修复小儿指端皮肤缺损 [J]. 中华手外科杂志，2018，34(5)：393-394. {HOU Haixin,YANG Fan,HOU Haiqin,CHEN Lei. Repair of fingertip skin defect in children with antegrade digital artery advancement island flap[J]. Zhonghua Shou Wai Ke Za Zhi[Chin J Hand Surg(Article in Chinese;Abstract in Chinese)],2018,34(5):393-394.}

[10549] 许明，张建超，邹艳，钟贤，钱源源，李东，戴平. 指动脉背侧穿支推进皮瓣修复手指背侧缺损 [J]. 中华骨与关节外科杂志，2018，11(10)：780-782. DOI：10.3969/j.issn.2095-9958.2018.10.014. {XU Ming,ZHANG Jianchao,ZOU Yan,ZHONG Xian,QIAN Yuanyuan,LI Dong,DAI Ping. Digital artery dorsal branch advancement flap to repair the finger dorsal defect[J]. Zhonghua Gu Yu Guan Jie Wai Ke Za Zhi[Chin J Bone Joint Surg(Article in Chinese;Abstract in Chinese and English)],2018,11(10):780-782. DOI:10.3969/j.issn.2095-9958.2018.10.014.}

4.4.3.12 指动脉终末背侧支岛状皮瓣
island flap based on dorsal terminal branches of digital artery

[10550] 胡鸿泰. 指动脉终末背侧支逆行皮瓣 [J]. 中华手外科杂志，2003，19(1)：31-32. DOI：10.3760/cma.j.issn.1005-054X.2003.01.014. {HU Hongtai. Reverse flap based on the end dorsal branches of the digital artery[J]. Zhonghua Shou Wai Ke Za Zhi[Chin J Hand Surg(Article in Chinese;Abstract in Chinese and English)],2003,19(1):31-32. DOI:10.3760/cma.j.issn.1005-054X.2003.01.014.}

[10551] 顾清林，韩竹，王洪伟. 指动脉终末背侧支逆行岛状皮瓣修复指端缺损 [J]. 实用手外科杂志，2004，18(2)：80-81. DOI：10.3969/j.issn.1671-2722.2004.02.005. {GU Qinglin,HAN Zhu,WANG Hongwei. Repair of fingertip defect with reverse flap based on end dorsal branches of digital artery[J]. Shi Yong Shou Wai Ke Za Zhi[Chin J Pract Hand Surg(Article in Chinese;Abstract in Chinese and English)],2004,18(2):80-81. DOI:10.3969/j.issn.1671-2722.2004.02.005.}

[10552] 田德虎，张英泽，赵民，张继春，韩久卉，赵峰. 指动脉背侧支逆行岛状皮瓣修复手指皮肤缺损 [J]. 中华创伤骨科杂志，2004，6(11)：1309-1310. DOI：10.3760/cma.j.issn.1671-7600.2004.11.038. {TIAN Dehu,ZHANG Yingze,ZHAO Min,ZHANG Jichun,HANG Jiuhui,ZHAO Feng. Reverse island flap of dorsal branches of the digital proper artery to repair finger skin defects[J]. Zhonghua Chuang Shang Gu Ke Za Zhi[Chin J Orthop Trauma(Article in Chinese;Abstract in Chinese and English)],2004,6(11):1309-1310. DOI:10.3760/cma.j.issn.1671-7600.2004.11.038.}

[10553] 陈超，刘德群，邵新中. 带指固有动脉背侧支和对侧指神经背侧支的筋膜岛状皮瓣修复手指末节皮肤缺损 [J]. 中华显微外科杂志，2007，30(6)：420. {CHEN Chao,LIU Dequn,SHAO Xinzhong. Fascial island flap with dorsal branch of proper digital artery and contralateral dorsal branch of digital nerve for repair of skin defect of distal segment of finger[J]. Zhonghua Xian Wei Wai Ke Za Zhi[Chin J Microsurg(Article in Chinese;No abstract available)],2007,30(6):420.}

[10554] 王保健，赵丽，毋磊，孙笛，简玉洛. 指动脉终末背侧支岛状皮瓣的临床应用 [J]. 中华显微外科杂志，2008，31(2)：130-131. DOI：10.3760/cma.j.issn.1001-2036.2008.02.019. {WANG Baojian,ZHAO Li,WU Lei,SUN Di,JIAN Yuluo. Clinical application of digital artery terminal dorsal branch island flap[J]. Zhonghua Xian Wei Wai Ke Za Zhi[Chin J Microsurg(Article in Chinese;No abstract available)],2008,31(2):130-131. DOI:10.3760/cma.j.issn.1001-2036.2008.02.019.}

[10555] 袁临益，徐招跃. 指动脉背侧支为蒂的岛状皮瓣在手指软组织缺损中的应用 [J]. 中华手外科杂志，2008，24(1)：16. DOI：10.3760/cma.j.issn.1005-054X.2008.01.019. {YUAN Linyi,XU Zhaoyue. Application of island flap pedicled with dorsal branch of digital artery in treatment of finger soft tissue defect[J]. Zhonghua Shou Wai Ke Za Zhi[Chin J Hand Surg(Article in Chinese;No abstract available)],2008,24(1):16. DOI:10.3760/cma.j.issn.1005-054X.2008.01.019.}

[10556] 闫伟强，张敏，陈元庄，马滚韶. 指动脉背侧支为蒂逆行岛状皮瓣修复手指端与指背皮肤缺损 [J]. 实用手外科杂志，2008，22(4)：217-218. DOI：10.3969/j.issn.1671-2722.2008.04.009. {YAN Weiqiang,ZHANG Min,CHEN Yuanzhuang,MA Gunshao. Repair of soft tissue and skin defect in finger tip with reversed digital arterial dorsal branch island flaps[J]. Shi Yong Shou Wai Ke Za Zhi[Chin J Pract Hand Surg(Article in Chinese;Abstract in Chinese and English)],2008,22(4):217-218. DOI:10.3969/j.issn.1671-2722.2008.04.009.}

[10557] 陈超，邵新中，邓志刚，田振峰，刘德群. 带指固有动脉背侧支岛状皮瓣修复多指皮肤缺损 [J]. 中华手外科杂志，2008，24(2)：127-128. {CHEN Chao,SHAO Xinzhong,DENG Zhigang,TIAN Zhenfeng,LIU Dequn. Repair of multi finger skin defects with island flap with dorsal branch of proper digital artery[J]. Zhonghua Shou Wai Ke Za Zhi[Chin J Hand Surg(Article in Chinese;No abstract available)],2008,24(2):127-128.}

[10558] 任东良，邵新中，陈超，于亚东，王立. 重建感觉的指动脉背侧支筋膜岛状皮瓣修复多指指端缺损 [J]. 中国矫形外科杂志，2009，17(2)：154-155. {REN Dongliang,SHAO Xinzhong,CHEN Chao,YU Yadong,WANG Li. Fascial island flap with the dorsal branch from the proper digital artery and the contralateral dorsal branch from the proper digital nerve for repairing fingertip soft tissue defects at multiple fingers[J]. Zhongguo Jiao Xing Wai Ke Za Zhi[Orthop J China(Article in Chinese;Abstract in Chinese and English)],2009,17(2):154-155.}

[10559] 刘双明，赵如清，王强，冯锟，杜杰. 指动脉背侧支筋膜皮瓣修复手指中远节皮肤缺损 [J]. 中华手外科杂志，2009，25(1)：28. {LIU Shuangming,ZHAO Ruqing,WANG Qiang,FENG Kun,DU Jie. Repair of skin defect of middle and distal segment of finger with fasciocutaneous flap pedicled with dorsal branch of digital artery[J]. Zhonghua Shou Wai Ke Za Zhi[Chin J Hand Surg(Article in Chinese;No abstract available)],2009,25(1):28.}

[10560] 张文龙，高顺红，费小轩，马铁鹏. 逆行指动脉背侧支三叶皮瓣修复手指末节坏死 [J]. 中华整形外科杂志，2009，25(6)：465-466. DOI：10.3760/cma.j.issn.1009-4598.2009.06.022. {ZHANG Wenlong,GAO Shunhong,FEI Xiaoxuan,MA Tiepeng. Repair of distal finger necrosis with reversed digital artery dorsal branch trilobal flap[J]. Zhonghua Zheng Xing Wai Ke Za Zhi[Chin J Plast Surg(Article in Chinese;No abstract available)],2009,25(6):465-466. DOI:10.3760/cma.j.issn.1009-4598.2009.06.022.}

[10561] 张文龙，高顺红，陈超，费小轩，何海潮. 逆行指动脉背侧支三叶皮瓣修复手指末节毁损型离断伤 [J]. 中国修复重建外科杂志，2009，23(12)：1519-1521. {ZHANG Wenlong,GAO Shunhong,CHEN Chao,FEI Xiaoxuan,HE Haichao. Repair of severed distal finger injury with reversed digital artery dorsal branch trilobal flap[J]. Zhongguo Xiu Fu Chong Jian Wai Ke Za Zhi[Chin J Repar Reconstr Surg(Article in Chinese;Abstract in Chinese)],2009,23(12):1519-1521.}

[10562] 陈超，邵新中，高顺红，王斌，刘德群. 利用指固有动脉背侧支系列皮瓣修复手指皮肤缺损 [J]. 中华外科杂志，2009，47(18)：1437-1438. DOI：10.3760/cma.j.issn.0529-5815.2009.18.025. {CHEN Chao,SHAO Xinzhong,GAO Shunhong,WANG Bin,LIU Dequn. Repair of skin defect of fingers with a series of flaps with dorsal branch of digital proper arteries[J]. Zhonghua Wai Ke Za Zhi[Chin J Surg(Article in Chinese;No abstract available)],2009,47(18):1437-1438. DOI:10.3760/cma.j.issn.0529-5815.2009.18.025.}

[10563] 陈超，邵新中，高顺红，王斌，刘德群. 带指固有动脉背侧支或指固有神经背侧支筋膜岛状皮瓣的临床应用 [J]. 中华创伤骨科杂志，2009，11(9)：881-883. DOI：10.3760/cma.j.issn.1671-7600.2009.09.019. {CHEN Chao,SHAO Xinzhong,GAO Shunhong,WANG Bin,LIU Dequn. Clinical application of island fascial skin flap with dorsal branches of the digital proper artery and nerve[J]. Zhonghua Chuang Shang Gu Ke Za Zhi[Chin J Orthop Trauma(Article in Chinese;Abstract in Chinese)],2009,11(9):881-883. DOI:10.3760/cma.j.issn.1671-7600.2009.09.019.}

[10564] 谢松林，唐举玉，陶克奇，吴攀峰，夏小丹，刘昌雄，黄雄杰. 指固有动脉背侧支为蒂的逆行掌指背筋膜皮瓣的临床应用 [J]. 中华显微外科杂志，2010，33(6)：447-449，后插 4. DOI：10.3760/cma.j.issn.1001-2036.2010.06.004. {XIE Songlin,TANG Juyu,TAO Keqi,WU Panfeng,XIA Xiaodan,LIU Changxiong,HUANG Xiongjie. Clinical application of the reverse dorsal metacarpal and digital fasciocutaneous flaps based on the dorsal cutaneous branches of the proper digital artery[J]. Zhonghua Xian Wei Wai Ke Za Zhi[Chin J Microsurg(Article in Chinese;Abstract in Chinese and English)],2010,33(6):447-449,insert 4. DOI:10.3760/cma.j.issn.1001-2036.2010.06.004.}

[10565] 金光哲，巨积辉，李雷，周荣，侯瑞兴. 游离指固有动脉背侧支皮瓣修复指腹缺损 [J]. 中华手外科杂志，2010，26(4)：205-207. DOI：10.3760/cma.j.issn.1005-054X.2010.04.006. {JIN Guangzhe,JU Jihui,LI Lei,ZHOU Rong,HOU Ruixing. Repair of finger pulp defect using free digital artery dorsal branch flap[J]. Zhonghua Shou Wai Ke Za Zhi[Chin J Hand Surg(Article in Chinese;Abstract in Chinese and English)],2010,26(4):205-207. DOI:10.3760/cma.j.issn.1005-054X.2010.04.006.}

[10566] 黎斌，徐长春，杨晟玮，方键，吕建华，陈振技，刘志强，储林军. 两侧指动脉背侧支皮瓣瓦合修复手指末节套脱伤 [J]. 中华手外科杂志，2011，27(5)：316-317. {LI Bin,XU Changchun,YANG Shengwei,FANG Jian,LV Jianhua,CHEN Zhenzhi,LIU Zhijiang,CHU Linjun. Bilateral digital artery dorsal branch flap for repair of degloving injury of distal segment of finger[J]. Zhonghua Shou Wai Ke Za Zhi[Chin J Hand Surg(Article in Chinese;Abstract in Chinese)],2011,27(5):316-317.}

[10567] 褚庭纲，高伟阳，陈星隆，厉智，李志杰，杨景全，蒋良福，郑鑫. 指动脉背侧支皮瓣邻位旋转修复手指创面 [J]. 中华整形外科杂志，2011，27(2)：140-141. DOI：10.3760/cma.j.issn.1009-4598.2011.02.020. {CHU Tinggang,GAO Weiyang,CHEN Xinglong,LI Zhi,LI Zhijie,YANG Jingquan,JIANG Liangfu,ZHENG Xin. Repair of finger wound with the adjacent rotation digital artery dorsal branch flap[J]. Zhonghua Zheng Xing Wai Ke Za Zhi[Chin J Plast Surg(Article in Chinese;No abstract available)],2011,27(2):140-141. DOI:10.3760/cma.j.issn.1009-4598.2011.02.020.}

[10568] 王朝亮，黄素芳，梁建文，孙雪生，朱涛. 指固有动脉背侧支岛状皮瓣修复指端皮肤缺损 [J]. 中华显微外科杂志，2011，34(3)：257. DOI：10.3760/cma.j.issn.1001-2036.2011.03.038. {WANG Chaoliang,HUANG Sufang,LIANG Jianwen,SUN Xuesheng,ZHU Tao. Island flap pedicled with dorsal branch of proper digital artery for repair of fingertip skin defect[J]. Zhonghua Xian Wei Wai Ke Za Zhi[Chin J Microsurg(Article in Chinese;No abstract available)],2011,34(3):257. DOI:10.3760/cma.j.issn.1001-2036.2011.03.038.}

[10569] 肖卫东，喻爱喜，祝少博，潘振宇，陶圣祥，沈俊. 远端蒂指掌侧固有动脉背侧支皮瓣修复指端软组织缺损 [J]. 中华显微外科杂志，2011，34(6)：518-519. DOI：10.3760/cma.j.issn.1001-2036.2011.06.038. {XIAO Weidong,YU Aixi,ZHU Shaobo,PAN Zhenyu,TAO Shengxiang,SHEN Jun. Repair of fingertip soft tissue defect with distally based dorsal branch flap of proper palmar digital artery[J]. Zhonghua Xian Wei Wai Ke Za Zhi[Chin J Microsurg(Article in Chinese;Abstract in Chinese)],2011,34(6):518-519. DOI:10.3760/cma.j.issn.1001-2036.2011.06.038.}

[10570] 王朝亮，黄素芳，梁建文，孙雪生，朱涛. 指固有动脉背侧支岛状皮瓣修复指端皮肤缺损 [J]. 中华手外科杂志，2011，27(1)：60-61. {WANG Chaoliang,HUANG Sufang,LIANG Jianwen,SUN Xuesheng,ZHU Tao. Repair of fingertip skin defect with island flap pedicled with dorsal branch of proper digital artery[J]. Zhonghua Shou Wai Ke Za Zhi[Chin J Hand Surg(Article in Chinese;No abstract available)],2011,27(1):60-61.}

[10571] 朱孜冠，谢庆平，许新伟. 指动脉终末背侧支逆行岛状皮瓣修复指端缺损 [J]. 中华显微外科杂志，2012，35(5)：413-415. DOI：10.3760/cma.j.issn.1001-2036.2012.05.022. {ZHU Ziguan,XIE Qingping,XU Xinwei. Repair of fingertip defect with reversed digital artery terminal dorsal branch island flap[J]. Zhonghua Xian Wei Wai Ke Za Zhi[Chin J Microsurg(Article in Chinese;Abstract in Chinese)],2012,35(5):413-415. DOI:10.3760/cma.

j.issn.1001-2036.2012.05.022.}

[10572] 郭俊建，蒋建伟，朱创新．指动脉背侧支逆行岛状皮瓣的临床应用[J]．中华手外科杂志，2012，28（1）：58-59．{GUO Junjian,JIANG Jianwei,ZHU Chuangxin. Clinical application of reversed island flap with dorsal branch of digital artery[J]. Zhonghua Shou Wai Ke Za Zhi[Chin J Hand Surg(Article in Chinese;No abstract available)],2012,28(1):58-59.}

[10573] 周飞亚，高伟阳，宋永焕，蒋良福，杨景全，丁健，褚庭纲，林丁盛．指动脉背侧支皮瓣修复手指皮肤缺损的临床应用[J]．中华手外科杂志，2012，28（6）：350-351．{ZHOU Yafei,GAO Weiyang,SONG Yonghuan,JIANG Liangfu,YANG Jingquan,DING Jian,CHU Tinggang,LIN Dingsheng. Clinical application of digital artery dorsal branch flap for coverage of soft tissue defecto of the fingers[J]. Zhonghua Shou Wai Ke Za Zhi[Chin J Hand Surg(Article in Chinese;Abstract in Chinese and English)],2012,28(6):350-351.}

[10574] 王道明，柯建华，林乐发，叶永同，洪朝浮，张松林，林磊，钟宏星．指动脉背侧支逆行岛状皮瓣修复手指中末节软组织缺损[J]．实用手外科杂志，2012，26（4）：311-312，314．DOI：10.3969/j.issn.1671-2722.2012.04.002．{WANG Daoming,KE Jianhua,LIN Lefa,YE Yongtong,HONG Chaofu,ZHANG Songlin,LIN Lei,ZHONG Hongxing. Reversed island flap of dorsal cutaneous branches of digital artery for the reconstruction of finger soft tissue defect on middle or distal segment[J]. Shi Yong Shou Wai Ke Za Zhi[Chin J Pract Hand Surg(Article in Chinese;Abstract in Chinese and English)],2012,26(4):311-312,314. DOI:10.3969/j.issn.1671-2722.2012.04.002.}

[10575] 张重阳，杨英才，任红波，王博．指固有动脉背侧支逆行岛状皮瓣修复手指软组织缺损[J]．中华手外科杂志，2012，28（1）：49-50．DOI：10.3760/cma.j.issn.1005-054X.2012.01.021．{ZHANG Chongyang,YANG Yingcai,REN Hongbo,WANG Bo. Repair of finger soft tissue defect with retrograde island flap of dorsal branch of the proper digital artery[J]. Zhonghua Shou Wai Ke Za Zhi[Chin J Hand Surg(Article in Chinese;Abstract in Chinese and English)],2012,28(1):49-50. DOI:10.3760/cma.j.issn.1005-054X.2012.01.021.}

[10576] 张文龙，王增涛，于志亮，焦成，费小轩．指固有动脉背侧支为蒂的指背皮瓣修复手指皮肤缺损[J]．中华手外科杂志，2012，28（4）：250-251．DOI：10.3760/cmA.j.issn.1005-054X.2012.04.021．{ZHANG Wenlong,WANG Zengtao,YU Zhiliang,JIAO Cheng,FEI Xiaoxuan. Repair of finger skin defect with dorsal digital flap pedicled with dorsal branch of proper digital artery[J]. Zhonghua Shou Wai Ke Za Zhi[Chin J Hand Surg(Article in Chinese;No abstract available)],2012,28(4):250-251. DOI:10.3760/cmA.j.issn.1005-054X.2012.04.021.}

[10577] 郑有卯，李平仙，张法云，赵志林，冯文兵，王斌，郑卜真．指动脉背侧皮支血管链皮瓣逆行修复指端缺损[J]．中华整形外科杂志，2012，28（1）：65-67．DOI：10.3760/cma.j.issn.1009-4598.2012.01.018．{ZHENG Youmao,LI Pingxian,ZHANG Fayun,ZHAO Zhilin,FENG Wenbing,WANG Bin,ZHENG Buzhen. Digital artery dorsal cutaneous branch vascular chain flap for reverse repair of fingertip defect[J]. Zhonghua Zheng Xing Wai Ke Za Zhi[Chin J Plast Surg(Article in Chinese;No abstract available)],2012,28(1):65-67. DOI:10.3760/cma.j.issn.1009-4598.2012.01.018.}

[10578] 郑良军，郭翱，李俊，金岩泉．指动脉背侧支皮瓣游离移植修复指端缺损的疗效评价[J]．中华手外科杂志，2013，29（2）：73-74．DOI：10.3760/cma.j.issn.1005-054X.2013.02.007．{ZHENG Liangjun,GUO Ao,LI Jun,JIN Yanquan. Free transplantation of digital artery dorsal branch flap for coverage of fingertip defect:an outcomes study[J]. Zhonghua Shou Wai Ke Za Zhi[Chin J Hand Surg(Article in Chinese;Abstract in Chinese and English)],2013,29(2):73-74. DOI:10.3760/cma.j.issn.1005-054X.2013.02.007.}

[10579] 吴毓强，赵科，闫庆军，张良舟．指动脉背侧支逆行筋膜皮瓣修复手指中末节缺损的临床应用[J]．实用骨科杂志，2013，19（1）：20-22．DOI：10.3969/j.issn.1008-5572.2013.01.007．{WU Yuqiang,ZHAO Ke,YAN Qingjun,ZHANG Liangzhou. Repairing of defect on middle-distal finger with reverse fascial redicle island flap of dorsal branche of digital artery[J]. Shi Yong Gu Ke Za Zhi[J Pract Orthop(Article in Chinese;Abstract in Chinese and English)],2013,19(1):20-22. DOI:10.3969/j.issn.1008-5572.2013.01.007.}

[10580] 秦建忠，王培吉，董启榕，王颖．拇指指固有动脉背侧支皮瓣一期修复拇指指端缺损[J]．中华显微外科杂志，2013，36（4）：368-369．DOI：10.3760/cma.j.issn.1001-2036.2013.06.015．{QIN Jianzhong,WANG Peiji,DONG Qirong,WANG Ying. One stage repair of thumb tip defect with dorsal branch flap of thumb proper artery[J]. Zhonghua Xian Wei Wai Ke Za Zhi[Chin J Microsurg(Article in Chinese;Abstract in Chinese)],2013,36(4):368-369. DOI:10.3760/cma.j.issn.1001-2036.2013.06.015.}

[10581] 郑大伟，许立，石荣剑，孙峰，寿奎水．指固有动脉背侧支岛状筋膜瓣加植皮修复指背创面[J]．实用手外科杂志，2013，27（1）：32-33，39．DOI：10.3969/j.issn.1671-2722.2013.01.011．{ZHENG Dawei,XU Li,SHI Rongjian,SUN Feng,SHOU Kuishui. Application of adipofascial flap pedicled with dorsal cutaneous branch of digital artery and free skin transplantation for repairing skin defect at the samed dorsal finger[J]. Shi Yong Shou Wai Ke Za Zhi[Chin J Pract Hand Surg(Article in Chinese;Abstract in Chinese and English)],2013,27(1):32-33,39. DOI:10.3969/j.issn.1671-2722.2013.01.011.}

[10582] 陈棉智，崔邦胜，张志辉，郭锋．邻指指动脉背侧穿支皮瓣修复末节指端缺损[J]．中华显微外科杂志，2013，36（6）：605-606．DOI：10.3760/cma.j.issn.1001-2036.2013.06.031．{CHEN Mianzhi,CUI Bangsheng,ZHANG Zhihui,GUO Feng. Repair of fingertip defect with dorsal perforator flap of adjacent digital artery[J]. Zhonghua Xian Wei Wai Ke Za Zhi[Chin J Microsurg(Article in Chinese;Abstract in Chinese)],2013,36(6):605-606. DOI:10.3760/cma.j.issn.1001-2036.2013.06.031.}

[10583] 张建超，于斌，许明，钟贤，钱源源．指动脉终末背侧支局部皮瓣修复指端斜形缺损[J]．中华手外科杂志，2014，30（5）：354．DOI：10.3760/cma.j.issn.1005-054X.2014.05.015．{ZHANG Jianchao,YU Bin,XU Ming,ZHONG Xian,QIAN Yuanyuan. Repair of oblique fingertip defect with local flap of dorsal branch of digital artery terminal[J]. Zhonghua Shou Wai Ke Za Zhi[Chin J Hand Surg(Article in Chinese;No abstract available)],2014,30(5):354. DOI:10.3760/cma.j.issn.1005-054X.2014.05.015.}

[10584] 张文龙，张文静，杜晓松，焦成，董惠双，胡宏宇．指动脉背侧支皮瓣修复邻指皮肤缺损[J]．中华手外科杂志，2014，30（1）：66-68．DOI：10.3760/cma.j.issn.1005-054X.2014.01.024．{ZHANG Wenlong,ZHANG Wenjing,DU Xiaosong,JIAO Cheng,DONG Huishuang,HU Hongyu. Repair of skin defect of adjacent finger with dorsal branch flap of digital artery[J]. Zhonghua Shou Wai Ke Za Zhi[Chin J Hand Surg(Article in Chinese;Abstract in Chinese)],2014,30(1):66-68. DOI:10.3760/cma.j.issn.1005-054X.2014.01.024.}

[10585] 王鑫，赵风林，王业本，赵亮，韩会峰．指动脉背侧支逆行皮瓣修复手指电烧伤创面[J]．中华手外科杂志，2014，30（4）：308-310．DOI：10.3760/cma.j.issn.1005-054X.2014.04.029．{WANG Xin,ZHAO Fenglin,WANG Yeben,ZHAO Liang,HAN Huifeng. Repair of electric burn wounds of fingers with reversed digital artery dorsal branch flap[J]. Zhonghua Shou Wai Ke Za Zhi[Chin J Hand Surg(Article in Chinese;Abstract in Chinese)],2014,30(4):308-310. DOI:10.3760/cma.j.issn.1005-054X.2014.04.029.}

[10586] 齐巍，于俊，张云鹏，胡宏宇，张净宇，高顺红．以指固有动脉背侧支为蒂的邻指皮瓣修复指掌侧软组织缺损[J]．中华整形外科杂志，2014，30（4）：300-301．DOI：10.3760/cma.j.issn.1009-4598.2014.04.017．{QI Wei,YU Jun,ZHANG Yunpeng,HU Hongyu,ZHANG Jingyu,GAO Shunhong. Repair of palmar soft tissue defect of fingers with adjacent finger flap pedicled with dorsal branch of proper digital artery[J]. Zhonghua Zheng Xing Wai Ke Za Zhi[Chin J Plast Surg(Article in Chinese;No abstract available)],2014,30(4):300-301. DOI:10.3760/cma.j.issn.1009-4598.2014.04.017.}

[10587] 冯仕明，王爱国，张在铁，陶友伦，周明明．以指固有动脉背侧穿支为血管蒂的邻指皮瓣修复手指末节脱套伤[J]．中华医学杂志，2014，94（45）：3606-3607．DOI：10.3760/cma.j.issn.0376-2491.2014.45.018．{FENG Shiming,WANG Aiguo,ZHANG Zaitie,TAO Youlun,ZHOU Mingming. Repair of degloving injury of distal segment of finger with adjacent finger flap pedicled with dorsal perforator of digital proper artery[J]. Zhonghua Yi Xue Za Zhi[Natl Med J China(Article in Chinese;No abstract available)],2014,94(45):3606-3607. DOI:10.3760/cma.j.issn.0376-2491.2014.45.018.}

[10588] 于吉文，霍永峰，顾光学，厉雷明，王彤，盛路新．指固有动脉终末背侧支皮瓣修复指端缺损的疗效观察[J]．实用手外科杂志，2015，29（2）：181-183．DOI：10.3969/j.issn.1671-2722.2015.02.023．{YU Jiwen,HUO Yongfeng,GU Guangxue,LI Leiming,WANG Tong,SHENG Luxin. Repair of fingertip defect with double flaps based on the end dorsal branches of the digital artery and dorsal metacarpal artery[J]. Shi Yong Shou Wai Ke Za Zhi[Chin J Pract Hand Surg(Article in Chinese;Abstract in Chinese and English)],2015,29(2):181-183. DOI:10.3969/j.issn.1671-2722.2015.02.023.}

[10589] 臧成五，鲜航，张文志，赵睿，张航，史林，马继，秦凯，丛锐．以指动脉背侧支为蒂的掌背皮瓣修复手指中远节软组织缺损[J]．中华手外科杂志，2015，31（1）：71-72．DOI：10.3760/cma.j.issn.1005-054X.2015.01.027．{ZANG Chengwu,XIAN Hang,ZHANG Wenzhi,ZHAO Rui,ZHANG Hang,SHI Lin,MA Ji,QIN Kai,CONG Rui. Dorsal metacarpal flap pedicled with dorsal branch of digital artery for repair of soft tissue defect of middle and distal segment of fingers[J]. Zhonghua Shou Wai Ke Za Zhi[Chin J Hand Surg(Article in Chinese;Abstract in Chinese)],2015,31(1):71-72. DOI:10.3760/cma.j.issn.1005-054X.2015.01.027.}

[10590] 张净宇，马铁鹏，高顺红，周彤，张文龙，于铁强．指固有动脉背侧支岛状皮瓣修复儿童指端指腹缺损[J]．中华显微外科杂志，2015，38（2）：201．DOI：10.3760/cma.j.issn.1001-2036.2015.02.033．{ZHANG Jingyu,MA Tiepeng,GAO Shunhong,ZHOU Tong,ZHANG Wenlong,YU Tieqiang. Repair of finger pulp defect in children with island flap pedicled with dorsal branch of proper digital artery[J]. Zhonghua Xian Wei Wai Ke Za Zhi[Chin J Microsurg(Article in Chinese;No abstract available)],2015,38(2):201. DOI:10.3760/cma.j.issn.1001-2036.2015.02.033.}

[10591] 王红胜，袁海平，袁勇，崔剑华，樊川．拇指指固有动脉背侧支皮瓣修复拇指远端软组织缺损[J]．中华手外科杂志，2015，31（1）：76．DOI：10.3760/cma.j.issn.1005-054X.2015.01.030．{WANG Hongsheng,YUAN Haiping,YUAN Yong,CUI Jianhua,FAN Chuan. Repair of soft tissue defect of distal thumb with dorsal branch flap of thumb proper artery[J]. Zhonghua Shou Wai Ke Za Zhi[Chin J Hand Surg(Article in Chinese;No abstract available)],2015,31(1):76. DOI:10.3760/cma.j.issn.1005-054X.2015.01.030.}

[10592] 李启朝，边朝辉，朱伟，冯小波，邵文钗．长蒂邻指指固有动脉背侧支岛状皮瓣修复手指中末节侧方组织缺损[J]．中华手外科杂志，2015，31（5）：340-342．{LI Qichao,BIAN Chaohui,ZHU Wei,FENG Xiaobo,SHAO Wenchai. Cross finger proper digital artery dorsal branch cutaneous flap with long pedicle to repair lateral defect of middle and distal segments of the adjacent finger[J]. Zhonghua Shou Wai Ke Za Zhi[Chin J Hand Surg(Article in Chinese;Abstract in Chinese and English)],2015,31(5):340-342.}

[10593] 陈乐锋，柯于海，周望高，熊懿，张振伟，游楚红．中节指动脉及其背侧支为蒂逆行岛状皮瓣修复指端缺损[J]．实用手外科杂志，2015，29（3）：253-255．DOI：10.3969/j.issn.1671-2722.2015.03.007．{CHEN Lefeng,KE Yuhai,ZHOU Wanggao,XIONG Yi,ZHANG Zhenwei,YOU Chuhong. Repair of fingertip defect with reverse island flap based on middle phalange of digital artery and its dorsal branches[J]. Shi Yong Shou Wai Ke Za Zhi[Chin J Pract Hand Surg(Article in Chinese;Abstract in Chinese and English)],2015,29(3):253-255. DOI:10.3969/j.issn.1671-2722.2015.03.007.}

[10594] 周小祥，刘立春，李时军，刘成君，张兆飞．指掌侧固有动脉背侧支皮瓣修复指端软组织缺损35例[J]．中华显微外科杂志，2016，39（4）：327-330．DOI：10.3760/cma.j.issn.1001-2036.2016.04.004．{ZHOU Xiaoxiang,LIU Lichun,LI Shijun,LIU Chengjun,ZHANG Zhaofei. Repair of fingertip soft tissue defect with the dorsal branches island flaps of the proper palmar digital arteries:a report of 35 cases[J]. Zhonghua Xian Wei Wai Ke Za Zhi[Chin J Microsurg(Article in Chinese;Abstract in Chinese and English)],2016,39(4):327-330. DOI:10.3760/cma.j.issn.1001-2036.2016.04.004.}

[10595] 杨焕友，李颖，王斌，李瑞国，刘志旺，张会文．近节指掌侧固有动脉背侧支皮瓣修复小儿手指中节皮肤缺损[J]．中华显微外科杂志，2016，39（4）：330-333．DOI：10.3760/cma.j.issn.1001-2036.2016.04.005．{YANG Huanyou,LI Ying,WANG Bin,LI Ruiguo,LIU Zhiwang,ZHANG Huiyou. Designing a dorsal branches flap of the proper palmar digital artery to repair pediatric middle-phalanx skin defects[J]. Zhonghua Xian Wei Wai Ke Za Zhi[Chin J Microsurg(Article in Chinese;Abstract in Chinese and English)],2016,39(4):330-333. DOI:10.3760/cma.j.issn.1001-2036.2016.04.005.}

[10596] 郑晓东，黄辉强，陈锦涛，张沛钠，张先强，吴喜钦．指掌侧固有动脉背侧支逆行岛状皮瓣修复手指远端皮肤缺损60例[J]．中华显微外科杂志，2016，39（4）：333-336．DOI：10.3760/cma.j.issn.1001-2036.2016.04.006．{ZHENG Xiaodong,HUANG Huiqiang,CHEN Jintao,ZHANG Peina,ZHANG Xianqiang,WU Xiqin. Reverse island flap with dorsal branch of the proper palmar digital artery for repair of distal finger skin defect in 60 cases[J]. Zhonghua Xian Wei Wai Ke Za Zhi[Chin J Microsurg(Article in Chinese;Abstract in Chinese and English)],2016,39(4):333-336. DOI:10.3760/cma.j.issn.1001-2036.2016.04.006.}

[10597] 罗小庆，黄忠果．邻指指固有动脉背侧支皮支链皮瓣修复手指软组织缺损[J]．中华显微外科杂志，2016，39（4）：398-399．DOI：10.3760/cma.j.issn.1001-2036.2016.04.027．{LUO Xiaoqing,HUANG Zhongguo. Repair of finger soft tissue defect with skin chain flap with dorsal branch of proper digital artery of adjacent finger[J]. Zhonghua Xian Wei Wai Ke Za Zhi[Chin J Microsurg(Article in Chinese;Abstract in Chinese)],2016,39(4):398-399. DOI:10.3760/cma.j.issn.1001-2036.2016.04.027.}

[10598] 杨春来，海林，周围，王正洁，邓瑞恩，陆向蓉，陈小梅，华克超．指掌侧固有动脉背侧支血管链"Y"形并联皮瓣的临床应用[J]．中华显微外科杂志，2016，39（5）：499-501．DOI：10.3760/cma.j.issn.1001-2036.2016.05.025．{YANG Chunlai,HAI Lin,ZHOU Wei,WANG Zhengjie,DENG Ruien,LU Xiangrong,CHEN Xiaomei,HUA Kechao. Clinical application of Y-shaped parallel flap with dorsal branch of proper palmar digital artery[J]. Zhonghua Xian Wei Wai Ke Za Zhi[Chin J Microsurg(Article in Chinese;Abstract in Chinese)],2016,39(5):499-501. DOI:10.3760/cma.j.issn.1001-2036.2016.05.025.}

[10599] 聂建雄，田万成，吴银宇，熊健，张桂友．指动脉终末背侧穿支血管链逆行岛状皮瓣修复指端缺损[J]．实用手外科杂志，2016，30（3）：325-327．DOI：10.3969/j.issn.1671-2722.2016.03.027．{NIE Jianxiong,TIAN Wancheng,WU Yinyu,XIONG Jian,ZHANG Guiyou. The clinical application of reverse island flap pedicled with terminal dorsal branch of digital artery[J]. Shi Yong Shou Wai Ke Za Zhi[Chin J Pract Hand Surg(Article in Chinese;Abstract in Chinese and English)],2016,30(3):325-327. DOI:10.3969/j.issn.1671-2722.2016.03.027.}

[10600] 卢建国，杨庆达，苏瑞鉴，梁波，梁大喜．指动脉中节指背穿支血管链逆行岛状皮瓣修复指端缺损[J]．实用手外科杂志，2016，30（1）：43-44，47．DOI：10.3969/j.issn.1671-2722.2016.01.016．{LU Jianguo,YANG Qingda,SU Ruijian,LIANG Bo,LIANG Daxi. In the section of dorsal finger artery perforator chain flap to repair finger tip defect[J]. Shi Yong Shou Wai Ke Za Zhi[Chin J Pract Hand Surg(Article in Chinese;Abstract in Chinese and English)],2016,30(1):43-44,47. DOI:10.3969/j.issn.1671-2722.2016.01.016.}

[10601] 黄海华，王绥江，吴志远，吴泽勇，陈秀凤，李小芳. 指固有动脉背侧穿支血管蒂逆行岛状皮瓣修复指端缺损[J]. 中华手外科杂志，2016，32(5)：345. DOI：10.3760/cma.j.issn.1005-054X.2016.05.010. {HUAGN Haihua,WANG Suijiang,WU Zhiyuan,WU Zeyong,CHEN Xiufeng,LI Xiaofang. Repair of fingertip defect with reverse island flap pedicled with dorsal perforator of digital proper artery[J]. Zhonghua Shou Wai Ke Za Zhi[Chin J Hand Surg(Article in Chinese;No abstract available)],2016,32(5):345. DOI:10.3760/cma.j.issn.1005-054X.2016.05.010.}

[10602] 乔悾，汪剑威，武志刚，郭爱民，万文婷，高尚，祝勇，常志强. 指动脉中节背侧穿支皮瓣修复手指皮肤软组织缺损[J]. 实用手外科杂志，2016，30(4)：388-391. DOI：10.3969/j.issn.1671-2722.2016.04.004. {QIAO Kong,WANG Jianwei,WU Zhigang,GUO Aimin,WAN Wenting,GAO Shang,ZHU Yong,CHANG Zhiqiang. Clinical application of digital artery perforator flaps of dorsal middle phalanx for repairment of finger skin defects[J]. Shi Yong Shou Wai Ke Za Zhi[Chin J Pract Hand Surg(Article in Chinese;Abstract in Chinese and English)],2016,30(4):388-391. DOI:10.3969/j.issn.1671-2722.2016.04.004.}

[10603] 许新伟，丁伟国，朱孜冠，芦笛. 指动脉终末背侧支皮瓣修复同指末节侧方及背侧缺损[J]. 中华手外科杂志，2017，33(4)：316-317. DOI：10.3760/cma.j.issn.1005-054X.2017.04.030. {XU Xinwei,DING Weiguo,ZHU Ziguan,LU Di. Repair of lateral and dorsal defects of the distal phalange of the same finger with the digital artery dorsal branch flap[J]. Zhonghua Shou Wai Ke Za Zhi[Chin J Hand Surg(Article in Chinese;Abstract in Chinese)],2017,33(4):316-317. DOI:10.3760/cma.j.issn.1005-054X.2017.04.030.}

[10604] 谷爱奇，王煜，闵祥辉. 指动脉背侧支岛状皮瓣联合指蹼推进皮瓣修复指端缺损[J]. 中华手外科杂志，2017，33(1)：26-27. {GU Aiqi,WANG Yu,MIN Xianghui. Repair of fingertip defect with digital artery dorsal branch island flap combined with web advancement flap[J]. Zhonghua Shou Wai Ke Za Zhi[Chin J Hand Surg(Article in Chinese;Abstract in Chinese)],2017,33(1):26-27.}

[10605] 郝睿峥，孟钊，杨焕友，王斌，霍永鑫，王辉，王伟. 同指指动脉背侧支皮瓣与邻指岛状皮瓣瓦合修复手指末节套脱伤[J]. 中华手外科杂志，2017，33(6)：401-403. DOI：10.3760/cma.j.issn.1005-054X.2017.06.001. {HAO Ruizheng,MENG Zhao,YANG Huanyou,WANG Bin,HUO Yongxin,WANG Hui,WANG Wei. Repair of distal finger degloving injury with homodigital flap based on the dorsal branch of the digital artery and adjacent finger island flap[J]. Zhonghua Shou Wai Ke Za Zhi[Chin J Hand Surg(Article in Chinese;Abstract in Chinese and English)],2017,33(6):401-403. DOI:10.3760/cma.j.issn.1005-054X.2017.06.001.}

[10606] 王辉，杨晓溪，王斌，王伟，庞海涛，刘伟，李军，杨焕友. 带神经同指指动脉逆行岛状皮瓣与指动脉背侧支岛状皮瓣修复指端缺损效果比较[J]. 中华整形外科杂志，2017，33(4)：263-267. DOI：10.3760/cma.j.issn.1009-4598.2017.04.007. {WANG Hui,YANG Xiaoxi,WANG Bin,WANG Wei,PANG Haitao,LIU Wei,LI Jun,YANG Huanyou. Comparative study of the effect of innervated reverse digital artery island flap and the digital artery island flap with dorsal branches for fingertip repair[J]. Zhonghua Zheng Xing Wai Ke Za Zhi[Chin J Plast Surg(Article in Chinese;Abstract in Chinese and English)],2017,33(4):263-267. DOI:10.3760/cma.j.issn.1009-4598.2017.04.007.}

[10607] 周翔，李向荣，秦军. 指固有动脉中节中段背侧穿支蒂逆行岛状皮瓣修复手指远端组织缺损[J]. 中华手外科杂志，2017，33(1)：28. DOI：10.3760/cma.j.issn.1005-054X.2017.01.013. {ZHOU Xiang,LI Xiangrong,QIN Jun. Reverse island flap pedicled with middle segment of dorsal perforator of proper digital artery for repair of tissue defect of distal finger[J]. Zhonghua Shou Wai Ke Za Zhi[Chin J Hand Surg(Article in Chinese;No abstract available)],2017,33(1):28. DOI:10.3760/cma.j.issn.1005-054X.2017.01.013.}

[10608] 周晓，芮永军，薛明宇，许亚军，强力. 携带感觉神经的拇指指背侧穿支皮瓣的临床应用[J]. 中华手外科杂志，2017，33(1)：15-17. DOI：10.3760/cma.j.issn.1005-054X.2017.01.007. {ZHOU Xiao,RUI Yongjun,XUE Mingyu,XU Yajun,QIANG Li. Clinical application of dorsal perforator flap of the thumb carrying sensory nerves[J]. Zhonghua Shou Wai Ke Za Zhi[Chin J Hand Surg(Article in Chinese;Abstract in Chinese and English)],2017,33(1):15-17. DOI:10.3760/cma.j.issn.1005-054X.2017.01.007.}

[10609] 沈美华，施凯兵，施晓健，张红. 指动脉背侧穿支组织瓣重建甲床[J]. 实用手外科杂志，2017，31(4)：441-443. DOI：10.3969/j.issn.1671-2722.2017.04.013. {SHEN Meihua,SHI Kaibing,SHI Xiaojian,ZHANG Hong. The reconstruction of nail bed defect by digital artery dorsal perforator flap[J]. Shi Yong Shou Wai Ke Za Zhi[Chin J Pract Hand Surg(Article in Chinese;Abstract in Chinese and English)],2017,31(4):441-443. DOI:10.3969/j.issn.1671-2722.2017.04.013.}

[10610] 赵维彦，赵世伟，张海欧，邱旭东，朱春雷，赵炳显. 利用指动脉背侧支皮瓣修复指蹼挛缩[J]. 中华手外科杂志，2018，34(1)：34-35. DOI：10.3760/cma.j.issn.1005-054X.2018.01.014. {ZHAO Weiyan,ZHAO Shiwei,ZHANG Haiou,QIU Xudong,ZHU Chunlei,ZHAO Bingxian. Application of digital arterial dorsal branch flaps to repair finger web contractures[J]. Zhonghua Shou Wai Ke Za Zhi[Chin J Hand Surg(Article in Chinese;Abstract in Chinese and English)],2018,34(1):34-35. DOI:10.3760/cma.j.issn.1005-054X.2018.01.014.}

[10611] 钟云祥，刘丽珍，杨文理，官龙洲，张火林. 带指固有神经背侧支的指动脉背侧支逆行岛状皮瓣修复指腹缺损[J]. 中华手外科杂志，2018，34(3)：172-173. DOI：10.3760/cma.j.issn.1005-054X.2018.03.005. {ZHONG Yunxiang,LIU Lizhen,YANG Wenli,GUAN Longzhou,ZHANG Huolin. Reversed island flap with dorsal branch of digital artery and proper nerve for repair of finger pulp defect[J]. Zhonghua Shou Wai Ke Za Zhi[Chin J Hand Surg(Article in Chinese;Abstract in Chinese)],2018,34(3):172-173. DOI:10.3760/cma.j.issn.1005-054X.2018.03.005.}

[10612] 牛洪华，宋文超，李岩，范会军，师帅. 指蹼动脉穿支与指动脉背侧支血管网皮瓣修复指腹缺损[J]. 中华手外科杂志，2018，34(4)：251-253. {NIU Honghua,SONG Wenchao,LI Yan,FAN Huishi,SHI Shuai. Clinical application of web-space artery perforator and dorsal branch of the proper digital artery network flap for repair of finger pulp defects[J]. Zhonghua Shou Wai Ke Za Zhi[Chin J Hand Surg(Article in Chinese;Abstract in Chinese and English)],2018,34(4):251-253.}

[10613] 陆振良，朱金宏，陆向荣，张世民. 拇指桡侧指掌侧固有动脉背侧支皮瓣修复拇指背侧巨大软组织缺损[J]. 中华显微外科杂志，2018，41(6)：607-608. DOI：10.3760/cma.j.issn.1001-2036.2018.06.028. {LU Zhenliang,ZHU Jinhong,LU Xiangrong,ZHANG Shimin. Repair of huge soft tissue defect of the thumb with the flap pedicled with the dorsal branch of the proper palmar digital artery of the radial thumb[J]. Zhonghua Xian Wei Wai Ke Za Zhi[Chin J Microsurg(Article in Chinese;No abstract available)],2018,41(6):607-608. DOI:10.3760/cma.j.issn.1001-2036.2018.06.028.}

[10614] 徐鸿杰，赵晓航，胡德锋，孙艺，马建安，胡振业，郑顺江，程永松. "B"形指掌侧固有动脉背侧支皮瓣修复手指末节脱套伤[J]. 中华显微外科杂志，2019，42(4)：388-390. DOI：10.3760/cma.j.issn.1001-2036.2019.04.019. {XU Hongjie,ZHAO Xiaohang,HU Defeng,SUN Yi,MA Jianan,HU Zhenye,ZHENG Shunjiang,CHENG Yongsong. Repair of degloving injury of distal segment of finger with B-shaped flap of palmar proper artery of dorsal branch[J]. Zhonghua Xian Wei Wai Ke Za Zhi[Chin J Microsurg(Article in Chinese;Abstract in Chinese)],2019,42(4):388-390. DOI:10.3760/cma.j.issn.1001-2036.2019.04.019.}

[10615] 冯铁成，陈春书，柯荣军，刘方刚，崔玉明，范爱民，何志. 指固有动脉背侧支皮瓣在邻指甲床及软组织缺损中的临床应用[J]. 实用手外科杂志，2020，34(1)：50-52. DOI：10.3969/j.issn.1671-2722.2020.01.017. {FENG Tiecheng,CHEN Chunshu,KE Rongjun,LIU Fanggang,CUI Yuming,FAN Aimin,HE Zhi. Clinical application of of digital artery dorsal branch flap for repairing hyponychium and skin soft tissue defects of the adjacent finger[J]. Shi Yong Shou Wai Ke Za Zhi[Chin J Pract Hand Surg(Article in Chinese;Abstract in Chinese and English)],2020,34(1):50-52. DOI:10.3969/j.issn.1671-2722.2020.01.017.}

4.4.4 急诊游离上肢皮瓣
free upper limb flap harvested in emergency operation

[10616] Li L,Xiongjin T,Guofen C. Emergency surgical repair of extensive soft-tissue defects in upper limb of a child,using flap graft[J]. Microsurgery,2004,24(1):56-58. doi:10.1002/micr.10202.

[10617] Kang Y,Pan X,Wu Y,Ma Y,Liu J,Rui Y. Subacute reconstruction using flap transfer for complex defects of the upper extremity[J]. J Orthop Surg Res,2020,15(1):134. doi:10.1186/s13018-020-01647-0.

[10618] 沈建祖，寿奎水，顾黎明，张全荣，芮永军，许亚军，吴建林. 应用上臂皮瓣急诊修复手部皮肤缺损[J]. 中华手外科杂志，1993，9(4)：225-226. {SHEN Jianzu,SHOU Kuishui,GU Liming,ZHANG Quanrong,RUI Yongjun,XU Yajun,WU Jianlin. Emergency repair of hand skin defect with upper arm flap[J]. Zhonghua Shou Wai Ke Za Zhi[Chin J Hand Surg(Article in Chinese;Abstract in Chinese)],1993,9(4):225-226.}

[10619] 黄粹业，梁德恩，陆茂德，黄旭科，梁军. 岛状皮瓣在急诊手外伤中的临床应用[J]. 中华显微外科杂志，2000，23(2)：141. DOI：10.3760/cma.j.issn.1001-2036.2000.02.029. {HUANG Cuiye,LIANG Deen,LU Maode,HUANG Xuke,LIANG Ke. Clinical application of island flap in emergency hand injury[J]. Zhonghua Xian Wei Wai Ke Za Zhi[Chin J Microsurg(Article in Chinese;No abstract available)],2000,23(2):141. DOI:10.3760/cma.j.issn.1001-2036.2000.02.029.}

[10620] 徐跃根，裴仁模，金才益，李钧. 吻合血管的皮瓣急诊修复手外伤[J]. 中国修复重建外科杂志，2000，14(2)：114. {XU Yuegen,PEI Renmo,JIN Caiyi,LI Jun. The flap with vessels anastomosis for emergency repair of hand injury[J]. Zhongguo Xiu Fu Chong Jian Wai Ke Za Zhi[Chin J Repair Reconstr Surg(Article in Chinese;No abstract available)],2000,14(2):114.}

[10621] 黄东，毛莉颖，江奕恒，吴伟炽，张惠茹. 手部不同类型的岛状皮瓣在急诊手外伤中的应用[J]. 中华显微外科杂志，2001，24(4)：254-256. DOI：10.3760/cma.j.issn.1001-2036.2001.04.005. {HUANG Dong,MAO Liying,JIANG Yiheng,WU Weichi,ZHANG Huiru. Primary repair of skin defect in hand by different types of island flap on hand[J]. Zhonghua Xian Wei Wai Ke Za Zhi[Chin J Microsurg(Article in Chinese;Abstract in Chinese and English)],2001,24(4):254-256. DOI:10.3760/cma.j.issn.1001-2036.2001.04.005.}

[10622] 滕云升，吴强驹，张朝，杨玉清，郭永明，赵玲珑. 组织瓣联合移植急诊修复手部严重组织缺损[J]. 中华手外科杂志，2001，17(4)：5-7. {TENG Yunsheng,WU Qiangju,ZHANG Chao,YANG Yuqing,GUO Yongming,ZHAO Linglong. Composite transfer of transplants for emergent repair of severe tissue defect at the hand[J]. Zhonghua Shou Wai Ke Za Zhi[Chin J Hand Surg(Article in Chinese;Abstract in Chinese and English)],2001,17(4):5-7.}

[10623] 张惠茹，黄东，毛莉颖，江奕恒，吴伟炽，林浩. 指神经血管蒂逆行岛状皮瓣急诊修复指端缺损[J]. 实用手外科杂志，2002，16(3)：136-137. DOI：10.3969/j.issn.1671-2722.2002.03.004. {ZHANG Huiru,HUANG Dong,MAO Liying,JIANG Yiheng,WU Weichi,LIN Hao. Repair of fingertip defect with reverse island flap pedicle of digital artery and nerve[J]. Shi Yong Shou Wai Ke Za Zhi[Chin J Pract Hand Surg(Article in Chinese;Abstract in Chinese and English)],2002,16(3):136-137. DOI:10.3969/j.issn.1671-2722.2002.03.004.}

[10624] 詹伟彦，巫伟东，何开正. 皮支皮瓣急诊修复手掌部中小面积软组织缺损[J]. 中华手外科杂志，2003，19(3)：176-177. DOI：10.3760/cma.j.issn.1005-054X.2003.03.024. {ZHAN Weiyan,WU Weidong,HE Kaizheng. The emergent repair of medium and small area soft tissue defects of palm with free cutaneous branch flap[J]. Zhonghua Shou Wai Ke Za Zhi[Chin J Hand Surg(Article in Chinese;Abstract in Chinese and English)],2003,19(3):176-177. DOI:10.3760/cma.j.issn.1005-054X.2003.03.024.}

[10625] 林立，谭雄进，陈国奋，顾立强，裴国献，林昂如. 儿童上肢大面积软组织缺损急诊皮瓣移植修复1例[J]. 第一军医大学学报，2003，23(1)：91-92. DOI：10.3321/j.issn：1673-4254.2003.01.033. {LIN Li,TAN Xiongjin,CHEN Guofen,GU Liqiang,PEI Guoxian,LIN Angru. Emergency surgical repair of extensive soft tissue defects in the upper limb of a child using flap graft[J]. Di Yi Jun Yi Da Xue Xue Bao[J First Mil Med Univ(Article in Chinese;No abstract available)],2003,23(1):91-92. DOI:10.3321/j.issn:1673-4254.2003.01.033.}

[10626] 徐跃根，卢厚微，吴可沁，杨东方，沈卫峰. 急诊应用五种带血管蒂微型岛状皮瓣修复手指皮肤缺损[J]. 中华手外科杂志，2004，20(4)：62. {XU Yuegen,LU Houwei,WU Keqin,YANG Dongfang,SHEN Weifeng. Emergency application of five kinds of mini island flaps with vascular pedicle to repair skin defects of fingers[J]. Zhonghua Shou Wai Ke Za Zhi[Chin J Hand Surg(Article in Chinese;No abstract available)],2004,20(4):62.}

[10627] 张继春，田德虎，邵新中. 急诊皮瓣移植修复拇指软组织缺损[J]. 中华手外科杂志，2004，20(4)：65. {ZHANG Jichun,TIAN Dehu,SHAO Xinzhong. Repair of thumb soft tissue defect with emergency skin flap[J]. Zhonghua Shou Wai Ke Za Zhi[Chin J Hand Surg(Article in Chinese;No abstract available)],2004,20(4):65.}

[10628] 胡鸿泰. 指端缺损的急诊岛状皮瓣修复[J]. 中华整形外科杂志，2004，20(6)：431-433. DOI：10.3760/j.issn：1009-4598.2004.06.010. {HU Hongtai. Emergency repair of finger soft tissue loss with island flaps[J]. Zhonghua Zheng Xing Wai Ke Za Zhi[Chin J Plast Surg(Article in Chinese;Abstract in Chinese and English)],2004,20(6):431-433. DOI:10.3760/j.issn:1009-4598.2004.06.010.}

[10629] 刘文泉. 岛状皮瓣在急诊拇指指腹缺损中的临床应用[J]. 中国骨伤，2004，17(7)：443. DOI：10.3969/j.issn.1003-0034.2004.07.033. {LIU Wenquan. Clinical application of island flap in emergency treatment of thumb pulp defect[J]. Zhongguo Gu Shang[China J Orthop Trauma(Article in Chinese;No abstract available)],2004,17(7):443. DOI:10.3969/j.issn.1003-0034.2004.07.033.}

[10630] 徐跃根，卢厚微，吴可沁，杨东方，沈卫峰. 带血管蒂的微型岛状皮瓣急诊修复手指皮肤缺损[J]. 中华显微外科杂志，2005，28(1)：37. DOI：10.3760/cma.j.issn.1001-2036.2005.01.063. {XU Yuegen,LU Houwei,WU Keqin,YANG Dongfang,SHEN Weifeng. Mini island flap with vascular pedicle for emergency repair of finger skin defect[J]. Zhonghua Xian Wei Wai Ke Za Zhi[Chin J Microsurg(Article in Chinese;No abstract available)],2005,28(1):37. DOI:10.3760/cma.j.issn.1001-2036.2005.01.063.}

[10631] 郭解军. 外科皮瓣在手外伤急诊修复中的临床应用[J]. 中华显微外科杂志，2006，29(2)：144-146. DOI：10.3760/cma.j.issn.1001-2036.2006.02.026. {GUO Jiejun. Clinical application of surgical flap in emergency repair of hand injury[J]. Zhonghua Xian Wei Wai Ke Za Zhi[Chin J Microsurg(Article in Chinese;Abstract in Chinese)],2006,29(2):144-146. DOI:10.3760/cma.j.issn.1001-2036.2006.02.026.}

[10632] 张光正，李培，封帆，谢统明，杨宏栋. 应用小皮瓣急诊修复拇指软组织缺损[J]. 中华显微外科杂志，2006，29(2)：89-91. DOI：10.3760/cma.j.issn.1001-2036.2006.02.004. {ZHANG Guangzheng,LI Pei,FENG Fan,XIE Tongming,YANG Hongdong. Emergency repair of soft tissue defect at thumb using miniature flaps[J]. Zhonghua Xian Wei Wai Ke Za Zhi[Chin J Microsurg(Article in Chinese;Abstract in Chinese and English)],2006,29(2):89-91. DOI:10.3760/cma.j.issn.1001-2036.2006.02.004.}

[10633] 李世民，周艳玲，余业文，石惠文，陈康察，周健辉，林戈亮，王夫平. 急诊多种皮瓣修复近节指背软组织缺损[J]. 中华手外科杂志，2006，22(2)：83-84. {LI Shimin,ZHOU

Yanling,YU Yewen,SHI Huiwen,CHEN Kangcha,ZHOU Jianhui,LIN Geliang,WANG Fuping. Emergency repair of dorsal soft tissue loss at the proximal phalanx level by four kinds of flaps[J]. Zhonghua Shou Wai Ke Za Zhi[Chin J Hand Surg(Article in Chinese;Abstract in Chinese and English)],2006,22(2):83-84.}

[10634] 魏苏明，张全荣，寿奎水，张志海，陆征峰．游离废弃指皮瓣在急诊手创伤中的临床应用[J]．中华手外科杂志，2006，22（5）：313．{WEI Suming,ZHANG Quanrong,SHOU Kuishui,ZHANG Zhihai,LU Zhengfeng. Clinical application of free abandoned finger flap in emergency hand trauma[J]. Zhonghua Shou Wai Ke Za Zhi[Chin J Hand Surg(Article in Chinese;No abstract available)],2006,22(5):313.}

[10635] 王相，林涧，邢志利，吴春，金鑫．远端蒂筋膜皮瓣急诊修复指腹缺损[J]．中华显微外科杂志，2007，30（2）：131．DOI：10.3760/cma.j.issn.1001-2036.2007.02.037．{WANG Xiang,LIN Jian,XING Zhili,WU Chun,JIN Xin. Emergency repair of finger pulp defect with distal pedicle fasciocutaneous flap[J]. Zhonghua Xian Wei Wai Ke Za Zhi[Chin J Microsurg(Article in Chinese;No abstract available)],2007,30(2):131. DOI:10.3760/cma.j.issn.1001-2036.2007.02.037.}

[10636] 黄粹业，马世前，唐国能．小型岛状皮瓣急诊修复拇指软组织缺损[J]．中华显微外科杂志，2008，31（4）：299-300．DOI：10.3760/cma.j.issn.1001-2036.2008.04.026．{HUANG Cuiye,MA Shiqian,TANG Guoneng. Emergency repair of thumb soft tissue defect with small island flap[J]. Zhonghua Xian Wei Wai Ke Za Zhi[Chin J Microsurg(Chin J Microsurg; Article in Chinese)],2008,31(4):299-300. DOI:10.3760/cma.j.issn.1001-2036.2008.04.026.}

[10637] 许亚军，寿奎水，芮永军，姚群，陈政，周晓，陈学明．急诊组织瓣移植（位）修复伴有严重血管损伤的上肢复杂性组织缺损[J]．中华手外科杂志，2010，26（1）：7-10．{XU Yajun,SHOU Kuishui,RUI Yongjun,YAO Qun,CHEN Zheng,ZHOU Xiao,CHEN Xueming. Emergency tissue flap transfer (transposition) for reconstruction of complex upper extremety tissue defects accompanied with severe vascular damage[J]. Zhonghua Shou Wai Ke Za Zhi[Chin J Hand Surg(Article in Chinese;Abstract in Chinese and English)],2010,26(1):7-10.}

[10638] 潘小平，姚恩锋，杨杰保．游离废弃指皮瓣在急诊修复手部创面缺损的临床应用[J]．中国骨伤，2010，23（12）：919-920．DOI：10.3969/j.issn.1003-0034.2010.12.011．{PAN Xiaoping,YAO Enfeng,YANG Jiebao. Emergency clinical application of free waste-finger flaps to repair the wound defect of hand[J]. Zhongguo Gu Shang[China J Orthop Trauma(Article in Chinese;No abstract available)],2010,23(12):919-920. DOI:10.3969/j.issn.1003-0034.2010.12.011.}

[10639] 林立国，郑良军，章峰火．拇指近节指背筋膜蒂岛状皮瓣急诊修复拇指末节软组织缺损[J]．中华显微外科杂志，2011，34（4）：327-328．DOI：10.3760/cma.j.issn.1001-2036.2011.04.026．{LIN Liguo,ZHENG Liangjun,ZHANG Fenghuo. Emergency repair of distal thumb soft tissue defect with island flap pedicled with dorsal fascia of proximal thumb[J]. Zhonghua Xian Wei Wai Ke Za Zhi[Chin J Microsurg(Chin J Microsurg; Article in Chinese)],2011,34(4):327-328. DOI:10.3760/cma.j.issn.1001-2036.2011.04.026.}

[10640] 杨敏烈，赵庆国，吕国忠，储国平，俞舜，秦宏波，丁羚涛．急诊清创移植皮瓣修复手深度烧伤创面疗效观察[J]．中华烧伤杂志，2011，27（3）：186-188．DOI：10.3760/cma.j.issn.1009-2587.2011.03.007．{YANG Minlie,ZHAO Qingguo,LV Guozhong,CHU Guoping,YU Shun,QIN Hongbo,DING Lingtao. Clinical observation of emergency debridement and skin flap transplantation for repair of deep burn wounds of hand[J]. Zhonghua Shao Shang Za Zhi[Chin J Burns(Article in Chinese;No abstract available)],2011,27(3):186-188. DOI:10.3760/cma.j.issn.1009-2587.2011.03.007.}

[10641] 陈前永，赵光勋，王海峰，吴健，袁伟，吴成如，方健．多种皮瓣急诊修复手部大面积组织缺损[J]．临床骨科杂志，2011，14（2）：129-131．DOI：10.3969/j.issn.1008-0287.2011.02.004．{CHEN Qianyong,ZHAO Guangxun,WANG Haifeng,WU Jian,YUAN Wei,WU Chengru,FANG Jian. Flap transfer for coverage of oversized soft tissue defect of hand in emergency Surgery[J]. Lin Chuang Gu Ke Za Zhi[J Clin Orthop(Article in Chinese;Abstract in Chinese and English)],2011,14(2):129-131. DOI:10.3969/j.issn.1008-0287.2011.02.004.}

[10642] 王加利，赵春霞，陈仲华．骨间背动脉皮瓣急诊修复小儿手部皮肤缺损[J]．中华整形外科杂志，2012，28（6）：461-462．DOI：10.3760/cma.j.issn.1009-4598.2012.06.017．{WANG Jiali,ZHAO Chunxia,CHEN Zhonghua. Emergency repair of skin defect of hand in children with dorsal interosseous artery flap[J]. Zhonghua Zheng Xing Wai Ke Za Zhi[Chin J Plast Surg(Article in Chinese;No abstract available)],2012,28(6):461-462. DOI:10.3760/cma.j.issn.1009-4598.2012.06.017.}

[10643] 叶朝辉，陈薇薇，魏鹏，梅劲，刘素娜，彭晓旭，孙镭，王林杰，余雅玲．组合皮瓣急诊一期修复手部大面积脱套伤[J]．中华整形外科杂志，2013，29（3）：227-229．DOI：10.3760/cma.j.issn.1009-4598.2013.03.021．{YE Chaohui,CHEN Weiwei,WEI Peng,MEI Jin,LIU Suna,PENG Xiaoxu,SUN Lei,WANG Linjie,YU Yaling. Emergency repair of large area degloving injury of hand with combined flap[J]. Zhonghua Zheng Xing Wai Ke Za Zhi[Chin J Plast Surg(Article in Chinese;No abstract available)],2013,29(3):227-229. DOI:10.3760/cma.j.issn.1009-4598.2013.03.021.}

[10644] 魏立友，王国强，周红艳，陈华，张宏伟．三种重建感觉的带蒂岛状皮瓣急诊修复儿童拇指损伤[J]．中华整形外科杂志，2014，30（2）：129-131．DOI：10.3760/cma.j.issn.1009-4598.2014.02.013．{WEI Liyou,WANG Guoqiang,ZHOU Hongyan,CHEN Hua,ZHANG Hongwei. Emergency repair of thumb injury in children with three kinds of pedicled island flaps for sensory reconstruction[J]. Zhonghua Zheng Xing Wai Ke Za Zhi[Chin J Plast Surg(Article in Chinese;No abstract available)],2014,30(2):129-131. DOI:10.3760/cma.j.issn.1009-4598.2014.02.013.}

[10645] 李海军，郑晓菊，宋文斌，王新宏，代创国，张忠．急诊穿支嵌合皮瓣移植联合原位回植撕脱手掌皮肤治疗严重手部损伤12例[J]．中华显微外科杂志，2019，42（4）：393-396．DOI：10.3760/cma.j.issn.1001-2036.2019.04.021．{LI Haijun,ZHENG Xiaoju,SONG Wenbin,WANG Xinhong,DAI Chuangguo,ZHANG Zhong. Emergency perforator chimeric flap combined with in-situ replantation and palm skin avulsion in the treatment of severe hand injury in 12 cases[J]. Zhonghua Xian Wei Wai Ke Za Zhi[Chin J Microsurg(Chin J Microsurg; Article in Chinese)],2019,42(4):393-396. DOI:10.3760/cma.j.issn.1001-2036.2019.04.021.}

4.5 下肢皮瓣
flap of lower limb

4.5.1 股部皮瓣
femoral flap

[10646] Wang Y,Begue T,Masquelet AC. Anatomic study of the distally based vastus lateralis muscle flap[J]. Plast Reconstr Surg,1999,103(1):101-103. doi:10.1097/00006534-199901000-00017.

[10647] Tremp M,Haumer A,Wettstein R,Zhang YX,Honigmann P,Schaefer DJ,Kalbermatten DF. The medial femoral trochlea flap with a monitor skin island:Report of two cases[J]. Microsurgery,2017,37(5):431-435. doi:10.1002/micr.30093.

[10648] Wang T,Zhao G,Rui YJ,Mi JY. Bilateral femoral posterior neurocutaneous perforater flap successfully treating Fournier gangrene:A case report[J]. Medicine(Baltimore),2017,96(46):e8720. doi:10.1097/MD.0000000000008720.

[10649] Chen X,Zhang C,Cheng L,Chen H,Wang H,Qin FJ,Tian P,Zhang YH,Shen YM. Survival and versatility of the flow-through lateral-thigh free flap in severe electrical injuries to the wrist[J]. Ann Plast Surg,2020,85(6):612-617. doi:10.1097/SAP.0000000000002355.

[10650] 司心成，雷晓环，卢范，黄瀛．股后部皮瓣的应用解剖研究[J]．解剖学通报，1984，7（4）：275．{SI Xincheng,LEI Xiaohuan,LU Fan,HUANG Ying. A Study on applied anatomy of posterior thigh flap[J]. Jie Pou Xue Tong Bao[J Anat(Article in Chinese;No abstract available)],1984,7(4):275.}

[10651] 郭恩覃，季正伦，赵月珍，张明利，卢范，司心成，雷晓寰，黄瀛．股内侧皮瓣游离移植五例报告[J]．上海医学，1984,7(11):628{Guo Enqin,Ji Zhenglun,Zhao Yuezhen,Zhang,Mingli,Lu Fan,Si Xincheng,Lei Xiaohuan,Huang Ying. Free transfer of medial femoral flap in five petients[J]. Shanghai Yi Xue[Shanghai Med J(Article in Chinese;Abstract in Chinese and English)],1984,7(11):628.}

[10652] 沈祖尧，李燕妮，桑惠华，韩行义．大腿前内侧肌间隙动脉皮瓣游离移植术[J]．北京医学，1984,6(5):319{Shen Zurao,Li Yanni,Sang Huihua,Han Xingyi. Free transplantation of flap with Intermuscular artery of the medial anterior thigh(including a report of 2 cases)[J].Bejing Yi Xue[Bejing Med J(Article in Chinese;No abstract available)],1984,6(5):319.}

[10653] 陈绍宗，李荟元，衡代忠．股外侧皮瓣及其应用[J]．中华整形烧伤外科杂志，1985，1（3）：216．{Chen Shaozhong,Li Huiyuan,Heng Daizhong. Lateral femoral flap and its application[J]. Zhonghua Zheng Xing Shao Shang Wai Ke Za Zhi[Chin J Plast Burn Surg(Article in Chinese;No abstract available)],1985,1(3):216.}

[10654] 罗力生，高建华，陈林峰，关国勤，郝廷智，徐达传，钟世镇，孙博，刘牧之，赵克森，吴坤莹，朱佐江．股前外侧皮瓣的解剖基础与临床应用[J]．中华整形烧伤外科杂志，1985，1（2）：50．{LUO Lisheng,GAO Jianhua,CHEN Linfeng,GUAN Guoqin,HAO Tingzhi,XU Dachuan,ZHONG Shizhen,SUN Bo,LIU Muzhi,ZHAO Kesen,WU Kunying,ZHU Zuojiang. Anatomic basis and clinical application of anterolateral femoral flap[J]. Zhonghua Zheng Xing Shao Shang Wai Ke Za Zhi[Chin J Plast Burn Surg(Article in Chinese;No abstract available)],1985,1(2):50.}

[10655] 官士兵，孙文海，李淑媛，刘志波，王增涛．髂腹股沟皮瓣联合股部皮瓣带蒂瓦合移植在手部大面积套脱伤治疗中的应用[J]．中华手外科杂志，2009，25（2）：81-83．DOI：10.3760/cma.j.issn.1005-054X.2009.02.009．{GUAN Shibing,SUN Wenhai,LI Shuyuan,LIU Zhibo,WANG Zengtao. Double pedicled flap transfer combining groin flap and femoral flap to large size hand degloving injuries[J]. Zhonghua Shou Wai Ke Za Zhi[Chin J Hand Surg(Article in Chinese;Abstract in Chinese and English)],2009,25(2):81-83. DOI:10.3760/cma.j.issn.1005-054X.2009.02.009.}

4.5.1.1 股后筋膜皮瓣
posterior thigh fasciocutaneous flap

[10656] Zhang R,Sun J,Wei X,Zhang H,Liu Y,Shi M,Shi Y. Reconstruction of defects with the posterior femoral fasciocutaneous flap after resection of malignant tumours of the femoral greater trochanter,sacrococcygeal region and knee[J]. J Plast Reconstr Aesthet Surg,2009,62(2):221-229. doi:10.1016/j.bjps.2007.10.044.

[10657] Sun XG,Gong X,Song LS,Cui JL,Yu X,Liu B,Lu LJ. Posterior thigh flap pedicled on the cutaneous vessels arising from the popliteo-posterior intermediate artery:A report of 5 cases[J]. Ostomy Wound Manage,2016,62(8):34-41.

[10658] 侯春林，李晓华，刘岩，匡勇．以臀下动脉股后皮支为蒂的股后筋膜皮瓣治疗臀骶部褥疮[J]．中华显微外科杂志，1995，18（2）：114-115，158．{HOU Chunlin,LI Xiaohua,LIU Yan,KUANG Yong. Repair of sacral and gluteofemoral decubitus ulcers with posterior thigh fasciocutaneous flaps pedicled by posterior thigh branch of arteria glutaeusinferior[J]. Zhonghua Xian Wei Wai Ke Za Zhi[Chin J Microsurg(Article in Chinese;Abstract in Chinese)],1995,18(2):114-115,158.}

4.5.1.2 股后穿支皮瓣
posterior thigh perforator flap

[10659] Li X,Cui J,Maharjan S,Jiang Z,Lu L,Gong X. Clinical application and the free posterior thigh perforator flap[J]. Ann Plast Surg,2017,78(5):526-532. doi:10.1097/SAP.0000000000000920.

[10660] 王剑利，赵刚，王根．游离股后侧穿支动脉皮瓣修复腕及手部创面[J]．实用手外科杂志，2014，28（1）：8-9．DOI：10.3969/j.issn.1671-2722.2014.01.002．{WANG Jianli,ZHAO Gang,WANG Gen. Reconstruction of the defects in hand and wrist using perforator free flap in rear region of thigh[J]. Shi Yong Shou Wai Ke Za Zhi[Chin J Pract Hand Surg(Article in Chinese;Abstract in Chinese and English)],2014,28(1):8-9. DOI:10.3969/j.issn.1671-2722.2014.01.002.}

4.5.1.3 股深动脉穿支皮瓣
perforator flap of deep femoral artery

[10661] 张楠，洪雷，张喜，吴巍巍，于家傲．臀上动脉联合股深动脉第1穿动脉穿支皮瓣修复股骨大转子压疮11例[J]．中华烧伤杂志，2015，31（2）：145-146．DOI：10.3760/cma.j.issn.1009-2587.2015.02.018．{ZHANG Nan,HONG Lei,ZHANG Xi,WU Weiwei,YU Jiaao. Superior gluteal artery combined with the first perforator artery of deep femoral artery perforator flap for the treatment of femoral greater trochanter pressure sore in 11 cases[J]. Zhonghua Shao Shang Za Zhi[Chin J Burns(Article in Chinese;No abstract available)],2015,31(2):145-146. DOI:10.3760/cma.j.issn.1009-2587.2015.02.018.}

[10662] 宋达疆，李赞，周晓，章一新，彭小伟，周波，吕春柳，彭文，欧延，毛煌兴．股深动脉穿支皮瓣在乳房重建的应用[J]．中华整形外科杂志，2017，33（6）：412-416．DOI：10.3760/cma.j.issn.1009-4598.2017.06.003．{SONG Dajiang,LI Zan,ZHOU Xiao,ZHANG Yixin,PENG Xiaowei,ZHOU Bo,LV Chunliu,PENG Wen,OU Yan,MAO Huangxing. Application of profunda artery perforator flap in breast reconstruction[J]. Zhonghua Zheng Xing Wai Ke Za Zhi[Chin J Plast Surg(Article in Chinese;Abstract in Chinese and English)],2017,33(6):412-416. DOI:10.3760/cma.j.issn.1009-4598.2017.06.003.}

[10663] 宋达疆，李赞，周晓，谢松林，邬娇，刘志中，彭文，欧延，李小慧，柳泽洋．不同形式游离股深动脉蒂嵌合穿支肌皮瓣修复舌癌术后缺损的疗效观察[J]．中国修复重建外科杂志，2017，31（6）：696-701．DOI：10.7507/1002-1892.201701045．{SONG Dajiang,LI Zan,ZHOU Xiao,XIE Songlin,WU Jiao,LIU Zhizhong,PENG Wen,OU Yan,LI Xiaohui,LIU Zeyang. Clinical application of various forms of free profunda femoral artery pedicled chimeric myocutaneous perforator flap in defect reconstruction after tongue carcinoma resection[J]. Zhongguo Xiu Fu Chong Jian Wai Ke Za Zhi[Chin J Repair Reconstr Surg(Article in Chinese;Abstract in Chinese and English)],2017,31(6):696-701. DOI:10.7507/1002-1892.201701045.}

[10664] 唐举玉，贺继强，吴攀峰，周征兵，俞芳，卿黎明，潘丁，庞晓阳，曾磊，肖勇兵，刘睿．股

深动脉第 3 穿动脉穿支皮瓣修复下肢软组织缺损 [J]. 中华显微外科杂志，2019，42 (2): 146-149. DOI: 10.3760/cma.j.issn.1001-2036.2019.02.011. {TANG Juyu,HE Jiqiang,WU Panfeng,ZHOU Zhengbing,YU Fang,QING Liming,PAN Ding,PANG Xiaoyang,ZENG Lei,XIAO Yongbing,LIU Rui. Application of deep femoral artery third perforating artery flap for reconstruction of soft tissue defect in lower limbs[J]. Zhonghua Xian Wei Wai Ke Za Zhi[Chin J Microsurg(Article in Chinese;Abstract in Chinese and English)],2019,42(2):146-149. DOI:10.3760/cma.j.issn.1001-2036.2019.02.011.}

[10665] 谭昊，魏在荣，金文虎，李海，张子阳，吴必华，陈伟，聂开瑜，王达利. 股深动脉第一穿动脉穿支皮瓣修复四肢软组织缺损 [J]. 中华整形外科杂志，2019，35 (9): 903-906. DOI: 10.3760/cma.j.issn.1009-4598.2019.09.011. {TAN Hao,WEI Zairong,JIN Wenhu,LI Hai,ZHANG Ziyang,WU Bihua,CHEN Wei,NIE Kaiyu,WANG Dali. Repair soft tissue defects of extremities with the perforator flap based on the first perforating artery of Profunda artery[J]. Zhonghua Zheng Xing Wai Ke Za Zhi[Chin J Plast Surg(Article in Chinese;Abstract in Chinese and English)],2019,35(9):903-906. DOI:10.3760/cma.j.issn.1009-4598.2019.09.011.}

[10666] 刘育杰，丁小珩，焦鸿生，任胜全，王正丹. 股后内侧区游离股深动脉穿支皮瓣修复四肢创面 [J]. 中国修复重建外科杂志，2019，33 (5): 590-594. DOI: 10.7507/1002-1892.201901069. {LIU Yujie,DING Xiaoheng,JIAO Hongsheng,REN Shengquan,WANG Zhengdan. Repair of limb wounds with free profunda artery perforator flap in posteromedial femoral region[J]. Zhongguo Xiu Fu Chong Jian Wai Ke Za Zhi[Chin J Repar Reconstr Surg(Article in Chinese;Abstract in Chinese and English)],2019,33(5):590-594. DOI:10.7507/1002-1892.201901069.}

4.5.1.4 股前内侧筋膜皮瓣
anteromedial thigh fasciocutaenous flap

[10667] Guan WX,Qian YL,Cheng KX,Xu LG. Free medial thigh flap in treatment of advanced burn cases[J]. Chin Med J,1986,99(3):187-190.

[10668] Gong ZJ,Zhang S,Ren ZH,Zhu ZF,Liu JB,Wu HJ. Application of anteromedial thigh flap for the reconstruction of oral and maxillofacial defects[J]. J Oral Maxillofac Surg,2014,72(6):1212-1225. doi:10.1016/j.joms.2013.11.017.

[10669] Jia YC,Chen HH,Kang QL,Chai YM. Combined anterolateral thigh and anteromedial thigh flap for extensive extremity reconstruction:vascular anatomy and clinical application[J]. J Reconstr Microsurg,2015,31(9):674-680. doi:10.1055/s-0035-1558985.

[10670] 许亚军，邱扬，姚群，高建军，张全荣，寿奎水. 股前内侧皮瓣的临床应用 [J]. 中华显微外科杂志，1999，22(3): 222. DOI: 10.3760/cma.j.issn.1001-2036.1999.03.027. {XU Yajun,QIU Yang,YAO Qun,GAO Jianjun,ZHANG Quanrong,SHOU Kuishui. Clinical application of anteromedial thigh flap[J]. Zhonghua Xian Wei Wai Ke Za Zhi[Chin J Microsurg(Article in Chinese;No abstract available)],1999,22(3):222. DOI:10.3760/cma.j.issn.1001-2036.1999.03.027.}

[10671] 向永孝，吴定庆，邓立东，罗庆丰，李健华，骆增明，张健松. 代偿性应用股前内侧皮瓣修复四肢软组织缺损 [J]. 实用手外科杂志，2013，27 (4): 335-337. DOI: 10.3969/j.issn.1671-2722.2013.04.008. {XIANG Yongxiao,WU Dingqing,DENG Lidong,LUO Qingfeng,LI Jianhua,LUO Zengming,ZHANG Jiansong. Using anteromedial thigh flap as substitution of anterolateral thigh flap in repairing soft tissue defects of limb[J]. Shi Yong Shou Wai Ke Za Zhi[Chin J Pract Hand Surg(Article in Chinese;Abstract in Chinese and English)],2013,27(4):335-337. DOI:10.3969/j.issn.1671-2722.2013.04.008.}

[10672] 刘龙灿，刘元波，臧梦青，朱珊，陈博，李杉珊. 以股直肌支穿支为蒂的逆行股前内侧皮瓣临床应用研究 [J]. 中国修复重建外科杂志，2016，30 (12): 1502-1506. DOI: 10.7507/1002-1892.20160311. {LIU Longcan,LIU Yuanbo,ZANG Mengqing,ZHU Shan,CHEN Bo,LI Shanshan. Design and clinical applications of distally based anteromedial thigh flaps pedicled with perforating vessels from rectus femoris branch[J]. Zhongguo Xiu Fu Chong Jian Wai Ke Za Zhi[Chin J Repar Reconstr Surg(Article in Chinese;Abstract in Chinese and English)],2016,30(12):1502-1506. DOI:10.7507/1002-1892.20160311.}

4.5.1.5 股前内侧穿支皮瓣（含膝降动脉穿支）
perforator flap of descending genicular artery

[10673] Zheng H,Wang H,Zhang F,Yue S. Anatomic basis of perforator flaps of medial vastus muscle[J]. Microsurgery,2008,28(1):61-64. doi:10.1002/micr.20446.

[10674] Zheng HP,Lin J,Zhuang YH,Zhang FH. Convenient coverage of soft-tissue defects around the knee by the pedicled vastus medialis perforator flap[J]. J Plast Reconstr Aesthet Surg,2012,65(9):1151-1157. doi:10.1016/j.bjps.2012.03.027.

[10675] Xu ZF,Sun CF,Duan WY,Zhang EJ,Dai W,Zheng XJ,Liu FY,Tan XX. Clinical anatomical study and evaluation of the use of the free anteromedial thigh perforator flaps in reconstructions of the head and neck[J]. Br J Oral Maxillofac Surg,2013,51(8):725-730. doi:10.1016/j.bjoms.2011.11.017.

[10676] Wang WH,Deng JY,Xu B,Zhu J,Xia B,Zhang BJ. Double anterior (anterolateral and anteromedial) thigh flap for oral perforated defect reconstruction[J]. J Craniomaxillofac Surg,2014,42(8):2041-2044. doi:10.1016/j.jcms.2014.09.011.

[10677] Zheng HP,Zhuang YH,Lin J,Zhang YX,Levin LS,Grassetti L,Lazzeri D,Persichetti P. Revisit of the anatomy of the distal perforator of the descending genicular artery and clinical application of its perforator "propeller" flap in the reconstruction of soft tissue defects around the knee[J]. Microsurgery,2015,35(5):370-379. doi:10.1002/micr.22340.

[10678] Zhou X,Wang J,Qiang L,Rui Y,Xue M. Outcomes of using a modified anteromedial thigh perforator flap for repairing the anterolateral thigh free flap donor site:A retrospective clinical review[J]. Medicine(Baltimore),2018,97(16):e0491. doi:10.1097/MD.0000000000010491.

[10679] Zhang WF,Huang RC,Gao QF,Li ZB,Ma YJ,Niu XT,Ma B,Ren KY,Zhang ZZ. Repair of knee deep burn wound with descending genicular artery-saphenous artery perforator flaps in elderly patients (a STROBE-compliant article)[J]. Medicine(Baltimore),2018,97(35):e12127. doi:10.1097/MD.0000000000012127.

[10680] Xu Q,Zheng X,Li Y,Zhu L,Ding Z. Anatomical study of the descending genicular artery chimeric flaps[J]. J Invest Surg,2020,33(5):422-427. doi:10.1080/08941939.2018.1532541.

[10681] 杨晓东，张根福，刘杨武，杨锦，陈逸民，付尚俊，周阳，丁建波，楼旭鹏. 应用股前内侧穿支皮瓣修复足部创面 [J]. 中华显微外科杂志，2010，33 (3): 238-239. DOI: 10.3760/cma.j.issn.1001-2036.2010.03.029. {YANG Xiaodong,ZHANG Genfu,LIU Yangwu,YANG Jin,CHEN Yimin,FU Shangjun,ZHOU Yang,DING Jianbo,LOU Xupeng. Application of anteromedial thigh perforator flap for repair of foot wound[J]. Zhonghua Xian Wei Wai Ke Za Zhi[Chin J Microsurg(Article in Chinese;Abstract in Chinese)],2010,33(3):238-239. DOI:10.3760/cma.j.issn.1001-2036.2010.03.029.}

[10682] 杨晓东，刘杨武，杨锦，丁建波，陈逸民，付尚俊，周阳，张根福. 股前内侧穿支皮瓣修复手足创面的临床应用 [J]. 实用手外科杂志，2010，24 (2): 110-111. DOI: 10.3969/j.issn.1671-2722.2010.02.010. {YANG Xiaodong,LIU Yangwu,YANG Jin,DING Jianbo,CHEN Yimin,FU Shangjun,ZHOU Yang,ZHANG Genfu. Clinical application of femoral anteromedian perforationg branch skin flap in repairing wound of hand or foot[J]. Shi Yong Shou Wai Ke Za Zhi[Chin J Pract Hand Surg(Article in Chinese;Abstract in Chinese and English)],2010,24(2):110-111. DOI:10.3969/j.issn.1671-2722.2010.02.010.}

[10683] 林涧，郑和平，余云兰，吴春，王正理. 膝降动脉穿支皮瓣的临床应用 [J]. 中华创伤杂志，2010，26 (3): 248-251. DOI: 10.3760/cma.j.issn.1001-8050.2010.03.019. {LIN Jian,ZHENG Heping,YU Yunlan,WU Chun,WANG Zhengli. Clinical application of descending genicular artery perforator flap[J]. Zhonghua Chuang Shang Za Zhi[Chin J Trauma(Article in Chinese;Abstract in Chinese and English)],2010,26(3):248-251. DOI:10.3760/cma.j.issn.1001-8050.2010.03.019.}

[10684] 徐中飞，刘法昱，谭学新，孙长伏. 股前内侧穿支皮瓣：一个理想的股前外侧皮瓣补救皮瓣 [J]. 上海口腔医学，2011，20 (5): 535-539. {XU Zhongfei,LIU Fayu,TAN Xuexin,SUN Changfu. Anteromedial thigh perforator flap:an ideal alternative flap for anterolateral thigh flap without suitable perforator[J]. Shang Hai Kou Qiang Yi Xue[Shanghai J Stom(Article in Chinese;Abstract in Chinese and English)],2011,20(5):535-539.}

[10685] 陈宏，竺枫，薛建波，魏鹏，戚建武，蔡晓明. 游离膝降动脉穿支皮瓣的临床研究 [J]. 中华手外科杂志，2011，27 (3): 156-158. {CHEN Hong,ZHU Feng,XUE Jianbo,WEI Peng,QI Jianwu,CAI Xiaoming. Clinical study of free descending genicular artery perforator flap[J]. Zhonghua Shou Wai Ke Za Zhi[Chin J Hand Surg(Article in Chinese;Abstract in Chinese and English)],2011,27(3):156-158.}

[10686] 杨晓东，刘杨武，杨锦，陈逸民，付尚俊，周阳，丁建波，楼旭鹏. 股前内侧穿支皮瓣游离移植修复手部创面 [J]. 中华手外科杂志，2012，28 (3): 131-133. {YANG Xiaodong,LIU Yangwu,YANG Jin,CHEN Yimin,FU Shangjun,ZHOU Yang,DING Jianbo,LOU Xupeng. Clinical application of anteromedial thigh perforator flap transplantation for repairing wounds in the hand[J]. Zhonghua Shou Wai Ke Za Zhi[Chin J Hand Surg(Article in Chinese;Abstract in Chinese and English)],2012,28(3):131-133.}

[10687] 胡稷杰，金丹，王钢，余斌，任高宏，王博炜. 不携带大隐静脉的游离膝降动脉穿支皮瓣修复肢体末端组织缺损 [J]. 中华骨科杂志，2015，35 (8): 842-848. DOI: 10.3760/cma.j.issn.0253-2352.2015.08.009. {HU Jijie,JIN Dan,WANG Gang,YU Bin,REN Gaohong,WANG Bowei. Repairing of limb extremity wounds with free descending genicular artery perforator flap without saphenous vein[J]. Zhonghua Gu Ke Za Zhi[Chin J Orthop(Article in Chinese;Abstract in Chinese and English)],2015,35(8):842-848. DOI:10.3760/cma.j.issn.0253-2352.2015.08.009.}

[10688] 周广良，巨积辉，蒋国栋，张玉军，李雷，侯瑞兴. 膝降动脉穿支皮瓣修复肢体创面的临床应用 [J]. 中国临床解剖学杂志，2016，34 (6): 693-696. DOI: 10.13418/j.issn.1001-165x.2016.06.019. {ZHOU Guangliang,JU Jihui,JIANG Guodong,ZHANG Yujun,LI Lei,HOU Ruixing. Clinical application of descending genicular artery perforator flap for wounds on extremities[J]. Zhongguo Lin Chuang Jie Pou Xue Za Zhi[Chin J Clin Anat(Article in Chinese;Abstract in Chinese and English)],2016,34(6):693-696. DOI:10.13418/j.issn.1001-165x.2016.06.019.}

[10689] 宋达疆，李赞，周晓，章一新，彭小伟，周波，吕春柳，杨丽嫦，彭文. 游离股前内侧穿支皮瓣修复口腔肿瘤根治术后缺损并用接力股前外侧穿支皮瓣修复供区创面的效果 [J]. 中华烧伤杂志，2017，33(2): 72-76. DOI: 10.3760/cma.j.issn.1009-2587.2017.02.003. {SONG Dajiang,LI Zan,ZHOU Xiao,ZHANG Yixin,PENG Xiaowei,ZHOU Bo,LV Chunliu,YANG Lichang,PENG Wen. Outcome of relaying anterolateral thigh perforator flap in resurfacing the donor site wound following free anteromedial thigh perforator flap transfer for reconstruction of defect after oral tumor radical resection[J]. Zhonghua Shao Shang Za Zhi[Chin J Burns(Article in Chinese;Abstract in Chinese and English)],2017,33(2):72-76. DOI:10.3760/cma.j.issn.1009-2587.2017.02.003.}

[10690] 宋达疆，李赞，周晓，章一新，彭小伟，周波，吕春柳，杨丽嫦，彭文，王旭. 游离股前内侧穿支皮瓣在舌癌术后缺损修复中的应用 [J]. 中华整形外科杂志，2017，33(2): 106-111. DOI: 10.3760/cma.j.issn.1009-4598.2017.02.006. {SONG Dajiang,LI Zan,ZHOU Xiao,ZHANG Yixin,PENG Xiaowei,ZHOU Bo,LV Chunliu,YANG Lichang,PENG Wen,WANG Xu. The clinical application of free anteromedial thigh perforator flap in the reconstruction of tongue and mouth floor defect after tongue carcinoma[J]. Zhonghua Zheng Xing Wai Ke Za Zhi[Chin J Plast Surg(Article in Chinese;Abstract in Chinese and English)],2017,33(2):106-111. DOI:10.3760/cma.j.issn.1009-4598.2017.02.006.}

[10691] 曹学新，万灵民，刘洋，赵树青，张永磊. 应用以股前内侧穿支为蒂的皮瓣修复游离股前外侧皮瓣供区 [J]. 中华显微外科杂志，2018，41 (3): 306-307. DOI: 10.3760/cma.j.issn.1001-2036.2018.02.034. {CAO Xuexin,WAN Lingmin,LIU Yang,ZHAO Shuqing,ZHANG Yonglei. Anterolateral thigh perforator for repair of donor site of free anterolateral thigh flap[J]. Zhonghua Xian Wei Wai Ke Za Zhi[Chin J Microsurg(Article in Chinese;No abstract available)],2018,41(3):306-307. DOI:10.3760/cma.j.issn.1001-2036.2018.02.034.}

[10692] 鲍晶晶，姜磊，黄显军，潘志军. 游离膝降动脉穿支皮瓣在足部软组织缺损中的应用 [J]. 中国临床解剖学杂志，2018，36 (6): 694-696. DOI: 10.13418/j.issn.1001-165x.2018.06.019. {BAO Jingjing,JIANG Lei,HUANG Xianjun,PAN Zhijun. Clinical application of free descending genicular artery perforator flap for coverage of soft tissue defect of foot[J]. Zhongguo Lin Chuang Jie Pou Xue Za Zhi[Chin J Clin Anat(Article in Chinese;Abstract in Chinese and English)],2018,36(6):694-696. DOI:10.13418/j.issn.1001-165x.2018.06.019.}

[10693] 潘冬经，姜巍，李汉伟. 股前内侧穿支皮瓣替代股前外侧穿支皮瓣修复左肩胸部隆凸性皮肤纤维肉瘤复发切除后创面一例 [J]. 中华烧伤杂志，2020，36 (1): 67-69. DOI: 10.3760/cma.j.issn.1009-2587.2020.01.013. {PAN Dongjing,JIANG Wei,LI Hanwei. Wounds after recision in recurrence of dermatofibrosarcoma protuberan in the left shoulder and chest repaired with anteromedial thigh perforator flap instead of anterolateral thigh perforator flap:a case report[J]. Zhonghua Shao Shang Za Zhi[Chin J Burns(Article in Chinese;Abstract in Chinese and English)],2020,36(1):67-69. DOI:10.3760/cma.j.issn.1009-2587.2020.01.013.}

4.5.1.6 膝上内侧筋膜皮瓣
medial supra-genicular fasciocutaneous flap

[10694] 潘宝华，鲁开化，郭树忠，韩岩，夏炜，杨力. 膝上内侧筋膜皮瓣修复膝关节周围软组织缺损 [J]. 中国修复重建外科杂志，2002，16 (4): 291. {PAN Baohua,LU Kaihua,GUO Shuzhong,HAN Yan,XIA Wei,YANG Li. Repair of soft tissue defect around knee with medial superior genicular fasciocutaneous flap[J]. Zhongguo Xiu Fu Chong Jian Wai Ke Za Zhi[Chin J Repar Reconstr Surg(Article in Chinese;No abstract available)],2002,16(4):291.}

4.5.1.7 股前外侧皮瓣
anterolateral thigh flap

[10695] Xu DC,Zhong SZ,Kong JM,Wang GY,Liu MZ,Luo LS,Gao JH. Applied anatomy

of the anterolateral femoral flap[J]. Plast Reconstr Surg,1988,82(2):305-310.

[10696] Zhou G,Qiao Q,Chen GY,Ling YC,Swift R. Clinical experience and surgical anatomy of 32 free anterolateral thigh flap transplantations[J]. Br J Plast Surg,1991,44(2):91-96. doi:10.1016/0007-1226(91)90038-l.

[10697] Luo S,Raffoul W,Luo J,Luo L,Gao J,Chen L,Egloff DV. Anterolateral thigh flap:A review of 168 cases[J]. Microsurgery,1999,19(5):232-238. doi:10.1002/(sici)1098-2752(1999)19:5<232::aid-micr5>3.0.co;2-s.

[10698] Ji Y,Li T,Shamburger S,Jin J,Lineaweaver WC,Zhang F. Microsurgical anterolateral thigh fasciocutaneous flap for facial contour correction in patients with hemifacial microsomia[J]. Microsurgery,2002,22(1):34-38. doi:10.1002/micr.22008.

[10699] Zhao Y,Qiao Q,Liu Z,Zhang Q,Shun J,Liu C,Qi K. Alternative method to improve the repair of the donor site of the anterolateral thigh flap[J]. Ann Plast Surg,2002,49(6):593-598. doi:10.1097/00000637-200212000-00007.

[10700] Zhou G,Zhang QX,Chen GY. The earlier clinic experience of the reverse-flow anterolateral thigh island flap[J]. Br J Plast Surg,2005,58(2):160-164. doi:10.1016/j.bjps.2004.10.011.

[10701] Wang X,Qiao Q,Liu Z,Zhao R,Zhang H,Yang Y,Wang Y,Bai M. Free anterolateral thigh adipofascial flap for hemifacial atrophy[J]. Ann Plast Surg,2005,55(6):617-622. doi:10.1097/01.sap.0000189659.76694.e2.

[10702] Wang X,Qiao Q,Burd A,Liu Z,Zhao R,Wang C,Zeng A. Perineum reconstruction with pedicled anterolateral thigh fasciocutaneous flap[J]. Ann Plast Surg,2006,56(2):151-155. doi:10.1097/01.sap.0000189685.82616.59.

[10703] Chen Z,Zhang C,Lao J,Xing JJ,Zhu MX,Wu Y,Ma AJ. An anterolateral thigh flap based on the superior cutaneous perforator artery:an anatomic study and case reports[J]. Microsurgery,2007,27(3):160-165. doi:10.1002/micr.20325.

[10704] Ng RW,Li GK,Chan JY,Mak JY. Posterior chest wall reconstruction with a free anterolateral thigh flap[J]. J Thorac Cardiovasc Surg,2007,134(2):537-538. doi:10.1016/j.jtcvs.2007.04.026.

[10705] Zhang YZ,Li YB,Tang ML,Xie L,Geddes CR,Zhong SZ,Pei GX. Application of three-dimensional digitalized reconstruction of an anterolateral thigh flap and an arterial dorsalis pedis flap[J]. Microsurgery,2007,27(6):553-559. doi:10.1002/micr.20410.

[10706] Ng RW,Chan JY,Mok V,Li GK. Clinical use of a pedicled anterolateral thigh flap[J]. J Plast Reconstr Aesthet Surg,2008,61(2):158-164. doi:10.1016/j.bjps.2007.10.028.

[10707] Zhang YZ,Li YB,Jiang YH,Tang ML,Li JW,Pei GX. Three-dimensional reconstructive methods in the visualization of anterolateral thigh flap[J]. Surg Radiol Anat,2008,30(1):77-81. doi:10.1007/s00276-007-0287-0.

[10708] Ng RW,Chan JY,Mok V,Leung MS,Yuen AP,Wei WI. Clinical implications of anterolateral thigh flap shrinkage[J]. Laryngoscope,2008,118(4):585-588. doi:10.1097/MLG.0b013e31816067a3.

[10709] Wang XC,Lu Q,Li XF,Burd A,Zhao BC,Wang YY,He JY,Liu XP. Reversed anterolateral thigh adipofascial flap for knee and proximal calf defects[J]. Burns,2008,34(6):868-872. doi:10.1016/j.burns.2007.09.015.

[10710] Ng RW,Chan JY,Mok V. A modification of technique to cover a large posterior thigh defect using an anterolateral thigh flap[J]. Ann Plast Surg,2008,61(2):201-203. doi:10.1097/SAP.0b013e318158a013.

[10711] Li Q,Zan T,Gu B,Liu K,Shen G,Xie Y,Weng R. Face resurfacing using a cervicothoracic skin flap prefabricated by lateral thigh fascial flap and tissue expander[J]. Microsurgery,2009,29(7):515-523. doi:10.1002/micr.20640.

[10712] Zhang Q,Qiao Q,Gould LJ,Myers WT,Phillips LG. Study of the neural and vascular anatomy of the anterolateral thigh flap[J]. J Plast Reconstr Aesthet Surg,2010,63(2):365-371. doi:10.1016/j.bjps.2008.09.028.

[10713] Teng L,Jin X,Wu G,Zhang Z,Ji Y,Xu J,Lu J,Zhang B,Zhou G. Correction of hemifacial atrophy using free anterolateral thigh adipofascial flap[J]. J Plast Reconstr Aesthet Surg,2010,63(7):1110-1116. doi:10.1016/j.bjps.2009.06.009.

[10714] Zhang Q,Qiao Q,Yang X,Wang H,Robb GL,Zhou G. Clinical application of the anterolateral thigh flap for soft tissue reconstruction[J]. J Reconstr Microsurg,2010,26(2):87-94. doi:10.1055/s-0029-1243292.

[10715] Jin X,Teng L,Xu J,Lu J,Zhang C,Zhang B,Zhao Z. Anterolateral thigh adipofascial flap for the restoration of facial contour deformities[J]. Microsurgery,2010,30(5):368-375. doi:10.1002/micr.20741.

[10716] Zhang Q,Qiao Q,Zhou G,Robb GL. Anterolateral thigh adipofascial flap for correction of facial contour deformities and micromastia[J]. J Reconstr Microsurg,2010,26(5):341-345. doi:10.1055/s-0030-1249319.

[10717] Sun G,Lu M,Tang E,Yang X,Wen J,Wang Z. Clinical application of free anterolateral thigh flap in the reconstruction of intraoral defects[J]. Oral Surg Oral Med Oral Pathol Oral Radiol Endod,2011,112(1):34-41. doi:10.1016/j.tripleo.2010.09.062.

[10718] Huang K,Zhang XW,Shen LF,Guo QF,Zhang C. Reconstruction of complex ankle joint defects using a composite free anterolateral thigh musculocutaneous flap with vascularized fascia lata:a 20-year follow-up[J]. Plast Reconstr Surg,2011,127(3):83e-85e. doi:10.1097/PRS.0b013e31820634a5.

[10719] Yu G,Lei HY,Guo S,Yu H,Huang JH. Treatment of degloving injury of three fingers with an anterolateral thigh flap[J]. Chin J Traumatol,2011,14(2):126-128.

[10720] Liu WW,Yang AK,Ou YD. The harvesting and insetting of a chimeric anterolateral thigh flap to reconstruct through and through cheek defects[J]. Int J Oral Maxillofac Surg,2011,40(12):1421-1423. doi:10.1016/j.ijom.2011.05.020.

[10721] Bo B,Qun Y,Zheming P,Haitao X,Tianyi L. Reconstruction scalp defects after malignant tumor resection with anterolateral thigh flaps[J]. J Craniofac Surg,2011,22(6):2208-2211. doi:10.1097/SCS.0b013e318231fdb2.

[10722] Jia-Ao Y,Hong-Jing L,Zheng-Hua J,Kai S,Zhen-Hai N. Reconstruction of a large pediatric scalp defect with skull exposure by a free anterolateral thigh flap[J]. Plast Reconstr Surg,2012,129(1):178e-180e. doi:10.1097/PRS.0b013e3182365d8a.

[10723] Yu JA,Lin HJ,Jin ZH,Shi K,Niu ZH,Zhao JC. Free anterolateral thigh flap for coverage of scalp large defects in pediatric burn population[J]. J Burn Care Res,2012,33(4):e180-185. doi:10.1097/BCR.0b013e318239f80b.

[10724] Hu W,Zhang B. Anterolateral thigh flap for reconstruction of periorbital defect[J]. J Craniofac Surg. 2012,23(5):e437-438. doi:10.1097/SCS.0b013e31825e4cba.

[10725] Zhang GL,Chen KM,Zhang JH,Wang SY. Repair of a soft tissue defect of medial malleolus with cross-leg bridge free transfer of anterolateral thigh muscle flap:a case report[J]. Chin J Traumatol,2012,15(5):306-308.

[10726] Huang K,Zhang C. An anterolateral thigh perforator flap for the treatment of defects after resection of an arteriovenous malformation of the foot:A case report[J]. JBJS Case Connect,2012,2(1):e6. doi:10.2106/JBJS.CC.K.00037.

[10727] Sun G,Lu M,Hu Q,Tang E,Yang X,Wang Z. Clinical application of thin anterolateral thigh flap in the reconstruction of intraoral defects[J]. Oral Surg Oral Med Oral Pathol Oral Radiol,2013,115(2):185-191. doi:10.1016/j.oooo.2012.03.030.

[10728] Li W,Yang Y,Xu Z,Liu F,Cheng Y,Xu L,Sun C. Assessment of quality of life of patients with oral cavity cancer who have had defects reconstructed with free anterolateral thigh perforator flaps[J]. Br J Oral Maxillofac Surg,2013,51(6):497-501. doi:10.1016/j.bjoms.2012.09.005.

[10729] Liu ZM,Wu D,Liu XK,Liu WW,Li H,Li Q,Zhang XR,Zeng ZY,Guo ZM. Reconstruction of through-and-through cheek defects with folded free anterolateral thigh flaps[J]. J Oral Maxillofac Surg,2013,71(5):960-964. doi:10.1016/j.joms.2012.10.022.

[10730] Yang JF,Wang BY,Zhao ZH,Zhou P,Pang F,Sun WD. Clinical applications of preoperative perforator planning using CT angiography in the anterolateral thigh perforator flap transplantation[J]. Clin Radiol,2013,68(6):568-573. doi:10.1016/j.crad.2012.11.011.

[10731] Ding Q,Zang M,Yu S,Zhao Z,Zhu S,Liu Y. Nearly total unilateral buttock reconstruction with a proximally pedicled anterolateral thigh flap:a case report[J]. J Plast Reconstr Aesthet Surg,2013,66(6):e166-168. doi:10.1016/j.bjps.2013.01.036.

[10732] Zhou H,Tan Q,Liu S,Zhou H,Wang S,Yan X,Zheng D,Wang D. Improved location technology of perforators of anterolateral thigh flap for Chinese patients[J]. J Reconstr Microsurg,2013,29(5):317-324. doi:10.1055/s-0033-1343496.

[10733] Li W,Xu Z,Liu F,Huang S,Dai W,Sun C. Vascularized free forearm flap versus free anterolateral thigh perforator flaps for reconstruction in patients with head and neck cancer:assessment of quality of life[J]. Head Neck,2013,35(12):1808-1813. doi:10.1002/hed.23254.

[10734] Jiang C,Guo F,Li N,Huang P,Jian X,Munnee K. Tripaddled anterolateral thigh flap for simultaneous reconstruction of bilateral buccal defects after buccal cancer ablation and severe oral submucous fibrosis release:a case report[J]. Microsurgery,2013,33(8):667-671. doi:10.1002/micr.22140.

[10735] Peng F,Chen L,Han D,Xiao C,Bao Q,Wang T. Reconstruction of two separate defects in the upper extremity using anterolateral thigh chimeric flap[J]. Microsurgery,2013,33(8):631-637. doi:10.1002/micr.22170.

[10736] Xiao Y,Zhu J,Cai X,Wang J,Liu F,Wang H. Comparison between anterolateral thigh perforator free flaps and pectoralis major pedicled flap for reconstruction in oral cancer patients--a quality of life analysis[J]. Med Oral Patol Oral Cir Bucal,2013,18(6):e856-861. doi:10.4317/medoral.19276.

[10737] Sun G,Lu M,Hu Q,Tang E. Reconstruction of extensive through-and-through cheek defects with free anterolateral thigh flap[J]. J Craniofac Surg,2014,25(1):e31-38. doi:10.1097/SCS.0b013e3182a2edf5.

[10738] Zhang X,Li MJ,Fang QG,Sun CF. A comparison between the pectoralis major myocutaneous flap and the free anterolateral thigh perforator flap for reconstruction in head and neck cancer patients:assessment of the quality of life[J]. J Craniofac Surg,2014,25(3):868-871. doi:10.1097/SCS.0000000000000443.

[10739] Shengwei H,Zhiyong W,Qingang H,Wei H. Combined use of an anterolateral thigh flap and rapid prototype modeling to reconstruct maxillary oncologic resections and midface defects[J]. J Craniofac Surg,2014,25(4):1147-11479. doi:10.1097/SCS.0000000000000602.

[10740] Yao H,Zheng D,Wen J,Li J,Lu M,Xu M,Zhang K,Jiang Y,Wang Z. Reconstruction of major scrotal defects by anterolateral thigh flap[J]. Cell Biochem Biophys,2014,70(2):1331-1335. doi:10.1007/s12013-014-0060-z.

[10741] Ren ZH,Wu HJ,Wang K,Zhang S,Tan HY,Gong ZJ. Anterolateral thigh myocutaneous flaps as the preferred flaps for reconstruction of oral and maxillofacial defects[J]. J Craniomaxillofac Surg,2014,42(8):1583-1589. doi:10.1016/j.jcms.2014.04.012.

[10742] Liu WW,Guo ZM. Reconstruction of wide-apart double defect using a branch-based chimeric anterolateral thigh flap[J]. Plast Reconstr Surg Glob Open,2014,2(1):e96. doi:10.1097/GOX.0000000000000014.

[10743] Ren ZH,Wu HJ,Tan HY,Wang K,Zhang S. Transfer of anterolateral thigh flaps in elderly oral cancer patients:complications in oral and maxillofacial reconstruction[J]. J Oral Maxillofac Surg,2015,73(3):534-540. doi:10.1016/j.joms.2014.09.021.

[10744] Zheng L,Li N,Jiang C,Guo F. Novel technique to avoid twisting of the perforator and main pedicle in the anterolateral thigh flap[J]. Br J Oral Maxillofac Surg,2015,53(3):305-306. doi:10.1016/j.bjoms.2014.12.015.

[10745] Gong ZJ,Wang K,Tan HY,Zhang S,He ZJ,Wu HJ. Application of thinned anterolateral thigh flap for the reconstruction of head and neck defects[J]. J Oral Maxillofac Surg,2015,73(7):1410-1419. doi:10.1016/j.joms.2015.01.006.

[10746] Zhang W,Zeng A,Yang J,Cao D,Huang H,Wang X,You Y,Chen J,Lang J,Shen K. Outcome of vulvar reconstruction by anterolateral thigh flap in patients with advanced and recurrent vulvar malignancy[J]. J Surg Oncol,2015,111(8):985-991. doi:10.1002/jso.23908.

[10747] Xu Z,Zhao XP,Yan TL,Wang M,Wang L,Wu HJ,Shang ZJ. A 10-year retrospective study of free anterolateral thigh flap application in 872 head and neck tumour cases[J]. Int J Oral Maxillofac Surg,2015,44(9):1088-1094. doi:10.1016/j.ijom.2015.06.013.

[10748] Hu R,Ren YJ,Yan L,Xiao ZH,Ding F,Li F,Han Q,Cheng WJ,Kan WS. A free anterolateral thigh flap and iliotibial band for reconstruction of soft tissue defects at children's feet and ankles[J]. Injury,2015,46(10):2019-2023. doi:10.1016/j.injury.2015.06.046.

[10749] Qing L,Wu P,Liang J,Yu F,Wang C,Tang J. Use of flow-through anterolateral thigh perforator flaps in reconstruction of complex extremity defects[J]. J

Reconstr Microsurg,2015,31(8):571-578. doi:10.1055/s-0035-1555138.
[10750] Xu ZF,Duan WY,Tan XX,Sun CF. Reconstruction of complex total parotidectomy defect with a chimeric anterolateral thigh perforator flap and vascularized motor branch of femoral nerve grafting[J]. J Oral Maxillofac Surg,2015,73(12):2448.e1-7. doi:10.1016/j.joms.2015.08.010.
[10751] Chai G,Tan A,Yao CA,Magee WP 3rd,Junjun P,Zhu M,Bogari M,Hsu Y,Xu H,Zhang Y. Treating Parry-Romberg syndrome using three-dimensional scanning and printing and the anterolateral thigh dermal adipofascial flap[J]. J Craniofac Surg,2015,26(6):1826-1829. doi:10.1097/SCS.0000000000001903.
[10752] Mao H,Xu G. Soft tissue repair for tibialis anterior tendon ruptures using plate and screw fixation technique in combination with anterolateral thigh flaps transplantation[J]. J Orthop Surg Res,2015,10:143. doi:10.1186/s13018-015-0278-5.
[10753] Zhou B,Zhou X,Li Z,Chen JY,Peng XW,Yang LC,Lv CL. Reconstruction of the lower abdominal region using bilateral pedicled anterolateral thigh flaps combined with poly-surgical mesh:A case report[J]. Medicine(Baltimore), 2015,94(52):e2375. doi:10.1097/MD.0000000000002375.
[10754] Zhang ZY,Feng SM,Zhou MM,Tao YL,Wang AG. Clinical application of anterolateral thigh perforator flap for the reconstruction of severe tibia exposure[J]. Eur Rev Med Pharmacol Sci,2015,19(24):4707-4714.
[10755] Zheng X,Zheng C,Wang B,Qiu Y,Zhang Z,Li H,Wang X. Reconstruction of complex soft-tissue defects in the extremities with chimeric anterolateral thigh perforator flap[J]. Int J Surg,2016,26:25-31. doi:10.1016/j.ijsu.2015.12.035.
[10756] Shen Y,Huang J,Dong MJ,Li J,Ye WM,Sun J. Application of computed tomography angiography mapping and located template for accurate location of perforator in head and neck reconstruction with anterolateral thigh perforator flap[J]. Plast Reconstr Surg,2016,137(6):1875-1885. doi:10.1097/PRS.0000000000002175.
[10757] Xie S,Deng X,Chen Y,Song D,Li K,Zhou X,Li Z. Reconstruction of foot and ankle defects with a superthin innervated anterolateral thigh perforator flap[J]. J Plast Surg Hand Surg,2016,50(6):367-374. doi:10.1080/2000656X.2016.1184158.
[10758] Jiang C,Lin P,Fu X,Shu J,Li H,Hu X,He J,Ding M. Three-dimensional contrast-enhanced magnetic resonance angiography for anterolateral thigh flap outlining:A retrospective case series of 68 patients[J]. Exp Ther Med,2016,12(2):1067-1074. doi:10.3892/etm.2016.3387.
[10759] Cui MY,Shen H. Anterolateral thigh free flap for simultaneous reconstruction of digital extensor tendon and defect of the dorsal hand:A case report[J]. Chin J Traumatol,2016,19(5):309-310. doi:10.1016/j.cjtee.2015.11.019.
[10760] Zhang Y,Pan X,Yang H,Yang Y,Huang H,Rui Y. Computed tomography angiography for the chimeric anterolateral thigh flap in the reconstruction of the upper extremity[J]. J Reconstr Microsurg,2017,33(3):211-217. doi:10.1055/s-0036-1597587.
[10761] Zhan Y,Fu G,Zhou X,He B,Yan LW,Zhu QT,Gu LQ,Liu XL,Qi J. Emergency repair of upper extremity large soft tissue and vascular injuries with flow-through anterolateral thigh free flaps[J]. Int J Surg,2017,48:53-58. doi:10.1016/j.ijsu.2017.09.078.
[10762] Xiong L,Guo N,Gazyakan E,Kneser U,Hirche C. The anterolateral thigh flap with kiss technique for microsurgical reconstruction of oncological scalp defects[J]. J Plast Reconstr Aesthet Surg,2018,71(2):273-276. doi:10.1016/j.bjps.2017.10.018.
[10763] Li S,Liu Y,Zang M,Yu S,Guo W,Yang R. Rectus femoris branch:An alternative blood supply for a distally based anterolateral thigh flap[J]. J Plast Reconstr Aesthet Surg,2018,71(2):232-238. doi:10.1016/j.bjps.2017.10.017.
[10764] Wang F,Pradhan P,Li N,Jiang C,Liu W,Zeng L. Tripaddled anterolateral thigh flap for the reconstruction of extensively full-thickness cheek defects by stacking two skin paddles as kiss pattern[J]. J Craniofac Surg,2018,29(3):651-654. doi:10.1097/SCS.0000000000004164.
[10765] Liang JL,Liu XY,Qiu T,Fu ZQ,Wang HY,Kong X,Tao K. Microdissected thin anterolateral thigh perforator flaps with multiple perforators:A series of case reports[J]. Medicine(Baltimore),2018,97(4):e9454. doi:10.1097/MD.0000000000009454.
[10766] Bai S,Zhang ZQ,Wang ZQ,Xu ZF,Duan WY,Liu FY,Tan XX,Sun CF. Comprehensive assessment of the donorsite of the anterolateral thigh flap:A prospective study in 33 patients[J]. Head Neck,2018,40(7):1356-1365. doi:10.1002/hed.25109.
[10767] Deng C,Li H,Wei Z,Jin W,Nie K,Li S,Wu B,Wang D. Various surgical techniques to create an aesthetic appearance at the donor site of anterolateral thigh free flaps based on the oblique branch:Twenty-one clinical case reports[J]. Medicine(Baltimore),2018,97(7):e9885. doi:10.1097/MD.0000000000009885.
[10768] Zhou T,Zhang L,Sun G,Hu Q. Ablation of buccal cancer and functionality buccal reconstruction using an individuation anterolateral thigh flap[J]. J Craniofac Surg,2018,29(4):e396-e398. doi:10.1097/SCS.0000000000004417.
[10769] Deng C,Nie K,Wei Z,Jin W,Li H,Li S,Wu B,Wang D. Is the oblique branch a preferable vascular pedicle for anterolateral thigh free flaps?[J]. J Reconstr Microsurg,2018,34(7):478-484. doi:10.1055/s-0038-1639370.
[10770] Fan S,Zhang HQ,Li QX,Tian T,Chen WX,Pan GK,Ho-Young Ahn M,Sun S,Wu BH,Li JS. The use of a honeycomb technique combined with ultrasonic aspirators and indocyanine green fluorescence angiography for a superthin anterolateral thigh flap:A pilot study[J]. Plast Reconstr Surg,2018,141(6):902e-910e. doi:10.1097/PRS.0000000000004411.
[10771] Qing L,Wu P,Yu F,Zhou Z,Tang J. Use of dual-skin paddle anterolateral thigh perforator flaps in the reconstruction of complex defect of the foot and ankle[J]. J Plast Reconstr Aesthet Surg,2018,71(9):1231-1238. doi:10.1016/j.bjps.2018.05.029.
[10772] Xie RG. Medial versus lateral approach to harvesting of anterolateral thigh flap[J]. J Int Med Res,2018,46(11):4569-4577. doi:10.1177/0300060518786912.
[10773] Deng C,Chang S,Wei Z,Jin W,Li H,Nie K,Tang X,Wang D. Alternative design for anterolateral thigh multi-paddled flaps:the 3-5 system[J]. Med Sci Monit,2018,24:9102-9109. doi:10.12659/MSM.911883.
[10774] Zhao F,Chen W,Zhao H,Zhang H,Chen Z,Luo Y,Chen T. Therapeutic effects of anterolateral thigh flap transfer in repairing oral and maxillofacial defects after ablative surgery of neoplasms[J]. Minerva Chir,2019,74(6):452-457. doi:10.23736/S0026-4733.18.07820-3.
[10775] Liu J,Lv D,Deng D,Wang J,Li L,Chen F. Free bipaddled anterolateral thigh flap for simultaneous reconstruction of large larynx and prelaryngeal skin defects after resection of the local recurrent laryngeal cancer invading the cricoid cartilage and prelaryngeal skin:A case report[J]. Medicine(Baltimore),2019,98(4):e14199. doi:10.1097/MD.0000000000014199.
[10776] Wu K,Ji T,Cao W,Wu HJ,Ren ZH. Application of a new classification of chimeric anterolateral thigh free flaps[J]. J Craniomaxillofac Surg,2019,47(8):1198-1202. doi:10.1016/j.jcms.2019.01.035.
[10777] Chen HH,Shih PK. Fusarium infection-induced partial failure of free anterolateral thigh musculocutaneous flap:Case report[J]. SAGE Open Med Case Rep,2019,7:2050313X19841963. doi:10.1177/2050313X19841963.
[10778] Qing L,Wu P,Zhou Z,Yu F,Tang J. Customized reconstruction of complex three-dimensional defects in the extremities with individual design of vastus lateralis muscle-chimeric multi-lobed anterolateral thigh perforator flap[J]. J Plast Surg Hand Surg,2019,53(5):271-278. doi:10.1080/2000656X.2019.1606004.
[10779] Zheng X,Zhan Y,Li H,Zhang Z,Xue X,Wang B,Qi J. Emergency repair of severe limb injuries with free flow-through chimeric anterolateral thigh perforator flap[J]. Ann Plast Surg,2019,83(6):670-675. doi:10.1097/SAP.0000000000001913.
[10780] Qing L,Li X,Wu P,Zhou Z,Yu F,Tang J. Customized reconstruction of complex soft-tissue defect in the hand and forearm with individual design of chain-linked bilateral anterolateral thigh perforator flaps[J]. J Plast Reconstr Aesthet Surg,2019,72(12):1909-1916. doi:10.1016/j.bjps.2019.08.004.
[10781] Zhang G,Su H,Ju J,Li X,Fu Y,Hou R. Reconstruction of dorsal and palmar defects of hand with anterolateral thigh flaps from one donor site[J]. J Plast Reconstr Aesthet Surg,2019,72(12):1917-1922. doi:10.1016/j.bjps.2019.08.002.
[10782] Li D,Long F,Lei M. Predictors affecting anterolateral thigh flap in reconstruction of upper extremity[J]. Medicine(Baltimore),2019,98(46):e17884. doi:10.1097/MD.0000000000017884.
[10783] Su XZ,Yin SC,So HI,Wang S,Zhang ZL,Xu ZF,Sun CF. Comparison of donor site complications of supra-versus subfascially harvested anterolateral thigh perforator free flaps:A meta-analysis[J]. J Craniomaxillofac Surg,2020,48(1):56-66. doi:10.1016/j.jcms.2019.11.023.
[10784] Liu C,Li P,Liu J,Xu Y,Wu H,Gong Z. Management of intraoperative failure of anterolateral thigh flap transplantation in head and neck reconstruction[J]. J Oral Maxillofac Surg,2020,78(6):1027-1033. doi:10.1016/j.joms.2020.02.010.
[10785] Yang R,Wu X,Kumar PA,Xiong Y,Jiang C,Jian X,Guo F. Application of chimerical ALT perforator flap with vastus lateralis muscle mass for the reconstruction of oral and submandibular defects after radical resection of tongue carcinoma:a retrospective cohort study[J]. BMC Oral Health,2020,20(1):94. doi:10.1186/s12903-020-01066-x.
[10786] Wu L,Chen J,Tian T,Li N,Jiang C. Reconstruction for various subtypes of unilateral buccal defects after oncologic surgery by using personalized anterolateral thigh flaps[J]. J Oral Maxillofac Surg,2020,78(7):1203-1213. doi:10.1016/j.joms.2020.02.033.
[10787] Yang Z,Xu C,Zhu Y,Li J,Zou J,Xue B,Yang X,Zhao G. Flow-through free anterolateral thigh flap in reconstruction of severe limb injury[J]. Ann Plast Surg,2020,84(5S Suppl 3):S165-S170. doi:10.1097/SAP.0000000000002372.
[10788] Xiao W,Li K,Kiu-Huen Ng S,Feng S,Zhou H,Nicoli F,Blondeel P,Zhang Y. A prospective comparative study of color doppler ultrasound and infrared thermography in the detection of perforators for anterolateral thigh flaps[J]. Ann Plast Surg,2020,84(5S Suppl 3):S190-S195. doi:10.1097/SAP.0000000000002369.
[10789] Gu S,Zhang Y,Huang Y,Fu H,Wang G,Xie R. Comparison of the modified direct closure method and skin grafting for wounds at the anterolateral thigh flap donor site[J]. J Int Med Res,2020,48(5):300060520925372. doi:10.1177/0300060520925372.
[10790] Zhang S,Li P,Liu C,Wu H,Gong Z. Application of suprafascially harvested anterolateral thigh perforator flap for the reconstruction of oral and maxillofacial defects[J]. J Craniofac Surg,2020,31(7):e673-e676. doi:10.1097/SCS.0000000000006511.
[10791] Wang SJ,Zhang WB,Yu Y,Wang T,Yang HY,Peng X. Factors affecting volume change of anterolateral thigh flap in head and neck defect reconstruction[J]. J Oral Maxillofac Surg,2020,78(11):2090-2098. doi:10.1016/j.joms.2020.06.017.
[10792] Qu W,Pan J,Jin H,Wang X,Tian H. Acute compartment syndrome secondary to anterolateral thigh flap harvesting in a pediatric patient:A case report[J]. Medicine(Baltimore),2020,99(28):e21216. doi:10.1097/MD.0000000000021216.
[10793] Wang C,Shen YM,Qin FJ,Hu XH. Free flow-through anterolateral thigh flaps for wrist high-tension electrical burns:A retrospective case series[J]. Biomed Environ Sci,2020,33(7):510-517. doi:10.3967/bes2020.064.
[10794] Wu X,Yang R,Yuan Y,Xiong Y,Su T,Jiang C,Jian X,Guo F. Application of a chimeric ALT perforator flap with vastus lateralis muscle mass in the reconstruction of the defects after radical resection of a buccal carcinoma:A retrospective clinical study[J]. J Surg Oncol,2020,122(4):632-638. doi:10.1002/jso.25926.
[10795] Zhou P,Cong X,Chen Z. Management of foot degloving injury with bilateral anterolateral thigh flaps[J]. Trauma Case Rep,2020,29:100337. doi:10.1016/j.tcr.2020.100337.
[10796] He J,Wu P,Zhou Z,Kalsi R,Yu F,Qing L,Tang J. Versatile design of compound vastus lateralis muscle and anterolateral thigh musculocutaneous perforator free flaps for customized reconstruction of complex skin and soft tissue defects in the extremities[J]. Microsurgery,2020 Sep 10. doi:10.1002/micr.30644. Online ahead of print.
[10797] Ren GH,Xiang DY,Wu XH,Chen YB,Li R. A neglected problem in the utilization of free anterolateral thigh flap toward reconstructing complicated wounds of extremities:the obliteration of deep dead space[J]. J Orthop Surg Res,2020,15(1):483. doi:10.1186/s13018-020-01914-0.
[10798] Chen L,Zhang Z,Li R,Liu Z,Liu Y. Reconstruction of extensive plantar forefoot defects with free anterolateral thigh flap[J]. Medicine(Baltimore),2020,99(50):e20819. doi:10.1097/MD.0000000000020819.
[10799] Zhang WF,Gao QF,Li ZB,Ma YJ,Niu XT,Ma B,Ren KY,Huang RC.

Reconstruction of skull and dural defects using anterolateral thigh flaps:A STROBE-compliant article[J]. Medicine(Baltimore),2020,99(50):e23545. doi:10.1097/MD.0000000000023545.

[10800] Zhang XH,Meng FH,Zhu ZH,Wang NL,Ma C,HuoJia M,Zhang T. Anatomic study of the femur-vastus intermedius muscle-anterolateral thigh osteomyocutaneous free flap[J]. J Plast Reconstr Aesthet Surg,2021,74(7):1508-1514. doi:10.1016/j.bjps.2020.12.001.

[10801] Xiao S,Zhang F,Zheng Y,Liu Z,Wang D,Wei Z,Deng C. Synergistic effect of nanofat and mouse nerve-growth factor for promotion of sensory recovery in anterolateral thigh free flaps[J]. Stem Cells Transl Med,2021,10(2):181-189. doi:10.1002/sctm.20-0226.

[10802] He J,Qing L,Wu P,Zhou Z,Yu F,Cao Z,Tang J. Individualized design of double skin paddle anterolateral thigh perforator flaps to repair complex soft tissue defects of the extremities:An anatomical study and retrospective cohort study[J]. J Plast Reconstr Aesthet Surg,2021,74(3):530-539. doi:10.1016/j.bjps.2020.10.006.

[10803] niu z,chen y,li y,tao r,lei y,guo l,zhang f,zhang h,zhang q,august m, han y. comparison of donor site morbidity between anterolateral thigh and radial forearm free flaps for head and neck reconstruction:a systematic review and meta-analysis[J]. J Craniofac Surg,2021 Jan 5. doi:10.1097/SCS.0000000000007381. Online ahead of print.

[10804] Yu D,An L,Feng Y,Sun W,Wang Y,Zhang S,Shao J. The application of a modified anterolateral thigh-flap-based perforator to reconstruct a large and complicated defect of the vulva[J]. Asian J Surg,2021,44(3):568-571. doi:10.1016/j.asjsur.2020.12.011.

[10805] Wang L,Liu H,Ma T,Wu X,Zhang L. Reconstruction of soft tissue defects in the hand with a free anterolateral thigh deep fascia flap[J]. Orthop Surg,2021,13(3):758-767. doi:10.1111/os.12948.

[10806] Zhao JC,Shi K,Hong L,Jin ZH,Zhang X,Gao XX,Yu JA. Retrospective review of free anterolateral thigh flaps for limb salvage in severely injured high-voltage electrical burn patients[J]. Ann Plast Surg,2018,80(3):232-237. doi:10.1097/SAP.0000000000001283.

[10807] Song YG,Chen GZ,Song YL. The free thigh flap:a new free flap concept based on the septocutaneous artery[J]. Br J Plast Surg,1984,37(2):149-159. doi:10.1016/0007-1226(84)90002-x.

[10808] Chiu TW,Leung CC,Lau EY,Burd A. Analgesic effects of preoperative gabapentin after tongue reconstruction with the anterolateral thigh flap[J]. Hong Kong Med J,2012,18(1):30-34. doi:10.5999/aps.2012.39.2.130

[10809] Liu CY,Wei ZR,Jiang H,Zhao YZ,Zhang YF. Preconstruction of the pars pendulans urethrae for phalloplasty with digestive mucosa using a prefabricated anterolateral thigh flap in a one-arm patient[J]. Plast Reconstr Surg Glob Open,2013,1(7):e53. doi:10.1097/GOX.0b013e3182aa8779.

[10810] Kok AS. Metachronous carcinoma of rectum with reconstruction of a full-thickness abdominal wall defect using a pedicled anterolateral thigh flap[J]. J Surg Case Rep,2016,(5):1-4. doi:10.1093/jscr/rjw048.

[10811] 徐达传，钟世镇，刘牧之，李忠华，孙博，孟宪玉，罗力生，高建华．股前外侧部皮瓣的解剖学——一个新的游离皮瓣供区 [J]. 临床应用解剖学杂志，1984，2（3）：158-160. DOI：10.13418/j.issn.1001-165x.1984.03.012. {XU Dachuan,ZHONG Shizhen,LIU Muzhi,LI Zhonghua,SUN Bo,MENG Xianyu,LUO Lisheng,GAO Jianhua. Anatomy of the flap from anterolateral thigh region-A new donor site of free flap[J]. Lin Chuang Ying Yong Jie Pou Xue Za Zhi [J Chin Appl Anat(Article in Chinese;Abstract in Chinese)],1984,2(3):158-160. DOI: 10.13418/j.issn.1001-165x.1984.03.012.}

[10812] 高建华，罗力生，陈林峰，郝廷智，关国勤．股前外侧皮瓣主要皮血管的体表定位 [J]. 临床应用解剖学杂志，1984，2（3）：161-163. DOI：10.13418/j.issn.1001-165x.1984.03.013. {GAO Jianhua,LUO Lisheng,CHEN Linfeng,HAO Tingzhi,GUAN Guoqin. Surface location of main cutaneous vessels in the anterolateral thigh skin flap[J]. Lin Chuang Ying Yong Jie Pou Xue Za Zhi [J Chin Appl Anat(Article in Chinese;Abstract in Chinese)],1984,2(3):161-163. DOI:10.13418/j.issn.1001-165x.1984.03.013.}

[10813] 罗力生，高建华，陈林峰，关国勤，郝廷智，徐达传，钟世镇，孙博，刘牧之，赵克森，吴坤莹，朱佐江．股前外侧皮瓣及其游离移植的应用 [J]. 第一军医大学学报，1984，4（1，2）：1-4. {LUO Lisheng,GAO Jianhua,CHEN Linfeng,GUAN Guoqin,HAO Tingzhi,XU Dachuan,ZHONG Shizhen,SUN Bo,LIU Muzhi,ZHAO Kesen,WU Kunying,ZHU Zuojiang. Application of anterolateral thigh flap and its free transplantation[J]. Di Yi Jun Yi Da Xue Xue Bao [Acad J First Military Med Univ(Article in Chinese;No abstract available)],1984,4(1,2):1-4.}

[10814] 罗力生，高建华，陈林峰，关国勤，郝廷智，徐达传，钟世镇，孙博，刘牧之，赵克森，吴坤莹，朱佐江．股前外侧皮瓣的解剖基础与临床应用 [J]. 中华整形烧伤外科杂志，1985，1（2）：50-52，78-79. {LUO Lisheng,GAO Jianhua,CHEN Linfeng,GUANG Guoqin,HAO Tingzhi,XU Dachuan,ZHONG Shizhen,SUN Bo,LIU Muzhi,ZHAO Kesen,WU Kunying,ZHU Zuojiang. A new free skin flap——anterolateral thigh skin flap:Its anatomy and clinical application[J]. Zhonghua Zheng Xing Shao Shang Wai Ke Za Zhi [Chin J Plast Surg Burns(Article in Chinese;Abstract in Chinese and English)],1985,1(2):50-52,78-79.}

[10815] 石子英，刘宝林，王永海，顾晓明．应用股前外侧皮瓣修复面部软组织缺损二例报告 [J]. 口腔医学纵横，1986，2（4）：32-33. {SHI Ziying,LIU Baolin,WANG Yonghai,GU Xiaomin. Application of anterolateral thigh flap in repair of facial soft tissue defect:A report of two cases[J]. Kou Qiang Yi Xue Zong Heng [J Compr Stomat(Article in Chinese;No abstract available)],1986,2(4):32-33.}

[10816] 陈林峰，罗力生，高建华，李依莉，关国勤，谢兴斌．应用股前外侧游离皮瓣修复足、踝部慢性溃疡 [J]. 中华整形烧伤外科杂志，1987，3（2）：118-119，157. {CHEN Linfeng,LUO Lisheng,GAO Jianhua,LI Yili,GUAN Guoqin,XIE Xingbin. The application of anterolateral femoral cutaneous flap for repair of chronic ulcer of foot and ankle[J]. Zhonghua Zheng Xing Shao Shang Wai Ke Za Zhi [Chin J Plast Surg Burns(Article in Chinese;Abstract in Chinese and English)],1987,3(2):118-119,157.}

[10817] 曹盛俊．股前外侧皮瓣的临床应用 [J]. 中国修复重建外科杂志，1988，2（2）：119. {CAO Shengjun. Clinical application of anterolateral thigh flap[J]. Zhongguo Xiu Fu Chong Jian Wai Ke Za Zhi[Chin J Repar Reconstr Surg(Article in Chinese;No abstract available)],1988,2(2):119.}

[10818] 刘均墀．吻合血管的股前外侧皮瓣移植术 [J]. 中华显微外科杂志，1989，12（4）：243-245. {LIU Junchi. Anterolateral thigh flap with vascular anastomosis[J]. Zhonghua Xian Wei Wai Ke Za Zhi[Chin J Microsurg(Article in Chinese;No abstract available)],1989,12(4):243-245.}

[10819] 罗力生，张立宪，王志学．股前外侧皮瓣的血管分型 [J]. 第一军医大学学报，1989，9（2）：169. {LUO Lisheng,ZHANG Lixian,WANG Zhixue. The classification based on blood vessel of anterolateral thigh flap[J]. Di Yi Jun Yi Da Xue Xue Bao [Acad J First Military Med Univ(Article in Chinese;No abstract available)],1989,9(2):169.}

[10820] 张功林，葛宝丰，刘兴炎，丘耀元，刘扣有，苏增贵，金函泰．游离和岛状皮瓣肌皮瓣 86 例报告 [J]. 中华整形烧伤外科杂志，1989，5（1）：32-33，77. {ZHANG Gonglin,GE Baofeng,LIU Xingyan,QIU Yaoyuan,LIU Kouyou,SU Zenggui,JIN Hanfeng. Free and island skin flaps and myocutaneous flaps:Report of 86 cases[J]. Zhonghua Zheng Xing Shao Shang Wai Ke Za Zhi [Chin J Plast Surg Burns(Article in Chinese;Abstract in Chinese and English)],1989,5(1):32-33,77.}

[10821] 郭恩覃，季正伦，张明利，罗玲玲．吻合血管的组织游离移植 115 例报告 [J]. 第二军医大学学报，1989，10（3）：275-276. DOI：10.16781/j.0258-879x.1989.03.031. {GUO Enqin,JI Zhenglun,ZHANG Mingli,LUO Lingling. Vascularized free tissue transplantation:115 cases report[J]. Zhongguo Di Er Jun Yi Da Xue Xue Bao [Acad J Second Military Med Univ(Article in Chinese;No abstract available)],1989,10(3):275-276. DOI:10.16781/j.0258-879x.1989.03.031.}

[10822] 陈守正，程开祥，黄文义，王善良．应用股前外侧岛状皮瓣一次完成阴茎再造 [J]. 中华显微外科杂志，1989，12（3）：141-143. {CHEN Shouzheng,CHENG Kaixiang,HUANG Wenyi,WANG Shanliang. One-stage reconstruction of penis using anterolateral femoral island flap[J]. Zhonghua Xian Wei Wai Ke Za Zhi[Chin J Microsurg(Article in Chinese;Abstract in Chinese)],1989,12(3):141-143.}

[10823] 张功林，葛宝丰，丘耀元，姜世平，王立安．股前外侧皮瓣的临床应用和改进 [J]. 中华整形烧伤外科杂志，1989，5（4）：269-270，317. {ZHANG Gonglin,GE Baofeng,QIU Yaoyuan,JIANG Shiping,WANG Li' an. Clinical application and improvement of anterolateral thigh flap[J]. Zhonghua Zheng Xing Shao Shang Za Zhi [Chin J Plast Surg Burns(Article in Chinese;Abstract in Chinese and English)],1989,5(4):269-270,317.}

[10824] 罗力生．股前外侧皮瓣血管解剖分离的体会 [J]. 中华显微外科杂志，1990，13（3）：162-163. {LUO Lisheng. Experience of vascular dissection of anterolateral thigh flap[J]. Zhonghua Xian Wei Wai Ke Za Zhi[Chin J Microsurg(Abstract in Chinese;No abstract available)],1990,13(3):162-163.}

[10825] 张功林，葛宝丰．逆行股前外侧岛状皮瓣和肌皮瓣移植术 [J]. 中华医学杂志，1990，70（12）：676-678. {ZHANG Gonglin,GE Baofeng. The transplantation of Reverse-flow anterolateral thigh island and musculocutaneous flap[J]. Zhonghua Yi Xue Za Zhi[Natl Med J China(Article in Chinese;Abstract in Chinese)],1990,70(12):676-678.}

[10826] 俞光荣．股前外侧游离皮瓣在手外伤修复中的应用 [J]. 中华整形烧伤外科杂志，1991，7（4）：266-268，318. {YU Guangrong. Application of antero-lateral femoral free skin flap in the repair of hand injaries[J]. Zhonghua Zheng Xing Shao Shang Wai Ke Za Zhi [Chin J Plast Surg Burns(Article in Chinese;Abstract in Chinese and English)],1991,7(4):266-268,318.}

[10827] 张春，陈杰，周荣根，徐德洪．股前外侧肌皮瓣修复足踝部软组织缺损 25 例 [J]. 中华显微外科杂志，1991，14（4）：226-227. {ZHANG Chun,CHEN Jie,ZHOU Ronggen,XU Dehong. Anterolateral thigh myocutaneous flap in reconstruction of soft tissue defect of foot and ankle:25 case reports[J]. Zhonghua Xian Wei Wai Ke Za Zhi[Chin J Microsurg(Article in Chinese;No abstract available)],1991,14(4):226-227.}

[10828] 张春，占蓓蕾，陈土根，周荣根．股前外侧皮瓣血管的临床分型及意义 [J]. 中国临床解剖学杂志，1991，9（2）：109-111，128. DOI：10.13418/j.issn.1001-165x.1991.02.024. {ZHANG Chun,ZHAN Beilei,CHEN Tugen,ZHOU Ronggen. The types of vascular division of anterolateral femoral flap and its clinical significance[J]. Zhongguo Lin Chuang Jie Pou Xue Za Zhi[Chin J Clin Anat(Article in Chinese;Abstract in Chinese and English)],1991,9(2):109-111,128. DOI:10.13418/j.issn.1001-165x.1991.02.024.}

[10829] 唐茂林．股前外侧逆行岛状皮瓣的解剖学基础 [J]. 中华显微外科杂志，1992，15（2）：93-95. {TANG Maolin. The anatomic basis of reversed anterolateral thigh island flap[J]. Zhonghua Xian Wei Wai Ke Za Zhi[Chin J Microsurg(Article in Chinese;Abstract in Chinese)],1992,15(2):93-95.}

[10830] 郑和平，张发惠，李芳华，彭建强，陈振光．带血管股骨片作支撑体阴茎再造的解剖基础 [J]. 中国临床解剖学杂志，1992，10（4）：255-257，315. DOI：10.13418/j.issn.1001-165x.1992.04.008. {ZHENG Heping,ZHANG Fahui,LI Fanghua,PENG Jianqiang,CHEN Zhenguang. Applied anatomy of penis reconstruction with bone-supported anterolateral femoral flap[J]. Zhongguo Lin Chuang Jie Pou Xue Za Zhi[Chin J Clin Anat(Article in Chinese;Abstract in Chinese and English)],1992,10(4):255-257,315. DOI:10.13418/j.issn.1001-165x.1992.04.008.}

[10831] 路青林，王成琪，魏海温．股前外侧皮瓣修复足跟软组织缺损 [J]. 中国修复重建外科杂志，1993，7（1）：31. {LU Qinglin,WANG Chengqi,WEI Haiwen. Anterolateral thigh flap in the repair of heel soft tissue defects[J]. Zhongguo Xiu Fu Chong Jian Wai Ke Za Zhi[Chin J Repar Reconstr Surg(Article in Chinese;No abstract available)],1993,7(1):31.}

[10832] 邢树忠，梁青，杨建容，王来杰，万林忠．用股前外侧皮瓣再造舌和软腭 [J]. 中华显微外科杂志，1993，16（2）：140-141. {XING Shuzhong,LIANG Qing,YANG Jianrong,WAN Linzhong. Anterolateral thigh flap in reconstruction of tongue and soft palate[J]. Zhonghua Xian Wei Wai Ke Za Zhi[Chin J Microsurg(Article in Chinese;No abstract available)],1993,16(2):140-141.}

[10833] 郭树忠，鲁开化，艾玉峰．股前外侧游离皮瓣在慢性颅骨骨髓炎治疗的应用 [J]. 中华外科杂志，1993，31（9）：555-556. {GUO Shuzhong,LU Kaihua,AI Yufeng. Anterolateral femoral flap for chronic skull osteomyelitis[J]. Zhonghua Wai Ke Za Zhi[Chin J Surg(Article in Chinese;Abstract in Chinese and English)],1993,31(9):555-556.}

[10834] 张功林，葛宝丰，姜世平，徐达传．逆行股前外侧岛状皮瓣的解剖学基础和临床应用 [J]. 中国临床解剖学杂志，1993，11（2）：138-141. {ZHANG Gonglin,GE Baofeng,JIANG Shiping,XU Dachuan. Anatomic basis and clinical application of reversed anterolateral femoral island flap[J]. Zhongguo Lin Chuang Jie Pou Xue Za Zhi[Chin J Clin Anat(Article in Chinese;Abstract in Chinese and English)],1993,11(2):138-141.}

[10835] 丛海波，孙文学，隋海明，曹志洪，曾涛．急诊吻合血管组合皮瓣移植治疗四肢大面积皮肤缺损 [J]. 中华显微外科杂志，1994，17（4）：243-244. {CONG Haibo,SUN Wenxue,SUI Haiming,CAO Zhihong,ZENG Tao. Transplantation of combined revascularized flaps to treat large area skin defects on limbs[J]. Zhonghua Xian Wei Wai Ke Za Zhi[Chin J Microsurg(Article in Chinese;Abstract in Chinese)],1994,17(4):243-244.}

[10836] 金柏军，陈雪荣，金以军，章恕．严重创伤濒临截肢体的显微外科修复 [J]. 中华显微外科杂志，1994，17（3）：187-188，238. {JIN Bojun,CHEN Xuerong,JIN Yijun,ZHANG Shu. Microsurgical repair for severely damaged extremitries[J]. Zhonghua Xian Wei Wai Ke Za Zhi[Chin J Microsurg(Article in Chinese;Abstract in Chinese and English)],1994,17(3):187-188,238.}

[10837] 芮永军，寿奎水，祝建中，李向荣，张全荣，顾黎明，徐雷，许亚军．不同构制的股前外侧组织瓣的临床应用 [J]. 中华手外科杂志，1994，10（2）：76-77. {RUI Yongjun,SHOU Kuishui,ZHU Jianzhong,LI Xiangrong,ZHANG Quanrong,GU Liming,XU Lei,XU Yajun. Clinical application of differently structured free anterolateral femoral flap[J]. Zhonghua Shou Wai Ke Za Zhi[Chin J Hand Surg(Article in Chinese;Abstract in Chinese and English)],1994,10(2):76-77.}

[10838] 司徒朴，陈伯华，肖能坎，熊明根，顾浩，张余光，侯瑞兴，王晋煌，陈兵，梁雄．轴型动脉蒂真皮下血管网皮瓣在创伤修复中的应用 [J]. 中国修复重建外科杂志，1994，8（3）：146-147. {SITU Pu,CHEN Bohua,XIAO Nengkan,XIONG Minggen,GU Hao,ZHANG Yuguang,HOU Ruixing,WANG Jinhuang,CHEN Bing,LIANG Xiong. Abstracts application of subdermal vascular network skin flap (SVN flap) with axial-pattern of artery in the treatment of trauma and reconstruction[J]. Zhongguo Xiu Fu Chong Jian Wai Ke Za Zhi[Chin J Repar Reconstr Surg(Article in Chinese;Abstract in Chinese and English)],1994,8(3):146-147.}

[10839] 张春，陈土根，徐德洪，张晓文．股前外侧皮瓣血管的变异与处理 [J]. 中国临床解剖学杂志，1995，13（1）：65-67. {ZHANG Chun,CHEN Tugen,XU Dehong,ZHANG Xiaowen. Vascular variations in transfer of anterolateral femoral cutaneous flap[J]. Zhongguo Lin Chuang

Jie Pou Xue Za Zhi[Chin J Clin Anat(Article in Chinese;Abstract in Chinese and English)],1995,13(1):65-67.}

[10840] 于立民，徐绍章，刘晓峰，韩伟祚．携带法吻合血管的股前外侧皮瓣移植修复创面 [J]．中国修复重建外科杂志，1995，9（4）：244．{YU Limin,XU Shaozhang,LIU Xiaofeng,HAN Weizuo. Transplantation of anterolateral thigh flap with vascular anastomosis to repair wounds[J]. Zhongguo Xiu Fu Chong Jian Wai Ke Za Zhi[Chin J Repar Reconstr Surg(Article in Chinese;No abstract available)],1995,9(4):244.}

[10841] 张绪生，冯光珍，薛小东．严重皮肤软组织缺损的皮瓣修复 [J]．兰州医学院学报，1995，21（4）：234-235．DOI：10.13885/j.issn.1000-2812.1995.04.021．{ZHANG Xusheng,FENG Guangzhen,XUE Xiaodong. Severe skin soft tissue defects repaired with skin flaps[J]. Lanzhou Yi Xue Yuan Xue Bao[J Lanzhou Univ Med Sci(Article in Chinese;Abstract in Chinese and English)],1995,21(4):234-235. DOI:10.13885/j.issn.1000-2812.1995.04.021.}

[10842] 张春，陈土根．股前外侧皮瓣修复手足部软组织缺损 [J]．中国修复重建外科杂志，1996，10（1）：56．{ZHANG Chun,CHEN Tugen. Anterolateral thigh flap in the repair of soft tissue defects of hand and foot[J]. Zhongguo Xiu Fu Chong Jian Wai Ke Za Zhi[Chin J Repar Reconstr Surg(Article in Chinese;No abstract available)],1996,10(1):56.}

[10843] 李向荣，寿奎水．踇甲瓣加双股前外侧皮瓣组合移植修复全手脱套伤 [J]．中华手外科杂志，1996，12（4）：209-210．{LI Xiangrong,SHOU Kuishui. Toe combined transplantation of the nail flap and double anterolateral thigh flap for the repair of full hand degloving injury[J]. Zhonghua Shou Wai Ke Za Zhi[Chin J Hand Surg(Article in Chinese;No abstract available)],1996,12(4):209-210.}

[10844] 宁金龙，展望，李晓静，张林．带膝上外侧动脉蒂逆行股前外侧岛状皮瓣和肌皮瓣临床应用 [J]．中华显微外科杂志，1996，19（2）：91-93．{NING Jinlong,ZHAN Wang,LI Xiaojing,ZHANG Lin. Clinical application of reversed anterolateral thigh island flap and musculocutaneous flap[J]. Zhonghua Xian Wei Wai Ke Za Zhi[Chin J Microsurg(Article in Chinese;Abstract in Chinese and English)],1996,19(2):91-93.}

[10845] 潘希贵，王成琪，田青业，胡红军，潘朝辉．股前外侧皮瓣的血管变异及处理 [J]．中华创伤杂志，1997，13（5）：315-316．{PAN Xigui,WANG Chengqi,TIAN Qingye,HU Hongjun,PAN Chaohui. The vascular variation and management of anterolateral thigh flap[J]. Zhonghua Chuang Shang Za Zhi[Chin J Trauma(Article in Chinese;No abstract available)],1997,13(5):315-316.}

[10846] 胡志奇，罗锦辉，高建华，罗力生，陈林峰，张立宪．股前外侧游离皮瓣移植 [J]．中华外科杂志，1997，35（12）：728-729．{HU Zhiqi,LUO Jinhui,GAO Jianhua,LUO Lisheng,CHEN Linfeng,ZHANG Lixian. Forty six cases of application of free femoris forelateral flaps in trauma[J]. Zhonghua Wai Ke Za Zhi[Chin J Surg(Article in Chinese;Abstract in Chinese and English)],1997,35(12):728-729.}

[10847] 肖添有，司徒朴，陈伯华，徐达传，李蕾．轴型血管蒂股前外侧真皮下血管网皮瓣的应用解剖 [J]．中国临床解剖学杂志，1997，15（1）：7-10．DOI：10.13418/j.issn.1001-165x.1997.01.003．{XIAO Tianyou,SITU Pu,CHEN Bohua,XU Dachuan,LI Lei. Applied anatomy of anterolateral femoral subdermal vascular network flap pedicled with axial-pattern artery[J]. Zhongguo Lin Chuang Jie Pou Xue Za Zhi[Chin J Clin Anat(Article in Chinese;Abstract in Chinese and English)],1997,15(1):7-10. DOI:10.13418/j.issn.1001-165x.1997.01.003.}

[10848] 寿奎水，芮永军，李向荣，张全荣，许亚军，徐雷．皮瓣加足趾组织组合移植Ⅰ期修复全手皮肤撕脱性损伤 [J]．现代手术学杂志，1997，2（2）：94-101．DOI：10.16260/j.cnki.1009-2188.1997.02.007．{SHOU Kuishui,RUI Yongjun,LI Xiangrong,ZHANG Quanrong,XU Yajun,XU Lei. Skin flap and toe combined tissue transplantation for one stage reconstruction of sheath-like tear hand injury[J]. Xian Dai Shou Shu Xue Za Zhi[Chin J Modern Oper(Article in Chinese;Abstract in Chinese and English)],1997,2(2):94-101. DOI:10.16260/j.cnki.1009-2188.1997.02.007.}

[10849] 隋海明，丛海波，王述波．急诊组合组织移植修复全手脱套伤 [J]．中华手外科杂志，1997，13（2）：115．DOI：10.3760/cma.j.issn.1005-054X.1997.02.021．{SUI Haiming,CONG Haibo,WANG Shubo. Emergent combined tissue transplantation for the repair of whole hand degloving injuries[J]. Zhonghua Shou Wai Ke Za Zhi[Chin J Hand Surg(Article in Chinese;No abstract available)],1997,13(2):115. DOI:10.3760/cma.j.issn.1005-054X.1997.02.021.}

[10850] 刘宗礼，王旭廷，李杰，张云峰．皮瓣、肌皮瓣在足修复重建中的应用 [J]．潍坊医学院学报，1997，19（3）：227．{LIU Zongli,WANG Xuting,LI Jie,ZHANG Yunfeng. The application of skin flap and myocutaneous flap in reconstruction and repair of foot[J]. Weifang Yi Xue Yuan Xue Bao[Acta Acad Med Weifang(Article in Chinese;No abstract available)],1997,19(3):227.}

[10851] 张春，黄强，徐德洪．股前外侧皮瓣移植修复皮肤撕脱伤后感染创面二例 [J]．中国修复重建外科杂志，1998，12（4）：256．{ZHANG Chun,HUANG Qiang,XU Dehong. Anterolateral thigh flap to repair infected wound after skin avulsion:two cases report[J]. Zhongguo Xiu Fu Chong Jian Wai Ke Za Zhi[Chin J Repar Reconstr Surg(Article in Chinese;No abstract available)],1998,12(4):256.}

[10852] 张伟，侯春林，陈福文．以膝外上动脉为蒂逆行股前外侧皮瓣移植一例 [J]．中华显微外科杂志，1998，21（2）：160．DOI：10.3760/cma.j.issn.1001-2036.1998.02.047．{ZHANG Wei,HOU Chunlin,CHEN Fuwen. The transplantation of retrograde anterolateral thigh flap pedicled with superior external genicular artery:A case report[J]. Zhonghua Xian Wei Wai Ke Za Zhi[Chin J Microsurg(Article in Chinese;No abstract available)],1998,21(2):160. DOI:10.3760/cma.j.issn.1001-2036.1998.02.047.}

[10853] 马心赤，卢传新，王书城，陈彦堃．股前外侧皮瓣修复软组织缺损 [J]．中国修复重建外科杂志，1998，12（1）：64．{MA Xinchi,LU Chuanxin,WANG Shucheng,CHEN Yankun. Anterolateral thigh flap in the repair of soft tissue defects[J]. Zhongguo Xiu Fu Chong Jian Wai Ke Za Zhi[Chin J Repar Reconstr Surg(Article in Chinese;No abstract available)],1998,12(1):64.}

[10854] 邹祖良．双动脉供血之股前外侧皮瓣在修复小腿组织缺损创面的应用 [J]．中华显微外科杂志，1998，21（2）：135-136．DOI：10.3760/cma.j.issn.1001-2036.1998.02.023．{ZOU Zuliang. Application of anterolateral thigh flap with two arteries for repair of leg tissue defect[J]. Zhonghua Xian Wei Wai Ke Za Zhi[Chin J Microsurg(Article in Chinese;No abstract available)],1998,21(2):135-136. DOI:10.3760/cma.j.issn.1001-2036.1998.02.023.}

[10855] 张增方，宋玉芹，杨连根，娄宏亮，田小运．削薄股前外侧皮瓣的临床应用 [J]．中华显微外科杂志，1998，21(1)：56-57．{ZHANG Zengfang,SONG Yuqin,YANG Liangen,LOU Hongliang,TIAN Xiaoyun. The clinical application of thinning anterolateal thigh flap[J]. Zhonghua Xian Wei Wai Ke Za Zhi[Chin J Microsurg(Article in Chinese;No abstract available)],1998,21(1):56-57.}

[10856] 钱金岳，徐达传，汪鸿文．再论股前外侧皮瓣 [J]．中国临床解剖学杂志，1999，17（3）：280-281．{QIAN Jinyue,XU dachuan,WANG Hongwen. Further discussion on anterolateral thigh flap[J]. Zhongguo Lin Chuang Jie Pou Xue Za Zhi[Chin J Clin Anat(Article in Chinese;No abstract available)],1999,17(3):280-281.}

[10857] 梁善荣，黎忠文．游离股前外侧皮瓣修复肢体软组织缺损 15 例 [J]．中华显微外科杂志，1999，22（2）：107-108．DOI：10.3760/cma.j.issn.1001-2036.1999.02.010．{LIANG Shanrong,LI Zhongwen. The free anteriolateral skin flap of thigh repair soft tissue damage of limbs:15 cases report[J]. Zhonghua Xian Wei Wai Ke Za Zhi[Chin J Microsurg(Article in Chinese;Abstract in Chinese and English)],1999,22(2):107-108. DOI:10.3760/cma.j.issn.1001-2036.1999.02.010.}

[10858] 明立功，明立德，明新广．游离股前外侧皮瓣修复儿童足踝部大面积皮肤缺损 [J]．中华显微外科杂志，1999，22(1)：79．DOI：10.3760/cma.j.issn.1001-2036.1999.01.056．{MING Ligong,Ming Lide,MING Xinguang. Free anterolateral thigh flap for repair of large area skin defect of foot and ankle in children[J]. Zhonghua Xian Wei Wai Ke Za Zhi[Chin J Microsurg(Article in Chinese;No abstract available)],1999,22(1):79. DOI:10.3760/cma.j.issn.1001-2036.1999.01.056.}

[10859] 张功林，葛宝丰，张军华，李兴勇，王清．顺行股前外侧岛状皮瓣和肌皮瓣的临床应用 [J]．临床骨科杂志，1999，2（2）：107-108．DOI：10.3969/j.issn.1008-0287.1999.02.010．{ZHANG Gonglin,GE Baofeng,ZHANG Junhua,LI Xingyong,WANG Qing. Clinical application of retrograde anteriolateral femoral island cutaneous flaps and myocutaneous flaps[J]. Lin Chuang Gu Ke Za Zhi[J Clin Orthop(Article in Chinese;Abstract in Chinese and English)],1999,2(2):107-108. DOI:10.3969/j.issn.1008-0287.1999.02.010.}

[10860] 潘希贵，田万成，张成进，范钦平，王建苓．36 例手部重度热压伤创面的处理 [J]．中华烧伤杂志，1999，15（6）：465．{PAN Xigui,TIAN Wancheng,ZHANG Chengjin,FAN Qinping,WANG Jianling. The treatment for severe hot crush wound:36 cases report[J]. Zhonghua Shao Shang Za Zhi[Chin J Burns(Article in Chinese;No abstract available)],1999,15(6):465.}

[10861] 滕云升，郭永明，胡玉平，张朝，赵玲珑．股前外侧皮瓣移植Ⅰ期修复手足软组织缺损 [J]．中华显微外科杂志，2000，23（1）：73-74．DOI：10.3760/cma.j.issn.1001-2036.2000.01.033．{TENG Yunsheng,GUO Yongming,HU Yuping,ZHANG Chao,ZHAO Linglong. Anterolateral thigh flap for one-stage repair of hand and foot soft tissue defects[J]. Zhonghua Xian Wei Wai Ke Za Zhi[Chin J Microsurg(Article in Chinese;No abstract available)],2000,23(1):73-74. DOI:10.3760/cma.j.issn.1001-2036.2000.01.033.}

[10862] 罗盛康，Raffoul W，Heieili P，Egloff，DV．欧洲人股前外侧皮瓣应用解剖和临床应用 [J]．中国临床解剖学杂志，2000，18（4）：379-380，382．DOI：10.3969/j.issn.1001-165X.2000.04.036．{LUO Shengkang,Raffoul W,Heieili P,Egloff DV. Anterolateral thigh flap-Its anatomy and clinical application in Europe[J]. Zhongguo Lin Chuang Jie Pou Xue Za Zhi[Chin J Clin Anat(Article in Chinese;Abstract in Chinese and English)],2000,18(4):379-380,382. DOI:10.3969/j.issn.1001-165X.2000.04.036.}

[10863] 张功林，葛宝丰，张军华，吴国兰，王清．股前外侧皮瓣修复髂部褥疮四例 [J]．中华整形外科杂志，2000，16（5）：311．DOI：10.3760/j.issn：1009-4598.2000.05.018．{ZHANG Gonglin,GE Baofeng,ZHANG Junhua,WU Guolan,WANG Qing. Anterolateral thigh flap in repair of iliac bedsore:four case reports[J]. Zhonghua Zheng Xing Wai Ke Za Zhi[Chin J Plast Surg(Article in Chinese;No abstract available)],2000,16(5):311. DOI:10.3760/j.issn:1009-4598.2000.05.018.}

[10864] 腾云升，郭永明，张朝，赵玲珑，胡玉平，龚福太．股前外侧皮瓣在急诊手外伤的应用 [J]．中华手外科杂志，2000，16（4）：251．DOI：10.3760/cma.j.issn.1005-054X.2000.04.029．{TENG Yunsheng,GUO Yongming,ZHANG Chao,ZHAO Linglong,HU Yuping,GONG Futai. Application of anterolateral thigh flap for emergency hand injury[J]. Zhonghua Shou Wai Ke Za Zhi[Chin J Hand Surg(Article in Chinese;No abstract available)],2000,16(4):251. DOI:10.3760/cma.j.issn.1005-054X.2000.04.029.}

[10865] 明立功，明立德，明新杰，明新广．股前外侧皮瓣修复小腿及踝部皮肤软组织缺损 20 例 [J]．中华显微外科杂志，2000，23（1）：48．DOI：10.3760/cma.j.issn.1001-2036.2000.01.046．{MING Ligong,MING Lide,MING Xinjie,MING Xinguang. Anterolateral thigh flap in repair of skin and soft tissue defects of leg and ankle:20 case reports[J]. Zhonghua Xian Wei Wai Ke Za Zhi[Chin J Microsurg(Article in Chinese;No abstract available)],2000,23(1):48. DOI:10.3760/cma.j.issn.1001-2036.2000.01.046.}

[10866] 蒋雪生，周国顺，陈德松．股前外侧皮瓣修复手足部软组织缺损 12 例 [J]．实用骨科杂志，2000，6（3）：202-203．DOI：10.13795/j.cnki.sgkz.2000.03.034．{JIANG Xuesheng,ZHOU Guoshun,CHEN Desong. Repair of hand and foot soft tissue defects with anterolateral thigh flap:A report of 12 cases[J]. Shi Yong Gu Ke Za Zhi[J Pract Orthop(Article in Chinese;No abstract available)],2000,6(3):202-203. DOI:10.13795/j.cnki.sgkz.2000.03.034.}

[10867] 明立功，明新武，明新广，明新杰，冯霞．股前外侧皮瓣在足踝部皮肤软组织缺损中的应用 [J]．中国修复重建外科杂志，2000，14（1）：58．{MING Ligong,MING Xinwu,MING Xinguang,MING Xinjie,FENG Xia. Application of anterolateral thigh flap in the treatment of skin and soft tissue defects of foot and ankle[J]. Zhongguo Xiu Fu Chong Jian Wai Ke Za Zhi[Chin J Repar Reconstr Surg(Article in Chinese;No abstract available)],2000,14(1):58.}

[10868] 鹿泽兵，鞠学教，任志勇，王永琪．阔筋膜张肌皮瓣在股前外侧皮瓣切取失败时的应用 [J]．中华显微外科杂志，2001，24（3）：240．{LU Zebing,JU Xuejiao,REN Zhiyong,WANG Yongqi. Application of tensor fascia lata myocutaneous flap after the failure of cutting anterolateral thigh flap[J]. Zhonghua Xian Wei Wai Ke Za Zhi[Chin J Microsurg(Article in Chinese;No abstract available)],2001,24(3):240.}

[10869] 罗力生，张立宪，胡志奇．高位直接皮支型股前外侧皮瓣的应用 [J]．中国修复重建外科杂志，2001，15（4）：206-207．{LUO Lisheng,ZHANG Lixian,HU Zhiqi. Study on transplantation of anterolateral femoral skin flap with high site direct cutaneous artery[J]. Zhongguo Xiu Fu Chong Jian Wai Ke Za Zhi[Chin J Repar Reconstr Surg(Article in Chinese;Abstract in Chinese and English)],2001,15(4):206-207.}

[10870] 戴晓强，刘康宝，黄吉祥，段敏俊．股前外侧皮瓣一期修复手掌背皮肤逆行剥脱伤 1 例报告 [J]．实用骨科杂志，2001，7（1）：77．DOI：10.3969/j.issn.1008-5572.2001.01.052．{DAI Xiaoqiang,LIU Kangbao,HUANG Jixiang,DUAN Minjun. Anterolateral thigh flap for one-stage repair of retrograde avulsion of hand:a case report[J]. Shi Yong Gu Ke Za Zhi[J Pract Orthop(Article in Chinese;No abstract available)],2001,7(1):77. DOI:10.3969/j.issn.1008-5572.2001.01.052.}

[10871] 张春，吴恙，陈中，曹杨．股前外侧皮瓣血管类型的临床观察与研究 [J]．中国临床解剖学杂志，2001，19（3）：197-199．DOI：10.3969/j.issn.1001-165X.2001.03.001．{ZHANG Chun,WU Yang,CHEN Zhong,CAO Yang. The clinical observation and study on the blood vessel types of anterolateral thigh flap[J]. Zhongguo Lin Chuang Jie Pou Xue Za Zhi[Chin J Clin Anat(Article in Chinese;Abstract in Chinese and English)],2001,19(3):197-199. DOI:10.3969/j.issn.1001-165X.2001.03.001.}

[10872] 王发平，王志信，刘同军．股前外侧皮瓣转移修复四肢软组织缺损 27 例 [J]．实用骨科杂志，2001，7（5）：374-375．DOI：10.3969/j.issn.1008-5572.2001.05.029．{WANG Faping,WANG Zhixin,LIU Tongjun. Anterolateral thigh flap in repairing soft tissue defects of extremities:27 case reports[J]. Shi Yong Gu Ke Za Zhi[J Pract Orthop(Article in Chinese;No abstract available)],2001,7(5):374-375. DOI:10.3969/j.issn.1008-5572.2001.05.029.}

[10873] 龙剑虹，张丕红，雷少榕，肖目张．无神经损伤的双蒂股前外侧游离皮瓣 [J]．中华整形外科杂志，2001，17（3）：180-181．DOI：10.3760/j.issn：1009-4598.2001.03.022．{LONG Jianhong,ZHANG Pihong,LEI Shaorong,XIAO Muzhang. Double-pedicle anterolateral thigh free flap without nerve injury[J]. Zhonghua Zheng Xing Wai Ke Za Zhi[Chin J Plast Surg(Article in Chinese;No abstract available)],2001,17(3):180-181. DOI:10.3760/j.issn:1009-4598.2001.03.022.}

[10874] 黄元龙，曾宪根．应用股前外侧皮瓣修复足踝部皮肤软组织缺损 [J]．中华显微外科杂志，2002，25（4）：296-297．DOI：10.3760/cma.j.issn.1001-2036.2002.04.022．{HUANG Yuanlong,ZENG Xiangen. Application of anterolateral thigh flap in repair of skin and soft tissue defects of foot and ankle[J]. Zhonghua Xian Wei Wai Ke Za Zhi[Chin J Microsurg(Article in Chinese;Abstract in Chinese)],2002,25(4):296-297. DOI:10.3760/cma.j.issn.1001-2036.2002.04.022.}

[10875] 潘希贵，田万成，潘风雨，管同勋．利用废弃指与股前外侧皮瓣串联急诊修复小儿手部鞭炮爆炸伤 [J]．实用手外科杂志，2002，16（3）：138-139．DOI：10.3969/j.issn.1671-2722.2002.03.005．{PAN Xigui,TIAN Wancheng,PAN Fengyu,GUAN Tongxun. Emergency repair of firecracker blask injury of children's hand with anterior-lateral femoral flap combining with discarded digit[J]. Shi Yong Shou Wai Ke Za Zhi[Chin J Pract Hand Surg(Article in Chinese;Abstract in Chinese and English)],2002,16(3):138-139. DOI:10.3969/

j.issn.1671 - 2722.2002.03.005.}

[10876] 王雪莹，卢立春，刘志刚，张志新. 游离股前外侧皮瓣修复足背部大面积皮肤缺损的临床应用[J]. 中国急救医学，2002，22（2）：86. DOI：10.3969/j.issn.1002－1949.2002.02.027. {WANG Xueying,LU Lichun,LIU Zhigang,ZHANG Zhixin. Clinical application of free anterolateral thigh flap in repairing large skin defect of foot dorsum[J]. Zhongguo Ji Jiu Yi Xue [Chin J Crit Care Med(Article in Chinese;No abstract available)],2002,22(2):86. DOI:10.3969/j.issn.1002 - 1949.2002.02.027.}

[10877] 罗盛康，高建华，冯传波，刘晓军. 岛状股前外侧皮瓣修复会阴部复杂溃疡创面三例[J]. 中华显微外科杂志，2002，25（2）：118. DOI：10.3760/cma.j.issn.1001－2036.2002.02.043. {LUO Shengkan,GAO Jianhua,FENG Chuanbo,LIU Xiaojun. Anterolateral thigh island flap for repair of complicated perineal ulcer:three case reports[J]. Zhonghua Xian Wei Wai Ke Za Zhi[Chin J Microsurg(Article in Chinese;No abstract available)],2002,25(2):118. DOI:10.3760/cma.j.issn.1001 - 2036.2002.02.043.}

[10878] 张煜，张新明，袁宁，贾玉章. 带神经的股前外侧皮瓣修复足跟大面积皮肤缺损八例[J]. 中华显微外科杂志，2002，25（1）：78. DOI：10.3760/cma.j.issn.1001－2036.2002.01.044. {ZHANG Yu,ZHANG Xinming,YUAN Ning,JIA Yuzhang. Anterolateral thigh flap with nerve in repair of large area skin defect of heel:eight case reports[J]. Zhonghua Xian Wei Wai Ke Za Zhi[Chin J Microsurg(Article in Chinese;No abstract available)],2002,25(1):78. DOI:10.3760/cma.j.issn.1001 - 2036.2002.01.044.}

[10879] 张维军，齐涛，陈光. 双股前外侧皮瓣组合移植修复足部皮肤大面积缺损1例[J]. 实用手外科杂志，2002，16（3）：132. DOI：10.3969/j.issn.1671－2722.2002.03.049. {ZHANG Weijun,QI Tao,CHEN Guang. Double anterolateral thigh flap combined transplantation for repairing large area skin defects of foot:A case report[J]. Shi Yong Shou Wai Ke Za Zhi[Chin J Pract Hand Surg(Article in Chinese;No abstract available)],2002,16(3):132. DOI:10.3969/j.issn.1671 - 2722.2002.03.049.}

[10880] 梁建，黄海滨，甘达强. 吻合血管的股前外侧皮瓣在临床中的应用[J]. 中国微创外科杂志，2002，2（4）：211－213. DOI：10.3969/j.issn.1009－6604.2002.04.007. {LIANG Jian,HUANG Haibin,GAN Daqiang. Clinical application of anterolateral thingh flap with vascular anastomosed[J]. Zhongguo Wei Chuang Wai Ke Za Zhi[Chin J Minim Inva Surg(Article in Chinese;Abstract in Chinese and English)],2002,2(4):211 - 213. DOI:10.3969/j.issn.1009 - 6604.2002.04.007.}

[10881] 许光普，刘均墀，曾宗渊，陈福进，杨安奎，彭解人，宋黎君. 吻合血管的股前外侧皮瓣修复头颈肿瘤术后复杂缺损[J]. 中华显微外科杂志，2002，25（3）：177－179. DOI：10.3760/cma.j.issn.1001－2036.2002.03.007. {XU Guangpu,LIU Junchi,ZENG Zongyuan,CHEN Fujin,YANG Ankui,PENG Jieren,SONG Lijun. Microvascular anastomotic anterolateral thigh flap for reconstruction of complicated head and neck defects following cancer ablation[J]. Zhonghua Xian Wei Wai Ke Za Zhi[Chin J Microsurg(Article in Chinese;Abstract in Chinese and English)],2002,25(3):177 - 179. DOI:10.3760/cma.j.issn.1001 - 2036.2002.03.007.}

[10882] 谭海涛，林源，江建中，蒙诗景，陆俭军. 游离股前外侧皮瓣与健侧血管桥接修复下肢严重毁损伤[J]. 中华显微外科杂志，2002，25（1）：71－72. DOI：10.3760/cma.j.issn.1001－2036.2002.01.033. {TAN Haitao,LIN Yuan,JIANG Jianzhong,MENG Shijing,LU Jianjun. Free anterolateral thigh flap bridging with contralateral vessel for repair of severe lower limb injury[J]. Zhonghua Xian Wei Wai Ke Za Zhi[Chin J Microsurg(Article in Chinese;Abstract in Chinese)],2002,25(1):71 - 72. DOI:10.3760/cma.j.issn.1001 - 2036.2002.01.033.}

[10883] 张振伟，廖坚文，方均强，林冷，古纪欢. 股前外侧皮瓣桥式吻合血管移植修复小腿大面积骨外露创面1例[J]. 实用手外科杂志，2002，16（1）：5，53. DOI：10.3969/j.issn.1671－2722.2002.01.034. {ZHANG Zhenwei,LIAO Jianwen,FANG Junqiang,LIN Leng,GU Jihuan. The large area bone exposed wound of leg repaired with anterolateral thigh flap bridge type vascular graft:A case report[J]. Shi Yong Shou Wai Ke Za Zhi[Chin J Pract Hand Surg(Article in Chinese;No abstract available)],2002,16(1):5,53. DOI:10.3969/j.issn.1671 - 2722.2002.01.034.}

[10884] 陈光宇，张启旭，乔群，李太颖，成铤，周刚. 逆行岛状股前外侧皮瓣的临床应用[J]. 中华整形外科杂志，2002，18（A1）：62－64. {CHEN Guangyu,ZHANG Qixu,QIAO Qun,LI Taiying,CHENG Ting,ZHOU Gang. Application of reverse - flow anaterolateral thigh skin[J]. Zhonghua Zheng Xing Wai Ke Za Zhi[Chin J Plast Surg(Article in Chinese;Abstract in Chinese)],2002,18(A1):62 - 64.}

[10885] 徐达传，阮默，张春，熊绍虎，汪新民，钟世镇. 股前外侧部皮瓣的进一步解剖学研究——高位皮动脉与皮瓣血供的分型[J]. 中国临床解剖学杂志，2002，20（6）：410－413. DOI：10.13418/j.issn.1001－165x.2002.06.004. {XU Dachuan,WAN Muo,ZHANG Chun,XIONG Zhaohu,WANG Xinmin,ZHONG Shizhen. High cutaneous artery branches and blood supply types of the anterolateral thigh flap——a farther anatomic study[J]. Zhongguo Lin Chuang Jie Pou Xue Za Zhi[Chin J Clin Anat(Article in Chinese;Abstract in Chinese and English)],2002,20(6):410 - 413. DOI:10.13418/j.issn.1001 - 165x.2002.06.004.}

[10886] 林立，顾立强，侯喜君，叶淦湖，裴国献. 股前外侧皮瓣 － 皮瓣寄养移植1例[J]. 实用骨科杂志，2003，9（2）：182－183. DOI：10.3969/j.issn.1008－5572.2003.02.053. {LIN Li,GU Liqiang,HOU Xijun,YE Ganhu,PEI Guoxian. Transplantation of anterolateral thigh flap by flap foster:A case report[J]. Shi Yong Gu Ke Za Zhi[J Pract Orthop(Article in Chinese;No abstract available)],2003,9(2):182 - 183. DOI:10.3969/j.issn.1008 - 5572.2003.02.053.}

[10887] 施海峰，芮永军，寿奎水，薛明宇，陈光. 双足第2趾加双股前外侧皮瓣修复双手严重电击伤1例[J]. 实用手外科杂志，2003，17（1）：22－22，24，封三. DOI：10.3969/j.issn.1671－2722.2003.01.041. {SHI Haifeng,RUI Yongjun,SHOU Kuishui,XUE Mingyu,CHEN Guang. The severe electrical injury of hands repaired with the second toe of feet and both side of anterolateral thigh flap:A case report[J]. Shi Yong Shou Wai Ke Za Zhi[Chin J Pract Hand Surg(Article in Chinese;No abstract available)],2003,17(1):22 - 22,24,cover 3. DOI:10.3969/j.issn.1671 - 2722.2003.01.041.}

[10888] 庄景盛，张彤. 股前外侧皮瓣修复软组织缺损的临床应用[J]. 实用骨科杂志，2003，9（3）：273. DOI：10.3969/j.issn.1008－5572.2003.03.051. {ZHUANG Jingsheng,ZHANG Tong. Clinical application of anterolateral thigh flap in repairing soft tissue defect[J]. Shi Yong Gu Ke Za Zhi[Pract Orthop(Article in Chinese;No abstract available)],2003,9(3):273. DOI:10.3969/j.issn.1008 - 5572.2003.03.051.}

[10889] 赵刘军，章伟文，冯建翔，刘文虎，张飞，姜佩珠. 股前外侧皮瓣的临床运用[J]. 实用骨科杂志，2003，9（1）：15－16. DOI：10.3969/j.issn.1008－5572.2003.01.008. {ZHAO Liujun,ZHANG Weiwen,FENG Jianxiang,LIU Wenhu,ZHANG Fei,JIANG Peizhu. Clinical usage of the anteriolateral skin flap of thigh[J]. Shi Yong Gu Ke Za Zhi[J Pract Orthop(Article in Chinese;Abstract in Chinese and English)],2003,9(1):15 - 16. DOI:10.3969/j.issn.1008 - 5572.2003.01.008.}

[10890] 张淞，王晓，张永利，刘洋，邓均. 股前外侧皮瓣移植一期修复虎口毁损伤[J]. 实用手外科杂志，2003，17（1）：51. DOI：10.3969/j.issn.1671－2722.2003.01.031. {ZHANG Song,WANG Xiao,ZHANG Yongli,LIU Yang,DENG JUN. One stage repair of first web injury with anterolateral thigh flap transplantation[J]. Shi Yong Shou Wai Ke Za Zhi[Chin J Pract Hand Surg(Article in Chinese;No abstract available)],2003,17(1):51. DOI:10.3969/j.issn.1671 - 2722.2003.01.031.}

[10891] 张启旭，乔群，陈宗基，严义坪，刘志飞，赵振河，王亚荣，殷凤仪. 股前及股外侧区皮神经营养血管皮瓣的应用解剖[J]. 中国临床解剖学杂志，2003，21（2）：102－105. DOI：10.13418/j.issn.1001－165x.2003.02.002. {ZHANG Qixu,QIAO Qun,CHEN Zongji,YAN Yiping,LIU Zhifei,ZHAO Zhenhe,WANG Yarong,YIN Fengyi. Anatomic study and clinical value of anterior and lateral thigh neurocutaneous vascular flap[J]. Zhongguo Lin Chuang Jie Pou Xue Za Zhi[Chin J Clin Anat(Article in Chinese;Abstract in Chinese and English)],2003,21(2):102 - 105. DOI:10.13418/j.issn.1001 - 165x.2003.02.002.}

[10892] 张立新，张建国，孙峰，侯军华. 胫前血管桥接游离股前外侧皮瓣修复小腿严重毁损伤[J]. 中国修复重建外科杂志，2004，18（4）：340. {ZHANG Lixin,ZHANG Jianguo,SUN Feng,HOU Junhua. Free anterolateral thigh flap bridged by anterior tibial vessel in repair of severely leg injury[J]. Zhongguo Xiu Fu Chong Jian Wai Ke Za Zhi[Chin J Repar Reconstr Surg(Article in Chinese;No abstract available)],2004,18(4):340.}

[10893] 张铁慧，童致虹，杨卫东，孙焕伟，张洪权，梁武，宋春辉，孙杰. 30 cm长股前外侧皮瓣游离移植一例[J]. 中华显微外科杂志，2004，27（1）：29. DOI：10.3760/cma.j.issn.1001－2036.2004.01.042. {ZHANG Tiehui,TONG Zhihong,YANG Weidong,SUN Huanwei,ZHANG Hongquan,LIANG Wu,SONG Chunhui,SUN Jie. Transplantation of anterolateral thigh flap with 30 cm long:A case report[J]. Zhonghua Xian Wei Wai Ke Za Zhi[Chin J Microsurg(Article in Chinese;No abstract available)],2004,27(1):29. DOI:10.3760/cma.j.issn.1001 - 2036.2004.01.042.}

[10894] 农明善，杜晓栋，顾立强，陈国奋. 股前外侧皮瓣移植修复小腿软组织缺损及感染创面[J]. 中国修复重建外科杂志，2004，18（2）：130. {NONG Mingshan,DU Xiaodong,GU Liqiang,CHEN Guofen. Anterolateral thigh flap transplantation for repairing soft tissue defect and infection wound of leg[J]. Zhongguo Xiu Fu Chong Jian Wai Ke Za Zhi[Chin J Repar Reconstr Surg(Article in Chinese;No abstract available)],2004,18(2):130.}

[10895] 邢进峰，施铁军，赵巍，陈中，张春，林平，曹扬，汪志明，倪东亮，姜丹生. 桥式血管吻合股前外侧皮瓣移植修复前臂严重毁损伤[J]. 中华手外科杂志，2004，20（2）：79－80. DOI：10.3760/cma.j.issn.1005－054X.2004.02.007. {XING Jinfeng,SHI Tiejun,ZHAO Wei,CHEN Zhong,ZHANG Chun,LIN Ping,CAO Yang,WANG Zhiming,NI Dongliang,JIANG Dansheng. The anterolateral femoral flap using bridge - like vascular anastomosis for coverage of severe damage injury in forearm[J]. Zhonghua Shou Wai Ke Za Zhi[Chin J Hand Surg(Article in Chinese;Abstract in Chinese and English)],2004,20(2):79 - 80. DOI:10.3760/cma.j.issn.1005 - 054X.2004.02.007.}

[10896] 王胜华，俞立新，吴水培. 游离股前外侧皮瓣修复小腿下段胫前或足背皮肤血管缺损[J]. 实用手外科杂志，2004，18(2)：109. DOI：10.3969/j.issn.1671－2722.2004.02.023. {WANG Shenghua,YU Lixin,WU Shuipei. Free anterolateral thigh flap for repairing skin and vascular defects of the lower leg in front of tibia or dorsum of foot[J]. Shi Yong Shou Wai Ke Za Zhi[Chin J Pract Hand Surg(Article in Chinese;No abstract available)],2004,18(2):109. DOI:10.3969/j.issn.1671 - 2722.2004.02.023.}

[10897] 鹿泽兵，王炳秀，杨旭东. 带阔筋膜的股前外侧皮瓣修复跟腱合并皮肤软组织缺损[J]. 中华显微外科杂志，2004，27（4）：315. DOI：10.3760/cma.j.issn.1001－2036.2004.04.050. {LU Zebing,WANG bingxiu,YANG Xudong. Anterolateral thigh flap with fascia lata for repair of achilles tendon with skin and soft tissue defects[J]. Zhonghua Xian Wei Wai Ke Za Zhi[Chin J Microsurg(Article in Chinese;No abstract available)],2004,27(4):315. DOI:10.3760/cma.j.issn.1001 - 2036.2004.04.050.}

[10898] 傅栋，俞立新，吴水培. 股前外侧双叶皮瓣修复手掌部洞穿性缺损1例[J]. 实用手外科杂志，2004，18(2)：74，封三. DOI：10.3969/j.issn.1671－2722.2004.02.042. {FU Dong,YU Lixin,WU Shuipei. The penetrating palm defect repaired with anterolateral thigh bilobed flap:A case report[J]. Shi Yong Shou Wai Ke Za Zhi[Chin J Pract Hand Surg(Article in Chinese;No abstract available)],2004,18(2):74,cover 3. DOI:10.3969/j.issn.1671 - 2722.2004.02.042.}

[10899] 冯运垒，叶淦湖，腾范文，冯仕华，徐达传. 旋股外侧血管蒂复（联）合组织瓣移植的解剖学基础[J]. 中国临床解剖学杂志，2004，22（5）：533－535. DOI：10.13418/j.issn.1001－165x.2004.05.028. {FENG Yunlei,YE Ganhu,TENG Fanwen,FENG Shihua,XU Dachuan. The anatomic basis on transplantation of tissue flap pedicaled with lateral femoral circumflex artery[J]. Zhongguo Lin Chuang Jie Pou Xue Za Zhi[Chin J Clin Anat(Article in Chinese and English; Abstract in Chinese and English)],2004,22(5):533 - 535. DOI:10.13418/j.issn.1001 - 165x.2004.05.028.}

[10900] 程瑞修，黄良平，蒋纯志，范启申. 股前外侧皮瓣一期修复半侧颜面毁损伤一例[J]. 中华显微外科杂志，2005，28（3）：227. DOI：10.3760/cma.j.issn.1001－2036.2005.03.054. {CHENG Ruixiu,HUANG Liangping,JIANG Chunzhi,FAN Qishen. Hemifacial injury repaired by anterolateral thigh flap:A case report[J]. Zhonghua Xian Wei Wai Ke Za Zhi[Chin J Microsurg(Article in Chinese;No abstract available)],2005,28(3):227. DOI:10.3760/cma.j.issn.1001 - 2036.2005.03.054.}

[10901] 王晨霖，丛海波，翟建国，吴红军. 联合应用带血管蒂胸脐皮瓣与股前外侧皮瓣修复前臂皮肤缺损[J]. 中华显微外科杂志，2005，28（1）：63－64. DOI：10.3760/cma.j.issn.1001－2036.2005.01.026. {WANG ChenLin,CONG Haibo,ZHAI Jianguo,WU Hongjun. Repair of forearm skin defect with vascular pedicled thoracolumbar flap combined with anterolateral thigh flap[J]. Zhonghua Xian Wei Wai Ke Za Zhi[Chin J Microsurg(Article in Chinese;Abstract in Chinese)],2005,28(1):63 - 64. DOI:10.3760/cma.j.issn.1001 - 2036.2005.01.026.}

[10902] 王进刚，李善祥，丁志伟. 高位皮动脉型股前外侧皮瓣的临床应用[J]. 实用手外科杂志，2005，19（2）：81－82. DOI：10.3969/j.issn.1671－2722.2005.02.007. {WANG Jingang,LI Shanxiang,DING Zhiwei. Application of anterolateral femoral skin flap with high cutantous artery branches[J]. Shi Yong Shou Wai Ke Za Zhi[Chin J Pract Hand Surg(Article in Chinese;Abstract in Chinese and English)],2005,19(2):81 - 82. DOI:10.3969/j.issn.1671 - 2722.2005.02.007.}

[10903] 朱文华，曹群华，刘敏峰，袁晓东，缪玉龙，黄涛. 吻合血管的股前外侧皮瓣修复手足部组织缺损[J]. 实用手外科杂志，2005，19（3）：181. DOI：10.3969/j.issn.1671－2722.2005.03.033. {ZHU Wenhua,CAO Qunhua,LIU Minfeng,YUAN Xiaodong,MIAO Yulong,HUANG Tao. The hand and foot tissue defects repaired by anterolateral thigh flap anastomosed with vessels[J]. Shi Yong Shou Wai Ke Za Zhi[Chin J Pract Hand Surg(Article in Chinese;No abstract available)],2005,19(3):181. DOI:10.3969/j.issn.1671 - 2722.2005.03.033.}

[10904] 陈忠义，陈海啸，梁军波，冯兴兵. 应用股前外侧皮瓣结合外固定支架治疗外伤后下垂型踝关节僵硬[J]. 中华显微外科杂志，2005，28（1）：68－69. DOI：10.3760/cma.j.issn.1001－2036.2005.01.030. {CHEN Zhongyi,CHEN Haixiao,LIANG Junbo,FENG Xingbing. Application of anterolateral thigh flap combined with external fixator in the treatment of posttraumatic ptosis ankle stiffness[J]. Zhonghua Xian Wei Wai Ke Za Zhi[Chin J Microsurg(Article in Chinese;Abstract in Chinese)],2005,28(1):68 - 69. DOI:10.3760/cma.j.issn.1001 - 2036.2005.01.030.}

[10905] 唐志荣，黄东，江奕恒，张惠茹. 股前外侧皮瓣在软组织缺损急诊修复中的临床应用[J]. 中华显微外科杂志，2005，28(2)：164－166. DOI：10.3760/cma.j.issn.1001－2036.2005.02.025. {TANG Zhirong,HUANG Dong,JIANG Yiheng,ZHANG Huiru. Clinical application of anterolateral thigh flap in emergency repair of soft tissue defects[J]. Zhonghua Xian Wei Wai Ke Za Zhi[Chin J Microsurg(Article in Chinese;Abstract in Chinese)],2005,28(2):164 - 166. DOI:10.3760/cma.j.issn.1001 - 2036.2005.02.025.}

[10906] 陈万军，李思忠，孙文海，孙向东，陶荣杰，王秀华，邹淑娟，陶阳，王超，纪宏智. 游离股前外侧皮瓣移植修复头颈部缺损二例[J]. 中华耳鼻咽喉头颈外科杂志，2005，40（8）：631. DOI：10.3760/j.issn：1673－0860.2005.08.022. {CHEN Wanjun,LI Sizhong,SUN Wenhai,SUN Xiangdong,TAO Rongjie,WANG Xiuhua,ZOU Shujuan,TAO Yang,WANG Chao,JI Hongzhi. Head and neck reconstruction with the anterolateral thigh flap:report of 2 cases[J]. Zhonghua Er Bi Yan Hou Tou Jing Wai Ke Za Zhi[Chin J Otorhinolaryngol Head Neck Surg(Article in Chinese;No abstract available)],2005,40(8):631. DOI:10.3760/j.issn:1673 - 0860.2005.08.022.}

[10907] 芮永军，张全荣，许亚军，施海峰，邱扬，吴权，寿奎水. 股前外侧皮瓣修复前臂大面

积软组织缺损[J]. 中华手外科杂志，2005，21(1)：11-12. DOI：10.3760/cma.j.issn.1005-054X.2005.01.005. {RUI Yongjun,ZHANG Quanrong,XU Yajun,SHI Haifeng,QIU Yang,WU Quan,SHOU Kuishui. Anterolateral thigh flap transfer for coverage of oversized soft tissue defect of the forearm[J]. Zhonghua Shou Wai Ke Za Zhi[Chin J Hand Surg(Article in Chinese;Abstract in Chinese and English)],2005,21(1):11-12. DOI:10.3760/cma.j.issn.1005-054X.2005.01.005.}

[10908] 王增星，李伟，梁浩标，叶伟洪，蔡晓霞，曾国娣，李真，梁志强，何希桦. 胸脐皮瓣与股前外侧皮瓣组合移植修复小腿大面积组织缺损1例[J]. 中国临床解剖学杂志，2005，23(2)：217-218. DOI：10.3969/j.issn.1001-165X.2005.02.028. {WANG Zengxing,LI Wei,LIANG Haobiao,YE Weihong,CAI Xiaoxia,ZENG Guodi,LI Zhen,LIANG Zhiqiang,HE Xihua. Large area of leg soft tissue defect repair by transplantation of thoracoumbilicus flap combined with anterolateral femoral flap:A case report[J]. Zhongguo Lin Chuang Jie Pou Xue Za Zhi[Chin J Clin Anat(Article in Chinese;No abstract available)],2005,23(2):217-218. DOI:10.3969/j.issn.1001-165X.2005.02.028.}

[10909] 张友，张功林，章鸣. 游离股前外侧皮瓣与筋膜瓣修复手足部软组织缺损[J]. 临床骨科杂志，2005，8(3)：225-226. DOI：10.3969/j.issn.1008-0287.2005.03.011. {ZHANG You,ZHANG Gonglin,ZHANG Ming. Free anteriolateral skin flap and fascia lata flap of thigh for repair of hand and foot soft tissue defect[J]. Lin Chuang Gu Ke Za Zhi[J Clin Orthop(Article in Chinese;Abstract in Chinese and English)],2005,8(3):225-226. DOI:10.3969/j.issn.1008-0287.2005.03.011.}

[10910] 罗庚，郭现辉，欧阳杰，盛名，江宏. 股前外侧皮瓣在修复踝部创面中的应用[J]. 实用手外科杂志，2005，19(3)：169. DOI：10.3969/j.issn.1671-2722.2005.03.021. {LUO Geng,GUO Xianhui,OUYANG Jie,SHENG Ming,JIANG Hong. Application of anterolateral thigh flap in repairing ankle wound[J]. Shi Yong Shou Wai Ke Za Zhi[Chin J Pract Hand Surg(Article in Chinese;No abstract available)],2005,19(3):169. DOI:10.3969/j.issn.1671-2722.2005.03.021.}

[10911] 罗盛康，高建华，罗力生，张立宪，胡志奇，颜玲. 游离削薄股前外侧皮瓣修复手腕部软组织缺损[J]. 中华显微外科杂志，2005，28(1)：6-8. DOI：10.3760/cma.j.issn.1001-2036.2005.01.003. {LUO Shengkang,GAO Jianhua,LUO Lisheng,ZHANG Lixian,HU Zhiqi,YAN Ling. Hand and wrist reconstruction using free thinning anterolateral thigh flap[J]. Zhonghua Xian Wei Wai Ke Za Zhi[Chin J Microsurg(Article in Chinese;Abstract in Chinese and English)],2005,28(1):6-8. DOI:10.3760/cma.j.issn.1001-2036.2005.01.003.}

[10912] 甘求恩，潘文泽，满益文，郑敏华，陈卫民，宋长立. 股前外侧皮瓣移植修复小腿下段及足踝部软组织缺损[J]. 中华创伤杂志，2005，21(Z1)：57. DOI：10.3760/j：issn：1001-8050.2005.z1.039. {GAN Qiuen,PAN Wenzhe,MAN Yiwen,ZHENG Minhua,CHEN Weimin,SONG Changli. Anterolateral thigh flap in the repair of soft tissue defects in lower leg and ankle[J]. Zhonghua Chuang Shang Za Zhi [Chin J Trauma (Abstract in Chinese; No Article available)],2005,21(Z1):57. DOI:10.3760/j:issn:1001-8050.2005.z1.039.}

[10913] 于胜军，孙明，李京宁，付胜强，刘万军. 带旋股外动脉内侧降支股前外侧皮瓣在毁损性断掌再植中的应用[J]. 中华显微外科杂志，2005，28(1)：65-66. DOI：10.3760/cma.j.issn.1001-2036.2005.01.028. {YU Shengjun,SUN Ming,LI Jingning,FU Shengqiang,LIU Wanjun. Application of anterolateral thigh flap with medial descending branch of external circumflex femoral artery in palm replantation[J]. Zhonghua Xian Wei Wai Ke Za Zhi[Chin J Microsurg(Article in Chinese;Abstract in Chinese)],2005,28(1):65-66. DOI:10.3760/cma.j.issn.1001-2036.2005.01.028.}

[10914] 许亚军，寿奎水，芮永军，张全荣，薛明宇，陈政，姚群. 600例股前外侧皮瓣移植术的临床应用经验[J]. 中华整形外科杂志，2005，21(6)：418-420. DOI：10.3760/j.issn：1009-4598.2005.06.005. {XU Yajun,SHOU Kuishui,RUI Yongjun,ZHANG Quanrong,XUE Mingyu,CHEN Zheng,Yao Qun. The clinical experience in transplantation of the anterolateral femoral skin flap[J]. Zhonghua Zheng Xing Wai Ke Za Zhi[Chin J Plast Surg(Article in Chinese;Abstract in Chinese and English)],2005,21(6):418-420. DOI:10.3760/j:issn:1009-4598.2005.06.005.}

[10915] 于凤宾，俞立新. 股前外侧皮瓣修复四肢软组织缺损伴主干血管损伤28例[J]. 中华显微外科杂志，2005，28(1)：29. DOI：10.3760/cma.j.issn.1001-2036.2005.01.059. {YU Fengbin,YU Lixin. Anterolateral thigh flap in the repair of soft tissue defects of extremities with vascular injury:28 case reports[J]. Zhonghua Xian Wei Wai Ke Za Zhi[Chin J Microsurg(Article in Chinese;No abstract available)],2005,28(1):29. DOI:10.3760/cma.j.issn.1001-2036.2005.01.059.}

[10916] 孙宝东，乔群，闫迎军. 股前外侧岛状皮瓣的临床应用[J]. 中华整形外科杂志，2005，21(5)：395-396. {SUN Baodong,QIAO Qun,YAN Yingjun. Application of anterolateral thigh island flap[J]. Zhonghua Zheng Xing Wai Ke Za Zhi[Chin J Plast Surg(Article in Chinese;No abstract available)],2005,21(5):395-396.}

[10917] 王生钰. 股前外侧皮支皮瓣急诊修复手部皮肤软组织缺损[J]. 中国修复重建外科杂志，2005，19(6)：498. {WANG Shengyu. Emergency repair of skin and soft tissue defects of hand with anterolateral thigh flap[J]. Zhongguo Xiu Fu Chong Jian Wai Ke Za Zhi[Chin J Repar Reconstr Surg(Article in Chinese;No abstract available)],2005,19(6):498.}

[10918] 谷增泉，孙雪生，朱涛，王加利，申立林，蔺楚. 股前外侧皮瓣在修复手部组织缺损中的应用[J]. 实用骨科杂志，2006，12(2)：163-164. DOI：10.3969/j.issn.1008-5572.2006.02.029. {GU Zengquan,SUN Xuesheng,ZHU Tao,WANG Jiali,SHEN Lilin,LIN Chu. Application of anterolateral thigh flap in repairing tissue defect of hand[J]. Shi Yong Gu Ke Za Zhi[J Pract Orthop(Article in Chinese;Abstract in Chinese)],2006,12(2):163-164. DOI:10.3969/j.issn.1008-5572.2006.02.029.}

[10919] 张志新，庄玉君，陈雷，郭雅娣，廉娜. 带蒂股前外侧皮瓣修复手部大面积皮肤缺损[J]. 中国修复重建外科杂志，2006，20(12)：1199-1201. {ZHANG Zhixin,ZHUANG Yujun,CHEN Lei,GUO Yadi,LIAN Na. Application of pedicled anterolateral thigh flap transferring for coverage of oversized skin defect of hand[J]. Zhongguo Xiu Fu Chong Jian Wai Ke Za Zhi[Chin J Repar Reconstr Surg(Article in Chinese;Abstract in Chinese and English)],2006,20(12):1199-1201.}

[10920] 刘会仁，李瑞国，高顺红，汪琦，曹磊，张艳茂，项力源，孙来卿，刘志旺，王岩，王国强，侯金玲，于占勇. 股前外侧皮瓣的多普勒探测研究和设计改进[J]. 中国修复重建外科杂志，2006，20(7)：722-724. {LIU Huiren,LI Ruiguo,GAO Shunhong,WANG Qi,CAO Lei,ZHANG Yanmao,XIANG Liyuan,SUN Laiqin,LIU Zhiwang,WANG Yan,WANG Guoqiang,HOU Jinling,YU Zhanyong. Application of doppler in the skin flap of vastus lateralis[J]. Zhongguo Xiu Fu Chong Jian Wai Ke Za Zhi[Chin J Repar Reconstr Surg(Article in Chinese;Abstract in Chinese and English)],2006,20(7):722-724.}

[10921] 刘勇，裴国献，张成进，王成琪，李忠，姚旺祥，梅良斌. 股前外侧皮瓣和腓肠神经营养血管皮瓣联合修复足部套状撕脱伤[J]. 中华骨科杂志，2006，26(9)：598-601. DOI：10.3760/j.issn：0253-2352.2006.09.006. {LIU Yong,PEI Guoxian,ZHANG Chengjin,WANG Chengqi,LI Zhong,YAO Wangxiang,MEI Liangbin. The reparation of flyback avulsion injury of skin in foot by anterolateral thigh flap and sural neurovascular flap with theirneural anastomosis[J]. Zhonghua Gu Ke Za Zhi[Chin J Orthop(Article in Chinese;Abstract in Chinese and English)],2006,26(9):598-601. DOI:10.3760/j:issn:0253-2352.2006.09.006.}

[10922] 赵风林，李宗宝，王文德，吴德富，王鑫，赵亮. 超薄型股前外侧皮瓣在手部较大创面修复中的应用[J]. 中华手外科杂志，2006，22(2)：69. DOI：10.3760/cma.j.issn.1005-054X.2006.02.024. {ZHAO Fenglin,LI Zongbao,WANG Wende,WU Defu,WANG Xin,ZHAO Liang. Application of ultra-thin anterolateral thigh flap in the repair of large hand wound[J]. Zhonghua Shou Wai Ke Za Zhi[Chin J Hand Surg(Article in Chinese;No abstract available)],2006,22(2):69. DOI:10.3760/cma.j.issn.1005-054X.2006.02.024.}

[10923] 陈杰，黄文孝，周晓，喻建军，魏威，李赞，戴捷，包荣华. 股前外侧皮瓣修复口腔颌面组织缺损[J]. 中华耳鼻咽喉头颈外科杂志，2006，41(8)：587-590. DOI：10.3760/j.issn：1673-0860.2006.08.009. {CHEN Jie,HUANG Wenxiao,ZHOU Xiao,YU Jianjun,WEI Wei,LI Zan,DAI Jie,BAO Ronghua. Free anterolateral thigh flap for repairing the defects of oral cavity and maxillofacial[J]. Zhonghua Er Bi Yan Hou Tou Jing Wai Ke Za Zhi[Chin J Otorhinolaryngol Head Neck Surg(Article in Chinese;Abstract in Chinese and English)],2006,41(8):587-590. DOI:10.3760/j.issn:1673-0860.2006.08.009.}

[10924] 庄玉君，张志新，杨立民，刘继强，孙震宇，王伟峰. 游离股前外侧皮瓣修复烧伤致头部大面积颅骨外露三例[J]. 中华烧伤杂志，2006，22(5)：380. DOI：10.3760/cma.j.issn.1009-2587.2006.05.025. {ZHUANG Yujun,ZHANG Zhixin,YANG Limin,LIU Jiqiang,SUN Zhenyu,WANG Weifeng. Free anterolateral thigh flap in the repair of large area of skull exposure caused by burns in three cases[J]. Zhonghua Shao Shang Za Zhi[Chin J Burns(Article in Chinese;No abstract available)],2006,22(5):380. DOI:10.3760/cma.j.issn.1009-2587.2006.05.025.}

[10925] 牟善霄，苑芳昌，王青. 逆行股前外侧皮瓣临床应用技术改进[J]. 中华显微外科杂志，2006，29(6)：459-460. DOI：10.3760/cma.j.issn.1001-2036.2006.06.022. {MOU shanxiao,YUAN Fangchang,WANG Qing. Clinical application of reverse anterolateral thigh flap[J]. Zhonghua Xian Wei Wai Ke Za Zhi[Chin J Microsurg(Article in Chinese;Abstract in Chinese)],2006,29(6):459-460. DOI:10.3760/cma.j.issn.1001-2036.2006.06.022.}

[10926] 王晨霖，于东升，丛海波，乔永平，隋海明，苏金平. 带髂胫束的股前外侧皮瓣游离移植一期修复跟后区组织缺损[J]. 中国修复重建外科杂志，2006，20(10)：1037-1039. {WANG Chenlin,YU Dongsheng,CONG Haibo,QIAO Yongping,SUI Haiming,SU Jinping. Primary repair of tissue defects of achilles tendon and skin by free grafting of anterolateral femoral skin flap and iliotibial tract[J]. Zhongguo Xiu Fu Chong Jian Wai Ke Za Zhi[Chin J Repar Reconstr Surg(Article in Chinese;Abstract in Chinese and English)],2006,20(10):1037-1039.}

[10927] 陆俭军，谭海涛，江建中，韦平欧，杨克勤，唐耀庭. 股前外侧皮瓣游离移植修复儿童四肢皮肤软组织缺损[J]. 中华显微外科杂志，2006，29(4)：290-291. DOI：10.3760/cma.j.issn.1001-2036.2006.04.019. {LU Jianjun,TAN Haitao,JIANG Jianzhong,WEI Pingou,YANG Keqin,TANG Yaoting. Free anterolateral thigh flap for repairing skin and soft tissue defects in children's limbs[J]. Zhonghua Xian Wei Wai Ke Za Zhi[Chin J Microsurg(Article in Chinese;Abstract in Chinese)],2006,29(4):290-291. DOI:10.3760/cma.j.issn.1001-2036.2006.04.019.}

[10928] 王先成，乔群，刘志飞，赵茹，赵玉明，王丛峰，曾昂，戚可名. 岛状股前外侧皮瓣修复腹股沟及会阴部创面[J]. 中华整形外科杂志，2006，22(2)：127-129. DOI：10.3760/j.issn：1009-4598.2006.02.013. {WANG Xiancheng,QIAO Qun,LIU Zhifei,ZHAO Ru,ZHAO Yuming,WANG Congfeng,ZENG Ang,QI Keming. The application of pedicled anterolateral thigh fasciocutaneous flaps for reconstruction of perineal and inguinal defects[J]. Zhonghua Zheng Xing Wai Ke Za Zhi[Chin J Plast Surg(Article in Chinese;Abstract in Chinese and English)],2006,22(2):127-129. DOI:10.3760/j:issn:1009-4598.2006.02.013.}

[10929] 胡继超，李钧，陈波，解辉，舒正华. 双侧股前外侧皮瓣瓦合修复全足皮肤脱套伤[J]. 中国修复重建外科杂志，2006，20(9)：952-953. {HU Jichao,LI Jun,CHEN Bo,XIE Hui,SHU Zhenghua. Repair of degloving injury of whole foot with bilateral anterolateral thigh flap[J]. Zhongguo Xiu Fu Chong Jian Wai Ke Za Zhi[Chin J Repar Reconstr Surg(Article in Chinese;No abstract available)],2006,20(9):952-953.}

[10930] 范卫星，俞立新，吴争鸣. 股前外侧皮瓣修复小腿近中段创面的临床应用[J]. 临床骨科杂志，2006，9(6)：521-522. DOI：10.3969/j.issn.1008-0287.2006.06.017. {FAN Weixing,YU Lixin,WU Zhengming. Clinical application of anteriolateral femoral flap for repairing proximal and middle leg soft tissue defect[J]. Lin Chuang Gu Ke Za Zhi [J Clin Orthop(Article in Chinese;Abstract in Chinese and English)],2006,9(6):521-522. DOI:10.3969/j.issn.1008-0287.2006.06.017.}

[10931] 张铁慧，童致虹，杨卫东，张洪权，孙焕伟，梁武，任远飞. 游离股前外侧皮瓣修复四肢软组织缺损[J]. 中华显微外科杂志，2006，29(1)：9. DOI：10.3760/cma.j.issn.1001-2036.2006.01.032. {ZHANG Tiehui,TONG Zhihong,YANG Weidong,ZHANG Hongquan,SUN Huanwei,LIANG Wu,REN Yuanfei. Free anterolateral thigh flap for repairing soft tissue defects of extremities[J]. Zhonghua Xian Wei Wai Ke Za Zhi[Chin J Microsurg(Article in Chinese;No abstract available)],2006,29(1):9. DOI:10.3760/cma.j.issn.1001-2036.2006.01.032.}

[10932] 苑芳昌，杨晖，韩崇伟. 股前外侧皮瓣治疗小腿严重毁损伤[J]. 中华创伤骨科杂志，2006，8(11)：1090-1091. DOI：10.3760/cma.j.issn.1671-7600.2006.11.025. {YUAN Fangchang,YANG Hui,HAN Chongwei. Anterolateral thigh flap in treatment of leg severe injury[J]. Zhonghua Chuang Shang Gu Ke Za Zhi[Chin J Orthop Trauma(Article in Chinese;Abstract in Chinese)],2006,8(11):1090-1091. DOI:10.3760/cma.j.issn.1671-7600.2006.11.025.}

[10933] 黄文孝，陈杰，喻建军，李赞，包荣华，戴捷，周晓. 21例舌癌游离股前外侧皮瓣舌再造术临床体会[J]. 中国肿瘤，2006，15(11)：779-781. DOI：10.3969/j.issn.1004-0242.2006.11.021. {HUANG Wenxiao,CHEN Jie,YU Jianjun,LI Zan,BAO Ronghua,DAI Jie,ZHOU Xiao. Tongue reconstruction with free anterolateral thigh flap in 21 cases with tongue carcinoma[J]. Zhongguo Zhong Liu[China Cancer(Article in Chinese;Abstract in Chinese and English)],2006,15(11):779-781. DOI:10.3969/j.issn.1004-0242.2006.11.021.}

[10934] 张志新，姜波，陈雷，潘月海，路来金. 游离股前外侧皮瓣在儿童软组织缺损修复中的应用[J]. 中华显微外科杂志，2006，29(3)：224-225. DOI：10.3760/cma.j.issn.1001-2036.2006.03.024. {ZHANG Zhixin,JIANG Bo,CHEN Lei,PAN Yuehai,LU Laijin. Application of free anterolateral thigh flap in repairing soft tissue defects in children[J]. Zhonghua Xian Wei Wai Ke Za Zhi[Chin J Microsurg(Article in Chinese;Abstract in Chinese)],2006,29(3):224-225. DOI:10.3760/cma.j.issn.1001-2036.2006.03.024.}

[10935] 李志安，伍成奇，李克坤，马俊，裴志强. 骨外固定器结合股前外侧皮瓣急诊修复胫腓骨骨折软组织缺损[J]. 中国骨伤，2006，19(3)：181-182. DOI：10.3969/j.issn.1003-0034.2006.03.025. {LI Zhian,WU Chengqi,LI Kekun,MA Jun,PEI Zhiqiang. Emergent repair of soft tissue defect accompanied fracture of tibia and fibula with external fixation combined with anterolateral skin flap of femur[J]. Zhongguo Gu Shang[China J Orthop Trauma(Article in Chinese;No abstract available)],2006,19(3):181-182. DOI:10.3969/j.issn.1003-0034.2006.03.025.}

[10936] 孙宝东，乔群，闫迎军. 股前外侧皮瓣与筋膜组织瓣的临床应用[J]. 中国修复重建外科杂志，2006，20(5)：550-552. {SUN Baodong,QIAO Qun,YAN Yingjun. Clinical applications of anterolateral thigh flap[J]. Zhongguo Xiu Fu Chong Jian Wai Ke Za Zhi[Chin J Repar Reconstr Surg(Article in Chinese;Abstract in Chinese and English)],2006,20(5):550-552.}

[10937] 张彬，李德志，徐震纲，唐平章. 游离股前外侧皮瓣修复头颈肿瘤术后缺损[J]. 中华耳鼻咽喉头颈外科杂志，2006，41(6)：447-450. DOI：10.3760/j.issn：1673-0860.2006.06.012. {ZHANG Bin,LI Dezhi,XU Zhengang,TANG Pingzhang. Free anterolateral thigh flap for reconstruction of head and neck defects[J]. Zhonghua Er Bi Yan Hou Tou Jing Wai Ke Za Zhi[Chin J Otorhinolaryngol Head Neck Surg(Article in Chinese;Abstract in Chinese and English)],2006,41(6):447-450. DOI:10.3760/j.issn:1673-0860.2006.06.012.}

[10938] 朱小雷，胡勇，王增涛，孙文海，刘志波，朱磊. 带股外侧皮神经的股前外侧皮瓣修复足背皮肤缺损[J]. 中国微创外科杂志，2006，6(10)：783-784. DOI：10.3969/j.issn.1009-6604.2006.10.027. {ZHU Xiaolei,HU Yong,WANG Zengtao,SUN Wenhai,LIU Zhibo,ZHU Lei. Repair of dorsal skin defects of the foot with nerved anterolateral thigh flap[J]. Zhongguo Wei Chuang Wai Ke Za Zhi[Chin J Minim Inva Surg(Article in Chinese;Abstract in Chinese and English)],2006,6(10):783-784. DOI:10.3969/j.issn.1009-6604.2006.10.027.}

[10939] 施海峰，芮永军，寿奎水，张全荣，孙振中，邱扬，程涛. 游离异形股前外侧皮瓣在

手外科的临床应用 [J]. 中国修复重建外科杂志，2006，20（7）：728-731. {SHI Haifeng,RUI Yongjun,SHOU Kuishui,ZHANG Quanrong,SUN Zhenzhong,QIU Yang,CHENG Tao. Clinical application of irregular anterior lateral femoral flap in hand surgery[J]. Zhongguo Xiu Fu Chong Jian Wai Ke Za Zhi[Chin J Repar Reconstr Surg(Article in Chinese;Abstract in Chinese and English)],2006,20(7):728-731.}

[10940] 段永壮，余占洪，黄昌林，王增涛，何波，郝丽文，缪博. 股前外侧皮瓣移植修复胫骨外露创面 [J]. 中华创伤骨科杂志，2006，8（9）：893-894. DOI: 10.3760/cma.j.issn.1671-7600.2006.09.028. {DUAN Yongzhuang,YU Zhanhong,HUANG Changlin,WANG Zengtao,HE Bo,HAO Liwen,MIAO Bo. Anterolaterai femoral flap in repair of tibial exposure[J]. Zhonghua Chuang Shang Gu Ke Za Zhi[Chin J Orthop Trauma(Article in Chinese;Abstract in Chinese)],2006,8(9):893-894. DOI:10.3760/cma.j.issn.1671-7600.2006.09.028.}

[10941] 李浩，伍国号，刘均墀，彭汉伟，魏茂文，陈文宽. 应用股前外侧皮瓣修复头颈肿瘤手术后缺损 [J]. 中华显微外科杂志，2006，29（2）：146-147. DOI: 10.3760/cma.j.issn.1001-2036.2006.02.027. {LI Hao,WU Guohao,LIU Junchi,PENG Hanwei,WEI Maowen,CHEN Wenkuan. Application of anterolateral thigh flap in reconstruction of head and neck defects after tumor operation[J]. Zhonghua Xian Wei Wai Ke Za Zhi[Chin J Microsurg(Article in Chinese;Abstract in Chinese)],2006,29(2):146-147. DOI:10.3760/cma.j.issn.1001-2036.2006.02.027.}

[10942] 冯亚高，洪光祥. 游离股前外侧皮瓣的临床应用 [J]. 临床骨科杂志，2006，9（4）：319-320. DOI: 10.3969/j.issn.1008-0287.2006.04.012. {FENG Yagao,HONG Guangxiang. Clinical application of free anteriolateral thigh flap[J]. Lin Chuang Gu Ke Za Zhi[J Clin Orthop(Article in Chinese;Abstract in Chinese and English)],2006,9(4):319-320. DOI:10.3969/j.issn.1008-0287.2006.04.012.}

[10943] 唐举玉，李康华，刘俊，刘鸣江，谢松林. 股前外侧游离皮瓣修复足跟大面积软组织缺损 [J]. 中华整形外科杂志，2006，22（6）：436-438. DOI: 10.3760/j.issn: 1009-4598.2006.06.011. {TANG Juyu,LI Kanghua,LIU Jun,LIU Mingjiang,XIE Songlin. Microvascular anastomotic anterolateral thigh flaps for reconstruction of traumatic widespread defects of soft tissue in heel[J]. Zhonghua Zheng Xing Wai Ke Za Zhi[Chin J Plast Surg(Article in Chinese;Abstract in Chinese and English)],2006,22(6):436-438. DOI:10.3760/j.issn:1009-4598.2006.06.011.}

[10944] 张功林，章鸣，吴发林，张文正，郭翱. 股前外侧双叶皮瓣修复手掌和手背创面一例 [J]. 中华显微外科杂志，2006，29（5）：334. DOI: 10.3760/cma.j.issn.1001-2036.2006.05.039. {ZHANG Gonglin,ZHANG Ming,WU Falin,ZHANG Wenzheng,GUO Ao. Anterolateral thigh bilobed flap for repairing wounds of palm and back of hand:A case report[J]. Zhonghua Xian Wei Wai Ke Za Zhi[Chin J Microsurg(Article in Chinese;No abstract available)],2006,29(5):334. DOI:10.3760/cma.j.issn.1001-2036.2006.05.039.}

[10945] 徐生根. 带血管蒂股前外侧筋膜瓣移位膝关节治疗退行性膝关节病 [J]. 中国骨伤，2006，19（2）：85-86. DOI: 10.3969/j.issn.1003-0034.2006.02.009. {XU Shenggen. Transfer of anterolateral femoral vascularized fascial flap for treatment of degenerative arthropathy of knee[J]. Zhongguo Gu Shang[Chin J Orthop Trauma(Article in Chinese;Abstract in Chinese and English)],2006,19(2):85-86. DOI:10.3969/j.issn.1003-0034.2006.02.009.}

[10946] 滕云升，郭永明，赵玲珑，张朝，智丰，吴勐，梁高峰. 股前外侧皮瓣联合其它组织修复足部毁损伤 [J]. 中华显微外科杂志，2007，30（6）：455-456. DOI: 10.3760/cma.j.issn.1001-2036.2007.06.020. {TENG Yunsheng,GUO Yongming,ZHAO Linglong,ZHANG Chao,ZHI Feng,WU Meng,LIANG Gaofeng. Repair of foot injury with anterolateral thigh flap combined with other tissues[J]. Zhonghua Xian Wei Wai Ke Za Zhi[Chin J Microsurg(Article in Chinese;Abstract in Chinese)],2007,30(6):455-456. DOI:10.3760/cma.j.issn.1001-2036.2007.06.020.}

[10947] 黄东，黄永军，吴伟炽，张惠茹，林浩，江亦恒，黄国英，伍庆松. 高位皮动脉型股前外侧皮瓣的临床应用 [J]. 中华显微外科杂志，2007，30（6）：458-459. DOI: 10.3760/cma.j.issn.1001-2036.2007.06.022. {HUANG Dong,HUANG Yongjun,WU Weichi,ZHANG Huiru,LIN Hao,JIANG Yiheng,HUANG Guoying,WU Qingsong. Clinical application of proximal cutaneous artery anterolateral thigh flap[J]. Zhonghua Xian Wei Wai Ke Za Zhi[Chin J Microsurg(Article in Chinese;Abstract in Chinese)],2007,30(6):458-459. DOI:10.3760/cma.j.issn.1001-2036.2007.06.022.}

[10948] 肖善杰，常锐，凌峰. 游离股前外侧皮瓣移植修复手足部皮肤软组织缺损 [J]. 创伤外科杂志，2007，9（5）：404. DOI: 10.3969/j.issn.1009-4237.2007.05.033. {XIAO Shanjie,CHANG Rui,LING Feng. Free transplant of anterolateral femoral flap for repair of defects on extremities[J]. Chuang Shang Wai Ke Za Zhi[J Traum Surg(Article in Chinese;Abstract in Chinese)],2007,9(5):404. DOI:10.3969/j.issn.1009-4237.2007.05.033.}

[10949] 张劼，杜振海，尚博，张闻生，刘士明，都芳涛，周恩昌. 吻合血管的股前外侧皮瓣与腓骨联合移植修复小腿软组织与骨缺损 [J]. 中国骨与关节损伤杂志，2007，22（3）：257-258. DOI: 10.3969/j.issn.1672-9935.2007.03.045. {ZHANG Jie,DU Zhenhai,SHANG Bo,ZHANG Wensheng,LIU Shiming,DU Fangtao,ZHOU Enchang. The repair of soft tissue and bone defects of leg with vascularized anterolateral thigh flap combined with fibula graft[J]. Zhongguo Gu Yu Guan Jie Sun Shang Za Zhi[Chin J Bone Joint Injury(Article in Chinese;No abstract available)],2007,22(3):257-258. DOI:10.3969/j.issn.1672-9935.2007.03.045.}

[10950] 王赤宇，康庆林，曾炳芳，柴益民，韩培，唐剑飞. 逆转腹壁浅动脉皮瓣修复股前外侧皮瓣供区 [J]. 中华创伤骨科杂志，2007，9（7）：625-627. DOI: 10.3760/cma.j.issn.1671-7600.2007.07.008. {WANG Chiyu,KANG Qinglin,ZENG Bingfang,CHAI Yimin,HAN Pei,TANG Jianfei. Reverse superficial epigastric artery flap for coverage of donor site of anterolateral thigh flap[J]. Zhonghua Chuang Shang Gu Ke Za Zhi[Chin J Orthop Trauma(Article in Chinese;Abstract in Chinese and English)],2007,9(7):625-627. DOI:10.3760/cma.j.issn.1671-7600.2007.07.008.}

[10951] 王培吉，董启榕，秦建忠，周凯龙，江波，张咸中. 以旋股外侧动脉高位皮支为蒂的股前外侧皮瓣的临床应用 [J]. 中华显微外科杂志，2007，30（2）：88-90，插图 2-1. DOI: 10.3760/cma.j.issn.1001-2036.2007.02.003. {WANG Peiji,DONG Qirong,QIN Jianzhong,ZHOU Kailong,JIANG Bo,ZHANG Xianzhong. Clinical application of anterolateral femoral skin flap pedicled with high site cutaneous branches of the transverse branch of lateral circumflex femoral artery[J]. Zhonghua Xian Wei Wai Ke Za Zhi[Chin J Microsurg(Article in Chinese;Abstract in Chinese and English)],2007,30(2):88-90,insert 2-1. DOI:10.3760/cma.j.issn.1001-2036.2007.02.003.}

[10952] 韩海宽. 25 例股前外侧皮瓣临床应用体会 [J]. 实用骨科杂志，2007，13（9）：558-559. DOI: 10.3969/j.issn.1008-5572.2007.09.023. {HAN Haikuan. Clinical application of anterolateral thigh flap in 25 cases[J]. Shi Yong Gu Ke Za Zhi[J Pract Orthop(Article in Chinese;No abstract available)],2007,13(9):558-559. DOI:10.3969/j.issn.1008-5572.2007.09.023.}

[10953] 冯亚高，洪光祥. 股前外侧皮瓣移植修复足背皮肤缺损 [J]. 中国骨伤，2007，20（1）：29-30. DOI: 10.3969/j.issn.1003-0034.2007.01.016. {FENG Yagao,HONG Guangxiang. Repair of skin defect in the dorsum of foot with anterolateral femoral skin flap[J]. Zhongguo Gu Shang[China J Orthop Trauma(Article in Chinese;Abstract in Chinese and English)],2007,20(1):29-30. DOI:10.3969/j.issn.1003-0034.2007.01.016.}

[10954] 范卫星，俞立新，吴争鸣. 与腘动脉分支吻合股前外侧皮瓣修复小腿近段中段创面 [J]. 中华显微外科杂志，2007，30（1）：57-58. DOI: 10.3760/cma.j.issn.1001-2036.2007.01.020. {FAN Weixing,YU Lixin,WU Zhengming. Anterolateral thigh flap anastomosed with popliteal artery branch to repair the wound in the proximal and middle leg[J]. Zhonghua Xian Wei Wai Ke Za Zhi[Chin J Microsurg(Article in Chinese;Abstract in Chinese)],2007,30(1):57-58. DOI:10.3760/cma.j.issn.1001-2036.2007.01.020.}

[10955] 郑松，刘明，徐竹，陈斌. 股前外侧皮瓣的临床应用 [J]. 中国骨伤，2007，20（11）：782-783. DOI: 10.3969/j.issn.1003-0034.2007.11.026. {ZHENG Song,LIU Ming,XU Zhu,CHEN Bin. Clinical application of anterior-lateral skin flap of thigh[J]. Zhongguo Gu Shang[China J Orthop Trauma(Article in Chinese;No abstract available)],2007,20(11):782-783. DOI:10.3969/j.issn.1003-0034.2007.11.026.}

[10956] 张元智，李严兵，金丹，江奕恒，陆声，唐茂林，徐达传，裴国献. 数字化三维重建技术在股前外侧皮瓣血供及其可视化中的应用 [J]. 中华创伤骨科杂志，2007，9（7）：650-653. DOI: 10.3760/cma.j.issn.1671-7600.2007.07.015. {ZHANG Yuanzhi,LI Yanbing,JIN Dan,JIANG Yiheng,LU Sheng,TANG Maolin,XU Dachuan,PEI Guoxian. Three-dimensional reconstructive methods used in the visualization of anterolateralthigh flaps[J]. Zhonghua Chuang Shang Gu Ke Za Zhi[Chin J Orthop Trauma(Article in Chinese;Abstract in Chinese and English)],2007,9(7):650-653. DOI:10.3760/cma.j.issn.1671-7600.2007.07.015.}

[10957] 孙长伏，尚德浩，谭学新. 应用股前外侧皮瓣行口底舌癌切除后缺损的修复重建 [J]. 中国医科大学学报，2007，36（6）：735-736. DOI: 10.3969/j.issn.0258-4646.2007.06.044. {SUN Changfu,SHANG Dehao,TAN Xuexin. Anterolateral thigh flap in reconstruction of oral defects after the resection of the carcinoma of tongue and the floor mouth[J]. Zhongguo Yi Ke Da Xue Xue Bao[J Chin Med Univ(Article in Chinese;Abstract in Chinese)],2007,36(6):735-736. DOI:10.3969/j.issn.0258-4646.2007.06.044.}

[10958] 余建新，许凤芝，程健，薛旦，韩春茂. 股前外侧皮瓣早期修复手及前臂严重热压伤创面 [J]. 中华急诊医学杂志，2007，16（5）：540-541. DOI: 10.3760/j.issn:1671-0282.2007.05.024. {YU Jianxin,XU Fengzhi,CHENG Jian,XUE Dan,HAN Chunmao. Early repair of severly thermal crush injury of hand and forearm by anterolateral thigh flap[J]. Zhonghua Ji Zhen Yi Xue Za Zhi[Chin J Emerg Med(Article in Chinese;No abstract available)],2007,16(5):540-541. DOI:10.3760/j.issn:1671-0282.2007.05.024.}

[10959] 刘学胜，曲连军，刘雪涛，劳克诚，刘勇，李忠，张成进. 股前外侧皮瓣修复前臂皮肤缺损 [J]. 中国修复重建外科杂志，2007，21（12）：1391-1392. {LIU Xuesheng,QU Lianjun,LIU Xuetao,LAO Kecheng,LIU Yong,LI Zhong,ZHANG Chengjin. Anterolateral thigh flap for the repair of forearm skin defect[J]. Zhongguo Xiu Fu Chong Jian Wai Ke Za Zhi[Chin J Repar Reconstr Surg(Article in Chinese;Abstract in Chinese)],2007,21(12):1391-1392.}

[10960] 刘成龙，靳安民，庄宁，于博. 阔筋膜张肌皮瓣在股前外侧皮瓣切取失败时的补救作用 [J]. 实用手外科杂志，2007，21（3）：185. DOI: 10.3969/j.issn.1671-2722.2007.03.040. {LIU Chenglong,JIN Anmin,ZHUANG Ning,YU Bo. Remedial effect of tensor fascia lata myocutaneous flap in the failure of harvesting anterolateral thigh flap[J]. Shi Yong Shou Wai Ke Za Zhi[Chin J Pract Hand Surg(Article in Chinese;No abstract available)],2007,21(3):185. DOI:10.3969/j.issn.1671-2722.2007.03.040.}

[10961] 刘育凤，归来，张智勇. 股前外侧皮瓣的解剖及应用 [J]. 创伤外科杂志，2007，9（3）：283-286. DOI: 10.3969/j.issn.1009-4237.2007.03.033. {LIU Yufeng,GUI Lai,ZHANG Zhiyong. Application of anterolateral thigh (myo-or fascio-) cutaneous flap[J]. Chuang Shang Wai Ke Za Zhi[J Traum Surg(Article in Chinese;Abstract in Chinese and English)],2007,9(3):283-286. DOI:10.3969/j.issn.1009-4237.2007.03.033.}

[10962] 江奕恒，徐达传，李学雷，李严斌，彭田红，张元智，唐茂林. 股前外侧区皮瓣血管 3D 可视化研究与皮瓣设计 [J]. 中华显微外科杂志，2007，30（6）：433-436. DOI: 10.3760/cma.j.issn.1001-2036.2007.06.011. {JIANG Yiheng,XU Dachuan,LI Xuelei,LI Yanbin,PENG Tianhong,ZHANG Yuanzhi,TANG Maolin. Vascular 3D visualization and flap design on the each perforator of anterolateral thigh flap[J]. Zhonghua Xian Wei Wai Ke Za Zhi[Chin J Microsurg(Article in Chinese;Abstract in Chinese and English)],2007,30(6):433-436. DOI:10.3760/cma.j.issn.1001-2036.2007.06.011.}

[10963] 朱新红，李强，吴水培，俞立新，黄飞，于凤宾. 股前外侧分叶皮瓣的临床应用 [J]. 中华显微外科杂志，2007，30（1）：11-13. DOI: 10.3760/cma.j.issn.1001-2036.2007.01.005. {ZHU Xinhong,LI Qiang,WU Shuipei,YU Lixin,HUANG Fei,YU Fengbin. Clinical application of the ramifed anterolateral femoral flap[J]. Zhonghua Xian Wei Wai Ke Za Zhi[Chin J Microsurg(Article in Chinese;Abstract in Chinese and English)],2007,30(1):11-13. DOI:10.3760/cma.j.issn.1001-2036.2007.01.005.}

[10964] 刘光军，范启申，郭德亮，田清业，谭琪，李建强. 削薄型股前外侧穿支皮瓣游离移植修复手腕部皮肤软组织缺损 [J]. 实用手外科杂志，2007，21（4）：246-247. DOI: 10.3969/j.issn.1671-2722.2007.04.035. {LIU Guangjun,FAN Qishen,GUO Deliang,TIAN Qingye,TAN Qi,LI Jianqiang. Free transplantation of thinned anterolateral thigh perforator flap for repairing skin and soft tissue defects of wrist[J]. Shi Yong Shou Wai Ke Za Zhi[Chin J Pract Hand Surg(Article in Chinese;No abstract available)],2007,21(4):246-247. DOI:10.3969/j.issn.1671-2722.2007.04.035.}

[10965] 蒲超，朱红，黄富国. 股前外侧皮瓣加髂骨植骨修复手背软组织及掌骨缺损二例 [J]. 中国修复重建外科杂志，2008，22（1）：25. {PU Chao,ZHU Hong,HUANG Fuguo. Anterolateral thigh flap and iliac bone graft in repairing dorsal soft tissue and metacarpal bone defect of the hand:Two cases report[J]. Zhongguo Xiu Fu Chong Jian Wai Ke Za Zhi[Chin J Repar Reconstr Surg(Article in Chinese;No abstract available)],2008,22(1):25.}

[10966] 杨熙鸿，彭汉伟，郭海鹏，林建英，陈伟正，徐敏，刘木元. 股前外侧皮瓣在口腔肿瘤术后缺损修复中的初步应用 [J]. 中国修复重建外科杂志，2008，22（9）：1139-1141. {YANG Xihong,PENG Hanwei,GUO Haipeng,LIN Jianying,CHEN Weizheng,XU Min,LIU Muyuan. Preliminary application of anterolateral thigh flap in the repair of oral cavity defects after tumor resection[J]. Zhongguo Xiu Fu Chong Jian Wai Ke Za Zhi[Chin J Repar Reconstr Surg(Article in Chinese;Abstract in Chinese)],2008,22(9):1139-1141.}

[10967] 刘成龙，靳安民，庄宁，曹延林. 股前外侧皮瓣临床应用特殊情况的处理 [J]. 中华显微外科杂志，2008，31（4）：258. DOI: 10.3760/cma.j.issn.1001-2036.2008.04.036. {LIU Chenglong,JIN Anmin,ZHUANG Ning,CAO Yanlin. Treatment of special clinical application of anterolateral thigh flap[J]. Zhonghua Xian Wei Wai Ke Za Zhi[Chin J Microsurg(Article in Chinese;No abstract available)],2008,31(4):258. DOI:10.3760/cma.j.issn.1001-2036.2008.04.036.}

[10968] 沈立锋，张春，张晓文，郭峭峰，马苟平，俞华军. 逆行股前外侧皮瓣与肌皮瓣转位修复膝下截肢后残端软组织缺损 [J]. 中国临床解剖学杂志，2008，26（4）：443-445. DOI: 10.3969/j.issn.1001-165X.2008.04.028. {SHEN Lifeng,ZHANG chun,ZHANG Xiaowen,GUO Qiaofeng,MA Gouping,YU huajun. Using reverse anteriolateral thigh flap and muscular flap to recover soft tissue defect after limb amputation belowkneejoint[J]. Zhongguo Lin Chuang Jie Pou Xue Za Zhi[Chin J Clin Anat(Article in Chinese;Abstract in Chinese and English)],2008,26(4):443-445. DOI:10.3969/j.issn.1001-165X.2008.04.028.}

[10969] 任义军，裴国献，任高宏，金丹，刘勇，陈滨，魏宽海，王钢. 带髂胫束的股前外侧皮瓣修复前臂复杂创面 [J]. 中华创伤杂志，2008，24（7）：543-546. DOI: 10.3321/j.issn: 1001-8050.2008.07.021. {REN Yijun,PEI Guoxian,REN Gaohong,JIN Dan,LIU Yong,CHEN Bin,WEI Kuanhai,WANG Gang. Anterolateral thigh flap transferred with iliotibial tract for coverage of complicated forearm wounds[J]. Zhonghua Chuang Shang Za Zhi[Chin J Trauma(Article in Chinese;Abstract in Chinese and English)],2008,24(7):543-546. DOI:10.3321/j.issn:1001-8050.2008.07.021.}

[10970] 戴捷，周晓，陈杰，喻建军，李赞，黄文孝. 削薄股前外侧皮瓣游离移植修复舌癌术后缺损 [J]. 组织工程与重建外科杂志，2008，4（3）：157-159. DOI: 10.3969/

j.issn.1673-0364.2008.03.010. {DAI Jie,ZHOU Xiao,CHEN Jie,YU Jianjun,LI Zan,HUANG Wenxiao. Reconstruction of soft tissue defects after tongue cancer resection using free thinning anterolateral thigh flap[J]. Zu Zhi Gong Cheng Yu Chong Jian Wai Ke Za Zhi[J]. Tissue Eng Reconstr Surg(Article in Chinese;Abstract in Chinese and English)],2008,4(3):157-159. DOI:10.3969/j.issn.1673-0364.2008.03.010.}

[10971] 任义军，任高宏，金丹，胡罢生，魏宽海，徐凯，张元智，裴国献. 数字化股前外侧皮瓣的可视技术在临床中的初步应用 [J]. 中华创伤骨科杂志，2008，10（5）：432-435. DOI：10.3760/cma.j.issn.1671-7600.2008.05.009. {REN Yijun,REN Gaohong,JIN Dan,HU Basheng,WEI Kuanhai,XU Kai,ZHANG Yuanzhi,PEI Guoxian. Preliminary application of digital visualization of anterolateral thigh flaps in clinic[J]. Zhonghua Chuang Shang Gu Ke Za Zhi[Chin J Orthop Trauma(Article in Chinese;Abstract in Chinese and English)],2008,10(5):432-435. DOI:10.3760/cma.j.issn.1671-7600.2008.05.009.}

[10972] 廖贵清，苏宇雄，刘海潮，李金，王勤，法赫米，区德明. 股前外侧皮瓣修复中晚期舌癌术后缺损 [J]. 中华显微外科杂志，2008，31（2）：95-97. DOI：10.3760/cma.j.issn.1001-2036.2008.02.006. {LIAO Guiqing,SU Yuxiong,LIU Haichao,LI Jin,WANG Qin,FAHMHA Numan,OU Deming. Tongue reconstruction with anterolateral thigh flap for middle-late stage tongue cancer patients[J]. Zhonghua Xian Wei Wai Ke Za Zhi[Chin J Microsurg(Article in Chinese;Abstract in Chinese and English)],2008,(2):95-97. DOI:10.3760/cma.j.issn.1001-2036.2008.02.006.}

[10973] 刘会仁，李瑞国，曹磊，张艳茂，王国强，刘志旺，于占勇，王立新. 股前外侧皮瓣在肢体组织缺损修复中的几点改进 [J]. 中华显微外科杂志，2008，31（6）：443-444. DOI：10.3760/cma.j.issn.1001-2036.2008.06.014. {LIU Huiren,LI ruiguo,CAO Lei,ZHANG Yanmao,WANG Guoqiang,LIU Zhiwang,YU Zhanyong,WANG Lixin. Improvement of anterolateral thigh flap in repairing limb tissue defect[J]. Zhonghua Xian Wei Wai Ke Za Zhi[Chin J Microsurg(Article in Chinese;Abstract in Chinese)],2008,(6):443-444. DOI:10.3760/cma.j.issn.1001-2036.2008.06.014.}

[10974] 周鹏，唐茂林. PubMed 数据库中有关股前外侧皮瓣的文献计量学分析 [J]. 解剖学报，2008，39(2)：264-266. DOI：10.3321/j.issn：0529-1356.2008.02.027. {ZHOU Peng,TANG Maolin. The bibliometric analysis of anterolateral thigh flap in PubMed database[J]. Jie Pou Xue Bao[Acta Anat Sin(Article in Chinese;Abstract in Chinese and English)],2008,39(2):264-266. DOI:10.3321/j.issn:0529-1356.2008.02.027.}

[10975] 王晓峰，申明亮，翟严军，刘靖华. 游离股前外侧皮瓣切口顺序的改良 [J]. 实用手外科杂 志，2008，22（4）：210. DOI：10.3969/j.issn.1671-2722.2008.04.015. {WANG Xiaofeng,SHEN Mingliang,ZHAI Yanjun,LIU Jinghua. Improvement of incision sequence of free anterolateral thigh flap[J]. Shi Yong Shou Wai Ke Za Zhi[Chin J Pract Hand Surg(Article in Chinese;No abstract available)],2008,22(4):210. DOI:10.3969/j.issn.1671-2722.2008.04.015.}

[10976] 吕先俊，乔永军，冯晓林，龙向阳，陈大康，陈远海，李特，舒洋，龙俊鹏，陈志兵. 应用股前外侧皮瓣修复四肢大面积的软组织缺损 [J]. 创伤外科杂志，2008，10（6）：494. DOI：10.3969/j.issn.1009-4237.2008.06.038. {LV Xianjun,QIAO Yongjun,FENG Xiaolin,LONG Xiangyang,CHEN Dakang,CHEN Yuanhai,LI Te,SHU Yang,LONG Junpeng,CHEN Zhibing. Anterolateral femoral flap for repair of large soft tissue defects in the extremities[J]. Chuang Shang Wai Ke Za Zhi[J Traum Surg(Article in Chinese;Abstract in Chinese)],2008,10(6):494. DOI:10.3969/j.issn.1009-4237.2008.06.038.}

[10977] 丰波，武宇赤，张霄雁，张澜. 中小型股前外侧皮瓣修复足背皮肤组织缺损 [J]. 实用手外科杂志，2008，22(1)：44+68. DOI：10.3969/j.issn.1671-2722.2008.01.018. {FENG Bo,WU Yuchi,ZHANG Xiaoyan,ZHANG Lan. Skin defect of dorsum of foot repaired by small and medium anterolateral thigh flap[J]. Shi Yong Shou Wai Ke Za Zhi[Chin J Pract Hand Surg(Article in Chinese;No abstract available)],2008,22(1):44+68. DOI:10.3969/j.issn.1671-2722.2008.01.018.}

[10978] 吕先俊，冯晓林，夏荣军，陈远海，陈大康. 股前外侧皮瓣修复上肢大面积皮肤软组织缺损一例 [J]. 中华手外科杂志，2008，24（1）：23. DOI：10.3760/cma.j.issn.1005-054X.2008.01.028. {LV Xianjun,FENG Xiaolin,XIA Rongjun,CHEN Haiyuan,CHEN Dakang. The anterolateral thigh flap for repairing the large skin and soft tissue defects of the upper limb:A case report[J]. Zhonghua Shou Wai Ke Za Zhi[Chin J Hand Surg(Article in Chinese;No abstract available)],2008,24(1):23. DOI:10.3760/cma.j.issn.1005-054X.2008.01.028.}

[10979] 刘会仁，曹磊，张艳茂，李国华，项力源，侯全玲，刘志旺，王立新，孙来卿. 分叶股前外侧肌皮瓣修复前臂组织缺损与功能重建 [J]. 中华手外科杂志，2008，24（1）：14-16. DOI：10.3760/cma.j.issn.1005-054X.2008.01.005. {LIU Huiren,CAO Lei,ZHANG Yanmao,LI Guohua,XIANG Liyuan,HOU Quanling,LIU Zhiwang,WANG Lixin,SUN Laiqin. Ramified anterolateral thigh myoeutaneous flap transfer for upper extremity tissue defect repair and functional reconstruction[J]. Zhonghua Shou Wai Ke Za Zhi[Chin J Hand Surg(Article in Chinese;Abstract in Chinese and English)],2008,24(1):14-16. DOI:10.3760/cma.j.issn.1005-054X.2008.01.005.}

[10980] 栗翠英，胡建群，姚刚，叶新华，范伯强. 彩色多普勒超声对股前外侧皮瓣穿支的研究 [J]. 南京医科大学学报：自然科学版，2008，28（4）：530-533. DOI：10.3969/j.issn.1007-4368.2008.04.029. {LI Cuiying,HU Jianqun,YAO Gang,YE Xinhua,FAN Boqiang. A study of anterolateral thigh flap cutaneous perforators with color doppler flow imaging[J]. Nanjing Yi Ke Da Xue Xue Bao:Zi Ran Xue Ban[Acta Univ Med Nanjing(Article in Chinese;Abstract in Chinese and English)],2008,28(4):530-533. DOI:10.3969/j.issn.1007-4368.2008.04.029.}

[10981] 刘会仁，刘德群，刘小坡，王国强，项力源，刘志旺，于占勇. 股前外侧分叶肌皮瓣的应用解剖与临床意义 [J]. 中国临床解剖学杂志，2008，26（5）：491-493. DOI：10.3969/j.issn.1001-165X.2008.05.007. {LIU Huiren,LIU Dequn,LIU Xiaopo,WANG Guoqiang,XIANG Liyuan,LIU Zhiwang,YU Zhanyong. Applied anatomy and clinical significance of the ramified musculocutaneous flap pedicled with the descending branch of the lateral circumflex femoral artery[J]. Zhongguo Lin Chuang Jie Pou Xue Za Zhi[Chin J Clin Anat(Article in Chinese and English; Abstract in Chinese and English)],2008,26(5):491-493. DOI:10.3969/j.issn.1001-165X.2008.05.007.}

[10982] 滕云升，刘重，智丰，刘少军，郭永明，张朝，赵玲珑，吴勐，梁高锋，李涛，石宇. 腓骨骨皮瓣组合股前外侧皮瓣修复小腿复合组织缺损 [J]. 中华显微外科杂志，2009，32（2）：116-118，180. DOI：10.3760/cma.j.issn.1001-2036.2009.02.012. {TENG Yunsheng,LIU Zhong,ZHI Feng,LIU Shaojun,GUO Yongming,ZHANG Zhao,WU Meng,LIANG Gaofeng,LI Tao,SHI Yu. Transplantation of the cutaneous fibular flap combined with anterolateral thigh flap for the repair of complex tissue defect of the leg[J]. Zhonghua Xian Wei Wai Ke Za Zhi[Chin J Microsurg(Article in Chinese;Abstract in Chinese and English)],2009,32(2):116-118,180. DOI:10.3760/cma.j.issn.1001-2036.2009.02.012.}

[10983] 文根，柴益民，吴旭华，康庆林，曾炳芳. 股前外侧皮瓣供区并发症的防治 [J]. 中华显微外科杂 志，2009，32（6）：461-463. DOI：10.3760/cma.j.issn.1001-2036.2009.06.010. {WEN Gen,CHAI Yimin,WU Xuhua,KANG Qinglin,ZENG Bingfang. The donor site morbidity of the anterolateral thigh flap and its countermeasure[J]. Zhonghua Xian Wei Wai Ke Za Zhi[Chin J Microsurg(Article in Chinese;Abstract in Chinese and English)],2009,32(6):461-463. DOI:10.3760/cma.j.issn.1001-2036.2009.06.010.}

[10984] 王先成，杨新明，李晓芳，鲁青，肖自安，唐青来，郭运凯. 股前外侧皮瓣重建咽喉食管一例近期疗效 [J]. 中国修复重建外科杂志，2009，23（3）：376-377. {WANG Xiancheng,YANG xinming,LI Xiaofang,LU Qing,XIAO Zian,TANG Qinglai,GUO Yunkai. Reconstruction of larynx and esophagus with anterolateral thigh flap:a case report[J]. Zhongguo Xiu Fu Chong Jian Wai Ke Za Zhi[Chin J Repar Reconstr Surg(Article in Chinese;Abstract in Chinese)],2009,23(3):376-377.}

[10985] 马心赤，王和驹，陈剑飞，林崇正. 双侧股前外侧皮瓣临床应用的体会 [J]. 中华显微外科杂志，2009，32（6）：502-503. {MA Xinchi,WANG Heju,CHEN Jianfei,LIN Chongzheng. Lessons from clinical application of bilateral anterolateral thigh flap[J]. Zhonghua Xian Wei Wai Ke Za Zhi[Chin J Microsurg(Abstract in Chinese;Abstract in Chinese)],2009,32(6):502-503.}

[10986] 林晓阳，王万明，张志宏，陈庆泉. 逆行股前外侧皮瓣、肌皮瓣转移治疗膝周及小腿上段软组织缺损伴感染 [J]. 中华骨科杂志，2009，29（3）：226-229. {LIN Xiaoyang,WANG Wanming,ZHANG Zhihong,CHEN Qingquan. Treatment for soft tissue defect combined with infection in the knee and upper leg used reverse anterolateral thigh flap or musculocutaneous flap[J]. Zhonghua Gu Ke Za Zhi[Chin J Orthop(Article in Chinese;Abstract in Chinese and English)],2009,29(3):226-229.}

[10987] 方冰，李红，韩东，庄颖，刘建，王奇，周光宇，刘胜才. 股前外侧皮瓣修复小腿大面积软组织缺损 [J]. 临床骨科杂志，2009，12（1）：33-34. DOI：10.3969/j.issn.1008-0287.2009.01.012. {FANG Bing,LI Hong,HAN Dong,ZHUANG Yin,LIU Jian,WANG Qi,ZHOU Guangyu,LIU Shengcai. Anterolateral thigh flap transfer for coverage of massive soft tissue defect of the leg[J]. Lin Chuang Gu Ke Za Zhi[J Clin Orthop(Article in Chinese;Abstract in Chinese and English)],2009,12(1):33-34. DOI:10.3969/j.issn.1008-0287.2009.01.012.}

[10988] 王铠，谭宏宇，吴汉江，朱兆夫，刘金兵，龚朝建. 股前外侧皮瓣在口腔颌面部缺损修复中的应用 [J]. 中华耳鼻咽喉头颈外科杂志，2009，44（9）：753-757. DOI：10.3760/cma.j.issn.1673-0860.2009.09.012. {WANG Kai,TANG Hongyu,WU Hanjiang,ZHU Zhaofu,LIU Jinbing,GONG Chaojian. Clinical application of free anterolateral thigh flap in the reconstruction of oromaxillo-facial defects[J]. Zhonghua Er Bi Yan Hou Tou Jing Wai Ke Za Zhi[Chin J Otorhinolaryngol Head Neck Surg(Article in Chinese;Abstract in Chinese and English)],2009,44(9):753-757. DOI:10.3760/cma.j.issn.1673-0860.2009.09.012.}

[10989] 周琦，陈祥军，杨英捷. 股前外侧皮瓣在外阴肿瘤术后的修复应用 [J]. 临床肿瘤学杂志，2009，14（12）：1131-1133. DOI：10.3969/j.issn.1009-0460.2009.12.018. {ZHOU Qi,CHEN Xiangjun,YANG Yingjie. Application of anterolateral thigh flap in repairing widespread defects following radical resection of vulval carcinoma[J]. Lin Chuang Zhong Liu Xue Za Zhi[Chin Clin Oncol(Article in Chinese;Abstract in Chinese and English)],2009,14(12):1131-1133. DOI:10.3969/j.issn.1009-0460.2009.12.018.}

[10990] 刘生和，蔡培华，柴益民，徐铮宇，江潮胤，范存义. 桥式交叉逆行股前外侧皮瓣转移修复对侧小腿中下段软组织缺损 [J]. 中华显微外科杂志，2009，32（1）：29-31，92. DOI：10.3760/cma.j.issn.1001-2036.2009.01.012. {LIU Shenghe,CAI Peihua,CHAI Yimin,XU Zhengyu,JIANG Chaoyin,FAN Cunyi. The distally based cross-leg anterolateral thigh flap for reconstruction of soft tissue defects in middle and distal thirds of the contralateral leg[J]. Zhonghua Xian Wei Wai Ke Za Zhi[Chin J Microsurg(Article in Chinese;Abstract in Chinese and English)],2009,(1):29-31,92. DOI:10.3760/cma.j.issn.1001-2036.2009.01.012.}

[10991] 彭汉伟，杨熙鸿，郭海鹏，林建英，陈伟正，徐敏，刘木元. 股前外侧皮瓣和前臂皮瓣在头颈部组织缺损修复中的比较 [J]. 中华显微外科杂志，2009，32（1）：32-35. DOI：10.3760/cma.j.issn.1001-2036.2009.01.014. {PENG Hanwei,YANG Xihong,GUO Haipeng,LIN Jianying,CHEN Weizheng,XU Min,LIU muyuan. Comparison of anterolateral thigh flap and forearm flap in repair of head and neck defects[J]. Zhonghua Xian Wei Wai Ke Za Zhi[Chin J Microsurg(Article in Chinese;Abstract in Chinese and English)],2009,(1):32-35. DOI:10.3760/cma.j.issn.1001-2036.2009.01.014.}

[10992] 吴平安，王先成，董忠根，唐青来，黎景佳，杨新明. 游离股前外侧皮瓣在下咽及颈段食管肿瘤切除后组织缺损修复中的应用 [J]. 临床耳鼻咽喉头颈外科杂志，2009，23（21）：961-963，967. DOI：10.3969/j.issn.1001-1781.2009.21.001. {WU Pingan,WANG Xiancheng,DONG Zhonggen,TANG Qinglai,LI Jingjia,YANG Xinming. Reconstruction with the anterolateral thigh flap interposition for defect after tumor resection of hypopharyngeal and cervical esophageal cancer[J]. Lin Chuang Er Bi Yan Hou Tou Jing Wai Ke Za Zhi[J Clin Otorhinolaryngol Head Neck Surg(Article in Chinese;Abstract in Chinese and English)],2009,23(21):961-963,967. DOI:10.3969/j.issn.1001-1781.2009.21.001.}

[10993] 冯亚高，张向宁，陶忠生，魏斌，霍飞，刘少华. 封闭式负压引流联合股前外侧皮瓣修复足背皮肤缺损 [J]. 中华显微外科杂志，2009，32（4）：318-319. DOI：10.3760/cma.j.issn.1001-2036.2009.04.025. {FENG Yagao,ZHANG Xiangning,TAO Zhongsheng,WEI Bin,HUO Fei,LIU Shaohua. Closed negative pressure drainage combined with anterolateral thigh flap for repairing skin defect of dorsum of foot[J]. Zhonghua Xian Wei Wai Ke Za Zhi[Chin J Microsurg(Article in Chinese;Abstract in Chinese)],2009,32(4):318-319. DOI:10.3760/cma.j.issn.1001-2036.2009.04.025.}

[10994] 陈振强，刘国英，孙占胜，娄方勇. 股前外侧皮瓣在小腿毁损伤中的应用研究 [J]. 实用骨科 杂 志，2009，15（1）：57-58. DOI：10.3969/j.issn.1008-5572.2009.01.024. {CHEN Zhenqiang,LIU Guoying,SUN Zhansheng,LOU Fangyong. Application of anterolateral thigh flap in severe injury of the leg[J]. Shi Yong Gu Ke Za Zhi[J]. Pract Orthop(Article in Chinese;Abstract in Chinese)],2009,15(1):57-58. DOI:10.3969/j.issn.1008-5572.2009.01.024.}

[10995] 朱新红，吴水培，俞立新. 带蒂股前外侧皮瓣的临床应用 [J]. 中华显微外科杂志，2009，32（4）：280. {ZHU Xinhong,WU shuipei,YU Lixin. Clinical application of pedicled anterolateral thigh flap[J]. Zhonghua Xian Wei Wai Ke Za Zhi[Chin J Microsurg(Article in Chinese;Abstract in Chinese and English)],2009,32(4):280.}

[10996] 唐举玉，李康华. 股前外侧皮瓣的临床研究进展 [J]. 中国临床解剖学杂志，2009，27（1）：111-113. {TANG Juyu,LI Kanghua. The progress on clinic study of anterolateral thigh flap[J]. Zhongguo Lin Chuang Jie Pou Xue Za Zhi[Chin J Clin Anat(Article in Chinese;No abstract available)],2009,27(1):111-113.}

[10997] 施海峰，芮永军，寿奎水，张全荣，许亚军，糜菁熠，陆征峰，张辉. 股前外侧皮瓣供区愈合情况回顾与分析 [J]. 中华显微外科杂志，2009，32（4）：323-324. DOI：10.3760/cma.j.issn.1001-2036.2009.04.028. {SHI Haifeng,RUI Yongjun,SHOU kuishui,ZHANG Quanrong,XU Yajun,MI Jingyi,LU Zhengfeng,ZHANG Hui. Retrospective analysis of donor site healing of anterolateral thigh flap[J]. Zhonghua Xian Wei Wai Ke Za Zhi[Chin J Microsurg(Article in Chinese;Abstract in Chinese)],2009,(4):323-324. DOI:10.3760/cma.j.issn.1001-2036.2009.04.028.}

[10998] 江奕恒，徐达传. 数字技术在研究薄型股前外侧皮瓣中的应用 [J]. 中国临床解剖学杂志，2009，27（1）：1-4. {JIANG Yiheng,XU Dachuan. The application of digital technology on study of the thin anterolateral thigh flap[J]. Zhongguo Lin Chuang Jie Pou Xue Za Zhi[Chin J Clin Anat(Article in Chinese;Abstract in Chinese and English)],2009,27(1):1-4.}

[10999] 朱新红，吴水培，俞立新，于凤宾，朱亚中，周嵘. 带感觉神经的股前外侧皮瓣修复手、足皮肤缺损 [J]. 中国微创外科杂志，2009，9（8）：753-755. DOI：10.3969/j.issn.1009-6604.2009.08.031. {ZHU Xinhong,WU Shuipei,YU Lixin,YU Fengbin,ZHU Yazhong,ZHOU Rong. The repair of skin defect of hand and foot with anterolateral thigh flap with sensory nerve[J]. Zhongguo Wei Chuang Wai Ke Za Zhi[Chin J Minim Inva Surg(Article in Chinese;No abstract available)],2009,9(8):753-755. DOI:10.3969/j.issn.1009-6604.2009.08.031.}

[11000] 章伟文，王欣，陈宏，潘佳栋，徐吉海. 旋股外侧动脉横支为蒂的股前外侧皮瓣重建肘部复合组织缺损的临床应用 [J]. 中华手外科杂志，2009，25（4）：233-235. DOI：10.3760/cma.j.issn.1005-054X.2009.04.019. {ZHANG Weiwen,WANG Xin,CHEN Hong,PAN Jiadong,XU Jihai. Clinical application of the anterolateral thigh flap pedicled on the transverse branch of the lateral femoral circumflex artery for reconstruction of composite defects of the elbow[J].

Zhonghua Shou Wai Ke Za Zhi[Chin J Hand Surg(Article in Chinese;Abstract in Chinese and English)],2009,25(4):233-235. DOI:10.3760/cma.j.issn.1005-054X.2009.04.019.}

[11001] 吴伟炽，黄东，牟勇，张惠茹，林浩，黄国英．股前外侧皮瓣串联腓骨皮瓣修复小腿大面积皮肤软组织伴骨缺损[J]．中华创伤骨科杂志，2009，11(10)：937-939．DOI：10.3760/cma.j.issn.1671-7600.2009.10.009．{WU Weichi,HUANG Dong,MOU Yong,ZHANG Huiru,LIN Hao,HUANG Guoying. Transplantation of anterolateral thigh flap connected with the fibular flap for repair of massive tissue and bone defects at the leg[J]. Zhonghua Chuang Shang Gu Ke Za Zhi[Chin J Orthop Trauma(Article in Chinese;Abstract in Chinese and English)],2009,11(10):937-939. DOI:10.3760/cma.j.issn.1671-7600.2009.10.009.}

[11002] 文根，吴旭华，柴益民，康庆林，曾炳芳．股前外侧皮瓣供区并发症的分析[J]．中国修复重建外科杂志，2009，23(10)：1177-1179．DOI：10.3760/cma.j.issn.1001-2036.2009.06.010．{WEN Gen,WU Xuhua,CAI Yimin,KANG Qinlin,ZENG Bingfang. Analysis of the donorsite complications of the anterolateral thigh flap[J]. Zhongguo Xiu Fu Chong Jian Wai Ke Za Zhi[Chin J Repar Reconstr Surg(Article in Chinese;Abstract in Chinese and English)],2009,23(10):1177-1179. DOI:10.3760/cma.j.issn.1001-2036.2009.06.010.}

[11003] 朱新红，吴水培，俞立新．带股外侧皮神经的股前外侧皮瓣修复手、足皮肤缺损[J]．中国骨与关节损伤杂志，2009，24(6)：557-558．{ZHU Xinhong,WU Shuipei,YU Lixin. The repair of hand and foot skin defects by anterolateral thigh flap with lateral femoral cutaneous nerve[J]. Zhongguo Gu Yu Guan Jie Sun Shang Za Zhi[Chin J Bone Joint Injury(Article in Chinese;Abstract in Chinese)],2009,24(6):557-558.}

[11004] 刘志旺，刘会仁，李瑞国，王国强．游离股前外侧皮瓣治疗小腿软组织缺损、骨髓炎[J]．创伤外科杂志，2009，11(3)：271．DOI：10.3969/j.issn.1009-4237.2009.03.030．{LIU Zhiwang,LIU Huiren,LI Ruiguo,WANG Guoqiang. Treatment of leg soft tissue defect and osteomyelitis with free anterolateral thigh flap[J]. Chuang Shang Wai Ke Za Zhi[J Traum Surg(Article in Chinese;Abstract in Chinese)],2009,11(3):271. DOI:10.3969/j.issn.1009-4237.2009.03.030.}

[11005] 赵茹，王阳，赵玉明，曾昂，白明，乔群．逆行岛状股前外侧皮瓣修复膝关节周围组织缺损[J]．中华整形外科杂志，2009，25(5)：390-391．DOI：10.3760/cma.j.issn.1009-4598.2009.05.022．{ZHAO Ru,WANG Yang,ZHAO Yuming,ZENG Ang,BAI Ming,QIAO Qun. The reverse-flow anterolateral thigh island flap for reconstruction of soft-tissue defects around the knee joint:our experience[J]. Zhonghua Zheng Xing Wai Ke Za Zhi[Chin J Plast Surg(Article in Chinese;Abstract in Chinese and English)],2009,25(5):390-391. DOI:10.3760/cma.j.issn.1009-4598.2009.05.022.}

[11006] 吴高臣，周广良，蒋国栋，王凯，王海，侯瑞兴．单一穿支的股前外侧皮瓣修复前臂及手背大面积皮肤缺损1例[J]．实用手外科杂志，2009，23(3)：154．DOI：10.3969/j.issn.1671-2722.2009.03.010．{WU Gaochen,ZHOU Guangliang,JIANG Guodong,WANG Kai,WANG Hai,HOU Ruixing. Single perforator anterolateral thigh flap for repairing large area skin defect of forearm and dorsum of hand:a case report[J]. Shi Yong Shou Wai Ke Za Zhi[Chin J Pract Hand Surg(Article in Chinese;No abstract available)],2009,23(3):154. DOI:10.3969/j.issn.1671-2722.2009.03.010.}

[11007] 胡永杰，苏彤，曲行舟，刘浏，傅锦业，张陈平．个体化设计的股前外侧复合肌皮瓣修复舌癌根治术后舌及口底缺损[J]．中华整形外科杂志，2009，25(5)：332-336．DOI：10.3760/cma.j.issn.1009-4598.2009.05.005．{HU Yongjie,SU Tong,QU Xingzhou,LIU Liu,FU Jinye,ZHANG Chenping. Anterolateral thigh myocutaneous flap by individualized design for reconstruction of tongue and oral floor defects after radical resection of tongue cancer[J]. Zhonghua Zheng Xing Wai Ke Za Zhi[Chin J Plast Surg(Article in Chinese;Abstract in Chinese and English)],2009,25(5):332-336. DOI:10.3760/cma.j.issn.1009-4598.2009.05.005.}

[11008] 张功林，章鸣，郁辉，王千生，黄建华，倪生华．股前外侧穿支皮瓣联合筋膜瓣修复手部双创面一例[J]．中华显微外科杂志，2009，32(2)：174．DOI：10.3760/cma.j.issn.1001-2036.2009.02.042．{ZHANG Gonglin,ZHANG Ming,YU Hui,WANG gansheng,HUANG Jianhua,NI Shenghua. Repair of double wounds of hand with anterolateral thigh perforator flap combined with fascial flap:a case report[J]. Zhonghua Xian Wei Wai Ke Za Zhi[Chin J Microsurg(Article in Chinese;No abstract available)],2009,32(2):174. DOI:10.3760/cma.j.issn.1001-2036.2009.02.042.}

[11009] 胡孔和，吴强，刘建平，何小龙，席新华，靳安民，刘成龙．神经端侧吻合重建股前外侧游离皮瓣感觉功能[J]．中华显微外科杂志，2009，32(2)：146-148．DOI：10.3760/cma.j.issn.1001-2036.2009.02.023．{HU Konghe,WU Qiang,LIU Jianping,HE Xiaolong,XI Xinhua,JIN Anmin,LIU Chenglong. Reconstruction of sensory function of anterolateral thigh free flap by end to side neurorrhaphy[J]. Zhonghua Xian Wei Wai Ke Za Zhi[Chin J Microsurg(Article in Chinese;Abstract in Chinese)],2009,32(2):146-148. DOI:10.3760/cma.j.issn.1001-2036.2009.02.023.}

[11010] 罗政，杨小荣．股前外侧游离皮瓣在小腿畸形矫正中的临床应用[J]．实用骨科杂志，2009，15(6)：472-474．DOI：10.3969/j.issn.1008-5572.2009.06.032．{LUO Zheng,YANG Xiaorong. Clinical application of anterolateral thigh free flap in correction of leg deformity[J]. Shi Yong Gu Ke Za Zhi[J Pract Orthop(Article in Chinese;Abstract in Chinese)],2009,15(6):472-474. DOI:10.3969/j.issn.1008-5572.2009.06.032.}

[11011] 周广良，刘新益，吴高臣，蒋国栋，王凯，王海，侯瑞兴．股前外侧穿支皮瓣修复腕部创面[J]．实用手外科杂志，2009，23(4)：218-219．DOI：10.3969/j.issn.1671-2722.2009.04.014．{ZHOU Guangliang,LIU Xinyi,WU Gaochen,JIANG Guodong,WANG Kai,WANG Hai,HOU Ruixing. Femoral anterolateral perforating branch skin flap for repairing wrist wound[J]. Shi Yong Shou Wai Ke Za Zhi[Chin J Pract Hand Surg(Article in Chinese;Abstract in Chinese and English)],2009,23(4):218-219. DOI:10.3969/j.issn.1671-2722.2009.04.014.}

[11012] 朱新红，吴水培，俞立新，于凤宾，朱耀中．股前外侧岛状皮瓣的临床应用[J]．中华整形外科杂志，2009，25(3)：230-231．DOI：10.3760/cma.j.issn.1001-2036.2009.02.025．{ZHU Xinhong,WU Shuipei,YU Lixin,YU Fengbin,ZHU Yazhong. Application of anterolateral thigh island flap[J]. Zhonghua Zheng Xing Wai Ke Za Zhi[Chin J Plast Surg(Article in Chinese;No abstract available)],2009,25(3):230-231. DOI:10.3760/cma.j.issn.1001-2036.2009.02.025.}

[11013] 李玉坤，王保山，杨志贤，高树林，曹艳，赵超，张忠溢，余丹．游离股前外侧穿支皮瓣的临床应用[J]．中华显微外科杂志，2009，32(2)：149-151．DOI：10.3760/cma.j.issn.1001-2036.2009.02.025．{LI Yukun,WANG Baoshan,YANG Zhixian,GAO Shulin,CAO Yan,ZHAO Chao,ZHANG Zhongyi,YU Dan. Clinical application of free anterolateral thigh perforator flap[J]. Zhonghua Xian Wei Wai Ke Za Zhi[Chin J Microsurg(Article in Chinese;Abstract in Chinese)],2009,32(2):149-151. DOI:10.3760/cma.j.issn.1001-2036.2009.02.025.}

[11014] 于光，周永利，陈雷，雷红雨，陈积源，秦光保，陈景迅，刘文富，陈武华．游离股前外侧皮瓣修复手部热压伤[J]．中华手外科杂志，2010，26(1)：3．DOI：10.3760/cma.j.issn.1005-054X.2010.01.002．{YU Guang,ZHOU Yongli,CHEN Lei,LEI Hongyu,CHEN Jiyuan,QIN Guangbao,CHEN Jingxun,LIU Wenfu,CHEN Wuhua. Free anterolateral thigh flap for repair of thermal crush injury of hand[J]. Zhonghua Shou Wai Ke Za Zhi[Chin J Hand Surg(Article in Chinese;No abstract available)],2010,26(1):3. DOI:10.3760/cma.j.issn.1005-054X.2010.01.002.}

[11015] 张文亚，林森，胡玉祥，伍辉国，侯桥，胡亚飞，宋东宁，潘则昂．游离股前外侧皮瓣去薄修复手部软组织缺损[J]．中华整形外科杂志，2010，26(4)：301-302．DOI：10.3760/cma.j.issn.1009-4598.2010.04.018．{ZHANG Wenya,LIN Sen,HU Yuxiang,WU Guohui,HOU Qiao,HU Yafei,SONG Dongning,PAN Zeang. Thinning anterolateral thigh free flap for repair of soft tissue defect of hand[J]. Zhonghua Zheng Xing Wai Ke Za Zhi[Chin J Plast Surg(Article in Chinese;No abstract available)],2010,26(4):301-302. DOI:10.3760/cma.j.issn.1009-4598.2010.04.018.}

[11016] 熊浩，肖志雄，赖茂松，梁晓宗，林伟文．股前外侧皮瓣联合小腿外侧皮瓣修复下肢大面积软组织缺损[J]．中华显微外科杂志，2010，33(3)：233-234．DOI：10.3760/cma.j.issn.1001-2036.2010.03.025．{XIONG Hao,XIAO Zhixiong,LAI Maosong,LIANG Xiaozong,LIN Weiwen. Repairing large soft tissue defects of lower limbs by anterolateral thigh flap combined with lateral leg flap[J]. Zhonghua Xian Wei Wai Ke Za Zhi[Chin J Microsurg(Article in Chinese;Abstract in Chinese)],2010,33(3):233-234. DOI:10.3760/cma.j.issn.1001-2036.2010.03.025.}

[11017] 杨丰真，范启申，魏建军，李东．吻合血管的股前外侧皮瓣供肢广泛深静脉血栓形成二例[J]．中华显微外科杂志，2010，33(3)：262-263．DOI：10.3760/cma.j.issn.1001-2036.2010.03.041．{YANG Fengzhen,FAN Qishen,WEI Jianjun,LI Dong. Extensive deep vein thrombosis in donor limb of anterolateral thigh flap with vascular anastomosis:two cases report[J]. Zhonghua Xian Wei Wai Ke Za Zhi[Chin J Microsurg(Article in Chinese;No abstract available)],2010,(3):262-263. DOI:10.3760/cma.j.issn.1001-2036.2010.03.041.}

[11018] 刘文中，李振东，李树春，曾巍，姜力，徐成钧，刘宏伟，方风琴，董慧蕾，王静．股前外侧皮瓣在口腔癌手术缺损修复中的应用[J]．中华显微外科杂志，2010，33(3)：209．DOI：10.3760/cma.j.issn.1001-2036.2010.03.015．{LIU Wenzhong,LI Zhendong,LI Shuchun,ZENG Wei,JIANG Li,XU Chengjun,LIU Hongwei,FANG Fenjing,DONG Huilei,WANG Jing. Application of anterolateral thigh flap in the repair of oral cancer surgery defects[J]. Zhonghua Xian Wei Wai Ke Za Zhi[Chin J Microsurg(Article in Chinese;Abstract in Chinese)],2010,33(3):209. DOI:10.3760/cma.j.issn.1001-2036.2010.03.015.}

[11019] 刘刚义，席志峰，王从虎，李学亮，王芳，谢瑞菊．游离双侧第二足趾联合股前外侧皮瓣组合移植修复小儿手一例[J]．中华手外科杂志，2010，26(6)：365．DOI：10.3760/cma.j.issn.1005-054X.2010.06.024．{LIU Gangyi,XI Zhifeng,WANG Conghu,LI Xueliang,WANG Fang,XIE Ruiju. Free bilateral second toes combined with anterolateral thigh flap transplantation for repairing a child's hand:A case report[J]. Zhonghua Shou Wai Ke Za Zhi[Chin J Hand Surg(Article in Chinese;No abstract available)],2010,26(6):365. DOI:10.3760/cma.j.issn.1005-054X.2010.06.024.}

[11020] 杨卫玺，王光军，於国军，李春江，程宏宇，王一兵．股前外侧皮瓣修复头部巨大烧伤瘢痕继发鳞状细胞癌[J]．中华整形外科杂志，2010，26(6)：460-461．DOI：10.3760/cma.j.issn.1009-4598.2010.06.017．{YANG Weixi,WANG Guangjun,YU Guojun,LI Chunjiang,CHENG Hongyu,WANG Yibing. Anterolateral thigh flap in repair of squamous cell carcinoma secondary to huge burn scar of head[J]. Zhonghua Zheng Xing Wai Ke Za Zhi[Chin J Plast Surg(Article in Chinese;No abstract available)],2010,26(6):460-461. DOI:10.3760/cma.j.issn.1009-4598.2010.06.017.}

[11021] 丁伟，陈茂康，胡寿勇，朱小飞，佟微，郑力文，莫利清．股前外侧皮瓣在断肢再植术中的应用[J]．中华显微外科杂志，2010，33(2)：152-153．DOI：10.3760/cma.j.issn.1001-2036.2010.02.024．{DING Wei,CHEN Maokang,HU Shouyong,ZHU Xiaofei,TONG Wei,ZHENG Liwen,MO Liqing. Application of anterolateral thigh flap in replantation of severed limb[J]. Zhonghua Xian Wei Wai Ke Za Zhi[Chin J Microsurg(Article in Chinese;Abstract in Chinese)],2010,33(2):152-153. DOI:10.3760/cma.j.issn.1001-2036.2010.02.024.}

[11022] 杨晓东，杨锦，刘杨武，楼旭鹏，丁建波，陈逸民，付尚俊，周阳．股前外侧皮瓣游离移植一期修复手掌心毁损创面并重建掌浅弓[J]．中华手外科杂志，2010，26(5)：285-287．DOI：10.3760/cma.j.issn.1005-054X.2010.05.013．{YANG Xiaodong,YANG Jin,LIU Yangwu,LOU Xupeng,DING Jianbo,CHEN Yimin,FU Shangjun,ZHOU Yang. One-stage repair of mutilated palm and the superficial palmar arch with anterolateral thigh flap transfer[J]. Zhonghua Shou Wai Ke Za Zhi[Chin J Hand Surg(Article in Chinese;Abstract in Chinese and English)],2010,26(5):285-287. DOI:10.3760/cma.j.issn.1005-054X.2010.05.013.}

[11023] 于光，雷红雨．游离双侧股前外侧皮瓣修复手部热压伤一例[J]．中华整形外科杂志，2010，26(5)：386-387．DOI：10.3760/cma.j.issn.1009-4598.2010.05.021．{YU Guang,LEI Hongyu. Bilateral anterolateral thigh free flap for repair of pressure thermo injury of hand:a case report[J]. Zhonghua Zheng Xing Wai Ke Za Zhi[Chin J Plast Surg(Article in Chinese;No abstract available)],2010,26(5):386-387. DOI:10.3760/cma.j.issn.1009-4598.2010.05.021.}

[11024] 梁钢，孙长军，于光．应用游离股前外侧皮瓣修复肢端软大深度创面14例[J]．中华烧伤杂志，2010，26(2)：159-160．DOI：10.3760/cma.j.issn.1009-2587.2010.02.026．{LIANG Gang,SUN Changjun,YU Guang. The free anterolateral thigh flap for repairing deep wound of extremity in 14 cases[J]. Zhonghua Shao Shang Za Zhi[Chin J Burns(Article in Chinese;No abstract available)],2010,26(2):159-160. DOI:10.3760/cma.j.issn.1009-2587.2010.02.026.}

[11025] 陆国海，郝跃峰，俞立新．双叶股前外侧皮瓣在创面修复中的临床应用[J]．中华创伤杂志，2010，26(4)：334-336．DOI：10.3760/cma.j.issn.1001-8050.2010.04.017．{LU Guohai,HAO Yuefeng,YU Lixin. Clinical application of double foliated anterolateral thigh flap in wound repair[J]. Zhonghua Chuang Shang Za Zhi[Chin J Trauma(Article in Chinese;Abstract in Chinese and English)],2010,26(4):334-336. DOI:10.3760/cma.j.issn.1001-8050.2010.04.017.}

[11026] 杨良军，孙良业，邵松，程文丹．游离移植股前外侧皮瓣修复胫前骨外露组织缺损[J]．临床骨科杂志，2010，13(4)：441-442．DOI：10.3969/j.issn.1008-0287.2010.04.040．{YANG Liangjun,SUN Liangye,SHAO Song,CHENG Wendan. Repair of anterior tibial exposure by transplantation of free anterolateral femoral skin flap[J]. Lin Chuang Gu Ke Za Zhi[J Clin Orthop(Article in Chinese;Abstract in Chinese and English)],2010,13(4):441-442. DOI:10.3969/j.issn.1008-0287.2010.04.040.}

[11027] 韦平欧，谭海涛，江建中，陆俭军，杨克勤，罗翔，林汉，邓贵全．应用股前外侧皮瓣修复大面积软组织缺损31例[J]．中华显微外科杂志，2010，33(4)：322-323．DOI：10.3760/cma.j.issn.1001-2036.2010.04.023．{WEI Pingou,TAN Haitao,JIANG Jianzhong,LU Jianjun,YANG Keqin,LUO Xiang,LIN Han,DENG Guiquan. Anterolateral thigh flap to repair large area soft tissue defect:31 cases report[J]. Zhonghua Xian Wei Wai Ke Za Zhi[Chin J Microsurg(Abstract in Chinese;Abstract in Chinese)],2010,33(4):322-323. DOI:10.3760/cma.j.issn.1001-2036.2010.04.023.}

[11028] 王勇，张功林，袁伟东．股前外侧皮瓣联合阔筋膜张肌肌瓣逆行旋转修复膝部软组织缺损一例[J]．中华显微外科杂志，2010，33(1)：45．DOI：10.3760/cma.j.issn.1001-2036.2010.01.017．{WANG Yong,ZHANG Gonglin,YUAN Weidong. Anterolateral thigh flap combined with tensor fascia lata muscle flap for repairing soft tissue defect of knee:a case report[J]. Zhonghua Xian Wei Wai Ke Za Zhi[Chin J Microsurg(Article in Chinese;No abstract available)],2010,33(1):45. DOI:10.3760/cma.j.issn.1001-2036.2010.01.017.}

[11029] 何齐，高碧奇，李会晓．游离股前外侧皮瓣修复四肢软组织缺损[J]．实用手外科杂志，2010，24(1)：65-65，77．DOI：10.3969/j.issn.1671-2722.2010.01.028．{HE Qi,GAO Biqi,LI Huixiao. Free anterolateral thigh flap for repairing soft tissue defects of extremities[J]. Shi Yong Shou Wai Ke Za Zhi[Chin J Pract Hand Surg(Article in Chinese;Abstract in Chinese)],2010,24(1):65-65,77. DOI:10.3969/j.issn.1671-2722.2010.01.028.}

[11030] 高树林，宋树坤．游离股前外侧皮瓣在四肢软组织缺损中的应用[J]．实用手外科杂志，2010，24(2)：155，158．DOI：10.3969/j.issn.1671-2722.2010.02.039．{GAO Shulin,SONG Shukun. Application of free anterolateral thigh flap in soft tissue defect of limbs[J]. Shi Yong Shou Wai Ke Za Zhi[Chin J Pract Hand Surg(Article in Chinese;Abstract in Chinese)],2010,24(2):155,158. DOI:10.3969/j.issn.1671-2722.2010.02.039.}

[11031] 陈胜华，徐达传，周小兵，安高，钟光明，吴坤成．以旋股外侧动脉降支为蒂分叶股前外侧

肌皮瓣设计的解剖学研究 [J]. 中国临床解剖学杂志，2010，28（3）：237-241. {CHEN Shenghua,XU Dachuan,ZHOU Xiaobing,AN Gao,ZHONG Guangming,WU Kuncheng. Anatomy of the lobulated anterolateral thigh myocutaneous flap pedicled with the descending branch of the lateral femoral circumflex artery[J]. Zhongguo Lin Chuang Jie Pou Xue Za Zhi[Chin J Clin Anat(Article in Chinese;Abstract in Chinese and English)],2010,28(3):237-241.}

[11032] 陆永春，杜向阳，孙良宏. 双叶股前外侧游离皮瓣同期修复内外踝皮肤缺损 [J]. 中国矫形外科杂志，2010，18（24）：2091-2093. {LU Yongchun,DU Xiangyang,SUN Lianghong. Futaba same anterolateral thigh flap repair of skin defect of medial and lateral malleolus[J]. Zhongguo Jiao Xing Wai Ke Za Zhi [Orthop J Chin(Article in Chinese;Abstract in Chinese)],2010,18(24):2091-2093.}

[11033] 李金晟，张菊芳，沈海燕，吴红军. 股前外侧游离皮瓣桥接修复上肢大面积皮肤血管缺损 [J]. 中华整形外科杂志，2010，26（1）：12-14. {LI Jinsheng,ZHANG Jufang,SHEN Haiyan,WU Hongjun. Repair of the large skin and vessel defect of upper arm with free anterolateral thigh flap[J]. Zhonghua Zheng Xing Wai Ke Za Zhi[Chin J Plast Surg(Article in Chinese;Abstract in Chinese and English)],2010,26(1):12-14.}

[11034] 王镖，魏建伟，杨新佑. 应用股前外侧游离皮瓣修复足底负重区软组织缺损 [J]. 中华显微外科杂志，2010，33（4）：323-324. DOI: 10.3760/cma.j.issn.1001-2036.2010.04.024. {WANG Biao,WEI Jianwei,YANG Xinyou. Application of anterolateral thigh free flap in repairing soft tissue defect of foot weight bearing area[J]. Zhonghua Xian Wei Wai Ke Za Zhi[Chin J Microsurg(Abstract in Chinese;Abstract in Chinese)],2010,33(4):323-324. DOI:10.3760/cma.j.issn.1001-2036.2010.04.024.}

[11035] 刘金兵，吴汉江，朱兆夫，吴湘卿，谭宏宇，王铠. 游离股前外侧肌皮瓣修复舌癌连续整块切除术后缺损 [J]. 中国修复重建外科杂志，2010，24（1）：82-86. DOI: 10.3760/cma.j.issn.1001-2036.2010.04.024. {LIU Jinbing,WU Hanjiang,ZHU Zhaofu,WU Xiangqin,TANG Hongyu,WANG Kai. Free anterolateral thigh myocutaneous flap for reconstruction of soft tissue defects following en block resection of tongue cancer[J]. Zhongguo Xiu Fu Chong Jian Wai Ke Za Zhi[Chin J Repar Reconstr Surg(Article in Chinese;Abstract in Chinese and English)],2010,24(1):82-86. DOI:10.3760/cma.j.issn.1001-2036.2010.04.024.}

[11036] 朱孜冠，唐举玉. 股前外侧穿支皮瓣的研究进展 [J]. 中国临床解剖学杂志，2010，28（3）：347-350. DOI: 10.3969/j.issn.1671-6264.2011.05.032. {ZHU Ziguan,TANG Juyu. The progress on study of anterolateral thigh perforator flap[J]. Zhongguo Lin Chuang Jie Pou Xue Za Zhi[Chin J Clin Anat(Article in Chinese;No abstract available)],2010,28(3):347-350. DOI:10.3969/j.issn.1671-6264.2011.05.032.}

[11037] 周洪翔，李超，付青松，邹欣欣，曹金林，唐振华，王苏兰. 桥式交叉 "Y" 形血管吻合游离股前外侧肌皮瓣移植修复小腿严重软组织缺损 [J]. 中国骨与关节损伤杂志，2010，25（1）：69-70. {ZHOU Hongxiang,LI Chao,FU Qingsong,ZOU Xinxin,CAO Jinlin,TANG Zhenhua. Free anterolateral thigh myocutaneous flap transplantation in repairing severe soft tissue defects in the leg by bridging "Y" vascular anastomosis[J]. Zhongguo Gu Yu Guan Jie Sun Shang Za Zhi[Chin J Bone Joint Injury(Article in Chinese;Abstract in Chinese)],2010,25(1):69-70.}

[11038] 钟凤林，兰玉平，赵晨阳，徐兵，刘绍江. 股前外侧穿支皮瓣修复四肢软组织缺损 [J]. 中国修复重建外科杂志，2010，24（4）：455-457. {ZHONG Fenglin,LAN Yuping,ZHAO Chenyang,XU Bing,LIU Shaojiang. Repair of soft tissue defect in extremities with anterolateral thigh perforator flap[J]. Zhongguo Xiu Fu Chong Jian Wai Ke Za Zhi[Chin J Repar Reconstr Surg(Article in Chinese;Abstract in Chinese and English)],2010,24(4):455-457. }

[11039] 张文亚，林森，胡玉祥，伍辉国，侯桥，胡亚飞，汪剑龄，宋东宁. 游离修薄股前外侧穿支皮瓣的临床应用 [J]. 中华显微外科杂志，2010，33（1）：9-11. DOI: 10.3760/cma.j.issn.1001-2036.2010.01.004. {ZHANG Wenya,LIN Sen,HU Yuxiang,WU Huiguo,HOU Qiao,HU Yafei,WANG Jianling,SONG Dongning. Clinical application of free super-thin anterolateral femoral perforator flap[J]. Zhonghua Xian Wei Wai Ke Za Zhi[Chin J Microsurg(Article in Chinese;Abstract in Chinese and English)],2010,33(1):9-11. DOI:10.3760/cma.j.issn.1001-2036.2010.01.004.}

[11040] 魏盼杰，赵耀华，王松涛，张伟，王新茂，袁野. 股前外侧肌肌皮瓣修复坐骨结节褥疮九例 [J]. 中华烧伤杂志，2010，26（1）：52-53. DOI: 10.3760/cma.j.issn.1009-2587.2010.01.021. {WEI Panjie,ZHAO Yaohua,WANG Songtao,ZHANG Wei,WANG Xinmao,YUAN Ye. The anterolateral thigh musculocutaneous flap for repairing ischial tuberosity bedsore in nine cases[J]. Zhonghua Shao Shang Za Zhi[Chin J Burns(Article in Chinese;No abstract available)],2010,26(1):52-53. DOI:10.3760/cma.j.issn.1009-2587.2010.01.021.}

[11041] 冯云，李文婷，王乃利，唐平章，徐震纲，张彬. 股前外侧穿支皮瓣的解剖学研究及其在头颈修复中的意义 [J]. 中国医学科学院学报，2010，32（1）：81-84. {FENG Yun,LI Wenting,WANG Naili,TANG Pingzhang,XU Zhengang,ZHANG Bin. Anatomic study of anterolateral thigh perforators flap and its clinical significance in reconstruction of head and neck defects[J]. Zhongguo Yi Xue Ke Xue Yuan Xue Bao [Acta Acad Med Sin(Article in Chinese;Abstract in Chinese and English)],2010,32(1):81-84.}

[11042] 王爱国，张卫兵，邱勇. 不同肌皮支为蒂的股前外侧分叶皮瓣在四肢组织缺损中的应用 [J]. 中华创伤骨科杂志，2010，12（1）：12-16. DOI: 10.3760/cma.j.issn.1671-7600.2010.01.005. {WANG Aiguo,ZHANG Weibing,QIU Yong. Ramified anterolateral femoral flaps pedicled with different musculocutaneous branches for soft-tissue defects at extremities[J]. Zhonghua Chuang Shang Gu Ke Za Zhi[Chin J Orthop Trauma(Article in Chinese;Abstract in Chinese and English)],2010,12(1):12-16. DOI:10.3760/cma.j.issn.1671-7600.2010.01.005.}

[11043] 王铠，谭宏宇，吴汉江，朱兆夫，刘金兵，龚朝建. 游离股前外侧单叶（肌）皮瓣制备的外科技术 [J]. 中华口腔医学杂志. 2010，45（8）：490-493. DOI: 10.3760/cma.j.issn.1002-0098.2010.08.012. {WANG Kai,TAN Hongyu,WU Hanjiang,ZHU Zhaofu,LIU Jinbing,GONG Zhaojian. Preparative technique of anterolateral thigh flap[J]. Zhonghua Kou Qiang Yi Xue Za Zhi[Chin J Stomatol(Article in Chinese;Abstract in Chinese and English)],2010,45(8):490-493. DOI:10.3760/cma.j.issn.1002-0098.2010.08.012.}

[11044] 陆林国，徐智章，刘吉斌，徐秋华，燕山. 超声造影增强技术在探索穿支皮瓣血管中的应用 [J]. 上海医学影像，2010，19（3）：161-164. {LU Linguo,XU Zhizhang,LIU Jibin,XU Qiuhua,YAN Shan. A pilot study of contrast-enhanced ultrasound on the vessel perforators of skin flap[J]. Shanghai Yi Xue Ying Xiang [Shanghai Med Imaging(Article in Chinese;Abstract in Chinese and English)],2010,19(3):161-164.}

[11045] 唐继全，甘干达，陶智刚，罗平，黄育胡. 股前外侧皮瓣游离移植同时修复趾伸肌腱和足背创面 [J]. 中国修复重建外科杂志，2011，25（4）：423-426. {TANG Jiquan,GAN Ganda,TAO Zhigang,LUO Ping,HUANG Yuhu. Anterolateral thigh flap for repair toe extensor tendon and dorsal foot wound[J]. Zhongguo Xiu Fu Chong Jian Wai Ke Za Zhi[Chin J Repar Reconstr Surg(Article in Chinese;Abstract in Chinese and English)],2011,25(4):423-426.}

[11046] 孟国成，隆波，芦晓刚，陈义文，刘晓富. 股前外侧皮瓣移植修复四肢远端软组织缺损 [J]. 中国骨与关节损伤杂志，2011，26（8）：750-751. {MENG Guocheng,LONG Bo,LU Xiaogang,CHEN Yiwen,LIU Xiaofu. Anterolateral thigh flap transplantation in repairing soft tissue defects of distal extremities[J]. Zhongguo Gu Yu Guan Jie Sun Shang Za Zhi[Chin J Bone Joint Injury(Article in Chinese;Abstract in Chinese)],2011,26(8):750-751.}

[11047] 王爱国，韩守安. 逆行股前外侧皮瓣治疗膝周韧带样纤维瘤 6 例 [J]. 临床骨科杂志，2011，14（6）：712-713. DOI: 10.3969/j.issn.1008-0287.2011.06.050. {WANG Aiguo,HAN Shouan. Clinical application of the adverse anterolateral thigh perforator flap in ligament fibroma around the knee:six cases report[J]. Lin Chuang Gu Ke Za Zhi[J Clin Orthop(Article in Chinese;No abstract available)],2011,14(6):712-713. DOI:10.3969/j.issn.1008-0287.2011.06.050.}

[11048] 王爱国，邱勇. 股前外侧皮瓣远侧肌皮穿支的解剖学研究与临床应用 [J]. 中华骨科杂志，2011，31（3）：255-259. DOI: 10.3760/cma.j.issn.0253-2352.2011.03.011. {WANG Aiguo,QIU Yong. The clinical application of distal musculocutaneous perforators in the anterolateral thigh flap transplantation[J]. Zhonghua Gu Ke Za Zhi[Chin J Orthop(Article in Chinese;Abstract in Chinese and English)],2011,31(3):255-259. DOI:10.3760/cma.j.issn.0253-2352.2011.03.011.}

[11049] 于光，雷红雨，黄建华，于浩，郭霜，梁盛海. 游离股前外侧皮瓣修复手指脱套伤一例 [J]. 中华整形外科杂志，2011，27（4）：313-314. DOI: 10.3760/cma.j.issn.1009-4598.2011.04.022. {YU Guang,LEI Hongyu,HUANG Jianhua,YU Hao,GUO Shuang,LIANG Shenghai. Free anterolateral thigh flap for repair of degloving injury of fingers:a case report[J]. Zhonghua Zheng Xing Wai Ke Za Zhi[Chin J Plast Surg(Article in Chinese;No abstract available)],2011,27(4):313-314. DOI:10.3760/cma.j.issn.1009-4598.2011.04.022.}

[11050] 吴学强，刘会仁，刘德群. 股前外侧皮瓣应用研究的进展 [J]. 中华显微外科杂志，2011，34（1）：83-85. DOI: 10.3760/cma.j.issn.1001-2036.2011.01.039. {WU Xueqiang,LIU Huiren,LIU Dequn. Progress in application of anterolateral thigh flap[J]. Zhonghua Xian Wei Wai Ke Za Zhi[Chin J Microsurg(Article in Chinese;No abstract available)],2011,34(1):83-85. DOI:10.3760/cma.j.issn.1001-2036.2011.01.039.}

[11051] 郭峰，闵安杰，蒋灿华，翦新春，陈新群，苏彤，唐瞻贵. 应用游离股前外侧皮瓣修复口腔颌面部恶性肿瘤术后缺损 [J]. 上海口腔医学，2011，20（1）：62-65. {GUO Feng,MIN Anjie,JIANG Canhua,JIAN Xinchun,CHEN Xinqun,SU Tong,TANG Zhangui. Reconstruction of oral and maxillofacial defects using free anterolateral thigh flaps in patients with malignant tumors[J]. Shang Hai Kou Qiang Yi Xue[Shanghai J Stom(Article in Chinese;Abstract in Chinese and English)],2011,20(1):62-65.}

[11052] 曾强悍，戴捷. 股前外侧皮瓣游离移植修复上颌窦癌术后缺损 [J]. 组织工程与重建外科杂志，2011，7（1）：27-29. DOI: 10.3969/j.issn.1673-0364.2011.01.007. {ZENG Qianghang,DAI Jie. Reconstruction of postoperative defects of maxillary sinus using free anterolateral flaps[J]. Zu Zhi Gong Cheng Yu Chong Jian Wai Ke Za Zhi[J Tissue Eng Reconstr Surg(Article in Chinese;Abstract in Chinese and English)],2011,7(1):27-29. DOI:10.3969/j.issn.1673-0364.2011.01.007.}

[11053] 唐继全，甘干达，陶智刚，罗平，扈克治. 应用股前外侧皮瓣修复手背软组织和指伸肌腱缺损 [J]. 创伤外科杂志，2011，13（4）：324-326. DOI: 10.3969/j.issn.1009-4237.2011.04.012. {TANG Jiquan,GAN Ganda,TAO Zhigang,LUO Ping,HU Kezhi. Anterolateral femoral flap for repairing dorsal hand soft tissue and extensor tendon defect[J]. Chuang Shang Wai Ke Za Zhi[J Traum Surg(Article in Chinese;Abstract in Chinese and English)],2011,13(4):324-326. DOI:10.3969/j.issn.1009-4237.2011.04.012.}

[11054] 巢玉柳，刘铭，金永，卞敏凯. 股前外侧皮瓣修复四肢软组织缺损 22 例 [J]. 临床骨科杂志，2011，14（3）：286-288. DOI: 10.3969/j.issn.1008-0287.2011.03.020. {CHAO Yuliu,LIU Ming,JIN Yong,BIAN Minkai. Repair of limbs soft tissue defect with anterolateral thigh cutaneous flap:22 cases report[J]. Lin Chuang Gu Ke Za Zhi[J Clin Orthop(Article in Chinese;Abstract in Chinese and English)],2011,14(3):286-288. DOI:10.3969/j.issn.1008-0287.2011.03.020.}

[11055] 刘巍巍，郭朱明，张诠，杨安奎，李浩，刘学奎，宋明. 游离股前外侧皮瓣修复头颈部缺损术后供区功能调查 [J]. 中华肿瘤防治杂志，2011，18(1)：47-49. DOI: 10.16073/j.cnki.cjcpt.2011.01.007. {LIU Weiwei,GUO Zhuming,ZHANG Quan,YANG Ankui,LI Hao,LIU Xuekui,SONG Ming. Postoperative functional investigation of donor site with free anterolateral thigh flaps to reconstruct head and neck defects[J]. Zhonghua Zhong Liu Fang Zhi Za Zhi[Chin J Cancer Prev Treat(Article in Chinese;Abstract in Chinese and English)],2011,18(1):47-49. DOI:10.16073/j.cnki.cjcpt.2011.01.007.}

[11056] 程宏宇，王一兵，王光军，杨卫玺，张大维，熊猛，王磊. 应用股前外侧皮瓣修复巨大体表肿瘤切除后组织缺损 [J]. 中华显微外科杂志，2011，34（3）：191-193，268. DOI: 10.3760/cma.j.issn.1001-2036.2011.03.007. {CHENG Hongyu,WANG Yibing,WANG Guangjun,YANG Weixi,ZHANG Dawei,XIONG Meng,WANG Lei. Repair of defect induced by removal of body surface oversized malignancy with free anterolateral femoral skin flap[J]. Zhonghua Xian Wei Wai Ke Za Zhi[Chin J Microsurg(Article in Chinese;Abstract in Chinese and English)],2011,(3):191-193,268. DOI:10.3760/cma.j.issn.1001-2036.2011.03.007.}

[11057] 张文亚，伍辉国，胡玉祥，胡亚飞，宋东宁. 修薄股前外侧皮瓣游离移植修复足踝部软组织缺损 [J]. 中华显微外科杂志，2011，34（5）：400-401. DOI: 10.3760/cma.j.issn.1001-2036.2011.05.016. {ZHANG Wenya,WU Huiguo,HU Yuxiang,HU Yafei,SONG Dongning. Repair soft tissue defect of ankle with thin anterolateral thigh flap free transplantation[J]. Zhonghua Xian Wei Wai Ke Za Zhi[Chin J Microsurg(Article in Chinese;Abstract in Chinese)],2011,34(5):400-401. DOI:10.3760/cma.j.issn.1001-2036.2011.05.016.}

[11058] 杨小祥. 股前外侧皮瓣的研究进展 [J]. 组织工程与重建外科杂志，2011，7（5）：298-300. DOI: 10.3969/j.issn.1673-0364.2011.05.016. {YANG Xiaoxiang. Research progress of anterolateral thigh flap[J]. Zu Zhi Gong Cheng Yu Chong Jian Wai Ke Za Zhi[J Tissue Eng Reconstr Surg(Article in Chinese;Abstract in Chinese and English)],2011,7(5):298-300. DOI:10.3969/j.issn.1673-0364.2011.05.016.}

[11059] 邱勋永，周钢，王和驹，马心赤，陈汉东. 股前外侧皮瓣联合足背伸肌腱移植修复腕背复合组织缺损 [J]. 中华手外科杂志，2011，27（3）：144. DOI: 10.3760/cma.j.issn.1005-054X.2011.03.008. {QIU Xunyong,ZHOU Gang,WANG Heju,MA Xinchi,CHEN Handong. Anterolateral thigh flap combined with extensor dorsalis tendon transplantation for repair of wrist dorsal composite tissue defect[J]. Zhonghua Shou Wai Ke Za Zhi[Chin J Hand Surg(Article in Chinese;No abstract available)],2011,27(3):144. DOI:10.3760/cma.j.issn.1005-054X.2011.03.008.}

[11060] 陈增刚，吴灿，黎明，李正云. 游离股前外侧皮瓣修复四肢皮肤软组织缺损 [J]. 重庆医科大学学报，2011，36（9）：1129-1131. {CHEN Zenggang,WU Can,LI Ming,LI Zhengyun. Application of free anterolateral femoral flaps to repair widespread defects of soft tissue in extremities[J]. Chong Qing Yi Ke Da Xue Xue Bao[J Chongqing Med Univ(Article in Chinese;Abstract in Chinese and English)],2011,36(9):1129-1131.}

[11061] 孙国文，卢明星，吴蔚媚，胡勤刚，杨旭东，王志勇，文建民，唐恩溢. 游离股前外侧皮瓣修复口腔软组织缺损 [J]. 中华整形外科杂志，2011，27（5）：323-326. DOI: 10.3760/cma.j.issn.1009-4598.2011.05.002. {SUN Guowen,LU Mingxing,WU Weimei,HU Qingang,YANG Xudong,WANG Zhiyong,WEN Jianmin,TANG Enyi. Reconstruction of oral soft tissue defects with free anteriolateral thigh flap[J]. Zhonghua Zheng Xing Wai Ke Za Zhi[Chin J Plast Surg(Article in Chinese;Abstract in Chinese and English)],2011,27(5):323-326. DOI:10.3760/cma.j.issn.1009-4598.2011.05.002.}

[11062] 刘宏伟，李振东，董慧蕾，李树春. 游离股前外侧皮瓣在头颈外科中的应用 [J]. 中华耳鼻咽喉头颈外科杂志，2011，46（5）：378-381. DOI: 10.3760/cma.j.issn.1673-0860.2011.05.007. {LIU Hongwei,LI Zhendong,DONG Huilei,LI Shuchun. Application of free anterolateral thigh flap in head and neck surgery[J]. Zhonghua Er Bi Yan Hou Tou Jing Wai Ke Za Zhi[Chin J Otorhinolaryngol Head Neck Surg(Article in Chinese;Abstract in Chinese and English)],2011,46(5):378-381. DOI:10.3760/cma.j.issn.1673-0860.2011.05.007.}

[11063] 俞鸣翔，张永进，徐国红. 股前外侧皮瓣修复伴有骨外露的四肢皮肤软组织缺损 [J]. 临床骨科杂志，2011，14（4）：419-420. DOI: 10.3969/j.issn.1008-0287.2011.04.028. {YU Mingxiang,ZHANG Yongjin,XU Guohong. Repair of skin and soft tissue defects with exposure of bone in extremities using the anterolateral thigh skin flap[J]. Lin Chuang Gu Ke Za Zhi[J Clin Orthop(Article in Chinese;Abstract in Chinese and English)],2011,14(4):419-420. DOI:10.3969/

j.issn.1008-0287.2011.04.028.}

[11064] **陈立科，陈四华，吴波，唐畅宇，周先培. 带髂胫束股前外侧皮瓣游离移植修复手背组织缺损[J]. 中国康复理论与实践，2011，17(8)：751-753. DOI：10.3969/j.issn.1006-9771.2011.08.017.** {CHEN Like,CHEN Sihua,WU Bo,TANG Changyu,ZHOU Xianpei. Repair of tissue defects of tendon and skin of back of hand by femoral anterolateral free flap with iliotibial tract[J]. Zhongguo Kang Fu Li Lun Yu Shi Jian[Chin J Rehabil Theory Pract(Article in Chinese;Abstract in Chinese and English)],2011,17(8):751-753. DOI:10.3969/j.issn.1006-9771.2011.08.017.}

[11065] **邵华荣. 股前外侧皮瓣修复大面积皮肤软组织缺损并骨外露15例[J]. 中华显微外科杂志，2011，34(2)：112. DOI：10.3760/cma.j.issn.1001-2036.2011.02.010.** {SHAO Huarong. The use of anterolateral thigh flap to repair large area skin and soft tissue defects with bone exposure:15 cases report[J]. Zhonghua Xian Wei Wai Ke Za Zhi[Chin J Microsurg(Article in Chinese;No abstract available)],2011,34(2):112. DOI:10.3760/cma.j.issn.1001-2036.2011.02.010.}

[11066] **张大伟，赵广跃，李军，祝勇刚，刘建，裴国献. 应用股前外侧皮瓣修复Gustilo Ⅲ B型小腿开放性骨折并软组织缺损[J]. 中华显微外科杂志，2011，34(2)：116-118，180. DOI：10.3760/cma.j.issn.1001-2036.2011.02.012.** {ZHANG Dawei,ZHAO Guangyue,LI Jun,ZHU Yonggang,LIU Jian,PEI Guoxian. Use of the anterolateral thigh free flap for the soft tissue coverage of Gustilo grade-Ⅲ B open bone fractures in lower extremities[J]. Zhonghua Xian Wei Wai Ke Za Zhi[Chin J Microsurg(Article in Chinese;Abstract in Chinese and English)],2011,34(2):116-118,180. DOI:10.3760/cma.j.issn.1001-2036.2011.02.012.}

[11067] **郭翱，尤灵建，李俊，黎沛裕，金岩泉. 股前外侧皮瓣联合股直肌肌腱瓣移植修复前臂软组织伴肌腱缺损[J]. 中华手外科杂志，2011，27(2)：92-93. DOI：10.3760/cma.j.issn.1005-054X.2011.02.010.** {GUO Ao,YOU Lingjian,LI Jun,LI Peiyu,JIN Yanquan. Combined transfer of anterolateral thigh flap and rectus femoralis myotendinous flap for repair of forearm soft tissue and tendon defects[J]. Zhonghua Shou Wai Ke Za Zhi[Chin J Hand Surg(Article in Chinese;No abstract available)],2011,27(2):92-93. DOI:10.3760/cma.j.issn.1005-054X.2011.02.010.}

[11068] **徐中飞，段维轶，尚德浩，代炜，郑晓娇，孙长伏. 游离股前外侧穿支皮瓣制取中多普勒的应用价值[J]. 中华口腔医学杂志，2011，46(5)：290-292. DOI：10.3760/cma.j.issn.1002-0098.2011.05.008.** {XU Zhongfei,DUAN Weiyi,SHANG Dehao,DAI Wei,ZHENG Xiaojiao,SUN Changfu. Preoperative Doppler evaluation of vascular perforators in the anterolateral thigh flap harvest[J]. Zhonghua Kou Qiang Yi Xue Za Zhi[Chin J Stomatol(Article in Chinese;Abstract in Chinese and English)],2011,46(5):290-292. DOI:10.3760/cma.j.issn.1002-0098.2011.05.008.}

[11069] **朱跃良，徐永清，李军，梅良斌，王毅. 一期原位修薄的游离股前外侧穿支皮瓣修复足末端创面[J]. 中国临床解剖学杂志，2011，29(5)：572-574.** {ZHU Yueliang,XU Yongqing,LI Jun,MEI Liangbin,WANG Yi. Free anterolateral thigh perforator flap:in situ one-stage thinning for the coverage of the distal foot defects[J]. Zhongguo Lin Chuang Jie Pou Xue Za Zhi[Chin J Clin Anat(Article in Chinese;Abstract in Chinese and English)],2011,29(5):572-574.}

[11070] **徐中飞，刘法昱，谭学新，孙长伏. 股前内侧穿支皮瓣：一个理想的股前外侧皮瓣补救皮瓣[J]. 上海口腔医学，2011，20(5)：535-539.** {XU Zhongfei,LIU Fayu,TAN Xuexin,SUN Changfu. Anteromedial thigh perforator flap:an ideal alternative flap for anterolateral thigh flap without suitable perforator[J]. Shang Hai Kou Qiang Yi Xue[Shanghai J Stom(Article in Chinese;Abstract in Chinese and English)],2011,20(5):535-539.}

[11071] **张春，沈立锋，张展，郭峭峰，张晓文，马苟平. 股前外侧肌皮瓣修复足踝侧方组织缺损[J]. 中华显微外科杂志，2011，34(2)：113-115. DOI：10.3760/cma.j.issn.1001-2036.2011.02.011.** {ZHANG Chun,SHEN Lifeng,ZHANG Zhan,GUO Qiaofeng,ZHANG Xiaowen,MA gouping. Repair the complex defect of lateral side of ankle with free anterolateral thigh musculocutaneous flap[J]. Zhonghua Xian Wei Wai Ke Za Zhi[Chin J Microsurg(Article in Chinese;Abstract in Chinese and English)],2011,34(2):113-115. DOI:10.3760/cma.j.issn.1001-2036.2011.02.011.}

[11072] **张艳茂，刘会仁，曹磊，王立新，于占永，李国华，吴学强，贾庆灵. 游离分叶股前外侧肌皮瓣修复前臂软组织缺损与功能重建[J]. 中华创伤杂志，2011，27(5)：463-465. DOI：10.3760/cma.j.issn.1001-8050.2011.05.024.** {ZHANG Yanmao,LIU Huiren,CAO Lei,WANG Lixin,YU Zhanyong,LI Guohua,WU Xueqiang,JIA Qinling. Free functioning ramified anterolateral thigh myocutaneous flap for repair of forearm soft tissue defects and functional reconstruction[J]. Zhonghua Chuang Shang Za Zhi[Chin J Trauma(Article in Chinese;Abstract in Chinese and English)],2011,27(5):463-465. DOI:10.3760/cma.j.issn.1001-8050.2011.05.024.}

[11073] **夏德林，付光新，马征，陈俊良，周航宇，贾娟. 游离股前外侧肌皮瓣在舌癌术后缺损修复与舌再造中的应用[J]. 中华整形外科杂志，2011，27(1)：8-11. DOI：10.3760/cma.j.issn.1009-4598.2011.01.003.** {XIA Delin,FU Guangxin,MA Zheng,CHEN Junliang,ZHOU Hangyu,JIA Juan. Application of anterolateral thigh myocutaneous flap in the reconstruction of tongue and mouth floor defect after tongue carcinoma[J]. Zhonghua Zheng Xing Wai Ke Za Zhi[Chin J Plast Surg(Article in Chinese;Abstract in Chinese and English)],2011,27(1):8-11. DOI:10.3760/cma.j.issn.1009-4598.2011.01.003.}

[11074] **韦仁杰，黄明棣，卢长巍. 股前外侧皮瓣游离移植修复足踝部大面积皮肤软组织缺损[J]. 中国修复重建外科杂志，2012，26(7)：889-890.** {WEI Renjie,HUANG Mingli,LU Changwei. Free anterolateral thigh flap for repairing large skin and soft tissue defects of foot and ankle[J]. Zhongguo Xiu Fu Chong Jian Wai Ke Za Zhi[Chin J Repar Reconstr Surg(Article in Chinese;Abstract in Chinese)],2012,26(7):889-890.}

[11075] **李春雨，刘金伟，李坤，李卫，何藻鹏，陈应驹，黄继辉. 游离股前外侧皮瓣结合负压封闭引流技术修复全足底皮肤缺损[J]. 中华创伤骨科杂志，2012，14(6)：544-546. DOI：10.3760/cma.j.issn.1671-7600.2012.06.020.** {LI Chunyu,LIU Jinwei,LI Kun,LI Wei,HE Zaopeng,CHEN Yingju,HUANG Jihui. Free anterolateral thigh flap combined with vacuum sealing drainage technology inthe repair of full plantar skin defects[J]. Zhonghua Chuang Shang Gu Ke Za Zhi[Chin J Orthop Trauma(Article in Chinese;Abstract in Chinese)],2012,14(6):544-546. DOI:10.3760/cma.j.issn.1671-7600.2012.06.020.}

[11076] **糜菁熠，芮永军，沈小芳，赵刚，华雍，刘宇舟，张雁. 带神经的修薄股前外侧皮瓣修复手部创面[J]. 中华显微外科杂志，2012，35(6)：485-487. DOI：10.3760/cma.j.issn.1001-2036.2012.06.014.** {MI Jingyi,RUI Yongjun,SHEN Xiaofang,ZHAO Gang,HUA Yong,LIU Yuzhou,ZHANG Yan. The use of thin innervated anterolateral thigh flap to repair hand wound[J]. Zhonghua Xian Wei Wai Ke Za Zhi[Chin J Microsurg(Article in Chinese;Abstract in Chinese)],2012,(6):485-487. DOI:10.3760/cma.j.issn.1001-2036.2012.06.014.}

[11077] **赵苏峰，唐恩溢，蒲玉梅，杨旭东，文建民，孙国文，王育新. 削薄"L"型股前外侧皮瓣修复舌癌术后缺损[J]. 口腔医学研究，2012，28(10)：1053-1055.** {ZHAO Sufeng,TANG Enyi,PU Yumei,YANG Xudong,WEN Jianmin,SUN Guowen,WANG Yuxin. Tongue reconstruction using free thinning L-shaped anterolateral thigh flap after resection of tongue cancer[J]. Kou Qiang Yi Xue Yan Jiu[J Oral Sci Res(Article in Chinese;Abstract in Chinese and English)],2012,28(10):1053-1055.}

[11078] **汤样华，曾林如，黄忠名，徐灿达，岳振双. 封闭式负压引流联合游离股前外侧皮瓣修复Pilon骨折术后软组织缺损[J]. 中国修复重建外科杂志，2012，26(11)：1407-1408.** {TANG Yanghua,ZENG Linru,HUANG Zhongming,XU Canda,YUE Zhenshuang. Closed negative pressure drainage combined with free anterolateral thigh flap for repairing soft tissue defect after Pilon fracture operation[J]. Zhongguo Xiu Fu Chong Jian Wai Ke Za Zhi[Chin J Repar Reconstr Surg(Article in Chinese;Abstract in Chinese)],2012,26(11):1407-1408.}

[11079] **郑晓菊，王保山，王新宏，仇永锋，宋文斌. 股前外侧皮瓣分层应用修复手足撕脱伤[J]. 中华手外科杂志，2012，28(2)：121-122. DOI：10.3760/cma.j.issn.1005-054X.2012.02.024.** {ZHENG Xiaoju,WANG Baoshan,WANG Xinhong,QIU Yongfeng,SONG Wenbin. Layered application of anterolateral thigh flap in repairing avulsion injury of hand and foot[J]. Zhonghua Shou Wai Ke Za Zhi[Chin J Hand Surg(Article in Chinese;No abstract available)],2012,28(2):121-122. DOI:10.3760/cma.j.issn.1005-054X.2012.02.024.}

[11080] **农明善，陈凯宁，杨幸，黄武. 逆行股前外侧皮瓣移位修复胫骨外露创面[J]. 中国修复重建外科杂志，2012，26(3)：316-318.** {NONG Mingshan,CHEN Kaining,YANG Xing,HUANG Wu. Reverse anterolateral thigh flap transfer for repairing exposed tibial[J]. Zhongguo Xiu Fu Chong Jian Wai Ke Za Zhi[Chin J Repar Reconstr Surg(Article in Chinese;Abstract in Chinese and English)],2012,26(3):316-318.}

[11081] **杨绍安，刘宁富，蔡宝塔，林荔军，陈仲. 股前外侧皮瓣修复小腿及足部外伤性深部组织外露创面[J]. 中华显微外科杂志，2012，35(1)：79-81. DOI：10.3760/cma.j.issn.1001-2036.2012.01.034.** {YANG Shaoan,LIU Ningfu,CAI Baota,LIN Lijun,CHEN Zhong. Anterolateral thigh flap for repair of traumatic deep tissue exposure wounds of leg and foot[J]. Zhonghua Xian Wei Wai Ke Za Zhi[Chin J Microsurg(Article in Chinese;Abstract in Chinese)],2012,35(1):79-81. DOI:10.3760/cma.j.issn.1001-2036.2012.01.034.}

[11082] **周洪翔，尹宗生，祝斌，张文富，曹金林，周洁浩，李俊杰，付永彬，陈坚，唐振华. 股前外侧皮瓣移植在小儿下肢大面积软组织缺损中的临床应用[J]. 中国骨与关节损伤杂志，2012，27(1)：30-33.** {ZHOU Hongxiang,YIN Zongsheng,ZHU Bin,ZHANG Wenfu,CAO Jinlin,ZHOU Jiehao,LI Jiehao,FU Yongbin,CHEN Jian,TANG Zhenhua. Clinical application of anterolateral thigh flap transplantation for repairing large soft tissue defect of lower extremity in children[J]. Zhongguo Gu Yu Guan Jie Sun Shang Za Zhi[Chin J Bone Joint Injury(Article in Chinese;Abstract in Chinese and English)],2012,27(1):30-33.}

[11083] **唐举玉，李康华，谢松林，刘俊，宋达疆. 股前外侧皮瓣修复足跟大面积软组织缺损的感觉重建探讨[J]. 中华显微外科杂志，2012，35(4)：267-271，354. DOI：10.3760/cma.j.issn.1001-2036.2012.04.002.** {TANG Juyu,LI Kanghua,XIE Songlin,LIU Jun,SONG Dajiang. Innervation of free anterolateral thigh flap for repairing widespreadly traumatic soft tissue defects in[J]. Zhonghua Xian Wei Wai Ke Za Zhi[Chin J Microsurg(Article in Chinese;Abstract in Chinese and English)],2012,35(4):267-271,354. DOI:10.3760/cma.j.issn.1001-2036.2012.04.002.}

[11084] **胡稷杰，任高宏，王钢，黎健伟，金丹，梁双武，余斌. 游离股前外侧穿支皮瓣或隐动脉穿支皮瓣修复足踝部软组织缺损[J]. 中华显微外科杂志，2012，35(6)：453-456. DOI：10.3760/cma.j.issn.1001-2036.2012.06.005.** {HU Jijie,REN Gaohong,WANG Gang,LI Jianwei,JIN Dan,LIANG Shuangwu,YU Bin. Repair of ankle soft tissue defect with anterolateral thigh perforator flap or free saphenous artery perforator flap[J]. Zhonghua Xian Wei Wai Ke Za Zhi[Chin J Microsurg(Article in Chinese;Abstract in Chinese and English)],2012,35(6):453-456. DOI:10.3760/cma.j.issn.1001-2036.2012.06.005.}

[11085] **李军，朱靓，董茂龙，杨薛康，侯宏义，胡大海. 股前外侧游离皮瓣在深度电击伤创面早期修复中的应用[J]. 中华烧伤杂志，2012，28(4)：301-302. DOI：10.3760/cma.j.issn.1009-2587.2012.04.023.** {LI Jun,ZHU Liang,DONG Maolong,YANG Xuekang,HOU Hongyi,HU Dahai. Application of anterolateral thigh free flap in early repair of deep electric wound[J]. Zhonghua Shao Shang Za Zhi[Chin J Burns(Article in Chinese;No abstract available)],2012,28(4):301-302. DOI:10.3760/cma.j.issn.1009-2587.2012.04.023.}

[11086] **张大伟，赵广跃，裴国献，李军，祝勇刚，王文军. 应用Flow-through股前外侧游离皮瓣同期修复软组织和主干血管缺损[J]. 中华创伤骨科杂志，2012，14(10)：839-843. DOI：10.3760/cma.j.issn.1671-7600.2012.10.004.** {ZHANG Dawei,ZHAO Guangyue,PEI Guoxian,LI Jun,ZHU Yonggang,WANG Wenjun. Flow-through anterolateral thigh flaps for simultaneous repair of defects of soft tissue and major artery[J]. Zhonghua Chuang Shang Gu Ke Za Zhi[Chin J Orthop Trauma(Article in Chinese;Abstract in Chinese and English)],2012,14(10):839-843. DOI:10.3760/cma.j.issn.1671-7600.2012.10.004.}

[11087] **张兴奎，张桂红，唐阳平，苗峰，丁桂友，张亮，董中洋，郭彬，马晓辉，李虎，夏勇，王彬. 股前外侧穿支皮瓣修复手部软组织缺损[J]. 中华手外科杂志，2012，28(6)：355-356. DOI：10.3760/cma.j.issn.1005-054X.2012.06.016.** {ZHANG Xingkui,ZHANG Guihong,TANG Yangping,MIAO Feng,DING Guiyou,ZHANG Liang,DONG Zhongyang,GUO Bin,MA Xiaohui,LI Hu,XIA Yong,WANG Bin. Application of anterolateral thigh perforator flap for repair of soft tissue defect of the hand[J]. Zhonghua Shou Wai Ke Za Zhi[Chin J Hand Surg(Article in Chinese;Abstract in Chinese and English)],2012,28(6):355-356. DOI:10.3760/cma.j.issn.1005-054X.2012.06.016.}

[11088] **扈克治，甘干达，韩健. 应用股前外侧穿支皮瓣修复手足软组织缺损[J]. 实用手外科杂志，2012，26(3)：235-236. DOI：10.3969/j.issn.1671-2722.2012.03.011.** {HU Kezhi,GAN Ganda,HAN Jian. Anterolateral thigh perforator flap in treating soft tissue defect of hand and foot[J]. Shi Yong Shou Wai Ke Za Zhi[Chin J Pract Hand Surg(Article in Chinese;Abstract in Chinese and English)],2012,26(3):235-236. DOI:10.3969/j.issn.1671-2722.2012.03.011.}

[11089] **阳晟，唐哲明，梁祖建，陈希，张志海，万雷. 股前外侧穿支皮瓣修复小腿及足部软组织缺损[J]. 中华显微外科杂志，2012，35(3)：226-227. DOI：10.3760/cma.j.issn.1001-2036.2012.03.018.** {YANG Sheng,TANG Zheming,LIANG Zujian,CHEN Xi,ZHANG Zhihai,WAN Lei. Repair of soft tissue defects of leg and foot with anterolateral thigh perforator flap[J]. Zhonghua Xian Wei Wai Ke Za Zhi[Chin J Microsurg(Article in Chinese;Abstract in Chinese)],2012,35(3):226-227. DOI:10.3760/cma.j.issn.1001-2036.2012.03.018.}

[11090] **刘柳，杨磊，赵民朝，毛驰. 游离股前外侧穿支皮瓣穿支血管的临床分类及意义[J]. 中华整形外科杂志，2012，28(4)：291-293. DOI：10.3760/cma.j.issn.1009-4598.2012.04.014.** {LIU Liu,YANG Lei,ZHAO Minchao,MAO Chi. Clinical classification and significance of perforators in free anterolateral thigh perforator flap[J]. Zhonghua Zheng Xing Wai Ke Za Zhi[Chin J Plast Surg(Article in Chinese;No abstract available)],2012,28(4):291-293. DOI:10.3760/cma.j.issn.1009-4598.2012.04.014.}

[11091] **杨建峰，赵振华，王伯胤，周平，庞飞，孙文东. 术前CT血管成像在股前外侧穿支皮瓣移植中的临床应用[J]. 中华放射学杂志，2012，46(10)：917-920. DOI：10.3760/cma.j.issn.1005-1201.2012.10.010.** {YANG Jianfeng,ZHAO Zhenhua,WANG Boyin,ZHOU Ping,PANG Fei,SUN Wendong. Clinical application of preoperative CT angiography in the transplantation of anterolateral thigh perforator flap[J]. Zhonghua Fang She Xue Za Zhi[Chin J Radiol(Article in Chinese;Abstract in Chinese and English)],2012,46(10):917-920. DOI:10.3760/cma.j.issn.1005-1201.2012.10.010.}

[11092] **唐继全，甘干达，罗平，黄育胡. 股前外侧筋膜皮瓣修复跟腱开放性缺损[J]. 中国修复重建外科杂志，2012，26(10)：1209-1212.** {TANG Jiquan,GAN Ganda,LUO Ping,HUANG Yuhu. Anterolateral thigh fasciocutaneous flap for repair of open Achilles tendon defect[J]. Zhongguo Xiu Fu Chong Jian Wai Ke Za Zhi[Chin J Repar Reconstr Surg(Article in Chinese;Abstract in Chinese and English)],2012,26(10):1209-1212.}

[11093] **王旭东，王一鸣，杨瑛艳，王文刚，李宏辉，巫文强. 股前外侧肌皮瓣修复四肢软组织缺损[J]. 实用手外科杂志，2012，26(4)：382-383. DOI：10.3969/j.issn.1671-2722.2012.04.033.** {WANG Xudong,WANG Yiming,YANG Yingyan,WANG Wengang,LI Honghui,WU Wenqiang. Repair of soft tissue defects of limbs with anterolateral thigh myocutaneous flap[J]. Shi Yong Shou Wai Ke Za Zhi[Chin J Pract Hand Surg(Article in Chinese;Abstract in Chinese)],2012,26(4):382-383. DOI:10.3969/j.issn.1671-2722.2012.04.033.}

[11094] **罗瑞华，齐金星，赵铭，刘善廷，杜伟，代立媛，崔萌. 削薄股前外侧皮瓣游离移植修复舌癌术后缺损的临床疗效[J]. 武汉大学学报(医学版)，2012，33(4)：585-**

586+593. DOI: 10.14188/j.1671-8852.2012.04.038. {LUO Ruihua,QI Jinxing,ZHAO Ming,LIU Shanting,DU Wei,DAI Liyuan,CUI Meng. Outcomes of reconstruction of soft tissue defects after tongue cancer resection using free thinning anterolateral thigh flap[J]. Wuhan Da Xue Xue Bao(Yi Xue Ban)[Med J Wuhan Univ(Article in Chinese;Abstract in Chinese and English)],2012,33(4):585-586+593. DOI:10.14188/j.1671-8852.2012.04.038.}

[11095] 章一新. 穿支血管的术前影像学导航技术 [J]. 中华显微外科杂志, 2012, 35(6): 441-443. DOI: 10.3760/cma.j.issn.1001-2036.2012.06.001. {ZHANG Yixin. The technology in preoperative imaging identification of cutaneous perforators[J]. Zhonghua Xian Wei Wai Ke Za Zhi[Chin J Microsurg(Article in Chinese;No abstract available)],2012,35(6):441-443. DOI:10.3760/cma.j.issn.1001-2036.2012.06.001.}

[11096] 徐中飞, 代炜, 张恩礁, 段维轶, 刘法昱, 谭学新, 黄绍辉, 秦兴军, 孙长伏. 股前外侧穿支嵌合皮瓣修复头颈肿瘤根治术后缺损 [J]. 上海口腔医学, 2012, 21(1): 107-112. {XU Zhongfei,DAI Wei,ZHANG Enjiao,DUAN Weiyu,LIU Fayu,TAN Xuexin,HUANG Shaohui,QIN Xingjun,SUN Changfu. Reconstruction of head and neck defects after radical operation with anterolateral thigh perforator flap[J]. Shanghai Kou Qiang Yi Xue[Shanghai J Stomatol(Article in Chinese;Abstract in Chinese)],2012,21(1):107-112.}

[11097] 陈伟, 姜平, 陈晓炜, 廖云君, 高建华. 组织工程化皮瓣的构建 [J]. 南方医科大学学报, 2012, 32(4): 519-522. DOI: 10.3969/j.issn.1673-4254.2012.04.017. {CHEN Wei,JIANG Ping,CHEN Xiaowei,LIAO Yunjun,GAO Jianhua. Construction of tissue-engineered skin flap in vitro[J]. Nanfang Yi Ke Da Xue Xue Bao[J South Med Univ(Article in Chinese;Abstract in Chinese and English)],2012,32(4):519-522. DOI:10.3969/j.issn.1673-4254.2012.04.017.}

[11098] 李林东, 蒋纯志, 邱维胜, 尤传飞, 倪前朝, 裴儒. 应用VSD技术和股前外侧皮瓣修复小腿软组织缺损 [J]. 实用骨科杂志, 2013, 19(1): 81-82. DOI: 10.3969/j.issn.1008-5572.2013.01.032. {LI Lindong,JIANG Chunzhi,QIU Weisheng,YOU Chuanfei,NI Qianchao,PEI Ru. Application of VSD technique and anterolateral thigh flap in repairing soft tissue defect of leg[J]. Shi Yong Gu Ke Za Zhi[J Pract Orthop(Article in Chinese;No abstract available)],2013,19(1):81-82. DOI:10.3969/j.issn.1008-5572.2013.01.032.}

[11099] 陈奇鸣, 杨福周, 罗锦辉, 余林权, 黄远清, 朱伟荣. 股前外侧皮瓣穿支血管变异形态及临床应用对策 [J]. 中华整形外科杂志, 2013, 29(1): 59-61. DOI: 10.3760/cma.j.issn.1009-4598.2013.01.016. {CHEN Qiming,YANG Fuzhou,LUO Jinhui,YU Linquan,HUANG Yuanqing,ZHU Weirong. Variation of perforator vessels in anterolateral thigh flap and its clinical application[J]. Zhonghua Zheng Xing Wai Ke Za Zhi[Chin J Plast Surg(Article in Chinese;No abstract available)],2013,29(1):59-61. DOI:10.3760/cma.j.issn.1009-4598.2013.01.016.}

[11100] 蒋春景, 林平, 舒锦尔, 李惠民, 胡晓刚, 何建荣, 丁明星. 三维增强MRA在股前外侧皮瓣术前设计中的应用价值 [J]. 放射学实践, 2013, 28(7): 788-792. DOI: 10.3969/j.issn.1000-0313.2013.07.022. {JIANG Chunjing,LIN Ping,SHU Jiner,LI Huimin,HU Xiaogang,HE Jianrong,DING Mingxing. Three-dimensional contrast-enhanced magnetic resonance angiography of arteria circumflexa femoris lateralis[J]. Fang She Xue Shi Jian[Radiol Pract(Article in Chinese;Abstract in Chinese)],2013,28(7):788-792. DOI:10.3969/j.issn.1000-0313.2013.07.022.}

[11101] 肖海涛, 时莹瑜, 王怀胜, 刘勇, 张艳阁, 岑瑛. 高频彩色多普勒超声检测穿支血管在股前外侧皮瓣手术中的应用 [J]. 中国修复重建外科杂志, 2013, 27(2): 178-181. {XIAO Haitao,SHI Yingyu,WANG Huaisheng,LIU Yong,ZHANG Yange,CEN Ying. Application of high frequency color Doppler ultrasound in anterolateral thigh flap surgery[J]. Zhongguo Xiu Fu Chong Jian Wai Ke Za Zhi[Chin J Repar Reconstr Surg(Article in Chinese;Abstract in Chinese and English)],2013,27(2):178-181.}

[11102] 寿建国, 付彪, 徐晓汉, 汪可新. 修薄股前外侧皮瓣联合阔筋膜修复手和足部复合组织缺损 [J]. 中华显微外科杂志, 2013, 36(3): 273-275. DOI: 10.3760/cma.j.issn.1001-2036.2013.03.017. {SHOU Jianguo,FU Biao,XU Xiaohan,WANG Kexin. Repair of composite tissue defects of hand and foot with thin anterolateral thigh flap combined with fascia lata[J]. Zhonghua Xian Wei Wai Ke Za Zhi[Chin J Microsurg(Article in Chinese;Abstract in Chinese)],2013,36(3):273-275. DOI:10.3760/cma.j.issn.1001-2036.2013.03.017.}

[11103] 朱海伟, 黄栋梁. 左手腕掌关节伴拇指毁损伤第2-5指缩短再植于桡尺骨加股前外侧皮瓣修复创面一例 [J]. 中华显微外科杂志, 2013, 36(3): 304-304. DOI: 10.3760/cma.j.issn.1001-2036.2013.03.031. {ZHU Haiwei,HUANG Dongliang. The second to fifth fingers shortening and replantation in radius and ulna and anterolateral thigh flap for repair of left carpometacarpal joint injury with thumb damage:a case report[J]. Zhonghua Xian Wei Wai Ke Za Zhi[Chin J Microsurg(Article in Chinese;No abstract available)],2013,36(3):304-304. DOI:10.3760/cma.j.issn.1001-2036.2013.03.031.}

[11104] 陶胜林, 滕云升, 张朝, 刘重, 折胜利, 王攀, 马建龙. 股前外侧皮瓣移植桥式交叉供血修复下肢软组织缺损 [J]. 中华显微外科杂志, 2013, 36(6): 590-591. DOI: 10.3760/cma.j.issn.1001-2036.2013.06.023. {TAO Shenglin,TENG Yunsheng,ZHANG Chao,LIU Zhong,ZHE Shengli,WANG Pan,MA Jianlong. The anterolateral thigh flap was transplanted with bridge cross blood supply to repair the soft tissue defect in lower extremity[J]. Zhonghua Xian Wei Wai Ke Za Zhi[Chin J Microsurg(Article in Chinese;Abstract in Chinese)],2013,36(6):590-591. DOI:10.3760/cma.j.issn.1001-2036.2013.06.023.}

[11105] 刘杰, 张彬, 李德志, 倪松, 安常明, 徐震纲, 刘绍严. 应用周边穿支皮瓣作为股前外侧皮瓣皮穿支血管缺失时的替代方案研究 [J]. 中华耳鼻咽喉头颈外科杂志, 2013, 48(6): 486-489. DOI: 10.3760/cma.j.issn.1673-0860.2013.06.010. {LIU Jie,ZHANG Bin,LI Dezhi,NI Song,AN Changming,XU Zhengang,LIU Shaoyan. Nearby perforator flaps as alternative choices for anterolateral thigh flap when lacking useful perforator[J]. Zhonghua Er Bi Yan Hou Tou Jing Wai Ke Za Zhi[Chin J Otorhinolaryngol Head Neck Surg(Article in Chinese;Abstract in Chinese and English)],2013,48(6):486-489. DOI:10.3760/cma.j.issn.1673-0860.2013.06.010.}

[11106] 朱辉, 寿奎水, 陈步国, 滕道练, 孙峰. 带蒂股前外侧皮瓣与髂腹股沟皮瓣瓦合修复手部创面 [J]. 中华手外科杂志, 2013, 29(6): 347. DOI: 10.3760/cma.j.issn.1005-054X.2013.06.012. {ZHU Hui,SHOU Kuishui,CHEN Buguo,TENG Daolian,SUN Feng. The hand wound repaired by pedicled anterolateral thigh flap combined with ilioinguinal flap[J]. Zhonghua Shou Wai Ke Za Zhi[Chin J Hand Surg(Article in Chinese;No abstract available)],2013,29(6):347. DOI:10.3760/cma.j.issn.1005-054X.2013.06.012.}

[11107] 梁高峰, 智丰, 滕云升, 张朝, 吴勐, 石宇, 段超鹏, 张满盈, 贾晶. 游离股前外侧皮瓣组合腓骨骨皮瓣修复手掌毁损伤 [J]. 中华显微外科杂志, 2013, 36(5): 494-496. DOI: 10.3760/cma.j.issn.1001-2036.2013.05.025. {LIANG Gaofeng,ZHI Feng,TENG Yunsheng,ZhANG Chao,WU Meng,SHI Yu,DUAN Chaopeng,ZHANG Manyin,JIA Jing. Free anterolateral thigh flap combined with fibula flap for repairing damaged palm injury[J]. Zhonghua Xian Wei Wai Ke Za Zhi[Chin J Microsurg(Article in Chinese;Abstract in Chinese)],2013,36(5):494-496. DOI:10.3760/cma.j.issn.1001-2036.2013.05.025.}

[11108] 王磊, 乔少林, 范克轩, 陈翰林, 徐飞, 孟勐, 黄东. 超薄游离股前外侧皮瓣修复肘关节创伤性软组织缺损 [J]. 临床骨科杂志, 2013, 16(2): 167-169. DOI: 10.3969/j.issn.1008-0287.2013.02.020. {WANG Lei,QIAO Shaolin,FAN Kexuan,CHEN Hanlin,XU Fei,MENG Meng,HUANG Dong. Repair of traumatic soft tissue defects in elbow joint by ultrathin free anteriolateral femoral flap[J]. Lin Chuang Gu Ke Za Zhi[J Clin Orthop(Article in Chinese;Abstract in Chinese and English)],2013,16(2):167-169. DOI:10.3969/j.issn.1008-0287.2013.02.020.}

[11109] 高秋明, 厉孟, 樊晓海, 刘景堂, 张宇, 薛云. 游离股前外侧皮瓣治疗小儿足踝部严重软组织损伤 [J]. 实用骨科杂志, 2013, 19(4): 325-327. DOI: 10.3969/j.issn.1008-5572.2013.04.011. {GAO Qiuming,LI Meng,FAN Xiaohai,LIU Jingtang,ZHANG Yu,XUE Yun. Free anterolateral thigh flap in repairing of serious foot and ankle trauma in children[J]. Shi Yong Gu Ke Za Zhi[Pract Orthop(Article in Chinese;Abstract in Chinese and English)],2013,19(4):325-327. DOI:10.3969/j.issn.1008-5572.2013.04.011.}

[11110] 农明善, 陈凯宁, 杨幸, 黄武, 雷鸣. 逆行股前外侧皮瓣修复小腿严重毁损伤 [J]. 临床骨科杂志, 2013, 16(1): 28-30. DOI: 10.3969/j.issn.1008-0287.2013.01.012. {NONG Mingshan,CHEN Kaining,YANG Xin,HUANG Wu,LEI Ming. The healing of seriously injured legs by transplanting retrograde anterolateral thigh flap[J]. Lin Chuang Gu Ke Za Zhi[J Clin Orthop(Article in Chinese;Abstract in Chinese and English)],2013,16(1):28-30. DOI:10.3969/j.issn.1008-0287.2013.01.012.}

[11111] 邢帮荣, 史德海, 庄泽. 同种异体肌腱联合股前外侧皮瓣一期修复手背软组织缺损 [J]. 中华显微外科杂志, 2013, 36(1): 24-27. DOI: 10.3760/cma.j.issn.1001-2036.2013.01.007. {XING bangrong,SHI Dehai,ZHUANG Ze. One-stage reconstruction of dorsal hand soft-tissue defects with tendon allograft and free anterolateral thigh flaps[J]. Zhonghua Xian Wei Wai Ke Za Zhi[Chin J Microsurg(Article in Chinese;Abstract in Chinese and English)],2013,36(1):24-27. DOI:10.3760/cma.j.issn.1001-2036.2013.01.007.}

[11112] 孙国文, 卢明星, 吴蔚媚, 杨旭东, 王志勇, 胡勤刚, 唐恩溢. 薄型股前外侧皮瓣修复口腔软组织缺损 [J]. 中华整形外科杂志, 2013, 29(5): 321-324. DOI: 10.3760/cma.j.issn.1009-4598.2013.05.001. {SUN Guowen,LU Mingxing,WU Weimei,YANG Xudong,WANG Zhiyong,HU Qingang,TANG Enyi. Clinical application of free thin anterolateral thigh flap in the reconstruction of intraoral defects[J]. Zhonghua Zheng Xing Wai Ke Za Zhi[Chin J Plast Surg(Article in Chinese;Abstract in Chinese and English)],2013,29(5):321-324. DOI:10.3760/cma.j.issn.1009-4598.2013.05.001.}

[11113] 周洪翔, 尹宗生, 祝斌, 宁涛, 周洁浩, 李俊杰, 曹金林, 付永彬, 陈坚. 股前外侧皮瓣移植修复老年四肢软组织缺损 [J]. 中国骨与关节损伤杂志, 2013, 28(2): 113-115. DOI: 10.7531/j.issn.1672-9935.2013.02.005. {ZHOU Hongxiang,YIN Zongsheng,ZHU Bin,NING Tao,ZHOU Jiehao,LI Junjie,CAO Jinlin,FU Yongbin,CHEN Jian. Anterolateral thigh flap for reconstruction of soft tissue defects of elderly in arms and legs[J]. Zhongguo Gu Yu Guan Jie Sun Shang Za Zhi[Chin J Bone Joint Injury(Article in Chinese;Abstract in Chinese and English)],2013,28(2):113-115. DOI:10.7531/j.issn.1672-9935.2013.02.005.}

[11114] 庄振华, 黄平, 王运增, 姜雪松. 带趾骨踇甲瓣联合游离股前外侧皮瓣修复严重手部大面积软组织缺损伴拇指部分缺损八例 [J]. 中华烧伤杂志, 2013, 29(6): 565-567. DOI: 10.3760/cma.j.issn.1009-2587.2013.06.018. {ZHUANG Zhenhua,HUANG Ping,WANG Yunzeng,JIANG Xuesong. Severe hand soft tissue defect with partial thumb defect repaired by thumb nail flap with toe bone combined with free anterolateral thigh flap:A report of eight cases[J]. Zhonghua Shao Shang Za Zhi[Chin J Burns(Article in Chinese;No abstract available)],2013,29(6):565-567. DOI:10.3760/cma.j.issn.1009-2587.2013.06.018.}

[11115] 向永孝, 吴定庆, 邓立东, 罗庆丰, 李健华, 骆增明, 张健松, 何烨晖. 游离股前外侧皮瓣治疗足踝部毁损伤 [J]. 实用手外科杂志, 2013, 27(1): 71-73. DOI: 10.3969/j.issn.1671-2722.2013.01.025. {XIANG Yongxiao,WU Dingqin,DENG Lidong,LUO Qingfeng,LI Jianhua,LUO Zengming,ZHANG Jiansong,HE Yehui. Free anterolateral thigh flap for the treatment of foot and ankle mangled injury[J]. Shi Yong Shou Wai Ke Za Zhi[Chin J Pract Hand Surg(Article in Chinese;Abstract in Chinese)],2013,27(1):71-73. DOI:10.3969/j.issn.1671-2722.2013.01.025.}

[11116] 寿建国, 张继东. 不带筋膜一期修薄的股前外侧穿支皮瓣移植修复四肢远端软组织缺损 [J]. 中国骨与关节损伤杂志, 2013, 28(1): 93-94. DOI: 10.7531/j.issn.1672-9935.2013.01.052. {SHOU Jianguo,ZHANG Jidong. One stage thinned anterolateral thigh perforator flap without fascia for repair of soft tissue defects in distal extremities[J]. Zhongguo Gu Yu Guan Jie Sun Shang Za Zhi[Chin J Bone Joint Injury(Article in Chinese;Abstract in Chinese)],2013,28(1):93-94. DOI:10.7531/j.issn.1672-9935.2013.01.052.}

[11117] 王新宏, 郑晓菊, 王保山, 仇永锋. 股前外侧游离皮瓣在断肢再植中的应用 [J]. 中华显微外科杂志, 2013, 36(1): 97. DOI: 10.3760/cma.j.issn.1001-2036.2013.01.035. {WANG Xinhong,ZHENG Xiaoju,WANG Baoshan,QIU Yongfeng. Application of anterolateral thigh free flap in replantation of severed limb[J]. Zhonghua Xian Wei Wai Ke Za Zhi[Chin J Microsurg(Article in Chinese;No abstract available)],2013,36(1):97. DOI:10.3760/cma.j.issn.1001-2036.2013.01.035.}

[11118] 张功林, 甄平, 陈克明, 张军华, 王世勇. 股前外侧岛状皮瓣延迟修复膝部软组织缺损一例 [J]. 中华整形外科杂志, 2013, 29(5): 391-391. DOI: 10.3760/cma.j.issn.1009-4598.2013.05.022. {ZHANG Gonglin,ZHEN Ping,CHEN Keming,ZHANG Junhua,WANG Shiyong. Anterolateral thigh island flap for delayed repair of knee soft tissue defect:a case report[J]. Zhonghua Zheng Xing Wai Ke Za Zhi[Chin J Plast Surg(Article in Chinese;No abstract available)],2013,29(5):391-391. DOI:10.3760/cma.j.issn.1009-4598.2013.05.022.}

[11119] 刘彬, 鹿亮, 尚希福. 股前外侧游离皮瓣移植修复小腿及足踝部软组织缺损 [J]. 临床骨科杂志, 2013, 16(2): 160-162. DOI: 10.3969/j.issn.1008-0287.2013.02.017. {LIU Bin,LU Liang,SHANG Xifu. Repair of the lower leg and ankle's soft tissue defect with free anterolateral thigh skin flap[J]. Lin Chuang Gu Ke Za Zhi[J Clin Orthop(Article in Chinese;Abstract in Chinese and English)],2013,16(2):160-162. DOI:10.3969/j.issn.1008-0287.2013.02.017.}

[11120] 杨锦, 杨晓东, 付尚俊, 丁建波, 陈逸民, 刘扬武. 股前外侧穿支皮瓣修复手背热压伤13例 [J]. 中华烧伤杂志, 2013, 29(5): 436-437. DOI: 10.3760/cma.j.issn.1009-2587.2013.05.007. {YANG Jin,YANG Xiaodong,FU Shangjun,ZHOU Yang,DING Jianbo,CHEN Yimin,LIU Yangwu. Anterolateral thigh perforator flap for repairing thermal crush injury of dorsal hand:A report of 13 cases[J]. Zhonghua Shao Shang Za Zhi[Chin J Burns(Article in Chinese;Abstract in Chinese and English)],2013,29(5):436-437. DOI:10.3760/cma.j.issn.1009-2587.2013.05.007.}

[11121] 邱水波, 徐永清, 张朝贵, 谢晟, 蒋栋. 股前外侧穿支皮瓣修复足踝部软组织缺损 [J]. 临床骨科杂志, 2013, 16(6): 690-691. DOI: 10.3969/j.issn.1008-0287.2013.06.036. {QIU Shuibo,XU Yongqing,ZHANG Chaogui,XIE Sheng,JIANG Dong. Repair of ankle and foot soft tissue defect with anterolateral thigh perforator flap[J]. Lin Chuang Gu Ke Za Zhi[J Clin Orthop(Article in Chinese;No abstract available)],2013,16(6):690-691. DOI:10.3969/j.issn.1008-0287.2013.06.036.}

[11122] 唐林峰, 巨积辉, 侯瑞兴, 金光哲, 张广亮. VSD技术联合游离股前外侧穿支皮瓣修复手部桡侧半缺损 [J]. 实用手外科杂志, 2013, 27(4): 348-350. DOI: 10.3969/j.issn.1671-2722.2013.04.013. {TANG Linfeng,JU Jihui,HOU Ruixing,JIN Guangzhe,ZHANG Guangliang. Vacuum sealing drainage combined with free femoral anterolateral perforating branch flap to repair composite tissue defect in radialis wrest-hands[J]. Shi Yong Shou Wai Ke Za Zhi[Chin J Pract Hand Surg(Article in Chinese;Abstract in Chinese and English)],2013,27(4):348-350. DOI:10.3969/j.issn.1671-2722.2013.04.013.}

[11123] 潘朝晖, 王剑利, 蒋萍萍, 李洪飞, 薛山, 赵玉祥. 股前外侧穿支皮瓣桥接旋髂浅动脉蒂组织瓣组合移植修复四肢骨与软组织缺损 [J]. 中华骨科杂志, 2013, 33(7): 723-730. DOI: 10.3760/cma.j.issn.0253-2352.2013.07.007. {PAN Zhaohui,WANG Jianli,JIANG Pingping,LI Hongfei,XUE Shan,ZHAO Yuxiang. Anterolateral thigh perforator flap bridging superficial circumflex iliac artery flap for the treatment of complex limb wound[J]. Zhonghua Gu Ke Za Zhi[Chin J Orthop(Article in Chinese;Abstract in Chinese and English)],2013,33(7):723-730. DOI:10.3760/cma.j.issn.0253-2352.2013.07.007.}

[11124] 范新宇, 徐永清, 徐龙江, 董凯旋, 苏锡雄, 许立奇, 龙海, 李军, 朱跃良, 李川. 高频彩超结合超声造影技术在穿支皮瓣术前设计及评估中的应用 [J]. 中华显微外科杂志, 2013,

36（4）：322-326. DOI：10.3760/cma.j.issn.1001-2036.2013.06.003.｛FAN Xinyu,XU Yongqing,XU Longjiang,DONG Kaixuan,SU Xixiong,XU Liqi,LONG Hai,LI Jun,ZHU Yueliang,LI Chuan. Detection on distribution and flowing dynamics of the vessel perforators by use of high frequency color ultrasound and contrast-enhanced ultrasound[J]. Zhonghua Xian Wei Wai Ke Za Zhi[Chin J Microsurg(Article in Chinese;Abstract in Chinese and English)],2013,36(4):322-326. DOI:10.3760/cma.j.issn.1001-2036.2013.06.003.｝

[11125] 王珏，田涛，冯少清，章一新．多层螺旋 CT 血管造影技术在穿支皮瓣修复下肢软组织缺损中的应用 [J]. 中华显微外科杂志，2013，36（4）：317-321. DOI：10.3760/cma.j.issn.1001-2036.2013.06.002.｛WANG Jue,TIAN Tao,FENG Shaoqing,ZHANG Yixin. Application of multidetector-row computed tomography angiography in soft tissue defect of lower extremities with perforator flap[J]. Zhonghua Xian Wei Wai Ke Za Zhi[Chin J Microsurg(Article in Chinese;Abstract in Chinese and English)],2013,36(4):317-321. DOI:10.3760/cma.j.issn.1001-2036.2013.06.002.｝

[11126] 朱洪章，杨有优，范淼，王俊丽．CT 血管造影在旋股外侧动脉 3D 可视化与穿支体表导航定位中的应用 [J]. 中华显微外科杂志，2013，36（3）：287-291. DOI：10.3760/cma.j.issn.1001-2036.2013.03.024.｛ZHU Hongzhang,YANG Youyou,FAN Miao,WANG Junli. Application of CT angiography in 3D visualization of lateral circumflex femoral artery and navigation of perforator[J]. Zhonghua Xian Wei Wai Ke Za Zhi[Chin J Microsurg(Article in Chinese;Abstract in Chinese)],2013,36(3):287-291. DOI:10.3760/cma.j.issn.1001-2036.2013.03.024.｝

[11127] 张德军，刘超，徐亚非，邱辉，曾辉，曾国师，李冠军．带阔筋膜股前外侧皮瓣修复踝部跟腱损伤软组织缺损五例 [J]. 中华显微外科杂志，2014，37（4）：385-386. DOI：10.3760/cma.j.issn.1001-2036.2014.04.020.｛ZHANG Dejun,LIU Chao,XU Yafei,QIU Hui,ZENG Hui,ZENG Guoshi,LI Guanjun. Anterolateral thigh flap with fascia lata for repairing soft tissue defect of Achilles tendon injury in ankle:five case reports[J]. Zhonghua Xian Wei Wai Ke Za Zhi[Chin J Microsurg(Article in Chinese;Abstract in Chinese)],2014,37(4):385-386. DOI:10.3760/cma.j.issn.1001-2036.2014.04.020.｝

[11128] 刘君，刘兴邦，陶圣祥，余国荣，文俊．游离股前外侧皮瓣在手掌背侧毁损伤修复中的应用 [J]. 中华显微外科杂志，2014，37（1）：91-92. DOI：10.3760/cma.j.issn.1001-2036.2014.01.032.｛LIU Jun,LIU Xingbang,TAO Shengxiang,YU Guorong,WEN Jun. Application of free anterolateral thigh flap in repairing dorsal palm injury[J]. Zhonghua Xian Wei Wai Ke Za Zhi[Chin J Microsurg(Article in Chinese;Abstract in Chinese)],2014,37(1):91-92. DOI:10.3760/cma.j.issn.1001-2036.2014.01.032.｝

[11129] 邓伟，黄代营，王鸿，廖天安，王涛．游离股前外侧皮瓣修复口腔颌面部软组织缺损 [J]. 中华显微外科杂志，2014，37（4）：404-405. DOI：10.3760/cma.j.issn.1001-2036.2014.04.030.｛DENG Wei,HUANG Daiying,WANG Hong,LIAO Tian'an,WANG Tao. Repair of oral and maxillofacial soft tissue defects with free anterolateral thigh flap[J]. Zhonghua Xian Wei Wai Ke Za Zhi[Chin J Microsurg(Article in Chinese;Abstract in Chinese)],2014,37(4):404-405. DOI:10.3760/cma.j.issn.1001-2036.2014.04.030.｝

[11130] 陈丹，杨凯，陈睿，张福军，赵丹，张劲松，李雅冬．股前外侧皮瓣在口腔颌面部肿瘤术后缺损修复中的应用 [J]. 重庆医科大学学报，2014，39（1）：125-126. DOI：10.13406/j.cnki.cyxb.2014.01.033.｛CHEN Dan,YANG Kai,CHEN Rui,ZHANG Fujun,ZHAO Dan,ZHANG Jinsong,LI Yadong. Application of anterolateral thigh flap in reconstruction of the defects after resection of oral and maxillofacial tumors[J]. Chong Qing Yi Ke Da Xue Xue Bao[J Chongqing Med Univ(Article in Chinese;No abstract available)],2014,39(1):125-126. DOI:10.13406/j.cnki.cyxb.2014.01.033.｝

[11131] 张威凯，王相，王海兵，何涛，龚永清，朱国明，李建．一期修薄游离股前外侧皮瓣修复足踝部软组织缺损 [J]. 中华整形外科杂志，2014，30（4）：304-305. DOI：10.3760/cma.j.issn.1009-4598.2014.04.019.｛ZHANG Weikai,WANG Xiang,WANG Haibing,HE Tao,GONG Yongqing,ZHU Guoming,LI Jian. Free anterolateral thigh flap for one-stage repair of soft tissue defect of foot and ankle[J]. Zhonghua Zheng Xing Wai Ke Za Zhi[Chin J Plast Surg(Article in Chinese;No abstract available)],2014,30(4):304-305. DOI:10.3760/cma.j.issn.1009-4598.2014.04.019.｝

[11132] 周晓，薛明宇，芮永军，许亚军，寿奎水，卜凡玉．以膝上外侧穿支为蒂的 V-Y 皮瓣修复股前外侧皮瓣供区 [J]. 中华整形外科杂志，2014，30（1）：26-29. DOI：10.3760/cma.j.issn.1009-4598.2014.01.008.｛ZHOU Xiao,XUE Mingyu,RUI Yongjun,XU Yajun,SHOU Kuishui,BU Fanyu. V-Y flap pedicled with lateral perforator of knee in repair of anterolateral thigh flap donor site[J]. Zhonghua Zheng Xing Wai Ke Za Zhi[Chin J Plast Surg(Article in Chinese;Abstract in Chinese and English)],2014,30(1):26-29. DOI:10.3760/cma.j.issn.1009-4598.2014.01.008.｝

[11133] 邓小花，王海波，唐凤琼，李能文，黄孙科，朱华，李志坚，经维新．游离股前外侧皮瓣修复下肢皮肤软组织缺损的临床应用 [J]. 中国骨与关节损伤杂志，2014，29（1）：96-97. DOI：10.7531/j.issn.1672-9935.2014.01.042.｛DENG Xiaohua,WANG Haibo,TANG Fengqiong,LI Nengwen,HUANG Sunke,ZHU Hua,LI Zhijian,JING Weixin. Clinical application of free anterolateral thigh flap in repairing skin and soft tissue defects of lower limbs[J]. Zhongguo Gu Yu Guan Jie Sun Shang Za Zhi[Chin J Bone Joint Injury(Article in Chinese;Abstract in Chinese)],2014,29(1):96-97. DOI:10.7531/j.issn.1672-9935.2014.01.042.｝

[11134] 李涛，李宏烨，姚平，金谷，夏李明．游离股前外侧皮瓣修复皮肤软组织恶性肿瘤术后缺损七例 [J]. 中华显微外科杂志，2014，37（3）：276-278. DOI：10.3760/cma.j.issn.1001-2036.2014.03.023.｛LI Tao,LI Hongye,YAO Ping,JIN Gu,XIA Liming. Free anterolateral thigh flap for repair of postoperative skin and soft tissue defects:7 cases report[J]. Zhonghua Xian Wei Wai Ke Za Zhi[Chin J Microsurg(Article in Chinese;Abstract in Chinese)],2014,37(3):276-278. DOI:10.3760/cma.j.issn.1001-2036.2014.03.023.｝

[11135] 张功林，甄平，陈克明，张军华，王世勇．股前外侧皮瓣联合缝匠肌肌皮瓣修复股部软组织缺损一例 [J]. 中华显微外科杂志，2014，37（3）：311. DOI：10.3760/cma.j.issn.1001-2036.2014.03.040.｛ZHANG Gonglin,ZHEN Ping,CHEN Keming,ZHANG Junhua,WANG Shiyong. Anterolateral thigh flap combined with sartorius myocutaneous flap for repair of femoral soft tissue defect:a case report[J]. Zhonghua Xian Wei Wai Ke Za Zhi[Chin J Microsurg(Article in Chinese;No abstract available)],2014,37(3):311. DOI:10.3760/cma.j.issn.1001-2036.2014.03.040.｝

[11136] 卢明星，孙国文，杨旭东，王志勇，胡勤刚，唐恩溢．薄型股前外侧皮瓣与前臂皮瓣修复舌体缺损的对比性研究 [J]. 中华整形外科杂志，2014，30（3）：164-167. DOI：10.3760/cma.j.issn.1009-4598.2014.03.002.｛LU Mingxing,SUN Guowen,YANG Dongxu,WANG Zhiyong,HU Qingang,TANG Enyi. Comparative study in reconstruction of tongue defect with thin anterolateral flap and forearm flap[J]. Zhonghua Zheng Xing Wai Ke Za Zhi[Chin J Plast Surg(Article in Chinese;Abstract in Chinese and English)],2014,30(3):164-167. DOI:10.3760/cma.j.issn.1009-4598.2014.03.002.｝

[11137] 陈睿，李雯娟，杨凯，陈丹，赵燕．股前外侧皮瓣在口腔颌面外科的临床应用 [J]. 重庆医科大学学报，2014，39（8）：1160-1163.｛CHEN Rui,LI Wenjuan,YANG Kai,CHEN Dan,ZHAO Yan. Clinical application of free anterolateral thigh flap in oral and maxilllfacial surgery[J]. Chong Qing Yi Ke Da Xue Xue Bao[J Chongqing Med Univ(Article in Chinese;Abstract in Chinese and English)],2014,39(8):1160-1163.｝

[11138] 何晓清，徐永清，朱跃良．旋股外侧动脉降支远端血管在股前外侧皮瓣手术中的应用价值 [J]. 中华显微外科杂志，2014，37（6）：521-523. DOI：10.3760/cma.j.issn.1001-2036.2014.06.001.｛HE Xiaoqing,XU Yongqing,ZHU Yueliang. Application value of distal descending branch of lateral circumflex femoral artery in anterolateral femoral flap surgery[J]. Zhonghua Xian Wei Wai Ke Za Zhi[Chin J Microsurg(Article in Chinese;No abstract available)],2014,37(6):521-523. DOI:10.3760/cma.j.issn.1001-2036.2014.06.001.｝

[11139] 冯仕明，王爱国，高顺红．患侧旋股外侧动脉降支逆行转位并桥接健侧游离股前外侧皮瓣修复小腿中远端创面 [J]. 中华创伤骨科杂志，2014，16（5）：441-443. DOI：10.3760/cma.j.issn.1671-7600.2014.05.016.｛FENG Shiming,WANG Aiguo,GAO Shunhong. Reverse transposition of the descending branch of the lateral circumflex femoral artery and bridging the free anterolateral thigh flap on the contralateral side to repair the wound in the middle and distal leg[J]. Zhonghua Chuang Shang Gu Ke Za Zhi[Chin J Orthop Trauma(Article in Chinese;Abstract in Chinese)],2014,16(5):441-443. DOI:10.3760/cma.j.issn.1671-7600.2014.05.016.｝

[11140] 肖春林，赵敏，史柏娜，周江军，高伟，杨俊，付美清，熊斌．改良逆行股前外侧皮瓣修复小腿中上段皮肤软组织缺损 [J]. 中国临床解剖学杂志，2014，32（6）：732-734. DOI：10.13418/j.issn.1001-165x.2014.06.025.｛XIAO Chunlin,ZHAO Min,SHI Bona,ZHOU Jiangjun,GAO Wei,YANG Jun,FU Meiqing,XIONG Bin. Two sets of blood supply of retrograde femoral anterolateral flap in repairing skin and soft tissue defect in the upper middle section of the leg[J]. Zhongguo Lin Chuang Jie Pou Xue Za Zhi[Chin J Clin Anat(Article in Chinese;Abstract in Chinese and English)],2014,32(6):732-734. DOI:10.13418/j.issn.1001-165x.2014.06.025.｝

[11141] 胡锐，任义军，严立，李凡，韩琼，程文俊，勘武生．股前外侧皮瓣联合髂胫束移植修复小儿足踝部软组织缺损 [J]. 中华显微外科杂志，2014，37（5）：457-460. DOI：10.3760/cma.j.issn.1001-2036.2014.05.011.｛HU Rui,REN Yijun,YAN Li,LI Fan,HAN Qiong,CHENG Wenjun,KAN Wusheng. Transplantation of the free anterolateral thigh flap combined with iliotibial band for reconstruction of children's soft tissue defects at foot and ankle[J]. Zhonghua Xian Wei Wai Ke Za Zhi[Chin J Microsurg(Article in Chinese;Abstract in Chinese and English)],2014,37(5):457-460. DOI:10.3760/cma.j.issn.1001-2036.2014.05.011.｝

[11142] 王宇，嵇庆海，朱永学，黄彩平，孙国华，王玉龙，安勇，张凌，向俊，官青，魏文俊，卢忠武，杨舒雯．游离股前外侧皮瓣修复头颈部肿瘤术后缺损中微血管吻合器的应用 [J]. 中华显微外科杂志，2014，37（2）：166-167. DOI：10.3760/cma.j.issn.1001-2036.2014.02.018.｛WANG Yu,JI Qinghai,ZHU Yongxue,HUANG Caiping,SUN Guohua,WANG Yulong,AN Yong,ZHANG Ling,XIANG Jun,GUAN Qing. Application of microvascular anastomat in reconstruction of head and neck defects with free anterolateral thigh flap[J]. Zhonghua Xian Wei Wai Ke Za Zhi[Chin J Microsurg(Article in Chinese;Abstract in Chinese)],2014,37(2):166-167. DOI:10.3760/cma.j.issn.1001-2036.2014.02.018.｝

[11143] 隋海明，丛海波，翟建国，吴红军，史永安．大面积股前外侧皮瓣的设计与切取：附 28 例报告 [J]. 中华显微外科杂志，2014，37（2）：143-146. DOI：10.3760/cma.j.issn.1001-2036.2014.02.012.｛SUI Haiming,CONG Haibo,ZHAI Jianguo,WU Hongjun,SHI Yong'an. The design and clinical application of large anterolateral thigh flap:A report of 28 cases[J]. Zhonghua Xian Wei Wai Ke Za Zhi[Chin J Microsurg(Article in Chinese;Abstract in Chinese and English)],2014,37(2):143-146. DOI:10.3760/cma.j.issn.1001-2036.2014.02.012.｝

[11144] 寿建国．不带筋膜且同期修薄的股前外侧皮瓣逆行修复膝部组织缺损 [J]. 实用骨科杂志，2014，20（9）：848-850. DOI：10.13795/j.cnki.sgkz.2014.09.024.｛SHOU Jianguo. Retrograde thinning anterolateral thigh flap without fascia in the repair of knee tissue defect[J]. Shi Yong Gu Ke Za Zhi[J Pract Orthop(Article in Chinese;Abstract in Chinese)],2014,20(9):848-850. DOI:10.13795/j.cnki.sgkz.2014.09.024.｝

[11145] 薛明宇，芮永军，寿奎水，周晓，强力．以股内侧穿支为蒂的皮瓣修复股前外侧皮瓣供区的临床应用 [J]. 中华手外科杂志，2014，30（2）：90-92. DOI：10.3760/cma.j.issn.1005-054X.2014.02.004.｛XUE Mingyu,RUI Yongjun,SHOU Kuishui,ZHOU Xiao,QIANG Li. Clinical application of anteromedial thigh perforator flap for coverage of anterolateral thigh flap donor site[J]. Zhonghua Shou Wai Ke Za Zhi[Chin J Hand Surg(Article in Chinese;Abstract in Chinese and English)],2014,30(2):90-92. DOI:10.3760/cma.j.issn.1005-054X.2014.02.004.｝

[11146] 寿建国，徐晓汉，汪可新．游离足部组织联合股前外侧皮瓣治疗全手套状撕脱 [J]. 实用骨科杂志，2014，20（3）：270-273.｛SHOU Jianguo,XU Xiaohan,WANG Kexin. Free foot tissue combined with anterolateral thigh flap for total glove avulsion[J]. Shi Yong Gu Ke Za Zhi[J Pract Orthop(Article in Chinese;Abstract in Chinese)],2014,20(3):270-273.｝

[11147] 周丕育，杨孝明，杨绍浦，周健，黄江，李尚权，王召华，马元俊，苏期波，刘波，黄振华，张钦超．股前外侧皮瓣在下肢皮肤缺损中的应用 [J]. 中华整形外科杂志，2014，30（2）：140-141. DOI：10.3760/cma.j.issn.1009-4598.2014.02.018.｛ZHOU Piyu,YANG Xiaoming,YANG Shaopu,ZHOU Jian,HUANG Jiang,LI Shangquan,WANG Zhaohua,MA Yuanjun,SU Qibo,LIU Bo,HUANG Zhenhua,ZANG Qinchao. Application of anterolateral thigh flap in the skin defect of lower limbs[J]. Zhonghua Zheng Xing Wai Ke Za Zhi[Chin J Plast Surg(Article in Chinese;No abstract available)],2014,30(2):140-141. DOI:10.3760/cma.j.issn.1009-4598.2014.02.018.｝

[11148] 李士民，刘林嶓，周明武，幸超峰，杨瑞甫，宋力，朱杰，王飞云，王瑞金．以腓肠肌内侧血管供血的游离股前外侧皮瓣修复小腿皮肤软组织严重缺损 [J]. 实用手外科杂志，2014，28（1）：43-44. DOI：10.3969/j.issn.1671-2722.2014.01.015.｛LI Shimin,LIU Linfan,ZHOU Mingwu,XING Chaofeng,YANG Ruifu,SONG Li,ZHU Jie,WANG Yunfei,WANG Ruijin. Using the anterolateral thigh flap supplid by medial gastrocnemius blood to repair the serious skin and soft tissue defects of the lower leg[J]. Shi Yong Shou Wai Ke Za Zhi[Chin J Pract Hand Surg(Article in Chinese;Abstract in Chinese and English)],2014,28(1):43-44. DOI:10.3969/j.issn.1671-2722.2014.01.015.｝

[11149] 王天亮，顾加祥，侯瑞兴，刘宏君，张乃臣，潘俊博，田恒．双侧股前外侧皮瓣瓦合修复全手皮肤脱套伤 [J]. 实用手外科杂志，2014，28（4）：410-413. DOI：10.3969/j.issn.1671-2722.2014.04.021.｛WANG Tianliang,GU Jiaxiang,HOU Ruixing,LIU Hongjun,ZHANG Naichen,PAN Junbo,TIAN Heng. Conbined use of bilateral anterolateral thigh flap to repair degloving injury of the hand[J]. Shi Yong Shou Wai Ke Za Zhi[Chin J Pract Hand Surg(Article in Chinese;Abstract in Chinese and English)],2014,28(4):410-413. DOI:10.3969/j.issn.1671-2722.2014.04.021.｝

[11150] 许蕙，王彦生．游离股前外侧皮瓣交叉桥接移植修复下肢软组织缺损 [J]. 实用手外科杂志，2014，28（2）：217-218. DOI：10.3969/j.issn.1671-2722.2014.02.040.｛XU Hui,WANG Yansheng. Free anterolateral thigh flap cross grafting for repairing soft tissue defects of lower extremity[J]. Shi Yong Shou Wai Ke Za Zhi[Chin J Pract Hand Surg(Article in Chinese;Abstract in Chinese)],2014,28(2):217-218. DOI:10.3969/j.issn.1671-2722.2014.02.040.｝

[11151] 孙中建，徐鹏，孙萌萌，王晶．带髂胫束的逆行股前外侧皮瓣修复髌前复合组织缺损并重建髌韧带 [J]. 实用手外科杂志，2014，28（4）：416-417. DOI：10.3969/j.issn.1671-2722.2014.04.023.｛SUN Zhongjian,XU Peng,SUN Mengmeng,WANG Jin. The retrograde femoral anterolateral skin flap composited with iliotibial band to repair patellar composite tissue defect and rebuild the patellar ligament[J]. Shi Yong Shou Wai Ke Za Zhi[Chin J Pract Hand Surg(Article in Chinese;Abstract in Chinese and English)],2014,28(4):416-417. DOI:10.3969/j.issn.1671-2722.2014.04.023.｝

[11152] 谭屏，汤玉泉，曾凯生，刘伟聪，罗龙，危果．游离股前外侧穿支皮瓣修复大面积皮肤软组织缺损的临床研究 [J]. 中国骨与关节损伤杂志，2014，29（S1）：100-101. DOI：10.7531/j.issn.1672-9935.2014.99.071.｛TAN Ping,TANG Yuquan,ZENG Kaisheng,LIU Weicong,LUO Long,WEI Guo. Clinical study of free anterolateral thigh perforator flap in repairing large area skin and soft tissue defects[J]. Zhongguo Gu Yu Guan Jie Sun Shang Za Zhi[Chin J Bone Joint Injury(Article in Chinese;Abstract in Chinese)],2014,29(S1):100-101. DOI:10.7531/j.issn.1672-9935.2014.99.071.｝

[11153] 谭琪，刘光军，王谦，高志刚，杨磊. 分叶式股前外侧穿支皮瓣修复四肢复杂性皮肤软组织缺损[J]. 中华创伤杂志，2014，30(8)：793-794. DOI：10.3760/cma.j.issn.1001-8050.2014.08.011. {TAN Qi,LIU Guangjun,WANG Qian,GAO Zhigang,YANG Lei. Ramified anterolateral thigh perforator flap in the repair of complex skin and soft tissue defects of extremities[J]. Zhonghua Chuang Shang Za Zhi[Chin J Trauma(Article in Chinese;No abstract available)],2014,30(8):793-794. DOI: 10.3760/cma.j.issn.1001-8050.2014.08.011.}

[11154] 沈勇，王彦生，张辉. 股前外侧穿支皮瓣交叉吻合血管移植修复小腿皮肤软组织缺损19例[J]. 中华显微外科杂志，2014，37(3)：293-294. DOI：10.3760/cma.j.issn.1001-2036.2014.03.031. {SHEN Yong,WANG Yansheng,ZHANG Hui. The anterolateral thigh perforator flap with cross anastomotic vascular transplantation to repair the skin and soft tissue defects:A report of 19 cases[J]. Zhonghua Xian Wei Wai Ke Za Zhi[Chin J Microsurg(Article in Chinese;Abstract in Chinese)],2014,37(3):293-294. DOI:10.3760/cma.j.issn.1001-2036.2014.03.031.}

[11155] 金磊，胡柯嘉，张志海，吴柯，张全荣. 股前外侧复合肌皮瓣供肢深静脉血栓形成1例[J]. 中国骨与关节损伤杂志，2014，29(10)：1080. DOI：10.7531/j.issn.1672-9935.2014.10.053. {JIN Lei,HU Kejia,ZHANG Zhihai,WU Ke,ZHANG Quanrong. Deep vein thrombosis of donor limb with anterolateral thigh myocutaneous flap:A case report[J]. Zhongguo Gu Yu Guan Jie Sun Shang Za Zhi[Chin J Bone Joint Injury(Article in Chinese;No abstract available)],2014,29(10):1080. DOI:10.7531/j.issn.1672-9935.2014.10.053.}

[11156] 徐衍盛，周宇，李峰永. 股前外侧岛状皮瓣联合自体中厚皮片游离移植治疗阴茎阴囊广泛Paget病切除后大面积皮肤破损的疗效分析[J]. 中华泌尿外科杂志，2014，35(3)：205-208. DOI：10.3760/cma.j.issn.1000-6702.2014.03.011. {XU Yansheng,ZHOU Yu,LI Fengyong. Use of anterolateral thigh flap and split-thickness skin grafting for soft tissue defection of massive penoscrotal Paget's disease[J]. Zhonghua Mi Niao Wai Ke Za Zhi[Chin J Urol(Article in Chinese;Abstract in Chinese and English)],2014,35(3):205-208. DOI:10.3760/cma.j.issn.1000-6702.2014.03.011.}

[11157] 周晓，薛明宇，芮永军，许亚军，寿奎水，卜凡玉. 以膝上外侧穿支为蒂的V—Y皮瓣修复股前外侧皮瓣供区[J]. 中华整形外科杂志，2014，30(1)：26-29. DOI：10.3760/cma.j.issn.1009-4598.2014.01.008. {ZHOU Xiao,XUE Mingyu,RUI Yongjun,XU Yajun,SHOU Kuishui,PU Fanyu. Reconstruction of donor site defect after harvesting anterolateral thigh flap by V-Y flap pedicled with the lateral superior genicular perforator[J]. Zhonghua Zheng Xing Wai Ke Za Zhi[Chin J Plast Surg(Article in Chinese;Abstract in Chinese and English)],2014,30(1):26-29. DOI:10.3760/cma.j.issn.1009-4598.2014.01.008.}

[11158] 厉孟，蓝旭，甄平，高秋明，李志琳，高杰，杨巧巧，盖延林. 含斜支股前外侧游离皮瓣的设计及应用[J]. 中国修复重建外科杂志，2014，28(7)：865-868. DOI：10.7507/1002-1892.20140191. {LI Meng,LAN Xu,ZHEN Ping,GAO Qiuming,LI Zhilin,GAO Jie,YANG Qiaoqiao,GAO Yanlin. Design and application of anterolateral thigh flap with oblique branches[J]. Zhongguo Xiu Fu Chong Jian Wai Ke Za Zhi[Chin J Repar Reconstr Surg(Article in Chinese;Abstract in Chinese and English)],2014,28(7):865-868. DOI:10.7507/1002-1892.20140191.}

[11159] 胡旭军，陈雪荣，孙文东，周平，车斌，平建锋，梁文清. 股前外侧游离皮瓣治疗上肢大面积皮肤缺损合并感染疗效[J]. 中华医院感染学杂志，2014，24(5)：1209-1211. DOI：10.11816/cn.ni.2014-131350. {HU Xujun,CHEN Xuerong,SUN Wendong,ZHOU Ping,CHE bin,PING Jianfeng,LIANG Wenqing. Anterolateral thigh flap treatment of upper limb large skin defect and coinfection[J]. Zhonghua Yi Yuan Gan Ran Xue Za Zhi [Chin J Nosocomiol(Article in Chinese;Abstract in Chinese and English)],2014,24(5):1209-1211. DOI:10.11816/cn.ni.2014-131350.}

[11160] 陈武，黎忠文，袁华军. 应用股前外侧穿支皮瓣修复四肢软组织缺损33例[J]. 中华显微外科杂志，2014，37(5)：501-502. DOI：10.3760/cma.j.issn.1001-2036.2014.05.026. {CHEN Wu,LI Zhongwen,YUAN Huajun. Application of anterolateral thigh perforator flap in repairing soft tissue defects of extremities:A report of 33 cases[J]. Zhonghua Xian Wei Wai Ke Za Zhi[Chin J Microsurg(Article in Chinese;Abstract in Chinese)],2014,37(5):501-502. DOI:10.3760/cma.j.issn.1001-2036.2014.05.026.}

[11161] 周为军，宋朝晖，郭智龙，李朝阳. 游离股前外侧穿支皮瓣修复烧伤瘢痕癌切除后皮肤软组织缺损[J]. 中华整形外科杂志，2014，30(4)：251-254. DOI：10.3760/cma.j.issn.1009-4598.2014.04.004. {ZHOU Weijun,SONG Chaohui,GUO Zhilong,LI Chaoyang. Free anterolateral thigh perforator flap for repair of skin and soft tissue defects after resection of burn scar cancer[J]. Zhonghua Zheng Xing Wai Ke Za Zhi[Chin J Plast Surg(Article in Chinese;Abstract in Chinese and English)],2014,30(4):251-254. DOI:10.3760/cma.j.issn.1009-4598.2014.04.004.}

[11162] 夏晓丹，谢松林，黄雄杰，何志湘. 股前外侧穿支皮瓣修复踇甲瓣再造拇指足供区皮肤缺损[J]. 中国修复重建外科杂志，2014，28(1)：127-128. DOI：10. 7507/1002-1892.20140029. {XIA Xiaodan,XIE Songlin,HUANG Xiongjie,HE Zhixiang. Anterolateral thigh perforator flap in repairing foot donor site skin defect with thumb nail flap to reconstruct the thumb[J]. Zhongguo Xiu Fu Chong Jian Wai Ke Za Zhi[Chin J Repar Reconstr Surg(Article in Chinese;Abstract in Chinese)],2014,28(1):127-128. DOI:10.7507/1002-1892.20140029.}

[11163] 任振虎，吴汉江，张胜，谭宏宇，王铠，龚朝建. 股前外侧一蒂双岛皮瓣的临床分型探讨[J]. 中华口腔医学杂志，2014，49(8)：491-494. DOI：10.3760/cma.j.issn.1002-0098.2014.08.010. {REN Zhenhu,WU Hanjiang,ZHANG Sheng,TAN Hongyu,WANG Kai,GONG Zhaojian. The clinical classification of sigle pedicled double island free anterolateral thigh flaps[J]. Zhonghua Kou Qiang Yi Xue Za Zhi[Chin J Stomatol(Article in Chinese;Abstract in Chinese and English)],2014,49(8):491-494. DOI:10.3760/cma.j.issn.1002-0098.2014.08.010.}

[11164] 李帅，周诺，蒙宁，巫家晓，王代友，麦华明，黄旋平，韦山良，伍曼曼. 游离股前外侧瓣在口腔颌面部软组织缺损修复中的应用[J]. 口腔医学研究，2014，30(11)：1103，1105. DOI：10.13701/j.cnki.kqyxyj.2014.11.024. {LI Shuai,ZHOU Nuo,MENG Ning,WU Jiaxiao,WANG daiyou,MAI Huaming,HUANG Xuanping,WEI Shanliang,WU Manman. Application of free anterolateral femoral flap in the repair of oral and maxillofacial soft tissue defects[J]. Kou Qiang Yi Xue Yan Jiu[J Oral Sci Res(Article in Chinese;Abstract in Chinese and English)],2014,30(11):1103,1105. DO I:10.13701/j.cnki.kqyxyj.2014.11.024.}

[11165] 卿黎明，胡懿郃，唐举玉，吴攀峰，俞芳，梁捷予. 基于数字化技术的腓肠内侧动脉穿支皮瓣血供的三维可视化重建研究[J]. 中国修复重建外科杂志，2014，28(6)：697-700. DOI：10.7507/1002-1892.20140154. {QING Liming,HU Yihe,TANG Juyu,WU Panfeng,YU Fang,LIANG Jieyu. Three-dimensional visualization reconstruction of medial sural artery perforator flap based on digital technology[J]. Zhonghua Xiu Fu Chong Jian Wai Ke Za Zhi[Chin J Repar Reconstr Surg(Article in Chinese;Abstract in Chinese and English)],2014,28(6):697-700. DOI:10.7507/1002-1892.20140154.}

[11166] 王欣，潘佳栋，黄耀鹏，周丹亚，胡瑞斌，杨科跃，陈宏，章伟文. Ⅰ期移植复合股前外侧穿支皮瓣治疗Ⅲ C型开放性损伤[J]. 中华创伤杂志，2014，30(5)：433-437. DOI：10.3760/cma.j.issn.1001-8050.2014.05.015. {WANG Xin,PAN Jiadong,HUANG Yaopeng,ZHOU Danya,HU Ruibin,YANG Keyue,CHEN Hong,ZHANG Weiwen. Primary composite anterolateral thigh perforator flap transfer for treatment of Gustilo type Ⅲ C open fracture[J]. Zhonghua Chuang Shang Za Zhi[Chin J Trauma(Article in Chinese;Abstract in Chinese and English)],2014,30 (5):433-437. DOI:10.3760/cma.j.issn.1001-8050.2014.05.015.}

[11167] 温树信，王斌全. 股前外侧皮瓣：一种理想的下咽及颈段食管缺损修复组织[J]. 临床耳鼻咽喉头颈外科杂志，2015，29(17)：1508-1510. DOI：10.13201/j.issn.1001-1781.2015.17.003. {WEN Shuxin,WANG Binquan. Anterolateral thigh flap,a better flap for reconstruction of hypopharyngeal and cervical esophageal defects[J]. Lin Chuang Er Bi Yan Hou Tou Jing Wai Ke Za Zhi[J Clin Otorhinolaryngol Head Neck Surg(Article in Chinese;Abstract in Chinese and English)],2015,29(17):1508-1510. DOI:10.13201/j.issn.1001-1781.2015.17.003.}

[11168] 唐修俊，魏在荣，王波，王达利，孙广峰，邓呈亮，吴必华. 游离股前外侧皮瓣修复四肢皮肤软组织缺损22例[J]. 中华烧伤杂志，2015，31(4)：308-310. DOI：10.3760/cma.j.issn.1009-2587.2015.04.021. {TANG Xiujun,WEI Zairong,WANG Bo,WANG Dali,SUN Guangfeng,DENG Chengliang,WU Bihua. Free anterolateral thigh flap for repairing skin and soft tissue defects of limbs in 22 cases[J]. Zhonghua Shao Shang Za Zhi[Chin J Burns(Article in Chinese;No abstract available)],2015,31(4):308-310. DOI:10.3760/cma.j.issn.1009-2587.2015.04.021.}

[11169] 陈立科，吴波，陈四华，唐畅宇，周先培，徐昱. 股前外侧皮瓣皮神经吻合对手背软组织缺损感觉重建的效果[J]. 中国康复理论与实践，2015，21(7)：845-848. DOI：10.3969/j.issn.1006-9771.2015.07.024. {CHEN Like,WU Bo,CHEN Sihua,TANG Changyu,ZHOU Xianpei,XU Yi. Effect of cutaneous never anastomosis on sensory reconstruction in free anterolateral femoral flap repairing wide spreadly dorsal hand soft tissue defect[J]. Zhongguo Kang Fu Li Lun Yu Shi Jian[Chin J Rehabil Theory Pract(Article in Chinese;Abstract in Chinese and English)],2015,21(7):845-848. DOI:10.3969/j.issn.1006-9771.2015.07.024.}

[11170] 孙国文，胡勤刚，王志勇. FOCUS超声刀在股前外侧皮瓣制备手术中的临床应用[J]. 口腔医学研究，2015，31(6)：604-605. DOI：10.13701/j.cnki.kqyxyj.2015.06.019. {SUN Guowen,HU Qingang,WANG Zhiyong. Application of ultrasonic scalpel in the harvesting of anterolateral thigh flap[J]. Kou Qiang Yi Xue Yan Jiu[J Oral Sci Res(Article in Chinese;Abstract in Chinese and English)],2015,31(6):604-605. DOI:10.13701/j.cnki.kqyxyj.2015.06.019.}

[11171] 杨喆，李养群，唐勇，赵穆欣，陈文，马宁，王维新. 带蒂股前外侧皮瓣阴茎再造术的临床应用[J]. 中华整形外科杂志，2015，31(6)：406-410. DOI：10.3760/cma.j.issn.1009-4598.2015.06.002. {YANG Zhe,LI Yangqun,TANG Yong,ZHAO Muxin,CHEN Wen,MA Ning,WANG Weixin. The pedicled anterolateral thigh flap for penile reconstruction[J]. Zhonghua Zheng Xing Wai Ke Za Zhi[Chin J Plast Surg(Article in Chinese;Abstract in Chinese and English)],2015,31(6):406-410. DOI:10.3760/cma.j.issn.1009-4598.2015.06.002.}

[11172] 於国军，王光军，张大维，孙勇，程宏宇. 游离股前外侧皮瓣修复体表巨大肿瘤切除后组织缺损[J]. 中华整形外科杂志，2015，31(6)：460-461. DOI：10.3760/cma.j.issn.1009-4598.2015.06.016. {YU Guojun,WANG Guangjun,ZHANG Dawei,SUN Yong,CHENG Hongyu. Free anterolateral thigh flap for repair of tissue defect after resection of superficial huge tumor[J]. Zhonghua Zheng Xing Wai Ke Za Zhi[Chin J Plast Surg(Article in Chinese;No abstract available)],2015,31(6):460-461. DOI:10.3760/cma.j.issn.1009-4598.2015.06.016.}

[11173] 李军，张大伟，祝勇刚，柴云峰，刘彦温，吴子祥，裴国献，赵广跃. 游离股前外侧皮瓣桥接修复小腿软组织损伤合并主要血管缺损[J]. 临床骨科杂志，2015，18(1)：87-89+92. DOI：10.3969/j.issn.1008-0287.2015.01.030. {LI Jun,ZHANG Dawei,ZHU Yonggang,CHAI Yunfeng,LIU Yanwen,WU Zixiang,PEI Guoxian,ZHAO Guangyue. Flow-through anterolateral thigh flap for reconstruction of vast soft tissue defect combined with segmental main artery defects in lower extremities[J]. Lin Chuang Gu Ke Za Zhi[J Clin Orthop(Article in Chinese;Abstract in Chinese and English)],2015,18(1):87-89+92. DOI:10.3969/j.issn.1008-0287.2015.01.030.}

[11174] 符健松，高顺红，张净宇，张文龙，张云鹏，倪玉龙. 以腓肠内侧血管为受区血管的游离股前外侧皮瓣移植修复小腿皮肤软组织缺损[J]. 中国修复重建外科杂志，2015，29(7)：804-806. DOI：10.7507/1002-1892.20150174. {FU Jiansong,GAO Shunhong,ZhANG Jingyu,ZHANG Wenlong,ZHANG Yunpeng,NI Yulong. Anterolateral thigh flap pedicled with medial sural vessels as recipient vessel in reconstruntion of leg skin and soft tissue defects[J]. Zhongguo Xiu Fu Chong Jian Wai Ke Za Zhi[Chin J Repar Reconstr Surg(Article in Chinese;Abstract in Chinese and English)],2015,29(7):804-806. DOI:10.7507/1002-1892.20150174.}

[11175] 段家章，何晓清，徐永清，范新宇，罗浩天，王腾，董凯旋，余开富. 数字化技术在股前外侧皮瓣修复手足创面中的应用[J]. 中国修复重建外科杂志，2015，29(7)：807-811. DOI：10.7507/1002-1892.20150175. {DUAN Jiazhang,HE Xiaoqing,XU Yongqing,FAN Xinyu,LUO Haotian,WANG Teng,DONG Kaixuan,YU Kaifu. Application of digital technology in anterolateral thigh flap for repairing wounds of hand and foot[J]. Zhongguo Xiu Fu Chong Jian Wai Ke Za Zhi[Chin J Repar Reconstr Surg(Article in Chinese;Abstract in Chinese and English)],2015,29(7):807-811. DOI:10.7507/1002-1892.20150175.}

[11176] 王维，宫旭，路来金，蒋子平，刘鹏程，李秀存. 游离股前外侧皮瓣在老年患者中的全身应用体会[J]. 中国老年学杂志，2015，35(3)：794-795. DOI：10.3969/j.issn.1005-9202.2015.03.0110. {WANG Wei,GONG Xu,LU Laijin,JIANG Ziping,LIU Pengcheng,LI Xiucun. The application of free anterolateral thigh flap in elderly patients[J]. Zhongguo Lao Nian Xue Za Zhi[Chin J Gerontol(Article in Chinese;No abstract available)],2015,35(3):794-795. DOI:10.3969/j.issn.1005-9202.2015.03.0110.}

[11177] 尚修超，刘宏君，张乃臣，张文忠，许涛，顾加祥. 游离股前外侧皮瓣修复足部软组织缺损[J]. 中华创伤杂志，2015，31(6)：544-545. DOI：10.3760/cma.j.issn.1001-8050.2015.06.019. {SHAN Xiuchao,LIU Hongjun,ZHANG Naichen,ZHANG Wenzhong,XU Tao,GU Jiaxiang. Free anterolateral thigh flap for repairing soft tissue defect of foot[J]. Zhonghua Chuang Shang Za Zhi[Chin J Trauma(Article in Chinese;No abstract available)],2015,31(6):544-545. DOI:10.3760/cma.j.issn.1001-8050.2015.06.019.}

[11178] 董爱国. 股前外侧皮瓣游离移植修复小腿软组织缺损的临床疗效[J]. 中国老年学杂志，2015，35(2)：488-489. DOI：10.3969/j.issn.1005-9202.2015.02.095. {DONG Aiguo. Clinical effect of free anterolateral thigh flap in repairing soft tissue defect of leg[J]. Zhongguo Lao Nian Xue Za Zhi[Chin J Gerontol(Article in Chinese;No abstract available)],2015,35(2):488-489. DOI:10.3969/j.issn.1005-9202.2015.02.095.}

[11179] 刘巍巍，彭汉伟，刘学奎，郭朱明. 带观察窗皮岛设计的游离股前外侧皮瓣修复下咽环形缺损的临床分析[J]. 中华耳鼻咽喉头颈外科杂志，2015，50(6)：477-481. DOI：10.3760/cma.j.issn.1673-0860.2015.06.009. {LIU Weiwei,PENG Hanwei,LIU Xuekui,GUO Zhuming. The application of free anterolateral thigh flap with a reporter skin paddle in the reconstruction of circumferential hypopharyngeal defects[J]. Zhonghua Er Bi Yan Hou Tou Jing Wai Ke Za Zhi[Chin J Otorhinolaryngol Head Neck Surg(Article in Chinese;Abstract in Chinese and English)],2015,50(6):477-481. DOI:10.3760/cma.j.issn.1673-0860.2015.06.009.}

[11180] 孙海滨，李博，李春洁，门乙，高宁，李龙江. 股前内侧皮瓣紧急替代股前外侧皮瓣修复颌面部贯通缺损1例[J]. 华西口腔医学杂志，2015，33(3)：326-328. DOI：10.7518/hxkq.2015.03.023. {SUN Haibin,LI Bo,LI Chunjie,MEN Yi,GAO Ning,LI Longjiang. Perforated maxillofacial defect repaired by anteromedial thigh flap instead of anterolateral thigh flap:A case report[J]. Hua Xi Kou Qiang Yi Xue Za Zhi[West Chin J Stomatol(Article in Chinese;Abstract in Chinese)],2015,33(3):326-328. DOI:10.7518/hxkq.2015.03.023.}

[11181] 蓝波，巨积辉，刘跃飞，唐林峰，吴建龙，张广亮，侯瑞兴. 游离双股前外侧皮瓣修复全手脱套伤可行性研究[J]. 中国临床解剖学杂志，2015，33(3)：254-258. DOI：10.13418/j.issn.1001-165x.2015.03.004. {LAN Bo,JU Jihui,LIU Yuefei,TANG Linfeng,WU Jianlong,ZHANG Guangliang,HOU Ruixing. The feasibility study of free bilateral anterolateral

femoral flaps to repair the whole hand degloving injury[J]. Zhongguo Lin Chuang Jie Pou Xue Za Zhi[Chin J Clin Anat(Article in Chinese;Abstract in Chinese and English)],2015,33(3):254-258. DOI:10.13418/j.issn.1001-165x.2015.03.004.}

[11182] 赵振华，杨建峰，王伯胤，周平，孙文东，庞飞，王挺，张雅萍，王德清. MRA、CTA与DSA在股前外侧皮瓣移植术前应用的对比研究[J]. 中华整形外科杂志，2015，31(3)：172-175. DOI: 10.3760/cma.j.issn.1009-4598.2015.03.004. {ZHAO Zhenhua,YANG Jianfeng,WANG Boyin,ZHOU Ping,SUN Wendong,PANG Fei,WANG Ting,ZHANG Yaping,WANG Deqing. Clinical application of preoperative imaging evaluation in the anterolateral thigh flap transplantation:comparison of computed tomography,digital subtract angiography and magnetic resonance angiography[J]. Zhonghua Zheng Xing Wai Ke Za Zhi[Chin J Plast Surg(Article in Chinese;Abstract in Chinese and English)],2015,31(3):172-175. DOI:10.3760/cma.j.issn.1009-4598.2015.03.004.}

[11183] 李士民，刘林嶓，周树萍，周明武，幸超峰. 顺行带蒂股前外侧皮瓣修复臀部复杂性褥疮[J]. 中华创伤杂志，2015，31(5)：447-449. DOI: 10.3760/cma.j.issn.1001-8050.2015.05.017. {LI Shimin,LIU Linbo,ZHOU Shuping,ZHOU Mingwu,XING Chaofeng. Anterograde pedicled anterolateral thigh flaps for treatment of complicated hip decubitus[J]. Zhonghua Chuang Shang Za Zhi[Chin J Trauma(Article in Chinese;Abstract in Chinese and English)],2015,31(5):447-449. DOI:10.3760/cma.j.issn.1001-8050.2015.05.017.}

[11184] 韩夫，胡大海，刘洋，于洪亮，马少军，魏国兴，郑朝. 带髂胫束的股前外侧皮瓣游离移植修复膝关节周围皮肤软组织合并髌韧带缺损疗效观察[J]. 中华烧伤杂志，2015，31(5)：327-330. DOI: 10.3760/cma.j.issn.1009-2587.2015.05.003. {HAN Fu,HU Dahai,LIU Yang,YU Hongliang,MA Shaojun,WEI Guoxing,ZHENG Zhao. Repair of skin and soft tissue defects around the knee joints combined with patellar ligament defects using free anterolateral thigh flap with iliotilial tracts[J]. Zhonghua Shao Shang Za Zhi[Chin J Burns(Article in Chinese;Abstract in Chinese and English)],2015,31(5):327-330. DOI:10.3760/cma.j.issn.1009-2587.2015.05.003.}

[11185] 任振虎，吴汉江，谭宏宇，王铠，龚朝建，张胜. 游离股前外侧皮瓣用于口腔癌老年患者的探讨[J]. 中华口腔医学杂志，2015，50(10)：607-610. DOI: 10.3760/cma.j.issn.1002-0098.2015.10.008. {REN Zhenhu,WU Hanjiang,TAN Hongyu,WANG Kai,GONG Zhaojian,ZHANG Sheng. Whether free anterolateral thigh flaps are suitable for the elderly patients with oral cancer[J]. Zhonghua Kou Qiang Yi Xue Za Zhi[Chin J Stomatol(Article in Chinese;Abstract in Chinese and English)],2015,50(10):607-610. DOI:10.3760/cma.j.issn.1002-0098.2015.10.008.}

[11186] 李建美，胡小峰，陈建民. 股前外侧皮瓣在四肢软组织缺损中的临床应用[J]. 临床骨科杂志，2015，18(2)：241-243. DOI: 10.3969/j.issn.1008-0287.2015.02.040. {LI Jianmei,HU Xiaofeng,CHEN Jianmin. The clinical application of anterolateral thigh flap in treating the soft tissues defects and damge of extremities[J]. Lin Chuang Gu Ke Za Zhi[J Clin Orthop(Article in Chinese;Abstract in Chinese and English)],2015,18(2):241-243. DOI:10.3969/j.issn.1008-0287.2015.02.040.}

[11187] 寿建国. 股前外侧皮瓣联合肌瓣在修复四肢贯通伤中的临床应用[J]. 实用骨科杂志，2015，21(4)：349-351. {SHOU Jianguo. The clinical application of anterolateral thigh flap combined with muscle flap in repairing penetrating injury of limbs[J]. Shi Yong Gu Ke Za Zhi[J Pract Orthop(Article in Chinese;Abstract in Chinese)],2015,21(4):349-351. }

[11188] 肖春林，赵敏，周江军，罗飞，刘达，史柏娜，付美清，杨俊. 双重供血的改良逆行股前外侧皮瓣修复复杂小腿毁损伤创面[J]. 中华创伤杂志，2015，31(9)：836-841. DOI: 10.3760/cma.j.issn.1001-8050.2015.09.020. {XIAO Chunlin,ZHAO Min,ZHOU Jiangjun,LUO Fei,LIU Da,SHI Bona,FU Meiqing,YANG Jun. Modified retrograde femoral anterolateral flap with a dual blood suppply for complex destruction wound in calf[J]. Zhonghua Chuang Shang Za Zhi[Chin J Trauma(Article in Chinese;Abstract in Chinese and English)],2015,31(9):836-841. DOI:10.3760/cma.j.issn.1001-8050.2015.09.020.}

[11189] 谭斌，杨林，杨柳春，侯识志，张涛. 超薄游离股前外侧皮瓣修复足背软组织缺损[J]. 实用手外科杂志，2015，29(4)：376-377. DOI: 10.3969/j.issn.1671-2722.2015.04.012. {TAN Bin,YANG Lin,YANG Liuchun,HOU Shizhi,ZHANG Tao. Ultrathin free anterolateral thigh flap for repairing soft tissue defects in the dorsum of foot[J]. Shi Yong Shou Wai Ke Za Zhi[Chin J Pract Hand Surg(Article in Chinese;Abstract in Chinese and English)],2015,29(4):376-377. DOI:10.3969/j.issn.1671-2722.2015.04.012.}

[11190] 莫勇军，谭海涛，杨克勤，江建中，韦平欧，罗翔，林汉，梁旭权，许林. 数字化技术辅助股前外侧皮瓣移植修复四肢软组织缺损24例[J]. 中华显微外科杂志，2015，38(6)：592-595. DOI: 10.3760/cma.j.issn.1001-2036.2015.06.020. {MO Yongjun,TAN Haitao,YANG Keqin,JIANG Jianzhong,WEI Ping'ou,LUO Xiang,LIN Han,LIANG Xuquan,XU Lin. Anterolateral thigh flap by digital technology for repairing the soft tissue defects in limbs:A report of 24 cases[J]. Zhonghua Xian Wei Wai Ke Za Zhi[Chin J Microsurg(Article in Chinese;Abstract in Chinese)],2015,38(6):592-595. DOI:10.3760/cma.j.issn.1001-2036.2015.06.020.}

[11191] 庄加川，李敏姣，陈乐锋，陈国荣，叶学浪，张振伟. 穿支血管导航下超薄股前外侧皮瓣临床应用[J]. 中华手外科杂志，2015，31(2)：113-115. DOI: 10.3760/cma.j.issn.1005-054X.2015.02.014. {ZHUANG Jiachuan,LI Minjiao,CHEN Lefeng,CHEN Guorong,YE Xuelang,ZHANG Zhenwei. Clinical application of ultrathin anterolateral femoral perforator flaps under the assistance of perforator vessel navigation[J]. Zhonghua Shou Wai Ke Za Zhi[Chin J Hand Surg(Article in Chinese;Abstract in Chinese and English)],2015,31(2):113-115. DOI:10.3760/cma.j.issn.1005-054X.2015.02.014.}

[11192] 吴晓荣，曾伟，施明宏，王颖，郭金星，郑能方，吕仁发. 吻合膝上内侧动脉和大隐静脉的股前外侧皮瓣移植修复膝前及胫前大面积皮肤缺损[J]. 中华显微外科杂志，2015，38(4)：397-399. DOI: 10.3760/cma.j.issn.1001-2036.2015.04.027. {WU Xiaorong,ZENG Wei,SHI Minghong,WANG Ying,GUO Jinxing,ZHENG Nengfang,LV Renfa. Anterolateral thigh flap anastomosed with medial superior genicular artery and great saphenous vein for repair of large area skin defects in anterior knee and tibia[J]. Zhonghua Xian Wei Wai Ke Za Zhi[Chin J Microsurg(Article in Chinese;Abstract in Chinese)],2015,38(4):397-399. DOI:10.3760/cma.j.issn.1001-2036.2015.04.027.}

[11193] 蓝波，巨积辉，侯瑞兴，刘跃飞. 股前外侧皮瓣修复全手脱套伤的研究进展[J]. 实用手外科杂志，2015，29(3)：294-296. DOI: 10.3969/j.issn.1671-2722.2015.03.023. {LAN Bo,JU Jihui,HOU Ruixing,LIU Yuefei. Research progress of anterolateral thigh flap in the repair of total hand degloving injury[J]. Shi Yong Shou Wai Ke Za Zhi[Chin J Pract Hand Surg(Article in Chinese;No abstract available)],2015,29(3):294-296. DOI:10.3969/j. issn.1671-2722.2015.03.023.}

[11194] 孙灵通，陈瑜，陈娟，朱英筒，王曦，朱文龙. 带髂胫束的游离股前外侧皮瓣修复足背复合组织缺损[J]. 实用手外科杂志，2015，29(3)：266-267，341. DOI: 10.3969/j.issn.1671-2722.2015.03.012. {SUN Lingtong,CHEN Yu,CHEN Juan,ZHU Yingjian,WANG Xi,ZHU Wenlong. The free femoral anterolateral flap combined with iliotibial band to repair dorsalis pedis composite tissue defects[J]. Shi Yong Shou Wai Ke Za Zhi[Chin J Pract Hand Surg(Article in Chinese;Abstract in Chinese and English)],2015,29(3):266-267,341. DOI:10.3969/j.issn.1671-2722.2015.03.012.}

[11195] 张雁，黄海，芮永军，杨通，赵刚. 彩色多普勒超声在小儿股前外侧皮瓣穿支血管术前定位中的临床应用[J]. 中华手外科杂志，2015，31(4)：257-259. DOI: 10.3760/cma.j.issn.1005-054X.2015.04.009. {ZHANG Yan,HUANG Hai,RUI Yongjun,YANG Tong,ZHAO Gang. Clinical application of color Doppler sonography in the preoperative locating of anterolateral thigh flap perforator in pediatric cases[J]. Zhonghua Shou Wai Ke Za Zhi[Chin J Hand Surg(Article in Chinese;Abstract in Chinese and English)],2015,31(4):257-259. DOI:10.3760/cma.j.issn.1005-054X.2015.04.009.}

[11196] 潘小平，黄坚强，姚恩锋，陈成然. 带髂胫束的股前外侧皮瓣游离移植修复足跟后区组织缺损[J]. 中华显微外科杂志，2015，38(2)：169-171. DOI: 10.3760/cma.j.issn.1001-2036.2015.02.019. {PANG Xiaoping,HUANG Jianqiang,YAO Enfeng,CHEN Chengran. Free anterolateral thigh flap with iliotibial band for repair of tissue defects in posterior region of heel[J]. Zhonghua Xian Wei Wai Ke Za Zhi[Chin J Microsurg(Article in Chinese;Abstract in Chinese)],2015,38(2):169-171. DOI:10.3760/cma.j.issn.1001-2036.2015.02.019.}

[11197] 孙国文，卢明星，杨旭东，王志勇，胡勤刚，唐恩溢. 游离股前外侧皮瓣修复面颊部大面积洞穿性缺损[J]. 中华显微外科杂志，2015，38(1)：12-15. DOI: 10.3760/cma.j.issn.1001-2036.2015.01.004. {SUN Guowen,LU Mingxing,YANG Xudong,WANG Zhiyong,HU Qingang,TANG Enyi. Reconstruction of extensive full thickness cheek defects with free anterolateral thigh flap[J]. Zhonghua Xian Wei Wai Ke Za Zhi[Chin J Microsurg(Article in Chinese;Abstract in Chinese and English)],2015,38(1):12-15. DOI:10.3760/cma.j.issn.1001-2036.2015.01.004.}

[11198] 王晓峰，薛建波，孙涛，周坚龙，陈益. 游离股前外侧皮瓣移植在断肢再植中的应用[J]. 中华显微外科杂志，2015，38(3)：278-281. DOI: 10.3760/cma.j.issn.1001-2036.2015.03.020. {WANG Xiaofeng,XUE Jianbo,SUN Tao,ZHOU Jianlong,CHEN Yi. Application of free anterolateral thigh flap in limb replantation[J]. Zhonghua Xian Wei Wai Ke Za Zhi[Chin J Microsurg(Article in Chinese;Abstract in Chinese)],2015,38(3):278-281. DOI:10.3760/cma.j.issn.1001-2036.2015.03.020.}

[11199] 刘承伟，刘福尧，邱冰，彭龙. 切取阔筋膜的股前外侧皮瓣在足踝皮肤肌腱缺损中的应用[J]. 中华显微外科杂志，2015，38(4)：382-383. DOI: 10.3760/cma.j.issn.1001-2036.2015.04.019. {LIU Chengwei,LIU Fuyao,QIU Bing,PENG Long. Application of anterolateral thigh flap with fascia lata for repairing skin and tendon defects of the ankle[J]. Zhonghua Xian Wei Wai Ke Za Zhi[Chin J Microsurg(Article in Chinese;Abstract in Chinese)],2015,38(4):382-383. DOI:10.3760/cma.j.issn.1001-2036.2015.04.019.}

[11200] 罗世洪，肖金刚，孙黎波，张力，曾梁楠，夏德林，周航宇，张磊. 股前外侧肌皮瓣及CT血管造影在修复中晚期口底癌术后缺损中的应用[J]. 华西口腔医学杂志，2015，33(4)：409-413. DOI: 10.7518/hxkq.2015.04.018. {LUO Shihong,XIAO Jingang,SUN Libo,ZHANG Li,ZENG Liangnan,XIA Delin,ZHOU Hangyu,ZHANG Lei. Application of anterolateral thigh myocutaneous flap using computed tomography angiography for mouth-floor reconstruction after resection of middle-late stage carcinoma of mouth floor[J]. Hua Xi Kou Qiang Yi Xue Za Zhi[West Chin J Stomatol(Article in Chinese;Abstract in Chinese and English)],2015,33(4):409-413. DOI:10.7518/hxkq.2015.04.018.}

[11201] 梁高峰，智丰，滕云升，赵玲珑，石宇，贾晶，于学军，向胜涛，许平安. 游离股前外侧肌皮瓣加植皮修复手掌背软组织缺损[J]. 中华手外科杂志，2015，31(4)：320. DOI: 10.3760/cma.j.issn.1005-054X.2015.04.033. {LIANG Gaofeng,ZHI Feng,TENG Yunsheng,ZHAO Linglong,SHI Yu,JIA Jing,YU Xuejun,XIANG Shengtao,XU Pingan. Free anterolateral thigh musculocutaneous flap and skin grafting for repair of the soft tissue defects of dorsal palm[J]. Zhonghua Shou Wai Ke Za Zhi[Chin J Hand Surg(Article in Chinese;No abstract available)],2015,31(4):320. DOI:10.3760/cma.j.issn.1005-054X.2015.04.033.}

[11202] 徐立明，张建顺，石法亮，王仁款，陈秀杰，刘乾仁. 带阔筋膜的股前外侧穿支皮瓣修复踝足部胫骨前肌腱及皮肤缺损[J]. 中华解剖与临床杂志，2015，20(2)：160-163. DOI: 10.3760/cma.j.issn.2095-7041.2015.02.019. {XU Liming,ZHANG Jianshun,SHI Faliang,WANG Renkuan,CHEN Xiujie,LIU Qianren. Anterolateral thigh perforator flap with fascia lata for repair of the tendon and skin defects of ankle and foot[J]. Zhonghua Jie Pou Yu Lin Chuang Za Zhi[Chin J Anat Clin(Article in Chinese;Abstract in Chinese)],2015,20(2):160-163. DOI:10.3760/cma.j.issn.2095-7041.2015.02.019.}

[11203] 潘晓峰，孙勇，王良喜，吴杭庆，毛学飞，孙曙光. 股前外侧游离皮瓣移植修复烧伤后膝关节周围皮肤软组织缺损合并膝关节腔开放八例[J]. 中华烧伤杂志，2015，31(5)：340-341. DOI: 10.3760/cma.j.issn.1009-2587.2015.05.006. {PAN Xiaofeng,SUN Yong,WANG Liangxi,WU Hangqing,MAO Xuefei,SUN Shuguang. Transplantation of anterolateral thigh free flap for repairing skin and soft tissue defects around knee joint and opening injury of knee joint cavity after burn in eight cases[J]. Zhonghua Shao Shang Za Zhi[Chin J Burns(Article in Chinese;No abstract available)],2015,31(5):340-341. DOI:10.3760/cma.j.issn.1009-2587.2015.05.006.}

[11204] 徐镭，高鹏飞，徐万林，陈杰，李怀奇，吴煜农，叶金海. 股前外侧穿支皮瓣的应用解剖研究及临床应用[J]. 中国口腔颌面外科杂志，2015，13(6)：502-507. {XU Lei,GAO Pengfei,XU Wanglin,CHEN Jie,LI Huaiqi,WU Yinong,YE Jinhai. Applied anatomic study and clinical application of anterolateral thigh perforator flap[J]. Zhongguo Kou Qiang He Mian Wai Ke Za Zhi [Chin J Oral Maxillofac Surg(Article in Chinese;Abstract in Chinese and English)],2015,13(6):502-507.}

[11205] 何晓清，朱跃良，徐永清，梅良斌，王毅，范新宇，董凯旋. 旋股外动脉降支远端血管在股前外侧游离皮瓣修复四肢创面中的应用[J]. 中华创伤骨科杂志，2015，17(7)：594-598. DOI: 10.3760/cma.j.issn.1671-7600.2015.07.009. {HE Xiaoqing,ZHU Yueliang,XU Yongqing,MEI Liangbin,WANG Yi,FAN Xinyu,DONG Kaixuan. Distal run-off vessel of descending branch of lateral femoral circumflex artery used for reconstruction of extremity defects with free anterolateral thigh flap[J]. Zhonghua Chuang Shang Gu Ke Za Zhi[Chin J Orthop Trauma(Article in Chinese;Abstract in Chinese and English)],2015,17(7):594-598. DOI:10.3760/cma.j.issn.1671-7600.2015.07.009.}

[11206] 张大伟，祝勇刚，李军，赵广跃，裴国献. 健侧胫后血管皮瓣桥供血的股前外侧游离皮瓣在小腿开放性骨折治疗中的应用[J]. 中国骨与关节杂志，2015，4(12)：928-930. DOI: 10.3969/j.issn.2095-252X.2015.12.006. {ZHANG Dawei,ZHU Yonggang,LI Jun,ZHAO Guangyue,PEI Guoxian. Clinical applications on anterolateral thigh free flap transfer bridged by posterior tibial vascular flaps from the healthy leg[J]. Zhongguo Gu Yu Guan Jie Za Zhi [Chin J Bone Joint(Article in Chinese;Abstract in Chinese and English)],2015,4(12):928-930. DOI:10.3969/j.issn.2095-252X.2015.12.006.}

[11207] 何晓清，朱跃良，徐永清，段家章，梅良斌，王毅，金涛，范新宇. 游离股前外侧嵌合皮瓣修复手部深部创面[J]. 中华手外科杂志，2015，31(6)：415-417. DOI: 10.3760/cma.j.issn.1005-054X.2015.06.007. {HE Xiaoqing,ZHU Yueliang,XU Yongqing,DUAN Jiazhang,MEI Liangbin,WANG Yi,JIN Tao,FAN Xinyu. Free chimeric anterolateral thigh flap for reconstruction of deep wounds of the hand[J]. Zhonghua Shou Wai Ke Za Zhi[Chin J Hand Surg(Article in Chinese;Abstract in Chinese and English)],2015,31(6):415-417. DOI:10.3760/cma.j.issn.1005-054X.2015.06.007.}

[11208] 颜翼，邱志龙，梁培雄，陈实，龙靓，朱跃良，邬江，徐永清. 一期原位修薄的游离股前外侧穿支皮瓣修复手部创面[J]. 临床骨科杂志，2015，18(5)：594-597. DOI: 10.3969/j.issn.1008-0287.2015.05.035. {YAN Yi,QIU Zhilong,LIANG Peixiong,CHEN Shi,LONG Liang,ZHU Yueliang,WU Jiang,XU Yongqing. Free anterolateral thigh perforator flap in situ one-stage thinning for the coverage of the hand defects[J]. Lin Chuang Gu Ke Za Zhi[J Clin Orthop(Article in Chinese;Abstract in Chinese and English)],2015,18(5):594-597. DOI:10.3969/j.issn.1008-0287.2015.05.035.}

[11209] 潘晓峰，王良喜，苏本玄，毛学飞，孙曙光，孙勇. 股前外侧游离皮瓣修复烧伤后头面部骨外露八例[J]. 中华烧伤杂志，2015，31(5)：386-387. DOI: 10.3760/cma.

j.issn.1009-2587.2015.05.017. {PAN Xiaofeng,WANG Liangxi,SU Benxuan,MAO Xuefei,SUN Shuguang,SUN Yong. Craniofacial bone exposure after burn repaired with free anterolateral thigh flap:A report of eight cases[J]. Zhonghua Shao Shang Za Zhi[Chin J Burns(Article in Chinese;No abstract available)],2015,31(5):386-387. DOI:10.3760/cma.j.issn.1009-2587.2015.05.017.}

[11210] 芮永军，张雁，杨红，黄海，强力，赵刚，杨通. 术前不同定位方法在股前外侧穿支皮瓣应用的对比分析[J]. 中华显微外科杂志，2015，38(1)：33-37. DOI：10.3760/cma.j.issn.1001-2036.2015.01.009. {RUI Yongjun,ZHANG Yan,YANG Hong,HUANG Hai,QIANG Li,ZHAO Gang,YANG Tong. Application of various preoperative imaging examinations for peferator in anterolateral thigh flap[J]. Zhonghua Xian Wei Wai Ke Za Zhi[Chin J Microsurg(Article in Chinese;Abstract in Chinese and English)],2015,38(1):33-37. DOI:10.3760/cma.j.issn.1001-2036.2015.01.009.}

[11211] 李先安，刘剑帆，徐学政，欧阳正晓. 股前外侧肌皮瓣在腹股沟淋巴结清扫术中的应用[J]. 中国骨与关节杂志，2015，4(1)：31-34. DOI：10.3969/j.issn.2095-252X.2015.01.008. {LI Xianan,LIU Jianfan,XU Xuezheng,OUYANG Zhengxiao. Application of thigh anterolateral musculocutaneous flap in inguinal lymphadenectomy[J]. Zhongguo Gu Yu Guan Jie Za Zhi [Chin J Bone Joint(Article in Chinese;Abstract in Chinese and English)],2015,4(1):31-34. DOI:10.3969/j.issn.2095-252X.2015.01.008.}

[11212] 刘青秀，李霞. 高频彩超在股前外侧穿支皮瓣术前定位中的应用体会[J]. 实用骨科杂志，2015，21(2)：187-189. {LIU Qingxiu,LI Xia. Application of high frequency color doppler ultrasound in preoperative localization of anterolateral thigh perforator flap[J]. Shi Yong Gu Ke Za Zhi[J Pract Orthop(Article in Chinese;Abstract in Chinese)],2015,21(2):187-189.}

[11213] 邓娜，何巍，李锐，李文鹿，高宁，张文. 股前外侧穿支皮瓣修复口腔癌术后缺损患者的生活质量评估[J]. 华西口腔医学杂志，2015，33(2)：197-200. DOI：10.7518/hxkq.2015.02.019. {DENG Na,HE Wei,LI Rui,LI Wenlu,GAO Ning,ZHANG Wen. Assessment of the quality of life of oral cancer patients after reconstruction with free anterolateral thigh perforator flaps[J]. Hua Xi Kou Qiang Yi Xue Za Zhi [West Chin J Stomatol(Article in Chinese;Abstract in Chinese and English)],2015,33(2):197-200. DOI:10.7518/hxkq.2015.02.019.}

[11214] 寿建国. 分解设计不带筋膜股前外侧穿支皮瓣修复肢端组织缺损[J]. 实用骨科杂志，2015，21(3)：262-264. {SHOU Jianguo. Decomposing design of anterolateral thigh perforator flap without fascia for repair of limb tissue defects[J]. Shi Yong Gu Ke Za Zhi[J Pract Orthop(Article in Chinese;Abstract in Chinese)],2015,21(3):262-264.}

[11215] 李波，任振虎，王铠，陈梅，吴汉江. 股前外侧肌皮瓣909块在口腔颌面缺损修复中的应用[J]. 中华口腔医学杂志，2015，50(3)：169-172. DOI：10.3760/cma.j.issn.1002-0098.2015.03.011. {LI Bo,REN Zhenhu,WANG Kai,CHEN Mei,WU Hanjiang. Application of 909 anterolateral thigh myocutaneous flaps in the reconstruction of oral and maxillofacial defects[J]. Zhonghua Kou Qiang Yi Xue Za Zhi[Chin J Stomatol(Article in Chinese;Abstract in Chinese and English)],2015,50(3):169-172. DOI:10.3760/cma.j.issn.1002-0098.2015.03.011.}

[11216] 任振虎，吴汉江，谭宏宇，王铠，龚朝建，张胜，刘金兵，朱兆夫. 1212块股前外侧肌皮瓣在口腔颌面缺损修复中的应用[J]. 华西口腔医学杂志，2015，33(3)：281-285. DOI：10.7518/hxkq.2015.03.014. {REN Zhenhu,WU Hanjiang,TAN Hongyu,WANG Kai,GONG Zhaojian,ZHANG Sheng,LIU Jinbing,ZHU Zhaofu. Application of 1212 anterolateral thigh myocutaneous flaps in the repair of oral and maxillofacial defects[J]. Hua Xi Kou Qiang Yi Xue Za Zhi [West Chin J Stomatol(Article in Chinese;Abstract in Chinese and English)],2015,33(3):281-285. DOI:10.7518/hxkq.2015.03.014.}

[11217] 唐涛，周鹏，王朝晖，李春华，陈锦，蔡永聪，谭波. CT血管成像三维重建技术在股前外侧穿支皮瓣修复头颈肿瘤术后缺损的应用[J]. 中华耳鼻咽喉头颈外科杂志，2015，50(5)：383-387. DOI：10.3760/cma.j.issn.1673-0860.2015.05.008. {TANG Tao,ZHOU Peng,WANG Zhaohui,LI Chunhua,CHEN Jin,CAI Yongcong,TANG Bo. Application of CT angiography in design of anterolateral thigh perforator flap for reconstruction of defect after head and neck cancer resection[J]. Zhonghua Er Bi Yan Hou Tou Jing Wai Ke Za Zhi[Chin J Otorhinolaryngol Head Neck Surg(Article in Chinese;Abstract in Chinese and English)],2015,50(5):383-387. DOI:10.3760/cma.j.issn.1673-0860.2015.05.008.}

[11218] 戚剑，朱庆棠，王东，傅国，秦本刚，顾立强，刘小林. Flow-through股前外侧游离皮瓣急诊修复上肢大面积软组织和主干血管缺损[J]. 广东医学，2015，36(15)：2293-2294. DOI：10.13820/j.cnki.gdyx.20150807.003. {QI Jian,ZHU Qingtang,WANG Dong,FU Guo,QIN Bengang,GU Liqiang,LIU Xiaolin. Emergent free flow-through anterolateral thigh flap for simultaneously repairing large soft tissue and main artery defect in upper extremity[J]. Guangdong Yi Xue[Guangdong Med J(Article in Chinese;Abstract in Chinese)],2015,36(15):2293-2294. DOI:10.13820/j.cnki.gdyx.20150807.003.}

[11219] 黄健，沈毅，陆林国，黄冠兰，周辉红，陈倩倩，李军，孙坚. 应用高频彩超进行股前外侧穿支血管的术前定位与选择[J]. 中国口腔颌面外科杂志，2015，13(1)：42-47. {HUANG Jian,SHEN Yi,LU Linguo,HUANG Guanlan,ZHOU Huihong,CHEN Qianqian,LI Jun,SUN Jian. Application of high-frequency color ultrasound in preoperative identification and selection of perforator for anterolateral thigh flap grafts[J]. Zhongguo Kou Qiang He Mian Wai ke Za Zhi[Chin J Oral Maxillofac Surg(Article in Chinese;Abstract in Chinese and English)],2015,13(1):42-47.}

[11220] 邱宇，林李嵩，施斌，朱小峰，黄立，黄跃，廖云阳. 分叶股前外侧皮瓣在口腔颌面部缺损中的修复应用[J]. 福建医科大学学报，2015，49(5)：326-329. {QIU Yu,LIN Lisong,SHI Bin,ZHU Xiaofeng,HUANG Li,HUANG Yue,LIAO Yunyang. The ramified musculocutaneous flaps of anterolateral thigh flap for reconstruction of complicated oral and maxillofacial defect[J]. Fujian Yi Ke Da Xue Xue Bao[J Fujian Med Univ(Article in Chinese;Abstract in Chinese and English)],2015,49(5):326-329.}

[11221] 陈洁，蒋灿华，尹乒，杨龙，吴晓珊，黄龙，翦新春. 股前外侧free-style穿支皮瓣在口腔颌面部缺损修复重建中的应用[J]. 中华显微外科杂志，2015，38(1)：20-24. DOI：10.3760/cma.j.issn.1001-2036.2015.01.006. {CHEN Jie,JIANG Canhua,YIN Bin,YANG Long,WU Xiaoshan,HUANG Long,JIAN Xinchun. Application of vascularized anterolateral thigh perforator flap harvested with free-style approach in oral and maxillofacial reconstruction[J]. Zhonghua Xian Wei Wai Ke Za Zhi[Chin J Microsurg(Article in Chinese;Abstract in Chinese and English)],2015,38(1):20-24. DOI:10.3760/cma.j.issn.1001-2036.2015.01.006.}

[11222] 胡传宇，陈卫民，李文强，黄平，邵乐南. 60例游离股前外侧皮瓣术后供区功能恢复及并发症的研究[J]. 临床口腔医学杂志，2015，31(12)：749-751. DOI：10.3969/j.issn.1003-1634.2015.12.014. {HU Chuanyu,CHEN Weimin,LI Wenqiang,HUANG Ping,SHAO Lenan. Study of the complications and functional assessment of 60 free anterolateral myocutaneous flaps donorsite[J]. Lin Chuang Kou Qiang Yi Xue Za Zhi[J Clin Stomatol(Article in Chinese;Abstract in Chinese and English)],2015,31(12):749-751. DOI:10.3969/j.issn.1003-1634.2015.12.014.}

[11223] 金文虎，魏在荣，邓呈亮，孙广峰，唐修俊，张子阳，张文夺，王达利. 游离旋股外侧动脉降支穿支组织瓣的临床应用及对供区影响观察[J]. 中国修复重建外科杂志，2015，29(10)：1284-1287. DOI：10.7507/1002-1892.20150278. {JIN Wenhu,WEI Zairong,DENG Chengliang,SUN Guangfeng,TANG Xiujun,ZHANG Ziyang,ZHANG Wenduo,WANG Dali. Clinical application of free descending branch of lateral circumflex femoral artery perforator tissue flap and its impact on donor site[J]. Zhonghua Xiu Fu Chong Jian Wai Ke Za Zhi[Chin J Repar Reconstr Surg(Article in Chinese;Abstract in Chinese and English)],2015,29(10):1284-1287. DOI:10.7507/1002-1892.20150278.}

[11224] 宋晓军，薛明宇. 脂肪剥离吸脂术在治疗皮瓣移植术后皮瓣臃肿中的应用[J]. 中华解剖与临床杂志，2015，20(1)：75-77. DOI：10.3760/cma.j.issn.2095-7041.2015.01.017. {SONG Xiaojun,XUE Mingyu. Application of fat stripping and liposuction in the treatment of skin flap hypertrophy after skin flap transplantation[J]. Zhonghua Jie Pou Yu Lin Chuang Za Zhi[Chin J Anat Clin(Article in Chinese;Abstract in Chinese)],2015,20(1):75-77. DOI:10.3760/cma.j.issn.2095-7041.2015.01.017.}

[11225] 朱非亚，陈林，皮会丰，王铠. 微血管吻合器在游离股前外侧皮瓣修复口腔癌术后软缺损中的应用[J]. 局解手术学杂志，2016，25(5)：335-338. DOI：10.11659/jjssx.12E015185. {ZHU Feiya,CHEN Lin,PI Huifeng,WANG Kai. Clinical value of microvascular anastomotic devices in repairing oral carcinoma defects by anterolateral thigh flap[J]. Ju Jie Shou Shu Xue Za Zhi[J Reg Anat Oper Surg(Article in Chinese;Abstract in Chinese and English)],2016,25(5):335-338. DOI:10.11659/jjssx.12E015185.}

[11226] 黄凯，郭峭峰，林炳远，沈立锋，刘亦杨，马苟平，张展，鲁宁，张春. 负压封闭引流联合游离股前外侧皮瓣治疗小儿足踝部软组织缺损[J]. 中华整形外科杂志，2016，32(3)：225-226. DOI：10.3760/cma.j.issn.1009-4598.2016.03.015. {HUANG Kai,GUO Qiaofeng,Lin Bingyuan,SHEN Lifeng,LIU Yiyang,MA Gouping,ZHANG Zhan,LU Ning,ZHANG Chun. Vacuum sealing drainage combined with free anterolateral thigh flap in the treatment of soft tissue defects of foot and ankle in children[J]. Zhonghua Zheng Xing Wai Ke Za Zhi[Chin J Plast Surg(Article in Chinese;No abstract available)],2016,32(3):225-226. DOI:10.3760/cma.j.issn.1009-4598.2016.03.015.}

[11227] 徐永清，何晓清，朱跃良. 股前外侧皮瓣顺行切取方法介绍[J]. 中华显微外科杂志，2016，39(6)：621-623. DOI：10.3760/cma.j.issn.1001-2036.2016.06.037. {XU Yongqing,HE Xiaoqing,ZHU Yueliang. Introduction of anterograde resection of anterolateral femoral flap[J]. Zhonghua Xian Wei Wai Ke Za Zhi[Chin J Microsurg(Article in Chinese;Abstract in Chinese)],2016,39(6):621-623. DOI:10.3760/cma.j.issn.1001-2036.2016.06.037.}

[11228] 陈步国，朱辉，郑大伟，孙峰，李甲，潘勇，寿奎水. 超回流技术在逆行股前外侧皮瓣中的应用[J]. 中华显微外科杂志，2016，39(6)：526-528. DOI：10.3760/cma.j.issn.1001-2036.2016.06.003. {CHEN buguo,ZHU Hui,ZHENG Dawei,SUN Feng,LI Jia,PAN Yong,SHOU kuishui. Application of reverse anterolateral thigh flap with venous superdrainage[J]. Zhonghua Xian Wei Wai Ke Za Zhi[Chin J Microsurg(Article in Chinese;Abstract in Chinese and English)],2016,39(6):526-528. DOI:10.3760/cma.j.issn.1001-2036.2016.06.003.}

[11229] 芮永军，张雁，施海峰，陆征峰，张志海，糜菁熠，薛明宇，吴永伟，刘军. 穿支定位技术在预防股前外侧皮瓣供区并发症中的应用[J]. 中华显微外科杂志，2016，39(6)：529-533. DOI：10.3760/cma.j.issn.1001-2036.2016.06.004. {RUI Yongjun,ZHANG Yan,SHI Haifeng,LU Zhengfeng,ZHANG Zhihai,MI Jingyi,XUE Mingyu,WU Yongwei,LIU Jun. Application of perforators positioning technique in preventing anterolateral thigh flap donor site complications[J]. Zhonghua Xian Wei Wai Ke Za Zhi[Chin J Microsurg(Article in Chinese;Abstract in Chinese and English)],2016,39(6):529-533. DOI:10.3760/cma.j.issn.1001-2036.2016.06.004.}

[11230] 李伟雄，彭汉伟. 前臂皮瓣与股前外侧皮瓣用于口腔颌面部缺损修复中的对比分析[J]. 局解手术学杂志，2016，25(4)：262-265. DOI：10.11659/jjssx.07E015123. {LI Weixiong,PENG Hanwei. Advantages and disadvantages of forearm skin flap and lateral femoral skin flap in repair of oral and maxillofacial defects[J]. Ju Jie Shou Shu Xue Za Zhi[J Reg Anat Oper Surg(Article in Chinese;Abstract in Chinese and English)],2016,25(4):262-265. DOI:10.11659/jjssx.07E015123.}

[11231] 郭佳，刘勇，刘晓辉，隋志强，张雪涛，王蕾. 髂骨瓣串联股前外侧皮瓣一期修复足部第一跖骨与大面积皮肤软组织缺损[J]. 中国修复重建外科杂志，2016，30(11)：1400-1403. DOI：10.7507/1002-1892.20160288. {GUO Jia,LIU Yong,LIU Xiaohui,SUI Zhiqiang,ZHANG Xuetao,WANG Lei. Iliac flap combined with anterolateral thigh flap for one stage repair of first metatarsal bone,large skin and soft tissue defects of the foot[J]. Zhongguo Xiu Fu Chong Jian Wai Ke Za Zhi[Chin J Repar Reconstr Surg(Article in Chinese;Abstract in Chinese)],2016,30(11):1400-1403. DOI:10.7507/1002-1892.20160288.}

[11232] 谢镇春，陈坤，傅琨，凌瑞，张铁柱. 口腔癌根治术中同期游离股前外侧皮瓣修复效果的影响因素分析[J]. 局解手术学杂志，2016，25(11)：830-833. DOI：10.11659/jjssx.03E016077. {XIE Zhenchun,CHEN Kun,FU Kun,LIN Rui,ZHANG Tiezhu. Analysis on influencing factors of concurrent free anterolateral femoral skin flap repair in radical operation for oral cancer[J]. Ju Jie Shou Shu Xue Za Zhi[J Reg Anat Oper Surg(Article in Chinese;Abstract in Chinese and English)],2016,25(11):830-833. DOI:10.11659/jjssx.03E016077.}

[11233] 朱洪章，杨有优，朱庆棠，王东，郑灿镔，周碧，郭辉其，杨旭峰. CT血管造影与手持式多普勒在股前外侧皮瓣术前穿支体表定位的比较[J]. 中华显微外科杂志，2016，39(5)：432-436. DOI：10.3760/cma.j.issn.1001-2036.2016.05.005. {ZHU Hongzhang,YANG Youyou,ZHU Qingtang,WANG Dong,ZHENG Chanbin,ZHOU Bi,GUO Huiqi,YANG Xufeng. Preoperative imaging evaluation in anterolateral thigh flap:Comparison of computed tomography angiography and handheld Doppler[J]. Zhonghua Xian Wei Wai Ke Za Zhi[Chin J Microsurg(Article in Chinese;Abstract in Chinese and English)],2016,39(5):432-436. DOI:10.3760/cma.j.issn.1001-2036.2016.05.005.}

[11234] 蔡喜雨，董帅，朱征威，郑水长，李杰，胡大蛟，吴庆菊. 逆行转移股前外侧皮瓣修复膝部及小腿近端创面12例[J]. 中华显微外科杂志，2016，39(4)：402-404. DOI：10.3760/cma.j.issn.1001-2036.2016.04.029. {CAI Xiyu,DONG Shuai,ZHU Zhengwei,ZHENG Shuichang,LI Jie,HU Dajiao,WU Qingju. Retrograde transfer of anterolateral thigh flap for repair of knee and proximal leg wounds:A report of 12 cases[J]. Zhonghua Xian Wei Wai Ke Za Zhi[Chin J Microsurg(Article in Chinese;Abstract in Chinese)],2016,39(4):402-404. DOI:10.3760/cma.j.issn.1001-2036.2016.04.029.}

[11235] 周卫松，赵玉华，邵文年，顾嫦娥，孙承东. 游离股前外侧皮瓣在足踝离断合并复合组织缺损急诊修复中的应用[J]. 中华显微外科杂志，2016，39(5)：517-518. DOI：10.3760/cma.j.issn.1001-2036.2016.05.033. {ZHOU Weisong,ZHAO Yuhua,SHAO Wennian,GU Chang'e,SUN Chengdong. Application of free anterolateral thigh flap in emergency repair of amputated foot and ankle combined with composite tissue defect[J]. Zhonghua Xian Wei Wai Ke Za Zhi[Chin J Microsurg(Article in Chinese;No abstract available)],2016,39(5):517-518. DOI:10.3760/cma.j.issn.1001-2036.2016.05.033.}

[11236] 蔡华，赵玉华，吴震，邵文年. 游离股前外侧皮瓣在前臂离断合并复合组织缺损急诊修复中的应用[J]. 中华手外科杂志，2016，32(2)：158. DOI：10.3760/cma.j.issn.1005-054X.2016.02.040. {CAI Hua,ZHAO Yuhua,WU Zhen,SHAO Wennian. The application of free anterolateral thigh flap in emergency repair of forearm amputation combined with composite tissue defects[J]. Zhonghua Shou Wai Ke Za Zhi[Chin J Hand Surg(Article in Chinese;No abstract available)],2016,32(2):158. DOI:10.3760/cma.j.issn.1005-054X.2016.02.040.}

[11237] 齐伟亚，郑大伟，张旭阳，石荣剑，寿奎水. 血运重建后皮瓣修薄法在股前外侧皮瓣游离移植中的应用[J]. 中国修复重建外科杂志，2016，30(4)：525-527. DOI：10.7507/1002-1892.20160105. {QI Weiya,ZHENG Dawei,ZHANG Xuyang,SHI Rongjian,SHOU Kuishui. Application of flap thinning after revascularization in anterolateral thigh flap free transplantation[J]. Zhongguo Xiu Fu Chong Jian Wai Ke Za Zhi[Chin J Repar Reconstr Surg(Article in Chinese;Abstract in Chinese and English)],2016,30(4):525-527. DOI:10.7507/1002-1892.20160105.}

[11238] 张云鹏，张净宇，高顺红，于志亮，张文龙，胡宏宇，于俊，平凡. 顺行带蒂股前外侧皮

瓣修复儿童髂腰部皮肤软组织缺损 [J]. 中华整形外科杂志，2016，32（4）：310-311. DOI：10.3760/cma.j.issn.1009-4598.2016.04.018. {ZHANG Yunpeng,ZHANG Jingyu,GAO Shunhong,YU Zhiliang,ZHANG Wenlong,HU Hongyu,YU Jun,PING Fan. Anterograde pedicled anterolateral thigh flap for repair of iliolumbar skin and soft tissue defects in children[J]. Zhonghua Zheng Xing Wai Ke Za Zhi[Chin J Plast Surg(Article in Chinese;No abstract available)],2016,32(4):310-311. DOI:10.3760/cma.j.issn.1009-4598.2016.04.018.}

[11239] 段家章，何晓清，徐永清. 股前外侧皮瓣血管解剖学及术前皮瓣设计技术研究进展 [J]. 中国修复重建外科杂志，2016，30（7）：909-914. DOI：10.7507/1002-1892.20160182. {DUAN Jiazhang,HE Xiaoqing,XU Yongqing. Research development of vascular anatomy and preoperative design technology of anterolateral thigh flap[J]. Zhongguo Xiu Fu Chong Jian Wai Ke Za Zhi[Chin J Repar Reconstr Surg(Article in Chinese;Abstract in Chinese and English)] 2016 30(7):909-914. DOI:10.7507/1002-1892.20160182.}

[11240] 华栋，吴苏州，方小魁，江峰，吴丽丽. 股前外侧皮瓣修复不同创面的体会：附 17 例报告 [J]. 中华显微外科杂志，2016，39（3）：298-301. DOI：10.3760/cma.j.issn.1001-2036.2016.03.025. {HUA Dong,WU Suzhou,FANG Xiaokui,JIANG Feng,WU Lili. Experience of repairing different wounds with anterolateral thigh flap:A report of 17 cases[J]. Zhonghua Xian Wei Wai Ke Za Zhi[Chin J Microsurg(Article in Chinese;Abstract in Chinese)],2016,39(3):298-301. DOI:10.3760/cma.j.issn.1001-2036.2016.03.025.}

[11241] 王友元，范松，林钊宇，张大明，钟江龙，黄志权，陈伟良，李劲松. 折叠游离股前外侧皮瓣修复口腔颌面部恶性肿瘤术后颊部洞穿缺损 [J]. 中华显微外科杂志，2016，39（1）：41-45. DOI：10.3760/cma.j.issn.1001-2036.2016.01.011. {WANG Youyuan,FAN Song,LIN Zhaoyu,ZHANG Daming,ZHONG Jianglong,HUANG Zhiquan,CHEN Weiliang,LI Jinsong. Fold anterolateral thigh flap in through-and-through cheek defect reconstruction following oral cancer ablation[J]. Zhonghua Xian Wei Wai Ke Za Zhi[Chin J Microsurg(Article in Chinese;Abstract in Chinese and English)],2016,39(1):41-45. DOI:10.3760/cma.j.issn.1001-2036.2016.01.011.}

[11242] 吴双江，夏德林，明华伟，甘升远，邵学磊. 修薄的股前外侧皮瓣修复颊癌术后缺损 [J]. 中华整形外科杂志，2016，32（5）：339-342. Doi：10.3760/cma.j.issn.1009-4598.2016.05.005. {WU Shuangjiang,XIA Delin,MING Huawei,GAN Shengyuan,SHAO Xuelei. Free thinning anterolateral thigh flap for reconstruction of soft of soft tissue defects after resection of buccal carcinoma[J]. Zhonghua Zheng Xing Wai Ke Za Zhi[Chin J Plast Surg(Article in Chinese;Abstract in Chinese and English)],2016,32(5):339-342. Doi:10.3760/cma.j.issn.1009-4598.2016.05.005.}

[11243] 李波，任振虎，王铠，陈梅，吴汉江. 游离皮瓣的血管处理：264 例股前外侧皮瓣的回顾性研究 [J]. 中华显微外科杂志，2016，39（3）：237-240. DOI：10.3760/cma.j.issn.1001-2036.2016.03.008. {LI Bo,REN Zhenhu,WANG Kai,CHEN Mei,WU Hanjiang. How to deal with the vessel of free flap:A retrospective study of 264 cases of anterolateral thigh flap[J]. Zhonghua Xian Wei Wai Ke Za Zhi[Chin J Microsurg(Article in Chinese;Abstract in Chinese and English)],2016,39(3):237-240. DOI:10.3760/cma.j.issn.1001-2036.2016.03.008.}

[11244] 刘军，陈峰，杨辰，艾名洋. VSD 技术结合游离股前外侧皮瓣修复四肢大面积皮肤缺损的疗效研究 [J]. 创伤外科杂志，2016，18（2）：118-119. DOI：10.3969/j.issn.1009-4237.2016.02.18. {LIU Jun,CHEN Feng,YANG Chen,AI Mingyang. Application of VSD technology combined with free anterolateral femoral flaps to repair widespread defects of soft tissue in extremities[J]. Chuang Shang Wai Ke Za Zhi[J]. Traum Surg(Article in Chinese;Abstract in Chinese)],2016,18(2):118-119. DOI:10.3969/j.issn.1009-4237.2016.02.18.}

[11245] 兰玉燕，孙黎波，张力，周航宇. CT 血管造影定位穿支血管在股前外侧皮瓣手术中的应用 [J]. 临床耳鼻咽喉头颈外科杂志，2016，30（11）：867-869. DOI：10.13201/j.issn.1001-1781.2016.11.007. {LAN Yuyan,SUN Libo,ZHANG Li,ZHOU Hangyu. Application of CT angiography for detecting perforator vessels in the anterolateral thigh flap surgery[J]. Lin Chuang Er Bi Yan Hou Tou Jing Wai Ke Za Zhi[J Clin Otorhinolaryngol Head Neck Surg(Article in Chinese;Abstract in Chinese and English)],2016,30(11):867-869. DOI:10.13201/j.issn.1001-1781.2016.11.007.}

[11246] 李士民，刘林嶓，周树萍，周明武，幸超峰. 游离股前外侧皮瓣修复颜面部（头部）大面积皮肤缺损伴颅骨外露 [J]. 实用手外科杂志，2016，30（4）：400-402. DOI：10.3969/j.issn.1671-2722.2016.04.008. {LI Shimin,LIU Linfan,ZHOU Shuping,ZHOU Mingwu,XING Chaofeng. The therapy of the large skin defect with skull exposure of face (or head) with free anterolateral thigh flap[J]. Shi Yong Shou Wai Ke Za Zhi[Chin J Pract Hand Surg(Article in Chinese;Abstract in Chinese and English)],2016,30(4):400-402. DOI:10.3969/j.issn.1671-2722.2016.04.008.}

[11247] 项杨，高建明，夏云宝，陈伟南，夏晓亮，王亚东，ZHANG Liang. 股前外侧皮瓣穿支及其源动脉 CTA 影像特点观测 [J]. 中国临床解剖学杂志，2016，34（5）：499-503. DOI：10.13418/j.issn.1001-165x.2016.05.005. {XIANG Yang,GAO Jianming,XIA Yunbao,CHEN Weinan,XIA Xiaoliang,WANG Yadong,ZHANG Liang. Characteristics of CTA images of anterolateral thigh flap perforators and its source artery:CT-angiography study[J]. Zhongguo Lin Chuang Jie Pou Xue Za Zhi[Chin J Clin Anat(Article in Chinese;Abstract in Chinese and English)],2016,34(5):499-503. DOI:10.13418/j.issn.1001-165x.2016.05.005.}

[11248] 中华医学会显微外科学分会. MBCMA 股前外侧皮瓣临床应用指南（2016 征求意见稿）[J]. 中华显微外科杂志，2016，39（4）：313-317. DOI：10.3760/cma.j.issn.1001-2036.2016.04.001. {Microsurgery society of chinese medical association. The MBCMA guidelines for clinical application of anterolateral thigh flap (2016 draft)[J]. Zhonghua Xian Wei Wai Ke Za Zhi[Chin J Microsurg(Article in Chinese;No abstract available)],2016,39(4):313-317. DOI:10.3760/cma.j.issn.1001-2036.2016.04.001.}

[11249] 金岩泉，郭翱，郑良军，李俊，蔡灵敏. 可媲美股前外侧游离皮瓣的静脉供血的静脉游离皮瓣一例 [J]. 中华显微外科杂志，2016，39（3）：311-311. DOI：10.3760/cma.j.issn.1001-2036.2016.03.030. {JIN Yanquan,GUO Ao,ZHENG Liangjun,LI Jun,CAI Lingmin. A case of venous free flap with venous blood supply comparable to anterolateral thigh free flap[J]. Zhonghua Xian Wei Wai Ke Za Zhi[Chin J Microsurg(Article in Chinese;No abstract available)],2016,39(3):311-311. DOI:10.3760/cma.j.issn.1001-2036.2016.03.030.}

[11250] 杨何平，张洪武，杨书雄，王君，胡达旺. 带感觉神经与失神经的股前外侧穿支皮瓣在头颈部感觉重建的对比研究 [J]. 中华显微外科杂志，2016，39（3）：225-229. DOI：10.3760/cma.j.issn.1001-2036.2016.03.005. {YANG Heping,ZHANG Hongwu,YANG Shuxiong,WANG Jun,HU Dawang. A comparative study of anterolateral thigh perforator flap with and without sensory nerve graft for sensation reconstruction in head and neck region[J]. Zhonghua Xian Wei Wai Ke Za Zhi[Chin J Microsurg(Article in Chinese;Abstract in Chinese and English)],2016,39(3):225-229. DOI:10.3760/cma.j.issn.1001-2036.2016.03.005.}

[11251] 杨何平，张洪武，陈海蒂，杨书雄，王君，胡达旺. 股前外侧嵌合皮瓣与串联皮瓣修复口腔颌面部肿瘤根治术后缺损的疗效比较 [J]. 中国修复重建外科杂志，2016，30（4）：447-452. DOI：10.7507/1002-1892.20160090. {YANG Heping,ZHANG Hongwu,CHEN Haidi,YANG Shuxiong,WANG Jun,HU Dawang. Comparison of repair effect between chimeric anterolateral thigh flap and series-wound flaps for defects after resection of oral and maxillofacial cancer[J]. Zhongguo Xiu Fu Chong Jian Wai Ke Za Zhi[Chin J Repar Reconstr Surg(Article in Chinese;Abstract in Chinese and English)],2016,30(4):447-452. DOI:10.7507/1002-1892.20160090.}

[11252] 潘朝晖，赵玉祥，薛山，李洪飞. 股前外侧穿支皮瓣桥接髂骨与皮神经复合组织瓣移植修复足部骨软组织缺损一例 [J]. 中华整形外科杂志，2016，32（5）：389-390. DOI：10.3760/cma.j.issn.1009-4598.2016.05.018. {PAN Zhaohui,ZHAO Yuxiang,XUE Shan,LI Hongfei. Composite tissue flap consisting of anterolateral thigh perforator flap bridging iliac bone and cutaneous nerve for repairing bone and soft tissue defect of foot:A case report[J]. Zhonghua Zheng Xing Wai Ke Za Zhi[Chin J Plast Surg(Article in Chinese;No abstract available)],2016,32(5):389-390. DOI:10.3760/cma.j.issn.1009-4598.2016.05.018.}

[11253] 任振虎，吴汉江，谭宏宇，王铠，龚朝建，张胜. 35 例股前外侧游离皮瓣血管危象临床分析 [J]. 上海口腔医学，2016，25（1）：112-116. {REN Zhenhu,WU Hanjiang,TAN Hongyu,WANG Kai,GONG Zhaojian,ZHANG Sheng. Clinical analysis of 35 flap crisis in anterolateral thigh free flaps[J]. Shang Hai Kou Qiang Yi Xue[Shanghai J Stom(Article in Chinese;Abstract in Chinese and English)],2016,25(1):112-116.}

[11254] 盛辉，田恒进，靖树林，王志勇，张治家，李德保，沙震兴，崔满意. 游离股前外侧筋膜皮瓣一期修复伴肌腱缺损的手足创伤 [J]. 中华整形外科杂志，2016，32（3）：196-198. DOI：10.3760/cma.j.issn.1009-4598.2016.03.009. {SHENG Hui,TIAN Hengjin,JING Shulin,WANG Zhiyong,ZHANG Zhijia,LI Debao,SHA Zhenxing,CUI Manyi. Clinical application of the free anterolateral thigh myocutaneous flap with the tensor fascia lata for one-stage repair of soft tissue defects at the dorsum of hands (feets)[J]. Zhonghua Zheng Xing Wai Ke Za Zhi[Chin J Plast Surg(Article in Chinese;Abstract in Chinese and English)],2016,32(3):196-198. DOI:10.3760/cma.j.issn.1009-4598.2016.03.009.}

[11255] 刘会仁，刘家寅，张艳茂，王立新，于占勇，马铁鹏，吴学强，王岩. 股前外侧穿支皮瓣的临床应用与分型 [J]. 中华显微外科杂志，2016，39（2）：119-122. DOI：10.3760/cma.j.issn.1001-2036.2016.02.005. {LIU Huiren,LIU Jiayin,ZHANG yanmao,WANG Lixin,YU Zhanyong,MA tiepeng,WU Xueqiang,WANG Yan. The clinical application and type of anterolateral thigh flap[J]. Zhonghua Xian Wei Wai Ke Za Zhi[Chin J Microsurg(Article in Chinese;Abstract in Chinese and English)],2016,39(2):119-122. DOI:10.3760/cma.j.issn.1001-2036.2016.02.005.}

[11256] 陈实，邱志龙，颜翼，戴海波，罗小中，杨战京，胡楷. 游离超薄股前外侧穿支皮瓣修复足踝皮肤软组织缺损 [J]. 中国矫形外科杂志，2016，24（14）：1340-1343. DOI：10.3977/j.issn.1005-8478.2016.14.21. {CHEN Shi,QIU Zhilong,YAN Yi,DAI Haibo,LUO Xiaozhong,YANG Zhanjing,HU Kai. Free ultrathin anterolateral thigh perforator flap in repairing skin and soft tissue defects of foot and ankle[J]. Zhongguo Jiao Xing Wai Ke Za Zhi [Orthop J Chin(Article in Chinese;Abstract in Chinese)],2016,24(14):1340-1343. DOI:10.3977/j.issn.1005-8478.2016.14.21.}

[11257] 赵风景，姚建民，马亮，章文锋，祝震，张兴群，陈莹，徐一波. 股前外侧分叶皮瓣在手部多指软组织缺损中的应用 [J]. 中华创伤杂志，2016，32（11）：1025-1027. DOI：10.3760/cma.j.issn.1001-8050.2016.11.014. {ZHAO Fengjing,YAO Jianmin,MA Liang,ZHANG Wenfeng,ZHU Zhen,ZHANG Xingqun,CHEN Ying,XU Yibo. Application of two-paddle anterolateral thigh flap in the treatment of multi-finger soft tissue defects[J]. Zhonghua Chuang Shang Za Zhi[Chin J Trauma(Article in Chinese;No abstract available)],2016,32(11):1025-1027. DOI:10.3760/cma.j.issn.1001-8050.2016.11.014.}

[11258] 莫勇军，谭海涛，杨克勤，江建中，韦平欧，罗翔，林汉，梁旭权. CTA 三维重建技术在股前外侧穿支皮瓣移植中的应用 [J]. 中国矫形外科杂志，2016，24（6）：570-573. {MO Yongjun,TAN Haitao,YANG Keqin,JIANG Jianzhong,WEI Ping'ou,LUO Xiang,LIN Han,LIANG Xuquan. Application of CTA three-dimensional reconstruction technique in anterolateral thigh perforator flap transplantation[J]. Zhongguo Jiao Xing Wai Ke Za Zhi [Orthop J Chin(Article in Chinese;Abstract in Chinese)],2016,24(6):570-573.}

[11259] 尤加省，刘海涛，李宏烨，杨杰，陈佳. 改良一期原位修薄游离股前外侧穿支皮瓣修复手部创面 [J]. 中华手外科杂志，2016，32（1）：75-76. DOI：10.3760/cma.j.issn.1005-054X.2016.01.032. {YOU Jiasheng,LIU Haitao,LI Hongye,YANG Jie,CHEN Jia. Modified one-stage thinning free anterolateral thigh perforator flap for the repair of hand wound[J]. Zhonghua Shou Wai Ke Za Zhi[Chin J Hand Surg(Article in Chinese;Abstract in Chinese)],201,6 32(1):75-76. DOI:10.3760/cma.j.issn.1005-054X.2016.01.032.}

[11260] 许研然，肖哲，黄晓涛，冯佳雄，孙泽光，杨永熙. 修薄股前外侧穿支皮瓣修复四肢深度烧伤创面 20 例 [J]. 中华显微外科杂志，2016，39（5）：505-508. DOI：10.3760/cma.j.issn.1001-2036.2016.05.028. {XU Yanran,XIAO Zhe,HUANG Xiaotao,FENG Jiaxiong,SUN Zeguang,YANG Yongxi. Repair of deep burn wounds of limbs with thin anterolateral thigh perforator flap:A report of 20 cases[J]. Zhonghua Xian Wei Wai Ke Za Zhi[Chin J Microsurg(Article in Chinese;Abstract in Chinese)],2016,39(5):505-508. DOI:10.3760/cma.j.issn.1001-2036.2016.05.028.}

[11261] 吴日强，刘飞，钟子敏，黄彬，黄嘉鸿. 应用股前外侧穿支皮瓣修复小腿及足踝部软组织缺损 12 例 [J]. 中华显微外科杂志，2016，39（3）：291-293. DOI：10.3760/cma.j.issn.1001-2036.2016.03.022. {WU riqiang,LIU Fei,ZHONG Zimin,HUANG Bin,HUANG Jiahong. Application of anterolateral thigh perforator flap in repairing soft tissue defects of leg and ankle in 12 cases[J]. Zhonghua Xian Wei Wai Ke Za Zhi[Chin J Microsurg(Article in Chinese;Abstract in Chinese)],2016,39(3):291-293. DOI:10.3760/cma.j.issn.1001-2036.2016.03.022.}

[11262] 谢文斌，王海文，江新明，顾荣，梅雄军，农航. 血流桥接股前外侧穿支皮瓣修复伴有血供障碍手掌皮肤软组织缺损 [J]. 中国临床解剖学杂志，2016，34（1）：24-27. DOI：10.13418/j.issn.1001-165x.2016.01.007. {XIE Wenbin,WANG Haiwen,JIANG Xinming,GU Rong,MEI Xiongjun,NONG Hang. Flow-through anterolateral thigh perforator flap for the treatment of skin and soft tissue defects of palm with circulatory disorder[J]. Zhongguo Lin Chuang Jie Pou Xue Za Zhi[Chin J Clin Anat(Article in Chinese;Abstract in Chinese and English)],2016,34(1):24-27. DOI:10.13418/j.issn.1001-165x.2016.01.007.}

[11263] 陈锦，王朝晖，唐涛，周鹏，李春华，于涛. CT 血管成像个体化设计股前外侧穿支皮瓣在头颈外科手术中的应用 [J]. 中华解剖与临床杂志，2016，21（4）：337-341. DOI：10.3760/cma.j.issn.2095-7041.2016.04.012. {CHEN Jin,WANG Zhaohui,TANG Tao,ZHOU Peng,LI Chunhua,YU Tao. The individualized design of anterolateral thigh perforator flap penetration with CT angiography in the application of head and neck surgery[J]. Zhonghua Jie Pou Yu Lin Chuang Za Zhi[Chin J Anat Clin(Article in Chinese;Abstract in Chinese and English)],2016,21(4):337-341. DOI:10.3760/cma.j.issn.2095-7041.2016.04.012.}

[11264] 唐举玉，卿黎明，贺继强，吴攀峰，周征兵，梁捷予，俞芳，李文政，易小平. 数字化技术辅助旋股外侧动脉降支分叶穿支皮瓣设计的初步应用 [J]. 中华显微外科杂志，2016，39（2）：123-126. DOI：10.3760/cma.j.issn.1001-2036.2016.02.006. {TANG Juyu,QING Liming,HE Jiqiang,WU Panfong,ZHOU Zhengbing,LIANG Jieyu,YU Fang,LI Wengzheng,YI Xiaoping. Application of computer assisted technique to desgin polyfoliate perforator flappedicled on the descending branch of the circumflex femoral lateral artery[J]. Zhonghua Xian Wei Wai Ke Za Zhi[Chin J Microsurg(Article in Chinese;Abstract in Chinese and English)],2016,39(2):123-126. DOI:10.3760/cma.j.issn.1001-2036.2016.02.006.}

[11265] 杨何平，张洪武，陈海蒂，杨书雄，王君，胡达旺. 股前外侧穿支嵌合皮瓣修复口腔颌面肿瘤术后缺损 [J]. 口腔医学，2016，36（3）：228-232. DOI：10.13591/j.cnki.kqyx.2016.03.010. {YANG Heping,ZHANG Hongwu,CHEN Haidi,YANG Shuxiong,WANG Jun,HU Dawang. Perforator-based chimeric anterolateral thigh flap for oral and maxillofacial reconstruction after en bloc resection of cancer[J]. Kou Qiang Yi Xue [Stomatology(Article in Chinese;Abstract in Chinese and English)],2016,36(3):228-232. DOI:10.13591/j.cnki.kqyx.2016.03.010.}

[11266] 冯仕明，王爱国，张在轶，周明明，陶友伦，郝云甲，杨帅，孙擎擎. 带阔筋膜游离股前外侧皮瓣修复儿童跟腱缺损的远期随访 [J]. 中华显微外科杂志，2016，39（1）：71-73. DOI：10.3760/cma.j.issn.1001-2036.2016.01.019. {FENG Shiming,WANG Aiguo,ZHANG

Zaiyi,ZHOU Mingming,TAO Youlun,HE Yunjia,YANG Shuai,SUN Qingqing. The long-term outcome of free anterolateral thigh flap transplantation combined with fascia lata for the repair of achilles tendon defects in pediatric patients[J]. Zhonghua Xian Wei Wai Ke Za Zhi[Chin J Microsurg(Article in Chinese;Abstract in Chinese)],2016,39(1):71-73. DOI:10.3760/cma.j.issn.1001-2036.2016.01.019.}

[11267] 李建瑞，林加豪，廖海，吴建伟，林小勇. 股前外侧皮瓣串联髂骨皮瓣修复重建前足弓伴足踝部软组织缺损 [J]. 浙江创伤外科，2016，21(2)：303-305. DOI：10.3969/j.issn.1009-7147.2016.02.044. {LI Jianrui,LIN Jiahao,LIAO Hai,WU Jianwei,LIN Xiaoyong. Anteriolateral thigh flap combined with iliac flap for repair and reconstruction of soft tissue defect in the arch of foot and ankle[J]. Zhejiang Chuang Shang Wai Ke [Zhejiang J Traum Surg(Article in Chinese;Abstract in Chinese)],2016,21(2):303-305. DOI:10.3969/j.issn.1009-7147.2016.02.044.}

[11268] 田皞，李赞，喻建军，宋波，周晓，王珏，章一新. CTA 并三维重建技术在指导游离股前外侧皮瓣制备中的应用 [J]. 现代肿瘤医学，2016，24(3)：375-379. DOI：10.3969/j.issn.1672-4992.2016.03.010. {TIAN Hao,LI Zan,YU Jianjun,SONG Bo,ZHOU Xiao,WANG Jue,ZHANG Yixin. Application of CTA and 3D reconstruction technology in guiding the preparation of free anterolateral femoral flap[J]. Xian Dai Zhong Liu Yi Xue[J Mod Oncol(Article in Chinese;Abstract in Chinese and English)],2016,24 (3):375-379. DOI:10.3969/j.issn.1672-4992.2016.03.010.}

[11269] 李锐，何巍，刘一鸣，李文鹿，王茜，付坤. 游离股前外侧皮瓣在口腔颌面部缺损修复中的应用效果分析 [J]. 河南医学研究，2016，25(12)：2143-2145. DOI：10.3969/j.issn.1004-437X.2016.12.011. {LI Rui,HE Wei,LIU Yiming,LI Wenlu,WANG Qian,FU Kun. Application of free anterolateral femoral skin flap in the repair of oral and maxillofacial defects[J]. Henan Yi Xue Yan Jiu[Henan Medical Research(Article in Chinese;Abstract in Chinese)],2016,25(12):2143-2145. DOI:10.3969/j.issn.1004-437X.2016.12.011.}

[11270] 常树森，杨敏萍，魏在荣，金文虎，王波，邓呈亮，孙广峰，唐修俊，曾雪琴. 旋股外侧动脉降支穿支皮瓣嵌合股外侧肌肌瓣修复下肢两处较远创面 [J]. 中华创伤杂志，2016，32(8)：741-744. DOI：10.3760/cma.j.issn.1001-8050.2016.08.016. {CHANG Shusen,YANG Minping,WEI Zairong,JIN Wenhu,WANG Bo,DENG Chengliang,SUN Guangfeng,TANG Xiujun,ZENG Xueqin. Application of perforator flap of descending branch of lateral circumflex femoral artery combined with lateral femoral muscle flap for repairing two distal wounds of lower extremity[J]. Zhonghua Chuang Shang Za Zhi[Chin J Trauma(Article in Chinese;No abstract available)],2016,32(8):741-744. DOI:10.3760/cma.j.issn.1001-8050.2016.08.016.}

[11271] 唐修俊，魏在荣，王波，祁建平，孙广峰，李海，张子阳，王达利. 旋股外侧动脉降支单叶或分叶皮瓣修复会阴及下腹部肿瘤切除创面 [J]. 中华整形外科杂志，2016，32(2)：111-115. DOI：10.3760/cma.j.issn.1009-4598.2016.02.007. {TANG Junxiu,WEI Zairong,WANG Bo,QI Jianping,SUN Guangfeng,LI Hai,ZHANG Ziyang,WANG Dali. Application of the lobulated flap or unilobular flap pedicled with the descending branch of lateral femoral circumflex artery in reconstruction of defects resulted from perineal and hypogastric tumor resection[J]. Zhonghua Zheng Xing Wai Ke Za Zhi[Chin J Plast Surg(Article in Chinese;Abstract in Chinese and English)],2016,32(2):111-115. DOI:10.3760/cma.j.issn.1009-4598.2016.02.007.}

[11272] 游兴，魏在荣，金文虎，李海，张文夺，孙广峰，唐修俊，聂开瑜，王达利. 分叶显微削薄旋股外侧动脉降支穿支皮瓣修复手足复杂创面 [J]. 中华整形外科杂志，2016，32(4)：303-305. DOI：10.3760/cma.j.issn.1009-4598.2016.04.014. {YOU Xing,WEI Zairong,JIN Wenhu,LI Hai,ZHANG Wenduo,SUN Guangfeng,TANG Xiujun,NIE Kaiyu,WANG Dali. Application of the perforator flap of the descending branch of the lateral circumflex femoral artery for repair of complex wounds of hands and feet[J]. Zhonghua Zheng Xing Wai Ke Za Zhi[Chin J Plast Surg(Article in Chinese;No abstract available)],2016,32(4):303-305. DOI:10.3760/cma.j.issn.1009-4598.2016.04.014.}

[11273] 王海峰，李小河，李世元，宋飞，耿磊，符来想，韩伟，董志远. 旋股外侧动脉降支－膝上外侧动脉穿支逆行股前外侧皮瓣的临床应用 [J]. 中华解剖与临床杂志，2017，22(6)：515-518. DOI：10.3760/cma.j.issn.2095-7041.2017.06.014. {WANG Haifeng,LI Xiaohe,LI Shiyuan,SONG Fei,GENG Lei,FU Laixiang,HAN Wei,DONG Zhiyuan. Clinical application of the reversed anterolateral thigh flap pedicled with the descending branch of lateral circumflex femoral artery-lateral superior genicular artery perforator[J]. Zhonghua Jie Pou Yu Lin Chuang Za Zhi[Chin J Anat Clin(Article in Chinese;Abstract in Chinese)],2017,22(6):515-518. DOI:10.3760/cma.j.issn.2095-7041.2017.06.014.}

[11274] 邓伟，巨积辉，李雷，周正虎，郑彬兵，赵东阳. 血流桥接型股前外侧皮瓣修复下肢主干血管及软组织缺损创面 [J]. 中国临床解剖学杂志，2017，35(6)：676-680. DOI：10.13418/j.issn.1001-165x.2017.06.017. {DENG Wei,JU Jihui,LI Lei,ZHOU Zhenghu,ZHENG Binbing,ZHAO Dongyang. Flow-through anterolateral thigh flap for the treatment of lower limbs wounds[J]. Zhongguo Lin Chuang Jie Pou Xue Za Zhi[Chin J Clin Anat(Article in Chinese;Abstract in Chinese and English)],2017,35(6):676-680. DOI:10.13418/j.issn.1001-165x.2017.06.017.}

[11275] 常树森，金文虎，魏在荣，徐达传，王波，孙广峰，唐修俊，聂开瑜，曾雪琴，王达利. 股前外侧皮瓣术前设计优化及临床应用 [J]. 中华显微外科杂志，2017，40(2)：118-122. DOI：10.3760/cma.j.issn.1001-2036.2017.02.004. {CHANG Shusen,JIN Wenhu,WEI Zairong,XU Dachuan,WANG Bo,SUN Guangfeng,TANG Xiujun,NIE Kaiyu,ZENG Xueqin,WANG Dali. The preoperative design optimization and clinical application of anterolateral thigh flap[J]. Zhonghua Xian Wei Wai Ke Za Zhi[Chin J Microsurg(Article in Chinese;Abstract in Chinese and English)],2017,40(2):118-122. DOI:10.3760/cma.j.issn.1001-2036.2017.02.004.}

[11276] 滕云升，梁高峰，文波，贾宗海，智丰，吴勐，郭永明，段超鹏，张满盈，许平安，董俊文，马志雄. 股前穿支接力皮瓣修复游离股前外侧皮瓣供区创面 [J]. 中华显微外科杂志，2017，40(2)：126-129. DOI：10.3760/cma.j.issn.1001-2036.2017.02.006. {TENG Yunsheng,LIANG Gaofeng,WEN Bo,JIA Zonghai,ZHI Feng,WU Meng,GUO Yongming,DUAN Chaopeng,ZHANG Manying,XU Pingan,DONG Junwen,MA Zhixiong. Sequential flap of thigh perforator for closure of the anterolateral thigh free flap donor site[J]. Zhonghua Xian Wei Wai Ke Za Zhi[Chin J Microsurg(Article in Chinese;Abstract in Chinese and English)],2017,40(2):126-129. DOI:10.3760/cma.j.issn.1001-2036.2017.02.006.}

[11277] 刘会仁，刘家寅. 对《MBCMA 股前外侧皮瓣临床应用指南(2016 征求意见稿)》的浅见 [J]. 中华显微外科杂志，2017，40(2)：205-206. DOI：10.3760/cma.j.issn.1001-2036.2017.02.031. {LIU Huiren,LIU Jiayin. A brief introduction to the guidelines for clinical application of MBCMA anterolateral thigh flap (2016 Draft)[J]. Zhonghua Xian Wei Wai Ke Za Zhi[Chin J Microsurg(Article in Chinese;No abstract available)],2017,40(2):205-206. DOI:10.3760/cma.j.issn.1001-2036.2017.02.031.}

[11278] 刘会仁，张艳茂，马铁鹏，王岩，于占勇，吴学强，孙汝涛，王力，高硕，刘建华，刘家寅. 对高位皮动脉股前外侧皮瓣的临床认识 [J]. 中华显微外科杂志，2017，40(5)：456-459. DOI：10.3760/cma.j.issn.1001-2036.2017.05.011. {LIU Huiren,ZHANG Yanmao,MA Tiepeng,WANG Yan,YU Zhanyong,WU Xueqiang,SUN Rutao,WANG Li,GAO Shuo,LIU Jianhua,LIU Jiayin. Clinical cognition of anterolateral femoral skin flap with high cutaneous artery branches[J]. Zhonghua Xian Wei Wai Ke Za Zhi[Chin J Microsurg(Article in Chinese;Abstract in Chinese and English)],2017,40(5):456-459. DOI:10.3760/cma.j.issn.1001-2036.2017.05.011.}

[11279] 张敬良，雷彦文，谢振荣. 对《MBCMA 股前外侧皮瓣临床应用指南(2016 征求意见稿)》的一点拙见 [J]. 中华显微外科杂志，2017，40(2)：207-208. Doi：10.3760/cma.j.issn.1001-2036.2017.02.032. {ZHANG Jingliang,LEI Yanwen,XIE Zhenrong. Some comments on MBCMA guide for clinical application of anterolateral thigh flap (2016 Draft)[J]. Zhonghua Xian Wei Wai Ke Za Zhi[Chin J Microsurg(Article in Chinese;No abstract available)],2017,40(2):207-208. Doi:10.3760/cma.j.issn.1001-2036.2017.02.032.}

[11280] 文波，梁高峰，郭永明，滕云升，智丰，张满盈，贾宗海，董俊文. 股内侧与股外侧穿支蒂皮瓣修复股前外侧皮瓣供区 [J]. 中华显微外科杂志，2017，40(5)：493-495. DOI：10.3760/cma.j.issn.1001-2036.2017.05.022. {WEN Bo,LIANG Gaofeng,GUO Yongming,TENG Yunsheng,ZHI Feng,ZHANG Manying,JIA Zonghai,DONG Junwen. The donor site of anterolateral thigh flap repaired with medial and lateral thigh perforator flap[J]. Zhonghua Xian Wei Wai Ke Za Zhi[Chin J Microsurg(Article in Chinese;Abstract in Chinese)],2017,40(5):493-495. DOI:10.3760/cma.j.issn.1001-2036.2017.05.022.}

[11281] 饶鹏程，罗世洪，王雷，孙黎波，周航宇，吴双江，肖金刚. CT 血管造影辅助设计的个性化股前外侧皮瓣在修复舌癌术后缺损中的应用 [J]. 实用口腔医学杂志，2017，33(5)：625-629. DOI：10.3969/j.issn.1001-3733.2017.05.012. {RAO Pengcheng,LUO Shihong,WANG Lei,SUN Libo,ZHOU Hangyu,WU Shuangjiang,XIAO Jingang. Application of individualized Anterolateral Thigh Flap(ALTF) designed by computed tomography angiography(CTA) for tongue reconstruction after resection of tongue carcinoma[J]. Shi Yong Kou Qiang Yi Xue Za Zhi[J Pract Stomatol(Article in Chinese;Abstract in Chinese and English)],2017,33(5):625-629. DOI:10.3969/j.issn.1001-3733.2017.05.012.}

[11282] 崔宜栋，许庆家，李筠，刘奔，王俊涛，张虹，王刚，朱磊. 涡轮增压在游离股前外侧皮瓣中的应用 [J]. 中华整形外科杂志，2017，33(5)：384-386. DOI：10.3760/cma.j.issn.1009-4598.2017.05.014. {CUI Yidong,XU Qingjia,LI Yun,LIU Ben,WANG Juntao,ZHANG Hong,WANG Gang,ZHU Lei. Application of turbocharging technique in free anterolateral thigh flap[J]. Zhonghua Zheng Xing Wai Ke Za Zhi[Chin J Plast Surg(Article in Chinese;No abstract available)],2017,33(5):384-386. DOI:10.3760/cma.j.issn.1009-4598.2017.05.014.}

[11283] 杨勇，田文，李忠哲，李文军，陈山林，田光磊. 逆行供血的股前外侧皮瓣游离移植修复肢体创面五例报告 [J]. 中国骨与关节杂志，2017，6(4)：266-269. DOI：10.3969/j.issn.2095-252X.2017.04.007. {YANG Yong,TIAN Wen,LI Zhongzhe,LI Wenjun,CHEN Shanlin,TIAN Guanglei. Reversed arterial flow in free anterior lateral thigh flap surgery for limb reconstruction:Report of 5 cases[J]. Zhongguo Gu Yu Guan Jie Za Zhi[Chin J Bone Joint(Article in Chinese;Abstract in Chinese and English)],2017,6(4):266-269. DOI:10.3969/j.issn.2095-252X.2017.04.007.}

[11284] 蒋丽雅，刘元波，臧梦青，朱珊，陈博，李杉珊. 以旋股外侧动脉斜支为蒂的逆行股前外侧皮瓣临床应用研究 [J]. 中国修复重建外科杂志，2017，31(5)：559-563. DOI：10.7507/1002-1892.201612091. {JIANG Liya,LIU Yuanbo,ZANG Mengqing,ZHU Shan,CHEN Bo,LI Shanshan. Clinical applications of distally based anterolateral thigh flaps based on perforating vessels from lateral circumflex femoral artery oblique branch[J]. Zhongguo Xiu Fu Chong Jian Wai Ke Za Zhi[Chin J Repar Reconstr Surg(Article in Chinese;Abstract in Chinese and English)],2017,31(5):559-563. DOI:10.7507/1002-1892.201612091.}

[11285] 刘文剑，丁茂超，杨立文，陈玉生. 吻合血管的逆行股前外侧皮瓣修复膝部及小腿皮肤软组织缺损五例 [J]. 中华烧伤杂志，2017，33(9)：577-579. DOI：10.3760/cma.j.issn.1009-2587.2017.09.011. {LIU Wenjian,DING Maochao,YANG Liwen,CHEN Yusheng. Reverse anterolateral thigh flap with vascular anastomosis for repairing skin and soft tissue defects of knee and leg:A report of 5 cases[J]. Zhonghua Shao Shang Za Zhi[Chin J Burns(Article in Chinese;No abstract available)],2017,33(9):577-579. DOI:10.3760/cma.j.issn.1009-2587.2017.09.011.}

[11286] 周婷，孙国文，张磊，陈欣，曹俊. 游离股前外侧皮瓣修复颌面部复杂缺损 [J]. 中华显微外科杂志，2017，40(1)：21-24. DOI：10.3760/cma.j.issn.1001-2036.2016.05.008. {ZHOU Ting,SUN Guowen,ZHANG Lei,CHEN Xin,CAO Jun. Reconstruction of maxillofacial defect using free anterolateral thigh flaps after resection[J]. Zhonghua Xian Wei Wai Ke Za Zhi[Chin J Microsurg(Article in Chinese;Abstract in Chinese and English)],2017,40(1):21-24. DOI:10.3760/cma.j.issn.1001-2036.2016.05.008.}

[11287] 曹学新，刘立峰，陈金峰，刘洋. 股前外侧皮瓣急诊修复伴动脉缺损的手部创面 [J]. 中华手外科杂志，2017，33(4)：255-257. DOI：10.3760/cma.j.issn.1005-054X.2017.04.007. {CAO Xuexin,LIU Lifeng,CHEN Jinfeng,LIU Yang. Emergency repair of hand wound with artery defect using anterolateral thigh flap[J]. Zhonghua Shou Wai Ke Za Zhi[Chin J Hand Surg(Article in Chinese;Abstract in Chinese and English)],2017,33(4):255-257. DOI:10.3760/cma.j.issn.1005-054X.2017.04.007.}

[11288] 张艳茂，刘会仁，张瑞红，陈玉刚，马铁鹏，于占勇，高烁，吴学强，刘建华，王岩. 游离股前外侧皮瓣联合胫骨骨滑移治疗小腿大段骨及皮肤软组织缺损 [J]. 中华创伤杂志，2017，33(2)：129-133. DOI：10.3760/cma.j.issn.1001-8050.2017.02.008. {ZHANG Yanmao,LIU Huiren,ZHANG Ruihong,CHEN Yugang,MA Tiepeng,YU Zhanyong,GAO Shuo,WU Xueqiang,LIU Jianhua,WANG Yan. Combined free anterolareral thigh flap and tibial bone transport for resurfacing segmental bone and soft tissue defect of lower extremities[J]. Zhonghua Chuang Shang Za Zhi[Chin J Trauma(Article in Chinese;Abstract in Chinese and English)],2017,33(2):129-133. DOI:10.3760/cma.j.issn.1001-8050.2017.02.008.}

[11289] 吴广智，张展，阳跃，李春雨，崔树森. 臂外侧皮瓣与股前外侧皮瓣游离移植后感觉恢复的比较研究 [J]. 中华手外科杂志，2017，33(1)：23-24. DOI：10.3760/cma.j.issn.1005-054X.2017.01.010. {WU Guangzhi,ZHANG Zhan,YANG Yue,LI Chunyu,CUI Shusen. Comparative study on sensory recovery after free transplantation of lateral arm flap and anterolateral thigh flap[J]. Zhonghua Shou Wai Ke Za Zhi[Chin J Hand Surg(Article in Chinese;Abstract in Chinese)],2017,33(1):23-24. DOI:10.3760/cma.j.issn.1005-054X.2017.01.010.}

[11290] 周彪，巴特，王凌峰. 游离股前外侧皮瓣修复头部高压电烧伤 12 例 [J]. 中华烧伤杂志，2017，33(7)：450-452. DOI：10.3760/cma.j.issn.1009-2587.2017.07.014. {ZHOU Biao,BA Te,WANG Lingfeng. Free anterolateral thigh flap for repairing head high voltage electric burn:A report of 12 cases[J]. Zhonghua Shao Shang Za Zhi[Chin J Burns(Article in Chinese;No abstract available)],2017,33(7):450-452. DOI:10.3760/cma.j.issn.1009-2587.2017.07.014.}

[11291] 傅东升，赵君海，陈璇，吕小川. 背阔肌皮瓣与股前外侧皮瓣修复老年小腿软组织损伤的临床疗效 [J]. 中国老年学杂志，2017，37(3)：704-706. DOI：10.3969/j.issn.1005-9202.2017.03.081. {FU Dongsheng,ZHAO Junhai,CHEN Xuan,LV Xiaochuan. Clinical effect of latissimus dorsi flap and anterolateral thigh flap in repairing soft tissue injury of lower leg in elderly patients[J]. Zhongguo Lao Nian Xue Za Zhi [Chin J Gerontol(Article in Chinese;Abstract in Chinese)],2017,37(3):704-706. DOI:10.3969/j.issn.1005-9202.2017.03.081.}

[11292] 周婷，孙国文，卢明星，文健民，陈欣，曹俊. 游离股前外侧皮瓣在颊癌根治术后缺损修复中的应用 [J]. 中华整形外科杂志，2017，33(1)：30-33. DOI：10.3760/cma.j.issn.1009-4598.2017.01.008. {ZHOU Ting,SUN Guowen,LU Mingxing,WEN Jianming,CHEN Xin,CAO Jun. Reconstruction of buccal defect using free anterolateral thigh flap after radical resection of buccal cancer[J]. Zhonghua Zheng Xing Wai Ke Za Zhi[Chin J Plast Surg(Article in Chinese;Abstract in Chinese and English)],2017,33(1):30-33. DOI:10.3760/cma.j.issn.1009-4598.2017.01.008.}

[11293] 朱非亚，王锴. 游离股前外侧皮瓣修复颌面部较大动静脉畸形一例 [J]. 中华整形外科杂志，2017，33(3)：232-234. DOI：10.3760/cma.j.issn.1009-4598.2017.03.019. {ZHU Feiya,WANG Kai. Free anterolateral thigh flap for reconstruction of large arteriovenous malformation in maxillofacial region:A case report[J]. Zhonghua Zheng Xing Wai Ke Za Zhi[Chin J Plast Surg(Article in Chinese;No abstract available)],2017,33(3):232-234. DOI:10.3760/cma.

j.issn.1009-4598.2017.03.019.}

[11294] 张杰，孟箭，庄乾伟，吴蕊含，王兴．前臂皮瓣与股前外侧皮瓣修复口腔颌面部缺损的效果比较[J]．中国口腔颌面外科杂志，2017，15(1)：59-62．DOI：10.19438/j.cjoms.2017.01.013．{ZHANG Jie,MENG Jian,ZHUANG Qianwei,WU Ruihan,WANG Xing. Comparison of forearm flap and anterolateral thigh flap in reconstruction of oral and maxillofacial defects[J]. Zhongguo Kou Qiang He Mian Wai Ke Za Zhi [Chin J Oral Maxillofac Surg(Article in Chinese;Abstract in Chinese and English)],2017,15(1):59-62. DOI:10.19438/j.cjoms.2017.01.013.}

[11295] 顾荣，王海文，江新民，梅雄军，钟达强．(拇)趾甲瓣联合股前外侧皮瓣移植修复手部脱套状撕脱伤[J]．实用手外科杂志，2017，31(4)：465-468+476．DOI：10.3969/j.issn.1671-2722.2017.04.021．{GU Rong,WANG Haiwen,JIANG Xinmin,MEI Xiongjun,ZHONG Daqiang. Combination of hallux wrap-around flap and aterolateral thigh flap transplantation to repair hand degloving and avulsion injury[J]. Shi Yong Shou Wai Ke Za Zhi[Chin J Pract Hand Surg(Article in Chinese;Abstract in Chinese and English)],2017,31(4):465-468+476. DOI:10.3969/j.issn.1671-2722.2017.04.021.}

[11296] 黄永军，黄东，江奕恒，牟勇，刘晓春．血流桥接股前外侧皮瓣在小腿大面积软组织伴血管缺损修复中的应用[J]．实用手外科杂志，2017，31(2)：147-149．DOI：10.3969/j.issn.1671-2722.2017.02.004．{HUANG Yongjun,HUANG Dong,JIANG Yiheng,MOU Yong,LIU Xiaochun. Flow-through anterolateral thigh flap in the repairmen of large area of soft tissue defects with vessels defects on leg[J]. Shi Yong Shou Wai Ke Za Zhi[Chin J Pract Hand Surg(Article in Chinese;Abstract in Chinese and English)],2017,31(2):147-149. DOI:10.3969/j.issn.1671-2722.2017.02.004.}

[11297] 庞有明，李武．皮瓣修薄法在股前外侧皮瓣游离移植重建血运后的应用[J]．实用手外科杂志，2017，31(2)：202-204．DOI：10.3969/j.issn.1671-2722.2017.02.022．{PANG Youxing,LI Wu. The application of thin flap repairing method after reascularization in femoral anterolateral free flap[J]. Shi Yong Shou Wai Ke Za Zhi[Chin J Pract Hand Surg(Article in Chinese;Abstract in Chinese and English)],2017,31(2):202-204. DOI:10.3969/j.issn.1671-2722.2017.02.022.}

[11298] 程芳，郭亮，肖芃，杨杰，王荣荣，熊凌云，孙家明．带蒂股前外侧KISS皮瓣在女性外阴重建中的应用[J]．中华整形外科杂志，2017，33(6)：430-433．DOI：10.3760/cma.j.issn.1009-4598.2017.06.007．{CHENG Fang,GUO Liang,XIAO Peng,YANG Jie,WANG Rongrong,XIONG Lingyun,SUN Jiaming. Pedicled anterolateral thigh flap with kiss technique for reconstruction of vulva[J]. Zhonghua Zheng Xing Wai Ke Za Zhi[Chin J Plast Surg(Article in Chinese;Abstract in Chinese and English)],2017,33(6):430-433. DOI:10.3760/cma.j.issn.1009-4598.2017.06.007.}

[11299] 宋达疆，李赞，周晓，谢松林．游离带感觉超薄股前外侧穿支皮瓣修复鉧甲瓣供区创面的疗效观察[J]．中国修复重建外科杂志，2017，31(8)：987-991．DOI：10.7507/1002-1892.201703122．{SONG Dajiang,LI Zan,ZHOU Xiao,XIE Songlin. Repair of the donor defect after wrap-around flap transfer with free thinned innervated anterolateral thigh perforator flap[J]. Zhongguo Xiu Fu Chong Jian Wai Ke Za Zhi[Chin J Repar Reconstr Surg(Article in Chinese;Abstract in Chinese and English)],2017,31(8):987-991. DOI:10.7507/1002-1892.201703122.}

[11300] 朱跃良，殷作明，王家祥，吕乾，赵泽雨，浦绍全，石健，徐永清．股前外侧穿支皮瓣切取技巧分析[J]．中国修复重建外科杂志，2017，31(1)：57-61．DOI：10.7507/1002-1892.201607112．{ZHU Yueliang,YIN Zuoming,WANG Jiaxiang,LV Qian,ZHAO Zeyu,PU Shaoquan,SHI Jian,XU Yongqing. A technique analysis for dissection of anterolateral thigh perforator flap[J]. Zhongguo Xiu Fu Chong Jian Wai Ke Za Zhi[Chin J Repar Reconstr Surg(Article in Chinese;Abstract in Chinese and English)],2017,31(1):57-61. DOI:10.7507/1002-1892.201607112.}

[11301] 张万锋，张小锋，高秋芳，牛雪涛，马亚军，吴宝恩，马彬，梁锋，王爱武．头皮轴型血管网皮瓣或带阔筋膜的股前外侧穿支皮瓣修复患者头皮恶性肿瘤根治性切除术后缺损的效果[J]．中华烧伤杂志，2017，33(8)：491-496．DOI：10.3760/cma.j.issn.1009-2587.2017.08.007．{ZHANG Wanfeng,ZHANG Xiaofeng,GAO Qiufang,NIU Xuetao,MA Yajun,WU Baoen,MA Bin,LIANG Feng,WANG Aiwu. Effects of axial vascular network flap of scalp or anterolateral thigh perforator flap with fascia iata on repairing defects after radical resection of scalp carcinoma in patients[J]. Zhonghua Shao Shang Za Zhi[Chin J Burns(Article in Chinese;Abstract in Chinese and English)],2017,33(8):491-496. DOI:10.3760/cma.j.issn.1009-2587.2017.08.007.}

[11302] 何晓清，段家章，徐永清，朱跃良，李国栋，杨曦，冯凡哲，刘帅．数字化辅助技术在股前外侧分叶皮瓣修复前中足脱套伤中的应用[J]．中华创伤杂志，2017，33(10)：868-872．DOI：10.3760/cma.j.issn.1001-8050.2017.10.002．{HE Xiaoqing,DUAN Jiazhang,XU Yongqing,ZHU Yueliang,LI Guodong,YANG Xi,FENG Fanzhi,LIU Shuai. Application of digital assisted technology in double skin paddle anterolateral thigh flap reconstructing degioved injury of foot[J]. Zhonghua Chuang Shang Za Zhi[Chin J Trauma(Article in Chinese;Abstract in Chinese and English)],2017,33(10):868-872. DOI:10.3760/cma.j.issn.1001-8050.2017.10.002.}

[11303] 高顺红，符健松，张净宇，胡宏宇，于志亮，于俊，周彤，倪玉龙．股前外侧螺旋桨皮瓣修复腹股沟皮肤软组织缺损[J]．中华显微外科杂志，2017，40(2)：123-125．DOI：10.3760/cma.j.issn.1001-2036.2017.02.005．{GAO Shunhong,FU Jiansong,ZHANG Jingyu,HU Hongyu,YU Zhiliang,YU Jun,ZHOU Tong,NI Yulong. The application of pedicled anterolateral thigh propeller flaps in reconstruction of inguinal skin and soft tissue defects[J]. Zhonghua Xian Wei Wai Ke Za Zhi[Chin J Microsurg(Article in Chinese;Abstract in Chinese and English)],2017,40(2):123-125. DOI:10.3760/cma.j.issn.1001-2036.2017.02.005.}

[11304] 杨德育，周晓文，符祖昶，黄春福，尤瑞金，郑文忠．超薄游离股前外侧穿支皮瓣修复趾脱套伤15例[J]．中华显微外科杂志，2017，40(6)：615-617．DOI：10.3760/cma.j.issn.1001-2036.2017.06.034．{YANG Deyu,ZHOU Xiaowen,FU Zuchang,HUANG Chunfu,YOU Ruijin,ZHENG Wenzhong. The use of ultrathin anterolateral thigh perforator flap to repair toe degloving injury:A report of 15 cases[J]. Zhonghua Xian Wei Wai Ke Za Zhi[Chin J Microsurg(Article in Chinese;No abstract available)],2017,40(6):615-617. DOI:10.3760/cma.j.issn.1001-2036.2017.06.034.}

[11305] 熊文化，赵守军，许柯．游离股前外侧穿支皮瓣修复踝关节周围软组织缺损[J]．中华创伤杂志，2017，33(7)：646-650．DOI：10.11659/jjssx.11E019077．{XIONG Wenhua,ZHAO Shoujun,XU Ke. Anterolateral thigh perforator free flaps for reconstruction of soft tissue defects around the ankle[J]. Zhonghua Chuang Shang Za Zhi[Chin J Trauma(Article in Chinese;Abstract in Chinese and English)],2017,33(7):646-650. DOI:10.11659/jjssx.11E019077.}

[11306] 韦平欧，谭海涛，莫勇军，杨克勤，谭汉提，罗翔，林汉，韦堡升．CTA三维重建技术辅助股前外侧穿支皮瓣再造舌13例[J]．中华显微外科杂志，2017，40(4)：333-336．DOI：10.3760/cma.j.issn.1001-2036.2017.04.006．{WEI Ping' ou,TAN Haitao,MO Yongjun,YANG Keqin,TAN hanti,LUO Xiang,LIN Han,WEI Baosheng. Repair of significant tongue defect after tongue cancer radical resection using anterolateral thigh perforator free flap with CTA three-dimensional reconstruction technique assistance:A report of 13 cases[J]. Zhonghua Xian Wei Wai Ke Za Zhi[Chin J Microsurg(Article in Chinese;Abstract in Chinese and English)],2017,40(4):333-336. DOI:10.3760/cma.j.issn.1001-2036.2017.04.006.}

[11307] 康永强，芮永军，吴永伟，刘军，马运宏，陆尧，杨通．不带阔筋膜的股前外侧穿支皮瓣修复四肢软组织缺损[J]．中华手外科杂志，2017，33(2)：92-94．DOI：10.3760/cma.j.issn.1005-054X.2017.02.005．{KANG Yongqiang,RUI Yongjun,WU Yongwei,LIU Jun,MA Yunhong,LU Yao,YANG Tong. Anterolateral thigh perforator flap without fascia lata for repair of soft tissue defects of the extremities[J]. Zhonghua Shou Wai Ke Za Zhi[Chin J Hand Surg(Article in Chinese;Abstract in Chinese and English)],2017,33(2):92-94. DOI:10.3760/cma.j.issn.1005-054X.2017.02.005.}

[11308] 宋达疆，李赞，周晓，彭小伟，周波，吕春柳，杨丽嫦，彭文．股前内侧接力穿支皮瓣修复游离股前外侧穿支皮瓣供区的临床应用[J]．中国修复重建外科杂志，2017，31(1)：52-56．DOI：10.7507/1002-1892.201609085．{SONG Dajiang,LI Zan,ZHOU Xiao,PENG Xiaowei,ZHOU Bo,LV Chunliu,YANG Lichang,PENG Wen. Clinical application of relaying anteromedial thigh perforator flap in resurfacing of donor defect after anterolateral thigh flap transfer[J]. Zhongguo Xiu Fu Chong Jian Wai Ke Za Zhi[Chin J Repar Reconstr Surg(Article in Chinese;Abstract in Chinese and English)],2017,31(1):52-56. DOI:10.7507/1002-1892.201609085.}

[11309] 宋达疆，李赞，周晓，章一新，彭小伟，周波，吕春柳，杨丽嫦，彭文．游离股前内侧穿支皮瓣修复口腔肿瘤根治术后缺损并用接力股前外侧穿支皮瓣修复供区创面的效果[J]．中华烧伤杂志，2017，33(2)：72-76．DOI：10.3760/cma.j.issn.1009-2587.2017.02.003．{SONG Dajiang,LI Zan,ZHOU Xiao,ZHANG Yixin,PENG Xiaowei,ZHOU Bo,LV Chunliu,YANG Lichang,PENG Wen. Outcome of relaying anterolateral thigh perforator flap in resurfacing the donor site wound following free anteromedial thigh perforator flap transfer for reconstruction of defect after oral tumor radical resection[J]. Zhonghua Shao Shang Za Zhi[Chin J Burns(Article in Chinese;Abstract in Chinese and English)],2017,33(2):72-76. DOI:10.3760/cma.j.issn.1009-2587.2017.02.003.}

[11310] 肇杨，项敬周，刘法昱．前臂皮瓣、股前外侧穿支皮瓣及颏下岛状皮瓣修复舌癌患者术后生活质量评估[J]．上海口腔医学，2017，26(1)：111-114．DOI：10.19439/j.sjos.2017.01.024．{ZHAO Yang,XIANG Jingzhou,LIU Fayu. Assessment of life quality of for patients after tongue reconstruction with radial forearm free flap anterolateral thigh perforator flap or submental island flap[J]. Shanghai Kou Qiang Yi Xue[Shanghai J Stom(Article in Chinese;Abstract in Chinese and English)],2017,26(1):111-114. DOI:10.19439/j.sjos.2017.01.024.}

[11311] 李海，邓呈亮，魏在荣，金文虎，聂开瑜，唐修俊，王达利，常树森，李书俊．分叶股前外侧穿支皮瓣在血管蒂保护中的作用研究[J]．中国修复重建外科杂志，2017，31(10)：1245-1249．DOI：10.7507/1002-1892.201703048．{LI Hai,DENG Chengliang,WEI Zairong,JIN Wenhu,NIE Kaiyu,TANG Xiujun,WANG Dali,CHANG Shusen,LI Shujun. Clinical application of anterolateral thigh polyfoliate perforator flap for vascular pedicle protection[J]. Zhongguo Xiu Fu Chong Jian Wai Ke Za Zhi[Chin J Repar Reconstr Surg(Article in Chinese;Abstract in Chinese and English)],2017,31(10):1245-1249. DOI:10.7507/1002-1892.201703048.}

[11312] 赵风景，章文锋，张兴群，姚建民，马亮，祝震．股前外侧分叶皮瓣或肌皮瓣修复四肢皮肤软组织缺损七例[J]．中华烧伤杂志，2017，33(6)：390-392．DOI：10.3760/cma.j.issn.1009-2587.2017.06.021．{ZHAO Fengjing,ZHANG Wenfeng,ZHANG Xingqun,YAO Jianmin,MA Liang,ZHU Zhen. Repair of skin and soft tissue defects of limbs with anterolateral thigh flap or myocutaneous flap:A report of 7 cases[J]. Zhonghua Shao Shang Za Zhi[Chin J Burns(Article in Chinese;No abstract available)],2017,33(6):390-392. DOI:10.3760/cma.j.issn.1009-2587.2017.06.021.}

[11313] 邓光茂，李平，陈小虎，杨羿．修薄的股前外侧穿支皮瓣修复四肢皮肤软组织缺损18例[J]．中华显微外科杂志，2017，40(6)：607-609．DOI：10.3760/cma.j.issn.1001-2036.2017.06.030．{DENG Guangmao,LI Ping,CHEN Xiaohu,YANG Yi. The use of thin anterolateral thigh perforator flap to repair skin and soft tissue defects of extremities:A report of 18 cases[J]. Zhonghua Xian Wei Wai Ke Za Zhi[Chin J Microsurg(Article in Chinese;Abstract in Chinese)],2017,40(6):607-609. DOI:10.3760/cma.j.issn.1001-2036.2017.06.030.}

[11314] 阿不来提·阿不拉，任鹏，艾尔肯·热合木吐拉，艾合买提江·玉素甫，买买提明·赛依提．股前外侧皮瓣游离移植修复足踝部皮肤软组织缺损[J]．创伤外科杂志，2017，19(1)：9-12．DOI：10.3969/j.issn.1009-4237.2017.01.003．{Abulaiti Abula,REN Peng,Aierken Rehemutula,Aihemaitijiang Yusufu,Maimaitiming Saiyiti. Use of anterolateral thigh free flap to repair skin and soft tissue defects of the ankle[J]. Chuang Shang Wai Ke Za Zhi[J Traum Surg(Article in Chinese;Abstract in Chinese and English)],2017,19(1):9-12. DOI:10.3969/j.issn.1009-4237.2017.01.003.}

[11315] 徐邢环宇，王卫红，许彪，朱谨，夏斌，刘屿，施延安．游离股前外侧肌皮瓣修复上颌骨恶性肿瘤术后缺损[J]．口腔医学研究，2017，33(12)：1295-1297．DOI：10.13701/j.cnki.kqyxyj.2017.12.014．{XUXING Huanyu,WANG Weihong,XU Biao,ZHU Jin,XIA Bin,LIU Yu,SHI Yanan. Reconstruction of maxillary defect using free anterolateral thigh myocutaneous flap through modified lateral lip-submandibular approach[J]. Kou Qiang Yi Xue Yan Jiu[J Oral Sci Res(Article in Chinese;Abstract in Chinese and English)],2017,33(12):1295-1297. DOI:10.13701/j.cnki.kqyxyj.2017.12.014.}

[11316] 方辉，颜翼．游离超薄股前外侧穿支皮瓣修复手部及足踝部皮肤软组织缺损[J]．实用手外科杂志，2017，31(1)：85-87．DOI：10.3969/j.issn.1671-2722.2017.01.028．{FANG Hui,YAN Yi. Free ultra-thin femoral anterolateral perforator flap in repairing skin and soft tissue defect of hand or foot and ankle[J]. Shi Yong Shou Wai Ke Za Zhi[Chin J Pract Hand Surg(Article in Chinese;Abstract in Chinese and English)],2017,31(1):85-87. DOI:10.3969/j.issn.1671-2722.2017.01.028.}

[11317] 李海军，郑晓菊，张忠，薛学文．股前外侧嵌合皮瓣与Flow-through修复四肢环形组织缺损[J]．中华显微外科杂志，2017，40(1)：97-100．DOI：10.3760/cma.j.issn.1001-2036.2017.01.031．{LI Haijun,ZHENG Xiaoju,ZHANG Zhong,XUE Xuewen. Repair of annular tissue defect of limb with anterolateral femoral chimeric flap and flow-through[J]. Zhonghua Xian Wei Wai Ke Za Zhi[Chin J Microsurg(Article in Chinese;Abstract in Chinese)],2017,40(1):97-100. DOI:10.3760/cma.j.issn.1001-2036.2017.01.031.}

[11318] 邓智元，方小丹，潘灏，胡延佳，唐瞻贵．股前外侧肌皮瓣修复颊癌术后缺损23例临床分析[J]．上海口腔医学，2017，26(2)：228-232．DOI：10.19439/j.sjos.2017.02.021．{DENG Zhiyuan,FANG Xiaodan,PAN Hao,HU Yanjia,TANG Zhangui. Anterolateral thigh flap for reconstruction of defects after en bloc resection of buccal cancer:A retrospective study of 23 cases[J]. Shanghai Kou Qiang Yi Xue[Shanghai J Stom(Article in Chinese;Abstract in Chinese and English)],2017,26(2):228-232. DOI:10.19439/j.sjos.2017.02.021.}

[11319] 吴立萌，蒋灿华，陈洁，闵安杰，袁勇翔，李婷婷，张瑞璞，翦新春．应用显微修薄股前外侧穿支皮瓣精细修复口腔颌面部软组织缺损[J]．中华显微外科杂志，2017，40(1)：16-20．DOI：10.3760/cma.j.issn.1001-2036.2017.01.007．{WU limeng,JIANG canhua,CHEN Jie,MIN Anjie,YUAN Yongxiang,LI Tingting,ZHANG Ruipu,JIAN Xinchun. Application of microdissected thin anterior lateral thigh perforator flap in precise microsurgical reconstruction of oral and maxillofacial soft tissue defects[J]. Zhonghua Xian Wei Wai Ke Za Zhi[Chin J Microsurg(Article in Chinese;Abstract in Chinese and English)],2017,40(1):16-20. DOI:10.3760/cma.j.issn.1001-2036.2017.01.007.}

[11320] 赵军，曾昕明，朱爱剑，骆家伟，李建杭，陈海生，王鹏程，尹志成，吴秀娟，袁灼辉．游离移植股前外侧穿支皮瓣在四肢软组织大面积缺损修复中的应用[J]．实用手外科杂志，2017，31(1)：43-45．DOI：10.3969/j.issn.1671-2722.2017.01.014．{ZHAO Jun,ZENG Xinming,ZHU Aijian,LUO Jiawei,LI Jianhang,CHEN Haisheng,WANG Pengcheng,YIN Zhicheng,WU Xiujuan,YUAN Zhuohui. Application of free anterolateral thigh perforator flap in repairing large area defects of limb soft tissue[J]. Shi Yong Shou Wai Ke Za Zhi[Chin J Pract Hand Surg(Article in Chinese;Abstract in Chinese and English)],2017,31(1):43-45. DOI:10.3969/j.issn.1671-2722.2017.01.014.}

[11321] 施权，魏在荣，金文虎，孙广峰，唐修俊，李海，李书俊，聂开瑜，王达利，王波．旋髂浅动脉穿支皮瓣修复股前外侧穿支皮瓣供区创面的可行性及效果[J]．中华烧伤杂志 2017，33(5)：309-311．DOI：10.3760/cma.j.issn.1009-2587.2017.05.010．{SHI

Quan,WEI Zairong,JIN Wenhu,SUN Guangfeng,TANG Xiujun,LI Hai,LI Shujun,NIE Kaiyu,WANG Dali,WANG Bo. The feasibility and effect of the superficial circumflex iliac artery perforator flap in repairing donor site wound of anterolateral thigh perforator flap[J]. Zhonghua Shao Shang Za Zhi[Chin J Burns(Article in Chinese;Abstract in Chinese)],2017,33(5):309-311. DOI:10.3760/cma.j.issn.1009-2587.2017.05.010.}

[11322] 孙雪，魏在荣，金文虎，李书俊，张文夺，李海，胡鹏，聂开瑜，孙广峰. 旋股外侧动脉斜支穿支的解剖学特点及其临床应用 [J]. 中华显微外科杂志，2017，40（1）：58-62. DOI：10.3760/cma.j.issn.1001-2036.2017.01.016. {SUN Xue,WEI Zairong,JIN Wenhu,LI Shujun,ZHANG Wenduo,LI Hai,HU Peng,LEI Kaiyu,SUN Guangfeng. Anatomic features of the oblique branch of lateral circumflex femoral artery and its clinical significance[J]. Zhonghua Xian Wei Wai Ke Za Zhi[Chin J Microsurg(Article in Chinese;Abstract in Chinese and English)],2017,40(1):58-62. DOI:10.3760/cma.j.issn.1001-2036.2017.01.016.}

[11323] 何晓清，朱跃良，徐永清，范新宇，王腾，董凯旋，冯凡哲，杨曦. 股前外侧 flow-through 皮瓣在四肢组织缺损修复重建中的应用 [J]. 中华显微外科杂志，2017，40（2）：109-113. DOI：10.3760/cma.j.issn.1001-2036.2017.02.002. {HE Xiaoqing,ZHU Yueliang,XU Yongqing,FAN Xinyu,WANG Teng,DONG Kaixuan,FENG Fanzhe,YANG Xi. The application of anterolateral thigh flow-through flap in repair and reconstruction of tissue defect of limbs[J]. Zhonghua Xian Wei Wai Ke Za Zhi[Chin J Microsurg(Article in Chinese;Abstract in Chinese and English)],2017,40(2):109-113. DOI:10.3760/cma.j.issn.1001-2036.2017.02.002.}

[11324] 卿黎明，贺继强，唐举玉，吴攀峰，周征兵，俞芳. 旋股外侧动脉降支穿支皮瓣供区直接闭合的可靠切取宽度及其影响因素分析 [J]. 中华显微外科杂志，2017，40（2）：114-117. DOI：10.3760/cma.j.issn.1001-2036.2017.02.003. {QING Liming,HE Jiqiang,TANG Juyu,WU Panfeng,ZHOU Zhengbin,Yufang. A reliable parameter for primary closure of the donor site of the descending branch of the circumflex femoral lateral artery perforator flap and analysis of its effective factors[J]. Zhonghua Xian Wei Wai Ke Za Zhi[Chin J Microsurg(Article in Chinese;Abstract in Chinese and English)],2017,40(2):114-117. DOI:10.3760/cma.j.issn.1001-2036.2017.02.003.}

[11325] 王菲，李宁，蒋灿华，郭峰，陈新群，苏彤. 筋膜上股前外侧皮瓣微创制备法在口腔颌面部软组织缺损修复重建中应用研究 [J]. 中国实用口腔科杂志，2017，10（12）：720-723. DOI：10.19538/j.kq.2017.12.004. {WANG Fei,LI Ning,JIANG Canhua,GUO Feng,CHEN Xinqun,SU Tong. Application of minimally invasive preparation of fascial superior anterolateral femoral flap in repair and reconstruction of oral and maxillofacial soft tissue defects[J]. Zhongguo Shi Yong Kou Qiangke Za Zhi[Chin J Pract Stomatol(Article in Chinese;Abstract in Chinese and English)],2017,10(12):720-723. DOI:10.19538/j.kq.2017.12.004.}

[11326] 周婷，孙国文，文建民. 股前外侧皮瓣与前臂皮瓣修复颊癌术后缺损的临床效果观察 [J]. 口腔颌面外科杂志，2017，27（5）：358-361. DOI：10.3969/j.issn.1005-4979.2017.05.011. {ZHOU Ting,SUN Guowen,WEN Jianmin. Comparison of forearm skin flap and lateral femoral skin flap in buccal defects restoration[J]. Kou Qiang He Mian Wai Ke Za Zhi [J Oral Maxil Surg(Article in Chinese;Abstract in Chinese and English)],2017,27(5):358-361. DOI:10.3969/j.issn.1005-4979.2017.05.011.}

[11327] 龚飞宇，魏在荣，金文虎，李海，邓呈亮，孙广峰，吴必华，聂开瑜. 旋股外侧动脉斜支穿支皮瓣供区闭合方式探讨 [J]. 中国美容整形外科杂志，2017，28（4）：218-221. DOI：10.3969/j.issn.1673-7040.2017.04.009. {GONG Feiyu,WEI Zairong,JIN Wenhu,LI Hai,DENG Chengliang,SUN Guangfeng,WU Bihua,NIE Kaiyu. A study of the closed approach inlateral circumflex femoral artery oblique branch perforator flaps donors[J]. Zhongguo Mei Rong Zheng Xing Wai Ke Za Zhi[Chin J Aesthet Plast Surg(Article in Chinese;Abstract in Chinese and English)],2017,28(4):218-221. DOI:10.3969/j.issn.1673-7040.2017.04.009.}

[11328] 刘莉，魏在荣. 嵌合（穿支）皮瓣的定义分类和临床应用进展 [J]. 中国临床解剖学杂志，2017，35（2）：232-235. DOI：10.13418/j.issn.1001-165x.2017.02.024. {LIU Li,WEI Zairong. The definition of the chimeric (perforator) flap classification and clinical application progress[J]. Zhongguo Lin Chuang Jie Pou Xue Za Zhi[Chin J Clin Anat(Article in Chinese;Abstract in Chinese)],2017,35(2):232-235. DOI:10.13418/j.issn.1001-165x.2017.02.024.}

[11329] 李倩，肖海涛，岑瑛. 选择性修薄股前外侧皮瓣修复足跟及足跟后区缺损 [J]. 中国修复重建外科杂志，2018，32（3）：350-353. DOI：10.7507/1002-1892.201710074. {LI Qian,XIAO Haitao,CEN Ying. Application of selectively thinning of free anterolateral thigh flap in repair of heel skin and soft tissue defect[J]. Zhongguo Xiu Fu Chong Jian Wai Ke Za Zhi[Chin J Repar Reconstr Surg(Article in Chinese;Abstract in Chinese and English)],2018,32(3):350-353. DOI:10.7507/1002-1892.201710074.}

[11330] 曹学新，万灵民，刘洋，赵树青，张永磊. 应用以股前内侧穿支为蒂的皮瓣修复游离股前外侧皮瓣供区 [J]. 中华显微外科杂志，2018，41（3）：306-307. DOI：10.3760/cma.j.issn.1001-2036.2018.02.034. {CAO Xuexin,WAN Lingmin,LIU Yang,ZHAO Shuqing,ZHANG Yonglei. Application of flap pedicled with anteromedial perforator to repair donor site of free anterolateral thigh flap[J]. Zhonghua Xian Wei Wai Ke Za Zhi[Chin J Microsurg(Article in Chinese;No abstract available)],2018,41(3):306-307. DOI:10.3760/cma.j.issn.1001-2036.2018.02.034.}

[11331] 孟丽，刘浩，沈军，穆洁，向旭，张军，彭歆，毛驰，严颖彬. 前臂皮瓣与股前外侧皮瓣修复舌癌术后缺损的供区主观满意度比较 [J]. 天津医药，2018，46（1）：81-83. DOI：10.11958/20170942. {MENG Li,LIU Hao,SHEN Jun,MU Hao,XIANG Xu,ZHANG Jun,PENG Xin,MAO Chi,YAN Yingbin. Comparison of the subjective satisfaction of free radial forearm flap and anterolateral thigh flap for the donor site after surgical reconstruction in tongue cancer patients[J]. Tian Jin Yi Yao[Tianjin Med J(Article in Chinese;Abstract in Chinese and English)],2018,46(1):81-83. DOI:10.11958/20170942.}

[11332] 潘勇，朱辉，郑大伟，陈步国，石荣剑，寿奎水. 游离股前外侧皮瓣结合阔筋膜同时修复老年人足背皮肤及肌腱缺损 [J]. 实用手外科杂志，2018，32（2）：172-175. DOI：10.3969/j.issn.1671-2722.2018.02.012. {PAN Yong,ZHU Hui,ZHENG Dawei,CHEN Buguo,SHI Rongjian,SHOU Kuishui. Free anterolateral thigh flap transplanting combined with fascia lata simultaneously for the repair of foot dorsum tendon and skin defect in the senile people[J]. Shi Yong Shou Wai Ke Za Zhi[Chin J Pract Hand Surg(Article in Chinese;Abstract in Chinese and English)],2018,32(2):172-175. DOI:10.3969/j.issn.1671-2722.2018.02.012.}

[11333] 吴云，李国珍，曹树明. 外增压技术在游离股前外侧皮瓣修复下肢软组织缺损中的临床疗效 [J]. 实用手外科杂志，2018，32（2）：179-180，192. DOI：10.3969/j.issn.1671-2722.2018.02.014. {WU Yun,LI Guozhen,CAO Shuming. Clinical effect of external arterial supercharge technique in the treatment of lower limb soft tissue defect with free anterolateral thigh flap[J]. Shi Yong Shou Wai Ke Za Zhi[Chin J Pract Hand Surg(Article in Chinese;Abstract in Chinese and English)],2018,32(2):179-180,192. DOI:10.3969/j.issn.1671-2722.2018.02.014.}

[11334] 张建华，谢振军. 桥式交腿游离股前外侧皮瓣的蒂部改良修复小腿软组织缺损九例 [J]. 中华显微外科杂志，2018，41（5）：502-504. DOI：10.3760/cma.j.issn.1001-2036.2018.05.024. {ZHANG Jianhua,XIE Zhenjun. Reconstruction of leg soft tissue defects with bridged cross-leg free anterolateral thigh flap:A report of 9 cases[J]. Zhonghua Xian Wei Wai Ke Za Zhi[Chin J Microsurg(Article in Chinese;Abstract in Chinese)],2018,41(5):502-504. DOI:10.3760/cma.j.issn.1001-2036.2018.05.024.}

[11335] 李雷，周正虎，唐林峰，邓伟，巨积辉. 股前外侧皮瓣修复全足皮肤脱套伤术后并发供区股静脉血栓形成一例 [J]. 中华显微外科杂志，2018，41（5）：517-518. DOI：10.3760/cma.j.issn.1001-2036.2018.05.031. {LI Lei,ZHOU Zhenghu,TANG Linfeng,DENG Wei,JU Jihui. Anterolateral thigh flap for repairing degloving injury of whole foot and complicated with femoral vein thrombosis in the donor site:A case report[J]. Zhonghua Xian Wei Wai Ke Za Zhi[Chin J Microsurg(Article in Chinese;No abstract available)],2018,41(5):517-518. DOI:10.3760/cma.j.issn.1001-2036.2018.05.031.}

[11336] 梁尊鸿，潘云川，林志琥，林师帅，潘南芳. 游离股前外侧皮瓣及头皮扩张术序贯治疗头皮大面积缺损并颅骨外露感染创面 [J]. 中华显微外科杂志，2018，41（2）：186-189. DOI：10.3760/cma.j.issn.1001-2036.2018.02.024. {LIANG Zunhong,PAN Yunchuang,LI Zhihu,LI Shishuai,PAN Nanfang. Free anterolateral thigh flap and scalp expansion for the sequential treatment of infected wounds with large scalp defect and skull exposure[J]. Zhonghua Xian Wei Wai Ke Za Zhi[Chin J Microsurg(Article in Chinese;Abstract in Chinese)],2018,41(2):186-189. DOI:10.3760/cma.j.issn.1001-2036.2018.02.024.}

[11337] 徐永清，何晓清，朱跃良，张旭林，杨曦，王腾，崔轶，徐月仙. 股前外侧皮瓣在儿童四肢创面修复中的应用 [J]. 中华创伤杂志，2018，34（10）：875-880. DOI：10.3760/cma.j.issn.1001-8050.2018.10.004. {XU Yongqing,HE Xiaoqing,ZHU Yueliang,ZHANG Xulin,YANG Xi,WANG Teng,CUI Yi,XU Yuexian. Application of anterolateral thigh flap in repair extremity wound of children[J]. Zhonghua Chuang Shang Za Zhi[Chin J Trauma(Article in Chinese;Abstract in Chinese and English)],2018,34(10):875-880. DOI:10.3760/cma.j.issn.1001-8050.2018.10.004.}

[11338] 蓝波，杨锦. 股前外侧皮瓣供区创面处理的研究进展 [J]. 实用手外科杂志，2018，32（3）：324-326. DOI：10.3969/j.issn.1671-2722.2018.03.022. {LAN Bo,YANG Jin. Research progress of donor site wound management of anterolateral thigh flap[J]. Shi Yong Shou Wai Ke Za Zhi[Chin J Pract Hand Surg(Article in Chinese;No abstract available)],2018,32(3):324-326. DOI:10.3969/j.issn.1671-2722.2018.03.022.}

[11339] 张金峰. 超声波双方向血流计在游离较小面积股前外侧皮瓣术中的应用 [J]. 实用手外科杂志，2018，32（1）：120. DOI：10.3969/j.issn.1671-2722.2018.01.046. {ZHANG Jinfeng. Application of ultrasonic two-way blood flow meter in small free anterolateral thigh flap[J]. Shi Yong Shou Wai Ke Za Zhi[Chin J Pract Hand Surg(Article in Chinese;Abstract in Chinese)],2018,32(1):120. DOI:10.3969/j.issn.1671-2722.2018.01.046.}

[11340] 孙灵通，张龙，陈娟. 游离股前外侧皮瓣联合小腿桥式交腿皮瓣修复小腿及足踝部大面积组织缺损 [J]. 临床骨科杂志，2018，21（1）：73-75. DOI：10.3969/j.issn.1008-0287.2018.01.029. {SUN Lingtong,ZHANG Long,CHEN Juan. The free femoral anterior lateral flap combined with bridged cross-legged flap in the repair of large area soft tissue defect of the leg and ankle[J]. Lin Chuang Gu Ke Za Zhi[J Clin Orthop(Article in Chinese;Abstract in Chinese and English)],2018,21(1):73-75. DOI:10.3969/j.issn.1008-0287.2018.01.029.}

[11341] 郭永明，刘重，滕云升，吴勐，张朝. Flow-through 股前外侧皮瓣移植结合骨搬运技术治疗下肢节段性毁损伤 [J]. 中华显微外科杂志，2018，41（4）：319-323. DOI：10.3760/cma.j.issn.1001-2036.2018.04.002. {GUO Yongming,LIU Chong,TENG Yunsheng,WU Meng,ZHANG Zhao. Flow-through anterolateral thigh flap transfer combined with bone transport technique for the repairing for segmental multilating injury in lower extremity[J]. Zhonghua Xian Wei Wai Ke Za Zhi[Chin J Microsurg(Article in Chinese;Abstract in Chinese and English)],2018,41(4):319-323. DOI:10.3760/cma.j.issn.1001-2036.2018.04.002.}

[11342] 滕云升，刘重，杨亚龙，郭永明，吴勐，张朝，王斌. 膜诱导技术结合股前外侧皮瓣移植修复小腿复合组织缺损 [J]. 中华显微外科杂志，2018，41（1）：14-17. DOI：10.3760/cma.j.issn.1001-2036.2018.01.004. {TENG Yunsheng,LIU Chong,YANG Yalong,GUO Yongming,WU Meng,ZHANG Chao,WANG Bin. Induced membrane technique combined with anterolateral thigh flap transpfer for repair the complex tissue defect of the lower extrmity[J]. Zhonghua Xian Wei Wai Ke Za Zhi[Chin J Microsurg(Article in Chinese;Abstract in Chinese and English)],2018,41(1):14-17. DOI:10.3760/cma.j.issn.1001-2036.2018.01.004.}

[11343] 徐继胜，朱鑫，陈阳，陈坤峰，赵志坚. 游离股前外侧皮瓣与健侧胫后血管桥接修复小腿毁损性组织缺损七例 [J]. 中华显微外科杂志，2018，41（4）：383-385. DOI：10.3760/cma.j.issn.1001-2036.2018.04.019. {XU Jisheng,ZHU Xin,CHEN Yang,CHEN Kunfeng,ZHAO Zhijian. Free anterolateral thigh flap bridging with contralateral posterior tibial vessel for repair of damaged tissue defects of leg:A report of 7 cases[J]. Zhonghua Xian Wei Wai Ke Za Zhi[Chin J Microsurg(Article in Chinese;Abstract in Chinese)],2018,41(4):383-385. DOI:10.3760/cma.j.issn.1001-2036.2018.04.019.}

[11344] 常树森，何春念，金文虎，魏在荣. 股前外侧皮瓣的供区并发症 [J]. 中华显微外科杂志，2018，41（1）：101-104. DOI：10.3760/cma.j.issn.1001-2036.2018.01.030. {CHANG Shusen,HE Chunnian,JIN Wenhu,WEI Zairong. Donor complications of the anterolateral thigh flap[J]. Zhonghua Xian Wei Wai Ke Za Zhi[Chin J Microsurg(Article in Chinese;No abstract available)],2018,41(1):101-104. DOI:10.3760/cma.j.issn.1001-2036.2018.01.030.}

[11345] 刘军，黎逢峰，吴永伟，马运宏，周明，印飞，康永强，王亚朋，惠涛涛，芮永军. 以膝降动脉为受区血管的股前外侧皮瓣在膝关节周围创面的临床应用 [J]. 中华显微外科杂志，2018，41（4）：324-328. DOI：10.3760/cma.j.issn.1001-2036.2018.04.003. {LIU Jun,LI Fengfeng,WU Yongwei,MA Yunhong,ZHOU Ming,YIN Fei,KANG Yongqiang,WANG Yapeng,HUI Taotao,RUI Yongjun. Clinical application of anterolateral thigh flap in wound around the knee with descending geniculate artery as the receipient vessel[J]. Zhonghua Xian Wei Wai Ke Za Zhi[Chin J Microsurg(Article in Chinese;Abstract in Chinese and English)],2018,41(4):324-328. DOI:10.3760/cma.j.issn.1001-2036.2018.04.003.}

[11346] 胡智玉，幸超峰，熊颖杰，宋力，宋科，张勇，杨瑞甫，李士民，周明武. 以单一高位穿支为蒂逆行股前外侧皮瓣修复小腿大面积软组织缺损 [J]. 中华显微外科杂志，2018，41（6）：544-547. DOI：10.3760/cma.j.issn.1001-2036.2018.06.006. {HU Zhiyu,XING Chaofeng,XIONG Yingjie,SONG Li,SONG Ke,ZHANG Yong,YANG Ruifu,LI Shimin,ZHOU Mingwu. Repair of large area of soft tissue defect calf by the retrograde anterolateral thigh flap with single high cutaneous perforator[J]. Zhonghua Xian Wei Wai Ke Za Zhi[Chin J Microsurg(Article in Chinese;Abstract in Chinese and English)],2018,41(6):544-547. DOI:10.3760/cma.j.issn.1001-2036.2018.06.006.}

[11347] 张树新，邹旭，许永先，邬慧萍，张小平，邹阳平，谭聪，詹森海，霍柱根. 股前外侧皮瓣修复前臂及手部热压伤五例 [J]. 中华显微外科杂志，2018，41（1）：72-74. DOI：10.3760/cma.j.issn.1001-2036.2018.01.018. {ZHANG Shuxin,ZOU Xu,XU Yongxian,WU Huiping,ZHANG Xiaoping,ZOU Yangping,TAN Cong,ZHAN Senhai,HUO Zhugen. Anterolateral thigh flap for the repair of hot pressing injuries of forearm and hand:A report of 5 cases[J]. Zhonghua Xian Wei Wai Ke Za Zhi[Chin J Microsurg(Article in Chinese;Abstract in Chinese)],2018,41(1):72-74. DOI:10.3760/cma.j.issn.1001-2036.2018.01.018.}

[11348] 吴昌盛，潘振宇，李平华，张浩. 缝合神经的游离股前外侧皮瓣修复前足皮肤缺损皮瓣感觉恢复情况的中期随访 [J]. 中华显微外科杂志，2018，41（4）：371-373. DOI：10.3760/cma.j.issn.1001-2036.2018.04.014. {WU Changsheng,PAN Zhenyu,LI Pinghua,ZHANG Hao. Mid-term follow-up of sensory recovery of the free anterolateral thigh flap with nerve suture for repair of skin defect of the forefoot[J]. Zhonghua Xian Wei Wai Ke Za Zhi[Chin J Microsurg(Article in Chinese;Abstract in Chinese)],2018,41(4):371-373. DOI:10.3760/cma.j.issn.1001-2036.2018.04.014.}

[11349] 林潮炫，吴伟炽，刘毓，黎惠金，祝李霖. 外固定支架联合股前外侧皮瓣治疗胫骨远端骨折术后钢板外露创面 [J]. 中华显微外科杂志，2018，41（6）：577-578. DOI：10.3760/cma.j.issn.1001-2036.2018.06.015. {LIN Chaoxuan,WU Weizhi,LIU Yu,LI Huijin,ZHU Lilin. External fixation combined with anterolateral thigh flap for the treatment of

distal tibial fracture after steel plate exposure wound[J]. Zhonghua Xian Wei Wai Ke Za Zhi[Chin J Microsurg(Article in Chinese;Abstract in Chinese)],2018,41(6):577-578. DOI:10.3760/cma.j.issn.1001-2036.2018.06.015.}

[11350] 刘军，黎逢峰，吴永伟，马运宏，周明，印飞，康永强，王亚朋，惠涛涛，芮永军．膝降动脉作为游离股前外侧皮瓣受区血管的临床应用[J]．中国临床解剖学杂志，2018，36(4)：426-429．DOI：10.13418/j.issn.1001-165x.2018.04.015．{LIU Jun,LI Fengfeng,WU Yongwei,MA Yunhong,ZHOU Ming,YIN Fei,KANG Yongqiang,WANG Yapeng,HUI Taotao,RUI Yongjun. Clinical application of the descending genicular artery as the recipient artery for free anterolateral thigh flap[J]. Zhongguo Lin Chuang Jie Pou Xue Za Zhi[Chin J Clin Anat(Article in Chinese;Abstract in Chinese and English)],2018,36(4):426-429. DOI:10.13418/j.issn.1001-165x.2018.04.015.}

[11351] 张德洪，宋文超，陈祥春，易类，雷高．牵力可调式皮肤牵张器在股前外侧皮瓣供区创面修复中的临床应用[J]．中华骨与关节外科杂志，2018，11(2)：124-126+132．DOI：10.3969/j.issn.2095-9958.2018.02.009．{ZHANG Dehong,SONG Wenchao,CHEN Xiangchun,YI Lei,LEI Gao. Application value of adjustable skin stretcher used for repairingthe wound area of the femoral anterior lateral flap[J]. Zhonghua Gu Yu Guan Jie Wai Ke Za Zhi [Chin J Bone Joint Surg(Article in Chinese;Abstract in Chinese and English)],2018,11(2):124-126+132. DOI:10.3969/j.issn.2095-9958.2018.02.009.}

[11352] 吴晓荣，施明宏，郑能方，程建和，郭金星，瞿年兵，甘坤平．股前外侧皮瓣移植修复四肢软组织缺损580例临床分析[J]．实用手外科杂志，2018，32(4)：429-431+436．DOI：10.3969/j.issn.1671-2722.2018.04.017．{WU Xiaorong,SHI Minghong,ZHENG Nengfang,CHENG Jianhe,GUO Jinxing,QU Nianbing,GAN Kunping. Clinical analysis of 580 cases treated with anterolateral thigh flap transplantation in repairing soft tissue defect of limb[J]. Shi Yong Shou Wai Ke Za Zhi[Chin J Pract Hand Surg(Article in Chinese;Abstract in Chinese and English)],2018,32(4):429-431+436. DOI:10.3969/j.issn.1671-2722.2018.04.017.}

[11353] 张玉军，巨积辉，周广良，蒋国栋，吴海林．股前外侧皮瓣联合跟腱止点重建修复小儿足跟部组织缺损[J]．实用手外科杂志，2018，32(4)：414-417+422．DOI：10.3969/j.issn.1671-2722.2018.04.013．{ZHANG Yujun,JU Jihui,ZHOU Guangliang,JIANG Guodong,WU Hailin. Anterolateral thigh flap combined with Achilles tendon insertion reconstruction for the repair of heel tissue defect in children[J]. Shi Yong Shou Wai Ke Za Zhi[Chin J Pract Hand Surg(Article in Chinese;Abstract in Chinese)],2018,32(4):414-417+422. DOI:10.3969/j.issn.1671-2722.2018.04.013.}

[11354] 徐立明，张建顺，石法亮，刘乾仁，王仁款，陈秀杰．带阔筋膜的阔筋膜张肌皮瓣在股前外侧皮瓣穿支变异时的临床应用[J]．中华显微外科杂志，2018，41(3)：290-293．DOI：10.3760/cma.j.issn.1001-2036.2018.03.027．{XU Linming,ZHANG Jianshun,SHI Faliang,LIU Qianren,WANG Renkuan,CHEN Xiujie. Clinical application of tensor fascia lata flap with fascia lata in variation of perforation branch of anterolateral thigh flap[J]. Zhonghua Xian Wei Wai Ke Za Zhi[Chin J Microsurg(Article in Chinese;Abstract in Chinese)],2018,41(3):290-293. DOI:10.3760/cma.j.issn.1001-2036.2018.03.027.}

[11355] 杨通，芮永军，吴永伟，杨莹，杨红，潘筱云，刘军．MDCTA在游离Flow-through股前外侧皮瓣修复四肢软组织伴主干血管缺损中的应用[J]．中华显微外科杂志，2018，41(3)：227-231．DOI：10.3760/cma.j.issn.1001-2036.2018.03.006．{YANG Tong,RUI Yongjun,WU Yongwei,YANG Ying,YANG Hong,PAN Xiaoyun,LIU Jun. Application of MDCTA in free flow-through anterolateral thigh flap for the reconstructing the combined limb soft tissue with main vessel defect[J]. Zhonghua Xian Wei Wai Ke Za Zhi[Chin J Microsurg(Article in Chinese;Abstract in Chinese and English)],2018,41(3):227-231. DOI:10.3760/cma.j.issn.1001-2036.2018.03.006.}

[11356] 林尊文，危文波，邹帆，胡冬，黄山虎，朱磊．游离股前外侧皮瓣在修复小腿Gustilo Ⅲ型开放性骨折后皮肤软组织缺损中的应用[J]．中华显微外科杂志，2018，41(1)：18-21．DOI：10.3760/cma.j.issn.1001-2036.2018.01.005．{LIN Zunwen,WEI Wenbo,ZOU Fan,HU Dong,HUANG Shanhu,ZHU Lei. Anterolateral thigh flaps for reconstruction of soft tissue defect in lower extremities caused by the Gustilo Ⅲ open fracture[J]. Zhonghua Xian Wei Wai Ke Za Zhi[Chin J Microsurg(Article in Chinese;Abstract in Chinese and English)],2018,41(1):18-21. DOI:10.3760/cma.j.issn.1001-2036.2018.01.005.}

[11357] 郭立华，张谦，王磊，李骥，闫跃强，杨宁宁，刘宁，范应中，王家祥．带血管蒂股前外侧肌肌皮瓣修复青少年膀胱外翻腹壁缺损[J]．中华整形外科杂志，2018，34(12)：1023-1026．DOI：10.3760/cma.j.issn.1009-4598.2018.12.008．{GUO Lihua,ZHANG Qian,WANG Lei,LI Ji,YAN Yueqiang,YANG Ningning,LIU Ning,FAN Yingzhong,WANG Jiaxiang. The treatment of application of pedicled myocutaneous island flap of anterolateral thigh muscle for the suprapubic defect in adolescent with bladder exstrophy[J]. Zhonghua Zheng Xing Wai Ke Za Zhi[Chin J Plast Surg(Article in Chinese;Abstract in Chinese and English)],2018,34(12):1023-1026. DOI:10.3760/cma.j.issn.1009-4598.2018.12.008.}

[11358] 梁再卿，陈武，吴宁，韦汉鹏，吴祖俊，黎伟，陆朝红，刘文骏，颜彪．应用股前外侧穿支皮瓣修复四肢软组织缺损感染创面40例[J]．中华显微外科杂志，2018，41(3)：278-280．DOI：10.3760/cma.j.issn.1001-2036.2018.03.022．{LIANG Zaiqing,CHEN Wu,WU Ning,WEI Hanpeng,WU Zujun,LI Wei,LU Zhaohong,LIU Wenjun,YAN Biao. Application of anterolateral thigh perforator flap in the repair of soft tissue defect of extremities:A report of 40 cases[J]. Zhonghua Xian Wei Wai Ke Za Zhi[Chin J Microsurg(Article in Chinese;Abstract in Chinese)],2018,41(3):278-280. DOI:10.3760/cma.j.issn.1001-2036.2018.03.022.}

[11359] 李栋，王华琼，范德森，张建．股前外侧穿支皮瓣在手部大面积皮肤软组织缺损中的应用[J]．实用手外科杂志，2018，32(2)：152-155．DOI：10.3969/j.issn.1671-2722.2018.02.006．{LI Dong,WANG Huaqiong,FAN Desen,ZHANG Jian. Application of anterolateral femoral perforator flap in repair of skin and soft tissue defect of hand[J]. Shi Yong Shou Wai Ke Za Zhi[Chin J Pract Hand Surg(Article in Chinese;Abstract in Chinese and English)],2018,32(2):152-155. DOI:10.3969/j.issn.1671-2722.2018.02.006.}

[11360] 杨光，赵光勋，胡沣，王进，石磊，夏添，赵光彩，孙名超．组合式股前外侧穿支皮瓣在四肢较大创面缺损修复中的应用[J]．中华显微外科杂志，2018，41(6)：584-586．DOI：10.3760/cma.j.issn.1001-2036.2018.06.018．{YANG Guang,ZHAO Guangxun,HU Feng,WANG Jin,SHI Lei,XIA Tian,ZHAO Guangcai,SUN Mingchao. Application of combined anterolateral thigh perforator flap in the repair of large wound defects in limbs[J]. Zhonghua Xian Wei Wai Ke Za Zhi[Chin J Microsurg(Article in Chinese;Abstract in Chinese)],2018,41(6):584-586. DOI:10.3760/cma.j.issn.1001-2036.2018.06.018.}

[11361] 莫勇军，杨克勤，谭海涛，韦平欧，罗翔，许林，林汉，梁旭权．CTA联合彩色多普勒超声检测在股前外侧穿支皮瓣中的应用[J]．中华显微外科杂志，2018，41(1)：68-72．DOI：10.3760/cma.j.issn.1001-2036.2018.01.017．{MO Yongjun,YANG Keqin,TAN Haitao,WEI Ping'ou,LUO Xiang,XU Lin,LIN Han,LIANG Xuquan. Application of CTA combined with color Doppler ultrasonography in the anterolateral femoral perforator flap[J]. Zhonghua Xian Wei Wai Ke Za Zhi[Chin J Microsurg(Article in Chinese;Abstract in Chinese)],2018,41(1):68-72. DOI:10.3760/cma.j.issn.1001-2036.2018.01.017.}

[11362] 孙焕伟，钟怡鸣，张洪权，王春生．游离双侧股前外侧穿支皮瓣串联修复足踝部大面积软组织缺损[J]．中华显微外科杂志，2018，41(5)：450-453．DOI：10.3760/cma.j.issn.1001-2036.2018.05.009．{SUN Huanwei,ZHONG Yiming,ZHANG Hongquan,WANG Chunsheng. Repair the large area soft tissue defect of foot and ankle with free bilateral anterolateral femoral perforator flap in series[J]. Zhonghua Xian Wei Wai Ke Za Zhi[Chin J Microsurg(Article in Chinese;Abstract in Chinese and English)],2018,41(5):450-453. DOI:10.3760/cma.j.issn.1001-2036.2018.05.009.}

[11363] 熊凌云，肖芃，郭亮，杨杰，王荣荣，郭科，郭能强，孙家明．游离股前外侧KISS皮瓣在修复头皮缺损中的应用[J]．中华整形外科杂志，2018，34(7)：499-502．DOI：10.3760/cma.j.issn.1009-4598.2018.07.002．{XIONG Lingyun,XIAO Wan,GUO Liang,YANG Jie,WANG Rongrong,GUO Ke,GUO Nengqiang,SUN Jiaming. The free anterolateral thigh flap with KISS technique for reconstruction of the scalp defect[J]. Zhonghua Zheng Xing Wai Ke Za Zhi[Chin J Plast Surg(Article in Chinese;Abstract in Chinese and English)],2018,34(7):499-502. DOI:10.3760/cma.j.issn.1009-4598.2018.07.002.}

[11364] 左良，喻建军，周晓，戴捷，田皞，单振锋，胡杰，谌星，王鸿涵，蔡旭，高水超．游离股前外侧Kiss皮瓣修复巨大头皮恶性肿瘤术后缺损[J]．中国修复重建外科杂志，2018，32(3)：346-349．DOI：10.7507/1002-1892.201711046．{ZUO Liang,YU Jianjun,ZHOU Xiao,DAI Jie,TIAN Hao,SHAN Zhenfeng,HU Jie,SHEN Xing,WANG Honghan,CAI Xu,GAO Shuichao. Application of free anterolateral thigh Kiss flap in repair of large scalp defect after malignant tumor resection[J]. Zhongguo Xiu Fu Chong Jian Wai Ke Za Zhi[Chin J Repar Reconstr Surg(Article in Chinese;Abstract in Chinese and English)],2018,32(3):346-349. DOI:10.7507/1002-1892.201711046.}

[11365] 陆征峰，糜菁熠，芮永军，施海峰，赵刚，杨凯，张圣智，黄海，杨红．不携带源血管及阔筋膜的游离股前外侧穿支皮瓣修复手部创面[J]．中华显微外科杂志，2018，41(1)：27-30．DOI：10.3760/cma.j.issn.1001-2036.2018.01.007．{LU Zhengfeng,MI Jingyi,RUI Yongjun,SHI Haifeng,ZHAO Gang,YANG Kai,ZHANG Shengzhi,HUANG Hai,YANG Hong. Free anterolateral thigh perforator flap without carrying the source of blood vessels and fascia lata for the coverage of hand defects[J]. Zhonghua Xian Wei Wai Ke Za Zhi[Chin J Microsurg(Article in Chinese;Abstract in Chinese and English)],2018,41(1):27-30. DOI:10.3760/cma.j.issn.1001-2036.2018.01.007.}

[11366] 詹翼，戚剑，周翔，傅国，王东，朱庆棠，顾立强，刘小林．股前外侧肌皮瓣修复小腿截肢残端软组织缺损[J]．中华显微外科杂志，2018，41(6)：521-524．DOI：10.3760/cma.j.issn.1001-2036.2018.06.001．{ZHAN Yi,QI Jian,ZHOU Xiang,FU Guo,WANG Dong,ZHU Qingtang,GU Liqiang,LIU Xiaolin. Anterolateral musculocutaneous flap for reconstruction of bone expose of lower leg amputation stump which on the verge of reamputation[J]. Zhonghua Xian Wei Wai Ke Za Zhi[Chin J Microsurg(Article in Chinese;Abstract in Chinese and English)],2018,41(6):521-524. DOI:10.3760/cma.j.issn.1001-2036.2018.06.001.}

[11367] 杨柳，褚庭纲，吴蓓茸．薄型股前外侧穿支皮瓣个体化修复四肢创面[J]．中国修复重建外科杂志，2018，32(11)：1491-1493．DOI：10.7507/1002-1892.201804039．{YANG Liu,CHU Tinggang,WU Beirong. Individualized repair of limb wounds with thin anterolateral thigh perforator flap[J]. Zhongguo Xiu Fu Chong Jian Wai Ke Za Zhi[Chin J Repar Reconstr Surg(Article in Chinese;Abstract in Chinese and English)],2018,32(11):1491-1493. DOI:10.7507/1002-1892.201804039.}

[11368] 宋达疆，李赞，周晓，章一新，彭小伟，周波，吕春柳，彭翠娥，彭文，欧延．游离分叶股前外侧穿支皮瓣修复口腔颌面部恶性肿瘤术后频部洞穿缺损[J]．中国修复重建外科杂志，2018，32(5)：607-611．DOI：10.7507/1002-1892.201708110．{SONG Dajiang,LI Zan,ZHOU Xiao,ZHANG Yixin,PENG Xiaowei,ZHOU Bo,LV Chunliu,PENG Cuie,PENG Wen,OU Yan. Effectiveness of bipaddled anterolateral thigh perforator flap in repair of through-andthrough maxillofacial defect after oral cancer ablation[J]. Zhongguo Xiu Fu Chong Jian Wai Ke Za Zhi[Chin J Repar Reconstr Surg(Article in Chinese;Abstract in Chinese and English)],2018,32(5):607-611. DOI:10.7507/1002-1892.201708110.}

[11369] 刘志荣，彭歆，章文博．游离腓骨瓣和股前外侧穿支皮瓣修复单侧上颌骨缺损患者的生存质量问卷调查研究[J]．中华整形外科杂志，2018，34(8)：644-647．DOI：10.3760/cma.j.issn.1009-4598.2018.08.014．{LIU Zhirong,PENG Xin,ZHANG Wenbo. Study on comparative questionnaire of quality of life of unilateral maxillary defect patients after reconstruction with anterolateral thigh perforator flap and free fibula flap[J]. Zhonghua Zheng Xing Wai Ke Za Zhi[Chin J Plast Surg(Article in Chinese;Abstract in Chinese and English)],2018,34(8):644-647. DOI:10.3760/cma.j.issn.1009-4598.2018.08.014.}

[11370] 尹路，宫可同，徐建华，殷中罡．改良薄型股前外侧穿支皮瓣修复手足部软组织缺损[J]．中华显微外科杂志，2018，41(5)：417-420．DOI：10.3760/cma.j.issn.1001-2036.2018.05.001．{YIN Lu,GONG Ketong,XU Jianhua,YIN Zhonggang. Modified thin anterolateral thigh flaps for reconstruction of hand and foot defects[J]. Zhonghua Xian Wei Wai Ke Za Zhi [Chin J Microsurg (Article in Chinese,Abstract in Chinese and English)],2018,41(5):417-420. DOI:10.3760/cma.j.issn.1001-2036.2018.05.001.}

[11371] 何晓清，杨曦，段家章，李国栋，崔轶，徐月仙，王腾，徐永清．股前外侧分叶皮瓣术中未能切取与中转方案[J]．中华显微外科杂志，2018，41(5)：437-440．DOI：10.3760/cma.j.issn.1001-2036.2018.05.006．{HE Xiaoqing,YANG Xi,DUAN Jiazhang,LI Guodong,CUI Yi,XU Yuexian,WANG Teng,XU Yongqing. Failing to harvest two-paddle anterolateral thigh flap and converting algorithm[J]. Zhonghua Xian Wei Wai Ke Za Zhi[Chin J Microsurg(Article in Chinese;Abstract in Chinese and English)],2018,41(5):437-440. DOI:10.3760/cma.j.issn.1001-2036.2018.05.006.}

[11372] 许甜甜，林平，陈爱兰，黄志丹，徐伟华，马犇．红外热像仪联合高频彩色多普勒超声在股前外侧穿支皮瓣移植术前穿支定位中的应用[J]．中华手外科杂志，2018，34(6)：414-417．DOI：10.3760/cma.j.issn.1005-054X.2018.06.006．{XU Tiantian,LIN Ping,CHEN Ailan,HUANG Zhidan,XU Weihua,MA Ben. Application of infrared thermography combined with high frequency color doppler ultrasound in locating perforator before anterolateral thigh perforator flap transplantation[J]. Zhonghua Shou Wai Ke Za Zhi[Chin J Hand Surg(Article in Chinese;Abstract in Chinese and English)],2018,34(6):414-417. DOI:10.3760/cma.j.issn.1005-054X.2018.06.006.}

[11373] 吴迎，王先成，熊祥，孙杨，宋姮玥．带感觉神经的薄型股前外侧穿支皮瓣修复足背创面[J]．中华整形外科杂志，2018，34(10)：848-852．DOI：10.3760/cma.j.issn.1009-4598.2018.10.015．{WU Ying,WANG Xiancheng,XIONG Xiang,SUN Yang,SONG Hengyue. Repair of wound on dorsum of foot with thin anterolateral thigh perforator flap with sensory nerve[J]. Zhonghua Zheng Xing Wai Ke Za Zhi[Chin J Plast Surg(Article in Chinese;Abstract in Chinese and English)],2018,34(10):848-852. DOI:10.3760/cma.j.issn.1009-4598.2018.10.015.}

[11374] 陈鑫，马光义，李刚强，宋振磊，祝海峰，王亚珂，宋力．带髂胫束股前外侧穿支皮瓣修复足踝后区组织缺损[J]．实用手外科杂志，2018，32(2)：204-207．DOI：10.3969/j.issn.1671-2722.2018.02.022．{CHEN Xin,MA Guangyi,LI Gangqiang,SONG Zhenlei,ZHU Haifeng,WANG Yake,SONG Li. Repair of tissue defect in the posterior malleolar area by anterolateral thigh perforator flap associated with the iliotibial band[J]. Shi Yong Shou Wai Ke Za Zhi[Chin J Pract Hand Surg(Article in Chinese;Abstract in Chinese and English)],2018,32(2):204-207. DOI:10.3969/j.issn.1671-2722.2018.02.022.}

[11375] 赵铭，李涛．联体形式的股前外侧穿支皮瓣修复特殊类型创面的临床应用[J]．中华显微外科杂志，2018，41(2)：181-184．DOI：10.3760/cma.j.issn.1001-2036.2018.02.022．{ZHAO Ming,LI Tao. The clinical application of conjoined anterolateral thigh perforator flap in repair of special wound[J]. Zhonghua Xian Wei Wai Ke Za Zhi[Chin J Microsurg(Article in Chinese;Abstract in Chinese)],2018,41(2):181-184. DOI:10.3760/cma.j.issn.1001-2036.2018.02.022.}

[11376] 唐举玉，汪华侨，HallckGG，章一新，刘元波，王欣，谢松林，吴攀峰，童德迪，宋

文超，雷少榕，战杰，穆广态，徐永清，张世民，柴益民，芮永军，蔡志刚，王增涛，池征珠，章伟文，王健，糜菁熠，何乐人，顾立强，刘小林，唐茂林，徐达传，侯春林. 关注皮瓣供区问题—减少皮瓣供区损害专家共识 [J]. 中华显微外科杂志，2018，41（1）：3-5. DOI: 10.3760/cma.j.issn.1001-2036.2018.01.001. {TANG Juyu,WANG Huaqiao,HallckGG,ZHANG Yixin,LIU Yuanbo,WANG Xin,XIE Songlin,WU Panfeng,TONG Dedi,SONG Wenchao,LEI Shaorong,ZHAN Jie,MU Guangtai,XU Yongqing,ZHANG Shimin,CHAI Yimin,RUI Yongjun,CAI Zhigang,WANG Zengtao,CHI Zhengzhu,ZHANG Weiwen,WANG Jian,MI Qingyi,HE Leren,GU Liqiang,LIU Xiaolin,TANG Maolin,XU Dachuan,HOU Chunlin. Expert consensus on a noteworthy problem of flap transplantation:How to reduce the damage to donor sites[J]. Zhonghua Xian Wei Wai Ke Za Zhi[Chin J Microsurg(Article in Chinese;No abstract available)],2018,41(1):3-5. DOI:10.3760/cma.j.issn.1001-2036.2018.01.001.}

[11377] 胡浩良，李学渊，范学锴，毛维晟，王欣，陈宏，章伟文. Free-style 概念在特殊肌皮穿支型股前外侧皮瓣的应用 [J]. 中华显微外科杂志，2019，42（5）：477-479. DOI: 10.3760/cma.j.issn.1001-2036.2019.05.014. {HU Haoliang,LI Xueyuan,FAN Xuekai,MAO Weisheng,WANG Xin,CHEN Hong,ZHANG Weiwen. Application of free-style concept in special muscle skin perforator anterolateral thigh flap[J]. Zhonghua Xian Wei Wai Ke Za Zhi[Chin J Microsurg(Article in Chinese;Abstract in Chinese)],2019,42(5):477-479. DOI:10.3760/cma.j.issn.1001-2036.2019.05.014.}

[11378] 张小辉，孟凡皓，朱智慧，王乃利，马超，曹承刚，张韬. 同体两侧股前外侧皮瓣的解剖学对比 [J]. 解剖学报，2019，50（3）：340-345. DOI: 10.16098/j.issn.0529-1356.2019.03.013. {ZHANG Xiaohui,MENG Fanhao,ZHU Zhihui,WANG Naili,MA Chao,CAO Chenggang,ZHANG Tao. Anatomical comparison of bilateral anterolateral thigh flap[J]. Jie Pou Xue Bao[Acta Anat Sin(Article in Chinese;Abstract in Chinese and English)],2019,50(3):340-345. DOI:10.16098/j.issn.0529-1356.2019.03.013.}

[11379] 周荣，巨积辉，杨亮，刘跃飞，侯瑞兴. 双叶股前外侧皮瓣移植修复足踝部复杂创面 [J]. 中华整形外科杂志，2019，35（8）：779-784. DOI: 10.3760/cma.j.issn.1009-4598.2019.08.011. {ZHOU Rong,JU Jihui,YANG Liang,LIU Yuefei,HOU Ruixing. Repair of complex foot and ankle wounds with bilateral anterolateral thigh flaps[J]. Zhonghua Zheng Xing Wai Ke Za Zhi[Chin J Plast Surg(Article in Chinese;Abstract in Chinese and English)],2019,35(8):779-784. DOI:10.3760/cma.j.issn.1009-4598.2019.08.011.}

[11380] 熊胜，巨积辉，金光哲，唐林峰，张广亮，李祥军，王本元. 游离带阔筋膜的股前外侧皮瓣修复手背伸肌腱及软组织缺损 [J]. 中华显微外科杂志，2019，42（2）：132-135. DOI: 10.3760/cma.j.issn.1001-2036.2019.02.008. {XIONG Sheng,JU Jihui,JIN Guangzhe,TANG Linfeng,ZHANG Guangliang,LI Xiangjun,WANG Benyuan. Free anterolateral thigh flap with fascia lata for repair of dorsal tendon and soft tissue defect of ophisthenar[J]. Zhonghua Xian Wei Wai Ke Za Zhi[Chin J Microsurg(Article in Chinese;Abstract in Chinese and English)],2019,42(2):132-135. DOI:10.3760/cma.j.issn.1001-2036.2019.02.008.}

[11381] 龚健，邱逦. 高频彩超评估股前外侧皮瓣穿支血管及相关影响因素分析 [J]. 中国超声医学杂志，2019，35（8）：738-741. DOI: 10.3969/j.issn.1002-0101.2019.08.023. {GONG Jian,QIU Li. Evaluated the impact factors on the ferforator vessels of anterolateral thigh flap by high frequency color doppler ultrasound[J]. Zhongguo Chao Sheng Yi Xue Za Zhi [Chin J Ultrasound in Med(Article in Chinese;Abstract in Chinese and English)],2019,35(8):738-741. DOI:10.3969/j.issn.1002-0101.2019.08.023.}

[11382] 金光哲，巨积辉，熊胜，唐林峰，王凯，王强，侯瑞兴. 单叶或双叶带阔筋膜的股前外侧皮瓣在手足背皮肤肌腱缺损中的应用 [J]. 中华手外科杂志，2019，35（4）：241-243. DOI: 10.3760/cma.j.issn.1005-054X.2019.04.001. {JIN Guangzhe,JU Jihui,XIONG Sheng,TANG Linfeng,WANG Kai,WANG Qiang,HOU Ruixing. Clinical application of single or bilobed free anterolateral thigh flaps with fascia lata in repair of dorsal skin and tendon defects of hand and foot[J]. Zhonghua Shou Wai Ke Za Zhi[Chin J Hand Surg(Article in Chinese;Abstract in Chinese and English)],2019,35(4):241-243. DOI:10.3760/cma.j.issn.1005-054X.2019.04.001.}

[11383] 夏成德，狄海萍，邢培朋，薛继东，曹大勇，田社民，王丽敏，冯可，赵耀华. 游离股前外侧皮瓣修复烧伤后小腿环形大面积软组织缺损的临床效果 [J]. 中华烧伤杂志，2019，35（4）：248-252. DOI: 10.3760/cma.j.issn.1009-2587.2019.04.003. {XIA Chengde,DI Haiping,XING Peipeng,XUE Jidong,CAO Dayong,TIAN Shemin,WANG Limin,FENG Ke,ZHAO Yaohua. Clinical effect of free anterolateral thigh flap in repairing large annular soft tissue defect of lower leg[J]. Zhonghua Shao Shang Za Zhi[Chin J Burns(Article in Chinese;Abstract in Chinese and English)],2019,35(4):248-252. DOI:10.3760/cma.j.issn.1009-2587.2019.04.003.}

[11384] 张建华，谢振军. 旋股外侧血管束组合股动脉两非共干穿支的股前外侧皮瓣切取一例 [J]. 中华显微外科杂志，2019，42（3）：304-305. DOI: 10.3760/cma.j.issn.1001-2036.2019.03.029. {ZHANG Jianhua,XIE Zhenjun. Anterolateral thigh flap with lateral circumflex femoral vascular bundle combined with two non-common perforating branches of femoral artery:A case report[J]. Zhonghua Xian Wei Wai Ke Za Zhi[Chin J Microsurg(Article in Chinese;Abstract in Chinese)],2019,42(3):304-305. DOI:10.3760/cma.j.issn.1001-2036.2019.03.029.}

[11385] 常树森，魏在荣，金文虎，邓呈亮，李海，唐修俊，王波，聂开瑜，王达利. 股前外侧皮瓣三纵五横法设计方案的临床研究 [J]. 中华整形外科杂志，2019，35（6）：571-576. DOI: 10.3760/cma.j.issn.1009-4598.2019.06.011. {CHANG Shusen,WEI Zairong,JIN Wenhu,DENG Chengliang,LI Hai,TANG Xiujun,WANG Bo,NIE Kaiyu,WANG Dali. Clinical study on the design scheme of the anterolateral thigh flap with three longitudinal and five transversal methods[J]. Zhonghua Zheng Xing Wai Ke Za Zhi[Chin J Plast Surg(Article in Chinese;Abstract in Chinese and English)],2019,35(6):571-576. DOI:10.3760/cma.j.issn.1009-4598.2019.06.011.}

[11386] 蔡华，孙焕建，赵玉华，吴震，周卫松，邵文年. 游离股前外侧皮瓣急诊桥接修复肢体离断合并组织缺损的应用 [J]. 中华显微外科杂志，2019，42（3）：299-300. DOI: 10.3760/cma.j.issn.1001-2036.2019.03.026. {CAI Hua,SUN Huanjian,ZHAO Yuhua,WU Zhen,ZHOU Weisong,SHAO Wennian. Application of free anterolateral thigh flap emergency bridging for limb amputation with tissue defect[J]. Zhonghua Xian Wei Wai Ke Za Zhi[Chin J Microsurg(Article in Chinese;Abstract in Chinese)],2019 42(3):299-300. DOI:10.3760/cma.j.issn.1001-2036.2019.03.026.}

[11387] 陈长顺，胡祥，郑前进，陶圣祥. 带髂胫束的薄层游离股前外侧皮瓣修复足跟部软组织缺损并重建跟腱 [J]. 中华显微外科杂志，2019，42（1）：37-41. DOI: 10.3760/cma.j.issn.1001-2036.2019.01.010. {CHEN Changshun,HU Xiang,ZHENG Qianjin,TAO Shengxiang. Repair of soft tissue defect around posterior calcaneal region combined with Achilles tendon defect by the thin-layer anterolateral thigh flap with illotibial band[J]. Zhonghua Xian Wei Wai Ke Za Zhi[Chin J Microsurg(Article in Chinese;Abstract in Chinese and English)],2019,42(1):37-41. DOI:10.3760/cma.j.issn.1001-2036.2019.01.010.}

[11388] 臧梦青，朱珊，陈博，李杉珊，韩婷璐，谢婷珺，刘元波. 旋股外侧动脉斜支在带蒂股前外侧皮瓣中的应用 [J]. 中华整形外科杂志，2019，35（10）：995-999. DOI: 10.3760/cma.j.issn.1009-4598.2019.10.009. {ZANG Mengqing,ZHU Shan,CHEN Bo,LI Shanshan,HAN Tinglu,XIE Tingjun,LIU Yuanbo. The oblique branch of lateral circumflex femoral artery:alternative vascular pedicle for pedicled anterolateral thigh flaps[J]. Zhonghua Zheng Xing Wai Ke Za Zhi[Chin J Plast Surg(Article in Chinese;Abstract in Chinese and English)],2019,35(10):995-999. DOI:10.3760/cma.j.issn.1009-4598.2019.10.009.}

[11389] 郑良军，郭翱，金岩泉，蔡灵敏. 游离股前外侧皮瓣联合腓骨皮瓣重建前足部分缺损 12 例 [J]. 中华显微外科杂志，2019，42（1）：85-87. DOI: 10.3760/cma.j.issn.1001-2036.2019.01.027. {ZHENG Liangjun,GUO Ao,JIN Yanquan,CAI Lingmin. Reconstruction of anterior foot partial defect with free anterolateral thigh flap combined with fibular flap in 12 cases[J]. Zhonghua Xian Wei Wai Ke Za Zhi[Chin J Microsurg(Article in Chinese;Abstract in Chinese)],2019,42(1):85-87. DOI:10.3760/cma.j.issn.1001-2036.2019.01.027.}

[11390] 洪鹏宇，高陆，邱冠华，全宏志，唐瞻贵. 前臂皮瓣与股前外侧皮瓣修复口腔癌术后缺损临床研究 [J]. 口腔医学研究，2019，35（1）：46-50. DOI: 10.13701/j.cnki.kqyxyj.2019.01.011. {HONG Pengyu,GAO Lu,QIU Guanhua,QUAN Hongzhi,TANG Zhangui. Clinical research on forearm flap and anterolateral thigh flap for reconstructing postoperative defects of oral cancer[J]. Kou Qiang Yi Xue Yan Jiu[J Oral Sci Res(Article in Chinese;Abstract in Chinese and English)],2019,35(1):46-50. DOI:10.13701/j.cnki.kqyxyj.2019.01.011.}

[11391] 万绍乐，沈永辉，季卫平. 游离股前外侧皮瓣修复大面积颈枕部头皮缺损 1 例 [J]. 临床骨科杂志，2019，22（5）：573. DOI: 10.3969/j.issn.1008-0287.2019.05.023. {WAN Shaole,SHEN Yonghui,JI Weiping. A case of free anterolateral thigh flap for repairing large neck-occipital scalp defect[J]. Lin Chuang Gu Ke Za Zhi[J Clin Orthop(Article in Chinese;No abstract available)],2019,22(5):573. DOI:10.3969/j.issn.1008-0287.2019.05.023.}

[11392] 印飞，王军，沈小芳，林伟枫，邹承达，刘帅，芮永军. 以桡动脉鼻烟窝皮支为受区血管的股前外侧皮瓣修复小儿手背创面 [J]. 中华手外科杂志，2019，35（5）：358-360. DOI: 10.3760/cma.j.issn.1005-054X.2019.05.014. {YIN Fei,WANG Jun,SHEN Xiaofang,LIN Weifeng,ZOU Chengda,LIU Shuai,RUI Yongjun. The clinical application of anterolateral thigh perforator flap with snuffbox cutaneous branch of the radial artery as recipient vessels for repairing dorsal hand wounds in children[J]. Zhonghua Shou Wai Ke Za Zhi[Chin J Hand Surg(Article in Chinese;Abstract in Chinese and English)],2019,35(5):358-360. DOI:10.3760/cma.j.issn.1005-054X.2019.05.014.}

[11393] 李虎，邓葵，李伟，曾昭勋，黄跟东. 以健侧小腿血管为受区血管的股前外侧皮瓣游离移植修复小腿软组织损伤 [J]. 中华整形外科杂志，2019，35（9）：898-902. DOI: 10.3760/cma.j.issn.1009-4598.2019.09.010. {LI Hu,DENG Kui,LI Wei,ZENG Zhaoxun,HUANG Gendong. Reconstruction of extensive soft-tissue defect of leg using free anterolateral thigh flap with the contralateral leg vessels as the recipient vessels[J]. Zhonghua Zheng Xing Wai Ke Za Zhi[Chin J Plast Surg(Article in Chinese;Abstract in Chinese and English)],2019,35(9):898-902. DOI:10.3760/cma.j.issn.1009-4598.2019.09.010.}

[11394] 高秋芳，牛雪涛，马彬，李子标，张万锋，马亚军. 血液循环增强技术在超大游离股前外侧皮瓣修复四肢大面积皮肤软组织缺损中的临床应用效果 [J]. 中华烧伤杂志，2019，35（11）：814-818. Doi: 10.3760/cma.j.issn.1009-2587.2019.11.009. {GAO Qiufang,NIU Xuetao,MA Bin,LI Zibiao,ZHANG Wanfeng,MA Yajun. Clinical application effect of blood circulation enhancement technique in repairing large area of skin and soft tissue defects of extremities with super large free anterolateral thigh flap[J]. Zhonghua Shao Shang Za Zhi[Chin J Burns(Article in Chinese;Abstract in Chinese and English)],2019,35(11):814-818. Doi:10.3760/cma.j.issn.1009-2587.2019.11.009.}

[11395] 张驰，游兴，吕美娟，陶科融，李书俊，张天华，王达利，魏在荣，孙广峰. 超回流技术在逆行股前外侧斜支皮瓣修复小腿上段软组织缺损的应用 [J]. 中华显微外科杂志，2019，42（3）：209-212. DOI: 10.3760/cma.j.issn.1001-2036.2019.03.001. {ZHANG Chi,YONG Xing,LV Meijuan,TAO Kerong,LI Shujun,ZHANG Tianhua,WANG Dali,WEI Zairong,SUN Guangfeng. Application of superdrainage technique based thigh flap based on oblique branch for the soft tissue defect of proximal shank[J]. Zhonghua Xian Wei Wai Ke Za Zhi[Chin J Microsurg(Article in Chinese;Abstract in Chinese and English)],2019,42(3):209-212. DOI:10.3760/cma.j.issn.1001-2036.2019.03.001.}

[11396] 李坚强，范春海. 股前外侧游离皮瓣修复手部软组织缺损 20 例 [J]. 实用手外科杂志，2019，33（1）：66-67. DOI: 10.3969/j.issn.1671-2722.2019.01.024. {LI Jianqiang,FAN Chunhai. Repair of hand soft tissue defect with anterolateral thigh free flap:A report of 20 cases[J]. Shi Yong Shou Wai Ke Za Zhi[Chin J Pract Hand Surg(Article in Chinese;Abstract in Chinese and English)],2019,33(1):66-67. DOI:10.3969/j.issn.1671-2722.2019.01.024.}

[11397] 马振杰，于胜军，李晓，李京宁，季远，姜俊杰，窦洪磊. 多个端侧吻合口吻合方式在游离股前外侧穿支皮瓣移植中的应用 [J]. 中华显微外科杂志，2019，42（1）：9-12. DOI: 10.3760/cma.j.issn.1001-2036.2019.01.004. {MA Zhenjie,YU Shengjun,LI Xiao,LI Jingning,JI Yuan,JIANG Junjie,DOU Honglei. The application of multiple end-to-side anastomoses in free anterolateral femoral perforator flap transplantation[J]. Zhonghua Xian Wei Wai Ke Za Zhi[Chin J Microsurg(Article in Chinese;Abstract in Chinese and English)],2019,42(1):9-12. DOI:10.3760/cma.j.issn.1001-2036.2019.01.004.}

[11398] 张伟，谢卫国，杨飞，张卫东，陈斓. 游离股前外侧穿支皮瓣分叶移植在四肢电烧伤治疗中的临床应用 [J]. 中华烧伤杂志，2019，35（11）：790-797. DOI: 10.3760/cma.j.issn.1009-2587.2019.11.005. {ZHANG Wei,XIE Weiguo,YANG Fei,ZHANG Weidong,CHEN Lan. Clinical application of lobulated transplantation of free anterolateral thigh perforator flap in the treatment of electric burns of limbs[J]. Zhonghua Shao Shang Za Zhi[Chin J Burns(Article in Chinese;Abstract in Chinese and English)],2019,35(11):790-797. DOI:10.3760/cma.j.issn.1009-2587.2019.11.005.}

[11399] 刘族安，马亮华，李汉华，郑少逸，赖文. 罕见斜支型股前外侧游离皮瓣修复足部创面 1 例 [J]. 中国临床解剖学杂志，2019，37（6）：721-723. DOI: 10.13418/j.issn.1001-165x.2019.06.022. {LIU Zu'an,MA Lianghua,LI Hanhua,ZHENG Shaoyi,LAI Wen. Rare oblique branch anterolateral thigh free flap for repairing foot wound:A case report[J]. Zhongguo Lin Chuang Jie Pou Xue Za Zhi[Chin J Clin Anat(Article in Chinese;No abstract available)],2019,37(6):721-723. DOI:10.13418/j.issn.1001-165x.2019.06.022.}

[11400] 刘宏波，朱军，董娜，王建国，窦洪磊. 数字化三维 CT 血管造影重建技术辅助股前外侧穿支皮瓣修复四肢创面的研究 [J]. 中华整形外科杂志，2019，35（6）：565-570. DOI: 10.3760/cma.j.issn.1009-4598.2019.06.010. {LIU Hongbo,ZHU Jun,DONG Na,WANG Jianguo,DOU Honglei. Clinical research of 3D-CTA in anterolateral thigh perforator flap for reconstruction of extremities[J]. Zhonghua Zheng Xing Wai Ke Za Zhi[Chin J Plast Surg(Article in Chinese;Abstract in Chinese and English)],2019,35(6):565-570. DOI:10.3760/cma.j.issn.1009-4598.2019.06.010.}

[11401] 郭宇，魏在荣，曾可为，张凤玲，邓呈亮，张文夺，王达利. 高频彩色多普勒超声联合宽景成像在股前外侧穿支皮瓣术前导航中的应用 [J]. 中国修复重建外科杂志，2019，33（2）：190-194. DOI: 10.7507/1002-1892.201810025. {GUO YU,WEI Zairong,ZENG Kewei,ZHANG fengling,DENG Chengliang,ZHANG Wenduo,WANG Dali. Application of high frequency color doppler ultrasound combined with wide-field imaging in the preoperative navigation of anterolateral thigh perforator flap surgery[J]. Zhongguo Xiu Fu Chong Jian Wai Ke Za Zhi[Chin J Repar Reconstr Surg(Article in Chinese;Abstract in Chinese and English)],2019,33(2):190-194. DOI:10.7507/1002-1892.201810025.}

[11402] 陈林海，林光豪，陈芝武，王扬剑，叶朝辉，魏鹏，傅燕璐. 重建感觉的股前外侧穿支皮瓣修复会阴部 Paget 病根治术后软组织缺损的疗效分析 [J]. 中华整形外科杂志，2019，35（9）：907-912. DOI: 10.3760/cma.j.issn.1009-4598.2019.09.012. {CHEN Linhai,LIN Guanghao,CHEN Zhiwu,WANG Yangjian,YE Zhaohui,WEI Peng,FU Yanlu. Clinical analysis of reconstruction of sensory anterolateral thigh perforator flaps for repairing soft tissue defects after radical operation of Paget's disease of perineum[J]. Zhonghua Zheng Xing Wai Ke Za Zhi[Chin J Plast Surg(Article in Chinese;Abstract in Chinese and English)],2019,35(9):907-912. DOI:10.3760/cma.j.issn.1009-4598.2019.09.012.}

[11403] 宋达疆，李赞，周晓，章一新，彭小伟，周波，吕春柳. 改良带蒂股前外侧肌皮瓣修复

腹壁肿瘤术后大面积全层缺损 [J]. 中国修复重建外科杂志，2019，33（10）：1305-1309. DOI：10.7507/1002-1892.201903030. {SONG Dajiang,LI Zan,ZHOU Xiao,ZHANG Yixin,PENG Xiaowei,ZHOU Bo,LV Chunliu. Modified pedicled anterolateral thigh myocutaneous flap for large full-thickness abdominal defect reconstruction[J]. Zhongguo Xiu Fu Chong Jian Wai Ke Za Zhi[Chin J Repar Reconstr Surg(Article in Chinese;Abstract in Chinese and English)],2019,33(10):1305-1309. DOI:10.7507/1002-1892.201903030.}

[11404] 吴春，谭莉，王正理，戴本东，孙捷. 单一穿支营养的股前外侧双叶皮瓣移植修复九例前臂及手部创面 [J]. 中华整形外科杂志，2019，35（3）：274-277. DOI：10.3760/cma.j.issn.1009-4598.2019.03.012. {WU Chun,TANG Li,WANG Zhengli,DAI Bendong,SUN Jie. Application of double foliated anterolateral thigh flap with single perforator in reconstruction of the skin and soft tissue defects of forearm and head[J]. Zhonghua Zheng Xing Wai Ke Za Zhi[Chin J Plast Surg(Article in Chinese;Abstract in Chinese and English)],2019,35(3):274-277. DOI:10.3760/cma.j.issn.1009-4598.2019.03.012.}

[11405] 梁再卿，吴宇. 股前外侧穿支皮瓣的临床应用研究进展 [J]. 中华骨与关节外科杂志，2019，12（12）：1020-1024. DOI：10.3969/j.issn.2095-9958.2019.12.16. {LIANG Zaiqing,WU Yu. Review on clinical application of anterolateral thigh perforator flap[J]. Zhonghua Gu Yu Guan Jie Wai Ke Za Zhi [Chin J Bone Joint Surg(Article in Chinese;Abstract in Chinese and English)],2019,12(12):1020-1024. DOI:10.3969/j.issn.2095-9958.2019.12.16.}

[11406] 莫勇军，谭海涛. 数字医学技术在股前外侧穿支皮瓣应用的进展 [J]. 中华显微外科杂志，2019，42（3）：308-311. DOI：10.3760/cma.j.issn.1001-2036.2019.03.031. {MO Yongjun,TAN Haitao. Development of digital medical technology in the application of anterolateral femoral perforator flap[J]. Zhonghua Xian Wei Wai Ke Za Zhi[Chin J Microsurg(Article in Chinese;Abstract in Chinese)],2019,42(3):308-311. DOI:10.3760/cma.j.issn.1001-2036.2019.03.031.}

[11407] 宋达疆，李赞，周晓，章一新，彭小伟，冯光，周波，吕春柳，伍鹏，唐园园，彭文，毛煌兴. 分叶股前外侧穿支皮瓣修复口腔复杂洞穿缺损 [J]. 中华整形外科杂志，2019，35（10）：978-985. DOI：10.3760/cma.j.issn.1009-4598.2019.10.006. {SONG Dajiang,LI Zan,ZHOU Xiao,ZHANG Yixin,PENG Xiaowei,FENG Guang,ZHOU Bo,LV Chunliu,WU Peng,TANG Yuanyuan,PENG Wen,MAO Huangxing. Reconstruction of complicated through-and-through cheek defects with multiple-paddled anterolateral thigh flap[J]. Zhonghua Zheng Xing Wai Ke Za Zhi[Chin J Plast Surg(Article in Chinese;Abstract in Chinese and English)],2019,35(10):978-985. DOI:10.3760/cma.j.issn.1009-4598.2019.10.006.}

[11408] 董书男，黄东，祝李霖，黎路根，江吉勇，刘远航. 削薄股前外侧穿支皮瓣修复前臂及手部较大创面 [J]. 中华显微外科杂志，2019，42（6）：572-575. DOI：10.3760/cma.j.issn.1001-2036.2019.06.014. {DONG Shunan,HUANG Dong,ZHU Lilin,LI Lugen,JIANG Jiyong,LIU Yuanhang. The thin anterolateral thigh perforator flap for repairing the larger wound in the forearm and hand[J]. Zhonghua Xian Wei Wai Ke Za Zhi[Chin J Microsurg(Article in Chinese;Abstract in Chinese)],2019,42(6):572-575. DOI:10.3760/cma.j.issn.1001-2036.2019.06.014.}

[11409] 牟勇，黎路根，胡春兰，林浩，黄永军，刘晓春，卓日波，黄东，覃承诃. 削薄分叶股前外侧穿支皮瓣修复四肢复杂软组织缺损 [J]. 中华显微外科杂志，2019，42（3）：218-222. DOI：10.3760/cma.j.issn.1001-2036.2019.03.003. {MOU Yong,LI Lugen,HU Chunlan,LIN Hao HUANG Yongjun,LIU Xiaochun,ZHUO Ribo,HUANG Dong,TAN Chengke. The application of micro-dissected polyfoliate anterolateral thigh perforator flap in repair of complex wound in extremities[J]. Zhonghua Xian Wei Wai Ke Za Zhi[Chin J Microsurg(Article in Chinese;Abstract in Chinese and English)],2019,42(3):218-222. DOI:10.3760/cma.j.issn.1001-2036.2019.03.003.}

[11410] 朱华，陈鑫，马光义，朱永杰，赵云昌，梅俊霞，王剑，宋振磊. 薄型股前外侧穿支皮瓣修复足背软组织缺损九例 [J]. 中华显微外科杂志，2019，42（4）：377-379. DOI：10.3760/cma.j.issn.1001-2036.2019.04.015. {ZHU Hua,CHEN Xin,MA Guangyi,ZHU Yongjie,ZHAO Yunchang,MEI Junxia,WANG Jian,SONG Zhenlei. Application of thin anterolateral thigh perforator flap in the repair of soft tissue defects in the dorsum of foot:A report of 9 cases[J]. Zhonghua Xian Wei Wai Ke Za Zhi[Chin J Microsurg(Article in Chinese;Abstract in Chinese)],2019,42(4):377-379. DOI:10.3760/cma.j.issn.1001-2036.2019.04.015.}

[11411] 张功林，师富贵，胡军，王行高，王雅琴. 股前外侧穿支皮瓣加筋膜瓣修复手部两个软组织缺损 [J]. 实用骨科杂志，2019，25（6）：554-556. {ZHANG Gonglin,SHI Fugui,HU Jun,WANG Hanggao,WANG Yaqin. Repair of two soft tissue defects of hand with anterolateral thigh perforator flap and fascial flap[J]. Shi Yong Gu Ke Za Zhi[J Pract Orthop(Article in Chinese;Abstract in Chinese)],2019,25(6):554-556.}

[11412] 葛占洲，陈秀民，李晓良，常宗伟，何龙，伍永权，周瑾，孙小旭，韩彬. 应用有感觉功能的股前外侧穿支皮瓣修复足踝部创面 [J]. 中华显微外科杂志，2019，42（4）：385-388. DOI：10.3760/cma.j.issn.1001-2036.2019.04.018. {GE Zhanzhou,CHEN Xiumin,LI Xiaoliang,CHANG Zongwei,HE Long,WU Yongquan,ZHOU Jing,SUN Xiaoxu,HAN Bin. Application of anterolateral thigh perforator flap with sensory function to repair the foot and ankle wounds[J]. Zhonghua Xian Wei Wai Ke Za Zhi[Chin J Microsurg(Article in Chinese;Abstract in Chinese)],2019,42(4):385-388. DOI:10.3760/cma.j.issn.1001-2036.2019.04.018.}

[11413] 韩春梅，彭剑飞，贾献磊，陈梦程，黄永军，李敬矿，王光耀. 修薄的股前外侧穿支皮瓣修复多个手指软组织缺损 [J]. 中华显微外科杂志，2019，42（4）：391-393. DOI：10.3760/cma.j.issn.1001-2036.2019.04.020. {HAN Chunmei,PENG Jianfei,JIA Xianlei,CHEN Mengcheng,HUANG Yongjun,LI Jingkuang,WANG Guangyao. Repair of multiple finger soft tissue defects with thin anterolateral thigh perforator flap[J]. Zhonghua Xian Wei Wai Ke Za Zhi[Chin J Microsurg(Article in Chinese;Abstract in Chinese)],2019,42(4):391-393. DOI:10.3760/cma.j.issn.1001-2036.2019.04.020.}

[11414] 杨聪林. 削薄股前外侧穿支皮瓣在足踝部软组织重建中的疗效 [J]. 创伤外科杂志，2019，21（6）：477-478. DOI：10.3969/j.issn.1009-4237.2019.06.022. {YANG Conglin. The curative effect of thin perforator anterolateral thigh flaps in reconstruction of ankle soft tissue[J]. Chuang Shang Wai Ke Za Zhi[J Traum Surg(Article in Chinese;No abstract available)],2019,21(6):477-478. DOI:10.3969/j.issn.1009-4237.2019.06.022.}

[11415] 莫勇军，许林，程志琳，韦平欧，罗翔，林汉，梁旭权，植宁喜，谭海涛. 增强现实技术联合数字化设计在股前外侧穿支皮瓣的应用 [J]. 中华显微外科杂志，2019，42（2）：189-192. DOI：10.3760/cma.j.issn.1001-2036.2019.02.024. {MO Yongjun,XU Lin,CHENG Zhilin,WEI Ping'ou,LUO Xiang,LIN Han,LIANG Xuquan,ZHI Ningxi,TAN Haitao. Application of augmented reality combined with digital design in anterolateral femoral perforator flap[J]. Zhonghua Xian Wei Wai Ke Za Zhi[Chin J Microsurg(Article in Chinese;Abstract in Chinese)],2019,42(2):189-192. DOI:10.3760/cma.j.issn.1001-2036.2019.02.024.}

[11416] 徐伟华，林平，许甜甜，吴咏军，涂迎春，吴裕平，黄志丹. 红外线热成像技术在游离股前外侧穿支皮瓣设计中的应用 [J]. 中国骨伤，2019，32（11）：1053-1057. DOI：10.3969/j.issn.1003-0034.2019.11.015. {XU Weihua,LIN Ping,XU Tiantian,WU Yongjun,TU Yingchun,WU Yuping,HUANG Zhidan. Application of infrared thermal imaging technology in the design of free anterolateral thigh perforator flap transplantation[J]. Zhongguo Gu Shang[China J Orthop Trauma(Article in Chinese;Abstract in Chinese and English)],2019,32(11):1053-1057. DOI:10.3969/j.issn.1003-0034.2019.11.015.}

[11417] 印飞，王军，沈小芳，林伟枫，芮永军. 不携带一级源血管的游离股前外侧穿支皮瓣修复儿童手背创面 [J]. 中国修复重建外科杂志，2019，33（12）：1593-1594. DOI：10.7507/1002-1892.201903038. {YIN Fei,WANG Jun,SHEN Xiaofang,LIN Weifeng,RUI Yongjun. Free anterolateral thigh perforator flap without primary blood vessels for the repair of children's dorsal hand wounds[J]. Zhongguo Xiu Fu Chong Jian Wai Ke Za Zhi[Chin J Repar Reconstr Surg(Article in Chinese;Abstract in Chinese)],2019,33(12):1593-1594. DOI:10.7507/1002-1892.201903038.}

[11418] 臧成五，丛锐，张文志，梁超，荆新峰，马继，陈永祥，朱愉乐. 旋股外侧动脉外侧支在股前外侧穿支皮瓣中的临床应用 [J]. 中华显微外科杂志，2019，42（3）：213-217. DOI：10.3760/cma.j.issn.1001-2036.2019.03.002. {ZANG Chengwu,CONG Rui,ZHANG Wenzhi,LIANG Chao,JING Xinfeng,MA Ji,CHEN Yongxiang,ZHU Yule. Clinical application of lateral branch of circumflex femoral artery in femoral anterolateral perforator flap[J]. Zhonghua Xian Wei Wai Ke Za Zhi[Chin J Microsurg(Article in Chinese;Abstract in Chinese and English)],2019,42(3):213-217. DOI:10.3760/cma.j.issn.1001-2036.2019.03.002.}

[11419] 李雷，巨积辉，周正虎，邓伟. 开槽灌洗序贯 Flow-through 型股前外侧嵌合肌皮瓣治疗胫骨慢性骨髓炎 [J]. 中华显微外科杂志，2019，42（3）：223-227. DOI：10.3760/cma.j.issn.1001-2036.2019.03.004. {LI Lei,JU Jihui,ZHOU Zhenghu,DENG Wei. Treatment of chronictibial osteomyelitis with irrigation sequential flow-through type anterolateral thigh chimeric musculocutaneous flap[J]. Zhonghua Xian Wei Wai Ke Za Zhi[Chin J Microsurg(Article in Chinese;Abstract in Chinese and English)],2019,42(3):223-227. DOI:10.3760/cma.j.issn.1001-2036.2019.03.004.}

[11420] 刘仁甫，谢仁国，韩俊，夏柱良. 股前外侧游离皮瓣的术前探讨 [J]. 实用手外科杂志，2019，33（3）：337-338. DOI：10.3969/j.issn.1671-2722.2019.03.025. {LIU Renfu,XIE Renguo,HAN Jun,XIA Zhugen. Preoperative study of anterolateral thigh free flap[J]. Shi Yong Shou Wai Ke Za Zhi[Chin J Pract Hand Surg(Article in Chinese;Abstract in Chinese)],2019,33(3):337-338. DOI:10.3969/j.issn.1671-2722.2019.03.025.}

[11421] 罗翔，谭海涛，杨克勤，谭汉提，韦平欧，莫勇军，许林，梁旭权，韦堡升. CTA 联合增强现实技术实施股前外侧穿支皮瓣游离移植舌再造九例 [J]. 中华显微外科杂志，2019，42(4)：339-343. {LUO Xiang,TAN Haitao,YANG Keqin,TAN Hanti,WEI Ping' ou,MO Yongjun,XU Lin,LIANG Xuquan,WEI Baosheng. The use of CTA combined augmented reality navigation in free anterolateral perforator flap for tongue reconstruction:9 cases report[J]. Zhonghua Xian Wei Wai Ke Za Zhi[Chin J Microsurg(Article in Chinese;Abstract in Chinese and English)],2019,42(4):339-343.}

[11422] 高秋芳，张小锋，张万锋，马彬，牛雪涛，马亚军，李子标，刘宁. 股内侧肌穿支皮瓣修复游离股前外侧穿支皮瓣供区继发创面的临床效果 [J]. 中华烧伤杂志，2019，35（1）：65-68. DOI：10.3760/cma.j.issn.1009-2587.2019.01.012. {GAO Qiufang,ZHANG Xiaofeng,ZHANG Wanfeng,MA Bin,NIU Xuetao,MA Yajun,LI Zibiao,LIU Ning. Clinical effects of perforating branch flaps of medial vastus muscle in repairing secondary wounds in donor sites of free anterolateral femoral perforator flaps[J]. Zhonghua Shao Shang Za Zhi[Chin J Burns(Article in Chinese;Abstract in Chinese and English)],2019,35(1):65-68. DOI:10.3760/cma.j.issn.1009-2587.2019.01.012.}

[11423] 朱国明，何涛，徐朝，龚划强，徐荣明. 基于美学理念的逆行股前外侧穿支皮瓣修复膝关节周围软组织缺损 [J]. 中华整形外科杂志，2019，35（6）：584-587. DOI：10.3760/cma.j.issn.1009-4598.2019.06.013. {ZHU Guoming,HE Tao,XU Chao,GONG Huaqiang,XU Rongming. The reserve-flow anterolateral thigh perforator flap based on aesthetics concept for repairing soft tissue defect around the knee joint[J]. Zhonghua Zheng Xing Wai Ke Za Zhi[Chin J Plast Surg(Article in Chinese;Abstract in Chinese and English)],2019,35(6):584-587. DOI:10.3760/cma.j.issn.1009-4598.2019.06.013.}

[11424] 刘小俊，王志学，苏建东，金骥. 股前外侧薄皮瓣在修复重建外科的应用进展 [J]. 中国临床解剖学杂志，2019，37（1）：110-112. DOI：10.13418/j.issn.1001-165x.2019.01.023. {LIU Xiaojun,WANG Zhixue,SU Jiandong,JIN Ji. Clinical application of thin anterolateral thigh flap in reconstructive surgery[J]. Zhongguo Lin Chuang Jie Pou Xue Za Zhi[Chin J Clin Anat(Article in Chinese;Abstract in Chinese and English)],2019,37(1):110-112. DOI:10.13418/j.issn.1001-165x.2019.01.023.}

[11425] 宋达疆，李赞，周晓，章一新，彭小伟，周波，吕春柳. 带蒂股前外侧肌皮瓣修复腹壁肿瘤术后全层缺损 [J]. 中国修复重建外科杂志，2019，33（10）：1305-1309. DOI：10.7507/1002-1892.201903030. {SONG Dajiang,LI Zan,ZHOU Xiao,ZHANG Yixin,PENG Xiaowei,ZHOU Bo,LV Chunliu. Application of pedicled anterolateral thigh myocutaneous flap for full-thickness abdominal wall reconstruction after tumor resection[J]. Zhongguo Xiu Fu Chong Jian Wai Ke Za Zhi[Chin J Repar Reconstr Surg(Article in Chinese;Abstract in Chinese and English)],2019,33(10):1305-1309. DOI:10.7507/1002-1892.201903030.}

[11426] 李雷，巨积辉，周正虎，方利平，徐军，邓伟. DSA 技术结合多普勒彩超在股前外侧皮瓣穿支定位中的应用 [J]. 中国临床解剖学杂志，2020，38（3）：331-334. DOI：10.13418/j.issn.1001-165x.2020.03.017. {LI Lei,JU Jihui,ZHOU Zhenghu,FANG Liping,XU Jun,DENG Wei. The application of DSA technique combined with color doppler ultrasound in the location of the perforating branch of the anterolateral thigh flap[J]. Zhongguo Lin Chuang Jie Pou Xue Za Zhi[Chin J Clin Anat(Article in Chinese;Abstract in Chinese and English)],2020,38(3):331-334. DOI:10.13418/j.issn.1001-165x.2020.03.017.}

[11427] 蔡旭，喻建军，李赞，周晓，宋波，谌星，左良，王鸿涵，高水超，田皞. 游离股前外侧皮瓣与改良胸大肌皮瓣在修复头颈肿瘤术后缺损中的选择与改进 [J]. 中华整形外科杂志，2020，36（3）：284-285-286-287-288. DOI：10.3760/cma.j.cnZHZXWKZZ-2018-0313-00122. {CAI Xu,YU Jianjun,LI Zan,ZHOU Xiao,SONG Bo,CHEN Xing,ZUO Liang,WANG Honghan,GAO Shuichao,TIAN Hao. Selections and improvements in reconstruction of defects after head and neck tumor resection with anterolateral thigh free flap or modified pectoralis major myocutaneous flap[J]. Zhonghua Zheng Xing Wai Ke Za Zhi[Chin J Plast Surg(Article in Chinese;Abstract in Chinese and English)],2020,36(3):284-288. DOI:10.3760/cma.j.cnZHZXWKZZ-2018-0313-00122.}

[11428] 孙黎波，兰玉燕，周航宇，付光新，王雷，姚志浩. 显微修薄股前外侧皮瓣在口腔颌面软组织缺损中的临床应用 [J]. 口腔医学研究，2020，36（4）：346-349. DOI：10.13701/j.cnki.kqyxyj.2020.04.010. {SUN Libo,LAN Yuyan,ZHOU Hangyu,FU Guangxin,WANG Lei,YAO Zhihao. Application of microdissected thin anterolateral thigh flap in oral and maxillofacial soft tissue defects[J]. Kou Qiang Yi Xue Yan Jiu[J Oral Sci Res(Article in Chinese;Abstract in Chinese and English)],2020,36(4):346-349. DOI:10.13701/j.cnki.kqyxyj.2020.04.010.}

[11429] 潘冬经，姜巍，李汉伟. 股前内侧穿支皮瓣替代股前外侧穿支皮瓣修复左肩胸部隆凸性皮肤纤维肉瘤复发切除后创面一例 [J]. 中华烧伤杂志，2020，36（1）：67-69. {PAN Dongjing,JIANG Wei,LI Hanwei. Wounds after recision in recurrence of dermatofibrosarcoma protuberan in the left shoulder and chest repaired with anteromedial thigh perforator flap instead of anterolateral thigh perforator flap:A case report[J]. Zhonghua Shao Shang Za Zhi[Chin J Burns(Article in Chinese;Abstract in Chinese and English)],2020,36(1):67-69.}

[11430] 吴春，王正理，谭莉，戴本东，潘小建. 股前外侧 KISS 皮瓣修复多个手指背侧软组织缺损 [J]. 中华显微外科杂志，2020，43（1）：37-41. DOI：10.3760/cma.j.issn.1001-2036.2020.01.010. {WU Chun,WANG Zhengli,TAN Li,DAI Bendong,PAN Xiaojian. Application of KISS anterolateral thigh flap in repairing soft tissue defect of dorsal side of multiple fingers[J]. Zhonghua Xian Wei Wai Ke Za Zhi[Chin J Microsurg(Article in Chinese;Abstract in Chinese and English)],2020,43(1):37-41. DOI:10.3760/cma.j.issn.1001-2036.2020.01.010.}

[11431] 王成，沈余明，覃凤均. 应用股前外侧游离皮瓣移植治疗胫骨慢性骨髓炎的临床疗效观察 [J]. 骨科临床与研究杂志，2020，5（2）：111-115. DOI：10.19548/j.2096-269x.2020.02.010. {WANG Cheng,SHEN Yuming,QIN Fengjun. Clinical observation of anterolateral thigh free flap for treatment of chronic osteomyelitis of tibia[J]. Gu Ke Lin Chuang Yu Yan Jiu Za Zhi [J Clin Orthop

Res(Article in Chinese;Abstract in Chinese and English)],2020,5(2):111-115. DOI:10.19548/j.2096-269x.2020.02.010.}

[11432] 韩夫，郑朝，王洪涛，官浩，计鹏，胡晓龙，佟琳，张智，陈俏华，冯爱娜，胡大海．带阔筋膜股前外侧游离皮瓣修复头部鳞状细胞癌切除后硬脑膜缺损的效果[J]．中华烧伤杂志，2020，36（3）：219-223．{HAN Fu,ZHENG Chao,WANG Hongtao,GUAN Hao,JI Peng,HU Xiaolong,TONG Lin,ZHANG Zhi,CHEN Qiaohua,FENG Aina,HU Dahai. Effects of anterolateral thigh free flap with fascia lata in repairing dura mater defect after resection of head squamous cell carcinoma[J]. Zhonghua Shao Shang Za Zhi[Chin J Burns(Article in Chinese;Abstract in Chinese and English)],2020,36(3):219-223.}

[11433] 陈卓，张家平，何小庆，王凡，柴琳琳，杨青青，陈亮．游离股前外侧穿支皮瓣修复踝关节周围软组织缺损的效果分析[J]．局解手术学杂志，2020，29（5）：386-389．DOI: 10.11659/jjssx.11E019077．{CHEN Zhuo,ZHANG Jiaping,HE Xiaoqing,WANG Fan,CHAI Linlin,YANG Qingqing,CHEN Liang. Effect of anterolateral thigh perforator flap in repair of soft tissue defect around the ankle joint[J]. Ju Jie Shou Shu Xue Za Zhi[J Reg Anat Oper Surg(Article in Chinese;Abstract in Chinese and English)],2020,29(5):386-389. DOI:10.11659/jjssx.11E019077.}

[11434] 王顺吉，章文博，于尧，谢晓艳，杨宏宇，彭歆．术前虚拟设计在股前外侧皮瓣修复口腔颌面部缺损中的应用[J]．北京大学学报（医学版），2020，51（1）：119-123．DOI: 10.19723/j.issn.1671-167X.2020.01.019．{WANG Shunji,ZHANG Wenbo,YU Yao,XIE Xiaoyan,YANG Hongyu,PENG Xin. Application of computer-assisted design for anterolateral thigh flap in oral and maxillofacial reconstruction[J]. Beijing Da Xue Xue Bao (Yi Xue Ban)[J Peking Univ(Health Sci)(Article in Chinese;Abstract in Chinese and English)],2020,51(1):119-123. DOI:10.19723/j.issn.1671-167X.2020.01.019.}

4.5.1.7.1 旋股外侧动脉降支穿支皮瓣
perforator flap of descending branch of lateral circumflex femoral artery

[11435] Lan Z,Shao Y,Gu Z,Hu Y,Li H. Harvesting the lateral femoral circumflex chimera free flap:guidelines for elevation[J]. Plast Reconstr Surg,2013,131(3):446e-447e. doi:10.1097/PRS.0b013e31827c7276.

[11436] Gong ZJ,Zhang S,Wang K,Tan HY,Zhu ZF,Liu JB,Ren ZH,He ZJ,Wu HJ. Chimeric flaps pedicled with the lateral circumflex femoral artery for individualised reconstruction of through-and-through oral and maxillofacial defects[J]. Br J Oral Maxillofac Surg,2015,53(2):148-152. doi:10.1016/j.bjoms.2014.10.017.

[11437] He XQ,Zhu YL,Wang Y,Mei LB,Jin T,Xu YQ. The role of the distal runoff vessel of the descending branch of the lateral circumflex femoral system in anterolateral thigh flap surgery:a case series and literature review[J]. Ann Plast Surg,2016,77(1):72-79. doi:10.1097/SAP.0000000000000351.

[11438] Liu Y,Ding Q,Zang M,Yu S,Zhu S,Chen B,Zhang J. Classification and application of the distally-based thigh flap based on the lateral circumflex femoral artery system[J]. Ann Plast Surg,2017,78(5):497-504. doi:10.1097/SAP.0000000000000946.

[11439] Zhu S,Zang M,Yu S,Xu B,Liu Y. Distally based anteromedial thigh flaps pedicled on the rectus femoris branch of the lateral circumflex femoral artery for reconstruction of soft-tissue defect of the knee[J]. J Plast Reconstr Aesthet Surg,2018,71(5):743-749. doi:10.1016/j.bjps.2018.01.007.

[11440] Shen Y,Lu LG,Low DW,Zhou HH,Li J,Sun J. Perforator navigation using color Doppler ultrasound and three-dimensional reconstruction for preoperative planning of optimal lateral circumflex femoral artery system perforator flaps in head and neck reconstruction[J]. J Plast Reconstr Aesthet Surg,2019,72(6):990-999. doi:10.1016/j.bjps.2018.12.025.

[11441] Li Z,Yu A,Yu G,Tao S,Qi B. Repair of massive bone defects of the proximal femur using iliac bone flaps of the ascending branch of the lateral circumflex femoral artery:A retrospective report[J]. Ann Plast Surg,2020,84(5S Suppl 3):S235-S240. doi:10.1097/SAP.0000000000002361.

[11442] Zhu S,Zang M,Xu B,Chen B,Li S,Han T,Liu Y. Defect reconstruction using the propeller flaps based on the perforators derived from the lateral circumflex femoral artery system[J]. Ann Plast Surg,2021,86(4):450-457. doi:10.1097/SAP.0000000000002467.

[11443] Zhou X,You P,Huang S,Li X,Mao T,Liu A,Yan R,Zhang Y,Zhuo W,Wang S. Resection and reconstruction of a giant primitive neuroectodermal tumour of the abdominal wall with an ultra-long lateral circumflex femoral artery musculocutaneous flap:a case report[J]. BMC Surg,2021,21(1):90. doi:10.1186/s12893-021-01095-5.

[11444] 卢书文，唐茂林，肖祖荣．以旋股外侧动脉降支为蒂的股骨外侧髁骨（膜）瓣的临床应用[J]．中华显微外科杂志，2000，23（2）：89．DOI: 10.3760/cma.j.issn.1001-2036.2000.02.004．{LU Shuwen,TANG Maolin,XIAO Zurong,YI Bin. Clinical application of bone (periosteal) flap of the lateral condyle of femur with the pedicle of the descending branch of lateral circumflex femoral artery[J]. Zhonghua Xian Wei Wai Ke Za Zhi[Chin J Microsurg(Article in Chinese;Abstract in Chinese and English)],2000,23(2):89. DOI:10.3760/cma.j.issn.1001-2036.2000.02.004.}

[11445] 刘会仁，李瑞国，曹磊，张艳茂，高顺红，王岩，刘志旺，王国强．旋股外侧动脉降支分叶肌皮瓣的设计与临床应用[J]．中华显微外科杂志，2006，29（1）：10-13，插图1-1．DOI: 10.3760/cma.j.issn.1001-2036.2006.01.004．{LIU Huiren,LI Ruiguo,CAO Lei,ZHANG Yanmao,GAO Shunhong,WANG Yan,LIU Zhiwang,WANG Guoqiang. The design and clinical application of ramified musculocutaneous flap pedicled with the descending branch of lateral circumflex femoral artery[J]. Zhonghua Xian Wei Wai Ke Za Zhi[Chin J Microsurg(Article in Chinese;Abstract in Chinese and English)],2006,29(1):10-13,insert 1-1. DOI:10.3760/cma.j.issn.1001-2036.2006.01.004.}

[11446] 康庆林，曾炳芳，柴益民，王赤宇，宋文奇，王建华，韩培．以旋股外侧动脉降支为蒂的股前外侧和内侧双叶皮瓣移植术[J]．中华骨科杂志，2007，27（8）：600-603．DOI: 10.3760/j.issn: 0253-2352.2007.08.009．{KANG Qinglin,ZENG Bingfang,CHAI Yimin,WANG Chiyu,SONG Wenqi,WANG Jianhua,HAN Pei. The anterolateral and anteromedial thigh flap vascularized by descending branch of lateral circumflex femoral artery[J]. Zhonghua Gu Ke Za Zhi[Chin J Orthop(Article in Chinese;Abstract in Chinese and English)],2007,27(8):600-603. DOI:10.3760/j.issn:0253-2352.2007.08.009.}

[11447] 刘会仁，刘德群，李瑞国，曹磊，邵新中，张艳茂，项力源，王国强，孙来卿．旋股外侧动脉降支分叶肌皮瓣治疗肢体皮肤软组织缺损[J]．中华显微外科杂志，2007，30（4）：261-263，后插1．DOI: 10.3760/cma.j.issn.1001-2036.2007.04.012．{LIU Huiren,LIU Dequn,LI Ruiguo,CAO Lei,SHAO Xinzhong,ZHANG Yanmao,XIANG Liyuan,WANG Guoqiang,SUN Laiqin. Treatment of extremity infections with soft tissue defects with the ramified musculocutaneous flap pedicled with the descending branch of lateral circumflex femoral artery[J]. Zhonghua Xian Wei Wai Ke Za Zhi[Chin J Microsurg(Article in Chinese;Abstract in Chinese and English)],2007,30(4):261-263,insert 1. DOI:10.3760/cma.j.issn.1001-2036.2007.04.012.}

[11448] 张文正，章鸣，胡玉祥，张灵芝，张功林．以旋股外侧动脉降支为蒂的三叶皮瓣治疗多趾软组织缺损一例[J]．中华显微外科杂志，2008，31（3）：171．DOI: 10.3760/cma.j.issn.1001-2036.2008.03.035．{ZHANG Wenzheng,ZHANG Ming,HU Yuxiang,ZHANG Lingzhi,ZHANG Gonglin. Trilobal flap pedicled with descending branch of lateral circumflex femoral artery for repair of multi toe soft tissue defect:a case report[J]. Zhonghua Xian Wei Wai Ke Za Zhi[Chin J Microsurg(Article in Chinese;No abstract available)],2008,31(3):171. DOI:10.3760/cma.j.issn.1001-2036.2008.03.035.}

[11449] 王玉发，何英敏，王大伟，田恒，黑发志．旋股外侧动脉降支与膝外上动脉双轴点皮瓣的临床应用[J]．中华显微外科杂志，2008，31（6）：444-446．DOI: 10.3760/cma.j.issn.1001-2036.2008.06.015．{WANG Yufa,HE Yingmin,WANG Dawei,TIAN Heng,HEI Fazhi. Clinical application of biaxial point flap with descending branch of lateral circumflex femoral artery and superior genicular artery[J]. Zhonghua Xian Wei Wai Ke Za Zhi[Chin J Microsurg(Article in Chinese;Abstract in Chinese)],2008,31(6):444-446. DOI:10.3760/cma.j.issn.1001-2036.2008.06.015.}

[11450] 王铠，谭宏宇，吴汉江，朱兆夫，刘金兵，龚朝建．以旋股外侧动脉降支为蒂的穿支嵌合皮瓣修复口腔颌面部缺损[J]．中华整形外科杂志，2009，25（6）：422-424．DOI: 10.3760/cma.j.issn.1009-4598.2009.06.007．{WANG Kai,TAN Hongyu,WU Shuangjiang,ZHU Zhaofu,LIU Jinbing,GONG Chaojian. The chimeric perforator flap pedicled with descending branch of lateral circumflex femoral artery for reconstruction of oromaxillary soft tissue defect[J]. Zhonghua Zheng Xing Wai Ke Za Zhi[Chin J Plast Surg(Article in Chinese;Abstract in Chinese and English)],2009,25(6):422-424. DOI:10.3760/cma.j.issn.1009-4598.2009.06.007.}

[11451] 张文亚，张明，胡宇湘，伍辉国，宋东宁，侯桥．旋股外侧动脉降支多叶组织瓣修复多指（趾）软组织缺损[J]．中华骨科杂志，2010，30（3）：269-272．DOI: 10.3760/cma.j.issn.0253-2352.2010.03.009．{ZHANG Yawen,ZHANG Ming,HU Yuxiang,WU Huiguo,SONG Dongning,HOU Qiao. Repair soft tissue defects of multiple-fingers/toes with multiplefoliated flap pedicled by descending branch of lateral circumflex femoral artery[J]. Zhonghua Gu Ke Za Zhi[Chin J Orthop(Article in Chinese;Abstract in Chinese and English)],2010,30(3):269-272. DOI:10.3760/cma.j.issn.0253-2352.2010.03.009.}

[11452] 张文亚，伍辉国，胡玉祥，宋东宁，胡亚飞，江克罗，潘则昂，王云锋，李斌辉．旋股外侧动脉降支多叶组织瓣修复手部多部位软组织缺损[J]．中华显微外科杂志，2011，34（4）：280-282．DOI: 10.3760/cma.j.issn.1001-2036.2011.04.007．{ZHANG Yawen,WU Huiguo,HU Yuxiang,SONG Dongning,HU Yafei,JIANG Keluo,PAN Zeang,WANG Yunfeng,LI Binhui. Multiple soft tissue defects of hand repaired by muliplefoliated tissue flap only pedicled by descending branch of lateral circumflex femoral artery[J]. Zhonghua Xian Wei Wai Ke Za Zhi[Chin J Microsurg(Article in Chinese;Abstract in Chinese and English)],2011,34(4):280-282. DOI:10.3760/cma.j.issn.1001-2036.2011.04.007.}

[11453] 高顺红，陈超，焦成，费小轩，孙来卿，张文龙，董惠双，王斌，刘会仁，刘德群．以旋股外侧动脉降支供血的游离组织瓣修复小腿软组织缺损[J]．中华整形外科杂志，2011，27（3）：201-203．DOI: 10.3760/cma.j.issn.1009-4598.2011.03.011．{GAO Shunhong,CHEN Chao,JIAO Cheng,FEI Xiaoxuan,SUN Laiqing,ZHANG Wenlong,DONG Huishuang,WANG Bin,LIU Huiren,LIU Dequn. Repair of the soft tissue defects at legs with free tissue flap anastomosed with descendant branch of lateral femoral circumflex artery[J]. Zhonghua Zheng Xing Wai Ke Za Zhi[Chin J Plast Surg(Article in Chinese;Abstract in Chinese and English)],2011,27(3):201-203. DOI:10.3760/cma.j.issn.1009-4598.2011.03.011.}

[11454] 于晓光，石硕，李军，张国平．膝外上旋股外侧动脉降支穿支皮瓣修复膝周围软组织缺损[J]．中华显微外科杂志，2014，37（3）：291-293．DOI: 10.3760/cma.j.issn.1001-2036.2014.03.030．{YU Xiaoguang,SHI Shuo,LI Jun,ZHANG Guoping. Repair of soft tissue defects around the knee with descending branch perforator of lateral femoral artery flap[J]. Zhonghua Xian Wei Wai Ke Za Zhi[Chin J Microsurg(Article in Chinese;Abstract in Chinese)],2014,37(3):291-293. DOI:10.3760/cma.j.issn.1001-2036.2014.03.030.}

[11455] 何晓清，徐永清，朱跃良．旋股外侧动脉降支远端血管在股前外侧皮瓣手术中的应用价值[J]．中华显微外科杂志，2014，37（6）：521-523．DOI: 10.3760/cma.j.issn.1001-2036.2014.06.001．{HE Xiaoqing,XU Yongqing,ZHU Yueliang. Application value of distal descending branch of lateral circumflex femoral artery in anterolateral thigh flap[J]. Zhonghua Xian Wei Wai Ke Za Zhi[Chin J Microsurg(Article in Chinese;No abstract available)],2014,37(6):521-523. DOI:10.3760/cma.j.issn.1001-2036.2014.06.001.}

[11456] 冯仕明，王爱国，高顺红．患侧旋股外侧动脉降支逆行转位并桥接健侧游离股前外侧皮瓣修复小腿中远端创面[J]．中华创伤骨科杂志，2014，16（5）：441-443．DOI: 10.3760/cma.j.issn.1671-7600.2014.05.016．{FENG Shiming,WANG Aiguo,GAO Shunhong. Reversed transfer of descending branch of the lateral circumflex femoral artery on the affected side bridging with the anterolateral thigh flap on the contralateral side for repair of the wound of the middle and distal leg[J]. Zhonghua Chuang Shang Gu Ke Za Zhi[Chin J Orthop Trauma(Article in Chinese;Abstract in Chinese)],2014,16(5):441-443. DOI:10.3760/cma.j.issn.1671-7600.2014.05.016.}

[11457] 郭永明，刘重，滕云升，吴勐．以旋股外侧动脉降支为蒂的穿支嵌合皮瓣治疗跟骨慢性骨髓炎11例[J]．中华显微外科杂志，2015，38（5）：476-478．DOI: 10.3760/cma.j.issn.1001-2036.2015.05.020．{GUO Yongming,LIU Chong,TENG Yunsheng,WU Meng. Descending branch perforator of lateral circumflex femoral artery chimeric flap for repair of chronic osteomyelitis of calcaneus in 11 cases[J]. Zhonghua Xian Wei Wai Ke Za Zhi[Chin J Microsurg(Article in Chinese;Abstract in Chinese)],2015,38(5):476-478. DOI:10.3760/cma.j.issn.1001-2036.2015.05.020.}

[11458] 吴攀峰，唐举玉，李康华，梁捷予，俞芳，周征兵．旋股外侧动脉降支分叶穿支皮瓣临床应用16例[J]．中华显微外科杂志，2015，38（6）：526-529．DOI: 10.3760/cma.j.issn.1001-2036.2015.06.003．{WU Panfeng,TANG Juyu,LI Kanghua,LIANG Jieyu,YU Fang,ZHOU Zhengbing. Clinical application of the polyfoliate perforator flap with decending branch of the lateral circumflex femoral artery:16 cases report[J]. Zhonghua Xian Wei Wai Ke Za Zhi[Chin J Microsurg(Article in Chinese;Abstract in Chinese and English)],2015,38(6):526-529. DOI:10.3760/cma.j.issn.1001-2036.2015.06.003.}

[11459] 金文虎，魏在荣，邓呈亮，孙广峰，唐修俊，张子阳，张文夺，王达利．游离旋股外侧动脉降支穿支组织瓣的临床应用及对供区影响观察[J]．中国修复重建外科杂志，2015，29（10）：1284-1287．DOI: 10.7507/1002-1892.20150278．{JIN Wenhu,WEI Zairong,DENG Chengliang,SUN Guangfeng,TANG Xiujun,ZHANG Ziyang,ZHANG Wenduo,WANG Dali. Clinical application of free descending branch of lateral circumflex femoral artery perforator tissue flap and its impact on donor site[J]. Zhongguo Xiu Fu Chong Jian Wai Ke Za Zhi[Chin J Repar Reconstr Surg(Article in Chinese;Abstract in Chinese and English)],2015,29(10):1284-1287. DOI:10.7507/1002-1892.20150278.}

[11460] 尹路，宫可同，殷中罡，张波，曹树明，徐建华，齐江明．高位皮动脉在分叶嵌合旋股外侧动脉降支穿支皮瓣中应用两例[J]．中华显微外科杂志，2016，39（6）：619-620．DOI: 10.3760/cma.j.issn.1001-2036.2016.06.036．{YIN Lu,GONG Ketong,YING Zhonggang,ZHANG Bo,CAO Shuming,XU Jianhua,QI Jiangming. Application of high cutaneous artery in lobulated descending branch perforator of lateral circumflex femoral artery chimeric flap in two cases[J]. Zhonghua Xian Wei Wai Ke Za Zhi[Chin J Microsurg(Article in Chinese;No abstract available)],2016,39(6):619-620. DOI:10.3760/cma.j.issn.1001-2036.2016.06.036.}

[11461] 郑晓飞，李建美，刘国印，胡小峰，周明伟，陈建民．旋股外侧动脉降支串联分叶皮

瓣的临床应用 [J]. 中华手外科杂志，2016，32(6)：470-471. DOI：10.3760/cma.j.issn.1005-054X.2016.06.032. {ZHENG Xiaofei,LI Jianmei,LIU Guoyin,HU Xiaofeng,ZHOU Mingwei,CHEN Jianmin. Clinical application of ramified serial descending branch of lateral circumflex femoral artery flap[J]. Zhonghua Shou Wai Ke Za Zhi[Chin J Hand Surg(Article in Chinese;Abstract in Chinese)],2016,32(6):470-471. DOI:10.3760/cma.j.issn.1005-054X.2016.06.032.}

[11462] 常树森，杨敏萍，魏在荣，金文虎，王波，邓呈亮，孙广峰，唐修俊，曾雪琴. 旋股外侧动脉降支穿支皮瓣嵌合股外侧肌肌瓣修复下肢两处较远创面 [J]. 中华创伤杂志，2016，32(8)：741-744. DOI：10.3760/cma.j.issn.1001-8050.2016.08.016. {CHANG Shusen,YANG Minping,WEI Zairong,JIN Wenhu,WANG Bo,DENG Chengliang,SUN Guangfeng,TANG Xiujun,ZENG Xueqin,NIE Kaiyu. Lateral circumflex femoral artery descending branch perforator flap combined with lateral femoral muscle flap for repair of two distal wounds of lower extremity[J]. Zhonghua Chuang Shang Za Zhi[Chin J Trauma(Article in Chinese;No abstract available)],2016,32(8):741-744. DOI:10.3760/cma.j.issn.1001-8050.2016.08.016.}

[11463] 唐修俊，魏在荣，王波，祁建平，孙广峰，李海，张子阳，王达利. 旋股外侧动脉降支单叶或分叶皮瓣修复会阴及下腹部肿瘤切除创面 [J]. 中华整形外科杂志，2016，32(2)：111-115. DOI：10.3760/cma.j.issn.1009-4598.2016.02.007. {TANG Xiujun,WEI Zairong,WANG Bo,QI Jianping,SUN Guangfeng,LI Hai,ZHANG Ziyang,WANG Dali. Application of the lobulated flap or unilobular flap pedicled with the descending branch of lateral femoral circumflex artery in reconstruction of defects resulted from perineal and hypogastric tumor resection[J]. Zhonghua Zheng Xing Wai Ke Za Zhi[Chin J Plast Surg(Article in Chinese;Abstract in Chinese and English)],2016,32(2):111-115. DOI:10.3760/cma.j.issn.1009-4598.2016.02.007.}

[11464] 游兴，魏在荣，金文虎，李海，张文夺，孙广峰，唐修俊，聂开瑜，王达利，王波. 分叶显微削薄旋股外侧动脉降支穿支皮瓣修复手足复杂创面 [J]. 中华整形外科杂志，2016，32(4)：303-305. DOI：10.3760/cma.j.issn.1009-4598.2016.04.014. {YOU Xing,WEI Zairong,JIN Wenhu,LI Hai,ZHANG Wenduo,SUN Guangfeng,TANG Xiujun,NIE Kaiyu,WANG Dali,WANG Bo. Ramified lateral circumflex femoral artery perforator flap by microsurgical thinning for repair of complex wounds of hands and feet[J]. Zhonghua Zheng Xing Wai Ke Za Zhi[Chin J Plast Surg(Article in Chinese;No abstract available)],2016,32(4):303-305. DOI:10.3760/cma.j.issn.1009-4598.2016.04.014.}

[11465] 聂开瑜，常树森，魏在荣，金文虎，王波，孙广峰，唐修俊，曾雪琴，何春念. 旋股外侧动脉降支穿支皮瓣显微削薄的临床应用 [J]. 中国临床解剖学杂志，2017，35(1)：90-93. DOI：10.13418/j.issn.1001-165x.2017.01.018. {NIE Kaiyu,CHANG Shusen,WEI Zairong,JIN Wenhu,WANG Bo,SUN Guangfeng,TANG Xiujun,ZENG Xueqin,HE Chunnian. Clinical application of micro-debulking perforator flap based on descending branch of the lateral circumflex femoral artery[J]. Zhongguo Lin Chuang Jie Pou Xue Za Zhi[Chin J Clin Anat(Article in Chinese;Abstract in Chinese and English)],2017,35(1):90-93. DOI:10.13418/j.issn.1001-165x.2017.01.018.}

[11466] 曾蔚，周征兵，唐举玉，彭伶丽，吴攀峰，俞芳. 旋股外侧动脉降支穿支皮瓣移植修复四肢软组织缺损的术后管理 [J]. 中华显微外科杂志，2017，40(1)：101-103. DOI：10.3760/cma.j.issn.1001-2036.2016.05.032. {ZENG Wei,ZHOU Zhengbing,TANG Juyu,PENG Lingli,WU Panfeng,YU Fang. Postoperative management of descending branch perforator of lateral circumflex femoral artery flap for repair of soft tissue defects of extremities[J]. Zhonghua Xian Wei Wai Ke Za Zhi[Chin J Microsurg(Article in Chinese;Abstract in Chinese)],2017,40(1):101-103. DOI:10.3760/cma.j.issn.1001-2036.2016.05.032.}

[11467] 卿黎明，贺继强，唐举玉，吴攀峰，周征兵，俞芳. 旋股外侧动脉降支穿支皮瓣供区直接闭合的可靠切取宽度及其影响因素分析 [J]. 中华显微外科杂志，2017，40(2)：114-117. DOI：10.3760/cma.j.issn.1001-2036.2017.02.003. {QING Liming,HE Jiqiang,TANG Juyu,WU Panfeng,ZHOU Zhengbing,YU Fang. A reliable parameter for primary closure of the donor site of the descending branch of the circumflex femoral lateral artery perforator flap and analysis its effective factors[J]. Zhonghua Xian Wei Wai Ke Za Zhi[Chin J Microsurg(Article in Chinese;Abstract in Chinese and English)],2017,40(2):114-117. DOI:10.3760/cma.j.issn.1001-2036.2017.02.003.}

[11468] 姚阳，车敏，李崇杰. 旋股外侧动脉降支分叶肌皮瓣修复小腿伴深部死腔组织缺损七例 [J]. 中华显微外科杂志，2017，40(6)：603-605. DOI：10.3760/cma.j.issn.1001-2036.2017.06.028. {YAO Yang,CHE Min,LI Chongjie. Descending branch of lateral circumflex femoral artery fasciocutaneous flap for repair of deep dead space tissue defect in leg in 7 cases[J]. Zhonghua Xian Wei Wai Ke Za Zhi[Chin J Microsurg(Article in Chinese;Abstract in Chinese)],2017,40(6):603-605. DOI:10.3760/cma.j.issn.1001-2036.2017.06.028.}

[11469] 郑炜，魏在荣，马琳，邓呈亮，李海，金文虎，常树森. 高频彩色多普勒超声在旋股外侧动脉降支穿支分叶皮瓣术前导航中的应用效果 [J]. 中华烧伤杂志，2017，33(10)：616-618. DOI：10.3760/cma.j.issn.1009-2587.2017.10.006. {ZHENG Wei,WEI Zairong,MA Lin,DENG Chengliang,LI Hai,JIN Wenhu,CHANG Shusen. Application of high frequency color Doppler ultrasound in preoperative navigation of lateral circumflex femoral artery perforator flap[J]. Zhonghua Shao Shang Za Zhi[Chin J Burns(Article in Chinese;Abstract in Chinese)],2017,33(10):616-618. DOI:10.3760/cma.j.issn.1009-2587.2017.10.006.}

[11470] 袁兆能，彭剑飞，李敬矿，王光耀，韩春梅，钟振东. 削薄的旋股外侧动脉降支穿支皮瓣修复小腿下段及踝部软组织缺损 [J]. 中华显微外科杂志，2018，41(3)：280-282. DOI：10.3760/cma.j.issn.1001-2036.2018.03.023. {YUAN Zhaoneng,PENG Jianfei,LI Jingkuang,WANG Guangyao,HAN Chunmei,ZHONG Zhendong. Thinning descending perforator of lateral circumflex femoral artery flap for repair of soft tissue defects of lower leg and ankle[J]. Zhonghua Xian Wei Wai Ke Za Zhi[Chin J Microsurg(Article in Chinese;Abstract in Chinese)],2018,41(3):280-282. DOI:10.3760/cma.j.issn.1001-2036.2018.03.023.}

[11471] 刘少华，李有斌，马战备，于鹤童，吴羽，马良，梁越闯，南宠，李冬月，任晓伟，赵欢欢. 旋股外侧动脉降支穿支皮瓣修复足部软组织缺损 14 例 [J]. 中华显微外科杂志，2018，41(4)：388-391. DOI：10.3760/cma.j.issn.1001-2036.2018.04.021. {LIU Shaohua,LI Youbin,MA Zhanbei,YU Hetong,WU Yu,MA Liang,LIANG Yuechuan,NAN Chong,LI Dongyue,REN Xiaowei,ZHAO Huanghuang. Descending branch perforator flap of lateral circumflex femoral artery for repair of foot soft tissue defect in 14 cases[J]. Zhonghua Xian Wei Wai Ke Za Zhi[Chin J Microsurg(Article in Chinese;Abstract in Chinese)],2018,41(4):388-391. DOI:10.3760/cma.j.issn.1001-2036.2018.04.021.}

[11472] 唐举玉，贺继强，吴攀峰，周征兵，俞芳，卿黎明，潘丁，庞晓阳，曾磊，肖勇兵，刘睿. 旋股外侧动脉降支嵌合穿支皮瓣立体修复合并深部死腔的下肢软组织缺损 [J]. 中华显微外科杂志，2018，41(5)：424-427. DOI：10.3760/cma.j.issn.1001-2036.2018.05.003. {TANG Juyu,HE Jiqiang,WU Panfeng,ZHOU Zhengbing,YU Fang,QING Liming,PAN Ding,PANG Xiaoyang,ZENG Lei,XIAO Yongbing,LIU Rui. Repair of the soft tissue defects combined dead space in lower extremities with the descending branch of lat-eral circumflex femoral artery chimeric perforator flap[J]. Zhonghua Xian Wei Wai Ke Za Zhi[Chin J Microsurg(Article in Chinese;Abstract in Chinese and English)],2018,41(5):424-427. DOI:10.3760/cma.j.issn.1001-2036.2018.05.003.}

[11473] 唐修俊，王达利，魏在荣，王波，张子阳，吴必华，陈伟. 旋股外侧动脉降支皮瓣的个体化设计与供瓣区的生态保护 [J]. 中华整形外科杂志，2018，34(7)：509-514. DOI：10.3760/cma.j.issn.1009-4598.2018.07.004. {TANG Xiujun,WANG Dali,WEI Zairong,WANG Bo,ZHANG Ziyang,WU Bihua,CHEN Wei. Individualized design for arteriae circumflexa femoris lateralis descending branch of perforator flap and ecological protection with flap-supply area[J]. Zhonghua Zheng Xing Wai Ke Za Zhi[Chin J Plast Surg(Article in Chinese;Abstract in Chinese and English)],2018,34(7):509-514. DOI:10.3760/cma.j.issn.1009-4598.2018.07.004.}

[11474] 孙鹏，战杰，王思夏. 旋股外侧动脉降支分叶穿支皮瓣修复小腿复杂软组织缺损 [J]. 中华显微外科杂志，2019，42(4)：383-385. DOI：10.3760/cma.j.issn.1001-2036.2019.04.017. {SUN Peng,ZHAN Jie,WANG Sixia. Repair of complex soft tissue defects of the leg with lobulated perforator flap pedicled with descending branch of lateral circumflex femoral artery[J]. Zhonghua Xian Wei Wai Ke Za Zhi[Chin J Microsurg(Article in Chinese;Abstract in Chinese)],2019,42(4):383-385. DOI:10.3760/cma.j.issn.1001-2036.2019.04.017.}

[11475] 孙鹏，战杰，王思夏，吴锦生，马俊伟. 旋股外侧动脉降支穿支皮瓣修复上肢电击伤创面 [J]. 中华显微外科杂志，2019，42(5)：446-449. DOI：10.3760/cma.j.issn.1001-2036.2019.05.007. {SUN Peng,ZHAN Jie,WANG Sixia,WU Jinsheng,MA Junwei. Repair of electrical wound injury in upper limbs with perforator flap pedicled with the descending branch of lateral circumflex femoral artery[J]. Zhonghua Xian Wei Wai Ke Za Zhi[Chin J Microsurg(Article in Chinese;Abstract in Chinese and English)],2019,42(5):446-449. DOI:10.3760/cma.j.issn.1001-2036.2019.05.007.}

[11476] 周征兵，唐举玉，吴攀峰，俞芳，潘丁，曾磊，肖勇兵，庞晓阳，卿黎明，刘睿. 双侧旋股外侧动脉降支穿支皮瓣组合移植治疗上肢大面积组织缺损 [J]. 中华手外科杂志，2019，35(3)：183-185. DOI：10.3760/cma.j.issn.1005-054X.2019.03.008. {ZHOU Zhengbing,TANG Juyu,WU Panfeng,YU Fang,PAN Ding,ZENG Lei,XIAO Yongbing,PANG Xiaoyang,QING Liming,LIU Rui. Combined transplantation of bilateral perforator flaps based on the descending branch of lateral circumflex femoral artery for the reconstruction of large area tissue defects of upper limbs[J]. Zhonghua Shou Wai Ke Za Zhi[Chin J Hand Surg(Article in Chinese;Abstract in Chinese and English)],2019,35(3):183-185. DOI:10.3760/cma.j.issn.1005-054X.2019.03.008.}

[11477] 刘霞，王永胜，李军，邱健钊. 游离旋股外侧动脉降支穿支皮瓣修复小腿及足踝部软组织缺损 15 例 [J]. 实用手外科杂志，2020，34(2)：163-166. DOI：10.3969/j.issn.1671-2722.2020.02.014. {LIU Xia,WANG Yongsheng,LI Jun,QIU Jianzhao. Repair of the soft tissue defect of the lower leg and the ankle by the perforator flap with descending branch of the lateral femoral artery:15 cases report[J]. Shi Yong Shou Wai Ke Za Zhi[Chin J Pract Hand Surg(Article in Chinese;Abstract in Chinese and English)],2020,34(2):163-166. DOI:10.3969/j.issn.1671-2722.2020.02.014.}

4.5.1.7.2 旋股外侧动脉横支穿支皮瓣
perforator flap of transverse branch of lateral circumflex femoral artery

[11478] 赵德伟，孙强，于晓光，谷翔宇，王德仁，张朝阳，范志伟，吕平，毛瑞军. 带旋股外侧血管升支或横支骨瓣转移治疗股骨干中下段骨不愈合 [J]. 中华显微外科杂志，1998，21(1)：3-5. {ZHAO Dewei,SUN Qiang,YU Xiaoguang,GU Xiangyu,WANG Deren,ZHANG Chaoyang,FAN Zhiwei,LV Ping,MAO Ruijun. Treatment of middle and inferior femoral bone fracture nonunion by the transplantation of bone flap with ascending and transverse branch of the lateral femoral circumflex vessels[J]. Zhonghua Xian Wei Wai Ke Za Zhi[Chin J Microsurg(Article in Chinese;Abstract in Chinese and English)],1998,21(01):3-5.}

[11479] 张天宏，安荣泽，朱劲松，杨效宁. 带旋股外侧血管横支大粗隆骨瓣转移在股骨头重建中的应用 [J]. 中华显微外科杂志，2002，25(2)：111-112. DOI：10.3760/cma.j.issn.1001-2036.2002.02.012. {ZHANG Tianhong,AN Rongze,ZHU Jinsong,YANG Xiaoning. Application of transposition of greater trochanter flap pedicled with branch of transverse lateral circumflex femoral vascular to repair the femoral head[J]. Zhonghua Xian Wei Wai Ke Za Zhi[Chin J Microsurg(Article in Chinese;Abstract in Chinese and English)],2002,25(2):111-112. DOI:10.3760/cma.j.issn.1001-2036.2002.02.012.}

[11480] 张天宏，安荣泽，朱劲松，杨效宁. 带旋股外侧血管横支大粗隆骨瓣移位在股骨头重建中的应用 [J]. 中国修复重建外科杂志，2002，16(5)：363. {ZHANG Tianhong,AN Rongze,ZHU Jinsong,YANG Xiaoning. Application of greater trochanter flap with transverse branch of lateral femoral circumflex vessel in reconstruction of femoral head[J]. Zhongguo Xiu Fu Chong Jian Wai Ke Za Zhi[Chin J Repair Reconstr Surg(Article in Chinese;No abstract available)],2002,16(5):363.}

[11481] 黄廷山. 旋股外侧血管横支大转子骨瓣移植加内固定治疗股骨颈骨折 [J]. 创伤外科杂志，2008，10(1)：90. DOI：10.3969/j.issn.1009-4237.2008.01.043. {HUANG Tingshan. Treatment of the fracture of the femoral neck by bone valves of greater trochanter flap with the transverse branch of the lateral femoral circumflex artery and internal fixation[J]. Chuang Shang Wai Ke Za Zhi[J Traum Surg(Article in Chinese;Abstract in Chinese)],2008,10(1):90. DOI:10.3969/j.issn.1009-4237.2008.01.043.}

[11482] 章伟文，王欣，陈宏，潘佳栋，徐吉海. 旋股外侧动脉横支为蒂的股前外侧皮瓣重建肘部复合组织缺损的临床应用 [J]. 中华手外科杂志，2009，25(04)：233-235. {ZHANG Weiwen,WANG Xin,CHEN Hong,PAN Jiadong,XU Jihai. Clincal application of the anterolateral thigh flap pedicled on the transverse branch of the lateral femoral circumflex artery for reconstruction of composite defects of the elbow[J]. Zhonghua Shou Wai Ke Za Zhi[Chin J Hand Surg(Article in Chinese;Abstract in Chinese and English)],2009,25(04):233-235.}

4.5.2 膝部皮瓣
knee flap

4.5.2.1 膝上外侧皮瓣
lateral supragenicular flap

[11483] 宁金龙，展望，李晓静，张林. 带膝上外侧动脉蒂逆行股前外侧岛状皮瓣和肌皮瓣临床应用 [J]. 中华显微外科杂志，1996，19(2)：91-93. {NING Jinlong,ZHAN Wang,LI Xiaojing,ZHANG Lin. Clinical application of the reversed anterolateral thigh island flap and musculocutaneous flap[J]. Zhonghua Xian Wei Wai Ke Za Zhi[Chin J Microsurg(Article in Chinese;Abstract in Chinese and English)],1996,19(2):91-93.}

[11484] 王树锋，张高孟，王明山，王涛，吕占辉，路培法，王志刚. 膝上外侧骨皮瓣的临床应用 [J]. 中华骨科杂志，1999，19(9)：39-41. {WANG Shufeng,ZHANG Gaomeng,WANG Mingshan,WANG Tao,LV Zhanhui,LU Peifa,WANG Zhigang. The clinical application of the lateral above knee osteocutaneous flap[J]. Zhonghua Gu Ke Za Zhi[Chin J Orthop(Article in Chinese;Abstract in Chinese and English)],1999,19(9):39-41.}

[11485] 邢进峰，张春，陈中，曹扬，吴恙，赵巍，林平. 膝上外侧动脉复合皮瓣的临床应用 [J]. 中华显微外科杂志，2001，24(3)：211-212. DOI：10.3760/cma.j.issn.1001-2036.2001.03.021. {XING Jinfeng,ZHANG Chun,CHEN Zhong,CAO Yang,WU Yang,ZHAO Wei,LIN Ping. Clinical application of lateral superior genicular artery composite flap[J]. Zhonghua Xian Wei Wai Ke Za Zhi[Chin J Microsurg(Article in Chinese;Abstract in Chinese)],2001,24(3):211-212. DOI:10.3760/cma.j.issn.1001-2036.2001.03.021.}

[11486] 刘雪涛，刘勇，曲连军，王蕾，张成进，李忠，刘光军，范启申，王成琪. 膝上外侧皮瓣修复肢体远端皮肤缺损 [J]. 中华显微外科杂志，2009，32(1)：73-74. DOI：10.3760/cma.j.issn.1001-2036.2009.01.035. {LIU Xuetao,LIU Yong,QU Lianjun,WANG Lei,ZHANG Chengjin,LI Zhong,LIU Guangjun,FAN Qishen,WANG Chengqi. Repair of skin defect of distal limb with lateral superior knee flap[J]. Zhonghua Xian Wei Wai Ke Za Zhi[Chin J Microsurg(Article in Chinese;Abstract in Chinese)],2009,32(1):73-74. DOI:10.3760/cma.j.issn.1001-2036.2009.01.035.}

[11487] 王俊义，李大伟，金天明，刘钟文．膝上外侧筋膜皮瓣修复结合退癀消肿汤治疗膝关节周围皮肤软组织缺损 [J]．中国骨伤，2010，23（3）：175–176．DOI：10.3969/j.issn.1003–0034.2010.03.007．{WANG Junyi,LI Dawei,JIN Tianming,LIU Zhongwen. Lateral superior genicular flap combined with Tuihuang Xiaozhong decoction (退癀消肿汤)for the treatment of soft tissue defects around the knee joint[J]. Zhongguo Gu Shang[China J Orthop Trauma(Article in Chinese;Abstract in Chinese and English)],2010,23(3):175-176. DOI:10.3969/j.issn.1003-0034.2010.03.007.}

[11488] 许亚军，陈政，包岳丰，周晓，柯尊山，周建东，陈学明．股前外–膝上外侧逆行岛状皮瓣修复小腿软组织缺损 [J]．中华显微外科杂志，2013，36（1）：63–65．DOI：10.3760/cma.j.issn.1001–2036.2013.01.018．{XU Yajun,CHEN Zheng,BAO Yuefeng,ZHOU Xiao,KE Zunshan,ZHOU Jiandong,CHEN Xueming. Anterolateral thigh and lateral superior genicular reversed island flap for repair of soft tissue defect of lower leg[J]. Zhonghua Xian Wei Wai Ke Za Zhi[Chin J Microsurg(Article in Chinese;Abstract in Chinese)],2013,36(1):63-65. DOI:10.3760/cma.j.issn.1001-2036.2013.01.018.}

[11489] 王爱国，冯仕明，张在轶，周明明，陶友伦，郝云甲，武艳云．带阔筋膜膝上外侧动脉逆行岛状皮瓣修复膝关节周围皮肤软组织缺损 20 例 [J]．中华烧伤杂志，2015，31（6）：460–461．DOI：10.3760/cma.j.issn.1009–2587.2015.06.019．{WANG Aiguo,FENG Shiming,ZHANG Zaiyi,ZHOU Mingming,TAO Youlun,HAO Yunjia,WU Yanyun. Reversed lateral superior genicular artery island flap with fascia lata for repair of skin and soft tissue defects around knee in 20 cases[J]. Zhonghua Shao Shang Za Zhi[Chin J Burns(Article in Chinese;No abstract available)],2015,31(6):460-461. DOI:10.3760/cma.j.issn.1009-2587.2015.06.019.}

[11490] 刘勇，张成进，付兴茂，王剑利，隋志强，张雪涛，王蕾．膝上外侧复合组织瓣的临床应用 [J]．中华整形外科杂志，2015，31（2）：111–114．DOI：10.3760/cma.j.issn.1009–4598.2015.02.009．{LIU Yong,ZHANG Chengjin,FU Xingmao,WANG Jianli,SUI Zhiqiang,ZHANG Xuetao,WANG Lei. Clinical application of lateral superior genicular composite tissue flap[J]. Zhonghua Zheng Xing Wai Ke Za Zhi[Chin J Plast Surg(Article in Chinese;Abstract in Chinese and English)],2015,31(2):111-114. DOI:10.3760/cma.j.issn.1009-4598.2015.02.009.}

4.5.2.2 膝上外侧动脉穿支皮瓣
perforator flap of lateral superior knee

[11491] 郑鑫，安洪宾，陈滔，王海宝．膝上外侧动脉穿支髂胫束皮瓣修复腘窝部瘢痕挛缩 [J]．中国骨伤，2013，26（2）：128–130．DOI：10.3969/j.issn.1003–0034.2013.02.011．{ZHENG Xin,AN Hongbin,CHEN Tao,WANG Haibao. The lateral superior genicular artery perforator iliotibial band flap for the treatment of scar contraction of popliteal fossa[J]. Zhongguo Gu Shang[China J Orthop Trauma(Article in Chinese;Abstract in Chinese and English)],2013,26(2):128-130. DOI:10.3969/j.issn.1003-0034.2013.02.011.}

[11492] 金日浩，王夫平，冷树立，陈康察，李国强，余业文，金昱．膝上外侧动脉嵌合穿支皮瓣修复第一掌背复合组织缺损 [J]．中国修复重建外科杂志，2014，28（3）：393–394．DOI：10.7507/1002–1892.20140088．{JIN Rihao,WANG Fuping,LENG Shuli,CHEN Kangcha,LI Guoqiang,YU Yewen,JIN Yu. Lateral superior genicular artery chimeric perforator flap for repair of the first dorsal metacarpal composite tissue defect[J]. Zhongguo Xiu Fu Chong Jian Wai Ke Za Zhi[Chin J Repar Reconstr Surg(Article in Chinese;Abstract in Chinese)],2014,28(3):393-394. DOI:10.7507/1002-1892.20140088.}

[11493] 张净宇，胡宏宇，高顺红，于志亮，平凡，张文龙．膝上外侧动脉穿支皮瓣逆行修复膝关节周围软组织缺损的临床观察 [J]．中华解剖与临床杂志，2016，21（6）：570–572．DOI：10.3760/cma.j.issn.2095–7041.2016.06.023．{ZHANG Jingyu,HU Hongyu,GAO Shunhong,YU Zhiliang,PING Fan,ZHANG Wenlong. The clinical observation of lateral superior genicular artery perforator flap for repairing skin tissue defect around the knee joint[J]. Zhonghua Jie Pou Yu Lin Chuang Za Zhi[Chin J Anat Clin(Article in Chinese;No abstract available)],2016,21(6):570-572. DOI:10.3760/cma.j.issn.2095-7041.2016.06.023.}

[11494] 王海峰，李小河，李世元，宋飞，耿磊，符来想，韩伟，董志远．旋股外侧动脉降支–膝上外侧动脉穿支逆行股前外侧皮瓣的临床应用 [J]．中华解剖与临床杂志，2017，22（6）：515–518．DOI：10.3760/cma.j.issn.2095–7041.2017.06.014．{WANG Haifeng,LI Xiaohe,LI Shiyuan,SONG Fei,GENG Lei,FU Laixiang,HAN Wei,DONG Zhiwei. Clinical application of the reversed anterolateral thigh flap pedicled with the descending branch of lateral circumflex femoral artery-lateral superior genicular artery perforator[J]. Zhonghua Jie Pou Yu Lin Chuang Za Zhi[Chin J Anat Clin(Article in Chinese;No abstract available)],2017,22(6):515-518. DOI:10.3760/cma.j.issn.2095-7041.2017.06.014.}

[11495] 唐举玉，贺继强，吴攀峰，周征兵，俞芳，卿黎明，潘丁，庞晓阳，曾磊，肖勇兵，刘睿．膝上外侧动脉穿支皮瓣修复四肢皮肤软组织缺损 [J]．中国修复重建外科杂志，2019，33（4）：467–470．DOI：10.7507/1002–1892.201811103．{TANG Juyu,HE Jiqiang,WU Panfeng,ZHOU Zhengbing,YU Fang,QING Liming,PAN Ding,PANG Xiaoyang,ZENG Lei,XIAO Yongbing,LIU Rui. Repair of skin and soft tissue defects in extremities with the superior lateral genicular artery perforator flap[J]. Zhongguo Xiu Fu Chong Jian Wai Ke Za Zhi[Chin J Repar Reconstr Surg(Article in Chinese;Abstract in Chinese and English)],2019,33(4):467-470. DOI:10.7507/1002-1892.201811103.}

4.5.2.3 隐动脉皮瓣
flap of saphenous artery

[11496] 鲁开化，罗锦辉，郭树忠．隐动脉轴型皮瓣在下肢创面修复中的应用 [J]．中华外科杂志，1986，24（12）：762–764．{LU Kaihua,LUO Jinhui,GUO Shuzhong. Application of saphenous artery axial flap for repair of lower extremity wound[J]. Zhonghua Wai Ke Za Zhi[Chin J Surg(Article in Chinese;No abstract available)],1986,24(12):762-764.}

[11497] 周晓天，俞宝梁，黄广孚，任林森，何仕蓉．皮肤扩张术在隐动脉皮瓣移位中的应用 [J]．中国修复重建外科杂志，1992，6（1）：42–68．{ZHOU Xiaotian,YU Baoliang,HUANG Guangfu,REN Linsen,HE Shirong. Application of skin expansion technique in saphenous artery flap[J]. Zhongguo Xiu Fu Chong Jian Wai Ke Za Zhi[Chin J Repar Reconstr Surg(Article in Chinese;No abstract available)],1992,6(1):42-68.}

[11498] 傅跃先，向代理，邱林，张显文，唐毅，王珊．带隐动脉蒂皮瓣修复儿童膝与足踝皮肤缺损 [J]．中华显微外科杂志，1996，19（2）：97–99．{FU Yuexian,XIANG Daili,QIU Lin,ZHANG Xianwen,TANG Yi,WANG Shan. Repair of skin defects of lower limbs with saphenous flap in children[J]. Zhonghua Xian Wei Wai Ke Za Zhi[Chin J Microsurg(Article in Chinese;Abstract in Chinese and English)],1996,19(2):97-99.}

[11499] 李会全，丰德宽，李储忠．带隐动脉逆行双叶岛状皮瓣修复对侧足底贯通伤一例 [J]．中华显微外科杂志，1999，22（3）：240．DOI：10.3760/cma.j.issn.1001–2036.1999.03.054．{LI Huiquan,FENG Dekuan,LI Chuzhong. Reversed bilobed saphenous artery island flap for repair of contralateral plantar penetrating injury:a case report[J]. Zhonghua Xian Wei Wai Ke Za Zhi[Chin J Microsurg(Article in Chinese;No abstract available)],1999,22(3):240. DOI:10.3760/cma.j.issn.1001-2036.1999.03.054.}

[11500] 傅跃先，向代理，邱林，张显文，唐毅，王珊．儿童隐动脉皮瓣交腿移植 10 例 [J]．中华整形烧伤外科杂志，1999，15：316–317．{FU Yuexian,XIANG Daili,QIU Lin,ZHANG Xianwen,TANG Yi,WANG Shan. Saphenous artery cross-leg flap in 10 children[J]. Zhonghua Zheng Xing Shao Shang Wai Ke Za Zhi[Chin J Plast Surg Burns(Article in Chinese;No abstract available)],1999,15:316-317.}

[11501] 陈鹏云，丰德宽，王思峰，杨连海．含隐动脉及腓浅血管的双蒂皮瓣联合移植修复胫前窄长创面 [J]．实用骨科杂志，1999，5（1）：14–16．{CHEN Pengyun,FENG Dekuan,WANG Sifeng,YANG Lianhai. Combined grafting of double-pedicle flap containing saphenous and superficial peroneal vessel for long and narrow wound in front of tibia[J]. Shi Yong Gu Ke Za Zhi[J Pract Orthop(Article in Chinese;Abstract in Chinese and English)],1999,5(1):14-16.}

[11502] 丰德宽，陈鹏云，李会全．隐动脉逆行双叶交腿皮瓣修复踝部贯通伤 [J]．中华整形外科杂志，2000，16（3）：187．DOI：10.3760/j.issn：1009–4598.2000.03.020．{FENG Dekuan,CHEN Pengyun,LI Huiquan. Reversed bi-lobe saphenous artery cross-leg flap repair of penetrating injury of ankle[J]. Zhonghua Zheng Xing Wai Ke Za Zhi[Chin J Plast Surg(Article in Chinese;No abstract available)],2000,16(3):187. DOI:10.3760/j.issn:1009-4598.2000.03.020.}

[11503] 李永忠．扩张后的隐动脉皮瓣修复膝关节电烧伤一例 [J]．中国修复重建外科杂志，2000，14（4）：257．{LI Yongzhong. Repair of electric burn of knee joint with expanded saphenous artery flap:a case report[J]. Zhongguo Xiu Fu Chong Jian Wai Ke Za Zhi[Chin J Repar Reconstr Surg(Article in Chinese;No abstract available)],2000,14(4):257.}

[11504] 娄宏亮，杨连根，张增方，安小刚，韩守江，王辉，葛海岩．隐动脉筋膜蒂的交腿皮瓣修复小腿严重软组织缺损 [J]．中国创伤骨科杂志，2003，5（1）：74–75．DOI：10.3760/cma.j.issn.1671–7600.2003.01.022．{LOU Hongliang,YANG Liangen,ZHANG Zengfang,AN Xiaogang,HAN Shoujiang,WANG Hui,GE Haiyan. Repair of serious soft-tissue defects of tibia with fasciocutaneous flap pedicled with saphenous artery from the other leg[J]. Zhonghua Chuang Shang Gu Ke Za Zhi[Chin J Orthop Trauma(Article in Chinese;Abstract in Chinese and English)],2003,5(1):74-75. DOI:10.3760/cma.j.issn.1671-7600.2003.01.022.}

[11505] 温曙荣，郭奇峰，刘志凌．应用隐动脉皮瓣转移修复胫骨平台骨折内固定术后皮肤缺损 [J]．中华显微外科杂志，2005，28（3）：257–258．DOI：10.3760/cma.j.issn.1001–2036.2005.03.027．{WEN Shurong,GUO Qifeng,LIU Zhiling. Saphenous artery flap for repair of skin defect after internal fixation of tibial plateau fracture[J]. Zhonghua Xian Wei Wai Ke Za Zhi[Chin J Microsurg(Article in Chinese;Abstract in Chinese)],2005,28(3):257-258. DOI:10.3760/cma.j.issn.1001-2036.2005.03.027.}

[11506] 赵晓航，赵义荣，胡德峰，孙艺．隐动脉皮瓣游离移植修复手部皮肤缺损 [J]．中华显微外科杂志，2008，31（4）：290–291．DOI：10.3760/cma.j.issn.1001–2036.2008.04.020．{ZHAO Xiaohang,ZHAO Yirong,HU Defeng,SUN Yi. Free saphenous artery flap for repair of hand skin defect[J]. Zhonghua Xian Wei Wai Ke Za Zhi[Chin J Microsurg(Article in Chinese;Abstract in Chinese)],2008,31(4):290-291. DOI:10.3760/cma.j.issn.1001-2036.2008.04.020.}

[11507] 张申申，王磊，赵维彦，李炳万，李大村．家兔逆行隐动脉皮瓣中静脉干对静脉回流影响的实验研究 [J]．实用手外科杂志，2008，22（1）：33–35，封 3．DOI：10.3969/j.issn.1671–2722.2008.01.011．{ZHANG Shenshen,WANG Lei,ZHAO Weiyan,LI Bingwan,LI Dacun. Effect of Vein trunks on venous draiange in saphenous reverse-flow island flap:an experimental study of rabbit[J]. Shi Yong Shou Wai Ke Za Zhi[Chin J Pract Hand Surg(Article in Chinese;Abstract in Chinese and English)],2008,22(1):33-35,cover 3. DOI:10.3969/j.issn.1671-2722.2008.01.011.}

[11508] 文根，柴益民，曾炳芳，汪春阳，吴旭华，陈铿．隐动脉穿支蒂股神经前皮支营养血管逆行皮瓣的临床应用 [J]．中华整形外科杂志，2009，25（6）：430–432．DOI：10.3760/cma.j.issn.1009–4598.2009.06.010．{WEN Gen,CHAI Yimin,ZENG Bingfang,WANG Chunyang,WU Xuhua,CHEN Keng. Clinical application of the reverse neurocutaneous flap with anterior cutaneous branch of the femoral nerve supplied by the perforator of saphenous artery[J]. Zhonghua Zheng Xing Wai Ke Za Zhi[Chin J Plast Surg(Article in Chinese;Abstract in Chinese and English)],2009,25(6):430-432. DOI:10.3760/cma.j.issn.1009-4598.2009.06.010.}

[11509] 巨积辉，金光哲，赵强，刘跃飞，魏诚，李雷，李建宁，刘新益，邹国平，侯瑞兴．游离隐动脉皮瓣修复手足部皮肤软组织缺损 [J]．中国临床解剖学杂志，2010，28（6）：690–693．{JU Jihui,JIN Guangzhe,ZHAO Qiang,LIU Yuefei,WEI Cheng,LI Lei,LI Jianning,LIU Xinyi,ZOU Guoping,HOU Ruixing. Repair of hand and foot soft tissue defect with dissociative saphenous arteria flap[J]. Zhongguo Lin Chuang Jie Pou Xue Za Zhi[Chin J Clin Anat(Article in Chinese;Abstract in Chinese and English)],2010,28(6):690-693.}

[11510] 夏成德，李晓亮，狄海萍，薛继东，李强，张业龙，牛希华．隐动脉岛状皮瓣修复膝关节周围深度烧伤创面九例 [J]．中华烧伤杂志，2012，28（4）：271–272．DOI：10.3760/cma.j.issn.1009–2587.2012.04.013．{XIA Chengde,LI Xiaoliang,DI Haiping,XUE Jidong,LI Qiang,ZHANG Yelong,NIU Xihua. Saphenous artery island flap for repair of deep burn wound around knee joint in 9 cases[J]. Zhonghua Shao Shang Za Zhi[Chin J Burns(Article in Chinese;No abstract available)],2012,28(4):271-272. DOI:10.3760/cma.j.issn.1009-2587.2012.04.013.}

[11511] 杨绍浦，周丕育，周健，李尚权，马元俊，苏期波，张钦超，刘波．隐动脉皮瓣的临床应用 [J]．中华整形外科杂志，2014，30（2）：138–139．DOI：10.3760/cma.j.issn.1009–4598.2014.02.017．{YANG Shaopu,ZHOU Piyu,ZHOU Jian,LI Shangquan,MA Yuanjun,SU Qibo,ZHANG Qinchao,LIU Bo. Clinical application of saphenous artery flap[J]. Zhonghua Zheng Xing Wai Ke Za Zhi[Chin J Plast Surg(Article in Chinese;No abstract available)],2014,30(2):138-139. DOI:10.3760/cma.j.issn.1009-4598.2014.02.017.}

[11512] 龙航，黄银浩，徐佳丽，田坚，朱珠，张小林，陈飞艳，陈世玖．隐动脉带小腿内侧皮瓣修复膝部软组织缺损七例 [J]．中华显微外科杂志，2019，42（4）：401–403．DOI：10.3760/cma.j.issn.1001–2036.2019.04.024．{LONG Hang,HUANG Yinhao,XU Jiali,TIAN Jian,ZHU Zhu,ZHANG Xiaolin,CHEN Feiyan,CHEN Shijiu. Medial lower leg flap pedicled with saphenous artery for repair of knee soft tissue defect in 7 cases[J]. Zhonghua Xian Wei Wai Ke Za Zhi[Chin J Microsurg(Article in Chinese;Abstract in Chinese)],2019,42(4):401-403. DOI:10.3760/cma.j.issn.1001-2036.2019.04.024.}

4.5.2.4 膝上内侧皮瓣
medial supragenicular flap

[11513] 路来金，丰波，宫旭，王克力，刘志刚，王东升．隐动脉膝上皮支筋膜皮瓣的临床研究 [J]．中华显微外科杂志，2004，27(1)：10–12．DOI：10.3760/cma.j.issn.1001–2036.2004.01.004．{LU Laijin,FENG Bo,GONG Xu,WANG Keli,LIU Zhigang,WANG Dongsheng. Clinical study on retrograde fascial flap with a pedicle of superagenual cutaneous artery arising from saphenous artery[J]. Zhonghua Xian Wei Wai Ke Za Zhi[Chin J Microsurg(Article in Chinese;Abstract in Chinese and English)],2004,27(1):10-12. DOI:10.3760/cma.j.issn.1001-2036.2004.01.004.}

[11514] 吴晓荣，曾伟，施明宏，王颖，郭金星，郑能方，吕仁发．吻合膝上内侧动脉和大隐静脉的股前外侧皮瓣移植修复膝前及胫前大面积皮肤缺损 [J]．中华显微外科杂志，2015，38（4）：397–399．DOI：10.3760/cma.j.issn.1001–2036.2015.04.027．{WU Xiaorong,ZENG Wei,SHI Minghong,WANG Ying,GUO Jinxing,ZHENG Nengfang,LV Renfa. Anterolateral thigh flap anastomosed with medial superior genicular artery and great saphenous vein for repair of large area skin defects of anterior knee and tibia[J]. Zhonghua Xian Wei Wai Ke Za Zhi[Chin J Microsurg(Article in Chinese;Abstract in Chinese)],2015,38(4):397-399. DOI:10.3760/cma.j.issn.1001-2036.2015.04.027.}

[11515] 肖潮，孙广峰，金文虎，聂开瑜，魏在荣，祁建平，王达利，邓呈亮，张子阳. 隐动脉联合膝下内侧动脉供血皮瓣修复膝关节前区皮肤软组织缺损 26 例 [J]. 中华烧伤杂志，2016，32（4）：236-237. DOI：10.3760/cma.j.issn.1009-2587.2016.04.010. {XIAO Chao,SUN Guangfeng,JIN Wenhu,NIE Kaiyu,WEI Zairong,QI Jianping,WANG Dali,DENG Chengliang,ZHANG Ziyang. Saphenous artery combined with medial inferior genicular artery flap for repair of skin and soft tissue defects in anterior region of knee joint in 26 cases[J]. Zhonghua Shao Shang Za Zhi[Chin J Burns(Article in Chinese;No abstract available)],2016,32(4):236-237. DOI:10.3760/cma.j.issn.1009-2587.2016.04.010.}

4.5.2.5 腘动脉外侧皮穿支皮瓣
perforator flap of lateral popliteal artery

[11516] 聂开瑜，陈伟，魏在荣，金文虎，邓呈亮，孙广峰，祁建平，王波. 腘动脉外侧穿支皮瓣修复小腿上段皮肤软组织缺损 [J]. 中华整形外科杂志，2016，32（2）：107-110. DOI：10.3760/cma.j.issn.1009-4598.2016.02.006. {NIE Kaiyu,CHEN Wei,WEI Zairong,JIN Wenhu,DENG Chengliang,SUN Guangfeng,QI Jianping,WANG Bo. Repair of the skin and soft tissue defect on upper calf with the lateral popliteal artery perforator flap[J]. Zhonghua Zheng Xing Wai Ke Za Zhi[Chin J Plast Surg(Article in Chinese;Abstract in Chinese and English)],2016,32(2):107-110. DOI:10.3760/cma.j.issn.1009-4598.2016.02.006.}

4.5.3 小腿皮瓣
lower leg flap

[11517] 柏树令，李吉. 小腿后部皮瓣显微外科解剖学（动脉干网状血管类型）[J]. 解剖学通报，1982，5（增刊1）：7. {BAI Shuling,LI Ji. Microsurgical anatomy of the posterior flap of the leg(Reticular vascular type coming from arterial trunk)[J]. Jie Pou Xue Tong Bao[J Anat(Article in Chinese;No abstract available)],1982,5(S1):7.}

[11518] 李吉，郝咸春，彭德才，姜树学. 小腿前部皮瓣的显微外科解剖学研究 [J]. 广东解剖学通报，1982，4（1）：17. {LI Ji,HAO Xianchun,PENG Decai,JIANG Shuxue. Microsurgical anatomy of the anterior flap of the lower leg[J]. Guangdong Jie Pou Xue Tong Bao[Guangdong J Anat(Article in Chinese;No abstract available)],1982,4(1):17.}

[11519] 周长满，钟世镇，刘牧之. 小腿前外侧皮瓣的解剖学 [J]. 临床应用解剖学杂志，1983，1（2）：97. {ZHOU Changman,ZHONG Shizheng,LIU Muzhi. Anatomic study of anterolateral leg flap[J]. Lin Chuang Ying Yong Jie Pou Xue Za Zhi[J Clin Appl Anat(Article in Chinese;Abstract in Chinese)],1983,1(2):97.}

[11520] 雷晓环，司心成，黄瀛，卢范，刘淑声. 小腿内侧皮瓣血管神经的显微解剖 [J]. 解剖学通报，1983，6（3）：213. {LEI Xiaohuan,SI Xincheng,HUANG Ying,LU Fan,LIN Shusheng. Microanatomy of blood vessels and nerves of the medial leg flap[J]. Jie Pou Xue Tong Bao[J Anat(Article in Chinese;Abstract in Chinese)],1983,6(3):213.}

[11521] 黄文义，张涤生，陈守正，韩良愉. 小腿内侧皮瓣的临床应用 [J]. 显微医学杂志，1985，8（1）：13. {HUANG Wenyi,ZHANG Disheng,CHEN Shouzheng,HAN Liangyu. Clinical application of medial calf flap[J]. Xian Wei Yi Xue Za Zhi[J Microsurg(Article in Chinese;No abstract available)],1985,8(1):13.}

[11522] 李传才，等. 用带血管蒂小腿内侧皮瓣修复骨质外露并感染创面一例 [J]. 显微医学杂志，1985，8（4）：243. {LI Chuancai,et al. infected wound with bone exposure was repaired by medial leg flap with vascular pedicle in one patient[J]. Xian Wei Yi Xue Za Zhi[J Microsurg(Article in Chinese;No abstract available)],1985,8(4):243.}

[11523] 董桂甫. 应用小腿内侧游离皮瓣三例 [J]. 中华显微外科杂志，1986，9（3）：187. {DONG Guifu. Application of medial calf free flap in three patients[J]. Zhonghua Xian Wei Wai Ke Za Zhi[Chin J Microsurg(Article in Chinese;No abstract available)],1986,9(3):187.}

[11524] 蔡锦方，王成琪，张永良，张成进，曹斌，任志勇. 小腿外侧皮瓣的改进与临床应用 [J]. 中华显微外科杂志，1986，9(4)：216-218. DOI：10.3760/cma.j.issn.1001-2036.1986.04.113. {CAI Jinfang,WANG Chengqi,ZHANG Yongliang,ZHANG Chengjin,CAO Bin,REN Zhiyong. Improvement and clinical application of lateral calf flap[J]. Zhonghua Xian Wei Wai Ke Za Zhi[Chin J Microsurg(Article in Chinese;No abstract available)],1986,9(4):216-218. DOI:10.3760/cma.j.issn.1001-2036.1986.04.113.}

4.5.3.1 腓肠内侧动脉穿支皮瓣
perforator flap of medial sural artery

[11525] Xie RG,Gu JH,Gong YP,Tang JB. Medial sural artery perforator flap for repair of the hand[J]. J Hand Surg Eur,2007,32(5):512-517. doi:10.1016/J.JHSE.2007.05.010.

[11526] Xie XT,Chai YM. Medial sural artery perforator flap[J]. Ann Plast Surg,2012,68(1):105-110. doi:10.1097/SAP.0b013e31821190e6.

[11527] Wei JW,Dong ZG,Ni JD,Liu LH,Luo SH,Luo ZB,Zheng L,He AY. Influence of flap factors on partial necrosis of reverse sural artery flap:a study of 179 consecutive flaps[J]. J Trauma Acute Care Surg,2012,72(3):744-750. doi:10.1097/TA.0b013e31822a2f2b.

[11528] Wei JW,Ni JD,Dong ZG,Liu LH,Luo ZB,Zheng L,He AY. Distally based perforator-plus sural fasciocutaneous flap for reconstruction of complex soft tissue defects caused by motorcycle spoke injury in children[J]. J Trauma Acute Care Surg,2012,73(4):1024-1027. doi:10.1097/TA.0b013e318256a12e.

[11529] Wang X,Mei J,Pan J,Chen H,Zhang W,Tang M. Reconstruction of distal limb defects with the free medial sural artery perforator flap[J]. Plast Reconstr Surg,2013,131(1):95-105. doi:10.1097/PRS.0b013e3182729e3c.

[11530] Lu S,Chai Y,Wang C,Wen G. Complex heel reconstruction with a sural fasciomyocutaneous perforator flap[J]. J Reconstr Microsurg,2014,30(2):83-90. doi:10.1055/s-0033-1357270.

[11531] Zheng H,Liu J,Dai X,Schilling AF. Free conjoined or chimeric medial sural artery perforator flap for the reconstruction of multiple defects in hand[J]. J Plast Reconstr Aesthet Surg,2015,68(4):565-570. doi:10.1016/j.bjps.2014.12.031.

[11532] Song X,Wu H,Zhang W,Chen J,Ding X,Ye J,Wu Y,Yuan Y. Medial sural artery perforator flap for postsurgical reconstruction of head and neck cancer[J]. J Reconstr Microsurg,2015,31(4):319-326. doi:10.1055/s-0035-1544180.

[11533] Chang SM,Li XH,Gu YD. Distally based perforator sural flaps for foot and ankle reconstruction[J]. World J Orthop,2015,6(3):322-330. doi:10.5312/wjo.v6.i3.322.

[11534] Zhao W,Li Z,Wu L,Zhu H,Liu J,Wang H. Medial sural artery perforator flap aided by ultrasonic perforator localization for reconstruction after oral carcinoma resection[J]. J Oral Maxillofac Surg,2016,74(5):1063-1071. doi:10.1016/j.joms.2015.11.011.

[11535] Shen XQ,Lv Y,Shen H,Lu H,Wu SC,Lin XJ. Endoscope-assisted medial sural artery perforator flap for head and neck reconstruction[J]. J Plast Reconstr Aesthet Surg,2016,69(8):1059-1065. doi:10.1016/j.bjps.2016.01.029.

[11536] Sun QW,Gao PF,Wang CX,Song XM,Ding X,Li HQ,Wu HM,Jie C,Wu YN,Yuan Y,Ye JH. Anatomical study and clinical application of medial sural artery perforator flap for oral cavity reconstruction[J]. Ann Anat,2020,227:151418. doi:10.1016/j.aanat.2019.151418.

[11537] Xu Q,Yin SC,Su XZ,Wang SM,Liu YH,Xu ZF. The effect of medial sural artery perforator flap on reconstruction of soft tissue defects:a meta-analysis with multiple free soft flaps[J]. J Craniofac Surg,2020 Dec 1. doi:10.1097/SCS.0000000000007294. Online ahead of print.

[11538] 张功林，章鸣，张金福，何继华，凌爱军，彭俊洋. 腓肠内侧动脉穿支带蒂皮瓣修复髌前软组织缺损 [J]. 中华骨科杂志，2007，27（2）：144-145. DOI：10.3760/j.issn：0253-2352.2007.02.015. {ZHANG Gonglin,ZHANG Ming,ZHANG Jinfu,HE Jihua,LING Aijun,PENG Junyang. Repair of prepatellar soft tissue defect with pedicled medial sural artery perforator flap[J]. Zhonghua Gu Ke Za Zhi[Chin J Orthop(Article in Chinese;No abstract available)],2007,27(2):144-145. DOI:10.3760/j.issn:0253-2352.2007.02.015.}

[11539] 张功林，章鸣，张金福，何继华，凌爱军，彭俊洋. 应用腓肠内侧动脉穿支皮瓣修复下肢软组织缺损 [J]. 中华显微外科杂志，2007，30（1）：8-10，插1. DOI：10.3760/cma.j.issn.1001-2036.2007.01.004. {ZHANG Gonglin,ZHANG Ming,ZHANG Jinfu,HE Jihua,LING Aijun,PENG Junyang. Medial sural artery perforator pedicled flap to cover tissue soft defects on the lower extremity[J]. Zhonghua Xian Wei Wai Ke Za Zhi[Chin J Microsurg(Article in Chinese;Abstract in Chinese and English)],2007,30(1):8-10,insert 1. DOI:10.3760/cma.j.issn.1001-2036.2007.01.004.}

[11540] 谢仁国，顾剑辉，汤锦波，邓爱东，龚炎培. 腓肠内侧动脉穿支皮瓣修复上下肢创面 [J]. 中华显微外科杂志，2007，30（2）：96-98，插图2-3. DOI：10.3760/cma.j.issn.1001-2036.2007.02.006. {XIE Renguo,GU Jianhui,TANG Jinbo,DENG Aidong,GONG Yanpei. Free medial sural artery perforator flap for the tissue defect in the upper or lower limbs[J]. Zhonghua Xian Wei Wai Ke Za Zhi[Chin J Microsurg(Article in Chinese;Abstract in Chinese and English)],2007,30(2):96-98,insert 2-3. DOI:10.3760/cma.j.issn.1001-2036.2007.02.006.}

[11541] 张功林，章鸣，胡玉祥，潘小平. 腓肠内侧动脉穿支岛状皮瓣移植修复髌前软组织缺损一例 [J]. 中华整形外科杂志，2007，23（5）：445-446. DOI：10.3760/j.issn：1009-4598.2007.05.032. {ZHANG Gonglin,ZHANG Ming,HU Yuxiang,PAN Xiaoping. Medial sural artery perforator island flap for repair of prepatellar soft tissue defect:a case report[J]. Zhonghua Zheng Xing Wai Ke Za Zhi[Chin J Plast Surg(Article in Chinese;No abstract available)],2007,23(5):445-446. DOI:10.3760/j.issn:1009-4598.2007.05.032.}

[11542] 张功林，章鸣，郭翱，张灵芝，荆浩，王干生，张金福，凌爱军. 腓肠内侧动脉穿支带蒂皮瓣修复膝和小腿上1/3软组织缺损 [J]. 中华显微外科杂志，2008，31（4）：246-248，插页4-1. DOI：10.3760/cma.j.issn.1001-2036.2008.04.003. {ZHANG Gonglin,ZHANG Ming,GUO Ao,ZHANG Lingzhi,JING Hao,WANG Gansheng,ZHANG Jinfu,LING Aijun. Medial sural artery perforator pedicled flap for the coverage of soft tissue defects around the knee and upper ORe third of lower leg[J]. Zhonghua Xian Wei Wai Ke Za Zhi[Chin J Microsurg(Article in Chinese;Abstract in Chinese and English)],2008,31(4):246-248,insert 4-1. DOI:10.3760/cma.j.issn.1001-2036.2008.04.003.}

[11543] 魏在荣，王达利，王玉明，孙广峰，祁建平，唐修俊，聂开瑜. 腓肠内侧动脉穿支皮瓣修复小腿中上段皮肤缺损 [J]. 中国矫形外科杂志，2008，16（14）：1118-1119. {WEI Zairong,WANG Dali,WANG Yuming,SUN Guangfeng,QI Jianping,TANG Xiujun,NIE Kaiyu. Medial sural artery perforator flap for repair of skin defects in the superior and middle portion of lower leg[J]. Zhongguo Jiao Xing Wai Ke Za Zhi[Orthop J China(Article in Chinese;No abstract available)],2008,16(14):1118-1119.}

[11544] 张功林，章鸣，张金福，何继华，凌爱军，彭俊洋. 腓肠内侧动脉穿支血管蒂肌瓣转移修复胫前软组织缺损 [J]. 中华整形外科杂志，2008，24（3）：238. DOI：10.3760/j.issn：1009-4598.2008.03.022. {ZHANG Gonglin,ZHANG Ming,ZHANG Jinfu,HE Jihua,LING Aijun,PENG Junyang. Medial sural artery perforator muscular flap for repair of anterior tibial soft tissue defect[J]. Zhonghua Zheng Xing Wai Ke Za Zhi[Chin J Plast Surg(Article in Chinese;No abstract available)],2008,24(3):238. DOI:10.3760/j.issn:1009-4598.2008.03.022.}

[11545] 张功林，葛宝丰，赵来绪，杨军林，陈克明. 腓肠内侧动脉带蒂肌瓣的临床应用与改进 [J]. 组织工程与重建外科杂志，2008，4（6）：331-333. DOI：10.3969/j.issn.1673-0364.2008.06.009. {ZHANG Gonglin,GE Baofeng,ZHAO Laixu,YANG Junlin,CHEN Keming. Clinical application and improvement of medial sural artery pedicled muscle flap[J]. Zu Zhi Gong Cheng Yu Chong Jian Wai Ke Za Zhi[J Tissue Eng Reconstr Surg(Article in Chinese;Abstract in Chinese and English)],2008,4(6):331-333. DOI:10.3969/j.issn.1673-0364.2008.06.009.}

[11546] 张功林，章鸣，郭翱，张灵芝，荆浩，凌爱军，何继华，彭俊洋. 腓肠内侧动脉穿支带蒂皮瓣手术方法改进 [J]. 中国修复重建外科杂志，2008，22（1）：116-118. {ZHANG Gonglin,ZHANG Ming,GUO Ao,ZHANG Lingzhi,JING Hao,LING Aijun,HE Jihua,PENG Junyang. Improvement of medial sural artery perforator pedicled flap[J]. Zhongguo Xiu Fu Chong Jian Wai Ke Za Zhi[Chin J Repar Reconstr Surg(Article in Chinese;Abstract in Chinese)],2008,22(1):116-118.}

[11547] 张功林，章鸣，郭翱，蔡国荣，王干生，杨德福，凌爱军，彭俊洋. 游离腓肠内侧动脉肌瓣修复足部软组织缺损 [J]. 中华显微外科杂志，2009，32（1）：28. DOI：10.3760/cma.j.issn.1001-2036.2009.01.011. {ZHANG Gonglin,ZHANG Ming,GUO Ao,CAI Guorong,WANG Gansheng,YANG Defu,LING Aijun,PENG Junyang. Repair of foot soft tissue defect with free medial sural artery muscle flap[J]. Zhonghua Xian Wei Wai Ke Za Zhi[Chin J Microsurg(Article in Chinese;No abstract available)],2009,32(1):28. DOI:10.3760/cma.j.issn.1001-2036.2009.01.011.}

[11548] 张功林，葛宝丰，王勇. 腓肠内侧动脉穿支带蒂岛状皮瓣临床应用分析 [J]. 实用骨科杂志，2009，15(9)：673-675. DOI：10.3969/j.issn.1008-5572.2009.09.010. {ZHANG Gonglin,GE Baofeng,WANG Yong. Analysis of clinical application of medial sural artery perforator pedicled island flap[J]. Shi Yong Gu Ke Za Zhi[J Pract Orthop(Article in Chinese;Abstract in Chinese and English)],2009,15(9):673-675. DOI:10.3969/j.issn.1008-5572.2009.09.010.}

[11549] 陈泽群，王荣春，殷春景，陈拓，郭伟峰. 腓肠内侧动脉穿支皮瓣修复小腿中上段皮肤缺损的临床分析 [J]. 中华损伤与修复杂志（电子版），2009，4（4）：424-429. DOI：10.3969/j.issn.1673-9450.2009.04.011. {CHEN Zequn,WANG Rongchun,YIN Chunjing,CHEN Tuo,GUO Weifeng. Repair of the middle and superior segment defects of leg with the medial sural artery perforator flaps for medical technology[J]. Zhonghua Sun Shang Yu Xiu Fu Za Zhi Dian Zi Ban[Chin J Injury Repair Wound Healing(Electr Ed)(Article in Chinese;Abstract in Chinese and English)],2009,4(4):424-429. DOI:10.3969/j.issn.1673-9450.2009.04.011.}

[11550] 陈彦名，唐举玉. 腓肠内侧动脉穿支皮瓣的研究进展 [J]. 中国临床解剖学杂志，2010，28（5）：586-588. {CHEN Yanming,TANG Juyu. The progress on study of medial sural artery perforator flap[J]. Zhongguo Lin Chuang Jie Pou Xue Za Zhi[Chin J Clin Anat(Article in Chinese;No abstract available)],2010,28(5):586-588.}

[11551] 潘佳栋，王欣，梅劲，陈宏，范学锴，王胜伟，胡浩良，章伟文. 游离腓肠内侧动脉穿支皮瓣

修复手足皮肤软组织缺损 [J]. 中华显微外科杂志，2012，35（2）：93–96，后插 1. DOI：10.3760/cma.j.issn.1001–2036.2012.02.002. {PAN Jiaxin,WANG Xin,MEI Jing,CHEN Hong,FAN Xuekai,WANG Shengwei,HU Haoliang,ZHANG Weiwen. Reconstruction of the skin and soft defects of hand and foot by free medial sural artery perforator flap[J]. Zhonghua Xian Wei Wai Ke Za Zhi[Chin J Microsurg(Article in Chinese;Abstract in Chinese and English)],2012,35(2):93-96,insert 1. DOI:10.3760/cma.j.issn.1001-2036.2012.02.002.}

[11552] 赵国红，谢振军，孙华伟，郑竟舟，邓小兵，邓名山，赵建军，白辉凯，章剑. 腓肠内侧动脉穿支皮瓣修复小腿中上段软组织缺损 [J]. 中华显微外科杂志，2013，36（4）：372–374. DOI：10.3760/cma.j.issn.1001–2036.2013.06.017. {ZHAO Guohong,XIE Zhenjun,SUN Huawei,ZHENG Jingzhou,DENG Xiaobing,DENG Mingshan,ZHAO Jianjun,BAI Huikai,ZHANG Jian. Medial sural artery perforator flap for repair of soft tissue defects in the superior and middle portion of lower leg[J]. Zhonghua Xian Wei Wai Ke Za Zhi[Chin J Microsurg(Article in Chinese;Abstract in Chinese)],2013,36(4):372-374. DOI:10.3760/cma.j.issn.1001-2036.2013.06.017.}

[11553] 刘娟，郑怀远，陈江海，翁雨雄，陈振兵. 应用游离腓肠内侧动脉穿支皮瓣修复足部小面积溃疡 [J]. 中华显微外科杂志，2013，36（6）：573–575. DOI：10.3760/cma.j.issn.1001–2036.2013.06.014. {LIU Juan,ZHENG Huaiyuan,CHEN Jianghai,WENG Yuxiong,CHEN Zhenbing. Application of free medial sural artery perforator flap to repair small area foot ulcer[J]. Zhonghua Xian Wei Wai Ke Za Zhi[Chin J Microsurg(Article in Chinese;Abstract in Chinese)],2013,36(6):573-575. DOI:10.3760/cma.j.issn.1001-2036.2013.06.014.}

[11554] 张龙春，王鹏，徐一波，陈莹，祝震，张兴群，赵风景，马亮，姚建民. 腓肠内侧动脉穿支皮瓣修复拇趾（甲）皮瓣切取后创面 [J]. 中华手外科杂志，2013，29（4）：244–245. {ZHANG Longchun,WANG Peng,XU Yibo,CHEN Ying,ZHU Zhen,ZHANG Xingqun,ZHAO Fengjing,MA Liang,YAO Jianmin. Medial sural artery perforator flap for repairing the donor site of big toe (wrap-around) flap[J]. Zhonghua Shou Wai Ke Za Zhi[Chin J Hand Surg(Article in Chinese;Abstract in Chinese)],2013,29(4):244-245.}

[11555] 王顺炳，章鸣，彭俊洋. 腓肠内侧动脉带蒂肌瓣转移修复膝部软组织缺损 [J]. 创伤外科杂志，2013，15(3)：262–262. DOI：10.3969/j.issn.1009–4237.2013.03.024. {WANG Shunbing,ZHANG Ming,PENG Junyang. Medial sural artery pedicled muscle flap in repairing the knee soft tissue defects[J]. Chuang Shang Wai Ke Za Zhi[J Traum Surg(Article in Chinese;Abstract in Chinese)],2013,15(3):262-262. DOI:10.3969/j.issn.1009-4237.2013.03.024.}

[11556] 宋晓萌，张玮，武和明，叶金海，陈洁，丁旭，吴煜农，袁冶. 腓肠内侧动脉穿支皮瓣修复颊癌术后缺损的初步应用 [J]. 组织工程与重建外科杂志，2014，10（5）：269–271. DOI：10.3969/j.issn.1673–0364.2014.05.009. {SONG Xiaomeng,ZHANG Wei,WU Heming,YE Jinhai,CHEN Jie,DING Xu,WU Yunong,YUAN Ye. Application of medial sural artery perforator flap in repair of defects after buccal carcinoma ablation[J]. Zu Zhi Gong Cheng Yu Chong Jian Wai Ke Za Zhi[J Tissue Eng Reconstr Surg(Article in Chinese;Abstract in Chinese and English)],2014,10(5):269-271. DOI:10.3969/j.issn.1673-0364.2014.05.009.}

[11557] 张龙春，陈莹，王鹏，丁晟，马亮，姚建民. 游离腓肠内侧动脉穿支皮瓣修复手部创面 [J]. 中华手外科杂志，2015，31（3）：191–194. DOI：10.3760/cma.j.issn.1005–054X.2015.03.014. {ZHANG Chunlong,CHEN Ying,WANG Peng,DING Sheng,MA Liang,YAO Jianmin. Reconstruction of the soft-tissue defects of the hand with free medial sural artery perforator flap[J]. Zhonghua Shou Wai Ke Za Zhi[Chin J Hand Surg(Article in Chinese;Abstract in Chinese and English)],2015,31(3):191-194. DOI:10.3760/cma.j.issn.1005-054X.2015.03.014.}

[11558] 赵风景，姚建民，张兴群，马亮，张龙春，徐一波，王鹏，祝震. 腓肠内侧动脉分叶皮瓣修复手、足软组织缺损 [J]. 中华整形外科杂志，2015，31（6）：418–421. DOI：10.3760/cma.j.issn.1009–4598.2015.06.005. {ZHAO Fengjing,YAO Jianming,ZHANG Xingqun,MA Liang,ZHANG Longchun,XU Yibo,WANG Peng,ZHU Zhen. Repair of soft tissue defect in hand or foot with lobulated medial sural artery perforator flap[J]. Zhonghua Zheng Xing Wai Ke Za Zhi[Chin J Plast Surg(Article in Chinese;Abstract in Chinese and English)],2015,31(6):418-421. DOI:10.3760/cma.j.issn.1009-4598.2015.06.005.}

[11559] 何悦，方早，金淑芳，张陈平，张志愿. 腓肠内侧动脉穿支皮瓣修复舌缺损的疗效评价 [J]. 中国口腔颌面外科杂志，2015，13（2）：134–139. {HE Yue,FANG Zao,JIN Shufang,ZHANG Chenping,ZHANG Zhiyuan. A clinical study on application of free medial sural artery perforator flap for tongue reconstruction[J]. Zhongguo Kou Qiang He Mian Wai Ke Za Zhi [Chin J Oral Maxillofac Surg(Article in Chinese;Abstract in Chinese and English)],2015,13(2):134-139.}

[11560] 赵文权，刘建华，刘超，李志勇. 腓肠内侧动脉穿支皮瓣修复舌癌术后缺损疗效观察 [J]. 中国修复重建外科杂志，2015，29（3）：331–334. DOI：10.7507/1002–1892.20150070. {ZHAO Wenquan,LIU Jianhua,LIU Chao,LI Zhiyong. Medial sural artery perforator free flap for repair of defect after tongue cancer ablation[J]. Zhongguo Xiu Fu Chong Jian Wai Ke Za Zhi[Chin J Repar Reconstr Surg(Article in Chinese;Abstract in Chinese and English)],2015,29(3):331-334. DOI:10.7507/1002-1892.20150070.}

[11561] 李甲，朱辉，郑大伟，陈步国，尚卫国，寿奎水. 游离腓肠内侧动脉穿支皮瓣修复前足背侧中小型创面 [J]. 中华显微外科杂志，2017，40（6）：544–546. DOI：10.3760/cma.j.issn.1001–2036.2017.06.007. {LI Jia,ZHU Hui,ZHENG Dawei,CHEN Buguo,SHANG Weiguo,SHOU Kuishui. Repair of small and medium-sized defects of dorsum pedis with medial sural artery perforator flap[J]. Zhonghua Xian Wei Wai Ke Za Zhi[Chin J Microsurg(Article in Chinese;Abstract in Chinese and English)],2017,40(6):544-546. DOI:10.3760/cma.j.issn.1001-2036.2017.06.007.}

[11562] 万强，何贤标，赵云珍，赵岩. 游离腓肠内侧动脉穿支皮瓣修复远足皮肤缺损的临床效果 [J]. 中华显微外科杂志，2017，40（6）：593–595. DOI：10.3760/cma.j.issn.1001–2036.2017.06.024. {WAN Qiang,HE Xianbiao,ZHAO Yunzhen,ZHAO Yan. Clinical effect of free medial sural artery perforator flap in repair of skin defect of distal foot[J]. Zhonghua Xian Wei Wai Ke Za Zhi[Chin J Microsurg(Article in Chinese;Abstract in Chinese)],2017,40(6):593-595. DOI:10.3760/cma.j.issn.1001-2036.2017.06.024.}

[11563] 陈彦名，唐举玉，谢松林，刘鸣江，夏晓丹，邓翔午. 腓肠内侧动脉穿支皮瓣游离移植修复重度虎口瘢痕挛缩 [J]. 中华手外科杂志，2017，33（3）：190–192. DOI：10.3760/cma.j.issn.1005–054X.2017.03.013. {CHEN Yanming,TANG Juyu,XIE Songlin,LIU Mingjiang,XIA Xiaodan,DENG Xiangwu. Application of free medial sural artery perforator flap for repair of severe thumb web sear contracture[J]. Zhonghua Shou Wai Ke Za Zhi[Chin J Hand Surg(Article in Chinese;Abstract in Chinese and English)],2017,33(3):190-192. DOI:10.3760/cma.j.issn.1005-054X.2017.03.013.}

[11564] 潘冬经，姚志伟，姜巍，李汉伟. 腓肠内侧动脉穿支皮瓣修复四肢及面部皮肤软组织缺损六例 [J]. 中华烧伤杂志，2017，33（12）：772–775. DOI：10.3760/cma.j.issn.1009–2587.2017.12.010. {PAN Dongjing,YAO Zhiwei,JIANG Wei,LI Hanwei. Medial sural artery perforator flap for repair of skin and soft tissue defects of extremities and face in 6 cases[J]. Zhonghua Shao Shang Za Zhi[Chin J Burns(Article in Chinese;No abstract available)],2017,33(12):772-775. DOI:10.3760/cma.j.issn.1009-2587.2017.12.010.}

[11565] 欧昌良，周鑫，邹永根，罗旭超，杨杰翔，彭忠毅. 腓肠内侧动脉穿支皮瓣修复四肢软组织缺损 [J]. 创伤外科杂志，2018，20(6)：404–406. DOI：10.3969/j.issn.1009–4237.2018.06.002. {OU Changliang,ZHOU Xin,ZOU Yonggen,LUO Xuchao,YANG Jiexiang,PENG Zhongyi. Medial sural artery perforator free flap for the repair of limb soft tissue defects[J]. Chuang Shang Wai Ke Za Zhi[J Traum Surg(Article in Chinese;Abstract in Chinese and English)],2018,20(6):404-406. DOI:10.3969/j.issn.1009-4237.2018.06.002.}

[11566] 熊祖国，齐伟亚，张旭阳. 游离腓肠内侧动脉穿支皮瓣修复虎口软组织缺损 [J]. 实用手外科杂志，2018，32（3）：294–296. DOI：10.3969/j.issn.1671–2722.2018.03.011. {XIONG Zuguo,QI Weiya,ZHANG Xuyang. Free medial sural artery perforator flap to repair soft tissue defect of the first web[J]. Shi Yong Shou Wai Ke Za Zhi[Chin J Pract Hand Surg(Article in Chinese;Abstract in Chinese and English)],2018,32(3):294-296. DOI:10.3969/j.issn.1671-2722.2018.03.011.}

[11567] 袁海平，王红胜，袁勇，崔剑华，樊川，吴孙东. 游离腓肠内侧动脉穿支皮瓣在踇甲瓣供区的应用 [J]. 实用手外科杂志，2018，32（3）：315–317. DOI：10.3969/j.issn.1671–2722.2018.03.019. {YUAN Haiping,WANG Hongsheng,YUAN Yong,CUI Jianhua,FAN Chuan,WU Sundong. The application of the free medial sural artery perforator flap for repairing the wrap-around flap donor skin defect[J]. Shi Yong Shou Wai Ke Za Zhi[Chin J Pract Hand Surg(Article in Chinese;Abstract in Chinese and English)],2018,32(3):315-317. DOI:10.3969/j.issn.1671-2722.2018.03.019.}

[11568] 董建峰，史光华，王建国，郭鹏，李鹏翠. 游离腓肠内侧动脉穿支皮瓣修复踇甲瓣供区创面七例 [J]. 中华显微外科杂志，2019，42（3）：300–302. DOI：10.3760/cma.j.issn.1001–2036.2019.03.027. {DONG Jianfeng,SHI Guanghua,WANG Jianguo,GUO Peng,LI Pengcui. Free medial sural artery perforator flap for repair of the donor site of big toe wrap-around flap in 7 cases[J]. Zhonghua Xian Wei Wai Ke Za Zhi[Chin J Microsurg(Article in Chinese;Abstract in Chinese)],2019,42(3):300-302. DOI:10.3760/cma.j.issn.1001-2036.2019.03.027.}

[11569] 林光豪，陈芝武，郑钧水，杨专，任甜甜，虞煜，王扬剑，魏鹏. 游离腓肠内侧动脉穿支肌皮瓣修复骨髓炎创面 [J]. 中华整形外科杂志，2019，35（12）：1234–1239. DOI：10.3760/cma.j.issn.1009–4598.2019.12.015. {LIN Guanghao,CHEN Zhiwu,ZHENG Junshui,YANG Zhuan,REN Tiantian,YU Yu,WANG Yangjian,WEI Peng. Reconstruction of the wound with osteomyelitis by free medical sural artery perforator myocutaneous flap[J]. Zhonghua Zheng Xing Wai Ke Za Zhi[Chin J Plast Surg(Article in Chinese;Abstract in Chinese and English)],2019,35(12):1234-1239. DOI:10.3760/cma.j.issn.1009-4598.2019.12.015.}

[11570] 尚卫国，朱辉，郑大伟，李甲，陈步国，滕道练，寿奎水. 游离腓肠内侧动脉穿支皮瓣在手背小型缺损创面中的应用 [J]. 临床骨科杂志，2019，22（2）：196–198. DOI：10.3969/j.issn.1008–0287.2019.02.022. {SHANG Weiguo,ZHU Hui,ZHENG Dawei,LI Jia,CHEN Buguo,TENG Daoliang,SHOU Kuishui. Application of free medial sural artery perforator flap in repairing of small defect on the dorsum of hand[J]. Lin Chuang Gu Ke Za Zhi[J Clin Orthop(Article in Chinese;Abstract in Chinese and English)],2019,22(2):196-198. DOI:10.3969/j.issn.1008-0287.2019.02.022.}

[11571] 何如祥，祁多宝，程海旺，司康乐，杨玉宝. 应用游离腓肠内侧动脉穿支皮瓣修复手足部创面 [J]. 实用手外科杂志，2019，33（4）：395–396，399. DOI：10.3969/j.issn.1671–2722.2019.04.009. {HE Ruxiang,QI Duobao,CHENG Haiwang,SI Kangle,YANG Yubao. Application of free medial sural artery perforator flap to repair hand and foot wounds[J]. Shi Yong Shou Wai Ke Za Zhi[Chin J Pract Hand Surg(Article in Chinese;Abstract in Chinese and English)],2019,33(4):395-396,399. DOI:10.3969/j.issn.1671-2722.2019.04.009.}

[11572] 李振峰，杨瑞甫，江小萌，付立策，张凯，周明武. 游离腓肠内侧动脉穿支皮瓣修复前臂及足部软组织缺损 [J]. 中华显微外科杂志，2020，43（2）：132–135. DOI：10.3760/cma.j.cn441206–20190610–00205. {LI Zhenfeng,YANG Ruifu,JIANG Xiaomeng,FU Lice,ZHANG Kai,ZHOU Mingwu. Application of free medial sural artery perforator flap to repair soft tissue defects of forearm and foot[J]. Zhonghua Xian Wei Wai Ke Za Zhi[Chin J Microsurg(Article in Chinese;Abstract in Chinese and English)],2020,43(2):132-135. DOI:10.3760/cma.j.cn441206-20190610-00205.}

4.5.3.2 腓肠外侧动脉穿支皮瓣
perforator flap of lateral sural artery

[11573] Li Z,Liu K,Lin Y,Li L. Lateral sural cutaneous artery island flap in the treatment of soft tissue defects at the knee[J]. Br J Plast Surg,1990,43(5):546–550. doi:10.1016/0007–1226(90)90118–j.

[11574] He XQ,Zhu YL,Duan JZ,Yang X,Feng F,Xu YQ. Reconstruction of moderate–sized hand defects using a superficial lateral sural artery perforator flap[J]. Ann Plast Surg,2017,78(4):412–416. doi:10.1097/SAP.0000000000000898.

[11575] 张华星，邵新中，杨晓亮，吕莉，王立. 腓肠外侧动脉穿支与腓肠外侧皮神经营养血管联合蒂肌皮瓣的临床应用 [J]. 中华显微外科杂志，2012，35（6）：464–466，后插 6. DOI：10.3760/cma.j.issn.1001–2036.2012.06.008. {ZHANG Huaxing,SHAO Xinzhong,YANG Xiaoliang,LV Li,WANG Li. Clinical application of the compound muscle flap combined by the lateral sural artery perforators and the nutrient vessels of the lateral sural cutaneous nerve[J]. Zhonghua Xian Wei Wai Ke Za Zhi[Chin J Microsurg(Article in Chinese;Abstract in Chinese and English)],2012,35(6):464-466,insert 6. DOI:10.3760/cma.j.issn.1001-2036.2012.06.008.}

[11576] 宋达疆，李赞，周晓，池征璘，周鑫. 接力腓肠外侧动脉穿支螺旋桨皮瓣修复逆行腓肠神经皮瓣供区 [J]. 中国修复重建外科杂志，2017，31（11）：1363–1366. DOI：10.7507/1002–1892.201705126. {SONG Dajiang,LI Zan,ZHOU Xiao,CHI Zhenglin,ZHOU Xin. Reconstruction of the donor area of distally based sural flap with relaying lateral gastrocnemius artery perforator propeller flap[J]. Zhongguo Xiu Fu Chong Jian Wai Ke Za Zhi[Chin J Repar Reconstr Surg(Article in Chinese;Abstract in Chinese and English)],2017,31(11):1363-1366. DOI:10.7507/1002-1892.201705126.}

[11577] 宋达疆，章一新，周鑫，周晓，李赞，池征璘. 改良螺旋桨腓动脉穿支皮瓣与腓肠外侧动脉穿支皮瓣在足踝缺损修复中的应用 [J]. 中华整形外科杂志，2018，34（1）：41–45. DOI：10.3760/cma.j.issn.1009–4598.2017.06.010. {SONG Dajiang,ZHANG Yixin,ZHOU Xin,ZHOU Xiao,LI Zan,CHI Zhenglin. Effect of modified distally based propeller sural perforator flap for defect at foot and ankle and lateral gastrocnemius artery perforator flap for defect at donor site[J]. Zhonghua Zheng Xing Wai Ke Za Zhi[Chin J Plast Surg(Article in Chinese;Abstract in Chinese and English)],2018,34(1):41-45. DOI:10.3760/cma.j.issn.1009-4598.2017.06.010.}

4.5.3.3 小腿内侧皮瓣
medial leg flap

[11578] Dong L,Li F,Jiang J,Zhang G. Techniques for covering soft tissue defects resulting from plantar ulcers in leprosy:Part IV. Use of medial leg flap and medial knee flap[J]. Indian J Lepr,1999,71(4):437–450.

[11579] Shao X,Yu Y,Zhang X,Su X,Xu Y,Yang X,Lu L,Wang L. Repair of soft–tissue defect close to the distal perforating artery using the modified distally based medial fasciocutaneous flap in the distal lower leg[J]. J Reconstr Microsurg,2011,27(3):145–150. doi:10.1055/s–0030–1268853.

[11580] Jing–Chun Z,Kai S,Jia–Ao Y,Chun–Jing X,Lai–Jin L,Chun–Hui X. Large heel soft tissue defects managed successfully with reverse medial crural fasciocutaneous flap:a 7–year single–center experience with 21 consecutive

cases[J]. J Plast Reconstr Aesthet Surg,2015,68(1):40-48. doi:10.1016/j.bjps.2014.09.041.

[11581] Wu J,Wu J,Gong X,Ding Z,Lin B,Chen Z,Guo Z. Repairing pretibial and foot soft tissue defects with reverse transplantation of the medial crural fasciocutaneous flap[J]. Int J Low Extrem Wound,2016,15(1):34-40. doi:10.1177/1534734615597864.

[11582] 陈礼堂，刘晓化．小腿内侧皮瓣动脉走行变异一例[J]．临床解剖学杂志，1987，5（4）：238．{CHEN Litang,LIU Xiaohua. Artery course variation of medial crus flap artery:a case report[J]. Lin Chuang Jie Pou Xue Za Zhi[J Clin Anat(Article in Chinese;No abstract available)],1987,5(4):238.}

[11583] 陈守正，黄文义，程开祥，王善良．小腿内侧皮瓣临床应用58例报告[J]．中华显微外科杂志，1990，13（2）：67-68．{CHEN Shouzheng,HUANG Wenyi,CHENG Kaixiang,WANG Shanliang. Clinical application of lower medial leg flap in 58 cases[J]. Zhonghua Xian Wei Wai Ke Za Zhi[Chin J Microsurg(Article in Chinese;Abstract in Chinese)],1990,13(2):67-68.}

[11584] 顾玉东．小腿内侧皮瓣的类型设计与临床应用[J]．中华显微外科杂志，1991，14（2）：67-68．{GU Yudong. Design and clinical application of medial crus flap[J]. Zhonghua Xian Wei Wai Ke Za Zhi[Chin J Microsurg(Article in Chinese;Abstract in Chinese)],1991,14(2):67-68.}

[11585] 卢范，郭恩覃，文君慧．胫后动脉筋膜皮支为蒂的小腿内侧皮瓣与超薄皮瓣应用解剖[J]．中国临床解剖学杂志，1994，12（1）：8-10．{LU Fan,GUO Entan,WEN Junhui. Applied anatomy of the fasciocutaneous branch of the posterior tibial arlerty[J]. Zhongguo Lin Chuang Jie Pou Xue Za Zhi[Chin J Clin Anat(Article in Chinese;Abstract in Chinese and English)],1994,12(1):8-10.}

[11586] 陈守正，黄文义，程开祥，王善良．小腿内侧皮瓣修复手部创伤47例[J]．中国修复重建外科杂志，1995，9（4）：237-238．{CHEN Shouzheng,HUANG Wenyi,CHENG Kaixiang,WANG Shanliang. Medial crus skin flap for repair of hand trauma in 47 cases[J]. Zhongguo Xiu Fu Chong Jian Wai Ke Za Zhi[Chin J Repar Reconstr Surg(Article in Chinese;Abstract in Chinese)],1995,9(4):237-238.}

[11587] 张奉琪．吻合血管小腿内侧皮瓣移植修复外踝软组织缺损[J]．中华显微外科杂志，1996，19（1）：80．{ZHANG Fengqi. Repair of soft tissue defect of lateral malleolus with vascularized lower medial leg flap with vascular anastomosis[J]. Zhonghua Xian Wei Wai Ke Za Zhi[Chin J Microsurg(Article in Chinese;No abstract available)],1996,19(1):80.}

[11588] 丁小珩，方光荣，程国良，杨志贤，潘达德．胫后动脉筋膜皮支小腿内侧皮瓣的临床应用[J]．中华显微外科杂志，1996，19（2）：88-90．{DING Xiaoheng,FANG Guangrong,CHENG Guoliang,YANG Zhixian,PAN Dade. The clinical application of medial crural free flap pedicled with fasciocutaneous branch of posterior tibial artery[J]. Zhonghua Xian Wei Wai Ke Za Zhi[Chin J Microsurg(Article in Chinese;Abstract in Chinese and English)],1996,19(2):88-90.}

[11589] 王玉明，程代薇，王肃生，安荣泽，舒畅．携带胫骨膜骨块的小腿内侧皮瓣游离移植远期随访[J]．中华显微外科杂志，1998，21（1）：3-5．{WANG Yuming,CHENG Daiwei,WANG Susheng,AN Rongze,SHU Chang. Long term follow-up of medial leg flap with tibial periosteum and fragment[J]. Zhonghua Xian Wei Wai Ke Za Zhi[Chin J Microsurg(Article in Chinese;No abstract available)],1998,21(1):3-5.}

[11590] 魏长月，范启申，郭德亮．带隐神经的小腿内侧皮瓣逆行转移修复足跟部软组织缺损[J]．中华显微外科杂志，1999，22（S1）：3-5．{WEI Changyue,FAN Qishen,GUO Deliang. Reversed medial curs flap with saphenous nerve for repair of heel soft tissue defect[J]. Zhonghua Xian Wei Wai Ke Za Zhi[Chin J Microsurg(Article in Chinese;No abstract available)],1999,22(S1):3-5.}

[11591] 岑海洋，岑健波．外固定架结合小腿内侧皮瓣治疗胫骨骨折术后骨及钢板外露[J]．中华显微外科杂志，2001，24（4）：306-307．DOI：10.3760/cma.j.issn.1001-2036.2001.04.030．{CEN Haiyang,CEN Jianbo. External fixator combined with lower medial leg flap for repair of bone and plate exposure after tibial fracture[J]. Zhonghua Xian Wei Wai Ke Za Zhi[Chin J Microsurg(Article in Chinese;Abstract in Chinese)],2001,24(4):306-307. DOI:10.3760/cma.j.issn.1001-2036.2001.04.030.}

[11592] 劳杰，熊良俭，顾玉东，梁秉中，赵新．肌间隙血管为蒂小腿内侧皮瓣的应用解剖及临床应用[J]．中国临床解剖学杂志，2002，20（1）：71-72．DOI：10.3969/j.issn.1001-165X.2002.01.026．{LAO Jie,XIONG Liangjian,GU Yudong,LIANG Bingzhong,ZHAO Xin. Applied anatomy of the lower medial leg fascicutaneous flap pedicled with the intermuscular branch of the posterior tibial artery and its dinical significance[J]. Zhongguo Lin Chuang Jie Pou Xue Za Zhi[Chin J Clin Anat(Article in Chinese;Abstract in Chinese and English)],2002,20(1):71-72. DOI:10.3969/j.issn.1001-165X.2002.01.026.}

[11593] 牛军，曹飞，孙振华．小腿内侧皮瓣移植治疗腕部高压电烧伤[J]．中华显微外科杂志，2002，25（4）：315．DOI：10.3760/cma.j.issn.1001-2036.2002.04.047．{NIU Jun,CAO Fei,SUN Zhenhua. Lower medial leg flap repair of high voltage burn in wrist[J]. Zhonghua Xian Wei Wai Ke Za Zhi[Chin J Microsurg(Article in Chinese;Abstract in Chinese)],2002,25(4):315. DOI:10.3760/cma.j.issn.1001-2036.2002.04.047.}

[11594] 张宝贵，阚世廉，詹海华，李瑞华，高燕新．游离小腿内侧皮瓣桥接修复上肢皮肤伴血管缺损[J]．中华手外科杂志，2005，21（4）：256．DOI：10.3760/cma.j.issn.1005-054X.2005.04.030．{ZHANG Baogui,KAN Shilian,ZHAN Haihua,LI Ruihua,GAO Yanxin. Free medial crus flap for repair of skin and vascular defects of upper limb[J]. Zhonghua Shou Wai Ke Za Zhi[Chin J Hand Surg(Article in Chinese;No abstract available)],2005,21(4):256. DOI:10.3760/cma.j.issn.1005-054X.2005.04.030.}

[11595] 王栓科，万麟，张海鸿，赵斌．小腿内侧皮瓣带蒂桥式移植治疗对侧小腿严重损伤骨外露[J]．中华显微外科杂志，2006，29（4）：289-290．DOI：10.3760/cma.j.issn.1001-2036.2006.04.018．{WANG Shuanke,WANG Lin,ZHANG Haiming,ZHAO Bin. Treatment of severe contralateral lower leg injury with bone exposure by pedicled bridge grafting of lower medial leg flap[J]. Zhonghua Xian Wei Wai Ke Za Zhi[Chin J Microsurg(Article in Chinese;Abstract in Chinese)],2006,29(4):289-290. DOI:10.3760/cma.j.issn.1001-2036.2006.04.018.}

[11596] 邵新中，张川，张桂生，刘柳，杨磊．改良带血管蒂桥式交叉小腿内侧皮瓣的临床应用[J]．中华创伤骨科杂志，2006，8（2）：199-200．DOI：10.3760/cma.j.issn.1671-7600.2006.02.033．{SHAO Xinzhong,ZHANG Chuan,ZHANG Guisheng,LIU Liu,YANG Lei. Clinical application of modified vascularized bridge cross medial crus flap[J]. Zhonghua Chuang Shang Gu Ke Za Zhi[Chin J Orthop Trauma(Article in Chinese;Abstract in Chinese)],2006,8(2):199-200. DOI:10.3760/cma.j.issn.1671-7600.2006.02.033.}

[11597] 张川，邵新中，刘柳，杨磊．修复胫后动脉的小腿内侧皮瓣的临床应用[J]．中华创伤杂志，2006，22（10）：790-792．DOI：10.3760/j：issn：1001-8050.2006.10.021．{ZHANG Chuan,SHAO Xinzhong,LIU Liu,YANG Lei. Clinical application of medial crus flap for repair of posterior tibial artery[J]. Zhonghua Chuang Shang Za Zhi[Chin J Trauma(Article in Chinese;No abstract available)],2006,22(10):790-792. DOI:10.3760/j:issn:1001-8050.2006.10.021.}

[11598] 李天宇．小腿内侧皮瓣交叉移位修复对侧小腿骨外露[J]．组织工程与重建外科杂志，2006，2（4）：212-213．DOI：10.3969/j.issn.1673-0364.2006.04.011．{LI Tianyu. Cross transposition of medial skin flap of leg for repairing contra-lateral leg bone exposure[J]. Zu Zhi Gong Cheng Yu Chong Jian Wai Ke Za Zhi[J Tissue Eng Reconstr Surg(Article in Chinese;Abstract in Chinese and English)],2006,2(4):212-213. DOI:10.3969/j.issn.1673-0364.2006.04.011.}

[11599] 万光勇，张明宾，刘太生，赵峰，朱玉莲．小腿内侧皮瓣在口腔颌面部术后缺损修复中的应用[J]．中国口腔颌面外科杂志，2006，4（6）：471-474．DOI：10.3969/j.issn.1672-3244.2006.06.018．{WAN Guangyong,ZHANG Mingbin,LIU Taisheng,ZHAO Feng,ZHU Yulian. Use of the lower medial leg fasciocutaneous flap to reconstruct oral and maxiilofacial soft tissue defects[J]. Zhongguo Kou Qiang He Mian Wai Ke Za Zhi [Chin J Oral Maxillofac Surg(Article in Chinese;Abstract in Chinese and English)],2006,4(6):471-474. DOI:10.3969/j.issn.1672-3244.2006.06.018.}

[11600] 许庆家，刘志波，王增涛，朱小雷，孙文海．胸脐皮瓣串连对侧小腿内侧皮瓣修复足部软组织缺损3例报告[J]．中国骨伤，2007，20（5）：319-320．DOI：10.3969/j.issn.1003-0034.2007.05.032．{XU Qingjia,LIU Zhibo,WANG Zengtao,ZHU Xiaolei,SUN Wenhai. Reconstraction of foot soft tissue defect by combining the thoraco-umbilical flap and the medial leg flap[J]. Zhongguo Gu Shang[China J Orthop Trauma(Article in Chinese;No abstract available)],2007,20(5):319-320. DOI:10.3969/j.issn.1003-0034.2007.05.032.}

[11601] 石荣剑，宗亚力，孙峰，朱辉，寿奎水．桥式吻合小腿内侧皮瓣修复四肢毁损性离断伤[J]．创伤外科杂志，2007，9（4）：315-317．DOI：10.3969/j.issn.1009-4237.2007.04.007．{SHI Rongjian,ZONG Yali,SUN Feng,ZHU Hui,SHOU Kuishui. Repair of the destructive amputation trauma of the extremities with the medial crural free skin flap using a bridge-like anastomosis[J]. Chuang Shang Wai Ke Za Zhi[J Traum Surg(Article in Chinese;Abstract in Chinese and English)],2007,9(4):315-317. DOI:10.3969/j.issn.1009-4237.2007.04.007.}

[11602] 万光勇，刘太生，张明宾，赵锋，李晓光．小腿内侧皮瓣在修复口底癌术后缺损中的应用[J]．组织工程与重建外科杂志，2007，3（2）：86-89．DOI：10.3969/j.issn.1673-0364.2007.02.007．{WAN Guangyong,LIU Taisheng,ZHANG Mingbin,LI Xiaoguang. Application of lower medial leg fasciocutaneous flap to reconstruct soft tissue defects of oral floor cancer[J]. Zu Zhi Gong Cheng Yu Chong Jian Wai Ke Za Zhi[J Tissue Eng Reconstr Surg(Article in Chinese;Abstract in Chinese and English)],2007,3(2):86-89. DOI:10.3969/j.issn.1673-0364.2007.02.007.}

[11603] 陈雪松，肖茂明，王元山，管力，黄敢，张黎明．游离小腿内侧皮瓣修复小儿肢体高能量损伤的特殊意义及相关问题探讨[J]．中国矫形外科杂志，2008，16（8）：564-567．{CHEN Xuesong,XIAO Maoming,WANG Yuanshan,GUAN Li,HUANG Gan,ZHANG Liming. Medial leg flap containing posterior tibial vessels for reconstruction in children's limb injuries by high-energy[J]. Zhongguo Jiao Xing Wai Ke Za Zhi[Orthop J China(Article in Chinese;Abstract in Chinese and English)],2008,16(8):564-567.}

[11604] 刘晓军，苏利国，刘勇，段家波，张晓军，樊利军，张会勇．游离小腿内侧皮瓣“搭桥”修复上臂血管与软组织缺损[J]．中华创伤骨科杂志，2008，10（1）：92-93．DOI：10.3760/cma.j.issn.1671-7600.2008.01.023．{LIU Xiaojun,SU Liguo,LIU Yong,DUAN Jiabo,ZHANG Xiaojun,FAN Lijun,ZHANG Huiyong. Bridging with free leg medial flaps for repair of defects of vessel and soft tissue at the upper arms[J]. Zhonghua Chuang Shang Gu Ke Za Zhi[Chin J Orthop Trauma(Article in Chinese;Abstract in Chinese and English)],2008,10(1):92-93. DOI:10.3760/cma.j.issn.1671-7600.2008.01.023.}

[11605] 赵晓东，范启申，高学建，何正，庞晖，杨富强．小腿内侧皮瓣在前臂皮肤血管缺损中的应用[J]．中华损伤与修复杂志（电子版），2008，3（4）：458-461．DOI：10.3969/j.issn.1673-9450.2008.04.011．{ZHAO Xiaodong,FAN Qishen,GAO Xuejian,HE Zheng,PANG Hui,YANG Fuqiang. Application of the medial crural free skin flap in the forearm trauma of blood vessel and nerves defect[J]. Zhonghua Sun Shang Yu Xiu Fu Za Zhi Dian Zi Ban[Chin J Injury Repair Wound Healing(Electr Ed)(Article in Chinese;Abstract in Chinese and English)],2008,3(4):458-461. DOI:10.3969/j.issn.1673-9450.2008.04.011.}

[11606] 丁超，郭延章，李耀胜，张业祥．应用携带肌肉的小腿内侧皮瓣修复足部软组织缺损[J]．临床骨科杂志，2009，12（5）：521-523．DOI：10.3969/j.issn.1008-0287.2009.05.014．{DING Chao,GUO Yanzhang,LI Yaosheng,ZHANG Yexiang. Repair of foot soft tissue defects by medial lower leg flap with muscle[J]. Lin Chuang Gu Ke Za Zhi[J Clin Orthop(Article in Chinese;Abstract in Chinese and English)],2009,12(5):521-523. DOI:10.3969/j.issn.1008-0287.2009.05.014.}

[11607] 张沛，梁钢，徐宝成．多种小腿内侧皮瓣修复肢体软组织缺损[J]．中华整形外科杂志，2011，27（2）：134-135．DOI：10.3760/cma.j.issn.1009-4598.2011.02.017．{ZHANG Pei,LIANG Gang,XU Baocheng. Repair of soft tissue defects of extremities with multiple medial crus flaps[J]. Zhonghua Zheng Xing Wai Ke Za Zhi[Chin J Plast Surg(Article in Chinese;No abstract available)],2011,27(2):134-135. DOI:10.3760/cma.j.issn.1009-4598.2011.02.017.}

[11608] 刘雪涛，李忠，李振，王成琪．健肢小腿内侧皮瓣交腿桥接胸脐皮瓣游离移植的蒂部改良[J]．中华显微外科杂志，2013，36（5）：460-463．DOI：10.3760/cma.j.issn.1001-2036.2013.05.013．{LIU Xuetao,LI Zhong,LI Zhen,WANG Chengqi. The pedicle modification of grafting in free flap which use medial-lower-leg-flap with a healthy limb cross-leg bridging thoracic umbilical flap[J]. Zhonghua Xian Wei Wai Ke Za Zhi[Chin J Microsurg(Article in Chinese;Abstract in Chinese and English)],2013,36(5):460-463. DOI:10.3760/cma.j.issn.1001-2036.2013.05.013.}

[11609] 翟瑞华，刘春娟，王燕燕，王建国，张孝红．健侧小腿内侧皮瓣桥接游离胸脐皮瓣修复下肢大面积软组织缺损[J]．中华整形外科杂志，2018，34（7）：538-541．DOI：10.3760/cma.j.issn.1009-4598.2018.07.011．{ZHAI Ruihua,LIU Chunjuan,WANG Yanyan,WANG Jianguo,ZHANG Xiaohong. The medial-lower-leg-flap with a healthy limb cross-leg bridging thoracic umbilical flap to repair large-area skin defects of lower limbs[J]. Zhonghua Zheng Xing Wai Ke Za Zhi[Chin J Plast Surg(Article in Chinese;Abstract in Chinese and English)],2018,34(7):538-541. DOI:10.3760/cma.j.issn.1009-4598.2018.07.011.}

[11610] 陈佳，杨鹏飞，龙兴敬，杨世林，匡安银，代羽．带隐神经的小腿内侧皮瓣修复足踝部骨外露[J]．实用手外科杂志，2018，32（1）：46-48．DOI：10.3969/j.issn.1671-2722.2018.01.016．{CHEN Jia,YANG Pengfei,LONG Xingjing,YANG Shilin,KUANG Anyin,DAI Yu. Medial crus skin flap with Saphenous nerve to repair the bone exposure of the ankle and foot[J]. Shi Yong Shou Wai Ke Za Zhi[Chin J Pract Hand Surg(Article in Chinese;Abstract in Chinese and English)],2018,32(1):46-48. DOI:10.3969/j.issn.1671-2722.2018.01.016.}

[11611] 龙航，黄银浩，徐佳丽，田坚，朱珠，张小林，陈飞艳，陈世玖．隐动脉蒂小腿内侧皮瓣修复膝部软组织缺损七例[J]．中华显微外科杂志，2019，42（4）：401-403．DOI：10.3760/cma.j.issn.1001-2036.2019.04.024．{LONG Hang,HUANG Yinhao,XU Jiali,TIAN Jian,ZHU Zhu,ZHANG Xiaolin,CHEN Feiyan,CHEN Shijiu. Medial crus skin flap pedicled with saphenous artery for repair of knee soft tissue defect in 7 cases[J]. Zhonghua Xian Wei Wai Ke Za Zhi[Chin J Microsurg(Article in Chinese;Abstract in Chinese)],2019,42(4):401-403. DOI:10.3760/cma.j.issn.1001-2036.2019.04.024.}

[11612] 夏成德，狄海萍，薛继东，田社民，杨焕纳，邢培朋，曹大勇，王丽敏，赵耀华．游离股前外侧或小腿内侧皮瓣修复患者颜面部严重烧伤的效果[J]．中华烧伤杂志，2019，35（7）：512-516．DOI：10.3760/cma.j.issn.1009-2587.2019.07.007．{XIA Chengde,DI Haiping,XUE Jidong,TIAN Shemin,YANG Huanna,XING Peipeng,CAO Dayong,WANG Limin,ZHAO Yaohua. Effects of free anterolateral femoral or medial calf flaps in the repair of severe facial burns[J]. Zhonghua Shao Shang Za Zhi[Chin J Burns(Article in Chinese;Abstract in Chinese and English)],2019,35(7):512-516. DOI:10.3760/cma.j.issn.1009-2587.2019.07.007.}

[11613] 张功林，师富贵，胡军，龚铁军，王永恒，赵来绪，杨军林，周建华，薛钦义．小腿内侧皮瓣联合内侧半比目鱼肌瓣桥式带蒂转移术治疗对侧小腿软组织缺损[J]．中华创伤骨科杂志，2020，22（2）：162-165．DOI：10.3760/cma.j.issn.1671-7600.2020.02.015．{ZHANG Gonglin,SHI Fugui,HU Jun,GONG Tiejun,WANG Yongheng,ZHAO Laixu,YANG Junlin,ZHOU Jianhua,XUE Qinyi. Pedicled bridge transplantation for soft tissue defects at the

contrallateral leg with medial leg skin flap and medial hemi-soleus muscle flap[J]. Zhonghua Chuang Shang Gu Ke Za Zhi[Chin J Orthop Trauma(Article in Chinese;Abstract in Chinese and English)],2020,22(2):162-165. DOI:10.3760/cma.j.issn.1671-7600.2020.02.015.}

4.5.3.3.1 胫后动脉皮瓣

flap of posterior tibial artery

[11614] Li YY,Situ HQ,Wang JL,Lu Y. Reconstruction of limb defects with the free posterior tibial artery fasciocutaneous flap[J]. Br J Plast Surg,1994,47(7):502-504. doi:10.1016/0007-1226(94)90034-5.

[11615] Xu Z,Chenglin L,Zhiwen N,Sumin W,Ruxia Y,Xinming M,Fucheng Z. Use of flap based on posterior tibial artery for free transfer[J]. J Reconstr Microsurg,2007,23(7):361-365. doi:10.1055/s-2007-992339.

[11616] Zhang X,Wang X,Wen S,Zhu H,Ning Z,Mi X,Li C,Yu R. Posterior tibial artery-based multilobar combined flap free transfer for repair of complex soft tissue defects[J]. Microsurgery,2008,28(8):643-649. doi:10.1002/micr.20529.

[11617] Li F,Cai P,Fan C,Zeng B,Chai Y,Ruan H. Distally based posterior tibial artery cross-bridge flap for reconstruction of contralateral leg soft tissue defects[J]. J Reconstr Microsurg,2010,26(3):159-164. doi:10.1055/s-0029-1242137.

[11618] 张善才，李金明，宋克勋，程春生，张俊，宋广献. 胫后动脉逆行岛状皮瓣的临床应用[J]. 中华外科杂志，1984，22（11）：685-687. {ZHANG Shancai,LI Jinming,SONG Kexun,CHENG Chunsheng,ZHANG Jun,SONG Guangxian. Clinical application of reversed posterior tibial artery island flap[J]. Zhonghua Wai Ke Za Zhi[Chin J Surg(Article in Chinese;No abstract available)],1984,22(11):685-687.}

[11619] 李叶扬，司徒和气，汪锦伦，陆野. 小腿内侧胫后动脉皮瓣的临床应用[J]. 中华整形烧伤外科杂志，1996，12（1）：31-33. DOI：10.3760/j.issn：1009-4598.1996.01.010. {LI Yeyang,SITU Heqi,WANG Jinlun,LU Ye. Clinical application of medial leg skin flap for the repair of the extremities[J]. Zhonghua Zheng Xing Shao Shang Wai Ke Za Zhi[Chin J Plast Surg Burns(Article in Chinese;Abstract in Chinese and English)],1996,12(1):31-33. DOI:10.3760/j.issn:1009-4598.1996.01.010.}

[11620] 王传忠，徐清平，卢辉. 胫后动脉皮支筋膜蒂皮瓣临床应用3例报告[J]. 中国矫形外科杂志，2000，7（5）：451. DOI：10.3969/j.issn.1005-8478.2000.05.052. {WANG Chuanzhong,XU Qingping,LU Hui,DING Zhendong,FENG Guogang. Clinical application of posterior tibial artery cutaneous branch fascial flap in 3 cases[J]. Zhongguo Jiao Xing Wai Ke Za Zhi[Orthop J China(Article in Chinese;No abstract available)],2000,7(5):451. DOI:10.3969/j.issn.1005-8478.2000.05.052.}

[11621] 陈斌，何玮，谷跃奇，李莉. 带胫后动脉血管蒂顺行和逆行双皮瓣转移术一例[J]. 中华显微外科杂志，2004，27(3)：163. DOI：10.3760/cma.j.issn.1001-2036.2004.03.045. {CHEN Bin,HE Wei,GU Yueqi,LI Li. Both antegrade and retrograde posterior tibial artery flaps pedicled:a case report[J]. Zhonghua Xian Wei Wai Ke Za Zhi[Chin J Microsurg(Article in Chinese;No abstract available)],2004,27(3):163. DOI:10.3760/cma.j.issn.1001-2036.2004.03.045.}

[11622] 熊洪涛，庄永青，方锡池，魏瑞鸿. 胫后动脉皮支逆行交腿皮瓣与外固定器联合应用修复32例小腿难治性创面[J]. 中华显微外科杂志，2017，40（2）：172-173. DOI：10.3760/cma.j.issn.1001-2036.2017.02.017. {XIONG Hongtao,ZHUANG Yongqing,FANG Xichi,WEI Ruihong. Reversed cross leg flap pedicled with posterior tibial artery cutaneous branch and external fixator for repair of refractory leg wounds in 32 cases[J]. Zhonghua Xian Wei Wai Ke Za Zhi[Chin J Microsurg(Article in Chinese;Abstract in Chinese)],2017,40(2):172-173. DOI:10.3760/cma.j.issn.1001-2036.2017.02.017.}

[11623] 赵治伟，查朱青，刘文静. 胫后动脉皮瓣修复足部大面积复合组织缺损的临床治疗[J]. 创伤外科杂志，2017，19（7）：547-548. DOI：10.3969/j.issn.1009-4237.2017.07.022. {ZHAO Zhiwei,ZHA Zhuqing,LIU Wenjing. The clinical treatment of repairing large area composite tissue defect with posterior tibial artery flap[J]. Chuang Shang Wai Ke Za Zhi[J Traum Surg(Article in Chinese;Abstract in Chinese)],2017,19(7):547-548. DOI:10.3969/j.issn.1009-4237.2017.07.022.}

[11624] 麦敛曦，Mashrah，Mubarak，严凌健，万全，林钊宇，潘朝斌. 游离胫后动脉皮瓣修复80例口腔颌面部软组织缺损效果评价[J]. 中国口腔颌面外科杂志，2019，17（3）：275-279. DOI：10.19438/j.cjoms.2019.03.017. {MAI Lianxi,Mubarak Mashrah,YAN Lingjian,WAN Quan,LIN Zhaoyu,PAN Chaobin. Application of posterior tibial artery flap in the reconstruction of oral and maxillofacial defects:Clinical analysis of 80 consecutive cases[J]. Zhongguo Kou Qiang He Mian Wai Ke Za Zhi[Chin J Oral Maxillofac Surg(Article in Chinese;Abstract in Chinese and English)],2019,17(3):275-279. DOI:10.19438/j.cjoms.2019.03.017.}

4.5.3.3.2 胫后动脉穿支皮瓣

perforator flap of posterior tibial artery

[11625] Xu ZF,Shang DH,Duan WY,Liu FY,Li P,Sun CF. Free posterior tibial artery perforator flap for floor of mouth reconstruction:a case report[J]. Microsurgery,2011,31(8):659-661. doi:10.1002/micr.20931.

[11626] Lin CZ,Xia X,Wang H,Liu DX. Surgical reconstruction of the fascia lata and posterior tibial artery perforator flap to treat children with simultaneous injury to the Achilles tendon and heel skin[J]. Medicine(Baltimore),2018,97(6):e9834. doi:10.1097/MD.0000000000009834.

[11627] Liu J,Lu D,Deng D,Wang J,Gan W,Zou J,Chen F,Yang H. Free posterior tibial artery perforator flap for 2-stage tracheal reconstruction in patients after resection of well-differentiated thyroid carcinoma invading the trachea[J]. Head Neck,2019,41(7):2249-2255. doi:10.1002/hed.25675.

[11628] Li P,Shen G. Posterior tibial artery perforator flaps carrying partial gastrocnemius muscle for repair of soft tissue defects with dead space in the ankle and foot[J]. Ann Plast Surg,2019,82(5):552-559. doi:10.1097/SAP.0000000000001748.

[11629] Li P,Li Z,Shen G. Distally based posterior tibial artery perforator flaps for reconstruction of the defects in achilles region[J]. Ann Plast Surg,2019,83(4):452-454. doi:10.1097/SAP.0000000000001909.

[11630] Peng P,Dong Z,Wei J,Liu L,Luo Z,Zheng L. Risk factors related to the partial necrosis of the posterior tibial artery perforator-plus fasciocutaneous flap[J]. Eur J Trauma Emerg Surg,2021 Feb 21. doi:10.1007/s00068-021-01616-0. Online ahead of print.

[11631] 柴益民，邱勋永，林崇正，马心赤，陈彦堃. 胫后动脉穿支蒂隐神经营养血管逆行皮瓣的临床应用[J]. 中华显微外科杂志，2004，27（2）：99-100. DOI：10.3760/cma.j.issn.1001-2036.2004.02.007. {CHAI Yimin,QIU Xunyong,LIN Chongzheng,MA Xinchi,CHEN Yankun. Clinical application of reversed saphenous neurocutaneous vascular flap pedicle with the perforating branches of the tibialis posterior artery[J]. Zhonghua Xian Wei Wai Ke Za Zhi[Chin J Microsurg(Article in Chinese;Abstract in Chinese and English)],2004,27(2):99-100. DOI:10.3760/cma.j.issn.1001-2036.2004.02.007.}

[11632] 吴攀峰，唐举玉，刘建书，李康华. 逆行胫后动脉穿支皮瓣修复足跟皮肤软组织缺损[J]. 中华显微外科杂志，2009，32（4）：284-286，插3. DOI：10.3760/cma.j.issn.1001-2036.2009.04.008. {WU Panfeng,TANG Juyu,LIU Jianshu,LI Kanghua. Repair skin and soft tissue defects in heel with converse flaps based perforator of posterior tibial artery[J]. Zhonghua Xian Wei Wai Ke Za Zhi[Chin J Microsurg(Article in Chinese;Abstract in Chinese and English)],2009,32(4):284-286,insert 3. DOI:10.3760/cma.j.issn.1001-2036.2009.04.008.}

[11633] 张万锋，王爱武，李金有，梁锋，张小峰. 胫后动脉穿支蒂逆行岛状筋膜皮瓣修复足踝部创面[J]. 中华整形外科杂志，2009，25（1）：67-68. DOI：10.3760/cma.j.issn.1009-4598.2009.01.022. {ZHANG Wanfeng,WANG Aiwu,LI Jinyou,LIANG Feng,ZHANG Xiaofeng. Reversed island fasciocutaneous flap pedicled with cutaneous perforator of posterior tibial artery for repair of foot and ankle wounds[J]. Zhonghua Zheng Xing Wai Ke Za Zhi[Chin J Plast Surg(Article in Chinese;No abstract available)],2009,25(1):67-68. DOI:10.3760/cma.j.issn.1009-4598.2009.01.022.}

[11634] 谭斌，陆文林. 胫后动脉穿支皮瓣修复足踝部皮肤缺损[J]. 中国骨伤，2009，22（2）：108. DOI：10.3969/j.issn.1003-0034.2009.02.016. {TAN Bin,LU Wenlin. Skin flap with a branch of the tibial posterior artery for repairing the skin defect of foot and ankle[J]. Zhongguo Gu Shang[China J Orthop Trauma(Article in Chinese;Abstract in Chinese and English)],2009,22(2):108. DOI:10.3969/j.issn.1003-0034.2009.02.016.}

[11635] 邱勋永，周钢，马心赤，王和驹，曾德斌，陈汉东. 胫后动脉穿支蒂长轴皮瓣修复内后踝皮肤软组织缺损[J]. 中华显微外科杂志，2010，33（6）：488-489. DOI：10.3760/cma.j.issn.1001-2036.2010.06.018. {QIU Xunyong,ZHOU Gang,MA Xinchi,WANG Heju,ZENG Debin,CHEN Handong. Long axis flap pedicled with posterior tibial artery perforator for repair of skin and soft tissue defects of medial and posterior malleolus[J]. Zhonghua Xian Wei Wai Ke Za Zhi[Chin J Microsurg(Article in Chinese;Abstract in Chinese)],2010,33(6):488-489. DOI:10.3760/cma.j.issn.1001-2036.2010.06.018.}

[11636] 赵国红，谢振军，孙华伟，郑竞舟，邓小兵，邓名山，赵建军，张学来. 胫后动脉穿支皮瓣游离移植修复手指皮肤缺损[J]. 中华显微外科杂志，2010，33（6）：519-520. DOI：10.3760/cma.j.issn.1001-2036.2010.06.037. {ZHAO Guohong,XIE Zhenjun,SUN Huawei,ZHENG Jingzhou,DENG Xiaobing,DENG Mingshan,ZHAO Jianjun,ZHANG Xuelai. Free posterior tibial artery perforator flap for repair of finger skin defect[J]. Zhonghua Xian Wei Wai Ke Za Zhi[Chin J Microsurg(Article in Chinese;No abstract available)],2010,33(6):519-520. DOI:10.3760/cma.j.issn.1001-2036.2010.06.037.}

[11637] 魏在荣，孙广峰，唐修俊，王达利，王玉明，韩文杰. 胫后动脉穿支蒂小腿内后侧网状供血皮瓣修复足踝部巨大创面[J]. 中华创伤杂志，2010，26（8）：734-736. DOI：10.3760/cma.j.issn.1001-8050.2010.08.022. {WEI Zairong,SUN Guangfeng,TANG Xiujun,WANG Dali,WANG Yuming,HAN Wenjie. Repair of great foot and ankle wounds with posterior tibial artery perforator-based dicyto-pattern flaps from interoposterior compartment of calf[J]. Zhonghua Chuang Shang Za Zhi[Chin J Trauma(Article in Chinese;Abstract in Chinese and English)],2010,26(8):734-736. DOI:10.3760/cma.j.issn.1001-8050.2010.08.022.}

[11638] 李叶扬，黄峻，林伟华，李罡，王仁坤. 小腿胫后动脉及其穿支皮瓣在下肢难治性创面修复中的应用[J]. 中华损伤与修复杂志（电子版），2010，5（3）：339-343. DOI：10.3969/j.issn.1673-9450.2010.03.008. {LI Yeyang,HUANG Jun,LIN Weihua,LI Gang,WANG Renkun. Reconstruction of tissue defects in lower extremities with the posterior tibial artery fasciocutaneous flaps and its intermuscular septum branches flaps[J]. Zhonghua Sun Shang Yu Xiu Fu Za Zhi Dian Zi Ban[Chin J Injury Repair Wound Healing(Electr Ed)(Article in Chinese;Abstract in Chinese and English)],2010,5(3):339-343. DOI:10.3969/cma.j.issn.1673-9450.2010.03.008.}

[11639] 萧志雄，梁晓宗，汪翔，王昌义，叶团飞，王树锋. 应用胫后动脉穿支皮瓣修复手部创面的临床体会[J]. 中华显微外科杂志，2011，34（1）：57-58. DOI：10.3760/cma.j.issn.1001-2036.2011.01.023. {XIAO Zhixiong,LIANG Xiaozong,WANG Xiang,WANG Changyi,YE Tuanfei,WANG Shufeng. Clinical experience of posterior tibial artery perforator flap for repair of hand wound[J]. Zhonghua Xian Wei Wai Ke Za Zhi[Chin J Microsurg(Article in Chinese;Abstract in Chinese)],2011,34(1):57-58. DOI:10.3760/cma.j.issn.1001-2036.2011.01.023.}

[11640] 吴文利，丁江平. 胫后动脉穿支皮瓣移植修复小腿远端及足踝部软组织缺损25例[J]. 中华显微外科杂志，2011，34（3）：229-230. DOI：10.3760/cma.j.issn.1001-2036.2011.03.022. {WU Wenli,DING Jiangping. Posterior tibial artery perforator flap for repair of soft tissue defects of distal leg and ankle with in 25 cases[J]. Zhonghua Xian Wei Wai Ke Za Zhi[Chin J Microsurg(Article in Chinese;Abstract in Chinese)],2011,34(3):229-230. DOI:10.3760/cma.j.issn.1001-2036.2011.03.022.}

[11641] 周明武，幸超峰，宋力，杨瑞甫，朱杰，王飞云，李士民，宋鹏，熊颖杰. 胫后动脉穿支骨（膜）皮瓣移植修复手部复合组织缺损[J]. 中华手外科杂志，2011，27（2）：90-92. DOI：10.3760/cma.j.issn.1005-054X.2011.02.009. {ZHOU Mingwu,XING Chaofeng,SONG Li,YANG Ruifu,ZHU Jie,WANG Feiyun,LI Shimin,SONG Peng,XIONG Yingjie. Repairing composite tissue defect of the hand by posterior tibial artery perforator bone (periosteum) flap[J]. Zhonghua Shou Wai Ke Za Zhi[Chin J Hand Surg(Article in Chinese;Abstract in Chinese and English)],2011,27(2):90-92. DOI:10.3760/cma.j.issn.1005-054X.2011.02.009.}

[11642] 赵风景，张兴群，张龙春，姚建民，马亮，陈莹. 游离胫后动脉穿支皮瓣修复踇趾腓侧皮瓣供区创面[J]. 中华手外科杂志，2011，27（5）：287-288. {ZHAO Fengjing,ZHANG Xingqun,ZHANG Longchun,YAO Jianmin,MA Liang,CHEN Ying. Free posterior tibial artery perforator flap for coverage of donor defect of the big toe after free lateral pulp flap transfer[J]. Zhonghua Shou Wai Ke Za Zhi[Chin J Hand Surg(Article in Chinese;Abstract in Chinese and English)],2011,27(5):287-288.}

[11643] 王晓峰，史卫东，赵琳博，翟小军，陈鑫，王永利. 胫后动脉穿支皮瓣在临床中的应用[J]. 中华手外科杂志，2011，27（6）：347. {WANG Xiaofeng,SHI Weidong,ZHAO Linbo,ZHAI Xiaojun,CHEN Xin,WANG Yongli. Clinical application of posterior tibial artery perforator flap[J]. Zhonghua Shou Wai Ke Za Zhi[Chin J Hand Surg(Article in Chinese;No abstract available)],2011,27(6):347.}

[11644] 赵风景，张兴群，姚建民，马亮，张龙春，陈莹. 游离胫后动脉穿支皮瓣修复手、足背皮肤缺损[J]. 中华整形外科杂志，2011，27（6）：418-420. DOI：10.3760/cma.j.issn.1009-4598.2011.06.005. {ZHAO Fengjing,ZHANG Xingqun,YAO Jianmin,MA Liang,ZHANG Longchun,CHEN Ying. Application of free posterior tibial artery perforator flap for skin defect on the dorsum of hand or foot[J]. Zhonghua Zheng Xing Wai Ke Za Zhi[Chin J Plast Surg(Article in Chinese;Abstract in Chinese and English)],2011,27(6):418-420. DOI:10.3760/cma.j.issn.1009-4598.2011.06.005.}

[11645] 孙乾，祝伟，曹群华. 胫后动脉穿支为蒂的隐神经营养皮瓣感觉重建的临床研究[J]. 实用手外科杂志，2011，25（1）：20-22. DOI：10.3969/j.issn.1671-2722.2011.01.010. {SUN Qian,ZHU Wei,CAO Qunhua. Application of the reversed saphenous neurocutaneous flap based on the perforator of the posterior tibial artery[J]. Shi Yong Shou Wai Ke Za Zhi[Chin J Pract Hand Surg(Article in Chinese;Abstract in Chinese and English)],2011,25(1):20-22. DOI:10.3969/j.issn.1671-2722.2011.01.010.}

[11646] 屈志刚，刘育杰，丁小珩，焦鸿生，张宏勋，姜凯，方光荣. 应用游离胫后动脉穿支皮瓣

修复头皮大面积皮肤缺损 [J]. 中国修复重建外科杂志，2011，25（9）：1147-1148. {QU Zhigang,LIU Yujie,DING Xiaoheng,JIAO Hongsheng,ZHANG Hongxun,JIANG Kai,FANG Guangrong. Application of free posterior tibial artery perforator flap for repair of large area skin defect of scalp[J]. Zhongguo Xiu Fu Chong Jian Wai Ke Za Zhi[Chin J Repar Reconstr Surg(Article in Chinese;Abstract in Chinese)],2011,25(9):1147-1148.}

[11647] 谭琪，刘光军，王谦，高志刚，杨磊，齐晓飞．非恒定蒂胫后动脉链式穿支皮瓣的临床应用 [J]. 中国骨与关节损伤杂志，2012，27（2）：118-120. {TAN Qi,LIU Guangjun,WANG Qian,GAO Zhigang,YANG Lei,QI Xiaofei. Clinical application of posterior tibial artery chain perforator flap with unsteady pedicle[J]. Zhongguo Gu Yu Guan Jie Sun Shang Za Zhi[Chin J Bone Joint Injury(Article in Chinese;Abstract in Chinese and English)],2012,27(2):118-120.}

[11648] 陈明，文根，吕一鸣，汪春阳，柴益民．逆行胫后动脉穿支蒂隐神经营养血管（肌）皮瓣修复足踝部软组织缺损 [J]. 实用骨科杂志，2012，18（3）：223-226. DOI: 10.3969/j.issn.1008-5572.2012.03.010. {CHEN Ming,WEN Gen,LV Yiming,WANG Chunyang,CHAI Yimin. Clinical Application of Reversed Tibialis Posterior Artery Perforator-Based Saphenous Neurocutaneous Flap for Treatment of Skin and Soft Tissue Defect Around the Foot and Ankle Joint[J]. Shi Yong Gu Ke Za Zhi[J Pract Orthop(Article in Chinese;Abstract in Chinese and English)],2012,18(3):223-226. DOI:10.3969/j.issn.1008-5572.2012.03.010.}

[11649] 陈浩宇，高峻青，何斌，付记乐，李卓伟，曾颖．胫后动脉穿支隐神经营养血管双供血皮瓣修复小腿和足踝大面积软组织缺损 [J]. 中华显微外科杂志，2013，36（3）：225-228. DOI: 10.3760/cma.j.issn.1001-2036.2013.03.005. {CHEN Haoyu,GAO Junqing,HE Bin,FU Jile,LI Zhuowei,ZENG Ying. Clinical research on repairing large area soft tissue defects in heel and crus by flaps with double blood-supply of posterior tibial artery perforators and saphenous nerve nutrient vessels[J]. Zhonghua Xian Wei Wai Ke Za Zhi[Chin J Microsurg(Article in Chinese;Abstract in Chinese and English)],2013,36(3):225-228. DOI:10.3760/cma.j.issn.1001-2036.2013.03.005.}

[11650] 张全荣，芮永军，施海峰，薛明宇，张志海，钱俊，孙振中，杨凯．胫后动脉穿支血管神经蒂皮瓣在足及小腿皮肤缺损的临床应用 [J]. 中国矫形外科杂志，2013，21（18）：1894-1897. DOI: 10.3977/j.issn.1005-8478.2013.18.20. {ZHANG Quanrong,RUI Yongjun,SHI Haifeng,XUE Mingyu,ZHANG Zhihai,QIAN Jun,SUN Zhenzhong,YANG Kai. Clinical application of neurovascular flap pedicled with posterior tibial artery perforator for repair of skin defect of foot and leg[J]. Zhongguo Jiao Xing Wai Ke Za Zhi[Orthop J China(Article in Chinese;Abstract in Chinese)],2013,21(18):1894-1897. DOI:10.3977/j.issn.1005-8478.2013.18.20.}

[11651] 周晓，薛明宇，强力，芮永军，许亚军．胫后动脉穿支蒂岛状皮瓣修复内踝及小腿内侧创面 [J]. 中华骨科杂志，2014，34（8）：824-830. DOI: 10.3760/cma.j.issn.0253-2352.2014.08.005. {ZHOU Xiao,XUE Mingyu,QIANG Li,RUI Yongjun,XU Yajun. Repairing ankle and calf wounds by antegrade or retrograde perforating flap of posterior tibial artery[J]. Zhonghua Gu Ke Za Zhi[Chin J Orthop(Article in Chinese;Abstract in Chinese and English)],2014,34(8):824-830. DOI:10.3760/cma.j.issn.0253-2352.2014.08.005.}

[11652] 姚俊娜，赵祚塨，杜志军，穆世民．胫后动脉穿支皮瓣在足跟部软组织缺损修复中的应用 [J]. 中华显微外科杂志，2014，37（2）：176-178. DOI: 10.3760/cma.j.issn.1001-2036.2014.02.024. {YAO Junna,ZHAO Zuogong,DU Zhijun,MU Shimin. Application of posterior tibial artery perforator flap in repair of heel soft tissue defect[J]. Zhonghua Xian Wei Wai Ke Za Zhi[Chin J Microsurg(Article in Chinese;Abstract in Chinese)],2014,37(2):176-178. DOI:10.3760/cma.j.issn.1001-2036.2014.02.024.}

[11653] 李建宁，巨积辉，王强，王天亮，宋二发，侯瑞兴．游离胫后动脉穿支皮瓣修复手指软组织缺损七例 [J]. 中华显微外科杂志，2014，37（3）：310. DOI: 10.3760/cma.j.issn.1001-2036.2014.03.039. {LI Jianning,JU Jihui,WANG Qiang,WANG Tianliang,SONG Erfa,HOU Ruixing. Free posterior tibial artery perforator flap for repair of soft tissue defect of fingers in 7 cases[J]. Zhonghua Xian Wei Wai Ke Za Zhi[Chin J Microsurg(Article in Chinese;No abstract available)],2014,37(3):310. DOI:10.3760/cma.j.issn.1001-2036.2014.03.039.}

[11654] 王斌，邓高鹏，侯平，吴昌强，汪春阳，柴益民．顺行胫后动脉穿支蒂隐神经营养血管皮瓣的临床应用 [J]. 中华显微外科杂志，2014，37（3）：303-304. DOI: 10.3760/cma.j.issn.1001-2036.2014.03.036. {WANG Bin,DENG Gaopeng,HOU Ping,WU Changqiang,WANG Chunyang,CHAI Yimin. Clinical application of saphenous neurovascular flap pedicled with antegrade posterior tibial artery perforator[J]. Zhonghua Xian Wei Wai Ke Za Zhi[Chin J Microsurg(Article in Chinese;Abstract in Chinese)],2014,37(3):303-304. DOI:10.3760/cma.j.issn.1001-2036.2014.03.036.}

[11655] 黄铿，舒申友，谢扬，韩汉，蔡桂嘉．胫后动脉穿支皮瓣修复足踝部组织缺损 12 例 [J]. 中华显微外科杂志，2014，37(4)：387-388. DOI: 10.3760/cma.j.issn.1001-2036.2014.04.021. {HUANG Keng,SHU Shenyou,XIE Yang,HAN Ming,CAI Guijia. Posterior tibial artery perforator flap for repair of foot and ankle defects with in 12 cases[J]. Zhonghua Xian Wei Wai Ke Za Zhi[Chin J Microsurg(Article in Chinese;Abstract in Chinese)],2014,37(4):387-388. DOI:10.3760/cma.j.issn.1001-2036.2014.04.021.}

[11656] 冯博，马世伟，王春渤，张志宇．应用胫后动脉穿支皮瓣治疗足踝部皮肤缺损的临床体会 [J]. 中华显微外科杂志，2014，37（6）：604-606. DOI: 10.3760/cma.j.issn.1001-2036.2014.06.026. {FENG Bo,MA Shiwei,WANG Chunbo,ZHANG Zhiyu. Application of posterior tibial artery perforator flap for repair of foot and ankle skin defect[J]. Zhonghua Xian Wei Wai Ke Za Zhi[Chin J Microsurg(Article in Chinese;Abstract in Chinese)],2014,37(6):604-606. DOI:10.3760/cma.j.issn.1001-2036.2014.06.026.}

[11657] 胡长青，张志桐，王顺义，马战备，李辉，史占雷，孙建涛．胫后动脉穿支蒂皮瓣修复下肢创面 19 例 [J]. 中华烧伤杂志，2014，30（1）：76-77. DOI: 10.3760/cma.j.issn.1009-2587.2014.01.021. {HU Changqing,ZHANG Zhitong,WANG Shunyi,MA Zhanbei,LI Hui,SHI Zhanlei,SUN Jiantao. Posterior tibial artery perforator flap for repair of lower extremity wounds with in 19 cases[J]. Zhonghua Shao Shang Za Zhi[Chin J Burns(Article in Chinese;No abstract available)],2014,30(1):76-77. DOI:10.3760/cma.j.issn.1009-2587.2014.01.021.}

[11658] 张功林，甄平，陈克明，张军华，王世勇．胫后动脉穿支皮瓣修复足部软组织缺损 [J]. 实用骨科杂志，2014，20（9）：803-805. {ZHANG Gonglin,ZHEN Ping,CHEN Keming,ZHANG Junhua,WANG Shiyong. Repairation of soft tissue defect of the foot with the perforators flaps of the posterior tibial artery[J]. Shi Yong Gu Ke Za Zhi[J Pract Orthop(Article in Chinese;Abstract in Chinese and English)],2014,20(9):803-805.}

[11659] 张铁慧，梁武，任远飞，董玉金，孙焕伟，杨卫东，张洪权，王春生．胫后动脉穿支皮瓣修复踝部软组织缺损 [J]. 实用手外科杂志，2014，28（4）：401-402. DOI: 10.3969/j.issn.1671-2722.2014.04.017. {ZHANG Tiehui,LIANG Wu,REN Yuanfei,DONG Yujin,SUN Huanwei,YANG Weidong,ZHANG Hongquan,WANG Chunsheng. Repair of soft tissues defect on ankle with flap of cutaneous branches of posterior tibial artery[J]. Shi Yong Shou Wai Ke Za Zhi[Chin J Pract Hand Surg(Article in Chinese;Abstract in Chinese and English)],2014,28(4):401-402. DOI:10.3969/j.issn.1671-2722.2014.04.017.}

[11660] 宋巍，吴春富，贺斌，周焕河．逆行胫后动脉链式穿支吻合支动脉筋膜岛状皮瓣的临床应用 [J]. 中华显微外科杂志，2015，38（2）：160-162. DOI: 10.3760/cma.j.issn.1001-2036.2015.02.015. {SONG Wei,WU Chunfu,HE Bin,ZHOU Huanhe. Clinical application of reversed posterior tibial artery chain perforator artery island fascial flap[J]. Zhonghua Xian Wei Wai Ke Za Zhi[Chin J Microsurg(Article in Chinese;Abstract in Chinese)],2015,38(2):160-162. DOI:10.3760/cma.j.issn.1001-2036.2015.02.015.}

[11661] 周明武，李扬，朱杰，宋力，熊颖杰，张迅．胫后动脉穿支蒂嵌合组织瓣游离移植修复四肢骨与皮肤软组织缺损 [J]. 中华显微外科杂志，2015，38（4）：342-346. DOI: 10.3760/cma.j.issn.1001-2036.2015.04.009. {ZHOU Mingwu,LI Yang,ZHU Jie,SONG Li,XIONG Yingjie,ZHANG Xun. Free transplantation of the chimeric flap based on the perforator of the posterior tibial artery for reconstruction of bone and skin defect in extremities[J]. Zhonghua Xian Wei Wai Ke Za Zhi[Chin J Microsurg(Article in Chinese;Abstract in Chinese and English)],2015,38(4):342-346. DOI:10.3760/cma.j.issn.1001-2036.2015.04.009.}

[11662] 付记乐，高峻青，何斌，王朝辉，张宏宁，王兮．携带腓肠肌的胫后动脉穿支皮瓣修复足踝部腔隙性软组织缺损 [J]. 中华显微外科杂志，2015，38（4）：408-410. DOI: 10.3760/cma.j.issn.1001-2036.2015.04.033. {FU Jile,GAO Junqing,HE Bin,WANG Chaohui,ZHANG Hongning,WANG Xi. Posterior tibial artery perforator flap with gastrocnemius muscle for repair of lacunar soft tissue defect of foot and ankle[J]. Zhonghua Xian Wei Wai Ke Za Zhi[Chin J Microsurg(Article in Chinese;Abstract in Chinese)],2015,38(4):408-410. DOI:10.3760/cma.j.issn.1001-2036.2015.04.033.}

[11663] 周明武，李扬，朱杰，张迅，宋力，王飞云，幸超峰，李士民．胫后动脉穿支蒂双叶皮瓣修复手部多区域皮肤软组织缺损 [J]. 中华显微外科杂志，2015，38（6）：535-538. DOI: 10.3760/cma.j.issn.1001-2036.2015.06.005. {ZHOU Mingwu,LI Yang,ZHU Jie,ZHANG Xun,SONG Li,WANG Feiyun,XING Chaofeng,LI Shimin. Free transplantation of the bilobed skin flap based on the perforator of the posterior tibial artery for reconstruction of multi-area skin tissue defects in hand[J]. Zhonghua Xian Wei Wai Ke Za Zhi[Chin J Microsurg(Article in Chinese;Abstract in Chinese and English)],2015,38(6):535-538. DOI:10.3760/cma.j.issn.1001-2036.2015.06.005.}

[11664] 许亚军，陈政，周晓，包岳丰，张辉，杨凯，陈学明．胫后动脉小腿中下 1/3 穿支蒂逆行岛状皮瓣的临床应用 [J]. 中华整形外科杂志，2015，31（3）：219-221. DOI: 10.3760/cma.j.issn.1009-4598.2015.03.017. {XU Yajun,CHEN Zheng,ZHOU Xiao,BAO Yuefeng,ZHANG Hui,YANG Kai,CHEN Xueming. Clinical application of reversed island flap pedicled with middle and the lower 1/3 of posterior tibial artery perforator[J]. Zhonghua Zheng Xing Wai Ke Za Zhi[Chin J Plast Surg(Article in Chinese;No abstract available)],2015,31(3):219-221. DOI:10.3760/cma.j.issn.1009-4598.2015.03.017.}

[11665] 陈莹，杨伟渊，张龙春，王鹏，秦振波，丁晟，马亮．游离胫后动脉穿支皮瓣移植修复虎口挛缩 [J]. 中华整形外科杂志，2015，31（5）：382-383. DOI: 10.3760/cma.j.issn.1009-4598.2015.05.019. {CHEN Ying,YANG Weiyuan,ZHANG Longchun,WANG Peng,QIN Zhenbo,DING Sheng,MA Liang. Repair of contracture of first web space with free posterior tibial artery perforator flap[J]. Zhonghua Zheng Xing Wai Ke Za Zhi[Chin J Plast Surg(Article in Chinese;No abstract available)],2015,31(5):382-383. DOI:10.3760/cma.j.issn.1009-4598.2015.05.019.}

[11666] 刘辉，杨勇，黄华凤，罗文方，陆国通，谢欢，林鹏，周晓帆．胫后动脉穿支皮瓣修复足底负重区缺损 [J]. 实用手外科杂志，2015，29（2）：142-143，172. DOI: 10.3969/j.issn.1671-2722.2015.02.008. {LIU Hui,YANG Yong,HUANG Huafeng,LUO Wenfang,LU Guotong,XIE Huan,LIN Peng,ZHOU Xiaofan. Posterior tibial artery perforator flap for reconstruction of defect of plantar weight-bearing area[J]. Shi Yong Shou Wai Ke Za Zhi[Chin J Pract Hand Surg(Article in Chinese;Abstract in Chinese and English)],2015,29(2):142-143,172. DOI:10.3969/j.issn.1671-2722.2015.02.008.}

[11667] 庄智勇，谢树荣，蔡金表．胫后动脉穿支岛状皮瓣治疗跟腱外露创面 [J]. 实用手外科杂志，2015，29（4）：371-372. DOI: 10.3969/j.issn.1671-2722.2015.04.010. {ZHUANG Zhiyong,XIE Shurong,CAI Jinbiao. Perforator flap of the posterior tibial artery in treatment of achilles tendon exposed wound[J]. Shi Yong Shou Wai Ke Za Zhi[Chin J Pract Hand Surg(Article in Chinese;Abstract in Chinese and English)],2015,29(4):371-372. DOI:10.3969/j.issn.1671-2722.2015.04.010.}

[11668] 刘跃飞，巨积辉，蓝波，许华龙，唐林峰，侯瑞兴．不同形式的 3 种胫后动脉穿支皮瓣修复足踝部创面疗效分析 [J]. 中国临床解剖学杂志，2016，34（1）：28-32. DOI: 10.13418/j.issn.1001-165x.2016.01.008. {LIU Yuefei,JU Jihui,LAN Bo,XU Hualong,TANG Linfeng,HOU Ruixing. The clinical curative effect of repairing of the wounds surface of foot and ankle with three different kinds of posterior tibial artery perforator flaps[J]. Zhongguo Lin Chuang Jie Pou Xue Za Zhi[Chin J Clin Anat(Article in Chinese;Abstract in Chinese and English)],2016,34(1):28-32. DOI:10.13418/j.issn.1001-165x.2016.01.008.}

[11669] 赵国红，谢振军，晋强，郑竟舟，孙华伟，邓小兵，邓名山，王钢．隐动脉－胫后动脉穿支岛状皮瓣修复小腿中下段皮肤缺损 [J]. 中华显微外科杂志，2016，39（1）：17-20. DOI: 10.3760/cma.j.issn.1001-2036.2016.01.005. {ZHAO Guohong,XIE Zhenjun,JIN Qiang,ZHENG Jingzhou,SUN Huawei,DENG Xiaobing,DENG Mingshan,WANG Gang. The perforators-chain island flap based on the saphenous artery and posterior tibial artery for covering skin defects in middle and distal lower leg[J]. Zhonghua Xian Wei Wai Ke Za Zhi[Chin J Microsurg(Article in Chinese;Abstract in Chinese and English)],2016,39(1):17-20. DOI:10.3760/cma.j.issn.1001-2036.2016.01.005.}

[11670] 龙航，徐佳丽，张小林，陈世玖．胫后动脉穿支皮瓣局部转移修复胫前皮肤软组织缺损 [J]. 中华显微外科杂志，2016，39(5)：516-517. DOI: 10.3760/cma.j.issn.1001-2036.2016.05.032. {LONG Hang,XU Jiali,ZHANG Xiaolin,CHEN Shijiu. Local transfer of posterior tibial artery perforator flap for repair of anterior tibial skin and soft tissue defects[J]. Zhonghua Xian Wei Wai Ke Za Zhi[Chin J Microsurg(Article in Chinese;No abstract available)],2016,39(5):516-517. DOI:10.3760/cma.j.issn.1001-2036.2016.05.032.}

[11671] 江彬锋，黄凯，郭峭峰，陆建伟，林炳远，刘亦杨．胫后动脉穿支皮瓣修复跟腱外露创面 [J]. 中华整形外科杂志，2016，32（6）：466-467. DOI: 10.3760/cma.j.issn.1009-4598.2016.06.018. {JIANG Binfeng,HUANG Kai,GUO Qiaofeng,LU Jianwei,LIN Bingyuan,LIU Yiyang. Repair of Achilles tendon exposed wound with posterior tibial artery perforator flap[J]. Zhonghua Zheng Xing Wai Ke Za Zhi[Chin J Plast Surg(Article in Chinese;No abstract available)],2016,32(6):466-467. DOI:10.3760/cma.j.issn.1009-4598.2016.06.018.}

[11672] 刘跃飞，巨积辉，吕文涛，蓝波，许华龙，侯瑞兴．顺行胫后动脉穿支皮瓣在足踝部创面修复中的应用 [J]. 实用手外科杂志，2016，30（1）：16-17. DOI: 10.3969/j.issn.1671-2722.2016.01.006. {LIU Yuefei,JU Jihui,LV Wentao,LAN Bo,XU Hualong,HOU Ruixing. Clinical application of antegrade perforator flaps with posterior tibial artery to repair the wound surface of foot and ankle[J]. Shi Yong Shou Wai Ke Za Zhi[Chin J Pract Hand Surg(Article in Chinese;Abstract in Chinese and English)],2016,30(1):16-17. DOI:10.3969/j.issn.1671-2722.2016.01.006.}

[11673] 崔留超，陈捷，张鲁山．胫后动脉穿支逆行岛状皮瓣修复小腿中下段胫前创面 [J]. 实用手外科杂志，2016，30（1）：62-64，67. DOI: 10.3969/j.issn.1671-2722.2016.01.023. {CUI Liuchao,CHEN Jie,ZHANG Lushan. To repair the pretibial soft-tissue defects in distal lower legs with the reversed island flap pedicled with the posterior tibial artery[J]. Shi Yong Shou Wai Ke Za Zhi[Chin J Pract Hand Surg(Article in Chinese;Abstract in Chinese and English)],2016,30(1):62-64,67. DOI:10.3969/j.issn.1671-2722.2016.01.023.}

[11674] 尤庆国，刘伟，梁晓宗，汪翔，王昌义，温贤金，彭肃豹，余斌．胫后动脉穿支皮瓣逆行修复老年腓骨长短肌腱外露及皮肤软组织缺损 [J]. 临床骨科杂志，2017，20（2）：224-226. DOI: 10.3969/j.issn.1008-0287.2017.02.039. {YOU Qingguo,LIU Wei,LIANG Xiaozong,WANG Xiang,WANG Changyi,WEN Xianjin,PENG Subao,YU Bin. Posterior tibial artery perforator flap for retrograde repair on elderly peroneal tendon exposure and skin soft tissue defects[J]. Lin Chuang Gu Ke Za Zhi[J Clin Orthop(Article in Chinese;Abstract in Chinese and English)],2017,20(2):224-226. DOI:10.3969/j.issn.1008-0287.2017.02.039.}

[11675] 张文龙，杜晓健，李翼，周宏艳，郭晓辉. 胫后动脉穿支皮瓣 [J]. 中华解剖与临床杂志，2017，22（1）：87-88. DOI：10.3760/cma.j.issn.2095-7041.2017.01.022. {ZHANG Wenlong,DU Xiaojian,LI Ji,ZHOU Hongyan,GUO Xiaohui. The posterior tibial artery perforator flap[J]. Zhonghua Jie Pou Yu Lin Chuang Za Zhi[Chin J Anat Clin(Article in Chinese;Abstract in Chinese and English)],2017,22(1):87-88. DOI:10.3760/cma.j.issn.2095-7041.2017.01.022.}

[11676] 梁尊鸿，潘云川，林师帅. 胫后动脉穿支皮瓣接力修复足踝部及皮瓣供区软组织缺损 [J]. 中华显微外科杂志，2018，41（5）：490-492. DOI：10.3760/cma.j.issn.1001-2036.2018.05.019. {LIANG Zunhong,PAN Yunchuan,LIN Shishuai. Posterior tibial artery perforator relay flap for repair of soft tissue defects of foot,ankle and donor site[J]. Zhonghua Xian Wei Wai Ke Za Zhi[Chin J Microsurg(Article in Chinese;Abstract in Chinese)],2018,41(5):490-492. DOI:10.3760/cma.j.issn.1001-2036.2018.05.019.}

[11677] 孙鲁源，柴益民，文根，刘生和，韩培，汪春阳，张长青. 携带隐神经分支的胫后动脉穿支皮瓣感觉重建的临床应用 [J]. 中华显微外科杂志，2019，42（2）：125-127. DOI：10.3760/cma.j.issn.1001-2036.2019.02.006. {SUN Luyuan,CHAI Yimin,WEN Gen,LIU Shenghe,HAN Pei,WANG Chunyang,ZHANG Changqing. Clinical application of posterior tibial artery perforator flap within saphenous nerve branch for sensory reconstruction[J]. Zhonghua Xian Wei Wai Ke Za Zhi[Chin J Microsurg(Article in Chinese;Abstract in Chinese and English)],2019,42(2):125-127. DOI:10.3760/cma.j.issn.1001-2036.2019.02.006.}

[11678] 朱鑫，陈阳，陈坤峰，徐继胜，郭伟杰，赵志坚，张传林. 健侧胫后动脉穿支皮瓣交腿移植修复小腿软组织缺损创面九例 [J]. 中华显微外科杂志，2019，42（4）：380-382. DOI：10.3760/cma.j.issn.1001-2036.2019.04.016. {ZHU Xin,CHEN Yang,CHEN Kunfeng,XU Jisheng,GUO Weijie,ZHAO Zhijian,ZHANG Chuanlin. Cross leg transplantation of contralateral posterior tibial artery perforator flap for repair of soft tissue defect of leg in 9 cases[J]. Zhonghua Xian Wei Wai Ke Za Zhi[Chin J Microsurg(Article in Chinese;Abstract in Chinese)],2019,42(4):380-382. DOI:10.3760/cma.j.issn.1001-2036.2019.04.016.}

[11679] 彭平，董忠根，魏建伟，刘立宏，罗兆彪，周伶俐，曹舒. 胫后动脉穿支筋膜蒂皮瓣的部分坏死因素分析 [J]. 中国矫形外科杂志，2019，27（18）：1633-1637. DOI：10.3977/j.issn.1005-8478.2019.18.01. {PENG Ping,DONG Zhonggen,WEI Jianwei,LIU Lihong,LUO Zhaobiao,ZHOU Lingli,CAO Shu. Factors related to partial necrosis of posterior tibial artery perforator based fasciocutaneous flap[J]. Zhongguo Jiao Xing Wai Ke Za Zhi[Orthop J China(Article in Chinese;Abstract in Chinese and English)],2019,27(18):1633-1637. DOI:10.3977/j.issn.1005-8478.2019.18.01.}

[11680] 孙长胜，苏波，张玲玲，张辉，王婷婷，苗炜亮，李文君，彭程程. 游离胫后动脉穿支皮瓣修复同侧足部创面 [J]. 实用手外科杂志，2019，33（3）：259-260，263. DOI：10.3969/j.issn.1671-2722.2019.03.001. {SUN Changsheng,SU Bo,ZHANG Lingling,ZHANG Hui,WANG Tingting,MIAO Weiliang,LI Wenjun,PENG Chengcheng. Application of free posterior tibial artery perforator flap to repair the ipsilateral foot wound[J]. Shi Yong Shou Wai Ke Za Zhi[Chin J Pract Hand Surg(Article in Chinese;Abstract in Chinese and English)],2019,33(3):259-260,263. DOI:10.3969/j.issn.1671-2722.2019.03.001.}

[11681] 许良，王楠，王利祥. 胫后动脉穿支联合隐神经营养血管筋膜蒂皮瓣修复足底内侧创面 [J]. 中华显微外科杂志，2020，43（1）：10-14. DOI：10.3760/cma.j.issn.1001-2036.2020.01.004. {XU Liang,WANG Nan,WANG Lixiang. Repair of medial plantar wound with posterior tibial artery perforator combined with saphenous nerve nutrient vessel fascial flap[J]. Zhonghua Xian Wei Wai Ke Za Zhi[Chin J Microsurg(Article in Chinese;Abstract in Chinese and English)],2020,43(1):10-14. DOI:10.3760/cma.j.issn.1001-2036.2020.01.004.}

4.5.3.3.3 胫后动脉内踝上穿支皮瓣
medial supramalleolar perforator flap

[11682] 汪志明，曹杨，陈中，邢进峰，倪东亮，林平，姜丹生，赵巍. 胫后动脉内踝上皮支皮瓣修复足踝部软组织缺损 [J]. 中华显微外科杂志，2003，26（2）：107-108. DOI：10.3760/cma.j.issn.1001-2036.2003.02.009. {WANG Zhiming,CAO Yang,CHEN Zhong,XING Jinfeng,NI Dongliang,LIN Ping,JIANG Dansheng,ZHAO Wei. Repair soft tissues defect on foot and ankle with flap of cutaneous branches of posterior tibiai artery on the part of superior medial malleolus[J]. Zhonghua Xian Wei Wai Ke Za Zhi[Chin J Microsurg(Article in Chinese;Abstract in Chinese and English)],2003,26(2):107-108. DOI:10.3760/cma.j.issn.1001-2036.2003.02.009.}

[11683] 唐举玉，谢松林，刘鸣江，贺楚宇，刘俊. 胫后动脉内踝上皮支皮瓣的临床应用 [J]. 中华显微外科杂志，2004，27（1）：16-17. DOI：10.3760/cma.j.issn.1001-2036.2004.01.006. {TANG Juyu,XIE Songlin,LIU Mingjiang,HE Chuyu,LIU Ju. Clinical application of flaps based medial supramalleolar branches of the posterior tibial artery[J]. Zhonghua Xian Wei Wai Ke Za Zhi[Chin J Microsurg(Article in Chinese;Abstract in Chinese and English)],2004,27(1):16-17. DOI:10.3760/cma.j.issn.1001-2036.2004.01.006.}

[11684] 李昶，白志刚，王润生，王爱国. 胫后动脉踝上皮支皮瓣修复足踝部皮肤缺损 [J]. 中华显微外科杂志，2004，27（3）：224-225. DOI：10.3760/cma.j.issn.1001-2036.2004.03.029. {LI Chang,BAI Zhigang,WANG Runsheng,WANG Aiguo. Posterior tibial artery ankle epithelial branch flap for repair of skin defect of foot and ankle[J]. Zhonghua Xian Wei Wai Ke Za Zhi[Chin J Microsurg(Article in Chinese;Abstract in Chinese)],2004,27(3):224-225. DOI:10.3760/cma.j.issn.1001-2036.2004.03.029.}

[11685] 孙振中，寿奎水，韦旭明，王建兵，吴永伟，顾三军. 胫后动脉内踝上皮支血管蒂球拍状岛状皮瓣的临床应用 [J]. 中华显微外科杂志，2007，30（2）：93-95，插图2-4. DOI：10.3760/cma.j.issn.1001-2036.2007.02.005. {SUN Zhenzhong,SHOU Kuishui,WEI Xuming,WANG Jianbing,WU Yongwei,GU Sanjun. Clinical application of free upper limb lateral bone-skin flap in hand surgery field[J]. Zhonghua Xian Wei Wai Ke Za Zhi[Chin J Microsurg(Article in Chinese;Abstract in Chinese and English)],2007,30(2):93-95,insert 2-4. DOI:10.3760/cma.j.issn.1001-2036.2007.02.005.}

[11686] 杨铭，马玉祥，王玉发，王祥，韩青，李幼琼. 胫后动脉内踝上皮支皮瓣的供血特点及意义 [J]. 吉林大学学报（医学版），2010，36（6）：1122-1125，后插4. {YANG Ming,MA Yuxiang,WANG Yufa,WANG Xiang,HAN Qing,LI Youqiong. Blood supply characteristics of medial supramalleolar cutaneous branch flap of posterior tibial artery and significance[J]. Ji Lin Da Xue Xue Bao(Yi Xue Ban)[J Jilin Univ Med Ed(Article in Chinese;Abstract in Chinese and English)],2010,36(6):1122-1125,insert 4.}

[11687] 魏在荣，肖尔禅，谭静，孙广峰，王达利，王玉明. 胫后动脉内踝上穿支蒂网状供血复合组织瓣修复跟后复合组织缺损 [J]. 中国修复重建外科杂志，2010，24（5）：635-636. {WEI Zairong,XIAO Erchan,TAN Jing,SUN Guangfeng,WANG Dali,WANG Yuming. The composite tissue flap pedicled cutaneous branches of posterior tibiai artery for repair of posterior calcaneal composite tissue defect[J]. Zhongguo Xiu Fu Chong Jian Wai Ke Za Zhi[Chin J Repar Reconstr Surg(Article in Chinese;Abstract in Chinese)],2010,24(5):635-636.}

[11688] 张旭，张大鹏，刘志贤，伊志华，李果山，张鑫，杨涛，郝培田，韩庆红，白晶晶，冀德亮. 胫后动脉内踝上穿支蒂皮瓣移位治疗足跟创面 [J]. 中华显微外科杂志，2013，36（2）：171-173. DOI：10.3760/cma.j.issn.1001-2036.2013.02.023. {ZHANG Xu,ZHANG Dapeng,LIU Zhixian,YIN Zhihua,LI Guoshan,ZHANG Xin,YANG Tao,HAO Peitian,HAN Qinghong,BAI Jingjing,JI Deliang. The flap based medial supramalleolar branches of the posterior tibial artery for treatment of heel wound[J]. Zhonghua Xian Wei Wai Ke Za Zhi[Chin J Microsurg(Article in Chinese;Abstract in Chinese)],2013,36(2):171-173. DOI:10.3760/cma.j.issn.1001-2036.2013.02.023.}

[11689] 陈桂全，陈伟明，黄彬，黄勇仪. 应用胫后动脉内踝后穿支皮瓣修复足踝部皮肤软组织缺损 [J]. 中华显微外科杂志，2014，37（1）：92-94. DOI：10.3760/cma.j.issn.1001-2036.2014.01.033. {CHEN Guiquan,CHEN Weiming,HUANG Bin,HUANG Yongyi. Medial posterior malleolus perforator of posterior tibial artery flap for repair of skin and soft tissue defects of foot and ankle[J]. Zhonghua Xian Wei Wai Ke Za Zhi[Chin J Microsurg(Article in Chinese;Abstract in Chinese)],2014,37(1):92-94. DOI:10.3760/cma.j.issn.1001-2036.2014.01.033.}

[11690] 张重阳，杨英才，叶永奇. 胫后动脉内踝上穿支皮瓣修复足踝部软组织缺损 [J]. 中华整形外科杂志，2015，31（5）：377-378. DOI：10.3760/cma.j.issn.1009-4598.2015.05.016. {ZHANG Chongyang,YANG Yingcai,YE Yongqi. The flap based medial supramalleolar branches of the posterior tibial artery for repair of soft tissue defect of foot and ankle[J]. Zhonghua Zheng Xing Wai Ke Za Zhi[Chin J Plast Surg(Article in Chinese;No abstract available)],2015,31(5):377-378. DOI:10.3760/cma.j.issn.1009-4598.2015.05.016.}

[11691] 段崇锋，焦涛，任孝燕，刘浩，孙荣涛，黄林林，李贤华，翟兴鹏. 胫后动脉内踝上穿支蒂隐神经营养血管逆行岛状皮瓣修复足背及踝部软组织缺损 [J]. 实用手外科杂志，2016，30（3）：312-313，315. DOI：10.3969/j.issn.1671-2722.2016.03.021. {DUAN Chongfeng,JIAO Tao,REN Xiaoyan,LIU Hao,SUN Rongtao,HUANG Linlin,LI Xianhua,ZHAI Xingpeng. On the medial malleolus perforators saphenous nerve nutrition blood vessels retrograde island flap of pedicled with posterior tibial artery to repair the soft tissue defect in the back foot and ankle[J]. Shi Yong Shou Wai Ke Za Zhi[Chin J Pract Hand Surg(Article in Chinese;Abstract in Chinese and English)],2016,30(3):312-313,315. DOI:10.3969/j.issn.1671-2722.2016.03.021.}

[11692] 陆治平，巨积辉，蒋国栋，陈建生. 胫后动脉内踝上穿支皮瓣修复足踝部创面 [J]. 中国临床解剖学杂志，2016，34（6）：689-692. DOI：10.13418/j.issn.1001-165x.2016.06.018. {LU Zhiping,JU Jihui,JIANG Guodong,CHEN Jiansheng. Repairing foot and ankle wounds by antegrade or retrograde posterior tibial artery perforator flap[J]. Zhongguo Lin Chuang Jie Pou Xue Za Zhi[Chin J Clin Anat(Article in Chinese;Abstract in Chinese and English)],2016,34(6):689-692. DOI:10.13418/j.issn.1001-165x.2016.06.018.}

[11693] 王福珍，傅金华，孙国珍，王建国，周志航. 胫后动脉内踝上皮支皮瓣修复足踝及小腿内侧皮肤软组织缺损 [J]. 中华整形外科杂志，2017，33（6）：464-465. DOI：10.3760/cma.j.issn.1009-4598.2017.06.017. {WANG Fuzhen,FU Jinhua,SUN Guozhen,WANG Jianguo,ZHOU Zhihang. The flap pedicled medial supramalleolar branches of the posterior tibial artery for repair of skin and soft tissue defects of foot,ankle and lower leg[J]. Zhonghua Zheng Xing Wai Ke Za Zhi[Chin J Plast Surg(Article in Chinese;No abstract available)],2017,33(6):464-465. DOI:10.3760/cma.j.issn.1009-4598.2017.06.017.}

4.5.3.4 小腿前侧皮瓣
anterior leg flap

4.5.3.4.1 胫前动脉皮瓣
flap of anterior tibial artery

[11694] Xu Z,Chenglin L,Zhiwen N,Sumin W,Ruxia Y,Xu M. Use of flap based on anterior tibial artery for free transfer[J]. J Reconstr Microsurg,2008,24(2):103-110. doi:10.1055/s-2008-1076093.

[11695] 张功林，葛宝丰，丘耀元，荆浩. 六例胫前动脉皮瓣的临床应用介绍 [J]. 中华医学杂志，1989，69（11）：647-648. {ZHANG Gonglin,GE Baofeng,QIU Yaoyuan,JING Hao. Clinical application of anterior tibial artery flap in 6 cases[J]. Zhonghua Yi Xue Za Zhi[Natl Med J China(Article in Chinese;No abstract available)],1989,69(11):647-648.}

[11696] 金辽沙，王坤正，陈君长，杨哲，王春生. 带蒂胫前动脉皮瓣修复小腿及足部软组织损伤 [J]. 中华显微外科杂志，1996，19（2）：133-134. {JIN Liaosha,WANG Kunzheng,CHEN Junchang,YANG Zhe,WANG Chunsheng. Anterior tibial artery flap with pedicle for repair of soft tissue injury of leg and foot[J]. Zhonghua Xian Wei Wai Ke Za Zhi[Chin J Microsurg(Article in Chinese;No abstract available)],1996,19(2):133-134.}

[11697] 卢书文，唐茂林，易斌，刘斌. 以踝部吻合支供血的胫前动脉逆行岛状皮瓣的临床应用 [J]. 中华显微外科杂志，2001，24（2）：91-93. DOI：10.3760/cma.j.issn.1001-2036.2001.02.004. {LU Shuwen,TANG Maolin,YI Bin,LIU Bin. Clinical application of the retrog rade a nterior tibial ery island flap suppli ed by the anastomotic ranchesaround ma lleolus[J]. Zhonghua Xian Wei Wai Ke Za Zhi[Chin J Microsurg(Article in Chinese;Abstract in Chinese and English)],2001,24(2):91-93. DOI:10.3760/cma.j.issn.1001-2036.2001.02.004.}

[11698] 董佳生，章一新，戴传昌，林晓曦，王毅敏，徐华. 胫前动脉逆行皮瓣重建足部供区 [J]. 组织工程与重建外科杂志，2005，1（5）：246-248，282. DOI：10.3969/j.issn.1673-0364.2005.05.003. {DONG Jiasheng,ZHANG Yixin,DAI Chuanchang,LIN Xiaoxi,WANG Yimin,XU Hua. Reverse Anterior Tibial Artery Flap for Reconstruction of Foot Donor Site[J]. Zu Zhi Gong Cheng Yu Chong Jian Wai Ke Za Zhi[J Tissue Eng Reconstr Surg(Article in Chinese;Abstract in Chinese and English)],2005,1(5):246-248,282. DOI:10.3969/j.issn.1673-0364.2005.05.003.}

[11699] 胡勇，王增涛，朱小雷，孙文海，刘志波，朱磊，许庆家. 胫前动脉皮瓣逆行转移修复前足皮肤缺损 [J]. 中国微创外科杂志，2007，7（7）：636-637. DOI：10.3969/j.issn.1009-6604.2007.07.020. {HU Yong,WANG Zengtao,ZHU Xiaolei,SUN Wenhai,LIU Zhibo,ZHU Lei,XU Qingjia. Reverse anterior tibial artery flap for the repair of foot skin defect[J]. Zhongguo Wei Chuang Wai Ke Za Zhi[Chin J Minim Inva Surg(Article in Chinese;Abstract in Chinese and English)],2007,7(7):636-637. DOI:10.3969/j.issn.1009-6604.2007.07.020.}

[11700] 施卫标，马玉杰，江永良，陈剑楼，方国庆，王晨. 逆行带蒂胫前动脉筋膜瓣加植皮修复足背皮肤软组织缺损 [J]. 创伤外科杂志，2008，10（1）：94. DOI：10.3969/j.issn.1009-4237.2008.01.044. {SHI Weibiao,MA Yujie,JIANG Yongliang,CHEN Jianlou,FANG Guoqing,WANG Chen. Repair of soft tissue defect in the dorsal foot by reverse anterior tibial artery fasciocutaneous flap with graft skin[J]. Chuang Shang Wai Ke Za Zhi[J Traum Surg(Article in Chinese;Abstract in Chinese)],2008,10(1):94. DOI:10.3969/j.issn.1009-4237.2008.01.044.}

[11701] 强力，顾黎明，吴柯，寿奎水，沈泳. 应用胫前动脉肌皮瓣修复足背部皮肤软组织缺损 [J]. 实用医学杂志，2011，27（2）：257-259. DOI：10.3969/j.issn.1006-5725.2011.02.036. {QIANG Li,GU Liming,WU Ke,SHOU Kuishui,SHEN Yong. Application of anterior tibial artery myocutaneous flap for repair of skin and soft tissue defect of dorsal foot[J]. Shi Yong Yi Xue Za Zhi[J Pract Med(Article in Chinese;Abstract in Chinese)],2011,27(2):257-259. DOI:10.3969/j.issn.1006-5725.2011.02.036.}

[11702] 张杰，陈长松，付勇强，姚斌伟. 胫前动脉化静脉皮瓣修复踇趾背侧软组织缺损 [J]. 中华显微外科杂志，2012，35（1）：62-63. DOI：10.3760/cma.j.issn.1001-2036.2012.01.025. {ZHANG Jie,CHEN Changsong,FU Yongqiang,YAO Binwei. Anterior tibial arterialized venous flap for repair of dorsal soft tissue defect of toe[J]. Zhonghua Xian Wei Wai Ke Za Zhi[Chin J Microsurg(Article in Chinese;Abstract in Chinese)],2012,35(1):62-63. DOI:10.3760/cma.j.issn.1001-2036.2012.01.025.}

[11703] **谭晋殿，左中男，李进，杜永军，于绍斌，徐学峰. 带骨膜的胫前动脉逆行岛状复合组织瓣治疗足部骨和皮肤缺损 [J]. 中华显微外科杂志，2013，36（6）：607-609. DOI：10.3760/cma.j.issn.1001-2036.2013.06.032.** {TAN Jindian,ZUO Zhongnan,LI Jin,DU Yongjun,YU Shaobin,XU Xuefeng. Reversed anterior tibial artery island composite tissue flap with periosteum for repair of foot bone and skin defects[J]. Zhonghua Xian Wei Wai Ke Za Zhi[Chin J Microsurg(Article in Chinese;Abstract in Chinese)],2013,36(6):607-609. DOI:10.3760/cma.j.issn.1001-2036.2013.06.032.}

[11704] **任明亮，王金山，崔新刚，张文峰. 胫前动脉皮瓣逆行转移修复足远端皮肤软组织缺损 [J]. 中华显微外科杂志，2014，37（4）：390-391. DOI：10.3760/cma.j.issn.1001-2036.2014.04.023.** {REN Mingliang,WANG Jinshan,CUI Xingang,ZHANG Wenfeng. Reversed anterior tibial artery flap for repair of skin and soft tissue defects of distal foot[J]. Zhonghua Xian Wei Wai Ke Za Zhi[Chin J Microsurg(Article in Chinese;Abstract in Chinese)],2014,37(4):390-391. DOI:10.3760/cma.j.issn.1001-2036.2014.04.023.}

4.5.3.4.2 腓浅动脉皮瓣
flap of superficial peroneal artery

[11705] **张世民，侯春林，廖进民. 带腓浅神经营养血管的远端蒂筋膜皮下组织瓣修复足背缺损 [J]. 第二军医大学学报，2002，23（3）：321-323. DOI：10.3321/j.issn:0258-879X.2002.03.030.** {ZHANG Shimin,HOU Chunlin,LIAO Jinmin. Distally based superficial peroneal neuroadipofascial turnover flap for dorsal foot coverage[J]. Di Er Jun Yi Da Xue Xue Bao[Acad J Sec Mil Med Univ(Article in Chinese;Abstract in Chinese and English)],2002,23(3):321-323. DOI:10.3321/j.issn:0258-879X.2002.03.030.}

[11706] **谭鸿，汪红，曾端，谢德，杨乐晋，黄道海. 外踝上动脉腓浅神经血管蒂皮瓣修复小腿足踝部软组织缺损 [J]. 中华创伤骨科杂志，2004，6（11）：1313-1314. DOI：10.3760/cma.j.issn.1671-7600.2004.11.040.** {TAN Hong,WANG Hong,ZENG Duan,XIE De,YANG Lejin,HUANG Daohai. Lateral supramalleolar artery pedicled flap with superficial peroneal nerve for reconstruction of soft-tissue defects in the lower leg,ankle and foot[J]. Zhonghua Chuang Shang Gu Ke Za Zhi[Chin J Orthop Trauma(Article in Chinese;Abstract in Chinese and English)],2004,6(11):1313-1314. DOI:10.3760/cma.j.issn.1671-7600.2004.11.040.}

[11707] **赵景华，田士松，李宝忠，李志国，宋会新，杨立民. 带腓浅神经小腿前外侧筋膜皮瓣修复踝足部软组织缺损 [J]. 中华显微外科杂志，2006，29（6）：445. DOI：10.3760/cma.j.issn.1001-2036.2006.06.030.** {ZHAO Jinghua,TIAN Shisong,LI Baozhong,LI Zhiguo,SONG Huixin,YANG Limin. Repair of soft tissue defect of ankle and foot with anterolateral fasciocutaneous flap of leg with superficial peroneal nerve[J]. Zhonghua Xian Wei Wai Ke Za Zhi[Chin J Microsurg(Article in Chinese;No abstract available)],2006,29(6):445. DOI:10.3760/cma.j.issn.1001-2036.2006.06.030.}

[11708] **刘晓军，苏利国，刘勇，段家波，张晓军，樊利军，张会勇. 腓浅动脉逆行岛状皮瓣治疗小腿远端皮肤缺损 [J]. 实用骨科杂志，2007，13（10）：587-588. DOI：10.3969/j.issn.1008-5572.2007.10.005.** {LIU Xiaojun,SU Liguo,LIU Yong,DUAN Jiabo,ZHANG Xiaojun,FAN Lijun,ZHANG Huiyong. Repair skin defect of lower leg with superficial peroneal artery retrograde island vascular pedicled fascial skin flap[J]. Shi Yong Gu Ke Za Zhi[J Pract Orthop(Article in Chinese;Abstract in Chinese and English)],2007,13(10):587-588. DOI:10.3969/j.issn.1008-5572.2007.10.005.}

[11709] **刘晓军，苏利国，刘勇，段家波，张晓军，樊利军，张会勇. 腓浅动脉岛状筋膜蒂皮瓣在小腿皮肤缺损中的应用 [J]. 临床骨科杂志，2007，10（2）：178-179. DOI：10.3969/j.issn.1008-0287.2007.02.036.** {LIU Xiaojun,SU Liguo,LIU Yong,DUAN Jiabo,ZHANG Xiaojun,FAN Lijun,ZHANG Huiyong. Repair of skin defect of leg with superficial peroneal artery island vascular pedicled fascial skin flap[J]. Lin Chuang Gu Ke Za Zhi[J Clin Orthop(Article in Chinese;Abstract in Chinese and English)],2007,10(2):178-179. DOI:10.3969/j.issn.1008-0287.2007.02.036.}

[11710] **柴益民，曾炳芳，康庆林，蔡培华，陈阳，程天庆. 腓动脉终末穿支降支蒂逆行腓浅神经营养岛状皮瓣的临床应用 [J]. 中华显微外科杂志，2008，31（4）：243-245，插页4-1. DOI：10.3760/cma.j.issn.1001-2036.2008.04.002.** {CHAI Yimin,ZENG Bingfang,KANG Qinglin,CAI Peihua,CHEN Yang,CHENG Tianqing. Clinical experiences of the reversed superficial peroneal neurocutaneous island flap based on the descending branch of the distal perforating branch of the peroneal artery[J]. Zhonghua Xian Wei Wai Ke Za Zhi[Chin J Microsurg(Article in Chinese;Abstract in Chinese and English)],2008,31(4):243-245,insert 4-1. DOI:10.3760/cma.j.issn.1001-2036.2008.04.002.}

[11711] **许亚军，寿奎水，邱扬，姚群，陈政，周晓，陈学明. 小腿前外侧皮瓣及腓浅神经营养血管为蒂岛状皮瓣的临床应用 [J]. 中华显微外科杂志，2009，32（3）：187-189. DOI：10.3760/cma.j.issn.1001-2036.2009.03.006.** {XU Yajun,SHOU Kuishui,QIU Yang,YAO Qun,CHEN Zheng,ZHOU Xiao,CHEN Xueming. Clinical appfications of the anterolateral skin flap in the lower leg and the reversed superficial peronealneurocutaneous island flap[J]. Zhonghua Xian Wei Wai Ke Za Zhi[Chin J Microsurg(Article in Chinese;Abstract in Chinese and English)],2009,32(3):187-189. DOI:10.3760/cma.j.issn.1001-2036.2009.03.006.}

[11712] **刘勇，刘晓军，张聘霞，苏利国，段家波，张晓军，樊利军. 腓浅动脉岛状筋膜蒂皮瓣治疗小腿部位皮肤缺损 [J]. 中国矫形外科杂志，2009，17（6）：474-475.** {LIU Yong,LIU Xiaojun,ZHANG Pinxia,SU Liguo,DUAN Jiabo,ZHANG Xiaojun,FAN Lijun. Repair skin defect of lower with superficml peroneal artery island vascular pedicled fascial skin flap[J]. Zhongguo Jiao Xing Wai Ke Za Zhi[Orthop J China(Article in Chinese;Abstract in Chinese)],2009,17(6):474-475.}

[11713] **杜志军，郭绍勇，穆世民，王新江，赵祚埲，贾红伟，姚俊娜，肖振杰. 逆行腓动脉穿支蒂腓浅神经营养血管皮瓣修复足踝软组织缺损 [J]. 组织工程与重建外科杂志，2010，6（4）：199-200. DOI：10.3969/j.issn.1673-0364.2010.04.007.** {DU Zhijun,GUO Shaoyong,MU Shimin,WANG Xinjiang,ZHAO Zuogong,JIA Hongwei,YAO Junna,XIAO Zhenjie. Reversed peroneal perforator superficial sural nerve nutrient vessel flap pedicled with peroneal vessel for reconstruction of soft tissue defect in ankle and foot[J]. Zu Zhi Gong Cheng Yu Chong Jian Wai Ke Za Zhi[J Tissue Eng Reconstr Surg(Article in Chinese;Abstract in Chinese and English)],2010,6(4):199-200. DOI:10.3969/j.issn.1673-0364.2010.04.007.}

[11714] **范锡海，张喜善，李明，韩瑛光. 腓浅神经营养血管皮瓣修复胫前皮肤缺损 [J]. 中国矫形外科杂志，2010，18（4）：350-351.** {FAN Xihai,ZHANG Xishan,LI Ming,HAN Yingguang. Repair of anterior tibial skin defect with superficial peroneal neurovascular flap[J]. Zhongguo Jiao Xing Wai Ke Za Zhi[Orthop J China(Article in Chinese;No abstract available)],2010,18(4):350-351.}

[11715] **张沛，梁钢，崔正军. 腓动脉穿支蒂腓浅神经营养血管皮瓣修复下肢软组织缺损八例 [J]. 中华烧伤杂志，2011，27（3）：231-232. DOI：10.3760/cma.j.issn.1009-2587.2011.03.024.** {ZHANG Pei,LIANG Gang,CUI Zhengjun. Superficial peroneal neurovascular flap pedicled with peroneal artery perforator for repair of soft tissue defects of lower extremities in 8 cases[J]. Zhonghua Shao Shang Za Zhi[Chin J Burns(Article in Chinese;No abstract available)],2011,27(3):231-232. DOI:10.3760/cma.j.issn.1009-2587.2011.03.024.}

[11716] **席志峰，刘刚义，王从虎，朱修文，王春旭. 腓动脉穿支蒂腓浅神经营养血管皮瓣修复足踝部软组织缺损 [J]. 实用手外科杂志，2011，25（1）：28-30. DOI：10.3969/j.issn.1671-2722.2011.01.014.** {XI Zhifeng,LIU Gangyi,WANG Conghu,ZHU Xiuwen,WANG Chunxu. Repair of soft tissue defect in the foot and ankle using the perforating branch of the peroneal artery-based superficial peroneal neurocutaneous flap[J]. Shi Yong Shou Wai Ke Za Zhi[Chin J Pract Hand Surg(Article in Chinese;Abstract in Chinese and English)],2011,25(1):28-30. DOI:10.3969/j.issn.1671-2722.2011.01.014.}

[11717] **秦毅，江建明，秦杰. 穿支蒂腓浅神经营养血管皮瓣修复外踝部皮肤缺损 [J]. 中国临床解剖学杂志，2011，29（3）：343-345，349.** {QIN Yi,JIANG Jianming,QIN Jie. Perforator-based neurocutaneous vascular flap of superficial peroneal nerve for ankle reconstruction[J]. Zhongguo Lin Chuang Jie Pou Xue Za Zhi[Chin J Clin Anat(Article in Chinese;Abstract in Chinese and English)],2011,29(3):343-345,349.}

[11718] **杨卫玺，王一兵，李春江. 应用逆行腓浅神经营养血管筋膜瓣修复足背三度烧伤创面 [J]. 中华显微外科杂志，2011，34（3）：259-260. DOI：10.3760/cma.j.issn.1001-2036.2011.03.040.** {YANG Weixi,WANG Yibing,LI Chunjiang. Application of reversed superficial peroneal neurovascular fascial flap for repair of third-degree burn wounds of dorsal foot[J]. Zhonghua Xian Wei Wai Ke Za Zhi[Chin J Microsurg(Article in Chinese;No abstract available)],2011,34(3):259-260. DOI:10.3760/cma.j.issn.1001-2036.2011.03.040.}

[11719] **刘杨武，杨晓东，楼旭鹏，杨锦，付尚俊，陈选民. 腓浅动脉穿支皮瓣游离移植修复手足部软组织缺损 [J]. 中华显微外科杂志，2011，34（5）：412-413. DOI：10.3760/cma.j.issn.1001-2036.2011.05.023.** {LIU Yangwu,YANG Xiaodong,LOU Xupeng,YANG Jin,FU Shangjun,CHEN Yimin. Free superficial peroneal artery perforator flap for repair of soft tissue defects of hand and foot[J]. Zhonghua Xian Wei Wai Ke Za Zhi[Chin J Microsurg(Article in Chinese;Abstract in Chinese)],2011,34(5):412-413. DOI:10.3760/cma.j.issn.1001-2036.2011.05.023.}

[11720] **陈星隆，高伟阳，李晓阳，李志杰，虞庆，丁健，蒋良福，杨景全，褚庭纲，郭晓山. 逆行腓浅动脉皮瓣修复足背软组织缺损16例 [J]. 中华创伤杂志，2011，27（4）：353-354. DOI：10.3760/cma.j.issn.1001-8050.2011.04.019.** {CHEN Xinglong,GAO Weiyang,LI Xiaoyang,LI Zhijie,YU Qing,DING Jian,JIANG Liangfu,YANG Jingquan,CHU Tinggang,GUO Xiaoshan. Reversed superficial peroneal artery flap for repair of soft tissue defect of dorsal foot in 16 cases[J]. Zhonghua Chuang Shang Za Zhi[Chin J Trauma(Article in Chinese;No abstract available)],2011,27(4):353-354. DOI:10.3760/cma.j.issn.1001-8050.2011.04.019.}

[11721] **江长青，孟繁斌，张建，邱健钊，桂先革，徐贵升. 腓浅动脉单一穿支微型皮瓣游离移植修复手足部皮肤缺损 [J]. 中华显微外科杂志，2012，35（2）：104-106，后插3. DOI：10.3760/cma.j.issn.1001-2036.2012.02.005.** {JIANG Changqing,MENG Fanbin,ZHANG Jian,QIU Jianzhao,GUI Xiange,XU Guisheng. Superficial peroneal artery's singleness perforator flaps transfer to repair skin and soft defect of hands and feet[J]. Zhonghua Xian Wei Wai Ke Za Zhi[Chin J Microsurg(Article in Chinese;Abstract in Chinese and English)],2012,35(2):104-106,insert 3. DOI:10.3760/cma.j.issn.1001-2036.2012.02.005.}

[11722] **杨晓东，刘杨武，杨锦，张根福，丁茂超，梅劲，唐茂林. 游离腓浅动脉穿支皮瓣的临床研究 [J]. 中华整形外科杂志，2012，28（2）：88-91. DOI：10.3760/cma.j.issn.1009-4598.2012.02.003.** {YANG Xiaodong,LIU Yangwu,YANG Jin,ZHANG Genfu,DING Maochao,MEI Jin,TANG Maolin. Clinical application of the free superficial peroneal artery perforator flap[J]. Zhonghua Zheng Xing Wai Ke Za Zhi[Chin J Plast Surg(Article in Chinese;Abstract in Chinese and English)],2012,28(2):88-91. DOI:10.3760/cma.j.issn.1009-4598.2012.02.003.}

[11723] **李俊明，李艳华，易先达，李智浩，黄贺军，李道选，代彭威，贺喜顺. 带腓动脉的腓浅神经营养血管皮瓣修复前足软组织缺损 [J]. 中华显微外科杂志，2013，36（1）：28-31. DOI：10.3760/cma.j.issn.1001-2036.2013.01.008.** {LI Junming,LI Yanhua,YI Xianda,LI Zhihao,HUANG Hejun,LI Daoxuan,DAI Pengwei,HE Xishun. Reconstruction of forefoot soft tissue defect with superficial peroneal neurotrophic vascular flap with peroneal artery[J]. Zhonghua Xian Wei Wai Ke Za Zhi[Chin J Microsurg(Article in Chinese;Abstract in Chinese and English)],2013,36(1):28-31. DOI:10.3760/cma.j.issn.1001-2036.2013.01.008.}

[11724] **郑艳峰，沈晓震，朱家骏，汪春阳，柴益民. 腓浅神经营养血管皮瓣修复足部供区创面的临床应用 [J]. 中华显微外科杂志，2013，36（6）：572-573. DOI：10.3760/cma.j.issn.1001-2036.2013.06.013.** {ZHENG Yanfeng,SHEN Xiaozhen,ZHU Jiajun,WANG Chunyang,CHAI Yimin. Clinical application of superficial peroneal neurovascular flap in repair of the wounds of donor site of foot[J]. Zhonghua Xian Wei Wai Ke Za Zhi[Chin J Microsurg(Article in Chinese;Abstract in Chinese)],2013,36(6):572-573. DOI:10.3760/cma.j.issn.1001-2036.2013.06.013.}

[11725] **陈雪松，徐永清，陈建明，王元山，管力，余晓军，许建明，李彦林. 外踝上穿支蒂腓浅神经营养血管皮肤筋膜瓣修复足背皮瓣供区 [J]. 中华整形外科杂志，2013，29（5）：345-348. DOI：10.3760/cma.j.issn.1009-4598.2013.05.007.** {CHEN Xuesong,XU Yongqing,CHEN Jianming,WANG Yuanshan,GUAN Li,YU Xiaojun,XU Jianming,LI Yanli. Superficial peroneal neurocutaneous vascular axial adipofascial-cutaneous flap pedicled with lateral supramalleolar perforator for coverage of donor site defects at foot dorsum[J]. Zhonghua Zheng Xing Wai Ke Za Zhi[Chin J Plast Surg(Article in Chinese;Abstract in Chinese and English)],2013,29(5):345-348. DOI:10.3760/cma.j.issn.1009-4598.2013.05.007.}

[11726] **杨晓东，刘杨武，杨锦，张根福，丁茂超，梅劲. 削薄腓浅动脉穿支皮瓣游离移植修复前足创面 [J]. 中华显微外科杂志，2013，36（2）：123-125. DOI：10.3760/cma.j.issn.1001-2036.2013.02.008.** {YANG Xiaodong,LIU Yangwu,YANG Jin,ZHANG Genfu,DING Maochao,MEI Jin. Repair of forefoot soft tissue defect by free ultra-thin superficial peroneal artery perforator flap[J]. Zhonghua Xian Wei Wai Ke Za Zhi[Chin J Microsurg(Article in Chinese;Abstract in Chinese and English)],2013,36(2):123-125. DOI:10.3760/cma.j.issn.1001-2036.2013.02.008.}

[11727] **徐建华，刘廷刚，王和平，樊龙. 逆行腓动脉终末穿支蒂腓浅神经营养皮瓣修复足背大面积软组织缺损中的应用 [J]. 创伤外科杂志，2014，16（4）：363.** {XU Jianhua,LIU Tinggang,WANG Heping,FAN Long. Reversed peroneal perforator superficial sural nerve nutrient vessel for reconstructing large-area soft tissue defect in dorsal foot[J]. Chuang Shang Wai Ke Za Zhi[J Traum Surg(Article in Chinese;Abstract in Chinese)],2014,16(4):363.}

[11728] **杨晓东，刘杨武，杨锦，张根福，丁茂超，梅劲，唐茂林. 腓浅动脉穿支皮瓣游离移植修复手部创面 [J]. 中华手外科杂志，2014，30（2）：84-86.** {YANG Xiaodong,LIU Yangwu,YANG Jin,ZHANG Genfu,DING Maochao,MEI Jin,TANG Maolin. Free superficial peroneal artery perforator flap free transplantation for wound coverage in the hand[J]. Zhonghua Shou Wai Ke Za Zhi[Chin J Hand Surg(Article in Chinese;Abstract in Chinese and English)],2014,30(2):84-86.}

[11729] **孙汝涛，刘会仁，吴学强，马铁鹏，张艳茂，于占勇，王岩，刘建华，王力，高烁. 腓浅神经营养血管皮瓣修复胫前软组织缺损 [J]. 中华显微外科杂志，2015，38（5）：435-437. DOI：10.3760/cma.j.issn.1001-2036.2015.05.007.** {SUN Rutao,LIU Huiren,WU Xueqiang,MA Tiepeng,ZHANG Yanmao,YU Zhanyong,WANG Yan,LIU Jianhua,WANG Li,GAO Shuo. Reconstruction for the soft tissue defect in the anterior tibial by superficial peroneal neurocutaneous flap[J]. Zhonghua Xian Wei Wai Ke Za Zhi[Chin J Microsurg(Article in Chinese;Abstract in Chinese and English)],2015,38(5):435-437. DOI:10.3760/cma.j.issn.1001-2036.2015.05.007.}

[11730] **郭广惠，张海永，丁兴洋，王国顺. 改良顺行腓浅神经营养血管链皮瓣修复小腿上段软组织缺损 [J]. 中华显微外科杂志，2015，38（5）：515-516. DOI：10.3760/cma.j.issn.1001-2036.2015.05.037.** {GUO Guanghui,ZHANG Haiyong,DING Xingyang,WANG Guoshun. Modified antegrade superficial peroneal neurovascular chain flap for repair of upper leg soft tissue defect[J]. Zhonghua Xian Wei Wai Ke Za Zhi[Chin J Microsurg(Article in Chinese;No abstract available)],2015,38(5):515-516. DOI:10.3760/cma.j.issn.1001-2036.2015.05.037.}

[11731] 郑晓飞，胡小峰，陈建民，李建美，周明伟，许光跃. 游离腓浅动脉穿支皮瓣修复踇甲皮瓣供区[J]. 中华手外科杂志，2015，31(3)：197-198. {ZHENG Xiaofei,HU Xiaofeng,CHEN Jianmin,LI Jianmei,ZHOU Mingwei,XU Guangyue. Free superficial peroneal artery perforator flap for repair of the donor site of toe nail flap[J]. Zhonghua Shou Wai Ke Za Zhi[Chin J Hand Surg(Article in Chinese;Abstract in Chinese)],2015,31(3):197-198.}

[11732] 孙汝涛，孟钊，刘会仁，刘家寅，窦淑萍，马铁鹏，张艳茂，于占勇，王岩，吴学强，刘建华，王力. 以远端损伤的腓浅神经为蒂的逆行皮瓣修复胫前软组织缺损[J]. 实用手外科杂志，2016，30(3)：330-332. DOI：10.3969/j.issn.1671-2722.2016.03.029. {SUN Rutao,MENG Zhao,LIU Huiren,LIU Jiayin,DOU Shuping,MA Tiepeng,ZHANG Yanmao,YU Zhanyong,WANG Yan,WU Xueqiang,LIU Jianhua,WANG Li. Repair of anterior tibial soft tissue defect by the reverse flap pedicled with distally injured superficial peroneal nerve[J]. Shi Yong Shou Wai Ke Za Zhi[Chin J Pract Hand Surg(Article in Chinese;Abstract in Chinese and English)],2016,30(3):330-332. DOI:10.3969/j.issn.1671-2722.2016.03.029.}

[11733] 张威凯，龚永清，尹绍猛，刘良好，黄院生，李建，陈肖. 游离腓浅动脉穿支双叶皮瓣修复双指皮肤缺损[J]. 中华手外科杂志，2016，32(5)：397-398. {ZHANG Weikai,GONG Yongqing,YIN Shaomeng,LIU Lianghao,HUANG Yuansheng,LI Jian,CHEN Xiao. Free bilobed flap pedicled with superficial peroneal artery perforator for repair of skin defect of both fingers[J]. Zhonghua Shou Wai Ke Za Zhi[Chin J Hand Surg(Article in Chinese;No abstract available)],2016,32(5):397-398.}

[11734] 胡沣，赵光勋，方健，王海峰，夏添. 带蒂腓骨头瓣联合腓浅神经营养皮瓣修复儿童外踝骨及软组织缺损[J]. 中华显微外科杂志，2017，40(2)：139-141. DOI：10.3760/cma.j.issn.1001-2036.2017.02.009. {HU Feng,ZHAO Guangxun,FANG Jian,WANG Haifeng,XIA Tian. Combination of vascularized fibular head epiphysis and superficial peroneal neurovascular reverse flap repair defects of bone and skin in lateral malleolus in children[J]. Zhonghua Xian Wei Wai Ke Za Zhi[Chin J Microsurg(Article in Chinese;Abstract in Chinese and English)],2017,40(2):139-141. DOI:10.3760/cma.j.issn.1001-2036.2017.02.009.}

[11735] 储国平，吕国忠，朱宇刚，顾在秋，杨敏烈，秦宏波，程佳. 足背动脉踝前穿支蒂腓浅神经营养血管皮瓣修复足背皮肤软组织缺损11例[J]. 中华烧伤杂志，2017，33(2)：89-90. DOI：10.3760/cma.j.issn.1009-2587.2017.02.006. {CHU Guoping,LV Guozhong,ZHU Yugang,GU Zaiqiu,YANG Minlie,QIN Hongbo,CHENG Jia. Superficial peroneal neurovascular flap pedicled with the anterior malleolus perforator of the dorsal foot artery repair of skin and soft tissue defects of the dorsal foot in 11 cases[J]. Zhonghua Shao Shang Za Zhi[Chin J Burns(Article in Chinese;No abstract available)],2017,33(2):89-90. DOI:10.3760/cma.j.issn.1009-2587.2017.02.006.}

[11736] 熊胜，巨积辉，金光哲，刘有行，陈正男，张广亮. 彩超定位下游离腓浅动脉穿支皮瓣修复手足部创面[J]. 中华手外科杂志，2018，34(6)：418-420. DOI：10.3760/cma.j.issn.1005-054X.2018.06.007. {XIONG Sheng,JU Jihui,JIN Guangzhe,LIU Yonghang,CHEN Zhengnan,ZHANG Guangliang. Repair of hand and foot wounds with perforator flap of superficial peroneal artery located by color Doppler ultrasound[J]. Zhonghua Shou Wai Ke Za Zhi[Chin J Hand Surg(Article in Chinese;Abstract in Chinese)],2018,34(6):418-420. DOI:10.3760/cma.j.issn.1005-054X.2018.06.007.}

[11737] 熊胜，巨积辉，金光哲，朱从坤，张广亮，唐林峰，周广良. 游离同侧多块小腿腓浅动脉穿支皮瓣修复手部多发创面效果观察[J]. 中华烧伤杂志，2019，35(9)：655-660. DOI：10.3760/cma.j.issn.1009-2587.2019.09.003. {XIONG Sheng,JU Jihui,JIN Guangzhe,ZHU Congkun,ZHANG Guangliang,TANG Linfeng,ZHOU Guangliang. Multiple free homologous superficial peroneal artery perforator flaps of crus for repair of multiple hand wounds[J]. Zhonghua Shao Shang Za Zhi[Chin J Burns(Article in Chinese;Abstract in Chinese and English)],2019,35(9):655-660. DOI:10.3760/cma.j.issn.1009-2587.2019.09.003.}

[11738] 李建杭，王洪刚，赵军，陈海生，曾昕明，王鹏程. 小型腓浅动脉穿支皮瓣在手指软组织缺损中的应用[J]. 实用手外科杂志，2019，33(4)：383-385. DOI：10.3969/j.issn.1671-2722.2019.04.005. {LI Jianhang,WANG Honggang,ZHAO Jun,CHEN Haisheng,ZENG Xinming,WANG Pengcheng. Repair of the finger soft-tissue defects with mini superficial peroneal artery perforator flaps[J]. Shi Yong Shou Wai Ke Za Zhi[Chin J Pract Hand Surg(Article in Chinese;Abstract in Chinese and English)],2019,33(4):383-385. DOI:10.3969/j.issn.1671-2722.2019.04.005.}

[11739] 史宸硕，唐修俊，王达利，魏在荣，张子阳，常树森，李书俊. 跨关节顺行腓浅神经营养血管皮瓣修复足踝部小面积软组织缺损[J]. 中华创伤杂志，2020，36(3)：269-271. DOI：10.3760/cma.j.issn.1001-8050.2020.03.015. {SHI Chenshuo,TANG Xiujun,WANG Dali,WEI Zairong,ZHANG Ziyang,CHANG Shusen,LI Shujun. Trans-articular antegrade superficial peroneal neurovascular flap for repair of small soft tissue defect of foot and ankle[J]. Zhonghua Chuang Shang Za Zhi[Chin J Trauma(Article in Chinese;Abstract in Chinese)],2020,36(3):269-271. DOI:10.3760/cma.j.issn.1001-8050.2020.03.015.}

4.5.3.4.3 胫前动脉穿支皮瓣
perforator flap of anterior tibial artery

[11740] Wang RL,Li N,Jiang CH,Guo F,Su T. Anterior tibial artery perforator flap for reconstruction of intraoral defects[J]. J Oral Maxillofac Surg,2014,72(4):804-810. doi:10.1016/j.joms.2013.10.025.

[11741] 钟桂午，张发惠，刘经南，陈日景. 胫前动脉踝上支骨膜（骨）瓣移位术的临床应用[J]. 中华医学杂志，1998，78(2)：155-156. DOI：10.3760/j：issn：0376-2491.1998.02.030. {ZHONG Guiwu,ZHANG Fahui,LIU Jingnan,CHEN Rijing. Clinical application of periosteal (bone) flap of superior malleolus branch of anterior tibial artery[J]. Zhonghua Yi Xue Za Zhi[Natl Med J China(Article in Chinese;No abstract available)],1998,78(2):155-156. DOI:10.3760/j:issn:0376-2491.1998.02.030.}

[11742] 范锡海，王增涛，张喜善，王仁成. 胫前动脉踝上皮支皮瓣修复足踝部皮肤软组织缺损[J]. 中华创伤骨科杂志，2006，8(6)：599-600. DOI：10.3760/cma.j.issn.1671-7600.2006.06.032. {FAN Xihai,WANG Zengtao,ZHANG Xishan,WANG Rencheng. Clinic application of skin flaps with supramalleolar cutaneous branches of anterior tibial artery[J]. Zhonghua Chuang Shang Gu Ke Za Zhi[Chin J Orthop Trauma(Article in Chinese;Abstract in Chinese)],2006,8(6):599-600. DOI:10.3760/cma.j.issn.1671-7600.2006.06.032.}

[11743] 魏在荣，邵星，帅霞，孙广峰，韩文杰，金文虎，王达利. 胫前动脉内踝前穿支蒂足内侧岛状皮瓣修复踝周较小创面[J]. 中华整形外科杂志，2010，26(4)：251-253. DOI：10.3760/cma.j.issn.1009-4598.2010.04.004. {WEI Zairong,SHAO Xing,SHUAI Xia,SUN Guangfeng,HAN Wenjie,JIN Wenhu,WANG Dali. Repairing small wounds around ankle by medial planta island flaps pedicled with anterior tibial artery perforator infront of inner malleolus[J]. Zhonghua Zheng Xing Wai Ke Za Zhi[Chin J Plast Surg(Article in Chinese;Abstract in Chinese and English)],2010,26(4):251-253. DOI:10.3760/cma.j.issn.1009-4598.2010.04.004.}

[11744] 毛莉颖，黄东，吴伟炽，牟勇，林浩，黄国英，胡春兰. 带监测皮岛的胫前动脉穿支骨膜瓣在骨不连治疗中的应用[J]. 中华显微外科杂志，2013，36(2)：194-195. DOI：10.3760/cma.j.issn.1001-2036.2013.02.034. {MAO Liying,HUANG Dong,WU Weichi,MU Yong,LIN Hao,HUANG Guoying,HU Chunlan. Application of anterior tibial artery perforator periosteal flap with monitoring flap for the treatment of nonunion[J]. Zhonghua Xian Wei Wai Ke Za Zhi[Chin J Microsurg(Article in Chinese;Abstract in Chinese)],2013,36(2):194-195. DOI:10.3760/cma.j.issn.1001-2036.2013.02.034.}

[11745] 申立林，蔺翠霞，孙雪生，朱涛，李强，李新霞. 应用胫前动脉骨膜穿支皮瓣修复小腿软组织缺损[J]. 中华显微外科杂志，2013，36(6)：545-547. DOI：10.3760/cma.j.issn.1001-2036.2013.06.007. {SHEN Lilin,LIN Cuixia,SUN Xuesheng,ZHU Tao,LI Qiang,LI Xinxia. Using anterior tibial artery periosteal perforator flap repairs soft tissue defects of shank[J]. Zhonghua Xian Wei Wai Ke Za Zhi[Chin J Microsurg(Article in Chinese;Abstract in Chinese and English)],2013,36(6):545-547. DOI:10.3760/cma.j.issn.1001-2036.2013.06.007.}

[11746] 吴伟炽，黄东，张惠茹，江奕恒，林浩. 带监测皮岛的胫前动脉穿支骨膜瓣治疗骨不连的临床应用[J]. 实用手外科杂志，2014，28(3)：263-265. DOI：10.3969/j.issn.1671-2722.2014.03.008. {WU Weichi,HUANG Dong,ZHANG Huiru,JIANG Yiheng,LI Hao. The treatment of bone nonunion with perforator periosteal flap with monitoring flap pedicled with the anterior tibial artery[J]. Shi Yong Shou Wai Ke Za Zhi[Chin J Pract Hand Surg(Article in Chinese;Abstract in Chinese and English)],2014,28(3):263-265. DOI:10.3969/j.issn.1671-2722.2014.03.008.}

[11747] 魏义涛，钟桂午，唐天贵，梁海华，姚捷，孙芳芹. 游离胫前动脉近端骨膜穿支骨皮瓣修复足趾移植所留骨－皮缺损[J]. 中华医学杂志，2018，98(33)：2656-2660. DOI：10.3760/cma.j.issn.0376-2491.2018.33.009. {WEI Yitao,ZHONG Guiwu,TANG Tiangui,LIANG Haihua,YAO Jie,SUN Fangqin. Repairing the bone and skin defect of foot after improved toe-to-finger reconstruction utilizing periosteal perforator bone-skin flap of proximal anterior tibial artery[J]. Zhonghua Yi Xue Za Zhi[Natl Med J China(Article in Chinese;Abstract in Chinese and English)],2018,98(33):2656-2660. DOI:10.3760/cma.j.issn.0376-2491.2018.33.009.}

[11748] 魏义涛，梁海华，钟桂午，姚捷，孙芳芹，梁翊. 胫前动脉近端骨膜穿支骨皮瓣在手足复合组织缺损修复重建中的应用[J]. 中华手外科杂志，2019，35(5)：361-363. DOI：10.3760/cma.j.issn.1005-054X.2019.05.015. {WEI Yitao,LIANG Haihua,ZHONG Guiwu,YAO Jie,SUN Fangqin,LIANG Yi. Clinical application of proximal periosteal perforator bone-skin flap of anterior tibial artery for repair of the composite tissue defects of the hand and foot[J]. Zhonghua Shou Wai Ke Za Zhi[Chin J Hand Surg(Article in Chinese;Abstract in Chinese and English)],2019,35(5):361-363. DOI:10.3760/cma.j.issn.1005-054X.2019.05.015.}

[11749] 高顺红，徐柯烽，李军，于志亮，胡宏宇，张文龙，董惠双. 胫前动脉前踝上穿支皮瓣修复足远端毁损伴皮肤软组织缺损[J]. 中华整形外科杂志，2019，35(12)：1213-1217. DOI：10.3760/cma.j.issn.1009-4598.2019.12.010. {GAO Shunhong,XU Kefeng,LI Jun,YU Zhiliang,HU Hongyu,ZHANG Wenlong,DONG Huishuang. Anterior tibial artery perforator flap for repairing distal foot damage with skin and soft tissue defects[J]. Zhonghua Zheng Xing Wai Ke Za Zhi[Chin J Plast Surg(Article in Chinese;Abstract in Chinese and English)],2019,35(12):1213-1217. DOI:10.3760/cma.j.issn.1009-4598.2019.12.010.}

[11750] 翟旭，邵新中. 胫前动脉踝上穿支皮瓣修复足踝部软组织缺损19例[J]. 中华显微外科杂志，2020，43(1)：24-27. DOI：10.3760/cma.j.issn.1001-2036.2020.01.007. {ZHAI Xu,SHAO Xinzhong. Application of the flap pedicled with superior malleolus perforator of anterior tibial artery in reconstruction of soft tissue defects in foot and ankle[J]. Zhonghua Xian Wei Wai Ke Za Zhi[Chin J Microsurg(Article in Chinese;Abstract in Chinese and English)],2020,43(1):24-27. DOI:10.3760/cma.j.issn.1001-2036.2020.01.007.}

[11751] 魏义涛，伍仁娟，梅雄军，梁海华. 胫前动脉近端穿支骨皮瓣修复拇指节段性缺损[J]. 中华显微外科杂志，2020，43(3)：257-260. DOI：10.3760/cma.j.cn441206-20191122-00359. {WEI Yitao,WU Renjuan,MEI Xiongjun,LIANG Haihua. Application of proximal tibial artery perforator bone-skin flap in reconstruction of phased thumb defect[J]. Zhonghua Xian Wei Wai Ke Za Zhi[Chin J Microsurg(Article in Chinese;Abstract in Chinese and English)],2020,43(3):257-260. DOI:10.3760/cma.j.cn441206-20191122-00359.}

4.5.3.4.4 腓动脉外踝上穿支皮瓣
lateral supramalleolar perforator flap

[11752] Rong K,Chen C,Hao LW,Xu XY,Wang ZT. Redefining the vascular classifications of the lateral supramalleolar flap[J]. Ann Plast Surg,2016,77(3):341-344. doi:10.1097/SAP.0000000000000576.

[11753] 陈宏，王欣，章伟文，费剑荣，李文东，方文冲. 腓动脉踝上穿支皮瓣修复足部及踝部软组织缺损[J]. 实用骨科杂志，2005，11(5)：416-417. {CHEN Hong,WANG Xin,ZHANG Weiwen,FEI Jianrong,LI Wendong,FANG Wenchong. Treatment of defects of soft tissues around ankle and dorsal aspect of foot with distally based peroneal perforator flaps[J]. Shi Yong Gu Ke Za Zhi[J Pract Orthop(Article in Chinese;Abstract in Chinese and English)],2005,11(5):416-417.}

[11754] 王顺炳，吴发林，倪生华，黄建华，陈剑锋，单丁进. 腓动脉外踝上穿支皮瓣的临床应用[J]. 中国骨伤，2008，21(7)：521-522. DOI：10.3969/j.issn.1003-0034.2008.07.017. {WANG Shunbing,WU Falin,NI Shenghua,HUANG Jianhua,CHEN Jianfeng,SHAN Dingjin. Clinic application of skin flap based lateral supramalleolar branches of the peroneal artery[J]. Zhongguo Gu Shang[China J Orthop Trauma(Article in Chinese;No abstract available)],2008,21(7):521-522. DOI:10.3969/j.issn.1003-0034.2008.07.017.}

[11755] 梁钢，周永利，孙建平，戴村芳. 腓动脉外踝上穿支皮瓣在足踝部深度烧伤创面修复中的应用[J]. 中华整形外科杂志，2009，25(4)：297-298. DOI：10.3760/cma.j.issn.1009-4598.2009.04.023. {LIANG Gang,ZHOU Yongli,SUN Jianping,DAI Cunfang. Application of peroneal artery lateral supramalleolar perforator flap for repair of deep burn wounds of foot and ankle[J]. Zhonghua Zheng Xing Wai Ke Za Zhi[Chin J Plast Surg(Article in Chinese;No abstract available)],2009,25(4):297-298. DOI:10.3760/cma.j.issn.1009-4598.2009.04.023.}

[11756] 陈雪松，肖茂明，王元山，管力，张黎明，江眠. 跨区供血腓动脉外踝上穿支蒂腓浅神经营养血管皮瓣修复足前部缺损[J]. 中华整形外科杂志，2010，26(1)：8-11. DOI：10.3760/cma.j.issn.1009-4598.2010.01.003. {CHEN Xuesong,XIAO Maoming,WANG Yuanshan,GUAN Li,ZHANG Liming,JIANG Min. Modified superficial peroneal neurocutaneous flap pedicled with lateral supramalleolar artery arising from peroneal artery for forefoot defect[J]. Zhonghua Zheng Xing Wai Ke Za Zhi[Chin J Plast Surg(Article in Chinese;Abstract in Chinese and English)],2010,26(1):8-11. DOI:10.3760/cma.j.issn.1009-4598.2010.01.003.}

[11757] 刘启生，马玉杰，王浩森，徐斌，钱峰. 保留腓动脉外踝后上穿支蒂的腓肠神经营养皮瓣修复儿童足跟皮肤软组织缺损[J]. 临床骨科杂志，2017，20(4)：443-446. DOI：10.3969/j.issn.1008-0287.2017.04.021. {LIU Qisheng,MA Yujie,WANG Haosen,XU Bin,QIAN Feng. Keeping the peroneal artery after the lateral malleolus perforator based sural neurovascular flap repair of heel skin and soft tissue defect in children[J]. Lin Chuang Gu Ke Za Zhi[J Clin Orthop(Article in Chinese;Abstract in Chinese and English)],2017,20(4):443-446. DOI:10.3969/j.issn.1008-0287.2017.04.021.}

[11758] 曹文亮，田峰，田立杰. 腓动脉踝上穿支皮瓣修复儿童足踝部皮肤软组织缺损八例[J]. 中华显微外科杂志，2018，41(4)：380-383. DOI：10.3760/cma.j.issn.1001-2036.2018.04.018. {CAO Wenliang,TIAN Feng,TIAN Lijie. Repair of skin and soft tissue defects of foot and ankle in children with peroneal artery supramalleolar perforator flap in 8 cases[J]. Zhonghua Xian Wei Wai Ke Za Zhi[Chin J Microsurg(Article in Chinese;Abstract in Chinese and English)],2018,41(4):380-383. DOI:10.3760/cma.j.issn.1001-2036.2018.04.018.}

[11759] 熊颖杰，幸超峰，胡智玉，宋科，朱光显，仓飞成，周明武. 腓动脉终末穿支外踝上

皮瓣修复足跟外侧创面[J]. 中华显微外科杂志，2019，42（5）：459-462. DOI：10.3760/cma.j.issn.1001-2036.2019.05.010. {XIONG Yingjie,XING Chaofeng,HU Zhiyu,SONG Ke,ZHU Guangxian,CANG Feicheng,ZHOU Mingwu. Repair of lateral calcaneal wound with the lateral supramalleolar flap pedicled with the end perforator of peroneal artery[J]. Zhonghua Xian Wei Wai Ke Za Zhi[Chin J Microsurg(Article in Chinese;Abstract in Chinese and English)],2019,42(5):459-462. DOI:10.3760/cma.j.issn.1001-2036.2019.05.010.}

4.5.3.5 小腿外侧皮瓣
lateral leg flap

[11760] Gu YD,Wu MM,Li HR. Lower leg lateral skin flap. report of 7 cases[J]. Chin Med J,1987,100(4):260-265.

[11761] 陈遥良，鲍国正，朱继明，郑秉学，顾玉东，吴敏明，李鸿儒. 小腿外侧皮瓣的显微外科解剖学[J]. 临床应用解剖学杂志，1984，2（4）：208-212. {CHEN Yaoliang,BAO Guozheng,ZHU Jiming,ZHENG Bingxue,GU Yudong,WU Minming,LI Hongru. Microsurgical anatomy of lateral lower leg flap[J]. Lin Chuang Ying Yong Jie Pou Xue Za Zhi[J Clin Appl Anat(Article in Chinese;Abstract in Chinese)],1984,2(4):208-212.}

[11762] 顾玉东，吴敏明，李鸿儒. 小腿外侧皮瓣（附七例报告）[J]. 中华医学杂志，1985，65（5）：281-283. {GU Yudong,WU Minming,LI Hongru. Lateral lower leg flap (7 case reports)[J]. Zhonghua Yi Xue Za Zhi[Natl Med J China(Article in Chinese;Abstract in Chinese)],1985,65(5):281-283.}

[11763] 刘兴炎，葛宝丰，丘耀元. 小腿外侧皮瓣的临床应用四例报告[J]. 中华外科杂志，1987，25（4）：224-225. {LIU Xingyan,GE Baofeng,QIU Yaoyuan. Clinical application of lateral lower leg flap in 4 cases[J]. Zhonghua Wai Ke Za Zhi[Chin J Surg(Article in Chinese;Abstract in Chinese)],1987,25(4):224-225.}

[11764] 钟世镇. 关于小腿后外侧皮瓣血供走行途径的不同看法[J]. 中华外科杂志，1988，26（5）：291. {ZHONG Shizhen. Different views on the route of blood supply of posterolateral leg flap[J]. Zhonghua Wai Ke Za Zhi[Chin J Surg(Article in Chinese;No abstract available)],1988,26(5):291.}

[11765] 陈秉礼，胡平. 小腿外侧皮瓣顺行及逆行转位的经验与教训[J]. 修复重建外科杂志，1988，2（2）：116. {CHEN Bingli,HUANG Chaoliang,HU Ping. Experience and lesson of antegrade and retrograde lateral lower leg flap (peroneal artery flap)[J]. Zhongguo Xiu Fu Chong Jian Wai Ke Za Zhi[Chin J Repar Reconstr Surg(Article in Chinese;Abstract in Chinese)],1988,2(2):116.}

[11766] 徐雷，寿奎水，祝建中，孔友谊，李向荣，顾黎明，芮永军. 以腓动脉肌皮支为血管蒂的小腿外侧皮瓣[J]. 中华手外科杂志，1994，10（3）：71-73. {XU Lei,SHOU Kuishui,ZHU Jianzhong,KONG Youyi,LI Xiangrong,GU Liming,RUI Yongjun. Free lateral lower leg flap based on the musculocutaneous branches of the peroneal artery[J]. Zhonghua Shou Wai Ke Za Zhi[Chin J Hand Surg(Article in Chinese;Abstract in Chinese and English)],1994,10(3):71-73.}

[11767] 王新泉. 小腿外侧皮瓣逆行转移修复足踝部创面[J]. 中华显微外科杂志，1999，22（1）：79. DOI：10.3760/cma.j.issn.1001-2036.1999.01.057. {WANG Xinquan. Reversed lateral lower leg flapfor repair of foot and ankle wounds[J]. Zhonghua Xian Wei Wai Ke Za Zhi[Chin J Microsurg(Article in Chinese;No abstract available)],1999,22(1):79. DOI:10.3760/cma.j.issn.1001-2036.1999.01.057.}

[11768] 郦志文，蔡明，蔡峰. 腓动脉皮支蒂小腿外侧皮瓣移位修复皮肤缺损[J]. 中国骨伤，2000，13（7）：426. DOI：10.3969/j.issn.1003-0034.2000.07.027. {LI Zhiwen,CAI Ming,CAI Feng. Lateral leg flap pedicled with cutaneous branch of peroneal artery for repair of skin defect[J]. Zhongguo Gu Shang[China J Orthop Trauma(Article in Chinese;No abstract available)],2000,13(7):426. DOI:10.3969/j.issn.1003-0034.2000.07.027.}

[11769] 刘岩，侯春林，陈爱民，匡勇，赵良瑜. 小腿后外侧筋膜皮瓣治疗腓骨小头部压疮[J]. 中国矫形外科杂志，2001，8（8）：827-827. DOI：10.3969/j.issn.1005-8478.2001.08.039. {LIU Yan,HOU Chunlin,CHEN Aimin,KUANG Yong,ZHAO Liangyu. Treatment of decubitus ulcers in fibular head region with peroneal fasciocutaneous flap[J]. Zhongguo Jiao Xing Wai Ke Za Zhi[Orthop J China(Article in Chinese;Abstract in Chinese)],2001,8(8):827-827. DOI:10.3969/j.issn.1005-8478.2001.08.039.}

[11770] 张朝阳，赵德伟. 带腓动脉血管蒂小腿外侧皮瓣的临床应用[J]. 中华显微外科杂志，2002，25（4）：315. DOI：10.3760/cma.j.issn.1001-2036.2002.04.046. {ZHANG Chaoyang,ZHAO Dewei. Clinical application of lateral lower leg flap pedicled with peroneal artery[J]. Zhonghua Xian Wei Wai Ke Za Zhi[Chin J Microsurg(Article in Chinese;No abstract available)],2002,25(4):315. DOI:10.3760/cma.j.issn.1001-2036.2002.04.046.}

[11771] 林英权，林毅忠，黄新宇，柯楚群，余旭初. 应用小腿外侧皮瓣修复小腿下段组织缺损[J]. 中华显微外科杂志，2003，26（3）：222-223. DOI：10.3760/cma.j.issn.1001-2036.2003.03.026. {LIN Yingquan,LI Yizhong,HUANG Xinyu,KE Chuqun,YU Xuchu. Repair of lower leg tissue defect with lateral lower leg flap[J]. Zhonghua Xian Wei Wai Ke Za Zhi[Chin J Microsurg(Article in Chinese;Abstract in Chinese)],2003,26(3):222-223. DOI:10.3760/cma.j.issn.1001-2036.2003.03.026.}

[11772] 张文正，章烽火，郑良军，林立国，章友棣. 以腓动脉肌皮支为蒂的小腿外侧皮瓣修复手部创面[J]. 中国修复重建外科杂志，2004，18（6）：516. {ZHANG Wenzheng,ZHANG Fenghuo,ZHENG Liangjun,LIN Liguo,ZHANG Youdi. Lateral leg flap pedicled with cutaneous branch of peroneal artery for repair of hand wound[J]. Zhongguo Xiu Fu Chong Jian Wai Ke Za Zhi[Chin J Repar Reconstr Surg(Article in Chinese;No abstract available)],2004,18(6):516.}

[11773] 曹卫刚，李圣利，王善良，张群，杨川，王炜. 小腿后外侧逆行筋膜蒂岛状皮瓣修复足部缺损[J]. 中华整形外科杂志，2004，20（1）：35-37. DOI：10.3760/j.issn:1009-4598.2004.01.012. {CAO Wengang,LI Shengli,WANG Shanli,ZHANG Qun,YANG Chuan,WANG Wei. Repair of foot defect with a reverse fascial pedicled posterolateral lower leg flap[J]. Zhonghua Zheng Xing Wai Ke Za Zhi[Chin J Plast Surg(Article in Chinese;Abstract in Chinese and English)],2004,20(1):35-37. DOI:10.3760/j.issn:1009-4598.2004.01.012.}

[11774] 郑权，肖扬，童作明. 以腓动脉皮支为蒂小腿外侧皮瓣修复软组织缺损[J]. 中国临床解剖学杂志，2005，23（4）：373-374. DOI：10.3969/j.issn.1001-165X.2005.04.011. {ZHENG Quan,XIAO Yang,TONG Zuoming. Repair of soft tissue defection by ectocnemial skin flap pedicled with cutaneous branches of the peroneal artery[J]. Zhongguo Lin Chuang Jie Pou Xue Za Zhi[Chin J Clin Anat(Article in Chinese;Abstract in Chinese and English)],2005,23(4):373-374. DOI:10.3969/j.issn.1001-165X.2005.04.011.}

[11775] 邢志利，孙捷，吴春，谢玲丽，孙晟君，金俊健. 以腓动静脉为蒂的小腿外侧皮瓣修复足部软组织缺损[J]. 中国骨伤，2005，18（5）：286-287. DOI：10.3969/j.issn.1003-0034.2005.05.012. {XING Zhili,SUN Jie,WU Chun,XIE Lingli,SUN Shengjun,JIN Junjian. Repair of defective soft tissue in foot with lateral skin of fibular arteriovenous flap regarded as pedicel[J]. Zhongguo Gu Shang[China J Orthop Trauma(Article in Chinese;No abstract available)],2005,18(5):286-287. DOI:10.3969/j.issn.1003-0034.2005.05.012.}

[11776] 朱刃，柳咏，俞文俊，汤义民. 小腿外侧皮瓣在创伤外科中的应用[J]. 临床骨科杂志，2005，8（6）：503-504. DOI：10.3969/j.issn.1008-0287.2005.06.039. {ZHU Ren,LIU Yong,YU Wenjun,TANG Yimin. The application of lateral leg flap in traumatic surgery[J]. Lin Chuang Gu Ke Za Zhi[J Clin Orthop(Article in Chinese;No abstract available)],2005,8(6):503-504. DOI:10.3969/j.issn.1008-0287.2005.06.039.}

[11777] 毕郑钢，付春江，张军，曹杨，齐玉坤. 小腿外侧皮瓣复合二期皮瓣扩张修复足跟缺损[J]. 中华外科杂志，2006，44（24）：1699. DOI：10.3760/j：issn：0529-5815.2006.24.012. {BI Zhenggang,FU Chunjiang,ZHANG Jun,CAO Yang,QI Yukun. Lateral lower leg flap combined with secondary flap expansion for repair of heel defect[J]. Zhonghua Wai Ke Za Zhi[Chin J Surg(Article in Chinese;No abstract available)],2006,44(24):1699. DOI:10.3760/j:issn:0529-5815.2006.24.012.}

[11778] 杨占辉，王振普，石明国，郭荣光，陈旸，李海波. 不同方式的小腿外侧皮瓣修复严重肢体组织缺损（附23例报告）[J]. 中国骨与关节损伤杂志，2006，21（10）：794-796. DOI：10.3969/j.issn.1672-9935.2006.10.009. {YANG Zhanhui,WANG Zhenpu,SHI Mingguo,GUO Rongguang,CHEN Yang,LI Haibo. Different methods of ectocnemial compound flap in repair of severe tissue defects of extremity[J]. Zhongguo Gu Yu Guan Jie Sun Shang Za Zhi[Chin J Bone Joint Injury(Article in Chinese;Abstract in Chinese and English)],2006,21(10):794-796. DOI:10.3969/j.issn.1672-9935.2006.10.009.}

[11779] 原学军，狄鸥，宋国庆，李长虹，刘莅彤，李惠敏. 外踝上动脉降支为蒂的小腿外侧皮瓣逆行转移的临床应用[J]. 中华创伤杂志，2008，24（3）：221-223. DOI：10.3321/j.issn：1001-8050.2008.03.020. {YUAN Xuejun,DI Ou,SONG Guoqing,LI Changhong,LIU Weitong,LI Huimin. Clinical application of reversed lateral lower leg flap pedicled with descending branch of lateral superior malleolar artery[J]. Zhonghua Chuang Shang Za Zhi[Chin J Trauma(Article in Chinese;No abstract available)],2008,24(3):221-223. DOI:10.3321/j.issn:1001-8050.2008.03.020.}

[11780] 魏在荣，孙广峰，唐修俊，王达利，王玉明，韩文杰. 腓动脉穿支蒂小腿外后侧链型供血皮瓣修复足踝部创面[J]. 中华整形外科杂志，2009，25（6）：425-427. DOI：10.3760/cma.j.issn.1009-4598.2009.06.008. {WEI Zairong,SUN Guangfeng,TANG Xiujun,WANG Dali,WANG Yuming,HAN Wenjie. Fibular artery perforator link-pattern flaps at lateral and posterior part of leg[J]. Zhonghua Zheng Xing Wai Ke Za Zhi[Chin J Plast Surg(Article in Chinese;Abstract in Chinese and English)],2009,25(6):425-427. DOI:10.3760/cma.j.issn.1009-4598.2009.06.008.}

[11781] 王沫学，葛建杰，毕国风. 小腿外侧皮瓣修复跟骨骨折术后钢板外露的临床体会[J]. 中华显微外科杂志，2009，32（4）：349. DOI：10.3760/cma.j.issn.1001-2036.2009.04.043. {WANG Moxue,GE Jianjie,BI Guofeng. Clinical experience of lateral leg flap in repairing plate exposure after operation of calcaneal fracture[J]. Zhonghua Xian Wei Wai Ke Za Zhi[Chin J Microsurg(Article in Chinese;No abstract available)],2009,32(4):349. DOI:10.3760/cma.j.issn.1001-2036.2009.04.043.}

[11782] 陈垦，周纳新，鲍同柱，王剑利. 小腿外侧皮瓣游离移植治疗头皮瘢痕癌术后组织缺损七例[J]. 中华显微外科杂志，2010，33（1）：22. DOI：10.3760/cma.j.issn.1001-2036.2010.01.010. {CHEN Ken,ZHOU Naxin,BAO Tongzhu,WANG Jianli. Free lateral lower leg flap for repair of tissue defect after scalp scar carcinoma in 7 cases[J]. Zhonghua Xian Wei Wai Ke Za Zhi[Chin J Microsurg(Article in Chinese;No abstract available)],2010,33(1):22. DOI:10.3760/cma.j.issn.1001-2036.2010.01.010.}

[11783] 许亚军，陈政，姚群，周晓，柯尊山，周建东，陈学明. 两套血供的小腿外侧皮瓣逆行转位修复足踝部软组织缺损[J]. 中华显微外科杂志，2011，34（4）：276-279. DOI：10.3760/cma.j.issn.1001-2036.2011.04.006. {XU Yajun,CHEN Zheng,YAO Qun,ZHOU Xiao,KE Zunshan,ZHOU Jiandong,CHEN Xueming. Lateral crural reverse island skin flap with two sets of blood supply system for soft tissue defect of ankle and foot[J]. Zhonghua Xian Wei Wai Ke Za Zhi[Chin J Microsurg(Article in Chinese;Abstract in Chinese and English)],2011,34(4):276-279. DOI:10.3760/cma.j.issn.1001-2036.2011.04.006.}

[11784] 黄显军，姜磊，项伟，唐一兵，郭征东. 游离小腿外侧腓动脉穿支皮瓣修复手前臂及足部皮肤缺损[J]. 实用手外科杂志，2012，26（3）：237-240. DOI：10.3969/j.issn.1671-2722.2012.03.012. {HUANG Xianjun,JIANG Lei,XIANG Wei,TANG Yibing,GUO Zhengdong. Treatment of skin defects of the hand forearm and foot using free lateral leg peroneal perforator flap[J]. Shi Yong Shou Wai Ke Za Zhi[Chin J Pract Hand Surg(Article in Chinese;Abstract in Chinese and English)],2012,26(3):237-240. DOI:10.3969/j.issn.1671-2722.2012.03.012.}

[11785] 庄加川，李敏姣，陈国荣，白印伟，吴耿，柯于海，林慧鑫，张振伟. 小腿外侧皮瓣修复手部皮肤缺损的临床应用[J]. 中华手外科杂志，2012，28（5）：265-266. {ZHUANG Jiachuan,LI Minjiao,CHEN Guorong,BAI Yinwei,WU Geng,KE Yuhai,LIN Huixin,ZHANG Zhenwei. Clinical application of lateral lower leg flap to repair skin defect of the hand[J]. Zhonghua Shou Wai Ke Za Zhi[Chin J Hand Surg(Article in Chinese;Abstract in Chinese and English)],2012,28(5):265-266.}

[11786] 许亚军，陈政，包岳丰，周晓，张辉，周建东，陈学明. 腓动脉骨皮穿支蒂小腿外侧皮瓣逆行转位修复外踝部软组织缺损[J]. 实用手外科杂志，2015，29（3）：238-240. DOI：10.3969/j.issn.1671-2722.2015.03.002. {XU Yajun,CHEN Zheng,BAO Yuefeng,ZHOU Xiao,ZHANG Hui,ZHOU Jiandong,CHEN Xueming. The reverse extended lateral crural flap pedicle with peroneal artery bonecutaneous perforator for soft tissue defects of the lateral malleolus[J]. Shi Yong Shou Wai Ke Za Zhi[Chin J Pract Hand Surg(Article in Chinese;Abstract in Chinese and English)],2015,29(3):238-240. DOI:10.3969/j.issn.1671-2722.2015.03.002.}

[11787] 孙中建，徐鹏，黄宏伟，王群，房伟. 小腿外侧皮瓣联合阔筋膜移植修复软组织合并跟腱缺损11例[J]. 中华烧伤杂志，2015，31（1）：69-70. DOI：10.3760/cma.j.issn.1009-2587.2015.01.020. {SUN Zhongjian,XU Peng,HUANG Hongwei,WANG Qun,FANG Wei. Lateral lower leg flap combined with fascia lata for repair of soft tissue and Achilles tendon defect in 11 cases[J]. Zhonghua Shao Shang Za Zhi[Chin J Burns(Article in Chinese;No abstract available)],2015,31(1):69-70. DOI:10.3760/cma.j.issn.1009-2587.2015.01.020.}

[11788] 任鹏，程二林，阿不来提·阿不拉，何巍，孙艳，艾合买提江·玉素甫. 选择不同供血方式的小腿后外侧带蒂皮瓣修复足踝部皮肤软组织缺损[J]. 中华显微外科杂志，2016，39（5）：452-456. DOI：10.3760/cma.j.issn.1001-2036.2016.05.010. {REN Peng,CHENG Erlin,Abulaiti · Abula,HE Wei,SUN Yan,Aihemaitijiang · Yusupu. Choosing of the posterior lateral leg pedide skin flaps supplyed by different blood repair of foot and ankle soft tissue defect[J]. Zhonghua Xian Wei Wai Ke Za Zhi[Chin J Microsurg(Article in Chinese;Abstract in Chinese and English)],2016,39(5):452-456. DOI:10.3760/cma.j.issn.1001-2036.2016.05.010.}

[11789] 邓呈亮，魏在荣，金文虎，张文夺，孙广峰，聂开瑜，李书俊，王达利. 腘窝外侧皮动脉蒂小腿后外侧皮瓣修复膝关节周围皮肤软组织缺损的效果[J]. 中华烧伤杂志，2016，32（8）：489-491. DOI：10.3760/cma.j.issn.1009-2587.2016.08.010. {DENG Chengliang,WEI Zairong,JIN Wenhu,ZHANG Wenduo,SUN Guangfeng,NIE Kaiyu,LI Shujun,WANG Dali. Effect of posterolateral leg flap pedicled with lateral popliteal artery for repair of skin and soft tissue defects around knee joint[J]. Zhonghua Shao Shang Za Zhi[Chin J Burns(Article in Chinese;Abstract in Chinese)],2016,32(8):489-491. DOI:10.3760/cma.j.issn.1009-2587.2016.08.010.}

[11790] 陈雪松，徐永清，杨黎，张黎明，何金顺，余晓军，马志显，李小松，吉丽，王晓凤. 游离腓动脉穿支小腿后外侧皮神经营养血管筋膜皮瓣修复足背远端创面[J]. 中华整形外科杂志，2017，33（3）：191-195. DOI：10.3760/cma.j.issn.1009-4598.2017.03.008. {CHEN Xuesong,XU Yongqing,YANG Li,ZHANG Liming,HE Jinshun,YU Xiaojun,MA Zhixian,LI Xiaosong,JI Li,WANG Xiaofeng. Free peroneal perforator cutaneoadipofascial flap containing neurovascular axis for coverage of dorsal forefoot defects[J]. Zhonghua Zheng Xing Wai Ke Za Zhi[Chin J Plast Surg(Article in Chinese;Abstract in Chinese and English)],2017,33(3):191-195. DOI:10.3760/cma.j.issn.1009-4598.2017.03.008.}

[11791] 陈雪松. 腓动脉穿支小腿后外侧皮神经营养血管皮瓣的临床应用策略[J]. 创伤外科杂志，2017，19（12）：953-956. DOI：10.3969/j.issn.1009-4237.2017.12.022. {CHEN Xuesong. Clinical pearls and pitfalls of peroneal perforator flap containing neurovascular

axis[J]. Chuang Shang Wai Ke Za Zhi[J Traum Surg(Article in Chinese;Abstract in Chinese and English)],2017,19(12):953-956. DOI:10.3969/j.issn.1009-4237.2017.12.022.}

[11792] 李建成，宋培军，杨东坤，刘亮，洪斌．游离小腿后外侧穿支皮瓣在口腔颌面部组织缺损修复重建中的应用 [J]．中华显微外科杂志，2017，40（3）：248-251．DOI：10.3760/cma.j.issn.1001-2036.2017.03.011．{LI Jiancheng,SONG Peijun,YANG Dongkun,LIU Liang,HONG Xiao. Clinial application of free posterlateral leg perforator flap in the reconstruction of soft tissue defects at oral and maxillofacial region[J]. Zhonghua Xian Wei Wai Ke Za Zhi[Chin J Microsurg(Article in Chinese;Abstract in Chinese and English)],2017,40(3):248-251. DOI:10.3760/cma.j.issn.1001-2036.2017.03.011.}

[11793] 李建成，宋培军，杨东昆，刘亮，胡恺，陈默．小腿后外侧腓动脉双叶穿支游离皮瓣修复口腔颌面部恶性肿瘤术后面部洞穿性缺损 [J]．中华显微外科杂志，2019，42（1）：26-31．DOI：10.3760/cma.j.issn.1001-2036.2019.01.008．{LI Jiancheng,SONG Peijun,YANG Dongkun,LIU Liang,HU Kai,CHEN Mo. Application of double-leaf perforator free flap of posterolateral calf peroneal artery in repairing facial through-and-through defect after oral cancer oblation[J]. Zhonghua Xian Wei Wai Ke Za Zhi[Chin J Microsurg(Article in Chinese;Abstract in Chinese and English)],2019,42(1):26-31. DOI:10.3760/cma.j.issn.1001-2036.2019.01.008.}

4.5.3.5.1 腓动脉皮瓣

flap of peroneal artery

[11794] 马海燕，谢静，方光荣，全占坤，程国良．腓动脉降支皮瓣修复手掌疤痕挛缩一例 [J]．中华显微外科杂志，1996，19（1）：29．{MA Haiyan,XIE Jing,FANG Guangrong,QUAN Zhankun,CHENG Guoliang. Repair of scar contracture of palm with descending branch of peroneal artery flap:a case report[J]. Zhonghua Xian Wei Wai Ke Za Zhi[Chin J Microsurg(Article in Chinese;No abstract available)],1996,19(1):29.}

[11795] 齐继峰，许丽艳，孙福祥．腓动脉岛状皮瓣修复足部软组织缺损 [J]．中华显微外科杂志，1996，19（2）：161．{QI Jifeng,XU Liyan,SUN Fuxiang. Repair of foot soft tissue defect with peroneal artery island flap[J]. Zhonghua Xian Wei Wai Ke Za Zhi[Chin J Microsurg(Article in Chinese;No abstract available)],1996,19(2):161.}

[11796] 马富．动脉分型与带腓动脉组织瓣移植的关系 [J]．第一军医大学学报，1996，16（3）：205-206．{MA Fu. Relationship between arterial classification and transplantation of tissue flap with peroneal artery[J]. Di Yi Jun Yi Da Xue Xue Bao[J First Mil Med Univ(Article in Chinese;Abstract in Chinese)],1996,16(3):205-206.}

[11797] 金志福，廖安国，柯文坛，沈健．腓动脉逆行皮瓣修复胫前足跟皮肤缺损 [J]．中华显微外科杂志，1997，20（4）：27-28．{JIN Zhifu,LIAO Anguo,KE Wentan,SHEN Jian. Repair of skin defect of anterior tibial heel with reversed peroneal artery flap[J]. Zhonghua Xian Wei Wai Ke Za Zhi[Chin J Microsurg(Article in Chinese;No abstract available)],1997,20(4):27-28.}

[11798] 刁迪朋，梁华山，李金荣，黎志辉，温晖．腓动脉逆行岛状皮瓣的临床应用 [J]．中国修复重建外科杂志，1998，12（1）：60．{DIAO Dipeng,LIANG Huashan,LI Jinrong,LI Zhihui,WEN Hui. Clinical application of reversed peroneal artery island flap[J]. Zhongguo Xiu Fu Chong Jian Wai Ke Za Zhi[Chin J Repar Reconstr Surg(Article in Chinese;No abstract available)],1998,12(1):60.}

[11799] 黄卫国，陆建东，黄世宁，唐毓金，陆敏安．胫前-腓动脉交通支为蒂胫骨远端骨膜瓣转位术 [J]．中华显微外科杂志，1999，22（3）：231．DOI：10.3760/cma.j.issn.1001-2036.1999.03.037．{HUANG Weiguo,LU Jiandong,HUANG Shining,TANG Yujin,LU Minan. Transposition of distal tibial periosteal flap pedicled with communicating branch of anterior tibial peroneal artery[J]. Zhonghua Xian Wei Wai Ke Za Zhi[Chin J Microsurg(Article in Chinese;No abstract available)],1999,22(3):231. DOI:10.3760/cma.j.issn.1001-2036.1999.03.037.}

[11800] 唐廛．逆行腓动脉岛状肌皮瓣修复胫前组织缺损失败原因分析 [J]．创伤外科杂志，2001，3（z1）：102-103．DOI：10.3969/j.issn.1009-4237.2001.z1.074．{TANG Ao. Analysis of cause of failure in treatment of soft tissues defect in shin with contra-row fibular artery island-shape musculo-cutaneous flap[J]. Chuang Shang Wai Ke Za Zhi[J Traum Surg(Article in Chinese;Abstract in Chinese and English)],2001,3(z1):102-103. DOI:10.3969/j.issn.1009-4237.2001.z1.074.}

[11801] 向文东，陈锋．腓动脉逆行岛状皮瓣修复足背大面积软组织缺损一例 [J]．中华显微外科杂志，2002，25（3）：80．{XIANG Wendong,CHEN Feng. Repair of large soft tissue defect of dorsal foot with reversed peroneal artery island flap:a case report[J]. Zhonghua Xian Wei Wai Ke Za Zhi[Chin J Microsurg(Article in Chinese;No abstract available)],2002,25(3):80.}

[11802] 李进，康皓，陈燕花，王发斌，洪光祥．小腿后部巨大腓动脉逆行皮瓣修复足部皮肤软组织缺损 [J]．中华显微外科杂志，2009，32（3）：184-186，插 2．DOI：10.3760/cma.j.issn.1001-2036.2009.03.004．{LI Jin,KANG Hao,CHEN Yanhua,WANG Fabin,HONG Guangxiang. Clinical study on repairing huge soft tissue defect in foot with a extensive reverse peroneal artery flap[J]. Zhonghua Xian Wei Wai Ke Za Zhi[Chin J Microsurg(Article in Chinese;Abstract in Chinese and English)],2009,32(3):184-186,insert 2. DOI:10.3760/cma.j.issn.1001-2036.2009.03.004.}

[11803] 赵来绪，张功林，杨军林，宋建强，周建华，薛钦义．逆行腓动脉岛状肌瓣转移修复足背大面积软组织缺损一例 [J]．中华显微外科杂志，2010，33（3）：226．DOI：10.3760/cma.j.issn.1001-2036.2010.03.021．{ZHAO Laixu,ZHANG Gonglin,YANG Junlin,SONG Jianqiang,ZHOU Jianhua,XUE Qinyi. Reverse peroneal artery island muscular flap for repair of large area soft tissue defect of dorsal foot:a case report[J]. Zhonghua Xian Wei Wai Ke Za Zhi[Chin J Microsurg(Article in Chinese;No abstract available)],2010,33(3):226. DOI:10.3760/cma.j.issn.1001-2036.2010.03.021.}

[11804] 吴春，谭莉，王正理，应建军，罗靖致．吻合血管的腓动脉远端蒂皮瓣修复小腿及足踝部大面积皮肤软组织缺损 [J]．中华显微外科杂志，2016，39（4）：412-413．DOI：10.3760/cma.j.issn.1001-2036.2016.04.033．{WU Chun,TAN Li,WANG Zhengli,YING Jianjun,LUO Jingzhi. Distal peroneal artery flap with vascular anastomosis for repair of large area skin and soft tissue defects of leg and ankle[J]. Zhonghua Xian Wei Wai Ke Za Zhi[Chin J Microsurg(Article in Chinese;No abstract available)],2016,39(4):412-413. DOI:10.3760/cma.j.issn.1001-2036.2016.04.033.}

[11805] 王新卫，张磊，万明才，陈江非．腓动脉蒂复合组织瓣逆行转位治疗跟骨骨髓炎骨与软组织缺损 [J]．中华创伤骨科杂志，2017，19（3）：256-260．DOI：10.3760/cma.j.issn.1671-7600.2017.03.013．{WANG Xinwei,ZHANG Lei,WANG Mingcai,CHEN Jiangfei. Retrograde transposition of composite tissue flap pedicled with peroneal artery to treat bone and soft tissue defects following calcaneal osteomyelitis[J]. Zhonghua Chuang Shang Gu Ke Za Zhi[Chin J Orthop Trauma(Article in Chinese;Abstract in Chinese and English)],2017,19(3):256-260. DOI:10.3760/cma.j.issn.1671-7600.2017.03.013.}

4.5.3.5.2 腓动脉穿支皮瓣

perforator flap of peroneal artery

[11806] Chang SM,Zhang F,Yu GR,Hou CL,Gu YD. Modified distally based peroneal artery perforator flap for reconstruction of foot and ankle[J]. Microsurgery, 2004,24(6):430-436. doi:10.1002/micr.20069.

[11807] Li F,Zeng B,Fan C,Chai Y,Ruan H,Cai P. Distally based extended peroneal artery septocutaneous perforator cross-bridge flap without microvascular anastomoses for reconstruction of contralateral leg and foot soft tissue defects[J]. J Reconstr Microsurg,2010,26(4):243-249. doi:10.1055/s-0030-1248232.

[11808] Cheng L,Yang X,Chen T,Li Z. Peroneal artery perforator flap for the treatment of chronic lower extremity wounds[J]. J Orthop Surg Res,2017,12(1):170. doi:10.1186/s13018-017-0675-z.

[11809] Deng C,Wu B,Wei Z,Li H,Zhang T,Wang D. Interperforator flow pattern and clinical application of distal extended peroneal artery perforator flaps[J]. Ann Plast Surg,2018,80(5):546-552. doi:10.1097/SAP.0000000000001290.

[11810] Xiao WA,Cao WL,Tian F,Tian LJ. Fasciocutaneous flap with perforating branches of peroneal artery repairing soft tissue loss in anterior and middle parts of children's feet:A STROBE-compliant article[J]. Medicine(Baltimore), 2018,97(31):e11351. doi:10.1097/MD.0000000000011351.

[11811] Hu C,Lian Y,Fan X,Sun Z. Treating foot injuries by grafting pedicled distal peroneal artery perforator flaps[J]. J Coll Physicians Surg Pak,2019,29(7):685-687. doi:10.29271/jcpsp.2019.07.685.

[11812] Peng P,Luo Z,Lv G,Ni J,Wei J,Dong Z. Distally based peroneal artery perforator-plus fasciocutaneous flap in the reconstruction of soft tissue defects over the distal forefoot:a retrospectively analyzed clinical trial[J]. J Orthop Surg Res,2020,15(1):487. doi:10.1186/s13018-020-02019-4.

[11813] 王树锋，曹文德，路培法，王明山，吕占辉，周忠水，纪荣喜，张克民．腓动脉穿支为蒂小腿远端骨皮瓣转位术 [J]．中华显微外科杂志，1997，20（2）：22-24．{WANG Shufeng,CAO Wende,LU Peifa,WANG Mingshan,LV Zhanhui,ZHOU Zhongshui,JI Rongxi,ZHANG Kemin. The transposition of distal crural osteo-cutaneous flap pedicled with the perforating branch of peroneal artery[J]. Zhonghua Xian Wei Wai Ke Za Zhi[Chin J Microsurg(Article in Chinese;Abstract in Chinese and English)],1997,20(2):22-24.}

[11814] 阮洪江，蔡培华，柴益民，范存义．腓动脉及穿支血管蒂皮瓣逆行转移修复足踝部软组织缺损 [J]．中华骨科杂志，2009，29（9）：873-876．DOI：10.3760/cma.j.issn.0253-2352.2009.09.015．{RUAN Hongjiang,CAI Peihua,CHAI Yimin,FAN Cunyi. The reverse extended peroneal artery perforator flap for soft tissue defects of the ankle and fool[J]. Zhonghua Gu Ke Za Zhi[Chin J Orthop(Article in Chinese;Abstract in Chinese and English)],2009,29(9):873-876. DOI:10.3760/cma.j.issn.0253-2352.2009.09.015.}

[11815] 黄永军，黄东，吴伟炽，张惠茹，黄国英．带皮神经的腓动脉穿支皮瓣的临床应用 [J]．中华显微外科杂志，2009，32（3）：225-226．DOI：10.3760/cma.j.issn.1001-2036.2009.03.020．{HUANG Yongjun,HUANG Dong,WU Weichi,ZHANG Huiru,HUANG Guoying. Clinical application of peroneal artery perforator flap with cutaneous nerve[J]. Zhonghua Xian Wei Wai Ke Za Zhi[Chin J Microsurg(Article in Chinese;Abstract in Chinese)],2009,32(3):225-226. DOI:10.3760/cma.j.issn.1001-2036.2009.03.020.}

[11816] 于胜军，付胜强，侯忠军，张至武，李京宁，王志龙，孙明．腓动脉穿支与跟外侧动脉双叶皮瓣修复手部皮肤缺损 [J]．中华显微外科杂志，2009，32（4）：309-310．DOI：10.3760/cma.j.issn.1001-2036.2009.04.019．{YU Shengjun,FU Shengqiang,HOU Zhongjun,ZHANG Zhiwu,LI Jingning,WANG Zhilong,SUN Ming. Bilobed peroneal artery perforator and lateral calcaneal artery flap repair of hand skin defect[J]. Zhonghua Xian Wei Wai Ke Za Zhi[Chin J Microsurg(Article in Chinese;Abstract in Chinese)],2009,32(4):309-310. DOI:10.3760/cma.j.issn.1001-2036.2009.04.019.}

[11817] 阮洪江，蔡培华，范存义，柴益民，刘生和．腓动脉及穿支血管蒂皮瓣移位修复膝关节周围软组织缺损 [J]．中国修复重建外科杂志，2009，23（3）：303-305．{RUAN Hongjiang,CAI Peihua,FAN Cunyi,CHAI Yimin,LIU Shenghe. Antegrade extended peroneal artery perforator flap for knee reconstruction[J]. Zhongguo Xiu Fu Chong Jian Wai Ke Za Zhi[Chin J Repar Reconstr Surg(Article in Chinese;Abstract in Chinese and English)],2009,23(3):303-305.}

[11818] 隋圣敏，肖红云，于胜军．游离移植腓动脉穿支双叶皮瓣修复手部皮肤缺损 [J]．中华手外科杂志，2010，26(1)：35．DOI：10.3760/cma.j.issn.1005-054X.2010.01.017．{SUI Shengmin,XIAO Hongyun,YU Shengjun. Free bilobed peroneal artery perforator flap for repair skin defect of hand[J]. Zhonghua Shou Wai Ke Za Zhi[Chin J Hand Surg(Article in Chinese;No abstract available)],2010,26(1):35. DOI:10.3760/cma.j.issn.1005-054X.2010.01.017.}

[11819] 李学渊，滕晓峰，黄剑，陈宏，章伟文，陈德松．游离腓动脉穿支筋膜瓣修复手部皮肤缺损 [J]．中华手外科杂志，2010，26（6）：357-359．{LI Xueyuan,TENG Xiaofeng,HUANG Jian,CHEN Hong,ZHANG Weiwen,CHEN Desong. Free adipofascial flap from peroneal perforator artery for repair of hand skin defects[J]. Zhonghua Shou Wai Ke Za Zhi[Chin J Hand Surg(Article in Chinese;Abstract in Chinese and English)],2010,26(6):357-359.}

[11820] 李匡文，唐举玉，刘昌雄，谢松林，刘鸣江，陶克奇．游离腓动脉穿支皮瓣的临床研究 [J]．中华显微外科杂志，2011，34(5)：403-405．DOI：10.3760/cma.j.issn.1001-2036.2011.05.018．{LI Kuangwen,TANG Juyu,LIU Changxiong,XIE Songlin,LIU Mingjiang,TAO Keqi. Clinical study of free peroneal artery perforator flap[J]. Zhonghua Xian Wei Wai Ke Za Zhi[Chin J Microsurg(Article in Chinese;Abstract in Chinese)],2011,34(5):403-405. DOI:10.3760/cma.j.issn.1001-2036.2011.05.018.}

[11821] 谭琪，刘光军，徐雪梅，王谦，高志刚，杨磊．非恒定蒂腓动脉链式穿支皮瓣修复足踝部皮肤缺损 19 例 [J]．中华创伤杂志，2011，27（12）：1106-1109．DOI：10.3760/cma.j.issn.1001-8050.2011.12.013．{TAN Qi,LIU Guangjun,XU Xuemei,WANG Qian,GAO Zhigang,YANG Lei. Clinical application of peroneal artery chain perforator flap with unsteady peduncle in repair of skin defect of ankle:a report of 19 cases[J]. Zhonghua Chuang Shang Za Zhi[Chin J Trauma(Article in Chinese;Abstract in Chinese and English)],2011,27(12):1106-1109. DOI:10.3760/cma.j.issn.1001-8050.2011.12.013.}

[11822] 智丰，王龙虎，梁高峰，刘重，石宇，张满盈，贾晶，吴勐，李涛，段超鹏，张朝，赵玲珑，滕云升．应用游离腓动脉穿支皮瓣修复手足软组织缺损 16 例 [J]．中华显微外科杂志，2012，35（5）：411-413．DOI：10.3760/cma.j.issn.1001-2036.2012.05.021．{ZHI Feng,WANG Longhu,LIANG Gaofeng,LIU Chong,SHI Yu,ZHANG Manying,JIA Jing,WU Meng,LI Tao,DUAN Chaopeng,ZHANG Chao,ZHAO Linglong,TENG Yunsheng. Application of free peroneal artery perforator flap for repair soft tissue defect of hand and foot in 16 cases[J]. Zhonghua Xian Wei Wai Ke Za Zhi[Chin J Microsurg(Article in Chinese;Abstract in Chinese)],2012,35(5):411-413. DOI:10.3760/cma.j.issn.1001-2036.2012.05.021.}

[11823] 梅良斌，徐永清，朱跃良，唐辉，王毅，何晓清．游离腓动脉穿支皮瓣修复手指皮肤缺损 [J]．中华创伤骨科杂志，2012，14（7）：634-635．DOI：10.3760/cma.j.issn.1671-7600.2012.07.019．{MEI Liangbin,XU Yongqing,ZHU Yueliang,TANG Hui,WANG Yi,HE Xiaoqing. Free peroneal artery perforator flap for repair of finger skin defect[J]. Zhonghua Chuang Shang Gu Ke Za Zhi[Chin J Orthop Trauma(Article in Chinese;Abstract in Chinese)],2012,14(7):634-635. DOI:10.3760/cma.j.issn.1671-7600.2012.07.019.}

[11824] 欧学海，许玉本，尚驰，杜小龙，朱建军，夏雷．游离腓动脉穿支皮瓣修复前足皮肤缺损 [J]．中华显微外科杂志，2013，36（5）：440-442．DOI：10.3760/cma.j.issn.1001-2036.2013.05.007．{OU Xuehai,XU Yuben,SHANG Chi,DU Xiaolong,ZHU Jianjun,XIA Lei. Reconstruction of front feet skin defects using the peroneal artery perforator-based propeller[J]. Zhonghua Xian Wei Wai Ke Za Zhi[Chin J Microsurg(Article in Chinese;Abstract in

Chinese and English)],2013,36(5):440-442. DOI:10.3760/cma.j.issn.1001-2036.2013.05.007.}

[11825] 丛海波，杜全红，隋海明，翟建国，丁英杰，余志平. 游离微型腓动脉穿支皮瓣修复前足皮肤缺损[J]. 中华显微外科杂志，2013，36（5）：496-498. DOI：10.3760/cma.j.issn.1001-2036.2013.05.026. {CONG Haibo,DU Quanhong,SUI Haiming,ZHAI Jianguo,DING Yingjie,YU Zhiping. Free mini peroneal artery perforator flap for repair of forefoot skin defect[J]. Zhonghua Xian Wei Wai Ke Za Zhi[Chin J Microsurg(Article in Chinese;Abstract in Chinese)],2013,36(5):496-498. DOI:10.3760/cma.j.issn.1001-2036.2013.05.026.}

[11826] 黎斌，徐长春，刘志强，旷志文，刘建，杨志贤. 游离腓动脉穿支串联皮瓣修复腕掌背皮肤缺损[J]. 中华手外科杂志，2013，29（2）：101-103. DOI：10.3760/cma.j.issn.1005-054X.2013.02.023. {LI Bin,XU Changchun,LIU Zhiqiang,KUANG Zhiwen,LIU Jian,YANG Zhixian. Peroneal artery perforator serial flaps for coverage of skin defects on the volar and dorsal aspects of the wrist[J]. Zhonghua Shou Wai Ke Za Zhi[Chin J Hand Surg(Article in Chinese;Abstract in Chinese and English)],2013,29(2):101-103. DOI:10.3760/cma.j.issn.1005-054X.2013.02.023.}

[11827] 董忠根，杨颖，魏建伟，刘立宏，郑磊，罗兆彪，倪江东，何爱咏. 腓动脉穿支筋膜蒂腓肠筋膜皮瓣联合腓骨短肌腱转位同期修复跟腱并皮肤缺损[J]. 中华创伤骨科杂志，2013，15（12）：1093-1095. DOI：10.3760/cma.j.issn.1671-7600.2013.12.019. {DONG Zhonggen,YANG Ying,WEI Jianwei,LIU Lihong,ZHENG Lei,LUO Zhaobiao,NI Jiangdong,HE Aiyong. Sural fasciocutaneous flap pedicled with peroneal artery perforator combined with peroneal short tendon transposition for simultaneous repair of Achilles tendon and skin defect[J]. Zhonghua Chuang Shang Gu Ke Za Zhi[Chin J Orthop Trauma(Article in Chinese;Abstract in Chinese)],2013,15(12):1093-1095. DOI:10.3760/cma.j.issn.1671-7600.2013.12.019.}

[11828] 雷林革，何如祥，程鹏，张建磊，祁多宝. 游离腓动脉穿支皮瓣修复前足皮肤缺损[J]. 中国骨伤，2013，26（8）：634-636. DOI：10.3969/j.issn.1003-0034.2013.08.005. {LEI Linge,HE Ruxiang,CHENG Peng,ZHANG Jianlei,QI Duobao. Free perforating flap of peroneal artery for repairing the forefoot skin defects[J]. Zhongguo Gu Shang[China J Orthop Trauma(Article in Chinese;Abstract in Chinese and English)],2013,26(8):634-636. DOI:10.3969/j.issn.1003-0034.2013.08.005.}

[11829] 唐美洪，饶正伟，杨鹏，翟睿. 腓动脉穿支蒂顺行皮瓣修复小腿中上段骨及钢板外露软组织缺损[J]. 临床骨科杂志，2013，16（3）：318-320. DOI：10.3969/j.issn.1008-0287.2013.03.030. {TANG Meihong,RAO Zhengwei,YANG Peng,ZHAI Rui. Application of perforating branches of peroneal artery pedicle antegrade flap to repair upper calf bone and soft tissue defect with plate exposure[J]. Lin Chuang Gu Ke Za Zhi[J Clin Orthop(Article in Chinese;Abstract in Chinese and English)],2013,16(3):318-320. DOI:10.3969/j.issn.1008-0287.2013.03.030.}

[11830] 黄国英，牛国庆，黄东，张惠茹，吴伟炽，黄永军. 游离腓动脉穿支皮瓣修复手部皮肤软组织缺损[J]. 实用手外科杂志，2013，27（3）：321-323. DOI：10.3969/j.issn.1671-2722.2013.03.006. {HUANG Guoying,NIU Guoqing,HUANG Dong,ZHANG Huiru,WU Weichi,HUANG Yongjun. Free peroneal artery perforators flap to repair soft tissue defect of hand skin[J]. Shi Yong Shou Wai Ke Za Zhi[Chin J Pract Hand Surg(Article in Chinese;Abstract in Chinese and English)],2013,27(3):321-323. DOI:10.3969/j.issn.1671-2722.2013.03.006.}

[11831] 古汉南，张子清，古小玲，李木卫，陈瑶，杨延军，马立峰. 踇甲瓣移植术后腓动脉穿支皮瓣修复供区组织缺损[J]. 中华显微外科杂志，2014，37（1）：14-16. DOI：10.3760/cma.j.issn.1001-2036.2014.01.005. {GU Hannan,ZHANG Ziqing,GU Xiaoling,LI Muwei,CHEN Yao,YANG Yanjun,MA Lifeng. Repairing donor site after harvested of wrap-around flap of toe by peroneal artery perforator flap[J]. Zhonghua Xian Wei Wai Ke Za Zhi[Chin J Microsurg(Article in Chinese;Abstract in Chinese and English)],2014,37(1):14-16. DOI:10.3760/cma.j.issn.1001-2036.2014.01.005.}

[11832] 官士兵，寇伟，许兰伟，赵雁. 腓动脉穿支皮瓣游离移植修复前足创面的临床应用[J]. 中华显微外科杂志，2014，37（4）：356-359. DOI：10.3760/cma.j.issn.1001-2036.2014.04.010. {GUAN Shibing,KOU Wei,XU Lanwei,ZHAO Yan. Clinical application of free peroneal artery perforator flap transplantation for forefoot defects reparation[J]. Zhonghua Xian Wei Wai Ke Za Zhi[Chin J Microsurg(Article in Chinese;Abstract in Chinese and English)],2014,37(4):356-359. DOI:10.3760/cma.j.issn.1001-2036.2014.04.010.}

[11833] 许庆家，朱磊，林尊文，王俊涛，林俊豪，丁自海. 游离腓动脉穿支皮瓣在四肢软组织缺损修复中的应用[J]. 中华显微外科杂志，2014，37（4）：413-414. DOI：10.3760/cma.j.issn.1001-2036.2014.04.034. {XU Qingjia,ZHU Lei,LIN Zunwen,WANG Juntao,LIN Junhao,DING Zihai. Application of free peroneal artery perforator flap for repair of soft tissue defect of extremities[J]. Zhonghua Xian Wei Wai Ke Za Zhi[Chin J Microsurg(Article in Chinese;No abstract available)],2014,37(4):413-414. DOI:10.3760/cma.j.issn.1001-2036.2014.04.034.}

[11834] 李涛，陈振兵，丛晓斌，艾方兴，周攀，王锟，洪光祥. "T形"血管吻合的腓动脉穿支皮瓣移植的临床应用[J]. 中华显微外科杂志，2014，37（5）：486-488. DOI：10.3760/cma.j.issn.1001-2036.2014.05.019. {LI Tao,CHEN Zhenbing,CONG Xiaobin,AI Fangxing,ZHOU Pan,WANG Kun,HONG Guangxiang. Clinical application of peroneal artery perforator flap with T-shaped vascular anastomosis[J]. Zhonghua Xian Wei Wai Ke Za Zhi[Chin J Microsurg(Article in Chinese;Abstract in Chinese)],2014,37(5):486-488. DOI:10.3760/cma.j.issn.1001-2036.2014.05.019.}

[11835] 周立峰，李高建，周琴琴，黄伟，周珊珊，周媛媛. 游离腓动脉穿支皮瓣修复足背皮肤软组织缺损八例[J]. 中华显微外科杂志，2014，37（6）：623-624. DOI：10.3760/cma.j.issn.1001-2036.2014.06.036. {ZHOU Lifeng,LI Gaojian,ZHOU Qinqin,HUANG Wei,ZHOU Shanshan,ZHOU Yuanyuan. Free peroneal artery perforator flap for repairing skin and soft tissue defect of dorsal foot in eight cases[J]. Zhonghua Xian Wei Wai Ke Za Zhi[Chin J Microsurg(Article in Chinese;No abstract available)],2014,37(6):623-624. DOI:10.3760/cma.j.issn.1001-2036.2014.06.036.}

[11836] 梁高峰，智丰，张满盈，段超鹏，滕云升，郭永明，董俊文，文波，向胜涛. 吻合浅静脉的游离腓动脉穿支皮瓣修复手部软组织缺损[J]. 中华手外科杂志，2014，30（1）：74-75. {LIANG Gaofeng,ZHI Feng,ZHANG Manying,DUAN Chaopeng,TENG Yunsheng,GUO Yongming,DONG Junwen,WEN Bo,XIANG Shengtao. Repair of soft tissue defect of hand with free peroneal artery perforator flap anastomosed with superficial vein[J]. Zhonghua Shou Wai Ke Za Zhi[Chin J Hand Surg(Article in Chinese;No abstract available)],2014,30(1):74-75.}

[11837] 董凯旋，徐永清，范新宇，王毅，何晓清，徐龙江，苏锡雄，龙海，许立奇，陈雪松. 游离腓动脉穿支皮瓣修复手部软组织缺损[J]. 中华创伤骨科杂志，2014，16（10）：853-857. DOI：10.3760/cma.j.issn.1671-7600.2014.10.006. {DONG Kaixuan,XU Yongqing,FAN Xinyu,WANG Yi,HE Xiaoqing,XU Longjiang,SU Xixiong,LONG Hai,XU Liqi,CHEN Xuesong. Free peroneal artery perforator flap for coverage of hand soft tissue defects[J]. Zhonghua Chuang Shang Gu Ke Za Zhi[Chin J Orthop Trauma(Article in Chinese;Abstract in Chinese and English)],2014,16(10):853-857. DOI:10.3760/cma.j.issn.1671-7600.2014.10.006.}

[11838] 陈雪松，徐永清，陈建明，马志显，吉丽，管力，张黎明，余晓军，何金顺. 腓动脉穿支皮瓣的血流动力学变化及其临床意义[J]. 中华创伤杂志，2014，30（11）：1093-1096. DOI：10.3760/cma.j.issn.1001-8050.2014.11.008. {CHEN Xuesong,XU Yongqing,CHEN Jianming,MA Zhixian,JI Li,GUAN Li,ZHANG Liming,YU Xiaojun,HE Jinshun,LI Xiaosong. Hemodynamic changes of peroneal perforator flaps and their clinical significance[J]. Zhonghua Chuang Shang Za Zhi[Chin J Trauma(Article in Chinese;Abstract in Chinese and English)],2014,30(11):1093-1096. DOI:10.3760/cma.j.issn.1001-8050.2014.11.008.}

[11839] 董凯旋，徐永清，范新宇. 腓动脉穿支皮瓣的临床研究进展[J]. 临床骨科杂志，2014，17（2）：227-230. DOI：10.3969/j.issn.1008-0287.2014.02.051. {DONG Kaixuan,XU Yongqing,FAN Xinyu. Progress in clinical studies of the peroneal artery perforator flap[J]. Lin Chuang Gu Ke Za Zhi[J Clin Orthop(Article in Chinese;No abstract available)],2014,17(2):227-230. DOI:10.3969/j.issn.1008-0287.2014.02.051.}

[11840] 黄国英，黄东，张惠茹，吴伟炽，余超群. 趾腓侧皮瓣与腓动脉穿支皮瓣修复手部缺损疗效比较[J]. 实用手外科杂志，2014，28（4）：383-385，455. DOI：10.3969/j.issn.1671-2722.2014.04.011. {HUANG Guoying,HUANG Dong,ZHANG Huiru,WU Weichi,YU Chaoqun. The effect comparison between fibular side flap of great toe and peroneal artery perforator flap to repair soft tissue defect[J]. Shi Yong Shou Wai Ke Za Zhi[Chin J Pract Hand Surg(Article in Chinese;Abstract in Chinese and English)],2014,28(4):383-385,455. DOI:10.3969/j.issn.1671-2722.2014.04.011.}

[11841] 徐立伟，臧成五. 游离腓动脉穿支皮瓣在足部软组织缺损中的应用[J]. 中华显微外科杂志，2015，38（3）：300-301. DOI：10.3760/cma.j.issn.1001-2036.2015.03.029. {XU Liwei,ZANG Chengwu. Application of free peroneal artery perforator flap for repair of soft tissue defect of foot[J]. Zhonghua Xian Wei Wai Ke Za Zhi[Chin J Microsurg(Article in Chinese;Abstract in Chinese)],2015,38(3):300-301. DOI:10.3760/cma.j.issn.1001-2036.2015.03.029.}

[11842] 董凯旋，朱跃良，徐永清，范新宇，何晓清，徐晓燕，徐龙江，孟云，张朝晖. 微型游离腓动脉穿支皮瓣修复手指软组织缺损八例[J]. 中华显微外科杂志，2015，38（6）：584-586. DOI：10.3760/cma.j.issn.1001-2036.2015.06.016. {DONG Kaixuan,ZHU Yueliang,XU Yongqing,FAN Xinyu,HE Xiaoqing,XU Xiaoyan,XU Longjiang,MENG Yun,ZHANG Chaohui. Mini free peroneal artery perforator flap for repair of soft tissue defect of fingers in eight cases[J]. Zhonghua Xian Wei Wai Ke Za Zhi[Chin J Microsurg(Article in Chinese;Abstract in Chinese)],2015,38(6):584-586. DOI:10.3760/cma.j.issn.1001-2036.2015.06.016.}

[11843] 刘井达，李大村，李海雷，李建峰，赵民，赵亮，王小磊，张文桐，崔健礼. 游离腓动脉穿支微型皮瓣修复手指皮肤缺损[J]. 中华手外科杂志，2015，31（4）：317-318. {LIU Jingda,LI Dacun,LI Hailei,LI Jianfeng,ZHAO Min,ZHAO Liang,WANG Xiaolei,ZHANG Wentong,CUI Jianli. Mini free peroneal artery perforator flap for repair of finger skin defect[J]. Zhonghua Shou Wai Ke Za Zhi[Chin J Hand Surg(Article in Chinese;No abstract available)],2015,31(4):317-318.}

[11844] 刘勇，康彦忠，李文龙，兰天亮，赵春成，刘刚义. 游离腓动脉穿支皮瓣修复手足软组织缺损[J]. 中华创伤骨科杂志，2015，17（7）：579-583. DOI：10.3760/cma.j.issn.1671-7600.2015.07.006. {LIU Yong,KANG Yanzhong,LI Wenlong,LAN Tianliang,ZHAO Chuncheng,LIU Gangyi. Free flap pedicled with peroneal artery perforator to repair soft tissue defects at hands and feet[J]. Zhonghua Chuang Shang Gu Ke Za Zhi[Chin J Orthop Trauma(Article in Chinese;Abstract in Chinese and English)],2015,17(7):579-583. DOI:10.3760/cma.j.issn.1671-7600.2015.07.006.}

[11845] 田林，傅德皓，阮圣辛，石峰. 腓动脉穿支皮瓣带蒂转移治疗足跟部感染性软组织缺损[J]. 中国骨与关节杂志，2015，4（12）：931-934. DOI：10.3969/j.issn.2095-252X.2015.12.007. {TIAN Lin,FU Dehao,RUAN Shengxin,SHI Feng. Treatment of infected soft tissue defects in the heel by pedicled transfer of peroneal artery perforator flap[J]. Zhongguo Gu Yu Guan Jie Za Zhi[Chin J Bone Joint(Article in Chinese;Abstract in Chinese and English)],2015,4(12):931-934. DOI:10.3969/j.issn.2095-252X.2015.12.007.}

[11846] 祝李霖，梁力，黄东，吴伟炽. 游离腓动脉穿支皮瓣修复手部皮肤缺损[J]. 实用手外科杂志，2015，29（4）：354-355，368. DOI：10.3969/j.issn.1671-2722.2015.04.003. {ZHU Lilin,LIANG Li,HUANG Dong,WU Weichi. Free peroneal artery perforator flap for repairing skin defect of hand[J]. Shi Yong Shou Wai Ke Za Zhi[Chin J Pract Hand Surg(Article in Chinese;Abstract in Chinese and English)],2015,29(4):354-355,368. DOI:10.3969/j.issn.1671-2722.2015.04.003.}

[11847] 汤样华，曾林如，辛大伟，岳振双，胡中青，徐灿达. 游离腓动脉穿支皮瓣修复老年患者前足软组织缺损[J]. 中华显微外科杂志，2016，39（4）：344-347. DOI：10.3760/cma.j.issn.1001-2036.2016.04.009. {TANG Yanghua,ZENG Linru,XIN Dawei,YUE Zhenshuang,HU Zhongqing,XU Canda. Repair of forefoot soft tissue defects with free peroneal artery perforator flap in elderly patients[J]. Zhonghua Xian Wei Wai Ke Za Zhi[Chin J Microsurg(Article in Chinese;Abstract in Chinese and English)],2016,39(4):344-347. DOI:10.3760/cma.j.issn.1001-2036.2016.04.009.}

[11848] 吕荼，李子华，黄若强. 腓动脉穿支接力皮瓣修复手足部创面的疗效[J]. 中国矫形外科杂志，2016，24（20）：1859-1863. DOI：10.3977/j.issn.1005-8478.2016.20.08. {LV Tu,LI Zihua,HUANG Ruoqiang. Clinical efficacy of peroneal artery perforator flap for repairing wounds of the hand and foot[J]. Zhongguo Jiao Xing Wai Ke Za Zhi[Orthop J China(Article in Chinese;Abstract in Chinese and English)],2016,24(20):1859-1863. DOI:10.3977/j.issn.1005-8478.2016.20.08.}

[11849] 王璋斌，董忠根，武文臣，刘立宏，魏建伟，罗顺红. 儿童与成人腓动脉穿支筋膜蒂皮瓣修复小腿不同部位皮肤软组织缺损的疗效比较[J]. 中华创伤杂志，2016，32（9）：823-828. DOI：10.3760/cma.j.issn.1001-8050.2016.09.012. {WANG Zhangbin,DONG Zhonggen,WU Wenchen,LIU Lihong,WEI Jianwei,LUO Shunhong. Distally based perforator-plus sural fasciocutaneous flap for repair of lower leg soft-tissue defects in pediatrics and adults[J]. Zhonghua Chuang Shang Za Zhi[Chin J Trauma(Article in Chinese;Abstract in Chinese and English)],2016,32(9):823-828. DOI:10.3760/cma.j.issn.1001-8050.2016.09.012.}

[11850] 聂开瑜，魏在荣，金文虎，陈伟，邓呈亮，孙广峰，唐修俊，王波，王达利. 携带腓肠外侧皮神经的游离腓动脉穿支皮瓣修复足前部软组织缺损[J]. 中华创伤杂志，2016，32（12）：1108-1110. DOI：10.3760/cma.j.issn.1001-8050.2016.12.012. {NIE Kaiyu,WEI Zairong,JIN Wenhu,CHEN Wei,DENG Chengliang,SUN Guangfeng,TANG Xiujun,WANG Bo,WANG Dali. Free peroneal artery perforator flap with lateral sural cutaneous nerve for repair of soft tissue defects in the anterior part of foot[J]. Zhonghua Chuang Shang Za Zhi[Chin J Trauma(Article in Chinese;No abstract available)],2016,32(12):1108-1110. DOI:10.3760/cma.j.issn.1001-8050.2016.12.012.}

[11851] 胡长青，郭淑芹，连勇，陆芳，张欣，白晓亮，刘智伟，蒋美超，王杰，杨朔，张红新. 高位旋转点的腓动脉穿支蒂皮瓣修复跟骨骨折术后钢板外露[J]. 中华解剖与临床杂志，2016，21（3）：258-260. DOI：10.3760/cma.j.issn.2095-7041.2016.03.017. {HU Changqing,GUO Shuqin,LIAN Yong,LU Fang,ZHANG Xin,BAI Xiaoliang,LIU Zhiwei,JIANG Meichao,WANG Jie,YANG Shuo,ZHANG Hongxin. Repairing the plate exposure after calcaneus fracture using peroneal artery perforators pedicle skin flap rotated from a higher point[J]. Zhonghua Jie Pou Yu Lin Chuang Za Zhi[Chin J Anat Clin(Article in Chinese;Abstract in Chinese and English)],2016,21(3):258-260. DOI:10.3760/cma.j.issn.2095-7041.2016.03.017.}

[11852] 杨光，张为众，李立森，杨晓华，张乐，王斌. 游离腓动脉穿支皮瓣在手足部皮肤缺损修复中的应用[J]. 实用手外科杂志，2016，30（1）：18-19，61. DOI：10.3969/j.issn.1671-2722.2016.01.007. {YANG Guang,ZHANG Weizhong,LI Lisen,YANG Xiaohua,ZHANG Le,WANG Bin. Reconstruction of hand and foot defects using the free peroneal artery perforator flaps[J]. Shi Yong Shou Wai Ke Za Zhi[Chin J Pract Hand Surg(Article in Chinese;Abstract in Chinese and English)],2016,30(1):18-19,61. DOI:10.3969/j.issn.1671-2722.2016.01.007.}

[11853] 向生稳，顾加祥，刘宏君，张乃臣，张文忠. 游离腓动脉穿支皮瓣修复手足部软组织缺损的疗效观察[J]. 实用手外科杂志，2016，30（2）：147-148，151. DOI：10.3969/

j.issn.1671-2722.2016.02.006. {XIANG Shengwen,GU Jiaxiang,LIU Hongjun,ZHANG Naichen,ZHANG Wenzhong. Curative effect observation of free peroneal artery perforator flap to repair the soft tissue defect of feet and hands[J]. Shi Yong Shou Wai Ke Za Zhi[Chin J Pract Hand Surg(Article in Chinese;Abstract in Chinese and English)],2016,30(2):147-148,151. DOI:10.3969/j.issn.1671-2722.2016.02.006.}

[11854] 谢水安，王生钰，杨隆，徐如彬，孙世伟，袁俊. 腓动脉穿支皮瓣逆行修复足跟部皮肤软组织缺损20例[J]. 实用手外科杂志，2016，30(2)：206-207. DOI：10.3969/j.issn.1671-2722.2016.02.029. {XIE Shuian,WANG Shengyu,YANG Long,XU Rubin,SUN Shiwei,YUAN Jun. A Clinical Study:curing parenchyma defect of heel by byretrograde fibular artery perforator branch flaps[J]. Shi Yong Shou Wai Ke Za Zhi[Chin J Pract Hand Surg(Article in Chinese;Abstract in Chinese and English)],2016,30(2):206-207. DOI:10.3969/j.issn.1671-2722.2016.02.029.}

[11855] 蔡波，赵国红，谢振军，邓名山，王波，丁红龙. 游离腓动脉穿支皮瓣在四肢小面积皮肤缺损中的应用[J]. 实用手外科杂志，2016，30(3)：316-317，320. DOI：10.3969/j.issn.1671-2722.2016.03.023. {CAI Bo,ZHAO Guohong,XIE Zhenjun,DENG Mingshan,WANG Bo,DING Honglong. Application of free peroneal artery perforator flap in the treatment of small area skin defects in extremities[J]. Shi Yong Shou Wai Ke Za Zhi[Chin J Pract Hand Surg(Article in Chinese;Abstract in Chinese and English)],2016,30(3):316-317,320. DOI:10.3969/j.issn.1671-2722.2016.03.023.}

[11856] 梁献丹，王雨露，周浩，严威，朱玉辉. 游离腓动脉穿支皮瓣修复前足创面的临床体会[J]. 实用手外科杂志，2016，30(3)：333-334. DOI：10.3969/j.issn.1671-2722.2016.03.030. {LIANG Xiandan,WANG Yulu,ZHOU Hao,YAN Wei,ZHU Yuhui. The clinical experience of repairing forefoot wound with perforator flap of free peroneal artery[J]. Shi Yong Shou Wai Ke Za Zhi[Chin J Pract Hand Surg(Article in Chinese;Abstract in Chinese and English)],2016,30(3):333-334. DOI:10.3969/j.issn.1671-2722.2016.03.030.}

[11857] 张志凌，孙圣亮，赵刚，王剑利. 腓动脉穿支皮瓣移植修复手部缺损[J]. 实用手外科杂志，2016，30(4)：459-461. DOI：10.3969/j.issn.1671-2722.2016.04.028. {ZHANG Zhiling,SUN Shengliang,ZHAO Gang,WANG Jianli. Peroneal artery perforator flap in repairment of hand defect[J]. Shi Yong Shou Wai Ke Za Zhi[Chin J Pract Hand Surg(Article in Chinese;Abstract in Chinese and English)],2016,30(4):459-461. DOI:10.3969/j.issn.1671-2722.2016.04.028.}

[11858] 林立国，郑良军，周细作. 应用腓动脉穿支皮瓣修复足踝部皮肤软组织缺损21例[J]. 中华显微外科杂志，2017，40(2)：174-175. DOI：10.3760/cma.j.issn.1001-2036.2017.02.018. {LIN Liguo,ZHENG Liangjun,ZHOU Xizuo. Application of peroneal artery perforator flap for repair of skin and soft tissue defects of foot and ankle in 21 cases[J]. Zhonghua Xian Wei Wai Ke Za Zhi[Chin J Microsurg(Article in Chinese;Abstract in Chinese)],2017,40(2):174-175. DOI:10.3760/cma.j.issn.1001-2036.2017.02.018.}

[11859] 彭剑飞，贾献磊，黄永军，李敬矿，钟振东，韩春梅，王光耀. 应用腓动脉穿支皮瓣修复足踝部软组织缺损37例[J]. 中华显微外科杂志，2017，40(3)：281-283. DOI：10.3760/cma.j.issn.1001-2036.2017.03.022. {PENG Jianfei,JIA Xianlei,HUANG Yongjun,LI Jingkuang,ZHONG Zhendong,HAN Chunmei,WANG Guangyao. Application of peroneal artery perforator flap for repair of soft tissue defect of foot and ankle in 37 cases[J]. Zhonghua Xian Wei Wai Ke Za Zhi[Chin J Microsurg(Article in Chinese;Abstract in Chinese)],2017,40(3):281-283. DOI:10.3760/cma.j.issn.1001-2036.2017.03.022.}

[11860] 宋杰，杨胜相，周文升，姚伟. 腓动脉穿支皮瓣修复足踝部皮肤缺损的临床应用[J]. 中华显微外科杂志，2017，40(3)：307-308. DOI：10.3760/cma.j.issn.1001-2036.2017.03.033. {SONG Jie,YANG Shengxiang,ZHOU Wensheng,YAO Wei. Clinical application of peroneal artery perforator flap in repair of skin defect of foot and ankle[J]. Zhonghua Xian Wei Wai Ke Za Zhi[Chin J Microsurg(Article in Chinese;No abstract available)],2017,40(3):307-308. DOI:10.3760/cma.j.issn.1001-2036.2017.03.033.}

[11861] 吴志林，陈长松，张杰，陈洋，吴澄斌，李蕾，郑怀远. 游离微型腓动脉穿支皮瓣修复15例手足皮肤软组织缺损[J]. 中华显微外科杂志，2017，40(4)：385-387. DOI：10.3760/cma.j.issn.1001-2036.2017.04.022. {WU Zhilin,CHEN Changsong,ZHANG Jie,CHEN Yang,WU Chengbin,LI Lei,ZHENG Huaiyuan. Free mini peroneal artery perforator flap for repair of skin and soft tissue defects in 15 cases[J]. Zhonghua Xian Wei Wai Ke Za Zhi[Chin J Microsurg(Article in Chinese;Abstract in Chinese)],2017,40(4):385-387. DOI:10.3760/cma.j.issn.1001-2036.2017.04.022.}

[11862] 胡朝波，邱勋永，林晶，陈雅君，范小军，陈祖旺，王阳，陈元义，黄宗清，梁程. 腓动脉穿支皮瓣游离移植修复前足皮肤缺损13例[J]. 中华显微外科杂志，2017，40(5)：486-488. DOI：10.3760/cma.j.issn.1001-2036.2017.05.019. {HU Chaobo,QIU Xunyong,LIN Jing,CHEN Yajun,FAN Xiaojun,CHEN Zuwang,WANG Yang,CHEN Yuanyi,HUANG Zongqing,LIANG Cheng. Free peroneal artery perforator flap for repair of forefoot skin defect in 13 cases[J]. Zhonghua Xian Wei Wai Ke Za Zhi[Chin J Microsurg(Article in Chinese;Abstract in Chinese)],2017,40(5):486-488. DOI:10.3760/cma.j.issn.1001-2036.2017.05.019.}

[11863] 黄跟东，李虎，邓葵，朱家平，琚珉. 游离腓动脉穿支皮瓣修复手足部皮肤软组织缺损的临床应用[J]. 中华手外科杂志，2017，33(5)：391-392. {HUANG Gendong,LI Hu,DENG Kui,ZHU Jiaping,JU Min. Clinical application of free peroneal artery perforator flap for repair of skin and soft tissue defects of hands and feet[J]. Zhonghua Shou Wai Ke Za Zhi[Chin J Hand Surg(Article in Chinese;Abstract in Chinese)],2017,33(5):391-392.}

[11864] 陈雪松，徐永清，杨黎，张黎明，何金顺，余晓军，马志显，李小松，吉丽，王晓凤. 超薄游离腓动脉穿支皮瓣携带神经营养血管皮瓣修复手、足皮肤软组织缺损[J]. 中华创伤杂志，2017，33(4)：355-361. DOI：10.3760/cma.j.issn.1001-8050.2017.04.014. {CHEN Xuesong,XU Yongqing,YANG Li,ZHANG Liming,HE Jinshun,YU Xiaojun,MA Zhixian,LI Xiaosong,JI Li,WANG Xiaofeng. Free super-thin peroneal artery perforator flap containing neurovascular axis for coverage of hand or foot tissue defects[J]. Zhonghua Chuang Shang Za Zhi[Chin J Trauma(Article in Chinese;Abstract in Chinese and English)],2017,33(4):355-361. DOI:10.3760/cma.j.issn.1001-8050.2017.04.014.}

[11865] 李海，张程，邓呈亮，唐修俊，聂开瑜，魏在荣. 腓动脉中低位穿支皮瓣带蒂转移修复足踝部皮肤软组织缺损的临床效果[J]. 中华烧伤杂志，2017，33(10)：607-610. DOI：10.3760/cma.j.issn.1009-2587.2017.10.004. {LI Hai,ZHANG Cheng,DENG Chengliang,TANG Xiujun,NIE Kaiyu,WEI Zairong. Clinical effects of middle and low peroneal artery perforator flap with pedicle on repairing skin and soft tissue defects of ankle[J]. Zhonghua Shao Shang Za Zhi[Chin J Burns(Article in Chinese;Abstract in Chinese and English)],2017,33(10):607-610. DOI:10.3760/cma.j.issn.1009-2587.2017.10.004.}

[11866] 张海清，余志平，丛海波，王晓科，丁英杰，于晓峰. 游离腓动脉穿支皮瓣修复手部软组织缺损[J]. 实用手外科杂志，2017，31(1)：16-18. DOI：10.3969/j.issn.1671-2722.2017.01.004. {ZHANG Haiqing,YU Zhiping,CONG Haibo,WANG Xiaoke,DING Yingjie,YU Xiaofeng. Freeing peroneal artery perforators flap to repair soft tissue defect of hand[J]. Shi Yong Shou Wai Ke Za Zhi[Chin J Pract Hand Surg(Article in Chinese;Abstract in Chinese and English)],2017,31(1):16-18. DOI:10.3969/j.issn.1671-2722.2017.01.004.}

[11867] 苗平，张秀秀，王瑞，夏既柏，严纪辉，葛华平. 腓动脉穿支皮瓣在手部皮肤软组织缺损中的应用[J]. 实用手外科杂志，2017，31(2)：171-173. DOI：10.3969/j.issn.1671-2722.2017.02.012. {MIAO Ping,ZHANG Xiuxiu,WANG Rui,XIA Jibo,YAN Jihui,GE Huaping. Repair of the hand soft-tissue defects with peroneal perforator flaps[J]. Shi Yong Shou Wai Ke Za Zhi[Chin J Pract Hand Surg(Article in Chinese;Abstract in Chinese and English)],2017,31(2):171-173. DOI:10.3969/j.issn.1671-2722.2017.02.012.}

[11868] 邓葵，黄跟东，陈明，陈江伟，林尊文，戴闽. 腓动脉穿支皮瓣修复儿童足跟部严重轮辐伤[J]. 中华显微外科杂志，2018，41(2)：145-147. DOI：10.3760/cma.j.issn.1001-2036.2018.02.011. {DENG Kui,HUANG Gendong,CHEN Ming,CHEN Jiangwei,LIN Zunwen,DAI Min. The peroneal artery perforator flap for the reconstruction of serious heel spoke injuries in children[J]. Zhonghua Xian Wei Wai Ke Za Zhi[Chin J Microsurg(Article in Chinese;Abstract in Chinese and English)],2018,41(2):145-147. DOI:10.3760/cma.j.issn.1001-2036.2018.02.011.}

[11869] 王本亮，魏小龙，李振，满在成. 腓动脉穿支皮瓣修复足背部创面23例[J]. 中华显微外科杂志，2018，41(6)：573-574. DOI：10.3760/cma.j.issn.1001-2036.2018.06.013. {WANG Benliang,WEI Xiaolong,LI Zhen,MAN Zaicheng. Peroneal artery perforator flap for repair of wounds on the back of foot in 23 cases[J]. Zhonghua Xian Wei Wai Ke Za Zhi[Chin J Microsurg(Article in Chinese;Abstract in Chinese)],2018,41(6):573-574. DOI:10.3760/cma.j.issn.1001-2036.2018.06.013.}

[11870] 金文虎，常树森，魏在荣，李海，周健，陈伟，孙广峰，唐修俊，王波. 接力逆行腓动脉穿支皮瓣修复足踝部及共瓣区皮肤软组织缺损[J]. 中华创伤杂志，2018，34(7)：624-629. DOI：10.3760/cma.j.issn.1001-8050.2018.07.010. {JIN Wenhu,CHANG Shusen,WEI Zairong,LI Hai,ZHOU Jian,CHEN Wei,SUN Guangfeng,TANG Xiujun,WANG Bo. Repair of skin and soft tissue defects at ankle and donor site with relaying reversed peroneal artery perforator flaps[J]. Zhonghua Chuang Shang Za Zhi[Chin J Trauma(Article in Chinese;Abstract in Chinese and English)],2018,34(7):624-629. DOI:10.3760/cma.j.issn.1001-8050.2018.07.010.}

[11871] 王耀军，任忠亮，薛佳杰，郭雷，高登文，郝青晔，高富成，杨洁. 腓动脉穿支接力皮瓣修复胫前中下段及供瓣区皮肤软组织缺损[J]. 中华整形外科杂志，2018，34(12)：1005-1009. DOI：10.3760/cma.j.issn.1009-4598.2018.12.005. {WANG Yaojun,REN Zhongliang,XUE Jiajie,GUO Lei,GAO Dengwen,HAO Qingye,GAO Fucheng,YANG Jie. Relaying peroneal artery perforator flap for coverage of anterior middle and lower tibia and donorsite defects[J]. Zhonghua Zheng Xing Wai Ke Za Zhi[Chin J Plast Surg(Article in Chinese;Abstract in Chinese and English)],2018,34(12):1005-1009. DOI:10.3760/cma.j.issn.1009-4598.2018.12.005.}

[11872] 胡雷鸣，欧学海，魏登科，李晓旭. 应用游离腓动脉穿支皮瓣修复足部小面积感染性溃疡创面[J]. 中华显微外科杂志，2019，42(3)：246-249. DOI：10.3760/cma.j.issn.1001-2036.2019.03.009. {HU Leiming,OU Xuehai,WEI Dengke,LI Xiaoxu. Repair of infective foot ulcer of small area with free peroneal artery perforator flap[J]. Zhonghua Xian Wei Wai Ke Za Zhi[Chin J Microsurg(Article in Chinese;Abstract in Chinese and English)],2019,42(3):246-249. DOI:10.3760/cma.j.issn.1001-2036.2019.03.009.}

[11873] 董顺利，李建成，宋培军，杨东昆，胡恺，陈默. 腓动脉穿支皮瓣在上颌恶性肿瘤切除后重建组织缺损的临床应用[J]. 中华显微外科杂志，2019，42(4)：354-359. DOI：10.3760/cma.j.issn.1001-2036.2019.04.010. {DONG Shunli,LI Jiancheng,SONG Peijun,YANG Dongkun,HU Kai,CHEN Mo. The clinical application of the peroneal artery perforator flap in the reconstruction of tissue defect in maxillary malignant tumor resection[J]. Zhonghua Xian Wei Wai Ke Za Zhi[Chin J Microsurg(Article in Chinese;Abstract in Chinese and English)],2019,42(4):354-359. DOI:10.3760/cma.j.issn.1001-2036.2019.04.010.}

[11874] 陈广先，李统，余航，王伟，张宁，宿晓雷，王鸿飞，赵建勇. 带皮神经及浅静脉的腓动脉穿支皮瓣修复手部皮肤软组织缺损[J]. 中华手外科杂志，2019，35(6)：474-475. DOI：10.3760/cma.j.issn.1005-054X.2019.06.030. {CHEN Guangxian,LI Tong,YU Hang,WANG Wei,ZHANG Ning,SU Xiaolei,WANG Hongfei,ZHAO Jianyong. Repair of skin and soft tissue defects of hand with peroneal artery perforator flap with cutaneous nerve and superficial vein[J]. Zhonghua Shou Wai Ke Za Zhi[Chin J Hand Surg(Article in Chinese;Abstract in Chinese)],2019,35(6):474-475. DOI:10.3760/cma.j.issn.1005-054X.2019.06.030.}

[11875] 陈鑫，马光义，闫寒，王剑，王亚珂，祝海峰，宋振磊，李刚强，朱华. 腓动脉远端蒂穿支皮瓣修复外踝皮肤缺损的临床应用[J]. 中华解剖与临床杂志，2019，24(1)：82-84. DOI：10.3760/cma.j.issn.2095-7041.2019.01.015. {CHEN Xin,MA Guangyi,YAN Han,WANG Jian,WANG Yake,ZHU Haifeng,SONG Zhenlei,LI Gangqiang,ZHU Hua. Clinical application of distal peroneal artery perforator flap in repairing skin defect of lateral malleolus[J]. Zhonghua Jie Pou Yu Lin Chuang Za Zhi[Chin J Anat Clin(Article in Chinese;Abstract in Chinese and English)],2019,24(1):82-84. DOI:10.3760/cma.j.issn.2095-7041.2019.01.015.}

[11876] 姚阳，李崇杰. 腓动脉穿支蒂岛状皮瓣修复跟腱外露12例[J]. 实用手外科杂志，2019，33(1)：8-9，69. DOI：10.3969/j.issn.1671-2722.2019.01.003. {YAO Yang,LI Chongjie. Island flap pedicled with peroneal artery perforator to repair Achilles tendon exposure in 12 cases[J]. Shi Yong Shou Wai Ke Za Zhi[Chin J Pract Hand Surg(Article in Chinese;Abstract in Chinese and English)],2019,33(1):8-9,69. DOI:10.3969/j.issn.1671-2722.2019.01.003.}

[11877] 丁治红，李有斌，张咸中，曾献波，王德，陈光华. 腓动脉穿支筋膜蒂皮瓣联合跟腱止点重建修复儿童足跟部严重轮辐伤[J]. 实用手外科杂志，2019，33(3)：275-278. DOI：10.3969/j.issn.1671-2722.2019.03.007. {DING Zhihong,LI Youbin,ZHANG Xianzhong,ZENG Xianbo,WANG De,CHEN Guanghua. Repair of severe heel radial injury in children with peroneal artery perforating fascia flap combined with reconstruction of achilles tendon insertion point[J]. Shi Yong Shou Wai Ke Za Zhi[Chin J Pract Hand Surg(Article in Chinese;Abstract in Chinese and English)],2019,33(3):275-278. DOI:10.3969/j.issn.1671-2722.2019.03.007.}

[11878] 陈闵昌，杨国峰，朱红夷，陈孝军. 逆行岛状腓动脉穿支皮瓣修复后跟部软组织缺损[J]. 临床骨科杂志，2020，23(2)：210-212. DOI：10.3969/j.issn.1008-0287.2020.02.020. {CHEN Minchang,YANG Guofeng,ZHU Hongyi,CHEN Xiaojun. The reverse island peroneal artery perforation flap for repairing soft tissue defect in heel[J]. Lin Chuang Gu Ke Za Zhi[J Clin Orthop(Article in Chinese;Abstract in Chinese and English)],2020,23(2):210-212. DOI:10.3969/j.issn.1008-0287.2020.02.020.}

4.5.3.5.3 腓动脉外踝后穿支皮瓣
perforator flap of lateral posterior malleolus of peroneal artery

[11879] Chang SM,Zhang F,Xu DC,Yu GR,Hou CL,Lineaweaver WC. Lateral retromalleolar perforator-based flap:anatomical study and preliminary clinical report for heel coverage[J]. Plast Reconstr Surg,2007,120(3):697-704. doi:10.1097/01.prs.0000270311.00922.73.

[11880] 刘应良，高勇，王家明，李江，唐锡章，赵晓祥，肖桦，夏燕，马美琼. 腓动脉穿支皮瓣修复足踝部皮肤软组织缺损[J]. 实用手外科杂志，2018，32(4)：407-410，413. DOI：10.3969/j.issn.1671-2722.2018.04.011. {LIU Yingliang,GAO Yong,WANG Jiaming,LI Jiang,TANG Xizhang,ZHAO Xiaoxiang,XIAO Hua,XIA Yan,MA Meiqiong. Repair of foot or ankle soft tissue defects by peroneal artery perforator flap[J]. Shi Yong Shou Wai Ke Za Zhi[Chin J Pract Hand Surg(Article in Chinese;Abstract in Chinese and English)],2018,32(4):407-410,413. DOI:10.3969/j.issn.1671-2722.2018.04.011.}

4.5.3.6 腓肠神经营养血管皮瓣
sural neurocutaneous vascular flap

[11881] Chang SM,Gu YD,Li JF. The role of the large superficial vein in survival of

proximally based versus distally based sural veno-neuro-fasciocutaneous flaps in a rabbit model[J]. Plast Reconstr Surg,2005,115(1):213-218.

[11882] Zhang FH,Chang SM,Lin SQ,Song YP,Zheng HP,Lineaweaver WC,Zhang F. Modified distally based sural neuro-veno-fasciocutaneous flap:anatomical study and clinical applications[J]. Microsurgery,2005,25(7):543-550. doi:10.1002/micr.20162.

[11883] Chai Y,Zeng B,Zhang F,Kang Q,Yang Q. Experience with the distally based sural neurofasciocutaneous flap supplied by the terminal perforator of peroneal vessels for ankle and foot reconstruction[J]. Ann Plast Surg,2007,59(5):526-531. doi:10.1097/01.sap.0000258969.13723.68.

[11884] Ahmed SK,Fung BK,Ip WY,Fok M,Chow SP. The versatile reverse flow sural artery neurocutaneous flap:a case series and review of literature[J]. J Orthop Surg Res,2008,3:15. doi:10.1186/1749-799X-3-15.

[11885] Xu G,Lai-Jin L. The coverage of skin defects over the foot and ankle using the distally based sural neurocutaneous flaps:experience of 21 cases[J]. J Plast Reconstr Aesthet Surg,2008,61(5):575-577. doi:10.1016/j.bjps.2006.02.003.

[11886] Zhang F,Lin S,Song Y,Zhang G,Zheng H. Distally based sural neuro-lesser saphenous veno-fasciocutaneous compound flap with a low rotation point:microdissection and clinical application[J]. Ann Plast Surg,2009,62(4):395-404. doi:10.1097/SAP.0b013e31816dd3a9.

[11887] Yao SQ,Zhang FQ,Pan JS,Zhang YZ. Modified distally based sural nerve flaps in acute traumatic forefeet reconstructions[J]. Ann Plast Surg,2009,63(1):77-80. doi:10.1097/SAP.0b013e31817e9c47.

[11888] Cai PH,Liu SH,Chai YM,Wang HM,Ruan HJ,Fan CY. Free peroneal perforator-based sural neurofasciocutaneous flaps for reconstruction of hand and forearm[J]. Chin Med J,2009,122(14):1621-1624.

[11889] Wang CY,Chai YM,Wen G,Cai PH,Sun LY,Mei GH,Ruan HJ,Liu SH. The free peroneal perforator-based sural neurofasciocutaneous flap:a novel tool for reconstruction of large soft-tissue defects in the upper limb[J]. Plast Reconstr Surg,2011,127(1):293-302. doi:10.1097/PRS.0b013e3181f95cb1.

[11890] Zheng L,Zhang XS,Dong ZG,Liu LH,Wei JW. One-staged reconstruction of Achilles tendon and overlying skin defects with suppuration:using peroneus brevis tendon transfer and reversed sural neurofasciocutaneous flap[J]. Arch Orthop Trauma Surg,2011,131(9):1267-1272. doi:10.1007/s00402-011-1298-1.

[11891] Peng F,Wu H,Yu G. Distally-based sural neurocutaneous flap for repair of a defect in the ankle tissue[J]. J Plast Surg Hand Surg,2011,45(2):77-82. doi:10.3109/2000656X.2011.558732.

[11892] Weng X,Li X,Ning J,Zhu F,Zhang L. Experience of 56 patients using a retrograde sural neurovascular flap to repair lower limb tissue defects[J]. J Plast Surg Hand Surg,2012,46(6):434-437. doi:10.3109/2000656X.2012.722093.

[11893] Li Y,Xu J,Zhang XZ. Lowering the pivot point of sural neurofasciocutaneous flaps to reconstruct deep electrical burn wounds in the distal foot[J]. Burns. 2013,39(4):808-813. doi:10.1016/j.burns.2012.08.014.

[11894] Dai J,Chai Y,Wang C,Wen G,Liu S,Zhang W. Comparative study of two types of distally based sural neurocutaneous flap for reconstruction of lower leg,ankle,and heel[J]. J Reconstr Microsurg,2013,29(2):125-130. doi:10.1055/s-0032-1329926.

[11895] Gu H,Xiong Z,Xu J,Li G,Wang C. Clinical and anatomical study of the distally based lesser saphenous veno-lateral sural neurocutaneous flap for lower extremity coverage[J]. J Orthop Sci,2013,18(5):740-748. doi:10.1007/s00776-013-0434-x.

[11896] Wang CY,Chai YM,Wen G,Han P. One-stage reconstruction of composite extremity defects with a sural neurocutaneous flap and a vascularized fibular graft:a novel chimeric flap based on the peroneal artery[J]. Plast Reconstr Surg,2013,132(3):428e-437e. doi:10.1097/PRS.0b013e31829ad16c.

[11897] Wang C,Xiong Z,Xu J,Zhang L,Huang H,Li G. The distally based lateral sural neuro-lesser saphenous veno-fasciocutaneous flap:anatomical basis and clinical applications[J]. J Orthop Traumatol,2014,15(3):215-223. doi:10.1007/s10195-012-0202-2.

[11898] Liu L,Zou L,Li Z,Zhang Q,Cao X,Cai J. The extended distally based sural neurocutaneous flap for foot and ankle reconstruction:a retrospective review of 10 years of experience[J]. Ann Plast Surg,2014,72(6):689-694. doi:10.1097/SAP.0b013e31826c4284.

[11899] Wen G,Zhong W,Lu S,Wang C,Han P,Chai Y. Perforator pedicled sural neurocutaneous vascular flap:a modeling study in the rabbit[J]. Int J Clin Exp Med,2015,8(4):5303-5309.

[11900] Lu S,Wang C,Zhong W,Chen P,Chai Y. Amputation stump revision using a free sural neurocutaneous perforator flap[J]. Ann Plast Surg,2016,76(1):83-87. doi:10.1097/SAP.0000000000000211.

[11901] Chi Z,Chen Y,Chu T,Gao W,Li Z,Yan H,Song Y. Distally based sural neuro-fasciocutaneous perforator flap for foot and ankle reconstruction:Surgical modifications for flap pedicle and donor site closure without skin graft[J]. J Plast Reconstr Aesthet Surg,2018,71(2):224-231. doi:10.1016/j.bjps.2017.10.021.

[11902] Wang C,Xu J,Wen G,Chai Y. Reconstruction of complex tissue defect of forearm with a chimeric flap composed of a sural neurocutaneous flap and a vascularized fibular graft:A case report[J]. Microsurgery,2018,38(7):790-794. doi:10.1002/micr.30334.

[11903] Zhang C. Repair of ankle soft tissue defects with sural neurovascular flap:A single-centered surgical experience of 36 cases[J]. Asian J Surg,2020,43(9):935-936. doi:10.1016/j.asjsur.2020.04.005.

[11904] Zhou L,Wei J,Liu L,Tao S,Dong Z. Composite sural neurocutaneous flap with gastrocnemius tendon for repairing defects of Achilles tendon and overlying soft tissue[J]. J Orthop Surg (Hong Kong),2020,28(3):2309499020971863. doi:10.1177/2309499020971863.

[11905] Zhou LL,Wei JW,Peng P,Liu LH,Yin CD,Luo ZB,Tao SB,Dong ZG. Distally based perforator-plus sural neurocutaneous flap with high or low pivot point:anatomical basis and a retrospectively study of 378 flap clinical series[J]. J Reconstr Microsurg,2021 Feb 16. doi:10.1055/s-0041-1723817. Online ahead of print.

[11906] 王和驹，吕国坤，王书成，陈彦. 带腓肠神经伴行血管蒂逆行岛状皮瓣的临床应用 [J]. 中华显微外科杂志，1996，19（2）：82-84. {WANG Hejun,LV Guokun,WANG Shucheng,CHEN Yankun. The clinical application of distally based island flap pedicled with vascular axis of the sural superficial nerve[J]. Zhonghua Xian Wei Wai Ke Za Zhi[Chin J Microsurg(Article in Chinese;Abstract in Chinese and English)],1996,19(2):82-84.}

[11907] 展望，宁金龙. 腓肠神经营养血管及筋膜蒂小腿后部逆行皮瓣的应用 [J]. 中国临床解剖学杂志，1998，16（2）：82-83. {ZHAN Wang,NING Jinlong. Application of distally based sural neurovascular fascial flap[J]. Zhongguo Lin Chuang Jie Pou Xue Za Zhi[Chin J Clin Anat(Article in Chinese;Abstract in Chinese and English)],1998,16(2):82-83.}

[11908] 肖能坎，陈兵. 带腓肠神经营养血管逆行岛状皮瓣修复踝部骨外露二例 [J]. 中华显微外科杂志，1998，21（2）：89. DOI：10.3760/cma.j.issn.1001-2036.1998.02.042. {XIAO Nengkan,CHEN Bing. Repair of ankle bone exposure with sural neurovascular reversed island flap:two case reports[J]. Zhonghua Xian Wei Wai Ke Za Zhi[Chin J Microsurg(Article in Chinese;No abstract available)],1998,21(2):89. DOI:10.3760/cma.j.issn.1001-2036.1998.02.042.}

[11909] 高建明，李强. 带腓肠神经营养血管的逆行岛状皮瓣移植一例 [J]. 中华显微外科杂志，1998，21（2）：153. DOI：10.3760/cma.j.issn.1001-2036.1998.02.046. {GAO Jianming,LI Qiang. Reversed sural neurovascular island flap:a case report[J]. Zhonghua Xian Wei Wai Ke Za Zhi[Chin J Microsurg(Article in Chinese;No abstract available)],1998,21(2):153. DOI:10.3760/cma.j.issn.1001-2036.1998.02.046.}

[11910] 李宗宝，贾堂宏，王文德，刘士懂. 交腿带腓肠神经伴行血管蒂逆行皮瓣修复小腿创面一例 [J]. 中华显微外科杂志，1998，21（4）：253. DOI：10.3760/cma.j.issn.1001-2036.1998.04.046. {LI Zongbao,JIA Tanghong,WANG Wende,LIU Shidong. Repair of leg wound with reverse cross-leg flap pedicled with sural nerve and blood vessels:a case report[J]. Zhonghua Xian Wei Wai Ke Za Zhi[Chin J Microsurg(Article in Chinese;No abstract available)],1998,21(4):253. DOI:10.3760/cma.j.issn.1001-2036.1998.04.046.}

[11911] 陈秀民，丁敬沛，王在斌. 带腓肠神经营养血管蒂岛状皮瓣修复胫前软组织缺损 [J]. 中华显微外科杂志，1999，22（2）：封三. DOI：10.3760/cma.j.issn.1001-2036.1999.02.065. {CHEN Xiumin,DING Jingpei,WANG Zaibin. Sural neurovascular island flap for repair of anterior tibial soft tissue defect[J]. Zhonghua Xian Wei Wai Ke Za Zhi[Chin J Microsurg(Article in Chinese;No abstract available)],1999,22(2):cover 3. DOI:10.3760/cma.j.issn.1001-2036.1999.02.065.}

[11912] 陈瑞光. 腓肠神经营养血管岛状皮瓣临床应用 [J]. 中华显微外科杂志，1999，22（3）：封三. DOI：10.3760/cma.j.issn.1001-2036.1999.03.056. {CHEN Ruiguang. Clinical application of sural neurocutaneous island flap[J]. Zhonghua Xian Wei Wai Ke Za Zhi[Chin J Microsurg(Article in Chinese;No abstract available)],1999,22(3):cover 3. DOI:10.3760/cma.j.issn.1001-2036.1999.03.056.}

[11913] 王云亭，林朋，李子荣，MASQUELETAC. 远端为蒂的腓肠神经伴行血管岛状皮瓣修复下肢软组织缺损 [J]. 中华骨科杂志，1999，19（8）：27-28. {WANG Yunting,LIN Peng,LI Zirong,MASQUELETAC. Distally based sural island flap for leg reconstruction[J]. Zhonghua Gu Ke Za Zhi[Chin J Orthop(Article in Chinese;Abstract in Chinese and English)],1999,19(8):27-28.}

[11914] 马勇光，王侠，李健宁，夏有辰，秦荣生，李东. 腓肠神经营养动脉逆动岛状皮瓣修复下肢远端皮肤缺损 [J]. 中华整形烧伤外科杂志，1999，15（5）：339-341. {MA Yongguang,WANG Xia,LI Jianning,XIA Youchen,QIN Rongsheng,LI Dong. Repair of the skin defect on the remote part of the lower limb with the distally-based sural nerve nutritional artery island flap[J]. Zhonghua Zheng Xing Shao Shang Wai Ke Za Zhi[Chin J Plast Surg Burns(Article in Chinese;Abstract in Chinese and English)],1999,15(5):339-341.}

[11915] 王文刚，郭世杰，李惠荣，许红伟. 腓肠神经腓肠浅动脉逆行皮瓣修复足跟软组织缺损 [J]. 中华创伤杂志，1999，15（4）：302. DOI：10.3760/j：issn：1001-8050.1999.04.039. {WANG Wengang,GUO Shijie,LI Huirong,XU Hongwei. Repair of heel soft tissue defect with sural nerve and superficial sural artery flap[J]. Zhonghua Chuang Shang Za Zhi[Chin J Trauma(Article in Chinese;No abstract available)],1999,15(4):302. DOI:10.3760/j:issn:1001-8050.1999.04.039.}

[11916] 柴益民，林崇正，陈彦堃，王快胜，王树成. 吻合小隐静脉的腓肠神经营养血管逆行皮瓣的应用 [J]. 中华显微外科杂志，2000，23（2）：154. DOI：10.3760/cma.j.issn.1001-2036.2000.02.045. {CHAI Yimin,LIN Chongzheng,CHEN Yankun,WANG Kuaisheng,WANG Shucheng. Application of reversed sural neurovascular flap anastomosed with small saphenous vein[J]. Zhonghua Xian Wei Wai Ke Za Zhi[Chin J Microsurg(Article in Chinese;No abstract available)],2000,23(2):154. DOI:10.3760/cma.j.issn.1001-2036.2000.02.045.}

[11917] 裴斌，胡居华，李德胜. 腓肠神经营养血管蒂逆行岛状皮瓣的临床应用 [J]. 中华整形外科杂志，2000，16（5）：308. {PEI Bin,HU Juhua,LI Desheng. Clinical application of sural neurovascular reversed island flap[J]. Zhonghua Zheng Xing Wai Ke Za Zhi[Chin J Plast Surg(Article in Chinese;No abstract available)],2000,16(5):308.}

[11918] 朱云，刘毅，钟晓玲，常玲，陈写. 腓肠神经营养血管皮瓣逆行修复足跟软组织缺损 [J]. 中华整形外科杂志，2000，16（6）：368. DOI：10.3760/j.issn：1009-4598.2000.06.016. {ZHU Yun,LIU Yi,ZHONG Xiaoling,CHANG Ling,CHEN Xie. Reversed sural neurovascular flap for repair of heel soft tissue defects[J]. Zhonghua Zheng Xing Wai Ke Za Zhi[Chin J Plast Surg(Article in Chinese;No abstract available)],2000,16(6):368. DOI:10.3760/j.issn:1009-4598.2000.06.016.}

[11919] 陈瑞光，叶伟雄，吴劲风，温仕奇，李锋生. 逆行腓肠神经营养血管岛状皮瓣的临床应用 [J]. 中国修复重建外科杂志，2000，14（4）：220-222. {CHEN Ruiguang,YE Weixiong,WU Jinfeng,WEN Shiqi,LI Fengsheng. Clinical application of distal base sural island flap[J]. Zhongguo Xiu Fu Chong Jian Wai Ke Za Zhi[Chin J Repar Reconstr Surg(Article in Chinese;Abstract in Chinese and English)],2000,14(4):220-222.}

[11920] 曾述强，张功林，张军华，王清. 腓肠神经岛状皮瓣修复下肢远端皮肤缺损 [J]. 中华整形外科杂志，2000，16（6）：369. DOI：10.3760/j.issn：1009-4598.2000.06.017. {ZENG Shuqiang,ZHANG Gonglin,ZHANG Junhua,WANG Qing. Sural nerve island flap for repair of skin defect of distal lower extremity[J]. Zhonghua Zheng Xing Wai Ke Za Zhi[Chin J Plast Surg(Article in Chinese;No abstract available)],2000,16(6):369. DOI:10.3760/j.issn:1009-4598.2000.06.017.}

[11921] 裴斌，胡居华，李德胜，朱光德，刘羽，李培良. 腓肠神经伴行血管蒂岛状皮瓣的临床应用 [J]. 中国修复重建外科杂志，2000，14（4）：223-225. {PEI Bin,HU Juhua,LI Desheng,ZHU Guangde,LIU Yu,LI Peiliang. Clinical application of sural nerve island flap pedicled with collateral vessels[J]. Zhongguo Xiu Fu Chong Jian Wai Ke Za Zhi[Chin J Repar Reconstr Surg(Article in Chinese;Abstract in Chinese and English)],2000,14(4):223-225.}

[11922] 李庆生. 含腓肠神经小腿后侧筋膜皮瓣修复足踝部组织缺损 [J]. 中华显微外科杂志，2000，23（4）：315. DOI：10.3760/cma.j.issn.1001-2036.2000.04.054. {LI Qingsheng. Posterior leg fasciocutaneous flap with sural nerve for repair of tissue defect of foot and ankle[J]. Zhonghua Xian Wei Wai Ke Za Zhi[Chin J Microsurg(Article in Chinese;No abstract available)],2000,23(4):315. DOI:10.3760/cma.j.issn.1001-2036.2000.04.054.}

[11923] 陶占怀，崔玉明，李益中，罗殿中. 带小隐静脉腓肠神经皮瓣逆行修复足踝部损伤 [J]. 中国矫形外科杂志，2001，8（4）：394. DOI：10.3969/j.issn.1005-8478.2001.04.031. {TAO Zhanhuai,CUI Yuming,LI Yizhong,LUO Dianzhong. Repair of the lower leg defects using the reversed island skin flap based on the nutrient vessels of the sural nerve[J]. Zhongguo Jiao Xing Wai Ke Za Zhi[Orthop J China(Article in Chinese;Abstract in Chinese and English)],2001,8(4):394. DOI:10.3969/j.issn.1005-8478.2001.04.031.}

[11924] 高忠启，陈桂梅. 小隐静脉腓肠神经筋膜瓣游离移植 17 例 [J]. 中国修复重建外科杂志，2001，15（2）：123. {GAO Zhongqi,CHEN Guimei. Free saphenous vein and sural neurofascial flap transplantation in 17 cases[J]. Zhongguo Xiu Fu Chong Jian Wai Ke Za Zhi[Chin J Repar Reconstr Surg(Article in Chinese;No abstract available)],2001,15(2):123.}

[11925] 程华强，杨舜琪，周云. 腓肠神经营养血管逆行皮瓣修复足跟部软组织缺损 [J]. 中华显微外科杂志，2001，24（1）：77. {CHENG Huaiqiang,YANG Shunqi,ZHOU Yun. Sural neurovascular flap for repair of heel soft tissue defect[J]. Zhonghua Xian Wei Wai Ke Za Zhi[Chin J Microsurg(Article in Chinese;No abstract available)],2001,24(1):77.}

[11926] 郭建欣，王宝平，赵金亮，石法亮，王萌，刘洪年，刘向军，刘泽庆. 逆行及顺行腓肠神经营养血管皮瓣的临床应用 [J]. 中华显微外科杂志，2001，24（1）：30-32. DOI：10.3760/cma.j.issn.1001-2036.2001.01.012. {GUO Jianxin,WANG Baoping,ZHAO Jinliang,SHI Faliang,WANG Mneg,LIU Hongnian,LIU Xiangjun,LIU Zeqing. Clinical study of sural neurovascular flap for repairing tissue defect proximally or distally[J]. Zhonghua Xian Wei Wai Ke Za Zhi[Chin J Microsurg(Article in Chinese;Abstract in Chinese and English)],2001,24(1):30-32. DOI:10.3760/cma.j.issn.1001-2036.2001.01.012.}

[11927] 吴强，贝抗胜，章良森，刘建平，姚汉刚. 腓肠神经营养血管岛状筋膜皮瓣的临床应用 [J]. 中华显微外科杂志，2001，24(1)：57-58. DOI：10.3760/cma.j.issn.1001-2036.2001.01.025. {WU Qiang,BEI Kangsheng,YAO Hangang,ZHANG Liangsen,LIU Jianping. Clinical application of sural neurovascular island fasciocutaneous flap[J]. Zhonghua Xian Wei Wai Ke Za Zhi[Chin J Microsurg(Article in Chinese;Abstract in Chinese)],2001,24(1):57-58. DOI:10.3760/cma.j.issn.1001-2036.2001.01.025.}

[11928] 曾述强，张功林，张军华，陈新，王清. 腓肠神经营养血管皮瓣的临床应用 [J]. 实用骨科杂志，2001，7（2）：93-95. DOI：10.3969/j.issn.1008-5572.2001.02.007. {ZENG Shuqiang,ZHANG Gonglin,ZHANG Junhua,CHEN Xin,WANG Qing. Clinical application with the disally-based sural nerve nutritional artery island flap[J]. Shi Yong Gu Ke Za Zhi[J Pract Orthop(Article in Chinese;Abstract in Chinese and English)],2001,7(2):93-95. DOI:10.3969/j.issn.1008-5572.2001.02.007.}

[11929] 张传永，高学宏，宁金龙，李小静，张林. 腓肠神经营养血管蒂逆行岛状皮瓣临床应用 [J]. 临床骨科杂志，2001，4(2)：131-132. DOI：10.3969/j.issn.1008-0287.2001.02.021. {ZHANG Chuanyong,GAO Xuehong,NING Jinlong,LI Xiaojing,ZHANG Lin. Clinical application of distal base sural island flap[J]. Lin Chuang Gu Ke Za Zhi[J Clin Orthop(Article in Chinese;Abstract in Chinese and English)],2001,4(2):131-132. DOI:10.3969/j.issn.1008-0287.2001.02.021.}

[11930] 杨大平，鲁世荣，徐学武. 腓肠神经营养血管蒂逆行岛状皮瓣的临床应用 [J]. 实用手外科杂志，2001，15（3）：140-141. DOI：10.3969/j.issn.1671-2722.2001.03.004. {YANG Daping,LU Shirong,XU Xuewu. Clinical application of island flap with nutritional blood vessel pedicle of sural nerve[J]. Shi Yong Shou Wai Ke Za Zhi[Chin J Pract Hand Surg(Article in Chinese;Abstract in Chinese and English)],2001,15(3):140-141. DOI:10.3969/j.issn.1671-2722.2001.03.004.}

[11931] 孟庆军，刘华水，刘士懂. 带腓肠神经及营养血管的轴型皮瓣的应用 [J]. 中国骨伤，2001，14（3）：166-167. DOI：10.3969/j.issn.1003-0034.2001.03.018. {MENG Qingjun,LIU Huashui,LIU Shidong. Application of sural nerve nutrient vessels axial flap[J]. Zhongguo Gu Shang[China J Orthop Trauma(Article in Chinese;No abstract available)],2001,14(3):166-167. DOI:10.3969/j.issn.1003-0034.2001.03.018.}

[11932] 吴强，贝抗胜，章良森，刘建平，何小龙，丘宏伟，李云. 带腓肠神经伴行血管逆行岛状筋膜皮瓣的临床应用 [J]. 实用骨科杂志，2001，7（2）：97-98. DOI：10.3969/j.issn.1008-5572.2001.02.009. {WU Qiang,BEI Kangsheng,ZHANG Liangsen,LIU Jianping,HE Xiaolong,QIU Hongwei,LI Yun. Clinical application of distally based sural island skin flap[J]. Shi Yong Gu Ke Za Zhi[J Pract Orthop(Article in Chinese;Abstract in Chinese and English)],2001,7(2):97-98. DOI:10.3969/j.issn.1008-5572.2001.02.009.}

[11933] 易里力，黎克，文第登，曾建良. 扩大切取腓肠神经伴行血管蒂逆行岛状皮瓣 [J]. 实用骨科杂志，2001，7（4）：253-255. DOI：10.3969/j.issn.1008-5572.2001.04.006. {YI Lili,LI Ke,WEN Dideng,ZENG Jianliang. Distally based expansive sural island flap for leg reconsturcion[J]. Shi Yong Gu Ke Za Zhi[J Pract Orthop(Article in Chinese;Abstract in Chinese and English)],2001,7(4):253-255. DOI:10.3969/j.issn.1008-5572.2001.04.006.}

[11934] 唐瑛，陈剑帆，黄新，何子燕. 腓肠神经营养血管皮瓣修复足部软组织缺损 [J]. 中华显微外科杂志，2002，25（1）：64-65. DOI：10.3760/cma.j.issn.1001-2036.2002.01.028. {TANG Ying,CHEN Jianfan,HUANG Xin,HE Ziyan. Sural neurovascular flap for repair of foot soft tissue defect[J]. Zhonghua Xian Wei Wai Ke Za Zhi[Chin J Microsurg(Article in Chinese;Abstract in Chinese)],2002,25(1):64-65. DOI:10.3760/cma.j.issn.1001-2036.2002.01.028.}

[11935] 舒衡生，张铁良，马宝通. 腓肠神经营养血管逆行岛状皮瓣的临床应用 [J]. 中华创伤骨科杂志，2002，4(3)：223-226. DOI：10.3760/cma.j.issn.1671-7600.2002.03.019. {SHU Hengsheng,ZHANG Tieliang,MA Baotong. Clinical application of the reversed sural neurocutaneous island flap[J]. Zhonghua Chuang Shang Gu Ke Za Zhi[Chin J Orthop Trauma(Article in Chinese;Abstract in Chinese and English)],2002,4(3):223-226. DOI:10.3760/cma.j.issn.1671-7600.2002.03.019.}

[11936] 曾述强，张功林，刘景堂. 重建感觉的逆行腓肠神经营养血管岛状皮瓣失败二例 [J]. 中华整形外科杂志，2002，18（1）：11. DOI：10.3760/j.issn：1009-4598.2002.01.031. {ZENG Shuqiang,ZHANG Gonglin,LIU Jingtang. Reversed sural neurovascular island flap for sensory reconstruction:two failed cases[J]. Zhonghua Zheng Xing Wai Ke Za Zhi[Chin J Plast Surg(Article in Chinese;No abstract available)],2002,18(1):11. DOI:10.3760/j.issn:1009-4598.2002.01.031.}

[11937] 马海，丘奕军，李杨. 逆行腓肠神经皮瓣在修复足部感染性缺损创面 [J]. 中华显微外科杂志，2002，25（3）：80. {MA Hai,QIU Yijun,LI Yang. Application of retrograde sural neurocutaneous flap in repair of infected foot defect[J]. Zhonghua Xian Wei Wai Ke Za Zhi[Chin J Microsurg(Article in Chinese;No abstract available)],2002,25(3):80.}

[11938] 梁进，张强，王卫国，刘立峰，王平山，蔡锦方. 小隐静脉 - 腓肠神经营养血管筋膜皮瓣的临床应用 [J]. 中国矫形外科杂志，2003，11（6）：392-394. DOI：10.3969/j.issn.1005-8478.2003.06.009. {LIANG Jin,ZHANG Qiang,WANG Weiguo,LIU Lifeng,WANG Pingshan,CAI Jinfang. Clinical application of the flap supplied by the vascular axis of the small sapheonus vein and sural nerve[J]. Zhongguo Jiao Xing Wai Ke Za Zhi[Orthop J China(Article in Chinese;Abstract in Chinese and English)],2003,11(6):392-394. DOI:10.3969/j.issn.1005-8478.2003.06.009.}

[11939] 梁进，陈景明，王卫国，张强，刘立峰，王平山，蔡锦方. 扩大小隐静脉 - 腓肠神经营养血管皮瓣的临床应用 [J]. 第二军医大学学报，2003，24（7）：S6-S7. DOI：10.3321/j.issn：0258-879X.2003.07.040. {LIANG Jin,CHEN Jingming,WANG Weiguo,ZHANG Qiang,LIU Lifeng,WANG Pingshan,CAI Jinfang. Clinical application of enlarged flap supplied by vascular axis of small sapheonus vein and sural nerve[J]. Di Er Jun Yi Da Xue Xue Bao[Acad J Sec Mil Med Univ(Article in Chinese;Abstract in Chinese and English)],2003,24(7):S6-S7. DOI:10.3321/j.issn:0258-879X.2003.07.040.}

[11940] 徐立录，王贵清，张礼廷，赵杏梅，蔡显义，谢道远. 腓肠神经营养血管皮瓣的血供研究及临床应用 [J]. 中华显微外科杂志，2003，26（2）：104-106. DOI：10.3760/cma.j.issn.1001-2036.2003.02.008. {XU Lilu,WANG Guiqing,ZHANG Liting,ZHAO Xingmei,CAI Xianyi,XIE Daoyuan. Study of blood supply and clinical application of reverse fasciocutaneous pedicle flap based on the vascular axis of the sural superficial nerve[J]. Zhonghua Xian Wei Wai Ke Za Zhi[Chin J Microsurg(Article in Chinese;Abstract in Chinese and English)],2003,26(2):104-106. DOI:10.3760/cma.j.issn.1001-2036.2003.02.008.}

[11941] 董玉珍，王发斌，洪光祥. 腓肠神经营养血管岛状皮瓣修复足部损伤 [J]. 中华显微外科杂志，2003，26（3）：194. DOI：10.3760/cma.j.issn.1001-2036.2003.03.047. {DONG Yuzhen,WANG Fabin,HONG Guangxiang. Repair of foot injury with sural neurovascular island flap[J]. Zhonghua Xian Wei Wai Ke Za Zhi[Chin J Microsurg(Article in Chinese;No abstract available)],2003,26(3):194. DOI:10.3760/cma.j.issn.1001-2036.2003.03.047.}

[11942] 李泽龙，王培信，谢逸波. 腓肠神经营养血管皮瓣的临床应用 [J]. 中华显微外科杂志，2003，26（3）：194. DOI：10.3760/cma.j.issn.1001-2036.2003.03.048. {LI Zelong,WANG Peixin,XIE Yibo. Clinical application of sural neurovascular flap[J]. Zhonghua Xian Wei Wai Ke Za Zhi[Chin J Microsurg(Article in Chinese;No abstract available)],2003,26(3):194. DOI:10.3760/cma.j.issn.1001-2036.2003.03.048.}

[11943] 崔大勇. 腓肠神经营养血管逆行岛状皮瓣修复踝周皮肤缺损 [J]. 中华显微外科杂志，2003，26（4）：246. DOI：10.3760/cma.j.issn.1001-2036.2003.04.046. {CUI Dayong. Repair of skin defect around ankle with sural neurovascular reversed island flap[J]. Zhonghua Xian Wei Wai Ke Za Zhi[Chin J Microsurg(Article in Chinese;No abstract available)],2003,26(4):246. DOI:10.3760/cma.j.issn.1001-2036.2003.04.046.}

[11944] 李荣文，郭炜，苏涛，邓昌. 腓肠神经营养血管皮瓣应用中的几个问题 [J]. 中华显微外科杂志，2003，26(4)：295-296. DOI：10.3760/cma.j.issn.1001-2036.2003.04.022. {LI Rongwen,GUO Wei,SU Tao,DENG Chang. Some problems in the application of sural neurovascular flap[J]. Zhonghua Xian Wei Wai Ke Za Zhi[Chin J Microsurg(Article in Chinese;Abstract in Chinese)],2003,26(4):295-296. DOI:10.3760/cma.j.issn.1001-2036.2003.04.022.}

[11945] 马志国，马红霞，闫乔生，贾晶，许有. 腓肠神经营养血管皮瓣结合 G-K 钉治疗胫腓骨骨折并皮肤软组织缺损 [J]. 中华显微外科杂志，2003，26（4）：297-298. DOI：10.3760/cma.j.issn.1001-2036.2003.04.023. {MA Zhiguo,MA Hongxia,YAN Qiaosheng,JIA Jin,XU You. Sural neurovascular flap combined with G-K nail in the treatment of tibia and fibula fracture with skin and soft tissue defect[J]. Zhonghua Xian Wei Wai Ke Za Zhi[Chin J Microsurg(Article in Chinese;Abstract in Chinese)],2003,26(4):297-298. DOI:10.3760/cma.j.issn.1001-2036.2003.04.023.}

[11946] 李荣文，郭炜，崔鲁民. 儿童腓肠神经营养血管逆行岛状皮瓣移植 11 例 [J]. 中华创伤骨科杂志，2003，5(4)：378-379. DOI：10.3760/cma.j.issn.1671-7600.2003.04.030. {LI Rongwen,GUO Wei,CUI Luming. Graft of sural nerve flap for 11 children patients[J]. Zhonghua Chuang Shang Gu Ke Za Zhi[Chin J Orthop Trauma(Article in Chinese;Abstract in Chinese and English)],2003,5(4):378-379. DOI:10.3760/cma.j.issn.1671-7600.2003.04.030.}

[11947] 陈军，丁德武，张劲光，翟丕力，胡伟. 腓肠神经营养血管蒂皮瓣修复摩托车排气管烫伤创面 15 例 [J]. 中华烧伤杂志，2003，19（6）：384. DOI：10.3760/cma.j.issn.1009-2587.2003.06.031. {CHEN Jun,DING Dewu,ZHANG Jinguang,ZHAI Pili,HU Wei. Sural neurovascular flap for repair of motorcycle exhaust pipe scald:15 case reports[J]. Zhonghua Shao Shang Za Zhi[Chin J Burns(Article in Chinese;No abstract available)],2003,19(6):384. DOI:10.3760/cma.j.issn.1009-2587.2003.06.031.}

[11948] 劳克诚，周少麟，尹胜廷. 腓肠神经营养血管岛状皮瓣的临床应用 [J]. 中国骨伤，2003，16（5）：291. DOI：10.3969/j.issn.1003-0034.2003.05.031. {LAO Kecheng,ZHOU Shaolin,YIN Shengting. Clinical application of sural neurovascular island flap[J]. Zhongguo Gu Shang[China J Orthop Trauma(Article in Chinese;No abstract available)],2003,16(5):291. DOI:10.3969/j.issn.1003-0034.2003.05.031.}

[11949] 常浩胜，张树峰，王波，罗建成，邢永军，鲁飞国. 腓肠神经营养血管皮瓣修复跟部小腿下段软组织缺损 [J]. 中国骨伤，2003，16（12）：761-761. DOI：10.3969/j.issn.1003-0034.2003.12.012. {CHANG Haosheng,ZHANG Shufeng,WANG Bo,LUO Jiancheng,XING Yongjun,LU Feiguo. Repair of soft tissues defect of inferior segment of shank with skin flap of nutrient blood vessel in sural nerve[J]. Zhongguo Gu Shang[China J Orthop Trauma(Article in Chinese;No abstract available)],2003,16(12):761-761. DOI:10.3969/j.issn.1003-0034.2003.12.012.}

[11950] 孙书海，厉锋，范启申，何正. 腓肠神经营养血管皮瓣的临床应用 [J]. 创伤外科杂志，2003，5（6）：429-430. DOI：10.3969/j.issn.1009-4237.2003.06.010. {SUN Shuhai,LI Feng,FAN Qishen,HE Zheng. Clinical application of the sural nerve nutritional artery island flap[J]. Chuang Shang Wai Ke Za Zhi[J Traum Surg(Article in Chinese;Abstract in Chinese and English)],2003,5(6):429-430. DOI:10.3969/j.issn.1009-4237.2003.06.010.}

[11951] 郭建欣，石发亮，王萌，刘泽庆. 腓肠神经营养血管蒂皮瓣修复胫前组织缺损 [J]. 实用手外科杂志，2003，17(4)：207-208. DOI：10.3969/j.issn.1671-2722.2003.04.007. {GUO Jianxin,SHI Faliang,WANG Meng,LIU Zeqing. Repair of anterior tibia tissue defect with sural neurovascular flap[J]. Shi Yong Shou Wai Ke Za Zhi[Chin J Pract Hand Surg(Article in Chinese;Abstract in Chinese and English)],2003,17(4):207-208. DOI:10.3969/j.issn.1671-2722.2003.04.007.}

[11952] 王加宽，姜佩珠，葛卫宝，魏俊贤，杨义. 腓肠神经逆行皮瓣修复足踝及胫前软组织缺损 [J]. 中华创伤骨科杂志，2003，5（4）：379-381. DOI：10.3760/cma.j.issn.1671-7600.2003.04.031. {WANG Jiakuan,JIANG Peizhu,GE Weibao,WEI Junxian,YANG Yi. Repair of the soft tissue defects of the foot and the ankle and the anterior tibia with the sural nerve pedicle flap[J]. Zhonghua Chuang Shang Gu Ke Za Zhi[Chin J Orthop Trauma(Article in Chinese;Abstract in Chinese and English)],2003,5(4):379-381. DOI:10.3760/cma.j.issn.1671-7600.2003.04.031.}

[11953] 张晨，金铸，余江，李万，Bentz，Michael L. 逆行腓肠神经筋膜蒂岛状皮瓣修复小腿下 1/3 软组织缺损 [J]. 中华整形外科杂志，2003，19（5）：399-400. DOI：10.3760/j.issn：1009-4598.2003.05.030. {ZHANG Chen,JIN Zhu,YU Jiang,LI Wan,Bentz,Michael L. Repair of soft tissue defect of lower 1 / 3 leg with reversed sural neurofascial island flap[J]. Zhonghua Zheng Xing Wai Ke Za Zhi[Chin J Plast Surg(Article in Chinese;No abstract available)],2003,19(5):399-400. DOI:10.3760/j.issn:1009-4598.2003.05.030.}

[11954] 傅小宽，庄永青，林博文，李小军，杜冬，童静，刘效民，陈振鹤，姜浩力. 小隐静脉 - 腓肠神经营养血管皮瓣的临床研究 [J]. 中华显微外科杂志，2004，27（2）：101-103. DOI：10.3760/cma.j.issn.1001-2036.2004.02.008. {FU Xiaokuan,ZHUANG Yongqing,LIN Bowen,LI Xiaojun,DU Dong,TONG Jing,LIU Xiaomin,CHEN Zhenhe,JIANG Haoli. Clinical study of distally and proximally based lesser saphenous-sural nerve vascular island flap[J]. Zhonghua Xian Wei Wai Ke Za Zhi[Chin J Microsurg(Article in Chinese;Abstract in Chinese and English)],2004,27(2):101-103. DOI:10.3760/cma.j.issn.1001-2036.2004.02.008.}

[11955] 宓士军，张远成，陶连辉. 应用腓肠神经营养血管皮瓣修复对侧小腿及足踝部软组织缺损 [J]. 中华显微外科杂志，2004，27(4)：315. DOI：10.3760/cma.j.issn.1001-2036.2004.04.049. {FU Shijun,ZHANG Yuancheng,TAO Lianhui. Application of sural neurovascular flap for repair of soft tissue defects of contralateral leg and ankle[J]. Zhonghua Xian Wei Wai Ke Za Zhi[Chin J Microsurg(Article in Chinese;No abstract available)],2004,27(4):315. DOI:10.3760/cma.j.issn.1001-2036.2004.04.049.}

[11956] 关志广，张治平. 腓肠神经营养血管岛状皮瓣修复足部创伤性软组织缺损 [J]. 中华创伤骨科杂志，2004，6(9)：1074-1075. DOI：10.3760/cma.j.issn.1671-7600.2004.09.036. {GUANG Zhiguang,ZHANG Zhiping. Repair of soft tissue defects at foot with island skin flap pedicled with sural nerves and vessels[J]. Zhonghua Chuang Shang Gu Ke Za Zhi[Chin J Orthop Trauma(Article in Chinese;Abstract in Chinese and English)],2004,6(9):1074-1075. DOI:10.3760/cma.j.issn.1671-7600.2004.09.036.}

[11957] 李昶，王爱国，白志刚，王润生. 腓肠神经营养血管皮瓣修复足踝部皮肤缺损 [J]. 中华创伤杂志，2004，20（7）：434-435. DOI：10.3760/j：issn：1001-8050.2004.07.015. {LI Chang,WANG Aiguo,BAI Zhigang,WANG Runsheng. Sural neurovascular flap for repair of skin defect of foot and ankle[J]. Zhonghua Chuang Shang Za Zhi[Chin J Trauma(Article in Chinese;No

abstract available)],2004,20(7):434-435. DOI:10.3760/j:issn:1001-8050.2004.07.015.}

[11958] 周新华，阮红波，梁群，陈钢，陈安民，李国辉．腓肠神经营养血管蒂逆行岛状皮瓣修复足部软组织缺损[J]．中华烧伤杂志，2004，20(6)：357-358．DOI：10.3760/cma.j.issn.1009-2587.2004.06.012．{ZHOU Xinhua,RUAN Hongbo,LIANG Qun,CHEN Gang,CHEN Anmin,LI Guohui. Repairing of soft tissue defects of foot with reverse island skin flap nourished by sural nerve vasa vasorum[J]. Zhonghua Shao Shang Za Zhi[Chin J Burns(Article in Chinese;Abstract in Chinese and English)],2004,20(6):357-358. DOI:10.3760/cma.j.issn.1009-2587.2004.06.012.}

[11959] 陈发春，徐萍，汪同祖，邓光清，叶斌，李舸，程钢．腓肠神经营养血管皮瓣临床应用[J]．中华整形外科杂志，2004，20(5)：397-398．DOI：10.3760/j.issn：1009-4598.2004.05.028．{CHEN Fachun,XU Ping,WANG Tongzu,DENG Guangqing,YE Bin,LI Ge,CHENG Gang. Clinical application of sural neurovascular flap[J]. Zhonghua Zheng Xing Wai Ke Za Zhi[Chin J Plast Surg(Article in Chinese;No abstract available)],2004,20(5):397-398. DOI:10.3760/j.issn:1009-4598.2004.05.028.}

[11960] 刘宏滨，宋一平，雷会宁，张传开，童迅．腓肠神经营养血管皮瓣的临床应用[J]．实用骨科杂志，2004，10(3)：201-202．DOI：10.3969/j.issn.1008-5572.2004.03.005．{LIU Hongbin,SONG Yiping,LEI Huining,ZHANG Chuankai,TONG Xun. Clinical use of skin flap of sural nerve nutrition blood vessel[J]. Shi Yong Gu Ke Za Zhi[J Pract Orthop(Article in Chinese;Abstract in Chinese and English)],2004,10(3):201-202. DOI:10.3969/j.issn.1008-5572.2004.03.005.}

[11961] 赵劲民，苏伟，杨志，花奇凯，丁晓飞．带腓肠神经远端筋膜蒂皮瓣的临床应用[J]．中华显微外科杂志，2004，27(4)：292-293．DOI：10.3760/cma.j.issn.1001-2036.2004.04.023．{ZHAO Jinmin,SU Wei,YANG Zhi,HUA Qikai,DING Xiaofei. Clinical application of distal sural nerve fasciocutaneous flap[J]. Zhonghua Xian Wei Wai Ke Za Zhi[Chin J Microsurg(Article in Chinese;Abstract in Chinese)],2004,27(4):292-293. DOI:10.3760/cma.j.issn.1001-2036.2004.04.023.}

[11962] 冯志，李凤鹏．外固定架结合腓肠神经皮瓣治疗伴有软组织缺损的下段胫腓骨骨折[J]．中国矫形外科杂志，2004，12(18)：1436-1437．DOI：10.3969/j.issn.1005-8478.2004.18.026．{FENG Zhi,LI Fengpeng. External fixator combined with sural nerve flap for the fracture treatment of the tibial and fibua of soft tissue defect[J]. Zhongguo Jiao Xing Wai Ke Za Zhi[Orthop J China(Article in Chinese;Abstract in Chinese)],2004,12(18):1436-1437. DOI:10.3969/j.issn.1005-8478.2004.18.026.}

[11963] 张致军，常源兴，朱成善，柴俊．腓肠神经逆行岛状皮瓣修复小腿1/3及足背皮肤缺损5例[J]．中国骨伤，2004，17(10)：635．DOI：10.3969/j.issn.1003-0034.2004.10.038．{ZHANG Zhijun,CHANG Yuanxing,ZHU Chengshan,CHAI Jun. Sural nerve reverse island flap for repair of skin defect in distal 1/3 of leg and dorsum of foot in 5 cases[J]. Zhongguo Gu Shang[China J Orthop Trauma(Article in Chinese;No abstract available)],2004,17(10):635. DOI:10.3969/j.issn.1003-0034.2004.10.038.}

[11964] 王晨霖，丛海波，吴红军，隋海明．吻合小隐静脉的腓肠神经营养血管皮瓣在跟踝区皮肤缺损的应用[J]．中国骨伤，2005，18(6)：357-358．DOI：10.3969/j.issn.1003-0034.2005.06.015．{WANG Chenlin,CONG Haibo,WU Hongjun,SUI Haiming. Surnal nerve flap with anastomoses of lesser saphenous vein to repair skin defect of ankle and foot[J]. Zhongguo Gu Shang[China J Orthop Trauma(Article in Chinese;No abstract available)],2005,18(6):357-358. DOI:10.3969/j.issn.1003-0034.2005.06.015.}

[11965] 宋一平，张发惠，刘宏滨，雷会宁，童讯，张传开，刘英．腓肠神经－小隐静脉营养血管远端蒂皮瓣临床应用的改进[J]．中国临床解剖学杂志，2005，23(4)：361-364．DOI：10.3969/j.issn.1001-165X.2005.04.007．{SONG Yiping,ZHANG Fahui,LIU Hongbin,LEI Huining,TONG Xun,ZHANG Chuankai,LIU Ying. Clinical application of the distally based sural nerve-saphenous vein flap[J]. Zhongguo Lin Chuang Jie Pou Xue Za Zhi[Chin J Clin Anat(Article in Chinese;Abstract in Chinese and English)],2005,23(4):361-364. DOI:10.3969/j.issn.1001-165X.2005.04.007.}

[11966] 莫茅，莫兰，叶劲，陈伟明，邓永高．远端蒂腓肠神经小隐静脉营养血管皮瓣修复踝跟部软组织缺损[J]．中国临床解剖学杂志，2005，23(4)：365-367．DOI：10.3969/j.issn.1001-165X.2005.04.008．{MO Mao,MO Lan,YE Jin,CHEN Weiming,DENG Yonggao. The study on distally based lesser saphenous-sural neno-vascular pedicled flap for repairing soft tissue defects of ankle and heel[J]. Zhongguo Lin Chuang Jie Pou Xue Za Zhi[Chin J Clin Anat(Article in Chinese;Abstract in Chinese and English)],2005,23(4):365-367. DOI:10.3969/j.issn.1001-165X.2005.04.008.}

[11967] 杨勇．小隐静脉处理方法对逆行腓肠神经皮瓣移位成活率的影响[J]．中国修复重建外科杂志，2005，19(2)：163-164．{YANG Yong. Effect of treatment of small saphenous vein on the survival rate of reversed sural neurocutaneous flap[J]. Zhongguo Xiu Fu Chong Jian Wai Ke Za Zhi[Chin J Repar Reconstr Surg(Article in Chinese;No abstract available)],2005,19(2):163-164.}

[11968] 徐达传，张世民，钟世镇．远端蒂腓肠神经营养血管皮瓣的基础与临床研究进展[J]．中国临床解剖学杂志，2005，23(4)：343-344．DOI：10.3969/j.issn.1001-165X.2005.04.002．{XU Dachuan,ZHANG Shimin,ZHONG Shizhen. Progress in basic study and clinical applications of distally-based sural neurocutaueous flap[J]. Zhongguo Lin Chuang Jie Pou Xue Za Zhi[Chin J Clin Anat(Article in Chinese;No abstract available)],2005,23(4):343-344. DOI:10.3969/j.issn.1001-165X.2005.04.002.}

[11969] 张春，张晓文，郭肖峰，马苟平．远端蒂腓肠神经营养血管皮瓣与肌皮瓣的临床应用与改进[J]．中国临床解剖学杂志，2005，23(4)：349-351．DOI：10.3969/j.issn.1001-165X.2005.04.004．{ZHANG Chun,ZHANG Xiaowen,GUO Xiaofeng,MA Gouping. Modification and clinical application of distally based sural nerve nutrition blood vessel flap and myocutaneous flap[J]. Zhongguo Lin Chuang Jie Pou Xue Za Zhi[Chin J Clin Anat(Article in Chinese;Abstract in Chinese and English)],2005,23(4):349-351. DOI:10.3969/j.issn.1001-165X.2005.04.004.}

[11970] 刘森，许扬滨，程肇光，曾广吾．腓肠神经营养血管逆行岛状皮瓣的临床应用[J]．中华显微外科杂志，2005，28(1)：60-61．DOI：10.3760/cma.j.issn.1001-2036.2005.01.024．{LIU Sen,XU Yangbin,CHENG Zhaoguang,ZENG Guangwu. Clinical application of sural neurovascular reversed island flap[J]. Zhonghua Xian Wei Wai Ke Za Zhi[Chin J Microsurg(Article in Chinese;Abstract in Chinese)],2005,28(1):60-61. DOI:10.3760/cma.j.issn.1001-2036.2005.01.024.}

[11971] 李锦荣，李浪，赵双奇，卢尔海，朱永光，钟立行．远端蒂腓肠神经营养血管岛状皮瓣的临床应用[J]．中华显微外科杂志，2005，28(1)：61-62．DOI：10.3760/cma.j.issn.1001-2036.2005.01.025．{LI Jinrong,LI Lang,ZHAO Shuangqi,LU Erhai,ZHU Yongguang,ZHONG Lixing. Clinical application of distally based sural neurovascular island flap[J]. Zhonghua Xian Wei Wai Ke Za Zhi[Chin J Microsurg(Article in Chinese;Abstract in Chinese)],2005,28(1):61-62. DOI:10.3760/cma.j.issn.1001-2036.2005.01.025.}

[11972] 林松庆，张发惠，张朝春．低旋转点腓肠神经营养血管远端蒂皮瓣修复踝足部软组织缺损[J]．中华显微外科杂志，2005，28(2)：122-124．DOI：10.3760/cma.j.issn.1001-2036.2005.02.009．{LIN Songqing,ZHANG Fahui,ZHANG Zhaochun. Lower rotating point nutrient vessels of sural nerve flap with distant pedicled repairing soft tissue defect of foot and ankle[J]. Zhonghua Xian Wei Wai Ke Za Zhi[Chin J Microsurg(Article in Chinese;Abstract in Chinese and English)],2005,28(2):122-124. DOI:10.3760/cma.j.issn.1001-2036.2005.02.009.}

[11973] 赵汝平，杨朝华，陆汉荣，刘惠军．腓肠神经营养血管逆行皮瓣修复足背组织缺损的临床应用[J]．中华显微外科杂志，2005，28(3)：258-259．DOI：10.3760/cma.j.issn.1001-2036.2005.03.028．{ZHAO Ruping,YANG Chaohua,LU Hanrong,LIU Huijun. Clinical application of reverse sural neurovascular flap for repair of tissue defect of dorsal foot[J]. Zhonghua Xian Wei Wai Ke Za Zhi[Chin J Microsurg(Article in Chinese;Abstract in Chinese)],2005,28(3):258-259. DOI:10.3760/cma.j.issn.1001-2036.2005.03.028.}

[11974] 吴克俭，郭继东，张伟佳，孙大铭，王富．逆行腓肠神经营养血管皮瓣修复足踝部软组织缺损[J]．中华创伤骨科杂志，2005，7(3)：296-297．DOI：10.3760/cma.j.issn.1671-7600.2005.03.033．{WU Kejian,GUO Jidong,ZHANG Weijia,SUN Daming,WANG Fu. Repair of soft tissue defect of foot and ankle with reversed sural neurovascular flap[J]. Zhonghua Chuang Shang Gu Ke Za Zhi[Chin J Orthop Trauma(Article in Chinese;Abstract in Chinese)],2005,7(3):296-297. DOI:10.3760/cma.j.issn.1671-7600.2005.03.033.}

[11975] 周丕育，杨孝明，曹汝荣，蒲春明．超长腓肠神经营养血管皮瓣修复足背皮肤缺损一例[J]．中华整形外科杂志，2005，21(3)：240．DOI：10.3760/j.issn：1009-4598.2005.03.033．{ZHOU Piyu,YANG Xiaoming,CAO Rurong,PU Chunming. Repair of skin defect of dorsum of foot with ultra-long sural neurovascular flap:a case report[J]. Zhonghua Zheng Xing Wai Ke Za Zhi[Chin J Plast Surg(Article in Chinese;No abstract available)],2005,21(3):240. DOI:10.3760/j.issn:1009-4598.2005.03.033.}

[11976] 陈向军，邢继平，姚兴伟．腓肠神经营养血管蒂逆行岛状皮瓣改进法修复足跟严重冻伤[J]．中华整形外科杂志，2005，21(4)：269-271．DOI：10.3760/j.issn：1009-4598.2005.04.009．{CHEN Xiangjun,XING Jiping,YAO Xingwei. The reverse flow island flap nourished by sural nerve nutrition blood vessel for repair of severe frostbite of feet[J]. Zhonghua Zheng Xing Wai Ke Za Zhi[Chin J Plast Surg(Article in Chinese;Abstract in Chinese and English)],2005,21(4):269-271. DOI:10.3760/j.issn:1009-4598.2005.04.009.}

[11977] 陈铭锐，陈存富，蔡景龙，魏奉才，王成琪．腓肠神经营养血管蒂逆行岛状筋膜皮瓣修复足踝部软组织缺损[J]．中华整形外科杂志，2005，21(5)：356-359．DOI：10.3760/j.issn：1009-4598.2005.05.011．{CHEN Mingrui,CHEN Cunfu,CAI Jinglong,WEI Fengcai,WANG Chengqi. Repairing soft-tissue defection of ankle and foot by sural neurovascular pedicle fasciocutaneous reversed island flap[J]. Zhonghua Zheng Xing Wai Ke Za Zhi[Chin J Plast Surg(Article in Chinese;Abstract in Chinese and English)],2005,21(5):356-359. DOI:10.3760/j.issn:1009-4598.2005.05.011.}

[11978] 梁晓旭，王英博，辛畅泰．腓肠神经营养血管皮瓣移植修复足踝部皮肤软组织缺损[J]．局解手术学杂志，2005，14(1)：24-24．DOI：10.3969/j.issn.1672-5042.2005.01.014．{LIANG Xiaoxu,WANG Yingbo,XIN Changtai. Transplantation of sural neurocutaneous vascular flaps for repair of soft tissue defects in foot and ankle[J]. Ju Jie Shou Shu Xue Za Zhi[J Reg Anat Oper Surg(Article in Chinese;No abstract available)],2005,14(1):24-24. DOI:10.3969/j.issn.1672-5042.2005.01.014.}

[11979] 姜炳春，张昆，朱海心，高文革．腓肠神经营养血管蒂逆行岛状皮瓣的临床应用[J]．局解手术学杂志，2005，14(2)：84-85．DOI：10.3969/j.issn.1672-5042.2005.02.006．{JIANG Bingchun,ZHANG Kun,ZHU Haixin,GAO Wenge. The reversed neurovascular island flap of the calf for the defects of the lower leg and the foot[J]. Ju Jie Shou Shu Xue Za Zhi[J Reg Anat Oper Surg(Article in Chinese;Abstract in Chinese and English)],2005,14(2):84-85. DOI:10.3969/j.issn.1672-5042.2005.02.006.}

[11980] 蒋卫平，冼伟，韦冰丹，杨晓明，曾祥伟，阮慧光，甘坤宁．腓肠神经营养血管逆行皮瓣临床应用21例[J]．中国修复重建外科杂志，2005，19(4)：290．{JIANG Weiping,XIAN Wei,WEI Bingdan,YANG Xiaoming,ZENG Xiangwei,RUAN Huiguang,GAN Kunning. Clinical application of sural neurovascular reverse flap in 21 cases[J]. Zhongguo Xiu Fu Chong Jian Wai Ke Za Zhi[Chin J Repar Reconstr Surg(Article in Chinese;No abstract available)],2005,19(4):290.}

[11981] 韩广普，吴文元，石国君，任玉猛，刘国强，张洪相，李晓明，袁福禄，许俊岭．交腿腓肠神经筋膜皮瓣的临床应用[J]．中华骨科杂志，2005，25(10)：628-629．DOI：10.3760/j.issn：0253-2352.2005.10.013．{HAN Guangpu,WU Wenyuan,SHI Guojun,REN Yumeng,LIU Guoqiang,ZHANG Hongxiang,LI Xiaoming,YUAN Fulu,XU Junling. Clinical application of cross-leg sural neurofasciocutaneous flap[J]. Zhonghua Gu Ke Za Zhi[Chin J Orthop(Article in Chinese;No abstract available)],2005,25(10):628-629. DOI:10.3760/j.issn:0253-2352.2005.10.013.}

[11982] 黎晓华，李峻，王平，刘迎曦，朱诚，周礼荣．保留腓肠神经的血管筋膜蒂皮瓣的临床应用[J]．中国矫形外科杂志，2005，13(18)：1437-1438．DOI：10.3969/j.issn.1005-8478.2005.18.030．{LI Xiaohua,LI Jun,WANG Ping,LIU Yingxi,ZHU Cheng,ZHOU Lirong. Clinical apply of distally based vascular axis fasciocutaneous island flap with sural nerve preserved and lesser sephenous vein anastomosed[J]. Zhongguo Jiao Xing Wai Ke Za Zhi[Orthop J China(Article in Chinese;Abstract in Chinese)],2005,13(18):1437-1438. DOI:10.3969/j.issn.1005-8478.2005.18.030.}

[11983] 沈成华，蒋华富，房晓彬，王亚平，顾鹏先，张玉兴．带腓肠神经伴行血管蒂逆行岛状皮瓣修复小腿、足踝软组织缺损[J]．中国骨伤，2005，18(4)：227-228．DOI：10.3969/j.issn.1003-0034.2005.04.014．{SHEN Chenghua,JIANG Huafu,FANG Xiaobin,WANG Yaping,GU Pengxian,ZHANG Yuxing. Repair of defective soft tissues in leg and ankle with backward island skin flap of sural nerve accompanying with vascular pedicel[J]. Zhongguo Gu Shang[China J Orthop Trauma(Article in Chinese;No abstract available)],2005,18(4):227-228. DOI:10.3969/j.issn.1003-0034.2005.04.014.}

[11984] 李宏生，李宇，纪影畅，蔡湘娜，林常敏，李国强．吻合小隐静脉的腓肠神经营养血管逆行皮瓣的临床应用[J]．中国微创外科杂志，2006，6(7)：497-498．DOI：10.3969/j.issn.1009-6604.2006.07.007．{LI Hongsheng,LI Yu,JI Yingchang,CAI Xiangna,LIN Changmin,LI Guoqiang. Clinical application of distally based sural neurovascular flap with anastomosing small saphenous vein[J]. Zhongguo Wei Chuang Wai Ke Za Zhi[Chin J Minim Inva Surg(Article in Chinese;Abstract in Chinese and English)],2006,6(7):497-498. DOI:10.3969/j.issn.1009-6604.2006.07.007.}

[11985] 李自力，赵桂香，程代薇，朱文，彭德飞，王毅，肖向阳，严晓寒．带感觉的小隐静脉－腓肠神经皮支营养血管蒂逆行岛状皮瓣修复足底、足跟皮肤缺损[J]．中华整形外科杂志，2006，22(5)：394-395．DOI：10.3760/j.issn：1009-4598.2006.05.022．{LI Zili,ZHAO Guixiang,CHENG Daiwei,ZHU Wen,PENG Defei,WANG Yi,XIAO Xiangyang,YAN Xiaohan. Reversed island flap pedicled with small saphenous vein and sural nerve cutaneous branch for repair of plantar and heel skin defects[J]. Zhonghua Zheng Xing Wai Ke Za Zhi[Chin J Plast Surg(Article in Chinese;No abstract available)],2006,22(5):394-395. DOI:10.3760/j.issn:1009-4598.2006.05.022.}

[11986] 刘正启，方光荣，屈志刚，姜凯，程国良，吴秋力，吴玉臣，贾维铭，潘达德．腓肠神经营养血管蒂皮瓣的临床应用[J]．中华显微外科杂志，2006，29(1)：76．DOI：10.3760/cma.j.issn.1001-2036.2006.01.037．{LIU Zhengqi,FANG Guangrong,QU Zhigang,JIANG Kai,CHENG Guoliang,WU Qiuli,WU Yuchen,JIA Weiming,PAN Dade. Clinical application of sural neurovascular flap[J]. Zhonghua Xian Wei Wai Ke Za Zhi[Chin J Microsurg(Article in Chinese;No abstract available)],2006,29(1):76. DOI:10.3760/cma.j.issn.1001-2036.2006.01.037.}

[11987] 王肃生，梁刚，张志华，冀航，白波．大面积腓肠神经营养血管皮瓣的临床应用[J]．中华显微外科杂志，2006，29(1)：14-16，插图1-1．DOI：10.3760/cma.j.issn.1001-2036.2006.01.005．{WANG Susheng,LIANG Gang,ZHANG Zhihua,JI Hang,BAI Bo. Clinical application of the bigger sural neurocutaneous vascular flap[J]. Zhonghua Xian Wei Wai Ke Za Zhi[Chin J Microsurg(Article in Chinese;Abstract in Chinese and English)],2006,29(1):14-16,insert 1-1. DOI:10.3760/cma.j.issn.1001-2036.2006.01.005.}

[11988] 陈健民，徐晖，肖立军，陈文贵，李杰文．腓肠神经营养血管皮瓣逆行修复小腿及足部软组织缺损 [J]．中华显微外科杂志，2006，29（2）：141-142．DOI：10.3760/cma.j.issn.1001-2036.2006.02.024．{CHEN Jianmin,XU Hui,XIAO Lijun,CHEN Wengui,LI Jiewen. Sural neurovascular flap for repair of soft tissue defects of leg and foot[J]. Zhonghua Xian Wei Wai Ke Za Zhi[Chin J Microsurg(Article in Chinese;Abstract in Chinese)],2006,29(2):141-142. DOI:10.3760/cma.j.issn.1001-2036.2006.02.024.}

[11989] 喻爱喜，邓凯，张建华，陶圣祥．带肌肉的远端蒂腓肠神经营养血管皮瓣的临床应用 [J]．中华显微外科杂志，2006，29（2）：84-85，插页 2．DOI：10.3760/cma.j.issn.1001-2036.2006.02.002．{YU Aixi,DENG Kai,ZHANG Jianhua,TAO Shengxiang. Clinical application of distally based sural neurofasciocutaneous flap with muscle[J]. Zhonghua Xian Wei Wai Ke Za Zhi[Chin J Microsurg(Article in Chinese;Abstract in Chinese and English)],2006,29(2):84-85,insert 2. DOI:10.3760/cma.j.issn.1001-2036.2006.02.002.}

[11990] 张春，郭峭峰，沈立锋，张晓文，马苟平，俞华军．远端蒂腓肠神经营养血管肌皮瓣的临床应用 [J]．中华显微外科杂志，2006，29（5）：338-340，插图 5-3．DOI：10.3760/cma.j.issn.1001-2036.2006.05.007．{ZHANG Chun,GUO Qiaofeng,SHEN Lifeng,ZHANG Xiaowen,MA Gouping,YU Huajun. Clinical application of distally based sural fasciomusculocutaneous flap[J]. Zhonghua Xian Wei Wai Ke Za Zhi[Chin J Microsurg(Article in Chinese;Abstract in Chinese and English)],2006,29(5):338-340,insert 5-3. DOI:10.3760/cma.j.issn.1001-2036.2006.05.007.}

[11991] 贾新路，李海清，王兆庆，马金柱，王大伟．改良的腓肠神经营养血管逆行岛状皮瓣的临床应用 [J]．中华显微外科杂志，2006，29（6）：441．{JIA Xinlu,LI Haiqing,WANG Zhaoqing,MA Jinzhu,WANG Dawei. Clinical application of modified sural neurovascular recersed island flap[J]. Zhonghua Xian Wei Wai Ke Za Zhi[Chin J Microsurg(Article in Chinese;No abstract available)],2006,29(6):441.}

[11992] 王家虹，王伟．改良腓肠神经营养血管蒂逆行岛状皮瓣修复小腿及踝部软组织缺损 [J]．中国矫形外科杂志，2006，14（2）：88．DOI：10.3969/j.issn.1005-8478.2006.02.027．{WANG Jiahong,WANG Wei. Modified sural neurovascular island flap for repair of soft tissue defects of leg and ankle[J]. Zhongguo Jiao Xing Wai Ke Za Zhi[Orthop J China(Article in Chinese;No abstract available)],2006,14(2):88. DOI:10.3969/j.issn.1005-8478.2006.02.027.}

[11993] 孙雪生，王朝亮，谷增泉，朱涛，申立林．腓肠神经营养血管蒂皮瓣修复足部皮肤缺损 17 例报告 [J]．中国矫形外科杂志，2006，14（17）：1357-1357．DOI：10.3969/j.issn.1005-8478.2006.17.031．{SUN Xuesheng,WANG Chaoliang,GU Zengquan,ZHU Tao,SHEN Lilin. Sural neurovascular flap for repair of foot skin defect:17 case reports[J]. Zhongguo Jiao Xing Wai Ke Za Zhi[Orthop J China(Article in Chinese;No abstract available)],2006,14(17):1357-1357. DOI:10.3969/j.issn.1005-8478.2006.17.031.}

[11994] 宋一平，张发惠，刘宏滨，童讯，王和洪．以腓肠神经营养血管远端为蒂的腓骨皮瓣移植一例 [J]．中华创伤骨科杂志，2006，8（4）：398-399．DOI：10.3760/cma.j.issn.1671-7600.2006.04.032．{SONG Yiping,ZHANG Fahui,LIU Hongbin,TONG Xun,WANG Hehong. A case of fibular flap grafting pedicled by the distal nutrient vessel of sural nerve[J]. Zhonghua Chuang Shang Gu Ke Za Zhi[Chin J Orthop Trauma(Article in Chinese;Abstract in Chinese)],2006,8(4):398-399. DOI:10.3760/cma.j.issn.1671-7600.2006.04.032.}

[11995] 夏昊晨，安宇，侯占江，夏双印，傅朝蓬，张国权．腓肠神经营养血管岛状皮瓣临床应用 [J]．中华整形外科杂志，2006，22（4）：256-258．DOI：10.3760/j.issn:1009-4598.2006.04.004．{XIA Haochen,AN Yu,HOU Zhanshan,XIA Shuangyin,FU Zhaopeng,ZHANG Guoquan. Clinical application of sural neurocutaneous island flaps[J]. Zhonghua Zheng Xing Wai Ke Za Zhi[Chin J Plast Surg(Article in Chinese;Abstract in Chinese and English)],2006,22(4):256-258. DOI:10.3760/j.issn:1009-4598.2006.04.004.}

[11996] 杨朝晖，刘利，刘振武，杨朝峰，尤月江，颜继英，王爱巧，武润平．顺行及逆行腓肠神经营养血管皮瓣的临床应用 [J]．中国骨伤，2006，19（7）：408-410．DOI：10.3969/j.issn.1003-0034.2006.07.012．{YANG Zhaohui,LIU Li,LIU Zhenwu,YANG Zhaofeng,YOU Yuejiang,YAN Jiying,WANG Aiqiao,WU Runping. Clinical application of proximal or distal sural neurovascular flap[J]. Zhongguo Gu Shang[China J Orthop Trauma(Article in Chinese;Abstract in Chinese and English)],2006,19(7):408-410. DOI:10.3969/j.issn.1003-0034.2006.07.012.}

[11997] 朴光国，刘洋，杨宏海，于长明，徐颖峰．腓肠神经营养血管蒂逆行岛状皮瓣修复小腿远端皮肤缺损 [J]．临床骨科杂志，2006，9（1）：85-86．DOI：10.3969/j.issn.1008-0287.2006.01.042．{PIAO Guangguo,LIU Yang,YANG Honghai,XU Yingfeng. Repair of soft-tissue defects in distal leg with reverse island skin flap pedicled with sural neves and vessels[J]. Lin Chuang Gu Ke Za Zhi[J Clin Orthop(Article in Chinese;No abstract available)],2006,9(1):85-86. DOI:10.3969/j.issn.1008-0287.2006.01.042.}

[11998] 冯亚高，洪光祥．腓肠神经营养血管蒂逆行岛状皮瓣的临床应用 [J]．临床骨科杂志，2006，9（5）：425-426．DOI：10.3969/j.issn.1008-0287.2006.05.016．{FENG Yagao,HONG Guangxiang. Clinical application of reverse sural neurovascular island flap[J]. Lin Chuang Gu Ke Za Zhi[J Clin Orthop(Article in Chinese;Abstract in Chinese and English)],2006,9(5):425-426. DOI:10.3969/j.issn.1008-0287.2006.05.016.}

[11999] 向云，喻一东，刘振宇，杜全印．带腓肠神经营养血管逆行皮瓣修复足跟部皮肤缺损 [J]．局解手术学杂志，2006，15（6）：389-389．DOI：10.3969/j.issn.1672-5042.2006.06.016．{XIANG Yun,YU Yidong,LIU Zhenyu,DU Quanyin. Repair of the heel skin defect using the reversed island skin flap with sural vessels[J]. Ju Jie Shou Shu Xue Za Zhi[J Reg Anat Oper Surg(Article in Chinese;No abstract available)],2006,15(6):389-389. DOI:10.3969/j.issn.1672-5042.2006.06.016.}

[12000] 李宝山，章雪松，李红雁，邹豪杰，刘俊辰，刘双利．超大腓肠神经营养血管皮瓣修复足踝部皮肤缺损 [J]．实用手外科杂志，2006，20（4）：211-212，241．DOI：10.3969/j.issn.1671-2722.2006.04.007．{LI Baoshan,ZHANG Xuesong,LI Hongyan,ZOU Haojie,LIU Junchen,LIU Shuangli. Supramaximal sural neurocutaneous island flap repairing skin defect around ankle[J]. Shi Yong Shou Wai Ke Za Zhi[Chin J Pract Hand Surg(Article in Chinese;Abstract in Chinese and English)],2006,20(4):211-212,241. DOI:10.3969/j.issn.1671-2722.2006.04.007.}

[12001] 王扬志，张明胜．带腓肠神经营养支血管蒂的岛状逆行皮瓣修复足后跟部皮肤缺损 [J]．临床骨科杂志，2006，9（6）：567-568．DOI：10.3969/j.issn.1008-0287.2006.06.040．{WANG Yangzhi,ZHANG Mingsheng. Repair of skin defect in heel by island reverse skin flap of sural nerve and nutrition blood vessel[J]. Lin Chuang Gu Ke Za Zhi[J Clin Orthop(Article in Chinese;No abstract available)],2006,9(6):567-568. DOI:10.3969/j.issn.1008-0287.2006.06.040.}

[12002] 聂水生，吴松，邓宇杰，叶建勋，黄思达．腓肠神经和隐神经营养血管逆行岛状皮瓣的临床应用 [J]．中华显微外科杂志，2006，29（3）：225-227．DOI：10.3760/cma.j.issn.1001-2036.2006.03.025．{NIE Shuisheng,WU Song,DENG Yujie,YE Jianxun,HUANG Sida. Clinical application of sural nerve and saphenous nerve nutrient vessel reversed island flap[J]. Zhonghua Xian Wei Wai Ke Za Zhi[Chin J Microsurg(Article in Chinese;Abstract in Chinese)],2006,29(3):225-227. DOI:10.3760/cma.j.issn.1001-2036.2006.03.025.}

[12003] 赵刘军，柴波，冯建翔，马维虎，应启迩，王邦荣，张峰，薛波，平泉川．小隐静脉腓肠神经皮瓣修复足踝部软组织缺损 [J]．实用骨科杂志，2007，13（7）：400-401．DOI：10.3969/j.issn.1008-5572.2007.07.007．{ZHAO Liujun,CHAI Bo,FENG Jianxiang,MA Weihu,YING Qier,WANG Bangrong,ZHANG Feng,XUE Bo,PING Quanchuan. Reconstruction of the soft tissue defects on foot and ankle with sural neuro-veno-fasciocuta-neousisland flap on sub-emergency[J]. Shi Yong Gu Ke Za Zhi[J Pract Orthop(Article in Chinese;Abstract in Chinese and English)],2007,13(7):400-401. DOI:10.3969/j.issn.1008-5572.2007.07.007.}

[12004] 程安源，田小运，李瑞平，张志斌．儿童腓肠神经营养血管逆行岛状筋膜皮瓣修复足踝部软组织缺损 [J]．中华显微外科杂志，2007，30（1）：7．DOI：10.3760/cma.j.issn.1001-2036.2007.01.031．{CHENG Anyuan,TIAN Xiaoyun,LI Ruiping,ZHANG Zhibin. Repair of soft tissue defect of foot and ankle with sural neurovascular island fasciocutaneous flap in children[J]. Zhonghua Xian Wei Wai Ke Za Zhi[Chin J Microsurg(Article in Chinese;Abstract in Chinese)],2007,30(1):7. DOI:10.3760/cma.j.issn.1001-2036.2007.01.031.}

[12005] 余健，马海燕，张民，刘丹．腓肠神经营养血管皮瓣部分坏死原因探讨 [J]．中华显微外科杂志，2007，30（2）：107．DOI：10.3760/cma.j.issn.1001-2036.2007.02.034．{YU Jian,MA Haiyan,ZHANG Min,LIU Dan. Study on causes of partial necrosis of sural neurovascular flap[J]. Zhonghua Xian Wei Wai Ke Za Zhi[Chin J Microsurg(Article in Chinese;No abstract available)],2007,30(2):107. DOI:10.3760/cma.j.issn.1001-2036.2007.02.034.}

[12006] 白宇，陆生林，农德毅．腓肠神经营养血管逆行岛状皮瓣修复足跟部软组织缺损 [J]．中华显微外科杂志，2007，30（3）：220-221．DOI：10.3760/cma.j.issn.1001-2036.2007.03.022．{BAI Yu,LU Shenglin,NONG Deyi. Repair of heel soft tissue defect with sural neurovascular reversed island flap[J]. Zhonghua Xian Wei Wai Ke Za Zhi[Chin J Microsurg(Article in Chinese;Abstract in Chinese)],2007,30(3):220-221. DOI:10.3760/cma.j.issn.1001-2036.2007.03.022.}

[12007] 赵胡瑞，邓万祥，刘刚，董晖，黎苑，陆永江，侯巍．逆行腓肠神经营养血管皮瓣修复组织缺损的几个技术问题 [J]．中华显微外科杂志，2007，30（4）：299-300．DOI：10.3760/cma.j.issn.1001-2036.2007.04.025．{ZHAO Hurui,DENG Wanxiang,LIU Gang,DONG Hui,LI Yu,LU Yongjiang,HOU Wei. Some technical problems of repairing tissue defect with reversed sural neurovascular flap[J]. Zhonghua Xian Wei Wai Ke Za Zhi[Chin J Microsurg(Article in Chinese;Abstract in Chinese)],2007,30(4):299-300. DOI:10.3760/cma.j.issn.1001-2036.2007.04.025.}

[12008] 周立义，洪光祥，夏谢平，袁中平，廖卫华，付旸．应用腓肠神经营养血管皮瓣修复足部远端软组织缺损 [J]．中华显微外科杂志，2007，30（4）：301-302．DOI：10.3760/cma.j.issn.1001-2036.2007.04.026．{ZHOU Liyi,HONG Guangxiang,DONG Xieping,YUAN Zhongping,LIAO Weihua,FU Yang. Application of sural neurovascular flap for repair of soft tissue defect of distal foot[J]. Zhonghua Xian Wei Wai Ke Za Zhi[Chin J Microsurg(Article in Chinese;Abstract in Chinese)],2007,30(4):301-302. DOI:10.3760/cma.j.issn.1001-2036.2007.04.026.}

[12009] 黎忠文，梁再卿，陈武，陈仕平，陈革，林伟良，黎铭．应用腓肠神经营养血管皮瓣修复踝足部软组织缺损 [J]．中华显微外科杂志，2007，30（6）：456-458．DOI：10.3760/cma.j.issn.1001-2036.2007.06.021．{LI Zhongwen,LIANG Zaiqin,CHEN Wu,CHEN Shiping,CHEN Ge,LIN Weiliang,LI Ming. Repair of soft tissue defect of ankle and foot with sural neurovascular flap[J]. Zhonghua Xian Wei Wai Ke Za Zhi[Chin J Microsurg(Article in Chinese;Abstract in Chinese)],2007,30(6):456-458. DOI:10.3760/cma.j.issn.1001-2036.2007.06.021.}

[12010] 刘光军，王成琪，郭德亮，田清业，李建强，谭琪．远端蒂腓肠神经营养血管肌皮瓣的临床应用 [J]．中国矫形外科杂志，2007，15（22）：1698-1700．DOI：10.3969/j.issn.1005-8478.2007.22.006．{LIU Guangjun,WANG Chengqi,GUO Deliang,TIAN Qingye,LI Jianqiang,TAN Qi. Clinical application of distally reversed sural neurofasciocutaneous flap with muscle[J]. Zhongguo Jiao Xing Wai Ke Za Zhi[Orthop J China(Article in Chinese;Abstract in Chinese and English)],2007,15(22):1698-1700. DOI:10.3969/j.issn.1005-8478.2007.22.006.}

[12011] 冯亚高．腓肠神经营养血管蒂逆行岛状皮瓣修复足跟部组织缺损 [J]．中华整形外科杂志，2007，23（4）：349-350．DOI：10.3760/j.issn：1009-4598.2007.04.028．{FENG Yagao. Sural neurovascular reversed island flap for repair of heel tissue defect[J]. Zhonghua Zheng Xing Wai Ke Za Zhi[Chin J Plast Surg(Article in Chinese;No abstract available)],2007,23(4):349-350. DOI:10.3760/j.issn:1009-4598.2007.04.028.}

[12012] 胡军祖，王锐英，辛林伟，唐际存，姚新德，辛桂桐．腓肠神经营养血管肌皮瓣、皮瓣修复小腿及足踝部软组织缺损 [J]．中国骨伤，2007，20（8）：544-545．DOI：10.3969/j.issn.1003-0034.2007.08.018．{HU Zujun,WANG Ruiying,XIN Linwei,TANG Jicun,YAO Xinde,XIN Guitong. Repair of soft tissue defect of leg and foot by myocutaneous flap and skin flap with sural nerve nutrient vessel[J]. Zhongguo Gu Shang[China J Orthop Trauma(Article in Chinese;Abstract in Chinese and English)],2007,20(8):544-545. DOI:10.3969/j.issn.1003-0034.2007.08.018.}

[12013] 刘学胜，刘雪涛，劳克诚，李忠．逆行腓肠神经营养血管皮瓣修复足踝部皮肤缺损 [J]．临床骨科杂志，2007，10（3）：207-208．DOI：10.3969/j.issn.1008-0287.2007.03.006．{LIU Xuesheng,LIU Xuetao,LAO Kecheng,LI Zhong. Distal vascular flap with sural nerve for renovation of skin defect in malleoli[J]. Lin Chuang Gu Ke Za Zhi[J Clin Orthop(Article in Chinese;Abstract in Chinese and English)],2007,10(3):207-208. DOI:10.3969/j.issn.1008-0287.2007.03.006.}

[12014] 李勇，许瑾，章祥洲，武朱明，卓丹，余勇，袁振奋，杨蔚．低旋转点腓肠神经营养血管皮瓣修复足远端电击伤 [J]．中华损伤与修复杂志（电子版），2007，2（5）：291-292．DOI：10.3969/j.issn.1673-9450.2007.05.011．{LI Yong,XU Jin,ZHANG Xiangzhou,WU Zhuming,ZHUO Dan,YU Yong,YUAN Zhenxing,YANG Wei. Lower rotating point sural nerve nutrient vessels flap in repairing electric injury of distant food[J]. Zhonghua Sun Shang Yu Xiu Fu Za Zhi Dian Zi Ban[Chin J Injury Repair Wound Healing(Electr Ed)(Article in Chinese;Abstract in Chinese and English)],2007,2(5):291-292. DOI:10.3969/j.issn.1673-9450.2007.05.011.}

[12015] 许令余，宁金龙，李小静，张林，朱飞，高学宏，丁浩，左宗宝．带薄层肌肉的腓肠神经营养血管岛状皮瓣的临床应用 [J]．组织工程与重建外科杂志，2007，3（2）：80-82．DOI：10.3969/j.issn.1673-0364.2007.02.005．{XU Lingyu,NING Jinlong,LI Xiaojing,ZHANG Lin,ZHU Fei,GAO Xuehong,DING Hao,ZUO Zongbao. Clinical application of neuroadipofascial pedicled based sural nerve island myofascialcutaneous flap[J]. Zu Zhi Gong Cheng Yu Chong Jian Wai Ke Za Zhi[J Tissue Eng Reconstr Surg(Article in Chinese;Abstract in Chinese and English)],2007,3(2):80-82. DOI:10.3969/j.issn.1673-0364.2007.02.005.}

[12016] 王志华，董忠根，刘立宏，何爱咏．腓肠神经营养血管皮瓣修复足背皮肤软组织缺损 [J]．局解手术学杂志，2007，16（4）：223-225．DOI：10.3969/j.issn.1672-5042.2007.04.001．{WANG Zhihua,DONG Zhonggen,LIU Lihong,HE Aiyong. Repair of soft tissue defect of dorsum pedis with sural neurouascular flap[J]. Ju Jie Shou Shu Xue Za Zhi[J Reg Anat Oper Surg(Article in Chinese;Abstract in Chinese and English)],2007,16(4):223-225. DOI:10.3969/j.issn.1672-5042.2007.04.001.}

[12017] 战杰，姚阳，石强，吴锦生，许蕙，李崇杰．低旋转点超大腓肠神经营养血管皮瓣的临床应用 [J]．中国修复重建外科杂志，2007，21（4）：356-359．{ZHAN Jie,YAO Yang,SHI Qiang,WU Jinsheng,XU Hui,LI Chongjie. Clinical application of lower rotating point super sural neurocutaneous vascular flap[J]. Zhongguo Xiu Fu Chong Jian Wai Ke Za Zhi[Chin J Repar Reconstr Surg(Article in Chinese;Abstract in Chinese and English)],2007,21(4):356-359.}

[12018] 韦冰丹，蒋卫平，冼伟，杨晓明，兰学文，黄永栋，甘坤宁，周竖平．逆行腓肠神经营养血管皮瓣交腿移位的临床应用 [J]．中国修复重建外科杂志，2007，21（12）：1393-1394．{WEI Bingdan,JIANG Weiping,XIAN Wei,YANG Xiaoming,LAN Xuewen,HUANG Yongdong,GAN Kunning,ZHOU Shuping. Clinical application of reversed sural neurovascular flap for cross-leg transplantation[J]. Zhongguo Xiu Fu Chong Jian Wai Ke Za Zhi[Chin J Repar Reconstr Surg(Article in Chinese;Abstract in Chinese)],2007,21(12):1393-1394.}

[12019] 王海明，姜佩珠，范存义，张长青，曾炳芳．腓肠神经逆行岛状筋膜皮瓣重建足远端

部分缺损[J]. 中华创伤骨科杂志，2007，9(1)：36-38. DOI：10.3760/cma.j.issn.1671-7600.2007.01.010. {WANG Haiming,JIANG Peizhu,FAN Cunyi,ZHANG Changqing,ZENG Bingfang. Reverse island fascio-cutaneous flaps with distally based sural nerve for distal foot reconstruction[J]. Zhonghua Chuang Shang Gu Ke Za Zhi[Chin J Orthop Trauma(Article in Chinese;Abstract in Chinese and English)],2007,9(1):36-38. DOI:10.3760/cma.j.issn.1671-7600.2007.01.010.}

[12020] 陈新龙，刘洪琪，杨玉强，姜海洋，邢玉玺，陈志勇，李德水. 单纯腓肠神经筋膜瓣修复足踝部软组织缺损一例[J]. 中华整形外科杂志，2007，23(1)：35. DOI：10.3760/j.issn：1009-4598.2007.01.029. {CHEN Xinlong,LIU Hongqi,YANG Yuqiang,JIANG Haiyang,XING Yuxi,CHEN Zhiyong,LI Deshui. Sural nerve fascial flap for repair of soft tissue defect of foot and ankle:a case report[J]. Zhonghua Zheng Xing Wai Ke Za Zhi[Chin J Plast Surg(Article in Chinese;No abstract available)],2007,23(1):35. DOI:10.3760/j.issn:1009-4598.2007.01.029.}

[12021] 边澎涛，边靖. 腓肠神经筋膜蒂岛状皮瓣修复跟骨骨折皮肤缺损合并感染[J]. 中国修复重建外科杂志，2007，21(2)：214-215. {BIAN Pengtao,BIAN Jing. Sural neurofascial island flap for repair of calcaneal fracture with skin defect and infection[J]. Zhongguo Xiu Fu Chong Jian Wai Ke Za Zhi[Chin J Repar Reconstr Surg(Article in Chinese;Abstract in Chinese)],2007,21(2):214-215.}

[12022] 于凤宾，吴水培，李强，俞立新，孙军健，朱新宏. 吻合小隐静脉的远端蒂腓肠神经营养血管皮瓣修复足背软组织缺损[J]. 中华显微外科杂志，2008，31(4)：313. DOI：10.3760/cma.j.issn.1001-2036.2008.04.037. {YU Fengbin,WU Shuipei,LI Qiang,YU Lixin,SUN Junjian,ZHU Xinhong. Distally based sural neurovascular flap anastomosed with small saphenous vein for repair of soft tissue defect of dorsal foot[J]. Zhonghua Xian Wei Wai Ke Za Zhi[Chin J Microsurg(Article in Chinese;No abstract available)],2008,31(4):313. DOI:10.3760/cma.j.issn.1001-2036.2008.04.037.}

[12023] 卢强，汪志举，赵彦新. 小隐静脉-腓肠神经营养血管蒂逆行皮瓣9例报道[J]. 中国矫形外科杂志，2008，16(24)：1909-1910. {LU Qiang,WANG Zhiju,ZHAO Yanxin. Reversed flap pedicled with saphenous vein and sural nerve nutrient vessel:nine case reports[J]. Zhongguo Jiao Xing Wai Ke Za Zhi[Orthop J China(Article in Chinese;No abstract available)],2008,16(24):1909-1910.}

[12024] 李兴平，庄永青，汤芳生. 腓肠神经营养血管皮瓣修复小腿中下部及足踝部软组织缺损[J]. 中华显微外科杂志，2008，31(1)：61-63. DOI：10.3760/cma.j.issn.1001-2036.2008.01.025. {LI Xingping,ZHUANG Yongqing,TANG Fangsheng. Sural neurovascular flap for repair of soft tissue defects of the lower leg and ankle[J]. Zhonghua Xian Wei Wai Ke Za Zhi[Chin J Microsurg(Article in Chinese;Abstract in Chinese)],2008,31(1):61-63. DOI:10.3760/cma.j.issn.1001-2036.2008.01.025.}

[12025] 翟建国，周硕霞，丛海波，王丽娟. 低旋转点腓肠神经营养血管远端蒂皮瓣修复老年人足背远端皮肤缺损[J]. 中华显微外科杂志，2008，31(2)：94. DOI：10.3760/cma.j.issn.1001-2036.2008.02.035. {ZHAI Jianguo,ZHOU Shuoxiang,CONG Haibo,WANG Lijuan. Repair of skin defects of the distal dorsum of foot in the elderly with distally based low rotation point sural neurovascular flap[J]. Zhonghua Xian Wei Wai Ke Za Zhi[Chin J Microsurg(Article in Chinese;No abstract available)],2008,31(2):94. DOI:10.3760/cma.j.issn.1001-2036.2008.02.035.}

[12026] 范存义，姜佩珠，蔡培华，孙鲁源，梅国华，曾炳芳. 腓肠神经营养血管腓肠肌外侧头复合瓣转移治疗胫骨骨髓炎[J]. 中华创伤骨科杂志，2008，10(4)：322-325. DOI：10.3760/cma.j.issn.1671-7600.2008.04.006. {FAN Cunyi,JIANG Peizhu,CAI Peihua,SUN Luyuan,MEI Guohua,ZENG Bingfang. Treatment of tibial osteomyelitis by transfer of distally based sural nerve compound flaps[J]. Zhonghua Chuang Shang Gu Ke Za Zhi[Chin J Orthop Trauma(Article in Chinese;Abstract in Chinese and English)],2008,10(4):322-325. DOI:10.3760/cma.j.issn.1671-7600.2008.04.006.}

[12027] 杜全印，胡波，郭庆山，王爱民. 带腓肠神经营养血管逆行皮瓣修复足跟部皮肤缺损23例[J]. 中华创伤杂志，2008，24(3)：219-220. DOI：10.3321/j.issn：1001-8050.2008.03.018. {DU Quanyin,HU Bo,GUO Qingshan,WANG Aimin. Sural neurovascular flap for repair of heel skin defect in 23 cases[J]. Zhonghua Chuang Shang Za Zhi[Chin J Trauma(Article in Chinese;No abstract available)],2008,24(3):219-220. DOI:10.3321/j.issn:1001-8050.2008.03.018.}

[12028] 赵刚，王卫国，曹学成，刘书明，张贵春，郑吉波，蔡锦芳. 顺行腓肠神经营养血管皮瓣修复膝或小腿近端软组织缺损29例[J]. 中华创伤杂志，2008，24(7)：546-547. DOI：10.3321/j.issn：1001-8050.2008.07.022. {ZHAO Gang,WANG Weiguo,CAO Xuecheng,LIU Shuming,ZHANG Guichun,ZHENG Jibo,CAI Jinfang. Antegrade sural neurovascular flap for repair of soft tissue defect of knee or leg in 29 cases[J]. Zhonghua Chuang Shang Za Zhi[Chin J Trauma(Article in Chinese;No abstract available)],2008,24(7):546-547. DOI:10.3321/j.issn:1001-8050.2008.07.022.}

[12029] 董忠根，刘立宏，郑磊. 腓肠神经营养血管逆行皮瓣修复儿童足踝部皮肤缺损[J]. 中华整形外科杂志，2008，24(1)：20-22. DOI：10.3760/j.issn：1009-4598.2008.01.007. {DONG Zhonggen,LIU Lihong,ZHENG Lei. Reconstruction of foot and ankle defect with reversed sural neurofasciocutaneous flaps in children[J]. Zhonghua Zheng Xing Wai Ke Za Zhi[Chin J Plast Surg(Article in Chinese;Abstract in Chinese and English)],2008,24(1):20-22. DOI:10.3760/j.issn:1009-4598.2008.01.007.}

[12030] 郑继会，马杰，苑娜，胡思斌，赵均福. 腓肠神经营养血管皮瓣逆行修复累及前足的足踝部软组织缺损[J]. 中国骨伤，2008，21(10)：757-758. DOI：10.3969/j.issn.1003-0034.2008.10.023. {ZHENG Jihui,MA Jie,YUAN Na,HU Sibin,ZHAO Junfu. Repair of the soft tissue detects of the anterior foot and the ankle with the reversed sural neurocutaneous flap[J]. Zhongguo Gu Shang[China J Orthop Trauma(Article in Chinese;Abstract in Chinese and English)],2008,21(10):757-758. DOI:10.3969/j.issn.1003-0034.2008.10.023.}

[12031] 刘彬，孔荣，曾建学. 腓肠神经营养血管逆行皮瓣修复足踝部软组织缺损[J]. 临床骨科杂志，2008，11(1)：67-68. DOI：10.3969/j.issn.1008-0287.2008.01.028. {LIU Bin,KONG Rong,ZENG Jianqiang. Distal vascular flap with sural nerve for renovation of soft tissue defect in malleoli[J]. Lin Chuang Gu Ke Za Zhi[J Clin Orthop(Article in Chinese;Abstract in Chinese and English)],2008,11(1):67-68. DOI:10.3969/j.issn.1008-0287.2008.01.028.}

[12032] 王锐英，胡军祖，辛林伟，唐际存. 腓肠神经营养血管肌皮瓣治疗小腿下段及足踝部组织感染缺损[J]. 创伤外科杂志，2008，10(6)：514-515. DOI：10.3969/j.issn.1009-4237.2008.06.015. {WANG Ruiying,HU Junzu,XIN Linwei,TANG Jicun. Repair soft tissue defect and infection at inferior segment of shank and foot with neurovascular sural flap[J]. Chuang Shang Wai Ke Za Zhi[J Traum Surg(Article in Chinese;Abstract in Chinese and English)],2008,10(6):514-515. DOI:10.3969/j.issn.1009-4237.2008.06.015.}

[12033] 查选平，周赤龙，金钟鸣，张彩明，陈惠贞，李焱. 远端蒂腓肠神经营养血管皮瓣的临床应用体会[J]. 中华损伤与修复杂志（电子版），2008，3(4)：449-453. DOI：10.3969/j.issn.1673-9450.2008.04.009. {ZHA Xuanping,ZHOU Chilong,JIN Zhongming,ZHANG Caiming,CHEN Huizhen,LI Yan. Clinical study of the distally based sural neurocutaneous flap[J]. Zhonghua Sun Shang Yu Xiu Fu Za Zhi Dian Zi Ban[Chin J Injury Repair Wound Healing (Electr Ed)(Article in Chinese;Abstract in Chinese and English)],2008,3(4):449-453. DOI:10.3969/j.issn.1673-9450.2008.04.009.}

[12034] 叶兰萍. 改良隐神经腓肠神经营养血管逆行皮瓣修复足远端软组织缺损[J]. 组织工程与重建外科杂志，2008，4(4)：207-209. DOI：10.3969/j.issn.1673-0364.2008.04.008. {YE Lanping. Repair of soft tissue defect in distal end of the foot with modified reversal vascular flap of sural nerve[J]. Zu Zhi Gong Cheng Yu Chong Jian Wai Ke Za Zhi[J Tissue Eng Reconstr Surg(Article in Chinese;Abstract in Chinese and English)],2008,4(4):207-209. DOI:10.3969/j.issn.1673-0364.2008.04.008.}

[12035] 于凤宾，吴水培，俞立新，黄飞. 改良腓肠神经营养血管皮瓣修复足背软组织缺损[J]. 实用手外科杂志，2008，22(3)：155-157. DOI：10.3969/j.issn.1671-2722.2008.03.011. {YU Fengbin,WU Shuipei,YU Lixin,HUANG Fei. Sural nerve vascular flap with anasfomosing lesser saphenous reconstruct defect of dorsalis foot[J]. Shi Yong Shou Wai Ke Za Zhi[Chin J Pract Hand Surg(Article in Chinese;Abstract in Chinese and English)],2008,22(3):155-157. DOI:10.3969/j.issn.1671-2722.2008.03.011.}

[12036] 黄继锋，刘曦明，王华松，黄卫兵，汪国栋，黄勇. 腓肠神经营养血管逆行岛状皮瓣修复足踝部皮肤缺损的临床研究[J]. 实用医学杂志，2008，24(22)：3986. DOI：10.3969/j.issn.1006-5725.2008.22.088. {HUANG Jifeng,LIU Ximing,WANG Huasong,HUANG Weibing,WANG Guodong,HUANG Yong. Clinical study of sural neurovascular island flap for repair of skin defect of foot and ankle[J]. Shi Yong Yi Xue Za Zhi[J Pract Med(Article in Chinese;Abstract in Chinese)],2008,24(22):3986. DOI:10.3969/j.issn.1006-5725.2008.22.088.}

[12037] 董忠根，魏建伟，刘立宏，郑磊，刘薇. 远端带筋膜皮下组织瓣的腓肠神经营养血管皮瓣临床应用[J]. 中国修复重建外科杂志，2008，22(5)：631-632. {DONG Zhonggen,WEI Jianwei,LIU Lihong,ZHENG Lei,LIU Wei. Clinical application of sural neurovascular flap with distal fascial subcutaneous tissue[J]. Zhongguo Xiu Fu Chong Jian Wai Ke Za Zhi[Chin J Repar Reconstr Surg(Article in Chinese;Abstract in Chinese)],2008,22(5):631-632.}

[12038] 许喜生，胡永才，陈凯，马铮铮，李柏同，欧才生，程勇，周永生，李志湘. 小隐静脉-腓肠神经营养血管逆行岛状皮瓣修复儿童足部软组织缺损[J]. 中华整形外科杂志，2009，25(3)：181-183. DOI：10.3760/cma.j.issn.1009-4598.2009.03.007. {XU Xisheng,HU Yongcai,CHEN Kai,MA Zhengzheng,LI Botong,OU Caisheng,CHENG Yong,ZHOU Yongsheng,LI Zhixiang. Reverse small saphenous vein-sural neurovascular island flap for the reconstruction of soft tissue defect on foot and ankle in children[J]. Zhonghua Zheng Xing Wai Ke Za Zhi[Chin J Plast Surg(Article in Chinese;Abstract in Chinese and English)],2009,25(3):181-183. DOI:10.3760/cma.j.issn.1009-4598.2009.03.007.}

[12039] 查选平，周赤龙，金钟鸣，张彩明，李焱. 经皮缝扎阻断小隐静脉回流降低远端蒂腓肠神经营养血管皮瓣静脉瘀血的临床研究[J]. 中华损伤与修复杂志（电子版），2009，4(3)：276-283. DOI：10.3969/j.issn.1673-9450.2009.03.005. {ZHA Xuanping,ZHOU Chilong,JIN Zhongming,ZHANG Caiming,LI Yan. Effect of blocking the lesser saphenous Vein by percutaneous suturing on the distally based sural neurocutaneous nap[J]. Zhonghua Sun Shang Yu Xiu Fu Za Zhi Dian Zi Ban[Chin J Injury Repair Wound Healing(Electr Ed)(Article in Chinese;Abstract in Chinese and English)],2009,4(3):276-283. DOI:10.3969/j.issn.1673-9450.2009.03.005.}

[12040] 许春旺，丘奕军，雷恩忠，杨爱德，王玉召，闫国良，赵涛. 小隐静脉腓肠神经逆行营养皮瓣的临床应用[J]. 中华显微外科杂志，2009，32(3)：220. {XU Chunwang,QIU Yijun,LEI Enzhong,YANG Aide,WANG Yuzhao,YAN Guoliang,ZHAO Tao. Clinical application of reversed small saphenous vein sural neurocutaneous flap[J]. Zhonghua Xian Wei Wai Ke Za Zhi[Chin J Microsurg(Article in Chinese;No abstract available)],2009,32(3):220.}

[12041] 杨成林，毕郑钢，付春江，曹阳. 小隐静脉-腓肠神经逆行筋膜瓣的临床应用[J]. 中华显微外科杂志，2009，32(5)：363-365. DOI：10.3760/cma.j.issn.1001-2036.2009.05.005. {YANG Chenglin,BI Zhenggang,FU Chunjiang,CAO Yang. Clinical application of distally based lesser saphenous-sural nerve adipofascial flap[J]. Zhonghua Xian Wei Wai Ke Za Zhi[Chin J Microsurg(Article in Chinese;Abstract in Chinese and English)],2009,32(5):363-365. DOI:10.3760/cma.j.issn.1001-2036.2009.05.005.}

[12042] 荆志振，俞光荣，游木荣，张世民. 腓肠神经小隐静脉营养血管远端蒂皮瓣静脉回流的实验研究[J]. 中华创伤杂志，2009，25(4)：303-306. DOI：10.3760/cma.j.issn.1001-8050.2009.04.93. {JING Zhizhen,YU Guangrong,YOU Murong,ZHANG Shimin. Venous drainage in the lesser saphenous sural neurovenofasciocutaneous distally based flap:an experimental study in rabbit model[J]. Zhonghua Chuang Shang Za Zhi[Chin J Trauma(Article in Chinese;Abstract in Chinese and English)],2009,25(4):303-306. DOI:10.3760/cma.j.issn.1001-8050.2009.04.93.}

[12043] 李明新，阚世廉，张建国. 逆行腓肠神经营养血管皮瓣一期修复足背软组织缺损[J]. 中国临床解剖学杂志，2009，27(6)：728-730. {LI Mingxin,KAN Shilian,ZHANG Jianguo. The primary repair of the foot dorsum soft tissue defect adopting the sural neurovascular retrograde flap[J]. Zhongguo Lin Chuang Jie Pou Xue Za Zhi[Chin J Clin Anat(Article in Chinese;Abstract in Chinese and English)],2009,27(6):728-730.}

[12044] 林传松，杨爱勇，饶明亮，关钦强，黄烁，陈德文. 应用腓肠神经营养血管皮瓣修复踝周软组织缺损[J]. 中华显微外科杂志，2009，32(2)：148-149. DOI：10.3760/cma.j.issn.1001-2036.2009.02.024. {LIN Chuansong,YANG Aiguo,RAO Mingliang,GUAN Qinqiang,HUANG Shuo,CHEN Dewen. Sural neurovascular flap for repair of soft tissue defect around ankle[J]. Zhonghua Xian Wei Wai Ke Za Zhi[Chin J Microsurg(Article in Chinese;Abstract in Chinese)],2009,32(2):148-149. DOI:10.3760/cma.j.issn.1001-2036.2009.02.024.}

[12045] 陆男吉，柴益民，汪春阳，蔡培华，盛加根，曾炳芳. 蒂部加强穿支血管的逆行腓肠神经营养血管筋膜皮瓣的应用[J]. 中华显微外科杂志，2009，32(3)：181-183，插1. DOI：10.3760/cma.j.issn.1001-2036.2009.03.002. {LU Nanji,CHAI Yimin,WANG Chunyang,CAI Peihua,SHENG Jiagen,ZENG Bingfang. Application of reversed perforator-plus sural neurofasciocutaneous flap in lower leg[J]. Zhonghua Xian Wei Wai Ke Za Zhi[Chin J Microsurg(Article in Chinese;Abstract in Chinese and English)],2009,32(3):181-183,insert 1. DOI:10.3760/cma.j.issn.1001-2036.2009.03.002.}

[12046] 杨爱勇，林传松，饶明亮，关钦强，黄烁. 应用腓肠神经营养血管皮瓣修复踝部软组织缺损的临床体会[J]. 中华显微外科杂志，2009，32(3)：231-232. DOI：10.3760/cma.j.issn.1001-2036.2009.03.024. {YANG Aiyong,LIN Chuansong,RAO Mingliang,GUAN Qinqiang,HUANG Shuo. Clinical experience of sural neurovascular flap for repair of soft tissue defect of ankle[J]. Zhonghua Xian Wei Wai Ke Za Zhi[Chin J Microsurg(Article in Chinese;Abstract in Chinese)],2009,32(3):231-232. DOI:10.3760/cma.j.issn.1001-2036.2009.03.024.}

[12047] 冯晓林，吕先俊，熊敏，龙向阳，陈大康，陈远海. 带外踝后穿支的腓肠神经营养血管皮瓣修复足踝部皮肤缺损[J]. 中华显微外科杂志，2009，32(4)：316. DOI：10.3760/cma.j.issn.1001-2036.2009.04.023. {FENG Xiaolin,LV Xianjun,XIONG Min,LONG Xiangyang,CHEN Dakang,CHEN Yuanhai. Sural neurovascular flap with lateral malleolus posterior perforator for repair of skin defect of foot and ankle[J]. Zhonghua Xian Wei Wai Ke Za Zhi[Chin J Microsurg(Article in Chinese;Abstract in Chinese)],2009,32(4):316. DOI:10.3760/cma.j.issn.1001-2036.2009.04.023.}

[12048] 师红立，舒衡生，方广文. 腓肠神经营养血管逆行岛状皮瓣治疗足踝部软组织缺损38例报告[J]. 中国矫形外科杂志，2009，17(8)：584-586. {SHI Hongli,SHU Hengsheng,FANG Guangwen. Application of the reversed sural neurocutaneous island flap in repairing the soft tissue defect of the foot and ankle(report of 38 cases)[J]. Zhongguo Jiao Xing Wai Ke Za Zhi[Orthop J China(Article in Chinese;Abstract in Chinese and English)],2009,17(8):584-586.}

[12049] 胡骁骅，沈余明，王志永，陈忠，黎明，覃凤均，张国安. 腓肠神经营养血管逆行皮瓣修复小腿下段及足部组织缺损[J]. 中华烧伤杂志，2009，25(1)：25-27. DOI：10.3760/cma.j.issn.1009-2587.2009.01.011. {HU Xiaohua,SHEN Yuming,WANG Zhiyong,CHEN Zhong,LI Ming,QIN Fengjun,ZHANG Guoan. Repair of tissue defect of lower leg and toot with reverse islaud skin flaps with sural nerve and blood supplying vessels[J]. Zhonghua Shao Shang Za Zhi[Chin J Burns(Article in Chinese;Abstract in Chinese and English)],2009,25(1):25-27. DOI:10.3760/cma.j.issn.1009-2587.2009.01.011.}

[12050] 台中惠，鹿泽兵．腓肠神经营养血管系列皮瓣修复大面积皮肤缺损 [J]．中国骨伤，2009，22(1)：55-56．DOI：10.3969/j.issn.1003-0034.2009.01.026．{TAI Zhonghui,LU Zebing. Sural neurocutaneous vascular flaps for the repair of large skin defects[J]. Zhongguo Gu Shang[China J Orthop Trauma(Article in Chinese;No abstract available)],2009,22(1):55-56. DOI:10.3969/j.issn.1003-0034.2009.01.026.}

[12051] 贾新路，张云飞，程国良，李海清，马金柱，王大伟．改良腓肠神经营养血管逆行岛状筋膜蒂皮瓣修复足踝部皮肤缺损 [J]．中国骨伤，2009，22(6)：464-465．DOI：10.3969/j.issn.1003-0034.2009.06.022．{JIA Xinlu,ZHANG Yunfei,CHENG Guoliang,LI Haiqing,MA Jinzhu,WANG Dawei. Repair of skin defects of ankle and foot with modified reverse sural neurovascular island flap[J]. Zhongguo Gu Shang[China J Orthop Trauma(Article in Chinese;No abstract available)],2009,22(6):464-465. DOI:10.3969/j.issn.1003-0034.2009.06.022.}

[12052] 陈雪松，肖茂明，王元山，黄敢，管力，张黎明，周晨．高位穿支蒂腓肠神经营养血管皮瓣修复足踝部软组织缺损 [J]．中国骨与关节损伤杂志，2009，24(6)：504-506．{CHEN Xuesong,XIAO Maoming,WANG Yuanshan,HUANG Gan,GUAN Li,ZHANG Liming,ZHOU Chen. Sural neurocutaneous vascular flap pedicled with higher perforating branch of peroneal artery for repair of defects at location of ankle and proximal part of foot[J]. Zhongguo Gu Yu Guan Jie Sun Shang Za Zhi[Chin J Bone Joint Injury(Article in Chinese;Abstract in Chinese and English)],2009,24(6):504-506.}

[12053] 蒋宾．腓肠神经营养血管皮瓣修复小腿足踝部缺损 [J]．临床骨科杂志，2009，12(3)：281-282．DOI：10.3969/j.issn.1008-0287.2009.03.014．{JIANG Bin. Application of sural neurocutaneous flap to repair soft tissue defects of leg,ankle and foot[J]. Lin Chuang Gu Ke Za Zhi[J Clin Orthop(Article in Chinese;Abstract in Chinese and English)],2009,12(3):281-282. DOI:10.3969/j.issn.1008-0287.2009.03.014.}

[12054] 王鹏，钟晓玲，刘小伟．腓肠神经营养血管筋膜组织瓣在合并有骨外露的小腿软组织缺损修复中的应用 [J]．创伤外科杂志，2009，11(5)：462．DOI：10.3969/j.issn.1009-4237.2009.05.027．{WANG Peng,ZHONG Xiaoling,LIU Xiaowei. Application of sural neurocutaneous vascular flap in repairing soft tissue defect of the leg associated with bone exposure[J]. Chuang Shang Wai Ke Za Zhi[J Traum Surg(Article in Chinese;Abstract in Chinese)],2009,11(5):462. DOI:10.3969/j.issn.1009-4237.2009.05.027.}

[12055] 蒙家辉，黄家基，黄侣．腓肠神经营养血管蒂皮瓣交腿修复胫前及足部软组织缺损 [J]．创伤外科杂志，2009，11(5)：430-432．DOI：10.3969/j.issn.1009-4237.2009.05.012．{MENG Jiahui,HUANG Jiaji,HUANG Lv. Cross-leg repair for the anterior tibial and foot soft tissue defect with sural neurovascular flap[J]. Chuang Shang Wai Ke Za Zhi[J Traum Surg(Article in Chinese;Abstract in Chinese and English)],2009,11(5):430-432. DOI:10.3969/j.issn.1009-4237.2009.05.012.}

[12056] 董忠根，魏建伟，刘立宏，郑磊，马丙栋，武文．腓肠神经血管皮瓣修复足跟区皮肤软组织缺损 [J]．中国矫形外科杂志，2009，17(6)：421-423．{DONG Zhonggen,WEI Jianwei,LIU Lihong,ZHENG Lei,MA Bingdong,WU Wen. Distally based sural neurofasciocutaneous flap for repairing soft tissue defects in heel[J]. Zhongguo Jiao Xing Wai Ke Za Zhi[Orthop J China(Article in Chinese;Abstract in Chinese and English)],2009,17(6):421-423.}

[12057] 翁雨雄，王发斌，黄启顺，陈振兵．重建感觉的腓肠神经营养皮瓣修复足跟部缺损的临床研究 [J]．中华手外科杂志，2009，25(6)：378-380．{WENG Yuxiong,WANG Fabin,HUANG Qishun,CHEN Zhenbing. Clinical study on reconstruction of tissue defect of the heel using sensate sural neurovascular flap[J]. Zhonghua Shou Wai Ke Za Zhi[Chin J Hand Surg(Article in Chinese;Abstract in Chinese and English)],2009,25(6):378-380.}

[12058] 李青松，宋开芳，陈艺新，秦杰，田霓，杨颇．小隐静脉栓塞对腓肠神经营养血管逆行皮瓣的影响 [J]．中华显微外科杂志，2010，33(6)：481-482．DOI：10.3760/cma.j.issn.1001-2036.2010.06.014．{LI Qingsong,SONG Kaifang,CHEN Yixin,QIN Jie,TIAN Ni,YANG Po. Effect of small saphenous vein embolization on sural neurovascular reversed flap[J]. Zhonghua Xian Wei Wai Ke Za Zhi[Chin J Microsurg(Article in Chinese;Abstract in Chinese)],2010,33(6):481-482. DOI:10.3760/cma.j.issn.1001-2036.2010.06.014.}

[12059] 宋开芳，陈艺新，李青松，秦杰，田霓，杨颇．小隐静脉栓塞对腓肠神经营养血管逆行皮瓣影响的实验研究 [J]．实用骨科杂志，2010，16(6)：426-428．DOI：10.3969/j.issn.1008-5572.2010.06.010．{SONG Kaifang,CHEN Yixin,LI Qingsong,QIN Jie,TIAN Ni,YANG Po. Effect of embolizing lesser saphenous vein on distal pedicled skin flaps of sural nerve nutrient vessel:an experimental study[J]. Shi Yong Gu Ke Za Zhi[J Pract Orthop(Article in Chinese;Abstract in Chinese and English)],2010,16(6):426-428. DOI:10.3969/j.issn.1008-5572.2010.06.010.}

[12060] 董忠根，王志华，刘立宏，倪江东，何爱咏．带腓肠肌肌腱的腓肠神经营养血管复合皮瓣修复跟腱并皮肤缺损 [J]．中国临床解剖学杂志，2010，28(2)：222-224．{DONG Zhonggen,WANG Zhihua,LIU Lihong,NI Jiangdong,HE Aiyong. Sural neurofasciocutaneous composite flap with gastrocnemius tendon for repairing defects of Achilles tendon and overlying skin[J]. Zhongguo Lin Chuang Jie Pou Xue Za Zhi[Chin J Clin Anat(Article in Chinese;Abstract in Chinese and English)],2010,28(2):222-224.}

[12061] 温晓阳，严宜琦，杨勇，胡晓健，袁永忠，廖世文．应用腓肠神经营养血管皮瓣修复足跟部缺损 [J]．中华显微外科杂志，2010，33(1)：67-68．DOI：10.3760/cma.j.issn.1001-2036.2010.01.029．{WEN Xiaoyang,YAN Yiqi,YANG Yong,HU Xiaojian,YUAN Yongzhong,LIAO Shiwen. Sural neurovascular flap for repair of heel defect[J]. Zhonghua Xian Wei Wai Ke Za Zhi[Chin J Microsurg(Article in Chinese;Abstract in Chinese)],2010,33(1):67-68. DOI:10.3760/cma.j.issn.1001-2036.2010.01.029.}

[12062] 翁阳华，吴显奎，彭扬国，欧耀芬．应用腓肠神经营养血管皮瓣修复糖尿病足跟溃疡 32 例 [J]．中华显微外科杂志，2010，33(2)：156-157．DOI：10.3760/cma.j.issn.1001-2036.2010.02.027．{WENG Yanghua,WU Xiankui,PENG Yangguo,OU Yaofen. Sural neurovascular flap for repair of diabetic heel ulcer in 32 cases[J]. Zhonghua Xian Wei Wai Ke Za Zhi[Chin J Microsurg(Article in Chinese;Abstract in Chinese)],2010,33(2):156-157. DOI:10.3760/cma.j.issn.1001-2036.2010.02.027.}

[12063] 翁晓娟，李小静，宁金龙，朱飞，张林．应用改进逆行腓肠神经营养血管皮瓣修复下肢软组织缺损 [J]．中华显微外科杂志，2010，33(3)：190-193，后插 2．DOI：10.3760/cma.j.issn.1001-2036.2010.03.007．{WENG Xiaojuan,LI Xiaojing,NING Jinlong,ZHU Fei,ZHANG Lin. Modified skin flaps with nutrient vessels of superficial vein-cutaneous nerve of lower limb for repair of lower extremity soft-tissues defects[J]. Zhonghua Xian Wei Wai Ke Za Zhi[Chin J Microsurg(Article in Chinese;Abstract in Chinese and English)],2010,33(3):190-193,insert 2. DOI:10.3760/cma.j.issn.1001-2036.2010.03.007.}

[12064] 丰波，武宇赤，张霄雁，冉博，张宏，张澜．应用腓肠神经营养血管蒂皮瓣修复足踝部软组织缺损 [J]．中华显微外科杂志，2010，33(5)：434．DOI：10.3760/cma.j.issn.1001-2036.2010.05.035．{FENG Bo,WU Yuchi,ZHANG Xiaoyan,RAN Bo,ZHANG Hong,ZHANG Lan. Sural neurovascular flap for repair of soft tissue defect of foot and ankle[J]. Zhonghua Xian Wei Wai Ke Za Zhi[Chin J Microsurg(Article in Chinese;No abstract available)],2010,33(5):434. DOI:10.3760/cma.j.issn.1001-2036.2010.05.035.}

[12065] 杨大威，李卫，孟庆刚．腓肠神经营养血管逆行岛状皮瓣治疗胫腓骨骨折合并软组织缺损 [J]．中华整形外科杂志，2010，26(4)：305-306．DOI：10.3760/cma.j.issn.1009-4598.2010.04.021．{YANG Dawei,LI Wei,MENG Qinggang. Sural neurovascular reversed island flap in treatment of tibia and fibula fracture with soft tissue defect[J]. Zhonghua Zheng Xing Wai Ke Za Zhi[Chin J Plast Surg(Article in Chinese;No abstract available)],2010,26(4):305-306. DOI:10.3760/cma.j.issn.1009-4598.2010.04.021.}

[12066] 董忠根，魏建伟，刘立宏，罗顺红，杨洋，周征兵，何苗，邓翔午．远端蒂腓肠神经营养血管皮瓣近端位置与部分坏死的关系 [J]．中华整形外科杂志，2010，26(5)：331-336．DOI：10.3760/cma.j.issn.1009-4598.2010.05.004．{DONG Zhonggen,WEI Jianwei,LIU Lihong,LUO Shunhong,YANG Yang,ZHOU Zhengbing,HE Miao,DENG Xiangwu. Relationship between proximal-tip location and partial necrosis in distally based sural neurofasciocutaneous flap:an analysis of 157 flaps[J]. Zhonghua Zheng Xing Wai Ke Za Zhi[Chin J Plast Surg(Article in Chinese;Abstract in Chinese and English)],2010,26(5):331-336. DOI:10.3760/cma.j.issn.1009-4598.2010.05.004.}

[12067] 梅正峰，李攀登，端木群力，雷文涛，赵琦辉．腓肠神经营养血管逆行皮瓣修复下肢软组织缺损 [J]．中国骨伤，2010，23(3)：172-174．DOI：10.3969/j.issn.1003-0034.2010.03.006．{MEI Zhengfeng,LI Pandeng,DUANMU Qunli,LEI Wentao,ZHAO Qihui. Reversed sural neurovascular fasciocutaneous flap for reconstruction of soft tissue defects of lower limbs[J]. Zhongguo Gu Shang[China J Orthop Trauma(Article in Chinese;Abstract in Chinese and English)],2010,23(3):172-174. DOI:10.3969/j.issn.1003-0034.2010.03.006.}

[12068] 彭立军，王晓东，李玉前，李宏斌，张建华．腓肠神经营养血管皮瓣修复足踝部软组织缺损的疗效分析 [J]．临床骨科杂志，2010，13(2)：171-173．DOI：10.3969/j.issn.1008-0287.2010.02.018．{PENG Lijun,WANG Xiaohong,LI Yuqian,LI Hongbin,ZHANG Jianhua. The clinical effect of sural neurovascular flap to repair soft tissue defects in ankle-heel region[J]. Lin Chuang Gu Ke Za Zhi[J Clin Orthop(Article in Chinese;Abstract in Chinese and English)],2010,13(2):171-173. DOI:10.3969/j.issn.1008-0287.2010.02.018.}

[12069] 文根，柴益民，汪春阳，吴旭华，王磊，成亮．穿支血管蒂腓肠神经营养血管皮瓣的实验研究 [J]．中国修复重建外科杂志，2010，24(4)：458-461．{WEN Gen,CHAI Yimin,WANG Chunyang,WU Xuhua,WANG Lei,CHENG Liang. Study on animal model of perforator sural neurocutaneous flap[J]. Zhongguo Xiu Fu Chong Jian Wai Ke Za Zhi[Chin J Repar Reconstr Surg(Article in Chinese;Abstract in Chinese and English)],2010,24(4):458-461.}

[12070] 王科，王爱武．腓肠神经营养血管皮瓣修复跟骨骨折术后软组织缺损 [J]．中国修复重建外科杂志，2010，24(5)：637-638．{WANG Ke,WANG Aiwu. Sural neurovascular flap for repair of soft tissue defect after calcaneal fracture[J]. Zhongguo Xiu Fu Chong Jian Wai Ke Za Zhi[Chin J Repar Reconstr Surg(Article in Chinese;Abstract in Chinese)],2010,24(5):637-638.}

[12071] 曹荣华，熊龙．腓肠神经逆行复合组织蒂皮瓣临床应用 [J]．中华显微外科杂志，2010，33(1)：48．DOI：10.3760/cma.j.issn.1001-2036.2010.01.042．{CAO Ronghua,XIONG Long. Clinical application of sural nerve retrograde composite tissue flap[J]. Zhonghua Xian Wei Wai Ke Za Zhi[Chin J Microsurg(Article in Chinese;No abstract available)],2010,33(1):48. DOI:10.3760/cma.j.issn.1001-2036.2010.01.042.}

[12072] 彭光军，王业华．腓肠神经逆行岛状皮瓣急诊一期修复小腿及足踝部软组织缺损 [J]．临床骨科杂志，2010，13(4)：438-440．DOI：10.3969/j.issn.1008-0287.2010.04.039．{PENG Guangjun,WANG Yehua. Reversed island flap pedicled with nutrient vessels of sural nerve for emergency repairing soft tissue defect of lower leg,ankle joint and foot dorsum[J]. Lin Chuang Gu Ke Za Zhi[J Clin Orthop(Article in Chinese;Abstract in Chinese and English)],2010,13(4):438-440. DOI:10.3969/j.issn.1008-0287.2010.04.039.}

[12073] 李志安，李振武，姬林松．带远端腓肠神经血管束腓肠肌肌皮瓣推进修复跟部皮肤及跟腱缺损 [J]．中国修复重建外科杂志，2010，24(10)：1279-1280．{LI Zhian,LI Zhenwu,JI Linsong. Repair of heel skin and Achilles tendon defects with gastrocnemius myocutaneous flap with distal sural neurovascular bundle[J]. Zhongguo Xiu Fu Chong Jian Wai Ke Za Zhi[Chin J Repar Reconstr Surg(Article in Chinese;Abstract in Chinese)],2010,24(10):1279-1280.}

[12074] 李永宁，邵明．带小隐静脉－腓肠神经营养血管的筋膜瓣修复足踝部组织缺损 [J]．中华损伤与修复杂志（电子版），2011，6(5)：796-800．DOI：10.3877/cma.j.issn.1673-9450.2011.05.016．{LI Yongning,SHAO Ming. Repairing tissue defects in ankle and foot with lesser saphenous vein-sural neurovascular fascial flap[J]. Zhonghua Sun Shang Yu Xiu Fu Za Zhi Dian Zi Ban[Chin J Injury Repair Wound Healing(Electr Ed)(Article in Chinese;Abstract in Chinese and English)],2011,6(5):796-800. DOI:10.3877/cma.j.issn.1673-9450.2011.05.016.}

[12075] 葛军委，黄东，张惠茹，吴伟炽，江钦文，黄国英．远端蒂腓肠神经营养血管肌皮瓣的血供研究 [J]．中国临床解剖学杂志，2011，29(2)：149-151，154．{GE Junwei,HUANG Dong,ZHANG Huiru,WU Weichi,JIANG Qinwen,HUANG Guoying. Blood supply of the distal pedicled sural nerve nutrient vessel myocutaneous flap[J]. Zhongguo Lin Chuang Jie Pou Xue Za Zhi[Chin J Clin Anat(Article in Chinese;Abstract in Chinese and English)],2011,29(2):149-151,154.}

[12076] 叶琪毅，陈浩，唐亚飞，张文广，刘文革．应用腓肠神经营养血管逆行岛状皮瓣修复组织缺损 15 例 [J]．中华显微外科杂志，2011，34(2)：142-143．DOI：10.3760/cma.j.issn.1001-2036.2011.02.022．{YE Qiyi,CHEN Hao,TANG Yafei,ZHANG Wenguang,LIU Wenge. Application of sural neurovascular island flap for repair of tissue defect in 15 cases[J]. Zhonghua Xian Wei Wai Ke Za Zhi[Chin J Microsurg(Article in Chinese;Abstract in Chinese)],2011,34(2):142-143. DOI:10.3760/cma.j.issn.1001-2036.2011.02.022.}

[12077] 刘鸣江，唐举玉，吴攀峰，肖湘君．逆行腓肠神经营养血管皮瓣的感觉重建 [J]．中华显微外科杂志，2011，34(3)：194-197．DOI：10.3760/cma.j.issn.1001-2036.2011.03.008．{LIU Mingjiang,TANG Juyu,WU Panfeng,XIAO Xiangjun. The study on the sensory reconstruction in denervation areas after the operation of reversed island pedicled sural flap[J]. Zhonghua Xian Wei Wai Ke Za Zhi[Chin J Microsurg(Article in Chinese;Abstract in Chinese and English)],2011,34(3):194-197. DOI:10.3760/cma.j.issn.1001-2036.2011.03.008.}

[12078] 袁华军，黎忠文．应用腓肠神经营养血管皮瓣修复下肢软组织缺损 [J]．中华显微外科杂志，2011，34(3)：230-232．DOI：10.3760/cma.j.issn.1001-2036.2011.03.023．{YUAN Huajun,LI Zhongwen. Sural neurovascular flap for repair of soft tissue defect of lower extremity[J]. Zhonghua Xian Wei Wai Ke Za Zhi[Chin J Microsurg(Article in Chinese;Abstract in Chinese)],2011,34(3):230-232. DOI:10.3760/cma.j.issn.1001-2036.2011.03.023.}

[12079] 冯经旺，徐杰，冯运华，汤克沪，谭志伟，肖志林，罗焕明，郑佐慧．腓肠神经营养血管皮瓣修复足踝部软组织缺损 [J]．中华显微外科杂志，2011，34(3)：232-234．DOI：10.3760/cma.j.issn.1001-2036.2011.03.024．{FENG Jingwang,XU Jie,FENG Yunhua,TANG Kehu,TAN Zhiwei,XIAO Zhilin,LUO Huanming,ZHENG Zuohui. Sural neurovascular flap for repair of soft tissue defect of foot and ankle[J]. Zhonghua Xian Wei Wai Ke Za Zhi[Chin J Microsurg(Article in Chinese;Abstract in Chinese)],2011,34(3):232-234. DOI:10.3760/cma.j.issn.1001-2036.2011.03.024.}

[12080] 农明善，张伟敏，陈凯宁，杨幸，黎斌兵，黄耿．腓肠神经营养血管肌皮瓣修复足踝软组织缺损 [J]．中华显微外科杂志，2011，34(4)：318-319．DOI：10.3760/cma.j.issn.1001-2036.2011.04.020．{NONG Shanming,ZHANG Weimin,CHEN Kaining,YANG Xing,LI Binbing,HUANG Geng. Repair of soft tissue defect of foot and ankle with sural neurovascular myocutaneous flap [J]. Zhonghua Xian Wei Wai Ke Za Zhi[Chin J Microsurg(Article in Chinese;Abstract in Chinese)],2011,34(4):318-319. DOI:10.3760/cma.j.issn.1001-2036.2011.04.020.}

[12081] 邵新中，喻伟光，王巧君，王英彩，吕莉，王立，孙建涛．腓肠肌内侧头穿支动脉与腓肠神经营养血管联合蒂肌皮瓣的临床应用 [J]．中华显微外科杂志，2011，34(5)：373-375．DOI：10.3760/cma.j.issn.1001-2036.2011.05.006．{SHAO Xinzhong,YU Weiguang,WANG Qiaojun,WANG Yingcai,LV Li,WANG Li,SUN Jiantao. Clinical application of branch artery of the sural medial gastrocnemius muscle flap combine with sural nerve nutritional vessel axial[J]. Zhonghua Xian Wei Wai Ke Za Zhi[Chin J Microsurg(Article in Chinese;Abstract in

Chinese and English)],2011,34(5):373-375. DOI:10.3760/cma.j.issn.1001-2036.2011.05.006.}

[12082] 程勇，周永生，周海洋，何勤，李志湘．腓肠神经营养血管逆行岛状皮瓣修复老年人足踝部慢性创面 [J]．中华整形外科杂志，2011，27（4）：308-309．DOI：10.3760/cma.j.issn.1009-4598.2011.04.019．{CHENG Yong,ZHOU Yongsheng,ZHOU Haiyang,HE Qin,LI Zhixiang. Sural neurovascular island flap for repair of chronic wounds of foot and ankle in the elderly[J]. Zhonghua Zheng Xing Wai Ke Za Zhi[Chin J Plast Surg(Article in Chinese;No abstract available)],2011,27(4):308-309. DOI:10.3760/cma.j.issn.1009-4598.2011.04.019.}

[12083] 袁景．腓肠神经营养血管皮瓣修复小腿及足踝部缺损 [J]．临床骨科杂志，2011，14（6）：713-714．DOI：10.3969/j.issn.1008-0287.2011.06.051．{YUAN Jing. Application of sural neurocutaneous flap to repair soft tissue defects of leg,ankle and foot[J]. Lin Chuang Gu Ke Za Zhi[J Clin Orthop(Article in Chinese;No abstract available)],2011,14(6):713-714. DOI:10.3969/j.issn.1008-0287.2011.06.051.}

[12084] 李健宇，何强，徐麒，王喆．腓肠神经营养血管逆行岛状皮瓣修复足踝部软组织缺损 17 例 [J]．创伤外科杂志，2011，13（2）：171-171．DOI：10.3969/j.issn.1009-4237.2011.02.028．{LI Jianyu,HE Qang,XU Qi,WANG Zhe. Application of the reversed sural neurocutaneous island flap in repairing soft tissue defect of the foot and ankle:report of 17 cases[J]. Chuang Shang Wai Ke Za Zhi[J Traum Surg(Article in Chinese;Abstract in Chinese)],2011,13(2):171-171. DOI:10.3969/j.issn.1009-4237.2011.02.028.}

[12085] 彭德飞，程代薇，李自力，朱文，杜娇．腓肠神经营养血管皮瓣修复足踝部皮肤缺损 [J]．组织工程与重建外科杂志，2011，7（4）：214-216．DOI：10.3969/j.issn.1673-0364.2011.04.008．{PENG Defei,CHENG Daiwei,LI Zili,ZHU Wen,DU Jiao. Clinical application of flap pedicled with sural nerve nutrient vessel in repairing soft tissue defect of the ankle and foot[J]. Zu Zhi Gong Cheng Yu Chong Jian Wai Ke Za Zhi[J Tissue Eng Reconstr Surg(Article in Chinese;Abstract in Chinese and English)],2011,7(4):214-216. DOI:10.3969/j.issn.1673-0364.2011.04.008.}

[12086] 颜屈伦，周盟森．超大面积腓肠神经营养血管皮瓣的临床应用 [J]．实用手外科杂志，2011，25（1）：31-33．DOI：10.3969/j.issn.1671-2722.2011.01.015．{YAN Qulun,ZHOU Mengsen. Reconstruction of the extensive defect in the lower extremity using the large reverse sural neurocutaneous flap[J]. Shi Yong Shou Wai Ke Za Zhi[Chin J Pract Hand Surg(Article in Chinese;Abstract in Chinese and English)],2011,25(1):31-33. DOI:10.3969/j.issn.1671-2722.2011.01.015.}

[12087] 梁志军．两种腓肠神经营养血管皮瓣修复足踝部软组织缺损 [J]．第三军医大学学报，2011，33（1）：100-101．{LIANG Zhijun. Repair of soft tissue defect of foot and ankle with two kinds of sural neurovascular flap[J]. Di San Jun Yi Da Xue Xue Bao[Acta Acad Med Mil Tert(Article in Chinese;Abstract in Chinese)],2011,33(1):100-101.}

[12088] 熊国忠，林秀来，殷作明，刘建伟，刘林，杨清海．腓肠神经营养筋膜皮瓣修复足踝部软组织缺损的临床应用 [J]．中国矫形外科杂志，2011，19（20）：1745-1746．DOI：10.3977/j.iesn.1005-8478.2011.20.22．{XIONG Guozhong,LIN Xiulai,YIN Zuoming,LIU Jianwei,LIU Lin,YANG Qinghai. Clinical application of sural neurofasciocutaneous flap for repair of soft tissue defect of foot and ankle[J]. Zhongguo Jiao Xing Wai Ke Za Zhi[Orthop J China(Article in Chinese;Abstract in Chinese)],2011,19(20):1745-1746. DOI:10.3977/j.issn.1005-8478.2011.20.22.}

[12089] 杨顺，李忠哲，向明，谢杰，陈杭，杨国勇，牟健雄．吻合小隐静脉的腓肠神经营养血管皮瓣修复跟骨感染创面 [J]．实用手外科杂志，2012，26（1）：22-24．DOI：10.3969/j.issn.1671-2722.2012.01.009．{YANG Shun,LI Zhongzhe,XIANG Ming,XIE Jie,CHEN Hang,YANG Guoyong,MOU Jianxiong. Treating caicaneal infection wound with sural neuro-veno-fasciocutaneous flap of anastomosis small saphenous vein[J]. Shi Yong Shou Wai Ke Za Zhi[Chin J Pract Hand Surg(Article in Chinese;Abstract in Chinese and English)],2012,26(1):22-24. DOI:10.3969/j.issn.1671-2722.2012.01.009.}

[12090] 李晓林，穆广态，康志学，陈凯，赵再兴．腓肠神经营养血管皮瓣在修复儿童足踝部软组织缺损中的临床应用 [J]．中华显微外科杂志，2012，35（2）：153-155．DOI：10.3760/cma.j.issn.1001-2036.2012.02.025．{LI Xiaolin,MU Guangtai,KANG Zhixue,CHEN Kai,ZHAO Zaixing. Clinical application of sural neurovascular flap in repair of soft tissue defect of foot and ankle in children[J]. Zhonghua Xian Wei Wai Ke Za Zhi[Chin J Microsurg(Article in Chinese;Abstract in Chinese)],2012,35(2):153-155. DOI:10.3760/cma.j.issn.1001-2036.2012.02.025.}

[12091] 阳晟，唐哲明，魏合伟，张文财．球拍状腓肠神经营养血管皮瓣临床应用的体会 [J]．中华显微外科杂志，2012，35（4）：345-346．DOI：10.3760/cma.j.issn.1001-2036.2012.04.035．{YANG Sheng,TANG Zheming,WEI Hewei,ZHANG Wencai. Clinical application of racket-like sural neurovascular flap[J]. Zhonghua Xian Wei Wai Ke Za Zhi[Chin J Microsurg(Article in Chinese;No abstract available)],2012,35(4):345-346. DOI:10.3760/cma.j.issn.1001-2036.2012.04.035.}

[12092] 曲广宇，路来金．腓肠神经营养血管逆行皮瓣修复小腿及足踝部软组织缺损 [J]．中华显微外科杂志，2012，35（5）：406-407．DOI：10.3760/cma.j.issn.1001-2036.2012.05.018．{QU Guangyu,LU Laijin. Sural neurovascular flap for repair of soft tissue defects of leg,foot and ankle[J]. Zhonghua Xian Wei Wai Ke Za Zhi[Chin J Microsurg(Article in Chinese;Abstract in Chinese)],2012,35(5):406-407. DOI:10.3760/cma.j.issn.1001-2036.2012.05.018.}

[12093] 王诗波，冯彦华，侯春林，樊嵘，骆宇春，许斌，张伟伟．伴下肢静脉曲张远端蒂腓肠神经营养血管皮瓣修复长期服激素患者足底创面一例 [J]．中华显微外科杂志，2012，35（6）：520-521．DOI：10.3760/cma.j.issn.1001-2036.2012.06.035．{WANG Shibo,FENG Yanhua,HOU Chunlin,FAN Rong,LUO Yuchun,XU Bin,ZHANG Weiwei. Sural neurovascular flap pedicled with varicose veins of lower extremity for repair of plantar wound in a patient with long-term hormone therapy[J]. Zhonghua Xian Wei Wai Ke Za Zhi[Chin J Microsurg(Article in Chinese;No abstract available)],2012,35(6):520-521. DOI:10.3760/cma.j.issn.1001-2036.2012.06.035.}

[12094] 夏青，江海良，王翔．腓肠神经营养血管复合皮瓣一期修复跟腱区软组织缺损并感染 [J]．实用骨科杂志，2012，18（11）：988-992．DOI：10.3969/j.issn.1008-5572.2012.11.010．{XIA Qing,JIANG Hailiang,WANG Xiang. Distally based sural nerve nutrient vessel fasciocutaneous compound flap for the treatment of the complex soft tissue defects of Achilles tendon[J]. Shi Yong Gu Ke Za Zhi[J Pract Orthop(Article in Chinese;Abstract in Chinese and English)],2012,18(11):988-992. DOI:10.3969/j.issn.1008-5572.2012.11.010.}

[12095] 胡永福，马才英，黄林彪，石得璋．腓肠神经营养血管皮瓣一期修复双侧足跟部冻伤创面 [J]．临床骨科杂志，2012，15(1)：34-36．DOI：10.3969/j.issn.1008-0287.2012.01.016．{HU Yongfu,MA Caiying,HUANG Linbiao,SHI Dezhang. Sural nerve nutrient vessels flaps for primary repair of bilateral heel frostbite wound[J]. Lin Chuang Gu Ke Za Zhi[J Clin Orthop(Article in Chinese;Abstract in Chinese and English)],2012,15(1):34-36. DOI:10.3969/j.issn.1008-0287.2012.01.016.}

[12096] 李运远，汪淼，胡承玉，沈锐，杨美中．带腓肠神经营养血管皮瓣修复足跟部皮肤软组织缺损 [J]．临床骨科杂志，2012，15（3）：304-305，308．DOI：10.3969/j.issn.1008-0287.2012.03.025．{LI Yunyuan,WANG Miao,HU Chengyu,SHEN Rui,YANG Meizhong. Orthopaedic repair for soft-tissue defects in foot by using the sural neurovascular flap[J]. Lin Chuang Gu Ke Za Zhi[J Clin Orthop(Article in Chinese;Abstract in Chinese and English)],2012,15(3):304-305,308. DOI:10.3969/j.issn.1008-0287.2012.03.025.}

[12097] 夏尔键，夏涵，赵少平．腓肠神经营养血管筋膜蒂皮瓣修复跟骨骨折外侧入路术后软组织缺损 [J]．组织工程与重建外科杂志，2012，8（6）：328-329，355．DOI：10.3969/j.issn.1673-0364.2012.06.007．{XIA Erjian,XIA Han,ZHAO Shaoping. Application of sural neurovascular fascial flap for treating soft tissue defect after calcaneal fractures with lateral approach[J]. Zu Zhi Gong Cheng Yu Chong Jian Wai Ke Za Zhi[J Tissue Eng Reconstr Surg(Article in Chinese;Abstract in Chinese and English)],2012,8(6):328-329,355. DOI:10.3969/j.issn.1673-0364.2012.06.007.}

[12098] 席志峰，刘刚义，朱修文，王从虎，荣向科，苟军全．特形腓肠神经营养血管皮瓣修复足踝部软组织缺损 [J]．实用手外科杂志，2012，26（4）：324-326．DOI：10.3969/j.issn.1671-2722.2012.04.008．{XI Zhifeng,LIU Gangyi,ZHU Xiuwen,WANG Conghu,RONG Xiangke,GOU Junquan. Repairing soft tissue defects of ankle by the special-shaped superficial peroneal neurocutaneous flaps pedicled with the perforating branch of peroneal artery[J]. Shi Yong Shou Wai Ke Za Zhi[Chin J Pract Hand Surg(Article in Chinese;Abstract in Chinese and English)],2012,26(4):324-326. DOI:10.3969/j.issn.1671-2722.2012.04.008.}

[12099] 熊龙，武志宏，曹荣华．腓肠神经逆行复合组织蒂皮瓣修复小腿和足部创面 [J]．中华显微外科杂志，2012，35（4）：343-344．DOI：10.3760/cma.j.issn.1001-2036.2012.04.033．{XIONG Long,WU Zhihong,CAO Ronghua. Repair of leg and foot wounds with retrograde sural nerve composite tissue flap[J]. Zhonghua Xian Wei Wai Ke Za Zhi[Chin J Microsurg(Article in Chinese;No abstract available)],2012,35(4):343-344. DOI:10.3760/cma.j.issn.1001-2036.2012.04.033.}

[12100] 陈斌，郑松，吴斌，刘明．应用腓肠神经营养皮瓣修复足踝部感染性缺损创面 [J]．临床骨科杂志，2012，15（5）：521-523．{CHEN Bin,ZHENG Song,WU Bin,LIU Ming. Repair of infected ankle and foot soft tissue defect with sural nerve nutritional vessel axial flap[J]. Lin Chuang Gu Ke Za Zhi[J Clin Orthop(Article in Chinese;Abstract in Chinese and English)],2012,15(5):521-523.}

[12101] 姚广东，王锡蓓，邓自强，秦芹，李珍珍．保留腓肠神经的腓肠神经－小隐静脉营养血管逆行筋膜皮瓣的临床应用 [J]．中华整形外科杂志，2013，29（2）：136-137．DOI：10.3760/cma.j.issn.1009-4598.2013.02.014．{YAO Guangdong,WANG Xibei,DENG Ziqiang,QIN Qin,LI Zhenzhen. Clinical application of reversed sural nerve and saphenous vein fasciocutaneous flap[J]. Zhonghua Zheng Xing Wai Ke Za Zhi[Chin J Plast Surg(Article in Chinese;No abstract available)],2013,29(2):136-137. DOI:10.3760/cma.j.issn.1009-4598.2013.02.014.}

[12102] 陈文雄，谢广中，胡争波，苗存良，梅林军．应用腓肠神经营养血管皮瓣修复足踝部软组织缺损 [J]．中华显微外科杂志，2013，36（3）：298-300．DOI：10.3760/cma.j.issn.1001-2036.2013.03.028．{CHEN Wenxiong,XIE Guangzhong,HU Zhengbo,MIAO Cunliang,MEI Linjun. Repair of soft tissue defect of foot and ankle with sural neurovascular flap[J]. Zhonghua Xian Wei Wai Ke Za Zhi[Chin J Microsurg(Article in Chinese;Abstract in Chinese)],2013,36(3):298-300. DOI:10.3760/cma.j.issn.1001-2036.2013.03.028.}

[12103] 孟朝晖，梁钢，孙建平．不同节段的穿支蒂腓肠神经营养血管皮瓣修复下肢缺损 [J]．中国骨伤，2013，26（8）：631-633．DOI：10.3969/j.issn.1003-0034.2013.08.004．{MENG Chaohui,LIANG Gang,SUN Jianping. Utility of different levels of perforator based sural neurofasciocutaneous flaps in repairing lower limb defects[J]. Zhongguo Gu Shang[China J Orthop Trauma(Article in Chinese;Abstract in Chinese and English)],2013,26(8):631-633. DOI:10.3969/j.issn.1003-0034.2013.08.004.}

[12104] 尹克军，朱兴仁，龚铁军，赵小云，钱治，管林君．腓肠神经营养血管皮瓣的临床应用 [J]．临床骨科杂志，2013，16（5）：570-572．DOI：10.3969/j.issn.1008-0287.2013.05.040．{YIN Kejun,ZHU Xingren,GONG Tiejun,ZHAO Xiaoyun,QIAN Zhi,GUAN Linjun. The clinical appfication of sural neurovascular flap[J]. Lin Chuang Gu Ke Za Zhi[J Clin Orthop(Article in Chinese;Abstract in Chinese and English)],2013,16(5):570-572. DOI:10.3969/j.issn.1008-0287.2013.05.040.}

[12105] 徐向阳，周炎，瞿新丛．腓肠神经营养血管皮瓣逆行修复儿童跟腱部轮辐伤 [J]．创伤外科杂志，2013，15（2）：133-135．DOI：10.3969/j.issn.1009-4237.2013.02.011．{XU Xiangyang,ZHOU Yan,QU Xincong. Sural neurocutaneous vascular flap for repairing the motorcycle spoke injury in Achilles tendon in children[J]. Chuang Shang Wai Ke Za Zhi[J Traum Surg(Article in Chinese;Abstract in Chinese and English)],2013,15(2):133-135. DOI:10.3969/j.issn.1009-4237.2013.02.011.}

[12106] 陈云，黄广智．腓肠神经营养血管皮瓣治疗跟骨骨折术后皮肤软组织缺损的临床应用 [J]．创伤外科杂志，2013，15(5)：458-458．DOI：10.3969/j.issn.1009-4237.2013.05.028．{CHEN Yun,HUANG Guangzhi. Clinical application of skin and soft tissue defect after resection of sural neurocutaneous vascular flap in the treatment of calcaneal fracture[J]. Chuang Shang Wai Ke Za Zhi[J Traum Surg(Article in Chinese;Abstract in Chinese and English)],2013,15(5):458-458. DOI:10.3969/j.issn.1009-4237.2013.05.028.}

[12107] 刘宗宝，顾加祥，朱贤，陆剑锋，黄建平，朱寅．腓肠神经营养血管皮瓣修复膝至足踝部创面 [J]．实用手外科杂志，2013，27（3）：354-356．DOI：10.3969/j.issn.1671-2722.2013.03.017．{LIU Zongbao,GU Jiaxiang,ZHU Xian,LU Jianfeng,HUANG Jianping,ZHU Yin. The clinical analysis of the suralneuro-veno-fasciocutaneous for recovering skin defect from the knee to ankle[J]. Shi Yong Shou Wai Ke Za Zhi[Chin J Pract Hand Surg(Article in Chinese;Abstract in Chinese and English)],2013,27(3):354-356. DOI:10.3969/j.issn.1671-2722.2013.03.017.}

[12108] 张云峰，刘卫华，郭传友．腓肠神经营养皮瓣的一种切取方法 [J]．中华显微外科杂志，2013，36(5)：474．DOI：10.3760/cma.j.issn.1001-2036.2013.05.016．{ZHANG Yunfeng,LIU Weihua,GUO Chuanyou. A cutting method of sural neurocutaneous flap[J]. Zhonghua Xian Wei Wai Ke Za Zhi[Chin J Microsurg(Article in Chinese;No abstract available)],2013,36(5):474. DOI:10.3760/cma.j.issn.1001-2036.2013.05.016.}

[12109] 李济文，王国伟，窦洪磊．腓肠神经筋膜皮瓣修复软组织缺损 10 例临床观察 [J]．中国矫形外科杂志，2013，21(2)：197-198．DOI：10.3977/j.issn.1005-8478.2013.02.24．{LI Jiwen,WANG Guowei,DOU Honglei. Clinical observation of sural neurofascial flap for repair of soft tissue defects in 10 cases[J]. Zhongguo Jiao Xing Wai Ke Za Zhi[Orthop J China(Article in Chinese;Abstract in Chinese)],2013,21(2):197-198. DOI:10.3977/j.issn.1005-8478.2013.02.24.}

[12110] 杨军林，张功林，赵来绪．腓肠神经皮瓣延迟修复足部大面积软组织缺损 1 例 [J]．中国骨伤，2013，26（11）：906-907．DOI：10.3969/j.issn.1003-0034.2013.11.006．{YANG Junlin,ZHANG Gonglin,ZHAO Laixu. Delayed of reverse sural nerve flap to repair large soft tissue defect on foot:a case report[J]. Zhongguo Gu Shang[China J Orthop Trauma(Article in Chinese;No abstract available)],2013,26(11):906-907. DOI:10.3969/j.issn.1003-0034.2013.11.006.}

[12111] 李辉映，罗亚丽，王永恒，王建东，田玺民，陈多平，吕睿．延迟腓肠神经营养皮瓣修复小腿和足大面积软组织缺损 [J]．临床骨科杂志，2013，16（2）：165-166，169．DOI：10.3969/j.issn.1008-0287.2013.02.019．{LI Huiying,LUO Yali,WANG Yongheng,WANG Jiandong,TIAN Ximin,CHEN Duoping,LV Rui. Repair soft tissue defects of the lower leg and foot with delayed neurovascular sural flaps[J]. Lin Chuang Gu Ke Za Zhi[J Clin Orthop(Article in Chinese;Abstract in Chinese and English)],2013,16(2):165-166,169. DOI:10.3969/j.issn.1008-0287.2013.02.019.}

[12112] 招健明，吴业坤，冯运垒，张帅，黄其志，颜林飞．吻合小隐静脉低旋转点腓肠神经营养血管皮瓣修复足部软组织缺损 [J]．中华显微外科杂志，2014，37（2）：199-200．DOI：10.3760/cma.j.issn.1001-2036.2014.02.036．{ZHAO Jianming,WU Yekun,FENG Yunlei,ZHANG Shuai,HUANG Qizhi,YAN Linfei. Low rotation point sural neurovascular flap with anastomosis of small saphenous vein for repair of foot soft tissue defects[J]. Zhonghua Xian Wei Wai Ke Za Zhi[Chin J Microsurg(Article in Chinese;Abstract in Chinese)],2014,37(2):199-200. DOI:10.3760/cma.j.issn.1001-2036.2014.02.036.}

[12113] 刘辉，杨勇，黄华凤，陆国通，罗文方，徐月忠，杜红敏，谢欢，林鹏．结扎小隐静脉及重建腓肠感觉神经的逆行腓肠神经营养血管皮瓣修复足部软组织缺损 [J]．实用手外科杂志，

2014，28（3）：255-258. DOI：10.3969/j.issn.1671-2722.2014.03.005. {LIU Hui,YANG Yong,HUANG Huafeng,LU Guotong,LUO Wenfang,XU Yuezhong,DU Hongmin,XIE Huan,LIN Peng. Ligation of the small saphenous vein and reconstruction of sural sensory nerve to repair tissue defect of foot with retrograde sural neurovascular flap[J]. Shi Yong Shou Wai Ke Za Zhi[Chin J Pract Hand Surg(Article in Chinese;Abstract in Chinese and English)],2014,28(3):255-258. DOI:10.3969/j.issn.1671-2722.2014.03.005.}

[12114] 刘强，刘会仁. 腓肠神经营养血管皮瓣的临床应用进展[J]. 中国临床解剖学杂志，2014，32（4）：500-502. DOI：10.13418/j.issn.1001-165x.2014.04.032. {LIU Qiang,LIU Huiren. Progress in basic study and applications of sural neurocutaneous flap[J]. Zhongguo Lin Chuang Jie Pou Xue Za Zhi[Chin J Clin Anat(Article in Chinese;No abstract available)],2014,32(4):500-502. DOI:10.13418/j.issn.1001-165x.2014.04.032.}

[12115] 于铁强，左玉明，王月光，王国强，易凡，刘会仁. 腓肠神经营养血管皮瓣修复儿童足跟部软组织缺损[J]. 中华显微外科杂志，2014，37（1）：104. DOI：10.3760/cma.j.issn.1001-2036.2014.01.039. {YU Tieqiang,ZUO Yuming,WANG Yueguang,WANG Guoqiang,YI Fan,LIU Huiren. Sural neurovascular flap for repair of heel soft tissue defect in children[J]. Zhonghua Xian Wei Wai Ke Za Zhi[Chin J Microsurg(Article in Chinese;No abstract available)],2014,37(1):104. DOI:10.3760/cma.j.issn.1001-2036.2014.01.039.}

[12116] 麻文谦，董晖，杨晓东，秦涛，赵胡瑞. 腓肠神经营养血管皮瓣逆行修复跟骨骨折术后小面积骨钢板外露[J]. 中华显微外科杂志，2014，37（2）：178-179. DOI：10.3760/cma.j.issn.1001-2036.2014.02.025. {MA Wenqian,DONG Hui,YANG Xiaodong,QIN Tao,ZHAO Hurui. Sural neurovascular flap for repair of small bone plate exposure after calcaneal fracture[J]. Zhonghua Xian Wei Wai Ke Za Zhi[Chin J Microsurg(Article in Chinese;Abstract in Chinese)],2014,37(2):178-179. DOI:10.3760/cma.j.issn.1001-2036.2014.02.025.}

[12117] 周绍勇，张航，唐林俊，陈浩贤，王海军. 腓肠神经营养血管皮瓣临床应用187例[J]. 中华显微外科杂志，2014，37(5)：519. DOI：10.3760/cma.j.issn.1001-2036.2014.05.035. {ZHOU Shaoyong,ZHANG Hang,TANG Linjun,CHEN Haoxian,WANG Haijun. Clinical application of sural neurovascular flap in 187 cases[J]. Zhonghua Xian Wei Wai Ke Za Zhi[Chin J Microsurg(Article in Chinese;Abstract in Chinese)],2014,37(5):519. DOI:10.3760/cma.j.issn.1001-2036.2014.05.035.}

[12118] 黄春福，郑文忠，李晓茵，尤瑞金，陈昆，黄钿锋，苏鸿君. 腓肠神经营养血管皮下筋膜瓣修复足踝部创面[J]. 中华显微外科杂志，2014，37（5）：472-474. DOI：10.3760/cma.j.issn.1001-2036.2014.05.015. {HUANG Chunfu,ZHENG Wenzhong,LI Xiaoyin,YOU Ruijin,CHEN Kun,HUANG Dianfeng,SU Hongjun. Repairing defects of foot and ankle by sural neurovascular adipofascial flap[J]. Zhonghua Xian Wei Wai Ke Za Zhi[Chin J Microsurg(Article in Chinese;Abstract in Chinese and English)],2014,37(5):472-474. DOI:10.3760/cma.j.issn.1001-2036.2014.05.015.}

[12119] 杨潇，杨绍安，徐成毅，靳安民，陈仲. 腓肠神经营养血管皮瓣修复足踝部组织外露创面[J]. 中华显微外科杂志，2014，37（5）：507-509. DOI：10.3760/cma.j.issn.1001-2036.2014.05.029. {YANG Xiao,YANG Shaoan,XU Chengyi,JIN Anmin,CHEN Zhong. Sural neurovascular flap for repair of foot and ankle tissue exposed wound[J]. Zhonghua Xian Wei Wai Ke Za Zhi[Chin J Microsurg(Article in Chinese;Abstract in Chinese)],2014,37(5):507-509. DOI:10.3760/cma.j.issn.1001-2036.2014.05.029.}

[12120] 刘文泉，公茂亮，王明杰，张成进. 腓血管蒂腓肠神经营养血管皮瓣修复足踝部软组织缺损[J]. 中华显微外科杂志，2014，37（6）：592-594. DOI：10.3760/cma.j.issn.1001-2036.2014.06.020. {LIU Wenquan,GONG Maoliang,WANG Mingjie,ZHANG Chengjin. Sural neurovascular flap pedicled with peroneal vessels for repair of soft tissue defects of foot and ankle[J]. Zhonghua Xian Wei Wai Ke Za Zhi[Chin J Microsurg(Article in Chinese;Abstract in Chinese)],2014,37(6):592-594. DOI:10.3760/cma.j.issn.1001-2036.2014.06.020.}

[12121] 赵建强，车永琦，王军成，翟伟，王文亮. 应用交腿腓肠神经营养血管皮瓣修复踝周皮肤缺损[J]. 中华显微外科杂志，2014，37（6）：615-616. DOI：10.3760/cma.j.issn.1001-2036.2014.06.031. {ZHAO Jianqiang,CHE Yongqi,WANG Juncheng,ZHAI Wei,WANG Wenliang. Repair of skin defect around ankle with cross-leg sural neurovascular flap[J]. Zhonghua Xian Wei Wai Ke Za Zhi[Chin J Microsurg(Article in Chinese;Abstract in Chinese)],2014,37(6):615-616. DOI:10.3760/cma.j.issn.1001-2036.2014.06.031.}

[12122] 周保军，高富军，陈力援，祁志轶，胡杰亮. 腓肠神经营养血管逆行岛状皮瓣修复踝关节周围皮肤缺损[J]. 临床骨科杂志，2014，17（5）：589-591. DOI：10.3969/j.issn.1008-0287.2014.05.036. {ZHOU Baojun,GAO Fujun,CHEN Liyuan,QI zhiyi,HU Jieliang. Sural nerve nutrient vessels supplied retrograde island flap to repair skin defects around the ankle[J]. Lin Chuang Gu Ke Za Zhi[J Clin Orthop(Article in Chinese;Abstract in Chinese and English)],2014,17(5):589-591. DOI:10.3969/j.issn.1008-0287.2014.05.036.}

[12123] 闫飞虎，卞承玲，辛磊，韩冬，吴永发，马兵，唐洪泰，贲道锋. 腓肠神经营养血管皮瓣延迟转移术的临床研究[J]. 中华损伤与修复杂志（电子版），2014，9（3）：49-52. DOI：10.3877/cma.j.issn.1673-9450.2014.03.014. {YAN Feihu,BIAN Chengling,XIN Lei,HAN Dong,WU Yongfa,MA Bing,TANG Hongtai,BEN Daofeng. Clinical study of delayed-transposition of sural neurovascular flap[J]. Zhonghua Sun Shang Yu Xiu Fu Za Zhi Dian Zi Ban[Chin J Injury Repair Wound Healing(Electr Ed)(Article in Chinese;Abstract in Chinese and English)],2014,9(3):49-52. DOI:10.3877/cma.j.issn.1673-9450.2014.03.014.}

[12124] 张发惠，宋一平，林松庆，郑和平. 腓肠神经营养血管远端蒂皮瓣修复足前部软组织缺损[J]. 中华解剖与临床杂志，2014，19（1）：46-48. DOI：10.3760/cma.j.issn.2095-7041.2014.01.012. {ZHANG Fahui,SONG Yiping,LIN Songqing,ZHENG Heping. The distally based sural neurouascular flap for reconstruction of the forefoot soft tissue defect[J]. Zhonghua Jie Pou Yu Lin Chuang Za Zhi[Chin J Anat Clin(Article in Chinese;Abstract in Chinese and English)],2014,19(1):46-48. DOI:10.3760/cma.j.issn.2095-7041.2014.01.012.}

[12125] 王思夏，战杰，石强，吴锦生. 腓肠神经营养血管筋膜皮瓣修复足部皮肤软组织缺损[J]. 实用手外科杂志，2014，28（4）：388-390. DOI：10.3969/j.issn.1671-2722.2014.04.013. {WANG Sixia,ZHAN Jie,SHI Qiang,WU Jinsheng. Repairing of soft tissue defects of the foot with sural neurovascular fasciocutaneous flap[J]. Shi Yong Shou Wai Ke Za Zhi[Chin J Pract Hand Surg(Article in Chinese;Abstract in Chinese and English)],2014,28(4):388-390. DOI:10.3969/j.issn.1671-2722.2014.04.013.}

[12126] 郭建，李宝山，庞超见，章雪松，刘双利，施洪臣. 腓肠神经营养血管皮瓣修复儿童足后跟轮辐伤的临床应用[J]. 实用手外科杂志，2014，28（4）：403-404. DOI：10.3969/j.issn.1671-2722.2014.04.018. {GUO Jian,LI Baoshan,PANG Chaojian,ZHANG Xuesong,LIU Shuangli,SHI Hongchen. Clinical application of sural nerve nutrient vessels flap to repair spoke injury in children hindfoot[J]. Shi Yong Shou Wai Ke Za Zhi[Chin J Pract Hand Surg(Article in Chinese;Abstract in Chinese and English)],2014,28(4):403-404. DOI:10.3969/j.issn.1671-2722.2014.04.018.}

[12127] 孙杨，袁建君，刘刚义. 腓肠神经营养血管皮瓣修复老年足跟部癌肿切除创面[J]. 实用手外科杂志，2014，28(4)：426-428. DOI：10.3969/j.issn.1671-2722.2014.04.028. {SUN Yang,YUAN Jianjun,LIU Gangyi. Sural nerve nutrient vessel flap to repair heel tumor excision wound[J]. Shi Yong Shou Wai Ke Za Zhi[Chin J Pract Hand Surg(Article in Chinese;Abstract in Chinese and English)],2014,28(4):426-428. DOI:10.3969/j.issn.1671-2722.2014.04.028.}

[12128] 张功林，甄平，赵来绪，陈克明，杨军林，周建华，薛钦义. 逆行腓肠神经营养皮瓣修复对侧小腿软组织缺损[J]. 实用骨科杂志，2014，20（5）：437-439. {ZHANG Gonglin,ZHEN Ping,ZHAO Laixu,CHEN Keming,YANG Junlin,ZHOU Jianhua,XUE Qinyi. Repair of the soft tissue defect in contralateral leg with the reverse sural nerve nutritional island flap[J]. Shi Yong Gu Ke Za Zhi[J Pract Orthop(Article in Chinese;Abstract in Chinese and English)],2014,20(5):437-439.}

[12129] 魏立友，王国强，张宏伟. 腓肠神经营养血管皮瓣在儿童足跟部软组织缺损修复中的应用[J]. 中国骨与关节损伤杂志，2015，30（4）：384-386. DOI：10.7531/j.issn.1672-9935.2015.04.017. {WEI Liyou,WANG Guoqiang,ZHANG Hongwei. Sural nerve nutrient vascular flap in treatment of heel soft tissue defect in children[J]. Zhongguo Gu Yu Guan Jie Sun Shang Za Zhi[Chin J Bone Joint Injury(Article in Chinese;Abstract in Chinese and English)],2015,30(4):384-386. DOI:10.7531/j.issn.1672-9935.2015.04.017.}

[12130] 袁翔，雷毅，王伟. 腓肠神经营养血管皮瓣修复足踝部软组织缺损[J]. 临床骨科杂志，2015，18（1）：85-86. DOI：10.3969/j.issn.1008-0287.2015.01.029. {YUAN Xiang,LEI Yi,WANG Wei. Sural neuro-fasciocutaneous flap to repair the ankle and foot soft-tissue defect[J]. Lin Chuang Gu Ke Za Zhi[J Clin Orthop(Article in Chinese;Abstract in Chinese and English)],2015,18(1):85-86. DOI:10.3969/j.issn.1008-0287.2015.01.029.}

[12131] 刘强，刘会仁，王岩. 腓肠神经逆行岛状皮瓣修复下肢远端软组织缺损[J]. 中国临床解剖学杂志，2015，33（5）：577-580. DOI：10.13418/j.issn.1001-165x.2015.05.020. {LIU Qiang,LIU Huiren,WANG Yan. Sural nerve retrograde island flap to repair distal leg soft tissue defect[J]. Zhongguo Lin Chuang Jie Pou Xue Za Zhi[Chin J Clin Anat(Article in Chinese;Abstract in Chinese and English)],2015,33(5):577-580. DOI:10.13418/j.issn.1001-165x.2015.05.020.}

[12132] 陈向军，刘艳红，姚兴伟，刘沙，温建廷，韩德志. 腓肠神经伴行血管逆行筋膜皮瓣阻隔延迟的实验研究[J]. 中华损伤与修复杂志（电子版），2015，10（4）：14-18. DOI：10.3877/cma.j.issn.1673-9450.2015.04.004. {CHEN Xiangjun,LIU Yanhong,YAO Xingwei,LIU Sha,WEN Jianting,HAN Dezhi. Experimental study of obstructing delayed effect of revers sural neurocutaneous vascular flaps[J]. Zhonghua Sun Shang Yu Xiu Fu Za Zhi Dian Zi Ban[Chin J Injury Repair Wound Healing(Electr Ed)(Article in Chinese;Abstract in Chinese and English)],2015,10(4):14-18. DOI:10.3877/cma.j.issn.1673-9450.2015.04.004.}

[12133] 周廷玉，喻爱喜，张友，钟斌，杜俊生，陈金，郭双红. 携带腘动脉穿支蒂的腓肠神经营养血管皮瓣修复小腿中上段软组织缺损[J]. 中华显微外科杂志，2016，39（5）：428-431. DOI：10.3760/cma.j.issn.1001-2036.2016.05.004. {ZHOU Tingyu,YU Aixi,ZHANG You,ZHONG Bin,DU Junsheng,CHEN Jin,GUO Shuanghong. The anterograde sural neurovascular flap based on the popliteal artery perforator for covering tissue defects in middle and distal upper leg[J]. Zhonghua Xian Wei Wai Ke Za Zhi[Chin J Microsurg(Article in Chinese;Abstract in Chinese and English)],2016,39(5):428-431. DOI:10.3760/cma.j.issn.1001-2036.2016.05.004.}

[12134] 胡永福，何智萍，陈万国，王生鹏. 腓肠神经营养血管皮瓣修复足踝部软组织缺损创面[J]. 临床骨科杂志，2016，19（1）：72-74. DOI：10.3969/j.issn.1008-0287.2016.01.029. {HU Yongfu,HE Zhiping,CHEN Wanguo,WANG Shengpeng. Sural nerve nutrient vessels of skin flap to repair the soft tissue defect in ankle wounds[J]. Lin Chuang Gu Ke Za Zhi[J Clin Orthop(Article in Chinese;Abstract in Chinese and English)],2016,19(1):72-74. DOI:10.3969/j.issn.1008-0287.2016.01.029.}

[12135] 潘敬舜，刘生和. 改良腓肠神经营养血管逆行皮瓣修复踝部组织缺损中的临床运用[J]. 创伤外科杂志，2016，18（4）：214-216. DOI：10.3969/j.issn.1009-4237.2016.04.007. {PAN Jingshun,LIU Hesheng. Modified retrograde sural neurofasciocutaneous flap for treating the soft tissue defect of ankle[J]. Chuang Shang Wai Ke Za Zhi[J Traum Surg(Article in Chinese;Abstract in Chinese and English)],2016,18(4):214-216. DOI:10.3969/j.issn.1009-4237.2016.04.007.}

[12136] 刘兴邦，王运涛，陶圣祥，余国荣. 腓肠神经营养血管逆行皮瓣修复足跟部软组织缺损[J]. 实用手外科杂志，2016，30（4）：395-396，399. DOI：10.3969/j.issn.1671-2722.2016.04.006. {LIU Xingbang,WANG Yuntao,TAO Shengxiang,YU Guorong. Application of the reversed sural neurocutaneous island flap in repairing the soft tissue defect of the heel[J]. Shi Yong Shou Wai Ke Za Zhi[Chin J Pract Hand Surg(Article in Chinese;Abstract in Chinese and English)],2016,30(4):395-396,399. DOI:10.3969/j.issn.1671-2722.2016.04.006.}

[12137] 李涛，陈振兵，丛晓斌，艾方兴，周攀，季伟，徐祥. 保留腓肠神经的小腿后外侧穿支皮瓣的临床应用[J]. 中华手外科杂志，2016，32（2）：127-129. DOI：10.3760/cma.j.issn.1005-054X.2016.02.025. {LI Tao,CHEN Zhenbing,CONG Xiaobin,AI Fangxing,ZHOU Pan,JI Wei,XU Xiang. Clinical application of lower leg posterolateral perforator flap with preserved sural nerve[J]. Zhonghua Shou Wai Ke Za Zhi[Chin J Hand Surg(Article in Chinese;Abstract in Chinese and English)],2016,32(2):127-129. DOI:10.3760/cma.j.issn.1005-054X.2016.02.025.}

[12138] 方高丰，颉黄峰，许冈跃. 小隐静脉不同处理方式对腓肠神经营养血管逆行岛状皮瓣成活的影响[J]. 中华烧伤杂志，2017，33（7）：439-441. DOI：10.3760/cma.j.issn.1009-2587.2017.07.010. {FANG Gaofeng,XIE Huangfeng,XU Gangyue. Effect of different treatment of small saphenous vein on sural neurovascular retrograde island flap[J]. Zhonghua Shao Shang Za Zhi[Chin J Burns(Article in Chinese;Abstract in Chinese)],2017,33(7):439-441. DOI:10.3760/cma.j.issn.1009-2587.2017.07.010.}

[12139] 侯俊杰，杨欣，马勇光. 腓肠神经小隐静脉筋膜皮瓣在足踝区皮肤软组织缺损修复中的应用[J]. 组织工程与重建外科杂志，2017，13（3）：139-142. DOI：10.3969/j.issn.1673-0364.2017.03.006. {HOU Junjie,YANG Xin,MA Yongguang. The application of sural neuro-veno-fasciocutaneous flap in repairing skin soft tissue defect of ankle[J]. Zu Zhi Gong Cheng Yu Chong Jian Wai Ke Za Zhi[J Tissue Eng Reconstr Surg(Article in Chinese;Abstract in Chinese and English)],2017,13(3):139-142. DOI:10.3969/j.issn.1673-0364.2017.03.006.}

[12140] 谢昀，邹文选，方芳，张琦，叶君健，庄跃宏. 腓肠神经的交感成分及其对腓肠神经营养血管皮瓣血流动力学影响的探查[J]. 中国临床解剖学杂志，2017，35（1）：25-30. DOI：10.13418/j.issn.1001-165x.2017.01.006. {XIE Yun,ZOU Wenxuan,FANG Fang,ZHANG Qi,YE Junjian,ZHUANG Yuehong. The impact on hemodynamics of proximally-based sural neurovascular flap by different management of sural nerve[J]. Zhongguo Lin Chuang Jie Pou Xue Za Zhi[Chin J Clin Anat(Article in Chinese;Abstract in Chinese and English)],2017,35(1):25-30. DOI:10.13418/j.issn.1001-165x.2017.01.006.}

[12141] 崔满意，王培吉，潘健鹏. 外踝后低位穿支腓肠神经营养血管皮瓣修复足踝部皮肤缺损[J]. 中华显微外科杂志，2017，40（5）：502-504. DOI：10.3760/cma.j.issn.1001-2036.2017.05.026. {CUI Manyi,WANG Peiji,PAN Jianpeng. Repair of skin defect of foot and ankle with sural neurovascular flap pedicled with perforating branch of posterior lower lateral malleolus[J]. Zhonghua Xian Wei Wai Ke Za Zhi[Chin J Microsurg(Article in Chinese;Abstract in Chinese)],2017,40(5):502-504. DOI:10.3760/cma.j.issn.1001-2036.2017.05.026.}

[12142] 梁好，陈莹恩，勾明，黎丹东，牛军. 携带跖肌腱腓肠神经营养血管皮瓣修复足部复合组织缺损[J]. 临床骨科杂志，2017，20（4）：440-442. DOI：10.3969/j.issn.1008-0287.2017.04.020. {LIANG Hao,CHEN Yingen,GOU Ming,LI Dandong,NIU Jun. Sural neurovascular flap with plantaris tendon for repair of complex tissue defect of foot[J]. Lin Chuang Gu Ke Za Zhi[J Clin Orthop(Article in Chinese;Abstract in Chinese and English)],2017,20(4):440-442. DOI:10.3969/j.issn.1008-0287.2017.04.020.}

[12143] 沈余明，胡晓骅，王成，温春泉. 跟腱延长联合腓肠神经营养血管皮瓣治疗瘢痕挛缩性足下垂畸形[J]. 中华损伤与修复杂志（电子版），2017，12（2）：99-102. DOI：10.3877/cma.j.issn.1673-9450.2017.02.005. {SHEN Yuming,HU Xiaohua,WANG Cheng,WEN Chunquan. Application of achilles tendon lengthening combined with sural neurovascular flap in the treatment of cicatricial drop foot[J]. Zhonghua Sun Shang Yu Xiu Fu Za Zhi Dian Zi Ban[Chin J Injury Repair Wound Healing(Electr Ed)(Article in Chinese;Abstract in Chinese and English)],2017,12(2):99-102. DOI:10.3877/cma.j.issn.1673-9450.2017.02.005.}

[12144] 朱晓浩，陈卓，王雪丽，马昕，谈希，王珍祥. 腓肠神经营养血管逆行岛状皮瓣治疗严重小腿

远端及足踝部损伤[J]. 局解手术学杂志，2017，26（8）：620-623. DOI：10.11659/jjssx.08E016038. {ZHU Xiaohao,CHEN Zhuo,WANG Xueli,MA Xin,TAN Xi,WANG Zhenxiang. Clinical analysis of treating severe soft tissue defect on distal leg and foot with sural nerve nutrient vessels retrograde island flap[J]. Ju Jie Shou Shu Xue Za Zhi[J Reg Anat Oper Surg(Article in Chinese;Abstract in Chinese and English)],2017,26(8):620-623. DOI:10.11659/jjssx.08E016038.}

[12145] 温春泉，陈欣，于东宁，杜伟力. 腓肠神经营养血管皮瓣联合翻转跟腱瓣早期修复小儿足跟部严重轮辐伤[J]. 骨科临床与研究杂志，2017，2（3）：176-180. DOI：10.19548/j.2096-269x.2017.03.009. {WEN Chunquan,CHEN Xin,YU Dongning,DU Weili. Application of sural neurocutaneous vascular flap and reversed tendon flap for the treatment of severe spoke heel injury in children[J]. Gu Ke Lin Chuang Yu Yan Jiu Za Zhi[J Clin Orthop Res(Article in Chinese;Abstract in Chinese and English)],2017,2(3):176-180. DOI:10.19548/j.2096-269x.2017.03.009.}

[12146] 吕桂，崔邦胜. 应用腓肠神经营养血管皮瓣逆行修复足部软组织缺损[J]. 实用手外科杂志，2017，31（1）：59-61. DOI：10.3969/j.issn.1671-2722.2017.01.019. {LV Gui,CUI Bangsheng. Application of retrograde sural nerve nutrient vessels flap to repair the foot soft tissue defect[J]. Shi Yong Shou Wai Ke Za Zhi[Chin J Pract Hand Surg(Article in Chinese;Abstract in Chinese and English)],2017,31(1):59-61. DOI:10.3969/j.issn.1671-2722.2017.01.019.}

[12147] 刘景辉，李世平，崔海滨，黄燕花，赵家尧，王大伟. 腓肠神经营养血管皮瓣修复足踝部软组织缺损16例[J]. 中华显微外科杂志，2018，41（3）：266-267. DOI：10.3760/cma.j.issn.1001-2036.2018.03.017. {LIU Jinghui,LI Shiping,CUI Haibin,HUANG Yanhua,ZHAO Jiayao,WANG Dawei. Sural neurovascular flap for repair of soft tissue defect of foot and ankle in16 cases[J]. Zhonghua Xian Wei Wai Ke Za Zhi[Chin J Microsurg(Article in Chinese;Abstract in Chinese)],2018,41(3):266-267. DOI:10.3760/cma.j.issn.1001-2036.2018.03.017.}

[12148] 孙汝涛，王岩，刘会仁，刘家寅，张艳茂，于占勇，窦淑萍，王松. 分叶腓肠神经营养血管筋膜瓣修复足跟部半环形软组织缺损[J]. 中华显微外科杂志，2018，41（6）：581-583. DOI：10.3760/cma.j.issn.1001-2036.2018.06.017. {SUN Rutao,WANG Yan,LIU Huiren,LIU Jiayin,ZHANG Yanmao,YU Zhanyong,DOU Shuping,WANG Song. Ramified sural neurovascular fascial flap for repair of semicircular soft tissue defect of heel[J]. Zhonghua Xian Wei Wai Ke Za Zhi[Chin J Microsurg(Article in Chinese;Abstract in Chinese)],2018,41(6):581-583. DOI:10.3760/cma.j.issn.1001-2036.2018.06.017.}

[12149] 杨伟超，徐佳，汪春阳，文根，韩培，柴益民. 组合腓肠神经营养血管皮瓣的腓骨嵌合皮瓣治疗创伤性复合组织缺损[J]. 中华创伤骨科杂志，2018，20（8）：671-674. DOI：10.3760/cma.j.issn.1671-7600.2018.08.006. {YANG Weichao,XU Jia,WANG Chunyang,WEN Gen,HAN Pei,CHAI Yimin. Free chimeric vascularized fibular graft and sural flap for reconstruction of composite extremity defects[J]. Zhonghua Chuang Shang Gu Ke Za Zhi[Chin J Orthop Trauma(Article in Chinese;Abstract in Chinese and English)],2018,20(8):671-674. DOI:10.3760/cma.j.issn.1671-7600.2018.08.006.}

[12150] 范克轩，杨小龙，张皓，孟勐. 微型腓肠神经营养血管皮瓣修复跟腱外露及缺损[J]. 临床骨科杂志，2018，21(3)：321-322. DOI：10.3969/j.issn.1008-0287.2018.03.025. {FAN Kexuan,YANG Xiaolong,MENG Meng. Repair of achilles tendon exposure and defect with micro sural neurocutaneous flap[J]. Lin Chuang Gu Ke Za Zhi[J Clin Orthop(Article in Chinese;Abstract in Chinese and English)],2018,21(3):321-322. DOI:10.3969/j.issn.1008-0287.2018.03.025.}

[12151] 丁冬，赵飞，黄永禄，李晓亮，巩凡，姚占川，张博闻，杨子洋，马建明，沈军，温鹏. 腓肠神经营养血管带蒂皮瓣修复小腿远端及足踝部软组织缺损型创面的效果[J]. 中华医学杂志，2018，98（11）：842-845. DOI：10.3760/cma.j.issn.0376-2491.2018.11.010. {DING Dong,ZHAO Fei,HUANG Yonglu,LI Xiaoliang,GONG Fan,YAO Zhanchuan,ZHANG Bowen,YANG Ziyang,MA Jiangming,SHEN Jun,WEN Peng. Effects of sural nerve nutrition vess els-supported flap for reconstruction of distal lower leg and ankle soft tissue defects[J]. Zhonghua Yi Xue Za Zhi[Natl Med J China(Article in Chinese;Abstract in Chinese and English)],2018,98(11):842-845. DOI:10.3760/cma.j.issn.0376-2491.2018.11.010.}

[12152] 胡兴峰，李青松，季亮，张博伟，李远平，董洋，王腾. 低旋转点腓肠神经营养皮瓣修复前足皮肤组织缺损[J]. 中国矫形外科杂志，2018，26（20）：1918-1920. DOI：10.3977/j.issn.1005-8478.2018.20.20. {HU Xingfeng,LI Qingsong,JI Liang,ZHANG Bowei,LI Yuanping,DONG Yang,WANG Teng. Low rotation point sural neurocutaneous flap for repair of skin defect of forefoot[J]. Zhongguo Jiao Xing Wai Ke Za Zhi[Orthop J China(Article in Chinese;Abstract in Chinese and English)],2018,26(20):1918-1920. DOI:10.3977/j.issn.1005-8478.2018.20.20.}

[12153] 尹朝东，董忠根，魏建伟，罗兆彪，刘立宏，彭平，周伶俐，陶世斌. 高旋转点与低旋转点腓肠神经营养血管皮瓣的疗效比较[J]. 中华显微外科杂志，2019，42（2）：173-176. DOI：10.3760/cma.j.issn.1001-2036.2019.02.018. {YIN Chaodong,DONG Zhonggen,WEI Jianwei,LUO Zhaobiao,LIU Lihong,PENG Ping,ZHOU Lingli,TAO Shibin. Comparison of curative effect of sural neurovascular flap with high and low rotation point[J]. Zhonghua Xian Wei Wai Ke Za Zhi[Chin J Microsurg(Article in Chinese;Abstract in Chinese)],2019,42(2):173-176. DOI:10.3760/cma.j.issn.1001-2036.2019.02.018.}

[12154] 王斌，邓高鹏，林正坚，汪春阳，柴益民. 穿支蒂腓肠神经营养血管皮瓣修复前臂大面积软组织缺损[J]. 中华显微外科杂志，2019，42（6）：582-584. DOI：10.3760/cma.j.issn.1001-2036.2019.06.017. {WANG Bin,DENG Gaopeng,LIN Zhengjian,WANG Chunyang,CHAI Yimin. Repair of large soft tissue defect of forearm with sural neurovascular perforator flap[J]. Zhonghua Xian Wei Wai Ke Za Zhi[Chin J Microsurg(Article in Chinese;Abstract in Chinese)],2019,42(6):582-584. DOI:10.3760/cma.j.issn.1001-2036.2019.06.017.}

[12155] 徐立伟，延静，张雪萍，吕雷，王新顺，鲜航. 远端蒂携带筋膜皮下组织瓣的腓肠神经营养血管皮瓣修复跟腱断裂伴软组织缺损[J]. 临床骨科杂志，2019，22（5）：570-573. DOI：10.3969/j.issn.1008-0287.2019.05.022. {XU Liwei,YAN Jing,ZHANG Xueping,LV Lei,WANG Xinshun,XIAN Hang. The distal pedicle carrying subcutaneous fascia sural nerve nutritional vessel axial flap in the treatment of achilles tendon rupture combined with soft tissue defect[J]. Lin Chuang Gu Ke Za Zhi[J Clin Orthop(Article in Chinese;Abstract in Chinese and English)],2019,22(5):570-573. DOI:10.3969/j.issn.1008-0287.2019.05.022.}

[12156] 项飞，潘波，王向阳，吴新军，牟洪. 腓肠神经营养血管岛状逆行皮瓣修复足踝部及小腿软组织缺损[J]. 临床骨科杂志，2019，22（6）：705-707. DOI：10.3969/j.issn.1008-0287.2019.06.024. {XIANG Fei,PAN Bo,WANG Xiangyang,WU Xinjun,MU Hong. Sural nerve nutrient vessel island reverse flap for repairing soft tissue defects of foot ankle and lower leg[J]. Lin Chuang Gu Ke Za Zhi[J Clin Orthop(Article in Chinese;Abstract in Chinese and English)],2019,22(6):705-707. DOI:10.3969/j.issn.1008-0287.2019.06.024.}

[12157] 郝光亮，张强，谷铭勇，张军，张贵春，张永先，曹学成，蔡锦方. 腓肠神经营养血管岛状皮瓣修复足部软组织缺损的临床效果[J]. 创伤外科杂志，2019，21（9）：706-708. DOI：10.3969/j.issn.1009-4237.2019.08.018. {HAO Guangliang,ZHANG Qiang,GU Mingyong,ZHANG Jun,ZHANG Guichun,ZHANG Yongxian,CAO Xuecheng,CAI Jinfang. Clinical effect of sural neurovascular island flap in repairing soft tissue defects of the foot[J]. Chuang Shang Wai Ke Za Zhi[J Traum Surg(Article in Chinese;Abstract in Chinese and English)],2019,21(9):706-708. DOI:10.3969/j.issn.1009-4237.2019.08.018.}

[12158] 陈佳，王正林，杨鹏飞，周杨森，王明红. 吻合皮神经的腓肠神经营养血管皮瓣修复足踝部皮肤软组织缺损[J]. 实用手外科杂志，2019，33（1）：60-62. DOI：10.3969/j.issn.1671-2722.2019.01.022. {CHEN Jia,WANG Zhenglin,YANG Pengfei,ZHOU Yangsen,WANG Minghong. Ankle and foot skin defect repair with sural neurovascular flap matched with cutaneous nerve[J]. Shi Yong Shou Wai Ke Za Zhi[Chin J Pract Hand Surg(Article in Chinese;Abstract in Chinese and English)],2019,33(1):60-62. DOI:10.3969/j.issn.1671-2722.2019.01.022.}

[12159] 王晓东，魏杰，曹鑫杰，刘建友. 腓肠神经营养血管皮瓣修复跟腱周围软组织缺损的临床疗效[J]. 中华显微外科杂志，2020，43（1）：81-85. DOI：10.3760/cma.j.issn.1001-2036.2020.01.022. {WANG Xiaodong,WEI Jie,CAO Xinjie,LIU Jianyou. Clinical effect of sural neurovascular flap in repair of soft tissue defect around Achilles tendon[J]. Zhonghua Xian Wei Wai Ke Za Zhi[Chin J Microsurg(Article in Chinese;Abstract in Chinese)],2020,43(1):81-85. DOI:10.3760/cma.j.issn.1001-2036.2020.01.022.}

[12160] 池征璘，曹学新，陈一衡，褚庭纲，周飞亚，李志杰，陈星隆. 改良腓肠神经营养血管筋膜蒂穿支皮瓣切取方式的应用[J]. 中华显微外科杂志，2020，43（3）：238-242. DOI：10.3760/cma.j.cn441206-20200227-00102. {CHI Zhenglin,CAO Xuexin,CHEN Yiheng,CHU Tinggang,ZHOU Feiya,LI Zhijie,CHEN Xinglong. Application of improved sural neuro-fasciocutaneous perforator flap harvesting and it's application[J]. Zhonghua Xian Wei Wai Ke Za Zhi[Chin J Microsurg(Article in Chinese;Abstract in Chinese and English)],2020,43(3):238-242. DOI:10.3760/cma.j.cn441206-20200227-00102.}

4.5.4 踝足部皮瓣
ankle and foot flap

[12161] 郭永强，梁晓琴，王剑利，付兴茂. 足部逆行岛状皮瓣修复踇趾骨外露创面[J]. 中国骨伤，2004，17（9）：558-559. DOI：10.3969/j.issn.1003-0034.2004.09.021. {GUO Yongqiang,LIANG Xiaoqin,WANG Jianli,FU Xingmao. Repair of skin and soft tissues defect of toe by transplanting reverse island flaps of foot[J]. Zhongguo Gu Shang[China J Orthop Trauma(Article in Chinese;No abstract available)],2004,17(9):558-559. DOI:10.3969/j.issn.1003-0034.2004.09.021.}

4.5.4.1 踝前皮瓣及踝前穿支皮瓣
anterior malleolus flap and anterior malleolus perforator flap

[12162] 王召安，沈永峰，冯世尧. 踝前皮瓣逆行转移修复前足及足趾部皮肤缺损[J]. 中华显微外科杂志，2005，28（4）：377. DOI：10.3760/cma.j.issn.1001-2036.2005.04.044. {WANG Zhaoan,SHEN Yongfeng,FENG Shiyao. Reverse transfer of anterior malleolus flap for repairing skin defect of forefoot and toes[J]. Zhonghua Xian Wei Wai Ke Za Zhi[Chin J Microsurg(Article in Chinese;Abstract in Chinese)],2005,28(4):377. DOI:10.3760/cma.j.issn.1001-2036.2005.04.044.}

[12163] 张川，于亚东，杨春雨，雷芳，毕伟东. 胫前联合踝前皮瓣的临床应用[J]. 中华显微外科杂志，2010，33（4）：271-273，后插二. DOI：10.3760/cma.j.issn.1001-2036.2010.04.004. {ZHANG Chuan,YU Yadong,YANG Chunyu,LEI Fang,BI Weidong. Clinical application of the combined the anterior malleolus flap and anterior tibia flap[J]. Zhonghua Xian Wei Wai Ke Za Zhi[Chin J Microsurg(Article in Chinese;Abstract in Chinese and English)],2010,33(4):271-273,insert 2. DOI:10.3760/cma.j.issn.1001-2036.2010.04.004.}

[12164] 林涧，王之江，张天浩. 踝前穿支皮瓣修复足背皮肤软组织缺损[J]. 中华创伤杂志，2017，33（10）：873-877. DOI：10.3760/cma.j.issn.1001-8050.2017.10.003. {LIN Jian,WANG Zhijiang,ZHANG Tianhao. Ankle anterior perforating flaps for reconstruction of soft tissue defects on dorsum of foot[J]. Zhonghua Chuang Shang Za Zhi[Chin J Trauma(Article in Chinese;Abstract in Chinese and English)],2017,33(10):873-877. DOI:10.3760/cma.j.issn.1001-8050.2017.10.003.}

4.5.4.2 足背皮瓣
dorsal foot flap

[12165] Xu YQ,Zhu YL,Wu NX,Li J,Yang J,He XQ. Distal foot coverage with reverse dorsal pedal neurocutaneous flaps[J]. J Plast Reconstr Aesthet Surg,2010,63(1):164-169. doi:10.1016/j.bjps.2008.08.053.

[12166] Liu F,Dong J,Wang T,Xu H,Kanchwala SK,Dai C. Reconstruction of through-and-through facial defects with combined anterior tibial flap and dorsalis pedis flap[J]. J Craniofac Surg,2012,23(3):851-855. doi:10.1097/SCS.0b013e31824dbfab.

[12167] Ju J,Hou R. Reconstruction of penetrating injuries of the hand with dorsalis pedis composite free flaps:a series of 23 patients[J]. J Plast Reconstr Aesthet Surg,2012,65(10):1368-1376. doi:10.1016/j.bjps.2012.04.048.

[12168] Kalfarentzos E,Ma C,Tian Z,Zhu H,He Y. Clinical application of the dorsalis pedis free flap for reconstruction of oral cancer defects[J]. J Oral Maxillofac Surg,2015,73(2):341-348. doi:10.1016/j.joms.2014.08.001.

[12169] Xuefeng Z,Jian G,Jiayue D,Chuchen Z,Shenglin W,Xiao'en Y. Clinical effect of thumb finger reconstruction using dorsal foot flap transplant for treating thumb defects[J]. Med Hypotheses,2020,134:109435. doi:10.1016/j.mehy.2019.109435.

[12170] Tian H,Song D,Jin H,Liu Q,Zhao Y,Wang X,Qu W,Li R. Repair of soft tissue and extensor tendon defects on the dorsum of the hand by transfer of dorsal foot flap and extensor digitorum brevis tendon in a 3-year-old child:A case report[J]. Medicine(Baltimore),2020,99(34):e21837. doi:10.1097/MD.0000000000021837.

[12171] 于国中，朱家恺，刘均墀. 吻合血管的足背皮瓣移植五例小结[J]. 显微外科，1979，2（2）：45. {YU Guozhong,ZHU Jiakai,LIU Junchi. Dorsalis pedis flap with vascular anastomosis in five patients[J]. Xian Wei Wai Ke[Chin J Microsurg(Article in Chinese;No abstract available)],1979,2(2):45.}

[12172] 关桂春. 带肌腱的足背游离皮瓣移植成功二例报告[J]. 解放军医学杂志 1979，4（3）：189 {GUAN Guichun. Free dorsalis pedis flap with tendon was successfully transplanted[J]. Jie Fang Jun Yi Xue Za Zhi[Med J Chin PLA(Article in Chinese;No abstract available)],1979,4(3):189 .}

[12173] 李伏田，董立闻，顾大欣，王载明. 足部血管带蒂皮瓣修复足底溃疡[J]. 上海医学，1979，2（5）：287. {LI Futian,DONG Liwen,GU Daxin,WANG Zaiming. plantar ulcer was repaired by Pedicled pedis flap [J]. Shanghai Yi Xue[Shanghai Med J(Article in Chinese;Abstract in Chinese)],1979,2(5):287.}

[12174] 朱盛修，张伯勋，姚建祥，李主一，王锡琏. 带血管蒂的足背多组织皮瓣移植术的应用[J]. 解放军医学杂志，1980，5（3）：134. {ZHU Shengxiu,ZHANG Boxun,YAO Jianxiang,LI Zhuyi,WANG Yilian. Application of transplantation of pedicled multitissue flap of the dorsalis pedis[J]. Jie Fang Jun Yi Xue Za Zhi[Med J Chin PLA(Article in Chinese;No abstract available)],1980,5(3):134.}

[12175] 洪光祥，冼我权，朱通伯，王发斌，黄省秋. 足背游离皮瓣移植在四肢创伤中的应用[J]. 武

汉医学院学报，1980，9(4)：39. {HONG Guangxiang,XI Woquan,ZHU Tongbo,WANG Fabing,HUANG Shengqiu. Application of free dorsalis pedis flap transplantation in limb trauma[J]. Wuhan Yi Xue Yuan Xue Bao[J Wuhan Med Coll(Article in Chinese;Abstract in Chinese and English)],1980,9(4):39.}

[12176] 孙弘，陈必胜. 用足背游离皮瓣和额部隧道皮瓣修复上下全唇组织缺损一例报告[J]. 中华口腔科杂志，1980，15(1)：44. {SUN Hong,CHEN Bisheng. The defect of total Labrum was repaired by free dorsalis pedis flap and forehead flap[J]. Zhonghua Kou Qiang Ke Za Zhi[Chin J Ora(Article in Chinese;No abstract available)],1980,15(1):44.}

[12177] 俞宝梁，等. 足背游离皮瓣移植六例报告[J]. 四川医学院学报，1980，1(1)：63 {YU Baoliang,et al. Free dorsalis pedis flap transplantation in six cases[J]. Sichuan Yi Xue Yuan Xue Bao[J Sichuan Med Coll(Article in Chinese;No abstract available)],1980,1(1):63.}

[12178] 王长有，张强，胡永俭. 带血管足背游离皮瓣移植治疗跟骨外露[J]. 吉林医学院学报，1981，1(2)：44. {WANG Changyou,ZHANG Qiang,HU Yongjian. The treatment of exposure of the calcaneus with the transplantatian of free dorsalis pedis flap with blood vessels[J]. Jilin Yi Xue Yuan Xue Bao[J Jilin Med Coll(Article in Chinese;No abstract available)],1981,1(2):44.}

[12179] 凌彤，王学礼，同吉庆，张经岐，魏宝林. 足背血管对足趾和皮瓣移植的临床意义[J]. 中华外科杂志，1981，19(5)：297. {LING Tong,WANG Xueli,TONG Jiqing,ZHANG Jingqi,WEI Baolin. Clinical significance of dorsalis pedis blood vessels for the transplantation of toe or flap[J]. Zhonghua Wai Ke Za Zhi[Chin J Surg(Article in Chinese;No abstract available)],1981,19(5):297.}

[12180] 代荣琴. 足背带血管蒂、肌腱皮瓣游离移植修复手疤痕挛缩畸形[J]. 昆明医学院学报，1982，3(1)：48. {DAI Rongqin. Free transplantation of pedicled dorsalis pedis flap with tendon to repair scar contracture of hand[J].Kunmin Yi Xue Yuan Xue Bao[J Kunmin Med Coll(Article in Chinese;No abstract available)],1982,3(1):48.}

[12181] 李荟元，陈绍宗，吴良贵，衡代忠，黄锐兵. 手部烧伤畸型的整复及足背游离皮瓣的应用[J]. 陕西新医药杂志，1982，11(2)：5. {LI Huiyuan,CHEN Shaozong,WU Lianggui,HENG Daizhong,HUANG Ruibin. Repair of burn deformity in the hands and application of free dorsalis pedis flap[J]. Shanxi Xin Yi Yao Za Zhi[Shanxi Med J(Article in Chinese;No abstract available)],1982,11(2):5.}

[12182] 宁金龙，袁仲华，汪春兰. 带蒂足背皮瓣的临床应用(附3例报告)[J]. 安徽医学院学报，1983，18(2)：4. {NING Jinlong,YUAN Zhonghua,WANG Chunlan.Clinical application of pedicled dorsalis pedis flap (including a report of 3 cases)[J]. Anhui Yi Xue Yuan Xue Bao[J Anhui Med Coll(Article in Chinese;No abstract available)],1983,18(2):4.}

[12183] 周训银，姚建祥，王军，方东海，朱盛修. 用带趾短伸肌的足背皮瓣修复颌面部组织缺损一例报告[J]. 显微医学杂志，1985，8(1)：38. {ZHOU Xunyin,YAO Jianxiang,WANG Jun,FANG Donghai,ZHU Shengxiu. maxillofacial tissue defect was repaired by dorsalis pedis flap with extensor digitorum brevis[J]. Xian Wei Yi Xue Za Zhi[Chin J Microsurg(Article in Chinese;Abstract in Chinese)],1985,8(1):38.}

[12184] 朱盛修，姚建祥，李主一. 带血管蒂的足背肌腱皮瓣转位修复火器性跟腱损伤[J]. 中华显微外科杂志，1986，9(2)：111-112. DOI: 10.3760/cma.j.issn.1001-2036.1986.02.123. {ZHU Shengxiu,YAO Jianxiang,LI Zhuyi. Pedicled dorsalis pedis flap with tendon was translocated for the repair of Achilles tendon fire-arm injury[J]. Zhonghua Xian Wei Wai Ke Za Zhi[Chin J Microsurg(Article in Chinese;No abstract available)],1986,9(2):111-112. DOI:10.3760/cma.j.issn.1001-2036.1986.02.123.}

[12185] 关桂春. 足背皮瓣移植术34例体会[J]. 中华显微外科杂志，1986，9(2)：79. {GUAN Guichun. Experience of dorsalis pedis flap transplantation in 34 cases[J]. Zhonghua Xian Wei Wai Ke Za Zhi[Chin J Microsurg(Article in Chinese;No abstract available)],1986,9(2):79 .}

[12186] 易继玉. 急诊应用足背皮瓣移植二例[J]. 中华显微外科杂志，1986，9(2)：122 {YI Jiyu. Dorsalis pedis flap transplantation was performed in two petients in emergency[J]. Zhonghua Xian Wei Wai Ke Za Zhi[Chin J Microsurg(Article in Chinese;No abstract available)],1986,9(2):122.}

[12187] 张自清. 用足背岛状皮瓣修复小腿及足部疾患[J]. 中华显微外科杂志，1986，9(2)：122 {ZHANG Ziqing. Repair the defect of leg and foot with dorsalis pedis island flap[J]. Zhonghua Xian Wei Wai Ke Za Zhi[Chin J Microsurg(Article in Chinese;No abstract available)],1986,9(2):122.}

[12188] 林其仁，李树梁，姚学东，王文怀，陈平常，黄奥. 足背皮瓣移植修复手部软组织缺损[J]. 中华手外科杂志，1993，9(2)：113-113. {LIN Qiren,LI Shuliang,YAO Xuedong,WANG Wenhuai,CHEN Pingchang,HUANG Ao. Repair of soft tissue defect of hand with dorsalis pedis flap[J]. Zhonghua Shou Wai Ke Za Zhi[Chin J Hand Surg(Article in Chinese;Abstract in Chinese)],1993,9(2):113-113.}

[12189] 仲崇昆. 以足背动静脉远端为蒂足背皮瓣游离移植一例[J]. 中华显微外科杂志，1994，17(3)：225. {ZHONG Chongkun. Free transplantation of dorsalis pedis flap pedicled with distal dorsal artery and vein of foot:a case report[J]. Zhonghua Xian Wei Wai Ke Za Zhi[Chin J Microsurg(Article in Chinese;No abstract available)],1994,17(3):225.}

[12190] 黎忠文，梁善荣. 游离足背皮瓣修复手部损伤32例[J]. 中华显微外科杂志，1998，21(1)：3-5. {LI Zhongwen,LIANG Shanrong. Repair of hand injury with free dorsalis pedis flap:a report of 32 cases[J]. Zhonghua Xian Wei Wai Ke Za Zhi[Chin J Microsurg(Article in Chinese;Abstract in Chinese and English)],1998,21(1):3-5.}

[12191] 张友乐，王澍寰，韦加宁，杨克非. 游离足背皮瓣移植修复第一指蹼挛缩[J]. 中华显微外科杂志，2000，23(3)：234. DOI: 10.3760/cma.j.issn.1001-2036.2000.03.042. {ZHANG Youle,WANG Shuhuan,WEI Jianing,YANG Kefei. Repair of first web contracture with free dorsalis pedis flap[J]. Zhonghua Xian Wei Wai Ke Za Zhi[Chin J Microsurg(Article in Chinese;Abstract in Chinese)],2000,23(3):234. DOI:10.3760/cma.j.issn.1001-2036.2000.03.042.}

[12192] 刘茂文，冯承臣，杨殿玉，李秋实，冯鹏. 双侧带足趾趾蹼的足背皮瓣组合移植治疗全手皮肤套状撕脱伤[J]. 中华手外科杂志，2001，17(4)：198-199. DOI: 10.3760/cma.j.issn.1005-054X.2001.04.003. {LIU Maowen,FENG Chengchen,YANG Dianyu,LI Qiushi,FENG Peng. Combined implantation of bilateral dorsalis pedis flap with toe web space on tre atment of the skin degloving injury in the hands[J]. Zhonghua Shou Wai Ke Za Zhi[Chin J Hand Surg(Article in Chinese;Abstract in Chinese and English)],2001,17(4):198-199. DOI:10.3760/cma.j.issn.1005-054X.2001.04.003.}

[12193] 宋文超，胡洪良，毛新发，姜春华，王秋霞，高兴才，王占华. 足背皮瓣与第二足趾复合及组合移植修复复杂手外伤[J]. 中华创伤骨科杂志，2004，6(4)：453-454. DOI: 10.3760/cma.j.issn.1671-7600.2004.04.026. {SONG Wenchao,HU Hongliang,MAO Xinfa,JIANG Chunhua,WANG Qiuxia,GAO Xingcai,WANG Zhanhua. Compound grafting of dorsalis pedis flap and second toe to repair complicated hand injury[J]. Zhonghua Chuang Shang Gu Ke Za Zhi[Chin J Orthop Trauma(Article in Chinese;Abstract in Chinese and English)],2004,6(4):453-454. DOI:10.3760/cma.j.issn.1671-7600.2004.04.026.}

[12194] 王先成，乔群，戚可名，赵柏程，鲁青. 第1跖背动脉逆行足背皮瓣修复足远端创面[J]. 中华整形外科杂志，2005，21(2)：101-103. DOI: 10.3760/j.issn: 1009-4598.2005.02.006. {WANG Xiancheng,QIAO Qun,QI Keming,ZHAO Baicheng,LU Qing. The reverse first dorsal metatarsal artery flap for the defects of the distal foot[J]. Zhonghua Zheng Xing Wai Ke Za Zhi[Chin J Plast Surg(Article in Chinese;Abstract in Chinese and English)],2005,21(2):101-103. DOI:10.3760/j.issn:1009-4598.2005.02.006.}

[12195] 徐晖，李杰文，肖立军，陈健民. 应用足背皮瓣修复小腿远端骨外露创面的临床体会[J]. 中华显微外科杂志，2006，29(1)：67-68. DOI: 10.3760/cma.j.issn.1001-2036.2006.01.027. {XU Hui,LI Jiewen,XIAO Lijun,CHEN Jianmin. Clinical experience of repairing bone exposed wound in distal leg with dorsum pedis flap[J]. Zhonghua Xian Wei Wai Ke Za Zhi[Chin J Microsurg(Article in Chinese;Abstract in Chinese)],2006,29(1):67-68. DOI:10.3760/cma.j.issn.1001-2036.2006.01.027.}

[12196] 齐勇，段宜强. 嵌入足背皮瓣在治疗儿童外伤性马蹄足中的应用[J]. 中华显微外科杂志，2006，29(3)：197. DOI: 10.3760/cma.j.issn.1001-2036.2006.03.036. {QI Yong,DUAN Yiqiang. Application of dorsalis pedis flap in the treatment of children with traumatic equinovarus[J]. Zhonghua Xian Wei Wai Ke Za Zhi[Chin J Microsurg(Article in Chinese;Abstract in Chinese)],2006,29(3):197. DOI:10.3760/cma.j.issn.1001-2036.2006.03.036.}

[12197] 张文峰，姜正明，张成进. 超宽足背皮瓣转移修复足跟部皮肤缺损[J]. 中国矫形外科杂志，2006，14(14)：1110-1111，加页4. {ZHANNG Wenfeng,JIANG Zhengming,ZHANG Chengjin. Skin defects of foot region repaired by the skin flap grafting of the super-wider dorsum of the foot[J]. Zhongguo Jiao Xing Wai Ke Za Zhi[Orthop J China(Article in Chinese;Abstract in Chinese)],2006,14(14):1110-1111,add 4.}

[12198] 张宝贵，阚世廉，李瑞华，宫可同，张建兵，高广伟. 复合足背皮瓣一期修复手背软组织缺损[J]. 实用手外科杂志，2006，20(1)：27-28，后插1. DOI: 10.3969/j.issn.1671-2722.2006.01.011. {ZHANG Baogui,KAI Shilian,LI Ruihua,GONG Ketong,ZHANG Jianbing,GAO Guangwei. Primary repair of soft tissue defect in dorsal hands with free composite flap of dorsum of foot[J]. Shi Yong Shou Wai Ke Za Zhi[Chin J Pract Hand Surg(Article in Chinese;Abstract in Chinese and English)],2006,20(1):27-28,insert 1. DOI:10.3969/j.issn.1671-2722.2006.01.011.}

[12199] 刘建寅，郭强，李庆泰，王洪业，王丹. 带蒂足背皮瓣转移修复踝周皮肤缺损[J]. 中华创伤骨科杂志，2007，9(4)：389-390. DOI: 10.3760/cma.j.issn.1671-7600.2007.04.024. {LIU Jianyin,GUO Qiang,LI Qingtai,WANG Hongye,WANG Dan. Transfer of pedicled dorsal foot flap to repair skin defects around the ankle[J]. Zhonghua Chuang Shang Gu Ke Za Zhi[Chin J Orthop Trauma(Article in Chinese;Abstract in Chinese)],2007,9(4):389-390. DOI:10.3760/cma.j.issn.1671-7600.2007.04.024.}

[12200] 黄相道，后农生，李炳万，赵世伟. 游离足背皮瓣修复口腔颌面部恶性肿瘤术后软组织缺损二例[J]. 中国修复重建外科杂志，2008，22(8)：1006-1007. {HUANG Xiangdao,HOU Nongsheng,LI Bingwan,ZHAO Shiwei. Repair of soft tissue defect after oral and maxillofacial malignant tumor with free dorsal foot flap in two cases[J]. Zhongguo Xiu Fu Chong Jian Wai Ke Za Zhi[Chin J Repar Reconstr Surg(Article in Chinese;Abstract in Chinese)],2008,22(8):1006-1007.}

[12201] 黄飞，李骥，王刚. 应用足背皮瓣修复手背软组织缺损[J]. 中华显微外科杂志，2009，32(5)：406-407. DOI: 10.3760/cma.j.issn.1001-2036.2009.05.025. {HUANG Fei,LI Ji,WANG Gang. Repair of soft tissue defect of dorsal hand with dorsal foot flap[J]. Zhonghua Xian Wei Wai Ke Za Zhi[Chin J Microsurg(Article in Chinese;Abstract in Chinese)],2009,32(5):406-407. DOI:10.3760/cma.j.issn.1001-2036.2009.05.025.}

[12202] 苏利国，刘勇，张晓军，刘晓军，段家波，樊利军，张会勇. 足背皮瓣在修复手掌部皮肤缺损中的感觉功能重建[J]. 中国矫形外科杂志，2009，17(14)：1117-1117. {SU Liguo,LIU Yong,ZHANG Xiaojun,LIU Xiaojun,DUAN Jiabo,FAN Lijun,ZHANG Huiyong. Reconstruction of sensory function in repairing skin defect of palm with dorsalis pedis flap[J]. Zhongguo Jiao Xing Wai Ke Za Zhi[Orthop J China(Article in Chinese;Abstract in Chinese)],2009,17(14):1117-1117.}

[12203] 唐举玉，黄雄杰，谢松林，刘鸣江，吴攀峰，黄新锋，夏晓丹，陶克奇. 游离足背皮瓣修复手背皮肤软组织缺损[J]. 中华手外科杂志，2009，25(2)：76-77. {TANG juyu,HUANG xiongjie,XIE Songlin,LIU Mingjiang,WU Panfeng,HUANG Xinfeng,XIA Xiaodan,TAO Keqi. Repair of soft tissue defect on dorsum of the hand with free dorsalis pedis flap[J]. Zhonghua Shou Wai Ke Za Zhi[Chin J Hand Surg(Article in Chinese;Abstract in Chinese and English)],2009,25(2):76-77.}

[12204] 刘跃飞，巨积辉，赵强，李雷，金光哲，李建宁，刘新益，邹国平，侯瑞兴. 踇趾背U形皮瓣在第二趾带足背皮瓣移植供区修复中的应用[J]. 中华显微外科杂志，2012，35(3)：221-222. DOI: 10.3760/cma.j.issn.1001-2036.2012.03.015. {LIU Yuefei,JU Jihui,ZHAO Qiang,LI Lei,JIN Guangzhe,LI Jianning,LIU Xinyi,ZOU Guoping,HOU Ruixing. Application of hallux toe dorsal U-shaped flap in repairing donor site of second toe dorsal pedis flap transplantation[J]. Zhonghua Xian Wei Wai Ke Za Zhi[Chin J Microsurg(Article in Chinese;Abstract in Chinese)],2012,35(3):221-222. DOI:10.3760/cma.j.issn.1001-2036.2012.03.015.}

[12205] 王泉，尚红涛，董桂贤，张宁，肖春来. 游离足背皮瓣修复足背大面积皮肤缺损的临床应用[J]. 临床骨科杂志，2012，15(2)：194-195. DOI: 10.3969/j.issn.1008-0287.2012.02.034. {WANG Quan,SHANG Hongtao,DONG Guixian,ZHANG Ning,XIAO Chunlai. Free dorsal foot skin flap for dorsal foot large area skin defect[J]. Lin Chuang Gu Ke Za Zhi[J Clin Orthop(Article in Chinese;Abstract in Chinese and English)],2012,15(2):194-195. DOI:10.3969/j.issn.1008-0287.2012.02.034.}

[12206] 吕文涛，巨积辉，刘跃飞，侯瑞兴. 腹部皮瓣瓦合足背皮瓣修复手部严重皮肤脱套伤[J]. 实用手外科杂志，2012，26(4)：327-329，379. DOI: 10.3969/j.issn.1671-2722.2012.04.009. {LU Wentao,JU Jihui,LIU Yuefei,HOU Ruixing. Repair severe hand degloving injury by combining abdominal flap and dorsal foot skin flaps[J]. Shi Yong Shou Wai Ke Za Zhi[Chin J Pract Hand Surg(Article in Chinese;Abstract in Chinese and English)],2012,26(4):327-329,379. DOI:10.3969/j.issn.1671-2722.2012.04.009.}

[12207] 张重阳，杨英才，叶永奇，王博，朱勇. 足背皮瓣移植修复手部皮肤软组织缺损[J]. 中华显微外科杂志，2013，36(4)：386-388. DOI: 10.3760/cma.j.issn.1001-2036.2013.06.024. {ZHANG Chongyang,YANG Yingcai,YE Yongqi,WANG Bo,ZHU Yong. Repair of skin and soft tissue defects of hand with dorsalis pedis flap transplantation[J]. Zhonghua Xian Wei Wai Ke Za Zhi[Chin J Microsurg(Article in Chinese;Abstract in Chinese)],2013,36(4):386-388. DOI:10.3760/cma.j.issn.1001-2036.2013.06.024.}

[12208] 韦平欧，谭海涛，江建中，杨克勤，罗翔，林汉，莫勇军. 足背皮瓣带趾伸肌腱修复手背皮肤肌腱缺损20例[J]. 中华显微外科杂志，2013，36(4)：394-395. DOI: 10.3760/cma.j.issn.1001-2036.2013.06.028. {WEI Pingou,TAN Haitao,JIANG Jianzhong,YANG Keqin,LUO Xiang,LIN Han,MO Yongjun. Application of dorsalis pedis flap with extensor digitorum tendon in the repair of skin and tendon defects in the back of hand:a report of 20 cases[J]. Zhonghua Xian Wei Wai Ke Za Zhi[Chin J Microsurg(Article in Chinese;Abstract in Chinese)],2013,36(4):394-395. DOI:10.3760/cma.j.issn.1001-2036.2013.06.028.}

[12209] 易建华，牛晓锋，周玉萍，胡军，肖良宝. 足背皮瓣修复手掌侧皮肤软组织缺损的临床应用[J]. 实用手外科杂志，2014，28(4)：381-382. DOI: 10.3969/j.issn.1671-2722.2014.04.010. {YI Jianhua,NIU Xiaofeng,ZHOU Yuping,HU Jun,XIAO Liangbao. The clinical application of dorsal flap of the foot in repairing the defect of palm[J]. Shi Yong Shou Wai Ke Za Zhi[Chin J Pract Hand Surg(Article in Chinese;Abstract in Chinese and English)],2014,28(4):381-382. DOI:10.3969/j.issn.1671-2722.2014.04.010.}

[12210] 黄平，庄振华，王运增，姜雪松. 第2足趾改形联合足背皮瓣修复手部软组织缺损伴拇指缺如12例[J]. 中华烧伤杂志，2015，31(2)：143-144. DOI: 10.3760/cma.j.issn.1009-2587.2015.02.017. {HUANG Ping,ZHUANG Zhenhua,WANG Yunzeng,JIANG Xuesong. The second toe modification combined with dorsal foot flap for repairing soft tissue defect of hand with thumb defect in 12 cases[J]. Zhonghua Shao Shang Za Zhi[Chin J Burns(Article in Chinese;Abstract in Chinese)],2015,31(2):143-144. DOI:10.3760/cma.j.issn.1009-2587.2015.02.017.}

[12211] 刘春娟，翟瑞华，张明英，王建国. 踝前联合足背皮瓣游离重建手掌贯通伤[J]. 中华显微外科杂志，2017，40(5)：460-463. DOI: 10.3760/cma.j.issn.1001-2036.2017.05.012. {LIU Chunjuan,ZHAI Ruihua,ZHANG Mingying,WANG Jianguo. Repairment of skin defects of penetrating palm wound by application of free string-type dorsalis pedis flap and anterior malleolus flap[J]. Zhonghua Xian Wei Wai Ke Za Zhi[Chin J Microsurg(Article in Chinese;Abstract in Chinese

and English)],2017,40(5):460-463. DOI:10.3760/cma.j.issn.1001-2036.2017.05.012.}

[12212] 胡朝波，邱勋永，范小军，陈祖旺，王阳，陈元义，黄宗清，梁程．游离足背皮瓣带趾伸肌腱修复手背复合组织缺损的临床应用 [J]．中华手外科杂志，2017，33（4）：258-260．DOI：10.3760/cma.j.issn.1005-054X.2017.04.008．{HU Chaobo,QIU xunyong,FAN Xiaojun,CHEN Zuwang,WANG Yang,CHEN Yuanyi,HUANG Zongqing,LIANG Cheng. Clinical application of free dorsal foot skin flap with tendon of extensor digitorum for repair of compound tissue defects of the dorsum of hand[J]. Zhonghua Shou Wai Ke Za Zhi[Chin J Hand Surg(Article in Chinese;Abstract in Chinese and English)],2017,33(4):258-260. DOI:10.3760/cma.j.issn.1005-054X.2017.04.008.}

[12213] 蔡正强，郑仲谋，庞俏强，吴伟炽．游离足背皮瓣急诊修复虎口皮肤软组织缺损 [J]．实用手外科杂志，2017，31（1）：78-79，82．DOI：10.3969/j.issn.1671-2722.2017.01.025．{CAI Zhengqiang,ZHENG Zhongmou,PANG Qiaoqiang,WU Weichi. Repair of skin and soft tissue defect of first web space by freeing dorsal foot flap in emergency[J]. Shi Yong Shou Wai Ke Za Zhi[Chin J Pract Hand Surg(Article in Chinese;Abstract in Chinese and English)],2017,31(1):78-79,82. DOI:10.3969/j.issn.1671-2722.2017.01.025.}

4.5.4.2.1 足背动脉皮瓣
dorsal pedis flap

[12214] Fu D,Zhou L,Yang S,Xiao B. Surgical technique:repair of forefoot skin and soft tissue defects using a lateral tarsal flap with a reverse dorsalis pedis artery pedicle:a retrospective study of 11 patients[J]. Clin Orthop Relat Res,2013,471(1):317-323. doi:10.1007/s11999-012-2598-7.

[12215] 魏在荣，帅霞，袁习平，孙广峰，唐修俊，王达利，王玉明．足背中间皮神经营养血管皮瓣对足背动脉皮瓣供区的修复 [J]．中华显微外科杂志，2009，32（4）：287-289，插 3．DOI：10.3760/cma.j.issn.1001-2036.2009.04.010．{WEI Zairong,SHUAI Xia,YUAN Xiping,SUN Guangfeng,TANG Xiujun,WANG Dali,WANG Yuming. Repairing the donor sites of the dorsal artery flaps with the intermediate dorsal neurocutaneous flap on the foot[J]. Zhonghua Xian Wei Wai Ke Za Zhi[Chin J Microsurg(Article in Chinese;Abstract in Chinese and English)],2009,32(4):287-289,insert 3. DOI:10.3760/cma.j.issn.1001-2036.2009.04.010.}

[12216] 孙广峰，金文虎，聂开瑜，祁建平，魏在荣，王达利，邓呈亮，张子阳，李书俊．携带足背动脉皮瓣及第 2 跖骨的第二足趾复合组织瓣拆分重建手部多处缺损一例 [J]．中华显微外科杂志，2015，38（6）：613-614．DOI：10.3760/cma.j.issn.1001-2036.2015.06.030．{SUN Guangfeng,JIN Wenhu,NIE Kaiyu,QI Jianping,WEI Zairong,WANG Dali,DENG Chengliang,ZHANG Ziyang,LI Shujun. Reconstruction of multiple hand defects with the second toe composite tissue flap with dorsalis pedis flap and second metatarsal bone[J]. Zhonghua Xian Wei Wai Ke Za Zhi[Chin J Microsurg(Article in Chinese;Abstract in Chinese)],2015,38(6):613-614. DOI:10.3760/cma.j.issn.1001-2036.2015.06.030.}

4.5.4.2.2 跖背动脉皮瓣
dorsal metatarsal flap

[12217] Wang X,Qiao Q,Burd A,Qi K. Reconstruction of distal foot wounds with reverse first dorsal metatarsal artery flap[J]. Burns,2005,31(8):1025-1028. doi:10.1016/j.burns.2005.07.001.

[12218] Wang L,Xie QP,Wang HJ. Free first dorsal metatarsal artery perforator flap for multiple finger defects reconstruction:a case report[J]. J Hand Surg Eur,2018,43(6):666-668. doi:10.1177/1753193417751823.

[12219] Wang L,Wang HJ,Xie QP. Reconstruction of severe composite tissue defects of the hand using a composite second metatarsal flap[J]. J Hand Surg Eur,2018,43(6):670-671. doi:10.1177/1753193418771302.

[12220] Chen H,Yin G,Hou C,Zhao L,Lin H. Repair of a lateral malleolus defect with a composite pedicled second metatarsal flap[J]. J Int Med Res,2018,46(12):5291-5296. doi:10.1177/0300060518801461.

[12221] Hu D,Hong X,Wei X,Lin H,Zhang F,Zheng H,Lin J. Anatomical basis and clinical application of the first metatarsal proximal perforator-based neurocutaneous vascular flap[J]. Clin Anat,2020,33(5):653-660. doi:10.1002/ca.23479.

[12222] 崔延才，周琳，隋永强，姜舒光．跖背动脉皮支皮瓣 [J]．中国修复重建外科杂志，1995，9（2）：116．{CUI Yancai,ZHOU Lin,SUI Yongqiang,JIANG Shuguang. Dorsal metatarsal artery skin flap[J]. Zhongguo Xiu Fu Chong Jian Wai Ke Za Zhi[Chin J Repar Reconstr Surg(Article in Chinese;Abstract in Chinese)],1995,9(2):116.}

[12223] 王拴科，戴刚，田永虎．第一跖背动脉蒂足部皮瓣修复手部创面 [J]．中华显微外科杂志，1997，20（2）：142．{WANG Shuanke,DAI Gang,TIAN Yonghu. First dorsal metatarsal artery pedicled foot flap for repair of hand wounds[J]. Zhonghua Xian Wei Wai Ke Za Zhi[Chin J Microsurg(Article in Chinese;No abstract available)],1997,20(2):142.}

[12224] 赵胡瑞，周围，伊斯克坦，张正善．以跖骨背动脉为蒂的足背逆行岛状皮瓣修复足趾皮肤缺损 [J]．中华显微外科杂志，1997，20（1）：61-62．{ZHAO Hurui,ZHOU Wei,isktan,ZHANG Zhengshan. Repair of toe skin defect with dorsal metatarsal artery pedicled reverse dorsalis pedis island flap[J]. Zhonghua Xian Wei Wai Ke Za Zhi[Chin J Microsurg(Article in Chinese;Abstract in Chinese)],1997,20(1):61-62.}

[12225] 王永刚，王东，朱永伟，王秋生．跖背动脉皮瓣 [J]．中国修复重建外科杂志，2000，14（2）：102．{WANG Yonggang,WANG Dong,ZHU Yongwei,WANG Qiusheng. Dorsal metatarsal artery flap[J]. Zhongguo Xiu Fu Chong Jian Wai Ke Za Zhi[Chin J Repar Reconstr Surg(Article in Chinese;Abstract in Chinese)],2000,14(2):102.}

[12226] 路新民，郝淑珍．第一跖背动脉逆行岛状皮瓣修复趾创面 [J]．中华显微外科杂志，2000，23（2）：154．DOI：10.3760/cma.j.issn.1001-2036.2000.02.044．{LU Xinmin,HAO Shuzhen. Reverse island flap of the first dorsal metatarsal artery for repair of toe wounds[J]. Zhonghua Xian Wei Wai Ke Za Zhi[Chin J Microsurg(Article in Chinese;Abstract in Chinese)],2000,23(2):154. DOI:10.3760/cma.j.issn.1001-2036.2000.02.044.}

[12227] 王俊生，崔永光，董长青，李超，李君，雷万军．第一跖背动脉蒂拇短伸肌腱复合皮瓣手功能重建 [J]．中华整形外科杂志，2001，17（5）：316-317．DOI：10.3760/j.issn：1009-4598.2001.05.022．{WANG Junsheng,CUI Yongguang,DONG Changqing,LI Chao,LI Jun,LEI Wanjun. Hand function reconstruction with extensor brevis musculocutaneous flap pedicled with the first dorsal metatarsal artery[J]. Zhonghua Zheng Xing Wai Ke Za Zhi[Chin J Plast Surg(Article in Chinese;Abstract in Chinese)],2001,17(5):316-317. DOI:10.3760/j.issn:1009-4598.2001.05.022.}

[12228] 刘亚平，肖海军，侯春林．第一跖背动脉远端蒂足背内侧皮神经营养血管皮瓣的应用 [J]．中华显微外科杂志，2005，28（4）：316．DOI：10.3760/cma.j.issn.1001-2036.2005.04.043．{LIU Yaping,XIAO Haijun,HOU Chunlin. Application of dorsalis pedis neurocutaneous vascular flap pedicled with distal first dorsal metatarsal artery[J]. Zhonghua Xian Wei Wai Ke Za Zhi[Chin J Microsurg(Article in Chinese;Abstract in Chinese)],2005,28(4):316. DOI:10.3760/cma.j.issn.1001-2036.2005.04.043.}

[12229] 刘勇，裴国献，张成进，王成琪，李忠，姚旺祥，梅良斌．第 2 跖背动脉皮瓣移植修复单手指大面积软组织缺损 [J]．临床骨科杂志，2006，9（4）：313-315．DOI：10.3969/j.issn.1008-0287.2006.04.010．{LIU Yong,PEI Guoxian,ZHANG Chengjin,WANG Chengqi,LI Zhong,YAO Wangxiang,MEI Liangbin. Treatment of single finger massive soft tissue defect with second dorsal metatarsal artery flap[J]. Lin Chuang Gu Ke Za Zhi[J Clin Orthop(Article in Chinese;Abstract in Chinese and English)],2006,9(4):313-315. DOI:10.3969/j.issn.1008-0287.2006.04.010.}

[12230] 张维彬，邱士军，肖紫英．第一跖背动脉为蒂的双叶逆行岛状皮瓣修复足趾骨外露 [J]．中华创伤骨科杂志，2007，9（8）：792-793．DOI：10.3760/cma.j.issn.1671-7600.2007.08.027．{ZHANG Weibin,QIU Shijun,XIAO Ziying. Double-leaf reverse island flap pedicled with the first dorsal metatarsal artery for repair of toe exposure[J]. Zhonghua Chuang Shang Gu Ke Za Zhi[Chin J Orthop Trauma(Article in Chinese;Abstract in Chinese)],2007,9(8):792-793. DOI:10.3760/cma.j.issn.1671-7600.2007.08.027.}

[12231] 章祥洲，袁振奋，杨蔚．足底深支或（和）第一跖背动脉逆行足背岛状皮瓣的临床应用 [J]．中华整形外科杂志，2007，23（3）：199-201．DOI：10.3760/j.issn：1009-4598.2007.03.007．{ZHANG Xiangzhou,YUAN Zhengxin,YANG Wei. The clinic application of the bust deep artery and (or) the first dorsal metatarsal artery with reversed dorsalis pedis flap[J]. Zhonghua Zheng Xing Wai Ke Za Zhi[Chin J Plast Surg(Article in Chinese;Abstract in Chinese and English)],2007,23(3):199-201. DOI:10.3760/j.issn:1009-4598.2007.03.007.}

[12232] 康庆林，曾炳芳，柴益民，薛剑锋，蒋佳．逆行第一跖背动脉岛状皮瓣修复拇趾腓侧游离皮瓣供区创面 [J]．中华整形外科杂志，2007，23（6）：476-479．DOI：10.3760/j.issn：1009-4598.2007.06.007．{KANG Qinglin,ZENG Bingfang,CHAI Yimin,XUE Jianfeng,JIANG Jia. Reverse first dorsal metatarsal artery island flap for coverage of donor defect of great toe after free lateral pulp flap transfer[J]. Zhonghua Zheng Xing Wai Ke Za Zhi[Chin J Plast Surg(Article in Chinese;Abstract in Chinese and English)],2007,23(6):476-479. DOI:10.3760/j.issn:1009-4598.2007.06.007.}

[12233] 朱金强，王瑞良．逆行第一跖背血管蒂岛状皮瓣修复拇趾缺损 [J]．实用手外科杂志，2008，22（3）：136-137．DOI：10.3969/j.issn.1671-2722.2008.03.003．{ZHU Jinqiang,WANG Ruiliang. Repair of toe defect with reverse first dorsal metatarsal artery island flap[J]. Shi Yong Shou Wai Ke Za Zhi[Chin J Pract Hand Surg(Article in Chinese;Abstract in Chinese and English)],2008,22(3):136-137. DOI:10.3969/j.issn.1671-2722.2008.03.003.}

[12234] 焦玉峰，王海全，李耀胜．第 2 跖背动脉逆行筋膜岛状皮瓣修复足趾软组织缺损 [J]．中华整形外科杂志，2009，25（6）：427-429．DOI：10.3760/cma.j.issn.1009-4598.2009.06.009．{JIAO Yufeng,WANG Haiquan,LI Yaosheng. Reverse second dorsal metatarsal artery island flap for repairing the soft tissue defect at toes[J]. Zhonghua Zheng Xing Wai Ke Za Zhi[Chin J Plast Surg(Article in Chinese;Abstract in Chinese and English)],2009,25(6):427-429. DOI:10.3760/cma.j.issn.1009-4598.2009.06.009.}

[12235] 徐宝成，梁钢，孙建平．改良第 1 跖背动脉逆行皮瓣修复拇趾背侧Ⅳ度烧伤六例 [J]．中华烧伤杂志，2011，27（1）：63-64．DOI：10.3760/cma.j.issn.1009-2587.2011.01.018．{XU Baocheng,LIANG Gang,SUN Jianping. Modified reverse first dorsal metatarsal artery flap for repair of fourth degree burn of the dorsal toe:a report of six cases[J]. Zhonghua Shao Shang Za Zhi[Chin J Burns(Article in Chinese;Abstract in Chinese)],2011,27(1):63-64. DOI:10.3760/cma.j.issn.1009-2587.2011.01.018.}

[12236] 陈佳，龙兴敬，陈耀凯．带足背皮神经的第 1 跖背动脉皮瓣修复食（示）指皮肤缺损 [J]．实用手外科杂志，2014，28（1）：47-49．DOI：10.3969/j.issn.1671-2722.2014.01.017．{CHEN Jia,LONG Xingjing,CHEN Yaokai. Repair of skin defect on the point finger utilizing skin flaps with foot medial dorsal cutaneous nerves and the first dorsal metarsal artery[J]. Shi Yong Shou Wai Ke Za Zhi[Chin J Pract Hand Surg(Article in Chinese;Abstract in Chinese and English)],2014,28(1):47-49. DOI:10.3969/j.issn.1671-2722.2014.01.017.}

[12237] 苏日宝，安洪宾，王秀会，付备刚，蔡攀．第一跖背动脉皮瓣串联拇趾腓侧皮瓣移植修复手部贯通伤 [J]．中国修复重建外科杂志，2014，28（12）：1567-1568．DOI：10.7507/1002-1892.20140339．{SU Ribao,AN Hongbin,WANG Xiuhui,FU Beigang,CAI Pan. Repair of hand penetrating injury with first dorsal metatarsal artery flap and hallux fibular flap[J]. Zhongguo Xiu Fu Chong Jian Wai Ke Za Zhi[Chin J Repar Reconstr Surg(Article in Chinese;Abstract in Chinese)],2014,28(12):1567-1568. DOI:10.7507/1002-1892.20140339.}

[12238] 王强，李家庚，张红星，张丽君，魏登科，邱武安．第一跖背动脉穿支皮瓣的临床应用 [J]．中华手外科杂志，2014，30（6）：469-470．{WANG Qiang,LI Jiageng,ZHANG Hongxing,ZHANG Lijun,WEI Dengke,QIU Wu' an. Clinical application of perforator flap of the first dorsal metatarsal artery[J]. Zhonghua Shou Wai Ke Za Zhi[Chin J Hand Surg(Article in Chinese;Abstract in Chinese)],2014,30(6):469-470.}

[12239] 樊志强，李梅．第一跖背动脉筋膜蒂逆行皮瓣修复拇趾趾端缺损 [J]．临床骨科杂志，2014，17（1）：38-40．DOI：10.3969/j.issn.1008-0287.2014.01.014．{FAN Zhiqiang,LI Mei. The flap with the first metatarsal dorsal artery and pedicle of anadesma reversed repair the defect of distal hallux[J]. Lin Chuang Gu Ke Za Zhi[J Clin Orthop(Article in Chinese;Abstract in Chinese and English)],2014,17(1):38-40. DOI:10.3969/j.issn.1008-0287.2014.01.014.}

[12240] 侯桥，岳振双，任国华，曾林如，申丰，吴档，杨莉．第一跖背（底）动脉蒂双叶皮瓣联合人工真皮修复相邻两手指中末节缺损 [J]．中华显微外科杂志，2014，37（4）：360-363．DOI：10.3760/cma.j.issn.1001-2036.2014.04.011．{HOU Qiao,YUE Zhenshuang,REN Guohua,ZENG Linru,SHEN Feng,WU Dang,YANG Li. Repair of middle and distal segment defects of adjacent fingers by first dorsal metatarsal artery pedicled double-leaf flap combined with artificial dermis[J]. Zhonghua Xian Wei Wai Ke Za Zhi[Chin J Microsurg(Article in Chinese;Abstract in Chinese and English)],2014,37(4):360-363. DOI:10.3760/cma.j.issn.1001-2036.2014.04.011.}

[12241] 周小祥，刘立春，李时军．第一跖背动脉穿支皮瓣的临床应用 [J]．中华显微外科杂志，2015，38（4）：403-405．DOI：10.3760/cma.j.issn.1001-2036.2015.04.030．{ZHOU Xiaoxiang,LIU Lichun,LI Shijun. Clinical application of perforator flap of the first dorsal metatarsal artery[J]. Zhonghua Xian Wei Wai Ke Za Zhi[Chin J Microsurg(Article in Chinese;Abstract in Chinese)],2015,38(4):403-405. DOI:10.3760/cma.j.issn.1001-2036.2015.04.030.}

[12242] 周小祥，刘立春，刘成君，沈旭江，郎向华．游离第 1 跖背动脉穿支皮瓣修复手部软组织缺损 [J]．中华手外科杂志，2015，31（1）：60．DOI：10.3760/cma.j.issn.1005-054X.2015.01.022．{ZHOU Xiaoxiang,LIU Lichun,LIU Chengjun,SHEN Xujiang,LANG Xianghua. Free first dorsal metatarsal artery perforator flap for repair of hand soft tissue defects[J]. Zhonghua Shou Wai Ke Za Zhi[Chin J Hand Surg(Article in Chinese;Abstract in Chinese)],2015,31(1):60. DOI:10.3760/cma.j.issn.1005-054X.2015.01.022.}

[12243] 黄雄杰，刘昌雄，刘鸣江，谢松林，黄新锋，肖湘君．吻合第一跖背动脉伴行静脉的趾腓侧皮瓣修复指腹皮肤缺损 [J]．中华手外科杂志，2016，32（1）：53-54．{HUANG Xiongjie,LIU Changxiong,LIU Mingjiang,XIE Songlin,HUANG Xinfeng,XIAO Xiangjun. Repair of finger pulp skin defect with fibular flap anastomosing the first dorsal metatarsal artery and vein[J]. Zhonghua Shou Wai Ke Za Zhi[Chin J Hand Surg(Article in Chinese;Abstract in Chinese)],2016,32(1):53-54.}

[12244] 李丰，唐修俊，魏在荣，王波，王达利，祁建平．携带第 4 跖背动脉穿支的足背外侧皮神经营养血管皮瓣逆行修复足远端外侧创面十例 [J]．中华烧伤杂志，2016，32（3）：185-186．DOI：10.3760/cma.j.issn.1009-2587.2016.03.013．{LI Feng,TANG Xiujun,WEI Zairong,WANG Bo,WANG Dali,QI Jianping. Retrograde repair of distal lateral foot wounds with

dorsal plantar artery perforator neurocutaneous flap in 10 cases[J]. Zhonghua Shao Shang Za Zhi[Chin J Burns(Article in Chinese;Abstract in Chinese)],2016,32(3):185-186. DOI:10.3760/cma.j.issn.1009-2587.2016.03.013.}

[12245] 孙浩然，黄东旭，窦义臣，路来金，王涛，任景炎，贾雪原．足跖背动脉穿支逆行皮瓣修复前足软组织缺损43例[J]．中华显微外科杂志，2017，40(3)：234-236. DOI：10.3760/cma.j.issn.1001-2036.2017.03.007. {SUN Haoran,HUANG Dongxu,DOU Yichen,LU Laijin,WANG Tao,REN Jingyan,JIA Xueyuan. Forefoot reconstruction in application of the reverse dorsal metatarsal artery perforator flap:43 cases report[J]. Zhonghua Xian Wei Wai Ke Za Zhi[Chin J Microsurg(Article in Chinese;Abstract in Chinese and English)],2017,40(3):234-236. DOI:10.3760/cma.j.issn.1001-2036.2017.03.007.}

[12246] 王国伟，王静，焦玉坤，窦洪磊．逆行第1跖背动脉皮瓣在踇趾软组织缺损中的应用[J]．中华显微外科杂志，2019，42(3)：282-284. DOI：10.3760/cma.j.issn.1001-2036.2019.03.019. {WANG Guowei,WANG Jing,JIAO Yukun,DOU Honglei. Application of retrograde first dorsal metatarsal artery flap in soft tissue defect of hallux toe[J]. Zhonghua Xian Wei Wai Ke Za Zhi[Chin J Microsurg(Article in Chinese;Abstract in Chinese)],2019,42(3):282-284. DOI:10.3760/cma.j.issn.1001-2036.2019.03.019.}

4.5.4.2.3 跗内侧动脉皮瓣
flap of medial tarsal artery

[12247] 宋鹏，荆凯，薛建华，魏鹏飞，李光辉，杜晨飞．跗内侧动脉皮瓣修复足趾皮肤软组织缺损[J]．实用手外科杂志，2016，30(3)：260-262. DOI：10.3969/j.issn.1671-2722.2016.03.004. {SONG Peng,JING Kai,XUE Jianhua,WEI Pengfei,LI Guanghui,DU Chenfei. Repair of the soft tissue defects by using medial tarsal artery flap[J]. Shi Yong Shou Wai Ke Za Zhi[Chin J Pract Hand Surg(Article in Chinese;Abstract in Chinese and English)],2016,30(3):260-262. DOI:10.3969/j.issn.1671-2722.2016.03.004.}

4.5.4.2.4 跗外侧动脉皮瓣
flap of lateral tarsal artery

[12248] Huang D,Wang HG,Zhao CY,Wu WZ. An alternative approach in the treatment of thumb web contracture skin defects:lateral tarsal artery flap[J]. Chin Med J,2009,122(18):2133-2137.

[12249] Wang C,Wang Q,Wang Z,Li G,Yang D. Lateral tarsal artery flap:an option for hypopharyngeal reconstruction in patients with hypopharyngeal carcinomas after surgery[J]. Int J Clin Exp Med,2015,8(4):4855-4861.

[12250] Zhang M,Huang M,Zhang P,Liang P,Ren L,Zeng J,Zhou J,Liu X,Xie T,Huang X. Reconstruction of fingers after electrical injury using lateral tarsal artery flap[J]. Ther Clin Risk Manag,2017,13:855-861. doi:10.2147/TCRM.S131815.

[12251] 胡勇，王增涛，朱小雷，孙文海，许庆家，朱磊，刘志波，吴昊，王德华．带感觉神经的足背动脉蒂跗外侧动脉皮瓣修复前足缺损[J]．中华显微外科杂志，2007，30(2)：91-92，插图2-2. DOI：10.3760/cma.j.issn.1001-2036.2007.02.004. {HU Yong,WANG Zengtao,ZHU Xiaolei,SUN Wenhai,XU Qingjia,ZHU Lei,LIU Zhibo,WU Hao,WANG Dehua. Lateral tarsal artery flap with dorsal lateral cutaneous nerve to close forefoot cutaneous defect[J]. Zhonghua Xian Wei Wai Ke Za Zhi[Chin J Microsurg(Article in Chinese;Abstract in Chinese and English)],2007,30(2):91-92,insert 2-2. DOI:10.3760/cma.j.issn.1001-2036.2007.02.004.}

[12252] 胡勇，王增涛，李淑媛，孙文海，许庆家，魏宝富．跗外侧动脉皮瓣移植修复手足皮肤缺损[J]．中国微创外科杂志，2010，10(8)：732-734. DOI：10.3969/j.issn.1009-6604.2010.08.021. {HU Yong,WANG Zengtao,LI Shuyuan,SUN Wenhai,XU Qingjia,WEI Baofu. Lateral tarsal artery flap in repairing hand and foot cutaneous defects[J]. Zhongguo Wei Chuang Wai Ke Za Zhi[Chin J Minim Inva Surg(Article in Chinese;Abstract in Chinese and English)],2010,10(8):732-734. DOI:10.3969/j.issn.1009-6604.2010.08.021.}

[12253] 尹光明．逆行足背动脉蒂跗外侧动脉皮瓣修复前足内侧皮肤软组织缺损[J]．创伤外科杂志，2012，14(2)：153-156. DOI：10.3969/j.issn.1009-4237.2012.02.017. {YIN Guangming. Lateral tarsal artery flap with retrograde dorsal artery pedicle for repairing soft tissue defects of the forefoot[J]. Chuang Shang Wai Ke Za Zhi[J Traum Surg(Article in Chinese;Abstract in Chinese and English)],2012,14(2):153-156. DOI:10.3969/j.issn.1009-4237.2012.02.017.}

[12254] 申立林，朱涛，蔺翠霞，宋素萍，孙雪生，李强，高博．腘动脉皮支游离皮瓣在跗外侧动脉皮瓣切取失败病例中的应用[J]．中华显微外科杂志，2013，36(5)：503-504. DOI：10.3760/cma.j.issn.1001-2036.2013.05.029. {SHEN Lilin,ZHU Tao,LIN Cuixia,SONG Suping,SUN Xuesheng,LI Qiang,GAO Bo. Application of popliteal cutaneous branch free flap in failed cases of lateral tarsal artery flap[J]. Zhonghua Xian Wei Wai Ke Za Zhi[Chin J Microsurg(Article in Chinese;Abstract in Chinese)],2013,36(5):503-504. DOI:10.3760/cma.j.issn.1001-2036.2013.05.029.}

4.5.4.3 足底内侧皮瓣
medial planter flap

[12255] Chai YM,Wang CY,Wen G,Zeng BF,Cai PH,Han P. Combined medialis pedis and medial plantar fasciocutaneous flaps based on the medial plantar pedicle for reconstruction of complex soft tissue defects in the hand[J]. Microsurgery,2011,31(1):45-50. doi:10.1002/micr.20817.

[12256] Yang D,Yang JF,Morris SF,Tang M,Nie C. Medial plantar artery perforator flap for soft-tissue reconstruction of the heel[J]. Ann Plast Surg,2011,67(3):294-298. doi:10.1097/SAP.0b013e3181f9b278.

[12257] Huang QS,Wu X,Zheng HY,Zhou P,Wang K,Zhou XW,Liu ZW,Chen ZB. Medial plantar flap to repair defects of palm volar skin[J]. Eur J Trauma Emerg Surg,2015,41(3):293-297. doi:10.1007/s00068-014-0423-6.

[12258] Zhang X,Bai G,Zhang Z,Chen C,Yu Y,Shao X. Treatment of the secondary defect on the first metatarsophalangeal joint using the medial plantar hallucal artery dorsal perforator flap[J]. Ann Plast Surg,2016,76(5):536-540. doi:10.1097/SAP.0000000000000344.

[12259] Wu H,Sheng JG,Zhang CQ. Free medial plantar flap connection with a posterior tibial artery flap in reconstruction of fore-mid foot skin defect[J]. Plast Reconstr Surg Glob Open,2016,4(11):e1091. doi:10.1097/GOX.0000000000001091.

[12260] Gu JX,Huan AS,Zhang NC,Liu HJ,Xia SC,Regmi S,Yang L. Reconstruction of heel soft tissue defects using medial plantar artery island pedicle flap:clinical experience and outcomes analysis[J]. J Foot Ankle Surg,2017,56(2):226-229. doi:10.1053/j.jfas.2016.11.022.

[12261] Chen Q,Xie Q,Pan D. Reconstruction of anterior skin loss in all four fingers using a free medial plantar flap[J]. J Hand Surg Eur,2019,44(5):538-540. doi:10.1177/1753193419828317.

[12262] Cang ZQ,Ni XD,Xu Y,Wang M,Wang Q,Yuan SM. Reconstruction of the distal lower leg and foot sole with medial plantar flap:a retrospective study in one center[J]. J Plast Surg Hand Surg,2020,54(1):40-46. doi:10.1080/2000656X.2019.1673169.

[12263] Han Y,Han Y,Song B,Guo L,Tao R,Chai M. Free medial plantar flap versus free dorsal myocutaneous flap for the reconstruction of traumatic foot sole defects[J]. Ann Plast Surg,2020,84(5S Suppl 3):S178-S185. doi:10.1097/SAP.0000000000002373.

[12264] Cang ZQ,Xu Y,Wang M,Xu MN,Yuan SM. Application of digital subtraction angiography in reconstruction of plantar forefoot with reverse medial plantar flap[J]. Ann Plast Surg,2021,86(5):573-576. doi:10.1097/SAP.0000000000002521.

[12265] Liu Q,Guo W,Qu W,Ou X,Li R,Tian H. Treatment of volar defects of the finger using dorsal digital-metacarpal flap versus free medial plantar artery flap:a comparative study[J]. BMC Surg,2021,21(1):52. doi:10.1186/s12893-020-00994-3.

[12266] 杨志贤，曲智勇，林彬，方光荣，宫相森，汤海萍，程国良，潘达德．足底内侧皮瓣修复足底软组织缺损[J]．中华整形烧伤外科杂志，1994，10(2)：159-160. DOI：10.3760/j.issn：1009-4598.1994.02.025. {YANG Zhixian,QU Zhiyong,LIN Bin,FANG Guangrong,GONG Xiangsen,TANG Haiping,CHENG Guoliang,PAN Dade. Repair of plantar soft tissue defect with medial plantar flap[J]. Zhonghua Zheng Xing Shao Shang Wai Ke Za Zhi[Chin J Plast Surg Burns(Article in Chinese;Abstract in Chinese)],1994,10(2):159-160. DOI:10.3760/j.issn:1009-4598.1994.02.025.}

[12267] 瘳道生．足底内侧皮瓣治疗手掌痛性瘢痕[J]．中华手外科杂志，1996，12(4)：72. {LU Daosheng. Treatment of painful scar of palm with medial plantar flap[J]. Zhonghua Shou Wai Ke Za Zhi[Chin J Hand Surg(Article in Chinese;Abstract in Chinese)],1996,12(4):72.}

[12268] 吴起宁，陈明凡，王卫东．跟骨骨外露足底内侧皮瓣应用[J]．中国矫形外科杂志，1998，5(1)：51-52. {WU Qining,CHEN Mingfan,WANG Weidong. Application of medial plantar flap with calcaneus exposed[J]. Zhongguo Jiao Xing Wai Ke Za Zhi[Orthop J China(Article in Chinese;Abstract in Chinese)],1998,5(1):51-52.}

[12269] 张如鸿，程开祥，王善良，黄文义．游离前移足底内侧皮瓣修复足底远端创面[J]．中华显微外科杂志，1999，22(2)：141. DOI：10.3760/cma.j.issn.1001-2036.1999.02.027. {ZHANG Ruhong,CHENG Kaixiang,WANG Shanliang,HUANG Wenyi. Free forward medial plantar flap for repairing distal plantar wound[J]. Zhonghua Xian Wei Wai Ke Za Zhi[Chin J Microsurg(Article in Chinese;Abstract in Chinese)],1999,22(2):141. DOI:10.3760/cma.j.issn.1001-2036.1999.02.027.}

[12270] 李红东，宁金龙．足底内侧皮瓣修复足跟部黑色素瘤三例[J]．中华整形外科杂志，2001，17(2)：108. DOI：10.3760/j.issn：1009-4598.2001.02.029. {LI Hongdong,NING Jinlong. Repair of heel melanoma with medial plantar flap:a report of 3 cases[J]. Zhonghua Zheng Xing Wai Ke Za Zhi[Chin J Plast Surg(Article in Chinese;Abstract in Chinese)],2001,17(2):108. DOI:10.3760/j.issn:1009-4598.2001.02.029.}

[12271] 岑海洋，林锎，梁胜根．带神经血管蒂足底内侧皮瓣在修复足跟部创面中的应用[J]．中华显微外科杂志，2002，25(4)：292-293. DOI：10.3760/cma.j.issn.1001-2036.2002.04.019. {CEN Haiyang,LIN Kai,LIANG Shenggen. Application of medial plantar flap with neurovascular pedicle in repairing heel wound[J]. Zhonghua Xian Wei Wai Ke Za Zhi[Chin J Microsurg(Article in Chinese;Abstract in Chinese)],2002,25(4):292-293. DOI:10.3760/cma.j.issn.1001-2036.2002.04.019.}

[12272] 董建峰，王建国，吴强，刘海军，高俊．足底内侧皮瓣修复手部皮肤缺损[J]．中国修复重建外科杂志，2004，18(4)：297. {DONG Jianfeng,WANG Jianguo,WU Qiang,LIU Haijun,GAO Jun. Repair of hand skin defect with medial plantar flap[J]. Zhongguo Xiu Fu Chong Jian Wai Ke Za Zhi[Chin J Repar Reconstr Surg(Article in Chinese;Abstract in Chinese)],2004,18(4):297.}

[12273] 康志学，穆广态，俞玮，李峰，李晓林．带神经血管蒂足底内侧皮瓣治疗跟腱及局部皮肤缺损[J]．中华显微外科杂志，2006，29(1)：62. DOI：10.3760/cma.j.issn.1001-2036.2006.01.023. {KANG Zhixue,MU Guangzhou,YU Wei,LI Feng,LI Xiaolin. Treatment of Achilles tendon and local skin defects with medial plantar flap pedicled with neurovascular pedicle[J]. Zhonghua Xian Wei Wai Ke Za Zhi[Chin J Microsurg(Article in Chinese;Abstract in Chinese)],2006,29(1):62. DOI:10.3760/cma.j.issn.1001-2036.2006.01.023.}

[12274] 肖刚，陈劲，罗玉琛．带神经血管蒂足底内侧皮瓣修复足跟皮肤软组织缺损[J]．中华创伤骨科杂志，2006，8(8)：799-800. DOI：10.3760/cma.j.issn.1671-7600.2006.08.032. {XIAO Gang,CHEN Jin,LUO Yuchen. Plantar medial flaps with neurovascular pedicles for repair of skin and soft tissue defects of heel[J]. Zhonghua Chuang Shang Gu Ke Za Zhi[Chin J Orthop Trauma(Article in Chinese;Abstract in Chinese)],2006,8(8):799-800. DOI:10.3760/cma.j.issn.1671-7600.2006.08.032.}

[12275] 陈志文，王伟，郭志民，林斌．应用足底内侧皮瓣修复足跟部软组织缺损[J]．临床骨科杂志，2006，9(3)：236-237. DOI：10.3969/j.issn.1008-0287.2006.03.020. {CHEN Zhiwen,WANG Wei,GUO Zhimin,LIN Bin. Treatment of heel soft tissue defect by medial plantar flap[J]. Lin Chuang Gu Ke Za Zhi[J Clin Orthop(Article in Chinese;Abstract in Chinese and English)],2006,9(3):236-237. DOI:10.3969/j.issn.1008-0287.2006.03.020.}

[12276] 王世刚，王栓科．足底内侧皮瓣转移修复足跟部皮肤软组织缺损[J]．中国骨伤，2007，20(4)：275-276. DOI：10.3969/j.issn.1003-0034.2007.04.022. {WANG Shigang,WANG Shuanke. Transfer of thenar medial skin flap for the repair of soft tissue defect at heel skin[J]. Zhongguo Gu Shang[China J Orthop Trauma(Article in Chinese;Abstract in Chinese)],2007,20(4):275-276. DOI:10.3969/j.issn.1003-0034.2007.04.022.}

[12277] 覃雄楚，陈锋．足底内侧皮瓣的临床应用[J]．中华显微外科杂志，2008，31(3)：224-225. DOI：10.3760/cma.j.issn.1001-2036.2008.03.023. {QIN Xiongchu,CHEN Feng. Clinical application of medial plantar flap[J]. Zhonghua Xian Wei Wai Ke Za Zhi[Chin J Microsurg(Article in Chinese;Abstract in Chinese)],2008,31(3):224-225. DOI:10.3760/cma.j.issn.1001-2036.2008.03.023.}

[12278] 吴江群，李子荣，郝鹏，石耀滨，孙伟，程立明．足底内侧皮瓣在足跟部恶性黑色素瘤的应用[J]．临床骨科杂志，2008，11(2)：127-129. DOI：10.3969/j.issn.1008-0287.2008.02.011. {WU Jiangqun,LI Zirong,HAO Peng,SHI Yaobin,SUN Wei,CHENG Liming. Treatment of heel soft tissue defect after malignant melanoma resection by medial plantar flap[J]. Lin Chuang Gu Ke Za Zhi[J Clin Orthop(Article in Chinese;Abstract in Chinese and English)],2008,11(2):127-129. DOI:10.3969/j.issn.1008-0287.2008.02.011.}

[12279] 陈大康，吕先俊，冯小林，夏荣军，龙向阳．足底内侧皮瓣修复足软组织缺损的临床应用[J]．创伤外科杂志，2009，11(2)：174-174. DOI：10.3969/j.issn.1009-4237.2009.02.027. {CHEN Dakang,LV Xianjun,FENG Xiaolin,XIA Rongjun,LONG Xiangyang. Clinical application of medial plantar flap to repair soft tissue defect of foot[J]. Chuang Shang Wai Ke Za Zhi[J Traum Surg(Article in Chinese;Abstract in Chinese)],2009,11(2):174-174. DOI:10.3969/j.issn.1009-4237.2009.02.027.}

[12280] 王斌，李春江，陈超，张剑锋，张文龙，马铁鹏，李刚，蒋文平．游离足底内侧皮瓣修复腕掌尺侧皮肤神经缺损[J]．中华整形外科杂志，2011，27(2)：98-101. DOI：10.3760/cma.j.issn.1009-4598.2011.02.006. {WANG Bin,LI Chunjiang,CHEN Chao,ZHANG Jianfeng,ZHANG Wenlong,MA Tiepeng,LI Gang,JIANG Wenping. Repair of concurrent skin and nerve defect at palm and carpal on ulnar side with free medial plantar flap[J].

Zhonghua Zheng Xing Wai Ke Za Zhi[Chin J Plast Surg(Article in Chinese;Abstract in Chinese and English)],2011,27(2):98-101. DOI:10.3760/cma.j.issn.1009-4598.2011.02.006.}

[12281] 单乐群，马保安，周勇，张明华，范清宇. 足底内侧皮瓣在足跟部皮肤恶性肿瘤手术缺损修复中的应用[J]. 临床骨科杂志，2011，14(3)：281-283. DOI: 10.3969/j.issn.1008-0287.2011.03.018. {SHAN Lequn,MAA Baoan,ZHOU Yong,ZHANG Minghua,FAN Qingyu. Reconstruction of skin and soft tissue defect in retrocalcaneal skin malignant neoplasm with medial plantar sensate flap[J]. Lin Chuang Gu Ke Za Zhi[J Clin Orthop(Article in Chinese;Abstract in Chinese and English)],2011,14(3):281-283. DOI:10.3969/j.issn.1008-0287.2011.03.018.}

[12282] 陈佳，龙兴敬，李雪松，湛荣坤，杨世林，匡安银，代羽. 吻合皮神经的足底内侧皮瓣修复手掌皮肤缺损[J]. 中华骨科杂志，2014，34(5)：553-557. DOI: 10.3760/cma.j.issn.0253-2352.2014.05.008. {CHEN Jia,LONG Xingjing,LI Xuesong,ZHAN Rongkun,YANG Shilin,KUANG Anyin,DAI Yu. Repair of palmar skin defect with medial plantar flap anastomosing cutaneous nerve[J]. Zhonghua Gu Ke Za Zhi[Chin J Orthop(Article in Chinese;Abstract in Chinese and English)],2014,34(5):553-557. DOI:10.3760/cma.j.issn.0253-2352.2014.05.008.}

[12283] 刘珑玲，陈世玖，吕占武，龙航，杨军，倪少俊，李智. 带神经血管蒂足底内侧皮瓣修复儿童足跟软组织缺损[J]. 中华显微外科杂志，2014，37(3)：266-267. DOI: 10.3760/cma.j.issn.1001-2036.2014.03.018. {LIU Longling,CHEN Shijiu,LV Zhanwu,LONG Hang,YANG Jun,NI Shaojun,LI Zhi. Repair of heel soft tissue defect in children with neurovascular pedicle medial plantar flap[J]. Zhonghua Xian Wei Wai Ke Za Zhi[Chin J Microsurg(Article in Chinese;Abstract in Chinese)],2014,37(3):266-267. DOI:10.3760/cma.j.issn.1001-2036.2014.03.018.}

[12284] 牟勇，黄东，邹小艳，胡春兰，林浩. 吻合多穿支血管的足底内侧皮瓣修复手掌软组织缺损八例[J]. 中华显微外科杂志，2015，38(6)：588-590. DOI: 10.3760/cma.j.issn.1001-2036.2015.06.018. {MU Yong,HUANG Dong,ZOU Xiaoyan,HU Chunlan,LIN Hao. Repair of palmar soft tissue defects with medial plantar flap anastomosed with perforators:8 cases[J]. Zhonghua Xian Wei Wai Ke Za Zhi[Chin J Microsurg(Article in Chinese;Abstract in Chinese)],2015,38(6):588-590. DOI:10.3760/cma.j.issn.1001-2036.2015.06.018.}

[12285] 王祎，戴黎明. 足底内侧皮瓣游离移植重建手掌部组织缺损[J]. 创伤外科杂志，2015，17(1)：74-74. {WANG Yi,DAI Liming. Medial plantar flap grafting in the treatment of palm tissue defect[J]. Chuang Shang Wai Ke Za Zhi[J Traum Surg(Article in Chinese;Abstract in Chinese)],2015,17(1):74-74.}

[12286] 付繁刚，曲军杰，孙德麟，戴学国，李成立，张锴，徐林. 足底内侧皮瓣经跟腱前转移修复中后足外侧皮肤软组织缺损[J]. 中华显微外科杂志，2016，39(5)：462-464. DOI: 10.3760/cma.j.issn.1001-2036.2016.05.012. {FU Fangang,QU Junjie,SUN Delin,DAI Xueguo,LI Chengli,ZHANG Kai,XU Lin. Repair the lateral skin and soft tissue defect of the middle and rear foot wih the plantar medial flap transferred before the Achilles tendon[J]. Zhonghua Xian Wei Wai Ke Za Zhi[Chin J Microsurg(Article in Chinese;Abstract in Chinese and English)],2016,39(5):462-464. DOI:10.3760/cma.j.issn.1001-2036.2016.05.012.}

[12287] 唐阳平，张兴奎，张桂红，苗峰，丁桂友，董中阳. 足底内侧皮瓣移植修复足底负重区缺损[J]. 实用手外科杂志，2016，30(2)：216-218. DOI: 10.3969/j.issn.1671-2722.2016.02.033. {TANG Yangping,ZHANG Xingkui,ZHANG Guihong,MIAO Feng,DING Guiyou,DONG Zhongyang. Transplantation of medial plantar flap to repair defect of the weighted area of foot[J]. Shi Yong Shou Wai Ke Za Zhi[Chin J Pract Hand Surg(Article in Chinese;Abstract in Chinese and English)],2016,30(2):216-218. DOI:10.3969/j.issn.1671-2722.2016.02.033.}

[12288] 王鑫，蔡启卿，刘志勇，田志超，李坡. 足底内侧皮瓣修复足底恶性肿瘤术后皮肤软组织缺损20例[J]. 中华显微外科杂志，2017，40(5)：504-507. DOI: 10.3760/cma.j.issn.1001-2036.2017.05.027. {WANG Xin,CAI Qiqing,LIU Zhiyong,TIAN Zhichao,LI Po. Repair of skin soft tissue defects after surgery of malignant tumor of foot with medial plantar flap:report of 20 cases[J]. Zhonghua Xian Wei Wai Ke Za Zhi[Chin J Microsurg(Article in Chinese;Abstract in Chinese)],2017,40(5):504-507. DOI:10.3760/cma.j.issn.1001-2036.2017.05.027.}

[12289] 孙广峰，吴祥奎，聂开瑜，祁建平，吴必华，李书俊，王达利，魏在荣. 游离足底内侧皮瓣修复手掌及腕部大面积皮肤缺损[J]. 中华手外科杂志，2017，33(4)：245-247. {SUN Guangfeng,WU Xiangkui,NIE Kaiyu,QI Jianping,WU Bihua,LI Shujun,WANG Dali,WEI Zairong. Free medial plantar flap for treatment of palm and wrist large area skin defects[J]. Zhonghua Shou Wai Ke Za Zhi[Chin J Hand Surg(Article in Chinese;Abstract in Chinese and English)],2017,33(4):245-247.}

[12290] 李丹，惠瑞，韩岩. 足底内侧皮瓣游离移植修复足底创面[J]. 中华整形外科杂志，2017，33(3)：196-199. DOI: 10.3760/cma.j.issn.1009-4598.2017.03.009. {LI Dan,HUI Rui,HAN Yan. Free medial plantar flap for reconstruction of plantar defects[J]. Zhonghua Zheng Xing Wai Ke Za Zhi[Chin J Plast Surg(Article in Chinese;Abstract in Chinese and English)],2017,33(3):196-199. DOI:10.3760/cma.j.issn.1009-4598.2017.03.009.}

[12291] 庞有明，李武. 足底内侧皮瓣修复足跟部软组织缺损的临床效果[J]. 实用手外科杂志，2017，31(3)：312-314. DOI: 10.3969/j.issn.1671-2722.2017.03.014. {PANG Youming,LI Wu. Clinical application of plantar medial plantar flap to repair soft tissue defect of heel[J]. Shi Yong Shou Wai Ke Za Zhi[Chin J Pract Hand Surg(Article in Chinese;Abstract in Chinese and English)],2017,31(3):312-314. DOI:10.3969/j.issn.1671-2722.2017.03.014.}

[12292] 张松健，谢书强，王宏鑫，杨超凡，侯建玺. 游离足底内侧皮瓣修复对侧足跟软组织缺损[J]. 中华显微外科杂志，2018，41(6)：591-592. DOI: 10.3760/cma.j.issn.1001-2036.2018.06.021. {ZHANG Songjian,XIE Shuqiang,WANG Hongxin,YANG Chaofan,HOU Jianxi. Repair of contralateral heel soft tissue defect with free medial plantar flap[J]. Zhonghua Xian Wei Wai Ke Za Zhi[Chin J Microsurg(Article in Chinese;Abstract in Chinese)],2018,41(6):591-592. DOI:10.3760/cma.j.issn.1001-2036.2018.06.021.}

[12293] 王兴峰，曹学新，徐磊，汪涛，董强. 游离足底内侧皮瓣修复手掌和足跟软组织缺损[J]. 中华手外科杂志，2019，35(2)：152-153. DOI: 10.3760/cma.j.issn.1005-054X.2019.02.025. {WANG Xingfeng,CAO Xuexin,XU Lei,WANG Tao,DONG Qiang. Repair of soft tissue defects of palm and heel with free medial plantar flap[J]. Zhonghua Shou Wai Ke Za Zhi[Chin J Hand Surg(Article in Chinese;Abstract in Chinese)],2019,35(2):152-153. DOI:10.3760/cma.j.issn.1005-054X.2019.02.025.}

[12294] 仓正强，倪小冬，王懿，徐媛，崔磊，袁斯明. 足底内侧皮瓣在踝周软组织缺损修复中的应用[J]. 组织工程与重建外科杂志，2019，15(1)：29-31. DOI: 10.3969/j.issn.1673-0364.2019.01.008. {CANG Zhengqiang,NI Xiaodong,WANG Yi,XU Yuan,CUI Lei,YUAN Siming. Application of medial plantar flap in the repair of peri-ankle soft tissue defects[J]. Zu Zhi Gong Cheng Yu Chong Jian Wai Ke Za Zhi[J Tissue Eng Reconstr Surg(Article in Chinese;Abstract in Chinese and English)],2019,15(1):29-31. DOI:10.3969/j.issn.1673-0364.2019.01.008.}

4.5.4.4 足底外侧皮瓣
lateral planter flap

[12295] 江宏，罗庚，郭现辉. 足底外侧肌皮瓣治疗跟部骨及皮肤缺损[J]. 中华显微外科杂志，2003，26(2)：122-122. {JIANG Hong,LUO Geng,GUO Xianhui. Treatment of calcaneal bone and skin defects with lateral plantar myocutaneous flap[J]. Zhonghua Xian Wei Wai Ke Za Zhi[Chin J Microsurg(Article in Chinese;No abstract available)],2003,26(2):122-122.}

4.5.4.5 足内侧皮瓣
medial pedis flap

[12296] Zhuang YH,Zheng HP,Lin SQ,Xu DC. Vasculature at the medial aspect of the foot and clinical application of flaps based on it for forefoot reconstruction[J]. Plast Reconstr Surg,2011,127(5):1967-1978. doi:10.1097/PRS.0b013e31820cf584.

[12297] 刘方刚，张发惠，刘毅，郑和平. 足内侧皮瓣的临床应用[J]. 中华显微外科杂志，1995，18(1)：22-24，76. {LIU Fanggang,ZHANG Fahui,LIU Yi,ZHENG Heping. Clinical application of medial foot flap[J]. Zhonghua Xian Wei Wai Ke Za Zhi[Chin J Microsurg(Article in Chinese;Abstract in Chinese)],1995,18(1):22-24,76.}

[12298] 刘方刚，刘毅，余强，张发惠，郑和平. 足背动脉内侧筋膜支为蒂的足内侧皮瓣移植[J]. 中华整形烧伤外科杂志，1999，15(6)：29-31. {LIU Fanggang,LIU Yi,YU Qiang,ZHANG Fahui,ZHENG Heping. The medialis pedis flap based on the medial fasciocutaneous branches of the dorsalis pedal artery[J]. Zhonghua Zheng Xing Shao Shang Wai Ke Za Zhi[Chin J Plast Surg Burns(Article in Chinese;Abstract in Chinese and English)],1999,15(6):29-31.}

[12299] 明立功，明立德，明新广. 足内侧皮瓣移位修复足部皮肤软组织缺损[J]. 临床骨科杂志，2000，3(4)：293-295. DOI: 10.3969/j.issn.1008-0287.2000.04.024. {MING Ligong,MING Lide,MING Xinguang. Twisting of internal pedal flaps to repair the soft tissue defects of foot skin[J]. Lin Chuang Gu Ke Za Zhi[J Clin Orthop(Article in Chinese;Abstract in Chinese and English)],2000,3(4):293-295. DOI:10.3969/j.issn.1008-0287.2000.04.024.}

[12300] 刘方刚，邓建，唐迎九，陈步俊，张发惠，郑和平. 足内侧皮瓣逆行移植术[J]. 中华显微外科杂志，2001，24(2)：94-96. DOI: 10.3760/cma.j.issn.1001-2036.2001.02.005. {LIU Fanggang,DENG Jian,TANG Yingjiu,CHEN Bujun,ZHANG Fahui,ZHENG Heping. Retrograde transplantation of the medial pedis flap[J]. Zhonghua Xian Wei Wai Ke Za Zhi[Chin J Microsurg(Article in Chinese;Abstract in Chinese and English)],2001,24(2):94-96. DOI:10.3760/cma.j.issn.1001-2036.2001.02.005.}

[12301] 马心赤，柴益民，林崇正，邱勋永. 吻合血管的足内侧皮瓣修复前足部皮肤缺损[J]. 中华显微外科杂志，2005，28(2)：170-171. DOI: 10.3760/cma.j.issn.1001-2036.2005.02.029. {MA Xinchi,CHAI Yimin,LIN Chongzheng,QIU Xunyong. Repair of skin defect of forefoot with medial foot flap anastomosed with blood vessels[J]. Zhonghua Xian Wei Wai Ke Za Zhi[Chin J Microsurg(Article in Chinese;Abstract in Chinese)],2005,28(2):170-171. DOI:10.3760/cma.j.issn.1001-2036.2005.02.029.}

[12302] 郭志民，练克俭，洪加源，施建东，林斌，庄泽民，芮昊. 吻合血管足内侧皮瓣修复手部皮肤缺损[J]. 中国修复重建外科杂志，2007，21(7)：774-775. {GUO Zhimin,LIAN Kejian,HONG Jiayuan,SHI Jiandong,LIN Bin,ZHUANG Zemin,RUI Hao. Repair of hand skin defect with vascularized medial foot flap[J]. Zhongguo Xiu Fu Chong Jian Wai Ke Za Zhi[Chin J Repar Reconstr Surg(Article in Chinese;Abstract in Chinese)],2007,21(7):774-775.}

[12303] 李栋梁，李庆霞. 足内侧皮瓣修复足后踝足跟皮肤缺损的手术方法改进[J]. 局解手术学杂志，2008，17(2)：105-105. DOI: 10.3969/j.issn.1672-5042.2008.02.015. {LI Dongliang,LI Qingxia. Improved surgical method of medial foot flap for repairing heel skin defect of posterior ankle[J]. Ju Jie Shou Shu Xue Za Zhi[J Reg Anat Oper Surg(Article in Chinese;No abstract available)],2008,17(2):105-105. DOI:10.3969/j.issn.1672-5042.2008.02.015.}

[12304] 李栋梁，李庆霞，彭毅志. 足内侧皮瓣修复拇趾掌侧电击伤六例[J]. 中华烧伤杂志，2009，25(2)：155. DOI: 10.3760/cma.j.issn.1009-2587.2009.02.029. {LI Dongliang,LI Qingxia,PENG Yizhi. Repair of palmar electrical injury of great toe with medial foot flap[J]. Zhonghua Shao Shang Za Zhi[Chin J Burns(Article in Chinese;No abstract available)],2009,25(2):155. DOI:10.3760/cma.j.issn.1009-2587.2009.02.029.}

[12305] 王海文，侯瑞兴，陈宏彬，江新民，盛进，顾荣. 不同穿支蒂的足内侧皮瓣修复手指皮肤缺损[J]. 中华手外科杂志，2010，26(5)：280-282. DOI: 10.3760/cma.j.issn.1005-054X.2010.05.011. {WANG Haiwen,HOU Ruixing,CHEN Hongbin,JIANG Xinmin,SHENG Jin,GU Rong. Medial plantar flaps based on different cutaneous perforators to repair soft tissue defect of the fingers[J]. Zhonghua Shou Wai Ke Za Zhi[Chin J Hand Surg(Article in Chinese;Abstract in Chinese and English)],2010,26(5):280-282. DOI:10.3760/cma.j.issn.1005-054X.2010.05.011.}

[12306] 杨庆达，卢建国，苏瑞鉴，曾麟杰，张智钊，梁波，陈善豪，吴耀康. 两种足内侧皮瓣修复前足皮肤缺损的疗效分析[J]. 中国矫形外科杂志，2011，19(22)：1854-1857. DOI: 10.3977/j.issn.1005-8478.2011.22.02. {YANG Qingda,LU Jianguo,SU Ruijian,ZENG Linjie,ZHANG Zhizhao,LIANG Bo,CHEN Shanhao,WU Yaokang. Curative effect evaluation of two kinds of flap repairing forefoot skin defects[J]. Zhongguo Jiao Xing Wai Ke Za Zhi[Orthop J China(Article in Chinese;Abstract in Chinese and english)],2011,19(22):1854-1857. DOI:10.3977/j.issn.1005-8478.2011.22.02.}

[12307] 林立国，胡玉祥，章峰火，张文亚. 足内侧皮瓣修复足跟软组织缺损的临床研究[J]. 中华显微外科杂志，2012，35(3)：234-235. DOI: 10.3760/cma.j.issn.1001-2036.2012.03.023. {LIN Liguo,HU Yuxiang,ZHANG Fenghuo,ZHANG Wenya. Clinical study on repairing heel soft tissue defect with medial foot flap[J]. Zhonghua Xian Wei Wai Ke Za Zhi[Chin J Microsurg(Article in Chinese;Abstract in Chinese)],2012,35(3):234-235. DOI:10.3760/cma.j.issn.1001-2036.2012.03.023.}

[12308] 金文虎，孙广峰，聂开瑜，祁建平，邓呈亮，魏在荣，王达利. 以足背动脉为蒂逆行跗内侧联合足内侧皮瓣修复足远端软组织缺损十例[J]. 中华烧伤杂志，2014，30(6)：533-534. DOI: 10.3760/cma.j.issn.1009-2587.2014.06.016. {JIN Wenhu,SUN Guangfeng,NIE Kaiyu,QI Jianping,DENG Chengliang,WEI Zairong,WANG Dali. Repair of soft tissue defect of distal foot with reverse medial tarsal flap pedicled with dorsalis pedis artery[J]. Zhonghua Shao Shang Za Zhi[Chin J Burns(Article in Chinese;No abstract available)],2014,30(6):533-534. DOI:10.3760/cma.j.issn.1009-2587.2014.06.016.}

[12309] 毛海蛟，史增元，徐达传，尹维刚. 踇横动脉蒂足内侧岛状皮瓣修复踇趾皮肤缺损[J]. 中华显微外科杂志，2014，37(3)：246-249. DOI: 10.3760/cma.j.issn.1001-2036.2014.03.013. {MAO Haijiao,SHI Zengyuan,XU Dachuan,YIN Weigang. Reconstruction of great toe skin defect with retrograde-flow medial pedis island flap used transverse artery of great toe[J]. Zhonghua Xian Wei Wai Ke Za Zhi[Chin J Microsurg(Article in Chinese;Abstract in Chinese and English)],2014,37(3):246-249. DOI:10.3760/cma.j.issn.1001-2036.2014.03.013.}

[12310] 丛海波，余志平，丁英杰，王晓科，王志浩. 游离足内侧皮瓣修复指掌侧皮肤缺损17例[J]. 中华显微外科杂志，2015，38(5)：469-471. DOI: 10.3760/cma.j.issn.1001-2036.2015.05.017. {CONG Haibo,YU Zhiping,DING Yingjie,WANG Xiaoke,WANG Zhihao. Free medial foot flap for repairing palmar skin defect of fingers:a report of 17 cases[J]. Zhonghua Xian Wei Wai Ke Za Zhi[Chin J Microsurg(Article in Chinese;Abstract in Chinese)],2015,38(5):469-471. DOI:10.3760/cma.j.issn.1001-2036.2015.05.017.}

[12311] 姚保兵，胡亮，尹成国. 逆静脉瓣供血的足内侧皮瓣修复指掌侧软组织缺损[J]. 中华手外科杂志，2015，31(4)：319. DOI: 10.3760/cma.j.issn.1005-054X.2015.04.032. {YAO Baobing,HU Liang,YIN Chengguo. Repair of palmar soft tissue defect of fingers with medial foot flap supplied with retrograde venous flap[J]. Zhonghua Shou Wai Ke Za Zhi[Chin J Hand Surg(Article in Chinese;No abstract available)],2015,31(4):319. DOI:10.3760/cma.j.issn.1005-

054X.2015.04.032.}
[12312] 贾宗海，梁高峰，耿朝萌，张伟，段超鹏，张满盈，董俊文，何俊娥，滕云升. 携带隐神经终末支的游离足内侧皮瓣在手部高压注射伤中的应用[J]. 中国修复重建外科杂志，2020，34(2)：270-271. DOI：10.7507/1002-1892.201907007. {JIA Zonghai,LIANG Gaofeng,GENG Chaomeng,ZHANG Wei,DUAN Chaopeng,ZHANG Manying,DONG Junwen,HE June,TENG Yunsheng. Application of free medial pedis flap with terminal branch of saphenous nerve in high pressure injection injury of hand[J]. Zhongguo Xiu Fu Chong Jian Wai Ke Za Zhi[Chin J Repar Reconstr Surg(Article in Chinese;Abstract in Chinese)],2020,34(2):270-271. DOI:10.7507/1002-1892.201907007.}

4.5.4.5.1 足内侧穿支皮瓣
perforator flap of medial plantar artery

[12313] 伍辉国，张文亚，江克罗，王云锋，邓同明，张春风，杨敏. 游离足内侧穿支皮瓣修复手掌侧皮肤软组织缺损七例[J]. 中华显微外科杂志，2014，37(2)：173-175. DOI：10.3760/cma.j.issn.1001-2036.2014.02.022. {WU Huiguo,ZHANG Wenya,JIANG Keluo,WANG Yunfeng,DENG Tongming,ZHANG Chunfeng,YANG Min. Repair of palmar skin and soft tissue defects with free medial pedis perforator flap:a report of 7 cases[J]. Zhonghua Xian Wei Wai Ke Za Zhi[Chin J Microsurg(Article in Chinese;Abstract in Chinese)],2014,37(2):173-175. DOI:10.3760/cma.j.issn.1001-2036.2014.02.022.}

4.5.4.6 足外侧皮瓣
lateral pedis flap

[12314] 许亚军，寿奎水，张全荣，孔友谊，沈建祖，高俊，曹培锋，张文德. 吻合血管的足外侧皮瓣修复手部皮肤缺损[J]. 中华手外科杂志，1993，9(2)：73-74. {XU Yajun,SHOU Kuishui,ZHANG Quanrong,KONG Youyi,SHEN Jianzu,GAO Jun,CAO Peifeng,ZHANG Wende. Free lateral pedal flap for repairment of skin defect in hand[J]. Zhonghua Shou Wai Ke Za Zhi[Chin J Hand Surg(Article in Chinese;Abstract in Chinese)],1993,9(2):73-74.}
[12315] 方光荣，程国良，汤海萍，张宁埠，曲智勇，丁小珩，侯书建，陈茂松. 以腓动脉终末降支为蒂的足外侧皮瓣[J]. 中华手外科杂志，1995，11(1)：67-69. {FANG Guangrong,CHENG Guoliang,TANG Haiping,ZHANG Ningbu,QU Zhiyong,DING Xiaoheng,HOU Shujian,CHEN Maosong. Lateral foot flap pedicled with terminal descending branch of peroneal artery[J]. Zhonghua Shou Wai Ke Za Zhi[Chin J Hand Surg(Article in Chinese;Abstract in Chinese)],1995,11(1):67-69.}
[12316] 姚新德，张少成. 改良踝后足外侧皮瓣的临床应用[J]. 中华显微外科杂志，1996，19(4)：269. {YAO Xinde,ZHANG Shaocheng. Clinical application of modified lateral ankle foot flap[J]. Zhonghua Xian Wei Wai Ke Za Zhi[Chin J Microsurg(Article in Chinese;No abstract available)],1996,19(4):269.}
[12317] 李汉秀，陈青，姜欣，隋国侠，李忠，张益民，刘学胜. 改进的足外侧皮瓣修复跟腱损伤创面[J]. 中华显微外科杂志，1999，22(4)：3-5. {LI Hanxiu,CHEN Qing,JIANG Xin,SUI Guoxia,LI Zhong,ZHANG Yimin,LIU Xuesheng. Repair of Achilles tendon injury with improved lateral foot flap[J]. Zhonghua Xian Wei Wai Ke Za Zhi[Chin J Microsurg(Article in Chinese;No abstract available)],1999,22(4):3-5.}
[12318] 许亚军，邱扬，高建军，施海峰，程涛，寿奎水. 可选择供血血管的足外侧皮瓣移植术[J]. 中华手外科杂志，2002，18(3)：149-150. DOI：10.3760/cma.j.issn.1005-054X.2002.03.009. {XU Yajun,QIU Yang,GAO Jianjun,SHI Haifeng,CHENG Tao,SHOU Kuishui. Free transfer of lateral pedal flap with optional donor vessel[J]. Zhonghua Shou Wai Ke Za Zhi[Chin J Hand Surg(Article in Chinese;Abstract in Chinese and English)],2002,18(3):149-150. DOI:10.3760/cma.j.issn.1005-054X.2002.03.009.}
[12319] 张景僚，韩汉平. 跟外侧皮瓣修复跟部皮肤缺损[J]. 中国修复重建外科杂志，2002，16(2)：119. {ZHANG Jingliao,HAN Hanping. Repair of heel skin defect with lateral heel flap[J]. Zhongguo Xiu Fu Chong Jian Wai Ke Za Zhi[Chin J Repar Reconstr Surg(Article in Chinese;No abstract available)],2002,16(2):119.}
[12320] 王雪峰，曹国恒，坚桂珍，丁祥麟. 应用足跟外侧皮瓣修复足部软组织缺损七例[J]. 中华烧伤杂志，2003，19(1)：7. DOI：10.3760/cma.j.issn.1009-2587.2003.01.020. {WANG Xuefeng,CAO Guoheng,JIAN Guizhen,DING Xianglin. Repair of soft tissue defect of foot with lateral heel flap:7 cases[J]. Zhonghua Shao Shang Za Zhi[Chin J Burns(Article in Chinese;No abstract available)],2003,19(1):7. DOI:10.3760/cma.j.issn.1009-2587.2003.01.020.}
[12321] 王绥江，罗少军，金玉丹，梁大宁. 改良足外侧皮瓣修复足跟后侧区皮肤软组织缺损[J]. 中华显微外科杂志，2004，27(4)：296-297. DOI：10.3760/cma.j.issn.1001-2036.2004.04.026. {WANG Suijiang,LUO Shaojun,JIN Yudan,LIANG Daning. Repair of skin and soft tissue defects in posterior area of heel with improved lateral foot flap[J]. Zhonghua Xian Wei Wai Ke Za Zhi[Chin J Microsurg(Article in Chinese;Abstract in Chinese)],2004,27(4):296-297. DOI:10.3760/cma.j.issn.1001-2036.2004.04.026.}
[12322] 胡军祖，王锐英，辛林伟，姚新德. 改良足外侧皮瓣修复足跟及跟腱区皮肤软组织缺损[J]. 中国骨伤，2006，19(6)：330-332. DOI：10.3969/j.issn.1003-0034.2006.06.005. {HU Junzu,WANG Ruiying,XIN Linwei,YAO Xinde. Repair of soft tissue defects of heel with modified dermal flap of lateral foot[J]. Zhongguo Gu Shang[China J Orthop Trauma(Article in Chinese;Abstract in Chinese and English)],2006,19(6):330-332. DOI:10.3969/j.issn.1003-0034.2006.06.005.}
[12323] 秦绍春，郑连杰. 跟外侧皮瓣移位修复跟腱断裂术后感染创面[J]. 中国修复重建外科杂志，2006，20(12)：1210. {QIN Shaochun,ZHENG Lianjie. Transposition of lateral calcaneal flap to repair infected wound after Achilles tendon rupture[J]. Zhongguo Xiu Fu Chong Jian Wai Ke Za Zhi[Chin J Repar Reconstr Surg(Article in Chinese;No abstract available)],2006,20(12):1210.}
[12324] 张亚峰，刘锋卫，马文龙，王新卫，郭建刚. 足外侧皮瓣修复跟后侧区慢性皮肤溃疡11例疗效分析[J]. 创伤外科杂志，2011，13(6)：553. DOI：10.3969/j.issn.1009-4237.2011.06.030. {ZHANG Yafeng,LIU Fengwei,MA Wenlong,WANG Xinwei,GUO Jiangang. Curative effect of lateral pedal skin flap in repairing chronic ulcer of lateral foot in 11 cases[J]. Chuang Shang Wai Ke Za Zhi[J Traum Surg(Article in Chinese;Abstract in Chinese)],2011,13(6):553. DOI:10.3969/j.issn.1009-4237.2011.06.030.}
[12325] 金文虎，常树森，魏在荣，李海，周健，陈伟，孙广峰，唐修俊，王波. 跟外侧皮瓣修复跟后区域皮肤软组织缺损的临床效果[J]. 中华烧伤杂志，2019，35(3)：218-220. DOI：10.3760/cma.j.issn.1009-2587.2019.03.010. {JIN Wenhu,CHANG Shusen,WEI Zairong,LI Hai,ZHOU Jian,CHEN Wei,SUN Guangfeng,TANG Xiujun WANG Bo. Clinical effects of heel lateral flap in repair of skin and soft tissue defects at posterior heel region[J]. Zhonghua Shao Shang Za Zhi[Chin J Burns(Article in Chinese;Abstract in Chinese and English)],2019,35(3):218-220. DOI:10.3760/cma.j.issn.1009-2587.2019.03.010.}

4.5.4.6.1 足外侧穿支皮瓣
perforator flap of lateral plantar artery

[12326] 柴益民，林崇正，陈彦堃，陈汉东，邱勋永. 腓动脉终末穿支蒂腓肠神经营养血管皮瓣的临床应用[J]. 中华显微外科杂志，2001，24(3)：167-169. DOI：10.3760/cma.j.issn.1001-2036.2001.03.002. {CHAI Yimin,LIN Chongzheng,CHEN Yankun,CHEN Han Dong,QIU xunyong. Clinica l app licationof suralnerve nutritional vessel axial flap pedic le with the 1owest perforating branch of the peroneal artery[J]. Zhonghua Xian Wei Wai Ke Za Zhi[Chin J Microsurg(Article in Chinese;Abstract in Chinese and English)],2001,24(3):167-169. DOI:10.3760/cma.j.issn.1001-2036.2001.03.002.}
[12327] 柴益民，曾炳芳，康庆林，蔡培华，陈旸，程天庆. 腓动脉终末穿支降支蒂逆行腓浅神经营养岛状皮瓣的临床应用[J]. 中华显微外科杂志，2008，31(4)：243-245，插页4-1. DOI：10.3760/cma.j.issn.1001-2036.2008.04.002. {CHAI Yimin,ZENG Bingfang,KANG Qinglin,CAI Peihua,CHEN Min,CHENG Tianqing. Clinical experiences of the reversed superficial peroneal neurocutaneous island flap based on the descending branch of the distal perforating branch of the pcroneal artery[J]. Zhonghua Xian Wei Wai Ke Za Zhi[Chin J Microsurg(Article in Chinese;Abstract in Chinese and English)],2008,31(4):243-245,insert 4-1. DOI:10.3760/cma.j.issn.1001-2036.2008.04.002.}
[12328] 李宗军，肖春凌，殷建新，柴益民. 腓动脉终末穿支蒂腓浅神经营养血管岛状皮瓣修复前足供区创面[J]. 中国修复重建外科杂志，2009，23(2)：209-211. {LI Zongjun,XIAO Chunling,YIN Jianxin,CHAI Yimin. Application of distal perforator-based superficial peroneal neurofasciocutaneous flap for repairing donor site defect of forefoot[J]. Zhongguo Xiu Fu Chong Jian Wai Ke Za Zhi[Chin J Repar Reconstr Surg(Article in Chinese;Abstract in Chinese and English)],2009,23(2):209-211.}
[12329] 徐建华，刘廷刚，王和平，樊龙. 逆行腓动脉终末穿支蒂腓浅神经营养皮瓣修复足背大面积软组织缺损中的应用[J]. 创伤外科杂志，2014，16(4)：363. {XU Jianhua,LIU Tinggang,WANG Heping,FAN Long. Reversed peroneal perforator superficial sural nerve nutrient vessel for reconstructing large-area soft tissue defect in dorsal foot[J]. Chuang Shang Wai Ke Za Zhi[J Traum Surg(Article in Chinese;Abstract in Chinese)],2014,16(4):363.}
[12330] 杨润功，朱加亮，杨林，王国宝. 微创切取腓动脉终末穿支蒂腓肠神经营养血管皮瓣修复足踝部软组织缺损[J]. 中国骨与关节杂志，2015，4(6)：443-446. DOI：10.3969/j.issn.2095-252X.2015.06.004. {YANG Rungong,ZHU Jialiang,YANG Lin,WANG Guobao. Repair of soft tissue defects in the ankle and foot with peroneal perforator-based sural neurofasciocutaneous island lfap harvested by minimally invasive dissection[J]. Zhongguo Gu Yu Guan Jie Za Zhi[Chin J Bone Joint(Article in Chinese;Abstract in Chinese and English)],2015,4(6):443-446. DOI:10.3969/j.issn.2095-252X.2015.06.004.}
[12331] 胡长青，董启榕. 带腓动脉及其终末穿支的腓肠神经营养血管皮瓣逆行转移修复前足及中足创面21例[J]. 中华显微外科杂志，2017，40(3)：273-276. DOI：10.3760/cma.j.issn.1001-2036.2017.03.019. {HU Changqing,DONG Qirong. Repair of anterior and middle foot wounds by retrograde transfer of sural neurocutaneous flap with peroneal artery and its terminal perforator:a report of 21 cases[J]. Zhonghua Xian Wei Wai Ke Za Zhi[Chin J Microsurg(Article in Chinese;Abstract in Chinese)],2017,40(3):273-276. DOI:10.3760/cma.j.issn.1001-2036.2017.03.019.}
[12332] 韩俊，刘仁甫，夏柱良. 腓动脉终末穿支为蒂的腓肠神经岛状皮瓣修复足踝软组织缺损[J]. 实用手外科杂志，2017，31(4)：457-459. DOI：10.3969/j.issn.1671-2722.2017.04.018. {HAN Jun,LIU Renfu,XIA Zhugen. Clinical application of sural neurofasciocutaneous flap pedicled with terminal perforator of peroneal artery to repair soft tissue defect of foot and ankle[J]. Shi Yong Shou Wai Ke Za Zhi[Chin J Pract Hand Surg(Article in Chinese;Abstract in Chinese and English)],2017,31(4):457-459. DOI:10.3969/j.issn.1671-2722.2017.04.018.}
[12333] 杨涛，韩兆峰，周明武，李士民，宋健，胡智玉，张广超. 腓动脉前、后终末穿支的解剖与临床应用[J]. 中国修复重建外科杂志，2019，33(9)：1156-1161. DOI：10.7507/1002-1892.201904046. {YANG Tao,HAN Zhaofeng,ZHOU Mingwu,LI Shimin,SONG Jian,HU Zhiyu,ZHANG Guangchao. Anatomy and clinical application of anterior and posterior terminal perforators of peroneal artery[J]. Zhongguo Xiu Fu Chong Jian Wai Ke Za Zhi[Chin J Repar Reconstr Surg(Article in Chinese;Abstract in Chinese and English)],2019,33(9):1156-1161. DOI:10.7507/1002-1892.201904046.}
[12334] 秦建忠，朱振华，周聚普，周建东. 腓动脉外踝前终末穿支降支蒂岛状皮瓣修复中足和前足软组织缺损[J]. 中华显微外科杂志，2020，43(1)：20-23. DOI：10.3760/cma.j.issn.1001-2036.2020.01.006. {QIN Jianzhong,ZHU Zhenhua,ZHOU Jupu,ZHOU Jiandong. Clinical application of island flap with a pedicle of the descending branch of perforating branch from lateral anterior malleolus of peroneal artery in repairing midfoot and forefoot soft tissue defects[J]. Zhonghua Xian Wei Wai Ke Za Zhi[Chin J Microsurg(Article in Chinese;Abstract in Chinese and English)],2020,43(1):20-23. DOI:10.3760/cma.j.issn.1001-2036.2020.01.006.}
[12335] 王伟，李俊明，代鹏威，张晓光，艾合买提江·玉素甫. 胫前动脉穿支螺旋桨皮瓣接力腓动脉终末前穿支螺旋桨皮瓣修复足踝部创面[J]. 中国修复重建外科杂志，2020，34(1)：87-91. DOI：10.7507/1002-1892.201904095. {WANG Wei,LI Junming,DAI Pengwei,ZHANG Xiaoguang,Aihe maitijiang,Yusupu. Anterior tibial artery perforator propeller flap relay peroneal artery terminal perforator propeller flap for foot and ankle defect[J]. Zhongguo Xiu Fu Chong Jian Wai Ke Za Zhi[Chin J Repar Reconstr Surg(Article in Chinese;Abstract in Chinese and English)],2020,34(1):87-91. DOI:10.7507/1002-1892.201904095.}
[12336] 杨涛，张广超，周明武，胡智玉，李士民，幸超峰. 以前支为蒂的逆行跗外侧动脉穿支皮瓣修复前足软组织缺损[J]. 中华显微外科杂志，2020，43(1)：15-19. DOI：10.3760/cma.j.issn.1001-2036.2020.01.005. {YANG Tao,ZHANG Guangchao,ZHOU Mingwu,HU Zhiyu,LI Shimin,XING Chaofeng. Repairing soft tissue defect in forefoot by a retrograded lateral tarsal artery perforator flap pedicled with anterior branch[J]. Zhonghua Xian Wei Wai Ke Za Zhi[Chin J Microsurg(Article in Chinese;Abstract in Chinese and English)],2020,43(1):15-19. DOI:10.3760/cma.j.issn.1001-2036.2020.01.005.}

4.5.4.7 跖底皮瓣
plantar flap

[12337] 宁金龙，汪春兰. 跖底内侧岛状皮瓣修复跟垫缺损[J]. 修复重建外科杂志，1988，2(2)：111. {NING Jinlong,WANG Chunlan. Repair of heel pad defect with medial plantar island flap[J]. Zhongguo Xiu Fu Chong Jian Wai Ke Za Zhi[Chin J Repar Reconstr Surg(Article in Chinese;No abstract available)],1988,2(2):111.}
[12338] 李国耀，何利民，格楞. 跖底内侧岛状皮瓣的临床应用[J]. 中华骨科杂志，1995，15(12)：379-380. {LI Guoyao,HE Limin,GE Ling. Clinical application of medial plantar island flap[J]. Zhonghua Gu Ke Za Zhi[Chin J Orthop(Article in Chinese;Abstract in Chinese)],1995,15(12):379-380.}
[12339] 屈跃峰. 跖底动脉为蒂的踇趾腓侧皮瓣游离移植修复手指软组织缺损[J]. 临床骨科杂志，2000，3(4)：295-296. DOI：10.3969/j.issn.1008-0287.2000.04.025. {QU Yuefeng. Repair of digital soft tissue defect by free plantar-arteriole pedical flap from fibular side of great toe[J]. Lin Chuang Gu Ke Za Zhi[J Clin Orthop(Article in Chinese;Abstract in Chinese and English)],2000,3(4):295-296. DOI:10.3969/j.issn.1008-0287.2000.04.025.}
[12340] 娄宏亮，杨连根，张增方，安小刚，韩守江，王晖，葛海岩，王彬. 利用跖底动脉弓的足底岛状皮瓣修复前足软组织缺损[J]. 中华创伤骨科杂志，2003，5(2)：158-159. DOI：10.3760/cma.j.issn.1671-7600.2003.02.027. {LOU Hongliang,YANG

Liangen,ZHANG Zengfang,AN Xiaogang,HAN Shoujiang,WANG Hui,GE Haiyan,WANG Bin. Repair of soft-tissue defects at forefoot using plantar island flap pedicled with plantar aortic arch[J]. Zhonghua Chuang Shang Gu Ke Za Zhi[Chin J Orthop Trauma(Article in Chinese;Abstract in Chinese and English)],2003,5(2):158-159. DOI:10.3760/cma.j.issn.1671-7600.2003.02.027.}

[12341] 魏在荣，王达利，王玉明，祁建平，孙广峰，韩文杰，曾雪琴．跨趾腓侧皮瓣联合跖底皮瓣修复手掌侧电烧伤创面 11 例 [J]．中华烧伤杂志，2008，24（1）：58-59．DOI：10.3760/cma.j.issn.1009-2587.2008.01.021．{WEI Zairong,WANG Dali,WANG Yuming,QI Jianping,SUN Guangfeng,HAN Wenjie,ZENG Xueqin. Repair of electric burn wound on palm side with fibular flap of great toe combined with plantar flap:11 cases[J]. Zhonghua Shao Shang Za Zhi[Chin J Burns(Article in Chinese;No abstract available)],2008,24(1):58-59. DOI:10.3760/cma.j.issn.1009-2587.2008.01.021.}

[12342] 胡勇，王增涛，李淑媛，许庆家，魏宝富，孙文海．跖底动脉皮瓣逆行转移修复跨趾皮肤缺损 [J]．中国微创外科杂志，2010，10（9）：805-806，808．DOI：10.3969/j.issn.1009-6604.2010.09.013．{HU Yong,WANG Zengtao,LI Shuyuan,XU Qingjia,WEI Baofu,SUN Wenhai. Hallux cutaneous defect repair with reversed plantar metatarsal artery flap[J]. Zhongguo Wei Chuang Wai Ke Za Zhi[Chin J Minim Inva Surg(Article in Chinese;Abstract in Chinese and English)],2010,10(9):805-806,808. DOI:10.3969/j.issn.1009-6604.2010.09.013.}

[12343] 徐一波，刘亚臣．逆行第 1 跖底动脉岛状皮瓣修复第 1、2 趾底创面 [J]．中华整形外科杂志，2012，28（2）：110-112．DOI：10.3760/cma.j.issn.1009-4598.2012.02.008．{XU Yibo,LIU Yachen. Reversed plantar metatarsal artery island flap for coverage of the plantar defects at the first and second toes[J]. Zhonghua Zheng Xing Wai Ke Za Zhi[Chin J Plast Surg(Article in Chinese;Abstract in Chinese and English)],2012,28(2):110-112. DOI:10.3760/cma.j.issn.1009-4598.2012.02.008.}

[12344] 林涧，郑和平，林加福，谢志平，陆骅，张天浩，王之江，万华俊．第 1 跖底动脉穿支皮瓣修复跨趾软组织缺损 [J]．中华创伤杂志，2015，31（9）：833-835．DOI：10.3760/cma.j.issn.1001-8050.2015.09.019．{LIN Jian,ZHENG Heping,LIN Jiafu,XIE Zhiping,LU Hua,ZHANG Tianhao,WANG Zhijiang,WAN Huajun. A new flap based on the first plantar metatarsal artery perforator for repair of toe soft tissue[J]. Zhonghua Chuang Shang Za Zhi[Chin J Trauma(Article in Chinese;Abstract in Chinese and English)],2015,31(9):833-835. DOI:10.3760/cma.j.issn.1001-8050.2015.09.019.}

4.5.4.8 跨甲瓣与第二趾甲皮瓣
wrap round flap (great-toe nail-flap and second toe nail-flap)

[12345] Zhu SX,Zhang BX,Yao JX,Li ZY,Wang XL,Fu ZG. Free musculocutaneous flap transfer of extensor digitorum brevis muscle by microvascular anastomosis for restoration of function of thenar and adductor pollicis muscles[J]. Ann Plast Surg,1985,15(6):481-488. doi:10.1097/00000637-198512000-00005.

[12346] Yan H,Ouyang Y,Chi Z,Gao W,Zhang F,Fan C. Digital pulp reconstruction with free neurovascular toe flaps[J]. Aesthetic Plast Surg,2012,36(5):1186-1193. doi:10.1007/s00266-012-9949-3.

[12347] Wang L,Fu J,Li M,Han D,Yang L. Repair of hand defects by transfer of free tissue flaps from toes[J]. Arch Orthop Trauma Surg,2013,133(1):141-146. doi:10.1007/s00402-012-1626-0.

[12348] Ju JH,Hou RX. Repair of a degloving injury of the thumb with a combined dorsal great toenail flap and dorsalis pedis flap:a case report[J]. Arch Orthop Trauma Surg,2013,133(10):1455-1458. doi:10.1007/s00402-013-1807-5.

[12349] Zhang G,Ju J,Zhao Q,Li X,Jin G,Tang L,Hou R. Combined ipsilateral and contralateral second toe flaps for repair of finger degloving injury[J]. Microsurgery,2014,34(7):540-546. doi:10.1002/micr.22253.

[12350] Tan H,Luo X,Yang K,Jiang J,Wei P,Zhao J. Repair of minor tissue defect in hand by transfer of free tissue flap from the toe[J]. Arch Bone Jt Surg,2014,2(1):11-16.

[12351] Zheng H,Liu J,Dai X,Machens HG,Schilling AF. Free lateral great toe flap for the reconstruction of finger pulp defects[J]. J Reconstr Microsurg,2015,31(4):277-282. doi:10.1055/s-0034-1396754.

[12352] Gu JX,Regmi S,Zhang NC,Liu HJ,Zhang WZ,Xu T. Second toe microsurgical free-flap for aesthetic and sensory reconstruction of palmar soft tissue defects of fingers[J]. J Plast Reconstr Aesthet Surg,2016,69(3):323-327. doi:10.1016/j.bjps.2015.10.017.

[12353] Liu C,Liu L,Liu G,Tian S,Bai J,Yu K,Tian D. Repair of thumb defect by using the toenail flap:biomechanical analysis of donor foot-a retrospective cohort study[J]. J Orthop Surg Res,2019,14(1):287. doi:10.1186/s13018-019-1330-7.

[12354] Li M,Chen Z,Yang Y,Ma L,Zhang Z. Split-thickness nail bed flap graft in the management of distal partial defect of the nail bed combined with soft tissue[J]. J Hand Surg Am,2020,45(9):879.e1-879.e10. doi:10.1016/j.jhsa.2020.02.018.

[12355] Li L,Huang X,Mo H. Surgical repair of thumb dorsal dimelia with great toe wraparound flap:a case report[J]. J Hand Surg Eur,2020,45(10):1103-1105. doi:10.1177/1753193420933413.

[12356] Yuan C,Liu H,Zhang H,Wang T,Gu J. Reconstruction of thumb pulp defects using free lateral great toe flaps[J]. J Hand Surg Am,2021,46(5):421.e1-421.e7. doi:10.1016/j.jhsa.2020.10.004.

[12357] 陈中伟，王琰．跨趾皮肤指甲瓣在再造拇指中的应用 [J]．中华外科杂志，1982，20（12）：707-709．{CHEN Zhongwei,WANG Yan. Application of nail flap of the fist toe in thumb reconstruction[J]. Zhonghua Wai Ke Za Zhi[Chin J Surg(Article in Chinese;No abstract available)],1982,20(12):707.}

[12358] 朱盛修，张伯勋，王继芳．吻合血管的跨趾甲皮瓣移植修复拇指 [J]．中华骨科杂志，1984，4（4）：194．{ZHU Shengxiu,ZHANG Boxun,WANG Jifang. thumb reconstruction by the big toe nail flap with vascular anastomosis[J]. Zhonghua Gu Ke Za Zhi[Chin J Orthop(Article in Chinese;No abstract available)],1984,4(4):194.}

[12359] 朱盛修，张伯勋，卢世璧，刘郑生．跨趾甲皮瓣切取后存留跨趾端胫侧皮肤和创面植皮坏死原因探讨 [J]．显微医学杂志，1985，8（4）：207-208．{ZHU Shengxiu,ZHANG Boxun,LU Shibi,LIU Zhengsheng. The tibial skin at the first toe end was retained after the fist toe nail flap was removed and investigate the causes of necrosis after skin grafting on the wounds[J]. Xian Wei Yi Xue Za Zhi[Chin J Micorsurg(Article in Chinese;No abstract available)],1985,8(4):207-208.}

[12360] 黄宏前，刘方刚，董仲陵，丁玉林．游离跨趾甲皮瓣在急诊拇指严重伤中的应用 [J]. 中华骨科杂志，1985，5（3）：153-155．{ HUANG Hongqian,LIU Fanggang,DONG Zhongling,DING Yulin. The use of free toe-nail flap in the repair of severe avulsion injury of the thumb [J]. Zhonghua Gu Ke Za Zhi [Chin J Orthop(Article in Chinese; Abstract in Chinese and English)],1985,5(3):153-155.}

[12361] 纪效民，田开明．吻合血管的跨甲皮瓣在再造拇指中的应用 [J]．中华显微外科杂志，1986，9（4）：235 {JI Xiaomin,TIAN Kaiming. Application of the big toe nail flap with vascular anastomosis in the thumb reconstruction[J]. Zhonghua Xian Wei Wai Ke Za Zhi[Chin J Microsurg(Article in Chinese;No abstract available)],1986,9(4):235.}

[12362] 潘巨文．用跨甲皮瓣再造拇指的体会 [J]. 中华显微外科杂志，1986，9（1）：52．{Pan Juwen.Experience of thumb reconstruction with the big toe nail flap[J]. Zhonghua Xian Wei Wai Ke Za Zhi[Chin J Microsurg(Article in Chinese;No abstract available)],1986,9(1):52.}

[12363] 杨志贤，程国良，泮达德，曲智勇，方光荣，宫相森．吻合血管的游离跨趾甲皮瓣移植在急症拇指再造中的应用 [J]．中华整形烧伤外科杂志，1986，2（4）：241 {YANG Zhixian,CHENG Guoliang,PAN Dade,QU Zhiyong,FANG Guangrong,GONG Xiangsen. Application of the free big toe nail flap with vascular anastomosis in Emergency thumb reconstruction[J]. Zhonghua Zheng Xing Shao Shang Wai Ke Za Zhi[Chin J Plast Burn Surg(Article in Chinese;No abstract available)],1986,2(4):241 .}

[12364] 陈中伟，陈峥嵘．改良跨甲皮瓣重建拇指缺损 [J]．中华显微外科杂志，1991，14（2）：65-66．{CHEN Zhongwei,CHEN Zhengrong. Modified hallux nail flap for reconstruction of thumb defect[J]. Zhonghua Xian Wei Wai Ke Za Zhi[Chin J Microsurg(Article in Chinese;No abstract available)],1991,14(2):65-66.}

[12365] 于仲嘉，姜佩珠．跨趾皮甲瓣移植时受区切口的改进 [J]．中华显微外科杂志，1992，15(1)：36-37．{YU Zhongjia,JIANG Peizhu. Improvement of recipient site incision in the transplantation of the nail flap of the great toe[J]. Zhonghua Xian Wei Wai Ke Za Zhi[Chin J Microsurg(Article in Chinese;No abstract available)],1992,15(1):36-37.}

[12366] 张煜，凌彤．跨甲足背联合皮瓣在急诊拇指外伤中的应用 [J]．中华显微外科杂志，1992，15（4）：224-225．{ZHANG Yu,LING Tong. The application of combined flap of hallux nail dorsalis pedis in emergency thumb trauma[J]. Zhonghua Xian Wei Wai Ke Za Zhi[Chin J Microsurg(Article in Chinese;No abstract available)],1992,15(4):224-225.}

[12367] 侯明钟，袁启智．不同期拇指断离伤之跨甲以瓣附带趾骨片修复效果 [J]．中华显微外科杂志，1994，17（4）：251．{HOU Mingzhong,YUAN Qizhi. Repalr of severed thumb in different stages by using free neurovascular large toenail skin flap[J]. Zhonghua Xian Wei Wai Ke Za Zhi[Chin J Microsurg(Article in Chinese;Abstract in Chinese and English)],1994,17(4):251.}

[12368] 陈德松，成效敏，蔡佩琴，劳杰，顾玉东．吻合血管神经的游离趾甲瓣移植 [J]．中华手外科杂　志，1994，10（2）：69-70．{CHEN Desong,CHENG Xiaomin,CAI Peiqin,LAO Jie,GU Yudong. Transplantation of free toenail flap with vascular and nerve anastomosis[J]. Zhonghua Shou Wai Ke Za Zhi[Chin J Hand Surg(Article in Chinese;Abstract in Chinese)],1994,10(2):69-70.}

[12369] 李向荣，许亚军，沈建祖，顾黎明，张全荣，孔友谊，芮永军．趾腹及趾甲瓣游离移植修复指腹指甲缺损 [J]．中华手外科杂志，1994，10（2）：81-82．{LI Xiangrong,XU Yajun,SHEN Jianzu,GU Liming,ZHANG Quanrong,KONG Youyi,RUI Yongjun. Free toe pulp and toenail transfer to repair defects in fingers[J]. Zhonghua Shou Wai Ke Za Zhi[Chin J Hand Surg(Article in Chinese;Abstract in Chinese and English)],1994,10(2):81-82.}

[12370] 张全荣，寿奎水，芮永军，许亚军，吴建林，沈建祖，李向荣．趾背动脉为蒂的趾甲背复合瓣应用体会 [J]．中华手外科杂志，1994，10（2）：78-80．{ZHANG Quanrong,SHOU Kuishui,RUI Yongjun,XU Yajun,WU Jianlin,SHEN Jianzu,LI Xiangrong. Clinical application or complex toenail flap based on dorsal digital artery[J]. Zhonghua Shou Wai Ke Za Zhi[Chin J Hand Surg(Article in Chinese;Abstract in Chinese and English)],1994,10(2):78-80.}

[12371] 张友乐，杨克非，朱伟，胡琪．游离跨甲瓣移植术后对供足功能的影响 [J]．中国修复重建外科杂志，1994，8（4）：206-208．{ZHANG Youle,YANG Kefei,ZHU Wei,HU Qi. Effect of free Mu nail flap transplantation on donor foot function[J]. Zhongguo Xiu Fu Chong Jian Wai Ke Za Zhi[Chin J Repar Reconstr Surg(Article in Chinese;Abstract in Chinese)],1994,8(4):206-208.}

[12372] 陈智，沈翰，罗日亮．指骨甲皮瓣修复拇指组织缺损一例 [J]．中华显微外科杂志，1995，18（4）：285．{CHEN Zhi,SHEN Han,LUO Riliang. Repair of thumb tissue defect with phalangeal nail flap:a case report[J]. Zhonghua Xian Wei Wai Ke Za Zhi[Chin J Microsurg(Article in Chinese;No abstract available)],1995,18(4):285.}

[12373] 于勇，梅天兵，聂振军，冯志伟，刘胜红，富饶．跨甲瓣修复示指脱套伤一例 [J]．中华手外　科　杂　志，1995，11（2）：120．{YU Yong,MEI Tianbing,NIE Zhenjun,FENG Zhiwei,LIU Shenghong,FU Rao. Repair of degloving injury of index finger with nail flap:a case report[J]. Zhonghua Shou Wai Ke Za Zhi[Chin J Hand Surg(Article in Chinese;No abstract available)],1995,11(2):120.}

[12374] 孙义久，赵风岐，翟饶生．推进皮瓣和游离指（趾）甲移植修复指端损伤 [J]．中华显微外科杂志，1998，21（1）：61-62．{SUN Yijiu,ZHAO Fengqi,ZHAI Raosheng. Propulsive flap and free finger (toe) nail transplantation for repair of fingertip injury[J]. Zhonghua Xian Wei Wai Ke Za Zhi[Chin J Microsurg(Article in Chinese;No abstract available)],1998,21(1):61-62.}

[12375] 眭述平，曾炳芳，蔡培华，范存义，董扬，于仲嘉．急诊游离跨趾甲皮瓣修复或重建拇指 [J]．中华手外科杂志，1999，15（2）：80-81．{SUI Shuping,ZENG Bingfang,CAI Peihua,FAN Cunyi,DONNG Yang,YU Zhongjia. Primary thumb reconstruction by free wrap-around flap transfer from the big toe[J]. Zhonghua Shou Wai Ke Za Zhi[Chin J Hand Surg(Article in Chinese;Abstract in Chinese and English)],1999,15(2):80-81.}

[12376] 侯瑞兴，冯连银，王海文，郭大强，陈晓春，黄显军，施良森，陆志方．第二趾甲皮瓣修复手指中末节皮肤脱套伤 [J]．中华手外科杂志，1999，15（4）：240-241．{HOU Ruixing,FENG Lianyin,WANG Haiwen,GUO Daqiang,CHEN Xiaochun,HUANG Xianjun,SHI Liangsen,LU Zhifang. Transplantation of nail skin flap from the second toe for repair of degloving injury of the fingers[J]. Zhonghua Shou Wai Ke Za Zhi[Chin J Hand Surg(Article in Chinese;Abstract in Chinese and English)],1999,15(4):240-241.}

[12377] 王岚，侯明钟．跨甲皮瓣供趾胫侧保留皮瓣的坏死原因 [J]．中国修复重建外科杂志，1999，13（1）：3-5．{WANG Lan,HOU Mingzhong. Causes of necrosis of the tibial preserved flap of the donor toe[J]. Zhongguo Xiu Fu Chong Jian Wai Ke Za Zhi[Chin J Repar Reconstr Surg(Article in Chinese;Abstract in Chinese and English)],1999,13(1):3-5.}

[12378] 侯瑞兴，王海文，冯连银．第二趾甲皮瓣修复手指皮肤脱套伤 [J]．中华显微外科杂志，2000，23（4）：271．DOI：10.3760/cma.j.issn.1001-2036.2000.04.013．{HOU Ruixing,WANG Haiwen,FENG Lianyin. Transplantation of nail skin flap from the second toe for repair of degloving injury of fingers[J]. Zhonghua Xian Wei Wai Ke Za Zhi[Chin J Microsurg(Article in Chinese;Abstract in Chinese and English)],2000,23(4):271. DOI:10.3760/cma.j.issn.1001-2036.2000.04.013.}

[12379] 章开衡，侯明钟．甲皮瓣供区植皮坏死的原因 [J]．中国矫形外科杂志，2000，7（12）：1232．DOI：10.3969/j.issn.1005-8478.2000.12.036．{ZHANG Kaiheng,HOU Mingzhong. Causes of skin graft necrosis in donor site of nail skin flap[J]. Zhongguo Jiao Xing Wai Ke Za Zhi[Orthop J China(Article in Chinese;Abstract in Chinese)],2000,7(12):1232. DOI:10.3969/j.issn.1005-8478.2000.12.036.}

[12380] 王东，凌彤，谭成祥，王秋生．第二跖背动脉逆行岛状皮瓣修复跨甲瓣切除后的创面 [J]．中华手外科杂志，2000，16(1)：40-42．DOI：10.3760/cma.j.issn.1005-054X.2000.01.011．{WANG Dong,LING Tong,TAN Chengxiang,WANG Qiusheng. Repair of the donor area of wrap around flap with reverse second dorsal metatarsal artery island flap[J]. Zhonghua Shou Wai Ke Za Zhi[Chin J Hand Surg(Article in Chinese;Abstract in Chinese and English)],2000,16(1):40-42. DOI:10.3760/cma.j.issn.1005-054X.2000.01.011.}

[12381] 王永刚，左方，胡永东，李启明，纪红，谭文君．双血供足趾和跨甲瓣移植术的临床应用 [J]．中华显微外科杂志，2001，24（2）：106．DOI：10.3760/cma.j.issn.1001-2036.2001.02.038．{WANG Yonggang,ZUO Fang,HU Yongdong,LI Qiming,JI Hong,TAN Wenjun. Clinical application of double blood supply toe and nail flap transplantation[J]. Zhonghua Xian Wei Wai Ke Za

Zhi[Chin J Microsurg(Article in Chinese;No abstract available)],2001,24(2):106. DOI:10.3760/cma.j.issn.1001-2036.2001.02.038.}

[12382] 隋海明，丛海波，李金晟，杨庆民. 甲瓣加双“凸”状皮瓣组合移植修复全手皮肤脱套伤 [J]. 中国矫形外科杂志，2001，8（2）：140-141. DOI：10.3969/j.issn.1005-8478.2001.02.012. {SUI Haiming,CONG Haibo,LI Jinsheng,YANG Qingmin. Combined transplantation of nail flap and double n-shaped flap for repair of full hand skin degloving injury[J]. Zhongguo Jiao Xing Wai Ke Za Zhi [Orthop J Chin(Article in Chinese;Abstract in Chinese and English)],2001,8(2):140-141. DOI:10.3969/j.issn.1005-8478.2001.02.012.}

[12383] 黄燮青，章开衡，沈华. 跗甲皮瓣供区创面的处理 [J]. 中国修复重建外科杂志，2001，15（6）：338-340. {HUANG Xieqing,ZHANG Kaiheng,SHEN Hua. Treatment of donor site wound of mother nail flap[J]. Zhongguo Xiu Fu Chong Jian Wai Ke Za Zhi[Chin J Repar Reconstr Surg(Article in Chinese;Abstract in Chinese and English)],2001,15(6):338-340.}

[12384] 林浩，张玉峰，丛海波，侯海涛. 跗趾与第二足趾并趾修复跗甲瓣切取后的创面 [J]. 中华显微外科杂志，2002，25（1）：72-73. DOI：10.3760/cma.j.issn.1001-2036.2002.01.034. {LIN Hao,ZHANG Yufeng,CONG Haibo,HOU Haitao. Combined the big toe and second toe to repair the wound of the hallux nail flap[J]. Zhonghua Xian Wei Wai Ke Za Zhi[Chin J Microsurg(Article in Chinese;Abstract in Chinese)],2002,25(1):72-73. DOI:10.3760/cma.j.issn.1001-2036.2002.01.034.}

[12385] 袁光海，程国良，方光荣，滕国栋. 半趾甲瓣移植修复手指末节半侧缺损 [J]. 中华显微外科杂志，2002，25（3）：168-169. DOI：10.3760/cma.j.issn.1001-2036.2002.03.003. {YUAN Guanghai,CHENG Guoliang,FANG Guangrong,TENG Guodong. Reconstruction of semi distal segment defect of thumb and finger with semi skin-nail flap of toes[J]. Zhonghua Xian Wei Wai Ke Za Zhi[Chin J Microsurg(Article in Chinese;Abstract in Chinese and English)],2002,25(3):168-169. DOI:10.3760/cma.j.issn.1001-2036.2002.03.003.}

[12386] 郑文忠，刘爱刚，陈超，陈昆，黄令坚，艾建国，马国埭，赵枫，李志彬，许世建. 跗趾甲联合足背皮瓣修复拇指和手部软组织缺损 [J]. 中华显微外科杂志，2002，25（4）：297-298. DOI：10.3760/cma.j.issn.1001-2036.2002.04.023. {ZHENG Wenzhong,LIU Aigang,CHEN Chao,CHEN Kun,HUANG Lingjian,AI Jianguo,MA Guodai,ZHAO Feng,LI Zhibin,XU Shijian. Repair of soft tissue defects of thumb and hand with toe nail combined with dorsalis pedis flap[J]. Zhonghua Xian Wei Wai Ke Za Zhi[Chin J Microsurg(Article in Chinese;Abstract in Chinese)],2002,25(4):297-298. DOI:10.3760/cma.j.issn.1001-2036.2002.04.023.}

[12387] 穆广态，李峰，梁定顺，康志学，赵再兴，刘勇. 足背及跗趾与第 2、3、4 趾甲瓣急诊游离移植修复左手及示、中、环、小指脱套伤 [J]. 中华显微外科杂志，2003，26（4）：303-304. DOI：10.3760/cma.j.issn.1001-2036.2003.04.028. {MU Guangtai,LI Feng,LIANG Dingshun,KANG Zhixue,ZHAO Zaixing,LIU Yong. Repair of left hand and degloving injury of indication,middle,ring and small finger by emergency free transplantation of the second,third and fourth toe nail flap[J]. Zhonghua Xian Wei Wai Ke Za Zhi[Chin J Microsurg(Article in Chinese;Abstract in Chinese)],2003,26(4):303-304. DOI:10.3760/cma.j.issn.1001-2036.2003.04.028.}

[12388] 董建峰，王建国，吴强，刘海军，高俊. 跗甲瓣治疗手指皮肤脱套伤 21 例临床分析 [J]. 中华手外科杂志，2003，19（2）：126. {DONG Jianfeng,WANG Jianguo,WU Qiang,LIU Haijun,GAO Jun. Clinical analysis of 21 cases of finger skin degloving injury treated with hallux nail flap[J]. Zhonghua Shou Wai Ke Za Zhi[Chin J Hand Surg(Article in Chinese;No abstract available)],2003,19(2):126.}

[12389] 王海文，侯瑞兴，冯连银，黄祖望，黄绍宗，陈焕伟. 带足背皮瓣的第二趾甲皮瓣修复全指皮肤脱套伤 [J]. 中华手外科杂志，2003，19（4）：24. {WANG Haiwen,HOU Ruixing,FENG Lianyin,HUANG Zuwang,HUANG Shaozong,CHEN Huanwei. Repair of degloving injury of whole finger with second toe nail flap with dorsum pedis flap[J]. Zhonghua Shou Wai Ke Za Zhi[Chin J Hand Surg(Article in Chinese;No abstract available)],2003,19(4):24.}

[12390] 鹿泽兵，王炳秀，台中惠. 第二趾甲背皮瓣修复拇指背侧皮肤缺损 [J]. 中华显微外科杂志，2004，27（1）：54-55. DOI：10.3760/cma.j.issn.1001-2036.2004.01.021. {LU Zebing,WANG Bingxiu,TAI Zhonghui. Repair of thumb dorsal skin defect with the second toe nail dorsal flap[J]. Zhonghua Xian Wei Wai Ke Za Zhi[Chin J Microsurg(Article in Chinese;Abstract in Chinese)],2004,27(1):54-55. DOI:10.3760/cma.j.issn.1001-2036.2004.01.021.}

[12391] 闫合德，高伟阳，李志杰，洪建军，陈星隆，李晓阳，历智. 拇指整形术 - 跗甲瓣换位移植的临床探讨 [J]. 中华手外科杂志，2004，20（4）：223. {YAN Hede,GAO Weiyang,LI Zhijie,HONG Jianjun,CHEN Xinglong,LI Xiaoyang,LI Zhi. The clinical study of thumb plastic surgery-hallux nail flap transposition[J]. Zhonghua Shou Wai Ke Za Zhi[Chin J Hand Surg(Article in Chinese;No abstract available)],2004,20(4):223.}

[12392] 芮永军，施海峰，邱扬，吴权，程涛. 部分跗甲瓣和第二趾腹皮瓣联合修复指脱套伤 [J]. 中华显微外科杂志，2005，28（4）：295-296，插图 4-1. DOI：10.3760/cma.j.issn.1001-2036.2005.04.002. {RUI Yongjun,SHI Haifeng,QIU Yang,WU Quan,CHENG Tao. The wrap-round la flap with part toenail combined with the second simepulp flap for repair of total avulsion of fingers[J]. Zhonghua Xian Wei Wai Ke Za Zhi[Chin J Microsurg(Article in Chinese;Abstract in Chinese and English)],2005,28(4):295-296,insert 4-1. DOI:10.3760/cma.j.issn.1001-2036.2005.04.002.}

[12393] 侯瑞兴，王海文，巨积辉，郭大强，王平山，孔令海. 不同形式的第二趾甲皮瓣移植修复不同程度的手指皮肤脱套伤 [J]. 中华手外科杂志，2005，21（3）：142-144. DOI：10.3760/cma.j.issn.1005-054X.2005.03.007. {HOU Ruixing,WANG Haiwen,JU Jihui,GUO Daqiang,WANG Pingshan,KONG Linghai. Different types of second toenail flap transplantation for finger skin degloving injury[J]. Zhonghua Shou Wai Ke Za Zhi[Chin J Hand Surg(Article in Chinese;Abstract in Chinese and English)],2005,21(3):142-144. DOI:10.3760/cma.j.issn.1005-054X.2005.03.007.}

[12394] 庞德云，谢振荣，何明飞，李岳，瑞宋君. 有血供的断层甲床组织瓣在修复手指甲床缺损中的应用 [J]. 中华手外科杂志，2005，21（4）：194. {PANG Deyun,XIE Zhenrong,HE Mingfei,LI Yue,RUI Songjun. Application of vascularized split nail bed tissue flap in the repair of fingernail bed defect[J]. Zhonghua Shou Wai Ke Za Zhi[Chin J Hand Surg(Article in Chinese;No abstract available)],2005,21(4):194.}

[12395] 刘东昕，路来金，王虎. 跗甲瓣治疗拇指脱套伤 [J]. 中国矫形外科杂志，2006，14（4）：320，加页 3. DOI：10.3969/j.issn.1005-8478.2006.04.026. {LIU Dongxin,LU Laijin,WANG Hu. Thumb degloving injuries repaired by transplanting the nail flap of big toe[J]. Zhongguo Jiao Xing Wai Ke Za Zhi [Orthop J Chin(Article in Chinese;Abstract in Chinese)],2006,14(4):320,add 3. DOI:10.3969/j.issn.1005-8478.2006.04.026.}

[12396] 刘亚平，程国良，丁小珩，孙乐天，王振军. 带翼状皮瓣的第二趾甲瓣修复手指皮肤套脱伤 [J]. 中华手外科杂志，2006，22（2）：73-74. DOI：10.3760/cma.j.issn.1005-054X.2006.02.004. {LIU Yaping,CHENG Guoliang,DING Xiaoheng,SUN Letian,WANG Zhenjun. Second toe wrap-around flap with wings to repair skin avulsion of the fingers[J]. Zhonghua Shou Wai Ke Za Zhi[Chin J Hand Surg(Article in Chinese;Abstract in Chinese and English)],2006,22(2):73-74. DOI:10.3760/cma.j.issn.1005-054X.2006.02.004.}

[12397] 王欣，章伟文，陈宏，魏鹏，徐吉海，李文东，戚建武. 部分跗甲瓣移植修复拇指末节半侧缺损 [J]. 中华手外科杂志，2006，22（6）：360-361. {WANG Xin,ZHANG Weiwen,CHEN Hong,WEI Peng,XU Jihai,LI Wendong,QI Jianwu. Repairing semi-flefeet of thumb with semi-wrap around flap of the great toe[J]. Zhonghua Shou Wai Ke Za Zhi[Chin J Hand Surg(Article in Chinese;Abstract in Chinese and English)],2006,22(6):360-361.}

[12398] 巨积辉，侯瑞兴，陈宏彬，赵强，魏诚. 带瓶样足背皮瓣的第二趾甲皮瓣修复全手指皮肤套脱伤 [J]. 中华手外科杂志，2006，22（2）：70-72. {JU Jihui,HOU Ruixing,CHEN Hongbin,ZHAO Qiang,WEI Cheng. Repair of degloving injuries of the fingers with second toe wrap-around flap combined with dorsal flap of the foot[J]. Zhonghua Shou Wai Ke Za Zhi[Chin J Hand Surg(Article in Chinese;Abstract in Chinese and English)],2006,22(2):70-72.}

[12399] 康庆林，柴益民，曾炳芳，韩培，蒋佳. 跗甲瓣切取术后供区创面覆盖的方法选择 [J]. 中华显微外科杂志，2007，30（4）：267-269，后插 2. DOI：10.3760/cma.j.issn.1001-2036.2007.04.014. {KANG Qinglin,CHAI Yimin,ZENG Bingfang,HAN Pei,JIANG Jia. How to cover the defect of great toe after the wrap-around flap transfer[J]. Zhonghua Xian Wei Wai Ke Za Zhi[Chin J Microsurg(Article in Chinese;Abstract in Chinese and English)],2007,30(4):267-269,insert 2. DOI:10.3760/cma.j.issn.1001-2036.2007.04.014.}

[12400] 曲连军，张成进，刘学胜，刘雪涛，王成琪. 用带远侧 1/2 末节趾骨的中跗甲瓣修复拇指脱套伤 [J]. 中华显微外科杂志，2007，30（5）：377-378. DOI：10.3760/cma.j.issn.1001-2036.2007.05.019. {QU Lianjun,ZHANG Chengjin,LIU Xuesheng,LIU Xuetao,WANG Chengqi. Repair of thumb degloving injury with middle hallux nail flap with distal 1 / 2 phalangette[J]. Zhonghua Xian Wei Wai Ke Za Zhi[Chin J Microsurg(Article in Chinese;Abstract in Chinese)],2007,30(5):377-378. DOI:10.3760/cma.j.issn.1001-2036.2007.05.019.}

[12401] 潘勇卫，栗鹏程，李玉成，易传军，田光磊. 游离膝上外皮瓣移植覆盖跗甲皮瓣切除后的创面 [J]. 中华手外科杂志，2007，23（2）：89-92. {PAN Yongwei,LI Pengcheng,LI Yucheng,YI Chuanjun,TIAN Guanglei. Resurfacing of donor site defect after extended wrap-around flap transfer with a free superolateral gemini flap[J]. Zhonghua Shou Wai Ke Za Zhi[Chin J Hand Surg(Article in Chinese;Abstract in Chinese and English)],2007,23(2):89-92.}

[12402] 刘敏峰，朱文华，梅远东，缪玉龙. 第二趾甲瓣在指端组织缺损美学修复中的应用 [J]. 中华手外科杂志，2007，23（5）：313. DOI：10.3760/cma.j.issn.1005-054X.2007.05.024. {LIU Minfeng,ZHU Wenhua,MEI Yuandong,MIAO Yulong. Application of the second toenail flap in aesthetic repair of fingertip tissue defect[J]. Zhonghua Shou Wai Ke Za Zhi[Chin J Hand Surg(Article in Chinese;No abstract available)],2007,23(5):313. DOI:10.3760/cma.j.issn.1005-054X.2007.05.024.}

[12403] 巨积辉，侯瑞兴，金光哲，赵强，刘跃飞，李雷，李建宁，魏诚. 游离跗趾背和第二趾背甲皮瓣修复指甲缺损的临床应用 [J]. 中华手外科杂志，2007，23（5）：283-285. DOI：10.3760/cma.j.issn.1005-054X.2007.05.012. {JU Jihui,HOU Ruixing,JIN Guangzhe,ZHAO Qiang,LIU Yuefei,LI Lei,LI Jianning,WEI Cheng. Clinical application of free big toe and second toe dorsal wrap-around flap transfer for repair of nail defect of the fingers[J]. Zhonghua Shou Wai Ke Za Zhi[Chin J Hand Surg(Article in Chinese;Abstract in Chinese and English)],2007,23(5):283-285. DOI:10.3760/cma.j.issn.1005-054X.2007.05.012.}

[12404] 芮永军，施海峰，邱扬，薛明宇，张全荣，糜菁熠，姚群，许亚军，张志海，寿奎水. 不同构制的跗甲瓣修复手指套脱伤 [J]. 中华手外科杂志，2007，23（6）：349-351. DOI：10.3760/cma.j.issn.1005-054X.2007.06.009. {RUI Yongjun,SHI Haifeng,QIU Yang,XUE Mingyu,ZHANG Quanrong,MI Jingyi,YAO Qun,XU Yajun,ZHANG Zhihai,SHOU Kuishui. Reconstruction of digits with avulsion injuries by different arrangements of wrap-around flap[J]. Zhonghua Shou Wai Ke Za Zhi[Chin J Hand Surg(Article in Chinese;Abstract in Chinese and English)],2007,23(6):349-351. DOI:10.3760/cma.j.issn.1005-054X.2007.06.009.}

[12405] 田德虎，张继春，韩久卉，于昆仑，李高峰，赵峰，赵民. 游离跗甲瓣移植修复拇指末节缺损 [J]. 中华创伤骨科杂志，2007，9（6）：592-593. DOI：10.3760/cma.j.issn.1671-7600.2007.06.029. {TIAN Dehu,ZHANG Jichun,HAN Jiuhui,YU Kunlun,LI Gaofeng,ZHAO Feng,ZHAO Min. Free hallux nail flap transplantation for repair of distal thumb defect[J]. Zhonghua Chuang Shang Gu Ke Za Zhi[Chin J Orthop Trauma(Article in Chinese;No abstract available)],2007,9(6):592-593. DOI:10.3760/cma.j.issn.1671-7600.2007.06.029.}

[12406] 刘晓军，苏利国，刘勇，段家波，张晓军，樊利军，张会勇. 跗甲皮瓣游离移植在急诊拇指损伤中的应用 [J]. 实用骨科杂志，2007，13（12）：725-726. DOI：10.3969/j.issn.1008-5572.2007.12.008. {LIU Xiaojun,SU Liguo,LIU Yong,DUAN Jiabo,ZHANG Xiaojun,FAN Lijun,ZHANG Huiyong. Repair severe avulsion injury of the thumb with the free big toe-nail flap[J]. Shi Yong Gu Ke Za Zhi[J Pract Orthop(Article in Chinese;Abstract in Chinese and English)],2007,13(12):725-726. DOI:10.3969/j.issn.1008-5572.2007.12.008.}

[12407] 吕先俊，乔永军，冯晓林，陈大康，陈远海，陈敬有. 应用甲瓣加皮瓣组合移植治疗全手脱套伤的体会 [J]. 创伤外科杂志，2007，9（5）：462-462. DOI：10.3969/j.issn.1009-4237.2007.05.023. {LU Xianjun,QIAO Yongjun,FENG Xiaolin,CHEN Dakang,CHEN Yuanhai,CHEN Jingyou. Experience of using wrap-around flap of the big toe combined tibula distal pedicle flaps to cure total hand degloving injury[J]. Chuang Shang Wai Ke Za Zhi[J Traum Surg(Article in Chinese;Abstract in Chinese)],2007,9(5):462-462. DOI:10.3969/j.issn.1009-4237.2007.05.023.}

[12408] 滕国栋，汤海萍，袁光海，胡小莺，潘达德. 跗甲瓣联合第二趾胫侧皮瓣修复拇指及虎口区皮肤缺损 [J]. 中华显微外科杂志，2008，31（4）：256-258. DOI：10.3760/cma.j.issn.1001-2036.2008.04.006. {TENG Guodong,TANG Haiping,YUAN Guanghai,HU Xiaoying,PAN Dade. Application of nail skin flap of big toe connected with tibial flap of second toe in reconstruction of thumb and first web[J]. Zhonghua Xian Wei Wai Ke Za Zhi[Chin J Microsurg(Article in Chinese;Abstract in Chinese and English)],2008,31(4):256-258. DOI:10.3760/cma.j.issn.1001-2036.2008.04.006.}

[12409] 巨积辉，侯瑞兴，李雷，刘跃飞，赵强，金光哲. 第二趾甲皮瓣修复手指中末节皮肤脱套伤 [J]. 中华创伤杂志，2008，24（3）：220-221. DOI：10.3321/j.issn：1001-8050.2008.03.019. {JU Jihui,HOU Ruixing,LI Lei,LIU Yuefei,ZHAO Qiang,JIN Guangzhe. Repair of degloving injury of the middle and distal finger with the second toenail flap[J]. Zhonghua Chuang Shang Za Zhi[Chin J Trauma(Article in Chinese;No abstract available)],2008,24(3):220-221. DOI:10.3321/j.issn:1001-8050.2008.03.019.}

[12410] 郭建勋，杨柳春. 应用双足跗甲瓣与足背皮瓣联合移植修复全手脱套伤 [J]. 中华显微外科杂志，2008，31（4）：292. DOI：10.3760/cma.j.issn.1001-2036.2008.04.021. {GUO Jianxun,YANG Liuchun. Repair of degloving injury of the whole hand with the combined transplantation of nail flap and dorsum flap of foot[J]. Zhonghua Xian Wei Wai Ke Za Zhi[Chin J Microsurg(Article in Chinese;Abstract in Chinese)],2008,31(4):292. DOI:10.3760/cma.j.issn.1001-2036.2008.04.021.}

[12411] 杨柳春，侯识志，杨柳先，杨俊斐，李伟，陈超凡. 双侧跗甲瓣加足背皮瓣联合移植在全手套脱伤中的应用 [J]. 中华手外科杂志，2008，24（3）：189-190. {YANG Liuchun,HOU Shizhi,YANG Liuxian,YANG Junfei,LI Wei,CHEN Chaofan. Application of combined transplantation of bilateral toenail flap and dorsalis pedis flap in total degloving injury[J]. Zhonghua Shou Wai Ke Za Zhi[Chin J Hand Surg(Article in Chinese;No abstract available)],2008,24(3):189-190.}

[12412] 李国华，刘会仁，李瑞国，曹磊. 跗甲瓣复合踝前及足内外侧皮瓣的足部四叶瓣修复手部脱套伤一例 [J]. 中华显微外科杂志，2009，32（1）：35. DOI：10.3760/cma.j.issn.1001-2036.2009.01.015. {LI Guohua,LIU Huiren,LI Ruiguo,CAO Lei. A case of degloving injury of hand repaired with tetralobar flap of foot combined with anterior malleolus flap and medial lateral foot flap[J]. Zhonghua Xian Wei Wai Ke Za Zhi[Chin J Microsurg(Article in Chinese;No abstract available)],2009,32(1):35. DOI:10.3760/cma.j.issn.1001-2036.2009.01.015.}

[12413] 王保山，郑晓菊，王新宏，高树林. 跗甲瓣切取术后创面的处理 [J]. 中华显微外科杂志，2009，32（1）：26-28. DOI：10.3760/cma.j.issn.1001-2036.2009.01.010. {WANG Baoshan,ZHENG Xiaoju,WANG Xinhong,GAO Shulin. Treatment of the donor site after wrap around flap from toe[J]. Zhonghua Xian Wei Wai Ke Za Zhi[Chin J Microsurg(Article

in Chinese;Abstract in Chinese and English)],2009,32(1):26-28. DOI:10.3760/cma.j.issn.1001-2036.2009.01.010.}

[12414] 谭旭昌，朱易凡，曹锐铃，刘景臣，杨振荣. 邻指带蒂皮下组织瓣及趾甲床移植修复指甲床缺损[J]. 中华显微外科杂志，2009，32（3）：249-250. DOI：10.3760/cma.j.issn.1001-2036.2009.03.036. {TAN Xuchang,ZHU Yifan,CAO Ruiling,LIU Jingchen,YANG Zhenrong. Repair of nail bed defect with pedicle flap of adjacent finger and nail bed[J]. Zhonghua Xian Wei Wai Ke Za Zhi[Chin J Microsurg(Article in Chinese;Abstract in Chinese)],2009,32(3):249-250. DOI:10.3760/cma.j.issn.1001-2036.2009.03.036.}

[12415] 张全荣，芮永军，施海峰，陆征峰，张辉，寿奎水. 双足趾与第2趾甲皮瓣联合一期修复多手指脱套伤[J]. 中国矫形外科杂志，2009，17（18）：1384-1386. {ZHANG Quanrong,RUI Yongjun,SHI Haifeng,LU Zhengfeng,ZHANG Hui,SHOU Kuishui. Combined bilateral toe flaps for repair of the multi-finger degloving injury at one stage[J]. Zhongguo Jiao Xing Wai Ke Za Zhi[Orthop J China(Article in Chinese;Abstract in Chinese and English)],2009,17(18):1384-1386.}

[12416] 侯瑞兴，王海文，巨积辉，郭大强，陈宏彬，江新民，盛进. 双足带有同蒂多叶皮瓣的趾甲皮瓣移植治疗全手皮肤套脱伤[J]. 中华手外科杂志，2009，25（1）：32-34. DOI：10.3760/cma.j.issn.1005-054X.2009.01.014. {HOU Ruixing,WANG Haiwen,JU Jihui,GUO Daqiang,CHEN Hongbin,JIANG Xinmin,SHENG Jin. Repair of degloving injury of the entire hand by bilateral combined transfer of wrap-around flap and multi-petal pedal flaps based on a single pedicle[J]. Zhonghua Shou Wai Ke Za Zhi[Chin J Hand Surg(Article in Chinese;Abstract in Chinese and English)],2009,25(1):32-34. DOI:10.3760/cma.j.issn.1005-054X.2009.01.014.}

[12417] 陈兆军，潘勇卫，王正义，林顺福，朱先龙，江军，曾延峰. 游离足踇甲瓣移植术后足底应力变化的观察[J]. 中国骨伤，2009，22（11）：841-843. DOI：10.3969/j.issn.1003-0034.2009.11.014. {CHEN Zhaojun,PAN Yongwei,WANG Zhengyi,LIN Shunfu,ZHU Xianlong,JIANG Jun,ZENG Yanfeng. The vola stress change of patients after operation of wrop-around flap for thumb reconstruction[J]. Zhongguo Gu Shang[China J Orthop Trauma(Article in Chinese;Abstract in Chinese and English)],2009,22(11):841-843. DOI:10.3969/j.issn.1003-0034.2009.11.014.}

[12418] 冯亚高，张向宁，魏斌，陶忠生，霍飞，刘少华. 踇趾甲皮瓣切取后供区创面的修复[J]. 实用手外科杂志，2009，23（4）：216-217，245. DOI：10.3969/j.issn.1671-2722.2009.04.013. {FENG Yagao,ZHANG Xiangning,WEI Bin,TAO Zhongsheng,HUO Fei,LIU Shaohua. Repair of donor site after harvest of wrap-around flap of toe[J]. Shi Yong Shou Wai Ke Za Zhi[Chin J Pract Hand Surg(Article in Chinese;Abstract in Chinese and English)],2009,23(4):216-217,245. DOI:10.3969/j.issn.1671-2722.2009.04.013.}

[12419] 林国栋，李桂石，张咸中. 保留趾甲瓣治疗婴幼儿巨趾（足）畸形的体会[J]. 中华显微外科杂志，2010，33（4）：267. DOI：10.3760/cma.j.issn.1001-2036.2010.04.002. {LIN Guodong,LI Guishi,ZHANG Xianzhong. Experience of preserving toenail flap in the treatment of giant toe (foot) deformity in infants[J]. Zhonghua Xian Wei Wai Ke Za Zhi[Chin J Microsurg(Article in Chinese;No abstract available)],2010,33(4):267. DOI:10.3760/cma.j.issn.1001-2036.2010.04.002.}

[12420] 庄加川，陈国荣，陈乐峰，白印伟，吴耿，柯于海，林慧鑫，廖坚文，张振伟. 趾背动脉为蒂转移皮瓣修复趾甲瓣术后创面的临床应用[J]. 中华显微外科杂志，2010，33（6）：497-498. DOI：10.3760/cma.j.issn.1001-2036.2010.06.024. {ZHUANG Jiachuan,CHEN Guorong,CHEN Lefeng,BAI Yinwei,WU Geng,KE Yuhai,LIN Huixin,LIAO Jianwen,ZHANG Zhenwei. Clinical application of flap pedicled with dorsal digital artery to repair the wound after toe nail flap operation[J]. Zhonghua Xian Wei Wai Ke Za Zhi[Chin J Microsurg(Article in Chinese;Abstract in Chinese)],2010,33(6):497-498. DOI:10.3760/cma.j.issn.1001-2036.2010.06.024.}

[12421] 魏勇，李钧，童哲，王西迅，陈波，潘跃. 附外侧皮瓣修复踇甲皮瓣术中踇趾供区的创面[J]. 中华手外科杂志，2010，26（5）：318. DOI：10.3760/cma.j.issn.1005-054X.2010.05.028. {WEI Yong,LI Jun,TONG Zhe,WANG Xixun,CHEN Bo,PAN Yue. Reconstruction of donor site of hallux toe with lateral tarsal flap[J]. Zhonghua Shou Wai Ke Za Zhi[Chin J Hand Surg(Article in Chinese;No abstract available)],2010,26(5):318. DOI:10.3760/cma.j.issn.1005-054X.2010.05.028.}

[12422] 王西迅，李钧，孙文海，陈波，胡继超，魏勇，童哲，舒正华，潘跃，丁潮琪. 足踇甲瓣供区修复方法优缺点分析[J]. 中国骨伤，2010，23（8）：604-605. DOI：10.3969/j.issn.1003-0034.2010.08.014. {WANG Xixun,LI Jun,SUN Wenhai,CHEN Bo,HU Jichao,WEI Yong,TONG Zhe,SHU Zhenghua,PAN Yue,DING Chaoqi. Advantages and disadvantages of the donor site renovation after the wrap around flap transfer[J]. Zhongguo Gu Shang[China J Orthop Trauma(Article in Chinese;No abstract available)],2010,23(8):604-605. DOI:10.3969/j.issn.1003-0034.2010.08.014.}

[12423] 胡玉祥，章峰火，郭随林，任乾峰，胡继苏. 部分踇甲瓣游离移植修复拇手指末节半侧缺损10例[J]. 中华显微外科杂志，2011，34（1）：80-81. DOI：10.3760/cma.j.issn.1001-2036.2011.01.037. {HU Yuxiang,ZHANG Fenghuo,GUO Suilin,REN Qianfeng,HU Jisu. Repair of the defect of the distal part of the thumb and finger with partial free pedicled flap:a report of 10 cases[J]. Zhonghua Xian Wei Wai Ke Za Zhi[Chin J Microsurg(Article in Chinese;No abstract available)],2011,34(1):80-81. DOI:10.3760/cma.j.issn.1001-2036.2011.01.037.}

[12424] 郑晓菊，王保山，仇永锋. 半趾甲瓣移植手术供区创面的修复处理[J]. 中华显微外科杂志，2011，34（2）：101-102，后插2. DOI：10.3760/cma.j.issn.1001-2036.2011.02.005. {ZHENG Xiaoju,WANG Baoshan,CHOU Yongfeng. Treatment of the donor site after wound healing of semi-toe nail flap[J]. Zhonghua Xian Wei Wai Ke Za Zhi[Chin J Microsurg(Article in Chinese;Abstract in Chinese and English)],2011,34(2):101-102,insert 2. DOI:10.3760/cma.j.issn.1001-2036.2011.02.005.}

[12425] 谭旭昌，朱易凡，杨佳鞠，麦明霞，曹锐铃，刘伟才，杨振年，宋芳华，刘景臣. 指背筋膜蒂组织瓣加趾甲床游离移植修复指甲床Ⅲ°缺损[J]. 中华显微外科杂志，2011，34（2）：151-153. DOI：10.3760/cma.j.issn.1001-2036.2011.02.028. {TAN Xuchang,ZHU Yifan,YANG Jiaju,MAI Mingxia,CAO Ruiling,LIU Weicai,YANG Zhennian,SONG Fanghua,LIU Jingchen. Repair of third degree defect of nail bed with dorsal digital fascial flap and free transfer of nail bed[J]. Zhonghua Xian Wei Wai Ke Za Zhi[Chin J Microsurg(Article in Chinese;Abstract in Chinese)],2011,34(2):151-153. DOI:10.3760/cma.j.issn.1001-2036.2011.02.028.}

[12426] 刘铭波，刘良燚，赵波，李保龙，马立峰，杨延军，张子清. 踇趾背侧甲皮瓣联合第二趾胫侧皮瓣的应用及供区的处理[J]. 中华显微外科杂志，2011，34（4）：323-324. DOI：10.3760/cma.j.issn.1001-2036.2011.04.023. {LIU Mingbo,LIU Liangfan,ZHAO Bo,LI Baolong,MA Lifeng,YANG Yanjun,ZHANG Ziqing. Application of dorsal nail flap of hallux toe combined with tibial flap of second toe and treatment of donor site[J]. Zhonghua Xian Wei Wai Ke Za Zhi[Chin J Microsurg(Article in Chinese;Abstract in Chinese)],2011,34(4):323-324. DOI:10.3760/cma.j.issn.1001-2036.2011.04.023.}

[12427] 糜菁熠，芮永军，沈小芳，赵刚，华雍，刘宇舟. 应用改良踇甲瓣修复拇手指脱套伤[J]. 中华显微外科杂志，2011，34(5)：366-369. DOI：10.3760/cma.j.issn.1001-2036.2011.05.004. {MI Jingyi,RUI Yongjun,SHEN Xiaofang,ZHAO Gang,HUA Yong,LIU Yuzhou. Using modified great toe wrap-around flap to reconstruct degloved thumb and fingers[J]. Zhonghua Xian Wei Wai Ke Za Zhi[Chin J Microsurg(Article in Chinese;Abstract in Chinese and English)],2011,34(5):366-369. DOI:10.3760/cma.j.issn.1001-2036.2011.05.004.}

[12428] 熊秉刚，欧翰杰，黎润超，陈健，谢文伟，黎明华，邬业强. 应用部分踇甲瓣游离移植修复手指甲床缺损[J]. 中华显微外科杂志，2011，34（6）：505-506. DOI：10.3760/cma.j.issn.1001-2036.2011.06.030. {XIONG Binggang,OU Hanjie,LI Runchao,CHEN Jian,XIE Wenwei,LI Minghua,WU Yeqiang. Repair of fingernail bed defect by free grafting of partial nail flap[J]. Zhonghua Xian Wei Wai Ke Za Zhi[Chin J Microsurg(Article in Chinese;Abstract in Chinese)],2011,34(6):505-506. DOI:10.3760/cma.j.issn.1001-2036.2011.06.030.}

[12429] 张龙春，张兴群，赵风景，陈莹，姚建民，马亮. 应用胫骨滋养动脉穿支皮瓣修复踇趾（甲）皮瓣切取后创面[J]. 中华显微外科杂志，2011，34（6）：520-521. DOI：10.3760/cma.j.issn.1001-2036.2011.06.039. {ZHANG Longchun,ZHANG Xingqun,ZHAO Fengjing,CHEN Ying,YAO Jianmin,MA Liang. Application of tibial nutrient artery perforator flap to repair the wound after toe (nail) flap resection[J]. Zhonghua Xian Wei Wai Ke Za Zhi[Chin J Microsurg(Article in Chinese;No abstract available)],2011,34(6):520-521. DOI:10.3760/cma.j.issn.1001-2036.2011.06.039.}

[12430] 朱轶，方键，苏量，曾顺焕，李东平. 外踝前皮支皮瓣修复趾甲皮瓣供区创面一例[J]. 中华手外科杂志，2011，27（2）：123-124. DOI：10.3760/cma.j.issn.1005-054X.2011.02.022. {ZHU Yi,FANG Jian,SU Liang,ZENG Shunhuan,LI Dongping. Repair of donor site wound of toe nail flap with skin flap of lateral malleolus anterior cutaneous branch:a case report[J]. Zhonghua Shou Wai Ke Za Zhi[Chin J Hand Surg(Article in Chinese;No abstract available)],2011,27(2):123-124. DOI:10.3760/cma.j.issn.1005-054X.2011.02.022.}

[12431] 张文亚，林森，伍辉国，胡亚飞，宋东宁，潘则昂，江克罗. 足背动脉逆行岛状筋膜瓣联合植皮在踇甲皮瓣切取后创面修复中的应用[J]. 中华手外科杂志，2011，27（3）：159-160. {ZHANG Wenya,LIN Sen,WU Huiguo,HU Yafei,SONG Dongning,PAN Zeang,JIANG Keluo. The application of dorsalis pedis artery reversed fascial island flap combined with sidn graft to cover donor site defect after wrap-around flap harvest[J]. Zhonghua Shou Wai Ke Za Zhi[Chin J Hand Surg(Article in Chinese;Abstract in Chinese and English)],2011,27(3):159-160.}

[12432] 朱小弟，王利，李文庆，杨涛，毛仁群，李楚炎. 吻合血管的踇甲瓣移植修复拇指甲床缺损的临床应用[J]. 中华显微外科杂志，2012，35（2）：162-163. DOI：10.3760/cma.j.issn.1001-2036.2012.02.030. {ZHU Xiaodi,WANG Li,LI Wenqing,YANG Tao,MAO Renqun,LI Chuyan. Clinical application of vascularized nail flap transplantation in repairing thumb nail bed defect[J]. Zhonghua Xian Wei Wai Ke Za Zhi[Chin J Microsurg(Article in Chinese;Abstract in Chinese)],2012,35(2):162-163. DOI:10.3760/cma.j.issn.1001-2036.2012.02.030.}

[12433] 郑晓菊，王保山，宋文斌，李海军，仇永锋. 半踇趾甲瓣移植修复手指末节缺损[J]. 中华显微外科杂志，2012，35（3）：198-200，后插7. DOI：10.3760/cma.j.issn.1001-2036.2012.03.007. {ZHENG Xiaoju,WANG Baoshan,SONG Wenbin,LI Haijun,CHOU Yongfeng. Half hallux toenail flap transplantation to repair the distal segment finger defect[J]. Zhonghua Xian Wei Wai Ke Za Zhi[Chin J Microsurg(Article in Chinese;Abstract in Chinese and English)],2012,35(3):198-200,insert 7. DOI:10.3760/cma.j.issn.1001-2036.2012.03.007.}

[12434] 赵强，巨积辉，侯瑞兴，程贺云，王天亮. 第二趾甲背皮瓣与胫侧皮瓣瓦合修复手指中末节脱套伤[J]. 中华显微外科杂志，2012，35（5）：387-390，447. DOI：10.3760/cma.j.issn.1001-2036.2012.05.011. {ZHAO Qiang,JU Jihui,HOU Ruixing,CHENG Heyun,WANG Tianliang. Combined use of dorsal flap based on second toe and tibial flap for repairing the finger distal degloving injury[J]. Zhonghua Xian Wei Wai Ke Za Zhi[Chin J Microsurg(Article in Chinese;Abstract in Chinese and English)],2012,35(5):387-390,447. DOI:10.3760/cma.j.issn.1001-2036.2012.05.011.}

[12435] 王斌，蒋文平，李文龙，张剑锋，李春江，王辉，王鹏飞. 游离第二足趾背甲皮瓣联合踇趾腓侧皮瓣游离移植修复单指脱套伤[J]. 中华显微外科杂志，2012，35（6）：444-446，后插2. DOI：10.3760/cma.j.issn.1001-2036.2012.06.002. {WANG Bin,JIANG Wenping,LI Wenlong,ZHANG Jianfeng,LI Chunjiang,WANG Hui,WANG Pengfei. Combined transfer of the free second toe dorsal wrap around flap and fibula side flap of great toe to repair degloving injury of the single finger[J]. Zhonghua Xian Wei Wai Ke Za Zhi[Chin J Microsurg(Article in Chinese;Abstract in Chinese and English)],2012,35(6):444-446,insert 2. DOI:10.3760/cma.j.issn.1001-2036.2012.06.002.}

[12436] 黄平，姜雪松，庄振华. 游离足踇甲瓣修复拇指缺损12例[J]. 中华烧伤杂志，2012，28（6）：473-474. DOI：10.3760/cma.j.issn.1009-2587.2012.06.023. {HUANG Ping,JIANG Xuesong,ZHUANG Zhenhua. Repair of thumb defect with free thumb nail flap in 12 cases[J]. Zhonghua Shao Shang Za Zhi[Chin J Burns(Article in Chinese;No abstract available)],2012,28(6):473-474. DOI:10.3760/cma.j.issn.1009-2587.2012.06.023.}

[12437] 胡长青，闫厚军，冯亚高，付贯忠，王磊，考树均，张吉庆. 踇趾甲皮瓣切取方法的改良及疗效观察[J]. 实用手外科杂志，2012，26（2）：106-108. DOI：10.3969/j.issn.1671-2722.2012.02.004. {HU Changqing,YAN Houjun,FENG Yagao,FU Guanzhong,WANG Lei,KAO Shujun,ZHANG Jiqing. Modify operation of great toe wrap-around flap and its effect observation[J]. Shi Yong Shou Wai Ke Za Zhi[Chin J Pract Hand Surg(Article in Chinese;Abstract in Chinese and English)],2012,26(2):106-108. DOI:10.3969/j.issn.1671-2722.2012.02.004.}

[12438] 杨晓东，刘杨武，杨锦，陈逸民，付尚俊，丁建波，周阳，楼旭鹏. 不同足趾甲皮瓣游离移植修复手指甲床缺损的临床研究[J]. 实用手外科杂志，2012，26（4）：335-337. DOI：10.3969/j.issn.1671-2722.2012.04.012. {YANG Xiaodong,LIU Yangwu,YANG Jin,CHEN Yimin,FU Shangjun,DING Jianbo,ZHOU Yang,LOU Xupeng. Clinical reseach of repairing the fingernail bed defect with different toe nail flap free transplantation[J]. Shi Yong Shou Wai Ke Za Zhi[Chin J Pract Hand Surg(Article in Chinese;Abstract in Chinese and English)],2012,26(4):335-337. DOI:10.3969/j.issn.1671-2722.2012.04.012.}

[12439] 陈飞，王克列，李木卫，杨延军，张子清. 第2趾甲皮瓣及足背皮瓣修复全指脱套伤[J]. 实用手外科杂志，2012，26（3）：257-259. DOI：10.3969/j.issn.1671-2722.2012.03.019. {CHEN Fei,WANG Kelei,LI Muwei,YANG Yanjun,ZHANG Ziqing. Repair of degloving injury of the fingers by transplanting nail skin flap from the second toe and dorsum of foot[J]. Shi Yong Shou Wai Ke Za Zhi[Chin J Pract Hand Surg(Article in Chinese;Abstract in Chinese and English)],2012,26(3):257-259. DOI:10.3969/j.issn.1671-2722.2012.03.019.}

[12440] 张德军，黎耀文，伍美艺，李冠军，梁伟强，徐亚非. 应用部分踇甲瓣急诊修复拇指末节缺损12例[J]. 中华显微外科杂志，2013，36（3）：275-276. DOI：10.3760/cma.j.issn.1001-2036.2013.03.018. {ZHANG Dejun,LI Yaowen,WU Meiyi,LI Guanjun,LIANG Weiqiang,XU Yafei. Emergency repair of distal thumb defect with partial nail flap:a report of 12 cases[J]. Zhonghua Xian Wei Wai Ke Za Zhi[Chin J Microsurg(Article in Chinese;Abstract in Chinese)],2013,36(3):275-276. DOI:10.3760/cma.j.issn.1001-2036.2013.03.018.}

[12441] 李建宁，巨积辉，王强，王天亮，宋二发. 踇甲皮瓣与第二趾胫侧皮瓣瓦合修复拇指末节套脱伤[J]. 中华手外科杂志，2013，29（1）：34-36. {LI Jianning,JU Jihui,WANG Qiang,WANG Tianliang,SONG Erfa. Appfication of combined wrap-around flap of the big toe and fibial flap of the second toe in treating degloving injuries of the thumb[J]. Zhonghua Shou Wai Ke Za Zhi[Chin J Hand Surg(Article in Chinese;Abstract in Chinese and English)],2013,29(1):34-36.}

[12442] 吕文涛，巨积辉，刘跃飞，李雷，侯瑞兴. 踇甲皮瓣联合第二趾胫侧皮瓣加髂骨植骨修复拇指末节缺损[J]. 中华手外科杂志，2013，29（4）：220-222. {LU Wentao,JU Jihui,LIU Yuefei,LI Lei,HOU Ruixing. Combined big toe wrap-around flap and second toe libial flap with bone graft for reconstruction of distal fltmnb defect[J]. Zhonghua Shou Wai Ke Za Zhi[Chin J Hand Surg(Article in Chinese;Abstract in Chinese and English)],2013,29(4):220-222.}

[12443] 徐希斌，黄洪，储辉，俞航，蔡安平，刘鹏程，李虎，张学昌. 吻合血管的部分踇趾或第二趾甲皮瓣修复手指甲床缺损[J]. 中华手外科杂志，2013，29（5）：318-319. {XU Xibin,HUANG Hong,CHU Hui,YU Hang,CAI Anping,LIU Pengcheng,LI Hu,ZHANG Xuechang. Repair of finger nail bed defect with vascularized partial flap of hallux toe or second toe[J]. Zhonghua Shou Wai Ke Za Zhi[Chin J Hand Surg(Article in Chinese;Abstract in Chinese)],2013,29(5):318-319.}

[12444] 侯桥，曾林如，陈城，任国华，许良，李青，潘佳飞. 人工真皮修复趾甲皮瓣供区创面五例[J]. 中华烧伤杂志，2013，29（5）：482-483. DOI：10.3760/cma.j.issn.1009-2587.2013.05.021. {HOU Qiao,ZENG Linru,CHEN Cheng,REN Guohua,XU Liang,LI Qing,PAN Jiafei. Repair of donor site wounds of toenail flap with artificial dermis:a report of 5 cases[J]. Zhonghua Shao Shang Za Zhi[Chin J Burns(Article in Chinese;No abstract available)],2013,29(5):482-483. DOI:10.3760/cma.j.issn.1009-2587.2013.05.021.}

[12445] 魏义涛，钟桂午，吕廷斌，黄家文，范钊文，颜世猛. 穿支皮瓣修复踇甲瓣供区皮肤缺损[J]. 实用手外科杂志，2013，27（1）：29-31. DOI：10.3969/j.issn.1671-2722.2013.01.010. {WEI Yitao,ZHONG Guiwu,LV Tingbin,HUANG Jiawen,FAN Zhaowen,YAN Shimeng. Repairing the wrap-around flap donor skin defect by perforator flap[J]. Shi Yong Shou Wai Ke Za Zhi[Chin J Pract Hand Surg(Article in Chinese;Abstract in Chinese and English)],2013,27(1):29-31. DOI:10.3969/j.issn.1671-2722.2013.01.010.}

[12446] 李文君，苏波，张玲玲，李春华，孙长胜，钱英俊，刘迎曦，江俊宏，刘丹. 踇趾底动脉背侧支供血的踇甲瓣修复拇和手指甲床及软组织缺损[J]. 中华显微外科杂志，2014，37（1）：22-25. DOI：10.3760/cma.j.issn.1001-2036.2014.01.007. {LI Wenjun,SU Bo,ZHANG Lingling,LI Chunhua,SUN Changsheng,QIAN Yingxi,JIANG Junhong,LIU Dan. Reconstruction of thumb and finger nail defects by using hallux toenail flap transplantation with dorsal branch of proper plantar artery anastomosis[J]. Zhonghua Xian Wei Wai Ke Za Zhi[Chin J Microsurg(Article in Chinese;Abstract in Chinese and English)],2014,37(1):22-25. DOI:10.3760/cma.j.issn.1001-2036.2014.01.007.}

[12447] 廖观祥，巨积辉，刘新益，周荣，宋二发，侯瑞兴. 踇甲皮瓣与对侧足部皮瓣修复全拇指脱套伤[J]. 中华显微外科杂志，2014，37（4）：344-347. DOI：10.3760/cma.j.issn.1001-2036.2014.04.007. {LIAO Guanxiang,JU Jihui,LIU Xinyi,ZHOU Rong,SONG Erfa,HOU Ruixing. Application of combined wrap-around flap from the big toe and flap from the opposite foot in treating degloving injuries of the whole thumb[J]. Zhonghua Xian Wei Wai Ke Za Zhi[Chin J Microsurg(Article in Chinese;Abstract in Chinese and English)],2014,37(4):344-347. DOI:10.3760/cma.j.issn.1001-2036.2014.04.007.}

[12448] 谭海涛，许林，江建中，杨克勤，韦平欧，罗翔，林汉. 踇甲瓣游离移植术中趾静脉相关问题探讨[J]. 中华显微外科杂志，2014，37（5）：453-456. DOI：10.3760/cma.j.issn.1001-2036.2014.05.010. {TAN Haitao,XU Lin,JIANG Jianzhong,YANG Keqin,WEI Pingou,LUO Xiang,LIN Han. Discussion related to the vein of toe in toe free flap transplantation[J]. Zhonghua Xian Wei Wai Ke Za Zhi[Chin J Microsurg(Article in Chinese;Abstract in Chinese and English)],2014,37(5):453-456. DOI:10.3760/cma.j.issn.1001-2036.2014.05.010.}

[12449] 庄加川，李敏姣，陈国荣，陈乐锋，柯于海，熊懿，张振伟. 游离足趾甲床瓣修复手指甲床缺损[J]. 中华手外科杂志，2014，30（1）：41-43. {ZHUANG Jiachuan,LI Minjiao,CHEN Guorong,CHEN Lefeng,KE Yuhai,XIONG Yi,ZHANG Zhenwei. Repair of different types of nail bed defect by free toe nail flap[J]. Zhonghua Shou Wai Ke Za Zhi[Chin J Hand Surg(Article in Chinese;Abstract in Chinese and English)],2014,30(1):41-43.}

[12450] 王加利，赵春霞，徐蒙，陈仲华，王晓辉，刘永亮，宋飞远. 腹部环形蒂瓦合皮瓣联合踇甲瓣治疗全手皮肤套脱伤[J]. 中华手外科杂志，2014，30（3）：228-229. DOI：10.3760/cma.j.issn.1005-054X.2014.03.026. {WANG Jiali,ZHAO Chunxia,XU Meng,CHEN Zhonghua,WANG Xiaohui,LIU Yongliang,SONG Feiyuan. Abdominal annular pedicled flap combined with hallux nail flap in the treatment of complete hand skin degloving injury[J]. Zhonghua Shou Wai Ke Za Zhi[Chin J Hand Surg(Article in Chinese;Abstract in Chinese)],2014,30(3):228-229. DOI:10.3760/cma.j.issn.1005-054X.2014.03.026.}

[12451] 何如祥，雷林革，程鹏，袁重冝，马宝. 足趾甲皮瓣一期甲体延长游离移植治疗手指甲床缺损[J]. 中华手外科杂志，2014，30（4）：310-311. {HE Ruxiang,LEI Linge,CHENG Peng,YUAN Chongxi,MA Bao. Treatment of fingernail bed defect with one-stage nail lengthening free transplantation of toe nail flap[J]. Zhonghua Shou Wai Ke Za Zhi[Chin J Hand Surg(Article in Chinese;Abstract in Chinese)],2014,30(4):310-311.}

[12452] 付胜强，于胜军，张至武，毕本军. 逆行邻趾趾底动脉背侧皮支皮瓣修复踇甲皮瓣供区[J]. 中华手外科杂志，2014，30（5）：336-337. DOI：10.3760/cma.j.issn.1005-054X.2014.05.007. {FU Shengqiang,YU Shengjun,ZHANG Zhiwu,BI Benjun. Repair of donor site of hallux nail flap with retrograde dorsal cutaneous branch flap of proximal toe artery[J]. Zhonghua Shou Wai Ke Za Zhi[Chin J Hand Surg(Article in Chinese;No abstract available)],2014,30(5):336-337. DOI:10.3760/cma.j.issn.1005-054X.2014.05.007.}

[12453] 刘铭波，谢卫勇，赵波，叶伟德，杨延军，张子清. 游离踇趾腓背侧甲床皮瓣修复手指甲床缺损[J]. 中华手外科杂志，2014，30（6）：409-410. DOI：10.3760/cma.j.issn.1005-054X.2014.06.004. {LIU Mingbo,XIE Weiyong,ZHAO Bo,YE Weide,YANG Yanjun,ZHANG Ziqing. Repair of nail bed defect of the fingers by free great toe dorsofibular nail flap transfer[J]. Zhonghua Shou Wai Ke Za Zhi[Chin J Hand Surg(Article in Chinese;Abstract in Chinese and English)],2014,30(6):409-410. DOI:10.3760/cma.j.issn.1005-054X.2014.06.004.}

[12454] 于昆仑，张英泽，田德虎，张冰，白江博，邵新中，张桂生，赵红芳. 带部分甲床的踇趾腓侧皮瓣急诊修复拇指末节侧方皮肤软组织及甲床缺损[J]. 中华显微外科杂志，2015，38（1）：38-40. DOI：10.3760/cma.j.issn.1001-2036.2015.01.010. {YU Kunlun,ZHANG Yingze,TIAN Dehu,ZHANG Bing,BAI Jiangbo,SHAO Xinzhong,ZHANG Guisheng,ZHAO Hongfang. Repair of the half soft tissue and nail bed defects of distal part of thumb by using the fibular flaps of hallux with part of nail bed[J]. Zhonghua Xian Wei Wai Ke Za Zhi[Chin J Microsurg(Article in Chinese;Abstract in Chinese and English)],2015,38(1):38-40. DOI:10.3760/cma.j.issn.1001-2036.2015.01.010.}

[12455] 胡玉祥，郭随林，潘则昂，章峰火，张文亚. 第二趾部分趾甲瓣游离移植修复手指末节半侧组织缺损[J]. 中华显微外科杂志，2015，38（1）：86-87. DOI：10.3760/cma.j.issn.1001-2036.2015.01.024. {HU Yuxiang,GUO Suilin,PAN Zeang,ZHANG Fenghuo,ZHANG Wenya. Free transplantation of the second toe partial toenail flap to repair the defect of the half side of the finger distal segment[J]. Zhonghua Xian Wei Wai Ke Za Zhi[Chin J Microsurg(Article in Chinese;Abstract in Chinese)],2015,38(1):86-87. DOI:10.3760/cma.j.issn.1001-2036.2015.01.024.}

[12456] 马立峰，李木卫，李国松，刘良燚，刘铭波，王克列，杨延军，张子清. 吻合血管的踇（趾）甲瓣移植修复拇及手指甲床缺损[J]. 中华显微外科杂志，2015，38（2）：116-119. DOI：10.3760/cma.j.issn.1001-2036.2015.02.004. {MA Lifeng,LI Muwei,LI Guosong,LIU Liangyi,LIU Mingbo,WANG Kelei,YANG Yanjun,ZHANG Ziqing. Wrap-around flap transplantation with blood supply for repairing thumb or fingernail bed defect[J]. Zhonghua Xian Wei Wai Ke Za Zhi[Chin J Microsurg(Article in Chinese;Abstract in Chinese and English)],2015,38(2):116-119. DOI:10.3760/cma.j.issn.1001-2036.2015.02.004.}

[12457] 周健辉，李秀文，冷树立，丘日升，王夫平. 微型踇甲骨皮瓣修复甲半月线以远手指缺损[J]. 中华显微外科杂志，2015，38(2)：164-166. DOI：10.3760/cma.j.issn.1001-2036.2015.02.017. {ZHOU Jianhui,LI Xiuwen,LENG Shuli,QIU Risheng,WANG Fuping. Repair of finger defect beyond the nail semilunar line with mini nail bone flap[J]. Zhonghua Xian Wei Wai Ke Za Zhi[Chin J Microsurg(Article in Chinese;Abstract in Chinese)],2015,38(2):164-166. DOI:10.3760/cma.j.issn.1001-2036.2015.02.017.}

[12458] 孙雪生，王朝亮，朱涛，申立林，康颂科，李新霞，蔺楚，张宁，李强，高博. 保留部分末节趾骨踇甲瓣联合第二足趾双关节修复拇指Ⅲ类缺损[J]. 中华显微外科杂志，2015，38（3）：281-283. DOI：10.3760/cma.j.issn.1001-2036.2015.03.021. {SUN Xuesheng,WANG Chaoliang,ZHU Tao,SHEN Lilin,KANG Songke,LI Xinxia,LIN Chu,ZHANG Ning,LI Qiang,GAO Bo. Repair of type Ⅲ thumb defect with partial distal phalanx flap combined with double joints of the second toe[J]. Zhonghua Xian Wei Wai Ke Za Zhi[Chin J Microsurg(Article in Chinese;Abstract in Chinese)],2015,38(3):281-283. DOI:10.3760/cma.j.issn.1001-2036.2015.03.021.}

[12459] 周健辉，李秀文，王夫平，石惠文，冷树立，李国强，丘日升，金日浩. 踇甲皮瓣联合第二足趾胫侧皮瓣修复手指末节脱套伤[J]. 中华显微外科杂志，2015，38（5）：516-517. DOI：10.3760/cma.j.issn.1001-2036.2015.05.038. {ZHOU Jianhui,LI Xiuwen,WANG Fuping,SHI Huiwen,LENG Shuli,LI Guoqiang,QIU Risheng,JIN Rihao. Repair of degloving injury of distal segment of finger with nail flap combined with tibial flap of second toe[J]. Zhonghua Xian Wei Wai Ke Za Zhi[Chin J Microsurg(Article in Chinese;No abstract available)],2015,38(5):516-517. DOI:10.3760/cma.j.issn.1001-2036.2015.05.038.}

[12460] 刘金伟，何藻鹏，李卫，周琮镇，曾迪藩，刘东波. 踇甲瓣携带近节趾骨头部修复拇指背侧复合组织缺损[J]. 中华显微外科杂志，2015，38（6）：611. DOI：10.3760/cma.j.issn.1001-2036.2015.06.028. {LIU Jinwei,HE Zaopeng,LI Wei,ZHOU Congzhen,ZENG Difan,LIU Dongbo. Repair of compound tissue defect on the dorsal side of the thumb with nail flap and proximal phalangeal head[J]. Zhonghua Xian Wei Wai Ke Za Zhi[Chin J Microsurg(Article in Chinese;No abstract available)],2015,38(6):611. DOI:10.3760/cma.j.issn.1001-2036.2015.06.028.}

[12461] 王红胜，黄东，袁海平，袁勇，崔剑华，樊川. 第1跖背动脉蒂足背岛状皮瓣修复踇甲瓣供区创面[J]. 中华显微外科杂志，2015，38（6）：605-606. DOI：10.3760/cma.j.issn.1001-2036.2015.06.025. {WANG Hongsheng,HUANG Dong,YUAN Haiping,YUAN Yong,CUI Jianhua,FAN Chuan. The first dorsal metatarsal artery pedicled dorsalis pedis island flap for repairing the donor site wound[J]. Zhonghua Xian Wei Wai Ke Za Zhi[Chin J Microsurg(Article in Chinese;Abstract in Chinese)],2015,38(6):605-606. DOI:10.3760/cma.j.issn.1001-2036.2015.06.025.}

[12462] 孙广峰，魏在荣，金文虎，王达利，邓呈亮，张子阳，李书俊. 第二足趾趾甲皮瓣移植修复指甲甲床缺损[J]. 中华手外科杂志，2015，31（2）：136-137. DOI：10.3760/cma.j.issn.1005-054X.2015.02.022. {SUN Guangfeng,WEI Zairong,JIN Wenhu,WANG Dali,DENG Chengliang,ZHANG Ziyang,LI Shujun. Second toe nail flap transplantation for repair of nail bed defect in the fingers[J]. Zhonghua Shou Wai Ke Za Zhi[Chin J Hand Surg(Article in Chinese;Abstract in Chinese and English)],2015,31(2):136-137. DOI:10.3760/cma.j.issn.1005-054X.2015.02.022.}

[12463] 侯瑞兴. 踇甲皮瓣供区修复方法的探讨[J]. 中华手外科杂志，2015，31（3）：162-162. {HOU Ruixing. Study on the repair of donor site of thumb nail flap[J]. Zhonghua Shou Wai Ke Za Zhi[Chin J Hand Surg(Article in Chinese;No abstract available)],2015,31(3):162-162.}

[12464] 邹兆坤，何明武，姚忠军，胡军. 踇甲皮瓣联合足背穿支皮瓣修复拇指套脱伤及供区创面[J]. 中华手外科杂志，2015，31（3）：198-199. DOI：10.3760/cma.j.issn.1005-054X.2015.03.018. {ZOU Zhaokun,HE Mingwu,YAO Zhongjun,HU Jun. Repair of thumb degloving injury and donor site wound with thumb nail flap combined with dorsal pedis perforator flap[J]. Zhonghua Shou Wai Ke Za Zhi[Chin J Hand Surg(Article in Chinese;No abstract available)],2015,31(3):198-199. DOI:10.3760/cma.j.issn.1005-054X.2015.03.018.}

[12465] 焦涛，任孝燕，孙荣涛，段崇锋. 第1足趾甲瓣游离移植修复手部拇指背侧热压伤十例[J]. 中华烧伤杂志，2015，31（6）：456-457. DOI：10.3760/cma.j.issn.1009-2587.2015.06.017. {JIAO Tao,REN Xiaoyan,SUN Rongtao,DUAN Chongfeng. Free transplantation of the first toe nail flap for the repair of heat crush injury of the thumb on the dorsal side of the hand:a report of 10 cases[J]. Zhonghua Shao Shang Za Zhi[Chin J Burns(Article in Chinese;No abstract available)],2015,31(6):456-457. DOI:10.3760/cma.j.issn.1009-2587.2015.06.017.}

[12466] 王小磊. 邻指翻转组织瓣及踇趾断层甲床移植修复手指甲床缺损[J]. 实用手外科杂志，2015，29（2）：195，200. DOI：10.3969/j.issn.1671-2722.2015.02.029. {WANG Xiaolei. Primary repairing of nail bed defect by fascia flap and fault nail bed free grafting[J]. Shi Yong Shou Wai Ke Za Zhi[Chin J Pract Hand Surg(Article in Chinese;Abstract in Chinese and English)],2015,29(2):195,200. DOI:10.3969/j.issn.1671-2722.2015.02.029.}

[12467] 高顺红，赵刚，马铁鹏，于志亮，张文龙，胡宏宇，张云鹏. 第2趾甲皮瓣联合手指岛状皮瓣修复手指中末节皮肤脱套伤[J]. 实用手外科杂志，2015，29（4）：356-358. DOI：10.3969/j.issn.1671-2722.2015.04.004. {GAO Shunhong,ZHAO Gang,MA Tiepeng,YU Zhiliang,ZHANG Wenlong,HU Hongyu,ZHANG Yunpeng. Island flap of finger combined with transplantation of nail skin flap from the second toe for repair of degloving injury of fingers[J]. Shi Yong Shou Wai Ke Za Zhi[Chin J Pract Hand Surg(Article in Chinese;Abstract in Chinese and English)],2015,29(4):356-358. DOI:10.3969/j.issn.1671-2722.2015.04.004.}

[12468] 樊川，袁海平，王红胜，袁勇，崔剑华. 微型踇甲瓣在拇指甲床重度缺损中的应用[J]. 实用手外科杂志，2015，29（4）：409-411. DOI：10.3969/j.issn.1671-2722.2015.04.024. {FAN Chuan,YUAN Haiping,WANG Hongsheng,YUAN Yong,CUI Jianhua. Repair of severe nail bed defects of thumb with miniature wrap-around flap of toe[J]. Shi Yong Shou Wai Ke Za Zhi[Chin J Pract Hand Surg(Article in Chinese;Abstract in Chinese and English)],2015,29(4):409-411. DOI:10.3969/j.issn.1671-2722.2015.04.024.}

[12469] 庄加川，李敏姣，陈乐锋，陈国荣，叶学浪，张振伟. 趾甲床瓣加趾背动脉转移皮瓣修复手指甲床缺损六例[J]. 中华显微外科杂志，2016，39（1）：74-75. DOI：10.3760/cma.j.issn.1001-2036.2016.01.020. {ZHUANG Jiachuan,LI minjiao,CHEN Lefeng,CHEN Guorong,YE Xuelang,ZHANG Zhenwei. Repair of fingernail bed defect with toe nail bed flap and dorsal digital artery flap[J]. Zhonghua Xian Wei Wai Ke Za Zhi[Chin J Microsurg(Article in Chinese;Abstract in Chinese)],2016,39(1):74-75. DOI:10.3760/cma.j.issn.1001-2036.2016.01.020.}

[12470] 李文君，苏波，张玲玲，孙长胜，钱英俊，王婷婷. 游离穿支皮瓣修复腓骨瓣和踇甲瓣术后供区[J]. 中华显微外科杂志，2016，39（2）：180-182. DOI：10.3760/cma.j.issn.1001-2036.2016.02.023. {LI Wenjun,SU Bo,ZHANG Lingling,SUN Changsheng,QIAN Yingjun,WANG Tingting. Free perforator flap for reconstruction of donor site of fibular flap and nail flap[J]. Zhonghua Xian Wei Wai Ke Za Zhi[Chin J Microsurg(Article in Chinese;Abstract in Chinese)],2016,39(2):180-182. DOI:10.3760/cma.j.issn.1001-2036.2016.02.023.}

[12471] 孙继玲，王成德，王爱，王建国，窦洪磊. 双踇甲骨皮瓣重建拇与手指缺损[J]. 中华显微外科杂志，2016，39(5)：424-427. DOI：10.3760/cma.j.issn.1001-2036.2016.05.003. {SUN Jiling,WANG Chengde,WANG Ai,WANG Jianguo,DOU Honglei. Bilateral big toe wrap-around flap for reconstruction of the defects of the finger[J]. Zhonghua Xian Wei Wai Ke Za Zhi[Chin J Microsurg(Article in Chinese;Abstract in Chinese and English)],2016,39(5):424-427. DOI:10.3760/cma.j.issn.1001-2036.2016.05.003.}

[12472] 孙乐天，侯书健，刘亚平，程国良. 踇甲皮瓣加腹部瓦合皮瓣修复全手皮肤套脱伤[J]. 中华手外科杂志，2016，32（3）：238-239. DOI：10.3760/cma.j.issn.1005-054X.2016.03.034. {SUN Letian,HOU Shujian,LIU Yaping,CHENG Guoliang. Repair of complete skin sheath injury with hallux nail flap and abdominal flap[J]. Zhonghua Shou Wai Ke Za Zhi[Chin J Hand Surg(Article in Chinese;No abstract available)],2016,32(3):238-239. DOI:10.3760/cma.j.issn.1005-054X.2016.03.034.}

[12473] 于满柱，石桩，巴达拉胡. 踇甲皮瓣治疗晚期拇指海绵状血管瘤一例[J]. 中华手外科杂志，2016，32（4）：320. DOI：10.3760/cma.j.issn.1005-054X.2016.04.036. {YU Manzhu,SHI Zhuang,Badalahu. A case of advanced thumb cavernous hemangioma treated with hallux nail flap[J]. Zhonghua Shou Wai Ke Za Zhi[Chin J Hand Surg(Article in Chinese;No abstract available)],2016,32(4):320. DOI:10.3760/cma.j.issn.1005-054X.2016.04.036.}

[12474] 郭淑女，刘铭波，吕有文，刘良燚，王克列，杨延军，张子清．趾背动脉供血的微型踇甲瓣在甲床美学修复中的应用 [J]．组织工程与重建外科杂志，2016，12（6）：360-363．DOI：10.3969/j.issn.1673-0364.2016.06.008．{GUO Shunv,LIU Mingbo,LV Youwen,LIU Liangyi,WANG Kelie,YANG Yanjun,ZHANG Ziqing. Aesthetical mini wraparound flap supplied by dorsal digital artery for nail bed reconstruction[J]. Zu Zhi Gong Cheng Yu Chong Jian Wai Ke Za Zhi[J Tissue Eng Reconstr Surg(Article in Chinese;Abstract in Chinese and English)],2016,12(6):360-363. DOI:10.3969/j.issn.1673-0364.2016.06.008.}

[12475] 郑晓菊，王保山，李海军，王新宏，仇永锋．半踇趾甲瓣移植修复手指末节缺损及远期随访 [J]．实用手外科杂志，2016，30（2）：134-136，146．DOI：10.3969/j.issn.1671-2722.2016.02.002．{ZHENG Xiaoju,WANG Baoshan,LI Haijun,WANG Xinhong,QIU Yongfeng. Study and follow up of semi hallux nail flap for fingertip reconstruction[J]. Shi Yong Shou Wai Ke Za Zhi[Chin J Pract Hand Surg(Article in Chinese;Abstract in Chinese and English)],2016,30(2):134-136,146. DOI:10.3969/j.issn.1671-2722.2016.02.002.}

[12476] 张荣峰，孙新君，江海廷，张福田．接合神经的踇甲皮瓣修复拇指皮肤软组织缺损 [J]．实用手外科杂志，2016，30（3）：255-257．DOI：10.3969/j.issn.1671-2722.2016.03.002．{ZHANG Rongfeng,SUN Xinjun,JIANG Haiting,ZHANG Futian. Toe nail flap with nerve anastomoses for repairing thumb skin soft tissue defect[J]. Shi Yong Shou Wai Ke Za Zhi[Chin J Pract Hand Surg(Article in Chinese;Abstract in Chinese and English)],2016,30(3):255-257. DOI:10.3969/j.issn.1671-2722.2016.03.002.}

[12477] 杨绍浦，周丕育，周健，李尚权，赵亮，黄振华，马元俊，苏期波．趾甲皮瓣在指甲和手指皮肤缺损中的临床应用 [J]．中华显微外科杂志，2017，40（2）：204．DOI：10.3760/cma.j.issn.1001-2036.2017.02.030．{YANG Shaopu,ZHOU Piyu,ZHOU Jian,LI Shangquan,ZHAO Liang,HUANG Zhenhua,MA Yuanjun,SU Qibo. Clinical application of toenail flap in the treatment of nail and finger skin defects[J]. Zhonghua Xian Wei Wai Ke Za Zhi[Chin J Microsurg(Article in Chinese;No abstract available)],2017,40(2):204. DOI:10.3760/cma.j.issn.1001-2036.2017.02.030.}

[12478] 李木卫，吴巩，罗朝晖，黄少耿，马立峰，杨延军，张子清．吻合血管的第二趾部分甲床瓣修饰性修复手指甲床缺损 [J]．中华显微外科杂志，2017，40（5）：445-448．DOI：10.3760/cma.j.issn.1001-2036.2017.05.008．{LI Muwei,WU Gong,LUO Chaohui,HUANG Shaogeng,MA Lifeng,YANG Yanjun,ZHANG Ziqing. Decorative repair of nail-bed defect at finger by partial nail-bed flap at second toe with blood-vessel anastomosed[J]. Zhonghua Xian Wei Wai Ke Za Zhi[Chin J Microsurg(Article in Chinese;Abstract in Chinese and English)],2017,40(5):445-448. DOI:10.3760/cma.j.issn.1001-2036.2017.05.008.}

[12479] 滕云升，贾宗海，梁高峰，郭永明，智丰，段超鹏，张满盈，文波，董俊文．人工真皮联合游离皮片在踇甲皮瓣供区修复中的临床应用 [J]．中华手外科杂志，2017，33（4）：318-319．{TENG Yunsheng,JIA Zonghai,LIANG Gaofeng,GUO Yongming,ZHI Feng,DUAN Chaopeng,ZHANG Manying,WEN Bo,DONG Junwen. Clinical application of artificial dermis combined with free skin flap in the repair of donor site of hallux nail flap[J]. Zhonghua Shou Wai Ke Za Zhi[Chin J Hand Surg(Article in Chinese;Abstract in Chinese)],2017,33(4):318-319.}

[12480] 吴春，谭莉，应建军，王正理，戴本东．吻合血管的微型踇趾断层甲床瓣修复拇手指末节软组织缺损 [J]．中华手外科杂志，2017，33（5）：389-390．DOI：10.3760/cma.j.issn.1005-054X.2017.05.028．{WU Chun,TAN Li,YING Jianjun,WANG Zhengli,DAI Bendong. Repair of soft tissue defect of distal segment of thumb and finger with vascularized Mini toe nail bed flap[J]. Zhonghua Shou Wai Ke Za Zhi[Chin J Hand Surg(Article in Chinese;Abstract in Chinese)],2017,33(5):389-390. DOI:10.3760/cma.j.issn.1005-054X.2017.05.028.}

[12481] 张树新，邹旭，许永先，邬慧萍，詹森海．跖背动脉穿支皮瓣修复趾甲瓣供区的临床应用 [J]．实用手外科杂志，2017，31（1）：75-77．DOI：10.3969/j.issn.1671-2722.2017.01.024．{ZHANG Shuxin,ZOU Xu,XU Yongxian,WU Huiping,ZHAN Senhai. The clinical effect of using dorsal plantar artery perforators flap for repairing toenail flap donor area wound[J]. Shi Yong Shou Wai Ke Za Zhi[Chin J Pract Hand Surg(Article in Chinese;Abstract in Chinese and English)],2017,31(1):75-77. DOI:10.3969/j.issn.1671-2722.2017.01.024.}

[12482] 张全荣，芮永军，施海峰，陆征峰，薛明宇，魏苏明．改良踇甲联合皮瓣修复拇指脱套伤的临床意义 [J]．实用手外科杂志，2017，31（3）：275-277，280．DOI：10.3969/j.issn.1671-2722.2017.03.001．{ZHANG Quanrong,RUI Yongjun,SHI Haifeng,LU Zhengfeng,XUE Mingyu,WEI Suming. The clinical significance of modified combined wrap-around flap combined with tibial flap of the 2nd toe in repairing thumb degloving injuries[J]. Shi Yong Shou Wai Ke Za Zhi[Chin J Pract Hand Surg(Article in Chinese;Abstract in Chinese and English)],2017,31(3):275-277,280. DOI:10.3969/j.issn.1671-2722.2017.03.001.}

[12483] 李木卫，马立峰，王洪刚，黄少耿，吴巩，张喆，杨延军，张子清．吻合血管的踇趾断层甲床皮瓣移植修复手指甲床及软组织缺损 [J]．中华显微外科杂志，2019，42（1）：5-8．DOI：10.3760/cma.j.issn.1001-2036.2019.01.003．{LI Muwei,MA Lifeng,WANG Honggang,HUANG Shaogeng,WU Gong,ZHANG Zhe,YANG Yanjun,ZHANG Ziqing. Transplantation of slice nail bed flap of great toe with vascular anastomosisin repairing nail bed and soft tissue defect of fingers[J]. Zhonghua Xian Wei Wai Ke Za Zhi[Chin J Microsurg(Article in Chinese;Abstract in Chinese and English)],2019,42(1):5-8. DOI:10.3760/cma.j.issn.1001-2036.2019.01.003.}

[12484] 王进，赵光勋，胡沣，杨光，石磊，夏添，裴培．带部分趾甲的踇趾腓侧瓣修复手指末端软组织合并甲床缺损 12 例 [J]．中华显微外科杂志，2019，42（2）：117-119．DOI：10.3760/cma.j.issn.1001-2036.2019.02.004．{WANG Jin,ZHAO Guangxun,HU Feng,YANG Guang,SHI Lei,XIA Tian,PEI Pei. Use of partial nail carried by great toe fibular flap for repairing the defect of fingertip soft tissue and nail bed:12 cases report[J]. Zhonghua Xian Wei Wai Ke Za Zhi[Chin J Microsurg(Article in Chinese;Abstract in Chinese and English)],2019,42(2):117-119. DOI:10.3760/cma.j.issn.1001-2036.2019.02.004.}

[12485] 周飞亚，蒋良福，张弦，高伟阳，宋永焕，丁健，褚庭纲．微型踇甲瓣移植修复拇手指末节复合组织缺损 [J]．中华显微外科杂志，2019，42（4）：322-325．DOI：10.3760/cma.j.issn.1001-2036.2019.04.003．{ZHOU Feiya,JIANG Liangfu,ZHANG Xian,GAO Weiyang,SONG Yonghuan,DING Jian,CHU Tinggang. Repairation of composite distal soft tissue defect of thumb and finger with mini toenail flap[J]. Zhonghua Xian Wei Wai Ke Za Zhi[Chin J Microsurg(Article in Chinese;Abstract in Chinese and English)],2019,42(4):322-325. DOI:10.3760/cma.j.issn.1001-2036.2019.04.003.}

[12486] 王兵，马炬雷，张蛟，潘小贵，陈博．以趾背动脉为蒂的踇甲皮瓣修复拇指甲床合并指背皮肤缺损 [J]．中华手外科杂志，2019，35（6）：470-471．DOI：10.3760/cma.j.issn.1005-054X.2019.06.028．{WANG Bing,MA Julei,ZHANG Jiao,PAN Xiaogui,CHEN Bo. Repair of thumb nail bed combined with dorsal digital skin defect with nail flap pedicled with dorsal digital artery[J]. Zhonghua Shou Wai Ke Za Zhi[Chin J Hand Surg(Article in Chinese;Abstract in Chinese)],2019,35(6):470-471. DOI:10.3760/cma.j.issn.1005-054X.2019.06.028.}

[12487] 朱俊华，林锋毅，陈靖靖，彭会喜，万天忠，谢振荣．应用踇甲瓣游离移植修复拇指及手指甲床缺损 22 例 [J]．中华显微外科杂志，2020，43（2）：187-189．DOI：10.3760/cma.j.cn441206-20191226-00390．{ZHU Junhua,LIN Fengyi,CHEN Jingjing,PENG Huixi,WAN Tianzhong,XIE Zhenrong. Repair of thumb and fingernail bed defects with free grafting of nail flap:a report of 22 cases[J]. Zhonghua Xian Wei Wai Ke Za Zhi[Chin J Microsurg(Article in Chinese;Abstract in Chinese)],2020,43(2):187-189. DOI:10.3760/cma.j.cn441206-20191226-00390.}

[12488] 陈鑫，马光义，张艳娟，李刚强，宋振磊，梅俊霞，朱永杰，朱华．急诊游离第二趾胫侧甲皮瓣修复手指中末节半侧组织缺损 [J]．中华手外科杂志，2020，36（2）：148-149．DOI：10.3760/cma.j.cn311653-20190626-00183．{CHEN Xin,MA Guangyi,ZHANG Yanjuan,LI Gangqiang,SONG Zhenlei,MEI Junxia,ZHU Yongjie,ZHU Hua. Emergency repair of tissue defect of the middle and distal segment of fingers with free second toe tibial nail flap[J]. Zhonghua Shou Wai Ke Za Zhi[Chin J Hand Surg(Article in Chinese;Abstract in Chinese)],2020,36(2):148-149. DOI:10.3760/cma.j.cn311653-20190626-00183.}

[12489] 王道明，张松林，洪朝浮，曾荣铭，柯建华，林乐发，叶永同．显微外科皮瓣修复踇甲瓣供区的临床应用 [J]．实用手外科杂志，2020，34（1）：23-24，27．DOI：10.3969/j.issn.1671-2722.2020.01.007．{WANG Daoming,ZHANG Songlin,HONG Chaofu,ZENG Rongming,KE Jianhua,LIN Lefa,YE Yongtong. Application analysis of microsurgical flap to repair the donor site of wrap-around flap[J]. Shi Yong Shou Wai Ke Za Zhi[Chin J Pract Hand Surg(Article in Chinese;Abstract in Chinese and English)],2020,34(1):23-24,27. DOI:10.3969/j.issn.1671-2722.2020.01.007.}

4.5.4.9 踇趾皮瓣（含 C 形皮瓣、腓侧穿支皮瓣）
hallux toe flap (great-toe flap)

[12490] 贝抗胜，钟立志．踇趾腓侧岛状皮瓣修复前足底皮肤缺损 [J]．中华整形烧伤外科杂志，1997，13（4）：248-250．{BEI Kangsheng,ZHONG Lizhi. Transposition of the fibular skin flap of the great toe to repair the fore plantar defect[J]. Zhonghua Zheng Xing Shao Shang Wai Ke Za Zhi[Chin J Plast Surg Burns(Article in Chinese;Abstract in chinese and english)],1997,13(4):248-250.}

[12491] 谢扬，林本丹，庄清亮，李颖．应用踇趾腓侧皮瓣游离移植修复手指皮肤环形缺损 [J]．中华显微外科杂志，2001，24（4）：300-301．DOI：10.3760/cma.j.issn.1001-2036.2001.04.025．{XIE Yang,LIN Bendan,ZHUANG Qingliang,LI Ying. Free transplantation of fibular flap of the great toe to repair skin ring defect of fingers[J]. Zhonghua Xian Wei Wai Ke Za Zhi[Chin J Microsurg(Article in Chinese;Abstract in Chinese)],2001,24(4):300-301. DOI:10.3760/cma.j.issn.1001-2036.2001.04.025.}

[12492] 孙振中，张全荣，芮永军，李向荣，高建军．小儿趾腓侧皮瓣移植修复手指软组织缺损 [J]．中华手外科杂志，2001，17（1）：54．DOI：10.3760/cma.j.issn.1005-054X.2001.01.025．{SUN Zhenzhong,ZHANG Quanrong,RUI Yongjun,LI Xiangrong,GAO Jianjun. Repair of finger soft tissue defect with fibular flap of toe in children[J]. Zhonghua Shou Wai Ke Za Zhi[Chin J Hand Surg(Article in Chinese;No abstract available)],2001,17(1):54. DOI:10.3760/cma.j.issn.1005-054X.2001.01.025.}

[12493] 王增涛，蔡锦方，丁自海，周海艇，张杏泉，虞剑华，张成进，邹继耀．趾 C 形皮瓣修复手指环形组织缺损 [J]．中华显微外科杂志，2001，24（2）：88-90．DOI：10.3760/cma.j.issn.1001-2036.2001.02.003．{WANG Zengtao,CAI Jinfang,DING Zihai,ZHOU Haiting,ZHANG Xingquan,YU Jianhua,ZHANG Chengjin,ZOU Jiyao. Repairing circular tissue defect in finger by C-shape hallucis flaps[J]. Zhonghua Xian Wei Wai Ke Za Zhi[Chin J Microsurg(Article in Chinese;Abstract in Chinese and English)],2001,24(2):88-90. DOI:10.3760/cma.j.issn.1001-2036.2001.02.003.}

[12494] 刘光军，张树明，范启申，王长江，王亮．踇趾腓侧皮瓣移植修复拇手指皮肤缺损 [J]．实用手外科杂志，2002，16（3）：140-141．DOI：10.3969/j.issn.1671-2722.2002.03.006．{LIU Guangjun,ZHANG Shuming,FAN Qishen,WANG Changjiang,WANG Liang. Repair of digital skin defect by flap from fibular side of great toe[J]. Shi Yong Shou Wai Ke Za Zhi[Chin J Pract Hand Surg(Article in Chinese;Abstract in Chinese and english)],2002,16(3):140-141. DOI:10.3969/j.issn.1671-2722.2002.03.006.}

[12495] 张鉴，徐连胜，陆振良，沈芳琴，徐雪平，黄伟．踇趾侧腹皮瓣修复指掌侧软组织缺损 [J]．实用手外科杂志，2002，16（4）：204-205．DOI：10.3969/j.issn.1671-2722.2002.04.005．{ZHANG Jian,XU Liansheng,LU Zhenliang,SHEN Fangqin,XU Xueping,HUANG Wei. Repair of soft tissue defect at palm with slmepulp flap[J]. Shi Yong Shou Wai Ke Za Zhi[Chin J Pract Hand Surg(Article in Chinese;Abstract in Chinese and English)],2002,16(4):204-205. DOI:10.3969/j.issn.1671-2722.2002.04.005.}

[12496] 谢扬，陈锦生，郑佳坤，黄永豪，杨扬震．趾侧腹皮瓣的临床应用 [J]．中华显微外科杂志，2003，26（2）：151-152．DOI：10.3760/cma.j.issn.1001-2036.2003.02.030．{XIE Yang,CHEN Jinsheng,ZHENG Jiakun,HUANG Yonghao,YANG Yangzhen. Clinical application of toe side-pulp flap[J]. Zhonghua Xian Wei Wai Ke Za Zhi[Chin J Microsurg(Article in Chinese;Abstract in Chinese)],2003,26(2):151-152. DOI:10.3760/cma.j.issn.1001-2036.2003.02.030.}

[12497] 赵金廷，贾思明，张树明，范启申．第二趾套状切取加踇趾腓侧皮瓣组合移植治疗手指大部皮肤脱套伤 [J]．中华手外科杂志，2003，19（02）：35-36．{ZHAO Jinting,JIA Siming,ZHANG Shuming,FAN Qishen. Treatment of skin degloving injury in most part of finger by combined transfer of the second toe with the great toe fibular flap[J]. Zhonghua Shou Wai Ke Za Zhi[Chin J Hand Surg(Article in Chinese;Abstract in Chinese and English)],2003,19(02):35-36.}

[12498] 张智，张尔坤，吕明，宋雪飞．踇趾腓侧皮瓣修复手指皮肤缺损 [J]．实用骨科杂志，2005，11（2）：115-116．DOI：10.3969/j.issn.1008-5572.2005.02.008．{ZHANG Zhi,ZHANG Erkun,LV Ming,SONG Xuefei. Repair of the skin defect in digit by flap from fibular side of great toe[J]. Shi Yong Gu Ke Za Zhi[J Pract Orthop(Article in Chinese;Abstract in Chinese and English)],2005,11(2):115-116. DOI:10.3969/j.issn.1008-5572.2005.02.008.}

[12499] 杨柳春，陈英辉，刘林峰．踇趾趾背皮瓣修复手指指背复合组织缺损 [J]．实用手外科杂志，2005，19（4）：207-208．DOI：10.3969/j.issn.1671-2722.2005.04.006．{YANG Liuchun,CHEN Yinghui,LIU Linfeng. Repair of dorsal complex defect of finger with first dorsal toe flap[J]. Shi Yong Shou Wai Ke Za Zhi[Chin J Pract Hand Surg(Article in Chinese;Abstract in Chinese and English)],2005,19(4):207-208. DOI:10.3969/j.issn.1671-2722.2005.04.006.}

[12500] 糜菁熠，芮永军，寿奎水，钱俊，储国平．改良踇趾腓侧皮瓣修复拇手指指腹缺损 [J]．中华手外科杂志，2006，22（1）：32-33．DOI：10.3760/cma.j.issn.1005-054X.2006.01.013．{MI Jingyi,RUI Yongjun,SHOU Kuishui,QIAN Jun,CHU Guoping. Modified fibular hallux flap for repair of finger pulp defects[J]. Zhonghua Shou Wai Ke Za Zhi[Chin J Hand Surg(Article in Chinese;Abstract in Chinese and English)],2006,22(1):32-33. DOI:10.3760/cma.j.issn.1005-054X.2006.01.013.}

[12501] 杨柳春，刘斌，杨裕坤，侯织志，陈超凡．踇趾背皮瓣在手指背电烧伤中的临床应用 [J]．中华手外科杂志，2006，22（4）：212．DOI：10.3760/cma.j.issn.1005-054X.2006.04.025．{YANG Liuchun,LIU Bin,YANG Yukun,HOU Zhizhi,CHEN Chaofan. Clinical application of hallux toe dorsal flap in electric burn of dorsal fingers[J]. Zhonghua Shou Wai Ke Za Zhi[Chin J Hand Surg(Article in Chinese;No abstract available)],2006,22(4):212. DOI:10.3760/cma.j.issn.1005-054X.2006.04.025.}

[12502] 程国良，侯书健，方光荣，袁光海，汤海萍，刘亚平，丁小珩，孙乐天，张云飞．踇趾系列皮瓣 [J]．中华手外科杂志，2006，22（05）：279-282．{CHENG Guoliang,HOU Shujian,FANG Guangrong,YUAN Guanghai,TANG Haiping,LIU Yaping,DING Xiaoheng,SUN Letian,ZHANG Yunfei. A series of toe flaps [J]. Zhonghua Shou Wai Ke Za Zhi[Chin J Hand Surg(Article in Chinese;No abstract available)],2006,22(05):279-282.}

[12503] 郭金才，吴溯帆，石杭燕，陈达，严晟，孙焚，应彬彬．改良踇趾腓侧皮瓣在修复手指皮肤缺损中的应用 [J]．中华显微外科杂志，2008，31（1）：15-17．DOI：10.3760/cma.j.issn.1001-2036.2008.01.007．{GUO Jincai,WU Sufan,SHI Hangyan,CHEN Da,YAN Sheng,SUN Fan,YING Binbin. Repair the finger defects with modified fibular hallux flap[J]. Zhonghua Xian Wei Wai Ke Za Zhi[Chin J Microsurg(Article in Chinese;Abstract in Chinese and English)],2008,31(1):15-17. DOI:10.3760/cma.j.issn.1001-2036.2008.01.007.}

[12504] 马立峰，张子清，杨延军，陈飞，刘良燚. 应用游离踇趾腓侧皮瓣修复拇指指腹缺损[J]. 中华显微外科杂志，2008，31(3): 222-223. DOI: 10.3760/cma.j.issn.1001-2036.2008.03.022. {MA Lifeng,ZHANG Ziqing,YANG Yanjun,CHEN Fei,LIU Liangyi. Repair of thumb pulp defect with free fibular flap[J]. Zhonghua Xian Wei Wai Ke Za Zhi[Chin J Microsurg(Article in Chinese;Abstract in Chinese)],2008,31(3):222-223. DOI:10.3760/cma.j.issn.1001-2036.2008.03.022.}

[12505] 张功林，章鸣，何继华，王千生，杨德福. 改良踇背带蒂岛状皮瓣修复踇趾末节背侧软组织缺损一例[J]. 中华整形外科杂志，2009，25(2): 152. DOI: 10.3760/cma.j.issn.1009-4598.2009.02.025. {ZHANG Gonglin,ZHANG Ming,HE Jihua,WANG Gansheng,YANG Defu. Repair of soft tissue defect of distal phalanx with modified dorsal pedicled island flap:a case report[J]. Zhonghua Zheng Xing Wai Ke Za Zhi[Chin J Plast Surg(Article in Chinese;No abstract available)],2009,25(2):152. DOI:10.3760/cma.j.issn.1009-4598.2009.02.025.}

[12506] 王天桢，辛献珍，朱天杰，杨占彪. 踇趾胫侧趾底动脉逆行岛状皮瓣的临床应用[J]. 中华整形外科杂志，2009，25(4): 260-261. DOI: 10.3760/cma.j.issn.1009-4598.2009.04.008. {WANG Tianzhen,XIN Xianzhen,ZHU Tianjie,YANG Zhanbiao. Clinical application of reverse island flap based on tibial plantar digital artery[J]. Zhonghua Zheng Xing Wai Ke Za Zhi[Chin J Plast Surg(Article in Chinese;Abstract in Chinese and English)],2009,25(4):260-261. DOI:10.3760/cma.j.issn.1009-4598.2009.04.008.}

[12507] 吴伟炽，黄东，黄国英，张惠茹，黄永军，牟勇. 急诊游离踇趾腓侧皮瓣修复指腹缺损[J]. 实用手外科杂志，2009，23(2): 84-86. DOI: 10.3969/j.issn.1671-2722.2009.02.009. {WU Weichi,HUANG Dong,HUANG Guoying,ZHANG Huiru,HUANG Yongjun,MOU Yong. Emergency repair of pulp defect by free grafting hallux latero-fibula flap[J]. Shi Yong Shou Wai Ke Za Zhi[Chin J Pract Hand Surg(Article in Chinese;Abstract in Chinese and English)],2009,23(2):84-86. DOI:10.3969/j.issn.1671-2722.2009.02.009.}

[12508] 庄加川，廖坚文，李敏姣，秦贵林，吴耿，白印伟，张振伟. 踇趾C形皮瓣修复手指皮肤缺损[J]. 中华手外科杂志，2009，25(5): 320-320. {ZHUANG Jiachuan,LIAO Jianwen,LI Minjiao,QIN Guilin,WU Geng,BAI Yinwei,ZHANG Zhenwei. Repair of finger skin defect with C-shaped hallux flap[J]. Zhonghua Shou Wai Ke Za Zhi[Chin J Hand Surg(Article in Chinese;Abstract in Chinese)],2009,25(5):320-320.}

[12509] 高树林，孙中华，唐永丰，周鑫，石昆. 踇趾腓侧游离皮瓣修复指腹缺损[J]. 中华显微外科杂志，2010，33(3): 237. DOI: 10.3760/cma.j.issn.1001-2036.2010.03.028. {GAO Shulin,SUN Zhonghua,TANG Yongfeng,ZHOU Xin,SHI Kun. Repair of finger pulp defect with free fibular flap of toe[J]. Zhonghua Xian Wei Wai Ke Za Zhi[Chin J Microsurg(Article in Chinese;Abstract in Chinese)],2010,33(3):237. DOI:10.3760/cma.j.issn.1001-2036.2010.03.028.}

[12510] 曾志超，李鹏，吉赵勇. 应用踇趾腓侧趾背皮瓣修复手指皮肤路缺损[J]. 中华显微外科杂志，2010，33(6): 496-497. DOI: 10.3760/cma.j.issn.1001-2036.2010.06.023. {ZENG Zhichao,LI Peng,JI Zhaoyong. Repair of skin defect of fingers with fibular dorsal toe flap[J]. Zhonghua Xian Wei Wai Ke Za Zhi[Chin J Microsurg(Article in Chinese;Abstract in Chinese)],2010,33(6):496-497. DOI:10.3760/cma.j.issn.1001-2036.2010.06.023.}

[12511] 王瑞良，赵浩呈，项铁，闫海，汤春平. 踇趾胫侧逆行岛状筋膜皮瓣修复踇趾远端缺损[J]. 实用手外科杂志，2010，24(4): 263-264. DOI: 10.3969/j.issn.1671-2722.2010.04.008. {WANG Ruiliang,ZHAO Haocheng,XIANG Tie,YAN Hai,TANG Chunping. Repair of distal defect at the first toe with digital reverse fasciocutaneous flap of the first toe[J]. Shi Yong Shou Wai Ke Za Zhi[Chin J Pract Hand Surg(Article in Chinese;Abstract in Chinese and English)],2010,24(4):263-264. DOI:10.3969/j.issn.1671-2722.2010.04.008.}

[12512] 张兴奎，张桂红，吴加明，唐阳平，邓永，张亮，苗峰，丁桂友，董中洋. 应用改良踇趾腓侧皮瓣游离修复拇指指腹缺损12例[J]. 中华显微外科杂志，2011，34(3): 225-226. DOI: 10.3760/cma.j.issn.1001-2036.2011.03.019. {ZHANG Xingkui,ZHANG Guihong,WU Jiaming,TANG Yangping,DENG Yong,ZHANG Liang,MIAO Feng,DING Guiyou,DONG Zhongyang. 12 cases of thumb pulp defect repaired with modified fibular flap[J]. Zhonghua Xian Wei Wai Ke Za Zhi[Chin J Microsurg(Article in Chinese;Abstract in Chinese)],2011,34(3):225-226. DOI:10.3760/cma.j.issn.1001-2036.2011.03.019.}

[12513] 刘刚义，席志峰，王从虎，朱修文，刘宗义，张志敏. 游离踇趾腓侧皮瓣修复指腹及虎口区皮肤缺损[J]. 中华手外科杂志，2011，27(6): 379-380. {LIU Gangyi,XI Zhifeng,WANG Conghu,ZHU Xiuwen,LIU Zongyi,ZHANG Zhimin. Repair of skin defects in finger pulp and the edge between thumb and second finger with free fibular flap[J]. Zhonghua Shou Wai Ke Za Zhi[Chin J Hand Surg(Article in Chinese;Abstract in Chinese)],2011,27(6):379-380.}

[12514] 李大为，梁钢，崔正军. 游离足踇趾腓侧皮瓣修复拇指指腹缺损[J]. 中华整形外科杂志，2011，27(2): 141-142. DOI: 10.3760/cma.j.issn.1009-4598.2011.02.021. {LI Dawei,LIANG Gang,CUI Zhengjun. Repair of thumb pulp defect with free fibular flap of great toe[J]. Zhonghua Zheng Xing Wai Ke Za Zhi[Chin J Plast Surg(Article in Chinese;No abstract available)],2011,27(2):141-142. DOI:10.3760/cma.j.issn.1009-4598.2011.02.021.}

[12515] 王亮，郭恩琪，谢庆平，晋培红，范奔，许新伟，朱孜冠. 踇趾腓侧跖间背侧穿支皮瓣修复多指末节骨外露[J]. 中华手外科杂志，2011，27(5): 312-313. DOI: 10.3760/cma.j.issn.1005-054X.2011.05.024. {WANG Liang,GUO Enqi,XIE Qingping,JIN Peihong,FAN Ben,XU Xinwei,ZHU Ziguan. Repair of distal bone exposure of multiple fingers with fibular interphalangeal dorsal perforator flap[J]. Zhonghua Shou Wai Ke Za Zhi[Chin J Hand Surg(Article in Chinese;Abstract in Chinese)],2011,27(5):312-313. DOI:10.3760/cma.j.issn.1005-054X.2011.05.024.}

[12516] 于胜军，马振杰，李晓，侯忠军，付胜强，李京宁. 踇横动脉蒂踇趾腓侧岛状皮瓣修复第二足趾供区创面[J]. 中华手外科杂志，2012，28(5): 310-312. DOI: 10.3760/cma.j.issn.1005-054X.2012.05.025. {YU Shengjun,MA Zhenjie,LI Xiao,HOU Zhongjun,FU Shengqiang,LI Jingning. Repair of donor site wounds of second toe with fibular island flap pedicled with transverse hallux artery[J]. Zhonghua Shou Wai Ke Za Zhi[Chin J Hand Surg(Article in Chinese;Abstract in Chinese)],2012,28(5):310-312. DOI:10.3760/cma.j.issn.1005-054X.2012.05.025.}

[12517] 王旭东，杨瑛艳，巫文强，胡湘元，王文刚，陈伟练. 踇趾腓侧皮瓣修复指掌侧软组织缺损的方法及效果[J]. 中国临床解剖学杂志，2013，31(2): 214-216. {WANG Xudong,YANG Yingyan,WU Wenqiang,HU Xiangyuan,WANG Wengang,CHEN Weilian. The clinical application of the fibula side flap of great toe[J]. Zhongguo Lin Chuang Jie Pou Xue Za Zhi[Chin J Clin Anat(Article in Chinese;Abstract in Chinese and English)],2013,31(2):214-216.}

[12518] 廖观祥，巨积辉，刘新益，周荣，张广亮，王天亮，侯瑞兴. 双侧踇趾皮瓣瓦合修复拇指套脱伤可行性的初步探索[J]. 中国临床解剖学杂志，2013，31(6): 650-654. {LIAO Guanxiang,JU Jihui,LIU Xinyi,ZHOU Rong,ZHANG Guangliang,WANG Tianliang,HOU Ruixing. The preliminary exploration of combined flaps from bilateral big toes in treating degloved injuries of the thumb[J]. Zhongguo Lin Chuang Jie Pou Xue Za Zhi[Chin J Clin Anat(Article in Chinese;Abstract in Chinese and English)],2013,31(6):650-654.}

[12519] 胡勇，王增涛，李淑媛，刘培亭，白龙滨，王云鹏. 踇趾腓侧皮瓣在前足微小创面的应用[J]. 中华骨科杂志，2013，33(4): 360-364. DOI: 10.3760/cma.j.issn.0253-2352.2013.04.014. {HU Yong,WANG Zengtao,LI Shuyuan,LIU Peiting,BAI Longbin,WANG Yunpeng. Application of fibular side flap of the hallux in repairing minor-size tissue defect of forefoot[J]. Zhonghua Gu Ke Za Zhi[Chin J Orthop(Article in Chinese;Abstract in Chinese and English)],2013,33(4):360-364. DOI:10.3760/cma.j.issn.0253-2352.2013.04.014.}

[12520] 高晓强，张国瑞，王成娟，尉春晓. 踇趾腓侧皮瓣修复前足底皮肤缺损[J]. 中华显微外科杂志，2013，36(1): 62-63. DOI: 10.3760/cma.j.issn.1001-2036.2013.01.017. {GAO Xiaoqiang,ZHANG Guorui,WANG Chengjuan,WEI Chunxiao. Repair of anterior plantar skin defect with fibular flap of toe[J]. Zhonghua Xian Wei Wai Ke Za Zhi[Chin J Microsurg(Article in Chinese;Abstract in Chinese)],2013,36(1):62-63. DOI:10.3760/cma.j.issn.1001-2036.2013.01.017.}

[12521] 苗平，王瑞，葛华平. 踇趾内侧趾背神经营养血管皮瓣逆行修复踇趾远端缺损[J]. 中华显微外科杂志，2013，36(2): 163-165. DOI: 10.3760/cma.j.issn.1001-2036.2013.02.019. {MIAO Ping,WANG Rui,GE Huaping. Retrograde repair of distal toe defect with medial dorsal digital neurovascular flap[J]. Zhonghua Xian Wei Wai Ke Za Zhi[Chin J Microsurg(Article in Chinese;Abstract in Chinese)],2013,36(2):163-165. DOI:10.3760/cma.j.issn.1001-2036.2013.02.019.}

[12522] 周晓，许亚军，芮永军，寿奎水，陈学明. 第1足趾胫侧趾动脉背侧皮支蒂趾背神经营养皮瓣修复第1足趾趾端缺损九例[J]. 中华烧伤杂志，2013，29(5): 440-441. DOI: 10.3760/cma.j.issn.1009-2587.2013.05.009. {ZHOU Xiao,XU Yajun,RUI Yongjun,SHOU Kuishui,CHEN Xueming. Nine cases of toe-tip defect of the first toe repaired with dorsal neurocutaneous flap pedicled with dorsal cutaneous branch of tibial artery of the first toe[J]. Zhonghua Shao Shang Za Zhi[Chin J Burns(Article in Chinese;No abstract available)],2013,29(5):440-441. DOI:10.3760/cma.j.issn.1009-2587.2013.05.009.}

[12523] 王从虎，杨良军，杨魏，常谦，刘刚义. 游离踇趾腓侧皮瓣修复指腹皮肤软组织缺损[J]. 实用手外科杂志，2013，27(4): 346-347，350. DOI: 10.3969/j.issn.1671-2722.2013.04.012. {WANG Conghu,YANG Liangjun,YANG Wei,CHANG Qian,LIU Gangyi. Free the great toe fibular flap to repair finger skin and soft tissue defect[J]. Shi Yong Shou Wai Ke Za Zhi[Chin J Pract Hand Surg(Article in Chinese;Abstract in Chinese and English)],2013,27(4):346-347,350. DOI:10.3969/j.issn.1671-2722.2013.04.012.}

[12524] 赵晓航，胡德锋，孙艺，马建安，胡振业，应振端. 踇趾背动脉皮瓣游离移植修复手指皮肤缺损[J]. 中华显微外科杂志，2014，37(2): 126-129. DOI: 10.3760/cma.j.issn.1001-2036.2014.02.008. {ZHAO Xiaohang,HU Defeng,SUN Yi,MA Jian' an,HU Zhenye,YING Zhenduan. Outcome of free flap vascularized by the dorsal artery of big toe in treating finger skin defect[J]. Zhonghua Xian Wei Wai Ke Za Zhi[Chin J Microsurg(Article in Chinese;Abstract in Chinese and English)],2014,37(2):126-129. DOI:10.3760/cma.j.issn.1001-2036.2014.02.008.}

[12525] 李卫，郭振贵，朱静斌，杨棋，李宝林，费剑峰，孟庆刚. 踇趾近节动脉穿支皮瓣修复踇趾末端缺损的临床应用[J]. 中华显微外科杂志，2014，37(2): 175-176. DOI: 10.3760/cma.j.issn.1001-2036.2014.02.023. {LI Wei,GUO Zhengui,ZHU Jingbin,YANG Qi,LI Baolin,FEI Jianfeng,MENG Qinggang. Clinical application of perforator flap of proximal phalangeal artery in repairing distal phalangeal defect[J]. Zhonghua Xian Wei Wai Ke Za Zhi[Chin J Microsurg(Article in Chinese;Abstract in Chinese)],2014,37(2):175-176. DOI:10.3760/cma.j.issn.1001-2036.2014.02.023.}

[12526] 周健，杨孝明，周丕育，黄江，杨绍浦，李尚权. 应用游离踇趾腓侧皮瓣急诊修复拇指指腹创面[J]. 中华整形外科杂志，2014，30(6): 464-465. DOI: 10.3760/cma.j.issn.1009-4598.2014.06.019. {ZHOU Jian,YANG Xiaoming,ZHOU Piyu,HUANG Jiang,YANG Shaopu,LI Shangquan. Application of free fibular flap of great toe for emergency repair of thumb pulp wound[J]. Zhonghua Zheng Xing Wai Ke Za Zhi[Chin J Plast Surg(Article in Chinese;No abstract available)],2014,30(6):464-465. DOI:10.3760/cma.j.issn.1009-4598.2014.06.019.}

[12527] 郭振贵，朱静斌，李卫，李宝林，孟庆刚. 踇趾动脉皮支皮瓣修复踇趾趾端缺损疗效观察[J]. 中国修复重建外科杂志，2014，28(2): 263-264. {GUO Zhengui,ZHU Jingbin,LI Wei,LI Baolin,MENG Qinggang. Therapeutic effect of cutaneous branch flap of hallux toe artery in repairing hallux toe defect[J]. Zhongguo Xiu Fu Chong Jian Wai Ke Za Zhi[Chin J Repar Reconstr Surg(Article in Chinese;Abstract in Chinese)],2014,28(2):263-264.}

[12528] 高增阳，张敬良，雷彦文，郭桥鸿. 游离带神经的踇趾腓侧动脉皮瓣修复指端缺损[J]. 中华手外科杂志，2015，31(5): 398. DOI: 10.3760/cma.j.issn.1005-054X.2015.05.037. {GAO Zengyang,ZHANG Jingliang,LEI Yanwen,GUO Qiaohong. Free fibular artery flap with nerve to repair fingertip defect[J]. Zhonghua Shou Wai Ke Za Zhi[Chin J Hand Surg(Article in Chinese;No abstract available)],2015,31(5):398. DOI:10.3760/cma.j.issn.1005-054X.2015.05.037.}

[12529] 王海林，金汉宏，程翔，邹文，金方. 游离第1足趾腓背侧皮瓣修复手指创面十例[J]. 中华烧伤杂志，2015，31(1): 67-68. DOI: 10.3760/cma.j.issn.1009-2587.2015.01.019. {WANG Hailin,JIN Hanhong,CHENG Xiang,ZOU Wen,JIN Fang. Repair of finger wounds with free dorsal fibular flap of the first toe:a report of 10 cases[J]. Zhonghua Shao Shang Za Zhi[Chin J Burns(Article in Chinese;No abstract available)],2015,31(1):67-68. DOI:10.3760/cma.j.issn.1009-2587.2015.01.019.}

[12530] 钟少开，王海文，江新民，梅雄军，钟达强，黄兴伟. 应用梭形踇趾腓侧皮瓣修复指端缺损[J]. 实用手外科杂志，2015，29(3): 278-281. DOI: 10.3969/j.issn.1671-2722.2015.03.018. {ZHONG Shaokai,WANG Haiwen,JIANG Xinmin,MEI Xiongjun,ZHONG Daqiang,HUANG Xingwei. Using of the spindle hallux toe fibular skin flap to repair the fingertip defect[J]. Shi Yong Shou Wai Ke Za Zhi[Chin J Pract Hand Surg(Article in Chinese;Abstract in Chinese and English)],2015,29(3):278-281. DOI:10.3969/j.issn.1671-2722.2015.03.018.}

[12531] 王增涛，孙文海，刘焕龙，郝丽文，仇申强. 踇趾趾骨皮瓣移植治疗手指钩甲畸形[J]. 中华手外科杂志，2016，32(3): 174-176. {WANG Zengtao,SUN Wenhai,LIU Huanlong,HAO Liwen,QIU Shenqiang. Transfer of phalangeal flap from the big toe for treatment of hook nail deformity[J]. Zhonghua Shou Wai Ke Za Zhi[Chin J Hand Surg(Article in Chinese;Abstract in Chinese and English)],2016,32(3):174-176.}

[12532] 梁高峰，张满盈，吴珂，滕云升，段超鹏，贾宗海，文波，刘俊良，董俊文，焦健，马志雄，智丰. 带部分趾神经踇趾腓侧微型皮瓣修复手指指腹软组织缺损[J]. 中华手外科杂志，2016，32(6): 471-472. DOI: 10.3760/cma.j.issn.1005-054X.2016.06.033. {LIANG Gaofeng,ZHANG Manying,WU Ke,TENG Yunsheng,DUAN Chaopeng,JIA Zonghai,WEN Bo,LIU Junliang,DONG Junwen. Repair of finger pulp soft tissue defect with partial digital nerve fibular flap[J]. Zhonghua Shou Wai Ke Za Zhi[Chin J Hand Surg(Article in Chinese;Abstract in Chinese)],2016,32(6):471-472. DOI:10.3760/cma.j.issn.1005-054X.2016.06.033.}

[12533] 孙长胜，李文君，张玲玲，王婷婷，钱英俊，苏波. 修薄的踇趾腓侧皮瓣移植修复手指指腹缺损[J]. 中华显微外科杂志，2017，40(5): 464-466. DOI: 10.3760/cma.j.issn.1001-2036.2017.05.013. {SUN Changsheng,LI Wenjun,ZHANG Lingling,WANG Tingting,QIAN Yingjun,SU Bo. Recontraction by the microdissected thin fibular skin flap of the great toe for soft tissue defects of the finger[J]. Zhonghua Xian Wei Wai Ke Za Zhi[Chin J Microsurg(Article in Chinese;Abstract in Chinese and English)],2017,40(5):464-466. DOI:10.3760/cma.j.issn.1001-2036.2017.05.013.}

[12534] 崔留超，阮圣幸，陈捷. 游离踇趾腓侧皮瓣修复手指指腹缺损[J]. 实用手外科杂志，2017，31(2): 212-213，232. DOI: 10.3969/j.issn.1671-2722.2017.02.025. {CUI Liuchao,RUAN Shengxing,CHEN Jie. Application of fibula side flap of great toe in the repairment of finger pulp defects[J]. Shi Yong Shou Wai Ke Za Zhi[Chin J Pract Hand Surg(Article in Chinese;Abstract in Chinese and English)],2017,31(2):212-213,232. DOI:10.3969/j.issn.1671-2722.2017.02.025.}

[12535] 晏桂明，王小立，刘宏国，罗彬，吴利军，王凯凡. 踇趾腓侧游离皮瓣修复拇指和手指掌侧软组织缺损的临床经验[J]. 中华显微外科杂志，2018，41(6): 589-591. DOI: 10.3760/cma.j.issn.1001-2036.2018.06.020. {YAN Guiming,WANG Xiaoli,LIU Hongguo,LUO Bin,WU Lijun,WANG Kaifan. Clinical experience of fibular free flap of hallux toe in repairing soft tissue defects of thumb and palmar fingers[J]. Zhonghua Xian Wei Wai Ke Za Zhi[Chin

J Microsurg(Article in Chinese;Abstract in Chinese)],2018,41(6):589-591. DOI:10.3760/cma.j.issn.1001-2036.2018.06.020.}

[12536] 李向荣，周翔，秦军，贾学峰，俞俊兴. 带有深浅两组静脉的踇趾腓侧游离皮瓣修复手指指腹缺损[J]. 中华手外科杂志，2018，34(2)：149-150. DOI：10.3760/cma.j.issn.1005-054X.2018.02.027. {LI Xiangrong,ZHOU Xiang,QIN Jun,JIA Xuefeng,YU Junxing. Repair of finger pulp defect with free flap from fibular side of toe with deep and superficial veins[J]. Zhonghua Shou Wai Ke Za Zhi[Chin J Hand Surg(Article in Chinese;Abstract in Chinese)],2018,34(2):149-150. DOI:10.3760/cma.j.issn.1005-054X.2018.02.027.}

[12537] 王玥，赵玲珑，滕云升，凤宁娟，石宇，向胜涛，郑文，施小强，安伟，贾钟喻. 改良踇趾腓背侧皮瓣游离移植修复指背大面积软组织缺损[J]. 中华手外科杂志，2018，34(4)：308-309. {WANG Yue,ZHAO Linglong,TENG Yunsheng,FENG Ningjuan,SHI Yu,XIANG Shengtao,ZHENG Wen,SHI Xiaoqiang,AN Wei,JIA Zhongyu. Repair of large area soft tissue defect on the back of fingers with modified dorsal fibular flap[J]. Zhonghua Shou Wai Ke Za Zhi[Chin J Hand Surg(Article in Chinese;Abstract in Chinese)],2018,34(4):308-309.}

[12538] 燕磊，王海峰，邢动，董志远. 保留踇横动脉的游离踇趾腓侧皮瓣修复手指指腹缺损[J]. 中华显微外科杂志，2018，41(6)：579-581. DOI：10.3760/cma.j.issn.1001-2036.2018.06.016. {YAN Lei,WANG Haifeng,JIA Dong,DONG Zhiyuan. Free fibular flap of hallux toe preserving transverse hallux artery for repairing finger pulp defect[J]. Zhonghua Xian Wei Wai Ke Za Zhi[Chin J Microsurg(Article in Chinese;Abstract in Chinese)],2018,41(6):579-581. DOI:10.3760/cma.j.issn.1001-2036.2018.06.016.}

[12539] 李坚强，范春海. 应用踇趾腓侧游离皮瓣修复单手指指腹缺损[J]. 临床骨科杂志，2019，22(2)：193-195. DOI：10.3969/j.issn.1008-0287.2019.02.021. {LI Qiangqiang,FAN Chunhai. Free first toe fibular flap for repairing single finger with abdominal defect[J]. Lin Chuang Gu Ke Za Zhi[J Clin Orthop(Article in Chinese;Abstract in Chinese and English)],2019,22(2):193-195. DOI:10.3969/j.issn.1008-0287.2019.02.021.}

[12540] 徐文鹏，汪洋，张宁，曹松华，胡勇. 踇趾腓侧皮瓣在1、2趾和2、3趾并趾分趾术中的应用[J]. 中华解剖与临床杂志，2019，24(2)：129-132. DOI：10.3760/cma.j.issn.2095-7041.2019.02.008. {XU Wenpeng,WANG Yang,ZHANG Ning,CAO Songhua,HU Yong. Application of the great toe fibular island flap for syndactyly separating of 1st & 2nd and 2nd & 3rd toes[J]. Zhonghua Jie Pou Yu Lin Chuang Za Zhi[Chin J Anat Clin(Article in Chinese;Abstract in Chinese and English)],2019,24(2):129-132. DOI:10.3760/cma.j.issn.2095-7041.2019.02.008.}

[12541] 邓映艳，黄伟雄，黄洁，邓呈亮. 踇趾底内侧动脉穿支皮瓣逆行修复踇趾皮肤缺损的疗效[J]. 局解手术学杂志，2020，29(6)：509-511. DOI：10.11659/jjssx.02E020040. {DENG Yingyan,HUANG Weixiong,HUANG Jie,DENG Chengliang. Effect of retrograde perforator flap of medial metatarsophalangeal artery in treatment of skin defects at the great toe[J]. Ju Jie Shou Shu Xue Za Zhi[J Reg Anat Oper Surg(Article in Chinese;Abstract in Chinese and English)],2020,29(6):509-511. DOI:10.11659/jjssx.02E020040.}

4.5.4.10 趾蹼皮瓣
toe web flap

[12542] Dong L,Li F,Jiang J,Zhang G. Techniques for covering soft tissue defects resulting from plantar ulcers in leprosy:Part II--First toe web and dorsal foot flaps[J]. Indian J Lepr,1999,71(3):297-309.

[12543] Han F,Wang G,Li G,Ping J,Mao Z. Treatment of degloving injury involving multiple fingers with combined abdominal superficial fascial flap,dorsalis pedis flap,dorsal toe flap,and toe-web flap[J]. Ther Clin Risk Manag,2015,11:1081-1087. doi:10.2147/TCRM.S86948.

[12544] 顾玉东，吴敏明，郑忆柳. 游离趾蹼皮瓣在手外科的应用[J]. 中华外科杂志，1985，23(3)：168-169. {GU Yudong,WU Minming,ZHENG Yiliu. Application of free toe web flap in hand surgery[J]. Zhonghua Wai Ke Za Zhi[Chin J Surg(Article in Chinese;No abstract available)],1985,23(3):168-169.}

[12545] 沈建祖，张全荣，李向荣，芮永军，许亚军，寿奎水. 吻合血管的趾蹼皮瓣修复虎口挛缩[J]. 中国修复重建外科杂志，1993，7(4)：232. {SHEN Jianzu,ZHANG Quanrong,LI Xiangrong,RUI Yongjun,XU Yajun,SHOU Kuishui. Repair of contracture of the edge between thumb and second finger with toe web flap anastomosed with blood vessels[J]. Zhongguo Xiu Fu Chong Jian Wai Ke Za Zhi[Chin J Repar Reconstr Surg(Article in Chinese;No abstract available)],1993,7(4):232.}

[12546] 唐瑛，陈剑帆，黄新，温建庭. 第一趾蹼皮瓣修复手掌手指软组织缺损[J]. 中华显微外科杂志，1999，22(04)：3-5. {TANG Ying,CHEN Jianfan,HUANG Xin,WEN Jianting. Repair of soft tissue defect of palm finger with first toe web flap[J]. Zhonghua Xian Wei Wai Ke Za Zhi[Chin J Microsurg(Article in Chinese;No abstract aailable)],1999,22(04):3-5.}

[12547] 欧景才，黄东，毛莉颖，江奕恒，吴伟炽，张惠茹. 应用第一趾蹼皮瓣修复踇趾皮肤缺损并骨外露[J]. 中华显微外科杂志，2003，26(1)：53-54. DOI：10.3760/cma.j.issn.1001-2036.2003.01.020. {OU Jingcai,HUANG Dong,MAO Liying,JIANG Yiheng,WU Weichi,ZHANG Huiru. Repair of hallux toe skin defect with bone exposure using first toe web flap[J]. Zhonghua Xian Wei Wai Ke Za Zhi[Chin J Microsurg(Article in Chinese;Abstract in Chinese)],2003,26(1):53-54. DOI:10.3760/cma.j.issn.1001-2036.2003.01.020.}

[12548] 谢庆平，曾林如，申丰，王利祥，洪峰. 第一趾蹼区游离皮瓣修复虎口及指腹缺损的疗效[J]. 中华手外科杂志，2005，21(4)：203-204. DOI：10.3760/cma.j.issn.1005-054X.2005.04.005. {XIE Qingping,ZENG Linru,SHEN Feng,WANG Lixiang,HONG Feng. Clinical outcome of first web flap transfer from the foot for coverage of first web and finger pulp defects[J]. Zhonghua Shou Wai Ke Za Zhi[Chin J Hand Surg(Article in Chinese;Abstract in Chinese and English)],2005,21(4):203-204. DOI:10.3760/cma.j.issn.1005-054X.2005.04.005.}

[12549] 冯承臣，刘茂文，冯鹏，张丽. 带足背趾蹼皮瓣的双足三趾移植修复手毁损伤[J]. 中国修复重建外科杂志，2005，19(7)：525-527. {FENG Chengchen,LIU Maowen,FENG Peng,ZHANG Li. Bilateral three-toe transplantation with dorsalis pedis flap and first web space flap for damage injury in the hands[J]. Zhongguo Xiu Fu Chong Jian Wai Ke Za Zhi[Chin J Repar Reconstr Surg(Article in Chinese;Abstract in Chinese and English)],2005,19(7):525-527.}

[12550] 孙文海，王增涛，朱小雷，朱磊，胡勇，刘志波，王德华，许庆家，吴昊. 第一趾蹼处三叶皮瓣治疗多手指屈曲畸形[J]. 中华手外科杂志，2006，22(4)：224-225. DOI：10.3760/cma.j.issn.1005-054X.2006.04.013. {SUN Wenhai,WANG Zengtao,ZHU Xiaolei,ZHU Lei,HU Yong,LIU Zhibo,WANG Dehua,XU Qingjia,WU Hao. Correction of multi-digit flexion contracture deformity with vascularized trifoliated flap from first web of the foot[J]. Zhonghua Shou Wai Ke Za Zhi[Chin J Hand Surg(Article in Chinese;Abstract in Chinese and English)],2006,22(4):224-225. DOI:10.3760/cma.j.issn.1005-054X.2006.04.013.}

[12551] 孙文东，陈雪荣，车斌，周平. 第一趾蹼皮瓣修复重度虎口挛缩[J]. 中华手外科杂志，2007，23(2)：121. {SUN Wendong,CHEN Xuerong,CHE Bin,ZHOU Ping. Repair of severe contracture of the edge between thumb and second finger with first toe web flap[J]. Zhonghua Shou Wai Ke Za Zhi[Chin J Hand Surg(Article in Chinese;No abstract available)],2007,23(2):121.}

[12552] 傅福仁，黄永新，邱著文. 第一趾蹼游离皮瓣修复鼻小柱鼻端缺损[J]. 中华整形外科杂志，2007，23(6)：480-482. DOI：10.3760/j.issn：1009-4598.2007.06.008. {FU Furen,HUANG Yongxin,QIU Zhuwen. Repair of nasal columella and tip defects by using great/second toe web flap[J]. Zhonghua Zheng Xing Wai Ke Za Zhi[Chin J Plast Surg(Article in Chinese;Abstract in Chinese and English)],2007,23(6):480-482. DOI:10.3760/j.issn:1009-4598.2007.06.008.}

[12553] 田德虎，于昆仑，张英泽，李高峰，张继春，韩久卉，韩金豹. 应用改良第一趾蹼皮瓣修复重度虎口瘢痕挛缩[J]. 中华骨科杂志，2008，28(8)：659-662. DOI：10.3321/j.issn：0253-2352.2008.08.010. {TIAN Dehu,YU Kunlun,ZHANG Yingze,LI Gaofeng,ZHANG Jichun,HAN Jiuhui,HAN Jinbao. Reparation of severe traumatic thumb web contracture using modified free first toe web flap[J]. Zhonghua Gu Ke Za Zhi[Chin J Orthop(Article in Chinese;Abstract in Chinese and English)],2008,28(8):659-662. DOI:10.3321/j.issn:0253-2352.2008.08.010.}

[12554] 王光耀，李敬矿，谢广中，陈冬生，吴恒烜，苗存良，彭剑飞，袁兆能. 吻合血管的第一趾蹼皮瓣游离移植修复虎口挛缩[J]. 中华显微外科杂志，2008，31(3)：225-226. DOI：10.3760/cma.j.issn.1001-2036.2008.03.024. {WANG Guangyao,LI Jingkuang,XIE Guangzhong,CHEN Dongsheng,WU Hengji,MIAO Cunliang,PENG Jianfei,YUAN Zhaoneng. Free transplantation of vascularized first toe web flap to repair contracture of the edge between thumb and second finger[J]. Zhonghua Xian Wei Wai Ke Za Zhi[Chin J Microsurg(Article in Chinese;Abstract in Chinese)],2008,31(3):225-226. DOI:10.3760/cma.j.issn.1001-2036.2008.03.024.}

[12555] 宋付芳，王旭东，巫文强，梁翠霞. 第1趾蹼皮瓣移植修复指腹软组织缺损[J]. 中华整形外科杂志，2010，26(2)：147-148. DOI：10.3760/cma.j.issn.1009-4598.2010.02.021. {SONG Fufang,WANG Xudong,WU Wenqiang,LIANG Cuixia. Repair of soft tissue defect of finger pulp with the first web flap[J]. Zhonghua Zheng Xing Wai Ke Za Zhi[Chin J Plast Surg(Article in Chinese;No abstract available)],2010,26(2):147-148. DOI:10.3760/cma.j.issn.1009-4598.2010.02.021.}

[12556] 沈小芳，糜菁熠，芮永军，寿奎水，赵刚，田建. 第一趾蹼皮支蒂岛状皮瓣修复踇趾软组织缺损[J]. 中国修复重建外科杂志，2012，26(10)：1272-1273. {SHEN Xiaofang,MI Jingyi,RUI Yongjun,SHOU Kuishui,ZHAO Gang,TIAN Jian. Repair of soft tissue defect of great toe with island flap pedicled with first web cutaneous branch[J]. Zhongguo Xiu Fu Chong Jian Wai Ke Za Zhi[Chin J Repar Reconstr Surg(Article in Chinese;Abstract in Chinese)],2012,26(10):1272-1273.}

[12557] 刘亚臣，王鹏，秦建华，姚平，张文峰，李宏烨，丁晟，王磊. 第一趾蹼周围组织瓣修复手部软组织缺损[J]. 中华显微外科杂志，2013，36(1)：74-75. DOI：10.3760/cma.j.issn.1001-2036.2013.01.023. {LIU Yachen,WANG Peng,QIN Jianhua,YAO Ping,ZHANG Wenfeng,LI Hongye,DING Sheng,WANG Lei. Repair of soft tissue defect of hand with tissue flap around the first toe web[J]. Zhonghua Xian Wei Wai Ke Za Zhi[Chin J Microsurg(Article in Chinese;Abstract in Chinese)],2013,36(1):74-75. DOI:10.3760/cma.j.issn.1001-2036.2013.01.023.}

[12558] 杨庆达，卢建国，卢家灵，陈善豪，梁波. 改良第一趾蹼皮瓣游离移植修复拇指和示指皮肤缺损[J]. 中华显微外科杂志，2013，36(2)：179-181. DOI：10.3760/cma.j.issn.1001-2036.2013.02.027. {YANG Qingda,LU Jianguo,LU Jialing,CHEN Shanhao,LIANG Bo. Repair of skin defects of thumb and index finger with modified first web flap[J]. Zhonghua Xian Wei Wai Ke Za Zhi[Chin J Microsurg(Article in Chinese;Abstract in Chinese)],2013,36(2):179-181. DOI:10.3760/cma.j.issn.1001-2036.2013.02.027.}

[12559] 杨庆达，张智钊，卢家灵，梁波，卢建国. 改良第一趾蹼皮瓣游离移植术后供区创面的修复[J]. 中国修复重建外科杂志，2013，27(10)：1279-1280. DOI：10.7507/1002-1892.20130279. {YANG Qingda,ZHANG Zhizhao,LU Jialing,LIANG Bo,LU Jianguo. Repair of donor site wound after free transplantation of modified first web flap[J]. Zhongguo Xiu Fu Chong Jian Wai Ke Za Zhi[Chin J Repar Reconstr Surg(Article in Chinese;Abstract in Chinese)],2013,27(10):1279-1280. DOI:10.7507/1002-1892.20130279.}

[12560] 杨庆达，卢家灵，梁波，卢建国，张智钊，梁大喜. 应用改良第一趾蹼皮瓣游离移植治疗外伤性虎口挛缩[J]. 中华显微外科杂志，2014，37(1)：79-80. DOI：10.3760/cma.j.issn.1001-2036.2014.01.025. {YANG Qingda,LU Jialing,LIANG Bo,LU Jianguo,ZHANG Zhizhao,LIANG Daxi. Treatment of traumatic contracture of the edge between thumb and second finger with modified first toe web flap[J]. Zhonghua Xian Wei Wai Ke Za Zhi[Chin J Microsurg(Article in Chinese;Abstract in Chinese)],2014,37(1):79-80. DOI:10.3760/cma.j.issn.1001-2036.2014.01.025.}

[12561] 赵力，闫厚军，马志国，马斌. 第1及2趾蹼间复合组织瓣修复第4及5趾背电击伤软组织缺损一例[J]. 中华烧伤杂志，2014，30(3)：289. DOI：10.3760/cma.j.issn.1009-2587.2014.03.030. {ZHAO Li,YAN Houjun,MA Zhiguo,MA Bin. Repair of soft tissue defect in the back of the fourth and fifth toe with composite tissue flap between the first and second web[J]. Zhonghua Shao Shang Za Zhi[Chin J Burns(Article in Chinese;No abstract available)],2014,30(3):289. DOI:10.3760/cma.j.issn.1009-2587.2014.03.030.}

[12562] 杨庆达. 改良第1趾蹼皮瓣游离移植修复手功能区皮肤缺损[J]. 实用手外科杂志，2014，28(3)：266-268，271. DOI：10.3969/j.issn.1671-2722.2014.03.009. {YANG Qingda. Modified first toe web flap graft to repair the skin defects located at hand functional areas[J]. Shi Yong Shou Wai Ke Za Zhi[Chin J Pract Hand Surg(Article in Chinese;Abstract in Chinese and English)],2014,28(3):266-268,271. DOI:10.3969/j.issn.1671-2722.2014.03.009.}

[12563] 王加利，徐蒙，丁小珩. 缝合神经的游离第1趾蹼皮瓣同时修复相邻2~3指的皮肤缺损[J]. 实用手外科杂志，2015，29(4)：363-365. DOI：10.3969/j.issn.1671-2722.2015.04.007. {WANG Jiali,XU Meng,DING Xiaoheng. Repair the tissue defects of two or three adjacent fingers by using the free first toe web flap with nerve anastomosis[J]. Shi Yong Shou Wai Ke Za Zhi[Chin J Pract Hand Surg(Article in Chinese;Abstract in Chinese and English)],2015,29(4):363-365. DOI:10.3969/j.issn.1671-2722.2015.04.007.}

[12564] 李国强，焦延杰，王夫平，周健辉，丘日升，陈康察. 第一趾蹼皮瓣修复单指中末节脱套伤或伴指璞缺损的邻指掌侧皮肤缺损[J]. 中华显微外科杂志，2017，40(5)：483-485. DOI：10.3760/cma.j.issn.1001-2036.2017.05.018. {LI Guoqiang,JIAO Yanjie,WANG Fuping,ZHOU Jianhui,QIU Risheng,CHEN Kangcha. Repair of degloving injury of middle and distal segment of single finger or adjacent palmar skin defect with web defect of the first toe web flap[J]. Zhonghua Xian Wei Wai Ke Za Zhi[Chin J Microsurg(Article in Chinese;Abstract in Chinese)],2017,40(5):483-485. DOI:10.3760/cma.j.issn.1001-2036.2017.05.018.}

[12565] 钟怡鸣，孙焕伟，张洪权，王春生. 改良游离第一趾蹼皮瓣移植修复手部指璞皮肤缺损[J]. 中华手外科杂志，2019，35(2)：122-124. {ZHONG Yiming,SUN Huanwei,ZHANG Hongquan,WANG Chunsheng. Repair of finger web skin defect of hand with modified free first web flap[J]. Zhonghua Shou Wai Ke Za Zhi[Chin J Hand Surg(Article in Chinese;Abstract in Chinese)],2019,35(2):122-124.}

[12566] 唐林峰，巨积辉，金光哲，张广亮，胡蕴楠，侯瑞兴. 游离改良第一趾蹼皮瓣修复手部指蹼缺损[J]. 中华手外科杂志，2019，35(6)：445-447. {TANG Linfeng,JU Jihui,JIN Guangzhe,ZHANG Guangliang,HU Yunnan,HOU Ruixing. Application of free modified first toe web skin flap for repair of finger web defect[J]. Zhonghua Shou Wai Ke Za Zhi[Chin J Hand Surg(Article in Chinese;Abstract in Chinese and English)],2019,35(6):445-447.}

[12567] 孙洪荣，冯丽娜，刘萍，赵晓东. 足趾蹼三叶皮瓣修复相邻多指严重屈曲挛缩畸形六例[J]. 中华烧伤杂志，2020，36(6)：497-499. DOI：10.3760/cma.j.cn501120-20190326-00141. {SUN Hongrong,FENG Lina,LIU Ping,ZHAO Xiaodong. Repair of severe flexion contracture deformity of adjacent fingers with trifoliated flap from toe web in six patients[J]. Zhonghua Shao Shang Za Zhi[Chin J Burns(Article in Chinese;Abstract in Chinese and English)],2020,36(6):497-499. DOI:10.3760/cma.j.cn501120-20190326-00141.}

4.5.4.11 足趾皮瓣（含：趾腹皮瓣、侧方皮瓣）
toe flap(hallux pulp flap,lateral toe flap)

[12568] 方光荣，徐正平，程国良，王福建．拇指指腹缺损趾腹皮瓣修复一例报告[J]．中华外科杂志，1988，26（8）：463．{FANG Guangrong,XU Zhengping,CHENG Guoliang,WANG Fujian. Repair of thumb pulp defect with toe pulp flap:a case report[J]. Zhonghua Wai Ke Za Zhi[Chin J Surg(Article in Chinese;No abstract available)],1988,26(8):463.}

[12569] 祝建中，刘登生，何立璋，许炳元，谢卫，吕国忠，李向荣，徐雷．趾腹游离皮瓣重建指腹[J]．中华整形烧伤外科杂志，1993，9（5）：330-332．DOI：10.3760/j.issn：1009-4598.1993.05.018．{ZHU Jianzhong,LIU Dengsheng,HE Lizhang,XU Bingyuan,XIE Wei,LV Guozhong,LI Xiangrong,XU Lei. Reconstruction of pulp of finger with free pulp flap[J]. Zhonghua Zheng Xing Shao Shang Wai Ke Za Zhi[Chin J Plast Surg Burns(Article in Chinese;Abstract in Chinese)],1993,9(5):330-332. DOI:10.3760/j.issn:1009-4598.1993.05.018.}

[12570] 李森恺，杨明勇，李养群，赵振民，穆兰花，黄渭清．趾背旗形皮瓣的临床应用[J]．中华整形烧伤外科杂志，1998，14：462，483．{LI Senkai,YANG Mingyong,LI yangqun,ZHAO Zhenmin,MU Lanhua,HUANG Weiqing. The clinical application of flag-shaped flap of dorsal toe[J]. Zhonghua Zheng Xing Shao Shang Wai Ke Za Zhi[Chin J Plast Surg Burns(Article in Chinese;No abstract available)],1998,14:462,483.}

[12571] 王东，凌彤，王秋生，潘建国．趾腹皮瓣修复指腹缺损[J]．中国实用手外科杂志，2000，14（2）：85-86．{WANG Dong,LING Tong,WANG Qiusheng,PAN Jianguo. Recovering digital defect with digital pulp falp[J]. Shi Yong Shou Wai Ke Za Zhi[Chin J Pract Hand Surg(Article in Chinese;Abstract in Chinese and English)],2000,14(2):85-86.}

[12572] 范锡海，孙旭海，周光林，闫勇．邻趾神经血管束岛状皮瓣修复足趾皮肤缺损11例[J]．中华整形外科杂志，2001，17（6）：349．DOI：10.3760/j.issn：1009-4598.2001.06.019．{FAN Xihai,SUN Xuhai,ZHOU Guanglin,YAN Yong. Adjacent toe neurovascular bundle island flap for the repair of skin defect of toes:a report of 11 cases[J]. Zhonghua Zheng Xing Wai Ke Za Zhi[Chin J Plast Surg(Article in Chinese;No abstract available)],2001,17(6):349. DOI:10.3760/j.issn:1009-4598.2001.06.019.}

[12573] 季正伦，李旭东，邢新．第二趾胫侧神经血管岛状皮瓣修复蹈端缺损[J]．第二军医大学学报，2001，22（z1）：82-82．DOI：10.3321/j.issn：0258-879X.2001.z1.064．{JI Zhenglun,LI Xudong,XING Xin. Tibial neurovascular island flap of the second toe for repairing the defect of the distal end[J]. Di Er Jun Yi Da Xue Xue Bao[Acad J Sec Mil Med Univ(Article in Chinese;No abstract available)],2001,22(z1):82-82. DOI:10.3321/j.issn:0258-879X.2001.z1.064.}

[12574] 芮永军，薛明宇，施海峰，孙振中，寿奎水．孪生趾腹皮瓣修复指掌侧软组织缺损的临床应用[J]．中华手外科杂志，2001，17（4）：204-205．DOI：10.3760/cma.j.issn.1005-054X.2001.04.005．{RUI Yongjun,XUE Mingyu,SHI Haifeng,SUN Zhenzhong,SHOU Kuishui. Clinical application of twin simepulp flaps for repair of tissue defect of the finger at the palm side[J]. Zhonghua Shou Wai Ke Za Zhi[Chin J Hand Surg(Article in Chinese;Abstract in Chinese and English)],2001,17(4):204-205. DOI:10.3760/cma.j.issn.1005-054X.2001.04.005.}

[12575] 汤海萍，方光荣，程国良，杨志贤．趾腹游离皮瓣移植修复指腹缺损19例[J]．中华整形外科杂志，2002，18（3）：153-154．DOI：10.3760/j.issn：1009-4598.2002.03.009．{TANG Haiping,FANG Guangrong,CHENG Guoliang,YANG Zhixian. Free pulp flap of toe in repairing the pulp defect of finger[J]. Zhonghua Zheng Xing Wai Ke Za Zhi[Chin J Plast Surg(Article in Chinese;Abstract in Chinese and English)],2002,18(3):153-154. DOI:10.3760/j.issn:1009-4598.2002.03.009.}

[12576] 张启旭，刘冬，乔群，刘志飞，陈宗基．第二趾腹皮瓣游离移植修复拇指指腹缺损[J]．中华整形外科杂志，2002，18（6）：383-383．DOI：10.3760/j.issn：1009-4598.2002.06.031．{ZHANG Qixu,LIU Dong,QIAO Qun,LIU Zhifei,CHEN Zongji. Repair of thumb pulp defect with free second toe pulp flap[J]. Zhonghua Zheng Xing Wai Ke Za Zhi[Chin J Plast Surg(Article in Chinese;No abstract available)],2002,18(6):383-383. DOI:10.3760/j.issn:1009-4598.2002.06.031.}

[12577] 屈跃峰，郑谟英，王惠琴，徐燕，谷叶青．趾侧腹皮瓣的临床应用[J]．临床骨科杂志，2003，6（4）：365-365．DOI：10.3969/j.issn.1008-0287.2003.04.027．{QU Yuefeng,ZHENG Moying,WANG Huiqin,XU Yan,GU Yeqing. Clinical application of fibular pulp flap of toe[J]. Lin Chuang Gu Ke Za Zhi[J Clin Orthop(Article in Chinese;No abstract available)],2003,6(4):365-365. DOI:10.3969/j.issn.1008-0287.2003.04.027.}

[12578] 屈跃峰，郑谟英，王惠琴，徐燕，谷叶青．趾腹腓侧皮瓣在指端缺损中的临床应用[J]．中华手外科杂志，2003，19（3）：165．DOI：10.3760/cma.j.issn.1005-054X.2003.03.031．{QU Yuefeng,ZHENG Moying,WANG Huiqin,XU Yan,GU Yeqing. Clinical application of fibular flap of toe pulp in fingertip defect[J]. Zhonghua Shou Wai Ke Za Zhi[Chin J Hand Surg(Article in Chinese;No abstract available)],2003,19(3):165. DOI:10.3760/cma.j.issn.1005-054X.2003.03.031.}

[12579] 陆金法，侯瑞兴，巨积辉．Gillbert Ⅲ型第二趾甲皮瓣复合邻指侧方皮瓣修复全手指脱套伤[J]．中华显微外科杂志，2003，26（3）：227．DOI：10.3760/cma.j.issn.1001-2036.2003.03.029．{LU Jinfa,HOU Ruixing,JU Jihui. Repair of degloving injury of whole finger with Gillbert type Ⅲ second toenail flap combined with adjacent finger lateral flap[J]. Zhonghua Xian Wei Wai Ke Za Zhi[Chin J Microsurg(Article in Chinese;Abstract in Chinese)],2003,26(3):227. DOI:10.3760/cma.j.issn.1001-2036.2003.03.029.}

[12580] 周礼荣，王伟，李峻，刘迎曦，吴蓉．蹈趾腹腓侧皮瓣移植修复指腹缺损[J]．中华手外科杂志，2004，20（4）：218-220．DOI：10.3760/cma.j.issn.1005-054X.2004.04.015．{ZHOU Lirong,WANG Wei,LI Jun,LIU Yingxi,WU Rong. Repair of whole pulp defect of thumb and fingers by vascularized fibular pulp flap of the big toe[J]. Zhonghua Shou Wai Ke Za Zhi[Chin J Hand Surg(Article in Chinese;Abstract in CHinese and English)],2004,20(4):218-220. DOI:10.3760/cma.j.issn.1005-054X.2004.04.015.}

[12581] 赵风林，李宗宝，王文德．游离健侧及趾腓侧皮瓣修复趾骨电烧伤创面11例[J]．中华烧伤杂志，2005，21（6）：464．DOI：10.3760/cma.j.issn.1009-2587.2005.06.022．{ZHAO Fenglin,LI Zongbao,WANG Wende. Repair electric burn wounds of phalange with free flaps from healthyl side and fibular side of toe:a report of of 11 cases[J]. Zhonghua Shao Shang Za Zhi[Chin J Burns(Article in Chinese;No abstract available)],2005,21(6):464. DOI:10.3760/cma.j.issn.1009-2587.2005.06.022.}

[12582] 周平，陈雪荣，孙文东，车斌．蹈趾腹腓侧皮瓣移植修复拇手指指腹缺损[J]．中华手外科杂志，2005，21（5）：268．{ZHOU Ping,CHEN Xuerong,SUN Wendong,CHE Bin. Repair of pulp defect of thumb and finger with ventral-fibular side flap of the big toe[J]. Zhonghua Shou Wai Ke Za Zhi[Chin J Hand Surg(Article in Chinese;No abstract available)],2005,21(5):268.}

[12583] 姚群，芮永军，许亚军，寿奎水，薛明宇，刘宇舟，瞿懿．第二趾胫侧趾腹皮瓣修复手指软组织缺损[J]．中华手外科杂志，2005，21（5）：297-298．{YAO Qun,RUI Yongjun,XU Yajun,SHOU Kuishui,XUE Mingyu,LIU Yuzhou,QU Yi. Tibial side pulp flap of the second toe for coverage of skin defect of the fingers[J]. Zhonghua Shou Wai Ke Za Zhi[Chin J Hand Surg(Article in Chinese;Abstract in Chinese and English)],2005,21(5):297-298.}

[12584] 刘勇，裴国献，张成进，王成琪，李忠，姚旺祥，梅良斌．单纯动脉型蹈趾趾腹皮瓣修复拇指指腹缺损及存活机制探讨[J]．创伤外科杂志，2005，7（6）：456．DOI：10.3969/j.issn.1009-4237.2005.06.019．{LIU Yong,PEI Guoxian,ZHANG Chengjin,WANG Chengqi,LI Zhong,YAO Wangxiang,MEI Liangbin. Mechanism of survival of the first toe pulp flap supplied by single artery in the reparation of thumb defect[J]. Chuang Shang Wai Ke Za Zhi[J Traum Surg(Article in Chinese;No abstract available)],2005,7(6):456. DOI:10.3969/j.issn.1009-4237.2005.06.019.}

[12585] 俞俊兴，李向荣，杨惠光，高兴平，秦军．一蒂双叶、第二趾侧方皮瓣游离移植修复指腹缺损[J]．中华手外科杂志，2005，21（6）：344-345．{YU Junxing,LI Xiangrong,YANG Huiguang,GAO Xingping,QIN Jun. Repair of volar soft tissue defect of adjacent fingers by single pedicled big toe and second toe[J]. Zhonghua Shou Wai Ke Za Zhi[Chin J Hand Surg(Article in Chinese;Abstract in Chinese and English)],2005,21(6):344-345.}

[12586] 张全荣，寿奎水，施海峰，陆征峰，李海峰，魏苏明．蹈及第二趾皮瓣瓦合修复拇、手指套脱伤[J]．中华手外科杂志，2006，22（2）：75-77．DOI：10.3760/cma.j.issn.1005-054X.2006.02.005．{ZHANG Quanrong,SHOU Kuishui,SHI Haifeng,LU Zhengfeng,LI Haifeng,WEI Suming. Transfer of vascularized fibular pulp flap of the big toe combined with wrap-around flap of the second toe to repair degloving injury of the thumb and fingers[J]. Zhonghua Shou Wai Ke Za Zhi[Chin J Hand Surg(Article in Chinese;Abstract in Chinese and English)],2006,22(2):75-77. DOI:10.3760/cma.j.issn.1005-054X.2006.02.005.}

[12587] 孙文海，王增涛，朱小雷，刘志波，胡勇，朱磊，许庆家，吴昊，王德华．趾腹皮瓣联合跖底皮瓣治疗手指严重屈曲挛缩畸形[J]．中华显微外科杂志，2006，29（4）：245-247，插图4-1．DOI：10.3760/cma.j.issn.1001-2036.2006.04.002．{SUN Wenhai,WANG Zengtao,ZHU Xiaolei,LIU Zhibo,HU Yong,ZHU Lei,XU Qingjia,WU Hao,WANG Dehua. Treatment of severe flexed contracture malformation of fingers with phalangeal pulp flap combined with plantar metatarsal flap[J]. Zhonghua Xian Wei Wai Ke Za Zhi[Chin J Microsurg(Article in Chinese;Abstract in Chinese and English)],2006,29(4):245-247,insert 4-1. DOI:10.3760/cma.j.issn.1001-2036.2006.04.002.}

[12588] 曾赛华，王静，梁海，赵军民，刘岸雄，林利忠．应用足趾组织瓣修复手指远端组织缺损[J]．中华显微外科杂志，2007，30（2）：145-146．DOI：10.3760/cma.j.issn.1001-2036.2007.02.024．{ZENG Saihua,WANG Jing,LIANG Hai,ZHAO Junmin,LIU Anxiong,LIN Lizhong. Repair of distal finger tissue defect with toe tissue flap[J]. Zhonghua Xian Wei Wai Ke Za Zhi[Chin J Microsurg(Article in Chinese;Abstract in Chinese)],2007,30(2):145-146. DOI:10.3760/cma.j.issn.1001-2036.2007.02.024.}

[12589] 蒋文萍，赵少平，王洪涛，杨焕友．应用足趾皮瓣重建手指掌侧皮肤感觉[J]．中华显微外科杂志，2007，30（2）：146-147．DOI：10.3760/cma.j.issn.1001-2036.2007.02.025．{JIANG Wenping,ZHAO Shaoping,WANG Hongtao,YANG Huanyou. Reconstruction of palmar skin sensation of fingers with toe flap[J]. Zhonghua Xian Wei Wai Ke Za Zhi[Chin J Microsurg(Article in Chinese;Abstract in Chinese)],2007,30(2):146-147. DOI:10.3760/cma.j.issn.1001-2036.2007.02.025.}

[12590] 周孝挺，姚建民，马亮，丁晟，田文欣，秦建华，徐一波．第二足趾胫侧皮瓣修复手指组织缺损[J]．中华手外科杂志，2007，23（4）：227-228．{ZHOU Xiaoting,YAO Jianmin,MA Liang,DING Sheng,TIAN Wenxin,QIN Jianhua,XU Yibo. Repair of finger tissue defect with tibial flap of second toe[J]. Zhonghua Shou Wai Ke Za Zhi[Chin J Hand Surg(Article in Chinese;Abstract in Chinese and English)],2007,2304):227-228.}

[12591] 孙乐天，方光荣，程国良，屈志刚，侯书健，丁小珩，汤海萍，刘亚平．小型游离足趾皮瓣修复拇手指组织缺损[J]．中华显微外科杂志，2008，31（3）：175-177．DOI：10.3760/cma.j.issn.1001-2036.2008.03.006．{SUN Letian,FANG Guangrong,CHENG Guoliang,QU Zhigang,HOU Shujian,DING Xiaoheng,TANG Haiping,LIU Yaping. Small size toe flap repair tissue defect of thumb and finger[J]. Zhonghua Xian Wei Wai Ke Za Zhi[Chin J Microsurg(Article in Chinese;Abstract in Chinese and English)],2008,31(3):175-177. DOI:10.3760/cma.j.issn.1001-2036.2008.03.006.}

[12592] 侯瑞兴，巨积辉，赵强，刘跃飞，魏诚，李雷，金光哲，李建宁，刘新益，袁新文．游离第二足趾胫侧皮瓣修复手指指腹缺损[J]．中华手外科杂志，2008，24（4）：226-228．{HOU Ruixing,JU Jihui,ZHAO Qiang,LIU Yuefei,WEI Cheng,LI Lei,JIN Guangzhe,LI Jianning,LIU Xinyi,YUAN Xinwen. Reconstruction of finger pulp defects by the second toe tibial skin flap[J]. Zhonghua Shou Wai Ke Za Zhi[Chin J Hand Surg(Article in Chinese;Abstract in Chinese and English)],2008,24(4):226-228.}

[12593] 邱继宇，李玉成，赵海涛，沦洛红，王涛，徐军田．第二足趾血管神经蒂岛状皮瓣治疗蹈趾背侧皮肤缺损[J]．中华创伤骨科杂志，2008，10（12）：1189-1191．DOI：10.3760/cma.j.issn.1671-7600.2008.12.026．{QIU Jiyu,LI Yucheng,ZHAO Haitao,LUN Luohong,WANG Tao,XU Juntian. Partial second toe pedlcle island flap for reconstruction of great toe dorsal skin defects[J]. Zhonghua Chuang Shang Gu Ke Za Zhi[Chin J Orthop Trauma(Article in Chinese;No abstract available)],2008,10(12):1189-1191. DOI:10.3760/cma.j.issn.1671-7600.2008.12.026.}

[12594] 胡晓莺，滕国栋，何旭．深静脉回流型蹈趾趾腹皮瓣的临床应用[J]．中华显微外科杂志，2008，31（2）：133-135．DOI：10.3760/cma.j.issn.1001-2036.2008.02.021．{HU Xiaoying,TENG Guodong,HE Xu. The clinical application of deep venous reflux flap of hallux toe pulp[J]. Zhonghua Xian Wei Wai Ke Za Zhi[Chin J Microsurg(Article in Chinese;Abstract in Chinese)],2008,31(2):133-135. DOI:10.3760/cma.j.issn.1001-2036.2008.02.021.}

[12595] 刘跃飞，巨积辉，李祥军，赵强，李建宁，侯瑞兴．应用第二趾胫侧侧方皮瓣修复甲瓣供区创面[J]．中华显微外科杂志，2008，31（6）：408-410，插2．DOI：10.3760/cma.j.issn.1001-2036.2008.06.003．{LIU Yuefei,JU Jihui,LI Xiangjun,ZHAO Qiang,LI Jianning,HOU Ruixing. Reconstruction of thumb-nail donor surface using tibial flaps of the second toe[J]. Zhonghua Xian Wei Wai Ke Za Zhi[Chin J Microsurg(Article in Chinese;Abstract in Chinese and English)],2008,31(6):408-410,insert 2. DOI:10.3760/cma.j.issn.1001-2036.2008.06.003.}

[12596] 侯书健，程国良，王振军，刘亚平，孙乐天，方光荣，迟焕芳．节段性第二趾复合组织瓣移植急诊修复拇、手指中段缺损[J]．中华手外科杂志，2009，25（6）：363-364．DOI：10.3760/cma.j.issn.1005-054X.2009.06.019．{HOU Shujian,CHENG Guoliang,WANG Zhenjun,LIU Yaping,SUN Letian,FANG Guangrong,CHI Huanfang. Repair of segmental defect at middle part of the thumb or fingers by transplantation of composite flap of segmental second toe[J]. Zhonghua Shou Wai Ke Za Zhi[Chin J Hand Surg(Article in Chinese;Abstract in Chinese and English)],2009,25(6):363-364. DOI:10.3760/cma.j.issn.1005-054X.2009.06.019.}

[12597] 朱轶，黎斌，肖方生，徐长春，杨晟玮．游离第2趾胫侧皮瓣修复手指皮肤软组织缺损[J]．创伤外科杂志，2009，11（1）：33-34．DOI：10.3969/j.issn.1009-4237.2009.01.011．{ZHU Yi,LI Bin,XIAO Fangsheng,XU Changchun,YANG Shengwei. Tibial side flap of the second toe for coverage of skin defect of fingers[J]. Chuang Shang Wai Ke Za Zhi[J Traum Surg(Article in Chinese;Abstract in Chinese and English)],2009,11(1):33-34. DOI:10.3969/j.issn.1009-4237.2009.01.011.}

[12598] 李建宁，巨积辉，金光哲，肖斌，赵强，刘跃飞，魏诚，李雷，侯瑞兴．游离第二趾肌腱皮瓣修复手指复合组织缺损[J]．组织工程与重建外科杂志，2009，5（4）：215-217．DOI：10.3969/j.issn.1673-0364.2009.08.010．{LI Jianning,JU Jihui,JIN Guangzhe,XIAO Bin,ZHAO Qiang,LIU Yuefei,WEI Cheng,LI Lei,HOU Ruixing. Application of free second toe flap for repair of finger tendon composite tlssue defect[J]. Zu Zhi Gong Cheng Yu Chong Jian Wai Ke Za Zhi[J Tissue Eng Reconstr Surg(Article in Chinese;Abstract in Chinese and English)],2009,5(4):215-217. DOI:10.3969/j.issn.1673-0364.2009.08.010.}

[12599] 孙广峰，王达利，魏在荣．指背筋膜蒂皮瓣联合第二足趾侧方皮瓣修复示指与中指指腹缺损一例[J]．中华显微外科杂志，2009，32（5）：392．DOI：10.3760/cma.j.issn.1001-2036.2009.05.017．{SUN Guangfeng,WANG Dali,WEI Zairong. Finger

dorsal fascial pedicle flap combined with second toe lateral flap for repairing finger and middle finger abdominal defect:a case report[J]. Zhonghua Xian Wei Wai Ke Za Zhi[Chin J Microsurg(Article in Chinese;No abstract available)],2009,32(5):392. DOI:10.3760/cma.j.issn.1001-2036.2009.05.017.}

[12600] **庄加川，李敏姣，陈乐峰，陈国荣，吴耿，廖坚文，张振伟．趾部游离皮瓣修复指腹缺损的临床应用 [J]．中华显微外科杂志，2010，33（3）：197-199，后插 2．DOI：10.3760/cma.j.issn.1001-2036.2010.03.010．**{ZUANG Jiachuan,LI Minjiao,CHEN Lefeng,CHEN Guorong,WU Geng,LIAO Jianwen,ZHANG Zhenwei. Toe pulp free flap to repair defects in the clinical application of the fingers[J]. Zhonghua Xian Wei Wai Ke Za Zhi[Chin J Microsurg(Article in Chinese;Abstract in Chinese and English)],2010,33(3):197-199,insert 2. DOI:10.3760/cma.j.issn.1001-2036.2010.03.010.}

[12601] **刘刚义，席志峰，王从虎，朱修文，李学亮．第二足趾微型皮瓣修复手指软组织缺损 [J]．中华手外科杂志，2010，26（2）：97．DOI：10.3760/cma.j.issn.1005-054X.2010.02.017．**{LIU Gangyi,XI Zhifeng,WANG Conghu,ZHU Xiuwen,LI Xueliang. Repair of finger soft tissue defect with second toe mini flap[J]. Zhonghua Shou Wai Ke Za Zhi[Chin J Hand Surg(Article in Chinese;No abstract available)],2010,26(2):97. DOI:10.3760/cma.j.issn.1005-054X.2010.02.017.}

[12602] **吴高臣，周广良，刘新益，蒋国栋，袁新文，梁富旭，侯瑞兴．游离第二趾胫侧皮瓣修复手指软组织缺损 425 例临床分析 [J]．中华手外科杂志，2010，26（4）：254．DOI：10.3760/cma.j.issn.1005-054X.2010.04.029．**{WU Gaochen,ZHOU Guangliang,LIU Xinyi,JIANG Guodong,YUAN Xinwen,LIANG Fuxu,HOU Ruixing. Clinical analysis of 425 cases of soft tissue defect of fingers repaired with free tibial flap of second toe[J]. Zhonghua Shou Wai Ke Za Zhi[Chin J Hand Surg(Article in Chinese;No abstract available)],2010,26(4):254. DOI:10.3760/cma.j.issn.1005-054X.2010.04.029.}

[12603] **王晓峰，李基民，薛建波，柴益铜．第二足趾胫侧皮瓣治疗手指软组织缺损的临床分析 [J]．中华手外科杂志，2010，26（5）：283-284．DOI：10.3760/cma.j.issn.1005-054X.2010.05.012．**{WANG Xiaofeng,LI Jimin,XUE Jianbo,CHAI Yitong. Cliniral analysis of repairing finger parenchyma defect with free flap from tibial side of the second toe[J]. Zhonghua Shou Wai Ke Za Zhi[Chin J Hand Surg(Article in Chinese;Abstract in Chinese and English)],2010,26(5):283-284. DOI:10.3760/cma.j.issn.1005-054X.2010.05.012.}

[12604] **陆俭军，谭海涛，江建中，罗翔，韦平欧，林汉，邓贵全．第二足趾胫侧趾腹皮瓣游离移植修复指腹组织缺损 [J]．中华显微外科杂志，2010，33（4）：278-280，后插三．DOI：10.3760/cma.j.issn.1001-2036.2010.04.007．**{LU Jianjun,TAN Haitao,JIANG Jianzhong,LUO Xiang,WEI Pingou,LIN Han,DENG Guiquan. Reconstruction by the second toe tibial toe pulp skin flap for soft tissue defects of the finger[J]. Zhonghua Xian Wei Wai Ke Za Zhi[Chin J Microsurg(Article in Chinese;Abstract in Chinese and English)],2010,33(4):278-280,insert 3. DOI:10.3760/cma.j.issn.1001-2036.2010.04.007.}

[12605] **周广良，蒋国栋，吴高臣，袁新文，梁富旭，巨积辉，侯瑞兴．第二趾趾端复合组织串联趾侧方皮瓣修复指端缺损 [J]．中华手外科杂志，2010，26（3）：172-174．**{ZHOU Guangliang,JIANG Guodong,WU Gaochen,YUAN Xinwen,LIANG Fuxu,JU Jihui,HOU Ruixing. Transfer of toe-tip composite tissue combined with lateral toe flap to repair fingertip defect[J]. Zhonghua Shou Wai Ke Za Zhi[Chin J Hand Surg(Article in Chinese;Abstract in Chinese and English)],2010,26(3):172-174.}

[12606] **张根福，杨晓东，杨锦，刘杨武．足趾微型组织瓣移植修复拇手指软组织缺损 [J]．中华显微外科杂志，2011，34（1）：58-59．DOI：10.3760/cma.j.issn.1001-2036.2011.01.024．**{ZHANG Genfu,YANG Xiaodong,YANG Jin,LIU Yangwu. Repair of soft tissue defect of thumb and finger by transplantation of toe mini tissue flap[J]. Zhonghua Xian Wei Wai Ke Za Zhi[Chin J Microsurg(Article in Chinese;Abstract in Chinese)],2011,34(1):58-59. DOI:10.3760/cma.j.issn.1001-2036.2011.01.024.}

[12607] **仇永锋，郑晓菊，王新宏，代创国．第二足趾邻趾皮瓣修复第三趾皮肤创面一例 [J]．中华显微外科杂志，2011，34（6）：484．DOI：10.3760/cma.j.issn.1001-2036.2011.06.017．**{QIU Yongfeng,ZHENG Xiaoju,WANG Xinhong,DAI Chuangguo. Repair of skin wound of the third toe with the second toe adjacent toe flap:a case report[J]. Zhonghua Xian Wei Wai Ke Za Zhi[Chin J Microsurg(Article in Chinese;No abstract available)],2011,34(6):484. DOI:10.3760/cma.j.issn.1001-2036.2011.06.017.}

[12608] **顾加祥，刘宏君，张乃臣，潘俊博，田恒，尹维田．足趾微型皮瓣游离移植修复手指掌侧软组织缺损 [J]．中华手外科杂志，2011，27（6）：371-372．DOI：10.3760/cma.j.issn.1005.054X.2011.06.021．**{GU Jiaxiang,LIU Hongjun,ZHANG Naichen,PAN Junbo,TIAN Heng,YIN Weitian. Repair of palmar soft tissue defect of fingers with free toe mini flap[J]. Zhonghua Shou Wai Ke Za Zhi[Chin J Hand Surg(Article in Chinese;Abstract in Chinese)],2011,27(6):371-372. DOI:10.3760/cma.j.issn.1005.054X.2011.06.021.}

[12609] **赵风景，张兴群，姚建民，马亮，张龙春，陈莹，杨伟渊．游离第 2 足趾皮瓣修复手指软组织缺损 12 例 [J]．中华烧伤杂志，2011，27（4）：283-284．DOI：10.3760/cma.j.issn.1009-2587.2011.04.013．**{ZHAO Fenlin,ZHANG Xingqun,YAO Jianmin,MA Liang,ZHANG Longchun,CHEN Ying,YANG Weiyuan. Repair of finger soft tissue defect with free second toe flap:a report of 12 cases[J]. Zhonghua Shao Shang Za Zhi[Chin J Burns(Article in Chinese;No abstract available)],2011,27(4):283-284. DOI:10.3760/cma.j.issn.1009-2587.2011.04.013.}

[12610] **王凯，梁富旭，蒋国栋，吴海林．双足第一二趾侧方皮瓣修复多指创面一例 [J]．中华手外科杂志，2011，27（4）：256．**{WANG Kai,LIANG Fuxu,JIANG Guodong,WU Hailin. Repair of multi finger wound with lateral flap of the first and second toes of both feet:a case report[J]. Zhonghua Shou Wai Ke Za Zhi[Chin J Hand Surg(Article in Chinese;No abstract available)],2011,27(4):256.}

[12611] **郭翱，郑良军，李俊，蔡灵敏，金岩泉．足趾侧方双叶皮瓣修复手指环形皮肤软组织缺损 [J]．实用手外科杂志，2011，25（4）：287-289．DOI：10.3969/j.issn.1671-2722.2011.04.011．**{GUO Ao,ZHENG Liangjun,LI Jun,CAI Lingmin,JIN Yanquan. Repair of circle shape soft tissue defect of digits by double foliated pulp flaps from the great and 2nd toe[J]. Shi Yong Shou Wai Ke Za Zhi[Chin J Pract Hand Surg(Article in Chinese;Abstract in Chinese and English)],2011,25(4):287-289. DOI:10.3969/j.issn.1671-2722.2011.04.011.}

[12612] **施海峰，芮永军，许亚军，张全荣，陆征峰，陈光，刘军，胡刚．足趾复合组织联合皮瓣重建拇指缺损 [J]．中华手外科杂志，2012，28（1）：29-30．DOI：10.3760/cma.j.issn.1005-054X.2012.01.010．**{SHI Haifeng,RUI Yongjun,XU Yajun,ZHANG Quanrong,LU Zhengfeng,CHEN Guang,LIU Jun,HU Gang. Composite toe transfer combined with flap to reconstruct thumb defect[J]. Zhonghua Shou Wai Ke Za Zhi[Chin J Hand Surg(Article in Chinese;Abstract in Chinese and English)],2012,28(1):29-30. DOI:10.3760/cma.j.issn.1005-054X.2012.01.010.}

[12613] **梁钢，孙建平．足趾剔骨皮瓣联合外踝后穿支皮瓣修复足部Ⅳ度烫伤一例 [J]．中华烧伤杂志，2012，28（2）：157．DOI：10.3760/cma.j.issn.1009-2587.2012.02.025．**{LIANG Gang,SUN Jianping. Toe-deboning flap combined with posterior malleolus perforator flap for repair of foot IV degree burns :a case report[J]. Zhonghua Shao Shang Za Zhi[Chin J Burns(Article in Chinese;No abstract available)],2012,28(2):157. DOI:10.3760/cma.j.issn.1009-2587.2012.02.025.}

[12614] **黄国英，黄东，吴伟炽．第 2 足趾趾背皮瓣修复 2～4 指指背复合组织缺损 [J]．实用手外科杂志，2012，26（2）：115-116，137．DOI：10.3969/j.issn.1671-2722.2012.02.008．**{HUANG Guoying,HUANG Dong,WU Weichi. Aesthetic reconstruction of traumatic dorsal defects of finger by partial second toe-flap[J]. Shi Yong Shou Wai Ke Za Zhi[Chin J Pract Hand Surg(Article in Chinese;Abstract in Chinese and English)],2012,26(2):115-116,137. DOI:10.3969/j.issn.1671-2722.2012.02.008.}

[12615] **雷林革，沈美华，何如祥，刘刚毅，闫宛春．第二趾侧方皮瓣修饰性修复指掌侧组织缺损 [J]．中华手外科杂志，2012，28（4）：251-252．**{LEI Linge,SHEN Meihua,HE Ruxiang,LIU Gangyi,YAN Wanchun. Reconstruction of palmar tissue defect with second toe lateral flap[J]. Zhonghua Shou Wai Ke Za Zhi[Chin J Hand Surg(Article in Chinese;No abstract available)],2012,28(4):251-252.}

[12616] **柴益铜，方炫量，戚建武，陈宏．应用足趾侧方游离皮瓣移植修复手指软组织缺损 [J]．临床骨科杂志，2012，15（3）：306-308．DOI：10.3969/j.issn.1008-0287.2012.03.026．**{CHAI Yitong,FANG Xuanliang,QI Jianwu,CHEN Hong. Free toe-side flaps for reconstruction of cutaneous deficiency of thumbs and Fingers[J]. Lin Chuang Gu Ke Za Zhi[J Clin Orthop(Article in Chinese;Abstract in Chinese and English)],2012,15(3):306-308. DOI:10.3969/j.issn.1008-0287.2012.03.026.}

[12617] **王天亮，巨积辉，赵强，李建宁，程贺云，王强，侯瑞兴．双足第 2 趾皮瓣瓦合修复手指Ⅰ度脱套伤 [J]．中国临床解剖学杂志，2013，31（1）：108-111．**{WANG Tianliang,JU Jihui,ZHAO Qiang,LI Jianning,CHENG Heyun,WANG Qiang,HOU Ruixing. Repair of class I degloving injuries of fingers with dorsal and tibial flaps of the second toe[J]. Zhongguo Lin Chuang Jie Pou Xue Za Zhi[Chin J Clin Anat(Article in Chinese;Abstract in Chinese and English)],2013,31(1):108-111.}

[12618] **马立峰，刘良燚，李木卫，杨延军．游离第二趾胫侧皮瓣修复手指中末节皮肤软组织缺损 [J]．中华显微外科杂志，2013，36（6）：603-605．DOI：10.3760/cma.j.issn.1001-2036.2013.06.030．**{MA Lifeng,LIU Liangyi,LI Muwei,YANG Yanjun. Free tibial flap of the second toe for repairing skin and soft tissue defects of the middle and distal segments of fingers[J]. Zhonghua Xian Wei Wai Ke Za Zhi[Chin J Microsurg(Article in Chinese;Abstract in Chinese)],2013,36(6):603-605. DOI:10.3760/cma.j.issn.1001-2036.2013.06.030.}

[12619] **张广亮，李祥军，巨积辉，王友兵，黄志强，侯瑞兴．桥接指动脉神经的游离第二趾胫侧皮瓣修复手指侧方软组织缺损 [J]．中华手外科杂志，2013，29（1）：28-30．DOI：10.3760/cma.j.issn.1005-054X.2013.01.012．**{ZHANG Guangliang,LI Xiangjun,JU Jihui,WANG Youbing,HUANG Zhiqiang,HOU Ruixing. Reconstruction of lateral finger soft tissue defects using tibial side free flap from the second toe with digital artery and nerve anastomosis[J]. Zhonghua Shou Wai Ke Za Zhi[Chin J Hand Surg(Article in Chinese;Abstract in Chinese and English)],2013,29(1):28-30. DOI:10.3760/cma.j.issn.1005-054X.2013.01.012.}

[12620] **王天亮，巨积辉，赵强，李建宁，李雷，刘新益，程贺云，王友兵，李友，侯瑞兴．双足第二趾皮瓣瓦合修复手指Ⅰ度套脱伤的可行性研究 [J]．中华手外科杂志，2013，29（1）：43-45．DOI：10.3760/cma.j.issn.1005-054X.2013.01.018．**{WANG Tianliang,JU Jihui,ZHAO Qiang,LI Jianning,LI Lei,LIU Xinyi,CHENG Heyun,WANG Youbing,LI you,HOU Ruixing. The feasibility study of repairing class Ⅰ degloving injuries of the fingers by combining the flaps from the second toes of both feet[J]. Zhonghua Shou Wai Ke Za Zhi[Chin J Hand Surg(Article in Chinese;Abstract in Chinese and English)],2013,29(1):43-45. DOI:10.3760/cma.j.issn.1005-054X.2013.01.018.}

[12621] **古汉南，李木卫，陈瑶，马立峰，杨延军，张子清．第 2 趾胫侧皮瓣修复手指中末节指腹皮肤软组织缺损 [J]．实用手外科杂志，2013，27（2）：126-128．DOI：10.3969/j.issn.1671-2722.2013.02.008．**{GU Hannan,LI Muwei,CHEN Yao,MA Lifeng,YANG Yanjun,ZHANG Ziqing. The tibial side of the second toe flap graft in repairing of skin defect of the palm of the medial or distal finger[J]. Shi Yong Shou Wai Ke Za Zhi[Chin J Pract Hand Surg(Article in Chinese;Abstract in Chinese and English)],2013,27(2):126-128. DOI:10.3969/j.issn.1671-2722.2013.02.008.}

[12622] **张广亮，侯瑞兴，李祥军，巨积辉，王友兵，廖观祥，宋二发．游离第 2 趾胫侧皮瓣结合压力治疗修复指腹缺损 [J]．实用手外科杂志，2013，27（3）：341-343，351．DOI：10.3969/j.issn.1671-2722.2013.03.012．**{ZHANG Guangliang,HOU Ruixing,LI Xiangjun,JU Jihui,WANG Youbing,LIAO Guanxiang,SONG Erfa. Repair soft tissue defect of the finger pulp by using tibial flap of the second toe with pressure therapy[J]. Shi Yong Shou Wai Ke Za Zhi[Chin J Pract Hand Surg(Article in Chinese;Abstract in Chinese and English)],2013,27(3):341-343,351. DOI:10.3969/j.issn.1671-2722.2013.03.012.}

[12623] **刘良燚，杨延军，马立峰，李木卫，刘铭波，张子清．动脉供血不良的趾腹侧方皮瓣的处理 [J]．中华显微外科杂志，2013，36（4）：397-398．DOI：10.3760/cma.j.issn.1001-2036.2013.06.030．**{LIU Liangyi,YANG Yanjun,MA Lifeng,LI Muwei,LIU Mingbo,ZHANG Ziqing. Treatment of the ventral flap of the toe with insufficient arterial supply[J]. Zhonghua Xian Wei Wai Ke Za Zhi[Chin J Microsurg(Article in Chinese;Abstract in Chinese)],2013,36(4):397-398. DOI:10.3760/cma.j.issn.1001-2036.2013.06.030.}

[12624] **熊胜，巨积辉，李建宁，刘跃飞，李友，侯瑞兴．足踇趾腓侧侧方皮瓣修复第 2 趾甲背皮瓣供区创面 [J]．中华整形外科杂志，2013，29（2）：149-151．DOI：10.3760/cma.j.issn.1009-4598.2013.02.020．**{XIONG Sheng,JU Jihui,LI Jianning,LIU Yuefei,LI You,HOU Ruixing. Repair of donor site wound of second toe dorsal flap with fibular lateral flap of great toe[J]. Zhonghua Zheng Xing Wai Ke Za Zhi[Chin J Plast Surg(Article in Chinese;No abstract available)],2013,29(2):149-151. DOI:10.3760/cma.j.issn.1009-4598.2013.02.020.}

[12625] **杨延军，黄伟宏，钟小妮，张子清，马立峰，刘良燚，刘凯．第 2 趾胫侧皮瓣修复手指末节皮肤软组织缺损 [J]．中华显微外科杂志，2014，37（4）：402-404．DOI：10.3760/cma.j.issn.1001-2036.2014.04.029．**{YANG Yanjun,HUANG Weihong,ZHONG Xiaoni,ZHANG Ziqing,MA Lifeng,LIU Liangyi,LIU Kai. Tibial flap of the second toe for repairing skin and soft tissue defect of distal finger[J]. Zhonghua Xian Wei Wai Ke Za Zhi[Chin J Microsurg(Article in Chinese;Abstract in Chinese)],2014,37(4):402-404. DOI:10.3760/cma.j.issn.1001-2036.2014.04.029.}

[12626] **张广亮，巨积辉，金光哲，李祥军，王天亮，唐林峰，侯瑞兴．双足第二趾皮瓣瓦合修复全手指套脱伤的可行性研究 [J]．中华手外科杂志，2014，30（2）：87-89．DOI：10.3760/cma.j.issn.1005-054X.2014.02.003．**{ZHANG Guangliang,JU Jihui,JIN Guangzhe,LI Xiangjun,WANG Tianliang,TANG Linfeng,HOU Ruixing. Combined double second toe flaps for repairing degloving injuries of the entire finger:a feasibility study[J]. Zhonghua Shou Wai Ke Za Zhi[Chin J Hand Surg(Article in Chinese;Abstract in Chinese and English)],2014,30(2):87-89. DOI:10.3760/cma.j.issn.1005-054X.2014.02.003.}

[12627] **张玉军，巨积辉，周广良，刘新益，吴海林．游离足趾动脉皮瓣修复手指热压伤 67 例 [J]．中华烧伤杂志，2014，30（5）：417-419．DOI：10.3760/cma.j.issn.1009-2587.2014.05.011．**{ZHANG Yujun,JU Jihui,ZHOU Guangliang,LIU Xinyi,WU Hailin. Repair of 67 cases of finger hot crush injury with free toe artery flap[J]. Zhonghua Shao Shang Za Zhi[Chin J Burns(Article in Chinese;No abstract available)],2014,30(5):417-419. DOI:10.3760/cma.j.issn.1009-2587.2014.05.011.}

[12628] **莫勇军，谭海涛，杨克勤，江建中，韦平欧，罗翔，林汉，梁旭权，许林．3D 技术在足趾微型皮瓣移植修复拇和手指缺损的应用 [J]．中华显微外科杂志，2015，38（3）：294-297．DOI：10.3760/cma.j.issn.1001-2036.2015.03.027．**{MO Yongjun,TAN Haitao,YANG Keqin,JIANG Jianzhong,WEI Pingou,LUO Xiang,LIN Han,LIANG Xuquan,XU Lin. Application of 3D technology in repairing thumb and finger defects with toe mini flap transplantation[J]. Zhonghua Xian Wei Wai Ke Za Zhi[Chin J Microsurg(Article in Chinese;Abstract in Chinese)],2015,38(3):294-297. DOI:10.3760/cma.j.issn.1001-2036.2015.03.027.}

[12629] **陶先耀，王珑，高伟阳，丁健，封晓亮，王安远，宋永焕．趾背五边形皮瓣重建趾蹼治疗先天性并趾的疗效评价 [J]．中国修复重建外科杂志，2015，29（9）：1117-1120．**

DOI: 10.7507/1002-1892.20150242. {TAO Xianyao,WANG Long,GAO Weiyang,DING Jian,FENG Xiaoliang,WANG Anyuan,SONG Yonghuan. Effectiveness of dorsal pentagonal flap for reconstruction of the web space in congenital toe syndactyly[J]. Zhongguo Xiu Fu Chong Jian Wai Ke Za Zhi[Chin J Repar Reconstr Surg(Article in Chinese;Abstract in Chinese and English)],2015,29(9):1117-1120. DOI:10.7507/1002-1892.20150242.}

[12630] 程国良. 植骨及带穹的第二趾趾腹皮瓣移植治疗钩甲畸形 [J]. 中华手外科杂志，2015，31(5): 322-324. {CHENG Guoliang. Bone grafting and transplantation of the second toe pulp flap with dome for the treatment of hook nail deformity[J]. Zhonghua Shou Wai Ke Za Zhi[Chin J Hand Surg(Article in Chinese;No abstract available)],2015,31(5):322-324.}

[12631] 李雷，巨积辉，崔龙杰，许华龙. 蹬趾甲皮瓣与第 2 足趾侧方皮瓣同蒂修复电烧伤后拇指缺如 [J]. 中华烧伤杂志，2015，31(2): 137-139. DOI: 10.3760/cma.j.issn.1009-2587.2015.02.015. {LI Lei,JU Jihui,CUI Longjie,XU Hualong. Repair of thumb absence after electric burn with the same pedicle of thumb nail flap and lateral flap of the second toe[J]. Zhonghua Shao Shang Za Zhi[Chin J Burns(Article in Chinese;Abstract in Chinese and English)],2015,31(2):137-139. DOI:10.3760/cma.j.issn.1009-2587.2015.02.015.}

[12632] 王鹏，闫洪伟，陈立，赵丽. 趾侧方皮瓣转移修复同趾趾背侧深度创面 [J]. 中华整形外科杂志，2015，31(6): 464-465. DOI: 10.3760/cma.j.issn.1009-4598.2015.06.018. {WANG Peng,YAN Hongwei,CHEN Li,ZHAO Li. Transfer of lateral toe flap to repair deep wounds on the dorsal side of the same toe[J]. Zhonghua Zheng Xing Wai Ke Za Zhi[Chin J Plast Surg(Article in Chinese;No abstract available)],2015,31(6):464-465. DOI:10.3760/cma.j.issn.1009-4598.2015.06.018.}

[12633] 周健，周丕育，杨绍浦，赵亮，李尚权，苏期波. 第三足趾胫侧皮瓣游离移植修复手指末节指腹创面 12 例 [J]. 中华显微外科杂志，2016，39(3): 310. DOI: 10.3760/cma.j.issn.1001-2036.2016.03.029. {ZHOU Jian,ZHOU Piyu,YANG Shaopu,ZHAO Liang,LI Shangquan,SU Qibo. Free transplantation of tibial flap of the third toe to repair the wound of pulp of distal finger:a report of 12 cases[J]. Zhonghua Xian Wei Wai Ke Za Zhi[Chin J Microsurg(Article in Chinese;No abstract available)],2016,39(3):310. DOI:10.3760/cma.j.issn.1001-2036.2016.03.029.}

[12634] 沈鸿飞，岳振双，汤样华，侯桥. 第二趾胫侧皮瓣与蹬趾趾背皮瓣瓦合修复手指Ⅱ度套脱伤 [J]. 中华手外科杂志，2016，32(6): 425-426. {SHEN Hongfei,YUE Zhenshuang,TANG Yanghua,HOU Qiao. Tibial flap of the second toe and dorsal flap of the hallux toe were combined to repair the second degree finger degloving injury[J]. Zhonghua Shou Wai Ke Za Zhi[Chin J Hand Surg(Article in Chinese;Abstract in Chinese)],2016,32(6):425-426.}

[12635] 刘宏君，王天亮，张文忠，戚仁竞，张乃臣，许涛，薛孝威，顾加祥. 第二趾胫侧游离皮瓣重建指腹体会 [J]. 中华整形外科杂志，2018，34(2): 132-133. DOI: 10.3760/cma.j.issn.1009-4598.2018.02.012. {LIU Hongjun,WANG Tianliang,ZHANG Wenzhong,QI Renjing,ZHANG Naichen,XU Tao,XUE Xiaowei,GU Jiaxiang. Reconstruction of pulp defect with the free tibial flap of the second toe[J]. Zhonghua Zheng Xing Wai Ke Za Zhi[Chin J Plast Surg(Article in Chinese;Abstract in Chinese and English)],2018,34(2):132-133. DOI:10.3760/cma.j.issn.1009-4598.2018.02.012.}

[12636] 褚庭纲，陈庭祥，王安远，林大木，宋永焕，李志杰，陈星隆，高伟阳. 第二趾胫侧趾底动脉岛状皮瓣修复腓侧皮瓣供区 [J]. 中华整形外科杂志，2018，34(10): 841-844. DOI: 10.3760/cma.j.issn.1009-4598.2018.10.013. {CHU Tinggang,CHEN Tingxiang,WANG Anyuan,LIN Damu,SONG Yonghuan,LI Zhijie,CHEN Xinglong,GAO Weiyang. Treatment of the defect on fibular hallux flap donor site with the tibial island flap of second toe[J]. Zhonghua Zheng Xing Wai Ke Za Zhi[Chin J Plast Surg(Article in Chinese;Abstract in Chinese and English)],2018,34(10):841-844. DOI:10.3760/cma.j.issn.1009-4598.2018.10.013.}

[12637] 许思亮，刘铭波，叶伟德，李保龙，邱鑫林，王江龙，张子清. 应用趾腹浅静脉回流型趾腹侧方皮瓣修复手指指腹软组织缺损 [J]. 中华显微外科杂志，2018，41(1): 86-88. DOI: 10.3760/cma.j.issn.1001-2036.2018.01.023. {XU Siliang,LIU Mingbo,YE Weide,LI Baolong,QIU Xinlin,WANG Jianglong,ZHANG Ziqing. Repair of soft tissue defect of finger phalangeal pulp with superficial toe pulp-lateral flap[J]. Zhonghua Xian Wei Wai Ke Za Zhi[Chin J Microsurg(Article in Chinese;Abstract in Chinese)],2018,41(1):86-88. DOI:10.3760/cma.j.issn.1001-2036.2018.01.023.}

[12638] 侯晓进，鲁娅妮，岳贤峰，杨锁平，杨晓荣，陆定松，王小庆. 游离微小趾侧方皮瓣修复指腹缺损 [J]. 中华显微外科杂志，2018，41(4): 374-376. DOI: 10.3760/cma.j.issn.1001-2036.2018.04.015. {HOU Xiaojin,LU Yani,YUE Xianfeng,YANG Suoping,YANG Xiaorong,LU Dingsong,WANG Xiaoqing. Repair of finger pulp defect with free lateral flap of small toe[J]. Zhonghua Xian Wei Wai Ke Za Zhi[Chin J Microsurg(Article in Chinese;Abstract in Chinese)],2018,41(4):374-376. DOI:10.3760/cma.j.issn.1001-2036.2018.04.015.}

[12639] 吕文涛，巨积辉，蒋国栋，唐晓强，张庆阳. 第二趾侧方皮瓣修复蹬趾创面 [J]. 中华整形外科杂志，2018，34(3): 223-225. DOI: 10.3760/cma.j.issn.1009-4598.2018.02.014. {LV Wentao,JU Jihui,JIANG Guodong,TANG Xiaoqiang,ZHANG Qingyang. Using the lateral second toe flap for reconstruction of great toe defect[J]. Zhonghua Zheng Xing Wai Ke Za Zhi[Chin J Plast Surg(Article in Chinese;Abstract in Chinese and English)],2018,34(3):223-225. DOI:10.3760/cma.j.issn.1009-4598.2018.02.014.}

[12640] 张学磊，赵建勇，李统，宿晓雷，陈广先. 游离第二足趾胫侧复合组织皮瓣修复手指软组织缺损一例 [J]. 中华手外科杂志，2019，35(4): 256-257. DOI: 10.3760/cma.j.issn.1005-054X.2019.04.007. {ZHANG Xuelei,ZHAO Jianyong,LI Tong,SU Xiaolei,CHEN Guangxian. Free tibial composite flap of second toe for repairing soft tissue defect of finger:a case report[J]. Zhonghua Shou Wai Ke Za Zhi[Chin J Hand Surg(Article in Chinese;No abstract available)],2019,35(4):256-257. DOI:10.3760/cma.j.issn.1005-054X.2019.04.007.}

[12641] 周健，魏在荣，孙广峰，金文虎，常树森，李海，聂开瑜，唐修俊，龚飞宇. 游离第 3 足趾胫侧微型皮瓣修复手指末节指腹皮肤软组织缺损 [J]. 中华烧伤杂志，2019，35(3): 205-208. DOI: 10.3760/cma.j.issn.1009-2587.2019.03.008. {ZHOU Jian,WEI Zairong,SUN Guangfeng,JIN Wenhu,CHANG Shusen,LI Hai,NIE Kaiyu,TANG Xiujun,GONG Feiyu. Effects of free mini-flap on tibial side of third toe on repairing skin and soft tissue defect of finger pulp at the end of finger[J]. Zhonghua Shao Shang Za Zhi[Chin J Burns(Article in Chinese;Abstract in Chinese and English)],2019,35(3):205-208. DOI:10.3760/cma.j.issn.1009-2587.2019.03.008.}

[12642] 段永明，巨积辉，张广亮，刘新益，李友，蒋国栋. 游离第二足趾胫侧一蒂双瓣修复两指指端缺损 [J]. 中华手外科杂志，2020，36(1): 38-39-40. {DUAN Yongming,JU Jihui,ZHANG Guangliang,LIUu Xinyi,LI You,JIANG Guodong. The repair of the defects of two fingertips with free tibial pedicle double flaps of the second toe[J]. Zhonghua Shou Wai Ke Za Zhi[Chin J Hand Surg(Article in Chinese;Abstract in Chinese and English)],2020,36(1):38-39-40.}

[12643] 王晓松，巨积辉，吕文涛，侯瑞兴，蒋国栋. 带趾底固有神经和带趾背神经的第二趾胫侧皮瓣修复指端缺损的疗效对比 [J]. 中华手外科杂志，2020，36(3): 168-172. DOI: 10.3760/cma.j.cn311653-20191004-00277. {WANG Xiaosong,JU Jihui,LV Wentao,HOU Ruixing,JIANG Guodong. A comparative study of the clinical efficacy of the second toe tibial flap with proper plantar digital nerve and dorsal digital nerve for repair of the fingertip defects[J]. Zhonghua Shou Wai Ke Za Zhi[Chin J Hand Surg(Article in Chinese;Abstract in Chinese and English)],2020,36(3):168-172. DOI:10.3760/cma.j.cn311653-20191004-00277.}

[12644] 宿晓雷，余航，常文利，张宁，李统，张学磊，陈广先，王鸿飞，赵建勇. 吻合掌侧静脉的游离第 2 足趾趾腹皮瓣修复手指指腹缺损 [J]. 中华显微外科杂志，2020，43(3): 254-256. DOI: 10.3760/cma.j.cn441206-20200130-00030. {SU Xiaolei,YU Hang,CHANG Wenli,ZHANG Ning,LI Tong,ZHANG Xuelei,CHEN Guangxian,WANG Hongfei,ZHAO Jianyong. Repair of finger pulp defect with free second toe pulp flap anastomosed with palmar vein[J]. Zhonghua Xian Wei Wai Ke Za Zhi[Chin J Microsurg(Article in Chinese;Abstract in Chinese and English)],2020,43(3):254-256. DOI:10.3760/cma.j.cn441206-20200130-00030.}

4.5.5 急诊游离下肢皮瓣
free lower limb flap harvested in emergency operation

[12645] 蔡林方，辛畅泰，田立杰，李崇杰，杨恩林，薛启祥. 游离皮瓣在四肢创伤急诊术中的应用 [J]. 中华外科杂志，1984，22(5): 297-298. {CAI Linfang,XIN Changtai,TIAN Lijie,LI Chongjie,YANG Enlin,XUE Qixiang. Application of free flap in emergency operation of limb trauma[J]. Zhonghua Wai Ke Za Zhi[Chin J Surg(Article in Chinese;No abstract available)],1984,22(5):297-298.}

[12646] 邓世良. 吻合血管的皮瓣移植在四肢创伤急诊中的应用 [J]. 中华外科杂志，1985，23(4): F03. {DENG Shiliang. Application of vascularized flap transplantation in emergency treatment of limb trauma[J]. Zhonghua Wai Ke Za Zhi[Chin J Surg(Article in Chinese;No abstract available)],1985,23(4):F03.}

[12647] 黄国华. 游离皮瓣在创伤急诊修复中应用 [J]. 修复重建外科杂志，1988，2(2): 224. {HUANG Guohua. Application of free flap in emergency repair of trauma[J]. Zhongguo Xiu Fu Chong Jian Wai Ke Za Zhi[Chin J Repar Reconstr Surg(Article in Chinese;No abstract aailable)],1988,2(2):224.}

[12648] 王孟雄. 急诊皮瓣移植一期修复四肢创伤 [J]. 修复重建外科杂志，1988，2(2): 222-223. {WENG Mengxiong. One stage repair of limb trauma with emergency skin flap transplantation[J]. Zhongguo Xiu Fu Chong Jian Wai Ke Za Zhi[Chin J Repar Reconstr Surg(Article in Chinese;No abstract available)],1988,2(2):222-223.}

[12649] 于立民，徐绍章，曹忠山. 皮瓣游离移植修复急诊创伤 [J]. 中国修复重建外科杂志，1993，7(4): 261. {YU Limin,XU Shaozhang,CAO Zhongshan. Free flap transplantation for emergency trauma[J]. Zhongguo Xiu Fu Chong Jian Wai Ke Za Zhi[Chin J Repar Reconstr Surg(Article in Chinese;No abstract available)],1993,7(4):261.}

[12650] 冷志林. 腹股沟交叉皮瓣急诊修复创伤组织缺损 [J]. 中国修复重建外科杂志，1994，8(1): 50-51. {LENG Zhilin. Emergency repair of traumatic tissue defect with inguinal cross flap[J]. Zhongguo Xiu Fu Chong Jian Wai Ke Za Zhi[Chin J Repar Reconstr Surg(Article in Chinese;Abstract in Chinese)],1994,8(1):50-51.}

[12651] 丛海波，孙文学，隋海明，曹志洪，曾涛. 急诊吻合血管组合皮瓣移植治疗四肢大面积皮肤缺损 [J]. 中华显微外科杂志，1994，17(4): 243-244，316. {CONG Haibo,SUN Wenxue,SUI Haiming,CAO Zhihong,ZENG Tao. Transplantation of combined revascularized flaps to treat latge area skin defect on limbs[J]. Zhonghua Xian Wei Wai Ke Za Zhi[Chin J Microsurg(Article in Chinese;Abstract in Chinese)],1994,17(4):243-244,316.}

[12652] 滕云升，郭永明，张朝，赵玲珑. 胸腹联合皮瓣移植亚急诊修复下肢软组织缺损 [J]. 中华显微外科杂志，2001，24(1): 58-59. DOI: 10.3760/cma.j.issn.1001-2036.2001.01.026. {TENG Yunsheng,GUO Yongming,ZHANG Chao,ZHAO Linglong. Subemergency repair of soft tissue defects of lower limbs with thoracoabdominal combined flap transplantation[J]. Zhonghua Xian Wei Wai Ke Za Zhi[Chin J Microsurg(Article in Chinese;Abstract in Chinese)],2001,24(1):58-59. DOI:10.3760/cma.j.issn.1001-2036.2001.01.026.}

[12653] 滕云升，吴强驹，郭永明，张朝，赵玲珑. 联合皮瓣移植急诊修复下肢大面积软组织缺损 [J]. 中华显微外科杂志，2002，25(1): 30. DOI: 10.3760/cma.j.issn.1001-2036.2002.01.039. {TENG Yunsheng,WU Qiangju,GUO Yongming,ZHANG Chao,ZHAO Linglong. Emergency repair of large soft tissue defects of lower limbs with combined skin flap transplantation[J]. Zhonghua Xian Wei Wai Ke Za Zhi[Chin J Microsurg(Article in Chinese;No abstract available)],2002,25(1):30. DOI:10.3760/cma.j.issn.1001-2036.2002.01.039.}

[12654] 林立，叶淦湖，裴国献，顾立强，林昂如，王钢，金明新. 儿童四肢软组织缺损急诊皮瓣移植 28 例疗效分析 [J]. 中华显微外科杂志，2004，27(4): 301-302. DOI: 10.3760/cma.j.issn.1001-2036.2004.04.030. {LIN Li,YE Ganhu,PEI Guoxian,GU Liqiang,LI Angru,WANG Gang,JIN Mingxin. Clinical analysis of 28 cases of emergency skin flap transplantation for soft tissue defect of extremities in children[J]. Zhonghua Xian Wei Wai Ke Za Zhi[Chin J Microsurg(Article in Chinese;Abstract in Chinese)],2004,27(4):301-302. DOI:10.3760/cma.j.issn.1001-2036.2004.04.030.}

[12655] 林立，黄卫东，徐基农，阮艺，杨雄，李宏翠. 腓骨皮瓣急诊移植重建第一跖骨复合组织缺损一例 [J]. 中华显微外科杂志，2005，28(2): 162. DOI: 10.3760/cma.j.issn.1001-2036.2005.02.052. {LIN Li,HUANG Weidong,XU Jinong,RUAN Yi,YANG Xiong,LI Hongcui. Reconstruction of the first metatarsal composite tissue defect with fibular flap in emergency:a case report[J]. Zhonghua Xian Wei Wai Ke Za Zhi[Chin J Microsurg(Article in Chinese;No abstract available)],2005,28(2):162. DOI:10.3760/cma.j.issn.1001-2036.2005.02.052.}

[12656] 黄东，毛莉颖，张惠茹，吴伟炽，江奕恒，林浩，伍庆松. 应用皮神经筋膜皮瓣急诊修复四肢软组织缺损 [J]. 中华显微外科杂志，2005，28(4): 357-358. DOI: 10.3760/cma.j.issn.1001-2036.2005.04.029. {HUANG Dong,MAO Liying,ZHANG Huiru,WU Weichi,JIANG Yiheng,LIN Hao,WU Qingsong. Emergency repair of soft tissue defects of extremities with neurocutaneous fasciocutaneous flap[J]. Zhonghua Xian Wei Wai Ke Za Zhi[Chin J Microsurg(Article in Chinese;Abstract in Chinese)],2005,28(4):357-358. DOI:10.3760/cma.j.issn.1001-2036.2005.04.029.}

[12657] 郭大强，郭伟文，李展添，邹红平，刘伟鑫. 急诊游离髂骨骨皮瓣一期修复下肢骨皮肤缺损 [J]. 实用手外科杂志，2013，27(4): 353-355. DOI: 10.3969/j.issn.1671-2722.2013.04.015. {GUO Daqiang,GUO Weiwen,LI Zhantian,ZOU Hongping,LIU Weixin. Repairing the bone skin defect on legs with free cutaneous iliac flap in emergency treatment in the first period[J]. Shi Yong Shou Wai Ke Za Zhi[Chin J Pract Hand Surg(Article in Chinese;Abstract in Chinese and English)],2013,27(4):353-355. DOI:10.3969/j.issn.1671-2722.2013.04.015.}

4.6 复合组织瓣
compound tissue flap

[12658] 王光和. 游离组织瓣移植在颌面外科的应用 [J]. 中华口腔科杂志，1978，13(2): 122. {WANG Guanghe. Application of free tissue flap transplantation in maxillofacial surgery[J]. Zhonghua Kou Qiang Ke Za Zhi[Chin J Stomatol(Article in Chinese;Abstract in Chinese)],1978,13(2):122.}

[12659] 朱盛修，张伯勋，姚建祥，李主一，王锡琏. 带血管的足背多组织皮瓣移位术的应用（附 9 例报告）[J]. 解放军医学杂志，1980，5(3): 134. {ZHU Shengxiu,ZHANG Boxun,YAO Jianxiang,LI Zhuyi,WANG Xilian. Application of vascular dorsalis muti-tissue flap transfer (with a report of 9 cases)[J].Jie Fang Jun Yi Xue Za Zhi[Med J Chin PLA(Article in Chinese;No abstract available)],1980,5(3):134.}

[12660] 杨果凡，陈宝驹，高玉智，刘晓燕. 吻合血管的游离组织移植在整形外科的应用（附 160 例报告）[J]. 解放军医学杂志，1981，6(4): 202. {YANG Guofan,CHEN Baoju,GAO Yuzhi,LIU

Xiaoyan. Application of free tissue transplantation by vascular anastomosis in plastic surgery (with a report of 160 cases)[J].Jie Fang Jun Yi Xue Za Zhi[Med J Chin PLA(Article in Chinese;Abstract in Chinese and English)],1981,6(4):202.}

[12661] 王大玫，袁彭年，王正强，王文慧．自体组织移植修复外科性喉、气管瘢痕性狭窄 [J]. 中华外科杂志，1983，21 (5)：262．{WANG Damei,YUAN Pengnian,WANG Zhengqiang,WANG Wenhui. Using autograft transplantation to repair surgical laryngeal and tracheal cicatricial stenosis[J]. Zhonghua Wai Ke Za Zhi[Chin J Surg(Article in Chinese;Abstract in Chinese)],1983,21(5):262.}

[12662] 邱蔚六，刘世勋，唐友盛，袁文化，潘可风，周正炎，林国础，王国民，徐秀祺，周晓健．小血管吻合游离足趾移植在口腔颌面外科应用的评价 [J]. 中华口腔科杂志，1984，19 (3)：143．{QIU Weiliu,LIU Shixun,TANG Yousheng,YUAN Wenhua,PAN Kefeng,ZHOU Zhengyan,LIN Guochu,WANG Guomin,XU Xiuqi,ZHOU Xiaojian. Evaluation of free toe transplantation with small vascular anastomosis in oral maxillofacial surgery[J].Zhonghua Kou Qiang Ke Za Zhi[Chin J Stomatol(Article in Chinese;Abstract in Chinese)],1984,19(3):143.}

[12663] 朱盛修，卢世璧，张伯勋，王继芳，姚建祥．吻合血管的足背复合组织在手部功能重建中的应用 [J]. 中华外科杂志，1984，22 (7)：421．{ZHU Shengxiu,LU Shibi,ZHANG Boxun,WANG Jifang,YAO Jianxiang. Application of vascularized dorsal composite tissue flap in hand function reconstruction[J].Zhonghua Wai Ke Za Zhi[Chin J Surg(Article in Chinese;Abstract in Chinese)],1984,22(7):421.}

[12664] 周礼荣．复合组织游离移植在四肢创伤修复中的应用 [J]. 中华外科杂志，1984，22 (10)：627．{ZHOU Lirong. Application of free composite tissue transplantation in repairing limbs trauma[J].Zhonghua Wai Ke Za Zhi[Chin J Surg(Article in Chinese;Abstract in Chinese)],1984,22(10):627.}

[12665] 顾玉东，吴敏明，李鸿儒．足背及复合组织游离皮瓣移植 (附 34 例报告)[J]. 上海第一医学院学报，1985，23 (11)：661．{GU Yudong,WU Minming,LI Hongru. Free dorsalis pedis flap and composite tissue flap transplantations (with a report of 34 cases)[J]. Shanghai Di Yi Yi Yuan Xue Bao[J Shanghai First Med Coll(Article in Chinese;Abstract in Chinese and English)],1985,23(11):661.}

[12666] 张光健，刘成安，朱秀娣，陈爱华．游离组织移植急诊一期修复手足皮肤撕脱伤 [J]. 中华外科杂志，1985，23 (11)：661．{ZHANG Guangjian,LIU Chengan,ZHU Xiudi,CHEN Aihua. Emergency free tissue transplantation in one stage to repair skin avulsion of hand and foot[J]. Zhonghua Wai Ke Za Zhi[Chin J Surg(Article in Chinese;Abstract in Chinese)],1985,23(11):661.}

[12667] 王雅娴，王佩玉，孙树征，孙永清，袁锡兰．带血管蒂的胸大肌复合瓣用于口腔颌面部大型缺损的整复 [J]. 山东医科大学学报，1985，23 (1)：72．{WANG Yaxian,WANG Peiyu,SUN Shuzheng,SUN Yongqing,Yuanxilan. Rconstruction of large defect of mexillo-facies with compound pectoralis major bone myocutaneous flap[J]. Shandong Yi Ke Da Xue Xue Bao[Journal of Shandong University(Health Sciences)(Article in Chinese;Abstract in Chinese and English)],1985,23(1):72.}

[12668] 唐友盛，邱蔚六，张志愿，钱经纺．带血管髂骨复合组织瓣游离移植的进一步探讨 [J]. 中华显微外科杂志，1986，9 (3)：142-143，C1. DOI: 10.3760/cma.j.issn.1001-2036.1986.03.106．{TANG Yousheng,QIU Weiliu,ZHANG Zhiyuan,QIAN Jingfang. Further discussion of vascularized iliac bone compound tissue flap free transplantation[J]. Zhonghua Xian Wei Wai Ke Za Zhi[Chin J Microsurg(Article in Chinese;Abstract in Chinese)],1986,9(3):142-143,C1. DOI:10.3760/cma.j.issn.1001-2036.1986.03.106.}

[12669] 杨树明．前臂复合组织瓣加趾移植"再造手"[J]. 中华显微外科杂志，1986，9 (3)：187．{YANG Shuming. Hand reconstruction by composite tissue flap of forearm and toe transplantation[J].Zhonghua Xian Wei Wai Ke Za Zhi[Chin J Microsurg(Article in Chinese;Abstract in Chinese)],1986,9(3):187.}

[12670] 张伯勋，朱盛修．吻合血管的组织移植术后血管危象的诊断和防治 [J]. 中华显微外科杂志，1986，9 (4)：208．{ZHANG Boxun,ZHU Shengxiu. Diagnosis,prevention and treatment of vascular crisis after vascularized tissue transplantation[J].Zhonghua Xian Wei Wai Ke Za Zhi[Chin J Microsurg(Article in Chinese;Abstract in Chinese)],1986,9(4):208.}

[12671] 陶智璐．用多根游离肋骨复合组织瓣一次性修复颅骨大面积缺损 [J]. 修复重建外科杂志，1988，2 (2)：18-19．{TAO Zhilu. Repair of large area skull defect with multiple free ribs composite tissue flap at one stage[J]. Zhongguo Xiu Fu Chong Jian Wai Ke Za Zhi[Chin J Repar Reconstr Surg(Article in Chinese;No abstract available)],1988,2(2):18-19.}

[12672] 路来金，王首夫，尹维田，付忠国．前臂骨间背侧动脉逆行复合组织瓣修复手部组织缺损 [J]. 修复重建外科杂志，1989，3 (3)：110-111，145．{LU Laijin,WANG Shoufu,YIN Weitian,FU Zhongguo. Repair of hand tissue defect with reverse composite tissue flap of dorsal interosseous artery of forearm[J]. Zhongguo Xiu Fu Chong Jian Wai Ke Za Zhi[Chin J Repar Reconstr Surg(Article in Chinese;No abstract available)],1989,3(3):110-111,145.}

[12673] 陶智璐，程守先，寇用礼．自体肋骨游离复合组织瓣的颅骨成形术 [J]. 修复重建外科杂志，1989，3 (3)：119-120．{TAO Zhilu,CHENG Shouxian,KOU Yongli. Cranioplasty with autogenous rib free composite tissue flap[J]. Zhongguo Xiu Fu Chong Jian Wai Ke Za Zhi[Chin J Repar Reconstr Surg(Article in Chinese;No abstract available)],1989,3(3):119-120.}

[12674] 鲁开化，艾玉峰，郭树忠．颞浅血管蒂颅骨外板复合组织瓣修复颌面畸形 [J]. 中华外科杂志，1993，31 (9)：574．{LU Kaihua,AI Yufeng,GUO Shuzhong. Repair of maxillofacial deformity with skull flap pedicled with superficial temporal vessels[J]. Zhonghua Wai Ke Za Zhi[Chin J Surg(Article in Chinese;No abstract available)],1993,31(9):574.}

[12675] 邓万祥，周围，牟宇科，周广恒．复合组织瓣移植治疗慢性骨髓炎 [J]. 中华显微外科杂志，1995，18 (2)：150．{DENG Wanxiang,ZHOU Wei,MOU Yuke,ZHOU Guangheng. Treatment of chronic osteomyelitis with composite tissue flap transplantation[J]. Zhonghua Xian Wei Wai Ke Za Zhi[Chin J Microsurg(Article in Chinese;No abstract available)],1995,18(2):150.}

[12676] 宋基学，张兴志，张丽梅．吻合血管的足背复合组织瓣修复前臂手背复合伤 [J]. 中华手外科杂志，1996，12 (1)：70．{SONG Jixue,ZHANG Xingzhi,ZHANG Limei. Vascularized dorsalis pedis composite tissue flap for repairing compound injury of forearm and dorsum of hand[J]. Zhonghua Shou Wai Ke Za Zhi[Chin J Hand Surg(Article in Chinese;No abstract available)],1996,12(1):70.}

[12677] 柳昊，叶澄宇．胫后血管蒂小腿内侧复合组织瓣临床应用 12 例 [J]. 中华显微外科杂志，2000，23 (3)：240．DOI：10.3760/cma.j.issn.1001-2036.2000.03.055．{LIU Hao,YE Chengyu. Clinical application of posterior tibial vascular pedicle medial leg composite tissue flap in 12 cases[J]. Zhonghua Xian Wei Wai Ke Za Zhi[Chin J Microsurg(Article in Chinese;No abstract available)],2000,23(3):240. DOI:10.3760/cma.j.issn.1001-2036.2000.03.055.}

[12678] 柳昊，叶澄宇，余国荣．胫后血管蒂小腿内侧复合组织瓣的临床应用 [J]. 中国修复重建外科杂志，2001，15 (3)：147-149．{LIU Hao,YE Chengyu,YU Guorong. Clinical application of the medial multiplex flap pedicled with the posterior tibial vessel[J]. Zhongguo Xiu Fu Chong Jian Wai Ke Za Zhi[Chin J Repar Reconstr Surg(Article in Chinese;Abstract in Chinese and English)],2001,15(3):147-149.}

[12679] 陈强，吴波，王镖，王弘．废弃下肢复合组织瓣移植修复下肢残端 [J]. 中国矫形外科杂志，2002，9 (3)：239-239．DOI：10.3969/j.issn.1005-8478.2002.03.036．{CHEN Qiang,WU Bo,WANG Biao,WANG Hong. Reconstruction of lower limb stump with composite tissue flap[J]. Zhongguo Jiao Xing Wai Ke Za Zhi[Orthop J China(Article in Chinese;No abstract available)],2002,9(3):239-239. DOI:10.3969/j.issn.1005-8478.2002.03.036.}

[12680] 罗柏清，卢东辉，杨学军，胡昌希，周石保．带隐神经交腿复合组织瓣修复足跟部软组织缺损 5 例报告 [J]. 中国矫形外科杂志，2002，9 (7)：654-654．DOI：10.3969/j.issn.1005-8478.2002.07.041．{LUO Baiqing,LU Donghui,YANG Xuejun,HU Changxi,ZHOU Shibao. Repair of heel soft tissue defect with saphenous nerve cross leg composite flap:a report of 5 cases[J]. Zhongguo Jiao Xing Wai Ke Za Zhi[Orthop J China(Article in Chinese;No abstract available)],2002,9(7):654-654. DOI:10.3969/j.issn.1005-8478.2002.07.041.}

[12681] 李广义，刘德强，宋世江，郑寿长．吻合血管的复合组织瓣移植修复肢体缺损并重建功能 [J]. 中华创伤骨科杂志，2002，4 (2)：152-153. DOI：10.3760/cma.j.issn.1671-7600.2002.02.025．{LI Guangyi,LIU Deqiang,SONG Shijiang,ZHENG Shouchang. Repair and functional recoustruction of limb defects with vascularized compound tissue flap[J]. Zhonghua Chuang Shang Gu Ke Za Zhi[Chin J Orthop Trauma(Article in Chinese;No abstract available)],2002,4(2):152-153. DOI:10.3760/cma.j.issn.1671-7600.2002.02.025.}

[12682] 杨玉虎，周珍凤，徐伟，李庆跃．复合组织瓣在手部脱套伤的应用 [J]. 中华显微外科杂志，2004，27(3)：202．DOI：10.3760/cma.j.issn.1001-2036.2004.03.052．{YANG Yuhu,ZHOU Zhenfeng,XU Wei,LI Qingyue. Application of composite tissue flap in hand degloving injury[J]. Zhonghua Xian Wei Wai Ke Za Zhi[Chin J Microsurg(Article in Chinese;No abstract available)],2004,27(3):202. DOI:10.3760/cma.j.issn.1001-2036.2004.03.052.}

[12683] 谢春，李龙江，温玉明，佟猛，付风华．小腿外侧复合组织瓣移植修复口腔颌面肿瘤切除后的缺损 [J]. 中国修复重建外科杂志，2004，18 (4)：298-300．{XIE Chun,LI Longjiang,WEN Yuming,TONG Meng,FU Fenghua. Repair of oral maxillofacial defect with free peroneal composite flap[J]. Zhongguo Xiu Fu Chong Jian Wai Ke Za Zhi[Chin J Repar Reconstr Surg(Article in Chinese;Abstract in Chinese and English)],2004,18(4):298-300.}

[12684] 杨效连，杨文彬，杨珂，黄志坚，陈亮．静脉动脉化在足背复合组织瓣移植中应用一例 [J]. 中华显微外科杂志，2006，29 (4)：270．DOI：10.3760/cma.j.issn.1001-2036.2006.04.040．{YANG Xiaolian,YANG Wenbin,YANG Ke,HUANG Zhijian,CHEN Liang. Application of venous arterialization in dorsalis pedis composite tissue flap transplantation:a case report[J]. Zhonghua Xian Wei Wai Ke Za Zhi[Chin J Microsurg(Article in Chinese;No abstract available)],2006,29(4):270. DOI:10.3760/cma.j.issn.1001-2036.2006.04.040.}

[12685] 刘雪涛，张成进，李忠，周祥吉，曲连军，刘学胜，劳克诚，范启申，王成琪．复合组织瓣移植修复下肢创伤后骨髓炎伴骨及软组织缺损 [J]. 中华骨科杂志，2007，27 (12)：901-904．DOI：10.3760/j.issn：0253-2352.2007.12.008．{LIU Xuetao,ZHANG Chengjin,LI Zhong,ZHOU Xiangji,QU Lianjun,LIU Xuesheng,LAO Kecheng,FAN Qishen,WANG Chengqi. Free composite tissue graft in treatment of traumatic osteomyelitis combined with bone and skin defect in lower limb[J]. Zhonghua Gu Ke Za Zhi[Chin J Orthop(Article in Chinese;Abstract in Chinese and English)],2007,27(12):901-904. DOI:10.3760/j.issn:0253-2352.2007.12.008.}

[12686] 刘明，梁炳生，刘敏，杜张荣，崔忠宁．组合复合组织瓣移植修复严重手外伤及一期重建手功能 [J]. 中华手外科杂志，2007，23 (4)：211．DOI：10.3760/cma.j.issn.1005-054X.2007.04.008．{LIU Ming,LIANG Bingsheng,LIU Min,DU Zhangrong,CUI Zhongning. Combined composite tissue transfer for severe hand injury repair and one-stage functional reconstruction[J]. Zhonghua Shou Wai Ke Za Zhi[Chin J Hand Surg(Article in Chinese;No Abstract)],2007,23(4):211. DOI:10.3760/cma.j.issn.1005-054X.2007.04.008.}

[12687] 鲁开化，韩岩，郭树忠，艾玉峰，马显杰，夏炜．吻合血管的复合组织瓣在整形修复中的应用 [J]. 中国修复重建外科杂志，2007，21 (9)：940-944．{LU Kaihua,HAN Yan,GUO Shuzhong,AI Yufeng,MA Xianjie,XIA Wei. Application and development of free composite tissue flap in plastic surgery[J]. Zhongguo Xiu Fu Chong Jian Wai Ke Za Zhi[Chin J Repar Reconstr Surg(Article in Chinese;Abstract in Chinese and English)],2007,21(9):940-944.}

[12688] 刘海昌，黄显军，夏春林，陆志方，宋占锋．腓深神经和足背动脉关系在足背复合组织瓣中的意义 [J]. 中国临床解剖学杂志，2008，26 (6)：604-606，611．DOI：10.3969/j.issn.1001-165X.2008.06.006．{LIU Haichang,HUANG Xianjun,XIA Chunlin,LU Zhifang,SONG Zhanfeng. Anatomic significance of the relationship between the deep peroneal nerve and dorsalis pedis artery on the dorsalis pedis compound flaps[J]. Zhongguo Lin Chuang Jie Pou Xue Za Zhi[Chin J Clin Anat(Article in Chinese;Abstract in Chinese and English)],2008,26(6):604-606,611. DOI:10.3969/j.issn.1001-165X.2008.06.006.}

[12689] 巨积辉，侯瑞兴，赵强，刘跃飞，魏诚，李雷，金光哲，李建宁，刘新益，王海文，侯瑞兴．足部游离复合组织瓣组合移植修复全手毁损伤及脱套伤 [J]. 中国修复重建外科杂志，2009，23 (10)：1153-1156．{JU Jihui,HOU Ruixing,ZHAO Qiang,LIU Yuefei,WEI Cheng,LI Lei,JIN Guangzhe,LI Jianning,LIU Xinyi,WANG Haiwen,HOU Ruixing. Repair of whole-hand destructive injury and hand degloving injury with transplant of pedis compound free flap[J]. Zhongguo Xiu Fu Chong Jian Wai Ke Za Zhi[Chin J Repar Reconstr Surg(Article in Chinese;Abstract in Chinese and English)],2009,23(10):1153-1156.}

[12690] 朱雄翔，郑朝，胡大海，徐明达，韩军涛，董茂龙，王洪涛，陶克，谢松涛，计鹏，王耀军．游离复合组织瓣移植修复毁损性创面 [J]. 中华烧伤杂志，2010，26 (4)：256-259．DOI：10.3760/cma.j.issn.1009-2587.2010.04.003．{ZHU Xiongxiang,ZHENG Chao,HU Dahai,XU Mingda,HAN Juntao,DONG Maolong,WANG Hongtao,TAO Ke,XIE Songtao,JI Peng,WANG Yaojun. Repair of devastating wounds with free composite tissue flap[J]. Zhonghua Shao Shang Za Zhi[Chin J Burns(Article in Chinese;Abstract in Chinese and English)],2010,26(4):256-259. DOI:10.3760/cma.j.issn.1009-2587.2010.04.003.}

[12691] 赵炳显，李炳万，赵世伟，赵维彦，邱旭东．游离足背复合组织瓣修复手背复合组织缺损 [J]. 中华显微外科杂志，2011，34 (3)：260-261．DOI：10.3760/cma.j.issn.1001-2036.2011.03.041．{ZHAO Bingxian,LI Bingwan,ZHAO Shiwei,ZHAO Weiyan,QIU Xudong. Repair of composite tissue defect of dorsum of hand with free dorsum of foot composite tissue flap[J]. Zhonghua Xian Wei Wai Ke Za Zhi[Chin J Microsurg(Article in Chinese;No abstract available)],2011,34(3):260-261. DOI:10.3760/cma.j.issn.1001-2036.2011.03.041.}

[12692] 张肃祥，陶圣祥，余国荣，喻爱喜，胡祥，陶宗飞，雷鹏程，孙文晋．毁损性弃用肢体复合组织瓣在严重交通伤创面修复中的应用 [J]. 中华创伤骨科杂志，2011，13 (11)：1044-1047．DOI：10.3760/cma.j.issn.1671-7600.2011.11.010．{ZHANG Suxiang,TAO Shengxiang,YU Guorong,YU Aixi,HU Xiang,TAO Zongfei,LEI Pengcheng,SUN Wenjin. De-boned composite tissue flaps used for repair of serious traffic accident injuries[J]. Zhonghua Chuang Shang Gu Ke Za Zhi[Chin J Orthop Trauma(Article in Chinese;Abstract in Chinese and English)],2011,13(11):1044-1047. DOI:10.3760/cma.j.issn.1671-7600.2011.11.010.}

[12693] 李平华，李显勇，唐正华，吴昌盛，付义刚，林勇．不吻合静脉的微型游离复合组织瓣修复手指软组织缺损 [J]. 实用手外科杂志，2011，25 (3)：184-186，219．DOI：10.3969/j.issn.1671-2722.2011.03.003．{LI Pinghua,LI Xianyong,TANG Zhenghua,WU Changsheng,FU Yigang,LIN Yong. Reconstruction of the soft tissue defects of the fingers using the free mini composite flaps without venous anastomosis[J]. Shi Yong Shou Wai Ke Za Zhi[Chin J Pract Hand Surg(Article in Chinese;Abstract in Chinese and English)],2011,25(3):184-186,219. DOI:10.3969/j.issn.1671-2722.2011.03.003.}

[12694] 胡刚，杨薇，康乐，宋楠．多个局部复合组织瓣联合修复眼睑巨大黑色素痣一例 [J]. 中华整形外科杂志，2012，28 (6)：465-466．DOI：10.3760/cma.j.issn.1009-4598.2012.06.020．{HU Gang,YANG Wei,KANG Le,SONG Nan. Multiple local composite tissue flaps for the repair of giant nevus of eyelid:a case report[J]. Zhonghua Zheng Xing Wai Ke Za Zhi[Chin J Plast Surg(Article in Chinese;No abstract available)],2012,28(6):465-466. DOI:10.3760/cma.j.issn.1009-4598.2012.06.020.}

[12695] 何精选，覃松，邹凯，刘佳．正中神经掌皮支营养血管复合组织瓣临床应用 [J]. 实用手外科杂志，2014，28 (4)：420-421．DOI：10.3969/j.issn.1671-2722.2014.04.025．{HE Jingxuan,QIN Song,ZOU Kai,LIU Jia. Repairing of soft tissue defect of thumb by neuromyocutaneous flap based on nutritional vessel of median nerve palmar cutaneous branch[J]. Shi Yong Shou Wai Ke Za Zhi[Chin J Pract Hand Surg(Article in Chinese;Abstract in Chinese and

English)],2014,28(4):420-421. DOI:10.3969/j.issn.1671-2722.2014.04.025.}

[12696] 于淼，秦兴军，徐立群．血管化复合组织瓣修复全上颌骨缺损的临床进展 [J]．中国口腔颌面外科杂志，2015，13 (3)：273-279．{YU Miao,QIN Xingjun,XU Liqun. Progress on reconstruction of total maxillary defects with vascularized osseous composite flap[J]. Zhongguo Kou Qiang He Mian Wai Ke Za Zhi [Chin J Oral Maxillofac Surg(Article in Chinese;Abstract in Chinese and English)],2015,13(3):273-279.}

[12697] 高伟阳，Salman Fraooqi，石玮，丁健，王安远，王珑，周宗伟．推移岛状复合组织瓣重建发育不良性复拇畸形指体 [J]．中华整形外科杂志，2016，32 (5)：321-327．DOI: 10.3760/cma.j.issn.1009-4598.2016.05.001．{GAO Weiyang,Salman Fraooqi,SHI Wei,DING Jian,WANG Anyuan,WANG Long,ZHOU Zongwei. Reconstruction for dysplastic polydactyly of thumb with an island compound flap[J]. Zhonghua Zheng Xing Wai Ke Za Zhi[Chin J Plast Surg(Article in Chinese;Abstract in Chinese and English)],2016,32(5):321-327. DOI:10.3760/cma.j.issn.1009-4598.2016.05.001.}

[12698] 克依木·克里木，塔依尔·阿力甫，居来提·吐尔逊，姚志涛，阿迪力江·赛买提，姚运，买买提吐逊·吐尔地．复合组织瓣联合肋骨肋软骨移植重建颞下颌关节的临床应用 [J]．中华损伤与修复杂志（电子版），2018，13 (2)：100-106．DOI: 10.3877/cma.j.issn.1673-9450.2018.02.005．{Kevimu · Kelimu,Tayier · Ayifu,Julaiti · Tuerxun,YAO Zhitao,Adilijiang · Saimaiti,YAO Yun,Maimaitituxun · Tuerdi . Clinical applications of multiple tissue flap combined with costochondral graft in the reconstruction of temporomandibular joint[J]. Zhonghua Sun Shang Yu Xiu Fu Za Zhi Dian Zi Ban[Chin J Injury Repair Wound Healing(Electr Ed)(Article in Chinese;Abstract in Chinese and English)],2018,13(2):100-106. DOI:10.3877/cma.j.issn.1673-9450.2018.02.005.}

[12699] 尚修超，孙晓，井晟，张成安，潘俊博．游离足跗外侧复合组织瓣在手指复合软组织缺损中的应用 [J]．中华手外科杂志，2019，35 (4)：252-253．{SHANG Xiuchao,SUN Xiao,JING Sheng,ZHANG Cheng'an,PAN Junbo. Application of free lateral tarsal composite flap in finger composite soft tissue defect[J]. Zhonghua Shou Wai Ke Za Zhi[Chin J Hand Surg(Article in Chinese;Abstract in Chinese)],2019,35(4):252-253.}

[12700] 詹宏钢，汤样华，徐灿达，侯桥．复合组织瓣移植修复伴有伸肌腱缺损的指背软组织缺损创面 [J]．中华手外科杂志，2020，36 (3)：238-240．DOI: 10.3760/cma.j.cn311653-20190824-06256．{ZHAN Honggang,TANG Yanghua,XU Canda,HOU Qiao. Composite tissue flap transplantation for repairing dorsal soft tissue defect of finger with extensor tendon defect[J]. Zhonghua Shou Wai Ke Za Zhi[Chin J Hand Surg(Article in Chinese;Abstract in Chinese)],2020,36(3):238-240. DOI:10.3760/cma.j.cn311653-20190824-06256.}

[12701] 江灿洋，施斌，黄建平，江燕，朱小峰，黄立，林李嵩．游离血管化复合组织瓣在口腔颌面部严重创伤性缺损畸形整复中的应用：11 例临床分析 [J]．中国口腔颌面外科杂志，2020，18 (2)：155-159．DOI: 10.19438/j.cjoms.2020.02.014．{JIANG Canyang,SHI Bin,HUANG Jianping,JIANG Yan,ZHU Xiaofeng,HUANG Li,LIN Lishong. Reconstructing severe traumatic oro-maxillofacial defects and deformities with free vascularized composite tissue flaps:clinical analysis of 11 consecutive cases[J]. Zhongguo Kou Qiang He Mian Wai Ke Za Zhi [Chin J Oral Maxillofac Surg(Article in Chinese;Abstract in Chinese and English)],2020,18(2):155-159. DOI:10.19438/j.cjoms.2020.02.014.}

4.6.1 复合皮瓣
composite flap

[12702] 于钟毓，邵振恒，张信英．前臂逆行岛状桡骨复合皮瓣一期拇指再造 [J]．中华医学杂志，1986，66 (8)：457-458．{YU Zhongyu,SHAO Zhenheng,ZHANG Xinying. One stage thumb reconstruction with forearm reverse island flap combined with radius[J]. Zhonghua Yi Xue Za Zhi[Natl Med J China(Article in Chinese;No abstract available)],1986,66(8):457-458.}

[12703] 张志．足背肌腱复合皮瓣游离移植修复掌腕部肌腱皮肤缺损 [J]．修复重建外科杂志，1988，2 (2)：84．{ZHANG Zhi. Free transplantation of dorsalis pedis tendon combined with skin flap for repair of tendon and skin defect of metacarpus and wrist[J]. Zhongguo Xiu Fu Chong Jian Wai Ke Za Zhi[Chin J Repar Reconstr Surg(Article in Chinese;No abstract available)],1988,2(2):84.}

[12704] 郭涛．足背、第二跖骨复合皮瓣游离移植 [J]．修复重建外科杂志，1988，2(2)：119．{GUO Tao. Free transplantation of compound flap of dorsum of foot and second metatarsal[J]. Zhongguo Xiu Fu Chong Jian Wai Ke Za Zhi[Chin J Repar Reconstr Surg(Article in Chinese;No abstract available)],1988,2(2):119.}

[12705] 易宁，张道琪．吻合血管的足背复合皮瓣移植治疗对侧足背软组织肌腱缺损骨外露 [J]．修复重建外科杂志，1988，2 (2)：149．{YI Ning,ZHANG Daoqi. Vascularized dorsal composite flap transplantation for the treatment of bone exposure of contralateral dorsal soft tissue tendon defect[J]. Zhongguo Xiu Fu Chong Jian Wai Ke Za Zhi[Chin J Repar Reconstr Surg(Article in Chinese;No abstract available)],1988,2(2):149.}

[12706] 虞渝生，马奇，张茂其．带踇短伸肌的足背游离复合皮瓣移植重建拇指对掌功能 [J]．中华整形烧伤外科杂志，1993，9 (5)：328-329．DOI: 10.3760/j.issn: 1009-4598.1993.05.015．{YU Yusheng,MA Qi,ZHANG Maoqi. Reconstruction of thumb opposing function with free dorsalis pedis composite flap with extensor brevis[J]. Zhonghua Zheng Xing Shao Shang Wai Ke Za Zhi[Chin J Plast Surg Burns(Article in Chinese;Abstract in Chinese)],1993,9(5):328-329. DOI:10.3760/j.issn:1009-4598.1993.05.015.}

[12707] 徐立录．带血管复合皮瓣游离移植修复四肢骨与软组织缺损 [J]．中华显微外科杂志，1995，18 (2)：123-124．{XU Lilu. Free transplantation of vascularized composite skin flap for repairing bone and soft tissue defects of extremities[J]. Zhonghua Xian Wei Wai Ke Za Zhi[Chin J Microsurg(Article in Chinese;No abstract available)],1995,18(2):123-124.}

[12708] 张春浩，史振满．手背倒蒂复合皮瓣翻转修复指掌侧创面 [J]．中华手外科杂志，1995，11 (2)：127．{ZHANG Chunhao,SHI Zhenman. Repair of palmar wound of fingers with reversed dorsal composite flap[J]. Zhonghua Shou Wai Ke Za Zhi[Chin J Hand Surg(Article in Chinese;No abstract available)],1995,11(2):127.}

[12709] 冯国平，郭隆升，胡守成，刘斌，刘冬，马可．示指背侧复合皮瓣修复拇指皮肤肌腱缺损 [J]．中华手外科杂志，1996，12 (2)：124．{FENG Guoping,GUO Longsheng,HU Shoucheng,LIU Bin,LIU Dong,MA Ke. Repair of skin and tendon defect of thumb with composite flap from the dorsal side of index finger[J]. Zhonghua Shou Wai Ke Za Zhi[Chin J Hand Surg(Article in Chinese;No abstract available)],1996,12(2):124.}

[12710] 成红兵，吴菊，侍德．轴型复合皮瓣修复手部皮肤套状撕脱伤二例 [J]．中华手外科杂志，1996，12 (2)：128．{CHENG Hongbing,WU Ju,SHI De. Repair of sleeve avulsion of hand skin with axial composite flap:report of two cases[J]. Zhonghua Shou Wai Ke Za Zhi[Chin J Hand Surg(Article in Chinese;No abstract available)],1996,12(2):128.}

[12711] 庄永青，傅小宽，童静．人工血管复合皮瓣移植修复濒临截肢肢体 [J]．中华显微外科杂志，1998，21(3)：192．DOI: 10.3760/cma.j.issn.1001-2036.1998.03.012．{ZHUANG Yongqing,FU Xiaokuan,TONG Jing. Repair of the extremities being amputated by combining expanded polytetrafluoroethylene(ePTFE) and microsurgical flap graft[J]. Zhonghua Xian Wei Wai Ke Za Zhi[Chin J Microsurg(Article in Chinese;Abstract in Chinese and English)],1998,21(3):192. DOI:10.3760/cma.j.issn.1001-2036.1998.03.012.}

[12712] 王剑利，王成琪，付兴茂，庞昌金．预制复合皮瓣修复足底负重区软组织缺损初步报告 [J]．中华显微外科杂志，2000，23 (2)：99．DOI: 10.3760/cma.j.issn.1001-2036.2000.02.008．{WANG Jianli,WANG Chengqi,FU Xingmao,PANG Changjin. Repair of deJects of plantar soft tissue by prefaricated compound flap:preliminary report[J]. Zhonghua Xian Wei Wai Ke Za Zhi[Chin J Microsurg(Article in Chinese;Abstract in Chinese and English)],2000,23(2):99. DOI:10.3760/cma.j.issn.1001-2036.2000.02.008.}

[12713] 姜佩珠，谢璧和，蔡培华，金东旭，曾炳芳．足背复合皮瓣在手部复合损伤中的应用 [J]．中华手外科杂志，2000，16 (2)：108．DOI: 10.3760/cma.j.issn.1005-054X.2000.02.011．{JIANG Peizhu,XIE Bihe,CAI Peihua,JIN Dongxu,ZENG Bingfang. The application of composite dorsalis pedis flap in reconstruction of hand function[J]. Zhonghua Shou Wai Ke Za Zhi[Chin J Hand Surg(Article in Chinese;Abstract in Chinese and English)],2000,16(2):108. DOI:10.3760/cma.j.issn.1005-054X.2000.02.011.}

[12714] 李宁毅，贾暮云，袁荣涛，祝为桥，樊功为．吻合血管的游离复合皮瓣修复下颌骨及软组织缺损 [J]．中华整形外科杂志，2000，16 (1)：20．DOI: 10.3760/j.issn: 1009-4598.2000.01.008．{LI Ningyi,JIA Muyun,YUAN Rongtao,ZHU Weiqiao,FAN Gongwei. Reconstruction of the mandible and soft tissue defects with the osteomyocutaneous free fibula flap[J]. Zhonghua Zheng Xing Wai Ke Za Zhi[Chin J Plast Surg(Article in Chinese;Abstract in Chinese and English)],2000,16(1):20. DOI:10.3760/j.issn:1009-4598.2000.01.008.}

[12715] 钟广铃，左中男．异体骨移植带骨膜的复合皮瓣修复前足骨和皮肤缺损 [J]．中华显微外科杂志，2001，24 (1)：28-29．DOI: 10.3760/cma.j.issn.1001-2036.2001.01.011．{ZHONG Guangling,ZUO Zhongnan. Bone and skin defects of forefoot repaired by ailograft and complex flap with periosteum[J]. Zhonghua Xian Wei Wai Ke Za Zhi[Chin J Microsurg(Article in Chinese;Abstract in Chinese and English)],2001,24(1):28-29. DOI:10.3760/cma.j.issn.1001-2036.2001.01.011.}

[12716] 邢进峰，张春，陈中，曹扬，吴忠，赵巍，林平．膝上外侧动脉复合皮瓣的临床应用 [J]．中华显微外科杂志，2001，24 (3)：211-212．DOI: 10.3760/cma.j.issn.1001-2036.2001.03.021．{XING Jinfeng,ZHANG Chun,CHEN Zhong,CAO Yang,WU Zhong,ZHAO Wei,LIN Ping. Clinical application of lateral superior genicular artery composite flap[J]. Zhonghua Xian Wei Wai Ke Za Zhi[Chin J Microsurg(Article in Chinese;Abstract in Chinese)],2001,24(3):211-212. DOI:10.3760/cma.j.issn.1001-2036.2001.03.021.}

[12717] 田青业，王成琪，张祚勇，谢红．单臂外固定支架与复合皮瓣移植治疗小腿复杂性损伤 16 例 [J]．中华创伤杂志，2001，17 (3)：180-181．DOI: 10.3760/j: issn: 1001-8050.2001.03.021．{TIAN Qingye,WANG Chengqi,ZHANG Zuoyong,XIE Hong. 16 Cases of complex injury of leg treated with single arm external fixator and composite flap transplantation[J]. Zhonghua Chuang Shang Za Zhi[Chin J Trauma(Article in Chinese;No abstract available)],2001,17(3):180-181. DOI:10.3760/j:issn:1001-8050.2001.03.021.}

[12718] 王俊生，崔永光，董长青，李超，李君，雷万军．第一跖背动脉带踇短伸肌腱复合皮瓣手功能重建 [J]．中华整形外科杂志，2001，17 (5)：316-317．DOI: 10.3760/j.issn: 1009-4598.2001.05.022．{WANG Junsheng,CUI Yongguang,DONG Changqing,LI Chao,LI Jun,LEI Wanjun. Reconstruction of hand function with the first dorsal metatarsal artery pedicle short extensor tendon composite flap[J]. Zhonghua Zheng Xing Wai Ke Za Zhi[Chin J Plast Surg(Article in Chinese;No abstract available)],2001,17(5):316-317. DOI:10.3760/j.issn:1009-4598.2001.05.022.}

[12719] 王丽丽，任义军，李友，吕锡好，赵剑波，马立平，张洪亮．带蒂食（示）指背侧复合皮瓣修复拇指肌腱皮肤缺损 [J]．中国修复重建外科杂志，2001，15 (4)：231．{WANG Lili,REN Yijun,LI you,LV Xihao,ZHAO Jianbo,MA Liping,ZHANG Hongliang. Repair of thumb tendon and skin defect with pedicled dorsal composite flap of index finger[J]. Zhongguo Xiu Fu Chong Jian Wai Ke Za Zhi[Chin J Repar Reconstr Surg(Article in Chinese;No abstract available)],2001,15(4):231.}

[12720] 于立新，刘小友，付绍杰，陈林峰，邓文锋，叶桂荣．应用髂腹股沟－脐胸复合皮瓣一期阴茎再造 8 例术后 13 年随访报告 [J]．第一军医大学学报，2002，22 (12)：1133-1135．DOI: 10.3321/j.issn: 1673-4254.2002.12.026．{YU Lixin,LIU Xiaoyou,FU Shaojie,CHEN Linfeng,DENG Wenfeng,YE Guirong. Thirteen-year follow-up in 8 cases of penis reconstruction by ilio-inguinal and umbilical-thoracic compound flaps[J]. Di Yi Jun Yi Da Xue Xue Bao[J First Mil Med Univ(Article in Chinese;Abstract in Chinese and English)],2002,22(12):1133-1135. DOI:10.3321/j.issn:1673-4254.2002.12.026.}

[12721] 张福奎，陈召伟，刘通．超长复合皮瓣移植修复头皮颅骨缺损一例 [J]．中华烧伤杂志，2004，20(4)：241．DOI: 10.3760/cma.j.issn.1009-2587.2004.04.032．{ZHANG Fukui,CHEN Zhaowei,LIU Tong. Repair of scalp and skull defect with super long composite flap:a case report[J]. Zhonghua Shao Shang Za Zhi[Chin J Burns(Article in Chinese;No abstract available)],2004,20(4):241. DOI:10.3760/cma.j.issn.1009-2587.2004.04.032.}

[12722] 张发惠，郑和平，宋一平，田万成．前臂内侧皮神经—贵要静脉营养血管远端蒂复合皮瓣的应用解剖 [J]．实用手外科杂志，2004，18 (4)：222-224．DOI: 10.3969/j.issn.1671-2722.2004.04.014．{ZHANG Fahui,ZHENG Heping,SONG Yiping,TIAN Wancheng. Applied anatomy of distally based compound flap pedicled with nutritional vessels of the medial cutaneous nerve of forearm[J]. Shi Yong Shou Wai Ke Za Zhi[Chin J Pract Hand Surg(Article in Chinese;Abstract in Chinese and English)],2004,18(4):222-224. DOI:10.3969/j.issn.1671-2722.2004.04.014.}

[12723] 张植生，赵建勇，刘志波，吴海钰，张远林．第二足趾复合皮瓣与踇趾腓侧皮瓣移植修复手指组织缺损 [J]．中国修复重建外科杂志，2004，18 (2)：137．{ZHANG Zhisheng,ZHAO Jianyong,LIU Zhibo,WU Haiyu,ZHANG Yuanlin. Second toe composite flap and fibular flap of great toe for repairing finger tissue defect[J]. Zhongguo Xiu Fu Chong Jian Wai Ke Za Zhi[Chin J Repar Reconstr Surg(Article in Chinese;No abstract available)],2004,18(2):137.}

[12724] 左中男，李斌，杜学亮，杜永军．应用复合皮瓣修复足部皮肤组织缺损 [J]．中华显微外科杂志，2005，28 (1)：66-67．DOI: 10.3760/cma.j.issn.1001-2036.2005.01.029．{ZUO Zhongnan,LI Bin,DU Xueliang,DU Yongjun. Application of composite skin flap to repair skin defect of foot[J]. Zhonghua Xian Wei Wai Ke Za Zhi[Chin J Microsurg(Article in Chinese;Abstract in Chinese)],2005,28(1):66-67. DOI:10.3760/cma.j.issn.1001-2036.2005.01.029.}

[12725] 俞俊兴，李向荣，秦军．吻合血管的双叶复合皮瓣瓦合修复手指套脱伤 [J]．中华手外科杂志，2006，22 (5)：276-278．{YU Junxing,LI Xiangrong,QIN Jun. Single pedicled double flank flaps from the foot for repair of multiple finger degloving injuries[J]. Zhonghua Shou Wai Ke Za Zhi[Chin J Hand Surg(Article in Chinese;Abstract in Chinese and English)],2006,22(5):276-278.}

[12726] 顾斌，姜浩，李青峰．游离复合皮瓣一期修复腕晚期电烧伤畸形 [J]．中华整形外科杂志，2006，22 (1)：31-33．DOI: 10.3760/j.issn: 1009-4598.2006.01.008．{GU Bin,JIANG Hao,Li Qingfeng. Restore hand's function after electric injuries at the wrist by a free composite flap[J]. Zhonghua Zheng Xing Wai Ke Za Zhi[Chin J Plast Surg(Article in Chinese;Abstract in Chinese and English)],2006,22(1):31-33. DOI:10.3760/j.issn:1009-4598.2006.01.008.}

[12727] 魏学庆，沈国军，胡思斌．髂骨复合皮瓣治疗骨缺损 13 例 [J]．中国骨伤，2007，20 (7)：483-484．DOI: 10.3969/j.issn.1003-0034.2007.07.024．{WEI Xueqing,SHEN Guojun,HU Sibin. Treatment of bone defect with compound skin flap of ilium[J]. Zhongguo Gu Shang[China J Orthop Trauma(Article in Chinese;Abstract in Chinese)],2007,20(7):483-484. DOI:10.3969/j.issn.1003-0034.2007.07.024.}

[12728] 魏在荣，王达利，王玉明，祁建平，孙广峰，王波，唐修俊．带隐神经的足内侧复合皮瓣的解剖学研究及临床应用 [J]．中华整形外科杂志，2008，24 (4)：257-259．DOI: 10.3760/j.issn: 1009-4598.2008.04.002．{WEI Zairong,WANG Dali,WANG Yuming,QI Jianping,SUN Guangfeng,WANG Bo,TANG Xiujun. Anatomic study of the medial pedis compesite flaps with saphenous nerve and tendon and its application[J]. Zhonghua Zheng Xing Wai Ke Za Zhi[Chin J Plast Surg(Article in Chinese;Abstract in Chinese and English)],2008,24(4):257-259.

DOI:10.3760/j.issn:1009-4598.2008.04.002.}

[12729] 董忠根，王志华，刘立宏，倪江东，何爱咏. 带腓肠肌肌腱的腓肠神经营养血管复合皮瓣修复跟腱并皮肤缺损 [J]. 中国临床解剖学杂志，2010，28（2）：222-224.｛DONG Zhonggen,WANG Zhihua,LIU Lihong,NI Jiangdong,HE Aiyong. Sural neurofasciocutaneous composite flap with gastrocnemius tendon for repairing defects of Achilles tendon and overlying skin[J]. Zhongguo Lin Chuang Jie Pou Xue Za Zhi[Chin J Clin Anat(Article in Chinese;Abstract in Chinese and English)],2010,28(2):222-224.｝

[12730] 姚建民，孙捷，徐靖宏，邢志利，丁晟，陈莹，徐一波. 吻合跖背动脉的趾甲床复合皮瓣再造指甲术 [J]. 中华手外科杂志，2010，26（1）：55-56. DOI: 10.3760/cma.j.issn.1005-054X.2010.01.024.｛YAO Jianmin,SUN Jie,XU Jinghong,XING Zhili,DING Sheng,CHEN Ying,XU Yibo. Nail reconstruction with composite flap of toe nail bed anastomosed with dorsal metatarsal artery[J]. Zhonghua Shou Wai Ke Za Zhi[Chin J Hand Surg(Article in Chinese;No abstract available)],2010,26(1):55-56. DOI:10.3760/cma.j.issn.1005-054X.2010.01.024.｝

[12731] 朱飞，宁金龙，李小静，张林，左宗宝. 携带部分腓骨长肌腱的腓骨肌腱鞘筋膜与脂肪筋膜复合皮瓣修复伴有跟腱缺损的小腿下段组织缺损 [J]. 中华整形外科杂志，2010，26（2）：107-109. DOI: 10.3760/cma.j.issn.1009-4598.2010.02.008.｛ZHU Fei,NING Jinlong,LI Xiaojing,ZHANG Lin,ZUO Zongbao. Application of modified peroneal tendofascial compound flap with partial tendon of peroneal long muscle in lower leg refractory defects with Achilles tendon rupture[J]. Zhonghua Zheng Xing Wai Ke Za Zhi[Chin J Plast Surg(Article in Chinese;Abstract in Chinese and English)],2010,26(2):107-109. DOI:10.3760/cma.j.issn.1009-4598.2010.02.008.｝

[12732] 江起庭，冯明生，江志伟，刘进竹. 同指两叶复合皮瓣瓦合修复拇指软组织缺损 [J]. 中华显微外科杂志，2012，35（1）：66-67. DOI: 10.3760/cma.j.issn.1001-2036.2012.01.027.｛JIANG Qiting,FENG Mingsheng,JIANG Zhiwei,LIU Jinzhu. Repair of thumb soft tissue defect with compound flap of the same finger[J]. Zhonghua Xian Wei Wai Ke Za Zhi[Chin J Microsurg(Article in Chinese;Abstract in Chinese)],2012,35(1):66-67. DOI:10.3760/cma.j.issn.1001-2036.2012.01.027.｝

[12733] 夏青，江海良，王翔. 腓肠神经营养血管复合皮瓣一期修复跟腱区软组织缺损并感染 [J]. 实用骨科杂志，2012，18（11）：988-992. DOI: 10.3969/j.issn.1008-5572.2012.11.010.｛XIA Qing,JIANG Hailiang,WANG Xiang. Distally based sural nerve nutrient vessel fasciocutaneous compound flap for the treatment of the complex soft tissue defects of Achilles tendon[J]. Shi Yong Gu Ke Za Zhi[J Pract Orthop(Article in Chinese;Abstract in Chinese and English)],2012,18(11):988-992. DOI:10.3969/j.issn.1008-5572.2012.11.010.｝

[12734] 葛华平，田永宾，苗平，张圆. 联合远端蒂的下肢内侧复合皮瓣的临床应用 [J]. 实用手外科杂志，2012，26（3）：268-270. DOI: 10.3969/j.issn.1671-2722.2012.03.023.｛GE Huaping,TIAN Yongbin,MIAO Ping,ZHANG Yuan. The clinical application of composite flaps in lower limb medial combined with distal pedicle[J]. Shi Yong Shou Wai Ke Za Zhi[Chin J Pract Hand Surg(Article in Chinese;Abstract in Chinese and English)],2012,26(3):268-270. DOI:10.3969/j.issn.1671-2722.2012.03.023.｝

[12735] 吕雷，闫合德，高伟阳，李志杰，陈星隆，蒋良福，杨景全，虞庆. 静脉复合皮瓣修复指背复合组织缺损的方法及疗效 [J]. 中华手外科杂志，2013，29（2）：82-84. DOI: 10.3760/cma.j.issn.1005-054X.2013.02.013.｛LU Lei,YAN Hede,GAO Weiyang,LI Zhijie,CHEN Xinglong,JIANG Liangfu,YANG Jingquan,YU Qing. Application of arterialized venous composite flap in reconstruction of composite tissue defects on dorsum of the finger[J]. Zhonghua Shou Wai Ke Za Zhi[Chin J Hand Surg(Article in Chinese;Abstract in Chinese and English)],2013,29(2):82-84. DOI:10.3760/cma.j.issn.1005-054X.2013.02.013.｝

[12736] 陈海涛，梁群英，李启中，郭海欧，区杰雄，毛萍. 带肌腱尺动脉腕上皮支复合皮瓣修复手背复合组织缺损 [J]. 中华显微外科杂志，2014，37（2）：191-192. DOI: 10.3760/cma.j.issn.1001-2036.2014.02.032.｛CHEN Haitao,LIANG Qunying,LI Qizhong,GUO Haiou,OU Jiexiong,MAO Ping. Repair of composite tissue defect of dorsal hand with composite flap of wrist cutaneous branch of ulnar artery with tendon[J]. Zhonghua Xian Wei Wai Ke Za Zhi[Chin J Microsurg(Article in Chinese;Abstract in Chinese)],2014,37(2):191-192. DOI:10.3760/cma.j.issn.1001-2036.2014.02.032.｝

[12737] 周海微，王欣，李学渊，张健，黄剑. 多组复合皮瓣移植再造多个手指的个体化护理分析 [J]. 中华显微外科杂志，2017，40（4）：403-405. DOI: 10.3760/cma.j.issn.1001-2036.2017.04.029.｛ZHOU Haiwei,WANG Xin,LI Xueyuan,ZHANG Jian,HUANG Jian. Individualized nursing analysis of multiple fingers reconstruction with multiple groups of composite skin flaps[J]. Zhonghua Xian Wei Wai Ke Za Zhi[Chin J Microsurg(Article in Chinese;Abstract in Chinese)],2017,40(4):403-405. DOI:10.3760/cma.j.issn.1001-2036.2017.04.029.｝

[12738] 夏海，李本英，张德溪，张国辉，王建国. 腓骨头复合皮瓣修复桡腕关节骨皮肤缺损 [J]. 中华整形外科杂志，2017，33（4）：259-262. DOI: 10.3760/cma.j.issn.1009-4598.2017.04.006.｛XIA Hai,LI Benying,ZHANG Dexi,ZHANG Guohui,WANG Jianguo. Fibular head composite flap in repairing the bone and skin defect of radiocarpal joint[J]. Zhonghua Zheng Xing Wai Ke Za Zhi[Chin J Plast Surg(Article in Chinese;Abstract in Chinese and English)],2017,33(4):259-262. DOI:10.3760/cma.j.issn.1009-4598.2017.04.006.｝

[12739] 陈西政，白龙，宋晓波，陈科明，于志勇，陈林清，黄从伍. 带尺骨瓣的游离尺动脉腕上皮支复合皮瓣修复手指复合组织缺损 [J]. 实用手外科杂志，2019，33（1）：19-21. DOI: 10.3969/j.issn.1671-2722.2019.01.007.｛CHEN Xizheng,BAI Long,SONG Xiaobo,CHEN Keming,YU Zhiyong,CHEN Linqing,HUANG Congwu. Clinical study of repairing composite tissue defects of fingers with free flap pedicled with wrist cutaneous branch of ulnar artery combined with ulnar flap[J]. Shi Yong Shou Wai Ke Za Zhi[Chin J Pract Hand Surg(Article in Chinese;Abstract in Chinese and English)],2019,33(1):19-21. DOI:10.3969/j.issn.1671-2722.2019.01.007.｝

4.6.2 肌腱皮瓣

tenocutaneous flap

[12740] Song H,Wu X,Zheng L. Free transplantation of autogenous palmaris longus tendon in the repair of cicatricial ectropion of lower eyelid[J]. J Plast Surg Hand Surg. 2014,48(6):402-406. doi:10.3109/2000656X.2014.901970.

[12741] 张子清，董惠卿，裴斌. 足背肌腱皮瓣游离移植重建伸腕、伸指功能一例 [J]. 修复重建外科杂志，1990，4（2）：122.｛ZHANG Ziqing,DONG Huiqing,PEI Bin. Free transplantation of dorsalis pedis tendon flap for reconstruction of wrist and finger extension:a case report[J]. Zhongguo Xiu Fu Chong Jian Wai Ke Za Zhi[Chin J Repar Reconstr Surg(Article in Chinese;No abstract available)],1990,4(2):122.｝

[12742] 王金堂，耿介，董硕文，马志成，尹益民. 吻合血管的足背肌腱皮瓣在手部的应用 [J]. 修复重建外科杂志，1991，5（2）：123.｛WANG Jintang,GENG Jie,DONG Shuowen,MA Zhicheng,YIN Yimin. Application of vascularized dorsalis pedis tendon flap in hand[J]. Zhongguo Xiu Fu Chong Jian Wai Ke Za Zhi[Chin J Repar Reconstr Surg(Article in Chinese;No abstract available)],1991,5(2):123.｝

[12743] 张烽，侍德，成红兵，刘珊. 足背肌腱皮瓣的血供研究与临床应用 [J]. 中华手外科杂志，1993，9（2）：89-90.｛ZHANG Feng,SHI De,CHENG Hongbing,LIU Fan. Blood supply and clinical application of dorsalis pedis tendon flap[J]. Zhonghua Shou Wai Ke Za Zhi[Chin J Hand Surg(Article in Chinese;Abstract in Chinese)],1993,9(2):89-90.｝

[12744] 陈雪荣. 游离足背肌腱皮瓣移植修复伸肌腱缺损一例 [J]. 中国修复重建外科杂志，1993，7（4）：200.｛CHEN Xuerong. Repair of extensor tendon defect with free dorsalis pedis tendon flap:a case report[J]. Zhongguo Xiu Fu Chong Jian Wai Ke Za Zhi[Chin J Repar Reconstr Surg(Article in Chinese;No abstract available)],1993,7(4):200.｝

[12745] 李亚屏，刘为民，朱德才，昊季秋. 带血管蒂足背肌腱皮瓣修复跟腱及皮肤缺损 [J]. 中华显微外科杂志，1994，17（4）：299.｛LI Yaping,LIU Weimin,ZHU Decai,HAO Jiqiu. Repair of Achilles tendon and skin defect with vascularized dorsal pedis tendon flap[J]. Zhonghua Xian Wei Wai Ke Za Zhi[Chin J Microsurg(Article in Chinese;No abstract available)],1994,17(4):299.｝

[12746] 宋修军，曲永明. 串连静脉吻合的肌腱静脉皮瓣移植一例 [J]. 中华显微外科杂志，1995，18（2）：113.｛SONG Xiujun,QU Yongming. A case of tendon vein flap transplantation with serial venous anastomosis[J]. Zhonghua Xian Wei Wai Ke Za Zhi[Chin J Microsurg(Article in Chinese;No abstract available)],1995,18(2):113.｝

[12747] 徐前锋，冯承臣，刘瑞军，陈沂民. 吻合血管的趾长伸肌腱皮瓣移植修复手背肌腱皮肤缺损 [J]. 中华手外科杂志，1996，12（S1）：14.｛XU Qianfeng,FENG Chengchen,LIU Ruijun,CHEN Yimin. Vascularized extensor digitorum longus tendon flap for repair of dorsal tendon skin defect of hand[J]. Zhonghua Shou Wai Ke Za Zhi[Chin J Hand Surg(Article in Chinese;No abstract available)],1996,12(S1):14.｝

[12748] 俞光荣，袁锋. 第二掌背动脉肌腱皮瓣的临床应用 [J]. 中华手外科杂志，1999，15（4）：212. DOI: 10.3760/cma.j.issn.1005-054X.1999.04.007.｛YU Guangrong,YUAN Feng. Clinical application of the second dorsal metacarpal artery flap with the extensor index proper tendon[J]. Zhonghua Shou Wai Ke Za Zhi[Chin J Hand Surg(Article in Chinese;Abstract in Chinese and English)],1999,15(4):212. DOI:10.3760/cma.j.issn.1005-054X.1999.04.007.｝

[12749] 高建明，徐达传，陈振光，许本柯，钟世镇. 吻合血管大收肌腱复合组织瓣移植修复跟腱缺损的应用解剖 [J]. 中国临床解剖学杂志，2000，16（2）：102-104. DOI: 10.3969/j.issn.1001-165X.2000.02.002.｛GAO Jianming,XU Dachuan,CHEN Zhenguang,XU Benke,ZHONG Shizhen. Applied anatomy of Achilles tendon defect repair by great adductor muscle tendon combined tissue flaps with vascular anastomosis[J]. Zhongguo Lin Chuang Jie Pou Xue Za Zhi[Chin J Clin Anat(Article in Chinese;Abstract in Chinese and English)],2000,16(2):102-104. DOI:10.3969/j.issn.1001-165X.2000.02.002.｝

[12750] 闵祥辉，郭金转. 掌背动脉肌腱皮瓣修复手指皮肤肌腱缺损 [J]. 中华显微外科杂志，2002，25（2）：160. DOI: 10.3760/cma.j.issn.1001-2036.2002.02.048.｛MIN Xianghui,GUO Jinzhuan. Repair of skin and tendon defects of fingers with dorsal metacarpal artery tendon flap[J]. Zhonghua Xian Wei Wai Ke Za Zhi[Chin J Microsurg(Article in Chinese;No abstract available)],2002,25(2):160. DOI:10.3760/cma.j.issn.1001-2036.2002.02.048.｝

[12751] 陈又年，张远金，卢杰，刘莉，肖进. 腓骨长肌腱皮瓣修复跟腱及皮肤同时缺损 [J]. 中国矫形外科杂志，2002，10（10）：979-979. DOI: 10.3969/j.issn.1005-8478.2002.10.046.｛CHEN Younian,ZHANG Yuanjin,LU Jie,LIU Li,XIAO Jin. Repair of Achilles tendon and skin defects with peroneal longus tendon flap[J]. Zhongguo Jiao Xing Wai Ke Za Zhi[Orthop J China(Article in Chinese;No abstract available)],2002,10(10):979-979. DOI:10.3969/j.issn.1005-8478.2002.10.046.｝

[12752] 王海文，侯瑞兴，黄祖望，陈宏彬，徐达传. 吻合血管大收肌腱骨皮瓣修复跟腱复合组织缺损 [J]. 中国临床解剖学杂志，2003，21（3）：196-196. DOI: 10.3969/j.issn.1001-165X.2003.03.040.｛WANG Haiwen,HOU Ruixing,HUANG Zuwang,CHEN Hongbin,XU Dachuan. Repair of Achilles tendon complex tissue defect with vascularized adductor magnus tendon bone flap[J]. Zhongguo Lin Chuang Jie Pou Xue Za Zhi[Chin J Clin Anat(Article in Chinese;No abstract available)],2003,21(3):196-196. DOI:10.3969/j.issn.1001-165X.2003.03.040.｝

[12753] 孙晓峰，杨占春，高煜，彭伟. 带食（示）指固有伸肌腱皮瓣的临床应用 [J]. 中国修复重建外科杂志，2006，20（12）：1201.｛SUN Xiaofeng,YANG Zhanchun,GAO Yu,PENG Wei. Clinical application of extensor tendon flap with index finger[J]. Zhongguo Xiu Fu Chong Jian Wai Ke Za Zhi[Chin J Repar Reconstr Surg(Article in Chinese;No abstract available)],2006,20(12):1201.｝

[12754] 张功林，章鸣，吴发林，张金福，凌爱军. 右足背肌腱皮瓣修复左足创面并肌腱与血管缺损一例 [J]. 中华显微外科杂志，2007，30（6）：409. DOI: 10.3760/cma.j.issn.1001-2036.2007.06.036.｛ZHANG Gonglin,ZHANG Ming,WU Falin,ZHANG Jinfu,LING Aijun. Repair of left foot wound with tendon and vascular defect with right dorsum pedis tendon flap:a case report[J]. Zhonghua Xian Wei Wai Ke Za Zhi[Chin J Microsurg(Article in Chinese;No abstract available)],2007,30(6):409. DOI:10.3760/cma.j.issn.1001-2036.2007.06.036.｝

[12755] 王海文，侯瑞兴，徐达传. 吻合血管大收肌腱骨皮瓣修复跟腱复合组织缺损 [J]. 中国临床解剖学杂志，2008，26（4）：448-450. DOI: 10.3969/j.issn.1001-165X.2008.04.030.｛WANG Haiwen,HOU Ruixing,XU Dachuan. Repair of compound defect of calcaneal tendon by great adductor muscle tendon skeletal flap with anastomosis[J]. Zhongguo Lin Chuang Jie Pou Xue Za Zhi[Chin J Clin Anat(Article in Chinese;Abstract in Chinese and English)],2008,26(4):448-450. DOI:10.3969/j.issn.1001-165X.2008.04.030.｝

[12756] 金光哲，巨积辉，周荣，赵强，刘跃飞，魏诚，李雷，李建宁，侯瑞兴. 吻合膝降血管的股薄肌肌腱皮瓣修复足跟部复合组织缺损一例报告 [J]. 中华创伤骨科杂志，2009，11（2）：197-198. DOI: 10.3760/cma.j.issn.1671-7600.2009.02.027.｛JIN Guangzhe,JU Jihui,ZHOU Rong,ZHAO Qiang,LIU Yuefei,WEI Cheng,LI Lei,LI Jianning,HOU Ruixing. A case of pedal composite tissue repair with gracilis myocutaneous flap vascularized with descending genicular artery[J]. Zhonghua Chuang Shang Gu Ke Za Zhi[Chin J Orthop Trauma(Article in Chinese;No abstract available)],2009,11(2):197-198. DOI:10.3760/cma.j.issn.1671-7600.2009.02.027.｝

[12757] 李建宁，巨积辉，金光哲，肖斌，赵强，刘跃飞，魏诚，李雷，侯瑞兴. 游离第二趾肌腱皮瓣修复手指复合组织缺损 [J]. 组织工程与重建外科杂志，2009，5（4）：215-217. DOI: 10.3969/j.issn.1673-0364.2009.08.010.｛LI Jianning,JU Jihui,JIN Guangzhe,XIAO Bin,ZHAO Qiang,LIU Yuefei,WEI Cheng,LI Lei,HOU Ruixing. Application of free second toe flap for repair of finger tendon composite tlssue defect[J]. Zu Zhi Gong Cheng Yu Chong Jian Wai Ke Za Zhi[J Tissue Eng Reconstr Surg(Article in Chinese;Abstract in Chinese and English)],2009,5(4):215-217. DOI:10.3969/j.issn.1673-0364.2009.08.010.｝

[12758] 郭翱，郑良军，李俊，金岩泉，蔡灵敏. 应用吻合血管的游离肌腱瓣修复陈旧性跟腱缺损 [J]. 中华显微外科杂志，2011，34（5）：422-423. DOI: 10.3760/cma.j.issn.1001-2036.2011.05.029.｛GUO Ao,ZHENG Liangjun,LI Jun,JIN Yanquan,CAI Lingmin. Repair of old Achilles tendon defect with vascularized free tendon flap[J]. Zhonghua Xian Wei Wai Ke Za Zhi[Chin J Microsurg(Article in Chinese;Abstract in Chinese)],2011,34(5):422-423. DOI:10.3760/cma.j.issn.1001-2036.2011.05.029.｝

[12759] 闵祥辉，王煜，张勤，郑江钒，涂云辉. 掌背动脉肌腱皮瓣修复手指皮肤合并肌腱缺损 [J]. 中国修复重建外科杂志，2011，25（7）：892-893.｛MIN Xianghui,WANG Yu,ZHANG Qin,ZGENG Jiangfu,TU Yunhui. Repair of skin and tendon defects of fingers with dorsal metacarpal artery tendon flap[J]. Zhongguo Xiu Fu Chong Jian Wai Ke Za Zhi[Chin J Repar Reconstr Surg(Article in Chinese;Abstract in Chinese)],2011,25(7):892-893.｝

[12760] 郭翱，宋达疆，郑良军，金岩泉，蔡灵敏，李赞，周晓. 游离股前外侧嵌合股直肌肌腱皮瓣移植修复腕背部复合组织缺损 [J]. 中华显微外科杂志，2018，41（5）：454-458. DOI: 10.3760/cma.j.issn.1001-2036.2018.05.010.｛GUO Ao,SONG Dajiang,ZHENG Liangjun,JIN Yanquan,CAI Lingmin,LI Zan,ZHOU Xiao. Free chimeric anterolateral thigh cutaneotendinous flap with rectus femoris muscular flap for repairing the complex tissue defect of dorsum wrist[J]. Zhonghua Xian Wei Wai Ke Za Zhi[Chin J Microsurg(Article in Chinese;Abstract in Chinese and English)],2018,41(5):454-458. DOI:10.3760/cma.j.issn.1001-2036.2018.05.010.｝

4.6.3 骨皮瓣

osteocutaneous flap

[12761] 李世骐，杨泉森，黄宗坚，袁中兴．髂部游离骨－皮瓣一期修复小腿骨－皮缺损 [J]．浙江医科大学学报，1980，9（4）：212．{LI Shiqi,YANG Quansen,HUANG Zongjian,YUAN Zhongxing. one stage repair of bone-skin defect of the lower leg with free iliac bone-skin flap[J]. Zhejiang Yi Ke Da Xue Xue Bao[J Zhejiang Med Univ(Article in Chinese;No abstract available)],1980,9(4):212.}

[12762] 孙雪良，王惠美，杨怀远，高德琦．吻合血管的腹股沟皮瓣－髂骨移植一期修复手背皮肤与掌骨缺损 [J]．中华医学杂志，1980，60（12）：744-745．{SUN Xueliang,WANG Huimei,YANG Huaiyuan,GAO Deqi. repair defects of dorsal hand skin and metacarpale by the transplantation of Inguinal flap-ilium with vascular anastomosis[J]. Zhonghua Yi Xue Za Zhi[Natl Med J China(Article in Chinese;No abstract available)],1980,60(12):744.}

[12763] 袁中华，宁金龙，汪春兰，高学宏．用髂骨复合游离皮瓣修复严重手外伤二例报告 [J]．中华外科杂志，1982，20（12）：710-711．{YUAN Zhonghua,NING Jinlong,WANG Chunlan,GAO Xuehong. Iliac composite free flap for Severe hand injury[J]. Zhonghua Wai Ke Za Zhi[Chin J Surg(Article in Chinese;No abstract available)],1982,20(12):710.}

[12764] 李世骐，吴求亮．应用旋髂浅血管的游离皮瓣及骨－皮瓣移植 [J]．中华医学杂志，1982，62（11）：683．{LI Shiqi,WU Qiuliang. Free flap and bone-flap transplantation of superficial iliac vessels[J]. Zhonghua Yi Xue Za Zhi[Natl Med J China(Article in Chinese;No abstract available)],1982,62(11):683.}

[12765] 高国训，王承武．髂骨骨皮瓣修复儿童陈旧性小腿复合伤一例报告 [J]．中华外科杂志，1984，22（9）：562．{GAO Guoxun,WANG Chengwu.repair the Old compound injury of calf in children by iliac bone-skin flap[J]. Zhonghua Wai Ke Za Zhi[Chin J Surg(Article in Chinese;No abstract available)],1984,22(9):562.}

[12766] 顾玉东，陈德松．带旋髂浅血管蒂的髂骨皮瓣应用（附二例报告）．中华医学杂志，1985，65（9）：55．{GU Yudong,CHEN Desong. Application of iliac bone flap with superficial circumflex iliac vessel pedicle (report of two cases)[J]. Zhonghua Yixue Za Zhi[Natl Med J China(Article in Chinese;No abstract available)],1985,65(9):556.}

[12767] 侯在恩，王玉明．采用肩胛部骨皮瓣游离移植重建虎口一例报告 [J]．显微医学杂志，1985，8（1）：62．{HOU Zaien,WANG Yuming. A case of reconstruction of first web space by free transplantation of scapular bone flap[J]. Xian Wei Yi Xue Za Zhi[J Microsurg(Article in Chinese;No abstract available)],1985,8(3):174.}

[12768] 范启申，田万成，王成琪．吻合血管骨膜皮瓣游离移植 1 例报告 [J]．解放军医学杂志，1985，10（4）：312．{FAN Qishen,TIAN Wancheng,WANG Chengqi. A case report of free transplantation of vascular periosteum flap with anastomosis[J]. Jie Fang Jun Yi xue Za Zhi[Med J Chin PLA(Article in Chinese;No abstract available)],1985,10(4):312.}

[12769] 戴绍业．带血管桡骨片皮瓣重建第一掌骨和拇指一例 [J]．中华显微外科杂志，1986，9（2）：114．{Dai Shaoye. Reconstruction of the first metacarpale and thumb with radius skin flap with vessel in one patient[J]. Zhonghua Xian Wei Wai Ke Za Zhi[Chin J Microsurg(Article in Chinese;No abstract available)],1986,9(2):114 .}

[12770] 赵炬才．用带血管蒂的髂骨髂腹部皮瓣一期修复小腿大块缺损．中华骨科杂志，1986，6（5）：366．{ZHAO Jucai. The large defect of lower leg was repaired by the iliac iliac abdominal flap with vascular pedicle[J].Zhonghua Gu Ke Za Zhi[Chin J Orthop(Article in Chinese;No abstract available)],1986,6(5):366.}

[12771] 吴仁秀．股方肌骨瓣移植的外科解剖学 [J]．中华显微外科杂志，1986，9（2）：98-100．DOI：10.3760/cma.j.issn.1001-2036.1986.02.116．{WU Renxiu. Surgical anatomy of quadratus femoris musculobone flap graft[J].Zhonghua Xian Wei Wai Ke Za Zhi[Chin J Microsurg(Article in Chinese;No abstract available)],1986,9(2):98-100. DOI:10.3760/cma.j.issn.1001-2036.1986.02.116.}

[12772] 宋炎，等．腓骨皮瓣移植 1 例 [J]．中华显微外科杂志，1986，9（3）：187．{SONG Yan,et al. One case of fibula flap transplantation[J].Zhonghua Xian Wei Wai Ke Za Zhi[Chin J Microsurg(Article in Chinese;No abstract available)],1986,9(3):187.}

[12773] 王玉明，廖尚贵，安荣泽，申平刚．小腿内侧骨——肌皮瓣修复下肢骨不连接及软组织缺损 1 例 [J]．中华显微外科杂志，1986，9（4）：230-230．DOI：10.3760/cma.j.issn.1001-2036.1986.04.121．{WANG Yuming,LIAO Shanggui,AN Rongze,SHEN Pinggang. A case of bone nonunion and soft tissue defect of lower limb repaired by medial bone-musculocutaneous flap of lower leg[J].Zhonghua Xian Wei Wai Ke Za Zhi[Chin J Microsurg(Article in Chinese;No abstract available)],1986,9(4):230-230. DOI:10.3760/cma.j.issn.1001-2036.1986.04.121.}

[12774] 郑文忠，谢允平，马国棣，郑季南．吻合血管的骨皮瓣移植修复四肢骨和软组织缺损 [J]．中华显微外科杂志，1995，18（3）：197．{ZHENG Wenzhong,XIE Yunping,MA Guodi,ZHENG Jinan. Repair of bone and soft tissue defects in extremities with vascularized bone flap[J]. Zhonghua Xian Wei Wai Ke Za Zhi[Chin J Microsurg(Article in Chinese;No abstract available)],1995,18(3):197.}

[12775] 齐继峰，许丽艳，闫树恒．腹股沟骨皮瓣修复腕部骨软组织缺损一例 [J]．中华手外科杂志，1995，11（2）：80．{QI Jifeng,XU Liyan,YAN Shuheng. Inguinal bone flap for repairing bone and soft tissue defect of wrist:a case report[J]. Zhonghua Shou Wai Ke Za Zhi[Chin J Hand Surg(Article in Chinese;No abstract available)],1995,11(2):80.}

[12776] 何少锋，张文忠，潘荣超，王慧美．膝内侧胫骨皮瓣修复四肢创伤性组织缺损 [J]．中华创伤杂志，1995，11（7）：64-65．{HE Shaofeng,ZHANG Wenzhong,PAN Rongchao,WANG Huimei. Repair of traumatic tissue defect of extremities with medial tibial flap of knee[J]. Zhonghua Chuang Shang Za Zhi[Chin J Trauma(Article in Chinese;No abstract available)],1995,11(7):64-65.}

[12777] 何少锋，张文忠，王惠美，潘荣超，陶燃．吻合血管的膝内侧胫骨皮瓣修复四肢创伤性组织缺损 [J]．骨与关节损伤杂志，1995，10（2）：148-149．{HE Shaofeng,ZHANG Wenzhong,WANG Huimei,PAN Rongchao,TAO Ran. Vascularized medial tibial-skin flap in repairing severe traumatic tissue defect of the extremities[J]. Gu Yu Guan Jie Sun Shang Za Zhi[J Bone Joint Injury(Article in Chinese;Abstract in Chinese and English)],1995,10(2):148-149.}

[12778] 吴乃洪，马广文，王志华．髂腹部轴型骨皮瓣的临床应用 [J]．中华手外科杂志，1996，12（2）：102．{WU Naihong,MA Guangwen,WANG Zhihua. Clinical application of axial ilioabdominal osteocutaneous flap[J]. Zhonghua Shou Wai Ke Za Zhi[Chin J Hand Surg(Article in Chinese;No abstract available)],1996,12(2):102.}

[12779] 王乃佐，沈祖尧，宓惠茹，马春旭，桑慧华，沈余明．带蒂髂腹部骨皮瓣移植修复腕手部特深度烧伤皮肤及骨缺损 [J]．中国修复重建外科杂志，1996，10（4）：234-236．{WANG Naizuo,SHEN Zuyao,MI Huiru,MA Chunxu,SANG Huihua,SHEN Yuming. Repair of skin and bone defects in wrist and hand with pedicled ilio abdominal bone flap[J]. Zhongguo Xiu Fu Chong Jian Wai Ke Za Zhi[Chin J Repar Reconstr Surg(Article in Chinese;Abstract in Chinese)],1996,10(4):234-236.}

[12780] 吴水培，张发惠，俞立新，高建明，马锁坤，黄飞，李强．腓浅血管蒂骨皮瓣修复足前掌部缺损 6 例报告 [J]．中国矫形外科杂志，1998，5（12）：50．{WU Shuipei,ZHANG Fahui,YU Lixin,GAO Jianming,MA Suokun,HUANG Fei,LI Qiang. Repair of forefoot palm defect with superficial peroneal vascular pedicle flap:a report of 6 cases[J]. Zhongguo Jiao Xing Wai Ke Za Zhi[Orthop J China(Article in Chinese;No abstract available)],1998,5(12):50.}

[12781] 钟桂午，张发惠，刘经南，陈日景．带血供臂下内侧骨皮瓣移位术的临床应用 [J]．骨与关节损伤杂志，1998，13（2）：148-150．{ZHONG Guiwu,ZHANG Fahui,LIU Jingnan,CHEN Rijing. Clinical application of the transposition of pedicled lower medial bone-skin flap of arm[J]. Gu Yu Guan Jie Sun Shang Za Zhi[J Bone Joint Injury(Article in Chinese;Abstract in Chinese and English)],1998,13(2):148-150.}

[12782] 董洪光，吕桂欣，赵尊进，张云峰，崔玉蓬．废弃肢体骨皮瓣修复对侧严重组织缺损一例 [J]．中国修复重建外科杂志，2000，14（5）：封三．{DONG Hongguang,LV Guixin,ZHAO Zunjin,ZHANG Yunfeng,CUI Yupeng. Repair of severe contralateral tissue defect with abandoned limb bone-skin flap:a case report[J]. Zhongguo Xiu Fu Chong Jian Wai Ke Za Zhi[Chin J Repar Reconstr Surg(Article in Chinese;No abstract available)],2000,14(5):cover 3.}

[12783] 夏霆，黄卫东，徐基农．骨皮瓣移植治疗前臂严重创伤一例报告 [J]．中华手外科杂志，2003，19（4）：242．DOI：10.3760/cma.j.issn.1005-054X.2003.04.032．{XIA Ting,HUANG Weidong,XU Jinong. A case report of severe forearm trauma treated with bone-skin flap transplantation[J]. Zhonghua Shou Wai Ke Za Zhi[Chin J Hand Surg(Article in Chinese;No abstract available)],2003,19(4):242. DOI:10.3760/cma.j.issn.1005-054X.2003.04.032.}

[12784] 孙振中，芮永军，吴权，寿奎水，周晓．上臂外侧骨皮瓣移植修复手部复合伤 [J]．中华手外科杂志，2003，19（4）：11-12．{SUN Zhenzhong,RUI Yongjun,WU Quan,SHOU Kuishui,ZHOU Xiao. Transfer of upper limb lateral bone-skin flap for repair of hand composite injury trauma[J]. Zhonghua Shou Wai Ke Za Zhi[Chin J Hand Surg(Article in Chinese;Abstract in Chinese and English)],2003,19(4):11-12.}

[12785] 褚晓朝，杨诚，许拥军，杜宏印，李恒，丛锐，朱庆生．吻合血管的骨皮瓣游离移植治疗复杂性骨不连 [J]．中国矫形外科杂志，2004，12（23）：1915-1916．DOI：10.3969/j.issn.1005-8478.2004.23.048．{CHU Xiaochao,YANG Cheng,XU Yongjun,DU Hongyin,LI Heng,CONG Rui,ZHU Qingsheng. Treatment of complex bone and skin defects with vascularied bone flap grafting[J]. Zhongguo Jiao Xing Wai Ke Za Zhi [Orthop J Chian(Article in Chinese;Abstract in Chinese)],2004,12(23):1915-1916. DOI:10.3969/j.issn.1005-8478.2004.23.048.}

[12786] 王树锋，栗鹏程，陆健，李世民，王海华．前臂背侧微型骨皮瓣游离移植修复手指复合组织缺损 [J]．中华骨科杂志，2005，25（10）：583-586．DOI：10.3760/j.issn：0253-2352.2005.10.002．{WANG Shufeng,LI Pengcheng,LU Jian,LI Shimin,WANG Haihua. The use of a free dorsal forearm mini-osteo-cutaneous flap to repair the bone and soft tissue defect of the finger[J]. Zhonghua Gu Ke Za Zhi[Chin J Orthop(Article in Chinese;Abstract in Chinese and English)],2005,25(10):583-586. DOI:10.3760/j.issn:0253-2352.2005.10.002.}

[12787] 王喜梅，文建国，张自清．第二掌骨皮瓣在虎口瘢痕修复中的临床应用 [J]．中华显微外科杂志，2005，28（2）：169-170．DOI：10.3760/cma.j.issn.1001-2036.2005.02.028．{WANG Ximei,WEN Jianguo,ZHANG Ziqing. Clinical application of the second metacarpal flap in the repair of scar in the edge between thumb and second finger[J]. Zhonghua Xian Wei Wai Ke Za Zhi[Chin J Microsurg(Article in Chinese;Abstract in Chinese)],2005,28(2):169-170. DOI:10.3760/cma.j.issn.1001-2036.2005.02.028.}

[12788] 张智，张成进，李忠，吕明，张尔坤．带血管骨皮瓣移植治疗胫骨感染性骨不连 [J]．中国矫形外科杂志，2006，14（8）：576-578．DOI：10.3969/j.issn.1005-8478.2006.08.005．{ZHANG Zhi,ZHANG Chengjin,LI Zhong,LV Ming,ZHANG Erkun. Vascularized osteocutaneous flap grafting as treatment for the tibiai infected nonunion[J]. Zhongguo Jiao Xing Wai Ke Za Zhi[Orthop J China(Article in Chinese;Abstract in Chinese and English)],2006,14(8):576-578. DOI:10.3969/j.issn.1005-8478.2006.08.005.}

[12789] 胡玉祥，张文正，伍辉国，宋东宁，江克罗．废弃指剔骨皮瓣修复手部创面 [J]．中华手外科杂志，2009，25（3）：184．DOI：10.3760/cma.j.issn.1005-054X.2009.03.027．{HU Yuxiang,ZHANG Wenzheng,WU Huiguo,SONG Dongning,JIANG Keluo. Repair of hand wound with abandoned finger de-bone flap[J]. Zhonghua Shou Wai Ke Za Zhi[Chin J Hand Surg(Article in Chinese;No abstract available)],2009,25(3):184. DOI:10.3760/cma.j.issn.1005-054X.2009.03.027.}

[12790] 王海文，顾荣，江新明，曾德庆，江吉勇．改良膝降动脉为蒂大收肌腱骨皮瓣修复跟复合组织缺损 [J]．中国临床解剖学杂志，2011，29（5）：578-580．{WANG Haiwen,GU Rong,JIANG Xinming,ZENG Deqing,JIANG Jiyong. Repair of Achilles tendon composite defect using osteocutaneous flap of adductor magnus tendon pedicled with[J]. Zhongguo Lin Chuang Jie Pou Xue Za Zhi[Chin J Clin Anat(Article in Chinese;Abstract in Chinese and English)],2011,29(5):578-580.}

[12791] 高翔．游离移植内收大肌骨皮瓣修复跟腱复合组织缺损 [J]．中国矫形外科杂志，2011，19（20）：1685，1730．DOI：10.3977/j.issn.1005-8478.2011.20.04．{GAO Xiang. Free adductor major myocutaneous flap for repair of Achilles tendon complex tissue defect[J]. Zhongguo Jiao Xing Wai Ke Za Zhi [Orthop J Chin(Article in Chinese;No abstract available)],2011,19(20):1685,1730. DOI:10.3977/j.issn.1005-8478.2011.20.04.}

[12792] 张振伟，廖坚文，庄加川，余少校，陈国荣，李征，白印伟．上臂远端外侧肱骨骨皮瓣修复手部复合组织缺损 [J]．中华手外科杂志，2011，27（4）：214-216．DOI：10.3760/cma.j.issn.1005-054X.2011.04.011．{ZHANG Zhenwei,LIAO Jianwen,ZHUANG Jiachuan,YU Shaoxiao,CHEN Guorong,LI Zheng,BAI Yinwei. Reconstruction of complex tissue defects of the hand with humeral osteocutaneous lateral arm flap[J]. Zhonghua Shou Wai Ke Za Zhi[Chin J Hand Surg(Article in Chinese;Abstract in Chinese and English)],2011,27(4):214-216. DOI:10.3760/cma.j.issn.1005-054X.2011.04.011.}

[12793] 彭忠，王建，陈皓，陆道军，孙灵通．游离肱骨皮瓣修复手部组织缺损的临床应用研究 [J]．创伤外科杂志，2013，15（5）：453-453，462．DOI：10.3969/j.issn.1009-4237.2013.05.024．{PENG Zhong,WANG Jian,CHEN Hao,LU Daojun,SUN Lingtong. Clinical application of isolated humeral flap for repairing soft tissue defect[J]. Chuang Shang Wai Ke Za Zhi[J Traum Surg(Article in Chinese;Abstract in Chinese)],2013,15(5):453-453,462. DOI:10.3969/j.issn.1009-4237.2013.05.024.}

[12794] 尤灵建，董凌波，张晗，陈忠义，梁军波，郭宇华，奚辉峰．应用游离肱骨皮瓣修复手部关节处皮肤骨骼缺损七例 [J]．中华显微外科杂志，2014，37（3）：286-288．DOI：10.3760/cma.j.issn.1001-2036.2014.03.028．{YOU Lingjian,DONG Lingbo,ZHANG Han,CHEN Zhongyi,LIANG Junbo,GUO Yuhua,XI Huifeng. Application of free humeral flap in the repair of skin and bone defects at the joint of hand:a report of 7 cases[J]. Zhonghua Xian Wei Wai Ke Za Zhi[Chin J Microsurg(Article in Chinese;Abstract in Chinese)],2014,37(3):286-288. DOI:10.3760/cma.j.issn.1001-2036.2014.03.028.}

[12795] 王斌，孙丽娜，董仁斌，蔡国平，梁军波，陈海啸，林列，朱忠．外侧骨皮瓣入路钢板内置治疗移位性跟骨关节内骨折 [J]．中华创伤骨科杂志，2014，16（12）：1033-1037．DOI：10.3760/cma.j.issn.1671-7600.2014.12.005．{WANG Bin,SUN Lina,DONG Renbin,CAI Guoping,LIANG Junbo,CHEN Haixiao,LIN Lie,ZHU Zhong. Inlayed plate via lateral bone flap approach for displaced intra-articular calcaneal fractures[J]. Zhonghua Chuang Shang Gu Ke Za Zhi[Chin J Orthop Trauma(Article in Chinese;Abstract in Chinese and English)],2014,16(12):1033-1037. DOI:10.3760/cma.j.issn.1671-7600.2014.12.005.}

[12796] 陈超，陈庚，钱增杰，张长虹，文亮，闫强，许昌兵．跟骨外侧骨皮瓣入路与传统 L 形入路治疗 Sanders Ⅲ～Ⅳ型跟骨骨折的比较 [J]．创伤外科杂志，2017，19（10）：770-773．DOI：10.3969/j.issn.1009-4237.2017.10.013．{CHEN Chao,CHEN Geng,QIAN Zengjie,ZHANG Changhong,WEN Liang,YAN Qiang,XU Changbing. Lateral bone flap approach compared to traditional lateral L-shaped approach for Sanders Ⅲ-Ⅳ type calcaneal fractures[J]. Chuang Shang Wai Ke Za Zhi[J Traum Surg(Article in Chinese;Abstract in Chinese and English)],2017,19(10):770-773. DOI:10.3969/j.issn.1009-4237.2017.10.013.}

4.6.4 组合皮瓣
combined flap

[12797] 于仲嘉，何鹤皋．双背阔肌游离皮瓣组合一期移植一例报告[J]．中华外科杂志，1986，24（11）：693-694．{YU Zhongjia,HE Hegao. One case report of double latissimus dorsi free flap combined with one-stage transplantation[J]. Zhonghua Wai Ke Za Zhi[Chin J Surg(Article in Chinese;No abstract available)],1986,24(11):693-694.}

[12798] 黄慕洁，于仲嘉．皮瓣组合移植血流变化的研究[J]．中华显微外科杂志，1993，16（1）：24-25．{HUANG Mujie,YU Zhongjia. Study on blood flow changes of combined skin flap transplantation[J]. Zhonghua Xian Wei Wai Ke Za Zhi[Chin J Microsurg(Article in Chinese;Abstract in Chinese)],1993,16(1):24-25.}

[12799] 李子金．组合皮瓣一期修复手套状皮肤撕脱伤[J]．中国修复重建外科杂志，1993，7（4）：237．{LI Zijin. Repairing of hand degloving injury with combined flap at one-stage[J]. Zhongguo Xiu Fu Chong Jian Wai Ke Za Zhi[Chin J Repar Reconstr Surg(Article in Chinese;No abstract available)],1993,7(4):237.}

[12800] 丛海波，孙文学，隋海明，曹志洪，曾涛．急诊吻合血管组合皮瓣移植治疗四肢大面积皮肤缺损[J]．中华显微外科杂志，1994，17（4）：243-244，316．{CONG Haibo,SUN Wenxue,SUI Haiming,CAO Zhihong,ZENG Tao. Transplantation of combined revascularized flaps to treat latge area skin defect on limbs[J]. Zhonghua Xian Wei Wai Ke Za Zhi[Chin J Microsurg(Article in Chinese;Abstract in Chinese)],1994,17(4):243-244,316.}

[12801] 丛海波，隋海明，曾涛，王树波．股前外侧-胸脐-肩胛皮瓣组合移植一例[J]．中华显微外科杂志，1995，18（2）：115．{CONG Haibo,SUI Haiming,ZENG Tao,WANG Shubo. Anterolateral thigh thoracolumbar scapular flap:a case report[J]. Zhonghua Xian Wei Wai Ke Za Zhi[Chin J Microsurg(Article in Chinese;No abstract available)],1995,18(2):115.}

[12802] 张少成，王书平．组合皮瓣治疗手严重脱套伤[J]．中华手外科杂志，1996，12（4）：195-197．{ZHANG Shaocheng,WANG Shuping. Combined skin flap for severe degloving injury of hand[J]. Zhonghua Shou Wai Ke Za Zhi[Chin J Hand Surg(Article in Chinese;Abstract in Chinese)],1996,12(4):195-197.}

[12803] 侯书健，程国良，潘达德，杨志贤，林彬，曲志勇，方光荣．吻合血管的游离皮瓣与第二足趾组合移植再造拇指[J]．中华显微外科杂志，1997，20（3）：68-70．{HOU Shujian,CHENG Guoliang,PAN Dade,YANG Zhixian,LIN Bin,QU Zhiyong,FANG Guangrong. Thumb reconstruction with vascularized free flap combined with second toe[J]. Zhonghua Xian Wei Wai Ke Za Zhi[Chin J Microsurg(Article in Chinese;No abstract available)],1997,20(3):68-70.}

[12804] 宋修军，吴鸿昌，潘达德，张国庆．肌腱穿皮瓣组合移植一期修复手部缺损[J]．中华外科杂志，1997，35（7）：65．{SONG Xiujun,WU Hongchang,PAN Dade,ZHANG Guoqing. One stage repair of hand defect with tendon perforator flap combination transplantation[J]. Zhonghua Wai Ke Za Zhi[Chin J Surg(Article in Chinese;No abstract available)],1997,35(7):65.}

[12805] 王文刚，张忠清，郭世杰，任志勇．第二掌背复合组织瓣与小鱼际皮瓣组合移植一例[J]．中华显微外科杂志，1998，21（3）：176．DOI：10.3760/cma.j.issn.1001-2036.1998.03.042．{WANG Wengang,ZHANG Zhongqing,GUO Shijie,REN Zhiyong. Combined transplantation of the second dorsal metacarpal composite flap and thenar flap:a case report[J]. Zhonghua Xian Wei Wai Ke Za Zhi[Chin J Microsurg(Article in Chinese;No abstract available)],1998,21(3):176. DOI:10.3760/cma.j.issn.1001-2036.1998.03.042.}

[12806] 左中男，陈逊文，高俊青，黄志强．带神经的组合皮瓣再造多指[J]．中华显微外科杂志，1998，21（4）：256．DOI：10.3760/cma.j.issn.1001-2036.1998.04.006．{ZUO Zhongnan,CHEN Xunwen,GAO Junqing,HUANG Zhiqiang. Reconstructing fingers by two flaps with the nerve[J]. Zhonghua Xian Wei Wai Ke Za Zhi[Chin J Microsurg(Article in Chinese;Abstract in Chinese and English)],1998,21(4):256. DOI:10.3760/cma.j.issn.1001-2036.1998.04.006.}

[12807] 王树锋，张高孟，路培法，王名山，吕占辉，周忠水．五个组织瓣组合移植修复全手脱套伤伴五指缺损[J]．中华手外科杂志，1999，15（4）：3-5．{WANG Shufeng,ZHANG Gaomeng,LU Peifa,WANG Mingshan,LV Zhanhui,ZHOU Zhongshui. Composite transfer of five transplants for repair of total hand degloving injury combined with five digit loss[J]. Zhonghua Shou Wai Ke Za Zhi[Chin J Hand Surg(Article in Chinese;Abstract in Chinese and English)],1999,15(4):3-5.}

[12808] 张经纬，朱文杰，崔勇，冯建翔．组合皮瓣与骨移植再造拇指[J]．中华显微外科杂志，2000，23(3)：240．DOI：10.3760/cma.j.issn.1001-2036.2000.03.057．{ZHANG Jingwei,ZHU Wenjie,CUI Yong,FENG Jianxiang. Thumb reconstruction with combined flap and bone graft[J]. Zhonghua Xian Wei Wai Ke Za Zhi[Chin J Microsurg(Article in Chinese;No abstract available)],2000,23(3):240. DOI:10.3760/cma.j.issn.1001-2036.2000.03.057.}

[12809] 王剑利，付兴茂，王成琪，田青叶，张树明，张祚勇，刘光军．组合带血管髂骨串联皮瓣重建第一、二跖骨及前足缺损[J]．中华显微外科杂志，2000，23（3）：180-181．DOI：10.3760/cma.j.issn.1001-2036.2000.03.006．{WANG Jianli,FU Xingmao,WANG Chengqi,TIAN Qingye,ZHANG Shuming,ZHANG Zuoyong,LIU Guangjun. Vascular iliac bone incorporating free flap transfer for reconstruction of defects of metatarsal and forefoot[J]. Zhonghua Xian Wei Wai Ke Za Zhi[Chin J Microsurg(Article in Chinese;Abstract in Chinese and English)],2000,23(3):180-181. DOI:10.3760/cma.j.issn.1001-2036.2000.03.006.}

[12810] 宋一平，刘宏滨，孙俊，藏谋生，雷会宁，陈启忠，张传开，王善松，张庆涛，童迅．健侧下肢组合血管皮瓣桥携游离（骨）皮瓣转移修复对侧下肢严重创伤[J]．中国矫形外科杂志，2000，7（9）：904-905．DOI：10.3969/j.issn.1005-8478.2000.09.026．{SONG Yiping,LIU Hongbin,SUN Jun,ZANG Mousheng,LEI Huining,CHEN Qizhong,ZHANG Chuankai,WANG Shansong,ZHANG Qingtao,TONG Xun. Severe low limb trauma reconstruction by free(bone) flap bridged by posterior tibialvascular flaps from the healthy leg[J]. Zhongguo Jiao Xing Wai Ke Za Zhi[Orthop J China(Article in Chinese;Abstract in Chinese)],2000,7(9):904-905. DOI:10.3969/j.issn.1005-8478.2000.09.026.}

[12811] 杜昭，黄德征．双足带足背皮瓣的右第二、三趾及左踇甲瓣组合移植再造三指一例[J]．中华显微外科杂志，2001，24(2)：90．DOI：10.3760/cma.j.issn.1001-2036.2001.02.043．{DU Zhao,HUANG Dezheng. A case of reconstruction of three fingers with combined transplantation of right second toe,third toe and left nail flap with dorsum of foot flap[J]. Zhonghua Xian Wei Wai Ke Za Zhi[Chin J Microsurg(Article in Chinese;No abstract available)],2001,24(2):90. DOI:10.3760/cma.j.issn.1001-2036.2001.02.043.}

[12812] 王剑利，付兴茂，张祚勇，李秀中，王成琪，范启申，庞昌金，徐亚林．用皮瓣与带血管髂骨组合移植修复足跟骨及软组织缺损[J]．中华显微外科杂志，2001，24（3）：175-176．DOI：10.3760/cma.j.issn.1001-2036.2001.03.005．{WANG Jianli,FU Xingmao,ZHANG Zuoyong,LI Xiuzhong,WANG Chengqi,FAN Qishen,PANG Changjin,XU Yalin. Reconstruction of bone and soft tissue of heel by vascularized iliac transfer incorperated with free flap[J]. Zhonghua Xian Wei Wai Ke Za Zhi[Chin J Microsurg(Article in Chinese;Abstract in Chinese and English)],2001,24(3):175-176. DOI:10.3760/cma.j.issn.1001-2036.2001.03.005.}

[12813] 隋海明，丛海波，李金晟，杨庆民．甲瓣加双"凸"状皮瓣组合移植修复全手皮肤脱套伤[J]．中国矫形外科杂志，2001，8(2)：140-141．DOI：10.3969/j.issn.1005-8478.2001.02.012．{SUI Haiming,CONG Haibo,LI Jinsheng,YANG Qingmin. Combined transplantation of nail flap and double n-shaped flap for repair of full hand skin degloving injury[J]. Zhongguo Jiao Xing Wai Ke Za Zhi[Orthop J China(Article in Chinese;Abstract in Chinese and English)],2001,8(2):140-141. DOI:10.3969/j.issn.1005-8478.2001.02.012.}

[12814] 刘茂文，冯承臣，杨殿玉，李秋实，冯鹏．双侧带足趾趾蹼的足背皮瓣组合移植治疗全手皮肤套状撕脱伤[J]．中华手外科杂志，2001，17（4）：198-199．DOI：10.3760/cma.j.issn.1005-054X.2001.04.003．{LIU Maowen,FENG Chengchen,YANG Dianyu,LI Qiushi,FENG Peng. Combined implantation of bilateral dorsalis pedis flap with toe web space on tre atment of the skin degloving injury in the hands[J]. Zhonghua Shou Wai Ke Za Zhi[Chin J Hand Surg(Article in Chinese;Abstract in Chinese and English)],2001,17(4):198-199. DOI:10.3760/cma.j.issn.1005-054X.2001.04.003.}

[12815] 贾红伟，程春生，赵祚恭．组织瓣组合游离移植修复跟骨及软组织缺损[J]．中国修复重建外科杂志，2001，15（2）：122．{JIA Hongwei,CHENG Chunsheng,ZHAO Zuogong. Repair of calcaneal and soft tissue defects with combined free tissue flap transplantation[J]. Zhongguo Xiu Fu Chong Jian Wai Ke Za Zhi[Chin J Repar Reconstr Surg(Article in Chinese;No abstract available)],2001,15(2):122.}

[12816] 王增涛，蔡锦方，曹学成，邹继耀，郑有卯，吴立志．第二足趾与同血管蒂的四个皮瓣组合再造长手指[J]．中华手外科杂志，2002，18（2）：23-25．{WANG Zengtao,CAI Jinfang,CAO Xuecheng,ZOU Jiyao,ZHENG Youmao,WU Lizhi. Reconstruction of digits by the second toe and 4 composite flaps with the same vessel pedicle[J]. Zhonghua Shou Wai Ke Za Zhi[Chin J Hand Surg(Article in Chinese;Abstract in Chinese and English)],2002,18(2):23-25.}

[12817] 王增涛，王成琪，蔡锦方，曹学成，郭德亮，屈跃峰，邹继锋，周海艇．多个组合皮瓣移植修复多手指皮肤脱套伤一例[J]．中国修复重建外科杂志，2002，16（2）：145．{WANG Zengtao,WANG Chengqi,CAI Jinfang,CAO Xuecheng,GUO Deliang,QU Yuefeng,ZOU Jifeng,ZHOU Haiting. Repair of degloving injury of multiple fingers with multiple combined flaps:a case report[J]. Zhongguo Xiu Fu Chong Jian Wai Ke Za Zhi[Chin J Repar Reconstr Surg(Article in Chinese;No abstract available)],2002,16(2):145.}

[12818] 赵金廷，贾思明，张树明，范启申．第二趾套状切取加踇趾腓侧皮瓣组合移植治疗手指大部皮肤脱套伤[J]．中华手外科杂志，2003，19（2）：35-36．{ZHAO Jinting,JIA Siming,ZHANG Shuming,FAN Qishen. Treatment of skin degloving injury in most part of finger by combined transfer of the second toe with the great toe fibular flap[J]. Zhonghua Shou Wai Ke Za Zhi[Chin J Hand Surg(Article in Chinese;Abstract in Chinese and English)],2003,19(2):35-36.}

[12819] 龚志鑫，邵新中，张克亮，于亚东，张桂生，张冰．应用微型皮瓣组合修复手指套状皮肤缺损[J]．中华手外科杂志，2004，20（3）：38-39．{GONG Zhixin,SHAO Xinzhong,ZHANG Keliang,YU Yadong,ZHANG Guisheng,ZHANG Bing. Repair of degloving injury at fingers using double miniature flaps[J]. Zhonghua Shou Wai Ke Za Zhi[Chin J Hand Surg(Article in Chinese;Abstract in Chinese and English)],2004,20(3):38-39.}

[12820] 宋文超，胡洪良，毛新发，姜春华，王秋霞，高兴才，王占华．足背皮瓣与第二足趾复合及组合移植修复杂手外伤[J]．中华创伤骨科杂志，2004，6（4）：453-454．DOI：10.3760/cma.j.issn.1671-7600.2004.04.026．{SONG Wenchao,HU Hongliang,MAO Xinfa,JIANG Chunhua,WANG Qiuxia,GAO Xingcai,WANG Zhanhua. Compound grafting of dorsalis pedis flap and second toe to repair complicated hand injury[J]. Zhonghua Chuang Shang Gu Ke Za Zhi[Chin J Orthop Trauma(Article in Chinese;Abstract in Chinese and English)],2004,6(4):453-454. DOI:10.3760/cma.j.issn.1671-7600.2004.04.026.}

[12821] 刘宏滨，宋一平，童讯．组合皮瓣一期修复小腿爆炸伤一例[J]．中国修复重建外科杂志，2004，18（4）：284．{LIU Hongbin,SONG Yiping,TONG Xun. One stage repair of explosive injury of leg with combined skin flap[J]. Zhongguo Xiu Fu Chong Jian Wai Ke Za Zhi[Chin J Repar Reconstr Surg(Article in Chinese;No abstract available)],2004,18(4):284.}

[12822] 王增星，李伟，梁浩标，叶伟洪，蔡晓霞，曾国娣，李真，梁志强，何希桦．胸脐皮瓣与股前外侧皮瓣组合移植修复小腿大面积组织缺损1例[J]．中国临床解剖学杂志，2005，23（2）：217-218．DOI：10.3969/j.issn.1001-165X.2005.02.028．{WANG Zengxing,LI Wei,LIANG Haobiao,YE Weihong,CAI Xiaoxia,ZENG Guodi,LI Zhen,LIANG Zhiqiang,HE Xihua. Large area of leg soft tissue defect repair by transplantation of thoracoumbilicus flap combined with anterolateral femoral flap:a case report[J]. Zhongguo Lin Chuang Jie Pou Xue Za Zhi[Chin J Clin Anat(Article in Chinese;Abstract in Chinese)],2005,23(2):217-218. DOI:10.3969/j.issn.1001-165X.2005.02.028.}

[12823] 王剑利，潘朝晖，许瑞杰，付兴茂，郭永强，杨华山．组合带血管髂骨及皮瓣重建跖骨缺损的三维有限元研究及临床分析[J]．中华显微外科杂志，2005，28（2）：163-164．DOI：10.3760/cma.j.issn.1001-2036.2005.02.024．{WANG Jianli,PAN Chaohui,XU Ruijie,FU Xingmao,GUO Yongqiang,YANG Huashan. Three dimensional finite element study and clinical analysis of reconstruction of metatarsal defect with vascularized iliac bone and skin flap[J]. Zhonghua Xian Wei Wai Ke Za Zhi[Chin J Microsurg(Article in Chinese;Abstract in Chinese)],2005,28(2):163-164. DOI:10.3760/cma.j.issn.1001-2036.2005.02.024.}

[12824] 骆立荣，陈浩，余林权，吕海建．血管襻骨膜内组合腓骨同蒂皮瓣移植修复骨与皮肤缺损[J]．中华显微外科杂志，2005，28（3）：262-263．DOI：10.3760/cma.j.issn.1001-2036.2005.03.031．{LUO Lirong,CHEN Hao,YU Linquan,LV Haijian. Repair of bone and skin defects with vascularized periosteal fibular flap[J]. Zhonghua Xian Wei Wai Ke Za Zhi[Chin J Microsurg(Article in Chinese;Abstract in Chinese)],2005,28(3):262-263. DOI:10.3760/cma.j.issn.1001-2036.2005.03.031.}

[12825] 曾炳芳，眭述平，姜佩珠，范存义，于仲嘉．游离皮瓣在组合移植中的应用[J]．中国修复重建外科杂志，2005，19（7）：508-510．{ZENG Bingfang,SUI Shuping,JIANG Peizhu,FAN Cunyi,YU Zhongjia. Application of free flaps in combined transplantation[J]. Zhongguo Xiu Fu Chong Jian Wai Ke Za Zhi[Chin J Repar Reconstr Surg(Article in Chinese;Abstract in Chinese and English)],2005,19(7):508-510.}

[12826] 张全荣，寿奎水，施海峰，陆征峰，魏苏明．双侧足趾皮瓣组合移植一期修复手部脱套伤并再造手指[J]．中华显微外科杂志，2006，29（6）：419-421，插2．DOI：10.3760/cma.j.issn.1001-2036.2006.06.007．{ZHANG Quanrong,SHOU Kuishui,SHI Haifeng,LU Zhengfeng,WEI Suming. Combined implantation of bilateral flaps of toe on reconstruction of thumb and other fingers in the skin degloving injury of the hand at one stage[J]. Zhonghua Xian Wei Wai Ke Za Zhi[Chin J Microsurg(Article in Chinese;Abstract in Chinese and English)],2006,29(6):419-421,insert 2. DOI:10.3760/cma.j.issn.1001-2036.2006.06.007.}

[12827] 季祝永，韩乃付，孙凤翔，王永祥，陈宇，张文祥，张伟峰，邹春景，薛荣，陈余庆．组合式骨外固定器及肌皮瓣转移治疗Ⅲ型胫腓骨开放性骨折[J]．中华创伤骨科杂志，2006，8（1）：95-96．DOI：10.3760/cma.j.issn.1671-7600.2006.01.029．{JI Zhuyong,HAN Naifu,SUN Fengxiang,WANG Yongxiang,CHEN Yu,ZHANG Wenxiang,ZHANG Weifeng,ZOU Chunjing,XUE Rong,CHEN Yuqing. Combined external fixator and myocutaneous flap transfer in the treatment of type III open tibiofibular fracture[J]. Zhonghua Chuang Shang Gu Ke Za Zhi[Chin J Orthop Trauma(Article in Chinese;Abstract in Chinese)],2006,8(1):95-96. DOI:10.3760/cma.j.issn.1671-7600.2006.01.029.}

[12828] 刘勇，裴国献，姚旺祥，梅良斌．足背动脉缺如组合双皮瓣的第二足趾移植再造拇指一例[J]．中华整形外科杂志，2006，22（5）：398-399．DOI：10.3760/j.issn：1009-4598.2006.05.029．{LIU Yong,PEI Guoxian,YAO Wangxiang,MEI Liangbin. The second toe transplantation combined with double flaps for reconstruction of thumb in absence of dorsal pedis artery:a case report[J]. Zhonghua Zheng Xing Wai Ke Za Zhi[Chin J Plast Surg(Article in Chinese;No abstract available)],2006,22(5):398-399. DOI:10.3760/j.issn:1009-4598.2006.05.029.}

[12829] 欧学海，邱武安，魏登科，朱一慧，宋倩．游离第二趾与筋膜皮瓣组合再造Ⅵ度缺损拇指[J]．中华显微外科杂志，2007，30（2）：148-149．DOI：10.3760/cma.j.issn.1001-2036.2007.02.026．{OU Xuehai,QIU Wu'an,WEI Dengke,ZHU Yihui,SONG

Qian. Reconstruction of thumb fourth degree defect with free second toe and fasciocutaneous flap[J]. Zhonghua Xian Wei Wai Ke Za Zhi[Chin J Microsurg(Article in Chinese;Abstract in Chinese)],2007,30(2):148-149. DOI:10.3760/cma.j.issn.1001-2036.2007.02.026.}

[12830] 刘明，梁炳生，刘敏，杜张荣，崔忠宁. 组合复合组织瓣移植修复严重手外伤及一期重建手功能 [J]. 中华手外科杂志，2007，23（4）：211. DOI：10.3760/cma.j.issn.1005-054X.2007.04.008. {LIU Ming,LIANG Bingsheng,LIU Min,DU Zhangrong,CUI Zhongning. Combined composite tissue transfer for severe hand injury repair and functional reconstruction at one-stage[J]. Zhonghua Shou Wai Ke Za Zhi[Chin J Hand Surg(Article in Chinese;No abstract available)],2007,23(4):211. DOI:10.3760/cma.j.issn.1005-054X.2007.04.008.}

[12831] 吕先俊，乔永军，冯晓林，陈大康，陈远海，陈敬有. 应用甲瓣加皮瓣组合移植治疗全手脱套伤的体会 [J]. 创伤外科杂志，2007，9（5）：462-462. DOI：10.3969/j.issn.1009-4237.2007.05.023. {LU Xianjun,QIAO Yongjun,FENG Xiaolin,CHEN Dakang,CHEN Yuanhai,CHEN Jingyou. Experience of using wrap-around flap of the big toe combined tibula distal pedicle flaps to cure total hand degloving injury[J]. Chuang Shang Wai Ke Za Zhi[J Traum Surg(Article in Chinese;Abstract in Chinese)],2007,9(5):462-462. DOI:10.3969/j.issn.1009-4237.2007.05.023.}

[12832] 赵玲珑，滕云升，郭永明，张朝，王龙虎，吴勐，梁高峰，李成林. 桥式吻合血管组合皮瓣修复小腿大面积皮肤缺损 [J]. 中国修复重建外科杂志，2007，21（3）：316-317. {ZHAO Linglong,TENG Yunsheng,GUO Yongming,ZHANG Chao,WANG Longhu,WU Meng,LIANG Gaofeng,LI Chenglin. Repair of large skin defect of leg with bridge type vascular anastomosis combined flap[J]. Zhongguo Xiu Fu Chong Jian Wai Ke Za Zhi[Chin J Repar Reconstr Surg(Article in Chinese;Abstract in Chinese)],2007,21(3):316-317.}

[12833] 陈雪荣，曾青东，周平，孙新. 组合移植皮瓣血管桥接修复小腿足踝部严重创伤 [J]. 中华显微外科杂志，2008，31（3）：211. DOI：10.3760/cma.j.issn.1001-2036.2008.03.034. {CHEN Xuerong,ZENG Qingdong,ZHOU Ping,SUN Xin. Repair of severe trauma of leg,foot and ankle with combined flap and vascular bridging[J]. Zhonghua Xian Wei Wai Ke Za Zhi[Chin J Microsurg(Article in Chinese;No abstract available)],2008,31(3):211. DOI:10.3760/cma.j.issn.1001-2036.2008.03.034.}

[12834] 陈越林，王增涛，李玲娣，韩国华，孟治国. 带皮神经手部筋膜皮瓣组合修复拇指末节脱套伤九例 [J]. 中华显微外科杂志，2008，31（6）：474. DOI：10.3760/cma.j.issn.1001-2036.2008.06.035. {CHEN Yuelin,WANG Zengtao,LI Lingdi,HAN Guohua,MENG Zhiguo. Repair of degloving injury of distal segment of thumb with the combination of hand fasciocutaneous flap with cutaneous nerve:a report of 9 cases[J]. Zhonghua Xian Wei Wai Ke Za Zhi[Chin J Microsurg(Article in Chinese;No abstract available)],2008,31(6):474. DOI:10.3760/cma.j.issn.1001-2036.2008.06.035.}

[12835] 宋树坤，高树林，王宪清. 多个筋膜皮下瓣组合修复小腿大面积皮肤缺损 [J]. 中国修复重建外科杂志，2008，22（10）：1278-1280. {SONG Shukun,GAO Shulin,WANG Xianqing. Repair of large area skin defect of leg with multiple fascial subcutaneous flaps[J]. Zhongguo Xiu Fu Chong Jian Wai Ke Za Zhi[Chin J Repar Reconstr Surg(Article in Chinese;Abstract in Chinese)],2008,22(10):1278-1280.}

[12836] 滕云升，刘重，智丰，刘少军，郭永明，张朝，赵玲珑，吴勐，梁高锋，李涛，石宇. 腓骨骨皮瓣组合股前外侧皮瓣修复小腿复合组织缺损 [J]. 中华显微外科杂志，2009，32（2）：116-118，插 4. DOI：10.3760/cma.j.issn.1001-2036.2009.02.012. {TENG Yunsheng,LIU Zhong,ZHI Feng,LIU Shaojun,GUO Yongming,ZHANG Chao,ZHAO Linglong,WU Meng,LIANG Gaofeng,LI Tao,SHI Yu. Transplantation of the cutaneous fibular flap combined with anterolateral thigh flap for the repair of complex tissue defect of the leg[J]. Zhonghua Xian Wei Wai Ke Za Zhi[Chin J Microsurg(Article in Chinese;Abstract in Chinese and English)],2009,32(2):116-118, 插 4. DOI:10.3760/cma.j.issn.1001-2036.2009.02.012.}

[12837] 朱跃良，徐永清，李军，杨军，欧阳云飞，何晓清. 组合应用带蒂皮瓣修复膝周大面积软组织缺损 [J]. 中华显微外科杂志，2009，32（3）：260-261. DOI：10.3760/cma.j.issn.1001-2036.2009.03.043. {ZHU Yueliang,XU Yongqing,LI Jun,YANG Jun,OUYANG Yunfei,HE Xiaoqing. Combined application of pedicled flap to repair large area soft tissue defect around knee[J]. Zhonghua Xian Wei Wai Ke Za Zhi[Chin J Microsurg(Article in Chinese;No abstract available)],2009,32(3):260-261. DOI:10.3760/cma.j.issn.1001-2036.2009.03.043.}

[12838] 任高宏，任义军，王钢，胡稷杰，黎润光，裴国献. 组合皮瓣修复小腿及足踝部大面积软组织缺损 [J]. 中华创伤骨科杂志，2009，11（11）：1042-1046. DOI：10.3760/cma.j.issn.1671-7600.2009.11.011. {REN Gaohong,REN Yijun,WANG Gang,HU Jijie,LI Runguang,PEI Guoxian. Repairing massive soft tissue defects below the knee with combined flaps[J]. Zhonghua Chuang Shang Gu Ke Za Zhi[Chin J Orthop Trauma(Article in Chinese;Abstract in Chinese and English)],2009,11(11):1042-1046. DOI:10.3760/cma.j.issn.1671-7600.2009.11.011.}

[12839] 王爱国，张卫兵，殷为华. 足踇趾甲瓣与第 2 趾趾骨皮瓣组合再造拇指术 [J]. 临床骨科杂志，2009，12（6）：615-617. DOI：10.3969/j.issn.1008-0287.2009.06.005. {WANG Aiguo,ZHANG Weibing,YIN Weihua. Thumb reconstruction with combined free hallux toe-nail flap and bone and skin flap of the 2nd toe transplantation[J]. Lin Chuang Gu Ke Za Zhi[J Clin Orthop(Article in Chinese;Abstract in Chinese and English)],2009,12(6):615-617. DOI:10.3969/j.issn.1008-0287.2009.06.005.}

[12840] 巨积辉，侯瑞兴，赵强，刘跃飞，魏诚，李雷，金光哲，李建宁，刘新益，王海文. 足部游离复合组织瓣组合移植修复全手毁损伤及脱套伤 [J]. 中国修复重建外科杂志，2009，23（10）：1153-1156. {JU Jihui,HOU Ruixing,ZHAO Qiang,LIU Yuefei,WEI Cheng,LI Lei,JIN Guangzhe,LI Jianning,LIU Xinyi,WANG Haiwen. Repair of whole-hand destructive injury and hand degloving injury with transplant of pedis compound free flap[J]. Zhongguo Xiu Fu Chong Jian Wai Ke Za Zhi[Chin J Repar Reconstr Surg(Article in Chinese;Abstract in Chinese and English)],2009,23(10):1153-1156.}

[12841] 刘刚义，席志峰，王从虎，李学亮，王芳，谢瑞菊. 游离双侧第二足趾联合股前外侧皮瓣组合移植修复小儿手一例 [J]. 中华手外科杂志，2010，26（6）：365. DOI：10.3760/cma.j.issn.1005-054X.2010.06.024. {LIU Gangyi,XI Zhifeng,WANG Conghu,LI Xueliang,WANG Fang,XIE Ruiju. Free bilateral second toe combined with anterolateral thigh flap for hand repair in children:a case report[J]. Zhonghua Shou Wai Ke Za Zhi[Chin J Hand Surg(Article in Chinese;No abstract available)],2010,26(6):365. DOI:10.3760/cma.j.issn.1005-054X.2010.06.024.}

[12842] 张文玺，乔志军. 局部组合皮瓣的设计与临床应用 [J]. 临床骨科杂志，2010，13（2）：166-168. DOI：10.3969/j.issn.1008-0287.2010.02.016. {ZHANG Wenxi,QIAO Zhijun. Design and clinical application of local flaps combination[J]. Lin Chuang Gu Ke Za Zhi[J Clin Orthop(Article in Chinese;Abstract in Chinese and English)],2010,13(2):166-168. DOI:10.3969/j.issn.1008-0287.2010.02.016.}

[12843] 欧学海，蔡鹰，尚驰，邱武安，张丽君，朱一慧. 利用毁损手与游离皮瓣组合前臂手再造一例 [J]. 中华显微外科杂志，2011，34（3）：262. DOI：10.3760/cma.j.issn.1001-2036.2011.03.043. {OU Xuehai,CAI Ying,SHANG Chi,QIU Wu'an,ZHANG Lijun,ZHU Yihui. Reconstruction of forearm hand with damaged hand and free flap:a case report[J]. Zhonghua Xian Wei Wai Ke Za Zhi[Chin J Microsurg(Article in Chinese;No abstract available)],2011,34(3):262. DOI:10.3760/cma.j.issn.1001-2036.2011.03.043.}

[12844] 肖彦，喻永新，陈允周，李杰华，肖亮. 外固定支架结合负压封闭引流及组合组织瓣转移技术治疗感染性骨折不愈合伴组织缺损 [J]. 中华创伤骨科杂志，2011，13（2）：197-199. DOI：10.3760/cma.j.issn.1671-7600.2011.02.024. {XIAO Yan,YU Yongxin,CHEN Yunzhou,LI Jiehua,XIAO Liang. External fixation combined with vacuum sealing drainage and combined tissue flap transfer in the treatment of infectious fracture nonunion with tissue defect[J]. Zhonghua Chuang Shang Gu Ke Za Zhi[Chin J Orthop Trauma(Article in Chinese;Abstract in Chinese)],2011,13(2):197-199. DOI:10.3760/cma.j.issn.1671-7600.2011.02.024.}

[12845] 闵沛如，章一新. 组合皮瓣的临床应用及进展 [J]. 组织工程与重建外科杂志，2011，7（3）：175-179. DOI：10.3969/j.issn.1673-0364.2011.03.016. {MIN Peiru,ZHANG Yixin. Chimeric flaps:definition,classification,nomenclature and clinical application[J]. Zu Zhi Gong Cheng Yu Chong Jian Wai Ke Za Zhi[J Tissue Eng Reconstr Surg(Article in Chinese;No abstract available)],2011,7(3):175-179. DOI:10.3969/j.issn.1673-0364.2011.03.016.}

[12846] 梁高峰，智丰，滕云升，张朝，吴勐，石宇，段超鹏，张满盈，贾晶. 游离股前外侧皮瓣组合腓骨骨皮瓣修复手掌毁损伤 [J]. 中华显微外科杂志，2013，36（5）：494-496. DOI：10.3760/cma.j.issn.1001-2036.2013.05.025. {LIANG Gaofeng,ZHI Feng,TENG Yunsheng,ZHANG Chao,WU Meng,SHI Yu,DUAN Chaopeng,ZHANG Manying,JIA Jing. Free anterolateral thigh flap combined with fibula flap for repair of palm injury[J]. Zhonghua Xian Wei Wai Ke Za Zhi[Chin J Microsurg(Article in Chinese;Abstract in Chinese)],2013,36(5):494-496. DOI:10.3760/cma.j.issn.1001-2036.2013.05.025.}

[12847] 刘光军，谭琪，杨磊，王谦，高志刚，王成琪，郭升玲. 双足踇甲皮瓣组合移植再造拇指末节 [J]. 中华手外科杂志，2013，29（4）：215-217. {LIU Guangjun,TAN Qi,YANG Lei,WANG Qian,GAO Zhigang,WANG Chengqi,GUO Shengling. Bilateral big toe wrap-around flap for reconstruction of the distal segment of the thumb[J]. Zhonghua Shou Wai Ke Za Zhi[Chin J Hand Surg(Article in Chinese;Abstract in Chinese and English)],2013,29(4):215-217.}

[12848] 江起庭，杨丽娜，王钰，江志伟. 同指组合皮瓣修复拇指末节脱套伤 34 例 [J]. 中华烧伤杂志，2013，29（6）：571-572. DOI：10.3760/cma.j.issn.1009-2587.2013.06.021. {JIANG Qiting,YANG Lina,WANG Yu,JIANG Zhiwei. Repair of degloving injury of the distal part of thumb with combined flap of the same finger:a report of 34 cases[J]. Zhonghua Shao Shang Za Zhi[Chin J Burns(Article in Chinese;No abstract available)],2013,29(6):571-572. DOI:10.3760/cma.j.issn.1009-2587.2013.06.021.}

[12849] 叶朝辉，陈薇薇，魏鹏，梅劲，刘素娜，彭晓旭，孙镭，王林杰，余雅玲. 组合皮瓣急诊一期修复手部大面积脱套伤 [J]. 中华整形外科杂志，2013，29（3）：227-229. DOI：10.3760/cma.j.issn.1009-4598.2013.03.021. {YE Zhaohui,CHEN Weiwei,WEI Peng,MEI Jin,LIU Suna,PENG Xiaoxu,SUN Lei,WANG Linjie,YU Yaling. Emergency repair of large area degloving injury of hand with combined flap[J]. Zhonghua Zheng Xing Wai Ke Za Zhi[Chin J Plast Surg(Article in Chinese;No abstract available)],2013,29(3):227-229. DOI:10.3760/cma.j.issn.1009-4598.2013.03.021.}

[12850] 钱德俭，郭相凯，刘玉男，刘伟，窦连大，赵刚. 带蒂组合皮瓣修复足踝部严重组织缺损 [J]. 组织工程与重建外科杂志，2013，9（4）：213-215. DOI：10.3969/j.issn.1673-0364.2013.04.009. {QIAN Dejian,GUO Xiangkai,LIU Yunan,LIU Wei,DOU Lianda,ZHAO Gang. Combined skin flaps for the repair of severe tissue defects of ankle and foot[J]. Zu Zhi Gong Cheng Yu Chong Jian Wai Ke Za Zhi[J Tissue Eng Reconstr Surg(Article in Chinese;Abstract in Chinese and English)],2013,9(4):213-215. DOI:10.3969/j.issn.1673-0364.2013.04.009.}

[12851] 陈建武，宋保强，郭树忠. 组合皮瓣的分类和进展 [J]. 中华显微外科杂志，2014，37（4）：410-412. DOI：10.3760/cma.j.issn.1001-2036.2014.04.033. {CHEN Jianwu,SONG Baoqiang,GUO Shuzhong. Classification and progress of combined flap[J]. Zhonghua Xian Wei Wai Ke Za Zhi[Chin J Microsurg(Article in Chinese;No abstract available)],2014,37(4):410-412. DOI:10.3760/cma.j.issn.1001-2036.2014.04.033.}

[12852] 周健辉，李秀文，石惠文，王夫平，冷树立，李国强，丘日升. 组合静脉皮瓣在皮肤缺损断指再植中的应用 [J]. 中华手外科杂志，2014，30（3）：238-239. DOI：10.3760/cma.j.issn.1005-054X.2014.03.033. {ZHOU Jianhui,LI Xiuwen,SHI Huiwen,WANG Fuping,LENG Jianhui,LI Guoqiang,QIU Risheng. Application of combined venous flap in replantation of severed finger with skin defect[J]. Zhonghua Shou Wai Ke Za Zhi[Chin J Hand Surg(Article in Chinese;No abstract available)],2014,30(3):238-239. DOI:10.3760/cma.j.issn.1005-054X.2014.03.033.}

[12853] 李泽龙，黄宾，刘喜彬，陈庆洲，蔡习炜，郑永佳. 组合式外固定架并腿固定联合隐神经营养血管皮瓣修复小腿及足踝部创面 [J]. 中国修复重建外科杂志，2014，28（10）：1263-1265. DOI：10.7507/1002-1892.20140273. {LI Zelong,HUANG Bin,LIU Xibin,CHEN Qingzhou,CAI Xiwei,ZHENG Yongjia. Treatment of leg,foot,and ankle wounds with saphenous neurocutaneous vascular flaps combined with assembly external frisket for fixation in parallel-leg position[J]. Zhongguo Xiu Fu Chong Jian Wai Ke Za Zhi[Chin J Repar Reconstr Surg(Article in Chinese;Abstract in Chinese and English)],2014,28(10):1263-1265. DOI:10.7507/1002-1892.20140273.}

[12854] 王克列，肖春生，叶志辉，马立峰，杨延军，张子清. 踇甲瓣联合带胫侧菱形皮瓣的第二趾复合组织组合再造拇指 [J]. 中华显微外科杂志，2016，39（3）：241-245. DOI：10.3760/cma.j.issn.1001-2036.2016.03.009. {WANG Kelie,XIAO Chunsheng,YE Zhihui,MA Lifeng,YANG Yanjun,ZHANG Ziqing. The hallux nail flap combination of the second phalange with the tibia lateral diamond shaped flap,joint,and tendon composite tissue to reconstruct the thumb[J]. Zhonghua Xian Wei Wai Ke Za Zhi[Chin J Microsurg(Article in Chinese;Abstract in Chinese and English)],2016,39(3):241-245. DOI:10.3760/cma.j.issn.1001-2036.2016.03.009.}

[12855] 宋力，沈立云，李扬，周立，汪帅，张广超，郑喜灿，牛晓梅，幸超峰，周明武. 急诊游离第二趾复合组织瓣节段性桥接断指组合再造全长拇手指 [J]. 中华手外科杂志，2017，33（4）：300-302. {SONG Li,SHEN Liyun,LI Yang,ZHOU Li,WANG Shuai,ZHANG Guangchao,ZHENG Xican,NIU Xiaomei,XING Chaofeng,ZHOU Mingwu. Reconstruction of full-length thumb and fingers by segmental bridging severed finger using emergency free second toe composite tissue flap[J]. Zhonghua Shou Wai Ke Za Zhi[Chin J Hand Surg(Article in Chinese;Abstract in Chinese and English)],2017,33(4):300-302.}

[12856] 周明武，宋健，宋力，周立，杨瑞甫，幸超峰，李士民. 踇甲皮瓣与带跖骨的第二趾复合组织组合再造拇指 [J]. 中华显微外科杂志，2018，41（1）：31-34. DOI：10.3760/cma.j.issn.1001-2036.2018.01.008. {ZHOU Mingwu,SONG Jian,SONG Li,ZHOU Li,YANG Ruifu,XING Chaofeng,LI Shimin. The big toe wrap-around flap combination of the second phalange with the metatarsal to reconstruct the thumb[J]. Zhonghua Xian Wei Wai Ke Za Zhi[Chin J Microsurg(Article in Chinese;Abstract in Chinese and English)],2018,41(1):31-34. DOI:10.3760/cma.j.issn.1001-2036.2018.01.008.}

[12857] 王会方，牛晓梅，张小亚，钱玉雯. 踇甲瓣组合第二足趾游离移植修饰性再造拇指 Ⅱ 和 Ⅲ 度缺损的围手术期护理 [J]. 中华显微外科杂志，2018，41（5）：512-514. DOI：10.3760/cma.j.issn.1001-2036.2018.05.028. {WANG Huifang,NIU Xiaomei,ZHANG Xiaoya,QIAN Yuwen. Perioperative nursing of modified thumb reconstruction with second toe free transplantation combined with nail flap[J]. Zhonghua Xian Wei Wai Ke Za Zhi[Chin J Microsurg(Article in Chinese;Abstract in Chinese)],2018,41(5):512-514. DOI:10.3760/cma.j.issn.1001-2036.2018.05.028.}

[12858] 宿晓雷，赵建勇，李文军. 腹部组合皮瓣在全手套脱伤修复中的应用研究 [J]. 中华手外科杂志，2018，34（1）：55-57. DOI：10.3760/cma.j.issn.1005-054X.2018.01.023. {SU Xiaolei,ZHAO Jianyong,LI Wenjun. Application of combined abdominal flap in the repair of total glove injury[J]. Zhonghua Shou Wai Ke Za Zhi[Chin J Hand Surg(Article in Chinese;Abstract in Chinese)],2018,34(1):55-57. DOI:10.3760/cma.j.issn.1005-054X.2018.01.023.}

[12859] 何如祥，雷林革，师富贵，祁多宝，冯致举. 踇甲皮瓣与第二足趾组合在拇指再造术中的

应用[J]．中华手外科杂志，2018，34（3）：235-236．{HE Ruxiang,LEI Linge,SHI Fugui,QI Duobao,FENG Zhiju. Application of combination of hallux nail flap and second toe in thumb reconstruction[J]. Zhonghua Shou Wai Ke Za Zhi[Chin J Hand Surg(Article in Chinese;Abstract in Chinese)],2018,34(3):235-236.}

[12860] 杨伟超，徐佳，汪春阳，文根，韩培，柴益民．组合腓肠神经营养血管皮瓣的腓骨嵌合皮瓣治疗创伤性复合组织缺损[J]．中华创伤骨科杂志，2018，20（8）：671-674．DOI：10.3760/cma.j.issn.1671-7600.2018.08.006．{YANG Weichao,XU Jia,WANG Chunyang,WEN Gen,HAN Pei,CHAI Yimin. Free chimeric vascularized fibular graft and sural flap for reconstruction of composite extremity defects[J]. Zhonghua Chuang Shang Gu Ke Za Zhi[Chin J Orthop Trauma(Article in Chinese;Abstract in Chinese and English)],2018,20(8):671-674. DOI:10.3760/cma.j.issn.1671-7600.2018.08.006.}

[12861] 何如祥，王勇平．甲瓣与第2足趾骨瓣组合移植再造拇指[J]．实用手外科杂志，2018，32（2）：147-148，162．DOI：10.3969/j.issn.1671-2722.2018.02.004．{HE Ruxiang,WANG Yongping. Application of the wrap-around flap combined with the second toe bone flap transplantation in thumb reconstruction[J]. Shi Yong Shou Wai Ke Za Zhi[Chin J Pract Hand Surg(Article in Chinese;Abstract in Chinese and English)],2018,32(2):147-148,162. DOI:10.3969/j.issn.1671-2722.2018.02.004.}

[12862] 韩素琴，陈宏，王欣，徐吉海，潘佳栋，黄耀鹏，李苗钟，章伟文．桥式交叉游离组织瓣组合修复小腿组织缺损的护理[J]．中华显微外科杂志，2019，42（4）：408-410．DOI：10.3760/cma.j.issn.1001-2036.2019.04.027．{HAN Suqin,CHEN Hong,WANG Xin,XU Jihai,PAN Jiadong,HUANG Yaopeng,LI Miaozhong,ZHANG Weiwen. Nursing care of bridge cross free tissue flap combination in repairing leg tissue defect[J]. Zhonghua Xian Wei Wai Ke Za Zhi[Chin J Microsurg(Article in Chinese;Abstract in Chinese)],2019,42(4):408-410. DOI:10.3760/cma.j.issn.1001-2036.2019.04.027.}

[12863] 谭琪，李瑶，张永强，王谦，李振，杨磊，刘光军．游离第2足趾组合甲瓣移植再造缺损拇指九例[J]．中华显微外科杂志，2019，42（6）：524-527．DOI：10.3760/cma.j.issn.1001-2036.2019.06.002．{TAN Qi,LI Yao,ZHANG Yongqiang,WANG Qian,LI Zhen,YANG Lei,LIU Guangjun. Reconstruction of thumb defect by transplanting second toe combined with hallucis flap:9 cases report[J]. Zhonghua Xian Wei Wai Ke Za Zhi[Chin J Microsurg(Article in Chinese;Abstract in Chinese)],2019,42(6):524-527. DOI:10.3760/cma.j.issn.1001-2036.2019.06.002.}

[12864] 谭琪，刘光军，张永强，王谦，杨磊，李振，刘祥霞．游离跗甲骨瓣组合第二足趾胫侧皮瓣再造拇指缺损[J]．中华手外科杂志，2019，35（6）：429-431．{TAN Qi,LIU Guangjun,ZHANG Yongqiang,WANG Qian,YANG Lei,LI Zhen,LIU Xiangxia. Application of free big toe nail-bone flap combined with second toe tibial flap for reconstruction of thumb defect[J]. Zhonghua Shou Wai Ke Za Zhi[Chin J Hand Surg(Article in Chinese;No abstract available)],2019,35(6):429-431.}

[12865] 徐慰凯，李泽龙，肖雁萍，李培浩．组合式外固定架联合隐神经营养血管皮瓣并腿修复足踝创面[J]．临床骨科杂志，2020，23（3）：454．DOI：10.3969/j.issn.1008-0287.2020.03.056．{XU Weikai,LI Zelong,XIAO Yanping,LI Peihao. Repair of foot and ankle wounds with saphenous neurocutaneous vascular flap and combined external fixators fixation in parallel leg[J]. Lin Chuang Gu Ke Za Zhi[J Clin Orthop(Article in Chinese;No abstract available)],2020,23(3):454. DOI:10.3969/j.issn.1008-0287.2020.03.056.}

4.6.5 联合皮瓣
conjoint flap,siamese flap

[12866] 何恢绪，刘建新，骆伟宏，胡建波，梅骅，帅学炎．弧形带蒂阴茎阴囊联合皮瓣重度尿道下裂一期成形术[J]．中华泌尿外科杂志，1989，10（2）：99-101．{HE Huixu,LIU Jianxin,LUO Weihong,HU Jianbo,MEI Hua,SHUAI Xueyan. One-stage repair of severe hypospadias with bow-shaped island flap from penis and scrotum[J]. Zhonghua Mi Niao Wai Ke Za Zhi[Chin J Urol(Article in Chinese;Abstract in Chinese and English)],1989,10(2):99-101.}

[12867] 李依力，罗力生，高建华，曲玉蓉．小阴唇皮瓣加后联合皮瓣阴道成形术[J]．修复重建外科杂志，1990，4（2）：101-103，128．{LI Yili,LUO Lisheng,GAO Jianhua,QU Yurong. Vaginoplasty with labia minora flap and posterior combined flap[J]. Zhongguo Xiu Fu Chong Jian Wai Ke Za Zhi[Chin J Repar Reconstr Surg(Article in Chinese;No abstract available)],1990,4(2):101-103,128.}

[12868] 陈青，王杰，王在刚，冯殿生，张家辉，杨连海．联合皮瓣在指端斜形缺损中的应用：附10例报告[J]．修复重建外科杂志，1990，4（2）：97-98．{CHEN Qing,WANG Jie,WANG Zaigang,FENG Diansheng,ZHANG Jiahui,YANG Lianhai. Application of combined flap in the treatment of oblique fingertip defect:a report of 10 cases[J]. Xiu Fu Chong Jian Wai Ke Za Zhi [J Repar Reconstr Surg(Article in Chinese;No abstract available)],1990,4(2):97-98.}

[12869] 徐永清，李主一，高田军，郭远发，李其训，翁龙江，方东海．吻合血管的胸脐髂腹股沟联合皮瓣移植修复大面积软组织缺损[J]．中华显微外科杂志，1994，17（1）：245-247，316．{XU Yongqing,LI Zhuyi,GAO Tianjun,GUO Yuanfa,LI Qixun,WENG Longjiang,FANG Donghai. Repair of large soft tissue defects with free vascularized combined thoracoumbilical flap with ilioingvinal flap transfers[J]. Zhonghua Xian Wei Wai Ke Za Zhi[Chin J Microsurg(Article in Chinese;Abstract in Chinese)],1994,17(1):245-247,316.}

[12870] 许亚军，邱扬，寿奎水，张全荣，姚群，王建新．下腹－侧胸－背外侧联合皮瓣的临床应用[J]．中华显微外科杂志，1997，20（4）：72．{XU Yajun,QIU Yang,SHOU Kuishui,ZHANG Quanrong,YAO Qun,WANG Jianxin. Clinical application of combined lower ventral lateral thoracic dorsolateral flap[J]. Zhonghua Xian Wei Wai Ke Za Zhi[Chin J Microsurg(Article in Chinese;No abstract available)],1997,20(4):72.}

[12871] 王佳琦，陈建，刘珍君，康卓，靳小磊，刘元波，戚可名．颈胸联合皮瓣扩张修复面颊瘢痕[J]．中华整形烧伤外科杂志，1997，13（4）：311．{WANG Jiaqi,CHEN Jian,LIU Zhenjun,KANG Zhuo,JIN Xiaolei,LIU Yuanbo,QI Keming. Reconstruction of cheek scar with cervical-thoracic combined flap expansion[J]. Zhonghua Zheng Xing Shao Shang Wai Ke Za Zhi[Chin J Plast Surg Burns(Article in Chinese;No abstract available)],1997,13(4):311.}

[12872] 赵莉，徐达传，何恢绪，吕军，魏革，钟世镇．弧形阴茎阴囊联合皮瓣设计的解剖学基础[J]．中国临床解剖学杂志，1998，16（1）：3-5．{ZHAO Li,XU Dachuan,HE Huixu,LV Jun,WEI Ge,ZHONG Shizhen. Anatomic basis of designing the arc penoscrotal skin flap[J]. Zhongguo Lin Chuang Jie Pou Xue Za Zhi[Chin J Clin Anat(Article in Chinese;Abstract in Chinese)],1998,16(1):3-5.}

[12873] 张功林，葛宝丰，张军华，曾述强，王世永．双肩胛－三角肌联合皮瓣移植一例[J]．中华显微外科杂志，1999，22（1）：39．DOI：10.3760/cma.j.issn.1001-2036.1999.01.049．{ZHANG Gonglin,GE Baofeng,ZHANG Junhua,ZENG Shuqiang,WANG Shiyong. Double scapular deltoid myocutaneous flap transplantation:a case report[J]. Zhonghua Xian Wei Wai Ke Za Zhi[Chin J Microsurg(Article in Chinese;No abstract available)],1999,22(1):39. DOI:10.3760/cma.j.issn.1001-2036.1999.01.049.}

[12874] 张功林，葛宝丰，张军华，王世勇，王清．胸外侧－脐旁联合皮瓣移植一例报告[J]．中华手外科杂志，1999，15(1)：52．DOI：10.3760/cma.j.issn.1005-054X.1999.01.036．{ZHANG Gonglin,GE Baofeng,ZHANG Junhua,WANG Shiyong,WANG Qing. Lateral thoracic paraumbilical flap transplantation:a case report[J]. Zhonghua Shou Wai Ke Za Zhi[Chin J Hand Surg(Article in Chinese;No abstract available)],1999,15(1):52. DOI:10.3760/cma.j.issn.1005-054X.1999.01.036.}

[12875] 郭永明，滕云升，赵玲珑，张朝．腹部－侧胸双血供联合皮瓣移植二例[J]．中华显微外科杂志，2000，23（1）：9．DOI：10.3760/cma.j.issn.1001-2036.2000.01.043．{GUO Yongming,TENG Yunsheng,ZHAO Linglong,ZHANG Chao. Two cases of abdominal lateral thoracic double blood supply combined skin flap transplantation[J]. Zhonghua Xian Wei Wai Ke Za Zhi[Chin J Microsurg(Article in Chinese;No abstract available)],2000,23(1):9. DOI:10.3760/cma.j.issn.1001-2036.2000.01.043.}

[12876] 王学明，翟广田，李爱国．腹部联合皮瓣修复手及前臂大面积皮肤缺损[J]．中国创伤骨科杂志，2000，2（4）：68．{WANG Xueming,ZHAI Guangtian,LI Aiguo. Repair of large area skin defect of hand and forearm with abdominal combined flap[J]. Zhongguo Chuang Shang Gu Ke Za Zhi[Chin J Orthop Trauma(Article in Chinese;No abstract available)],2000,2(4):68.}

[12877] 张功林，葛宝丰，荆浩，张军华，王世勇．一端带蒂另端吻合动脉的联合皮瓣修复骶部褥疮一例[J]．中华整形外科杂志，2000，16（6）：367．DOI：10.3760/j.issn：1009-4598.2000.06.023．{ZHANG Gonglin,GE Baofeng,JING Hao,ZHANG Junhua,WANG Shiyong. One case of acral pressure ulcers repair with combined flap pedicled at one end and anastomosed artery at the other end[J]. Zhonghua Zheng Xing Wai Ke Za Zhi[Chin J Plast Surg(Article in Chinese;No abstract available)],2000,16(6):367. DOI:10.3760/j.issn:1009-4598.2000.06.023.}

[12878] 张功林，葛宝丰，荆浩，张军华，曾述强，王清，王世勇．联合皮瓣修复软组织缺损[J]．中国修复重建外科杂志，2000，14（1）：17-19．{ZHANG Gonglin,GE Baofeng,JING Hao,ZHANG Junhua,ZENG Shuqiang,WANG Qing,WANG Shiyong. Repair of soft tissue defect with combined skin flap[J]. Zhongguo Xiu Fu Chong Jian Wai Ke Za Zhi[Chin J Repar Reconstr Surg(Article in Chinese;Abstract in Chinese and English)],2000,14(1):17-19.}

[12879] 滕云升，郭永明，张朝，赵玲珑．胸腹联合皮瓣移植亚急诊修复下肢软组织缺损[J]．中华显微外科杂志，2001，24（1）：58-59．DOI：10.3760/cma.j.issn.1001-2036.2001.01.026．{TENG Yunsheng,GUO Yongming,ZHANG Chao,ZHAO Linglong. Subemergency repair of soft tissue defects of lower limbs with thoracoabdominal combined flap transplantation[J]. Zhonghua Xian Wei Wai Ke Za Zhi[Chin J Microsurg(Article in Chinese;Abstract in Chinese)],2001,24(1):58-59. DOI:10.3760/cma.j.issn.1001-2036.2001.01.026.}

[12880] 张功林，葛宝丰，张军华，李慎松，荆浩．一端带蒂另端吻合动脉的腕携带联合皮瓣一例[J]．中华显微外科杂志，2001，24（4）：313．DOI：10.3760/cma.j.issn.1001-2036.2001.04.044．{ZHANG Gonglin,GE Baofeng,ZHANG Junhua,LI Shensong,JING Hao. A case of wrist combined flap pedicled at one end and anastomosed with artery at the other end[J]. Zhonghua Xian Wei Wai Ke Za Zhi[Chin J Microsurg(Article in Chinese;No abstract available)],2001,24(4):313. DOI:10.3760/cma.j.issn.1001-2036.2001.04.044.}

[12881] 滕云升，吴强驹，郭永明，张朝，赵玲珑．联合皮瓣移植急诊修复下肢大面积软组织缺损[J]．中华显微外科杂志，2002，25（1）：30．DOI：10.3760/cma.j.issn.1001-2036.2002.01.039．{TENG Yunsheng,WU Qiangju,GUO Yongming,ZHANG Chao,ZHAO Linglong. Emergency repair of large soft tissue defects of lower limbs with combined skin flap transplantation[J]. Zhonghua Xian Wei Wai Ke Za Zhi[Chin J Microsurg(Article in Chinese;No abstract available)],2002,25(1):30. DOI:10.3760/cma.j.issn.1001-2036.2002.01.039.}

[12882] 朱淋洁，闫蕊．上睑对位睑板结膜瓣联合皮瓣旋转修复下睑缺损[J]．中华整形外科杂志，2002，18（5）：293．DOI：10.3760/j.issn：1009-4598.2002.05.021．{ZHU Linjie,YAN Rui. Upper eyelid contraposition meibomian conjunctival flap combined with flap rotation to repair lower eyelid defect[J]. Zhonghua Zheng Xing Wai Ke Za Zhi[Chin J Plast Surg(Article in Chinese;No abstract available)],2002,18(5):293. DOI:10.3760/j.issn:1009-4598.2002.05.021.}

[12883] 颜玲，徐达传，高建华．足背皮瓣与足外侧或外踝上哑铃状联合皮瓣设计的解剖基础[J]．中国临床解剖学杂志，2005，23（2）：126-128．DOI：10.3969/j.issn.1001-165X.2005.02.004．{YAN Ling,XU Dachuan,GAO Jianhua. Anatomical basis for the design of dorsal foot flap combined with dumbbell-shaped flap on lateral foot or lateral malleolus[J]. Zhongguo Lin Chuang Jie Pou Xue Za Zhi[Chin J Clin Anat(Article in Chinese;Abstract in Chinese and English)],2005,23(2):126-128. DOI:10.3969/j.issn.1001-165X.2005.02.004.}

[12884] 范启申，周祥吉，李庆喜，郭德亮，孙书海．吻合一组血管的联合皮瓣移植临床应用探讨[J]．中华显微外科杂志，2005，28（3）：200-202．DOI：10.3760/cma.j.issn.1001-2036.2005.03.004．{FAN Qishen,ZHOU Xiangji,LI Qingxi,GUO Deliang,SUN Shuhai. Clinical applied investigate of transplanting combined flap with anastomosed a set of blood vessels[J]. Zhonghua Xian Wei Wai Ke Za Zhi[Chin J Microsurg(Article in Chinese;Abstract in Chinese and English)],2005,28(3):200-202. DOI:10.3760/cma.j.issn.1001-2036.2005.03.004.}

[12885] 范启申，周祥吉，李庆喜，郭德亮．联合皮瓣临床应用探讨[J]．中国矫形外科杂志，2005，13（2）：119-122．DOI：10.3969/j.issn.1005-8478.2005.02.011．{FAN Qishen,ZHOU Xiangji,LI Qingxi,GUO Deliang. Clinical investigation of transplanting combined flap[J]. Zhongguo Jiao Xing Wai Ke Za Zhi[Orthop J China(Article in Chinese;Abstract in Chinese and English)],2005,13(2):119-122. DOI:10.3969/j.issn.1005-8478.2005.02.011.}

[12886] 范启申，李静，高学建．吻合一组血管联合皮瓣围手术期处理[J]．中国矫形外科杂志，2005，13(20)：1551-1552．DOI：10.3969/j.issn.1005-8478.2005.20.010．{FAN Qishen,LI Jing,GAO Xuejian. Perioperative management on anastomotic one single blood vessel group with combined flap[J]. Zhongguo Jiao Xing Wai Ke Za Zhi[Orthop J China(Article in Chinese;Abstract in Chinese and English)],2005,13(20):1551-1552. DOI:10.3969/j.issn.1005-8478.2005.20.010.}

[12887] 朱雄翔，胡大海，徐明达，陈璧，韩军涛，董茂龙．腹部联合皮瓣分期转移修复前臂环形毁损性电烧伤八例[J]．中华烧伤杂志，2006，22（6）：470-471．DOI：10.3760/cma.j.issn.1009-2587.2006.06.020．{ZHU Xiongxiang,HU Dahai,XU Mingda,CHEN Bi,HAN Juntao,DONG Maolong. Abdominal combined in flap staged transfer to repair forearm ring destructive electric burn:a report of 8 cases[J]. Zhonghua Shao Shang Za Zhi[Chin J Burns(Article in Chinese;No abstract available)],2006,22(6):470-471. DOI:10.3760/cma.j.issn.1009-2587.2006.06.020.}

[12888] 栾杰，穆兰花，穆大力，王凌宇，刘晨，王克明，张卓奇．DIEP+TRAM联合皮瓣与双侧DIEP皮瓣乳房再造比较[J]．组织工程与重建外科杂志，2006，2（5）：267-269．DOI：10.3969/j.issn.1673-0364.2006.05.009．{LUAN Jie,MU Lanhua,MU Dali,WANG Lingyu,LIU Chen,WANG Keming,ZHANG Zhuoqi. Comparision of a combined skin flap of DIEP and TRAM and bipedicled DIEP flap for breast reconstruction[J]. Zu Zhi Gong Cheng Yu Chong Jian Wai Ke Za Zhi[J Tissue Eng Reconstr Surg(Article in Chinese;Abstract in Chinese and English)],2006,2(5):267-269. DOI:10.3969/j.issn.1673-0364.2006.05.009.}

[12889] 刘勇，张成进，李忠，王成琪，劳克成，刘雪涛，曲连军，刘学胜．足背动脉跨区供血的足背及足底内侧联合皮瓣的解剖研究与临床应用[J]．中华骨科杂志，2007，27（6）：451-454．DOI：10.3760/j.issn：0253-2352.2007.06.013．{LIU Yong,ZHANG Chengjin,LI Zhong,WANG Chengqi,LAO Kecheng,LIU Xuetao,QU Lianjun,LIU Xuesheng. The anatomical study and clinical application of unite skin flap straddling region dorsalis pedis and medial wall of footplate blood-supplied by arteria dorsalis pedis[J]. Zhonghua Gu Ke Za Zhi[Chin J Orthop(Article in Chinese;Abstract in Chinese and English)],2007,27(6):451-454. DOI:10.3760/j.issn:0253-2352.2007.06.013.}

[12890] 张桂生，龚志鑫，邵新中，朱晓光，张克亮，田红波，王飞，闫世杰．腹部联合皮瓣修复上肢大面积皮肤缺损[J]．中华手外科杂志，2007，23（5）：316．DOI：10.3760/cma.j.issn.1005-054X.2007.05.027．{ZHANG Guisheng,GONG Zhixin,SHAO Xinzhong,ZHU Xiaoguang,ZHANG Keliang,TIAN Hongbo,WANG Fei,YAN Shijie. Repair of large skin defect of upper limb with abdominal combined flap[J]. Zhonghua Shou Wai Ke Za Zhi[Chin J Hand Surg(Article in Chinese;No abstract available)],2007,23(5):316. DOI:10.3760/cma.j.issn.1005-054X.2007.05.027.}

[12891] 杜昭，蔡文，黄德征．胸脐下腹壁联合皮瓣转位修复上肢皮肤缺损 [J]．实用手外科杂志，2007，21（2）：85－87．DOI：10.3969/j.issn.1671－2722.2007.02.007．{DU Zhao,CAI Wen,HUANG Dezheng. Repair of arms' large area skin defects by chest abdomen consociation flap[J]. Shi Yong Shou Wai Ke Za Zhi[Chin J Pract Hand Surg(Article in Chinese;Abstract in Chinese and English)],2007,21(2):85-87. DOI:10.3969/j.issn.1671-2722.2007.02.007.}

[12892] 章鸣，张功林，张灵芝，伍辉国，胡玉祥，侯桥．吻合血管的肩胛－背阔肌联合皮瓣修复下肢大面积软组织缺损一例 [J]．中华显微外科杂志，2008，31（6）：416．DOI：10.3760/cma.j.issn.1001－2036.2008.06.037．{ZHANG Ming,ZHANG Gonglin,ZHANG Lingzhi,WU Huiguo,HU Yuxiang,HOU Qiao. Vascularized combined scapular latissimus dorsi flap for repair of large soft tissue defect of lower extremity:a case report[J]. Zhonghua Xian Wei Wai Ke Za Zhi[Chin J Microsurg(Article in Chinese;No abstract available)],2008,31(6):416. DOI:10.3760/cma.j.issn.1001-2036.2008.06.037.}

[12893] 张文振，叶胜捷，郑庆兴，陈如俊，庞淑光，章锦成，方声教．胸腹大腿联合皮瓣修复上肢大面积深度烧伤一例 [J]．中华烧伤杂志，2008，24（6）：436．DOI：10.3760/cma.j.issn.1009－2587.2008.06.028．{ZHANG Wenzhen,YE Shengjie,ZHENG Qingxing,CHEN Rujun,PANG Shuguang,ZHANG Jincheng,FANG Shengjiao. Repair of large area deep burn of upper limb with thoracoabdominal thigh combined flap:a case report[J]. Zhonghua Shao Shang Za Zhi[Chin J Burns(Article in Chinese;No abstract available)],2008,24(6):436. DOI:10.3760/cma.j.issn.1009-2587.2008.06.028.}

[12894] 黄旭，谢庭鸿，杨兴华，张明华，张丕红，龙剑虹，黄晓元．带蒂联合皮瓣移植修复上肢广泛软组织缺损 [J]．中华整形外科杂志，2008，24（5）：368－370．DOI：10.3760/j.issn：1009－4598.2008.05.012．{HUANG Xu,XIE Tinghong,YANG Xinghua,ZHANG Minghua,ZHANG Pihong,LONG Jianhong,HUANG Xiaoyuan. Repair of large defects in upper extremities with pedicled combined flap[J]. Zhonghua Zheng Xing Wai Ke Za Zhi[Chin J Plast Surg(Article in Chinese;Abstract in Chinese and English)],2008,24(5):368-370. DOI:10.3760/j.issn:1009-4598.2008.05.012.}

[12895] 于亚东，邵新中，白延彬，雷芳，杨春雨．股前外筋膜瓣联合皮瓣修复全手皮肤套状撕脱伤 [J]．中华显微外科杂志，2009，32（3）：236－237．DOI：10.3760/cma.j.issn.1001－2036.2009.03.027．{YU Yadong,SHAO Xinzhong,BAI Yanbin,LEI Fang,YANG Chunyu. Repair of complete hand degloving injury with anterolateral thigh fascial flap combined with skin flap[J]. Zhonghua Xian Wei Wai Ke Za Zhi[Chin J Microsurg(Article in Chinese;Abstract in Chinese)],2009,32(3):236-237. DOI:10.3760/cma.j.issn.1001-2036.2009.03.027.}

[12896] 魏在荣，王达利，王玉明，孙广峰，唐修俊，王波．足底内侧动脉联合皮瓣的应用解剖及在足跟部较大皮肤软组织缺损修复中的应用 [J]．中华医学杂志，2009，89（22）：1553－1557．DOI：10.3760/cma.j.issn.0376－2491.2009.22.014．{WEI Zairong,WANG Dali,WANG Yuming,SUN Guangfeng,TANG Xiujun,WANG Bo. Applied anatomy of medial plantar artery combined flaps and repairing heel and adjacent vast soft tissue defects[J]. Zhonghua Yi Xue Za Zhi[Natl Med J China(Article in Chinese;Abstract in Chinese and English)],2009,89(22):1553-1557. DOI:10.3760/cma.j.issn.0376-2491.2009.22.014.}

[12897] 龚志鑫，田德虎，张经岐，张桂生，张冰，王世辉，刘建敏．双髂腹股沟及腹部联合皮瓣修复前臂与手大面积皮肤缺损 [J]．中国修复重建外科杂志，2009，23（8）：930－932．{GONG Zhixin,TIAN Dehu,ZHANG Jingqi,ZHANG Guisheng,ZHANG Bing,WANG Shihui,LIU Jianmin. Repair of large skin defect of forearm and hand using bilateral groin flaps and abdominal flaps[J]. Zhongguo Xiu Fu Chong Jian Wai Ke Za Zhi[Chin J Repar Reconstr Surg(Article in Chinese;Abstract in Chinese and English)],2009,23(8):930-932.}

[12898] 龚志鑫，邵新中，张桂生，田德虎，于亚东，高彦华．应用踝前与足背联合皮瓣游离移植修复手掌部贯通伤皮肤缺损 [J]．中华显微外科杂志，2010，33（6）：444－446，后插 3．DOI：10.3760/cma.j.issn.1001－2036.2010.06.003．{GONG Zhixin,SHAO Xinzhong,ZHANG Guisheng,TIAN Dehu,YU Yadong,GAO Yanhua. Repairment of skin defects secondary to penetrating wound of palm with the application of free string-type dorsalis pedis flap and anterior malleolus flap[J]. Zhonghua Xian Wei Wai Ke Za Zhi[Chin J Microsurg(Article in Chinese;Abstract in Chinese and English)],2010,33(6):444-446,insert 3. DOI:10.3760/cma.j.issn.1001-2036.2010.06.003.}

[12899] 曹文德，刘文军，汪虹．大小腿联合皮瓣修复膝部及周围组织烧创伤深度创面 [J]．中华损伤与修复杂志（电子版），2010，5（2）：212－216．DOI：10.3969/cma.j.issn.1673－9450.2010.02.010．{CAO Wende,LIU Wenjun,WANG Hong. Thigh calf combined flap for repairing deep burn or trauma wounds of knee joint and surrounding tissue[J]. Zhonghua Sun Shang Yu Xiu Fu Za Zhi Dian Zi Ban[Chin J Injury Repair Wound Healing(Electr Ed)(Article in Chinese;Abstract in Chinese and English)],2010,5(2):212-216. DOI:10.3969/cma.j.issn.1673-9450.2010.02.010.}

[12900] 魏在荣，王达利，王玉明，孙广峰，唐修俊，韩文杰．带隐神经足底内侧动脉蒂联合皮瓣修复对侧足底前跖区皮肤软组织缺损 [J]．第二军医大学学报，2010，31（4）：408－411．DOI：10.3724/SP.J.1008.2010.00408．{WEI Zairong,WANG Dali,WANG Yuming,SUN Guangfeng,TANG Xiujun,HAN Wenjie. Medial plantar artery combined flaps with saphenous nerve in repairing opposite side ventri-planta soft tissue defects[J]. Di Er Jun Yi Da Xue Xue Bao[Acad J Sec Mil Med Univ(Article in Chinese;Abstract in Chinese and English)],2010,31(4):408-411. DOI:10.3724/SP.J.1008.2010.00408.}

[12901] 施海峰，芮永军，许亚军，张全荣，陆征峰，陈光，刘军，胡刚．足趾复合组织联合皮瓣重建拇指缺损 [J]．中华手外科杂志，2012，28（1）：29－30．DOI：10.3760/cma.j.issn.1005－054X.2012.01.010．{SHI Haifeng,RUI Yongjun,XU Yajun,ZHANG Quanrong,LU Zhengfeng,CHEN Guang,LIU Jun,HU Gang. Composite toe transfer combined with flap to reconstruct thumb defect[J]. Zhonghua Shou Wai Ke Za Zhi[Chin J Hand Surg(Article in Chinese;Abstract in Chinese and English)],2012,28(1):29-30. DOI:10.3760/cma.j.issn.1005-054X.2012.01.010.}

[12902] 范启申，周祥吉，赵晓东，高学建，朱宁．应用吻合一组血管联合皮瓣修复巨大创面的探讨 [J]．中华显微外科杂志，2013，36（3）：215－219．DOI：10.3760/cma.j.issn.1001－2036.2013.03.003．{FAN Qishen,ZHOU Xiangji,ZHAO Xiaodong,GAO Xuejian,ZHU Ning. The approach of the super wound repaired with a set of combined vascular anastomosed[J]. Zhonghua Xian Wei Wai Ke Za Zhi[Chin J Microsurg(Article in Chinese;Abstract in Chinese and English)],2013,36(3):215-219. DOI:10.3760/cma.j.issn.1001-2036.2013.03.003.}

[12903] 朱新红，黄飞，陶德刚，赖爱宁，郭龙，王佳孜，陈冰，戴志元．吻合一组血管的游离联合皮瓣修复下肢复合组织缺损 [J]．中华整形外科杂志，2013，29（5）：376－378．DOI：10.3760/cma.j.issn.1009－4598.2013.05.014．{ZHU Xinhong,HUANG Fei,TAO Degang,LAI Aining,GUO Long,WANG Jiazi,CHEN Bing,DAI Zhiyuan. Repair of composite tissue defect of lower limb with free combined skin flap anastomosis of a group of blood vessels[J]. Zhonghua Zheng Xing Wai Ke Za Zhi[Chin J Plast Surg(Article in Chinese;No abstract available)],2013,29(5):376-378. DOI:10.3760/cma.j.issn.1009-4598.2013.05.014.}

[12904] 张龙，孙圣亮，王剑利．掌背与静脉动脉化联合皮瓣修复合并血管缺损的多指软组织缺损 [J]．中华手外科杂志，2015，31（2）：157－158．DOI：10.3760/cma.j.issn.1005－054X.2015.02.031．{ZHANG Long,SUN Shengliang,WANG Jianli. Combined dorsal metacarpal and venous arterialization flap for repair of multi finger soft tissue defect with vascular defect[J]. Zhonghua Shou Wai Ke Za Zhi[Chin J Hand Surg(Article in Chinese;No abstract available)],2015,31(2):157-158. DOI:10.3760/cma.j.issn.1005-054X.2015.02.031.}

[12905] 余黎，喻爱喜，邓玲珑，陈振光，陶圣祥，邓凯，祝少博，余国荣．骨瓣联合皮瓣修复足跟部复合组织缺损七例 [J]．中华显微外科杂志，2016，39（6）：598－600．DOI：10.3760/cma.j.issn.1001－2036.2016.06.025．{YU Li,YU Aixi,DENG Linglong,CHEN Zhenguang,TAO Shengxiang,DENG Kai,ZHU Shaobo,YU Guorong. Bone flap combined with skin flap for repairing complex tissue defect of heel:a report of 7 cases[J]. Zhonghua Xian Wei Wai Ke Za Zhi[Chin J Microsurg(Article in Chinese;Abstract in Chinese)],2016,39(6):598-600. DOI:10.3760/cma.j.issn.1001-2036.2016.06.025.}

[12906] 江克罗，叶恒力，张文正，伍辉国，杨敏，张崇建．废弃骨植骨联合皮瓣修复拇指末节背侧组织块离断 [J]．中华手外科杂志，2017，33（3）：227－228．DOI：10.3760/cma.j.issn.1005－054X.2017.03.028．{JIANG Keluo,YE Hengli,ZHANG Wenzheng,WU Huiguo,YANG Min,ZHANG Chongjian. Repair of dorsal tissue block of distal segment of thumb with abandoned bone graft and skin flap[J]. Zhonghua Shou Wai Ke Za Zhi[Chin J Hand Surg(Article in Chinese;Abstract in Chinese)],2017,33(3):227-228. DOI:10.3760/cma.j.issn.1005-054X.2017.03.028.}

[12907] 张全荣，芮永军，施海峰，陆征峰，薛明宇，魏苏明．改良踇甲联合皮瓣修复拇指脱套伤的临床意义 [J]．实用手外科杂志，2017，31（3）：275－277，280．DOI：10.3969/j.issn.1671－2722.2017.03.001．{ZHANG Quanrong,RUI Yongjun,SHI Haifeng,LU Zhengfeng,XUE Mingyu,WEI Suming. The clinical significance of modified combined wrap-around flap combined with tibial flap of the 2nd toe in repairing thumb degloving injuries[J]. Shi Yong Shou Wai Ke Za Zhi[Chin J Pract Hand Surg(Article in Chinese;Abstract in Chinese and English)],2017,31(3):275-277,280. DOI:10.3969/j.issn.1671-2722.2017.03.001.}

[12908] 高文华，张宏亮，胡玉庆，樊安木，刘景焕，刘学亮．自体富血小板血浆凝胶联合皮瓣移植修复对难愈性创面的治疗效果 [J]．局解手术学杂志，2018，27（2）：88－92．DOI：10.11659/jjssx.07E017081．{GAO Wenhua,ZHANG Hongliang,HU Yuqing,FAN Anmo,LIU Jinghuan,LIU Xueliang. Clinical effect of platelet-rich plasma combined with flap transplantation in treatment of refractory wounds[J]. Ju Jie Shou Shu Xue Za Zhi[J Reg Anat Oper Surg(Article in Chinese;Abstract in Chinese and English)],2018,27(2):88-92. DOI:10.11659/jjssx.07E017081.}

[12909] 田振欣，窦金兰，张晓丽，窦洪磊，刘兴龙．CTA 辅助联合皮瓣修复小腿和足部大范围软组织缺损 [J]．中华显微外科杂志，2019，42（5）：438－441．DOI：10.3760/cma.j.issn.1001－2036.2019.05.005．{TIAN Zhenxin,DOU Jinlan,ZHANG Xiaoli,DOU Honglei,LIU Xinglong. Repairing massive soft tissue defects of shank and foot with combined flaps with the help of 3D-CTA technique[J]. Zhonghua Xian Wei Wai Ke Za Zhi[Chin J Microsurg(Article in Chinese;Abstract in Chinese and English)],2019,42(5):438-441. DOI:10.3760/cma.j.issn.1001-2036.2019.05.005.}

[12910] 胡骁骅，陈辉，杜伟力，尹凯，张玉海，沈余明．猪脱细胞真皮基质暂时闭合联合皮瓣蒂部回植修复腹部供瓣区的效果观察 [J]．中华损伤与修复杂志（电子版），2019，14（3）：182－187．DOI：10.3877/cma.j.issn.1673－9450.2019.03.004．{HU Xiaohua,CHEN Hui,DU Weili,YIN Kai,ZHANG Yuhai,SHEN Yuming. Effect of porcine acellular dermal matrix temporarily cover combined with flap pedicle replantation for repairing the donor site of abdominal flap[J]. Zhonghua Sun Shang Yu Xiu Fu Za Zhi Dian Zi Ban[Chin J Injury Repair Wound Healing(Electr Ed)(Article in Chinese;Abstract in Chinese and English)],2019,14(3):182-187. DOI:10.3877/cma.j.issn.1673-9450.2019.03.004.}

4.6.6 分叶皮瓣
lobulated flap

[12911] 姚建民，李松春，宋建良，沈向前，宋振坤，赵禾，徐靖宏．第二指摸分叶岛状皮瓣包裹修复再造拇指 [J]．中华显微外科杂志，1995，18（2）：105－106．{YAO Jianmin,LI Songchun,SONG Jianliang,SHEN Xiangqian,SONG Zhenkun,ZHAO He,XU Jinghong. Repair and reconstruction of thumb with second finger pouch lobulated island flap[J]. Zhonghua Xian Wei Wai Ke Za Zhi[Chin J Microsurg(Article in Chinese;Abstract in Chinese)],1995,18(2):105-106.}

[12912] 许亚军，寿奎水，邱扬，陈政，薛明宇．吻合血管的第一跖背、足外侧分叶皮瓣游离移植 [J]．中华显微外科杂志，1995，18（4）：286－287．{XU Yajun,SHOU Kuishui,QIU Yang,CHEN Zheng,XUE Mingyu. Free transplantation of the first dorsal metatarsal and lateral plantar flap with vascular anastomosis[J]. Zhonghua Xian Wei Wai Ke Za Zhi[Chin J Microsurg(Article in Chinese;No abstract availabl)],1995,18(4):286-287.}

[12913] 高伟阳，黄佳温，厉智．分叶皮瓣的设计及其应用 [J]．中华手外科杂志，1995，11（3）：72－73．{GAO Weiyang,HUANG Jiawen,LI Zhi. A ramified flap:design and application[J]. Zhonghua Shou Wai Ke Za Zhi[Chin J Hand Surg(Article in Chinese;Abstract in chinese)],1995,11(3):72-73.}

[12914] 俞立新，高建明，吴水培．脐旁分叶真皮下血管网皮瓣修复手指撕脱伤 [J]．中华显微外科杂志，1999，22（S1）：3－5．{YU Lixin,GAO Jianming,WU Shuipei. Repair of finger avulsion with paraumbilical lobulated subdermal vascular network flap[J]. Zhonghua Xian Wei Wai Ke Za Zhi[Chin J Microsurg(Article in Chinese;No abstract available)],1999,22(S1):3-5.}

[12915] 刘会仁，李瑞国，曹磊，张艳茂，高顺红，王岩，刘志旺，王国强．旋股外侧动脉降支分叶肌皮瓣的设计与临床应用 [J]．中华显微外科杂志，2006，29（1）：10－13，插图1－1．DOI：10.3760/cma.j.issn.1001－2036.2006.01.004．{LIU Huiren,LI Ruiguo,CAO Lei,ZHANG Yanmao,GAO Shunhong,WANG Yan,LIU Zhiwang,WANG Guoqiang. The design and clinical application of ramified musculocutaneous flap pedicled with the descending branch of lateral circumflex femoral artery[J]. Zhonghua Xian Wei Wai Ke Za Zhi[Chin J Microsurg(Article in Chinese;Abstract in Chinese and English)],2006,29(1):10-13,insert figure 1-1. DOI:10.3760/cma.j.issn.1001-2036.2006.01.004.}

[12916] 熊龙，饶长秀，凌峰．带蒂分叶真皮下血管网超薄皮瓣修复多指损伤 [J]．中华手外科杂志，2006，22（6）：355．DOI：10.3760/cma.j.issn.1005－054X.2006.06.026．{XIONG Long,RAO Changxiu,LING Feng. Repair of multi finger injuries with pedicled lobulated subdermal vascular network ultrathin flap[J]. Zhonghua Shou Wai Ke Za Zhi[Chin J Hand Surg(Article in Chinese;No abstract available)],2006,22(6):355. DOI:10.3760/cma.j.issn.1005-054X.2006.06.026.}

[12917] 章一新，钱云良，王丹茹，杨军，张余光，罗先平．联合肩胛/肩胛旁分叶皮瓣修复严重颌颈部瘢痕挛缩 [J]．中国修复重建外科杂志，2006，20（9）：890－892．{ZHANG Yixin,QIAN Yunliang,WANG Danru,YANG Jun,ZHANG Yuguang,LUO Xianping. Combined scapular/parascapular bilobar flaps for reconstruction of severe neck contracture[J]. Zhongguo Xiu Fu Chong Jian Wai Ke Za Zhi[Chin J Repar Reconstr Surg(Article in Chinese;Abstract in Chinese and English)],2006,20(9):890-892.}

[12918] 洪建军，高伟阳，李志杰，陈星隆，池永龙．分叶肩胛皮瓣的临床应用 [J]．中华骨科杂志，2007，27（12）：893－896．DOI：10.3760/j.issn：0253－2352.2007.12.006．{HONG Jianjun,GAO Weiyang,LI Zhijie,CHEN Xinglong,CHI Yonglong. Clinical application of the free ramified scapular flap[J]. Zhonghua Gu Ke Za Zhi[Chin J Orthop(Article in Chinese;Abstract in Chinese and English)],2007,27(12):893-896. DOI:10.3760/j.issn:0253-2352.2007.12.006.}

[12919] 朱新红，李强，吴水培，俞立新，黄飞，于凤宾．股前外侧分叶皮瓣的临床应用 [J]．中华显微外科杂志，2007，30（1）：11－13，插1．DOI：10.3760/cma.j.issn.1001－2036.2007.01.005．{ZHU Xinhong,LI Qiang,WU Shuipei,YU Lixin,HUANGFei,YU Fengbin. Clinical application of the ramifed anterolateral femoral flap[J]. Zhonghua Xian Wei Wai Ke Za Zhi[Chin J Microsurg(Article in Chinese;Abstract in Chinese and English)],2007,30(1):11-13,insert 1. DOI:10.3760/cma.j.issn.1001-2036.2007.01.005.}

[12920] 刘鸣江，唐举玉，谢松林，刘俊，吴攀峰，黄新锋，夏晓丹. 足背踝前分叶皮瓣移植修复多指皮肤软组织缺损[J]. 中华显微外科杂志，2007，30(1)：58-60. DOI：10.3760/cma.j.issn.1001-2036.2007.01.021. {LIU Mingjiang,TANG Juyu,XIE Songlin,LIU Jun,WU Panfeng,HUANG Xinfeng,XIA Xiaodan. Repair of skin and soft tissue defects of multiple fingers with dorsalis pedis and anterior malleolus fasciocutaneous flap[J]. Zhonghua Xian Wei Wai Ke Za Zhi[Chin J Microsurg(Article in Chinese;Abstract in Chinese)],2007,30(1):58-60. DOI:10.3760/cma.j.issn.1001-2036.2007.01.021.}

[12921] 刘会仁，刘德群，李瑞国，曹磊，邵新中，张艳茂，项力源，王国强，孙来卿. 旋股外侧动脉降支分叶肌皮瓣治疗肢体皮肤软组织缺损[J]. 中华显微外科杂志，2007，30(4)：261-263，后插1. DOI：10.3760/cma.j.issn.1001-2036.2007.04.012. {LIU Huiren,LIU Dequn,LI Ruiguo,CAO Lei,SHAO Xinzhong,ZHANG Yanmao,XIANG Liyuan,WANG Guoqiang,SUN Laiqing. Treatment of extremity infections with soft tissue defects with the ramified musculocutaneous flap pedicled with the descending branch of lateral circumflex femoral artery[J]. Zhonghua Xian Wei Wai Ke Za Zhi[Chin J Microsurg(Article in Chinese;Abstract in chinese and english)],2007,30(4):261-263,insert 1. DOI:10.3760/cma.j.issn.1001-2036.2007.04.012.}

[12922] 唐举玉，李康华，谢松林，刘鸣江，刘俊，吴攀峰. 足背分叶皮瓣游离移植一期修复多指电烧伤组织缺损[J]. 中华显微外科杂志，2007，30(5)：334-337，插3. DOI：10.3760/cma.j.issn.1001-2036.2007.05.005. {TANG Juyu,LI Kanghua,XIE Songlin,LIU Mingjiang,LIU Jun,WU Panfeng. Free dorsum flap lobule grafting for repair of third degree electric burn in two or three fingers[J]. Zhonghua Xian Wei Wai Ke Za Zhi[Chin J Microsurg(Article in Chinese;Abstract in Chinese and English)],2007,30(5):334-337,insert 3. DOI:10.3760/cma.j.issn.1001-2036.2007.05.005.}

[12923] 谢松林，唐举玉，刘鸣江，刘俊，吴攀峰，刘昌雄，夏小丹. 足背分叶皮瓣和小腿前踝上-足背串联皮瓣的应用[J]. 中华创伤骨科杂志，2007，9(8)：798-799. DOI：10.3760/cma.j.issn.1671-7600.2007.08.031. {XIE Songlin,TANG Juyu,LIU Mingjiang,LIU Jun,WU Panfeng,LIU Changxiong,XIA Xiaodan. Clinical application of dorsal lobulated flaps and combined anterosuperior malleolus-dorsal pedis flaps[J]. Zhonghua Chuang Shang Gu Ke Za Zhi[Chin J Orthop Trauma(Article in Chinese;No abstract availale)],2007,9(8):798-799. DOI:10.3760/cma.j.issn.1671-7600.2007.08.031.}

[12924] 沙德峰，李崇杰，姚阳. 髂腹股沟单蒂分叶薄皮瓣修复多指皮肤套脱伤[J]. 局解手术学杂志，2007，16(2)：封2. DOI：10.3969/j.issn.1672-5042.2007.02.014. {SHA Defeng,LI Chongjie,YAO Yang. Repairing skin degloving injury of multiple fingers with single pedicled iliac inguinal lobulated thin skin flap[J]. Ju Jie Shou Shu Xue Za Zhi[J Reg Anat Oper Surg(Article in Chinese;No abstract available)],2007,16(2):cover 2. DOI:10.3969/j.issn.1672-5042.2007.02.014.}

[12925] 刘会仁，刘德群，刘小坡，王国强，项力源，刘志旺，于占勇. 股前外侧分叶肌皮瓣的应用解剖与临床意义[J]. 中国临床解剖学杂志，2008，26(5)：491-493. DOI：10.3969/j.issn.1001-165X.2008.05.007. {LIU Huiren,LIU Dequn,LIU Xiaopo,WANG Guoqiang,XIANG Liyuan,LIU Zhiwang,YU Zhanyong. Applied anatomy and clinical significance of the ramified musculocutaneous flap pedicled with the descending branch of the lateral circumflex femoral artery[J]. Zhongguo Lin Chuang Jie Pou Xue Za Zhi[Chin J Clin Anat(Article in Chinese;Abstract in Chinese and English)],2008,26(5):491-493. DOI:10.3969/j.issn.1001-165X.2008.05.007.}

[12926] 劳克诚，李忠，张成进，王蕾，王成琪，范启审. 足部分叶皮瓣的临床应用[J]. 中华显微外科杂志，2008，31(2)：129-130. DOI：10.3760/cma.j.issn.1001-2036.2008.02.018. {LUO Kecheng,LI Zhong,ZHANG Chengjin,WANG Lei,WANG Chengqi,FAN Qishen. Clinical application of partial lobar flap of foot[J]. Zhonghua Xian Wei Wai Ke Za Zhi[Chin J Microsurg(Article in Chinese;Abstract in Chinese)],2008,31(2):129-130. DOI:10.3760/cma.j.issn.1001-2036.2008.02.018.}

[12927] 刘会仁，曹磊，张艳茂，李国华，项力源，侯金玲，刘志旺，王立新，孙来卿. 分叶股前外侧肌皮瓣修复前臂组织缺损与功能重建[J]. 中华手外科杂志，2008，24(1)：14-16. DOI：10.3760/cma.j.issn.1005-054X.2008.01.005. {LIU Huiren,CAO Lei,ZHANG Yanmao,LI Guohua,XIANG Liyuan,HOU Jinling,LIU Zhiwang,WANG Lixin,SUN Laiqing. Ramified anterolateral thigh myocutaneous flap transfer for upper extremity tissue defect repair and functional reconstruction[J]. Zhonghua Shou Wai Ke Za Zhi[Chin J Hand Surg(Article in Chinese;Abstract in Chinese and English)],2008,24(1):14-16. DOI:10.3760/cma.j.issn.1005-054X.2008.01.005.}

[12928] 张文龙，高顺红，王斌，陈超，费小轩，马铁鹏，焦成，董惠双. 指动脉Y形分叶岛状皮瓣治疗手指末节脱套伤[J]. 中华显微外科杂志，2009，32(5)：410-412. DOI：10.3760/cma.j.issn.1001-2036.2009.05.028. {ZHANG Wenlong,GAO Shunhong,WANG Bin,CHEN Chao,FEI Xiaoxuan,MA Tiepeng,JIAO Cheng,DONG Huishuang. Treatment of degloving injury of distal segment of finger with Y-shaped lobulated digital artery island flap[J]. Zhonghua Xian Wei Wai Ke Za Zhi[Chin J Microsurg(Article in Chinese;Abstract in Chinese)],2009,32(5):410-412. DOI:10.3760/cma.j.issn.1001-2036.2009.05.028.}

[12929] 王德运，谢卫国，王礼放，张伟. 下腹部分叶皮瓣在多手指电烧伤中的应用[J]. 中华损伤与修复杂志(电子版)，2009，4(5)：577-582. DOI：10.3969/j.issn.1673-9450.2009.05.013. {WANG Deyun,XIE Weiguo,WANG Lifang,ZHANG Wei. Repairing electrical burn of multi-fingers by lower abdominal lobulated flaps[J]. Zhonghua Sun Shang Yu Xiu Fu Za Zhi Dian Zi Ban[Chin J Injury Repair Wound Healing(Electr Ed)(Article in Chinese;Abstract in Chinese and English)],2009,4(5):577-582. DOI:10.3969/j.issn.1673-9450.2009.05.013.}

[12930] 陈胜华，徐达传，周小兵，安高，钟光明，吴坤成. 以旋股外侧动脉降支为蒂分叶股前外侧肌皮瓣设计的解剖学研究[J]. 中国临床解剖学杂志，2010，28(3)：237-241. {CHEN Shenghua,XU Dachuan,ZHOU Xiaobing,AN Gao,ZHONG Guangming,WU Kuncheng. Anatomy of the lobulated anterolateral thigh myocutaneous flap pedicled with the descending branch of the lateral femoral circumflex artery[J]. Zhongguo Lin Chuang Jie Pou Xue Za Zhi[Chin J Clin Anat(Article in Chinese;Abstract in Chinese and English)],2010,28(3):237-241.}

[12931] 游传华，陆雪飞，可国安. 分叶状腹部带蒂皮瓣在多指末端缺损中的应用[J]. 中华手外科杂志，2010，26(1)：19. {YOU Chuanhua,LU Xuefei,KE Guoan. Application of lobulated abdominal pedicled flap in the treatment of multiple fingertip defects[J]. Zhonghua Shou Wai Ke Za Zhi[Chin J Hand Surg(Article in Chinese;No abstract available)],2010,26(1):19.}

[12932] 葛建华，田泽高，阳运康，卓乃强，鲁晓波. 第一、二掌背动脉分叶岛状皮瓣急诊修复拇指套脱伤[J]. 中华手外科杂志，2010，26(6)：380. DOI：10.3760/cma.j.issn.1005-054X.2010.06.032. {GE Jianhua,TIAN Zegao,YANG Yunkang,ZHUO Naiqiang,LU Xiaobo. Emergency repair of thumb degloving injury with the first and second dorsal metacarpal artery lobulated island flaps[J]. Zhonghua Shou Wai Ke Za Zhi[Chin J Hand Surg(Article in Chinese;No abstract available)],2010,26(6):380. DOI:10.3760/cma.j.issn.1005-054X.2010.06.032.}

[12933] 王爱国，张卫兵，邱勇. 不同肌皮支为蒂的股前外侧分叶皮瓣在四肢组织缺损中的应用[J]. 中华创伤骨科杂志，2010，12(1)：12-16. DOI：10.3760/cma.j.issn.1671-7600.2010.01.005. {WANG Aiguo,ZHANG Weibing,QIU Yong. Ramified anterolateral femoral flaps pedicled with different musculocutaneous branches for soft-tissue defects at extremities[J]. Zhonghua Chuang Shang Gu Ke Za Zhi[Chin J Orthop Trauma(Article in Chinese;Abstract in Chinese and English)],2010,12(1):12-16. DOI:10.3760/cma.j.issn.1671-7600.2010.01.005.}

[12934] 魏在荣，王甜甜，税兰，孙广峰，王达利，王玉明. 第一掌背动脉蒂网状供血分叶皮瓣修复拇示指不规则创面[J]. 中国修复重建外科杂志，2010，24(1)：46-49. {WEI Zairong,WANG Tiantian,SHUI Lan,SUN Guangfeng,WANG Dali,WANG Yuming. Repair of irregular wounds on thumbs and index fingers with first dorsal metacarpal artery-based pedicle dictyo-pattern sublobe flaps[J]. Zhongguo Xiu Fu Chong Jian Wai Ke Za Zhi[Chin J Repair Reconstr Surg(Article in Chinese;Abstract in Chinese and English)],2010,24(1):46-49.}

[12935] 张艳茂，刘会仁，曹磊，王立新，于占永，李国华，吴学强，贾庆灵. 游离分叶股前外侧肌皮瓣修复前臂软组织缺损与功能重建[J]. 中华创伤杂志，2011，27(5)：463-465. DOI：10.3760/cma.j.issn.1001-8050.2011.05.024. {ZHANG Yanmao,LIU Huiren,CAO Lei,WANG Lixin,YU Zhanyong,LI Guohua,WU Xueqiang,JIA Qingling. Free functioning ramified anterolateral thigh myocutaneous flap for repair of forearm soft tissue defects and functional reconstruction[J]. Zhonghua Chuang Shang Za Zhi[Chin J Trauma(Article in Chinese;Abstract in Chinese and English)],2011,27(5):463-465. DOI:10.3760/cma.j.issn.1001-8050.2011.05.024.}

[12936] 邓国权，邹锦考，冯子平，莫艳萍. 应用足背分叶皮瓣修复手部多指皮肤软组织缺损[J]. 中华显微外科杂志，2012，35(3)：228-229. DOI：10.3760/cma.j.issn.1001-2036.2012.03.019. {DENG Guoquan,ZOU Jinkao,FENG Ziping,MO Yanping. Repair of skin and soft tissue defects of multiple fingers with dorsal pedis flap[J]. Zhonghua Xian Wei Wai Ke Za Zhi[Chin J Microsurg(Article in Chinese;Abstract in Chinese)],2012,35(3):228-229. DOI:10.3760/cma.j.issn.1001-2036.2012.03.019.}

[12937] 赵建强，车永琦，王军成，乔建阳，赵凯敏，杨敏. 一蒂多分叶髂腹股沟皮瓣修复多手指皮肤缺损[J]. 中华手外科杂志，2012，28(6)：375. {ZHAO Jianqiang,CHE Yongqi,WANG Juncheng,QIAO Jianyang,ZHAO Kaimin,YANG Min. Repair of skin defects of multiple fingers with one pedicle and multi lobulated ilioinguinal flap[J]. Zhonghua Shou Wai Ke Za Zhi[Chin J Hand Surg(Article in Chinese;No abstract available)],2012,28(6):375.}

[12938] 韩军涛，谢松涛，陶克，计鹏，张万福，胡大海. 旋髂浅动脉岛状分叶皮瓣修复下腹部及会阴区瘢痕挛缩22例[J]. 中华烧伤杂志，2012，28(2)：153-154. DOI：10.3760/cma.j.issn.1009-2587.2012.02.022. {HAN Juntao,XIE Songtao,TAO Ke,JI Peng,ZHANG Wanfu,HU Dahai. Superficial circumflex iliac artery island flap for repairing scar contracture of lower abdomen and perineum:a report of 22 cases[J]. Zhonghua Shao Shang Za Zhi[Chin J Burns(Article in Chinese;No abstract available)],2012,28(2):153-154. DOI:10.3760/cma.j.issn.1009-2587.2012.02.022.}

[12939] 黄剑，郑远圆，李基民，王晓峰，李学渊，陈宏. 游离上臂外侧分叶皮瓣在手部多创面皮肤缺损中的应用[J]. 中华手外科杂志，2013，29(1)：25-27. DOI：10.3760/cma.j.issn.1005-054X.2013.01.010. {HUANG Jian,ZHENG Yuanyuan,LI Jimin,WANG Xiaofeng,LI Xueyuan,CHEN Hong. The application of lateral arm multifoliate flaps to repair multiple soft tissue defects of the hand[J]. Zhonghua Shou Wai Ke Za Zhi[Chin J Hand Surg(Article in Chinese;Abstract in Chinese and English)],2013,29(1):25-27. DOI:10.3760/cma.j.issn.1005-054X.2013.01.010.}

[12940] 曾永文，金国栋，唐陵，唐俊华. 足背分叶皮瓣修复多指皮肤软组织缺损[J]. 中华手外科杂志，2013，29(4)：252-253. DOI：10.3760/cma.j.issn.1005-054X.2013.04.026. {ZENG Yongwen,JIN Guodong,TANG Ling,TANG Junhua. Repair of multi-finger skin and soft tissue defects with dorsal lobulated flap of foot[J]. Zhonghua Shou Wai Ke Za Zhi[Chin J Hand Surg(Article in Chinese;No abstract available)],2013,29(4):252-253. DOI:10.3760/cma.j.issn.1005-054X.2013.04.026.}

[12941] 李匡文，唐举玉，刘俊，刘鸣江，谢松林，黄雄杰，黄新锋，肖湘君，吴攀峰. 游离分叶骨间背动脉皮瓣修复多指皮肤缺损[J]. 中华手外科杂志，2014，30(1)：50-52. DOI：10.3760/cma.j.issn.1005-054X.2014.01.018. {LI Kuang Wen,TANG Juyu,LIU Jun,LIU Mingjiang,XIE Songlin,HUANG Xiongjie,HUANG Xinfeng,XIAO Xiangjun,WU Panfeng. Free lobulated posterior interosseous artery flap for multi-finger skin defect coverage[J]. Zhonghua Shou Wai Ke Za Zhi[Chin J Hand Surg(Article in Chinese;Abstract in Chinese and English)],2014,30(1):50-52. DOI:10.3760/cma.j.issn.1005-054X.2014.01.018.}

[12942] 刘刚义，袁建君，朱修文，荣向科，苟军全，张洁，谢超. 髂腹股沟分叶皮瓣修复多指皮肤软组织缺损[J]. 中华手外科杂志，2014，30(4)：307-308. DOI：10.3760/cma.j.issn.1005-054X.2014.04.028. {LIU Gangyi,YUAN Jianjun,ZHU Xiuwen,RONG Xiangke,GOU Junquan,ZHANG Jie,XIE Chao. Repair of skin and soft tissue defects of multiple fingers with ilioinguinal lobulated flap[J]. Zhonghua Shou Wai Ke Za Zhi[Chin J Hand Surg(Article in Chinese;Abstract in Chinese)],2014,30(4):307-308. DOI:10.3760/cma.j.issn.1005-054X.2014.04.028.}

[12943] 王相，张威凯，毛根莲，王海兵. 游离尺动脉腕上皮支分叶皮瓣包裹废弃指骨重建手指末节[J]. 中华整形外科杂志，2014，30(6)：462-464. DOI：10.3760/cma.j.issn.1009-4598.2014.06.018. {WANG Xiang,ZHANG Weikai,MAO Genlian,WANG Haibing. Reconstruction of distal phalanx with free flap of carpal epithelial branch of ulnar artery wrapped by discarded phalanx[J]. Zhonghua Zheng Xing Wai Ke Za Zhi[Chin J Plast Surg(Article in Chinese;No abstract available)],2014,30(6):462-464. DOI:10.3760/cma.j.issn.1009-4598.2014.06.018.}

[12944] 秦建华，刘亚臣，杨伟渊，程业，张兴群，林忠泵，姚平. 游离骨间后动脉分叶皮瓣修复指背缺损创面[J]. 中华显微外科杂志，2015，38(6)：586-588. DOI：10.3760/cma.j.issn.1001-2036.2015.06.017. {QIN Jianhua,LIU Yachen,YANG Weiyuan,CHENG Ye,ZHANG Xingqun,LIN Zhongbeng,YAO Ping. Free posterior interosseous artery fasciocutaneous flap for repairing dorsal finger defect[J]. Zhonghua Xian Wei Wai Ke Za Zhi[Chin J Microsurg(Article in Chinese;Abstract in Chinese)],2015,38(6):586-588. DOI:10.3760/cma.j.issn.1001-2036.2015.06.017.}

[12945] 赵风景，姚建民，张兴群，马亮，张龙春，徐一波，王鹏，祝震. 腓肠内侧动脉分叶皮瓣修复手、足软组织缺损[J]. 中华整形外科杂志，2015，31(6)：418-421. DOI：10.3760/cma.j.issn.1009-4598.2015.06.005. {ZHAO Fengjing,YAO Jianmin,ZHANG Xingqun,MA Liang,ZHANG Longchun,XU Yibo,WANG Peng,ZHU Zhen. Repair of soft tissue defect in hand or foot with lobulated medial sural artery perforator flap[J]. Zhonghua Zheng Xing Wai Ke Za Zhi[Chin J Plast Surg(Article in Chinese;Abstract in Chinese and English)],2015,31(6):418-421. DOI:10.3760/cma.j.issn.1009-4598.2015.06.005.}

[12946] 甘干达，唐继全，扈克治，罗平，陶智刚. 应用足背分叶皮瓣携带趾伸肌腱移植修复多手指皮肤合并肌腱组织缺损[J]. 创伤外科杂志，2015，17(5)：410-413. DOI：10.3969/j.issn.1009-4237.2015.05.008. {GAN Ganda,TANG Jiquan,HU Kezhi,LUO Ping,TAO Zhigang. Application of dorsal lobulated flap with toe extensor tendon graft to repair the finger skin and tendon tissue defect[J]. Chuang Shang Wai Ke Za Zhi[J Traum Surg(Article in Chinese;Abstract in Chinese and English)],2015,17(5):410-413. DOI:10.3969/j.issn.1009-4237.2015.05.008.}

[12947] 赵风景，姚建民，楼佳庆，马亮，张兴群，徐一波，张龙春，祝震. 腓肠内侧动脉分叶皮瓣的解剖学研究及在手、足部软组织缺损中的应用[J]. 中华手外科杂志，2016，32(4)：300-303. DOI：10.3760/cma.j.issn.1005-054X.2016.04.025. {ZHAO Jingjing,YAO Jianmin,LOU Jiaqing,MA Liang,ZHANG Xingqun,XU Yibo,ZHANG Longchun,ZHU Zhen. Anatomic study of medial sural artery lobulated perforator flap and its application in coverage of skin defects of the hand or foot[J]. Zhonghua Shou Wai Ke Za Zhi[Chin J Hand Surg(Article in Chinese;Abstract in Chinese and English)],2016,32(4):300-303. DOI:10.3760/cma.j.issn.1005-054X.2016.04.025.}

[12948] 郑晓飞，李建美，刘国印，胡小峰，周明伟，陈建民. 旋股外侧动脉降支串联分叶皮瓣的临床应用[J]. 中华手外科杂志，2016，32(6)：470-471. DOI：10.3760/cma.j.issn.1005-054X.2016.06.032. {ZHENG Xiaofei,LI Jianmei,LIU Guoyin,HU Xiaofeng,ZHOU Mingwei,CHEN Jianmin. Clinical application of lateral circumflex femoral

artery descending branch tandem lobulated flap[J]. Zhonghua Shou Wai Ke Za Zhi[Chin J Hand Surg(Article in Chinese;Abstract in Chinese)],2016,32(6):470-471. DOI:10.3760/cma.j.issn.1005-054X.2016.06.032.}

[12949] 赵风景，姚建民，马亮，章文锋，祝震，张兴群，陈莹，徐一波. 股前外侧分叶皮瓣在手部多指软组织缺损中的应用[J]. 中华创伤杂志，2016，32(11)：1025-1027. DOI：10.3760/cma.j.issn.1001-8050.2016.11.014. {ZHAO Fengjing,YAO Jianmin,MA Liang,ZHANG Wenfeng,ZHU Zhen,ZHANG Xingqun,CHEN Ying,XU Yibo. Application of anterolateral thigh fasciocutaneous flap in the treatment of multi finger soft tissue defect of hand[J]. Zhonghua Chuang Shang Za Zhi[Chin J Trauma(Article in Chinese;No abstract available)],2016,32(11):1025-1027. DOI:10.3760/cma.j.issn.1001-8050.2016.11.014.}

[12950] 唐修俊，魏在荣，王波，祁建平，孙广峰，李海，张子阳，王达利. 旋股外侧动脉降支单叶或分叶皮瓣修复会阴及下腹部肿瘤切除创面[J]. 中华整形外科杂志，2016，32(2)：111-115. DOI：10.3760/cma.j.issn.1009-4598.2016.02.007. {TANG Xiujun,WEI Zairong,WANG Bo,QI Jianping,SUN Guangfeng,LI Hai,ZHANG Ziyang,WANG Dali. Application of the lobulated flap or unilobular flap pedicled with the descending branch of lateral femoral circumflex artery in reconstruction of defects resulted from perineal and hypogastric tumor resection[J]. Zhonghua Zheng Xing Wai Ke Za Zhi[Chin J Plast Surg(Article in Chinese;Abstract in Chinese and English)],2016,32(2):111-115. DOI:10.3760/cma.j.issn.1009-4598.2016.02.007.}

[12951] 杨帅智，陈禄，郑灿镔，杨俊贵，黄昱，崔建德. 分叶串联游离静脉皮瓣在双手指近中节软组织缺损修复中的应用[J]. 中国修复重建外科杂志，2016，30(4)：440-443. DOI：10.7507/1002-1892.20160088. {YANG Shuaizhi,CHEN Lu,ZHENG Canbin,YANG Jungui,HUANG Yu,CUI Jiande. Application of the double skin paddle arterialized venous flaps for reconstructing soft tissue defects of middle and proximal parts of double figures[J]. Zhongguo Xiu Fu Chong Jian Wai Ke Za Zhi[Chin J Repar Reconstr Surg(Article in Chinese;Abstract in Chinese and English)],2016,30(4):440-443. DOI:10.7507/1002-1892.20160088.}

[12952] 叶曙明，滕晓峰，陈宏，荆珏华，张积森. 游离上臂外侧分叶皮瓣修复手部多创面皮肤缺损的临床应用[J]. 中国修复重建外科杂志，2016，30(4)：444-446. DOI：10.7507/1002-1892.20160089. {YE Shuming,TENG Xiaofeng,CHEN Hong,JING Juehua,ZHANG Jisen. Clinical application of lateral arm lobulated flaps to repair multiple soft tissue defect of hand[J]. Zhongguo Xiu Fu Chong Jian Wai Ke Za Zhi[Chin J Repar Reconstr Surg(Article in Chinese;Abstract in Chinese and English)],2016,30(4):444-446. DOI:10.7507/1002-1892.20160089.}

[12953] 姚阳，车敏，李崇杰. 旋股外侧动脉降支分叶肌皮瓣修复小腿伴深部死腔组织缺损七例[J]. 中华显微外科杂志，2017，40(6)：603-605. DOI：10.3760/cma.j.issn.1001-2036.2017.06.028. {YAO Yang,CHE Min,LI Chongjie. Repair of deep dead space tissue defect in leg with fasciocutaneous flap pedicled with descending branch of lateral circumflex femoral artery:a report of 7 cases[J]. Zhonghua Xian Wei Wai Ke Za Zhi[Chin J Microsurg(Article in Chinese;Abstract in Chinese)],2017,40(6):603-605. DOI:10.3760/cma.j.issn.1001-2036.2017.06.028.}

[12954] 何晓清，段家章，徐永清，朱跃良，李国栋，杨曦，冯凡哲，刘帅. 数字化辅助技术在股前外侧分叶皮瓣修复前中足脱套伤中的应用[J]. 中华创伤杂志，2017，33(10)：868-872. DOI：10.3760/cma.j.issn.1001-8050.2017.10.002. {HE Xiaoqing,DUAN Jiazhang,XU Yongqing,ZHU Yueliang,LI Guodong,YANG Xi,FENG Fanzhe,LIU Shuai. Application of digital assisted technology in double skin paddle anterolateral thigh flap reconstructing degloved injury of foot[J]. Zhonghua Chuang Shang Za Zhi[Chin J Trauma(Article in Chinese;Abstract in Chinese and English)],2017,33(10):868-872. DOI:10.3760/cma.j.issn.1001-8050.2017.10.002.}

[12955] 赵风景，章文锋，张兴群，姚建民，马亮，祝震. 股前外侧分叶皮瓣或肌皮瓣修复四肢皮肤软组织缺损七例[J]. 中华烧伤杂志，2017，33(6)：390-392. DOI：10.3760/cma.j.issn.1009-2587.2017.06.021. {ZHAO Fengjing,ZHANG Wenfeng,ZHANG Xingqun,YAO Jianmin,MA Liang,ZHU Zhen. Repair of skin and soft tissue defects of extremities with anterolateral thigh fasciocutaneous flap or myocutaneous flap:a report of 7 cases[J]. Zhonghua Shao Shang Za Zhi[Chin J Burns(Article in Chinese;No abstract available)],2017,33(6):390-392. DOI:10.3760/cma.j.issn.1009-2587.2017.06.021.}

[12956] 王国定，郑晓菊，王新安，张锋锋，刘帅，陈万富. 臂外侧游离分叶皮瓣修复手部多创面的体会[J]. 中华显微外科杂志，2018，41(4)：376-378. DOI：10.3760/cma.j.issn.1001-2036.2018.04.016. {WANG Guoding,ZHENG Xiaoju,WANG Xinhong,ZHANG Fengfeng,LIU Shuai,CHEN Wanfu. Experience of repairing multiple wounds of hand with free lateral arm flap[J]. Zhonghua Xian Wei Wai Ke Za Zhi[Chin J Microsurg(Article in Chinese;Abstract in Chinese)],2018,41(4):376-378. DOI:10.3760/cma.j.issn.1001-2036.2018.04.016.}

[12957] 何晓清，杨曦，段家章，李国栋，崔轶，徐月仙，王腾，徐永清. 股前外侧分叶皮瓣术中未能切取与中转方案[J]. 中华显微外科杂志，2018，41(5)：437-440. DOI：10.3760/cma.j.issn.1001-2036.2018.05.006. {HE Xiaoqing,YANG Xi,DUAN Jiazhang,LI Guodong,CUI Yi,XU Yuexian,WANG Teng,XU Yongqing. Failing to harvest two-paddle anterolateral thigh flap and converting algorithm[J]. Zhonghua Xian Wei Wai Ke Za Zhi[Chin J Microsurg(Article in Chinese;Abstract in Chinese and English)],2018,41(5):437-440. DOI:10.3760/cma.j.issn.1001-2036.2018.05.006.}

[12958] 孙汝涛，王岩，刘会仁，刘家寅，张艳茂，于占勇，窦淑萍，王松. 分叶腓肠神经营养血管筋膜瓣修复足跟部半环形软组织缺损[J]. 中华显微外科杂志，2018，41(6)：581-583. DOI：10.3760/cma.j.issn.1001-2036.2018.06.017. {SUN Rutao,WANG Yan,LIU Huiren,LIU Jiayin,ZHANG Yanmao,YU Zhanyong,DOU Shuping,WANG Song. Repair of semicircular soft tissue defect of heel with split sural neurovascular fascial flap[J]. Zhonghua Xian Wei Wai Ke Za Zhi[Chin J Microsurg(Article in Chinese;Abstract in Chinese)],2018,41(6):581-583. DOI:10.3760/cma.j.issn.1001-2036.2018.06.017.}

[12959] 董玉金，张铁慧，徐连春. 游离背阔肌分叶肌皮瓣修复小腿软组织缺损[J]. 中华骨科杂志，2019，39(4)：251-256. DOI：10.3760/cma.j.issn.0253-2352.2019.04.008. {DONG Yujin,ZHANG Tiehui,XU Lianchun. Clinical application of free latissimus dorsi lobulated musculocutaneous flap for repair of tissue defect of the shank[J]. Zhonghua Gu Ke Za Zhi[Chin J Orthop(Article in Chinese;Abstract in Chinese and English)],2019,39(4):251-256. DOI:10.3760/cma.j.issn.0253-2352.2019.04.008.}

[12960] 邵阳，林伟，刘建疆，何文君，陈卫鑫，李克，沈国良，赵小瑜. 分叶背阔肌皮瓣游离移植修复小腿不规则软组织缺损创面[J]. 中华显微外科杂志，2019，42(5)：450-454. DOI：10.3760/cma.j.issn.1001-2036.2019.05.008. {SHAO Yang,LIN Wei,LIU Jianjiang,HE Wenjun,CHEN Weixin,LI Ke,SHEN Guoliang,ZHAO Xiaoyu. Transplantation of lobulated free latissimus dorsi flap for repairing irregular soft tissue defect of shank[J]. Zhonghua Xian Wei Wai Ke Za Zhi[Chin J Microsurg(Article in Chinese;Abstract in Chinese and English)],2019,42(5):450-454. DOI:10.3760/cma.j.issn.1001-2036.2019.05.008.}

[12961] 董俊文，梁高峰，滕云升，郭永明，权小波，贾宗海，张满盈，段超鹏，文波，贾钟喻. Masquelet技术结合股前外侧分叶皮瓣修复手掌贯通伤伴复合组织缺损15例[J]. 中华显微外科杂志，2020，43(2)：179-182. DOI：10.3760/cma.j.cn441206-20190610-00202. {DONG Junwen,LIANG Gaofeng,TENG Yunsheng,GUO Yongming,QUAN Xiaobo,JIA Zonghai,ZHANG Manying,DUAN Chaopeng,WEN Bo,JIA Zhongyu. Application of masquelet technique combined with anterolateral thigh fasciocutaneous flap in the repair of palm penetrating injury with complex tissue defect:a report of 15 cases[J]. Zhonghua Xian Wei Wai Ke Za Zhi[Chin J Microsurg(Article in Chinese;Abstract in Chinese)],2020,43(2):179-182. DOI:10.3760/cma.j.cn441206-20190610-00202.}

4.6.7 嵌合皮瓣
chimeric flap

[12962] Zhang YX,Wang D,Zhang Y,Ong YS,Follmar KE,Tahernia AH,Pang FK,Erdmann D,Qian Y,Levin LS. Triple chimeric flap based on anterior tibial vessels for reconstruction of severe traumatic injuries of the hand with thumb loss[J]. Plast Reconstr Surg,2009,123(1):268-275. doi:10.1097/PRS.0b013e3181904e10.

[12963] Zang M,Yu P. A chimeric flap model in dogs[J]. J Reconstr Microsurg,2011,27(3):163-168. doi:10.1055/s-0030-1270530.

[12964] Xie G,Hu Z,Miao C,Chen W,Mei L. The free triple chimeric dorsalis pedis flaps for repair of multifinger soft tissue defects:a report of two cases[J]. Microsurgery,2013,33(8):660-666. doi:10.1002/micr.22088.

[12965] Song B,Chen J,Han Y,Hu Y,Su Y,Li Y,Zhang J,Guo S. The use of fabricated chimeric flap for reconstruction of extensive foot defects[J]. Microsurgery,2016,36(4):303-309. doi:10.1002/micr.22399.

[12966] Pan ZH,Jiang PP,Zhao YX,Wang JL. Treatment of complex metacarpal defects with free chimeric iliac osteocutaneous flaps[J]. J Plast Surg Hand Surg,2017,51(2):143-148. doi:10.1080/2000656X.2016.1205502.

[12967] Pan ZH,Jiang PP,Xue S,Li H,Wang JL. Restoration of basic hand function following devastating hand injuries using a microsurgically fabricated chimeric iliac osteocutaneous flap[J]. J Plast Reconstr Aesthet Surg,2017,70(6):723-728. doi:10.1016/j.bjps.2017.03.004.

[12968] Tang L,Pafitanis G,Yang P,Li Z,Jia M,Koshima I,Song D,Chi Z. Combined multi-lobed flaps:A series of 39 extensive hand and multi-digit injuries one-staged reconstructions using modified designs of ALT,DPA and chimeric linking flaps[J]. Injury,2017,48(7):1527-1535. doi:10.1016/j.injury.2017.03.049.

[12969] Shen H,Shen XQ,Lv Y,Lu H,Xu JH,Wu SC. Three-dimensional virtual planning in precise chimeric fibula free flap for metacarpal defects:A case report[J]. Medicine(Baltimore),2017,96(31):e7364. doi:10.1097/MD.0000000000007364.

[12970] Mashrah MA,Mai L,Wan Q,Pan C. Chimeric posterior tibial artery flap:clinical application in oral and maxillofacial reconstruction[J]. Int J Oral Maxillofac Surg,2020,49(8):993-999. doi:10.1016/j.ijom.2019.12.008.

[12971] 何晓清，朱跃良，徐永清，段家章，梅良斌，王毅，金涛，范新宇. 游离股前外侧嵌合皮瓣修复手部深部创面[J]. 中华手外科杂志，2015，31(6)：415-417. DOI：10.3760/cma.j.issn.1005-054X.2015.06.007. {HE Xiaoqing,ZHU Yueliang,XU Yongqing,DUAN Jiazhang,MEI Liangbin,WANG Yi,JIN Tao,FAN Xinyu. Free chimeric anterolateral thigh flap for reconstruction of deep wounds of the hand[J]. Zhonghua Shou Wai Ke Za Zhi[Chin J Hand Surg(Article in Chinese;Abstract in Chinese and English)],2015,31(6):415-417. DOI:10.3760/cma.j.issn.1005-054X.2015.06.007.}

[12972] 池征，林浩东，侯春林，宋达疆. 以桡侧副动脉后支为蒂的嵌合骨皮瓣游离移植修复手指复杂缺损[J]. 中国骨与关节杂志，2015，4(6)：447-450. DOI：10.3969/j.issn.2095-252X.2015.06.005. {CHI Zheng,LIN Haodong,HOU Chunlin,SONG Dajiang. Repair of composite digital defects by free chimeric radial collateral artery perforator lfaps[J]. Zhongguo Gu Yu Guan Jie Za Zhi[Chin J Bone Joint(Article in Chinese;Abstract in Chinese and English)],2015,4(6):447-450. DOI:10.3969/j.issn.2095-252X.2015.06.005.}

[12973] 杨何平，张洪武，陈海蒂，杨书雄，王君，胡达旺. 股前外侧嵌合皮瓣与串联皮瓣修复口腔颌面部肿瘤根治术后缺损的疗效比较[J]. 中国修复重建外科杂志，2016，30(4)：447-452. DOI：10.7507/1002-1892.20160090. {YANG Heping,ZHANG Hongwu,CHEN Haidi,YANG Shuxiong,WANG Jun,HU Dawang. Effectiveness of part long thumb extensor tendon dorsal ulnar artery chimeric flap for repair of doyle type ⅲ mallet finger of thumb[J]. Zhongguo Xiu Fu Chong Jian Wai Ke Za Zhi[Chin J Repar Reconstr Surg(Article in Chinese;Abstract in Chinese and English)],2016,30(4):447-452. DOI:10.7507/1002-1892.20160090.}

[12974] 周晓，芮永军，薛明宇，许亚军，强力. 带部分拇长伸肌腱的尺侧指背动脉嵌合皮瓣修复拇指Doyle Ⅲ型锤状指[J]. 中国修复重建外科杂志，2016，30(8)：939-942. DOI：10.7507/1002-1892.20160190. {ZHOU Xiao,RUI Yongjun,XUE Mingyu,XU Yajun,QIANG Li. Repair of Doyle type Ⅲ mallet finger with ulnar dorsal digital artery chimeric flap with partial extensor pollicis longus tendon[J]. Zhongguo Xiu Fu Chong Jian Wai Ke Za Zhi[Chin J Repar Reconstr Surg(Article in Chinese;Abstract in Chinese and English)],2016,30(8):939-942. DOI:10.7507/1002-1892.20160190.}

[12975] 肖湘君，刘鸣江，廖辉文，刘昌雄，王郑钢，黄新锋，黄雄杰. 游离踇趾甲皮瓣嵌合第2趾骨复合组织瓣再造拇指的显微外科解剖[J]. 中国临床解剖学杂志，2017，35(3)：245-248. DOI：10.13418/j.issn.1001-165x.2017.03.002. {XIAO Xiangjun,LIU Mingjiang,LIAO Huiwen,LIU Changxiong,WANG Zhenggang,HUANG Xinfeng,HUANG Xiongjie. Study on applied anatomy of free hallux nail flap of second toe chimeric composite flap for thumb reconstruction[J]. Zhongguo Lin Chuang Jie Pou Xue Za Zhi[Chin J Clin Anat(Article in Chinese;Abstract in Chinese and English)],2017,35(3):245-248. DOI:10.13418/j.issn.1001-165x.2017.03.002.}

[12976] 李海军，郑晓菊，张忠，薛学文. 股前外侧嵌合皮瓣与Flow-through修复四肢环形组织缺损[J]. 中华显微外科杂志，2017，40(1)：97-100. DOI：10.3760/cma.j.issn.1001-2036.2017.01.031. {LI Haijun,ZHENG Xiaoju,ZHANG Zhong,XUE Xuewen. Anterolateral femoral chimeric flap and flow-through repair of limb annular tissue defect[J]. Zhonghua Xian Wei Wai Ke Za Zhi[Chin J Microsurg(Article in Chinese;Abstract in Chinese)],2017,40(1):97-100. DOI:10.3760/cma.j.issn.1001-2036.2017.01.031.}

[12977] 强力，薛明宇，卜凡玉，周晓，沈小芳，黄军. 游离腕横纹嵌合皮瓣修复手指复合组织缺损八例[J]. 中华显微外科杂志，2017，40(4)：371-373. DOI：10.3760/cma.j.issn.1001-2036.2017.04.016. {QIANG Li,XUE Mingyu,BU Fanyu,ZHOU Xiao,SHEN Xiaofang,HUANG Jun. Repair of composite tissue defect of fingers with free wrist transverse stripe chimeric flap:a report of 8 cases[J]. Zhonghua Xian Wei Wai Ke Za Zhi[Chin J Microsurg(Article in Chinese;Abstract in Chinese)],2017,40(4):371-373. DOI:10.3760/cma.j.issn.1001-2036.2017.04.016.}

[12978] 肖湘君，刘鸣江，廖辉文，刘昌雄，王郑钢，黄新锋，黄雄杰. 游离踇甲瓣嵌合第二趾骨复合组织瓣再造拇指的临床应用[J]. 中华显微外科杂志，2017，40(5)：491-493. DOI：10.3760/cma.j.issn.1001-2036.2017.05.021. {XIAO Xiangjun,LIU Mingjiang,LIAO Huiwen,LIU Changxiong,WANG Zhenggang,HUANG Xinfeng,HUANG Xiongjie. Clinical application of thumb reconstruction using free hallux nail flap combined with second toe bone composite tissue flap[J]. Zhonghua Xian Wei Wai Ke Za Zhi[Chin J Microsurg(Article in Chinese;Abstract in Chinese and English)],2017,40(5):491-493. DOI:10.3760/cma.j.issn.1001-2036.2017.05.021.}

[12979] 郑大伟，黎章灿，齐伟亚，朱辉，石荣剑，寿奎水. 桡动脉掌浅支蒂的腕掌侧嵌合骨皮瓣带蒂转移修复拇指复合组织缺损[J]. 中华骨科杂志，2018，38(21)：1301-1306. DOI：10.3760/cma.j.issn.0253-2352.2018.21.003. {ZHENG Dawei,LI Zhangcan,QI Weiya,ZHU Hui,SHI Rongjian,SHOU Kuishui. Chimeric flap pedicled with the palmar branch of the radial artery from the wrist crease area for repairing complex tissue defect of

the thumb[J]. Zhonghua Gu Ke Za Zhi[Chin J Orthop(Article in Chinese;Abstract in Chinese and English)],2018,38(21):1301-1306. DOI:10.3760/cma.j.issn.0253-2352.2018.21.003.}

[12980] **郭翱，宋达疆，郑良军，金岩泉，蔡灵敏，李赞，周晓. 游离股前外侧嵌合股直肌肌腱皮瓣移植修复腕背部复合组织缺损 [J]. 中华显微外科杂志，2018，41（5）：454-458. DOI：10.3760/cma.j.issn.1001-2036.2018.05.010.** {GUO Ao,SONG Dajiang,ZHENG Liangjun,JIN Yanquan,CAI Lingmin,LI Zan,ZHOU Xiao. Free chimeric anterolateral thigh cutaneotendinous flap with rectus femoris muscular flap for repairing the complex tissue defect of dorsum wrist[J]. Zhonghua Xian Wei Wai Ke Za Zhi[Chin J Microsurg(Article in Chinese;Abstract in Chinese and English)],2018,41(5):454-458. DOI:10.3760/cma.j.issn.1001-2036.2018.05.010.}

[12981] **黎章灿，郑大伟，齐伟亚，朱辉，石荣剑，寿奎水. 桡动脉掌浅支为蒂的嵌合骨皮瓣游离移植修复手指复合组织缺损 [J]. 中华显微外科杂志，2018，41（6）：534-537. DOI：10.3760/cma.j.issn.1001-2036.2018.06.004.** {LI Zhangcan,ZHENG Dawei,QI Weiya,ZHU Hui,SHI Rongjian,SHOU Kuishui. Reconstruction of digital composite defects via a free chimeric bone flap based on the superficial palmar branch of the radial artery[J]. Zhonghua Xian Wei Wai Ke Za Zhi[Chin J Microsurg(Article in Chinese;Abstract in Chinese and English)],2018,41(6):534-537. DOI:10.3760/cma.j.issn.1001-2036.2018.06.004.}

[12982] **杨伟超，徐佳，汪春阳，文根，韩培，柴益民. 组合腓肠神经营养血管皮瓣的腓骨嵌合皮瓣治疗创伤性复合组织缺损 [J]. 中华创伤骨科杂志，2018，20（8）：671-674. DOI：10.3760/cma.j.issn.1671-7600.2018.08.006.** {YANG Weichao,XU Jia,WANG Chunyang,WEN Gen,HAN Pei,CHAI Yimin. Free chimeric vascularized fibular graft and sural flap for reconstruction of composite extremity defects[J]. Zhonghua Chuang Shang Gu Ke Za Zhi[Chin J Orthop Trauma(Article in Chinese;Abstract in Chinese and English)],2018,20(8):671-674. DOI:10.3760/cma.j.issn.1671-7600.2018.08.006.}

[12983] **彭汉伟，林建英，郭海鹏，刘木元. 以旋髂深动脉为蒂的髂骨－腹内斜肌筋膜嵌合瓣修复下颌骨口腔黏膜复合缺损 [J]. 中国修复重建外科杂志，2018，32（12）：1567-1571. DOI：10.7507/1002-1892.201806023.** {PENG Hanwei,LIN Jianying,GUO Haipeng,LIU Muyuan. Application of deep circumflex iliac artery based iliac-internal oblique musculofascial chimeric flaps in reconstruction of complex oromandibular defects[J]. Zhongguo Xiu Fu Chong Jian Wai Ke Za Zhi[Chin J Repar Reconstr Surg(Article in Chinese;Abstract in Chinese and English)],2018,32(12):1567-1571. DOI:10.7507/1002-1892.201806023.}

[12984] **李雷，巨积辉，周正虎，邓伟. 开槽灌洗序贯 Flow-through 型股前外侧嵌合肌皮瓣治疗胫骨慢性骨髓炎 [J]. 中华显微外科杂志，2019，42（3）：223-227. DOI：10.3760/cma.j.issn.1001-2036.2019.03.004.** {LI Lei,JU Jihui,ZHOU Zhenghu,DENG Wei. Treatment of chronictibial osteomyelitis with irrigation sequential Flow-through type anterolateral thigh chimeric myocutaneous flap[J]. Zhonghua Xian Wei Wai Ke Za Zhi[Chin J Microsurg(Article in Chinese;Abstract in Chinese and English)],2019,42(3):223-227. DOI:10.3760/cma.j.issn.1001-2036.2019.03.004.}

4.6.8 串联皮瓣

serial flaps,flaps in series

[12985] **朱泽艺，刘晓军，夏霆. 单供区串联游离静脉皮瓣修复手部洞穿伤并四指血运障碍一例 [J]. 中华显微外科杂志，2005，28（4）：380. DOI：10.3760/cma.j.issn.1001-2036.2005.04.049.** {ZHU Zeyi,LIU Xiaojun,XIA Ting. Single donor site series free venous flap repair of hand hole perforation and finger blood circulation disorders:a case report[J]. Zhonghua Xian Wei Wai Ke Za Zhi[Chin J Microsurg(Article in Chinese;No abstract available)],2005,28(4):380. DOI:10.3760/cma.j.issn.1001-2036.2005.04.049.}

[12986] **刘雪涛，周祥吉，王谦军，范启申. 足背复合串联皮瓣修复手掌贯通伤 [J]. 中华手外科杂志，2005，21（1）：15-16.** {LIU Xuetao,ZHOU Xiangji,WANG Qianjun,FAN Qishen. Repair of palm penetrating wound with microsurgical composite dorsalis pedis flap[J]. Zhonghua Shou Wai Ke Za Zhi[Chin J Hand Surg(Article in Chinese;Abstract in Chinese and English)],2005,21(1):15-16.}

[12987] **许亚军，寿奎水，陈政，姚群，薛明宇. 小腿前踝上－足背部串联皮瓣移植修复手部软组织缺损 [J]. 中华手外科杂志，2005，21（1）：19-21.** {XU Yajun,SHOU Kuishui,CHEN Zheng,YAO Qun,XUE Mingyu. Combined anterosuperior malleolus-dorsalis pedis flaps for coverage of skin defect of the hand[J]. Zhonghua Shou Wai Ke Za Zhi[Chin J Hand Surg(Article in Chinese;Abstract in Chinese and English)],2005,21(1):19-21.}

[12988] **孙文东，陆九州，陈雪荣，金柏军. 串联皮瓣修复肢体大面积软组织缺损 [J]. 中华手外科杂志，2005，21(3)：171. DOI：10.3760/cma.j.issn.1005-054X.2005.03.027.** {SUN Wendong,LU Jiuzhou,CHEN Xuerong,JIN Baijun. Repair of large-area soft tissue defect of limbs with serial flap[J]. Zhonghua Shou Wai Ke Za Zhi[Chin J Hand Surg(Article in Chinese;No abstract available)],2005,21(3):171. DOI:10.3760/cma.j.issn.1005-054X.2005.03.027.}

[12989] **闵建华，陈谦，蔡喜雨，黄伟. 游离串联静脉皮瓣修复手指贯通伤组织缺损一例 [J]. 中华显微外科杂志，2006，29(6)：425. DOI：10.3760/cma.j.issn.1001-2036.2006.06.035.** {MIN Jianhua,CHEN Qian,CAI Xiyu,HUANG Wei. Finger penetrating injury tissue defect repaired by free series vein flap:a case report[J]. Zhonghua Xian Wei Wai Ke Za Zhi[Chin J Microsurg(Article in Chinese;No abstract available)],2006,29(6):425. DOI:10.3760/cma.j.issn.1001-2036.2006.06.035.}

[12990] **谢松林，唐举玉，刘鸣江，刘俊，吴攀峰，刘昌雄，夏小丹. 足背分叶皮瓣和小腿前踝上－足背串联皮瓣的应用 [J]. 中华创伤骨科杂志，2007，9（8）：798-799. DOI：10.3760/cma.j.issn.1671-7600.2007.08.031.** {XIE Songlin,TANG Juyu,LIU Mingjiang,LIU Jun,WU Panfeng,LIU Changxiong,XIA Xiaodan. Clinical application of dorsal lobulated flaps and combined anterosuperior malleolus-dorsal pedis flaps[J]. Zhonghua Chuang Shang Gu Ke Za Zhi[Chin J Orthop Trauma(Article in Chinese;No abstract available)],2007,9(8):798-799. DOI:10.3760/cma.j.issn.1671-7600.2007.08.031.}

[12991] **申永平，韩斌盛，董军，郭亭艳. 串联皮瓣修复下肢大面积软组织缺失 [J]. 中华损伤与修复杂志（电子版），2007，2（6）：332-335.** {SHEN Yongping,HAN Binsheng,DONG Jun,GUO Tingyan. Repairing soft tissue defect of lower limbs by dorsal foot-scapular combined skin flap[J]. Zhonghua Sun Shang Yu Xiu Fu Za Zhi Dian Zi Ban[Chin J Injury Repair Wound Healing(Electr Ed)(Article in Chinese;Abstract in Chinese and English)],2007,2(6):332-335.}

[12992] **张高孟，王涛，张丽银，刘靖波. 一蒂串联皮瓣在手外科的应用 [J]. 实用手外科杂志，2007，21（2）：67-69. DOI：10.3969/j.issn.1671-2722.2007.02.001.** {ZHANG Gaomeng,WANG Tao,ZHANG Liyin,LIU Jingbo. Application of tandem skin flaps with a common vascular pedicle in hand surgery[J]. Shi Yong Shou Wai Ke Za Zhi[Chin J Pract Hand Surg(Article in Chinese;Abstract in Chinese and English)],2007,21(2):67-69. DOI:10.3969/j.issn.1671-2722.2007.02.001.}

[12993] **董谢平，周立义，沈录峰，柯雪蕾，袁中平，李振肃. 游离串联皮瓣修复小腿大面积软组织缺损的临床应用 [J]. 中华显微外科杂志，2009，32（4）：281-283，插 2. DOI：10.3760/cma.j.issn.1001-2036.2009.04.007.** {DONG Xieping,ZHOU Liyi,SHEN Lufeng,KE Xuelei,YUAN Zhongping,LI Zhensu. Repairing a large area of soft tissue defects on leg with free chain-link flap[J]. Zhonghua Xian Wei Wai Ke Za Zhi[Chin J Microsurg(Article in Chinese;Abstract in Chinese and English)],2009,32(4):281-283,insert 2. DOI:10.3760/cma.j.issn.1001-2036.2009.04.007.}

[12994] **董谢平，沈录峰，李振肃，周立义，柯雪蕾. 游离串联皮瓣在下肢软组织大面积缺损中的应用 [J]. 中国矫形外科杂志，2009，17（24）：1888-1889.** {DONG Xieping,SHEN Lufeng,LI Zhensu,ZHOU Liyi,KE Xuelei. Repairing large soft tissue defects on leg with free chain-link flap[J]. Zhongguo Jiao Xing Wai Ke Za Zhi[Orthop J China(Article in Chinese;Abstract in Chinese)],2009,17(24):1888-1889.}

[12995] **潘朝晖，蒋萍萍，王剑利，薛山，刘学胜. 游离前臂背侧双叶串联皮瓣修复手部皮肤缺损二例 [J]. 中华整形外科杂志，2009，25（3）：231-232. DOI：10.3760/cma.j.issn.1009-4598.2009.03.025.** {PAN Chaohui,JIANG Pingping,WANG Jianli,XUE Shan,LIU Xuesheng. Repairing skin defect using free forearm dorsal double-leaf tandem flap:2 cases report[J]. Zhonghua Zheng Xing Wai Ke Za Zhi[Chin J Plast Surg(Article in Chinese;No abstract available)],2009,25(3):231-232. DOI:10.3760/cma.j.issn.1009-4598.2009.03.025.}

[12996] **巨积辉，赵强，刘跃飞，魏诚，李雷，金光哲，李建宁，刘新益，邹国平，侯瑞兴. 足背串联皮瓣修复手部两处皮肤软组织缺损 [J]. 中华显微外科杂志，2010，33（6）：441-443，后插 3. DOI：10.3760/cma.j.issn.1001-2036.2010.06.001.** {JU Jihui,ZHAO Qiang,LIU Yuefei,WEI Cheng,LI Lei,JIN Guangzhe,LI Jianning,LIU Xinyi,ZOU Guoping,HOU Ruixing. Application dorsalis pedis flap to repair the hands of series 2 of skin and soft tissue defect[J]. Zhonghua Xian Wei Wai Ke Za Zhi[Chin J Microsurg(Article in Chinese;Abstract in Chinese and English)],2010,33(6):441-443,insert 3. DOI:10.3760/cma.j.issn.1001-2036.2010.06.001.}

[12997] **焦利斌，张高孟，田纪青，田纪清，项伟，潘海珍，谭延曦. 带跖骨足趾移植串联前踝上皮瓣修复手指伴手掌部分缺损 [J]. 中华显微外科杂志，2011，34（6）：486-488. DOI：10.3760/cma.j.issn.1001-2036.2011.06.019.** {JIAO Libin,ZHANG Gaomeng,TIAN Jiqing,TIAN Jiwei,XIANG Wei,PAN Haizhen,TAN Yanxi. Transplantation of metatarsal toe combined with superior anterior malleolus flap for repairing finger and palmar defect[J]. Zhonghua Xian Wei Wai Ke Za Zhi[Chin J Microsurg(Article in Chinese;Abstract in Chinese)],2011,34(6):486-488. DOI:10.3760/cma.j.issn.1001-2036.2011.06.019.}

[12998] **李杭，陈梦龙，万华，张敬良，梁智荣，钟格玲. 一蒂双叶串联静脉动脉化皮瓣一次性修复手部两个不同平面创面 [J]. 中华手外科杂志，2013，29（1）：58-59. DOI：10.3760/cma.j.issn.1005-054X.2013.01.025.** {LI Hang,CHEN Menglong,WAN Hua,ZHANG Jingliang,LIANG Zhirong,ZHONG Geling. One pedicled bilobed venous arterialized skin flap in series for repairing two different plane wounds of hand at one time[J]. Zhonghua Shou Wai Ke Za Zhi[Chin J Hand Surg(Article in Chinese;No abstract available)],2013,29(1):58-59. DOI:10.3760/cma.j.issn.1005-054X.2013.01.025.}

[12999] **刘刚义，席志峰，朱修文，苟军全，王芳，王从虎. 指固有动脉串联岛状皮瓣修复相邻指指端套脱伤 [J]. 中华手外科杂志，2013，29（2）：71-72. DOI：10.3760/cma.j.issn.1005-054X.2013.02.006.** {LIU Gangyi,XI Zhifeng,ZHU Xiuwen,GOU Junquan,WANG Fang,WANG Conghu. Digital artery serial reverse island flapa for repairing fingertip degloving injuries of adjacent fingers[J]. Zhonghua Shou Wai Ke Za Zhi[Chin J Hand Surg(Article in Chinese;Abstract in Chinese and English)],2013,29(2):71-72. DOI:10.3760/cma.j.issn.1005-054X.2013.02.006.}

[13000] **于冰. 串联指动脉岛状皮瓣修复相邻两指指端软组织缺损 [J]. 实用手外科杂志，2013，27（3）：367-368. DOI：10.3969/j.issn.1671-2722.2013.03.022.** {YU Bing. Repair the soft tissue defect in the end of two adjacent figers by series digital artery island flap[J]. Shi Yong Shou Wai Ke Za Zhi[Chin J Pract Hand Surg(Article in Chinese;Abstract in Chinese and English)],2013,27(3):367-368. DOI:10.3969/j.issn.1671-2722.2013.03.022.}

[13001] **李杭，万华，梁智荣，张敬良，谢振荣. 桥式一蒂多叶串联动脉化静脉皮瓣一次性修复手部多个创面 [J]. 中华手外科杂志，2014，30（3）：198-200. DOI：10.3760/cma.j.issn.1005-054X.2014.03.015.** {LI Hang,WAN Hua,LIANG Zhirong,ZHANG Jingliang,XIE Zhenrong. Multi-lobulated arterialized venous flaps with single bridge pedicle for one-stage repair of multiple soft tissue defects in the hand[J]. Zhonghua Shou Wai Ke Za Zhi[Chin J Hand Surg(Article in Chinese;Abstract in Chinese and English)],2014,30(3):198-200. DOI:10.3760/cma.j.issn.1005-054X.2014.03.015.}

[13002] **袁海平，王红胜，袁勇，崔润华，樊川，吴孙东. 游离静脉串联皮瓣修复伴双侧指掌侧固有动脉缺损的手指掌侧和背侧皮肤软组织缺损 [J]. 中华显微外科杂志，2018，41（2）：189-191. DOI：10.3760/cma.j.issn.1001-2036.2018.02.025.** {YUAN Haiping,WANG Hongsheng,YUAN Yong,CUI Jianhua,FAN Chuan,WU Sundong. Repairing palmar and dorsal skin-soft tissue defects of fingers with bilateral palmar digital artery defects using free venous series flap[J]. Zhonghua Xian Wei Wai Ke Za Zhi[Chin J Microsurg(Article in Chinese;Abstract in Chinese and English)],2018,41(2):189-191. DOI:10.3760/cma.j.issn.1001-2036.2018.02.025.}

4.7 肌皮瓣

myocutaneous flap,musculocutaneous flap

[13003] **朱家恺，庞水发. 游离肌肉移植术 [J]. 显微外科，1978，1（2）：69-74.** {ZHU Jiakai,PANG Shuifai. Free muscle transplantation[J].Xian Wei Wai Ke Za Zhi[Chin J Microsurg(Article in Chinese;No abstract available)],1978,1(2):69-74.}

[13004] **袁启智，周立祥，黄仿德，浦立. 游离肌肉移植一例报告 [J]. 中华医学杂志，1978，58（3）：147-148.** {YUAN Qizhi,ZHOU Lixiang,HUANG Fangde,PU Li.A case report of free muscle transplantation[J]. ZhonghuaYi Xue Za Zhi[Natl Med J China(Article in Chinese;No abstract available)],1978,58(3):147.}

[13005] **第二军医大学学报编辑室 . 用游离肌皮瓣移植进行舌再造术初获成功 [J]. 第二军医大学学报，1980，1（1）：106.** {Tongue reconstruction with free myocutaneous flap was initially successful[J]. Di er Jun Yi Da Xue Xue Bao[Acad J Second Mil Med Univ(Article in Chinese;No abstract available)],1980,1(1):106.}

[13006] **李子荣，乐铜 . 常用肌皮瓣的解剖与临床应用（文献综述）[J]. 国外医学 . 外科学分册，1982,（2）：80-82.** {LI Zirong,YUE Tong. Common anatomy and clinical application of musculocutaneous flap(Review) [J].Wai Guo Yi Xue[Foreign Med Sci(Article in Chinese;No abstract available)],1982,(2):80-82.}

[13007] **李荟元，陈绍宗，吴良贵，衡代忠 . 肌皮瓣的临床应用 [J]. 陕西新医药，1983,（9）：23-24，2.** {LI Huiyuan,CHEN Shaozong,WU Liangui,HENG Daizhong. Clinical application of myocutaneous flap [J].Shanxi Xin Yi Yao[Shanxi Med J(Article in Chinese;No abstract available)],1983,(9):23-24,2.}

[13008] **袁中华，宁金龙 . 肌皮瓣的临床应用 [J]. 安徽医学院学报，1983,（2）：71-74，78.** {YUAN Zhonghua,NING Jinlong. Clinical application of myocutaneous[J]. An HuiYi Xue Yuan Xue Bao[Acta Anhui Med Coll(Article in Chinese;No abstract available)],1983,(2):71-74,78.}

[13009] **李主一，王锡琏，朱盛修，姚建祥 . 带血管蒂肌肉——皮瓣移位术在晚期战伤中的应用 附 10 例报告 [J]. 云南医药，1984，4（4）：192.** {LI Zhuyi,WANG Xilian,ZHU Shengxiu,YAO Jianxiang. Application of muscular-flap transplantation with vascular pedicle in late war injury (report of 10 cases)[J].Yunnan Yi Yao Za Zhi[Yunnan Med J(Article in Chinese;No abstract available)],1984,4(4):192.}

[13010] **曲福生 . 岛状肌皮瓣在头颈外科中的应用 [J]. 中国医学文摘（耳鼻咽喉科学），1984,（4）：254.** {QU Fusheng. Application of island myocutaneous flap in head and neck surgery[J].Zhongguo Yi Xue Wen Zhai(Abstracts of Chinese Medicine,Chinese),1984,(4):254.}

[13011] 陈砚侯，李康仁，徐永华，王伯贤，季道勋，陈勤．轴型皮瓣、肌皮瓣治疗四肢远端软组织缺损[J]．中华骨科杂志，1984，4(4)：198．{CHEN Yanhou,LI Kangren,XU Yonghua,WANG Boxian,JI Daoxun,CHEN Qin. Axial flap and musculocutaneous flap for the treatment of soft tissue defects in distal extremities[J]. Zhonghua Wai Ke Za Zhi[Chin J Orthop(Article in Chinese;No abstract available)],1984,4(4):198.}

[13012] 陈隆恩，李鸿儒．缺血对骨骼肌的影响[J]．中华骨科杂志，1984，4(4)：244．{CHEN Longen,LI Hongru. Effects of ischemia on skeletal muscle[J]. Zhonghua Wai Ke Za Zhi[Chin J Orthop(Article in Chinese;No abstract available)],1984,4(4):244.}

[13013] 刘贵林，马承宣，张喜恩，王德文，关明臣，沈定国，蒋玉民．自体骨骼肌游离移植治疗小儿肛门失禁的实验研究和临床应用[J]．中华外科杂志，1984，22(9)：519-521．{LIU Guilin,MA Chengxuan,ZHANG Xien,WANG Dewen,GUAN Mingchen,SHEN Dingguo,JIANG Yumin. Study and clinical application of autologous free skeletal muscle transplantation in the treatment of pediatric anal incontinence[J]. Zhonghua Wai Ke Za Zhi[Chin J Surg(Article in Chinese;No abstract available)],1984,22(9):519.}

[13014] 朱盛修，卢世璧，李健民．肌肉移植后组织液压、氧分压及组织变性的观察[J]．中华外科杂志，1984，22(10)：598-601．{ZHU Shengxiu,LU Shibi,LI Jianmin. Observation of tissue hydraulic pressure oxygen partial pressure and tissue degeneration after muscle transplantation[J]. Zhonghua Wai Ke Za Zhi[Chin J Surg(Article in Chinese;No abstract available)],1984,22(10):598.}

[13015] 苑正太，沈志鹏，刘小平，王标，杨华．吻合血管的髂骨肌肉瓣修复足跟缺损一例报告[J]．中华外科杂志，1984，22(9)：524-524．{YUAN Zhengtai,SHEN Zhipeng,LIU Xiaoping,WANG Biao,YANG Hua. A case report of vascular anastomosis of iliac bone muscle flap repair heel defect[J]. Zhonghua Wai Ke Za Zhi[Chin J Surg(Article in Chinese;No abstract available)],1984,22(9):524.}

[13016] 李主一，王锡琏，周中英，朱盛修，姚建祥．带血管蒂肌皮瓣移植在晚期战伤中的应用(附20例报告)[J]．中华整形烧伤外科杂志，1985，1(3)：209．{LI Zhuyi,WANG Xilian,ZHOU Zhongying,ZHU Shengxiu,YAO Jianxiang. Application of vascular pedicled musculocutaneous flap transplantation in advanced war injury (report of 20 cases)[J]. Zhonghua Zhengxing Shao Shang Wai Ke Za Zhi[Chin J Plast Surg Burns(Article in Chinese;No abstract available)],1985,1(3):209.}

[13017] 陈隆恩，陈中伟．影响游离肌肉移植功能恢复的诸因素[J]．显微医学杂志，1985，8(3)：180．{CHEN Longen,CHEN Zhongwei. Factors affecting the recovery of free muscle transplantation[J]. Xian Wei Yi Xue Za Zhi[Chin J Microsurg(Article in Chinese;No abstract available)],1985,8(3):180.}

[13018] 侍德，张其恭，成红兵，刘璠．肌皮瓣移植在骨科的应用[J]．显微医学杂志，1985，8(4)：238．{SHI De,ZHANG Qigong,CHENG Hongbing,LIU Fan. Application of musculocutaneous flap transplantation in orthopaedics[J]. Xian Wei Yi Xue Za Zhi[Chin J Microsurg(Article in Chinese;No abstract available)],1985,8(4):238.}

[13019] 侯春林，徐印坎，张文明，包聚良．肌皮瓣在慢性骨髓炎治疗中的应用(附15例报告)[J]．中华显微外科杂志，1986，9(1)：23-24．DOI：10.3760/cma.j.issn.1001-2036.1986.01.113．{HOU Chunlin,XU Yinkan,ZHANG Wenming,BAO Juliang. Application of musculocutaneous flap in the treatment of chronic osteomyelitis[J]. Zhonghua Xian Wei Yi Xue Za Zhi[Chin J Microsurg(Article in Chinese;No abstract available)],1986,9(1):23-24. DOI:10.3760/cma.j.issn.1001-2036.1986.01.113.}

[13020] 时述山，胥少汀．肌皮瓣用于躯干和四肢肿瘤切除后的修复[J]．中华整形烧伤外科杂志，1986，2(4)：257-258．{SHI Shushan,XU Shaoting. Musculocutaneous flap is used for the repair of trunk and limbs after tumor resection[J]. Zhonghua Zhengxing Shao Shang Wai Ke Za Zhi[Chin J Plast Surg Burns(Article in Chinese;No abstract available)],1986,2(4):257-258.}

[13021] 侍德，成红兵，刘璠．应用肌皮瓣修复体表深度软组织缺损(附31例39例次肌皮瓣报告)[J]．中华整形烧伤外科杂志，1986，2(4)：254 {SHI De,CHENG Hongbing,LIU Fan. Repair of superficial deep soft tissue defects with musculocutaneous flap (report of 39 cases)[J]. Zhonghua Zhengxing Shao Shang Wai Ke Za Zhi[Chin J Plast Surg Burns(Article in Chinese;No abstract available)],1986,2(4):254.}

[13022] 朱盛修．肌皮瓣移位和移植在骨科中的应用[J]．中华显微外科杂志，1986，9(1)：44-46．DOI：10.3760/cma.j.issn.1001-2036.1986.01.124．{ZHU Shengxiu. Application of musculocutaneous flap transplantation in orthopedics[J].Zhonghua Xian Wei Yi Xue Za Zhi[Chin J Microsurg(Article in Chinese;No abstract available)],1986,9(1):44-46. DOI:10.3760/cma.j.issn.1001-2036.1986.01.124.}

[13023] 荆海，范玉山，蒋清涛，鲁勰，贾淑兰，王丹，毛兰，程络西．逆行供血游离肌皮瓣移植成活1例[J]．中华显微外科杂志，1986，9(2)：121-121．DOI：10.3760/cma.j.issn.1001-2036.1986.02.130．{JING Hai,FAN Yushan,JIANG Qingtao,LU Xie,JIA Shulan,WANG Dan,MAO Lan,CHENG Xuxi. A case of retrograde free musculocutaneous flap transplantation survived[J]. Zhonghua Xian Wei Yi Xue Za Zhi[Chin J Microsurg(Article in Chinese;No abstract available)],1986,9(2):121-121. DOI:10.3760/cma.j.issn.1001-2036.1986.02.130.}

[13024] 朱盛修．吻合血管神经的肌肉皮瓣移植术重建手部的伸屈肌及手内肌功能．中华骨科杂志，1986，6(1)：4．{ZHU Shengxiu. Muscle flap transplantation with vascular nerve anastomosis was performed to reconstruct the functions of the extensor and intramural muscles of the hand[J]. Zhonghua Wai Ke Za Zhi[Chin J Orthop(Article in Chinese;No abstract available)],1986,6(1):4.}

[13025] 申家兴，唐国华．指屈肌腱腱纽的显微外科解剖[J]．解剖学杂志，1986，9(4)：276．{SHEN Jiaxing,TANG Guohua. Microsurgical anatomy of the tendon of flexor tendon[J]. Jie Pou Xue Za Zhi[Chin J Anat(Article in Chinese;Abstract in Chinese)],1986,9(4):276.}

4.7.1 斜方肌肌皮瓣
trapezius myocutaneous flap

[13026] Chen WL,Deng YF,Peng GG,Li JS,Yang ZH,Bai ZB,Huang ZQ,Wang JG,Zhang B. Extended vertical lower trapezius island myocutaneous flap for reconstruction of cranio-maxillofacial defects[J]. Int J Oral Maxillofac Surg,2007,36(2):165-170. doi:10.1016/j.ijom.2006.06.022.

[13027] Chen WL,Li J,Yang Z,Huang Z,Wang J,Zhang B. Extended vertical lower trapezius island myocutaneous flap in reconstruction of oral and maxillofacial defects after salvage surgery for recurrent oral carcinoma[J]. J Oral Maxillofac Surg,2007,65(2):205-211. doi:10.1016/j.joms.2005.10.056.

[13028] Chen WL,Li JS,Yang ZH,Huang ZQ,Wang JQ. Extended vertical lower trapezius island myocutaneous flap for repairing extensive oropharyngeal defects[J]. J Oral Maxillofac Surg,2009,67(6):1349-1353. doi:10.1016/j.joms.2006.11.048.

[13029] Chen WL,Zhang B,Wang JG,Yang ZH,Huang ZQ,Zhang DM. Reconstruction of large defects of the neck using an extended vertical lower trapezius island myocutaneous flap following salvage surgery for neck recurrence of oral carcinoma[J]. J Plast Reconstr Aesthet Surg,2011,64(3):319-322. doi:10.1016/j.bjps.2010.05.012.

[13030] Zheng XY,Guo X,Wang TL,Wang JQ. Extended lower trapezius myocutaneous flap in burn scar reconstruction of the face and neck of children[J]. Pediatr Surg Int,2011,27(12):1295-1300. doi:10.1007/s00383-011-2948-7.

[13031] Chen WL,Yang ZH,Zhang DM,Huang ZQ,Fan S,Wang L. Reconstruction of major full cheek defects with combined extensive pedicled supraclavicular fasciocutaneous island flaps and extended vertical lower trapezius island myocutaneous flaps after ablation of advanced oral cancer[J]. J Oral Maxillofac Surg,2012,70(5):1224-1231. doi:10.1016/j.joms.2011.06.208.

[13032] Yang ZH,Zhang DM,Chen WL,Wang YY,Fan S. Reconstruction of through-and-through oral cavity defects with folded extended vertical lower trapezius island myocutaneous flap[J]. Br J Oral Maxillofac Surg,2013,51(8):731-735. doi:10.1016/j.bjoms.2013.09.004.

[13033] Chen W,Yang Z,Zhang D,Wang Y,Fan S,Huang Z. Second salvage surgery with extended vertical lower trapezius island myocutaneous flap reconstruction for advanced re-recurrent oral and oropharyngeal squamous cell carcinoma[J]. Int J Oral Maxillofac Surg,2014,43(5):531-538. doi:10.1016/j.ijom.2013.11.011.

[13034] Fang SL,Wang YY,Chen WL,Zhang DM. Use of extended vertical lower trapezius island myocutaneous flaps to cover exposed reconstructive plates[J]. J Oral Maxillofac Surg,2014,72(10):2092.e1-7. doi:10.1016/j.joms.2014.06.420.

[13035] Meng C,Liu Y,Wang H,Sun Y,Lu S,Zhou Y,Hu J,Yu Y,Fang L,Sun Y,Hu D. Lower trapezius myocutaneous flap repairs adjacent deep electrical burn wounds[J]. Eur J Med Res,2020,25(1):63. doi:10.1186/s40001-020-00465-8.

[13036] 刘龙平，熊树明，张生贵，丁永善．斜方肌的血管和神经供给[J]．解剖学通报，1984，7(4)：283．{LIU Longping,XIONG Shuming,ZHANG Shenggui,DING Yongshan. The supply of blood vessels and nerves to the trapezius muscle[J]. Jie Pou Xue Tong Bao[Chin J Anat(Article in Chinese;No abstract available)],1984,7(4):283.}

[13037] 程守先，陶智潞，段明科，寇用礼．带蒂斜方肌皮瓣修复肩部软组织缺损一例报告[J]．中华外科杂志，1985，23(6)：349．{CHENG Shouxian,TAO Zhilu,DUAN Mingke,KOU Yongli. Repairing shoulder soft tissue defect with pedicled trapezius flap:a case report[J]. Zhonghua Wai Ke Za Zhi[Chin J Surg(Article in Chinese;No abstract available)],1985,23(6):349.}

[13038] 田敖龙，王弘士．低位斜方肌肌皮瓣在头颈部肿瘤手术中的应用[J]．中华外科杂志，1988，26(10)：612-613．{TIAN Aolong,WANG Hongshi. Application of low trapezius myocutaneous flap in head and neck tumor surgery[J]. Zhonghua Wai Ke Za Zhi[Chin J Surg(Article in Chinese;Abstract in Chinese)],1988,26(10):612-613.}

[13039] 方东海，原林，钟世镇．带血管蒂斜方肌肌皮瓣转位术临床应用[J]．修复重建外科杂志，1988，2(2)：26．{FANG Donghai,YUAN Lin,ZHONG Shizhen. Clinical application of vascular pedicle trapezius myocutaneous flap transposition[J]. Zhongguo Xiu Fu Chong Jian Wai Ke Za Zhi[Chin J Repar Reconstr Surg(Article in Chinese;No abstract available)],1988,2(2):26.}

[13040] 吴仁秀．斜方肌皮瓣临床应用关键问题的探讨[J]．修复重建外科杂志，1988，2(2)：256．{WU Renxiu. Discussion on the key problems of clinical application of trapezius myocutaneous flap[J]. Zhongguo Xiu Fu Chong Jian Wai Ke Za Zhi[Chin J Repar Reconstr Surg(Article in Chinese;No abstract available)],1988,2(2):256.}

[13041] 袁中华．下斜方肌肌皮瓣的临床应用[J]．修复重建外科杂志，1988，2(2)：25-26．{YUAN Zhonghua. Clinical application of inferior trapezius myocutaneous flap[J]. Zhongguo Xiu Fu Chong Jian Wai Ke Za Zhi[Chin J Repar Reconstr Surg(Article in Chinese;No abstract available)],1988,2(2):25-26.}

[13042] 陶远孝．斜方肌下部岛状肌皮瓣的临床应用[J]．中国修复重建外科杂志，1994，8(1)：26-28．{TAO Yuanxiao. Clinical application of island myocutaneous flap of inferior trapezius[J]. Zhongguo Xiu Fu Chong Jian Wai Ke Za Zhi[Chin J Repar Reconstr Surg(Article in Chinese;No abstract available)],1994,8(1):26-28.}

[13043] 张洪武，陈远光，刘炜，谭建中，李理．岛状斜方肌肌皮瓣在口腔颌面外科中的应用[J]．中华整形烧伤外科杂志，1996，12(2)：117-118．DOI：10.3760/j.issn：1009-4598.1996.02.012．{ZHANG Hongwu,CHEN Yuanguang,LIU Wei,TAN Jianzhong,LI Li. Application of the island trapezius myocutaneous flap in oral and maxillofacial surgery[J]. Zhonghua Zheng Xing Shao Shang Wai Ke Za Zhi[Chin J Plast Surg Burns(Article in Chinese;Abstract in Chinese and English)],1996,12(2):117-118. DOI:10.3760/j.issn:1009-4598.1996.02.012.}

[13044] 陶远孝，靳升荣，廖文满，张虹，樊晋川，陈建超，廖海星．带蒂斜方肌肌皮瓣的应用研究[J]．中国修复重建外科杂志，1996，10(2)：87-89．{TAO Yuanxiao,JIN Shengrong,LIAO Wenman,ZHANG Hong,FAN Jinchuan,CHEN Jianchao,LIAO Haixing. Application of pedicled trapezius myocutaneous flap[J]. Zhongguo Xiu Fu Chong Jian Wai Ke Za Zhi[Chin J Repar Reconstr Surg(Article in Chinese;Abstract in Chinese)],1996,10(2):87-89.}

[13045] 尚伟，李薇，许鲁平，祝为桥．带动脉血管蒂斜方肌皮瓣静脉吻合修复颌面缺损一例[J]．中华显微外科杂志，1997，20(1)：77．{SHANG Wei,LI Wei,XU Luping,ZHU Weiqiao. Repairing maxillofacial defect with venous anastomosis of trapezius myocutaneous flap pedicled with arterial blood vessel:a case report[J]. Zhonghua Xian Wei Wai Ke Za Zhi[Chin J Microsurg(Article in Chinese;No abstract available)],1997,20(1):77.}

[13046] 汪虹，马克娴，魏迪南，曹文德．斜方肌下部岛状肌皮瓣修复头颈部严重电损伤[J]．中华外科杂志，1997，35(1)：63．{WANG Hong,MA Kexian,WEI Dinan,CAO Wende. Lower trapezius island myocutaneous flap for repairing severe head and neck electrical injury[J]. Zhonghua Wai Ke Za Zhi[Chin J Surg(Article in Chinese;No abstract available)],1997,35(1):63.}

[13047] 王跃建，张贵显．斜方肌胸大肌皮瓣联合应用整复颈部大面积组织缺损一例[J]．中华耳鼻咽喉科杂志，1997，32(3)：150．{WANG Yuejian,ZHANG Guixian. Application of trapezius pectoralis major myocutaneous flap combined with large area tissue defect in neck :a case report[J]. Zhonghua Er Bi Yan Hou Ke Za Zhi[Chin J Otorhinolaryngol(Article in Chinese;No abstract available)],1997,32(3):150.}

[13048] 周健，王银龙，何家才，程继光，王元银，唐燕．上斜方肌皮瓣、骨肌皮瓣的临床应用[J]．安徽医科大学学报，1999，34(4)：286-287．DOI：10.3969/j.issn.1000-1492.1999.04.018．{ZHOU Jian,WANG Yinlong,HE Jiacai,CHENG Jiguang,WANG Yuanyin,TANG Yan. Clinical application of superior trapezius myocutaneous flap and bone myocutaneous flap[J]. An Hui Yi Ke Da Xue Xue Bao[Acta Anhui Med Coll(Article in Chinese;Abstract in Chinese)],1999,34(4):286-287. DOI:10.3969/j.issn.1000-1492.1999.04.018.}

[13049] 劳宁生．斜方肌岛状肌皮瓣修复颈部放射性溃疡创面[J]．中华显微外科杂志，2000，23(3)：218．DOI：10.3760/cma.j.issn.1001-2036.2000.03.041．{LAO Ningsheng. Repairing radiation ulcer wound in neck with trapezius island myocutaneous flap[J]. Zhonghua Xian Wei Wai Ke Za Zhi[Chin J Microsurg(Article in Chinese;No abstract available)],2000,23(3):218. DOI:10.3760/cma.j.issn.1001-2036.2000.03.041.}

[13050] 王佳琦，黄金井，靳小雷，刘珍君，戚可名．扩张后超长斜方肌区筋膜皮瓣修复颈部瘢痕挛缩[J]．中华整形外科杂志，2000，16(1)：22．DOI：10.3760/j.issn：1009-4598.2000.01.009．{WANG Jiaqi,HUANG Jinjing,JIN Xiaolei,LIU Zhenjun,QI Keming. Expanded extra-logn fascia flap in the trapezius region for repair of scar contracture of the neck[J]. Zhonghua Zheng Xing Wai Ke Za Zhi[Chin J Plast Surg(Article in Chinese;Abstract in Chinese and English)],2000,16(1):22. DOI:10.3760/j.issn:1009-4598.2000.01.009.}

[13051] 黄广香，匡斌，邝石峰，陈云瀛，邓国三．下斜方肌岛状皮瓣修复颈部放射性溃疡[J]．中国微

创外科杂志，2001，1(5)：288-289. DOI：10.3969/j.issn.1009-6604.2001.05.015. {HUANG Guangxiang,KUANG Bin,KUANG Shifeng,CHEN Yunying,DENG Guosan. The repair of cervical postradiation ulcer treated with inferior trapezius island myocutaneous flap[J]. Zhongguo Wei Chuang Wai Ke Za Zhi[Chin J Minim Inva Surg(Article in Chinese;Abstract in Chinese and English)],2001,1(5):288-289. DOI:10.3969/j.issn.1009-6604.2001.05.015.}

[13052] 刘毅，薛晓东，张鲜英. 斜方肌——菱形肌肌皮瓣修复枕项部巨大癌性溃疡一例 [J]. 中华整形外科杂志，2001，17(3)：185. DOI：10.3760/j.issn：1009-4598.2001.03.028. {LIU Yi,XUE Xiaodong,ZHANG Xianying. Repair of giant occipital cancer ulcer with trapezius rhomboid myocutaneous flap :a case report[J]. Zhonghua Zheng Xing Wai Ke Za Zhi[Chin J Plast Surg(Article in Chinese;No abstract available)],2001,17(3):185. DOI:10.3760/j.issn:1009-4598.2001.03.028.}

[13053] 丁洪彪，陈岩青，李章红. 下位斜方肌肌皮瓣修复支气管胸膜瘘三例 [J]. 中华整形外科杂志，2002，18(5)：319-320. DOI：10.3760/j.issn：1009-4598.2002.05.031. {DING Hongbiao,CHEN Yanqing,LI Zhanghong. Repairing bronchopleural fistula with inferior trapezius myocutaneous flap:3 cases report[J]. Zhonghua Zheng Xing Wai Ke Za Zhi[Chin J Plast Surg(Article in Chinese;No abstract available)],2002,18(5):319-320. DOI:10.3760/j.issn:1009-4598.2002.05.031.}

[13054] 王爱武，刘燕，李金有，张万锋，陈俊刚，王文俊. 超长斜方肌肌皮瓣修复腋部严重电烧伤一例 [J]. 中华烧伤杂志，2004，20(4)：213. DOI：10.3760/cma.j.issn.1009-2587.2004.04.030. {WANG Aiwu,LIU Yan,LI Jinyou,ZHANG Wanfeng,CHEN Jungang,WANG Wenjun. Lengthened trapezius myocutaneous flap for repair of axillary severe electric burn:a case report[J]. Zhonghua Shao Shang Za Zhi[Chin J Burns(Article in Chinese;No abstract available)],2004,20(4):213. DOI:10.3760/cma.j.issn.1009-2587.2004.04.030.}

[13055] 朱飞，宁金龙，李小静，张林，高学宏，杨会强. 下斜方肌肌皮瓣修复颅颌面部巨大缺损的临床应用 [J]. 中华显微外科杂志，2005，28(4)：299-301，插图 4-1. DOI：10.3760/cma.j.issn.1001-2036.2005.04.004. {ZHU Fei,NING Jinlong,LI Xiaojing,ZHANG Lin,GAO Xuehong,YANG Huiqiang. Clinical application of the lower trapezius myocutaneous flap for repair craniofacial maximal defect[J]. Zhonghua Xian Wei Wai Ke Za Zhi[Chin J Microsurg(Article in Chinese;Abstract in Chinese and English)],2005,28(4):299-301,insert figure 4-1. DOI:10.3760/cma.j.issn.1001-2036.2005.04.004.}

[13056] 薛晓东，邓津菊，刘建云，孙亚东，杨国虎，司小强. 岛状上斜方肌肌皮瓣修复颌颈项部高压电烧伤七例 [J]. 中华烧伤杂志，2005，21(4)：300-301. DOI：10.3760/cma.j.issn.1009-2587.2005.04.026. {XUE Xiaodong,DENG Jinju,LIU Jianyun,SUN Yadong,YANG Guohu,SI Xiaoqiang. Superior trapezius island myocutaneous flap for repair of high voltage electric burn in neck and jaw:seven cases reprt[J]. Zhonghua Shao Shang Za Zhi[Chin J Burns(Article in Chinese;No abstract available)],2005,21(4):300-301. DOI:10.3760/cma.j.issn.1009-2587.2005.04.026.}

[13057] 杜永军，陈巨峰，李庆生，左中男，冯祥生，沈锐. 折叠式下斜方肌岛状肌皮瓣在颌面部洞穿性缺损的应用 [J]. 中华整形外科杂志，2005，21(6)：423-425. DOI：10.3760/j.issn：1009-4598.2005.06.007. {DU Yongjun,CHEN Jufeng,LI Qingsheng,ZUO Zhongnan,FENG Xiangsheng,SHEN Rui. Use of lower trapezius musculocutaneous pedicle flap in repairing of maxillofacial region penetrating defect[J]. Zhonghua Zheng Xing Wai Ke Za Zhi[Chin J Plast Surg(Article in Chinese;Abstract in Chinese and English)],2005,21(6):423-425. DOI:10.3760/j.issn:1009-4598.2005.06.007.}

[13058] 王元银，周健，刘文清，王银龙，何家才，程继光，阚存辉，杨晨，范蓬，徐文华，陈新. 带颈横血管上斜方肌肌皮瓣即刻修复舌癌术后缺损 21 例报道 [J]. 中国口腔颌面外科杂志，2005，3(4)：355-357. DOI：10.3969/j.issn.1672-3244.2005.04.019. {WANG Yuanyin,ZHOU Jian,LIU Wenqing,WANG Yinlong,HE Jiacai,CHENG Jiguang,KAI Cunhui,YANG Chen,FAN Peng,XU Wenhua,CHEN Xin. Immediate repair of tongue defects by superior trapezius myocutaneous flap with transverse cervical artery[J]. Zhongguo Kou Qiang He Mian Wai Ke Za Zhi[Chin J Oral Maxillofac Surg(Article in Chinese;Abstract in Chinese and English)],2005,3(4):355-357. DOI:10.3969/j.issn.1672-3244.2005.04.019.}

[13059] 陈伟良，邓跃飞，彭国光，杨朝晖，白植宝，王建广，李劲松，张彬. 延长垂直下斜方肌岛状肌皮瓣修复颅颌面软组织缺损 [J]. 中国口腔颌面外科杂志，2006，4(4)：258-262. DOI：10.3969/j.issn.1672-3244.2006.04.006. {CHEN Weiliang,DENG Yuefei,PENG Guoguang,YANG Chaohui,BAI Zhibao,WANG Jianguang,LI Jinsong,ZHANG Bin. Extended vertical lower trapezius island myocutaneous flap in repairing large cranio-maxillofacial soft tissue defects[J]. Zhongguo Kou Qiang He Mian Wai Ke Za Zhi[Chin J Oral Maxillofac Surg(Article in Chinese;Abstract in Chinese and English)],2006,4(4):258-262. DOI:10.3969/j.issn.1672-3244.2006.04.006.}

[13060] 王军，范向达. 垂直斜方肌肌皮瓣修复枕部术后组织缺损 3 例报道 [J]. 中国口腔颌面外科杂志，2006，4(5)：393-396. DOI：10.3969/j.issn.1672-3244.2006.05.017. {WANG Jun,FAN Xiangda. Repair of tissue defects using vertical trapezius musculocutaneous flap after radical resection of occipital tumors[J]. Zhongguo Kou Qiang He Mian Wai Ke Za Zhi[Chin J Oral Maxillofac Surg(Article in Chinese;Abstract in Chinese and English)],2006,4(5):393-396. DOI:10.3969/j.issn.1672-3244.2006.05.017.}

[13061] 李叶扬，梁岷，钟穗航，刘志勇，林伟华. 应用下斜方肌皮瓣修复颈部放射性溃疡 [J]. 中华显微外科杂志，2007，30(1)：14-16，插 3. DOI：10.3760/cma.j.issn.1001-2036.2007.01.006. {LI Yeyang,LIANG Min,ZHONG Suihang,LIU Zhiyong,LIN Weihua. Resurfacing cervical radiation ulcers with inferior trapezius myocutaneous flap[J]. Zhonghua Xian Wei Wai Ke Za Zhi[Chin J Microsurg(Article in Chinese;Abstract in Chinese and English)],2007,30(1):14-16,insert 3. DOI:10.3760/cma.j.issn.1001-2036.2007.01.006.}

[13062] 杨朝晖，陈伟良，黄洪章，徐静，张彬，李劲松，王建广. 下斜方肌皮瓣修复颊部肿瘤术后巨大缺损 [J]. 中华显微外科杂志，2007，30(5)：389-391. DOI：10.3760/cma.j.issn.1001-2036.2007.05.026. {YANG Chaohui,CHEN Weiliang,HUANG Hongzhang,XU Jing,ZHANG Bin,LI Jinsong,WANG Jianguang. Inferior trapezius myocutaneous flap for reconstruction of huge buccal defects after tumor resection[J]. Zhonghua Xian Wei Wai Ke Za Zhi[Chin J Microsurg(Article in Chinese;Abstract in Chinese)],2007,30(5):389-391. DOI:10.3760/cma.j.issn.1001-2036.2007.05.026.}

[13063] 郑行跃，薛志强，王佳琦，宋业光. 应用巨型扩张的斜方肌肌皮瓣修复儿童颈部重度瘢痕挛缩畸形 [J]. 中华整形外科杂志，2007，23(3)：196-198. DOI：10.3760/j.issn：1009-4598.2007.03.006. {ZHENG Xingyue,XUE Zhiqiang,WANG Jiaqi,SONG Yeguang. Treatment of scar contracture abnormality on the neck of the children with huge trapezius muscle flap expanded[J]. Zhonghua Zheng Xing Wai Ke Za Zhi[Chin J Plast Surg(Article in Chinese;Abstract in Chinese and English)],2007,23(3):196-198. DOI:10.3760/j.issn:1009-4598.2007.03.006.}

[13064] 洪浩波，陈伟良，黄汉民，白植宝，黄英凯. 延长垂直下斜方肌岛状肌皮瓣修复巨大口咽缺损 [J]. 中山大学学报（医学科学版），2007，28(1)：115-117. DOI：10.3321/j.issn：1672-3554.2007.01.026. {HONG Haobo,CHEN Weiliang,HUANG Hanmin,BAI Zhibao,HUANG Yingkai. Extended vertical lower trapezius island myocutaneous flap for reconstruction of extensive oropharyngeal defects[J]. Zhong Shan Da Xue Xue Bao(Yi Xue Ke Xue Ban)[J Sun Yat-Sen Univ(Med Sci)(Article in Chinese;Abstract in Chinese and English)],2007,28(1):115-117. DOI:10.3321/j.issn:1672-3554.2007.01.026.}

[13065] 朱敬民，郝天智，孙志刚，贺立新，曹玉珏，鲁刚. 下斜方肌肌皮瓣修复枕项部高压电烧伤 [J]. 中华烧伤杂志，2008，24(3)：210-212. DOI：10.3760/cma.j.issn.1009-2587.2008.03.014. {ZHU Jingmin,HAO Tianzhi,SUN Zhigang,HE Lixin,CAO Yujue,LU Gang. Repair of occipital and nuchal wounds with inferior trapezius myocutaneous flaps in patients after high voltage electrical burn[J]. Zhonghua Shao Shang Za Zhi[Chin J Burns(Article in Chinese;Abstract in Chinese and English)],2008,24(3):210-212. DOI:10.3760/cma.j.issn.1009-2587.2008.03.014.}

[13066] 王凌峰，张军，巴特，侯智慧，胡国林，王宏，荣志东，曹胜军. 颈横动脉为蒂的斜方肌肌皮瓣修复头颈部电烧伤二例 [J]. 中华烧伤杂志，2009，25(1)：29-30. DOI：10.3760/cma.j.issn.1009-2587.2009.01.013. {WANG Lingfeng,ZHANG Jun,BA Te,HOU Zhihui,HU Guolin,WANG Hong,RONG Zhidong,CAO Shengjun. Repair of electric burn in head and neck with trapezius myocutaneous flap pedicled with transverse cervical artery:two cases report[J]. Zhonghua Shao Shang Za Zhi[Chin J Burns(Article in Chinese;No abstract available)],2009,25(1):29-30. DOI:10.3760/cma.j.issn.1009-2587.2009.01.013.}

[13067] 张大明，陈伟良，王科，焦九阳，杨朝晖. 斜方肌骨肌皮瓣在修复半侧下颌骨切除及口腔软组织缺损中的应用 [J]. 中国口腔颌面外科杂志，2009，7(4)：322-325. {ZHANG Daming,CHEN Weiliang,WANG Ke,JIAO Jiuyang,YANG Chaohui. The trapezius osteomyocutaneous island flap for reconstructing hemimandibular and oral soft tissue defects[J]. Zhongguo Kou Qiang He Mian Wai Ke Za Zhi[Chin J Oral Maxillofac Surg(Article in Chinese;Abstract in Chinese and English)],2009,7(4):322-325.}

[13068] 胡德林，方林森，余又新，王春华，赵浩东，童飞. 下斜方肌肌皮瓣修复深度电烧伤创面的临床应用 [J]. 安徽医科大学学报，2011，46(5)：497-498. DOI：10.3969/j.issn.1000-1492.2011.05.028. {HU Delin,FANG Linsen,YU Youxin,WANG Chunhua,ZHAO Haodong,TONG Fei. Clinical application of inferior trapezius myocutaneous flap in repairing deep electric burn wounds[J]. An Hui Yi Ke Da Xue Xue Bao[Acta Anhui Med Coll(Article in Chinese;Abstract in Chinese)],2011,46(5):497-498. DOI:10.3969/j.issn.1000-1492.2011.05.028.}

[13069] 宁方刚，赵筱卓，沈余明. 下斜方肌肌皮瓣修复下颌骨外露创面五例 [J]. 中华烧伤杂志，2012，28(4)：268-269. DOI：10.3760/cma.j.issn.1009-2587.2012.04.011. {NING Fanggang,ZHAO Xiaozhuo,SHEN Yuming. Repairing mandibular exposed wounds with inferior trapezius myocutaneous flap:5 cases report[J]. Zhonghua Shao Shang Za Zhi[Chin J Burns(Article in Chinese;No abstract available)],2012,28(4):268-269. DOI:10.3760/cma.j.issn.1009-2587.2012.04.011.}

[13070] 刘军平，陈伟良，张大明. 折叠延长下斜方肌岛状皮瓣修复面颊部巨大洞穿性缺损 [J]. 中国口腔颌面外科杂志，2013，11(1)：52-55. {LIU Junping,CHEN Weiliang,ZHANG Daming. Reconstruction of through-and-through buccal defects with folded extended vertical lower trapezius island myocutaneous flap[J]. Zhongguo Kou Qiang He Mian Wai Ke Za Zhi[Chin J Oral Maxillofac Surg(Article in Chinese;Abstract in Chinese and English)],2013,11(1):52-55.}

[13071] 宁方刚，覃凤均，陈欣，张国安. 下斜方肌肌皮瓣修复乳腺癌根治术后颈部放射性溃疡 [J]. 中华烧伤杂志，2015，31(6)：421-423. DOI：10.3760/cma.j.issn.1009-2587.2015.06.006. {NING Fanggang,QIN Fengjun,CHEN Xin,ZHANG Guoan. Repair of cervical postradiation ulcer following radical mastectomy with lower trapezius myocutaneous flap[J]. Zhonghua Shao Shang Za Zhi[Chin J Burns(Article in Chinese;Abstract in Chinese and English)],2015,31(6):421-423. DOI:10.3760/cma.j.issn.1009-2587.2015.06.006.}

[13072] 许瑾，余勇，武朱明. 下斜方肌肌皮瓣在修复头颈部严重电击伤中的应用 [J]. 组织工程与重建外科杂志，2015，11(6)：376-378. DOI：10.3969/j.issn.1673-0364.2015.06.008. {XU Jin,YU Yong,WU Zhuming. Inferior Trapezius Myocutaneous Flap for Repairing High-Voltage Electrical Injury in Head and Neck Region[J]. Zu Zhi Gong Cheng Yu Chong Jian Wai Ke Za Zhi[J Tissue Eng Reconstr Surg(Article in Chinese;Abstract in Chinese and English)],2015,11(6):376-378. DOI:10.3969/j.issn.1673-0364.2015.06.008.}

[13073] 马海，李杨，周文奇，邱奕军，顾生强，曹鎏，许如刚，董孟华，梁玉凤，韩创举，钟浩，包芙莉. 超长带蒂下斜方肌肌皮瓣修复巨大头皮缺损伴耳轮缺损并颅骨外露一例 [J]. 中华整形外科杂志，2016，32(2)：153-154. DOI：10.3760/cma.j.issn.1009-4598.2016.02.020. {MA Hai,LI Yang,ZHOU Wenqi,QIU Yijun,GU Shengqiang,CAO Liu,XU Rugang,DONG Menghua,LIANG Yufeng,HAN Chuangju,ZHONG Hao,BAO Fuli. Super long pedicled inferior trapezius myocutaneous flap for the repair of giant scalp defect with auricular defect and skull exposure :a case report[J]. Zhonghua Zheng Xing Wai Ke Za Zhi[Chin J Plast Surg(Article in Chinese;No abstract available)],2016,32(2):153-154. DOI:10.3760/cma.j.issn.1009-4598.2016.02.020.}

[13074] 王友元，张大明，钟江龙，范松，林钊宇，房思炼，陈伟良. 延长下斜方肌肌皮瓣修复下颌骨钛板外露的疗效观察 [J]. 中国口腔颌面外科杂志，2016，14(2)：167-171. {WANG Youyuan,ZHANG Daming,ZHONG Jianglong,FAN Song,LIN Zhaoyu,FANG Silian,CHEN Weiliang. Use of extended vertical lower trapezius island myocutaneous flaps to cover exposed reconstructive mandibular plates[J]. Zhongguo Kou Qiang He Mian Wai Ke Za Zhi[Chin J Oral Maxillofac Surg(Article in Chinese;Abstract in Chinese and English)],2016,14(2):167-171.}

[13075] 周斌，庄秀妹，陈伟良，钟江龙，陈睿，王勋明. 折叠延长下斜方肌岛状皮瓣修复全喉切除术后巨大咽皮瘘 8 例报道 [J]. 中国口腔颌面外科杂志，2019，17(2)：166-170. DOI：10.19438/j.cjoms.2019.02.014. {ZHOU Bin,ZHUANG Xiumei,CHEN Weiliang,ZHONG Jianglong,CHEN Rui,WANG Xunming. Use of a folded extended vertical lower trapezius island myocutaneous flap to repair large pharyngocutaneous fistulae after salvage total laryngectomy in 8 consecutive cases[J]. Zhongguo Kou Qiang He Mian Wai Ke Za Zhi[Chin J Oral Maxillofac Surg(Article in Chinese;Abstract in Chinese and English)],2019,17(2):166-170. DOI:10.19438/j.cjoms.2019.02.014.}

4.7.2 舌骨下肌群肌皮瓣

sublingual myocutaneous flap

[13076] Peng H,Wang SJ,Yang X,Guo H,Liu M. Infrahyoid myocutaneous flap for medium-sized head and neck defects:surgical outcome and technique modification[J]. Otolaryngol Head Neck Surg,2013,148(1):47-53. doi:10.1177/0194599812460211.

[13077] Yan D,Zhang J,Min X. Modified Infrahyoid myocutaneous flap for laryngopharyngeal reconstruction[J]. Ear Nose Throat J,2020,99(1):15-21. doi:10.1177/0145561319849947.

[13078] Lyu X,Liu S,Zheng L,Huang M,Zhang J,Zhang J. New approach to an overlooked flap:Technique to augment venous drainage of the infrahyoid myocutaneous flap[J]. Head Neck,2021,43(3):942-948. doi:10.1002/hed.26564.

[13079] Li C,Fang Y,Wu H,Shu M,Cheng L,He P. Voice rehabilitation after total laryngectomy with the infrahyoid musculocutaneous flap[J]. Acta Otolaryngol, 2021,141(4):408-413. doi:10.1080/00016489.2021.1877347.

[13080] 王弘士，马东白，王俊德，田敖龙. 舌骨下肌群肌皮瓣在颊腭癌广泛切除重建中应用 [J]. 中华口腔科杂志，1985，20(2)：100. {WANG Hongshi,MA Dongbai,WANG Junde,TIAN Aolong. Application of subhyoid muscle group myocutaneous flap in the reconstruction of buccal palatine carcinoma[J]. ZhonghuaKou Qiang Za Zhi[Chin J Stomatol(Article in Chinese;No abstract available)],1985,20(2):100.}

[13081] 高崇敬，钟世镇 . 用舌骨下肌皮瓣再造舌的解剖学研究 [J]. 中华整形烧伤外科杂志，1985，1(3)：172. {GAO Chongjing,ZHONG Shizhen. Anatomic study on reconstruction of tongue with

subhyoid musculocutaneous flap[J]. Zhonghua Zhengxing Shao Shang Wai Ke Za Zhi[Chin J Plast Surg Burns(Article in Chinese;No abstract available)],1985,1(3):172.}

[13082] 王弘士. 十年来应用舌骨下肌皮瓣经验 [J]. 中华耳鼻咽喉科杂志，1991，26 (6): 332-334. {WANG Hongshi. Experience in the application of sublingual musculocutaneous flap in the past ten years[J]. Zhonghua Er Bi Yan Hou Ke Za Zhi[Chin J Otorhinolaryngol(Article in Chinese;Abstract in Chinese)],1991,26(6):332-334.}

[13083] 王又孚. 舌骨-胸骨舌骨肌蒂瓣移植治疗颈段气管狭窄一例 [J]. 中华耳鼻咽喉科杂志，1991，26 (1): 31. {WANG Youfu. Cervical tracheal stenosis treated with tongue-sternal tongue muscle pedicle flap transplantation:a case report[J]. Zhonghua Er Bi Yan Hou Ke Za Zhi[Chin J Otorhinolaryngol(Article in Chinese;No abstract available)],1991,26(1):31.}

[13084] 黄平振，王家兴，宋成君，李春林，单敏初. 应用胸骨舌骨肌筋膜瓣整复舌根 [J]. 中华耳鼻咽喉科杂志，1992，27 (4): 249. {HUANG Pingzhen,WANG Jiaxing,SONG Chengjun,LI Chunlin,SHAN Minchu. Repair of tongue root with sternohyoid myofascial flap[J]. Zhonghua Er Bi Yan Hou Ke Za Zhi[Chin J Otorhinolaryngol(Article in Chinese;No abstract available)],1992,27(4):249.}

[13085] 周晓，彭大文，翟吉保，陈杰，李赞. 应用舌骨下肌皮瓣的经验 [J]. 中华显微外科杂志，1994，17 (4): 285-286. {ZHOU Xiao,PENG Dawen,ZHAI Jibao,CHEN Jie,LI Zan. Experience in the application of ulocutaneous flap[J]. Zhonghua Xian Wei Wai Ke Za Zhi[Chin J Microsurg(Article in Chinese;No abstract available)],1994,17(4):285-286.}

[13086] 李东军，陈文弦，马培堂，刘文忠，李贵泽，阮炎艳. 舌骨下肌皮瓣修复喉气管瘘 [J]. 中华耳鼻咽喉科杂志，1995，30 (2): 125. {LI Dongjun,CHEN Wenxian,MA Peitang,LIU Wenzhong,LI Guize,RUAN Yanyan. Sublingual musculocutaneous flap for repair of laryngotracheal fistula[J]. Zhonghua Er Bi Yan Hou Ke Za Zhi[Chin J Otorhinolaryngol(Article in Chinese;No abstract available)],1995,30(2):125.}

[13087] 周晓，彭大文，翟吉保，陈杰，李赞. 切断静脉再吻合的舌骨下肌皮瓣的临床应用 [J]. 中华显微外科杂志，1998，21(2): 137. DOI: 10.3760/cma.j.issn.1001-2036.1998.02.025. {ZHOU Xiao,PENG Dawen,ZHAI Jibao,CHEN Jie,LI Zan. The clinical application of sublingual musculocutaneous flap with venous anastomosis[J]. Zhonghua Xian Wei Wai Ke Za Zhi[Chin J Microsurg(Article in Chinese;No abstract available)],1998,21(2):137. DOI:10.3760/cma.j.issn.1001-2036.1998.02.025.}

[13088] 徐治刚，孟纲要，朱玲. 胸骨舌骨肌瓣在喉功能重建中的应用 [J]. 安徽医科大学学报，2002，37 (5): 396-397. DOI: 10.3969/j.issn.1000-1492.2002.05.027. {XU Zhigang,MENG Gangyao,ZHU Ling. Application of sternohyoid muscle flap in laryngeal function reconstruction[J]. An Hui Yi Ke Da Xue Xue Bao[Acta Anhui Med Coll(Article in Chinese;Abstract in Chinese)],2002,37(5):396-397. DOI:10.3969/j.issn.1000-1492.2002.05.027.}

[13089] 秦永，肖水芳，李志光，郭敏，郑中立. 胸骨舌骨肌舌骨瓣转移治疗声门下喉气管狭窄 [J]. 中华耳鼻咽喉科杂志，2003，38 (1): 15-17. DOI: 10.3760/j.issn: 1673-0860.2003.01.006. {QIN Yong,XIAO Shuifang,LI Zhiguang,GUO Min,ZHENG Zhongli. Treatment of severe subglottic laryngotracheal stenosis using hyoid graft with sternohyoid muscle flap[J]. Zhonghua Er Bi Yan Hou Ke Za Zhi[Chin J Otorhinolaryngol(Article in Chinese;Abstract in Chinese and English)],2003,38(1):15-17. DOI:10.3760/j.issn:1673-0860.2003.01.006.}

[13090] 彭汉伟，曾宗渊，杨安奎，杨熙鸿，郭海鹏，林建英，陈伟正，徐敏，于文斌. 舌骨下肌皮瓣在头颈肿瘤切除术后缺损修复中的应用 [J]. 中华显微外科杂志，2006，29 (4): 312-313. DOI: 10.3760/cma.j.issn.1001-2036.2006.04.033. {PENG Hanwei,ZENG Zongyuan,YANG Ankui,YANG Xihong,GUO Haipeng,LIN Jianying,CHEN Weizheng,XU Min,YU Wenbin. The application of sublingual musculocutaneous flap in repair after head and neck tumor resection[J]. Zhonghua Xian Wei Wai Ke Za Zhi[Chin J Microsurg(Article in Chinese;Abstract in Chinese)],2006,29(4):312-313. DOI:10.3760/cma.j.issn.1001-2036.2006.04.033.}

[13091] 欧阳电，陈伟超，陈艳峰，丁卫泉，袁步奇，彭蓉蓉，杨安奎. 舌骨下肌皮瓣在早期口底癌术后口底缺损修复中的应用 [J]. 中华显微外科杂志，2012，35 (1): 32-34. DOI: 10.3760/cma.j.issn.1001-2036.2012.01.013. {OUYANG Dian,CHEN Weichao,CHEN Yanfeng,DING Weiquan,YUAN Buqi,PENG Rongrong,YANG Ankui. Application of infrahyoid myocutaneous flap in the reconstruction for early stage mouth floor carcinoma[J]. Zhonghua Xian Wei Wai Ke Za Zhi[Chin J Microsurg(Article in Chinese;Abstract in Chinese and English)],2012,35(1):32-34. DOI:10.3760/cma.j.issn.1001-2036.2012.01.013.}

[13092] 张建伟，周昌龙，王永盛，陈彬. 舌骨下肌皮瓣在老年口腔癌术后缺损修复中的应用 [J]. 上海口腔医学，2013，22 (3): 334-337. {ZHANG Jianwei,ZHOU Changlong,WANG Yongsheng,CHEN Bin. Reconstruction of tissue defects by infrahyoid myocutaneous flap in elder patients after oral cancer surgery[J]. Shang Hai Kou Qiang Yi Xue[Shanghai J Stomatol(Article in Chinese;Abstract in Chinese and English)],2013,22(3):334-337.}

4.7.3 颈阔肌肌皮瓣

platysma myocutaneous flap

[13093] Zhang KW,Zheng HQ. The application of modified platysma pedicle flap and osteomyocutaneous flap in the head and neck reconstructive surgery[J]. Auris Nasus Larynx,1989,16(3):185-190. doi:10.1016/s0385-8146(89)80017-3.

[13094] Su T,Zhao YF,Liu B,Hu YP,Zhang WF. Clinical review of three types of platysma myocutaneous flap[J]. Int J Oral Maxillofac Surg,2006,35(11):1011-1015. doi:10.1016/j.ijom.2006.08.002.

[13095] Safdar J,Liu FY,Moosa Y,Xu ZF,Li ZN,Sun CF. Submental versus platysma flap for the reconstruction of complex facial defects following resection of head and neck tumors[J]. Pak J Med Sci,2014,30(4):739-744. doi:10.12669/pjms.304.5177.

[13096] Cai Q,Liang F,Huang X,Han P,Pan Y,Zheng Y. Hypopharynx and larynx defect repair after resection for pyriform fossa cancer with a platysma skin flap[J]. Otolaryngol Head Neck Surg,2015,152(2):374-376. doi:10.1177/0194599814559508.

[13097] Chen L,Chen R,Guan Z,Lin P,Liang F,Han P,Yang J,Zhu W,Cai Q. Platysma skin flap:Laryngeal repair material to produce phonatory flap vibrational wave[J]. Head Neck,2020,42(9):2757-2763. doi:10.1002/hed.26294.

[13098] 兰行简，王玉新，张船，李瑞武，王玉春. 颈阔肌肌皮瓣在口腔缺损修复中的应用 [J]. 中华口腔科杂志，1984，19 (4): 216. {LAN Xingjian,WANG Yuxin,ZHANG Chuan,LI Ruiwu,WANG Yuchun. Application of platysma myocutaneous flap in oral defect repair[J]. ZhonghuaKou Qiang Za Zhi[Chin J Stomatol(Article in Chinese;No abstract available)],1984,19(4):216.}

[13099] 庄福连，许东坡. 应用颈阔肌岛状皮瓣一期整复颊部缺损 [J]. 中华外科杂志，1985，23 (11): 652-653. {ZHUANG Fulian,XU Dongpo. Reconstructing buccal defect with platysma myocutaneous island flap at one stage[J]. Zhonghua Wai Ke Za Zhi[Chin J Surg(Article in Chinese;No abstract available)],1985,23(11):652-653.}

[13100] 张成立，施恩娟，毛增荣. 颈阔肌肌皮瓣的显微外科解剖 [J]. 解剖学杂志，1986，9 (4): 262. {ZHANG Chengli,SHI Enjuan,MAO Zengrong. Microsurgical anatomy of the platysma myocutaneous flap[J]. Jie Pou Xue Za Zhi[Chin J Anat(Article in Chinese;No abstract available)],1986,9(4):262.}

[13101] 张开文. 改良颈阔肌皮瓣和骨肌皮瓣在头颈外科修复中的应用 [J]. 中华耳鼻咽喉科杂志，1991，26 (4): 233-234. {ZHANG Kaiwen. Application of modified platysma flap and musculoskeletal flap in head and neck surgical repair[J]. Zhonghua Er Bi Yan Hou Ke Za Zhi[Chin J Otorhinolaryngol(Article in Chinese;Abstract in Chinese)],1991,26(4):233-234.}

[13102] 张占仲，李彤，邹鸣岚，吴银河. 颈阔肌肌皮瓣修复颜面瘢痕挛缩小口畸形 [J]. 中国修复重建外科杂志，1995，9 (1): 50. {ZHANG Zhanzhong,LI Tong,ZOU Minglan,WU Yinhe. Platysma myocutaneous flap for repairing facial scar contracture small mouth deformity[J]. Zhongguo Xiu Fu Chong Jian Wai Ke Za Zhi[Chin J Repar Reconstr Surg(Article in Chinese;No abstract available)],1995,9(1):50.}

[13103] 胡军，陈杰，张强，刘淑红. 颈阔肌皮瓣修复颌面部瘢痕 12 例 [J]. 中华显微外科杂志，1996，19 (1): 67. {HU Jun,CHEN Jie,ZHANG Qiang,LIU Shuhong. Reparing maxillofacial scar with platysma flap:12 cases report[J]. Zhonghua Xian Wei Wai Ke Za Zhi[Chin J Microsurg(Article in Chinese;No abstract available)],1996,19(1):67.}

[13104] 胡军，张强，陈杰，刘淑红，黎燕. 颈阔肌皮瓣修复颌面部瘢痕 [J]. 中国修复重建外科杂志，1997，11 (4): 68. {HU Jun,ZHANG Qiang,CHEN Jie,LIU Shuhong,LI Yan. Repair of maxillofacial scar with platysma myocutaneous flap[J]. Zhongguo Xiu Fu Chong Jian Wai Ke Za Zhi[Chin J Repar Reconstr Surg(Article in Chinese;No abstract available)],1997,11(4):68.}

[13105] 潘朝斌，庾尧炜，任材年，陈伟良，李劲松. 颈阔肌肌皮瓣修复口腔颌面部缺损 [J]. 实用医学杂志，1999，15 (4): 271-272. DOI: 10.3969/j.issn.1006-5725.1999.04.011. {PAN Chaobin,YU Yaowei,REN Cainian,CHEN Weiliang,LI Jinsong. Latissimus myocutaneous flap for repairing oral and maxillofacial defects[J]. Shi Yong Yi Xue Za Zhi[J Pract Med(Article in Chinese;Abstract in Chinese)],1999,15(4):271-272. DOI:10.3969/j.issn.1006-5725.1999.04.011.}

[13106] 赵云平，王如文，蒋耀光，罗运成. 颈阔肌皮瓣修复外伤性颈段食管闭锁一例 [J]. 中华创伤杂志，2000，16 (9): 523. DOI: 10.3760/j: issn: 1001-8050.2000.09.028. {ZHAO Yunping,WANG Ruwen,JIANG Yaoguang,LUO Yuncheng. Traumatic cervical esophageal atresia repaired by latissimus myocutaneous flap:a case report[J]. Zhonghua Chuang Shang Za Zhi[Chin J Trauma(Article in Chinese;No abstract available)],2000,16(9):523. DOI:10.3760/j:issn:1001-8050.2000.09.028.}

[13107] 伍国号，陈福进，李浩，魏茂文，许光普，李庆端，王雅超，冯愉态. 次全喉切除双颈阔肌皮瓣喉重建术的临床应用 [J]. 中华耳鼻咽喉科杂志，2001，36 (3): 172-174. DOI: 10.3760/j.issn: 1673-0860.2001.03.005. {WU Guohao,CHEN Fujin,LI Hao,WEI Maowen,XU Guangpu,LI Qingduan,WANG Yachao,FENG Yutai. Subtotal laryngectomy reconstructed by platysma myocutaneous flaps[J]. Zhonghua Er Bi Yan Hou Ke Za Zhi[Chin J Otorhinolaryngol(Article in Chinese;Abstract in Chinese and English)],2001,36(3):172-174. DOI:10.3760/j.issn:1673-0860.2001.03.005.}

[13108] 陈长安，李秦. 颈阔肌肌瓣修复左颜面萎缩一例 [J]. 中华整形外科杂志，2002，18 (1): 48. DOI: 10.3760/j.issn: 1009-4598.2002.01.029. {CHEN Chang' an,LI Qin. Repair of left facial atrophy with latissimus muscle flap:a case report[J]. Zhonghua Zheng Xing Wai Ke Za Zhi[Chin J Plast Surg(Article in Chinese;No abstract available)],2002,18(1):48. DOI:10.3760/j.issn:1009-4598.2002.01.029.}

[13109] 郑行跃，赵大华，田孝臣，张海明，王佳琦，宋业光. 颈阔肌肌皮瓣重复扩张修复面颈部瘢痕畸形 [J]. 中华整形外科杂志，2004，20 (5): 356-358. DOI: 10.3760/j.issn: 1009-4598.2004.05.012. {ZHENG Xingyue,ZHAO Dahua,TIAN Xiaochen,ZHANG Haiming,WANG Jiaqi,SONG Yeguang. The applications of the repetitive sub-platysmal expansion in repair the defects of skin and soft tissue in face and neck[J]. Zhonghua Zheng Xing Wai Ke Za Zhi[Chin J Plast Surg(Article in Chinese;Abstract in Chinese and English)],2004,20(5):356-358. DOI:10.3760/j.issn:1009-4598.2004.05.012.}

[13110] 陈林林，谭伟兵，李群，张强，吴坚，刘晓霞，张永福. 颈阔肌肌皮瓣修复口腔癌术后组织缺损 [J]. 中国修复重建外科杂志，2005，19 (10): 784-785. {CHEN Linlin,TAN Weibing,LI Qun,ZHANG Qiang,WU Jian,LIU Xiaoxia,ZHANG Yongfu. Platysma myocutaneous flaps in reconstruction of oral defect caused by tumor resection[J]. Zhongguo Xiu Fu Chong Jian Wai Ke Za Zhi[Chin J Repar Reconstr Surg(Article in Chinese;Abstract in Chinese and English)],2005,19(10):784-785.}

[13111] 苏彤，刘冰，胡砚平，张文峰，赵怡芳. 不同类型的颈阔肌肌皮瓣存活情况的临床分析 [J]. 中华整形外科杂志，2006，22 (4): 259-261. DOI: 10.3760/j.issn: 1009-4598.2006.04.005. {SU Tong,LIU Bing,HU Yanping,ZHANG Wenfeng,ZHAO Yifang. Clinical analysis about survival condition of different types of platysma myocutaneous flaps[J]. Zhonghua Zheng Xing Wai Ke Za Zhi[Chin J Plast Surg(Article in Chinese;Abstract in Chinese and English)],2006,22(4):259-261. DOI:10.3760/j.issn:1009-4598.2006.04.005.}

[13112] 王春梅，聂晶莹，盛红明. 颈阔肌肌瓣在面颈部除皱术中的应用 [J]. 中华整形外科杂志，2006，22 (4): 292-294. DOI: 10.3760/j.issn: 1009-4598.2006.04.015. {WANG Chunmei,NIE Jingying,SHENG Hongming. Application of platysma flap in face lifting[J]. Zhonghua Zheng Xing Wai Ke Za Zhi[Chin J Plast Surg(Article in Chinese;Abstract in Chinese and English)],2006,22(4):292-294. DOI:10.3760/j.issn:1009-4598.2006.04.015.}

[13113] 牙祖蒙，赵运流. 包含颈外静脉的颈阔肌肌皮瓣修复口腔癌切除后缺损 [J]. 中华整形外科杂志，2007，23 (3): 191-192. DOI: 10.3760/j.issn: 1009-4598.2007.03.004. {YA Zumeng,ZHAO Yunliu. Myocutaneous platysma flap containing external jugular vein for the oral reconstruction after cancer excision[J]. Zhonghua Zheng Xing Wai Ke Za Zhi[Chin J Plast Surg(Article in Chinese;Abstract in Chinese and English)],2007,23(3):191-192. DOI:10.3760/j.issn:1009-4598.2007.03.004.}

[13114] 许月明，王如文，蒋耀光，龚太乾，赵云平. 放射治疗对犬颈阔肌皮瓣修复食管的影响 [J]. 第三军医大学学报，2007，29 (9): 756-758. DOI: 10.3321/j.issn: 1000-5404.2007.09.003. {XU Yueming,WANG Ruwen,JIANG Yaoguang,GONG Taiqian,ZHAO Yunping. Effect of radiotherapy on platysma myocutaneous flap after esophageal reconstruction in dogs[J]. Di San Jun Yi Da Xue Xue Bao[Acta Acad Med Mil Tert(Article in Chinese;Abstract in Chinese and English)],2007,29(9):756-758. DOI:10.3321/j.issn:1000-5404.2007.09.003.}

[13115] 陈伟良，王科，王永洁，黄志权. 横向颈阔肌肌皮瓣和面动脉-颏下动脉岛状肌皮瓣修复颊黏膜癌术后缺损 [J]. 中国口腔颌面外科杂志，2008，6 (6): 431-434. {CHEN Weiliang,WANG Ke,WANG Yongjie,HUANG Zhiquan. Transverse platysma myocutaneous flap and facial artery-submental artery island myocutaneous flap for reconstruction of buccal defects following cancer surgery[J]. Zhongguo Kou Qiang He Mian Wai Ke Za Zhi[Chin J Oral Maxillofac Surg(Article in Chinese;Abstract in Chinese and English)],2008,6(6):431-434.}

[13116] 王晓军，刘志飞，朱琳，张海林，崔雅宁，乔群. 腮腺筋膜-SMAS-颈阔肌瓣在颊颈部除皱术中的应用 [J]. 中华整形外科杂志，2009，25 (4): 245-247. DOI: 10.3760/cma.j.issn.1009-4598.2009.04.003. {WANG Xiaojun,LIU Zhifei,ZHU Lin,ZHANG Hailin,CUI Yaning,QIAO Qun. The clinical application of parotid fascia-SMAS-platysma flap in the lifting of lower face and neck[J]. Zhonghua Zheng Xing Wai Ke Za Zhi[Chin J Plast Surg(Article in Chinese;Abstract in Chinese and English)],2009,25(4):245-247. DOI:10.3760/cma.j.issn.1009-4598.2009.04.003.}

[13117] 刘家武，刘汉前，刘磊. 颈阔肌瓣+下颌骨外侧骨皮质切除术修复颊癌术后缺损的临床分析 [J]. 第三军医大学学报，2011，33 (15): 1664-1665. {LIU Jiawu,LIU Hanqian,LIU Lei. Clinical analysis of platysma flap combined with lateral mandibular cortical resection for reconstruction of defect after cheek cancer surgery[J]. Di San Jun Yi Da Xue Xue Bao [Acta Acad Med

Mil Tert(Article in Chinese;No abstract available)],2011,33(15):1664 - 1665.}

[13118] 纪赓，王守宝，罗旭松，李罗珠，杨军．颈阔肌瓣双向翻转在颈部严重瘢痕增生挛缩整复中的应用[J]．组织工程与重建外科杂志，2012，8（1）：35–36，39．DOI：10.3969/j.issn.1673–0364.2012.01.009．{JI Geng,WANG Shoubao,LUO Xusong,LI Luozhu,YANG Jun. Application of two directions folding of platysma flap in reconstruction for contracture deformity of severe cervical scar[J]. Zu Zhi Gong Cheng Yu Chong Jian Wai Ke Za Zhi[J Tissue Eng Reconstr Surg(Article in Chinese;Abstract in Chinese and English)],2012,8(1):35 - 36,39. DOI:10.3969/j.issn.1673 - 0364.2012.01.009.}

[13119] 刘莉，刘宏超．颈阔肌肌皮瓣在颌面部创伤修复中的应用[J]．组织工程与重建外科杂志，2018，14（5）：272–274．DOI：10.3969/j.issn.1673–0364.2018.05.010．{LIU Li,LIU Hongchao. Application of platysma musculocutaneous flap in the repair of maxillofacial trauma[J]. Zu Zhi Gong Cheng Yu Chong Jian Wai Ke Za Zhi[J Tissue Eng Reconstr Surg(Article in Chinese;Abstract in Chinese and English)],2018,14(5):272 - 274. DOI:10.3969/j.issn.1673 - 0364.2018.05.010.}

4.7.4 胸锁乳突肌肌皮瓣
sternocleidomastoid myocutaneous flap

[13120] Zhang X,Liu F,Lan X,Luo K,Li S. Combined submandibular gland flap and sternocleidomastoid musculocutaneous flap for postoperative reconstruction in older aged patients with oral cavity and oropharyngeal cancers[J]. World J Surg Oncol,2014,12:259. doi:10.1186/1477–7819–12–259.

[13121] 樊玉林，凌荧，尹蔚明，王建刚．利用胸锁乳突肌修复颈部气管瘘孔及食管缺损[J]．中华耳鼻咽喉科杂志，1981，16（2）：99–101．{FAN Yulin,LING Ying,YIN Weiming,WANG Jiangang. The sternocleidomastoid muscle was used to repair the dilated trachea and esophageal defects[J]. Zhonghua Er Bi Yan Hou Ke Za Zhi[Chin J Otorhinolaryngol(Article in Chinese;Abstract in Chinese)],1981,16(2):99 - 101.}

[13122] 朱宣智．胸锁乳突肌蒂皮瓣在口腔颌面部肿瘤切除即刻修复中的应用[J]．中华口腔科杂志，1981，16（1）：10．{ZHU Xuanzhi. Application of sternocleidomastoid pedicle flap in immediate reconstruction of oral and maxillofacial tumor resection[J]. ZhonghuaKou Qiang Za Zhi[Chin J Stomatol(Article in Chinese;No abstract available)],1981,16(1):10.}

[13123] 范振荣．双头切断的胸锁乳突肌肌皮瓣在临床上的应用[J]．中华口腔科杂志，1983，18（3）：181．{FAN Zhenrong. Clinical application of double - headed sternocleidomastoid myocutaneous flap[J]. ZhonghuaKou Qiang Za Zhi[Chin J Stomatol(Article in Chinese;No abstract available)],1983,18(3):181.}

[13124] 叶延荣，张添炳，蔡铭奇．胸锁乳突肌蒂带复合半片锁骨瓣重建下颌骨节段性缺损[J]．中华口腔科杂志，1985，20（5）：293 {YE Yanrong,ZHANG Tianbing,CAI Mingqi. Reconstruction of segmental mandibular defect by sternocleidomastoid pedicle and half clavicle flap[J]. ZhonghuaKou Qiang Za Zhi[Chin J Stomatol(Article in Chinese;No abstract available)],1985,20(5):293.}

[13125] 刘月辉，文三立．胸锁乳突肌肌骨膜瓣喉气管重建术动物实验与临床应用[J]．中华耳鼻咽喉科杂志，1997，32（4）：239–241．{LIU Yuehui,WEN Sanli. Experimental and clinical studies on sternocleidomastoid myoperiosteal flap for laryngoracheal reconstruction[J]. Zhonghua Er Bi Yan Hou Ke Za Zhi[Chin J Otorhinolaryngol(Article in Chinese;Abstract in Chinese and English)],1997,32(4):239 - 241.}

[13126] 彭加礼．双侧胸锁乳突肌瓣移位修复下颌口底电烧伤缺损一例[J]．中国修复重建外科杂志，1998，12（5）：319．{PENG Jiali. Bilateral sternocleidomastoid muscle flap transposition for repairing mandibular mouth floor electric burn defect:a case report[J]. Zhongguo Xiu Fu Chong Jian Wai Ke Za Zhi[Chin J Repar Reconstr Surg(Article in Chinese;No abstract available)],1998,12(5):319.}

[13127] 张文奎．胸锁乳突肌肌瓣修复耳后慢性放射性溃疡[J]．中国修复重建外科杂志，2000，14（6）：368．{ZHANG Wenkui. Repair of chronic postauricular radiation ulcer with sternocleidomastoid muscle flap[J]. Zhongguo Xiu Fu Chong Jian Wai Ke Za Zhi[Chin J Repar Reconstr Surg(Article in Chinese;No abstract available)],2000,14(6):368.}

[13128] 景捷，薛凡，孙小娟．胸锁乳突肌皮瓣在颈转移颊鳞癌修复中的应用[J]．中华显微外科杂志，2002，25（1）：66–67．DOI：10.3760/cma.j.issn.1001–2036.2002.01.030．{JING Jie,XUE Fan,SUN Xiaojuan. Application of sternocleidomastoid myocutaneous flap in repairing cervical metastatic buccal squamous cell carcinoma[J]. Zhonghua Xian Wei Wai Ke Za Zhi[Chin J Microsurg(Article in Chinese;Abstract in Chinese)],2002,25(1):66 - 67. DOI:10.3760/cma.j.issn.1001 - 2036.2002.01.030.}

[13129] 伍国号，陈福进，曾宗渊，李浩，宋明，张诠，许光普，陈海明，杨安奎，陈文宽．岛状胸锁乳突肌皮瓣在头颈肿瘤手术中的应用[J]．中华显微外科杂志，2003，26（1）：25–27．DOI：10.3760/cma.j.issn.1001–2036.2003.01.009．{WU Guohao,CHEN Fujin,ZENG Zongyuan,LI Hao,SONG Ming,ZHANG Quan,XU Guangpu,CHEN Haiming,YANG Ankui,CHEN Wenkuang. Application of sternocleidomastoid island myocutaneous flap in head and neck neoplasm's operation[J]. Zhonghua Xian Wei Wai Ke Za Zhi[Chin J Microsurg(Article in Chinese;Abstract in Chinese and English)],2003,26(1):25 - 27. DOI:10.3760/cma.j.issn.1001 - 2036.2003.01.009.}

[13130] 孙亚男，李源，金德均，谢民强，肖玉丽，李鹏．胸锁乳突肌皮瓣在喉咽癌手术中的应用[J]．中华显微外科杂志，2005，28（4）：369–370．DOI：10.3760/cma.j.issn.1001–2036.2005.04.038．{SUN Yanan,LI Yuan,JIN Dejun,XIE Minqiang,XIAO Yuli,LI Peng. Application of sternocleidomastoid myocutaneous flap in laryngopharyngeal carcinoma surgery[J]. Zhonghua Xian Wei Wai Ke Za Zhi[Chin J Microsurg(Article in Chinese;Abstract in Chinese)],2005,28(4):369 - 370. DOI:10.3760/cma.j.issn.1001 - 2036.2005.04.038.}

[13131] 林煌，唐平章，李森恺．对侧胸锁乳突肌蒂锁骨骨膜瓣修复气管壁缺损[J]．中华整形外科杂志，2005，21（3）：211–213．DOI：10.3760/j.issn：1009–4598.2005.03.017．{LIN Huang,TANG Pingzhang,LI Senkai. Reconstruction of tracheal defect using the contralateral musculo - periosteum flap of the sternocleidomastoideus with clavicular periosteum[J]. Zhonghua Zheng Xing Wai Ke Za Zhi[Chin J Plast Surg(Article in Chinese;Abstract in Chinese and English)],2005,21(3):211 - 213. DOI:10.3760/j.issn:1009 - 4598.2005.03.017.}

[13132] 于蓉，刘晓雪，岑瑛．胸锁乳突肌单头肌（皮）瓣一期修复颌面部软组织缺陷[J]．中华外科杂志，2007，45（11）：786–787．DOI：10.3760/j.issn：0529–5815.2007.11.024．{YU Rong,LIU Xiaoxue,CEN Ying. Repairing maxillofacial soft tissue defects with sternocleidomastoid monoceps (skin) flap at one stage[J]. Zhonghua Wai Ke Za Zhi[Chin J Surg(Article in Chinese;No abstract available)],2007,45(11):786 - 787. DOI:10.3760/j.issn:0529 - 5815.2007.11.024.}

[13133] 于蓉，段伟强，刘勇，岑瑛．胸锁乳突肌单蒂肌皮瓣修复颌面部软组织缺陷畸形的初步报告[J]．中国修复重建外科杂志，2007，21（4）：343–345．{YU Rong,DUAN Weiqiang,LIU Yong,CEN Ying. Reconstruction of soft tissue defects in maxillofacial region using sternal head of sternocleidomastoid myocutaneous flap[J]. Zhongguo Xiu Fu Chong Jian Wai Ke Za Zhi[Chin J Repar Reconstr Surg(Article in Chinese;Abstract in Chinese and English)],2007,21(4):343 - 345.}

[13134] 赵天兰，余道江，谢晓明，张云涛，徐妍，陈琦，吴浩荣．岛状胸锁乳突肌皮瓣在面颊部复合组织缺损修复中的应用[J]．中华整形外科杂志，2009，25（5）：337–339．DOI：10.3760/cma.j.issn.1009–4598.2009.05.006．{ZHAO Tianlan,YU Daojiang,XIE Xiaoming,ZHANG Yuntao,XU Yan,CHEN Qi,WU Haorong. Island sternocleidomastoid myocutaneous flap for repairing the buccal composite tissue defect[J]. Zhonghua Zheng Xing Wai Ke Za Zhi[Chin J Plast Surg(Article in Chinese;Abstract in Chinese and English)],2009,25(5):337 - 339. DOI:10.3760/cma.j.issn.1009 - 4598.2009.05.006.}

[13135] 任文豪，郅克谦，高岭，徐燕，李兴强，石明娟．腮腺良性肿瘤手术术式的美学改良：美容切口和胸锁乳突肌瓣的应用[J]．上海口腔医学，2010，19（3）：232–235．{REN Wenhao,ZHI Keqian,GAO Ling,XU Yan,LI Xingqiang,SHI Mingjuan. Clinical utilization of veiled incision and sternocleidomastoid flap in parotidectomy of parotid benign tumors[J]. Shang Hai Kou Qiang Yi Xue[Shanghai J Stomatol(Article in Chinese;Abstract in Chinese and English)],2010,19(3):232 - 235.}

[13136] 林轶，朱慧勇，刘建华，王慧明．改良胸锁乳突肌皮瓣修复口腔颌面部肿瘤切除术后软组织缺损[J]．中国修复重建外科杂志，2010，24（4）：452–454．{LIN Yi,ZHU Huiyong,LIU Jianhua,WANG Huiming. Modified sternocleidomastoid myocutaneous flap for reconstruction of soft tissue defects following tumorectomy of maxillofacial region[J]. Zhongguo Xiu Fu Chong Jian Wai Ke Za Zhi[Chin J Repar Reconstr Surg(Article in Chinese;Abstract in Chinese and English)],2010,24(4):452 - 454.}

[13137] 耿中利，李鸿涛，王进，董朝，马斌林．带蒂胸锁乳突肌肌瓣一期修复腮腺肿瘤术后缺损的疗效[J]．中国修复重建外科杂志，2012，26（3）：313–315．{GENG Zhongli,LI Hongtao,WANG Jin,DONG Chao,MA Binlin. Effectiveness of pedicled sternocleidomastoid muscle flap in repairing defect after parotidectomy[J]. Zhongguo Xiu Fu Chong Jian Wai Ke Za Zhi[Chin J Repar Reconstr Surg(Article in Chinese;Abstract in Chinese and English)],2012,26(3):313 - 315.}

[13138] 张森林，曹罡，董震，陈伟，刘秉尧，孟昭业．降下唇肌瓣与胸锁乳突肌瓣联合修复口底全层软组织缺损[J]．中国口腔颌面外科杂志，2014，12（5）：467–469．{ZHANG Senlin,CAO Gang,DONG Zhen,CHEN Wei,LIU Bingyao,MENG Zhaoye. Reconstruction of full - thickness soft tissue defects of floor of mouth by combining depressor labii inferioris flap with sternomastoid muscle flap[J]. Zhongguo Kou Qiang He Mian Wai Ke Za Zhi[Chin J Oral Maxillofac Surg(Article in Chinese;Abstract in Chinese and English)],2014,12(5):467 - 469.}

[13139] 王益华．保留腮腺咬肌筋膜加胸锁乳突肌肌瓣在腮腺手术中的应用[J]．局解手术学杂志，2014，23（2）：150–151．DOI：10.11659/jjssx.1672–5042.201402016．{WANG Yihua. Preservation of parotid masseter fascia and sternocleidomastoid muscle flap in parotid gland surgery[J]. Ju Jie Shou Shu Xue Za Zhi[J Reg Anat Oper Surg(Article in Chinese;Abstract in Chinese and English)],2014,23(2):150 - 151. DOI:10.11659/jjssx.1672 - 5042.201402016.}

[13140] 杨小琛，高策，徐豪越，冯元勇，宋凯，尚伟．多种胸锁乳突肌瓣与游离皮瓣修复口腔癌缺损的效果比较[J]．上海口腔医学，2019，28（2）：171–174．DOI：10.19439/j.sjos.2019.02.012．{YANG Xiaochen,GAO Ce,XU Haoyue,FENG Yuanyong,SONG Kai,SHANG Wei. Comparative study on using multiple kinds of sternocleidomastoid flaps or free flaps to repair defects in oral cancer surgery[J]. Shang Hai Kou Qiang Yi Xue[Shanghai J Stomatol(Article in Chinese;Abstract in Chinese and English)],2019,28(2):171 - 174. DOI:10.19439/j.sjos.2019.02.012.}

4.7.5 胸大肌肌皮瓣
pectoralis major myocutaneous flap

[13141] Hou CL,Tai YH. Transfer of upper pectoralis major flap for functional reconstruction of deltoid muscle[J]. Chin Med J,1991,104(9):753–757.

[13142] Po–Wing Yuen A. Preservation of lateral thoracic artery to improve vascular supply of distal skin without compromising pedicle length in harvesting pectoralis major myocutaneous flap[J]. J Plast Reconstr Aesthet Surg,2006,59(12):1433–1435. doi:10.1016/j.bjps.2006.02.007.

[13143] Zou H,Zhang WF,Han QB,Zhao YF. Salvage reconstruction of extensive recurrent oral cancer defects with the pectoralis major myocutaneous flap[J]. J Oral Maxillofac Surg,2007,65(10):1935–1939. doi:10.1016/j.joms.2006.10.067.

[13144] Chan YW,Ng RW,Yuen AP. Lateral thoracic flap for donor site repair of pectoralis major myocutaneous flap[J]. J Plast Reconstr Aesthet Surg,2009,62(8):1004–1007. doi:10.1016/j.bjps.2008.02.009.

[13145] Lin H,Hou C,Xu Z. Transfer of the superior portion of the pectoralis major flap for restoration of shoulder abduction[J]. J Reconstr Microsurg,2009,25(4):255–260. doi:10.1055/s–0028–1104558.

[13146] He J,Xu X,Chen M,Li S,Yin W,Wang S,Gu Y. Novel method to repair tracheal defect by pectoralis major myocutaneous flap[J]. Ann Thorac Surg,2009,88(1):288–291. doi:10.1016/j.athoracsur.2008.11.030.

[13147] Liu HL,Chan JY,Wei WI. The changing role of pectoralis major flap in head and neck reconstruction[J]. Eur Arch Otorhinolaryngol,2010,267(11):1759–1763. doi:10.1007/s00405–010–1271–6.

[13148] Ho AC,Fan PY,Shek TW,Ho D,Wei WI. Second primary squamous cell carcinoma arising in the skin of a pectoralis major myocutaneous flap 12 years after floor of mouth reconstruction[J]. Eur Arch Otorhinolaryngol,2011,268(1):147–150. doi:10.1007/s00405–010–1410–0.

[13149] Fang QG,Shi S,Zhang X,Li ZN,Liu FY,Sun CF. Assessment of the quality of life of patients with oral cancer after pectoralis major myocutaneous flap reconstruction with a focus on speech[J]. J Oral Maxillofac Surg,2013,71(11):2004.e1–2004.e5. doi:10.1016/j.joms.2013.07.011.

[13150] Xie B,He W,Xie D,Jiang G. A novel technique to increase the length of tracheal resection by adding an autologous pedicled pectoralis major myocutaneous flap transposition[J]. Ann Thorac Surg,2014,98(6):2236–2238. doi:10.1016/j.athoracsur.2014.05.096.

[13151] Sun Q,Guo S,Wang D,Xu N,Jin SF,Wang CC. Does pectoralis major flap harvesting induce upper extremity dysfunction?[J]. J Int Med Res,2015,43(4):555–559. doi:10.1177/0300060515579118.

[13152] Zhang X,Liu F,Lan X,Huang J,Luo K,Li S. Resection and reconstruction of giant cervical metastatic cancer using a pectoralis major muscular flap transfer:A prospective study of 16 patients[J]. Oncol Lett,2015,10(1):372–378. doi:10.3892/ol.2015.3158.

[13153] Huang K,Zhang C. Sternoclavicular joint infection treated with debridement,vancomycin–loaded calcium sulfate,and partial pectoralis muscle flap:A case report[J]. JBJS Case Connect,2015,5(4):e86. doi:10.2106/JBJS.CC.N.00229.

[13154] Chen WL,Wang YY,Zhang DM,Fan S,Lin ZY. Extended vertical lower trapezius island myocutaneous flap versus pectoralis major myocutaneous flap for reconstruction in recurrent oral and oropharyngeal cancer[J]. Head Neck,2016,38 Suppl 1:E159–164. doi:10.1002/hed.23960.

[13155] Zhang C,Zhu M,Chen M,Chen D,Chen S,Zheng H. Free flap combined with pectoralis major flap for reconstruction after total laryngopharyngectomy in patients with advanced hypopharyngeal carcinoma[J]. Acta Otolaryngol,2016,136(8):841–846. doi:10.3109/00016489.2016.1164891.

[13156] Poh EH,Xu LQ,Yin XL,Shen SK. Extending the Arc of rotation of the pectoralis major myocutaneous flap for orofacial reconstruction via a modified subclavicular route through the clavipectoral fascia[J]. J Oral Maxillofac Surg,2017,75(1):222.e1-222.e6. doi:10.1016/j.joms.2016.09.001.

[13157] Liu M,Liu W,Yang X,Guo H,Peng H. Pectoralis major myocutaneous flap for head and neck defects in the era of free flaps:harvesting technique and indications[J]. Sci Rep,2017,7:46256. doi:10.1038/srep46256.

[13158] Chen WL,Zhang DM,Huang ZQ,Wang Y,Zhou B,Wang YY. Comparison of outcomes with extensive segmental pectoralis major myocutaneous flap via the anterior axillary line and the conventional technique in oral and oropharyngeal cancer[J]. Head Neck,2018,40(2):349-354. doi:10.1002/hed.24959.

[13159] Wei W,Qiu Y,Fang Q,Jia Y. Pectoralis major myocutaneous flap in salvage reconstruction following free flap failure in head and neck cancer surgery[J]. J Int Med Res,2019,47(1):76-83. doi:10.1177/0300060518795530.

[13160] 洪光祥，冼我权，朱通伯，王德就，王发斌，黄省秋．游离胸大肌移植治疗前臂缺血性挛缩一例报告 [J]. 武汉医学院学报，1979，8(1)：30. {HONG Guangxiang,XIAN Woquan,ZHU Tongbo,WANG Dejiu,WANG Fabin,HUANG Shengqiu. Treatment of ischemic contracture of forearm with free pectoralis major muscle transplantation:a case report[J]. Wu Han Yi Xue Yuan Xue Bao[Med J Wuhan Coll(Article in Chinese;No abstract available)],1979,8(1):30.}

[13161] 李世骐，吴求亮，吴希圣．应用前臂和胸大肌皮瓣修复颌面部缺损 [J]. 浙江医科大学学报，1981，10(6)：287 {LI Shiqi,WU Qiuliang,WU Xisheng. The maxillofacial defect was repaired with forearm and pectoralis major musculocutaneous flap[J].Zhejiang Yi Ke Da Xue Xue Bao[J Zhejiang Med Univ(Article in Chinese;No abstract available)],1981,10(6):287.}

[13162] 陶永松，钟世镇，刘牧之，陈子华，徐达传．胸大肌的显微外科解剖学 [J]. 广东解剖学报，1981，3(1)：36 {TAO Yongsong,ZHONG Shizhen,LIU Muzhi,CHEN Zihua. Microsurgical anatomy of the pectoralis major[J]. Guangdong Jie Pou Xue Tong Bao[Anat Res(Article in Chinese;No abstract available)],1981,3(1):36.}

[13163] 张克劬，崔功浩，章明，陈明法．胸大肌血管神经蒂的显微外科解剖学 [J]. 解剖学通报，1981，4(4)：386. {ZHANG Kequ,CUI Gonghao,ZHANG Ming,CHEN Mingfa. Microsurgical anatomy of the vascular pedicle of the pectoralis major[J].Guangdong Jie Pou Xue Tong Bao[Chin J Anat(Article in Chinese;No abstract available)],1981,4(4):386.}

[13164] 王光和，超福运．胸大肌皮瓣在面颈部修复中的应用 [J]. 中华口腔科杂志，1982，17(1)：23. {WANG Guanghe,CHAO Fuyun. Application of pectoralis major musculocutaneous flap in face-neck repair[J]. ZhonghuaKou Qiang Za Zhi[Chin J Stomatol(Article in Chinese;No abstract available)],1982,17(1):23.}

[13165] 刘树滋，李健民，沈志鹏．肋骨胸大肌皮瓣转位术修复上臂组织缺损 [J]. 中华外科杂志，1983，21(7)：444. {LIU Shuzi,LI Jianmin,SHEN Zhipeng. Repairing upper arm tissue defect with rib-pectoral major myocutaneous flap transposition[J]. Zhonghua Wai Ke Za Zhi[Chin J Surg(Article in Chinese;No abstract available)],1983,21(7):444.}

[13166] 温玉明，王模堂，毛祖彝，刘松筠，廖小宜．带蒂胸大肌肌皮瓣在口腔癌手术中的应用 [J]. 中华口腔科杂志，1983，18(1)：29. {WEN Yuming,WANG Motang,MAO Zuyi,LIU Songjun,LIAO Xiaoyi. Application of pedicled pectoralis major myocutaneous flap in the operation of oral cancer[J]. ZhonghuaKou Qiang Za Zhi[Chin J Stomatol(Article in Chinese;No abstract available)],1983,18(1):29.}

[13167] 上海第二军医大学附属第一医院骨科显微组，高建章．游离胸大肌移植治疗前臂肌肉瘢痕挛缩 [J]. 中华骨科杂志，1983，3(6)：352 {The orthopaedic microarray of the first affiliated hospital of the second military medical university. Treatment of forearm muscle scar contracture with free pectoralis major muscle transplantation[J]. Zhonghua Wai Ke Za Zhi[Chin J Orthop(Article in Chinese;No abstract available)],1983,3(6):352.}

[13168] 蒋佩珏．用胸大肌肌皮瓣进行颊粘膜再造 [J]. 北京医学，1983，5(2)：120. {JIANG Peiyu. The buccal mucosa was reconstructed with pectoralis major myocutaneous flap[J]. Beijing YiXue[Beijing J Med(Article in Chinese;No abstract available)],1983,5(2):120.}

[13169] 上海第二军医大学附属第一医院骨科显微组．游离胸大肌移植治疗前臂肌肉瘢痕挛缩 [J]. 中华骨科杂志，1983，3(6)：352. {The orthopaedic microarray of the first affiliated hospital of the second military medical university. Treatment of forearm muscle scar contracture with free pectoralis major muscle transplantation[J]. Zhonghua Wai Ke Za Zhi[Chin J Orthop(Article in Chinese;No abstract available)],1983,3(6):352.}

[13170] 廖仿荣，区深明，曾宗渊，赖国强，陈直华，吴乃强，陈福进，魏茂文，伍国号，李振权．带神经血管蒂的胸大肌肌皮瓣在头颈肿瘤整复外科中的应用 [J]. 中山医学院学报，1984，5(3)：31-38. {LIAO Fangrong,QU Shenming,ZENG Zongyuan,LAI Guoqiang,CHEN Zhihua,WU Naiqiang,CHEN Fujin,WEI Maowen,WU Guohao,LI Zhenquan. Application of pectoralis major myocutaneous flap with nerve vascular pedicle in head and neck tumor reconstruction surgery[J]. Zhong Shan Yi Xue Yuan Xue Bao [Acta acad med zhong shan(Article in Chinese;No abstract available)],1984,5(3):31-38.}

[13171] 徐行化．胸大肌肌皮瓣修复胸壁放射性坏死一例报告 [J]. 上海医学，1985，8(1)：35 {XU Xinghua. A case report of radiative necrosis of chest wall repaired by pectoralis major myocutaneous flap[J]. Shanghai Yi Xue[Shanghai J Med(Article in Chinese;No abstract available)],1985,8(1):35.}

[13172] 蒋佩珏．34 例胸大肌肌皮瓣临床应用体会 [J]. 中华显微外科杂志，1986，9(1)：19-20. DOI：10.3760/cma.j.issn.1001-2036.1986.01.110. {JIANG Peiyu. Clinical application of pectoralis major myocutaneous flap[J].Zhonghua Xian Wei Yi Xue Za Zhi[Chin J Microsurg(Article in Chinese;No abstract available)],1986,9(1):19-20. DOI:10.3760/cma.j.issn.1001-2036.1986.01.110.}

[13173] 孙志强，等．胸大肌皮瓣转移 2 例报告 [J]. 中华显微外科杂志，1986，9(4)：247. {SUN Zhiqiang. Two cases of pectoralis major musculocutaneous flap transfer[J].Zhonghua Xian Wei Yi Xue Za Zhi[Chin J Microsurg(Article in Chinese;No abstract available)],1986,9(4):247.}

[13174] 邓世良．胸大肌皮瓣转移早期闭合上臂皮肤肌肉缺损重建伸肘功能 [J]. 中华骨科杂志，1986，6(1)：56. {DENG Shiliang. Early closure of skin and muscle defect of upper arm to reconstruct elbow extension function[J]. Zhonghua Wai Ke Za Zhi[Chin J Orthop(Article in Chinese;No abstract available)],1986,6(1):56.}

[13175] 王天铎．胸大肌皮瓣在耳鼻咽喉科晚期癌手术中的应用 [J]. 中华耳鼻咽喉科杂志，1988，23(1)：31-33. {WANG Tianduo. Application of pectoralis major myocutaneous flap in operation of advanced carcinoma of otolaryngology[J]. Zhonghua Er Bi Yan Hou Ke Za Zhi[Chin J Otorhinolaryngol(Article in Chinese;No abstract available)],1988,23(1):31-33.}

[13176] 李树春，石胜利．胸大肌肌皮瓣在耳鼻咽喉和头颈外科的临床应用 [J]. 中华耳鼻咽喉科杂志，1988，23(4)：210-211. {LI Shuchun,SHI Shengli. Clinical application of pectoralis major myocutaneous flap in otolaryngology and head and neck surgery[J]. Zhonghua Er Bi Yan Hou Ke Za Zhi[Chin J Otorhinolaryngol(Article in Chinese;No abstract available)],1988,23(4):210-211.}

[13177] 蒋佩珏，李凌．对胸大肌皮瓣的评价—113 次分析 [J]. 中华显微外科杂志，1989，12(1)：5-7. {JIANG Peijue,LI Ling. Evaluation of pectoralis major myocutaneous flap -113 analysis[J]. Zhonghua Xian Wei Wai Ke Za Zhi[Chin J Microsurg(Article in Chinese;No abstract available)],1989,12(1):5-7.}

[13178] 吴明拜，钱中希．带蒂胸大肌瓣及肋骨修补先天性胸骨缺损一例 [J]. 中华外科杂志，1989，27(4)：242. {WU Mingbai,QIAN Zhongxi. Repairing congenital sternal defect with pedicled pectoralis major muscle flap and rib[J]. Zhonghua Wai Ke Za Zhi[Chin J Surg(Article in Chinese;No abstract available)],1989,27(4):242.}

[13179] 叶明，屠规益．胸大肌岛状肌皮瓣在头颈肿瘤外科的应用 [J]. 中华耳鼻咽喉科杂志，1989，24(2)：103-105. {YE Ming,TU Guiyi. Application of pectoralis major island myocutaneous flap in head and neck tumor surgery[J]. Zhonghua Er Bi Yan Hou Ke Za Zhi[Chin J Otorhinolaryngol(Article in Chinese;No abstract available)],1989,24(2):103-105.}

[13180] 李树春．岛状胸大肌肌皮瓣重建下咽和颈段食管 [J]. 中华耳鼻咽喉科杂志，1991，26(5)：299-300. {LI Shuchun. Reconstruction of hypopharyngeal and cervical esophagus with island pectoralis major myocutaneous flap[J]. Zhonghua Er Bi Yan Hou Ke Za Zhi[Chin J Otorhinolaryngol(Article in Chinese;Abstract in Chinese)],1991,26(5):299-300.}

[13181] 李志勇．应用胸大肌肌皮瓣修补全喉切除后瘘孔复发癌一例 [J]. 中华耳鼻咽喉科杂志，1992，27(2)：65. {LI Zhiyong. Recurrent carcinoma of fistula after total laryngectomy with pectoralis major myocutaneous flap[J]. Zhonghua Er Bi Yan Hou Ke Za Zhi[Chin J Otorhinolaryngol(Article in Chinese;No abstract available)],1992,27(2):65.}

[13182] 樊晋川，陶远孝，陈建超，张虹．胸大肌皮瓣在晚期喉癌喉咽癌的应用 [J]. 中国修复重建外科杂志，1993，7(2)：103-104. {FAN Jinchuan,TAO Yuanxiao,CHEN Jianchao,ZHANG Hong. Application of pectoralis major myocutaneous flap in advanced laryngeal carcinoma[J]. Zhongguo Xiu Fu Chong Jian Wai Ke Za Zhi[Chin J Repar Reconstr Surg(Article in Chinese;No abstract available)],1993,7(2):103-104.}

[13183] 单连贵．岛状胸大肌皮瓣修复全喉切除后复发癌创面一例 [J]. 中国修复重建外科杂志，1995，9(2)：83. {SHAN Liangui. Island pectoralis major myocutaneous flap for repair of recurrent cancer wound after total laryngectomy :a case report[J]. Zhongguo Xiu Fu Chong Jian Wai Ke Za Zhi[Chin J Repar Reconstr Surg(Article in Chinese;No abstract available)],1995,9(2):83.}

[13184] 温玉明，唐休发，王昌美，陈亚多，王晓毅．胸大肌肌皮瓣在口腔颌面部缺损修复中的应用 [J]. 中国修复重建外科杂志，1995，9(3)：148-151. {WEN Yuming,TANG Xiufa,WANG Changmei,CHEN Yaduo,WANG Xiaoyi. Application of pectoralis major myocutaneous flap in repairing oral and maxillofacial defects[J]. Zhongguo Xiu Fu Chong Jian Wai Ke Za Zhi[Chin J Repar Reconstr Surg(Article in Chinese;Abstract in Chinese)],1995,9(3):148-151.}

[13185] 黄友，彭子成，尚跃东，白坤岐，吴彦桥．胸大肌肌皮瓣重建喉咽及食道缺损三例 [J]. 中国修复重建外科杂志，1995，9(3)：155-156. {HUANG You,PENG Zicheng,SHANG Yuedong,BAI Kunqi,WU Yanqiao. econstructing laryngopharyngeal and esophageal defects with pectoralis major myocutaneous flap:3 cases report[J]. Zhongguo Xiu Fu Chong Jian Wai Ke Za Zhi[Chin J Repar Reconstr Surg(Article in Chinese;Abstract in Chinese)],1995,9(3):155-156.}

[13186] 胡燕明，叶非常．胸大肌皮瓣在耳鼻咽喉科的应用 [J]. 安徽医科大学学报，1996，31(9)：198-200. {HU Yanming,YE Feichang. Application of pectoralis major myocutaneous flap in otolaryngology[J]. An Hui Yi Ke Da Xue Xue Bao[Acta Anhui Med Coll(Article in Chinese;No abstract available)],1996,31(9):198-200.}

[13187] 熊伟，李解，李逎泽，杨贵斌．胸大肌瓣和局部皮瓣修复胸壁缺损 [J]. 中华整形烧伤外科杂志，1997，13(2)：144-145. DOI：10.3760/j.issn：1009-4598.1997.02.025. {XIONG Wei,LI Xie,LI Naize,YANG Guibin. Repair of defect of chest wall with pectoralis major muscle flap and local flap[J]. Zhonghua Zheng Xing Shao Shang Wai Ke Za Zhi[Chin J Plast Surg Burns(Article in Chinese;No abstract available)],1997,13(2):144-145. DOI:10.3760/j.issn:1009-4598.1997.02.025.}

[13188] 孙坚，张志愿，张陈平，余优成，李军．胸大肌皮瓣改良切取术临床比较 [J]. 中华显微外科杂志，1998，21(2)：109-111. DOI：10.3760/cma.j.issn.1001-2036.1998.02.116. {SUN Jian, ZHANG Zhiyuan, ZHANG Chenping, YU Youcheng, LI Jun. Modified preparation of island pectoralis major myocutaneous flap-clinical comparative study[J]. Zhonghua Xian Wei Wai Ke Za Zhi[Chin J Microsurg(Article in Chinese;Abstract in Chinese and English)],1998,21(2):109-111. DOI:10.3760/cma.j.issn.1001-2036.1998.02.116.}

[13189] 葛殿奎，汪仁杰．胸大肌肌皮瓣体部的改良 [J]. 现代口腔医学杂志，2002，16(2)：172-173. DOI：10.3969/j.issn.1003-7632.2002.02.030. {GE Diankui,WANG Renjie. Improvement on the body of musculocutaneous flap of greater pectoral muscle[J]. Xian Dai Kou Qiang Yi Xue Za Zhi[J Mod Stomatol(Article in Chinese;Abstract in Chinese and English)],2002,16(2):172-173. DOI:10.3969/j.issn.1003-7632.2002.02.030.}

[13190] 肖文惠，易自翔．晚期扁桃体鳞状细胞癌的综合治疗及胸大肌肌皮瓣一期修复缺损 [J]. 中华耳鼻咽喉科杂志，2002，37(1)：41-43. DOI：10.3760/j.issn：1673-0860.2002.01.012. {XIAO Wenhui,YI Zixiang. Combined therapy of advanced tonsillar squamous cell carcinoma and one-stage repair of the defect[J]. Zhonghua Er Bi Yan Hou Ke Za Zhi[Chin J Otorhinolaryngol(Article in Chinese;Abstract in Chinese and English)],2002,37(1):41-43. DOI:10.3760/j.issn:1673-0860.2002.01.012.}

[13191] 毛驰，俞光岩，彭歆，竺涵光，张志愿．改良的胸大肌肌皮瓣制备技术及其临床应用 [J]. 现代口腔医学杂志，2003，17(3)：227-229. DOI：10.3969/j.issn.1003-7632.2003.03.012. {MAO Chi,YU Guangyan,PENG Xin,ZHU Hanguang,ZHANG Zhiyuan. A modified technique for harvesting pectoralis major myocutaneous flap and its clinical application[J]. Xian Dai Kou Qiang Yi Xue Za Zhi[J Mod Stomatol(Article in Chinese;Abstract in Chinese and English)],2003,17(3):227-229. DOI:10.3969/j.issn.1003-7632.2003.03.012.}

[13192] 彭解人，宋新汉，黄晓明，蔡翔，许耀东，龚坚，关中．胸大肌肌皮瓣修复鼻咽癌放疗后颈部皮肤溃疡 [J]. 中山大学学报（医学科学版），2003，24(4)：386-388. DOI：10.3321/j.issn：1672-3554.2003.04.022. {PENG Jieren,SONG Xinhan,HUANG Xiaoming,CAI Xiang,XU Yaodong,GONG Jian,GUAN Zhong. Repair of neck ulcer with pectoralis major myocutaneous flap in patients with nasopharyngeal carcinoma after radiotherapy[J]. Zhong Shan Da Xue Xue Bao(Yi Xue Ke Xue Ban)[J Sun Yat-Sen Univ(Med Sci)(Article in Chinese;Abstract in Chinese and English)],2003,24(4):386-388. DOI:10.3321/j.issn:1672-3554.2003.04.022.}

[13193] 金国威，徐开旭，李少诚，张建新．折叠胸大肌肌皮瓣在头颈部洞穿性组织缺损修复中的应用 [J]. 中华耳鼻咽喉科杂志，2003，38(1)：61. DOI：10.3760/j.issn：1673-0860.2003.01.025. {JIN Guowei,XU Kaixu,LI Shaocheng,ZHANG Jianxin. Application of folding pectoralis major myocutaneous flap in repairing head and neck penetrating tissue defect[J]. Zhonghua Er Bi Yan Hou Ke Za Zhi[Chin J Otorhinolaryngol(Article in Chinese;No abstract available)],2003,38(1):61. DOI:10.3760/j.issn:1673-0860.2003.01.025.}

[13194] 李劲松，陈伟良，潘朝斌，王建广，杨朝晖，黄志权．胸大肌岛状肌皮瓣一期整复口腔颌面部大型组织缺损 [J]. 中华显微外科杂志，2004，27(1)：51-52. DOI：10.3760/cma.j.issn.1001-2036.2004.01.019. {LI Jinsong,CHEN Weiliang,PAN Chaobin,WANG Jianguang,YANG Chaohui,HUANG Zhiquan. Reconstructing large tissue defects in oral and maxillofacial regionectoralis major island myocutaneous flap at one-stage[J]. Zhonghua Xian Wei Wai Ke Za Zhi[Chin J Microsurg(Article in Chinese;Abstract in Chinese)],2004,27(1):51-52. DOI:10.3760/cma.j.issn.1001-2036.2004.01.019.}

[13195] 关中，彭解人，黄晓明，蔡翔，许耀东，龚坚．胸大肌皮瓣修复喉咽癌术后组织缺损 [J]. 中华显微外科杂志，2004，27(4)：300-301. DOI：10.3760/cma.j.issn.1001-2036.2004.04.029. {GUAN Zhong,PENG Jieren,HUANG Xiaoming,CAI Xiang,XUu Yaodong,GONG Jian. Pectoralis major myocutaneous flap for repairing tissue defects after laryngopharyngeal carcinoma surgery[J]. Zhonghua Xian Wei Wai Ke Za Zhi[Chin J Microsurg(Article in Chinese;Abstract in Chinese)],2004,27(4):300-301. DOI:10.3760/cma.j.issn.1001-2036.2004.04.029.}

[13196] 刘云生，王智强，彭化海，王勇，王建华．胸外侧切口锁骨下隧道胸大肌肌筋膜瓣在口腔修

复中的应用[J]. 中国口腔颌面外科杂志，2004，2（3）：207-211. DOI：10.3969/j.issn.1672-3244.2004.03.023. {LIU Yunsheng,WANG Zhiqiang,PENG Huahai,WANG Yong,WANG Jianhua. The applications of pectoralis major myofascial flap with the lateral thoracal incision through subclavicular channel in oral reconstruction[J]. Zhongguo Kou Qiang He Mian Wai Ke Za Zhi[Chin J Oral Maxillofac Surg(Article in Chinese;Abstract in Chinese and English)],2004,2(3):207-211. DOI:10.3969/j.issn.1672-3244.2004.03.023.}

[13197] 胡国华，魏莲枝，朱江. 喉黏膜瓣和胸大肌肌皮瓣修复晚期梨状窝癌术后缺损[J]. 中国修复重建外科杂志，2004，18（4）：295-297. {HU Guohua,WEI Lianzhi,ZHU Jiang. Hypopharynx reconstruction of defects after operation on advanced pyriform sinus cancer with remaining laryngeal mucosa flap and pectoralis major myocutaneous flap[J]. Zhongguo Xiu Fu Chong Jian Wai Ke Za Zhi[Chin J Repar Reconstr Surg(Article in Chinese;Abstract in Chinese and English)],2004,18(4):295-297.}

[13198] 李劲松，潘朝斌，陈伟良，王建广，黄洪章，杨朝晖，张彬. 应用胸大肌岛状肌皮瓣重建全舌体、口底的初步报告[J]. 中华整形外科杂志，2005，21（2）：112-114. DOI：10.3760/j.issn：1009-4598.2005.02.010. {LI Jinsong,PAN Chaobin,CHEN Weiliang,WANG Jianguang,HUANG Hongzhang,YANG Chaohui,ZHANG Bin. An island pectoralis major myocutaneous flap for the reconstruction of tongue and floor of mouth[J]. Zhonghua Zheng Xing Wai Ke Za Zhi[Chin J Plast Surg(Article in Chinese;Abstract in Chinese and English)],2005,21(2):112-114. DOI:10.3760/j.issn:1009-4598.2005.02.010.}

[13199] 潘朝斌，李劲松，黄洪章，黄志权，赵小朋，张彬，杨朝晖，王永洁. 带肋胸膜的肋骨-胸大肌复合瓣修复晚期舌癌根治术后缺损[J]. 中华外科杂志，2006，44（13）：911-914. DOI：10.3760/j：issn：0529-5815.2006.13.015. {PAN Chaobin,LI Jinsong,HUANG Hongzhang,HUANG Zhiquan,ZHAO Xiaopeng,ZHANG Bin,YANG Chaohui,WANG Yongjie. Combined repair of large defect caused by radical surgery of advanced tongue cancer with rib-major pectoralis myocutaneous flap carrying costal parietal pleura[J]. Zhonghua Wai Ke Za Zhi[Chin J Surg(Article in Chinese;Abstract in Chinese and English)],2006,44(13):911-914. DOI:10.3760/j:issn:0529-5815.2006.13.015.}

[13200] 李家锋，邢树忠，管海虹，贺文鹏，张红闯. 胸大肌肌皮瓣修复口腔颌面部肿瘤切除后的缺损[J]. 中国修复重建外科杂志，2006，20（7）：773-774. {LI Jiafeng,XING Shuzhong,GUAN Haihong,HE Wenpeng,ZHANG Hongchuang. Pectoralis major myocutaneous flap for repairing defects after resection of oral and maxillofacial tumors[J]. Zhongguo Xiu Fu Chong Jian Wai Ke Za Zhi[Chin J Repar Reconstr Surg(Article in Chinese;No abstract available)],2006,20(7):773-774.}

[13201] 李利平，刘明寿，丁腊春. 胸大肌肌皮瓣转移修复上臂广泛Ⅳ度烧伤一例[J]. 中华烧伤杂志，2007，23（3）：215. DOI：10.3760/cma.j.issn.1009-2587.2007.03.032. {LI Liping,LIU Mingshou,DING Lachun. The transfer of pectoralis major myocutaneous flap for repairing extensive IV degree burn of upper arm :a case report[J]. Zhonghua Shao Shang Za Zhi[Chin J Burns(Article in Chinese;No abstract available)],2007,23(3):215. DOI:10.3760/cma.j.issn.1009-2587.2007.03.032.}

[13202] 王少新，李彬，陈建超，王朝晖，刘坤. 胸大肌肌皮瓣与中厚皮片修复颈部咽瘘[J]. 中华整形外科杂志，2007，23（1）：10-12. DOI：10.3760/j.issn：1009-4598.2007.01.003. {WANG Shaoxin,LI Bin,CHEN Jianchao,WANG Chaohui,LIU Kun. Reconstruction of cervical pharyngeal fistula by combined both pectoralis major muscle flap and intermediate split thickness skin graft[J]. Zhonghua Zheng Xing Wai Ke Za Zhi[Chin J Plast Surg(Article in Chinese;Abstract in Chinese and English)],2007,23(1):10-12. DOI:10.3760/j.issn:1009-4598.2007.01.003.}

[13203] 王朝晖，李春华，王薇，陈锦. 改良胸大肌肌皮瓣在晚期头颈肿瘤手术中的应用[J]. 中华整形外科杂志，2007，23（3）：193-195. DOI：10.3760/j.issn：1009-4598.2007.03.005. {WANG Zhaohui,LI Chunhua,WANG Wei,CHEN Jin. Application of modified pectoralis major myocutaneous flap in advanced head and neck cancer[J]. Zhonghua Zheng Xing Wai Ke Za Zhi[Chin J Plast Surg(Article in Chinese;Abstract in Chinese and English)],2007,23(3):193-195. DOI:10.3760/j.issn:1009-4598.2007.03.005.}

[13204] 廖贵清，苏宇雄，杨小平，曾融生，张志光，徐英. 胸大肌肌皮瓣脂肪液化的相关危险因素探讨[J]. 中华整形外科杂志，2007，23（4）：315-317. DOI：10.3760/j.issn：1009-4598.2007.04.015. {LIAO Guiqing,SU Yuxiong,YANG Xiaoping,ZENG Rongsheng,ZHANG Zhiguang,XU Ying. Risk factors of fat necrosis in pectoralis major myocutaneous flaps[J]. Zhonghua Zheng Xing Wai Ke Za Zhi[Chin J Plast Surg(Article in Chinese;Abstract in Chinese and English)],2007,23(4):315-317. DOI:10.3760/j.issn:1009-4598.2007.04.015.}

[13205] 黄相道，朱春雷. 胸大肌肌皮瓣修复口腔颌面部恶性肿瘤切除术后缺损[J]. 中国修复重建外科杂志，2007，21（6）：652-654. {HUANG Xiangdao,ZHU Chunlei. Pectoralis major myocutaneous flap for repairing defects after oral and maxillofacial malignant tumor resection[J]. Zhongguo Xiu Fu Chong Jian Wai Ke Za Zhi[Chin J Repar Reconstr Surg(Article in Chinese;Abstract in Chinese)],2007,21(6):652-654.}

[13206] 王光辉，吴宇平，吕杨成，朱江，刘劲松，马杰科，李成. 胸外侧皮瓣移位修复胸大肌皮瓣供区缺损[J]. 中华整形外科杂志，2009，25（2）：144-145. DOI：10.3760/cma.j.issn.1009-4598.2009.02.019. {WANG Guanghui,WU Yuping,LV Yangcheng,ZHU Jiang,LIU Jinsong,MA Jieke,LI Cheng. Transposition of lateral thoracic flap to repair donor site defect of pectoralis major myocutaneous flap[J]. Zhonghua Zheng Xing Wai Ke Za Zhi[Chin J Plast Surg(Article in Chinese;No abstract available)],2009,25(2):144-145. DOI:10.3760/cma.j.issn.1009-4598.2009.02.019.}

[13207] 匡斌，邓国三，邓健，彭静君，邝石峰，赵成利，陈云瀛，连继洪，谢文斌，张方晨. 应用胸大肌皮瓣修复冠状动脉搭桥术后胸骨切口感染裂开的创面[J]. 中华显微外科杂志，2009，32（3）：226-228. DOI：10.3760/cma.j.issn.1001-2036.2009.03.021. {KUANG Bin,DENG Guosan,DENG Jian,PENG Jingjun,KUANG Shifeng,ZHAO Chengli,CHEN Yunying,LIAN Jihong,XIE Wenbin,ZHANG Fangchen. Application of pectoralis major myocutaneous flap in repairing sternal wound dehiscence after coronary artery bypass grafting[J]. Zhonghua Xian Wei Wai Ke Za Zhi[Chin J Microsurg(Article in Chinese;Abstract in Chinese)],2009,32(3):226-228. DOI:10.3760/cma.j.issn.1001-2036.2009.03.021.}

[13208] 胡永才，许喜生，欧才生，陈凯，周永生，李柏同，周海洋. 岛状胸大肌肌皮瓣修复颌颈部电烧伤[J]. 中华烧伤杂志，2009，25（1）：22-24. DOI：10.3760/cma.j.issn.1009-2587.2009.01.010. {HU Yongcai,XU Xisheng,OU Caisheng,CHEN Kai,ZHOU Yongsheng,LI Baitong,ZHOU Haiyang. Repair of high-voltage electric burn in jaw and neck region with insular pectoralis major myocutaneous flap[J]. Zhonghua Shao Shang Za Zhi[Chin J Burns(Article in Chinese;Abstract in Chinese and English)],2009,25(1):22-24. DOI:10.3760/cma.j.issn.1009-2587.2009.01.010.}

[13209] 殷学民，李燕，吕晓智，张磊涛，王立超，任晓旭，卢志云. 同期胸大肌皮瓣修复晚期口腔癌术后巨型缺损[J]. 南方医科大学学报，2010，30（11）：2546-2547，2550. {YIN Xuemin,LI Yan,LV Xiaozhi,ZHANG Leitao,WANG Lichao,REN Xiaoxu,LU Zhiyun. Pectoralis major myocutaneous flap for repairing large tissue defects following oral cancer surgery[J]. Nan Fang Yi Ke Da Xue Xue Bao[J South Med Univ(Article in Chinese;Abstract in Chinese and English)],2010,30(11):2546-2547,2550.}

[13210] 马士崟，韩跃峰，王文忠，张明洁，王伟，周兰柱. 胸大肌肌皮瓣在扁桃体癌术后缺损的临床应用[J]. 中国修复重建外科杂志，2010，24（5）：556-558. {MA Shidan,HAN Yuefeng,WANG Wenzhong,ZHANG Mingjie,WANG Wei,ZJOU Lanzhu. Application of pectoralis major myocutaneous flap in repair of defect caused by resection of tonsillar cancer[J]. Zhongguo Xiu Fu Chong Jian Wai Ke Za Zhi[Chin J Repar Reconstr Surg(Article in Chinese;Abstract in Chinese and English)],2010,24(5):556-558.}

[13211] 吴志远，黄海华，郭晓瑞，张培华，李谨，彭智. 应用胸大肌皮瓣修复颈部双侧慢性放射性溃疡[J]. 中华显微外科杂志，2011，34（2）：139-140. DOI：10.3760/cma.j.issn.1001-2036.2011.02.020. {WU Zhiyuan,HUANG Haihua,GUO Xiaorui,ZHANG Peihua,LI Jin,PENG Zhi. Application of pectoralis major myocutaneous flap in repairing bilateral chronic radiation ulcer of neck[J]. Zhonghua Xian Wei Wai Ke Za Zhi[Chin J Microsurg(Article in Chinese;Abstract in Chinese)],2011,34(2):139-140. DOI:10.3760/cma.j.issn.1001-2036.2011.02.020.}

[13212] 赵宝红，刘阳，张翀，邓春富，谭学新. 胸大肌皮瓣修复舌、口底癌后种植覆盖义齿1例报告[J]. 上海口腔医学，2012，21（2）：237-240. {ZHAO Baohong,LIU Yang,ZHANG Chong,DENG Chunfu,TAN Xuexin. Implant-supported overdenture after pectoralis major myocutaneous flap reconstruction of tongue/floor of the mouth cancer:a case report[J]. Shang Hai Kou Qiang Yi Xue [Shanghai J Stomatol(Article in Chinese;No abstract available)],2012,21(2):237-240.}

[13213] 赵小朋，王建广，徐晓莹，郁鑫，唐东晓，潘朝斌. 肋骨-胸大肌复合瓣修复口腔颌面部大范围复合缺损[J]. 中国口腔颌面外科杂志，2014，12（5）：420-424. {ZHAO Xiaopeng,WANG Jianguang,XU Xiaoying,YU Xin,TANG Dongxiao,PAN Chaobin. Reconstruction of large and complex defects in oral and maxillofacial region with rib-pectoralis major myocutaneous composite flap[J]. Zhongguo Kou Qiang He Mian Wai Ke Za Zhi[Chin J Oral Maxillofac Surg(Article in Chinese;Abstract in Chinese and English)],2014,12(5):420-424.}

[13214] 郑少逸，赖文，黄志锋，孙传伟，卞徽宁，刘族安，马亮华，李汉华，王焕丽，邓燕花，陈华德. 双侧胸大肌肌瓣治疗开胸术后胸骨骨髓炎临床效果[J]. 中华烧伤杂志，2015，31（1）：61-63. DOI：10.3760/cma.j.issn.1009-2587.2015.01.016. {ZHENG Shaoyi,LAI Wen,HUANG Zhifeng,SUN Chuanwei,BIAN Huining,LIU Zu'an,MA Lianghua,LI Hanhua,WANG Huanli,DENG Yanhua,CHEN Huade. Clinical effect of bilateral pectoralis major muscle flap in the treatment of thoracic osteomyelitis after thoracotomy[J]. Zhonghua Shao Shang Za Zhi[Chin J Burns(Article in Chinese;Abstract in Chinese)],2015,31(1):61-63. DOI:10.3760/cma.j.issn.1009-2587.2015.01.016.}

[13215] 张伟，刘宁，陈方文，李明月，秦中平. 改良胸大肌肌皮瓣在复发性头颈癌挽救性手术缺损重建中的应用[J]. 中国口腔颌面外科杂志，2017，15（4）：357-360. DOI：10.19438/j.cjoms.2017.04.015. {ZHANG Wei,LIU Ning,CHEN Fangwen,LI Mingyue,QIN Zhongping. Application of modified pectoralis major myocutaneous flap in recurrent head and neck cancer salvage surgery[J]. Zhongguo Kou Qiang He Mian Wai Ke Za Zhi[Chin J Oral Maxillofac Surg(Article in Chinese;Abstract in Chinese and English)],2017,15(4):357-360. DOI:10.19438/j.cjoms.2017.04.015.}

[13216] 周斌，庄秀妹，陈伟良，张大明，王勋明，周家敏. 经腋前线进路的延长节段性胸大肌肌皮瓣与常规方法修复口腔口咽癌缺损的疗效比较[J]. 中国口腔颌面外科杂志，2018，16（5）：416-419. DOI：10.19438/j.cjoms.2018.05.006. {ZHOU Bin,ZHUANG Xiumei,CHEN Weiliang,ZHANG Daming,WANG Xunming,ZHOU Jiamin. Comparison of the outcomes of an extensive segmental pectoralis major myocutaneous flap via the anterior axillary line and the conventional technique for reconstruction of defects after ablative surgery of oral and oropharyngeal cancers[J]. Zhongguo Kou Qiang He Mian Wai Ke Za Zhi[Chin J Oral Maxillofac Surg(Article in Chinese;Abstract in Chinese and English)],2018,16(5):416-419. DOI:10.19438/j.cjoms.2018.05.006.}

4.7.6 三角肌肌皮瓣
deltoid myocutaneous flap

[13217] 陈日亭，周树夏，李德伦，梁河清，王永海. 三角胸皮瓣的应用和改进[J]. 解放军医学杂志，1981，6（5）：296-298. {CHEN Riting,ZHOU Shuxia,LI Delun,LIANG Heqing,WANG Yonghai. Application and improvement of deltoid musculocutaneous flap[J]. Jie Fang Jun Yi Xue Za Zhi[Med J Chin PLA(Article in Chinese;No abstract available)],1981,6(5):296.}

[13218] 钟世镇，陈子华，徐达传，刘牧之，孙博，罗力生，高建华，谢兴斌，李依力. 三角肌皮瓣的应用解剖学[J]. 显微医学杂志，1985，8（2）：93. {ZHONG Shizhen,CHEN Zihua,XU Dachuan,LIU Muzhi,SUN Bo,LUO Lisheng,GAO Jianhua,XIE Xingbin,LI Yili. Applied anatomy of deltoid muscle flap[J]. Xian Wei Yi Xue Za Zhi[Chin J Microsurg(Article in Chinese;No abstract available)],1985,8(2):93.}

[13219] 谢大志，李海平，王建波，陈晶晶，李建. 三角肌肩胛冈肌骨瓣的临床应用[J]. 中华外科杂志，1993，31（1）：43-45. {XIE Dazhi,LI Haiping,WANG Jianbo,CHEN Jingjing,LI Jian. Clinical application of triangular scapular muscle flap[J]. Zhonghua Wai Ke Za Zhi[Chin J Surg(Article in Chinese;Abstract in Chinese)],1993,31(1):43-45.}

[13220] 高若天，王伟力，王惠生，林奋，刘中远，马涛，朱颖华. 三角肌肌瓣修复肩袖破裂六例报告[J]. 上海医学，1997，20：162-163. {GAO Ruotian,WANG Weili,WANG Huisheng,LIN Fen,LIUu Zhongyuan,MA Tao,ZHU Yinghua. Repairing rotator cuff rupture with triangular muscle flap:a report of 6 cases[J]. Shang Hai Yi Xue[Shanghai Med J(Article in Chinese;No abstract available)],1997,20:162-163.}

[13221] 陆雄伟，Olivier Verborgt，Dominique F Gazielly. 转移三角肌肌瓣治疗难修复性肩袖损伤[J]. 中华骨科杂志，2007，27（10）：759-764. DOI：10.3760/j.issn：0253-2352.2007.10.009. {LU Xiongwei,Olivier Verborgt,Dominique F Gazielly. Clinical results of deltoid muscular flap transfer in treatment of irreparable rotator cuff tears[J]. Zhonghua Gu Ke Za Zhi[Chin J Orthop(Article in Chinese;Abstract in Chinese and English)],2007,27(10):759-764. DOI:10.3760/j.issn:0253-2352.2007.10.009.}

4.7.7 背阔肌肌皮瓣
latissimus dorsi myocutaneous flap

[13222] Yu ZJ,Tang CH,He HG. Cross-bridge transplantation of free latissimus dorsi skin flap in one case[J]. Chin Med J,1983,96(10):772-726.

[13223] Yu ZJ,He HG. Combined bilateral free latissimus dorsi skin flap transplantation. Report of a case[J]. Chin Med J,1986,99(3):225-228.

[13224] Yu ZJ. The use of bilateral latissimus dorsi myocutaneous flaps to cover large soft tissue defects in the lower limbs of children[J]. J Reconstr Microsurg,1988,4(2):83-88. doi:10.1055/s-2007-1006905.

[13225] Liu X,Zeng B,Fan C,Jiang P,Hu X. Spectral analysis of blood perfusion in the free latissimus dorsi myocutaneous flap and in normal skin[J]. Phys Med Biol,2006,51(1):173-183. doi:10.1088/0031-9155/51/1/013.

[13226] Li NY,Yuan RT,Chen T,Chen LQ,Jin XM. Effect of platelet-rich plasma and latissimus dorsi muscle flap on osteogenesis and vascularization of tissue-engineered bone in dogs[J]. J Oral Maxillofac Surg,2009,67(9):1850-1858. doi:10.1016/j.joms.2009.04.029.

[13227] Wang J,Shen J,Dickinson IC. Functional outcome of arthrodesis with a vascularized fibular graft and a rotational latissimus dorsi flap after proximal

humerus sarcoma resection[J]. Ann Surg Oncol,2011,18(7):1852-1859. doi:10.1245/s10434-010-1443-z.

[13228] He J,Xu H,Wang T,Ma S,Dong J. Treatment of complex ischial pressure sores with free partial lateral latissimus dorsi musculocutaneous flaps in paraplegic patients[J]. J Plast Reconstr Aesthet Surg,2012,65(5):634-639. doi:10.1016/j.bjps.2011.10.001.

[13229] Huang DP,Ye XH,Xiang YQ,Zhang XH. Continued twitching of the latissimus dorsi miniflap after breast conservation therapy:a case report[J]. World J Surg Oncol,2012,10:122. doi:10.1186/1477-7819-10-122.

[13230] Qu ZG,Liu YJ,He X,Ding XH,Fang GG. Use of pedicled latissimus dorsi myocutaneous flap to reconstruct the upper limb with large soft tissue defects[J]. Chin J Traumatol,2012,15(6):352-354.

[13231] Zhang GL,Chen KM,Zhang JH,Wang SY. Repair of a large soft tissue defect in the leg with cross-leg bridge free transfer of a latissimus dorsi myocutaneous flap:a case report[J]. Chin J Traumatol,2012,15(6):373-375.

[13232] Zhu L,Wei J,Daluvoy S,Hollenbeck ST,Chuan D,Xu H,Dong J. Free partial latissimus dorsi myocutaneous flap for coverage of severe achilles contracture in children[J]. J Plast Reconstr Aesthet Surg,2013,66(1):113-119. doi:10.1016/j.bjps.2012.08.010.

[13233] Zhang YX,Messmer C,Pang FK,Ong YS,Feng SQ,Qian Y,Spinelli G,Agostini T,Levin LS,Lazzeri D. A novel design of the multilobed latissimus dorsi myocutaneous flap to achieve primary donorsite closure in the reconstruction of large defects[J]. Plast Reconstr Surg,2013,131(5):752e-758e. doi:10.1097/PRS.0b013e3182865bcc.

[13234] Ong HS,Ji T,Zhang CP. The pedicled latissimus dorsi myocutaneous flap in head and neck reconstruction[J]. Oral Maxillofac Surg Clin North Am,2014,26(3):427-434. doi:10.1016/j.coms.2014.05.011.

[13235] Zhu G,Li C,Chen J,Cai Y,Li L,Wang Z. Modified free latissimus dorsi musculocutaneous flap in the reconstruction of extensive postoncologic defects in the head and neck region[J]. J Craniofac Surg,2015,26(2):572-576. doi:10.1097/SCS.0000000000001409.

[13236] Zhu L,Mohan AT,Saint-Cyr M. A simple approach to harvest of the pedicled descending branch muscle-sparing latissimus dorsi flap[J]. J Plast Reconstr Aesthet Surg,2015,68(11):e179-181. doi:10.1016/j.bjps.2015.07.009.

[13237] Xu S,Tang P,Chen X,Yang X,Pan Q,Gui Y,Chen L. Novel technique for laparoscopic harvesting of latissimus dorsi flap with prosthesis implantation for breast reconstruction:A preliminary study with 2 case reports[J]. Medicine (Baltimore),2016,95(46):e5428. doi:10.1097/MD.0000000000005428.

[13238] Ding Y,Cao DS,Huang X,Xie J,Li H. Segmental latissimus dorsi free flap attempting to preserve function at the donor site:Anatomical and clinical experiences[J]. J Reconstr Microsurg,2017,33(4):268-274. doi:10.1055/s-0036-1597835.

[13239] Cai R,Xie Z,Zhou L,Wang J,Li X,Huang J,Wang Y,Yang M,Chang EI,Tang J. Pedicled descending branch latissimus dorsi mini-flap for repairing partial mastectomy defect:A new technique[J]. Plast Reconstr Surg Glob Open,2018,6(3):e1692. doi:10.1097/GOX.0000000000001692.

[13240] Yan WH,Mang JB,Ren LL,Liu DL. Natural history of seroma following the immediate latissimus dorsi flap method of breast reconstruction[J]. Chin Med J,2018,131(14):1674-1679. doi:10.4103/0366-6999.235877.

[13241] Qing L,Tang J. Using temporary ectopic implantation by the distal runoff vessel of the lateral circumflex femoral system and combining with free modified latissimus dorsi myocutaneous flap for salvaging an amputated leg in children[J]. Ann Plast Surg,2019,82(6):708-710. doi:10.1097/SAP.0000000000001834.

[13242] Zhou L,Wang Y,Cai R,Huang J,Li X,Xie Z,Wang J,Sun Y,Chang EI,Tang J. Pedicled descending branch latissimus dorsi mini-flap in repairing partial mastectomy defect:Shoulder functional and esthetic outcomes[J]. J Surg Oncol,2019,120(3):518-526. doi:10.1002/jso.25524.

[13243] Dong L,Dong Y,Liu C,Geng J,Liu H,Pei J,Hao D,Ma X,Xia W. Latissimus dorsi-myocutaneous flap in the repair of titanium mesh exposure and scalp defect after cranioplasty[J]. J Craniofac Surg,2020,31(2):351-354. doi:10.1097/SCS.0000000000006016.

[13244] Xiao Y,Xiao H,Wan H,Zeng Q,Zhang Y,Xu X. Pre-expanded latissimus dorsi myocutaneous flap for total scalp defect reconstruction[J]. J Craniofac Surg,2020,31(2):e151-e153. doi:10.1097/SCS.0000000000006084.

[13245] 沙元铭. 背阔肌蒂瓣移植在乳房根治术中的应用：10 例报告 [J]. 中华外科杂志，1958，6（5）：538-540. {SHA Yuanming. Application of latissimus dorsi pedicle flap transplantation in radical mastectomy:a report of 10 cases[J]. Zhonghua Wai Ke Za Zhi[Chin J Surg(Article in Chinese;No abstract available)],1958,6(5):538-540.}

[13246] 朱盛修，卢世璧，王继芳，张伯勋，王锡琏，李主一，朱兆明. 带血管神经蒂的背阔肌－皮瓣移位术的应用 [J]. 中华外科杂志，1981，19（10）：610-612. {ZHU Shengxiu,LU Shibi,WANG Jifang,ZHANG Boxun,WANG Xilian,LI Zhuyi,ZHU Zhaoming. Application of latissimus dorsi-flap transposition with vascular nerve pedicle[J]. Zhonghua Wai Ke Za Zhi[Chin J Surg(Article in Chinese;No abstract available)],1981,19(10):610-612.}

[13247] 陶永松，钟世镇，刘牧之，陈子华，徐达传. 背阔肌的显微外科解剖学 [J]. 显微外科，1981，4（1-2）：26-30. {TAO Yongsong,ZHONG Shizhen,LIU Muzhi,CHEN Zihua,XU Dachuan. Microsurgical anatomy of the latissimus dorsi[J]. Xian Wei Wai Ke Za Zhi[Chin J Microsurg(Article in Chinese;No abstract available)],1981,4(1-2):26-30.}

[13248] 陶永松，钟世镇，刘牧之，陈子华，徐达传 . 背阔肌的显微外科解剖学 [J]. 广东解剖学通报，1981，3（1）：42. {TAO Yongsong,ZHONG Shizhen,LIU Muzhi,CHEN Zihua,XU Dachuan. Microsurgical anatomy of the latissimus dorsi[J].Guangdong Jie Pou Tong Bao[Anat Res(Article in Chinese;No abstract available)],1981,3(1):42.}

[13249] 宁金龙，袁仲华，汪春兰 . 用背阔肌肌皮岛状瓣修复颈部慢性放射性溃疡 1 例 [J]. 安徽医学院学报，1981，16（2）：67. {NING Jinlong,YUAN Zhonghua,WANG Chunlan. Chronic radiative ulcer of the neck was repaired by the myodermal island flap of latissimus dorsi[J]. An Hui Yi Xue Yuan Xue Bao[Acta Anhui Med Coll(Article in Chinese;No abstract available)],1981,16(2):67.}

[13250] 陈隆恩，郑思竞，杨东岳 . 带血管蒂背阔肌的显微外科解剖 [J]. 解剖学通报，1981，5（1-2）：76. {CHEN Longen,ZHENG Sijing,YANG Dongyue. Microsurgical anatomy of the vascularized latissimus dorsi[J].Jie Pou Xue Tong Bao[Chin J Anat(Article in Chinese;No abstract available)],1981,5(1-2):76.}

[13251] 董立闻，王载明，彭金虎，陆轶敏 . 游离背阔肌肌肉皮肤瓣移植修复足底溃疡 [J]. 上海医学，1982，5（5）：300. {DONG Liwen,WANG Zaiming,PENG Jinhu,LU Yimin. Free latissimus dorsi myocutaneous flap was transplanted to repair plantar ulcer[J]. Shanghai Yi Xue Ke Za Zhi[Shanghai J Med(Article in Chinese;No abstract available)],1982,5(5):300.}

[13252] 蒙锦昭，罗裕群 . 背阔肌的血管、神经应用解剖 [J]. 广西医学，1983，5（4）：185-187. {MENG Jinzhao,LUO Yuqun. Applied anatomy of blood vessels and nerves of latissimus dorsi[J]. Guangxi Yi Xue Za Zhi[Guangxi J Med(Article in Chinese;No abstract available)],1983,5(4):185-187.}

[13253] 熊树明，丁永善，张生贵，刘龙平. 背阔肌皮瓣的血管和神经供给 [J]. 临床应用解剖学杂志，1984，2（1）：44-47. {XIONG Shuming,DING Yongshan,ZHANG Shenggui,LIU Longping. Vascular and nerve supply of latissimus dorsi flap[J]. Lin Chuang Ying Yong Jie Pou Xue Za Zhi[J Clin Appl Anat(Article in Chinese;No abstract available)],1984,2(1):44-47.}

[13254] 陈隆恩，郑思竞，杨东岳. 背阔肌血管神经蒂的形态特点及其在显微外科的应用 [J]. 中华外科杂志，1984，22（4）：211-213. {CHEN Longen,ZHENG Sijing,YANG Dongyue. Morphological characteristics of vascular nerve pedicle of latissimus dorsi and its application in microsurgery[J]. Zhonghua Wai Ke Za Zhi[Chin J Surg(Article in Chinese;No abstract available)],1984,22(4):211.}

[13255] 时述山，胥少汀. 背阔肌肌皮瓣局部转位修复颈胸臂缺损 [J]. 中华外科杂志，1985，23(3)：170-172. {SHI Shushan,XU Shaoting. Local transposition of latissimus dorsi myocutaneous flap for repairing neck,chest and arm defects[J]. Zhonghua Wai Ke Za Zhi[Chin J Surg(Article in Chinese;No abstract available)],1985,23(3):170-172.}

[13256] 鲁开化，谷斌，汪良能. 用肌肉血管蒂背阔肌皮瓣修复严重半侧颜面萎缩症一例 [J]. 中华外科杂志，1985，23（11）：F03. {LU Kaihua,GU Bin,WANG Liangneng. Severe hemifacial atrophy repaired with musculovascular pedicled latissimus dorsi flap:a case report[J]. Zhonghua Wai Ke Za Zhi[Chin J Surg(Article in Chinese;No abstract available)],1985,23(11):F03.}

[13257] 赵炬才，刘海泉，王兴义，马庆明，张炳团，霍钧力，吕锋. 背阔肌皮瓣游离移植修复四肢创面四例报告 [J]. 中华医学杂志，1985，65（5）：314. {ZHAO Jucai,LIU Haiquan,WANG Xingyi,MA Qingming,ZHANG Bingtuan,HUO Junli,LV Feng. Free transplantation of latissimus dorsi myocutaneous flap for repairing limb wounds:a report of 4 cases[J]. Zhonghua Yi Xue Za Zhi[Natl Med J China(Article in Chinese;No abstract available)],1985,65(5):314.}

[13258] 杨佩瑛，岳纪良，钟安国 . 应用游离背阔肌瓣治疗 Romberg 氏病一次手术完成 [J]. 中华整形烧伤外科杂志，1985，1（1）：40. {YANG Peiying,YUE Jiliang,ZHONG Anguo. Rombtrg's disease was treated with free latissimus dorsi in one operation[J]. Zhonghua Zhengxing Shao Shang Wai Ke Za Zhi[Chin J Plast Surg Burns(Article in Chinese;No abstract available)],1985,1(1):40.}

[13259] 刘健民，曹文安，喻学政，潘宁，陆南华 . 应用带蒂背阔肌肌皮瓣或肌瓣治疗慢性局限性脓胸（附两例报告）[J]. 中华整形烧伤外科杂志，1985，1（2）：67. {LIU Jianmin,CAO Wenan,YU Xuezheng,PAN Ning,LU Nanhua. Treatment of chronic localized empyema with pedicled latissimus dorsi myocutaneous flap or muscle flap (report of two cases)[J]. Zhonghua Zhengxing Shao Shang Wai Ke Za Zhi[Chin J Plast Surg Burns(Article in Chinese;No abstract available)],1985,1(2):67.}

[13260] 戎伯英，陶家骅，柴志康，于仲嘉. 用带血管背阔肌瓣修复头皮缺损一例报告 [J]. 中华神经外科杂志，1985，1（1）：46. {RONG Boying,TAO Jiahua,CHAI Zhikang,YU Zhongjia. The flap of latissimus dorsi with blood vessel was used to repair the scalp defect[J]. Zhonghua Shen Jing Wai Ke Za Zhi[Chin J Neurosurg(Article in Chinese;No abstract available)],1985,1(1):46.}

[13261] 刘世勋，邱蔚六，张锡泽，唐友盛，袁文化，潘可风，王国民，韩春民. 背阔肌区骨肌皮瓣整复面下部大型复合缺损的初步评价 [J]. 中华口腔科杂志，1985，20（4）：218. {LIU Shixun,QIU Weiliu,ZHANG Xize,TANG Yousheng,YUAN Wenhua,PAN Kefeng,WANG Guomin,HAN Chunmin. Preliminary evaluation of latissimus dorsi bone musculocutaneous flap for repairing large composite defects at the lower surface[J]. ZhonghuaKou Qiang Za Zhi[Chin J Stomatol(Article in Chinese;No abstract available)],1985,20(4):218.}

[13262] 马文学，等. 应用背阔肌皮瓣修复严重组织缺损 [J]. 显微医学杂志，1985，8（2）：116. {MA Wenxue,et al. Latissimus dorsi flap was used to repair severe tissue defects[J]. Xian Wei Yi Xue Za Zhi[Chin J Microsurg(Article in Chinese;No abstract available)],1985,8(2):116.}

[13263] 孟宪玉，钟世镇，高崇敬，徐达传，邵宣. 背阔肌移位重建三角肌功能的应用解剖学 [J]. 显微医学杂志，1985，8（4）：227. {MENG Xianyu,ZHONG Shizhen,GAO Chongjing,XU Dachuan,SHAO Xuan. Applied anatomy of reconstruction of deltoid function by latissimus dorsi muscle transposition[J]. Xian Wei Yi Xue Za Zhi[Chin J Microsurg(Article in Chinese;No abstract available)],1985,8(4):227.}

[13264] 邵宣，谢文龙. 带神经血管蒂背阔肌瓣转位治疗三角肌麻痹 [J]. 中华外科杂志，1986，24（5）：265-266. {SHAO Xuan,XIE Wenlong. Transposition of latissimus dorsi flap pedicled with neurovascular pedicle for treatment of triangular palsy[J]. Zhonghua Wai Ke Za Zhi[Chin J Surg(Article in Chinese;No abstract available)],1986,24(5):265-266.}

[13265] 于仲嘉，何鹤皋. 双背阔肌游离皮瓣组合一期移植一例报告 [J]. 中华外科杂志，1986，24（11）：693-694. {YU Zhongjia,HE Hegao. Transplantation of double latissimus dorsi free flap at one stage:a case report[J]. Zhonghua Wai Ke Za Zhi[Chin J Surg(Article in Chinese;No abstract available)],1986,24(11):693-694.}

[13266] 于仲嘉，何鹤皋，唐一声. 游离背阔肌皮瓣与游离腓骨组合移植二例报告 [J]. 中华显微外科杂志，1986，9(2)：113-114，C6. DOI：10.3760/cma.j.issn.1001-2036.1986.02.125. {YU Zhongjia,HE Hegao,TANG Yisheng. Combined free latissimus dorsi flap and free muscle fibula transplantation:a report of two cases[J].Zhonghua Xian Wei Yi Xue Za Zhi[Chin J Microsurg(Article in Chinese;No abstract available)],1986,9(2):113-114,C6. DOI:10.3760/cma.j.issn.1001-2036.1986.02.125.}

[13267] 查茂盛，等. 用背阔肌皮瓣修复右前臂大块组织缺损一例 [J]. 中华显微外科杂志 1986，9（2）：122. {ZHA Maosheng,et al. Latissimus dorsi flap was used to repair a large tissue defect in the right forearm[J].Zhonghua Xian Wei Yi Xue Za Zhi[Chin J Microsurg(Article in Chinese;No abstract available)],1986,9(2):122.}

[13268] 朱盛修，张伯勋，卢世璧. 以腕部血管作吻合的背阔肌皮瓣移植一例 [J]. 中华显微外科杂志，1986，9(3)：139-139，C2. DOI：10.3760/cma.j.issn.1001-2036.1986.03.104. {ZHU Shengxiu,ZHANG Boxun,LU Shibi. A case of latissimus dorsi flap transplantation with anastomosis of wrist vessels[J]. Zhonghua Xian Wei Yi Xue Za Zhi[Chin J Microsurg(Article in Chinese;No abstract available)],1986,9(3):139-139,C2. DOI:10.3760/cma.j.issn.1001-2036.1986.03.104.}

[13269] 田奉宸，庞晓纲，濮礼臣，张洪杰，张澜成，刘懋卿，马其云，孙达，陈哲. 应用背阔肌游离移植术整复半面凹陷畸形 [J]. 中华显微外科杂志，1986，9（3）：185-185. DOI：10.3760/cma.j.issn.1001-2036.1986.03.132. {TAIN Fengchen,PANG Xiaogang,PU Lichen,ZHANG Hongjie,ZHANG Lancheng,LIU Maoqing,MA Qiyun,SUN Da,CHEN Zhe. Free latissimus dorsi muscle transplantation was used to repair the half depression deformity[J].Zhonghua Xian Wei Yi Xue Za Zhi[Chin J Microsurg(Article in Chinese;No abstract available)],1986,9(3):185-185. DOI:10.3760/cma.j.issn.1001-2036.1986.03.132.}

[13270] 李文庆，等. 游离背阔肌皮瓣移植治疗严重前臂屈肌挛缩畸形一例 [J]. 中华显微外科杂志，1986，9（3）：187. {LI Wenqin,et al. Free latissimus dorsi flap transplantation for treatment of severe forearm flexor contracture deformity:a case report[J]. Zhonghua Xian Wei Wai Ke Za Zhi[Chin J Microsurg(Article in Chinese;No abstract available)],1986,9(3):187.}

[13271] 李慧有，桂国成，卢万发，曹广义，常加志 . 背阔肌内血管神经分布与剪裁 [J]. 临床解剖学杂志，1986，4（1）：22. {LI Huiyou,GUI Guocheng,LU Wanfa,CAO Guangyi,CHANG Jiazhi. Vascular nerve distribution and clipping in latissimus dorsi[J]. Lin Chunag Jie Pou Xue Za Zhi[Chin J Clin Anat(Article in Chinese;No abstract available)],1986,4(1):22.}

[13272] 叶辑熙，等．大块背阔肌皮瓣治疗胫骨感染外露 [J]. 中华显微外科杂志，1986，9（4）：247. {YE Jixi,et al. Large latissimus dorsi musculocutaneous flap for treatment of exposed tibial infection[J]. Zhonghua Xian Wei Yi Xue Za Zhi[Chin J Microsurg(Article in Chinese;No abstract available)],1986,9(4):247.}

[13273] 原林，孙博，钟世镇，刘景发，苏彬．背阔肌代臀肌的应用解剖学及力学分析 [J]. 临床解剖学杂志，1986，4（2）：84. {YUAN Lin,SUN Bo,ZHONG Shizhen,LIU Jingfa,SU Bin. Applied anatomy and mechanical analysis of latissimus dorsi replacing gluteus maximus[J]. Lin Chunag Ying Yong Jie Pou Xue Za Zhi[Chin J Clin Anat(Article in Chinese;No abstract available)],1986,4(2):84.}

[13274] 陈一飞，单凯福，姜会庆，张建军．局部移位背阔肌肌皮瓣血管蒂径路的改进 [J]. 中华外科杂志，1988，26（6）：376. {CHEN Yifei,SHAN Kaifu,JIANG Huiqing,ZHANG Jianjun. Improvement of vascular pedicle path of local transposition latissimus dorsi myocutaneous flap[J]. Zhonghua Wai Ke Za Zhi[Chin J Surg(Article in Chinese;No abstract available)],1988,26(6):376.}

[13275] 韩颖．转移背阔肌肌皮瓣治疗广泛臂胸粘连 [J]. 修复重建外科杂志，1988，2（2）：163. {HAN Ying. Transfer latissimus dorsi myocutaneous flap for the treatment of extensive arm chest adhesions[J]. Zhongguo Xiu Fu Chong Jian Wai Ke Za Zhi[Chin J Repar Reconstr Surg(Article in Chinese;No abstract available)],1988,2(2):163.}

[13276] 张春．背阔肌肌皮瓣游离移植修复肢体大面积软组织缺损 [J]. 修复重建外科杂志，1988，2（2）：221. {ZHANG Chun. Free transplantation of latissimus dorsi myocutaneous flap for repairing large area soft tissue defect in extremity[J]. Zhongguo Xiu Fu Chong Jian Wai Ke Za Zhi[Chin J Repar Reconstr Surg(Article in Chinese;No abstract available)],1988,2(2):221.}

[13277] 陈一飞．改进岛状背阔肌皮瓣血管蒂径路的体会 [J]. 修复重建外科杂志，1988，2（2）：26. {CHEN Yifei. Experience of improving vascular pedicle of island latissimus dorsi flap[J]. Zhongguo Xiu Fu Chong Jian Wai Ke Za Zhi[Chin J Repar Reconstr Surg(Article in Chinese;No abstract available)],1988,2(2):26.}

[13278] 张咸中．背阔肌皮瓣的临床应用 [J]. 修复重建外科杂志，1988，2（2）：214. {ZHANG Xianzhong. Clinical application of latissimus dorsi flap[J]. Zhongguo Xiu Fu Chong Jian Wai Ke Za Zhi[Chin J Repar Reconstr Surg(Article in Chinese;No abstract available)],1988,2(2):214.}

[13279] 胡建山，颜斌，周宁全，解德一，敖福荣．带胸背血管蒂背阔肌皮瓣转位术治疗颈腋部疤痕 [J]. 修复重建外科杂志，1988，2（4）：44. {HU Jianshan,YAN Bin,ZHOU Ningquan,XIE Deyi,AO Furong. Transposition of latissimus dorsi myocutaneous flap pedicled with thoracic and dorsal vessels for treatment of neck and axillary scars[J]. Zhongguo Xiu Fu Chong Jian Wai Ke Za Zhi[Chin J Repar Reconstr Surg(Article in Chinese;No abstract available)],1988,2(4):44.}

[13280] 李建章，王钟富，李维森，王陆林．带蒂背阔肌肌皮瓣修复乳癌根治术后腋窝锁骨下区组织缺损 [J]. 中华外科杂志，1988，26（11）：651-652. {LI Jianzhang,WANG Zhongfu,LI Weisen,WANG Lulin. Repairing axillary subclavian tissue defect after radical mastectomy with pedicled latissimus dorsi flap[J]. Zhonghua Wai Ke Za Zhi[Chin J Surg(Article in Chinese;No abstract available)],1988,26(11):651-652.}

[13281] 李依力．背阔肌岛状肌皮瓣的临床应用 [J]. 修复重建外科杂志，1988，2（2）：163. {LI Yili. Clinical application of latissimus dorsi island myocutaneous flap[J]. Zhongguo Xiu Fu Chong Jian Wai Ke Za Zhi[Chin J Repar Reconstr Surg(Article in Chinese;No abstract available)],1988,2(2):163.}

[13282] 于仲嘉．儿童下肢大面积软组织缺损的双背阔肌肌皮瓣修复 [J]. 中华外科杂志，1991，29（3）：192-194. {YU Zhongjia. Double latissimus dorsi myocutaneous flap for repairing large soft tissue defect of lower limbs in children[J]. Zhonghua Wai Ke Za Zhi[Chin J Surg(Article in Chinese;Abstract in Chinese)],1991,29(3):192-194.}

[13283] 陈方海，丁家钰，代庆德．背阔肌肌皮瓣重建三角肌一例 [J]. 中国修复重建外科杂志，1993，7（2）：121. {CHEN FangHai,DING Jiayu,DAI Qingde. Reconstructing triangle musclelatissimus with dorsi myocutaneous flap:a case report[J]. Zhongguo Xiu Fu Chong Jian Wai Ke Za Zhi[Chin J Repar Reconstr Surg(Article in Chinese;No abstract available)],1993,7(2):121.}

[13284] 于仲嘉，曾炳芳，何鹤皋，唐仁忠，唐一声，眭述平．游离背阔肌肌皮瓣与腓骨移植修复皮肤和骨骼复合缺损 [J]. 中国修复重建外科杂志，1993，7（4）：203-205，267. {YU Zhongjia,ZENG Bingfang,HE Hegao,TANG Renzhong,TANG Yisheng,SUI Shuping. Repairing skin and bone defects with free latissimus dorsi myocutaneous flap and fibula transplantation[J]. Zhongguo Xiu Fu Chong Jian Wai Ke Za Zhi[Chin J Repar Reconstr Surg(Article in Chinese;No abstract available)],1993,7(4):203-205,267.}

[13285] 曾炳芳，姜佩珠，沙宝琴，于仲嘉．急诊双侧背阔肌皮瓣移植修复上肢软组织缺损一例 [J]. 中华显微外科杂志，1994，17（2）：85. {ZENG Bingfang,JIANG Peizhu,SHA Baoqin,YU Zhongjia. Emergency bilateral latissimus dorsi myocutaneous flap transplantation for upper limb soft tissue defect:a case report[J]. Zhonghua Xian Wei Wai Ke Za Zhi[Chin J Microsurg(Article in Chinese;No abstract available)],1994,17(2):85.}

[13286] 李静东，朱盛修，陶笙．无胸背血管的背阔肌皮瓣一例 [J]. 中华显微外科杂志，1994，17（3）：170. {LI Jingdong,ZHU Shengxiu,TAO Sheng. Latissimus dorsi flap without thoracic and dorsal vessels:a case report[J]. Zhonghua Xian Wei Wai Ke Za Zhi[Chin J Microsurg(Article in Chinese;No abstract available)],1994,17(3):170.}

[13287] 杨志祥，王方新．岛状逆行背阔肌皮瓣的临床应用 [J]. 中华显微外科杂志，1994，17（4）：301. {YANG Zhixiang,WANG Fangxin. Clinical application of island reverse latissimus dorsi flap[J]. Zhonghua Xian Wei Wai Ke Za Zhi[Chin J Microsurg(Article in Chinese;No abstract available)],1994,17(4):301.}

[13288] 侍宏，成红兵．吻合血管的背阔肌皮瓣在早期四肢创伤中的应用 [J]. 中华显微外科杂志，1994，17（6）：140-141. {SHI Hong,CHENG Hongbing. Application of vascularized latissimus dorsi flap in managing limb trauma in early stage[J]. Zhonghua Xian Wei Wai Ke Za Zhi[Chin J Microsurg(Article in Chinese;No abstract available)],1994,17(6):140-141.}

[13289] 周礼荣，屈志国，李功孝，李尚慧，楚涛．超长蒂背阔肌岛状肌皮瓣转移一例 [J]. 中华显微外科杂志，1994，17（4）：259. {ZHOU Lirong,QU Zhiguo,LI Gongxiao,LI Shanghui,CHU Tao. Super long pedicle latissimus dorsi island myocutaneous flap transfer:a case report[J]. Zhonghua Xian Wei Wai Ke Za Zhi[Chin J Microsurg(Article in Chinese;No abstract available)],1994,17(4):259.}

[13290] 曾炳芳，眭述平，姜佩珠，翟福明，谢璧和，蔡培华，于仲嘉．背阔肌肌皮瓣移植急诊修复肢体软组织缺损 [J]. 中国修复重建外科杂志，1996，10（1）：42-44. {ZENG Bingfang,SUI Shuping,JIANG Peizhu,ZHAI Fuming,XIE Bihe,CAI Peihua,YU Zhongjia. Repair of soft tissue defects in extremityes by transfer of latis-simus dorsi myocutaneous flap during emergency operation[J]. Zhongguo Xiu Fu Chong Jian Wai Ke Za Zhi[Chin J Repar Reconstr Surg(Article in Chinese;Abstract in Chinese and English)],1996,10(1):42-44.}

[13291] 赵国辉，张宝成，刘拥宪．岛状背阔肌皮瓣移植术后三角肌麻痹一例 [J]. 中华显微外科杂志，1996，19（3）：163. {ZHAO Guohui,ZHANG Baocheng,LIU Yongxian. Triangular muscle paralysis after island latissimus dorsi flap transplantation:a case report[J]. Zhonghua Xian Wei Wai Ke Za Zhi[Chin J Microsurg(Article in Chinese;No abstract available)],1996,19(3):163.}

[13292] 乔连铭，高振平，孙天恩，苏略，潘桂芬，李富德．背阔肌皮瓣的微血管构筑 [J]. 中国临床解剖学杂志，1997，15：38-42. {QIAO Lianming,GAO Zhenping,SUN Tianen,SU Lue,PAN Guifen,LI Fude. Microvascular architecture of latissius dorsi skin flap[J]. Zhongguo Lin Chuang Jie Pou Xue Za Zhi[Chin J Clin Anat(Article in Chinese;Abstract in Chinese)],1997,15:38-42.}

[13293] 狄鸥，杨吉祥，齐喜臣，张海强，原学军．48 cm 长背阔肌皮瓣游离移植一例 [J]. 中华显微外科杂志，1997，20（3）：35. {DI Ou,YANG Jixiang,QI Xichen,ZHANG Haiqiang,YUAN Xuejun. Free transplantation of 48 cm long latissimus dorsi flap:a case report[J]. Zhonghua Xian Wei Wai Ke Za Zhi[Chin J Microsurg(Article in Chinese;No abstract available)],1997,20(3):35.}

[13294] 高伟阳，温宏，杨国敬．与膝最上动脉吻合的背阔肌皮瓣移植修复小腿软组织缺损二例 [J]. 中华显微外科杂志，1997，20（3）：41. {GAO Weiyang,WEN Hong,YANG Guojing. Repairing soft tissue defect of lower leg with latissimus dorsi flap anastomosed with superior knee artery :two cases report[J]. Zhonghua Xian Wei Wai Ke Za Zhi[Chin J Microsurg(Article in Chinese;No abstract available)],1997,20(3):41.}

[13295] 张基仁，齐勇，周宏斌，杨立民，梁武，肖强．应用背阔肌皮瓣移植修复巨大创面二例 [J]. 中华显微外科杂志，1997，20（3）：80-81. {ZHANG Jiren,QI Yong,ZHOU Hongbin,YANG Limin,LIANG Wu,XIAO Qiang. Huge wounds repaired with latissimus dorsi flap transplantation:two cases report[J]. Zhonghua Xian Wei Wai Ke Za Zhi[Chin J Microsurg(Article in Chinese;No abstract available)],1997,20(3):80-81.}

[13296] 宓惠茹，沈祖尧，王乃佐，马春旭，沈余明，周光峰．应用背阔肌肌皮瓣保留高压电烧伤后肘关节及功能 [J]. 中华整形烧伤外科杂志，1998，14（4）：433-435. {MI Huiru,SHEN Zuyao,WANG Naizuo,MA Chunxu,SHEN Yuming,ZHOU Guangfeng. Restoration of elbow joint and its function by transposition of latissimus dorsi myocutaneous flap following serious high-voltage injury in upper limb[J]. Zhonghua Zheng Xing Shao Shang Wai Ke Za Zhi[Chin J Plast Surg Burns(Article in Chinese;Abstract in Chinese and English)],1998,14(4):433-435.}

[13297] 金成万，张克川，郭子军，逯新忠，田宝祥，贺淑君．背阔肌肌皮瓣移位早期修复深度烧伤创面 [J]. 中国修复重建外科杂志，1998，12（5）：320. {JIN Chengwan,ZHANG Kechuan,GUO Zijun,FU Xinzhong,TIAN Baoxiang,HE Shujun. Early repair of deep burn wounds by transposition of latissimus dorsi myocutaneous flap[J]. Zhongguo Xiu Fu Chong Jian Wai Ke Za Zhi[Chin J Repar Reconstr Surg(Article in Chinese;No abstract available)],1998,12(5):320.}

[13298] 郑文忠，马国棣，郑季南，黄令坚，陈昆．背阔肌皮瓣移位修复上肢软组织缺损 [J]. 中华显微外科杂志，1999，22（2）：143. DOI: 10.3760/cma.j.issn.1001-2036.1999.02.029. {ZHENG Wenzhong,MA Guodi,ZHENG Jinan,HUANG Lingjian,CHEN Kun. Reconstructing upper limb soft tissue defect with latissimus dorsi flap[J]. Zhonghua Xian Wei Wai Ke Za Zhi[Chin J Microsurg(Article in Chinese;No abstract available)],1999,22(2):143. DOI:10.3760/cma.j.issn.1001-2036.1999.02.029.}

[13299] 孙菊妹．背阔肌皮瓣在深度电烧伤创面的应用 [J]. 中华整形外科杂志，1999，15（2）：134. DOI: 10.3760/j.issn: 1009-4598.1999.02.025. {SUN Jumei. Application of latissimus dorsi flap in deep electrical burn wounds[J]. Zhonghua Zheng Xing Wai Ke Za Zhi[Chin J Plast Surg(Article in Chinese;No abstract available)],1999,15(2):134. DOI:10.3760/j.issn:1009-4598.1999.02.025.}

[13300] 刘继仁，邱志龙，唐新桥，王锡榜．带血管神经蒂背阔肌皮瓣的应用 [J]. 中国修复重建外科杂志，1999，13（3）：192. {LIU Jiren,QIU Zhilong,TANG Xinqiao. Application of dorsal latissimus flap with vascular nerve pedicle[J]. Zhongguo Xiu Fu Chong Jian Wai Ke Za Zhi[Chin J Repar Reconstr Surg(Article in Chinese;No abstract available)],1999,13(3):192.}

[13301] 张功林，葛宝丰，张军华，荆浩，曾述强．背阔肌岛状皮瓣修复上臂软组织缺损 [J]. 临床骨科杂志，1999，2（3）：197-198. DOI: 10.3969/j.issn.1008-0287.1999.03.015. {ZHANG Gonglin,GE Baofeng,ZHANG Junhua,JING Hao,ZENG Shuqiang. Repair of soft tissue defect of the arm with latissimus dorsi muscle island flaps[J]. Lin Chuang Gu Ke Za Zhi[J Clin Orthop(Article in Chinese;Abstract in Chinese and English)],1999,2(3):197-198. DOI:10.3969/j.issn.1008-0287.1999.03.015.}

[13302] 黄晓元，龙剑虹，杨兴华，钟克勤，罗剑．创面处理背阔肌肌皮瓣移植修复严重深度烧伤 [J]. 中华烧伤杂志，2000，16（1）：19. DOI: 10.3760/cma.j.issn.1009-2587.2000.01.008. {HUANG Xiaoyuan,LONG Jianhong,YANG Xinghua,ZHONG Keqin,LUO Jian. Repairing severe deep burn wound with transplantation of the latissimus dorsi myocutaneous flap [J]. Zhonghua Shao Shang Za Zhi[Chin J Burns(Article in Chinese;Abstract in Chinese and English)],2000,16(1):19. DOI:10.3760/cma.j.issn.1009-2587.2000.01.008.}

[13303] 袁正江，任有成，周礼荣，崔永光，卢宏，陈永彩，李中锋，昌泓，余立明，张光玲．背阔肌皮瓣移植 38 例临床分析 [J]. 中华显微外科杂志，2000，23（2）：94. DOI: 10.3760/cma.j.issn.1001-2036.2000.02.041. {YUAN Zhengjiang,REN Youcheng,ZHOU Lirong,CUI Yongguang,LU Hong,CHEN Yongcai,LI Zhongfeng,CHANG Hong,YU Liming,ZHANG Guangling. Clinical analysis of 38 cases of latissimus dorsi flap transplantation[J]. Zhonghua Xian Wei Wai Ke Za Zhi[Chin J Microsurg(Article in Chinese;No abstract available)],2000,23(2):94. DOI:10.3760/cma.j.issn.1001-2036.2000.02.041.}

[13304] 衡代忠．背阔肌皮瓣修复小儿严重电烧伤伴骨外露创面二例 [J]. 中华显微外科杂志，2000，23（3）：192. DOI: 10.3760/cma.j.issn.1001-2036.2000.03.052. {HENG Daizhong. Latissimus dorsi myocutaneous flap for repair of severe electrical burn with bone exposure in children :two cases report[J]. Zhonghua Xian Wei Wai Ke Za Zhi[Chin J Microsurg(Article in Chinese;No abstract available)],2000,23(3):192. DOI:10.3760/cma.j.issn.1001-2036.2000.03.052.}

[13305] 杨东，陈庆贺，于永海，宋天成，梁佳军，贾全章．背阔肌肌皮瓣移植修复足跟部冻伤一例 [J]. 中华显微外科杂志，2001，24(1)：32. DOI: 10.3760/cma.j.issn.1001-2036.2001.01.043. {YANG Dong,CHEN Qinghe,YU Yonghai,SONG Tiancheng,LIANG Jiajun,JIA Quanzhang. Transplantation of latissimus dorsi myocutaneous flap for repairing heel frostbite[J]. Zhonghua Xian Wei Wai Ke Za Zhi[Chin J Microsurg(Article in Chinese;No abstract available)],2001,24(1):32. DOI:10.3760/cma.j.issn.1001-2036.2001.01.043.}

[13306] 杜远立，刘宪华，王万宏，谭晓毅，李宁，周才胜．背阔肌肌皮瓣移位重建肩外展功能 [J]. 中国矫形外科杂志，2001，8（10）：1025-1026. DOI: 10.3969/j.issn.1005-8478.2001.10.032. {DU Yuanli,LIU Xianhua,WANG Wanhong,TAN Xiaoyi,LI Ning,ZHOU Caisheng. Treatment of deltoid muscle paralysis with pedicle nerve blood latissimus dorsi displacemen[J]. Zhongguo Jiao Xing Wai Ke Za Zhi[Orthop J China(Article in Chinese;Abstract in Chinese)],2001,8(10):1025-1026. DOI:10.3969/j.issn.1005-8478.2001.10.032.}

[13307] 娄伟钢，沈万祥．游离背阔肌肌皮瓣修复下肢软组织缺损 [J]. 中国骨伤，2001，14（6）：354. DOI: 10.3969/j.issn.1003-0034.2001.06.019. {LOU Weigang,SHEN Wanxiang. Repairng soft tissue defect of lower limbs with free latissimus dorsi myocutaneous flap[J]. Zhongguo Gu Shang[China J Orthop Trauma(Article in Chinese;No abstract available)],2001,14(6):354. DOI:10.3969/j.issn.1003-0034.2001.06.019.}

[13308] 徐跃根，杨亚东，张玉良，陈其荣．肢体严重创伤背阔肌皮瓣移植血管桥接技术的临床应用 [J]. 中华显微外科杂志，2001，24（1）：56-57. DOI: 10.3760/cma.j.issn.1001-2036.2001.01.024. {XU Yuegen,YANG Yadong,ZHANG Yuliang,CHEN Qirong. Clinical application of vascular bridge for latissimus dorsi flap transplantation in severe limb trauma[J]. Zhonghua Xian Wei Wai Ke Za Zhi[Chin J Microsurg(Article in Chinese;Abstract in Chinese)],2001,24(1):56-57. DOI:10.3760/cma.j.issn.1001-2036.2001.01.024.}

[13309] 侯春梅，贾淑兰，刘建寅，程绪西．带血管背阔肌皮瓣移植促进植骨愈合一例 [J]. 中华显微外科杂志，2001，24（2）：100. DOI: 10.3760/cma.j.issn.1001-2036.2001.02.044. {HOU Chunmei,JIA Shulan,LIU Jianyin,CHENG Xuxi. Vascularized latissimus dorsi flap transplantation promoting bone graft healing:a case report[J]. Zhonghua Xian Wei Wai Ke Za Zhi[Chin J Microsurg(Article in Chinese;No abstract available)],2001,24(2):100. DOI:10.3760/cma.j.issn.1001-2036.2001.02.044.}

[13310] 贺长清，王福建，吴学建，唐俊岭．借用健侧胫后血管桥接背阔肌皮瓣修复小腿严重毁损伤 [J]. 中华显微外科杂志，2001，24（3）：209-210. DOI: 10.3760/cma.j.issn.1001-2036.2001.03.019. {HE Changqing,WANG Fujian,WU Xuejian,TANG Junling. Repairing severe leg injury with posterior tibial artery bridged latissimus dorsi flap[J]. Zhonghua Xian Wei Wai Ke Za Zhi[Chin J Microsurg(Article in Chinese;Abstract in Chinese)],2001,24(3):209-210.

DOI:10.3760/cma.j.issn.1001-2036.2001.03.019.}

[13311] 韩炳生，张雪鹏，朱红成，张文杰. 背阔肌肌瓣在双侧乳腺皮下切除后即时隆乳六例[J]. 中华整形外科杂志，2001，17（4）：212-214. DOI：10.3760/j.issn：1009-4598.2001.04.006. {HAN Bingsheng,ZHANG Xuepeng,ZHU Hongcheng,ZHANG Wenjie. Immediate breast reconstruction using a latissimus dorsi flap after bilateral subcutaneous mastectomy[J]. Zhonghua Zheng Xing Wai Ke Za Zhi[Chin J Plast Surg(Article in Chinese;Abstract in Chinese and English)],2001,17(4):212-214. DOI:10.3760/j.issn:1009-4598.2001.04.006.}

[13312] 周礼荣，杜宁，李峻，王伟. 腓肠肌血管与胸背血管吻合的背阔肌皮瓣修复小腿严重创伤[J]. 中华显微外科杂志，2002，25（3）：219-220. DOI：10.3760/cma.j.issn.1001-2036.2002.03.026. {ZHOU Lirong,DU Ning,LI Jun,WANG Wei. Repairing severe leg trauma by latissimus dorsi myocutaneous flap with anastomosis of gastrocnemius and dorsal thoracic vessels[J]. Zhonghua Xian Wei Wai Ke Za Zhi[Chin J Microsurg(Article in Chinese;Abstract in Chinese)],2002,25(3):219-220. DOI:10.3760/cma.j.issn.1001-2036.2002.03.026.}

[13313] 张桂生，邵新中，周君琳，朱晓光，张克亮，苗存良. 背阔肌肌皮瓣移植修复上肢大面积复合组织缺损[J]. 中华手外科杂志，2003，19（2）：95-96. DOI：10.3760/cma.j.issn.1005-054X.2003.02.015. {ZHANG Guisheng,SHAO Xinzhong,ZHOU Junlin,ZHU Xiaoguang,ZHANG Keliang,MIAO Cunliang. Grafting of latissimus dorsi musculocutaneous flap for repair of major complex tissue defect in the upper limb[J]. Zhonghua Shou Wai Ke Za Zhi[Chin J Hand Surg(Article in Chinese;Abstract in Chinese and English)],2003,19(2):95-96. DOI:10.3760/cma.j.issn.1005-054X.2003.02.015.}

[13314] 赵猛，刘家国，廖有乔，胡军，刘东，姚忠军，何明武，徐圣康. T形动脉蒂游离背阔肌肌皮瓣移植术[J]. 中华整形外科杂志，2003，19（2）：104-106. DOI：10.3760/j.issn：1009-4598.2003.02.008. {ZHAO Meng,LIU Jiaguo,LIAO Youqiao,HU Jun,LIU Dong,YAO Zhongjun,HE Mingwu,XU Shengkang. The transplantation of latissimus dorsi flap of the base of T shape artery with the pedicle of the thoracodorsal artery[J]. Zhonghua Zheng Xing Wai Ke Za Zhi[Chin J Plast Surg(Article in Chinese;Abstract in Chinese and English)],2003,19(2):104-106. DOI:10.3760/j.issn:1009-4598.2003.02.008.}

[13315] 郑文忠，刘爱刚，陈昆，陈超，艾建国，黄令坚，马国棣，许世建，李志斌，黄钿锋. 背阔肌皮瓣移植修复足跟底部软组织缺损[J]. 中华显微外科杂志，2003，26（3）：221-222. DOI：10.3760/cma.j.issn.1001-2036.2003.03.025. {ZHENG Wenzhong,LIU Aigang,CHEN Kun,CHEN Chao,AI Jianguo,HUANG Lingjian,MA Guodi,XU Shijian,LI Zhibin,HUANG Dianfeng. Transplantation of latissimus dorsi myocutaneous flap for repairing soft tissue defect of heel base[J]. Zhonghua Xian Wei Wai Ke Za Zhi[Chin J Microsurg(Article in Chinese;Abstract in Chinese)],2003,26(3):221-222. DOI:10.3760/cma.j.issn.1001-2036.2003.03.025.}

[13316] 韩岩，卢丙仑，杨力，熊猛，舒茂国，宋保强，张辉，雷永红. 保留胸背神经的背阔肌皮瓣游离移植[J]. 中华显微外科杂志，2004，27（3）：166-168. DOI：10.3760/cma.j.issn.1001-2036.2004.03.003. {HAN Yan,LU Binglun,YANG Li,XIONG Meng,SHU Maoguo,SONG Baoqiang,ZHANG Hui,LEI Yonghong. Clinical outcome of latissimus dorsi flap without excision thoracodorsal nerve transplants[J]. Zhonghua Xian Wei Wai Ke Za Zhi[Chin J Microsurg(Article in Chinese;Abstract in Chinese and English)],2004,27(3):166-168. DOI:10.3760/cma.j.issn.1001-2036.2004.03.003.}

[13317] 贺楚宇，陆兴安，唐举玉，刘俊，谢松林，刘鸣江，周行军. 背阔肌游离肌皮瓣用于颅颌面部缺损重建[J]. 中华整形外科杂志，2004，20（2）：106-107. DOI：10.3760/j.issn：1009-4598.2004.02.008. {HE Chuyu,LU Xingan,TANG Juyu,LIU Jun,XIE Songlin,LIU Mingjiang,ZHOU Xingjun. Transplantation of free latissimus dorsi myocutaneous flaps for craniomaxillofacial reconstruction[J]. Zhonghua Zheng Xing Wai Ke Za Zhi[Chin J Plast Surg(Article in Chinese;Abstract in Chinese and English)],2004,20(2):106-107. DOI:10.3760/j.issn:1009-4598.2004.02.008.}

[13318] 匡斌，陈云瀛，邓国三，邝石峰，黄广香，赵成利，邓健，连继洪，谢文斌. 背阔肌肌皮瓣在冠状动脉搭桥术后胸骨切口感染裂开修复中的应用[J]. 中华外科杂志，2005，43（3）：195. DOI：10.3760/j：issn：0529-5815.2005.03.019. {KUANG Bin,CHEN Yunying,DENG Guosan,KUANG Shifeng,HUANG Guangxiang,ZHAO Chengli,DENG Jian,LIAN Jihong,XIE Wenbin. Application of latissimus dorsi myocutaneous flap in repair of sternal incision infection after coronary artery bypass grafting[J]. Zhonghua Wai Ke Za Zhi[Chin J Surg(Article in Chinese;No abstract available)],2005,43(3):195. DOI:10.3760/j:issn:0529-5815.2005.03.019.}

[13319] 谢庭鸿，黄晓元，龙剑虹，肖目张，张明华. 桥式游离背阔肌肌皮瓣在下肢软组织缺损中的应用[J]. 中华烧伤杂志，2005，21（2）：114-116. DOI：10.3760/cma.j.issn.1009-2587.2005.02.011. {XIE Tinghong,HUANG Xiaoyuan,LONG Jianhong,XIAO Muzhang,ZHANG Minghua. Application of bridged free latissimus dorsi musculo-cutaneous flap on the soft tissue defects in lower extremities[J]. Zhonghua Shao Shang Za Zhi[Chin J Burns(Article in Chinese;Abstract in Chinese and English)],2005,21(2):114-116. DOI:10.3760/cma.j.issn.1009-2587.2005.02.011.}

[13320] 员科，周玉新，邢新. 背阔肌肌皮瓣游离移植修复足部烫伤一例[J]. 中华烧伤杂志，2005，21（4）：307. DOI：10.3760/cma.j.issn.1009-2587.2005.04.039. {YUAN Ke,ZHOU Yuxin,XING Xin. Free transplantation of latissimus dorsi myocutaneous flap for repairing foot scald:a case report[J]. Zhonghua Shao Shang Za Zhi[Chin J Burns(Article in Chinese;No abstract available)],2005,21(4):307. DOI:10.3760/cma.j.issn.1009-2587.2005.04.039.}

[13321] 李昶，白志刚，王润生，王爱国. 游离背阔肌皮瓣与游离腓骨联合移植修复小腿严重损伤[J]. 中华骨科杂志，2005，25（1）：61-62. DOI：10.3760/j.issn：0253-2352.2005.01.014. {LI Chang,BAI Zhigang,WANG Runsheng,WANG Aiguo. Combined transplantation of free latissimus dorsi flap and free fibula for repairing severe leg injury[J]. Zhonghua Gu Ke Za Zhi[Chin J Orthop(Article in Chinese;No abstract available)],2005,25(1):61-62. DOI:10.3760/j.issn:0253-2352.2005.01.014.}

[13322] 陈聚伍，王福建，鲍恒，吴学建，贺长清. 急诊背阔肌皮瓣移植血管桥接在肢体创伤修复中的临床应用[J]. 中华显微外科杂志，2005，28（2）：166-167. DOI：10.3760/cma.j.issn.1001-2036.2005.02.026. {CHEN Juwu,WANG Fujian,BAO Heng,WU Xuejian,HE Changqing. The clinical application of vascular bridging of emergency latissimus dorsi flap transplantation in limb trauma repair[J]. Zhonghua Xian Wei Wai Ke Za Zhi[Chin J Microsurg(Article in Chinese;Abstract in Chinese)],2005,28(2):166-167. DOI:10.3760/cma.j.issn.1001-2036.2005.02.026.}

[13323] 王斌，李康华，廖前德，邓展生，张宏其，陈立科，孙太存，向铁成. 游离背阔肌皮瓣修复小腿皮肤软组织缺损[J]. 中华创伤骨科杂志，2005，7（4）：394-395. DOI：10.3760/cma.j.issn.1671-7600.2005.04.027. {WANG Bin,LI Kanghua,LIAO Qiande,DENG Zhansheng,ZHANG Hongqi,CHEN Like,SUN Taicun,XIANG Tiecheng. Free latissimus dorsi flap for repairing skin and soft tissue defect of leg[J]. Zhonghua Chuang Shang Gu Ke Za Zhi[Chin J Orthop Trauma(Article in Chinese;Abstract in Chinese)],2005,7(4):394-395. DOI:10.3760/cma.j.issn.1671-7600.2005.04.027.}

[13324] 肖海军，侯春林，陈爱民，刘亚平. 带蒂背阔肌肌瓣转移治疗胸椎术后慢性脑脊液漏一例[J]. 中华显微外科杂志，2005，28(4)：304. DOI：10.3760/cma.j.issn.1001-2036.2005.04.048. {XIAO Haijun,HOU Chunlin,CHEN Aimin,LIU Yaping. Chronic cerebrospinal fluid leakage after thoracic surgery treated with pedicled latissimus dorsi muscle flap transfer:a case report[J]. Zhonghua Xian Wei Wai Ke Za Zhi[Chin J Microsurg(Article in Chinese;No abstract available)],2005,28(4):304. DOI:10.3760/cma.j.issn.1001-2036.2005.04.048.}

[13325] 高建明，骆宇春，陈伟南，储旭东，张卫红. 背阔肌腱膜皮瓣一期修复跟腱伴皮肤巨大缺损一例[J]. 中华显微外科杂志，2005，28（1）：44. DOI：10.3760/cma.j.issn.1001-2036.2005.01.056. {GAO Jianming,LUO Yuchun,CHEN Weinan,CHU Xudong,ZHANG Weihong. Repairing Achilles tendon with giant skin defect by latissimus dorsi myocutaneous flap at one stage[J]. Zhonghua Xian Wei Wai Ke Za Zhi[Chin J Microsurg(Article in Chinese;No abstract available)],2005,28(1):44. DOI:10.3760/cma.j.issn.1001-2036.2005.01.056.}

[13326] 叶祥柏，邢新，沈运彪，陈忠勇，谷才之. 背阔肌肌皮瓣修复颈项部严重电击伤创面一例[J]. 中华烧伤杂志，2006，22(1)：18. DOI：10.3760/cma.j.issn.1009-2587.2006.01.028. {YE Xiangbai,XING Xin,SHEN Yunbiao,CHEN Zhongyong,GU Caizhi. Repair of severe electric injury wound in neck and neck with latissimus dorsi myocutaneous flap:a case report[J]. Zhonghua Shao Shang Za Zhi[Chin J Burns(Article in Chinese;No abstract available)],2006,22(1):18. DOI:10.3760/cma.j.issn.1009-2587.2006.01.028.}

[13327] 冯涤，吴犁平，房艳，景红. 岛状背阔肌肌皮瓣修复电击伤后肩关节开放一例[J]. 中华烧伤杂志，2006，22（6）：451. DOI：10.3760/cma.j.issn.1009-2587.2006.06.032. {FENG Di,WU Liping,FANG Yan,JING Hong. Island latissimus dorsi myocutaneous flap for repairing open shoulder joint after electric injury:a case report[J]. Zhonghua Shao Shang Za Zhi[Chin J Burns(Article in Chinese;No abstract available)],2006,22(6):451. DOI:10.3760/cma.j.issn.1009-2587.2006.06.032.}

[13328] 杨登齐，徐亚辉，陈光秀. 背阔肌肌瓣修复放射性损伤致锁骨外露一例[J]. 中华烧伤杂志，2006，22(2)：143. DOI：10.3760/cma.j.issn.1009-2587.2006.02.028. {YANG Dengqi,XU Yahui,CHEN Guangxiu. Repairing clavicle exposure caused by radiation injury with latissimus dorsi muscle flap :a case report[J]. Zhonghua Shao Shang Za Zhi[Chin J Burns(Article in Chinese;No abstract available)],2006,22(2):143. DOI:10.3760/cma.j.issn.1009-2587.2006.02.028.}

[13329] 李英春，韩勇，陈艰，韩岩，徐建华. 背阔肌皮瓣混合自体植皮修复下肢大面积软组织缺损[J]. 中华显微外科杂志，2007，30（1）：76-77. DOI：10.3760/cma.j.issn.1001-2036.2007.01.034. {LI Yingchun,HAN Yong,CHEN Jian,HAN Yan,XU Jianhua. Repairing large soft tissue defect of lower limbs with latissimus dorsi flap and autologous skin grafting[J]. Zhonghua Xian Wei Wai Ke Za Zhi[Chin J Microsurg(Article in Chinese;No abstract available)],2007,30(1):76-77. DOI:10.3760/cma.j.issn.1001-2036.2007.01.034.}

[13330] 谢广中，吴恒烜，刘翔，彭剑飞，方恩泽. 应用游离背阔肌皮瓣修复四肢大面积皮肤软组织缺损[J]. 中华显微外科杂志，2007，30（2）：138-140. DOI：10.3760/cma.j.issn.1001-2036.2007.02.020. {XIE Guangzhong,WU Hengji,LIU Xiang,PENG Jianfei,FANG Enze. Application of free latissimus dorsi flap in repairing large area skin and soft tissue defects of extremities[J]. Zhonghua Xian Wei Wai Ke Za Zhi[Chin J Microsurg(Article in Chinese;Abstract in Chinese)],2007,30(2):138-140. DOI:10.3760/cma.j.issn.1001-2036.2007.02.020.}

[13331] 曾纪章，黄晓元，龙剑虹，杨兴华，雷少榕. 背阔肌皮瓣转移修复乳腺癌根治术后放射性溃疡[J]. 中华外科杂志，2007，45（9）：642-643. DOI：10.3760/j.issn：0529-5815.2007.09.021. {ZENG Jizhang,HUANG Xiaoyuan,LONG Jianhong,YANG Xinghua,LEI Shaorong. Latissimus dorsi flap transfer for the repair of radiation ulcer after radical mastectomy of breast cancer[J]. Zhonghua Wai Ke Za Zhi[Chin J Surg(Article in Chinese;No abstract available)],2007,45(9):642-643. DOI:10.3760/j.issn:0529-5815.2007.09.021.}

[13332] 刘鹏熙，钟少文，陈前军，王一安，赖熙雯，林毅. 乳腺癌保乳术后背阔肌微小肌瓣即时填充修复[J]. 中华整形外科杂志，2007，23（3）：264. DOI：10.3760/j.issn：1009-4598.2007.03.027. {LIU Pengxi,ZHONG Shaowen,CHEN Qianjun,WANG Yian,LAI Xiwen,LIN Yi. Immediate filling repair of latissimus dorsi minimus muscle flap after breast conserving surgery for breast cancer[J]. Zhonghua Zheng Xing Wai Ke Za Zhi[Chin J Plast Surg(Article in Chinese;No abstract available)],2007,23(3):264. DOI:10.3760/j.issn:1009-4598.2007.03.027.}

[13333] 韩兴海，王强，胡福兴，赵玉玲，朱典勇，杨学林，刘拱喜，荣运久，唐少松，黄良平. 背阔肌肌皮瓣游离移植修复头颈部深度烧伤创面一例[J]. 中华烧伤杂志，2008，24（4）：301-302. DOI：10.3760/cma.j.issn.1009-2587.2008.04.027. {HAN Xinghai,WANG Qiang,HU Fuxing,ZHAO Yuling,ZHU Dianyong,YANG Xuelin,LIU Gongxi,RONG Yunjiu,TANG Shaosong,HUANG Liangping. Free transplantation of latissimus dorsi myocutaneous flap for repairing deep burn wounds of head and neck:a case report[J]. Zhonghua Shao Shang Za Zhi[Chin J Burns(Article in Chinese;No abstract available)],2008,24(4):301-302. DOI:10.3760/cma.j.issn.1009-2587.2008.04.027.}

[13334] 盛辉，曹东升，汪春兰，丁浩，李小静，王邦河，宁金龙. 带少许肌袖的背阔肌肌皮瓣的临床应用[J]. 中华整形外科杂志，2008，24（1）：78-79. DOI：10.3760/j.issn：1009-4598.2008.01.027. {SHEN Hui,CAO Dongsheng,WANG Chunlan,DING Hao,LI Xiaojing,WANG Banghe,NING Jinlong. Clinical application of latissimus dorsi myocutaneous flap with a few muscle sleeves[J]. Zhonghua Zheng Xing Wai Ke Za Zhi[Chin J Plast Surg(Article in Chinese;No abstract available)],2008,24(1):78-79. DOI:10.3760/j.issn:1009-4598.2008.01.027.}

[13335] 范鹏举，黄晓元，张丕红，龙剑虹. 游离背阔肌肌皮瓣修复儿童足背软组织严重缺损六例[J]. 中华整形外科杂志，2008，24（4）：315-316. DOI：10.3760/j.issn：1009-4598.2008.04.021. {FAN Pengju,HUANG Xiaoyuan,ZHANG Pihong,LONG Jianhong. Free latissimus dorsi myocutaneous flap for repairing severe dorsal soft tissue defects in children :a report of 6 cases[J]. Zhonghua Zheng Xing Wai Ke Za Zhi[Chin J Plast Surg(Article in Chinese;No abstract available)],2008,24(4):315-316. DOI:10.3760/j.issn:1009-4598.2008.04.021.}

[13336] 张维军，汪步兴，王青娇. 吻合血管的游离背阔肌皮瓣治疗小腿感染性皮肤缺损[J]. 中华显微外科杂志，2008，31（2）：156-157. DOI：10.3760/cma.j.issn.1001-2036.2008.02.034. {ZHANNG Weijun,WANG Buxing,WANG Qingjiao. Vascularized free latissimus dorsi myocutaneous flap for the treatment of infective skin defect of leg[J]. Zhonghua Xian Wei Wai Ke Za Zhi[Chin J Microsurg(Article in Chinese;Abstract in Chinese)],2008,31(2):156-157. DOI:10.3760/cma.j.issn.1001-2036.2008.02.034.}

[13337] 张莉，李光早，徐静，李旭文，葛树星，董佳生. 改良背阔肌皮瓣的临床应用[J]. 中华显微外科杂志，2008，31（4）：296-297. DOI：10.3760/cma.j.issn.1001-2036.2008.04.024. {ZHANG Li,LI Guangzao,XU Jing,LI Xuwen,GE Shuxing,DONG Jiasheng. Clinical application of modified latissimus dorsi flap[J]. Zhonghua Xian Wei Wai Ke Za Zhi[Chin J Microsurg(Article in Chinese;Abstract in Chinese)],2008,31(4):296-297. DOI:10.3760/cma.j.issn.1001-2036.2008.04.024.}

[13338] 张丕红，范鹏举，龙剑虹，肖目张，黄晓元，杨柳荣. 游离背阔肌肌瓣充填修复半侧颜面萎缩[J]. 组织工程与重建外科杂志，2008，4（1）：41-43. DOI：10.3969/j.issn.1673-0364.2008.01.012. {ZHANG Pihong,FAN Pengju,LONG Jianhong,XIAO Muzhang,HUANG Xiaoyuan,YANG Liurong. Reconstruction of severe hemifacial atrophy by latissinus dorsi muscular flap[J]. Zu Zhi Gong Cheng Yu Chong Jian Wai Ke Za Zhi[J Tissue Eng Reconstr Surg(Article in Chinese;Abstract in Chinese and English)],2008,4(1):41-43. DOI:10.3969/j.issn.1673-0364.2008.01.012.}

[13339] 黄书润，李小毅，王浩. 岛状背阔肌肌皮瓣修复严重电烧伤创面二例[J]. 中华外科杂志，2009，47（4）：320. DOI：10.3760/cma.j.issn.0529-5815.2009.04.026. {HUANG Shurun,LI Xiaoyi,WANG Hao. Severe electric burn wounds repaired by island latissimus dorsi myocutaneous flap:a report of 2 cases[J]. Zhonghua Wai Ke Za Zhi[Chin J Surg(Article in Chinese;No abstract available)],2009,47(4):320. DOI:10.3760/cma.j.issn.0529-5815.2009.04.026.}

[13340] 徐华，董佳生，祝联，王露萍，常利民. 游离背阔肌肌皮瓣移植修复头皮恶性肿瘤切除后的复杂创面[J]. 中华神经外科杂志，2009，25（5）：454-457. DOI：10.3760/cma.j.issn.1001-2346.2009.05.031. {XU Hua,DONG Jiasheng,ZHU Lian,WANG

Luping,CHANG Limin. Reconstruction of complicated defect after ablation of superficial cranial malignant tumor with latissimus dorsi musculocutaneous flap[J]. Zhonghua Shen Jing Wai Ke Za Zhi[Chin J Neurosurg(Article in Chinese;Abstract in Chinese and English)],2009,25(5):454-457. DOI:10.3760/cma.j.issn.1001-2346.2009.05.031.}

[13341] 陈坤峰，张传林，贺长清．应用背阔肌皮瓣修复足部大面积皮肤软组织缺损 [J]．中华显微外科杂志，2009，32（3）：228–229．DOI：10.3760/cma.j.issn.1001–2036.2009.03.022．{CHEN Kunfeng,ZHANG Chuanlin,HE Changqing. Application of latissimus dorsi flap in repairing large area skin and soft tissue defect of foot[J]. Zhonghua Xian Wei Wai Ke Za Zhi[Chin J Microsurg(Article in Chinese;Abstract in Chinese)],2009,32(3):228-229. DOI:10.3760/cma.j.issn.1001-2036.2009.03.022.}

[13342] 佘恒，王恒，王勇，王战磊，沈卫军，胡洪良．急诊背阔肌皮瓣移植修复上肢严重复合组织损伤 [J]．中华显微外科杂志，2009，32（5）：401–403．{SHE Heng,WANG Heng,WANG Yong,WANG Zhanlei,SHEN Weijun,HU Hongliang. Emergency latissimus dorsi myocutaneous flap transplantation for repair of severe upper limb complex tissue injury[J]. Zhonghua Xian Wei Wai Ke Za Zhi[Chin J Microsurg(Article in Chinese;Abstract in Chinese)],2009,32(5):401-403.}

[13343] 肖春凌，李宗军，洒海涛，殷建新，朱国栋．小儿背阔肌皮瓣游离移植修复下肢严重损伤的远期疗效 [J]．中华创伤杂志，2009，25（5）：442–445．DOI：10.3760/cma.j.issn.1001–8050.2009.05.135．{XIAO Chunling,LI Zongjun,SA Haitao,YIN Jianxin,ZHU Guodong. Long-term effect of free iatissimus dorsi muscle flap in repairing severe lower extremity injury in children[J]. Zhonghua Chuang Shang Za Zhi[Chin J Trauma(Article in Chinese;Abstract in Chinese and English)],2009,25(5):442-445. DOI:10.3760/cma.j.issn.1001-8050.2009.05.135.}

[13344] 张丕红，黄晓元，龙剑虹，范鹏举，任利成，曾纪章，肖目张．多种背阔肌瓣游离移植修复下肢缺损 [J]．中华烧伤杂志，2009，25（1）：18–21．DOI：10.3760/cma.j.issn.1009–2587.2009.01.008．{ZHANG Pihong,HUANG Xiaoyuan,LONG Jianhong,FAN Pengju,REN Licheng,ZENG Jizhang,XIAO Muzhang. Application of latissimus dorsi flap in different forms in repair of skin and soft tissue defects in lower extremities[J]. Zhonghua Shao Shang Za Zhi[Chin J Burns(Article in Chinese;Abstract in Chinese and English)],2009,25(1):18-21. DOI:10.3760/cma.j.issn.1009-2587.2009.01.008.}

[13345] 张功林，郭翱，章峰火，尤灵建，李俊，李栋．背阔肌穿支游离皮瓣吻合血管交腿移植后皮瓣压疮一例 [J]．中华整形外科杂志，2009，25（1）：72．DOI：10.3760/cma.j.issn.1009–4598.2009.01.026．{ZHANG Gonglin,GUO Ao,ZHANG Fenghuo,YOU Lingjian,LI Jun,LI Dong. Formation of sore in flap after free latissimus dorsi perforator flap anastomosis with vascular cross leg transplantation:a case report[J]. Zhonghua Zheng Xing Wai Ke Za Zhi[Chin J Plast Surg(Article in Chinese;No abstract available)],2009,25(1):72. DOI:10.3760/cma.j.issn.1009-4598.2009.01.026.}

[13346] 刘昌雄，唐举玉，刘鸣江，谢松林，李匡文．背阔肌皮瓣游离移植修复小儿四肢远端巨大软组织缺损 [J]．中华显微外科杂志，2010，33（4）：350．DOI：10.3760/cma.j.issn.1001–2036.2010.04.039．{LIU Changxiong,TANG Juyu,LIU Mingjiang,XIE Songlin,LI Kuangwen. Free transplantation of latissimus dorsi myocutaneous flap for repairing pediatric large soft tissue defect in distal limbs[J]. Zhonghua Xian Wei Wai Ke Za Zhi[Chin J Microsurg(Article in Chinese;No abstract available)],2010,33(4):350. DOI:10.3760/cma.j.issn.1001-2036.2010.04.039.}

[13347] 赵成利，匡斌，彭静君，谢文斌，邝石峰，邓国三，黄广香．背阔肌皮瓣修复胸骨切口感染裂开创面 [J]．中华显微外科杂志，2010，33（4）：328–329．DOI：10.3760/cma.j.issn.1001–2036.2010.04.027．{ZHAO Chengli,KUANG Bin,PENG Jingjun,XIE Wenbin,KUANG Shifeng,DENG Guosan,HUANG Guangxiang. Repairingf open wound of sternal incision infection with latissimus dorsi flap[J]. Zhonghua Xian Wei Wai Ke Za Zhi[Chin J Microsurg(Article in Chinese;Abstract in Chinese)],2010,33(4):328-329. DOI:10.3760/cma.j.issn.1001-2036.2010.04.027.}

[13348] 李黎明，李桂石，林峰，徐林，林国栋，杨光诗，孙军军．胸背动脉前锯肌支为蒂逆行背阔肌皮瓣的临床应用 [J]．中华显微外科杂志，2010，33（5）：401–402．DOI：10.3760/cma.j.issn.1001–2036.2010.05.016．{LI liming,LI Guishi,LIN Feng,XU Lin,LIN Guodong,YANG Guangshi,SUN Junjun. Clinical application of reverse latissimus dorsi flap pedicled with anterior serratus muscle branch of dorsal thoracic artery[J]. Zhonghua Xian Wei Wai Ke Za Zhi[Chin J Microsurg(Article in Chinese;Abstract in Chinese)],2010,33(5):401-402. DOI:10.3760/cma.j.issn.1001-2036.2010.05.016.}

[13349] 潘小平，许祥明，郑功胜．背阔肌皮瓣游离移植修复下肢软组织缺损的临床分析 [J]．中华显微外科杂志，2010，33（5）：402–403．DOI：10.3760/cma.j.issn.1001–2036.2010.05.017．{PAN Xiaoping,XU Xiangming,ZHENG Gongsheng. Clinical analysis of free transplantation of latissimus dorsi flap for repairing soft tissue defects of lower extremities[J]. Zhonghua Xian Wei Wai Ke Za Zhi[Chin J Microsurg(Article in Chinese;Abstract in Chinese)],2010,33(5):402-403. DOI:10.3760/cma.j.issn.1001-2036.2010.05.017.}

[13350] 朱运海，赵杰，陈坤峰，高凌．应用背阔肌皮瓣修复乳腺癌手术创面 [J]．中华显微外科杂志，2011，34（6）：495–496．DOI：10.3760/cma.j.issn.1001–2036.2011.06.024．{ZHU Yunhai,ZHAO Jie,CHEN Kunfeng,GAO Ling. Application of latissimus dorsi myocutaneous flap in repair of surgical wound of breast cancer[J]. Zhonghua Xian Wei Wai Ke Za Zhi[Chin J Microsurg(Article in Chinese;Abstract in Chinese)],2011,34(6):495-496. DOI:10.3760/cma.j.issn.1001-2036.2011.06.024.}

[13351] 冯仕明，高顺红，陈超，焦成，费小轩，王斌，刘会仁．改良背阔肌皮瓣游离移植修复小腿严重软组织缺损 [J]．中华显微外科杂志，2012，35（5）：415–417．DOI：10.3760/cma.j.issn.1001–2036.2012.05.023．{FENG Shiming,GAO Shunhong,CHEN Chao,JIAO Cheng,FEI Xiaoxuan,WANG Bin,LIU Huiren. Modified latissimus dorsi myocutaneous flap free transplantation for repairing severe soft tissue defect of leg[J]. Zhonghua Xian Wei Wai Ke Za Zhi[Chin J Microsurg(Article in Chinese;Abstract in Chinese)],2012,35(5):415-417. DOI:10.3760/cma.j.issn.1001-2036.2012.05.023.}

[13352] 沈勇，王彦生，林涧，张辉．应用游离背阔肌皮瓣治疗四肢软组织缺损 [J]．中华显微外科杂志，2012，35（6）：516．DOI：10.3760/cma.j.issn.1001–2036.2012.06.031．{SHEN Yong,WANG Yansheng,LIN Jian,ZHANG Hui. Treatment of soft tissue defects in extremities with free latissimus dorsi flap[J]. Zhonghua Xian Wei Wai Ke Za Zhi[Chin J Microsurg(Article in Chinese;Abstract in Chinese)],2012,35(6):516. DOI:10.3760/cma.j.issn.1001-2036.2012.06.031.}

[13353] 韩岩，宋保强，曾玮，郭树忠，潘勇，夏文森，杨红岩，郭伶俐，李丹．修薄的背阔肌肌瓣联合植皮修复足背大面积软组织缺损 [J]．中华显微外科杂志，2012，35（4）：276–278，后插 2．DOI：10.3760/cma.j.issn.1001–2036.2012.04.004．{HAN Yan,SONG Baoqiang,ZENG Wei,GUO Shuzhong,PAN Yong,XIA Wensen,YANG Hongyan,GUO Lingli,LI Dan. Reconstruction of soft tissue defect of the foot dorsum with trimmed latissimus dorsi free muscle flap with skin grafting[J]. Zhonghua Xian Wei Wai Ke Za Zhi[Chin J Microsurg(Article in Chinese;Abstract in Chinese and English)],2012,35(4):276-278,insert 2. DOI:10.3760/cma.j.issn.1001-2036.2012.04.004.}

[13354] 卜凡玉，芮永军，许亚军，寿奎水，周晓，顾黎明，强力，沈泳．岛状背阔肌肌皮瓣修复肘部软组织缺损 [J]．中华显微外科杂志，2013，36（5）：520．DOI：10.3760/cma.j.issn.1001–2036.2013.05.038．{BU Fanyu,RUI Yongjun,XU Yajun,SHOU Kuishui,ZHOU Xiao,GU Liming,QIANG Li,SHEN Yong. Repairing soft tissue defect of elbow with island latissimus dorsi myocutaneous flap[J]. Zhonghua Xian Wei Wai Ke Za Zhi[Chin J Microsurg(Article in Chinese;No abstract available)],2013,36(5):520. DOI:10.3760/cma.j.issn.1001-2036.2013.05.038.}

[13355] 孙伟晶，陈向军，韩德志．背阔肌皮瓣或肌瓣修复四肢高压电烧伤 13 例 [J]．中华烧伤杂志，2013，29（4）：395–396．DOI：10.3760/cma.j.issn.1009–2587.2013.04.020．{SUN Weijing,CHEN Xiangjun,HAN Dezhi. Repairing high voltage electric burn of limbs with latissimus dorsi myocutaneous flap or myocutaneous flap:a report of 13 cases[J]. Zhonghua Shao Shang Za Zhi[Chin J Burns(Article in Chinese;No abstract available)],2013,29(4):395-396. DOI:10.3760/cma.j.issn.1009-2587.2013.04.020.}

[13356] 唐举玉，卿黎明，梁捷予，宋达疆，俞芳，杜威，王聪杨．改良背阔肌皮瓣移植修复下肢巨大面积皮肤软组织缺损 [J]．中华显微外科杂志，2013，36（3）：211–214．DOI：10.3760/cma.j.issn.1001–2036.2013.03.002．{TANG Juyu,QING Liming,LIANG Jieyu,SONG Dajiang,YU Fang,DU Wei,WANG CONGYANG. Application of modified latissimus dorsi flap for repairing huge skin and soft tissue defects in lower limbs[J]. Zhonghua Xian Wei Wai Ke Za Zhi[Chin J Microsurg(Article in Chinese;Abstract in Chinese and English)],2013,36(3):211-214. DOI:10.3760/cma.j.issn.1001-2036.2013.03.002.}

[13357] 刘俊，吕红斌，刘鸣江，谢松林，黄新锋，李匡文，邓翔武，陈彦铭．背阔肌皮瓣联合 KW5 型支架治疗小腿亚急性期缺血性肌挛缩 [J]．中华显微外科杂志，2013，36（3）：249–252．DOI：10.3760/cma.j.issn.1001–2036.2013.03.011．{LIU Jun,LV Hongbin,LIU Mingjiang,XIE Songlin,HUANG Xinfeng,LI Kuangwen,DENG Xiangwu,CHEN Yanming. Treating the subacute ischemic contracture of the leg with latissimus dorsi flap and KW5-type external fixation[J]. Zhonghua Xian Wei Wai Ke Za Zhi[Chin J Microsurg(Article in Chinese;Abstract in Chinese and English)],2013,36(3):249-252. DOI:10.3760/cma.j.issn.1001-2036.2013.03.011.}

[13358] 姚俊娜，赵祚塽．背阔肌皮瓣在上肢严重组织缺损的临床应用 [J]．实用手外科杂志，2013，27（3）：357–359．DOI：10.3969/j.issn.1671–2722.2013.03.018．{YAO Junna,ZHAO Zuolong. The clinical application of latissimus dorsi flap in severe tissue defect of upper limbs[J]. Shi Yong Shou Wai Ke Za Zhi[Chin J Pract Hand Surg(Article in Chinese;Abstract in Chinese and English)],2013,27(3):357-359. DOI:10.3969/j.issn.1671-2722.2013.03.018.}

[13359] 刘祥厦，许澍治，张展强，陈流华，许扬滨．内镜辅助下切取背阔肌瓣结合假体隆胸修复 Poland 综合征 [J]．中华显微外科杂志，2013，36（4）：367–368．DOI：10.3760/cma.j.issn.1001–2036.2013.06.014．{LIU Xiangxia,XU Shuqia,ZHANG Zhanqiang,CHEN Liuhua,XU Yangbin. Endoscopic resection of latissimus dorsi flap combined with prosthesis augmentation for Poland syndrome[J]. Zhonghua Xian Wei Wai Ke Za Zhi[Chin J Microsurg(Article in Chinese;Abstract in Chinese)],2013,36(4):367-368. DOI:10.3760/cma.j.issn.1001-2036.2013.06.014.}

[13360] 田宝祥，蔺海龙，昝涛，樊华，刘凤彬，李青峰，顾斌．扩张背阔肌节段肌皮瓣治疗前胸部广泛瘢痕挛缩 [J]．组织工程与重建外科杂志，2013，9（4）：210–212．DOI：10.3969/j.issn.1673–0364.2013.04.008．{TIAN Baoxiang,LIN Hailong,ZAN Tao,FAN Hua,LIU Fengbin,LI Qingfeng,GU Bin. Expended muscle-sparing latissimus dorsi myocutaneous flap for the repair of extensive scar contracture deformity in chest[J]. Zu Zhi Gong Cheng Yu Chong Jian Wai Ke Za Zhi[J Tissue Eng Reconstr Surg(Article in Chinese;Abstract in Chinese and English)],2013,9(4):210-212. DOI:10.3969/j.issn.1673-0364.2013.04.008.}

[13361] 李钢，李小兵，刘子健，张静琦，刘光晶．背阔肌肌皮瓣修复肩部皮肤及三角肌缺损十例 [J]．中华烧伤杂志，2014，30（4）：370–372．DOI：10.3760/cma.j.issn.1009–2587.2014.04.022．{LI Gang,LI Xiaobing,LIU Zijian,ZHANG Jingqi,LIU Guangjing. Repairing shoulder skin and deltoid defect with latissimus dorsi myocutaneous flap:a report of 10 cases[J]. Zhonghua Shao Shang Za Zhi[Chin J Burns(Article in Chinese;No abstract available)],2014,30(4):370-372. DOI:10.3760/cma.j.issn.1009-2587.2014.04.022.}

[13362] 张明华，崔旭，曾纪章，刘雄，黄岘韬，张丕红，黄晓元．游离背阔肌肌皮瓣修复膝关节周围大范围皮肤软组织深度缺损 [J]．中华烧伤杂志，2015，31（5）：337–339．DOI：10.3760/cma.j.issn.1009–2587.2015.05.005．{ZHANG Minghua,CUI Xu,ZENG Jizhang,LIU Xiong,HUANG Mitao,ZHANG Pihong,HUANG Xiaoyuan. Repair of large and deep skin and soft tissue defects around the knee joints with free latissimus dorsi musculocutaneous flaps[J]. Zhonghua Shao Shang Za Zhi[Chin J Burns(Article in Chinese;Abstract in Chinese and English)],2015,31(5):337-339. DOI:10.3760/cma.j.issn.1009-2587.2015.05.005.}

[13363] 童德迪，陈山林，荣艳波，王志新，吴乐昊，朱珊．胫前动脉逆行供血的背阔肌肌皮瓣游离移植在小腿保肢中的临床应用 [J]．中国骨与关节杂志，2015，4（12）：924–927．DOI：10.3969/j.issn.2095–252X.2015.12.005．{TONG Dedi,CHEN Shanlin,RONG Yanbo,WANG Zhixin,WU Lehao,ZHU Shan. Free latissimus dorsi flap supplied by reverse anterior tibial artery for traumatic lower limb salvage[J]. Zhongguo Gu Yu Guan Jie Za Zhi[Chin J Bone Joint(Article in Chinese;Abstract in Chinese and English)],2015,4(12):924-927. DOI:10.3969/j.issn.2095-252X.2015.12.005.}

[13364] 陈强，熊革，易红卫，潘烈，杨俊杰．异型动脉血管为蒂的游离背阔肌肌皮瓣修复软组织缺损 [J]．实用手外科杂志，2015，29（1）：41–43．DOI：10.3969/j.issn.1671–2722.2015.01.013．{CHEN Qiang,XIONG Ge,YI Hongwei,PAN Lie,YANG Junjie. The free latissimus dorsi myocutaneous flap supplied with heterotypic artery blood for repairing soft tissue defects[J]. Shi Yong Shou Wai Ke Za Zhi[Chin J Pract Hand Surg(Article in Chinese;Abstract in Chinese and English)],2015,29(1):41-43. DOI:10.3969/j.issn.1671-2722.2015.01.013.}

[13365] 肖海涛，王怀胜，刘晓雪，许学文，陈俊杰，庞梦茹，岑瑛．游离背阔肌肌瓣结合中厚皮移植修复大面积全层头皮缺损九例 [J]．中华烧伤杂志，2015，31（4）：310–311．DOI：10.3760/cma.j.issn.1009–2587.2015.04.022．{XIAO Haitao,WANG Huaisheng,LIU Xiaoxue,XU Xuewen,CHEN Junjie,PANG Mengru,CEN Ying. Large-area full-thickness scalp defect repaired by free latissimus dorsi muscle flap combined with medium thickness skin transplantation:a report of 6 cases[J]. Zhonghua Shao Shang Za Zhi[Chin J Burns(Article in Chinese;No abstract available)],2015,31(4):310-311. DOI:10.3760/cma.j.issn.1009-2587.2015.04.022.}

[13366] 高顺红，赵刚，周铭，陈超，于志亮，张文龙，胡宏宇，董慧双．T 形血管蒂背阔肌肌皮瓣桥式移植修复小腿软组织缺损 [J]．中华整形外科杂志，2016，32（3）：199–202．DOI：10.3760/cma.j.issn.1009–4598.2016.03.010．{GAO Shunhong,ZHAO Gang,ZHOU Ming,CHEN Chao,YU Zhiliang,ZHANG Wenlong,HU Hongyu,DONG Huishuang. Repair of soft tissue defects in lower extremities by latissimus dorsi myocutaneous flap with T type of vascular pedicle[J]. Zhonghua Zheng Xing Wai Ke Za Zhi[Chin J Plast Surg(Article in Chinese;Abstract in Chinese and English)],2016,32(3):199-202. DOI:10.3760/cma.j.issn.1009-4598.2016.03.010.}

[13367] 梁尊鸿，潘云川，林志琥．带蒂背阔肌肌皮瓣早期修复颈部电烧伤深度创面 [J]．组织工程与重建外科杂志，2016，12（5）：297–299．DOI：10.3969/j.issn.1673–0364.2016.05.007．{LIANG Zunhong,PAN Yunchuan,LIN Zhihu. Early repair of deep wound with electric burn of neck by pedicled latissimus dorsi myocutaneous flap[J]. Zu Zhi Gong Cheng Yu Chong Jian Wai Ke Za Zhi[J Tissue Eng Reconstr Surg(Article in Chinese;Abstract in Chinese and English)],2016,12(5):297-299. DOI:10.3969/j.issn.1673-0364.2016.05.007.}

[13368] 徐泽华，顾立强，涂家金，龙丽芸．游离背阔肌复合组织瓣修复下肢跨关节大面积皮肤缺损一例 [J]．中华显微外科杂志，2016，39（4）：413–414．DOI：10.3760/cma.j.issn.1001–2036.2016.04.034．{XU Zehua,GU Liqiang,TU Jiajin,LONG Liyun. Free latissimus dorsi composite tissue flap for repairing large area skin defect of lower limb across joint:a case report[J]. Zhonghua Xian Wei Wai Ke Za Zhi[Chin J Microsurg(Article in Chinese;No abstract available)],2016,39(4):413-414. DOI:10.3760/cma.j.issn.1001-2036.2016.04.034.}

[13369] 王永富，吴卫宾，冯动．吻合血管游离背阔肌肌皮瓣修复四肢皮肤软组织缺损骨外露并感染 16 例分析 [J]．中国矫形外科杂志，2017，25（20）：1915–1917．DOI：10.3977/j.issn.1005–8478.2017.20.22．{WANG Yongfu,WU Weibin,FENG Dong. Anastomotic

vascular free latissimus dorsi myocutaneous flap for repairing bone exposure and infection in skin and soft tissue defects of extremities:an analysis of 16 cases[J]. Zhongguo Jiao Xing Wai Ke Za Zhi[Orthop J China(Article in Chinese;Abstract in Chinese)],2017,25(20):1915-1917. DOI:10.3977/j.issn.1005-8478.2017.20.22.}

[13370] 程宏宇，王光军，王晶，於国军，张大维，杨卫玺，徐振雷，熊猛，郭芳芳. 游离背阔肌肌皮瓣修复电烧伤后头部巨大缺损六例[J]. 中华烧伤杂志，2017，33（8）：504-506. DOI：10.3760/cma.j.issn.1009-2587.2017.08.010. {CHENG Hongyu,WANG Guangjun,WANG Jing,YU Guojun,ZHANG Dawei,YANG Weixi,XU Zhenlei,XIONG Meng,GUO Fangfang. Free latissimus dorsi myocutaneous flap for repairing large head defect after electric burn:a report of 6 cases[J]. Zhonghua Shao Shang Za Zhi[Chin J Burns(Article in Chinese;No abstract available)],2017,33(8):504-506. DOI:10.3760/cma.j.issn.1009-2587.2017.08.010.}

[13371] 阿不来提·阿不拉，任鹏，依力哈木江·吾斯曼，买买提明·赛依提，艾合买提江·玉素甫. 应用背阔肌肌皮瓣重建上肢功能及修复复合组织缺损[J]. 创伤外科杂志，2017，19（5）：381-385. DOI：10.3969/j.issn.1009-4237.2017.05.016. {Abulaiti Abula,REN Peng,Yilihamujiang Wusiman,Maimaiting Saiyiti,Aihemaitijiang Yusufu. Clinical application of Latissimus dorsi muscle flap to repair and reconstruct dysfunction and complex soft tissue defects of upper extremities[J]. Chuang Shang Wai Ke Za Zhi[J Traum Surg(Article in Chinese;Abstract in Chinese and English)],2017,19(5):381-385. DOI:10.3969/j.issn.1009-4237.2017.05.016.}

[13372] 杨绍滨，杨光辉，庄梦娇，薛娇，庞宝兴，袁荣涛. 烟雾病血管搭桥术后颅面软组织缺损游离背阔肌皮瓣修复1例报告[J]. 中国口腔颌面外科杂志，2017，15（5）：475-477. DOI：10.19438/j.cjoms.2017.05.020. {YANG Shaobin,YANG Guanghui,ZHUANG Mengjiao,XUE Jiao,PANG Baoxing,YUAN Rongtao. Repairing craniofacial soft tissue defect with free latissimus dorsi myocutaneous flap after vascular bypass in moyamoya disease:a case report[J]. Zhongguo Kou Qiang He Mian Wai Ke Za Zhi[Chin J Oral Maxillofac Surg(Article in Chinese;No abstract available)],2017,15(5):475-477. DOI:10.19438/j.cjoms.2017.05.020.}

[13373] 胡小戊，章乐虹，陈欣欣，夏婷，曹腾飞，贾海霞. 部分背阔肌皮瓣或侧胸壁脂肪筋膜皮瓣在外侧象限乳腺癌保乳治疗中的应用[J]. 中国修复重建外科杂志，2017，31（9）：1151-1152. DOI：10.7507/1002-1892.201704054. {HU Xiaowu,ZHANG Lehong,CHEN Xinxin,XIA Ting,CAO Tengfei,JIA Haixia. Application of partial latissimus dorsi flap or lateral thoracic fat fascial flap in breast conserving therapy for lateral quadrant breast cancer[J]. Zhongguo Xiu Fu Chong Jian Wai Ke Za Zhi[Chin J Repar Reconstr Surg(Article in Chinese;Abstract in Chinese)],2017,31(9):1151-1152. DOI:10.7507/1002-1892.201704054.}

[13374] 张普生，王立坤，罗云峰，史福军，何琳赟，曾成炳，张宇，方驰华. 三维可视技术指导腔镜乳腺癌保乳并转移背阔肌瓣重建乳房[J]. 南方医科大学学报，2017，37（8）：1131-1135，1142. DOI：10.3969/j.issn.1673-4254.2017.08.22. {ZHANG Pusheng,WANG Likun,LUO Yunfeng,SHI Fujun,HE Linyun,ZENG Chengbing,ZHANG Yu,FANG Chihua. Application of 3D visualization technique in breast cancer surgery with immediate breast reconstruction using laparoscopically harvested pedicled latissimus dorsi muscle flap[J]. Nan Fang Yi Ke Da Xue Xue Bao[J South Med Univ(Article in Chinese;Abstract in Chinese and English)],2017,37(8):1131-1135,1142. DOI:10.3969/j.issn.1673-4254.2017.08.22.}

[13375] 王长江，周密，徐建强，杜羽，樊丽洁，张凤军，张树明. 吻合神经的背阔肌皮瓣在小腿严重创伤中的应用[J]. 中华创伤骨科杂志，2018，20（8）：679-682. DOI：10.3760/cma.j.issn.1671-7600.2018.08.008. {WANG Changjiang,ZHOU Mi,XU Jianqiang,DU Yu,FAN Lijie,ZHANG Fengjun,ZHANG Shuming. Latissimus dorsus flap for reconstruction of severe leg trauma[J]. Zhonghua Chuang Shang Gu Ke Za Zhi[Chin J Orthop Trauma(Article in Chinese;Abstract in Chinese and English)],2018,20(8):679-682. DOI:10.3760/cma.j.issn.1671-7600.2018.08.008.}

[13376] 惠涛涛，黎逢峰，吴永伟，刘军，马运宏，芮永军. 肋间动脉增压超长背阔肌皮瓣修复四肢创面[J]. 中国修复重建外科杂志，2018，32（12）：1572-1575. DOI：10.7507/1002-1892.201805042. {HUI Taotao,LI Fengfeng,WU Yongwei,LIU Jun,MA Yunhong,RUI Yongjun. Application of vascular augmentation of an extra-long latissimus dorsi flap through an intercostal artery in limb wound repair[J]. Zhongguo Xiu Fu Chong Jian Wai Ke Za Zhi[Chin J Repar Reconstr Surg(Article in Chinese;Abstract in Chinese and English)],2018,32(12):1572-1575. DOI:10.7507/1002-1892.201805042.}

[13377] 杨燕文，亓发芝. 乳房重建中应用背阔肌肌皮瓣适应证及技术原则[J]. 中国实用外科杂志，2019，39（11）：1161-1164. DOI：10.19538/j.cjps.issn1005-2208.2019.11.10. {YANG Yanwen,QI Fazhi. Indications and technical principles of latissimus dorsi myocutaneous flap breast reconstruction[J]. Zhongguo Shi Yong Wai Ke Za Zhi[Chin J Pract Surg(Article in Chinese;Abstract in Chinese and English)],2019,39(11):1161-1164. DOI:10.19538/j.cjps.issn1005-2208.2019.11.10.}

[13378] 杨力，薛君荣，蒋鹏，郭贤钊. 游离背阔肌肌皮瓣修复头部复合组织缺损创面[J]. 中华整形外科杂志，2019，35（10）：991-994. DOI：10.3760/cma.j.issn.1009-4598.2019.10.008. {YANG Li,XUE Junrong,JIANG Peng,GUO Xianzhao. Free latissimus dorsi myocutaneous flap for the repair of head composite tissue defect[J]. Zhonghua Zheng Xing Wai Ke Za Zhi[Chin J Plast Surg(Article in Chinese;Abstract in Chinese and English)],2019,35(10):991-994. DOI:10.3760/cma.j.issn.1009-4598.2019.10.008.}

[13379] 邵阳，林伟，刘建疆，何文君，陈卫鑫，李克，沈国良，赵小瑜. 分叶背阔肌皮瓣游离移植修复小腿不规则软组织缺损创面[J]. 中华显微外科杂志，2019，42（5）：450-454. DOI：10.3760/cma.j.issn.1001-2036.2019.05.008. {SHAO Yang,LIN Wei,LIU Jianjiang,HE Wenjun,CHEN Weixin,LI Ke,SHEN Guoliang,ZHAO Xiaoyu. Transplantation of lobulated free latissimus dorsi flap for repairing irregular soft tissue defect of shank[J]. Zhonghua Xian Wei Wai Ke Za Zhi[Chin J Microsurg(Article in Chinese;Abstract in Chinese and English)],2019,42(5):450-454. DOI:10.3760/cma.j.issn.1001-2036.2019.05.008.}

[13380] 董玉金，张铁慧，徐连春. 游离背阔肌分叶肌皮瓣修复小腿软组织缺损[J]. 中华骨科杂志，2019，39（4）：251-256. DOI：10.3760/cma.j.issn.0253-2352.2019.04.008. {DONG Yujin,ZHANG Tiehui,XU Lianchun. Clinical application of free latissimus dorsi lobulated musculocutaneous flap for repair of tissue defect of the shank[J]. Zhonghua Gu Ke Za Zhi[Chin J Orthop(Article in Chinese;Abstract in Chinese and English)],2019,39(4):251-256. DOI:10.3760/cma.j.issn.0253-2352.2019.04.008.}

[13381] 赵洪顺，周倚墨，李永刚，徐柯烽，高顺红. 背阔肌皮瓣转移腋窝成形联合瘢痕松解术在腋部严重瘢痕挛缩畸形治疗中的应用[J]. 中华解剖与临床杂志，2020，25（2）：159-163. DOI：10.3760/cma.j.cn101202-20190605-00185. {ZHAO Hongshun,ZHOU Yimo,LI Yonggang,XU Kefeng,GAO Shunhong. Pedicled latissimus dorsi flap transfer and axillary plasty combined with cicatricial loosening for treatment of severe postburn axillary scar contracture[J]. Zhonghua Jie Pou Yu Lin Chuang Za Zhi[Chin J Anat Clin(Article in Chinese;Abstract in Chinese and English)],2020,25(2):159-163. DOI:10.3760/cma.j.cn101202-20190605-00185.}

[13382] 韩愚弟，韩岩，郭伶俐，陶然，李亮星，牛泽浩，周志强. 修薄背阔肌肌瓣游离移植联合植皮术与传统背部游离皮瓣修复足背的对比研究[J]. 中华整形外科杂志，2020，36（6）：638-644. DOI：10.3760/cma.j.cn114453-20200218-00053. {HAN Yudi,HAN Yan,GUO Lingli,TAO Ran,LI Liangxing,NIU Zehao,ZHOU Zhiqiang. Thinned latissimus dorsi muscle free flap combined with skin grafting versus dorsal free flaps in the reconstruction of dorsal foot defects[J]. Zhonghua Zheng Xing Wai Ke Za Zhi[Chin J Plast Surg(Article in Chinese;Abstract in Chinese and English)],2020,36(6):638-644. DOI:10.3760/cma.j.cn114453-20200218-00053.}

4.7.8 腹直肌肌皮瓣（横形腹直肌肌皮瓣）

rectus abdominis myocutaneous flap (transverse rectus abdominal myocutaneous flap)

[13383] ZHANG Xing-Quan,WANG Shao-Dong,FAN Qing-Yu,MA Bao-An. Versatility of rectus abdominis free flap for reconstruction of soft-tissue defects in extremities[J]. Microsurgery,2004,24(2):128-133. doi:10.1002/micr.20007.

[13384] Sa YL,Xu YM,Liu ZS,Feng C,Fei XF. Pedicled rectus abdominis muscle flap wrapped around the penis for enhanced urethral pressure:an experimental study in dogs[J]. Urol Int,2007,78(1):42-45. doi:10.1159/000096933.

[13385] Qi F,Gu J,Shi Y. Difficult groin reconstruction using contralateral rectus abdominis myocutaneous flap[J]. Plast Reconstr Surg,2008,121(3):147e-148e. doi:10.1097/01.prs.0000300213.72718.b1.

[13386] Jiang L,Jiang GN,He WX,Fan J,Zhou YM,Gao W,Ding JA. Free rectus abdominis musculocutaneous flap for chronic postoperative empyema[J]. Ann Thorac Surg,2008,85(6):2147-2149. doi:10.1016/j.athoracsur.2007.11.061.

[13387] Qi F,Zhang Y,Gu J. Repairs of complex groin wounds with contralateral rectus abdominis myocutaneous flaps[J]. Microsurgery,2009,29(3):199-204. doi:10.1002/micr.20593.

[13388] Zhang XR,Xu YM,Feng C,Yu JJ,Song LJ,Fei XF. Reinforcing the continent mechanism of continent cutaneous diversions by wrapped rectus abdominis muscle flap:a preliminary experimental study[J]. Chin Med J,2009,122(9):1087-1091.

[13389] Guo J,Kawai K,Suzuki S. Comparisons of the postoperative rectus abdominis muscle thickness and the biomechanical properties of donor sites among different subtypes of muscle-sparing transverse rectus abdominis myocutaneous flaps (MS0,MS1,MS2,MS3):a rat model[J]. Ann Plast Surg,2011,66(6):654-659. doi:10.1097/SAP.0b013e3181e37be9.

[13390] Shen W,Cui J,Chen J,Zou J,Ji Y,Chen H. Reconstruction of sternal cleft and aplasia cutis with a Medpor and a rectus abdominis musculocutaneous flap[J]. J Craniofac Surg,2012,23(1):169-171. doi:10.1097/SCS.0b013e3182418caf.

[13391] Xu YM,Zhang XR,Xie H,Song LJ,Feng C,Fei XF. Pedicled rectus abdominis muscle and fascia flap sling the bulbar urethra for treatment for male-acquired urinary incontinence:report of ten cases[J]. Int Urol Nephrol,2014,46(3):571-576. doi:10.1007/s11255-013-0553-5.

[13392] Zheng L,Dong ZG,Zheng J. Deep inferior epigastric vessel-pedicled,muscle-sparing rectus abdominis myocutaneous (RAM) flap for reconstruction of soft tissue defects in pelvic area[J]. Eur J Orthop Surg Traumatol,2015,25(5):859-863. doi:10.1007/s00590-015-1599-0.

[13393] Wu JD,Huang WH,Qiu SQ,He LF,Guo CP,Zhang YQ,Zhang F,Zhang GJ. Breast reconstruction with single-pedicle TRAM flap in breast cancer patients with low midline abdominal scar[J]. Sci Rep,2016,6:29580. doi:10.1038/srep29580.

[13394] Li YH,Zheng Z,Yang J,Su LL,Liu Y,Han F,Liu JQ,Hu DH. Management of the extensive thoracic defects after deep sternal wound infection with the rectus abdominis myocutaneous flap:A retrospective case series[J]. Medicine (Baltimore),2017,96(16):e6391. doi:10.1097/MD.0000000000006391.

[13395] Zhang JQ,Zhang JM,Liang WQ,Ji CY,Chen YH. Lengthening the pedicle of the rectus abdominis myocutaneous flap for repair of upper chest and neck defects[J]. Ann R Coll Surg Engl,2017,99(6):464-471. doi:10.1308/rcsann.2017.0055.

[13396] 吴仁秀. 儿童腹直肌肌皮瓣的显微外科应用解剖学[J]. 广东解剖学通报，1981，3（1）：46. {WU Renxiu. Applied microsurgical anatomy of the rectus abdominal flap in children[J]. Guangdong Jie Pou Xue Tong Bao[Anat Res(Article in Chinese;No abstract available)],1981,3(1):46.}

[13397] 陈砚侯，陈勤. 同侧腹直肌皮瓣再造乳房（附二例报告）[J]. 中华整形烧伤外科杂志，1985，1（3）：227. {CHEN Yanhou,CHEN qin. Reconstruction of breast with ipsilateral rectus abdominis flap (report of two cases)[J]. Zhonghua Zhengxing Shao Shang Wai Ke Za Zhi[Chin J Plast Surg Burns(Article in Chinese;No abstract available)],1985,1(3):227.}

[13398] 沈祖尧，宓惠茹，桑惠华. 吻合血管的游离腹直肌肌皮瓣移植修复肢体严重软组织缺损[J]. 中华整形烧伤外科杂志，1986，2（3）：227. {SHEN Zuyao,FU Huiru,SANG Huihua. The vascular free rectus musculocutaneous flap was transplanted to repair the severe soft tissue defect of the limb[J]. Zhonghua Zhengxing Shao Shang Wai Ke Za Zhi[Chin J Plast Surg Burns(Article in Chinese;No abstract available)],1983,2(3):227.}

[13399] 陈勤. 岛状腹直肌皮瓣治疗复杂的耻骨骨髓炎并发腹壁膀胱瘘（一例报告）[J]. 中华骨科杂志，1986，6（5）：391. {CHEN Qin. Treatment of complex pubic osteomyelitis complicated by abdominal wall bladder flaps with island abdominal rectus flap (a case report)[J]. Zhonghua Wai Ke Za Zhi[Chin J Orthop(Article in Chinese;No abstract available)],1986,6(5):391.}

[13400] 钱肇鄂，张嘉庆. 应用带蒂腹直肌肌皮瓣重建乳房[J]. 中华外科杂志，1987，25（10）：578-580. {QIAN Zhaoe,ZHANG Jiaqing. Breast reconstruction using pedicled rectus abdominis myocutaneous flap[J]. Zhonghua Wai Ke Za Zhi[Chin J Surg(Article in Chinese;No abstract available)],1987,25(10):578-580.}

[13401] 高景恒，刘丹，李万，崔日香，张晨，刘金超，花明，刘承训，尚家珍，李廷敏. 腹直肌皮瓣胸三角皮瓣联合移植重建颈胸全段食道一例报告及文献复习[J]. 修复重建外科杂志，1987，1（1）：4-8. {GAO Jingheng,LIU Dan,LI Wan,CUI Rixiang,ZHANG Chen,LIU Jinchao,HUA Ming,LIU Chengxun,SHANG Jiazhen,LI Tingmin. Rectus abdominis flap combined with thoracic triangular flap transplantation for reconstruction of cervical and thoracic esophagus:a case report and literature review[J]. Zhongguo Xiu Fu Chong Jian Wai Ke Za Zhi[Chin J Repar Reconstr Surg(Article in Chinese;No abstract available)],1987,1(1):4-8.}

[13402] 李万，崔日香，张晨. 腹直肌皮瓣的应用（综述）[J]. 修复重建外科杂志，1989，3（2）：92-94. {LI Wan,CUI Rixiang,ZHANG Chen. Application of rectus abdominis flap(review)[J]. Zhongguo Xiu Fu Chong Jian Wai Ke Za Zhi[Chin J Repar Reconstr Surg(Article in Chinese;No abstract available)],1989,3(2):92-94.}

[13403] 韩临春，任林生，王树寿. 腹直肌瓣转移治疗心脏术后胸骨切口感染并胸骨骨髓炎[J]. 中华外科杂志，1990，28（11）：664. {HAN Linchun,REN Linsheng,WANG Shushou. Abdominal rectus muscle flap transfer for the treatment of sternal incision infection and osteomyelitis after cardiac surgery[J]. Zhonghua Wai Ke Za Zhi[Chin J Surg(Article in Chinese;No abstract available)],1990,28(11):664.}

[13404] 贾淑英，张自清. 腹直肌皮瓣修复胸难治性创面[J]. 中华显微外科杂志，1991，14（4）：233-234. {JIA Shuying,ZHANG Ziqing. Rectus abdominis myocutaneous flap for repair of refractory chest wounds[J]. Zhonghua Xian Wei Wai Ke Za Zhi[Chin J Microsurg(Article in Chinese;No abstract available)],1991,14(4):233-234.}

[13405] 祝建中，刘登生，何立璋，李向荣，郑继明. 吻合血管的腹直肌双蒂皮瓣移植修复小儿足踝部创伤[J]. 中华显微外科杂志，1994，17（3）：96-98. {ZHU Jianzhong,LIU Dengsheng,HE Lizhang,LI Xiangrong,ZHENG Jiming. Vascularized rectus abdominis double pedicle flap transplantation for repairing pediatric ankle trauma[J]. Zhonghua Xian Wei Wai Ke Za Zhi[Chin J

Microsurg(Article in Chinese;Abstract in Chinese)],1994,17(3):96-98.}

[13406] 赵高贤，乔保平，白悦心，姜海洋，李孟圈．带蒂腹壁皮瓣和腹直肌瓣一期修复膀胱外翻及尿道上裂[J]．中华外科杂志，1994，32（10）：619-620．{ZHAO Gaoxian,QIAO Baoping,BAI Yuexin,JIANG Haiyang,LI Mengquan. One stage reconstruction of bladder exstrophy and epispadias with abdominal wall skin flap and rectus abdominis muscle flap:a report of 5 cases[J]. Zhonghua Wai Ke Za Zhi[Chin J Surg(Article in Chinese;Abstract in Chinese and English)],1994,32(10):619-620.}

[13407] 王旭生，张应鹏．腹直肌前鞘肌皮瓣移植修复足复合组织缺损[J]．中华显微外科杂志，1995，18（1）：65-66．{WANG Xusheng,ZHANG Yingpeng. Transplantation of rectus abdominis anterior sheath muscle flap to repair composite tissue defect of foot[J]. Zhonghua Xian Wei Wai Ke Za Zhi[Chin J Microsurg(Article in Chinese;No abstract available)],1995,18(1):65-66.}

[13408] 汪枚初，黄烈育，齐秋长，覃承河，贺文，向治民．吻合血管的游离侧胸与腹直肌皮瓣修复下肢严重创伤一例[J]．中华外科杂志，1997，35（2）：127．{WANG Meichu,HUANG Lieyu,QI Qiuchang,QIN Chenghe,HE Wen,XIANG Zhimin. Anastomotic free lateral chest and rectus abdominis myocutaneous flap for repairing severe lower limb trauma :a case report[J]. Zhonghua Wai Ke Za Zhi[Chin J Surg(Article in Chinese;No abstract available)],1997,35(2):127.}

[13409] 李宝山，刘培良，赵家栋，张贵斋，孙兆亮，谷才之，李惠杰，白由亮．腹直肌蒂胸骨瓣翻转成形术[J]．中华整形烧伤外科杂志，1997，13（2）：122-123．DOI：10.3760/j.issn:1009-4598.1997.02.016．{LI Baoshan,LIU Peiliang,ZHAO Jiadong,ZHANG Guizhai,SUN Zhaoliang,GU Caizhi,LI Huijie,BAI Youliang. Sternum flap turning-over plasty pedicled with the rectus abdominis muscle[J]. Zhonghua Zheng Xing Shao Shang Wai Ke Za Zhi[Chin J Plast Surg Burns(Article in Chinese;Abstract in Chinese and English)],1997,13(2):122-123. DOI:10.3760/j.issn:1009-4598.1997.02.016.}

[13410] 苑华成．腹直肌皮瓣修复乳癌术后放射性溃疡[J]．中华显微外科杂志，1998，21（2）：封三．DOI：10.3760/cma.j.issn.1001-2036.1998.02.048．{YUAN Huacheng. Repair of radiation ulcer with rectus abdominis flap after breast cancer operation[J]. Zhonghua Xian Wei Wai Ke Za Zhi[Chin J Microsurg(Article in Chinese;No abstract available)],1998,21(2):cover 3. DOI:10.3760/cma.j.issn.1001-2036.1998.02.048.}

[13411] 徐向阳，张海生，王亚梓，陆宸照．带蒂腹直肌瓣加腹部任意皮瓣修复手部感染性深部组织缺失二例报道[J]．中华手外科杂志，1998，14（2）：78-79．DOI：10.3760/cma.j.issn.1005-054X.1998.02.008．{XU Xiangyang,ZHANG Haisheng,WANG Yazi,LU Chenzhao. Pedicled rectus abdominis flap combined with arbitrary abdominal flap for repair of hand infection deep tissue loss :two cases report[J]. Zhonghua Shou Wai Ke Za Zhi[Chin J Hand Surg(Article in Chinese;No abstract available)],1998,14(2):78-79. DOI:10.3760/cma.j.issn.1005-054X.1998.02.008.}

[13412] 刘丽，王琛，陈彦伟，梁敏华，洪基琼．双侧纵中1/3腹直肌蒂真皮脂肪岛状瓣隆乳一例[J]．中华整形烧伤外科杂志，1998，14（4）：319-320．{LIU Li,WANG Chen,CHEN Yanwei,LIANG Minhua,HONG Jiqiong. Breast augmentation with bilateral median 1/3 rectus abdominis pedicled dermal fat island flap:a case report[J]. Zhonghua Zheng Xing Shao Shang Wai Ke Za Zhi[Chin J Plast Surg Burns(Article in Chinese;No abstract available)],1998,14(4):319-320.}

[13413] 沈祖尧．三叶状下腹部腹直肌肌皮瓣乳房重建[J]．中华整形烧伤外科杂志，1999，15（2）：11-13．{SHEN Zuyao. Breast reconstruction using pedicled three-lobe transverse rectus abdominis musculocutaneous flap[J]. Zhonghua Zheng Xing Shao Shang Wai Ke Za Zhi[Chin J Plast Surg Burns(Article in Chinese;Abstract in Chinese and English)],1999,15(2):11-13.}

[13414] 赫伟，章建荣，钟安国，Pang CY．腺苷促进猪横行腹直肌骨皮瓣成活的实验研究[J]．中华整形烧伤外科杂志，1999，15（6）：444-446．{HE Wei,ZHANG Jianrong,ZHONG Anguo,Pang CY. Adenosine is effective to improve the viability of the transverse rectus abdominis myocutaneous(TRAM) flap in the pig[J]. Zhonghua Zheng Xing Shao Shang Wai Ke Za Zhi[Chin J Plast Surg Burns(Article in Chinese;Abstract in Chinese and English)],1999,15(6):444-446.}

[13415] 刘立刚，Richard P.Rand．94例腹直肌肌皮瓣肌皮动脉穿支的研究[J]．中国修复重建外科杂志，2000，14（4）：213-216．{LIU Ligang,Richard P.Rand. Color-flow duplex doppler scanning study in the tram flap perforators:a report of 94 consecutive patients[J]. Zhongguo Xiu Fu Chong Jian Wai Ke Za Zhi[Chin J Repar Reconstr Surg(Article in Chinese;Abstract in Chinese and English)],2000,14(4):213-216.}

[13416] 张金明，陈小萱，杨斌，潘淑娟，刘小容．游离腹直肌瓣加中厚植皮修复四肢骨及肌腱外露[J]．中华显微外科杂志，2001，24（4）：249-251．DOI：10.3760/cma.j.issn.1001-2036.2001.04.003．{ZHANG Jinming,CHEN Xiaoxuan,YANG Bin,PANN Shujuan,LIU Xiaorong. Soft-tissue repair of the bone/tendon exposure with rectus abdominis muscle flap plus split-thickness skin graft in limbs[J]. Zhonghua Xian Wei Wai Ke Za Zhi[Chin J Microsurg(Article in Chinese;Abstract in Chinese and English)],2001,24(4):249-251. DOI:10.3760/cma.j.issn.1001-2036.2001.04.003.}

[13417] 毛驰，彭歆，曲军，张晔，刘林，何冬梅，郭传宾，俞光岩．聚丙烯补片预防游离腹直肌皮瓣术后切口疝的作用[J]．中国修复重建外科杂志，2001，15（6）：335-337．{MAO Chi,PENG Xin,QU Jun,ZHANG Ye,LIU Lin,HE Dongmei,GUO Chuanbin,YU Guangyan. The effectiveness of prolene patch in hernia prevention following harvesting rectus abdominis myocutaneous flap[J]. Zhongguo Xiu Fu Chong Jian Wai Ke Za Zhi[Chin J Repar Reconstr Surg(Article in Chinese;Abstract in Chinese and English)],2001,15(6):335-337.}

[13418] 卫伟，黄昌林，张智慧，张云国．带蒂下腹直肌皮瓣转移治疗髋臼外露一例[J]．中华显微外科杂志，2002，25(2)：160．DOI：10.3760/cma.j.issn.1001-2036.2002.02.057．{WEI Wei,HUANG Changlin,ZHANG Zhihui,ZHANG Yunguo. Acetabular exposure treated with pedicled lower rectus abdominis flap transfer:a case report[J]. Zhonghua Xian Wei Wai Ke Za Zhi[Chin J Microsurg(Article in Chinese;No abstract available)],2002,25(2):160. DOI:10.3760/cma.j.issn.1001-2036.2002.02.057.}

[13419] 虞渝生，叶秀娣，寿林．重组人VEGF基因治疗大鼠缺血TRAM皮瓣的观察[J]．中华整形外科杂志，2003，19(5)：373-376．DOI：10.3760/j.issn：1009-4598.2003.05.018．{YU Yusheng,YE Xiudi,SHOU Lin. The therapy with rhVEGF gene for ischemic TRAM flap in rats[J]. Zhonghua Zheng Xing Wai Ke Za Zhi[Chin J Plast Surg(Article in Chinese;Abstract in Chinese and English)],2003,19(5):373-376. DOI:10.3760/j.issn:1009-4598.2003.05.018.}

[13420] 郭华，洪建明，徐瑞云．腹直肌皮瓣转移治疗巨大胸壁缺损[J]．中华创伤杂志，2003，19（10）：618-619．DOI：10.3760/j：issn：1001-8050.2003.10.018．{GUO Hua,HONG Jianming,XU Ruiyun. Abdominal rectus muscle flap transfer for the treatment of huge chest wall defect[J]. Zhonghua Chuang Shang Za Zhi[Chin J Trauma(Article in Chinese;No abstract available)],2003,19(10):618-619. DOI:10.3760/j:issn:1001-8050.2003.10.018.}

[13421] 李岩，郑鲁，张志华．游离腹直肌肌皮瓣修复头部慢性溃疡致癌变一例[J]．中华烧伤杂志，2003，19（z1）：60．DOI：10.3760/cma.j.issn.1009-2587.2003.z1.033．{LI Yan,ZHENG Lu,ZHANG Zhihua. Free rectus abdominis myocutaneous flap repair of chronic ulceration in the head :a case report[J]. Zhonghua Shao Shang Za Zhi[Chin J Burns(Article in Chinese;No abstract available)],2003,19(z1):60. DOI:10.3760/cma.j.issn.1009-2587.2003.z1.033.}

[13422] 王其友，徐义春，蔡道章，戎利民，王昆．游离腹直肌皮瓣修复下肢关节周围软组织缺损[J]．中华显微外科杂志，2004，27（2）：140-141．DOI：10.3760/cma.j.issn.1001-2036.2004.02.025．{WANG Qiyou,XU Yichun,CAI Daozhang,RONG Limin,WANG Kun. ree rectus abdominis flap for repairing soft tissue defect around lower limb joints[J]. Zhonghua Xian Wei Wai Ke Za Zhi[Chin J Microsurg(Article in Chinese;Abstract in Chinese)],2004,27(2):140-141. DOI:10.3760/cma.j.issn.1001-2036.2004.02.025.}

[13423] 张如明，刘印文，张琥，石瑛，郎义芳．腹直肌肌皮瓣转位修复躯干周缘肿瘤性缺损[J]．中华显微外科杂志，2005，28（4）：302-304，插图4-2．DOI：10.3760/cma.j.issn.1001-2036.2005.04.005．{ZHANG Ruming,LIU Yinwen,ZHANG Hu,SHI Ying,LANG Yifang. Repair of the margin trunk defects by transplant of rectus abdominis myocutaneous flap[J]. Zhonghua Xian Wei Wai Ke Za Zhi[Chin J Microsurg(Article in Chinese;Abstract in Chinese and English)],2005,28(4):302-304,insert figure 4-2. DOI:10.3760/cma.j.issn.1001-2036.2005.04.005.}

[13424] 姜明，李卫卫，刘振奎，陈希昌．腹直肌肌皮瓣修复前臂热钢筋穿透性烧伤一例[J]．中华烧伤杂志，2005，21(4)：272．DOI：10.3760/cma.j.issn.1009-2587.2005.04.034．{JIANG Ming,LI Weiwei,LIU Zhenkui,CHEN Xichang. Repairing penetrating burn of forearm hot rebar with rectus abdominis myocutaneous flap:a case report[J]. Zhonghua Shao Shang Za Zhi[Chin J Burns(Article in Chinese;No abstract available)],2005,21(4):272. DOI:10.3760/cma.j.issn.1009-2587.2005.04.034.}

[13425] 王立夫，岑瑛，肖海涛．重组腺病毒介导的血管内皮生长因子165基因增强大鼠横形腹直肌肌皮瓣活力的研究[J]．中国修复重建外科杂志，2005，19（8）：617-621．{WANG Lifu,CEN Ying,XIAO Haitao. Studies on enhancement of transverse rectus abdominis musculocutaneous flap survival by recombinant adenovirus mediated vascular endothelial grwoth factor 165 gene[J]. Zhongguo Xiu Fu Chong Jian Wai Ke Za Zhi[Chin J Repar Reconstr Surg(Article in Chinese;Abstract in Chinese and English)],2005,19(8):617-621.}

[13426] 徐月敏，刘章顺，撒应龙，冯超，张心如，费肖芳．带蒂腹直肌瓣夹压悬吊球部尿道治疗获得性尿失禁的实验研究与临床应用[J]．中华泌尿外科杂志，2006，27（11）：768-771．DOI：10.3760/j：issn：1000-6702.2006.11.014．{XU Yuemin,LIU Zhangshun,SA Yinglong,FENG Chao,ZHANG Xinru,FEI Xiaofang. Pedicled rectus abdominis muscle flap for suspending the bulbar urethra in the treatment of male acquired urinary incontinence:an experimental and clinical study[J]. Zhonghua Mi Niao Wai Ke Za Zhi[Chin J Urol(Article in Chinese;Abstract in Chinese and English)],2006,27(11):768-771. DOI:10.3760/j:issn:1000-6702.2006.11.014.}

[13427] 吴艾竞，徐少骏，沈明强，谢菁．早期应用上腹部腹直肌双肌皮瓣修复腕部电烧伤创面[J]．中华烧伤杂志，2006，22（1）：23-25．DOI：10.3760/cma.j.issn.1009-2587.2006.01.008．{WU Aijing,XU Shaojun,SHEN Mingqiang,XIE Jing. Early transplantation of double rectus abdominis musculo-cutaneous flaps from upper abdomen for the repair of patients with electrical injury in the wrist[J]. Zhonghua Shao Shang Za Zhi[Chin J Burns(Article in Chinese;Abstract in Chinese and English)],2006,22(1):23-25. DOI:10.3760/cma.j.issn.1009-2587.2006.01.008.}

[13428] 庄福连，王彪，黄循镭，王美水，郑厚兵，陈敏建，洪帆．带腹直肌蒂胸骨-肋软骨瓣翻转移植整复漏斗胸畸形[J]．中华整形外科杂志，2006，22（2）：85-87．DOI：10.3760/j.issn：1009-4598.2006.02.001．{ZHUANG Fulian,WANG Biao,HUANG Xunlei,WANG Meishui,ZHENG Houbing,CHEN Minjian,HONG Fan. The reconstruction of funnel chest deformity with the reversed transplantation of sternum-costicartilage flap carried by the abdominal rectus pedicle[J]. Zhonghua Zheng Xing Wai Ke Za Zhi[Chin J Plast Surg(Article in Chinese;Abstract in Chinese and English)],2006,22(2):85-87. DOI:10.3760/j.issn:1009-4598.2006.02.001.}

[13429] 王洪刚，李智勇，刘小林，胡军，向剑平．不同方案缺血预处理对大鼠横形腹直肌肌皮瓣再灌注损伤的影响[J]．中国修复重建外科杂志，2006，20（4）：431-433．{WANG Honggang,LI Zhiyong,LIU Xiaolin,HU Jun,XIANG Jianping. Effects of different durations and times of ischemic preconditioning on ischemia-reperfusion injury to tram flaps in rats[J]. Zhongguo Xiu Fu Chong Jian Wai Ke Za Zhi[Chin J Repar Reconstr Surg(Article in Chinese;Abstract in Chinese and English)],2006,20(4):431-433.}

[13430] 李养群，李森恺，杨明勇，周传德，唐勇，李强，陈文，王永前．应用腹直肌前鞘-腹外斜肌腱膜瓣修复先天性膀胱外翻[J]．中华整形外科杂志，2007，23（4）：297-300．DOI：10.3760/j.issn：1009-4598.2007.04.009．{LI Yangqun,LI Senkai,YANG Mingyong,ZHOU Chuande,TANG Yong,LI Qiang,CHEN Wen,WANG Yongqian. Treatment of the congenital extrophy of bladder[J]. Zhonghua Zheng Xing Wai Ke Za Zhi[Chin J Plast Surg(Article in Chinese;Abstract in Chinese and English)],2007,23(4):297-300. DOI:10.3760/j.issn:1009-4598.2007.04.009.}

[13431] 刘安，秦秀龙．腹直肌肌皮瓣修复髂腹股沟区电烧伤巨大深部组织缺损[J]．中华损伤与修复杂志（电子版），2007，2（4）：209-211．DOI：10.3969/j.issn.1673-9450.2007.04.005．{LIU An,QIN Xiulong. Repair of massive deep soft tissue defect in ilioinguinal region caused by electric burn with rectus abdominis myocutaneous flap[J]. Zhonghua Sun Shang Yu Xiu Fu Za Zhi Dian Zi Ban[Chin J Injury Repair Wound Healing(Electr Ed)(Article in Chinese;Abstract in Chinese and English)],2007,2(4):209-211. DOI:10.3969/j.issn.1673-9450.2007.04.005.}

[13432] 胡波，杨述华，王大平，刘黎军，尤微．腹壁下血管腹直肌瓣移植加游离植皮修复足部及小腿软组织缺损[J]．中国临床解剖学杂志，2008，26（1）：99-100，104．DOI：10.3969/j.issn.1001-165X.2008.01.027．{HU Bo,YANG Shuhua,WANG Daping,LIU Lijun,YOU Wei. Repairing of leg and foot detects using free rectus abdominis muscle flaps pedicled with inferior epigastric vessels and[J]. Zhongguo Lin Chuang Jie Pou Xue Za Zhi[Chin J Clin Anat(Article in Chinese;Abstract in Chinese and English)],2008,26(1):99-100,104. DOI:10.3969/j.issn.1001-165X.2008.01.027.}

[13433] 周东辉，陈述政，黄岩花，陈方红，纪建松．横行腹直肌肌皮瓣血流动力学的超声多普勒研究[J]．中华外科杂志，2008，46（3）：226-227．DOI：10.3321/j.issn:0529-5815.2008.03.022．{ZHOU Donghui,CHEN Shuzheng,HUANG Yanhua,CHEN Fanghong,JI Jiansong. Ultrasonic Doppler study on hemodynamics of transverse rectus abdominis myocutaneous flap[J]. Zhonghua Wai Ke Za Zhi[Chin J Surg(Article in Chinese;No abstract available)],2008,46(3):226-227. DOI:10.3321/j.issn:0529-5815.2008.03.022.}

[13434] 张家平，蔚鹏，王明荣，蒲国士，李晓鲁，彭毅志．腹直肌肌皮瓣修复左心前区放射性溃疡一例[J]．中华烧伤杂志，2008，24（2）：141．DOI：10.3760/cma.j.issn.1009-2587.2008.02.029．{ZHANG Jiaping,WEI Peng,WANG Mingrong,PU Guoshi,LI Xiaolu,PENG Yizhi. A case of rectus abdominis myocutaneous flap for repairing left anterior heart radiation ulcer[J]. Zhonghua Shao Shang Za Zhi[Chin J Burns(Article in Chinese;No abstract available)],2008,24(2):141. DOI:10.3760/cma.j.issn.1009-2587.2008.02.029.}

[13435] 蒋雷，姜格宁．游离腹直肌皮瓣移植术治疗结核性术后脓胸[J]．中华显微外科杂志，2009，32（2）：106．DOI：10.3760/cma.j.issn.1001-2036.2009.02.008．{JIANNG Lei,JIANG Gining. Free rectus abdominis flap transplantation for tuberculous empyema after operation[J]. Zhonghua Xian Wei Wai Ke Za Zhi[Chin J Microsurg(Article in Chinese;No abstract available)],2009,32(2):106. DOI:10.3760/cma.j.issn.1001-2036.2009.02.008.}

[13436] 王其友，徐义春，陈瑞强，杨叶香，蔡道章．应用腹直肌皮瓣修复前臂大面积软组织缺损[J]．中华显微外科杂志，2009，32（5）：405-406．DOI：10.3760/cma.j.issn.1001-2036.2009.05.024．{WANG Qiyou,XU Yichun,CHENN Ruiqiang,YANG Yexiang,CAI Daozhang. Application of rectus abdominis flap to repair large area soft tissue defect of forearm[J]. Zhonghua Xian Wei Wai Ke Za Zhi[Chin J Microsurg(Article in Chinese;Abstract in Chinese)],2009,32(5):405-406. DOI:10.3760/cma.j.issn.1001-2036.2009.05.024.}

[13437] 黄相道，王发生，川口浩司．口外入路中晚期舌癌切除及腹直肌皮瓣重建[J]．中华显微外科杂志，2009，32（5）：415-417．DOI：10.3760/cma.j.issn.1001-2036.2009.05.031．{HUANG Xiangdao,WANG Fasheng,Kawaguchi HAOSI. Resection of advanced tongue carcinoma and reconstruction of rectus abdominis flap via extraoral approach[J]. Zhonghua Xian Wei Wai Ke Za Zhi[Chin J Microsurg(Article in Chinese;Abstract in Chinese)],2009,32(5):415-417. DOI:10.3760/cma.j.issn.1001-2036.2009.05.031.}

[13438] 杨润功，侯树勋，郑晓勇，张伟佳．超大面积前背阔肌皮瓣联合腹直肌皮瓣移植术[J]．中华外科

杂志，2009，47(8)：603-606. DOI：10.3760/cma.j.issn.0529-5815.2009.08.013. {YANG Rungong,HOU Shuxun,ZHENG Xiaoyong,ZHANG Weijia. Transplantation of large anterior latissimus dorsi muscular flap combination with musculus rectus abdominis flap[J]. Zhonghua Wai Ke Za Zhi[Chin J Surg(Article in Chinese;Abstract in Chinese and English)],2009,47(8):603-606. DOI:10.3760/cma.j.issn.0529-5815.2009.08.013.}

[13439] 张心如，徐月敏，俞建军，费肖芳. 带蒂腹直肌瓣包绕缩窄回肠输出道增强控尿机制的实验研究[J]. 中华泌尿外科杂志，2009，30(4)：254-257. DOI：10.3760/cma.j.issn.1000-6702.2009.04.015. {ZHANG Xinru,XU Yuemin,YU Jianjun,FEI Xiaofang. Reinforcing the continent mechanism of continent cutaneous diversions by wrapped rectus abdominis muscle flap :an experimental study[J]. Zhonghua Mi Niao Wai Ke Za Zhi[Chin J Urol(Article in Chinese;Abstract in Chinese and English)],2009,30(4):254-257. DOI:10.3760/cma.j.issn.1000-6702.2009.04.015.}

[13440] 颜玲，高建华，冯传波. 应用中下腹横形腹直肌皮瓣修复胸壁慢性放射性溃疡[J]. 中华显微外科杂志，2010，33(3)：203-205，后插3. DOI：10.3760/cma.j.issn.1001-2036.2010.03.013. {YAN Ling,GAO Jianhua,FENG Chuanbo. Repair for chronic radioactivity ulceration on chest wall with transverse rectus abdominis musculocutaneous flaps(TRAM)[J]. Zhonghua Xian Wei Wai Ke Za Zhi[Chin J Microsurg(Article in Chinese;Abstract in Chinese and English)],2010,33(3):203-205,insert 3. DOI:10.3760/cma.j.issn.1001-2036.2010.03.013.}

[13441] 尹健，张婷，张学慧，李岳，孟扬，李海欣，丁芳媛，曹旭晨，丁海曙，张天浩. 带蒂横行腹直肌肌皮瓣乳房重建围手术期皮瓣血氧状况分析[J]. 中华整形外科杂志，2010，26(3)：225-226. DOI：10.3760/cma.j.issn.1009-4598.2010.03.017. {YIN Jian,ZHANG Ting,ZHANG Xuehui,LI Yue,MENG Yang,LI Haixin,DING Fangyuan,CAO Xuchen,DING Haishu,ZHANG Tianhao. Analysis of perioperative blood oxygen status of rectus abdominis myocutaneous flap with pedicle for breast reconstruction[J]. Zhonghua Zheng Xing Wai Ke Za Zhi[Chin J Plast Surg(Article in Chinese;No abstract available)],2010,26(3):225-226. DOI:10.3760/cma.j.issn.1009-4598.2010.03.017.}

[13442] 李琳，陈颖，陈嘉莹，陈嘉健，杨犇龙，李俊杰，黄晓燕，陈灿铭，胡震，柳光宇，沈镇宙，邵志敏，俞培荣，吴炅. 游离腹直肌皮瓣乳房重建102例回顾分析[J]. 中华显微外科杂志，2013，36(4)：383-386. DOI：10.3760/cma.j.issn.1001-2036.2013.06.023. {LI Lin,CHEN Ying,CHEN Jiaying,CHEN Jiajian,YANG Benlong,LI Junjie,HUANG Xiaoyan,CHEN Canming,HU Zhen,LIU Guangyu,SHEN Zhenzhou,SHAO Zhimin,YU Peirong,WU Jiong. Retrospective analysis of breast reconstruction with free rectus abdominis flap in 102 cases[J]. Zhonghua Xian Wei Wai Ke Za Zhi[Chin J Microsurg(Article in Chinese;Abstract in Chinese)],2013,36(4):383-386. DOI:10.3760/cma.j.issn.1001-2036.2013.06.023.}

[13443] 沙漠，康两奇，丁真奇，林斌，王江泽，邵建川，刘静. 逆行腹直肌肌皮瓣重建高位骶骨肿瘤切除后软组织缺损一例[J]. 中华外科杂志，2017，55(9)：715-716. DOI：10.3760/cma.j.issn.0529-5815.2017.09.015. {SHA Mo,KANG Liangqi,DING Zhenqi,LIN Bin,WANG Jiangze,SHAO Jianchuan,LIU Jing. Reconstruction of soft tissue defect after high sacral tumor resection by retrograde rectus abdominis myocutaneous flap :a case report[J]. Zhonghua Wai Ke Za Zhi[Chin J Surg(Article in Chinese;No abstract available)],2017,55(9):715-716. DOI:10.3760/cma.j.issn.0529-5815.2017.09.015.}

4.7.9 肱桡肌肌皮瓣
brachioradialis myocutaneous flap

[13444] 陶永松，钟世镇，刘牧之，陈子华，徐达传. 肱桡肌的显微外科解剖学研究[J]. 广东解剖学通报，1981，3(2)：173. {TAO Yongsong,ZHONG Shizhen,LIU Muzhi,CHEN Zihua,XU Dachuan. Microsurgical anatomy of brachioradialis muscle[J].Guangdong Jie Pou Tong Bao[Anat Res(Article in Chinese;No abstract available)],1981,3(2):173.}

[13445] 苗华. 肱桡肌皮瓣应用解剖学[J]. 修复重建外科杂志，1988，2(2)：258. {MIAO Hua. Clinical anatomy of brachial-radial muscle flap[J]. Zhongguo Xiu Fu Chong Jian Wai Ke Za Zhi[Chin J Repar Reconstr Surg(Article in Chinese;No abstract available)],1988,2(2):258.}

[13446] 路来金，王克利，宫旭，于家傲，丰波. 逆行肱桡肌皮瓣的解剖与临床应用[J]. 中华手外科杂志，2005，21(2)：95-96. DOI：10.3760/cma.j.issn.1005-054X.2005.02.010. {LU Laijin,WANG Keli,GONG Xu,YU Jiaao,FENG Bo. Applied anatomy and clinical application of reverse brachioradialis myocutaneous flap[J]. Zhonghua Shou Wai Ke Za Zhi[Chin J Hand Surg(Article in Chinese;Abstract in Chinese and English)],2005,21(2):95-96. DOI:10.3760/cma.j.issn.1005-054X.2005.02.010.}

[13447] 梁钢，于光，孙建平. 应用带蒂肱桡肌肌瓣修复前臂近端热压伤创面[J]. 中华整形外科杂志，2009，25(5)：340-343. DOI：10.3760/cma.j.issn.1009-4598.2009.05.007. {LIANG Gang,YU Guang,SUN Jianping. Application of pedicled muscular flaps of brachioradialis in repairing wounds at proximal forearm resulted from hot crush injury[J]. Zhonghua Zheng Xing Wai Ke Za Zhi[Chin J Plast Surg(Article in Chinese;Abstract in Chinese and English)],2009,25(5):340-343. DOI:10.3760/cma.j.issn.1009-4598.2009.05.007.}

4.7.10 小指展肌肌皮瓣
myocutaneous flap of abductor muscle of little finger

[13448] Wang CL,Huang SF,Sun XS,Zhu T,Lin C,Li Q. Abductor digiti minimi muscle flap transfer to prevent wound healing complications after ORIF of calcaneal fractures[J]. Int J Clin Exp Med,2015,8(8):13001-13006.

[13449] 高崇敬. 小指展肌瓣的应用解剖学[J]. 临床应用解剖学杂志，1985，3(4)：213-214. {GAO Chongjing. Applied anatomy of abductor digitalis flap[J]. Lin Chuang Ying Yong Jie Pou Xue Za Zhi[J Clin Appl Anat(Article in Chinese;No abstract available)],1985,3(4):213-214.}

[13450] 李玉华. 外展小指肌肌皮瓣修复大鱼际肌缺损一例[J]. 中国修复重建外科杂志，1992，6(2)：73. {LI Yuhua. Repair of large internar muscle defect with abducted small finger myocutaneous flap:a case report[J]. Zhongguo Xiu Fu Chong Jian Wai Ke Za Zhi[Chin J Repar Reconstr Surg(Article in Chinese;No abstract available)],1992,6(2):73.}

[13451] 陈青，李汉秀，李学红，王炳武，李忠，张益民，隋国侠. 小指展肌肌皮瓣修复大鱼际皮肤缺损及重建拇指对掌功能[J]. 中华手外科杂志，1999，15(2)：3-5. {CHEN Qing,LI Hanxiu,LI Xuehong,WANG Bingwu,LI Zhong,ZHANG Yimin,SUI Guoxia. Reconstruction of thumb opposition function by abductor digitorum myocutaneous flap in repairing large fish skin defect[J]. Zhonghua Shou Wai Ke Za Zhi[Chin J Hand Surg(Article in Chinese;No abstract available)],1999,15(2):3-5.}

4.7.11 臀大肌肌皮瓣
gluteal myocutaneous flap

[13452] Sun YH,Zhang ZM,Cao DX. Successful reconstruction of both buttocks with musculocutaneous flap in extensive deep burns[J]. Chin Med J,1985,98(10):779.

[13453] Wu LY,Han YJ,Li YH,Wang XG. Split gluteus maximus muscle flap in the reconstruction of the external anal sphincter and levator ani[J]. Chin Med J,1990,103(3):245-247.

[13454] 黄贯学，等. 带蒂臀大肌瓣填塞治疗慢性巨大会阴部窦腔一例[J]. 湖南医药杂志，1980，(1)：40. {HUANG Guanxue,et al. A case of pedicled gluteus maximus flap in the treatment of chronic giant perineal sinus cavity[J]. Hunan Yi Yao Za Zhi[Hunan Med J(Article in Chinese;No abstract available)],1980,(1):40.}

[13455] 徐达传，钟世镇，陶永松，陈子华，刘牧之. 臀大肌的应用解剖学研究[J]. 解剖学通报，1981，4(4)：393. {XU Dachuan,ZHONG Shizhen,TAO Yongsong,CHEN Zihua,LIU Muzhi. Applied anatomy of gluteus maximus muscle[J].Jie Pou Xue Tong Bao[Chin J Anat(Article in Chinese;No abstract available)],1981,4(4):393.}

[13456] 王炜，黄文义，徐春扬，顾敬枚，张涤生. 用带蒂臀大肌瓣作肛门括约肌的重建(一例报告)[J]. 上海第二医学院学报，1982，2(增刊1)：69. {WANG Wei,HUANG Wenyi,XU Chunyang,GU Jingmei,ZHANG Disheng. Reconstruction of the anal sphincter with the gluteus maximus pedicle[J]. Shanghai Di Er Yi Xue Yuan Xue Bao[Acad J Shanghai Second Med Coll(Article in Chinese;No abstract available)],1982,42(S1):69.}

[13457] 丁永善，熊树明，张生贵，刘龙平. 臀大肌的血管和神经供给[J]. 解剖学报，1983，14(2)：124. {DING Yongshan,XIONG Shuming,ZHANG Shenggui,LIU Longping. The supply of blood vessels and nerves to the gluteus maximus[J]. Jie Pou Xue Bao[Acta Anat Sin(Article in Chinese;Abstract in Chinese)],1983,14(2):124.}

[13458] 侍德，顾永强，史德良，成红兵. 臀大肌肌皮瓣局部转位修复骶部褥疮四例报告[J]. 中华外科杂志，1984，22(12)：760-761. {SHI De,GU Yongqiang,SHI Deliang,CHENG Hongbing. Local transposition of gluteus maximus myocutaneous flap for repairing sacral sore:a report of four cases[J]. Zhonghua Wai Ke Za Zhi[Chin J Surg(Article in Chinese;No abstract available)],1984,22(12):760-761.}

[13459] 侯春林，包聚良，张文明. 臀大肌上部肌皮瓣轉移修复骶部褥疮[J]. 临床应用解剖学杂志，1985，3(2)：84-85. {HOU Chunlin,BAO Juliang,ZHANG Wenming. Superior gluteus maximus myocutaneous flap for sacral sore repair[J]. Lin Chuang Ying Yong Jie Pou Xue Za Zhi[J Clin Appl Anat(Article in Chinese;No abstract available)],1985,3(2):84-85.}

[13460] 余诞苏. 臀股肌皮瓣修复褥疮[J]. 中华显微外科杂志，1986，9(4)：247. {YU Danshu. Gluteus thigh musculocutaneous flap to repair bedsore[J]. Zhonghua Xian Wei Yi Xue Za Zhi[Chin J Microsurg(Article in Chinese;No abstract available)],1986,9(4):247.}

[13461] 吴凌云，韩玉娟，王正胜，李衍杭，李毓香，杨鲁民，王训颂. 双束臀大肌肌瓣局部移位重建肛门外括约肌与提肛肌[J]. 中华外科杂志，1988，26(8)：503-504. {WU Lingyun,HAN Yujuan,WANG Zhengsheng,LI Yanhang,LI Yuxiang,YANG Lumin,WANG Xunqu. Reconstruction of external anal sphincter and levator ani muscle by local transposition of double gluteus maximus muscle flap[J]. Zhonghua Wai Ke Za Zhi[Chin J Surg(Article in Chinese;No abstract available)],1988,26(8):503-504.}

[13462] 邓裕刚. 臀大肌肌瓣移位治疗巨大褥疮一例[J]. 中国修复重建外科杂志，1992，6(3)：187. {DENG Yugang. A case of gluteus maximus muscle flap transposition in the treatment of giant sore[J]. Zhongguo Xiu Fu Chong Jian Wai Ke Za Zhi[Chin J Repar Reconstr Surg(Article in Chinese;No abstract available)],1992,6(3):187.}

[13463] 郑承舫，杨道银，袁锋，周萍，唐中尧. 带血管蒂部分臀大肌肌皮瓣治疗骶尾部Ⅳ°褥疮[J]. 中国骨伤，1998，11(4)：22-23. DOI：10.3969/j.issn.1003-0034.1998.04.011. {ZHENG Chengfang,YANG Daoyin,YUAN Feng,ZHOU Ping,TANG Zhongyao. Partial gluteus maximus myocutaneous flap with vascular pedicle for the treatment of sacrococcygeal Ⅳ°sore[J]. Zhongguo Gu Shang[China J Orthop Trauma(Article in Chinese;No abstract available)],1998,11(4):22-23. DOI:10.3969/j.issn.1003-0034.1998.04.011.}

[13464] 刘寿坤，王宝英. 改良臀大肌肌皮瓣修复骶尾部褥疮[J]. 中国骨伤，1999，12(1)：32. DOI：10.3969/j.issn.1003-0034.1999.01.017. {LIU Shoukun,WANG Baoying. Modified gluteus maximus myocutaneous flap for repairing sacrococcygeal sore[J]. Zhongguo Gu Shang[China J Orthop Trauma(Article in Chinese;No abstract available)],1999,12(1):32. DOI:10.3969/j.issn.1003-0034.1999.01.017.}

[13465] 龚国龄. 推进臀大肌肌皮瓣修复骶尾部褥疮[J]. 中华骨科杂志，2000，22(2)：127. DOI：10.3760/j.issn：0253-2352.2000.02.016. {GONG Guoling. Promoting gluteus maximus myocutaneous flap to repair sacrococcygeal sore[J]. Zhonghua Gu Ke Za Zhi[Chin J Orthop(Article in Chinese;No abstract available)],2000,22(2):127. DOI:10.3760/j.issn:0253-2352.2000.02.016.}

[13466] 曹晓林，章德江，陈灿平，李栋. 全臀大肌肌皮瓣修复骶部褥疮[J]. 中国矫形外科杂志，2000，7(12)：1215. DOI：10.3969/j.issn.1005-8478.2000.12.049. {CAO Xiaolin,ZHANG Dejiang,CHEN Canping,LI Dong. Total gluteus maximus myocutaneous flap for repairing sacral sore[J]. Zhongguo Jiao Xing Wai Ke Za Zhi[Orthop J China(Article in Chinese;No abstract available)],2000,7(12):1215. DOI:10.3969/j.issn.1005-8478.2000.12.049.}

[13467] 张增方，田守权，娄宏亮，杨连根，韩守江，葛海岩，邓凯. 应用多层次滑移单侧臀大肌推进肌皮瓣修复骶部褥疮[J]. 中国创伤骨科杂志，2000，2(4)：83. {ZHANG Zengfang,TIAN Shouquan,LOU Hongliang,YANG Liangen,HAN Shoujiang,GE Haiyan,DENG Kai. Multi-level sliding unilateral gluteus maximus propulsive myocutaneous flap was used to repair sacral sore[J]. Zhongguo Chuang Shang Gu Ke Za Zhi[Chin J Orthop Trauma(Article in Chinese;No abstract available)],2000,2(4):83.}

[13468] 徐英杰，王铁翔，吕海峰，夏光麒，李士伦，张云丛. 不锈钢丝牵拉臀大肌原位肌皮瓣一次性修复骶尾部巨大褥疮[J]. 中华骨科杂志，2002，22(12)：758-759. DOI：10.3760/j.issn：0253-2352.2002.12.015. {XU Yingjie,WANG Tiexiang,LV Haifeng,XIA Guangqi,LI Shilun,ZHANG Yuncong. Repairing of huge sacrococcygeal sore by stainless steel wire pulling gluteus maximus myocutaneous flap at one time[J]. Zhonghua Gu Ke Za Zhi[Chin J Orthop(Article in Chinese;No abstract available)],2002,22(12):758-759. DOI:10.3760/j.issn:0253-2352.2002.12.015.}

[13469] 刘中何，苏彦河，李义星，缑亚蕾，康金绍. 双侧下半臀大肌肌皮瓣修复骶尾部褥疮17例[J]. 中国骨伤，2002，15(3)：174-174. DOI：10.3969/j.issn.1003-0034.2002.03.019. {LIU Zhonghe,SU Yanhe,LI Yixing,HOU Yalei,KANG Jinshao. Bilateral inferior semi gluteus maximus musculocutaneous flap for the treatment of 17 cases of decubitus over the sacral-coccyx region[J]. Zhongguo Gu Shang[China J Orthop Trauma(Article in Chinese;No abstract available)],2002,15(3):174-174. DOI:10.3969/j.issn.1003-0034.2002.03.019.}

[13470] 刘日光，杨述华，李进，李新春. 臀大肌肌瓣推移填塞治疗骶骨脊索瘤切除术后脑脊液漏[J]. 中国脊柱脊髓杂志，2003，13(8)：459-461. DOI：10.3969/j.issn.1004-406X.2003.08.003. {LIU Riguang,YANG Shuhua,LI Jin,LI Xinchun. Gluteus maximus pushing flap in treatment of the cerebrospinal fluid leakage caused by amputation of sacral chordoma[J]. Zhongguo Ji Zhu Ji Sui Za Zhi[Chin J Spine Spinal Cord(Article in Chinese;Abstract in Chinese and English)],2003,13(8):459-461. DOI:10.3969/j.issn.1004-406X.2003.08.003.}

[13471] 吕玉明，李健，高粱斌，曾勉东，张志，潘永谦，张平，张亮，张在恒. 单侧臀大肌肌皮瓣修复骶尾部巨大褥疮[J]. 实用医学杂志，2005，21(16)：1812-1813. DOI：10.3969/j.issn.1006-5725.2005.16.036. {LU Yuming,LI Jian,GAO Liangbin,ZENG Miandong,ZHANG Zhi,PAN Yongqian,ZHANG Ping,ZHANG Liang,ZHANG Zaiheng. Unilateral gluteus maximus myocutaneous flap for repairing huge sacrococcygeal sore[J]. Shi Yong Yi Xue Za Zhi[J Pract Med(Article in Chinese;Abstract in Chinese)],2005,21(16):1812-1813. DOI:10.3969/j.issn.1006-5725.2005.16.036.}

[13472] 刘勇，连霄飞，范茂洪，江学智．以臀下动脉为蒂的臀大肌肌皮瓣转移治疗大转子处Ⅲ度、Ⅳ度褥疮[J]．中华整形外科杂志，2007，23（4）：348．DOI：10.3760/j.issn：1009-4598.2007.04.027．{LIU Yong,LIAN Xiaofei,FAN Maohong,JIANG Xuezhi. The transfer of gluteus maximus myocutaneous flap pedicled with inferior gluteal artery for the treatment of III and IV degree sore at the greater trochanter[J]. Zhonghua Zheng Xing Wai Ke Za Zhi[Chin J Plast Surg(Article in Chinese;No abstract available)],2007,23(4):348. DOI:10.3760/j.issn:1009-4598.2007.04.027.}

[13473] 孙秀．臀大肌肌瓣转移修复脊索瘤术后骶尾部缺损一例[J]．中华整形外科杂志，2007，23（4）：352．DOI：10.3760/j.issn：1009-4598.2007.04.032．{SUN Xiu. Repairing sacrococcygeal defect after chordoma surgery rwith gluteus maximus muscle flap transfer:a case report[J]. Zhonghua Zheng Xing Wai Ke Za Zhi[Chin J Plast Surg(Article in Chinese;No abstract available)],2007,23(4):352. DOI:10.3760/j.issn:1009-4598.2007.04.032.}

[13474] 汤锋，肖杰．应用双侧臀大肌肌皮瓣修复臀部巨大褥疮一例[J]．中华整形外科杂志，2008，24（1）：89．DOI：10.3760/j.issn：1009-4598.2008.01.035．{TANG Feng,XIAO Jie. Application of bilateral gluteus maximus myocutaneous flap in the repair of gluteal giant sore:a case report[J]. Zhonghua Zheng Xing Wai Ke Za Zhi[Chin J Plast Surg(Article in Chinese;No abstract available)],2008,24(1):89. DOI:10.3760/j.issn:1009-4598.2008.01.035.}

[13475] 许瑾，袁振奋，杨蔚，章祥洲，李勇，余勇，武朱明，卓丹．岛状臀大肌肌皮瓣在修复骶尾部深度创面中的应用[J]．中华整形外科杂志，2008，24（2）：154-156．DOI：10.3760/j.issn：1009-4598.2008.02.020．{XU Jin,YUAN Zhenfen,YANG Wei,ZHANG Xiangzhou,LI Yong,YU Yong,WU Zhuming,ZHUO Dan. Application of island gluteus maximus myocutaneous flap in repairing deep wound of sacral tail[J]. Zhonghua Zheng Xing Wai Ke Za Zhi[Chin J Plast Surg(Article in Chinese;No abstract available)],2008,24(2):154-156. DOI:10.3760/j.issn:1009-4598.2008.02.020.}

[13476] 赵遵江，薛忠信，张保德，章荣涛，刘勇，任少强．臀大肌薄层肌瓣联合臀部筋膜皮瓣修复骶尾部褥疮[J]．中华整形外科杂志，2009，25（5）：384-385．DOI：10.3760/cma.j.issn.1009-4598.2009.05.019．{ZHAO Zunjiang,XUE Zhongxin,ZHANG Baode,ZHANG Rongtao,LIU Yong,REN Shaoqiang. Repairing sacrococcygeal pressure sore by gluteus maximus muscle flap combined with gluteal fascia flap[J]. Zhonghua Zheng Xing Wai Ke Za Zhi[Chin J Plast Surg(Article in Chinese;No abstract available)],2009,25(5):384-385. DOI:10.3760/cma.j.issn.1009-4598.2009.05.019.}

[13477] 查选平，周赤龙，金钟鸣，张彩明，李焱，李倍良．应用臀大肌上部肌皮瓣联合腰骶筋膜皮瓣修复骶部巨大褥疮[J]．中华损伤与修复杂志（电子版），2009，4（1）：57-61．DOI：10.3969/j.issn.1673-9450.2009.01.012．{ZHA Xuanping,ZHOU Chilong,JIN Zhongming,ZHANG Caiming,LI Yan,LI Beiliang. Upper gluteal musculocstaneous flap with lumbo-sacral fasciocutaneous flap in repairing huge sacral sore[J]. Zhonghua Sun Shang Yu Xiu Fu Za Zhi Dian Zi Ban[Chin J Injury Repair Wound Healing(Electr Ed)(Article in Chinese;Abstract in Chinese and English)],2009,4(1):57-61. DOI:10.3969/j.issn.1673-9450.2009.01.012.}

[13478] 卢仕良，柳原，朱茗，陶国贵．改良臀区下部臀大肌肌皮瓣修复骶尾部褥疮[J]．中华整形外科杂志，2010，26(6)：472．DOI：10.3760/cma.j.issn.1009-4598.2010.06.024．{LU Shiliang,LIU Yuan,ZHU Ming,TAO Guogui. Modified gluteus maximus myocutaneous flap of lower gluteal region for repairing sacrococcygeal sore[J]. Zhonghua Zheng Xing Wai Ke Za Zhi[Chin J Plast Surg(Article in Chinese;No abstract available)],2010,26(6):472. DOI:10.3760/cma.j.issn.1009-4598.2010.06.024.}

[13479] 刘凤彬，田宝祥，杨雄，蔺海龙，樊华，刘洋，魏纯琳．臀大肌肌皮瓣在骶尾部难愈创面修复中的应用[J]．中华损伤与修复杂志（电子版），2010，5（4）：472-478．DOI：10.3969/cma.j.issn.1673-9450.2010.04.009．{LIU Fengbin,TIAN Baoxiang,YANG Xiong,LIN Hailong,FAN Hua,LIU Yang,WEI Chunlin. Application of gluteus maximus myocutaneous flaps in repairing the refractory wounds of sacrococcygeal region[J]. Zhonghua Sun Shang Yu Xiu Fu Za Zhi Dian Zi Ban[Chin J Injury Repair Wound Healing(Electr Ed)(Article in Chinese;Abstract in Chinese and English)],2010,5(4):472-478. DOI:10.3969/cma.j.issn.1673-9450.2010.04.009.}

[13480] 包国宏，朱小平，黄朝帅．臀大肌上部肌肉为蒂的岛状臀大肌肌皮瓣修复骶尾部褥疮[J]．中华整形外科杂志，2013，29（4）：306-307．DOI：10.3760/cma.j.issn.1009-4598.2013.04.020．{BAO Guohong,ZHU Xiaoping,HUANG Chaoshuai. Island gluteus maximus myocutaneous flap pedicled with superior gluteus maximus muscle for repairing sacrococcygeal sore[J]. Zhonghua Zheng Xing Wai Ke Za Zhi[Chin J Plast Surg(Article in Chinese;No abstract available)],2013,29(4):306-307. DOI:10.3760/cma.j.issn.1009-4598.2013.04.020.}

[13481] 杨力，朱小平，黄巧洪，郭贤钊．臀大肌肌皮瓣修复骶尾部Ⅳ度压疮13例[J]．中华烧伤杂志，2014，30(2)：146-147．DOI：10.3760/cma.j.issn.1009-2587.2014.02.012．{YANG Li,ZHU Xiaoping,HUANG Qiaohong,GUO Xianzhao. Gluteus maximus myocutaneous flap for repairing sacrococcygeal IV degree sore in 13 cases[J]. Zhonghua Shao Shang Za Zhi[Chin J Burns(Article in Chinese;No abstract available)],2014,30(2):146-147. DOI:10.3760/cma.j.issn.1009-2587.2014.02.012.}

4.7.12 阔筋膜张肌肌皮瓣

tensor fascia lata myocutaneous flap

[13482] Lv Y,Cao D,Guo F,Qian Y,Wang C,Wang D. Abdominal wall reconstruction using a combination of free tensor fasciae lata and anterolateral thigh myocutaneous flap:a prospective study in 16 patients[J]. Am J Surg,2015,210(2):365-373. doi:10.1016/j.amjsurg.2014.11.008.

[13483] Song Z,Yang D,Yang J,Nie X,Wu J,Song H,Gu Y. Abdominal wall reconstruction following resection of large abdominal aggressive neoplasms using tensor fascia lata flap with or without mesh reinforcement[J]. Hernia,2018,22(2):333-341. doi:10.1007/s10029-018-1738-8.

[13484] Yang X,Fang Z,Liu M,Zhang Y,Chen Q,Tao K,Han J,Hu D. Free Vascularized anterolateral thigh fascia lata flap for reconstruction in electrical burns of the severely damaged finger[J]. J Burn Care Res,2019,40(2):242-245. doi:10.1093/jbcr/irz010.

[13485] Hu D,Meng C,Hu J,Zhou Y,Lu S,Yu Y,Fang L,Sun Y. Ilioinguinal flap combined with tensor fascia lata muscle flap to repair deep electrical burns in the lower abdomen:a report of two cases[J]. Wounds,2019,31(6):E42-E45.

[13486] 陶永松，钟世鎮．闊筋膜張肌的应用解剖学研究[J]．广东解剖通报，1980，2(2)：40．{TAO Yongsong,ZHONG Shizhen. Applied anatomy of tensor fascia lata[J]. Guangdong Jie Pou Xue Tong Bao[Anat Res(Article in Chinese;No abstract available)],1980,2(2):40.}

[13487] 苏方荣，庞立，韦黄度，黄仲麟．吻合血管的润筋膜肌皮游离瓣一期修复小腿复合伤1例[J]．广西医学院学报，1980，(3)：101．{SU Fangrong,PANG Li,WEI Huangdu,HUANG Zhonglin. The fascia lata muscle free flap anastomosed with blood vessel was used to repair the calf compound injury in one case[J]. Guangxi Yi Xue Yuan Xue Bao[Acta Univ Med Guangxi(Article in Chinese;No abstract available)],1980,(3):101.}

[13488] 王启华，林正琰，肖尚英，刘庆麟，王植楠，黄鸿钧．阔筋膜张肌的应用解剖研究[J]．广东解剖学通报，1981，3（2）：186．{WANG Qihua,LIN Zhengyan,XIAO Shangying,LIU Qinglin,WANG Zhinan,HUANG Hongjun. Applied anatomy of tensor fascia lata[J].Guangdong Jie Pou Xue Tong Bao[Anat Res(Article in Chinese;No abstract available)],1981,3(2):186.}

[13489] 白文甫，陈德福，周文玉，倪永昌．阔筋膜张肌—肌皮瓣治疗大粗隆溃疡[J]．石河子医学院学报，1982，4（2）：102．{BAI Wenfu,CHEN Defu,ZHOU Wenyu,NI Yongchang. Tensor fascia lata musculocutaneous flap for the treatment of large tuberosity ulcer[J]. Shihezi Yi Xue Yuan Xue Bao[Acta Univ Med Shihezi(Article in Chinese;No abstract available)],1982,4(2):102.}

[13490] 干季良．双叶阔筋膜张肌肌皮瓣[J]．上海第二医学院学报，1982，2（增刊1）：68．{GAN Jilaing. Tensor fascia lata myocutaneous flap[J]. Shanghai Di Er Yi Xue Yuan Xue Bao[Acad J Shanghai Second Med Coll(Article in Chinese;No abstract available)],1982,42(S1):68.}

[13491] 白文甫，倪永昌．阔筋膜张肌皮瓣转位术治疗大粗隆部溃疡[J]．中华外科杂志，1983，21（6）：342．{BAI Wenfu,NI Yongchang. Transposition of tensor fascia lata myocutaneous flap for treatment of large foramen ulcer[J]. Zhonghua Wai Ke Za Zhi[Chin J Surg(Article in Chinese;No abstract available)],1983,21(6):342.}

[13492] 施恩娟，毛增荣，张成立．阔筋膜张肌、髂胫束及其皮肤血管的显微解剖[J]．解剖学报，1983，14（2）：129．{SHI Enjuan,MAO Zengrong,ZHANG Chengli. Microsurgery of the main iliac tract of the tensor fascia lata and its skin vessels[J]. Jie Pou Xue Bao[Acta Anat Sin(Article in Chinese;No abstract available)],1983,14(2):129.}

[13493] 钟世镇，徐达传，刘牧之，孙博，孟宪玉．缘支对阔筋膜张肌皮瓣的临床意义[J]．临床应用解剖学杂志，1984，2（3）：153-155．{ZHONG Shizhen,XU Dachuan,LIU Muzhi,SUN Bo,MENG Xianyu. Clinical significance of limbic branch on tensor fascia lata flap[J]. Lin Chuang Ying Yong Jie Pou Xue Za Zhi[J Clin Appl Anat(Article in Chinese;No abstract available)],1984,2(3):153-155.}

[13494] 黄爱玉，张孟殷，李学祥，程宁新．阔筋膜张肌肌皮瓣游离移植用于舌功能性再造4例初步报告[J]．上海医学，1985，8（6）：327．{HUANG Aiyu,ZHANG Mengyin,LI Xuexiang,CHENG Ningxin. A preliminary report of 4 cases of tongue functional reconstruction by free transplantation of tensor fascia lata myocutaneous flap[J]. Shanghai Yi Xue[Shanghai J Med(Article in Chinese;No abstract available)],1985,8(6):327.}

[13495] 徐达传，钟世镇，刘牧之，孙博，顾玉东． 舌重建术利用阔筋膜张肌皮瓣的解剖学基础[J]．中华显微外科杂志，1986，9（1）：39-41．DOI：10.3760/cma.j.issn.1001-2036.1986.01.122．{XU Dachuan,ZHONG Shizhen,LIU Muzhi,SUN Bo,GU Yudong. Tongue reconstruction utilizes the anatomical basis of the tensor fascia lata flap[J]. Zhonghua Xian Wei Yi Xue Za Zhi[Chin J Microsurg(Article in Chinese;No abstract available)],1986,9(1):39-41. DOI:10.3760/cma.j.issn.1001-2036.1986.01.122.}

[13496] 范启申，张尔坤，田万成．吻合血管神经的阔筋膜皮瓣游离移植的临床应用[J]．中华医学杂志，1988，68（7）：410．{FAN Qishen,ZHANG Erkun,TIAN Wancheng. Clinical application of free transplantation of fascia lata flap with vascular nerve anastomosis[J]. Zhonghua Yi Xue Za Zhi[Natl Med J China(Article in Chinese;No abstract available)],1988,68(7):410.}

[13497] 陈彦坤，袁浩，马心赤．带蒂阔筋膜张肌皮瓣修复下躯干巨大软组织缺损四例报告[J]．修复重建外科杂志，1989，3（1）：46．{CHEN Yankun,YUAN Hao,MA Xinchi. Repairing large soft tissue defect of lower trunk with pedicled tensor fascia lata flap:a report of 4 cases[J]. Zhongguo Xiu Fu Chong Jian Wai Ke Za Zhi[Chin J Repar Reconstr Surg(Article in Chinese;No abstract available)],1989,3(1):46.}

[13498] 顾玉东，张丽银，黄爱玉，张孟殷．阔筋膜张肌皮瓣的临床应用[J]．中华显微外科杂志，1993，16（1）：18-20．{GU Yudong,ZHANG Liyin,HUANG Aiyu,ZHANG Mengyin. Clinical application of tensor fascia lata flap[J]. Zhonghua Xian Wei Wai Ke Za Zhi[Chin J Microsurg(Article in Chinese;Abstract in Chinese)],1993,16(1):18-20.}

[13499] 姚一民，衡代忠，李焕影．翻转阔筋膜股四头肌瓣一期修复膝部火器伤[J]．中华显微外科杂志，1995，18（1）：64-65．{YAO Yimin,HENG Daizhong,LI Huanying. One-stage repair of firearm injury of knee with reversed fascia lata quadriceps muscle flap[J]. Zhonghua Xian Wei Wai Ke Za Zhi[Chin J Microsurg(Article in Chinese;No abstract available)],1995,18(1):64-65.}

[13500] 李乔群，李森恺，徐军，马晓冰，穆兰花，杨明勇，李新庆，李式瀛．阔筋膜张肌岛状肌皮瓣血运障碍二例[J]．中华整形烧伤外科杂志，1995，11（3）：229-230．DOI：10.3760/j.issn：1009-4598.1995.03.024．{LI Qiaoqun,LI Senkai,XU Jun,MA Xiaobing,MU Lanhua,YANG Mingyong,LI Xinqing,LI Shiying. Two cases of vascular dysfunction of tensor fascia lata island myocutaneous flap[J]. Zhonghua Zheng Xing Shao Shang Wai Ke Za Zhi[Chin J Plast Surg Burns(Article in Chinese;No abstract available)],1995,11(3):229-230. DOI:10.3760/j.issn:1009-4598.1995.03.024.}

[13501] 郭力，丁尔英，谢兴乾，廖毅．半腱肌肌瓣加阔筋膜张肌肌皮瓣修复坐骨结节褥疮[J]．中国修复重建外科杂志，1997，11（5）：32．{GUO Li,DING Erying,XIE Xingqian,LIAO Yi. Semitendinosus muscle flap combined with fascia lata muscle flap for repairing sore of sciatic nodules[J]. Zhongguo Xiu Fu Chong Jian Wai Ke Za Zhi[Chin J Repar Reconstr Surg(Article in Chinese;No abstract available)],1997,11(5):32.}

[13502] 陈大夫，张定敏．阔筋膜张肌肌皮瓣修复外阴癌一例[J]．中国修复重建外科杂志，1998，12（2）：116．{CHEN Dafu,ZHANG Dingmin. One case of vulvar carcinoma repaired by tensor fascia lata myocutaneous flap[J]. Zhongguo Xiu Fu Chong Jian Wai Ke Za Zhi[Chin J Repar Reconstr Surg(Article in Chinese;No abstract available)],1998,12(2):116.}

[13503] 时安平，陈林峰，张福民，周占春．阔筋膜张肌筋膜瓣修复老年巨型疝8例[J]．中国临床解剖学杂志，1999，17（5）：95-96．{SHI Anping,CHEN Linfeng,ZHANG Fumin,ZHOU Zhanchun. 8 cases of senile giant hernia repaired by fascia lata myofascial flap[J]. Zhongguo Lin Chuang Jie Pou Xue Za Zhi[Chin J Clin Anat(Article in Chinese;No abstract available)],1999,17(5):95-96.}

[13504] 张功林，葛宝丰，王世勇，曾述强，张军华．吻合血管的阔筋膜瓣移植修复跟腱缺损[J]．中华显微外科杂志，1999，22（2）：146．DOI：10.3760/cma.j.issn.1001-2036.1999.02.033．{ZHANG Gonglin,GE Baofeng,WANG Shiyong,ZENG Shuqiang,ZHANG Junhua. Vascularized fascia lata flap transplantation for repairing Achilles tendon defect[J]. Zhonghua Xian Wei Wai Ke Za Zhi[Chin J Microsurg(Article in Chinese;No abstract available)],1999,22(2):146. DOI:10.3760/cma.j.issn.1001-2036.1999.02.033.}

[13505] 张功林，葛宝丰，王世勇，曾述强，张军华．应用吻合血管的阔筋膜瓣联合游离皮片移植修复手指软组织缺损的经验介绍[J]．中华手外科杂志，1999，15（2）：3-5．{ZHANG Gonglin,GE Baofeng,WANG Shiyong,ZENG Shuqiang,ZHANG Junhua. Repair of soft tissue defect of the fingers with vascularized fascia lata transplantation combining with free skin graft[J]. Zhonghua Shou Wai Ke Za Zhi[Chin J Hand Surg(Article in Chinese;Abstract in Chinese and English)],1999,15(2):3-5.}

[13506] 张功林，葛宝丰，王世勇，曾述强，张军华．吻合血管的阔筋膜瓣游离移植及皮片修复手部创伤性缺损[J]．中华整形外科杂志，2000，16（3）：169．DOI：10.3760/j.issn：1009-4598.2000.03.013．{ZHANG Gonglin,GE Baofeng,WANG Shiyong,ZENG Shuqiang,ZHANG Junhua. Repair of soft tissue defect of the hand with a fascia lata flap by microvascular anastomosis[J]. Zhonghua Zheng Xing Wai Ke Za Zhi[Chin J Plast Surg(Article in Chinese;Abstract in Chinese and English)],2000,16(3):169. DOI:10.3760/j.issn:1009-4598.2000.03.013.}

[13507] 张华彬，叶尔明，莫军，孙东原，陈骥扬．带血管蒂阔筋膜瓣转位修复腹壁缺损[J]．中国临床解剖学杂志，2001，19（4）：367-368，369．DOI：10.3969/j.issn.1001-165X.2001.04.029．{ZHANG Huabin,YE Erming,MO Jun,SUN Dongyuan,CHEN Jiyang. Transposition of fascia lata flap pedicled with vessel to repair abdominal defect[J]. Zhongguo Lin Chuang Jie Pou Xue Za Zhi[Chin J Clin Anat(Article in Chinese;Abstract in Chinese)],2001,19(4):367-368,369. DOI:10.3969/j.issn.1001-165X.2001.04.029.}

[13508] 于国中，庞水发，李国材. 阔筋膜张肌球拍形岛状肌皮瓣[J]. 中华整形外科杂志，2001，17(5)：261-263. DOI：10.3760/j.issn：1009-4598.2001.05.001. {YU Guozhong,PANG Shuifa,LI Guocai. The tensor fascia lata racket shape myocutaneous island flap[J]. Zhonghua Zheng Xing Wai Ke Za Zhi[Chin J Plast Surg(Article in Chinese;Abstract in Chinese and English)],2001,17(5):261-263. DOI:10.3760/j.issn:1009-4598.2001.05.001.}

[13509] 鹿泽兵，鞠学教，任志勇，王永琪. 阔筋膜张肌皮瓣在股前外侧皮瓣切取失败时的应用[J]. 中华显微外科杂志，2001，24(3)：240. {LU Zebing,JU Xuejiao,REN Zhiyong,WANG Yongqi. Tensor fasciae lata flap in the transplantation failure of anterolateral thigh flap[J]. Zhonghua Xian Wei Wai Ke Za Zhi[Chin J Microsurg(Article in Chinese;No abstract available)],2001,24(3):240.}

[13510] 林本丹，谢扬. 阔筋膜张肌皮瓣游离移植修复足踝部皮肤软组织缺损[J]. 中华显微外科杂志，2002，25(2)：146-147. DOI：10.3760/cma.j.issn.1001-2036.2002.02.030. {LIN bendan,XIE Yang. Free transplantation of tensor fascia lata myocutaneous flap for repairing soft tissue defect of foot and ankle[J]. Zhonghua Xian Wei Wai Ke Za Zhi[Chin J Microsurg(Article in Chinese;Abstract in Chinese)],2002,25(2):146-147. DOI:10.3760/cma.j.issn.1001-2036.2002.02.030.}

[13511] 丁真奇，翟文亮，康两期，练克俭，郭延杰，郭林新，洪加源. 带蒂阔筋膜张肌皮瓣修复上肢软组织缺损[J]. 中华创伤杂志，2002，18(1)：53-54. DOI：10.3760/j：issn：1001-8050.2002.01.020. {DING Zhenqi,ZHAI Wenliang,KANG Liangqi,LIAN Kejian,GUO Yanjie,GUO Linxin,HONG Jiayuan. Repair of upper limb soft tissue defect with pedicled tensor fascia flap[J]. Zhonghua Chuang Shang Za Zhi[Chin J Trauma(Article in Chinese;No abstract available)],2002,18(1):53-54. DOI:10.3760/j:issn:1001-8050.2002.01.020.}

[13512] 祁峰，王春玲，张景华，孙海宁，刘久春. 阔筋膜张肌肌皮瓣修复腹股沟区电击伤创面[J]. 中华烧伤杂志，2002，18(5)：304-304. DOI：10.3760/cma.j.issn.1009-2587.2002.05.025. {QI Feng,WANG Chunling,ZHANG Jinghua,SUN Haining,LIU Jiuchun. Tensor fascia lata myocutaneous flap for repair of electric injury wound in inguinal region[J]. Zhonghua Shao Shang Za Zhi[Chin J Burns(Article in Chinese;No abstract available)],2002,18(5):304-304. DOI:10.3760/cma.j.issn.1009-2587.2002.05.025.}

[13513] 屈跃峰，郑谟英. 应用阔筋膜张肌肌皮瓣游离移植修复足踝部皮肤软组织缺损[J]. 中华整形外科杂志，2003，19(6)：409-409. DOI：10.3760/j.issn：1009-4598.2003.06.027. {QU Yuefeng,ZHENG Moying. Free transplantation of tensor fascia lata myocutaneous flap for repairing soft tissue defect in foot and ankle[J]. Zhonghua Zheng Xing Wai Ke Za Zhi[Chin J Plast Surg(Article in Chinese;No abstract available)],2003,19(6):409-409. DOI:10.3760/j.issn:1009-4598.2003.06.027.}

[13514] 王胜华，俞立新，黄飞. 吻合血管的阔筋膜瓣移植修复复杂性多指套脱伤[J]. 实用手外科杂志，2005，19(1)：29-30. DOI：10.3969/j.issn.1671-2722.2005.01.012. {WANG Shenghua,YU Lixin,HUANG Fei. Repair of complicated multiple digit degloving injury with vascularized fascia lata flap[J]. Shi Yong Shou Wai Ke Za Zhi[Chin J Pract Hand Surg(Article in Chinese;Abstract in Chinese and English)],2005,19(1):29-30. DOI:10.3969/j.issn.1671-2722.2005.01.012.}

[13515] 张功林，章鸣，蔡国荣，张文正，郭翱，胡玉祥. 吻合血管的阔筋膜瓣移植修复足部软组织缺损[J]. 中华显微外科杂志，2006，29(4)：250-251. DOI：10.3760/cma.j.issn.1001-2036.2006.04.004. {ZHANG Gonglin,ZHANG Ming,CAI Guorong,ZHANG Wenzheng,GUO Ao,HU Yuxiang. Repair soft tissue defect of the foots with the fascia latae flap by microvascular anastomoses[J]. Zhonghua Xian Wei Wai Ke Za Zhi[Chin J Microsurg(Article in Chinese;Abstract in Chinese and English)],2006,29(4):250-251. DOI:10.3760/cma.j.issn.1001-2036.2006.04.004.}

[13516] 张功林，章鸣，蔡国荣，张文正，郭翱，胡玉祥. 吻合血管的阔筋膜瓣加游离皮片移植修复手部软组织缺损[J]. 中华创伤骨科杂志，2006，8(12)：1181-1182. DOI：10.3760/cma.j.issn.1671-7600.2006.12.022. {ZHANG Gonglin,ZHANG Ming,CAI Guorong,ZHANG Wenzheng,GUO Ao,HU Yuxiang. Repair of hand soft tissue defects with vascularized fascia lata flap plus free skin flap[J]. Zhonghua Chuang Shang Gu Ke Za Zhi[Chin J Orthop Trauma(Article in Chinese;Abstract in Chinese)],2006,8(12):1181-1182. DOI:10.3760/cma.j.issn.1671-7600.2006.12.022.}

[13517] 熊爱兵，何小川，郭杏，郭力. 阔筋膜张肌肌皮瓣加半腱肌肌瓣联合修复臀部褥疮14例[J]. 中华烧伤杂志，2006，22(5)：385. DOI：10.3760/cma.j.issn.1009-2587.2006.05.030. {XIONG Aibing,HE Xiaochuan,GUO Xing,GUO Li. 14 cases of gluteal sore repaired by fascia lata tensor muscle flap combined with semitendinosus muscle flap[J]. Zhonghua Shao Shang Za Zhi[Chin J Burns(Article in Chinese;No abstract available)],2006,22(5):385. DOI:10.3760/cma.j.issn.1009-2587.2006.05.030.}

[13518] 张功林，章鸣，蔡国荣，张文正，郭翱，胡玉祥. 吻合血管的阔筋膜瓣移植修复手指软组织缺损[J]. 实用手外科杂志，2006，20(3)：154-156，封三. DOI：10.3969/j.issn.1671-2722.2006.03.008. {ZHANG Gonglin,ZHANG Ming,CAI Guorong,ZHANG Wenzheng,GUO Ao,HU Yuxiang. Repair soft tissue defect of fingers with fascia lata flap by microvascular anastomoses[J]. Shi Yong Shou Wai Ke Za Zhi[Chin J Pract Hand Surg(Article in Chinese;Abstract in Chinese and English)],2006,20(3):154-156,cover 3. DOI:10.3969/j.issn.1671-2722.2006.03.008.}

[13519] 张功林，章鸣，蔡国荣，张文正，郭翱，胡玉祥. 阔筋膜瓣移植修复手背软组织缺损[J]. 中国骨伤，2007，20(3)：165-166. DOI：10.3969/j.issn.1003-0034.2007.03.016. {ZHANG Gonglin,ZHANG Ming,CAI Guorong,ZHANG Wenzheng,GUO Ao,HU Yuxiang. Repair of soft tissue defects of the dorsum of hands with fascia lata flaps[J]. Zhongguo Gu Shang[China J Orthop Trauma(Article in Chinese;Abstract in Chinese and English)],2007,20(3):165-166. DOI:10.3969/j.issn.1003-0034.2007.03.016.}

[13520] 张功林，章鸣，蔡国荣，郭翱，张文正，胡玉祥，丁发明. 阔筋膜张肌骨瓣在髋关节融合中的应用[J]. 中国骨伤，2007，20(4)：245-246. DOI：10.3969/j.issn.1003-0034.2007.04.009. {ZHANG Gonglin,ZHANG Ming,CAI Guorong,GUO Ao,ZHANG Wenzheng,HU Yuxiang,DING Famin. Application of bone graft with tensor fasciae latae in the hip fusion[J]. Zhongguo Gu Shang[China J Orthop Trauma(Article in Chinese;Abstract in Chinese and English)],2007,20(4):245-246. DOI:10.3969/j.issn.1003-0034.2007.04.009.}

[13521] 张功林，章鸣，郭翱，王干生，张文正，胡玉祥. 吻合血管的阔筋膜瓣联合肋骨及皮片移植修复手指末节缺损[J]. 中华整形外科杂志，2008，24(1)：29-31. DOI：10.3760/j.issn：1009-4598.2008.01.010. {ZHANG Gonglin,ZHANG Ming,GUO Ao,WANG Gansheng,ZHANG Wenzheng,HU Yuxiang. Reconstruction of distal phalanx defect with microsurgical fascia latae flaps combined with rid and skin graft[J]. Zhonghua Zheng Xing Wai Ke Za Zhi[Chin J Plast Surg(Article in Chinese;Abstract in Chinese and English)],2008,24(1):29-31. DOI:10.3760/j.issn:1009-4598.2008.01.010.}

[13522] 张功林，张重文，陈克明，白孟海. 游离阔筋膜瓣移植修复小腿软组织和主要血管缺损[J]. 中国骨伤，2011，24(1)：59-61. DOI：10.3969/j.issn.1003-0034.2011.01.017. {ZHANG Gonglin,ZHANG Chongwen,CHEN Keming,BAI Menghai. Repair of soft tissue and main vascular defects of the legs with fascia lata free flaps transplantation[J]. Zhongguo Gu Shang[China J Orthop Trauma(Article in Chinese;Abstract in Chinese and English)],2011,24(1):59-61. DOI:10.3969/j.issn.1003-0034.2011.01.017.}

[13523] 张功林，陈克明，郁辉，王干生，赵来绪，杨军林. 游离阔筋膜张肌穿支皮瓣修复手足部软组织缺损[J]. 组织工程与重建外科杂志，2012，8(1)：32-34. DOI：10.3969/j.issn.1673-0364.2012.01.008. {ZHANG Gonglin,CHEN Keming,YU Hui,WANG Gansheng,ZHAO Laixu,YANG Junlin. Free tensor fasciae latae perforator flap in repairing soft tissue defect of hands and feet[J]. Zu Zhi Gong Cheng Yu Chong Jian Wai Ke Za Zhi[J Tissue Eng Reconstr Surg(Article in Chinese;Abstract in Chinese and English)],2012,8(1):32-34. DOI:10.3969/j.issn.1673-0364.2012.01.008.}

[13524] 范洪辉，梁钢，孙建平. 应用远端扩展的双叶阔筋膜张肌肌皮瓣修复大转子及坐骨结节重度压疮[J]. 中华整形外科杂志，2013，29(6)：465-467. DOI：10.3760/cma.j.issn.1009-4598.2013.06.017. {FAN Honghui,LIANG Gang,SUN Jianping. Repairingf severe pressure sores in greater trochanter and sciatic nodules with distally expanded tensor fascia lata myocutaneous flap[J]. Zhonghua Zheng Xing Wai Ke Za Zhi[Chin J Plast Surg(Article in Chinese;No abstract available)],2013,29(6):465-467. DOI:10.3760/cma.j.issn.1009-4598.2013.06.017.}

[13525] 金文虎，常树森，魏在荣，李海，孙广峰，张子阳，王波，唐修俊，聂开瑜，祁建平. 游离旋股外侧动脉降支穿支阔筋膜瓣修复手背足背皮肤软组织缺损的疗效观察[J]. 中华烧伤杂志，2017，33(8)：501-503. DOI：10.3760/cma.j.issn.1009-2587.2017.08.009. {JIN Wenhu,CHANG Shusen,WEI Zairong,LI Hai,SUN Guangfeng,ZHANG Ziyang,WANG Bo,TANG Xiujun,NIE Kaiyu,QI Jianping. The curative effect of free lateral circumflex femoral artery descending perforator fascia flap in repairing skin and soft tissue defect of dorsal foot of hand[J]. Zhonghua Shao Shang Za Zhi[Chin J Burns(Article in Chinese;Abstract in Chinese)],2017,33(8):501-503. DOI:10.3760/cma.j.issn.1009-2587.2017.08.009.}

[13526] 周丕育，杨绍浦，李尚权，苏期波，马元俊，黄振华，张林虎，赵亮，黄江，王召华，刘波，郑青松，张钦超，张勇. 阔筋膜张肌肌皮瓣游离移植修复下肢皮肤缺损[J]. 中华整形外科杂志，2017，33(6)：462-463. DOI：10.3760/cma.j.issn.1009-4598.2017.06.016. {ZHOU Piyu,YANG Shaopu,LI Shangquan,SU Qibo,MA Yuanjun,HUANG Zhenhua,ZHANG Linhu,ZHAO Liang,HUANG Jiang,WANG Zhaohua,LIU Bo,ZHENG Qingsong,ZHANG Qinchao,ZHANG Yong. Free transplantation of tensor fascia lata myocutaneous flap for repairing lower limb skin defect[J]. Zhonghua Zheng Xing Wai Ke Za Zhi[Chin J Plast Surg(Article in Chinese;No abstract available)],2017,33(6):462-463. DOI:10.3760/cma.j.issn.1009-4598.2017.06.016.}

[13527] 宋子卫，林舟丹，何少康. 阔筋膜张肌肌皮瓣移植治疗大转子部压疮的疗效[J]. 临床骨科杂志，2017，20(1)：69-70. DOI：10.3969/j.issn.1008-0287.2017.01.031. {SONG Ziwei,LIN Zhoudan,HE Shaokang. The clinical efficacy of tensor fascia lata myocutaneous flap transferring on sores of trochanteric osteotomy[J]. Lin Chuang Gu Ke Za Zhi[J Clin Orthop(Article in Chinese;Abstract in Chinese and English)],2017,20(1):69-70. DOI:10.3969/j.issn.1008-0287.2017.01.031.}

[13528] 徐立明，张建顺，石法亮，刘乾仁，王仁款，陈秀杰. 带阔筋膜的阔筋膜张肌皮瓣在股前外侧皮瓣穿支变异时的临床应用[J]. 中华显微外科杂志，2018，41(3)：290-293. DOI：10.3760/cma.j.issn.1001-2036.2018.03.027. {XU Liming,ZHANG Jianshun,SHI Faliang,LIU Qianren,WANG RenQian,CHEN Xiujie. Clinical application of tensor fascia lata flap with fascia lata in perforator variation of anterolateral thigh flap[J]. Zhonghua Xian Wei Wai Ke Za Zhi[Chin J Microsurg(Article in Chinese;Abstract in Chinese)],2018,41(3):290-293. DOI:10.3760/cma.j.issn.1001-2036.2018.03.027.}

4.7.13 股薄肌肌皮瓣

gracilis myocutaneous flap

[13529] Lin H,Hou C,Chen A,Xu Z. Treatment of ischial pressure sores using a modified gracilis myofasciocutaneous flap[J]. J Reconstr Microsurg,2010,26(3):153-157. doi:10.1055/s-0029-1242136.

[13530] Liu HL,Chan JY. A case of complication after a degloving operation of melanoma of the penis-repairing urethrocutaneous fistula with a pedicled gracilis flap[J]. Eur J Plast Surg,2012,35(3):249-252. doi:10.1007/s00238-010-0511-8.

[13531] Guo H,Sa Y,Xu Y,Wang L,Fei X. Adynamic graciloplasty with a pedicled gracilis muscle flap wrapped around bulbar urethra for treatment of male acquired urinary incontinence[J]. Urology,2016,91:208-214. doi:10.1016/j.urology.2015.12.073.

[13532] 毛增荣，黄瀛，施恩娟，司心成，张东铭，张成立. 股薄肌及其血管、神经的显微外科解剖[J]. 第二军医大学学报，1980，1(1)：18. {MAO Zengrong,HUANG Ying,SHI Enjuan,SI Xincheng,ZHANG Dongming,ZHANG Chengli. Microsurgical anatomy of the gracilis femoris and its blood vessels and nerves[J]. Di Er Jun Yi Da Xue Xue Bao[Acad J Second Mil Med Univ(Article in Chinese;No abstract available)],1980,1(1):18.}

[13533] 余哲，李瑞祥，但林芝. 股薄肌的血管和神经[J]. 四川医学院学报，1980，11(4)：295. {YU Zhe,LI Ruixiang,DAN Linzhi. The blood vessels and nerves of the gracilis femoris[J]. Sichuan Yi Xue Yuan Xue Bao[Acta Univ Med Sichuan(Article in Chinese;No abstract available)],1980,11(4):295.}

[13534] 朱盛修，卢世璧，张伯勋，姚建祥，王继芳. 股薄肌-皮瓣游离移植术七例报告[J]. 中华外科杂志，1981，19(3)：143-145. {ZHU Shengxiu,LU Shibi,ZHANG Boxun,YAO Jianxiang,WANG Jifang. Report of seven cases of gracilis-flap free transplantation[J]. Zhonghua Wai Ke Za Zhi[Chin J Surg(Article in Chinese;No abstract available)],1981,19(3):143-145.}

[13535] 王启华，肖尚英，林正琰，刘庆麟，王植楠，黄鸿钧. 股薄肌的应用解剖学研究[J]. 广东解剖学通报，1981，3(2)：188. {WANG Qihua,XIAO Shangying,LIN Zhengyan,LIU Qinglin,WANG Zhinan,HUANG Hongjun. Applied anatomy of the gracilis femoris muscle[J]. Guangdong Jie Pou Xue Tong Bao[Anat Res(Article in Chinese;No abstract available)],1981,3(2):188.}

[13536] 陶锦淳，张言风，杨庆铭，过邦辅. 游离股薄肌移植治疗小儿麻痹后遗症的臀中肌瘫痪[J]. 中华骨科杂志，1981，1(2)：109. {TAO Jinchun,ZHANG Yanfeng,YANG Qingming,GUO Bangfu. Free gracilis muscle transplantation in the treatment of gluteus medius paralysis in poliomyelitis sequela[J]. Zhonghua Gu Ke Za Zhi[Chin J Orthop(Article in Chinese;No abstract available)],1981,1(2):109.}

[13537] 梅骅，于国中，曾金云，李荣增，陈郁林. 股薄肌肌皮瓣在泌尿外科的应用[J]. 中华泌尿外科杂志，1984，5(1)：10-11. {MEI Hua,YU Zhongguo,ZENG Jinyun,LI Rongzeng,CHEN Yulin. The application of musculocutaneous flap of gracilis in urology[J]. Zhonghua Mi Niao Wai Ke Za Zhi[Chin J Urol(Article in Chinese;No abstract available)],1984,5(1):10-11.}

[13538] 杨树明. 吻合血管神经的股薄肌游离移植远期疗效观察一例报告[J]. 中华骨科杂志，1985，5(5)：267. {YANG Shuming. A case report on the long-term efficacy of free transplantation of gracilis muscle by anastomosis of vascular nerves[J]. Zhonghua Gu Ke Za Zhi[Chin J Orthop(Article in Chinese;No abstract available)],1985,5(5):267.}

[13539] 侯春林. 股薄肌肌皮瓣治疗坐骨结节褥疮[J]. 修复重建外科杂志，1990，4(2)：89-90. {HOU Chunlin. Thin myocutaneous flap of thigh for the treatment of sciatic process sore[J]. Zhongguo Xiu Fu Chong Jian Wai Ke Za Zhi[Chin J Repar Reconstr Surg(Article in Chinese;No abstract available)],1990,4(2):89-90.}

[13540] 杨树明. 股薄肌皮瓣移植治疗前臂缺血性肌挛缩二例[J]. 中华显微外科杂志，1996，19(1)：64. {YANG Shuming. Two cases of ischemic contracture of forearm treated with transplantation of musculocutaneous flap of femoral parenchyma[J]. Zhonghua Xian Wei Wai Ke Za Zhi[Chin J Microsurg(Article in Chinese;No abstract available)],1996,19(1):64.}

[13541] 张如明，马育林，滕胜，邢汝维．双股薄肌皮瓣修复下腹壁缺损二例 [J]．中华显微外科杂志，1999，22(3)：167．DOI：10.3760/cma.j.issn.1001-2036.1999.03.050．{ZHANG Ruming,MA Yulin,XI Sheng,XING Ruwei. Repair of lower abdominal wall defect with double gracilis myocutaneous flap:a report of 2 cases[J]. Zhonghua Xian Wei Wai Ke Za Zhi[Chin J Microsurg(Article in Chinese;No abstract available)],1999,22(3):167. DOI:10.3760/cma.j.issn.1001-2036.1999.03.050.}

[13542] 王平，彭芝兰，陈爱萍，熊炬．股薄肌肌皮瓣修复外阴癌根治术后缺损 [J]．中国修复重建外科杂志，1999，13(4)：242-243．{WANG Ping,PENG Zhilan,CHEN Aiping,XIONG Ju. Vulvar reconstruction using gracilis myocutaneous flaps after radical vulvectomy[J]. Zhongguo Xiu Fu Chong Jian Wai Ke Za Zhi[Chin J Repar Reconstr Surg(Article in Chinese;Abstract in Chinese and English)],1999,13(4):242-243.}

[13543] 高国兰，陈宗基，邹敏芸，胡爱民．股薄肌肌皮瓣用于外阴、阴道转移癌扩大切除的即时重建 [J]．中华整形外科杂志，2002，18(6)：333-334．DOI：10.3760/j.issn：1009-4598.2002.06.004．{GAO Guolan,CHEN Zongji,ZOU Minyun,HU Aimin. Femoral myocutaneous flap for immediate reconstruction of extended resection of vulvar and vaginal metastatic carcinoma[J]. Zhonghua Zheng Xing Wai Ke Za Zhi[Chin J Plast Surg(Article in Chinese;No abstract available)],2002,18(6):333-334. DOI:10.3760/j.issn:1009-4598.2002.06.004.}

[13544] 金志福，万文勇，沈健，金杰，叶绪龙，陈维进．股薄肌岛状肌皮瓣转位修复复杂性后尿道皮肤瘘一例报告 [J]．中华泌尿外科杂志，2004，25(12)：853．DOI：10.3760/j：issn：1000-6702.2004.12.036．{JIN Zhifu,WAN Wenyong,SHEN Jian,JIN Jie,YE Xulong,CHEN Weijin. Transposition of island myocutaneous flap of gracilis to repair complex posterior urethral skin fistula:a case report[J]. Zhonghua Mi Niao Wai Ke Za Zhi[Chin J Urol(Article in Chinese;No abstract available)],2004,25(12):853. DOI:10.3760/j:issn:1000-6702.2004.12.036.}

[13545] 陈宗基，高国兰，马福顺，胡爱民，陈焕然，李剑琴．闭孔动脉跨区供血的长型股薄肌肌皮瓣 [J]．中华整形外科杂志，2005，21(1)：5-7．DOI：10.3760/j.issn：1009-4598.2005.01.001．{CHEN Zongji,GAO Guolan,MA Fushun,HU Aimin,CHEN Huanran,LI Jianqin. Longitudinal gracilis musculocutaneous flaps with a crossing boundary blood supply from the obturator artery[J]. Zhonghua Zheng Xing Wai Ke Za Zhi[Chin J Plast Surg(Article in Chinese;Abstract in Chinese and English)],2005,21(1):5-7. DOI:10.3760/j.issn:1009-4598.2005.01.001.}

[13546] 肖玲，高国兰．股薄肌肌皮瓣在外阴恶性肿瘤切除后外阴阴道重建中的应用 [J]．中华整形外科杂志，2005，21(6)：467-469．DOI：10.3760/j.issn：1009-4598.2005.06.019．{XIAO Ling,GAO Guolan. Application of gracilis myocutaneous flap in vulva reconstruction after resection of malignant vulva tumors[J]. Zhonghua Zheng Xing Wai Ke Za Zhi[Chin J Plast Surg(Article in Chinese;No abstract available)],2005,21(6):467-469. DOI:10.3760/j.issn:1009-4598.2005.06.019.}

[13547] 宋达疆，李赞，周晓，章一新，彭小伟，周波，吕春柳，彭文，毛煌兴．股薄肌皮瓣联合大收肌穿支皮瓣在乳房重建中的应用 [J]．中国修复重建外科杂志，2018，32(6)：707-713．DOI：10.7507/1002-1892.201801001．{SONG Dajiang,LI Zan,ZHOU Xiao,ZHANG Yixin,PENG Xiaowei,ZHOU Bo,LV Chunliu,PENG Wen,MAO Huangxing. Application of combined transverse upper gracilis flap and adductor magnus perforator flap in breast reconstruction[J]. Zhongguo Xiu Fu Chong Jian Wai Ke Za Zhi[Chin J Repar Reconstr Surg(Article in Chinese;Abstract in Chinese and English)],2018,32(6):707-713. DOI:10.7507/1002-1892.201801001.}

[13548] 宋达疆，李赞，周晓，章一新，彭小伟，周波，吕春柳，彭翠娥，彭文，毛煌兴，李慧，柳泽洋．游离横行股薄肌肌皮瓣在乳房重建的应用 [J]．中华整形外科杂志，2019，35(3)：237-242．DOI：10.3760/cma.j.issn.1009-4598.2019.03.005．{SONG Dajiang,LI Zan,ZHOU Xiao,ZHANG Yixin,PENG Xiaowei,ZHOU Bo,LV Chunliu,PENG Cuie,PENG Wen,MAO Huangxing,LI Hui,LIU Zeyang. Application of free transverse upper gracilis flap in breast reconstruction[J]. Zhonghua Zheng Xing Wai Ke Za Zhi[Chin J Plast Surg(Article in Chinese;Abstract in Chinese and English)],2019,35(3):237-242. DOI:10.3760/cma.j.issn.1009-4598.2019.03.005.}

4.7.14 股二头肌长头肌皮瓣
biceps femoris myocutaneous flap (long head)

[13549] 陶永松，钟世镇，刘牧之，陈子华，徐达传．股二头肌的显微外科解剖学 [J]．广东解剖学通报，1981，3(1)：47．{TAO Yongsong,ZHONG Shizhen,LIU Muzhi,CHEN Zihua,XU Dachuan. Microsurgical anatomy of the biceps femoris[J]. Guangdong Jie Pou Xue Tong Bao[Anat Res(Article in Chinese;No abstract available)],1981,3(1):47.}

[13550] 岑怡彪，郭祥，张强．股二头肌肌皮瓣移位修复大粗隆坐骨结节部褥疮 [J]．中国修复重建外科杂志，2000，14(3)：185．{CEN Yibiao,GUO Xiang,ZHANG Qiang. The transposition of biceps femoris musculocutaneous flap for the repair of sore in the tuberculum region of the great coloanea[J]. Zhongguo Xiu Fu Chong Jian Wai Ke Za Zhi[Chin J Repar Reconstr Surg(Article in Chinese;No abstract available)],2000,14(3):185.}

[13551] 李正勇，岑瑛，许学文，古鸣兢，弓晓媛，王怀胜．股二头肌肌瓣复合局部皮瓣修复坐骨结节周围重度褥疮创面 [J]．中华外科杂志，2008，46(10)：791-792．DOI：10.3321/j.issn：0529-5815.2008.10.022．{LI Zhengyong,CEN Ying,XU Xuewen,GU Mingjing,GONG Xiaoyuan,WANG Huaisheng. Repair of severe sore wound around sciatic tubercle with biceps femoris muscle flap combined with local flap[J]. Zhonghua Wai Ke Za Zhi[Chin J Surg(Article in Chinese;No abstract available)],2008,46(10):791-792. DOI:10.3321/j.issn:0529-5815.2008.10.022.}

[13552] 海恒林，申传安，柴家科，李华涛．股二头肌长头肌瓣联合半 V 形股后筋膜皮瓣修复坐骨结节压疮 [J]．中华烧伤杂志，2012，28(1)：57-59．DOI：10.3760/cma.j.issn.1009-2587.2012.01.015．{HAI Henglin,SHEN Chuanan,CHAI Jiake,LI Huatao. Repair of pressure sores over ischial tuberosity with long head of biceps femoris muscle flap combined with semi-V posterior thigh fasciocutaneous flap[J]. Zhonghua Shao Shang Za Zhi[Chin J Burns(Article in Chinese;Abstract in Chinese and English)],2012,28(1):57-59. DOI:10.3760/cma.j.issn.1009-2587.2012.01.015.}

4.7.15 半膜肌肌皮瓣
semimembranosus myocutaneous flap

[13553] 陶永松，钟世镇，刘牧之，陈子华，徐达传．半腱肌的显微外科解剖学 [J]．广东解剖学通报，1981，3(1)：52．{TAO Yongsong,ZHONG Shizhen,LIU Muzhi,CHEN Zihua,XU Dachuan. Microsurgical anatomy of the semitendinosus muscle[J]. Guangdong Jie Pou Xue Tong Bao [Anat Res(Article in Chinese;No abstract available)],1981,3(1):52.}

[13554] 陶永松，钟世镇，陈子华，徐达传，刘牧之．半膜肌的显微外科解剖学 [J]．广东解剖学通报，1981，3(1)：56．{TAO Yongsong,ZHONG Shizhen,CHEN Zihua,XU Dachuan,LIU Muzhi. Microsurgical anatomy of the hemimembranous muscle[J]. Guangdong Jie Pou Xue Tong Bao[Anat Res(Article in Chinese;No abstract available)],1981,3(1):56.}

[13555] 张生贵，丁永善，熊树明，刘龙平．半腱肌的血管和神经供给 [J]．临床应用解剖学杂志，1984，2(2)：107．{ZHANG Shenggui,DING Yongshan,XIONG Shuming,LIU Longping. The vascular and nerve supply of the semitendinosus muscle[J]. Lin Chunag Jie Pou Xue Za Zhi[J Clin Appl Anat(Article in Chinese;No abstract available)],1984,2(2):107.}

[13556] 丁永善，张生贵，熊树明，刘龙平．半膜肌的血管和神经供给 [J]．临床应用解剖学杂志，1984，2(3)：187．{DING Yongshan,ZHANG Shenggui,XIONG Shuming,LIU Longping. The vascular and nerve supply of the hemimembranous muscle[J]. Lin Chunag Jie Pou Xue Za Zhi[Chin J Clin Anat(Article in Chinese;No abstract available)],1984,2(3):187.}

[13557] 张宝庆，林亦卿．半膜肌的应用解剖学观察 [J]．解剖学通报，1984，7(2)：161．{ZHANG Baoqing,LIN Yiqing. Applied anatomical observation of hemimembranous muscle[J].Jie Pou Xue Tong Bao[Chin J Anat(Article in Chinese;No abstract available)],1984,7(2):161.}

[13558] 苏卫国，李德平，邢培朋，徐林刚，石凡超，温冰，牛希华．穿支皮瓣联合肌瓣修复老年患者坐骨结节Ⅳ期压疮的效果 [J]．中华烧伤杂志，2017，33(9)：545-549．DOI：10.3760/cma.j.issn.1009-2587.2017.09.004．{SU Weiguo,LI Deping,XING Peipeng,XU Lingang,SHI Fanchao,WEN Bing,NIU Xihua. Effects of perforator flaps combined with muscle flaps for repairing grade Ⅳ sores in ischial tuberosity of elderly patients[J]. Zhonghua Shao Shang Za Zhi[Chin J Burns(Article in Chinese;Abstract in Chinese and English)],2017,33(9):545-549. DOI:10.3760/cma.j.issn.1009-2587.2017.09.004.}

4.7.16 股内侧肌肌皮瓣
medial vastus myocutaneous flap

[13559] 林涧，郑和平，余云兰，吴春．股内侧肌穿支皮瓣的临床应用 [J]．中华创伤杂志，2010，26(10)：905-908．DOI：10.3760/cma.j.issn.1001-8050.2010.10.013．{LIN Jian,ZHENG Heping,YU Yunlan,WU Chun. Clinical application of perforating branch flap of medial vastus muscle in treatment of skin and soft tissue defects[J]. Zhonghua Chuang Shang Za Zhi[Chin J Trauma(Article in Chinese;Abstract in Chinese and English)],2010,26(10):905-908. DOI:10.3760/cma.j.issn.1001-8050.2010.10.013.}

[13560] 郭永强，梁晓琴，王剑利，王成琪，郭德亮，王常德，崔磊．游离股内侧肌穿支皮瓣的解剖研究与临床应用 [J]．中国修复重建外科杂志，2012，26(9)：1091-1094．{GUO Yongqiang,LIANG Xiaoqin,WANG Jianli,WANG Chengqi,GUO Deliang,WANG Changde,CUI Lei. Anatomic study on perforating branch flap of medial vastus muscle and its clinical application[J]. Zhongguo Xiu Fu Chong Jian Wai Ke Za Zhi[Chin J Repar Reconstr Surg(Article in Chinese;Abstract in Chinese and English)],2012,26(9):1091-1094.}

[13561] 吴春，谭莉，王正理，戴本东．股内侧肌穿支皮瓣游离移植修复手或足部皮肤软组织缺损 [J]．中华显微外科杂志，2018，41(2)：172-174．DOI：10.3760/cma.j.issn.1001-2036.2018.02.018．{WU Chun,TAN Li,WANG Zhengli,DAI Bendong. Free transplantation of medial femoral muscle perforator flap for repairing skin and soft tissue defects of hands or feet[J]. Zhonghua Xian Wei Wai Ke Za Zhi[Chin J Microsurg(Article in Chinese;Abstract in Chinese)],2018,41(2):172-174. DOI:10.3760/cma.j.issn.1001-2036.2018.02.018.}

[13562] 高秋芳，张小锋，张万锋，马彬，牛雪涛，马亚军，李子标，刘宁．股内侧肌穿支皮瓣修复游离股前外侧穿支皮瓣供区继发创面的临床效果 [J]．中华烧伤杂志，2019，35(1)：65-68．DOI：10.3760/cma.j.issn.1009-2587.2019.01.012．{GAO Qiufang,ZHANG Xiaofeng,ZHANG Wanfeng,MA Bin,NIU Xuetao,MA Yajun,LI Zibiao,LIU Ning. Clinical effects of perforating branch flaps of medial vastus muscle in repairing secondary wounds in donor sites of free anterolateral femoral perforator flaps[J]. Zhonghua Shao Shang Za Zhi[Chin J Burns(Article in Chinese;Abstract in Chinese and English)],2019,35(1):65-68. DOI:10.3760/cma.j.issn.1009-2587.2019.01.012.}

4.7.17 股外侧肌肌皮瓣
lateral vastus myocutaneous flap

[13563] 董仁章，戴松茂．股外侧肌瓣倒转移位修复膝部缺损 [J]．修复重建外科杂志，1988，2(2)：120．{DONG Renzhang,DAI Songmao. Reverse transposition of lateral femoral muscle flap for repairing knee defect[J]. Zhongguo Xiu Fu Chong Jian Wai Ke Za Zhi[Chin J Repar Reconstr Surg(Article in Chinese;No abstract available)],1988,2(2):120.}

[13564] 何劲，赵银必，周忠华，刘俊，尹华．应用股外侧肌肌瓣旋转填塞治疗大转子褥疮 [J]．临床骨科杂志，2011，14(5)：521-523．DOI：10.3969/j.issn.1008-0287.2011.05.023．{HE Jin,ZHAO Yinbi,ZHOU Zhonghua,LIU Jun,YIN Hua. Applying vastus lateralis muscle flap rotary stuffing in treatment of greater trochanter decubitus[J]. Lin Chuang Gu Ke Za Zhi[J Clin Orthop(Article in Chinese;Abstract in Chinese and English)],2011,14(5):521-523. DOI:10.3969/j.issn.1008-0287.2011.05.023.}

[13565] 沈立锋，郭峭峰，何忠良，林炳远，刘亦杨，黄凯，何雪明，翟利峰，张春．股外侧肌肌瓣移植治疗巨大脓胸三例 [J]．中华整形外科杂志，2018，34(12)：1044-1048．DOI：10.3760/cma.j.issn.1009-4598.2018.12.013．{SHEN Lifeng,GUO Qiaofeng,HE Zhongliang,LIN Bingyuan,LIU Yiyang,HUANG Kai,HE Xueming,ZHAI Lifeng,ZHANG Chun. Treatment of huge empyema by free vastus lateralis muscle flap transplantation:analysis of 3 cases[J]. Zhonghua Zheng Xing Wai Ke Za Zhi[Chin J Plast Surg(Article in Chinese;Abstract in Chinese and English)],2018,34(12):1044-1048. DOI:10.3760/cma.j.issn.1009-4598.2018.12.013.}

4.7.18 股直肌肌皮瓣
rectus femoris myocutaneous flap

[13566] Yang D,Morris SF,Tang M,Geddes CR. A modified longitudinally split segmental rectus femoris muscle flap transfer for facial reanimation:anatomic basis and clinical applications[J]. J Plast Reconstr Aesthet Surg,2006,59(8):807-814. doi:10.1016/j.bjps.2005.10.015.

[13567] LI P,ZHANG S,LIU J,XU Y,WU H,GONG Z. Chimeric anterolateral thigh and rectus femoris flaps for reconstruction of complex oral and maxillofacial defects[J]. J Craniofac Surg,2020 Nov 13. doi:10.1097/SCS.0000000000007228. Online ahead of print.

[13568] 陶永松，钟世镇．股直肌的应用解剖学研究 [J]．广东解剖通报，1980，2(2)：37．{TAO Yongsong,ZHONG Shizhen. Applied anatomy of the rectus femoris[J]. Guangdong Jie Pou Xue Tong Bao[Anat Res(Article in Chinese;No abstract available)],1980,2(2):37.}

[13569] 张成立，毛增荣，施恩娟，张东铭．股直肌的形态及其血管神经的显微外科解剖 [J]．解剖学通报，1981，4(1)：74．{ZHANG Chengli,MAO Zengrong,SHI Enjuan,ZHANG Dongming. The morphology of the rectus femoris and its vascular and nerve microsurgical anatomy[J].Jie Pou Xue Tong Bao[Chin J Anat(Article in Chinese;No abstract available)],1981,4(1):74.}

[13570] 王启华，林正琰，肖尚英，刘庆麟，王植楠，黄鸿钧．股直肌的应用解剖学研究 [J]．广东解剖学通报，1981，3(2)：184．{WANG Qihua,LIN Zhengyan,XIAO Shangying,LIU Qinglin,WANG Zhinan,HUANG Hongjun. Applied anatomy of the rectus femoris muscle[J]. Guangdong Jie Pou Xue Tong Bao[Anat Res(Article in Chinese;No abstract available)],1981,3(2):184.}

[13571] 陶永松，钟世镇．旋股外侧血管、股直肌和阔筋膜张肌的应用解剖学研究 [J]．解剖学报，1982，13(1)：8．{TAO Yongsong,ZHONG Shizhen. Applied anatomy of the lateral femoral vessels rectus femoris and fascia lata[J]. Jie Pou Xue Tong Bao[Acta Anat Sin(Article in Chinese;No abstract available)],1982,13(1):8.}

[13572] 龚家琳，龙文荣，邓展生，丑虚白，陈本悦．游离股直肌皮瓣移植 [J]．显微医学杂志，1985，

8(3): 159. {GONG Jialin,LONG Wenrong,DENG Zhansheng,CHOU Xubai,CHEN Benyue. Transplantation of free rectus femoris flap[J]. Xian Wei Yi Xue Za Zhi[Chin J Microsurg(Article in Chinese;No abstract available)],1985,8(3):159.}

[13573] 鹿泽兵，王炳秀，鞠学教，台中惠，杨旭东，殷升贤，李培臻．吻合血管神经的股直肌皮瓣修复胫前肌群合并皮肤软组织缺损 [J]．中华显微外科杂志，2002，25(1): 27. DOI: 10.3760/cma.j.issn.1001-2036.2002.01.038. {LU Zebing,WANG Bingxiu,JU Xuejiao,TAI Zhonghui,YANG Xudong,YIN Shengxian,LI Peizhen. Anastomotic rectus femoris flap for repairing anterior tibial muscle group with skin and soft tissue defect[J]. Zhonghua Xian Wei Wai Ke Za Zhi[Chin J Microsurg(Article in Chinese;No abstract available)],2002,25(1):27. DOI:10.3760/cma.j.issn.1001-2036.2002.01.038.}

[13574] 赵遵江，张保德，刘勇，章荣涛，梁其国，胡育栋，徐良媛，王修坤．股直肌岛状肌皮瓣修复瘫痪患者股骨大转子压疮效果 [J]．中华烧伤杂志，2014，30(3): 227-230. DOI: 10.3760/cma.j.issn.1009-2587.2014.03.011. {ZHAO Zunjiang,ZHANG Baode,LIU Yong,ZHANG Rongtao,LIANG Qiguo,HU Yudong,XU Liangyuan,WANG Xiukun. Repair of sore over greater trochanter in paraplegic patients with rectus femoris island myocutaneous flap[J]. Zhonghua Shao Shang Za Zhi[Chin J Burns(Article in Chinese;Abstract in Chinese and English)],2014,30(3):227-230. DOI:10.3760/cma.j.issn.1009-2587.2014.03.011.}

4.7.19 缝匠肌肌皮瓣

sartoris musculocutaneous / myocutaneous flap

[13575] Tang ML,Liu XY,Ren JW,Zhang DC,Li RS,Wen YM,Ge BF. The sartorius myocutaneous island flap[J]. Surg Radiol Anat,1993,15(4):259-263. doi:10.1007/BF01627875.

[13576] Liu GP,Kang B,Zeng H,Tang YK,Tang XY,Xiong A,Xie XC,Huang W. Treatment of femoral neck fracture with muscle-bone flap of both tensor fasciae latae and sartorius[J]. Chin J Traumatol,2003,6(4):238-241.

[13577] Shen YM,Yu DN,Hu XH,Qin FJ,Li M,Ning FG. Repairing proximal and middle lower-leg wounds with retrograde sartorius myocutaneous flap pedicled by perforating branches of medial inferior genicular artery or posterior tibial artery[J]. J Plast Reconstr Aesthet Surg,2012,65(9):1158-1164. doi:10.1016/j.bjps.2012.03.041.

[13578] 熊树明，刘龙平，丁永善，张生贵．缝匠肌的血管和神经供给 [J]．解剖学报，1983，14(1): 32. {XIONG Shuming,LIU Longping,DING Yongshan,ZHANG Shenggui. The supply of blood vessels and nerves to the sartorius muscle[J]. Jie Pou Xue Bao[Acta Anat Sin(Article in Chinese;No abstract available)],1983,14(1):32.}

[13579] 秦梅才，衷鸿宾，宁志杰，吕伯实，丁慎茂，方光荣．缝匠肌皮瓣游离移植重建股四头肌 [J]．中华显微外科杂志，1994，17(2): 108-110，157. {QIN Meicai,ZHONG Hongbin,NING Zhijie,LV Boshi,DING Shenmao,FANG Guangrong. Reconstruction of quadriceps femo-ris muscle by transplantatiom of sartorius myocutaneous flap[J]. Zhonghua Xian Wei Wai Ke Za Zhi[Chin J Microsurg(Article in Chinese;Abstract in Chinese)],1994,17(2):108-110,157.}

[13580] 胡万华，钟桂午，王国文，朱青安，何尚宽．带血管蒂缝匠肌瓣移位修复伸膝装置断裂缺损 [J]．中华显微外科杂志，2000，23(1): 67-68. DOI: 10.3760/cma.j.issn.1001-2036.2000.01.026. {HU Wanhua,ZHONG Guiwu,WANG Guowen,ZHU Qingan,HE Shangkuan. Repair of fracture defect of knee extension device with vascularized sartorius muscle flap[J]. Zhonghua Xian Wei Wai Ke Za Zhi[Chin J Microsurg(Article in Chinese;No abstract available)],2000,23(1):67-68. DOI:10.3760/cma.j.issn.1001-2036.2000.01.026.}

[13581] 沈余明，于东宁，胡骁骅，黎明，张国安．逆行缝匠肌肌皮瓣修复小腿难愈创面 [J]．中华烧伤杂志，2011，27(3): 222-224. DOI: 10.3760/cma.j.issn.1009-2587.2011.03.020. {SHEN Yuming,YU Dongning,HU Xiaohua,LI Ming,ZHANG Guoan. Retrograde sartorius myocutaneous flap for repairing leg refractory wounds[J]. Zhonghua Shao Shang Za Zhi[Chin J Burns(Article in Chinese;No abstract available)],2011,27(3):222-224. DOI:10.3760/cma.j.issn.1009-2587.2011.03.020.}

[13582] 黄东，孙锋，吴伟炽，张惠茹，牟勇，黄国英．缝匠肌穿支肌皮瓣修复膝周软组织缺损的临床研究 [J]．中国临床解剖学杂志，2012，30(5): 576-578. {HUANG Dong,SUN Feng,WU Weichi,ZHANG Huiru,MOU Yong,HUANG Guoying. The sartorius perforator flap repair soft tissue defect around knee:clinical research[J]. Zhongguo Lin Chuang Jie Pou Xue Za Zhi[Chin J Clin Anat(Article in Chinese;Abstract in Chinese and English)],2012,30(5):576-578.}

[13583] 张功林，甄平，陈克明，张军华，王世勇．吻合大隐静脉的逆行缝匠肌带蒂肌皮瓣临床应用 [J]．实用骨科杂志，2013，19(10): 888-890，后插 1. {ZHANG Gonglin,ZHEN Ping,CHEN Keming,ZHANG Junhua,WANG Shiyong. Clinical Application of Reverse Sartorius Muscle Pedicled Myocutaneous Flap with Greater Saphenous Venous Anastomosis[J]. Shi Yong Gu Ke Za Zhi[J Pract Orthop(Article in Chinese;Abstract in Chinese and English)],2013,19(10):888-890,insert 1.}

4.7.20 腓肠肌肌皮瓣

gastrocnemius myocutaneous flap

[13584] Liu XY,Ge BF,Win YM,Jing H. Free medial gastrocnemius myocutaneous flap transfer with neurovascular anastomosis to treat Volkmann's contracture of the forearm[J]. Br J Plast Surg,1992,45(1):6-8. doi:10.1016/0007-1226(92)90105-7.

[13585] Yang D,Morris SF. Reversed sural island flap supplied by the lower septocutaneous perforator of the peroneal artery[J]. Ann Plast Surg,2002,49(4):375-378. doi:10.1097/00000637-200210000-00007.

[13586] Fan C,Jiang P,Fu L,Cai P,Sun L,Zeng B. Functional reconstruction of traumatic loss of flexors in forearm with gastrocnemius myocutaneous flap transfer[J]. Microsurgery,2008,28(1):71-75. doi:10.1002/micr.20449.

[13587] Chang SM,Zhang K,Li HF,Huang YG,Zhou JQ,Yuan F,Yu GR. Distally based sural fasciomyocutaneous flap:anatomic study and modified technique for complicated wounds of the lower third leg and weight bearing heel[J]. Microsurgery,2009,29(3):205-213. doi:10.1002/micr.20595.

[13588] Zhu YL,Xu YQ,Yang J,Li J. One-stage reconstruction of Achilles tendon and skin defects by the sliding gastrocnemius musculocutaneous flap without anastomosis[J]. J Trauma,2009,66(4):1129-1134. doi:10.1097/TA.0b013e31817dac20.

[13589] Dong ZG,Wei JW,Ni JD,Liu LH,Luo ZB,Zheng L,He AY. Anterograde-retrograde method for harvest of distally based sural fasciocutaneous flap:report of results from 154 patients[J]. Microsurgery,2012,32(8):611-616. doi:10.1002/micr.22049.

[13590] Liu L,Liu Y,Zou L,Li Z,Cao X,Cai J. The distally based superficial sural flap for reconstruction of the foot and ankle in pediatric patients[J]. J Reconstr Microsurg,2013,29(3):199-204. doi:10.1055/s-0032-1331146.

[13591] Yang C,Li Y,Geng S,Fu C,Sun J,Bi Z. Modified distally based sural adipofascial flap for reconstructing of leg and ankle[J]. ANZ J Surg,2013,83(12):954-958. doi:10.1111/ans.12095.

[13592] Wei JW,Ni JD,Dong ZG,Liu LH,Luo ZB,Zheng L. Distally based perforator-plus sural fasciocutaneous flap for soft-tissue reconstruction of the distal lower leg,ankle,and foot:comparison between pediatric and adult patients[J]. J Reconstr Microsurg,2014,30(4):249-254. doi:10.1055/s-0033-1357274.

[13593] Pan H,Zheng Q,Yang S. Utility of proximally based sural fasciocutaneous flap for knee and proximal lower leg defects[J]. Wounds,2014,26(5):132-138.

[13594] Zheng H,Liu J,Dai X,Schilling AF. The distally based sural flap for the reconstruction of ankle and foot defects in pediatric patients[J]. Ann Plast Surg,2016,77(1):97-101. doi:10.1097/SAP.0000000000000341.

[13595] Zheng L,Zheng J,Dong ZG. Reverse sural flap with an adipofascial extension for reconstruction of soft tissue defects with dead spaces in the heel and ankle[J]. Eur J Trauma Emerg Surg,2016,42(4):503-511. doi:10.1007/s00068-015-0569-x.

[13596] Wei JW,Ni JD,Dong ZG,Liu LH,Yang Y. A modified technique to improve reliability of distally based sural fasciocutaneous flap for reconstruction of soft tissue defects longitudinal in distal pretibial region or transverse in heel and ankle[J]. J Foot Ankle Surg,2016,55(4):753-758. doi:10.1053/j.jfas.2016.02.011.

[13597] Wan J,Zhang C,He HB. Is double-approach surgery and tenodesis without a gastrocnemius flap better for dealing with proximal fibular osteosarcoma?[J]. World J Surg Oncol,2018,16(1):65. doi:10.1186/s12957-018-1364-z.

[13598] Cui Z,Zhang X,Shou J,Yin G. Repeated reverse sural fasciocutaneous flap is an effective surgical strategy for repairing long segmental soft tissue defects of the tibia[J]. J Int Med Res,2019,47(10):5003-5009. doi:10.1177/0300060519874154.

[13599] Bai L,Guan S,You T,Zhang W,Chen P. Comparison of gastrocnemius turn flap and hamstring graft for the treatment of kuwada type 3 chronic ruptures of the achilles tendon:A retrospective study[J]. Orthop J Sports Med,2019,7(12):2325967119887673. doi:10.1177/2325967119887673.

[13600] Li B,Chang SM,Du SC,Zhuang L,Hu SJ. Distally based sural adipofascial turnover flap for coverage of complicated wound in the foot and ankle region[J]. Ann Plast Surg,2020,84(5):580-587. doi:10.1097/SAP.0000000000002069.

[13601] Xu H,Cao X,Kiu-Huen S,Zhu Z,Chen J,Chi Z,Zhang Y. A retrospective study of an updated and traditional surgical approach of the distally based sural flap[J]. J Reconstr Microsurg,2021,37(3):227-233. doi:10.1055/s-0040-1716744.

[13602] 陶永松，钟世镇．腓肠肌半游离移植代股四头肌的应用解剖学研究 [J]．解剖学通报，1981，4(2-3): 231. {TAO Yongsong. ZHONG Shizhen. Applied anatomy study of semi-free gastrocnemius muscle transplantation to replace quadriceps femoris[J]. Jie Pou Xue Tong Bao [Acta Anat Sin(Article in Chinese;No abstract available)],1981,4(2-3):231.}

[13603] 刘龙平，熊树明，丁永善，张生贵．腓肠肌的应用解剖 [J]．江西医学院学报，1981，17(1): 16-22. {LIU Longping,XIONG Shuming,DING Yongshan,ZHANG Shenggui. Applied anatomy of gastrocnemius muscle[J]. Jiangxi Yi Xue Yuan Xue Bao[Acta Univ Med Jiangxi(Article in Chinese;No abstract available)],1981,17(1):16-22.}

[13604] 方绍孟，张丁权，孟素芹．用腓肠肌内侧头肌肉—皮瓣治疗胫前组织缺损 [J]．中华外科杂志，1982，20(10): 615-617. {FANG Shaomeng,ZHANG Dingquan,MENG Suqin. Treatment of anterior tibial tissue defect with medial gastrocnemius muscle-flap[J]. Zhonghua Wai Ke Za Zhi[Chin J Surg(Article in Chinese;No abstract available)],1982,20(10):615-617.}

[13605] 俞昌泰，戴尅戎，吴仁寿．腓肠肌肌皮瓣移位覆盖裸露的膝关节人工假体 [J]．中华外科杂志，1982，20(12): 751. {YU Changtai,DAI Kerong,WU Renshou. Transplantation of gastrocnemius myocutaneous flap covering bare knee prosthesis[J]. Zhonghua Wai Ke Za Zhi[Chin J Surg(Article in Chinese;No abstract available)],1982,20(12):751.}

[13606] 刘龙平，熊树明，丁永善，张生贵．腓肠肌的血管和神经供给 [J]．解剖学通报，1982，5(3): 58. {LIU Longping,XIONG Shuming,DING Yongshan,ZHANG Shenggui. The supply of blood vessels and nerves to the gastrocnemius muscle[J]. Jie Pou Xue Tong Bao[Chin J Anat(Article in Chinese;No abstract available)],1982,5(3):58.}

[13607] 董天华，唐天驷，郑祖根，许立．内侧腓肠肌肌皮瓣转移术（附 5 例报告）[J]．中华骨科杂志，1982，2(3): 163. {DONG Tianhua,TANG Tiansi,ZHENG Zugen,XU Li. Transfer of medial gastrocnemius myocutaneous flap (report of 5 cases)[J]. Zhonghua Wai Ke Za Zhi[Chin J Orthop(Article in Chinese;No abstract available)],1982,2(3):163.}

[13608] 孟石合，黄汝毫．腓肠肌的应用解剖学数据 [J]．临床应用解剖学杂志，1984，2(4): 229. {MENG Shihe,HUANG Rubo. Applied anatomical data of the gastrocnemius muscle[J]. Lin Chunag Jie Pou Xue Za Zhi[Chin J Clin Anat(Article in Chinese;No abstract available)],1984,2(4):229.}

[13609] 程绪西，尹大庆，荣国威，王洪业，焦玉琛．腓肠肌内侧头推进肌皮瓣移位修复小腿远端骨外露创面 [J]．中华骨科杂志，1984，4(3): 166. {CHENG Xuxi,YIN Daqing,RONG Guowei,WANG Hongye,JIAO Yuchen. The medial gastrocnemius muscle flap was transferred to repair the exposed bone wound of the distal leg[J]. Zhonghua Wai Ke Za Zhi[Chin J Orthop(Article in Chinese;No abstract available)],1984,4(3):166.}

[13610] 胥少汀，时述山．腓肠肌内侧头肌皮瓣的局部转移 [J]．解放军医学杂志，1984，9(1): 62. {XU Shaoting. SHI Shushan. Local metastasis of the medial gastrocnemius cephalus flap[J]. Jie Fang Jun Za Zhi(J Med PLA(Article in Chinese;No abstract available)],1984,9(1):62.}

[13611] 王于川．腓肠肌外侧头肌皮瓣治疗小腿前群肌缺损 [J]．中华外科杂志，1985，23(11): 657. {WANG Yuchuan. Lateral gastrocnemius scalp flap for the treatment of anterior leg muscle defect[J]. Zhonghua Wai Ke Za Zhi[Chin J Surg(Article in Chinese;No abstract available)],1985,23(11):657.}

[13612] 朱盛修，卢世璧，张伯勋，王继芳．腓肠肌内侧头肌皮瓣交叉移位修复对侧下肢组织缺损 [J]．中华外科杂志，1985，23(12): 754. {ZHU Shengxiu,LU Shibi,ZHANG Boxun,WANG Jifang. Repair of contralateral lower limb tissue defect by cross-displacement of medial gastrocnemius scalp flap[J]. Zhonghua Wai Ke Za Zhi[Chin J Surg(Article in Chinese;No abstract available)],1985,23(12):754.}

[13613] 刘兴炎，葛宝丰．吻合血管神经的腓肠肌内侧头肌皮瓣移植重建上肢功能（4 例报告）[J]．中华骨科杂志，1985，5(5): 304. {LIU Xingyan,GE Baofeng. The medial gastrocnemius cephalus flap anastomosed with vascular nerves was transplanted to reconstruct upper limb function[J]. Zhonghua Wai Ke Za Zhi[Chin J Orthop(Article in Chinese;No abstract available)],1985,5(5):304.}

[13614] 李柱田．腓肠肌肌皮瓣在下肢软组织缺损修复中的应用 [J]．中华整形烧伤外科杂志，1985，1(2): 60. {LI Zhutian. Application of gastrocnemius myocutaneous flap in repairing soft tissue defect of lower limbs[J]. Zhonghua Zhengxing Shao Shang Wai Ke Za Zhi[Chin J Plast Surg Burns(Article in Chinese;No abstract available)],1985,1(2):60.}

[13615] 刘健民，曹文安，喻学政，潘宁，赖运泰．带蒂腓肠肌肌皮瓣修复胫前大块组织缺损（附两

例报告）[J]. 中华整形烧伤外科杂志，1985，1（3）：229. {LIU Jianmin,CAO Wenan,YU Xuezheng,PAN Ning,LAI Yuntai. Repair of large anterior tibial tissue defect with pedicled gastrocnemius muscle flap (report of 2 cases)[J]. Zhonghua Zhengxing Shao Shang Wai Ke Za Zhi[Chin J Plast Surg Burns(Article in Chinese;No abstract available)],1983,1(3):229.}

[13616] 邓世良. 腓肠肌内侧头肌皮瓣与胸大肌肌皮瓣转移术的临床应用（附三例报告）[J]. 山东医学院学报，1985，23（3）：78. {DENG Shiliang. Clinical application of medial gastrocnemius myocutaneous flap and pectoralis major myocutaneous flap transfer[J]. Shandong Yi Xue Yuan Xue Bao[Acta Univ Med Shandong(Article in Chinese;No abstract available)],1985,23(3):78.}

[13617] 邵宣，栾修荣，韩国忠. 用腓肠肌内、外侧头组合肌皮瓣治疗腘部巨大疤痕性溃疡一例报告[J]. 显微医学杂志，1985，8（2）：92. {SHAO Xuan,LUAN Xiurong,HAN Guozhong. A case report of treatment of popliteal giant scar ulcer with intramuscular and lateral head musculocutaneous flap[J]. Xian Wei Yi Xue Za Zhi[Chin J Microsurg(Article in Chinese;No abstract available)],1985,8(2):92.}

[13618] 范启申，王成琪. 用腓肠肌内侧头肌皮瓣重建前臂伸指功能[J]. 中华显微外科杂志，1986，9（1）：57-57. DOI: 10.3760/cma.j.issn.1001-2036.1986.01.131. {FAN Qishen,WANG Chengqi. The forearm extension function was reconstructed with the medial gastrocnemius cephalus flap[J]. Zhonghua Xian Wei Yi Xue Za Zhi[Chin J Microsurg(Article in Chinese;No abstract available)],1986,9(1):57-57. DOI:10.3760/cma.j.issn.1001-2036.1986.01.131.}

[13619] 侯春林，包聚良，臧鸿声，张文明. 腓肠肌皮瓣转移修复下肢创面[J]. 中华显微外科杂志，1986，9(3)：180-181. DOI: 10.3760/cma.j.issn.1001-2036.1986.03.129. {HOU Chunlin,BAO Juliang,ZANG Hongsheng,ZHANG Wenming. Gastrocnemius muscle flap transfer to repair lower limb wounds[J]. Zhonghua Xian Wei Yi Xue Za Zhi[Chin J Microsurg(Article in Chinese;No abstract available)],1986,9(3):180-181. DOI:10.3760/cma.j.issn.1001-2036.1986.03.129.}

[13620] 粮明业，等. 腓肠肌皮瓣在下肢慢性骨髓炎及组织缺损中的应用[J]. 中华显微外科杂志，1986，9（2）：122. {LANG Mingye,et al. Application of gastrocnemius muscle flap in chronic osteomyelitis and tissue defect of lower limbs[J]. Zhonghua Xian Wei Yi Xue Za Zhi[Chin J Microsurg(Article in Chinese;No abstract available)],1986,9(2):122.}

[13621] 方绍孟，张丁权. 双蒂腓肠肌肌皮瓣治疗小腿下1/3软组织缺损[J]. 中华骨科杂志，1986，6（1）：24. {FANG Shaomeng,ZHANG Dingquan. Pedicled gastrocnemius myocutaneous flap for treatment of 1/3 soft tissue defect in lower leg[J]. Zhonghua Wai Ke Za Zhi[Chin J Orthop(Article in Chinese;No abstract available)],1986,6(1):24.}

[13622] 阿效诚，曾碧强. 用腓肠肌内侧头肌皮瓣移位治疗夏科氏关节[J]. 修复重建外科杂志，1988，2（2）：109. {A Xiaocheng,ZENG Biqiang. Treatment of Charcot's joint desease with medial gastrocnemius flap[J]. Zhongguo Xiu Fu Chong Jian Wai Ke Za Zhi[Chin J Repar Reconstr Surg(Article in Chinese;No abstract available)],1988,2(2):109.}

[13623] 和宪正，秦建中. 腓肠肌内侧头肌皮瓣转位术治疗膝和胫前软组织缺损[J]. 修复重建外科杂志，1988，2（2）：122. {HE Xianzheng,QIN Jianzhong. Treatment of knee and anterior tibial soft tissue defects by transposition of medial gastrocnemius scalp flap[J]. Zhongguo Xiu Fu Chong Jian Wai Ke Za Zhi[Chin J Repar Reconstr Surg(Article in Chinese;No abstract available)],1988,2(2):122.}

[13624] 钟建饨. 带蒂腓肠肌皮瓣治疗胫前区软组织缺损8例报告[J]. 修复重建外科杂志，1988，2（2）：123. {ZHONG Jiantun. Anterior tibial soft tissue defect treated with pedicled gastrocnemius flap:a report of 8 cases[J]. Zhongguo Xiu Fu Chong Jian Wai Ke Za Zhi[Chin J Repar Reconstr Surg(Article in Chinese;No abstract available)],1988,2(2):123.}

[13625] 卢汉生. 应用腓肠肌内侧头肌皮瓣移位及髓针内固定治疗感染性胫骨假关节[J]. 修复重建外科杂志，1988，2（4）：21. {LU Hansheng. Treatment of infective tibial pseudarthrosis with medial gastrocnemius flap transposition and internal fixation with medullary needle[J]. Zhongguo Xiu Fu Chong Jian Wai Ke Za Zhi[Chin J Repar Reconstr Surg(Article in Chinese;No abstract available)],1988,2(4):21.}

[13626] 刘兴炎，葛宝丰，刘扣有，文益民，姜世平. 吻合血管的腓肠肌内侧头肌皮瓣移植重建肢体功能[J]. 中华显微外科杂志，1991，14（1）：27-28. {LIU Xingyan,GE Baofeng,LIU Kouyou,WEN Yimin,JIANG Shiping. The medial gastrocnemius myocutaneous flap transfer with neurovascular anastomosis for the reconstruction of extremities function[J]. Zhonghua Xian Wei Wai Ke Za Zhi[Chin J Microsurg(Article in Chinese;Abstract in Chinese)],1991,14(1):27-28.}

[13627] 陈才远. 腓肠肌内侧头肌皮瓣移位修复膝关节胫前电烧伤[J]. 中国修复重建外科杂志，1992，6（4）：247. {CHEN Caiyuan. Transposition of medial gastrocnemius musculocutaneous flap for anterior tibial electric burn of knee joint[J]. Zhongguo Xiu Fu Chong Jian Wai Ke Za Zhi[Chin J Repar Reconstr Surg(Article in Chinese;No abstract available)],1992,6(4):247.}

[13628] 李英华，殷代昌. 腓肠肌岛状肌皮瓣移位重建屈膝功能[J]. 中国修复重建外科杂志，1993，7（1）：43. {LI Yinghua,YIN Daichang. Reconstruction of knee flexion function by transposition of gastrocnemius island myocutaneous flap[J]. Zhongguo Xiu Fu Chong Jian Wai Ke Za Zhi[Chin J Repar Reconstr Surg(Article in Chinese;No abstract available)],1993,7(1):43.}

[13629] 赵成山，宋祖胤. 交腿腓肠肌内侧头肌皮瓣应用二例[J]. 中国修复重建外科杂志，1993，7（1）：60. {ZHAO Chengshan,SONNG Zuyin. Application of medial gastrocnemius musculocutaneous flap:a report of 2 cases[J]. Zhongguo Xiu Fu Chong Jian Wai Ke Za Zhi[Chin J Repar Reconstr Surg(Article in Chinese;No abstract available)],1993,7(1):60.}

[13630] 林昂如，金明新，狄勋元. 腓肠肌内侧头肌皮瓣交腿移植修复小腿严重开放骨折[J]. 中国临床解剖学杂志，1994，12（5）：225-227. {LIN Angru,JIN Mingxin,DI Xunyuan. Repair of severe open fractures of the leg by transplantation of the medial gastrocnemius musculocutaneous flap[J]. Zhongguo Lin Chuang Jie Pou Xue Za Zhi[Chin J Clin Anat(Article in Chinese;Abstract in Chinese)],1994,12(5):225-227.}

[13631] 潘世界，刘春兰，潘露，罗良雨，符涛，吴长江. 腓肠肌岛状肌皮瓣转移治疗膝关节软组织缺损[J]. 中级医刊，1996，31：36-37. {PAN Shijie,LIU Chunlan,PAN Lu,LUO Liangyu,FU Tao,WU Changjiang. The treatment of soft tissue defect of knee joint with gastrocnemius island myocutaneous flap transfer[J]. Zhong Ji Yi Kan[Chin J Med(Article in Chinese;No abstract available)],1996,31:36-37.}

[13632] 任志勇，王成琪，孙国峰，颜含. 腓肠肌血管供血的小腿部游离皮瓣移植术[J]. 中华显微外科杂志，1997，20（4）：56-57. {REN Zhiyong,WANG Chengqi,SUN Guofeng,YAN Han. Free flap transplantation of calf for gastrocnemius blood supply[J]. Zhonghua Xian Wei Wai Ke Za Zhi[Chin J Microsurg(Article in Chinese;No abstract available)],1997,20(4):56-57.}

[13633] 黄明，高博文，王开明，冯磊，刘汉武. 内侧腓肠肌岛状肌皮瓣修复膝部创面[J]. 中国修复重建外科杂志，1998，12（1）：10. {HUANG Ming,GAO Bowen,WANG Kaiming,FENG Lei,LIU Hanwu. Medial gastrocnemius island myocutaneous flap for repairing knee wounds[J]. Zhongguo Xiu Fu Chong Jian Wai Ke Za Zhi[Chin J Repar Reconstr Surg(Article in Chinese;No abstract available)],1998,12(1):10.}

[13634] 周嘉顺，袁超，王兆庆，程弛，陈振强. 双蒂腓肠肌内侧头肌皮瓣在36例胫前软组织缺损中的应用[J]. 中华创伤杂志，2000，16（8）：459. DOI: 10.3760/j: issn: 1001-8050.2000.08.024. {ZHOU Jiashun,YUAN Chao,WANG Zhaoqing,CHENG Chi,CHEN Zhenqiang. Application of double-pedicle gastrocnemius medial head muscle flap in treating anterior tibial soft tissue defects:a report of 36 cases[J]. Zhonghua Chuang Shang Za Zhi[Chin J Trauma(Article in Chinese;No abstract available)],2000,16(8):459. DOI:10.3760/j:issn:1001-8050.2000.08.024.}

[13635] 张功林，葛宝丰，张军华，荆浩，王世勇. 腓肠肌内侧头带蒂肌皮瓣修复小腿软组织缺损[J]. 中国骨伤，2000，13（7）：417. DOI: 10.3969/j.issn.1003-0034.2000.07.017. {ZHANG Gonglin,GE Baofeng,ZHANG Junhua,JING Hao,WANG Shiyong. Repairing soft tissue defect in leg with medial head pedicled gastrocnemius flap[J]. Zhongguo Gu Shang[China J Orthop Trauma(Article in Chinese;No abstract available)],2000,13(7):417. DOI:10.3969/j.issn.1003-0034.2000.07.017.}

[13636] 匡勇，侯春林. 以股动静脉为蒂的腓肠肌皮瓣修复骶部巨大褥疮[J]. 中华显微外科杂志，2001，24（1）：59-60. DOI: 10.3760/cma.j.issn.1001-2036.2001.01.027. {KUANG Yong,HOU Chunlin. Repair of large sacral sore with gastrocnemius flap pedicled with femoral artery and vein[J]. Zhonghua Xian Wei Wai Ke Za Zhi[Chin J Microsurg(Article in Chinese;Abstract in Chinese)],2001,24(1):59-60. DOI:10.3760/cma.j.issn.1001-2036.2001.01.027.}

[13637] 王诗波，侯春林，陈爱民. 腓肠肌内侧头肌瓣转移修复小腿贯通伤一例[J]. 中华显微外科杂志，2001，24（2）：112. DOI: 10.3760/cma.j.issn.1001-2036.2001.02.045. {WANG Shibo,HOU Chunlin,CHEN Aimin. Medial gastrocnemius muscle flap transfer repair of calf penetrating injury :a case report[J]. Zhonghua Xian Wei Wai Ke Za Zhi[Chin J Microsurg(Article in Chinese;No abstract available)],2001,24(2):112. DOI:10.3760/cma.j.issn.1001-2036.2001.02.045.}

[13638] 郑登权，方庭林. 岛状腓肠肌肌皮瓣治疗膝上软组织缺损[J]. 中国骨伤，2001，14（6）：355. DOI: 10.3969/j.issn.1003-0034.2001.06.020. {ZHENG Dengquan,FANG Tinglin. Island gastrocnemius muscle flap for the treatment of supraknee soft tissue defect[J]. Zhongguo Gu Shang[China J Orthop Trauma(Article in Chinese;No abstract available)],2001,14(6):355. DOI:10.3969/j.issn.1003-0034.2001.06.020.}

[13639] 刘建青. 腓肠肌内侧头肌皮瓣在严重胫腓骨骨折中的应用[J]. 中国骨伤，2001，14（7）：422-423. DOI: 10.3969/j.issn.1003-0034.2001.07.020. {LIU Jianqing. Application of medial gastrocnemius musculocutaneous flap in severe tibiofibular fracture[J]. Zhongguo Gu Shang[China J Orthop Trauma(Article in Chinese;No abstract available)],2001,14(7):422-423. DOI:10.3969/j.issn.1003-0034.2001.07.020.}

[13640] 王万垠，闫学军，杨建强. 腓肠肌皮瓣移位治疗跟腱缺损[J]. 中华显微外科杂志，2002，25（4）：293-294. DOI: 10.3760/cma.j.issn.1001-2036.2002.04.020. {WANG Wanyin,YAN Xuejun,YANG Jianqiang. Treatment of Achilles tendon defect with gastrocnemius flap transposition[J]. Zhonghua Xian Wei Wai Ke Za Zhi[Chin J Microsurg(Article in Chinese;Abstract in Chinese)],2002,25(4):293-294. DOI:10.3760/cma.j.issn.1001-2036.2002.04.020.}

[13641] 王志强，汪琦，金立国，贾庆灵，孙柏山，胡平. 带跟腱的腓肠肌内侧头肌皮瓣修复膝前软组织与髌腱缺损[J]. 中国矫形外科杂志，2002，9（7）：662-663. DOI: 10.3969/j.issn.1005-8478.2002.07.013. {WANG Zhiqiang,WANG Qi,JIN Liguo,JIA Qingling,SUN Baishan,HU Ping. Reconstruction of the patella tendon and soft tissue loss by the medial head of gastrocnemius muscle musculocutaneous flap with achilles tendon[J]. Zhongguo Jiao Xing Wai Ke Za Zhi[Orthop J China(Article in Chinese;Abstract in Chinese and English)],2002,9(7):662-663. DOI:10.3969/j.issn.1005-8478.2002.07.013.}

[13642] 宋基学，韩影，秦丽梅，赵玉杰. 带岛状皮瓣的腓肠肌内侧头肌瓣修复小腿上部缺损[J]. 中华整形外科杂志，2003，19（6）：449-449. DOI: 10.3760/j.issn: 1009-4598.2003.06.028. {SONG Jixue,HAN Ying,QIN Limei,ZHAO Yujie. Repairing upper leg defect with medial gastrocnemius flap[J]. Zhonghua Zheng Xing Wai Ke Za Zhi[Chin J Plast Surg(Article in Chinese;No abstract available)],2003,19(6):449-449. DOI:10.3760/j.issn:1009-4598.2003.06.028.}

[13643] 牛军，曹飞，孙振华，刘世方. 腓肠肌肌皮瓣结合外固定架治疗胫骨骨折术后骨及固定物外露[J]. 临床骨科杂志，2003，6（4）：369-369. DOI: 10.3969/j.issn.1008-0287.2003.04.030. {NIU Jun,CAO Fei,SUN Zhenhua,LIU Shifang. Post-operative exposure of bone and internal fixator of tibial fracture treated with gas-trocnemius musculocutaneous flap transposition and external fixator[J]. Lin Chuang Gu Ke Za Zhi[J Clin Orthop(Article in Chinese;No abstract available)],2003,6(4):369-369. DOI:10.3969/j.issn.1008-0287.2003.04.030.}

[13644] 徐德奎，王统海，邱荣义，胡永军. 改良双蒂内侧腓肠肌肌皮瓣的应用[J]. 中国骨伤，2004，17（12）：741-741. DOI: 10.3969/j.issn.1003-0034.2004.12.017. {XU Dekui,WANG Tonghai,QIU Rongyi,HU Yongjun. Application of modified musculo-cutaneous flap of internal double pedicles gastrocnemious muscle[J]. Zhongguo Gu Shang[China J Orthop Trauma(Article in Chinese;No abstract available)],2004,17(12):741-741. DOI:10.3969/j.issn.1003-0034.2004.12.017.}

[13645] 康保全. 腓肠肌筋膜蒂皮瓣移位修复胫前皮肤缺损[J]. 中国修复重建外科杂志，2005，19（6）：477. {KANG Baoquan. Repairing anterior tibial skin defect with sural myofascial pedicle flap[J]. Zhongguo Xiu Fu Chong Jian Wai Ke Za Zhi[Chin J Repar Reconstr Surg(Article in Chinese;No abstract available)],2005,19(6):477.}

[13646] 杨柳春. 应用腓肠肌皮瓣修复前臂特大创面[J]. 中华显微外科杂志，2006，29（4）：292-293. DOI: 10.3760/cma.j.issn.1001-2036.2006.04.020. {YANG Liuchun. Application of gastrocnemius myocutaneous flap to repair large forearm wounds[J]. Zhonghua Xian Wei Wai Ke Za Zhi[Chin J Microsurg(Article in Chinese;Abstract in Chinese)],2006,29(4):292-293. DOI:10.3760/cma.j.issn.1001-2036.2006.04.020.}

[13647] 范存义，姜佩珠，蔡培华，孙鲁源，傅麟，曾炳芳. 游离腓肠肌肌皮瓣重建外伤性前臂屈肌缺损[J]. 中华手外科杂志，2006，22（3）：162-164. {FAN Cunyi,JIANG Peizhu,CAI Peihua,SUN Luyuan,FU Lin,ZENG Bingfang. Reconstruction of forearm flexors by gastrocnemius myocutaneous flap transfer[J]. Zhonghua Shou Wai Ke Za Zhi[Chin J Hand Surg(Article in Chinese;Abstract in Chinese and English)],2006,22(3):162-164.}

[13648] 张功林，章鸣，张金福，何继华，凌爱军，彭俊洋. 腓肠肌内侧动脉穿支肌皮瓣的临床应用[J]. 中华医学杂志，2006，86（41）：2943-2944. DOI: 10.3760/j: issn: 0376-2491.2006.41.018. {ZHANG Gonglin,ZHANG Ming,ZHANG Jinfu,HE Jihua,LING Aijun,PENG Junyang. Clinical application of medial sural artery perforator flap[J]. Zhonghua Yi Xue Za Zhi[Natl Med J China(Article in Chinese;No abstract available)],2006,86(41):2943-2944. DOI:10.3760/j:issn:0376-2491.2006.41.018.}

[13649] 张远成，宓士军，何磊，田小芳，孙敬宇. 应用带跟腱的腓肠肌肌皮瓣修复膝前组织缺损8例随访报道[J]. 中国矫形外科杂志，2007，15（24）：1912-1913. DOI: 10.3969/j.issn.1005-8478.2007.24.026. {ZHANG Yuancheng,MI Shijun,HE Lei,TIAN Xiaofang,SUN Jingyu. Application of gastrocnemius myocutaneous flap with achilles tendon to repair anterior knee tissue defect in 8 cases[J]. Zhongguo Jiao Xing Wai Ke Za Zhi[Orthop J China(Article in Chinese;No abstract available)],2007,15(24):1912-1913. DOI:10.3969/j.issn.1005-8478.2007.24.026.}

[13650] 冯涤，冯世伟，房艳. 腓肠肌内侧头岛状肌皮瓣治疗大腿碾挫伤一例[J]. 中华烧伤杂志，2007，23（5）：388. DOI: 10.3760/cma.j.issn.1009-2587.2007.05.033. {FENG Di,FENG Shiwei,FANG Yan. Treatment of thigh contusion injury with medial head island musculocutaneous flap of gastrocnemius[J]. Zhonghua Shao Shang Za Zhi[Chin J Burns(Article in Chinese;No abstract available)],2007,23(5):388. DOI:10.3760/cma.j.issn.1009-2587.2007.05.033.}

[13651] 朱跃良，徐永清，兰秀夫，杨军. 跟腱伴皮肤缺损的一期腓肠肌肌皮瓣修复[J]. 中国骨与关节损伤杂志，2007，22(9)：735-736. DOI: 10.3969/j.issn.1672-9935.2007.09.011. {ZHU Yueliang,XU Yongqing,LAN Xiufu,YANG Jun. One-stage repair of achilles tendon with its overlying skin defects by gastrocnemius myocutaneous flap[J]. Zhongguo Gu Yu Guan Jie Sun Shang Za Zhi[Chin J Bone Joint Injury(Article in Chinese;Abstract in Chinese and English)],2007,22(9):735-736. DOI:10.3969/j.issn.1672-9935.2007.09.011.}

[13652] 王显勋，余国荣，喻爱喜. 腓肠肌内侧头肌皮瓣修复胫前软组织缺损[J]. 中华显微外科杂志，2008，31（2）：135-136. DOI: 10.3760/cma.j.issn.1001-2036.2008.02.022. {WANG Xianxun,YU Guorong,YU Aixi. Medial gastrocnemius musculocutaneous flap

for repairing anterior tibial soft tissue defect[J]. Zhonghua Xian Wei Wai Ke Za Zhi[Chin J Microsurg(Article in Chinese;Abstract in Chinese)],2008,31(2):135-136. DOI:10.3760/cma.j.issn.1001-2036.2008.02.022.}

[13653] 王强，赵玉玲，曹全斌，朱典勇. 腓肠肌瘢痕皮瓣修复烧伤后胫骨外露 16 例 [J]. 中华烧伤杂志，2008，24（2）: 133. DOI: 10.3760/cma.j.issn.1009-2587.2008.02.020. {WANG Qiang,ZHAO Yuling,CAO Quanbin,ZHU Dianyong. Tibial bone exposure after burn repaired by gastrocnemius scar flap:a report of 16 cases[J]. Zhonghua Shao Shang Za Zhi[Chin J Burns(Article in Chinese;No abstract available)],2008,24(2):133. DOI:10.3760/cma.j.issn.1009-2587.2008.02.020.}

[13654] 张功林，章鸣，郭翱，丁法明，王干生，荆浩，凌爱军，彭俊洋. 腓肠肌内侧头岛状肌瓣修复胫骨上端感染创面 [J]. 中国骨伤，2008，21（2）: 83-85. DOI: 10.3969/j.issn.1003-0034.2008.02.001. {ZHANG Gonglin,ZHANG Ming,GUO Ao,DING Faming,WANG Gansheng,JING Hao,LING Aijun,PENG Junyang. The sural medial gastrocnemius island muscle flap to cover wound of infection on upper region of the tibial[J]. Zhongguo Gu Shang[China J Orthop Trauma(Article in Chinese;Abstract in Chinese and English)],2008,21(2):83-85. DOI:10.3969/j.issn.1003-0034.2008.02.001.}

[13655] 方凯，张汉军，王庚夫，高代银，龚汉银，邓志刚. 腓肠肌内侧头岛状肌皮瓣修复跟腱及皮肤同时缺损 11 例 [J]. 创伤外科杂志，2009，11（4）: 377-377. DOI: 10.3969/j.issn.1009-4237.2009.04.039. {FANG Kai,ZHANG Hanjun,WANG Gengfu,GAO Daiyin,GONNG Hanyin,DENG Zhigang. Reconstruction of the achilles tendon and overlying skin defect with gastrocnemius island musculocutaneous flap:a report of 11 cases[J]. Chuang Shang Wai Ke Za Zhi[J Traum Surg(Article in Chinese;Abstract in Chinese)],2009,11(4):377-377. DOI:10.3969/j.issn.1009-4237.2009.04.039.}

[13656] 黎健伟，任义军，任高宏，金丹，魏宽海，张元智，裴国献. 三维重建技术在腓肠肌皮瓣临床手术中的应用 [J]. 南方医科大学学报，2009，29（4）: 747-750. DOI: 10.3321/j.issn: 1673-4254.2009.04.065. {LI Jianwei,REN Yijun,REN Gaohong,JIN Dan,WEI Kuanhai,ZHANG Yuanzhi,PEI Guoxian. Three-dimensional reconstruction technique in gastrocnemius flap surgery:initial clinical application[J]. Nan Fang Yi Ke Da Xue Xue Bao[J South Med Univ(Article in Chinese;Abstract in Chinese and English)],2009,29(4):747-750. DOI:10.3321/j.issn:1673-4254.2009.04.065.}

[13657] 董忠根，刘立宏，倪江东，何爱咏，李贺君，马炳栋，武文. 腓肠肌外侧头肌皮瓣前界扩大的改良及其临床应用 [J]. 中国临床解剖学杂志，2010，28（1）: 101-103. {DONG Zhonggen,LIU Lihong,NI Jiangdong,HE Aiyong,LI Hejun,MA Bingdong,WU Wen. The modification of lateral gastrocnemius myocutaneous flap with extended anterior margin and its clinical application[J]. Zhongguo Lin Chuang Jie Pou Xue Za Zhi[Chin J Clin Anat(Article in Chinese;Abstract in Chinese and English)],2010,28(1):101-103.}

[13658] 王晋，谢显彪，尹军强，黄纲，邹昌业，李浩淼，尤涛，沈靖南. 带血管蒂腓肠肌内侧头肌瓣转移重建髌腱的长期随访 [J]. 中华显微外科杂志，2010，33（2）: 122-124. DOI: 10.3760/cma.j.issn.1001-2036.2010.02.013. {WANG Jin,XIE Xianbiao,YIN Junqiang,HUANG Gang,ZOU Changye,LI Haomiao,YOU Tao,SHEN Jingnan. Medial gastrocnemius muscle transferring reconstruction the patella tendon with long following-up[J]. Zhonghua Xian Wei Wai Ke Za Zhi[Chin J Microsurg(Article in Chinese;Abstract in Chinese and English)],2010,33(2):122-124. DOI:10.3760/cma.j.issn.1001-2036.2010.02.013.}

[13659] 彭智，吴志远，黄海华，郭晓瑞，贾振华. 应用逆行腓肠肌内外侧头肌皮瓣修复小腿中下 1/3 软组织缺损 [J]. 中华显微外科杂志，2010，33（4）: 274-277，后插二. DOI: 10.3760/cma.j.issn.1001-2036.2010.04.005. {PENG Zhi,WU Zhiyuan,HUANG Haihua,GUO Xiaorui,JIA Zhenhua. Clinical application of retrograde medial and lateral gastrocnemius muscle flap for repairing the soft tissue defects of the middle and lower third of the leg[J]. Zhonghua Xian Wei Wai Ke Za Zhi[Chin J Microsurg(Article in Chinese;Abstract in Chinese and English)],2010,33(4):274-277,insert 2. DOI:10.3760/cma.j.issn.1001-2036.2010.04.005.}

[13660] 魏在荣，邵星，谢月，孙广峰，唐修俊，金文虎，王达利. 腓肠肌内侧头穿支皮瓣修复腘窝瘢痕创面 [J]. 中华烧伤杂志，2010，26（4）: 260-262. DOI: 10.3760/cma.j.issn.1009-2587.2010.04.004. {WEI Zairong,SHAO Xing,XIE Yue,SUN Guangfeng,TANG Xiujun,JIN Wenhu,WANG Dali. Repair of wounds in popliteal fossa scar with perforator flaps of gastrocnemius medial head[J]. Zhonghua Shao Shang Za Zhi[Chin J Burns(Article in Chinese;Abstract in Chinese and English)],2010,26(4):260-262. DOI:10.3760/cma.j.issn.1009-2587.2010.04.004.}

[13661] 张功林，龚铁军，赵来绪，王永恒，邹永刚，杨军林. 腓肠肌远端岛状肌瓣修复膝和小腿上 2/3 软组织缺损 [J]. 中华整形外科杂志，2010，26（5）: 328-331. DOI: 10.3760/cma.j.issn.1009-4598.2010.05.003. {ZHANG Gonglin,GONG Tiejun,ZHAO Laixu,WANG Yongheng,ZOU Yonggang,YANG Junlin. Clinical application of the distal island muscle flap of the gastrocnemius muscle for reparing the defects around knee and within the upper 2/3 of lower leg[J]. Zhonghua Zheng Xing Wai Ke Za Zhi[Chin J Plast Surg(Article in Chinese;Abstract in Chinese and English)],2010,26(5):328-331. DOI:10.3760/cma.j.issn.1009-4598.2010.05.003.}

[13662] 张功林，李福民，陈克明，赵来绪，杨军林. 腓肠肌内侧头肌瓣联合植皮修复髌前软组织缺损 [J]. 国际骨科学杂志，2011，32（4）: 263-264，269. DOI: 10.3969/j.issn.1673-7083.2011.04.018. {ZHANG Gonglin,LI Fumin,CHEN Keming,ZHAO Laixu,YANG Junlin. Medial head gastrocnemius muscle flap combined with skin graft to cover soft tissue defect in anterior surface of the patellar[J]. Guo Ji Gu Ke Xue Za Zhi [Int J Orthop(Article in Chinese;Abstract in Chinese and English)],2011,32(4):263-264,269. DOI:10.3969/j.issn.1673-7083.2011.04.018.}

[13663] 沙德峰，李崇杰，车敏，于灏，陈兵. 应用腓肠肌内侧头肌皮瓣修复小腿软组织缺损 [J]. 中华显微外科杂志，2012，35（2）: 171-172. DOI: 10.3760/cma.j.issn.1001-2036.2012.02.034. {SHA Defeng,LI Chongjie,CHE Min,YU Hao,CHEN Bing. Application of medial gastrocnemius musculocutaneous flap to repair soft tissue defect of leg[J]. Zhonghua Xian Wei Wai Ke Za Zhi[Chin J Microsurg(Article in Chinese;No abstract available)],2012,35(2):171-172. DOI:10.3760/cma.j.issn.1001-2036.2012.02.034.}

[13664] 任志勇，张维彬，王辉，黄现峰，魏长月. 腓肠肌血管在小腿严重创伤感染性皮肤缺损游离皮瓣移植中的应用研究 [J]. 中华显微外科杂志，2012，35（3）: 183-185，后插 6. DOI: 10.3760/cma.j.issn.1001-2036.2012.03.003. {REN Zhiyong,ZHANG Weibin,WANG Hui,HUANG Xianfeng,WEI Changyue. Clinical study on application of gastrocnemius blood vessles in transplatation of free flaps for repairing infected skin defects of seriously injured legs[J]. Zhonghua Xian Wei Wai Ke Za Zhi[Chin J Microsurg(Article in Chinese;Abstract in Chinese and English)],2012,35(3):183-185,insert 6. DOI:10.3760/cma.j.issn.1001-2036.2012.03.003.}

[13665] 张琛玉，徐林，姜晓锐，杨光诗，孙军军. 逆行腓肠肌肌腱瓣加强修复急性闭合性跟腱断裂 [J]. 中华创伤骨科杂志，2013，15（3）: 270-271. DOI: 10.3760/cma.j.issn.1671-7600.2013.03.019. {ZHANG Chenyu,XU Lin,JIANG Xiaorui,YANG Guangshi,SUN Junjun. Repair of acute closed Achilles tendon rupture with retrograde gastrocnemius tendon flap[J]. Zhonghua Chuang Shang Gu Ke Za Zhi[Chin J Orthop Trauma(Article in Chinese;Abstract in Chinese)],2013,15(3):270-271. DOI:10.3760/cma.j.issn.1671-7600.2013.03.019.}

[13666] 黄凯，郭峭峰，林炳远，沈立锋，马苟平，张展，刘亦杨，张春. 腓肠肌肌瓣联合植皮一期治疗人工全膝关节置换术后皮肤坏死 [J]. 中华显微外科杂志，2017，40（3）: 287-289. DOI: 10.3760/cma.j.issn.1001-2036.2017.03.025. {HUANG Kai,GUO Qiaofeng,LIN Bingyuan,SHEN Lifeng,MA Gouping,ZHANG Zhan,LIU Yiyang,ZHANG Chun. Skin necrosis after total knee arthroplasty with gastrocnemius muscle flap combined with skin grafting[J]. Zhonghua Xian Wei Wai Ke Za Zhi[Chin J Microsurg(Article in Chinese;Abstract in Chinese)],2017,40(3):287-289. DOI:10.3760/cma.j.issn.1001-2036.2017.03.025.}

[13667] 林炳远，郭峭峰，刘亦杨，黄凯，张春，沈立锋. 腓肠肌肌瓣转移治疗髌骨内固定术后感染 [J]. 中国骨伤，2018，31（10）: 899-902. DOI: 10.3969/j.issn.1003-0034.2018.10.004. {LIN Bingyuan,GUO Qiaofeng,LIU Yiyang,HUANG Kai,ZHANG Chun,SHEN Lifeng. Transfer of gastrocnemius muscle flap for postoperative infection with patellar internal fixation[J]. Zhongguo Gu Shang[China J Orthop Trauma(Article in Chinese;Abstract in Chinese and English)],2018,31(10):899-902. DOI:10.3969/j.issn.1003-0034.2018.10.004.}

4.7.21 趾短伸肌肌皮瓣
extensor brevis minimi myocutaneous flap

[13668] 王启华，肖尚英，刘庆麟，林正琰，黄鸿钧，王植楠. 趾短伸肌应用解剖学研究 [J]. 广东解剖学通报，1981，3（1）: 59. {WANG Qihua,XIAO Shangying,LIU Qinglin,LIN Zhengyan,HUANG Hongjun,WANG Zhinan. Applied anatomy of extensor brevis[J]. Guangdong Jie Pou Xue Tong Bao[Anat Res(Article in Chinese;No abstract available)],1981,3(1):59.}

[13669] 朱盛修，张伯勋，姚建祥，李主一，王铸琏，傅祖国. 吻合血管神经的趾短伸肌皮瓣移植重建拇对掌内收功能 [J]. 中华外科杂志，1982，20（12）: 716-718. {ZHU Shengxiu,ZHANG Boxun,YAO Jianxiang,LI Zhuyi,WANG Chuanlian,FU Zuguo. Reconstruction of thumb-palmar adductor function with vascular-nerve-anastomosed extensor digitorum brevis flap[J]. Zhonghua Wai Ke Za Zhi[Chin J Surg(Article in Chinese;No abstract available)],1982,20(12):716-718.}

[13670] 邵先舫. 带蒂趾短伸肌皮瓣治疗骨髓炎 [J]. 修复重建外科杂志，1990，4（1）: 57. {SHAO Xianfang. Pedicled extensor myocutaneous flap for the treatment of osteomyelitis[J]. Zhongguo Xiu Fu Chong Jian Wai Ke Za Zhi[Chin J Repar Reconstr Surg(Article in Chinese;No abstract available)],1990,4(1):57.}

[13671] 季卫平. 趾短伸肌瓣在足背皮瓣切取后的修复作用 [J]. 中国修复重建外科杂志，1993，7（4）: 239. {JI Weiping. The repair effect of short extensor digitorum muscle flap after dorsal foot flap resection[J]. Zhongguo Xiu Fu Chong Jian Wai Ke Za Zhi[Chin J Repar Reconstr Surg(Article in Chinese;No abstract available)],1993,7(4):239.}

[13672] 周吉林，姚作宾，姜华东，陈明法，林向进，王立峰. 带血管蒂趾短伸肌瓣的应用解剖 [J]. 中国临床解剖学杂志，1996，14（4）: 177-179. {ZHOU Jilin,YAO Zuobin,JIANG Huadong,CHEN Mingfa,LIN Xiangjin,WANG Lifeng. Applied anatomy of a pedicled flap of extensor digitorum brevis muscle[J]. Zhongguo Lin Chuang Jie Pou Xue Za Zhi[Chin J Clin Anat(Article in Chinese;Abstract in Chinese)],1996,14(4):177-179.}

[13673] 林向进. 带血管蒂的趾短伸肌瓣的临床应用解剖研究 [J]. 骨与关节损伤杂志，1998，13（1）: 25-27. {LIN Xiangjin. The clinic and anatomic study on the pedicled digitorum breviextensor flap[J]. Gu Yu Guan Jie Sun Shang Za Zhi[J Bone Joint Injury(Article in Chinese;Abstract in Chinese and English)],1998,13(1):25-27.}

[13674] 于勇，吕奎芳，田向群，邱诚，贾国顺. 伸趾短肌皮瓣修复虎口挛缩伴大鱼际缺损 [J]. 中国修复重建外科杂志，1998，12（3）: 161. {YU Yong,LV Kuifang,TIAN Xiangqun,QIU Cheng,JIA Guoshun. Repairing contracture in the edge between thumb and second finger and thenar defect with extensor digitorum brevis myocutaneous flap[J]. Zhongguo Xiu Fu Chong Jian Wai Ke Za Zhi[Chin J Repar Reconstr Surg(Article in Chinese;No abstract available)],1998,12(3):161.}

[13675] 陆伟，肖建德，王琰，李振宇，胡波. 预构神经的趾短伸肌皮瓣移植重建第一背侧骨间肌功能 [J]. 中华创伤杂志，2001，17（7）: 405-406. DOI: 10.3760/j: issn: 1001-8050.2001.07.006. {LU Wei,XIAO Jiande,WANG Yan,LI Zhenyu,HU Bo. Transplantation of brevis extensor muscle of toes with prefabricated nerve to restore the function of first dorsal interosseous muscle[J]. Zhonghua Chuang Shang Za Zhi[Chin J Trauma(Article in Chinese;Abstract in Chinese and English)],2001,17(7):405-406. DOI:10.3760/j:issn:1001-8050.2001.07.006.}

[13676] 刘志功. 带血管蒂的趾短伸肌肌瓣治疗跗跖骨慢性骨髓炎 [J]. 中国骨伤，2002，15（12）: 753-754. DOI: 10.3969/j.issn.1003-0034.2002.12.024. {LIU Zhigong. Treatment of chronic osteomyelitis of the tarsal metatarsal bones using vascular pedicled flap of extensor digitorum brevis[J]. Zhongguo Gu Shang[China J Orthop Trauma(Article in Chinese;No abstract available)],2002,15(12):753-754. DOI:10.3969/j.issn.1003-0034.2002.12.024.}

[13677] 尹博，顾立强，金丹，林晓岗，相大勇. 吻合神经血管的踇趾短伸肌移植重建手内肌功能的解剖学研究 [J]. 中华创伤骨科杂志，2006，8（5）: 458-461. DOI: 10.3760/cma.j.issn.1671-7600.2006.05.015. {YIN Bo,GU Liqiang,JIN Dan,LIN Xiaogang,XIANG Dayong. Applied anatomy of extensor digitorum (hallucis) brevis transplantation for reconstruction of intrinsic hand function after brachial plexus injury[J]. Zhonghua Chuang Shang Gu Ke Za Zhi[Chin J Orthop Trauma(Article in Chinese;Abstract in Chinese and English)],2006,8(5):458-461. DOI:10.3760/cma.j.issn.1671-7600.2006.05.015.}

[13678] 刘景堂，刘兴炎，高秋明，田琦. 逆行趾短伸肌瓣转移修复第一趾蹼软组织缺损一例 [J]. 中华显微外科杂志，2007，30（4）: 284. DOI: 10.3760/cma.j.issn.1001-2036.2007.04.039. {LIU Jingtang,LIU Xingyan,GAO Qiuming,TIAN Qi. Repairing soft tissue defect of the first webbed toe with retrograde extensor muscle flap transfer:a case report[J]. Zhonghua Xian Wei Wai Ke Za Zhi[Chin J Microsurg(Article in Chinese;No abstract available)],2007,30(4):284. DOI:10.3760/cma.j.issn.1001-2036.2007.04.039.}

[13679] 张增方，吴玉仙，朱朝晖，张鑫，杨斌. 逆行趾短伸肌瓣修复前足软组织缺损 [J]. 中华创伤骨科杂志，2008，10（5）: 493-494. DOI: 10.3760/cma.j.issn.1671-7600.2008.05.023. {ZHANG Zengfang,WU Yuxian,ZHU Zhaohui,ZHANG Xin,YANG Bin. Repair of soft tissue defect of forefoot with retrograde extensor digitorum brevis muscle flap[J]. Zhonghua Chuang Shang Gu Ke Za Zhi[Chin J Orthop Trauma(Article in Chinese;No abstract available)],2008,10(5):493-494. DOI:10.3760/cma.j.issn.1671-7600.2008.05.023.}

4.7.22 踇展肌肌皮瓣
abductor hallucis myocutaneous flap

[13680] 侯春林，包聚良，张文明. 外展踇肌肌皮瓣转移修复足部创面 [J]. 中华骨科杂志，1986，6（1）: 15. {HOU Chunlin,BAO Juliang,ZHANG Wenming. Transposition of the abductor great toenail musculocutaneous flap to repair foot wounds[J]. Zhonghua Gu Ke Za Zhi[Chin J Orthop(Article in Chinese;No abstract available)],1986,6(1):15.}

[13681] 钟桂午，匡勇，张庆林，胡万华，张春. 带血管蒂踇展肌皮瓣修复感染性跟腱缺损 [J]. 修复重建外科杂志，1990，4（1）: 25-64. {ZHONG Guiwu,KUANG Yong,ZHANG Qinglin,HU Wanhua,ZHANG Chun. Repair of infectious Achilles tendon defect with vascular pedicled abductor musculocutaneous flap[J]. Zhongguo Xiu Fu Chong Jian Wai Ke Za Zhi[Chin J Repar Reconstr Surg(Article in Chinese;No abstract available)],1990,4(1):25-64.}

[13682] 温贵满，及金宝，银和平. 踇展肌皮瓣移位修复感染性跟腱缺损 [J]. 中国修复重建外科杂志，1994，8（1）: 61. {WEN Guiman,JI Jinbao,YIN Heping. Repair of infectious Achilles tendon defect by transposition of abductor hallux muscle flap[J]. Zhongguo Xiu Fu Chong Jian Wai Ke Za Zhi[Chin J Repar Reconstr Surg(Article in Chinese;No abstract available)],1994,8(1):61.}

[13683] 黄巧洪，朱小平，苏为，卢霞，陈红格．踇展肌肌皮瓣修复足跟部软组织缺损 [J]．中华显微外科杂志，2000，23（2）：156．DOI：10.3760/cma.j.issn.1001-2036.2000.02.047．{HUANG Qiaohong,ZHU Xiaoping,SU Wei,LU Xia,CHEN Hongge. Abductor myocutaneous flap for repairing soft tissue defect of heel[J]. Zhonghua Xian Wei Wai Ke Za Zhi[Chin J Microsurg(Article in Chinese;No abstract available)],2000,23(2):156. DOI:10.3760/cma.j.issn.1001-2036.2000.02.047.}

[13684] 张成峰，刘付强，陈立参．踇展肌肌皮瓣修复足后跟软组织缺损 [J]．临床骨科杂志，2001，4（2）：154-155．DOI：10.3969/j.issn.1008-0287.2001.02.037．{ZHANG Chengfeng,LIU Fuqiang,CHEN Lishan. Repairing soft tissue defects in heel with myocutaneous flaps of the musculus abductor hallucis[J]. Lin Chuang Gu Ke Za Zhi[J Clin Orthop(Article in Chinese;No abstract available)],2001,4(2):154-155. DOI:10.3969/j.issn.1008-0287.2001.02.037.}

[13685] 苏日宝，梅晰凡．带血管神经蒂踇展肌皮瓣转移修复足跟慢性溃疡 [J]．中华显微外科杂志，2011，34(4)：316-318．DOI：10.3760/cma.j.issn.1001-2036.2011.04.019．{SU Ribao,MEI Xifan. Repair of chronic heel ulcer with vascular nerve pedicled abductor musculocutaneous flap[J]. Zhonghua Xian Wei Wai Ke Za Zhi[Chin J Microsurg(Article in Chinese;Abstract in Chinese)],2011,34(4):316-318. DOI:10.3760/cma.j.issn.1001-2036.2011.04.019.}

[13686] 李涛，郑怀远，陈振兵，丛晓斌，洪光祥．足内侧跨供区踇展肌肌皮瓣重建大鱼际缺损的临床研究 [J]．中华手外科杂志，2013，29（3）：143-146．DOI：10.3760/cma.j.issn.1005-054X.2013.03.009．{LI Tao,ZHENG Huaiyuan,CHEN Zhenbing,CONG Xiaobin,HONG Guangxiang. Reconstruction of thenar eminence defects using modified medial pedis flap combined with abductor hallucis muscle transfer[J]. Zhonghua Shou Wai Ke Za Zhi[Chin J Hand Surg(Article in Chinese;Abstract in Chinese and English)],2013,29(3):143-146. DOI:10.3760/cma.j.issn.1005-054X.2013.03.009.}

[13687] 彭军，马洪良．扩大的带蒂踇展肌肌皮瓣修复恶性黑色素瘤切除术后软组织缺损 [J]．实用骨科杂志，2015，21（5）：416-420．{PENG Jun,MA Hongliang. Ampliative Pedicled Abductor-hallucis-Myocutaneous Flap Repair Postoperative Defect of the Heel Malignant Melanoma in Thickness More than 4 mm[J]. Shi Yong Gu Ke Za Zhi[J Pract Orthop(Article in Chinese;Abstract in Chinese and English)],2015,21(5):416-420.}

[13688] 李英，潘月海，贾晓燕，田文泰，杨帆，刘志刚．踇趾展肌皮瓣修复第 1 跖趾关节黑色素瘤术后软组织缺损一例 [J]．中华显微外科杂志，2019，42（1）：99-100．DOI：10.3760/cma.j.issn.1001-2036.2019.01.032．{LI Ying,PAN Yuehai,JIA Xiaoyan,TIAN Wentai,YANG Fan,LIU Zhigang. A case of soft tissue defect after repair of melanoma of the first metatarsophalangeal joint by hallux abductor myocutaneous flap[J]. Zhonghua Xian Wei Wai Ke Za Zhi[Chin J Microsurg(Article in Chinese;Abstract in Chinese)],2019,42(1):99-100. DOI:10.3760/cma.j.issn.1001-2036.2019.01.032.}

4.7.23 趾短屈肌肌皮瓣
flexor digiti brevis myocutaneous flap

[13689] 杨连根，张增方，方绍孟，孟素琴，韩守江．趾短屈肌肌皮瓣修复足跟部软组织缺损 [J]．中国修复重建外科杂志，1999，13（1）：16-17．{YANG Liangen,ZHANG Zengfang,FANG Shaomeng,MENG Suqin,HAN Shoujiang. Repair of soft tissue defect of heel with myocutaneous flap of flexor digitorum brevis[J]. Zhongguo Xiu Fu Chong Jian Wai Ke Za Zhi[Chin J Repar Reconstr Surg(Article in Chinese;Abstract in Chinese and English)],1999,13(1):16-17.}

4.7.24 其他肌皮瓣
other myocutaneous flaps

[13690] Zhou G,Chen GY,Teng L,Liu C,Qiao Q,Li G. Clinical experience with orbicularis oculi myocutaneous flaps in the temporal area[J]. Plast Reconstr Surg,1998,101(7):1796-802. doi:10.1097/00006534-199806000-00004.

[13691] Dong L,Li F,Zhang J,Ye Y,Zhang G,Guocheng Z. Techniques for covering soft tissue defects resulting from plantar ulcers in leprosy:Part III. Use of plantar skin or musculocutaneous flaps and anterior leg flap[J]. Indian J Lepr,1999,71(4):423-436.

[13692] Zhou G. Clinical experience with orbicularis oculi myocutaneous flaps in the temporal area[J]. Plast Reconstr Surg,2003,112(7):1862. doi:10.1097/01.PRS.0000091242.70579.A4.

[13693] Zhou G. Further clinical experience with orbicularis oculi myocutaneous flaps in the temporal area[J]. Plast Reconstr Surg,2004,113(6):1751-1752. doi:10.1097/01.prs.0000117297.44419.0f.

[13694] Wong TC,Ip FK. Comparison of gluteal fasciocutaneous rotational flaps and myocutaneous flaps for the treatment of sacral sores[J]. Int Orthop,2006,30(1):64-67. doi:10.1007/s00264-005-0031-5.

[13695] Yuen AP,Ng RW. Surgical techniques and results of lateral thoracic cutaneous,myocutaneous,and conjoint flaps for head and neck reconstruction[J]. Laryngoscope,2007,117(2):288-294. doi:10.1097/01.mlg.0000250494.62826.6b.

[13696] Tang M,Thomas BP,Geddes CR,Yang D,Morris SF. Vascular basis of intrinsic muscle flaps in the hand[J]. Plast Reconstr Surg,2008,122(1):206-215. doi:10.1097/PRS.0b013e3181774292.

[13697] Xue CY,Xing X,Li L,Li JH,Zhang JD,Guo ET. The island myocutaneous flap reconstruction in electrical burn injuries of severely traumatized cervical region[J]. J Burn Care Res,2008,29(5):798-803. doi:10.1097/BCR.0b013e3181848bde.

[13698] Chao Y,Xin X,Jiangping C. Medial canthal reconstruction with combined glabellar and orbicularis oculi myocutaneous advancement flaps[J]. J Plast Reconstr Aesthet Surg,2010,63(10):1624-1628. doi:10.1016/j.bjps.2009.10.034.

[13699] Jin ZH,Niu ZH,Wu WW,Yu JA. Musculocutaneous flaps in the treatment of delayed-healing and infected burn wounds with exposure of vital tissues on the extremities[J]. Plast Reconstr Surg,2012,129(1):208e-210e. doi:10.1097/PRS.0b013e3182365fa4.

[13700] Yu N,Bai M,Wang X. A bilobed thoracoabdominal myocutaneous flap for large thoracic defects[J]. Ann Plast Surg,2015,75(3):358. doi:10.1097/SAP.0000000000000306.

[13701] Yang Y,Chen Y,Qu J,Zhang X,Pan Y. The use of OK-432 to prevent seroma in extended latissimus dorsi flap donor site after breast reconstruction[J]. J Surg Res,2015,193(1):492-496. doi:10.1016/j.jss.2014.08.010.

[13702] Paulino ZC,Tao S. Functional thenar eminence myocutaneous flap for reconstruction of thumb volar defect[J]. Chin J Traumatol,2015,18(3):175-177. doi:10.1016/j.cjtee.2015.07.007.

[13703] Li XQ,Wang JQ. Orbicularis oculi myocutaneous flap for upper cicatricial ectropion[J]. J Craniofac Surg,2016,27(1):70-73. doi:10.1097/SCS.0000000000002262.

[13704] Wang CM,Zhang R,Luo P,Wu Z,Zheng B,Chen Y,Shi Y. Reconstruction of extensive thoracic wall defect using the external oblique myocutaneous flap:An analysis on 20 Chinese patients with locally advanced soft tissue sarcoma[J]. J Surg Oncol,2018,117(2):130-136. doi:10.1002/jso.24823.

[13705] He X,He Z,Shen L,Chen G,He X. Free musculocutaneous flap transfer for refractory chronic empyema with chest wall sinus in a 43-year-old male with hemophilia A[J]. J Thorac Dis,2018,10(6):E416-E419. doi:10.21037/jtd.2018.05.201.

[13706] Liu HP,Shao Y,Li B,Sun MR,Yu XJ,Zhang D. Upper blepharoplasty revision technique:Correction of the high eyelid fold using the pretarsal orbicularis oculi flap[J]. J Plast Reconstr Aesthet Surg,2019,72(1):125-130. doi:10.1016/j.bjps.2018.08.013.

[13707] Fu S,Panayi AC,Lu Q,Long H. Application of a “fish mouth flap” combined with an orbicularis oculi myocutaneous flap after surgical removal of basal cell carcinoma in the facial buccal region[J]. Indian J Dermatol Venereol Leprol,2019,85(6):649-652. doi:10.4103/ijdvl.IJDVL_1003_18.

[13708] Li X,Li Z,Qi L,Wang S,Yao C. Application of vermillion myocutaneous flap in restoration after lip cancer resection[J]. Dermatol Ther,2020,33(6):e14320. doi:10.1111/dth.14320.

[13709] Li L,Wang J,Deng D,Shen T,Gan W,Xu F,Liu J,Lv D,Li B,Wang J,Wang J,Chen F,Liu J. Postoperative outcomes of free myocutaneous flap and pedicled myocutaneous flap for reconstruction in locally invasive thyroid carcinoma[J]. Medicine(Baltimore),2021,100(2):e24070. doi:10.1097/MD.0000000000024070.

[13710] 金相国．骶棘肌移植术的改进 [J]．中华外科杂志，1981，19（2）：111．{JIN Xiangguo. Improvement of sacrospinous muscle transplantation[J]. Zhonghua Wai Ke Za Zhi[Chin J Surg(Article in Chinese;No abstract available)],1981,19(2):111.}

[13711] 陶永松，钟世镇，徐达传，陈子华，刘牧之．桡侧腕伸肌的显微外科解剖学研究 [J]．广东解剖学通报，1981，3（2）：176．{TAO Yongsong,ZHONG Shizhen,XU Dachuan,CHEN Zihua,LIU Muzhi. Microsurgical anatomy of extensor carpi radialis[J].Guangdong Jie Pou Tong Bao[Anat Res(Article in Chinese;No abstract available)],1981,3(2):176.}

[13712] 邵惠南，江曙，高学纯．股方肌肌蒂骨瓣移植术治疗股骨颈骨折 [J]．安徽医学院学报，1982，17（1）：43．{SHAO Huinan,JIANG Shu,GAO Xuechun. Bone flap transplantation of quadratus femoris muscle pedicle in the treatment of femoral neck fracture[J]. Anhui Yi Xue Yuan Xue Bao[Acta Anhui Med Coll(Article in Chinese;No abstract available)],1982,17(1):43.}

[13713] 陶永松，钟世镇，陈子华，徐达传．股后肌群的应用解剖学 [J]．临床应用解剖学杂志，1983，1（2）：131．{TAO Yongsong,ZHONG Shizhen,CHEN Zihua,XU Dachuan. Applied anatomy of the posterior femoris muscle group[J]. Lin Chunag Jie Pou Xue Za Zhi[Chin J Clin Anat(Article in Chinese;No abstract available)],1983,1(2):131.}

[13714] 唐农轩，沈根标，邹宏恩，郝家骥．髂腰肌转移术治疗臀肌麻痹 [J]．中华外科杂志，1983，21（5）：286-287．{TANG Nongxuan,SHEN Genbiao,ZOU Hongen,HAO Jiaji. Iliopsoas muscle transposition for treatment of gluteal paralysis[J]. Zhonghua Wai Ke Za Zhi[Chin J Surg(Article in Chinese;No abstract available)],1983,21(5):286-287.}

[13715] 陶永松，钟世镇，陈子华，徐达传，刘牧之．肱二头肌的应用解剖学研究 [J]．临床应用解剖学杂志，1983，1（1）：72．{TAO Yongsong,ZHONG Shizhen,CHEN Zihua,XU Dachuan,LIU Muzhi. Applied anatomy of biceps humerus[J]. Lin Chunag Jie Pou Xue Za Zhi[Chin J Clin Anat(Article in Chinese;No abstract available)],1983,1(1):72.}

[13716] 沈祖尧，桑惠华，韩行义．重构肌皮瓣游离移植术（附 1 例报告）[J]．北京医学，1983，5（4）：202．{SHEN Zuyao,SANG Huihua,HAN Xingyi. Reconstruction of free musculocutaneous flap transplantation (report of one case)[J]. Beijing YiXue[Shanghai J Med(Article in Chinese;No abstract available)],1983,5(4):202.}

[13717] 朱发亮，杨少华，刘应试，张茂其．额肌的显微外科解剖学研究 [J]．临床解剖学杂志，1986，4（4）：217．{ZHU Faliang,YANG Shaohua,LIU Yingshi,ZHANG Maoqi. Microsurgical anatomy of the frontal muscle[J]. Lin Chunag Jie Pou Xue Za Zhi[Chin J Clin Anat(Article in Chinese;No abstract available)],1986,4(4):217.}

[13718] 常致德．四肢电烧伤皮瓣及肌皮瓣早期修复后肌腱和神经功能的恢复 [J]．中华外科杂志，1990，28（5）：271．{CHANG Zhide. Recovery of tendon and nerve function after early repair of limb electric burn flap and muscle flap[J]. Zhonghua Wai Ke Za Zhi[Chin J Surg(Article in Chinese;No abstract available)],1990,28(5):271.}

[13719] 房正国，朱以钊，陶象祯．颈部肌皮瓣在喉部分切除术中应用 [J]．中华耳鼻咽喉科杂志，1990，25（6）：376．{FANG Zhengguo,ZHU Yizhao,TAO Xiangzhen. Application of cervical myocutaneous flap in partial laryngectomy[J]. Zhonghua Er Bi Yan Hou Ke Za Zhi[Chin J Otorhinolaryngol(Article in Chinese;No abstract available)],1990,25(6):376.}

[13720] 陈立乾，应文魁，明位，周科．皮瓣肌瓣肌皮瓣移位修复感染性创面 43 例 [J]．修复重建外科杂志，1990，4（1）：39．{CHEN Liqian,YING Wenkui,MING Wei,ZHOU Ke. Repairing infectious wounds by muscle flap transfer:a case report[J]. Zhongguo Xiu Fu Chong Jian Wai Ke Za Zhi[Chin J Repar Reconstr Surg(Article in Chinese;No abstract available)],1990,4(1):39.}

[13721] 董桂书，陈伯民，高博文，胡德康，郑延贵．带蒂肌瓣、肌皮瓣、岛状皮瓣转移术七例报告 [J]．修复重建外科杂志，1990，4（1）：60．{DONG Guishu,CHEN Bomin,GAO Bowen,HU Dekang,ZHENG Yangui. Report of seven cases of pedicled muscle flap,muscle flap and island flap transfer[J]. Zhongguo Xiu Fu Chong Jian Wai Ke Za Zhi[Chin J Repar Reconstr Surg(Article in Chinese;No abstract available)],1990,4(1):60.}

[13722] 朱云，叶辑熙，黄裕实．带蒂皮瓣肌皮瓣移位修复关节外露创面 [J]．修复重建外科杂志，1990，4（3）：189．{ZHU Yun,YE Jixi,HUANG Yushi. Repair of joint exposed wounds with pedicle flap myocutaneous flap[J]. Zhongguo Xiu Fu Chong Jian Wai Ke Za Zhi[Chin J Repar Reconstr Surg(Article in Chinese;No abstract available)],1990,4(3):189.}

[13723] 曾才铭，王宏帮，赵学凌．吻合血管的皮瓣和肌皮瓣移植 123 例报告 [J]．中华显微外科杂志，1991，14（4）：227-228．{ZENG Caiming,WANG Hongbang,ZHAO Xueling. Vas cularized flap and myocutaneous flap transplantation:a report of 123 cases[J]. Zhonghua Xian Wei Wai Ke Za Zhi[Chin J Microsurg(Article in Chinese;No abstract available)],1991,14(4):227-228.}

[13724] 赵国辉，周方，王斌，刘拥宪，张宝成，潘根宏，封润玺．肌皮瓣在颈部瘢痕挛缩修复中的应用 [J]．中华外科杂志，1991，29（8）：519-520．{ZHAO Guohui,ZHOU Fang,WANG Bin,LIU Yongxian,ZHANG Baocheng,PAN Genhong,FENG Runxi. The application of muscle flap in the repair of cervical scar contracture[J]. Zhonghua Wai Ke Za Zhi[Chin J Surg(Article in Chinese;Abstract in Chinese)],1991,29(8):519-520.}

[13725] 庞星原，朱辉，白彦．双叶肌皮瓣修复颌面瘢痕一例 [J]．修复重建外科杂志，1991，5（1）：59．{PANG Xingyuan,ZHU Hui,BAI Yan. repairing maxillofacial scar with bilobular myocutaneous flap:a case report[J]. Zhongguo Xiu Fu Chong Jian Wai Ke Za Zhi[Chin J Repar Reconstr Surg(Article in Chinese;No abstract available)],1991,5(1):59.}

[13726] 郭高栓，刘锦前，张树善，麻小炼．带血管蒂肌皮瓣修复四肢组织缺损 [J]．修复重建外科杂志，1991，5（1）：59．{GUO Gaoshuan,LIU Jinqian,ZHANG Shushan,MA Xiaolian. Repairing

limb tissue defect with vascular pedicle myocutaneous flap[J]. Zhongguo Xiu Fu Chong Jian Wai Ke Za Zhi[Chin J Repar Reconstr Surg(Article in Chinese;No abstract available)],1991,5(1):59.}

[13727] 龙浩，周石林，谭正，梁建平. 皮瓣肌皮瓣修复浅表肿瘤切除后组织缺损 [J]. 修复重建外科杂志，1991，5（3）：158-159. {LONG Hao,ZHOU Shilin,TAN Zheng,LIANG Jianping. Flap myocutaneous flap for repairing tissue defects after superficial tumor resection[J]. Zhongguo Xiu Fu Chong Jian Wai Ke Za Zhi[Chin J Repar Reconstr Surg(Article in Chinese;No abstract available)],1991,5(3):158-159.}

[13728] 于三江，孙平，韩少良. 皮瓣肌皮瓣移位术在恶性软组织肿瘤的应用 [J]. 修复重建外科杂志，1991，5（3）：160-191. {YU Sanjiang,SUN Ping,HAN Shaoliang. Application of myocutaneous flap transposition in malignant soft tissue tumors[J]. Zhongguo Xiu Fu Chong Jian Wai Ke Za Zhi[Chin J Repar Reconstr Surg(Article in Chinese;No abstract available)],1991,5(3):160-191.}

[13729] 阿效诚，易宁，张道琪. 皮瓣肌皮瓣在修复组织缺损中的应用 [J]. 修复重建外科杂志，1991，5（4）：227-228. {A Xiaocheng,YI Ning,ZHANG Daoqi. Application of myocutaneous flap in repairing soft tissue defect[J]. Zhongguo Xiu Fu Chong Jian Wai Ke Za Zhi[Chin J Repar Reconstr Surg(Article in Chinese;No abstract available)],1991,5(4):227-228.}

[13730] 赵德伟，张伦，刘起家，陈万里. 岛状皮瓣肌皮瓣修复四肢软组织缺损 [J]. 中国修复重建外科杂志，1992，6（1）：59. {ZHAO Dewei,ZHANG Lun,LIU Qijia,CHEN Wanli. Island flap myocutaneous flap for repairing soft tissue defects of extremities[J]. Zhongguo Xiu Fu Chong Jian Wai Ke Za Zhi[Chin J Repar Reconstr Surg(Article in Chinese;No abstract available)],1992,6(1):59.}

[13731] 张东臣. 肌皮瓣移位修复结核性溃疡四例 [J]. 中国修复重建外科杂志，1992，6（3）：155. {ZHANG Dongchen. Repairing tuberculous ulcer repaired with muscle flap transposition:a report of 4 cases[J]. Zhongguo Xiu Fu Chong Jian Wai Ke Za Zhi[Chin J Repar Reconstr Surg(Article in Chinese;No abstract available)],1992,6(3):155.}

[13732] 孙兴和，郭志祥，吕春清. 颈前转门肌皮瓣在颈部手术中的应用 [J]. 中华耳鼻咽喉科杂志，1993，28（2）：105-107. {SUN Xinghe,GUO Zhixiang,LV Chunqing. The application of anterior cervical flap in neck surgery[J]. Zhonghua Er Bi Yan Hou Ke Za Zhi[Chin J Otorhinolaryngol(Article in Chinese;Abstract in Chinese)],1993,28(2):105-107.}

[13733] 范启申. 岛状皮瓣肌皮瓣临床应用 [J]. 中国修复重建外科杂志，1993，7（1）：29. {FAN Qishen. Clinical application of island flap myocutaneous flap[J]. Zhongguo Xiu Fu Chong Jian Wai Ke Za Zhi[Chin J Repar Reconstr Surg(Article in Chinese;No abstract available)],1993,7(1):29.}

[13734] 邹云雯，夏精武，乐兴祥，季爱玉，叶发刚. 皮瓣肌皮瓣移位或移植修复软组织缺损 [J]. 中国修复重建外科杂志，1993，7（1）：59. {ZOU Yunwen,XIA Jingwu,LE Xingxiang,JI Aiyu,YE Fagang. Muscle flap transposition or transplantation to repair soft tissue defects[J]. Zhongguo Xiu Fu Chong Jian Wai Ke Za Zhi[Chin J Repar Reconstr Surg(Article in Chinese;No abstract available)],1993,7(1):59.}

[13735] 谭鸿. 皮瓣肌皮瓣移位修复软组织缺损 [J]. 中国修复重建外科杂志，1993，7（1）：58-59. {TAN Hong. Repair of soft tissue defects by flap muscle flap transposition[J]. Zhongguo Xiu Fu Chong Jian Wai Ke Za Zhi[Chin J Repar Reconstr Surg(Article in Chinese;No abstract available)],1993,7(1):58-59.}

[13736] 柴胜武. 带蒂肌皮瓣肌瓣移位修复胫骨外露 [J]. 中国修复重建外科杂志，1993，7（3）：144. {CHAI Shengwu. Muscle flap transposition with pedicled muscle flap for repairing tibial exposure[J]. Zhongguo Xiu Fu Chong Jian Wai Ke Za Zhi[Chin J Repar Reconstr Surg(Article in Chinese;No abstract available)],1993,7(3):144.}

[13737] 李叶扬，司徒和气，钟穗航，陈一涛，吴嘉茵. 皮瓣肌皮瓣临床应用 29 例 [J]. 中国修复重建外科杂志，1993，7（4）：264. {LI Yeyang,SITU Heqi,ZHONG Suihang,CHEN Yitao,WU Jiayin. Clinical application of myocutaneous flap in 29 cases[J]. Zhongguo Xiu Fu Chong Jian Wai Ke Za Zhi[Chin J Repar Reconstr Surg(Article in Chinese;No abstract available)],1993,7(4):264.}

[13738] 张如明，张允祥，李代清. 腹外斜肌皮瓣肌瓣修复肿瘤切除后软组织缺损 [J]. 中华显微外科杂志，1994，17（2）：193-194，238-239. {ZHANG Ruming,ZHANG Yunxiang,LI Daiqing. Musculocutaneous flap and muscular flap of obliquus external abdomin is for repairing soft tissue deffect after resectiom of malignant soft tumor[J]. Zhonghua Xian Wei Wai Ke Za Zhi[Chin J Microsurg(Article in Chinese;Abstract in Chinese)],1994,17(2):193-194,238-239.}

[13739] 何明武，刘仁寿，董有海. 颈颏肌皮瓣瓦合式修复下唇缺损的临床应用 [J]. 中华显微外科杂志，1994，17（3）：295. {HE Mingwu,LIU Renshou,DONG Youhai. Clinical application of cervical geniocutaneous flap in repairing lower lip defect[J]. Zhonghua Xian Wei Wai Ke Za Zhi[Chin J Microsurg(Article in Chinese;No abstract available)],1994,17(3):295.}

[13740] 沈铁城，赵建忠，袁盛茂，刘同行，王国正. 应用皮瓣肌皮瓣修复足部软组织缺损 [J]. 中华显微外科杂志，1994，17（4）：287-288. {SHEN Tiecheng,ZHAO Jianzhong,YUAN Shengmao,LIU Tongren,WANG Guozheng. Application of musculocutaneous flap to repair soft tissue defect of foot[J]. Zhonghua Xian Wei Wai Ke Za Zhi[Chin J Microsurg(Article in Chinese;No abstract available)],1994,17(4):287-288.}

[13741] 宋建良，何葆华，范希玲，吴守成. 足底内侧游离皮瓣肌皮瓣移植修复足跟缺损 [J]. 中华整形烧伤外科杂志，1994，10（2）：92-94. DOI：10.3760/j.issn：1009-4598.1994.02.005. {SONG Jianliang,HE Baohua,FAN Xiling,WU Shoucheng. Repair of heel defect with a free medial plantar flap[J]. Zhonghua Zheng Xing Shao Shang Wai Ke Za Zhi[Chin J Plast Surg Burns(Article in Chinese;Abstract in Chinese and English)],1994,10(2):92-94. DOI:10.3760/j.issn:1009-4598.1994.02.005.}

[13742] 孙弘. 皮瓣肌皮瓣在颌面部组织缺损应用中的若干问题 [J]. 中华显微外科杂志，1995，18（2）：94-96. {SUN Hong. Some problems in the application of myocutaneous flap in maxillofacial tissue defect[J]. Zhonghua Xian Wei Wai Ke Za Zhi[Chin J Microsurg(Article in Chinese;No abstract available)],1995,18(2):94-96.}

[13743] 贺长清，陈言汤，王福建，陈凤苞，翟福英，刘林，卫云涛. 皮瓣肌皮瓣移植在修复重建外科中的应用 [J]. 中华显微外科杂志，1995，18（3）：198-199，239. {HE Changqing,CHEN Yantang,WANG Fujian,CHEN Fengbao,ZHAI Fuying,LIU Lin,WEI Yuntao. Application of myocutaneous flap transplantation in reconstruction surgery[J]. Zhonghua Xian Wei Wai Ke Za Zhi[Chin J Microsurg(Article in Chinese;Abstract in Chinese)],1995,18(3):198-199,239.}

[13744] 潘启龙，彭维波，黄志群，陈海涛. 皮瓣肌皮瓣移位修复软组织缺损并感染创面 [J]. 中国修复重建外科杂志，1995，9（3）：190. {PAN Qilong,PENG Weibo,HUANG Zhiqun,CHEN Haitao. Flap musculocutaneous flap transplantation for repairing soft tissue defects and wound infection[J]. Zhongguo Xiu Fu Chong Jian Wai Ke Za Zhi[Chin J Repar Reconstr Surg(Article in Chinese;No abstract available)],1995,9(3):190.}

[13745] 张光明，徐中和，曹东成. 带血管蒂全小腿肌皮瓣修复对侧大腿广泛软组织缺损一例 [J]. 中华显微外科杂志，1996，19（1）：24. {ZHANG Guangming,XU Zhonghe,CAO Dongcheng. Repairing extensive soft tissue defect of contralateral thigh with vascularized whole leg myocutaneous flap:a case report[J]. Zhonghua Xian Wei Wai Ke Za Zhi[Chin J Microsurg(Article in Chinese;No abstract available)],1996,19(1):24.}

[13746] 洪喜鹏，黄宏辉. 应用带蒂肌皮瓣一期修复肿瘤切除术后组织缺损 [J]. 中华显微外科杂志，1996，19（1）：77. {HONG Xipeng,HUANG Honghui. repairing tissue defect after tumor resection with pedicled myocutaneous flap at one stage[J]. Zhonghua Xian Wei Wai Ke Za Zhi[Chin J Microsurg(Article in Chinese;No abstract available)],1996,19(1):77.}

[13747] 郑文忠，马国棣，徐新华，郑季南，黄令坚. 岛状皮瓣肌皮瓣修复组织缺损 66 例 [J]. 中华显微外科杂志，1996，19（4）：299-300. {ZHENG Wenzhong,MA Guodi,XU Xinhua,ZHENG Jinan,HUANG Lingjian. Tissue defect repaired by island flap muscle flap:a report of 66 cases[J]. Zhonghua Xian Wei Wai Ke Za Zhi[Chin J Microsurg(Article in Chinese;No abstract available)],1996,19(4):299-300.}

[13748] 王春梅，缪嘉宏，周刚. 眼轮匝肌肌皮瓣修复睑黄瘤切除后缺损 [J]. 中华整形烧伤外科杂志，1996，12（3）：230. DOI：10.3760/j.issn：1009-4598.1996.03.028. {WANG Chunmei,MIAO Jiahong,ZHOU Gang. Ocular musculocutaneous flap of orbicularis oculi for repairing defect after resection of eyelid xanthoma[J]. Zhonghua Zheng Xing Shao Shang Wai Ke Za Zhi[Chin J Plast Surg Burns(Article in Chinese;No abstract available)],1996,12(3):230. DOI:10.3760/j.issn:1009-4598.1996.03.028.}

[13749] 刘勇，沈毓书，韦绍仁，兰宗柳，吴昊，梁斌，韦敏克. 带血管蒂岛状皮瓣、肌皮瓣修复四肢软组织缺损 [J]. 中华显微外科杂志，1997，20（2）：143-144. {LIU Yong,SHEN Yushu,WEI Shaoren,LAN Zongliu,WU Hao,LIANG Bin,WEI Minke. Repairing soft tissue defects of limbs with vascular pedicle island flap and muscle flap[J]. Zhonghua Xian Wei Wai Ke Za Zhi[Chin J Microsurg(Article in Chinese;No abstract available)],1997,20(2):143-144.}

[13750] 黄慕洁，虞申，郭瑞华，韩蕴华，于仲嘉. 肌皮瓣血管蒂延迟切断后形态和功能研究 [J]. 中华显微外科杂志，1997，20（2）：54-55. {HUANG Mujie,YU Shen,GUO Ruihua,HAN Yunhua,YU Zhongjia. Study on morphology and function of myocutaneous flap after delayed vascular pedicle dissection[J]. Zhonghua Xian Wei Wai Ke Za Zhi[Chin J Microsurg(Article in Chinese;No abstract available)],1997,20(2):54-55.}

[13751] 汪云轩，姚志喜，汪涛，张峰，郑成胜. 皮瓣肌皮瓣在修复下肢皮肤软组织缺损中的应用 [J]. 中华显微外科杂志，1997，20（4）：63-64. {WANG Yunxuan,YAO Zhixi,WANG Tao,ZHANG Feng,ZHENG Chengsheng. Application of flap muscle flap in repairing skin and soft tissue defects of lower limbs[J]. Zhonghua Xian Wei Wai Ke Za Zhi[Chin J Microsurg(Article in Chinese;No abstract available)],1997,20(4):63-64.}

[13752] 张文慧，刘会仁，刘德群，陈杰，张宁. 皮瓣肌皮瓣在 454 例手及前臂损伤中的应用 [J]. 中华手外科杂志，1997，13（4）：255. DOI：10.3760/cma.j.issn.1005-054X.1997.04.029. {ZHANG Wenhui,LIU Huiren,LIU Dequn,CHEN Jie,ZHANG Ning. Application of myocutaneous flap in hand and forearm injuries:a report of 454 cases[J]. Zhonghua Shou Wai Ke Za Zhi[Chin J Hand Surg(Article in Chinese;No abstract available)],1997,13(4):255. DOI:10.3760/cma.j.issn.1005-054X.1997.04.029.}

[13753] 毛运春，吴念，孙伯华，赵萍. 氧自由基对肌皮瓣缺血再灌注的损伤及维生素 C 对损伤的防护 [J]. 中华整形烧伤外科杂志，1998，14（4）：118-121. {MAO Yunchun,WU Nian,SUN Bohua,ZHAO Ping. A study of ischemia reperfusion injury in island myocutaneous flap and protective effect of vitamin c on the flap[J]. Zhonghua Zheng Xing Shao Shang Wai Ke Za Zhi[Chin J Plast Surg Burns(Article in Chinese;Abstract in Chinese and English)],1998,14(4):118-121.}

[13754] 金志福，廖安国，步长龙，沈建，王正祥. 岛状皮瓣、肌皮瓣的临床应用 [J]. 中华整形烧伤外科杂志，1998，14：6-8. {JIN Zhifu,LIAO Anguo,BU Changlong,SHEN Jian,WANG Zhengxiang. Clinical applications of island and myocutaneous flaps[J]. Zhonghua Zheng Xing Shao Shang Wai Ke Za Zhi[Chin J Plast Surg Burns(Article in Chinese;Abstract in Chinese and English)],1998,14:6-8.}

[13755] 李富强，吴俊荣，张立堂，吴文军，李海林，张西联，保积臻. 肌皮瓣修复多发褥疮一例 [J]. 中华整形外科杂志，1998，14（4）：308. DOI：10.3760/j.issn：1009-4598.1998.04.035. {LI Fuqiang,WU Junrong,ZHANG Litang,WU Wenjun,LI Hailin,ZHANG Xilian,BAO Jizhen. Multiple sore repaired by muscle flap:a case report[J]. Zhonghua Zheng Xing Wai Ke Za Zhi[Chin J Plast Surg(Article in Chinese;No abstract available)],1998,14(4):308. DOI:10.3760/j.issn:1009-4598.1998.04.035.}

[13756] 马大年，周云方. 岛状皮瓣与肌皮瓣在创伤骨科中的应用 [J]. 中国骨伤，1998，11（3）：62-63. DOI：10.3969/j.issn.1003-0034.1998.03.041. {MA Danian,ZHOU Yunfang. Application of island flap and myocutaneous flap in orthopedic trauma[J]. Zhongguo Gu Shang[China J Orthop Trauma(Article in Chinese;No abstract available)],1998,11(3):62-63. DOI:10.3969/j.issn.1003-0034.1998.03.041.}

[13757] 赵舒薇，孙兴和，萧璧君，叶青，林顺涨，王海青，郭志祥，范静平，陆书昌. 颈前转门肌皮瓣在喉切除重建术中的临床应用 [J]. 第二军医大学学报，1998，19（6）：501-503. DOI：10.3321/j.issn：0258-879X.1998.06.001. {ZHAO Shuwei,SUN Xinghe,XIAO Bijun,YE Qing,LIN Shunzhang,WANG Haiqing,GUO Zhixiang,FAN Jingping,LU Shuchang. A clinical studies on the rotatory door muscle-skin flap in application of reconstruction for laryngectomy[J]. Di Er Jun Yi Da Xue Xue Bao[Acad J Sec Mil Med Univ(Article in Chinese;Abstract in Chinese and English)],1998,19(6):501-503. DOI:10.3321/j.issn:0258-879X.1998.06.001.}

[13758] 杨茂进，况明才，曹川，叶伟. 面动脉肌皮瓣修复口底缺损 [J]. 中国修复重建外科杂志，1998，12（2）：68-70. {YANG Maojin,KUANG Mingcai,CAO Chuan,YE Wei. Reconstrvction of the floor of mouth with facial artery musculocutaneous flap[J]. Zhongguo Xiu Fu Chong Jian Wai Ke Za Zhi[Chin J Repar Reconstr Surg(Article in Chinese;Abstract in Chinese and English)],1998,12(2):68-70.}

[13759] 张伯勋. 肌肉缺损肌皮瓣移植功能重建临床效果 [J]. 中华显微外科杂志，1999，22(1)：9. DOI：10.3760/cma.j.issn.1001-2036.1999.01.003. {ZHANG Boxun. Clinical effect of muscle defect myocutaneous flap transplantation function reconstruction[J]. Zhonghua Xian Wei Wai Ke Za Zhi[Chin J Microsurg(Article in Chinese;No abstract available)],1999,22(1):9. DOI:10.3760/cma.j.issn.1001-2036.1999.01.003.}

[13760] 王成琪. 皮瓣和肌皮瓣修复创伤性组织缺损的作用 [J]. 中华显微外科杂志，1999，22（1）：11. DOI：10.3760/cma.j.issn.1001-2036.1999.01.004. {WANG Chengqi. Application of skin and myocutaneous f1aps in repair of traumatic defects of tissue[J]. Zhonghua Xian Wei Wai Ke Za Zhi[Chin J Microsurg(Article in Chinese;Abstract in Chinese and English)],1999,22(1):11. DOI:10.3760/cma.j.issn.1001-2036.1999.01.004.}

[13761] 朱飞，宁金龙，展望，张林，汪春兰，高学宏，徐志荣，张健. 缺血预处理对肌皮瓣缺血再灌注损伤的保护作用 [J]. 中华显微外科杂志，1999，22（4）：3-5. {ZHU Fei,NING Jinlong,ZHAN Wang,ZHANG Lin,WANG Chunlan,GAO Xuehong,XU Zhirong,ZHANG Jian. Protective effect of ischemic preconditioning on ischemia-reperfusion injury of myocutaneous flap[J]. Zhonghua Xian Wei Wai Ke Za Zhi[Chin J Microsurg(Article in Chinese;No abstract available)],1999,22(4):3-5.}

[13762] 杨红卫，滕晓，杨国栋，李强，毛文华. 带血管蒂皮瓣肌皮瓣在四肢软组织缺损修复中的应用（附 103 例报告）[J]. 中国实用外科杂志，1999，19：40. {YANG Hongwei,TENG Xiao,YANG Guodong,LI Qiang,MAO Wenhua. The application of vascular pedicle flap muscle flap in the repair of soft tissue defects of extremities(a report of 103 cases)[J]. Zhongguo Shi Yong Wai Ke Za Zhi[Chin J Pract Surg(Article in Chinese;No abstract available)],1999,19:40.}

[13763] 赵德伟，王铁男，张朝阳. 带血管蒂岛状皮瓣肌皮瓣修复四肢软组织缺损 [J]. 中国矫形外科杂志，1999，6（1）：14. {ZHAO Dewei,WANG Tienan,ZHANG Chaoyang. Repairing soft tissue defects of limbs with vascular pedicle island flap[J]. Zhongguo Jiao Xing Wai Ke Za Zhi[Orthop J China(Article in Chinese;No abstract available)],1999,6(1):14.}

[13764] 裴国献，王前，赵东升，周围，顾立强. 小腿火器伤严重组织缺损桥式肌皮瓣移植修复 [J]. 中国矫形外科杂志，1999，6（3）：28-30. {PEI Guoxian,WANG Qian,ZHAO Dongsheng,ZHOU Wei,GU Liqiang. Severe soft tissue defect repair in gun-shot patients in leg region with free musculocutaneous faps bridged by poste-rior tibial vascular flap[J]. Zhongguo Jiao Xing Wai Ke Za Zhi[Orthop J China(Article in Chinese;Abstract in Chinese and English)],1999,6(3):28-30.}

[13765] 王玉新，兰行简，李瑞武，王绪凯，卢力. 面颌部洞穿缺损的双皮瓣及肌皮瓣修复 [J]. 中华整形烧伤外科杂志，1999，15（3）：123-125. {WANG Yuxin,LAN Xingjian,LI Ruiwu,WANG Xukai,LU Li. Reconstruction of perforating defects of the maxillofacial region with

double flaps[J]. Zhonghua Zheng Xing Shao Shang Wai Ke Za Zhi[Chin J Plast Surg Burns(Article in Chinese;Abstract in Chinese and English)],1999,15(3):123-125.}

[13766] **邵光武．带血管蒂肌皮瓣移植术治疗胫骨外露15例[J]．中国骨伤，1999，12（4）：32．DOI：10.3969/j.issn.1003－0034.1999.04.016．**{SHAO Guangwu. Treatment of tibial bone exposure with vascular pedicle myocutaneous flap transplantation:a report of 15 cases[J]. Zhongguo Gu Shang[China J Orthop Trauma(Article in Chinese;No abstract available)],1999,12(4):32. DOI:10.3969/j.issn.1003-0034.1999.04.016.}

[13767] **陈阳，吴烨．眼轮匝肌肌皮瓣矫正瘢痕性睑外翻[J]．第一军医大学学报，1999，19（3）：281．DOI：10.3321/j.issn：1673－4254.1999.03.041．**{CHEN Yang,WU Ye. Correction of cicatricial ectropion by orbicularis oculi myocutaneous flap[J]. Di Yi Jun Yi Da Xue Xue Bao[J First Mil Med Univ(Article in Chinese;No abstract available)],1999,19(3):281. DOI:10.3321/j.issn:1673-4254.1999.03.041.}

[13768] **刘斌，胡召云，陈云，孔胜兵，周立，汪开贵．皮瓣或肌皮瓣修复大块深度皮肤及软组织缺损[J]．安徽医科大学学报，1999，34（5）：400－401．**{LIU Bin,HU Zhaoyun,CHEN Yun,KONG Shengbing,ZHOU Li,WANG Kaigui. Repair of large deep skin and soft tissue defects with flap or myocutaneous flap[J]. An Hui Yi Ke Da Xue Xue Bao[Acta Anhui Med Coll(Article in Chinese;No abstract available)],1999,34(5):400-401.}

[13769] **沈祖尧，薛仲琪，乐守玉，刘长青，马春旭，沈余明．下肢巨大剔骨肌皮瓣修复严重放射烧伤一例[J]．中国修复重建外科杂志，1999，13（1）：13．**{SHEN Zuyao,XUE Zhongqi,LE Shouyu,LIU Changqing,MA Chunxu,SHEN Yuming. Repair of severe radiation burn with giant bone-picking muscle flap of lower limb[J]. Zhongguo Xiu Fu Chong Jian Wai Ke Za Zhi[Chin J Repar Reconstr Surg(Article in Chinese;No abstract available)],1999,13(1):13.}

[13770] **李锦荣，赵善明，李浪．应用带血管蒂皮瓣肌皮瓣修复组织缺损[J]．中华显微外科杂志，2000，23（1）：68．DOI：10.3760/cma.j.issn.1001－2036.2000.01.027．**{LI Jinrong,ZHAO Shanming,LI Lang. Repairing tissue defect with vascular pedicle flap[J]. Zhonghua Xian Wei Wai Ke Za Zhi[Chin J Microsurg(Article in Chinese;No abstract available)],2000,23(1):68. DOI:10.3760/cma.j.issn.1001-2036.2000.01.027.}

[13771] **徐永清，李军，钟世镇，徐达传，李主一，汪新明．掌短肌皮瓣的临床应用[J]．中华显微外科杂志，2000，23(3)：174－176. DOI：10.3760/cma.j.issn.1001－2036.2000.03.004.** {XU Yongqing,LI Jun,ZHONG Shizhen,XU Dachuan,LI Zhuyi,WANG Xinming. Clinical application of the palmaris brevis musculocutaneous flap[J]. Zhonghua Xian Wei Wai Ke Za Zhi[Chin J Microsurg(Article in Chinese;Abstract in Chinese and English)],2000,23(3):174-176. DOI:10.3760/cma.j.issn.1001-2036.2000.03.004.}

[13772] **翟晓梅，陈言汤，刘林嶓，张建文，陈旻静．肌皮瓣转移修复乳腺癌术后放射性溃疡[J]．中国实用外科杂志，2000，20（4）：235－236．DOI：10.3321/j.issn：1005－2208.2000.04.021.** {ZHAI Xiaomei,CHEN Yantang,LIU Linbo,ZHANG Jianwen,CHEN Minjing. Repair of radioactive ulcer after breast cancer surgery by muscle flap transfer[J]. Zhongguo Shi Yong Wai Ke Za Zhi[Chin J Pract Surg(Article in Chinese;No abstract available)],2000,20(4):235-236. DOI:10.3321/j.issn:1005-2208.2000.04.021.}

[13773] **朱立国，程灏，高景华．肌皮瓣配合中药在褥疮治疗中的应用[J]．中国骨伤，2000，13（11）：667．DOI：10.3969/j.issn.1003－0034.2000.11.014．**{ZHU Liguo,CHENG Hao,GAO Jinghua. Application of musculocutaneous flap combined with traditional Chinese medicine in the treatment of sore[J]. Zhongguo Gu Shang[China J Orthop Trauma(Article in Chinese;No abstract available)],2000,13(11):667. DOI:10.3969/j.issn.1003-0034.2000.11.014.}

[13774] **明立功，明新广，明新文，明新杰，明新忠，明新月，明立德，明新堂．应用皮瓣肌皮瓣修复小腿及足踝部皮肤软组织缺损伴骨外露[J]．临床骨科杂志，2000，3（2）：122－123．DOI：10.3969/j.issn.1008－0287.2000.02.020．**{MING Ligong,MING Xinguang,MING Xinwen,MING Xinjie,MING Xinzhong,MING Xinyue,MING Lide,MING Xintang. Prosthesis of skin and soft tissue coloboma with bone exposed in shank and ankle by thransplanting skin flap or musculocutaneous flap[J]. Lin Chuang Gu Ke Za Zhi[J Clin Orthop(Article in Chinese;Abstract in Chinese and English)],2000,3(2):122-123. DOI:10.3969/j.issn.1008-0287.2000.02.020.}

[13775] **杜远立，刘宪华，梁杰，谭晓毅，向选平，王万宏．皮瓣肌皮瓣移位修复四肢感染创面[J]．临床骨科杂志，2000，3（3）：219－220．DOI：10.3969/j.issn.1008－0287.2000.03.031．**{DU Yuanli,LIU Xianhua,LIANG Jie,TAN Xiaoyi,XIANG Xuanping,WANG Wanhong. Skin and myocutaneous flaps in repair of soft tissue defects and infected wounds of extremities[J]. Lin Chuang Gu Ke Za Zhi[J Clin Orthop(Article in Chinese;No abstract available)],2000,3(3):219-220. DOI:10.3969/j.issn.1008-0287.2000.03.031.}

[13776] **马维虎，闵三旭，付林海．皮瓣和肌皮瓣一期修复创伤性软组织缺损[J]．临床骨科杂志，2000，3（4）：302－303．DOI：10.3969/j.issn.1008－0287.2000.04.033．**{MA Weihu,MIN Sanxu,FU Linhai. Repair of traumatic defects of soft tissue with cutaneous and myocutaneous flaps at one stage[J]. Lin Chuang Gu Ke Za Zhi[J Clin Orthop(Article in Chinese;No abstract available)],2000,3(4):302-303. DOI:10.3969/j.issn.1008-0287.2000.04.033.}

[13777] **徐军，林华．继发性动脉或静脉缺血再灌注损伤对大鼠游离肌皮瓣存活率的影响[J]．中华医学杂志，2000，80（12）：955．DOI：10.3760/j：issn：0376－2491.2000.12.029．**{XU Jun,LIN Hua. Effect of secondary arterial or venous ischemia reperfusion injury on survival rate of free myocutaneous flap in rats[J]. Zhonghua Yi Xue Za Zhi[Natl Med J China(Article in Chinese;No abstract available)],2000,80(12):955. DOI:10.3760/j:issn:0376-2491.2000.12.029.}

[13778] **马玉林，夏宁晓，董敬舒，刘定汉，张明军．皮瓣肌皮瓣修复四肢软组织缺损[J]．中国修复重建外科杂志，2000，14（4）：252．**{MA Yulin,XIA Ningxiao,DONG Jingshu,LIU Dinghan,ZHANG Mingjun. Flap musculocutaneous flap for repairing soft tissue defects of limbs[J]. Zhongguo Xiu Fu Chong Jian Wai Ke Za Zhi[Chin J Repar Reconstr Surg(Article in Chinese;No abstract available)],2000,14(4):252.}

[13779] **劳宁生，梁向坚，张奋耿，安启升，周来贺．带血管蒂皮瓣和肌皮瓣修复颈及四肢软组织缺损94例[J]．中华创伤杂志，2001，17（4）：245－246．DOI：10.3760/j：issn：1001－8050.2001.04.022．**{LAO Ningsheng,LIANG Xiangjian,ZHANG Fengeng,AN Qisheng,ZHOU Laihe. Soft tissue defects in neck and limbs repaired with vascular pedicle flap and muscle flap:a report of 94 cases[J]. Zhonghua Chuang Shang Za Zhi[Chin J Trauma(Article in Chinese;No abstract available)],2001,17(4):245-246. DOI:10.3760/j:issn:1001-8050.2001.04.022.}

[13780] **吴念，黄绿萍，毛运春，陈美云，陈宗基．眼轮匝肌肌皮瓣修复眼睑分裂痣[J]．中华整形外科杂志，2001，17（4）：204－205．DOI：10.3760/j.issn：1009－4598.2001.04.003．**{WU Nian,HUANG Lvping,MAO Yunchun,CHEN Meiyun,CHEN Zongji. The treatment of divided nevus of eyelid with the orbicularis oculi musculocutaneous flap[J]. Zhonghua Zheng Xing Wai Ke Za Zhi[Chin J Plast Surg(Article in Chinese;Abstract in Chinese and English)],2001,17(4):204-205. DOI:10.3760/j.issn:1009-4598.2001.04.003.}

[13781] **覃奇文，黄卫国，黄永辉．吻合血管的皮瓣及肌皮瓣移植临床应用[J]．中华显微外科杂志，2002，25（3）：215－216．DOI：10.3760/cma.j.issn.1001－2036.2002.03.023．**{QIN Qiwen,HUANG Weiguo,HUANG Yonghui. Clinical application of vascularized flap and myocutaneous flap transplantation[J]. Zhonghua Xian Wei Wai Ke Za Zhi[Chin J Microsurg(Article in Chinese;Abstract in Chinese)],2002,25(3):215-216. DOI:10.3760/cma.j.issn.1001-2036.2002.03.023.}

[13782] **董书雄，陈仁春，殷圣银，李贵坚．应用肌皮瓣转移修复骶部褥疮[J]．中华显微外科杂志，2002，25（4）：303－304．DOI：10.3760/cma.j.issn.1001－2036.2002.04.027．**{DONG Shuxiong,CHEN Renchun,YIN Shengyin,LI Guijian. Application of musculocutaneous flap to repair sacral sore[J]. Zhonghua Xian Wei Wai Ke Za Zhi[Chin J Microsurg(Article in Chinese;Abstract in Chinese)],2002,25(4):303-304. DOI:10.3760/cma.j.issn.1001-2036.2002.04.027.}

[13783] **叶祥柏，陈忠勇．电烧伤遗弃上肢巨大剔骨肌皮瓣游离移植一例[J]．中华整形外科杂志，2002，18（3）：190－190．DOI：10.3760/j.issn：1009－4598.2002.03.031．**{YE Xiangbai,CHEN Zhongyong. Free transplantation of giant bone-tickling myocutaneous flap of upper limb abandoned by electric burn:a case report[J]. Zhonghua Zheng Xing Wai Ke Za Zhi[Chin J Plast Surg(Article in Chinese;No abstract available)],2002,18(3):190-190. DOI:10.3760/j.issn:1009-4598.2002.03.031.}

[13784] **刘元波，李森恺，李养群，杨明勇，赵振民，霍然．应用阴囊肉膜平滑肌肌皮瓣修复阴茎延长术中的阴茎创面[J]．中华整形外科杂志，2002，18（4）：206－208．DOI：10.3760/j.issn：1009－4598.2002.04.004．**{LIU Yuanbo,LI Senkai,LI Yangqun,YANG Mingyong,ZHAO Zhenmin,HUO Ran. Repair of penile wounds in penis lengthening with the scrot al dartos musculocutaneous flaps[J]. Zhonghua Zheng Xing Wai Ke Za Zhi[Chin J Plast Surg(Article in Chinese;Abstract in Chinese and English)],2002,18(4):206-208. DOI:10.3760/j.issn:1009-4598.2002.04.004.}

[13785] **叶青，赵舒薇，杨毓梅，孙爱华，范静平．喉部分切除转门肌皮瓣喉重建术的嗓音学观察[J]．第二军医大学学报，2002，23（5）：529－530．DOI：10.3321/j.issn：0258－879X.2002.05.021．**{YE Qing,ZHAO Shuwei,YANG Yumei,SUN Aihua,FAN Jingping. Voice rehabilitation after partial laryngectomy with functional reconstruction of larynx by rotatory door muscle-skin flap in patients with glottic cancer[J]. Di Er Jun Yi Da Xue Xue Bao[Acad J Sec Mil Med Univ(Article in Chinese;Abstract in Chinese and English)],2002,23(5):529-530. DOI:10.3321/j.issn:0258-879X.2002.05.021.}

[13786] **李浪，李锦荣，许亚军，赵双奇．皮瓣肌皮瓣移植修复感染性缺损创面[J]．中华显微外科杂志，2003，26（3）：219－220．DOI：10.3760/cma.j.issn.1001－2036.2003.03.024．**{LI Lang,LI Jinrong,XU Yajun,ZHAO Shuangqi. Flap myocutaneous flap transplantation to repair infectious defect wounds[J]. Zhonghua Xian Wei Wai Ke Za Zhi[Chin J Microsurg(Article in Chinese;Abstract in Chinese)],2003,26(3):219-220. DOI:10.3760/cma.j.issn.1001-2036.2003.03.024.}

[13787] **梁杰，罗少军，郝新光，汤少明，颜大胜．应用肌皮瓣修复颈部放射性溃疡[J]．中华显微外科杂志，2003，26(4)：310－311. DOI：10.3760/cma.j.issn.1001－2036.2003.04.033.** {LIANG Jie,LUO Shaojun,HAO Xinguang,TANG Shaoming,YAN Dasheng. Repairing radiation ulcer in neck with myocutaneous flap[J]. Zhonghua Xian Wei Wai Ke Za Zhi[Chin J Microsurg(Article in Chinese;Abstract in Chinese)],2003,26(4):310-311. DOI:10.3760/cma.j.issn.1001-2036.2003.04.033.}

[13788] **李海东，李斌斌，周刚，陈光宇，李太颖，高静，蔡国斌，宫国华．眼轮匝肌肌皮瓣一期修复眼睑周围局部缺损[J]．中华外科杂志，2003，41（11）：826．DOI：10.3760/j：issn：0529－5815.2003.11.022．**{LI Haidong,LI Binbin,ZHOU Gang,CHEN Guangyu,LI Taiying,GAO Jing,CAI Guobin,GONG Guohua. Primary repairing local defects around eyelid with orbicularis oculi myocutaneous flap[J]. Zhonghua Wai Ke Za Zhi[Chin J Surg(Article in Chinese;No abstract available)],2003,41(11):826. DOI:10.3760/j:issn:0529-5815.2003.11.022.}

[13789] **吕学明，袁绍纪，吕福林，陈援朝，郑鲁，陈存富，李涌，章翔．头部巨大溃疡并发脑突出一次性清创带血管游离肌皮瓣移植一例[J]．中华外科杂志，2003，41（11）：841．DOI：10.3760/j：issn：0529－5815.2003.11.030．**{LU Xueming,YUAN Shaoji,LV Fulin,CHEN Yuanchao,ZHENG Lu,CHEN Cunfu,LI Yong,ZHANG Xiang. Debridement followed by vascular free myocutaneous flap transplantation at one time for huge head ulcer complicated with brain protrusion:a case report[J]. Zhonghua Wai Ke Za Zhi[Chin J Surg(Article in Chinese;No abstract available)],2003,41(11):841. DOI:10.3760/j:issn:0529-5815.2003.11.030.}

[13790] **汪涌，姜会庆，解伟光，汪军，胡心宝，陈一飞．利用毁损下肢未失活肌皮瓣修复巨大电烧伤创面一例[J]．中华烧伤杂志，2003，19（6）：377．DOI：10.3760/cma.j.issn.1009－2587.2003.06.042．**{WANG Yong,JIANG Huiqing,XIE Weiguang,WANG Jun,HU Xinbao,CHEN Yifei. Repair of giant electric burn wound with intact myocutaneous flap of lower limb[J]. Zhonghua Shao Shang Za Zhi[Chin J Burns(Article in Chinese;No abstract available)],2003,19(6):377. DOI:10.3760/cma.j.issn.1009-2587.2003.06.042.}

[13791] **吴纪楠，陈觉尧，胡文，苏葵．带蒂肌皮瓣舌重建在舌癌根治中的临床应用[J]．中山大学学报（医学科学版），2003，24（z1）：180－181．DOI：10.3321/j.issn：1672－3554.2003.z1.089．**{WU Jinan,CHEN Jueyao,HU Wen,SU Kui. Clinical application of tongue reconstruction with pedicle myocutaneous flap in radical treatment of tongue cancer[J]. Zhong Shan Da Xue Xue Bao(Yi Xue Ke Xue Ban)[J Sun Yat-Sen Univ(Med Sci)(Article in Chinese;Abstract in Chinese)],2003,24(z1):180-181. DOI:10.3321/j.issn:1672-3554.2003.z1.089.}

[13792] **姜明，高桂芝，张福文．肌皮瓣修复小腿严重骨外露一例[J]．中华烧伤杂志，2004，20（1）：42．DOI：10.3760/cma.j.issn.1009－2587.2004.01.028．**{JIANG Ming,GAO Guizhi,ZHANG Fuwen. Severe bone exposure in leg repaired by myocutaneous flap:a case report[J]. Zhonghua Shao Shang Za Zhi[Chin J Burns(Article in Chinese;No abstract available)],2004,20(1):42. DOI:10.3760/cma.j.issn.1009-2587.2004.01.028.}

[13793] **张景贵，王建民．单臂外固定器结合肌皮瓣转移治疗严重胫腓骨开放骨折[J]．实用骨科杂志，2004，10（1）：25－26．DOI：10.3969/j.issn.1008－5572.2004.01.012．**{ZHANG Jinggui,WANG Jianmin. Treat severe open fracture in tibia and fibula with single arm external fixture and medial sural graft transplation[J]. Shi Yong Gu Ke Za Zhi[J Pract Orthop(Article in Chinese;Abstract in Chinese and English)],2004,10(1):25-26. DOI:10.3969/j.issn.1008-5572.2004.01.012.}

[13794] **李大军，马荣昌，徐树莲，王茂才．超越腭中线的上颌窦癌切除后颌颈部带蒂肌皮瓣一期腭修复术[J]．中华耳鼻咽喉科杂志，2004，39（9）：572－573．DOI：10.3760/j.issn：1673－0860.2004.09.018．**{LI Dajun,MA Rongchang,XU Shulian,WANG Maocai. Primary palatoplasty with pedicled musculocutaneous flap of maxilla neck after resection of maxillary sinus carcinoma beyond midpalatine line[J]. Zhonghua Er Bi Yan Hou Ke Za Zhi[Chin J Otorhinolaryngol(Article in Chinese;No abstract available)],2004,39(9):572-573. DOI:10.3760/j.issn:1673-0860.2004.09.018.}

[13795] **闫国良，丘奕军，冯毅，汪伟基，李海峰，许宏轩．桥式肌皮瓣修复小腿巨大软组织缺损1例[J]．中国矫形外科杂志，2005，13（18）：1439－1440．DOI：10.3969/j.issn.1005－8478.2005.18.031．**{YAN Guoliang,QIU Yijun,FENG Yi,WANG Weiji,LI Haifeng,XU Hongxuan. Repair of huge soft tissue defect of leg with bridge myocutaneous flap:one case report[J]. Zhongguo Jiao Xing Wai Ke Za Zhi[Orthop J China(Article in Chinese;No abstract available)],2005,13(18):1439-1440. DOI:10.3969/j.issn.1005-8478.2005.18.031.}

[13796] **吴小蔚，程邦昌，陕声国，余墨声，王松山，李爱林．核因子κB抑制剂对缺血再灌注肌皮瓣的保护作用[J]．中华实验外科杂志，2005，22（12）：1445－1446．DOI：10.3760/j.issn：1001－9030.2005.12.009．**{WU Xiaowei,CHENG Bangchang,SHAN Shengguo,YU Mosheng,WANG Songshan,LI Ailin. Protective effects of nuclear factor-κB inhibitor on ischemia-reperfusion island myocutaneous flaps in pigs[J]. Zhonghua Shi Yan Wai Ke Za Zhi[Chin J Exp Surg(Article in Chinese;Abstract in Chinese and English)],2005,22(12):1445-1446. DOI:10.3760/j.issn:1001-9030.2005.12.009.}

[13797] **吴荣德．足底内侧肌皮瓣修复足跟皮肤缺损[J]．临床骨科杂志，2005，8（5）：464－464．DOI：10.3969/j.issn.1008－0287.2005.05.040．**{WU Rongde. Transposition of internal pedal musculocutaneous flaps for repair of the hindfoot skin defects[J]. Lin Chuang Gu Ke Za Zhi[J Clin Orthop(Article in Chinese;No abstract available)],2005,8(5):464-464. DOI:10.3969/j.issn.1008-0287.2005.05.040.}

[13798] **陈江萍，邢新，季正伦，欧阳天祥，郭恩覃．应用肌皮瓣修复颈胸部慢性放射性溃疡**

[J]. 第二军医大学学报，2005，26（7）：830-831. DOI：10.3321/j.issn：0258-879X.2005.07.034. {CHEN Jiangping,XING Xin,JI Zhenglun,OUYANG Tianxiang,GUO Enqin. Repair of chronic neck and thoracic radiation ulcer with myocutaneous flap[J]. Di Er Jun Yi Da Xue Xue Bao[Acad J Sec Mil Med Univ(Article in Chinese;Abstract in Chinese)],2005,26(7):830-831. DOI:10.3321/j.issn:0258-879X.2005.07.034.}

[13799] 伍建华. 眼轮匝肌眶部双蒂肌皮瓣在烧伤致上睑重度外翻修复中的应用[J]. 中国修复重建外科杂志，2005，19（1）：83-84. {WU Jianhua. The application of orbital bipedicle musculocutaneous flap of orbicularis oculi muscle in severe external revision of upper eyelid caused by burn[J]. Zhongguo Xiu Fu Chong Jian Wai Ke Za Zhi[Chin J Repar Reconstr Surg(Article in Chinese;No abstract available)],2005,19(1):83-84.}

[13800] 陈祥圣，李颇尔，贺顺堂，裴世平，赵家殳，陶有进，刘和平，陈道祖. 皮瓣肌皮瓣修复四肢皮肤软组织缺损[J]. 中国修复重建外科杂志，2005，19（5）：405-406. {CHEN Xiangsheng,LI Po'er,HE Shuntang,PEI Shiping,ZHAO Jiashu,TAO Youjin,LIU Heping,CHEN Daozu. Flap musculocutaneous flap for repairing skin and soft tissue defects of extremities[J]. Zhongguo Xiu Fu Chong Jian Wai Ke Za Zhi[Chin J Repar Reconstr Surg(Article in Chinese;No abstract available)],2005,19(5):405-406.}

[13801] 冯明录，路磊，何勇，李江，董涛. 游离肌皮瓣修复膝部大面积软组织缺损二例[J]. 中华显微外科杂志，2006，29（1）：79. DOI：10.3760/cma.j.issn.1001-2036.2006.01.040. {FENG Minglu,LU Lei,HE Yong,LI Jiang,DONG Tao. Free musculocutaneous flap for repairing large-area soft tissue of knee:a report of 2 cases[J]. Zhonghua Xian Wei Wai Ke Za Zhi[Chin J Microsurg(Article in Chinese;No abstract available)],2006,29(1):79. DOI:10.3760/cma.j.issn.1001-2036.2006.01.040.}

[13802] 张旭东，郭树忠，韩岩，倪云志，王大太，张琳西. 游离肌皮瓣在肢体爆炸伤创面修复时机的研究[J]. 中华显微外科杂志，2006，29（2）：121-124. DOI：10.3760/cma.j.issn.1001-2036.2006.02.014. {ZHANG Xudong,GUO Shuzhong,HAN Yan,NI Yunzhi,WANG Datai,ZHANG Linxi. Study on the timing of free muscle flap in wound repair of limb explosive injury[J]. Zhonghua Xian Wei Wai Ke Za Zhi[Chin J Microsurg(Article in Chinese;Abstract in Chinese)],2006,29(2):121-124. DOI:10.3760/cma.j.issn.1001-2036.2006.02.014.}

[13803] 王斌，李康华，邵新中，张志刚，田敏，刘德群，高顺红，杨义. 游离肱三头肌外侧头肌皮瓣修复前臂软组织缺损[J]. 中华手外科杂志，2006，22（3）：165-166. DOI：10.3760/cma.j.issn.1005-054X.2006.03.016. {WANG Bin,LI Kanghua,SHAO Xinzhong,ZHANG Zhigang,TIAN Min,LIU Dequn,GAO Shunhong,YANG Yi. Free triceps lateral head myocutaneous flap transfer for repair of major complex tissue defect in the forearm[J]. Zhonghua Shou Wai Ke Za Zhi[Chin J Hand Surg(Article in Chinese;Abstract in Chinese and English)],2006,22(3):165-166. DOI:10.3760/cma.j.issn.1005-054X.2006.03.016.}

[13804] 邢新，薛春雨，李鑫，郇京宁，郭恩覃. 岛状肌皮瓣（肌瓣）在颈胸部重度创伤性创面早期修复中的应用[J]. 中华创伤杂志，2006，22（4）：265-267. DOI：10.3760/j：issn：1001-8050.2006.04.008. {XING Xin,XUE Chunyu,LI Li,HUAN Jingning,GUO Enqin. Application of island myocutaneous flap in early repair of severe traumatic cervico-thoracic wound[J]. Zhonghua Chuang Shang Za Zhi[Chin J Trauma(Article in Chinese;Abstract in Chinese and English)],2006,22(4):265-267. DOI:10.3760/j:issn:1001-8050.2006.04.008.}

[13805] 李景峰，刘亦军，季晓石，霍岩. 皮瓣肌皮瓣修复四肢感染性创面[J]. 中国修复重建外科杂志，2006，20（8）：859-860. {LI Jingfeng,LIU Yijun,JI Xiaoshi,HUO Yan. Flap musculocutaneous flap for repairing infectious wounds of extremities[J]. Zhongguo Xiu Fu Chong Jian Wai Ke Za Zhi[Chin J Repar Reconstr Surg(Article in Chinese;No abstract available)],2006,20(8):859-860.}

[13806] 梁杰，郝新光，李建赤. 应用肌皮瓣修复前胸壁放射性溃疡[J]. 中华显微外科杂志，2007，30（2）：141-143. DOI：10.3760/cma.j.issn.1001-2036.2007.02.022. {LIANG Jie,HAO Xinguang,LI Jianchi. Myocutaneous flap was used to repair anterior chest wall radioactive ulcer[J]. Zhonghua Xian Wei Wai Ke Za Zhi[Chin J Microsurg(Article in Chinese;Abstract in Chinese)],2007,30(2):141-143. DOI:10.3760/cma.j.issn.1001-2036.2007.02.022.}

[13807] 于丽，张建卓，王佳琦，王祎蓉，张志宏. 重睑成形术同时行眼轮匝肌肌皮瓣转移治疗轻度瘢痕性上睑外翻[J]. 中华整形外科杂志，2007，23（1）：13-15. DOI：10.3760/j.issn：1009-4598.2007.01.004. {YU Li,ZHANG Jianzhuo,WANG Jiaqi,WANG Yirong,ZHANG Zhihong. Repairing of upper cicatricial ectropion with orbicularis oculi myocutaneous flap in construction of double eyelid[J]. Zhonghua Zheng Xing Wai Ke Za Zhi[Chin J Plast Surg(Article in Chinese;Abstract in Chinese and English)],2007,23(1):13-15. DOI:10.3760/j.issn:1009-4598.2007.01.004.}

[13808] 海恒林，华云飞，王黎丽，戴海华，李华涛，边琳芬，吴胜刚，李强. 联合肌皮瓣在坐骨结节褥疮修复中的应用[J]. 中国修复重建外科杂志，2007，21（8）：907-908. {HAI Henglin,HUA Yunfei,WANG Lili,DAI Haihua,LI Huatao,BIAN Linfen,WU Shenggang,LI Qiang. Application of combined muscle flap in repair of sciatic nodule sore[J]. Zhongguo Xiu Fu Chong Jian Wai Ke Za Zhi[Chin J Repar Reconstr Surg(Article in Chinese;Abstract in Chinese)],2007,21(8):907-908.}

[13809] 邓健，匡斌，邓国三. 应用皮瓣及肌皮瓣修复心脏直视术后胸骨感染创面[J]. 中华显微外科杂志，2010，33（6）：500-502. DOI：10.3760/cma.j.issn.1001-2036.2010.06.026. {DENG Jian,KUANG Bin,DENG Guosan. Application of skin flap and muscle flap to repair sternum infection wound after open heart surgery[J]. Zhonghua Xian Wei Wai Ke Za Zhi[Chin J Microsurg(Article in Chinese;Abstract in Chinese)],2010,33(6):500-502. DOI:10.3760/cma.j.issn.1001-2036.2010.06.026.}

[13810] 张丕红，黄晓元，肖目张，任利成，张明华，龙剑虹，范鹏举，曾纪章，谢庭鸿. 背部带蒂轴型肌皮瓣修复邻近部位深度创面22例[J]. 中华损伤与修复杂志（电子版），2010，5（4）：460-466. DOI：10.3969/cma.j.issn.1673-9450.2010.04.007. {ZHANG Pihong,HUANG Xiaoyuan,XIAO Muzhang,REN Licheng,ZHANG Minghua,LONG Jianhong,FAN Pengju,ZENG Jizhang,XIE Tinghong. Repair of adjacent deep wound using pedicled axial myocutaneous flap from the posterior trunk[J]. Zhonghua Sun Shang Yu Xiu Fu Za Zhi Dian Zi Ban[Chin J Injury Repair Wound Healing(Electr Ed)(Article in Chinese;Abstract in Chinese and English)],2010,5(4):460-466. DOI:10.3969/cma.j.issn.1673-9450.2010.04.007.}

[13811] 方林森，胡德林，余又新，王春华，赵浩东. 皮瓣及肌皮瓣在严重电烧伤创面早期修复中的应用[J]. 中华损伤与修复杂志（电子版），2010，5（4）：467-471. DOI：10.3969/cma.j.issn.1673-9450.2010.04.008. {FANG Linsen,HU Delin,YU Youxin,WANG Chunhua,ZHAO Haodong. Clinical applicafion of flaps in muscle cutaneous flaps in repair of wounds after deep electrical burn in early period[J]. Zhonghua Sun Shang Yu Xiu Fu Za Zhi Dian Zi Ban[Chin J Injury Repair Wound Healing(Electr Ed)(Article in Chinese;Abstract in Chinese and English)],2010,5(4):467-471. DOI:10.3969/cma.j.issn.1673-9450.2010.04.008.}

[13812] 李国耀，李玮，户小彬，刘群. 足底岛状肌皮瓣修复足踝部软组织缺损[J]. 实用手外科杂志，2010，24（1）：14-16. DOI：10.3969/j.issn.1671-2722.2010.01.004. {LI Guoyao,LI Wei,HU Xiaobin,LIU Qun. Repair of soft tissue defects of ankle and foot by sole artery island musculocutaneous flap[J]. Shi Yong Shou Wai Ke Za Zhi[Chin J Pract Hand Surg(Article in Chinese;Abstract in Chinese and English)],2010,24(1):14-16. DOI:10.3969/j.issn.1671-2722.2010.01.004.}

[13813] 段晨旺，鲍世威，徐刚，姜海，李森恺. A型肉毒毒素对小型猪肌皮瓣扩张的影响[J]. 中华整形外科杂志，2011，27（1）：31-35. DOI：10.3760/cma.j.issn.1009-4598.2011.01.009. {DUAN Chenwang,BAO Shiwei,XU Gang,JIANG Hai,LI Senkai. Effect of the botulinum toxin type A on myocutaneous flap expansion in minipigs model[J]. Zhonghua Zheng Xing Wai Ke Za Zhi[Chin J Plast Surg(Article in Chinese;Abstract in Chinese and English)],2011,27(1):31-35. DOI:10.3760/cma.j.issn.1009-4598.2011.01.009.}

[13814] 段晨旺，徐刚，周建红，魏刚强，李森恺. A型肉毒毒素对肌皮瓣超量扩张的影响[J]. 中国修复重建外科杂志，2011，25（9）：1063-1066. {DUAN Chenwang,XU Gang,ZHOU Jianhong,WEI Gangqiang,LI Senkai. Effect of botulinum toxin type a on excessive expansion of myocutaneous flap[J]. Zhongguo Xiu Fu Chong Jian Wai Ke Za Zhi[Chin J Repar Reconstr Surg(Article in Chinese;Abstract in Chinese and English)],2011,25(9):1063-1066.}

[13815] 宋铁山，李鸿文，彭云滔，孙海明. 应用骨间背侧肌皮瓣修复手部创面[J]. 中华显微外科杂志，2012，35（1）：55-56. DOI：10.3760/cma.j.issn.1001-2036.2012.01.021. {SONG Tieshan,LI Hongwen,PENG Yuntao,SUN Haiming. Application of interosseous dorsal myocutaneous flap to repair hand wounds[J]. Zhonghua Xian Wei Wai Ke Za Zhi[Chin J Microsurg(Article in Chinese;Abstract in Chinese)],2012,35(1):55-56. DOI:10.3760/cma.j.issn.1001-2036.2012.01.021.}

[13816] 林志潮，伍硕允，叶敏. 应用肌皮瓣修复乳腺癌术后胸壁放射性溃疡创面[J]. 中华显微外科杂志，2012，35（4）：317-319. DOI：10.3760/cma.j.issn.1001-2036.2012.04.018. {LIN Zhichao,WU Shuoyun,YE Min. Repair of radioactive ulcer wound in chest wall after breast cancer surgery with muscle flap[J]. Zhonghua Xian Wei Wai Ke Za Zhi[Chin J Microsurg(Article in Chinese;Abstract in Chinese)],2012,35(4):317-319. DOI:10.3760/cma.j.issn.1001-2036.2012.04.018.}

[13817] 沈卫民，徐小群，崔杰，唐维兵，陈建兵，邹继军. 扩张皮瓣、肌皮瓣和黏膜瓣修复联体婴儿联体部巨大缺损二例[J]. 中华整形外科杂志，2013，29（2）：154-156. DOI：10.3760/cma.j.issn.1009-4598.2013.02.023. {SHEN Weimin,XU Xiaoqun,CUI Jie,TANG Weibing,CHEN Jianbing,ZOU Jijun. Expanded flap,myocutaneous flap and mucosal flap for repair of giant joint defects in infants[J]. Zhonghua Zheng Xing Wai Ke Za Zhi[Chin J Plast Surg(Article in Chinese;No abstract available)],2013,29(2):154-156. DOI:10.3760/cma.j.issn.1009-4598.2013.02.023.}

[13818] 王嘉森，李力，肖燎原，王程煜，沈俊，杨毓梅，郎军添，赵舒薇. 颈前旋转肌皮瓣修复喉部分切除术后缺损的喉功能评价[J]. 第二军医大学学报，2013，34（7）：745-749. DOI：10.3724/SP.J.1008.2013.00745. {WANG Jiasen,LI Li,XIAO Liaoyuan,WANG Chengyu,SHEN Jun,YANG Yumei,LANG Juntian,ZHAO Shuwei. Functional recovery of laryngeal reconstruction with the anterior cervical turnover myocutaneous flap after partial laryngectomy[J]. Di Er Jun Yi Da Xue Xue Bao[Acad J Sec Mil Med Univ(Article in Chinese;Abstract in Chinese and English)],2013,34(7):745-749. DOI:10.3724/SP.J.1008.2013.00745.}

[13819] 强力，薛明宇，沈小芳，芮永军，周晓，卜凡玉. 游离"M"形骨间背分叶肌皮瓣修复手指中末节脱套伤[J]. 中华显微外科杂志，2015，38（2）：184-186. DOI：10.3760/cma.j.issn.1001-2036.2015.02.026. {QIANG Li,XUE Mingyu,SHEN Xiaofang,RUI Yongjun,ZHOU Xiao,BU Fanyu. Free 'M'-shaped interosseous dorsal lobulated musculocutaneous flap for repairing middle and distal segment degloving injury of fingers[J]. Zhonghua Xian Wei Wai Ke Za Zhi[Chin J Microsurg(Article in Chinese;Abstract in Chinese)],2015,38(2):184-186. DOI:10.3760/cma.j.issn.1001-2036.2015.02.026.}

[13820] 夏成德，狄海萍，薛继东，赵耀华，李晓亮，李强，牛希华，李永林，连鸿凯. 游离肌皮瓣桥接胫后血管修复对侧下肢软组织缺损[J]. 中华整形外科杂志，2015，31（3）：183-187. DOI：10.3760/cma.j.issn.1009-4598.2015.03.007. {XIA Chengde,DI Haiping,XUE Jidong,ZHAO Yaohua,LI Xiaoliang,LI Qiang,NIU Xihua,LI Yonglin,LIAN Hongkai. Repair of lower extremity soft tissue defect with free musculo-cutaneous flaps bridging with healthy contralateral posterior tibial vessel[J]. Zhonghua Zheng Xing Wai Ke Za Zhi[Chin J Plast Surg(Article in Chinese;Abstract in Chinese and English)],2015,31(3):183-187. DOI:10.3760/cma.j.issn.1009-4598.2015.03.007.}

[13821] 王维，潘朝斌，池宇峰，王佩，谭锡涛，陈勇. 面动脉岛状肌皮瓣修复口腔颌面部组织缺损96例临床分析[J]. 上海口腔医学，2016，25（4）：492-496. {WANG Wei,PAN Chaobin,CHI Yufeng,WANG Pei,TAN Xitao,CHEN Yong. Clinical study of facial artery island flap for reconstruction of oral and maxillofacial tissue defects in 96 consecutive patients[J]. Shang Hai Kou Qiang Yi Xue[Shanghai J Stomatol(Article in Chinese;Abstract in Chinese and English)],2016,25(4):492-496.}

[13822] 梁尊鸿，潘云川，陈贻榔，毛汉儒. 带蒂肌皮瓣早期修复颈部高压电烧伤深度创面八例[J]. 中华烧伤杂志，2017，33(12)：757-759. DOI：10.3760/cma.j.issn.1009-2587.2017.12.007. {LIANG Zunhong,PAN Yunchuan,CHEN Yibang,MAO Hanru. Early repair of deep wounds of cervical high-voltage electrical burn with pedicled myocutaneous flap eight cases[J]. Zhonghua Shao Shang Za Zhi[Chin J Burns(Article in Chinese;No abstract available)],2017,33(12):757-759. DOI:10.3760/cma.j.issn.1009-2587.2017.12.007.}

[13823] 文辉才，万珺，眭云鹏，简雪平，马丽，徐桂珍，刘燕平. 肌皮瓣法重睑术的临床疗效分析[J]. 中国修复重建外科杂志，2017，31（3）：327-330. DOI：10.7507/1002-1892.201611031. {WEN Huicai,WAN Jun,SUI Yunpeng,JIAN Xueping,MA Li,XU Guizhen,LIU Yanping. Clinical efficacy analysis of myocutaneous flap in blepharoplasty[J]. Zhongguo Xiu Fu Chong Jian Wai Ke Za Zhi[Chin J Repar Reconstr Surg(Article in Chinese;Abstract in Chinese and English)],2017,31(3):327-330. DOI:10.7507/1002-1892.201611031.}

[13824] 潘孟雄，毛峻武，马韬，覃小荣，李波. 面动脉黏膜肌皮瓣修复舌及口底肿瘤切除后缺损疗效观察[J]. 中国修复重建外科杂志，2017，31（4）：461-464. DOI：10.7507/1002-1892.201611108. {PAN Mengxiong,MAO Junwu,MA Tao,QIN Xiaorong,LI Bo. Effect of facial artery musculo-mucosal flap in reconstructing defects of tongue and mouth floor[J]. Zhongguo Xiu Fu Chong Jian Wai Ke Za Zhi[Chin J Repar Reconstr Surg(Article in Chinese;Abstract in Chinese and English)],2017,31(4):461-464. DOI:10.7507/1002-1892.201611108.}

[13825] 黄苏，廖选，李升红，张志丹，卢金强，肖丽玲，刘宏伟. 屈肌离断联合肌皮瓣转移修复强直性体位患者褥疮的疗效[J]. 中华创伤杂志，2018，34（11）：1040-1045. DOI：10.3760/cma.j.issn.1001-8050.2018.11.016. {HUANG Su,LIAO Xuan,LI Shenghong,ZHANG Zhidan,LU Jinqiang,XIAO Liling,LIU Hongwei. Flexor muscle disconnection combined with myocutaneous flap for sore in patients of ankylosing posture[J]. Zhonghua Chuang Shang Za Zhi[Chin J Trauma(Article in Chinese;Abstract in Chinese and English)],2018,34(11):1040-1045. DOI:10.3760/cma.j.issn.1001-8050.2018.11.016.}

[13826] 宋达疆，李赞，周晓，章一新，彭小伟，冯光，周波，吕春柳，伍鹏，唐园园，彭文，毛煌兴，柳泽洋，韩惟青，陈亦乐，唐迪红，周彦杰，张克强. 会阴肿瘤切除术后缺损之皮瓣/肌皮瓣修复方法的选择和效果[J]. 中华烧伤杂志，2020，36（6）：451-457. DOI：10.3760/cma.j.cn501120-20190320-00129. {SONG Dajiang,LI Zan,ZHOU Xiao,ZHANG Yixin,PENG Xiaowei,FENG Guang,ZHOU Bo,LV Chunliu,WU Peng,TANG Yuanyuan,PENG Wen,MAO Huangxing,LIU Zeyang,HAN Weiqing,CHEN Yile,TANG Dihong,ZHOU Yanjie,ZHANG Keqiang. Selection and effects of flap/myocutaneous flap repair methods for the defect after perineum tumor resection[J]. Zhonghua Shao Shang Za Zhi[Chin J Burns(Article in Chinese;Abstract in Chinese and English)],2020,36(6):451-457. DOI:10.3760/cma.j.cn501120-20190320-00129.}

4.7.25 颏下岛状瓣
submental island flap

[13827] Chen WL,Li JS,Yang ZH,Huang ZQ,Wang JU,Zhang B. Two submental

island flaps for reconstructing oral and maxillofacial defects following cancer ablation[J]. J Oral Maxillofac Surg,2008,66(6):1145-1156. doi:10.1016/j.joms.2007.09.023.

[13828] You YH,Chen WL,Wang YP,Liang J. The feasibility of facial-submental artery island myocutaneous flaps for reconstructing defects of the oral floor following cancer ablation[J]. Oral Surg Oral Med Oral Pathol Oral Radiol Endod,2010,109(6):e12-16. doi:10.1016/j.tripleo.2010.02.004.

[13829] Chaudhary B,Gong Z,Ling B,Lin Z,Abbas K,Hu M,Liu H. Application of the submental island flap in the reconstruction of intraoral defects[J]. J Craniofac Surg,2014,25(4):e309-312. doi:10.1097/SCS.0000000000000573.

[13830] Li P,Fang QG,Luo RH,Zhao M,Liu ST,Du W,Qi J. Reconstruction of full-thickness buccal defects with submental island flap[J]. J Craniofac Surg,2015,26(2):e104-106. doi:10.1097/SCS.0000000000001281.

[13831] Chen X,Zhou H,Zhang YJ,Yin L,Lu MP,Xing GQ,Lin ZP,Cheng L. Applied anatomy of the submental island flap and its clinical application in the repair of defects following hypopharyngeal carcinoma resection[J]. World J Otorhinolaryngol Head Neck Surg,2015,1(1):44-49. doi:10.1016/j.wjorl.2015.09.003.

[13832] Ma Y,Liu L,Wang W,Lu C,Zhang A,Song Y,Zhang R,Oghagbon EK,Xiang M. Reconstruction of hypopharyngeal non-circumferential defects with a submental island flap after hypopharyngeal cancer ablation,our experience of 13 cases[J]. Clin Otolaryngol,2016,41(4):402-406. doi:10.1111/coa.12522.

[13833] Guo Y,Mao C. The use of submental island flap for total lower lip reconstruction:A case report[J]. Facial Plast Surg,2016,32(2):238-239. doi:10.1055/s-0036-1571810.

[13834] Pan CB,Wang Y,Chen WL,Zhou B,Wang XM. Outcomes of younger and older patients with palatal cancer undergoing pedicled facial-submental artery island flap reconstruction[J]. Int J Oral Maxillofac Surg,2020,49(1):7-12. doi:10.1016/j.ijom.2019.05.002.

[13835] Chen WL,Wang YY,Zhou B,Wen ZZ,Yuan KF,Chen YJ. Survival and functional outcomes of patients who underwent facial-submental artery island flap reconstruction after oral cavity or HPV-negative oropharyngeal squamous cell carcinoma ablation[J]. J Stomatol Oral Maxillofac Surg,2020,121(4):383-389. doi:10.1016/j.jormas.2019.11.003.

[13836] Wang J,Tan Y,Shen Y,Lv M,Li J,Sun J. Oncological safety of submental island flap for reconstruction of pathologically node-negative and node-positive T1-2 oral squamous cell carcinoma-related defects:A retrospective study and comparison of outcomes[J]. Oral Oncol, 2020,102:104507. doi:10.1016/j.oraloncology.2019.104507.

[13837] Pang W,Zhang A,Lu C,Tian J,Li WX,Wang Z,Dong Y,Yuan S,Niu Z,Zhu Y,Quraishi MS,Liu L. Design and application of submental island flap to reconstruct non-circumferential defect after hypopharyngeal carcinoma resection:a prospective study of 27 cases[J]. Acta Otolaryngol, 2020,140(12):1036-1042. doi:10.1080/00016489.2020.1804614.

[13838] Xing R,He J,Wang F,Liu J,Sun B,Zhang W. Reconstruction of anterior mandibular defect using submental island flap pedicled with mental artery[J]. Ear Nose Throat J,2021 Mar 8. 145561320987039. doi:10.1177/0145561320987039. Online ahead of print.

[13839] 蒋斌，房敏，蒋松琪，许映龙，韩靓．颏下岛状皮瓣在头颈外科的应用 [J]．上海口腔医学，2000，9 (4)：194-196．DOI：10.3969/j.issn.1006-7248.2000.04.002．{JIANG Bin,FANG Min,JIANG Songqi,XU Yinglong,HAN Liang. The Application of Submental Island Flap in Head and Neck Surgery[J]. Shang Hai Kou Qiang Yi Xue[Shanghai J Stomatol(Article in Chinese;Abstract in Chinese and English)],2000,9(4):194-196. DOI:10.3969/j.issn.1006-7248.2000.04.002.}

[13840] 李志来．颏下岛状瓣重建硬腭缺损一例 [J]．中国修复重建外科杂志，2005，19 (10)：830．{LI Zhilai. Submental island flap reconstruction of hard palate defect :a case report[J]. Zhongguo Xiu Fu Chong Jian Wai Ke Za Zhi[Chin J Repar Reconstr Surg(Article in Chinese;No abstract available)],2005,19(10):830.}

[13841] 李志来．颏下岛状瓣修复舌癌切除术后舌与口底组织缺损 [J]．中国修复重建外科杂志，2005，19 (10)：786-788．{LI Zhilai. Repairing defects of tongue and mouth floor with submental island flap after tumor surgery[J]. Zhongguo Xiu Fu Chong Jian Wai Ke Za Zhi[Chin J Repar Reconstr Surg(Article in Chinese;Abstract in Chinese and English)],2005,19(10):786-788.}

[13842] 蒋斌，顾云飞，陈卫贤，徐新江．颏下岛状皮瓣一期修复下咽肿瘤切除后非环周缺损 [J]．中国修复重建外科杂志，2006，20 (12)：1183-1185．{JIANG Bin,GU Yunfei,CHEN Weixian,XU Xinjiang. Submental island flaps for reconstruction of hypopharyngeal non-circumferential defects after hypopharyngeal carcinoma removal[J]. Zhongguo Xiu Fu Chong Jian Wai Ke Za Zhi[Chin J Repar Reconstr Surg(Article in Chinese;Abstract in Chinese and English)],2006,20(12):1183-1185.}

[13843] 苏顺清，戴新明，莫伟胜．颏下岛状皮瓣修复下颌电烧伤创面一例 [J]．中华烧伤杂志，2007，23 (2)：125．DOI：10.3760/cma.j.issn.1009-2587.2007.02.029．{SU Shunqing,DAI Xinming,MO Weisheng. Submental island flap repairing mandibular electric burn wound:a case report[J]. Zhonghua Shao Shang Za Zhi[Chin J Burns(Article in Chinese;No abstract available)],2007,23(2):125. DOI:10.3760/cma.j.issn.1009-2587.2007.02.029.}

[13844] 李峰永，李养群，陈文，李强，周传德，唐勇，杨喆，赵穆欣．颏下动脉颈部岛状扩张皮瓣修复面部软组织缺损 [J]．中华整形外科杂志，2009，25 (6)：419-421．DOI：10.3760/cma.j.issn.1009-4598.2009.06.006．{LI Fengyong,LI Yangqun,CHEN Wen,LI Qiang,ZHOU Chuande,TANG Yong,YANG Zhe,ZHAO Muxin. Clinical application of expanded submental island flap in facial soft tissue defect[J]. Zhonghua Zheng Xing Wai Ke Za Zhi[Chin J Plast Surg(Article in Chinese;Abstract in Chinese and English)],2009,25(6):419-421. DOI:10.3760/cma.j.issn.1009-4598.2009.06.006.}

[13845] 杨朝晖，陈伟良，李劲松，黄志权，王友元．应用面动脉 - 颏下动脉岛状肌皮瓣修复舌癌术后缺损 [J]．中国口腔颌面外科杂志，2009，7 (1)：15-17．{YANG Zhaohui,CHEN Weiliang,LI Jinsong,HUANG Zhiquan,WANG Youyuan. Application of facial artery-submental artery island flap Liter radical resection of tongue cancer[J]. Zhongguo Kou Qiang He Mian Wai Ke Za Zhi[Chin J Oral Maxillofac Surg(Article in Chinese;Abstract in Chinese and English)],2009,7(1):15-17.}

[13846] 陈延武，李劲松，陈伟良，武东辉．岛状颏下肌皮瓣修复口腔口咽癌术后组织缺损 [J]．中山大学学报（医学科学版），2009，30 (2)：237-240．DOI：10.3321/j.issn：1672-3554.2009.02.025．{CHEN Yanwu,LI Jinsong,CHEN Weiliang,WU Donghui. Submental myocutaneous island flap for repairing oral and oropharynx defects after cancer ablation[J]. Zhong Shan Da Xue Xue Bao(Yi Xue Ke Xue Ban)[J Sun Yat-Sen Univ(Med Sci)(Article in Chinese;Abstract in Chinese and English)],2009,30(2):237-240. DOI:10.3321/j.issn:1672-3554.2009.02.025.}

[13847] 陈飞，王力红，梁传余，刘世喜，邹剑，赵厚育．颏下岛状皮瓣在咽瘘修复中的应用 [J]．中国修复重建外科杂志，2009，23 (3)：322-324．{CHEN Fei,WANG Lihong,LIANG Chuanyu,LIU Shixi,ZOU Jian,ZHAO Houyu. Clinical study on submental island flaps in repairing pharyngeal fistula[J]. Zhongguo Xiu Fu Chong Jian Wai Ke Za Zhi[Chin J Repar Reconstr Surg(Article in Chinese;Abstract in Chinese and English)],2009,23(3):322-324.}

[13848] 廖隽琨，陈伟良，张大明，范松．逆行面动脉 - 颏下动脉岛状肌瓣修复良性肿瘤切除后面部畸形 [J]．中国口腔颌面外科杂志，2012，10 (1)：57-61．{LIAO Junkun,CHEN Weiliang,ZHANG Daming,FAN Song. Facial contour reconstruction following benign tumor ablation using reverse facial artery-submental artery deepithelialized submental island flaps[J]. Zhongguo Kou Qiang He Mian Wai Ke Za Zhi[Chin J Oral Maxillofac Surg(Article in Chinese;Abstract in Chinese and English)],2012,10(1):57-61.}

[13849] 刘汉前，俞辉明，刘家武．颏下岛状皮瓣修复早期口腔鳞状细胞癌术后缺损 [J]．中国修复重建外科杂志，2013，27 (9)：1098-1101．DOI：10.7507/1002-1892.20130240．{LIU Hanqian,YU Huiming,LIU Jiawu. Submental island flap for repair of oral defects after radical resection of early-stage oral squamous cell carcinoma[J]. Zhongguo Xiu Fu Chong Jian Wai Ke Za Zhi[Chin J Repar Reconstr Surg(Article in Chinese;Abstract in Chinese and English)],2013,27(9):1098-1101. DOI:10.7507/1002-1892.20130240.}

[13850] 赵新，伍虹，陈伟良，王建广，张翠翠，潘朝斌，黄志权，赵小朋．去上皮逆行面动脉 - 颏下动脉颏下岛状瓣修复上颌术后缺损 [J]．中国口腔颌面外科杂志，2014，12 (1)：61-64．{ZHAO Xin,WU Hong,CHEN Weiliang,WANG Jianguang,ZHANG Cuicui,PAN Chaobin,HUANG Zhiquan,ZHAO Xiaopeng. Reverse facial artery-submental artery deepithelialised submental island flap to reconstruct maxillary defects following cancer ablation[J]. Zhongguo Kou Qiang He Mian Wai Ke Za Zhi[Chin J Oral Maxillofac Surg(Article in Chinese;Abstract in Chinese and English)],2014,12(1):61-64.}

[13851] 李凤梅，冯元勇，金晓明，尚伟．颏下岛状皮瓣在口咽癌术后缺损修复中的应用 [J]．上海口腔医学，2014，23 (4)：477-480．{LI Fengmei,FENG Yuanyong,JIN Xiaoming,SHANG Wei. Clinical application of submental island flap in repairing oropharynx defects after cancer ablation[J]. Shang Hai Kou Qiang Yi Xue[Shanghai J Stomatol(Article in Chinese;Abstract in Chinese and English)],2014,23(4):477-480.}

[13852] 吴斌，毛驰，廖湘凌．颏下岛状瓣引流静脉的分布规律 [J]．现代口腔医学杂志，2015，29 (4)：213-215，250．{WU Bin,MAO Chi,LIAO Xiangling. Distribution pattern of submental island flap drainage veins[J]. Xian Dai Kou Qiang Yi Xue Za Zhi[J Mod Stomatol(Article in Chinese;Abstract in Chinese and English)],2015,29(4):213-215,250.}

[13853] 王超，唐丽萍，张军．应用颏下岛状皮瓣修复 24 例早期口腔癌术后缺损疗效评价 [J]．中国口腔颌面外科杂志，2018，16(3)：266-269．DOI：10.19438/j.cjoms.2018.03.015．{WANG Chao,TANG Liping,ZHANG Jun. Assessment of clinical outcome of submental island flap used in reconstruction of intraoral defect after resection of early oral cancers[J]. Zhongguo Kou Qiang He Mian Wai Ke Za Zhi[Chin J Oral Maxillofac Surg(Article in Chinese;Abstract in Chinese and English)],2018,16(3):266-269. DOI:10.19438/j.cjoms.2018.03.015.}

[13854] 王超，陈伟，严颖彬，张军．颏下岛状皮瓣修复舌癌术后次半舌缺损 [J]．中华整形外科杂志，2019，35(12)：1218-1220．DOI：10.3760/cma.j.issn.1009-4598.2019.12.011．{WANG Chao,CHEN Wei,YAN Yingbin,ZHANG Jun. Experience of application of submental island flap used in reconstruction of nearly half tongue defect after resection of tongue cancer[J]. Zhonghua Zheng Xing Wai Ke Za Zhi[Chin J Plast Surg(Article in Chinese;Abstract in Chinese and English)],2019,35(12):1218-1220. DOI:10.3760/cma.j.issn.1009-4598.2019.12.011.}

[13855] 陈永菊，陈伟良，周斌，钟江龙，汪延，陈睿．面 - 颏下动脉岛状皮瓣修复年轻与老年舌癌患者的效果比较 [J]．中国口腔颌面外科杂志，2020，18 (2)：117-121．DOI：10.19438/j.cjoms.2020.02.005．{CHEN Yongju,CHEN Weiliang,ZHOU Bin,ZHONG Jianglong,WANG Yan,CHEN Rui. Comparison of facial-submental artery island flap for repairing younger and older patients with tongue squamous cell carcinoma[J]. Zhongguo Kou Qiang He Mian Wai Ke Za Zhi[Chin J Oral Maxillofac Surg(Article in Chinese;Abstract in Chinese and English)],2020,18(2):117-121. DOI:10.19438/j.cjoms.2020.02.005.}

4.8 肌瓣

muscle flap

[13856] Xu JH,Tan WQ,Yao JM. Bipedicle orbicularis oculi flap in the reconstruction of the lower eyelid ectropion[J]. Aesthetic Plast Surg,2007,31(2):161-166. doi:10.1007/s00266-006-0165-x.

[13857] Pan Y,Zhang H,Yang L,Song B,Xiao B,Yi C,Han Y. Correction of congenital severe ptosis by suspension of a frontal muscle flap overlapped with an inferiorly based orbital septum flap[J]. Aesthetic Plast Surg,2008,32(4):604-612;discussion 613. doi:10.1007/s00266-008-9125-y.

[13858] Lu XW,Verborgt O,Gazielly DF. Long-term outcomes after deltoid muscular flap transfer for irreparable rotator cuff tears[J]. J Shoulder Elbow Surg,2008,17(5):732-737. doi:10.1016/j.jse.2008.02.022.

[13859] Cheng J,Shen G,Tang Y,Zhang Z,Qiu W,Lu X. Facial reconstruction with vascularised serratus anterior muscle flap in patients with Parry-Romberg syndrome[J]. Br J Oral Maxillofac Surg,2010,48(4):261-266. doi:10.1016/j.bjoms.2009.06.021.

[13860] Yu DZ,Liu AT,Dang RS,Zhang CS,Zhang JL,Chen G,Yi J,Han T,Jiang H. Intramuscular innervations of muscle flaps that are commonly used in clinical settings[J]. Surg Radiol Anat. 2010,32(7):637-646. doi:10.1007/s00276-010-0644-2.

[13861] Yuen AP. Aesthetic consideration of parotidectomy-post-aural approach and extended sternomastoid flap:how we do it[J]. Clin Otolaryngol,2010,35(3):231-234. doi:10.1111/j.1749-4486.2010.02108.x.

[13862] Zhi K,Ren W,Gao L,Zhao L,Huang S,Li J,Guo F. Face-lift incision combined with sternomastoid muscular flap in parotidectomy[J]. Aesthetic Plast Surg,2011,35(4):558-562. doi:10.1007/s00266-011-9663-6.

[13863] Chen WL,Zhou M,Ye JT,Yang ZH,Zhang DM. Maxillary functional reconstruction using a reverse facial artery-submental artery mandibular osteomuscular flap with dental implants[J]. J Oral Maxillofac Surg,2011,69(11):2909-2914. doi:10.1016/j.joms.2011.02.043.

[13864] Liu H,Li Y,Dai X. Modified face-lift approach combined with a superficially anterior and superior-based sternocleidomastoid muscle flap in total parotidectomy[J]. Oral Surg Oral Med Oral Pathol Oral Radiol,2012,113(5):593-599. doi:10.1016/j.tripleo.2011.04.042.

[13865] Wang WH,Zhu J,Li M,Xia B,Xu B. Usefulness of platysma muscle flap following superficial parotidectomy[J]. J Craniomaxillofac Surg,2013,41(1):10-14. doi:10.1016/j.jcms.2012.05.002.

[13866] Wei D,Liu JH,Zhao WQ,Zhu HY,Li ZY,Wang HM. Use of the versatile

sternocleidomastoid flap in oral and maxillofacial surgery:our experience[J]. Br J Oral Maxillofac Surg,2013,51(8):742-746. doi:10.1016/j.bjoms.2013.02.015.

[13867] Zou C,Wang JQ,Guo X,Yu H,Li XQ,Li WY,Wang TL. Long-term histopathologic study of the frontalis muscle flap after frontalis suspension for severe ptosis repair[J]. Ophthalmic Plast Reconstr Surg,2013,29(6):486-491. doi:10.1097/IOP.0b013e3182a64de7.

[13868] Wang Y,Cheng J,Yuan C,Li Z,Wang D,Ding X,Ye J,Wu H,Wan L,Tao Z,Jiang H,Wu Y. Reconstruction of palatomaxillary defects following cancer ablation with temporalis muscle flap in medically compromised patients:a 15-year single institutional experience[J]. Clin Oral Investig,2014,18(6):1663-1670. doi:10.1007/s00784-013-1135-8.

[13869] Sun D,Yang Y,Wei Z,Xu Y,Zhang X,Hong B. Engineering of pre-vascularized urethral patch with muscle flaps and hypoxia-activated hUCMSCs improves its therapeutic outcome[J]. J Cell Mol Med,2014,18(3):434-443. doi:10.1111/jcmm.12157.

[13870] Wu S,Wan F,Gao YS,Zhang Z,Zhao H,Cui ZQ,Xie JY. Sternal reconstruction of deep sternal wound infections following median sternotomy by single-stage muscle flaps transposition[J]. Chin Med Sci J,2014,29(4):208-213. doi:10.1016/s1001-9294(14)60072-9.

[13871] Dai XM,Liu H,He J,Tu MS,Yu LF,Liu L. Treatment of postparotidectomy Frey syndrome with the interposition of temporalis fascia and sternocleidomastoid flaps[J]. Oral Surg Oral Med Oral Pathol Oral Radiol,2015,119(5):514-521. doi:10.1016/j.oooo.2014.12.025.

[13872] Li J,Han Z. Sternocleidomastoid muscle flap used for repairing the dead space after supraomohyoid neck dissection[J]. Int J Clin Exp Med,2015,8(1):1296-300.

[13873] Wei B,Shen H,Xie H. Laryngeal function reconstruction with hyoid osteomuscular flap in partial laryngectomy for laryngeal cancer[J]. Oncol Lett,2015,10(2):637-640. doi:10.3892/ol.2015.3362.

[13874] Wu D,Wang G,Ouyang N,Lin Y,Chen Y,Dai J. Subcutaneous c shape muscular flap for correcting the depression of alar base in affected side in patients with unilateral complete cleft lip/palate during primary surgery[J]. J Craniofac Surg,2017,28(4):1078-1080. doi:10.1097/SCS.0000000000003623.

[13875] Liu W,Chen X,Ni X. The modified temporalis muscle flap in reconstruction of palate and temporal deformity[J]. Acta Otolaryngol,2017,137(8):899-902. doi:10.1080/00016489.2017.1300833.

[13876] Yang H,Chen Z,Zhou SH,Wang QY,Weng LX,Wang F,Wu TT,Zhou ML,Bao YY. Traumatic laryngotracheal stenosis treated by hyoid-sternohyoid osseomuscular flap combined with xenogenic acellular dermal matrix:A case report and literature review[J]. J Int Med Res,2017,45(5):1486-1494. doi:10.1177/0300060517705985.

[13877] Fang L,Chen YJ,Wu GY,Zou QY,Wang ZG,Zhu G,Hu XM,Zhou B,Tang Y,Xiao GM. Ribs formed by prolene mesh,bone cement,and muscle flaps successfully repair chest abdominal wall defects after tumor resection:a long-term study[J]. Chin Med J,2017,130(12):1510-1511. doi:10.4103/0366-6999.207473.

[13878] Ma H,Zhang N,Yin N,Guo B. Application of a layered muscle flap technique for the reconstruction of the cupid's bow and vermilion in the repair of secondary cleft lip deformities[J]. J Craniofac Surg,2019,30(8):e723-e727. doi:10.1097/SCS.0000000000005714.

[13879] Wang Q,Chen R,Zhou S. Successful management of the supraclavicular artery island flap combined with a sternohyoid muscle flap for hypopharyngeal and laryngeal reconstruction[J]. Medicine(Baltimore),2019,98(41):e17499. doi:10.1097/MD.0000000000017499.

[13880] Wei J,Deng N,Herrler T,Zhang Y,Li Q,Hua C,Dai C. Short term results of philtrum reconstruction with an orbicularis oris muscle flap in cleft patients[J]. J Craniomaxillofac Surg,2020,48(6):569-573. doi:10.1016/j.jcms.2020.03.008.

[13881] Chen B,Woo DM,Liu J,Zhu X,Lin Y,Chen X. Orbicularis oculi muscle flap rotation for correction of sunken eyelid in cosmetic blepharoplasty[J]. J Plast Reconstr Aesthet Surg,2020,73(9):1732-1737. doi:10.1016/j.bjps.2020.03.005.

[13882] Mao X,Pei Y,Zhang L,Zhang Y,Jin R,Cheng L,Sun X,Zhang Y. A novel way for upper eyelid rejuvenation by combination of local fat-fascia-muscle flap repositioning for middle-aged asian women[J]. J Plast Reconstr Aesthet Surg,2020,73(8):1565-1572. doi:10.1016/j.bjps.2019.09.004.

[13883] Feng G,Wei X,Sun H,Zhang Z,Tian X,Zhao Y,Aodeng S,Zhou Y,Gao Z. Tympanum reconstruction using a sternocleidomastoid flap in patients with lateral skull base lesions:surgical technique and clinical report[J]. Head Neck,2020,42(10):2821-2829. doi:10.1002/hed.26323.

4.8.1 胸小肌肌瓣
pectoralis minor muscle flap

[13884] 韩震，孙博，钟世镇，刘牧之，彭义森．胸小肌移植重建表情肌的应用解剖学 [J]．临床应用解剖学杂志，1984，2（3）：184-186．{HAN Zhen,SUN Bo,ZHONG Shizhen,LIU Muzhi,PENG Yisen. Clinical anatomy of pectoralis minor muscle transplantation for reconstruction of expression muscle[J]. Lin Chuang Ying Yong Jie Pou Xue Za Zhi[J Clin Appl Anat(Article in Chinese;No abstract available)],1984,2(3):184-186.}

[13885] 林昂如，王治国．胸小肌移位修复习惯性肩关节前脱位的应用解剖 [J]．中国临床解剖学杂志，1994，12：284-286．{LIN Angru,WANG Zhiguo. Clinical anatomy of treating habitual anterior dislocation of the shoulder with pectoralis minor musculus[J]. Zhongguo Lin Chuang Jie Pou Xue Za Zhi[Chin J Clin Anat(Article in Chinese;Abstract in Chinese)],1994,12:284-286.}

[13886] 林昂如，金明新，陈建庭，狄勋元．胸小肌骨瓣移位治疗习惯性肩关节前脱位 [J]．中华外科杂志，1996，34（1）：55-56．{LIN Angru,JIN Mingxin,CHEN Jianting,DI Xunyuan. Treatment of recurrent anterior dislocation of the shoulder with pectoralis minor musclebone flap[J]. Zhonghua Wai Ke Za Zhi[Chin J Surg(Article in Chinese;Abstract in Chinese and English)],1996,34(1):55-56.}

[13887] 刘经南，张发惠，钟桂午．胸小肌喙突骨瓣移位修复肩锁关节脱位的应用解剖 [J]．中华显微外科杂志，1999，22（S1）：3-5．{LIU Jingnan,ZHANG Fahui,ZHONG Guiwu. Applied anatomy of transposition with bone flap of coracoid process of smaller pectoral muscle for repair dislocation of acromioclavicular joint[J]. Zhonghua Xian Wei Wai Ke Za Zhi[Chin J Microsurg(Article in Chinese;Abstract in Chinese and English)],1999,22(S1):3-5.}

[13888] 陈亮，顾玉东，胡韶楠，傅阳．胸小肌移位术加强后期产瘫患者的屈肘功能 [J]．中华骨科杂志，2004，24（8）：504-505．DOI：10.3760/j.issn：0253-2352.2004.08.016．{CHEN Liang,GU Yudong,HU Shaonan,FU Yang. Enhancement of elbow flexion function in patients with late obstetric paralysis by transposition of pectoralis minor muscle[J]. Zhonghua Gu Ke Za Zhi[Chin J Orthop(Article in Chinese;No abstract available)],2004,24(8):504-505. DOI:10.3760/j.issn:0253-2352.2004.08.016.}

4.8.2 前锯肌肌瓣
anterior serratus muscle flap

[13889] 徐前锋，冯承臣，刘瑞军．带血管神经蒂的下前锯肌皮瓣移植 17 例 [J]．中华显微外科杂志，1996，19（3）：167-169．{XU Qianfeng,FENG Chengchen,LIU Ruijun. Transferring of the lower serratus muscle myocutaneous flap with pedicle of vessal and nerve:a report of 17 cases[J]. Zhonghua Xian Wei Wai Ke Za Zhi[Chin J Microsurg(Article in Chinese;Abstract in Chinese and English)],1996,19(3):167-169.}

[13890] 徐向阳，陈毓，张兴凯．前锯肌瓣修复足踝部软组织缺损 [J]．中华骨科杂志，2003，23（3）：153-155．DOI：10.3760/j.issn：0253-2352.2003.03.007．{XU Xiangyang,CHEN Yu,ZHANG Xingkai. Serratus anterior muscle transplantation for the repair of soft tissue defects in foot and ankle[J]. Zhonghua Gu Ke Za Zhi[Chin J Orthop(Article in Chinese;Abstract in Chinese and English)],2003,23(3):153-155. DOI:10.3760/j.issn:0253-2352.2003.03.007.}

[13891] 田卫东，王栋，刘磊，黄富国，谢倩，闫征斌，李逸松，李声伟．应用游离前锯肌瓣矫治半侧颜面萎缩的初步临床研究 [J]．中国修复重建外科杂志，2005，19(10)：799-802．{TIAN Weidong,WANG Dong,LIU Lei,HUANG Fuguo,XIE Qian,YAN Zhengbin,LI Yisong,LI Shengwei. Clinical study on reconstruction of hemifacial atrophy with serratus anterior free-muscle flap[J]. Zhongguo Xiu Fu Chong Jian Wai Ke Za Zhi[Chin J Repar Reconstr Surg(Article in Chinese;Abstract in Chinese and English)],2005,19(10):799-802.}

[13892] 沈宇辉，徐向阳，刘津浩．游离前锯肌瓣移植治疗跟骨骨髓炎 [J]．中华骨科杂志，2007，27（12）：897-900．DOI：10.3760/j.issn：0253-2352.2007.12.007．{SHEN Yuhui,XU Xiangyang,LIU Jinhao. Treatment of the calcaneal osteomyelitis using serratus anterior muscle flap combined with skin graft[J]. Zhonghua Gu Ke Za Zhi[Chin J Orthop(Article in Chinese;Abstract in Chinese and English)],2007,27(12):897-900. DOI:10.3760/j.issn:0253-2352.2007.12.007.}

[13893] 张功林，张重文，陈克明，白孟海．前锯肌肌肉筋膜瓣桥式移植修复小腿软组织缺损 [J]．中华整形外科杂志，2011，27(4)：263-266．DOI：10.3760/cma.j.issn.1009-4598.2011.04.007．{ZHANG Gonglin,ZHANG Chongwen,CHEN Keming,BAI Menghai. Application of free anterior serratus musculo-fascial flap in bridge style for the soft tissue defect at leg[J]. Zhonghua Zheng Xing Wai Ke Za Zhi[Chin J Plast Surg(Article in Chinese;Abstract in Chinese and English)],2011,27(4):263-266. DOI:10.3760/cma.j.issn.1009-4598.2011.04.007.}

[13894] 张功林，曹永成，陈克明，赵来绪，杨军林，薛钦义．游离前锯肌肌瓣桥式移植修复踝部软组织缺损 [J]．组织工程与重建外科杂志，2011，7（2）：104-106．DOI：10.3969/j.issn.1673-0364.2011.02.011．{ZHANG Gonglin,CAO Yongcheng,CHEN Keming,ZHAO Laixu,YANG Junlin,XUE Qinyi. Repair of Soft Tissue Defect in Ankle with Free Serratus Anterior Muscle Flap by Bridge Transplantation[J]. Zu Zhi Gong Cheng Yu Chong Jian Wai Ke Za Zhi[J Tissue Eng Reconstr Surg(Article in Chinese;Abstract in Chinese and English)],2011,7(2):104-106. DOI:10.3969/j.issn.1673-0364.2011.02.011.}

4.8.3 大圆肌肌瓣
teres major muscle flap

[13895] 李桂兰．大圆肌移位重建肱三头肌功能的应用解剖 [J]．修复重建外科杂志，1988，2（2）：238-239．{LI Guilan. Clinical anatomy of transposition of greater circular muscle in reconstruction of triceps function[J]. Zhongguo Xiu Fu Chong Jian Wai Ke Za Zhi[Chin J Repar Reconstr Surg(Article in Chinese;No abstract available)],1988,2(2):238-239.}

[13896] 陈琳，王天兵，陈德松．大圆肌重建肩肘功能的应用解剖及临床应用初步报告 [J]．中华手外科杂志，2000，16（2）：98．DOI：10.3760/cma.j.issn.1005-054X.2000.02.008．{CHEN Lin,WANG Tianbing,CHEN Desong. Anatomical study and clinical application of teres major muscle for reconstruction of shoulder and elbow function[J]. Zhonghua Shou Wai Ke Za Zhi[Chin J Hand Surg(Article in Chinese;Abstract in Chinese and English)],2000,16(2):98. DOI:10.3760/cma.j.issn.1005-054X.2000.02.008.}

[13897] 陈琳，陈德松，顾玉东．大圆肌的应用解剖 [J]．实用骨科杂志，2000，6（7）：160-162．{CHEN Lin,CHEN Desong,GU Yudong. An anatomical study of teres major muscle[J]. Shi Yong Gu Ke Za Zhi[J Pract Orthop(Article in Chinese;Abstract in Chinese and English)],2000,6(7):160-162.}

[13898] 陈宏，王欣，魏鹏，陈德松，周丹亚，胡瑞斌，王扬剑，章伟文，李学渊．带蒂大圆肌双极移位重建产瘫肩外展功能 [J]．实用手外科杂志，2009，23（4）：200-201．DOI：10.3969/j.issn.1671-2722.2009.04.003．{CHEN Hong,WANG Xin,WEI Peng,CHEN Desong,ZHOU Danya,HU Ruibin,WANG Yangjian,ZHANG Weiwen,LI Xueyuan. Pedicel teres major muscle bipolar transfer for shoulder abduction reconstruction in obstetric brachial plexus palsy[J]. Shi Yong Shou Wai Ke Za Zhi[Chin J Pract Hand Surg(Article in Chinese;Abstract in Chinese and English)],2009,23(4):200-201. DOI:10.3969/j.issn.1671-2722.2009.04.003.}

[13899] 王猛，王国亚，杨胜波．大圆肌的神经入肌点定位及其临床意义 [J]．中国临床解剖学杂志，2017，35(5)：486-489．DOI：10.13418/j.issn.1001-165x.2017.05.002．{WANG Meng,WANG Guoya,YANG Shengbo. Localization and clinical significance of the nerve entry point of the teres major muscle[J]. Zhongguo Lin Chuang Jie Pou Xue Za Zhi[Chin J Clin Anat(Article in Chinese;Abstract in Chinese and English)],2017,35(5):486-489. DOI:10.13418/j.issn.1001-165x.2017.05.002.}

[13900] 阿不来提·阿不拉，任鹏，买买提明·赛依提，艾合买提江·玉素甫．大圆肌转位修复重建大龄产瘫肩外展功能 [J]．临床骨科杂志，2017，20（6）：673-674．DOI：10.3969/j.issn.1008-0287.2017.06.011．{ABULAITI · Abula,REN Peng,MAIMAITIMING · Saiyiti,AIHEMAITIJIANG · Yusufu. The teres major muscle transposition in repair and reconstruction of the dysfunction of shoul der abduction in older children with birth palsy[J]. Lin Chuang Gu Ke Za Zhi[J Clin Orthop(Article in Chinese;Abstract in Chinese and English)],2017,20(6):673-674. DOI:10.3969/j.issn.1008-0287.2017.06.011.}

4.8.4 腹内斜肌肌瓣
internal oblique abdominal muscle flap

[13901] 祁佐良，王炜，徐达传，张涤生，钟世镇，张威，张余光，李志海．多血管神经蒂腹内斜肌瓣修复面瘫的应用解剖 [J]．中国临床解剖学杂志，1997，15：16-19．{QI Zuoliang,WANG Wei,XU Dachuan,ZHANG Disheng,ZHONG Shizhen,ZHANG Wei,ZHANG Yuguang,LI Zhihai. Applied anatomy of free flap transfer of internal oblique muscle of abdominis in facial palsy[J]. Zhongguo Lin Chuang Jie Pou Xue Za Zhi[Chin J Clin Anat(Article in Chinese;Abstract in Chinese)],1997,15:16-19.}

[13902] 王庭家，徐达传，钟世镇，祁佐良，王炜．多血管神经蒂腹内斜肌瓣修复面瘫的解剖学基础 [J]．中国临床解剖学杂志，1999，17（4）：24-26．{WANG Tingjia,XU Dachuan,ZHONG

Shizhen,QI Zuoliang,WANG Wei. Anatomical basis of free flap transfer of internal oblique muscle of abdomen in facial palsy treatment[J]. Zhongguo Lin Chuang Jie Pou Xue Za Zhi[Chin J Clin Anat(Article in Chinese;Abstract in Chinese)],1999,17(4):24-26.}

[13903] 王炜，祁佐良，林晓曦，董佳生，戴传昌，顾斌．腹内斜肌游离肌瓣移植一期治疗晚期面瘫[J]．中华整形外科杂志，2001，17（3）：161-163．DOI：10.3760/j.issn：1009-4598.2001.03.012．{WANG Wei,QI Zuoliang,LIN Xiaoxi,DONG Jiasheng,DAI Chuanchang,GU Bin. Neurovascular obliquus internus abdominis flap free transfer for facial reanimat ion in one stage[J]. Zhonghua Zheng Xing Wai Ke Za Zhi[Chin J Plast Surg(Article in Chinese;Abstract in Chinese and English)],2001,17(3):161-163. DOI:10.3760/j.issn:1009-4598.2001.03.012.}

[13904] 胡永杰，钟来平，徐立群，曲行舟，Andri Hardianto，张陈平．髂深血管蒂髂骨－腹内斜肌同蒂双岛状瓣修复下颌复合组织缺损[J]．中华整形外科杂志，2007，23（4）：273-276．DOI：10.3760/j.issn：1009-4598.2007.04.001．{HU Yongjie,ZHONG Laiping,XU Liqun,QU Xingzhou,Andri Hardianto,ZHANG Chenping. Vascularized iliac crest graft with internal oblique muscle for immediate reconstruction of composite mandibular defect[J]. Zhonghua Zheng Xing Wai Ke Za Zhi[Chin J Plast Surg(Article in Chinese;Abstract in Chinese and English)],2007,23(4):273-276. DOI:10.3760/j.issn:1009-4598.2007.04.001.}

[13905] 夏德林，付光新，马征，吴双江，张磊，贾娟．腹内斜肌－髂骨复合组织瓣修复半侧下颌骨缺损[J]．中华整形外科杂志，2015，31（2）：85-88．DOI：10.3760/cma.j.issn.1009-4598.2015.02.002．{XIA Delin,FU Guangxin,MA Zheng,WU Shuangjiang,ZHANG Lei,JIA Juan. Vascularized composite flap with iliac crest and internal oblique muscle of abdomen for half mandibular reconstruction[J]. Zhonghua Zheng Xing Wai Ke Za Zhi[Chin J Plast Surg(Article in Chinese;Abstract in Chinese and English)],2015,31(2):85-88. DOI:10.3760/cma.j.issn.1009-4598.2015.02.002.}

[13906] 于淼，王慧珊，韩婧，胡龙威，刘剑楠，王洋，张陈平，徐立群．应用两亚单元塑形血管化髂骨－腹内斜肌瓣行全上颌骨重建[J]．中国口腔颌面外科杂志，2016，14（5）：430-434．{YU Miao,WANG Huishan,HAN Jing,HU Longwei,LIU Jiannan,WANG Yang,ZHANG Chenping,XU Liqun. Two-subunit-osteotomy approach of vascularized iliac-internal oblique muscle composite flap in total maxillary reconstruction[J]. Zhongguo Kou Qiang He Mian Wai Ke Za Zhi[Chin J Oral Maxillofac Surg(Article in Chinese;Abstract in Chinese and English)],2016,14(5):430-434.}

4.8.5 旋前方肌肌瓣
pronator quadratur muscle flap

[13907] 高崇敬．旋前方肌瓣的应用解剖学[J]．临床解剖学杂志，1986，4（1）：31-32．{GAO Chongjing. Applied anatomy of pronation muscle flap[J]. Lin Chuang Jie Pou Xue Za Zhi[Chin J Clin Anat(Article in Chinese;No abstract available)],1986,4(1):31-32.}

4.8.6 比目鱼肌肌瓣
soleus muscle flap

[13908] 杨川，吴琢．比目鱼肌肌瓣移位术（附5例报告）[J]．中华骨科杂志，1984，4（6）：354．{YANG Chuan,WU Zhuo. Soleus muscle flap transposition (report of 5 cases)[J]. Zhonghua Wai Ke Za Zhi[Chin J Orthop(Article in Chinese;No abstract available)],1984,4(6):354.}

[13909] 时述山，胥少汀．用比目鱼肌肌瓣治疗胫骨慢性骨髓炎[J]．中华整形烧伤外科杂志，1986，2（2）：98．{SHI Shushan,XU Shaoting. Chronic osteomyelitis of tibia was treated with soleus muscle flap[J]. Zhonghua Zhengxing Shao Shang Wai Ke Za Zhi[Chin J Plast Surg Burns(Article in Chinese;No abstract available)],1986,2(2):98.}

[13910] 李明山．半比目鱼肌和逆转半比目鱼肌瓣[J]．中华整形烧伤外科杂志，1986，2（3）：226．{LI Mingshan. Half soleus muscle and reverse half soleus muscle flap[J]. Zhonghua Zhengxing Shao Shang Wai Ke Za Zhi[Chin J Plast Surg Burns(Article in Chinese;No abstract available)],1986,2(3):226.}

[13911] 李康仁，姚远志．比目鱼肌瓣逆行移位三例[J]．中国修复重建外科杂志，1992，6（4）：228．{LI Kangren,YAO Yuanzhi. Retrograde transposition of soleus muscle flap:a report of 3 cases[J]. Zhongguo Xiu Fu Chong Jian Wai Ke Za Zhi[Chin J Repar Reconstr Surg(Article in Chinese;No abstract available)],1992,6(4):228.}

[13912] 侯春梅，程绪西，贾淑兰，王洪业，刘建寅．比目鱼肌瓣移位修复小腿慢性骨髓炎软组织缺损[J]．中华显微外科杂志，1996，19（3）：173-175．{HOU Chunmei,CHENG Xuxi,JIA Shulan,WANG Hongye,LIU Jianyin. Soleus muscle flap transfer for treating chronic osteomyelitis and repairing soft tissue defect of the leg[J]. Zhonghua Xian Wei Wai Ke Za Zhi[Chin J Microsurg(Article in Chinese;Abstract in Chinese and English)],1996,19(3):173-175.}

[13913] 张春，何飞熊，陈土根，范真，徐达传，钟世镇．逆行腓动脉蒂比目鱼肌皮瓣转位术的临床应用[J]．中国临床解剖学杂志，1997，15（5）：66-68．{ZHANG Chun,HE Feixiong,CHEN Tugen,FAN Zhen,XU Dachuan,ZHONG Shizhen. Clinical application of soleus musculocutaneous flap transposition pedicled with retrograde peroneal artery[J]. Zhongguo Lin Chuang Jie Pou Xue Za Zhi[Chin J Clin Anat(Article in Chinese;Abstract in Chinese)],1997,15(5):66-68.}

[13914] 岑海洋，邓国三．内侧半比目鱼肌瓣在修复胫骨外露创面中的应用[J]．中华显微外科杂志，2000，23（3）：226．DOI：10.3760/cma.j.issn.1001-2036.2000.03.029．{CEN Haiyang,DENG Guosan. Application of medial half soleus muscle flap in repairing tibial exposed wounds[J]. Zhonghua Xian Wei Wai Ke Za Zhi[Chin J Microsurg(Article in Chinese;No abstract available)],2000,23(3):226. DOI:10.3760/cma.j.issn.1001-2036.2000.03.029.}

[13915] 陈振光，谭金海，方祥源，张发惠．比目鱼肌内侧半肌、胫骨骨膜复合瓣逆行移位的临床研究[J]．中华实验外科杂志，2000，17（2）：122-123．DOI：10.3760/j.issn：1001-9030.2000.02.010．{CHEN Zhenguang,TAN Jinhai,FANG Xiangyuan,ZHANG Fahui. Clinical studies on reversed transposition of compound flap with medial half of the soleus and tibia periosteum[J]. Zhonghua Shi Yan Wai Ke Za Zhi[Chin J Exp Surg(Article in Chinese;Abstract in Chinese and English)],2000,17(2):122-123. DOI:10.3760/j.issn:1001-9030.2000.02.010.}

[13916] 刘中何，苏彦河，康金绍，刑培武．比目鱼肌肌瓣加网状植皮修复小腿皮缺损31例[J]．中国骨伤，2002，15（4）：236．DOI：10.3969/j.issn.1003-0034.2002.04.021．{LIU Zhonghe,SU Yanhe,KANG Jinshao,XING Peiwu. Repair of skin defect of leg with Soleus muscle flap combined with reticular skin grafting:a report of 31 cases[J]. Zhongguo Gu Shang[China J Orthop Trauma(Article in Chinese;No abstract available)],2002,15(4):236. DOI:10.3969/j.issn.1003-0034.2002.04.021.}

[13917] 陈瑞光，李锋生，刘向荣．带血管的骨膜瓣和比目鱼肌瓣联合移植治疗骨折并骨外露软组织缺损[J]．中华显微外科杂志，2004，27（2）：135-136．DOI：10.3760/cma.j.issn.1001-2036.2004.02.021．{CHEN Ruiguang,LI Fengsheng,LIU Xiangrong. Combined transplantation of vascularized periosteal flap and soleus muscle flap in the treatment of fracture with bone exposed soft tissue defect[J]. Zhonghua Xian Wei Wai Ke Za Zhi[Chin J Microsurg(Article in Chinese;Abstract in Chinese)],2004,27(2):135-136. DOI:10.3760/cma.j.issn.1001-2036.2004.02.021.}

[13918] 刘新成，赵天云．比目鱼肌肌腱瓣移位重建跟腱术[J]．中华创伤骨科杂志，2004，6（4）：475-477．DOI：10.3760/cma.j.issn.1671-7600.2004.04.038．{LIU Xincheng,ZHAO Tianyun. Reconstruction of Achilles tendon by transfer of the soleus tendon flap[J]. Zhonghua Chuang Shang Gu Ke Za Zhi[Chin J Orthop Trauma(Article in Chinese;Abstract in Chinese and English)],2004,6(4):475-477. DOI:10.3760/cma.j.issn.1671-7600.2004.04.038.}

[13919] 陈发春，徐萍，汪同祖，邓光清，叶斌，李舸，程钢．比目鱼肌肌瓣修复下肢深度烧伤三例[J]．中华烧伤杂志，2006，22（2）：138．DOI：10.3760/cma.j.issn.1009-2587.2006.02.025．{CHEN Fachun,XU Ping,WANG Tongzu,DENG Guangqing,YE Bin,LI Ge,CHENG Gang. Repairing deep burn in lower limbs with soleus muscle flap:a report of 3 cases[J]. Zhonghua Shao Shang Za Zhi[Chin J Burns(Article in Chinese;No abstract available)],2006,22(2):138. DOI:10.3760/cma.j.issn.1009-2587.2006.02.025.}

[13920] 艾克拜尔·尤努斯，艾合麦提·玉素甫，陈刚，阿里木江·阿不来提．同侧比目鱼肌肌瓣逆行移位修复Pilon骨折术后软组织缺损[J]．中国修复重建外科杂志，2007，21（9）：925-927．{Akbar Yunus,Ahmat Yusuf,CHEN Gang,ALIMUJIANG Abulaiti. Repair of soft tissue defect by reverse soleus muscle flap after pilon fracture fixation[J]. Zhongguo Xiu Fu Chong Jian Wai Ke Za Zhi[Chin J Repar Reconstr Surg(Article in Chinese;Abstract in Chinese and English)],2007,21(9):925-927.}

[13921] 张功林，章鸣，杨德福，何继华，彭俊洋．桥式半比目鱼肌瓣移植一例[J]．中华显微外科杂志，2008，31（4）：273．DOI：10.3760/cma.j.issn.1001-2036.2008.04.043．{ZHANG Gonglin,ZHANG Ming,YANG Defu,HE Jihua,PENG Junyang. Bridge hemisoleus flap transplantation:a case report[J]. Zhonghua Xian Wei Wai Ke Za Zhi[Chin J Microsurg(Article in Chinese;No abstract available)],2008,31(4):273. DOI:10.3760/cma.j.issn.1001-2036.2008.04.043.}

[13922] 李志安，李振武，黄立新，尹瑞锋，任书信．比目鱼肌肌（骨）瓣逆行转位修复小腿远段骨及软组织缺损[J]．中国骨伤，2008，21（10）：792．DOI：10.3969/j.issn.1003-0034.2008.10.032．{LI Zhian,LI Zhenwu,HUANG Lixin,YIN Ruifeng,REN Shuxin. Repair of bone and soft tissue defects in middle and distal leg by using retrograde transposition soleus or bone flap[J]. Zhongguo Gu Shang[China J Orthop Trauma(Article in Chinese;No abstract available)],2008,21(10):792. DOI:10.3969/j.issn.1003-0034.2008.10.032.}

[13923] 赵天云，王栓科，刘新成，王伟，赵溪林．带肌蒂比目鱼肌肌腱瓣延长修复跟腱缺损的疗效分析[J]．中华显微外科杂志，2009，32（3）：240-241．DOI：10.3760/cma.j.issn.1001-2036.2009.03.030．{ZHAO Tianyun,WANG Shuanke,LIU Xincheng,WANG Wei,ZHAO Xilin. Efficacy analysis of repairing Achilles tendon defect with muscle pedicle soleus tendon flap extension[J]. Zhonghua Xian Wei Wai Ke Za Zhi[Chin J Microsurg(Article in Chinese;Abstract in Chinese)],2009,32(3):240-241. DOI:10.3760/cma.j.issn.1001-2036.2009.03.030.}

[13924] 张宇鹏，杨润功，朱加亮，左坦坦，侯树勋．胫后动脉穿支皮瓣结合比目鱼肌肌瓣治疗胫骨干内固定术后感染[J]．中华创伤骨科杂志，2012，14（6）：488-492．DOI：10.3760/cma.j.issn.1671-7600.2012.06.008．{ZHANG Yupeng,YANG Rungong,ZHU Jialiang,ZUO Tantan,HOU Shuxun. Posterior tibial artery perforator flap plus soleus muscular flap for treatment of postoperative infectious bone and soft-tissue defects following internal fixation of tibial shaft fractures[J]. Zhonghua Chuang Shang Gu Ke Za Zhi[Chin J Orthop Trauma(Article in Chinese;Abstract in Chinese and English)],2012,14(6):488-492. DOI:10.3760/cma.j.issn.1671-7600.2012.06.008.}

[13925] 吴卫平，李少华，刘杰，蔡明．逆行比目鱼肌骨膜附皮质骨瓣治疗Gustilo Ⅲ型胫骨远端骨折[J]．中华创伤杂志，2012，28（6）：520-523．DOI：10.3760/cma.j.issn.1001-8050.2012.06.010．{WU Weiping,LI Shaohua,LIU Jie,CAI Ming. Retrograde soleal muscle with periosteum-cortex bone flap for treatment of Gustilo type Ⅲ distal tibial fractures[J]. Zhonghua Chuang Shang Za Zhi[Chin J Trauma(Article in Chinese;Abstract in Chinese and English)],2012,28(6):520-523. DOI:10.3760/cma.j.issn.1001-8050.2012.06.010.}

[13926] 王立夫，苏新，陈默轩，章宏伟，侯祚琼．比目鱼肌肌瓣修复小腿胫前中、下段软组织缺损[J]．中华整形外科杂志，2012，28（4）：264-267．DOI：10.3760/cma.j.issn.1009-4598.2012.04.007．{WANG Lifu,SU Xin,CHEN Moxuan,ZHANG Hongwei,HOU Zuoqiong. Reconstruction of soft-tissue defect in the middle and distal thirds of the leg with the soleus muscle flap[J]. Zhonghua Zheng Xing Wai Ke Za Zhi[Chin J Plast Surg(Article in Chinese;Abstract in Chinese and English)],2012,28(4):264-267. DOI:10.3760/cma.j.issn.1009-4598.2012.04.007.}

[13927] 张功林，甄平，陈克明，张军华，王世勇．半比目鱼肌瓣桥式移植修复小腿下端软组织缺损[J]．中国骨伤，2013，26（8）：624-626．DOI：10.3969/j.issn.1003-0034.2013.08.002．{ZHANG Gonglin,ZHEN Ping,CHEN Keming,ZHANG Junhua,WANG Shiyong. Repairing soft tissue defect coverage in lower leg with a bridge shaped medial hemisleus muscle flap transplantation[J]. Zhongguo Gu Shang[China J Orthop Trauma(Article in Chinese;Abstract in Chinese and English)],2013,26(8):624-626. DOI:10.3969/j.issn.1003-0034.2013.08.002.}

[13928] 李福民，任恒宽，李子汉，李长英，张之奇．健侧比目鱼肌岛状肌瓣桥式转移修复小腿深度软组织缺损[J]．临床骨科杂志，2013，16（3）：354-355．DOI：10.3969/j.issn.1008-0287.2013.03.051．{LI Fumin,REN Hengkuan,LI Zihan,LI Changying,ZHANG Zhiqi. Bridge transferation of contralateral soleus muscle island flap in repairing the crural deep soft tissue defect[J]. Lin Chuang Gu Ke Za Zhi[J Clin Orthop(Article in Chinese;No abstract available)],2013,16(3):354-355. DOI:10.3969/j.issn.1008-0287.2013.03.051.}

[13929] 张功林，甄平，陈克明，张军华，王世勇．交腿半比目鱼肌瓣移植修复对侧小腿软组织缺损一例[J]．中华显微外科杂志，2014，37（1）：66．DOI：10.3760/cma.j.issn.1001-2036.2014.01.018．{ZHANG Gonglin,ZHEN Ping,CHEN Keming,ZHANG Junhua,WANG Shiyong. Repairing soft tissue defect of contralateral leg with cross leg semi soleus muscle flap transplantation:a case report[J]. Zhonghua Xian Wei Wai Ke Za Zhi[Chin J Microsurg(Article in Chinese;No abstract available)],2014,37(1):66. DOI:10.3760/cma.j.issn.1001-2036.2014.01.018.}

[13930] 宋巍，昊春富，贺斌，周焕河．不带深层肌外膜的内侧半比目鱼肌肌瓣的临床应用[J]．中华显微外科杂志，2014，37（5）：497-499．DOI：10.3760/cma.j.issn.1001-2036.2014.05.024．{SONG Wei,HAO Chunfu,HE Bin,ZHOU Huanhe. Clinical application of medial half soleus muscle flap without deep epineurium[J]. Zhonghua Xian Wei Wai Ke Za Zhi[Chin J Microsurg(Article in Chinese;Abstract in Chinese)],2014,37(5):497-499. DOI:10.3760/cma.j.issn.1001-2036.2014.05.024.}

[13931] 张功林，甄平，陈克明，赵来绪，杨军林，周建华，薛钦义．交腿比目鱼肌瓣带蒂移植修复对侧小腿软组织缺损[J]．中国骨伤，2015，28（11）：1052-1055．DOI：10.3969/j.issn.1003-0034.2015.11.016．{ZHANG Gonglin,ZHEN Ping,CHEN Keming,ZHAO Laixu,YANG Junlin,ZHOU Jianhua,XUE Qinyi. Application of cross-leg soleus muscle flap transplantation to treat the soft-tissue defect in contralateral leg[J]. Zhongguo Gu Shang[China J Orthop Trauma(Article in Chinese;Abstract in Chinese and English)],2015,28(11):1052-1055. DOI:10.3969/j.issn.1003-0034.2015.11.016.}

[13932] 张功林，甄平，陈克明，赵来绪，杨军林，周建华，薛钦义．腓动脉为蒂逆行外侧半比目鱼肌瓣修复足部软组织缺损[J]．中华显微外科杂志，2017，40（5）：513-514．DOI：10.3760/cma.j.issn.1001-2036.2017.05.031．{ZHANG Gonglin,ZHEN Ping,CHEN Keming,ZHAO Laixu,YANG Junlin,ZHOU Jianhua,XUE Qinyi. Repair of soft tissue defect of foot by retrograde lateral hemi soleus muscle flap pedicled with peroneal artery[J]. Zhonghua Xian Wei Wai Ke Za Zhi[Chin J Microsurg(Article in Chinese;No abstract available)],2017,40(5):513-514. DOI:10.3760/cma.j.issn.1001-2036.2017.05.031.}

[13933] 张功林，甄平，陈克明，赵来绪，杨军林，周建华，薛钦义．带蒂比目鱼肌瓣修复前足软组织缺损

[J]. 中国骨伤，2017，30（12）：1127-1130. DOI：10.3969/j.issn.1003-0034.2017.12.010. {ZHANG Gonglin,ZHEN Ping,CHEN Keming,ZHAO Laixu,YANG Junlin,ZHOU Jianhua,XUE Qinyi. Repair soft-tissue defect in forefoot with reversed lateral soleus muscle flap[J]. Zhongguo Gu Shang[China J Orthop Trauma(Article in Chinese;Abstract in Chinese and English)],2017,30(12):1127-1130. DOI:10.3969/j.issn.1003-0034.2017.12.010.}

[13934] 张功林，师富贵，胡军，龚铁军，王永恒，赵来绪，杨军林，周建华，薛钦义. 小腿内侧皮瓣联合内侧半比目鱼肌瓣桥式带蒂转移术治疗对侧小腿软组织缺损 [J]. 中华创伤骨科杂志，2020，22（2）：162-165. DOI：10.3760/cma.j.issn.1671-7600.2020.02.015. {ZHANG Gonglin,SHI Fugui,HU Jun,GONG Tiejun,WANG Yongheng,ZHAO Laixu,YANG Junlin,ZHOU Jianhua,XUE Qinyi. Pedicled bridge transplantation for soft tissue defects at the contralateral leg with medial leg skin flap and medial hemi-soleus muscle flap[J]. Zhonghua Chuang Shang Gu Ke Za Zhi[Chin J Orthop Trauma(Article in Chinese;Abstract in Chinese and English)],2020,22(2):162-165. DOI:10.3760/cma.j.issn.1671-7600.2020.02.015.}

4.8.7 小趾展肌肌瓣
abductor digiti minimi muscle flap

[13935] 刘勇，陈勤. 小趾展肌瓣修复跟外侧软组织缺损 [J]. 中国修复重建外科杂志，1994，8（2）：127. {LIU Yong,CHEN Qin. Using abductor digiti minimi muscle flap to repair soft tissue defect of lateral heel[J]. Zhongguo Xiu Fu Chong Jian Wai Ke Za Zhi[Chin J Repar Reconstr Surg(Article in Chinese;No abstract available)],1994,8(2):127.}

[13936] 褚会军，牛志强，刘文章，焦弘升，于景川，郭家全. 小趾展肌肌瓣的临床应用 [J]. 中国修复重建外科杂志，2011，25（7）：808-810. {CHU Huijun,NIU Zhiqiang,LIU Wenzhang,JIAO Hongsheng,YU Jingchuan,GUO Jiaquan. Clinical application of abductor digiti minimi muscle flap[J]. Zhongguo Xiu Fu Chong Jian Wai Ke Za Zhi[Chin J Repar Reconstr Surg(Article in Chinese;Abstract in Chinese and English)],2011,25(7):808-810.}

[13937] 李刚，罗红. 小趾外展肌肌瓣转移治疗跟骨钢板外露 6 例报告 [J]. 创伤外科杂志，2014，16（4）：380. {LI Gang,LUO Hong. The abductor digiti minimi muscle flap for repair of calcaneal plate exposure in 6 cases[J]. Chuang Shang Wai Ke Za Zhi[J Traum Surg(Article in Chinese;Abstract in Chinese)],2014,16(4):380.}

4.8.8 其他肌瓣
other muscle flaps

[13938] 马秉渊. 乳突肌瓣成形术 [J]. 中华耳鼻咽喉科杂志，1965，11（1）：10-12. {MA Bingyuan. Mastoid myoplasty[J]. Zhonghua Er Bi Yan Hou Ke Za Zhi[Chin J Otorhinolaryngol(Article in Chinese;No abstract available)],1965,11(1):10-12.}

[13939] 孙化鲲，张永奇，黄国香. 喉咽气管瘘肌瓣修补术一例 [J]. 中华耳鼻咽喉科杂志，1981，16（3）：160. {SUN Huakun,ZHANG Yongqi,HUANG Guoxiang. Repair of laryngopharyngotracheal fistula with muscle flap:a case report[J]. Zhonghua Er Bi Yan Hou Ke Za Zhi[Chin J Otorhinolaryngol(Article in Chinese;No abstract available)],1981,16(3):160.}

[13940] 屠规益，祁永发. 舌骨肌瓣在部分喉手术中的应用 [J]. 中华耳鼻咽喉科杂志，1983，18（2）：82-84. {TU Guiyi,QI Yongfa. Application of hyoid muscle flap in laryngeal surgery[J]. Zhonghua Er Bi Yan Hou Ke Za Zhi[Chin J Otorhinolaryngol(Article in Chinese;No abstract available)],1983,18(2):82-84.}

[13941] 于鸿军，郭井全，张冶江. 带蒂腰大肌瓣在肾部分切除术中的应用（附 20 例报告）[J]. 中华泌尿外科杂志，1990，11（3）：149. {YU Hongjun,GUO Jingquan,ZHANG Yejiang. Application of pedicled psoas major muscle flap in partial nephrectomy:a report of 20 cases[J]. Zhonghua Mi Niao Wai Ke Za Zhi[Chin J Urol(Article in Chinese;No abstract available)],1990,11(3):149.}

[13942] 崔万里，刘露，王志坚，吴晓梅. 翻转胸肌瓣式乳癌根治术 19 例 [J]. 中华医学杂志，1992，72（4）：245-246. {CUI Wanli,LIU Lu,WANG Zhijian,WU Xiaomei. Radical mastectomy with reversed pectoralis muscle flap in 19 cases[J]. Zhonghua Yi Xue Za Zhi[Natl Med J China(Article in Chinese;No abstract available)],1992,72(4):245-246.}

[13943] 陈继革，郑孝勤，李宏，毛禹，李燕. 提上睑肌腱膜瓣额肌瓣悬吊术矫正上睑下垂的体会 [J]. 中华整形烧伤外科杂志，1993，9（5）：393\r\n. DOI：10.3760/j.issn：1009-4598.1993.05.021. {CHEN Jige,ZHENG Xiaoqing,LI Hong,MAO Yu,LI Yan. Experience of frontalis muscle flap suspension with aponeurosis flap of levator palpebrae superioris for correction of blepharoptosis[J]. Zhonghua Zheng Xing Shao Shang Wai Ke Za Zhi[Chin J Plast Surg Burns(Article in Chinese;No abstract available)],1993,9(5):393\r\n. DOI:10.3760/j.issn:1009-4598.1993.05.021.}

[13944] 王泽海，任俊才，裘艳燕，张秀君，林文森，马恩明. 带蒂颊肌瓣鼻腔粘骨膜下植入术治疗萎缩性鼻炎 [J]. 中华耳鼻咽喉科杂志，1994，29（3）：137-139. {ZHANG Zehai,REN Juncai,QIU Yanyan,ZHANG Xiujun,LIN Wensen,MA Enming. Submucous implantation with pedicel auto-flap of cheek muscle for atrophic rhinitis[J]. Zhonghua Er Bi Yan Hou Ke Za Zhi[Chin J Otorhinolaryngol(Article in Chinese;Abstract in Chinese and English)],1994,29(3):137-139.}

[13945] 赵文汝，张振伟，周庆芬，黄健，王玉香，刘存菊. 带蒂骶棘肌脊髓移植后移植肌瓣的组织学观察 [J]. 中国脊柱脊髓杂志，1995，5（2）：209-210，241. {ZHAO Wenru,ZHANG Zhenwei,ZHOU Qingfen,HUANG Jian,WANG Yuxiang,LIU Cunju. The histological changes after the pedicel musculus sacrospinalis flap transfered to the spinal cord[J]. Zhongguo Ji Zhu Ji Sui Za Zhi[Chin J Spine Spinal Cord(Article in Chinese;Abstract in Chinese and English)],1995,5(2):209-210,241.}

[13946] 赵启明，陈洁，孙豪，张承驹，王圣林. 眼轮匝肌瓣成形术治疗眼袋 46 例 [J]. 中华整形烧伤外科杂志，1995，11（3）：232. DOI：10.3760/j.issn：1009-4598.1995.03.014. {ZHAO Qiming,CHEN Jie,SUN Hao,ZHANG Chengju,WANG Shenglin. Orbicularis oculi myoplasty for blepharoplasty in 46 cases[J]. Zhonghua Zheng Xing Shao Shang Wai Ke Za Zhi[Chin J Plast Surg Burns(Article in Chinese;No abstract available)],1995,11(3):232. DOI:10.3760/j.issn:1009-4598.1995.03.014.}

[13947] 赵守元，刘德海，阎利沙，赵留方. 带蒂长收肌瓣转位治疗复杂尿瘘 [J]. 解放军医学杂志，1995，20（5）：145-146. {ZHAO Shouyuan,LIU Dehai,YAN Lisha,ZHAO Liufang. Transfer of pedicled adductor longus flap in the treatment of complicated urinary fistula[J]. Jie Fang Jun Yi Xue Za Zhi[Med J Chin PLA(Article in Chinese;No abstract available)],1995,20(5):145-146.}

[13948] 易章超，游潮，黄思庆，惠旭辉，毛伯镛，朱子洪，梁传余，文定厚. 自体游离肌瓣脂肪粒修补脑脊液鼻漏 [J]. 中国修复重建外科杂志，1995，9（3）：134-137. {YI Zhangchao,YOU Chao,HUANG Siqing,HUI Xuhui,MAO Boyong,ZHU Zihong,LIANG Chuanyu,WEN Dinghou. Autogeneous free muscle flap and gel foam in the repair of CSF rhinorrhea[J]. Zhongguo Xiu Fu Chong Jian Wai Ke Za Zhi[Chin J Repar Reconstr Surg(Article in Chinese;Abstract in Chinese and English)],1995,903):134-137.}

[13949] 徐昭旭. 提上睑肌腱膜 Müller's 肌瓣与额肌连接术治疗重度上睑下垂 [J]. 中国修复重建外科杂志，1995，9（3）：159-160. {XU Zhaoxu. The levator aponeurosis-Müller's muscle complex combined frontalis suspension for the correction of severe ptosis[J]. Zhongguo Xiu Fu Chong Jian Wai Ke Za Zhi[Chin J Repar Reconstr Surg(Article in Chinese;Abstract in Chinese and English)],1995,9(3):159-160.}

[13950] 屠规益，唐平章，贺永东，佟凯. 应用舌骨肌瓣修复部分喉术后缺损 [J]. 中华耳鼻咽喉科杂志，1996，31（1）：39-42. {TU Guiyi,TANG Pingzhang,HE Yongdong,TONG Kai. The use of hyoid osteomuscular flap in extended partial laryngectomy[J]. Zhonghua Er Bi Yan Hou Ke Za Zhi[Chin J Otorhinolaryngol(Article in Chinese;Abstract in Chinese and English)],1996,31(1):39-42.}

[13951] 武乃旺，刘建伟，康秀水. 双蒂双肌瓣喉功能重建法 [J]. 中华耳鼻咽喉科杂志，1996，31（6）：178-180. {WU Naiwang,LIU Jianwei,KANG Xiushui. Bi-pedical and bi-muscle flap reconstruction of the laryngeal function[J]. Zhonghua Er Bi Yan Hou Ke Za Zhi[Chin J Otorhinolaryngol(Article in Chinese;Abstract in Chinese and English)],1996,31(6):178-180.}

[13952] 鲍卫汉，赵惠勇，陈东明，朱洪荫. 肌瓣移转后的变化 [J]. 中华外科杂志，1998，36（1）：28. DOI：10.3760/j：issn：0529-5815.1998.01.024. {BAO Weihan,ZHAO Huiyong,CHEN Dongming,ZHU Hongyin. Changes of muscle flap after transfer[J]. Zhonghua Wai Ke Za Zhi[Chin J Surg(Article in Chinese;No abstract available)],1998,36(1):28. DOI:10.3760/j:issn:0529-5815.1998.01.024.}

[13953] 隋蟠绍，仇友学，马桂兰. 带蒂肌瓣移植填塞治疗骨囊肿 34 例 [J]. 中国骨伤，1998，11（6）：89-90. DOI：10.3969/j.issn.1003-0034.1998.06.081. {SUI Jishao,QIU Youxue,MA Guilan. Treatment of bone cyst with pedicled muscle flap transplantation in 34 cases[J]. Zhongguo Gu Shang[China J Orthop Trauma(Article in Chinese;No abstract available)],1998,11(6):89-90. DOI:10.3969/j.issn.1003-0034.1998.06.081.}

[13954] 邢新，欧阳天祥，孙丽，郭恩覃. 眶脂肪保留和眼轮匝肌瓣悬吊法整复睑袋畸形 [J]. 中华整形烧伤外科杂志，1999，15（2）：135-137，164. DOI：10.3760/j.issn：1009-4598.1999.02.017. {XING Xin,OUYANG Tianxiang,SUN Li,GUO Enqin. Orbital fat preservation and orbicularis muscle flap suspension for lower eyelid pouches[J]. Zhonghua Zheng Xing Shao Shang Wai Ke Za Zhi[Chin J Plast Surg Burns(Article in Chinese;Abstract in Chinese and English)],1999,15(2):135-137,164. DOI:10.3760/j.issn:1009-4598.1999.02.017.}

[13955] 王瑞. 改良胫前肌肌瓣转移治疗 Ⅱ Ⅲ 型胫腓骨骨折 [J]. 中国骨伤，1999，12（1）：31. DOI：10.3969/j.issn.1003-0034.1999.01.016. {WANG Rui. Modified anterior tibialis muscle flap transfer in the treatment of type Ⅱ and Ⅲ tibiofibular fractures[J]. Zhongguo Gu Shang[China J Orthop Trauma(Article in Chinese;No abstract available)],1999,12(1):31. DOI:10.3969/j.issn.1003-0034.1999.01.016.}

[13956] 李军辉，郭恩覃. 一氧化氮对再灌注肌瓣微血管的作用 [J]. 第二军医大学学报，1999，20（11）：934-935. DOI：10.3321/j.issn：0258-879X.1999.11.051. {LI Junhui,GUO Enqin. Effect of nitric oxide on reperfusion of microvessels in muscle flap[J]. Di Er Jun Yi Da Xue Xue Bao[Acad J Sec Mil Med Univ(Article in Chinese;No abstract available)],1999,20(11):934-935. DOI:10.3321/j.issn:0258-879X.1999.11.051.}

[13957] 黄本强. 皮瓣肌瓣移位修复巨大腰疝 11 例 [J]. 中国修复重建外科杂志，1999，13（4）：212. {HUANG Benqiang. Repair of huge lumbar hernia by transposition of skin flap and muscle flap:a report of 11 cases[J]. Zhongguo Xiu Fu Chong Jian Wai Ke Za Zhi[Chin J Repar Reconstr Surg(Article in Chinese;No abstract available)],1999,13(4):212.}

[13958] 张功林，葛宝丰，陈新，张军华，吴国兰，蔡卫东. 逆行岛状踇短伸肌肌瓣的临床应用 [J]. 中华显微外科杂志，2000，23（1）：41. DOI：10.3760/cma.j.issn.1001-2036.2000.01.040. {ZHANG Gonglin,GE Baofeng,CHEN Xin,ZHANG Junhua,WU Guolan,CAI Weidong. Clinical application of reverse island extensor digitorum brevis flap[J]. Zhonghua Xian Wei Wai Ke Za Zhi[Chin J Microsurg(Article in Chinese;No abstract available)],2000,23(1):41. DOI:10.3760/cma.j.issn.1001-2036.2000.01.040.}

[13959] 杨润功，裴国献，赵明，王会信，丁红梅，徐达传. 带血供肌瓣复合纤维蛋白粘合剂作为 BMP 载体修复骨缺损的组织学观察 [J]. 中华显微外科杂志，2000，23（3）：214-215. DOI：10.3760/cma.j.issn.1001-2036.2000.03.019. {YANG Rungong,ZHAO Ming,PEI Guoxian,WANG Huixin,XU Dachuan,DING Hongmei. Histological observation of vascularized muscle flap combined with fibrin adhesive as BMP carrier for repairing bone defect[J]. Zhonghua Xian Wei Wai Ke Za Zhi[Chin J Microsurg(Article in Chinese;No abstract available)],2000,23(3):214-215. DOI:10.3760/cma.j.issn.1001-2036.2000.03.019.}

[13960] 裴国献，杨润功，魏宽海，金丹. 带肌瓣复合骨形态发生蛋白形成骨桥修复骨缺损 [J]. 中国矫形外科杂志，2000，7（2）：156-159，插页 4. DOI：10.3969/j.issn.1005-8478.2000.02.018. {PEI Guoxian,YANG Rungong,WEI Kuanhai,JIN Dan. Experimental study on vascular muscle flap as a carrier of BMP to repair long bone defect[J]. Zhongguo Jiao Xing Wai Ke Za Zhi[Orthop J China(Article in Chinese;Abstract in Chinese and English)],2000,7(2):156-159,insert 4. DOI:10.3969/j.issn.1005-8478.2000.02.018.}

[13961] 李小静，宁金龙，高学宏，汪春兰，曹东升，张林. 改良法额肌瓣悬吊法治疗上睑下垂 [J]. 安徽医科大学学报，2000，35（3）：216-217. DOI：10.3969/j.issn.1000-1492.2000.03.019. {LI Xiaojing,NING Jinlong,GAO Xuehong,WANG Chunlan,CAO Dongsheng,ZHANG Lin. Modified frontalis muscle flap suspension in the treatment of blepharoptosis[J]. An Hui Yi Ke Da Xue Xue Bao[Acta Anhui Med Coll(Article in Chinese;Abstract in Chinese)],2000,35(3):216-217. DOI:10.3969/j.issn.1000-1492.2000.03.019.}

[13962] 杨成业. 带蒂肌瓣移位治疗大动脉裸露破裂大出血 [J]. 中国修复重建外科杂志，2000，14（5）：289. {YANG Chengye. Transposition of pedicled muscle flap in the treatment of massive hemorrhage due to great artery rupture[J]. Zhongguo Xiu Fu Chong Jian Wai Ke Za Zhi[Chin J Repar Reconstr Surg(Article in Chinese;No abstract available)],2000,14(5):289.}

[13963] 赵守元，刘德海，孟庆泽，孔维荣. 长收肌瓣在修复复杂尿瘘中的应用 [J]. 中华外科杂志，2001，39（7）：531. DOI：10.3760/j：issn：0529-5815.2001.07.031. {ZHAO Shouyuan,LIU Dehai,MENG Qingze,KONG Weirong. Application of adductor longus flap in the repair of complex urinary fistula[J]. Zhonghua Wai Ke Za Zhi[Chin J Surg(Article in Chinese;No abstract available)],2001,39(7):531. DOI:10.3760/j:issn:0529-5815.2001.07.031.}

[13964] 王瑞旻，蔡晓峰，李亚菲，苏正曙. 带蒂肌瓣转移与经皮注射红骨髓治疗胫骨 C 型骨折 [J]. 中国矫形外科杂志，2001，8（3）：310. DOI：10.3969/j.issn.1005-8478.2001.03.043. {WANG Ruimin,CAI Xiaofeng,LI Yafei,SU Zhengshu. Pedicle muscle flap transfer and percutaneous injection of red bone marrow in the treatment of type C tibial fracture[J]. Zhongguo Jiao Xing Wai Ke Za Zhi[Orthop J China(Article in Chinese;No abstract available)],2001,8(3):310. DOI:10.3969/j.issn.1005-8478.2001.03.043.}

[13965] 姚建民，李建兵，沈向前. 双蒂上睑轮匝肌瓣修复外伤性下睑短缩、外翻 [J]. 中华整形外科杂志，2001，17（3）：179. DOI：10.3760/j.issn：1009-4598.2001.03.021. {YAO Jianmin,LI Jianbing,SHEN Xiangqian. Repair of traumatic lower eyelid shortening and ectropion with double pedicled orbicularis muscle flap[J]. Zhonghua Zheng Xing Wai Ke Za Zhi[Chin J Plast Surg(Article in Chinese;No abstract available)],2001,17(3):179. DOI:10.3760/j.issn:1009-4598.2001.03.021.}

[13966] 陈施展，冯怀志，姚一民，衡代志. 腰大肌瓣填塞治疗腰椎间盘炎 2 例 [J]. 中国矫形外科杂志，2002，9（4）：334-334. DOI：10.3969/j.issn.1005-8478.2002.04.037. {CHEN Shizhan,FENG Huaizhi,YAO Yimin,HENG Daizhong. Treatment of lumbar discitis with psoas major muscle flap[J]. Zhongguo Jiao Xing Wai Ke Za Zhi[Orthop J China(Article in Chinese;No abstract available)],2002,9(4):334-334. DOI:10.3969/j.issn.1005-8478.2002.04.037.}

[13967] 陈峰，薛渭清，李海琳. 肌瓣填塞治疗胸部难愈性创口 1 例 [J]. 创伤外科杂志，2002，4（5）：295-295. DOI：10.3969/j.issn.1009-4237.2002.05.031. {CHEN Feng,XUE Weiqing,Li Hailin. Treatment of difficult healing of chest wound by muscle flap packing in 1 case[J]. Chuang Shang Wai Ke Za Zhi [J Trauma Surg(Article in Chinese;No abstract available)],2002,4(5):295-295. DOI:10.3969/j.issn.1009-4237.2002.05.031.}

[13968] 魏宽海，裴国献，王珂，田雪梅，金丹，陈滨，郑晓勇，马忠立. 肌瓣作为 BMP 载体构建血管化骨组织修复骨缺损的形态学研究 [J]. 解放军医学杂志，2002，27（6）：480-481. DOI：10.3321/j.issn：0577-7402.2002.06.004. {WEI Kuanhai,PEI Guoxian,WANG Ke,TIAN Xuemei,JIN Dan,CHEN Bin,ZHENG Xiaoyong,MA Zhongli. Morphological study of skeletal muscle flap as a carrier of bone morphogenetic protein to fabricate vascularized bone for the repair of bone defect[J]. Jie Fang Jun Yi Xue Za Zhi[Med J Chin PLA(Article in Chinese;Abstract in Chinese and English)],2002,27(6):480-481. DOI:10.3321/j.issn:0577-7402.2002.06.004.}

[13969] 刘道功，李林，张自清. 小腿部带蒂肌瓣修复下肢远端软组织缺损 [J]. 中华显微外科杂志，2003，26（2）：150-151. DOI：10.3760/cma.j.issn.1001-2036.2003.02.029. {LIU Daogong,LI Lin,ZHANG Ziqing. Pedicled muscle flap of leg to repair soft tissue defect of distal lower extremity[J]. Zhonghua Xian Wei Wai Ke Za Zhi[Chin J Microsurg(Article in Chinese;Abstract in Chinese)],2003,26(2):150-151. DOI:10.3760/cma.j.issn.1001-2036.2003.02.029.}

[13970] 王连召，周刚，范飞，张锋，李斌斌，蔡国斌，薛富善，栾杰，周传德，孟凡会，王沛涛，王化冰. 肌瓣包裹犬自体气管游离移植模型的建立 [J]. 中华整形外科杂志，2003，19（3）：214-216. DOI：10.3760/j.issn：1009-4598.2003.03.019. {WANG Lianzhao,ZHOU Gang,FAN Fei,ZHANG Feng,LI Binbin,CAI Guobin,XUE Fushan,LUAN Jie,ZHOU Chuande,MENG Fanhui,WANG Peitao,WANG Huabing. The investigation of tracheas transplantation by wrapping in a muscle flap[J]. Zhonghua Zheng Xing Wai Ke Za Zhi[Chin J Plast Surg(Article in Chinese;Abstract in Chinese and English)],2003,19(3):214-216. DOI:10.3760/j.issn:1009-4598.2003.03.019.}

[13971] 张英泽，王庆贤，潘进社，彭阿钦，宋连新. 颈长肌肌瓣交叉固定防止颈椎植骨块滑脱的生物力学研究及临床应用 [J]. 骨与关节损伤杂志，2003，18（2）：73-75. DOI：10.3969/j.issn.1672-9935.2003.02.001. {ZHANG Yingze,WANG Qingxian,PAN Jinshe,PENG Aqin,SONG Lianxin. Bimechanical study and clinical use of longus collies muscle flap to prevent the slip of bone graft in the cervical anterior decompression[J]. Gu Yu Guan Jie Sun Shang Za Zhi[J Bone Joint Injury(Article in Chinese;Abstract in Chinese and English)],2003,18(2):73-75. DOI:10.3969/j.issn.1672-9935.2003.02.001.}

[13972] 李家锋，邢树忠，万林忠，朱志军. 肌瓣移植的临床应用及组织学观察 [J]. 现代口腔医学杂志，2003，17（6）：545-546. DOI：10.3969/j.issn.1003-7632.2003.06.023. {LI Jiafeng,XING Shuzhong,WAN Linzhong,ZHU Zhijun. Clinical application and histological observation of the transferred muscle flap[J]. Xian Dai Kou Qiang Yi Xue Za Zhi[J Mod Stomatol(Article in Chinese;Abstract in Chinese and English)],2003,17(6):545-546. DOI:10.3969/j.issn.1003-7632.2003.06.023.}

[13973] 武乃旺，吴雨雷，张丁香. 双蒂双肌瓣在 T3 和 T4 喉癌扩大喉部分切除术中的应用 [J]. 中华耳鼻咽喉科杂志，2003，38（4）：289-291. DOI：10.3760/j.issn：1673-0860.2003.04.014. {WU Naiwang,WU Yulei,ZHANG Dingxiang. Application of bi-pedicel and bi-muscle flaps for the expanded partial laryngectomy in the patients with T3 T4 laryngeal cancer[J]. Zhonghua Er Bi Yan Hou Ke Za Zhi[Chin J Otorhinolaryngol(Article in Chinese;Abstract in Chinese and English)],2003,38(4):289-291. DOI:10.3760/j.issn:1673-0860.2003.04.014.}

[13974] 魏宽海，裴国献，金丹，王珂，田雪梅，陈滨. 肌瓣复合骨形态发生蛋白修复骨缺损中骨骼肌的转归 [J]. 中华显微外科杂志，2004，27（3）：205-206. DOI：10.3760/cma.j.issn.1001-2036.2004.03.016. {WEI Kuanhai,PEI Guoxian,JIN Dan,WANG Ke,TIAN Xuemei,CHEN Bin. The outcome of skeletal muscle in repairing bone defect with muscle flap combined with bone morphogenetic protein[J]. Zhonghua Xian Wei Wai Ke Za Zhi[Chin J Microsurg(Article in Chinese;Abstract in Chinese)],2004,27(3):205-206. DOI:10.3760/cma.j.issn.1001-2036.2004.03.016.}

[13975] 杨勇，王光毅，杨郡，夏照帆. 小腿三头肌肌瓣修复小腿前侧创面 15 例 [J]. 中华烧伤杂志，2004，20(1)：50-51. DOI：10.3760/cma.j.issn.1009-2587.2004.01.024. {YANG Yong,WANG Guangyi,YANG Jun,XIA Zhaofan. Triceps surae muscle flap for the repair of anterior leg wound:a report of 15 cases[J]. Zhonghua Shao Shang Za Zhi[Chin J Burns(Article in Chinese;No abstract available)],2004,20(1):50-51. DOI:10.3760/cma.j.issn.1009-2587.2004.01.024.}

[13976] 王佳琦，赵玉明，陈建，赵作钧，杨宇，王太玲. 应用皮瓣、黏膜肌瓣及硅胶假体隆鼻隆颌矫治面中凹陷畸形 [J]. 中华整形外科杂志，2004，20（6）：408-409. DOI：10.3760/j.issn：1009-4598.2004.06.002. {WANG Jiaqi,ZHAO Yuming,CHEN Jian,ZHAO Zuojun,YANG Yu,WANG Tailing. Aesthetic correct depressed nose and prolong nasal columella using nasal columella base flaps,bilateral labial mucosa flaps,and the silicone imitation[J]. Zhonghua Zheng Xing Wai Ke Za Zhi[Chin J Plast Surg(Article in Chinese;Abstract in Chinese and English)],2004,20(6):408-409. DOI:10.3760/j.issn:1009-4598.2004.06.002.}

[13977] 夏贵华，史前妹，汪永干，汪延宏，林忠明，张淼，胡春玖. 双蒂带状肌瓣在修复喉部分切除术后缺损中的应用 [J]. 吉林大学学报（医学版），2004，30（1）：152. DOI：10.3969/j.issn.1671-587X.2004.01.078. {XIA Guihua,SHI Qianmei,WANG Yonggan,WANG Yanhong,LIN Zhongming,ZHANG Miao,HU Chunjiu. Application of double pedicled ribbon muscle flap in repairing defect after partial laryngectomy[J]. Ji Lin Da Xue Xue Bao(Yi Xue Ban)[J Jilin Univ Med Ed(Article in Chinese;No abstract available)],2004,30(1):152. DOI:10.3969/j.issn.1671-587X.2004.01.078.}

[13978] 于锋，焦粤龙，于泓，张浩亮，梁子键. 喉癌甲状软骨窗式切除带蒂肌瓣修复喉腔术临床研究 [J]. 中华显微外科杂志，2005，28（2）：133-135. DOI：10.3760/cma.j.issn.1001-2036.2005.02.013. {YU Feng,JIAO Yuelong,YU Hong,ZHANG Haoliang,LIANG Zijian. Clinical observation of reconstruction with muscle flaps in partial laryngectomy[J]. Zhonghua Xian Wei Wai Ke Za Zhi[Chin J Microsurg(Article in Chinese;Abstract in Chinese and English)],2005,28(2):133-135. DOI:10.3760/cma.j.issn.1001-2036.2005.02.013.}

[13979] 李培，欧耀芬. 胫前肌肌瓣在小腿中段开放性骨折创面修复中的应用 [J]. 中华显微外科杂志，2005，28（3）：254-255. DOI：10.3760/cma.j.issn.1001-2036.2005.03.024. {LI Pei,OU Yaofen. Application of anterior tibialis muscle flap in the wound repair of open fracture of middle leg[J]. Zhonghua Xian Wei Wai Ke Za Zhi[Chin J Microsurg(Article in Chinese;Abstract in Chinese)],2005,28(3):254-255. DOI:10.3760/cma.j.issn.1001-2036.2005.03.024.}

[13980] 王瑞旻，王耀忠，赵磊，王志栋，蔡丽锋. 局部肌瓣转移和自体红骨髓注射治疗胫骨骨折骨不连 [J]. 中华创伤骨科杂志，2005，7（5）：412-414. DOI：10.3760/cma.j.issn.1671-7600.2005.05.004. {WANG Ruimin,WANG Yaozhong,ZHAO Lei,WANG Zhidong,CAI Lifeng. Treatment of nonunion of tibial fractures with local muscle flap transfer and injection of autogenous bone marrow[J]. Zhonghua Chuang Shang Gu Ke Za Zhi[Chin J Orthop Trauma(Article in Chinese;Abstract in Chinese and English)],2005,7(5):412-414. DOI:10.3760/cma.j.issn.1671-7600.2005.05.004.}

[13981] 刘保林，杨阳，李强. 改良额肌瓣矫治重度上睑下垂 [J]. 组织工程与重建外科杂志，2005，1（5）：261-262. DOI：10.3969/j.issn.1673-0364.2005.05.008. {LIU Baolin,YANG Yang,LI Qiang. Correction of severe blepharoptosis with modified frontal muscle flap[J]. Zu Zhi Gong Cheng Yu Chong Jian Wai Ke Za Zhi[J Tissue Eng Reconstr Surg(Article in Chinese;Abstract in Chinese and English)],2005,1(5):261-262. DOI:10.3969/j.issn.1673-0364.2005.05.008.}

[13982] 马朝霞. 应用提上睑肌缩短术与额肌瓣悬吊术治疗先天性上睑下垂 [J]. 组织工程与重建外科杂志，2005，1（6）：330-331. DOI：10.3969/j.issn.1673-0364.2005.06.010. {MA Chaoxia. The treatment of congenital ptosis with superior palpebral levator muscle resection and frontalis suspension operation[J]. Zu Zhi Gong Cheng Yu Chong Jian Wai Ke Za Zhi[J Tissue Eng Reconstr Surg(Article in Chinese;Abstract in Chinese and English)],2005,1(6):330-331. DOI:10.3969/j.issn.1673-0364.2005.06.010.}

[13983] 丁超，李储松，张涛. 预防性肌瓣在小腿开放性骨折中的应用 [J]. 临床骨科杂志，2006，9（5）：424-425. DOI：10.3969/j.issn.1008-0287.2006.05.015. {DING Chao,LI Chusong,ZHANG Tao. Prophylactic application of leg muscular flap in leg open fracture[J]. Lin Chuang Gu Ke Za Zhi[J Clin Orthop(Article in Chinese;Abstract in Chinese and English)],2006,9(5):424-425. DOI:10.3969/j.issn.1008-0287.2006.05.015.}

[13984] 陈克俊，韩宝平，李津，戚伟. 带血管蒂肌瓣转移治疗四肢感染性组织缺损及骨窦道 [J]. 中华骨科杂志，2007，27（5）：387-388. DOI：10.3760/j.issn：0253-2352.2007.05.016. {CHEN Kejun,HAN Baoping,LI Jin,QI Wei. Pedicled muscle flap transfer to treat infectious tissue defects and bone sinus[J]. Zhonghua Gu Ke Za Zhi[Chin J Orthop(Article in Chinese;No abstract available)],2007,27(5):387-388. DOI:10.3760/j.issn:0253-2352.2007.05.016.}

[13985] 于大志，江华，党瑞山，刘安堂. 临床常用肌瓣肌内神经分布的研究 [J]. 中国临床解剖学杂志，2008，26（6）：594-597. DOI：10.3969/j.issn.1001-165X.2008.06.003. {YU Dazhi,JIANG Hua,DANG Ruishan,LIU Antang. Distribution of the intramuscular nerves of commonly used muscle flaps[J]. Zhongguo Lin Chuang Jie Pou Xue Za Zhi[Chin J Clin Anat(Article in Chinese;Abstract in Chinese and English)],2008,26(6):594-597. DOI:10.3969/j.issn.1001-165X.2008.06.003.}

[13986] 董永鹏. 额肌瓣悬吊治疗重度上睑下垂 32 例 [J]. 实用医学杂志，2008，24（5）：817. DOI：10.3969/j.issn.1006-5725.2008.05.087. {DONG Yongpeng. Frontalis muscle flap suspension for severe blepharoptosis:a report of 32 cases[J]. Shi Yong Yi Xue Za Zhi [J Pract Med(Article in Chinese;No abstract available)],2008,24(5):817. DOI:10.3969/j.issn.1006-5725.2008.05.087.}

[13987] 石建辉，林舟丹，程昌志，罗远国. 肠腓肌内侧头肌瓣植皮修复胫骨中上段骨外露 [J]. 中国矫形外科杂志，2009，17（10）：789-791. {SHI Jianhui,Lin Zhoudan,CHENG Changzhi,LUO Yuanguo. Recovery of the proximal tibial soft tissue loss and bone exposure by the medial head of gastrocnemius muscle flap and skin graft[J]. Zhongguo Jiao Xing Wai Ke Za Zhi[Orthop J China(Article in Chinese;Abstract in Chinese)],2009,17(10):789-791.}

[13988] 张功林，章鸣，丁法明，郭翱，张灵芝，郁辉，吴发林，胡玉祥. 介绍一种桥式皮瓣或肌瓣断蒂训练新方法 [J]. 中华整形外科杂志，2009，25（3）：227. DOI：10.3760/cma.j.issn.1009-4598.2009.03.021. {ZHANG Gonglin,ZHANG Ming,DING Faming,GUO Ao,ZHANG Linzhi,YU Hui,WU Falin,HU Yuxiang. A new training method of bridge flap or breaking the pedicle of the flap[J]. Zhonghua Zheng Xing Wai Ke Za Zhi[Chin J Plast Surg(Article in Chinese;No abstract available)],2009,25(3):227. DOI:10.3760/cma.j.issn.1009-4598.2009.03.021.}

[13989] 安仲军，石昌国，白桦，裴艳志. 肌瓣填塞治疗慢性脓胸 36 例分析 [J]. 局解手术学杂志，2009，18（2）：104. DOI：10.3969/j.issn.1672-5042.2009.02.014. {AN Zhongjun,SHI Changguo,BAI Hua,PEI Yanzhi. Stuffing operation with muscle segment for chronic empyema in 36 cases[J]. Ju Jie Shou Shu Xue Za Zhi[J Reg Anat Oper Surg(Article in Chinese;No abstract available)],2009,18(2):104. DOI:10.3969/j.issn.1672-5042.2009.02.014.}

[13990] 侯春胜，郝振明，雷晋. 眼轮匝肌肌瓣桥式转移联合植皮法修复烧伤早期睑外翻 [J]. 中华整形外科杂志，2010，26（4）：303. DOI：10.3760/cma.j.issn.1009-4598.2010.04.019. {HOU Chunsheng,HAO Zhenming,LEI Jin. Orbicularis oculi muscle flap bridge transfer combined with skin grafting in the repair of early eyelid ectropion after burn[J]. Zhonghua Zheng Xing Wai Ke Za Zhi[Chin J Plast Surg(Article in Chinese;No abstract available)],2010,26(4):303. DOI:10.3760/cma.j.issn.1009-4598.2010.04.019.}

[13991] 张奇，杨新宇，颜荣，张琳，洪国良，岳树源，刘春祥，魏伟，张建宁，杨树源. 单层皮肌瓣翼点入路的临床应用 [J]. 中华外科杂志，2011，49（8）：761-762. DOI：10.3760/cma.j.issn.0529-5815.2011.08.022. {ZHANG Qi,YANG Xinyu,YAN Rong,ZHANG Lin,HONG Guoliang,YUE Shuyuan,LIU Chunxiang,WEI Wei,ZHANG Jianning,YANG Shuyuan. Clinical application of pterional approach with single layer musculocutaneous flap[J]. Zhonghua Wai Ke Za Zhi[Chin J Surg(Article in Chinese;No abstract available)],2011,49(8):761-762. DOI:10.3760/cma.j.issn.0529-5815.2011.08.022.}

[13992] 刘强，陈登巨. 声带癌切除颈皮肌瓣修复成型喉功能重建术的临床研究 [J]. 实用医学杂志，2011，27（2）：262-264. DOI：10.3969/j.issn.1006-5725.2011.02.038. {LIU Qiang,CHEN Dengju. Clinical study on laryngeal function after resection of vocal cord carcinoma and reconstruction of cervical cutaneous muscle flap[J]. Shi Yong Yi Xue Za Zhi[J Pract Med(Article in Chinese;Abstract in Chinese)],2011,27(2):262-264. DOI:10.3969/j.issn.1006-5725.2011.02.038.}

[13993] 郑朝，胡大海，朱雄翔，王耀军，韩夫，李娜，折涛，杨晨. 游离肌瓣移植修复大面积烧伤后期深度创面 [J]. 中华烧伤杂志，2012，28（5）：341-343. DOI：10.3760/cma.j.issn.1009-2587.2012.05.007. {ZHENG Zhao,HU Dahai,ZHU Xiongxiang,WANG Yaojun,HAN Fu,LI Na,SHE Tao,YANG Chen. Repair of extensive deep burn wounds in late stage with free muscle flap[J]. Zhonghua Shao Shang Za Zhi[Chin J Burns(Article in Chinese;Abstract in Chinese and English)],2012,28(5):341-343. DOI:10.3760/cma.j.issn.1009-2587.2012.05.007.}

[13994] 周栩，颜薇. 运用额肌瓣悬吊术重建上睑下垂矫正不佳者的眼部美学单位 [J]. 组织工程与重建外科杂志，2012，8（2）：103-105. DOI：10.3969/j.issn.1673-0364.2012.02.012. {ZHOU Xu,YAN Wei. Frontal muscle flap suspension in recreating the eye aesthetic characters in the patients with poor upper lid ptosis correction[J]. Zu Zhi Gong Cheng Yu Chong Jian Wai Ke Za Zhi[J Tissue Eng Reconstr Surg(Article in Chinese;Abstract in Chinese and English)],2012,8(2):103-105. DOI:10.3969/j.issn.1673-0364.2012.02.012.}

[13995] 范义婷，王武军，王雪莲，刘太省，王昊飞. 带血管蒂膈肌瓣重建食管动物模型的制作 [J]. 中国临床解剖学杂志，2013，31（5）：568-571. DOI：10.13418/j.issn.1001-165x.2013.05.005. {FAN Yiting,WANG Wujun,WANG Xuelian,LIU Taisheng,WANG Haofei. Experimental animal model of pedicled diaphragmatic muscle flap for reconstruction of defected esophagus on pigs[J]. Zhongguo Lin Chuang Jie Pou Xue Za Zhi[Chin J Clin Anat(Article in Chinese;Abstract in Chinese and English)],2013,31(5):568-571. DOI:10.13418/j.issn.1001-165x.2013.05.005.}

[13996] 张晨阳，崔文勇，梁文锴，高培刚，杨宏伟. 肘肌瓣肱桡关节成形术在开放性肘关节骨折处理中的应用 [J]. 中国矫形外科杂志，2013，21（12）：1261-1263. DOI：10.3977/j.issn.1005-8478.2013.12.23. {ZHANG Chenyang,CUI Wenyong,LIANG Wenkai,GAO Peigang,YANG Hongwei. Application of elbow muscle flap humeroradial arthroplasty in the treatment of open elbow fracture[J]. Zhongguo Jiao Xing Wai Ke Za Zhi[Orthop J China(Article in Chinese;Abstract in Chinese)],2013,21(12):1261-1263. DOI:10.3977/j.issn.1005-8478.2013.12.23.}

[13997] 谢义德，詹明坤，李铭，江成鸿，周亚宽，陈小松，杨育成，郭志辉，黄拔瑞. 内侧蒂眼轮匝肌瓣转位及眶脂肪释放修复睑袋合并严重沟槽畸形 [J]. 中华整形外科杂志，2013，29（3）：161-164. DOI：10.3760/cma.j.issn.1009-4598.2013.03.001. {XIE Yide,ZHAN Mingkun,LI Ming,JIANG Chenghong,ZHOU Yakuang,CHEN Xiaosong,YANG Yucheng,GUO Zhihui,HUANG Barui. Transposition of orbital fat and orbicularis muscle flap over the orbital rim for correction of lower eyelid pouches complicated with lacrimal groove deformity[J]. Zhonghua Zheng Xing Wai Ke Za Zhi[Chin J Plast Surg(Article in Chinese;Abstract in Chinese and English)],2013,29(3):161-164. DOI:10.3760/cma.j.issn.1009-4598.2013.03.001.}

[13998] 张连波，高庆国，姜兴超，张广. 额肌瓣悬吊修复中重度上睑下垂的治疗体会 [J]. 中华整形外科杂志，2013，29（4）：299-301. DOI：10.3760/cma.j.issn.1009-4598.2013.04.017. {ZHANG Lianbo,GAO Qingguo,JIANG Xinchao,ZHANG Guang. Experience of frontalis muscle flap suspension in the treatment of moderate and severe blepharoptosis[J]. Zhonghua Zheng Xing Wai Ke Za Zhi[Chin J Plast Surg(Article in Chinese;No abstract available)],2013,29(4):299-301. DOI:10.3760/cma.j.issn.1009-4598.2013.04.017.}

[13999] 张勇，冯自豪，杨燕文，卢春来，葛棣，亓发芝. 带蒂肌瓣胸腔内转移填塞治疗脓胸创面 [J]. 中华整形外科杂志，2014，30(6): 428-431. DOI: 10.3760/cma.j.issn.1009-4598.2014.06.008. {ZHANG Yong,FENG Zihao,YANG Yanwen,LU Chunlai,GE Di,QI Fazhi. Pedicled muscular flap for treatment of pyothorax-resulted wound[J]. Zhonghua Zheng Xing Wai Ke Za Zhi[Chin J Plast Surg(Article in Chinese;Abstract in Chinese and English)],2014,30(6):428-431. DOI:10.3760/cma.j.issn.1009-4598.2014.06.008.}

[14000] 李之华，段冬，张远贵. 应用四种肌瓣或皮瓣修复膝关节周围皮肤软组织缺损 18 例 [J]. 中华烧伤杂志，2015，31(5): 341-344. DOI: 10.3760/cma.j.issn.1009-2587.2015.05.007. {LI Zhihua,DUAN Dong,ZHANG Yuangui. Using four kinds of muscle flaps or skin flaps in repairing skin and soft tissue defects around knee joint:a report of 18 cases[J]. Zhonghua Shao Shang Za Zhi[Chin J Burns(Article in Chinese;No abstract available)],2015,31(5):341-344. DOI:10.3760/cma.j.issn.1009-2587.2015.05.007.}

[14001] 赵辉，朱吉，吕川，王宇翀，范勇杰，孙梦妍，武铠，邢新，薛春雨. 额肌瓣悬吊术治疗单侧重度上睑下垂 [J]. 第二军医大学学报，2015，36(3): 335-337. DOI: 10.3724/SP.J.1008.2015.00335. {ZHAO Hui,ZHU Ji,LÜ Chuan,WANG Yuchong,FAN Yongjie,SUN Mengyan,WU Kai,XING Xin,XUE Chunyu. Application of frontal muscular flap suspension surgery in treatment of unilateral severe blepharoptosis[J]. Di Er Jun Yi Da Xue Xue Bao[Acad J Sec Mil Med Univ(Article in Chinese;Abstract in Chinese and English)],2015,36(3):335-337. DOI:10.3724/SP.J.1008.2015.00335.}

[14002] 张本寿，水祥兵，储辉，李增男，解潮，徐志久. 眼轮匝肌瓣在下睑袋伴沟槽畸形修复术中的应用 [J]. 中华整形外科杂志，2016，32(2): 122-125. DOI: 10.3760/cma.j.issn.1009-4598.2016.02.010. {ZHANG Benshou,SHUI Xiangbing,CHU Hui,LI Zengnan,XIE Chao,XU Zhijiu. Clinical application of orbicularis flap for eyelid groove deformity[J]. Zhonghua Zheng Xing Wai Ke Za Zhi[Chin J Plast Surg(Article in Chinese;Abstract in Chinese and English)],2016,32(2):122-125. DOI:10.3760/cma.j.issn.1009-4598.2016.02.010.}

[14003] 莫晓岚，蔡茂季，杨秀云. 上睑提肌缩短术联合改良水平额肌瓣悬吊术治疗重度上睑下垂 [J]. 中华整形外科杂志，2016，32(6): 458-459. DOI: 10.3760/cma.j.issn.1009-4598.2016.06.014. {MO Xiaolan,CAI Maoji,YANG Xiuyun. Shortening of levator palpebrae superioris combined with modified horizontal frontal muscle flap suspension for severe blepharoptosis[J]. Zhonghua Zheng Xing Wai Ke Za Zhi[Chin J Plast Surg(Article in Chinese;No abstract available)],2016,32(6):458-459. DOI:10.3760/cma.j.issn.1009-4598.2016.06.014.}

[14004] 陈召伟，刘通，邵景祥，朱童，刘华生，王焕丽. 眼轮匝肌部分切除联合眶隔脂肪瓣或眼轮匝肌瓣移植治疗女性外眦角鱼尾纹 [J]. 中华整形外科杂志，2017，33(1): 4-7. DOI: 10.3760/cma.j.issn.1009-4598.2017.01.002. {CHEN Zhaowei,LIU Tong,SHAO Jingxiang,ZHU Tong,LIU Huasheng,WANG Huanli. The orbicularis muscle partial resection combined with orbital fat flap or orbicularis muscle flap graft for treatment of crow's feet in women[J]. Zhonghua Zheng Xing Wai Ke Za Zhi[Chin J Plast Surg(Article in Chinese;Abstract in Chinese and English)],2017,33(1):4-7. DOI:10.3760/cma.j.issn.1009-4598.2017.01.002.}

[14005] 陈建武，宋保强，陈晨，张栋梁，王钠，马显杰，郭树忠. 修薄游离肌瓣修复手足软组织缺损 [J]. 中华整形外科杂志，2017，33(2): 112-115. DOI: 10.3760/cma.j.issn.1009-4598.2017.02.007. {CHEN Jianwu,SONG Baoqiang,CHEN Chen,ZHANG Dongliang,WANG Na,MA Xianjie,GUO Shuzhong. Thinning of the free muscle flaps for the treatment of hand and foot defects[J]. Zhonghua Zheng Xing Wai Ke Za Zhi[Chin J Plast Surg(Article in Chinese;Abstract in Chinese and English)],2017,33(2):112-115. DOI:10.3760/cma.j.issn.1009-4598.2017.02.007.}

[14006] 丁浩，赵宇，张林，李小静，朱飞，王邦河. 额肌瓣联合 check 韧带双重悬吊术矫正重度上睑下垂 [J]. 中华整形外科杂志，2020，36(5): 536-539. DOI: 10.3760/cma.j.cn114453-20191013-00306. {DING Hao,ZHAO Yu,ZHANG Lin,LI Xiaojing,ZHU Fei,WANG Banghe. Frontalis muscle flap combined with check ligament of double suspension corrects severe blepharoptosis[J]. Zhonghua Zheng Xing Wai Ke Za Zhi[Chin J Plast Surg(Article in Chinese;Abstract in Chinese and English)],2020,36(5):536-539. DOI:10.3760/cma.j.cn114453-20191013-00306.}

4.8.9 颞肌筋膜瓣

temporalis myofascial flap

[14007] 李向云. 颞肌筋膜瓣与自体全厚皮片移植修复面颊部严重组织缺损 [J]. 中华烧伤杂志，2003，19(z1): 43. DOI: 10.3760/cma.j.issn.1009-2587.2003.z1.021. {LI Xiangyun. Temporalis myofascial flap and autologous full thickness skin graft for repair of severe buccal tissue defect[J]. Zhonghua Shao Shang Za Zhi[Chin J Burns(Article in Chinese;No abstract available)],2003,19(z1):43. DOI:10.3760/cma.j.issn.1009-2587.2003.z1.021.}

[14008] 李祖兵，胡图强，东耀峻，王秀丽. 颞肌筋膜瓣即刻修复上颌骨缺损 [J]. 现代口腔医学杂志，2003，17(3): 253-255. DOI: 10.3969/j.issn.1003-7632.2003.03.022. {LI Zubing,HU Tuqiang,DONG Yaojun,WANG Xiuli. Immediate reconstruction of maxillectomy defects using temparolis myofascial flap[J]. Xian Dai Kou Qiang Yi Xue Za Zhi[J Mod Stomatol(Article in Chinese;Abstract in Chinese and English)],2003,17(3):253-255. DOI:10.3969/j.issn.1003-7632.2003.03.022.}

[14009] 陈晓红，李志来，王明善，金自仓，胡燕明，孙敬武，黄志刚，韩德民. 颌面肿瘤颞肌筋膜瓣修复腭部缺损一期重建 [J]. 中华耳鼻咽喉科杂志，2003，38(1): 62. DOI: 10.3760/j.issn: 1673-0860.2003.01.026. {CHEN Xiaohong,LI Zhilai,WANG Mingshan,JIN Zhicang,HU Yanming,SUN Jingwu,HUANG Zhigang,HAN Demin. One stage reconstruction of palatal defect with temporalis myofascial flap of maxillofacial tumor[J]. Zhonghua Er Bi Yan Hou Ke Za Zhi[Chin J Otorhinolaryngol(Article in Chinese;No abstract available)],2003,38(1):62. DOI:10.3760/j.issn:1673-0860.2003.01.026.}

[14010] 薛国初，徐平平，艾伟健，周会喜，刘曙光，赵建江，郑俊发，曾曙光. 颞肌筋膜瓣联合冠突移植治疗颞下颌关节强直 [J]. 中国口腔颌面外科杂志，2006，4(3): 189-193. DOI: 10.3969/j.issn.1672-3244.2006.03.008. {XUE Guochu,XU Pingping,AI Weijian,ZHOU Huixi,LIU Shuguang,ZHAO Jianjiang,ZHENG Junfa,ZENG Shuguang. Application of temporalis myofascial flap combined with coronoid process graft in the treatment of temporomandibular joint ankylosis[J]. Zhongguo Kou Qiang He Mian Wai Ke Za Zhi[Chin J Oral Maxillofac Surg(Article in Chinese;Abstract in Chinese and English)],2006,4(3):189-193. DOI:10.3969/j.issn.1672-3244.2006.03.008.}

[14011] 张树标，陈伟良，杨朝晖，黄志权，王永洁，李劲松，张彬. 面颈胸旋转皮瓣联合颞肌筋膜瓣修复恶性肿瘤扩大切除手术后颊部洞穿缺损 [J]. 中山大学学报（医学科学版），2006，27(4): 442-444. DOI: 10.3321/j.issn: 1672-3554.2006.04.020. {ZHANG Shubiao,CHEN Weiliang,YANG Zhaohui,HUANG Zhiquan,WANG Yongjie,LI Jinsong,ZHANG Bin. Reconstruction of through-and-through cheek defects following extensive surgical dissection of malignant tumor using facio-cervico-pectoral flap and temporalis myofascial flap[J]. Zhong Shan Da Xue Xue Bao(Yi Xue Ke Xue Ban)[J Sun Yat-Sen Univ(Med Sci)(Article in Chinese;Abstract in Chinese and English)],2006,27(4):442-444. DOI:10.3321/j.issn:1672-3554.2006.04.020.}

[14012] 李建邦. 岛状颞肌筋膜瓣修复颌面部良性肿瘤摘除后巨大缺损一例 [J]. 中华整形外科杂志，2008，24(2): 97. DOI: 10.3760/j.issn: 1009-4598.2008.02.027. {LI Jianbang. Repair of maxillofacial defect with island temporal myofascial flap after removal of benign tumor:a case report[J]. Zhonghua Zheng Xing Wai Ke Za Zhi[Chin J Plast Surg(Article in Chinese;No abstract available)],2008,24(2):97. DOI:10.3760/j.issn:1009-4598.2008.02.027.}

[14013] 姜霞，陈敏洁，张善勇，杨驰. 应用颞中动静脉为蒂的颞肌筋膜瓣置换颞下颌关节盘 [J]. 中国口腔颌面外科杂志，2009，7(6): 491-494. {JIANG Bin,CHEN Minjie,ZHANG Shanyong,YANG Chi. Disc replacement with temporalis myofascial flap pedicled on the middle temporal artery and vein[J]. Zhongguo Kou Qiang He Mian Wai Ke Za Zhi[Chin J Oral Maxillofac Surg(Article in Chinese;Abstract in Chinese and English)],2009,7(6):491-494.}

4.9 骨瓣

bone flap,osteous flap

[14014] Hu QT,Jiang QW,Su GL,Shen JZ,Shen X. Free vascularized bone graft[J]. Chin Med J,1980,93(11):753-757.

[14015] Zhenyu P,Aixi Y,Guo-Rong Y,Shaobo Z,Kai D. Treatment of serious femoral neck fractures with the transposition of vascularized greater trochanter bone flap in young adults[J]. J Reconstr Microsurg,2011,27(5):303-308. doi:10.1055/s-0031-1278709.

[14016] Ouyang D,Liu TR,Liu XW,Chen YF,Wang J,Su X,Yang AK. Combined hyoid bone flap in laryngeal reconstruction after extensive partial laryngectomy for laryngeal cancer[J]. Eur Arch Otorhinolaryngol,2013,270(4):1455-1462. doi:10.1007/s00405-012-2147-8.

[14017] Fei W,Danmou X,Dong R,Wei F,Eberlin KR,Yan C,Wusheng K. Free vascularized medial femoral condyle corticocancellous flap for treatment of challenging upper extremity nonunions[J]. J Reconstr Microsurg,2015,31(2):124-131. doi:10.1055/s-0034-1390045.

[14018] Wang WX,Jiang N,Wang JW,Kang X,Fu GH,Liu YL. Bone formation in subcutaneous pocket after bone flap preservation[J]. Clin Case Rep,2016,4(5):473-476. doi:10.1002/ccr3.548.

[14019] Li B,Ruan C,Ma Y,Huang Z,Huang Z,Zhou G,Zhang J,Wang H,Wu Z,Qiu G. Fabrication of vascularized bone flaps with sustained release of recombinant human bone morphogenetic protein-2 and arteriovenous bundle[J]. Tissue Eng Part A,2018,24(17-18):1413-1422. doi:10.1089/ten.TEA.2018.0002.

[14020] Zhang ZL,Wang S,Sun CF,Xu ZF. Miniplates versus reconstruction plates in vascularized osteocutaneous flap reconstruction of the mandible[J]. J Craniofac Surg,2019,30(2):e119-e125. doi:10.1097/SCS.0000000000005020.

[14021] Wang S,Zhou X,Liang J,Liu F,Wang B. Lateral bone flap approach for displaced intra-articular calcaneus fractures[J]. ANZ J Surg,2019,89(4):329-333. doi:10.1111/ans.15133.

[14022] He W,Gong X,He Y,Zheng L,Zhang Y,Lai R. Application of a lateral pedicled cranial bone flap for the treatment of secondary zygomaticomaxillary defects[J]. J Craniofac Surg,2019,30(7):e661-e664. doi:10.1097/SCS.0000000000005776.

[14023] Xu Y,Lyu L,Shao X,Wang L,Zhang Z,Zhang X. Use of a reverse metacarpal bone flap for the treatment of segmental bone defects of the proximal phalanges[J]. J Hand Surg Am,2020,45(11):1088.e1-1088.e9. doi:10.1016/j.jhsa.2020.06.001.

[14024] 黄承达. 带血管骨游离移植 [J]. 显微外科，1978，1(1): 29-35. {HUANG Chengda. Vascularized free bone grafting[J]. Xian Wei Wai Ke Za Zhi[Chin J Microsurg(Article in Chinese;No abstract available)],1978,1(1):29-35.}

[14025] 姜其为，胡清潭. 带血管骨与关节移植的进展 [J]. 上海医学，1978，1(5): 50. {JIANG Qiwei,HU Qingtan. Advances in vascularized bone and joint transplantation(review)[J]. Shanghai Yi Xue[Shanghai J Med(Article in Chinese;No abstract available)],1978,1(5):50.}

[14026] 姜立本，印心奇，王培坤，马志宇，吴际鸣，沈培嘉. 带血管游离髂骨移植 8 例报告 [J]. 上海医学，1981，4(7): 19. {JIANG Liben,YIN Xinqi,WANG Peikun,MA Zhiyu,WU Jiming,SHEN Peijia. 8 cases of free bone transplantation with blood vessel were reported[J]. Shanghai Yi Xue[Shanghai J Med(Article in Chinese;No abstract available)],1981,4(7):19.}

[14027] 曲日瀛，任国宝，杨恩山，陈岳衡，高永发，王世良，曹礼成，周志海，李志勋，魏林玉. 带血管蒂、带骨膜肋骨移植术 [J]. 中华骨科杂志，1981，1(4): 204. {QU Riying,REN Guobao,YANG Enshan,CHEN Yueheng,GAO Yongfa,WANG Shiliang,CAO Licheng,ZHOU Zhihai,LI Zhixun,WEI Linyu. Vascularized and periosteal rib graft[J]. Zhonghua Gu Ke Za Zhi[Chin J Orthop(Article in Chinese;Abstract in Chinese)],1981,1(4):204.}

[14028] 吴永沐. 肋骨及其供血的研究 [J]. 广东解剖学通报，1981，3(2): 191. {WU Yongmu. A study on the ribs and their blood supply. Guang Dong Jie Pou Xue Tong Bao[Anat Res(Article in Chinese;No abstract available)],1981,3(2):191.}

[14029] 易传勋，辛时林，王玉荣，洪光祥，朱通伯. 带血管游离肋骨移植修复下颌骨发育不全一例 [J]. 武汉医学院学报，1981，(4): 84-85. {YI Chuanxun,XIN Shilin,WANG Yurong,HONG Guangxiang,ZHU Tongbo. A case report of free vascularized rib graft for repairing hypoplasia of mandible[J]. Wu Han Yi Xue Yuan Xue Bao[Med J Wuhan Coll(Article in Chinese;Abstract in Chinese)],1981,(4):84-85.}

[14030] 王永惕，陈国瑞，张达. 带股方肌蒂骨移植加内固定治疗股骨颈骨折 [J]. 中华外科杂志，1982，20(5): 289-291. {WANG Yongxi,CHEN Guorui,ZHANG Da. Treatment of femoral neck fracture with bone graft and internal fixation with quadratus femoris pedicle[J]. Zhonghua Wai Ke Za Zhi[Chin J Surg(Article in Chinese;No abstract available)],1982,20(5):289-291.}

[14031] 陈振光，顾洁夫，何同群，何泽霖，李义贵，张明元. 有关带血管蒂游离腓骨移植术的若干问题 [J]. 湖北医学院学报，1982，3(1): 46. {CHEN Zhenguang,GU Jiefu,HE Tongqun,HE Zelin,LI Yigui,ZHANG Mingyuan. Some problems related to free fibula transplantation with vascular pedicle[J]. Hubei Yi Xue Yuan Xue Bao[Acta Univ Med Hubei(Article in Chinese;No abstract available)],1982,3(1):46.}

[14032] 曾才铭，王宏邦. 显微外科在慢性骨关节感染中的应用 [J]. 昆明医学院学报，1982，3(1): 45. {ZENG Caiming,WANG Hongbang. Application of microsurgery in chronic bone and joint infection[J].Kunmingi Yi Xue Yuan Xue Bao[Acta Univ Med Jiangxi(Article in Chinese;No abstract available)],1982,3(1):45.}

[14033] 范遗恩，赵松令，梁岱英，孙义久. 带血管游离骨移植在肢体骨肿瘤中的应用 [J]. 黑龙江医药，1982，4(4): 35. {FAN Yien,ZHAO Songling,LIANG Daiying,SUN Yijiu. Application of free bone grafts with blood vessels in limb tumors[J]. Heilongjaing Yi Yao[Heilongjiang J Med(Article in Chinese;No abstract available)],1982,4(4):35.}

[14034] 周维星，马群，郭雄虎，尹沧涛，于淑梅. 游离肋骨瓣整复下颌骨缺损的体会 [J]. 江苏医药，1982,(3): 41. DOI: 10. 19460/j. cnki. 0253-3685. 1982. 03. 029 {ZHOU Weixing,MA Qun,GUO Xionghu,YIN Cangtao,YU Shumei. Experience in free rib graft for reconstructing mandible defect[J]. Jiang Su Yi Yao(Jiangsu Med J(Article in Chinese;Abstract in

Chinese)],1982,(3):41. DOI:10.19460/j.cnki.0253 - 3685.1982.03.029.}

[14035] 洪民，李永海，黄继贤．喙突移植治疗颞颌关节强直[J]. 中华医学杂志，1982，62(1)：37. {HONG Min,LI Yonghai,HUANG Jixian. Coracoid graft for treating ankylosis of the temporomandibular joint[J]. Zhonghua Yi Xue Za Zhi[Natl Med J China(Article in Chinese;No abstract available)],1982,62(1):37.}

[14036] 张信英，于钟毓，邵振恒，张永一，贾国栋，徐林生，陈更新．骨显微外科手术98例临床分析[J]. 哈尔滨医药，1983，3(3)：151. {ZHANG Xinying,YU Zhongyu,SHAO Zhenheng,ZHANG Yongyi,JIA Guodong,XU Linsheng,CHEN Gengxin. Clinical analysis of 98 cases of bone microsurgery[J]. Haerbin Yi Yao[Haerbin J Med(Article in Chinese;No abstract available)],1983,3(3):151.}

[14037] 孙有声．严格掌握带血管游离骨移植的适应证[J]. 中华骨科杂志，1983，3(4)：196. {SUN Yousheng. The indications of free bone grafts with blood vessels were strictly controlled[J]. Zhonghua Gu Ke Za Zhi[Chin J Orthop(Article in Chinese;No abstract available)],1983,3(4):196.}

[14038] 金志勤．肋骨移植治疗骨性颞下颌关节强直[J]. 中华口腔科杂志，1983，18(1)：48. {JIN Zhiqin. Rib graft for treating bony ankylosis of temporomandibular joint[J]. Zhong Hua Kou Qiang Ke Za Zhi[Chin J Stomatol(Article in Chinese;No abstract available)],1983,18(1):48.}

[14039] 钟世镇，陈子华，刘牧之，李汉云，徐达传，孙博．吻合血管移植肋软骨的应用解剖学[J]. 显微外科，1983，6(1-2)：28. {ZHONG Shizhen,CHEN Zihua,LIU Muzhi,LI Hanyun,XU Dachuan,SUN Bo. Applied anatomy of vascularized costal cartilage graft[J]. Xian Wei Wai Ke[Chin J Microsurg(Article in Chinese;No abstract available)],1983,6(1 - 2):28.}

[14040] 梁平天，杨振纲，董士祥．用带血管蒂、带骨膜肋骨转位行胸椎融合术[J]. 河北医药，1983，(4)：39-40. {LIANG Pingtian,YANG Zhengang,DONG Shixiang. Translocation of vascularized and periosteal rib flap for thoracic fusion[J]. He Bei Yi Yao[Hebei Med J(Article in Chinese;Abstract in Chinese)],1983,(4):39 - 40.}

[14041] 姜其为，周之德，胡清潭．显微腰椎间盘摘除术初步报告[J]. 中华外科杂志，1983，21(1)：31. {JIANG Qiwei,ZHOU Zhide,HU Qingtan. Preliminary report of microsurgery for lumbar discectomy[J]. Zhonghua Yi Xue Za Zhi[Natl Med J China(Article in Chinese;No abstract available)],1983,21(1):31.}

[14042] 李汉云．吻合血管肋软骨移植能否切取部分胸骨？静脉如何处理[J]. 临床应用解剖学杂志，1984，2(3)：141. {LI Hanyun. Discussion on partial sternal excision and venous management in vascularized costal cartilage graft[J]. Lin Chuang Ying Yong Jie Pou Xue Za Zhi[Chin J Clin Anat(Article in Chinese;No abstract available)],1984,2(3):141.}

[14043] 王成琪，徐保德，李江汉，范其申，周建国．腰椎间盘脱出症的显微外科的治疗[J]. 中华医学杂志，1984，64(10)：643. {WANG Chengqi,XU Baode,LI Jianghan,FAN Qishen,ZHOU Jianguo. Microsurgical treatment of prolapse of lumbar intervertebral disc[J]. Zhonghua Yi Xue Za Zhi[Natl Med J China(Article in Chinese;No abstract available)],1984,64(10):643.}

[14044] 印心奇．带血管骨移植的临床应用（附46例报告）[J]. 显微医学杂志，1985，8(4)：212. {YIN Xinqi. Clinical application of vascular bone graft[J]. Xian Wei Yi Xue Za Zhi[Chin J Microsurg(Article in Chinese;No abstract available)],1985,8(4):212.}

[14045] 潘惠琪，胡清潭，苏国礼，顾以杨，傅兴发．带与不带血管蒂骨移植实验比较研究[J]. 显微医学杂志，1985，8(4)：225. {PAN Huiqi,HU Qingtan,SU Guoli,GU Yiyang,FU Xingfa. Comparative study of bone transplantation with and without blood vessels[J]. Xian Wei Yi Xue Za Zhi[Chin J Microsurg(Article in Chinese;No abstract available)],1985,8(4):225.}

[14046] 张少成，程庭英，杨锡铭，刘植珊，高建章．骨科显微外科手术的几点改进[J]. 第二军医大学学报，1985，(3)：180-181. DOI：10. 16781/j. 0258-879x. 1985.03.026 {ZHANG Shaocheng,CHENG Tingying,YANG Ximing,LIU Zhishan,GAO Jianzhang. Improvements in the technique of orthopaedic microsurgery[J]. Di Er Jun Yi Da Xue Xue Bao[Acad J Second Milit Med Univ(Article in Chinese;Abstract in Chinese)],1985,(3):180 - 181. DOI:10.16781/j.0258 - 879x.1985.03.026.}

[14047] 徐中和．带血管蒂肋骨移植在胸椎结核椎间植骨中的应用[J]. 中华外科杂志，1985，23(11)：68. {XU Zhonghe. Application of vascularized rib graft in intervertebral bone grafting of thoracic tuberculosis[J]. Zhonghua Wai Ke Za Zhi[Chin J Surg(Article in Chinese;No abstract available)],1985,23(11):68.}

[14048] 周曼丽，陈大良，黄拔瑞．下颌骨切除后的微血管吻合游离肋骨移植[J]. 中华整形烧伤外科杂志，1985，1(2)：69. {ZHOU Manli,CHEN Daliang,HUANG Barui. Free vascularized rib graft after mandible resection[J]. Zhong Hua Zheng Xing Shao Shang Wai Ke Za Zhi[Chin J Plast Burns(Article in Chinese;No abstract available)],1985,1(2):69.}

[14049] 周长满，张国胜，王书良，卢世璧，张伯勋．带血管掌骨片移位重建舟骨血运的外科解剖[J]. 临床应用解剖学杂志，1985，3(3)：169-171. DOI：10. 13418/j. issn. 1001-165x. 1985.03.019 {ZHOU Changman,ZHANG Guosheng,WANG Shuliang,LU Shibi,ZHANG Boxun. Surgical anatomy of vascularized metacarpal bone graft for reconstruction of scaphoid bone blood supply[J]. Lin Chuang Ying Yong Jie Pou Xue Za Zhi[Chin J Clin Anat(Article in Chinese;Abstract in Chinese)],1985,3(3):169 - 171. DOI:10.13418/j.issn.1001 - 165x.1985.03.019.}

[14050] 潘惠琪，胡清潭，苏国礼．长骨微循环研究进展[J]. 显微医学杂志，1985，8(2)：101. {PAN Huiqi,HU Qingtan,SU Guoli. The development of long bone microcirculation[J]. Xian Wei Yi Xue Za Zhi[Chin J Microsurg(Article in Chinese;No abstract available)],1985,8(2):101.}

[14051] 潘惠琪，胡清潭，苏国礼，顾以扬．长骨微循环的实验研究[J]. 中华外科杂志，1985，23(11)：668. {PAN Huiqi,HU Qingtan,SU Guoli,GU Yiyang. Experimental research on long bone microcirculation[J]. Zhonghua Wai Ke Za Zhi[Chin J Surg(Article in Chinese;No abstract available)],1985,23(11):668.}

[14052] 胡广州，韩震．吻合血管股骨下段骨移植的应用解剖学[J]. 临床应用解剖学杂志，1985，3(2)：98-99. DOI：10. 13418/j. issn. 1001-165x. 1985.02.016 {HUANG Guangzhou,HAN Zhen. Applied anatomy of vascularized distal femoral bone graft[J]. Lin Chuang Ying Yong Jie Pou Xue Za Zhi[Chin J Clin Anat(Article in Chinese;Abstract in Chinese)],1985,3(2):98 - 99. DOI:10.13418/j.issn.1001 - 165x.1985.02.016.}

[14053] 罗永湘，曹代成，胡存根．吻合血管游离骨移植的若干问题探讨[J]. 中华显微外科杂志，1986，9(3)：140-141. DOI：10.3760/cma.j.issn.1001-2036.1986.03.105. {LUO Yongxiang,CAO Daicheng,HU Cungen. The discussion on free vascularized bone graft[J]. Zhonghua Xian Wei Wai Ke Za Zhi[Chin J Microsurg(Article in Chinese;No abstract available)],1986,9(3):140 - 141. DOI:10.3760/cma.j.issn.1001 - 2036.1986.03.105.}

[14054] 胥少汀．骨科应用显微外科手术适应证的讨论[J]. 中华显微外科杂志，1986，9(1)：50. {XU Shaoting.The discussion on indication for microsurgery in orthopedics[J]. Zhonghua Xian Wei Wai Ke Za Zhi[Chin J Microsurg(Article in Chinese;No abstract available)],1986,9(1):50.}

[14055] 胡清潭．吻合血管游离骨移植[J]. 中华显微外科杂志，1986，9(2)：107. {HU Qingtan. Free vascularized bone graft[J]. Zhonghua Xian Wei Wai Ke Za Zhi[Chin J Microsurg(Article in Chinese;No abstract available)],1986,9(2):107.}

[14056] 关桂春，姜良洪，廖忠林，粮明业，黄朝辉，刘庆志，吴晓波，林俭．下肢骨外露的显微外科治疗[J]. 中华显微外科杂志，1986，9(4)：214-215. DOI：10.3760/cma.j.issn.1001-2036.1986.04.112. {GUAN Guichun,JIANG Lianghong,LIAO Zhonglin,LANG Mingye,HUANG Chaohui,LIU Qingzhi,WU Xiaobo,LIN Jian. Microsurgical management of bone exposure in lower limb[J]. Zhonghua Xian Wei Wai Ke Za Zhi[Chin J Microsurg(Article in Chinese;No abstract available)],1986,9(4):214 - 215. DOI:10.3760/cma.j.issn.1001 - 2036.1986.04.112.}

4.9.1 骨膜瓣
periosteal flap

[14057] 龚家琳．软骨膜游离移植——实验研究和临床应用[J]. 湖南医学院学报，1983，(2)：231-232. {GONG Jialin. Experimental research and clinical application of free perichondrium graft[J]. Hu Nan Yi Xue Yuan Xue Bao[J Centr South Univ(Med Sci)(Article in Chinese;Abstract in Chinese)],1983,(2):231 - 232.}

[14058] 侯康济，陈林堂，凌彤，王学礼，吴世祥，孙道恒，应国华，李淑荣．自体软骨膜游离移植修复关节面软骨的实验研究[J]. 中华外科杂志，1983，21(1)：7. {HOU Kangji,CHEN Lintang,LING Tong,WANG Xueli,WU Shixiang,SUN Daoheng,YING Guohua,LI Shurong. Experimental research on free perichondrium autologous graft for repairing articular cartilage[J]. Zhonghua Wai Ke Za Zhi[Chin J Surg(Article in Chinese;Abstract in Chinese)],1983,21(1):7.}

[14059] 王成琪，范启申，田万成，魏海温．自体软骨膜游离移植修复关节面的临床应用[J]. 解放军医学杂志，1984，9(6)：417-418. {WANG Chengqi,FAN Qishen,TIAN Wancheng,WEI Haiwen. Clinical application of free perichondrium autologous graft for repairing articular cartilage[J]. Jie Fang Jun Yi Xue Za Zhi[Med J Chin PLA(Article in Chinese;Abstract in Chinese)],1984,9(6):417 - 418.}

[14060] 侯康济，凌彤，王学礼，陈林堂．自体肋软骨移植在掌指关节面修复中的应用[J]. 中华外科杂志，1985，23(6)：321. {HOU Kangji,LING Tong,WANG Xueli,CHEN Lintang. Application of autologous costicartilage graft for repairing metacarpophalangeal joint surface[J]. Zhonghua Wai Ke Za Zhi[Chin J Surg(Article in Chinese;Abstract in Chinese)],1985,23(6):321.}

[14061] 朱盛修，张伯勋，王继芳，卢世璧．带血管蒂的桡骨骨膜移位治疗前臂骨折不愈合[J]. 中华外科杂志，1986，24(12)：732. {ZHU Shengxiu,ZHANG Boxun,WANG Jifang,LU Shibi. Vascularized radial periosteum transfer for treating nonunion of forearm fractures[J]. Zhonghua Wai Ke Za Zhi[Chin J Surg(Article in Chinese;Abstract in Chinese)],1986,24(12):732.}

[14062] 王成琪，范启申，郭德亮．吻合血管的游离髂骨骨膜移植治疗骨不连接的临床应用[J]. 中华骨科杂志，1986，6(5)：344. {WANG Chengqi,FAN Qishen,GUO Deliang. Clinical application of free vascularized iliac periosteum graft for treating bone nonunion[J]. Zhong Hua Gu Ke Za Zhi[Chin J Orthop(Article in Chinese;Abstract in Chinese)],1986,6(5):344.}

[14063] 相盘生．带血管蒂的桡骨骨膜移植治疗前臂骨折不愈合[J]. 中华外科杂志，1986，24(12)：778. {XIANG Pansheng.Vascularized radial periosteum graft for treating nonunion of forearm fracutres[J]. Zhonghua Wai Ke Za Zhi[Chin J Surg(Article in Chinese;Abstract in Chinese)],1986,24(12):778.}

[14064] 张信英，邵振恒，于钟毓．带血管蒂的桡骨骨膜转位治疗尺骨骨折不连接一例[J]. 中华显微外科杂志，1986，9(3)：150. {ZHANG Xinying,SHAO Zhenheng,YU Zhongyu. Vascularized radial periosteum transfer for treating nonunion of ulnar fracture:a case report[J]. Zhong Hua Xian Wei Wai Ke Za Zhi[Chin J Microsurg(Article in Chinese;Abstract in Chinese)],1986,9(3):150.}

[14065] 张光武．骨膜移植治疗骨折不愈合[J]. 北京医学，1986，(1)：41-42. DOI：10.15932/j.0253-9713. 1986. 01. 020 {ZHANG Guangwu. Periosteum graft for treating bone nonunion[J]. Bei Jing Yi Xue[Beijing Med J(Article in Chinese;Abstract in Chinese)],1986,(1):41 - 42. DOI:10.15932/j.0253 - 9713.1986.01.020.}

[14066] 王书成，陆迁仁，白延峰．吻合胫前血管的胫骨骨膜移植[J]. 中国临床解剖学杂志，1986，4(2)：104-105. DOI：10. 13418/j. issn. 1001-165x. 1986. 02. 020 {WANG Shucheng,BAI Yanfeng. Tibial periosteum graft with anastomosed anterior tibial blood vessel[J]. Zhong Guo Lin Chuang Jie Pou Xue Za Zhi[Chin J Clin Anat(Article in Chinese;Abstract in Chinese)],1986,4(2):104 - 105. DOI:10.13418/j.issn.1001 - 165x.1986.02.020.}

[14067] 庄惠学，朱萍，张鸿俊，梁树新，纪宏志．额部带蒂骨膜瓣修补前颅窝硬脑膜缺损[J]. 中华耳鼻咽喉科杂志，1989，24(2)：120. {ZHUANG Huixue,ZHU Ping,ZHANG Hongjun,LIANG Shuxin,JI Hongzhi. Repair of dural defect of anterior cranial fossa with pedicled periosteal flap[J]. Zhonghua Er Bi Yan Hou Ke Za Zhi[Chin J Otorhinolaryngol(Article in Chinese;No abstract available)],1989,24(2):120.}

[14068] 杨伟炎，黄德亮．前额带血管蒂肌-腱膜-骨膜瓣修补蝶鞍区脑脊液鼻漏[J]. 中华耳鼻咽喉科杂志，1992，27(4)：231-233. {YANG Weiyan,HUANG Deliang. Repair of cerebrospinal rhinorrhea[J]. Zhonghua Er Bi Yan Hou Ke Za Zhi[Chin J Otorhinolaryngol(Article in Chinese;Abstract in Chinese and English)],1992,27(4):231 - 233.}

[14069] 余国荣，陈振光，陈廖斌，彭建强，蔡林．静脉血骨膜瓣生发层朝向对再生关节软骨的影响[J]. 中华实验外科杂志，1994，11(4)：261-262，323. {YU Guorong,CHEN Zhenguang,CHEN Liaobin,PENG Jianqiang,CAI Lin. The effect of the different direction of the cambium layer on the reconstructing articular cartilage with periosteal grafts nourished by venous blood[J]. Zhonghua Shi Yan Wai Ke Za Zhi[Chin J Exp Surg(Article in Chinese;Abstract in Chinese and English)],1994,11(4):261 - 262,323.}

[14070] 唐平章，祁永发．带蒂肌骨膜瓣修复气管壁缺损[J]. 中华耳鼻咽喉科杂志，1994，29(4)：238-239. {TANG Pingzhang,QI Yongfa. Myoperiosteocutaneous flap repair of trachea wall defects[J]. Zhonghua Er Bi Yan Hou Ke Za Zhi[Chin J Otorhinolaryngol(Article in Chinese;Abstract in Chinese and English)],1994,29(4):238 - 239.}

[14071] 张家雄，胡继云．乳突肌骨膜瓣在耳显微外科中的应用[J]. 上海医学，1995，18(6)：425-426. {ZHANG Jiaxiong HU Jiyun. Application of mastoid myoperiosteal flap in ear microsurgery[J]. Shang Hai Yi Xue[Shanghai Med J(Article in Chinese;No abstract available)],1995,18(6):425 - 426.}

[14072] 邬树兰，胡善明，刘敏，文卫平，甘嘉裕．旋转鼻腔粘骨膜瓣修复颅底缺损[J]. 中华耳鼻咽喉科杂志，1995，30(4)：235. {WU Shulan,HU Shanming,LIN Min,WEN Weiping,GAN Jiayu. Repair of skull base defect with reversed nasal mucoperiosteal flap[J]. Zhonghua Er Bi Yan Hou Ke Za Zhi[Chin J Otorhinolaryngol(Article in Chinese;No abstract available)],1995,30(4):235.}

[14073] 彭建强，陈振光，张发惠，张旗，文永强．带血供胫骨外侧骨膜瓣移位术的临床应用[J]. 中国临床解剖学杂志，1996，14(4)：307-309. {PENG Jianqiang,CHEN Zhenguang,ZHANG Fahui,ZHANG Qi,WEN Yongqiang. Clinical applications of pedicled lateral tibial periosteal flap[J]. Zhongguo Lin Chuang Jie Pou Xue Za Zhi[Chin J Clin Anat(Article in Chinese;Abstract in Chinese and English)],1996,14(4):307 - 309.}

[14074] 邬树兰，胡善明，刘敏，文卫平，甘嘉裕．旋转鼻腔粘膜骨膜瓣覆盖颅底缺损鼻腔面[J]. 中山医科大学学报，1996，17(1)：57-59. {WU Shulan,HU Shanming,LIN Min,WEN Weiping,GAN Jiayu. Transnasal muco - periosteal flap in the reconstruction of basal skull defects[J]. Zhong Shan Yi Ke Da Xue Xue Bao[Acad J SUMS(Article in Chinese;Abstract in Chinese and English)],1996,17(1):57 - 59.}

[14075] 于益鹏，李罗珠，张涤生，黄文义．颅骨骨膜瓣修复颅皮缺损[J]. 中国修复重建外科杂志，1996，10(1)：55. {YU Yipeng,LI Luozhu,ZHANG Disheng,HUANG Wenyi. Repair of craniocutaneous defect with periosteal flap[J]. Zhongguo Xiu Fu Chong Jian Wai Ke Za Zhi[Chin J Repar Reconstr Surg(Article in Chinese;No abstract available)],1996,10(1):55.}

[14076] 陈振光，张发惠，余国荣，喻爱喜，谭金海，郑和平．带血供胫骨内侧面骨膜瓣移位术[J]. 中华实验外科杂志，1997，14：349-350，396. {CHEN Zhenguang,ZHANG Fahui,YU Guorong,YU Aixi,TAN Jinhai,ZHENG Heping. Transposition of vascularized medial tibial periosteal flap[J]. Zhonghua Shi Yan Wai Ke Za Zhi[Chin J Exp Surg(Article in Chinese;Abstract in Chinese and English)],1997,14:349 - 350,396.}

[14077] 温武，周水淼，李兆基，孙爱华，耿丽萍．甲状软骨双蒂肌软骨膜瓣在部分喉切除术中的

应用[J]. 第二军医大学学报，1997，18(6)：72-74. {WEN Wu,ZHOU Shuimiao,LI Zhaoji,SUN Aihua,GEN Liping. The application of thyroid cartilage and bi-pedical muscle and perichonrium flap in vertical partial laryngectomy[J]. Di Er Jun Yi Da Xue Xue Bao[Acad J Sec Mil Med Univ(Article in Chinese;Abstract in Chinese and English)],1997,18(6):72-74.}

[14078] 陈振光. 带血管蒂骨瓣骨膜瓣的临床应用[J]. 中国修复重建外科杂志，1997，11(3)：48-51. {CHEN Zhenguang. Clinical application of periosteal flap with vascularized bone flap[J]. Zhongguo Xiu Fu Chong Jian Wai Ke Za Zhi[Chin J Repar Reconstr Surg(Article in Chinese;No abstract available)],1997,11(3):48-51.}

[14079] 徐德洪，张春，兰金余. 以骨间后血管为蒂的邻近骨膜瓣在前臂骨不连中的应用[J]. 中国临床解剖学杂志，1998，16：77-78. {XU Dehong,ZHANG Chun,LAN Jinyu. The application of adjoining periostem flap pedicled with posterior interosseous vessels in the treatment of forearm bone ununion[J]. Zhongguo Lin Chuang Jie Pou Xue Za Zhi[Chin J Clin Anat(Article in Chinese;Abstract in Chinese and English)],1998,16:77-78.}

[14080] 齐伟力，孔抗美，李建法. 带蒂骨膜瓣翻转移植修复关节软骨缺损的初步观察[J]. 中华创伤杂志，1998，14(1)：22. DOI：10.3760/j：issn：1001-8050.1998.01.008. {QI Weili,KONG Kangmei,LI Jianfa,WANG Weimin,WANG Weidong. Preliminary observation on repair of articular cartilage defect with pedicle periosteal graft[J]. Zhonghua Chuang Shang Za Zhi[Chin J Trauma(Article in Chinese;Abstract in Chinese and English)],1998,14(1):22. DOI:10.3760/j:issn:1001-8050.1998.01.008.}

[14081] 邓似鸣. 双蒂皮肌骨膜瓣在修复巨大耳后瘘管中的应用[J]. 中级医刊，1998，33(12)：34. {DENG Siming. Application of double pedicle musculocutaneous periosteal flap in repairing huge retroauricular fistula[J]. Zhong Ji Yi Kan[Chin J Med(Article in Chinese;No abstract available)],1998,33(12):34.}

[14082] 陈振光. 非主干血管蒂骨瓣及骨膜瓣移位术的研究进展[J]. 中华显微外科杂志，1999，22(4)：3-5. {CHEN Zhenguang. Research progress of non-main vascular pedicled bone flap and periosteal flap transposition[J]. Zhonghua Xian Wei Wai Ke Za Zhi[Chin J Microsurg(Article in Chinese;No abstract available)],1999,22(4):3-5.}

[14083] 张令达，陈铸石，颜雨春，后军，潘涛. 硬腭粘骨膜瓣修复口腔软组织缺损[J]. 安徽医科大学学报，1999，34(4)：316. DOI：10.3969/j.issn.1000-1492.1999.04.035. {ZHANG Lingda,CHEN Zhushi,YAN Yuchun,HOU Jun,PAN Tao. Repair of oral soft tissue defects with hard palate mucoperiosteal flap[J]. An Hui Yi Ke Da Xue Xue Bao[Acta Anhui Med Coll(Article in Chinese;No abstract available)],1999,34(4):316. DOI:10.3969/j.issn.1000-1492.1999.04.035.}

[14084] 胡应池，皮文峰. 带血供胫骨内侧骨膜瓣治疗胫骨骨不连[J]. 中华显微外科杂志，2002，25(1)：78. DOI：10.3760/cma.j.issn.1001-2036.2002.01.053. {HU Yingchi,PI Wenfeng. Treatment of tibial nonunion with vascularized medial tibial periosteal flap[J]. Zhonghua Xian Wei Wai Ke Za Zhi[Chin J Microsurg(Article in Chinese;No abstract available)],2002,25(1):78. DOI:10.3760/cma.j.issn.1001-2036.2002.01.053.}

[14085] 范启申，周祥吉，郭德亮，魏海温. 带血管的骨膜瓣和筋膜瓣联合移植治疗难治性骨不连[J]. 中华显微外科杂志，2002，25(2)：138-139. DOI：10.3760/cma.j.issn.1001-2036.2002.02.023. {FAN Qishen,ZHOU Xiangji,GUO Deliang,WEI Haiwen. Transplantation of vascularized periosteal flap and fascial flap for intractable nonunion[J]. Zhonghua Xian Wei Wai Ke Za Zhi[Chin J Microsurg(Article in Chinese;Abstract in Chinese)],2002,25(2):138-139. DOI:10.3760/cma.j.issn.1001-2036.2002.02.023.}

[14086] 季永东，李光宪，吕翠华，耿海英. 带筋膜血管蒂骨膜瓣移位治疗胫骨骨不连[J]. 中华创伤骨科杂志，2002，4(2)：155-156. DOI：10.3760/cma.j.issn.1671-7600.2002.02.027. {LI Yongdong,LI Guangxian,LÜ Cuihua,GENG Haiying. Repair of tibia non-union with transfer of fasciperiosteal flap[J]. Zhonghua Chuang Shang Gu Ke Za Zhi[Chin J Orthop Trauma(Article in Chinese;No abstract available)],2002,4(2):155-156. DOI:10.3760/cma.j.issn.1671-7600.2002.02.027.}

[14087] 稂明业，戴闽，李金赋，裴来寿，宗世璋，韩智敏，涂凯. 胫后血管间隙支胫骨内侧骨膜瓣移位术的临床应用[J]. 中国骨伤，2002，15(3)：142-143. DOI：10.3969/j.issn.1003-0034.2002.03.005. {LANG Mingye,DAI Min,LI Jinfu,PEI Laishou,ZONG Shizhang,HAN Zhimin,TU Kai. Clinical utilization of transposition of medial tibia periosteum flap pedicled with interomuscular branch of posterior tibial vessles[J]. Zhongguo Gu Shang[China J Orthop Trauma(Article in Chinese;Abstract in Chinese and English)],2002,15(3):142-143. DOI:10.3969/j.issn.1003-0034.2002.03.005.}

[14088] 范启申，徐林，周详吉，郭德亮，魏海温. 吻合血管的骨膜瓣和筋膜瓣联合移植治疗难治性骨不连[J]. 实用手外科杂志，2002，16(1)：29-31. DOI：10.3969/j.issn.1671-2722.2002.01.011. {FAN Qishen,XU Lin,ZHOU Xiangji,GUO Deliang,WEI Haiwen. The experimental study and clinical application in the treatment of problematic nonunion with vascularized periosteal and fascial flaps[J]. Shi Yong Shou Wai Ke Za Zhi[Chin J Pract Hand Surg(Article in Chinese;Abstract in Chinese and English)],2002,16(1):29-31. DOI:10.3969/j.issn.1671-2722.2002.01.011.}

[14089] 许卫红，林建华，洪发兰，张发惠，郑和平，钟桂午. 骨间前血管腕背支骨膜瓣移位修复骨不连的临床应用[J]. 中国临床解剖学杂志，2003，21(3)：283-285. DOI：10.3969/j.issn.1001-165X.2003.03.032. {XU Weihong,LIN Jianhua,HONG Falan,ZHANG Fahui,ZHENG Heping,ZHONG Guiwu. Clinical application on transposition of the vascularized periosteal flap with dorsal branch of anterior interossea vessel[J]. Zhongguo Lin Chuang Jie Pou Xue Za Zhi[Chin J Clin Anat(Article in Chinese;Abstract in Chinese and English)],2003,21(3):283-285. DOI:10.3969/j.issn.1001-165X.2003.03.032.}

[14090] 刘金龙，黄正松，吴新建，金华伟，林佳平，陈昆. 带蒂帽状腱膜骨膜瓣在前颅底重建中的应用[J]. 中华显微外科杂志，2003，26(4)：314-316. DOI：10.3760/cma.j.issn.1001-2036.2003.04.036. {LIU Jinlong,HUANG Zhengsong,WU Xinjian,JIN Huawei,LIN Guiping,CHEN Kun. Application of pedicled galea aponeurotica periosteal flap in reconstruction of anterior skull base[J]. Zhonghua Xian Wei Wai Ke Za Zhi[Chin J Microsurg(Article in Chinese;Abstract in Chinese)],2003,26(4):314-316. DOI:10.3760/cma.j.issn.1001-2036.2003.04.036.}

[14091] 肖目张，黄晓元. 带血管骨膜瓣移植修复烧伤坏死管状骨的实验研究[J]. 中华烧伤杂志，2003，19(6)：329-331. DOI：10.3760/cma.j.issn.1009-2587.2003.06.004. {XIAO Muzhang,HUANG Xiaoyuan. An experimental study on the repair of the necrotic tubular bone with pedicled vascular periosteum grafting in rabbits[J]. Zhonghua Shao Shang Za Zhi[Chin J Burns(Article in Chinese;Abstract in Chinese and English)],2003,19(6):329-331. DOI:10.3760/cma.j.issn.1009-2587.2003.06.004.}

[14092] 于杰，申彬，钟桂午，闫毅，范少地，周凤金. 带蒂骨膜瓣移位修复手舟骨骨不连[J]. 实用手外科杂志，2003，17(2)：86-87. DOI：10.3969/j.issn.1671-2722.2003.02.011. {YU Jie,SHEN Bin,ZHONG Guiwu,YAN Yi,FAN Shaodi,ZHOU Fengjin. Repair of scaphoid bone nonunion by transposition of pedicled periosteal flap[J]. Shi Yong Shou Wai Ke Za Zhi[Chin J Pract Hand Surg(Article in Chinese;Abstract in Chinese and English)],2003,17(2):86-87. DOI:10.3969/j.issn.1671-2722.2003.02.011.}

[14093] 高辉，蔡光聪，宫玉锁，钟菊莲，赵萍. 骨不连的加压外固定及骨膜瓣移植治疗的临床效果[J]. 中华显微外科杂志，2004，27(2)：136-137. DOI：10.3760/cma.j.issn.1001-2036.2004.02.022. {GAO Hui,CAI Guangcong,GONG Yusuo,ZHONG Julian,ZHAO Ping. Clinical effect of compressive external fixation and periosteal flap transplantation in the treatment of bone nonunion[J]. Zhonghua Xian Wei Wai Ke Za Zhi[Chin J Microsurg(Article in Chinese;Abstract in Chinese)],2004,27(2):136-137. DOI:10.3760/cma.j.issn.1001-2036.2004.02.022.}

[14094] 杨玉宝，李林，李成福，戴世友，玄东泽，李亚非. 探讨在复合肌肉骨膜瓣联合移植修复长段骨缺损中BMP-2的表达[J]. 中国矫形外科杂志，2004，12(20)：1565-1567. DOI：10.3969/j.issn.1005-8478.2004.20.012. {YANG Yubao,LI Lin,LI Chengfu,DAI Shiyou,XUAN Dongze,LI Yafei. Expression of BMP-2 with combination of spongy bone particle and bone marrow in repairing long bone defect[J]. Zhongguo Jiao Xing Wai Ke Za Zhi[Orthop J China(Article in Chinese;Abstract in Chinese and English)],2004,12(20):1565-1567. DOI:10.3969/j.issn.1005-8478.2004.20.012.}

[14095] 张少成，纪方，马玉海，许硕贵，王家林. 骨膜瓣移位防治骨不连[J]. 中华创伤骨科杂志，2004，6(6)：638-640. DOI：10.3760/cma.j.issn.1671-7600.2004.06.012. {ZHANG Shaocheng,JI Fang,MA Yuhai,XU Shuogui,WANG Jialin. Prevention and treatment of bone nonunion by transposition of periosteum flap[J]. Zhonghua Chuang Shang Gu Ke Za Zhi[Chin J Orthop Trauma(Article in Chinese;Abstract in Chinese and English)],2004,6(6):638-640. DOI:10.3760/cma.j.issn.1671-7600.2004.06.012.}

[14096] 路青林，韩建波，李树锋，刘庆胜. 交锁髓内钉联合骨瓣、骨膜瓣治疗四肢骨不连及骨缺损[J]. 骨与关节损伤杂志，2004，19(2)：99-100. DOI：10.3969/j.issn.1672-9935.2004.02.010. {LU Qinglin,HAN Jianbo,LI Shufeng,LIU Qingsheng. Treatment of nonunion and bone defect of extremities with vascularied bone flap or periosteal flap and cross-medullary nail[J]. Gu Yu Guan Jie Sun Shang Za Zhi[J Bone Joint Injury(Article in Chinese;Abstract in Chinese and English)],2004,19(2):99-100. DOI:10.3969/j.issn.1672-9935.2004.02.010.}

[14097] 路青林，韩建波，李树锋，吴莹光. 交锁髓内钉联合带血管骨瓣骨膜瓣治疗四肢骨不连及骨缺损[J]. 中国修复重建外科杂志，2004，18(1)：75-75. {LU Qinglin,HAN Jianbo,LI Shufeng,WU Yingguang. Interlocking intramedullary nail combined with vascularized periosteal flap in the treatment of limb nonunion and bone defect[J]. Zhongguo Xiu Fu Chong Jian Wai Ke Za Zhi[Chin J Repar Reconstr Surg(Article in Chinese;No abstract available)],2004,18(1):75-75.}

[14098] 俞汝霞，李成林，温术民，高佺，张旭，罗春华. 带肌蒂血管蒂骨膜瓣移植治疗下肢骨不连的应用体会[J]. 中华显微外科杂志，2005，28(4)：375-376. DOI：10.3760/cma.j.issn.1001-2036.2005.04.042. {YU Ruxia,LI Chenglin,WEN Shumin,GAO Quan,ZHANG Xu,LUO Chunhua. Application of periosteal flap pedicled with muscle and blood vessel in the treatment of lower extremity nonunion[J]. Zhonghua Xian Wei Wai Ke Za Zhi[Chin J Microsurg(Article in Chinese;Abstract in Chinese)],2005,28(4):375-376. DOI:10.3760/cma.j.issn.1001-2036.2005.04.042.}

[14099] 张令达，后军，潘涛，薛浩伟，颜雨春. 全硬腭岛状黏骨膜瓣修复颊腭部缺损[J]. 中华整形外科杂志，2005，21(3)：214-215. DOI：10.3760/j.issn：1009-4598.2005.03.018. {ZHANG Lingda,HOU Jun,PAN Tao,XUE Haowei,YAN Yuchun. The usage of the whole palate flap in maxillofacial surgery[J]. Zhonghua Zheng Xing Wai Ke Za Zhi[Chin J Plast Surg(Article in Chinese;Abstract in Chinese and English)],2005,21(3):214-215. DOI:10.3760/j.issn:1009-4598.2005.03.018.}

[14100] 张令达，后军，潘涛，颜雨春，薛浩伟. 硬腭黏骨膜瓣在修复口腔癌术后缺损中的应用[J]. 中国口腔颌面外科杂志，2005，3(2)：131-133. DOI：10.3969/j.issn.1672-3244.2005.02.011. {ZHANG Lingda,HOU Jun,PAN Tao,YAN Yuchun,XUE Haowei. The usage of hard palatal flap in repair of tissue defects after ablative excision of oral cancers[J]. Zhongguo Kou Qiang He Mian Wai Ke Za Zhi[Chin J Oral Maxillofac Surg(Article in Chinese;Abstract in Chinese and English)],2005,3(2):131-133. DOI:10.3969/j.issn.1672-3244.2005.02.011.}

[14101] 彭飞，余国荣，余黎，刘俊，王显勋，阿玛德. 带血供的骨膜瓣修复兔关节软骨缺损的实验研究[J]. 中国临床解剖学杂志，2006，24(6)：674-676，679. DOI：10.3969/j.issn.1001-165X.2006.06.022. {PENG Fei,YU Guorong,YU Li,LIU Jun,WANG Xianxun,A Made. Experimental research of the repair of articular cartilage defect by vascularized periosteal flap in rabbits[J]. Zhongguo Lin Chuang Jie Pou Xue Za Zhi[Chin J Clin Anat(Article in Chinese;Abstract in Chinese and English)],2006,24(6):674-676,679. DOI:10.3969/j.issn.1001-165X.2006.06.022.}

[14102] 梁伟中，王佳琦，戚可名，张志宏，王黔，赵作钧，薛志强，王太玲，杨宇，李桂芬，赵德明. 矩形颅骨膜瓣覆盖皱眉肌除皱术式探讨[J]. 中华整形外科杂志，2006，22(1)：47-48. DOI：10.3760/j.issn：1009-4598.2006.01.013. {LIANG Weizhong,WANG Jiaqi,QI Keming,ZHANG Zhihong,WANG Qian,ZHAO Zuojun,XUE Zhiqiang,WANG Tailing,YANG Yu,LI Guifen,ZHAO Deming. A preliminary approach of covering corrugator with rectangle periosteous flap in rhytidectomy[J]. Zhonghua Zheng Xing Wai Ke Za Zhi[Chin J Plast Surg(Article in Chinese;Abstract in Chinese and English)],2006,22(1):47-48. DOI:10.3760/j.issn:1009-4598.2006.01.013.}

[14103] 靖永军，黄金井，赵敏，庄洪兴，熊斌. 下鼻甲黏骨膜瓣在腭裂修复中的应用[J]. 中华整形外科杂志，2006，22(1)：52-54. DOI：10.3760/j.issn：1009-4598.2006.01.015. {JING Yongjun,HUANG Jinjing,ZHAO Min,ZHUANG Hongxing,XIONG Bin. The useage of inferior turbinate mucoperiosteal flap for repairing cleft palate[J]. Zhonghua Zheng Xing Wai Ke Za Zhi[Chin J Plast Surg(Article in Chinese;Abstract in Chinese and English)],2006,22(1):52-54. DOI:10.3760/j.issn:1009-4598.2006.01.015.}

[14104] 陈又年，刘莉. 带血管的薄层皮质骨-骨膜瓣移植治疗骨折不愈合[J]. 组织工程与重建外科杂志，2006，2(4)：208-209. DOI：10.3969/j.issn.1673-0364.2006.04.009. {CHEN Younian,LIU Li. Free vascularised thin cortex bone-periosteum flap in treatment of bong nonunion[J]. Zu Zhi Gong Cheng Yu Chong Jian Wai Ke Za Zhi[J Tissue Eng Reconstr Surg(Article in Chinese;Abstract in Chinese and English)],2006,2(4):208-209. DOI:10.3969/j.issn.1673-0364.2006.04.009.}

[14105] 杨治荣，胡锦，田恒力，陈世文，侯立军，吴小军，卢亦成. 额骨骨膜瓣在额骨广泛性骨折重建中的应用[J]. 第二军医大学学报，2007，28(7)：744-745. DOI：10.3321/j.issn：0258-879X.2007.07.013. {YANG Zhirong,HU Jin,TIAN Hengli,CHEN Shiwen,HOU Lijun,WU Xiaojun,LU Yicheng. Frontal pericranial flap in reconstruction of frontal fractures involving the wall of frontal sinus[J]. Di Er Jun Yi Da Xue Xue Bao[Acad J Sec Mil Med Univ(Article in Chinese;No abstract available)],2007,28(7):744-745. DOI:10.3321/j.issn:0258-879X.2007.07.013.}

[14106] 莫立根，许坚，曾先捷，杨剑波，李伟，韦正波. 带蒂帽状腱膜骨膜瓣在颅前底缺损重建中的应用[J]. 中华显微外科杂志，2008，31(1)：30-32. DOI：10.3760/cma.j.issn.1001-2036.2008.01.012. {MO Ligen,XU Jian,ZENG Xianjie,YANG Jianbo,LI Wei,WEI Zhengbo. Use of a pedicled galeopericranial flap for the reconstruction of anterior cranial base defect[J]. Zhonghua Xian Wei Wai Ke Za Zhi[Chin J Microsurg(Article in Chinese;Abstract in Chinese and English)],2008,31(1):30-32. DOI:10.3760/cma.j.issn.1001-2036.2008.01.012.}

[14107] 丛培军，杨茂清，王基萍，刘佰弘. 带蒂骨膜瓣移位治疗粉碎性骨折[J]. 临床骨科杂志，2008，11(4)：308-309. DOI：10.3969/j.issn.1008-0287.2008.04.033. {CONG Peijun,YANG Maoqing,WANG Jiping,LIU Baihong. Pedicled periosteum flap coverage for comminuted fracture[J]. Lin Chuang Gu Ke Za Zhi[J Clin Orthop(Article in Chinese;Abstract in Chinese and English)],2008,11(4):308-309. DOI:10.3969/j.issn.1008-0287.2008.04.033.}

[14108] 魏杰，郭秀生，梁庆元，贾中伟，田丰年. 骨瓣或骨膜瓣移植治疗顽固性肱骨骨不连[J]. 中华显微外科杂志，2009，32(5)：403-404. DOI：10.3760/cma.j.issn.1001-2036.2009.05.023. {WEI Jie,GUO Xiusheng,LIANG Qingyuan,JIA Zhongwei,TIAN Fengnian. Treatment of refractory nonunion of humerus with bone flap or periosteal flap transplantation[J]. Zhonghua Xian Wei Wai Ke Za Zhi[Chin J Microsurg(Article in Chinese;Abstract in Chinese)],2009,32(5):403-404. DOI:10.3760/cma.j.issn.1001-2036.2009.05.023.}

[14109] 董桂甫. 胫骨干骨折部胫前页状筋膜骨膜瓣的临床应用[J]. 中国矫形外科杂志，2009，

17（22）：1755-1756. {DONG Guifu. Periosteofascial membrane's clinical use in tibial shaft fractures[J]. Zhongguo Jiao Xing Wai Ke Za Zhi[Orthop J China(Article in Chinese;Abstract in Chinese and English)],2009,17(22):1755-1756.}

[14110] 马华，孟琳，李新志，赵奎，王华，邓桂. 桡侧副血管蒂肱骨远端骨膜瓣的临床应用 [J]. 中国修复重建外科杂志，2009，23（12）：1514-1515. {MA Hua,MENG Lin,LI Xinzhi,ZHAO Kui,WANG Hua,DENG Gui. Clinical application of distal humeral periosteal flap pedicled with radial collateral vessels[J]. Zhongguo Xiu Fu Chong Jian Wai Ke Za Zhi[Chin J Repar Reconstr Surg(Article in Chinese;Abstract in Chinese)],2009,23(12):1514-1515.}

[14111] 邓跃飞，耿杰锋，牛江涛. 带蒂帽状腱膜下层骨膜瓣修复前颅底缺损的临床研究 [J]. 中华神经外科杂志，2010，26（9）：811-815. DOI：10.3760/cma.j.issn.1001-2346.2010.09.018. {DENG Yuefei,GENG Jiefeng,NIU Jiangtao. The clinical study of anterior skull base defects repaired with pedicled subgaleal and pericranial flap[J]. Zhonghua Shen Jing Wai Ke Za Zhi[Chin J Neurosurg(Article in Chinese;Abstract in Chinese and English)],2010,26(9):811-815. DOI:10.3760/cma.j.issn.1001-2346.2010.09.018.}

[14112] 程鑫华，余永桂，黄振华，张功礼. 带锁髓内钉联合桡侧副血管蒂骨膜瓣治疗肱骨骨不连 [J]. 临床骨科杂志，2010，13（4）：431-432. DOI：10.3969/j.issn.1008-0287.2010.04.035. {CHENG Xinhua,YU Yonggui,HUANG Zhenhua,ZHANG Gongli. The treatment of humeral nonunion combining with interlocking intramedullary nail and periosteal flap transposition pedicled with the radial collateral vessels[J]. Lin Chuang Gu Ke Za Zhi[J Clin Orthop(Article in Chinese;Abstract in Chinese and English)],2010,13(4):431-432. DOI:10.3969/j.issn.1008-0287.2010.04.035.}

[14113] 韦祎，尚婷婷，陈继川. 游离下鼻甲黏骨膜瓣联合碱性成纤维细胞生长因子修补鼻中隔穿孔的临床研究 [J]. 创伤外科杂志，2011，13（4）：315-317. DOI：10.3969/j.issn.1009-4237.2011.04.009. {WEI Yi,SHANG Tingting,CHEN Jichuan. Repair of septal perforation by free inferior turbinate mucoperiosteal flap combined with fibroblast growth factor[J]. Chuang Shang Wai Ke Za Zhi[J Traum Surg(Article in Chinese;Abstract in Chinese and English)],2011,13(4):315-317. DOI:10.3969/j.issn.1009-4237.2011.04.009.}

[14114] 陈振光. 国内带血管蒂骨、骨膜瓣移位术近况 [J]. 中国临床解剖学杂志，2013，31（1）：1-4. {CHEN Zhenguang. Recent development of vascularized bone and periosteum transposition in China[J]. Zhongguo Lin Chuang Jie Pou Xue Za Zhi[Chin J Clin Anat(Article in Chinese;Abstract in Chinese and English)],2013,31(1):1-4.}

[14115] 张大卫，黄东，牟勇，胥广，吴伟炽，林浩，张惠茹. 游离骨膜瓣联合自体骨治疗胫骨下段粉碎性骨折及骨不连 [J]. 中华显微外科杂志，2015，38（1）：88-90. DOI：10.3760/cma.j.issn.1001-2036.2015.01.025. {ZHANG Dawei,HUANG Dong,MOU Yong,XU Guang,WU Weichi,LIN Hao,ZHANG Huiru. Treatment of comminuted fracture and nonunion of lower tibia with free periosteal flap combined with autogenous bone[J]. Zhonghua Xian Wei Wai Ke Za Zhi[Chin J Microsurg(Article in Chinese;Abstract in Chinese)],2015,38(1):88-90. DOI:10.3760/cma.j.issn.1001-2036.2015.01.025.}

[14116] 周立峰，李高建，周琴琴. 胫骨筋膜蒂骨膜瓣转移治疗跟骨慢性骨髓炎一例 [J]. 中华显微外科杂志，2015，38（4）：322. DOI：10.3760/cma.j.issn.1001-2036.2015.04.004. {ZHOU Lifeng,LI Gaojian,ZHOU Qinqin. Treatment of chronic calcaneus osteomyelitis with tibial fascia pedicled periosteal flap:a case report[J]. Zhonghua Xian Wei Wai Ke Za Zhi[Chin J Microsurg(Article in Chinese;Abstract in Chinese)],2015,38(4):322. DOI:10.3760/cma.j.issn.1001-2036.2015.04.004.}

[14117] 邓跃飞，刘正豪，郑眉光，李忠军，李超. 帽状腱膜下层骨膜瓣和钛板联合修复前颅底沟通肿瘤术后颅底巨大骨缺损的疗效观察 [J]. 中华神经外科杂志，2015，31（2）：155-157. DOI：10.3760/cma.j.issn.1001-2346.2015.02.015. {DENG Yuefei,LIU Zhenghao,ZHENG Meiguang,LI Zhongjun,LI Chao. Effect of galea aponeurotica periosteal flap combined with titanium plate in repairing huge skull base defect after anterior skull base tumor surgery[J]. Zhonghua Shen Jing Wai Ke Za Zhi[Chin J Neurosurg(Article in Chinese;No abstract available)],2015,31(2):155-157. DOI:10.3760/cma.j.issn.1001-2346.2015.02.015.}

[14118] 高慧，李燕，吴小会，谢淼，郭莉，康彦玲，赵亚平. 上腭黏骨膜瓣整体前移法修复硬腭前端腭瘘 [J]. 中华整形外科杂志，2016，32（2）：147-149. DOI：10.3760/cma.j.issn.1009-4598.2016.02.017. {GAO Hui,LI Yan,WU Xiaohui,XIE Miao,GUO Li,KANG Yanling,ZHAO Yaping. Repair of anterior palatal fistula of hard palate by whole advancement of upper palatal mucoperiosteal flap[J]. Zhonghua Zheng Xing Wai Ke Za Zhi[Chin J Plast Surg(Article in Chinese;No abstract available)],2016,32(2):147-149. DOI:10.3760/cma.j.issn.1009-4598.2016.02.017.}

[14119] 严佐发，苏云，马彦明，邵全升，王洪勋，孙强. 带蒂胫前骨膜瓣联合自体骨治疗距骨缺血坏死的疗效分析 [J]. 实用骨科杂志，2018，24（12）：1082-1084. {YAN Zuofa,SU Yun,MA Yanming,SHAO Quansheng,WANG Hongxun,SUN Qiang. Treatment of avascular talar necrosis by transposition of vascularized anterior tibial periosteal flap plus autogenous bone graft[J]. Shi Yong Gu Ke Za Zhi[J Pract Orthop(Article in Chinese;Abstract in Chinese and English)],2018,24(12):1082-1084.}

[14120] 方杰，张文龙. 血管蒂骨膜瓣在骨修复中应用的研究进展 [J]. 中华显微外科杂志，2019，42（5）：517-520. DOI：10.3760/cma.j.issn.1001-2036.2019.05.029. {FANG Jie,ZHANG Wenlong. Research progress of vascular pedicled periosteal flap in bone repair[J]. Zhonghua Xian Wei Wai Ke Za Zhi[Chin J Microsurg(Article in Chinese;Abstract in Chinese)],2019,42(5):517-520. DOI:10.3760/cma.j.issn.1001-2036.2019.05.029.}

[14121] 耿英楠，韦敏，徐苗，徐梁，袁捷，曹德君，俞哲元. 宽下位蒂骨膜瓣降低额骨骨瓣吸收率的临床观察 [J]. 中华整形外科杂志，2019，35（2）：112-116. DOI：10.3760/cma.j.issn.1009-4598.2019.02.003. {GENG Yingnan,Wei Min,XU Miao,XU Liang,YUAN Jie,CAO Dejun,YU Zheyan. Lower wide pedicle frontal periosteum flap reduces bone absorption after cranioplasty:a mid-term clinic observation[J]. Zhonghua Zheng Xing Wai Ke Za Zhi[Chin J Plast Surg(Article in Chinese;Abstract in Chinese and English)],2019,35(2):112-116. DOI:10.3760/cma.j.issn.1009-4598.2019.02.003.}

[14122] 李华涛，严雷，吴胜刚，王黎丽. 帽状腱膜下层骨膜瓣转移修复额骨缺损化脓性窦道 1 例 [J]. 局解手术学杂志，2019，28（12）：1015-1017. DOI：10.11659/jjssx.07E018014. {LI Huatao,YAN Lei,WU Shenggang,WANG Lili. Pericranial flap in the closure of defect of frontal bone underlying purulent sinus:one case report[J]. Ju Jie Shou Shu Xue Za Zhi[J Reg Anat Oper Surg(Article in Chinese;Abstract in Chinese and English)],2019,28(12):1015-1017. DOI:10.11659/jjssx.07E018014.}

4.9.2 血管蒂骨瓣

vascularised bone flap

[14123] Qi B,Yu A,Zhang G,Yu G,Shi Y,Zhu S,Pan Z. The treatment of displaced femoral neck fractures with vascularized great trochanter periosteal flap transposition in children[J]. Microsurgery,2008,28(1):21-24. doi:10.1002/micr.20439.

[14124] Li J,Zhao Q,Wang E,Zhang C,Wang G,Yuan Q. Transplantation of Cbfa1-overexpressing adipose stem cells together with vascularized periosteal flaps repair segmental bone defects[J]. J Surg Res,2012,176(1):e13-20. doi:10.1016/j.jss.2011.12.011.

[14125] 范启申，任志勇，王成琪，田万成，周建国，张成进，张尔坤. 带血管蒂骨瓣转移在骨科中的应用 [J]. 中华显微外科杂志，1989，12（1）：15-16. {FAN Qishen,REN Zhiyong,WANG Chengqi,TIAN Wancheng,ZHOU Jianguo,ZHANG Chengjin,ZHANG Erkun. Application of vascularized bone flap transfer in orthopaedics[J]. Zhonghua Xian Wei Wai Ke Za Zhi[Chin J Microsurg(Article in Chinese;Abstract in Chinese)],1989,12(1):15-16.}

[14126] 赵桂仁. 筋膜血管蒂骨瓣植骨治疗陈旧性腕舟骨骨折 [J]. 中华骨科杂志，1995，15（6）：333-334. {ZHAO Guiren. Treatment of old fracture of carpal scaphoid with fascial vasculo-pedicled bone flap graft[J]. Zhonghua Gu Ke Za Zhi[Chin J Orthop(Article in Chinese;Abstract in Chinese and English)],1995,15(6):333-334.}

[14127] 陈振光，余国荣，喻爱喜，谭金海. 带血管蒂骨瓣转位治疗青壮年陈旧性股骨颈骨折 [J]. 骨与关节损伤杂志，1995，10：224-226. {CHEN Zhenguang,YU Guorong,YU Aixi,TAN Jinhai. Transposition of bone flap with vessel pedicle in treatment of advanced femoral neck fracture in young adults[J]. Gu Yu Guan Jie Sun Shang Za Zhi[J Bone Joint Injury(Article in Chinese;Abstract in Chinese and English)],1995,10:224-226.}

[14128] 陈振光. 带血管蒂骨瓣骨膜瓣的临床应用 [J]. 中国修复重建外科杂志，1997，11（3）：48-51. {CHEN Zhenguang. Clinical application of periosteal flap with vascularized bone flap[J]. Zhongguo Xiu Fu Chong Jian Wai Ke Za Zhi[Chin J Repar Reconstr Surg(Article in Chinese;No abstract available)],1997,11(3):48-51.}

[14129] 陈振光. 非主干血管蒂骨瓣及骨膜瓣移位术的研究进展 [J]. 中华显微外科杂志，1999，22（4）：3-5. {CHEN Zhenguang. Research progress of transposition of non-main vessels pedicled bone flap and periosteal flap [J]. Zhonghua Xian Wei Wai Ke Za Zhi[Chin J Microsurg(Article in Chinese;No abstract available)],1999,22(4):3-5.}

[14130] 苏丽繁，曹辉，朱廷玉. 筋膜血管蒂骨瓣植骨治疗月骨坏死 [J]. 中国骨伤，1999，12（4）：35. DOI：10.3969/j.issn.1003-0034.1999.04.053. {SU Lifan,CAO Hui,ZHU Tingyu. Treatment of lunate necrosis with fascial vascularized bone graft[J]. Zhongguo Gu Shang[China J Orthop Trauma(Article in Chinese;No abstract available)],1999,12(4):35. DOI:10.3969/j.issn.1003-0034.1999.04.053.}

[14131] 黄云明，王新政，崔树青，熊伟. 带血管蒂骨瓣并双骨柱植骨治疗股骨颈部骨肿瘤 [J]. 中国矫形外科杂志，2000，7(3)：294-294. DOI：10.3969/j.issn.1005-8478.2000.03.030. {HUANG Yunming,WANG Xinzheng,CUI Shuqing,XIONG Wei. The treatment of femoral neck bone tumor with vascularized bone flat and double bone pole implantation[J]. Zhongguo Jiao Xing Wai Ke Za Zhi[Orthop J China(Article in Chinese;Abstract in Chinese and English)],2000,7(3):294-294. DOI:10.3969/j.issn.1005-8478.2000.03.030.}

[14132] 崔胜杰，张金荣，冀雪霞，王向辉，刘玉民. 头状骨带蒂移位与血管蒂骨瓣植入治疗月骨无菌坏死 [J]. 中国矫形外科杂志，2000，7（11）：1130-1131. DOI：10.3969/j.issn.1005-8478.2000.11.033. {CUI Shengjie,ZHANG Jinrong,JI Xuexia,WANG Xianghui,LIU Yumin. Capiatate bone with pedicle transposition and bone flap with vascular pedicle implantation for treatment of of avascular lunar bone necrosis[J]. Zhongguo Jiao Xing Wai Ke Za Zhi[Orthop J China(Article in Chinese;Abstract in Chinese and English)],2000,7(11):1130-1131. DOI:10.3969/j.issn.1005-8478.2000.11.033.}

[14133] 王向辉，崔胜杰，冀雪霞，王向梅，李巧红，王恒，王建民，王君. 头状骨带蒂移位与血管蒂骨瓣植入治疗月骨无菌坏死 [J]. 中国实用手外科杂志，2000，14：17-18. {WANG Xianghui,CUI Shengjie,JI Xuexia,WANG Xiangmei,LI Qiaohong,WANG Heng,WANG Jianmin,WANG Jun. Capitate bone with pedicle transposition and bone flap with vascular pedicle implantation for treatment of lunate asepsis necrosis[J]. Shi Yong Shou Wai Ke Za Zhi[Chin J Pract Hand Surg(Article in Chinese;Abstract in Chinese and English)],2000,14:17-18.}

[14134] 赵德伟，王本杰. 关节镜下应用带血管蒂骨瓣转移治疗股骨头缺血性坏死 [J]. 中华显微外科杂志，2004，27（4）：254-255. DOI：10.3760/cma.j.issn.1001-2036.2004.04.007. {ZHAO Dewei,WANG Benjie. Treatment of ischemic necrosis of femoral head with vascularized bone graft under the surveillance of arthroscope[J]. Zhonghua Xian Wei Wai Ke Za Zhi[Chin J Microsurg(Article in Chinese;Abstract in Chinese and English)],2004,27(4):254-255. DOI:10.3760/cma.j.issn.1001-2036.2004.04.007.}

[14135] 王玉召，丘奕军，汪伟基，张岩峰，闫国良，许春旺，陈靖. 第二掌骨远端血管蒂骨瓣移植治疗舟状骨骨折后骨不连 [J]. 中华显微外科杂志，2007，30（5）：322. DOI：10.3760/cma.j.issn.1001-2036.2007.05.031. {WANG Yuzhao,QIU Yijun,WANG Weiji,ZHANG Yanfeng,YAN Guoliang,XU Chunwang,CHEN Jing. Vascularized distal second metacarpal bone flap in the treatment of scaphoid fracture nonunion[J]. Zhonghua Xian Wei Wai Ke Za Zhi[Chin J Microsurg(Article in Chinese;No abstract available)],2007,30(5):322. DOI:10.3760/cma.j.issn.1001-2036.2007.05.031.}

[14136] 张克民，赵德伟. 髓芯减压自体骨髓细胞移植与带血管蒂骨瓣转位治疗股骨头缺血坏死的比较 [J]. 中国骨与关节损伤杂志，2007，22（1）：16-19. DOI：10.3969/j.issn.1672-9935.2007.01.006. {ZHANG Kemin,ZHAO Dewei. A comparative study on treatment of ischemic necrosis of femoral head using decompression and reconstituted autologous bone marrow cells transplantation vs. transplantation of vascularized bone flap grafting[J]. Zhongguo Gu Yu Guan Jie Sun Shang Za Zhi[Chin J Bone Joint Injury(Article in Chinese;Abstract in Chinese and English)],2007,22(1):16-19. DOI:10.3969/j.issn.1672-9935.2007.01.006.}

[14137] 陈又年，刘莉. 空心钉加血管蒂骨瓣治疗青壮年股骨颈骨折 [J]. 实用骨科杂志，2007，13（11）：654-656. DOI：10.3969/j.issn.1008-5572.2007.11.006. {CHEN Younian,LIU Li. Treatment of femoral neck fractures in young and middle-aged patients by using hollow screw fixation and greater trochanteric bone flap pedicled with double blood vessels[J]. Shi Yong Gu Ke Za Zhi[J Pract Orthop(Article in Chinese;Abstract in Chinese and English)],2007,13(11):654-656. DOI:10.3969/j.issn.1008-5572.2007.11.006.}

[14138] 赵德伟，王本杰. 微创带血管蒂骨瓣转移术在股骨头缺血性坏死中的应用 [J]. 中华医学杂志，2007，87（29）：2036-2040. DOI：10.3760/j.issn：0376-2491.2007.29.007. {ZHAO Dewei,WANG Benjie. Treatment of osteonecrosis of femoral head with minimally invasive vascularized bone grafting[J]. Zhonghua Yi Xue Za Zhi[Natl Med J China(Article in Chinese;Abstract in Chinese and English)],2007,87(29):2036-2040. DOI:10.3760/j.issn:0376-2491.2007.29.007.}

[14139] 刘瑾，刘新成，谈敬忠. 旋髂深血管蒂骨瓣移植预防先髋术后股骨头坏死 [J]. 实用骨科杂志，2008，14（6）：339-341. DOI：10.3969/j.issn.1008-5572.2008.06.008. {LIU Jin,LIU Xincheng,TAN Jingzhong. Clinical study of prevention DDH postoperation femoral head necrosis with rotation iliac deep blood vessel stalk osteopastic flap transplantation[J]. Shi Yong Gu Ke Za Zhi[J Pract Orthop(Article in Chinese;Abstract in Chinese and English)],2008,14(6):339-341. DOI:10.3969/j.issn.1008-5572.2008.06.008.}

[14140] 李杰. 旋髂深血管蒂骨瓣移植治疗青壮年股骨颈骨折 [J]. 中国修复重建外科杂志，2008，22（9）：1143-1144. {LI Jie. Treatment of femoral neck fracture in young adults with bone flap pedicled with deep circumflex iliac artery[J]. Zhongguo Xiu Fu Chong Jian Wai Ke Za Zhi[Chin J Repar Reconstr Surg(Article in Chinese;Abstract in Chinese)],2008,22(9):1143-1144.}

[14141] 赵德伟. 带血管蒂骨瓣移植治疗股骨头坏死的经验与技巧 [J]. 中华显微外科杂志，2009，32（4）：265-266. DOI：10.3760/cma.j.issn.1001-2036.2009.04.001. {ZHAO Dewei. Experience and technique of vascularized bone flap transfer in the treatment of avascular necrosis of the femoral head[J]. Zhonghua Xian Wei Wai Ke Za Zhi[Chin J Microsurg(Article in Chinese;No abstract available)],2009,32(4):265-266. DOI:10.3760/cma.

j.issn.1001-2036.2009.04.001.}

[14142] 王本杰，赵德伟，郭林．单纯带血管蒂骨瓣转移与联合钽棒植入治疗股骨头缺血性坏死的比较研究 [J]．中华显微外科杂志，2009，32（4）：271-274，插 1．DOI：10.3760/cma.j.issn.1001-2036.2009.04.003．{WANG Benjie,ZHAO Dewei,GUO Lin. A comparative study of treatment for necrosis of the femoral head by vascularized iliac bone flap combined with or without tantalum screw[J]. Zhonghua Xian Wei Wai Ke Za Zhi[Chin J Microsurg(Article in Chinese;Abstract in Chinese and English)],2009,32(4):271-274,insert 1. DOI:10.3760/cma.j.issn.1001-2036.2009.04.003.}

[14143] 王宏沛，刘京升，王栓科，万麟．两种带血管蒂骨瓣治疗青壮年股骨颈骨折的临床分析 [J]．中华显微外科杂志，2010，33（5）：424-425．DOI：10.3760/cma.j.issn.1001-2036.2010.05.029．{WANG Hongpei,LIU Jingsheng,WANG Shuanke,WAN Lin. Clinical analysis of two kinds of vascularized bone flaps in the treatment of femoral neck fracture in young adults[J]. Zhonghua Xian Wei Wai Ke Za Zhi[Chin J Microsurg(Article in Chinese;Abstract in Chinese)],2010,33(5):424-425. DOI:10.3760/cma.j.issn.1001-2036.2010.05.029.}

[14144] 李泽湘，施继飞．桡骨远端背侧带血管蒂骨瓣转位联合外固定支架治疗陈旧性舟骨骨折 [J]．中国创伤骨科杂志，2010，12（11）：1025-1028．DOI：10.3760/cma.j.issn.1671-7600.2010.11.006．{LI Zexiang,SHI Jifei. Chronic scaphoid nonunion treated with vascularized bone graft and external fixator[J]. Zhonghua Chuang Shang Gu Ke Za Zhi[Chin J Orthop Trauma(Article in Chinese;Abstract in Chinese and English)],2010,12(11):1025-1028. DOI:10.3760/cma.j.issn.1671-7600.2010.11.006.}

[14145] 李泽湘，施继飞．桡骨远端背侧带血管蒂骨瓣转位治疗陈旧性舟骨骨折 [J]．中华创伤杂志，2010，26（8）：702-705．DOI：10.3760/cma.j.issn.1001-8050.2010.08.009．{LI Zexiang,SHI Jifei. Treatment of chronic scaphoid nonunion with vascularized bone grafts from dorsal distal radius[J]. Zhonghua Chuang Shang Za Zhi[Chin J Trauma(Article in Chinese;Abstract in Chinese and English)],2010,26(8):702-705. DOI:10.3760/cma.j.issn.1001-8050.2010.08.009.}

[14146] 陈波，陈振兵，杜远立，王华，乐锦波．游离膝降血管蒂骨瓣移植治疗舟骨骨不连 [J]．中华手外科杂志，2011，27（6）：323-325．DOI：10.3760/cma.j.issn.1005-054X.2011.06.003．{CHEN Bo,CHEN Zhenbing,DU Yuanli,WANG Hua,LE Jinbo. Free bone flap transplantation with descending genicular vessels for treatment of scaphoid nonunion[J]. Zhonghua Shou Wai Ke Za Zhi[Chin J Hand Surg(Article in Chinese;Abstract in Chinese and English)],2011,27(6):323-325. DOI:10.3760/cma.j.issn.1005-054X.2011.06.003.}

[14147] 欧学海，蔡鹰，许玉本，杜晓龙，尚驰．不同筋膜血管蒂骨瓣植入治疗舟状骨陈旧性骨折 [J]．实用手外科杂志，2013，27（3）：352-353，356．DOI：10.3969/j.issn.1671-2722.2013.03.016．{OU Xuehai,CAI Ying,XU Yuben,DU Xiaolong,SHANG Chi. Treatment of chronic wrist scaphoid fracture with radial styloid bone flap graft[J]. Shi Yong Shou Wai Ke Za Zhi[J Pract Hand Surg(Article in Chinese;Abstract in Chinese and English)],2013,27(3):352-353,356. DOI:10.3969/j.issn.1671-2722.2013.03.016.}

[14148] 嵇伟平，韩培，柴益民．1、2 间室伸肌支持带上动脉血管蒂骨瓣结合外固定支架治疗舟骨骨不连伴缺血性坏死 [J]．上海医学，2014，37（12）：1048-1051，前插 2．{JI Weiping,HAN Pei,CHAI Yimin. Vascularized bone graft of 1,2 intercompartmental supraretinacular artery combined with external fixation for scaphoid nonunion with avascular necrosis[J]. Shang Hai Yi Xue[Shanghai Med J(Article in Chinese;Abstract in Chinese and English)],2014,37(12):1048-1051,insert 2.}

[14149] 尚峥辉，梁杰，严超，张帆，黄富国．带血管蒂骨瓣联合外固定支架及内固定治疗陈旧性经舟骨月骨周围脱位 [J]．中华显微外科杂志，2016，39（6）：544-547．DOI：10.3760/cma.j.issn.1001-2036.2016.06.008．{SHANG Zhenghui,LIANG Jie,YAN Chao,ZHANG Fan,HUANG Fuguo. Treatment of old transcaphoid perilunate dislocation with vascular pedicle bone flap graft and external fixator and internal fixation[J]. Zhonghua Xian Wei Wai Ke Za Zhi[Chin J Microsurg(Article in Chinese;Abstract in Chinese and English)],2016,39(6):544-547. DOI:10.3760/cma.j.issn.1001-2036.2016.06.008.}

[14150] 张健，王剑利，刘兴龙，王福宁．带血管蒂骨瓣与自体骨移植治疗陈旧性腕舟骨骨折的疗效比较 [J]．实用手外科杂志，2016，30（1）：5-9．DOI：10.3969/j.issn.1671-2722.2016.01.003．{ZHANG Jian,WANG Jianli,LIU Xinglong,WANG Funing. The efficacy comparison of the vascularized bone graft and autologous bone graft treatment for the obsolete scaphoid fracture[J]. Shi Yong Shou Wai Ke Za Zhi[Chin J Pract Hand Surg(Article in Chinese;Abstract in Chinese and English)],2016,30(1):5-9. DOI:10.3969/j.issn.1671-2722.2016.01.003.}

4.9.3 肌蒂骨瓣

muscle pedicled bone flap

[14151] Ouyang D,Liu TR,Chen YF,Wang J. Modified frontolateral partial laryngectomy operation:combined muscle-pedicle hyoid bone and thyrohyoid membrane flap in laryngeal reconstruction[J]. Cancer Biol Med,2013,10(2):103-109. doi:10.7497/j.issn.2095-3941.2013.02.007.

[14152] 徐锦森．股方肌肌蒂骨瓣移植术治疗股骨颈移位骨折 [J]．中山医学院学报，1982，3（2）：820-823．{XU Jinsen. The use of guadratus femoris pedicled bone-graft in the treatment of displaced fractures of the femoral neck[J]. Zhong Shan Yi Xue Yuan Xue Bao[Acta Acad Med Zhong Shan(Article in Chinese;Abstract in Chinese and English)],1982,3(2):820-823.}

[14153] 张传礼，张留拴，郝军，付光瑞．带股方肌蒂骨瓣移植治疗陈旧性股骨颈骨折不愈合 35 例报告 [J]．中华骨科杂志，1994，14：147-149．{ZHANG Chuanli,ZHANG Liushuan,HAO Jun,FU Guangrui. Treatment of old femoral neck fracture nonunion with bone flap pedicled with quadratus femoris:a report of 35 cases[J]. Zhonghua Gu Ke Za Zhi[Chin J Orthop(Article in Chinese;No abstract available)],1994,14:147-149.}

[14154] 陈家禄，李家元，王炳勋．缝匠肌蒂骨瓣植骨治疗 45 例青壮年股骨颈骨折 [J]．中华创伤杂志，1995，11（4）：19-20．{CHEN Jialu,LI Jiayuan,WANG Bingxun. Treatment of fracture of the femoral neck in young adults with sartorial pedicled iliac bone grafts[J]. Zhonghua Chuang Shang Za Zhi[Chin J Trauma(Article in Chinese;Abstract in Chinese and English)],1995,11(4):19-20.}

[14155] 王家让，陈述祥，付玉庆．自体腓骨骨栓内固定加股方肌肌蒂骨瓣治疗陈旧性股骨颈骨折 [J]．中华创伤杂志，1995，11：13-14．{WANG Jiarang,CHEN Shuxiang,FU Yuqing. Old fracture of femoral neck treated with internal fixation of self fibula peg and pedicled bone graft of musculus quadratus femoris[J]. Zhonghua Chuang Shang Za Zhi[Chin J Trauma(Article in Chinese;Abstract in Chinese)],1995,11:13-14.}

[14156] 鲁玉来，张辉，董军．股方肌肌蒂骨瓣移植及内固定术治疗陈旧性股骨颈骨折 [J]．中国矫形外科杂志，1996，3（8）：262-263，320．{LU Yulai,ZHANG Hui,DONG Jun. Treatment of non-union fracture of femoral neck by quadratus femoris musculi-pedicled bone graft fixation[J]. Zhongguo Jiao Xing Wai Ke Za Zhi[Orthop J China(Article in Chinese;Abstract in Chinese and English)],1996,3(8):262-263,320.}

[14157] 赵鸣非，杨超祖．嵌插复位加带肌蒂骨瓣植骨治疗股骨颈头下型骨折 12 例 [J]．中华创伤杂志，1999，15（1）：40．DOI：10.3760/j：issn：1001-8050.1999.01.045．{ZHAO Mingfei,YANG Chaozu. Treatment of femoral neck fracture with inlay reduction and bone flap pedicled with muscle in 12 cases[J]. Zhonghua Chuang Shang Za Zhi[Chin J Trauma(Article in Chinese;No abstract available)],1999,15(1):40. DOI:10.3760/j:issn:1001-8050.1999.01.045.}

[14158] 程永安，叶迟德，袁恭贵．股方肌蒂骨瓣移植治疗股骨颈骨折的临床分析 [J]．中国骨伤，1999，12（6）：33．DOI：10.3969/j.issn.1003-0034.1999.06.018．{CHENG Yong'an,YE Chide,YUAN Gonggui. Clinical analysis of quadratus femoris pedicled bone flap transfer in the treatment of femoral neck fracture[J]. Zhongguo Gu Shang[China J Orthop Trauma(Article in Chinese;No abstract available)],1999,12(6):33. DOI:10.3969/j.issn.1003-0034.1999.06.018.}

[14159] 袁艾东，李文锐，陈勇斌．股方肌肌蒂骨瓣移植及内固定术治疗青壮年股骨颈骨折 [J]．实用骨科杂志，1999，5（11）：206-207．DOI：10.13795/j.cnki.sgkz.1999.04.007．{YUAN Aidong,LI Wenrui,CHEN Yongbin. Treatment of femoral neek fracture in young adults by transfering of pedicle-bone graft of quadrate musele of thigh and internal fixation[J]. Shi Yong Gu Ke Za Zhi[J Pract Orthop(Article in Chinese;Abstract in Chinese and English)],1999,5(11):206-207. DOI:10.13795/j.cnki.sgkz.1999.04.007.}

[14160] 陈红卫，赵纲生，赵品益．折断式加压螺纹钉内固定及带股方肌蒂骨瓣移植治疗股骨颈骨折 36 例分析 [J]．中国创伤骨科杂志，2000，2：70．{CHEN Hongwei,ZHAO Gangsheng,ZHAO Pinyi. Analysis of internal fixation with breakable compression screw and bone flap pedicled with quadratus femoris in the treatment of femoral neck fracture in 36 cases[J]. Zhongguo Chuang Shang Gu Ke Za Zhi[Chin J Orthop Trauma(Article in Chinese;No abstract available)],2000,2:70.}

[14161] 侯绍平，伏明松．肌蒂骨瓣移植术治疗陈旧性股骨颈骨折 [J]．中国骨伤，2000，13（4）：229．DOI：10.3969/j.issn.1003-0034.2000.04.024．{HOU Shaoping,FU Mingsong. Treatment of old femoral neck fracture with muscle pedicled bone flap transfer[J]. Zhongguo Gu Shang[China J Orthop Trauma(Article in Chinese;No abstract available)],2000,13(4):229. DOI:10.3969/j.issn.1003-0034.2000.04.024.}

[14162] 罗成龙．股方肌蒂骨瓣嵌插植入治疗股骨颈骨折 [J]．中国骨伤，2000，13（10）：619．DOI：10.3969/j.issn.1003-0034.2000.10.036．{LUO Chenglong. Treatment of femoral neck fracture by inserting bone flap pedicled with quadratus femoris[J]. Zhongguo Gu Shang[China J Orthop Trauma(Article in Chinese;No abstract available)],2000,13(10):619. DOI:10.3969/j.issn.1003-0034.2000.10.036.}

[14163] 薛宏斌，李明，白小军．缝匠肌蒂骨瓣转移治疗股骨颈骨折 12 例 [J]．中国创伤骨科杂志，2001，3（1）：37-37．DOI：10.3760/cma.j.issn.1671-7600.2001.01.022．{XUE Hongbin,LI Ming,BAI Xiaojun. 12 cases of femoral neck fractures treated with sartorius pedicled bone flap transfer[J]. Zhongguo Chuang Shang Gu Ke Za Zhi[Chin J Orthop Trauma(Article in Chinese;No abstract available)],2001,3(1):37-37. DOI:10.3760/cma.j.issn.1671-7600.2001.01.022.}

[14164] 修玉才，任先军．股方肌蒂骨瓣移植治疗股骨颈骨折 [J]．中国骨伤，2002，15（1）：54．DOI：10.3969/j.issn.1003-0034.2002.01.029．{XIU Yucai,REN Xianjun. Treatment of femoral neck fractures with quadratus femoris muscle pedicled flap[J]. Zhongguo Gu Shang[China J Orthop Trauma(Article in Chinese;No abstract available)],2002,15(1):54. DOI:10.3969/j.issn.1003-0034.2002.01.029.}

[14165] 张海军，张立新，杨国英．中空加压螺钉内固定加股方肌蒂骨瓣移植治疗青壮年股骨颈骨折 [J]．中华创伤杂志，2004，20（9）：567-568．DOI：10.3760/j：issn：1001-8050.2004.09.022．{ZHANG Haijun,ZHANG Lixin,YANG Guoying. Treatment of femoral neck fracture in young adults with hollow compression screw internal fixation and quadratus femoris pedicled bone flap transfer[J]. Zhonghua Chuang Shang Za Zhi[Chin J Trauma(Article in Chinese;No abstract available)],2004,20(9):567-568. DOI:10.3760/j:issn:1001-8050.2004.09.022.}

[14166] 刘军，翟建文，梁元恒，杨晓东．股方肌肌蒂骨瓣移位加加压螺纹钉内固定治疗股骨颈骨折 [J]．中国修复重建外科杂志，2004，18（2）：161．{LIU Jun,ZHAI Jianwen,LIANG Yuanheng,YANG Xiaodong. Treatment of femoral neck fracture by transposition of quadratus femoris pedicled bone flap and compression screw internal fixation[J]. Zhongguo Xiu Fu Chong Jian Wai Ke Za Zhi[Chin J Repar Reconstr Surg(Article in Chinese;No abstract available)],2004,18(2):161.}

[14167] 王世俊，葛传福，胡宏伟．股方肌蒂骨瓣移植加压螺纹钉固定术治疗青壮年股骨颈骨折 [J]．中国骨伤，2005，18（4）：246-247．DOI：10.3969/j.issn.1003-0034.2005.04.024．{WANG Shijun,GE Chuanfu,HU Hongwei. Treatment of young and robust femoral neck fracture with bony grafting of quadratus femoris muscle and internal compression screw fixation[J]. Zhongguo Gu Shang[China J Orthop Trauma(Article in Chinese;No abstract available)],2005,18(4):246-247. DOI:10.3969/j.issn.1003-0034.2005.04.024.}

[14168] 宋新平，贺爱玲，吕宝民．肌蒂骨瓣血管植入加空心螺钉内固定治疗股骨颈骨折 [J]．局解手术学杂志，2005，14（4）：253-254．DOI：10.3969/j.issn.1672-5042.2005.04.022．{SONG Xinping,HE Ailing,LÜ Baomin. Application of vascularized muscle pedicle graft of iliac bone and fixation with hollow compression screw in treating femoral neck fracture[J]. Ju Jie Shou Shu Xue Za Zhi[J Reg Anat Oper Surg(Article in Chinese;No abstract available)],2005,14(4):253-254. DOI:10.3969/j.issn.1672-5042.2005.04.022.}

[14169] 王义生，殷力，吴学建，刘宏建．带肌蒂骨瓣移植术治疗股骨头坏死 [J]．中华关节外科杂志（电子版），2008，2（1）：4-9．DOI：10.3969/j.issn.1674-134X.2008.01.002．{WANG Yisheng,YIN Li,WU Xuejian,LIU Hongjian. Treatment of femoral head osteonecrosis with the bone grafting pedicled with muscle[J]. Zhonghua Guan Jie Wai Ke Za Zhi Dian Zi Ban[Chin J Joint Surg(Electr Ed)(Article in Chinese;Abstract in Chinese and English)],2008,2(1):4-9. DOI:10.3969/j.issn.1674-134X.2008.01.002.}

[14170] 齐进，张云坤．移植带股方肌蒂骨瓣联合空心加压螺钉治疗青少年股骨颈骨折 [J]．中国矫形外科杂志，2011，19（24）：2093-2094．DOI：10.3977/j.issn.1005-8478.2011.24.19．{QI Jin,ZHANG Yunkun. Transplantation of quadratus femoris pedicled bone flap combined with hollow compression screw internal fixation for the treatment of femoral neck fracture in adolescents[J]. Zhongguo Jiao Xing Wai Ke Za Zhi[Orthop J China(Article in Chinese;Abstract in Chinese)],2011,19(24):2093-2094. DOI:10.3977/j.issn.1005-8478.2011.24.19.}

[14171] 张健，殷富裕，彭吾训．带股方肌蒂骨瓣移位治疗成人股骨头缺血性坏死的疗效及安全性分析 [J]．中国临床解剖学杂志，2017，35（2）：228-231．DOI：10.13418/j.issn.1001-165x.2017.02.023．{ZHANG Jian,YIN Fuyu,PENG Wuxun. Effect and safety analysis of treatment of ischemic necrosis of femoral head in adult patients treated with transplantation of bone flap pedicled with femoral muscle pedicle[J]. Zhongguo Lin Chuang Jie Pou Xue Za Zhi[Chin J Clin Anat(Article in Chinese;Abstract in Chinese and English)],2017,35(2):228-231. DOI:10.13418/j.issn.1001-165x.2017.02.023.}

4.9.4 筋膜蒂骨瓣

fascia pedicled bone flap

[14172] 邵顺建，万年宇，宋展昭，王明杰．喙肩韧带筋膜蒂骨瓣治疗肩锁关节全脱位 [J]．中国矫形外科杂志，1998，5（5）：86．{SHAO Shunjian,WAN Nianyu,SONG Zhanzhao,WANG Mingjie. Treatment of acromioclavicular joint dislocation with bone flap pedicled with coracoacromial ligament fascia[J]. Zhongguo Jiao Xing Wai Ke Za Zhi[Orthop J China(Article in Chinese;No abstract available)],1998,5(5):86.}

[14173] 王平，张慧萍，狄鸥，余方园．带筋膜蒂骨瓣转移治疗腕舟骨骨不连分析 [J]．实用骨科杂志，2002，8（3）：180-181．DOI：10.3969/j.issn.1008-5572.2002.03.010．{WANG Ping,ZHANG Huiping,DI Ou,YU Fangyuan. Analysis of transplantation of reversed fascia pedicle bone island for treatment of scaphoid nonuion[J]. Shi Yong Gu Ke Za Zhi[J Pract Orthop(Article in Chinese;Abstract in Chinese and English)],2002,8(3):180-181. DOI:10.3969/j.issn.1008-5572.2002.03.010.}

[14174] 牛永民，魏朋建，卫广，宋殿尊，丁海，于平，毛琪．桡骨茎突切除后修凿成带筋膜蒂骨瓣

治疗腕舟状骨骨不连[J]. 创伤外科杂志，2015，17(1)：70-70. {NIU Yongmin,WEI Pengjian,WEI Guang,SONG Dianzun,DING Hai,YU Ping,MAO Qi. Treatment of carpal scaphoid nonunion by bone flap grafting with fascial pedical after radial styloidectomy[J]. Chuang Shang Wai Ke Za Zhi[J Traum Surg(Article in Chinese;Abstract in Chinese)],2015,17(1):70-70.}

4.9.5 锁骨骨瓣
clavicular bone flap

[14175] 郑和平，徐达传，李汉秀，陈秀清，钟世镇. 胸锁乳突肌锁骨头蒂半片锁骨瓣转位颈椎融合术的应用解剖[J]. 中国临床解剖学杂志，1996，14(2)：115-117. DOI: 10.13418/j.issn.1001-165x.1996.02.018. {ZHENG Heping,XU Dachuan,LI Hanxiu,CHEN Xiuqing,ZHONG Shizhen. A partial clavicular bone flap pedicled with the clavicular head of sternocleidomastoid muscle[J]. Zhongguo Lin Chuang Jie Pou Xue Za Zhi[Chin J Clin Anat(Article in Chinese;Abstract in Chinese and English)],1996,14(2):115-117. DOI:10.13418/j.issn.1001-165x.1996.02.018.}

[14176] 赵庆惠，张金枝，杨齐轩，王集锷，陈增海. 颈椎前路槽式潜行减压胸锁乳突肌锁骨头肌骨瓣移植治疗颈脊髓损伤[J]. 骨与关节损伤杂志，1996，11: 207-209. {ZHAO Qinghui,ZHANG Jinzhi,YANG Qixuan,WANG Ji'e,CHEN Zenghai. Anterior cervical vertebral slotted decompression and the transplantation of pedicled of clavicle head of sternocleidomastoidus for cervical spinal cord injury[J]. Gu Yu Guan Jie Sun Shang Za Zhi[J Bone Joint Injury(Article in Chinese;Abstract in Chinese and English)],1996,11:207-209.}

[14177] 郑和平，陈振光，张发惠，刘经南. 胸肩峰动脉锁骨骨膜（骨）瓣移位术的应用解剖[J]. 中华实验外科杂志，1998，15(6)：555-556. {ZHENG Heping,CHEN Zhenguang,ZHANG Fahui,LIU Jingnan. Applied anatomy of clavicle periosteal(bone) flap with thoracoacromal artery for transverse[J]. Zhonghua Shi Yan Wai Ke Za Zhi[Chin J Exp Surg(Article in Chinese;Abstract in Chinese and English)],1998,15(6):555-556.}

[14178] 郑和平，夏明，张发惠，钟桂午. 胸大肌锁骨部蒂半片锁骨瓣修复锁骨肩峰端的应用解剖[J]. 中华显微外科杂志，1999，22(3)：210. DOI: 10.3760/cma.j.issn.1001-2036.1999.03.018. {ZHENG Heping,XIA Ming,ZHANG Fahui,ZHONG Guiwu. Applied anatomy of the partial clavicular bone flap pedicled with the clavicular part of greater pectoral muscle[J]. Zhonghua Xian Wei Wai Ke Za Zhi[Chin J Microsurg(Article in Chinese;Abstract in Chinese and English)],1999,22(3):210. DOI:10.3760/cma.j.issn.1001-2036.1999.03.018.}

[14179] 许本柯，杨运平，徐达传，高建明，彭田红，唐茂林，钟世镇. 三角肌前束肌蒂锁骨瓣移位术的应用解剖[J]. 中国临床解剖学杂志，2000，16(2)：128-129. DOI: 10.3969/j.issn.1001-165X.2000.02.012. {XU Benke,YANG Yunping,XU Dachuan,GAO Jianming,PENG Tianhong,TANG Maolin,ZHONG Shizhen. Applied anatomy of clavicular flap pedicled with anterior bundle of deltoid muscle[J]. Zhongguo Lin Chuang Jie Pou Xue Za Zhi[Chin J Clin Anat(Article in Chinese;Abstract in Chinese and English)],2000,16(2):128-129. DOI:10.3969/j.issn.1001-165X.2000.02.012.}

[14180] 孟新文，唐永才. 胸锁乳突肌蒂半片锁骨瓣修复下颌骨缺损[J]. 中华显微外科杂志，2000，23(4)：315. DOI: 10.3760/cma.j.issn.1001-2036.2000.04.047. {MENG Xinwen,TANG Yongcai. Repair of mandibular defects with half clavicular flap pedicled with sternocleidomastoid muscle[J]. Zhonghua Xian Wei Wai Ke Za Zhi[Chin J Microsurg(Article in Chinese;No abstract available)],2000,23(4):315. DOI:10.3760/cma.j.issn.1001-2036.2000.04.047.}

[14181] 许本柯，朱青安，舒先涛，王向阳，赵卫东，熊绍虎，钟世镇. 锁骨瓣切除对锁骨力学性质影响的实验研究[J]. 中国临床解剖学杂志，2001，19(1)：77-78. DOI: 10.3969/j.issn.1001-165X.2001.01.028. {XU Benke,ZHU Qiang'an,SHU Xiantao,WANG Xiangyang,ZHAO Weidong,XIONG Shaohu,ZHONG Shizhen. The effect of clavicular flap resection on torsional strength of clavicle[J]. Zhongguo Lin Chuang Jie Pou Xue Za Zhi[Chin J Clin Anat(Article in Chinese;Abstract in Chinese and English)],2001,19(1):77-78. DOI:10.3969/j.issn.1001-165X.2001.01.028.}

[14182] 柳昊，叶澄宇，陈秀清. 甲状腺上动脉胸锁乳突肌支为蒂锁骨瓣转位术的解剖及其应用[J]. 中国临床解剖学杂志，2001，19(2)：139-140. DOI: 10.3969/j.issn.1001-165X.2001.02.016. {LIU Hao,YE Chengyu,CHEN Xiuqing. Applied anatomy of the transposition of vascularized clavicular falp for repairing mandible defect[J]. Zhongguo Lin Chuang Jie Pou Xue Za Zhi[Chin J Clin Anat(Article in Chinese;Abstract in Chinese and English)],2001,19(2):139-140. DOI:10.3969/j.issn.1001-165X.2001.02.016.}

[14183] 郑和平，陈振光，张发惠. 胸肩峰动脉肩峰支肩胛冈骨膜瓣修复锁骨肩峰端骨不连的解剖基础[J]. 中华实验外科杂志，2002，19(5)：464-465. DOI: 10.3760/j.issn: 1001-9030.2002.05.035. {ZHENG Heping,CHEN Zhenguang,ZHANG Fahui. Applied anatomy of transposition of the scapula spine flap pedicled with acromial branch of thoracoacromal artery[J]. Zhonghua Shi Yan Wai Ke Za Zhi[Chin J Exp Surg(Article in Chinese;Abstract in Chinese and English)],2002,19(5):464-465. DOI:10.3760/j.issn:1001-9030.2002.05.035.}

[14184] 孙强，赵德伟，王本杰，田辉，王铁男. 带胸大肌蒂锁骨膜瓣转移治疗锁骨骨折不愈合[J]. 中华创伤杂志，2007，23(8)：587-589. DOI: 10.3760/j.issn: 1001-8050.2007.08.010. {SUN Qiang,ZHAO Dewei,WANG Benjie,TIAN Hui,WANG Tienan. Repair of ununited clavicular fracture with pectoralis major periosteal flap[J]. Zhonghua Chuang Shang Za Zhi[Chin J Trauma(Article in Chinese;Abstract in Chinese and English)],2007,23(8):587-589. DOI:10.3760/j.issn:1001-8050.2007.08.010.}

[14185] 孙强，梁庆晨，郑加法. 带胸大肌蒂锁骨膜瓣转位治疗锁骨骨折不愈合的解剖学研究[J]. 实用骨科杂志，2012，18(1)：30-31，96. DOI: 10.3969/j.issn.1008-5572.2012.01.011. {SUN Qiang,LIANG Qingchen,ZHENG Jiafa. Repair ununited clavicular fracture with pectoralis major periosteal flap anatomic studies[J]. Shi Yong Gu Ke Za Zhi[J Pract Orthop(Article in Chinese;Abstract in Chinese and English)],2012,18(1):30-31,96. DOI:10.3969/j.issn.1008-5572.2012.01.011.}

4.9.6 肩胛骨骨瓣
scapula bone flap

[14186] 钟世镇，陈子华，李汉云，刘牧之，孙博，扬立民，石万一，郭延杰，吴卫东. 吻合血管肩胛骨移植的应用解剖学 一种新供骨区的研究[J]. 临床应用解剖学杂志，1983，1(1)：3-7. DOI: 10. 13418/j. issn. 1001-165x. 1983. 01. 004 {ZHONG Shizhen,CHEN Zihua,LI Hanyun,LIU Muzhi,SUN Bo,YANG Limin,SHI Wanyi,GUO Yanjie,WU Weidong. Applied anatomy of vascularized scapula bone graft[J]. Lin Chuang Ying Yong Jie Pou Xue Za Zhi[Chin J Clin Anat(Article in Chinese;Abstract in Chinese)],1983,1(1):3-7. DOI:10.13418/j.issn.1001-165x.1983.01.004.}

[14187] 朱尤彬，梁天业，杨宗耀. 带血管肩胛骨的解剖观察[J]. 中华外科杂志，1984，22(8)：474. {ZHU Longbing,LIANG Tianye,YANG Zongyao. Anatomical observation of vascularized scapula bone[J]. Zhonghua Wai Ke Za Zhi[Chin J Surg(Article in Chinese;Abstract in Chinese)],1984,22(8):474.}

[14188] 陈振光，彭建强，罗维富，余国荣，徐达传，钟世镇，何尚宽，刘牧之. 胸背血管肩胛骨瓣的临床应用[J]. 中华医学杂志，1991，71(12)：710-712. {CHEN Zhenguang,PENG Jianqiang,LUO Weifu,YU Guorong,XU Dachuan,ZHONG Shizhen,HE Shangkuan,LIU Muzhi. Clinical application of scapular flap pedicled with thoracodorsal vessels[J]. Zhonghua Yi Xue Za Zhi[Natl Med J China(Article in Chinese;No abstract available)],1991,71(12):710-712.}

[14189] 王森林，郑文忠，徐新华. 吻合血管的肩胛骨皮瓣修复跖骨伴皮肤缺损[J]. 中华显微外科杂志，2000，23(2)：159. DOI: 10.3760/cma.j.issn.1001-2036.2000.02.054. {WANG Senlin,ZHENG Wenzhong,XU Xinhua. Repair of metatarsal bone and skin defect with vascularized scapular flap[J]. Zhonghua Xian Wei Wai Ke Za Zhi[Chin J Microsurg(Article in Chinese;No abstract available)],2000,23(2):159. DOI:10.3760/cma.j.issn.1001-2036.2000.02.054.}

[14190] 郑文忠，赵枫，陈昆，黄令坚，马国棣，刘爱刚，陈超，许世建，庄海天，李志彬. 肩胛骨皮瓣移植修复第一跖骨伴皮肤缺损[J]. 中华显微外科杂志，2001，24(3)：210-211. DOI: 10.3760/cma.j.issn.1001-2036.2001.03.020. {ZHENG Wenzhong,ZHAO Feng,CHEN Kun,HUANG Lingjian,MA Guodi,LIU Aigang,CHEN Chao,XU Shijian,ZHUANG Haitian,LI Zhibin. Repair of first metatarsal bone and skin defect with scapular flap[J]. Zhonghua Xian Wei Wai Ke Za Zhi[Chin J Microsurg(Article in Chinese;Abstract in Chinese)],2001,24(3):210-211. DOI:10.3760/cma.j.issn.1001-2036.2001.03.020.}

[14191] 赵枫，郑文忠，庄海天，陈超. 肩胛骨皮瓣修复前臂骨软组织缺损[J]. 中华显微外科杂志，2001，24(4)：301-302. DOI: 10.3760/cma.j.issn.1001-2036.2001.04.026. {ZHAO Feng,ZHENG Wenzhong,ZHUANG Haitian,CHEN Chao. Repair of forearm bone and soft tissue defects with scapular flap[J]. Zhonghua Xian Wei Wai Ke Za Zhi[Chin J Microsurg(Article in Chinese;Abstract in Chinese)],2001,24(4):301-302. DOI:10.3760/cma.j.issn.1001-2036.2001.04.026.}

[14192] 徐兵，史俊，唐友盛，张志愿，沈国芳，王旭东，卢晓峰，张诗雷. 肩胛骨及邻近瓣在颌面复合缺损修复重建中的应用[J]. 中国口腔颌面外科杂志，2005，3(2)：108-112. DOI: 10.3969/j.issn.1672-3244.2005.02.006. {XU Bing,SHI Jun,TANG Yousheng,ZHANG Zhiyuan,SHEN Guofang,WANG Xudong,LU Xiaofeng,ZHANG Shilei. Application of scapula myocutaneous flap or osteomyocutaneous flap to reconstruct maxillofacial defects[J]. Zhongguo Kou Qiang He Mian Wai Ke Za Zhi[Chin J Oral Maxillofac Surg(Article in Chinese;Abstract in Chinese and English)],2005,3(2):108-112. DOI:10.3969/j.issn.1672-3244.2005.02.006.}

4.9.7 肱骨骨膜瓣
humeral periosteal flap

[14193] 韩震，钟世镇，刘牧之，胡广州. 吻合血管肱骨骨膜瓣移植的应用解剖学[J]. 临床应用解剖学杂志，1984，2(4)：252-253. DOI: 10.13418/j.issn.1001-165x.1984.04.022. {HAN Zhen,ZHONG Shizhen,LIU Muzhi,HU Guangzhou. Applied anatomy of vascularized humeral periosteal flap transposition[J]. Lin Chuang Ying Yong Jie Pou Xue Za Zhi[Chin J Clin Anat(Article in Chinese;Abstract in Chinese)],1984,2(4):252-253. DOI:10.13418/j.issn.1001-165x.1984.04.022.}

[14194] 谭金海，陈振光，张发惠，郑和平. 旋肱后血管为蒂肱骨骨膜瓣移位的应用解剖[J]. 中国临床解剖学杂志，2000，16(2)：124-125. DOI: 10.3969/j.issn.1001-165X.2000.02.010. {TAN Jinhai,CHEN Zhenguang,ZHANG Fahui,ZHENG Heping. Applied anatomy of transposition of humeral periosteal flap pedicled with posterior humeral circumflex artery[J]. Zhongguo Lin Chuang Jie Pou Xue Za Zhi[Chin J Clin Anat(Article in Chinese;Abstract in Chinese and English)],2000,16(2):124-125. DOI:10.3969/j.issn.1001-165X.2000.02.010.}

4.9.8 桡骨骨瓣
vascularised distal radius bone flap

[14195] 赵建华，蒋祖言，彭学良. 带血管蒂桡骨远端骨膜瓣植入治疗腕舟骨骨不连[J]. 中华手外科杂志，1998，14(3)：3-5. {ZHAO Jianhua,JIANG Zuyan,PENG Xueliang. Treatment of scaphoid nonunion with vascularized distal radius periosteal flap[J]. Zhonghua Shou Wai Ke Za Zhi[Chin J Hand Surg(Article in Chinese;No abstract available)],1998,14(3):3-5.}

[14196] 杨华，刘传太，李卫. 带血管的桡骨骨膜骨瓣移植治疗腕舟骨骨折不愈合[J]. 中国创伤骨科杂志，2000，2(3)：68. {YANG Hua,LIU Chuantai,LI Wei. Treatment of scaphoid nonunion with vascularized periosteal flap of radius[J]. Zhongguo Chuang Shang Gu Ke Za Zhi[Chin J Orthop Trauma(Article in Chinese;No abstract available)],2000,2(3):68.}

[14197] 徐彬，郑仰林. 桡骨骨瓣移植治疗腕舟骨不愈合[J]. 中国骨伤，2000，13(6)：347. DOI: 10.3969/j.issn.1003-0034.2000.06.015. {XU Bin,ZHENG Yanglin. Treatment of scaphoid nonunion with radial bone flap transposition[J]. Zhongguo Gu Shang[China J Orthop Trauma(Article in Chinese;No abstract available)],2000,13(6):347. DOI:10.3969/j.issn.1003-0034.2000.06.015.}

[14198] 曹亚飞，吴振清. 桡骨茎突骨膜骨瓣移植治疗陈旧性腕舟骨骨折[J]. 中国骨伤，2000，13(10)：604. DOI: 10.3969/j.issn.1003-0034.2000.10.018. {CAO Yafei,WU Zhenqing. Treatment of old scaphoid fracture with periosteal bone flap of radial styloid process[J]. Zhongguo Gu Shang[China J Orthop Trauma(Article in Chinese;No abstract available)],2000,13(10):604. DOI:10.3969/j.issn.1003-0034.2000.10.018.}

[14199] 李旭升，刘兴炎，葛宝丰，甄平. 逆行筋膜蒂桡骨茎突骨瓣移植及BMP复合物植入治疗腕舟骨骨不连[J]. 中华手外科杂志，2001，17(1)：27-28. {LI Xusheng,LIU Xingyan,GE Baofeng,ZHEN Ping. Transplantation of reversed fascia pedicled styloid process of radius and implantation of bone morphogenetic protein complex for treatment of scaphoid nonunion[J]. Zhonghua Shou Wai Ke Za Zhi[Chin J Hand Surg(Article in Chinese;Abstract in Chinese and English)],2001,17(1):27-28.}

[14200] 周润功，李坤德. 骨间前血管腕背外侧终支的桡骨瓣逆行转移治疗月骨囊肿[J]. 中华显微外科杂志，2003，26(2)：122-122. {ZHOU Rungong,LI Kunde. Treatment of lunate cyst by reversed radial bone flap pedicled with dorsolateral terminal branch of anterior interosseous vessel[J]. Zhonghua Xian Wei Wai Ke Za Zhi[Chin J Microsurg(Article in Chinese;No abstract available)],2003,26(2):122-122.}

[14201] 云雄，许声联，邹重文，黄智. 带第1，2伸肌室间支持带上动脉蒂桡骨瓣治疗腕舟骨骨不连[J]. 中华创伤骨科杂志，2003，5(2)：106-108，111. DOI: 10.3760/cma.j.issn.1671-7600.2003.02.008. {YUN Xiong,XU Shenglian,ZOU Zhongwen,HUANG Zhi. Treatment of scaphoid nonunion using transfer of vascular pedicled radius with the 1st,2nd intercompartmental supraretinacular arteries[J]. Zhonghua Chuang Shang Gu Ke Za Zhi[Chin J Orthop Trauma(Article in Chinese;Abstract in Chinese and English)],2003,5(2):106-108,111. DOI:10.3760/cma.j.issn.1671-7600.2003.02.008.}

[14202] 朱晓光，周君琳，张克亮. 应用桡动脉茎突返支为蒂的桡骨骨瓣或骨膜瓣治疗舟状骨骨折不连接[J]. 中华显微外科杂志，2004，27(1)：37. DOI: 10.3760/cma.j.issn.1001-2036.2004.01.044. {ZHU Xiaoguang,ZHOU Junlin,ZHANG Keliang. Treatment of scaphoid fracture nonunion with radial bone flap or periosteal flap pedicled with styloid recurrent branch of radial artery[J]. Zhonghua Xian Wei Wai Ke Za Zhi[Chin J Microsurg(Article in Chinese;No abstract available)],2004,27(1):37. DOI:10.3760/cma.j.issn.1001-2036.2004.01.044.}

[14203] 于胜军，孙明，刘万军，李京宁，付胜强. 带桡动脉茎突支桡骨骨膜瓣移植治疗腕舟骨骨不

连[J]. 中华手外科杂志，2004，20(4)：64. {YU Shengjun,SUN Ming,LIU Wanjun,LI Jingning,FU Shengqiang. Treatment of scaphoid nonunion with radial periosteal flap with styloid branch of radial artery[J]. Zhonghua Shou Wai Ke Za Zhi[Chin J Hand Surg(Article in Chinese;No abstract available)],2004,20(4):64.}

[14204] 刘建寅，郭强，王丹，张云涛，李庆泰，陈山林，栗鹏程. 桡动脉茎突返支为蒂桡骨茎突骨瓣植入术治疗舟骨骨折不愈合[J]. 中华创伤骨科杂志，2004，6(4)：404-406. DOI：10.3760/cma.j.issn.1671-7600.2004.04.013. {LIU Jianyin,GUO Qiang,WANG Dan,ZHANG Yuntao,LI Qingtai,CHEN Shanlin,LI Pengcheng. Treatment of scaphoid non-union with bone flap pedicled on the recurrent branch of radial artery to the styloid process[J]. Zhonghua Chuang Shang Gu Ke Za Zhi[Chin J Orthop Trauma(Article in Chinese;Abstract in Chinese and English)],2004,6(4):404-406. DOI:10.3760/cma.j.issn.1671-7600.2004.04.013.}

[14205] 张哲敏，张雪莉，邵新中，张克亮. 带血管蒂的桡骨瓣植入治疗陈旧性腕舟骨骨折[J]. 中华手外科杂志，2004，20(1)：15-16. {ZHANG Zhemin,ZHANG Xueli,SHAO Xinzhong,ZHANG Keliang. Grafting of radial bone flap with vascular pedicle for treatment of old scaphoid fracture[J]. Zhonghua Shou Wai Ke Za Zhi[Chin J Hand Surg(Article in Chinese;Abstract in Chinese and English)],2004,20(1):15-16.}

[14206] 张焱祥，夏仁云，余国庆，周拥军，巴正国，陈飞，邱建雄，陈述伟. 带筋膜血管蒂桡骨骨膜骨瓣移植治疗陈旧性舟骨骨折[J]. 中华创伤骨科杂志，2004，6(6)：708-709. DOI：10.3760/cma.j.issn.1671-7600.2004.06.034. {ZHANG Yanxiang,XIA Renyun,YU Guoqing,ZHOU Yongjun,BA Zhengguo,CHEN Fei,QIU Jianxiong,CHEN Shuwei. Grafting of radius periosteum flap pedicled with fascia and vessel in treatment of old scaphoid fracture[J]. Zhonghua Chuang Shang Gu Ke Za Zhi[Chin J Orthop Trauma(Article in Chinese;Abstract in Chinese and English)],2004,6(6):708-709. DOI:10.3760/cma.j.issn.1671-7600.2004.06.034.}

[14207] 于胜军，孙明，陈德松，刘万军，李京宁，付胜强，慕明章. 带桡动脉茎突支蒂桡骨瓣推进转位治疗腕舟骨骨不愈合[J]. 中华显微外科杂志，2005，28(3)：259-261. DOI：10.3760/cma.j.issn.1001-2036.2005.03.029. {YU Shengjun,SUN Ming,CHEN Desong,LIU Wanjun,LI Jingning,FU Shengqiang,MU Mingzhang. Treatment of scaphoid nonunion by advancement and transposition of radial bone flap pedicled with styloid branch of radial artery[J]. Zhonghua Xian Wei Wai Ke Za Zhi[Chin J Microsurg(Article in Chinese;Abstract in Chinese)],2005,28(3):259-261. DOI:10.3760/cma.j.issn.1001-2036.2005.03.029.}

[14208] 于胜军，杨志勇，王志龙，付胜强，王磊升，李京宁. 带桡动脉腕掌支蒂桡骨瓣植入治疗新鲜不稳定腕舟骨骨折[J]. 中华手外科杂志，2005，21(4)：213-215. {YU Shengjun,YANG Zhiyong,WANG Zhilong,FU Shengqiang,WANG Leisheng,LI Jingning. Distal radius graft pedicled on palmar branch of the radial artery for treatment of fresh unstable scaphoid fractures[J]. Zhonghua Shou Wai Ke Za Zhi[Chin J Hand Surg(Article in Chinese;Abstract in Chinese and English)],2005,21(4):213-215.}

[14209] 柳昊，田立杰，魏立坤，叶澄宇，张鹏，张怀保. 带桡神经浅支营养血管蒂的桡骨茎突骨(膜)复合瓣转位术[J]. 实用手外科杂志，2005，19(1)：18-19. DOI：10.3969/j.issn.1671-2722.2005.01.007. {LIU Hao,TIAN Lijie,WEI Likun,YE Chengyu,ZHANG Peng,ZHANG Huaibao. Transposition of radial styloid process compound flap pedicled with superficial branch of radial nerve[J]. Shi Yong Shou Wai Ke Za Zhi[Chin J Pract Hand Surg(Article in Chinese;Abstract in Chinese and English)],2005,19(1):18-19. DOI:10.3969/j.issn.1671-2722.2005.01.007.}

[14210] 林松庆，唐焕章. 带血管筋膜蒂桡骨茎突骨膜骨瓣修复舟状骨骨不连[J]. 中国修复重建外科杂志，2005，19(4)：269. {LIN Songqing,TANG Huanzhang. Repair of scaphoid nonunion with periosteal flap of radial styloid process pedicled with vascular fascia[J]. Zhongguo Xiu Fu Chong Jian Wai Ke Za Zhi[Chin J Repar Reconstr Surg(Article in Chinese;No abstract available)],2005,19(4):269.}

[14211] 周君琳，刘清和，吴春成，朱晓光，张桂生. 应用桡动脉茎突返支为蒂的桡骨骨瓣或骨膜瓣移植治疗腕舟骨骨折不连接[J]. 中国骨与关节损伤杂志，2006，21(7)：524-526. DOI：10.3969/j.issn.1672-9935.2006.07.008. {ZHOU Junlin,LIU Qinghe,WU Chuncheng,ZHU Xiaoguang,ZHANG Guisheng. Grafting of radial periosteal bone flap or periosteum flap pedicled on styloid process recurrent branch of radial artery for treatment of scaphoid nonunion[J]. Zhongguo Gu Yu Guan Jie Sun Shang Za Zhi[Chin J Bone Joint Injury(Article in Chinese;Abstract in Chinese and English)],2006,21(7):524-526. DOI:10.3969/j.issn.1672-9935.2006.07.008.}

[14212] 侯纪寿，张建东，张映瑞. 带血管筋膜蒂桡骨茎突骨瓣移植治疗腕舟骨陈旧性骨折九例[J]. 中华显微外科杂志，2006，29(5)：396. DOI：10.3760/cma.j.issn.1001-2036.2006.05.036. {HOU Jishou,ZHANG Jiandong,ZHANG Yingrui. Treatment of old scaphoid fracture with radial styloid bone flap pedicled with vascularized fascia:a report of 9 cases[J]. Zhonghua Xian Wei Wai Ke Za Zhi[Chin J Microsurg(Article in Chinese;No abstract available)],2006,29(5):396. DOI:10.3760/cma.j.issn.1001-2036.2006.05.036.}

[14213] 陈述伟，杨述华，张劲松. 带筋膜血管蒂的桡骨骨膜瓣及自体红骨髓移植治疗陈旧性腕舟骨骨折[J]. 中华创伤骨科杂志，2006，8(6)：579-580. DOI：10.3760/cma.j.issn.1671-7600.2006.06.021. {CHEN Shuwei,YANG Shuhua,ZHANG Jingsong. Treatment of obsolete scaphoid fractures using reversed fascia pedicled bone graft from styloid process of the radius and transplantation of autogenous bone marrow[J]. Zhonghua Chuang Shang Gu Ke Za Zhi[Chin J Orthop Trauma(Article in Chinese;Abstract in Chinese)],2006,8(6):579-580. DOI:10.3760/cma.j.issn.1671-7600.2006.06.021.}

[14214] 谢文伟，侯之启，利盛成，姚汉刚，熊秉刚，廖德允，苏厂尧，黎明华，黎润超. 桡动脉茎突返支骨(膜)瓣移植治疗手舟骨陈旧性骨折[J]. 中国临床解剖学杂志，2007，25(3)：347-349. DOI：10.3969/j.issn.1001-165X.2007.03.035. {XIE Wenwei,HOU Zhiqi,LI Shengcheng,YAO Hangang,XIONG Binggang,LIAO Deyun,SU Changyao,LI Minghua,LI Runchao. Treatment of old scaphoid fracture with bone flap pedicled with the recurrent branch of radial artery to styloid process[J]. Zhongguo Lin Chuang Jie Pou Xue Za Zhi[Chin J Clin Anat(Article in Chinese;Abstract in Chinese and English)],2007,25(3):347-349. DOI:10.3969/j.issn.1001-165X.2007.03.035.}

[14215] 于胜军，侯忠军，李京宁，付胜强，孙明. 桡动脉腕掌侧分支带骨瓣移位治疗腕舟骨骨不连[J]. 中华骨科杂志，2007，27(6)：446-450. DOI：10.3760/j.issn：0253-2352.2007.06.012. {YU Shengjun,HOU Zhongjun,LI Jingning,FU Shengqiang,SUN Ming. Anatomic and clinical study of two vascularized radius flaps based on palmar branches of the radial artery for treatment of scaphoid nonunion[J]. Zhonghua Gu Ke Za Zhi[Chin J Orthop(Article in Chinese;Abstract in Chinese and English)],2007,27(6):446-450. DOI:10.3760/j.issn:0253-2352.2007.06.012.}

[14216] 田光磊. 用于舟骨骨折的桡骨瓣及其血管[J]. 中华手外科杂志，2007，23(6)：321-326. DOI：10.3760/cma.j.issn.1005-054X.2007.06.001. {TIAN Guanglei. Radial flaps and vessels for the use of scaphoid fractures[J]. Zhonghua Shou Wai Ke Za Zhi[Chin J Hand Surg(Article in Chinese;No abstract available)],2007,23(6):321-326. DOI:10.3760/cma.j.issn.1005-054X.2007.06.001.}

[14217] 徐秀玥，劳杰，赵新，顾玉东，高凯鸣. 桡骨远端骨瓣转移治疗晚期月骨无菌性坏死[J]. 中华手外科杂志，2008，24(6)：343-345. {XU Xiuyue,LAO Jie,ZHAO Xin,GU Yudong,GAO Kaiming. Outcomes of advanced Kienböck's disease treated by vascularized pedicled distal radius bone graft[J]. Zhonghua Shou Wai Ke Za Zhi[Chin J Hand Surg(Article in Chinese;Abstract in Chinese and English)],2008,24(6):343-345.}

[14218] 邢志利，孙捷，诸葛天瑜，谢玲丽，吴维国，罗靖致. 桡动脉茎突返支骨瓣移位治疗舟状骨不连[J]. 中国骨伤，2010，23(2)：147-149. DOI：10.3969/j.issn.1003-0034.2010.02.024. {XING Zhili,SUN Jie,ZHUGE Tianyu,XIE Lingli,WU Weiguo,LUO Jingzhi. Radial artery recurrent branch of styloid process bone flap transfer for treatment of scaphoid nonunion[J]. Zhongguo Gu Shang[China J Orthop Trauma(Article in Chinese;Abstract in Chinese and English)],2010,23(2):147-149. DOI:10.3969/j.issn.1003-0034.2010.02.024.}

[14219] 李向荣，俞俊兴，贾学峰，秦军. 桡骨远端骨膜瓣植入治疗腕舟骨骨折[J]. 中华手外科杂志，2010，26(4)：215. DOI：10.3760/cma.j.issn.1005-054X.2010.04.010. {LI Xiangrong,YU Junxing,JIA Xuefeng,QIN Jun. Treatment of scaphoid fracture with periosteal flap of distal radius[J]. Zhonghua Shou Wai Ke Za Zhi[Chin J Hand Surg(Article in Chinese;No abstract available)],2010,26(4):215. DOI:10.3760/cma.j.issn.1005-054X.2010.04.010.}

[14220] 李泽湘，施继飞. 桡骨远端背侧带血管蒂骨瓣转位联合外固定支架治疗陈旧性舟骨骨折[J]. 中华创伤骨科杂志，2010，12(11)：1025-1028. DOI：10.3760/cma.j.issn.1671-7600.2010.11.006. {LI Zexiang,SHI Jifei. Chronic scaphoid nonunion treated with vascularized bone graft and external fixator[J]. Zhonghua Chuang Shang Gu Ke Za Zhi[Chin J Orthop Trauma(Article in Chinese;Abstract in Chinese and English)],2010,12(11):1025-1028. DOI:10.3760/cma.j.issn.1671-7600.2010.11.006.}

[14221] 李泽湘，施继飞. 桡骨远端背侧带血管蒂骨瓣转位治疗陈旧性舟骨骨折[J]. 中华创伤杂志，2010，26(8)：702-705. DOI：10.3760/cma.j.issn.1001-8050.2010.08.009. {LI Zexiang,SHI Jifei. Treatment of chronic scaphoid nonunion with vascularized bone grafts from dorsal distal radius[J]. Zhonghua Chuang Shang Za Zhi[Chin J Trauma(Article in Chinese;Abstract in Chinese and English)],2010,26(8):702-705. DOI:10.3760/cma.j.issn.1001-8050.2010.08.009.}

[14222] 潘昭勋，杨晓明，曲连军，崔岩，孙超，翟龙地. 应用带血运桡骨茎突骨瓣治疗腕舟骨骨折和骨缺损[J]. 实用手外科杂志，2010，24(2)：101-102，104. DOI：10.3969/j.issn.1671-2722.2010.02.006. {PAN Zhaoxun,YANG Xiaoming,QU Lianjun,CUI Yan,SUN Chao,ZHAI Longdi. Grafting of radial styloid bone flap with vascular pedicle in treatment of scaphoid fractures[J]. Shi Yong Shou Wai Ke Za Zhi[Chin J Pract Hand Surg(Article in Chinese;Abstract in Chinese and English)],2010,24(2):101-102,104. DOI:10.3969/j.issn.1671-2722.2010.02.006.}

[14223] 张会久，胡雅光，韩露，张磊，杨文艳. 保留桡骨茎突带桡动脉茎突支桡骨骨瓣移植治疗腕舟骨骨折不愈合[J]. 中华显微外科杂志，2011，34(6)：460. DOI：10.3760/cma.j.issn.1001-2036.2011.06.008. {ZHANG Huijiu,HU Yaguang,HAN Lu,ZHANG Lei,YANG Wenyan. Treatment of scaphoid nonunion by radial bone flap pedicled with styloid branch of radial artery with preservation of styloid process[J]. Zhonghua Xian Wei Wai Ke Za Zhi[Chin J Microsurg(Article in Chinese;No abstract available)],2011,34(6):460. DOI:10.3760/cma.j.issn.1001-2036.2011.06.008.}

[14224] 潘佳栋，王欣，陈宏，范学锴，王胜伟，章伟文. 以第一、二伸肌腱鞘支持带上动脉为血管蒂的桡骨瓣治疗舟骨骨不连[J]. 中华手外科杂志，2011，27(6)：326-328. DOI：10.3760/cma.j.issn.1005-054X.2011.06.004. {PAN Jiadong,WANG Xin,CHEN Hong,FAN Xuekai,WANG Shengwei,ZHANG Weiwen. Treatment of scaphoid nonunion by vascularized bone flap pedicled on 1,2 ICSRA from the dorsum of the distal radius[J]. Zhonghua Shou Wai Ke Za Zhi[Chin J Hand Surg(Article in Chinese;Abstract in Chinese and English)],2011,27(6):326-328. DOI:10.3760/cma.j.issn.1005-054X.2011.06.004.}

[14225] 苏明海，马夫强，张勇，王邵清，徐院生. 带桡动脉返支桡骨骨瓣加 Herbert 螺钉内固定治疗腕舟状骨骨不连[J]. 临床骨科杂志，2012，15(6)：645-646. {SU Minghai,MA Fuqiang,ZHANG Yong,WANG Shaoqing,XU Yuansheng. Treatment of scaphoid nonunion by reverse-flow vascularized bone graft from the dorsal distal radius and internal fixation with Herbert screw[J]. Lin Chuang Gu Ke Za Zhi[J Clin Orthop(Article in Chinese;Abstract in Chinese and English)],2012,15(6):645-646.}

[14226] 赵志钢，吕伟光，徐志杰，郝佳杰，郭庆宝. 前臂骨间掌侧血管背侧支为蒂桡骨瓣移植治疗腕舟状骨陈旧性骨折[J]. 中国矫形外科杂志，2012，20(12)：1151. DOI：10.3977/j.issn.1005-8478.2012.12.32. {ZHAO Zhigang,LÜ Weiguang,XU Zhijie,HAO Jiajie,GUO Qingbao. Treatment of old scaphoid fracture by radial flap pedicled with dorsal branch of interosseous palmar artery of forearm[J]. Zhongguo Jiao Xing Wai Ke Za Zhi[Orthop J China(Article in Chinese;No abstract available)],2012,20(12):1151. DOI:10.3977/j.issn.1005-8478.2012.12.32.}

[14227] 段超鹏，智丰，郭永明，滕云升，梁高峰. 桡动脉茎突返支骨瓣结合螺钉治疗腕舟骨骨不连[J]. 中华手外科杂志，2013，29(3)：189-190. DOI：10.3760/cma.j.issn.1005-054X.2013.03.032. {DUAN Chaopeng,ZHI Feng,GUO Yongming,TENG Yunsheng,LIANG Gaofeng. Treatment of scaphoid nonunion with radial bone flap pedicled with styloid recurrent branch of radial artery combined with screw fixation[J]. Zhonghua Shou Wai Ke Za Zhi[Chin J Hand Surg(Article in Chinese;No abstract available)],2013,29(3):189-190. DOI:10.3760/cma.j.issn.1005-054X.2013.03.032.}

[14228] 王会才，王峰，张金中，田勇，丁玉勤. 桡动脉返支筋膜蒂携带桡骨瓣移植加 Herbert 螺钉治疗舟骨骨折不愈合[J]. 临床骨科杂志，2013，16(2)：174-175. DOI：10.3969/j.issn.1008-0287.2013.02.023. {WANG Huicai,WANG Feng,ZHANG Jinzhong,TIAN Yong,DING Yuqin. Graft of radius periosteum flap pedicled with fascia and vessel and Herbert screw in treatment of scaphoid nonunion[J]. Lin Chuang Gu Ke Za Zhi[J Clin Orthop(Article in Chinese;Abstract in Chinese and English)],2013,16(2):174-175. DOI:10.3969/j.issn.1008-0287.2013.02.023.}

[14229] 赵晓航，严世贵. 应用桡骨远端骨膜瓣治疗手舟骨陈旧性骨折[J]. 中华显微外科杂志，2013，36(1)：79-81. DOI：10.3760/cma.j.issn.1001-2036.2013.01.026. {ZHAO Xiaohang,YAN Shigui. Treatment of old scaphoid fracture with periosteal flap of distal radius[J]. Zhonghua Xian Wei Wai Ke Za Zhi[Chin J Microsurg(Article in Chinese;Abstract in Chinese)],2013,36(1):79-81. DOI:10.3760/cma.j.issn.1001-2036.2013.01.026.}

[14230] 杜晓龙，欧学海，许玉本，熊咏民，尚驰，朱建军. 两种入路桡骨茎突骨瓣植入治疗陈旧性舟状骨骨折疗效分析[J]. 实用手外科杂志，2013，27(4)：330-331，337. DOI：10.3969/j.issn.1671-2722.2013.04.006. {DU Xiaolong,OU Xuehai,XU Yuben,XIONG Yongmin,SHANG Chi,ZHU Jianjun. Two approach of radial styloid process with vascularized bone flap implanting to treat the old scaphoid fracture[J]. Shi Yong Shou Wai Ke Za Zhi[Chin J Pract Hand Surg(Article in Chinese;Abstract in Chinese and English)],2013,27(4):330-331,337. DOI:10.3969/j.issn.1671-2722.2013.04.006.}

[14231] 颜屈伦，刘永光，旷甫国，何勇，頔徐，张建，叶西，周盟森. 桡动脉茎突返支骨瓣移植加桡骨茎突切除治疗腕舟骨骨不连[J]. 中华手外科杂志，2014，30(1)：25-27. DOI：10.3760/cma.j.issn.1005-054X.2014.01.008. {YAN Qulun,LIU Yongguang,KUANG Fuguo,HE Yong,XU Di,ZHANG Jian,YE Xi,ZHOU Mengsen. Vascularized bone graft pedicled on the styloid recurrent branch of the radial artery combined with radial styloid excision for management of scaphoid nonunion[J]. Zhonghua Shou Wai Ke Za Zhi[Chin J Hand Surg(Article in Chinese;Abstract in Chinese and English)],2014,30(1):25-27. DOI:10.3760/cma.j.issn.1005-054X.2014.01.008.}

[14232] 孙庆鹏. 桡动脉返支骨瓣移植治疗手舟骨 AO-B 型陈旧性骨折[J]. 中国骨伤，2015，28(5)：426-428. DOI：10.3969/j.issn.1003-0034.2015.05.009. {SUN Qingpeng. Application of bone flap pedicled on retrograde branch of radial artery for treatment of old scaphoid bone fractures of type AO-B[J]. Zhongguo Gu Shang[China J Orthop Trauma(Article in Chinese;Abstract in Chinese and English)],2015,28(5):426-428. DOI:10.3969/j.issn.1003-0034.2015.05.009.}

[14233] 于志亮，高顺红，张文龙，胡宏宇，齐巍，张净宇. 掌侧和背侧切口带血管蒂桡骨远端骨瓣移植治疗舟骨陈旧骨折[J]. 中华显微外科杂志，2015，38(5)：501-503. DOI：10.3760/cma.j.issn.1001-2036.2015.05.030. {YU Zhiliang,GAO Shunhong,ZHANG

Wenlong,HU Hongyu,QI Wei,ZHANG Jingyu. Treatment of old scaphoid fractures with vascularized distal radius flap through volar and dorsal incisions[J]. Zhonghua Xian Wei Wai Ke Za Zhi[Chin J Microsurg(Article in Chinese;Abstract in Chinese)],2015,38(5):501-503. DOI:10.3760/cma.j.issn.1001-2036.2015.05.030.}

[14234] 何腾峰，马云淼，沈华松，朱金柯，郦志文. 带血管蒂桡骨膜瓣治疗舟状骨骨折不愈合伴坏死[J]. 中华手外科杂志，2015，31（4）：309-310. DOI：10.3760/cma.j.issn.1005-054X.2015.04.026. {HE Tengfeng,MA Yunmiao,SHEN Huasong,ZHU Jinke,LI Zhiwen. Treatment of scaphoid nonunion with necrosis by vascularized radial periosteal flap[J]. Zhonghua Shou Wai Ke Za Zhi[Chin J Hand Surg(Article in Chinese;Abstract in Chinese)],2015,31(4):309-310. DOI:10.3760/cma.j.issn.1005-054X.2015.04.026.}

[14235] 刘瑞祥，梁海，王义平，刘岸雄，廖家成，陈琪，欧阳阳钢，陈先，谢统明. 腕舟骨骨折应用带血管筋膜蒂桡骨茎突骨瓣转位植入治疗的临床观察[J]. 实用手外科杂志，2015，29（2）：166-167，175. DOI：10.3969/j.issn.1671-2722.2015.02.017. {LIU Ruixiang,LIANG Hai,WANG Yiping,LIU Anxiong,LIAO Jiacheng,CHEN Qi,OUYANG Yanggang,CHEN Xian,XIE Tongming. Clinical observation of transposition and implant treatment of scaphoid fracture with blood vessel with fascia of the styloid process of the radius[J]. Shi Yong Shou Wai Ke Za Zhi[Chin J Pract Hand Surg(Article in Chinese;Abstract in Chinese and English)],2015,29(2):166-167,175. DOI:10.3969/j.issn.1671-2722.2015.02.017.}

[14236] 张钰，林尊文，刘明军，邹帆，陈江伟，黄山虎. 桡骨骨膜瓣移植重建舟骨血运在舟骨骨不连手术中的应用[J]. 中华骨科杂志，2016，36（3）：136-142. DOI：10.3760/cma.j.issn.0253-2352.2016.03.002. {ZHANG Yu,LIN Zunwen,LIU Mingjun,ZOU Fan,CHEN Jiangwen,HUANG Shanhu. Treatment of scaphoid nonunion fractures by vascularized radial periosteum graft from the dorsal distal radius[J]. Zhonghua Gu Ke Za Zhi[Chin J Orthop(Article in Chinese;Abstract in Chinese and English)],2016,36(3):136-142. DOI:10.3760/cma.j.issn.0253-2352.2016.03.002.}

[14237] 纪志华，周立义，贾丙申. 桡骨远端骨膜瓣转位结合螺钉内固定治疗舟骨陈旧性骨折[J]. 中华手外科杂志，2016，32（1）：79. DOI：10.3760/cma.j.issn.1005-054X.2016.01.034. {JI Zhihua,ZHOU Liyi,JIA Bingshen. Treatment of old scaphoid fracture with distal radius periosteal flap transposition and screw internal fixation[J]. Zhonghua Shou Wai Ke Za Zhi[Chin J Hand Surg(Article in Chinese;No abstract available)],2016,32(1):79. DOI:10.3760/cma.j.issn.1005-054X.2016.01.034.}

[14238] 周洪翔，周涛，孙士温，闫会海，马明明，陈亮，何威. 桡动脉腕掌支骨膜瓣治疗陈旧性舟状骨骨折[J]. 临床骨科杂志，2017，20（5）：591-593. DOI：10.3969/j.issn.1008-0287.2017.05.030. {ZHOU Hongxiang,ZHOU Tao,SUN Shiwen,YAN Huihai,MA Mingming,CHEN Liang,HE Wei. Treatment of old scaphoid fractures by vascularized bone grafts pedicled on the plamar branches of the radial artery of distal radius[J]. Lin Chuang Gu Ke Za Zhi[J Clin Orthop(Article in Chinese;Abstract in Chinese and English)],2017,20(5):591-593. DOI:10.3969/j.issn.1008-0287.2017.05.030.}

[14239] 李京宁，马振杰，季远，于胜军，高飞，毕本军. 以第一、二伸肌室间支持带上动脉为血管蒂的桡骨瓣治疗舟骨骨不连[J]. 中华骨科杂志，2017，37（9）：535-540. DOI：10.3760/cma.j.issn.0253-2352.2017.09.004. {LI Jingning,MA Zhenjie,JI Yuan,YU Shengjun,GAO Fei,BI Benjun. Vascularized distal radius graft of 1,2 intercompartmental supraretinacular artery for scaphoid nonunion[J]. Zhonghua Gu Ke Za Zhi[Chin J Orthop(Article in Chinese;Abstract in Chinese and English)],2017,37(9):535-540. DOI:10.3760/cma.j.issn.0253-2352.2017.09.004.}

[14240] 赵晓航，胡德锋，胡振业，叶红禹，孙艺，马建安，易兵，徐鸿杰. AO加压螺钉联合桡骨远端骨膜瓣治疗舟骨陈旧性骨折[J]. 中华手外科杂志，2017，33（2）：106-108. DOI：10.3760/cma.j.issn.1005-054X.2017.02.010. {ZHAO Xiaohang,HU Defeng,HU Zhenye,YE Hongyu,SUN Yi,MA Jian' an,YI Bing,XU Hongjie. AO lag screw combined with distal radius periosteal flap in the treatment of scaphoid fracture nonunion[J]. Zhonghua Shou Wai Ke Za Zhi[Chin J Hand Surg(Article in Chinese;Abstract in Chinese and English)],2017,33(2):106-108. DOI:10.3760/cma.j.issn.1005-054X.2017.02.010.}

[14241] 胡阿威，夏训良，夏春明，何振华，汪平，徐明，刘胜. 带血管筋膜蒂桡骨茎突骨瓣加Herbert螺钉内固定治疗陈旧性腕舟骨骨折[J]. 临床骨科杂志，2017，20（3）：329-331. DOI：10.3969/j.issn.1008-0287.2017.03.023. {HU Awei,XIA Xunliang,XIA Chunming,HE Zhenhua,WANG Ping,XU Ming,LIU Sheng. Treatment of old scaphoid fracture with radial styloid bone flap pedicled with vascular fascia and Herbert screw internal fixation[J]. Lin Chuang Gu Ke Za Zhi[J Clin Orthop(Article in Chinese;Abstract in Chinese and English)],2017,20(3):329-331. DOI:10.3969/j.issn.1008-0287.2017.03.023.}

[14242] 李鹏，易传军，尉继伟，刘轶韬. 以桡动脉腕背支为蒂的桡骨远端骨膜瓣转移治疗舟骨不连[J]. 中华手外科杂志，2018，34（4）：244-246. DOI：10.3760/cma.j.issn.1005-054X.2018.04.002. {LI Peng,YI Chuanjun,YU Jiwei,LIU Yitao. Treatment of scaphoid nonunion with periosteal flap of distal radius pedicled by dorsal carpal branch of radial artery[J]. Zhonghua Shou Wai Ke Za Zhi[Chin J Hand Surg(Article in Chinese;Abstract in Chinese and English)],2018,34(4):244-246. DOI:10.3760/cma.j.issn.1005-054X.2018.04.002.}

[14243] 刘仁甫，谢仁国，韩俊，夏柱良. 桡骨茎突上穿支链式皮瓣修复手部创面24例[J]. 实用手外科杂志，2018，32（4）：443-444，447. DOI：10.3969/j.issn.1671-2722.2018.04.021. {LIU Renfu,XIE Renguo,HAN Jun,XIA Zhugen. Chain flap with superior perforating branch of styloid process of radius to repair hand wound in 24 cases[J]. Shi Yong Shou Wai Ke Za Zhi[Chin J Pract Hand Surg(Article in Chinese;Abstract in Chinese and English)],2018,32(4):443-444,447. DOI:10.3969/j.issn.1671-2722.2018.04.021.}

[14244] 胡振业，赵晓航，胡德锋，叶红禹，马建安，易兵，孙艺，徐鸿杰. 桡骨远端骨膜瓣转移治疗早期月骨无菌性坏死[J]. 中华手外科杂志，2019，35（6）：467-469. DOI：10.3760/cma.j.issn.1005-054X.2019.06.027. {HU Zhenye,ZHAO Xiaohang,HU Defeng,YE Hongyu,MA Jian' an,YI Bing,SUN Yi,XU Hongjie. Treatment of early lunate aseptic necrosis with distal radius periosteal flap transfer [J]. Zhonghua Shou Wai Ke Za Zhi[Chin J Hand Surg(Article in Chinese;Abstract in Chinese)],2019,35(6):467-469. DOI:10.3760/cma.j.issn.1005-054X.2019.06.027.}

4.9.9 尺骨骨瓣

ulna bone flap

[14245] 刘瑞军，冯承臣，陈沂民，扬佃玉，刘茂文，徐前锋，宋思爱. 带血管蒂尺骨瓣治疗陈旧性腕舟骨骨不连九例[J]. 中华显微外科杂志，1994，17：293-294. {LIU Ruijun,FENG Chengchen,CHEN Yimin,YANG Dianyu,LIU Maowen,XU Qianfeng,SONG Siai. Treatment of old scaphoid nonunion with vascularized ulnar flap:a report of 9 cases[J]. Zhonghua Xian Wei Wai Ke Za Zhi[Chin J Microsurg(Article in Chinese;No abstract available)],1994,17:293-294.}

[14246] 陈振光，余国荣，喻爱喜，谭金海，陈秀清，李卜明，李国文，窦忠新. 骨间前血管蒂尺骨远段骨（膜）瓣转位术[J]. 中国临床解剖学杂志，1995，13（2）：304-305. {CHEN Zhenguang,YU Guorong,YU Aixi,TAN Jinhai,CHEN Xiuqing,LI Buming,LI Guowen,DOU Zhongxin. Transposition of distal ulnar osteoperiosteal flap pedicled with anterior interoesseous vessels[J]. Zhongguo Lin Chuang Jie Pou Xue Za Zhi[Chin J Clin Anat(Article in Chinese;Abstract in Chinese and English)],1995,13(2):304-305.}

[14247] 陈振光，余国荣，喻爱喜，谭金海. 骨间返动脉为蒂尺骨上段骨膜瓣移位的临床应用[J]. 中华显微外科杂志，1997，20（1）：13-14. {CHEN Zhenguang,YU Guorong,YU Aixi,TAN Jinhai. Clinical application of proximal ulna periosteal flap pedicled with recurrent interosseous artery[J]. Zhonghua Xian Wei Wai Ke Za Zhi[Chin J Microsurg(Article in Chinese;Abstract in Chinese and English)],1997,20(1):13-14.}

4.9.9.1 头状骨骨瓣

vascularised capitate bone graft

[14248] Lu LJ,Gong X,Wang KL. Vascularized capitate transposition for advanced Kienböck disease:application of 40 cases and their anatomy[J]. Ann Plast Surg,2006,57(6):637-641. doi:10.1097/01.sap.0000235425.03914.4f.

[14249] Zhang X,Fang X,Shao X,Wen S,Zhu H,Ren C. Osteoarticular pedicle flap from the capitate to reconstruct traumatic defects in the head of the proximal phalanx[J]. J Hand Surg Am,2012,37(9):1780-1790. doi:10.1016/j.jhsa.2012.05.004.

[14250] 周连圻，吴守义，倪菊初，陶锦淳，胡清潭. 应用月、三角骨或月、头状骨融合手术治疗月骨缺血性坏死症的初步报告[J]. 中华外科杂志，1960，8（1）：75-77. {ZHOU Lianqi,WU Shouyi,NI Juchu,TAO Jinchun,HU Qingtan. A preliminary report on the treatment of lunate bone ischemic necrosis with lunate-trigone or lunate-cephalic bone fusion[J]. Zhonghua Wai Ke Za Zhi[Chin J Surg(Article in Chinese;No abstract available)],1960,8(1):75-77.}

[14251] 路来金，王玉发，王首夫. 带蒂头状骨替代月骨[J]. 中国修复重建外科杂志，1992，6（1）：4-5，62-67. {LU Laijin,WANG Yufa,WANG Shoufu. The replacement of lunate bone by vascularized capitate bone[J]. Zhongguo Xiu Fu Chong Jian Wai Ke Za Zhi[Chin J Repar Reconstr Surg(Article in Chinese;Abstract in Chinese and English)],1992,6(1):4-5,62-67.}

[14252] 路来金，孙玉霞，姜永冲，王玉发，杨钧. 带血管蒂头状骨移位替代月骨的应用解剖[J]. 中国临床解剖学杂志，1997，15（1）：23-26. {LU Laijin,SUN Yuxia,JIANG Yongchong,WANG Yufa,YANG Jun. Anatomical study on lunate bone substitution with pedicled cephaloid bone[J]. Zhongguo Lin Chuang Jie Pou Xue Za Zhi[Chin J Clin Anat(Article in Chinese;Abstract in Chinese and English)],1997,15(1):23-26.}

[14253] 路来金，张志新，刘志刚，宫旭，于家傲. 头状骨移位替代坏死月骨的解剖研究及其临床应用[J]. 中华手外科杂志，1999，15（3）：141. DOI：10.3760/cma.j.issn.1005-054X.1999.03.005. {LU Laijin,ZHANG Zhixin,LIU Zhigang,GONG Xu,YU Jiaao. Capitate transposition for treatment of avascular lunate necrosis applied anatomy and clinical application[J]. Zhonghua Shou Wai Ke Za Zhi[Chin J Hand Surg(Article in Chinese;Abstract in Chinese and English)],1999,15(3):141. DOI:10.3760/cma.j.issn.1005-054X.1999.03.005.}

[14254] 宫旭，路来金，杨涛，于家傲，朴成东. 头状骨短缩术治疗月骨无菌性坏死的生物力学研究[J]. 中华手外科杂志，1999，15（3）：3-5. {GONG Xu,LU Laijin,YANG Tao,YU Jiaao,PU Chengdong. Biomechanical analysis of capitate shortening for treatment of Kienböck' s disease[J]. Zhonghua Shou Wai Ke Za Zhi[Chin J Hand Surg(Article in Chinese;Abstract in Chinese and English)],1999,15(3):3-5.}

[14255] 崔胜杰，张金荣，冀雪霞，王向辉，刘玉民. 头状骨带蒂移位与血管蒂骨瓣植入治疗月骨无菌坏死[J]. 中国矫形外科杂志，2000，7（11）：1130-1131. DOI：10.3969/j.issn.1005-8478.2000.11.033. {CUI Shengjie,ZHANG Jinrong,JI Xuexia,WANG Xianghui,LIU Yumin. Capiatate bone with pedicle transposition and bone flap with vascular pedicle implantation for treatment of of avascular lunar bone necrosis[J]. Zhongguo Jiao Xing Wai Ke Za Zhi[Orthop J China(Article in Chinese;Abstract in Chinese)],2000,7(11):1130-1131. DOI:10.3969/j.issn.1005-8478.2000.11.033.}

[14256] 王向辉，崔胜杰，冀雪霞，王向梅，李巧红，王恒，王建民，王君. 头状骨带蒂移位与血管蒂骨瓣植入治疗月骨无菌坏死[J]. 中国实用手外科杂志，2000，14（1）：17-18. {WANG Xianghui,CUI Shengjie,JI Xuexia,WANG Xiangmei,LI Qiaohong,WANG Heng,WANG Jianmin,WANG Jun. Capitate bone with pedicle transposition and bone flap with vascular pedicle implantation for treatment of lunate asepsis necrosis[J]. Shi Yong Shou Wai Ke Za Zhi[Chin J Pract Hand Surg(Article in Chinese;Abstract in Chinese and English)],2000,14(1):17-18.}

[14257] 屈志刚，汤海萍，程国良，侯书健，丁小珩，孙乐天，滕国栋，潘达德. 带蒂头状骨移位治疗月骨缺血性坏死[J]. 中国修复重建外科杂志，2002，16（6）：438. {QU Zhigang,TANG Haiping,CHENG Guoliang,HOU Shujian,DING Xiaoheng,SUN Letian,TENG Guodong,PAN Dade. Treatment of lunate ischemic necrosis with pedicled capitate bone transfer[J]. Zhongguo Xiu Fu Chong Jian Wai Ke Za Zhi[Chin J Repar Reconstr Surg(Article in Chinese;No abstract available)],2002,16(6):438.}

[14258] 陈雪荣，周平，孙文东，车斌. 头状骨移位治疗月骨无菌性坏死[J]. 骨与关节损伤杂志，2003，18（5）：301-302. DOI：10.3969/j.issn.1672-9935.2003.05.006. {CHEN Xuerong,ZHOU Ping,SUN Wendong,CHE Bin. Capitate transposition for treatment of kienböck's disease in advanced stage[J]. Gu Yu Guan Jie Sun Shang Za Zhi[J Bone Joint Injury(Article in Chinese;Abstract in Chinese and English)],2003,18(5):301-302. DOI:10.3969/j.issn.1672-9935.2003.05.006.}

[14259] 赵少平，蒋文平，王立新，吴爱民，阚利民，赵小明，杨唤友，何丽娜，刘德群. 头状骨骨软骨移植治疗指间关节缺损的临床应用[J]. 中华手外科杂志，2004，20（4）：198-199. DOI：10.3760/cma.j.issn.1005-054X.2004.04.003. {ZHAO Shaoping,JIANG Wenping,WANG Lixin,WU Aimin,KAN Limin,ZHAO Xiaoming,YANG Huanyou,HE Lina,LIU Dequn. Clinical application of using osteochondral transplantation from capitate in interphalangeal joint defect[J]. Zhonghua Shou Wai Ke Za Zhi[Chin J Hand Surg(Article in Chinese;Abstract in Chinese and English)],2004,20(4):198-199. DOI:10.3760/cma.j.issn.1005-054X.2004.04.003.}

[14260] 赵云珍，潘志军，杨树清，方弘伟. 带掌侧血管蒂部分头状骨移位替代坏死月骨的解剖学研究[J]. 中华手外科杂志，2012，28（4）：198-201. DOI：10.3760/cma.j.issn.1005-054X.2012.04.003. {ZHAO Yunzhen,PAN Zhijun,YANG Shuqing,FANG Hongwei. Anatomical study of volar pedicled capitate transposition for treatment of avascular lunate necrosis[J]. Zhonghua Shou Wai Ke Za Zhi[Chin J Hand Surg(Article in Chinese;Abstract in Chinese and English)],2012,28(4):198-201. DOI:10.3760/cma.j.issn.1005-054X.2012.04.003.}

[14261] 唐诗添，刘刚，张定伟，王军，黄富国. 带血管蒂头状骨瓣移位治疗终末期月骨缺血性坏死的远期疗效[J]. 中国修复重建外科杂志，2014，28（8）：925-928. DOI：10.7507/1002-1892.20140203. {TANG Shitian,LIU Gang,ZHANG Dingwei,WANG Jun,HUANG Fuguo. Long-term effectiveness of vascularized capitate osteotomy transposition for advanced kienböck's disease[J]. Zhongguo Xiu Fu Chong Jian Wai Ke Za Zhi[Chin J Repar Reconstr Surg(Article in Chinese;Abstract in Chinese and English)],2014,28(8):925-928. DOI:10.7507/1002-1892.20140203.}

[14262] 吴欢，徐永清，罗浩天，范新宇，何晓清，张旭林，赵万秋，许育健，袁礼波. 头状骨形态和血供的解剖学基础[J]. 中国临床解剖学杂志，2020，38（2）：160-165. DOI：10.13418/j.issn.1001-165x.2020.02.012. {WU Huan,XU Yongqing,LUO Haotian,FAN Xinyu,HE Xiaoqing,ZHANG Xulin,ZHAO Wanqiu,XU Yujian,YUAN Libo. Anatomical basis of the morphology and blood supply of the capitate bone[J]. Zhongguo Lin Chuang Jie Pou Xue Za Zhi[Chin J Clin Anat(Article in Chinese;Abstract in Chinese and English)],2020,38(2):160-165. DOI:10.13418/j.issn.1001-165x.2020.02.012.}

4.9.9.2 豌豆骨骨瓣
vascularised pisiform bone graft

[14263] 闻胜华，陈好德，郑放，姚作宾. 月骨豌豆骨的血供及其临床意义 [J]. 中华骨科杂志，1994，14 (11): 177-179. {WEN Shenghua,CHEN Haode,ZHENG Fang,YAO Zuobin. The blood supply of the lunate and pisiformbone and its clinical significance[J]. Zhonghua Gu Ke Za Zhi[Chin J Orthop(Article in Chinese;Abstract in Chinese and English)],1994,14(11):177-179.}

[14264] 裴福兴，杨志明，黄富国，沈怀信. 腕骨间融合联合带蒂豌豆骨移位治疗月骨缺血性坏死 [J]. 中华手外科杂志，1995，11 (3): 131-134. {PEI Fuxing,YANG Zhiming,HUANG Fuguo,SHEN Huaixin. Intercarpal fusion combining transfer of pedicled pisiform bone for kienböck disease[J]. Zhonghua Shou Wai Ke Za Zhi[Chin J Hand Surg(Article in Chinese;Abstract in Chinese and English)],1995,11(3):131-134.}

[14265] 裴福兴，杨志明，黄富国，张世琼. 带蒂豌豆骨移位替代月骨治疗月骨缺血性坏死 [J]. 中华骨科杂志，1996，16 (1): 29-31. {PEI Fuxing,YANG Zhiming,HUANG Fuguo,ZHANG Shiqiong. Treatment of kienböck's disease by transfer of pedicled pisiform bone for replacement of lunate[J]. Zhonghua Gu Ke Za Zhi[Chin J Orthop(Article in Chinese;Abstract in Chinese and English)],1996,16(1):29-31.}

[14266] 钟桂午，胡万华，闫毅，许可才，张正治，杨志明. 带蒂豌豆骨移位治疗月骨无菌性坏死 [J]. 中华医学杂志，1996，76 (1): 17-19. {ZHONG Guiwu,HU Wanhua,YAN Yi,XU Kecai,ZHANG Zhengzhi,YANG Zhiming. Transplantation of pedicled pisiform bone to replace lunate bone with aseptic necrosis[J]. Zhonghua Yi Xue Za Zhi[Natl Med J China(Article in Chinese;Abstract in Chinese and English)],1996,76(1):17-19.}

[14267] 李光宪，纪桂花，季永东，庄绪喜，苏道元. 带蒂豌豆骨移位修复月骨缺血性坏死 [J]. 中国修复重建外科杂志，2002，16 (2): 143. {LI Guangxian,JI Guihua,JI Yongdong,ZHUANG Xuxi,SU Daoyuan. Treatment of lunate ischemic necrosis with pedicled pisiform bone transfer[J]. Zhongguo Xiu Fu Chong Jian Wai Ke Za Zhi[Chin J Repar Reconstr Surg(Article in Chinese;No abstract available)],2002,16(2):143.}

[14268] 刘有余，姚忠军，郑和平，徐圣康，何明武，廖有乔. 尺动脉腕上皮支降支蒂豌豆骨移位替代月骨的解剖基础 [J]. 中国临床解剖学杂志，2008，26 (2): 131-133. DOI: 10.3969/j.issn.1001-165X.2008.02.006. {LIU Youyu,YAO Zhongjun,ZHENG Heping,XU Shengkang,HE Mingwu,LIAO Youqiao. Anatomy of the shift of lentiform bone pedicled with desening branch of cutaneous branches of arteria ulnaris wrist superior branch to substitute lunate bone[J]. Zhongguo Lin Chuang Jie Pou Xue Za Zhi[Chin J Clin Anat(Article in Chinese;Abstract in Chinese and English)],2008,26(2):131-133. DOI:10.3969/j.issn.1001-165X.2008.02.006.}

[14269] 肖聪，刘国明，滕林，项舟，钟刚，岑石强，黄富国. 带血管蒂豌豆骨瓣移位治疗月骨缺血性坏死的中长期疗效评估 [J]. 中华骨科杂志，2011，31 (3): 238-242. DOI: 10.3760/cma.j.issn.0253-2352.2011.03.008. {XIAO Cong,LIU Guoming,TENG Lin,XIANG Zhou,ZHONG Gang,CEN Shiqiang,HUANG Fuguo. Long-term effects of vascularized pisiform transfer for Kienböck's disease[J]. Zhonghua Gu Ke Za Zhi[Chin J Orthop(Article in Chinese;Abstract in Chinese and English)],2011,31(3):238-242. DOI:10.3760/cma.j.issn.0253-2352.2011.03.008.}

4.9.10 髂骨骨瓣
iliac bone flap

[14270] Ying XQ,Jiang LB. Vascularized iliac grafting in arthrodesis and hip shelf operation[J]. Chin Med J,1985,98(4):295-298.

[14271] Zhu SX,Shen YN,Lu SB,Zhang BX,Wang JF. Transposition of iliac periosteum with vascular pedicle and compression screw fixation for transcervical fracture of femur. Experimental research and clinical application[J]. Chin Med J,1989,102(1):34-40.

[14272] Zhu SX,Zhou MW. Iliac periosteal graft with vascular pedicle in the treatment of avascular necrosis of the femoral head. Experimental study and clinical application[J]. Chin Med J,1992,105(10):849-855.

[14273] Wang Y,Zhu S,Zhao D. Vascularized iliac periosteal transfer for the treatment of avascular necrosis of the femoral head and a new evaluation grading system[J]. Chin Med J,1996,109(6):441-445.

[14274] Xu DC,Kong JM,Zhong SZ. The ascending branch of the lateral circumflex femoral artery. A new supply for vascularized iliac transplantation[J]. Surg Radiol Anat,1989,11(4):263-264. doi:10.1007/BF02098692.

[14275] Chen RS,Liu YX,Liu CB,Hu YS,Xu DC,Zhong SZ,Li ZH. Anatomic basis of iliac crest flap pedicled on the iliolumbar artery[J]. Surg Radiol Anat,1999,21(2):103-107. doi:10.1007/s00276-999-0103-0.

[14276] Zhao DW,Sun Q,Wang BJ,Cui DP. Free iliac crest grafts with periosteum for treatment of old acetabular defects[J]. Chin J Traumatol,2006,9(6):338-340.

[14277] Wu K,Ren D,Hou S,Zhang W,Jian Z,Song D,Zheng X. Vascularized iliac osteomuscular free flaps for composite soft tissue and bone defects of the lower extremity[J]. Ann Plast Surg,2009,63(1):53-58. doi:10.1097/SAP.0b013e31818572bc.

[14278] Yu XB,Zhao DW,Zhong SZ,Liu BY,Wang BJ,Liu YP,Zhang Y,Cui DP,Fu DP,Xie H. Prospective and comparative analysis of internal fixation of femoral neck fractures with or without vascularized iliac graft in young adults[J]. Orthopedics, 2013,36(2):e132-138. doi:10.3928/01477447-20130122-12.

[14279] Pan ZH,Jiang PP,Xue S. Free iliac flap for treating multiple skin defects of the hand and digits[J]. J Hand Surg Eur,2013,38(9):952-958. doi:10.1177/1753193413484628.

[14280] Zhu L,Liu Y,Yang Z,Li H,Wang J,Zhao C,Chen X,Zhang Y. Locking plate fixation combined with iliac crest bone autologous graft for proximal humerus comminuted fracture[J]. Chin Med J,2014,127(9):1672-1676.

[14281] Dewei Z,Xiaobing Y. A retrospective analysis of the use of cannulated compression screws and a vascularised iliac bone graft in the treatment of displaced fracture of the femoral neck in patients aged < 50 years[J]. Bone Joint J,2014,96-B(8):1024-1028. doi:10.1302/0301-620X.96B8.33002.

[14282] Liu J,Song D,Li J,Xu J,Lv H. Modified osteomyocutaneous iliac crest flaps transplantation[J]. J Plast Surg Hand Surg,2015,49(2):102-106. doi:10.3109/2000656X.2014.922979.

[14283] Wang Y,Zhang J,Wei W. Vascularised iliac bone grafting in the treatment of femoral neck nonunion in young adults:a retrospective study[J]. Hip Int,2015,25(3):264-269. doi:10.5301/hipint.5000233.

[14284] Xiaobing Y,Dewei Z. Salvage of failed osteosynthesis of an intracapsular fracture of the femoral neck using two cannulated compression screws and a vascularised iliac crest bone graft[J]. Bone Joint J,2015,97-B(7):988-991. doi:10.1302/0301-620X.97B7.34970.

[14285] Yu X,Zhao D,Huang S,Wang B,Zhang X,Wang W,Wei X. Biodegradable magnesium screws and vascularized iliac grafting for displaced femoral neck fracture in young adults[J]. BMC Musculoskelet Disord,2015,16:329. doi:10.1186/s12891-015-0790-0.

[14286] Zhao D,Cao M,Wang T,Wang B,Liu B,Lineaweaver WC. Pedicled iliac crest bone flap transfer for the treatment of upper femoral shaft fracture nonunion:An anatomic study and clinical applications[J]. Microsurgery, 2018,38(8):882-888. doi:10.1002/micr.30278.

[14287] Zheng L,Lv X,Shi Y,Zhang J,Zhang J. Intraoral anastomosis of a vascularized iliac-crest flap in maxillofacial reconstruction[J]. J Plast Reconstr Aesthet Surg,2019,72(5):744-750. doi:10.1016/j.bjps.2018.12.013.

[14288] Sun L,Li Z,Ma T,Xue HZ,Wang Q,Lu DG,Lu Y,Ren C,Li M,Zhang K. Treatment of atrophic nonunion via autogenous ilium grafting assisted by vertical fixation of double plates:A case series of patients[J]. J Int Med Res,2019,47(5):1998-2010. doi:10.1177/0300060518814607.

[14289] Fan Z,Cong L,Hang L,Ming L,Jun W,Zujie H,Haoyu L. Acetabular reaming and sartorius muscle pedicle iliac bone grafting in the treatment of developmental dysplasia of the hip in older children:a retrospective study of 15 patients with more than two years follow-up[J]. J Child Orthop,2020,14(3):201-207. doi:10.1302/1863-2548.14.190116.

[14290] Liu K,Mu L,Liu J,Fu Z,Chen L,Liu B. Distal radius fracture malunion in an adolescent patient treated with osteotomy and autologous iliac bone grafting:A case report[J]. Medicine(Baltimore),2020,99(40):e22535. doi:10.1097/MD.0000000000022535.

[14291] 范遗恩，赵松令，孙义久，罗洪业，梁岱瑛，陈克功. 带臀上动、静脉的游离髂骨移植 (附三例报告) [J]. 黑龙江医药科学，1980，(1): 1-4. {FAN Yi'en,ZHAO Songling,SUN Yijiu. Free iliac bone graft with superior gluteal artery and vein:three case reports[J]. Hei Long Jiang Yi Yao Ke Xue[Heilongjiang Medicine and Pharmacy(Article in Chinese;Abstract in Chinese)],1980,(1):1-4.}

[14292] 黄恭康. 以旋髂深血管为蒂的显微血管游离髂骨移植 [J]. 蚌埠医学院学报，1981，6 (1): 36. {HUANG Gongkang. Free vascularized iliac bone graft with deep iliac circumflex artery pedicle[J]. Beng Bu Yi Xue Yuan Xue Bao[J Bengbu Med Coll(Article in Chinese;Abstract in Chinese)],1981,6(1):36.}

[14293] 吴仁秀. 髂骨移植的显微外科解剖学研究 [J]. 安徽医学院学报，1981，16 (2): 1. {WU Renxiu. Microsurgical anatomy of iliac bone graft[J]. An Hui Yi Xue Yuan Xue Bao[J Anhui Coll Med(Article in Chinese;Abstract in Chinese)],1981,16(2):1.}

[14294] 白文甫，陈德福，吴兆森，周文玉，申屠居. 髂骨带血管蒂移植的临床应用 [J]. 石河子医学院学报，1981，15 (3): 146. {BAI Renfu,CHEN Defu,WU Zhaoseng,ZHOU Wenyu,SHEN Tuju. Clinical application of vascularized iliac bone grafts[J]. Shi He Zi Yi Xue Yuan Xue Bao[Shihezi Med J(Article in Chinese;Abstract in Chinese)],1981,15(3):146.}

[14295] 刘家琛，高孟林，赖钦声. 用旋髂深血管游离复合髂骨瓣重建下颌骨缺损 [J]. 中华口腔科杂志，1982，17 (1): 3. {LIU Jiachen,GAO Menglin,LAI Qinsheng. Free vascularized iliac bone graft with deep iliac circumflex artery pedicle for reconstructing mandible defect[J]. Zhong Hua Kou Qiang Ke Za Zhi[Chin J Stomatol(Article in Chinese;Abstract in Chinese)],1982,17(1):3.}

[14296] 陈受谦，陈尔瑜，李万卿，蒋祖言，刘长江，林贵德，叶国才，金大地. 带旋髂深动静脉蒂的髂骨片转位移植治疗陈旧性股骨颈骨折骨不连 (附 4 例报告) [J]. 解放军医学杂志，1983，8 (1): 31-32. {CHEN Shouqian,CHEN Eryu,LI Wanqing,JIANG Zuyan,LIU Changjiang,LIN Guide,YE Guocai,JIN Dadi. Iliac crest bone flap graft with deep circumflex iliac arteriovenous pedicle for treating nonunion of dated femoral neck fractures[J]. Jie Fang Jun Yi Xue Za Zhi[Med J Chin PLA(Article in Chinese;Abstract in Chinese)],1983,8(1):31-32.}

[14297] 邹建红，杨延星，王绪通，陈志先. 缝匠肌带髂骨植骨术治疗股骨颈骨折 15 例报告 [J]. 解放军医学杂志，1983，8 (1): 42-43. {ZOU Jianhong,YANG Yanxing,WANG Xutong,CHEN Zhixian. Iliac bone graft pedicled by sartorius muscle for treating femoral neck fractures:fifteen case reports[J]. Jie Fang Jun Yi Xue Za Zhi[Med J Chin PLA(Article in Chinese;Abstract in Chinese)],1983,8(1):42-43.}

[14298] 范遗恩，赵松龄，孙义久，罗洪业，梁岱瑛，陈克功. 带臀上动静脉的髂骨游离移植 [J]. 中华外科杂志，1983，21 (11): 655. {FAN Yi' en,ZHAO Songling,SUN Yijiu,LUO Hongye,LIANG Daiying,CHEN Kegong. Free iliac bone graft with superior gluteal artery and vein[J]. Zhonghua Wai Ke Za Zhi[Chin J Surg(Article in Chinese;Abstract in Chinese)],1983,21(11):655.}

[14299] 陈振光，何泽霖，何同群，顾洁夫，张明元，李义贵. 介绍一种切取带血管蒂游离髂骨的方法 [J]. 显微外科，1984，7 (1-2): 6. {CHEN Zhenguang,HE Zelin,HE Tongqun,GU Jiefu,ZHANG Mingyuan,LI Yigui. An introduction of a method of excision of free vascularized iliac bone flap[J]. Xian Wei Wai Ke[Chin J Microsurg(Article in Chinese;No abstract available)],1984,7(1-2):6.}

[14300] 范遗恩，赵松令，孙义久，罗洪业，梁岱瑛，陈克功. 切取带臀上动、静脉游离髂骨瓣的三种方法 [J]. 显微外科，1984，7 (1-2): 24. {FAN Yi' en,ZHAO Songling,SUN Yijiu,LUO Hongye,LIANG Daiying,CHEN Kegong. Three methods of excision of free superior gluteal artery pedicled iliac bone flap[J]. Xian Wei Wai Ke[Chin J Microsurg(Article in Chinese;No abstract available)],1984,7(1-2):24.}

[14301] 钟永持，等. 吻合旋髂深血管移植髂骨修复下颌的应用 [J]. 临床应用解剖学杂志，1984，2 (1): 15. {ZHONG Yongchi,et al. Iliac bone flap graft with deep circumflex iliac arteriovenous pedicle for reconstructing mandible[J]. Lin Chuang Ying Yong Jie Pou Xue Za Zhi[Chin J Clin Anat(Article in Chinese;No abstract available)],1984,2(1):15.}

[14302] 孙勇刚，王大玫，王光和. 游离髂骨瓣移植修复下颌骨缺损 (附 6 例报告) [J]. 中华口腔科杂志，1984，19 (2): 90. {SUN Yonggang,WANG Damei,WANG Guanghe. Free iliac bone flap graft for reconstructing mandible defect:six case reports[J]. Zhong Hua Kou Qiang Ke Za Zhi[Chin J Stomatol(Article in Chinese;No abstract available)],1984,19(2):90.}

[14303] 苏国礼，胡清潭. 用带旋髂深血管髂骨移植治疗青年性股骨颈骨折不连接 (附 7 例报告) [J]. 显微医学杂志，1985，8 (2): 84. {SU Guoli,HU Qingtan. Iliac bone flap graft with deep circumflex iliac arteriovenous pedicle for treating nonunion of femoral neck fractures in youth:seven case reports[J]. Xian Wei Yi Xue Za Zhi[Chin J Microsurg(Article in Chinese;No abstract available)],1985,8(2):84.}

[14304] 徐达传，钟世镇，孙博，刘牧之，陈振光. 吻合旋股外侧血管升支髂骨移植的应用解剖学 [J]. 显微医学杂志，1985，8 (2): 96. {XU Dachuan,ZHONG Shizhen,SUN Bo,LIU Muzhi,CHEN Zhenguang. Applied anatomy of the ascending branches of the lateral femoral circumflex vessels pedicled iliac bone graft[J]. Xian Wei Yi Xue Za Zhi[Chin J Microsurg(Article in Chinese;No abstract available)],1985,8(2):96.}

[14305] 章征源，等. 带血管蒂髂骨移植治疗股骨颈、粗隆部良性肿瘤切除后骨缺损 [J]. 中华显微外科杂志，1986，9 (2): 122. {ZHANG Zhengyuan,et al. Vascularized iliac bone graft for repairing bone defect after resection of benign tumor in femoral neck and trochanter[J]. Zhong Hua Xian Wei Wai Ke Za Zhi[Chin J Microsurg(Article in Chinese;No abstract available)],1986,9(2):122.}

[14306] 李至湘. 以旋股外升支血管蒂髂骨移位治疗髋关节结核 [J]. 中华显微外科杂志，1986，9 (2): 122. {LI Zhixiang. iliac bone graft with the ascending branches of the lateral femoral

circumflex vessels pedicle for treating coxotuberculosis[J]. Zhong Hua Xian Wei Wai Ke Za Zhi[Chin J Microsurg(Article in Chinese;No abstract available)],1986,9(2):122.}

[14307] 陈中伟，张光健，仇红宝. 带旋髂深血管蒂髂骨移植治疗成人股骨头无菌性坏死初步报告[J]. 中华显微外科杂志，1986，9(2)：74-76，C3. DOI：10.3760/cma.j.issn.1001-2036.1986.02.105. {CHEN Zhongwei,ZHANG Guangjian,QIU Hongbao. Preliminary report of iliac bone graft with deep circumflex iliac arteriovenous pedicle for treating aseptic necrosis of the femoral head in adults[J]. Zhong Hua Xian Wei Wai Ke Za Zhi[Chin J Microsurg(Article in Chinese;No abstract available)],1986,9(2):74-76,C3. DOI:10.3760/cma.j.issn.1001-2036.1986.02.105.}

[14308] 赵炬才，刘海泉，霍钧力，王兴义，马庆明，张炳团，岳少英，孟石合，黄汝亮，孟庆友. 吻合第4腰血管的皮瓣、髂骨移植[J]. 中华骨科杂志，1986，6(1)：17. {ZHAO Jucai,LIU Haiquan,HUO Junli,WANG Xingyi,MA Qingming,ZHANG Bingtuan,YUE Shaoying,MENG Shihe,HUANG Ruliang,MENG Qingyou. Iliac bone flap graft with anastomosed?forth lumbar vessel[J]. Zhong Hua Gu Ke Za Zhi[Chin J Orthop(Article in Chinese;No abstract available)],1986,6(1):17.}

[14309] 戴松茂，董仁章. 髋关节融合术采用旋髂深血管蒂髂骨瓣移植四例报告[J]. 中华显微外科杂志，1986，9(4)：245. {DAI Songmao,DONG Renzhang. Four case reports of hip arthrodesis?with iliac bone flap graft with deep circumflex iliac arteriovenous pedicle[J]. Zhong Hua Xian Wei Wai Ke Za Zhi[Chin J Microsurg(Article in Chinese;No abstract available)],1986,9(4):245.}

[14310] 方东海，周训银，李主一，王锡链，李其训，周中英，文家福，李华玲. 吻合血管的皮肤髂骨及髂骨瓣游离移植（附13例报告）[J]. 中华显微外科杂志，1986，9(3)：158-159. DOI：10.3760/cma.j.issn.1001-2036.1986.03.118. {FANG Donghai,ZHOU Xunyin,LI Zhuyi,WANG Xilian,LI Qixun,ZHOU Zhongying,WEN Jiafu,LI Hualing.Free vascularized cutaneous iliac bone flap graft[J]. Zhong Hua Xian Wei Wai Ke Za Zhi[Chin J Microsurg(Article in Chinese;No abstract available)],1986,9(3):158-159. DOI:10.3760/cma.j.issn.1001-2036.1986.03.118.}

[14311] 黄蓬生. 带旋髂深血管髂骨移植治疗股骨骨囊肿一例报告[J]. 中华骨科杂志，1986，6(3)：240. {HUANG Pengsheng. Iliac bone flap graft with deep circumflex iliac arteriovenous pedicle for treating femoral bone cyst:a case report[J]. Zhong Hua Gu Ke Za Zhi[Chin J Orthop(Article in Chinese;No abstract available)],1986,6(3):240.}

[14312] 时述山. 带旋髂深血管髂骨块转位髂骨延长术治疗下肢短缩[J]. 北京医学，1986，8(4)：216. {SHI Shushan. Iliac lengthening?with transposition of iliac bone flap with deep circumflex iliac arteriovenous pedicle for treating leg length discrepancy[J]. Beijing Yi Xue [Beijing Med J(Article in Chinese;No abstract available)],1986,8(4):216.}

[14313] 钟桂午，陈明凡，匡勇，马志林，张庆林，孙晓穗，徐达传，钟世镇. 多蒂式髂骨瓣移植术的临床应用（附6例报告）[J]. 修复重建外科杂志，1988，2(4)：14-15. {ZHONG Guiwu,CHEN Mingfan,KUANG Yong,MA Zhilin,ZHANG Qinglin,SUN Xiaosui,XU Dachuan,ZHONG Shizhen. Clinical application of multi-pedicled iliac bone flap transplantation (with a report of 6 cases)[J]. Zhongguo Xiu Fu Chong Jian Wai Ke Za Zhi[Chin J Repar Reconstr Surg(Article in Chinese;No abstract available)],1988,2(4):14-15.}

[14314] 周起贵. 缝匠肌髂骨瓣的临床应用及改进[J]. 修复重建外科杂志，1988，2(2)：138. {ZHOU Qigui. Clinical application and improvement of sartorius iliac bone flap[J]. Zhongguo Xiu Fu Chong Jian Wai Ke Za Zhi[Chin J Repar Reconstr Surg(Article in Chinese;No abstract available)],1988,2(2):138.}

[14315] 李春德. 缝匠肌髂骨瓣移植治疗大粗隆结核[J]. 修复重建外科杂志，1988，2(2)：136-137. {LI Chunde. Treatment of tuberculous trochanter with sartorius iliac bone flap transplantation[J]. Zhongguo Xiu Fu Chong Jian Wai Ke Za Zhi[Chin J Repar Reconstr Surg(Article in Chinese;No abstract available)],1988,2(2):136-137.}

[14316] 李至湘. 以旋股外升支血管为蒂的髂骨瓣转位术治疗髋关节结核[J]. 修复重建外科杂志，1989，3(4)：191. {LI Zhixiang. Transposition of iliac bone flap pedicled with the external ascending branch of femoral circumflex for the treatment of hip tuberculosis[J]. Zhongguo Xiu Fu Chong Jian Wai Ke Za Zhi[Chin J Repar Reconstr Surg(Article in Chinese;No abstract available)],1989,3(4):191.}

[14317] 吴仁秀，董呤林. 带第三腰血管髂骨瓣临床应用若干问题[J]. 修复重建外科杂志，1989，3(4)：183-184. {WU Renxiu,DONG Linglin. Clinical application of iliac bone flap with the third lumbar artery[J]. Zhongguo Xiu Fu Chong Jian Wai Ke Za Zhi[Chin J Repar Reconstr Surg(Article in Chinese;Abstract in Chinese)],1989,3(4):183-184.}

[14318] 戴松茂，董仁章，虞堂云，顾德义，王静成. 多血管蒂髂骨瓣移植骨治疗股骨颈骨折[J]. 中华显微外科杂志，1990，13(3)：164-165. {DAI Songmao,DONG Renzhang,YU Tangyun,GU Deyi,WANG Jingcheng. Treatment of femoral neck fracture with multi-pedicled iliac bone graft[J]. Zhonghua Xian Wei Wai Ke Za Zhi[Chin J Microsurg(Article in Chinese;No abstract available)],1990,13(3):164-165.}

[14319] 范启申，王成琪，任志勇，郭德亮，李庆喜，魏海温. 髂骨与骨膜瓣联合转移治疗股骨颈骨折不愈合[J]. 中华显微外科杂志，1991，14(2)：84-85. {FAN Qishen,WANG Chengqi,REN Zhiyong,GUO Deliang,LI Qingxi,WEI Haiwen. Treatment of nonunion of femoral neck fracture by iliac bone and periosteal flap[J]. Zhonghua Xian Wei Wai Ke Za Zhi[Chin J Microsurg(Article in Chinese;Abstract in Chinese)],1991,14(2):84-85.}

[14320] 田奉宸，濮礼臣，庞晓纲，张澜成，吕梦翔. 吻合臀上血管深上支的肌髂骨瓣移植修复下颌骨缺损[J]. 中华医学杂志，1992，72(7)：423. {TIAN Fengchen,PU Lichen,PANG Xiaogang,ZHANG Lancheng,LV Mengxiang. Repair mandibular defects with musculoiliac bone flap anastomosed with the deep superior branch of superior gluteal artery[J]. Zhonghua Yi Xue Za Zhi[Natl Med J China(Article in Chinese;No abstract available)],1992,72(7):423.}

[14321] 简建华，罗兴华，唐维发，黄友华，周悦乎. 两种带血运髂骨瓣移植的临床观察[J]. 中华显微外科杂志，1992，15(4)：230-231. {JIAN Jianhua,LUO Xinghua,TANG Weifa,HUANG Youhua,ZHOU Yuehu. Clinical observation of two kinds of vascularized iliac bone flap in transplantation[J]. Zhonghua Xian Wei Wai Ke Za Zhi[Chin J Microsurg(Article in Chinese;No abstract available)],1992,15(4):230-231.}

[14322] 高林山. 髂骨瓣移植治疗先天性胫骨假关节二例[J]. 中国修复重建外科杂志，1992，6(3)：168. {GAO Linshan. Two cases of congenital pseudarthrosis of tibia treated by iliac bone flap transplantation[J]. Zhongguo Xiu Fu Chong Jian Wai Ke Za Zhi[Chin J Repar Reconstr Surg(Article in Chinese;No abstract available)],1992,6(3):168.}

[14323] 王天法，徐志奎，陈德金. 带肌蒂髂骨瓣植骨融合治疗腰椎滑脱症[J]. 中国修复重建外科杂志，1992，6(3)：167-168. {WANG Tianfa,XU Zhikui,CHEN Dejin. Treatment of lumbar spondylolisthesis with muscle pedicled iliac bone flap and fusion[J]. Zhongguo Xiu Fu Chong Jian Wai Ke Za Zhi[Chin J Repar Reconstr Surg(Article in Chinese;Abstract in Chinese)],1992,6(3):167-168.}

[14324] 徐学军，蔡发堂，王宝明，康友军，赵振蒙. 岛状髂骨瓣植入治疗阳萎17例报告[J]. 中华显微外科杂志，1993，16(1)：32-33. {XU Xuejun,CAI Fatang,WANG Baoming,KANG Youjun,ZHAO Zhenmeng. Treatment of erectile dysfunction with island iliac bone flap:a report of 17 cases[J]. Zhonghua Xian Wei Wai Ke Za Zhi[Chin J Microsurg(Article in Chinese;Abstract in Chinese)],1993,16(1):32-33.}

[14325] 蒲兴海，赵来绪，白延峰，王丈已，杨成业. 旋股外侧血管升支髂骨瓣临床应用[J]. 中华显微外科杂志，1993，16(4)：270-272. {PU Xinghai,ZHAO Laixu,BAI Yanfeng,WANG Zhangji,YANG Chengye. Clinical application of iliac bone flap with ascending branch of lateral circumflex femoral artery[J]. Zhonghua Xian Wei Wai Ke Za Zhi[Chin J Microsurg(Article in Chinese;Abstract in Chinese)],1993,16(4):270-272.}

[14326] 戴学山，李加坤，朱绚波，梁少敏，李行浩，谭清颜，王继东，王韶林，张益诚. 缝匠肌髂骨瓣经粗隆钻孔移植术治疗股骨头缺血坏死[J]. 中国修复重建外科杂志，1993，7(1)：13-15. {DAI Xueshan,LI Jiakun,ZHU Xuanbo,LIANG Shaomin,LI Xinghao,TAN Qingyan,WANG Jidong,WANG Shaolin,ZHANG Yicheng. Treatment of avascular necrosis of the femoral head with sartorius iliac bone flap through trochanteric drilling[J]. Zhongguo Xiu Fu Chong Jian Wai Ke Za Zhi[Chin J Repar Reconstr Surg(Article in Chinese;Abstract in Chinese)],1993,7(1):13-15.}

[14327] 张金光，王京彦，单素鸿，王兆礼，韩文泉，王振海. 旋股外升支血管蒂髂骨骨膜瓣转移治疗股骨颈头下型骨折[J]. 中国修复重建外科杂志，1993，7(2)：109. {ZHANG Jinguang,WANG Jingyan,DAN Suhong,WANG Zhaoli,HAN Wenquan,WANG Zhenhai. Transfer of iliac periosteal flap pedicled with external ascending branch of femoral circumflex for treatment of femoral neck fracture[J]. Zhongguo Xiu Fu Chong Jian Wai Ke Za Zhi[Chin J Repar Reconstr Surg(Article in Chinese;No abstract available)],1993,7(2):109.}

[14328] 郑仰林，张正之，韩西成. 臀小肌髂骨瓣髋臼加盖术[J]. 中国骨伤，1994，7(2)：19-20. {ZHENG Yanglin,ZHANG Zhengzhi,HAN Xicheng. Acetabular capping with iliac flap of gluteus minimus muscle[J]. Zhongguo Gu Shang[China J Orthop Trauma(Article in Chinese;No abstract available)],1994,7(2):19-20.}

[14329] 郑仰林，张正之，韩西成. 臀小肌髂骨瓣髋臼加盖术[J]. 中国修复重建外科杂志，1994，8(3)：214-216. {ZHENG Yanglin,ZHANG Zhengzhi,HAN Xicheng. Acetabular capping with iliac flap of gluteus minimus muscle[J]. Zhongguo Xiu Fu Chong Jian Wai Ke Za Zhi[Chin J Repar Reconstr Surg(Article in Chinese;Abstract in Chinese)],1994,8(3):214-216.}

[14330] 陈家禄，李家元，王炳勋. 缝匠肌蒂骨瓣植骨治疗45例青壮年股骨颈骨折[J]. 中华创伤杂志，1995，11(4)：19-20. {CHEN Jialu,LI Jiayuan,WANG Bingxun. Treatment of fracture of the femoral neck in young adults with sartorial pedicled iliac bone grafts[J]. Zhonghua Chuang Shang Za Zhi[Chin J Trauma(Article in Chinese;Abstract in Chinese and English)],1995,11(4):19-20.}

[14331] 吕慧利，矫晓坤. 带髂腰动脉蒂髂骨瓣椎间植骨二例[J]. 中华显微外科杂志，1997，20(1)：40. {LV Huili,JIAO Xiaokun. Pedicled iliac bone flap with iliolumbar artery for intervertebral bone grafting:a report of two cases[J]. Zhonghua Xian Wei Wai Ke Za Zhi[Chin J Microsurg(Article in Chinese;No abstract available)],1997,20(1):40.}

[14332] 杜远立，刘宪华，吕求精，王正尧，肖铁生，李毅. 髂骨瓣移位和血管束植入联合治疗股骨颈骨折[J]. 中华显微外科杂志，1997，20(2)：70-71. {DU Yuanli,LIU Xianhua,LV Qiujing,WANG Zhengyao,XIAO Tiesheng,LI Yi. Treatment of femoral neck fracture with transposition of iliac bone flap and implantation of vascular bundle[J]. Zhonghua Xian Wei Wai Ke Za Zhi[Chin J Microsurg(Article in Chinese;No abstract available)],1997,20(2):70-71.}

[14333] 程建华，杨民，钱俊. 带蒂髂骨瓣在下腰椎融合中的应用[J]. 中国矫形外科杂志，1997，4(1)：72. {CHENG Jianhua,YANG Min,QIAN Jun. Application of pedicled iliac bone flap in lower lumbar fusion[J]. Zhongguo Jiao Xing Wai Ke Za Zhi[Orthop J China(Article in Chinese;No abstract available)],1997,4(1):72.}

[14334] 汪万全. 改良髂骨延长缝匠肌骨瓣植骨的应用体会[J]. 中国矫形外科杂志，1997，4(1)：40. {WANG Wanquan. Application of modified iliac bone lengthening in sartorius bone flap[J]. Zhongguo Jiao Xing Wai Ke Za Zhi[Orthop J China(Article in Chinese;No abstract available)],1997,4(1):40.}

[14335] 蒲兴海，田文生. 带血管蒂髂骨瓣移植在髋部疾患的应用[J]. 中国矫形外科杂志，1998，5(1)：41-42. {PU Xinghai,TIAN Wensheng. Application of vascularized iliac bone flap transplantation in hip diseases[J]. Zhongguo Jiao Xing Wai Ke Za Zhi[Orthop J China(Article in Chinese;No abstract available)],1998,5(1):41-42.}

[14336] 胡世珍，李洪岗，李新玉. 缝匠肌骨瓣移植治疗股骨颈囊内骨折[J]. 中国修复重建外科杂志，1998，12(1)：27. {HU Shizhen,LI Honggang,LI Xinyu. Treatment of femoral neck internal capsule fracture with sartorius bone flap[J]. Zhongguo Xiu Fu Chong Jian Wai Ke Za Zhi[Chin J Repar Reconstr Surg(Article in Chinese;No abstract available)],1998,12(1):27.}

[14337] 刘宪华，杜远立，李毅，梁杰. 带肌蒂和血管蒂复合髂骨瓣移植治疗腰椎滑脱[J]. 中华显微外科杂志，1999，22(3)：170. DOI：10.3760/cma.j.issn.1001-2036.1999.03.003. {LIU Xianhua,DU Yuanli,LI Yi,LIANG Jie. Treatment of lumbar spinal dislocation by transplating compound iliac graft with muscle pedicle and vascular pedicle[J]. Zhonghua Xian Wei Wai Ke Za Zhi[Chin J Microsurg(Article in Chinese;Abstract in Chinese and English)],1999,22(3):170. DOI:10.3760/cma.j.issn.1001-2036.1999.03.003.}

[14338] 邢更彦，刘树茂，扬传铎，屈宽运，姚建祥. 带血管蒂骨膜翻面髂骨瓣髓内移植方法的研究[J]. 中华显微外科杂志，1999，22(S1)：3-5. {XING Gengyan,LIU Shumao,YANG ChuanDuo,QU Kuanyun,YAO Jianxiang. Study on the intramedullary transplantation of turn overed vascularized periosteal flap[J]. Zhonghua Xian Wei Wai Ke Za Zhi[Chin J Microsurg(Article in Chinese;No abstract available)],1999,22(S1):3-5.}

[14339] 朱书朝，杜春生，符涛. 缝匠肌骨瓣桥接重建治疗中青年股骨颈骨折颈吸收[J]. 实用骨科杂志，1999，5(3)：8-9. {ZHU Shuchao,DU Chunsheng,FU Tao. The reconstruction of the neck absorption of the femoral neck fracture in middle-aged persons by using the M.sartorious bone flap[J]. Shi Yong Gu Ke Za Zhi[J Pract Orthop(Article in Chinese;Abstract in Chinese and English)],1999,5(3):8-9.}

[14340] 唐友盛，沈国芳，南欣荣，邱蔚六，杨育生，高益鸣. 吻合血管的髂骨复合组织瓣移植修复下颌骨缺损的经验[J]. 中华显微外科杂志，1999，22(3)：168. DOI：10.3760/cma.j.issn.1001-2036.1999.03.002. {TANG Yousheng,SHEN Guofang,NAN Xinrong,QIU Weiliu,YANG Yusheng,GAO Yiming. Reconstruction of the mandible with iliac crest composite free flap[J]. Zhonghua Xian Wei Wai Ke Za Zhi[Chin J Microsurg(Article in Chinese;Abstract in Chinese and English)],1999,22(3):168. DOI:10.3760/cma.j.issn.1001-2036.1999.03.002.}

[14341] 矫晓坤，张丙磊，信效堂，于洪波，张雷. 带髂腰血管蒂髂骨瓣植骨融合术治疗化脓性椎间隙感染[J]. 中国脊柱脊髓杂志，2000，10(1)：11-14. DOI：10.3969/j.issn.1004-406X.2000.01.003. {JIAO Xiaokun,ZHANG Binglei,XIN Xiaotang,YU Hongbo,ZHANG Lei. Free vascularized iliac bone transplantation for the treatment of primary lumbar intervertebral disc infection[J]. Zhongguo Ji Zhu Ji Sui Za Zhi[Chin J Spine Spinal Cord(Article in Chinese;Abstract in Chinese and English)],2000,10(1):11-14. DOI:10.3969/j.issn.1004-406X.2000.01.003.}

[14342] 苏庚洵，冯宏伟. 吻合血管髂骨瓣移植治疗骨不连及骨缺损[J]. 中国骨伤，2000，13(11)：671. DOI：10.3969/j.issn.1003-0034.2000.11.018. {SU Gengxun,FENG Hongwei. Treatment of nonunion and bone defect with vascularized iliac bone flap[J]. Zhongguo Gu Shang[China J Orthop Trauma(Article in Chinese;No abstract available)],2000,13(11):671. DOI:10.3969/j.issn.1003-0034.2000.11.018.}

[14343] 李静东，赵德伟，卢建民，朱盛修，王岩. 带血管蒂的髂骨瓣转移加空心钉内固定治疗股骨颈骨折[J]. 解放军医学杂志，2000，25(6)：422-423. DOI：10.3321/j.issn:0577-7402.2000.06.010. {LI Jingdong,ZHAO Dewei,LU Jianmin,ZHU Shengxiu,WANG Yan. Treatment of the femoral neck fracture by the combination of the implant of the iliac bone flap with vascular pedicle and internal fixation with the hollow nail[J]. Jie Fang Jun Yi Xue Za Zhi[Med J Chin PLA(Article in Chinese;Abstract in Chinese and English)],2000,25(6):422-423. DOI:10.3321/j.issn:0577-7402.2000.06.010.}

[14344] 李书奎，李建博，李民，杨洪泉，李亚洲. 带第四腰动脉蒂髂骨瓣植骨治疗腰椎不稳[J]. 中国骨伤，2001，14(5)：270-271. DOI：10.3969/j.issn.1003-0034.2001.05.005. {LI Shukui,LI Jianbo,LI Min,YANG Hongquan,LI Yazhou. Treatment of lumbar spinal instability

with iliac bone flap pedicled with the fourth lumbar artery[J]. Zhongguo Gu Shang[China J Orthop Trauma(Article in Chinese;Abstract in Chinese and English)],2001,14(5):270-271. DOI:10.3969/j.issn.1003-0034.2001.05.005.}

[14345] 薛宏斌，李明，白小军. 缝匠肌蒂骨瓣转移治疗股骨颈骨折12例[J]. 中国创伤骨科杂志，2001，3(1)：37-37. DOI：10.3760/cma.j.issn.1671-7600.2001.01.022. {XUE Hongbin,LI Ming,BAI Xiaojun. 12 cases of femoral neck fractures treated with sartorius pedicel bone flap transfer[J]. Zhongguo Chuang Shang Gu Ke Za Zhi[Chin J Orthop Trauma(Article in Chinese;No abstract available)],2001,3(1):37-37. DOI:10.3760/cma.j.issn.1671-7600.2001.01.022.}

[14346] 徐栋华，张征宇，王靓洁. 带缝匠肌蒂髂骨瓣移植治疗髋臼骨缺损[J]. 中华创伤骨科杂志，2001，3(2)：109-110. DOI：10.3760/cma.j.issn.1671-7600.2001.02.008. {XU Donghua,ZHANG Zhengyu,WANG Liangjie. Repair of acetabular defects by implantation of an iliac flap with sartorius pedicle[J]. Zhonghua Chuang Shang Gu Ke Za Zhi[Chin J Orthop Trauma(Article in Chinese;Abstract in Chinese and English)],2001,3(2):109-110. DOI:10.3760/cma.j.issn.1671-7600.2001.02.008.}

[14347] 孙可敬，陈天国. 缝匠肌骨瓣治疗陈旧性股骨颈骨折15例[J]. 中国骨伤，2001，14(8)：486-487. DOI：10.3969/j.issn.1003-0034.2001.08.022. {SUN Kejing,CHEN Tianguo. Treatment of 15 cases of old femoral neck fracture with sartorius bone flap[J]. Zhongguo Gu Shang[China J Orthop Trauma(Article in Chinese;No abstract available)],2001,14(8):486-487. DOI:10.3969/j.issn.1003-0034.2001.08.022.}

[14348] 陈宗林，周云. 外固定支架加缝匠肌蒂髂骨瓣治疗青壮年股骨颈骨折[J]. 实用骨科杂志，2001，7(5)：335-336. DOI：10.3969/j.issn.1008-5572.2001.05.007. {CHEN Zonglin,ZHOU Yun. Treatment of femoral neck fracture in young adults by external fixator with transfering of lilac bone flap with sartorius[J]. Shi Yong Gu Ke Za Zhi[J Pract Orthop(Article in Chinese;Abstract in Chinese and English)],2001,7(5):335-336. DOI:10.3969/j.issn.1008-5572.2001.05.007.}

[14349] 贺建新，孙襄恩，唐化政. 缝匠肌骨瓣移植及内固定治疗青壮年股骨颈骨折[J]. 实用骨科杂志，2001，7(6)：419-420. DOI：10.3969/j.issn.1008-5572.2001.06.009. {HE Jianxin,SUN Xiangdong,TANG Huazheng. Treatment of femoral neck fracture in young adults by transferring of M.sartorius bone flap and internal fixation[J]. Shi Yong Gu Ke Za Zhi[J Pract Orthop(Article in Chinese;Abstract in Chinese and English)],2001,7(6):419-420. DOI:10.3969/j.issn.1008-5572.2001.06.009.}

[14350] 陈日景，钟桂午，周风金，宋一平，廖进民. 第四腰动脉背侧支髂骨瓣移位植骨治疗下腰椎不稳[J]. 中国修复重建外科杂志，2002，16(4)：289. {CHEN Rijing,ZHONG Guiwu,ZHOU Fengjin,SONG Yiping,LIAO Jinmin. Treatment of lower lumbar instability with iliac bone flap transposition and bone grafting of the dorsal branch of the fourth lumbar artery[J]. Zhongguo Xiu Fu Chong Jian Wai Ke Za Zhi[Chin J Repar Reconstr Surg(Article in Chinese;No abstract available)],2002,16(4):289.}

[14351] 何群慧，林秉奖. 缝匠肌骨瓣与RBX联合移植治疗青壮年股骨颈骨折[J]. 中国骨伤，2002，15(10)：630-630. DOI：10.3969/j.issn.1003-0034.2002.10.027. {HE Qunhui,LIN Bingjiang. Combined use of sartorious muscle bone flap and reconstituted bone xenograft for the treatment of femoral neck fracture in adolescence[J]. Zhongguo Gu Shang[China J Orthop Trauma(Article in Chinese;No abstract available)],2002,15(10):630-630. DOI:10.3969/j.issn.1003-0034.2002.10.027.}

[14352] 夏明忠. 带缝匠肌肌腱髂骨瓣修复一例跟腱损伤[J]. 中国修复重建外科杂志，2002，16(3)：176. {XIA Mingzhong. Repair of Achilles tendon injury with sartorius tendon iliac bone flap[J]. Zhongguo Xiu Fu Chong Jian Wai Ke Za Zhi[Chin J Repar Reconstr Surg(Article in Chinese;No abstract available)],2002,16(3):176.}

[14353] 周风金，钟桂午，杨普，胡万华，闫毅，范少地，于杰，陈日景. 带旋股外动脉升支髂骨瓣加空心加压钉治疗股骨颈骨折[J]. 中国临床解剖学杂志，2003，21(4)：387-388. DOI：10.3969/j.issn.1001-165X.2003.04.029. {ZHOU Fengjin,ZHONG Guiwu,YANG Pu,HU Wanhua,Yan Yi,FAN Shaodi,YU Jie,CHEN Rijing. Combination of the implantation of pedicled iliac bone graft with ascending branch of lateral femoral circumflex artery and compression-screw internal fixation in treatment of femoral neck fractures[J]. Zhongguo Lin Chuang Jie Pou Xue Za Zhi[Chin J Clin Anat(Article in Chinese;Abstract in Chinese and English)],2003,21(4):387-388. DOI:10.3969/j.issn.1001-165X.2003.04.029.}

[14354] 刘建宁，邓仁椿，张汉华，黄志辉. 带血管蒂髂骨瓣移位加股骨头髓腔减压术治疗青壮年股骨颈骨折[J]. 中国矫形外科杂志，2003，11(22)：1529-1530. DOI：10.3969/j.issn.1005-8478.2003.22.005. {LIU Jianning,DENG Renchun,ZHANG Hanhua,HUANG Zhihui. Treatment of femoral neck fracture in the mature age adults by transplanting iliac bone flap with vascular pedicle and decompressing femoral head[J]. Zhongguo Jiao Xing Wai Ke Za Zhi[Orthop J China(Article in Chinese;Abstract in Chinese and English)],2003,11(22):1529-1530. DOI:10.3969/j.issn.1005-8478.2003.22.005.}

[14355] 何志军，李盛华，张亚伟. 改良切取游离髂骨瓣移植治疗四肢骨不连[J]. 中国骨伤，2003，16(4)：252. DOI：10.3969/j.issn.1003-0034.2003.04.032. {HE Zhijun,LI Shenghua,ZHANG Yawei. Treatment of limb nonunion with modified free iliac bone flap[J]. Zhongguo Gu Shang[China J Orthop Trauma(Article in Chinese;No abstract available)],2003,16(4):252. DOI:10.3969/j.issn.1003-0034.2003.04.032.}

[14356] 温晓阳，廖世文，袁永忠，廖劲松. 缝匠肌骨瓣加血管束植入治疗儿童、青壮年股骨颈骨折28例[J]. 中华创伤杂志，2003，19(1)：55-56. DOI：10.3760/j：issn：1001-8050.2003.01.018. {WEN Xiaoyang,LIAO Shiwen,YUAN Yongzhong,LIAO Jinsong. Treatment of 28 cases of femoral neck fracture in children and young adults with sartorius bone flap and vascular bundle implantation[J]. Zhonghua Chuang Shang Za Zhi[Chin J Trauma(Article in Chinese;No abstract available)],2003,19(1):55-56. DOI:10.3760/j:issn:1001-8050.2003.01.018.}

[14357] 林昂如，任高宏，郭刚，胡罢生，裴国献，顾立强，王钢. 多肌蒂髂骨瓣治疗青壮年股骨颈骨折[J]. 中华创伤骨科杂志，2004，6(1)：59-61. DOI：10.3760/cma.j.issn.1671-7600.2004.01.015. {LIN Angru,REN Gaohong,GUO Gang,HU Basheng,PEI Guoxian,GU Liqiang,WANG Gang. Treatment of femoral neck fractures with multiple muscle pedicle iliac bone flap in young adults[J]. Zhonghua Chuang Shang Gu Ke Za Zhi[Chin J Orthop Trauma(Article in Chinese;Abstract in Chinese and English)],2004,6(1):59-61. DOI:10.3760/cma.j.issn.1671-7600.2004.01.015.}

[14358] 姚伦龙，宋世锋，黎早敏，陈剑飞. 带血管蒂髂骨瓣复合骨基质明胶移植治疗股骨颈骨折不愈合[J]. 中华创伤骨科杂志，2004，6(4)：376-378. DOI：10.3760/cma.j.issn.1671-7600.2004.04.005. {YAO Lunlong,SONG Shifeng,LI Zaomin,CHEN Jianfei. Nonunion of fracture of femoral neck treated with vascular pedicle bone flap and compound bone matrical gelatin[J]. Zhonghua Chuang Shang Gu Ke Za Zhi[Chin J Orthop Trauma(Article in Chinese;Abstract in Chinese and English)],2004,6(4):376-378. DOI:10.3760/cma.j.issn.1671-7600.2004.04.005.}

[14359] 林昂如，胡罢生，朱立军，裴国献，顾立强，王钢. 多肌蒂髂骨瓣治疗陈旧性股骨颈骨折[J]. 中华创伤骨科杂志，2004，6(6)：612-614. DOI：10.3760/cma.j.issn.1671-7600.2004.06.004. {LIN Angru,HU Basheng,ZHU Lijun,PEI Guoxian,GU Liqiang,WANG Gang. Treatment of obsolete femoral neck fracture with multiple muscle pedicle flap of iliac bone[J]. Zhonghua Chuang Shang Gu Ke Za Zhi[Chin J Orthop Trauma(Article in Chinese;Abstract in Chinese and English)],2004,6(6):612-614. DOI:10.3760/cma.j.issn.1671-7600.2004.06.004.}

[14360] 周智. 骨钉固定髂骨瓣并空心钉内固定治疗股骨颈骨折136例[J]. 中国骨伤，2004，17(8)：490. DOI：10.3969/j.issn.1003-0034.2004.08.034. {ZHOU Zhi. Treatment of 136 cases of femoral neck fracture with iliac bone flap and cannulated screw fixation[J]. Zhongguo Gu Shang[China J Orthop Trauma(Article in Chinese;No abstract available)],2004,17(8):490. DOI:10.3969/j.issn.1003-0034.2004.08.034.}

[14361] 林铜，岑海洋，岑健波. 缝匠肌髂骨瓣在修复老年股骨颈骨折中的应用[J]. 中华显微外科杂志，2004，27(3)：223-224. DOI：10.3760/cma.j.issn.1001-2036.2004.03.028. {LIN Kai,CEN Haiyang,CEN Jianbo. Application of sartorius iliac bone flap in the repair of femoral neck fracture in the elderly[J]. Zhonghua Xian Wei Wai Ke Za Zhi[Chin J Microsurg(Article in Chinese;Abstract in Chinese)],2004,27(3):223-224. DOI:10.3760/cma.j.issn.1001-2036.2004.03.028.}

[14362] 吴海洋. 空心加压螺丝钉固定并带缝匠肌蒂的髂骨瓣移植治疗中老年股骨颈骨折[J]. 中国骨伤，2004，17(10)：624. DOI：10.3969/j.issn.1003-0034.2004.10.036. {WU Haiyang. Treatment of femoral neck fracture in middle-aged and elderly patients with iliac bone flap pedicled with sartorius muscle and fixed with cannulated compression screw[J]. Zhongguo Gu Shang[China J Orthop Trauma(Article in Chinese;No abstract available)],2004,17(10):624. DOI:10.3969/j.issn.1003-0034.2004.10.036.}

[14363] 李隆慧，陈新良，韩国华，岳洪，郑良国，丁明. 带血管蒂髂骨膜瓣移位修复中青年股骨颈骨折[J]. 中国修复重建外科杂志，2004，18(1)：15-17. {LI Longhui,CHEN Xinliang,HAN Guohua,YUE Hong,ZHENG Liangguo,DING Ming. Repair of femoral neck fracture with vascular pedicled periosteum flap transfer in young and middle-aged[J]. Zhongguo Xiu Fu Chong Jian Wai Ke Za Zhi[Chin J Repar Reconstr Surg(Article in Chinese;Abstract in Chinese and English)],2004,18(1):15-17.}

[14364] 占蓓蕾，叶舟. 带阔筋膜张肌髂骨瓣移植治疗儿童股骨颈骨折[J]. 中国骨伤，2005，18(12)：743-744. DOI：10.3969/j.issn.1003-0034.2005.12.017. {ZHAN Beilei,YE Zhou. Treatment of femoral neck fractures in children with iliac bone flap graft with tensor fasciae latae[J]. Zhongguo Gu Shang[China J Orthop Trauma(Article in Chinese;Abstract in Chinese and English)],2005,18(12):743-744. DOI:10.3969/j.issn.1003-0034.2005.12.017.}

[14365] 吴克俭，侯树勋，张伟佳，王富，郭继东，孙大铭，郑小勇. 带血管蒂髂骨瓣移植修复下肢骨及其周围软组织缺损[J]. 中华外科杂志，2005，43(12)：784-787. DOI：10.3760/j：issn：0529-5815.2005.12.007. {WU Kejian,HOU Shuxun,ZHANG Weijia,WANG Fu,GUO Jidong,SUN Daming,ZHENG Xiaoyong. Vascularized pedicle iliac crest for the repair of bone and soft tissue defect of lower extremity[J]. Zhonghua Wai Ke Za Zhi[Chin J Surg(Article in Chinese;Abstract in Chinese and English)],2005,43(12):784-787. DOI:10.3760/j:issn:0529-5815.2005.12.007.}

[14366] 陈桂新. 交锁髓内钉结合带血管髂骨瓣移植治疗骨缺损性骨不连[J]. 中国骨伤，2005，18(11)：691. DOI：10.3969/j.issn.1003-0034.2005.11.025. {CHEN Guixin. Treatment of bone defected nonunion by interlocking intramedullary nails combining with transplantation of vascular free iliac bone[J]. Zhongguo Gu Shang[China J Orthop Trauma(Article in Chinese;No abstract available)],2005,18(11):691. DOI:10.3969/j.issn.1003-0034.2005.11.025.}

[14367] 王晓军，王爱民，郭庆山，王子明，吴思宇，汤守营，杨博贵，张绪斌. 缝匠肌骨瓣修复髋臼节段型缺损的全髋关节置换术[J]. 中华创伤骨科杂志，2005，7(12)：1187-1188. DOI：10.3760/cma.j.issn.1671-7600.2005.12.025. {WANG Xiaojun,WANG Aimin,GUO Qingshan,WANG Ziming,WU Siyu,TANG Shouying,YANG Bogui,ZHANG Xubin. Total hip arthroplasty with sartorius bone flap for segmental acetabular defect[J]. Zhonghua Chuang Shang Gu Ke Za Zhi[Chin J Orthop Trauma(Article in Chinese;Abstract in Chinese)],2005,7(12):1187-1188. DOI:10.3760/cma.j.issn.1671-7600.2005.12.025.}

[14368] 李战德，赵龙. 加压螺钉内固定带缝匠肌髂骨瓣移植治疗中青年股骨颈骨折[J]. 中国矫形外科杂志，2006，14(12)：904-905，加页2. DOI：10.3969/j.issn.1005-8478.2006.12.007. {LI Zhande,ZHAO Long. Treatment of the fracture of neck of femur among young people by using the DHSN and the sartorial-pedicled ilium bone graft[J]. Zhongguo Jiao Xing Wai Ke Za Zhi[Orthop J China(Article in Chinese;Abstract in Chinese and English)],2006,14(12):904-905,add 2. DOI:10.3969/j.issn.1005-8478.2006.12.007.}

[14369] 张剑凯，杜纪伟，魏波. 空心加压螺纹钉联合带缝匠肌骨瓣移植治疗青壮年股骨颈骨折[J]. 局解手术学杂志，2006，15(6)：370-371. DOI：10.3969/j.issn.1672-5042.2006.06.006. {ZHANG Jiankai,DU Jiwei,WEI Bo. Femoral neck fracture treated with cannulated compressive screw combined with implant of the iliac bone flap[J]. Ju Jie Shou Shu Xue Za Zhi[J Reg Anat Oper Surg(Article in Chinese;Abstract in Chinese and English)],2006,15(6):370-371. DOI:10.3969/j.issn.1672-5042.2006.06.006.}

[14370] 杨火发，郭应林，聂文波. 缝匠肌骨瓣移植术与加压螺纹钉联合治疗中青年股骨颈骨折[J]. 中国修复重建外科杂志，2006，20(11)：1073-1075. {YANG Huofa,GUO Yinglin,NIE Wenbo. Treatment of femoral neck fractures with compressed screw and sartorius bone flap in youth or middle age[J]. Zhongguo Xiu Fu Chong Jian Wai Ke Za Zhi[Chin J Repar Reconstr Surg(Article in Chinese;Abstract in Chinese and English)],2006,20(11):1073-1075.}

[14371] 俞汝霞，李光辉，张俊年. 带血供髂骨瓣移植治疗中青年股骨颈头下型移位骨折的疗效观察[J]. 中华显微外科杂志，2007，30(5)：400. DOI：10.3760/cma.j.issn.1001-2036.2007.05.032. {YU Ruxia,LI Guanghui,ZHANG Junnian. Effect of vascularized iliac bone flap transplantation in the treatment of young and middle-aged displaced fracture of femoral neck[J]. Zhonghua Xian Wei Wai Ke Za Zhi[Chin J Microsurg(Article in Chinese;No abstract available)],2007,30(5):400. DOI:10.3760/cma.j.issn.1001-2036.2007.05.032.}

[14372] 刘勇，张成进，李忠，刘雪涛，墨天燕. 带血管髂骨瓣一期治疗距骨粉碎性骨折[J]. 中华创伤杂志，2007，9(10)：994-995. DOI：10.3760/cma.j.issn.1671-7600.2007.10.025. {LIU Yong,ZHANG Chengjin,LI Zhong,LIU Xuetao,MO Tianyan. One-stage treatment of comminuted talar fractures with vascularized iliac bone flaps[J]. Zhonghua Chuang Shang Gu Ke Za Zhi[Chin J Orthop Trauma(Article in Chinese;No abstract available)],2007,9(10):994-995. DOI:10.3760/cma.j.issn.1671-7600.2007.10.025.}

[14373] 占蓓蕾，叶舟，陈土根，王巍. 小切口缝匠肌髂骨瓣植入治疗青壮年股骨颈骨折[J]. 中国骨伤，2007，20(1)：11-12. DOI：10.3969/j.issn.1003-0034.2007.01.005. {ZHAN Beilei,YE Zhou,CHEN Tugen,WANG Wei. Treatment of femoral neck fracture in young adult by minor incision and grafting with sartorius muscle iliac bone flap[J]. Zhongguo Gu Shang[China J Orthop Trauma(Article in Chinese;Abstract in Chinese and English)],2007,20(1):11-12. DOI:10.3969/j.issn.1003-0034.2007.01.005.}

[14374] 龚渭波，段祥林，姚正国，陈国强，黄俊武，林平安. 缝匠肌蒂髂骨瓣及加压螺钉在中青年股骨颈骨折中的应用[J]. 中国修复重建外科杂志，2007，21(12)：1386-1387. {GONG Weibo,Duan Xianglin,YAO Zhengguo,CHEN Guoqiang,HUANG Junwu,LIN Ping' an. Application of sartorius pedicle iliac bone flap and compression screw in the treatment of femoral neck fracture in young and middle-aged patients[J]. Zhongguo Xiu Fu Chong Jian Wai Ke Za Zhi[Chin J Repar Reconstr Surg(Article in Chinese;Abstract in Chinese)],2007,21(12):1386-1387.}

[14375] 郭峭峰，张春，张晓文，马苟平，俞华军，沈立锋，钟甫华. 阔筋膜张肌髂骨瓣转移和加压空心螺纹钉治疗股骨颈骨折[J]. 中国骨伤，2008，21(4)：275. DOI：10.3969/j.issn.1003-0034.2008.04.034. {GUO Qiaofeng,ZHANG Chun,ZHANG Xiaowen,MA Gouping,YU Huajun,SHEN Lifeng,ZHONG Fuhua. Treatment of femoral neck fracture with tensor fascia lata iliac bone flap transfer and compression cannulated screw[J]. Zhongguo Gu Shang[China J Orthop Trauma(Article in Chinese;No abstract available)],2008,21(4):275. DOI:10.3969/j.issn.1003-0034.2008.04.034.}

[14376] 殷勇，陈玉龙，弋石泉，崔立强，王辉，王家洪，邹宏，那江. 带旋股外动脉升支髂骨瓣移位治疗青壮年股骨颈骨折 [J]. 中国矫形外科杂志，2008，16（6）：459-460. {YIN Yong,CHEN Yulong,YI Shiquan,CUI Liqiang,WANG Hui,WANG Jiahong,ZOU Hong,NA Jiang. Shift pedicled iliac bone with ascending branch of lateral femoral circumflex artery in treatment of femoral neck fractures in young adults[J]. Zhongguo Jiao Xing Wai Ke Za Zhi[Orthop J China(Article in Chinese;Abstract in Chinese)],2008,16(6):459-460.}

[14377] 李涛，王子明，兰秀夫，付志厚，王爱民. 缝匠肌骨瓣修复人工全髋关节置换中髋臼缺损的实验研究 [J]. 创伤外科杂志，2008，10（2）：153-156. DOI：10.3969/j.issn.1009-4237.2008.02.018. {LI Tao,WANG Ziming,LAN Xiufu,FU Zhihou,WANG Aimin. Establishment of animal model of the sartorius iliac flap for the repair of segmental acetabular bone defects in the total hip replacement[J]. Chuang Shang Wai Ke Za Zhi[J Traum Surg(Article in Chinese;Abstract in Chinese and English)],2008,10(2):153-156. DOI:10.3969/j.issn.1009-4237.2008.02.018.}

[14378] 黎健伟，刘勇，任义军，雷蕾，魏宽海，张元智，裴国献. 三维重建技术在髂骨瓣临床手术中的初步应用 [J]. 中华创伤骨科杂志，2009，11（4）：338-341. DOI：10.3760/cma.j.issn.1671-7600.2009.04.011. {LI Jianwei,LIU Yong,REN Yijun,LEI Lei,WEI Kuanhai,ZHANG Yuanzhi,PEI Guoxian. Clinical application of three-dimensional reconstruction of ilium bone flap[J]. Zhonghua Chuang Shang Gu Ke Za Zhi[Chin J Orthop Trauma(Article in Chinese;Abstract in Chinese and English)],2009,11(4):338-341. DOI:10.3760/cma.j.issn.1671-7600.2009.04.011.}

[14379] 吴学元，马巍，任国文，王振汉. 加压空心钉固定加肌蒂髂骨瓣移植联合治疗中青年股骨颈骨折 [J]. 临床骨科杂志，2009，12（1）：55-57. DOI：10.3969/j.issn.1008-0287.2009.01.021. {WU Xueyuan,MA Wei,REN Guowen,WANG Zhenhan. Treatment of femoral neck fracture with cannulated lag screws internal fixation and muscle-iliac flap graft in young and middle-aged adults[J]. Lin Chuang Gu Ke Za Zhi[J Clin Orthop(Article in Chinese;Abstract in Chinese and English)],2009,12(1):55-57. DOI:10.3969/j.issn.1008-0287.2009.01.021.}

[14380] 万里，祝雁冰，关中伟，王刚，李世乐，聂志刚. 空心钉内固定加缝匠肌髂骨移植治疗青壮年股骨颈骨折 [J]. 创伤外科杂志，2010，12（5）：405-407. DOI：10.3969/j.issn.1009-4237.2010.05.008. {WAN Li,ZHU Yanbing,GUAN Zhongwei,WANG Gang,LI Shile,NIE Zhigang. Treatment of the femoral neck fracture by using the hollow screw internal fixation and the sartorial-pedicled ilium bone graft in young patients[J]. Chuang Shang Wai Ke Za Zhi[J Traum Surg(Article in Chinese;Abstract in Chinese and English)],2010,12(5):405-407. DOI:10.3969/j.issn.1009-4237.2010.05.008.}

[14381] 于小光，赵德伟，孙强，王铁男，于海波，苏云，刘吉斌，郑加法，王本杰，崔大平. 带血管蒂楔骨瓣联合髂骨植骨术治疗非创伤性距骨缺血性坏死 [J]. 中华医学杂志，2010，90（15）：1035-1038. DOI：10.3760/cma.j.issn.0376-2491.2010.15.008. {YU Xiaoguang,ZHAO Dewei,SUN Qiang,WANG Tienan,YU Haibo,SU Yun,LIU Jibin,ZHENG Jiafa,WANG Benjie,CUI Daping. Treatment of non-traumatic avascular talar necrosis by transposition of vascularized cuneiform bone flap plus iliac cancellous bone grafting[J]. Zhonghua Yi Xue Za Zhi[Natl Med J China(Article in Chinese;Abstract in Chinese and English)],2010,90(15):1035-1038. DOI:10.3760/cma.j.issn.0376-2491.2010.15.008.}

[14382] 宋世锋，马业涛，张熙民，陈世强，曾凡，肖海涛，许世忠，张光强，姚理阳. 部分臀中肌髂骨瓣重建青壮年股骨头颈部血供的临床研究 [J]. 中华创伤骨科杂志，2011，13（7）：644-648. DOI：10.3760/cma.j.issn.1671-7600.2011.07.009. {SONG Shifeng,MA Yetao,ZHANG Ximin,CHEN Shiqiang,ZENG Fan,XIAO Haitao,XU Shizhong,ZHANG Guangqiang,YAO Liyang. Reconstruction of blood supply to the femoral head and neck with a partial gluteus medius-ilium flap in young and middle-aged patients[J]. Zhonghua Chuang Shang Gu Ke Za Zhi[Chin J Orthop Trauma(Article in Chinese;Abstract in Chinese and English)],2011,13(7):644-648. DOI:10.3760/cma.j.issn.1671-7600.2011.07.009.}

[14383] 申屠刚，王刚，李强，徐云钦. 吻合血管的髂骨瓣移植修复四肢骨缺损22例[J]. 中华显微外科杂志，2015，38(2)：173-175. DOI：10.3760/cma.j.issn.1001-2036.2015.02.021. {SHEN Tugang,WANG Gang,LI Qiang,XU Yunqin. Vascularized iliac bone flap transplantation for repair of bone defects in extremities:a report of 22 cases[J]. Zhonghua Xian Wei Wai Ke Za Zhi[Chin J Microsurg(Article in Chinese;Abstract in Chinese)],2015,38(2):173-175. DOI:10.3760/cma.j.issn.1001-2036.2015.02.021.}

[14384] 孙圣亮，王剑利，王五洲. 带血管髂骨瓣重建桡骨远端骨折并软骨缺损 [J]. 中华手外科杂志，2015，31（3）：178-180. {SUN Shengliang,WANG Jianli,WANG Wuzhou. Vascularied iliac bone flap transfer for reconstruction of distal radius fractures and cartilage defects[J]. Zhonghua Shou Wai Ke Za Zhi[Chin J Hand Surg(Article in Chinese;Abstract in Chinese and English)],2015,31(3):178-180.}

[14385] 林绍仪，刘金伟，陈启康，蔡厚洪，李春雨，李卫，吴举. 双肌蒂髂骨瓣结合3枚空心钉治疗青壮年新鲜股骨颈骨折 [J]. 临床骨科杂志，2015，18（5）：607-609. DOI：10.3969/j.issn.1008-0287.2015.05.041. {LIN Shaoyi,LIU Jinwei,CHEN Qikang,CAI Houhong,LI Chunyu,LI Wei,WU Ju. Treatment of fresh femoral neck fractures in young adults by using three hollow screws and pedicled iliac bone flaps with sartorius and tensor fasciae latae[J]. Lin Chuang Gu Ke Za Zhi[J Clin Orthop(Article in Chinese;Abstract in Chinese and English)],2015,18(5):607-609. DOI:10.3969/j.issn.1008-0287.2015.05.041.}

[14386] 吴剑，张柘，秦星星，胡锋，陈沼飞，赵泉，蔡贤华，鲍同柱. 缝匠肌骨瓣转移在青壮年陈旧性股骨颈骨折中的应用 [J]. 实用骨科杂志，2017，23（5）：400-403. {WU Jian,ZHANG Tuo,QIN Xingxing,HU Feng,CHEN Zhaofei,ZHAO Quan,CAI Xianhua,BAO Tongzhu. Sartorius musculoskeletal flap transfer for treating old femoral neck fracture among young adults[J]. Shi Yong Gu Ke Za Zhi[J Pract Orthop(Article in Chinese;Abstract in Chinese and English)],2017,23(5):400-403.}

[14387] 沈立锋，刘亦杨，张扬，郭峭峰，黄文华，寿旦，张春. 组织瓣-载万古霉素硫酸钙联合髂骨一期移植治疗胫骨骨髓炎 [J]. 中华显微外科杂志，2017，40（1）：35-40. DOI：10.3760/cma.j.issn.1001-2036.2017.01.011. {SHEN Lifeng,LIU Yiyang,ZHANG Yang,GUO Qiaofeng,HUANG Wenhua,SHOU Dan,ZHANG Chun. Clinical research of the one-stage treatment for traumatic osteomyelitis in tibia by combining flap,vancomycin-loaded calcium sulfate and autogenous iliac bone[J]. Zhonghua Xian Wei Wai Ke Za Zhi[Chin J Microsurg(Article in Chinese;Abstract in Chinese and English)],2017,40(1):35-40. DOI:10.3760/cma.j.issn.1001-2036.2017.01.011.}

[14388] 孙广峰，金文虎，吴必华，李书俊，聂开瑜，祁建平，魏在荣，王达利. 自体髂骨瓣移植交叉克氏针固定治疗青壮年舟骨腰部骨折骨不连 [J]. 中华手外科杂志，2018，34（1）：1-3. {SUN Guangfeng,JIN Wenhu,WU Bihua,LI Shujun,NIE Kaiyu,QI Jianping,WEI Zairong,WANG Dali. Autologous iliac bone flap with cross Kirschner wire fixation for treatment of scaphoid waist fracture nonunion in young adults[J]. Zhonghua Shou Wai Ke Za Zhi[Chin J Hand Surg(Article in Chinese;Abstract in Chinese and English)],2018,34(1):1-3.}

[14389] 陈凯腾，庞有旺，郑季南，洪庆南，方钧，李达. 股骨近端空心钉锁定板内固定联合缝匠肌骨瓣移植术治疗股骨颈骨折不愈合 [J]. 创伤外科杂志，2018，20（10）：749-752. DOI：10.3969/j.issn.1009-4237.2018.10.007. {CHEN Kaiteng,PANG Youwang,ZHENG Jinan,HONG Qingnan,FANG Jun,LI Da. Clinical study on the treatment of nonunion femoral neck fractures using proximal femoral tube screw locking plate internal fixation combined with sartorius iliac bone graft transplantation[J]. Chuang Shang Wai Ke Za Zhi[J Traum Surg(Article in Chinese;Abstract in Chinese and English)],2018,20(10):749-752. DOI:10.3969/j.issn.1009-4237.2018.10.007.}

[14390] 王宣生，应素兰，周巨良，王振翼，张宇斌. 缝匠肌肌骨瓣移植切开复位内固定治疗青壮年股骨颈骨折临床分析 [J]. 实用手外科杂志，2018，32（2）：191-192. DOI：10.3969/j.issn.1671-2722.2018.02.017. {WANG Xuansheng,YING Sulan,ZHOU Juliang,WANG Zhenyi,ZHANG Yubin. Clinical analysis on open reduction and internal fixation of sartorius muscle-bone flap grafting for femoral neck fracture[J]. Shi Yong Shou Wai Ke Za Zhi[Chin J Pract Hand Surg(Article in Chinese;Abstract in Chinese and English)],2018,32(2):191-192. DOI:10.3969/j.issn.1671-2722.2018.02.017.}

[14391] 张进，吴兴林，陆庭盛，宋辉，周焯家，李波. 一期后路经单侧骶棘肌髂骨瓣入路治疗腰骶椎结核 [J]. 中国修复重建外科杂志，2019，33（3）：296-301. DOI：10.7507/1002-1892.201809090. {ZHANG Jin,WU Xinglin,LU Tingsheng,SONG Hui,ZHOU Zhuojia,LI Bo. Application of one-stage posterior surgery via unilateral musculussacrospinalis iliac flap approach in treatment of lumbosacral tuberculosis[J]. Zhongguo Xiu Fu Chong Jian Wai Ke Za Zhi[Chin J Repar Reconstr Surg(Article in Chinese;Abstract in Chinese and English)],2019,33(3):296-301. DOI:10.7507/1002-1892.201809090.}

[14392] 肖波，何爱咏，曹志远. 空心加压螺钉联合缝匠肌髂骨瓣移植治疗中青年股骨颈骨折的疗效观察 [J]. 局解手术学杂志，2019，28（2）：148-151. DOI：10.11659/jjssx.07E018106. {XIAO Bo,HE Aiyong,CAO Zhiyuan. Clinical efficacy of hollow compression screw combined with grafting scartorius muscle iliac bone flap in young and middle-aged femoral neck fractures[J]. Ju Jie Shou Shu Xue Za Zhi[J Reg Anat Oper Surg(Article in Chinese;Abstract in Chinese and English)],2019,28(2):148-151. DOI:10.11659/jjssx.07E018106.}

[14393] 沈立锋，张春，郭峭峰，刘亦杨，黄凯，林炳远，张展，翟利锋. 组织瓣联合载抗生素硫酸钙混合自体髂骨植骨Ⅰ期治疗四肢长骨感染性骨不连 [J]. 中华创伤杂志，2019，35（2）：115-120. DOI：10.3760/cma.j.issn.1001-8050.2019.02.004. {SHEN Lifeng,ZHANG Chun,GUO Qiaofeng,LIU Yiyang,HUANG Kai,LIN Bingyuan,ZHANG Zhan,ZHAI Lifeng. Tissue flap combined with antibiotic-loaded calcium sulfate and autogenous iliac bone grafting at stage Ⅰ for infected nonunion of long bone[J]. Zhonghua Chuang Shang Za Zhi[Chin J Trauma(Article in Chinese;Abstract in Chinese and English)],2019,35(2):115-120. DOI:10.3760/cma.j.issn.1001-8050.2019.02.004.}

4.9.10.1　旋髂深骨瓣
the deep circumflex iliac flap

[14394] Zheng HP,Zhuang YH,Zhang ZM,Zhang FH,Kang QL. Modified deep iliac circumflex osteocutaneous flap for extremity reconstruction:anatomical study and clinical application[J]. J Plast Reconstr Aesthet Surg,2013,66(9):1256-1262. doi:10.1016/j.bjps.2013.04.057.

[14395] 黄恭康，刘宗昭，沈耀良，胡汝麟，苗华，尹正银. 吻合旋髂深血管的游离髂骨移植 [J]. 中华外科杂志，1982，20（1）：23-26. {HUANG Gongkang,LIU Zongzhao,SHEN Yaoliang,HU Rulin,MIAO Hua,YIN Zhengyin. Free iliac bone graft with anastomosis of deep circumflex iliac vessels[J]. Zhonghua Wai Ke Za Zhi[Chin J Surg(Article in Chinese;No abstract available)],1982,20(1):23-26.}

[14396] 钟永持，朱明仁，吴乃强，陈裕荣，狄勋元，金明新，徐达传. 吻合旋髂深血管移植髂骨修复下颌骨的应用 [J]. 临床应用解剖学杂志，1984，2（1）：15-17. {ZHONG Yongchi,ZHU Mingren,WU Naiqiang,CHEN Yurong,DI Xunyuan,JIN Mingxin,XU Dachuan. Application of deep circumflex iliac artery anastomosis and iliac bone graft in mandibular reconstruction[J]. Lin Chuang Ying Yong Jie Pou Xue Za Zhi[Chin J Clin Anat(Article in Chinese;Abstract in Chinese)],1984,2(1):15-17.}

[14397] 潘惠琪，胡清潭，苏国礼，王连根. 旋髂深动脉对髂骨嵴血供的解剖研究及临床应用体会 [J]. 临床应用解剖学杂志，1985，3（1）：22-24. {PAN Huiqi,HU Qingtan,SU Guoli,WANG Liangen. Anatomical study and clinical application of deep iliac artery in iliac crest blood supply[J]. Lin Chuang Ying Yong Jie Pou Xue Za Zhi[Chin J Clin Anat(Article in Chinese;Abstract in Chinese)],1985,3(1):22-24.}

[14398] 蒋祖言，王爱民，李万卿. 带旋髂深血管蒂髂骨瓣移位治疗股骨颈骨折的远期疗效 [J]. 中国修复重建外科杂志，1992，6（4）：205-206，248-249，257. {JIANG Zuyan,WANG Aimin,LI Wanqing. Treatment of fracture of femoral neck by transplantation of iliac bone flap pedicled with deep circumflex iliac vessel[J]. Zhongguo Xiu Fu Chong Jian Wai Ke Za Zhi[Chin J Repar Reconstr Surg(Article in Chinese;Abstract in Chinese and English)],1992,6(4):205-206,248-249,257.}

[14399] 阿效诚，易宁，张道祺，罗伟，谢怀春，李亚涛，曾碧强. 带旋髂深血管蒂髂骨移植治疗股骨颈骨折 [J]. 中华显微外科杂志，1993，16（1）：59-60. {A Xiaocheng,YI Ning,ZHANG Daoqi,LUO Wei,XIE Huaichun,LI Yatao,ZENG Biqiang. Treatment of femoral neck fracture with iliac bone flap pedicled with deep circumflex iliac artery[J]. Zhonghua Xian Wei Wai Ke Za Zhi[Chin J Microsurg(Article in Chinese;No abstract available)],1993,16(1):59-60.}

[14400] 姚树源，尚天裕，于建华，朱式仪，马宝通，张建国，顾云五. 带旋髂深血管蒂髂骨植骨治疗成人股骨头无菌性坏死（附50例报告）[J]. 中华骨科杂志，1994，14（4）：324-329. {YAO Shuyuan,SHANG Tianyu,YU Jianhua,ZHU Shiyi,MA Baotong,ZHANG Jianguo,GU Yunwu. Treatment of aseptic necrosis of the femoral head in adults with the deep circumflex iliac vessel pedicle bone grafting (a report of 50 cases)[J]. Zhonghua Gu Ke Za Zhi[Chin J Orthop(Article in Chinese;Abstract in Chinese)],1994,14(4):324-329.}

[14401] 王清纯，李旭东，杨延华，曾化松. 带旋髂深动脉蒂髂骨移植修复耻骨缺损一例 [J]. 中华显微外科杂志，1994，17（4）：244. {WANG Qingchun,LI Xudong,YANG Yanhua,ZENG Huasong. A case of pubic defect repaired by iliac bone transplantation pedicled with deep circumflex iliac artery[J]. Zhonghua Xian Wei Wai Ke Za Zhi[Chin J Microsurg(Article in Chinese;No abstract available)],1994,17(4):244.}

[14402] 王岩，朱盛修，赵德伟. 带旋髂深血管蒂髂骨骨膜移植治疗股骨头缺血性坏死及疗效评价 [J]. 中华骨科杂志，1995，15：567-569. {WANG Yan,ZHU Shengxiu,ZHAO Dewei. Vascular pedicled iliac periosteal transfer for the treatment of avascular necrosis of femoral head and a new clinical evaluation grading system[J]. Zhonghua Gu Ke Za Zhi[Chin J Orthop(Article in Chinese;Abstract in Chinese and English)],1995,15:567-569.}

[14403] 王合明，王文革，李金泉. 植入带旋髂深血管蒂髂骨块治疗股骨头缺血性坏死 [J]. 中国骨伤，1995，8（6）：25-26. {WANG Heming,WANG Wenge,LI Jinquan. Treatment of avascular necrosis of femoral head with iliac bone flap pedicled with deep circumflex iliac artery[J]. Zhongguo Gu Shang[China J Orthop Trauma(Article in Chinese;No abstract available)],1995,8(6):25-26.}

[14404] 张帆，万志勇. 带旋髂深动脉髂骨块重建髋臼在全髋置换术中应用 [J]. 中华显微外科杂志，1996，19（1）：20-21. {ZHANG Fan,WAN Zhiyong. Application of acetavbular reconstruction with pedicled bone flap of deep iliac circumflex artery in total hip replacement[J]. Zhonghua Xian Wei Wai Ke Za Zhi[Chin J Microsurg(Article in Chinese;Abstract in Chinese and English)],1996,19(1):20-21.}

[14405] 王拴科，张凤岗，张祥生，王宏沛，阴玉新. 旋髂深血管髂骨瓣的临床应用 [J]. 中华显微外科杂志，1996，19（4）：267-269. {WANG Shuanke,ZHANG Fenggang,ZHANG Xiangsheng,WANG Hongpei,YIN Yuxin. Clinical applications of iliac bone flap with deep iliac circumflex vessel[J]. Zhonghua Xian Wei Wai Ke Za Zhi[Chin J Microsurg(Article in Chinese;Abstract in Chinese and English)],1996,19(4):267-269.}

[14406] 徐恩常，李铭，李平波. 带旋髂深血管蒂髂骨瓣移植治疗成人股骨头缺血性坏死 [J]. 中华显微外科杂志，1997，20（2）：12. {XU Enchang,LI Ming,LI Pingbo. Treatment of avascular necrosis of femoral head with iliac bone flap pedicled with deep circumflex iliac artery in adult[J]. Zhonghua Xian Wei Wai Ke Za Zhi[Chin J Microsurg(Article in Chinese;No abstract available)],1997,20(2):12.}

[14407] 吴景明，白波，余楠生. 带旋髂深血管髂骨瓣移位术治疗青壮年股骨颈骨折 [J]. 中国修复重建外科杂志，1997，11（3）：58. {WU Jingming,BAI Bo,YU Nansheng. Treatment of femoral neck fracture in young adults by transposition of iliac bone flap pedicled with deep circumflex iliac artery[J]. Zhongguo Xiu Fu Chong Jian Wai Ke Za Zhi[Chin J Repar Reconstr Surg(Article in Chinese;No abstract available)],1997,11(3):58.}

[14408] 王栓科，汪玉良. 旋髂深血管髂骨瓣移植重建股骨颈的临床应用 [J]. 中华显微外科杂志，1998，21（1）：3–5. {WANG Shuanke,WANG Yuliang. Clinical application of deep circumflex iliac artery iliac bone flap in reconstruction of femoral neck[J]. Zhonghua Xian Wei Wai Ke Za Zhi[Chin J Microsurg(Article in Chinese;No abstract available)],1998,21(1):3-5.}

[14409] 徐跃根，裴仁模，金才益，李钧. 带旋髂深血管蒂髂骨移位及加压螺钉固定治疗青年股骨颈骨折 [J]. 中华显微外科杂志，1998，21（1）：3–5. {XU Yuegen,PEI Renmo,JIN Caiyi,LI Jun. Treatment of femoral neck fracture with iliac flap pedicled with deep iliac circumflex vessels and compression screw fixation in young patients[J]. Zhonghua Xian Wei Wai Ke Za Zhi[Chin J Microsurg(Article in Chinese;Abstract in Chinese)],1998,21(1):3-5.}

[14410] 张路灯，董桂甫，龙绍华，兰天露，陆春. 带旋髂深血管髂骨膜瓣植入治疗股骨头缺血性坏死 [J]. 中华显微外科杂志，1998，21（3）：224. DOI：10.3760/cma.j.issn.1001–2036.1998.03.027. {ZHANG Ludeng,DONG Guifu,LONG Shaohua,LAN Tianlu,LU Chun. Treatment of avascular necrosis of femoral head with iliac periosteal flap pedicled with deep circumflex iliac artery[J]. Zhonghua Xian Wei Wai Ke Za Zhi[Chin J Microsurg(Article in Chinese;No abstract available)],1998,21(3):224. DOI:10.3760/cma.j.issn.1001-2036.1998.03.027.}

[14411] 郭艳幸，李东升，汝兴华. 带旋髂深血管蒂髂骨瓣移植结合早期功能锻炼治疗股骨头缺血坏死 32 例 [J]. 中国骨伤，1998，11（2）：35–36. DOI：10.3969/j.issn.1003–0034.1998.02.018. {GUO Yanxing,LI Dongsheng,RU Xinghua. Treatment of avascular necrosis of femoral head with iliac bone flap pedicled with deep circumflex iliac artery combined with early functional exercise in 32 cases[J]. Zhongguo Gu Shang[China J Orthop Trauma(Article in Chinese;No abstract available)],1998,11(2):35-36. DOI:10.3969/j.issn.1003-0034.1998.02.018.}

[14412] 于建华，张建国，姚树源. 带旋髂深血管蒂髂骨切取方法的改进 [J]. 中华骨科杂志，1999，19（5）：317. DOI：10.3760/j.issn：0253–2352.1999.05.019. {YU Jianhua,ZHANG Jianguo,YAO Shuyuan. Improved resection method of iliac bone flap pedicled with deep circumflex iliac artery[J]. Zhonghua Gu Ke Za Zhi[Chin J Orthop(Article in Chinese;No abstract available)],1999,19(5):317. DOI:10.3760/j.issn:0253-2352.1999.05.019.}

[14413] 王鸿飞，陈维钧，郑连杰. 带旋髂深血管蒂髂骨植骨治疗成人股骨头无菌性坏死 [J]. 中国矫形外科杂志，1999，6（7）：501. {WANG Hongfei,CHEN Weijun,ZHENG Lianjie. Treatment of avascular necrosis of femoral head with iliac bone graft pedicled with deep circumflex iliac artery in adult[J]. Zhongguo Jiao Xing Wai Ke Za Zhi[Orthop J China(Article in Chinese;No abstract available)],1999,6(7):501.}

[14414] 钱成雄，夏炳树. 带旋髂深血管蒂髂骨移植治疗股骨颈骨折 25 例 [J]. 中国创伤骨科杂志，1999，1（1）：39. {QIAN Chengxiong,XIA Bingshu. Treatment of femoral neck fracture with iliac bone graft pedicled with deep circumflex iliac artery in 25 cases[J]. Zhongguo Chuang Shang Gu Ke Za Zhi[Chin J Orthop Trauma(Article in Chinese;No abstract available)],1999,1(1):39.}

[14415] 吴水清，贾明锁，葛玉霞，田乃宜. 带旋髂深血管蒂髂骨瓣植骨治疗成人股骨颈骨折 [J]. 中国矫形外科杂志，2000，7（5）：490. DOI：10.3969/j.issn.1005–8478.2000.05.027. {WU Shuiqing,JIA Mingsuo,GE Yuxia,TIAN Naiyi. Iliac lamella with circumflex ilium profunda artery transplantation in the treatment of adult femoral ossis collum fracture[J]. Zhongguo Jiao Xing Wai Ke Za Zhi[Orthop J China(Article in Chinese;Abstract in Chinese)],2000,7(5):490. DOI:10.3969/j.issn.1005-8478.2000.05.027.}

[14416] 朱少廷，廖小波，黄海滨，周滨滨，米琨. 旋髂深血管骨瓣和旋股外血管束联合移植治疗股骨颈骨折 [J]. 中国骨伤，2000，13（4）：195–197. DOI：10.3969/j.issn.1003–0034.2000.04.001. {ZHU Shaoting,LIAO Xiaobo,HUANG Haibin,ZHOU Binbin,MI Kun. Treatment of femoral neck fractures by transplanting bone flap with deep circumflex iliac vessel and lateral circumflex femoral vessel bundle[J]. Zhongguo Gu Shang[China J Orthop Trauma(Article in Chinese;Abstract in Chinese and English)],2000,13(4):195-197. DOI:10.3969/j.issn.1003-0034.2000.04.001.}

[14417] 李秋实，冯承臣，刘茂文，陈沂民，杨殿王，徐前锋，徐建东. 带旋髂深血管髂骨皮瓣治疗胫骨外露并骨不连 [J]. 中国骨伤，2000，13（6）：352. DOI：10.3969/j.issn.1003–0034.2000.06.019. {LI Qiushi,FENG Chengchen,LIU Maowen,CHEN Yimin,YANG Dianwang,XU Qianfeng,XU Jiandong. Treatment of tibial exposure and nonunion with iliac bone flap pedicled with deep circumflex iliac vessels[J]. Zhongguo Gu Shang[China J Orthop Trauma(Article in Chinese;No abstract available)],2000,13(6):352. DOI:10.3969/j.issn.1003-0034.2000.06.019.}

[14418] 马东平，姜荣权. 带旋髂深血管髂骨块移位植骨在股骨颈骨折治疗的应用 [J]. 实用骨科杂志，2000，6（9）：8–9. {MA Dongping,JIANG Rongquan. Treatment of femoral neck fracture by use of deep circum iliac vessel pedicled iliac graft[J]. Shi Yong Gu Ke Za Zhi[J Pract Orthop(Article in Chinese;Abstract in Chinese and English)],2000,6(9):8-9.}

[14419] 刘体彬，李国强，杜峰，胡汝麒. 带旋髂深血管髂骨骨膜 – 骨瓣治疗青壮年股骨颈骨折 [J]. 临床骨科杂志，2000，3(3)：216–217. DOI：10.3969/j.issn.1008–0287.2000.03.024. {LIU Tibin,LI Guoqiang,DU Feng,HU Ruqi. Treatment of femoral neck fracture in young adults with vascularized pedicled osteoperiosteal flap of deep iliac circumflex vessels[J]. Lin Chuang Gu Ke Za Zhi[J Clin Orthop(Article in Chinese;Abstract in Chinese and English)],2000,3(3):216-217. DOI:10.3969/j.issn.1008-0287.2000.03.024.}

[14420] 王栓科，张致英，万麟. 旋髂深血管髂骨骨膜瓣移植治疗股骨颈骨折 [J]. 中华显微外科杂志，2001，24（2）：113–115. DOI：10.3760/cma.j.issn.1001–2036.2001.02.012. {WANG Shuanke,ZHANG Zhiying,WAN Lin. Grafting of iliac bone flap with deep iliac circumflex vessel in treatment of femoral neck fracture[J]. Zhonghua Xian Wei Wai Ke Za Zhi[Chin J Microsurg(Article in Chinese;Abstract in Chinese and English)],2001,24(2):113-115. DOI:10.3760/cma.j.issn.1001-2036.2001.02.012.}

[14421] 刘殿鹏，苏天福，张平，罗海明. 带旋髂深血管蒂髂骨块加新胎儿软骨移植治疗成人股骨头无菌性坏死 [J]. 中国创伤骨科杂志，2001，3（1）：71–72. DOI：10.3760/cma.j.issn.1671–7600.2001.01.036. {LIU Dianpeng,SU Tianfu,ZHANG Ping,LUO Haiming. Treatment of adult asepitc necrosis of the femoral head with iliac bone graft pediled with deep circumflex iliac artery and fetal cartilage transplantation[J]. Zhongguo Chuang Shang Gu Ke Za Zhi[Chin J Orthop Trauma(Article in Chinese;No abstract available)],2001,3(1):71-72. DOI:10.3760/cma.j.issn.1671-7600.2001.01.036.}

[14422] 张鹏程，王世松，杜墩进，杨健. 带旋髂深血管骨膜骨瓣及松质骨联合移植治疗成人股骨头无菌性坏死 [J]. 中国骨伤，2001，14（6）：349. DOI：10.3969/j.issn.1003–0034.2001.06.014. {ZHANG Pengcheng,WANG Shisong,DU Dunjin,YANG Jian. Treatment of avascular necrosis of femoral head with deep circumflex iliac pedicle periosteal bone flap and cancellous bone in adult[J]. Zhongguo Gu Shang[China J Orthop Trauma(Article in Chinese;No abstract available)],2001,14(6):349. DOI:10.3969/j.issn.1003-0034.2001.06.014.}

[14423] 杜远立，刘宪华，王万宏，谭晓毅，李宁，陈波. 带旋髂深血管髂骨瓣在髋部手术中的应用 [J]. 临床骨科杂志，2001，4(1)：62–63. DOI：10.3969/j.issn.1008–0287.2001.01.026. {DU Yuanli,LIU Xianhua,WANG Wanhong,TAN Xiaoyi,LI Ning,CHEN Bo. Application of pedicled vascularized iliac crest in hip operation[J]. Lin Chuang Gu Ke Za Zhi[J Clin Orthop(Article in Chinese;Abstract in Chinese and English)],2001,4(1):62-63. DOI:10.3969/j.issn.1008-0287.2001.01.026.}

[14424] 贾涛，敬映斌，贾明聪. 带旋髂深血管蒂的髂骨瓣转位移植治疗股骨颈骨折 12 例 [J]. 创伤外科杂志，2001，3（z1）：98–98. DOI：10.3969/j.issn.1009–4237.2001.z1.069. {JIA Tao,JING Yingbin,JIA Mingcong. Transposition and transplant of osteomere ilium with profundal ilial cincumflex blood vessels in treatment of fracture of neck of femur[J]. Chuang Shang Wai Ke Za Zhi[J Traum Surg(Article in Chinese;Abstract in Chinese)],2001,3(z1):98-98. DOI:10.3969/j.issn.1009-4237.2001.z1.069.}

[14425] 屈跃峰. 带旋髂深动脉的髂骨瓣一期移植治疗股骨颈骨折 [J]. 中华显微外科杂志，2002，25（1）：78. DOI：10.3760/cma.j.issn.1001–2036.2002.01.047. {QU Yuefeng. One stage transplantation of iliac bone flap pedicled with deep circumflex iliac artery for the treatment of femoral neck fracture[J]. Zhonghua Xian Wei Wai Ke Za Zhi[Chin J Microsurg(Article in Chinese;No abstract available)],2002,25(1):78. DOI:10.3760/cma.j.issn.1001-2036.2002.01.047.}

[14426] 丁元洪，张功礼，禹志宏. 带旋髂深血管蒂髂骨瓣移植加折断式加压螺钉内固定治疗股骨颈骨折 [J]. 中华显微外科杂志，2002，25（2）：160. DOI：10.3760/cma.j.issn.1001–2036.2002.02.056. {DING Yuanhong,ZHANG Gongli,YU Zhihong. Treatment of femoral neck fracture with iliac bone flap pedicled with deep circumflex iliac artery and internal fixation with breakable compression screw[J]. Zhonghua Xian Wei Wai Ke Za Zhi[Chin J Microsurg(Article in Chinese;No abstract available)],2002,25(2):160. DOI:10.3760/cma.j.issn.1001-2036.2002.02.056.}

[14427] 马维虎，王建东，冯乐玲. 带旋髂深血管髂骨（膜）瓣及联合血管束植入治疗青壮年股骨头缺血性坏死 [J]. 中华显微外科杂志，2002，25（2）：160. DOI：10.3760/cma.j.issn.1001–2036.2002.02.055. {MA Weihu,WANG Jiandong,FENG Leling. Treatment of avascular necrosis of femoral head with iliac bone or periosteal flap pedicled with deep circumflex iliac artery and combined vascular bundle implantation in young adults[J]. Zhonghua Xian Wei Wai Ke Za Zhi[Chin J Microsurg(Article in Chinese;No abstract available)],2002,25(2):160. DOI:10.3760/cma.j.issn.1001-2036.2002.02.055.}

[14428] 郑佳坤，谢扬，林本丹. 带旋髂深动脉髂骨瓣在治疗股骨颈骨折中的临床应用 [J]. 中华显微外科杂志，2002，25（2）：144–145. DOI：10.3760/cma.j.issn.1001–2036.2002.02.028. {ZHENG Jiakun,XIE Yang,LIN Bendan. Clinical application of iliac bone flap with deep circumflex iliac artery in the treatment of femoral neck fracture[J]. Zhonghua Xian Wei Wai Ke Za Zhi[Chin J Microsurg(Article in Chinese;Abstract in Chinese)],2002,25(2):144-145. DOI:10.3760/cma.j.issn.1001-2036.2002.02.028.}

[14429] 张天宏，史可中，安荣泽，彭刚，朱劲松. 带旋髂深血管骨膜骨瓣移植治疗青壮年股骨颈骨折 [J]. 中国矫形外科杂志，2002，9（7）：636–637. DOI：10.3969/j.issn.1005–8478.2002.07.003. {ZHANG Tianhong,SHI Kezhong,AN Rongze,PENG Gang,ZHU Jinsong. Treatment of femoral neck fracture in young adults with vascularized osteoperiosteal flap pedicle of deep iliac circumflex vessels[J]. Zhongguo Jiao Xing Wai Ke Za Zhi[Orthop J China(Article in Chinese;Abstract in Chinese and English)],2002,9(7):636-637. DOI:10.3969/j.issn.1005-8478.2002.07.003.}

[14430] 石全顺，杨铁翼，张福海，王凤禹. 旋髂深血管蒂髂骨瓣移植治疗成年股骨颈骨折远期观察 [J]. 中国骨伤，2002，15（1）：3. DOI：10.3969/j.issn.1003–0034.2002.01.041. {SHI Quanshun,YANG Tieyi,ZHANG Fuhai,WANG Fengyu. Long term observation of iliac bone flap pedicled with deep circumflex iliac artery in the treatment of adult femoral neck fracture[J]. Zhongguo Gu Shang[China J Orthop Trauma(Article in Chinese;No abstract available)],2002,15(1):3. DOI:10.3969/j.issn.1003-0034.2002.01.041.}

[14431] 董平. 旋髂深血管髂骨骨膜瓣移植治疗股骨颈骨折 27 例 [J]. 中国骨伤，2002，15（6）：357–357. DOI：10.3969/j.issn.1003–0034.2002.06.015. {DONG Ping. Treatment of fracture of femoral neck with grafting of iliac periosteum and bone flap pedicled with deep iliac circumflex vessels[J]. Zhongguo Gu Shang[China J Orthop Trauma(Article in Chinese;No abstract available)],2002,15(6):357-357. DOI:10.3969/j.issn.1003-0034.2002.06.015.}

[14432] 马宝通，袁天祥，张宝贵，商振德，叶伟胜，张铁良. 带旋髂深血管骨瓣或骨膜移植治疗自体游离植骨后骨折 [J]. 中国骨伤，2002，15（6）：370–371. DOI：10.3969/j.issn.1003–0034.2002.06.025. {MA Baotong,YUAN Tianxiang,ZHANG Baogui,SHANG Zhende,YE Weisheng,ZHANG Tieliang. Treatment for the fracture of autogenous bone graft with bony or periosteal graft pedicled with deep circumflex iliac artery[J]. Zhongguo Gu Shang[China J Orthop Trauma(Article in Chinese;No abstract available)],2002,15(6):370-371. DOI:10.3969/j.issn.1003-0034.2002.06.025.}

[14433] 丁元洪，张功礼，禹志宏，邓长康，施永彦. 带旋髂深血管蒂髂骨瓣移植加折断式加压螺钉内固定治疗成人股骨颈骨折 [J]. 临床骨科杂志，2002，5（1）：48–49. DOI：10.3969/j.issn.1008–0287.2002.01.018. {DING Yuanhong,ZHANG Gongli,YU Zhihong,DENG Changkang,SHI Yongyan. Femoral neck fracture of adult treated by circumflex iliac vascular pedicle iliac graft with breakable compression screws[J]. Lin Chuang Gu Ke Za Zhi[J Clin Orthop(Article in Chinese;Abstract in Chinese and English)],2002,5(1):48-49. DOI:10.3969/j.issn.1008-0287.2002.01.018.}

[14434] 梁涛. 带旋髂深血管蒂髂骨骨膜移位修复股骨头缺血性坏死 [J]. 中国修复重建外科杂志，2002，16（1）：73. {LIANG Tao. Repair of avascular necrosis of femoral head by transposition of iliac periosteal flap pedicled with deep circumflex iliac vessels[J]. Zhongguo Xiu Fu Chong Jian Wai Ke Za Zhi[Chin J Repar Reconstr Surg(Article in Chinese;No abstract available)],2002,16(1):73.}

[14435] 张念非，李子荣，张雪哲，王武. 股骨头髓芯减压带旋髂深血管蒂髂骨骨瓣植骨治疗股骨头缺血性坏死 [J]. 中华外科杂志，2003，41（2）：125–129. DOI：10.3760/j：issn：0529–5815.2003.02.015. {ZHANG Nianfei,LI Zirong,ZHANG Xuezhe,WANG Wu. Vascularized iliac bone grafting for avascular necrosis of the femoral head[J]. Zhonghua Wai Ke Za Zhi[Chin J Surg(Article in Chinese;Abstract in Chinese and English)],2003,41(2):125-129. DOI:10.3760/j:issn:0529-5815.2003.02.015.}

[14436] 陈景春，徐爱萍，刘杰，侯孝廉，方军. 带旋髂深血管蒂的髂骨瓣移植治疗股骨颈成软骨细胞瘤 6 例报告 [J]. 中国微创外科杂志，2003，3（4）：348–349. DOI：10.3969/j.issn.1009–6604.2003.04.033. {CHEN Jingchun,XU Aiping,LIU Jie,HOU Xiaolian,FANG Jun. Transplantation of iliac bone flap pedicled with deep circumflex iliac artery for the treatment of femoral neck chondroblastoma:a report of 6 cases[J]. Zhongguo Wei Chuang Wai Ke Za Zhi[Chin J Minim Inva Surg(Article in Chinese;Abstract in Chinese)],2003,3(4):348-349. DOI:10.3969/j.issn.1009-6604.2003.04.033.}

[14437] 赵金廷，张培勋，贾思明，刘锐，苏振炎，马守战，徐满. 带旋髂深血管髂骨—蝶形骨膜瓣复合移植治疗四肢骨不连 [J]. 骨与关节损伤杂志，2003，18（10）：681–682. DOI：10.3969/j.issn.1672–9935.2003.10.013. {ZHAO Jinting,ZHANG Peixun,JIA Siming,LIU Rui,SU Zhenyan,MA Shouzhan,XU Man. Treatment of bony nonunion of extremities by vascularized iliac butterfly-shape periosteum graft with a deep circumflexa ilium vessel[J]. Gu Yu Guan Jie Sun Shang Za Zhi[J Bone Joint Injury(Article in Chinese;Abstract in Chinese and English)],2003,18(10):681-682. DOI:10.3969/j.issn.1672-9935.2003.10.013.}

[14438] 张学水，贾维民，武光久. 带旋髂深血管髂骨皮瓣修复胫前软组织伴骨缺损 [J]. 中国修复重建外科杂志，2003，17（2）：88. {ZHANG Xueshui,JIA Weimin,WU Guangjiu. Repair

of anterior tibial soft tissue and bone defect by iliac bone flap pedicled with deep circumflex iliac artery[J]. Zhongguo Xiu Fu Chong Jian Wai Ke Za Zhi[Chin J Repar Reconstr Surg(Article in Chinese;No abstract available)],2003,17(2):88.}

[14439] 孙贺，徐达传，杜心如，孔祥玉，郝巍．旋髂深血管蒂髂骨瓣转位腰骶椎植骨的应用解剖[J]．中国临床解剖学杂志，2004，22（1）：60-62．DOI：10.3969/j.issn.1001-165X.2004.01.021．{SUN He,XU Dachuan,DU Xinru,KONG Xiangyu,HAO Wei. The transposition applied anatomy of the iliac flap with deep iliac circumflex artery pedicle for the grafting-fusion of lumbosacral vertebrae[J]. Zhongguo Lin Chuang Jie Pou Xue Za Zhi[Chin J Clin Anat(Article in Chinese;Abstract in Chinese and English)],2004,22(1):60-62. DOI:10.3969/j.issn.1001-165X.2004.01.021.}

[14440] 孙良业，韩玉升，吕波，吕建军，袁先发，扬良军．空心加压螺纹子母钉加带旋髂深血管骨块治疗股骨颈骨折[J]．临床骨科杂志，2004，7（3）：321-321．DOI：10.3969/j.issn.1008-0287.2004.03.043．{SUN Liangye,HAN Yusheng,LV Bo,LV Jianjun,YUAN Xianfa,YANG Liangjun. Treatment of femoral neck fracture with cannulated compression lag screws fixation and deep circumflexa ilium vessel bone graft[J]. Lin Chuang Gu Ke Za Zhi[J Clin Orthop(Article in Chinese;No abstract available)],2004,7(3):321-321. DOI:10.3969/j.issn.1008-0287.2004.03.043.}

[14441] 孙红振，王爱民，蒋祖言，杜全印，尹良军，郭庆山，赵玉峰．带旋髂深血管髂骨瓣治疗股骨头无菌性坏死[J]．创伤外科杂志，2004，6（5）：333-336．DOI：10.3969/j.issn.1009-4237.2004.05.006．{SUN Hongzhen,WANG Aimin,JIANG Zuyan,DU Quanyin,YIN Liangjun,GUO Qingshan,ZHAO Yufeng. Vascularized iliac bone graft for treatment of osteonecrosis of the femoral head[J]. Chuang Shang Wai Ke Za Zhi[J Traum Surg(Article in Chinese;Abstract in Chinese and English)],2004,6(5):333-336. DOI:10.3969/j.issn.1009-4237.2004.05.006.}

[14442] 戴春鸿，顾爱群，阚广玉．带旋髂深血管束髂骨骨膜移植治疗中青年股骨颈骨折[J]．中国修复重建外科杂志，2004，18（1）：74-74．{DAI Chunhong,GU Aiqun,KAN Guangyu. Treatment of femoral neck fracture in young and middle-aged patients with iliac periosteal flap pedicled with deep circumflex iliac vascular bundle[J]. Zhongguo Xiu Fu Chong Jian Wai Ke Za Zhi[Chin J Repar Reconstr Surg(Article in Chinese;No abstract available)],2004,18(1):74-74.}

[14443] 刘进炼，任立中，董威，沙子义，于晓光，李亚丽．带旋髂深血管蒂髂骨瓣移植治疗距骨坏死[J]．中国修复重建外科杂志，2004，18（4）：342-343．{LIU Jinlian,REN Lizhong,DONG Wei,SHA Ziyi,YU Xiaoguang,LI Yali. Treatment of talar necrosis with iliac bone flap pedicled with deep circumflex iliac artery[J]. Zhongguo Xiu Fu Chong Jian Wai Ke Za Zhi[Chin J Repar Reconstr Surg(Article in Chinese;No abstract available)],2004,18(4):342-343.}

[14444] 肖玉周，周建生，刘振华，刘泉，张长春，官建中．带旋髂深血管骨膜瓣移植治疗儿童股骨头缺血性坏死[J]．中华显微外科杂志，2005，28（1）：24-25．DOI：10.3760/cma.j.issn.1001-2036.2005.01.010．{XIAO Yuzhou,ZHOU Jiansheng,LIU Zhenhua,LIU Quan,ZHANG Changchun,GUAN Jianzhong. Vascular pedicled iliac periosteal transfer for the treatment of femoral head ischemic necrosis in children(Perthes disease)[J]. Zhonghua Xian Wei Wai Ke Za Zhi[Chin J Microsurg(Article in Chinese;Abstract in Chinese and English)],2005,28(1):24-25. DOI:10.3760/cma.j.issn.1001-2036.2005.01.010.}

[14445] 英吉林，孙秀芹，董勤亮，赵鹏，祝俊晓．吻合旋髂深血管的髂骨瓣移植在胫骨平台重建中的应用[J]．中华显微外科杂志，2005，28（2）：173-174．DOI：10.3760/cma.j.issn.1001-2036.2005.02.031．{YING Jilin,SUN Xiuqin,DONG Qinliang,ZHAO Peng,ZHU Junxiao. Application of iliac bone flap pedicled with deep circumflex iliac vessels in tibial plateau reconstruction[J]. Zhonghua Xian Wei Wai Ke Za Zhi[Chin J Microsurg(Article in Chinese;Abstract in Chinese)],2005,28(2):173-174. DOI:10.3760/cma.j.issn.1001-2036.2005.02.031.}

[14446] 邹守平，郭旭，蒲涛，黄强，林亚，秦振英．游离带旋髂深血管蒂髂骨瓣治疗股骨干骨折骨不连[J]．中国矫形外科杂志，2005，13（10）：796-797．DOI：10.3969/j.issn.1005-8478.2005.10.027．{ZOU Shouping,GUO Xu,PU Tao,HUANG Qiang,LIN Ya,QIN Zhenying. Treatment of nonunion of the femoral shaft by free vascularized bone graft with deep iliac circumflex blood vessel[J]. Zhongguo Jiao Xing Wai Ke Za Zhi[Orthop J China(Article in Chinese;Abstract in Chinese)],2005,13(10):796-797. DOI:10.3969/j.issn.1005-8478.2005.10.027.}

[14447] 倪松，卓小为，杨华，王永夷．吻合旋髂深血管髂骨移植修复下颌骨缺损[J]．中国修复重建外科杂志，2005，19（4）：325．{NI Song,ZHUO Xiaowei,YANG Hua,WANG Yongyi. Reconstruction of mandibular defects with iliac bone flap pedicled with deep circumflex iliac vessels[J]. Zhongguo Xiu Fu Chong Jian Wai Ke Za Zhi[Chin J Repar Reconstr Surg(Article in Chinese;No abstract available)],2005,19(4):325.}

[14448] 王斌，李康华，廖前德，邓展生，张宏其，王锡阳，何洪波．带旋髂深血管髂骨瓣移植治疗股骨头缺血性坏死[J]．中国修复重建外科杂志，2005，19（6）：443-445．{WANG Bin,LI Kanghua,LIAO Qiande,DENG Zhansheng,ZHANG Hongqi,WANG Xiyang,HE Hongbo. Treatment of ischemic necrosis of the femoral head by transplantation of pedicled bone flap with deep iliac circumflex vessel[J]. Zhongguo Xiu Fu Chong Jian Wai Ke Za Zhi[Chin J Repar Reconstr Surg(Article in Chinese;Abstract in Chinese and English)],2005,19(6):443-445.}

[14449] 张建国，肖湘，张铁良．带旋髂深血管蒂髂骨瓣植骨治疗青壮年陈旧性股骨颈骨折[J]．中华骨科杂志，2006，26（7）：468-471．DOI：10.3760/j.issn：0253-2352.2006.07.009．{ZHANG Jianguo,XIAO Xiang,ZHANG Tieliang. Deep circumflex iliac arterial vascularized iliac bone grafting to delayed femoral neck fractures in young patients[J]. Zhonghua Gu Ke Za Zhi[Chin J Orthop(Article in Chinese;Abstract in Chinese and English)],2006,26(7):468-471. DOI:10.3760/j.issn:0253-2352.2006.07.009.}

[14450] 钟贵彬，侯春林．带旋髂深动脉蒂的髂骨皮瓣修复前臂骨与软组织缺损一例[J]．中华显微外科杂志，2006，29（2）：102．DOI：10.3760/cma.j.issn.1001-2036.2006.02.041．{ZHONG Guibin,HOU Chunlin. Repair of forearm bone and soft tissue defects with iliac bone flap pedicled with deep circumflex iliac artery:a case report[J]. Zhonghua Xian Wei Wai Ke Za Zhi[Chin J Microsurg(Article in Chinese;No abstract available)],2006,29(2):102. DOI:10.3760/cma.j.issn.1001-2036.2006.02.041.}

[14451] 雷廷文，叶作明，梁兵，段佳忠，苟廷举．带旋髂深血管髂骨瓣移植加内固定治疗青壮年股骨颈骨折[J]．中国骨伤，2006，19（3）：186．DOI：10.3969/j.issn.1003-0034.2006.03.030．{LEI Tingwen,YE Zuoming,LIANG Bing,DUAN Jiazhong,GOU Tingju. Grafting of iliac bone flap with deep circumflex iliac blood vessel combined with internal fixation for the treatment of femoral neck fracture in puber[J]. Zhongguo Gu Shang[China J Orthop Trauma(Article in Chinese;No abstract available)],2006,19(3):186. DOI:10.3969/j.issn.1003-0034.2006.03.030.}

[14452] 郭旭，雷勇，林亚，朱慧．带旋髂深血管蒂髂骨瓣移植治疗胫骨骨不连[J]．临床骨科杂志，2006，9（4）：374-374．DOI：10.3969/j.issn.1008-0287.2006.04.046．{GUO Xu,LEI Yong,LIN Ya,ZHU Hui. Treatment of tibia nonunion with graft of deep iliac circumflex blood vessel bone flap[J]. Lin Chuang Gu Ke Za Zhi[J Clin Orthop(Article in Chinese;No abstract available)],2006,9(4):374-374. DOI:10.3969/j.issn.1008-0287.2006.04.046.}

[14453] 冯翔宇，冯经旺，沈景辉，林智峰，谭志伟，肖志林，冯运华，汤克沪．旋髂深血管髂骨瓣移植治疗青壮年移位型股骨颈骨折[J]．中华显微外科杂志，2007，30（2）：105-107．DOI：10.3760/cma.j.issn.1001-2036.2007.02.009．{FENG Xiangyu,FENG Jingwang,SHEN Jinghui,LIN Zhifeng,TAN Zhiwei,XIAO Zhilin,FENG Yunhua,TANG Kehu. Grafting of iliac bone flap with deep iliac circumflex vessel in treatment of femoral neck fracture of young adults[J]. Zhonghua Xian Wei Wai Ke Za Zhi[Chin J Microsurg(Article in Chinese;Abstract in Chinese and English)],2007,30(2):105-107. DOI:10.3760/cma.j.issn.1001-2036.2007.02.009.}

[14454] 王雨，王爱民，沈岳，孙红振，杜全印，郭庆山，王子明，赵玉峰，吴思宇，唐颖．带旋髂深血管髂骨瓣与人工髋关节置换联合Ⅰ期治疗双侧股骨头无菌性坏死[J]．创伤外科杂志，2007，9（3）：222-224．DOI：10.3969/j.issn.1009-4237.2007.03.009．{WANG Yu,WANG Aimin,SHEN Yue,SUN Hongzhen,DU Quanyin,GUO Qingshan,WANG Ziming,ZHAO Yufeng,WU Siyu,TANG Ying. Treatment of osteonecrosis of bilateral femoral head by vascularized iliac bone graft and total hip arthoplasty[J]. Chuang Shang Wai Ke Za Zhi[J Traum Surg(Article in Chinese;Abstract in Chinese and English)],2007,9(3):222-224. DOI:10.3969/j.issn.1009-4237.2007.03.009.}

[14455] 刘瑾，刘新成，谈敬忠．旋髂深血管蒂骨瓣移植预防先髋术后股骨头坏死[J]．实用骨科杂志，2008，14（6）：339-341．DOI：10.3969/j.issn.1008-5572.2008.06.008．{LIU Jin,LIU Xincheng,TAN Jingzhong. Clinical study of prevention DDH postoperation femoral head necrosis with rotation iliac deep blood vessel stalk osteopastic flap transplantation[J]. Shi Yong Gu Ke Za Zhi[J Pract Orthop(Article in Chinese;Abstract in Chinese and English)],2008,14(6):339-341. DOI:10.3969/j.issn.1008-5572.2008.06.008.}

[14456] 李杰．旋髂深血管带骨瓣移植治疗青壮年股骨颈骨折[J]．中国修复重建外科杂志，2008，22（9）：1143-1144．{LI Jie. Treatment of femoral neck fracture in young adults with bone flap pedicled with deep circumflex iliac artery[J]. Zhongguo Xiu Fu Chong Jian Wai Ke Za Zhi[Chin J Repar Reconstr Surg(Article in Chinese;Abstract in Chinese)],2008,22(9):1143-1144.}

[14457] 王敏，孙玉强，周浩，叶湛，孙晓海．带旋髂深血管蒂髂骨瓣转移对股骨头血供重建的影像学评价[J]．中国骨伤，2009，22（8）：609-611．DOI：10.3969/j.issn.1003-0034.2009.08.012．{WANG Min,SUN Yuqiang,ZHOU Hao,YE Zhan,SUN Xiaohai. Imaging evaluation of the contribution of the deep circumflex iliac arterial vascularized iliac bone grafting to the reconstruction of blood supply of the femoral head[J]. Zhongguo Gu Shang[China J Orthop Trauma(Article in Chinese;Abstract in Chinese and English)],2009,22(8):609-611. DOI:10.3969/j.issn.1003-0034.2009.08.012.}

[14458] 咸宝山，孙渊，咸如良．带旋髂深血管蒂髂骨转位移植治疗股骨头坏死[J]．实用骨科杂志，2009，15（10）：750-753，插2．DOI：10.3969/j.issn.1008-5572.2009.10.010．{XIAN Baoshan,SUN Yuan,XIAN Ruliang. Treatment of osteonecrosis of the femoral head using vascular pedicle bone graft[J]. Shi Yong Gu Ke Za Zhi[J Pract Orthop(Article in Chinese;Abstract in Chinese and English)],2009,15(10):750-753, 插 2. DOI:10.3969/j.issn.1008-5572.2009.10.010.}

[14459] 朱金强，沈柏晓，杨文峰．带旋髂深血管蒂髂骨及髂骨膜瓣移位治疗中青年股骨颈骨折[J]．中国修复重建外科杂志，2009，23（5）：631-632．{ZHU Jinqiang,SHEN Baixiao,YANG Wenfeng. Transposition of iliac bone and iliac periosteal flap pedicled with deep circumflex iliac artery for the treatment of femoral neck fracture in young and middle-aged patients[J]. Zhongguo Xiu Fu Chong Jian Wai Ke Za Zhi[Chin J Repar Reconstr Surg(Article in Chinese;Abstract in Chinese)],2009,23(5):631-632.}

[14460] 咸宝山，姜文学，刘富，咸如良．带旋髂深血管蒂髂骨与骨软骨联合移植治疗股骨头坏死[J]．中华骨科杂志，2010，30（1）：62-66．DOI：10.3760/cma.j.issn.0253-2352.2010.01.015．{XIAN Baoshan,JIANG Wenxue,LIU Fu,XIAN Ruliang. Treatment of osteonecrosis of the femoral head by transplantation of vascular pedicled iliac bone combined with osteochondral autologous[J]. Zhonghua Gu Ke Za Zhi[Chin J Orthop(Article in Chinese;Abstract in Chinese and English)],2010,30(1):62-66. DOI:10.3760/cma.j.issn.0253-2352.2010.01.015.}

[14461] 陆晓生，彭昊，凌尚准．病灶清除髓心减压带旋髂深血管蒂髂骨瓣移植治疗股骨头坏死[J]．中国矫形外科杂志，2010，18（19）：1656-1657．{LU Xiaosheng,PENG Hao,LING Shangzhun. Treatment of osteonecrosis of femoral head (ONFH) by lesion removed core decompression combining with tissue transplantation of pedicled deep circumflex iliac vessels bone flap[J]. Zhongguo Jiao Xing Wai Ke Za Zhi[Orthop J China(Article in Chinese;Abstract in Chinese)],2010,18(19):1656-1657.}

[14462] 孙晓新，宋海友，苗强，周伟．带旋髂深血管蒂髂骨瓣移植治疗青壮年移位股骨颈骨折[J]．中国骨与关节损伤杂志，2010，25（6）：493-495．{SUN Xiaoxin,SONG Haiyou,MIAO Qiang,ZHOU Wei. Grafting of vascularized iliac bone flap with deep iliac circumflex vessel for displaced femoral neck fracture of young patients[J]. Zhongguo Gu Yu Guan Jie Sun Shang Za Zhi[Chin J Bone Joint Injury(Article in Chinese;Abstract in Chinese and English)],2010,25(6):493-495.}

[14463] 危勇，林传松，杨爱勇，关钦强，饶明亮．带旋髂深血管蒂髂骨瓣治疗股骨颈骨折27例[J]．中华显微外科杂志，2011，34（3）：240-241．DOI：10.3760/cma.j.issn.1001-2036.2011.03.028．{WEI Yong,LIN Chuansong,YANG Aiyong,GUAN Qinqiang,RAO Mingliang. Treatment of 27 cases of femoral neck fracture with iliac bone flap pedicled with deep circumflex iliac artery[J]. Zhonghua Xian Wei Wai Ke Za Zhi[Chin J Microsurg(Article in Chinese;Abstract in Chinese)],2011,34(3):240-241. DOI:10.3760/cma.j.issn.1001-2036.2011.03.028.}

[14464] 张颖，刘又文，魏秋实，王金国，杨彬，李建明，张晓东．AVN钽棒置入与带旋髂深血管蒂髂骨瓣移植治疗股骨头坏死的早期疗效对比[J]．中国矫形外科杂志，2011，19（15）：1311-1315．DOI：10.3977/j.issn.1005-8478.2011.15.23．{ZHANG Ying,LIU Youwen,WEI Qiushi,WANG Jinguo,YANG Bin,LI Jianming,ZHANG Xiaodong. Comparison of the early effect of AVN tantalum rod implantation and iliac bone flap transplantation pedicled with deep circumflex iliac artery in the treatment of femoral head necrosis[J]. Zhongguo Jiao Xing Wai Ke Za Zhi[Orthop J China(Article in Chinese;Abstract in Chinese)],2011,19(15):1311-1315. DOI:10.3977/j.issn.1005-8478.2011.15.23.}

[14465] 储辉，黄洪，陈明亮，徐志久．带旋髂深血管蒂髂骨瓣联合空心加压螺钉内固定治疗青壮年股骨颈骨折的疗效分析[J]．中国修复重建外科杂志，2011，25（4）：504-506．{CHU Hui,HUANG Hong,CHEN Mingliang,XU Zhijiu. Effect of the iliac bone flap pedicled with deep iliac vessels and hollow compression screw in the treatment of femoral neck fracture in young and middle aged[J]. Zhongguo Xiu Fu Chong Jian Wai Ke Za Zhi[Chin J Repar Reconstr Surg(Article in Chinese;Abstract in Chinese)],2011,25(4):504-506.}

[14466] 叶文斌，郭志民，丁真奇，陈长青．带旋髂深动脉髂骨瓣与腓肠神经营养血管皮瓣修复跟骨及软组织缺损[J]．临床骨科杂志，2011，14（5）：515-517．DOI：10.3969/j.issn.1008-0287.2011.05.020．{YE Wenbin,GUO Zhimin,DING Zhenqi,CHEN Changqing. Application of vascularized iliac flap with deep circumflex iliac artery combined with neurocutaneous flap to repair soft tissue and bone defects of calcaneus[J]. Lin Chuang Gu Ke Za Zhi[J Clin Orthop(Article in Chinese;Abstract in Chinese and English)],2011,14(5):515-517. DOI:10.3969/j.issn.1008-0287.2011.05.020.}

[14467] 刘钢，郑小罕，潘廷．旋髂深动脉蒂髂骨瓣联合腓肠神经营养血管皮瓣重建跟骨七例[J]．中华显微外科杂志，2012，35（4）：282-284，后插4．DOI：10.3760/cma.j.issn.1001-2036.2012.04.006．{LIU Gang,ZHENG Xiaohan,PAN Ting. The experience for reconstructing calcaneus partial defect with deep iliac circumflex artery ilium lamella and sural nerve flap:7 cases report[J]. Zhonghua Xian Wei Wai Ke Za Zhi[Chin J Microsurg(Article in Chinese;Abstract in Chinese and English)],2012,35(4):282-284,insert 4. DOI:10.3760/cma.j.issn.1001-2036.2012.04.006.}

[14468] 谭志伟，冯经旺，徐杰，肖志林，冯运华，汤克沪，熊刚，李伟清，罗焕明，郑佐慧，莫建福．带旋髂深血管髂骨瓣结合空心加压螺钉内固定治疗青壮年股骨颈骨折[J]．中华显微外科杂志，2012，35（4）：332-334．DOI：10.3760/cma.j.issn.1001-2036.2012.04.026．{TAN Zhiwei,FENG Jingwang,XU Jie,XIAO Zhilin,FENG Yunhua,TANG Kehu,XIONG Gang,LI

Weiqing,LUO Huanming,ZHENG Zuohui,MO Jianfu. Treatment of femoral neck fracture in young adults with iliac bone flap with deep circumflex iliac artery combined with cannulated compression screw[J]. Zhonghua Xian Wei Wai Ke Za Zhi[Chin J Microsurg(Article in Chinese;Abstract in Chinese)],2012,35(4):332-334. DOI:10.3760/cma.j.issn.1001-2036.2012.04.026.}

[14469] 李卫，刘金伟，蔡厚红，林绍仪，吴举，李春雨，何藻鹏，陈应驹. 锁定板固定旋髂深血管髂骨瓣移植治疗青壮年股骨颈骨折[J]. 实用骨科杂志，2012，18（2）：126－127. DOI：10.3969/j.issn.1008－5572.2012.02.009. {LI Wei,LIU Jinwei,CAI Houhong,LIN Shaoyi,WU Ju,LI Chunyu,HE Zaopeng,CHEN Yingju. Treatment of femoral neck fractures in young adults by using anatomical dynamic hip lock plate(ADHLP) and Iliac flap transplanting with deep iliac circumflex vessels[J]. Shi Yong Gu Ke Za Zhi[J Pract Orthop(Article in Chinese;Abstract in Chinese and English)],2012,18(2):126-127. DOI:10.3969/j.issn.1008-5572.2012.02.009.}

[14470] 胡昭华，张伟，马晓华，贾光伟，王安年，石斌斌. 以旋髂深血管为蒂的髂骨复合组织瓣移植修复下肢创伤八例[J]. 中华显微外科杂志，2013，36（6）：582－583. DOI：10.3760/cma.j.issn.1001－2036.2013.06.019. {HU Zhaohua,ZHANG Wei,MA Xiaohua,JIA Guangwei,WANG Annian,SHI Binbin. Iliac bone composite tissue flap pedicled with deep circumflex iliac artery for repairing lower extremity trauma:a report of 8 cases[J]. Zhonghua Xian Wei Wai Ke Za Zhi[Chin J Microsurg(Article in Chinese;Abstract in Chinese)],2013,36(6):582-583. DOI:10.3760/cma.j.issn.1001-2036.2013.06.019.}

[14471] 于志亮，张宁，杨义，王斌，高烁，赵小勇. 带旋髂深血管蒂髂骨瓣及松质骨移植治疗成人股骨头缺血性坏死[J]. 中国修复重建外科杂志，2013，27（7）：860－863. DOI：10.7507/1002－1892.20130188. {YU Zhiliang,ZHANG Ning,YANG Yi,WANG Bin,GAO Shuo,ZHAO Xiaoyong. Treatment of adult avascular necrosis of femoral head by transplanting iliac bone flap with deep iliac circumflex vessels and cancellous bone[J]. Zhongguo Xiu Fu Chong Jian Wai Ke Za Zhi[Chin J Repar Reconstr Surg(Article in Chinese;Abstract in Chinese and English)],2013,27(7):860-863. DOI:10.7507/1002-1892.20130188.}

[14472] 林伟文，赖茂松，熊浩，凌华军，夏雄超，罗鹏刚，吴增志. 空心加压螺钉联合带旋髂深血管骨瓣治疗青壮年股骨颈骨折[J]. 中国修复重建外科杂志，2013，27（10）：1277－1278. DOI：10.7507/1002－1892.20130278. {LIN Weiwen,LAI Maosong,XIONG Hao,LING Huajun,XIA Xiongchao,LUO Penggang,WU Zengzhi. Treatment of femoral neck fracture in young adults with hollow compression screw combined with deep iliac circumflex vascular bone flap[J]. Zhongguo Xiu Fu Chong Jian Wai Ke Za Zhi[Chin J Repar Reconstr Surg(Article in Chinese;Abstract in Chinese)],2013,27(10):1277-1278. DOI:10.7507/1002-1892.20130278.}

[14473] 石荣剑，刘衍松，朱辉，郑大伟，寿奎水. 带旋髂深血管的游离髂骨瓣移植修复胫骨骨不连[J]. 实用手外科杂志，2014，28（2）：127－128，131. DOI：10.3969/j.issn.1671－2722.2014.02.004. {SHI Rongjian,LIU Yansong,ZHU Hui,ZHENG Dawei,SHOU Kuishui. Treatment of tibia nonunion by transplanting iliac bone flap with deep iliac circumflex vessels[J]. Shi Yong Shou Wai Ke Za Zhi[Chin J Pract Hand Surg(Article in Chinese;Abstract in Chinese and English)],2014,28(2):127-128,131. DOI:10.3969/j.issn.1671-2722.2014.02.004.}

[14474] 吴敏，官建中，肖玉周，周建生，王照东，王晓盼. 带旋髂深血管蒂髂骨膜瓣移植治疗青少年陈旧性股骨颈骨折[J]. 中华显微外科杂志，2015，38（3）：238－241. DOI：10.3760/cma.j.issn.1001－2036.2015.03.009. {WU Min,GUAN Jianzhong,XIAO Yuzhou,ZHOU Jiansheng,WANG Zhaodong,WANG Xiaopan. Transplantation of iliac periosteal flap pedicled with deep circumflex iliac artery for the treatment of old femoral neck fractures in adolescents[J]. Zhonghua Xian Wei Wai Ke Za Zhi[Chin J Microsurg(Article in Chinese;Abstract in Chinese and English)],2015,38(3):238-241. DOI:10.3760/cma.j.issn.1001-2036.2015.03.009.}

[14475] 任高宏，蒋桂勇，林庆荣. 旋髂深血管髂骨瓣移植联合外固定架治疗长骨感染性骨缺损[J]. 中华显微外科杂志，2015，38（6）：550－556. DOI：10.3760/cma.j.issn.1001－2036.2015.06.009. {REN Gaohong,JIANG Guiyong,LIN Qingrong. Treatment of infective long bone defect by external fixator combination of iliac bone graft with deep iliac circumflex vessels[J]. Zhonghua Xian Wei Wai Ke Za Zhi[Chin J Microsurg(Article in Chinese;Abstract in Chinese and English)],2015,38(6):550-556. DOI:10.3760/cma.j.issn.1001-2036.2015.06.009.}

[14476] 吴学军，夏英慧，陈楚，郭亮，刘辉，杨文福，林前明. 以旋髂深动脉为蒂的髂骨皮瓣移植修复下肢骨缺损与骨不连37例[J]. 中华显微外科杂志，2015，38（6）：598－600. DOI：10.3760/cma.j.issn.1001－2036.2015.06.022. {WU Xuejun,XIA Yinghui,CHEN Chu,GUO Liang,LIU Hui,YANG Wenfu,LIN Qianming. Iliac bone flap pedicled with deep circumflex iliac artery for repairing bone defect and nonunion in 37 cases[J]. Zhonghua Xian Wei Wai Ke Za Zhi[Chin J Microsurg(Article in Chinese;Abstract in Chinese)],2015,38(6):598-600. DOI:10.3760/cma.j.issn.1001-2036.2015.06.022.}

[14477] 张学全，樊仕才，黎惠金，谢延华，罗鹏刚. 带旋髂深血管髂骨瓣和股方肌骨瓣移植治疗青壮年Garden Ⅲ－Ⅳ型股骨颈骨折的比较[J]. 中国骨伤，2015，28（9）：802－807. DOI：10.3969/j.issn.1003－0034.2015.09.006. {ZHANG Xuequan,FAN Shicai,LI Huijin,XIE Yanhua,LUO Penggang. Case-control study on the iliac bone flap transplantation with deep circumflex iliac artery and quadratus femoris bone flap transplantation for the treatment of Garden Ⅲ/Ⅳ femoral neck fracture of young and middle-aged patients[J]. Zhongguo Gu Shang[China J Orthop Trauma(Article in Chinese;Abstract in Chinese and English)],2015,28(9):802-807. DOI:10.3969/j.issn.1003-0034.2015.09.006.}

[14478] 吴敏，官建中，肖玉周，周建生，张长春，代秀松，王晓盼，王照东. 带旋髂深血管蒂骨膜瓣植入治疗未成年股骨颈骨折术后股骨头缺血性坏死[J]. 中国修复重建外科杂志，2015，29（3）：275－279. DOI：10.7507/1002－1892.20150059. {WU Min,GUAN Jianzhong,XIAO Yuzhou,ZHOU Jiansheng,ZHANG Changchun,DAI Xiusong,WANG Xiaopan,WANG Zhaodong. Pedicled iliac periosteal flap graft for avascular necrosis of femoral head after femoral neck fracture in adolescents[J]. Zhongguo Xiu Fu Chong Jian Wai Ke Za Zhi[Chin J Repar Reconstr Surg(Article in Chinese;Abstract in Chinese and English)],2015,29(3):275-279. DOI:10.7507/1002-1892.20150059.}

[14479] 刘晓春，黄东，吴伟炽，江奕恒，黄永军，牟勇，孙大炜. 旋髂深动脉髂骨皮瓣修复胫骨伴软组织缺损12例[J]. 中华显微外科杂志，2016，39（6）：593－595. DOI：10.3760/cma.j.issn.1001－2036.2016.06.023. {LIU Xiaochun,HUANG Dong,WU Weichi,JIANG Yiheng,HUANG Yongjun,MOU Yong,SUN Dawei. Repair of tibia and soft tissue defect with deep circumflex iliac artery iliac bone flap:a report of 12 cases[J]. Zhonghua Xian Wei Wai Ke Za Zhi[Chin J Microsurg(Article in Chinese;Abstract in Chinese)],2016,39(6):593-595. DOI:10.3760/cma.j.issn.1001-2036.2016.06.023.}

[14480] 吴敏，官建中，肖玉周，周建生，代秀松，王照东，陈笑天. 带旋髂深血管蒂髂骨瓣植入治疗Ficat Ⅱ期及Ⅲ期股骨头缺血性坏死的远期疗效[J]. 中国修复重建外科杂志，2016，30（11）：1326－1330. DOI：10.7507/1002－1892.20160272. {WU Min,GUAN Jianzhong,XIAO Yuzhou,ZHOU Jiansheng,DAI Xiusong,WANG Zhaodong,CHEN Xiaotian. Long-term effectiveness of transpiantation of iliac bone flap pedicled with deep iliac circumflex vessels for avascular necrosis of femoral head at stage Ⅱ and Ⅲ [J]. Zhongguo Xiu Fu Chong Jian Wai Ke Za Zhi[Chin J Repar Reconstr Surg(Article in Chinese;Abstract in Chinese and English)],2016,30(11):1326-1330. DOI:10.7507/1002-1892.20160272.}

[14481] 张颖，冯立志，刘又文，何伟. 缝匠肌骨瓣和旋髂深骨瓣治疗青壮年早期非创伤性股骨头坏死的疗效对比[J]. 中国矫形外科杂志，2016，24（1）：18－23. DOI：10.3977/j.issn.1005－8478.2016.01.04. {ZHANG Ying,FENG Lizhi,LIU Youwen,HE Wei. Treatment of early non-traumatic osteonecrosis of the femoral head in young adults:the comparison between sartorius bone flap and circumflex iliac deep bone flap transplantations[J]. Zhongguo Jiao Xing Wai Ke Za Zhi[Orthop J China(Article in Chinese;Abstract in Chinese and English)],2016,24(1):18-23. DOI:10.3977/j.issn.1005-8478.2016.01.04.}

[14482] 苑芳昌，管西亮，杜晓飞，马德营，杨金虎，刘彦士. 旋髂深血管髂骨瓣治疗中青年股骨颈骨折术后骨不连21例[J]. 中华显微外科杂志，2018，41（2）：199－200. DOI：10.3760/cma.j.issn.1001－2036.2018.02.029. {YUAN Fangchang,GUAN Xiliang,DU Xiaofei,MA Deying,YANG Jinhu,LIU Yanshi. Treatment of 21 cases of femoral neck fracture nonunion with deep circumflex iliac artery pedicle iliac flap[J]. Zhonghua Xian Wei Wai Ke Za Zhi[Chin J Microsurg(Article in Chinese;Abstract in Chinese)],2018,41(2):199-200. DOI:10.3760/cma.j.issn.1001-2036.2018.02.029.}

[14483] 唐举玉，杜威，吴攀峰，周征兵，俞芳，庞晓阳，曾磊，潘丁，肖勇兵，刘睿，卿黎明，欧淇峰，张兴. 吻合旋髂深血管的游离髂骨瓣移植治疗股骨头缺血性坏死[J]. 中华显微外科杂志，2019，42（4）：313－316. DOI：10.3760/cma.j.issn.1001－2036.2019.04.001. {TANG Juyu,DONG Wei,WU Panfeng,ZHOU Zhengbing,YU Fang,PANG Xiaoyang,ZENG Lei,PAN Ding,XIAO Yongbing,LIU Rui,QING Liming,OU Qifeng,ZHANG Xing. Free graft of vascularized iliac bone flap based on deep iliac circumflex vessels for the treatment of osteonecrosis of the femoral head[J]. Zhonghua Xian Wei Wai Ke Za Zhi[Chin J Microsurg(Article in Chinese;Abstract in Chinese and English)],2019,42(4):313-316. DOI:10.3760/cma.j.issn.1001-2036.2019.04.001.}

4.9.11 股骨骨瓣
femoral bone flap

[14484] 陈振光，余国荣，张明元，彭建强，陈廖斌，陈秀清，窦忠新，袁国祥，李卜明. 第一穿动脉升支大转子骨瓣移植术[J]. 中国临床解剖学杂志，1994，12（3）：222－224. {CHEN Zhenguang,YU Guorong,ZHANG Mingyuan,PENG Jianqiang,CHEN Liaobin,CHEN Xiuqing,DOU Zhongxin,YUAN Guoxiang,LI Buming. Transfer of greater trochanter bone flap pedicled with ascending branch of the first perforating artery[J]. Zhongguo Lin Chuang Jie Pou Xue Za Zhi[Chin J Clin Anat(Article in Chinese;Abstract in Chinese)],1994,12(3):222-224.}

[14485] 王平年，刘仁寿，曹文华，董有海. 带血管蒂股骨大转子骨瓣植入治疗股骨颈骨折[J]. 中华显微外科杂志，1994，17（4）：143－144. {WANG Pingnian,LIU Renshou,CAO Wenhua,DONG Youhai. Treatment of femoral neck fracture with vascularized greater trochanter bone flap[J]. Zhonghua Xian Wei Wai Ke Za Zhi[Chin J Microsurg(Article in Chinese;No abstract available)],1994,17(4):143-144.}

[14486] 陈振光，余国荣，陈廖斌，谭金海，涂长青. 带血管蒂大转子骨瓣重建股骨头的研究[J]. 中华实验外科杂志，1994，11（2）：93－94，128－129. {CHEN Zhenguang,YU Guorong,CHEN Liaobin,TAN Jinhai,TU Changqing. An experimental study of reconstructing the femoral head with vascularized greater trochanter bone flap[J]. Zhonghua Shi Yan Wai Ke Za Zhi[Chin J Exp Surg(Article in Chinese;Abstract in Chinese and English)],1994,11(2):93-94,128-129.}

[14487] 张传礼，张留拴，郝军，付光瑞. 带股方肌蒂骨瓣移植治疗陈旧性股骨颈骨折不愈合35例报告[J]. 中华骨科杂志，1994，14（2）：147－149. {ZHANG Chuanli,ZHANG Liushuan,HAO Jun,FU Guangrui. Treatment of old femoral neck fracture nonunion with pedicled quadratus femoris bone flap:a report of 35 cases[J]. Zhonghua Gu Ke Za Zhi[Chin J Orthop(Article in Chinese;No abstract available)],1994,14(2):147-149.}

[14488] 赵德伟，隋广智，杜国君，郭林，朱景斌，张惠茹，张朝阳，孙强，王德仁，于小光. 带血管蒂大转子骨瓣转移对股骨头不同病变的治疗[J]. 中华骨科杂志，1995，15：591－593. {ZHAO Dewei,SUI Guangzhi,DU Guojun,GUO Lin,ZHU Jingbin,ZHANG Huiru,ZHANG Chaoyang,SUN Qiang,WANG Deren,YU Xiaoguang. Transposition of vascular pedicled greater trochantcr bone flap for the treatment of ischemic lesions of the femoral head[J]. Zhonghua Gu Ke Za Zhi[Chin J Orthop(Article in Chinese;Abstract in Chinese and English)],1995,15:591-593.}

[14489] 李光宪，单永安. 带股方肌骨膜骨瓣转移治疗陈旧性股骨颈骨折15例[J]. 中华创伤杂志，1995，11（1）：62－63. {LI Guangxian,SHAN Yong’an. Treatment of old femoral neck fracture with quadratus femoris periosteal bone flap in 15 cases[J]. Zhonghua Chuang Shang Za Zhi[Chin J Trauma(Article in Chinese;No abstract available)],1995,11(1):62-63.}

[14490] 王家让，陈述祥，付玉庆. 自体腓骨骨栓内固定加股方肌肌蒂骨瓣治疗陈旧性股骨颈骨折[J]. 中华创伤杂志，1995，11（1）：13－14. {WANG Jiarang,CHEN Shuxiang,FU Yuqing. Old fracture of femoral neck treated with internal fixation of self fibula peg and pedicled bone graft of musculus quadratus femoris[J]. Zhonghua Chuang Shang Za Zhi[Chin J Trauma(Article in Chinese;Abstract in Chinese)],1995,11(1):13-14.}

[14491] 戴国锋，王永惕，陈国瑞，张达，王集锷. 股方肌骨瓣移植治疗股骨颈骨折的基础及临床研究[J]. 骨与关节损伤杂志，1995，10（1）：345－348. {DAI Guofeng,WANG Yongti,CHEN Guorui,ZHANG Da,WANG Ji’e. Treatment of fractures of the femoral neck by quadratus femoris muscle pedicled bone graft-anatomical and clinical study[J]. Gu Yu Guan Jie Sun Shang Za Zhi[J Bone Joint Injury(Article in Chinese;Abstract in Chinese and English)],1995,10(1):345-348.}

[14492] 陈振光. 带血管蒂股骨大转子骨瓣移位术[J]. 中华显微外科杂志，1996，19（3）：232－235. {CHEN Zhenguang. Transposition of pedicled greater trochanter bone flap[J]. Zhonghua Xian Wei Wai Ke Za Zhi[Chin J Microsurg(Article in Chinese;No abstract available)],1996,19(3):232-235.}

[14493] 江振华，刘仁寿，姚忠军. 股方肌蒂骨膜骨瓣移植治疗青壮年股骨颈骨折[J]. 中国矫形外科杂志，1996，3（5）：281. {JIANG Zhenhua,LIU Renshou,YAO Zhongjun. Treatment of femoral neck fracture in young adults with periosteal bone flap pedicled with quadratus femoris muscle[J]. Zhongguo Jiao Xing Wai Ke Za Zhi[Orthop J China(Article in Chinese;No abstract available)],1996,3(5):281.}

[14494] 鲁玉来，张辉，董军. 股方肌蒂骨瓣移植及内固定术治疗陈旧性股骨颈骨折[J]. 中国矫形外科杂志，1996，3（8）：262－263，320. {LU Yulai,ZHANG Hui,DONG Jun. Treatment of non-union fracture of femoral neck by quadratus femoris musculi-pedicled bone graft fixation[J]. Zhongguo Jiao Xing Wai Ke Za Zhi[Orthop J China(Article in Chinese;Abstract in Chinese and English)],1996,3(8):262-263,320.}

[14495] 赵德伟，朱景斌，张朝阳，孙强，于小光，郭哲，李建军，刘大辉，谷翔宇，崔旭. 带血管蒂的大转子骨与筋膜瓣转移的髋关节成形术[J]. 中华骨科杂志，1997，17（6）：52－53，67. {ZHAO Dewei,ZHU Jingbin,ZHANG Chaoyang,SUN Qiang,YU Xiaoguang,GUO Zhe,LI Jianjun,LIU Dahui,GU Xiangyu,CUI Xu. Hip arthroplasty with vascularized greater trochanter bone and fascial flap[J]. Zhonghua Gu Ke Za Zhi[Chin J Orthop(Article in Chinese;No abstract available)],1997,17(6):52-53,67.}

[14496] 陈振光，余国荣，宋显辉，喻爱喜，黄卫国，谭金海. 切取大转子骨瓣后股骨近端的骨力学研究[J]. 中华实验外科杂志，1997，14（1）：26－27，69. {CHEN Zhenguang,YU Guorong,SONG Xianhui,YU Aixi,HUANG Weiguo,TAN Jinhai. Biomechanical study of proximal femur after excision of the great trochanter bone flap[J]. Zhonghua Shi Yan Wai Ke Za Zhi[Chin J Exp Surg(Article in Chinese;Abstract in Chinese and English)],1997,14(1):26-27,69.}

[14497] 钟桂午，张发惠，刘经南，陈日景. 第1穿动脉升支大转子骨瓣在股骨颈（距）重建中的应用[J]. 中国临床解剖学杂志，1998，16（2）：79－80. {ZHONG Guiwu,ZHANG Fahui,LIU Jingnan,CHEN Rijing. The application of greater trochanter bone flap pedicled with the first perforating artery in the reconstruction of femoral neck[J]. Zhongguo Lin Chuang Jie Pou Xue Za Zhi[Chin J Clin Anat(Article in Chinese;Abstract in Chinese and English)],1998,16(2):79-80.}

[14498] 陈振光，陈秀清，余国荣，喻爱喜，谭金海，王斌. 以膝降血管为蒂的股骨内侧髁骨膜（骨）瓣移位术[J]. 中华显微外科杂志，1998，21（3）：174. DOI：10.3760/cma.

j.issn.1001-2036.1998.03.006. {CHEN Zhenguang,CHEN Xiuqing,YU Guorong,YU Aixi,TAN Jinhai,WANG Bin. Transposition of medial femoral condylus osteoperiosteal flap pedicled with the descending genicular vessels[J]. Zhonghua Xian Wei Wai Ke Za Zhi[Chin J Microsurg(Article in Chinese;Abstract in Chinese and English)],1998,21(3):174. DOI:10.3760/cma.j.issn.1001-2036.1998.03.006.}

[14499] 柯冰，蒋林，刘佑勇．带血管蒂大转子骨瓣转移治疗股骨颈骨折 [J]．中华显微外科杂志，1999，22（1）：64．DOI：10.3760/cma.j.issn.1001-2036.1999.01.031．{KE Bing,JIANG Lin,LIU Youyong. Treatment of femoral neck fracture with vascularized greater trochanter bone flap[J]. Zhonghua Xian Wei Wai Ke Za Zhi[Chin J Microsurg(Article in Chinese;No abstract available)],1999,22(1):64. DOI:10.3760/cma.j.issn.1001-2036.1999.01.031.}

[14500] 孙强，赵德伟．带血管蒂的大转子骨瓣转移加空心钉内固定治疗股骨颈骨折 [J]．中华创伤杂志，1999，15（3）：174．DOI：10.3760/j：issn：1001-8050.1999.03.034．{SUN Qiang,ZHAO Dewei. Treatment of femoral neck fracture with vascularized greater trochanter bone flap and hollow screw internal fixation[J]. Zhonghua Chuang Shang Za Zhi[Chin J Trauma(Article in Chinese;No abstract available)],1999,15(3):174. DOI:10.3760/j:issn:1001-8050.1999.03.034.}

[14501] 程永安，叶迟德，袁恭贵．股方肌蒂骨瓣移植治疗股骨颈骨折的临床分析 [J]．中国骨伤，1999，12（6）：33．DOI：10.3969/j.issn.1003-0034.1999.06.018．{CHENG Yong'an,YE Chide,YUAN Gonggui. Clinical analysis of quadratus femoris pedicled bone flap transplantation in the treatment of femoral neck fracture[J]. Zhongguo Gu Shang[China J Orthop Trauma(Article in Chinese;No abstract available)],1999,12(6):33. DOI:10.3969/j.issn.1003-0034.1999.06.018.}

[14502] 袁艾东，李文锐，陈勇斌．股方肌蒂骨瓣移植及内固定术治疗青壮年股骨颈骨折 [J]．实用骨科杂志，1999，5（11）：206-207．{YUAN Aidong,LI Wenrui,CHEN Yongbin. Treatment of femoral neek fracture in young adults by transfering of pedicle-bone graft of quadrate musele of thigh and internal fixation[J]. Shi Yong Gu Ke Za Zhi[J Pract Orthop(Article in Chinese;Abstract in Chinese and English)],1999,5(11):206-207.}

[14503] 刘华，陈保光，邱奕军，冯毅，陈状．股方肌骨膜骨瓣及空心螺钉治疗青壮年股骨颈骨折 23 例体会 [J]．中国创伤骨科杂志，2000，2（1）：81．{LIU Hua,CHEN Baoguang,QIU Yijun,FENG Yi,CHEN Zhuang. Treatment of femoral neck fracture in young adults with quadratus femoris periosteal bone flap and cannulated screw in 23 cases[J]. Zhongguo Chuang Shang Gu Ke Za Zhi[Chin J Orthop Trauma(Article in Chinese;No abstract available)],2000,2(1):81.}

[14504] 陈红卫，赵纲生，赵品益．折断式加压螺纹钉内固定及带股方肌蒂骨瓣移植治疗股骨颈骨折 36 例分析 [J]．中国创伤骨科杂志，2000，2（1）：70．{CHEN Hongwei,ZHAO Gangsheng,ZHAO Pinyi. Analysis of 36 cases of femoral neck fracture treated by internal fixation with breakable compression screw and quadratus femoris pedicled bone flap[J]. Zhongguo Chuang Shang Gu Ke Za Zhi[Chin J Orthop Trauma(Article in Chinese;No abstract available)],2000,2(1):70.}

[14505] 罗成龙．股方肌蒂骨瓣嵌插植入治疗股骨颈骨折 [J]．中国骨伤，2000，13（10）：619．DOI：10.3969/j.issn.1003-0034.2000.10.036．{LUO Chenglong. Treatment of femoral neck fracture by inserting bone flap pedicled with quadratus femoris[J]. Zhongguo Gu Shang[China J Orthop Trauma(Article in Chinese;No abstract available)],2000,13(10):619. DOI:10.3969/j.issn.1003-0034.2000.10.036.}

[14506] 范海泉，曾祥嘉，程劲，龙大海．股方肌骨瓣移位加内固定治疗青壮年股骨颈骨折 [J]．中国修复重建外科杂志，2000，14（6）：384．{FAN Haiquan,ZENG Xiangjia,CHENG Jin,LONG Dahai. Treatment of femoral neck fracture in young adults by quadratus femoris bone flap and internal fixation[J]. Zhongguo Xiu Fu Chong Jian Wai Ke Za Zhi[Chin J Repar Reconstr Surg(Article in Chinese;No abstract available)],2000,14(6):384.}

[14507] 谢惠缄，谢晞衷，巫洪波，蔡宏华，孙春汉，赖志军，黄玉良，郭汉明，张建民．旋股内侧动脉深支大转子骨瓣加自体松质骨治疗股骨颈骨折 [J]．中华显微外科杂志，2001，24（4）：295-296．DOI：10.3760/cma.j.issn.1001-2036.2001.04.021．{XIE Huijian,XIE Xizhong,WU Hongbo,CAI Honghua,SUN Chunhan,LAI Zhijun,HUANG Yuliang,GUO Hanming,ZHANG Jianmin. Treatment of femoral neck fracture with greater trochanter bone flap pedicled with deep branch of medial circumflex femoral artery combined with autogenous cancellous bone[J]. Zhonghua Xian Wei Wai Ke Za Zhi[Chin J Microsurg(Article in Chinese;Abstract in Chinese)],2001,24(4):295-296. DOI:10.3760/cma.j.issn.1001-2036.2001.04.021.}

[14508] 吴强，贝抗胜，刘建平，姚汉刚，丘宏伟．带血管蒂大转子骨瓣转移加内固定治疗中青年股骨颈骨折 [J]．实用骨科杂志，2001，7（3）：172-174．DOI：10.3969/j.issn.1008-5572.2001.03.006．{WU Qiang,BEI Kangsheng,LIU Jianping,YAO Hangang,QIU Hongwei. Treatment for the fracture of femoral neck with vascularied pedicle greater trochanter bone flap and compression-screw intenal fixation[J]. Shi Yong Gu Ke Za Zhi[J Pract Orthop(Article in Chinese;Abstract in Chinese and English)],2001,7(3):172-174. DOI:10.3969/j.issn.1008-5572.2001.03.006.}

[14509] 胡永久．空心加压螺钉内固定合股方肌骨瓣移植治疗青壮年股骨颈骨折 [J]．中国骨伤，2001，14（4）：235．DOI：10.3969/j.issn.1003-0034.2001.04.025．{HU Yongjiu. Treatment of femoral neck fracture in young adults with hollow compression screw internal fixation and quadratus femoris bone flap transplantation[J]. Zhongguo Gu Shang[China J Orthop Trauma(Article in Chinese;No abstract available)],2001,14(4):235. DOI:10.3969/j.issn.1003-0034.2001.04.025.}

[14510] 邹季，毛小兵，李章华．股方肌带蒂骨瓣移植治疗股骨颈骨折 [J]．中国骨伤，2001，14（8）：479．DOI：10.3969/j.issn.1003-0034.2001.08.015．{ZOU Ji,MAO Xiaobing,LI Zhanghua. Treatment of femoral neck fracture with quadratus femoris pedicled bone flap[J]. Zhongguo Gu Shang[China J Orthop Trauma(Article in Chinese;No abstract available)],2001,14(8):479. DOI:10.3969/j.issn.1003-0034.2001.08.015.}

[14511] 刘德忠，从培彦，姜红江，胡年宏．闭合复位加压螺纹钉内固定股方肌骨瓣移植治疗股骨颈骨折 [J]．中国骨伤，2001，14（12）：708-710．DOI：10.3969/j.issn.1003-0034.2001.12.002．{LIU Dezhong,CONG Peiyan,JIANG Hongjiang,HU Nianhong. Treatment of femoral neck fracture with closed reduction,internal fixation with compression spiral screw and bone fiaped with quadrate muscle of thigh[J]. Zhongguo Gu Shang[China J Orthop Trauma(Article in Chinese;Abstract in Chinese and English)],2001,14(12):708-710. DOI:10.3969/j.issn.1003-0034.2001.12.002.}

[14512] 郝大成，李英淑，孙晓峰，吴可春，马秋野，韩喜全．股骨大转子骨-骨膜瓣的临床应用 [J]．中国骨伤，2002，15（10）：624-625．DOI：10.3969/j.issn.1003-0034.2002.10.024．{HAO Dacheng,LI Yingshu,SUN Xiaofeng,WU Kechun,MA Qiuye,HAN Xiquan. Clinical application of pertrochanteric osseous and periosteum flap[J]. Zhongguo Gu Shang[China J Orthop Trauma(Article in Chinese;No abstract available)],2002,15(10):624-625. DOI:10.3969/j.issn.1003-0034.2002.10.024.}

[14513] 修玉才，任先军．股方肌蒂骨瓣移植治疗股骨颈骨折 [J]．中国骨伤，2002，15（1）：54．DOI：10.3969/j.issn.1003-0034.2002.01.029．{XIU Yucai,REN Xianjun. Treatment of femoral neck fractures with quadratus femoris muscle pedicle grafts[J]. Zhongguo Gu Shang[China J Orthop Trauma(Article in Chinese;Abstract in Chinese and English)],2002,15(1):54. DOI:10.3969/j.issn.1003-0034.2002.01.029.}

[14514] 肖嵩华，赵德伟，刘宇鹏，李静东，王岩．带血管蒂的大转子骨与筋膜瓣转移髋关节成形术 [J]．解放军医学杂志，2003，28（10）：932-933．DOI：10.3321/j.issn：0577-7402.2003.10.032．{XIAO Songhua,ZHAO Dewei,LIU Yupeng,LI Jingdong,WANG Yan. Arthroplasty of hip with transposition of greater trochanter and fascial flap with vascular pedicle[J]. Jie Fang Jun Yi Xue Za Zhi[Med J Chin PLA(Article in Chinese;Abstract in Chinese and English)],2003,28(10):932-933. DOI:10.3321/j.issn:0577-7402.2003.10.032.}

[14515] 张宝华，刘洪常，陈元甲．股方肌骨瓣移植治疗青壮年股骨颈骨折 [J]．临床骨科杂志，2003，6（1）：48-49．DOI：10.3969/j.issn.1008-0287.2003.01.016．{ZHANG Baohua,LIU Hongchang,CHEN Yuanjia. Treatment of femoral neck fracture in young and adults with quadratus femoris muscle pedicle bone graft[J]. Lin Chuang Gu Ke Za Zhi[J Clin Orthop(Article in Chinese;Abstract in Chinese and English)],2003,6(1):48-49. DOI:10.3969/j.issn.1008-0287.2003.01.016.}

[14516] 陈振光，余国荣，郑和平，谭金海，喻爱喜．带血供股骨干前外侧面骨膜瓣移位术的临床应用 [J]．中华显微外科杂志，2004，27（1）：21-23．DOI：10.3760/cma.j.issn.1001-2036.2004.01.008．{CHEN Zhenguang,YU Guorong,ZHENG Heping,TAN Jinhai,YU Aixi. Clinical application for transposition of the pedicled anterolateral femoral periosteal flap[J]. Zhonghua Xian Wei Wai Ke Za Zhi[Chin J Microsurg(Article in Chinese;Abstract in Chinese and English)],2004,27(1):21-23. DOI:10.3760/cma.j.issn.1001-2036.2004.01.008.}

[14517] 张海军，张立新，杨国英．中空加压螺钉内固定加股方肌蒂骨瓣移植治疗青壮年股骨颈骨折 [J]．中华创伤杂志，2004，20（9）：567-568．DOI：10.3760/j：issn：1001-8050.2004.09.022．{ZHANG Haijun,ZHANG Lixin,YANG Guoying. Treatment of femoral neck fracture in young adults with hollow compression screw internal fixation and quadratus femoris pedicle bone flap transplantation[J]. Zhonghua Chuang Shang Za Zhi[Chin J Trauma(Article in Chinese;No abstract available)],2004,20(9):567-568. DOI:10.3760/j:issn:1001-8050.2004.09.022.}

[14518] 刘军，翟建文，梁元恒，杨晓东．股方肌肌蒂骨瓣移位加加压螺纹钉内固定治疗股骨颈骨折 [J]．中国修复重建外科杂志，2004，18（2）：161．{LIU Jun,DI Jianwen,LIANG Yuanheng,YANG Xiaodong. Treatment of femoral neck fracture by transposition of quadratus femoris pedicle bone flap and compressed screw internal fixation[J]. Zhongguo Xiu Fu Chong Jian Wai Ke Za Zhi[Chin J Repar Reconstr Surg(Article in Chinese;No abstract available)],2004,18(2):161.}

[14519] 张振兴，张碧煌，严照明．空心钉内固定加股方肌肌骨瓣移植治疗青壮年股骨颈骨折 [J]．中国矫形外科杂志，2005，13（4）：270-272．DOI：10.3969/j.issn.1005-8478.2005.04.010．{ZHANG Zhenxing,ZHANG Bihuang,YAN Zhaoming. Treatment of femoral neck fracture in young adults with cannulated screw fixation and quadratus femoris muscle pedicle bone graft[J]. Zhongguo Jiao Xing Wai Ke Za Zhi[Orthop J China(Article in Chinese;Abstract in Chinese and English)],2005,13(4):270-272. DOI:10.3969/j.issn.1005-8478.2005.04.010.}

[14520] 王世俊，葛传福，胡宏伟．股方肌蒂骨瓣移植加压螺纹钉固定术治疗青壮年股骨颈骨折 [J]．中国骨伤，2005，18（4）：246-247．DOI：10.3969/j.issn.1003-0034.2005.04.024．{WANG Shijun,GE Chuanfu,HU Hongwei. Treatment of young and robuslt femoral neck fracture with bony grafting of quadratus femoris muscle and internal compression screw fixation[J]. Zhongguo Gu Shang[China J Orthop Trauma(Article in Chinese;No abstract available)],2005,18(4):246-247. DOI:10.3969/j.issn.1003-0034.2005.04.024.}

[14521] 吕波，韩玉升，孙良业，谢晓东，杨良军．股方肌骨瓣移植治疗青壮年股骨颈骨折 [J]．实用骨科杂志，2005，11（2）：119-120．DOI：10.3969/j.issn.1008-5572.2005.02.010．{LV Bo,HAN Yusheng,SUN Liangye,XIE Xiaodong,YANG Liangjun. Treatment of femoral neck fractures in young adults with quadratus femoris muscle pedicled bone[J]. Shi Yong Gu Ke Za Zhi[J Pract Orthop(Article in Chinese;Abstract in Chinese and English)],2005,11(2):119-120. DOI:10.3969/j.issn.1008-5572.2005.02.010.}

[14522] 李林东，王玉树，蒋永新，杨英果，王乃集．空心加压螺钉内固定、股方肌骨瓣移位治疗股骨颈骨折 [J]．临床骨科杂志，2006，9（5）：473-474．DOI：10.3969/j.issn.1008-0287.2006.05.057．{LI Lindong,WANG Yushu,JIANG Yongxin,YANG Yingguo,WANG Naiji. Treatment of femoral neck fracture by cannulated compression screws fixation and quadratus femoris muscles bone flap transposition[J]. Lin Chuang Gu Ke Za Zhi[J Clin Orthop(Article in Chinese;No abstract available)],2006,9(5):473-474. DOI:10.3969/j.issn.1008-0287.2006.05.057.}

[14523] 潘振宇，喻爱喜，余国荣，祝少博，邓凯．带血管蒂大转子骨瓣移位修复青壮年股骨颈骨折 [J]．中华显微外科杂志，2008，31（4）：253-255，插图 4-2．DOI：10.3760/cma.j.issn.1001-2036.2008.04.005．{PAN Zhenyu,YU Aixi,YU Guorong,ZHU Shaobo,DENG Kai. The treatment of serious femoral neck fractures with vascularized great trochanter bone flap transposition in young adults[J]. Zhonghua Xian Wei Wai Ke Za Zhi[Chin J Microsurg(Article in Chinese;Abstract in Chinese and English)],2008,31(4):253-255,insert 4-2. DOI:10.3760/cma.j.issn.1001-2036.2008.04.005.}

[14524] 李西要．半环槽外固定联合带血管蒂的股骨内侧髁骨膜瓣或骨瓣移植治疗胫骨感染性骨不连 [J]．中国骨伤，2008，21（11）：869-870．DOI：10.3969/j.issn.1003-0034.2008.11.023．{LI Xiyao. Treatment of tibial infected nonunion by half-ring slotted external fixator combined with grafting of vascularized periosteum flap and bone flap of medial femur condyle[J]. Zhongguo Gu Shang[China J Orthop Trauma(Article in Chinese;Abstract in Chinese and English)],2008,21(11):869-870. DOI:10.3969/j.issn.1003-0034.2008.11.023.}

[14525] 曾剑文，谢建军，李国勇，黄大江，罗志平，饶海群，吴渊．改良式股方肌骨瓣移植治疗青壮年股骨颈骨折 [J]．中华显微外科杂志，2008，31（6）：455-456．DOI：10.3760/cma.j.issn.1001-2036.2008.06.023．{ZENG Jianwen,XIE Jianjun,LI Guoyong,HUANG Dajiang,LUO Zhiping,RAO Haiqun,WU Yuan. Modified quadratus femoris bone flap transplantation for the treatment of femoral neck fracture in young adults[J]. Zhonghua Xian Wei Wai Ke Za Zhi[Chin J Microsurg(Article in Chinese;Abstract in Chinese)],2008,31(6):455-456. DOI:10.3760/cma.j.issn.1001-2036.2008.06.023.}

[14526] 陈山林，田光磊，李文军，郭阳，栗鹏程，刘波，李玉成，童德迪，易传军，田伟．吻合血管股骨内侧髁骨瓣移植治疗难治性舟骨骨折不愈合 [J]．中华骨科杂志，2010，30（5）：487-491．DOI：10.3760/cma.j.issn.0253-2352.2010.05.009．{CHEN Shanlin,TIAN Guanglei,LI Wenjun,GUO Yang,LI Pengcheng,LIU Bo,LI Yucheng,TONG Dedi,YI Chuanjun,TIAN Wei. Free medial femoral condyle bone grafting for refractory scaphoid nonunious[J]. Zhonghua Gu Ke Za Zhi[Chin J Orthop(Article in Chinese;Abstract in Chinese and English)],2010,30(5):487-491. DOI:10.3760/cma.j.issn.0253-2352.2010.05.009.}

[14527] 韵向东，夏亚一，万麟，汪静，汉华，张成俊．股方肌骨瓣移植术治疗青壮年股骨颈骨折中远期随访 [J]．中国骨伤，2010，23（3）：164-166．DOI：10.3969/j.issn.1003-0034.2010.03.003．{YUN Xiangdong,XIA Yayi,WAN Lin,WANG Jing,HAN Hua,ZHANG Chengjun. Study on the long-term effects of the quadratus femoris muscle pedicle bone graft with screw fixation for the treatment of femoral neck fractures in young adults[J]. Zhongguo Gu Shang[China J Orthop Trauma(Article in Chinese;Abstract in Chinese and English)],2010,23(3):164-166. DOI:10.3969/j.issn.1003-0034.2010.03.003.}

[14528] 李浩，邹鸿星，杨淮河，杨保良，邵银初．股方肌骨瓣治疗陈旧性青壮年股骨颈骨折 [J]．局解手术学杂志，2010，19（3）：168-170．DOI：10.3969/j.issn.1672-5042.2010.03.005．{LI Hao,ZOU Hongxing,YANG Huaihe,YANG Baoliang,SHAO Yinchu. Treatment of old femoral neck fracture in adults with quadratus femoris muscle pedicle bone graft[J]. Ju Jie Shou Shu Xue Za Zhi[J Reg Anat Oper Surg(Article in Chinese;Abstract in Chinese and English)],2010,19(3):168-170. DOI:10.3969/j.issn.1672-5042.2010.03.005.}

[14529] 齐进，张云坤．移植带股方肌蒂骨瓣联合空心加压螺钉内固定治疗青少年股骨颈骨折 [J]．中国矫形外科杂志，2011，19（24）：2093-2094．DOI：10.3977/j.issn.1005-8478.2011.24.19．{QI Jin,ZHANG Yunkun. Transplantation of quadratus femoris pedicled bone flap combined

with cannulated compression screw internal fixation for the treatment of femoral neck fracture in adolescents[J]. Zhongguo Jiao Xing Wai Ke Za Zhi[Orthop J China(Article in Chinese;Abstract in Chinese)],2011,19(24):2093-2094. DOI:10.3977/j.issn.1005-8478.2011.24.19.}

[14530] 胡阿威，喻爱喜，夏春明，何正华，徐明．空心加压螺钉结合股方肌骨瓣移植术治疗青壮年股骨颈骨折[J]．临床骨科杂志，2011，14(5)：513-515．DOI：10.3969/j.issn.1008-0287.2011.05.019．{HU Awei,YU Aixi,XIA Chunming,HE Zhenghua,XU Ming. Treatment of femoral neck fracture in young adults with hollow compress screw fixation and quadratus femoris muscle pedicle bone graft[J]. Lin Chuang Gu Ke Za Zhi[J Clin Orthop(Article in Chinese;Abstract in Chinese and English)],2011,14(5):513-515. DOI:10.3969/j.issn.1008-0287.2011.05.019.}

[14531] 魏杰，张登君，郭秀生，秦德安，徐朝健．股方肌骨瓣移位空心钉内固定治疗青壮年股骨颈骨折的中长期疗效[J]．中华显微外科杂志，2012，35(5)：370-373，444．DOI：10.3760/cma.j.issn.1001-2036.2012.05.006．{WEI Jie,ZHANG Dengjun,GUO Xiusheng,QIN De'an,XU Chaojian. The medium and long term effects of the quadratus femoris muscle pedicle bone graft with screw internal fixation for the treatment of femoral neck fractures in youth[J]. Zhonghua Xian Wei Wai Ke Za Zhi[Chin J Microsurg(Article in Chinese;Abstract in Chinese and English)],2012,35(5):370-373,444. DOI:10.3760/cma.j.issn.1001-2036.2012.05.006.}

[14532] 陈振光．带血供股骨大转子骨瓣的临床应用[J]．中华显微外科杂志，2013，36(6)：521-523．DOI：10.3760/cma.j.issn.1001-2036.2013.06.001．{CHEN Zhenguang. Clinical application of vascularized greater trochanter bone flap[J]. Zhonghua Xian Wei Wai Ke Za Zhi[Chin J Microsurg(Article in Chinese;No abstract available)],2013,36(6):521-523. DOI:10.3760/cma.j.issn.1001-2036.2013.06.001.}

[14533] 李强，海恒林，李华涛，吴胜刚，王黎丽，严雷，周晓英．股外侧斧头形筋膜皮瓣修复双侧股骨大转子部压疮11例[J]．中华烧伤杂志，2013，29(4)：397-399．DOI：10.3760/cma.j.issn.1009-2587.2013.04.021．{LI Qiang,HAI Henglin,LI Huatao,WU Shenggang,WANG Lili,YAN Lei,ZHOU Xiaoying. Lateral femoral axe shaped fasciocutaneous flap for the treatment of bilateral greater trochanteric pressure ulcer:a report of 11 cases[J]. Zhonghua Shao Shang Za Zhi[Chin J Burns(Article in Chinese;No abstract available)],2013,29(4):397-399. DOI:10.3760/cma.j.issn.1009-2587.2013.04.021.}

[14534] 任东，邢丹谋，冯伟，陈焱，赵志明，肖志宏，彭正人．游离股骨内侧髁骨瓣移植治疗掌指骨骨折不愈合[J]．中华手外科杂志，2015，31(6)：442-444．{REN Dong,XING Danmou,FENG Wei,CHEN Yan,ZHAO Zhiming,XIAO Zhihong,PENG Zhengren. Free bone flap of medial femoral condyle for treatment of refractory hand nonunion[J]. Zhonghua Shou Wai Ke Za Zhi[Chin J Hand Surg(Article in Chinese;Abstract in Chinese and English)],2015,31(6):442-444.}

[14535] 郭秀生，王小健，苏云星，魏杰，魏垒．股方肌骨瓣治疗国人青壮年股骨颈骨折疗效的Meta分析[J]．中华显微外科杂志，2016，39(5)：457-461．DOI：10.3760/cma.j.issn.1001-2036.2016.05.011．{GUO Xiusheng,WANG Xiaojian,SU Yunxing,WEI Jie,WEI Lei. Meta-analysis of quadratus femoris muscle pedicle bone flap transplantation in the repair of femoral neck fracture for young and middle-aged patients[J]. Zhonghua Xian Wei Wai Ke Za Zhi[Chin J Microsurg(Article in Chinese;Abstract in Chinese and English)],2016,39(5):457-461. DOI:10.3760/cma.j.issn.1001-2036.2016.05.011.}

[14536] 陈坤峰，徐继胜，赵志坚．股方肌骨瓣移植联合螺钉内固定治疗中青年陈旧性股骨颈骨折[J]．中华显微外科杂志，2017，40(2)：178-181．DOI：10.3760/cma.j.issn.1001-2036.2017.02.020．{CHEN Kunfeng,XU Jisheng,ZHAO Zhijian. Quadratus femoris bone flap transplantation combined with screw internal fixation in the treatment of old femoral neck fracture in young and middle-aged patients[J]. Zhonghua Xian Wei Wai Ke Za Zhi[Chin J Microsurg(Article in Chinese;Abstract in Chinese)],2017,40(2):178-181. DOI:10.3760/cma.j.issn.1001-2036.2017.02.020.}

[14537] 刘乐泉，王小铁．股方肌骨瓣移植结合内固定治疗青壮年股骨颈骨折54例[J]．中华显微外科杂志，2017，40(4)：378-380．DOI：10.3760/cma.j.issn.1001-2036.2017.04.019．{LIU Lequan,WANG Xiaotie. Treatment of femoral neck fracture in young adults with quadratus femoris bone flap transplantation and internal fixation in 54 cases[J]. Zhonghua Xian Wei Wai Ke Za Zhi[Chin J Microsurg(Article in Chinese;Abstract in Chinese)],2017,40(4):378-380. DOI:10.3760/cma.j.issn.1001-2036.2017.04.019.}

[14538] 邓伟，巨积辉，李雷，周正虎，李昌松．以膝降动脉为蒂的股骨内侧髁骨膜瓣联合植骨治疗胫骨骨不连[J]．中华显微外科杂志，2020，43(2)：145-150．DOI：10.3760/cma.j.cn441206-20190915-00309．{DENG Wei,JU Jihui,LI Lei,ZHOU Zhenghu,LI Changsong. Treatment of tibial nonunions with medial femoral condyle periosteal flaps pedicled with descending genicular artery combined with bone graft[J]. Zhonghua Xian Wei Wai Ke Za Zhi[Chin J Microsurg(Article in Chinese;Abstract in Chinese and English)],2020,43(2):145-150. DOI:10.3760/cma.j.cn441206-20190915-00309.}

[14539] 刘春娟，祝烨，赵丹，王建国，陈飞飞．游离股骨内侧髁骨瓣移植治疗陈旧性舟骨骨折不愈合[J]．中华创伤杂志，2020，36(2)：159-162．DOI：10.3760/cma.j.issn.1001-8050.2020.02.012．{LIU Chunjuan,ZHU Ye,ZHAO Dan,WANG Jianguo,CHEN Feifei. Treatment of old scaphoid nonunion with free medial femoral condylar flap[J]. Zhonghua Chuang Shang Za Zhi[Chin J Trauma(Article in Chinese;Abstract in Chinese)],2020,36(2):159-162. DOI:10.3760/cma.j.issn.1001-8050.2020.02.012.}

4.9.12 腓骨骨瓣
fibular flap

[14540] Guo F,Ding BF. Vascularized free fibula graft in bone tumors:report of 3 cases[J]. Chin Med J,1980,93(11):745-752.

[14541] Guo F. Fibular blood supply[J]. Chin Med J,1981,94(6):396-400.

[14542] Jiang LB,Yin XQ,Wu JM. Anterior approach for vascularized fibular graft procurement. A preliminary report[J]. Chin Med J,1983,96(6):429-431.

[14543] Chen Z,Chen Z,Zhang G. Fibula grafting for treatment of aggressive benign bone tumor and malignant bone tumor of extremities[J]. Chin Med J,1997,110(2):125-128.

[14544] Xijing H,Haopeng L,Liaosha J,Binshang L,Kunzheng W,Lvzhen M. Functional development of the donor leg after vascularized fibula graft in childhood[J]. J Pediatr Surg,2000,35(8):1226-1229. doi:10.1053/jpsu.2000.8759.

[14545] Dong L,Li F,Jiang J,Zhang G. Transplantation of fibula with vascular pedicle for fusion of ankle in leprotic drop-foot[J]. Indian J Lepr,2000,72(4):431-436.

[14546] Tang ML,Lu SW,Ren JW,Tang JL,Zhou XB,Wu ST. Applied anatomy of the V-shaped fibular osteomyocutaneous flap in reconstruction of the hindfoot[J]. Surg Radiol Anat,2001,23(4):215-220. doi:10.1007/s00276-001-0215-7.

[14547] Guo QF,Xu ZH,Cai WS,Zhu JK. Monitoring island flap for fibular graft in 30 patients with long bone defects[J]. Chin J Traumatol,2003,6(5):275-279.

[14548] Yu GR,Yuan F,Chang SM,Lineaweaver WC,Zhang F. Microsurgical fibular graft for full-length radius reconstruction after giant-cell tumor resection:a case report[J]. Microsurgery,2005,25(2):121-125. doi:10.1002/micr.20091.

[14549] Zhang CQ,Wang KZ,Zeng BF,Xu ZY,Li HS,Jin DX,Shao L,Song WQ,Xu SP. Free vascularized fibular grafting for treatment of old femoral neck fractures[J]. Chin Med J,2005,118(9):786-789.

[14550] Yu G,Zhang F,Zhou J,Chang S,Cheng L,Jia Y,Li H,Lineaweaver WC. Microsurgical fibular flap for pelvic ring reconstruction after periacetabular tumor resection[J]. J Reconstr Microsurg,2007,23(3):137-142. doi:10.1055/s-2007-974648.

[14551] Wu SP. Clinical study of reconstructing the medial malleolus with free grafting of fibular head composite tendon bone flap[J]. Chin J Traumatol,2008,11(1):34-36.

[14552] Jia YW,Cheng LM,Yu GR,DU CF,Yang ZY,Yu Y,Ding ZQ. A finite element analysis of the pelvic reconstruction using fibular transplantation fixed with four different rod-screw systems after type I resection[J]. Chin Med J,2008,121(4):321-326.

[14553] Zhu YL,Xu YQ,Yang J,Li J,Lan XF. An anatomic study of vascularized fibular grafts[J]. Chin J Traumatol,2008,11(5):279-282. doi:10.1016/s1008-1275(08)60056-5.

[14554] Wu YQ,Huang W,Zhang ZY,Zhang ZY,Zhang CP,Sun J. Clinical outcome of dental implants placed in fibula-free flaps for orofacial reconstruction[J]. Chin Med J,2008,121(19):1861-1865.

[14555] Bi ZG,Han XG,Fu CJ,Cao Y,Yang CL. Reconstruction of large limb bone defects with a double-barrel free vascularized fibular graft[J]. Chin Med J,2008,121(23):2424-2428.

[14556] Sun Y,Zhang C,Jin D,Sheng J,Cheng X,Liu X,Chen S,Zeng B. Free vascularised fibular grafting in the treatment of large skeletal defects due to osteomyelitis[J]. Int Orthop,2010,34(3):425-430. doi:10.1007/s00264-009-0761-x.

[14557] Sun Y,Zhang C,Jin D,Sheng J,Cheng X,Zeng B. Treatment for large skeletal defects by free vascularized fibular graft combined with locking plate[J]. Arch Orthop Trauma Surg,2010,130(4):473-479. doi:10.1007/s00402-009-0898-5.

[14558] Jia WT,Zhang CQ,Sheng JG,Jin DX,Cheng XG,Chen SB,Zeng BF. Free vascularized fibular grafting in combination with a locking plate for the reconstruction of a large tibial defect secondary to osteomyelitis in a child:a case report and literature review[J]. J Pediatr Orthop B,2010,19(1):66-70. doi:10.1097/BPB.0b013e328331c340.

[14559] Zhen P,Liu XY,Li XS. Simultaneous radius and ulna reconstruction with folded free vascularized fibula transfer:case report[J]. J Hand Surg Am,2010,35(1):72-76. doi:10.1016/j.jhsa.2009.09.013.

[14560] Mei J,Wu S,Yang Z,Lui KW,Ye W,Tang M. Functional total heel reconstruction with a fibular osteomyocutaneous flap[J]. J Reconstr Microsurg,2010,26(6):367-373. doi:10.1055/s-0030-1249322.

[14561] He Y,Zhang ZY,Zhu HG,Sader R,He J,Kovacs AF. Free fibula osteocutaneous flap for primary reconstruction of T3-T4 gingival carcinoma[J]. J Craniofac Surg,2010,21(2):301-305. doi:10.1097/SCS.0b013e3181cf5f1b.

[14562] Jun X,Chang-Qing Z,Kai-Gang Z,Hong-Shuai L,Jia-Gen S. Modified free vascularized fibular grafting for the treatment of femoral neck nonunion[J]. J Orthop Trauma,2010,24(4):230-235. doi:10.1097/BOT.0b013e3181be3ec3.

[14563] Zhen P,Liu XY,Lu H,Li XS. Fixation and reconstruction of severe tibial shaft fractures with vascularized fibular grafting[J]. Arch Orthop Trauma Surg,2011,131(1):93-99. doi:10.1007/s00402-010-1121-4.

[14564] Chen X,Li JJ,Kong Z,Yang DX,Yuan XN. Autologous grafts of double-strut fibular cortical bone plate to treat the fractures and defects of distal femur:a case report and review of literature[J]. Chin J Traumatol,2011,14(4):241-246.

[14565] Wang WH,Deng JY,Li M,Zhu J,Xu B. Preoperative three-dimensional reconstruction in vascularized fibular flap transfer[J]. J Craniomaxillofac Surg,2012,40(7):599-603. doi:10.1016/j.jcms.2011.10.017.

[14566] Gao YS,Ai ZS,Yu XW,Sheng JG,Jin DX,Chen SB,Cheng XG,Zhang CQ. Free vascularised fibular grafting combined with a locking plate for massive bone defects in the lower limbs:a retrospective analysis of fibular hypertrophy in 18 cases[J]. Injury,2012,43(7):1090-1095. doi:10.1016/j.injury.2012.01.024.

[14567] Liang K,Cen S,Xiang Z,Zhong G,Yi M,Huang F. Massive juxta-articular defects of the distal femur reconstructed by series connected double-strut free-vascularized fibular grafts[J]. J Trauma Acute Care Surg,2012,72(2):E71-76. doi:10.1097/ta.0b013e318216617b.

[14568] Liang K,Xiang Z,Chen S,Cen S,Zhong G,Yi M,Huang F. Folded free vascularized fibular grafts for the treatment of subtrochanteric fractures complicated with segmental bone defects[J]. J Trauma Acute Care Surg,2012,72(5):1404-1410. doi:10.1097/TA.0b013e31824473ce.

[14569] Xie X,Zhang C,Jin D,Chen S,Gao Y. Free vascularised fibular graft for neglected femoral neck fractures in young adults[J]. Hip Int,2012,22(3):319-323. doi:10.5301/HIP.2012.9247.

[14570] Guo QF,Xu ZH,Wen SF,Liu QH,Liu SH,Wang JW,Li XY,Xu HH. Value of a skin island flap as a postoperative predictor of vascularized fibula graft viability in extensive diaphyseal bone defect reconstruction[J]. Orthop Traumatol Surg Res,2012,98(5):576-582. doi:10.1016/j.otsr.2012.03.009.

[14571] Ding H,Gao YS,Chen SB,Jin DX,Zhang CQ. Free vascularized fibular grafting benefits severely collapsed femoral head in concomitant with osteoarthritis in very young adults:a prospective study[J]. J Reconstr Microsurg,2013,29(6):387-392. doi:10.1055/s-0033-1343836.

[14572] Li Z,Shang X,Cao X,Liu L,Zou L,Cai J. Surgical reconstruction of a severe crush injury of the lateral part of the forefoot with use of a cross-leg osteocutaneous pedicled fibular graft:a case report[J]. JBJS Case Connect,2013,3(4 Suppl 6):e125. doi:10.2106/JBJS.CC.M.00112.

[14573] Yang Y,Tian W,Thirkannad S,Tian G. Non-vascularized fibular graft for distal radial reconstruction:42 years follow-up[J]. Chin Med J,2014,127(2):389-390.

[14574] Chen H,Zhang Y,Xia H,Wang F,Li Z,Chen X. Stability of tibial defect reconstruction with fibular graft and unilateral external fixation:a finite element study[J]. Int J Clin Exp Med,2014,7(1):76-83.

[14575] Ma L,Zhou Y,Zhang Y,Zhou X,Yao Z,Huang W,Qiao G,Xia H. Biomechanical evaluation with finite element analysis of the reconstruction of femoral tumor defects by using a double-barrel free vascularized fibular graft combined with a locking plate[J]. Int J Clin Exp Med,2014,7(9):2425-2434.

[14576] Wang CY,Han P,Chai YM,Lu SD,Zhong WR. Pedicled fibular flap for

reconstruction of composite defects in foot[J]. Injury,2015,46(2):405-410. doi:10.1016/j.injury.2014.10.042.
[14577] Li P,Fang Q,Qi J,Luo R,Sun C. Risk factors for early and late donorsite morbidity after free fibula flap harvest[J]. J Oral Maxillofac Surg,2015,73(8):1637-1640. doi:10.1016/j.joms.2015.01.036.
[14578] Lin S,Zhang CQ,Jin DX. Combination of modified free vascularized fibular grafting and reverse less invasive stabilization system (liss) for the management of femoral neck nonunion in patients thirty years of age or younger[J]. Injury,2015,46(8):1551-1556. doi:10.1016/j.injury.2015.04.018.
[14579] Yue H,Scott N,Shanghui Z,Kittur MA. Successful harvest of free fibula flap in a rare anomalous variant of the peroneal artery[J]. J Maxillofac Oral Surg,2015,14(4):1009-1012. doi:10.1007/s12663-015-0771-8.
[14580] Gao YS,Zhang CQ,Sheng JG. Reverse transfer of the proximal vascularized fibula to reconstruct the lateral malleolus:a case report and literature review[J]. J Foot Ankle Surg,2016,55(2):397-400. doi:10.1053/j.jfas.2015.02.004.
[14581] Wang YY,Fan S,Zhang DM,Lin ZY,Chen WL,Li JS. Novel local full-thickness skin grafts for closure of free fibular osteocutaneous flap donor sites[J]. J Oral Maxillofac Surg,2016,74(1):200-203. doi:10.1016/j.joms.2015.08.015.
[14582] Sur YJ,Morsy M,Mohan AT,Zhu L,Lachman N,Saint-Cyr M. The first perforating branch of the deep femoral artery:A reliable recipient vessel for vascularized fibular grafts:An anatomical study[J]. J Plast Reconstr Aesthet Surg,2016,69(3):351-358. doi:10.1016/j.bjps.2015.10.024.
[14583] Li J,Zhang F,Yang M,Liu S,Wang X,Yang Q,Wu Z,Ji C. Extracorporeally frozen tumour-bearing bone combined with free vascularised fibula for the intercalary reconstruction of femoral defect after resection of bony sarcoma[J]. J Plast Reconstr Aesthet Surg,2016,69(6):856-863. doi:10.1016/j.bjps.2016.02.018.
[14584] Fan J,Li SZ,Mei J,Yu GR. Reconstruction with double pedicel fibular graft and ankle arthrodesis for aggressive chondroblastoma in the distal tibia[J]. World J Surg Oncol,2016,14:143. doi:10.1186/s12957-016-0839-z.
[14585] Qi Y,Sun HT,Fan YG,Li FM,Lin ZS. Do stress fractures induce hypertrophy of the grafted fibula? A report of three cases received free vascularized fibular graft treatment for tibial defects[J]. Chin J Traumatol,2016,19(3):179-181. doi:10.1016/j.cjtee.2016.04.003.
[14586] Gao-Hong R,Run-Guang L,Gui-Yong J,Chao-Jie C,Zhi-Gang B. A solution to the vessel shortage during free vascularized fibular grafting for reconstructing infected bone defects of the femur:Bridging with vein transplantation[J]. Injury,2017,48(2):486-494. doi:10.1016/j.injury.2016.10.027.
[14587] Wang P,Cui MY,Zhao J,Lv J. Compound grafting of residual vascularized fibular head flap to reconstruct contralateral lateral malleolus:A case report[J]. Medicine(Baltimore),2017,96(52):e9501. doi:10.1097/MD.0000000000009501.
[14588] Yang R,Zhou M,Xing C,Li S,Song L,Chen J,Xiong Y,Zhang K. Repair of bone defect of the lateral forefoot by double segment triangular fibula flap with vascular pedicle:A case report[J]. Saudi J Biol Sci,2017,24(8):1907-1912. doi:10.1016/j.sjbs.2017.11.038.
[14589] Song L,Zhang Z,Wang Y,Liu Y,Liu Z,Chen L,Lu L. Reconstruction of a complex foot injury with free remodeled fibular osteocutaneous flap:a case report and literature review[J]. J Foot Ankle Surg,2018,57(3):610-614. doi:10.1053/j.jfas.2017.10.020.
[14590] Zhang J,He WS,Wang C,Yan YG,Ouyang ZH,Xue JB,Li XL,Wang WJ. Application of vascularized fibular graft for reconstruction and stabilization of multilevel cervical tuberculosis:A case report[J]. Medicine(Baltimore),2018,97(3):e9382. doi:10.1097/MD.0000000000009382.
[14591] Liu S,Tao S,Tan J,Hu X,Liu H,Li Z. Long-term follow-up of fibular graft for the reconstruction of bone defects[J]. Medicine(Baltimore),2018,97(40):e12605. doi:10.1097/MD.0000000000012605.
[14592] Zhang X,Sun C,Bai X,Zhang Q. Efficacy and safety of lower extremity nerve blocks for postoperative analgesia at free fibular flap donor sites[J]. Head Neck,2018,40(12):2670-2676. doi:10.1002/hed.25470.
[14593] Zhang X,Zhang T,Liu T,Li Z,Zhang X. Lengthening of free fibular grafts for reconstruction of the residual leg length discrepancy[J]. BMC Musculoskelet Disord,2019,20(1):66. doi:10.1186/s12891-019-2445-z.
[14594] Liu Q,Luo W,Zhang C,Liao Z,Liu Y,He H. How to optimize the therapeutic effect of free autogenous fibula graft and wrist arthroplasty for giant cell tumors of distal radius?[J]. Jpn J Clin Oncol,2019,49(7):656-663. doi:10.1093/jjco/hyz045.
[14595] Yin J,Zhu H,Gao Y,Zhang C. Vascularized fibular grafting in treatment of femoral neck nonunion:a prognostic study based on long-term outcomes[J]. J Bone Joint Surg Am,2019,101(14):1294-1300. doi:10.2106/JBJS.18.01132.
[14596] Liu Z,Wu H,Liufu N,Cheng S,Huang H,Hu C,Cao M. Development and validation of a nomogram incorporating selected systemic inflammation-based prognostic marker for complication prediction after vascularized fibula flap reconstruction[J]. Oral Oncol,2019,99:104467. doi:10.1016/j.oraloncology.2019.104467.
[14597] Ni Y,Zhang X,Zhang Z,Liang W,Zhao L,Li Z,Li S,Lu P,Xu Z,Dai W,Duan W,Tan X,Sun C,Liu F. Assessment of fibula flap with flexor hallucis longus's effect on head & neck tumor patients' quality of life and function of donor site[J]. Oral Oncol,2020,100:104489. doi:10.1016/j.oraloncology.2019.104489.
[14598] Shi LL,Garg R,Jawa A,Wang Q,Chai Y,Zeng B,Jupiter JB. Bony hypertrophy in vascularized fibular grafts[J]. Hand (NY),2020 Jan 27. 1558944719895784. doi:10.1177/1558944719895784. Online ahead of print.
[14599] Li X,Jiang C,Gao H,Wang C,Wang C,Ji P. Biomechanical analysis of various reconstructive methods for the mandibular body and ramus defect using a free vascularized fibula flap[J]. Biomed Res Int,2020,2020:8797493. doi:10.1155/2020/8797493.
[14600] Xu L,Wen L,Qiao J,Zhu Z,Qiu Y,Xiong J,Mao H,Wang S. Clinical outcome of free vascularized fibula graft in the surgical treatment of extremity osteosarcoma[J]. Orthop Surg,2020,12(3):727-733. doi:10.1111/os.12646.
[14601] Ou Q,Wu P,Zhou Z,Pan D,Tang JY. Complication of osteo reconstruction by utilizing free vascularized fibular bone graft[J]. BMC Surg,2020,20(1):216. doi:10.1186/s12893-020-00875-9.
[14602] Liu Q,Wu H,Liu Y,Cheng L,Liu Z. Modified technique of free composite osteocutaneous flap based on half-circumferential fibula with multiple segments[J]. J Plast Reconstr Aesthet Surg,2021,74(4):890-930. doi:10.1016/j.bjps.2020.10.023.
[14603] Tang Q,Li Y,Yu T,Chen X,Zhou Z,Huang W,Liang F. Association between condylar position changes and functional outcomes after condylar reconstruction by free fibular flap[J]. Clin Oral Investig,2021,25(1):95-103. doi:10.1007/s00784-020-03338-w.
[14604] Wang M,Abdelrehem A,Qu X,Zhang C. Thinned-out skin paddle versus collagen matrix as an optimized peri-implant soft tissue following fibula osteoseptocutaneous free flap:3-year retrospective study[J]. Int J Oral Maxillofac Surg,2021,50(3):391-397. doi:10.1016/j.ijom.2020.07.028.
[14605] Ma C,Wang L,Tian Z,Qin X,Zhu D,Qin J,Shen Y. Standardize routine angiography assessment of leg vasculatures before fibular flap harvest:lessons of congenital and acquired vascular anomalies undetected by color Doppler and physical examinations[J]. Acta Radiol,2021 Jan 17. 4185120980001. doi:10.1177/0284185120980001. Online ahead of print.
[14606] 陈媛珠，区鉴容. 带血管蒂双腓骨移植术护理 [J]. 显微外科，1978，1（1）: 11. {CHEN Yuanzhu,OU Jianrong. Nursing care of vascularized double-fibula bone graft[J]. Xian Wei Wai Ke[Chin J Microsurg(Article in Chinese;No abstract available)],1978,1(1):11.}
[14607] 陈中伟，于仲嘉，王琰. 带血管游离腓骨移植 30 例报告 [J]. 上海医学，1979，2（5）: 273. {CHEN Zhongwei,YU Zhongjia,WANG Yan. Free vascularized fibular bone graft:30 cases reports[J]. Shanghai Yi Xue[Shanghai Med J(Article in Chinese;Abstract in Chinese)],1979,2(5):273.}
[14608] 胡清潭，姜其为，苏国礼，沈建中，沈侠. 带血管游离腓骨移植的解剖学研究与临床 [J]. 上海医学，1979，2（5）: 277. {HU Qiangtan,JIANG Qiwei,SU Guoli,SHEN Jianzhong,SHEN Xia. Anatomical and clinical studies of free vascularized fibular bone graft[J]. Shanghai Yi Xue[Shanghai Med J(Article in Chinese;Abstract in Chinese)],1979,2(5):277.}
[14609] 宋恩旭，王学礼. 腓骨滋养孔的解剖与临床意义 [J]. 中华医学杂志，1979，59（5）: 261. {SONG Enxu,WANG Xueli. The anatomy and clinical significance of the nutrient foramen of fibular bone[J]. Zhonghua Yi Xue Za Zhi[Natl Med J China(Article in Chinese;Abstract in Chinese)],1979,59(5):261.}
[14610] 金耀清，王继铭，任继尧，王兴铎，张来宾，刘作良. 带血管蒂游离腓骨移植术 [J]. 中国医科大学学报，1979,（4）: 33-36. {JIN Yaoqing,WANG Jiming,REN Jiyao,WANG Xingduo,ZHANG Laibin,LIU Zuoliang. Free vascularized fibular bone graft[J]. Zhong Guo Yi Ke Da Xue Xue Bao[J China Med Univ(Article in Chinese;Abstract in Chinese)],1979,(4):33-36.}
[14611] 冼我权，洪光祥，朱通伯，王德就，王发斌，黄省秋. 带血管游离腓骨移植修复大块骨缺损 [J]. 武汉医学院学报，1979，8（1）: 21-22. {XIAN Woquan,HONG Guangxiang,ZHU Tongbo,WANG Dejiu,WANG Fabin,HUANG Shengqiu. Free vascularized fibular bone graft for repairing large bone defects[J]. Wu Han Yi Xue Yuan Xue Bao[Med J Wuhan Coll(Article in Chinese;Abstract in Chinese)],1979,8(1):21-22.}
[14612] 刘均墀，黄承达，朱家恺. 吻合血管的腓骨移植治疗骨缺损 [J]. 显微外科，1979，2（4）: 129. {LIU Junchi,HUANG Chengda,ZHU Jiakai. Vascularized fibular bone graft for repairing bone defects[J]. Xian Wei Wai Ke[Chin J Microsurg(Article in Chinese;Abstract in Chinese)],1979,2(4):129.}
[14613] 韩西成，吴昌其，吴晋普，李焕英. 带血管蒂游离腓骨移植两例报告 [J]. 山西医药杂志，1979,（4）: 15-17. {HAN Xicheng,WU Changqi,Wu Jinpu,Li Huanying. Free vascularized fibular bone graft:two case reports[J]. Shan Xi Yi Yao Za Zhi[Shanxi Med J(Article in Chinese;No abstract available)],1979,(4):15-17.}
[14614] 王志先，王桂东，王阳，阮汝清. 带血管蒂游离腓骨移植的初步体会（附左股骨皮质旁骨肉瘤一例）[J]. 山东医药，1979,（3）: 11-12. {WANG Zhixian,WANG Guidong,WANG Yang,Ruan Ruqing. Preliminary experience of free vascularized fibular bone graft and one case report of left femoral cortex osteosarcoma[J]. Shang Dong Yi Yao[Shangdong Med J(Article in Chinese;No abstract available)],1979,(3):11-12.}
[14615] 高雨仁，彭玉兰，宋伟，柯国平，李宗山，王健本. 腓骨滋养孔及腓骨滋养血管的应用解剖研究 [J]. 武汉医学院学报，1980,（3）: 17-21. {GAO Yuren,PENG Yulan,SONG Wei,KE Guoping,LI Zongshan,WANG Jianben. Applied anatomy of the nutrient foramen and nutrient vessels of fibular bone[J]. Wu Han Yi Xue Yuan Xue Bao[Med J Wuhan Coll(Article in Chinese;Abstract in Chinese)],1980,(3):17-21.}
[14616] 田福绵，宋雨贤，李成德，关振家，刘九仁，张宏，孙德民. 带血管蒂游离腓骨移植四例报告 [J]. 锦州医学院学报，1980,（4）: 8-11. {TIAN Fumian,SONG Yuxian,Li Chengde,Guan Zhenjia,LIU jiuren,ZHANG Hong,Sun Demin. Free vascularized fibular bone graft:four case reports[J]. Jin Zhou Yi Xue Yuan Xue Bao[J Jinzhou Med Coll(Article in Chinese;No abstract available)],1980,(4):8-11.}
[14617] 黄恭康，胡汝麒，兰铁德，徐延德. 带血管蒂游离腓骨移植三例报告 [J]. 蚌埠医学院学报，1980,（1）: 49-54. DOI: 10. 13898/j. cnki. issn. 1000-2200. 1980. 01. 014 {HUANG Gongkang,HU Ruqi,LAN Tiede,XU Yande. Free vascularized fibular bone graft:three case reports[J].Beng Bu Yi Xue Yuan Xue Bao[J Bengbu Med Coll(Article in Chinese;No abstract available)],1980,(1):49-54. DOI:10.13898/j.cnki.issn.1000-2200.1980.01.014.}
[14618] 范遗恩，赵松令，孙义久，罗洪业，王瑞坤. 带血管游离腓骨移植二例 [J]. 黑龙江医药科学，1980,（1）: 5. {FAN Yi'en,ZHAO Songling,SUN Yijiu,Luo Hongye,WANG Ruikun. Free vascularized fibular bone graft:two case reports[J]. Hei Long Jiang Yi Yao Ke Xue[Heilongjiang Med Pharma(Article in Chinese;No abstract available)],1980,(1):5.}
[14619] 潘明德，等. 带血管游离腓骨移植术（附二例报告）[J]. 扬州医学专科学校资料，1981,（2）: 29. {PAN Mingde,et al. Free vascularized fibular bone graft:two case reports[J]. Yang Zhou Yi Xue Zhuan Ke Xue Xiao Zi Liao[J Yangzhou Med School(Article in Chinese;No abstract available)],1981,(2):29.}
[14620] 苏方荣. 吻合血管的腓骨移植治疗骨缺损附 4 例报告 [J]. 广西医学院学报，1981,（1）: 146-148. DOI: 10. 16190/j. cnki. 45-1211/r. 1981. 01. 032 {SU Fangrong. Free vascularized fibular bone graft for repairing bone defects:four case reports[J]. Guang Xi Yi Xue Yuan Xue Bao [J Guangxi Med Coll(Article in Chinese;No abstract available)],1981,(1):146-148. DOI:10.16190/j.cnki.45-1211/r.1981.01.032.}
[14621] 李世骐，江让. 带血管腓骨移植治疗长管骨缺损 [J]. 浙江医科大学学报，1982,（1）: 21-23. {LI Shiqi,JIANG Rang. Vascularized fibular bone graft for treating long bone defects[J]. Zhe Jiang Yi Ke Da Xue Xue Bao[J Zhejiang Univ(Med Sci)(Article in Chinese;Abstract in Chinese)],1982,(1):21-23.}
[14622] 丁训诏，吴永沭. 腓动脉与腓骨血液供应关系的研究和临床应用 [J]. 中华骨科杂志，1982，2（3）: 134. {DING Xunzhao,WU Yongshu. Research and clinical applications of the relationship between the peroneal artery and peroneal blood supply[J]. Zhonghua Gu Ke Za Zhi[Chin J Orthop(Article in Chinese;Abstract in Chinese)],1982,2(3):134.}
[14623] 郭连魁，王绍坤，韩西城. 腓骨的供血动脉解剖 [J]. 中华骨科杂志，1982，2（3）: 139. {GUO Liankui,WANG Shaokun,HAN Xicheng. Anatomy of fibular feeding arteries[J]. Zhonghua Gu Ke Za Zhi[Chin J Orthop(Article in Chinese;Abstract in Chinese)],1982,2(3):139.}
[14624] 方竹培. 带血管蒂游离腓骨移植的应用解剖学 [J]. 安徽医学院学报，1982,（3）: 16-20. DOI: 10. 19405/j. cnki. issn1000-1492. 1982. 03. 004 {FANG Zhupei. Applied anatomy of free vascularized fibular bone graft[J]. An Hui Yi Xue Yuan Xue Bao[J Anhui

Coll Med(Article in Chinese;Abstract in Chinese)],1982,(3):16-20. DOI:10.19405/j.cnki.issn1000-1492.1982.03.004.}

[14625] 孔繁锦，胡兴敏. 前外侧入路带血管蒂的腓骨游离术[J]. 中华骨科杂志，1983，3(6): 354. {KONG Fanjin,HU Xingmin. Anterolateral approach to vascularized fibular bone graft[J]. Zhonghua Gu Ke Za Zhi[Chin J Orthop(Article in Chinese;Abstract in Chinese)],1983,3(6):354.}

[14626] 韩西成，谭瑞诚，吴昌其，张正之，吴晋普. 吻合血管腓骨移植21例报告[J]. 山西医药杂志，1983,(1): 19-21. {HAN Xicheng,TAN Ruicheng,WU Changqi,ZHANG Zhengzhi,WU Jinpu. Vascularized fibular bone graft:21 case reports[J]. Shan Xi Yi Yao Za Zhi[Shanxi Med J(Article in Chinese;Abstract in Chinese)],1983,(1):19-21.}

[14627] 邓莲芳. 带血管蒂游离腓骨修复桡骨严重缺损[J]. 中华外科杂志，1983，21(5): 271. {DENG Lianfang. Free vascularized fibular bone graft for repairing severe radius defect[J]. Zhonghua Wai Ke Za Zhi[Chin J Surg(Article in Chinese;Abstract in Chinese)],1983,21(5):21.

[14628] 张善才，李金明，宋克勋，程春生，郭淑菊，曹海亭. 腓骨皮瓣临床应用八例报告[J]. 中华外科杂志，1984，22(6): 356-358. {ZHANG Shancai,LI Jinming,SONG Kexun,CHENG Chunsheng,GUO Shuju,CAO Haiting. Clinical application of fibular flap:a report of 8 cases[J]. Zhonghua Wai Ke Za Zhi[Chin J Surg(Article in Chinese;No abstract available)],1984,22(6):356-358.}

[14629] 胡存根，等. 吻合血管的腓骨移植治疗肱骨血管瘤[J]. 显微医学杂志，1985，8(2): 116. {HU Cungen,et al. Vascularized fibular bone graft for treating humeral hemangioma[J]. Xian Wei Yi Xue Za Zhi[Chin J Microsurg(Article in Chinese;Abstract in Chinese)],1985,8(2):116.}

[14630] 王以强，等. 用同侧带血管的腓骨游离移植治疗胫骨大段缺损[J]. 显微医学杂志，1985，8(4): 243. {WANG Yiqiang,et al. Ipsilateral free vascularized fibular bone graft for treating large tibial segment defect[J]. Xian Wei Yi Xue Za Zhi[Chin J Microsurg(Article in Chinese;Abstract in Chinese)],1985,8(4):243.}

[14631] 胥少汀，时述山. 带血管游离腓骨移植(摘要)[J]. 解放军医学杂志，1985，10(1): 54-56. {XU Shaoting,SHI Shushan. Free vascularized fibular bone graft(Abstrat)[J]. Jie Fang Jun Yi Xue Za Zhi[Med J Chin PLA(Article in Chinese;No abstract available)],1985,10(1):54-56.}

[14632] 徐英杰，杨庆元，孙清新. 腓骨游离移植胫骨化一例报告[J]. 中华外科杂志，1985，23(10): 603. {XU Yingjie,YANG Qingyuan,SUN Qingxin. Free fibular bone graft for replacing tibia:a case report[J]. Zhonghua Wai Ke Za Zhi[Chin J Surg(Article in Chinese;No abstract available)],1985,23(10):603.}

[14633] 关桂春. 腓骨皮瓣逆转移植手术一例报告[J]. 中华外科杂志，1986，24(12): 761. {GUAN Guichun. A case report of reversed fibular flap transplantation[J]. Zhonghua Wai Ke Za Zhi[Chin J Surg(Article in Chinese;No abstract available)],1986,24(12):761.}

[14634] 陈振光，何同群，顾洁夫，周必光，蔡宗强，彭正人. 带血管蒂游离腓骨移植术58例报告[J]. 中华显微外科杂志，1986，9(2): 115-117. DOI: 10.3760/cma.j.issn.1001-2036.1986.02.127. {CHEN Zhenguang,HE Tongqun,GU Jiefu,ZHOU Biguang,CAI Zongqiang,PENG Zhengren. Free vascularized fibular bone graft:58 case reports[J]. Zhonghua Xian Wei Wai Ke Za Zhi[Chin J Microsurg(Article in Chinese;No abstract available)],1986,9(2):115-117. DOI:10.3760/cma.j.issn.1001-2036.1986.02.127.}

[14635] 毛履真，王伸正，孙仲篪，孟宪文，刘庭春，刘铁战. 吻合血管腓骨游离移植重建股骨头血供的临床观察[J]. 中华显微外科杂志，1986，9(3): 136-139. DOI: 10.3760/cma.j.issn.1001-2036.1986.03.103. {MAO Lu'zhen,WANG Shenzheng,SUN Zhongchi,MENG Xianwen,LIU Tingchun,LIU Tiezhan. Clinical observation on?reconstruction of femoral head blood supply by vascularized fibular bone graf[J]. Zhonghua Xian Wei Wai Ke Za Zhi[Chin J Microsurg(Article in Chinese;No abstract available)],1986,9(3):136-139. DOI:10.3760/cma.j.issn.1001-2036.1986.03.103.}

[14636] 周必光，陈振光，彭正人，顾洁夫，李义贵，蔡宗强，应逸民. 单吻合腓动脉的腓骨游离移植7例报告[J]. 中华显微外科杂志，1986，9(3): 146-147. DOI: 10.3760/cma.j.issn.1001-2036.1986.03.108. {ZHOU Biguang,CHEN Zhenguang,PENG Zhengren,GU Jiefu,LI Yigui,CAI Zongqiang,YING Yimin. Unilateral vascularized free fibular bone graft:seven case reports[J]. Zhonghua Xian Wei Wai Ke Za Zhi[Chin J Microsurg(Article in Chinese;No abstract available)],1986,9(3):146-147. DOI:10.3760/cma.j.issn.1001-2036.1986.03.108.}

[14637] 罗兴华，周悦乎，唐维发，简建华，陈东风. 胫骨延长游离腓骨移植治疗成人先天性胫骨假关节(附2例报告)[J]. 中华显微外科杂志，1986，9(4): 239-240，C2. DOI: 10.3760/cma.j.issn.1001-2036.1986.04.127. {LUO Xinghua,ZHOU Yuehu,TANG Weifa,JIAN Jianhua,CHEN Dongfeng. tibia?lengthening and free fibular bone graft for treating congenital tibial pseudarthrosis in adults[J]. Zhonghua Xian Wei Wai Ke Za Zhi[Chin J Microsurg(Article in Chinese;No abstract available)],1986,9(4):239.}

[14638] 张善才. 腓骨皮瓣修复四肢皮肤、骨骼缺损38例报告[J]. 修复重建外科杂志，1988，2(2): 195-196. {ZHANG Shancai. Fibula flap for repairing skin and bone defects of extremities:a report of 38 cases[J]. Zhongguo Xiu Fu Chong Jian Wai Ke Za Zhi[Chin J Repar Reconstr Surg(Article in Chinese;No abstract available)],1988,2(2):195-196.}

[14639] 刘兴炎，葛宝丰，文益民，甄平，石骥，刘占宏. 采用折叠式腓骨复合组织瓣移植修复尺桡骨及软组织缺损[J]. 中华手外科杂志，1993，9(3): 152-153. {LIU Xingyan,GE Baofeng,WEN Yimin,ZHEN Ping,SHI Ji,LIU Zhanhong. Folded fibular complex flap transfer to repair the defect of radius,ulna and soft tissue[J]. Zhonghua Shou Wai Ke Za Zhi[Chin J Hand Surg(Article in Chinese;Abstract in Chinese)],1993,9(3):152-153.}

[14640] 文家福，周训银，吴红，徐永清，陈希哲. 吻合血管腓骨皮瓣一期修复下颌骨巨大缺损[J]. 中国临床解剖学杂志，1995，13(2): 146-147. {WEN Jiafu,ZHOU Xunyin,WU Hong,XU Yongqing,CHEN Xizhe. One stage repair of huge mandibular defects with vascularized fibular flap[J]. Zhongguo Lin Chuang Jie Pou Xue Za Zhi[Chin J Clin Anat(Article in Chinese;Abstract in Chinese and English)],1995,13(2):146-147.}

[14641] 王树锋，曹文德，路培法，陈振光，余国荣，张旗. 带血管蒂的胫腓骨下段骨膜骨瓣转位术的临床应用[J]. 中国临床解剖学杂志，1995，13(4): 230-231. {WANG Shufeng,CAO Wende,LU Peifa,CHEN Zhenguang,YU Guorong,ZHANG Qi. clinical application of tibial and fibular distal osteoperosteal flap transposition[J]. Zhongguo Lin Chuang Jie Pou Xue Za Zhi[Chin J Clin Anat(Article in Chinese;Abstract in Chinese and English)],1995,13(4):230-231.}

[14642] 陈振光，余国荣，张发惠，喻爱喜，郑和平，谭金海，刘经南. 腓浅血管筋膜蒂径，腓骨膜瓣转位术[J]. 中华显微外科杂志，1996，19(2): 107-109. {CHEN Zhenguang,YU Guorong,ZHANG Fahui,YU Aixi,ZHENG Heping,TAN Jinhai,LIU Jingnan. The transposition of tibiofibular periosteal flap with fascia superficial peroneal vessels[J]. Zhonghua Xian Wei Wai Ke Za Zhi[Chin J Microsurg(Article in Chinese;Abstract in Chinese and English)],1996,19(2):107-109.}

[14643] 吴水培，张发惠，高建明，刘经南. 吻合腓浅血管腓骨皮瓣修复足前部缺损二例[J]. 中华显微外科杂志，1996，19(3): 240. {WU Shuipei,ZHANG Fahui,GAO Jianming,LIU Jingnan. Repair of forefoot defect with fibular flap pedicled with superficial fibular vessels:a report of two cases[J]. Zhonghua Xian Wei Wai Ke Za Zhi[Chin J Microsurg(Article in Chinese;No abstract available)],1996,19(3):240.}

[14644] 陈振光，陈秀清，余国荣，李国文，喻爱喜，谭金海. 腓血管为蒂的胫腓骨远段后面骨膜瓣移位术[J]. 中国临床解剖学杂志，1997，15(1): 60-62. {CHEN Zhenguang,CHEN Xiuqing,YU Guorong,LI Guowen,YU Aixi,TAN Jinhai. Transposition of distal posterior tibia and fibula periosteal flap pedicled with peroneal vessels[J]. Zhongguo Lin Chuang Jie Pou Xue Za Zhi[Chin J Clin Anat(Article in Chinese;Abstract in Chinese and English)],1997,15(1):60-62.}

[14645] 程国良，方光荣，潘达德，杨志贤，林彬，侯书健. 皮瓣与腓骨复合组织移植治疗四肢严重创伤[J]. 解放军医学杂志，1997，22(3): 62-63. {CHENG Guoliang,FANG Guangrong,PAN Dade,YANG Zhixian,LIN Bin,HOU Shujian. Skin flap and fibula composite tissue transplantation in the treatment of severe limb trauma[J]. Jie Fang Jun Yi Xue Za Zhi[Med J Chin PLA(Article in Chinese;No abstract available)],1997,22(3):62-63.}

[14646] 许卫红，林建华，朱维钦，王树峰. 膝下外血管为蒂腓骨上段骨(骺)瓣移植[J]. 中华显微外科杂志，1998，21(2): 136. DOI: 10.3760/cma.j.issn.1001-2036.1998.02.024. {XU Weihong,LIN Jianhua,ZHU Weiqin,WANG Shufeng. Transplantation of upper fibular epiphyseal flap pedicled with inferior genicular external vessels[J]. Zhonghua Xian Wei Wai Ke Za Zhi[Chin J Microsurg(Article in Chinese;No abstract available)],1998,21(2):136. DOI:10.3760/cma.j.issn.1001-2036.1998.02.024.}

[14647] 冉维志，范希明，谭志军. 腓骨复合组织瓣游离移植修复下颌骨缺损[J]. 中华整形烧伤外科杂志，1999，15(2): 156-157. DOI: 10.3760/j.issn: 1009-4598.1999.02.028. {RAN Weizhi,FAN Ximing,TAN Zhijun. Reconstruction of mandibular defects with free fibula composite flap[J]. Zhonghua Zheng Xing Shao Shang Wai Ke Za Zhi[Chin J Plast Surg Burns(Article in Chinese;No abstract available)],1999,15(2):156-157. DOI:10.3760/j.issn:1009-4598.1999.02.028.}

[14648] 陈阳，牛高祥. 血管化游离腓骨肌皮瓣修复足跟缺损[J]. 第一军医大学学报，1999，19(4): 389. DOI: 10.3321/j.issn: 1673-4254.1999.04.050. {CHEN Yang,NIU Gaoxiang. Vascularized free fibular myocutaneous flap for repairing heel defect[J]. Di Yi Jun Yi Da Xue Xue Bao[J First Mil Med Univ(Article in Chinese;No abstract available)],1999,19(4):389. DOI:10.3321/j.issn:1673-4254.1999.04.050.}

[14649] 刘敏，崔忠宁. 血管长段桥接腓骨骨皮瓣移植修复小腿复合组织缺损一例[J]. 中华显微外科杂志，2001，24(3): 179. DOI: 10.3760/cma.j.issn.1001-2036.2001.03.046. {LIU Min,CUI Zhongning. A case of fibula skin flap pedicled with long segment of blood vessel for repairing composite tissue defect of leg[J]. Zhonghua Xian Wei Wai Ke Za Zhi[Chin J Microsurg(Article in Chinese;No abstract available)],2001,24(3):179. DOI:10.3760/cma.j.issn.1001-2036.2001.03.046.}

[14650] 路新民，梁盾，冯志华. 腓骨皮瓣移植修复骨及皮肤缺损的感染创面[J]. 中华显微外科杂志，2002，25(3): 211. DOI: 10.3760/cma.j.issn.1001-2036.2002.03.043. {LU Xinmin,LIANG Dun,FENG Zhihua. Fibular flap transplantation for repairing infected wounds of bone and skin defects[J]. Zhonghua Xian Wei Wai Ke Za Zhi[Chin J Microsurg(Article in Chinese;No abstract available)],2002,25(3):211. DOI:10.3760/cma.j.issn.1001-2036.2002.03.043.}

[14651] 刘敏，崔忠宁. 血管长段桥接腓骨皮瓣修复小腿皮肤软组织及骨缺损[J]. 中华显微外科杂志，2002，25(4): 298-299. DOI: 10.3760/cma.j.issn.1001-2036.2002.04.024. {LIU Min,CUI Zhongning. Repair of skin,soft tissue and bone defects of lower leg with fibular flap bridged by long blood vessels[J]. Zhonghua Xian Wei Wai Ke Za Zhi[Chin J Microsurg(Article in Chinese;Abstract in Chinese)],2002,25(4):298-299. DOI:10.3760/cma.j.issn.1001-2036.2002.04.024.}

[14652] 陈又年，张远金，卢杰，刘莉，肖进. 腓骨长肌腱皮瓣修复跟腱及皮肤同时缺损[J]. 中国矫形外科杂志，2002，10(10): 979-979. DOI: 10.3969/j.issn.1005-8478.2002.10.046. {CHEN Younian,ZHANG Yuanjin,LU Jie,LIU Li,XIAO Jin. Repair of simultaneous defect of Achilles tendon and skin with fibula long tendon flap[J]. Zhongguo Jiao Xing Wai Ke Za Zhi[Orthop J China(Article in Chinese;No abstract available)],2002,10(10):979-979. DOI:10.3969/j.issn.1005-8478.2002.10.046.}

[14653] 陈建钢，方伟，余国荣，姚锋，徐江. 带血管蒂游离腓骨瓣移植与钛板固定一期修复下颌骨缺损[J]. 中华实验外科杂志，2002，19(6): 531-532. DOI: 10.3760/j.issn: 1001-9030.2002.06.022. {CHEN Jiangang,FANG Wei,YU Guorong,YAO Feng,XU Jiang. The resconstruction of mandible defects with fibula free flap and plate fixation[J]. Zhonghua Shi Yan Wai Ke Za Zhi[Chin J Exp Surg(Article in Chinese;Abstract in Chinese and English)],2002,19(6):531-532. DOI:10.3760/j.issn:1001-9030.2002.06.022.}

[14654] 郭洪旺，李裕学，王世界，宋福立，尹玲. 腓骨膜瓣反转移位重建陈旧断裂的外踝韧带[J]. 中国骨伤，2002，15(1): 50. DOI: 10.3969/j.issn.1003-0034.2002.01.026. {GUO Hongwang,LI Yuxue,WANG Shijie,SONG Fuli,YIN Ling. Reversed flap of fibular periosteum for reconstruction of the lateral ligaments of the ankle[J]. Zhongguo Gu Shang[China J Orthop Trauma(Article in Chinese;No abstract available)],2002,15(1):50. DOI:10.3969/j.issn.1003-0034.2002.01.026.}

[14655] 毛驰，俞光岩，彭歆，郭传瑸，黄敏娴，张益. 46例口腔颌面部游离腓骨瓣移植的临床分析[J]. 现代口腔医学杂志，2002，16(1): 51-53. DOI: 10.3969/j.issn.1003-7632.2002.01.019. {MAO Chi,YU Guangyan,PENG Xin,GUO Chuanbin,HUANG Minxian,ZHANG Yi. A review of 46 consecutive free fibula flap transfers for head and neck reconstruction[J]. Xian Dai Kou Qiang Yi Xue Za Zhi[J Mod Stomatol(Article in Chinese;Abstract in Chinese and English)],2002,16(1):51-53. DOI:10.3969/j.issn.1003-7632.2002.01.019.}

[14656] 邓国三，赵成利，连继洪. 远端蒂腓骨短肌瓣在修复小腿下1/3及足踝部软组织缺损中的应用[J]. 中华显微外科杂志，2003，26(1): 17-18. DOI: 10.3760/cma.j.issn.1001-2036.2003.01.006. {DENG Guosan,ZHAO Chengli,LIAN Jihong. Applied distally based peroneus brevis muscle flaps for coverage of the soft tissue defects over the lower one third of the leg,ankle and foot[J]. Zhonghua Xian Wei Wai Ke Za Zhi[Chin J Microsurg(Article in Chinese;Abstract in Chinese and English)],2003,26(1):17-18. DOI:10.3760/cma.j.issn.1001-2036.2003.01.006.}

[14657] 覃伟明，刘伯泉，瞿东滨. 腓骨骨膜-筋膜瓣移位治疗慢性踝关节不稳的临床应用[J]. 中国临床解剖学杂志，2004，22(4): 437-438. DOI: 10.3969/j.issn.1001-165X.2004.04.033. {QIN Weiming,LIU Boquan,QU Dongbin. Clinical application of fibular periosteal-fascial flap in treatment of chronic ankle instability[J]. Zhongguo Lin Chuang Jie Pou Xue Za Zhi[Chin J Clin Anat(Article in Chinese;Abstract in Chinese and English)],2004,22(4):437-438. DOI:10.3969/j.issn.1001-165X.2004.04.033.}

[14658] 李家锋，邢树忠，万林忠，朱志军. 应用游离双皮岛腓骨复合瓣修复下颌区洞穿性缺损[J]. 中华显微外科杂志，2004，27(1): 52-53. DOI: 10.3760/cma.j.issn.1001-2036.2004.01.020. {LI Jiafeng,XING Shuzhong,WAN Linzhong,ZHU Zhijun. Application of free double island fibula composite flap in the repair of mandibular penetrating defects[J]. Zhonghua Xian Wei Wai Ke Za Zhi[Chin J Microsurg(Article in Chinese;Abstract in Chinese)],2004,27(1):52-53. DOI:10.3760/cma.j.issn.1001-2036.2004.01.020.}

[14659] 杨连根，张增方，安小刚，娄宏亮，韩守江，李晓东. 腓骨短肌肌瓣逆行转位修复外踝及跟腱软组织缺损[J]. 中华创伤骨科杂志，2004，6(6): 641-643. DOI: 10.3760/cma.j.issn.1671-7600.2004.06.013. {YANG Liangen,ZHANG Zengfang,AN Xiaogang,LOU Hongliang,HAN Shoujiang,LI Xiaodong. Repair of soft tissue defects on the lateral malleolus and Achilles tendon with translocated peroneus brevis muscle flap for coverage[J]. Zhonghua Chuang Shang Gu Ke Za Zhi[Chin J Orthop Trauma(Article in Chinese;Abstract in Chinese and English)],2004,6(6):641-643. DOI:10.3760/cma.j.issn.1671-7600.2004.06.013.}

[14660] 彭歆，毛驰，王兴，林野，俞光岩，伊彪，李自力，梁成. 游离腓骨复合组织瓣同期修复下颌骨缺损：1例报告[J]. 中国口腔颌面外科杂志，2004，2(3): 225-227. DOI: 10.3969/j.issn.1672-3244.2004.03.029. {PENG Xin,MAO Chi,WANG Xing,LIN Ye,YU Guangyan,YI Biao,LI Zili,LIANG Cheng. Simultaneous maxillary and mandibular reconstruction with a single free fibula composite flap:A case report[J]. Zhongguo Kou Qiang He Mian Wai Ke Za Zhi[Chin J Oral Maxillofac Surg(Article in Chinese;Abstract in Chinese and English)],2004,2(3):225-227. DOI:10.3969/j.issn.1672-3244.2004.03.029.}

[14661] **邓旭亮，彭歆，孟兆强，毛驰，胡晓阳，俞光岩. 外科模板在游离腓骨瓣修复上颌骨缺损术中的应用[J]. 现代口腔医学杂志，2004，18（1）：50-51. DOI：10.3969/j.issn.1003-7632.2004.01.015.** {DENG Xuliang,PENG Xin,MENG Zhaoqiang,MAO Chi,HU Xiaoyang,YU Guangyan. The effect of surgical template for maxillary reconstruction with free fibula flap[J]. Xian Dai Kou Qiang Yi Xue Za Zhi[J Mod Stomatol(Article in Chinese;Abstract in Chinese and English)],2004,18(1):50 - 51. DOI:10.3969/j.issn.1003 - 7632.2004.01.015.}

[14662] **毛驰，俞光岩，彭歆，郭传瑸，黄敏娴，张益. 游离腓骨瓣皮岛的血供来源及其可靠性探讨[J]. 现代口腔医学杂志，2004，18（4）：324-326. DOI：10.3969/j.issn.1003-7632.2004.04.012.** {MAO Chi,YU Guangyan,PENG Xin,GUO Chuanbin,HUANG Minxian,ZHANG Yi. The reliability of blood supply of skin paddles of free fibula flaps[J]. Xian Dai Kou Qiang Yi Xue Za Zhi[J Mod Stomatol(Article in Chinese;Abstract in Chinese and English)],2004,18(4):324 - 326. DOI:10.3969/j.issn.1003 - 7632.2004.04.012.}

[14663] **毛驰，俞光岩，彭歆，郭传瑸，黄敏娴，张益. 双皮岛游离腓骨瓣修复口腔颌面部复合缺损[J]. 现代口腔医学杂志，2004，18（5）：424-427. DOI：10.3969/j.issn.1003-7632.2004.05.013.** {MAO Chi,YU Guangyan,PENG Xin,GUO Chuanbin,HUANG Minxian,ZHANG Yi. A review of 12 cases of double - skin paddle free fibula flap transfers for head and neck reconstruction[J]. Xian Dai Kou Qiang Yi Xue Za Zhi[J Mod Stomatol(Article in Chinese;Abstract in Chinese and English)],2004,18(5):424 - 427. DOI:10.3969/j.issn.1003 - 7632.2004.05.013.}

[14664] **李劲松，潘朝斌，王建广，黄洪章，杨朝晖，张彬，黄志权. 改良游离腓骨瓣塑形方法修复双侧下颌骨缺损[J]. 中山大学学报（医学科学版），2004，25（2）：171-173. DOI：10.3321/j.issn：1672-3554.2004.02.020.** {LI Jinsong,PAN Chaobin,WANG Jianguang,HUANG Hongzhang,YANG ChaoHui,ZHANG Bin,HUANG Zhiquan. The modified reshaping method for reconstruction of bilateral mandibular defect with free fibula osteomyocutaneous flap[J]. Zhong Shan Da Xue Xue Bao(Yi Xue Ke Xue Ban)[J Sun Yat - Sen Univ(Med Sci)(Article in Chinese;Abstract in Chinese and English)],2004,25(2):171 - 173. DOI:10.3321/j.issn:1672 - 3554.2004.02.020.}

[14665] **骆立荣，陈浩，余林权，吕海建. 血管襻骨膜内组合腓骨同蒂皮瓣移植修复骨与皮肤缺损[J]. 中华显微外科杂志，2005，28（3）：262-263. DOI：10.3760/cma.j.issn.1001-2036.2005.03.031.** {LUO Lirong,CHEN Hao,YU Linquan,LV Haijian. Repair of bone and skin defects with vascularized periosteal fibular flap[J]. Zhonghua Xian Wei Wai Ke Za Zhi[Chin J Microsurg(Article in Chinese;Abstract in Chinese)],2005,28(3):262 - 263. DOI:10.3760/cma.j.issn.1001 - 2036.2005.03.031.}

[14666] **李名远，陈环球，李宇鹏. 带血管腓骨皮瓣移植治疗大段胫骨裸露坏死[J]. 中华创伤骨科杂志，2005，7（7）：699-700.** {LI Mingyuan,CHEN Huanqiu,LI Yupeng. Vascularized fibular flap transplantation for the treatment of large tibial naked necrosis[J]. Zhonghua Chuang Shang Gu Ke Za Zhi[Chin J Orthop Trauma(Article in Chinese;Abstract in Chinese)],2005,7(7):699 - 700.}

[14667] **毛驰，彭歆，俞光岩. 不携带肌袖的游离腓骨瓣制备技术[J]. 现代口腔医学杂志，2005，19（2）：132-134. DOI：10.3969/j.issn.1003-7632.2005.02.007.** {MAO Chi,PENG Xin,YU Guangyan. A modified technique for harvesting the free fibula flap without a muscle cuff[J]. Xian Dai Kou Qiang Yi Xue Za Zhi[J Mod Stomatol(Article in Chinese;Abstract in Chinese and English)],2005,19(2):132 - 134. DOI:10.3969/j.issn.1003 - 7632.2005.02.007.}

[14668] **彭歆，毛驰，俞光岩，郭传瑸，朱恒山. 游离腓骨复合组织瓣上颌骨重建的三维有限元分析[J]. 现代口腔医学杂志，2005，19（6）：590-592. DOI：10.3969/j.issn.1003-7632.2005.06.010.** {PENG Xin,MAO Chi,YU Guangyan,GUO Chuanbin,ZHU Hengshan. Three - dimensional finite element analysis on the maxilla reconstructed by free fibula composite flap[J]. Xian Dai Kou Qiang Yi Xue Za Zhi[J Mod Stomatol(Article in Chinese;Abstract in Chinese and English)],2005,19(6):590 - 592. DOI:10.3969/j.issn.1003 - 7632.2005.06.010.}

[14669] **李军，孙坚，何悦，翁雁秋，蒋继党. 游离腓骨瓣轴向截骨术在下颌角重建中的应用[J]. 上海口腔医学，2005，14(4)：355-358. DOI：10.3969/j.issn.1006-7248.2005.04.009.** {LI Jun,SUN Jian,HE Yue,WENG Yanqiu,JIANG Jidang. Axial split osteotomy of free fibular flap for mandibular angle reconstruction:a clinical study[J]. Shang Hai Kou Qiang Yi Xue[Shanghai J Stomatol(Article in Chinese;Abstract in Chinese and English)],2005,14(4):355 - 358. DOI:10.3969/j.issn.1006 - 7248.2005.04.009.}

[14670] **林立，黄卫东，徐基农，谢大志，阮艺，杨雄，王华英，陈国奋，顾立强，裴国献. 腓骨骨皮瓣移植修复肢体复合组织缺损[J]. 中国修复重建外科杂志，2005，19（7）：533-535.** {LIN Li,HUANG Weidong,XU Jinong,XIE Dazhi,RUAN Yi,YANG Xiong,WANG Huaying,CHEN Guofen,GU Liqiang,PEI Guoxian. The effect of fibula flap graft on the restoration of the extremities with traumatic compound tissue defects[J]. Zhongguo Xiu Fu Chong Jian Wai Ke Za Zhi[Chin J Repar Reconstr Surg(Article in Chinese;Abstract in Chinese and English)],2005,19(7):533 - 535.}

[14671] **耿树岩，张文强，王成琪，马振杰，窦洪磊，唐胜建. 带血管蒂游离腓骨瓣移植修复尺骨骨缺损[J]. 中华手外科杂志，2006，22（4）：229-231.** {GENG Shuyan,ZHANG Wenqiang,WANG Chengqi,MA Zhenjie,DOU Honglei,TANG Shengjian. Free fibular transfer for reconstruction of ulna bone defects[J]. Zhonghua Shou Wai Ke Za Zhi[Chin J Hand Surg(Article in Chinese;Abstract in Chinese and English)],2006,22(4):229 - 231.}

[14672] **巫伟东，詹伟彦，文永强，黄醒中，邱华文. 带血管蒂的腓骨瓣逆行转移治疗距骨骨折[J]. 中华创伤骨科杂志，2006，8（10）：995-996. DOI：10.3760/cma.j.issn.1671-7600.2006.10.029.** {WU Weidong,ZHAN Weiyan,WEN Yongqiang,HUANG Xingzhong,QIU Huawen. Retrograde transfer with vascularized fibular flaps to treat talus fractures[J]. Zhonghua Chuang Shang Gu Ke Za Zhi[Chin J Orthop Trauma(Article in Chinese;Abstract in Chinese)],2006,8(10):995 - 996. DOI:10.3760/cma.j.issn.1671 - 7600.2006.10.029.}

[14673] **孟兆强，彭歆，邓旭亮，毛驰，胡晓阳，俞光岩. 游离腓骨复合组织瓣重建单侧上颌骨后可摘局部义齿修复的咀嚼功能研究[J]. 现代口腔医学杂志，2006，20（2）：113-114. DOI：10.3969/j.issn.1003-7632.2006.02.001.** {MENG Zhaoqiang,PENG Xin,DENG Xuliang,MAO Chi,HU Xiaoyang,YU Guangyan. The study of mastication function of patients with maxillary reconstruction using free fibula composite flap combined with conventional prosthesis[J]. Xian Dai Kou Qiang Yi Xue Za Zhi[J Mod Stomatol(Article in Chinese;Abstract in Chinese and English)],2006,20(2):113 - 114. DOI:10.3969/j.issn.1003 - 7632.2006.02.001.}

[14674] **林松庆，张发惠. 带神经血管蒂腓骨长肌腱复合瓣修复跟腱并皮肤缺损[J]. 中华显微外科杂志，2007，30（2）：84-87，插图2-1. DOI：10.3760/cma.j.issn.1001-2036.2007.02.002.** {LIN Songqing,ZHANG Fahui. The flap combining peroneus longus muscle with nutrient vessels of nerve repairing the chronic achilles tendon rupture with the skin defect[J]. Zhonghua Xian Wei Wai Ke Za Zhi[Chin J Microsurg(Article in Chinese;Abstract in Chinese and English)],2007,30(2):84 - 87,insert 2 - 1. DOI:10.3760/cma.j.issn.1001 - 2036.2007.02.002.}

[14675] **宁金龙，张林，李小静，朱飞，高学宏，丁浩，侯团结，杨会强，夏赤，宋海兵. 腓骨肌腱鞘筋膜瓣与脂肪筋膜瓣联合转移修复足跟后深度组织缺损[J]. 中华整形外科杂志，2007，23（1）：5-7. DOI：10.3760/j.issn：1009-4598.2007.01.001.** {NING Jinlong,ZHANG Lin,LI Xiaojing,ZHU Fei,GAO Xuehong,DING Hao,HOU Tuanjie,YANG Huiqiang,XIA Chi,SONG Haibing. Heel deep tissue defects were repaired by perneal tendofascial flap conjoined with adipofasical flap[J]. Zhonghua Zheng Xing Wai Ke Za Zhi[Chin J Plast Surg(Article in Chinese;Abstract in Chinese and English)],2007,23(1):5 - 7. DOI:10.3760/j.issn:1009 - 4598.2007.01.001.}

[14676] **韩文冬，张强. 腓骨短肌转位联合肌腱瓣翻转和Bosworth法修复治疗陈旧性跟腱断裂[J]. 临床骨科杂志，2007，10（1）：41-42. DOI：10.3969/j.issn.1008-0287.2007.01.014.** {HAN Wendong,ZHANG Qiang. Comparison of proneus brevis transposition and tendon flap reversion with Bosworth suture for old calcaneal tendon rupture[J]. Lin Chuang Gu Ke Za Zhi[J Clin Orthop(Article in Chinese;Abstract in Chinese and English)],2007,10(1):41 - 42. DOI:10.3969/j.issn.1008 - 0287.2007.01.014.}

[14677] **贾红伟，吕松峰，任飞，程春生. 静脉移植延长血管蒂的腓骨皮瓣临床应用[J]. 中国修复重建外科杂志，2007，21（3）：318-319.** {JIA Hongwei,LV Songfeng,REN Fei,CHENG Chunsheng. Clinical application of fibular flap with extended venous pedicle[J]. Zhongguo Xiu Fu Chong Jian Wai Ke Za Zhi[Chin J Repar Reconstr Surg(Article in Chinese;Abstract in Chinese)],2007,21(3):318 - 319.}

[14678] **吴水培，孙军健，申屠刚，于凤宾. 腓骨头复合瓣重建内踝的临床研究[J]. 中国矫形外科杂志，2008，16（14）：1098-1100.** {WU Shuipei,SUN Junjian,SHEN Tugang,YU Fengbin. Clinical study of reconstructing the medial malleolus with free grafting of fibular head composite tendon bone flap[J]. Zhongguo Jiao Xing Wai Ke Za Zhi[Orthop J China(Article in Chinese;Abstract in Chinese)],2008,16(14):1098 - 1100.}

[14679] **豆勇刚，余斌，钟梅，金丹，黎健伟，张元智，裴国献. 三种人体数据集的腓骨瓣三维可视化应用研究[J]. 中华创伤骨科杂志，2008，10（7）：647-650. DOI：10.3760/cma.j.issn.1671-7600.2008.07.013.** {DONG Yonggang,YU Bin,ZHONG Mei,JIN Dan,LI Jianwei,ZHANG Yuanzhi,PEI Guoxian. Application of 3D visualization models of fibular flap developed by three human digital datasets[J]. Zhonghua Chuang Shang Gu Ke Za Zhi[Chin J Orthop Trauma(Article in Chinese;Abstract in Chinese and English)],2008,10(7):647 - 650. DOI:10.3760/cma.j.issn.1671 - 7600.2008.07.013.}

[14680] **韩正学，李华，李金忠，邢汝东. 腓骨瓣联合小腿外侧皮瓣修复颌面缺损[J]. 中华整形外科杂志，2008，24（6）：430-433. DOI：10.3760/j.issn：1009-4598.2008.06.005.** {HAN Zhengxue,LI Hua,LI Jinzhong,XING Rudong. Fibular flap combined with lateral crural flap for reconstruction of oral and maxillofacial defect[J]. Zhonghua Zheng Xing Wai Ke Za Zhi[Chin J Plast Surg(Article in Chinese;Abstract in Chinese and English)],2008,24(6):430 - 433. DOI:10.3760/j.issn:1009 - 4598.2008.06.005.}

[14681] **吴太安，刘长让，张雷，苏智慧，张同顺，赵敬彪，杨小军，刘振锋. 腓骨皮瓣在四肢组织复杂损伤修复中的应用[J]. 中华显微外科杂志，2009，32（3）：233-234. DOI：10.3760/cma.j.issn.1001-2036.2009.03.025.** {WU Taian,LIU Changrang,ZHANG Lei,SU Zhihui,ZHANG Tongshun,ZHAO Jingbiao,YANG Xiaojun,LIU Zhenfeng. Application of fibular flap in the repair of complex tissue injury of extremities[J]. Zhonghua Xian Wei Wai Ke Za Zhi[Chin J Microsurg(Article in Chinese;No abstract available)],2009,32(3):233 - 234. DOI:10.3760/cma.j.issn.1001 - 2036.2009.03.025.}

[14682] **崔忠宁，刘敏，杜张荣，马林，田少斌，牛志勇，陈晋伟，刘明. 腓骨皮瓣移植修复足部皮肤软组织缺损并骨缺损[J]. 中华显微外科杂志，2009，32（4）：325-326. DOI：10.3760/cma.j.issn.1001-2036.2009.04.029.** {CUI Zhongning,LIU Min,DU Zhangrong,MA Lin,TIAN Shaobin,NIU Zhiyong,CHEN Jinwei,LIU Ming. Fibular flap transplantation for repairing skin and soft tissue with bone defect of foot[J]. Zhonghua Xian Wei Wai Ke Za Zhi[Chin J Microsurg(Article in Chinese;Abstract in Chinese)],2009,32(4):325 - 326. DOI:10.3760/cma.j.issn.1001 - 2036.2009.04.029.}

[14683] **韩培，蔡培华，柴益民，曾炳芳. 游离腓骨皮瓣结合交锁髓内钉治疗前臂复合组织缺损[J]. 中华手外科杂志，2009，25（3）：177-179.** {HAN Pei,CAI Peihua,CHAI Yimin,ZENG Bingfang. Free fibular flap transfer combined with intramedullary locked nail fixation for treatment of complex defects of the forearm[J]. Zhonghua Shou Wai Ke Za Zhi[Chin J Hand Surg(Article in Chinese;Abstract in Chinese and English)],2009,25(3):177 - 179.}

[14684] **王华，孟琳，马华，赵奎. 腓浅血管筋膜蒂胫腓骨膜瓣治疗胫骨骨不连[J]. 中国修复重建外科杂志，2009，23（11）：1326-1328.** {WANG Hua,MENG Lin,MA Hua,ZHAO Kui. Treatment of nonunion of tibia with superficial peroneal vascular fascia pedicel tibiofibular periosteal flap[J]. Zhongguo Xiu Fu Chong Jian Wai Ke Za Zhi[Chin J Repar Reconstr Surg(Article in Chinese;Abstract in Chinese and English)],2009,23(11):1326 - 1328.}

[14685] **朱迪喜，李联祥，徐建华，吕志军，栗庆东，王文平，张艳军，柴利军，苑昭奖. 腓骨短肌肌瓣的血供研究与临床应用[J]. 中国临床解剖学杂志，2010，28（3）：334-338.** {ZHU Dixi,LI Lianxiang,XU Jianhua,LV Zhijun,LI Qingdong,WANG Wenping,ZHANG Yanjun,CHAI Lijun,YUAN Zhaojiang. The blood supply of the peroneus brevis muscle flap and its clinical application[J]. Zhongguo Lin Chuang Jie Pou Xue Za Zhi[Chin J Clin Anat(Article in Chinese;Abstract in Chinese and English)],2010,28(3):334 - 338.}

[14686] **田纪渭，田纪青，焦利斌，林科，潘海珍，项伟. 应用腓骨皮瓣修复前臂皮肤软组织伴尺桡骨缺损[J]. 中华显微外科杂志，2010，33（3）：232-233. DOI：10.3760/cma.j.issn.1001-2036.2010.03.024.** {TIAN Jiwei,TIAN Jiqing,JIAO Libin,LIN Ke,PAN Haizhen,XIANG Wei. Repair of forearm skin and soft tissue with ulnar and radial defects with fibular flap[J]. Zhonghua Xian Wei Wai Ke Za Zhi[Chin J Microsurg(Article in Chinese;Abstract in Chinese)],2010,33(3):232 - 233. DOI:10.3760/cma.j.issn.1001 - 2036.2010.03.024.}

[14687] **朱飞，宁金龙，李小静，张林，左宗宝. 携带部分腓骨长肌腱的腓骨肌腱鞘筋膜与脂肪筋膜复合皮瓣修复伴有跟腱缺损的小腿下段组织缺损[J]. 中华整形外科杂志，2010，26（2）：107-109. DOI：10.3760/cma.j.issn.1009-4598.2010.02.008.** {ZHU Fei,NING Jinlong,LI Xiaojing,ZHANG Lin,ZUO Zongbao. Application of modified peroneal tendofascial compound flap with partial tendon of peroneal long muscle in lower leg refractory defects with Achilles tendon rupture[J]. Zhonghua Zheng Xing Wai Ke Za Zhi[Chin J Plast Surg(Article in Chinese;Abstract in Chinese and English)],2010,26(2):107 - 109. DOI:10.3760/cma.j.issn.1009 - 4598.2010.02.008.}

[14688] **龚志鑫，张英泽，邵新中，张桂生，张奇，陈伟，高彦华. 应用带双皮岛的串式腓骨瓣游离移植修复前臂尺桡骨及皮肤联合缺损[J]. 中华显微外科杂志，2011，34（1）：25-28，后插3. DOI：10.3760/cma.j.issn.1001-2036.2011.01.013.** {GONG ZhiXin,ZHANG Yingze,SHAO Xinzhong,ZHANG Guisheng,ZHANG Qi,CHEN Wei,GAO Yanhua. Application of the free double - skin paddle string - type composite fibular flap in the reconstruction of the combined defects of ulna and radium[J]. Zhonghua Xian Wei Wai Ke Za Zhi[Chin J Microsurg(Article in Chinese;Abstract in Chinese and English)],2011,34(1):25 - 28,insert 3. DOI:10.3760/cma.j.issn.1001 - 2036.2011.01.013.}

[14689] **陈振光. 带血管蒂腓骨瓣移植的研究进展[J]. 中华显微外科杂志，2011，34（2）：89-91. DOI：10.3760/cma.j.issn.1001-2036.2011.02.001.** {CHEN Zhenguang. Research progress of vascularized fibular flap transplantation[J]. Zhonghua Xian Wei Wai Ke Za Zhi[Chin J Microsurg(Article in Chinese;No abstract available)],2011,34(2):89 - 91. DOI:10.3760/cma.j.issn.1001 - 2036.2011.02.001.}

[14690] **刘会仁，吴学强. 残留腓骨皮瓣逆行翻转延长胫骨小腿截肢术一例[J]. 中华显微外科杂志，2011，34（3）：178. DOI：10.3760/cma.j.issn.1001-2036.2011.03.002.** {LIU Huiren,WU Xueqiang. A case of lengthening tibia and leg amputation with retrograde turnover of residual fibular flap[J]. Zhonghua Xian Wei Wai Ke Za Zhi[Chin J Microsurg(Article in Chinese;No abstract available)],2011,34(3):178. DOI:10.3760/cma.j.issn.1001 - 2036.2011.03.002.}

[14691] **王治成，王爱好，朱增华，朱俊华，徐福全，黄为冲. 应用腓骨复合组织瓣移植一期重建腕部尺侧半缺损一例[J]. 中华显微外科杂志，2011，34（3）：261-262. DOI：10.3760/cma.j.issn.1001-2036.2011.03.042.** {WANG Zhicheng,WANG Aihao,ZHU Zenghua,ZHU Junhua,XU Fuquan,HUANG Weichong. Reconstruction of ulnar half defect of wrist with fibula composite flap:a case report[J]. Zhonghua Xian Wei Wai Ke Za Zhi[Chin J Microsurg(Article in Chinese;No abstract available)],2011,34(3):261 - 262. DOI:10.3760/cma.j.issn.1001 - 2036.2011.03.042.}

[14692] **郑晓菊，王保山，李海军，仇永锋. 多方式腓骨及皮瓣移植修复四肢骨及软组织缺损[J]. 中华显微**

外科杂志，2011，34(5)：376-378. DOI：10.3760/cma.j.issn.1001-2036.2011.05.007. {ZHENG Xiaoju,WANG Baoshan,LI Haijun,CHOU Yongfeng. Multi-method transplantation of fibula and flap to the repair of limb bone and soft tissue defects[J]. Zhonghua Xian Wei Wai Ke Za Zhi[Chin J Microsurg(Article in Chinese;Abstract in Chinese and English)],2011,34(5):376-378. DOI:10.3760/cma.j.issn.1001-2036.2011.05.007.}

[14693] 滕云升，智丰，刘重，张朝，吴勐，王龙虎，梁高锋，李涛，段超鹏. 游离腓骨（皮）瓣移植修复上肢长段骨缺损 [J]. 中华手外科杂志，2011，27（6）：348-350. DOI：10.3760/cma.j.issn.1005-054X.2011.06.014. {TENG Yunsheng,ZHI Feng,LIU Zhong,ZHANG Zhao,WU Meng,WANG Longhu,LIANG Gaofeng,LI Tao,DUAN Chaopeng. Transplantation of the free fibular osteocutaneous flap for repair of long bone defect of the upper extremity[J]. Zhonghua Shou Wai Ke Za Zhi[Chin J Hand Surg(Article in Chinese;Abstract in Chinese and English)],2011,27(6):348-350. DOI:10.3760/cma.j.issn.1005-054X.2011.06.014.}

[14694] 张建利，张志彬，陈志东，黄文正，武雷，李瑞平，田小运. 腓骨长肌逆行肌瓣在截瘫患者外踝褥疮修复中的初步应用 [J]. 中华创伤骨科杂志，2011，13（7）：684-685. DOI：10.3760/cma.j.issn.1671-7600.2011.07.018. {ZHANG Jianli,ZHANG Zhibin,CHEN Zhidong,HUANG Wenzheng,WU Lei,LI Ruiping,TIAN Xiaoyun. Reversed peroneus longus flap for repair of decubiti on the lateral malleolus in paraplegia patients[J]. Zhonghua Chuang Shang Gu Ke Za Zhi[Chin J Orthop Trauma(Article in Chinese;Abstract in Chinese)],2011,13(7):684-685. DOI:10.3760/cma.j.issn.1671-7600.2011.07.018.}

[14695] 朱迪喜，李联祥，栗庆东，徐建华，苑昭奖. 腓骨短肌肌瓣修复足、踝部软组织缺损的临床应用 [J]. 中华创伤杂志，2011，27（6）：548-550. DOI：10.3760/cma.j.issn.1001-8050.2011.06.017. {ZHU Dixi,LI Lianxiang,LI Qingdong,XU Jianhua,YUAN Zhaojiang. Clinical application of peroneus brevis muscle flap in repairing soft tissue defect of foot and ankle[J]. Zhonghua Chuang Shang Za Zhi[Chin J Trauma(Article in Chinese;No abstract available)],2011,27(6):548-550. DOI:10.3760/cma.j.issn.1001-8050.2011.06.017.}

[14696] 刘勇，张成进，付兴茂，王剑利，王成琪. 腓骨头复合组织瓣修复儿童内踝骨皮肤缺损四例 [J]. 中华整形外科杂志，2011，27（2）：95-97. DOI：10.3760/cma.j.issn.1009-4598.2011.02.005. {LIU Yong,ZHANG Chengjin,FU Xingmao,WANG Jianli,WANG Chengqi. Fibular head composite flap for bone and skin defect at medial malleolus in children:a report of 4 cases[J]. Zhonghua Zheng Xing Wai Ke Za Zhi[Chin J Plast Surg(Article in Chinese;Abstract in Chinese and English)],2011,27(2):95-97. DOI:10.3760/cma.j.issn.1009-4598.2011.02.005.}

[14697] 葛礼正，宁金龙，郭利刚，刘安军，王凌东，焦洋. 腓骨肌腱鞘筋膜瓣与脂肪瓣联合转移修复糖尿病患者骨折术后外踝钢板外露一例 [J]. 中华整形外科杂志，2011，27（5）：392-393. DOI：10.3760/cma.j.issn.1009-4598.2011.05.021. {GE Lizheng,NING Jinlong,GUO Ligang,LIU Anjun,WANG Lingdong,JIAO Yang. Combined fibular tendon sheath fascial flap and fat flap to repair lateral malleolus plate exposure after fracture surgery in diabetic patients:a case report[J]. Zhonghua Zheng Xing Wai Ke Za Zhi[Chin J Plast Surg(Article in Chinese;No abstract available)],2011,27(5):392-393. DOI:10.3760/cma.j.issn.1009-4598.2011.05.021.}

[14698] 侯劲松，廖贵清，潘朝斌，陶谦，王建广，张彬，杨辛，王成，陈沐，黄洪章. CAD/CAM 联合游离腓骨肌皮瓣修复双侧下颌骨大范围骨缺损 [J]. 中国口腔颌面外科杂志，2011，9（1）：36-40. {HOU Jinsong,LIAO Guiqing,PAN Chaobin,TAO Qian,WANG Jianguang,ZHANG Bin,YANG Xin,WANG Cheng,CHEN Mu,HUANG Hongzhang. Reconstruction of extensive bilateral mandibular defects using CAD/CAM rapid prototyping technique in combination with fibular osteomyocutaneous free flap[J]. Zhongguo Kou Qiang He Mian Wai Ke Za Zhi[Chin J Oral Maxillofac Surg(Article in Chinese;Abstract in Chinese and English)],2011,9(1):36-40.}

[14699] 陈振光，郑晓晖，余黎. 各种带血管蒂腓骨瓣的临床应用选择 [J]. 中国临床解剖学杂志，2012，30（1）：1-3. {CHEN Zhenguang,ZHENG XiaoHui,YU Li. The optimal choice of fibula flap pediced with blood for clinical application[J]. Zhongguo Lin Chuang Jie Pou Xue Za Zhi[Chin J Clin Anat(Article in Chinese;No abstract available)],2012,30(1):1-3.}

[14700] 娄宏亮，李治国，连霄飞，马治国. 顺行腓骨短肌肌瓣在修复胫骨中段骨外露骨髓炎中的应用 [J]. 中华整形外科杂志，2012，28（5）：380-381. DOI：10.3760/cma.j.issn.1009-4598.2012.05.021. {LOU Hongliang,LI Zhiguo,LIAN Xiaofei,MA Zhiguo. Application of antegrade peroneal brevis muscle flap in repairing osteomyelitis with bone exposure in the middle tibia[J]. Zhonghua Zheng Xing Wai Ke Za Zhi[Chin J Plast Surg(Article in Chinese;No abstract available)],2012,28(5):380-381. DOI:10.3760/cma.j.issn.1009-4598.2012.05.021.}

[14701] 芮永军，施海峰，张志海，陆征峰，薛明宇. 游离皮瓣联合腓骨移植 I 期修复第一跖骨全长缺损 [J]. 中华显微外科杂志，2013，36（1）：32-35. DOI：10.3760/cma.j.issn.1001-2036.2013.01.009. {RUI Yongjun,SHI Haifeng,ZHANG Zhihai,LU Zhengfeng,XUE Mingyu. Free fibula and flap graft for reconstruction all the first metatarsal bone[J]. Zhonghua Xian Wei Wai Ke Za Zhi[Chin J Microsurg(Article in Chinese;Abstract in Chinese and English)],2013,36(1):32-35. DOI:10.3760/cma.j.issn.1001-2036.2013.01.009.}

[14702] 黄伟雄，王明月，杨月丽，邹新龙，王瑞雪，刘存林. 腓骨复合组织瓣移植修复前臂骨与软组织缺损 [J]. 中华显微外科杂志，2013，36（3）：237-240. DOI：10.3760/cma.j.issn.1001-2036.2013.03.008. {HUANG Weixiong,WANG Mingyue,YANG Yueli,ZOU Xinlong,WANG Ruixue,LIU Cunlin. Transplantation of fibula composite tissue flap to the repair of forearm bone and soft tissue serious defect[J]. Zhonghua Xian Wei Wai Ke Za Zhi[Chin J Microsurg(Article in Chinese;Abstract in Chinese and English)],2013,36(3):237-240. DOI:10.3760/cma.j.issn.1001-2036.2013.03.008.}

[14703] 李程科，梁江声，张敬良，雷彦文，邓国超，周宏斌，李其付，彭建江，李智，高山洪. 游离腓骨肌皮瓣移植修复上肢长段骨缺损 22 例 [J]. 中华显微外科杂志，2014，37（2）：169-171. DOI：10.3760/cma.j.issn.1001-2036.2014.02.020. {LI Chengke,LIANG Jiangsheng,ZHANG Jingliang,LEI Yanwen,DENG Guochao,ZHOU Hongbin,LI Qifu,PENG Jianjiang,LI Zhi,GAO Shanhong. Free fibular myocutaneous flap transplantation for repairing long bone defect of upper extremity:a report of 22 cases[J]. Zhonghua Xian Wei Wai Ke Za Zhi[Chin J Microsurg(Article in Chinese;Abstract in Chinese)],2014,37(2):169-171. DOI:10.3760/cma.j.issn.1001-2036.2014.02.020.}

[14704] 木塔力普·斯拉木江，陆晟迪，汪春阳，柴益民. 交腿腓骨骨皮瓣修复中足感染性复合组织缺损五例 [J]. 中华显微外科杂志，2014，37（4）：383-384. DOI：10.3760/cma.j.issn.1001-2036.2014.04.019. {MUTALIPU Silamujiang,LU Shengdi,WANG Chunyang,CHAI Yimin. Cross leg fibula flap for the repair of infective complex tissue defect of midfoot:a report of 5 cases[J]. Zhonghua Xian Wei Wai Ke Za Zhi[Chin J Microsurg(Article in Chinese;Abstract in Chinese)],2014,37(4):383-384. DOI:10.3760/cma.j.issn.1001-2036.2014.04.019.}

[14705] 李朝旭，王锐英，唐际存. 并联腓骨组织瓣修复足跟骨及软组织缺损 [J]. 中华显微外科杂志，2014，37（6）：528-530. DOI：10.3760/cma.j.issn.1001-2036.2014.06.003. {LI Zhaoxu,WANG Ruiying,TANG Jicun. Reconstruction of bone and soft tissue of heel by parallel fibular osteoseptocutaneous flap[J]. Zhonghua Xian Wei Wai Ke Za Zhi[Chin J Microsurg(Article in Chinese;Abstract in Chinese and English)],2014,37(6):528-530. DOI:10.3760/cma.j.issn.1001-2036.2014.06.003.}

[14706] 任高宏，蒋桂勇，王钢，余斌. 静脉移植桥接血管蒂的游离腓骨瓣移植治疗长骨感染性骨缺损 [J]. 中华骨科杂志，2015，35（8）：833-841. DOI：10.3760/cma.j.issn.0253-2352.2015.08.008. {REN Gaohong,JIANG Guiyong,WANG Gang,YU Bin. Free vascularized fibular graft bridged vascular pedicle by vein transplantation for infective long bone defect reconstruction[J]. Zhonghua Gu Ke Za Zhi[Chin J Orthop(Article in Chinese;Abstract in Chinese and English)],2015,35(8):833-841. DOI:10.3760/cma.j.issn.0253-2352.2015.08.008.}

[14707] 范松，王友元，张汉卿，林钊宇，钟江龙，陈伟雄，李群星，郁鑫，李劲松. 游离腓骨肌筋膜瓣修复肿瘤切除后颌骨和口腔黏膜缺损 [J]. 中国口腔颌面外科杂志，2015，13（6）：545-549. {FAN Song,WANG Youyuan,ZHANG Hanqing,LIN Zhaoyu,ZHONG Jianglong,CHEN Weixiong,LI Qunxing,YU Xin,LI Jinsong. Reconstruction of jaw and oral mucosal defects with fibular osteomyofascial flap after oncological ablation[J]. Zhongguo Kou Qiang He Mian Wai Ke Za Zhi[Chin J Oral Maxillofac Surg(Article in Chinese;Abstract in Chinese and English)],2015,13(6):545-549.}

[14708] 牛常英，谭慎兴，郭永强，王剑利，高涛，阎贺，梁晓琴. 吻合血管腓骨皮瓣移植修复第一跖骨复合组织缺损 [J]. 中国修复重建外科杂志，2015，29（5）：656-658. DOI：10.7507/1002-1892.20150142. {NIU Changying,TAN Shenxing,GUO Yongqiang,WANG Jianli,GAO Tao,YAN He,LIANG Xiaoqin. Repair of the first metatarsal composite tissue defect with vascularized fibular flap[J]. Zhongguo Xiu Fu Chong Jian Wai Ke Za Zhi[Chin J Repar Reconstr Surg(Article in Chinese;Abstract in Chinese)],2015,29(5):656-658. DOI:10.7507/1002-1892.20150142.}

[14709] 胡锐，任义军，严立，丁凡，易新成，韩琼，勘武生. 游离腓骨复合组织瓣移植修复足第一跖骨与软组织缺损 [J]. 中华显微外科杂志，2016，39（1）：37-40. DOI：10.3760/cma.j.issn.1001-2036.2016.01.010. {HU Rui,REN Yijun,YAN Li,DING Fan,YI Xincheng,HAN Qiong,KAN Wusheng. Transplantation of free fibula composite tissue flap to repair the first metatarsal bone with soft tissue defect on foot[J]. Zhonghua Xian Wei Wai Ke Za Zhi[Chin J Microsurg(Article in Chinese;Abstract in Chinese and English)],2016,39(1):37-40. DOI:10.3760/cma.j.issn.1001-2036.2016.01.010.}

[14710] 宋杰，杨胜相，焦利斌，周文升，程琦杨，王再岭，杨坤. 游离腓骨皮瓣移植修复四肢复合组织缺损七例 [J]. 中华显微外科杂志，2016，39（2）：163-165. DOI：10.3760/cma.j.issn.1001-2036.2016.02.016. {SONG Jie,YANG Shengxiang,JIAO Libin,ZHOU Wensheng,CHENG Qiyang,WANG Zailing,YANG Kun. Free fibular flap transplantation for repairing complex tissue defect of extremities:a report of 7 cases[J]. Zhonghua Xian Wei Wai Ke Za Zhi[Chin J Microsurg(Article in Chinese;Abstract in Chinese)],2016,39(2):163-165. DOI:10.3760/cma.j.issn.1001-2036.2016.02.016.}

[14711] 张文亚，伍辉国，胡玉祥，江克罗，王云锋，杨敏，张春风，张崇建，钟文华. 部分腓骨皮瓣游离移植修复手部复合组织缺损 11 例 [J]. 中华显微外科杂志，2016，39（6）：582-584. DOI：10.3760/cma.j.issn.1001-2036.2016.06.019. {ZHANG Wenya,WU Huiguo,HU Yuxiang,JIANG Keluo,WANG Yunfeng,YANG Min,ZHANG Chunfeng,ZHANG Chongjian,ZHONG Wenhua. Repair of composite tissue defect in the hand with free fibular flap in 11 cases[J]. Zhonghua Xian Wei Wai Ke Za Zhi[Chin J Microsurg(Article in Chinese;Abstract in Chinese)],2016,39(6):582-584. DOI:10.3760/cma.j.issn.1001-2036.2016.06.019.}

[14712] 高宁，付坤，何巍，娄卫华. 腓骨瓣重建治疗外伤性上颌骨缺损 [J]. 中华创伤杂志，2016，32（12）：1105-1107. DOI：10.3760/cma.j.issn.1001-8050.2016.12.011. {GAO Ning,FU Kun,HE Wei,LOU Weihua. Reconstruction of traumatic maxillary defect with fibula flap[J]. Zhonghua Chuang Shang Za Zhi[Chin J Trauma(Article in Chinese;No abstract available)],2016,32(12):1105-1107. DOI:10.3760/cma.j.issn.1001-8050.2016.12.011.}

[14713] 王易彬，汤宇，徐子涵，程明，韩宁. 腓骨骨膜瓣重建跟腓韧带治疗慢性踝关节不稳疗效观察 [J]. 中国骨与关节损伤杂志，2016，31（5）：493-495. DOI：10.7531/j.issn.1672-9935.2016.05.014. {WANG Yibin,TANG Yu,XU Zihan,CHENG Ming,HAN Ning. Clinical effect of calcaneofibular ligament reconstruction using fibula periosteum flap in treatment of chronic ankle instability[J]. Zhongguo Gu Yu Guan Jie Sun Shang Za Zhi[Chin J Bone Joint Injury(Article in Chinese;Abstract in Chinese and English)],2016,31(5):493-495. DOI:10.7531/j.issn.1672-9935.2016.05.014.}

[14714] 封帆，王燕凤，吕圣飞，王伟明. 吻合血管腓骨肌皮瓣移植修复桡骨长段缺损 12 例 [J]. 中华显微外科杂志，2017，40（3）：290-292. DOI：10.3760/cma.j.issn.1001-2036.2017.03.026. {FENG Fan,WANG Yanfeng,LV Shengfei,WANG Weiming. Vascularized fibular myocutaneous flap transplantation for repair of long radial defects:a report of 12 cases[J]. Zhonghua Xian Wei Wai Ke Za Zhi[Chin J Microsurg(Article in Chinese;Abstract in Chinese)],2017,40(3):290-292. DOI:10.3760/cma.j.issn.1001-2036.2017.03.026.}

[14715] 程楚红，漆白文，潘振宇，陶圣祥，赵勇，李宗焕，喻爱喜. 带血管蒂腓骨瓣游离移植修复长段骨缺损的临床经验 [J]. 中华显微外科杂志，2017，40（4）：313-315. DOI：10.3760/cma.j.issn.1001-2036.2017.04.001. {CHENG Chuhong,QI Baiwen,PAN Zhenyu,TAO Shengxiang,ZHAO Yong,LI Zonghuan,YU Aixi. The clinical experience of treat long bone defect with vascularized fibular graft[J]. Zhonghua Xian Wei Wai Ke Za Zhi[Chin J Microsurg(Article in Chinese;Abstract in Chinese and English)],2017,40(4):313-315. DOI:10.3760/cma.j.issn.1001-2036.2017.04.001.}

[14716] 从飞，范金柱，付华，宋涛，欧学海，张文韬，陈勋，杜晓龙，田小宁，刘洋. 腓骨皮瓣同期修复四肢复合组织缺损的疗效观察 [J]. 中华显微外科杂志，2017，40（4）：316-319. DOI：10.3760/cma.j.issn.1001-2036.2017.04.002. {CONG Fei,FAN Jinzhu,FU Hua,SONG Tao,OU Xuehai,ZHANG Wentao,CHEN Xun,DU Xiaolong,TIAN Xiaoning,LIU Yang. The curative-effect observation for fibular flap synchronous repairing limbs composite tissue defects[J]. Zhonghua Xian Wei Wai Ke Za Zhi[Chin J Microsurg(Article in Chinese;Abstract in Chinese and English)],2017,40(4):316-319. DOI:10.3760/cma.j.issn.1001-2036.2017.04.002.}

[14717] 鲁宁，黄凯，郭峭峰，沈立锋，林炳远，刘亦杨，马苟平，翟利锋，张展，张春. 远端蒂腓血管腓骨皮瓣修复跟骨伴软组织严重缺损 [J]. 中华显微外科杂志，2017，40（6）：579-581. DOI：10.3760/cma.j.issn.1001-2036.2017.06.018. {LU Ning,HUANG Kai,GUO Qiaofeng,SHEN Lifeng,LIN Bingyuan,LIU Yiyang,MA Gouping,DI Lifeng,ZHANG Zhan,ZHANG Chun. Repair of severe calcaneus and soft tissue defect with fibular flap pedicled with distal fibular vessels[J]. Zhonghua Xian Wei Wai Ke Za Zhi[Chin J Microsurg(Article in Chinese;Abstract in Chinese)],2017,40(6):579-581. DOI:10.3760/cma.j.issn.1001-2036.2017.06.018.}

[14718] 从飞，范金柱，宋涛，欧学海，张文韬，付华，张世辉，杜晓龙，陈勋，喻姿瑞，刘洋. 带监测皮岛的游离腓骨移植治疗前臂骨缺损的手术技巧及疗效观察 [J]. 中华手外科杂志，2017，33（4）：293-296. DOI：10.3760/cma.j.issn.1005-054X.2017.04.021. {CONG Fei,FAN Jinzhu,SONG Tao,OU Xuehai,ZHANG WenTao,FU Hua,ZHANG Shihui,DU Xiaolong,CHEN Xun,YU Zirui,LIU Yang. Transplantation of free fibular flap with monitoring flap for repair of forearm bone defect:surgical techniques and treatment outcome[J]. Zhonghua Shou Wai Ke Za Zhi[Chin J Hand Surg(Article in Chinese;Abstract in Chinese and English)],2017,33(4):293-296. DOI:10.3760/cma.j.issn.1005-054X.2017.04.021.}

[14719] 张文亚，胡钰祥，伍辉国，江克罗，王云锋，杨敏，张春风，钟文华. 游离半面腓骨皮瓣移植修复拇指复合组织缺损 [J]. 中华手外科杂志，2017，33（5）：381-382. DOI：10.3760/cma.j.issn.1005-054X.2017.05.024. {ZHANG Wenya,HU Yuxiang,WU Huiguo,JIANG Keluo,WANG Yunfeng,YANG Min,ZHANG Chunfeng,ZHONG Wenhua. Repair of thumb complex tissue defect with free half fibular flap[J]. Zhonghua Shou Wai Ke Za Zhi[Chin J Hand Surg(Article in Chinese;Abstract in Chinese)],2017,33(5):381-382. DOI:10.3760/cma.j.issn.1005-054X.2017.05.024.}

[14720] 夏海，李本英，张德溪，张国辉，王建国. 腓骨头复合皮瓣修复桡腕关节骨皮肤缺损 [J]. 中华整形外科杂志，2017，33（4）：259-262. DOI：10.3760/cma.j.issn.1009-4598.2017.04.006. {XIA Hai,LI Benying,ZHANG Dexi,ZHANG Guohui,WANG Jianguo. Fibular head composite flap in repairing the bone and skin defect of radiocarpal joint[J].

Zhonghua Zheng Xing Wai Ke Za Zhi[Chin J Plast Surg(Article in Chinese;Abstract in Chinese and English)],2017,33(4):259-262. DOI:10.3760/cma.j.issn.1009-4598.2017.04.006.}

[14721] 刘得恒，张增方，刘金伟，杨斌，宋晓峰，朱朝晖，陈东亮．腓骨短肌腱联合腱鞘外筋膜瓣修复跟腱并皮肤缺损 [J]．中华显微外科杂志，2018，41(2)：148-151．DOI：10.3760/cma.j.issn.1001-2036.2018.02.012．{LIU Deheng,ZHANG Zengfang,LIU Jinwei,YANG Bin,SONG Xiaofeng,ZHU ZhaoHui,CHEN Dongliang. Single-stage reconstruction of achilles tendon and overlying skin defect with peroneus brevis tendon transfer and peroneal tendofascial flap[J]. Zhonghua Xian Wei Wai Ke Za Zhi[Chin J Microsurg(Article in Chinese;Abstract in Chinese and English)],2018,41(2):148-151. DOI:10.3760/cma.j.issn.1001-2036.2018.02.012.}

[14722] 李星，高宁，林楠，何巍．血管化腓骨瓣修复下颌骨缺损患者的生命质量调查 [J]．中华显微外科杂志，2018，41(2)：174-176．DOI：10.3760/cma.j.issn.1001-2036.2018.02.019．{LI Xing,GAO Ning,LIN Nan,HE Wei. Quality of life in patients with mandibular defect repaired by vascularized fibula flap[J]. Zhonghua Xian Wei Wai Ke Za Zhi[Chin J Microsurg(Article in Chinese;Abstract in Chinese)],2018,41(2):174-176. DOI:10.3760/cma.j.issn.1001-2036.2018.02.019.}

[14723] 梅正峰，黄东辉，叶辛，赵琦辉，马伟，李陶冶．游离健侧腓骨复合组织瓣修复第一跖骨与软组织缺损 [J]．中华显微外科杂志，2018，41(5)：482-484．DOI：10.3760/cma.j.issn.1001-2036.2018.05.016．{MEI Zhengfeng,HUANG Donghui,YE Xin,ZHAO Qihui,MA Wei,LI Taoye. Repair of first metatarsal and soft tissue defects with free fibular composite flap[J]. Zhonghua Xian Wei Wai Ke Za Zhi[Chin J Microsurg(Article in Chinese;Abstract in Chinese)],2018,41(5):482-484. DOI:10.3760/cma.j.issn.1001-2036.2018.05.016.}

[14724] 马福元，潘俊博，吴春彪，卞正君．游离腓骨复合组织瓣移植修复右足巨大痛风结节感染后创面一例 [J]．中华显微外科杂志，2018，41(6)：614-615．DOI：10.3760/cma.j.issn.1001-2036.2018.06.032．{MA Fuyuan,PAN Junbo,WU Chunbiao,BIAN Zhengjun. A case of free fibula composite tissue flap transplantation for repairing the wound after infection of giant gout nodule in right foot[J]. Zhonghua Xian Wei Wai Ke Za Zhi[Chin J Microsurg(Article in Chinese;Abstract in Chinese)],2018,41(6):614-615. DOI:10.3760/cma.j.issn.1001-2036.2018.06.032.}

[14725] 陶勇，徐江发，吴在顶，刘彬．应用游离腓骨复合组织瓣修复骨与皮肤软组织缺损 [J]．临床骨科杂志，2018，21(1)：67-69．DOI：10.3969/j.issn.1008-0287.2018.01.026．{TAO Yong,XU Jiangfa,WU Zaiding,LIU Bin. Treatment of lower limbs traumatic bone and soft tissue defect by using fibular complex tissue flap[J]. Lin Chuang Gu Ke Za Zhi[J Clin Orthop(Article in Chinese;Abstract in Chinese and English)],2018,21(1):67-69. DOI:10.3969/j.issn.1008-0287.2018.01.026.}

[14726] 江灿洋，黄立，李军，邱宇，高炳菊，林李嵩．腓骨肌皮瓣修复 6 岁儿童创伤性口腔颌面部缺损：1 例报告及文献复习 [J]．中国口腔颌面外科杂志，2018，16(5)：475-477．DOI：10.19438/j.cjoms.2018.05.019．{JIANG Canyang,HUANG Li,LI Jun,QIU Yu,GAO Bingju,LIN Lisong. Oral and maxillofacial reconstruction with a fibular osteocutaneous free flap in a 6-year-old child with trauma:report of a case and literature review[J]. Zhongguo Kou Qiang He Mian Wai Ke Za Zhi[Chin J Oral Maxillofac Surg(Article in Chinese;Abstract in Chinese and English)],2018,16(5):475-477. DOI:10.19438/j.cjoms.2018.05.019.}

[14727] 封帆，苏奕轩，王伟明，王燕凤，龙文浩．腓骨肌皮瓣修复桡骨长段缺损术后早期功能康复治疗 [J]．实用手外科杂志，2018，32(2)：144-146．DOI：10.3969/j.issn.1671-2722.2018.02.003．{FENG Fan,SU Yixuan,WANG Weiming,WANG Yanfeng,LONG Wenhao. Early functional rehabilitation after fibular myocutaneous flap repair of long radius defect[J]. Shi Yong Shou Wai Ke Za Zhi[Chin J Pract Hand Surg(Article in Chinese;Abstract in Chinese and English)],2018,32(2):144-146. DOI:10.3969/j.issn.1671-2722.2018.02.003.}

[14728] 王正，喻爱喜，漆白文，肖卫东，赵勇，李宗焕．加速康复外科理念在腓骨瓣游离移植治疗长段骨缺损中的应用 [J]．中华显微外科杂志，2019，42(5)：463-466．DOI：10.3760/cma.j.issn.1001-2036.2019.05.011．{WANG Zheng,YU Aixi,QI Baiwen,XIAO Weidong,ZHAO Yong,LI Zonghuan. Application of enhanced recovery after surgery principles in treating long bone defect with free fibula graft[J]. Zhonghua Xian Wei Wai Ke Za Zhi[Chin J Microsurg(Article in Chinese;Abstract in Chinese and English)],2019,42(5):463-466. DOI:10.3760/cma.j.issn.1001-2036.2019.05.011.}

[14729] 林立，颜磊，叶润棠，王华英，吴志欣，何再源．腓骨皮瓣移植重建第 1 跖骨及第 2 跖骨头复合组织缺损一例 [J]．中华显微外科杂志，2019，42(5)：515-516．DOI：10.3760/cma.j.issn.1001-2036.2019.05.028．{LIN Li,YAN Lei,YE Runtang,WANG Huaying,WU Zhixin,HE Zaiyuan. Fibular flap transplantation for reconstruction of composite tissue defect of the first metatarsal bone and the second metatarsal head:a case report[J]. Zhonghua Xian Wei Wai Ke Za Zhi[Chin J Microsurg(Article in Chinese;Abstract in Chinese)],2019,42(5):515-516. DOI:10.3760/cma.j.issn.1001-2036.2019.05.028.}

[14730] 孙蕴初，文根，徐佳，徐凤吉，柴益民．带腓骨长短肌的游离腓骨复合组织瓣在复杂肢体创伤中的应用 [J]．中华创伤骨科杂志，2019，21(10)：839-842．DOI：10.3760/cma.j.issn.1671-7600.2019.10.003．{SUN Yunchu,WEN Gen,XU Jia,XU Fengji,CHAI Yimin. Free fibular composite tissue flap with peroneus longus and brevis for complicated extremity trauma[J]. Zhonghua Chuang Shang Gu Ke Za Zhi[Chin J Orthop Trauma(Article in Chinese;Abstract in Chinese and English)],2019,21(10):839-842. DOI:10.3760/cma.j.issn.1671-7600.2019.10.003.}

[14731] 王健，何优雅，陈一铭，杨溪，季彤．172 例下颌骨缺损腓骨肌皮瓣修复远期效果评价 [J]．中国口腔颌面外科杂志，2019，17(4)：337-341．DOI：10.19438/j.cjoms.2019.04.011．{WANG Jian,HE Youya,CHEN Yiming,YANG Xi,JI Tong. Analysis of long-term prognosis for 172 cases undergoing mandibular reconstruction with free fibular flap[J]. Zhongguo Kou Qiang He Mian Wai Ke Za Zhi[Chin J Oral Maxillofac Surg(Article in Chinese;Abstract in Chinese and English)],2019,17(4):337-341. DOI:10.19438/j.cjoms.2019.04.011.}

[14732] 范晓华，夏海，刘晓云，方军．腓骨头复合组织瓣重建小儿内踝骨质及皮肤缺损 [J]．中华创伤杂志，2020，36(2)：172-177．DOI：10.3760/cma.j.issn.1001-8050.2020.02.014．{FAN Xiaohua,XIA Hai,LIU Xiaoyun,FANG Jun. Fibular head composite flap for bone and skin defect at medial malleolus in children[J]. Zhonghua Chuang Shang Za Zhi[Chin J Trauma(Article in Chinese;Abstract in Chinese and English)],2020,36(2):172-177. DOI:10.3760/cma.j.issn.1001-8050.2020.02.014.}

[14733] 章茜，王怡，王育新．下颌骨定位导板在腓骨瓣游离移植修复下颌骨缺损中定位髁突效果的初步研究 [J]．中华解剖与临床杂志，2020，25(3)：249-254．DOI：10.3760/cma.j.cn101202-20191216-00374．{ZHANG Qian,WANG Yi,WANG Yuxin. Mandibular fixation guides for condyle fixation in an accurate mandibular reconstruction with fibular flaps[J]. Zhonghua Jie Pou Yu Lin Chuang Za Zhi[Chin J Anat Clin(Article in Chinese;Abstract in Chinese and English)],2020,25(3):249-254. DOI:10.3760/cma.j.cn101202-20191216-00374.}

4.9.13 胫骨骨膜瓣
tibial periosteal flap

[14734] 刘永义，包亚军，刘方刚，邓建龙．吻合血管的胫骨骨膜瓣移植修补鼻中膈巨大穿孔 [J]．中华显微外科杂志，1995，18(4)：287-288．{LIU Yongyi,BAO Yajun,LIU Fanggang,DENG Jianlong. Transplantation of vascularized tibial periosteal flap for repairing huge perforation of nasal septum[J]. Zhonghua Xian Wei Wai Ke Za Zhi[Chin J Microsurg(Article in Chinese;No abstract available)],1995,18(4):287-288.}

[14735] 谭金海，陈振光，余国荣，喻爱喜．胫前血管骨膜支胫骨骨膜瓣移位术 [J]．中华实验外科杂志，1998，15(3)：242-243．{TAN Jinhai,CHEN Zhenguang,YU Guorong,YU Aixi. The transpositional operation of tibial periosteal flap pedicled with periosteal branch of anterior tibial artery[J]. Zhonghua Shi Yan Wai Ke Za Zhi[Chin J Exp Surg(Article in Chinese;Abstract in Chinese and English)],1998,15(3):242-243.}

[14736] 谭金海，陈振光，张发惠，郑和平．比目鱼肌内侧半为蒂胫骨骨膜瓣逆行移位的应用解剖 [J]．中华显微外科杂志，2000，23(2)：130．DOI：10.3760/cma.j.issn.1001-2036.2000.02.020．{TAN Jinhai,CHEN Zhenguang,ZHANG Fahui,ZHENG Heping. Anatomical and clinical studies for reversed trasposition of tibial periosteal flap pedicled with medial half of the soleus[J]. Zhonghua Xian Wei Wai Ke Za Zhi[Chin J Microsurg(Article in Chinese;Abstract in Chinese and English)],2000,23(2):130. DOI:10.3760/cma.j.issn.1001-2036.2000.02.020.}

[14737] 陈振光．带血供胫骨骨膜瓣移位术的解剖与临床应用 [J]．中华显微外科杂志，2000，23(2)：157．DOI：10.3760/cma.j.issn.1001-2036.2000.02.048．{CHEN Zhenguang. Clinical application of periosteal flap transposition[J]. Zhonghua Xian Wei Wai Ke Za Zhi[Chin J Microsurg(Article in Chinese;No abstract available)],2000,23(2):157. DOI:10.3760/cma.j.issn.1001-2036.2000.02.048.}

[14738] 陈秀清，陈振光，喻爱喜，李国良，叶勇．膝降血管髌下支蒂胫骨骨膜瓣移位修复膝关节面的应用解剖 [J]．中国临床解剖学杂志，2001，19(2)：127-128．DOI：10.3969/j.issn.1001-165X.2001.02.011．{CHEN Xiuqing,CHEN Zhenguang,YU Aixi,LI Guoliang,YE Yong. Applied anatomy of the medial tibial periosteal flap pedicled with the inferior patellar branch of descending genicular vessels for repair of genicular articular surface[J]. Zhongguo Lin Chuang Jie Pou Xue Za Zhi[Chin J Clin Anat(Article in Chinese;Abstract in Chinese and English)],2001,19(2):127-128. DOI:10.3969/j.issn.1001-165X.2001.02.011.}

[14739] 熊浩，黄东，林伟文，吴增志，凌华军，夏雄超．胫骨骨膜瓣联合自体植骨治疗胫骨创伤性骨缺损 18 例 [J]．中华显微外科杂志，2014，37(3)：289-291．DOI：10.3760/cma.j.issn.1001-2036.2014.03.029．{XIONG Hao,HUANG Dong,LIN Weiwen,WU Zengzhi,LING Huajun,XIA Xiongchao. Treatment of traumatic bone defects of tibia with tibial periosteal flap combined with autogenous bone grafting[J]. Zhonghua Xian Wei Wai Ke Za Zhi[Chin J Microsurg(Article in Chinese;Abstract in Chinese)],2014,37(3):289-291. DOI:10.3760/cma.j.issn.1001-2036.2014.03.029.}

[14740] 倪玉龙，高顺红．胫骨骨膜瓣治疗胫骨骨不连及骨缺损的应用进展 [J]．中国矫形外科杂志，2015，23(18)：1683-1686．DOI：10.3977/j.issn.1005-8478.2015.18.12．{NI Yulong,GAO Shunhong. Tibial periosteal flap for the treatment of tibial nonunion and osseous defect:a literature review[J]. Zhongguo Jiao Xing Wai Ke Za Zhi[Orthop J China(Article in Chinese;Abstract in Chinese and English)],2015,23(18):1683-1686. DOI:10.3977/j.issn.1005-8478.2015.18.12.}

[14741] 倪玉龙，高顺红，张净宇，董惠双，张云鹏，符健松．胫后血管肌间隙支胫骨骨膜瓣联合自体植骨修复胫骨缺损 [J]．中国修复重建外科杂志，2015，29(10)：1221-1225．DOI：10.7507/1002-1892.20150265．{NI Yulong,GAO Shunhong,ZHANG Jingyu,DONG Huishuang,ZHANG Yunpeng,FU Jiansong. Tibial periosteal flap pedicled with intermuscular branch of posterior tibial vessels combined with autologous bone graft for tibial bone defect[J]. Zhongguo Xiu Fu Chong Jian Wai Ke Za Zhi[Chin J Repar Reconstr Surg(Article in Chinese;Abstract in Chinese and English)],2015,29(10):1221-1225. DOI:10.7507/1002-1892.20150265.}

4.9.14 跟骨骨瓣
calcaneus bone flap

[14742] 常建琪，邓永忠，宿华伟，贺晓黎，徐永强．趾短伸肌跟骨瓣移植及内固定治疗距骨颈骨折脱位 [J]．骨与关节损伤杂志，1998，13(5)：276-277．{CHANG Jianqi,DENG Yongzhong,SU Huawei,HE Xiaoli,XU Yongqiang. Treatment of fracture-dislocation of the talus neck with bone flap grafting with pedicle of the extension digitorum brevius and internal fixation[J]. Gu Yu Guan Jie Sun Shang Za Zhi[J Bone Joint Injury(Article in Chinese;Abstract in Chinese and English)],1998,13(5):276-277.}

[14743] 常建琪，宿华伟，邓永忠，徐永强，杨海贵．趾短伸肌蒂跟骨瓣移植的解剖及临床应用 [J]．中华显微外科杂志，1999，22(3)：219．DOI：10.3760/cma.j.issn.1001-2036.1999.03.024．{CHANG JianQi,SU Huawei,DENG Yongzhong,XU Yongqiang,YANG Haigui. Anatomy and clinical application of calcaneal flap pedicled with extensor digitorum brevis[J]. Zhonghua Xian Wei Wai Ke Za Zhi[Chin J Microsurg(Article in Chinese;No abstract available)],1999,22(3):219. DOI:10.3760/cma.j.issn.1001-2036.1999.03.024.}

4.9.15 骰骨骨瓣
cuboid bone flap

[14744] Tang H,Han K,Li M,Zhang Q,Xie Y,Tang X,Xu H,Mao N. Treatment of Hawkins type II fractures of talar neck by a vascularized cuboid pedicle bone graft and combined internal and external fixation:a preliminary report on nine cases[J]. J Trauma,2010,69(4):E1-5. doi:10.1097/TA.0b013e3181cda6ad.

[14745] 陈振光，余国荣，彭建强，蔡林，张旗，张发惠，陈秀清，方祥源．以跗外侧血管为蒂的骰骨瓣转位术 [J]．中国修复重建外科杂志，1992，6(2)：88-89．{CHEN Zhenguang,YU Guorong,PENG Jianqiang,CAI Lin,ZHANG Qi,ZHANG Fahui,CHEN Xiuqing,FANG Xiangyuan. Transposition of cuboid flap pedicled with lateral tarsal vessels[J]. Zhongguo Xiu Fu Chong Jian Wai Ke Za Zhi[Chin J Repar Reconstr Surg(Article in Chinese;Abstract in Chinese)],1992,6(2):88-89.}

[14746] 陈振光，张发惠．跗外侧血管蒂骰骨瓣移位术的临床应用 [J]．中华显微外科杂志，1999，22(1)：22．DOI：10.3760/cma.j.issn.1001-2036.1999.01.008．{CHEN Zhenguang,ZHANG Fahui. Clinical application on transposition of cuboid bone flap pedicled with lateral tarsal artery[J]. Zhonghua Xian Wei Wai Ke Za Zhi[Chin J Microsurg(Article in Chinese;Abstract in Chinese and English)],1999,22(1):22. DOI:10.3760/cma.j.issn.1001-2036.1999.01.008.}

[14747] 顾少光，刘志强，李文龙．带血管蒂骰骨瓣转移治疗距骨颈骨折 [J]．骨与关节损伤杂志，2002，17(3)：176-177．DOI：10.3969/j.issn.1672-9935.2002.03.007．{GU Shaoguang,LIU Zhiqiang,LI Wenlong. Transposition of cuboid bone flap pedicled with lateral tarsal artery for treating fracture of talus neck or dislocation of talus body[J]. Gu Yu Guan Jie Sun Shang Za Zhi[J Bone Joint Injury(Article in Chinese;Abstract in Chinese and English)],2002,17(3):176-177. DOI:10.3969/j.issn.1672-9935.2002.03.007.}

[14748] 周炎，刘世清，瞿新丛，廖琦，余铃，黄涛．空心钉结合带筋膜跗外侧血管蒂骰骨骨膜瓣移位治疗距骨颈骨折 [J]．中华显微外科杂志，2014，37(2)：130-133．DOI：10.3760/cma.j.issn.1001-2036.2014.02.009．{ZHOU Yan,LIU Shiqing,QU Xincong,LIAO Qi,YU Ling,HUANG Tao. Cannulated screws combined with transposition of cuboid periosteal flap pedicled with fascia and lateral tarsal artery in the treatment of talus neck fractures[J]. Zhonghua Xian Wei Wai Ke Za Zhi[Chin J Microsurg(Article in Chinese;Abstract in Chinese and English)],2014,37(2):130-133. DOI:10.3760/cma.j.issn.1001-2036.2014.02.009.}

[14749] 刘钢，赵伟，郑小罕，杨翔．外踝截骨联合跗外侧动脉蒂骰骨瓣治疗距骨颈骨折 [J]．中华创伤骨

科杂志，2014，16（9）：812-814．DOI：10.3760/cma.j.issn.1671-7600.2014.09.018．{LIU Gang,ZHAO Wei,ZHENG Xiaohan,YANG Xiang. Lateral malleolus osteotomy combined with cuboid flap pedicled with lateral tarsal artery in the treatment of talar neck fracture[J]. Zhonghua Chuang Shang Gu Ke Za Zhi[Chin J Orthop Trauma(Article in Chinese;Abstract in Chinese)],2014,16(9):812-814. DOI:10.3760/cma.j.issn.1671-7600.2014.09.018.}

4.9.16 足舟骨骨瓣
navicular bone flap

[14750] 张发惠，郑和平，刘经南，陈振光．带血管蒂舟骨瓣移位术的应用解剖 [J]．中华实验外科杂志，1997，14（12）：42-43，72．{ZHANG Fahui,ZHENG Heping,LIU Jingnan,CHEN Zhenguang. Applied anatomy for transposition of navicular bone flap with vessel pedicle[J]. Zhonghua Shi Yan Wai Ke Za Zhi[Chin J Exp Surg(Article in Chinese;Abstract in Chinese and English)],1997,14(12):42-43,72.}

[14751] 陈振光，张发惠，余国荣，喻爱喜，谭金海，郑和平．以内踝前血管为蒂的舟骨瓣移位术 [J]．中华显微外科杂志，1998，21（4）：241．DOI：10.3760/cma.j.issn.1001-2036.1998.04.001．{CHEN Zhenguang,ZHANG Fahui,YU Guorong,YU Aixi,TAN Jinhai,ZHENG Heping. Transposition of navicular flap pedicled with medial anterior malleolar vessels[J]. Zhonghua Xian Wei Wai Ke Za Zhi[Chin J Microsurg(Article in Chinese;Abstract in Chinese and English)],1998,21(4):241. DOI:10.3760/cma.j.issn.1001-2036.1998.04.001.}

4.9.17 楔骨骨瓣
cuneiform bone flap

[14752] 陈振光，张发惠，余国荣，郑和平．以内踝前血管为蒂的第一楔骨瓣转位术 [J]．中国修复重建外科杂志，1994，8（4）：139-141．{CHEN Zhenguang,ZHANG Fahui,YU Guorong,ZHENG Heping. Transposition of first cuneiform bone with anterior medial malleolar artery pedicle[J]. Zhongguo Xiu Fu Chong Jian Wai Ke Za Zhi[Chin J Repar Reconstr Surg(Article in Chinese;Abstract in Chinese and English)],1994,8(4):139-141.}

[14753] 于小光，赵德伟，孙强，王铁男，于海波，苏云，刘吉斌，郑加法，王本杰，崔大平．带血管蒂楔骨瓣联合髂骨植骨术治疗非创伤性距骨缺血性坏死 [J]．中华医学杂志，2010，90（15）：1035-1038．DOI：10.3760/cma.j.issn.0376-2491.2010.15.008．{YU Xiaoguang,ZHAO Dewei,SUN Qiang,WANG Tienan,YU Haibo,SU Yun,LIU Jibin,ZHENG Jiafa,WANG Benjie,CUI Daping. Treatment of non-traumatic avascular talar necrosis by transposition of vascularized cuneiform bone flap plus iliac cancellous bone grafting[J]. Zhonghua Yi Xue Za Zhi[Natl Med J China(Article in Chinese;Abstract in Chinese and English)],2010,90(15):1035-1038. DOI:10.3760/cma.j.issn.0376-2491.2010.15.008.}

4.9.18 跖骨骨瓣
metatarsal bone flap

[14754] 陈振光，喻爱喜，谭金海，王斌．带血管蒂跖骨瓣逆行移位术的应用解剖 [J]．中华实验外科杂志，1998，15（5）：429-430．{CHEN Zhenguang,YU Aixi,TAN Jinhai,WANG Bin. Applied anatomy on transposition of reverse vascularized metatarsal bone flap[J]. Zhonghua Shi Yan Wai Ke Za Zhi[Chin J Exp Surg(Article in Chinese;Abstract in Chinese and English)],1998,15(5):429-430.}

[14755] 俞立新，高建明，吴水培，黄飞，李强．带血管蒂第二跖骨底骨瓣移位修复外踝骨缺损 [J]．中国修复重建外科杂志，2002，16（2）：117-119．{YU Lixin,GAO Jianming,WU Shuipei,HUANG Fei,LI Qiang. Transferring of the pedicled second metatarsal base for repairing bone defect of lateral malleolus[J]. Zhongguo Xiu Fu Chong Jian Wai Ke Za Zhi[Chin J Repar Reconstr Surg(Article in Chinese;Abstract in Chinese and English)],2002,16(2):117-119.}

[14756] 俞立新，张发惠，吴水培，黄飞．第 2 跖骨底复合组织瓣修复外踝复合组织缺损的基础与临床 [J]．中国临床解剖学杂志，2007，25（1）：95-97．DOI：10.3969/j.issn.1001-165X.2007.01.030．{YU Lixin,ZHANG Fahui,WU Shuipei,HUANG Fei. Microsurgical repairing of the lateral malleolus compound tissues defect adopting the complex tissue flap of the base of the second metatarsal bone[J]. Zhongguo Lin Chuang Jie Pou Xue Za Zhi[Chin J Clin Anat(Article in Chinese;Abstract in Chinese and English)],2007,25(1):95-97. DOI:10.3969/j.issn.1001-165X.2007.01.030.}

[14757] 于亚东，邵新中，刘增兵，苏晓清，徐建杰，雷芳．第二跖骨复合组织瓣移植修复手部复合组织缺损 [J]．中华手外科杂志，2008，24（6）：358-359．DOI：10.3760/cma.j.issn.1005-054X.2008.06.013．{YU Yadong,SHAO Xinzhong,LIU Zengbing,SU Xiaoqing,XU Jianjie,LEI Fang. Transfer of composite tissue flap from the second metatarsal to repair complex tissue defects of the hand[J]. Zhonghua Shou Wai Ke Za Zhi[Chin J Hand Surg(Article in Chinese;Abstract in Chinese and English)],2008,24(6):358-359. DOI:10.3760/cma.j.issn.1005-054X.2008.06.013.}

[14758] 俞立新，范启申，陈学强，吴群峰，郭松华，冯炜，于健．第 2 楔骨 - 跗跖背侧韧带 - 跖骨瓣重建距腓前韧带的基础与临床 [J]．中国临床解剖学杂志，2014，32（5）：553-556．DOI：10.13418/j.issn.1001-165x.2014.05.011．{YU Lixin,FAN Qishen,CHEN Xueqiang,WU Qunfeng,GUO Songhua,FENG Wei,YU Jian. Second cuneiform bone-dorsal tarsometatarsal ligaments-metatarsal flap for reconstruction of basic and clinical talofibular ligament[J]. Zhongguo Lin Chuang Jie Pou Xue Za Zhi[Chin J Clin Anat(Article in Chinese;Abstract in Chinese and English)],2014,32(5):553-556. DOI:10.13418/j.issn.1001-165x.2014.05.011.}

4.10 吻合血管的骨骺移植
vascularised free epiphyseal transfer

[14759] Yang YF,Zhang GM,Huo ZQ,Xu ZH,Xu DC. Reconstruction of the distal ulnar epiphysis with vascularized proximal fibula including epiphysis in children after osteochondroma resection:report of two cases[J]. Plast Reconstr Surg,2013,132(5):784e-789e. doi:10.1097/PRS.0b013e3182a3bf98.

[14760] Yang J,Qin B,Li P,Fu G,Xiang J,Gu L. Vascularized proximal fibular epiphyseal transfer for Bayne and Klug type III radial longitudinal deficiency in children[J]. Plast Reconstr Surg,2015,135(1):157e-166e. doi:10.1097/PRS.0000000000000836.

[14761] 吴苏稼，马承宣，许瑞江，卢世璧，赫荣国，张喜恩，徐浩．带血管蒂自体骨骺移植的实验研究 [J]．中华外科杂志，1991，29（6）：387-389．{WU Sujia,MA Chengxuan,XU Ruijiang,LU Shibi,HE Rongguo,ZHANG Xien,XU Hao. Experimental study of autogenous epiphyseal transplantation with vascular pedicle[J]. Zhonghua Wai Ke Za Zhi[Chin J Surg(Article in Chinese;Abstract in Chinese)],1991,29(6):387-389.}

[14762] 许卫红，陈振光，蔡林，彭建强，余国荣．带骺血供骨骺移植的实验研究 [J]．中华实验外科杂志，1995，12（4）：217-218，257．{XU Weihong,CHEN Zhenguang,CAI Lin,PENG Jianqiang,YU Guorong. Experimental study of epiphsis transplantation with epiphseal blood supply[J]. Zhonghua Shi Yan Wai Ke Za Zhi[Chin J Exp Surg(Article in Chinese;Abstract in Chinese and English)],1995,12(4):217-218,257.}

[14763] 王新卫，张俊，王志伟，冯峰．带血管腓骨小头骨骺移植治疗先天性桡骨缺如 15 例报告 [J]．中国矫形外科杂志，2000，7（11）：1126-1127．DOI：10.3969/j.issn.1005-8478.2000.11.030．{WANG Xinwei,ZHANG Jun,WANG Zhiwei,FENG Feng. Grafting of vascularized epiphysis of fibular head for congenital radial deficit[J]. Zhongguo Jiao Xing Wai Ke Za Zhi[Orthop J China(Article in Chinese;Abstract in Chinese and English)],2000,7(11):1126-1127. DOI:10.3969/j.issn.1005-8478.2000.11.030.}

[14764] 王树锋，吕占辉，王明山，许卫红，周中水，王志刚，曹文德．带血供腓骨小头骨骺移植的解剖与临床研究 [J]．中华骨科杂志，2001，21（2）：99-102．DOI：10.3760/j.issn：0253-2352.2001.02.010．{WANG Shufeng,LV Zhanhui,WANG Mingshan,XU Weihong,ZHOU Zhongshui,WANG Zhigang,CAO Wende. The anatomical and clinical study on the transplantation of vascularized fibular epiphysis[J]. Zhonghua Gu Ke Za Zhi[Chin J Orthop(Article in Chinese;Abstract in Chinese and English)],2001,21(2):99-102. DOI:10.3760/j.issn:0253-2352.2001.02.010.}

[14765] 陈振光，张发惠，刘经南，谭金海，阮默．臀上动脉深上支髂骨骺移植的解剖学研究 [J]．中国临床解剖学杂志，2002，20（4）：246-247．DOI：10.3969/j.issn.1001-165X.2002.04.002．{CHEN Zhenguang,ZHANG Fahui,LIU Jingnan,TAN Jinhai,RUAN Mo. Anatomic study on the transplantation of iliac epiphyses pedicled with the deep superior branch of superior gluteal artery[J]. Zhongguo Lin Chuang Jie Pou Xue Za Zhi[Chin J Clin Anat(Article in Chinese;Abstract in Chinese and English)],2002,20(4):246-247. DOI:10.3969/j.issn.1001-165X.2002.04.002.}

[14766] 尹飞，王金成，郭丽，高中礼．自体髂骨骺板移植重建胫骨骺板 [J]．骨与关节损伤杂志，2003，18（4）：217-220．DOI：10.3969/j.issn.1672-9935.2003.04.002．{YIN Fei,WANG Jincheng,GUO Li,GAO Zhongli. Reconstruction of part of the proximal tibial growth plate with an autologous graft from the iliac crest[J]. Gu Yu Guan Jie Sun Shang Za Zhi[J Bone Joint Injury(Article in Chinese;Abstract in Chinese and English)],2003,18(4):217-220. DOI:10.3969/j.issn.1672-9935.2003.04.002.}

[14767] 盛加根，姜佩珠，范存义，孙鲁源．临床病例讨论——带骨骺腓骨头骨瓣联合背阔肌肌皮瓣移植修复儿童足内侧纵弓前部损伤 [J]．中华创伤骨科杂志，2009，11（12）：1199-1200．DOI：10.3760/cma.j.issn.1671-7600.2009.12.027．{SHENG Jiagen,JIANG Peizhu,FAN Cunyi,SUN Luyuan. Using fibular head flap with epiphysis and latissimus dorsi myocutaneous flap for repairing the anterior injury of medial longitudinal arch of foot in a child[J]. Zhonghua Chuang Shang Gu Ke Za Zhi[Chin J Orthop Trauma(Article in Chinese;No abstract available)],2009,11(12):1199-1200. DOI:10.3760/cma.j.issn.1671-7600.2009.12.027.}

[14768] 杨运发，张光明，侯之启，徐中和，徐达传．带骨骺腓骨近段移植重建小儿尺骨远端骨骺 2 例 [J]．实用手外科杂志，2011，25（2）：101-103．DOI：10.3969/j.issn.1671-2722.2011.02.005．{YANG Yunfa,ZHANG Guangming,HOU Zhiqi,XU Zhonghe,XU Dachuan. Reconstruction of distal ulna osteoepiphysis after osteochondroma resection in children proximal fibular graft including osteoepiphysis——2 cases report[J]. Shi Yong Shou Wai Ke Za Zhi[Chin J Pract Hand Surg(Article in Chinese;Abstract in Chinese and English)],2011,25(2):101-103. DOI:10.3969/j.issn.1671-2722.2011.02.005.}

[14769] 陈振光，张发惠，许卫红，余黎．带血管蒂骨骺瓣移植的基础与临床研究 [J]．中国修复重建外科杂志，2011，25（11）：1281-1284．{CHEN Zhenguang,ZHANG Fahui,XU Weihong,YU Li. Basis and clinical applications of vascularized epiphyseal transplantation[J]. Zhongguo Xiu Fu Chong Jian Wai Ke Za Zhi[Chin J Repar Reconstr Surg(Article in Chinese;Abstract in Chinese and English)],2011,25(11):1281-1284.}

[14770] 刘雪涛，李忠，高志刚，王涛，王剑利．儿童腓骨头骨骺移植重建内踝的中长期随访观察 [J]．中国骨与关节损伤杂志，2015，30（12）：1283-1286．DOI：10.7531/j.issn.1672-9935.2015.12.017．{LIU Xuetao,LI Zhong,GAO Zhigang,WANG Tao,WANG Jianli. Middle and long term follow-up for medial malleolus reconstruction by fibular head epiphysis in children[J]. Zhongguo Gu Yu Guan Jie Sun Shang Za Zhi[Chin J Bone Joint Injury(Article in Chinese;Abstract in Chinese and English)],2015,30(12):1283-1286. DOI:10.7531/j.issn.1672-9935.2015.12.017.}

4.11 吻合血管的小关节移植
vascularised joint transfer

[14771] Wu WC,Wong TC,Yip TH. Chronic finger joint instability reconstructed with bone-ligament-bone graft from the iliac crest[J]. J Hand Surg Br,2004,29(5):494-501. doi:10.1016/j.jhsb.2004.03.014.

[14772] Chow SP,Lam KW,Gibson I,Ngan AH,Lu W,Ip WY,Chiu KY. A novel artificial prosthetic replacement for the proximal interphalangeal joint of the hand--from concept to prototype[J]. Hand Surg,2005,10(2-3):159-168. doi:10.1142/S0218810405002814.

[14773] Wong TC,Ip FK,Wu WC. Bone-periosteum-bone graft reconstruction for chronic ulnar instability of the metacarpophalangeal joint of the thumb—minimum 5-year follow-up evaluation[J]. J Hand Surg Am,2009,34(2):304-308. doi:10.1016/j.jhsa.2008.10.005.

[14774] Tan J,Xu J,Xie RG,Deng AD,Tang JB. In vivo length and changes of ligaments stabilizing the thumb carpometacarpal joint[J]. J Hand Surg Am,2011,36(3):420-427. doi:10.1016/j.jhsa.2010.11.007.

[14775] Jia XY,Gong X,Lu LJ. Contact pressures in radiocarpal and triquetrohamate joints after vascularized capitate transposition[J]. Ann Plast Surg,2011,67(5):534-538. doi:10.1097/SAP.0b013e318204571f.

[14776] Mei GH,Wang HM,Fan CY,Zhang CQ,Zeng BF. Possibility of the hamatum carpometacarpal joint as a new joint donor site for interphalangeal joint restoration[J]. Eur J Orthop Surg Traumatol,2014,24(7):1175-1180. doi:10.1007/s00590-013-1300-4.

[14777] Xiong G,Gao Y,Guo S,Dai L,Liu K. Pathoanatomy and treatment modifications of metacarpophalangeal joint locking of the thumb[J]. J Hand Surg Eur,2015,40(1):68-75. doi:10.1177/1753193413517621.

[14778] Chen J,Tan J,Zhang AX. In Vivo length changes of the proximal interphalangeal joint proper and accessory collateral ligaments during flexion[J]. J Hand Surg Am,2015,40(6):1130-1137. doi:10.1016/j.jhsa.2014.11.032.

[14779] Wei J,Herrler T,Han D,Liu K,Huang R,Guba M,Dai C,Li Q. Autologous

temporomandibular joint reconstruction independent of exogenous additives:a proof-of-concept study for guided self-generation[J]. Sci Rep,2016,6:37904. doi:10.1038/srep37904.

[14780] Chen J,Chen C,Gong KT. Intrinsic plus position versus moderate metacarpophalangeal joint flexion for hand fractures[J]. J Hand Surg Eur,2019,44(9):987-988. doi:10.1177/1753193419859363.

[14781] Pang Q,Xu Y,Qi X,Huang L,Hung VW,Xu J,Liao R,Hou Y,Jiang Y,Yu W,Wang O,Li M,Xing X,Xia W,Qin L. Impaired bone microarchitecture in distal interphalangeal joints in patients with primary hypertrophic osteoarthropathy assessed by high-resolution peripheral quantitative computed tomography[J]. Osteoporos Int,2020,31(1):153-164. doi:10.1007/s00198-019-05168-3.

[14782] Jin S,Shen K,Xu Y. Pediatric trigger thumb with metacarpophalangeal joint hyperextension or instability[J]. Med Sci Monit,2020,26:e922757. doi:10.12659/MSM.922757.

[14783] Chen J,Xian Zhang A,Jia Qian S,Jing Wang Y. Measurement of finger joint motion after flexor tendon repair:smartphone photography compared with traditional goniometry[J]. J Hand Surg Eur,2021 Feb 8. 1753193421991062. doi:10.1177/1753193421991062. Online ahead of print.

[14784] 宋献文. 膝关节的半关节移植术[J]. 中华外科杂志，1965，13（5）：419-421. {SONG Xianwen. Hemi-joint transplatation of the knee joint[J]. Zhonghua Wai Ke Za Zhi[Chin J Surg(Article in Chinese;No abstract available)],1965,13(5):419-421.}【非显微重建 Non-microsurgical reconstruction】

[14785] 李柱田，王首夫，任鸿文. 手部全关节移植术[J]. 中华外科杂志，1965，13（6）：594-595. {LI Zhutian,WANG Shoufu,REN Hongwen. Total joint transplantation in the hand[J]. Zhonghua Wai Ke Za Zhi[Chin J Surg(Article in Chinese;No abstract available)],1965,13(6):594-595.}【非显微重建 Non-microsurgical reconstruction】

[14786] 杨东岳，蒋知节，林善琰. 带血管神经的同种异体全膝关节移植一例报告[J]. 上海医学，1978，1（5）：129. {YANG Dongyue,JIANG Zhijie,LIN Shanyan. Total allografted knee arthroplasty with vascularized nerve:a case report[J].Shanghai Yi Xue[Shanghai Med J(Article in Chinese;Abstract in Chinese)],1978,1(5)5:129.}

[14787] 学报编辑室. 带血管蒂小关节游离移植获得成功[J]. 第二军医大学报，1980，1（1）：96. DOI：10. 16781/j. 0258-879x. 1980. 01. 024 {Editorial office. A successful case of small articular free graft with vascular pedicle[J].Di Er Jun Yi Da Xue Xue Bao[Acad J Second Milit Med Univ(Article in Chinese;Abstract in Chinese)],1980,1(1):96. DOI:10.16781/j.0258-879x.1980.01.024.}

[14788] 郭恩覃，季正伦，赵月珍，张明利. 带血管蒂小关节游离移植—第二跖趾关节移植修复掌指关节[J]. 第二军医大学报，1980，1（2）：12. DOI：10. 16781/j. 0258-879x. 1980. 02. 004 {GUO Entan,JI Zhenglun,ZHAO Yuezhen,ZHANG Mingli. Small articular free graft with vascular pedicle:the second metatarsophalangeal joint graft for repairing the metacarpophalangeal joint[J]. Di Er Jun Yi Da Xue Xue Bao [Academic Journal of Second Military Medical University (Article in Chinese;Abstract in Chinese)],1980,1(2):12. DOI:10.16781/j.0258-879x.1980.02.004.}

[14789] 郭恩覃，季正伦，赵月珍，张明利. 吻合血管的跖趾关节游离移植修复掌指关节[J]. 中华外科杂志，1983，21（11）：643-645. {GUO Enqin,JI Zhenglun,ZHAO Yuezhen,ZHANG Mingli. Free transplantation of vascularized metatarsophalangeal joint to repair metacarpophalangeal joint[J]. Zhonghua Wai Ke Za Zhi[Chin J Surg(Article in Chinese;No abstract available)],1983,21(11):643-645.}

[14790] 李柱田. 手部自体全关节移植的远期效果[J]. 白求恩医科大学学报，1983，9（2）：67. DOI：10. 13481/j. 1671-587x. 1983. 02. 019 {LI Zhutian. A long-term follow-up of hand autogenous total joint transplantation[J]. Bai Qiu En Yi Ke Da Xue Xue Bao[J Norman Bethune Univ Med Sci(Article in Chinese;Abstract in Chinese)],1983,9(2):67. DOI:10.13481/j.1671-587x.1983.02.019.}

[14791] 王成琪，范启申，郭德亮. 第二趾间关节移植代替拇指掌指关节一例报告[J]. 解放军医学杂志，1984，9（2）：114. {WANG Chengqi,FAN Qishen,GUO Deliang. The second interphalangeal joint transplantation for the replacement of the metacarpophalangeal joint:a case report[J]. Jie Fang Jun Yi Xue Za Zhi[Med J Chin PLA(Article in Chinese;Abstract in Chinese)],1984,9(2):114.}

[14792] 韩祖斌，李承球，孙贤敏. 骨与关节移植术的进展[J]. 中华医学杂志，1985，65（3）：180-184. {HAN Zubin,LI Chengqiu,SUN Xianmin. Progress of bone and joint transplantation[J]. Zhonghua Yi Xue Za Zhi[Natl Med J China(Article in Chinese;No abstract available)],1985,65(3):180-184.}

[14793] 丁祖鑫，张涤生，王德昭，王炜，冯胜之，石重明，曹谊林. 应用带血管的跖趾关节移植治疗颞颌关节强直四例初步报告[J]. 显微医学杂志，1985，8（3）：164. {DING Zuxin,ZHANG Disheng,WANG Dezhao,WANG Wei,FENG Shengzhi,Shi Chongming,CAO Yilin. Vascularized metatarsophalangeal joint transplantation for the treatment of temporomandibular joint ankylosis:four case reports[J]. Xian Wei Yi Xue Za Zhi[Chin J Microsurg(Article in Chinese;Abstract in Chinese)],1985,8(3):164.}

[14794] 丁祖鑫，张涤生，王德昭，王炜，冯胜之，石重明，曹谊林. 应用带血管蒂跖趾关节移植治疗颞关节强直十例初步报告[J]. 上海医学，1986，9（4）：187. {DING Zuxin,ZHANG Disheng,WANG Dezhao,WANG Wei,FENG Shengzhi,Shi Chongming,CAO Yilin. Preliminary report of applying vascularized metatarsophalangeal joint graft for treating ankylosis of the temporomandibular joint in ten cases[J]. Shang Hai Yi Xue[Shanghai Med J(Article in Chinese;Abstract in Chinese)],1986,9(4):187.}

[14795] 吴同军，宋殿尊，严旅军. 吻合血管的近侧趾关节移植三例报告[J]. 中华显微外科杂志，1990，13（4）：198-199. {WU Tongjun,SONG Dianzun,YAN LVjun. Vascularized proximal toe joint transplantation:a report of three cases[J]. Zhonghua Xian Wei Wai Ke Za Zhi[Chin J Microsurg(Article in Chinese;Abstract in Chinese)],1990,13(4):198-199.}

[14796] 郭瑞华，黄慕洁，韩蕴华，于仲嘉. 狗小关节自体移植的实验研究[J]. 修复重建外科杂志，1991，5（2）：111-113，131. {GUO Ruihua,HUANG Mujie,HAN Yunhua,YU Zhongjia. Experimental autologous graft of metacarpo-phalangeal joint in dogs[J]. Zhongguo Xiu Fu Chong Jian Wai Ke Za Zhi[Chin J Repar Reconstr Surg(Article in Chinese;Abstract in Chinese and English)],1991,5(2):111-113,131.}

[14797] 李柱田. 不吻合血和的自体跖趾关节移植的远期效果[J]. 修复重建外科杂志，1991，5（2）：85-86，132. {LI Zhutian. Late results of autotransplantation of whole joints in the hand[J]. Zhongguo Xiu Fu Chong Jian Wai Ke Za Zhi[Chin J Repar Reconstr Surg(Article in Chinese;Abstract in Chinese and English)],1991,5(2):85-86,132.}

[14798] 李水清，张新力，朱炯明，林笑影. 第二蹠趾关节半关节移植治疗颞颌关节强直一例[J]. 修复重建外科杂志，1991，5（4）：216. {LI Shuiqing,ZHANG Xinli,ZHU Jiongming,LIN Xiaoying. A case of temporomandibular joint ankylosis treated by second metatarsophalangeal joint hemiarthroplasty[J]. Zhongguo Xiu Fu Chong Jian Wai Ke Za Zhi[Chin J Repar Reconstr Surg(Article in Chinese;No abstract available)],1991,5(4):216.}

[14799] 许焕学，付荫宇，李贺君，李运良，陈远美. 吻合血管的蹠趾关节移植治疗颞下颌关节强直[J]. 中华显微外科杂志，1992，15（2）：81-82. {XU Huanxue,FU Yinyu,LI Hejun,LI Yunliang,CHEN Yunmei. Treatment of temporomandibular joint ankylosis with vascularized metatarsophalangeal joint transplantation[J]. Zhonghua Xian Wei Wai Ke Za Zhi[Chin J Microsurg(Article in Chinese;Abstract in Chinese)],1992,15(2):81-82.}

[14800] 林彬，宫相森，潘达德，程国良，杨志贤. 吻合血管的趾指间关节移植一例[J]. 中国修复重建外科杂志，1992，6（1）：50. {LIN Bin,GONG Xiangsen,PAN Dade,CHENG Guoliang,YANG Zhixian. Vascularized interphalangeal joint transplantation:a case report[J]. Zhongguo Xiu Fu Chong Jian Wai Ke Za Zhi[Chin J Repar Reconstr Surg(Article in Chinese;No abstract available)],1992,6(1):50.}

[14801] 杨学斌，顾玉东. 游离第2足趾及关节移植要后前足生物力学分析[J]. 手外科杂志，1992，8（4）：198-201. {YANG Xuebin,GU Yudong. Biomechanical analysis of forefoot after free second toe and joint transplantation[J]. Shou Wai Ke Za Zhi [J Hand Surg(Article in Chinese;Abstract in Chinese)],1992,8(4):198-201.}

[14802] 丁小珩，方光荣，潘达德，程国良，林彬，杨志贤，陈力嘉. 吻合血管的近侧趾间关节移植重建近侧指间关节[J]. 中华显微外科杂志，1993，16（2）：110-112. {DING XiaoHeng,FANG Guangrong,PAN Dade,CHENG Guoliang,LIN Bin,YANG Zhixian,CHEN Lijia. Reconstruction of proximal interphalangeal joint of the hand with vascularized proximal interphalangeal joint of the foot[J]. Zhonghua Xian Wei Wai Ke Za Zhi[Chin J Microsurg(Article in Chinese;Abstract in Chinese)],1993,16(2):110-112.}

[14803] 赵军，郭恩覃. 吻合血管的小关节移植[J]. 中华显微外科杂志，1993，16（3）：222-224. {ZHAO Jun,GUO Enqin. Small joint transplantation with vascularized blood vessels[J]. Zhonghua Xian Wei Wai Ke Za Zhi[Chin J Microsurg(Article in Chinese;No abstract available)],1993,16(3):222-224.}

[14804] 杨学斌，顾玉东. 游离足趾及关节移植对供足的影响[J]. 中华手外科杂志，1993，9（4）：195-198. {YANG Xuebin,GU Yudong. Effect of free toe and joint transplantation on donor foot[J]. Zhonghua Shou Wai Ke Za Zhi[Chin J Hand Surg(Article in Chinese;Abstract in Chinese)],1993,9(4):195-198.}

[14805] 顾黎明，寿奎水，徐雷，吴建林，祝伟. 利用跖趾关节远侧半关节移植修复掌指关节[J]. 中华显微外科杂志，1993，16（3）：213-214. {GU Liming,SHOU Kuishui,XU Lei,WU Jianlin,ZHU Wei. Repair of metacarpophalangeal joint with metatarsophalangeal joint distal hemiarthroplasty[J]. Zhonghua Xian Wei Wai Ke Za Zhi[Chin J Microsurg(Article in Chinese;No abstract available)],1993,16(3):213-214.}

[14806] 裴国献，谢昌平，李坤德，赵东升，王松涛，王福义，赵学敏. 吻合血管的足趾关节移植重建手指关节[J]. 中华显微外科杂志，1995，18（4）：241-243，317. {PEI Guoxian,XIE Changping,LI Kunde,ZHAO Dongsheng,WANG Songtao,WANG Fuyi,ZHAO Xuemin. Reconstruction of finger joint by vascularized toe joint graft[J]. Zhonghua Xian Wei Wai Ke Za Zhi[Chin J Microsurg(Article in Chinese;Abstract in Chinese and English)],1995,18(4):241-243,317.}

[14807] 杨学斌，顾玉东. 游离第二足趾或关节移植术后供足X线改变[J]. 中华手外科杂志，1995，11（4）：216-218. {YANG Xuebin,GU Yudong. Influences on the donor foot x-ray in free toe and joint transfers[J]. Zhonghua Shou Wai Ke Za Zhi[Chin J Hand Surg(Article in Chinese;Abstract in Chinese and English)],1995,11(4):216-218.}

[14808] 宋建良，何葆华，范希玲，吴守成，李松春. 双跖趾关节游离移植修复食（示）中指掌指关节一例[J]. 中国修复重建外科杂志，1995，9（3）：178. {SONG Jianliang,HE Baohua,FAN Xiling,WU Shoucheng,LI Songchun. Free transplantation of double metatarsophalangeal joint to repair metacarpophalangeal joints of the index and middle fingers:a case report[J]. Zhongguo Xiu Fu Chong Jian Wai Ke Za Zhi[Chin J Repar Reconstr Surg(Article in Chinese;No abstract available)],1995,9(3):178.}

[14809] 丁自海，谢昌平，裴国献，刘文宽，魏勇. 足趾关节移植重建手指关节的应用解剖[J]. 中国临床解剖学杂志，1995，13（4）：241-244. {DING Zihai,XIE Changping,PEI Guoxian,LIU Wenkuan,WEI Yong. Applied anatomy of the toe joint for digital joint reconstruction[J]. Zhongguo Lin Chuang Jie Pou Xue Za Zhi[Chin J Clin Anat(Article in Chinese;Abstract in Chinese and English)],1995,13(4):241-244.}

[14810] 刘方刚，陈步俊. 急诊第二、三跖趾关节趾骨移植重建掌指关节及指关节一例[J]. 中华显微外科杂志，1996，19（2）：109. {LIU Fanggang,CHEN Bujun. Reconstruction of metacarpophalangeal joint and phalangeal joint with the second and third metatarsophalangeal joints bone graft in emergency:a case report[J]. Zhonghua Xian Wei Wai Ke Za Zhi[Chin J Microsurg(Article in Chinese;No abstract available)],1996,19(2):109.}

[14811] 钟家云，吕西，黄汉春. 带血管蒂岛状筋膜瓣移植的关节成形术12例报告[J]. 中华显微外科杂志，1996，19（2）：160. {ZHONG Jiayun,LV Xi,HUANG Hanchun. Arthroplasty with vascularized island fascial flap:a report of 12 cases[J]. Zhonghua Xian Wei Wai Ke Za Zhi[Chin J Microsurg(Article in Chinese;No abstract available)],1996,19(2):160.}

[14812] 励钢. 拇甲瓣加第二足趾骨、关节和肌腱移植再造拇指五年随访[J]. 中华显微外科杂志，1996，19（2）：161. {LI Gang. Five year follow-up of thumb reconstruction with nail flap and second toe bone,joint and tendon transplantation[J]. Zhonghua Xian Wei Wai Ke Za Zhi[Chin J Microsurg(Article in Chinese;No abstract available)],1996,19(2):161.}

[14813] 孙国峰，王成琪，王剑利，魏海温，任志勇，颜含，徐展望. 吻合血管的跖趾关节皮瓣移植急诊修复掌指关节部复合组织缺损[J]. 中华手外科杂志，1997，13（2）：90-92. DOI：10.3760/cma.j.issn.1005-054X.1997.02.009. {SUN Guofeng,WANG Chengqi,WANG Jianli,WEI Haiwen,REN Zhiyong,YAN Han,XU Zhanwang. Reconstruction of composite tissue defects in the metacarpophalangeal joint by vascularized metatarsophalangeal joint flap on emergency[J]. Zhonghua Shou Wai Ke Za Zhi[Chin J Hand Surg(Article in Chinese;Abstract in Chinese and English)],1997,13(2):90-92. DOI:10.3760/cma.j.issn.1005-054X.1997.02.009.}

[14814] 顾剑辉，刘璠，王以进. 趾关节移植重建手指关节不同内固定方法的生物力学性能比较[J]. 中华手外科杂志，1997，13（4）：248-250. DOI：10.3760/cma.j.issn.1005-054X.1997.04.019. {GU Jianhui,LIU Fan,WANG Yijin. Comparison of the mechanical efficacy of different internal fixation devices in metacarpophalangeal joint reconstruction with metatarsophalangeal joint transplantation[J]. Zhonghua Shou Wai Ke Za Zhi[Chin J Hand Surg(Article in Chinese;Abstract in Chinese and English)],1997,13(4):248-250. DOI:10.3760/cma.j.issn.1005-054X.1997.04.019.}

[14815] 王笃权，姚斌. 吻合血管的第二跖趾关节移植重建复发性颞颌关节强直一例[J]. 中华显微外科杂志，1999，22（S1）：3-5. {WANG Duquan,YAO Bin. Reconstruction of recurrent temporomandibular joint ankylosis with vascularized second metatarsophalangeal joint graft:a case report[J]. Zhonghua Xian Wei Wai Ke Za Zhi[Chin J Microsurg(Article in Chinese;No abstract available)],1999,22(S1):3-5.}

[14816] 裴国献. 足趾关节移植重建手指关节有关问题的探讨与对策[J]. 中华骨科杂志，1999，19（1）：46. DOI：10.3760/j.issn：0253-2352.1999.01.015. {PEI Guoxian. Evaluation of clinical results of metatarsal phalangeal transplantation for finger joint reconstruction[J]. Zhonghua Gu Ke Za Zhi[Chin J Orthop(Article in Chinese;Abstract in Chinese and English)],1999,19(1):46. DOI:10.3760/j.issn:0253-2352.1999.01.015.}

[14817] 徐雷，寿奎水，李向荣，芮永军，孔友谊，张全荣. 选择性第二足趾关节移植的临床应用[J]. 中华显微外科杂志，1999，22（S1）：3-5. {XU Lei,SHOU Kuishui,LI Xiangrong,RUI Yongjun,KONG Youyi,ZHANG Quanrong. The clinical application of the second-toe selective joint transplantation[J]. Zhonghua Xian Wei Wai Ke Za Zhi[Chin J Microsurg(Article in Chinese;Abstract in Chinese and English)],1999,22(S1):3-5.}

[14818] 徐永清，钟世镇，李主一，徐传达，石瑾，李军. 跖趾关节和趾趾间关节移植替代腕关

节的实验研究[J]. 中华显微外科杂志，2000，23（4）：295. DOI: 10.3760/cma.j.issn.1001-2036.2000.04.023. {XU Yongqing,ZHONG Shizhen,LI Zhuyi,XU Chuanda,SHI Jin,LI Jun. Experimental study of metatarsophalangeal joint and interphalangeal joint transplantation in the replacement of wrist joint[J]. Zhonghua Xian Wei Wai Ke Za Zhi[Chin J Microsurg(Article in Chinese;No abstract available)],2000,23(4):295. DOI:10.3760/cma.j.issn.1001-2036.2000.04.023.}

[14819] 徐雷，寿奎水，芮永军，李向荣，孔友谊，张全荣. 不同术式的第二足趾关节移植治疗手部关节缺损的疗效[J]. 中华手外科杂志，2000，16（4）：26-29. {XU Lei,SHOU Kuishui,RUI Yongjun,LI Xiangrong,KONG Youyi,ZHANG Quanrong. Treatment outcome of selective second toe joint transplantation for interphalangeal and metacarpophalangeal joint defect[J]. Zhonghua Shou Wai Ke Za Zhi[Chin J Hand Surg(Article in Chinese;Abstract in Chinese and English)],2000,16(4):26-29.}

[14820] 刘亮，刘璠. 全关节及半关节移植的实验研究与临床应用[J]. 中国创伤骨科杂志，2000，2（1）：31-33. {LIU Liang,LIU Fan. The experimental study and clinical application of whole joint and half joint transfer[J]. Zhongguo Chuang Shang Gu Ke Za Zhi[Chin J Orthop Trauma(Article in Chinese;Abstract in Chinese and English)],2000,2(1):31-33.}

[14821] 顾立强，徐达传，杨运平，陈国奋，石瑾，胡罴生，裴国献. 吻合血管的胫腓关节移植重建肘关节功能的解剖学基础[J]. 中国临床解剖学杂志，2002，20（1）：12-14. DOI: 10.3969/j.issn.1001-165X.2002.01.004. {GU Liqiang,XU Dachuan,YANG Yunping,CHEN Guofen,SHI Jin,HU Basheng,PEI Guoxian. Anatomical basis of reconstructed elbow joint by vascularized tibiofibular joint graft[J]. Zhongguo Lin Chuang Jie Pou Xue Za Zhi[Chin J Clin Anat(Article in Chinese;Abstract in Chinese and English)],2002,20(1):12-14. DOI:10.3969/j.issn.1001-165X.2002.01.004.}

[14822] 霍占云. 带血管第二趾趾间关节移植修复指间关节一例[J]. 中华手外科杂志，2003，19（4）：256. DOI: 10.3760/cma.j.issn.1005-054X.2003.04.033. {HUO Zhanyun. Vascularized second interphalangeal joint transplantation for interphalangeal joint repair:a case report[J]. Zhonghua Shou Wai Ke Za Zhi[Chin J Hand Surg(Article in Chinese;No abstract available)],2003,19(4):256. DOI:10.3760/cma.j.issn.1005-054X.2003.04.033.}

[14823] 徐前锋，徐华，王孝成. 吻合血管的小关节移植治疗手部骨肿瘤[J]. 中华显微外科杂志，2004，27（4）：320. DOI: 10.3760/cma.j.issn.1001-2036.2004.04.045. {XU Qianfeng,XU Hua,WANG Xiaocheng. Treatment of hand bone tumors with vascularized facet joint transplantation[J]. Zhonghua Xian Wei Wai Ke Za Zhi[Chin J Microsurg(Article in Chinese;No abstract available)],2004,27(4):320. DOI:10.3760/cma.j.issn.1001-2036.2004.04.045.}

[14824] 杨南生，唐桂阳，王爱民，叶建华，马立. 废弃指近侧指间关节移植重建掌指关节[J]. 创伤外科杂志，2004，6（5）：378-378. DOI: 10.3969/j.issn.1009-4237.2004.05.025. {YANG Nansheng,TANG Guiyang,WANG Aimin,YE Jianhua,MA Li. Reconstruction of metacarpophalangeal joints by using waste proximal interphalangeal ones[J]. Chuang Shang Wai Ke Za Zhi [J Traum Surg(Article in Chinese;No abstract available)],2004,6(5):378-378. DOI:10.3969/j.issn.1009-4237.2004.05.025.}

[14825] 林涧，余云兰，张树明. 第2足趾近侧趾间关节移植重建指间关节[J]. 实用手外科杂志，2004，18（2）：97-98. DOI: 10.3969/j.issn.1671-2722.2004.02.013. {LIN Jian,YU Yunlan,ZHANG Shuming. Reconstruction of interphalangeal joints of hand with proximal phalangeal joints of 2th toes[J]. Shi Yong Shou Wai Ke Za Zhi[Chin J Pract Hand Surg(Article in Chinese;Abstract in Chinese and English)],2004,18(2):97-98. DOI:10.3969/j.issn.1671-2722.2004.02.013.}

[14826] 俞立新，吴水培，黄飞. 带血供第二跖跗关节骨瓣移植修复第一腕掌关节缺损[J]. 中华显微外科杂志，2005，28（3）：255-256. DOI: 10.3760/cma.j.issn.1001-2036.2005.03.025. {YU Lixin,WU Shuipei,HUANG Fei. Repair of the first carpometacarpal joint defect with vascularized second metatarsometatarsal bone flap[J]. Zhonghua Xian Wei Wai Ke Za Zhi[Chin J Microsurg(Article in Chinese;Abstract in Chinese)],2005,28(3):255-256. DOI:10.3760/cma.j.issn.1001-2036.2005.03.025.}

[14827] 林涧，应振端，余云兰. 带跖趾关节的复合组织瓣移植修复手部严重创伤[J]. 中华创伤杂志，2005，21（10）：785-787. DOI: 10.3760/j: issn: 1001-8050.2005.10.023. {LIN Jian,YING Zhenduan,YU Yunlan. Repair of severe hand trauma with compound tissue flap with metatarsophalangeal joint[J]. Zhonghua Chuang Shang Za Zhi[Chin J Trauma(Article in Chinese;No abstract available)],2005,21(10):785-787. DOI:10.3760/j:issn:1001-8050.2005.10.023.}

[14828] 万圣祥，肖颖锋，王拥军，张祥翊，彭艳斌，江长青，周喆刚. 吻合血管的第二跖趾关节游离移植置换第二掌指关节11例[J]. 中华显微外科杂志，2006，29（4）：252-254，插图4-2. DOI: 10.3760/cma.j.issn.1001-2036.2006.04.005. {WAN Shengxiang,XIAO Yingfeng,WANG Yongjun,ZHANG Xiangyi,PENG Yanbin,JIANG Changqing,ZHOU Zhegang. Replacement of damaged second metacarpophalangeal joint with pedicaled second metatarsophalangeal joint:11 cases report[J]. Zhonghua Xian Wei Wai Ke Za Zhi[Chin J Microsurg(Article in Chinese;Abstract in Chinese and English)],2006,29(4):252-254,insert 4-2. DOI:10.3760/cma.j.issn.1001-2036.2006.04.005.}

[14829] 林永绥，张发惠，俞立新，王万明，张国栋. 第二跗跖部分关节移植重建拇腕掌关节的应用解剖[J]. 中华显微外科杂志，2006，29（2）：118-120，插页4. DOI: 10.3760/cma.j.issn.1001-2036.2006.02.013. {LIN Yongsui,ZHANG Fahui,YU Lixin,WANG Wanming,ZHANG Guodong. Applied anatomy of reconstruction of carpometacarpal joint of thumb by second tarsometatarsal demijoint graft[J]. Zhonghua Xian Wei Wai Ke Za Zhi[Chin J Microsurg(Article in Chinese;Abstract in Chinese and English)],2006,29(2):118-120,insert 4. DOI:10.3760/cma.j.issn.1001-2036.2006.02.013.}

[14830] 朱晓光，胡春鹤，张克亮，邵新中. 半关节移植治疗重复拇指畸形伴指间关节严重发育不良[J]. 中华手外科杂志，2006，22（5）：292-293. DOI: 10.3760/cma.j.issn.1005-054X.2006.05.013. {ZHU Xiaoguang,HU Chunhe,ZHANG Keliang,SHAO Xinzhong. Treatment of interphalangeal joint dysplasia in thumb duplication deformity by semi-joint transfer[J]. Zhonghua Shou Wai Ke Za Zhi[Chin J Hand Surg(Article in Chinese;Abstract in Chinese and English)],2006,22(5):292-293. DOI:10.3760/cma.j.issn.1005-054X.2006.05.013.}

[14831] 廖坚文，陈泽华，庄加川，张家俊，李征，余少校，张振伟. 第二跖趾关节移植重建掌指关节功能[J]. 中华显微外科杂志，2007，30（5）：328-330，插2. DOI: 10.3760/cma.j.issn.1001-2036.2007.05.003. {LIAO Jianwen,CHEN Zehua,ZHUANG Jiachuan,ZHANG Jiajun,LI Zheng,YU Shaoxiao,ZHANG Zhenwei. Application of the second metatarpophalangeal joint by traction prolong transplant to repair the defects in the metacarpophalangeal joint[J]. Zhonghua Xian Wei Wai Ke Za Zhi[Chin J Microsurg(Article in Chinese;Abstract in Chinese and English)],2007,30(5):328-330,insert 2. DOI:10.3760/cma.j.issn.1001-2036.2007.05.003.}

[14832] 欧学海，邱武安，朱一慧. 携带足趾关节的复合组织移植修复手部关节部位复合组织缺损[J]. 中华显微外科杂志，2007，30（6）：450-451. DOI: 10.3760/cma.j.issn.1001-2036.2007.06.017. {OU Xuehai,QIU Wuan,ZHU Yihui. The repair of composite tissue defect in the hand joint with compound tissue transplantation of toe joint[J]. Zhonghua Xian Wei Wai Ke Za Zhi[Chin J Microsurg(Article in Chinese;Abstract in Chinese)],2007,30(6):450-451. DOI:10.3760/cma.j.issn.1001-2036.2007.06.017.}

[14833] 张家俊，廖坚文，张振伟，李征，陈泽华，庄加川，余少校. 第二跖趾关节移植在掌指关节重建中的应用[J]. 中华手外科杂志，2007，23（1）：41-44. DOI: 10.3760/cma.j.issn.1005-054X.2007.01.013. {ZHANG Jiajun,LIAO Jianwen,ZHANG Zhenwei,LI Zheng,CHEN Zehua,ZHUANG Jiachuan,YU Shaoxiao. Transfer of metatarsophalangeal joint from the second toe for metacarpophalangeal joint reconstruction[J]. Zhonghua Shou Wai Ke Za Zhi[Chin J Hand Surg(Article in Chinese;Abstract in Chinese and English)],2007,23(1):41-44. DOI:10.3760/cma.j.issn.1005-054X.2007.01.013.}

[14834] 刘璠，刘军汉，顾施辉. 近侧趾间关节移植重建近侧指间关节内固定方法的生物力学研究[J]. 中国骨与关节损伤杂志，2007，22（2）：122-124. DOI: 10.3969/j.issn.1672-9935.2007.02.012. {LIU Fan,LIU Junhan,GU Shihui. Biomechanical study of internal fixation in reconstructing proximal interphalangeal joint of finger with proximal interphalangeal joint of toe[J]. Zhongguo Gu Yu Guan Jie Sun Shang Za Zhi[Chin J Bone Joint Injury(Article in Chinese;Abstract in Chinese and English)],2007,22(2):122-124. DOI:10.3969/j.issn.1672-9935.2007.02.012.}

[14835] 李卫，陈启康，黄继辉，林绍义，蔡厚洪，李春雨，梁观钦. 第二跖趾关节复合组织瓣移植治疗掌指关节背侧复合组织缺损[J]. 临床骨科杂志，2007，10（5）：396-398. DOI: 10.3969/j.issn.1008-0287.2007.05.005. {LI Wei,CHEN Qikang,HUANG Jihui,LIN Shaoyi,CAI Houhong,LI Chunyu,LIANG Guanqin. Reconstruction of composite tissue defects in the metacarpophalangeal joint by transplantation of composite tissue flap in metatarsophalangeal joint[J]. Lin Chuang Gu Ke Za Zhi[J Clin Orthop(Article in Chinese;Abstract in Chinese and English)],2007,10(5):396-398. DOI:10.3969/j.issn.1008-0287.2007.05.005.}

[14836] 张祥翊，万圣祥，肖颖淼，李进淼，江长青，彭艳斌，周喆刚. 改良跖趾关节游离移植重建掌指关节的显微解剖及临床应用[J]. 中国临床解剖学杂志，2009，27（6）：723-727. {ZHANG Xiangyi,WAN Shengxiang,XIAO Yingfeng,LI Jinmiao,JIANG Changqing,PENG Yanbin,ZHOU Zhegang. The replacement of damaged metacarpophalangeal joint with metatarsophalangeal joint:microdissection and clinical application[J]. Zhongguo Lin Chuang Jie Pou Xue Za Zhi[Chin J Clin Anat(Article in Chinese;Abstract in Chinese and English)],2009,27(6):723-727.}

[14837] 巨积辉，金光哲，刘跃飞，李雷，赵强，魏诚，李建宁，刘新益，侯瑞兴. 游离带关节的第二足趾复合组织移植修复手指关节洞穿伤[J]. 中华创伤骨科杂志，2009，11（1）：11-14. DOI: 10.3760/cma.j.issn.1671-7600.2009.01.004. {JU Jihui,JIN Guangzhe,LIU Yuefei,LI Lei,ZHAO Qiang,WEI Cheng,LI Jianning,LIU Xinyi,HOU Ruixing. Repair of perforated fingers using composite tissue transplantation of articulated second toe[J]. Zhonghua Chuang Shang Gu Ke Za Zhi[Chin J Orthop Trauma(Article in Chinese;Abstract in Chinese and English)],2009,11(1):11-14. DOI:10.3760/cma.j.issn.1671-7600.2009.01.004.}

[14838] 王海文，侯瑞兴，郭大强，陈宏彬，江新明，盛进. 带近侧趾间关节的第二趾复合组织瓣移植修复手指复合组织缺损[J]. 中华显微外科杂志，2009，32（1）：58-59. DOI: 10.3760/cma.j.issn.1001-2036.2009.01.026. {WANG Haiwen,HOU Ruixing,GUO Daqiang,CHEN Hongbin,JIANG Xinming,SHENG Jin. Second toe composite tissue flap with proximal interphalangeal joint for repairing finger composite tissue defect[J]. Zhonghua Xian Wei Wai Ke Za Zhi[Chin J Microsurg(Article in Chinese;Abstract in Chinese)],2009,32(1):58-59. DOI:10.3760/cma.j.issn.1001-2036.2009.01.026.}

[14839] 巨积辉，金光哲，刘跃飞，李雷，赵强，魏诚，李建宁，刘新益，侯瑞兴. 携带微型皮瓣的第二趾近趾间关节移植修复手指近指间关节缺损[J]. 中华手外科杂志，2009，25（4）：239-241. DOI: 10.3760/cma.j.issn.1005-054X.2009.04.021. {JU Jihui,JIN Guangzhe,LIU Yuefei,LI Lei,ZHAO Qiang,WEI Cheng,LI Jianning,LIU Xinyi,HOU Ruixing. Repair of proximal interphalangeal joint (finger) defects using the second toe proximal interphalangeal joint with skin flaps[J]. Zhonghua Shou Wai Ke Za Zhi[Chin J Hand Surg(Article in Chinese;Abstract in Chinese and English)],2009,25(4):239-241. DOI:10.3760/cma.j.issn.1005-054X.2009.04.021.}

[14840] 邹国平，高文宝，刘新益，李友，巨积辉，侯瑞兴. 趾间关节半关节移植修复指间关节损伤一例[J]. 中华手外科杂志，2010，26（1）：61-62. DOI: 10.3760/cma.j.issn.1005-054X.2010.01.028. {ZOU Guoping,GAO Wenbao,LIU Xinyi,LI You,JU Jihui,HOU Ruixing. Repair of interphalangeal joint injury with interphalangeal joint hemiarthroplasty:a case report[J]. Zhonghua Shou Wai Ke Za Zhi[Chin J Hand Surg(Article in Chinese;No abstract available)],2010,26(1):61-62. DOI:10.3760/cma.j.issn.1005-054X.2010.01.028.}

[14841] 杨涛，王利，陈传煌，宫云霞，李文庆，朱小弟. 改良第2跖趾关节复合组织移植重建掌指关节的解剖基础及临床应用[J]. 中国临床解剖学杂志，2011，29（2）：105-108. {YANG Tao,WANG Li,CHEN Chuanhuang,GONG Yunxia,LI Wenqing,ZHU Xiaodi. Anatomy and clinical application of transplanting modified the second metatarsophalangeal joint for metacarpophalangeal joint reconstruction[J]. Zhongguo Lin Chuang Jie Pou Xue Za Zhi[Chin J Clin Anat(Article in Chinese;Abstract in Chinese and English)],2011,29(2):105-108.}

[14842] 李崇杰，辛畅泰，梁晓旭，沙德峰，姚阳，车敏，于灏，田芙蓉，陈兵. 吻合血管的跖趾及趾间关节移植修复掌指及指间关节缺损[J]. 中华显微外科杂志，2012，35（1）：16-19. DOI: 10.3760/cma.j.issn.1001-2036.2012.01.008. {LI Chongjie,XIN Changtai,LIANG Xiaoxu,SHA Defeng,YAO Yang,CHE Min,YU Hao,TIAN Furong,CHEN Bing. Repair of metacarpophalangeal and interphalangeal (finger) joint defects using metatarsophalangeal and interphalangeal (foot) transplantation with vascular anastomosis[J]. Zhonghua Xian Wei Wai Ke Za Zhi[Chin J Microsurg(Article in Chinese;Abstract in Chinese and English)],2012,35(1):16-19. DOI:10.3760/cma.j.issn.1001-2036.2012.01.008.}

[14843] 邹国平，巨积辉，刘海亮，侯瑞兴. 游离足第二趾半关节移植重建手指半关节损伤[J]. 中华显微外科杂志，2012，35（1）：13-15. DOI: 10.3760/cma.j.issn.1001-2036.2012.01.007. {ZOU Guoping,JU Jihui,LIU Hailiang,HOU Ruixing. Reconstructing finger hemiarthrosis injury with free second toe hemiarthrosis graft[J]. Zhonghua Xian Wei Wai Ke Za Zhi[Chin J Microsurg(Article in Chinese;Abstract in Chinese and English)],2012,35(1):13-15. DOI:10.3760/cma.j.issn.1001-2036.2012.01.007.}

[14844] 黄飞日，刘铎. 保留足趾的趾关节游离移植修复手指关节缺损[J]. 实用手外科杂志，2012，26（2）：112-114，134. DOI: 10.3969/j.issn.1671-2722.2012.02.007. {HUANG Feiri,LIU Duo. Repair of digital joint defect by transplanting toe joint with retaining toe[J]. Shi Yong Shou Wai Ke Za Zhi[Chin J Pract Hand Surg(Article in Chinese;Abstract in Chinese and English)],2012,26(2):112-114,134. DOI:10.3969/j.issn.1671-2722.2012.02.007.}

[14845] 李卫，刘金伟，何藻鹏，蔡厚洪，林绍仪，吴举，李春雨，梁观钦. 改良第二跖趾关节移植修复木工机械致掌指关节背侧缺损[J]. 中华手外科杂志，2013，29（3）：167-169. {LI Wei,LIU Jinwei,HE Zaopeng,CAI Houhong,LIN Shaoyi,WU Ju,LI Chunyu,LIANG Guanqin. Modified metatarsophalangeal joint composite transplant from the second toe for reconstruction of composite dorsal tissue defects of the metacarpophalangeal joint caused by machinery injury[J]. Zhonghua Shou Wai Ke Za Zhi[Chin J Hand Surg(Article in Chinese;Abstract in Chinese and English)],2013,29(3):167-169.}

[14846] 刘金伟，何藻鹏，李卫，周琮镇，曾迪藩. 改良第2跖趾关节移植修复拇手指掌指关节背侧缺损[J]. 实用手外科杂志，2014，28（4）：366-368，465. DOI: 10.3969/j.issn.1671-2722.2014.04.004. {LIU Jinwei,HE Zaopeng,LI Wei,ZHOU Congzhen,ZENG Difan. Treatment of composite tissue dorsal defects in the metacarpophalangeal joint by the second metatarsophalangeal joint transplantation[J]. Shi Yong Shou Wai Ke Za Zhi[Chin J Pract Hand Surg(Article in Chinese;Abstract in Chinese and English)],2014,28(4):366-368,465. DOI:10.3969/j.issn.1671-2722.2014.04.004.}

[14847] 施海峰，芮永军，陆征峰，陈光，张全荣，糜菁熠，许亚军. 吻合血管的全第二跖趾关节重建掌指关节[J]. 中华手外科杂志，2015，31（2）：119-121. DOI: 10.3760/cma.j.issn.1005-054X.2015.02.016. {SHI Haifeng,RUI Yongjun,LU Zhengfeng,CHEN Guang,ZHANG Quanrong,MI Jingyi,XU Yajun. Exploring the operation method of whole second-toe metatarsophalangeal joint to metacarpophalangeal joint[J]. Zhonghua Shou Wai Ke Za Zhi[Chin J Hand Surg(Article in Chinese;Abstract in Chinese and English)],2015,31(2):119-121. DOI:10.3760/

cma.j.issn.1005-054X.2015.02.016.}

[14848] 苏鸿君，陈昆，吕宏升，陈培基. 游离第2跖趾关节带趾蹼皮瓣修复掌指关节复合指蹼缺损[J]. 实用手外科杂志，2015，29(4)：412-413. DOI：10.3969/j.issn.1671-2722.2015.04.025. {SU Hongjun,CHEN Kun,LV Hongsheng,CHEN Peiji. Free second metatarsophalangeal joint webbeb toe flap to repair metacarpophalangel joint combined with digital web space defect[J]. Shi Yong Shou Wai Ke Za Zhi[Chin J Pract Hand Surg(Article in Chinese;Abstract in Chinese and English)],2015,29(4):412-413. DOI:10.3969/j.issn.1671-2722.2015.04.025.}

[14849] 肖森，刘光军，谭琪，王谦，范启申. 第二跖趾关节移植联合前臂穿支皮瓣修复第一腕掌关节复合组织缺损[J]. 中华手外科杂志，2015，31(2)：116-118. {XIAO Sen,LIU Guangjun,TAN Qi,WANG Qian,FAN Qishen. Transplanting the second metatarsophalangeal joint and the forearm perforator flap for the complex soft tissue defects of the first carpometacarpal joint[J]. Zhonghua Shou Wai Ke Za Zhi[Chin J Hand Surg(Article in Chinese;Abstract in Chinese and English)],2015,31(2):116-118.}

[14850] 宋付芳，王文刚，章庆国. 带趾骨的踇甲瓣与第2趾近侧趾间关节移植修复拇指Ⅱ～Ⅲ度缺损[J]. 中华整形外科杂志，2015，31(3)：191-194. DOI：10.3760/cma.j.issn.1009-4598.2015.03.009. {SONG Fufang,WANG Wengang,ZHANG Qingguo. Reconstruction of thumb Ⅱ - Ⅲ degree defect by big toe wrap-around flap combined with second toe proximal interphalangeal joint[J]. Zhonghua Zheng Xing Wai Ke Za Zhi[Chin J Plast Surg(Article in Chinese;Abstract in Chinese and English)],2015,31(3):191-194. DOI:10.3760/cma.j.issn.1009-4598.2015.03.009.}

[14851] 黄耀鹏，王胜伟，王科杰，潘佳栋，王欣. 保留足趾的游离足二趾近侧趾间关节移植治疗创伤性指间关节炎[J]. 中华创伤杂志，2016，32(10)：909-914. DOI：10.3760/cma.j.issn.1001-8050.2016.10.009. {HUANG Yaopeng,WANG Shengwei,WANG Kejie,PAN Jiadong,WANG Xin. Transplantation of free proximal interphalangeal joint of the second toe with toe preservation for repair of traumatic digital arthritis[J]. Zhonghua Chuang Shang Za Zhi[Chin J Trauma(Article in Chinese;Abstract in Chinese and English)],2016,32(10):909-914. DOI:10.3760/cma.j.issn.1001-8050.2016.10.009.}

[14852] 刘铭波，李保龙，叶伟德，梁勇，王江龙，马立峰，杨延军，张子清. 带皮瓣的第二跖趾及近侧趾间关节移植重建拇指掌指及指间关节缺损[J]. 中华显微外科杂志，2016，39(5)：420-423. DOI：10.3760/cma.j.issn.1001-2036.2016.05.002. {LIU Mingbo,LI Baolong,YE Weide,LIANG Yong,WANG Jianglong,MA Lifeng,YANG Yanjun,ZHANG Ziqing. Repair of metacarpophalangeal and interphalangeal (thumb) joint defect using the second toe metatarsophalangeal and proximal interphalangeal joint transplantation with skin flap[J]. Zhonghua Xian Wei Wai Ke Za Zhi[Chin J Microsurg(Article in Chinese;Abstract in Chinese and English)],2016,39(5):420-423. DOI:10.3760/cma.j.issn.1001-2036.2016.05.002.}

[14853] 庄加川，张振伟，陈乐锋，陈泽华，陈国荣，李征，曾锦浩，吴立业. 调节血管前后负荷在小关节移植中的应用[J]. 中华手外科杂志，2016，32(6)：427-429. DOI：10.3760/cma.j.issn.1005-054X.2016.06.012. {ZHUANG Jiachuan,ZHANG Zhenwei,CHEN Lefeng,CHEN Zehua,CHEN Guorong,LI Zheng,ZENG Jinhao,WU Liye. Application of regulating pre-and post-load of the blood vessel in small joint transplantation[J]. Zhonghua Shou Wai Ke Za Zhi[Chin J Hand Surg(Article in Chinese;Abstract in Chinese and English)],2016,32(6):427-429. DOI:10.3760/cma.j.issn.1005-054X.2016.06.012.}

[14854] 王文凯，姜凯，武洁，刘铎. 保留足趾的跖趾关节复合组织游离移植修复手部关节缺损[J]. 中华显微外科杂志，2017，40(1)：84-86. DOI：10.3760/cma.j.issn.1001-2036.2017.01.025. {WANG Wenkai,JIANG Kai,WU Jie,LIU Duo. Free transplantation of metatarsophalangeal joint with toe preservation for repair of hand joint defects[J]. Zhonghua Xian Wei Wai Ke Za Zhi[Chin J Microsurg(Article in Chinese;Abstract in Chinese)],2017,40(1):84-86. DOI:10.3760/cma.j.issn.1001-2036.2017.01.025.}

[14855] 陈峰，宋维永. 指骨间关节移位联合跖趾关节移植修复多掌指关节缺损一例[J]. 中华显微外科杂志，2019，42(6)：613-614. DOI：10.3760/cma.j.issn.1001-2036.2019.06.029. {CHEN Feng,SONG Weiyong. Interphalangeal joint transfer combined with metatarsophalangeal joint transplantation for repair of multiple metacarpophalangeal joint defects:a case report[J]. Zhonghua Xian Wei Wai Ke Za Zhi[Chin J Microsurg(Article in Chinese;No abstract available)],2019,42(6):613-614. DOI:10.3760/cma.j.issn.1001-2036.2019.06.029.}

[14856] 王成，王扬剑，魏鹏，徐毅，郑雪红. 保留足趾的自体复合第2足趾关节移植治疗手指关节炎[J]. 中华显微外科杂志，2020，43(2)：151-156. DOI：10.3760/cma.j.cn441206-20191030-00346. {WANG Cheng,WANG Yangjian,WEI Peng,XU Yi,ZHENG Xuehong. Transplantation of metatarsophalangeal and proximal interphalangeal joint of second toe with toe preservation in repairing traumatic digital arthritis[J]. Zhonghua Xian Wei Wai Ke Za Zhi[Chin J Microsurg(Article in Chinese;Abstract in Chinese and English)],2020,43(2):151-156. DOI:10.3760/cma.j.cn441206-20191030-00346.}

4.12 骨坏死显微治疗

microsurgical treatment for osteonecrosis

[14857] Guo J. Vascular bundle implantation into bone for aseptic necrosis of the lunate[J]. Ann Plast Surg,1996,36(2):133-138. doi:10.1097/00000637-199602000-00005.

[14858] Ma R,Ji S,Liu W,Zhou Y. Clinical features of the femoral head necrosis caused by gross teres ligament after reduction for the developmental dislocation of the hip[J]. Chin Med J,1998,111(11):998-1000.

[14859] Chai B,Tang X,Li H. Ultrastructural investigation of traumatic avascular necrosis of femoral-head[J]. Chin J Traumatol,1998,1(1):12-16.

[14860] Yang C,Yang S,Du J,Li J,Xu W,Xiong Y. Vascular endothelial growth factor gene transfection to enhance the repair of avascular necrosis of the femoral head of rabbit[J]. Chin Med J,2003,116(10):1544-1548.

[14861] Zhang C,Zeng B,Xu Z,Song W,Shao L,Jing D,Sui S. Treatment of femoral head necrosis with free vascularized fibula grafting:a preliminary report[J]. Microsurgery,2005,25(4):305-309. doi:10.1002/micr.20118.

[14862] Zhao D,Xu D,Wang W,Cui X. Iliac graft vascularization for femoral head osteonecrosis[J]. Clin Orthop Relat Res,2006,442:171-179. doi:10.1097/01.blo.0000181490.31424.96.

[14863] Sun Y,Zhang CQ,Chen SB,Sheng JG,Jin DX,Zeng BF. Treatment of femoral head osteonecrosis in patients with systemic lupus erythematosus by free vascularised fibular grafting[J]. Lupus,2009,18(12):1061-1065. doi:10.1177/0961203309106490.

[14864] Zhang G,Sheng H,He YX,Xie XH,Wang YX,Lee KM,Yeung KW,Li ZR,He W,Griffith JF,Leung KS,Qin L. Continuous occurrence of both insufficient neovascularization and elevated vascular permeability in rabbit proximal femur during inadequate repair of steroid-associated osteonecrotic lesions[J]. Arthritis Rheum,2009,60(10):2966-2977. doi:10.1002/art.24847.

[14865] Li JH,Wu YL,Ye JH,Ning YG,Yu HY,Peng ZJ,Luan XW. Effects of blood-activating and stasis-removing drugs combined with VEGF gene transfer on angiogenesis in ischemic necrosis of the femoral head[J]. J Tradit Chin Med,2009,29(3):216-219. doi:10.1016/s0254-6272(09)60069-8.

[14866] Zhao D,Wang B,Guo L,Yang L,Tian F. Will a vascularized greater trochanter graft preserve the necrotic femoral head?[J]. Clin Orthop Relat Res,2010,468(5):1316-1324. doi:10.1007/s11999-009-1159-1.

[14867] Wang YS,Zhang Y,Li JW,Yang GH,Li JF,Yang J,Yang GH. A modified technique of bone grafting pedicled with femoral quadratus for alcohol-induced osteonecrosis of the femoral head[J]. Chin Med J,2010,123(20):2847-2852.

[14868] Zhang CQ,Sun Y,Chen SB,Jin DX,Sheng JG,Cheng XG,Xu J,Zeng BF. Free vascularised fibular graft for post-traumatic osteonecrosis of the femoral head in teenage patients[J]. J Bone Joint Surg Br,2011,93(10):1314-1319. doi:10.1302/0301-620X.93B10.26555.

[14869] Zhao D,Cui D,Lu F,Wang B,Wang W,Tian F,Guo L. Combined vascularized iliac and greater trochanter graftings for reconstruction of the osteonecrosis femoral head with collapse:reports of three cases with 20 years follow-up[J]. Microsurgery,2012,32(7):546-551. doi:10.1002/micr.21995.

[14870] Chen SB,Gao YS,Zhu ZH,Jin DX,Cheng XG,Zhang CQ. Pain relief following osteonecrosis of the femoral head treated by free vascularized fibular grafting[J]. Eur J Orthop Surg Traumatol,2012,22(8):689-693. doi:10.1007/s00590-011-0904-9.

[14871] Fang T,Zhang EW,Sailes FC,McGuire RA,Lineaweaver WC,Zhang F. Vascularized fibular grafts in patients with avascular necrosis of femoral head:a systematic review and meta-analysis[J]. Arch Orthop Trauma Surg,2013,133(1):1-10. doi:10.1007/s00402-012-1627-z.

[14872] Gao YS,Liu XL,Sheng JG,Zhang CQ,Jin DX,Mei GH. Unilateral free vascularized fibula shared for the treatment of bilateral osteonecrosis of the femoral head[J]. J Arthroplasty,2013,28(3):531-536. doi:10.1016/j.arth.2012.09.002.

[14873] Zeng YR,He S,Feng WJ,Li FL,Li J,Jian LY,Zeng JC,Fan YG. Vascularised greater trochanter bone graft,combined free iliac flap and impaction bone grafting for osteonecrosis of the femoral head[J]. Int Orthop,2013,37(3):391-398. doi:10.1007/s00264-012-1773-5.

[14874] Zhao D,Zhang Y,Wang W,Liu Y,Li Z,Wang B,Yu X. Tantalum rod implantation and vascularized iliac grafting for osteonecrosis of the femoral head[J]. Orthopedics,2013,36(6):789-795. doi:10.3928/01477447-20130523-26.

[14875] Wang B,Zhao D,Liu B,Wang W. Treatment of osteonecrosis of the femoral head by using the greater trochanteric bone flap with double vascular pedicles[J]. Microsurgery,2013,33(8):593-599. doi:10.1002/micr.22114.

[14876] Gao YS,Chen SB,Jin DX,Sheng JG,Cheng XG,Zhang CQ. Modified surgical techniques of free vascularized fibular grafting for treatment of the osteonecrosis of femoral head:results from a series of 407 cases[J]. Microsurgery,2013,33(8):646-651. doi:10.1002/micr.22149.

[14877] Zhao D,Xiaobing Y,Wang T,Wang B,Liu B,Fengde T,Fu W,Huang S,Qiu X. Digital subtraction angiography in selection of the vascularized greater trochanter bone grafting for treatment of osteonecrosis of femoral head[J]. Microsurgery,2013,33(8):656-659. doi:10.1002/micr.22179.

[14878] Ding H,Chen SB,Lin S,Gao YS,Zhang CQ. The effect of postoperative corticosteroid administration on free vascularized fibular grafting for treating osteonecrosis of the femoral head[J]. Sci World J,2013,2013:708014. doi:10.1155/2013/708014.

[14879] Spinelli G,Torresetti M,Lazzeri D,Zhang YX,Arcuri F,Agostini T,Grassetti L. Microsurgical reconstruction after bisphosphonate-related osteonecrosis of the jaw:our experience with fibula free flap[J]. J Craniofac Surg,2014,25(3):788-792. doi:10.1097/SCS.0000000000000833.

[14880] Peng W,Wang L,Zhang J,Deng J,Gong Y,Li S,Hu Y. A novel tissue-engineered bone in repairing femoral head defect and necrosis[J]. Int J Clin Exp Med,2015,8(1):1087-1093.

[14881] Chen X,Tan X,Gao S,Zhang X,Li J,Liu Y. Sartorius muscle-pedicle bone graft for osteonecrosis of the femoral head[J]. Int Orthop,2016,40(7):1417-1425. doi:10.1007/s00264-015-2921-5.

[14882] Zhao D,Huang S,Lu F,Wang B,Yang L,Qin L,Yang K,Li Y,Li W,Wang W,Tian S,Zhang X,Gao W,Wang Z,Zhang Y,Xie X,Wang J,Li J. Vascularized bone grafting fixed by biodegradable magnesium screw for treating osteonecrosis of the femoral head[J]. Biomaterials,2016,81:84-92. doi:10.1016/j.biomaterials.2015.11.038.

[14883] Liu Y,Zhao D,Wang WM,Wang BJ,Zhang Y,Li ZG. Hemodynamic changes in osteonecrosis treatment of the femoral head with iliac bone flaps pedicled with the lateral femoral circumflex artery ascending branch:A 10-year report[J]. Technol Health Care,2016,24 Suppl 2:S493-498. doi:10.3233/THC-161173.

[14884] Cui G,Wei R,Hou C,Bi Z. Transplantation of iliac bone flaps pedicled with sartorius muscular fascia around superficial circumflex iliac vessels in the treatment of osteonecrosis of the femoral head[J]. Exp Ther Med,2016,11(6):2201-2208. doi:10.3892/etm.2016.3202.

[14885] Li D,Li M,Liu P,Zhang Y,Ma L,Xu F. Core decompression or quadratus femoris muscle pedicle bone grafting for nontraumatic osteonecrosis of the femoral head:A randomized control study[J]. Indian J Orthop,2016,50(6):629-635. doi:10.4103/0019-5413.193478.

[14886] Chen J,Lin F,Liu Z,Yu Y,Wang Y. Pedicled temporalis muscle flap stuffing after a lateral temporal bone resection for treating mastoid osteoradionecrosis[J]. Otolaryngol Head Neck Surg,2017,156(4):622-626. doi:10.1177/0194599817690102.

[14887] Cao L,Guo C,Chen J,Chen Z,Yan Z. Free vascularized fibular grafting improves vascularity compared with core decompression in femoral head osteonecrosis:a randomized clinical trial[J]. Clin Orthop Relat Res,2017,475(9):2230-2240. doi:10.1007/s11999-017-5374-x.

[14888] Tu Y,Chen Z,Lineaweaver WC,Zhang F. Different recipient vessels for free microsurgical fibula flaps in the treatment of avascular necrosis of the femoral head:a systematic review and meta-analysis[J]. Ann Plast Surg,2017,79(6):583-589. doi:10.1097/SAP.0000000000001178.

[14889] Zhao D,Xie H,Xu Y,Wang Y,Yu A,Liu Y,Wang A,He W,Wang X,Li Z,Sun

W,Tian S,Wang B,Liu B. Management of osteonecrosis of the femoral head with pedicled iliac bone flap transfer:A multicenter study of 2190 patients[J]. Microsurgery,2017,37(8):896-901. doi:10.1002/micr.30195.

[14890] Yu X,Zhang D,Chen X,Yang J,Shi L,Pang Q. Effectiveness of various hip preservation treatments for non-traumatic osteonecrosis of the femoral head:A network meta-analysis of randomized controlled trials[J]. J Orthop Sci,2018,23(2):356-364. doi:10.1016/j.jos.2017.12.004.

[14891] Zhang L,Fan Y,Zhang Y,Chen X,Liu Y. Comparison of sartorius muscle-pedicle and circumflex iliac deep bone flap grafts in the treatment of early non-traumatic osteonecrosis of femoral head in young adults[J]. Acta Orthop Traumatol Turc,2019,53(4):255-259. doi:10.1016/j.aott.2019.04.005.

[14892] Xie H,Wang B,Tian S,Liu B,Qin K,Zhao D. Retrospective long-term follow-up survival analysis of the management of osteonecrosis of the femoral head with pedicled vascularized iliac bone graft transfer[J]. J Arthroplasty, 2019,34(8):1585-1592. doi:10.1016/j.arth.2019.03.069.

[14893] Zhao D,Wang B,Liu B. Vascularized iliac bone flap transfer for early and middle stages of osteonecrosis of the femoral head[J]. JBJS Essent Surg Tech,2019,9(1):e5. doi:10.2106/JBJS.ST.18.00023.

[14894] Chen XT,Zhu YJ,Liu YW,Chen K,Xu WW,Zhang LL,Liang DW,Li J,Ye Y,Tian KW,Zhang XD,Li HJ,Kang Z. Metal trabecular bone reconstruction system better improves clinical efficacy and biomechanical repair of osteonecrosis of the femoral head than free vascularized fibular graft:A case-control study[J]. J Cell Physiol,2019,234(11):20957-20968. doi:10.1002/jcp.28700.

[14895] Chen L,Lin Z,Wang M,Huang W,Ke J,Zhao D,Yin Q,Zhang Y. Treatment of trauma-induced femoral head necrosis with biodegradable pure Mg screw-fixed pedicle iliac bone flap[J]. J Orthop Translat,2019,17:133-137. doi:10.1016/j.jot.2019.01.004.

[14896] Feng W,Chen J,Wu K,Lu L,Deng P,Ye P,Cao H,Li J,Zeng J,Jie K,Qi X,Zeng Y. A comparative study of cortico-cancellous iliac bone graft with or without the combination of vascularized greater trochanter flap for the management of femoral head osteonecrosis:a minimum 6years follow-up[J]. BMC Musculoskelet Disord,2019,20(1):298. doi:10.1186/s12891-019-2613-1.

[14897] Li B,Yang M,Yu L. Vascular bundle transplantation combined with porous bone substituted scaffold for the treatment of early-stage avascular necrosis of femoral head[J]. Med Hypotheses,2019,132:109374. doi:10.1016/j.mehy.2019.109374.

[14898] Yang F,Wei Q,Chen X,Hong G,Chen Z,Chen Y,He W. Vascularized pedicle iliac bone grafts as a hip-preserving surgery for femur head necrosis:a systematic review[J]. J Orthop Surg Res,2019,14(1):270. doi:10.1186/s13018-019-1262-2.

[14899] Zhao D,Liu B,Wang B. Vascularized greater trochanter bone flap transfer for treatment of ARCO stage-IIB to IIIB osteonecrosis of the femoral head[J]. JBJS Essent Surg Tech,2019,9(2):e20. doi:10.2106/JBJS.ST.18.00092.

[14900] Zhao D,Cheng L,Yang L,Wang B,Liu B. The combined therapy of tantalum rod implantation and vascularized bone transplantation for femoral head osteonecrosis:a retrospective long-term follow-up survival analysis[J]. Surg Technol Int,2019,35:406-409.

[14901] Lei P,Du W,Liu H,Wu P,Zhou Z,Yu F,Qing L,Pan D,Liu R,Zeng L,Cao Z,Ou Q,Tang J. Free vascularized iliac bone flap based on deep circumflex iliac vessels graft for the treatment of osteonecrosis of femoral head[J]. J Orthop Surg Res,2019,14(1):397. doi:10.1186/s13018-019-1440-2.

[14902] Zhu F,Li X,Liu Z,He Y. Reconstruction with fibula musculocutaneous flap in a patient with extensive maxillary osteoradionecrosis[J]. J Craniofac Surg,2020,31(2):e139-e140. doi:10.1097/SCS.0000000000006074.

[14903] Lim T,Tang Q,Wang Q,Zhu Z,Wei X,Feng Y,Zhang C. Histopathological findings of failed free vascularized fibular grafting for osteonecrosis of the femoral head after long-term follow-up[J]. Biomed Res Int,2020,2020:6493585. doi:10.1155/2020/6493585.

[14904] Huang YG,Chia WK,Jin D,Gao Y,Sheng J,Zhang C. Bone marrow lesion on magnetic resonance imaging indicates the last chance for hip osteonecrosis treated with vascularized fibular grafting before collapse[J]. Int Orthop,2020,44(12):2529-2536. doi:10.1007/s00264-020-04697-5.

[14905] Xu J,Zhan S,Ling M,Jiang D,Hu H,Sheng J,Zhang C. Biomechanical analysis of fibular graft techniques for nontraumatic osteonecrosis of the femoral head:a finite element analysis[J]. J Orthop Surg Res,2020,15(1):335. doi:10.1186/s13018-020-01867-4.

[14906] Cao Z,Ou Q,Pang X,Wu P,Du W,Tang J. Comparison of free vascularized iliac bone flap grafting versus pedicled iliac bone flap grafting for treatment of osteonecrosis of the femoral head[J]. J Plast Reconstr Aesthet Surg,2021,74(6):1261-1268. doi:10.1016/j.bjps.2020.10.075.

[14907] Lau HW,Wong KC,Ho K,Chung KY,Chiu WK,Kumta SM. Long-term outcome of vascularized iliac bone grafting for osteonecrosis of femoral head:A retrospective study with 17-year follow-up[J]. J Orthop Surg (Hong Kong), 2021,29(1):2309499021996842. doi:10.1177/2309499021996842.

[14908] 陈兵衡，柳玉惠．带血管的股方肌骨移植治疗早期股骨头无菌坏死 [J]．修复重建外科杂志，1988，2（2）：137. {CHEN Bingheng,LIU Yuhui. Vascularized quadratus femoris bone graft for femoral head aseptic necrosis in early stage[J]. Zhongguo Xiu Fu Chong Jian Wai Ke Za Zhi[Chin J Repar Reconstr Surg(Article in Chinese;No abstract available)],1988,2(2):137.}

[14909] 林尤章．血管囊瓣骨内植入治疗儿童股骨头缺血性坏死 [J]．修复重建外科杂志，1988，2（2）：139-140. {LIN Youzhang. Treatment of avascular necrosis of femoral head in children[J]. Zhongguo Xiu Fu Chong Jian Wai Ke Za Zhi[Chin J Repar Reconstr Surg(Article in Chinese;No abstract available)],1988,2(2):139-140.}

[14910] 戴学山，李加坤，朱绚波，梁少敏，李行浩，谭清颜，王继东，王韶林，张益诚．缝匠肌髂骨瓣经粗隆钻孔移植术治疗股骨头缺血坏死 [J]．中国修复重建外科杂志，1993，7（1）：13-15+62. {DAI Xueshan,LI Jiakun,ZHU Xuanbo,LIANG Shaomin,LI Xinghao,TAN Qingyan,WANG Jidong,WANG Shaolin,ZHANG Yicheng. Transplantation of sartorius musculoskeletal graft through greater trochanter in the treatment of avascular necrosis of femoral head in adults[J]. Zhongguo Xiu Fu Chong Jian Wai Ke Za Zhi[Chin J Repar Reconstr Surg(Article in Chinese;Abstract in Chinese and English)],1993,7(1):13-15+62.}

[14911] 李沃棠，徐达传，钟世镇，袁浩，何伟．多束血管植入治疗股骨头缺血性坏死的解剖学基础 [J]．中国临床解剖学杂志，1994，12（2）：110-113. DOI：10.13418/j.issn.1001-165X.1994.02.016. {LI Wotang,XU Dachuan,ZHONG Shizhen,YUAN Hao,HE Wei. Anatomical basis of multi-vascular-bundle implantation in treating femoral head ischemic necrosis with the ascending branch of lateral femoral circumflex artery[J]. Zhongguo Lin Chuang Jie Pou Xue Za Zhi[Chin J Clin Anat(Article in Chinese;Abstract in Chinese and English)],1994,12(2):110-113. DOI:10.13418/j.issn.1001-165X.1994.02.016.}

[14912] 姚树源，尚天裕，于建华，朱式仪，马宝通，张建国，顾云五．带旋髂深血管蒂髂骨植骨治疗成人股骨头无菌性坏死（附 50 例报告）[J]．中华骨科杂志，1994，14（4）：324-329. {YAO Shuyuan,SHANG Tianyu,YU Jianhua,ZHU Shiyi,MA Baotong,ZHANG Jianguo,GU Yunwu. Treatment of aseptic necrosis of the femoral head with the deep circumflex iliac vessel pedicle bone grafting[J]. Zhonghua Gu Ke Za Zhi[Chin J Orthop(Article in Chinese;Abstract in Chinese and English)],1994,14(4):324-329.}

[14913] 陈振光，余国荣，陈廖斌．旋股内侧血管深支大转子骨瓣移位修复股骨头坏死 [J]．中华医学杂　志，1994，74（7）：560-561，584. {CHEN Zhenguang,YU Guorong,CHEN Liaobin. Transposing the great trochanter bone flap pedicled with the deep branch of the medial circumflex artery in repair of necrotic femoral head[J]. Zhonghua Yi Xue Za Zhi[Natl Med J China(Article in Chinese;Abstract in Chinese and English)],1994,74(7):560-561,584.}

[14914] 戴平均，王彬，罗香国，李贵德．带血管蒂的髂骨骨膜移植治疗股骨头缺血坏死 14 例 [J]．中华医学杂志，1994，74（9）：572-573. {DAI Pingjun,WANG Bin,LUO Xiangguo,LI Guide. Treatment of avascular necrosis of femoral head with vascularized iliac periosteum transplantation:a report of 14 cases[J]. Zhonghua Yi Xue Za Zhi[Natl Med J China(Article in Chinese;No abstract available)],1994,74(9):572-573.}

[14915] 刘仁寿，王平年，朱家福，曹文华，何明武，邢敦凯．带蒂阔筋膜移位治疗四期股骨头坏死 [J]．中国修复重建外科杂志，1994，8（4）：121-122. {LIU Renshou,WANG Pingnian,ZHU Jiafu,CAO Wenhua,HE Mingwu,XING Dongkai. Pedicled fascia lata transposition for the treatment of stage IV femoral head necrosis[J]. Zhongguo Xiu Fu Chong Jian Wai Ke Za Zhi[Chin J Repar Reconstr Surg(Article in Chinese;Abstract in Chinese)],1994,8(4):121-122.}

[14916] 王义生，张春霖，王利民，皮国富，左铁臣，张毓洲，翟福英，许振华．双支撑骨柱移植术治疗成人晚期股骨头缺血性坏死（附 22 例报告）[J]．中华骨科杂志，1995，15（8）：584-587. {WANG Yisheng,ZHANG Chunlin,WANG Limin,PI Guofu,ZUO Tiechen,ZHANG Yuzhou,DI Fuying,XU Zhenhua. The use of double strut bone garft for the treatment of advanced osteoncerosis of the femoral head in adults:a report of 22 cases[J]. Zhonghua Gu Ke Za Zhi[Chin J Orthop(Article in Chinese;Abstract in Chinese and English)],1995,15(8):584-587.}

[14917] 王岩，朱盛修，赵德伟．带旋髂深血管蒂髂骨骨膜移植治疗股骨头缺血性坏死及疗效评价 [J]．中华骨科杂志，1995，15（9）：567-569. {WANG Yan,ZHU Shengxiu,ZHAO Dewei. Vascular pedicled iliac periosteal transfer for the treatment of ischemic necrosis of femoral head and a new clinicai evaluation grading system[J]. Zhonghua Gu Ke Za Zhi[Chin J Orthop(Article in Chinese;Abstract in Chinese and English)],1995,15(9):567-569.}

[14918] 王成琪，范启申，王剑利，王增涛，张树明．带血管蒂髂骨膜瓣移植术治疗股骨头缺血性坏死 [J]．中华显微外科杂志，1995，18（2）：149. {WANG Chengqi,FAN Qishen,WANG Jianli,WANG Zengtao,ZHANG Shuming. Treatment of ischemic necrosis of femoral head with vascularized iliac periosteal flap transplantation[J]. Zhonghua Xian Wei Wai Ke Za Zhi[Chin J Microsurg(Article in Chinese;No abstract available)],1995,18(2):149.}

[14919] 姚武，白明实，张世国，董涛杜，兆元，牛影．带旋髂深血管蒂髂骨植骨治疗成人股骨头无菌性坏死 [J]．中华显微外科杂志，1995，18（4）：251-252. {YAO Wu,BAI Mingshi,ZHANG Shiguo,DONG Tao,DU Zhaoyuan,NIU Ying. Treatment of aseptic necrosis of the femoral head with pedicled deep circumflex iliac vessels bone grafting[J]. Zhonghua Xian Wei Wai Ke Za Zhi[Chin J Microsurg(Article in Chinese;Abstract in Chinese and English)],1995,18(4):251-252.}

[14920] 李放，胥少汀，时述山，刘树清，王仁润，季新民，李自立，孙天胜．股骨头缺血坏死患者的手术治疗 [J]．中华外科杂志，1995，33（5）：292-294. {LI Fang,XU Shaoting,SHI Shushan,LIU Shuqing,WANG Renrun,JI Xinmin,LI Zili,SUN Tiansheng. Surgical treatment of avascular necrosis of femoral head[J]. Zhonghua Wai Ke Za Zhi[Chin J Surg(Article in Chinese;Abstract in Chinese)],1995,33(5):292-294.}

[14921] 韩平良，谢文龙，张连生，张世民，孙荣华，王少军．带血管蒂髂骨块治疗股骨头坏死远期随访 34 例 [J]．中国矫形外科杂志，1995，2（5）：164-165，222. {HAN Pingliang,XIE Wenlong,ZHANG Liansheng,ZHANG Shimin,SUN Ronghua,WANG Shaojun. Vascularized iliac bone transfer for prevention of traumatic femoral head necrosis[J]. Zhongguo Jiao Xing Wai Ke Za Zhi[Orthop J China(Article in Chinese;Abstract in Chinese)],1995,2(5):164-165,222.}

[14922] 王合明，王文革，李金泉．植入带旋髂深血管蒂髂骨块治疗股骨头缺血性坏死 [J]．中国骨伤，1995，8（6）：25-26. {WANG Heming,WANG Wenge,LI Jinquan. Treatment of ischemic necrosis of femoral head with iliac bone graft pedicled with deep circumflex iliac artery[J]. Zhongguo Gu Shang[China J Orthop Trauma(Article in Chinese;No abstract available)],1995,8(6):25-26.}

[14923] 傅源，杨谦，季明华，于瑞英．儿童股骨头无菌性坏死双血管束植入法 [J]．中华显微外科杂志，1996，19（1）：56-57. {FU Yuan,YANG Qian,JI Minghua,YU Ruiying. Double vascular bundle implantation for aseptic necrosis of femoral head in children[J]. Zhonghua Xian Wei Wai Ke Za Zhi[Chin J Microsurg(Article in Chinese;No abstract available)],1996,19(1):56-57.}

[14924] 王成琪，王剑利，王增涛，范启申，张成进．股骨头缺血性坏死显微外科手术治疗 [J]．中华显微外科杂志，1996，19（2）：105-106. {WANG Chengqi,WANG Jianli,WANG Zengtao,FAN Qishen,ZHANG Chengjin. Treatmemt of the ischemic necrosis of the femoral head with microsurgical operation[J]. Zhonghua Xian Wei Wai Ke Za Zhi[Chin J Microsurg(Article in Chinese;Abstract in Chinese and English)],1996,19(2):105-106.}

[14925] 王坤正，王春生，党晓谦，李幼芬，刘安庆，李旭东，贺西京，杨大志．吻合血管腓骨移植治疗成人股骨头缺血坏死的临床观察 [J]．中华骨科杂志，1997，17(10）：611-613. {WANG Kunzheng,WANG Chunsheng,DANG Xiaoqian,LI Youfen,LIU Anqing,LI Xudong,HE Xijing,YANG Dazhi. Treatment of ischemic necrosis of femoral head with implantation of vascular pedicled fibular graft[J]. Zhonghua Gu Ke Za Zhi[Chin J Orthop(Article in Chinese;Abstract in Chinese and English)],1997,17(10):611-613.}

[14926] 徐恩常，李铭，李平波．带旋髂深血管蒂髂骨瓣移植治疗成人股骨头缺血性坏死 [J]．中华显微外科杂志，1997，20（2）：12. {XU Enchang,LI Ming,LI Pingbo. Treatment of adult ischemic necrosis of femoral head with iliac bone flap pedicled with deep circumflex iliac artery[J]. Zhonghua Xian Wei Wai Ke Za Zhi[Chin J Microsurg(Article in Chinese;No abstract available)],1997,20(2):12.}

[14927] 陈振光，余国荣，喻爱喜，谭金海．儿童股骨头缺血性坏死的显微外科治疗 [J]．中华显微外科杂志，1997，20（3）：36-38. {CHEN Zhenguang,YU Guorong,YU Aixi,TAN Jinhai. Microsurgical treatment for ischemic necrosis of femoral head in children[J]. Zhonghua Xian Wei Wai Ke Za Zhi[Chin J Microsurg(Article in Chinese;Abstract in Chinese and English)],1997,20(3):36-38.}

[14928] 赵德伟，王德仁，孙强，张朝阳，郭林，杜国君，陈善宝，王玉德，郭金城．带血管蒂髂骨膜植入治疗股骨头无菌性坏死的探讨 [J]．骨与关节损伤杂志，1997，12(3）：12-13. {ZHAO Dewei,WANG Deren,SUN Qiang,ZHANG Chaoyang,GUO Lin,DU Guojun,CHEN Shanbao,WANG Yude,GUO Jincheng. Further discussion of implants of iliac periosteum with pedicle blood vessels for treatment of aseptic necrosis of femoral head[J]. Gu Yu Guan Jie Sun Shang Za Zhi[J Bone Joint Injury(Article in Chinese;Abstract in Chinese and English)],1997,12(3):12-13.}

[14929] 刘茂文，冯承臣，陈沂民，杨殿玉，徐前锋，李秋实，徐建东．带血管蒂大转子骨瓣移位治疗晚期股骨头坏死 [J]．中国修复重建外科杂志，1997，11（3）：59. {LIU Maowen,FENG Chengchen,CHEN Yimin,YANG Dianyu,XU Qianfeng,LI Qiushi,XU Jiandong. Transposition of greater trochanter bone flap with pedicled for the treatment of advanced femoral head necrosis[J]. Zhongguo Xiu Fu Chong Jian Wai Ke Za Zhi[Chin J Repar Reconstr Surg(Article in Chinese;No abstract available)],1997,11(3):59.}

[14930] **刘鸿宇，赵明东，黄飞，高文彬．股骨头缺血性坏死介入治疗的应用解剖 [J]．中国临床解剖学杂志，1998，16（1）：40-41．DOI：10.13418/j.issn.1001-165X.1998.04.018．**{LIU Hongyu,ZHAO Mingdong,HUANG Fei,GAO Wenbin. Applied anatomy for the intertherapy of ischemic necrosis of femoral head[J]. Zhongguo Lin Chuang Jie Pou Xue Za Zhi[Chin J Clin Anat(Article in Chinese;Abstract in Chinese and English)],1998,16(1):40-41. DOI:10.13418/j.issn.1001-165X.1998.04.018.}

[14931] **范启申，周祥吉，周建国，张成进，张尔坤，郭德亮，李庆喜，王成琪，王金武，王刚．成人重度股骨头缺血性坏死显微手术方法选择 [J]．中华显微外科杂志，1998，21（1）：3-5．**{FAN Qishen,ZHOU Xiangji,ZHOU Jianguo,ZHANG Chengjin,ZHANG Erkun,GUO Deliang,LI Qingxi,WANG Chengqi,\WANG Jinwu,WANG Gang. A study on the selections of methods in treating severe ischemic necrosis of femoral head of adult[J]. Zhonghua Xian Wei Wai Ke Za Zhi[Chin J Microsurg(Article in Chinese;Abstract in Chinese and English)],1998,21(1):3-5.}

[14932] **张路灯，董桂甫，龙绍华，兰天露，陆春．带旋髂深血管髂骨膜瓣植入治疗股骨头缺血性坏死 [J]．中华显微外科杂志，1998，21（3）：224．DOI：10.3760/cma.j.issn.1001-2036.1998.03.027．**{ZHANG Ludeng,DONG Guifu,LONG Shaohua,LAN Tianlu,LU Chun. Treatment of ischemic necrosis of femoral head with iliac periosteal flap with deep circumflex iliac artery[J]. Zhonghua Xian Wei Wai Ke Za Zhi[Chin J Microsurg(Article in Chinese;No abstract available)],1998,21(3):224. DOI:10.3760/cma.j.issn.1001-2036.1998.03.027.}

[14933] **赵德伟，王德仁，卢建民，朱景斌，张朝阳，孙强，李建军．带血管蒂大转子骨瓣及联合髂骨（膜）瓣治疗股骨头缺血性坏死 [J]．中华显微外科杂志，1998，21（4）：244．DOI：10.3760/cma.j.issn.1001-2036.1998.04.002．**{ZHAO Dewei,WANG Deren,LU Jianmin,ZHU Jingbin,ZHANG Chaoyang,SUN Qiang,LI Jianjun. Treatment of ischemic necrosis of femoral head by the transfer of vascular pedicle greater trochanter bone flap and combined iliac bone flap (periost)[J]. Zhonghua Xian Wei Wai Ke Za Zhi[Chin J Microsurg(Article in Chinese;Abstract in Chinese and English)],1998,21(4):244. DOI:10.3760/cma.j.issn.1001-2036.1998.04.002.}

[14934] **王岩，赵德伟，王继芳，卢师璧，朱盛修．镍－钛记忆合金网球治疗成人股骨头缺血性坏死初步报告 [J]．中华外科杂志，1998，36（10）：579．DOI：10.3760/j：issn：0529-5815.1998.10.001．**{WANG Yan,ZHAO Dewei,WANG Jifang,LU Shibi,ZHU Shengxiu. Memorial metal ball for the treatment of avascular necrosis of femoral head[J]. Zhonghua Wai Ke Za Zhi[Chin J Surg(Article in Chinese;Abstract in Chinese and English)],1998,36(10):579. DOI:10.3760/j:issn:0529-5815.1998.10.001.}

[14935] **江甫祥，赵庆安，李志毅，向炼．带血管蒂大转子骨膜治疗股骨头缺血性坏死 [J]．中国矫形外科杂志，1998，5（2）：140-141．**{JIANG Fuxiang,ZHAO Qingan,LI Zhiyi,XIANG Lian. Treatment of avascular necrosis of femoral head with pedicled greater trochanter periosteum[J]. Zhongguo Jiao Xing Wai Ke Za Zhi[Orthop J China(Article in Chinese;No abstract available)],1998,5(2):140-141.}

[14936] **王信胜，王俊勤，杨凯，贾庆卫．死骨挖除股方肌带肌骨瓣移植治疗成人股骨头骨坏死 [J]．中国矫形外科杂志，1998，5（4）：44-45．**{WANG Xinsheng,WANG Junqin,YANG Kai,JIA Qingwei. Treatment of adult osteonecrosis of the femoral head with dead bone removal and quadratus femoris pedicle muscle bone flap transplantation[J]. Zhongguo Jiao Xing Wai Ke Za Zhi[Orthop J China(Article in Chinese;No abstract available)],1998,5(4):44-45.}

[14937] **黄金强，陈芒，谢丙贤，罗军．成人股骨头缺血性坏死的手术治疗 [J]．中国矫形外科杂志，1998，5（4）：45-46．**{HUANG Jinqiang,CHEN Mang,XIE Bingxian,LUO Jun. Surgical treatment of adult avascular necrosis of femoral head[J]. Zhongguo Jiao Xing Wai Ke Za Zhi[Orthop J China(Article in Chinese;No abstract available)],1998,5(4):45-46.}

[14938] **王毅，张震宇，杨卫良，于维良，张波，辛风，赵承斌，关国发，于占革，纪青．骨肌瓣移植治疗股骨头缺血坏死的远期随访（附 96 例分析）[J]．中国矫形外科杂志，1998，5（12）：42-43．**{WANG Yi,ZHANG Zhenyu,YANG Weiliang,YU Weiliang,ZHANG Bo,XIN Feng,ZHAO Chengbin,GUAN Guofa,YU Zhange,JI Qing. Long term follow-up of osteomuscular flap transplantation in the treatment of avascular necrosis of the femoral head (with analysis of 96 cases)[J]. Zhongguo Jiao Xing Wai Ke Za Zhi[Orthop J China(Article in Chinese;No abstract available)],1998,5(12):42-43.}

[14939] **郭艳幸，李东升，汝兴华．带旋髂深血管蒂髂骨瓣移植结合早期功能锻炼治疗股骨头缺血坏死 32 例 [J]．中国骨伤，1998，11（2）：35-36．DOI：10.3969/j.issn.1003-0034.1998.02.018．**{GUO Yanxing,LI Dongsheng,RU Xinghua. Treatment of avascular necrosis of femoral head with deep circumflex iliac artery pedicled iliac bone flap combined with early functional exercise in 32 cases[J]. Zhongguo Gu Shang[China J Orthop Trauma(Article in Chinese;No abstract available)],1998,11(2):35-36. DOI:10.3969/j.issn.1003-0034.1998.02.018.}

[14940] **张强，朱大成，宁志杰，黄彦杰．股直肌骨瓣移植治疗股骨头缺血性坏死 [J]．实用骨科杂志，1998，4：65-67．**{ZHANG Qiang,ZHU Dacheng,NING Zhijie,HUANG Yanjie. Treatment of anascular necrosis of femoral bead with rectus femoris muscle pedicle bone graft[J]. Shi Yong Gu Ke Za Zhi[J Pract Orthop(Article in Chinese;Abstract in Chinese and English)],1998,4:65-67.}

[14941] **宋涛，郝宝龙，王彬，张嵩，刘世敬，袁国栋，庞桂山．跟外侧血管蒂骨膜瓣移植治疗儿童距骨坏死随访 [J]．骨与关节损伤杂志，1998，13（1）：278-279．**{SONG Tao,HAO Baolong,WANG Bin,ZHANG Song,LIU Shijing,YUAN Guodong,PANG Guishan. Vascular pedicled periosteal of external heel transfer for treatment of necrosis of the talus in childhood[J]. Gu Yu Guan Jie Sun Shang Za Zhi[J Bone Joint Injury(Article in Chinese;Abstract in Chinese and English)],1998,13(1):278-279.}

[14942] **吕洪海，薛克修，刘良庚，左立新，王义生．双带蒂骨瓣在儿童股骨头缺血性坏死中的应用 [J]．中国矫形外科杂志，1999，6（1）：51-52．**{LV Honghai,XUE Kexiu,LIU Lianggeng,ZUO Lixin,WANG Yisheng. The double bone flap transplantation treat ischemic necrosis of femoral head for child[J]. Zhongguo Jiao Xing Wai Ke Za Zhi[Orthop J China(Article in Chinese;Abstract in Chinese)],1999,6(1):51-52.}

[14943] **王鸿飞，陈维钧，郑连杰．带旋髂深血管蒂髂骨植骨治疗成人股骨头无菌性坏死 [J]．中国矫形外科杂志，1999，6（7）：501．**{WANG Hongfei,CHEN Weijun,ZHENG Lianjie. Treatment of aseptic necrosis of femoral head in adults with iliac bone graft pedicled with deep circumflex iliac artery[J]. Zhongguo Jiao Xing Wai Ke Za Zhi[Orthop J China(Article in Chinese;No abstract available)],1999,6(7):501.}

[14944] **谷翔宇，赵德伟．髋关节发育不良合并股骨头缺血性坏死的治疗 [J]．中国矫形外科杂志，1999，6（1）：53-54．**{GU Xiangyu,ZHAO Dewei. Treatment of the ischemic necrosis of femoral head (INFH) combined with the dysplasia of the hip joint[J]. Zhongguo Jiao Xing Wai Ke Za Zhi[Orthop J China(Article in Chinese;Abstract in Chinese)],1999,6(1):53-54.}

[14945] **陈振光．带血管蒂大转子骨膜瓣移位治疗儿童股骨头缺血性坏死 [J]．中华实验外科杂志，1999，16（4）：304．DOI：10.3760/j.issn：1001-9030.1999.04.009．**{CHEN Zhenguang. The treatment of ischemic necrosis of femoral head with vascularized great trochanter periosteal flap transposition in children[J]. Zhonghua Shi Yan Wai Ke Za Zhi[Chin J Exp Surg(Article in Chinese;Abstract in Chinese and English)],1999,16(4):304. DOI:10.3760/j.issn:1001-9030.1999.04.009.}

[14946] **郑召民，董天华，吴广良．带血供骨移植加骨形态发生蛋白治疗股骨头坏死塌陷的初步报告 [J]．中华创伤杂志，1999，15（5）：335-337．DOI：10.3760/j：issn：1001-8050.1999.05.004．**{ZHENG Zhaomin,DONG Tianhua,WU Guangliang. The preliminary clinical report on treatment for the adult osteonecrosis and collapse of femoral head with vascularized bone graft and rhBMP[J]. Zhonghua Chuang Shang Za Zhi[Chin J Trauma(Article in Chinese;Abstract in Chinese and English)],1999,15(5):335-337. DOI:10.3760/j:issn:1001-8050.1999.05.004.}

[14947] **苏丽繁，曹辉，朱廷玉．筋膜血管蒂骨瓣植骨治疗月骨坏死 [J]．中国骨伤，1999，12（4）：35．DOI：10.3969/j.issn.1003-0034.1999.04.053．**{SU Lifan,CAO Hui,ZHU Tingyu. Treatment of lunate necrosis with fascial vascular pedicle bone graft[J]. Zhongguo Gu Shang[China J Orthop Trauma(Article in Chinese;No abstract available)],1999,12(4):35. DOI:10.3969/j.issn.1003-0034.1999.04.053.}

[14948] **崔旭，赵德伟．带血管蒂骨膜植入治疗股骨头缺血性坏死实验和临床研究 [J]．中华显微外科杂志，2000，23（1）：62-63．DOI：10.3760/cma.j.issn.1001-2036.2000.01.025．**{CUI Xu,ZHAO Dewei. Experimental and clinical study of vascularized periosteum implantation in the treatment of avascular necrosis of femoral head[J]. Zhonghua Xian Wei Wai Ke Za Zhi[Chin J Microsurg(Article in Chinese;No abstract available)],2000,23(1):62-63. DOI:10.3760/cma.j.issn.1001-2036.2000.01.025.}

[14949] **朱盛修．股骨头缺血性坏死的显微外科治疗进展 [J]．中华显微外科杂志，2000，23（4）：245．DOI：10.3760/cma.j.issn.1001-2036.2000.04.001．**{ZHU Shengxiu. Microsurgical treatment of ischemic necrosis of femoral head[J]. Zhonghua Xian Wei Wai Ke Za Zhi[Chin J Microsurg(Article in Chinese;No abstract available)],2000,23(4):245. DOI:10.3760/cma.j.issn.1001-2036.2000.04.001.}

[14950] **陈振光．股骨头缺血性坏死显微外科治疗方法的选择 [J]．中华显微外科杂志，2000，23（4）：247．DOI：10.3760/cma.j.issn.1001-2036.2000.04.002．**{CHEN Zhenguang. Microsurgical treatment of ischemic necrosis of the femoral head[J]. Zhonghua Xian Wei Wai Ke Za Zhi[Chin J Microsurg(Article in Chinese;No abstract available)],2000,23(4):247. DOI:10.3760/cma.j.issn.1001-2036.2000.04.002.}

[14951] **黄恭康．股骨头缺血性坏死显微外科治疗的基础 [J]．中华显微外科杂志，2000，23（4）：248．DOI：10.3760/cma.j.issn.1001-2036.2000.04.003．**{HUANG Gongkang. The basis of microsurgical ischemic for avascular necrosis of the femoral head[J]. Zhonghua Xian Wei Wai Ke Za Zhi[Chin J Microsurg(Article in Chinese;No abstract available)],2000,23(4):248. DOI:10.3760/cma.j.issn.1001-2036.2000.04.003.}

[14952] **陈振光．儿童股骨头缺血性坏死的临床研究 [J]．中华显微外科杂志，2000，23（4）：250．DOI：10.3760/cma.j.issn.1001-2036.2000.04.004．**{CHEN Zhenguang. Clinical study on ischemic necrosis of femoral head in children[J]. Zhonghua Xian Wei Wai Ke Za Zhi[Chin J Microsurg(Article in Chinese;Abstract in Chinese and English)],2000,23(4):250. DOI:10.3760/cma.j.issn.1001-2036.2000.04.004.}

[14953] **周谋望，范丹山．青壮年股骨头缺血性坏死的显微外科治疗 [J]．中华显微外科杂志，2000，23（4）：252．DOI：10.3760/cma.j.issn.1001-2036.2000.04.005．**{ZHOU Mouwang,FAN Danshan. Microsurgery technique in treatment of avascular necrosis of the femoral head in young adults[J]. Zhonghua Xian Wei Wai Ke Za Zhi[Chin J Microsurg(Article in Chinese;Abstract in Chinese and English)],2000,23(4):252. DOI:10.3760/cma.j.issn.1001-2036.2000.04.005.}

[14954] **王坤正，同志勤，王春生，党晓谦，刘安庆．吻合血管游离腓骨移植治疗股骨头坏死 [J]．中华显微外科杂志，2000，23（4）：254．DOI：10.3760/cma.j.issn.1001-2036.2000.04.006．**{WANG Kunzheng,TONG Zhiqin,WANG Chunsheng,DANG Xiaoqian,LIU Anqing. Treatment of osteonecrosis of femoral head with free vascularized fibula grafting[J]. Zhonghua Xian Wei Wai Ke Za Zhi[Chin J Microsurg(Article in Chinese;Abstract in Chinese and English)],2000,23(4):254. DOI:10.3760/cma.j.issn.1001-2036.2000.04.006.}

[14955] **赵德伟，王卫明，卢建民，张朝阳，孙强，崔旭，朱景斌．髋前入路带血管蒂骨（膜）瓣转移治疗股骨头缺血性坏死 [J]．中华显微外科杂志，2000，23（4）：257．DOI：10.3760/cma.j.issn.1001-2036.2000.04.007．**{ZHAO Dewei,WANG Weiming,LU Jianmin,ZHANG Chaoyang,SUN Qiang,CUI Xu,ZHU Jingbin. Anterior acetabulum approach to treatment of the osteonecrosis of the femoral head by vascularized bone (membrance) graft[J]. Zhonghua Xian Wei Wai Ke Za Zhi[Chin J Microsurg(Article in Chinese;Abstract in Chinese and English)],2000,23(4):257. DOI:10.3760/cma.j.issn.1001-2036.2000.04.007.}

[14956] **关活茂，陈瑞光．采用联合手术治疗儿童股骨头缺血性坏死 [J]．中华显微外科杂志，2000，23（4）：298．DOI：10.3760/cma.j.issn.1001-2036.2000.04.025．**{GUAN Huomao,CHEN Ruiguang. Combined operation for ischemic necrosis of femoral head in children[J]. Zhonghua Xian Wei Wai Ke Za Zhi[Chin J Microsurg(Article in Chinese;No abstract available)],2000,23(4):298. DOI:10.3760/cma.j.issn.1001-2036.2000.04.025.}

[14957] **许扬滨，庞水发，徐剑，黄粹业．成人股骨头缺血性坏死的诊断与显微外科治疗进展 [J]．中华显微外科杂志，2000，23（4）：311．DOI：10.3760/cma.j.issn.1001-2036.2000.04.040．**{XU Yangbin,PANG Shuifa,XU Jian,HUANG Cuiye. Progress in diagnosis and microsurgical treatment of adult avascular necrosis of femoral head[J]. Zhonghua Xian Wei Wai Ke Za Zhi[Chin J Microsurg(Article in Chinese;No abstract available)],2000,23(4):311. DOI:10.3760/cma.j.issn.1001-2036.2000.04.040.}

[14958] **庞清江，刘玉东，李保文，朱晓东．环锯法缝匠肌髂骨瓣移植术治疗股骨头缺血坏死 [J]．中国矫形外科杂志，2000，7（4）：348-348．DOI：10.3969/j.issn.1005-8478.2000.04.046．**{PANG Qingjiang,LIU Yudong,LI Baowen,ZHU Xiaodong. Treatment of avascular necrosis of the femoral head with sartorius iliac bone flap transplantation by circular saw[J]. Zhongguo Jiao Xing Wai Ke Za Zhi[Orthop J China(Article in Chinese;No abstract available)],2000,7(4):348-348. DOI:10.3969/j.issn.1005-8478.2000.04.046.}

[14959] **柯冰，蒋林，喻承庭，曾宪林．带血管蒂大转子骨瓣移位治疗股骨头缺血性坏死的研究 [J]．中华实验外科杂志，2000，17（3）：267-268．DOI：10.3760/j.issn：1001-9030.2000.03.035．**{KE Bing,JIANG Lin,YU Chengting,ZENG Xianlin. The displacement of the greater trochanter with vessel pedicle to treat avascular necrosis of the femoral head[J]. Zhonghua Shi Yan Wai Ke Za Zhi[Chin J Exp Surg(Article in Chinese;Abstract in Chinese and English)],2000,17(3):267-268. DOI:10.3760/j.issn:1001-9030.2000.03.035.}

[14960] **王世松，杜敦进，杨建，张鹏程，樊亚军．带血管蒂髂骨骨膜与骨块移植治疗成人股骨头无菌性坏死 [J]．中国骨伤，2000，13（7）：422．DOI：10.3969/j.issn.1003-0034.2000.07.022．**{WANG Shisong,DU Dunjin,YANG Jian,ZHANG Pengcheng,FAN Yajun. Treatment of adult avascular necrosis of femoral head with vascularized iliac periosteum and bone graft[J]. Zhongguo Gu Shang[China J Orthop Trauma(Article in Chinese;No abstract available)],2000,13(7):422. DOI:10.3969/j.issn.1003-0034.2000.07.022.}

[14961] **李少华，田继新，李红卫．股方肌骨瓣移植治疗股骨头坏死 2 例 [J]．中国骨伤，2000，13（12）：758．DOI：10.3969/j.issn.1003-0034.2000.12.055．**{LI Shaohua,TIAN Jixin,LI Hongwei. Treatment of osteonecrosis of femoral head with quadratus femoris bone flap:a report of 2 cases[J]. Zhongguo Gu Shang[China J Orthop Trauma(Article in Chinese;No abstract available)],2000,13(12):758. DOI:10.3969/j.issn.1003-0034.2000.12.055.}

[14962] **王光忠，王少珠，高明忠，王建堂，刘德．头颈开窗带缝匠肌髂骨瓣移植治疗股骨头缺血性坏死 [J]．临床骨科杂志，2000，3（1）：61．DOI：10.3969/j.issn.1008-0287.2000.01.034．**{WANG Guangzhong,WANG Shaozhu,GAO Mingzhong,WANG Jiantang,LIU De. Treatment of avascular necrosis of femoral head by bone graft with sartorius muscle pedicle via window on femoral head and neck[J]. Lin Chuang Gu Ke Za Zhi[J Clin Orthop(Article in Chinese;Abstract in Chinese and English)],2000,3(1):61. DOI:10.3969/j.issn.1008-0287.2000.01.034.}

[14963] **李静东，赵德伟，朱盛修，王惠先．带血管蒂髂骨膜瓣移位治疗股骨头缺血性坏死 [J]．中国修复重建外科杂志，2000，14（1）：37-38．**{LI Jingdong,ZHAO Dewei,ZHU Shengxiu,WANG Huixian. Treatment of ischemic necrosis of femoral head by the transfer of vascular pedicled iliac periosteum[J]. Zhongguo Xiu Fu Chong Jian Wai Ke Za Zhi[Chin J Repar Reconstr

Surg(Article in Chinese;Abstract in Chinese and English)],2000,14(1):37-38.}

[14964] 李德成，管春和，林长安，李中宇．股直肌直头肌骨瓣移位治疗股骨头缺血性坏死 [J]．中国修复重建外科杂志，2000，14（3）：154-155．{LI Decheng,GUAN Chunhe,LIN Changan,LI Zhongyu. Transposition of muscular skeletal flap pedicled with straight head of rectus femoris for treatment of ischemic necrosis of femoral head[J]. Zhongguo Xiu Fu Chong Jian Wai Ke Za Zhi[Chin J Repar Reconstr Surg(Article in Chinese;Abstract in Chinese and English)],2000,14(3):154-155.}

[14965] 衣英豪，冯承泉，王汝武，王相如．带血管蒂桡骨瓣移植治疗腕舟骨月骨坏死骨不连 [J]．中华显微外科杂志，2000，23（1）：54．DOI：10.3760/cma.j.issn.1001-2036.2000.01.053. {YI Yinghao,FENG Chengquan,WANG Ruwu,WANG Xiangru. Treatment of scaphoid and lunate nonunion with pedicled radial flap[J]. Zhonghua Xian Wei Wai Ke Za Zhi[Chin J Microsurg(Article in Chinese;No abstract available)],2000,23(1):54. DOI:10.3760/cma.j.issn.1001-2036.2000.01.053.}

[14966] 任忠明，金才益，陆金荣，黄志海．带血管蒂髂骨瓣移植治疗股骨头无菌性坏死 [J]．中华显微外科杂志，2001，24（2）：156．DOI：10.3760/cma.j.issn.1001-2036.2001.02.057. {REN Zhongming,JIN Caiyi,LU Jinrong,HUANG Zhihai. Treatment of aseptic necrosis of femoral head with vascularized iliac bone flap[J]. Zhonghua Xian Wei Wai Ke Za Zhi[Chin J Microsurg(Article in Chinese;No abstract available)],2001,24(2):156. DOI:10.3760/cma.j.issn.1001-2036.2001.02.057.}

[14967] 张东臣．髓芯减压加带缝匠肌蒂骨栓植入治疗早期股骨头缺血坏死 [J]．中华显微外科杂志，2001，24（2）：156．DOI：10.3760/cma.j.issn.1001-2036.2001.02.056. {ZHANG Dongchen. Treatment of early avascular necrosis of femoral head with core decompression and bone plug implantation with sartorius muscle pedicle[J]. Zhonghua Xian Wei Wai Ke Za Zhi[Chin J Microsurg(Article in Chinese;No abstract available)],2001,24(2):156. DOI:10.3760/cma.j.issn.1001-2036.2001.02.056.}

[14968] 贾全章，姜洪和，王长纯，张承敏，高吉昌，王东卯．三种带血运髂骨移植术治疗成人股骨头坏死 [J]．中华显微外科杂志，2001，24（2）：146-147．DOI：10.3760/cma.j.issn.1001-2036.2001.02.029. {JIA Quanzhang,JIANG Honghe,WANG Changchun,ZHANG Chengmin,GAO Jichang,WANG Dongmao. Three kinds of vascularized iliac bone transplantation for adult femoral head necrosis[J]. Zhonghua Xian Wei Wai Ke Za Zhi[Chin J Microsurg(Article in Chinese;Abstract in Chinese)],2001,24(2):146-147. DOI:10.3760/cma.j.issn.1001-2036.2001.02.029.}

[14969] 赵德伟，王卫明，崔旭．关节镜监视下带血管蒂大转子骨瓣转移治疗股骨头缺血性坏死 [J]．中华显微外科杂志，2001，24(4)：244-246. DOI：10.3760/cma.j.issn.1001-2036.2001.04.001. {ZHAO Dewei,WANG Weiming,CUI Xu. Treating ischemic necrosis of femoral head with vascularized great trochanter bone flap graft under the surveillance of arthroscope[J]. Zhonghua Xian Wei Wai Ke Za Zhi[Chin J Microsurg(Article in Chinese;Abstract in Chinese and English)],2001,24(4):244-246. DOI:10.3760/cma.j.issn.1001-2036.2001.04.001.}

[14970] 刘殿鹏，苏天福，张平，罗海明．带旋髂深血管蒂髂骨块加新胎儿软骨移植治疗成人股骨头无菌性坏死 [J]．中国创伤骨科杂志，2001，3（1）：71-72．DOI：10.3760/cma.j.issn.1671-7600.2001.01.036. {LIU Dianpeng,SU Tianfu,ZHANG Ping,LUO Haiming. Treatment of avascular necrosis of the femoral head with pediled bone graft vascularized by circumflexa ilium profunda artery combined with newborn's cartilage transplantation[J]. Zhongguo Chuang Shang Gu Ke Za Zhi[Chin J Orthop Trauma(Article in Chinese;No abstract available)],2001,3(1):71-72. DOI:10.3760/cma.j.issn.1671-7600.2001.01.036.}

[14971] 贾全章，姜洪和，张承敏，高吉昌，邓福树，苏旭．分期治疗成人股骨头缺血性坏死 [J]．中国骨伤，2001，14（3）：171．DOI：10.3969/j.issn.1003-0034.2001.03.023. {JIA Quanzhang,JIANG Honghe,ZHANG Chengmin,GAO Jichang,DENG Fushu,SU Xu. Treatment of adult avascular necrosis of femoral head by stages[J]. Zhongguo Gu Shang[China J Orthop Trauma(Article in Chinese;No abstract available)],2001,14(3):171. DOI:10.3969/j.issn.1003-0034.2001.03.023.}

[14972] 张旭．血管束与血管蒂髂骨瓣联合移植治疗股骨头缺血性坏死 [J]．中国骨伤，2001，14（6）：348．DOI：10.3969/j.issn.1003-0034.2001.06.013. {ZHANG Xu. Treatment of avascular necrosis of the femoral head by combined transplantation of vascular bundle and vascular pedicled iliac bone flap[J]. Zhongguo Gu Shang[China J Orthop Trauma(Article in Chinese;No abstract available)],2001,14(6):348. DOI:10.3969/j.issn.1003-0034.2001.06.013.}

[14973] 张鹏程，王世松，杜墩进，杨健．带旋髂深血管骨膜骨瓣及松质骨联合移植治疗成人股骨头无菌性坏死 [J]．中国骨伤，2001，14（6）：349．DOI：10.3969/j.issn.1003-0034.2001.06.014. {ZHANG Pengcheng,WANG Shisong,DU Dunjin,YANG Jian. Treatment of adult avascular necrosis of femoral head with deep circumflex iliac vascular pedicled periosteal bone flap and cancellous bone graft[J]. Zhongguo Gu Shang[China J Orthop Trauma(Article in Chinese;No abstract available)],2001,14(6):349. DOI:10.3969/j.issn.1003-0034.2001.06.014.}

[14974] 王希，王胜利．股外侧肌肌骨瓣移植治疗股骨头缺血性坏死 [J]．中国骨伤，2001，14（6）：326-327．DOI：10.3969/j.issn.1003-0034.2001.06.002. {WANG Xi,WANG Shengli. Treatment of avascular necrosis of the femoral head with transplantation of vastus lateralis pedicled bone graft[J]. Zhongguo Gu Shang[China J Orthop Trauma(Article in Chinese;Abstract in Chinese and English)],2001,14(6):326-327. DOI:10.3969/j.issn.1003-0034.2001.06.002.}

[14975] 张少成，沈洪兴，潘永太，马玉海，李志强，陈为民．病灶清除对带血管骨瓣移植治疗股骨头缺血性坏死疗效的影响 [J]．第二军医大学学报，2001，22（10）：903，906．DOI：10.3321/j.issn：0258-879X.2001.10.032. {ZHANG Shaocheng,SHEN Hongxing,PAN Yongtai,MA Yuhai,LI Zhiqiang,CHEN Weimin. Treating avascular necrosis of femoral head with focal cleaning and vascularized bone flap graft[J]. Di Er Jun Yi Da Xue Xue Bao[Acad J Sec Mil Med Univ(Article in Chinese;Abstract in Chinese and English)],2001,22(10):903,906. DOI:10.3321/j.issn:0258-879X.2001.10.032.}

[14976] 刘纪恩，解纪臣，勾瑞恩，韩培江，兰景岳，秦德广．带血运骨瓣移植治疗股骨头无菌性坏死 [J]．中国修复重建外科杂志，2001，15（6）：324．{LIU Jien,JIE Jichen,GOU Ruidong,HAN Peijiang,LAN Jingyue,QIN Deguang. Treatment of ischemic necrosis of femoral head with vascularized bone flap transplantation[J]. Zhongguo Xiu Fu Chong Jian Wai Ke Za Zhi[Chin J Repar Reconstr Surg(Article in Chinese;No abstract available)],2001,15(6):324.}

[14977] 林斌，王岩，赵卫东，朱青安．记忆合金网球支架治疗成人股骨头缺血性坏死的生物力学研究 [J]．中国临床解剖学杂志，2002，20（2）：150-152．DOI：10.3969/j.issn.1001-165X.2002.02.026. {LIN Bin,WANG Yan,ZHAO Weidong,ZHU Qing'an. Biomechanical study on the treatment of ischemic necrosis of the femoral head using memorial metal flexible cage in adult[J]. Zhongguo Lin Chuang Jie Pou Xue Za Zhi[Chin J Clin Anat(Article in Chinese;Abstract in Chinese and English)],2002,20(2):150-152. DOI:10.3969/j.issn.1001-165X.2002.02.026.}

[14978] 董天华，刘松，朱国梁，翁文杰，王金熙．羟基磷灰石骨水泥植入治疗股骨头缺血性坏死的中期疗效观察 [J]．中华骨科杂志，2002，22（2）：84-87．DOI：10.3760/j.issn：0253-2352.2002.02.006. {DONG Tianhua,LIU Song,ZHU Guoliang,WENG Wenjie,WANG Jinxi. Implantation of hydroxyapatite methylmethacylate cement in the treatment of osteonecrosis of femoral head:a medium-term evaluation of the results[J]. Zhonghua Gu Ke Za Zhi[Chin J Orthop(Article in Chinese;Abstract in Chinese and English)],2002,22(2):84-87. DOI:10.3760/j.issn:0253-2352.2002.02.006.}

[14979] 郭文荣，赵勇，李平生，林国叶．带血管髂骨及髂骨膜移植治疗陈旧性股骨颈骨折和股骨头缺血性坏死 [J]．中华显微外科杂志，2002，25（1）：78．DOI：10.3760/cma.j.issn.1001-2036.2002.01.046. {GUO Wenrong,ZHAO Yong,LI Pingsheng,LIN Guoye. Treatment of old femoral neck fracture and avascular necrosis of femoral head with vascularized iliac bone and iliac periosteum transplantation[J]. Zhonghua Xian Wei Wai Ke Za Zhi[Chin J Microsurg(Article in Chinese;No abstract available)],2002,25(1):78. DOI:10.3760/cma.j.issn.1001-2036.2002.01.046.}

[14980] 马维虎，王建东，冯乐玲．带旋髂深血管髂骨（膜）瓣及联合血管束植入治疗青壮年股骨头缺血性坏死 [J]．中华显微外科杂志，2002，25（2）：160．DOI：10.3760/cma.j.issn.1001-2036.2002.02.055. {MA Weihu,WANG Jiandong,FENG Leling. Treatment of avascular necrosis of femoral head in young adults with iliac bone flap with deep circumflex iliac artery and combined vascular bundle implantation[J]. Zhonghua Xian Wei Wai Ke Za Zhi[Chin J Microsurg(Article in Chinese;No abstract available)],2002,25(2):160. DOI:10.3760/cma.j.issn.1001-2036.2002.02.055.}

[14981] 俞汝霞．带血管蒂髂骨瓣移植治疗中青年股骨头坏死 [J]．中华显微外科杂志，2002，25（4）：315．DOI：10.3760/cma.j.issn.1001-2036.2002.04.050. {YU Ruxia. Vascularized iliac bone flap transplantation for the treatment of femoral head necrosis in young and middle-aged patients[J]. Zhonghua Xian Wei Wai Ke Za Zhi[Chin J Microsurg(Article in Chinese;No abstract available)],2002,25(4):315. DOI:10.3760/cma.j.issn.1001-2036.2002.04.050.}

[14982] 郭建利，邱诚，李培春，韩海红．带血运双髂骨瓣移植治疗股骨头无菌坏死 [J]．中国骨伤，2002，15（3）：184-184．DOI：10.3969/j.issn.1003-0034.2002.03.045. {GUO Jianli,QIU Cheng,LI Peichun,HAN Haihong. Treatment of avascular necrosis of femoral head with double vascularized iliac bone flaps[J]. Zhongguo Gu Shang[China J Orthop Trauma(Article in Chinese;No abstract available)],2002,15(3):184-184. DOI:10.3969/j.issn.1003-0034.2002.03.045.}

[14983] 冯峰，朱明海．头颈开窗带血供蘑菇状植骨治疗股骨头缺血坏死 [J]．中国骨伤，2002，15（8）：454-455．DOI：10.3969/j.issn.1003-0034.2002.08.004. {FENG Feng,ZHU Minghai. Treatment of avascular necrosis of femoral head with pedicled mushroom bone graft through fenestration on the femoral head and neck[J]. Zhongguo Gu Shang[China J Orthop Trauma(Article in Chinese;Abstract in Chinese and English)],2002,15(8):454-455. DOI:10.3969/j.issn.1003-0034.2002.08.004.}

[14984] 叶铿，蒋金萍．多条血管束加带血管蒂骨瓣植入术治疗成人股骨头缺血性坏死的手术配合 [J]．中国骨伤，2002，15（12）：760．DOI：10.3969/j.issn.1003-0034.2002.12.038. {YE Keng,JIANG Jinping. Operation cooperation of multiple vascular bundles and vascularized bone flap implantation in the treatment of adult avascular necrosis of femoral head[J]. Zhongguo Gu Shang[China J Orthop Trauma(Article in Chinese;No abstract available)],2002,15(12):760. DOI:10.3969/j.issn.1003-0034.2002.12.038.}

[14985] 梁涛．带旋髂深血管蒂髂骨骨膜移位修复股骨头缺血性坏死 [J]．中国修复重建外科杂志，2002，16（1）：73．{LIANG Tao. Treatment of ischemic necrosis of femoral head by transposition of iliac periosteum pedicled with deep circumflex iliac vessels[J]. Zhongguo Xiu Fu Chong Jian Wai Ke Za Zhi[Chin J Repar Reconstr Surg(Article in Chinese;No abstract available)],2002,16(1):73.}

[14986] 范启申，周祥吉，李庆喜，李忠，魏海温，郭德亮，任志勇，张树明，张开刚．外伤性胫骨长段骨坏死的显微外科治疗 [J]．中华显微外科杂志，2002，25（3）：166-167．DOI：10.3760/cma.j.issn.1001-2036.2002.03.002. {FAN Qishen,ZHOU Xiangji,LI Qingxi,LI Zhong,WEI Haiwen,GUO Deliang,REN Zhiyong,ZHANG Shuming,ZHANG Kaigang. Microsurgical treatment of long-piece-bone necrosis of injured tibia[J]. Zhonghua Xian Wei Wai Ke Za Zhi[Chin J Microsurg(Article in Chinese;Abstract in Chinese and English)],2002,25(3):166-167. DOI:10.3760/cma.j.issn.1001-2036.2002.03.002.}

[14987] 徐德洪，詹蓓蕾，程华煜，何飞熊，陈土根，兰金余．带骨间前动脉蒂的桡骨瓣移植治疗腕舟骨骨不连骨坏死 [J]．骨与关节损伤杂志，2002，17（6）：425-427．DOI：10.3969/j.issn.1672-9935.2002.06.011. {XU Dehong,ZHAN Beilei,CHENG Huayu,HE Feixiong,CHEN Tugen,LAN Jinyu. Transplantation of reverse radial bone graft with pedicle of dorsal branch of anterior interosseous artery for treatment of scaphoid nonunion and its necrosis[J]. Gu Yu Guan Jie Sun Shang Za Zhi[J Bone Joint Injury(Article in Chinese;Abstract in Chinese and English)],2002,17(6):425-427. DOI:10.3969/j.issn.1672-9935.2002.06.011.}

[14988] 谢崇海，谢涛，肖金苗，胡静珠．缝匠肌骨瓣治疗股骨头缺血性坏死及股骨颈骨折 [J]．中华显微外科杂志，2003，26（2）：122-122．{XIE Chonghai,XIE Tao,XIAO Jinmiao,HU Jingzhu. Treatment of avascular necrosis of femoral head and fracture of femoral neck with sartorius bone flap[J]. Zhonghua Xian Wei Wai Ke Za Zhi[Chin J Microsurg(Article in Chinese;No abstract available)],2003,26(2):122-122.}

[14989] 俞汝霞，李成林，菅明珍，高全，王文强，李建伟．骨髓团和带血管骨瓣植入治疗创伤性股骨头坏死的疗效分析 [J]．中华显微外科杂志，2003，26（2）：144-145．DOI：10.3760/cma.j.issn.1001-2036.2003.02.025. {YU Ruxia,LI Chenglin,JIAN Mingzhen,GAO Quan,WANG Wenqiang,LI Jianwei. Effect of bone marrow mass and vascularized bone flap implantation in the treatment of traumatic necrosis of femoral head[J]. Zhonghua Xian Wei Wai Ke Za Zhi[Chin J Microsurg(Article in Chinese;Abstract in Chinese)],2003,26(2):144-145. DOI:10.3760/cma.j.issn.1001-2036.2003.02.025.}

[14990] 张念非，李子荣，张雪哲，王武．股骨头髓芯减压带旋髂深血管蒂髂骨骨瓣植骨治疗股骨头缺血性坏死 [J]．中华外科杂志，2003，41（2）：125-129．DOI：10.3760/j：issn：0529-5815.2003.02.015. {ZHANG Nianfei,LI Zirong,ZHANG Xuezhe,WANG Wu. Vascularized iliac bone grafting for avascular necrosis of the femoral head[J]. Zhonghua Wai Ke Za Zhi[Chin J Surg(Article in Chinese;Abstract in Chinese and English)],2003,41(2):125-129. DOI:10.3760/j:issn:0529-5815.2003.02.015.}

[14991] 刘兴才，张春建，阮成群，李光明，陈可新．压配式骨瓣植入治疗青壮年股骨头缺血性坏死（附 23 例报告）[J]．中国矫形外科杂志，2003，11（21）：1507-1508．DOI：10.3969/j.issn.1005-8478.2003.21.024. {LIU Xingcai,ZHANG Chunjian,RUAN Chengqun,LI Guangming,CHEN Kexin. "Press-fit" bone grafting for the treatment of avascuvlar necrosis of the femoral head in adult[J]. Zhongguo Jiao Xing Wai Ke Za Zhi[Orthop J China(Article in Chinese;Abstract in Chinese)],2003,11(21):1507-1508. DOI:10.3969/j.issn.1005-8478.2003.21.024.}

[14992] 刘日光，杨述华，沈冯君．带股方肌肌蒂大转子骨瓣植入术治疗股骨头缺血性坏死 [J]．中国骨伤，2003，16(12)：748-748．DOI：10.3969/j.issn.1003-0034.2003.12.025. {LIU Riguang,YANG Shuhua,SHEN Fengjun. Treatment of avascular necrosis of the femoral head with greater trochanter bony flap implantation,combined with quadrate femoral muscular pedicel[J]. Zhongguo Gu Shang[China J Orthop Trauma(Article in Chinese;No abstract available)],2003,16(12):748-748. DOI:10.3969/j.issn.1003-0034.2003.12.025.}

[14993] 张继东，韦敢，黄国忠，汤正学．带血管蒂髂骨膜植入治疗儿童股骨头无菌性坏死 [J]．实用骨科杂志，2003，9(3)：212-214. DOI：10.3969/j.issn.1008-5572.2003.03.011. {ZHANG Jidong,WEI Gan,HUANG Guozhong,TANG Zhengxue. Vascular pedicled iliac periosteal wtih the lateral circumflex femoral vessels transfer for the treatment of asceptic necrosis of femoral head in children[J]. Shi Yong Gu Ke Za Zhi[J Pract Orthop(Article in Chinese;Abstract in Chinese and English)],2003,9(3):212-214. DOI:10.3969/j.issn.1008-5572.2003.03.011.}

[14994] 赵德伟，王本杰．关节镜下应用带血管蒂骨瓣转移治疗股骨头缺血性坏死 [J]．中华显微外科杂志，2004，27(4)：254-255．DOI：10.3760/cma.j.issn.1001-2036.2004.04.007. {ZHAO Dewei,WANG Benjie. Treatment of ischemic necrosis of femoral head with vascularized bone graft under the surveillance of arthroscope[J]. Zhonghua Xian Wei Wai Ke Za Zhi[Chin J Microsurg(Article in Chinese;Abstract in Chinese and English)],2004,27(4):254-255. DOI:10.3760/cma.j.issn.1001-2036.2004.04.007.}

[14995] 赵成茂，常西海，闫德强，谢志军，张汉瑜，贾玉华，孙海涛，张庆，关育忠，李光磊．肌骨瓣治疗股骨头缺血性坏死 32 例 [J]．中国矫形外科杂志，2004，12（5）：355-355．DOI：10.3969/j.issn.1005-8478.2004.05.033. {ZHAO Chengmao,CHANG Xihai,YAN Deqiang,XIE Zhijun,ZHANG HanYu,JIA Yuhua,SUN Haitao,ZHANG Qing,GUAN Yuzhong,LI

Guanglei. Treatment of 32 cases of avascular necrosis of femoral head with musculoskeletal flap[J]. Zhongguo Jiao Xing Wai Ke Za Zhi[Orthop J China(Article in Chinese;No abstract available)],2004,12(5):355-355. DOI:10.3969/j.issn.1005-8478.2004.05.033.}

[14996] 陈卫衡，张磊，刘道兵，张强，张洪美，赵铁军，孙钢，顾力军. 联合微创手术治疗股骨头坏死的临床研究[J]. 中国矫形外科杂志，2004，12(17)：1287-1289. DOI：10.3969/j.issn.1005-8478.2004.17.002. {CHEN Weiheng,ZHANG Lei,LIU Daobing,ZHANG Qiang,ZHANG Hongmei,ZHAO Tiejun,SUN Gang,GU Lijun. Observations on clinical effect of combined minimal invasive operation on osteonecrosis of the femoral head[J]. Zhongguo Jiao Xing Wai Ke Za Zhi[Orthop J China(Article in Chinese;Abstract in Chinese and English)],2004,12(17):1287-1289. DOI:10.3969/j.issn.1005-8478.2004.17.002.}

[14997] 赵德伟，崔旭，李成秀，范治伟，孙强，廉皓屹，于小光，刘宇鹏，荆拓. 带旋股外侧血管升支的臀中肌支大转子骨瓣转移治疗股骨头缺血性坏死[J]. 骨与关节损伤杂志，2004，19(1)：4-6. DOI：10.3969/j.issn.1672-9935.2004.01.002. {ZHAO Dewei,CUI Xu,LI Chengxiu,FAN Zhiwei,SUN Qiang,LIAN Haoyi,YU Xiaoguang,LIU Yupeng,JING Tuo. Greater trochanter bone flap pedicled with middle gluteal muscle branch of lateral femoral circumflex vessel for the treatment of ischemic necrosis of femoral head[J]. Gu Yu Guan Jie Sun Shang Za Zhi[J Bone Joint Injury(Article in Chinese;Abstract in Chinese and English)],2004,19(1):4-6. DOI:10.3969/j.issn.1672-9935.2004.01.002.}

[14998] 许硕贵，张少成. 不同血管供血的活骨移植治疗股骨头缺血性坏死[J]. 骨与关节损伤杂志，2004，19(2)：76-78. DOI：10.3969/j.issn.1672-9935.2004.02.002. {XU Shuogui,ZHANG Shaocheng. Avascular necrosis of femoral head treated by bone grafting supplied by different blood vessel[J]. Gu Yu Guan Jie Sun Shang Za Zhi[J Bone Joint Injury(Article in Chinese;Abstract in Chinese and English)],2004,19(2):76-78. DOI:10.3969/j.issn.1672-9935.2004.02.002.}

[14999] 陈彦章，杨富松，黄学美，冯文益，郑树林，梁建. 缝匠肌髂骨瓣移植术治疗青中年人股骨头缺血性坏死疗效观察[J]. 骨与关节损伤杂志，2004，19(3)：159-161. DOI：10.3969/j.issn.1672-9935.2004.03.006. {CHEN Yanzhang,YANG Fusong,HUANG Xuemei,FENG Wenyi,ZHENG Shulin,LIANG Jian. Curative effect observation of treating femur bloodless necrosis by grafting sartorius muscle iliac bone flap for youth and middle-aged persons[J]. Gu Yu Guan Jie Sun Shang Za Zhi[J Bone Joint Injury(Article in Chinese;Abstract in Chinese and English)],2004,19(3):159-161. DOI:10.3969/j.issn.1672-9935.2004.03.006.}

[15000] 孙红振，王爱民，蒋祖言，杜全印，尹良军，郭庆山，赵玉峰. 带旋髂深血管髂骨瓣治疗股骨头无菌性坏死[J]. 创伤外科杂志，2004，6(5)：333-336. DOI：10.3969/j.issn.1009-4237.2004.05.006. {SUN Hongzhen,WANG Aimin,JIANG Zuyan,DU Quanyin,YIN Liangjun,GUO Qingshan,ZHAO Yufeng. Vascularized iliac bone graft for treatment of osteonecrosis of the femoral head[J]. Chuang Shang Wai Ke Za Zhi[J Traum Surg(Article in Chinese;Abstract in Chinese and English)],2004,6(5):333-336. DOI:10.3969/j.issn.1009-4237.2004.05.006.}

[15001] 张长青，曾炳芳，徐铮宇，眭述平，宋文奇，金东旭，施慧鹏，王坤正. 吻合血管腓骨游离移植在股骨头缺血性坏死中的应用[J]. 中国修复重建外科杂志，2004，18(5)：367-369. {ZHANG Changqing,ZENG Bingfang,XU Zhengyu,SUI Shuping,SONG Wenqi,JIN Dongxu,SHI Huipeng,WANG Kunzheng. Treatment of osteonecrosis of femoral head with free vascularized fibula grafting[J]. Zhongguo Xiu Fu Chong Jian Wai Ke Za Zhi[Chin J Repar Reconstr Surg(Article in Chinese;Abstract in Chinese and English)],2004,18(5):367-369.}

[15002] 刘进炼，任立中，董威，沙子义，于晓光，李亚丽. 带旋髂深血管蒂髂骨瓣移植治疗距骨坏死[J]. 中国修复重建外科杂志，2004，18(4)：342-343. {LIU Jinlian,REN Lizhong,DONG Wei,SHA Ziyi,YU Xiaoguang,LI Yali. Treatment of talar necrosis with iliac bone flap pedicled with deep circumflex iliac artery[J]. Zhongguo Xiu Fu Chong Jian Wai Ke Za Zhi[Chin J Repar Reconstr Surg(Article in Chinese;No abstract available)],2004,18(4):342-343.}

[15003] 崔旭，赵德伟，古长江. 股骨头缺血性坏死塌陷预测的生物力学研究[J]. 中国临床解剖学杂志，2005，23(2)：193-198. DOI：10.3969/j.issn.1001-165X.2005.02.021. {CUI Xu,ZHAO Dewei,GU Changjiang. Biomechanical study on predicting the collapse of ischemic necrosis of the femoral head[J]. Zhongguo Lin Chuang Jie Pou Xue Za Zhi[Chin J Clin Anat(Article in Chinese;Abstract in Chinese and English)],2005,23(2):193-198. DOI:10.3969/j.issn.1001-165X.2005.02.021.}

[15004] 肖玉周，周建生，刘振华，刘泉，张长春，官建中. 带旋髂深血管骨膜瓣移植治疗儿童股骨头缺血性坏死[J]. 中华显微外科杂志，2005，28(1)：24-25. DOI：10.3760/cma.j.issn.1001-2036.2005.01.010. {XIAO Yuzhou,ZHOU Jiansheng,LIU Zhenhua,LIU Quan,ZHANG Changchun,GUAN Jianzhong. Vascular pedicled iliac periosteal transfer for the treatment of femoral head ischemic necrosis in children (Perthes disease)[J]. Zhonghua Xian Wei Wai Ke Za Zhi[Chin J Microsurg(Article in Chinese;Abstract in Chinese and English)],2005,28(1):24-25. DOI:10.3760/cma.j.issn.1001-2036.2005.01.010.}

[15005] 赵德伟，王卫明，王本杰，王铁男，芦健民，郭林，崔旭，于晓光. 保留股骨头手术治疗股骨头缺血性坏死1005例临床分析[J]. 中华外科杂志，2005，43(16)：1054-1057. DOI：10.3760/j：issn：0529-5815.2005.16.004. {ZHAO Dewei,WANG Weiming,WANG Benjie,WANG Tienan,LU Jianmin,GUO Lin,CUI Xu,YU Xiaoguang. Conservative methods for osteonecrosis of the femoral head:the review of 1005 cases[J]. Zhonghua Wai Ke Za Zhi[Chin J Surg(Article in Chinese;Abstract in Chinese and English)],2005,43(16):1054-1057. DOI:10.3760/j:issn:0529-5815.2005.16.004.}

[15006] 刘康，何智勇，曾毅军，李青，陈尔东. 扩大髓芯减压带血管蒂髂骨瓣移植治疗成人股骨头缺血坏死[J]. 中国矫形外科杂志，2005，13(4)：312-313. DOI：10.3969/j.issn.1005-8478.2005.04.024. {LIU Kang,HE Zhiyong,ZENG Yijun,LI Qing,CHEN Erdong. Extending core decompression and vascularized iliac bone grafting for treating avascular necrosis of the femoral head[J]. Zhongguo Jiao Xing Wai Ke Za Zhi[Orthop J China(Article in Chinese;Abstract in Chinese and English)],2005,13(4):312-313. DOI:10.3969/j.issn.1005-8478.2005.04.024.}

[15007] 魏开斌，梁久金，孙成良，汤继文. 带蒂骨瓣联合松质骨髓移植治疗成人股骨头坏死[J]. 中国矫形外科杂志，2005，13(7)：552-553. DOI：10.3969/j.issn.1005-8478.2005.07.025. {WEI Kaibin,LIANG Jiujin,SUN Chengliang,TANG Jiwen. The curative effect of treating adult femoral head necrosis by pedicle bone and cancellous bone marrow grafting[J]. Zhongguo Jiao Xing Wai Ke Za Zhi[Orthop J China(Article in Chinese;Abstract in Chinese)],2005,13(7):552-553. DOI:10.3969/j.issn.1005-8478.2005.07.025.}

[15008] 卢云，汪香，刘仁寿，王平年. 血管束植入软骨面开窗植骨治疗成人股骨头坏死[J]. 中国骨伤，2005，18(5)：270-271. DOI：10.3969/j.issn.1003-0034.2005.05.006. {LU Yun,WANG Xiang,LIU Renshou,WANG Pingnian. Treatment of femoral head necrosis by cartilage fenestration with vascular bundle implantation[J]. Zhongguo Gu Shang[China J Orthop Trauma(Article in Chinese;Abstract in Chinese and English)],2005,18(5):270-271. DOI:10.3969/j.issn.1003-0034.2005.05.006.}

[15009] 郑学成. 带血管蒂髂骨瓣转移术治疗成人股骨头无菌性坏死[J]. 临床骨科杂志，2005，8(3)：258-260. DOI：10.3969/j.issn.1008-0287.2005.03.029. {ZHENG Xuecheng. Transposition of vascular pedicled iliac bone flap for adult ischemic femoral neck necrosis[J]. Lin Chuang Gu Ke Za Zhi[J Clin Orthop(Article in Chinese;Abstract in Chinese and English)],2005,8(3):258-260. DOI:10.3969/j.issn.1008-0287.2005.03.029.}

[15010] 陈玉隆，郑旭，郑晋，杨祥河. 带旋股外侧升支带髂骨瓣治疗中青年股骨头缺血坏死[J]. 中国修复重建外科杂志，2005，19(3)：249-250. {CHEN Yulong,ZHENG Xu,ZHENG Jin,YANG Xianghe. Treatment of ischemic necrosis of femoral head in young and middle-aged patients with iliac bone pedicled with lateral femoral circumflex ramus[J]. Zhongguo Xiu Fu Chong Jian Wai Ke Za Zhi[Chin J Repar Reconstr Surg(Article in Chinese;No abstract available)],2005,19(3):249-250.}

[15011] 王斌，李康华，廖前德，邓展生，张宏其，王锡阳，何洪波. 带旋髂深血管髂骨瓣移植治疗股骨头缺血性坏死[J]. 中国修复重建外科杂志，2005，19(6)：443-445. {WANG Bin,LI Kanghua,LIAO Qiande,DENG Zhansheng,ZHANG Hongqi,WANG Xiyang,HE Hongbo. Treatment of ischemic necrosis of the femoral head by transplantation of pedicled bone flap with deep iliac circumflex vessel[J]. Zhongguo Xiu Fu Chong Jian Wai Ke Za Zhi[Chin J Repar Reconstr Surg(Article in Chinese;Abstract in Chinese and English)],2005,19(6):443-445.}

[15012] 张长青，曾炳芳，眭述平，袁霆，徐铮宇，邵雷，李鸿帅，张开刚. 改良吻合血管游离腓骨移植治疗股骨头缺血性坏死的手术技术[J]. 中国修复重建外科杂志，2005，19(9)：692-696. {ZHANG Changqing,ZENG Bingfang,SUI Shuping,YUAN Ting,XU Zhengyu,SHAO Lei,LI Hongshuai,ZHANG Kaigang. Surgical technique of modified free vascularized fibular grafting for treatment of osteonecrosis of the femoral head[J]. Zhongguo Xiu Fu Chong Jian Wai Ke Za Zhi[Chin J Repar Reconstr Surg(Article in Chinese;Abstract in Chinese and English)],2005,19(9):692-696.}

[15013] 赵德伟，张耀，王卫明，芦健民，张克民，于晓光，孙强. 全髋关节置换术和带血运骨瓣移位术治疗晚期股骨头缺血性坏死的比较研究[J]. 中国修复重建外科杂志，2005，19(9)：700-702. {ZHAO Dewei,ZHANG Yao,WANG Weiming,LU Jianmin,ZHANG Kemin,YU Xiaoguang,SUN Qiang. Comparison of total hip replacement and transplantation of vascularized bone graft in treating late ischemic necrosis of the femoral head[J]. Zhongguo Xiu Fu Chong Jian Wai Ke Za Zhi[Chin J Repar Reconstr Surg(Article in Chinese;Abstract in Chinese and English)],2005,19(9):700-702.}

[15014] 殷学民，邱蔚六，张陈平，竺涵光. 应用吻合血管的骨肌皮瓣修复下颌骨放射性骨坏死[J]. 中华显微外科杂志，2005，28(1)：14-16. DOI：10.3760/cma.j.issn.1001-2036.2005.01.006. {YIN Xuemin,QIU Weiliu,ZHANG Chenping,ZHU Hanguang. Vascularized osteomyocutaneous flaps for reconstruction of the mandibular osteoradionecrosis[J]. Zhonghua Xian Wei Wai Ke Za Zhi[Chin J Microsurg(Article in Chinese;Abstract in Chinese and English)],2005,28(1):14-16. DOI:10.3760/cma.j.issn.1001-2036.2005.01.006.}

[15015] 赵德伟. 股骨头缺血性坏死修复与重建的意义[J]. 中华显微外科杂志，2006，29(3)：165-166. DOI：10.3760/cma.j.issn.1001-2036.2006.03.002. {ZHAO Dewei. Significance of repair and reconstruction of avascular necrosis of femoral head[J]. Zhonghua Xian Wei Wai Ke Za Zhi[Chin J Microsurg(Article in Chinese;No abstract available)],2006,29(3):165-166. DOI:10.3760/cma.j.issn.1001-2036.2006.03.002.}

[15016] 赵德伟，王卫明，王本杰，张耀，王铁男，郭林，孙强，芦建民，于晓光. 带双血管蒂大转子骨瓣转移治疗股骨头缺血性坏死[J]. 中华显微外科杂志，2006，29(3)：167-169，插图1. DOI：10.3760/cma.j.issn.1001-2036.2006.03.003. {ZHAO Dewei,WANG Weiming,WANG Benjie,ZHANG Yao,WANG Tienan,GUO Lin,SUN Qiang,LU Jianmin,YU Xiaoguang. Treatment of osteonecrosis of the femoral head by using greater trochanteric bone flap pedicled with double blood vessels[J]. Zhonghua Xian Wei Wai Ke Za Zhi[Chin J Microsurg(Article in Chinese;Abstract in Chinese and English)],2006,29(3):167-169,insert 1. DOI:10.3760/cma.j.issn.1001-2036.2006.03.003.}

[15017] 赵德伟，王卫明，王本杰，王铁男，孙强，芦健民，郭林，于晓光. 股骨头坏死显微外科手术治疗失败病例的人工全髋关节置换[J]. 中华显微外科杂志，2006，29(3)：174-177. DOI：10.3760/cma.j.issn.1001-2036.2006.03.005. {ZHAO Dewei,WANG Weiming,WANG Benjie,WANG Tienan,SUN Qiang,LU Jianmin,GUO Lin,YU Xiaoguang. Total hip artroplasty after failure of conservative treatment of osteonecrosis of the femoral head[J]. Zhonghua Xian Wei Wai Ke Za Zhi[Chin J Microsurg(Article in Chinese;Abstract in Chinese and English)],2006,29(3):174-177. DOI:10.3760/cma.j.issn.1001-2036.2006.03.005.}

[15018] 梁俊生，张宁，刘兰泽，王志强，刘德群，张志刚. 带血管蒂髂骨块移植治疗成人股骨头坏死[J]. 中华创伤骨科杂志，2006，8(10)：980-981. DOI：10.3760/cma.j.issn.1671-7600.2006.10.021. {LIANG Junsheng,ZHANG Ning,LIU Lanze,WANG Zhiqiang,LIU Dequn,ZHANG Zhigang. Follow-ups of treatment of necrotic femoral heads in adults by vascular pedicled iliac grafts[J]. Zhonghua Chuang Shang Gu Ke Za Zhi[Chin J Orthop Trauma(Article in Chinese;Abstract in Chinese)],2006,8(10):980-981. DOI:10.3760/cma.j.issn.1671-7600.2006.10.021.}

[15019] 王西迅，诸葛天瑜，陈旭辉，孙捷，袁浩，李恩典，郑高伟. 血管束植入治疗儿童股骨头坏死的远期疗效分析[J]. 中国骨伤，2006，19(5)：276-278. DOI：10.3969/j.issn.1003-0034.2006.05.011. {WANG Xixun,ZHUGE Tianyu,CHEN Xuhui,SUN Jie,YUAN Hao,LI Endian,ZHENG Gaowei. Analysis of long-term results of treatment of Legg-Calve-Perthes disease with vascular bundle graft[J]. Zhongguo Gu Shang[China J Orthop Trauma(Article in Chinese;Abstract in Chinese and English)],2006,19(5):276-278. DOI:10.3969/j.issn.1003-0034.2006.05.011.}

[15020] 李裕标，罗剑，陈观华，黄俊，郭珊成，黄志勇. 带血管髂骨瓣移植治疗股骨头缺血性坏死[J]. 创伤外科杂志，2006，8(1)：43-45. DOI：10.3969/j.issn.1009-4237.2006.01.016. {LI Yubiao,LUO Jian,CHEN Guanhua,HUANG Jun,GUO Shancheng,HUANG Zhiyong. Treatment of avascular necrosis of femoral head by grafting iliac bone flap with deep iliac circunmflex vessel[J]. Chuang Shang Wai Ke Za Zhi[J Traum Surg(Article in Chinese;Abstract in Chinese and English)],2006,8(1):43-45. DOI:10.3969/j.issn.1009-4237.2006.01.016.}

[15021] 于胜军，王诗军，杨志勇，刘万军，孙明，侯忠军. 桡动脉腕掌支蒂桡骨瓣移植治疗腕月骨骨坏死[J]. 中华显微外科杂志，2006，29(4)：310-311. DOI：10.3760/cma.j.issn.1001-2036.2006.04.032. {YU Shengjun,WANG Shijun,YANG Zhiyong,LIU Wanjun,SUN Ming,HOU Zhongjun. Transplantation of radial bone flap pedicled with carpometacarpal branch of radial artery for treatment of scapulolunate osteonecrosis[J]. Zhonghua Xian Wei Wai Ke Za Zhi[Chin J Microsurg(Article in Chinese;Abstract in Chinese)],2006,29(4):310-311. DOI:10.3760/cma.j.issn.1001-2036.2006.04.032.}

[15022] 黄征难，贾保军，雷鸣，汤海萍，姜凯. 血管化游离腓骨皮瓣修复下颌移植骨骨坏死一例[J]. 中华整形外科杂志，2006，22(2)：159-160. DOI：10.3760/j.issn：1009-4598.2006.02.030. {HUANG Zhengnan,JIA Baojun,LEI Ming,TANG Haiping,JIANG Kai. Vascularized free fibular flap for repairing osteonecrosis of mandible graft:a case report[J]. Zhonghua Zheng Xing Wai Ke Za Zhi[Chin J Plast Surg(Article in Chinese;Abstract in Chinese)],2006,22(2):159-160. DOI:10.3760/j.issn:1009-4598.2006.02.030.}

[15023] 林昂如，任高宏，陈炅昊，裴国献. 多肌蒂髂骨瓣治疗股骨头缺血性坏死[J]. 中华创伤骨科杂志，2007，9(7)：619-621. DOI：10.3760/cma.j.issn.1671-7600.2007.07.006. {LIN Angru,REN Gaohong,CHEN Jionghao,PEI Guoxian. Treatment of osteonecrosis of the femoral head using iliac flaps with multiple muscle pedicles[J]. Zhonghua Chuang Shang Gu Ke Za Zhi[Chin J Orthop Trauma(Article in Chinese;Abstract in Chinese and English)],2007,9(7):619-621. DOI:10.3760/cma.j.issn.1671-7600.2007.07.006.}

[15024] 张晓文，张春，郭峭峰，马苟平，沈立锋，俞华军. 带阔筋膜张肌髂骨瓣移植治疗股骨头缺血性坏死[J]. 中国骨伤，2007，20(8)：525-526. DOI：10.3969/j.issn.1003-0034.2007.08.009. {ZHANG Xiaowen,ZHANG Chun,GUO Qiaofeng,MA Gouping,SHEN Lifeng,YU Huajun. The vascular pedicled iliac crest grafting with musculus tensor fasciae latae transplant to repair and treat avascular necrosis of the femoral head[J]. Zhongguo Gu Shang[China J Orthop Trauma(Article in Chinese;Abstract in Chinese and

English)],2007,20(8):525-526. DOI:10.3969/j.issn.1003-0034.2007.08.009.}

[15025] 张克民，赵德伟. 髓芯减压自体骨髓细胞移植与带血管蒂骨瓣转位治疗股骨头缺血坏死的比较[J]. 中国骨与关节损伤杂志，2007，22(1)：16-19. DOI：10.3969/j.issn.1672-9935.2007.01.006. {ZHANG Kemin,ZHAO Dewei. A comparative study on treatment of ischemic necrosis of femoral head using decompression and reconstituted autologous bone marrow cells transplantation vs transplantation of vascularized bone flap grafting[J]. Zhongguo Gu Yu Guan Jie Sun Shang Za Zhi[Chin J Bone Joint Injury(Article in Chinese;Abstract in Chinese and English)],2007,22(1):16-19. DOI:10.3969/j.issn.1672-9935.2007.01.006.}

[15026] 王雨，王爱民，沈岳，孙红振，杜全印，郭庆山，王子明，赵玉峰，吴思宇，唐颖. 带旋髂深血管髂骨瓣与人工髋关节置换联合Ⅰ期治疗双侧股骨头无菌性坏死[J]. 创伤外科杂志，2007，9(3)：222-224. DOI：10.3969/j.issn.1009-4237.2007.03.009. {WANG Yu,WANG Aimin,SHEN Yue,SUN Hongzhen,DU Quanyin,GUO Qingshan,WANG Ziming,ZHAO Yufeng,WU Siyu,TANG Ying. Treatment of osteonecrosis of bilateral femoral head by vascularized iliac bone graft and total hip arthoplasty[J]. Chuang Shang Wai Ke Za Zhi[J Traum Surg(Article in Chinese;Abstract in Chinese and English)],2007,9(3):222-224. DOI:10.3969/j.issn.1009-4237.2007.03.009.}

[15027] 赵德伟，王本杰. 微创带血管蒂骨瓣转移术在股骨头缺血性坏死中的应用[J]. 中华医学杂志，2007，87(29)：2036-2040. DOI：10.3760/j.issn：0376-2491.2007.29.007. {ZHAO Dewei,WANG Benjie. Treatment of osteonecrosis of femoral head with minimally invasive vascularized bone grafting[J]. Zhonghua Yi Xue Za Zhi[Natl Med J China(Article in Chinese;Abstract in Chinese and English)],2007,87(29):2036-2040. DOI:10.3760/j.issn:0376-2491.2007.29.007.}

[15028] 范启申，周祥吉，尹明杰，刘勇，高学建，何正，窦洪磊. 皮(肌)瓣治疗小腿长段骨坏死实验研究与临床应用[J]. 中国矫形外科杂志，2007，15(4)：268-269，插3-插4. DOI：10.3969/j.issn.1005-8478.2007.04.010. {FAN Qishen,ZHOU Xiangji,YIN Mingjie,LIU Yong,GAO Xuejian,HE Zheng,DOU Honglei. Investigation and clinical application of cutaneous-muscular flap in treatment of leg long segmental necrosis[J]. Zhongguo Jiao Xing Wai Ke Za Zhi[Orthop J China(Article in Chinese;Abstract in Chinese and English)],2007,15(4):268-269,insert 3-insert 4. DOI:10.3969/j.issn.1005-8478.2007.04.010.}

[15029] 赵德伟. 股骨头缺血性坏死微创及显微外科治疗进展[J]. 中华显微外科杂志，2008，31(1)：7-8. DOI：10.3760/cma.j.issn.1001-2036.2008.01.004. {ZHAO Dewei. Progress in minimally invasive and microsurgical treatment of avascular necrosis of femoral head[J]. Zhonghua Xian Wei Wai Ke Za Zhi[Chin J Microsurg(Article in Chinese;No abstract available)],2008,31(1):7-8. DOI:10.3760/cma.j.issn.1001-2036.2008.01.004.}

[15030] 赵德伟，崔大平，郭林，王本杰，田丰德. 关节镜下自体干细胞体外培养回植治疗早期股骨头坏死的临床研究[J]. 中华显微外科杂志，2008，31(1)：20-22，插3. DOI：10.3760/cma.j.issn.1001-2036.2008.01.009. {ZHAO Dewei,CUI Daping,GUO Lin,WANG Benjie,TIAN Fengde. Clinical on arthroscope treatment of early osteonecrosis of femoral head by autograft of mesenchymal stem cells[J]. Zhonghua Xian Wei Wai Ke Za Zhi[Chin J Microsurg(Article in Chinese;Abstract in Chinese and English)],2008,31(1):20-22,insert 3. DOI:10.3760/cma.j.issn.1001-2036.2008.01.009.}

[15031] 党洪胜，裴福兴，沈彬，杨静，周宗科，康鹏德. 人肝细胞生长因子基因转染成骨细胞移植治疗早期股骨头缺血性坏死的实验研究[J]. 中华显微外科杂志，2008，31(1)：35-38，插4. DOI：10.3760/cma.j.issn.1001-2036.2008.01.014. {DANG Hongsheng,PEI Fuxing,SHEN Bin,YANG Jing,ZHOU Zongke,KANG Pengde. Promotion of the restoration of early avascular necrosis of femoral head by transplanted osteoblast transfected with hHGF gene[J]. Zhonghua Xian Wei Wai Ke Za Zhi[Chin J Microsurg(Article in Chinese;Abstract in Chinese and English)],2008,31(1):35-38,insert 4. DOI:10.3760/cma.j.issn.1001-2036.2008.01.014.}

[15032] 颜景涛，赵德伟，王本杰，刘宇鹏. 股骨头骨折后并发股骨头缺血性坏死的治疗[J]. 中华显微外科杂志，2008，31(5)：344-346. DOI：10.3760/cma.j.issn.1001-2036.2008.05.008. {YAN Jingtao,ZHAO Dewei,WANG Benjie,LIU Yupeng. Treatment of femoral head of patients with osteonecrosis of the femoral head fracture[J]. Zhonghua Xian Wei Wai Ke Za Zhi[Chin J Microsurg(Article in Chinese;Abstract in Chinese and English)],2008,31(5):344-346. DOI:10.3760/cma.j.issn.1001-2036.2008.05.008.}

[15033] 范启申，周祥吉，潘昭勋. 增加股骨头供血治疗小儿股骨头缺血性坏死[J]. 中华显微外科杂志，2008，31(6)：464-466. DOI：10.3760/cma.j.issn.1001-2036.2008.06.028. {FAN Qishen,ZHOU Xiangji,PAN Zhaoxun. Treatment of avascular necrosis of femoral head in children by increasing blood supply to femoral head[J]. Zhonghua Xian Wei Wai Ke Za Zhi[Chin J Microsurg(Article in Chinese;Abstract in Chinese)],2008,31(6):464-466. DOI:10.3760/cma.j.issn.1001-2036.2008.06.028.}

[15034] 张功林，章鸣. 带血管骨移植治疗股骨头无菌性坏死进展[J]. 中国骨伤，2008，21(7)：556-558. DOI：10.3969/j.issn.1003-0034.2008.07.035. {ZHANG Gonglin,ZHANG Ming. Progress of vascularized bone grafting for the treatment of avascular osteonecrosis of the femoral head[J]. Zhongguo Gu Shang[China J Orthop Trauma(Article in Chinese;Abstract in Chinese and English)],2008,21(7):556-558. DOI:10.3969/j.issn.1003-0034.2008.07.035.}

[15035] 王义生，殷力，吴学建，刘宏建. 带肌蒂骨瓣移植术治疗股骨头坏死[J]. 中华关节外科杂志(电子版)，2008，2(1)：4-9. DOI：10.3969/j.issn.1674-134X.2008.01.002. {WANG Yisheng,YIN Li,WU Xuejian,LIU Hongjian. Treatment osteonecrosis of femoral head with the bone grafting pedicled with muscle[J]. Zhonghua Guan Jie Wai Ke Za Zhi Dian Zi Ban[Chin J Joint Surg(Electr Ed)(Article in Chinese;Abstract in Chinese and English)],2008,2(1):4-9. DOI:10.3969/j.issn.1674-134X.2008.01.002.}

[15036] 刘瑾，刘新成，谈敬忠. 旋髂深血管蒂骨瓣移植预防先髋术后股骨头坏死[J]. 实用骨科杂志，2008，14(6)：339-341. DOI：10.3969/j.issn.1008-5572.2008.06.008. {LIU Jin,LIU Xincheng,TAN Jingzhong. Clinical study of prevention DDH postoperation femoral head necrosis with rotation iliac deep blood vessel stalk osteopastic flap transplantation[J]. Shi Yong Gu Ke Za Zhi[J Pract Orthop(Article in Chinese;Abstract in Chinese and English)],2008,14(6):339-341. DOI:10.3969/j.issn.1008-5572.2008.06.008.}

[15037] 王加宽，葛卫宝，李俊，肖夕凤. 旋髂深血管蒂骨膜瓣与旋股外血管蒂阔筋膜张肌髂骨瓣复合移植治疗成人股骨头缺血性坏死[J]. 实用手外科杂志，2008，22(3)：158-160. DOI：10.3969/j.issn.1671-2722.2008.03.012. {WANG Jiakuan,GE Weibao,LI Jun,XIAO Xifeng. Tissue transplantation of pedicled deep circumflex iliac vessels periosteal flap with tensor fascia latae pedicled iliac bone flap of ascending branch of lateral femoral circumflex vessel for treatment of advanced osteonecrosis of femoral head in adolesce[J]. Shi Yong Shou Wai Ke Za Zhi[Chin J Pract Hand Surg(Article in Chinese;Abstract in Chinese and English)],2008,22(3):158-160. DOI:10.3969/j.issn.1671-2722.2008.03.012.}

[15038] 赵德伟，田丰德，郭林，杨磊，王本杰，陈秉智. 带血管蒂大转子骨瓣转移治疗股骨头缺血坏死的生物力学研究[J]. 中国临床解剖学杂志，2009，27(5)：580-583. DOI：10.13418/j.issn.1001-165X.2009.05.041. {ZHAO Dewei,TIAN Fengde,GUO Lin,YANG Lei,WANG Benjie,CHEN Bingzhi. Biomechanical study of vascularised greater trochanter bone flap in treatment of necrosis of femoral head:finite dement analysis[J]. Zhongguo Lin Chuang Jie Pou Xue Za Zhi[Chin J Clin Anat(Article in Chinese;Abstract in Chinese and English)],2009,27(5):580-583. DOI:10.13418/j.issn.1001-165X.2009.05.041.}

[15039] 赵德伟. 带血管蒂骨瓣移植治疗股骨头坏死的经验与技巧[J]. 中华显微外科杂志，2009，32(4)：265-266. DOI：10.3760/cma.j.issn.1001-2036.2009.04.001. {ZHAO Dewei. Experience and skills of vascularized bone flap transplantation in the treatment of avascular necrosis of the femoral head[J]. Zhonghua Xian Wei Wai Ke Za Zhi[Chin J Microsurg(Article in Chinese;No abstract available)],2009,32(4):265-266. DOI:10.3760/cma.j.issn.1001-2036.2009.04.001.}

[15040] 陈圣宝，张长青，金东旭，盛加根，曾炳芳. 影响吻合血管腓骨移植治疗股骨头坏死疗效的相关因素分析[J]. 中华显微外科杂志，2009，32(4)：266-270. DOI：10.3760/cma.j.issn.1001-2036.2009.04.002. {CHEN Shengbao,ZHANG Changqing,JIN Dongxu,SHENG Jiagen,ZENG Bingfang. Analysis of factors related to free vascularized fibular grafting for avascular necrosis of the femoral head[J]. Zhonghua Xian Wei Wai Ke Za Zhi[Chin J Microsurg(Article in Chinese;Abstract in Chinese and English)],2009,32(4):266-270. DOI:10.3760/cma.j.issn.1001-2036.2009.04.002.}

[15041] 王本杰，赵德伟，郭林. 单纯带血管蒂骨瓣转移与联合钽棒植入治疗股骨头缺血性坏死的比较研究[J]. 中华显微外科杂志，2009，32(4)：271-274，插1. DOI：10.3760/cma.j.issn.1001-2036.2009.04.003. {WANG Benjie,ZHAO Dewei,GUO Lin. A comparative study of treatment for necrosis of the femoral head by vascularized iliac bone flap combined with or without tantalum screw[J]. Zhonghua Xian Wei Wai Ke Za Zhi[Chin J Microsurg(Article in Chinese;Abstract in Chinese and English)],2009,32(4):271-274,insert 1. DOI:10.3760/cma.j.issn.1001-2036.2009.04.003.}

[15042] 吴斗，刘强，李钢，韩树峰，吴晋普. 血管束骨内移植治疗青少年股骨头缺血性坏死[J]. 中华显微外科杂志，2009，32(4)：275-277，插1. DOI：10.3760/cma.j.issn.1001-2036.2009.04.005. {WU Dong,LIU Qiang,LI Gang,HAN Shufeng,WU Jinpu. Treatment for necrosis of the femoral bead by vascular bundle grafting[J]. Zhonghua Xian Wei Wai Ke Za Zhi[Chin J Microsurg(Article in Chinese;Abstract in Chinese and English)],2009,32(4):275-277,insert 1. DOI:10.3760/cma.j.issn.1001-2036.2009.04.005.}

[15043] 张会久，胡雅光，杨英杰. 旋股外侧血管升支髂骨瓣移植治疗股骨头缺血性坏死[J]. 中华显微外科杂志，2009，32(6)：457. DOI：10.3760/cma.j.issn.1001-2036.2009.06.008. {ZHANG Huijiu,HU Yaguang,YANG Yingjie. Treatment of avascular necrosis of femoral head with iliac bone flap pedicled with ascending branch of lateral circumflex femoral artery[J]. Zhonghua Xian Wei Wai Ke Za Zhi[Chin J Microsurg(Article in Chinese;No abstract available)],2009,32(6):457. DOI:10.3760/cma.j.issn.1001-2036.2009.06.008.}

[15044] 张功林，章鸣. 吻合血管的腓骨移植治疗股骨头缺血性坏死进展[J]. 中国骨伤，2009，22(1)：76-78. DOI：10.3969/j.issn.1003-0034.2009.01.037. {ZHANG Gonglin,ZHANG Ming. Therapeutic progress of avascular osteonecrosis of the femoral head using a fibular graft by vascular anastomosis[J]. Zhongguo Gu Shang[China J Orthop Trauma(Article in Chinese;Abstract in Chinese and English)],2009,22(1):76-78. DOI:10.3969/j.issn.1003-0034.2009.01.037.}

[15045] 邢立峰，周玲玲，唐明，曹斌，王颖. 带血管蒂髂骨瓣移植联合活血补肾汤治疗股骨头缺血性坏死的临床研究[J]. 国际骨科学杂志，2009，30(4)：261-263. DOI：10.3969/j.issn.1673-7083.2009.04.017. {XING Lifeng,ZHOU Lingling,TANG Ming,CAO Bin,WANG Ying. Clinical study on vascularized iliac bone grafting combined with huoxue bushen decoction for treatment of femoral head avascular necrosis[J]. Guo Ji Gu Ke Xue Za Zhi [Int J Orthop(Article in Chinese;Abstract in Chinese and English)],2009,30(4):261-263. DOI:10.3969/j.issn.1673-7083.2009.04.017.}

[15046] 咸宝山，孙渊，咸如良. 带旋髂深血管蒂髂骨转位移植治疗股骨头坏死[J]. 实用骨科杂志，2009，15(10)：750-753，插2. DOI：10.3969/j.issn.1008-5572.2009.10.010. {XIAN Baoshan,SUN Yuan,XIAN Ruliang. Treatment of osteonecrosis of the femoral head using vascular pedicle bone graft[J]. Shi Yong Gu Ke Za Zhi[J Pract Orthop(Article in Chinese;Abstract in Chinese and English)],2009,15(10):750-753,insret 2. DOI:10.3969/j.issn.1008-5572.2009.10.010.}

[15047] 李军伟，王义生，杨国辉，李劲峰，杨杰，杨广辉. 股方肌蒂骨柱加钛网伞状支撑术治疗非创伤性股骨头坏死的初步临床观察[J]. 中华骨科杂志，2010，30(1)：37-41. DOI：10.3760/cma.j.issn.0253-2352.2010.01.010. {LI Junwei,WANG Yisheng,YANG Guohui,LI Jinfeng,YANG Jie,YANG Guanghui. Clinical observation of deliquesce strut with titanium web and cage containing bone grafting pedicled with femoral quadratus to treat non-traumatic osteonecrosis of the femoral head[J]. Zhonghua Gu Ke Za Zhi[Chin J Orthop(Article in Chinese;Abstract in Chinese and English)],2010,30(1):37-41. DOI:10.3760/cma.j.issn.0253-2352.2010.01.010.}

[15048] 咸宝山，姜文学，刘富，咸如良. 带旋髂深血管蒂髂骨与骨软骨联合移植治疗股骨头坏死[J]. 中华骨科杂志，2010，30(1)：62-66. DOI：10.3760/cma.j.issn.0253-2352.2010.01.015. {XIAN Baoshan,JIANG Wenxue,LIU Fu,XIAN Ruliang. Treatment of osteonecrosis of the femoral head by transplantation of vascular pedicled iliac bone combined with osteochondral autologous[J]. Zhonghua Gu Ke Za Zhi[Chin J Orthop(Article in Chinese;Abstract in Chinese and English)],2010,30(1):62-66. DOI:10.3760/cma.j.issn.0253-2352.2010.01.015.}

[15049] 官建中，周建生，肖玉周，刘振华. 带血管蒂骨膜瓣移植治疗幼犬股骨头坏死实验研究[J]. 中华显微外科杂志，2010，33(3)：217-220，后插5. DOI：10.3760/cma.j.issn.1001-2036.2010.03.018. {GUAN Jianzhong,ZHOU Jiansheng,XIAO Yuzhou,LIU Zhenhua. An experiment study of the vascular pedicled periosteum transfer for the treatment of femoral head necrosis in young dogs[J]. Zhonghua Xian Wei Wai Ke Za Zhi[Chin J Microsurg(Article in Chinese;Abstract in Chinese and English)],2010,33(3):217-220,insert 5. DOI:10.3760/cma.j.issn.1001-2036.2010.03.018.}

[15050] 陆晓生，彭昊，凌尚准. 病灶清除髓心减压带旋髂深血管蒂髂骨瓣移植治疗股骨头坏死[J]. 中国矫形外科杂志，2010，18(19)：1656-1657. {LU Xiaosheng,PENG Hao,LING Shangzhun. Treatment of osteonecrosis of femoral head (ONFH) by lesion removed core decompression combining with tissue transplantation of pedicled deep circumflex iliac vessels bone flap[J]. Zhongguo Jiao Xing Wai Ke Za Zhi[Orthop J China(Article in Chinese;Abstract in Chinese)],2010,18(19):1656-1657.}

[15051] 韩广谱，袁福禄，范立想，石国君，李晓明，杨宗宇，李国梁，张洪相. 吻合血管的腓骨移植治疗酒精性股骨头坏死21例[J]. 实用手外科杂志，2010，24(4)：265-266. DOI：10.3969/j.issn.1671-2722.2010.04.009. {HAN Guangpu,YUAN Fulu,FAN Lixiang,SHI Guojun,LI Xiaoming,YANG Zongyu,LI Guoliang,ZHANG Hongxiang. Treatment of alcohol-associated femoral head necrosis with vascularized fibular transfer[J]. Shi Yong Shou Wai Ke Za Zhi[Chin J Pract Hand Surg(Article in Chinese;Abstract in Chinese and English)],2010,24(4):265-266. DOI:10.3969/j.issn.1671-2722.2010.04.009.}

[15052] 张颖，刘又文，魏秋实，王金国，杨彬，李建明，张晓东. AVN钽棒置入与带旋髂深血管蒂髂骨瓣移植治疗股骨头坏死的早期疗效对比[J]. 中国矫形外科杂志，2011，19(15)：1311-1315. DOI：10.3977/j.issn.1005-8478.2011.15.23. {ZHANG Ying,LIU Youwen,WEI Qiushi,WANG Jinguo,YANG Bin,LI Jianming,ZHANG Xiaodong. Comparison of the early effect of AVN tantalum rod implantation and iliac bone flap pedicled with deep circumflex iliac artery transplantation in the treatment of femoral head necrosis[J]. Zhongguo Jiao Xing Wai Ke Za Zhi[Orthop J China(Article in Chinese;Abstract in Chinese)],2011,19(15):1311-1315. DOI:10.3977/j.issn.1005-8478.2011.15.23.}

[15053] 王本杰，赵德伟，郭林，杨磊，李志刚，崔大平，田丰德，刘保一. 带血管蒂髂骨瓣移位治疗股骨颈骨折术后股骨头缺血性坏死[J]. 中国修复重建外科杂志，2011，25(5)：526-529. {WANG Benjie,ZHAO Dewei,GUO Lin,YANG Lei,LI Zhigang,CUI Daping,TIAN Fengde,LIU Baoyi. Treatment of avascular necrosis of femoral head after femoral neck fracture with pedicled iliac

bone graft[J]. Zhongguo Xiu Fu Chong Jian Wai Ke Za Zhi[Chin J Repar Reconstr Surg(Article in Chinese;Abstract in Chinese and English)],2011,25(5):526-529.}

[15054] 刘晓琳，盛加根，张长青，金东旭，梅国华．单侧供体吻合血管游离腓骨移植治疗双侧股骨头缺血性坏死[J]．中国修复重建外科杂志，2011，25(6)：641－645．{LIU Xiaolin,SHENG Jiagen,ZHANG Changqing,JIN Dongxu,MEI Guohua. Treatment of bilateral avascular necrosis of femoral head by free vascularized fibula grafting with unilateral fibula as donor[J]. Zhongguo Xiu Fu Chong Jian Wai Ke Za Zhi[Chin J Repar Reconstr Surg(Article in Chinese;Abstract in Chinese and English)],2011,25(6):641-645.}

[15055] 徐永清，范新宇，唐辉，丁晶，李川，朱跃良，李军，赵万秋，王毅．旋股外动脉升支血管蒂髂骨瓣移植治疗成人股骨头坏死的临床分析[J]．中华关节外科杂志(电子版)，2012，6(2)：22－24．DOI：10.3877/cma.j.issn.1674－134X.2012.02.007．{XU Yongqing,FAN Xinyu,TANG Hui,DING Jing,LI Chuan,ZHU Yueliang,LI Jun,ZHAO Wanqiu,WANG Yi. Clinical analysis of pedicled iliac bone graft with ascending branch of lateral femoral circumflex artery for treatment of adult femoral head necrosis[J]. Zhonghua Guan Jie Wai Ke Za Zhi Dian Zi Ban[Chin J Joint Surg(Electr Ed)(Article in Chinese;Abstract in Chinese and English)],2012,6(2):22-24. DOI:10.3877/cma.j.issn.1674-134X.2012.02.007.}

[15056] 田雷，王坤正，党晓谦，王春生．吻合血管游离腓骨移植治疗股骨头坏死的中期及远期疗效评估[J]．中华关节外科杂志(电子版)，2012，6(6)：879－887．DOI：10.3877/cma.j.issn.1674－134X.2012.06.010．{TIAN Lei,WANG Kunzheng,DANG Xiaoqian,WANG Chunsheng. Long-term effects of vascularized fibular graft transplantation for avascular necrosis of femoral head[J]. Zhonghua Guan Jie Wai Ke Za Zhi Dian Zi Ban[Chin J Joint Surg(Electr Ed)(Article in Chinese;Abstract in Chinese and English)],2012,6(6):879-887. DOI:10.3877/cma.j.issn.1674-134X.2012.06.010.}

[15057] 蔡树鹏，刘尚礼，唐勇，陈燕涛．微创髓芯减压植骨支撑治疗非塌陷性股骨头无菌性坏死的疗效观察[J]．中国临床解剖学杂志，2013，31(3)：217－219．DOI：10.13418/j.issn.1001－165x.2013.02.033．{CAI Shupeng,LIU Shangli,TANG Yong,CHEN Yantao. Less invasive treatment for aseptic femoral head necrosis with Ficat Ⅱ and Ⅲ A patterns using core decompression and fibula strut graft[J]. Zhongguo Lin Chuang Jie Pou Xue Za Zhi[Chin J Clin Anat(Article in Chinese;Abstract in Chinese and English)],2013,31(3):217-219. DOI:10.13418/j.issn.1001-165x.2013.02.033.}

[15058] 邵华荣，于大海，曹建辉，潘硕，康慧君，郝明，李熙明，胡亚宁，雷芳．腓骨移植联合红骨髓与骨碎屑骨泥填充治疗股骨头坏死[J]．中华显微外科杂志，2013，36(1)：71－74．DOI：10.3760/cma.j.issn.1001－2036.2013.01.022．{SHAO Huarong,YU Dahai,CAO Jianhui,PAN Shuo,KANG Huijun,HAO Ming,LI Ximing,HU Yaning,LEI Fang. Fibula transplantation combined with red bone marrow and bone paste filling in the treatment of femoral head necrosis[J]. Zhonghua Xian Wei Wai Ke Za Zhi[Chin J Microsurg(Article in Chinese;Abstract in Chinese)],2013,36(1):71-74. DOI:10.3760/cma.j.issn.1001-2036.2013.01.022.}

[15059] 于志亮，张宁，杨义，王斌，高烁，赵小勇．带旋髂深血管蒂髂骨瓣及松质骨移植治疗成人股骨头缺血性坏死[J]．中国修复重建外科杂志，2013，27(7)：860－863．DOI：10.7507/1002－1892.20130188．{YU Zhiliang,ZHANG Ning,YANG Yi,WANG Bin,GAO Shuo,ZHAO Xiaoyong. Treatment of adult avascular necrosis of femoral head by transplanting iliac bone flap with deep iliac circumflex vessels and cancellous bone[J]. Zhongguo Xiu Fu Chong Jian Wai Ke Za Zhi[Chin J Repar Reconstr Surg(Article in Chinese;Abstract in Chinese and English)],2013,27(7):860-863. DOI:10.7507/1002-1892.20130188.}

[15060] 赵德伟，谢辉，王本杰，王威，崔大平，郭林，杨磊．带血管蒂髂骨瓣转移联合多孔钽金属棒植入治疗股骨头缺血性坏死[J]．中华显微外科杂志，2014，37(1)：29－34．DOI：10.3760/cma.j.issn.1001－2036.2014.01.010．{ZHAO Dewei,XIE Hui,WANG Benjie,WANG Wei,CUI Daping,GUO Lin,YANG Lei. Vascularized iliac grafting combined with tantalum rod implantation for osteonecrosis of the femoral head[J]. Zhonghua Xian Wei Wai Ke Za Zhi[Chin J Microsurg(Article in Chinese;Abstract in Chinese and English)],2014,37(1):29-34. DOI:10.3760/cma.j.issn.1001-2036.2014.01.010.}

[15061] 童德迪，陈山林，荣艳波，刘波，郭阳，易传军，徐海荣．术中三维计算机导航辅助吻合血管的腓骨移植治疗股骨头缺血坏死的临床研究[J]．中华显微外科杂志，2014，37(4)：328－333．DOI：10.3760/cma.j.issn.1001－2036.2014.04.004．{TONG Dedi,CHEN Shanlin,RONG Yanbo,LIU Bo,GUO Yang,YI Chuanjun,XU Hairong. Intra-operative three-dimensional computer navigation system assisted free vascularized fibular grafting for the treatment of osteonecrosis of the femoral head[J]. Zhonghua Xian Wei Wai Ke Za Zhi[Chin J Microsurg(Article in Chinese;Abstract in Chinese and English)],2014,37(4):328-333. DOI:10.3760/cma.j.issn.1001-2036.2014.04.004.}

[15062] 薛锋，张长青，柴垒宝，陈圣宝，丁亮．吻合血管游离腓骨移植治疗股骨头坏死的系统回顾[J]．中国骨与关节损伤杂志，2014，29(4)：322－324．DOI：10.7531/j.issn.1672－9935.2014.04.005．{XUE Feng,ZHANG Changqing,CHAI Leizi,CHEN Shengbao,DING Liang. Free vascularized fibular grafting for osteonecrosis of femoral head:a systemic review[J]. Zhongguo Gu Yu Guan Jie Sun Shang Za Zhi[Chin J Bone Joint Injury(Article in Chinese;Abstract in Chinese and English)],2014,29(4):322-324. DOI:10.7531/j.issn.1672-9935.2014.04.005.}

[15063] 姚运峰，康鹏德，吕浩，张积森，詹俊峰，薛晨曦，荆珏华．钻孔减压植骨和股方肌骨瓣植入治疗早期成人股骨头坏死的疗效比较[J]．中国骨与关节损伤杂志，2014，29(12)：1193－1195．DOI：10.7531/j.issn.1672－9935.2014.12.001．{YAO Yunfeng,KANG Pengde,LV Hao,ZHANG Jisen,ZHAN Junfeng,XUE ChenXi,JING Juehua. Comparison of effect of drilling core decompression and quadratus femoris muscle pedicle bone implantation in treatment of early adult osteonecrosis of femoral head[J]. Zhongguo Gu Yu Guan Jie Sun Shang Za Zhi[Chin J Bone Joint Injury(Article in Chinese;Abstract in Chinese and English)],2014,29(12):1193-1195. DOI:10.7531/j.issn.1672-9935.2014.12.001.}

[15064] 黄恺，王子明，杜全印，王雨，吴思宇，熊雁，王爱民．新手术：部分带阔筋膜张肌骨膜瓣移植术治疗儿童股骨头坏死的早期疗效观察[J]．中华关节外科杂志(电子版)，2014，8(5)：568－573．DOI：10.3877/cma.j.issn.1674－134X.2014.05.003．{HUANG Kai,WANG Ziming,DU Quanyin,WANG Yu,WU Siyu,XIONG Yan,WANG Aimin. Short-term observation on treatment of femur head necrosis in child by periosteal bone-flap transplantation with partial tensor fasciae latae:a new operation[J]. Zhonghua Guan Jie Wai Ke Za Zhi Dian Zi Ban[Chin J Joint Surg(Electr Ed)(Article in Chinese;Abstract in Chinese and English)],2014,8(5):568-573. DOI:10.3877/cma.j.issn.1674-134X.2014.05.003.}

[15065] 徐佩君，盛加根，徐镇，吴昊，徐海涛，徐斌，张长青．不断股直肌起点髋前侧入路行吻合血管游离腓骨治疗股骨头坏死的解剖学研究[J]．中华关节外科杂志(电子版)，2014，8(5)：574－577．DOI：10.3877/cma.j.issn.1674－134X.2014.05.004．{XU Peijun,SHENG Jiagen,XU Zhen,WU Hao,XU Haitao,XU Bin,ZHANG Changqing. Anatomical research on free vascularized fibular grafting treatment with modified anterior approach for femoral head osteonecrosis without detaching rectus femoris[J]. Zhonghua Guan Jie Wai Ke Za Zhi Dian Zi Ban[Chin J Joint Surg(Electr Ed)(Article in Chinese;Abstract in Chinese and English)],2014,8(5):574-577. DOI:10.3877/cma.j.issn.1674-134X.2014.05.004.}

[15066] 刘德淮，庄小强，白宇，陆生林．髓芯减压植骨术与缝匠肌肌骨瓣移植术治疗 Ficat Ⅲ期股骨头缺血性坏死的远期疗效比较[J]．实用骨科杂志，2014，20(6)：495－499．{LIU Dehuai,ZHUANG Xiaoqiang,BAI Yu,LU Shenglin. Comparison of intramedullary decompression with bone graft bone and flap muscle sartorious transfers in treatment of ficat- Ⅲ femoral head avascular necrosis[J]. Shi Yong Gu Ke Za Zhi[J Pract Orthop(Article in Chinese;Abstract in Chinese and English)],2014,20(6):495-499.}

[15067] 李军伟，李鑫，王义生，张弛．股方肌蒂骨柱加钛网伞状支撑术治疗酒精性股骨头坏死5年随访研究[J]．中华骨科杂志，2015，35(8)：787－794．DOI：10.3760/cma.j.issn.0253－2352.2015.08.001．{LI Junwei,LI Xin,WANG Yisheng,ZHANG Chi. Five-year-follow up comparative study of bone grafting pedicled with the femoral quadratus augmented with a titanium mesh for alcohol-induced osteonecrosis of the femoral head[J]. Zhonghua Gu Ke Za Zhi[Chin J Orthop(Article in Chinese;Abstract in Chinese and English)],2015,35(8):787-794. DOI:10.3760/cma.j.issn.0253-2352.2015.08.001.}

[15068] 赵德伟．股骨头缺血性坏死的微创手术与显微修复[J]．中华显微外科杂志，2015，38(3)：209－210．DOI：10.3760/cma.j.issn.1001－2036.2015.03.001．{ZHAO Dewei. Minimally invasive surgery and microsurgical repair of avascular necrosis of the femoral head[J]. Zhonghua Xian Wei Wai Ke Za Zhi[Chin J Microsurg(Article in Chinese;No abstract available)],2015,38(3):209-210. DOI:10.3760/cma.j.issn.1001-2036.2015.03.001.}

[15069] 徐栋梁．加强股骨头缺血性坏死循证治疗研究[J]．中华显微外科杂志，2015，38(3)：211－213．DOI：10.3760/cma.j.issn.1001－2036.2015.03.002．{XU Dongliang. Evidence-based study of the treatment for avascular necrosis of the femoral head[J]. Zhonghua Xian Wei Wai Ke Za Zhi[Chin J Microsurg(Article in Chinese;No abstract available)],2015,38(3):211-213. DOI:10.3760/cma.j.issn.1001-2036.2015.03.002.}

[15070] 费腾，陈增淦，张璟，潘建锋，李朔，郭常安，阎作勤．改良吻合血管腓骨移植治疗股骨头缺血性坏死[J]．中华显微外科杂志，2015，38(3)：222－225．DOI：10.3760/cma.j.issn.1001－2036.2015.03.005．{FEI Teng,CHEN Zenggan,ZHANG Jing,PAN Jianfeng,LI Shuo,GUO Chang'an,YAN Zuoqin. Modified free vascularized fibular grafting for the osteonecrosis of the femoral head[J]. Zhonghua Xian Wei Wai Ke Za Zhi[Chin J Microsurg(Article in Chinese;Abstract in Chinese and English)],2015,38(3):222-225. DOI:10.3760/cma.j.issn.1001-2036.2015.03.005.}

[15071] 王金龙，杨述华，叶树楠，王晶，刘先哲．人工骨支撑棒结合脱钙骨基质治疗股骨头缺血性坏死的临床观察[J]．中华显微外科杂志，2015，38(3)：226－230．DOI：10.3760/cma.j.issn.1001－2036.2015.03.006．{WANG Jinlong,YANG Shuhua,YE Shunan,WANG Jing,LIU Xianzhe. Clinical observation of artificial bone rod combined with decalcified bone matrix for the treatment of osteonecrosis of the femoral head[J]. Zhonghua Xian Wei Wai Ke Za Zhi[Chin J Microsurg(Article in Chinese;Abstract in Chinese and English)],2015,38(3):226-230. DOI:10.3760/cma.j.issn.1001-2036.2015.03.006.}

[15072] 傅维民，赵德伟，王本杰，马志杰，王建川．带旋股外侧动脉升支髂骨骨膜瓣植入治疗儿童股骨头缺血性坏死[J]．中华显微外科杂志，2015，38(3)：231－234．DOI：10.3760/cma.j.issn.1001－2036.2015.03.007．{FU Weimin,ZHAO Dewei,WANG Benjie,MA Zhijie,WANG Jianchuan. The iliac periosteal flap with ascending branch of lateral femoral circumflex artery for the treatment of Legg-Calvé-Perthes disease[J]. Zhonghua Xian Wei Wai Ke Za Zhi[Chin J Microsurg(Article in Chinese;Abstract in Chinese and English)],2015,38(3):231-234. DOI:10.3760/cma.j.issn.1001-2036.2015.03.007.}

[15073] 张弛，孙俊魁，王秀利，王义生．带股方肌蒂的骨瓣移植术治疗成人股骨头缺血性坏死的疗效[J]．中华显微外科杂志，2015，38(3)：235－237．DOI：10.3760/cma.j.issn.1001－2036.2015.03.008．{ZHANG Chi,SUN Junkui,WANG Xiuli,WANG Yisheng. Effects of the bone grafting pedicled with femoral quadratus for the osteonecrosis of femoral head[J]. Zhonghua Xian Wei Wai Ke Za Zhi[Chin J Microsurg(Article in Chinese;Abstract in Chinese and English)],2015,38(3):235-237. DOI:10.3760/cma.j.issn.1001-2036.2015.03.008.}

[15074] 张洋，史占军．关节镜辅助下股骨头缺血性坏死的外科治疗[J]．中华显微外科杂志，2015，38(3)：310－312．DOI：10.3760/cma.j.issn.1001－2036.2015.03.034．{ZHANG Yang,SHI Zhanjun. Arthroscopic assisted surgical treatment of avascular necrosis of the femoral head[J]. Zhonghua Xian Wei Wai Ke Za Zhi[Chin J Microsurg(Article in Chinese;No abstract available)],2015,38(3):310-312. DOI:10.3760/cma.j.issn.1001-2036.2015.03.034.}

[15075] 王雨，王爱民，杜全印，王子明，吴思宇，骆晓峰．单纯钽棒与钽棒联合自体骨移植治疗早期股骨头坏死的临床对比观察[J]．中华显微外科杂志，2015，38(4)：363－366．DOI：10.3760/cma.j.issn.1001－2036.2015.04.014．{WANG Yu,WANG Aimin,DU Quanyin,WANG Ziming,WU Siyu,LUO Xiaofeng. Tantalum rod implantation combined with bone transplantation in the treatment of early stage osteonecrosis of the femoral head[J]. Zhonghua Xian Wei Wai Ke Za Zhi[Chin J Microsurg(Article in Chinese;Abstract in Chinese and English)],2015,38(4):363-366. DOI:10.3760/cma.j.issn.1001-2036.2015.04.014.}

[15076] 吴敏，官建中，肖玉周，周建生，张长春，代秀松，王晓盼，王照东．带旋髂深血管蒂骨膜瓣植入治疗未成年股骨颈骨折术后股骨头缺血性坏死[J]．中国修复重建外科杂志，2015，29(3)：275－279．DOI：10.7507/1002－1892.20150059．{WU Min,GUAN Jianzhong,XIAO Yuzhou,ZHOU Jiansheng,ZHANG Changchun,DAI Xiusong,WANG Xiaopan,WANG Zhaodong. Pedicled iliac periosteal flap graft for avascular necrosis of femoral head after femoral neck fracture in adolescents[J]. Zhongguo Xiu Fu Chong Jian Wai Ke Za Zhi[Chin J Repar Reconstr Surg(Article in Chinese;Abstract in Chinese and English)],2015,29(3):275-279. DOI:10.7507/1002-1892.20150059.}

[15077] 张颖，冯立志，刘又文，何伟．缝匠肌骨瓣和旋髂深骨瓣治疗青壮年早期非创伤性股骨头坏死的疗效对比[J]．中国矫形外科杂志，2016，24(1)：18－23．DOI：10.3977/j.issn.1005－8478.2016.01.04．{ZHANG Ying,FENG Lizhi,LIU Youwen,HE Wei. Treatment of early non-traumatic osteonecrosis of the femoral head in young adults:the comparison between sartorius bone flap and circumflex iliac deep bone flap transplantations[J]. Zhongguo Jiao Xing Wai Ke Za Zhi[Orthop J China(Article in Chinese;Abstract in Chinese and English)],2016,24(1):18-23. DOI:10.3977/j.issn.1005-8478.2016.01.04.}

[15078] 张颖，刘又文，何伟．两种骨瓣治疗青壮年早期非创伤性股骨头坏死的中期随访结果对比[J]．中国矫形外科杂志，2016，24(19)：1760－1764．DOI：10.3977/j.issn.1005－8478.2016.19.07．{ZHANG Ying,LIU Youwen,HE Wei. Sartorius versus deep iliac bone flap transplantation for non traumatic avascular necrosis of the femoral head in young adults[J]. Zhongguo Jiao Xing Wai Ke Za Zhi[Orthop J China(Article in Chinese;Abstract in Chinese and English)],2016,24(19):1760-1764. DOI:10.3977/j.issn.1005-8478.2016.19.07.}

[15079] 吴敏，官建中，肖玉周，周建生，代秀松，王照东，陈笑天．带旋髂深血管蒂髂骨瓣植入治疗 Ficat Ⅱ期及Ⅲ期股骨头缺血性坏死的远期疗效[J]．中国修复重建外科杂志，2016，30(11)：1326－1330．DOI：10.7507/1002－1892.20160272．{WU Min,GUAN Jianzhong,XIAO Yuzhou,ZHOU Jiansheng,DAI Xiusong,WANG Zhaodong,CHEN Xiaotian. Long-term effectiveness of transplantation of iliac bone flap pedicled with deep iliac circumflex vessels for avascular necrosis of femoral head at stage Ⅱ and Ⅲ [J]. Zhongguo Xiu Fu Chong Jian Wai Ke Za Zhi[Chin J Repar Reconstr Surg(Article in Chinese;Abstract in Chinese and English)],2016,30(11):1326-1330. DOI:10.7507/1002-1892.20160272.}

[15080] 张健，殷富裕，彭吾训．带股方肌蒂骨瓣移位治疗成人股骨头缺血性坏死的疗效及安全性分析[J]．中国临床解剖学杂志，2017，35(3)：228－231．DOI：10.13418/j.issn.1001－165x.2017.02.023．{ZHANG Jian,YIN Fuyu,PENG Wuxun. Effect and safety analysis of treatment of ischemic necrosis of femoral head in adult patients treated with transplantation of bone flap pedicled with femoral muscle pedicle[J]. Zhongguo Lin Chuang Jie Pou Xue Za Zhi[Chin J Clin Anat(Article in Chinese;Abstract in Chinese and English)],2017,35(3):228-231. DOI:10.13418/j.issn.1001-165x.2017.02.023.}

[15081] 赵德伟，程亮亮．国内股骨头坏死保留髋关节手术治疗的十年回顾[J]．中华骨科杂志，

2017，37（3）：183-192. DOI：10.3760/cma.j.issn.0253-2352.2017.03.008. {ZHAO Dewei,CHENG Liangliang. Past decade on hip-preserving surgery for osteonecrosis of femoral head treatment in China[J]. Zhonghua Gu Ke Za Zhi[Chin J Orthop(Article in Chinese;Abstract in Chinese and English)],2017,37(3):183-192. DOI:10.3760/cma.j.issn.0253-2352.2017.03.008.}

[15082] 王秀利，王义生，吴学建，赵璇，张毅，马源，李明，乔志. 自体骨髓干细胞种植骨诱导活性材料移植联合髓芯减压术治疗早期股骨头坏死 [J]. 中华显微外科杂志，2017，40（2）：142-145. DOI：10.3760/cma.j.issn.1001-2036.2017.02.010. {WANG Xiuli,WANG Yisheng,WU Xuejian,ZHAO Xuan,ZHANG Yi,MA Yuan,LI Ming,QIAO Zhi. Autologous bone marrow stem cells implantation to bone inducing active material combined with core decompression in the treatment of early femoral head osteonecrosis[J]. Zhonghua Xian Wei Wai Ke Za Zhi[Chin J Microsurg(Article in Chinese;Abstract in Chinese and English)],2017,40(2):142-145. DOI:10.3760/cma.j.issn.1001-2036.2017.02.010.}

[15083] 董帅，蔡喜雨，朱征威，李杰，郑水长，胡大蛟，李毅，吴庆菊. 吻合血管游离腓骨移植治疗青壮年股骨头坏死 85 例 [J]. 中华显微外科杂志，2017，40（3）：237-240. DOI：10.3760/cma.j.issn.1001-2036.2017.03.008. {DONG Shuai,CAI Xiyu,ZHU Zhengwei,LI Jie,ZHENG Shuichang,HU DaJiao,LI Yi,WU Qingju. Clinical research of free vascularized fibular grafting for osteonecrosis of femoral head[J]. Zhonghua Xian Wei Wai Ke Za Zhi[Chin J Microsurg(Article in Chinese;Abstract in Chinese and English)],2017,40(3):237-240. DOI:10.3760/cma.j.issn.1001-2036.2017.03.008.}

[15084] 吴伟，喻爱喜，漆白文，李般若，李宗焕. 不同骨瓣修复股骨头坏死的生物力学有限元分析 [J]. 中华显微外科杂志，2017，40（3）：260-262. DOI：10.3760/cma.j.issn.1001-2036.2017.03.014. {WU Wei,YU Aixi,QI Baiwen,LI Banruo,LI Zonghuan. Biomechanical finite element analysis of different bone flaps in repairing femoral head necrosis[J]. Zhonghua Xian Wei Wai Ke Za Zhi[Chin J Microsurg(Article in Chinese;Abstract in Chinese)],2017,40(3):260-262. DOI:10.3760/cma.j.issn.1001-2036.2017.03.014.}

[15085] 赵杰，赵德伟，许东，田丰德，连志强，刘保一. 钽棒联合带血管蒂髂骨瓣转移治疗股骨头缺血性坏死的有限元研究 [J]. 中华骨与关节外科杂志，2017，10（2）：136-139，147. DOI：10.3969/j.issn.2095-9958.2017.02-11. {ZHAO Jie,ZHAO Dewei,XU Dong,TIAN Fengde,LIAN Zhiqiang,LIU Baoyi. Finite element study of tantalum screw combined with vascularized iliac bone flap grafting for osteonecrosis of femoral head[J]. Zhonghua Gu Yu Guan Jie Wai Ke Za Zhi [Chin J Bone Joint Surg(Article in Chinese;Abstract in Chinese and English)],2017,10(2):136-139,147. DOI:10.3969/j.issn.2095-9958.2017.02-11.}

[15086] 赵德伟，谢辉，王子华，王本杰，刘保一，杨磊. 带旋股外侧血管升支髂骨瓣转移治疗股骨头缺血性坏死的临床研究 [J]. 中华关节外科杂志（电子版），2017，11（3）：234-239. DOI：10.3877/cma.j.issn.1674-134X.2017.03.004. {ZHAO Dewei,XIE Hui,WANG Zihua,WANG Benjie,LIU Baoyi,YANG Lei. Clinical study on treatment of avascular necrosis of femoral head with ascending branch of lateral circumflex femoral artery[J]. Zhonghua Guan Jie Wai Ke Za Zhi Dian Zi Ban[Chin J Joint Surg(Electr Ed)(Article in Chinese;Abstract in Chinese and English)],2017,11(3):234-239. DOI:10.3877/cma.j.issn.1674-134X.2017.03.004.}

[15087] 程根熙. 缝匠肌骨瓣加内固定治疗青壮年股骨颈骨折后股骨头坏死分析 [J]. 实用骨科杂志，2017，23（7）：604-608. {CHENG Genxi. Osteonecrosis of femur head after femur neck fracture with the treatment of internal fixation and sartorius iliac flap transplant[J]. Shi Yong Gu Ke Za Zhi[J Pract Orthop(Article in Chinese;Abstract in Chinese and English)],2017,23(7):604-608.}

[15088] 姜良斌，刘松，岳永彬，孙海忠，韦标方. 富血小板血浆联合钻孔减压、同种异体腓骨支撑治疗早期股骨头坏死的研究 [J]. 中国临床解剖学杂志，2018，36（1）：93-97. DOI：10.13418/j.issn.1001-165x.2018.01.021. {JIANG Liangbin,LIU Song,YUE Yongbin,SUN Haizhong,WEI Biaofang. Early research of the platelet-rich plasma (PRP) combined with core decompression and allogeneic fibula rod support for the treatment of the osteonecrosis of the femoral head[J]. Zhongguo Lin Chuang Jie Pou Xue Za Zhi[Chin J Clin Anat(Article in Chinese;Abstract in Chinese and English)],2018,36(1):93-97. DOI:10.13418/j.issn.1001-165x.2018.01.021.}

[15089] 姜良斌，肖伯莲，刘松，韦标方. 富血小板血浆联合高位股骨头颈开窗植骨支撑术治疗早期股骨头坏死的研究 [J]. 中国临床解剖学杂志，2018，36（4）：449-452. DOI：10.13418/j.issn.1001-165x.2018.04.021. {JIANG Liangbin,XIAO Bolian,LIU Song,WEI Biaofang. Early research of the platelet-rich plasma (PRP) combined with the bone grafting through a femoral neck window at high location for the treatment of the osteonecrosis of the femoral head[J]. Zhongguo Lin Chuang Jie Pou Xue Za Zhi[Chin J Clin Anat(Article in Chinese;Abstract in Chinese and English)],2018,36(4):449-452. DOI:10.13418/j.issn.1001-165x.2018.04.021.}

[15090] 蔡惠民，王鸿泰，陈昆，陈荣滋，周章南，陈培基. 股方肌骨瓣治疗中青年早期股骨头缺血性坏死的疗效 [J]. 临床骨科杂志，2018，21（5）：606-608. DOI：10.3969/j.issn.1008-0287.2018.05.036. {CAI Huimin,WANG Hongtai,CHEN Kun,CHEN Rongzi,ZHOU Zhangnan,CHEN Peiji. The curative effect of quadratus femoris muscle bone flap in the treatment of young and middle-aged adults with the early avascular necrosis of femoral head[J]. Lin Chuang Gu Ke Za Zhi[J Clin Orthop(Article in Chinese;Abstract in Chinese and English)],2018,21(5):606-608. DOI:10.3969/j.issn.1008-0287.2018.05.036.}

[15091] 赵志明，邢丹谋，任东，陈焱，冯伟，肖志宏，王欢. 游离股骨内侧髁骨瓣移植治疗手舟骨陈旧性骨折伴骨坏死 [J]. 中华显微外科杂志，2018，41（2）：133-136. DOI：10.3760/cma.j.issn.1001-2036.2018.02.008. {ZHAO Zhiming,XING Danmou,REN Dong,CHEN Yan,FENG Wei,XIAO Zhihong,WANG Huan. Free bone flap of medial femoral condyle for treatment of old scaphoid fracture with bone necrosis[J]. Zhonghua Xian Wei Wai Ke Za Zhi[Chin J Microsurg(Article in Chinese;Abstract in Chinese and English)],2018,41(2):133-136. DOI:10.3760/cma.j.issn.1001-2036.2018.02.008.}

[15092] 王大伟，高飞，李飞，单贵霖，王剑利. 滋养动脉与月骨坏死相关性解剖学研究 [J]. 中华手外科杂志，2018，34（3）：225-227. DOI：10.3760/cma.j.issn.1005-054X.2018.03.026. {WANG Dawei,GAO Fei,LI Fei,DAN Guilin,WANG Jianli. Anatomical study on the correlation between nourishing artery and lunate osteonecrosis[J]. Zhonghua Shou Wai Ke Za Zhi[Chin J Hand Surg(Article in Chinese;Abstract in Chinese and English)],2018,34(3):225-227. DOI:10.3760/cma.j.issn.1005-054X.2018.03.026.}

[15093] 赵德伟，马志杰. 创伤性股骨颈骨折后股骨头坏死的预防 [J]. 中华显微外科杂志，2019，42（1）：3-4. DOI：10.3760/cma.j.issn.1001-2036.2019.01.002. {ZHAO Dewei,MA Zhijie. Prevention of femoral head necrosis after traumatic femoral neck fracture[J]. Zhonghua Xian Wei Wai Ke Za Zhi[Chin J Microsurg(Article in Chinese;Abstract in Chinese)],2019,42(1):3-4. DOI:10.3760/cma.j.issn.1001-2036.2019.01.002.}

[15094] 唐举玉，杜威，吴攀峰，周征兵，俞芳，庞晓阳，曾磊，潘丁，肖勇兵，刘睿，卿黎明，欧淇峰，张兴. 吻合旋髂深血管的游离髂骨瓣移植治疗股骨头缺血性坏死 [J]. 中华显微外科杂志，2019，42（4）：313-316. DOI：10.3760/cma.j.issn.1001-2036.2019.04.001. {TANG Juyu,DU Wei,WU Panfeng,ZHOU Zhengbing,YU Fang,PANG Xiaoyang,ZENG Lei,PAN Ding,XIAO Yongbing,LIU Rui,QING Liming,OU Qifeng,ZHANG Xing. Free graft of vascularized iliac bone flap based on deep iliac circumflex vessels for the treatment of osteonecrosis of the femoral head[J]. Zhonghua Xian Wei Wai Ke Za Zhi[Chin J Microsurg(Article in Chinese;Abstract in Chinese and English)],2019,42(4):313-316. DOI:10.3760/cma.j.issn.1001-2036.2019.04.001.}

[15095] 胡剑秋，程栋，杨胜相，陈招杰，张亚军，鲍荣华. 单切口游离腓骨移植治疗 II 期股骨头缺血性坏死 28 例 [J]. 中华显微外科杂志，2019，42（6）：599-602. DOI：10.3760/cma.j.issn.1001-2036.2019.06.023. {HU Jianqiu,CHENG Dong,YANG Shengxiang,CHEN Zhaojie,ZHANG Yajun,BAO Ronghua. Single incision free fibula transplantation for 28 cases of stage II avascular necrosis of femoral head[J]. Zhonghua Xian Wei Wai Ke Za Zhi[Chin J Microsurg(Article in Chinese;Abstract in Chinese)],2019,42(6):599-602. DOI:10.3760/cma.j.issn.1001-2036.2019.06.023.}

4.13 大网膜移植

enteric and omental transfer

[15096] Types of greater omentum arterial distribution and their clinical significance[J]. Chin Med J,1978,4(2):127-129.

[15097] Shen ZY,Wang SH,Cheng XX,Lu JZ,Yin DQ,Sun YH,Wang XW. Greater omentum-cutaneous axial flap:a method to create transferable skin flap[J]. Chin Med J,1981,94(11):718-722.

[15098] Ni MS,Zou XW,Xie KM,Zhao YP. Free omental autotransplant to brain surface in ischemic cerebrovascular disease[J]. Chin Med J,1983,96(10):787-789.

[15099] Wu WL,Meng QG,Xu SQ. Omental lengthening. Report of 70 patients[J]. Chin Med J,1988,101(6):423-426.

[15100] Shen WL,Yang ZM,Jin LR,Wei JJ,Luo YG,Peng YB. Omental autotransplantation in treatment of thromboangiitis obliterans[J]. Chin Med J,1990,103(3):248-250.

[15101] Shen YM,Shen ZY. Greater omentum in reconstruction of refractory wounds[J]. Chin J Traumatol,2003,6(2):81-85.

[15102] Zhang YX,Wang D,Follmar KE,Yang J,Ong YS,Messmer C,Coan B,Erdmann D,Qian Y,Levin LS. A treatment strategy for postburn neck reconstruction:emphasizing the functional and aesthetic importance of the cervicomental angle[J]. Ann Plast Surg,2010,65(6):528-534. doi:10.1097/SAP.0b013e3181cc29e7.

[15103] Zhang L,Liu J,Shu J,Hu J,Yu X,Mao H,Ren H,Hong H,Xing C. Low-site peritoneal catheter implantation decreases tip migration and omental wrapping[J]. Perit Dial Int,2011,31(2):202-204. doi:10.3747/pdi.2010.00017.

[15104] Zhang N,Xu QZ,Fu XN,Sun W. Use of a pedicled omental flap in the treatment of chest wall tuberculosis[J]. Ann Thorac Surg,2012,93(3):1010-1012. doi:10.1016/j.athoracsur.2011.08.053.

[15105] Guan D,Lin H,Lv Z,Xin Y,Meng K,Song X. The oncoplastic breast surgery with pedicled omental flap harvested by laparoscopy:initial experiences from China[J]. World J Surg Oncol,2015,13:95. doi:10.1186/s12957-015-0514-9.

[15106] Li X,Ouyang Z,Yang S,Zhai Z,Li H,Kang ZC,Li Z. Omental transplantation improves surgical outcome of large squamous cell carcinoma:A case report[J]. Oncol Lett,2015,9(6):2805-2808. doi:10.3892/ol.2015.3089.

[15107] Li N,Zheng Z,Li J,Fan J,Wang T,Zhang J,Wang H,Chen J,Lv Y,Yi J,Huang M,Ling R. Immediate breast reconstruction with omental flap for luminal breast cancer patients:Ten clinical case reports[J]. Medicine(Baltimore),2017,96(33):e7797. doi:10.1097/MD.0000000000007797.

[15108] Ni C,Zhu Z,Xin Y,Xie Q,Yuan H,Zhong M,Xia W,Zhu X,Lv Z,Song X. Oncoplastic breast reconstruction with omental flap:A retrospective study and systematic review[J]. J Cancer,2018,9(10):1782-1790. doi:10.7150/jca.25556.

[15109] Shen G,Yu X. Application value of laparoscopy in radical mastectomy and omental breast reconstruction[J]. Oncol Lett,2019,18(1):645-650. doi:10.3892/ol.2019.10339.

[15110] Zhou J,Sun J,Yao X,Zhao G,Sun F,Sheng W,Lu F,Zhan H,Liu C. Laparoscopic omental flap for the treatment of thoracic aortic graft infection:report of two cases and review of the literature[J]. J Cardiothorac Surg,2020,15(1):120. doi:10.1186/s13019-020-01146-7.

[15111] Wang ZH,Xin P,Qu X,Zhang ZT. Breast reconstruction using a laparoscopically harvested pedicled omental flap after endoscopic mastectomy for patients with breast cancer:an observational study of a minimally invasive method[J]. Gland Surg,2020,9(3):676-688. doi:10.21037/gs.2020.04.06.

[15112] 桂世礽，郭光昭. 腹壁全层缺损应用大网膜及游离植皮修复 [J]. 中华外科杂志，1961，9（11）：793-794. {GUI Shidai,GUO Guangzhao. Repair of full-thickness defect of abdominal wall with omentum and free skin graft[J]. Zhonghua Wai Ke Za Zhi[Chin J Surg(Article in Chinese;No abstract available)],1961,9(11):793-794.}

[15113] 宁夏医学院解剖教研组. 大网膜动脉分布类型及其临床意义 [J]. 中华医学杂志，1977，57（8）：486. {Teaching and research group of Ningxia Medical College. Distribution type and clinical significance of greater omental artery[J]. Zhonghua Yi Xue Za Zhi[Natl Med J China(Article in Chinese;Abstract in Chinese)],1977,57(8):486.}

[15114] 聂昌灏. 大网膜的临床应用 [J]. 上海医学，1978，1（11）：49-51. {NIE Changhao. Clinical application of greater omentum[J]. Shanghai Yi Xue[Shanghai Med J(Article in Chinese;No abstract available)],1978,1(11):49-51.}

[15115] 于国中，朱家恺. 大网膜在显微外科的应用 [J]. 显微外科，1979，2（1）：9. {YU Guozhong,ZHU Jiakai. Application of greater omentum in microsurgery[J]. Xian Wei Wai Ke[Chin J Microsurg(Article in Chinese;Abstract in Chinese)],1979,2(1):9.}

[15116] 周汉槎，文尚武. 大网膜带蒂移植术治疗慢性脓胸（附三例报告）[J]. 中华外科杂志，1980，18（4）：323-325. {ZHOU Hancha,WEN Shangwu. Pedicled omentum transplantation for chronic empyema (with report of 3 cases)[J]. Zhonghua Wai Ke Za Zhi[Chin J Surg(Article in Chinese;No abstract available)],1980,18(4):323-325.}

[15117] 卢传新，赵汝康，曾浩平，袁浩. 大网膜游离移植修复头皮巨大缺损一例报告 [J]. 中华外科杂志，1980，18（6）：551. {LU Chuanxin,ZHAO Rukang,ZENG Haoping,YUAN Hao. A case report of giant scalp defect repaired by free transplantation of omentum[J]. Zhonghua Wai Ke Za Zhi[Chin J Surg(Article in Chinese;No abstract available)],1980,18(6):551.}

[15118] 莫经国，李之琨. 中国人大网膜的初步观察 [J]. 显微外科，1980，3（2）：83. {MO Jingguo,LI Zhikun. Primary observation of greater omentum of Chinese people[J]. Xian Wei Wai Ke[Chin J Microsurg(Article in Chinese;Abstract in Chinese)],1980,3(2):83.}

[15119] 朱家恺，于国中. 大网膜的解剖、功能和临床应用 [J]. 显微外科，1980，3（2）：93. {ZHU Jiakai,YU Guozhong. Anatomy,function and clinical application of greater omentum[J]. Xian Wei Wai Ke[Chin J Microsurg(Article in Chinese;Abstract in Chinese)],1980,3(2):93.}

[15120] 于国中，朱家恺，谢希衷. 胃网膜血管的口径与管壁厚度 [J]. 显微外科，1980，3（2）：100. {YU Guozhong,ZHU Jiakai,XIE Xizhong. Diameter and wall thickness of gastroepiploic artery and vein[J]. Xian Wei Wai Ke[Chin J Microsurg(Article in Chinese;Abstract in Chinese)],1980,3(2):100.}

[15121] 于国中，朱家恺. 用显微外科技术吻合血管的大网膜在临床的应用 [J]. 显微外科，1980，3（2）：87. {YU Guozhong,ZHU Jiakai. Clinical application of vascularized greater omentum

using microsurgical technique[J]. Xian Wei Wai Ke[Chin J Microsurg(Article in Chinese;Abstract in Chinese)],1980,3(2):87.}

[15122] 高学书，何清濂，章惠兰，徐学俊．应用大网膜移植修复半侧颜面萎缩症 [J]．第二军医大学学报，1980，1(2)：52．DOI：10.16781/j.0258-879x.1980.02.017．{GAO Xueshu,HE Qinglian,ZHANG Huilan,XU Xuejun. Treatment of hemifacial atrophy with greater omentum transplantation[J]. Di Er Jun Yi Da Xue Xue Bao [Acad J Second Milit Med Univ(Article in Chinese;No abstract available)],1980,1(2):52. DOI:10.16781/j.0258-879x.1980.02.017.}

[15123] 卢传新，袁浩，赵汝康．吻合血管的大网膜游离移植修复软组织巨大缺损两例报告 [J]．显微外科，1980，3(2)：91．{LU Chuanxin,YUAN Hao,ZHAO Rukang. Free vascularized greater omentum transplantation to repair large soft tissue defect:a report of two cases[J]. Xian Wei Wai Ke[Chin J Microsurg(Article in Chinese;Abstract in Chinese)],1980,3(2):91.}

[15124] 张新力，陈家勋，朱炯明．游离大网膜移植治疗小腿慢性溃疡成功 2 例报告 [J]．解放军医学杂志，1980，5(4)：234．{ZHANG Xinli,CHEN Jiaxun,ZHU jiongming. Successful treatment of leg chronic ulcer by free greater omentum transplantation:a report of 2 cases[J]. Jie Fang Jun Yi Xue Za Zhi[Med J Chin PLA(Article in Chinese;No abstract available)],1980,5(4):234.}

[15125] 孙永华，王澍寰，曹大鑫，尹大庆，王乃佐，马瑞苓，芦长顺．大网膜游离移植修复广泛颅骨电烧伤一例 [J]．中华外科杂志，1981，19(5)：262．{SUN Yonghua,WANG Shuhuan,CAO Daxin,YIN Daqing,WANG Naizuo,MA Ruiling,LU Changshun. Free transplantation of greater omentum to repair extensive skull electrical burn:a case report[J]. Zhonghua Wai Ke Za Zhi[Chin J Surg(Article in Chinese;No abstract available)],1981,19(5):262.}

[15126] 姜树英，应如琴，宋文琛，钱俊山．吻合血管的大网膜游离移植 10 例报告 [J]．中华外科杂志，1981，19(7)：421-422．{JIANG Shuying,YING Ruqin,SONG Wenchen,QIAN Junshan. Free vascularized greater omentum transplantation:a report of 10 cases[J]. Zhonghua Wai Ke Za Zhi[Chin J Surg(Article in Chinese;No abstract available)],1981,19(7):421-422.}

[15127] 张涤生，王炜，徐春阳，朱昌，胡鸿泰，顾敬枚，刘昌茂，陆昌语．狗的大网膜同种移植实验研究的初步报告 [J]．中华器官移植杂志，1981，2(2)：86-88，后插 2．DOI：10.3760/cma.j.issn.0254-1785.1981.02.007．{ZHANG Disheng,WANG Wei,XU Chunyang,ZHU Chang,HU Hongtai,GU Jingmei,LIU Changmao,LU Changyu. Preliminary report of experimental homologous free transfer of great omentum in dogs[J]. Zhonghua Qi Guan Yi Zhi Za Zhi[Chin J Organ Transplant(Article in Chinese;No abstract available)],1981,2(2):86-88,insert 2. DOI:10.3760/cma.j.issn.0254-1785.1981.02.007.}

[15128] 朱家恺，于国中．大网膜移植的应用解剖学 [J]．显微外科，1981，4(1，2)：21．{ZHU Jiakai,YU Guozhong. Applied anatomy of omentum transplantation[J]. Xian Wei Wai Ke[Chin J Microsurg(Article in Chinese;Abstract in Chinese)],1981,4(1,2):21.}

[15129] 莫经国，李之琨，洪惢波．国人大网膜的初步观察（100 例）[J]．广东解剖学通报，1981，3(1)：33．{MO Jingguo,LI Zhikun,HONG Qianbo. Primary observation on greater omentum of Chinese people(a report of 100 cases)[J]. Guangdong Jie Pou Xue Tong Bao[Anat Res(Article in Chinese;No abstract available)],1981,3(1):33.}

[15130] 岳武．大网膜移植术 [J]．黑龙江医药杂志，1981，(9)：17．{YUE Wu. Greater omentum transplantation[J]. Heilongjiang Yi Yao Za Zhi[Heilongjiang Med J(Article in Chinese;Abstract in Chinese)],1981,(9):17.}

[15131] 李明洙，寿乃延，张定祥，秦元，王凤英．带蒂大网膜双侧脑移植术治疗两侧大脑前动脉闭塞一例报告 [J]．内蒙古医学杂志，1981，1(3)：176．DOI：10.16096/j.cnki.nmgyxzz.1981.03.020．{LI Mingzhu,SHOU Naiyan,ZHANG Dingxiang,QIN Yuan,WANG Fengying. Using bilateral brain transplantation of pedicled great omentum to treat bilateral anterior cerebral artery occlusion:a case report[J]. Neimenggu Yi Xue Za Zhi[Inner Mongolia Medi J(Article in Chinese;No abstract available)],1981,1(3):176. DOI:10.16096/j.cnki.nmgyxzz.1981.03.020.}

[15132] 安徽医科大学第一附属医院神经外科．带蒂大网膜移植颅内治疗脑血管闭塞性疾病（附 5 例报告）[J]．安徽医学院学报，1981，16(4)：36．DOI：10.19405/j.cnki.issn1000-1492.1981.04.009．{Department of neurosurgery of Anhui affiliated hospital. Treatment of cerebrovascular occlusive diseases with pedicled greater omentum transplantation (with a report of 5 cases)[J]. Anhui Yi Xue Yuan Xue Bao[Acta Anhui Med Coll(Article in Chinese;No abstract available)],1981,16(4):36. DOI:10.19405/j.cnki.issn1000-1492.1981.04.009.}

[15133] 左世隆，应如琴，姜树英．游离大网膜移植修复颜面萎缩畸形一例 [J]．中华口腔科杂志，1981，16(1)：14．{ZUO Shilong,YING Ruqin,JIANG Shuying. A case of free greater omentum transplantation for the treatment of facial atrophy[J]. Zhonghua Kou Qiang Ke Za Zhi[Chin J Stomatol(Article in Chinese;Abstract in Chinese)],1981,16(1):14.}

[15134] 邱世发，李嘉寿，程嗣福，徐忠友．显微血管吻合的大网膜移植治疗血栓闭塞性脉管炎四例报告 [J]．显微外科，1981，4(3-4)：87．{QIU Shifa,LI Jiashou,CHENG Sifu,XU Zhongyou. Greater omentum transplantation with microvascular anastomosis for the treatment of thromboangiitis:a report of four cases[J]. Xian Wei Wai Ke[Chin J Microsurg(Article in Chinese;Abstract in Chinese)] 1981,4(3,4):87.}

[15135] 宁莫凡，王兆民，陈增民，黄育勉，王全华，杨洪彬，吴德敬．大网膜移位术治疗下肢血管疾患 [J]．第四军医大学学报，1981，(1)：86．{NING Mofan,WANG Zhaomin,CHEN Zengmin,HUANG Yumian,WANG Quanhua,YANG Hongbin,WU Dejing. Great omentum transplantation for the treatment of lower limb vascular disease[J]. Di Si Jun Yi Da Xue Xue Bao[J Fourth Milit Med Univ(Article in Chinese;No abstract available)],1981,(1):86.}

[15136] 李致一，张国昂，苏力亚，陈俊彦，高应景，孙殿臣．应用大网膜游离移植修复大面积头皮缺损一例报告 [J]．内蒙古医学杂志，1981，1(3)：178．DOI：10.16096/j.cnki.nmgyxzz.1981.03.021．{LI Zhiyi,ZHANG Guo' ang,SU Liya,CHEN Junyan,GAO Yingjing,SUN Dianchen. A case report of repairing large scalp defect by free omentum transplantation[J]. Neimenggu Yi Xue Za Zhi[Inner Mongolia Med J(Article in Chinese;No abstract available)],1981,1(3):178. DOI:10.16096/j.cnki.nmgyxzz.1981.03.021.}

[15137] 卢传新，姚伦龙，袁浩，符庆萱．大网膜带血管移植后几天能与周围组织建立血运? [J]．显微外科，1981，4(3-4)：91．{LU Chuanxin,YAO Lunlong,YUAN Hao,FU Qingxuan. How many days can blood circulation be established with the surrounding tissue after greater omentum transplantation?[J]. Xian Wei Wai Ke[Chin J Microsurg(Article in Chinese;Abstract in Chinese)],1981,4(3-4):91.}

[15138] 程怀正，沈输燊，林安侠，陆斌，余伯苓，黄少华．游离大网膜移植修复头面部严重感染组织缺损二例报告 [J]．中华外科杂志，1982，20(1)：13．{CHENG Huaizheng,SHEN Shushen,LIN Anxia,LU Bin,YU Boling,HUANG Shaohua. Free omentum transplantation for the repair of serious infection of head and face tissue defects:a report of two cases[J]. Zhonghua Wai Ke Za Zhi[Chin J Surg(Article in Chinese;No abstract available)],1982,20(1):13.}

[15139] 朱兆川，吴伟烈，莫永灼，吴希康，孟庆刚，吴生一．带蒂大网膜移植治疗闭塞性脑血管病 [J]．中华外科杂志，1982，20(1)：11-13．{ZHU Zhaochuan,WU Weilie,MO Yongzhuo,WU Xikang,MENG Qinggang,WU Shengyi. Pedicled omentum transplantation for the treatment of occlusive cerebrovascular disease[J]. Zhonghua Wai Ke Za Zhi[Chin J Surg(Article in Chinese;No abstract available)],1982,20(1):11-13.}

[15140] 杨力军，文锡基，谢锡云，叶静君．大网膜游离移植治疗前臂高压电烧伤一例 [J]．中华外科杂志，1982，20(12)：741．{YANG Lijun,WEN Xiji,XIE Xiyun,YE Jingjun. Free transplantation of greater omentum for treatment of forearm high voltage electric burn:a case report[J]. Zhonghua Wai Ke Za Zhi[Chin J Surg(Article in Chinese;No abstract available)],1982,20(12):741.}

[15141] 和光学．大网膜的解剖和移植方法 [J]．医师进修杂志，1982，(1)：14．{HE Guangxue. Anatomy and transplantation of greater omentum[J]. Yi Shi Jin Xiu Za Zhi[Chin J Postgrad Med(Article in Chinese;No abstract available)],1982,(1):14.}

[15142] 马兆龙，等．大网膜的显微外科解剖学研究 [J]．解剖学通报，1982，5[增刊 1（上）]：54．{MA Zhaolong,et al. Microsurgical anatomy study of greater omentum[J]. Jie Pou Xue Tong Bao[Chin J Anat(Article in Chinese;Abstract in Chinese)],1982,5[S1(S1)]:54.}

[15143] 林增禄．大网膜的临床应用 [J]．中华外科杂志，1982，20(12)：767．{LIN Zenglu. Clinical application of greater omentum[J]. Zhonghua Wai Ke Za Zhi[Chin J Surg(Article in Chinese;Abstract in Chinese)],1982,20(12):767.}

[15144] 詹炳炎．带蒂的大网膜在泌尿外科中的应用（重点在临床应用）[J]．国外医学泌尿外科系统分册，1982，(2)：59．{ZHAN Bingyan. Application of pedicled great omentum in urinary surgery (focused on clinical application)[J]. Guo Wai Yi Xue Mi Niao Wai Ke Xi Tong Fen Ce[Int J Urol Nephrol(Article in Chinese;No abstract available)],1982,(2):59.}

[15145] 蔡松良．带蒂的大网膜在泌尿外科中的应用（重点在大网膜的解剖生理及其延伸术）[J]．国外医学泌尿外科系统分册，1982，(2)：59．{CAI Songliang. Application of pedicled great omentum in urinary surgery (focused on anatomic physiology and its extension)[J]. Guo Wai Yi Xue Mi Niao Wai Ke Xi Tong Fen Ce[Int J Urol Nephrol(Article in Chinese;No abstract available)],1982,(2):59.}

[15146] 郝向阳，陈宗修．带蒂大网膜脑移植治疗闭塞性脑血管病 2 例报告 [J]．江西医药，1982，16(4)：21．{HAO Xiangyang,CHEN Zongxiu. Pedicled greater omentum brain transplantation for treatment of occlusive cerebrovascular diseases:a report of 2 cases[J]. Jiangxi Yi Yao[Jiangxi Med J(Article in Chinese;No abstract available)],1982,16(4):21.}

[15147] 朱兆川，等．带蒂大网膜移植治疗闭塞性脑血管病 [J]．中华心血管病杂志，1982，10(3)：202．{ZHU Zhaochuan,et al. Pedicled greater omentum transplantation in the treatment of occlusive cerebrovascular disease[J]. Zhonghua Xin Xue Guan Bing Za Zhi[Chin J Cardiol(Article in Chinese;Abstract in Chinese)],1982,10(3):202.}

[15148] 王树美，苏池鑫．大网膜转移术治疗脑缺血性病三例报告 [J]．山西医药，1982，11(2)：47．{WANG Shujia,SU Chixin. Greater omentum transplantation in the treatment of cerebral ischemic disease:a report of three cases[J]. Shanxi Yi Yao[Shanxi Med J(Article in Chinese;No abstract available)],1982,11(2):47.}

[15149] 辛时林，易传勋，王玉荣，余友云．大网膜血管吻合移植修复半面肌萎缩症 [J]．武汉医学院学报，1982，11(3)：90．{XIN Shilin,YI Chuanxun,WANG Yurong,YU Youyun. Vascular anastomosis of greater omentum transplantation for the treatment of hemifacial muscular atrophy[J]. Wu Han Yi Xue Yuan Xue Bao[Med J Wuhan Coll(Article in Chinese;No abstract available)],1982,11(3):90.}

[15150] 高学书，何清濂，章惠兰，徐学俊．应用大网膜移植修复半侧颜面萎缩症一例 [J]．解放军医学杂志，1982，7(1)：31．{GAO Xueshu,HE Qinglian,ZHANG Huilan,XU Xuejun. A cases of treating hemifacial atrophy with greater omentum transplantation[J]. Jie Fang Jun Yi Xue Za Zhi[Med J Chin PLA(Article in Chinese;No abstract available)],1982,7(1):31.}

[15151] 应如琴，姜树英，左世隆，佟殿忠．移植大网膜治疗颜面萎缩畸形 [J]．解放军医学杂志，1982，7(3)：170．{YING Ruqin,JIANG Shuying,ZUO Shilong,TONG Dianzhong. Greater omentum transplantation for the treatment of facial atrophy[J]. Jie Fang Jun Yi Xue Za Zhi[Med J Chin PLA(Article in Chinese;No abstract available)],1982,7(3):170.}

[15152] 董意如，林友俊，李耀华．游离大网膜移植治疗缺血性脑卒中 [J]．中华外科杂志，1982，20(1)：8-10．{DONG Yiru,LIN Youjun,LI Yaohua. Transplantation of free omental flaps to the brain surface by microvascular technique for cerebral ischemic stroke[J]. Zhonghua Wai Ke Za Zhi[Chin J Surg(Article in Chinese;Abstract in English)],1982,20(1):8-10.}

[15153] 李祖洪，马义太，符臣学，卢森桂，王隐村．游离大网膜移植术治疗小腿慢性溃疡 20 例分析 [J]．福建医药杂志，1982，(2)：11．{LI Zuhong,MA Yitai,FU Chenxue,LU Sengui,WANG Yincun. Analysis of 20 cases of free greater omentum transplantation for the treatment of chronic leg ulcer[J]. Fujian Yi Yao Za Zhi[Fujian Med J(Article in Chinese;No abstract available)],1982,(2):11.}

[15154] 宁金龙，李迎胜，卜海富，董吟林．游离大网膜加中厚皮片移植修复新鲜创面（附一例报告）[J]．安徽医学院学报，1982，17(1)：53．{NING Jinlong,LI Yingsheng,BU Haifu,DONG Yinlin. Using free greater omentum and split thickness skin graft transplantation to repair fresh wound(with a report of one case)[J]. Anhui Yi Xue Yuan Xue Bao[Acta Anhui Med Coll(Article in Chinese;No abstract available)],1982,17(1):53.}

[15155] 黄宏前，高贤铭，刘方刚，冯克亮．游离大网膜移植修复手掌、背及手指脱套伤一例报告 [J]．江苏医药，1982，8(2)：42．DOI：10.19460/j.cnki.0253-3685.1982.02.025．{HUANG Hongqian,GAO Xianming,LIU Fanggang,FENG Keliang. A case report of free greater omentum transplantation to repair palmar and dorsal hand and finger avulsion[J]. Jiangsu Yi Yao[Jiangsu Med J(Article in Chinese;No abstract available)],1982,8(2):42. DOI:10.19460/j.cnki.0253-3685.1982.02.025.}

[15156] 朱景斌，陈灵根，倪锡滨，李传谨．全大网膜游离移植修复全足撕脱伤一例报告 [J]．中华骨科杂志，1982，02(3)：166-166．{ZHU Jingbin,CHEN Linggen,NI Xibin,LI Chuanjin. Free replantation of whole greater omentum to repair whole foot avulsion:a case report[J]. Zhonghua Gu Ke Za Zhi[Chin J Orthop(Article in Chinese;Abstract in Chinese)],1982,2(2):166.}

[15157] 沈祖尧，王乃佐，张学忠．大网膜移植术后迟发坏死一例报告 [J]．北京医学，1982，4(5)：276．DOI：10.15932/j.0253-9713.1982.05.013．{SONG Zuyao,WANG Naizuo,ZHANG Xuezhong. Delayed necrosis after greater omentum transplantation:a case report[J]. Beijing Yi Xue[Beijing Med J(Article in Chinese;No abstract available)],1982,4(5):276. DOI:10.15932/j.0253-9713.1982.05.013.}

[15158] 王文治．大网膜移植修复乳癌根治术后胸壁放射性溃疡 [J]．中华外科杂志，1983，21(2)：74-76．{WANG Wenzhi. Omentum transplantation for repairing radiation ulcer of chest wall after radical mastectomy for breast cancer[J]. Zhonghua Wai Ke Za Zhi[Chin J Surg(Article in Chinese;No abstract available)],1983,21(2):74-76.}

[15159] 杨志明，敬以庄，陈佳平，熊恩富，彭德恕，金立人，韦靖江，林启勋．自体大网膜游离移植治疗血栓闭塞性脉管炎 [J]．中华外科杂志，1983，21(8)：479-480．{YANG Zhiming,JING Yizhuang,CHEN Jiaping,XIONG Enfu,PENG Deshu,JIN Liren,WEI Jingjiang,LIN Qixun. Treatment of thromboangiitis obliterans with autogenous omentum transplantation[J]. Zhonghua Wai Ke Za Zhi[Chin J Surg(Article in Chinese;No abstract available)],1983,21(8):479-480.}

[15160] 冯友贤，施群，郑佳琏，范梅影．游离血管带大网膜移植治疗血栓闭塞性脉管炎 [J]．山东医药，1983，(8)：43．{FENG Youxian,SHI Qun,ZHENG Jiajin,FAN Meiying. Free vascularized greater omentum transplantation for the treatment of thromboangiitis obliterans[J]. Shandong Yi Yao[Shandong Med J(Article in Chinese;No abstract available)],1983,(8):43.}

[15161] 程绪西，贾淑兰，尹大庆．异体大网膜与自体皮片修复创面的实验研究 [J]．中华外科杂志，1983，21(6)：367．{CHENG Xuxi,JIA Shulan,YIN Daqing. Experimental study on repairing wound with allogeneic greater omentum and autogenous skin[J]. Zhonghua Wai Ke Za Zhi[Chin J Surg(Article in Chinese;Abstract in Chinese)],1983,21(6):367.}

[15162] 吴先道，周仲安，曾宪政，吴梅英，区伯平，曾世群，冯素珍．大网膜切除后能否再生的实验观察及其意义 [J]．中华外科杂志，1983，21(11)：662．{WU Xiandao,ZHOU Zhongan,ZENG Xianzheng,WU Meiying,OU Boping,ZENG Shiqun,FENG Suzhen. Experimental observation and its significance of greater omentun regeneration after resection[J]. Zhonghua Wai Ke Za Zhi[Chin J Surg(Article in Chinese;Abstract in Chinese)],1983,21(11):662.}

[15163] 张大训，杨顺生，万丽明，李汉杰．国人大网膜的应用解剖 [J]．安徽医学院学报，1983，18(3)：48．{ZHANG Daxun,YANG Shunsheng,WAN Liming,Li Hanjie. Applied anatomy of Chinese people[J].Anhui Yi Xue Yuan Xue Bao[Acta Anhui Med Coll(Article in Chinese;No abstract

available)],1983,18(3):48.}

[15164] 张显利，万玉碧，黄家鼎，张宗铭. 大网膜形态位置和血管的观察 [J]. 广东解剖学通报，1983，6（3）：187. {ZHANG Xianli,WAN Yubi,HUANG Jiading,ZHANG Zongming. The observation of morphological position and blood vessels of greater omentum[J]. Guangdong Jie Pou Xue Tong Bao[Anat Res(Article in Chinese;No abstract available)],1983,6(3):187.}

[15165] 李占元，等. 大网膜移植的进展 [J]. 中级医刊，1983,（2）：4. {LI Zhanyuan,et al. Development of greater omentum transplantation[J]. Zhong Ji Yi Kan[Chin J Med(Article in Chinese;Abstract in Chinese)],1983,(2):4.}

[15166] 刘道坤，邓传忠，张浩然，陈长，蔡用武. 游离大网膜颅外颅内架桥移植治疗缺血性脑血管病 [J]. 中华神经精神科杂志，1983，16（1）：20. {LIU Daokun,DENG Chuanzhong,ZHANG Haoran,CHEN Chang,CAI Yongwu. Free greater omentum extracranial and intracranial bridging transplantation for the treatment of ischemic cerebrovascular disease[J]. Zhonghua Shen Jing Jing Shen Ke Za Zhi[Chin J Neurol Psych(Article in Chinese;Abstract in Chinese and English)],1983,16(1):20.}

[15167] 张成，唐祖璐，鲍秀峰，吴承远，何守俭，张庆林，周茂德，朱树干. 游离大网膜颅内移植术治疗脑缺血性疾病 [J]. 中华神经精神科杂志，1983，16（1）：23. {ZHANG Cheng,TANG Zuti,BAO Xiufeng,WU Chengyuan,HE Shoujian,ZHANG Qinglin,ZHOU Maode,ZHU Shugan. Free greater omentum intracranial transplantation for the treatment of cerebral ischemic disease[J]. Zhonghua Shen Jing Jing Shen Ke Za Zhi[Chin J Neurol Psych(Article in Chinese;Abstract in Chinese and English)],1983,16(1):23.}

[15168] 陈锦峰，张义成，慕容慎行. 带蒂大网膜颅内移植术治疗缺血性脑血管病 [J]. 福建医药杂志，1983,（1）：3. {CHEN Jinfeng,ZHANG Yicheng,MURONG Shenxing. Pedicled greater omentum intracranial transplantation for the treatment of ischemic cerebrovascular disease[J]. Fujian Yi Yao Za Zhi[Fujian Med J(Article in Chinese;No abstract available)],1983,(1):3.}

[15169] 李金堂，褚大由，孙建国，纪美英. 带蒂大网膜颅内移植加颅内外动脉吻合治疗脑缺血性疾病二例报告 [J]. 中华神经精神科杂志，1983，16（1）：29. {LI Jintang,CHU Dayou,SUN Jianguo,JI Meiying. Pedicled greater omentum intracranial transplantation with intracranial and extracranial arterial anastomosis for the treatment of cerebral ischemic disease:a report of two cases[J]. Zhonghua Shen Jing Jing Shen Ke Za Zhi[Chin J Neurol Psych(Article in Chinese;Abstract in Chinese and English)],1983,16(1):29.}

[15170] 董硕文，王泽民，李学成，许新军. 大网膜游离移植治疗进行性半侧颜面萎缩症 [J]. 陕西新医药，1983，12（7）：18. {DONG Shuowen,WANG Zemin,LI Xuecheng,XU Xinjun. Free greater omentum transplantation for the treatment of progressive hemifacial atrophy[J]. Shanxi Xin Yi Yao[Shanxi Med J(Article in Chinese;No abstract available)],1983,12(7):18.}

[15171] 宁莫凡，王兆民，陈增民，黄育勉，杨洪彬，吴德敬. 大网膜移位术治疗下肢血管疾患 [J]. 陕西新医药，1983，12（11）：29. {NING Mofan,WANG Zhaomin,CHEN Zengmin,HUANG Yumian,YANG Hongbin,WU Dejing. Great omentum transplantation for the treatment of lower limb vascular disease[J]. Shanxi Xin Yi Yao[Shanxi Med J(Article in Chinese;No abstract available)],1983,12(11):29.}

[15172] 宁莫凡，王兆民，陈增民，黄育勉，杨鸿彬，吴德敬. 带蒂大网膜移植治疗髂股静脉血栓形成后综合征 [J]. 中华外科杂志，1983，21（1）：36-38. {NING Mofan,WANG Zhaomin,CHEN Zengmin,HUANG Yumian,YANG Hongbin,WU Dejing. Pedicled greater omentum transplantation for the treatment of iliac vein thrombosis syndrome[J]. Zhonghua Wai Ke Za Zhi[Chin J Surg(Article in Chinese;Abstract in Chinese)],1983,21(1):36-38.}

[15173] 马群. 带蒂大网膜治疗慢性脓胸的体会 [J]. 中华外科杂志，1983，21（3）：169. {MA Qun. Experience of pedicled greater omentum in the treatment of chronic empyema[J]. Zhonghua Wai Ke Za Zhi[Chin J Surg(Article in Chinese;Abstract in Chinese)],1983,21(3):169.}

[15174] 叶玉坤，王友敬. 用大网膜修补巨大腹膜壁缺损一例报告 [J]. 中级医刊，1983,（5）：23. {YE Yukun,WANG Youjing. Repairing large peritoneal wall defect with greater omentum:a case report[J]. Zhong Ji Yi Kan[Chin J Med(Article in Chinese;No abstract available)],1983,(5):23.}

[15175] 林运开，石福兴. 切除耻骨用带蒂大网膜修补低位性膀胱阴道瘘一例 [J]. 广西医学，1983，5（4）：199. {LIN Yunkai,SHI Fuxing. Excising pubis and repairing low vesicovaginal fistula by pedicled greater omentum:a case report[J]. Guangxi Yi Xue[Guangxi Medi J(Article in Chinese;No abstract available)],1983,5(4):199.}

[15176] 徐温理，段国升，李安民，李文考. 游离大网膜颅内移植术治疗烟雾病 [J]. 中华外科杂志，1984，22（2）：76-77. {XU Wenli,DUAN Guosheng,LI Anliang,LI Wenkao. Treatment of moyamoya disease with free greater omentum intracranial transplantation[J]. Zhonghua Wai Ke Za Zhi[Chin J Surg(Article in Chinese;No abstract available)],1984,22(2):76-77.}

[15177] 冯友贤，施群，郑佳瑾，范梅影. 游离血管带蒂大网膜移植治疗血栓闭塞性脉管炎 [J]. 中华外科杂志，1984，22（2）：91-93. {FENG Youxian,SHI Qun,ZHENG Jiajin,FAN Meiying. Treatment of thromboangiitis obliterans with free vascular pedicled omentum transplantation[J]. Zhonghua Wai Ke Za Zhi[Chin J Surg(Article in Chinese;No abstract available)],1984,22(2):91-93.}

[15178] 卢传新，袁浩，陈彦堃，姚伦龙，符庆萱，潘少萍. 带血管带大网膜移植与受区组织建立血循环所需时间的实验研究 [J]. 中华骨科杂志，1984，4（4）：237. {LU Chuanxin,YUAN Hao,CHEN Yankun,YAO Lunlong,FU Qingxuan,PAN Shaoping. Experimental study on the required time of blood circulation establishment between transplanted vascularized greater omentum and recipient site[J]. Zhonghua Gu Ke Za Zhi[Chin J Orthop(Article in Chinese;Abstract in Chinese)],1984,4(4):237.}

[15179] 宁莫凡. 大网膜的大小及血管类型的观察 [J]. 解放军医学杂志，1984，9(2)：125. {NING Mofan. Observation of size and blood vessel type of greater omentum[J]. Jie Fang Jun Yi Xue Za Zhi[Med J Chin PLA(Article in Chinese;No abstract available)],1984,9(2):125.}

[15180] 吴伟烈，孟庆刚，徐顺清，吴生一. 大网膜的延长技术及其解剖基础 [J]. 中华外科杂志，1984，22（2）：94. {WU Weilie,MENG Qinggang,XU Shunqing,WU Shengyi. Extension technique and anatomical basis of greater omentum[J]. Zhonghua Wai Ke Za Zhi[Chin J Surg(Article in Chinese;Abstract in Chinese)],1984,22(2):94.}

[15181] 钟世镇. 概述和争议、应用上的要点 [J]. 临床应用解剖学杂志，1984，2（1）：27. DOI：10.13418/j.issn.1001-165x.1984.01.008. {ZHONG Shizhen. Key points in overview,dispute and application[J]. Lin Chuang Ying Yong Jie Pou Xue Za Zhi[Chin J Clin Anat(Article in Chinese;No abstract available)],1984,2(1):27. DOI:10.13418/j.issn.1001-165x.1984.01.008.}

[15182] 马兆龙，周敬德，杨庆余，房台生，陶远孝，马英让. 西安医学院研究资料 [J]. 临床应用解剖学杂志，1984，2（1）：29. DOI：10.13418/j.issn.1001-165x.1984.01.009. {MA Zhaolong,ZHOU Jingde,YANG Qingyu,FANG Taisheng,TAO Yuanxiao,MA Yingrang. Research date of Xi'an Medical College[J]. Lin Chuang Ying Yong Jie Pou Xue Za Zhi[Chin J Clin Anat(Article in Chinese;No abstract available)],1984,2(1):29. DOI:10.13418/j.issn.1001-165x.1984.01.009.}

[15183] 吴永沐. 南京医学院研究资料 [J]. 临床应用解剖学杂志，1984，2（1）：32. DOI：10.13418/j.issn.1001-165x.1984.01.010. {Wu Yongmu. Research date of Nanjing Medical College[J]. Lin Chuang Ying Yong Jie Pou Xue Za Zhi[Chin J Clin Anat(Article in Chinese;No abstract available)],1984,2(1):32. DOI:10.13418/j.issn.1001-165x.1984.01.010.}

[15184] 杨镇洙，李相万，张寿冠. 延边医学院研究资料 [J]. 临床应用解剖学杂志，1984，2（1）：33. DOI：10.13418/j.issn.1001-165x.1984.01.011. { Ⅳ YANG Zhenzhu,LI Xiangwan,ZHANG Shouguan. Research date of Yanbian Medical College[J]. Lin Chuang Ying Yong Jie Pou Xue Za Zhi[Chin J Clin Anat(Article in Chinese;No abstract available)],1984,2(1):33. DOI:10.13418/j.issn.1001-165x.1984.01.011.}

[15185] 程军平，孙博，陈子华，刘牧之，周长满，原林，李汉云. 第一军医大学研究资料 [J]. 临床应用解剖学杂志，1984，2（1）：34. DOI：10.13418/j.issn.1001-165x.1984.01.012. {CHENG Junping,SUN Bo,CHEN Zihua,LIU Muzhi,ZHOU Changman,YUAN Lin,LI Hanyun. Research date of Fisrt Military Medical University[J]. Lin Chuang Ying Yong Jie Pou Xue Za Zhi[Chin J Clin Anat(Article in Chinese;No abstract available)],1984,2(1):34. DOI:10.13418/j.issn.1001-165x.1984.01.012.}

[15186] 曾宪政，区伯平，马树枝，徐明球，汪仕良，梁金堂，梁绍华，李慧增. 游离大网膜移植修复贯穿面颊的严重电烧伤 1 例报告 [J]. 解放军医学杂志，1984，9（1）：59. {ZENG Xianzheng,OU Boping,MA Shuzhi,XU Mingqiu,Wang Shiliang,LIANG Jingtang,LIANG Shaohua,LI Huizeng. A case of repairing severe electric burn through the cheek by free greater omentum replantation[J]. Jie Fang Jun Yi Xue Za Zhi[Med J Chin PLA(Article in Chinese;No abstract available)],1984,9(1):59.}

[15187] 刘学广，黄连泉，陆志范. 大网膜游离移植修复巨大头皮缺损 [J]. 中华外科杂志，1985，23（8）：499-500. {LIU Xueguang,HUANG Lianquan,LU Zhifan. Free transplantation of greater omentum to repair huge scalp defect[J]. Zhonghua Wai Ke Za Zhi[Chin J Surg(Article in Chinese;No abstract available)],1985,23(8):499-500.}

[15188] 刘道坤，蔡用武. 带蒂大网膜移植治疗脑缺血的实验研究 [J]. 中华神经外科杂志，1985，1（3）：164. {LIU Daokun,CAI Yongwu. Experimental study of vascularized greater omentum transplantation in the treatment of cerebral ischemia[J]. Zhonghua Shen Jing Wai Ke Za Zhi[Chin J Neurosurg(Article in Chinese;Abstract in Chinese and English)],1985,1(3):164.}

[15189] 付胤生，高立达，廖文满，邱绪襄. 游离网膜脑移植对实验性脑梗死的保护作用 [J]. 中华神经外科杂志，1985，1（3）：167. {FU Yinsheng,GAO Lida,LIAO Wenman,QIU Xuxiang. Protective effect of free omental brain transplantation to experimental cerebral infraction[J]. Zhonghua Shen Jing Wai Ke Za Zhi[Chin J Neurosurg(Article in Chinese;Abstract in Chinese and English)],1985,1(3):167.}

[15190] 胡存根，罗永湘. 保存的兔异体大网膜及新鲜自体皮片移植修复缺血创面的实验研究 [J]. 显微医学杂志，1985，8（1）：28. {HU Cungen,LUO Yongxiang. Experimental study on the repair of ischemic wound by preserved allogeneic omentum of rabbit and fresh skin autograft transplantation[J]. Xian Wei Yi Xue Za Zhi[Chin J Microsurg(Article in Chinese;Abstract in Chinese)],1985,8(1):28.}

[15191] 彭新民，魏家仲，何顺伦，王运洋，邓洪彦，王良. 活体大网膜测量数据及其临床意义 [J]. 临床应用解剖学杂志，1985，3（2）：100. DOI：10.13418/j.issn.1001-165x.1985.02.017. {PENG Xinmin,WEI Jiazhong,HE Shunlun,WANG Yunyang,DENG Hongyan,WANG Liang. Greater omentum measurement data in vivo and its significance[J]. Lin Chuang Ying Yong Jie Pou Xue Za Zhi[Chin J Clin Anat(Article in Chinese;Abstract in Chinese)],1985,3(2):100.DOI:10.13418/j.issn.1001-165x.1985.02.017.}

[15192] 邹雄伟，谢康民，庄柏翔，汤押庚，赵亚平，李向农，高象君，许地信，杨守华，郭克勤，王先桂. 大网膜脊髓移植术治疗外伤性截瘫的临床观察 [J]. 中华神经外科杂志，1985，1（2）：107. {ZOU Hongwei,XIE Kangmin,ZHUANG Boxiang,TANG Yageng,ZHAO Yaping,LI Xiangnong,GAO Xiangjun,XU Dixin,YANG Shouhua,GUO Kele,WANG Xiangui. Clinical observation on the treatment of tramatic paraplegia with greater omentum spinal cord transplantation[J]. Zhonghua Shen Jing Wai Ke Za Zhi[Chin J Neurosurg(Article in Chinese;Abstract in Chinese and English)],1985,1(2):107.}

[15193] 姚树勋，蔡纪辕，陈硕朗，于国中，朱家恺. 自体游离大网膜颅内移植治疗缺血性脑血管病（附 5 例报告）[J]. 显微医学杂志，1985，8（1）：19. {YAO Shuxun,CAI Jiyuan,CHEN Shuolang,YU Guozhong,ZHU Jiakai. Treatment of ischemic cerebrovascular disease with autologous free greater omentum intracranial transplantation[J]. Xian Wei Yi Xue Za Zhi[Chin J Microsurg(Article in Chinese;Abstract in Chinese)],1985,8(1):19.}

[15194] 李金堂，孙建国. 带蒂大网膜颅内移植治疗婴幼儿先天性脑积水二例报告 [J]. 中华神经外科杂志，1985，1（4）：212. {LI Jintang,SUN Jianguo. Treatment of congenital hydrocephalus in infants with pedicled greater omentum intracranial transplantation:a report of two cases[J]. Zhonghua Shen Jing Wai Ke Za Zhi[Chin J Neurosurg(Article in Chinese;No abstract available)],1985,1(4):212.}

[15195] 辛时林，易传勋，王玉荣，余友云，闵法红. 用大网膜游离移植修复半面肌萎缩症三例报告 [J]. 显微医学杂志，1985，8（2）：113. {XIN Shilin,YI Chuanxun,WANG Yurong,YU Youyun,MIN Fahong. Free greater omentum transplantation for the treatment of hemifacial atrophy:a report of three cases[J]. Xian Wei Yi Xue Za Zhi[Chin J Microsurg(Article in Chinese;Abstract in Chinese),1985,8(2):113.}

[15196] 孙永华，尹大庆，赵西菇，毛兰，韩行义，马春旭，王澍寰. 游离大网膜移植保留烧伤手骨一例报告 [J]. 中华整形烧伤外科杂志，1985，1（1）：43. {SUN Yonghua,YIN Daqing,ZHAO Xiru,MAO Lan,HAN Xingyi,MA Chunxu,WANG Shuhuan. Repair of burnt metacarpal and phalangeals with free greater omentum grafting[J]. Zhonghua Zheng Xing Shao Shang Wai Ke Za Zhi[Chin J Plast Burns Surg(Article in Chinese;Abstract in Chinese and English)],1985,1(1):43.}

[15197] 蒋知节. 植骨加大网膜和皮片移植治疗胫骨缺损 [J]. 中华骨科杂志，1985，5（5）：289. {JIANG Zhijie. Treatment of tibial defect with bone graft,greater omentum and skin transplantation[J]. Zhonghua Gu Ke Za Zhi[Chin J Orthop(Article in Chinese;Abstract in Chinese)],1985,5(5):289.}

[15198] 陈立章，于德昌，刘人晨，吴挺. 自体大网膜游离移植治疗上肢血栓闭塞性脉管炎四例报告 [J]. 中华外科杂志，1986，24（6）：330-331. {CHEN Lizhang,YU Dechang,LIU Renchen,WU Ting. Report of four cases of thromboangitis of upper extremity treated by free transplantation of autogenous omentum[J]. Zhonghua Wai Ke Za Zhi[Chin J Surg(Article in Chinese;No abstract available)],1986,24(6):330-331.}

[15199] 徐温理，李安民，李文考，刘树山，段国升. 大网膜颅内移植颅内外动脉吻合术治疗完全性卒中的配对分析 [J]. 中华外科杂志，1986，24（6）：361-364. {XU Wenli,LI Anliang,LI Wenkao,LIU Shushan,DUAN Guosheng. A paired analysis of omentum transplantation and extracranial and intracranial arterial anastomosis in the treatment of complete stroke[J]. Zhonghua Wai Ke Za Zhi[Chin J Surg(Article in Chinese;No abstract available)],1986,24(6):361-364.}

[15200] 彭则蔚. 带蒂大网膜移植治疗膀胱臀部瘘一例 [J]. 中华外科杂志，1986，24（7）：391. {PENG Zewei. Pedicled greater omentum transplantation for the treatment of bladder buttock fistula:a case report[J]. Zhonghua Wai Ke Za Zhi[Chin J Surg(Article in Chinese;No abstract available)],1986,24(7):391.}

[15201] 张庆俊，刘景芳，魏守礼，雷建章，刘玉亭，王增智，底荣欣，张克功. 实验性犬脑缺血带蒂大网膜移植后光镜及电镜研究 [J]. 中华神经外科杂志，1986，2（3）：155. {ZHANG Qingjun,LIU Jingfang,WEI Shouli,LEI Jianzhang,LIU Yuting,WANG Zengzhi,DI Rongxin,ZHANG Kegong. Optical and electron microscope study on predicled greater omentum transplantation in experimental cerebral ischemia of dogs[J]. Zhonghua Shen Jing Wai Ke Za Zhi[Chin J Neurosurg(Article in Chinese;Abstract in Chinese and English)],1986,2(3):155.}

[15202] 于昌玉. 大网膜游离移植二例 [J]. 中华显微外科杂志，1986，9（4）：247. {YU Changyu. Report of two cases of greater omentum free transplantation[J]. Zhonghua Xian Wei Wai Ke Za Zhi[Chin J Microsurg(Article in Chinese;Abstract in Chinese)],1986,9(4):247.}

[15203] 何成渭，乔振才，宣小宁. 游离大网膜颅内移植治疗烟雾病二例报告 [J]. 中华神经外科杂志，1986，2（1）：19. {HE Chengwei,QIAO Zhencai,XUAN Xiaoning. Free greater omentum intracranial transplantation for the treatment of moyamoya disease:a report of two cases[J]. Zhonghua Shen Jing Wai Ke Za Zhi[Chin J Neurosurg(Article in Chinese;No abstract available)],1986,2(1):19.}

[15204] 郑文济，谭振美，李乐生，赵子平. 改良大网膜脊髓移植术治疗外伤性截瘫二例报告 [J]. 中华神经外科杂志，1986，2（2）：112. {ZHENG Wenji,TAN Zhenmei,LI Lesheng,ZHAO

Ziping. Modified greater omentum spinal cord transplantation for the treatment of traumatic paraplegia:a report of two cases[J]. Zhonghua Shen Jing Wai Ke Za Zhi[Chin J Neurosurg(Article in Chinese;No abstract available)],1986,2(2):112.}

[15205] 陈立章，于德昌，刘人晨. 游离大网膜移植治疗血栓闭塞性脉管炎 [J]. 中华显微外科杂志，1986，9（1）：27-28. DOI: 10.3760/cma.j.issn.1001-2036.1986.01.115. {CHEN Lizhang,YU Dechang,LIU Renchen. Free greater omentum transplantation for the treatment of thromboangiitis obliterans[J]. Zhonghua Xian Wei Wai Ke Za Zhi[Chin J Microsurg(Article in Chinese;Abstract in Chinese)],1986,9(1):27-28. DOI:10.3760/cma.j.issn.1001-2036.1986.01.115.}

[15206] 陈立章. 自体大网膜游离移植治疗上肢血栓闭塞性脉管炎四例报告 [J]. 中华外科杂志，1986，24（6）：330. {CHEN Lizhang. Autologous omentum free transplantation for the treatment of upper limb thromboangiitis obliterans:a report of four cases[J]. Zhonghua Wai Ke Za Zhi[Chin J Surg,(Article in Chinese;Abstract in Chinese)],1986,24(6):330.}

[15207] 吴统远，郝安仁，张远水，徐志武，康建刚，陈晚生. 自体大网膜移植治疗慢性骨髓炎 [J]. 中华显微外科杂志，1986，9(2)：91-92. DOI: 10.3760/cma.j.issn.1001-2036.1986.02.113. {WU Tongyuan,HAO Anren,ZHANG Yuanshui,XU Zhiwu,KANG Jiangang,CHEN Wansheng. Autologous greater omentum transplantation for the treatment of chronic osteomyelitis[J]. Zhonghua Xian Wei Wai Ke Za Zhi[Chin J Microsurg(Article in Chinese;Abstract in Chinese)],1986,9(2):91-92. DOI:10.3760/cma.j.issn.1001-2036.1986.02.113.}

[15208] 张大器，张乃鼎，赵光敏，陈向勇. 大网膜游离移植分束填塞治疗血源性慢性骨髓炎 [J]. 中华显微外科杂志，1986，9（4）：201-201. DOI: 10.3760/cma.j.issn.1001-2036.1986.04.105. {ZHANG Daqi,ZHANG Naiding,ZHAO Guangmin,CHEN Xiangyong. Free greater omentum transplantation and tamping for the treatment of hematogenous chronic osteomyelitis[J]. Zhonghua Xian Wei Wai Ke Za Zhi[Chin J Microsurg(Article in Chinese;Abstract in Chinese)],1986,9(4):201-201. DOI:10.3760/cma.j.issn.1001-2036.1986.04.105.}

[15209] 徐保德，黄风瑞. 大网膜游离移植修复大面积头皮颅骨缺损一例 [J]. 中华神经外科杂志，1986，2（3）：141. {XU Baode,HUANG Fengrui. A case of repairing large scalp and skull defect by free greater omentum transplantation[J]. Zhonghua Shen Jing Wai Ke Za Zhi[Chin J Neurosurg(Article in Chinese;No abstract available)],1986,2(3):141.}

[15210] 曹旋生，丁嘉安，张美菊. 带蒂大网膜移植治疗慢性脓胸 [J]. 上海医学，1986，9（3）：168. {CAO Xuansheng,DING Jia' an,ZHANG Meiju. Pedicled greater omentum transplantation for the treatment of chronic empyema[J]. Shanghai Yi Xue[Shanghai Med J(Article in Chinese;No abstract available)],1986,9(3):168.}

[15211] 陈立章，于德昌，刘人晨，吴挺，李广武. 游离大网膜移植治疗血栓闭塞性脉管炎腘动脉以下分支闭塞 [J]. 中华外科杂志，1987，25（3）：154-156. {CHEN Lizhang,YU Dechang,LIU Renchen,WU Ting,LI Guangwu. Free omentum transplantation in the treatment of occlusion of branches below popliteal by arterythromboangiitis obliterans[J]. Zhonghua Wai Ke Za Zhi[Chin J Surg(Article in Chinese;Abstract in Chinese)],1987,25(3):154-156.}

[15212] 郑文济，谭振美，李乐生，吕子明，赵志，钟声. 带蒂大网膜移植术治疗外伤性截瘫的疗效观察 [J]. 中华外科杂志，1987，25（6）：351-352. {ZHENG Wenji,TAN Zhenmei,LI Lesheng,LV Ziming,ZHAO Zhi,ZHONG Sheng. Effect of pedicled omentum transplantation on traumatic paraplegia[J]. Zhonghua Wai Ke Za Zhi[Chin J Surg(Article in Chinese;Abstract in Chinese)],1987,25(6):351-352.}

[15213] 栾文忠. 我国大网膜脑移植的现状 [J]. 中华外科杂志，1987，25(9)：548-550. {LUAN Wenzhong. Current development of omental brain transplantation in China[J]. Zhonghua Wai Ke Za Zhi[Chin J Surg(Article in Chinese;No abstract available)],1987,25(9):548-550.}

[15214] 唐协武. 游离大网膜移植治疗半侧颜面畸形一例 [J]. 中华耳鼻咽喉科杂志，1987，22（2）：100. {TANG Xiewu. Free greater omentum transplantation for hemifacial deformity:a case report[J]. Zhonghua Er Bi Yan Hou Ke Za Zhi[Chin J Otorhinolaryngol(Article in Chinese;No abstract available)],1987,22(2):100.}

[15215] 朱兆川，吴伟烈. 带蒂大网膜移植治疗闭塞性脑血管病远期疗效 [J]. 中华外科杂志，1991，29（12）：745. {ZHU Zhaochuan,WU Weilie. Long term results of pedicled omentum transplantation in the treatment of occlusive cerebrovascular disease[J]. Zhonghua Wai Ke Za Zhi[Chin J Surg(Article in Chinese;No abstract available)],1991,29(12):745.}

[15216] 陈俊. 大网膜移植修复头皮肿瘤切除后缺损 [J]. 修复重建外科杂志，1991，5（1）：38. {CHEN Jun. Omentum transplantation for repairing scalp defect after tumor resection[J]. Zhongguo Xiu Fu Chong Jian Wai Ke Za Zhi[Chin J Repar Reconstr Surg(Article in Chinese;No abstract available)],1991,5(1):38.}

[15217] 杨再珍，李中央. 带蒂大网膜移植治疗慢性脓胸 [J]. 中华显微外科杂志，1992，15（4）：236-237. {YANG Zaizhen,LI Zhongyang. Pedicled omentum transplantation for chronic empyema[J]. Zhonghua Xian Wei Wai Ke Za Zhi[Chin J Microsurg(Article in Chinese;No abstract available)],1992,15(4):236-237.}

[15218] 李其训，方东海，李主一. 自体大网膜游离移植修复巨大创面 [J]. 中国修复重建外科杂志，1993，7（1）：15. {LI Qixun,FANG Donghai,LI Zhuyi. Repair of huge wounds with free transplantation of greater omentum[J]. Zhongguo Xiu Fu Chong Jian Wai Ke Za Zhi[Chin J Repar Reconstr Surg(Article in Chinese;No abstract available)],1993,7(1):15.}

[15219] 奚绍贤，骆瑞珍. 经腹膜外移植带蒂大网膜治疗慢性脓胸 12 例分析 [J]. 中国实用外科杂志，1994，14（9）：600-601. {XI Shaoxian,LUO Ruizhen. Extraperitoneal transplantation of pedicled omentum for chronic empyema:an analysis of 12 cases[J]. Zhongguo Shi Yong Wai Ke Za Zhi[Chin J Pract Surg(Article in Chinese;No abstract available)],1994,14(9):600-601.}

[15220] 王金生，武健. 移植带蒂大网膜修复肝、胆总管缺损 5 例报告 [J]. 中国实用外科杂志，1994，14：625-626. {WANG Jinsheng,WU Jian. Transplantation of pedicled omentum to repair the defect of common bile duct and liver:a report of 5 cases[J]. Zhongguo Shi Yong Wai Ke Za Zhi[Chin J Pract Surg(Article in Chinese;No abstract available)],1994,14:625-626.}

[15221] 刘强，孟庆水，张正之，韩西城. 大网膜游离移植修复慢性髓炎合并皮肤缺损 [J]. 中国修复重建外科杂志，1996，10（2）：90-91. {LIU Qiang,MENG Qingshui,ZHANG Zhengzhi,HAN Xicheng. Transfer of vascularized greater omentum in repairing chronic osteomyelitis with skin defect[J]. Zhongguo Xiu Fu Chong Jian Wai Ke Za Zhi[Chin J Repar Reconstr Surg(Article in Chinese;Abstract in Chinese and English)],1996,10(2):90-91.}

[15222] 魏效森，魏颖，薛正和，闫举州，郭国栋，李军，赵相聪. 带蒂大网膜移植治疗食管自发性破裂 11 例体会 [J]. 中国实用外科杂志，1997，17（8）：37. {WEI Xiaosen,WEI Ying,XUE Zhenghe,YAN Juzhou,GUO Guodong,LI Jun,ZHAO Xiangcong. Treatment of spontaneous rupture of esophagus with pedicled omentum transplantation:a report of 11 cases[J]. Zhongguo Shi Yong Wai Ke Za Zhi[Chin J Pract Surg(Article in Chinese;No abstract available)],1997,17(8):37.}

[15223] 秦秀英，赵炳纯，赵仰胜，侯菊生，孙丕通，谭方伦，李少华. 带蒂大网膜颅内移植治疗婴幼儿难治性慢性硬膜下血肿 [J]. 中华神经外科杂志，1997，13（2）：53. {QIN Xiuying,ZHAO Bingchun,ZHAO Yangsheng,HOU Jusheng,SUN Pitong,TAN Fanglun,LI Shaohua. Treatment of refractory chronic subdural hematoma in infants with pedicled omentum transplantation[J]. Zhonghua Shen Jing Wai Ke Za Zhi[Chin J Neurosurg(Article in Chinese;No abstract available)],1997,13(2):53.}

[15224] 薛峰铭，杨春，孙长英，王仰宗. 胸腔内大网膜移植治疗胸壁穿透性坏死一例 [J]. 中华整形外科杂志，1998，14（2）：153. {XUE Fengming,YANG Chun,SUN Changying,WANG Yangzong. Intrathoracic omentum transplantation for penetrating necrosis of chest wall:a case report[J]. Zhonghua Zheng Xing Wai Ke Za Zhi[Chin J Plast Surg(Article in Chinese;No abstract available)],1998,14(2):153.}

[15225] 牟善霄，马荣生，成得元，李宜照，刘玉祥. 股骨头缺血性坏死大网膜植入的治疗体会 [J]. 中华显微外科杂志，1999，22（2）：157. DOI: 10.3760/cma.j.issn.1001-2036.1999.02.047. {MOU Shanxiao,MA Rongsheng,CHENG Deyuan,LI Yizhao,LIU Yuxiang. Experience of omentum implantation in treatment of avascular necrosis of femoral head[J]. Zhonghua Xian Wei Wai Ke Za Zhi[Chin J Microsurg(Article in Chinese;No abstract available)],1999,22(2):157. DOI:10.3760/cma.j.issn.1001-2036.1999.02.047.}

[15226] 郭宝平，何炳威，钱东翔，王智坚，蔡哲鹏，郭炜. 自体游离大网膜颅内移植治疗脑穿通畸形三例 [J]. 中华显微外科杂志，2000，23（3）：204. DOI: 10.3760/cma.j.issn.1001-2036.2000.03.054. {GUO Baoping,HE Bingwei,QIAN Dongxiang,WANG Zhijian,CAI Zhepeng,GUO Wei. Three cases of brain porencephaly deformity treated by free omental intracranial transplantation[J]. Zhonghua Xian Wei Wai Ke Za Zhi[Chin J Microsurg(Article in Chinese;No abstract available)],2000,23(3):204. DOI:10.3760/cma.j.issn.1001-2036.2000.03.054.}

[15227] 雷恩忠，杨爱德，陈保光，丘奕军，冯毅，陈状，刘华. 颅内巨大脑包虫囊肿摘除游离大网膜移植填充一例 [J]. 中华神经外科杂志，2001，17（1）：24. DOI: 10.3760/j.issn:1001-2346.2001.01.026. {LEI Enzhong,YANG Aide,CHEN Baoguang,QIU Yijun,FENG Yi,CHEN Zhuang,LIU Hua. Removal of a giant intracranial hydatid cyst by free greater omentum transplantation[J]. Zhonghua Shen Jing Wai Ke Za Zhi[Chin J Neurosurg(Article in Chinese;No abstract available)],2001,17(1):24. DOI:10.3760/j.issn:1001-2346.2001.01.026.}

[15228] 陈华军，陈辉，衡建伟，贾仁维，杨侠. 大网膜移植治疗股骨头坏死的实验研究 [J]. 骨与关节损伤杂志，2003，18(10)：690-691. DOI: 10.3969/j.issn.1672-9935.2003.10.016. {CHEN Huajun,CHEN Hui,HENG Jianwei,JIA Renwei,YANG Xia. An experimental research for treatment of GANFH with epiploon-transplant[J]. Gu Yu Guan Jie Sun Shang Za Zhi[J Bone Joint Injury(Article in Chinese;Abstract in Chinese and English)],2003,18(10):690-691. DOI:10.3969/j.issn.1672-9935.2003.10.016.}

[15229] 程开祥，王善良，杨川. 游离大网膜移植修复严重手外伤 [J]. 组织工程与重建外科杂志，2005，1（3）：131-134. DOI: 10.3969/j.issn.1673-0364.2005.03.004. {CHENG Kaixiang,WANG Shanliang,YANG Chuan. Repair of severe hand injury with free transplantation of omentum[J]. Zu Zhi Gong Cheng Yu Chong Jian Wai Ke Za Zhi[J Tissue Eng Reconstr Surg(Article in Chinese;Abstract in Chinese and English)],2005,1(3):131-134. DOI:10.3969/j.issn.1673-0364.2005.03.004.}

[15230] 江华，仇明，赵耀忠，吴宏，丁尔迅，江道振，章建林，薛峰. 腹腔镜技术应用于吻合血管大网膜游离移植治疗半侧颜面萎缩 [J]. 第二军医大学学报，2005，26（1）：41-43. DOI: 10.3321/j.issn: 0258-879X.2005.01.014. {JIANG Hua,CHOU Ming,ZHAO Yaozhong,WU Hong,DING Erxun,JIANG Daozhen,ZHANG Jianlin,XUE Feng. Free microvascular epiploon transplantation for reconstruction of semifacial atrophy under assistance of laparoscopy[J]. Di Er Jun Yi Da Xue Xue Bao[Acad J Sec Mil Med Univ(Article in Chinese;Abstract in Chinese and English)],2005,26(1):41-43. DOI:10.3321/j.issn:0258-879X.2005.01.014.}

[15231] 李建新，李加. 带蒂大网膜或带血管蒂肌瓣移植治疗支气管胸膜瘘 12 例 [J]. 实用医学杂志，2005，21（14）：1566-1567. DOI: 10.3969/j.issn.1006-5725.2005.14.043. {LI Jianxin,LI Jia. Transplantation of pedicled greater omentum or vascular pedicled muscle flap for the treatment of 12 cases of bronchopleural fistula[J]. Shi Yong Yi Xue Za Zhi[J Pract Med(Article in Chinese;Abstract in Chinese)],2005,21(14):1566-1567. DOI:10.3969/j.issn.1006-5725.2005.14.043.}

[15232] 乜国雁. 带蒂大网膜移植修补复杂性膀胱阴道瘘 67 例报告 [J]. 中华泌尿外科杂志，2006，27（2）：118-120. DOI: 10.3760/j: issn: 1000-6702.2006.02.013. {NIE Guoyan. Pedicled greater omentum displacement for the repair of complex vesicovaginal fistulas (report of 67 cases)[J]. Zhonghua Mi Niao Wai Ke Za Zhi[Chin J Urol(Article in Chinese;Abstract in Chinese and English)],2006,27(2):118-120. DOI:10.3760/j:issn:1000-6702.2006.02.013.}

[15233] 蔡俊锋，袁忠祥，肖明第，林雷，张闻瑞，于红. 激光心肌血运重建联合大网膜移植的研究 [J]. 上海医学，2006，29(6)：342-344. DOI: 10.3969/j.issn.0253-9934.2006.06.002. {CAI Junfeng,YUAN Zhongxiang,XIAO Mingdi,LIN Lei,ZHANG Wenrui,YU Hong. Research study of transmyocardial laser revascularization combined with omental graft[J]. Shang Hai Yi Xue[Shanghai Med J(Article in Chinese;Abstract in Chinese and English)],2006,29(6):342-344. DOI:10.3969/j.issn.0253-9934.2006.06.002.}

[15234] 赵利，王成传，刘昭鑫，付文健，董芳. 大网膜加皮片移植修复全层腹壁缺损一例 [J]. 中华烧伤杂志，2007，23（6）：439. DOI: 10.3760/cma.j.issn.1009-2587.2007.06.027. {ZHAO Li,WANG Chengchuan,LIU ZhaoXin,FU Wenjian,DONG Fang. Great omentum with skin graft for repair of full-thickness abdominal wall defect:a case report[J]. Zhonghua Shao Shang Za Zhi[Chin J Burns(Article in Chinese;No abstract available)],2007,23(6):439. DOI:10.3760/cma.j.issn.1009-2587.2007.06.027.}

[15235] 李学雷，江奕恒，钟世镇. 大网膜移植的应用解剖 [J]. 中华显微外科杂志，2011，34（4）：305-308. DOI: 10.3760/cma.j.issn.1001-2036.2011.04.014. {LI Xuelei,JIANG Yiheng,ZHONG Shizhen. Applied anatomy of the greater omentum in transplantation[J]. Zhonghua Xian Wei Wai Ke Za Zhi[Chin J Microsurg(Article in Chinese;Abstract in Chinese and English)],2011,34(4):305-308. DOI:10.3760/cma.j.issn.1001-2036.2011.04.014.}

[15236] 张旭东，赵启明，陈丽梅，夏东胜，陆新，茅东升，甘静兵. 犬肢体爆炸伤后游离移植大网膜的抗感染能力 [J]. 中华烧伤杂志，2014，30（4）：360-362. DOI: 10.3760/cma.j.issn.1009-2587.2014.04.018. {ZHANG Xudong,ZHAO Qiming,CHEN Limei,XIA Dongsheng,LU Xin,MAO Dongsheng,GAN Jingbing. Anti-infection ability after explosive limb injury with free transplantation of greater omentum in dogs[J]. Zhonghua Shao Shang Za Zhi[Chin J Burns(Article in Chinese;Abstract in Chinese)],2014,30(4):360-362. DOI:10.3760/cma.j.issn.1009-2587.2014.04.018.}

4.14 肠段移植
intestinal segment transfer

[15237] Li Y,Zhu L,Li J. Two-step procedure of whole orthotopic intestinal transplantation in rats:considerations of techniques and graft functional adaptation[J]. Microsurgery,2006,26(5):399-403. doi:10.1002/micr.20259.

[15238] Wang J,Ma H,Zhang H,Lu B,Wang J,Wang Z,Li Y,Li J. Continuous locked suture technique for arterial anastomosis in rat small bowel transplantation[J]. Microsurgery,2007,27(2):112-117. doi:10.1002/micr.20315.

[15239] Zhu L,Gong D,Zou Y,Li Y,Wu Y,Yuan B,Guan L,Wu Q. Cervical heterotopic small intestinal transplantation in rats using artery sleeve anastomosis[J]. Transplant Proc,2008,40(5):1645-1649. doi:10.1016/j.transproceed.2008.03.146.

[15240] Wei W,Zhu Y,Wang J,Li Y,Li J. Cyanoacrylate-assisted arterial anastomosis in rat small bowel transplantation[J]. Langenbecks Arch Surg,2010,395(6):727-735. doi:10.1007/s00423-010-0634-1.

[15241] Zhu Y,Wei W,Li Y. 2-Octylcyanoacrylate-assisted microvascular anastomosis in rat orthotopic small bowel transplantation[J]. J Reconstr

Microsurg,2011,27(3):151-156. doi:10.1055/s-0030-1268854.

[15242] 陶永松，钟世镇. 小肠代食管的应用解剖研究[J]. 显微外科，1980，3(2)：114. {TAO Yongsong,ZHONG Shizhen. Applied anatomy of intestine replacing esophagus[J]. Xian Wei Wai Ke[Chin J Microsurg(Article in Chinese;No abstract available)],1980,3(2):114.}

[15243] 陶永松，钟世镇. 小肠代食管的应用解剖研究[J]. 解剖学报，1981，12(3)：225. {TAO Yongsong,ZHONG Shizhen. Applied anatomy of intestine replacing esophagus[J]. Jie Pou Xue Bao[Anat Bull(Article in Chinese;Abstract in Chinese and English)],1981,12(3):225.}

[15244] 张兴倜，陈问潭，孙庆梅，王瑞鹏，张文凌，韩其杰. 游离结肠移植治疗食管癌（附6例报告）[J]. 天津医药肿瘤学附刊，1981，8(1)：19. {ZHANG Xingchou,CHEN Wentan,SUN Qingmei,WANG Ruipeng,ZHANG Wenlin,HAN Qijie. Free colon transplantation for treating esophageal cancer (with a report of 6 cases)[J]. Tianjin Yi Yao Zhong Liu Xue Fu Kan[Chin J Clin Oncol(Article in Chinese;No abstract available)],1981,8(1):19.}

[15245] 陈远志. 横结肠的显微外科解剖学研究[J]. 广东解剖学通报，1982，4(1)：41. {CHEN Yuanzhi. Microsurgical anatomy of tansverse colon[J]. Guangdong Jie Pou Xue Tong Bao[Anat Res(Article in Chinese;No abstract available)] 1982,4(1):41.}

[15246] 姜如同. 游离空肠移植代食管1例[J]. 解放军医学杂志，1982，7(2)：89. {JIANG Rutong. Free intestine replantation to replace esophagus:a case report[J]. Jie Fang Jun Yi Xue Za Zhi[Med J Chin PLA(Article in Chinese;No abstract available)],1982,7(2):89.}

[15247] 高龙远，李山泉. 国人肠系膜上动脉结肠支的解剖学研究[J]. 石河子医学院学报，1982，4(1)：9. {GAO Longyuan,LI Shanquan. Anatomy study on the colon branch of the superior msenteric artery of Chinese people[J]. Shihezi Yi Xue Yuan Xue Bao[J Nongken Med(Article in Chinese;No abstract available)],1982,4(1):9.}

[15248] 庄虔贞，李风池，程国良，潘达德，段振泉. 游离空肠移植治疗颈段食管狭窄和缺损[J]. 解放军医学杂志，1985，10(1)：29. {ZHUANG Qianzhen,LI Fengchi,CHENG Guoliang,PAN Dade,DUAN Zhenquan. Free jejunum transplantation in the treatment of cervical esophageal stenosis and defect[J]. Jie Fang Jun Yi Xue Za Zhi[Med J Chin PLA(Article in Chinese;No abstract available)],1985,10(1):29.}

[15249] 高启发，陈士安. 带蒂空肠加血管吻合术治疗高位食管良性狭窄一例[J]. 中华外科杂志，1985，23(4)：198. {GAO Qifa,CHEN Shian. Pedicled jejunum with vascular anastomosis in treating upper esophageal benign stricture:a case report[J]. Zhonghua Wai Ke Za Zhi[Chin J Surg(Article in Chinese;Abstract in Chinese)],1985,23(4):198.}

[15250] 王天铎，孙永恩. 游离空肠移植喉咽颈段食管缺损整复喉功能重建术[J]. 山东医学大学学报，1985，23(1)：1. {WANG Tianduo,SUN Yong' en. Transplantation of free jejunum segment for reconstruction of hypopharynx and cervical esophagus and laryngeal function rehabilitaiton[J]. Shandong Yi Xue Da Xue Xue Bao[J Shandong Univ(Health Sci)(Article in Chinese;Abstract in Chinese and Englishi)],1985,23(1):1.}

[15251] 董禄，张金山. 应用显微外科技术移植回肠终部和右半结肠段代替全段食管[J]. 中华显微外科杂志，1986，9(2)：93. {DONG Lu,ZHANG Jinshan. Microsurgical terminal ileum and right colon transplantation for replacement of esophagus[J]. Zhonghua Xian Wei Wai Ke Za Zhi[Chin J Microsurg(Article in Chinese;Abstract in Chinese)],1986,9(2):93.}

[15252] 张涤生，王炜，黄偶麟. 肠段移植食道再造及其特殊并发症的处理[J]. 中华显微外科杂志，1986，9(4)：193-195. DOI：10.3760/cma.j.issn.1001-2036.1986.04.101. {ZHANG Disheng,WANG Wei,HUANG Oulin. Esophageal reconstruction by intestinal replantation and management of complications[J]. Zhonghua Xian Wei Wai Ke Za Zhi[Chin J Microsurg(Article in Chinese;Abstract in Chinese)],1986,9(4):193-195. DOI:10.3760/cma.j.issn.1001-2036.1986.04.101.}

[15253] 赵伯蝠，张树森，王惠娟. 游离空肠移植修复颈段食管缺损一例[J]. 天津医药，1986，14(9)：567. {ZHAO Bofu,ZHANG Shusen,WANG Huijuan. Repairing cervical esophageal defect by free jejunum transplantation:a case report[J]. Tianjin Yi Yao[Tianjin Med J(Article in Chinese;No abstract available)],1986,14(9):567.}

[15254] 高瀚，高春芳，贾志勤. 全小肠自体移植术的动物实验[J]. 中华器官移植杂志，1986，7(1)：6-7. DOI：10.3760/cma.j.issn.0254-1785.1986.01.003. {GAO Han,GAO Chunfang,JIA Zhiqin. Total small bowel autotransplantation in the dog[J]. Zhonghua Qi Guan Yi Zhi Za Zhi[Chin J Organ Transplant(Article in Chinese;No abstract available)],1986,7(1):6-7. DOI:10.3760/cma.j.issn.0254-1785.1986.01.003.}

[15255] 王天铎，孙永恩，陈瑛. 游离空肠移植整复喉咽颈段食管缺损及喉功能重建术[J]. 中华耳鼻咽喉科杂志，1986，21(2)：81-84. {WANG Tianduo,SUN Yong' en,CHEN Ying. Free jejunal grafts for reconstruction of pharynx and cervical esophagus[J]. Zhonghua Er Bi Yan Hou Ke Za Zhi[Chin J Otorhinolaryngol(Article in Chinese;Abstract in Chinese and English)],1986,21(2):81-84.}

[15256] 徐培冲. 吻合血管的带蒂空肠移植重建食道治疗小儿食道狭窄[J]. 修复重建外科杂志，1988，2(2)：158. {XU Peichong. Vascular pedicled jejunal transplantation for reconstruction of esophagus in children with esophageal stenosis[J]. Zhongguo Xiu Fu Chong Jian Wai Ke Za Zhi[Chin J Repar Reconstr Surg(Article in Chinese;No abstract available)],1988,2(2):158.}

[15257] 李安富，石济明，杨志贤. 空肠段移植重建食管发生纵膈绞窄疝一例报告[J]. 修复重建外科杂志，1988，2(4)：19. {LI Anfu,SHI Jiming,YANG Zhixian. Mediastinal strangulated hernia after reconstruction of esophagus with jejunal transplantation:a case report[J]. Zhongguo Xiu Fu Chong Jian Wai Ke Za Zhi[Chin J Repar Reconstr Surg(Article in Chinese;No abstract available)],1988,2(4):19.}

[15258] 徐培冲，庄虔贞，田世昌，刘家玉，程国良，林彬，方光荣，徐正平. 吻合血管的带蒂空肠移植重建食道治疗小儿食管狭窄[J]. 修复重建外科杂志，1989，3(2)：49-50. {XU Peichong,ZHUANG Qianzhen,TIAN Shichang,LIU Jiayu,CHENG Guoliang,LIN Bin,FANG Guangrong,XU Zhengping. Vascular pedicled jejunal transplantation for reconstruction of esophagus in children with esophageal stenosis[J]. Zhongguo Xiu Fu Chong Jian Wai Ke Za Zhi[Chin J Repar Reconstr Surg(Article in Chinese;Abstract in Chinese)],1989,3(2):49-50.}

[15259] 李安富，段振泉，李凤池，石济明，潘达德，黄金林，孙强. 空肠移植重建食道特异并发症的防治[J]. 中华显微外科杂志，1990，13(3)：175-176. {LI Anfu,DUAN Zhenquan,LI Fengchi,SHI Jiming,PAN Dade,HUANG Jinlin,SUN Qiang. Prevention and treatment of specific complications of jejunal reconstruction[J]. Zhonghua Xian Wei Wai Ke Za Zhi[Chin J Microsurg(Article in Chinese;No abstract available)],1990,13(3):175-176.}

[15260] 张岩峰. 游离空肠移植在食管癌外科中的应用[J]. 中华外科杂志，1990，28(11)：670-671. {ZHANG Yanfeng. Application of free jejunal transplantation in esophageal cancer surgery[J]. Zhonghua Wai Ke Za Zhi[Chin J Surg(Article in Chinese;Abstract in Chinese)],1990,28(11):670-671.}

[15261] 张广忖，刘锟，路明远，程庆书. 漏斗胸致移植肠管狭窄一例[J]. 中华外科杂志，1990，28(12)：738. {ZHANG Guangcun,LIU Kun,LU Mingyuan,CHENG Qingshu. A case of transplanted intestinal stricture caused by pectus excavatum[J]. Zhonghua Wai Ke Za Zhi[Chin J Surg(Article in Chinese;Abstract in Chinese)],1990,28(12):738.}

[15262] 葛来增，王孝成，高源长，尹凡，付新余. 回盲肠阑尾移植重建膀胱尿道[J]. 中华外科杂志，1992，30(4)：231-233. {GE Laizeng,WANG Xiaocheng,GAO Yuanchang,YIN Fan,FU Xinyu. Reconstruction of bladder and urethra with ileocecal appendix transplantation[J]. Zhonghua Wai Ke Za Zhi[Chin J Surg(Article in Chinese;Abstract in Chinese)],1992,30(4):231-233.}

[15263] 傅绍松，刘兆荣，郑瑞启，王世明，明立刚，孙金环，徐恩仙，李玉华，于波，杨金堂. 胸腔内游离空肠段移植修复中上段食管缺损六例[J]. 中华显微外科杂志，1993，16(3)：183-185. {FU Shaosong,LIU Zhaorong,ZHENG Ruiqi,WANG Shiming,MING Ligang,SUN Jinhuan,XU Enxian,LI Yuhua,YU Bo,YANG Jintang. Free jejunum transplantation through thoracic cavity to repair middle and upper esophageal defect in 6 cases[J]. Zhonghua Xian Wei Wai Ke Za Zhi[Chin J Microsurg(Article in Chinese;Abstract in Chinese)],1993,16(3):183-185.}

[15264] 梁传余，文定厚，杨志明，黄富国，杜景平. 游离空肠移植重建喉咽和颈段食管（初步报道）[J]. 中国修复重建外科杂志，1994，8(4)：9-10，63. {LIANG Chuanyu,WEN Dinghou,YANG Zhiming,HUANG Fuguo,DU Jingping. Free jejunal grafts for reconstruction of pharynx and cervicalesophagus[J]. Zhongguo Xiu Fu Chong Jian Wai Ke Za Zhi[Chin J Repar Reconstr Surg(Article in Chinese;Abstract in Chinese and English)],1994,8(4):9-10,63.}

[15265] 何刚，钟霞. 大鼠肝/小肠联合移植的研究[J]. 中华实验外科杂志，1994，11(4)：129-130，195. {HE Gang,ZHONG Xia. An experimental research on combined liver/intestine allograft in rat[J]. Zhonghua Shi Yan Wai Ke Za Zhi[Chin J Exp Surg(Article in Chinese;Abstract in Chinese and English)],1994,11(4):129-130,195.}

[15266] 廖彩仙，黎介寿，李宁，赵允召，李幼生，吴学豪，张利华. 雷公藤联合小剂量环孢素A抑制猪小肠移植排斥反应[J]. 中华器官移植杂志，1994，15(3)：115-117. DOI：10.3760/cma.j.issn.0254-1785.1994.03.011. {LIAO Caixian,LI Jieshou,LI Ning,ZHAO Yunzhao,LI Yousheng,WU Xuehao,ZHANG Lihua. Tripterygium wilfordii combined with low-dose cyclosporin A inhibited porcine intestinal allograft rejection[J]. Zhonghua Qi Guan Yi Zhi Za Zhi[Chin J Organ Transplant(Article in Chinese;Abstract in Chinese and English)],1994,15(3):115-117. DOI:10.3760/cma.j.issn.0254-1785.1994.03.011.}

[15267] 夏谷良，王果，魏明发，史慧芬. 环孢素与激素在大鼠小肠移植中的联合应用[J]. 中华器官移植杂志，1995，16(4)：167-168. DOI：10.3760/cma.j.issn.0254-1785.1995.04.012. {XIA Guliang,WANG Guo,WEI Mingfa,SHI Huifen. Cyclosporine and prednisone regimen in small bowel allotransplantation in rats[J]. Zhonghua Qi Guan Yi Zhi Za Zhi[Chin J Organ Transplant(Article in Chinese;Abstract in Chinese and English)],1995,16(4):167-168. DOI:10.3760/cma.j.issn.0254-1785.1995.04.012.}

[15268] 廖彩仙，黎介寿，赵允召. 猪二步法节段性小肠移植[J]. 第一军医大学学报，1996，16(1)：110-111. {LIAO Caixian,LI Jieshou,ZHAO Yunzhao[J]. Di Yi Jun Yi Da Xue Xue Bao[J First Mil Med Univ(Article in Chinese;Abstract in Chinese)],1996,16(1):110-111.}

[15269] 江志伟，黎介寿，李宁，李幼生，汪志明. 猪原位全小肠移植模型的建立[J]. 解放军医学杂志，1996，21(5)：372-373. {JIANG Zhiwei,LI Jieshou,LI Ning,LI Yousheng,WANG Zhiming. Two step segmental small bowel transplantation in pigs[J]. Jie Fang Jun Yi Xue Za Zhi[Med J Chin PLA(Article in Chinese;No abstract available)],1996,21(5):372-373.}

[15270] 孙晓毅，王果，史惠芬，夏谷良. 大鼠肝小肠联合移植的研究[J]. 中华实验外科杂志，1996，13(5)：141-142，195-196. {SUN Xiaoyi,WANG Guo,SHI Huifen,XIA Guliang. An experimental study on combined small bowel/liver transplantation in rats[J]. Zhonghua Shi Yan Wai Ke Za Zhi[Chin J Exp Surg(Article in Chinese;Abstract in Chinese and English)],1996,13(5):141-142,195-196.}

[15271] 王浩，王军，朱理玮，王鹏志. 小鼠小肠移植模型的建立[J]. 中华实验外科杂志，1997，14(1)：55-56. {WANG Hao,WANG Jun,ZHU Liwei,WANG Pengzhi. Establishment of small bowel transplantation model in mice[J]. Zhonghua Shi Yan Wai Ke Za Zhi[Chin J Exp Surg(Article in Chinese;Abstract in Chinese)],1997,14(1):55-56.}

[15272] 孙晓毅，王果，魏明发，夏谷良，史慧芬. 大鼠肝小肠联合移植模型的建立[J]. 中华器官移植杂志，1997，18(4)：194-195. DOI：10.3760/cma.j.issn.0254-1785.1997.04.002. {SUN Xiaoyi,WANG Guo,WEI Mingfa,XIA Guliang,SHI Huifen. Establishment of a model of combined small bowel/liver transplantation in rat[J]. Zhonghua Qi Guan Yi Zhi Za Zhi[Chin J Organ Transplant(Article in Chinese;Abstract in Chinese and English)],1997,18(4):194-195. DOI:10.3760/cma.j.issn.0254-1785.1997.04.002.}

[15273] 李元新，黎介寿，李宁. 大鼠小肠移植血管吻合术式的改进[J]. 中华实验外科杂志，1999，16(1)：90. DOI：10.3760/j.issn：1001-9030.1999.01.047. {LI Yuanxin,LI Jieshou,LI Ning. Improvement of vascular anastomosis for small bowel transplantation in rats[J]. Zhonghua Shi Yan Wai Ke Za Zhi[Chin J Exp Surg(Article in Chinese;No abstract available)],1999,16(1):90. DOI:10.3760/j.issn:1001-9030.1999.01.047.}

[15274] 伍晓汀，黎介寿. 改进技术的大鼠全小肠移植术[J]. 中华显微外科杂志，1999，22(1)：48. DOI：10.3760/cma.j.issn.1001-2036.1999.01.018. {WU Xiaoting,LI Jieshou. Study on modified techniques for small bowel transplantation in rat[J]. Zhonghua Xian Wei Wai Ke Za Zhi[Chin J Microsurg(Article in Chinese;Abstract in Chinese and English)],1999,22(1):48. DOI:10.3760/cma.j.issn.1001-2036.1999.01.018.}

[15275] 梁振宇，骆效黎，骆晓宇，崔淑萍. 空肠移植重建食管[J]. 中华显微外科杂志，1999，22(4)：3-5. {LIANG Zhenyu,LUO Xiaoli,LUO Xiaoyu,CUI Shuping. Reconstruction of esophagus with jejunal transplantation[J]. Zhonghua Xian Wei Wai Ke Za Zhi[Chin J Microsurg(Article in Chinese;No abstract available)],1999,22(4):3-5.}

[15276] 吴华，高尚志，王武军，林道明. 带金属网架小肠移植替代气管的实验研究[J]. 中华实验外科杂志，1999，16(2)：98. DOI：10.3760/j.issn：1001-9030.1999.02.002. {WU Hua,GAO Shangzhi,WANG Wujun,LIN Daoming. Experimental tracheal replacement using a revascularized small intestine autograft with a metal mesh stent in dogs[J]. Zhonghua Shi Yan Wai Ke Za Zhi[Chin J Exp Surg(Article in Chinese;Abstract in Chinese and English)],1999,16(2):98. DOI:10.3760/j.issn:1001-9030.1999.02.002.}

[15277] 蒋邦好，李朝龙，孔令红. 豚鼠至大鼠异种小肠移植模型的建立[J]. 第一军医大学学报，1999，19(3)：217. DOI：10.3321/j.issn：1673-4254.1999.03.008. {JIANG Banghao,LI Chaolong,KONG Linghong. Establishment of guinea pig-to-rat small intestinal xenograft model[J]. Di Yi Jun Yi Da Xue Xue Bao[J First Mil Med Univ(Article in Chinese;Abstract in Chinese and English)],1999,19(3):217. DOI:10.3321/j.issn:1673-4254.1999.03.008.}

[15278] 张洪义，张英谦，寿楠海，李兆亭，姜希宏. 用袖套式血管吻合法建立肝肠联合移植的动物模型[J]. 中华显微外科杂志，2000，23(4)：293. DOI：10.3760/cma.j.issn.1001-2036.2000.04.021. {ZHANG Hongyi,ZHANG Yingqian,SHOU Nanhai,LI Zhaoting,JIANG Xihong. Establishment of animal model of combined liver and intestine transplantation by sleeve-like anastomosis[J]. Zhonghua Xian Wei Wai Ke Za Zhi[Chin J Microsurg(Article in Chinese;No abstract available)],2000,23(4):293. DOI:10.3760/cma.j.issn.1001-2036.2000.04.021.}

[15279] 张洪义，张英谦，寿楠海，李兆亭，姜希宏. 用袖套式血管吻合法建立大鼠肝、肠联合移植模型[J]. 中华器官移植杂志，2000，21(5)：306-307. DOI：10.3760/cma.j.issn.0254-1785.2000.05.019. {ZHANG Hongyi,ZHANG Yingqian,SHOU Nanhai,LI Zhaoting,JIANG Xihong. A new model of simultaneous liver and small intestinal transplantation by means of cuff vein anastomosis[J]. Zhonghua Qi Guan Yi Zhi Za Zhi[Chin J Organ Transplant(Article in Chinese;Abstract in Chinese and English)],2000,21(5):306-307. DOI:10.3760/cma.j.issn.0254-1785.2000.05.019.}

[15280] 李元新，李宁，吴波，黎介寿. 小肠移植急性排斥反应的实验研究[J]. 解放军医学杂志，2000，25(1)：56-58. DOI：10.3321/j.issn：0577-7402.2000.01.019. {LI Yuanxin,LI Ning,WU Bo,LI Jieshou. Experimental study of small intestinal allograft rejection[J]. Jie Fang Jun Yi Xue Za Zhi[Med J Chin PLA(Article in Chinese;No abstract available)],2000,25(1):56-58. DOI:10.3321/j.issn:0577-7402.2000.01.019.}

[15281] 李安富，段振泉，王淑新，杨力，姜枫. 空肠瓣移植治疗颈部吻合口瘘（附6例报告）[J]. 第二军医大学学报，2001，22(7)：700-700. DOI：10.3321/j.issn：0258-879X.2001.07.043. {LI Anfu,DUAN Zhenquan,WANG Shuxin,YANG Li,JIANG Feng. Jejunal flap transplantation for the treatment of cervical anastomotic leakage (with report of 6 cases)[J]. Di Er Jun Yi Da Xue Xue Bao[Acad J Sec Mil Med Univ(Article in Chinese;No abstract

available)],2001,22(7):700-700. DOI:10.3321/j.issn:0258-879X.2001.07.043.}

[15282] **罗宇东，逯宁，刘彤，王军，朱理玮，王鹏志. 小鼠小肠移植模型制作的手术技术[J]. 中华器官移植杂志，2001，22(5)：262-263. DOI：10.3760/cma.j.issn.0254-1785.2001.05.002.** {LUO Yudong,LU Ning,LIU Tong,WANG Jun,ZHU Liwei,WANG Pengzhi. Surgical procedures for the development of small bowel transplantation model in mice[J]. Zhonghua Qi Guan Yi Zhi Za Zhi[Chin J Organ Transplant(Article in Chinese;Abstract in Chinese and English)],2001,22(5):262-263. DOI:10.3760/cma.j.issn.0254-1785.2001.05.002.}

[15283] **李安富，徐培冲，张华，孙春亮，张勤，傅廷友. 吻合血管的带蒂空肠移植重建小儿食管10例[J]. 中华显微外科杂志，2002，25(4)：313-314. DOI：10.3760/cma.j.issn.1001-2036.2002.04.036.** {LI Anfu,XU Peichong,ZHANG Hua,SUN Chunliang,ZHANG Qin,FU Tingyou. Vascular pedicled jejunal transplantation for esophageal reconstruction in 10 children[J]. Zhonghua Xian Wei Wai Ke Za Zhi[Chin J Microsurg(Article in Chinese;Abstract in Chinese)],2002,25(4):313-314. DOI:10.3760/cma.j.issn.1001-2036.2002.04.036.}

[15284] **孙强，马春山，段振泉，张海生. 采用空肠移植重建食管的血供保护[J]. 中国修复重建外科杂志，2003，17(4)：315-317.** {SUN Qiang,MA Chunshan,DUAN Zhenquan,ZHANG Haisheng. Preservative measures for blood supply to jejunal segment in reconstruction of esophagus[J]. Zhongguo Xiu Fu Chong Jian Wai Ke Za Zhi[Chin J Repar Reconstr Surg(Article in Chinese;Abstract in Chinese and English)],2003,17(4):315-317.}

[15285] **孙家乾，李国新，黄祥成. 三袖套血管吻合法行大鼠异位小肠移植[J]. 中华器官移植杂志，2004，25(5)：276-278. DOI：10.3760/cma.j.issn.0254-1785.2004.05.006.** {SUN Jiaqian,LI Guoxin,HUANG Xiangcheng. Tri-cuff vascular anastomosis for the heterotopic small bowel transplantation in rat[J]. Zhonghua Qi Guan Yi Zhi Za Zhi[Chin J Organ Transplant(Article in Chinese;Abstract in Chinese and English)],2004,25(5):276-278. DOI:10.3760/cma.j.issn.0254-1785.2004.05.006.}

[15286] **孙家乾，李国新，黄祥成，邓海军，余江. 三袖套法与经典血管吻合法在大鼠异位小肠移植中的应用比较[J]. 第一军医大学学报，2004，24(6)：670-672. DOI：10.3321/j.issn：1673-4254.2004.06.012.** {SUN Jiaqian,LI Guoxin,HUANG Xiangcheng,DENG Haijun,YU Jiang. Comparison of the tri-cuff and classical methods for vascular anastomosis in heterotopic small bowel transplantation in rats[J]. Di Yi Jun Yi Da Xue Xue Bao[J First Mil Med Univ(Article in Chinese;Abstract in Chinese and English)],2004,24(6):670-672. DOI:10.3321/j.issn:1673-4254.2004.06.012.}

[15287] **顾显水. 应用带血管蒂空肠浆肌片移植修补食管破裂[J]. 中华外科杂志，2004，42(4)：256-256. DOI：10.3760/j：issn：0529-5815.2004.04.022.** {GU Xianshui. Repair of esophageal rupture with pedicled jejunal seromuscular graft[J]. Zhonghua Wai Ke Za Zhi[Chin J Surg(Article in Chinese;No abstract available)],2004,42(4):256-256. DOI:10.3760/j:issn:0529-5815.2004.04.022.}

[15288] **肇毅，陆森，成峰，吴文溪. 以预置门静脉侧壁袖套法成功建立大鼠肝肠联合移植模型[J]. 中华实验外科杂志，2004，21(4)：498. DOI：10.3760/j.issn：1001-9030.2004.04.054.** {ZHAO Yi,LU Sen,CHENG Feng,WU Wenxi. A rat model of combined liver and intestine transplantation established by preset portal vein side wall sleeve anastomosis[J]. Zhonghua Shi Yan Wai Ke Za Zhi[Chin J Exp Surg(Article in Chinese;No abstract available)],2004,21(4):498. DOI:10.3760/j.issn:1001-9030.2004.04.054.}

[15289] **罗世成，时德，郭建辉，胡瑞祥，章时彦. 脾肠联合移植对大鼠小肠移植免疫耐受的影响[J]. 中华实验外科杂志，2004，21(6)：692-694. DOI：10.3760/j.issn：1001-9030.2004.06.021.** {LUO Shicheng,SHI De,GUO Jianhui,HU Ruixiang,ZHANG Shiyan. Effect of the spleen-intestine co-transplantationon intestinal graft tolerance in rat[J]. Zhonghua Shi Yan Wai Ke Za Zhi[Chin J Exp Surg(Article in Chinese;Abstract in Chinese and English)],2004,21(6):692-694. DOI:10.3760/j.issn:1001-9030.2004.06.021.}

[15290] **尹震宇，李宁，黎介寿，李幼生，倪小冬，蒋峰. 猪肝小肠联合移植模型的建立[J]. 中华器官移植杂志，2004，25(2)：86-88. DOI：10.3760/cma.j.issn.0254-1785.2004.02.007.** {YIN Zhenyu,LI Ning,LI Jieshou,LI Yousheng,NI Xiaodong,JIANG Feng. Establishment of porcine combined liver/small bowel transplantation model[J]. Zhonghua Qi Guan Yi Zhi Za Zhi[Chin J Organ Transplant(Article in Chinese;Abstract in Chinese and English)],2004,25(2):86-88. DOI:10.3760/cma.j.issn.0254-1785.2004.02.007.}

[15291] **陈雨信，寿楠海，徐克森，Watanabe Y，Kawachik K. 大鼠小肠-辅助性肝脏联合移植的实验研究[J]. 中华器官移植杂志，2004，25(6)：351-353. DOI：10.3760/cma.j.issn.0254-1785.2004.06.011.** {CHEN Yuxin,SHOU Nanhai,XU Kesen,Watanabe Y,Kawachik K. Combined intestine-auxiliary liver transplantation in rats[J]. Zhonghua Qi Guan Yi Zhi Za Zhi[Chin J Organ Transplant(Article in Chinese;Abstract in Chinese and English)],2004,25(6):351-353. DOI:10.3760/cma.j.issn.0254-1785.2004.06.011.}

[15292] **马玲国，王跃建，何发尧，张剑利，周星. 记忆合金支架与游离空肠移植联合重建长段气管动物实验研究[J]. 中华耳鼻咽喉科杂志，2004，39(10)：612-616. DOI：10.3760/j.issn：1673-0860.2004.10.009.** {MA Lingguo,WANG Yuejian,HE Fayao,ZHANG Jianli,ZHOU Xing. Experimental reconstruction of the canine trachea with shape-memory titanium-nickel alloy stent coupledwith free jejunal graft[J]. Zhonghua Er Bi Yan Hou Ke Za Zhi[Chin J Otorhinolaryngol(Article in Chinese;Abstract in Chinese and English)],2004,39(10):612-616. DOI:10.3760/j.issn:1673-0860.2004.10.009.}

[15293] **陈旭明，余震，张立煌，张培趁，陈宗静，姚建高，张启瑜. 一种简化的大鼠异位节段小肠移植技术[J]. 中华实验外科杂志，2005，22(6)：767. DOI：10.3760/j.issn：1001-9030.2005.06.055.** {CHEN Xuming,YU Zhen,ZHANG Lihuang,ZHANG Peichen,CHEN Zongjing,YAO Jiangao,ZHANG Qiyu. A simplified technique of heterotopic segmental small bowel transplantation in rats[J]. Zhonghua Shi Yan Wai Ke Za Zhi[Chin J Exp Surg(Article in Chinese;No abstract available)],2005,22(6):767. DOI:10.3760/j.issn:1001-9030.2005.06.055.}

[15294] **蒋登金，郭光金，张天飞，雷艳，左艳芳. 小肠浆肌膜腔内自体脾组织移植动物模型的建立与意义[J]. 局解手术学杂志，2005，14(5)：289-291. DOI：10.3969/j.issn.1672-5042.2005.05.002.** {JIANG Dengjin,GUO Guangjin,ZHANG Tianfei,LEI Yan,ZUO Yanfang. Splenic autotransplantation to small intestine without mucous membrane in swine[J]. Ju Jie Shou Shu Xue Za Zhi[J Reg Anat Oper Surg(Article in Chinese;Abstract in Chinese and English)],2005,14(5):289-291. DOI:10.3969/j.issn.1672-5042.2005.05.002.}

[15295] **焦鸿生，程国良，单涛，夏玉军，潘达德，刘志才. 以第3支小肠动脉为蒂的游离空肠移植的应用解剖研究[J]. 中华显微外科杂志，2006，29(6)：442-445，插4. DOI：10.3760/cma.j.issn.1001-2036.2006.06.014.** {JIAO Hongsheng,CHENG Guoliang,DAN Tao,XIA Yujun,PAN Dade,LIU Zhicai. The blood supply of third intestinal artery to the free jejunal transplantation:an applied anatomical study[J]. Zhonghua Xian Wei Wai Ke Za Zhi[Chin J Microsurg(Article in Chinese;Abstract in Chinese and English)],2006,29(6):442-445,insert 4. DOI:10.3760/cma.j.issn.1001-2036.2006.06.014.}

[15296] **周慧江，尹路，张明钧，陈春球，周光文，李宏为. 三套管法建立大鼠原位全小肠移植模型[J]. 中华实验外科杂志，2006，23(12)：1558. DOI：10.3760/j.issn：1001-9030.2006.12.052.** {ZHOU Huijiang,YIN Lu,ZHANG Mingjun,CHEN Chunqiu,ZHOU Guangwen,LI Hongwei. Establishment of orthotopic small bowel transplantation model in rats by three cannula method[J]. Zhonghua Shi Yan Wai Ke Za Zhi[Chin J Exp Surg(Article in Chinese;No abstract available)],2006,23(12):1558. DOI:10.3760/j.issn:1001-9030.2006.12.052.}

[15297] **王鲁峰，韩玉龙. 空肠带蒂移植代食管术治疗颈段食管癌[J]. 中华显微外科杂志，2007，30(1)：71-72. DOI：10.3760/cma.j.issn.1001-2036.2007.01.028.** {WANG Lufeng,HAN Yulong. Treatment of cervical esophageal carcinoma with jejunal pedicled transplantation[J]. Zhonghua Xian Wei Wai Ke Za Zhi[Chin J Microsurg(Article in Chinese;Abstract in Chinese)],2007,30(1):71-72. DOI:10.3760/cma.j.issn.1001-2036.2007.01.028.}

[15298] **王鲁峰. 带蒂空肠移植重建食管血供的保护[J]. 中华显微外科杂志，2007，30(3)：234-235. DOI：10.3760/cma.j.issn.1001-2036.2007.03.030.** {WANG Lufeng. Protection of esophageal blood supply in reconstruction by pedicled jejunal transplantation[J]. Zhonghua Xian Wei Wai Ke Za Zhi[Chin J Microsurg(Article in Chinese;Abstract in Chinese)],2007,30(3):234-235. DOI:10.3760/cma.j.issn.1001-2036.2007.03.030.}

[15299] **游燊，何晓顺，熊俊，郭志勇. 大鼠异位节段小肠移植模型的建立[J]. 中华实验外科杂志，2007，24(11)：1430-1432. DOI：10.3760/j.issn：1001-9030.2007.11.054.** {YOU Shen,HE Xiaoshun,XIONG Jun,GUO Zhiyong. Experience of segmental heterotopic small bowel transplantation model in rats[J]. Zhonghua Shi Yan Wai Ke Za Zhi[Chin J Exp Surg(Article in Chinese;Abstract in Chinese and English)],2007,24(11):1430-1432. DOI:10.3760/j.issn:1001-9030.2007.11.054.}

[15300] **张黎，李乐平，程力，杨镇. 大鼠小肠移植动物模型研究进展[J]. 中华实验外科杂志，2007，24(11)：1443-1444. DOI：10.3760/j.issn：1001-9030.2007.11.069.** {ZHANG Li,LI Leping,CHENG Li,YANG Zhen. Research progress of small bowel transplantation in rat model[J]. Zhonghua Shi Yan Wai Ke Za Zhi[Chin J Exp Surg(Article in Chinese;No abstract available)],2007,24(11):1443-1444. DOI:10.3760/j.issn:1001-9030.2007.11.069.}

[15301] **朱亮，宫德正，邹原，李幼生，吴云红，袁博，关莉莉，吴琼，李红玉，张军. 大鼠小肠颈部异位移植模型的建立[J]. 中华器官移植杂志，2008，29(10)：627-628. DOI：10.3760/cma.j.issn.0254-1785.2008.10.015.** {ZHU Liang,GONG Dezheng,ZOU Yuan,LI Yousheng,WU Yunhong,YUAN Bo,GUAN Lili,WU Qiong,LI Hongyu,ZHANG Jun. Establishment of small bowel to neck transplantation model in rats[J]. Zhonghua Qi Guan Yi Zhi Za Zhi[Chin J Organ Transplant(Article in Chinese;No abstract available)],2008,29(10):627-628. DOI:10.3760/cma.j.issn.0254-1785.2008.10.015.}

[15302] **靳小石，刘彤，王鹏志. 大鼠小肠移植慢性排斥反应模型的建立[J]. 中华器官移植杂志，2008，29(10)：628-629. DOI：10.3760/cma.j.issn.0254-1785.2008.10.016.** {JIN Xiaoshi,LIU Tong,WANG Pengzhi. Establishment of chronic rejection model of small bowel transplantation in rats[J]. Zhonghua Qi Guan Yi Zhi Za Zhi[Chin J Organ Transplant(Article in Chinese;No abstract available)],2008,29(10):628-629. DOI:10.3760/cma.j.issn.0254-1785.2008.10.016.}

[15303] **杨建军，李孟彬，王为忠，丰帆，张洪伟. 大鼠旋转输液装置与异位小肠移植模型的建立[J]. 中华器官移植杂志，2009，30(2)：119-120. DOI：10.3760/cma.j.issn.0254-1785.2009.02.018.** {YANG Jianjun,LI Mengbin,WANG Weizhong,FENG Fan,ZHANG Hongwei. Design of a rotating infusion device and establishment of heterotopic small bowel transplantation model in rats[J]. Zhonghua Qi Guan Yi Zhi Za Zhi[Chin J Organ Transplant(Article in Chinese;No abstract available)],2009,30(2):119-120. DOI:10.3760/cma.j.issn.0254-1785.2009.02.018.}

[15304] **张文，宋红丽，沈中阳. 小肠移植动物模型中的血管吻合技术[J]. 中华实验外科杂志，2012，29(11)：2239. DOI：10.3760/cma.j.issn.1001-9030.2012.11.047.** {ZHANG Wen,SONG Hongli,SHEN Zhongyang. Vascular anastomosis technique in animal model of small bowel transplantation[J]. Zhonghua Shi Yan Wai Ke Za Zhi[Chin J Exp Surg(Article in Chinese;No abstract available)],2012,29(11):2239. DOI:10.3760/cma.j.issn.1001-9030.2012.11.047.}

[15305] **李晓林，邹小明，李刚，宋茂力，聂刚，姜浩. 一氧化氮在大鼠小肠移植缺血再灌注损伤和急性排斥反应中的作用[J]. 中华器官移植杂志，2012，33(1)：48-52. DOI：10.3760/cma.j.issn.0254-1785.2012.01.013.** {LI Xiaolin,ZOU Xiaoming,LI Gang,SONG Maoli,NIE Gang,JIANG Hao. The nitric oxide in ischemia-reperfusion injury and acute rejection of rat intestinal transplantation[J]. Zhonghua Qi Guan Yi Zhi Za Zhi[Chin J Organ Transplant(Article in Chinese;Abstract in Chinese and English)],2012,33(1):48-52. DOI:10.3760/cma.j.issn.0254-1785.2012.01.013.}

[15306] **刘志勇，易坚，邹小明. 猪离体小肠移植模型：改良Paul-Mikulicz回肠造口术[J]. 中华实验外科杂志，2013，30(11)：2402. DOI：10.3760/cma.j.issn.1001-9030.2013.11.055.** {LIU Zhiyong,YI Jian,ZOU Xiaoming. A pig model of small bowel transplantation in vitro:modified Paul-Mikulicz ileostomy[J]. Zhonghua Shi Yan Wai Ke Za Zhi[Chin J Exp Surg(Article in Chinese;No abstract available)],2013,30(11):2402. DOI:10.3760/cma.j.issn.1001-9030.2013.11.055.}

[15307] **姚丹华，李幼生，王剑，毛琦，郭明晓，张少一，孔文成，任乐乐，黎介寿. 猪到食蟹猴异位小肠移植模型的建立[J]. 中国临床解剖学杂志，2015，33(1)：81-84，88. DOI：10.13418/j.issn.1001-165x.2015.01.019.** {YAO Danhua,LI Yousheng,WANG Jian,MAO Qi,GUO Mingxiao,ZHANG Shaoyi,KONG Wencheng,REN Lele,LI Jieshou. Establishment of heterotopic intestinal xenotransplantation model from pig to cynomolgus[J]. Zhongguo Lin Chuang Jie Pou Xue Za Zhi[Chin J Clin Anat(Article in Chinese;Abstract in Chinese and English)],2015,33(1):81-84,88. DOI:10.13418/j.issn.1001-165x.2015.01.019.}

[15308] **孟柠，潘志坚，李杭，沈吉良，沈波. 小鼠原位小肠移植模型的显微手术技巧及围手术期处理[J]. 中华实验外科杂志，2016，33(6)：1557-1560. DOI：10.3760/cma.j.issn.1001-9030.2016.06.037.** {MENG Ning,PAN Zhijian,LI Hang,SHEN Jiliang,SHEN Bo. Microsurgical skills and perioperative management of orthotopic small bowel transplantation in mice[J]. Zhonghua Shi Yan Wai Ke Za Zhi[Chin J Exp Surg(Article in Chinese;Abstract in Chinese and English)],2016,33(6):1557-1560. DOI:10.3760/cma.j.issn.1001-9030.2016.06.037.}

[15309] **郭明晓，路春雷，陈东峰，张海峰，高鹰，李幼生. 猪原位节段性小肠移植模型的建立和技术改进[J]. 中华实验外科杂志，2016，33(9)：2237. DOI：10.3760/cma.j.issn.1001-9030.2016.09.053.** {GUO Mingxiao,LU Chunlei,CHEN Dongfeng,ZHANG Haifeng,GAO Ying,LI Yousheng. Establishment and modification of orthotopic segmental small bowel transplantation model of allografts in pigs[J]. Zhonghua Shi Yan Wai Ke Za Zhi[Chin J Exp Surg(Article in Chinese;Abstract in Chinese and English)],2016,33(9):2237. DOI:10.3760/cma.j.issn.1001-9030.2016.09.053.}

5 组织缺损修复与重建
reconstruction and repair of tissue defect

5.1 肢体创面（皮肤软组织缺损、骨缺损）修复
repair of limb wound(skin and soft tissue defect,bone defect)

[15310] Zhang K,Li BC,Gao JM. Management of extensive closed internal degloving injury in lower limb and peripelvis[J]. Chin J Traumatol,2003,6(4):254-256.

[15311] Liu DX,Li XD,Wang H,Qiu KF,Du SX. Reconstruction of total degloving injuries of the foot in children[J]. J Trauma Acute Care Surg,2012,73(1):209-214. doi:10.1097/TA.0b013e31824bac22.

[15312] Jian-min Y,Jia-liang C,Jing-hong X.Treatment of degloving injury of the finger with a pedicled split-thickness skin graft[J]. Burns,2013,39(4):e21-24. doi:10.1016/j.burns.2012.09.029.

[15313] Yan H,Gao W,Li Z,Wang C,Liu S,Zhang F,Fan C. The management of degloving injury of lower extremities:technical refinement and classification[J]. J Trauma Acute Care Surg,2013,74(2):604-610. doi:10.1097/TA.0b013e31827d5e00.

[15314] Yan H,Liu S,Gao W,Li Z,Chen X,Wang C,Zhang F,Fan C. Management of degloving injuries of the foot with a defatted full-thickness skin graft[J]. J Bone Joint Surg Am,2013,95(18):1675-1681. doi:10.2106/JBJS.L.01085.

[15315] Ju J,Li J,Hou R. Microsurgery in 46 cases with total hand degloving injury[J]. Asian J Surg,2015,38(4):205-209. doi:10.1016/j.asjsur.2015.01.004.

[15316] Zhang GX,Weng M,Wang MD,Bai WJ. Autologous dermal graft combined with a modified degloving procedure for penile augmentation in young adults:a preliminary study[J]. Andrology,2016,4(5):927-931. doi:10.1111/andr.12192.

[15317] Tian L,Ji X,Chen T,Qi F,Tian F,Yao Q,Tian F. Deep hypothermic preservation of autologous skin in the treatment of large-area circumferential multi-plane degloving trauma:a pilot study of 2 cases[J]. Cell Tissue Bank,2019,20(1):109-115. doi:10.1007/s10561-018-09745-4.

[15318] 林立，黄卫东，黄作，徐基农，阮艺，陈国奋，顾立强，裴国献.“全程功能康复链”在肢体损伤修复与重建手术中的应用[J]. 局解手术学杂志，2004，13（5）：321-322. DOI：10.3969/j.issn.1672-5042.2004.05.018. {LIN Li,HUANG Weidong,HUANG Zuo,XU Jinong,RUAN Yi,CHEN Guofen,GU Liqiang,PEI Guoxian. Application of full process functional recovery chain in extremity injury repair and reconstructive operation[J]. Ju Jie Shou Shu Xue Za Zhi[J Reg Anat Oper Surg(Article in Chinese;No abstract available)],2004,13(5):321-322. DOI:10.3969/j.issn.1672-5042.2004.05.018.}

[15319] 任高宏，胡稷杰，裴国献. 倒“Y”形血管吻合游离皮瓣移植在肢体创面修复与功能重建中的应用[J]. 中华显微外科杂志，2012，35（1）：27-31. DOI：10.3760/cma.j.issn.1001-2036.2012. 01.012. {REN Gaohong,HU Jijie,PEI Guoxian. Tissue defect repair and functional reconstruction of the limb with free flap by inverted-Y-shape microvascular anastomosis[J]. Zhonghua Xian Wei Wai Ke Za Zhi[Chin J Microsurg(Article in Chinese;Abstract in Chinese and English)],2012,35(1):27-31. DOI:10.3760/cma.j.issn.1001-2036.2012.01.012.}

5.2 头皮缺损修复
repair of scalp defect

[15320] Sun YH,Wang SH,Cao DX,Wang NZ,Ma RL. Early treatment of burned scalp and skull[J]. Chin Med J,1984,97(10):755-757.

[15321] Liu J,Ma L,You C. Analysis of scalp wound infections among craniocerebral trauma patients following the 2008 wenchuan earthquake[J]. Turk Neurosurg,2012,22(1):27-31. doi:10.5137/1019-5149.JTN.4391-11.0.

[15322] Wang J,Ou SW,Guo ZZ,Wang YJ,Xing DG. Microsurgical management of giant malignant peripheral nerve sheath tumor of the scalp:two case reports and a literature review[J]. World J Surg Oncol,2013,11:269. doi:10.1186/1477-7819-11-269.

[15323] Wang HY,Wang MG,Yu G,Chu YJ,Wang K,Wei XP,Sun JW. Free perforating branch flap for primary repairing the huge soft-tissue defects on the scalp and face[J]. J Dermatolog Treat,2016,27(6):505-509. doi:10.3109/09546634.2016.1161157.

[15324] Xu F,Hu Y,Li H,Chen L,He X. Reconstruction of the large face and scalp defects of a patient with Sturge-Weber syndrome[J]. Facial Plast Surg,2016,32(3):325-7. doi:10.1055/s-0036-1571809.

[15325] Xu H,Zhang Y,He J,Lin Y,Wang T,Dong J. Ectopic implantation of an avulsed scalp with a tissue expander on a forearm for combined total scalp avulsion and spine injuries:A case report[J]. Microsurgery,2017,37(7):819-823. doi:10.1002/micr.30101.

[15326] Wu PF,Qing LM,Tang JY. One-Stage Reconstruction of huge scalp defect with a free vascularized greater omentum[J]. Ann Plast Surg,2019,82(1):128-129. doi:10.1097/SAP.0000000000001621.

[15327] Lin J,Zhou F,Wu LZ,Li YF,Li QF,Zhang YF,Liu CY. Preferred experience of modifications to emergency surgical treatment for total scalp avulsion with halo-vest head ring and quick hair removing[J]. J Craniofac Surg,2019,30(3):900-906. doi:10.1097/SCS.0000000000005120.

[15328] Chen F,Ju H,Huang A,Yi Y,Cao Y,Xie W,Wang X,Fu G. Treatment of large and complicated scalp defects with free flap transfer[J]. Biomed Res Int,2020,2020:2748219. doi:10.1155/2020/2748219.

[15329] Zhou Y,Jiang Z,Li C,Cai Y,Sun R,Shui C,An C,Tang Z,Sheng J,Liu D,Zeng D,Jiang J,Zhu G,Wang S. An algorithm for one-stage malignant oncologic scalp reconstruction[J]. Ann Transl Med,2020,8(7):432. doi:10.21037/atm.2020.03.221.

[15330] Tao R,Xue C,Yang C,Simfukwe K,Hu X,Wu X,Bi H. Reconstruction of chronic scalp erosion after deep brain stimulation surgery[J]. J Plast Reconstr Aesthet Surg,2021,74(8):1807-1813. doi:10.1016/j.bjps.2020.11.045.

[15331] Cen H,Jin R,Yu M,Weng T. Clinical decision model for the reconstruction of 175 cases of scalp avulsion/defect[J]. Am J Otolaryngol,2021,42(1):102752. doi:10.1016/j.amjoto.2020.102752.

[15332] 孙宝田，张济，李勃. 向心性轮状瓣治疗软组织肿瘤术后头皮缺损[J]. 修复重建外科杂志，1990，4（3）：157. {SUN Baotian,ZHANG Ji,LI Bo. Treatment of scalp defect with centripetal round flap after soft tissue tumor operation[J]. Zhongguo Xiu Fu Chong Jian Wai Ke Za Zhi[Chin J Repar Reconstr Surg(Article in Chinese;No abstract available)],1990,4(3):157.}

[15333] 殷国前. 皮瓣修复头皮缺损颅骨外露13例[J]. 中国修复重建外科杂志，1997，11（4）：34. {YIN Guoqian. Repair of scalp defect and skull exposure with skin flap:a report of 13 cases[J]. Zhongguo Xiu Fu Chong Jian Wai Ke Za Zhi[Chin J Repar Reconstr Surg(Article in Chinese;No abstract available)],1997,11(4):34.}

[15334] 王玉明，王达利，刘劲松，祁建平，陈世玖，章涛，李龙琼. 颈浅动脉皮瓣修复头皮缺损[J]. 中国修复重建外科杂志，1998，12（5）：287. {WANG Yuming,WANG Dali,LIU Jinsong,QI Jianping,CHEN Shijiu,ZHANG Tao,LI Longqiong. Repair of scalp defect with superficial carotid artery flap[J]. Zhongguo Xiu Fu Chong Jian Wai Ke Za Zhi[Chin J Repar Reconstr Surg(Article in Chinese;No abstract available)],1998,12(5):287.}

[15335] 李庆林，马力，胡晓根，黄文罡. 颞枕跨区筋膜瓣修复头皮缺损伴骨外露创面[J]. 中国修复重建外科杂志，2014，28（12）：1565-1566. DOI：10.7507/1002-1892.20140338. {LI Qinglin,MA Li,HU Xiaogen,HUANG WenGang. Repair of scalp defect with bone exposure by transtemporal occipital fascial flap[J]. Zhongguo Xiu Fu Chong Jian Wai Ke Za Zhi[Chin J Repar Reconstr Surg(Article in Chinese;Abstract in Chinese)],2014,28(12):1565-1566. DOI:10.7507/1002-1892.20140338.}

5.3 颜面部软组织缺损修复
repair of facial soft tissue defect

[15336] How XK,Lui YY,Luo SJ,He DC,Tan SM,Yian TS. Repair of severe tissue loss and deformity of maxillofacial area[J]. Ann Plast Surg,1985,15(6):501-514. doi:10.1097/00000637-198512000-00009.

[15337] Liu DG,Ma XC,Li BM,Zhang JG. Clinical study of preoperative angiography and embolization of hypervascular neoplasms in the oral and maxillofacial region[J]. Oral Surg Oral Med Oral Pathol Oral Radiol Endod,2006,101(1):102-109. doi:10.1016/j.tripleo.2005.05.062.

[15338] Yu-Feng L,Lai G,Zhi-Yong Z. Combined treatments of facial contour deformities resulting from Parry-Romberg syndrome[J]. J Reconstr Microsurg,2008,24(5):333-342. doi:10.1055/s-2008-1080536.

[15339] Tao Q,LV B,Bhatia KS,Qiao B,Zheng CQ,Chen ZF. Three-dimensional CT angiography for the diagnosis and assessment of arteriovenous malformations in the oral and maxillofacial region[J]. J Craniomaxillofac Surg,2010,38(1):32-37. doi:10.1016/j.jcms.2009.10.021.

[15340] Li J,Chen J,Zheng G,Liao G,Fu Z,Li J,Zhang T,Su Y. Digital subtraction angiography-guided percutaneous sclerotherapy of venous malformations with pingyangmycin and/or absolute ethanol in the maxillofacial region[J]. J Oral Maxillofac Surg,2010,68(9):2258-2266. doi:10.1016/j.joms.2009.06.024.

[15341] Bai SZ,Feng ZH,Gao R,Dong Y,Bi YP,Wu GF,Chen X. Development and application of a rapid rehabilitation system for reconstruction of maxillofacial soft-tissue defects related to war and traumatic injuries[J]. Mil Med Res,2014,1:11. doi:10.1186/2054-9369-1-11.

[15342] Wang S,Zhang Z,Xu Z,Duan W. Reconstruction of a subtotal upper lip defect with a facial artery musculomucosal flap,kite flap,and radial forearm free flap:a case report[J]. World J Surg Oncol,2018,16(1):194. doi:10.1186/s12957-018-1492-5.

[15343] Xun H,Li K,Li X,Liu Y,Du X,Qin Z. Direct percutaneous puncture digital-subtraction-angiography-based classification and treatment selection for soft-tissue arteriovenous malformations of maxillofacial region:a retrospective study[J]. Int J Oral Maxillofac Surg,2019,48(2):181-186. doi:10.1016/j.ijom.2018.07.029.

[15344] 吴经邦. 颜面部软组织缺损100例分析[J]. 中华外科杂志，1961，9(11)：761-763. {WU Jingbang. Analysis of facial soft tissue defects in 100 cases[J]. Zhonghua Wai Ke Za Zhi[Chin J Surg(Article in Chinese;No abstract available)],1961,9(11):761-763.}【非显微修复 Non-microsurgical repair】

[15345] 戴荣琴，赵立国，陈敏华，宋萍，浦波，夏国兴，肖敏勤. 颜面部巨大色素痣切除后的修复[J]. 中国修复重建外科杂志，1997，11（4）：251. {DAI Rongqin,ZHAO Liguo,CHEN Minhua,SONG Ping,PU Bo,XIA Guoxing,XIAO Minqin. Repair of huge facial pigmented nevus after resection[J]. Zhongguo Xiu Fu Chong Jian Wai Ke Za Zhi[Chin J Repar Reconstr Surg(Article in Chinese;No abstract available)],1997,11(4):251.}

[15346] 李养群，李森恺，杨明勇，黄渭清，翟弘峰，霍然，李强. 眼轮匝肌蒂颞部皮瓣修复颜面部软组织缺损[J]. 中国修复重建外科杂志，2001，15（6）：328-329. {LI Yangqun,LI Senkai,YANG Mingyong,HUANG Weiqing,ZHAI Hongfeng,HUO Ran,LI Qiang. Repair of facial soft tissue defect using temporal flap pedicled with orbicularis oculi muscle[J]. Zhongguo Xiu Fu Chong Jian Wai Ke Za Zhi[Chin J Repar Reconstr Surg(Article in Chinese;Abstract in Chinese and English)],2001,15(6):328-329.}

[15347] 张启旭，乔群，刘志飞，赵宇，岳颖，高静，孙家明，陈宗基. 微小皮瓣在颜面部整形修复中的应用[J]. 中国修复重建外科杂志，2003，17（1）：78. {ZHANG Qixu,QIAO Qun,LIU Zhifei,ZHAO Yu,YUE Ying,GAO Jing,SUN Jiaming,CHEN Zongji. Application of mini flap in facial plastic surgery[J]. Zhongguo Xiu Fu Chong Jian Wai Ke Za Zhi[Chin J Repar Reconstr Surg(Article in

Chinese;No abstract available)],2003,17(1):78.}

[15348] 韩岩，宋保强，曾玮，郭树忠，潘勇，夏文森，杨红岩，郭玲俐，李丹．应用不同吻合血管的游离皮瓣修复面部皮肤软组织缺损 [J]．中华整形外科杂志，2012，28（4）：241-244．DOI：10.3760/cma.j.issn.1009-4598.2012.04.001．{HAN Yan,SONG Baoqiang,ZENG Wei,GUO Shuzhong,PAN Yong,XIA Wensen,YANG Hongyan,GUO Lingli,LI Dan. Reconstruction of facial soft tissue defects with free flaps by microsurgery[J]. Zhonghua Zheng Xing Wai Ke Za Zhi[Chin J Plast Surg(Article in Chinese;Abstract in Chinese and English)],2012,28(4):241-244. DOI:10.3760/cma.j.issn.1009-4598.2012.04.001.}

[15349] 李青峰，昝涛，李海洲，顾斌，刘凯，谢峰，谢芸．颜面部皮肤软组织缺损分型与治疗建议 [J]．中国修复重建外科杂志，2013，27（3）：257-261．DOI：10.7507/1002-1892.20130060．{LI Qingfeng,ZAN Tao,LI Haizhou,GU Bin,LIU Kai,XIE Feng,XIE Yun. Classification and treatment of facial skin and soft tissue defects[J]. Zhongguo Xiu Fu Chong Jian Wai Ke Za Zhi[Chin J Repar Reconstr Surg(Article in Chinese;No abstract available)],2013,27(3):257-261. DOI:10.7507/1002-1892.20130060.}

[15350] 王贺红，汪春兰，赵宇．颏下动脉岛状瓣在颜面部软组织缺损修复中的应用 [J]．组织工程与重建外科杂志，2015，11（1）：34-36．DOI：10.3969/j.issn.1673-0364.2015.01.011．{WANG Hehong,WANG Chunlan,ZHAO Yu. Application of the submental artery island flap for repairing facial soft tissue defect[J]. Zu Zhi Gong Cheng Yu Chong Jian Wai Ke Za Zhi[J Tissue Eng Reconstr Surg(Article in Chinese;Abstract in Chinese and English)],2015,11(1):34-36. DOI:10.3969/j.issn.1673-0364.2015.01.011.}

5.4 颈项部软组织缺损修复

repair of soft tissue defect of neck

[15351] Liu WW,Li H,Guo ZM,Zhang Q,Yang AK,Liu XK,Song M. Reconstruction of soft-tissue defects of the head and neck:radial forearm flap or anterolateral thigh flap?[J]. Eur Arch Otorhinolaryngol,2011,268(12):1809-1812. doi:10.1007/s00405-011-1548-4.

[15352] Gao Y,Li H,Gu B,Xie F,Zhu H,Wang Z,Li Q,Zan T. Postburn neck contracture:principles of reconstruction and a treatment algorithm[J]. J Reconstr Microsurg,2018,34(7):514-521. doi:10.1055/s-0038-1641724.

[15353] 田奉宸，庞晓纲，濮礼臣，张琪杰，张乐成，吴正启，金惠玲，朱光辉．组织瓣移植矫正颈部疤痕挛缩畸形 [J]．修复重建外科杂志，1988，2（1）：16-17．{TIAN Fengchen,PANG Xiaogang,PU Lichen,ZHANG Qijie,ZHANG Lecheng,WU Zhengqi,JIN Huiling,ZHU Guanghui. Correction of cervical scar contracture by tissue flap transplantation[J]. Zhongguo Xiu Fu Chong Jian Wai Ke Za Zhi[Chin J Repar Reconstr Surg(Article in Chinese;No abstract available)],1988,2(1):16-17.}

[15354] 侯在恩，高彦林．颈部疤痕整形术中气管内麻醉的应用 [J]．修复重建外科杂志，1989，3（1）：45．{HOU Zaien,GAO Yanlin. Application of endotracheal anesthesia in cervical scar plastic surgery[J]. Zhongguo Xiu Fu Chong Jian Wai Ke Za Zhi[Chin J Repar Reconstr Surg(Article in Chinese;No abstract available)],1989,3(1):45.}

[15355] 庄虔贞，李凤池，石济明，段振泉，程国良，杨志贤．游离空肠片移植修复食管癌术后颈部吻合口瘘 [J]．修复重建外科杂志，1989，3（2）：64．{ZHUANG Qianzhen,LI Fengchi,SHI Jiming,DUAN Zhenquan,CHENG Guoliang,YANG Zhixian. Repair of cervical anastomotic leakage after esophagectomy with free jejunal graft[J]. Zhongguo Xiu Fu Chong Jian Wai Ke Za Zhi[Chin J Repar Reconstr Surg(Article in Chinese;No abstract available)],1989,3(2):64.}

[15356] 杨智义，陈冰兵，黄明跃，赵世敏．肩胸区超薄皮瓣在面颈部修复中的应用 [J]．修复重建外科杂志，1991，5（3）：141-142，190．{YANG Zhiyi,CHEN Bingbing,HUANG Mingyue,ZHAO Shimin. The application of pedicled over-thin skin flap of acromiopectoral region in repairment of face and neck[J]. Zhongguo Xiu Fu Chong Jian Wai Ke Za Zhi[Chin J Repar Reconstr Surg(Article in Chinese;Abstract in Chinese and English)],1991,5(3):141-142,190.}

[15357] 辛时林，易传勋，张一鸣，王玉荣，何楚俊．胸锁乳突肌上蒂复合组织瓣修复面颈部组织缺损 [J]．中国修复重建外科杂志，1992，6（1）：43．{XIN Shilin,YI Chuanxun,ZHANG Yiming,WANG Yurong,HE Chujun. Repair of facial and cervical tissue defects with composite tissue flap pedicled with sternocleidomastoid muscle[J]. Zhongguo Xiu Fu Chong Jian Wai Ke Za Zhi[Chin J Repar Reconstr Surg(Article in Chinese;No abstract available)],1992,6(1):43.}

[15358] 贾赤宇，曾开平，陈璧．皮瓣在修复颈部烧伤后瘢痕的应用 [J]．中国修复重建外科杂志，1992，6（1）：35．{JIA Chiyu,ZENG Kaiping,CHEN Bi. Application of skin flap in repairing scar after neck burn[J]. Zhongguo Xiu Fu Chong Jian Wai Ke Za Zhi[Chin J Repar Reconstr Surg(Article in Chinese;No abstract available)],1992,6(1):35.}

[15359] 丁加根，周平，沈永桢．头颈部肿瘤术后缺损的带蒂岛状瓣修复 [J]．中国修复重建外科杂志，1992，6（1）：28-29．{DING Jiagen,ZHOU Ping,SHEN Yongzhen. Repair of defects with pedicled island flap after head and neck tumors surgery[J]. Zhongguo Xiu Fu Chong Jian Wai Ke Za Zhi[Chin J Repar Reconstr Surg(Article in Chinese;Abstract in Chinese)],1992,6(1):28-29.}

[15360] 马继任，苑正太．双侧颈胸皮瓣在颌颈部瘢痕挛缩整复中的应用 [J]．中国修复重建外科杂志，1994，8（4）：230-231．{MA Jiren,YUAN Zhengtai. Application of bilateral cervicothoracic flap in the reconstruction of scar contracture of maxillocervical region[J]. Zhongguo Xiu Fu Chong Jian Wai Ke Za Zhi[Chin J Repar Reconstr Surg(Article in Chinese;Abstract in Chinese)],1994,8(4):230-231.}

[15361] 翟吉保，周晓，包荣华，王望生．上斜方肌肌皮瓣修复头颈部恶性肿瘤切除后的缺损 [J]．中国修复重建外科杂志，1995，9（1）：59．{ZHAI Jibao,ZHOU Xiao,BAO Ronghua,WANG Wangsheng. Superior trapezius muscle flap for reconstruction of defects after resection of head and neck malignant tumor[J]. Zhongguo Xiu Fu Chong Jian Wai Ke Za Zhi[Chin J Repar Reconstr Surg(Article in Chinese;No abstract available)],1995,9(1):59.}

[15362] 黄广孚，任林森，何仕蓉．胸颈部放射性溃疡的手术治疗 [J]．中国修复重建外科杂志，1995，9（4）：224-225．{HUANG Guangfu,REN Linsen,HE Shirong. Surgical treatment of radiation ulcer in chest and neck[J]. Zhongguo Xiu Fu Chong Jian Wai Ke Za Zhi[Chin J Repar Reconstr Surg(Article in Chinese;Abstract in Chinese)],1995,9(4):224-225.}

[15363] 颜玲，高建华，罗锦辉，王雪红．颈部放射性溃疡的特点及修复 [J]．中国修复重建外科杂志，1997，11（1）：56．{YAN Ling,GAO Jianhua,LUO Jinhui. Characteristics and repair of radiation ulcer in neck[J]. Zhongguo Xiu Fu Chong Jian Wai Ke Za Zhi[Chin J Repar Reconstr Surg(Article in Chinese;No abstract available)],1997,11(1):56.}

[15364] 朱世泽，刘祖民，邱承志，王朝阳，吴友谊，黄景山，洪清瑞．双侧颈胸跨区供血皮瓣修复颈部瘢痕挛缩 [J]．中国修复重建外科杂志，1997，11（2）：26-28．{ZHU Shize,LIU Zumin,QIU Chengzhi,WANG Chaoyang,WU Youyi,HUANG Jingshan,HONG Qingrui. Clinical use of bilateral cervico-thoracic skin flaps[J]. Zhongguo Xiu Fu Chong Jian Wai Ke Za Zhi[Chin J Repar Reconstr Surg(Article in Chinese;Abstract in Chinese and English)],1997,11(2):26-28.}

[15365] 王绪凯，兰行简，王玉新，李瑞武，刘富学．应用邻近皮瓣修复颈部瘢痕畸形 [J]．中国修复重建外科杂志，1997，11（4）：24-26．{WANG Xukai,LAN Xingjian,WANG Yuxin,LI Ruiwu,LIU Fuxue. Treatment of cicatricial deformity of neck with local skin flap[J]. Zhongguo Xiu Fu Chong Jian Wai Ke Za Zhi[Chin J Repar Reconstr Surg(Article in Chinese;Abstract in Chinese and English)],1997,11(4):24-26.}

[15366] 孙家明，程国梁，段世荣，周锐华．胸三角皮瓣在面颈部修复中的应用 [J]．中国修复重建外科杂志，1997，11（5）：25．{SUN Jiaming,CHENG Guoliang,DUAN Shirong,ZHOU Ruihua. Application of thoracic triangle flap in the reconstruction of face and neck[J]. Zhongguo Xiu Fu Chong Jian Wai Ke Za Zhi[Chin J Repar Reconstr Surg(Article in Chinese;No abstract available)],1997,11(5):25.}

[15367] 肖学和，马净植．改良胸大肌复合瓣在修复头颈部缺损中的应用 [J]．中国修复重建外科杂志，1998，12（1）：61．{XIAO Xuehe,MA Jingzhi. Application of modified pectoralis major composite tissue flap in repairing head and neck defects[J]. Zhongguo Xiu Fu Chong Jian Wai Ke Za Zhi[Chin J Repar Reconstr Surg(Article in Chinese;No abstract available)],1998,12(1):61.}

[15368] 李小静，宁金龙，高学宏，汪春兰，曹东升，张林，展望．颈胸真皮下血管网薄皮瓣修复颌颈部瘢痕 [J]．中国修复重建外科杂志，1999，13（3）：164-166．{LI Xiaojing,NING Jinlong,GAO Xuehong,WANG Chunlan,CAO Dongsheng,ZHANG Lin,ZHAN Wang. The use of subdermal vascularized thin flap in the repair of the burned scar on neck[J]. Zhongguo Xiu Fu Chong Jian Wai Ke Za Zhi[Chin J Repar Reconstr Surg(Article in Chinese;Abstract in Chinese and English)],1999,13(3):164-166.}

[15369] 谢立华．双侧上部斜方肌肌皮瓣修复颈部瘢痕挛缩畸形 [J]．中国修复重建外科杂志，1999，13（4）：232-234．{XIE Lihua. Musculocutaneous flap containing upper part of bilateral trapezius muscles in the treatment of cicatricial contracture deformity of neck[J]. Zhongguo Xiu Fu Chong Jian Wai Ke Za Zhi[Chin J Repar Reconstr Surg(Article in Chinese;Abstract in Chinese and English)],1999,13(4):232-234.}

[15370] 李勤，柳大烈，刘晓燕，杨果凡．预扩张的颈浅动脉皮瓣移位修复颈部瘢痕挛缩 [J]．中国修复重建外科杂志，1999，13（4）：235-236．{LI Qin,LIU Dalie,LIU Xiaoyan,YANG Guofan. Transposition of expanded superficial cervical artery skin flaps for the repair of cicatricial contracture of neck[J]. Zhongguo Xiu Fu Chong Jian Wai Ke Za Zhi[Chin J Repar Reconstr Surg(Article in Chinese;Abstract in Chinese and English)],1999,13(4):235-236.}

[15371] 李养群，徐军，李森恺，杨明勇，刘元波，穆兰花，赵振民．肩胛皮瓣游离移植修复面颈部皮肤缺损 [J]．中国修复重建外科杂志，2000，14（4）：205-207．{LI Yangqun,XU Jun,LI Senkai,YANG Mingyong,LIU Yuanbo,MU Lanhua,ZHAO Zhenmin. Transplantation of free scapular flap to repairing injury of faciocervical region[J]. Zhongguo Xiu Fu Chong Jian Wai Ke Za Zhi[Chin J Repar Reconstr Surg(Article in Chinese;Abstract in Chinese and English)],2000,14(4):205-207.}

[15372] 杨建申，常明，柳建中，岳海涛．儿童颈部烧伤重度瘢痕挛缩畸形的矫治 [J]．中国修复重建外科杂志，2002，16（3）：216．{YANG Jianshen,CHANG Ming,LIU Jianzhong,YUE Haitao. Treatment of severe scar contracture deformity in children with neck burn[J]. Zhongguo Xiu Fu Chong Jian Wai Ke Za Zhi[Chin J Repar Reconstr Surg(Article in Chinese;No abstract available)],2002,16(3):216.}

[15373] 刘洪琪，邢同义，李德水，李卫华，邢玉玺．颈胸筋膜皮瓣在面颈部Ⅲ度烧伤创面中的应用 [J]．中国修复重建外科杂志，2003，17（1）：41-43．{LIU Hongqi,XING Tongyi,LI Deshui,LI Weihua,XING Yuxi. Application of fasciocutaneous flap in repairing Ⅲ° burn wound in facio-cervical region[J]. Zhongguo Xiu Fu Chong Jian Wai Ke Za Zhi[Chin J Repar Reconstr Surg(Article in Chinese;Abstract in Chinese and English)],2003,17(1):41-43.}

[15374] 曾运泉．颈部烧伤致皮肤软组织缺损的修复重建 [J]．中国修复重建外科杂志，2004，18（4）：313．{ZENG Yunquan. Repair and reconstruction of skin and soft tissue defect caused by neck burn[J]. Zhongguo Xiu Fu Chong Jian Wai Ke Za Zhi[Chin J Repar Reconstr Surg(Article in Chinese;No abstract available)],2004,18(4):313.}

[15375] 张彬，山田敦．头颈部肿瘤术后缺损游离组织瓣的供区选择 [J]．中国修复重建外科杂志，2005，19（10）：777-779．{ZHANG Bin,SHAN Tiandong. Donor site choice for free flaps in head and neck reconstruction after tumor surgry[J]. Zhongguo Xiu Fu Chong Jian Wai Ke Za Zhi[Chin J Repar Reconstr Surg(Article in Chinese;Abstract in Chinese and English)],2005,19(10):777-779.}

[15376] 吴焱秋，柴家科，陈敏亮，陈宝驹．锁胸部扩张皮瓣与逆行皮瓣联合修复烧伤后颈部瘢痕挛缩畸形 [J]．中国修复重建外科杂志，2006，20（9）：887-889．{WU Yanqiu,CHAI Jiake,CHEN Minliang,CHEN Baoju. Expanded clavipectoral skin flap combined with reverse axis skin flap in repairing cervical scar contracture deformity after burn[J]. Zhongguo Xiu Fu Chong Jian Wai Ke Za Zhi[Chin J Repar Reconstr Surg(Article in Chinese;Abstract in Chinese and English)],2006,20(9):887-889.}

[15377] 章一新，钱云良，王丹茹，杨军，张余光，罗先平．联合肩胛/肩胛旁分叶皮瓣修复严重颌颈部瘢痕挛缩 [J]．中国修复重建外科杂志，2006，20（9）：890-892．{ZHANG Yixin,QIAN Yunliang,WANG Danru,YANG Jun,ZHANG Yuguang,LUO Xianping. Combined scapular/parascapular bilobar flaps for reconstruction of severe neck contracture[J]. Zhongguo Xiu Fu Chong Jian Wai Ke Za Zhi[Chin J Repar Reconstr Surg(Article in Chinese;Abstract in Chinese and English)],2006,20(9):890-892.}

[15378] 杨喆，李养群，周传德，唐勇，李强，陈文，王永前，李峰永，吕淑贞．上臂内侧扩张皮瓣修复面颈部瘢痕 [J]．中国修复重建外科杂志，2008，22（3）：328-331．{YANG Zhe,LI Yangqun,ZHOU Chuande,TANG Yong,LI Qiang,CHEN Wen,WANG Yongqian,LI Fengyong,LV Shuzhen. Facial and cervical reconstructions using expanded flap from medial upper arm[J]. Zhongguo Xiu Fu Chong Jian Wai Ke Za Zhi[Chin J Repar Reconstr Surg(Article in Chinese;Abstract in Chinese and English)],2008,22(3):328-331.}

[15379] 徐家钦，潘云川，梁尊鸿，陈思环，张慰桐．早期应用肌皮瓣修复颈部深度电烧伤 [J]．中国修复重建外科杂志，2008，22（8）：1003-1005．{XU Jiaqin,PAN Yunchuan,LIANG Zunhong,CHEN Sihuan,ZHANG Weitong. Early application of myocutaneous flap to repair deep electric burn of neck[J]. Zhongguo Xiu Fu Chong Jian Wai Ke Za Zhi[Chin J Repar Reconstr Surg(Article in Chinese;Abstract in Chinese)],2008,22(8):1003-1005.}

[15380] 王军，马世红，宋一丁，范向达，安宁．垂直斜方肌肌皮瓣修复头颈部肿瘤切除术后软组织缺损 [J]．中国修复重建外科杂志，2011，25（5）：554-557．{WANG Jun,MA Shihong,SONG Yiding,FAN Xiangda,AN Ning. Vertical trapezius myocutaneous flap for repairing soft tissue defect after head and neck tumor resection[J]. Zhongguo Xiu Fu Chong Jian Wai Ke Za Zhi[Chin J Repar Reconstr Surg(Article in Chinese;Abstract in Chinese and English)],2011,25(5):554-557.}

[15381] 陈洁，蒋灿华，李宁，高政阳，陈立纯，吴晓珊，陈新群，翦新春．劈裂式双岛胸大肌皮瓣修复复发性口腔癌切除术后口内及颈部缺损 [J]．中国修复重建外科杂志，2015，29（7）：793-798．DOI：10.7507/1002-1892.20150172．{CHEN Jie,JIANG Canhua,LI Ning,GAO Zhengyang,CHEN Lichun,WU Xiaoshan,CHEN Xinqun,JIAN Xinchun. Bipaddled split pectoralis major myocutaneous flaps for immediate reconstruction of oral mucosal defects and neck defects after resection of recurrent oral cancer[J]. Zhongguo Xiu Fu Chong Jian Wai Ke Za Zhi[Chin J Repar Reconstr Surg(Article in Chinese;Abstract in Chinese and English)],2015,29(7):793-798. DOI:10.7507/1002-1892.20150172.}

[15382] 陈健，李暐．带蒂组织瓣在头颈部肿瘤术后缺损修复重建中的应用研究进展 [J]．中国修复重建外科杂志，2018，32（3）：369-376．DOI：10.7507/1002-1892.201710098．{CHEN Jian,LI Wei. Research progress of pedicled flaps for defect repair and reconstruction after head and neck tumor resection[J]. Zhongguo Xiu Fu Chong Jian Wai Ke Za Zhi[Chin J Repar Reconstr Surg(Article in Chinese;Abstract in Chinese and English)],2018,32(3):369-376. DOI:10.7507/1002-1892.201710098.}

5.5 胸部软组织缺损修复
repair of thoracic soft tissue defect

[15383] 田福年. 侧胸部菱形皮瓣修复乳癌切除术后创面 [J]. 中国修复重建外科杂志，1997，11(2)：19. {TIAN Funian. Lateral thoracic rhombic flap for repairing wound after mastectomy[J]. Zhongguo Xiu Fu Chong Jian Wai Ke Za Zhi[Chin J Repar Reconstr Surg(Article in Chinese;No abstract available)],1997,11(2):19.}

[15384] 马春旭，沈祖尧，王乃佐，沈余明，宓惠茹. 胸大肌肌皮瓣移位修复面颌颈胸部难治性创面 [J]. 中国修复重建外科杂志，1997，11(2)：29-30. {MA Chunxu,SHEN Zuyao,WANG Naizuo,SHEN Yuming,FU Huiru. The application of transposition of pectoralis major muscle of myocutaneous flap in the repair of long-standing wound over the mandibulo-cervico-thoracic are[J]. Zhongguo Xiu Fu Chong Jian Wai Ke Za Zhi[Chin J Repar Reconstr Surg(Article in Chinese;Abstract in Chinese and English)],1997,11(2):29-30.}

[15385] 邢新，薛春雨，郇京宁. 岛状肌皮瓣在颈胸部难治性创面中的应用 [J]. 中国修复重建外科杂志，2007，21(1)：26-29. {XING Xin,XUE Chunyu,XUN Jingning. Application of island myocutaneous flap for refractory wound in cervico-thoracic region[J]. Zhongguo Xiu Fu Chong Jian Wai Ke Za Zhi[Chin J Repar Reconstr Surg(Article in Chinese;Abstract in Chinese and English)],2007,21(1):26-29.}

[15386] 郑少逸，陈华德，孙传伟，黄志锋，卞徽宁，刘族安，马亮华，李汉华，邓燕花，王焕丽，赖文. 开胸术后胸部正中难愈性伤口的临床分级及治疗 [J]. 中国修复重建外科杂志，2014，28(9)：1120-1124. DOI：10.7507/1002-1892.20140244. {ZHENG Shaoyi,CHEN Huade,SUN Chuanwei,HUANG Zhifeng,BIAN Huining,LIU Zu'an,MA Lianghua,LI Hanhua,DENG Yanhua,WANG Huanli,LAI Wen. Classification and management of sternal wound complications after cardiac surgery[J]. Zhongguo Xiu Fu Chong Jian Wai Ke Za Zhi[Chin J Repar Reconstr Surg(Article in Chinese;Abstract in Chinese and English)],2014,28(9):1120-1124. DOI:10.7507/1002-1892.20140244.}

[15387] 张佳琦，张金明，梁伟强，冀晨阳，潘淑娟，陈宇宏，高守铨，姚媛媛. 延伸蒂部的腹直肌肌皮瓣修复颈胸部创面的研究 [J]. 中国修复重建外科杂志，2014，28(11)：1372-1375. DOI：10.7507/1002-1892.20140297. {ZHANG Jiaqi,ZHANG Jinming,LIANG Weiqiang,JI Chenyang,PAN Shujuan,CHEN Yuhong,GAO Shouquan,YAO Yuanyuan. Lengthened pedicle of rectus abdominis flap to repair defect on neck and chest[J]. Zhongguo Xiu Fu Chong Jian Wai Ke Za Zhi[Chin J Repar Reconstr Surg(Article in Chinese;Abstract in Chinese and English)],2014,28(11):1372-1375. DOI:10.7507/1002-1892.20140297.}

[15388] 刘勇，肖海涛，刘晓雪，曹畅，伍俊良，姚兵，陈媛，许学文. 胸廓内动脉穿支螺旋桨皮瓣联合放射治疗女性胸部瘢痕疙瘩 [J]. 中国修复重建外科杂志，2018，32(9)：1196-1200. DOI：10.7507/1002-1892.201803004. {LIU Yong,XIAO Haitao,LIU Xiaoxue,CAO Chang,WU Junliang,YAO Bing,CHEN Yuan,XU Xuewen. Effectiveness of internal mammary artery perforator propeller flap repair combined with radiotherapy for chest keloid in female patients[J]. Zhongguo Xiu Fu Chong Jian Wai Ke Za Zhi[Chin J Repar Reconstr Surg(Article in Chinese;Abstract in Chinese and English)],2018,32(9):1196-1200. DOI:10.7507/1002-1892.201803004.}

5.6 腹部软组织缺损修复
repair of abdominal soft tissue defect

[15389] Chen WQ,Wang G,Zhao W,He LZ. Clinical analysis of craniocerebral trauma complicated with thoracoabdominal injuries in 2165 cases[J]. Chin J Traumatol,2004,7(3):184-187.

[15390] Yang J,Gao JM,Hu P,Li CH,Zhao SH,Lin X. Management of multiple trauma with mainly thoracic and abdominal injuries:a report of 1166 cases[J]. Chin J Traumatol,2009,12(2):118-121.

[15391] 杨建申，常明，李金城. 易位筋膜皮瓣修复儿童腹股沟区瘢痕挛缩畸形 [J]. 中国修复重建外科杂志，2000，14(6)：361-362. {YANG Jianshen,CHANG Ming,LI Jincheng. Repairing of inguinal scar contracture deformity in children with transpositional fasciocutaneous flap[J]. Zhongguo Xiu Fu Chong Jian Wai Ke Za Zhi[Chin J Repar Reconstr Surg(Article in Chinese;Abstract in Chinese and English)],2000,14(6):361-362.}

[15392] 刘华，丘奕军，陈保光，冯毅，陈状. 股外侧肌皮瓣修复腹部软组织缺损 [J]. 中国修复重建外科杂志，2001，15(3)：146. {LIU Hua,QIU Yijun,CHEN Baoguang,FENG Yi,CHEN Zhuang. Repair of abdominal soft tissue defect with lateral thigh myocutaneous flap[J]. Zhongguo Xiu Fu Chong Jian Wai Ke Za Zhi[Chin J Repar Reconstr Surg(Article in Chinese;No abstract available)],2001,15(3):146.}

[15393] 李保锴，王立荣，侯贺宪，张劲光，付鸿宾. 下腹壁浅动脉岛状皮瓣修复重度腹股沟区损伤 [J]. 中国修复重建外科杂志，2001，15(4)：201. {LI Baokai,WANG Lirong,HOU Hexian,ZHANG Jinguang,FU Hongbin. Repair of severe inguinal injury with inferior abdominal superficial artery island flap[J]. Zhongguo Xiu Fu Chong Jian Wai Ke Za Zhi[Chin J Repar Reconstr Surg(Article in Chinese;No abstract available)],2001,15(4):201.}

[15394] 李东杰，肖冰，刘光伟. 上腹部巨大肿瘤切除后推进皮瓣修复缺损一例 [J]. 中国修复重建外科杂志，2005，19(8)：661. {LI Dongjie,XIAO Bing,LIU Guangwei. A case of using advancement skin flap to repair defect after resection of huge superior abdominal tumor[J]. Zhongguo Xiu Fu Chong Jian Wai Ke Za Zhi[Chin J Repar Reconstr Surg(Article in Chinese;No abstract available)],2005,19(8):661.}

5.7 背部软组织缺损修复
repair of back soft tissue defect

[15395] 刘洪均，岑瑛，刘晓雪. 腰背部巨型先天性黑色素痣一例报告 [J]. 中国修复重建外科杂志，2014，28(4)：527-528. DOI：10.7507/1002-1892.20140118. {LIU Hongjun,CEN Ying,LIU Xiaoxue. Giant congenital melanocytic nevi of the back:a case report[J]. Zhongguo Xiu Fu Chong Jian Wai Ke Za Zhi[Chin J Repar Reconstr Surg(Article in Chinese;Abstract in Chinese)],2014,28(4):527-528. DOI:10.7507/1002-1892.20140118.}

5.8 腰骶部软组织缺损修复
repair of lumbosacral soft tissue defect

[15396] Tan J,Chen C,Zhang M. Primary repair of a massive pressure ulcer on the hip:report of one case[J]. Ann Transl Med,2018,6(18):361. doi:10.21037/atm.2018.08.30.

[15397] Kang N,Yu X,Ma Y. Radial extracorporeal shock wave therapy in a patient with decubitus ulcer after spinal cord injury:a case report[J]. Am J Transl Res,2020,12(5):2093-2098.

[15398] 候春林，周呈文，张文明. 臀大肌肌皮瓣移位治疗臀骶部褥疮 [J]. 修复重建外科杂志，1989，3(1)：22-23，50. {HOU Chunlin,ZHOU Chengwen,ZHANG Wenming. Transposition of gluteus maximus myocutaneous flap for the treatment of buttock sacral bedsore[J]. Zhongguo Xiu Fu Chong Jian Wai Ke Za Zhi[Chin J Repar Reconstr Surg(Article in Chinese;Abstract in Chinese)],1989,3(1):22-23,50.}

[15399] 胡顺祥，徐崇义，万里，郭应林，罗永湘. 臀大肌皮瓣转位治疗骶部褥疮（附5例报告）[J]. 修复重建外科杂志，1990，4(1)：36. {HU Shunxiang,XU Chongyi,WAN Li,GUO Yinglin,LUO Yongxiang. Transposition of gluteus maximus myocutaneous flap for the treatment of buttock sacral bedsore (with report of 5 cases)[J]. Zhongguo Xiu Fu Chong Jian Wai Ke Za Zhi[Chin J Repar Reconstr Surg(Article in Chinese;No abstract available)],1990,4(1):36.}

[15400] 李福玉，胡廷泽，郎诗民. 小儿骶尾部畸胎瘤切除后的盆底重建 [J]. 中国修复重建外科杂志，1992，6(3)：146-147，191. {LI Fuyu,HU Tingze,LANG Shimin. Pelvic floor reconstruction after resection of sacrococcygeal teratoma in children[J]. Zhongguo Xiu Fu Chong Jian Wai Ke Za Zhi[Chin J Repar Reconstr Surg(Article in Chinese;Abstract in Chinese)],1992,6(3):146-147+191.}

[15401] 方松清，胡存根. 下部臀筋膜皮瓣修复骶部褥疮11例 [J]. 中国修复重建外科杂志，1996，10(3)：55. {FANG Songqing,HU Cungen. Repair of sacral bedsore with lower gluteal fasciocutaneous flap:a report of 11 cases[J]. Zhongguo Xiu Fu Chong Jian Wai Ke Za Zhi[Chin J Repar Reconstr Surg(Article in Chinese;No abstract available)],1996,10(3):55.}

[15402] 汪建军，王磊，李日光. 原位菱形皮瓣修复骶尾部褥疮11例 [J]. 中国修复重建外科杂志，2000，14(3)：138. {WANG Jianjun,WANG Lei,LI Riguang. Repair of sacrococcygeal bedsore with rhombic flap in situ:a report of 11 cases[J]. Zhongguo Xiu Fu Chong Jian Wai Ke Za Zhi[Chin J Repar Reconstr Surg(Article in Chinese;No abstract available)],2000,14(3):138.}

[15403] 王崇锐，王庆蓉. 臀大肌皮瓣修复臀骶部褥疮12例 [J]. 中国修复重建外科杂志，2001，15(1)：28. {WANG Chongrui,WANG Qingrong. Treatment of bedsore with gluteus maximus myocutaneous flap in 12 cases[J]. Zhongguo Xiu Fu Chong Jian Wai Ke Za Zhi[Chin J Repar Reconstr Surg(Article in Chinese;No abstract available)],2001,15(1):28.}

[15404] 柴益民，林崇正，马心赤，陈汉东，陈彦堃. 穿支蒂皮瓣修复臀骶部软组织缺损 [J]. 中国修复重建外科杂志，2005，19(7)：539-540. {CHAI Yimin,LIN Chongzheng,MA Xinchi,CHEN Handong,CHEN YanKun. Perforator-based flap for repair of gluteal-sacral defects[J]. Zhongguo Xiu Fu Chong Jian Wai Ke Za Zhi[Chin J Repar Reconstr Surg(Article in Chinese;Abstract in Chinese and English)],2005,19(7):539-540.}

[15405] 韩守江，杨连根，孙邦建，娄宏亮，安小刚. 腰骶部菱形筋膜蒂皮瓣修复骶尾部褥疮 [J]. 中国修复重建外科杂志，2005，19(10)：848-849. {HAN Shoujiang,YANG Liangen,SUN Bangjian,LOU Hongliang,AN Xiaogang. Repair of sacrococcygeal bedsore with lumbosacral rhombic fascial pedicle flap[J]. Zhongguo Xiu Fu Chong Jian Wai Ke Za Zhi[Chin J Repar Reconstr Surg(Article in Chinese;No abstract available)],2005,19(10):848-849.}

[15406] 苏丽繁，袁育虎，田宇，曹辉. 臀股皮瓣修复骶部巨大褥疮二例 [J]. 中国修复重建外科杂志，2006，20(8)：860-861. {SU Lifan,YUAN Yuhu,TIAN Yu,CAO Hui. Two cases of giant bedsore in sacral region repaired by gluteus thigh flap[J]. Zhongguo Xiu Fu Chong Jian Wai Ke Za Zhi[Chin J Repar Reconstr Surg(Article in Chinese;No abstract available)],2006,20(8):860-861.}

[15407] 戚剑，劳镇国，朱庆棠，李平，向剑平. 股后皮神经营养血管皮瓣修复臀骶部大面积软组织缺损 [J]. 中国修复重建外科杂志，2006，20(12)：1205-1207. {QI Jian,LAO Zhenguo,ZHU Qingtang,LI Ping,XIANG Jianping. Repair of extensive gluteal-sacral defect with posterior femoral cutaneous neurovascular island flap[J]. Zhongguo Xiu Fu Chong Jian Wai Ke Za Zhi[Chin J Repar Reconstr Surg(Article in Chinese;Abstract in Chinese and English)],2006,20(12):1205-1207.}

[15408] 徐云钦，梁再跃，冯水云，海恒林，陈才平，王朝阳，朱亚中. 以臀上动脉浅支穿支血管为蒂分叶皮瓣修复骶尾部软组织缺损 [J]. 中国修复重建外科杂志，2007，21(8)：850-853. {XU Yunqin,LIANG Zaiyue,FENG Shuiyun,HAI Henglin,CHEN Caiping,WANG Chaoyang,ZHU Yazhong. An effect of multi-island flap with shallow branch of gluteus upper artery on repair of sacrum soft tissue defect[J]. Zhongguo Xiu Fu Chong Jian Wai Ke Za Zhi[Chin J Repar Reconstr Surg(Article in Chinese;Abstract in Chinese and English)],2007,21(8):850-853.}

[15409] 傅荣，小坂正明，游晓波. 穿支动脉皮瓣修复骶尾部褥疮15例 [J]. 中国修复重建外科杂志，2008，22(1)：118-120. {FU Rong,XIAOBAN zhengming,YOU Xiaobo. 15 cases of sacrococcygeal bedsore repaired by perforator artery flap[J]. Zhongguo Xiu Fu Chong Jian Wai Ke Za Zhi[Chin J Repar Reconstr Surg(Article in Chinese;Abstract in Chinese)],2008,22(1):118-120.}

[15410] 滕红林，王健，朱雄白，高建清，张怀保，肖建如. 腰臀皮瓣与臀大肌皮瓣修复骶骨肿瘤术后创口局部坏死及缺损 [J]. 中国修复重建外科杂志，2008，22(10)：1276-1278. {TENG Honglin,WANG Jian,ZHU Xiongbai,GAO Jianqing,ZHANG Huaibao,XIAO Jianru. Repair of local necrosis and defect with lumbar gluteus flap and gluteus major muscle flap after sacrum tumor operation[J]. Zhongguo Xiu Fu Chong Jian Wai Ke Za Zhi[Chin J Repar Reconstr Surg(Article in Chinese;Abstract in Chinese)],2008,22(10):1276-1278.}

[15411] 林涧，吴春，侯春林，王正理，王相，钱宇莹. 腰臀穿支筋膜皮瓣移位修复骶尾部压疮 [J]. 中国修复重建外科杂志，2009，23(1)：124-125. {LIN Jian,WU Chun,HOU Chunlin,WANG Zhengli,WANG Xiang,QIAN Yuying. Repair of sacrococcygeal pressure sores by transposition of lumbar gluteal perforator fasciocutaneous flap[J]. Zhongguo Xiu Fu Chong Jian Wai Ke Za Zhi[Chin J Repar Reconstr Surg(Article in Chinese;Abstract in Chinese)],2009,23(1):124-125.}

[15412] 崔浩杰，祁强，何娜，林伟，肖海涛，葛自力. 骶骨肿瘤切除术后软组织缺损的修复 [J]. 中国修复重建外科杂志，2009，23(10)：1173-1176. {CUI Haojie,QI Qiang,HE Na,LIN Wei,XIAO Haitao,GE Zili. Repair of soft tissue defect caused by resection of sacral tumors[J]. Zhongguo Xiu Fu Chong Jian Wai Ke Za Zhi[Chin J Repar Reconstr Surg(Article in Chinese;Abstract in Chinese and English)],2009,23(10):1173-1176.}

[15413] 傅荣，杜丽平，游晓波. 臀部穿支皮瓣治疗老年患者骶尾部褥疮的疗效 [J]. 中国修复重建外科杂志，2011，25(5)：562-564. {FU Rong,DU Liping,YOU Xiaobo. Effectiveness of perforator flaps for elderly patients with ischia-sacral ulcers[J]. Zhongguo Xiu Fu Chong Jian Wai Ke Za Zhi[Chin J Repar Reconstr Surg(Article in Chinese;Abstract in Chinese and English)],2011,25(5):562-564.}

[15414] 张春雷，张春阳，张建平，吴兴球，李中连，张斌，熊志川，蒋纯志. 臀大肌肌皮瓣联合真皮皮瓣修复骶尾部褥疮 [J]. 中国修复重建外科杂志，2011，25(6)：763-764. {ZHANG Chunlei,ZHANG Chunyang,ZHANG Jianping,WU Xingqiu,LI Zhonglian,ZHANG Bin,XIONG Zhichuan,JIANG Chunzhi. Repair of sacrococcygeal bedsore with gluteus maximus myocutaneous flap combined with dermal flap[J]. Zhongguo Xiu Fu Chong Jian Wai Ke Za Zhi[Chin J Repar Reconstr Surg(Article in Chinese;Abstract in Chinese)],2011,25(6):763-764.}

[15415] 姜茂华，杨孝良，魏邦敏，黎英豪. 臀上部改良菱形筋膜皮瓣修复骶尾部褥疮的临床应用 [J]. 中国修复重建外科杂志，2012，26(3)：319-321. {JIANG Maohua,YANG Xiaoliang,WEI Bangmin,LI Yinghao. Clinical application of modified upper gluteal rhomboid fasciocutaneous flap in repairing sacrococcygeal pressure sores[J]. Zhongguo Xiu Fu Chong Jian Wai Ke Za Zhi[Chin J Repar Reconstr Surg(Article in Chinese;Abstract in Chinese and English)],2012,26(3):319-321.}

[15416] 海恒林，李华涛，陈杨，李强，吴胜刚，王黎丽，严雷，周晓英. 双侧臀上动脉穿支蒂四

叶皮瓣修复骶尾部巨大压疮 [J]. 中国修复重建外科杂志，2013，27（3）：308-311. DOI：10.7507/1002-1892.20130071. {HAI Henglin,LI Huatao,CHEN Yang,LI Qiang,WU Shenggang,WANG Lili,YAN Lei,ZHOU Xiaoying. Pedicled superior gluteal artery perforator bilateral quadrilobed flaps for repair of large sacrococcygeal pressure sores[J]. Zhongguo Xiu Fu Chong Jian Wai Ke Za Zhi[Chin J Repar Reconstr Surg(Article in Chinese;Abstract in Chinese and English)],2013,27(3):308-311. DOI:10.7507/1002-1892.20130071.}

5.9 会阴部软组织缺损修复与重建

repair and reconstruction of perineal soft tissue defect

[15417] Fu G,Wang D,Qin B,Xiang J,Qi J,Li P,Zhu Q,Liu X,Zhu J,Gu LQ. Modified classification and repair of perineal soft tissue injuries associated with open pelvic fractures[J]. J Reconstr Microsurg,2015,31(1):12-19. doi:10.1055/s-0034-1386616.

[15418] Xu JG,Wu ML,Dai HY,Wang YC,Xue CY. Divisional reconstruction strategy:the repair of perineal skin defect after tumor resection[J]. Scand J Surg,2021,110(1):73-77. doi:10.1177/1457496920903980.

[15419] 梁建. 颜面、颈、会阴部血管瘤的治疗（附46例报告）[J]. 修复重建外科杂志，1989，3（2）：80-81，99. {LIANG Jian. Treatment of hemangioma in face,neck and perineum (with report of 46 cases)[J]. Zhongguo Xiu Fu Chong Jian Wai Ke Za Zhi[Chin J Repar Reconstr Surg(Article in Chinese;Abstract in Chinese)],1989,3(2):80-81,99.}

[15420] 于立新，白喜文. 带血管蒂的会阴阴囊皮瓣修复长段尿道狭窄 [J]. 中国修复重建外科杂志，1995，9（1）：53. {YU Lixin,BAI Xiwen. Repair of long urethral stricture with vascularized perineal scrotal flap[J]. Zhongguo Xiu Fu Chong Jian Wai Ke Za Zhi[Chin J Repar Reconstr Surg(Article in Chinese;No abstract available)],1995,9(1):53.}

[15421] 刘新福，黄惠赐. 阴茎癌全切术后会阴小阴茎成形术 [J]. 中国修复重建外科杂志，1997，11（3）：39. {LIU Xinfu,HUANG Huici. Transperineal penile plasty after total resection of penile cancer[J]. Zhongguo Xiu Fu Chong Jian Wai Ke Za Zhi[Chin J Repar Reconstr Surg(Article in Chinese;No abstract available)],1997,11(3):39.}

[15422] 姚华强，钟世镇，何恢绪，李忠华，吴昆成. 经会阴修复重建男性尿道的应用解剖 [J]. 中国修复重建外科杂志，2004，18（4）：285-287. {YAO Huaqiang,ZHONG Shizhen,HE Huixu,LI Zhonghua,WU Kuncheng. Clinical anatomic study on urethral repair via perineal approach[J]. Zhongguo Xiu Fu Chong Jian Wai Ke Za Zhi[Chin J Repar Reconstr Surg(Article in Chinese;Abstract in Chinese and English)],2004,18(4):285-287.}

[15423] 王善良，程开祥，张如鸿. 阴茎包皮岛状皮瓣一期修复阴茎阴囊型和会阴型尿道下裂 [J]. 中国修复重建外科杂志，2004，18（6）：464-465. {WANG Shanliang,CHENG Kaixiang,ZHANG Ruhong. One stage repair of scrotal and perineal hypospadias with prepuce island flap[J]. Zhongguo Xiu Fu Chong Jian Wai Ke Za Zhi[Chin J Repar Reconstr Surg(Article in Chinese;Abstract in Chinese and English)],2004,18(6):464-465.}

[15424] 魏在荣，王玉明，王达利，程代薇，王波. 胸脐岛状皮瓣修复会阴及周围组织缺损 [J]. 中国修复重建外科杂志，2005，19（2）：136-137. {WEI Zairong,WANG Yuming,WANG Dali,CHENG Daiwei,WANG Bo. Repair of perineal and adjacent defects with thoracoum biblical island flaps[J]. Zhongguo Xiu Fu Chong Jian Wai Ke Za Zhi[Chin J Repar Reconstr Surg(Article in Chinese;Abstract in Chinese and English)],2005,19(2):136-137.}

[15425] 宋建星，白晋. 会阴部巨型淋巴瘤治疗1例 [J]. 中国修复重建外科杂志，2007，21（2）：164. {SONG Jianxing,BAI Jin. Treatment of giant lymphoma of perineum:a case report[J]. Zhongguo Xiu Fu Chong Jian Wai Ke Za Zhi[Chin J Repar Reconstr Surg(Article in Chinese;No abstract available)],2007,21(2):164.}

[15426] 卿勇，岑瑛，刘晓雪，段伟强，许学文. 会阴部Paget's病的外科治疗 [J]. 中国修复重建外科杂志，2007，21（11）：1213-1215. {QING Yong,CEN Ying,LIU Xiaoxue,DUAN Weiqiang,XU Xuewen. Surgical treatment of perineal Paget's disease[J]. Zhongguo Xiu Fu Chong Jian Wai Ke Za Zhi[Chin J Repar Reconstr Surg(Article in Chinese;Abstract in Chinese and English)],2007,21(11):1213-1215.}

[15427] 杨敏烈，赵庆国，赵振民，吕国忠，苏青和，朱宇刚，俞舜，秦宏波. 超长肩胛－侧胸－髂腹股沟联体皮瓣修复会阴部烧伤后瘢痕挛缩畸形 [J]. 中国修复重建外科杂志，2010，24（6）：657-660. {YANG Minlie,ZHAO Qingguo,ZHAO Zhenmin,LV Guozhong,SU Qinghe,ZHU Yugang,YU Shun,QIN Hongbo. Repair contracture deformity of perineal scar caused by burn with extra long scapular-lateral thoracic-ilioinguinal siamese flap[J]. Zhongguo Xiu Fu Chong Jian Wai Ke Za Zhi[Chin J Repar Reconstr Surg(Article in Chinese;Abstract in Chinese and English)],2010,24(6):657-660.}

[15428] 朱跃良，徐永清，李军，戴莹，杨晓文，赵虹瑾. 合并会阴部撕裂的Morel-Lavallée损伤的外科治疗 [J]. 中国修复重建外科杂志，2010，24（6）：726-729. {ZHU Yueliang,XU Yongqing,LI Jun,DAI Ying,YANG Xiaowen,ZHAO HongJin. Surgical treatment of Morel-Lavallée lesion with perineal lacerations[J]. Zhongguo Xiu Fu Chong Jian Wai Ke Za Zhi[Chin J Repar Reconstr Surg(Article in Chinese;Abstract in Chinese and English)],2010,24(6):726-729.}

[15429] 魏人前，曹兴海，涂大华. 伴会阴部损伤的开放性骨盆骨折治疗 [J]. 中国修复重建外科杂志，2012，26（5）：550-553. {WEI Renqian,CAO Xinghai,TU Dahua. Clinical treatment of open pelvic fractures associated with perineal injury[J]. Zhongguo Xiu Fu Chong Jian Wai Ke Za Zhi[Chin J Repar Reconstr Surg(Article in Chinese;Abstract in Chinese and English)],2012,26(5):550-553.}

[15430] 杜丽平，游晓波，唐邝昀，傅荣. 腹壁下动脉穿支皮瓣修复会阴肛周瘢痕挛缩的疗效观察 [J]. 中国修复重建外科杂志，2015，29（8）：992-995. DOI：10.7507/1002-1892.20150213. {DU Liping,YOU Xiaobo,TANG Kuangyun,FU Rong. Effectiveness of deep inferior epigastric artery perforator flap for repair of perineal and perianal cicatricial contracture[J]. Zhongguo Xiu Fu Chong Jian Wai Ke Za Zhi[Chin J Repar Reconstr Surg(Article in Chinese;Abstract in Chinese and English)],2015,29(8):992-995. DOI:10.7507/1002-1892.20150213.}

5.10 上肢软组织缺损修复与重建

repair and reconstruction of soft tissue defect in upper limb

[15431] GONG Xu,LU Lai-jin. Coverage of skin defects in spaghetti wrist trauma:application of the reverse posterior interosseous flap and its anatomy[J]. J Trauma,2007 ,63(2):402-404. doi:10.1097/TA.0b013e318124fe14.

[15432] Chen C,Wang ZT,Hao LW,Liu LF. Microsurgical tissue transfer in complex upper extremity trauma[J]. Clin Plast Surg,2020,47(4):521-534. doi:10.1016/j.cps.2020.06.013.

[15433] 黄晓云，马恩庆，龙剑虹. 带蒂背阔肌肌皮瓣移植修复严重左上肢电击伤 [J]. 修复重建外科杂志，1989，3（4）：164-198. {HUANG Xiaoyun,MA Enqing,LONG Jianhong. Pedicled latissimus dorsi myocutaneous flap for repair of severe electric injury of left upper limb[J]. Zhongguo Xiu Fu Chong Jian Wai Ke Za Zhi[Chin J Repar Reconstr Surg(Article in Chinese;No abstract available)],1989,3(4):164-198.}

[15434] 刘达恩. 带蒂胸腹轴型皮瓣早期修复上肢深度蛇伤溃疡 [J]. 中国修复重建外科杂志，1997，11（2）：23-25. {LIU Da'en. Pedicled thoraco-abdominal skin flap applied in early repair of deep ulcer of upper extremity resulting from snake-bite injury[J]. Zhongguo Xiu Fu Chong Jian Wai Ke Za Zhi[Chin J Repar Reconstr Surg(Article in Chinese;Abstract in Chinese and English)],1997,11(2):23-25.}

[15435] 虞聪，张高孟，张丽银，顾玉东. 带蒂脐旁轴型皮瓣修复上肢皮肤缺损 [J]. 中国修复重建外科杂志，1997，11（4）：35-36. {YU Cong,ZHANG Gaomeng,ZHANG Liyin,GU Yudong. Application of pedicled paraumbilical axial skin flap in the repair of skin defect of upper extremity[J]. Zhongguo Xiu Fu Chong Jian Wai Ke Za Zhi[Chin J Repar Reconstr Surg(Article in Chinese;Abstract in Chinese and English)],1997,11(4):35-36.}

[15436] 王乃佐，沈祖尧，宓惠茹，桑慧华，马春旭，沈余明，周光峰. 上肢特深度烧伤复合组织缺损一次性修复与功能重建 [J]. 中国修复重建外科杂志，1998，12（1）：23-25. {WANG Naizuo,SHEN Zuyao,FU Huiru,SANG Huihua,MA Chunxu,SHEN Yuming,ZHOU Guangfeng. One stage repair and reconstruction for severe deep burns with compound tissue defects of upper limb[J]. Zhongguo Xiu Fu Chong Jian Wai Ke Za Zhi[Chin J Repar Reconstr Surg(Article in Chinese;Abstract in Chinese and English)],1998,12(1):23-25.}

[15437] 于杰，何阿玲，钟桂午，陈媛，范少地，闫毅. 带蒂组织瓣在上肢火器伤修复中的应用 [J]. 中国修复重建外科杂志，2003，17（4）：326-327. {YU Jie,HE Aling,ZHONG Guiwu,CHEN Yuan,FAN Shaodi,YAN Yi. Experience of treating firearm-wound in upper limbs with vessel pedicle tissue flap[J]. Zhongguo Xiu Fu Chong Jian Wai Ke Za Zhi[Chin J Repar Reconstr Surg(Article in Chinese;Abstract in Chinese and English)],2003,17(4):326-327.}

[15438] 路来金，宫旭，刘志刚，张志新，刘彬，于家傲，陈雷. 上肢软组织缺损的皮瓣修复 [J]. 中国修复重建外科杂志，2005，19（7）：511-513. {LU Laijin,GONG Xu,LIU Zhigang,ZHANG Zhixin,LIU Bin,YU Jiaao,CHEN Lei. Clinical experience of flap appliance in soft tissue defects of upper extremity[J]. Zhongguo Xiu Fu Chong Jian Wai Ke Za Zhi[Chin J Repar Reconstr Surg(Article in Chinese;Abstract in Chinese and English)],2005,19(7):511-513.}

[15439] 刘俊，唐举玉，谢松林，刘鸣江，刘洋波. 胸脐皮瓣与侧胸皮瓣偶合修复上肢超长软组织缺损 [J]. 中国修复重建外科杂志，2006，20（12）：1266-1267. {LIU Jun,TANG Juyu,XIE Songlin,LIU Mingjiang,LIU Yangbo. Repair of super long soft tissue defect of upper limb by combined thoracolumbar flap and lateral thoracic flap[J]. Zhongguo Xiu Fu Chong Jian Wai Ke Za Zhi[Chin J Repar Reconstr Surg(Article in Chinese;No abstract available)],2006,20(12):1266-1267.}

[15440] 乔威，乔彤，刘长建，周敏，冉峰. 上肢动脉缺血血运重建的临床分析 [J]. 中国修复重建外科杂志，2009，23（9）：1101-1103. {QIAO Wei,QIAO Tong,LIU Changjian,ZHOU Min,RAN Feng. Clinical management of revascularization in upper limb ischemia[J]. Zhongguo Xiu Fu Chong Jian Wai Ke Za Zhi[Chin J Repar Reconstr Surg(Article in Chinese;Abstract in Chinese and English)],2009,23(9):1101-1103.}

[15441] 王茂荣，谷云峰，陈福生，李军，王江宁，尹叶锋. 股前外侧及髂腹股沟联体皮瓣急诊修复上肢超长复合组织缺损疗效观察 [J]. 中国修复重建外科杂志，2013，27（8）：1010-1014. DOI：10.7507/1002-1892.20130219. {WANG Maorong,GU Yunfeng,CHEN Fusheng,LI Jun,WANG Jiangning,YIN Yefeng. Anterolateral thigh and groin conjoined flap for emergent repair of ultra-long complex tissue defects in forearm and hand[J]. Zhongguo Xiu Fu Chong Jian Wai Ke Za Zhi[Chin J Repar Reconstr Surg(Article in Chinese;Abstract in Chinese and English)],2013,27(8):1010-1014. DOI:10.7507/1002-1892.20130219.}

[15442] 杨焕友，张荐，周红光，霍永鑫，刘伟，张剑锋. 游离隐血管皮瓣修复上肢皮肤软组织缺损 [J]. 中国修复重建外科杂志，2015，29（5）：586-589. DOI：10.7507/1002-1892.20150127. {YANG Huanyou,ZHANG Jian,ZHOU Hongguang,HUO Yongxin,LIU Wei,ZHANG Jianfeng. Repair of upper limbs tissue defect with dissociative saphenous arteria flap[J]. Zhongguo Xiu Fu Chong Jian Wai Ke Za Zhi[Chin J Repar Reconstr Surg(Article in Chinese;Abstract in Chinese and English)],2015,29(5):586-589. DOI:10.7507/1002-1892.20150127.}

[15443] 张子阳，唐修俊，魏在荣，金文虎，王达利，王波，邓呈亮. 腹部带蒂皮瓣修复上肢大面积皮肤缺损 [J]. 中国修复重建外科杂志，2017，31（9）：1102-1105. DOI：10.7507/1002-1892.201703099. {ZHANG Ziyang,TANG Xiujun,WEI Zairong,JIN Wenhu,WANG Dali,WANG Bo,DENG Chengliang. Repair of large skin defect of upper limb with abdominal pedicled flap[J]. Zhongguo Xiu Fu Chong Jian Wai Ke Za Zhi[Chin J Repar Reconstr Surg(Article in Chinese;Abstract in Chinese and English)],2017,31(9):1102-1105. DOI:10.7507/1002-1892.201703099.}

5.10.1 肩部软组织缺损修复与重建

repair and reconstruction of soft tissue defect in shoulder

[15444] 李健伟，陈德松，张金柱. 斜方肌移位术重建肩外展功能 [J]. 中国修复重建外科杂志，1999，13（6）：390. {LI Jianwei,CHEN Desong,ZHANG Jinzhu. Transposition of trapezius muscle for reconstruction of shoulder abduction[J]. Zhongguo Xiu Fu Chong Jian Wai Ke Za Zhi[Chin J Repar Reconstr Surg(Article in Chinese;No abstract available)],1999,13(6):390.}

[15445] 陈聚伍，贺长清，陈言汤，夏磊. 胸大肌移位重建肩外展及屈肘功能 [J]. 中国修复重建外科杂志，1999，13（6）：353-354. {CHEN Juwu,HE Changqing,CHEN Yantang,XIA Lei. Reconstruction of elbow flexion and shoulder abduction with transfer of pectoralis major[J]. Zhongguo Xiu Fu Chong Jian Wai Ke Za Zhi[Chin J Repar Reconstr Surg(Article in Chinese;Abstract in Chinese and English)],1999,13(6):353-354.}

[15446] 宋修竹，张宝书. 大龄产瘫肩关节功能重建术 [J]. 中国修复重建外科杂志，2000，14（6）：346-347. {SONG Xiuzhu,ZHANG Baoshu. Reconstruction of the shoulder joint function in the older obstetrical palsy[J]. Zhongguo Xiu Fu Chong Jian Wai Ke Za Zhi[Chin J Repar Reconstr Surg(Article in Chinese;Abstract in Chinese and English)],2000,14(6):346-347.}

[15447] 陈琳，彭峰，陈德松. 肱三头肌长头重建肩外展的解剖与临床应用 [J]. 中国修复重建外科杂志，2001，15（4）：193-195. {CHEN Lin,PENG Feng,CHEN Desong. Anatomical study and clinical application of long head of triceps musle for reconstruction of shoulder abduction[J]. Zhongguo Xiu Fu Chong Jian Wai Ke Za Zhi[Chin J Repar Reconstr Surg(Article in Chinese;Abstract in Chinese and English)],2001,15(4):193-195.}

[15448] 靳国强，史其林. 产瘫后肩关节外展外旋功能受限的手术治疗 [J]. 中国修复重建外科杂志，2010，24（4）：443-445. {JIN Guoqiang,SHI Qilin. Operative treatment of abduction and lateral rotation limitation of shoulder in obstetric brachial plexus palsy[J]. Zhongguo Xiu Fu Chong Jian Wai Ke Za Zhi[Chin J Repar Reconstr Surg(Article in Chinese;Abstract in Chinese and English)],2010,24(4):443-445.}

5.10.2 臂部软组织缺损修复与重建

repair and reconstruction of soft tissue defect in arm

[15449] 王松生，朱明生，王继美. 背阔肌皮瓣移位修复上臂瘢痕一例 [J]. 修复重建外科杂志，1990，4（3）：187. {WANG Songsheng,ZHU Mingsheng,WANG Jimei. Transposition of

latissimus dorsi myocutaneous flap to repair upper arm scar:a case report[J]. Xiu Fu Chong Jian Wai Ke Za Zhi[Chin J Repar Reconstr Surg(Article in Chinese;No abstract available)],1990,4(3):187.}

[15450] 朱照阳，张予廷，刘景超. 儿童全上臂皮肤撕脱伤治愈一例 [J]. 中国修复重建外科杂志，1992，6(3)：187-188. {ZHU Zhaoyang,ZHANG Yuting,LIU Jingchao. A case of children's total upper arm skin avulsion[J]. Zhongguo Xiu Fu Chong Jian Wai Ke Za Zhi[Chin J Repar Reconstr Surg(Article in Chinese;No abstract available)],1992,6(3):187-188.}

[15451] 徐延波. 先天性右上臂皮肤肌肉缺如一例 [J]. 中国修复重建外科杂志，1993，7(4)：263. {XU Yanbo. Congenital absence of skin and muscle of right upper arm:a case report[J]. Zhongguo Xiu Fu Chong Jian Wai Ke Za Zhi[Chin J Repar Reconstr Surg(Article in Chinese;No abstract available)],1993,7(4):263.}

5.10.3 肘部软组织缺损修复与重建
repair and reconstruction of elbow soft tissue defect

[15452] 张宁. 带血管蒂的前臂筋膜瓣填充行肘关节成形术 [J]. 修复重建外科杂志，1988，2(2)：99. {ZHANG Ning. Pedicled forearm fascial flap for elbow arthroplasty[J]. Zhongguo Xiu Fu Chong Jian Wai Ke Za Zhi[Chin J Repar Reconstr Surg(Article in Chinese;No abstract available)],1988,2(2):99.}

[15453] 张帆，季卫平，刘云建，柳育健. 背阔肌肌皮瓣移位重建屈肘功能二例 [J]. 修复重建外科杂志，1990，4(2)：90. {ZHANG Fan,JI Weiping,LIU Yunjian,LIU Yujian. Transposition of latissimus dorsi myocutaneous flap for elbow flexion:a report of two cases[J]. Zhongguo Xiu Fu Chong Jian Wai Ke Za Zhi[Chin J Repar Reconstr Surg(Article in Chinese;No abstract available)],1990,4(2):90.}

[15454] 刘跃洪，陈方海. 带血管神经蒂背阔肌胸大肌移位重建屈肘功能 [J]. 中国修复重建外科杂志，1993，7(2)：80. {LIU Yuehong,CHEN Fanghai. Reconstruction of elbow flexion by pedicled latissimus dorsi and pectoralis major transposition[J]. Zhongguo Xiu Fu Chong Jian Wai Ke Za Zhi[Chin J Repar Reconstr Surg(Article in Chinese;No abstract available)],1993,7(2):80.}

[15455] 杨志明，裴福兴，张世琼，黄富国. 尺侧腕屈肌移位重建屈肘功能 [J]. 中国修复重建外科杂志，1994，8(4)：193-195. {YANG Zhiming,PEI Fuxing,ZHANG Shiqiong,HUANG Fuguo. Flexor carpi ulnaris muscle transfer to restore elbow flexion[J]. Zhongguo Xiu Fu Chong Jian Wai Ke Za Zhi[Chin J Repar Reconstr Surg(Article in Chinese;Abstract in Chinese and English)],1994,8(4):193-195.}

[15456] 顾玉东，张丽银，张高孟，虞聪. 胸锁乳突肌移位重建屈肘功能 [J]. 中国修复重建外科杂志，1994，8(10)：196-197. {GU Yudong,ZHANG Liyin,ZHANG Gaomeng,YU Cong. Transfer of sternocleidomastoid muscle reconstruct the function of elbow flexion[J]. Zhongguo Xiu Fu Chong Jian Wai Ke Za Zhi[Chin J Repar Reconstr Surg(Article in Chinese;Abstract in Chinese and English)],1994,8(10):196-197.}

[15457] 杨国敬，陈德松，蔡佩琴，陈亮，沈尊理. 背阔肌皮瓣移位重建屈肘功能 12 例 [J]. 中国修复重建外科杂志，1995，9(4)：209-211. {YANG Guojing,CHEN Desong,CAI Peiqin,CHEN Liang,SHEN Zunli. The latissimus dorsi musculocutanous flap for reconstruction of flexor of elbow[J]. Zhongguo Xiu Fu Chong Jian Wai Ke Za Zhi[Chin J Repar Reconstr Surg(Article in Chinese;Abstract in Chinese and English)],1995,9(4):209-211.}

[15458] 阚世廉，费起礼，李寅生. 背阔肌肌皮瓣移位重建屈肘屈指功能 [J]. 中国修复重建外科杂志，1996，10(2)：116. {KAN Shilian,FEI Qili,LI Yinsheng. Transposition of latissimus dorsi myocutaneous flap for reconstruction of elbow and finger flexion[J]. Zhongguo Xiu Fu Chong Jian Wai Ke Za Zhi[Chin J Repar Reconstr Surg(Article in Chinese;No abstract available)],1996,10(2):116.}

[15459] 周雷. 侧胸腹带蒂皮瓣修复肘后创面 [J]. 中国修复重建外科杂志，1998，12(5)：265. {ZHOU Lei. Lateral thoracoabdominal pedicled skin flap for repair of postelbow wounds[J]. Zhongguo Xiu Fu Chong Jian Wai Ke Za Zhi[Chin J Repar Reconstr Surg(Article in Chinese;No abstract available)],1998,12(5):265.}

[15460] 马金柱，顾树明，王大伟. 指浅屈肌翻转移位重建屈肘功能 [J]. 中国修复重建外科杂志，2001，15(2)：124. {MA Jinzhu,GU Shuming,WANG Dawei. Reconstruction of elbow flexion function by flipping and transposition of flexor digitorum[J]. Zhongguo Xiu Fu Chong Jian Wai Ke Za Zhi[Chin J Repar Reconstr Surg(Article in Chinese;No abstract available)],2001,15(2):124.}

[15461] 闵祥辉，郭金转，傅寿宁. 肘部肱动脉损伤的早期修复 [J]. 中国修复重建外科杂志，2003，17(3)：258. {MIN Xianghui,GUO Jinzhuan,FU Shouning. Early repair of brachial artery injury in elbow[J]. Zhongguo Xiu Fu Chong Jian Wai Ke Za Zhi[Chin J Repar Reconstr Surg(Article in Chinese;No abstract available)],2003,17(3):258.}

[15462] 刘勇，李伟，杨正刚. 前臂桡侧岛状皮瓣急诊修复肘后皮肤缺损 11 例 [J]. 中国修复重建外科杂志，2005，19(2)：108. {LIU Yong,LI Wei,YANG Zhenggang. Emergency repair of skin defect behind elbow with radial forearm island flap:a report of 11 cases[J]. Zhongguo Xiu Fu Chong Jian Wai Ke Za Zhi[Chin J Repar Reconstr Surg(Article in Chinese;No abstract available)],2005,19(2):108.}

[15463] 康兵文，李树虎. 肘前臂大面积软组织缺损伴肱动脉断裂缺损修复一例 [J]. 中国修复重建外科杂志，2005，19(3)：203. {KANG Bingwen,LI Shuhu. Repair of large soft tissue defect of elbow and forearm with brachial artery rupture:a case report[J]. Zhongguo Xiu Fu Chong Jian Wai Ke Za Zhi[Chin J Repar Reconstr Surg(Article in Chinese;No abstract available)],2005,19(3):203.}

5.10.4 前臂部软组织缺损修复与重建
repair and reconstruction of forearm soft tissue defect

[15464] Wang J. The serious full-length forearm injury-a case report and literature review[J]. BMC Musculoskelet Disord,2020,21(1):381. doi:10.1186/s12891-020-03394-z.

[15465] 赵克明，翟广田，张晓庄，王学恩，王明武，杜达先，刘西乾. 抢救前臂缺血 43 小时成功一例 [J]. 修复重建外科杂志，1988，2(2)：38. {ZHAO Keming,ZHAI Guangtian,ZHANG Xiaozhuang,WANG Xue'en,WANG Mingwu,DU Daxian,LIU Xiqian. Successful rescue of forearm ischemia for 43 hours:a case report[J]. Zhongguo Xiu Fu Chong Jian Wai Ke Za Zhi[Chin J Repar Reconstr Surg(Article in Chinese;No abstract available)],1988,2(2):38.}

[15466] 蔡林方. 吻合血管的组织移植修复手和前臂组织缺损 [J]. 修复重建外科杂志，1988，2(2)：57. {CAI Linfang. Repairing tissue defects in hand and forearm with vascularized tissue transplantation[J]. Zhongguo Xiu Fu Chong Jian Wai Ke Za Zhi[Chin J Repar Reconstr Surg(Article in Chinese;No abstract available)],1988,2(2):57.}

[15467] 陈林峰. 游离皮瓣修复手、前臂感染创面的几点体会 [J]. 修复重建外科杂志，1988，2(2)：68. {CHEN Linfeng. Experience of repairing infected wound in hand and forearm with free flap[J]. Zhongguo Xiu Fu Chong Jian Wai Ke Za Zhi[Chin J Repar Reconstr Surg(Article in Chinese;No abstract available)],1988,2(2):68.}

[15468] 张明元. 显微外科技术在处理手及前臂部肿瘤切除后缺损应用的探讨 [J]. 修复重建外科杂志，1988，2(2)：87. {ZHANG Mingyuan. The application of microsurgery in the treatment of the defect after resection of the tumor in the hand and forearm[J]. Zhongguo Xiu Fu Chong Jian Wai Ke Za Zhi[Chin J Repar Reconstr Surg(Article in Chinese;No abstract available)],1988,2(2):87.}

[15469] 杨长山. 应用前臂静脉架桥修复肱动脉损伤一例报告 [J]. 修复重建外科杂志，1988，2(2)：107. {YANG Changshan. Repair of brachial artery injury with forearm vein:a case report[J]. Zhongguo Xiu Fu Chong Jian Wai Ke Za Zhi[Chin J Repar Reconstr Surg(Article in Chinese;No abstract available)],1988,2(2):107.}

[15470] 冷志林. 腹股沟轴心交叉皮瓣在前臂及手部创伤急诊中的应用 [J]. 修复重建外科杂志，1988，2(2)：108. {LENG Zhilin. Application of inguinal axial cross flap in emergency treatment of forearm and hand trauma[J]. Zhongguo Xiu Fu Chong Jian Wai Ke Za Zhi[Chin J Repar Reconstr Surg(Article in Chinese;No abstract available)],1988,2(2):108.}

[15471] 王清纯，魏利荣. 前臂动静脉完全撕脱断离套入再植一例 [J]. 修复重建外科杂志，1990，4(1)：59. {WANG Qingchun,WEI Lirong. Complete avulsion and replantation of forearm artery and vein:a case report[J]. Zhongguo Xiu Fu Chong Jian Wai Ke Za Zhi[Chin J Repar Reconstr Surg(Article in Chinese;No abstract available)],1990,4(1):59.}

[15472] 丰德宽，陈鹏云，冯殿生，张家辉，宋浩清. 皮下组织蒂 V 形皮瓣修复手及前臂创面 [J]. 修复重建外科杂志，1991，5(3)：136-138+189. {FENG Dekuan,CHEN Pengyun,FENG Diansheng,ZHANG Jiahui,SONG Haoqing. Subcutaneous pedicle V-shaped flap for wounds at hand and forearm[J]. Zhongguo Xiu Fu Chong Jian Wai Ke Za Zhi[Chin J Repar Reconstr Surg(Article in Chinese;Abstract in Chinese and English)],1991,5(3):136-138+189.}

[15473] 徐巍，陈方海. 腹部带蒂皮瓣修复前臂大面积皮肤缺损一例 [J]. 中国修复重建外科杂志，1992，6(3)：162. {XU Wei,CHEN Fanghai. Repairing forearm large skin defect with pedicled abdominal flap:a case report[J]. Zhongguo Xiu Fu Chong Jian Wai Ke Za Zhi[Chin J Repar Reconstr Surg(Article in Chinese;No abstract available)],1992,6(3):162.}

[15474] 程银忠. 胸脐皮瓣在前臂皮肤撕脱伤中的应用 [J]. 中国修复重建外科杂志，1992，6(4)：220-221. {CHENG Yinzhong. Application of thoracoumbilicus flap in forearm skin avulsion injury[J]. Zhongguo Xiu Fu Chong Jian Wai Ke Za Zhi[Chin J Repar Reconstr Surg(Article in Chinese;Abstract in Chinese)],1992,6(4):220-221.}

[15475] 邓忠良，陈秉礼，黄朝稞，赵大渝. 尺侧腕屈肌移位重建前臂旋后功能一例 [J]. 中国修复重建外科杂志，1993，7(1)：10. {DENG Zhongliang,CHEN Bingli,HUANG Chaoke,ZHAO Dayu. Flexor carpi ulnaris transposition to reconstruct supination function of forearm:a case report[J]. Zhongguo Xiu Fu Chong Jian Wai Ke Za Zhi[Chin J Repar Reconstr Surg(Article in Chinese;No abstract available)],1993,7(1):10.}

[15476] 文家福，李主一，杨志明. 背阔肌皮瓣游离移植修复前臂重建功能 [J]. 中国修复重建外科杂志，1993，7(2)：81-83+126. {WEN Jiafu,LI Zhuyi,YANG Zhiming. Free latissimus dorsi myocutaneous graft in reconstruction of the function of forearm[J]. Zhongguo Xiu Fu Chong Jian Wai Ke Za Zhi[Chin J Repar Reconstr Surg(Article in Chinese;Abstract in Chinese and English)],1993,7(2):81-83+126.}

[15477] 郭树忠，鲁开化，罗锦辉. 脐胸皮瓣在前臂创面修复中的应用 [J]. 中国修复重建外科杂志，1994，8(4)：106-107. {GUO Shuzhong,LU Kaihua,LUO Jinhui. The application of umbilical-thoracic skin flap in the coverage of the defect in forearm[J]. Zhongguo Xiu Fu Chong Jian Wai Ke Za Zhi[Chin J Repar Reconstr Surg(Article in Chinese;Abstract in Chinese and English)],1994,8(4):106-107.}

[15478] 范启申，潘兆勋，魏长月，张希利. 阔筋膜皮瓣移植修复手前臂巨大创面 [J]. 中国修复重建外科杂志，1994，8：150-151. {FAN Qishen,PAN Zhaoxun,WEI Changyue,ZHANG Xili. Application of the free fascia lata flap in the repair of large surface wound of hand and forearm[J]. Zhongguo Xiu Fu Chong Jian Wai Ke Za Zhi[Chin J Repar Reconstr Surg(Article in Chinese;Abstract in Chinese and English)],1994,8:150-151.}

[15479] 杨志明，黄富国，张世琼，项舟. 桡侧腕屈肌移位重建前臂旋后功能 [J]. 中国修复重建外科杂志，1998，12(6)：336-338. {YANG Zhiming,HUANG Fuguo,ZHANG Shiqiong,XIANG Zhou. Restoration of supination of forearm by flexor carpi radialis transfer[J]. Zhongguo Xiu Fu Chong Jian Wai Ke Za Zhi[Chin J Repar Reconstr Surg(Article in Chinese;Abstract in Chinese and English)],1998,12(6):336-338.}

[15480] 廖建中，袁太珍，程学明. 足背复合组织瓣移植修复手背前臂组织缺损 [J]. 中国修复重建外科杂志，1999，13(3)：190. {LIAO Jianzhong,YUAN Taizhen,CHENG Xueming. Repair forearm and dorsal hand tissue defect with dorsal foot composite tissue flap[J]. Zhongguo Xiu Fu Chong Jian Wai Ke Za Zhi[Chin J Repar Reconstr Surg(Article in Chinese;No abstract available)],1999,13(3):190.}

[15481] 丁亮华，常振华，樊建军. 瘢痕皮瓣与腹部带蒂皮瓣互换修复手前臂创面 [J]. 中国修复重建外科杂志，1999，13(6)：339. {DING Lianghua,CHANG Zhenhua,FAN Jianjun. Repair of forearm wound by exchange scar flap with abdominal pedicled flap[J]. Zhongguo Xiu Fu Chong Jian Wai Ke Za Zhi[Chin J Repar Reconstr Surg(Article in Chinese;No abstract available)],1999,13(6):339.}

[15482] 颜玲，高建华，罗锦辉. 窄蒂脐旁穿支薄皮瓣修复手前臂皮肤缺损 [J]. 中国修复重建外科杂志，2000，14(1)：52. {YAN Ling,GAO Jianhua,LUO Jinhui. Repair of forearm skin defects with narrow pedicled periumbilical perforator thin flap[J]. Zhongguo Xiu Fu Chong Jian Wai Ke Za Zhi[Chin J Repar Reconstr Surg(Article in Chinese;No abstract available)],2000,14(1):52.}

[15483] 张煜，张新明，袁宁，张双江，王延德，彭美丽. 前臂严重皮肤软组织缺损的修复 [J]. 中国修复重建外科杂志，2002，16(6)：370. {ZHANG Yu,ZHANG Xinming,YUAN Ning,ZHANG Shuangjiang,WANG Yande,PENG Meili. Repair of severe skin and soft tissue defects of forearm[J]. Zhongguo Xiu Fu Chong Jian Wai Ke Za Zhi[Chin J Repar Reconstr Surg(Article in Chinese;No abstract available)],2002,16(6):370.}

[15484] 高峻青，陈逊文，杨克非，何仁荣，陈浩宇，何斌，黄志强. 手前臂背侧复合软组织缺损的修复与功能重建 [J]. 中国修复重建外科杂志，2004，18(4)：304-306. {GAO Junqing,CHEN Xunwen,YANG Kefei,HE Renrong,CHEN Haoyu,HE Bin,HUANG Zhiqiang. Repair and function reconstruction of complex soft tissue defect of posterior of hand and forearm[J]. Zhongguo Xiu Fu Chong Jian Wai Ke Za Zhi[Chin J Repar Reconstr Surg(Article in Chinese;Abstract in Chinese and English)],2004,18(4):304-306.}

[15485] 罗立群，徐启文，徐祗郃，林伟. 带蒂真皮下血管网皮瓣修复手前臂皮肤软组织缺损 [J]. 中国修复重建外科杂志，2004，18(5)：405. {LUO Liqun,XU Qiwen,XU Zhitai,LIN Wei. Repair of skin and soft tissue defects of forearm with pedicled subdermal vascular network flap[J]. Zhongguo Xiu Fu Chong Jian Wai Ke Za Zhi[Chin J Repar Reconstr Surg(Article in Chinese;No abstract available)],2004,18(5):405.}

[15486] 刘学胜，曲连军，刘雪涛，劳克诚，刘勇，李忠，张成进. 股前外侧皮瓣修复前臂皮肤缺损 [J]. 中国修复重建外科杂志，2007，21(12)：1391-1392. {LIU Xuesheng,QU Lianjun,LIU Xuetao,LAO Kecheng,LIU Yong,LI Zhong,ZHANG Chengjin. Repair of forearm skin defect with anterolateral thigh flap[J]. Zhongguo Xiu Fu Chong Jian Wai Ke Za Zhi[Chin J Repar Reconstr Surg(Article in Chinese;Abstract in Chinese)],2007,21(12):1391-1392.}

[15487] 张功林，郭翱，张灵芝，徐招跃，章峰火，张文正，胡玉祥，丁法明. 从创伤性离断肢体切取游离皮瓣修复前臂残端软组织缺损 [J]. 中华医学杂志，2007，87(27)：1912-1914. DOI：10.3760/j：issn：0376-2491.2007.27.010. {ZHANG Gonglin,GUO Ao,ZHANG Lingzhi,XU Zhaoyue,ZHANG Fenghuo,ZHANG Wenzheng,HU Yuxiang,DING Faming. Repair of soft-tissue defect of amputation stumps of the forearm with free flap from the traumatic amputated extremity[J]. Zhonghua Yi Xue Za Zhi[Natl Med J China(Article in Chinese;Abstract in Chinese and English)],2007,87(27):1912-1914. DOI:10.3760/j:issn:0376-2491.2007.27.010.}

[15488] 龚志鑫，田德虎，张经岐，张桂生，张冰，王世辉，刘建敏. 双髂腹股沟及腹部联合皮瓣修复前臂与手大面积皮肤缺损 [J]. 中国修复重建外科杂志，2009，23(8)：930-932. {GONG ZhiXin,TIAN Dehu,ZHANG Jingqi,ZHANG Guisheng,ZHANG Bing,WANG Shihui,LIU Jianmin. Repair of large skin defect of forearm and hand using bilateral groin flaps and abdominal flaps[J]. Zhongguo Xiu Fu Chong Jian Wai Ke Za Zhi[Chin J Repar Reconstr Surg(Article in Chinese;Abstract

in Chinese and English)],2009,23(8):930-932.}

[15489] 郭志民，杨少伟，林斌．桡侧腕屈肌移位重建前臂旋后功能一例 [J]．中国修复重建外科杂志，2011，25（4）：509-510．{GUO Zhimin,YANG Shaowei,LIN Bin. Transposition of flexor carpi radialis to reconstruct forearm supination:a case report[J]. Zhongguo Xiu Fu Chong Jian Wai Ke Za Zhi[Chin J Repar Reconstr Surg(Article in Chinese;Abstract in Chinese)],2011,25(4):509-510.}

[15490] 唐修俊，魏在荣，王波，曾雪琴，谭静．改良带蒂旋髂浅动脉皮瓣修复手部及前臂创面 [J]．中国修复重建外科杂志，2012，26（8）：943-945．{TANG Xiujun,WEI Zairong,WANG Bo,ZENG Xueqin,TAN Jing. Improved pedicled superficial iliac circumflex artery flap for reconstruction of hand and forearm wounds[J]. Zhongguo Xiu Fu Chong Jian Wai Ke Za Zhi[Chin J Repar Reconstr Surg(Article in Chinese;Abstract in Chinese and English)],2012,26(8):943-945.}

[15491] 苗平，王瑞，张宝岭，刘艳，葛华平，胡晓美．带蒂胸脐皮瓣加部分皮片回植治疗前臂大面积皮肤脱套伤 [J]．实用手外科杂志，2013，27（4）：319-321．DOI：10.3969/j.issn.1671-2722.2013.04.002．{MIAO Ping,WANG Rui,ZHANG Baoling,LIU Yan,GE Huaping,HU Xiaomei. Treatment of large-area forearm degloving injury by pedicled thoracoumbilicus flap combined with autogenous skin graft[J]. Shi Yong Shou Wai Ke Za Zhi[Chin J Pract Hand Surg(Article in Chinese;Abstract in Chinese and English)],2013,27(4):319-321. DOI:10.3969/j.issn.1671-2722.2013.04.002.}

[15492] 王宝云，唐修俊，魏在荣，王达利，孙广峰，王波，曾雪琴．改良肋间动脉穿支蒂胸腹部皮瓣修复前臂创面 [J]．中国修复重建外科杂志，2014，28（1）：125-126．DOI：10.7507/1002-1892.20140028．{WANG Baoyun,TANG Xiujun,WEI Zairong,WANG Dali,SUN Guangfeng,WANG Bo,ZENG Xueqin. Modified thoracoabdominal flap pedicled with intercostal artery perforator for repairing forearm wounds[J]. Zhongguo Xiu Fu Chong Jian Wai Ke Za Zhi[Chin J Repar Reconstr Surg(Article in Chinese;Abstract in Chinese)],2014,28(1):125-126. DOI:10.7507/1002-1892.20140028.}

[15493] 肖森，刘光军，谭琪，王谦，王成琪．上腹部双叶带蒂瓦合皮瓣修复手或前臂掌背侧皮肤缺损 [J]．中国修复重建外科杂志，2015，29（2）：194-197．DOI：10.7507/1002-1892.20150042．{XIAO Sen,LIU Guangjun,TAN Qi,WANG Qian,WANG Chengqi. Repairing skin and soft tissue defect in palm or dorsum of hand and forearm with epigastric bilobed flap[J]. Zhongguo Xiu Fu Chong Jian Wai Ke Za Zhi[Chin J Repar Reconstr Surg(Article in Chinese;Abstract in Chinese and English)],2015,29(2):194-197. DOI:10.7507/1002-1892.20150042.}

[15494] 肖森，刘光军，谭琪，王谦，王成琪．腹部兔耳状穿支瓦合皮瓣修复前臂皮肤软组织缺损 [J]．中华整形外科杂志，2015，31（3）：215-216．DOI：10.3760/cma.j.issn.1009-4598.2015.03.015．{XIAO Sen,LIU Guangjun,TAN Qi,WANG Qian,WANG Chengqi[J]. Zhonghua Zheng Xing Wai Ke Za Zhi[Chin J Plast Surg(Article in Chinese;No abstract available)],2015,31(3):215-216. DOI:10.3760/cma.j.issn.1009-4598.2015.03.015.}

5.10.5 腕部软组织缺损修复与重建

repair and reconstruction of wrist soft tissue defect

[15495] 刘俊海．应用游离皮瓣修复腕部Ⅲ°电烧伤早期切除组织缺损的探索 [J]．修复重建外科杂志，1988，2（2）：59．{LIU Junhai. Repair of the tissue defects by early resection for Ⅲ° electric burn in wrist with free flap[J]. Zhongguo Xiu Fu Chong Jian Wai Ke Za Zhi[Chin J Repar Reconstr Surg(Article in Chinese;No abstract available)],1988,2(2):59.}

[15496] 张志．足背肌腱复合皮瓣游离移植修复掌腕部肌腱皮肤缺损 [J]．修复重建外科杂志，1988，2（2）：84．{ZHANG Zhi. Repair of tendon and skin defect in palm and wrist with free dorsalis pedis tendon composite flap[J]. Zhongguo Xiu Fu Chong Jian Wai Ke Za Zhi[Chin J Repar Reconstr Surg(Article in Chinese;Abstract in Chinese)],1988,2(2):84.}

[15497] 高景恒．对逆行筋膜蒂皮瓣修复手腕部烧伤后软组织缺损的讨论 [J]．修复重建外科杂志，1990，4（3）：156．{GAO Jingheng. Discussion on repairing soft tissue defect of wrist after burn with reverse fascial pedicle flap[J]. Zhongguo Xiu Fu Chong Jian Wai Ke Za Zhi[Chin J Repar Reconstr Surg(Article in Chinese;No abstract available)],1990,4(3):156.}

[15498] 龙道畴，罗定安，陕声国，何宜新，王松山，余墨声．逆行筋膜蒂皮瓣修复手腕部烧伤后软组织缺损 [J]．修复重建外科杂志，1990，4（3）：154-155+192．{LONG Daochou,LUO Dingan,SHAN Shengguo,HE Yixin,WANG Songshan,YU Mosheng. Repair of soft tissue defect after burn at wrist by reversed fasciocutaneous flap[J]. Zhongguo Xiu Fu Chong Jian Wai Ke Za Zhi[Chin J Repar Reconstr Surg(Article in Chinese;Abstract in Chinese and English)],1990,4(3):154-155+192.}

[15499] 马玉林，董敬舒，刘定汉，夏宁晓，楼仁娣，王军．腕部广泛损伤的修复与康复治疗 [J]．中国修复重建外科杂志，1992，6（1）：10-11，63．{MA Yulin,DONG Jingshu,LIU Dinghan,XIA Ningxiao,LOU Rendi,WANG Jun. Surgical repair and rehabilitation of wrist injuries[J]. Zhongguo Xiu Fu Chong Jian Wai Ke Za Zhi[Chin J Repar Reconstr Surg(Article in Chinese;Abstract in Chinese and English)],1992,6(1):10-11,63.}

[15500] 孟宏，谢晞衷，徐俊赐，方向京，吕海建，黄颖江，陈奇鸣，陈浩．手腕部重度电烧伤创面的修复与功能重建 [J]．中国修复重建外科杂志，2001，15（2）：96-98．{MENG Hong,XIE Xizhong,XU Junci,FANG Xiangjing,LV Haijian,HUANG Yingjiang,CHEN Qiming,CHEN Hao. Repair and functional reconstruction of severe electrical burns of wrist[J]. Zhongguo Xiu Fu Chong Jian Wai Ke Za Zhi[Chin J Repar Reconstr Surg(Article in Chinese;Abstract in Chinese and English)],2001,15(2):96-98.}

[15501] 孙永建，王前，傅义兴．前臂远端筋膜蒂岛状皮瓣修复手腕部皮肤缺损 [J]．中国修复重建外科杂志，2002，16（3）：218．{SUN Yongjian,WANG Qian,FU Yixing. Repair of wrist skin defect with island flap pedicled with distal forearm fascia[J]. Zhongguo Xiu Fu Chong Jian Wai Ke Za Zhi[Chin J Repar Reconstr Surg(Article in Chinese;No abstract available)],2002,16(3):218.}

[15502] 方高丰，陆惠玉，赵建平．骨间背侧动脉逆行岛状皮瓣修复腕部热压伤七例 [J]．中国修复重建外科杂志，2005，19（2）：164．{FANG Gaofeng,LU Huiyu,ZHAO Jianping. Reverse interosseous dorsal artery island flap for the repair of wrist thermal injury:a report of 7 cases[J]. Zhongguo Xiu Fu Chong Jian Wai Ke Za Zhi[Chin J Repar Reconstr Surg(Article in Chinese;No abstract available)],2005,19(2):164.}

[15503] 赵民，田德虎，张英泽，邵新中，张克亮，韩金豹，张继春，韩久卉．前臂远端蒂复合血管网皮瓣修复腕手部皮肤缺损 [J]．中国修复重建外科杂志，2005，19（12）：1001-1003．{ZHAO Min,TIAN Dehu,ZHANG Yingze,SHAO Xinzhong,ZHANG Keliang,HAN Jinbao,ZHANG Jichun,HAN Jiuhui. Repair of skin defect on wrist and hand with distally pedicled composite vascular net flap of forearm[J]. Zhongguo Xiu Fu Chong Jian Wai Ke Za Zhi[Chin J Repar Reconstr Surg(Article in Chinese;Abstract in Chinese and English)],2005,19(12):1001-1003.}

[15504] 陈建崇，吴祖煌，朱剑仙，黄永新，谢包根．前臂骨间背串联皮瓣重建重度虎口及腕部挛缩畸形 [J]．中国修复重建外科杂志，2011，25（10）：1227-1230．{CHEN Jianchong,WU Zuhuang,ZHU Jianxian,HUANG Yongxin,XIE Baogen. Reconstruction of severe contracture of the first web space and wrist by incorporating pedicled retrograde flap of forearm transplantation[J]. Zhongguo Xiu Fu Chong Jian Wai Ke Za Zhi[Chin J Repar Reconstr Surg(Article in Chinese;Abstract in Chinese and English)],2011,25(10):1227-1230.}

[15505] 沈余明，田彭，宁方刚，覃凤均．腕部高压电烧伤腹部皮瓣断蒂后手血运障碍二例 [J]．中国修复重建外科杂志，2013，27（9）：1152．DOI：10.7507/1002-1892.20130252．{SHEN Yuming,TIAN Peng,NING Fanggang,QIN Fengjun. Blood supply disorder after cut off the pedicle of abdominal skin flap in treating wirst high voltage electric burn:a report of two cases[J]. Zhongguo Xiu Fu Chong Jian Wai Ke Za Zhi[Chin J Repar Reconstr Surg(Article in Chinese;No abstract available)],2013,27(9):1152. DOI:10.7507/1002-1892.20130252.}

[15506] 胡鹏，唐修俊，魏在荣，王达利，孙广峰，王宝云，昝钦．前臂桡动脉腕上穿支链状供血皮瓣修复手腕部创面的临床应用 [J]．中国修复重建外科杂志，2014，28（4）：491-494．DOI：10.7507/1002-1892.20140110．{HU Peng,TANG Xiujun,WEI Zairong,WANG Dali,SUN Guangfeng,WANG Baoyun,ZAN Qin. Clinical application of repairing wound in wrist with flap supported by perforating branch of forearm radial artery and catena-form blood vessel[J]. Zhongguo Xiu Fu Chong Jian Wai Ke Za Zhi[Chin J Repar Reconstr Surg(Article in Chinese;Abstract in Chinese and English)],2014,28(4):491-494. DOI:10.7507/1002-1892.20140110.}

[15507] 王宝云，唐修俊，魏在荣，王达利，孙广峰，王波，祁建平，金文虎．前臂骨间背侧动脉穿支分叶皮瓣修复手背部或腕部两处创面疗效观察 [J]．中国修复重建外科杂志，2014，28（4）：495-498．DOI：10.7507/1002-1892.20140111．{WANG Baoyun,TANG Xiujun,WEI Zairong,WANG Dali,SUN Guangfeng,WANG Bo,QI Jianping,JIN Wenhu. Clinical application of forearm interosseous dorsal artery perforator sublobe flaps to repair two wounds in dorsal hand or wrist[J]. Zhongguo Xiu Fu Chong Jian Wai Ke Za Zhi[Chin J Repar Reconstr Surg(Article in Chinese;Abstract in Chinese and English)],2014,28(4):495-498. DOI:10.7507/1002-1892.20140111.}

[15508] 周晓，芮永军，薛明宇，许亚军，强力，郑和平．前臂桡动脉穿支蒂接力皮瓣修复老年患者腕部创面 [J]．中国修复重建外科杂志，2015，29（9）：1181-1183．DOI：10.7507/1002-1892.20150255．{ZHOU Xiao,RUI Yongjun,XUE Mingyu,XU Yajun,QIANG Li,ZHENG Heping. Repair of wrist wound in elderly patients with relay flap pedicled with perforating branch of radial artery of forearm[J]. Zhongguo Xiu Fu Chong Jian Wai Ke Za Zhi[Chin J Repar Reconstr Surg(Article in Chinese;Abstract in Chinese)],2015,29(9):1181-1183. DOI:10.7507/1002-1892.20150255.}

5.10.6 手掌部软组织缺损修复与重建

repair and reconstruction of palmar soft tissue defect

[15509] Liu S,Liu JJ,Liu SH,Cai ZD,Chung K,Fan CY. Arcus venosus dorsalis pedis graft to restore the superficial palmar arch in devascularized hands[J]. J Reconstr Microsurg,2012,28(4):251-256. doi:10.1055/s-0032-1306374.

[15510] 廖道生．足底内侧皮瓣游离移植治疗手掌疤痕 [J]．修复重建外科杂志，1988，2（2）：61．{LIAO Daosheng. Free transplantation of medial plantar flap for palm scar[J]. Zhongguo Xiu Fu Chong Jian Wai Ke Za Zhi[Chin J Repar Reconstr Surg(Article in Chinese;No abstract available)],1988,2(2):61.}

[15511] 文家福，方东海．跖底内侧皮瓣在手掌的应用 [J]．修复重建外科杂志，1988，2（2）：63-64．{WEN Jiafu,FANG Donghai. Application of medial plantar flap in palm[J]. Zhongguo Xiu Fu Chong Jian Wai Ke Za Zhi[Chin J Repar Reconstr Surg(Article in Chinese;No abstract available)],1988,2(2):63-64.}

[15512] 李强，刘标，申屠刚，王众，王胜华，于凤宾，吴水培．改良的尺动脉腕上皮支皮瓣修复手掌软组织缺损 [J]．中国修复重建外科杂志，2003，17（4）：324-325．{LI Qiang,LIU Biao,SHEN Tugang,WANG Zhong,WANG Shenghua,YU Fengbin,WU Shuipei. Repair of palm defects with improved flaps pedicled with dorsal carpal branch of ulnar artery[J]. Zhongguo Xiu Fu Chong Jian Wai Ke Za Zhi[Chin J Repar Reconstr Surg(Article in Chinese;Abstract in Chinese and English)],2003,17(4):324-325.}

[15513] 黄飞，李骥，张发惠，吴水培，王刚．吻合血管的足内侧皮瓣修复手掌软组织缺损 [J]．中国修复重建外科杂志，2008，22（11）：1404-1405．{HUANG Fei,LI ji,ZHANG Fahui,WU Shuipei,WANG Gang. Repair of palmar soft tissue defect with vascularized medial pedis flap[J]. Zhongguo Xiu Fu Chong Jian Wai Ke Za Zhi[Chin J Repar Reconstr Surg(Article in Chinese;Abstract in Chinese)],2008,22(11):1404-1405.}

[15514] 巨积辉，刘跃飞，魏诚，赵强，李雷，金光哲，李建宁，刘新益，侯瑞兴．带皮瓣的第二趾近侧趾间关节移植重建手掌指关节缺损 [J]．中国修复重建外科杂志，2009，23（4）：426-429．{JU Jihui,LIU Yuefei,WEI Cheng,ZHAO Qiang,LI Lei,JIN Guangzhe,LI Jianning,LIU Xinyi,HOU Ruixing. Reconstruction of metacarpophalangeal joint defect by the second toe proximal interphalangeal joint with skin flaps[J]. Zhongguo Xiu Fu Chong Jian Wai Ke Za Zhi[Chin J Repar Reconstr Surg(Article in Chinese;Abstract in Chinese and English)],2009,23(4):426-429.}

[15515] 庞梦茹，肖海涛，王怀胜，刘晓雪，陈俊杰，岑瑛．应用不同皮瓣修复手掌重度瘢痕挛缩畸形的临床分析 [J]．中国修复重建外科杂志，2016，30（3）：382-384．DOI：10.7507/1002-1892.20160075．{PANG Mengru,XIAO Haitao,WANG Huaisheng,LIU Xiaoxue,CHEN Junjie,CEN Ying. Effectiveness of different flaps for repair of severe palm scar contracture deformity[J]. Zhongguo Xiu Fu Chong Jian Wai Ke Za Zhi[Chin J Repar Reconstr Surg(Article in Chinese;Abstract in Chinese and English)],2016,30(3):382-384. DOI:10.7507/1002-1892.20160075.}

[15516] 金文虎，常树森，魏在荣，李海，张子阳，孙广峰，王波，唐修俊，聂开瑜，祁建平．以足背动脉为蒂的跗内侧联合足底内侧游离皮瓣修复手掌部软组织缺损 [J]．中国修复重建外科杂志，2016，30（11）：1379-1382．DOI：10.7507/1002-1892.20160283．{JIN Wenhu,CHANG Shusen,WEI Zairong,LI Hai,ZHANG Ziyang,SUN Guangfeng,WANG Bo,TANG Xiujun,NIE Kaiyu,QI Jianping. Repair of palm soft tissue defect with medial tarsal combined with medial plantar flap pedicled with free dorsalis pedis artery[J]. Zhongguo Xiu Fu Chong Jian Wai Ke Za Zhi[Chin J Repar Reconstr Surg(Article in Chinese;Abstract in Chinese and English)],2016,30(11):1379-1382. DOI:10.7507/1002-1892.20160283.}

[15517] 张子阳，唐修俊，魏在荣，金文虎，孙广峰，邓呈亮，李海，李书俊．保留踇展肌的改良游离足底内侧皮瓣修复手掌部瘢痕挛缩畸形 [J]．中国修复重建外科杂志，2018，32（7）：951-954．DOI：10.7507/1002-1892.201801141．{ZHANG Ziyang,TANG Xiujun,WEI Zairong,JIN Wenhu,SUN Guangfeng,DENG Chengliang,LI Hai,LI Shujun. Repair of cicatricial contracture deformity of palm with modified free medial plantar flap with preserved abductor hallucis[J]. Zhongguo Xiu Fu Chong Jian Wai Ke Za Zhi[Chin J Repar Reconstr Surg(Article in Chinese;Abstract in Chinese and English)],2018,32(7):951-954. DOI:10.7507/1002-1892.201801141.}

5.10.7 手背部软组织缺损修复与重建

repair and reconstruction of dorsal hand soft tissue defect

[15518] Gao Q,Dong G,Hu L,Shi S,Gong H,Liu Y. An epidemiological survey of skin damage on the dorsal hand in rural populations in northern and southern China[J]. J Photochem Photobiol B,2013,120:163-170. doi:10.1016/j.jphotobiol.2012.11.010.

[15519] Liu Y,Liu Y,Wang P,Tian H,Ai J,Liu Y,Zhou Y,Liu Z,Guo W,Yang S. Autologous bone marrow stem cell transplantation for the treatment of postoperative hand infection with a skin defect in diabetes mellitus:A case report[J]. Oncol Lett,2014,7(6):1857-1862. doi:10.3892/ol.2014.1998.

[15520] 张一鸣．桡动脉逆行岛状筋膜瓣转移修复手背烧伤疤痕挛缩畸形 [J]．修复重建外科杂志，1988，2（2）：68．{ZHANG Yiming. Radial artery reverse island fascial flap transfer for repair of scar contracture deformity of dorsal hand burn[J]. Zhongguo Xiu Fu Chong Jian Wai Ke Za

Zhi[Chin J Repar Reconstr Surg(Article in Chinese;No abstract available)],1988,2(2):68.}

[15521] 彭福荣，刘宗礼，高聿同. 静脉网动脉化足背皮瓣游离移植一期修复手背皮肤缺损 [J]. 中国修复重建外科杂志，1992，6（4）：202-204，248. {PENG Furong,LIU Zongli,GAO Yutong. Primary repair of skin defect of dorsum of hand by free arteriolized venous network flap from dorsum of foot[J]. Zhongguo Xiu Fu Chong Jian Wai Ke Za Zhi[Chin J Repar Reconstr Surg(Article in Chinese;Abstract in Chinese and English)],1992,6(4):202-204,248.}

[15522] 范启申，周建国，郑隆宝，张祚勇，王增涛. 拇指虎口及手背皮肤缺损急诊显微外科修复与再造 [J]. 中国修复重建外科杂志，1995，9（4）：242. {FAN Qishen,ZHOU Jianguo,ZHENG Longbao,ZHANG Zuoyong,WANG Zengtao. Microsurgical repair and reconstruction of skin defect of the first web and dorsal hand in emergency[J]. Zhongguo Xiu Fu Chong Jian Wai Ke Za Zhi[Chin J Repar Reconstr Surg(Article in Chinese;No abstract available)],1995,9(4):242.}

[15523] 高建华，罗锦辉，百束比古，颜玲，张立宪，文入正敏. 窄蒂肋间穿支型薄皮瓣在手背创面修复中的应用 [J]. 中国修复重建外科杂志，1996，10（3）：25-27. {GAO Jianhua,LUO Jinhui,Hiko Hyakusoku,YAN Ling,ZHANG Lixian,WENRU zhengmin. Narrow pedicled intercostal cutaneous perforator thin flap for coverage of skin defect of hand[J]. Zhongguo Xiu Fu Chong Jian Wai Ke Za Zhi[Chin J Repar Reconstr Surg(Article in Chinese;Abstract in Chinese and English)],1996,10(3):25-27.}

[15524] 倪少杰，费剑峰，高亚梅，谭志军，范希明. 薄皮瓣修复手背部瘢痕畸形 [J]. 中国修复重建外科杂志，1998，12（4）：245. {NI Shaojie,FEI Jianfeng,GAO Yamei,TAN Zhijun,FAN Ximing. Repair of scar deformity of dorsal hand with thin skin flap[J]. Zhongguo Xiu Fu Chong Jian Wai Ke Za Zhi[Chin J Repar Reconstr Surg(Article in Chinese;No abstract available)],1998,12(4):245.}

[15525] 杨大鹏，赵树军，由明阁，赵明星，孟凡夫，刘健. 手背伸肌腱自发断裂的修复 [J]. 中国修复重建外科杂志，2003，17（4）：275. {YANG Dapeng,ZHAO Shujun,YOU Mingge,ZHAO Mingxing,MENG Fanfu,LIU Jian. Repair of spontaneous rupture of extensor tendon of dorsal hand[J]. Zhongguo Xiu Fu Chong Jian Wai Ke Za Zhi[Chin J Repar Reconstr Surg(Article in Chinese;No abstract available)],2003,17(4):275.}

[15526] 李国京，王峻岭，李秀丽，杨志海. 食（示）指背侧岛状皮瓣修复手背皮肤软组织缺损 [J]. 中国修复重建外科杂志，2006，20（1）：72. {LI Guojing,WANG Junling,LI Xiuli,YANG Zhihai. Repair of skin and soft tissue defects on the dorsal hand with dorsal island flap of index finger[J]. Zhongguo Xiu Fu Chong Jian Wai Ke Za Zhi[Chin J Repar Reconstr Surg(Article in Chinese;No abstract available)],2006,20(1):72.}

[15527] 肖志雄，刘晓军，徐基农，夏霆. 静脉皮瓣移植治疗断掌再植术后手背皮肤坏死及静脉栓塞成功一例 [J]. 中华手外科杂志，2006，22（1）：25. DOI：10.3760/cma.j.issn.1005-054X.2006.01.031. {XIAO Zhixiong,LIU Xiaojun,XU Jinong,XIA Ting. Venous flap transfer for the treatment of skin necrosis and venous embolism on the dorsal hand after replantation of severed palm:a case report[J]. Zhonghua Shou Wai Ke Za Zhi[Chin J Hand Surg(Article in Chinese;No abstract available)],2006,22(1):25. DOI:10.3760/cma.j.issn.1005-054X.2006.01.031.}

[15528] 陈琳，姜佩珠，田长学，卢堂，董予东. 足背复合组织瓣修复手背组织缺损 [J]. 中国修复重建外科杂志，2007，21（10）：1148-1150. {CHEN Lin,JIANG Peizhu,TIAN Changxue,LU Tang,DONG Yudong. Repair of dorsal tissue defect of hand with dorsal foot composite tissue flap[J]. Zhongguo Xiu Fu Chong Jian Wai Ke Za Zhi[Chin J Repar Reconstr Surg(Article in Chinese;Abstract in Chinese)],2007,21(10):1148-1150.}

[15529] 蒲超，朱红，黄富国. 股前外侧皮瓣加髂骨植骨修复手背软组织及掌骨缺损二例 [J]. 中国修复重建外科杂志，2008，22（1）：25. {PU Chao,ZHU Hong,HUANG Fuguo. Anterolateral thigh flap combined with iliac bone graft for repair of soft tissue and metacarpal bone defects in the dorsal hand:a report of two cases[J]. Zhongguo Xiu Fu Chong Jian Wai Ke Za Zhi[Chin J Repar Reconstr Surg(Article in Chinese;No abstract available)],2008,22(1):25.}

[15530] 陈雪松，王元山，肖茂明，黄敢，管力，张黎明，周晨. 游离穿支腓肠神经营养血管皮瓣修复手背软组织缺损 [J]. 中国修复重建外科杂志，2009，23（6）：767-768. {CHEN Xuesong,WANG Yuanshan,XIAO Maoming,HUANG Gan,GUAN Li,ZHANG Liming,ZHOU Chen. Free perforator sural neurovascular flap for repair of soft tissue defect on dorsal hand[J]. Zhongguo Xiu Fu Chong Jian Wai Ke Za Zhi[Chin J Repar Reconstr Surg(Article in Chinese;Abstract in Chinese)],2009,23(6):767-768.}

[15531] 王生钰，谢建华，李再桂，刘海华，张克录，张永强. 腹部扩张真皮下血管网皮瓣修复手背瘢痕的临床研究 [J]. 中国修复重建外科杂志，2012，26（5）：554-557. {WANG Shengyu,XIE Jianhua,LI Zaigui,LIU Haihua,ZHANG Kelu,ZHANG Yongqiang. Clinical study on abdominal expanded subdermal vascular plexus skin flaps for repairing dorsal hand scar[J]. Zhongguo Xiu Fu Chong Jian Wai Ke Za Zhi[Chin J Repar Reconstr Surg(Article in Chinese;Abstract in Chinese and English)],2012,26(5):554-557.}

[15532] 侯瑞兴，王天亮，熊胜，刘跃飞，吕文涛，巨积辉. 游离皮瓣延迟修复手背热压伤疗效观察 [J]. 中国修复重建外科杂志，2013，27（3）：304-307. DOI：10.7507/1002-1892.20130070. {HOU Ruixing,WANG Tianliang,XIONG Sheng,LIU Yuefei,LV Wentao,JU Jihui. Effectiveness of free flaps in repair of hot-crush injury in dorsum of hand[J]. Zhongguo Xiu Fu Chong Jian Wai Ke Za Zhi[Chin J Repar Reconstr Surg(Article in Chinese;Abstract in Chinese and English)],2013,27(3):304-307. DOI:10.7507/1002-1892.20130070.}

[15533] 卜凡玉，薛明宇，芮永军，顾黎明，寿奎水，强力，周晓. 改良前臂骨间背侧动脉逆行岛状皮瓣修复手背部皮肤缺损疗效观察 [J]. 中国修复重建外科杂志，2014，28（2）：237-240. DOI：10.7507/1002-1892.20140051. {BU Fanyu,XUE Mingyu,RUI Yongjun,GU Liming,SHOU Kuishui,QIANG Li,ZHOU Xiao. Effectiveness of improved interosseous dorsal artery reversed island flap for dorsal skin and soft tissue defect of hand[J]. Zhongguo Xiu Fu Chong Jian Wai Ke Za Zhi[Chin J Repar Reconstr Surg(Article in Chinese;Abstract in Chinese and English)],2014,28(2):237-240. DOI:10.7507/1002-1892.20140051.}

[15534] 肖海涛，王怀胜，刘勇，张玉婷，刘晓雪，许学文. 胸背动脉穿支皮瓣修复烧伤后严重手背瘢痕挛缩畸形 [J]. 中国修复重建外科杂志，2019，33（6）：717-720. DOI：10.7507/1002-1892.201809091. {XIAO Haitao,WANG Huaisheng,LIU Yong,ZHANG Yuting,LIU Xiaoxue,XU Xuewen. Clinical application of thoracodorsal artery perforator flap in repair of serious scar contracture of opisthenar[J]. Zhongguo Xiu Fu Chong Jian Wai Ke Za Zhi[Chin J Repar Reconstr Surg(Article in Chinese;Abstract in Chinese and English)],2019,33(6):717-720. DOI:10.7507/1002-1892.201809091.}

[15535] 印飞，王军，沈小芳，林伟枫，芮永军. 不携带一级源血管的游离股前外侧穿支皮瓣修复儿童手背创面 [J]. 中国修复重建外科杂志，2019，33（12）：1593-1594. DOI：10.7507/1002-1892.201903038. {YIN Fei,WANG Jun,SHEN Xiaofang,LIN Weifeng,RUI Yongjun. Free anterolateral thigh perforator flap without primary blood vessels for repair of dorsal hand wounds in children[J]. Zhongguo Xiu Fu Chong Jian Wai Ke Za Zhi[Chin J Repar Reconstr Surg(Article in Chinese;Abstract in Chinese)],2019,33(12):1593-1594. DOI:10.7507/1002-1892.201903038.}

5.10.8 手指软组织缺损修复与重建

repair and reconstruction of finger soft tissue defect

[15536] Fan CY,Jiang J,Zeng BF,Jiang PZ,Cai PH,Chung KC. Reconstruction of thumb loss complicated by skin defects in the thumb-index web space by combined transplantation of free tissues[J]. J Hand Surg Am,2006,31(2):236-241. doi:10.1016/j.jhsa.2005.10.021.

[15537] Wang ZT,Sun WH. Cosmetic reconstruction of the digits in the hand by composite tissue grafting[J]. Clin Plast Surg,2014,41(3):407-427. doi:10.1016/j.cps.2014.03.001.

[15538] Ding Z,Zhu X,Fu K,Zheng X. Digital lengthening to treat finger deficiency:an experience of 201 digits in 104 patients[J]. Biomed Res Int,2017,2017:4934280. doi:10.1155/2017/4934280.

[15539] Elliot D,Adani R,Hyun Woo S,Tang JB. Repair of soft tissue defects in finger,thumb and forearm:less invasive methods with similar outcomes[J]. J Hand Surg Eur,2018,43(10):1019-1029. doi:10.1177/1753193418805698.

[15540] 满富强. 食（示）指背侧皮瓣修复拇指指腹缺损 [J]. 修复重建外科杂志，1988，2（2）：35. {MAN Fuqiang. Repair of thumb pulp defect with dorsal index finger flap[J]. Zhongguo Xiu Fu Chong Jian Wai Ke Za Zhi[Chin J Repar Reconstr Surg(Article in Chinese;No abstract available)],1988,2(2):35.}

[15541] 孙雪良，王惠美. 应用静脉动脉化皮瓣一期修复断指的血管与皮肤缺损 [J]. 修复重建外科杂志，1988，2（2）：52. {SUN Xueliang,WANG Huimei. One-stage repair of vascular and skin defects of severed finger with arterialized venous flap[J]. Zhongguo Xiu Fu Chong Jian Wai Ke Za Zhi[Chin J Repar Reconstr Surg(Article in Chinese;No abstract available)],1988,2(2):52.}

[15542] 陈勤. 急诊应用中环指岛状皮瓣转移修复拇指创伤 [J]. 修复重建外科杂志，1988，2（2）：58. {CHEN Qin. Emergency application of middle and ring finger island flap transfer to repair thumb trauma[J]. Zhongguo Xiu Fu Chong Jian Wai Ke Za Zhi[Chin J Repar Reconstr Surg(Article in Chinese;No abstract available)],1988,2(2):58.}

[15543] 张纯正，吴臻. 皮瓣及皮管成形治疗手指损伤骨坏死 [J]. 修复重建外科杂志，1988，2（2）：61. {ZHANG Chunzheng,WU Zhen. The treatment of finger injury and osteonecrosis with skin flap and tubular skin flap[J]. Zhongguo Xiu Fu Chong Jian Wai Ke Za Zhi[Chin J Repar Reconstr Surg(Article in Chinese;No abstract available)],1988,2(2):61.}

[15544] 孙顺灿. 食（示）指背侧带血管神经筋膜蒂岛状皮瓣在拇外伤中的应用 [J]. 修复重建外科杂志，1988，2（2）：63. {SUN Shuncan. Application of pedicled neurofascial dorsal index finger island flap in thumb trauma[J]. Zhongguo Xiu Fu Chong Jian Wai Ke Za Zhi[Chin J Repar Reconstr Surg(Article in Chinese;No abstract available)],1988,2(2):63.}

[15545] 王孟雄. 应用食（示）指中节背侧岛状皮瓣修复拇指指腹皮肤缺损 [J]. 修复重建外科杂志，1988，2（2）：64. {WANG Mengxiong. Repair of thumb pulp skin defect with dorsal island flap of middle phalanx of index finger[J]. Zhongguo Xiu Fu Chong Jian Wai Ke Za Zhi[Chin J Repar Reconstr Surg(Article in Chinese;No abstract available)],1988,2(2):64.}

[15546] 董中. 手指岛状皮瓣对手指外伤的修复 [J]. 修复重建外科杂志，1988，2(2）：67. {DONG Zhong. Repair of finger injury with finger island flap[J]. Zhongguo Xiu Fu Chong Jian Wai Ke Za Zhi[Chin J Repar Reconstr Surg(Article in Chinese;No abstract available)],1988,2(2):67.}

[15547] 宋一平. 薄层皮瓣"跳板式"转移修复手部多指皮缺损 [J]. 修复重建外科杂志，1988，2（2）：70. {SONG Yiping. Thin skin flap transfered in two stages to repair multi finger skin defect of hand[J]. Zhongguo Xiu Fu Chong Jian Wai Ke Za Zhi[Chin J Repar Reconstr Surg(Article in Chinese;No abstract available)],1988,2(2):70.}

[15548] 梁正文. 拇、食（示）指撕脱伤带蒂皮管移植治疗 11 例体会 [J]. 修复重建外科杂志，1988，2（2）：73. {LIANG Zhengwen. Treatment of thumb and index finger avulsion injury with pedicled tubular skin flap transplantation:a report of 11 cases[J]. Zhongguo Xiu Fu Chong Jian Wai Ke Za Zhi[Chin J Repar Reconstr Surg(Article in Chinese;No abstract available)],1988,2(2):73.}

[15549] 汤雅全. 应用上臂带蒂皮瓣修复手指外伤皮肤缺损的体会 [J]. 修复重建外科杂志，1988，2（2）：75. {TANG Yaquan. Application of pedicled upper arm skin flap to repair skin defect of finger trauma[J]. Zhongguo Xiu Fu Chong Jian Wai Ke Za Zhi[Chin J Repar Reconstr Surg(Article in Chinese;No abstract available)],1988,2(2):75.}

[15550] 张宁. 经宿主携带指甲重建 [J]. 修复重建外科杂志，1988，2（2）：98. {ZHANG Ning. Reconstruction of the nail[J]. Zhongguo Xiu Fu Chong Jian Wai Ke Za Zhi[Chin J Repar Reconstr Surg(Article in Chinese;No abstract available)],1988,2(2):98.}

[15551] 张志升. 几种修复拇指外伤性皮肤缺损的方法 [J]. 修复重建外科杂志，1988，2（2）：55-56. {ZHANG Zhisheng. Several methods of repairing traumatic skin defect of thumb[J]. Zhongguo Xiu Fu Chong Jian Wai Ke Za Zhi[Chin J Repar Reconstr Surg(Article in Chinese;No abstract available)],1988,2(2):55-56.}

[15552] 阚世廉，费起礼. 应用双岛状皮瓣重建拇指 [J]. 修复重建外科杂志，1988，2（2）：57-58. {KAN Shilian,FEI Qili. Reconstruction of thumb with double island flap[J]. Zhongguo Xiu Fu Chong Jian Wai Ke Za Zhi[Chin J Repar Reconstr Surg(Article in Chinese;No abstract available)],1988,2(2):57-58.}

[15553] 吴金仙，董光文. 静脉皮瓣在手指软组织缺损修复中的应用 [J]. 修复重建外科杂志，1988，2（2）：76-77. {WU Jinxian,DONG Guangwen. Application of venous flap in the repair of digits soft tissue defect[J]. Zhongguo Xiu Fu Chong Jian Wai Ke Za Zhi[Chin J Repar Reconstr Surg(Article in Chinese;No abstract available)],1988,2(2):76-77.}

[15554] 鹿均先. 中指尺侧轴型皮瓣转移在手外科的应用 [J]. 修复重建外科杂志，1988，2（2）：78-79. {LU Junxian. Application of middle finger ulnar axial flap transfer in hand surgery[J]. Zhongguo Xiu Fu Chong Jian Wai Ke Za Zhi[Chin J Repar Reconstr Surg(Article in Chinese;No abstract available)],1988,2(2):78-79.}

[15555] 樊文甫，侯春林. 指动脉逆行岛状皮瓣修复指端损伤 [J]. 修复重建外科杂志，1989，3（3）：109. {FAN Wenfu,HOU Chunlin. Repair of fingertip injury with reverse digital artery island flap[J]. Zhongguo Xiu Fu Chong Jian Wai Ke Za Zhi[Chin J Repar Reconstr Surg(Article in Chinese;No abstract available)],1989,3(3):109.}

[15556] 李镍，田万成，徐永立，盛永国. 断指近端静脉移位修复静脉缺损一例 [J]. 修复重建外科杂志，1989，3（3）：141. {LI Nie,TIAN Wancheng,XU Yongli,SHENG Yongguo. Transposition of proximal finger vein for repair of venous defect:a case report[J]. Zhongguo Xiu Fu Chong Jian Wai Ke Za Zhi[Chin J Repar Reconstr Surg(Article in Chinese;No abstract available)],1989,3(3):141.}

[15557] 李康仁，姚远志，徐永华. 扩大的指侧方岛状皮瓣修复拇指皮肤缺损 [J]. 修复重建外科杂志，1989，3（3）：142. {LI Kangren,YAO Yuanzhi,XU Yonghua. Repair of thumb skin defect with expanded side digital island flap[J]. Zhongguo Xiu Fu Chong Jian Wai Ke Za Zhi[Chin J Repar Reconstr Surg(Article in Chinese;No abstract available)],1989,3(3):142.}

[15558] 余后火，李传满. 前臂交叉皮瓣修复手指外伤二例报告 [J]. 修复重建外科杂志，1989，3（4）：166. {YU Houhuo,LI Chuanman. Repair of finger injury with forearm cross flap:a report of two cases[J]. Zhongguo Xiu Fu Chong Jian Wai Ke Za Zhi[Chin J Repar Reconstr Surg(Article in Chinese;No abstract available)],1989,3(4):166.}

[15559] 张宁，赵少平，江琦，张文惠，刘月波. 经宿主携带的指甲重建 [J]. 修复重建外科杂志，1989，3（4）：177. {ZHANG Ning,ZHAO Shaoping,JIANG Qi,ZHANG Wenhui,LIU Yuebo. Nail reconstruction in the host[J]. Zhongguo Xiu Fu Chong Jian Wai Ke Za Zhi[Chin J Repar Reconstr Surg(Article in Chinese;No abstract available)],1989,3(4):177.}

[15560] 张玉州，藏荣芳. 应用食（示）指背皮瓣修复拇指损伤及粘连 [J]. 修复重建外科杂志，1989，3（4）：184. {ZHANG Yuzhou,CANG Rongfang. Repair of thumb injury and adhesion with dorsal flap of index finger[J]. Zhongguo Xiu Fu Chong Jian Wai Ke Za Zhi[Chin J Repar Reconstr Surg(Article in Chinese;No abstract available)],1989,3(4):184.}

[15561] 魏永禄. 腹股沟带蒂皮瓣修复指腹外伤性缺损 [J]. 修复重建外科杂志，1990，4（1）：13.

{WEI Yonglu. Repair of traumatic finger pulp defect with pedicled groin skin flap[J]. Zhongguo Xiu Fu Chong Jian Wai Ke Za Zhi[Chin J Repar Reconstr Surg(Article in Chinese;No abstract available)],1990,4(1):13.}

[15562] **毛德松，廖作文，夏华俊．前臂交叉皮瓣修复指腹侧皮肤缺损 [J]．修复重建外科杂志，1990，4（1）：59．**{MAO Desong,LIAO Zuowen,XIA Huajun. Repair of finger pulp defect with forearm cross flap[J]. Zhongguo Xiu Fu Chong Jian Wai Ke Za Zhi[Chin J Repar Reconstr Surg(Article in Chinese;No abstract available)],1990,4(1):59.}

[15563] **张春．静脉移植在断指（肢）及血管损伤中的应用 [J]．修复重建外科杂志，1990，4（1）：35-36．**{ZHANG Chun. Application of vein transposition in amputated finger(limb) and vascular injury[J]. Zhongguo Xiu Fu Chong Jian Wai Ke Za Zhi[Chin J Repar Reconstr Surg(Article in Chinese;No abstract available)],1990,4(1):35-36.}

[15564] **满富强，陈旋律，玄兆宇，李德本．第二掌指背皮瓣重建虎口 [J]．修复重建外科杂志，1990，4（1）：58-59．**{MAN Fuqiang,CHEN Xuanlv,XUAN Zhaoyu,LI Deben. Reconstruction of the fist web of the hand with the second dorsal metacarpophalangeal flap[J]. Zhongguo Xiu Fu Chong Jian Wai Ke Za Zhi[Chin J Repar Reconstr Surg(Article in Chinese;No abstract available)],1990,4(1):58-59.}

[15565] **张效良，丘耀元，李克帅，王荣科．含指神经背侧支岛状皮瓣修复手指皮肤缺损 [J]．修复重建外科杂志，1990，4（2）：114．**{ZHANG Xiaoliang,QIU Yaoyuan,LI Kekun,WANG Rongke. Repair of finger skin defect with island flap containing dorsal branch of digital nerve[J]. Zhongguo Xiu Fu Chong Jian Wai Ke Za Zhi[Chin J Repar Reconstr Surg(Article in Chinese;No abstract available)],1990,4(2):114.}

[15566] **张子清，董惠卿，裴斌．足背肌腱皮瓣游离移植重建伸腕、伸指功能一例 [J]．修复重建外科杂志，1990，4（2）：122．**{ZHANG Ziqing,DONG Huiqing,PEI Bin. Functional reconstruction of the wrist and finger with free transposition of the dorsalis pedis tendon flap[J]. Zhongguo Xiu Fu Chong Jian Wai Ke Za Zhi[Chin J Repar Reconstr Surg(Article in Chinese;No abstract available)],1990,4(2):122.}

[15567] **陈青，王杰，王在刚，冯殿生，张家辉，杨连海．联合皮瓣在指端斜形缺损中的应用（附 10 例报告）[J]．修复重建外科杂志，1990，4（2）：97-98，128．**{CHEN Qing,WANG Jie,WANG Zaigang,FENG Diansheng,ZHANG Jiahui,YANG Lianhai. Combined skin flaps for oblique skin defects of fingertips[J]. Zhongguo Xiu Fu Chong Jian Wai Ke Za Zhi[Chin J Repar Reconstr Surg(Article in Chinese;Abstract in Chinese and English)],1990,4(2):97-98,128.}

[15568] **肖映波，刘仁孝，黄继义．邻指背侧皮瓣修复指背皮肤缺损 [J]．修复重建外科杂志，1991，5（1）：58．**{XIAO Yingbo,LIU Renxiao,HUANG Jiyi. Repair of finger dorsal skin defect with adjacent finger dorsal flap[J]. Zhongguo Xiu Fu Chong Jian Wai Ke Za Zhi[Chin J Repar Reconstr Surg(Article in Chinese;No abstract available)],1991,5(1):58.}

[15569] **丰德宽，王杰，陈青，付海艇，刘儒森．趾甲复合瓣移植修复指甲缺损 [J]．修复重建外科杂志，1991，5（1）：32-33．**{FENG Dekuan,WANG Jie,CHEN Qing,FU Haiting,LIU Rusen. Repair of finger nail defect with composite flap of toe nail[J]. Zhongguo Xiu Fu Chong Jian Wai Ke Za Zhi[Chin J Repar Reconstr Surg(Article in Chinese;Abstract in Chinese)],1991,5(1):32-33.}

[15570] **钱云良，许礼根，王恩远，关文祥．应用指间双叶皮瓣修复烧伤后并指畸形 [J]．修复重建外科杂志，1991，5（1）：6-65．**{QIAN Yunliang,XU Ligen,WANG Enyuan,GUAN Wenxiang. Repair of syndactyly after burn with bilobed interphalangeal flap[J]. Zhongguo Xiu Fu Chong Jian Wai Ke Za Zhi[Chin J Repar Reconstr Surg(Article in Chinese;No abstract available)],1991,5(1):6-65.}

[15571] **丁任，胡洪良，谢振军，李锦永．断指皮瓣游离移植修复邻指肌腱皮肤缺损 [J]．修复重建外科杂志，1991，5（2）：122．**{DING Ren,HU Hongliang,XIE Zhenjun,LI Jinyong. Repair of adjacent finger's tendon and skin defect with severed finger's free flap[J]. Zhongguo Xiu Fu Chong Jian Wai Ke Za Zhi[Chin J Repar Reconstr Surg(Article in Chinese;No abstract available)],1991,5(2):122.}

[15572] **满富强，陈璇律，玄兆宇，李德本．邻指背侧皮下组织瓣修复指背皮肤缺损 [J]．修复重建外科杂志，1991，5（2）：122．**{MAN Fuqiang,CHEN Xuanlv,XUAN Zhaoyu,LI Deben. Repair of dorsal skin defect of finger with subcutaneous tissue flap from the dorsal side of adjacent finger[J]. Zhongguo Xiu Fu Chong Jian Wai Ke Za Zhi[Chin J Repar Reconstr Surg(Article in Chinese;No abstract available)],1991,5(2):122.}

[15573] **江流泓．腹股沟下腹部双蒂皮瓣急诊修复两指掌侧缺损 [J]．修复重建外科杂志，1991，5（2）：125．**{JIANG Liuhong. Emergency repair of two finger palmar defects with double pedicled flap of the lower groin[J]. Zhongguo Xiu Fu Chong Jian Wai Ke Za Zhi[Chin J Repar Reconstr Surg(Article in Chinese;No abstract available)],1991,5(2):125.}

[15574] **钟一宇．邻指皮瓣修复指腹皮肤缺损 [J]．修复重建外科杂志，1991，5(4)：246．**{ZHONG Yiyu. Repair of finger pulp skin defect with adjacent finger flap[J]. Zhongguo Xiu Fu Chong Jian Wai Ke Za Zhi[Chin J Repar Reconstr Surg(Article in Chinese;No abstract available)],1991,5(4):246.}

[15575] **谢明娟，李秉权，史立强．邻指背侧翻转皮瓣修复指背骨外露创面 [J]．中国修复重建外科杂志，1992，6（1）：58．**{XIE Mingjuan,LI Bingquan,SHI Liqiang. Repair of exposed wound of dorsal finger with adjacent dorsal flip finger flap[J]. Zhongguo Xiu Fu Chong Jian Wai Ke Za Zhi[Chin J Repar Reconstr Surg(Article in Chinese;No abstract available)],1992,6(1):58.}

[15576] **裴福兴，杨志明，张世琼，杨天府，黄富国．带蒂岛状皮瓣转移一期修复拇指严重外伤 [J]．中国修复重建外科杂志，1992，6（1）：8-9，62-63．**{PEI Fuxing,YANG Zhiming,ZHANG Shiqiong,YANG Tianfu,HUANG Fuguo. Primary repair of severe injuries of thumb by transfer of pedicled island flap[J]. Zhongguo Xiu Fu Chong Jian Wai Ke Za Zhi[Chin J Repar Reconstr Surg(Article in Chinese;Abstract in Chinese and English)],1992,6(1):8-9,62-63.}

[15577] **李玉华．外展小指肌肌皮瓣修复大鱼际肌缺损一例 [J]．中国修复重建外科杂志，1992，6（2）：73．**{LI Yuhua. Repairing the thenar muscle defect with abductor muscle flap of little finger:a case report[J]. Zhongguo Xiu Fu Chong Jian Wai Ke Za Zhi[Chin J Repar Reconstr Surg(Article in Chinese;No abstract available)],1992,6(2):73.}

[15578] **杨志明，黄富国，裴福兴，项舟．显微外科技术修复肌腱的实验研究——（一）成人屈指肌腱血管构筑及血供规律 [J]．中国修复重建外科杂志，1992，6（2）：109-110，128-129．**{YANG Zhiming,HUANG Fuguo,PEI Fuxing,XIANG Zhou. Experimental study of tendon repair by microsurgery:1.vascular architecture and patterns of blood supply of adult human flexor tendon of finger[J]. Zhongguo Xiu Fu Chong Jian Wai Ke Za Zhi[Chin J Repar Reconstr Surg(Article in Chinese;Abstract in Chinese and English)],1992,6(2):109-110,128-129.}

[15579] **宋修军，林彬．双邻指皮瓣治疗重度指屈曲瘢痕挛缩 [J]．中国修复重建外科杂志，1992，6（2）：70-71，125．**{SONG Xiujun,LIN Bin. Double adjacent-finger skin flap in the treatment of severe cicatricial contracture of fingers[J]. Zhongguo Xiu Fu Chong Jian Wai Ke Za Zhi[Chin J Repar Reconstr Surg(Article in Chinese;Abstract in Chinese and English)],1992,6(2):70-71,125.}

[15580] **丁洪彪．指动脉皮瓣修复手指皮肤缺损二例 [J]．中国修复重建外科杂志，1992，6（3）：184．**{DING Hongbiao. Digit skin defect repaired by digital artery flap:a report of two cases[J]. Zhongguo Xiu Fu Chong Jian Wai Ke Za Zhi[Chin J Repar Reconstr Surg(Article in Chinese;No abstract available)],1992,6(3):184.}

[15581] **王仕雄，杨厚昌．桡动脉逆行岛状皮瓣修复食（示）指脱套伤一例 [J]．中国修复重建外科杂志，1992，6（3）：185．**{WANG Shixiong,YANG Houchang. Reverse radial artery island flap for repair of degloving injury of index finger:a case report[J]. Zhongguo Xiu Fu Chong Jian Wai Ke Za Zhi[Chin J Repar Reconstr Surg(Article in Chinese;No abstract available)],1992,6(3):185.}

[15582] **杨志明，黄富国，裴福兴，项舟，张尚富，覃质斌．显微外科技术修复肌腱的实验研究——（二）成人屈指肌腱血管密度研究 [J]．中国修复重建外科杂志，1992，6（3）：174-176，192．**{YANG Zhiming,HUANG Fuguo,PEI Fuxing,XIANG Zhou,ZHANG Shangfu,QIN Zhibin. Experimental study of tendon repair by microsurgery:2.the study of vascular concentration of flexor tendon in finger from human[J]. Zhongguo Xiu Fu Chong Jian Wai Ke Za Zhi[Chin J Repar Reconstr Surg(Article in Chinese;Abstract in Chinese and English)],1992,6(3):174-176,192.}

[15583] **郑文忠，马国棣．背阔肌皮瓣移植重建伸指或屈指功能 [J]．中国修复重建外科杂志，1992，6（4）：219．**{ZHENG Wenzhong,MA Guodi. Reconstruction of digit extension or flexion by latissimus dorsi flap transposition[J]. Zhongguo Xiu Fu Chong Jian Wai Ke Za Zhi[Chin J Repar Reconstr Surg(Article in Chinese;No abstract available)],1992,6(4):219.}

[15584] **展望，郭树忠，鲁开化．阶梯形推进皮瓣修复指端缺损 [J]．中国修复重建外科杂志，1992，6（4）：218-219．**{ZHAN Wang,GUO Shuzhong,LU Kaihua. Repair of fingertip defect with step-advanced flap[J]. Zhongguo Xiu Fu Chong Jian Wai Ke Za Zhi[Chin J Repar Reconstr Surg(Article in Chinese;Abstract in Chinese)],1992,6(4):218-219.}

[15585] **彭俊良．指掌侧推进皮瓣修复手指残端创面 [J]．中国修复重建外科杂志，1993，7（1）：58．**{PENG Junliang. Repair of the finger stump wound with palmar advancement flap[J]. Zhongguo Xiu Fu Chong Jian Wai Ke Za Zhi[Chin J Repar Reconstr Surg(Article in Chinese;No abstract available)],1993,7(1):58.}

[15586] **赵胡瑞，周广恒，周围，牟宇科．断指静脉缺损的修复体会 [J]．中国修复重建外科杂志，1993，7（1）：59-60．**{ZHAO Hurui,ZHOU Guangheng,ZHOU Wei,MOU Yuke. Experience of repairing the severed finger vein defect[J]. Zhongguo Xiu Fu Chong Jian Wai Ke Za Zhi[Chin J Repar Reconstr Surg(Article in Chinese;No abstract available)],1993,7(1):59-60.}

[15587] **李青峰，顾玉东．带血管蒂双皮管修复手指脱套伤一例 [J]．中国修复重建外科杂志，1993，7（2）：87．**{LI Qingfeng,GU Yudong. Repairing degloving injury of finger with double pedicled tubular skin flap:a case report[J]. Zhongguo Xiu Fu Chong Jian Wai Ke Za Zhi[Chin J Repar Reconstr Surg(Article in Chinese;No abstract available)],1993,7(2):87.}

[15588] **陈德松，成效敏，严计庚，蔡佩琴，徐建光，劳杰，顾玉东．静脉皮瓣修复手指部皮肤缺损 [J]．中国修复重建外科杂志，1993，7（2）：72-73，125．**{CHEN Desong,CHENG Xiaomin,YAN Jigeng,CAI Peiqin,XU Jianguang,LAO Jie,GU Yudong. Venous skin graft in the repair of skin defects of finger region[J]. Zhongguo Xiu Fu Chong Jian Wai Ke Za Zhi[Chin J Repar Reconstr Surg(Article in Chinese;Abstract in Chinese and English)],1993,7(2):72-73,125.}

[15589] **陈秉礼，陈文直，黄朝梁，赵大渝，姜均本，余勇．带血管蒂的掌长肌腱移植治疗复合性手指屈肌腱损伤 [J]．中国修复重建外科杂志，1993，7（2）：78-80，126．**{CHEN Bingli,CHEN Wenzhi,HUANG Chaoliang,ZHAO Dayu,JIANG Junben,YU Yong. Transplantation of the palmaris longus tendon with a vascular pedicle for the complex injury of the digital flexor tendon[J]. Zhongguo Xiu Fu Chong Jian Wai Ke Za Zhi[Chin J Repar Reconstr Surg(Article in Chinese;Abstract in Chinese and English)],1993,7(2):78-80,126.}

[15590] **潘水章．多手指脱套伤修复一例 [J]．中国修复重建外科杂志，1993，7（3）：187．**{PAN Shuizhang. Repair of multiple fingers degloving injury:a case report[J]. Zhongguo Xiu Fu Chong Jian Wai Ke Za Zhi[Chin J Repar Reconstr Surg(Article in Chinese;No abstract available)],1993,7(3):187.}

[15591] **彭俊良．食（示）指近节背侧岛状皮瓣修复手部缺损 [J]．中国修复重建外科杂志，1993，7（3）：187．**{PENG Junliang. Repair of hand defect with dorsal island flap of proximal phalanx of index finger[J]. Zhongguo Xiu Fu Chong Jian Wai Ke Za Zhi[Chin J Repar Reconstr Surg(Article in Chinese;No abstract available)],1993,7(3):187.}

[15592] **郑隆宝，周建国．废弃指游离皮瓣修复拇指指腹缺损一例 [J]．中国修复重建外科杂志，1993，7（4）：228．**{ZHENG Longbao,ZHOU Jianguo. Repair of thumb pulp defect with free flap of abandoned finger:a case report[J]. Zhongguo Xiu Fu Chong Jian Wai Ke Za Zhi[Chin J Repar Reconstr Surg(Article in Chinese;No abstract available)],1993,7(4):228.}

[15593] **赵德伟，张惠茹．双蒂指动脉皮瓣移位修复指掌侧瘢痕挛缩 [J]．中国修复重建外科杂志，1993，7（4）：234．**{ZHAO Dewei,ZHANG Huiru. Repair of palmar cicatricial contracture of fingers with double pedicled digital artery flap[J]. Zhongguo Xiu Fu Chong Jian Wai Ke Za Zhi[Chin J Repar Reconstr Surg(Article in Chinese;No abstract available)],1993,7(4):234.}

[15594] **孙宝国，蔡锦方，潘冀清，李秉胜，张抒，曹学诚，梁进，王源瑞，孙占胜．利用并指加皮瓣移植法修复多个手指皮肤缺损 [J]．中国修复重建外科杂志，1993，7(4)：227-228．**{SUN Baoguo,CAI Jinfang,PAN Jiqing,LI Bingsheng,ZHANG Shu,CAO Xuecheng,LIANG Jin,WANG Yuanrui,SUN Zhansheng. Repair of multiple fingers skin defects with skin flap transplantation from syndactyly[J]. Zhongguo Xiu Fu Chong Jian Wai Ke Za Zhi[Chin J Repar Reconstr Surg(Article in Chinese;Abstract in Chinese)],1993,7(4):227-228.}

[15595] **李英华，殷代昌．毁损邻指皮瓣移位修复拇指缺损三例 [J]．中国修复重建外科杂志，1993，7（4）：265-266．**{LI Yinghua,YIN Daichang. Thumb defect repaired by flap transfer of damaged adjacent fingers:a report of three cases[J]. Zhongguo Xiu Fu Chong Jian Wai Ke Za Zhi[Chin J Repar Reconstr Surg(Article in Chinese;No abstract available)],1993,7(4):265-266.}

[15596] **杨云霞，杨国玉，黄文义．局部皮瓣整复烧伤后指蹼瘢痕 [J]．中国修复重建外科杂志，1994，8（1）：58．**{YANG Yunxia,YANG Guoyu,HUANG Wenyi. Local flap for repairing the scar of the finger web after burn[J]. Zhongguo Xiu Fu Chong Jian Wai Ke Za Zhi[Chin J Repar Reconstr Surg(Article in Chinese;No abstract available)],1994,8(1):58.}

[15597] **王达利，王玉明，程代薇．腹壁超薄皮瓣修复多指背皮肤撕脱伤 [J]．中国修复重建外科杂志，1994，8（2）：125．**{WANG Dali,WANG Yuming,CHENG Daiwei. Repair of dorsal fingers skin avulsion injury with ultrathin abdominal skin flap[J]. Zhongguo Xiu Fu Chong Jian Wai Ke Za Zhi[Chin J Repar Reconstr Surg(Article in Chinese;No abstract available)],1994,8(2):125.}

[15598] **任军，杨家骥，刘引兰，郑举卫，朱辉，庞星原，邓裴，黄立，白彦，姜琳．改良五瓣成形术在指蹼成形中的应用 [J]．中国修复重建外科杂志，1994，8（2）：128．**{REN Jun,YANG Jiaji,LIU Yinlan,ZHENG Juwei,ZHU Hui,PANG Xingyuan,DENG Pei,HUANG Li,BAI Yan,JIANG Lin. Application of modified five flap plasty in finger web plasty[J]. Zhongguo Xiu Fu Chong Jian Wai Ke Za Zhi[Chin J Repar Reconstr Surg(Article in Chinese;No abstract available)],1994,8(2):128.}

[15599] **何宏生，曾开平．指掌侧皮瓣修复指端缺损 [J]．中国修复重建外科杂志，1994，8（2）：128．**{HE Hongsheng,ZENG Kaiping. Repair of fingertip defect with palmar digital flap[J]. Zhongguo Xiu Fu Chong Jian Wai Ke Za Zhi[Chin J Repar Reconstr Surg(Article in Chinese;No abstract available)],1994,8(2):128.}

[15600] **夏双印，杨大平，郝立君，蒋海越，王洁．含指背感觉支的指背岛状皮瓣修复指腹缺损 [J]．中国修复重建外科杂志，1994，8（2）：127-128．**{XIA Shuangyin,YANG Daping,HAO Lijun,JIANG Haiyue,WANG Jie. Repair of pulp defect with dorsal digital island flap containing dorsal sensory branch[J]. Zhongguo Xiu Fu Chong Jian Wai Ke Za Zhi[Chin J Repar Reconstr Surg(Article in Chinese;No abstract available)],1994,8(2):127-128.}

[15601] **沈建祖，顾黎明，祝伟，寿奎水．手指近节侧方逆行岛状皮瓣临床应用 [J]．中国修复重建外科杂志，1994，8（4）：255．**{SHEN Jianzu,GU Liming,ZHU Wei,SHOU Kuishui. Clinical application of reverse side island flap of proximal phalanx[J]. Zhongguo Xiu Fu Chong Jian Wai Ke Za Zhi[Chin J Repar Reconstr Surg(Article in Chinese;No abstract available)],1994,8(4):255.}

[15602] **王仕雄，李阳凡，杨贵书．交臂筋膜皮瓣修复拇指残端撕脱伤一例 [J]．中国修复重建外科杂志，1994，8（4）：256．**{WANG Shixiong,LI Yangfan,YANG Guishu. Repair of thumb stump avulsion injury with cross arm fasciocutaneous flap:a case report[J]. Zhongguo Xiu Fu Chong Jian Wai Ke Za Zhi[Chin J Repar Reconstr Surg(Article in Chinese;No abstract available)],1994,8(4):256.}

[15603] **李向荣，寿奎水，顾黎明，张全荣，芮永军，徐雷．吻合血管的足趾皮瓣修复手指软组织缺损 [J]．中国修复重建外科杂志，1994，8：156-157．**{LI Xiangrong,SHOU Kuishui,GU Liming,ZHANG Quanrong,RUI Yongjun,XU Lei. Repair of finger soft tissue defect with vascularized toe flap[J]. Zhongguo Xiu Fu Chong Jian Wai Ke Za Zhi[Chin J Repar Reconstr Surg(Article in Chinese;Abstract in Chinese)],1994,8:156-157.}

[15604] 刘文德，黄建中. 背阔肌岛状肌皮瓣移位重建伸腕伸指一例 [J]. 中国修复重建外科杂志，1995，9（1）: 63. {LIU Wende,HUANG Jianzhong. Transfer of latissimus dorsi island myocutaneous flap for wrist and finger extension:a case report[J]. Zhongguo Xiu Fu Chong Jian Wai Ke Za Zhi[Chin J Repar Reconstr Surg(Article in Chinese;No abstract available)],1995,9(1):63.}

[15605] 赵天兰，程新德，李光早. 第一掌背动脉岛状瓣修复拇指末节缺损 [J]. 中国修复重建外科杂志，1995，9（2）: 127. {ZHAO Tianlan,CHENG Xinde,LI Guangzao. Repair of distal thumb defect with first dorsal metacarpal artery island flap[J]. Zhongguo Xiu Fu Chong Jian Wai Ke Za Zhi[Chin J Repar Reconstr Surg(Article in Chinese;No abstract available)],1995,9(2):127.}

[15606] 谢晞衷，崔志民，孟宏. 手指屈肌腱损伤的显微修复 [J]. 中国修复重建外科杂志，1995，9（2）: 97-99. {XIE Xizhong,CUI Zhimin,MENG Hong. Microsurgical repair of flexor tendon injury of hand[J]. Zhongguo Xiu Fu Chong Jian Wai Ke Za Zhi[Chin J Repar Reconstr Surg(Article in Chinese;Abstract in Chinese and English)],1995,9(2):97-99.}

[15607] 张宝东，周雪峰，马在松，陈建常. 指动脉逆行岛状瓣修复指端皮肤缺损 [J]. 中国修复重建外科杂志，1995，9（3）: 192. {ZHANG Baodong,ZHOU Xuefeng,MA Zaisong,CHEN Jianchang. Repair of fingertip skin defect with reverse digital artery island flap[J]. Zhongguo Xiu Fu Chong Jian Wai Ke Za Zhi[Chin J Repar Reconstr Surg(Article in Chinese;No abstract available)],1995,9(3):192.}

[15608] 马海燕，仝占坤，谢静. 不吻合血管的复合组织瓣移植修复手指皮肤肌腱缺损一例 [J]. 中国修复重建外科杂志，1995，9（4）: 198. {MA Haiyan,TONG Zhankun,XIE Jing. Repair of finger skin and tendon defect with composite tissue flap without vascular anastomosis:a case report[J]. Zhongguo Xiu Fu Chong Jian Wai Ke Za Zhi[Chin J Repar Reconstr Surg(Article in Chinese;No abstract available)],1995,9(4):198.}

[15609] 潘希贵，王成琪，张尔坤，肖朋康，巫伟东，胡红军. 带感觉神经的静脉网动脉化皮瓣移植修复手指脱套伤 [J]. 中国修复重建外科杂志，1995，9（4）: 199-201. {PAN Xigui,WANG Chengqi,ZHANG Erkun,XIAO Pengkang,WU Weidong,HU Hongjun. Transplantation of arteriolized venous network flap with sensory nerve for repairing degloving-injury of fingers[J]. Zhongguo Xiu Fu Chong Jian Wai Ke Za Zhi[Chin J Repar Reconstr Surg(Article in Chinese;Abstract in Chinese and English)],1995,9(4):199-201.}

[15610] 杨川，蔡佩佩，李伟. 局部皮瓣转移指璞成形术 [J]. 中国修复重建外科杂志，1996，10(1): 57-58. {YANG Chuan,CAI Peipei,LI Wei. Reconstruction of fingerweb with local flap transfer[J]. Zhongguo Xiu Fu Chong Jian Wai Ke Za Zhi[Chin J Repar Reconstr Surg(Article in Chinese;No abstract available)],1996,10(1):57-58.}

[15611] 俞方新，吴水培. 废弃食（示）指指甲瓣修复拇指末节脱套伤一例 [J]. 中国修复重建外科杂志，1997，11（3）: 69. {YU Fangxin,WU Shuipei. Repair of distal thumb degloving injury with discarded fingernail flap of index finger:a case report[J]. Zhongguo Xiu Fu Chong Jian Wai Ke Za Zhi[Chin J Repar Reconstr Surg(Article in Chinese;No abstract available)],1997,11(3):69.}

[15612] 李洪，钟生才. 中环指单蒂双岛状皮瓣重建拇指 [J]. 中国修复重建外科杂志，1997，11（4）: 66. {LI Hong,ZHONG Shengcai. Single pedicle double island flap of middle and ring finger for thumb reconstruction[J]. Zhongguo Xiu Fu Chong Jian Wai Ke Za Zhi[Chin J Repar Reconstr Surg(Article in Chinese;No abstract available)],1997,11(4):66.}

[15613] 徐永清，李主一，李其训，李军，徐达传，张云光. 吻合血管的掌短肌皮瓣修复拇指指腹缺损 [J]. 中国修复重建外科杂志，1997，11（5）: 40-42. {XU Yongqing,LI Zhuyi,LI Qixun,LI Jun,XU Dachuan,ZHANG Yunguang. Repair of pulp defect of thumb by free palmaris brevis musculocutaneous flap[J]. Zhongguo Xiu Fu Chong Jian Wai Ke Za Zhi[Chin J Repar Reconstr Surg(Article in Chinese;Abstract in Chinese and English)],1997,11(5):40-42.}

[15614] 陈振兵，洪光祥，王发斌，黄启顺，翁雨雄. 逆行指动脉岛状皮瓣修复手指皮肤缺损21例 [J]. 中国修复重建外科杂志，1998，12（2）: 127. {CHEN Zhenbing,HONG Guangxiang,WANG Fabin,HUANG Qishun,WENG Yuxiong. Reverse digital artery island flap for the repair of finger skin defects:a report of 21 cases[J]. Zhongguo Xiu Fu Chong Jian Wai Ke Za Zhi[Chin J Repar Reconstr Surg(Article in Chinese;Abstract in Chinese)],1998,12(2):127.}

[15615] 王快胜，陈彦，柴益民，王书成，马心赤，王和驹，林崇正. 皮瓣修复指端缺损65例 [J]. 中国修复重建外科杂志，1998，12（3）: 172. {WANG Kuaisheng,CHEN Yan,CHAI Yimin,WANG Shucheng,MA Xinchi,WANG Heju,LIN Chongzheng. Repair of fingertip defect with flap:a report of 65 cases[J]. Zhongguo Xiu Fu Chong Jian Wai Ke Za Zhi[Chin J Repar Reconstr Surg(Article in Chinese;No abstract available)],1998,12(3):172.}

[15616] 王涛，顾玉东. 带指掌侧静脉的指动脉逆行岛状皮瓣的临床应用 [J]. 中国修复重建外科杂志，1998，12（6）: 342-344. {WANG Tao,GU Yudong. Clinical application of the reversed digital artery island flap containing palmar digital vein[J]. Zhongguo Xiu Fu Chong Jian Wai Ke Za Zhi[Chin J Repar Reconstr Surg(Article in Chinese;Abstract in Chinese and English)],1998,12(6):342-344.}

[15617] 陈欣志，范天凤，康少英，宋玉荣，方绍孟. 共蒂髂腹股沟下腹部真皮下血管网皮瓣修复多指脱套伤 [J]. 中国修复重建外科杂志，1999，13（1）: 11-13. {CHEN Xinzhi,FAN Tianfeng,KANG Shaoying,SONG Yurong,FANG Shaomeng. Ilio-inguinal-hypogastric vascular network skin flap with common pedicle in the treatment of degloving injury of multiple fingers[J]. Zhongguo Xiu Fu Chong Jian Wai Ke Za Zhi[Chin J Repar Reconstr Surg(Article in Chinese;Abstract in Chinese and English)],1999,13(1):11-13.}

[15618] 唐光明，李学愚，王成绪. 单侧带蒂的指掌侧推进皮瓣修复手指皮肤缺损 [J]. 中国修复重建外科杂志，1999，13（2）: 126. {TANG Guangming,LI Xueyu,WANG Chengxu. Repair of finger skin defect with unilateral pedicled palmar advancement flap[J]. Zhongguo Xiu Fu Chong Jian Wai Ke Za Zhi[Chin J Repar Reconstr Surg(Article in Chinese;No abstract available)],1999,13(2):126.}

[15619] 李德民，刘士懂，谢新敏. 第2掌背动脉复合组织瓣修复食（示）中指组织缺损六例 [J]. 中国修复重建外科杂志，1999，13（4）: 256. {LI Demin,LIU Shidong,XIE Xinmin. Repair of middle finger tissue defect with the second dorsal metacarpal artery composite flap:a report of 6 cases[J]. Zhongguo Xiu Fu Chong Jian Wai Ke Za Zhi[Chin J Repar Reconstr Surg(Article in Chinese;No abstract available)],1999,13(4):256.}

[15620] 宫可同，张建兵，阚世廉，费起礼，孔令震. 腹部S型皮瓣修复手部多指脱套伤的经验与教训 [J]. 中国修复重建外科杂志，1999，13（6）: 332-334. {GONG Ketong,ZHANG Jianbing,KAN Shilian,FEI Qili,KONG Lingzhen. Repair of multiple fingers degloving injury with abdominal "s"-type skin flap[J]. Zhongguo Xiu Fu Chong Jian Wai Ke Za Zhi[Chin J Repar Reconstr Surg(Article in Chinese;Abstract in Chinese and English)],1999,13(6):332-334.}

[15621] 李长青，费起礼. 腹部S形真皮下血管网皮瓣修复多手指套状撕脱伤 [J]. 中国修复重建外科杂志，2000，14（1）: 53. {LI Changqing,FEI Qili. Repair of multiple digits degloving injury with abdominal S-shaped subdermal vascular network flap[J]. Zhongguo Xiu Fu Chong Jian Wai Ke Za Zhi[Chin J Repar Reconstr Surg(Article in Chinese;No abstract available)],2000,14(1):53.}

[15622] 王心迎，周月莲，成爱霞. 拇指掌侧推进皮瓣急诊修复拇指末端缺损 [J]. 中国修复重建外科杂志，2000，14（1）: 64. {WANG Xinying,ZHOU Yuelian,CHENG Aixia. Emergency repair of distal thumb defect with palmar advancement flap of thumb[J]. Zhongguo Xiu Fu Chong Jian Wai Ke Za Zhi[Chin J Repar Reconstr Surg(Article in Chinese;No abstract available)],2000,14(1):64.}

[15623] 黄先功，李廷林，潘有春，郭秀花. 应用显微外科技术修复儿童手指屈指肌腱损伤 [J]. 中国修复重建外科杂志，2000，14（1）: 31-32. {HUANG Xiangong,LI Tinglin,PAN Youchun,GUO Xiuhua. Repair of flexor tendon injury in children's finger using microsurgical technique[J]. Zhongguo Xiu Fu Chong Jian Wai Ke Za Zhi[Chin J Repar Reconstr Surg(Article in Chinese;Abstract in Chinese and English)],2000,14(1):31-32.}

[15624] 鲁保权，沈华，岩山，张永春，徐菊坤，王连芬. 指动脉逆行岛状皮瓣修复指腹指端缺损 [J]. 中国修复重建外科杂志，2000，14（3）: 153. {LU Baoquan,SHEN Hua,YAN Shan,ZHANG Yongchun,XU Jukun,WANG Lianfen. Repair of finger pulp and fingertip defect with reverse digital artery island flap[J]. Zhongguo Xiu Fu Chong Jian Wai Ke Za Zhi[Chin J Repar Reconstr Surg(Article in Chinese;No abstract available)],2000,14(3):153.}

[15625] 黄巧洪. 带血管蒂超薄皮瓣修复小儿手指瘢痕畸形 [J]. 中国修复重建外科杂志，2000，14（3）: 169. {HUANG Qiaohong. Repair of finger cicatricial deformity in children with pedicled ultrathin skin flap[J]. Zhongguo Xiu Fu Chong Jian Wai Ke Za Zhi[Chin J Repar Reconstr Surg(Article in Chinese;No abstract available)],2000,14(3):169.}

[15626] 陈玉兵，王群殿，黄威. 改良全指腹皮瓣前移修复指腹缺损 [J]. 中国修复重建外科杂志，2000，14（3）: 186. {CHEN Yubing,WANG Qundian,HUANG Wei. Repair of finger pulp defect with modified whole finger pulp flap advancement[J]. Zhongguo Xiu Fu Chong Jian Wai Ke Za Zhi[Chin J Repar Reconstr Surg(Article in Chinese;No abstract available)],2000,14(3):186.}

[15627] 兰新富，周增祥，彭代智. 食（示）指背侧皮瓣修复拇指电烧伤 [J]. 中国修复重建外科杂志，2000，14（4）: 封三. {LAN Xinfu,ZHOU Zengxiang,PENG Daizhi. Repair of electric burn of thumb with dorsal finger flap[J]. Zhongguo Xiu Fu Chong Jian Wai Ke Za Zhi[Chin J Repar Reconstr Surg(Article in Chinese;No abstract available)],2000,14(4):cover 3.}

[15628] 郭培刚，郝建军，姚传博. 改良Kessler缝合法修复手指屈肌腱损伤 [J]. 中国修复重建外科杂志，2000，14（4）: 封三. {GUO Peigang,HAO Jianjun,YAO Chuanbo. Repair of flexor tendon injury of fingers with modified Kessler suture[J]. Zhongguo Xiu Fu Chong Jian Wai Ke Za Zhi[Chin J Repar Reconstr Surg(Article in Chinese;No abstract available)],2000,14(4):cover 3.}

[15629] 许兴柏，杨爱德，陈保光，丘奕军，张红芳. 岛状皮瓣在手指缺损修复中的应用 [J]. 中国修复重建外科杂志，2000，14（5）: 267. {XU Xingbai,YANG Aide,CHEN Baoguang,QIU Yijun,ZHANG Hongfang. Application of island flap in repairing finger defect[J]. Zhongguo Xiu Fu Chong Jian Wai Ke Za Zhi[Chin J Repar Reconstr Surg(Article in Chinese;No abstract available)],2000,14(5):267.}

[15630] 黎洪，熊华屹. 指腹推进皮瓣修复指端缺损 [J]. 中国修复重建外科杂志，2000，14（5）: 282. {LI Hong,XIONG Huayi. Repair of fingertip defect with finger pulp advancement flap[J]. Zhongguo Xiu Fu Chong Jian Wai Ke Za Zhi[Chin J Repar Reconstr Surg(Article in Chinese;No abstract available)],2000,14(5):282.}

[15631] 战英，关家文，宋秀鸾. 腹部合页式皮瓣修复手指烧伤 [J]. 中国修复重建外科杂志，2001，15（1）: 45. {ZHAN Ying,GUAN Jiawen,SONG Xiuluan. Repair of finger burn with abdominal hinge flap[J]. Zhongguo Xiu Fu Chong Jian Wai Ke Za Zhi[Chin J Repar Reconstr Surg(Article in Chinese;No abstract available)],2001,15(1):45.}

[15632] 彭正人，周必光，廖苏平，邢丹谋，郑琼，李鹏，杨中华. 应用双指腹皮瓣重建先天性全并指分指后的甲廓 [J]. 中国修复重建外科杂志，2001，15（3）: 144-146. {PENG Zhengren,ZHOU Biguang,LIAO Suping,XING Danmou,ZHENG Qiong,LI Peng,YANG Zhonghua. Reconstruction of nail folds by double pulp flap in congenital complete syndactyly release[J]. Zhongguo Xiu Fu Chong Jian Wai Ke Za Zhi[Chin J Repar Reconstr Surg(Article in Chinese;Abstract in Chinese and English)],2001,15(3):144-146.}

[15633] 王丽丽，任义军，李友，吕锡好，赵剑波，马立平，张洪亮. 带蒂食（示）指背侧复合皮瓣修复拇指肌腱皮肤缺损 [J]. 中国修复重建外科杂志，2001，15（4）: 231. {WANG Lili,REN Yijun,LI You,LV Xihao,ZHAO Jianbo,MA Liping,ZHANG Hongliang. Repair of thumb tendon and skin defect with pedicled dorsal composite flap of index finger[J]. Zhongguo Xiu Fu Chong Jian Wai Ke Za Zhi[Chin J Repar Reconstr Surg(Article in Chinese;No abstract available)],2001,15(4):231.}

[15634] 宋建星，邢新，陈江萍，郭恩覃. 超声去脂真皮下血管网皮瓣在手指皮肤撕脱伤中的应用 [J]. 中国修复重建外科杂志，2001，15（4）: 196-198. {SONG Jianxing,XING Xin,CHEN Jiangping,GUO Enqin. Reconstruction of digital avulsion with pre-fabricated subdermal vascular network skin flap by ultrasonic liposuction[J]. Zhongguo Xiu Fu Chong Jian Wai Ke Za Zhi[Chin J Repar Reconstr Surg(Article in Chinese;Abstract in Chinese and English)],2001,15(4):196-198.}

[15635] 李罗珠，于益鹏，孙步梅. 邻指指背筋膜蒂皮瓣一期修复手指掌侧电击伤 [J]. 中国修复重建外科杂志，2002，16（2）: 133. {LI Luozhu,YU Yipeng,SUN Bumei. One-stage repair of volar electrical injury of fingers with skin flap pedicled with dorsal fascia of adjacent fingers[J]. Zhongguo Xiu Fu Chong Jian Wai Ke Za Zhi[Chin J Repar Reconstr Surg(Article in Chinese;No abstract available)],2002,16(2):133.}

[15636] 王增涛，王成琪，蔡锦方，曹学成，郭德亮，屈跃峰，邹继锋，周海艇. 多个组合皮瓣移植修复多手指皮肤脱套伤一例 [J]. 中国修复重建外科杂志，2002，16（2）: 145. {WANG Zengtao,WANG Chengqi,CAI Jinfang,CAO Xuecheng,GUO Deliang,QU Yuefeng,ZOU Jifeng,ZHOU Haiting. Repair of multiple fingers degloving injury with multiple combined flaps:a case report[J]. Zhongguo Xiu Fu Chong Jian Wai Ke Za Zhi[Chin J Repar Reconstr Surg(Article in Chinese;No abstract available)],2002,16(2):145.}

[15637] 江志文，何继银，李展振，李靖，刘遵勇. 吻合前臂外侧皮神经的交臂皮瓣修复指腹软组织缺损 [J]. 中国修复重建外科杂志，2002，16（3）: 179-180. {JIANG Zhiwen,HE Jiyin,LI Zhanzhen,LI Jing,LIU Zunyong. Repair of soft tissue defect at finger-tips by cross-arm skin flap with lateral antebrachial cutaneous nerve[J]. Zhongguo Xiu Fu Chong Jian Wai Ke Za Zhi[Chin J Repar Reconstr Surg(Article in Chinese;Abstract in Chinese and English)],2002,16(3):179-180.}

[15638] 丁亮华，何双华，柳茂林，赵爱民. 腹部超薄管状皮瓣修复手指脱套伤 [J]. 中国修复重建外科杂志，2002，16（5）: 358. {DING Lianghua,HE Shuanghua,LIU Maolin,ZHAO Aimin. Repair of degloving injury of fingers with abdominal ultrathin tubular flap[J]. Zhongguo Xiu Fu Chong Jian Wai Ke Za Zhi[Chin J Repar Reconstr Surg(Article in Chinese;No abstract available)],2002,16(5):358.}

[15639] 康两期，郭林新，丁真奇，洪加源，翟文亮，练克俭. 同指背侧皮瓣修复指端斜形皮肤缺损13例 [J]. 中国修复重建外科杂志，2002，16（6）: 439. {KANG Liangqi,GUO Linxin,DING Zhenqi,HONG Jiayuan,ZHAI Wenliang,LIAN Kejian. Reconstruction of fingertip oblique skin defect with dorsal flap of the same finger:a report of 13 cases[J]. Zhongguo Xiu Fu Chong Jian Wai Ke Za Zhi[Chin J Repar Reconstr Surg(Article in Chinese;No abstract available)],2002,16(6):439.}

[15640] 许兴柏，朱裕成，杨太明，朱艾祥，李涛. 带蒂皮瓣移位修复手指创面 [J]. 中国修复重建外科杂志，2003，17（2）: 130. {XU Xingbai,ZHU Yucheng,YANG Taiming,ZHU Aixiang,LI Tao. Pedicled skin flap transfer for repairing finger wound[J]. Zhongguo Xiu Fu Chong Jian Wai Ke Za Zhi[Chin J Repar Reconstr Surg(Article in Chinese;No abstract available)],2003,17(2):130.}

[15641] 武峰. 第一跖背区皮瓣修复手指软组织缺损5例 [J]. 中国修复重建外科杂志，2003，17(2): 164. {WU Feng. Repair of finger soft tissue defect with the first dorsal metatarsal flap:a report of 5 cases[J]. Zhongguo Xiu Fu Chong Jian Wai Ke Za Zhi[Chin J Repar Reconstr Surg(Article in Chinese;No abstract available)],2003,17(2):164.}

[15642] 陈玉兵，王丽丽，房辉赞，卓祥龙，杨红梅. 邻指逆行指动脉皮瓣修复手指末节皮肤脱套伤 [J]. 中国修复重建外科杂志，2003，17（3）: 236. {CHEN Yubing,WANG Lili,FANG Huizan,ZHUO Xianglong,YANG Hongmei. Repair of degloving injury of distal phalanx with reverse digital artery flap of adjacent finger[J]. Zhongguo Xiu Fu Chong Jian Wai Ke Za Zhi[Chin J Repar Reconstr Surg(Article in Chinese;No abstract available)],2003,17(3):236.}

[15643] 滕国栋，丁小珩，汤海萍，潘达德. 拇指桡侧指背神经皮瓣修复手指背皮肤缺损 [J]. 中国修复重建外科杂志，2003，17（3）: 267. {TENG Guodong,DING Xiaoheng,TANG Haiping,PAN Dade. Repair of dorsal skin defect of fingers with radial dorsal digital nerve flap of thumb[J]. Zhongguo Xiu Fu Chong Jian Wai Ke Za Zhi[Chin J Repar Reconstr Surg(Article in Chinese;No abstract available)],2003,17(3):267.}

[15644] 刘加元，李耀胜，程驰. 掌背动脉逆行岛状皮瓣修复手指皮肤缺损 [J]. 中国修复重建外科杂志，2003，17（5）: 399. {LIU Jiayuan,LI Yaosheng,CHENG Chi. Reverse dorsal metacarpal

artery island flap for repair of finger skin defect[J]. Zhongguo Xiu Fu Chong Jian Wai Ke Za Zhi[Chin J Repar Reconstr Surg(Article in Chinese;No abstract available)],2003,17(5):399.}

[15645] 陈军，张劲光，陈伟，杨家保. 任意皮瓣修复手指电击伤[J]. 中国修复重建外科杂志，2004，18（1）：7-7. {CHEN Jun,ZHANG Jinguang,CHEN Wei,YANG Jiabao. Repair of electric injury of fingers with random pattern skin flap[J]. Zhongguo Xiu Fu Chong Jian Wai Ke Za Zhi[Chin J Repar Reconstr Surg(Article in Chinese;No abstract available)],2004,18(1):7-7.}

[15646] 陈军，丁德武，胡伟. 前臂逆行岛状皮瓣修复虎口及拇指深度烧伤[J]. 中国修复重建外科杂志，2004，18（2）：91. {CHEN Jun,DING Dewu,HU Wei. Forearm reverse island flap for repairing deep burn of thumb and the first web[J]. Zhongguo Xiu Fu Chong Jian Wai Ke Za Zhi[Chin J Repar Reconstr Surg(Article in Chinese;No abstract available)],2004,18(2):91.}

[15647] 张植生，赵建勇，刘志波，吴海钰，张远林. 第二足趾复合皮瓣与踇趾腓侧皮瓣移植修复手指组织缺损[J]. 中国修复重建外科杂志，2004，18（2）：137. {ZHANG Zhisheng,ZHAO Jianyong,LIU Zhibo,WU Haiyu,ZHANG Yuanlin. Second toe composite flap and lateral great toe flap for repairing finger tissue defect[J]. Zhongguo Xiu Fu Chong Jian Wai Ke Za Zhi[Chin J Repar Reconstr Surg(Article in Chinese;No abstract available)],2004,18(2):137.}

[15648] 安小刚，杨连根，娄宏亮，韩守江，李晓东. 吻合皮神经的拇指尺背侧动脉蒂逆行岛状皮瓣修复拇指软组织缺损[J]. 中国修复重建外科杂志，2004，18（3）：244-245. {AN Xiaogang,YANG Liangen,LOU Hongliang,HAN Shoujiang,LI Xiaodong. Repair of thumb soft tissue defect with reverse island flap pedicled with dorsal ulnar artery of thumb with skin nerve anastomosis[J]. Zhongguo Xiu Fu Chong Jian Wai Ke Za Zhi[Chin J Repar Reconstr Surg(Article in Chinese;No abstract available)],2004,18(3):244-245.}

[15649] 吴同申，孟娟，张磊，孔详清. 指侧方神经血管蒂岛状皮瓣重建拇食（示）指指腹感觉功能[J]. 中国修复重建外科杂志，2004，18（4）：303. {WU Tongshen,MENG Juan,ZHANG Lei,KONG Xiangqing. Reconstruction of sensory function in the pulp of thumb and index finger with pedicled digital neurovascular island flap[J]. Zhongguo Xiu Fu Chong Jian Wai Ke Za Zhi[Chin J Repar Reconstr Surg(Article in Chinese;No abstract available)],2004,18(4):303.}

[15650] 詹海华，阚世廉，费起礼，宫可同，鲁毅军，张宝贵，韩力. 食（示）指固有伸肌腱移位重建拇长伸肌功能及评价[J]. 中国修复重建外科杂志，2004，18（4）：301-303. {ZHAN Haihua,KAN Shilian,FEI Qili,GONG Ketong,LU Yijun,ZHANG Baogui,HAN Li. Evaluation of reconstruction of extensor pollicis function by transfer of extensor indicis[J]. Zhongguo Xiu Fu Chong Jian Wai Ke Za Zhi[Chin J Repar Reconstr Surg(Article in Chinese;Abstract in Chinese and English)],2004,18(4):301-303.}

[15651] 杨华，刘传太，唐葆青，石建辉，赵月涛. 带蒂皮瓣修复手指软组织缺损[J]. 中国修复重建外科杂志，2004，18（4）：341-342. {YANG Hua,LIU Chuantai,TANG Baoqing,SHI Jianhui,ZHAO Yuetao. Repair of finger soft tissue defect with pedicled skin flap[J]. Zhongguo Xiu Fu Chong Jian Wai Ke Za Zhi[Chin J Repar Reconstr Surg(Article in Chinese;No abstract available)],2004,18(4):341-342.}

[15652] 李晋，王江宁，杨卫东，童致虹. 拇指尺背侧动脉逆行岛状皮瓣修复拇指远节软组织缺损[J]. 中国修复重建外科杂志，2004，18（5）：420-422. {LI Jin,WANG Jiangning,YANG Weidong,TONG Zhihong. Application of the dorsoulnar arterial retrograde flap of the thumb to repair of soft tissue defect at the distal thumb[J]. Zhongguo Xiu Fu Chong Jian Wai Ke Za Zhi[Chin J Repar Reconstr Surg(Article in Chinese;Abstract in Chinese and English)],2004,18(5):420-422.}

[15653] 孙占胜，穆卫东，王鲁博，李连欣. 胸脐双动脉蒂超薄皮瓣修复手及手指近端软组织缺损[J]. 中国修复重建外科杂志，2004，18（6）：454-456. {SUN Zhansheng,MU Weidong,WANG Lubo,LI Lianxin. Treatment of soft tissue defects of palm and proximal fingers with double vascular pedicle flaps[J]. Zhongguo Xiu Fu Chong Jian Wai Ke Za Zhi[Chin J Repar Reconstr Surg(Article in Chinese;Abstract in Chinese and English)],2004,18(6):454-456.}

[15654] 郑金满，孙菊妹，潘君太，吴抽浪. 小儿食（示）指背侧岛状皮瓣修复拇指深度烧伤[J]. 中国修复重建外科杂志，2005，19（3）：182. {ZHENG Jinman,SUN Jumei,PAN Juntai,WU Choulang. Repair of deep burn of thumb with dorsal island flap of index finger in children[J]. Zhongguo Xiu Fu Chong Jian Wai Ke Za Zhi[Chin J Repar Reconstr Surg(Article in Chinese;No abstract available)],2005,19(3):182.}

[15655] 刘秉锐，马洪光，纪善燕. 指动脉逆行皮瓣与邻指皮瓣瓦合修复单指中远节皮肤缺损[J]. 中国修复重建外科杂志，2005，19（4）：286. {LIU Bingrui,MA Hongguang,JI Shanyan. Repair of skin defect of middle and distal phalanx with reverse digital artery flap and adjacent skin flap[J]. Zhongguo Xiu Fu Chong Jian Wai Ke Za Zhi[Chin J Repar Reconstr Surg(Article in Chinese;No abstract available)],2005,19(4):286.}

[15656] 黄先功，亢长江，郭建光，刘伟，韩朝政，王港. 微型动脉化静脉皮瓣修复手指软组织缺损[J]. 中国修复重建外科杂志，2005，19（4）：330. {HUANG Xiangong,KANG Changjiang,GUO Jianguang,LIU Wei,HAN Chaozheng,WANG Gang. Repair of finger soft tissue defect with micro-arterialized venous flap[J]. Zhongguo Xiu Fu Chong Jian Wai Ke Za Zhi[Chin J Repar Reconstr Surg(Article in Chinese;No abstract available)],2005,19(4):330.}

[15657] 梁杰，罗少军，汤少明，郝新光. 邻指背侧岛状皮瓣修复指背皮肤缺损[J]. 中国修复重建外科杂志，2005，19（5）：408. {LIANG Jie,LUO Shaojun,TANG Shaoming,HAO Xinguang. Repair of fingers dorsal skin defect with island flap on the dorsal side of adjacent fingers[J]. Zhongguo Xiu Fu Chong Jian Wai Ke Za Zhi[Chin J Repar Reconstr Surg(Article in Chinese;No abstract available)],2005,19(5):408.}

[15658] 杜建春，张鑫，张增方，朱朝晖，李玉椿，杨斌. 逆行指动脉皮瓣修复指腹缺损[J]. 中国修复重建外科杂志，2005，19（5）：410. {DU Jianchun,ZHANG Xin,ZHANG Zengfang,ZHU Chaohui,LI Yuchun,YANG Bin. Repair of finger abdominal defect with reverse digital artery flap[J]. Zhongguo Xiu Fu Chong Jian Wai Ke Za Zhi[Chin J Repar Reconstr Surg(Article in Chinese;No abstract available)],2005,19(5):410.}

[15659] 赵民，邵新中，田德虎，张继春，韩久卉，赵峰. 指动脉背侧支逆行筋膜蒂岛状皮瓣修复手指皮肤缺损[J]. 中国修复重建外科杂志，2005，19（6）：453-454. {ZHAO Min,SHAO Xinzhong,TIAN Dehu,ZHANG Jichun,HAN Jiuhui,ZHAO Feng. Repair of defect on finger skin with reverse fascial pedicle island flap of dorsal branch of digital artery[J]. Zhongguo Xiu Fu Chong Jian Wai Ke Za Zhi[Chin J Repar Reconstr Surg(Article in Chinese;Abstract in Chinese and English)],2005,19(6):453-454.}

[15660] 胡敏. 食（示）指背动脉逆行岛状皮瓣修复食（示）指桡侧软组织缺损[J]. 中国修复重建外科杂志，2005，19（7）：562. {HU Min. Repair of radial soft tissue defect of index finger with reverse dorsal digital artery island flap of index finger[J]. Zhongguo Xiu Fu Chong Jian Wai Ke Za Zhi[Chin J Repar Reconstr Surg(Article in Chinese;No abstract available)],2005,19(7):562.}

[15661] 王欣，陈宏，李文东. 同指带蒂筋膜瓣修复甲床及指背皮肤软组织缺损[J]. 中国修复重建外科杂志，2005，19（8）：678-680. {WANG Xin,CHEN Hong,LI Wendong. Repair of nail bed and dorsal finger skin and soft tissue defects with pedicled fascia flap of the same finger[J]. Zhongguo Xiu Fu Chong Jian Wai Ke Za Zhi[Chin J Repar Reconstr Surg(Article in Chinese;No abstract available)],2005,19(8):678-680.}

[15662] 夏增兵，钱为平，尧彦清，石盛生. 指动脉逆行岛状皮瓣修复指腹缺损[J]. 中国修复重建外科杂志，2005，19（11）：932-933. {XIA Zengbing,QIAN Weiping,YAO Yanqing,SHI Shengsheng. Repair of finger pulp defect with reverse digital artery island flap[J]. Zhongguo Xiu Fu Chong Jian Wai Ke Za Zhi[Chin J Repar Reconstr Surg(Article in Chinese;No abstract available)],2005,19(11):932-933.}

[15663] 王加宽，葛卫宝，李俊，陆士. 吻合指固有神经背侧支的邻指皮瓣修复手指远端掌侧软组织缺损[J]. 中国修复重建外科杂志，2006，20（1）：37-39. {WANG Jiakuan,GE Weibao,LI Jun,LU Shi. Repair the palmar soft tissue defect of the finger with cross-finger flap with cutaneous branch of the ulnar digital finger[J]. Zhongguo Xiu Fu Chong Jian Wai Ke Za Zhi[Chin J Repar Reconstr Surg(Article in Chinese;Abstract in Chinese and English)],2006,20(1):37-39.}

[15664] 孔庆国，郝新燕，张磊，牟美丽. 吻合神经的拇指及邻指指背侧筋膜蒂逆行岛状皮瓣修复拇指末节脱套伤[J]. 中国修复重建外科杂志，2006，20（4）：480-481. {KONG Qingguo,HAO Xinyan,ZHANG Lei,MOU Meili. Repair of degloving injury of distal phalanx of the thumb with nerve anatomosis and reversed dorsal fascia island flap of adjacent fingers[J]. Zhongguo Xiu Fu Chong Jian Wai Ke Za Zhi[Chin J Repar Reconstr Surg(Article in Chinese;No abstract available)],2006,20(4):480-481.}

[15665] 杜建春，张增方，张鑫，朱朝晖，李玉椿，杨斌. 小鱼际逆行岛状皮瓣修复小指掌侧皮肤缺损[J]. 中国修复重建外科杂志，2006，20（4）：483-484. {DU Jianchun,ZHANG Zengfang,ZHANG Xin,ZHU Chaohui,LI Yuchun,YANG Bin. Repair of palmar skin defect of little finger with reverse hypothenar island flap[J]. Zhongguo Xiu Fu Chong Jian Wai Ke Za Zhi[Chin J Repar Reconstr Surg(Article in Chinese;No abstract available)],2006,20(4):483-484.}

[15666] 周礼荣，王伟，李峻，刘迎曦，王平. 同指顺行岛状皮瓣移位修复指腹缺损[J]. 中国修复重建外科杂志，2006，20（7）：725-727. {ZHOU Lirong,WANG Wei,LI Jun,LIU Yingxi,WANG Ping. Transfer of neurovascular island flap from the same finger for repairing pulp defect[J]. Zhongguo Xiu Fu Chong Jian Wai Ke Za Zhi[Chin J Repar Reconstr Surg(Article in Chinese;Abstract in Chinese and English)],2006,20(7):725-727.}

[15667] 邓雪峰，胡春松，叶永秀，万圣祥. 应用皮瓣修复手指热压伤28例[J]. 中国修复重建外科杂志，2006，20（9）：955-956. {DENG Xuefeng,HU Chunsong,YE Yongxiu,WAN Shengxiang. Repair of finger hot-crush injury with flap:a report of 28 cases[J]. Zhongguo Xiu Fu Chong Jian Wai Ke Za Zhi[Chin J Repar Reconstr Surg(Article in Chinese;No abstract available)],2006,20(9):955-956.}

[15668] 武瑞臣，张英民，郭洪生，康少英. 指神经血管筋膜蒂逆行岛状皮瓣的临床应用[J]. 中国修复重建外科杂志，2006，20（9）：957-958. {WU Ruichen,ZHANG Yingmin,GUO Hongsheng,KANG Shaoying. Clinical application of reverse neurovascular fascial pedicled island flap[J]. Zhongguo Xiu Fu Chong Jian Wai Ke Za Zhi[Chin J Repar Reconstr Surg(Article in Chinese;No abstract available)],2006,20(9):957-958.}

[15669] 舒正华，陈波，李钧，魏勇，丁潮琪. 同指指动脉顺行皮瓣修复末节指腹斜行缺损[J]. 中国修复重建外科杂志，2006，20（12）：1234. {SHU Zhenghua,CHEN Bo,LI Jun,WEI Yong,DING Chaoqi. Digital artery flap for repairing the distal pulp oblique defect of the same finger[J]. Zhongguo Xiu Fu Chong Jian Wai Ke Za Zhi[Chin J Repar Reconstr Surg(Article in Chinese;No abstract available)],2006,20(12):1234.}

[15670] 郭旭，董华祥，石涛，林亚. 真皮下血管网皮瓣修复手指脱套伤38例[J]. 中国修复重建外科杂志，2007，21（1）：94-95. {GUO Xu,DONG Huaxiang,SHI Tao,LIN Ya. Subdermal vascular network flap for repairing finger degloving injury:a report of 38 cases[J]. Zhongguo Xiu Fu Chong Jian Wai Ke Za Zhi[Chin J Repar Reconstr Surg(Article in Chinese;Abstract in Chinese)],2007,21(1):94-95.}

[15671] 邓雪峰，周丽英，胡春松，李海宁，黄定根. 带血管食（示）指筋膜瓣修复拇指背侧组织缺损[J]. 中国修复重建外科杂志，2007，21（2）：219-220. {DENG Xuefeng,ZHOU Liying,HU Chunsong,LI Haining,HUANG Dinggen. Repair of dorsal tissue defect of thumb with pedicled fascial flap of index finger[J]. Zhongguo Xiu Fu Chong Jian Wai Ke Za Zhi[Chin J Repar Reconstr Surg(Article in Chinese;Abstract in Chinese)],2007,21(2):219-220.}

[15672] 赵民，邵新中，田德虎，王利民，李延明，孙绍斌，张国鑫. 掌指背侧逆行岛状筋膜蒂皮瓣修复同指皮肤缺损[J]. 中国修复重建外科杂志，2007，21（6）：651-652. {ZHAO Min,SHAO Xinzhong,TIAN Dehu,WANG Limin,LI Yanming,SUN Shaobin,ZHANG Guoxin. Dorsal metacarpophalangeal reverse island fascial flap for repairing skin defect of the same finger[J]. Zhongguo Xiu Fu Chong Jian Wai Ke Za Zhi[Chin J Repar Reconstr Surg(Article in Chinese;Abstract in Chinese)],2007,21(6):651-652.}

[15673] 滕晓峰，章伟文，陈宏. 无骨折指体血管损伤的修复[J]. 中国修复重建外科杂志，2007，21（6）：654-655. {TENG Xiaofeng,ZHANG Weiwen,CHEN Hong. Repair of finger vascular injury without fracture[J]. Zhongguo Xiu Fu Chong Jian Wai Ke Za Zhi[Chin J Repar Reconstr Surg(Article in Chinese;Abstract in Chinese)],2007,21(6):654-655.}

[15674] 杨卫东，童致虹，孙焕伟，张铁慧，张洪权，梁武. 动脉化静脉皮瓣修复手指软组织缺损[J]. 中国修复重建外科杂志，2007，21（6）：656-657. {YANG Weidong,TONG Zhihong,SUN Huanwei,ZHANG Tiehui,ZHANG Hongquan,LIANG Wu. Repair of finger soft tissue defect with arterialized venous flap[J]. Zhongguo Xiu Fu Chong Jian Wai Ke Za Zhi[Chin J Repar Reconstr Surg(Article in Chinese;Abstract in Chinese)],2007,21(6):656-657.}

[15675] 陈超，刘月波，刘德群. 指背逆行筋膜岛状皮瓣修复多指指端缺损[J]. 中国修复重建外科杂志，2007，21（10）：1147-1148. {CHEN Chao,LIU Yuebo,LIU Dequn. Repair of multiple fingertip defects with reverse dorsal digital fascial island flap[J]. Zhongguo Xiu Fu Chong Jian Wai Ke Za Zhi[Chin J Repar Reconstr Surg(Article in Chinese;Abstract in Chinese)],2007,21(10):1147-1148.}

[15676] 王金昌，刘健伟，王天斌. 中节带指背神经的逆行岛状筋膜皮瓣修复指腹缺损[J]. 中国修复重建外科杂志，2007，21（11）：1268-1269. {WANG Jinchang,LIU Jianwei,WANG Tianbin. Repair of finger pulp defect with reverse island fasciocutaneous flap with dorsal digital nerve of middle phalanx[J]. Zhongguo Xiu Fu Chong Jian Wai Ke Za Zhi[Chin J Repar Reconstr Surg(Article in Chinese;Abstract in Chinese)],2007,21(11):1268-1269.}

[15677] 阮建春，施耘，刘群，冯世海. 应用不同种类皮瓣修复手指深度烧伤[J]. 中国修复重建外科杂志，2007，21（12）：1277-1280. {RUAN Jianchun,SHI Yun,LIU Qun,FENG Shihai. Repair of finger deep burn with different kinds of skin flaps[J]. Zhongguo Xiu Fu Chong Jian Wai Ke Za Zhi[Chin J Repar Reconstr Surg(Article in Chinese;Abstract in Chinese and English)],2007,21(12):1277-1280.}

[15678] 刘雪涛，张成进，李忠，周祥吉，范启申，王成琪. 踇趾腓侧皮瓣修饰性修复手指掌侧皮肤缺损[J]. 中国修复重建外科杂志，2008，22（3）：381-382. {LIU Xuetao,ZHANG Chengjin,LI Zhong,ZHOU Xiangji,FAN Qishen,WANG Chengqi. Repair of palmar skin defect of thumb with lateral great toe flap[J]. Zhongguo Xiu Fu Chong Jian Wai Ke Za Zhi[Chin J Repar Reconstr Surg(Article in Chinese;Abstract in Chinese)],2008,22(3):381-382.}

[15679] 李瑞华，阚世廉，李明新. 动脉化静脉皮瓣急诊修复手指软组织缺损[J]. 中国修复重建外科杂志，2008，22（7）：797-799. {LI Ruihua,KAN Shilian,LI Mingxin. Primary repair of soft tissue defect in fingers with arterialized venous flap[J]. Zhongguo Xiu Fu Chong Jian Wai Ke Za Zhi[Chin J Repar Reconstr Surg(Article in Chinese;Abstract in Chinese and English)],2008,22(7):797-799.}

[15680] 李志安，李振武，尹瑞锋. 延长血管蒂指背动脉皮瓣修复手部软组织缺损[J]. 中国修复重建外科杂志，2008，22（8）：1010-1011. {LI Zhian,LI Zhenwu,YIN Ruifeng. Repair of hand soft tissue defect with dorsal digital artery flap with extended pedicle[J]. Zhongguo Xiu Fu Chong Jian Wai Ke Za Zhi[Chin J Repar Reconstr Surg(Article in Chinese;Abstract in Chinese)],2008,22(8):1010-1011.}

[15681] 周晓，许亚军，芮永军，寿奎水. 双蒂腹部真皮下血管网皮管修复2~5指双指脱套伤[J]. 中国修复重建外科杂志，2008，22（11）：1402-1403. {ZHOU Xiao,XU Yajun,RUI Yongjun,SHOU Kuishui. Repair of degloving injury of index to little fingers with double pedicled abdominal subdermal vascular network tubular flap[J]. Zhongguo Xiu Fu Chong Jian Wai Ke Za Zhi[Chin J Repar Reconstr Surg(Article in Chinese;Abstract in Chinese)],2008,22(11):1402-1403.}

[15682] 刘铎，许淑芬. 第2趾间关节游离移植治疗手指部复合伤[J]. 中国修复重建外科杂志，2009，23（1）：115-117. {LIU Duo,XU Shufen. Free transposition of the second interphalangeal joint of the foot in the treatment of compound injury of finger[J]. Zhongguo Xiu Fu Chong Jian Wai Ke Za Zhi[Chin J Repar Reconstr Surg(Article in Chinese;Abstract in Chinese)],2009,23(1):115-117.}

[15683] 戚建武，李学渊，柴益铜，王扬剑，陈宏. 游离足踇趾断层甲床移植修复手指甲床缺损

[J]. 中国修复重建外科杂志，2009，23(2)：249-250. {QI Jianwu,LI Xueyuan,CHAI Yitong,WANG Yangjian,CHEN Hong. Repair of finger nail bed defect with free toe nail bed graft transposition[J]. Zhongguo Xiu Fu Chong Jian Wai Ke Za Zhi[Chin J Repar Reconstr Surg(Article in Chinese;Abstract in Chinese)],2009,23(2):249-250.}

[15684] 邓雪峰，周丽英，陈杰明，黄定根，程中华，梁伟根，李岩松. 掌背动脉逆行岛状筋膜瓣加游离植皮修复指背皮肤缺损[J]. 中国修复重建外科杂志，2009，23(3)：377-379. {DENG Xuefeng,ZHOU Liying,CHEN Jieming,HUANG Dinggen,CHENG Zhonghua,LIANG Weigen,LI Yansong. Reverse dorsal metacarpal artery island fascial flap with free skin graft for repairing dorsal digital skin defect[J]. Zhongguo Xiu Fu Chong Jian Wai Ke Za Zhi[Chin J Repar Reconstr Surg(Article in Chinese;Abstract in Chinese)],2009,23(3):377-379.}

[15685] 李永军，王广超，牛淑芹. 桡侧皮神经营养血管蒂逆行岛状皮瓣修复拇指末节皮肤缺损[J]. 中国修复重建外科杂志，2009，23(5)：633-634. {LI Yongjun,WANG Guangchao,NIU Shuqin. Reverse island flap pedicled with radial cutaneous nerve and nutrient vessel for repairing skin defect of distal thumb[J]. Zhongguo Xiu Fu Chong Jian Wai Ke Za Zhi[Chin J Repar Reconstr Surg(Article in Chinese;Abstract in Chinese)],2009,23(5):633-634.}

[15686] 孙广峰，王达利，魏在荣，聂开瑜，唐修俊. 拇指背侧皮神经营养血管筋膜蒂逆行皮瓣修复拇指指腹缺损[J]. 中国修复重建外科杂志，2009，23(5)：634-635. {SUN Guangfeng,WANG Dali,WEI Zairong,NIE Kaiyu,TANG Xiujun. Repair of thumb pulp defect with reverse flap pedicled with dorsal thumb cutaneous nerve nutrient vessel and fascia[J]. Zhongguo Xiu Fu Chong Jian Wai Ke Za Zhi[Chin J Repar Reconstr Surg(Article in Chinese;Abstract in Chinese)],2009,23(5):634-635.}

[15687] 姜厚森，王成琪，刘光军，王谦，谭琪，唐德胜. 皮神经营养血管蒂逆行岛状皮瓣修复手指皮肤缺损[J]. 中国修复重建外科杂志，2009，23(5)：636-637. {JIANG Housen,WANG Chengqi,LIU Guangjun,WANG Qian,TAN Qi,TANG Desheng. Repair of finger skin defect with reverse island flap pedicled with cutaneous nerve and nutrient vessel[J]. Zhongguo Xiu Fu Chong Jian Wai Ke Za Zhi[Chin J Repar Reconstr Surg(Article in Chinese;Abstract in Chinese)],2009,23(5):636-637.}

[15688] 李志安，李振武，张桂萍. 改良逆行指背筋膜蒂皮瓣修复手指软组织缺损[J]. 中国修复重建外科杂志，2009，23(6)：660-662. {LI Zhian,LI Zhenwu,ZHANG Guiping. Repair of soft tissue defect in finger with modified reverse dorsal digital fascia flap[J]. Zhongguo Xiu Fu Chong Jian Wai Ke Za Zhi[Chin J Repar Reconstr Surg(Article in Chinese;Abstract in Chinese and English)],2009,23(6):660-662.}

[15689] 郑有卯，张法云，吴立志，宋树清，郑卜真，顾仕林. 改良同指逆行指动脉岛状皮瓣修复指端缺损[J]. 中国修复重建外科杂志，2009，23(7)：811-813. {ZHENG Youmao,ZHANG Fayun,WU Lizhi,SONG Shuqing,ZHENG Bozhen,GU Shilin. Modified reverse homodigital artery island flap for repair of fingertip defect[J]. Zhongguo Xiu Fu Chong Jian Wai Ke Za Zhi[Chin J Repar Reconstr Surg(Article in Chinese;Abstract in Chinese and English)],2009,23(7):811-813.}

[15690] 巨积辉，赵强，刘跃飞，魏诚，李雷，金光哲，李建宁，刘新益，侯瑞兴. 指背神经营养血管远端筋膜蒂皮瓣修复手指末节创面[J]. 中国修复重建外科杂志，2009，23(8)：1017-1018. {JU Jihui,ZHAO Qiang,LIU Yuefei,WEI Cheng,LI Lei,JIN Guangzhe,LI Jianning,LIU Xinyi,HOU Ruixing. Distal fascial skin flap pedicled with dorsal digital nerve nutrient vessel for repairing distal phalanx wound[J]. Zhongguo Xiu Fu Chong Jian Wai Ke Za Zhi[Chin J Repar Reconstr Surg(Article in Chinese;Abstract in Chinese)],2009,23(8):1017-1018.}

[15691] 戚炜，陈克俊，陆芸，李凯，赵欣. 两种双岛状皮瓣修复拇示指皮肤套状缺损的疗效比较[J]. 中国修复重建外科杂志，2009，23(10)：1157-1160. {QI Wei,CHEN Kejun,LU Yun,LI Kai,ZHAO Xin. Therapeutic effect comparison of repairing digit degloving injury with two kinds of double island flap[J]. Zhongguo Xiu Fu Chong Jian Wai Ke Za Zhi[Chin J Repar Reconstr Surg(Article in Chinese;Abstract in Chinese and English)],2009,23(10):1157-1160.}

[15692] 黄一雄，沈尊理，王永春，张世民. 拇指背侧远端蒂皮神经营养血管皮瓣修复拇指软组织缺损的临床疗效[J]. 中国修复重建外科杂志，2009，23(10)：1161-1163. {HUANG Yixiong,SHEN Zunli,WANG Yongchun,ZHANG Shimin. Clinical effect of distally-based dorsal thumb neurocutaneous vascular flap on repair of soft tissue defect in thumb[J]. Zhongguo Xiu Fu Chong Jian Wai Ke Za Zhi[Chin J Repar Reconstr Surg(Article in Chinese;Abstract in Chinese and English)],2009,23(10):1161-1163.}

[15693] 钱俊，张全荣，芮永军，寿奎水，薛明宇，吴权. 指掌侧横形岛状皮瓣修复指腹缺损[J]. 中国修复重建外科杂志，2009，23(10)：1164-1166. {QIAN Jun,ZHANG Quanrong,RUI Yongjun,SHOU Kuishui,XUE Mingyu,WU Quan. Repair of finger pulp defect with transverse digital palmar island flap[J]. Zhongguo Xiu Fu Chong Jian Wai Ke Za Zhi[Chin J Repar Reconstr Surg(Article in Chinese;Abstract in Chinese and English)],2009,23(10):1164-1166.}

[15694] 张智，马远征，赵东升，闫宝山，吴小满. 带神经邻指近节指背逆行岛状皮瓣修复指腹缺损[J]. 中国修复重建外科杂志，2009，23(11)：1397-1398. {ZHANG Zhi,MA Yuanzheng,ZHAO Dongsheng,YAN Baoshan,WU Xiaoman. Repair of finger pulp defect with nerve and reverse dorsal digital island flap of adjacent proximal phalanx[J]. Zhongguo Xiu Fu Chong Jian Wai Ke Za Zhi[Chin J Repar Reconstr Surg(Article in Chinese;Abstract in Chinese)],2009,23(11):1397-1398.}

[15695] 魏在荣，王甜甜，税兰，孙广峰，王达利，王玉明. 第一掌背动脉蒂网状供血分叶皮瓣修复拇示指不规则创面[J]. 中国修复重建外科杂志，2010，24(1)：46-49. {WEI Zairong,WANG Tiantian,SHUI Lan,SUN Guangfeng,WANG Dali,WANG Yuming. Repair of irregular wounds on thumbs and index fingers with first dorsal metacarpal artery-based pedicle dictyo-pattern sublobe flaps[J]. Zhongguo Xiu Fu Chong Jian Wai Ke Za Zhi[Chin J Repar Reconstr Surg(Article in Chinese;Abstract in Chinese and English)],2010,24(1):46-49.}

[15696] 孙文海，王增涛，仇申强，官士兵，胡勇，朱磊，刘培亭. 足底内侧静脉皮瓣修复指掌侧软组织缺损[J]. 中国修复重建外科杂志，2010，24(1)：50-52. {SUN Wenhai,WANG Zengtao,CHOU Shenqiang,GUAN Shibing,HU Yong,ZHU Lei,LIU Peiting. Repair of soft-tissue defects on volar aspect of fingers with medial plantar venous flap[J]. Zhongguo Xiu Fu Chong Jian Wai Ke Za Zhi[Chin J Repar Reconstr Surg(Article in Chinese;Abstract in Chinese and English)],2010,24(1):50-52.}

[15697] 李志安，山富彦，杨国志. 延长血管蒂的逆行掌背动脉复合组织瓣修复手指复合组织缺损[J]. 中国修复重建外科杂志，2010，24(3)：375-377. {LI Zhian,SHAN Fuyan,YANG Guozhi. Repair of finger complex tissue defects with reverse dorsal metacarpal artery composite tissue flap with extended pedicle[J]. Zhongguo Xiu Fu Chong Jian Wai Ke Za Zhi[Chin J Repar Reconstr Surg(Article in Chinese;Abstract in Chinese)],2010,24(3):375-377.}

[15698] 黎斌，沈向前，李东平，朱轶，徐长春，魏金永，刘志强，方键. 尺动脉腕上皮支皮瓣修复手指创面重建末梢血运[J]. 中国修复重建外科杂志，2010，24(3)：377-378. {LI Bin,SHEN Xiangqian,LI Dongping,ZHU Yi,XU Changchun,WEI Jinyong,LIU Zhiqiang,FANG Jian. Reconstruction of peripheral blood supply of finger wound with pedicled carpal epithelial branch of ulnar artery flap[J]. Zhongguo Xiu Fu Chong Jian Wai Ke Za Zhi[Chin J Repar Reconstr Surg(Article in Chinese;Abstract in Chinese)],2010,24(3):377-378.}

[15699] 巨积辉，金光哲，周荣，李雷，赵强，刘跃飞，李建宁，魏诚，侯瑞兴. 吻合神经血管的环指指动脉背侧支皮瓣修复指腹缺损[J]. 中国修复重建外科杂志，2010，24(5)：559-561. {JU Jihui,JIN Guangzhe,ZHOU Rong,LI Lei,ZHAO Qiang,LIU Yuefei,LI Jianning,WEI Cheng,HOU Ruixing. Neurovascular free flap based on dorsal branch of digital artery of ring finger for finger pulp defect[J]. Zhongguo Xiu Fu Chong Jian Wai Ke Za Zhi[Chin J Repar Reconstr Surg(Article in Chinese;Abstract in Chinese and English)],2010,24(5):559-561.}

[15700] 张文龙，张子明，高顺红，陈超. 改良掌背动脉逆行岛状皮瓣修复手指软组织缺损[J]. 中国修复重建外科杂志，2010，24(6)：718-721. {ZHANG Wenlong,ZHANG Ziming,GAO Shunhong,CHEN Chao. Repair of finger tissue defect with modified island flap based on reversed dorsal metacarpal artery[J]. Zhongguo Xiu Fu Chong Jian Wai Ke Za Zhi[Chin J Repar Reconstr Surg(Article in Chinese;Abstract in Chinese and English)],2010,24(6):718-721.}

[15701] 朱轶，方键，杨晟玮，曲良岑，刘志强，李东平. 足底内侧动脉浅支带皮瓣修复指掌侧皮肤缺损并重建远端血运[J]. 中国修复重建外科杂志，2010，24(8)：1023-1024. {ZHU Yi,FANG Jian,YANG Shengwei,QU Liangcen,LIU Zhiqiang,LI Dongping. Repair of palmar skin defect of fingers with superficial branch of medial plantar artery flap and reconstruction of distal blood supply[J]. Zhongguo Xiu Fu Chong Jian Wai Ke Za Zhi[Chin J Repar Reconstr Surg(Article in Chinese;Abstract in Chinese)],2010,24(8):1023-1024.}

[15702] 高顺红，陈超，孙来卿，焦成，费小轩，张文龙，董惠双，魏海强. 改良邻指皮瓣联合第二趾甲瓣修复手指中末节皮肤脱套伤[J]. 中国修复重建外科杂志，2010，24(10)：1277-1278. {GAO Shunhong,CHEN Chao,SUN Laiqing,JIAO Cheng,FEI Xiaoxuan,ZHANG Wenlong,DONG Huishuang,WEI Haiqiang. Repair of degloving injury of middle and distal phalanx of fingers with modified adjacent finger flap combined with second toe nail flap[J]. Zhongguo Xiu Fu Chong Jian Wai Ke Za Zhi[Chin J Repar Reconstr Surg(Article in Chinese;Abstract in Chinese)],2010,24(10):1277-1278.}

[15703] 唐继全，甘干达，陶智刚，黄育胡，罗平. 游离尺动脉腕上皮支下行支皮瓣修复手指皮肤缺损[J]. 中国修复重建外科杂志，2010，24(11)：1407-1408. {TANG Jiquan,GAN Ganda,TAO Zhigang,HUANG Yuhu,LUO Ping. Repair of fingers skin defect with free flap pedicled with descending branch of carpal epithelial branch of ulnar artery[J]. Zhongguo Xiu Fu Chong Jian Wai Ke Za Zhi[Chin J Repar Reconstr Surg(Article in Chinese;Abstract in Chinese)],2010,24(11):1407-1408.}

[15704] 王钢城. 第二掌骨背侧岛状皮瓣修复拇指掌侧及虎口区皮肤软组织缺损[J]. 中国修复重建外科杂志，2010，24(12)：1525-1526. {WANG Gangcheng. Second metacarpal dorsal island flap for repairing skin and soft tissue defects of thumb palmar and the first web[J]. Zhongguo Xiu Fu Chong Jian Wai Ke Za Zhi[Chin J Repar Reconstr Surg(Article in Chinese;Abstract in Chinese)],2010,24(12):1525-1526.}

[15705] 周晓，芮永军，许亚军，寿奎水，姚群，储国平. 指动脉不同节段背侧皮支为蒂的V-Y推进皮瓣修复同指指背皮肤缺损[J]. 中国修复重建外科杂志，2011，25(1)：104-106. {ZHOU Xiao,RUI Yongjun,XU Yajun,SHOU Kuishui,YAO Qun,CHU Guoping. Application of v-y advancement flap pedicled with dorsal cutaneous branch of digital artery for skin defect at the same dorsal finger[J]. Zhongguo Xiu Fu Chong Jian Wai Ke Za Zhi[Chin J Repar Reconstr Surg(Article in Chinese;Abstract in Chinese and English)],2011,25(1):104-106.}

[15706] 孙广峰，王达利，祁建平，魏在荣，聂开瑜，金文虎. 第五掌骨桡侧逆行筋膜蒂岛状皮瓣修复环小指皮肤缺损[J]. 中国修复重建外科杂志，2011，25(1)：124-125. {SUN Guangfeng,WANG Dali,QI Jianping,WEI Zairong,NIE Kaiyu,JIN Wenhu. Repair of the ring and little finger skin defect with reverse fascial island flap of the dorsal radial side of the fifth metacarpal[J]. Zhongguo Xiu Fu Chong Jian Wai Ke Za Zhi[Chin J Repar Reconstr Surg(Article in Chinese;Abstract in Chinese)],2011,25(1):124-125.}

[15707] 阳运康，鲁晓波，张忠杰，葛建华. 带蒂尺动脉腕上皮支皮瓣修复对侧手指脱套伤[J]. 中国修复重建外科杂志，2011，25(2)：202-205. {YANG Yunkang,LU Xiaobo,ZHANG Zhongjie,GE Jianhua. Repair of complicated degloving injuries of opposite finger with akin united flaps pedicled with dorsal carpal branch of ulnar artery[J]. Zhongguo Xiu Fu Chong Jian Wai Ke Za Zhi[Chin J Repar Reconstr Surg(Article in Chinese;Abstract in Chinese and English)],2011,25(2):202-205.}

[15708] 周晓，许亚军，芮永军，寿奎水，姚群. 掌远端微型穿支皮瓣在指蹼挛缩修复中的应用[J]. 中国修复重建外科杂志，2011，25(2)：206-208. {ZHOU Xiao,XU Yajun,RUI Yongjun,SHOU Kuishui,YAO Qun. Application of distal palm perforator mini-flap in repair of scar contracture of digital web-spaces[J]. Zhongguo Xiu Fu Chong Jian Wai Ke Za Zhi[Chin J Repar Reconstr Surg(Article in Chinese;Abstract in Chinese and English)],2011,25(2):206-208.}

[15709] 陆向阳，张友乐，赵立宗，苏博义，南利民，王建中，任喜明. 改良示指背侧岛状皮瓣一期修复拇指指端缺损[J]. 中国修复重建外科杂志，2011，25(4)：412-415. {LU Xiangyang,ZHANG Youle,ZHAO Lizong,SU Boyi,NAN Limin,WANG Jianzhong,REN Ximing. Improved index finger dorsal island flap for primary repair of thumb tip injury[J]. Zhongguo Xiu Fu Chong Jian Wai Ke Za Zhi[Chin J Repar Reconstr Surg(Article in Chinese;Abstract in Chinese and English)],2011,25(4):412-415.}

[15710] 孙广峰，魏在荣，王达利，聂开瑜，唐修俊，金文虎. 踇趾腓侧皮瓣游离移植修复手指掌侧皮肤缺损[J]. 中国修复重建外科杂志，2011，25(4)：510-512. {SUN Guangfeng,WEI Zairong,WANG Dali,NIE Kaiyu,TANG Xiujun,JIN Wenhu. Repair of palmar skin defect of fingers with free fibular flap of toe[J]. Zhongguo Xiu Fu Chong Jian Wai Ke Za Zhi[Chin J Repar Reconstr Surg(Article in Chinese;Abstract in Chinese)],2011,25(4):510-512.}

[15711] 王胜涛，朱红，黄富国，蒲超，唐付林，陈玉龙. 尺动脉腕上皮支游离皮瓣修复手指掌侧软组织缺损[J]. 中国修复重建外科杂志，2011，25(5)：635-636. {WANG Shengtao,ZHU Hong,HUANG Fuguo,PU Chao,TANG Fulin,CHEN Yulong. Repair of fingers palmar soft tissue defect with free flap of carpal epithelial branch of ulnar artery[J]. Zhongguo Xiu Fu Chong Jian Wai Ke Za Zhi[Chin J Repar Reconstr Surg(Article in Chinese;Abstract in Chinese)],2011,25(5):635-636.}

[15712] 唐修俊，魏在荣，王波，王达利，祁建平，孙广峰，金文虎. 重建感觉的指固有动脉穿支蒂逆行岛状皮瓣的临床应用[J]. 中国修复重建外科杂志，2011，25(6)：761-762. {TANG Xiujun,WEI Zairong,WANG Bo,WANG Dali,QI Jianping,SUN Guangfeng,JIN Wenhu. Clinical application of reverse island flap pedicled with perforating branch of proper digital artery for sensory reconstruction[J]. Zhongguo Xiu Fu Chong Jian Wai Ke Za Zhi[Chin J Repar Reconstr Surg(Article in Chinese;Abstract in Chinese)],2011,25(6):761-762.}

[15713] 闵祥辉，王煜，张勤，郑江钒，涂云辉. 掌背动脉肌腱皮瓣修复手指皮肤合并肌腱缺损[J]. 中国修复重建外科杂志，2011，25(7)：892-893. {MIN Xianghui,WANG Yu,ZHANG Qin,ZHENG Jiangfan,TU Yunhui. Repair of skin and tendon defects of fingers with dorsal metacarpal artery tendon flap[J]. Zhongguo Xiu Fu Chong Jian Wai Ke Za Zhi[Chin J Repar Reconstr Surg(Article in Chinese;Abstract in Chinese)],2011,25(7):892-893.}

[15714] 杨涛，王利，陈传煌，李文庆，袁善有. 指动脉顺行岛状皮瓣修复手指末节皮肤软组织缺损[J]. 中国修复重建外科杂志，2011，25(7)：894-895. {YANG Tao,WANG Li,CHEN Chuanhuang,LI Wenqing,YUAN Shanyou. Repair of skin and soft tissue defect of distal segment of finger with antegrade digital artery island flap[J]. Zhongguo Xiu Fu Chong Jian Wai Ke Za Zhi[Chin J Repar Reconstr Surg(Article in Chinese;Abstract in Chinese)],2011,25(7):894-895.}

[15715] 刘刚义，席志峰，王从虎，朱修文，刘宗义，王芳. 指动脉串联逆行岛状皮瓣修复指端脱套伤[J]. 中国修复重建外科杂志，2011，25(9)：1030-1032. {LIU Gangyi,XI Zhifeng,WANG Conghu,ZHU Xiuwen,LIU Zongyi,WANG Fang. Reverse island flap of digital artery parallel for repairing degloved injuries of fingertip[J]. Zhongguo Xiu Fu Chong Jian Wai Ke Za Zhi[Chin J Repar Reconstr Surg(Article in Chinese;Abstract in Chinese and English)],2011,25(9):1030-1032.}

[15716] 卢忠存，余金良，彭伟华，韦铭铭，韦炳雷. 重建感觉的指动脉终末背侧支逆行岛状皮瓣修复指端缺损的近期疗效[J]. 中国修复重建外科杂志，2011，25(9)：1033-1035. {LU Zhongcun,YU Jinliang,PENG Weihua,WEI Mingming,WEI Binglei. Short-term effectiveness of reverse island flap pedicled with terminal dorsal branch of digital artery with sense reconstruction for repairing fingertip defects[J]. Zhongguo Xiu Fu Chong Jian Wai Ke Za Zhi[Chin J Repar Reconstr

Surg(Article in Chinese;Abstract in Chinese and English)],2011,25(9):1033-1035.}

[15717] 周晓，许亚军，芮永军，寿奎水，姚群．拇指桡侧指动脉关节皮支为蒂岛状皮瓣的临床应用[J]．中国修复重建外科杂志，2011，25（9）：1036-1039．{ZHOU Xiao,XU Yajun,RUI Yongjun,SHOU Kuishui,YAO Qun. Clinical application of island flap pedicled with dorsal cutaneous branches of thumb radial digital artery[J]. Zhongguo Xiu Fu Chong Jian Wai Ke Za Zhi[Chin J Repar Reconstr Surg(Article in Chinese;Abstract in Chinese and English)],2011,25(9):1036-1039.}

[15718] 肖海涛，岑瑛，陈卫鑫，祁强，林伟．以指动脉分支血管为蒂指侧方皮瓣修复手指甲床缺损[J]．中国修复重建外科杂志，2011，25（9）：1040-1042．{XIAO Haitao,CEN Ying,CHEN Weixin,QI Qiang,LIN Wei. Lateral homodigital flaps pedicled with cutaneous branches of digital artery for repairing nail bed defects[J]. Zhongguo Xiu Fu Chong Jian Wai Ke Za Zhi[Chin J Repar Reconstr Surg(Article in Chinese;Abstract in Chinese and English)],2011,25(9):1040-1042.}

[15719] 李新艳，刘雪涛，王成琪，范启申．自体跖趾关节复合组织瓣移植修复创伤性掌指关节缺损[J]．中国修复重建外科杂志，2011，25（9）：1043-1046．{LI Xinyan,LIU Xuetao,WANG Chengqi,FAN Qishen. Repair of traumatic metacarpophalangeal joint defect by metatarsophalangeal joint composite tissue flap autograft[J]. Zhongguo Xiu Fu Chong Jian Wai Ke Za Zhi[Chin J Repar Reconstr Surg(Article in Chinese;Abstract in Chinese and English)],2011,25(9):1043-1046.}

[15720] 钱俊，芮永军，张全荣，薛明宇，张志海．掌背岛状皮瓣治疗指蹼瘢痕挛缩的疗效[J]．中国修复重建外科杂志，2011，25（11）：1347-1349．{QIAN Jun,RUI Yongjun,ZHANG Quanrong,XUE Mingyu,ZHANG Zhihai. Effectiveness of dorsal metacarpal island flap for treating scar contracture of finger web[J]. Zhongguo Xiu Fu Chong Jian Wai Ke Za Zhi[Chin J Repar Reconstr Surg(Article in Chinese;Abstract in Chinese and English)],2011,25(11):1347-1349.}

[15721] 王伟，张志新，张遵燕，潘月海，王会晗．插秧致中环指伸肌腱自发性断裂修复后早期疗效[J]．中国修复重建外科杂志，2012，26（2）：250-251．{WANG Wei,ZHANG Zhixin,ZHANG Zunyan,PAN Yuehai,WANG Huihan. Early effect of spontaneous extensor tendon rupture of middle and ring finger caused by transplant rice seedings[J]. Zhongguo Xiu Fu Chong Jian Wai Ke Za Zhi[Chin J Repar Reconstr Surg(Article in Chinese;Abstract in Chinese)],2012,26(2):250-251.}

[15722] 刘学胜，叶兴华，赵玉祥，潘朝晖．游离前臂骨间背侧皮瓣修复手指皮肤软组织缺损[J]．中国修复重建外科杂志，2012，26（2）：251-253．{LIU Xuesheng,YE Xinghua,ZHAO Yuxiang,PAN Chaohui. Free dorsal interosseous flap of forearm to repair skin and soft tissue defect of finger[J]. Zhongguo Xiu Fu Chong Jian Wai Ke Za Zhi[Chin J Repar Reconstr Surg(Article in Chinese;Abstract in Chinese)],2012,26(2):251-253.}

[15723] 杨庆达，卢建国，苏瑞鉴，梁波，陈善豪，曾麟杰，吴耀康．改良第一趾蹼皮瓣游离移植修复拇指指腹缺损[J]．中国修复重建外科杂志，2012，26（5）：633-634．{YANG Qingda,LU Jianguo,SU Ruijian,LIANG Bo,CHEN Shanhao,ZENG Linjie,WU Yaokang. Repair of thumb pulp defect with modified first web flap of the foot[J]. Zhongguo Xiu Fu Chong Jian Wai Ke Za Zhi[Chin J Repar Reconstr Surg(Article in Chinese;Abstract in Chinese)],2012,26(5):633-634.}

[15724] 费小轩，冯仕明，高顺红．近节指间关节严重屈曲挛缩畸形的显微外科治疗[J]．中国修复重建外科杂志，2012，26（7）：803-805．{FEI Xiaoxuan,FENG Shiming,GAO Shunhong. Microsurgery for severe flexion contracture of proximal interphalangeal joint[J]. Zhongguo Xiu Fu Chong Jian Wai Ke Za Zhi[Chin J Repar Reconstr Surg(Article in Chinese;Abstract in Chinese and English)],2012,26(7):803-805.}

[15725] 江起庭，冯明生，江志伟，刘进竹．同指两叶皮瓣瓦合修复手指远节脱套伤[J]．中国修复重建外科杂志，2012，26（7）：806-809．{JIANG Qiting,FENG Mingsheng,JIANG Zhiwei,LIU Jinzhu. Repairing degloving injury of distal phalanx with homodigital bilobed flaps tiled[J]. Zhongguo Xiu Fu Chong Jian Wai Ke Za Zhi[Chin J Repar Reconstr Surg(Article in Chinese;Abstract in Chinese and English)],2012,26(7):806-809.}

[15726] 金日浩，林戈亮，陈康察，金昱．上臂外侧游离皮瓣修复重度虎口挛缩及一期示指外展功能重建[J]．中国修复重建外科杂志，2012，26（9）：1071-1073．{JIN Rihao,LIN Geliang,CHEN Kangcha,JIN Yu. Upper limb free flap for repair of severe contracture of thumb web and one stage reconstruction of index finger abduction[J]. Zhongguo Xiu Fu Chong Jian Wai Ke Za Zhi[Chin J Repar Reconstr Surg(Article in Chinese;Abstract in Chinese and English)],2012,26(9):1071-1073.}

[15727] 刘刚义，席志峰，王从虎，朱修文，张志敏，荣向科．多块掌背动脉岛状皮瓣修复多指皮肤软组织缺损[J]．中国修复重建外科杂志，2012，26（10）：1265-1266．{LIU Gangyi,XI Zhifeng,WANG Conghu,ZHU Xiuwen,ZHANG Zhimin,RONG Xiangke. Multiple dorsal metacarpal artery island flaps for repair of skin and soft tissue defects of multiple fingers[J]. Zhongguo Xiu Fu Chong Jian Wai Ke Za Zhi[Chin J Repar Reconstr Surg(Article in Chinese;Abstract in Chinese)],2012,26(10):1265-1266.}

[15728] 周晓，芮永军，许亚军，寿奎水．大鱼际微型穿支皮瓣在拇指近节指腹挛缩修复中的应用[J]．中国修复重建外科杂志，2012，26（11）：1405-1406．{ZHOU Xiao,RUI Yongjun,XU Yajun,SHOU Kuishui. Application of thenar mini perforator flap in the repair of thumb proximal pulp contracture[J]. Zhongguo Xiu Fu Chong Jian Wai Ke Za Zhi[Chin J Repar Reconstr Surg(Article in Chinese;Abstract in Chinese)],2012,26(11):1405-1406.}

[15729] 李匡文，刘俊，黄新峰，刘鸣江，伍鹏，张欣．游离双侧双叶骨间背动脉穿支皮瓣修复四指掌侧皮肤缺损一例[J]．中国修复重建外科杂志，2012，26（12）：1519-1520．{LI Kuangwen,LIU Jun,HUANG Xinfeng,LIU Mingjiang,WU Peng,ZHANG Xin. Free bilobed dorsal interosseous artery perforator flap for repairing palmar skin defect of four fingers:a case report[J]. Zhongguo Xiu Fu Chong Jian Wai Ke Za Zhi[Chin J Repar Reconstr Surg(Article in Chinese;Abstract in Chinese)],2012,26(12):1519-1520.}

[15730] 梁高峰，智丰，滕云升，刘重，张满盈，石宇，段超鹏，贾晶．近指间关节复合组织缺损的显微外科修复[J]．中国修复重建外科杂志，2012，26（12）：1521-1522．{LIANG Gaofeng,ZHI Feng,TENG Yunsheng,LIU Zhong,ZHANG Manying,SHI Yu,DUAN Chaopeng,JIA Jing. Microsurgical repair of compound tissue defect of proximal interphalangeal joint[J]. Zhongguo Xiu Fu Chong Jian Wai Ke Za Zhi[Chin J Repar Reconstr Surg(Article in Chinese;Abstract in Chinese)],2012,26(12):1521-1522.}

[15731] 郑大伟，黎章灿，许立，张旭阳，石荣剑，孙峰，寿奎水．尺动脉腕上皮支双叶游离皮瓣修复手指复杂创面[J]．中国修复重建外科杂志，2013，27（1）：116-118．{ZHENG Dawei,LI Zhangcan,XU Li,ZHANG Xuyang,SHI Rongjian,SUN Feng,SHOU Kuishui. Repair of complex finger wounds with bilobed free flap pedicled with carpal epithelial branch of ulnar artery[J]. Zhongguo Xiu Fu Chong Jian Wai Ke Za Zhi[Chin J Repar Reconstr Surg(Article in Chinese;Abstract in Chinese)],2013,27(1):116-118.}

[15732] 张文静，张文龙，焦成，刘亚静．指摸动脉分支蒂掌背链状血管皮瓣修复手指软组织缺损[J]．中国修复重建外科杂志，2013，27（4）：440-442．DOI：10.7507/1002-1892.20130102．{ZHANG Wenjing,ZHANG Wenlong,JIAO Cheng,LIU Yajing. Repair of finger soft tissue defect with island flap based on vascular chain of cutaneous branch of dorsal metacarpal artery[J]. Zhongguo Xiu Fu Chong Jian Wai Ke Za Zhi[Chin J Repar Reconstr Surg(Article in Chinese;Abstract in Chinese and English)],2013,27(4):440-442. DOI:10.7507/1002-1892.20130102.}

[15733] 刘育杰，丁小珩，焦鸿生，张宏勋，屈志刚，姜凯，曹学成．拇指桡侧筋膜瓣在甲床重度缺损修复中的应用[J]．中国修复重建外科杂志，2013，27（5）：603-605．DOI：10.7507/1002-1892.20130133．{LIU Yujie,DING Xiaoheng,JIAO Hongsheng,ZHANG Hongxun,QU Zhigang,JIANG Kai,CAO Xuecheng. Repair of severe nail bed defects with radial dorsal fasciocutaneous flap of thumb[J]. Zhongguo Xiu Fu Chong Jian Wai Ke Za Zhi[Chin J Repar Reconstr Surg(Article in Chinese;Abstract in Chinese and English)],2013,27(5):603-605. DOI:10.7507/1002-1892.20130133.}

[15734] 李根群，李启朝，张景华，崔浩杰，卢俊岳．指固有动脉中段背侧支岛状皮瓣移位修复指间关节背侧皮肤软组织缺损[J]．中国修复重建外科杂志，2013，27（7）：891-892．DOI：10.7507/1002-1892.20130196．{LI Genqun,LI Qichao,ZHANG Jinghua,CUI Haojie,LU Junyue. Repair of dorsal skin and soft tissue defect of interphalangeal joint with island flap pedicled with dorsal branch of proper digital artery[J]. Zhongguo Xiu Fu Chong Jian Wai Ke Za Zhi[Chin J Repar Reconstr Surg(Article in Chinese;Abstract in Chinese)],2013,27(7):891-892. DOI:10.7507/1002-1892.20130196.}

[15735] 钱俊，芮永军，张全荣，薛明宇，吴权．第一掌骨桡背侧穿支皮瓣修复拇指背岛状皮瓣供区[J]．中国修复重建外科杂志，2013，27（9）：1150-1151．DOI：10.7507/1002-1892.20130251．{QIAN Jun,RUI Yongjun,ZHANG Quanrong,XUE Mingyu,WU Quan. First metacarpal radial dorsal perforator flap for repairing the donor site of thumb dorsal island flap[J]. Zhongguo Xiu Fu Chong Jian Wai Ke Za Zhi[Chin J Repar Reconstr Surg(Article in Chinese;Abstract in Chinese)],2013,27(9):1150-1151. DOI:10.7507/1002-1892.20130251.}

[15736] 周晓，芮永军，薛明宇，许亚军，卜凡玉．指动脉串联逆行岛状皮瓣修复老年指端脱套伤[J]．中国修复重建外科杂志，2013，27（11）：1400-1401．DOI：10.7507/1002-1892.20130303．{ZHOU Xiao,RUI Yongjun,XUE Mingyu,XU Yajun,BO Fanyu. Repair of finger tip degloving injury in elderly patients with reverse island flap of connecting digital artery[J]. Zhongguo Xiu Fu Chong Jian Wai Ke Za Zhi[Chin J Repar Reconstr Surg(Article in Chinese;Abstract in Chinese)],2013,27(11):1400-1401. DOI:10.7507/1002-1892.20130303.}

[15737] 赵民，田德虎，邵新中，李大村，刘井达，赵亮，李海雷，王晓磊，张文桐．腕部掌侧桡动脉掌浅支横行微型皮瓣游离移植修复手指皮肤缺损[J]．中国修复重建外科杂志，2013，27（12）：1475-1479．DOI：10.7507/1002-1892.20130324．{ZHAO Min,TIAN Dehu,SHAO Xinzhong,LI Dacun,LIU Jingda,ZHAO Liang,LI Hailei,WANG Xiaolei,ZHANG Wentong. Clinical application of micro transverse flap pedicled with superficial palmar branch of radial artery from palmar wrist to repair skin defect of finger[J]. Zhongguo Xiu Fu Chong Jian Wai Ke Za Zhi[Chin J Repar Reconstr Surg(Article in Chinese;Abstract in Chinese and English)],2013,27(12):1475-1479. DOI:10.7507/1002-1892.20130324.}

[15738] 卢俊岳，崔浩杰，张巍，李启朝，何奎乐，彭永利，边朝辉．带血管蒂的邻指皮瓣修复手指末节皮肤脱套伤[J]．中国修复重建外科杂志，2013，27（12）：1480-1483．DOI：10.7507/1002-1892.20130325．{LU Junyue,CUI Haojie,ZHANG Wei,LI Qichao,HE Kuile,PENG Yongli,BIAN Chaohui. Repair of degloving injury of fingertip with vascular pedicled cross finger flap[J]. Zhongguo Xiu Fu Chong Jian Wai Ke Za Zhi[Chin J Repar Reconstr Surg(Article in Chinese;Abstract in Chinese and English)],2013,27(12):1480-1483. DOI:10.7507/1002-1892.20130325.}

[15739] 强力，寿奎水，芮永军，薛明宇，周晓，卜凡玉．同指中节指动脉岛状筋膜瓣联合断层甲床移植修复甲床缺损[J]．中国修复重建外科杂志，2014，28（1）：123-124．DOI：10.7507/1002-1892.20140027．{QIANG Li,SHOU Kuishui,RUI Yongjun,XUE Mingyu,ZHOU Xiao,BO Fanyu. Repair of nail bed defect with pedicled middle phalangeal artery island fascial flap combined with nail bed grafting[J]. Zhongguo Xiu Fu Chong Jian Wai Ke Za Zhi[Chin J Repar Reconstr Surg(Article in Chinese;Abstract in Chinese)],2014,28(1):123-124. DOI:10.7507/1002-1892.20140027.}

[15740] 唐修俊，李海，魏在荣，王波，祁建平．指摸动脉穿支掌背皮瓣修复手指近节供区创面[J]．中国修复重建外科杂志，2014，28（5）：659-660．DOI：10.7507/1002-1892.20140145．{TANG Xiujun,LI Hai,WEI Zairong,WANG Bo,QI Jianping. Dorsal metacarpal flap pedicled with perforator of digital web artery for repair of donor site of proximal finger[J]. Zhongguo Xiu Fu Chong Jian Wai Ke Za Zhi[Chin J Repar Reconstr Surg(Article in Chinese;Abstract in Chinese)],2014,28(5):659-660. DOI:10.7507/1002-1892.20140145.}

[15741] 卢晖，王文刚，吴慧玲，罗壬满，韦伟，王旭东．游离移植吻合皮神经的前臂双动脉化静脉皮瓣修复手指缺损疗效观察[J]．中国修复重建外科杂志，2014，28（6）：707-709．DOI：10.7507/1002-1892.20140156．{LU Hui,WANG Wengang,WU Huiling,LUO Renman,WEI Wei,WANG Xudong. Effectiveness of free anastomosis cutaneous nerve double arterialized venous flap graft for repairing finger defect[J]. Zhongguo Xiu Fu Chong Jian Wai Ke Za Zhi[Chin J Repar Reconstr Surg(Article in Chinese;Abstract in Chinese and English)],2014,28(6):707-709. DOI:10.7507/1002-1892.20140156.}

[15742] 张建超，许明，钟贤，于斌，陆辉，徐晓晨．手指侧方指动脉穿支蒂螺旋桨皮瓣修复指端缺损[J]．中国修复重建外科杂志，2014，28（6）：789-790．DOI：10.7507/1002-1892.20140174．{ZHANG Jianchao,XU Ming,ZHONG Xian,YU Bin,LU Hui,XU Xiaochen. Repair of fingertip defect with lateral digital artery perforator propeller flap[J]. Zhongguo Xiu Fu Chong Jian Wai Ke Za Zhi[Chin J Repar Reconstr Surg(Article in Chinese;Abstract in Chinese)],2014,28(6):789-790. DOI:10.7507/1002-1892.20140174.}

[15743] 周晓，芮永军，薛明宇，许亚军，郑和平．游离尺动脉近中段穿支蒂 M 形皮瓣修复手指末节脱套伤[J]．中国修复重建外科杂志，2014，28（6）：791-792．DOI：10.7507/1002-1892.20140175．{ZHOU Xiao,RUI Yongjun,XUE Mingyu,XU Yajun,ZHENG Heping. Repair of degloving injury of distal phalanx with free M-shaped perforator flap of proximal and middle ulnar artery[J]. Zhongguo Xiu Fu Chong Jian Wai Ke Za Zhi[Chin J Repar Reconstr Surg(Article in Chinese;Abstract in Chinese)],2014,28(6):791-792. DOI:10.7507/1002-1892.20140175.}

[15744] 杨焕友，王斌，卢爱东，李瑞国，陈超，马铁鹏．重建感觉的指侧方岛状皮瓣修复拇指指腹缺损[J]．中国修复重建外科杂志，2014，28（7）：862-864．DOI：10.7507/1002-1892.20140190．{YANG Huanyou,WANG Bin,LU Aidong,LI Ruiguo,CHEN Chao,MA Tiepeng. Repair of thumb pulp defects with side island flap coinciding dorsal branch of digital nerve[J]. Zhongguo Xiu Fu Chong Jian Wai Ke Za Zhi[Chin J Repar Reconstr Surg(Article in Chinese;Abstract in Chinese and English)],2014,28(7):862-864. DOI:10.7507/1002-1892.20140190.}

[15745] 杨颇，周家顺，魏翔，胡兴峰，李吉，李青松，宋开芳．指动脉神经束残端蒂皮瓣修复指端皮肤软组织缺损[J]．中国修复重建外科杂志，2015，29（1）：129-130．DOI：10.7507/1002-1892.20150026．{YANG Po,ZHOU Jiashun,WEI Xiang,HU Xingfeng,LI Ji,LI Qingsong,SONG Kaifang. Repair of fingertip skin and soft tissue defects with digital artery flap pedicled with nerve stump[J]. Zhongguo Xiu Fu Chong Jian Wai Ke Za Zhi[Chin J Repar Reconstr Surg(Article in Chinese;Abstract in Chinese)],2015,29(1):129-130. DOI:10.7507/1002-1892.20150026.}

[15746] 陈伟，魏在荣，孙广峰，唐修俊，张文夺．第二指摸动脉蒂复合组织瓣修复示中指指背组织缺损[J]．中国修复重建外科杂志，2015，29（2）：260-261．DOI：10.7507/1002-1892.20150054．{CHEN Wei,WEI Zairong,SUN Guangfeng,TANG Xiujun,ZHANG Wenduo. Repair of dorsal tissue defect of middle finger with composite tissue flap pedicled with second web artery[J]. Zhongguo Xiu Fu Chong Jian Wai Ke Za Zhi[Chin J Repar Reconstr Surg(Article in Chinese;Abstract in Chinese)],2015,29(2):260-261. DOI:10.7507/1002-1892.20150054.}

[15747] 张净宇，马铁鹏，高顺红，于志亮，平凡，霍永鑫，张文龙．改良邻指双叶皮瓣修复指掌侧大面积皮肤缺损[J]．中国修复重建外科杂志，2015，29（3）：395-396．DOI：10.7507/1002-1892.20150085．{ZHANG Jingyu,MA Tiepeng,GAO Shunhong,YU Zhiliang,PING Fan,HUO Yongxin,ZHANG Wenlong. Repair of large skin defect on the palmar side of finger with modified bilobed flap of adjacent finger[J]. Zhongguo Xiu Fu Chong Jian Wai Ke Za Zhi[Chin J Repar Reconstr Surg(Article in Chinese;Abstract in Chinese)],2015,29(3):395-396. DOI:10.7507/1002-1892.20150085.}

[15748] 周晓，芮永军，薛明宇，许亚军，强力，郑和平．以小鱼际穿支为蒂的 V-Y 推进皮瓣修复掌尺侧小面积皮肤伴指神经缺损[J]．中国修复重建外科杂志，2015，29（5）：658-

660. DOI: 10.7507/1002-1892.20150143. {ZHOU Xiao,RUI Yongjun,XUE Mingyu,XU Yajun,QIANG Li,ZHENG Heping. Repair of small palmar and ulnar skin defect and digital nerve defect with V-Y advancement thenar perforator flap[J]. Zhongguo Xiu Fu Chong Jian Wai Ke Za Zhi[Chin J Repar Reconstr Surg(Article in Chinese;Abstract in Chinese)],2015,29(5):658-660. DOI:10.7507/1002-1892.20150143.}

[15749] 侍朋举，张文龙，赵刚，李志刚，赵少平，张铁山. 足背皮瓣串并联踇甲复合组织瓣修复手部脱套伤伴拇指缺损 [J]. 中国修复重建外科杂志，2015，29 (7)：799-803. DOI：10.7507/1002-1892.20150173. {SHI Pengju,ZHANG Wenlong,ZHAO Gang,LI Zhigang,ZHAO Shaoping,ZHANG Tieshan. Dorsalis pedis flap series-parallel big toe nail composite tissue flap to repair hand skin of degloving injury with thumb defect[J]. Zhongguo Xiu Fu Chong Jian Wai Ke Za Zhi[Chin J Repar Reconstr Surg(Article in Chinese;Abstract in Chinese and English)],2015,29(7):799-803. DOI:10.7507/1002-1892.20150173.}

[15750] 叶国强，刘治军，郑灿镔，张迅超. 近节指动脉背侧支为蒂的掌指背皮瓣修复手指中远节软组织缺损 [J]. 中国修复重建外科杂志，2015，29 (7)：917-918. DOI：10.7507/1002-1892.20150196. {YE Guoqiang,LIU Zhijun,ZHENG Canbin,ZHANG Xunchao. Repairing soft tissue defect of middle and distal phalanges with dorsal metacarpophalangeal flap pedicled with dorsal branch of proximal digital artery[J]. Zhongguo Xiu Fu Chong Jian Wai Ke Za Zhi[Chin J Repar Reconstr Surg(Article in Chinese;Abstract in Chinese)],2015,29(7):917-918. DOI:10.7507/1002-1892.20150196.}

[15751] 张文静，张文龙，郑宏明，高飞，徐华，赵慧. 指动脉皮支皮瓣修复手指皮肤缺损 [J]. 中国修复重建外科杂志，2015，29 (8)：1051-1053. DOI：10.7507/1002-1892.20150226. {ZHANG Wenjing,ZHANG Wenlong,ZHENG Hongming,GAO Fei,XU Hua,ZHAO Hui. Repair of digit skin defect with digital artery skin branch flap[J]. Zhongguo Xiu Fu Chong Jian Wai Ke Za Zhi[Chin J Repar Reconstr Surg(Article in Chinese;Abstract in Chinese)],2015,29(8):1051-1053. DOI:10.7507/1002-1892.20150226.}

[15752] 周建东，芮永军，许亚军，糜菁熠. 多束法缝合结合术后早期半弧主动屈伸治疗手指Ⅱ区屈肌腱损伤 [J]. 中国修复重建外科杂志，2015，29 (8)：1053-1055. DOI：10.7507/1002-1892.20150227. {ZHOU Jiandong,RUI Yongjun,XU Yajun,MI Jingyi. Multiple bundle suture combined with early postoperative half-arc active flexion and extension in the treatment of flexor tendon injury of zone Ⅱ [J]. Zhongguo Xiu Fu Chong Jian Wai Ke Za Zhi[Chin J Repar Reconstr Surg(Article in Chinese;Abstract in Chinese)],2015,29(8):1053-1055. DOI:10.7507/1002-1892.20150227.}

[15753] 杨颇，宋开芳，李青松，周家顺，陈涛，李敬鹏，李远平. 双侧指动脉神经束残端蒂皮瓣瓦合修复手指末节脱套伤 [J]. 中国修复重建外科杂志，2015，29 (10)：1317-1318. DOI：10.7507/1002-1892.20150284. {YANG Po,SONG Kaifang,LI Qingsong,ZHOU Jiashun,CHEN Tao,LI Jingpeng,LI Yuanping. Repair of degloving injury of distal phalanx with bilateral digital artery flaps pedicled with nerve bundle stumps[J]. Zhongguo Xiu Fu Chong Jian Wai Ke Za Zhi[Chin J Repar Reconstr Surg(Article in Chinese;Abstract in Chinese)],2015,29(10):1317-1318. DOI:10.7507/1002-1892.20150284.}

[15754] 周晓，薛明宇，芮永军，许亚军，强力. 带部分甲床的指动脉顺行皮瓣侧方推进修复拇指指端斜形缺损 [J]. 中国修复重建外科杂志，2015，29 (10)：1319-1320. DOI：10.7507/1002-1892.20150285. {ZHOU Xiao,XUE Mingyu,RUI Yongjun,XU Yajun,QIANG Li. Lateral advancement of digital artery antegrade flap with partial nail bed for repairing oblique defect of thumb tip[J]. Zhongguo Xiu Fu Chong Jian Wai Ke Za Zhi[Chin J Repar Reconstr Surg(Article in Chinese;Abstract in Chinese)],2015,29(10):1319-1320. DOI:10.7507/1002-1892.20150285.}

[15755] 刘金伟，何藻鹏，李卫，周琮镇，郑玉东，曾迪藩，刘东波. 改良踇甲复合组织瓣移植修复含指间关节的拇指背侧复合组织缺损 [J]. 中国修复重建外科杂志，2015，29 (11)：1415-1418. DOI：10.7507/1002-1892.20150303. {LIU Jinwei,HE Zaopeng,LI Wei,ZHOU Congzhen,ZHENG Yudong,ZENG Difan,LIU Dongbo. Repair of composite tissue defects of dorsal thumb including interphalangeal joint by transplantation of modified hallux toe-nail composite tissue flap[J]. Zhongguo Xiu Fu Chong Jian Wai Ke Za Zhi[Chin J Repar Reconstr Surg(Article in Chinese;Abstract in Chinese and English)],2015,29(11):1415-1418. DOI:10.7507/1002-1892.20150303.}

[15756] 周晓，薛明宇，芮永军，许亚军，强力. 指背动脉筋膜瓣结合皮肤原位回植治疗拇指末节指腹撕脱伤 [J]. 中国修复重建外科杂志，2015，29 (11)：1451-1452. DOI：10.7507/1002-1892.20150310. {ZHOU Xiao,XUE Mingyu,RUI Yongjun,XU Yajun,QIANG Li. Treatment of avulsion injury of distal phalanx of thumb with dorsal digital artery fascial flap combined with skin in-situ replantation[J]. Zhongguo Xiu Fu Chong Jian Wai Ke Za Zhi[Chin J Repar Reconstr Surg(Article in Chinese;Abstract in Chinese)],2015,29(11):1451-1452. DOI:10.7507/1002-1892.20150310.}

[15757] 杨帅智，陈禄，郑灿镔，杨俊贵，黄昱，崔建德. 分叶串联游离静脉皮瓣在双手指近中节软组织缺损修复中的应用 [J]. 中国修复重建外科杂志，2016，30 (4)：440-443. DOI：10.7507/1002-1892.20160088. {YANG Shuaizhi,CHEN Lu,ZHENG Canbin,YANG Jungui,HUANG Yu,CUI Jiande. Application of the double skin paddle arterialized venous flaps for reconstructing soft tissue defects of middle and proximal parts of double figures[J]. Zhongguo Xiu Fu Chong Jian Wai Ke Za Zhi[Chin J Repar Reconstr Surg(Article in Chinese;Abstract in Chinese and English)],2016,30(4):440-443. DOI:10.7507/1002-1892.20160088.}

[15758] 佟长贵，童致虹，梁海东，曾伟锋，苑博，孙赫阳. 指固有动脉背侧穿支螺旋桨皮瓣修复指端缺损 [J]. 中国修复重建外科杂志，2016，30 (5)：657-658. DOI：10.7507/1002-1892.20160133. {TONG Changgui,TONG Zhihong,LIANG Haidong,ZENG Weifeng,YUAN Bo,SUN Heyang. Repair of fingertip defect with propeller flap pedicled with dorsal perforator of digital proper artery[J]. Zhongguo Xiu Fu Chong Jian Wai Ke Za Zhi[Chin J Repar Reconstr Surg(Article in Chinese;Abstract in Chinese)],2016,30(5):657-658. DOI:10.7507/1002-1892.20160133.}

[15759] 李木卫，梁文仙，罗朝晖，黄少耿，马立峰，杨延军，张子清. 吻合指背动脉的踇趾腓背侧动脉皮瓣修复手指背侧皮肤软组织缺损 [J]. 中国修复重建外科杂志，2016，30 (6)：732-735. DOI：10.7507/1002-1892.20160149. {LI Muwei,LIANG Wenxian,LUO Zhaohui,HUANG Shaogeng,MA Lifeng,YANG Yanjun,ZHANG Ziqing. Toe fibular-dorsal artery flap anastomosed to dorsal digital artery in repairing dorsal soft tissue defect of fingers[J]. Zhongguo Xiu Fu Chong Jian Wai Ke Za Zhi[Chin J Repar Reconstr Surg(Article in Chinese;Abstract in Chinese and English)],2016,30(6):732-735. DOI:10.7507/1002-1892.20160149.}

[15760] 张净宇，苏铁柱，高顺红，于志亮，张文龙. 指动脉侧方血管链皮瓣瓦合邻指皮瓣治疗手指末节脱套伤 [J]. 中国修复重建外科杂志，2016，30 (6)：785-786. DOI：10.7507/1002-1892.20160160. {ZHANG Jingyu,SU Tiezhu,GAO Shunhong,YU Zhiliang,ZHANG Wenlong. Treatment of degloving injury of distal phalanx with lateral vascular chain of digital artery and adjacent finger flap[J]. Zhongguo Xiu Fu Chong Jian Wai Ke Za Zhi[Chin J Repar Reconstr Surg(Article in Chinese;Abstract in Chinese)],2016,30(6):785-786. DOI:10.7507/1002-1892.20160160.}

[15761] 卜凡玉，薛明宇，强力，周晓，芮永军，许亚军. 指蹼穿支蒂V-Y推进皮瓣修复指动脉逆行岛状皮瓣供区 [J]. 中国修复重建外科杂志，2016，30 (6)：787-788. DOI：10.7507/1002-1892.20160161. {BO Fanyu,XUE Mingyu,QIANG Li,ZHOU Xiao,RUI Yongjun,XU Yajun. V-Y advancement finger web perforator flap for repairing the donor site of digital artery retrograde island flap[J]. Zhongguo Xiu Fu Chong Jian Wai Ke Za Zhi[Chin J Repar Reconstr Surg(Article in Chinese;Abstract in Chinese)],2016,30(6):787-788. DOI:10.7507/1002-1892.20160161.}

[15762] 周晓，芮永军，薛明宇，许亚军，强力. 带部分拇长伸肌腱的尺侧指背动脉嵌合皮瓣修复拇指 Doyle Ⅲ型锤状指 [J]. 中国修复重建外科杂志，2016，30 (8)：939-942. DOI：10.7507/1002-1892.20160190. {ZHOU Xiao,RUI Yongjun,XUE Mingyu,XU Yajun,QIANG Li. Effectiveness of part long thumb extensor tendon dorsal ulnar artery chimeric flap for repair of Doyle type Ⅲ mallet finger of thumb[J]. Zhongguo Xiu Fu Chong Jian Wai Ke Za Zhi[Chin J Repar Reconstr Surg(Article in Chinese;Abstract in Chinese and English)],2016,30(8):939-942. DOI:10.7507/1002-1892.20160190.}

[15763] 杨焕友，王斌，李瑞国，刘志旺，王伟. 改良顺行旗帜皮瓣修复手指指端缺损的疗效观察 [J]. 中国修复重建外科杂志，2016，30 (9)：1183-1185. DOI：10.7507/1002-1892.20160242. {YANG Huanyou,WANG Bin,LI Ruiguo,LIU Zhiwang,WANG Wei. Clinical observation of modified antegrade flag flap in repairing fingertip defect[J]. Zhongguo Xiu Fu Chong Jian Wai Ke Za Zhi[Chin J Repar Reconstr Surg(Article in Chinese;Abstract in Chinese)],2016,30(9):1183-1185. DOI:10.7507/1002-1892.20160242.}

[15764] 钱俊，芮永军，施海峰，吴权，吴柯. 双叶穿支皮瓣修复指背软组织缺损 [J]. 中国修复重建外科杂志，2016，30 (10)：1317-1318. DOI：10.7507/1002-1892.20160268. {QIAN Jun,RUI Yongjun,SHI Haifeng,WU Quan,WU Ke. Bilobed perforator flap for repairing dorsal soft tissue defect of finger[J]. Zhongguo Xiu Fu Chong Jian Wai Ke Za Zhi[Chin J Repar Reconstr Surg(Article in Chinese;Abstract in Chinese)],2016,30(10):1317-1318. DOI:10.7507/1002-1892.20160268.}

[15765] 王斌，贾松，卢爱东，郝睿峥，霍永鑫，费小轩，庞海涛. 第二趾背甲皮瓣联合中环指岛状皮瓣修复拇指脱套伤的临床研究 [J]. 中国修复重建外科杂志，2016，30 (11)：1383-1386. DOI：10.7507/1002-1892.20160284. {WANG Bin,JIA Song,LU Aidong,HAO Ruizheng,HUO Yongxin,FEI Xiaoxuan,PANG Haitao. Reconstruction of degloved thumbs with free second toe dorsal flap combined with middle or ring finger island flap[J]. Zhongguo Xiu Fu Chong Jian Wai Ke Za Zhi[Chin J Repar Reconstr Surg(Article in Chinese;Abstract in Chinese and English)],2016,30(11):1383-1386. DOI:10.7507/1002-1892.20160284.}

[15766] 周珂，崔西锋，王文良，姬程程，陈芳建. 指动脉背侧穿支蒂螺旋桨皮瓣修复指端软组织缺损 [J]. 中国修复重建外科杂志，2016，30 (11)：1441-1442. DOI：10.7507/1002-1892.20160297. {ZHOU Ke,CUI Xifeng,WANG Wenliang,JI Chengcheng,CHEN Fangjian. Repair of fingertip soft tissue defect with propeller flap pedicled with dorsal perforator of digital artery[J]. Zhongguo Xiu Fu Chong Jian Wai Ke Za Zhi[Chin J Repar Reconstr Surg(Article in Chinese;Abstract in Chinese)],2016,30(11):1441-1442. DOI:10.7507/1002-1892.20160297.}

[15767] 程定，胡俊生，崔树英，张继朝，李东方，石荣剑，许立，寿奎水. 桡动脉穿支腕横纹皮瓣桥接修复手指环形缺损疗效观察 [J]. 中国修复重建外科杂志，2017，31 (7)：837-840. DOI：10.7507/1002-1892.201703096. {CHENG Ding,HU Junsheng,CUI Shuying,ZHANG Jichao,LI Dongfang,SHI Rongjian,XU Li,SHOU Kuishui. Clinical observation of superficial branch of radial artery wrist crease flap for repairing ring tissue defect of fingers[J]. Zhongguo Xiu Fu Chong Jian Wai Ke Za Zhi[Chin J Repar Reconstr Surg(Article in Chinese;Abstract in Chinese and English)],2017,31(7):837-840. DOI:10.7507/1002-1892.201703096.}

[15768] 秦宏玖，夏江，胡斌，王海生，徐磊，王寅泽. 改良拇指桡侧筋膜蒂皮瓣修复拇指软组织缺损 [J]. 中国修复重建外科杂志，2017，31 (7)：841-844. DOI：10.7507/1002-1892.201703053. {QIN Hongjiu,XIA Jiang,HU Bin,WANG Haisheng,XU Lei,WANG Yinze. Repair of thumb defects with modified radial dorsal fasciocutaneous flap of thumb[J]. Zhongguo Xiu Fu Chong Jian Wai Ke Za Zhi[Chin J Repar Reconstr Surg(Article in Chinese;Abstract in Chinese and English)],2017,31(7):841-844. DOI:10.7507/1002-1892.201703053.}

[15769] 黄良库，许玉本，李鹏，夏雷，田钊，陆梦，徐涛. 游离桡动脉掌浅支皮瓣修复手指软组织缺损 [J]. 中国修复重建外科杂志，2018，32 (7)：955-958. DOI：10.7507/1002-1892.201801040. {HUANG Liangku,XU Yuben,LI Peng,XIA Lei,TIAN Zhao,LU Meng,XU Tao. Application of free superficial palmar branch of radial artery flap in repairing of soft tissue defect of fingers[J]. Zhongguo Xiu Fu Chong Jian Wai Ke Za Zhi[Chin J Repar Reconstr Surg(Article in Chinese;Abstract in Chinese and English)],2018,32(7):955-958. DOI:10.7507/1002-1892.201801040.}

[15770] 杨焕友，王斌，黄蕾，李劲松，王伟. 同指近节指动脉背侧支皮瓣修复末节缺失的指中节脱套伤 [J]. 中国修复重建外科杂志，2018，32 (11)：1446-1449. DOI：10.7507/1002-1892.201804055. {YANG Huanyou,WANG Bin,HUANG Lei,LI Jinsong,WANG Wei. Application of ipsilateral digital proper artery dorsal branch flap to repair mid-phalanx degloving injury with distal segment finger defect[J]. Zhongguo Xiu Fu Chong Jian Wai Ke Za Zhi[Chin J Repar Reconstr Surg(Article in Chinese;Abstract in Chinese and English)],2018,32(11):1446-1449. DOI:10.7507/1002-1892.201804055.}

[15771] 李启朝，姜建忠，刘焕军，张吉平，刘文钧，赵世杰. 间指皮瓣修复手指指端皮肤软组织缺损 [J]. 中国修复重建外科杂志，2018，32 (12)：1621-1622. DOI：10.7507/1002-1892.201804097. {LI Qichao,JIANG Jianzhong,LIU Huanjun,ZHANG Jiping,LIU Wenjun,ZHAO Shijie. Repair of fingertip skin and soft tissue defect with nonadjacent finger flap[J]. Zhongguo Xiu Fu Chong Jian Wai Ke Za Zhi[Chin J Repar Reconstr Surg(Article in Chinese;Abstract in Chinese)],2018,32(12):1621-1622. DOI:10.7507/1002-1892.201804097.}

[15772] 刘铭波，毕莹，李娜，叶伟德，李保龙，杨延军，张子清. 以踇趾腓侧趾背动脉供血的踇趾甲床瓣修复手指甲床中央纵形缺损 [J]. 中国修复重建外科杂志，2019，33 (3)：345-348. DOI：10.7507/1002-1892.201810081. {LIU Mingbo,BI Ying,LI Na,YE Weide,LI Baolong,YANG Yanjun,ZHANG Ziqing. Effectiveness of great toenail bed flap supplied with fibular dorsal artery of great toe for finger nail bed central longitudinal defect[J]. Zhongguo Xiu Fu Chong Jian Wai Ke Za Zhi[Chin J Repar Reconstr Surg(Article in Chinese;Abstract in Chinese and English)],2019,33(3):345-348. DOI:10.7507/1002-1892.201810081.}

[15773] 陈靖，陈情忠，李双，王洋，王维峰，谭军. 改良动脉化静脉皮瓣修复手指软组织缺损 [J]. 中国修复重建外科杂志，2019，33 (4)：475-478. DOI：10.7507/1002-1892.201811114. {CHEN Jing,CHEN Qingzhong,LI Shuang,WANG Yang,WANG Weifeng,TAN Jun. Repair of soft tissue defect of fingers with modified arterialized venous flap[J]. Zhongguo Xiu Fu Chong Jian Wai Ke Za Zhi[Chin J Repar Reconstr Surg(Article in Chinese;Abstract in Chinese and English)],2019,33(4):475-478. DOI:10.7507/1002-1892.201811114.}

[15774] 赵民，吴金英，袁作雄，田德虎，邵新中，李大村，李建峰，刘井达，赵亮，李海雷，王小磊. 前臂桡背侧穿支皮瓣游离移植修复手指皮肤缺损 [J]. 中国修复重建外科杂志，2019，33 (5)：586-589. DOI：10.7507/1002-1892.201901057. {ZHAO Min,WU Jinying,YUAN Zuoxiong,TIAN Dehu,SHAO Xinzhong,LI Dacun,LI Jianfeng,LIU Jingda,ZHAO Liang,LI Hailei,WANG Xiaolei. Application of radial-lateral forearm free perforator flap on repairing of soft tissue defects in finger[J]. Zhongguo Xiu Fu Chong Jian Wai Ke Za Zhi[Chin J Repar Reconstr Surg(Article in Chinese;Abstract in Chinese and English)],2019,33(5):586-589. DOI:10.7507/1002-1892.201901057.}

[15775] 王辉，霍永鑫，郝睿峥，刘伟，常红，李骏然，王斌. 带神经的异指指动脉顺行岛状皮瓣修复手指掌侧复合软组织缺损 [J]. 中国修复重建外科杂志，2019，33 (11)：1429-1432. DOI：10.7507/1002-1892.201903001. {WANG Hui,HUO Yongxin,HAO Ruizheng,LIU Wei,CHANG Hong,LI Junran,WANG Bin. Repair of digital volar complex soft tissue defect with heterodigital antegrade digital artery island flap innervated by digital nerve[J]. Zhongguo Xiu Fu Chong Jian Wai Ke Za Zhi[Chin J Repar Reconstr Surg(Article in Chinese;Abstract in Chinese and English)],2019,33(11):1429-1432. DOI:10.7507/1002-1892.201903001.}

[15776] 王辉，杨晓溪，霍永鑫，杨山辉，刘伟，常红，王斌. 同指指动脉背侧皮支血管链皮

瓣逆行修复手指指端脱套伤 [J]. 中国修复重建外科杂志，2020，34（5）：669-670. DOI：10.7507/1002-1892.201902021. {WANG Hui,YANG Xiaoxi,HUO Yongxin,YANG Shanhui,LIU Wei,CHANG Hong,WANG Bin. Repair of finger tip degloving injury with reverse vascular chain flap of dorsal cutaneous branch of homodigital artery[J]. Zhongguo Xiu Fu Chong Jian Wai Ke Za Zhi[Chin J Repar Reconstr Surg(Article in Chinese;Abstract in Chinese)],2020,34(5):669 - 670. DOI:10.7507/1002 - 1892.201902021.}

[15777] 周健辉，麦烙棋，汪丁一，王腾彬，冷树立，王夫平. 携带跖背动脉皮瓣的长条形跨甲皮瓣修复手指套状缺损 [J]. 中国修复重建外科杂志，2020，34（7）：939-940. {ZHOU Jianhui,MAI Laoqi,WANG Dingyi,WANG Tengbin,LENG Shuli,WANG Fuping. Repair of fingertip soft tissue defect with propeller flap pedicled with dorsal perforator of digital artery[J]. Zhongguo Xiu Fu Chong Jian Wai Ke Za Zhi[Chin J Repar Reconstr Surg(Article in Chinese;Abstract in Chinese)],2020,34(7):939 - 940.}

5.11 下肢软组织缺损修复与重建

reconstruction and repair of soft tissue defect in lower limb

[15778] Xu XY,Zhu Y,Liu JH. Reconstruction of soft tissue defects of the lower limb using the free serratus anterior flap[J]. Orthop Surg,2009,1(2):113-120. doi:10.1111/j.1757-7861.2009.00024.x.

[15779] Spanio di Spilimbergo S,Koray Coskunfirat O,Mardini S,Tsao CK,Rampazzo A,Chen HC. Multiple spurting test in microsurgical reconstruction of the lower extremities[J]. J Maxillofac Oral Surg,2009,8(4):312-315. doi:10.1007/s12663-009-0076-x.

[15780] Ruan HJ,Cai PH,Schleich AR,Fan CY,Chai YM. The extended peroneal artery perforator flap for lower extremity reconstruction[J]. Ann Plast Surg,2010,64(4):451-457. doi:10.1097/SAP.0b013e3181b0c4f6.

[15781] Tang H,Zhang SC,Tan ZY,Zhu HW,Zhang QL,Li M. Functional reconstruction of ischemic contracture in the lower limb[J]. Chin J Traumatol,2011,14(2):96-99.

[15782] Gao SH,Feng SM,Chen C,Jiao C,Sun LQ,Zhang WL. A new recipient artery for reconstruction of soft-tissue defects in the lower limb with a free anterolateral thigh flap:the reversed descending branch of the lateral femoral circumflex artery[J]. Plast Reconstr Surg,2012,130(5):1059-1065. doi:10.1097/PRS.0b013e318267d3a3.

[15783] Pan HT,Zheng QX,Yang SH,Wu B,Liu JX. Versatility of reverse sural fasciocutaneous flap for reconstruction of distal lower limb soft tissue defects[J]. J Huazhong Univ Sci Technolog Med Sci,2014,34(3):382-386. doi:10.1007/s11596-014-1287-z.

[15784] Xiong L,Gazyakan E,Kremer T,Hernekamp FJ,Harhaus L,Saint-Cyr M,Kneser U,Hirche C. Free flaps for reconstruction of soft tissue defects in lower extremity:A meta-analysis on microsurgical outcome and safety[J]. Microsurgery, 2016,36(6):511-524. doi:10.1002/micr.30020.

[15785] Song B,Chen J,Han Y,Li Y,Su Y,Guo S. Reconstruction of complex defects of lower extremities using thinned free muscle flaps[J]. Aesthetic Plast Surg,2016,40(4):519-525. doi:10.1007/s00266-016-0641-x.

[15786] Chen Y,Liu L. Clinical analysis of 54 cases of large area soft tissue avulsion in the lower limb[J]. Chin J Traumatol,2016,19(6):337-341. doi:10.1016/j.cjtee.2016.09.003.

[15787] Zhong W,Lu S,Wang C,Wen G,Han P,Chai Y. Single perforator greater saphenous neuro-veno-fasciocutaneous propeller flaps for lower extremity reconstructions[J]. ANZ J Surg,2017,87(7-8):E40-E45. doi:10.1111/ans.13065.

[15788] Tremp M,Oranges CM,Wang WJ,Wettstein R,Zhang YX,Schaefer DJ,Kalbermatten DF. The "nugget design":A modified segmental gracilis free flap for small-sized defect reconstruction on the lower extremity[J]. J Plast Reconstr Aesthet Surg,2017,70(9):1261-1266. doi:10.1016/j.bjps.2017.06.041.

[15789] Tremp M,Kappos EA,Oranges CM,di Summa PG,Schaefer DJ,Zhang YX,Wettstein R,Kalbermatten DF. Extending the limits of the anterior tibial artery as the recipient vessel for around the knee and proximal lower extremity defect reconstruction using the free anterolateral thigh and gracilis flap[J]. Microsurgery,2018,38(1):60-65. doi:10.1002/micr.30163.

[15790] Sung IH,Jang DW,Kim SW,Kim YH,Kim SW. Reconstruction of diabetic lower leg and foot soft tissue defects using thoracodorsal artery perforator chimeric flaps[J]. Microsurgery,2018,38(6):674-681. doi:10.1002/micr.30314.

[15791] Oranges CM,Tremp M,Wang W,Madduri S,DI Summa PG,Wettstein R,Schaefer DJ,Kalbermatten DF. Patient Height,Weight,BMI and age as predictors of gracilis muscle free-flap mass in lower extremity reconstruction[J]. In Vivo,2018,32(3):591-595. doi:10.21873/invivo.11280.

[15792] Luo Z,Lv G,Wei J,Ni J,Liu L,Peng P,Dong Z. Comparison between distally based peroneal and posterior tibial artery perforator-plus fasciocutaneous flap for reconstruction of the lower extremity[J]. Burns,2020,46(1):225-233. doi:10.1016/j.burns.2019.06.002.

[15793] Zang M,Zhu S,Chen B,Li S,Han T,Liu Y. Perforator propeller flap "relay" for distal lower extremity soft tissue reconstruction[J]. J Foot Ankle Surg,2020,59(5):1128-1132. doi:10.1053/j.jfas.2020.05.012.

[15794] Tian J,Chen ZB,Li J. Use of muscle feeding arteries as recipient vessels for soft tissue reconstruction in lower extremities[J]. Curr Med Sci,2020,40(4):739-744. doi:10.1007/s11596-020-2235-8.

[15795] Feng SM,Wang AG. The muscle-sparing descending branch latissimus dorsi free flap for lower extremity reconstruction[J]. Plast Reconstr Surg,2020,146(5):693e-694e. doi:10.1097/PRS.0000000000007302.

[15796] Luo Z,Ni J,Lv G,Wei J,Liu L,Peng P,Dong Z. Utilisation of distally based sural fasciocutaneous flaps in lower extremity reconstruction:a single-centre experience with 88 paediatric patients[J]. J Orthop Surg Res,2021,16(1):52. doi:10.1186/s13018-021-02206-x.

[15797] Gazyakan E,Xiong L,Sun J,Kneser U,Hirche C. Vein Grafting in microsurgical lower extremity reconstruction:outcome analysis of primary versus secondary salvage procedures[J]. J Reconstr Microsurg,2021 Feb 16. doi:10.1055/s-0041-1723823. Online ahead of print.

[15798] 曾才铭，王宏邦. 应用显微外科技术修复下肢组织缺损 [J]. 修复重建外科杂志，1988，2（1）：42. {ZENG Caiming,WANG Hongbang. Microsurgery for repairing lower limbs tissue defects[J]. Zhongguo Xiu Fu Chong Jian Wai Ke Za Zhi[Chin J Repar Reconstr Surg(Article in Chinese;No abstract available)],1988,2(1):42.}

[15799] 宁金龙. 应用显微外科技术修复下肢深度软组织缺损 [J]. 修复重建外科杂志，1988，2（2）：110. {NING Jinlong. Repair of deep soft tissue defect of lower extremity with microsurgery technique[J]. Zhongguo Xiu Fu Chong Jian Wai Ke Za Zhi[Chin J Repar Reconstr Surg(Article in Chinese;No abstract available)],1988,2(2):110.}

[15800] 郭忠河. 应用新型皮瓣治疗下肢骨感染及组织缺损 [J]. 修复重建外科杂志，1988，2（2）：116. {GUO Zhonghe. Application of new flap in the treatment of bone infection and tissue defect of lower extremity[J]. Zhongguo Xiu Fu Chong Jian Wai Ke Za Zhi[Chin J Repar Reconstr Surg(Article in Chinese;No abstract available)],1988,2(2):116.}

[15801] 裴国献. 下肢严重创伤修复的一种新方法——小腿平行桥式背阔肌皮瓣移植 [J]. 修复重建外科杂志，1988，2（2）：125. {PEI Guoxian. A new method of severe injury repair of lower extremity:the parallel bridge flap of the lower leg[J]. Zhongguo Xiu Fu Chong Jian Wai Ke Za Zhi[Chin J Repar Reconstr Surg(Article in Chinese;No abstract available)],1988,2(2):125.}

[15802] 黄广孚，俞宝梁，任林森. 岛状皮瓣肌皮瓣在下肢创面修复中的应用 [J]. 修复重建外科杂志，1988，2（2）：197. {HUANG Guangfu,YU Baoliang,REN Linsen. Application of island flap and myocutaneous flap in the repair of lower extremity wound[J]. Zhongguo Xiu Fu Chong Jian Wai Ke Za Zhi[Chin J Repar Reconstr Surg(Article in Chinese;No abstract available)],1988,2(2):197.}

[15803] 陈云瀛. 腓肠肌皮瓣修复下肢洞穴性缺损的改进 [J]. 修复重建外科杂志，1988，2（2）：141-142. {CHEN Yunying. Improvement of sural myocutaneous flap in repairing cavernous defects of lower limbs[J]. Zhongguo Xiu Fu Chong Jian Wai Ke Za Zhi[Chin J Repar Reconstr Surg(Article in Chinese;No abstract available)],1988,2(2):141 - 142.}

[15804] 陈学明. 严重下肢创伤的软组织重建 [J]. 修复重建外科杂志，1990，4（1）：56. {CHEN Xueming. Soft tissue reconstruction of severe lower extremity trauma[J]. Zhongguo Xiu Fu Chong Jian Wai Ke Za Zhi[Chin J Repar Reconstr Surg(Article in Chinese;No abstract available)],1990,4(1):56.}

[15805] 罗锦辉，鲁开化，艾玉峰. 带血管蒂皮瓣治疗下肢创伤性组织缺损 [J]. 修复重建外科杂志，1990，4（3）：169. {LUO Jinhui,LU Kaihua,AI Yufeng. Treatment of traumatic tissue defect of lower extremity with vascular pedicled flap[J]. Zhongguo Xiu Fu Chong Jian Wai Ke Za Zhi[Chin J Repar Reconstr Surg(Article in Chinese;No abstract available)],1990,4(3):169.}

[15806] 曾才铭，王宏邦，汤逊，唐景清，崔庆凌，赵学凌. 动脉—原位静脉直接转流重建下肢血液循环 [J]. 修复重建外科杂志，1991，5（3）：161-163，191-194. {ZENG Caiming,WANG Hongbang,TANG Xun,TANG Jingqing,CUI Qingling,ZHAO Xueling. Artery - diversion of vein in situ for reestablishment of blood circulation of lower extremity[J]. Zhongguo Xiu Fu Chong Jian Wai Ke Za Zhi[Chin J Repar Reconstr Surg(Article in Chinese;Abstract in Chinese and English)],1991,5(3):161 - 163,191 - 194.}

[15807] 张功林，葛宝丰，丘耀元，陈新. 改进带蒂腹直肌皮瓣修复下肢残端创面一例 [J]. 中国修复重建外科杂志，1992，6（2）：121. {ZHANG Gonglin,GE Baofeng,QIU Yaoyuan,CHEN Xin. Modified pedicled rectus abdominis myocutaneous flap for repairing lower extremity stump wound:a case report[J]. Zhongguo Xiu Fu Chong Jian Wai Ke Za Zhi[Chin J Repar Reconstr Surg(Article in Chinese;No abstract available)],1992,6(2):121.}

[15808] 刘云建，张帆，柳育健. 背阔肌皮瓣游离移植修复下肢软组织缺损 [J]. 中国修复重建外科杂志，1993，7（2）：123. {LIU Yunjian,ZHANG Fan,LIU Yujian. Free latissimus dorsi myocutaneous flap for repairing soft tissue defects of lower limbs[J]. Zhongguo Xiu Fu Chong Jian Wai Ke Za Zhi[Chin J Repar Reconstr Surg(Article in Chinese;No abstract available)],1993,7(2):123.}

[15809] 杨东，张志宏. 皮瓣移位术修复下肢冻伤创面 [J]. 中国修复重建外科杂志，2001，15（1）：31. {YANG Dong,ZHANG Zhihong. Skin flap transposition for repairing frost wound of lower limbs[J]. Zhongguo Xiu Fu Chong Jian Wai Ke Za Zhi[Chin J Repar Reconstr Surg(Article in Chinese;No abstract available)],2001,15(1):31.}

[15810] 边德平，韩润生. 腓肠神经血管伴行的逆行岛状皮瓣修复下肢皮肤缺损 36 例 [J]. 中国修复重建外科杂志，2001，15（3）：161. {BIAN Deping,HAN Runsheng. Sural neurovascular island flap for repairing skin defects of lower limbs:a report of 36 cases[J]. Zhongguo Xiu Fu Chong Jian Wai Ke Za Zhi[Chin J Repar Reconstr Surg(Article in Chinese;No abstract available)],2001,15(3):161.}

[15811] 刘毅，朱云，薛晓东，张绪生，张鲜英. 隐神经营养血管皮瓣修复下肢远端皮肤缺损 [J]. 中国修复重建外科杂志，2001，15（3）：191. {LIU Yi,ZHU Yun,XUE Xiaodong,ZHANG Xusheng,ZHANG Xianying. Repair of skin defect of lower extremity with saphenous neurovascular flap[J]. Zhongguo Xiu Fu Chong Jian Wai Ke Za Zhi[Chin J Repar Reconstr Surg(Article in Chinese;No abstract available)],2001,15(3):191.}

[15812] 吴中强，关志广. 腓肠浅动脉逆行岛状筋膜皮瓣急诊修复下肢创伤性皮肤软组织缺损 [J]. 中国修复重建外科杂志，2004，18（4）：307-308. {WU Zhongqiang,GUAN Zhiguang. Emergency repair of skin and soft tissue defects of lower limbs with island fasciocutaneous flap supplied by superficial sural artery[J]. Zhongguo Xiu Fu Chong Jian Wai Ke Za Zhi[Chin J Repar Reconstr Surg(Article in Chinese;Abstract in Chinese and English)],2004,18(4):307 - 308.}

[15813] 蒋文萍，赵少平，刘德群. 应用显微外科技术治疗下肢动脉闭塞症 [J]. 中国修复重建外科杂志，2006，20（9）：928-930. {JIANG Wenping,ZHAO Shaoping,LIU Dequn. Microsurgical treatment of arterial occlusion in lower extremity[J]. Zhongguo Xiu Fu Chong Jian Wai Ke Za Zhi[Chin J Repar Reconstr Surg(Article in Chinese;Abstract in Chinese and English)],2006,20(9):928 - 930.}

[15814] 唐举玉，李康华，刘俊，谢松林，刘鸣江，廖前德，朱勇，胡懿颌，雷光华. 背阔肌皮瓣游离移植修复下肢巨大软组织缺损 [J]. 中国修复重建外科杂志，2006，20（11）：1087-1089. {TANG Juyu,LI Kanghua,LIU Jun,XIE Songlin,LIU Mingjiang,LIAO Qiande,ZHU Yong,HU Yihe,LEI Guanghua. Repairing widespread traumatic soft tissue defects in lower limb with free latissimus dorsi muscle - skin flaps[J]. Zhongguo Xiu Fu Chong Jian Wai Ke Za Zhi[Chin J Repar Reconstr Surg(Article in Chinese;Abstract in Chinese and English)],2006,20(11):1087 - 1089.}

[15815] 马中，边杰芳，袁时芳，张聚良. 一期动静脉转流术在广泛性下肢动脉缺血循环重建中的应用 [J]. 中国修复重建外科杂志，2006，20（12）：1168-1171. {MA Zhong,BIAN Jiefang,YUAN Shifang,ZHANG Juliang. Application of one - stage arteriovenous shunt to circulation reconstruction for extensive arterial ischemic disease of lower extremities[J]. Zhongguo Xiu Fu Chong Jian Wai Ke Za Zhi[Chin J Repar Reconstr Surg(Article in Chinese;Abstract in Chinese and English)],2006,20(12):1168 - 1171.}

[15816] 方军，韦寿繁，卢长巍. 带腓肠神经营养血管的筋膜皮瓣修复下肢软组织缺损 [J]. 中国修复重建外科杂志，2007，21（1）：100-102. {FANG Jun,WEI Shoufan,LU Changwei. Repair of soft tissue defects of lower limbs with sural neurovascular fasciocutaneous flap[J]. Zhongguo Xiu Fu Chong Jian Wai Ke Za Zhi[Chin J Repar Reconstr Surg(Article in Chinese;Abstract in Chinese)],2007,21(1):100 - 102.}

[15817] 曹东升，盛辉，汪春兰，丁浩，李小静，王邦河，宁金龙. 应用带少许肌袖的背阔肌肌皮瓣修复下肢软组织缺损 [J]. 中国修复重建外科杂志，2007，21（11）：1206-1208. {CAO Dongsheng,SHENG Hui,WANG Chunlan,DING Hao,LI Xiaojing,WANG Banghe,NING Jinlong. Clinical application of latissimus dorsi musculocutaneous flap with a few muscle in repairing soft tissue defect of lower limbs[J]. Zhongguo Xiu Fu Chong Jian Wai Ke Za Zhi[Chin J Repar Reconstr Surg(Article in Chinese;Abstract in Chinese and English)],2007,21(11):1206 - 1208.}

[15818] 刘成龙，靳安民，庄宁，杜学军，于博，朱立新，闵少雄. 游离皮瓣修复下肢电烧伤软组织缺损 [J]. 中国修复重建外科杂志，2007，21（12）：1394-1395. {LIU Chenglong,JIN Anmin,ZHUANG Ning,DU Xuejun,YU Bo,ZHU Lixin,MIN Shaoxiong. Repair of lower extremity soft tissue defect caused by electric burn with free skin flap[J]. Zhongguo Xiu Fu Chong Jian Wai Ke Za Zhi[Chin J Repar Reconstr Surg(Article in Chinese;Abstract in Chinese)],2007,21(12):1394 - 1395.}

[15819] 刘智伟，余斌，覃承诃，罗吉伟，胡岩君. 旋股外侧动脉降支侧支皮瓣修复下肢软组织缺损[J]. 中国修复重建外科杂志，2011，25（2）：212-215. {LIU Zhiwei,YU Bin,QIN Chenghe,LUO Jiwei,HU Yanjun. Clinical results of flap pedicled with collateral branch of descending rarus of lateral circumflex femoral artery for repairing lower limb soft tissue defects[J]. Zhongguo Xiu Fu Chong Jian Wai Ke Za Zhi[Chin J Repar Reconstr Surg(Article in Chinese;Abstract in Chinese and English)],2011,25(2):212-215.}

[15820] 郑咏舰，魏在荣，李海，金文虎，邓呈亮，聂开瑜，肖顺娥，黄广涛，王达利. 股前内侧穿支皮瓣在下肢软组织缺损修复中的应用[J]. 中国修复重建外科杂志，2019，33（12）：1552-1555. DOI：10.7507/1002-1892.201905019. {ZHENG Yongjian,WEI Zairong,LI Hai,JIN Wenhu,DENG Chengliang,NIE Kaiyu,XIAO Shundong,HUANG Guangtao,WANG Dali. Application of anteromedial thigh perforator flap in repair of soft tissue defects of lower limbs[J]. Zhongguo Xiu Fu Chong Jian Wai Ke Za Zhi[Chin J Repar Reconstr Surg(Article in Chinese;Abstract in Chinese and English)],2019,33(12):1552-1555. DOI:10.7507/1002-1892.201905019.}

5.11.1 臀部软组织缺损修复与重建
repair and reconstruction of hip soft tissue defect

[15821] Kong F,Wu Y,Chen Y,Liu J,Li F,Xiang B. Modified technique of bilateral gluteus maximus transposition for reconstruction of sphincter for pediatric traumatic fecal incontinence[J]. J Pediatr Surg,2015,50(12):2159-2163. doi:10.1016/j.jpedsurg.2015.09.009.

[15822] Zhang Q,Wang Y,Bu W,Fang F. Reconstruction of a buttock defect after excision of inflammatory linear verrucous epidermal nevus[J]. Dermatol Ther,2018,31(3):e12597. doi:10.1111/dth.12597.

[15823] Shea GK,Ching-Hin Yau R,Wai-Hung Shek T,Ho WY,Ying-Lee Lam A. Transfer of the anterior gluteus maximus to address abductor deficiency following soft tissue tumour excision[J]. J Orthop Surg(Hong Kong),2020,28(1):2309499020901350. doi:10.1177/2309499020901350.

[15824] 汪枚初，向浩民，黄烈育. 利用伤肢肌皮瓣再造臀股一例[J]. 中国修复重建外科杂志，1993，7（1）：26. {WANG Meichu,XIANG Haomin,HUANG Lieyu. Reconstruction of gluteus and thigh with musculocutaneous flap from injured limb:a case report[J]. Zhongguo Xiu Fu Chong Jian Wai Ke Za Zhi[Chin J Repar Reconstr Surg(Article in Chinese;No abstract available)],1993,7(1):26.}

[15825] 顾清林，张德斌，王友卿，王涛，王会才，刘贵秋. 臀大肌肌皮瓣修复臀部溃疡[J]. 中国修复重建外科杂志，1999，13（4）：封二. {GU Qinglin,ZHANG Debin,WANG Youqing,WANG Tao,WANG Huicai,LIU Guiqiu. Repair of ulcer of buttock with gluteus major muscle flap[J]. Zhongguo Xiu Fu Chong Jian Wai Ke Za Zhi[Chin J Repar Reconstr Surg(Article in Chinese;No abstract available)],1999,13(4):cover 2.}

5.11.2 股部软组织缺损修复与重建
repair and reconstruction of thigh soft tissue defect

[15826] 陈振光，顾洁夫，唐昌培，张明元. 旋股外侧血管升支髂骨移位术在髋部疾患中的应用（附25例报告）[J]. 修复重建外科杂志，1987，1（1）：27-28. {CHEN Zhenguang,GU Jiefu,TANG Changpei,ZHANG Mingyuan. Application of iliac bone transposition with ascending branch of lateral circumflex femoral artery in hip diseases (with a report of 25 cases)[J]. Zhongguo Xiu Fu Chong Jian Wai Ke Za Zhi[Chin J Repar Reconstr Surg(Article in Chinese;Abstract in Chinese)],1987,1(1):27-28.}

[15827] 崔振江，赵德伟. 股动脉损伤五例治疗体会[J]. 修复重建外科杂志，1990，4（4）：246. {CUI Zhenjiang,ZHAO Dewei. Treatment of femoral artery injury in five cases[J]. Zhongguo Xiu Fu Chong Jian Wai Ke Za Zhi[Chin J Repar Reconstr Surg(Article in Chinese;No abstract available)],1990,4(4):246.}

[15828] 区品中，孙贤德. 股动脉损伤急救与修复的经验教训[J]. 修复重建外科杂志，1990，4（4）：225-226. {QU Pinzhong,SUN Xiande. Experience of first aid and repair of femoral artery injury[J]. Zhongguo Xiu Fu Chong Jian Wai Ke Za Zhi[Chin J Repar Reconstr Surg(Article in Chinese;Abstract in Chinese)],1990,4(4):225-226.}

[15829] 殷代昌，陈家臻，李英华，张怡伍. 胸脐皮瓣移位修复股上外侧组织缺损[J]. 修复重建外科杂志，1991，5（1）：22. {YIN Daichang,CHEN Jiazhen,LI Yinghua,ZHANG Yiwu. Transposition of thoracolumbar flap to repair the defect of upper and lateral thigh[J]. Zhongguo Xiu Fu Chong Jian Wai Ke Za Zhi[Chin J Repar Reconstr Surg(Article in Chinese;No abstract available)],1991,5(1):22.}

[15830] 杨文高. 医源性股动静脉损伤二例[J]. 中国修复重建外科杂志，1992，6（4）：238. {YANG Wengao. Iatrogenic femoral arteriovenous injury:a report of two cases[J]. Zhongguo Xiu Fu Chong Jian Wai Ke Za Zhi[Chin J Repar Reconstr Surg(Article in Chinese;No abstract available)],1992,6(4):238.}

[15831] 宓士军，王庆良，李自新. 放疗致股动脉损伤自发破裂一例[J]. 中国修复重建外科杂志，1995，9（3）：190. {FU Shijun,WANG Qingliang,LI Zixin. Spontaneous rupture of femoral artery after radiotherapy:a case report[J]. Zhongguo Xiu Fu Chong Jian Wai Ke Za Zhi[Chin J Repar Reconstr Surg(Article in Chinese;No abstract available)],1995,9(3):190.}

[15832] 宾天锡，潘万均，宾铿，杨建德，韦元强. 吻合血管背阔肌肌皮瓣修补股四头肌缺损一例[J]. 中国修复重建外科杂志，2004，18（1）：45-45. {BIN Tianxi,PAN Wanjun,BIN Keng,YANG Jiande,WEI Yuanqiang. Repair of quadriceps femoris defect with pedicled latissimus dorsi myocutaneous flap:a case report[J]. Zhongguo Xiu Fu Chong Jian Wai Ke Za Zhi[Chin J Repar Reconstr Surg(Article in Chinese;No abstract available)],2004,18(1):45-45.}

[15833] 刘凤彬，田宝祥，常诚，杨雄，蔺海龙，樊华，刘洋. 臀股后肌皮瓣修复髂部巨大电烧伤一例[J]. 中国修复重建外科杂志，2005，19（4）：309. {LIU Fengbin,TIAN Baoxiang,CHANG Cheng,YANG Xiong,LIN Hailong,FAN Hua,LIU Yang. Huge electric burn in iliac region repaired by posterior gluteal thigh myocutaneous flap:a case report[J]. Zhongguo Xiu Fu Chong Jian Wai Ke Za Zhi[Chin J Repar Reconstr Surg(Article in Chinese;No abstract available)],2005,19(4):309.}

[15834] 陈元庄，马滚韶，张敏，谭凤珍，何兰素. 颈外静脉修复重建股动脉的临床应用[J]. 中国修复重建外科杂志，2007，21（7）：667-670. {CHEN Yuanzhuang,MA Gunshao,ZHANG Min,TAN Fengzhen,HE Lansu. Reconstruction of femoral artery with external jugular vein graft[J]. Zhongguo Xiu Fu Chong Jian Wai Ke Za Zhi[Chin J Repar Reconstr Surg(Article in Chinese;Abstract in Chinese and English)],2007,21(7):667-670.}

[15835] 赵成利，邓国三，黄广香，匡斌，邝石峰，陈云瀛. 注射吸毒致假性股动脉瘤的修复重建[J]. 中国修复重建外科杂志，2007，21（7）：679-681. {ZHAO Chengli,DENG Guosan,HUANG Guangxiang,KUANG Bin,KUANG Shifeng,CHEN Yunying. Repair and reconstruction of femoral pseudoaneurysm caused by drug injection[J]. Zhongguo Xiu Fu Chong Jian Wai Ke Za Zhi[Chin J Repar Reconstr Surg(Article in Chinese;Abstract in Chinese and English)],2007,21(7):679-681.}

[15836] 谭龙，王聪，高文山，刘宁富. 毒品注射致假性股动脉瘤破裂的血管修复[J]. 中国修复重建外科杂志，2007，21（7）：782-783. {TAN Long,WANG Cong,GAO Wenshan,LIU Ningfu. Vascular repair of pseudofemoral aneurysm rupture caused by drug injection[J]. Zhongguo Xiu Fu Chong Jian Wai Ke Za Zhi[Chin J Repar Reconstr Surg(Article in Chinese;Abstract in Chinese)],2007,21(7):782-783.}

[15837] 张忠荣，杨星华，王爱民. 感染性股动脉损伤的救治[J]. 中国修复重建外科杂志，2008，22（3）：376-377. {ZHANG Zhongrong,YANG Xinghua,WANG Aimin. Treatment of infectious femoral artery injury[J]. Zhongguo Xiu Fu Chong Jian Wai Ke Za Zhi[Chin J Repar Reconstr Surg(Article in Chinese;Abstract in Chinese)],2008,22(3):376-377.}

[15838] 黄斌，赵纪春，马玉奎，杨轶，熊飞，吴洲鹏. 注射毒品致股动脉感染性假性动脉瘤的血循环功能重建[J]. 中国修复重建外科杂志，2011，25（8）：1001-1003. {HUANG Bin,ZHAO Jichun,MA Yukui,YANG Yi,XIONG Fei,WU Zhoupeng. Repair and reconstruction of infective femoral false aneurysm caused by drug injection[J]. Zhongguo Xiu Fu Chong Jian Wai Ke Za Zhi[Chin J Repar Reconstr Surg(Article in Chinese;Abstract in Chinese and English)],2011,25(8):1001-1003.}

[15839] 宋达疆，李赞，周晓，彭小伟，周波，吕春柳，杨丽嫦，彭文. 股前内侧接力穿支皮瓣修复游离股前外侧穿支皮瓣供区的临床应用[J]. 中国修复重建外科杂志，2017，31（1）：52-56. DOI：10.7507/1002-1892.201609085. {SONG Dajiang,LI Zan,ZHOU Xiao,PENG Xiaowei,ZHOU Bo,LV Chunliu,YANG Lichang,PENG Wen. Clinical application of relaying anteromedial thigh perforator flap in resurfacing of donor defect after anterolateral thigh flap transfer[J]. Zhongguo Xiu Fu Chong Jian Wai Ke Za Zhi[Chin J Repar Reconstr Surg(Article in Chinese;Abstract in Chinese and English)],2017,31(1):52-56. DOI:10.7507/1002-1892.201609085.}

5.11.3 膝部的腘窝软组织缺损修复与重建
repair and reconstruction of soft tissue defect in popliteal fossa of knee

[15840] Zhao J,He Y,Wang J. Anatomical reconstruction of knee posterolateral complex with the tendon of the long head of biceps femoris[J]. Am J Sports Med,2006,34(10):1615-1622. doi:10.1177/0363546506288112.

[15841] Zhang H,Zhang J,Liu X,Shen JW,Hong L,Wang XS,Feng H. In vitro comparison of popliteus tendon and popliteofibular ligament reconstruction in an external rotation injury model of the knee:a cadaveric study evaluated by a navigation system[J]. Am J Sports Med,2013,41(9):2136-2142. doi:10.1177/0363546513495640.

[15842] Feng B,Xiao K,Shao J,Fan Y,Weng X. Open repair of intraoperative popliteal artery injury during total knee arthroplasty in a patient with severe hemophilia A:A case report and literature review[J]. Medicine(Baltimore),2017,96(46):e8791. doi:10.1097/MD.0000000000008791.

[15843] 张光健，陈隆恩. 带血管蒂外侧腓肠神经移位修复腘窝神经缺损[J]. 修复重建外科杂志，1989，3（3）：117-118. {ZHANG Guangjian,CHEN Long'en. Repair of popliteal nerve defect by vascularized lateral sural nerve transfer[J]. Zhongguo Xiu Fu Chong Jian Wai Ke Za Zhi[Chin J Repar Reconstr Surg(Article in Chinese;No abstract available)],1989,3(3):117-118.}

[15844] 黄社栋，刘健民. 血管外皮肉瘤切除腘窝重建一例[J]. 修复重建外科杂志，1990，4（4）：206. {HUANG Shedong,LIU Jianmin. Excision of hemangiopericytoma and reconstruction of popliteal fossa:a case report[J]. Zhongguo Xiu Fu Chong Jian Wai Ke Za Zhi[Chin J Repar Reconstr Surg(Article in Chinese;No abstract available)],1990,4(4):206.}

[15845] 王雪峰，李生忠，丁祥麟，坚桂珍. 小儿腘窝瘢痕挛缩的治疗[J]. 中国修复重建外科杂志，2001，15（6）：388. {WANG Xuefeng,LI Shengzhong,DING XiangLin,JIAN Guizhen. Treatment of cicatricial contracture of popliteal fossa in children[J]. Zhongguo Xiu Fu Chong Jian Wai Ke Za Zhi[Chin J Repar Reconstr Surg(Article in Chinese;No abstract available)],2001,15(6):388.}

[15846] 魏在荣，孙广峰，唐修俊，邓成亮，金文虎，王达利，王波. 腘窝中间动脉蒂混合供血皮瓣修复儿童腘窝瘢痕挛缩[J]. 中国修复重建外科杂志，2012，26（8）：946-949. {WEI Zairong,SUN Guangfeng,TANG Xiujun,DENG Chengliang,JIN Wenhu,WANG Dali,WANG Bo. Reconstruction of postburn popliteal fossa contractures using popliteal fossa middle artery pedicled flaps in children[J]. Zhongguo Xiu Fu Chong Jian Wai Ke Za Zhi[Chin J Repar Reconstr Surg(Article in Chinese;Abstract in Chinese and English)],2012,26(8):946-949.}

[15847] 安洪宾，郑鑫，陈滔，王海宝. 膝上外侧动脉穿支髂胫束皮瓣修复腘窝软组织缺损[J]. 中国修复重建外科杂志，2012，26（12）：1523-1524. {AN Hongbin,ZHENG Xin,CHEN Tao,WANG Haibao. Repair of popliteal soft tissue defect with superior lateral genicular artery perforator pedicled iliotibial fasciocutaneous flap[J]. Zhongguo Xiu Fu Chong Jian Wai Ke Za Zhi[Chin J Repar Reconstr Surg(Article in Chinese;Abstract in Chinese)],2012,26(12):1523-1524.}

[15848] 唐修俊，王宝云，魏在荣，孙广峰，王波，金文虎，王达利. 腘窝外侧动脉穿支链型皮瓣修复腘窝瘢痕的临床应用[J]. 中国修复重建外科杂志，2014，28（10）：1259-1262. DOI：10.7507/1002-1892.20140272. {TANG Xiujun,WANG Baoyun,WEI Zairong,SUN Guangfeng,WANG Bo,JIN Wenhu,WANG Dali. Clinical application of link-pattern lateral popliteal artery perforator flap in repair of popliteal fossa scar[J]. Zhongguo Xiu Fu Chong Jian Wai Ke Za Zhi[Chin J Repar Reconstr Surg(Article in Chinese;Abstract in Chinese and English)],2014,28(10):1259-1262. DOI:10.7507/1002-1892.20140272.}

5.11.4 小腿部软组织缺损修复与重建
repair and reconstruction of soft tissue defect in lower leg

[15849] 汤克沪. 小腿软组织缺损的覆盖[J]. 修复重建外科杂志，1987，1（1）：45-48. {TANG Kehu. Coverage of soft tissue defect of lower leg[J]. Zhongguo Xiu Fu Chong Jian Wai Ke Za Zhi[Chin J Repar Reconstr Surg(Article in Chinese;No abstract available)],1987,1(1):45-48.}

[15850] 李柱田，曹玉德. 筋膜皮瓣在小腿骨折感染合并组织缺损治疗中的应用[J]. 修复重建外科杂志，1987，1（1）：9-11，49. {LI Zhutian,CAO Yude. Application of fasciocutaneous flap in the treatment of leg fracture infection combined with tissue defect[J]. Zhongguo Xiu Fu Chong Jian Wai Ke Za Zhi[Chin J Repar Reconstr Surg(Article in Chinese;Abstract in Chinese)],1987,1(1):9-11,49.}

[15851] 郭文通. 小腿和足跟软组织缺损的修复[J]. 修复重建外科杂志，1988，2（2）：112. {GUO Wentong. Repair of soft tissue defect of leg and heel[J]. Zhongguo Xiu Fu Chong Jian Wai Ke Za Zhi[Chin J Repar Reconstr Surg(Article in Chinese;No abstract available)],1988,2(2):112.}

[15852] 方绍孟. 小腿和足跟部创伤性软组织缺损的修复[J]. 修复重建外科杂志，1988，2（2）：121. {FANG Shaomeng. Repair of traumatic soft tissue defects in the lower leg and heel[J]. Zhongguo Xiu Fu Chong Jian Wai Ke Za Zhi[Chin J Repar Reconstr Surg(Article in Chinese;No abstract available)],1988,2(2):121.}

[15853] 龚本汉. 应用带血管蒂皮瓣修复小腿及跟部软组织缺损[J]. 修复重建外科杂志，1988，2（2）：124. {GONG Benhan. Repair of soft tissue defect of leg and heel with vascularized skin flap[J]. Zhongguo Xiu Fu Chong Jian Wai Ke Za Zhi[Chin J Repar Reconstr Surg(Article in Chinese;No abstract available)],1988,2(2):124.}

[15854] 付德元，郝维挂. 带血管蒂组织瓣转移治疗小腿、足部软组织缺损[J]. 修复重建外科杂志，1989，3（2）：95. {FU Deyuan,HAO Weizhu. Treatment of leg and foot soft tissue defect with vascularized tissue flap[J]. Zhongguo Xiu Fu Chong Jian Wai Ke Za Zhi[Chin J Repar Reconstr Surg(Article in Chinese;No abstract available)],1989,3(2):95.}

[15855] 张景达，徐文龙，杨守华. 小腿双蒂滑行筋膜皮瓣修复胫前软组织缺损[J]. 修复重建外科杂

志，1989，3（4）：152．{ZHANG Jingda,XU Wenlong,YANG Shouhua. Repair of anterior tibial soft tissue defect with double pedicled sliding fasciocutaneous flap[J]. Zhongguo Xiu Fu Chong Jian Wai Ke Za Zhi[Chin J Repar Reconstr Surg(Article in Chinese;No abstract available)],1989,3(4):152.}

[15856] 林文智，谢深岑，李亚辉，谢西铭．治愈全小腿皮肤撕脱伤一例[J]．修复重建外科杂志，1990，4（1）：52．{LIN Wenzhi,XIE Shencen,LI Yahui,XIE Ximing. Skin avulsion injury of whole leg:a case report[J]. Zhongguo Xiu Fu Chong Jian Wai Ke Za Zhi[Chin J Repar Reconstr Surg(Article in Chinese;No abstract available)],1990,4(1):52.}

[15857] 潘明德，戴善和．小腿内侧骨膜皮瓣治疗小腿骨皮缺损[J]．修复重建外科杂志，1990，4（1）：5-6，61-62．{PAN Mingde,DAI Shanhe. Treatment of bone and skin defects of lower leg with medial leg periosteal flap[J]. Zhongguo Xiu Fu Chong Jian Wai Ke Za Zhi[Chin J Repar Reconstr Surg(Article in Chinese;Abstract in Chinese)],1990,4(1):5-6,61-62.}

[15858] 汤克沪．整形修复提高小腿Ⅲ型伤口Ⅰ期愈合率[J]．修复重建外科杂志，1990，4（2）：117．{TANG Kehu. Plastic repair improves the primary healing rate of type Ⅲ wound of the leg[J]. Zhongguo Xiu Fu Chong Jian Wai Ke Za Zhi[Chin J Repar Reconstr Surg(Article in Chinese;No abstract available)],1990,4(2):117.}

[15859] 钟桂午，匡勇，李有富，蔡肖岚，郑长福，陈明凡．双蒂腓骨瓣与比目鱼肌骨膜瓣移位修复小腿感染性骨皮缺损[J]．修复重建外科杂志，1990，4（3）：158-159．{ZHONG Guiwu,KUANG Yong,LI Youfu,CAI Xiaolan,ZHENG Changfu,CHEN Mingfan. Transposition of double pedicled fibular flap and soleus periosteal flap for repair of infected bone and skin defect of the leg[J]. Zhongguo Xiu Fu Chong Jian Wai Ke Za Zhi[Chin J Repar Reconstr Surg(Article in Chinese;Abstract in Chinese)],1990,4(3):158-159.}

[15860] 陈守来．岛状皮瓣交腿移植修复小腿和足背创面[J]．修复重建外科杂志，1990，4（4）：200．{CHEN Shoulai. Cross leg transplantation of island flap for repairing leg and dorsal foot wounds[J]. Zhongguo Xiu Fu Chong Jian Wai Ke Za Zhi[Chin J Repar Reconstr Surg(Article in Chinese;No abstract available)],1990,4(4):200.}

[15861] 李晓东，邵斌，秦凤印，李恩超，闫国斌，毅仁，高健，陈治，郑熙明．应用筋膜皮瓣治疗小腿远端软组织缺损[J]．修复重建外科杂志，1991，5（1）：9．{LI Xiaodong,SHAO Bin,QIN Fengyin,LI Enchao,YAN Guobin,YI Ren,GAO Jian,CHEN Zhi,ZHENG Ximing. Treatment of soft tissue defect of distal leg with fasciocutaneous flap[J]. Zhongguo Xiu Fu Chong Jian Wai Ke Za Zhi[Chin J Repar Reconstr Surg(Article in Chinese;No abstract available)],1991,5(1):9.}

[15862] 张寿．小腿软组织缺损的修复[J]．修复重建外科杂志，1991，5（2）：123．{ZHANG Shou. Repair of soft tissue defect of lower leg[J]. Zhongguo Xiu Fu Chong Jian Wai Ke Za Zhi[Chin J Repar Reconstr Surg(Article in Chinese;No abstract available)],1991,5(2):123.}

[15863] 陈云瀛．小腿后部皮瓣修复膝部皮肤缺损[J]．修复重建外科杂志，1991，5（3）：166．{CHEN Yunying. Repair of skin defect of knee with skin flap of posterior leg[J]. Zhongguo Xiu Fu Chong Jian Wai Ke Za Zhi[Chin J Repar Reconstr Surg(Article in Chinese;No abstract available)],1991,5(3):166.}

[15864] 彭俊良．筋膜皮瓣修复小腿软组织缺损[J]．中国修复重建外科杂志，1992，6（2）：121．{PENG Junliang. Repair of soft tissue defect of leg with fasciocutaneous flap[J]. Zhongguo Xiu Fu Chong Jian Wai Ke Za Zhi[Chin J Repar Reconstr Surg(Article in Chinese;No abstract available)],1992,6(2):121.}

[15865] 杨秀江，周绍溪．腓肠肌肌皮瓣修复小腿骨外露感染创面[J]．中国修复重建外科杂志，1992，6（2）：122．{YANG Xiujiang,ZHOU Shaoxi. Gastrocnemius myocutaneous flap for the repair of infection wound of leg bone exposure[J]. Zhongguo Xiu Fu Chong Jian Wai Ke Za Zhi[Chin J Repar Reconstr Surg(Article in Chinese;No abstract available)],1992,6(2):122.}

[15866] 林阳．两块皮瓣移位一次修复小腿严重损伤创面[J]．中国修复重建外科杂志，1992，6（3）：187．{LIN Yang. One-stage repair of severe injury wound of leg with two flaps[J]. Zhongguo Xiu Fu Chong Jian Wai Ke Za Zhi[Chin J Repar Reconstr Surg(Article in Chinese;No abstract available)],1992,6(3):187.}

[15867] 唐有建，王以强，胡惠明．带蒂皮瓣修复小腿皮肤缺损[J]．中国修复重建外科杂志，1993，7（3）：132．{TANG Youjian,WANG Yiqiang,HU Huiming. Repair of leg skin defect with pedicled skin flap[J]. Zhongguo Xiu Fu Chong Jian Wai Ke Za Zhi[Chin J Repar Reconstr Surg(Article in Chinese;No abstract available)],1993,7(3):132.}

[15868] 邹式炉，杨金凤，邱小平．小腿逆行筋膜蒂皮瓣移位修复软组织缺损[J]．中国修复重建外科杂志，1993，7（3）：188．{ZOU Shilu,YANG Jinfeng,QIU Xiaoping. Repair of soft tissue defects with reversed fascial pedicle flap of leg[J]. Zhongguo Xiu Fu Chong Jian Wai Ke Za Zhi[Chin J Repar Reconstr Surg(Article in Chinese;No abstract available)],1993,7(3):188.}

[15869] 王正林，贺海怿，谷效斌，吴鸿臻．交腿皮瓣移位修复小腿软组织缺损七例[J]．中国修复重建外科杂志，1994，8（3）：191．{WANG Zhenglin,HE Haiyi,GU Xiaobin,WU Hongzhen. Transposition of cross leg flap to repair leg soft tissue defect in 7 cases[J]. Zhongguo Xiu Fu Chong Jian Wai Ke Za Zhi[Chin J Repar Reconstr Surg(Article in Chinese;No abstract available)],1994,8(3):191.}

[15870] 时俊业，王力军，张宝岑，杨东辉，刘伟，时志松，王忠明．交腿筋膜皮瓣修复小腿严重创伤后皮肤缺损[J]．中国修复重建外科杂志，1994，8（4）：166．{SHI Junye,WANG Lijun,ZHANG Baocen,YANG Donghui,LIU Wei,SHI Zhisong,WANG Zhongming. Cross leg fasciocutaneous flap for repair of skin defect after severe leg trauma[J]. Zhongguo Xiu Fu Chong Jian Wai Ke Za Zhi[Chin J Repar Reconstr Surg(Article in Chinese;No abstract available)],1994,8(4):166.}

[15871] 叶劲，梁志强，庄俊居．组织瓣转移修复小腿骨折伴软组织缺损[J]．中国修复重建外科杂志，1994，8（12）：224-225．{YE Jin,LIANG Zhiqiang,ZHUANG Junju. Repair of leg fracture with soft tissue defect by tissue flap transfer[J]. Zhongguo Xiu Fu Chong Jian Wai Ke Za Zhi[Chin J Repar Reconstr Surg(Article in Chinese;Abstract in Chinese)],1994,8(12):224-225.}

[15872] 宋基学，钱万玉，刘艳华，崔正宏．腓肠肌内侧头肌皮瓣修复小腿上部组织缺损[J]．中国修复重建外科杂志，1995，9（4）：254．{SONG Jixue,QIAN Wanyu,LIU Yanhua,CUI Zhenghong. Repair of upper leg tissue defects with medial gastrocnemius head myocutaneous flap[J]. Zhongguo Xiu Fu Chong Jian Wai Ke Za Zhi[Chin J Repar Reconstr Surg(Article in Chinese;No abstract available)],1995,9(4):254.}

[15873] 向忠孝．带血管蒂皮瓣修复小腿软组织缺损18例[J]．中国修复重建外科杂志，1996，10（1）：48．{XIANG Zhongxiao. Repair of soft tissue defect of leg with vascularized flap in 18 cases[J]. Zhongguo Xiu Fu Chong Jian Wai Ke Za Zhi[Chin J Repar Reconstr Surg(Article in Chinese;No abstract available)],1996,10(1):48.}

[15874] 梅锦荣，朱剑华，谈晓芳．小腿皮瓣及复合瓣在小腿严重外伤中的应用[J]．中国修复重建外科杂志，1996，10（3）：30．{MEI Jinrong,ZHU Jianhua,TAN Xiaofang. Application of leg flap and composite flap in severe injury of the leg[J]. Zhongguo Xiu Fu Chong Jian Wai Ke Za Zhi[Chin J Repar Reconstr Surg(Article in Chinese;No abstract available)],1996,10(3):30.}

[15875] 王崇锐．双蒂筋膜皮瓣修复小腿慢性溃疡骨外露[J]．中国修复重建外科杂志，1997，11（1）：51．{WANG Chongrui. Double pedicled fasciocutaneous flap for repairing chronic leg ulcer with bone exposure[J]. Zhongguo Xiu Fu Chong Jian Wai Ke Za Zhi[Chin J Repar Reconstr Surg(Article in Chinese;No abstract available)],1997,11(1):51.}

[15876] 彭加礼，熊治川，孙东原，朱国太．随意薄皮瓣交腿转移修复小腿创面[J]．中国修复重建外科杂志，1997，11（2）：68-69．{PENG Jiali,XIONG Zhichuan,SUN Dongyuan,ZHU Guotai. Cross leg transfer of random pattern thin skin flap to repair leg wound[J]. Zhongguo Xiu Fu Chong Jian Wai Ke Za Zhi[Chin J Repar Reconstr Surg(Article in Chinese;No abstract available)],1997,11(2):68-69.}

[15877] 谭鸿，陈方海，黄道海，徐巍，刘跃洪，周宇，杨乐晋，谢德，汪红，杨灵，雷达．多蒂阻隔随意筋膜皮瓣修复小腿足大面积皮肤缺损[J]．中国修复重建外科杂志，1999，13（2）：91-94．{TAN Hong,CHEN Fanghai,HUANG Daohai,XU Wei,LIU Yuehong,ZHOU Yu,YANG Lejin,XIE De,WANG Hong,YANG Ling,LEI Da. Repair of huge skin defect on leg and foot with multiple pedicled blocking randomized fasciocutaneous flap[J]. Zhongguo Xiu Fu Chong Jian Wai Ke Za Zhi[Chin J Repar Reconstr Surg(Article in Chinese;Abstract in Chinese and English)],1999,13(2):91-94.}

[15878] 刘光昀，邹鑫亮．小腿外侧筋膜皮瓣修复胫前大面积软组织缺损[J]．中国修复重建外科杂志，1999，13（4）：222．{LIU Guangyun,ZOU Xinliang. Repair of large area soft tissue defect of tibia with lateral fascia flap of lower leg[J]. Zhongguo Xiu Fu Chong Jian Wai Ke Za Zhi[Chin J Repar Reconstr Surg(Article in Chinese;No abstract available)],1999,13(4):222.}

[15879] 熊火球．小腿全周径瘢痕合并跟腱挛缩的修复[J]．中国修复重建外科杂志，1999，13（5）：326．{XIONG Huoqiu. Repair of full circumference scar of leg combined with the contracture of Achilles tendon[J]. Zhongguo Xiu Fu Chong Jian Wai Ke Za Zhi[Chin J Repar Reconstr Surg(Article in Chinese;No abstract available)],1999,13(5):326.}

[15880] 王文怀，林其仁，傅小杯．小腿骨软组织缺损修复18例[J]．中国修复重建外科杂志，2000，14（2）：封三．{WANG Wenhuai,LIN Qiren,FU Xiaobei. Repair of bone and soft tissue defect of leg:a report of 18 cases[J]. Zhongguo Xiu Fu Chong Jian Wai Ke Za Zhi[Chin J Repar Reconstr Surg(Article in Chinese;No abstract available)],2000,14(2):cover 3.}

[15881] 徐义，周祖忠．腓肠神经伴行逆行岛状皮瓣修复小腿下段及足部软组织缺损[J]．中国修复重建外科杂志，2000，14（6）：376．{XU Yi,ZHOU Zuzhong. Sural nerve with reverse island flap for repairing soft tissue defects of lower leg and foot[J]. Zhongguo Xiu Fu Chong Jian Wai Ke Za Zhi[Chin J Repar Reconstr Surg(Article in Chinese;No abstract available)],2000,14(6):376.}

[15882] 王树锋，吕占辉，路培发．肩胛骨背阔肌复合组织瓣移植一期修复小腿外伤后胫骨伴软组织缺损[J]．中华骨科杂志，2000，20（3）：170．DOI：10.3760/j.issn：0253-2352.2000.03.011．{WANG Shufeng,LV Zhanhui,LU Peifa. The use of free scapula latissimus dorsi muscle compound flap for the repair of traumatic defect of the tibia and soft tissue at one setting[J]. Zhonghua Gu Ke Za Zhi[Chin J Orthop(Article in Chinese;Abstract in Chinese and English)],2000,20(3):170. DOI:10.3760/j.issn:0253-2352.2000.03.011.}

[15883] 周永霞，徐永清，李军，张秀琼，王娜．逆行供血游离皮瓣修复小腿皮肤缺损的康复[J]．中国修复重建外科杂志，2002，16（4）：292．{ZHOU Yongxia,XU Yongqing,LI Jun,ZHANG Xiuqiong,WANG Na. Rehabilitation of skin defect of lower leg repaired by free reverse vascular flap[J]. Zhongguo Xiu Fu Chong Jian Wai Ke Za Zhi[Chin J Repar Reconstr Surg(Article in Chinese;No abstract available)],2002,16(4):292.}

[15884] 林松庆，徐皓，符臣学．腓肠肌肌皮瓣修复小腿皮肤缺损[J]．中国修复重建外科杂志，2002，16（5）：362．{LIN Songqing,XU Hao,FU Chenxue. Sural myocutaneous flap for repair of skin defect of leg[J]. Zhongguo Xiu Fu Chong Jian Wai Ke Za Zhi[Chin J Repar Reconstr Surg(Article in Chinese;No abstract available)],2002,16(5):362.}

[15885] 张正善，赵胡瑞，邓万祥，李鸿斌，刘宝恒，董晖，王德军，黎苑．小腿后侧逆行筋膜蒂皮瓣修复小腿软组织缺损[J]．中国修复重建外科杂志，2002，16（6）：440．{ZHANG Zhengshan,ZHAO Hurui,DENG Wanxiang,LI Hongbin,LIU Baoheng,DONG Hui,WANG Dejun,LI Yuan. Repair of soft tissue defect of lower leg with reverse fascial pedicled skin flap[J]. Zhongguo Xiu Fu Chong Jian Wai Ke Za Zhi[Chin J Repar Reconstr Surg(Article in Chinese;No abstract available)],2002,16(6):440.}

[15886] 农明善，杜晓栋，顾立强，陈国奋．股前外侧皮瓣移植修复小腿软组织缺损及感染创面[J]．中国修复重建外科杂志，2004，18（2）：130．{NONG Mingshan,DU Xiaodong,GU Liqiang,CHEN Guofen. Repair of soft tissue defect and infection wound of leg with anterolateral femoral flap[J]. Zhongguo Xiu Fu Chong Jian Wai Ke Za Zhi[Chin J Repar Reconstr Surg(Article in Chinese;No abstract available)],2004,18(2):130.}

[15887] 刘宏滨，宋一平，童讯．组合皮瓣一期修复小腿爆炸伤一例[J]．中国修复重建外科杂志，2004，18（4）：284．{LIU Hongbin,SONG Yiping,TONG Xun. One-stage repair of explosive injury of leg with combined skin flap:a case report[J]. Zhongguo Xiu Fu Chong Jian Wai Ke Za Zhi[Chin J Repar Reconstr Surg(Article in Chinese;No abstract available)],2004,18(4):284.}

[15888] 张立新，张建国，孙峰，侯军华．胫前血管桥接游离股前外侧皮瓣修复小腿严重毁损伤[J]．中国修复重建外科杂志，2004，18（4）：340．{ZHANG Lixin,ZHANG Jianguo,SUN Feng,HOU Junhua. Repair of severe leg injury with free anterolateral thigh flap bridged by anterior tibial vessels[J]. Zhongguo Xiu Fu Chong Jian Wai Ke Za Zhi[Chin J Repar Reconstr Surg(Article in Chinese;No abstract available)],2004,18(4):340.}

[15889] 徐永清，林月秋，李军，丁晶，郭远发，汪新民，徐小山，师继红，李春晓，马涛，李主一，朱跃良．皮瓣联合外固定架治疗胫骨骨折伴小腿软组织缺损[J]．中华显微外科杂志，2004，27（3）：164-165．DOI：10.3760/cma.j.issn.1001-2036.2004.03.002．{XU Yongqing,LIN Yueqiu,LI Jun,DING Jing,GUO Yuanfa,WANG Xinmin,XU Xiaoshan,SHI Jihong,LI Chunxiao,MA Tao,LI Zhuyi,ZHU Yueliang. Combinaton of flap and external fixator for complex soft tissue defects of the leg associated with tibia fractures[J]. Zhonghua Xian Wei Wai Ke Za Zhi[Chin J Microsurg(Article in Chinese;Abstract in Chinese and English)],2004,27(3):164-165. DOI:10.3760/cma.j.issn.1001-2036.2004.03.002.}

[15890] 魏在荣，王达利，王玉明，祁建平，张明君，曾雪琴，聂开瑜．足背岛状动脉皮瓣修复小腿中下段软组织缺损[J]．中国修复重建外科杂志，2006，20（7）：769-770．{WEI Zairong,WANG Dali,WANG Yuming,QI Jianping,ZHANG Mingjun,ZENG Xueqin,NIE Kaiyu. Repair of soft tissue defects in the middle and lower leg with dorsalis pedis artery island flap[J]. Zhongguo Xiu Fu Chong Jian Wai Ke Za Zhi[Chin J Repar Reconstr Surg(Article in Chinese;No abstract available)],2006,20(7):769-770.}

[15891] 王嘉宁，张世斌．皮瓣结合外固定架治疗胫骨骨折伴小腿软组织缺损[J]．中国矫形外科杂志，2006，14（2）：151-152．DOI：10.3969/j.issn.1005-8478.2006.02.023．{WANG Jianing,ZHANG Shibin. Combinaton of flap and external fixator for complex soft tissue defects of the leg associated with tibia fractures[J]. Zhongguo Jiao Xing Wai Ke Za Zhi[Orthop J China(Article in Chinese;Abstract in Chinese and English)],2006,14(2):151-152. DOI:10.3969/j.issn.1005-8478.2006.02.023.}

[15892] 陈祥军，刘宁，雷雨，彭静，刘忠山．各种组织瓣修复小腿软组织缺损及骨外露[J]．中国修复重建外科杂志，2007，21（2）：211-212．{CHEN Xiangjun,LIU Ning,LEI Yu,PENG Jing,LIU Zhongshan. Repair of soft tissue defect and bone exposure of leg with various tissue flaps[J]. Zhongguo Xiu Fu Chong Jian Wai Ke Za Zhi[Chin J Repar Reconstr Surg(Article in Chinese;Abstract in Chinese)],2007,21(2):211-212.}

[15893] 赵玲珑，滕云升，郭永明，张朝，王龙虎，吴勐，梁高峰，李成林．桥式吻合血管组合皮瓣修复小腿大面积皮肤缺损[J]．中国修复重建外科杂志，2007，21（3）：316-317．{ZHAO LingLong,TENG Yunsheng,GUO Yongming,ZHANG Chao,WANG Longhu,WU Meng,LIANG Gaofeng,LI Chenglin. Repair of large skin defect of leg with bridged and pedicled flap[J]. Zhongguo Xiu Fu Chong Jian Wai Ke Za Zhi[Chin J Repar Reconstr Surg(Article in Chinese;Abstract in Chinese)],2007,21(3):316-317.}

[15894] 邱南海，李建华，苗戊燕，阚世廉．足背动脉皮瓣治疗小腿软组织缺损[J]．中国修复重建外科杂志，2007，21（9）：1021-1022．{QIU Nanhai,LI Jianhua,MIAO Shuyan,KAN Shilian. Treatment of soft tissue defect of leg with dorsal pedis artery flap[J]. Zhongguo Xiu Fu Chong Jian Wai Ke Za Zhi[Chin J Repar Reconstr Surg(Article in Chinese;Abstract in Chinese)],2007,21(9):1021-1022.}

[15895] 张功林，章鸣，吴发林，张金福，凌爱军．切取创伤性离断肢体游离皮瓣修复小腿残端软组织缺损[J]．中华创伤骨科杂志，2007，9（3）：210-213．DOI：10.3760/cma.j.issn.1671-7600.2007.03.003．{ZHANG Gonglin,ZHANG Ming,WU Falin,ZHANG

Jinfu,LING Aijun. Repair of soft-tissue defects at the leg amputation stump with a free flap from the traumatic amputated part[J]. Zhonghua Chuang Shang Gu Ke Za Zhi[Chin J Orthop Trauma(Article in Chinese;Abstract in Chinese and English)],2007,9(3):210-213. DOI:10.3760/cma.j.issn.1671-7600.2007.03.003.}

[15896] 任飞，程春生，贾红伟，吕松峰，罗少军. 胫骨皮瓣游离移植修复小腿创伤性骨和皮肤缺损 [J]. 中华显微外科杂志，2007，30(3)：182-184，插 3-2. DOI：10.3760/cma.j.issn.1001-2036.2007.03.007. {REN Fei,CHENG Chunsheng,JIA Hongwei,LV Songfeng,LUO Shaojun. Repairation of bone and skin defect in leg with vascularized tibial bone-skin flap graft[J]. Zhonghua Xian Wei Wai Ke Za Zhi[Chin J Microsurg(Article in Chinese;Abstract in Chinese and English)],2007,30(3):182-184,insert 3-2. DOI:10.3760/cma.j.issn.1001-2036.2007.03.007.}

[15897] 任飞，程春生，贾宏伟，吕松峰. 胫骨皮瓣结合中药薰洗治疗小腿创伤性骨皮缺损 [J]. 中国骨伤，2007，20(12)：849-850. DOI：10.3969/j.issn.1003-0034.2007.12.020. {REN Fei,CHENG Chunsheng,JIA Hongwei,LV Songfeng. Integration of tibial bone-skin flap and Chinese herbs fumigation and washing for the treatment of traumatic bone and skin defects in leg[J]. Zhongguo Gu Shang[China J Orthop Trauma(Article in Chinese;Abstract in Chinese and English)],2007,20(12):849-850. DOI:10.3969/j.issn.1003-0034.2007.12.020.}

[15898] 明立功，明立山，王慧，王自方，乔玉. 应用对合皮瓣修复小腿前内侧小面积皮肤软组织缺损 [J]. 中国修复重建外科杂志，2008，22(2)：253-254. {MING Ligong,MING Lishan,WANG Hui,WANG Zifang,QIAO Yu. Repair of small skin and soft tissue defect of anteromedial leg with the overlapping flap[J]. Zhongguo Xiu Fu Chong Jian Wai Ke Za Zhi[Chin J Repar Reconstr Surg(Article in Chinese;Abstract in Chinese)],2008,22(2):253-254.}

[15899] 宋树坤，高树林，王宪清. 多个筋膜皮下瓣组合修复小腿大面积皮肤缺损 [J]. 中国修复重建外科杂志，2008，22(10)：1278-1280. {SONG Shukun,GAO Shulin,WANG Xianqing. Repair of large skin defect of leg with multiple fascial subcutaneous flaps[J]. Zhongguo Xiu Fu Chong Jian Wai Ke Za Zhi[Chin J Repar Reconstr Surg(Article in Chinese;Abstract in Chinese)],2008,22(10):1278-1280.}

[15900] 赵胡瑞，邓万祥，董晖，刘华，黎苑，陆永江，叶斯波. 小腿复杂组织缺损的修复 [J]. 中国修复重建外科杂志，2009，23(3)：381-382. {ZHAO Hurui,DENG Wanxiang,DONG Hui,LIU Hua,LI Yuan,LU Yongjiang,YE Sibo. Repair of complex tissue defect of lower leg[J]. Zhongguo Xiu Fu Chong Jian Wai Ke Za Zhi[Chin J Repar Reconstr Surg(Article in Chinese;Abstract in Chinese)],2009,23(3):381-382.}

[15901] 许亚军，周晓，柯尊山，周建东，陈学明. 外增压膝内侧－小腿内侧上部逆行岛状皮瓣修复小腿中下段软组织缺损 [J]. 中国修复重建外科杂志，2012，26(9)：1147-1148. {XU Yajun,ZHOU Xiao,KE Zunshan,ZHOU Jiandong,CHEN Xueming. Repair of soft tissue defects in the middle and lower leg with lateral compressed medial knee or medial upper leg island flap[J]. Zhongguo Xiu Fu Chong Jian Wai Ke Za Zhi[Chin J Repar Reconstr Surg(Article in Chinese;Abstract in Chinese)],2012,26(9):1147-1148.}

[15902] 王立夫，苏新，陈默轩，章宏伟，侯作琼. 腓肠肌肌瓣修复小腿胫前中上段感染性软组织缺损 [J]. 中国修复重建外科杂志，2012，26(10)：1270-1272. {WANG Lifu,SU Xin,CHEN Moxuan,ZHANG Hongwei,HOU Zuoqiong. Repair of infectious soft tissue defect in the middle and upper tibia with gastrocnemius muscle flap[J]. Zhongguo Xiu Fu Chong Jian Wai Ke Za Zhi[Chin J Repar Reconstr Surg(Article in Chinese;Abstract in Chinese)],2012,26(10):1270-1272.}

[15903] 张春，张展，郭峭峰，沈立锋，俞华军，张晓文. 吻合血管肌（皮）瓣修复小腿严重创伤后软组织缺损 [J]. 中华显微外科杂志，2012，35(3)：180-182，后插 5. DOI：10.3760/cma.j.issn.1001-2036.2012.03.002. {ZHANG Chun,ZHANG Zhan,GUO Qiaofeng,SHEN Lifeng,YU Huajun,ZHANG Xiaowen. Using flap or musculocutaneous flap by anatomosis repairs soft tissue defects of serious traumatic shank[J]. Zhonghua Xian Wei Wai Ke Za Zhi[Chin J Microsurg(Article in Chinese;Abstract in Chinese and English)],2012,35(3):180-182, insert 5. DOI:10.3760/cma.j.issn.1001-2036.2012.03.002.}

[15904] 沈勇，王彦生，张辉. 股前外侧穿支皮瓣交叉吻合血管移植修复小腿皮肤软组织缺损 19 例 [J]. 中华显微外科杂志，2014，37(3)：293-294. DOI：10.3760/cma.j.issn.1001-2036.2014.03.031. {SHEN Yong,WANG Yansheng,ZHANG Hui. Anterolateral thigh perforator flap with cross vascular anastomosis transposition for repairing skin and soft tissue defects of leg in 19 cases[J]. Zhonghua Xian Wei Wai Ke Za Zhi[Chin J Microsurg(Article in Chinese;No abstract available)],2014,37(3):293-294. DOI:10.3760/cma.j.issn.1001-2036.2014.03.031.}

[15905] 符健松，高顺红，张净宇，张文龙，张云鹏，倪玉龙. 以腓肠内侧血管为受区血管的游离股前外侧皮瓣移植修复小腿皮肤软组织缺损 [J]. 中国修复重建外科杂志，2015，29(7)：804-806. DOI：10.7507/1002-1892.20150174. {FU Jiansong,GAO Shunhong,ZHANG Jingyu,ZHANG Wenlong,ZHANG Yunpeng,NI Yulong. Anterolateral thigh flap pedicled with medial sural vessels as recipient vessels in reconstruction of leg skin and soft tissue defects[J]. Zhongguo Xiu Fu Chong Jian Wai Ke Za Zhi[Chin J Repar Reconstr Surg(Article in Chinese;Abstract in Chinese and English)],2015,29(7):804-806. DOI:10.7507/1002-1892.20150174.}

[15906] 周洪杰，隋海明，杜全红，史永安，迟涛胜，丛海波. 吻合隐血管的游离皮瓣修复胫前中上段大面积皮肤软组织缺损 [J]. 中华显微外科杂志，2015，38(2)：123-126. DOI：10.3760/cma.j.issn.1001-2036.2015.02.006. {ZHOU Hongjie,SUI Haiming,DU Quanhong,SHI Yongan,CHI Taosheng,CONG Haibo. Reconstruction of large skin and soft tissue defect in the front upper of tibia with free flap of anastomosis saphenous vessels[J]. Zhonghua Xian Wei Wai Ke Za Zhi[Chin J Microsurg(Article in Chinese;Abstract in Chinese and English)],2015,38(2):123-126. DOI:10.3760/cma.j.issn.1001-2036.2015.02.006.}

[15907] 唐洪涛，李采宁，王冲，程真真，程春生. 带蒂胫骨皮瓣移植修复小腿创伤性感染性骨和软组织缺损 [J]. 中华显微外科杂志，2015，38(5)：428-431. DOI：10.3760/cma.j.issn.1001-2036.2015.05.005. {TANG Hongtao,LI Caining,WANG Chong,CHENG Zhenzhen,CHENG Chunsheng. Repairation of bone and skin defect in leg with vascularized tibial bone-skin flap graft[J]. Zhonghua Xian Wei Wai Ke Za Zhi[Chin J Microsurg(Article in Chinese;Abstract in Chinese and English)],2015,38(5):428-431. DOI:10.3760/cma.j.issn.1001-2036.2015.05.005.}

[15908] 谢书强，侯建玺，董其强，张华峰，王宏鑫，杨超凡. 短缩再植结合肢体延长术治疗小腿中下段严重离断伤 [J]. 中国修复重建外科杂志，2017，31(8)：936-940. DOI：10.7507/1002-1892.201703069. {XIE Shuqiang,HOU JianXi,DONG Qiqiang,ZHANG Huafeng,WANG Hongxin,YANG Chaofan. Application of shortened replantation combined with limb lengthening in treatment of severe amputation of middle and distal lower leg[J]. Zhongguo Xiu Fu Chong Jian Wai Ke Za Zhi[Chin J Repar Reconstr Surg(Article in Chinese;Abstract in Chinese and English)],2017,31(8):936-940. DOI:10.7507/1002-1892.201703069.}

[15909] 张文龙，高顺红，于志亮，张净宇，胡宏宇，张云鹏. 受区吻合旋股外侧动脉降支的游离皮瓣修复小腿软组织严重缺损 [J]. 中华解剖与临床杂志，2017，22(3)：213-216. DOI：10.3760/cma.j.issn.2095-7041.2017.03.008. {ZHANG Wenlong,GAO Shunhong,YU Zhiliang,ZHANG Jingyu,HU Hongyu,ZHANG Yunpeng. Application of free skin flap combined with the lateral circumflex femoral artery for the repair of soft tissue defects in the lower leg[J]. Zhonghua Jie Pou Yu Lin Chuang Za Zhi[Chin J Anat Clin(Article in Chinese;Abstract in Chinese and English)],2017,22(3):213-216. DOI:10.3760/cma.j.issn.2095-7041.2017.03.008.}

[15910] 张艳茂，刘会仁，张瑞红，陈玉刚，马铁鹏，于占勇，高烁，吴学强，刘建华. 游离股前外侧皮瓣联合胫骨骨滑移治疗小腿大段骨及皮肤软组织缺损 [J]. 中华创伤杂志，2017，33(2)：129-133. DOI：10.3760/cma.j.issn.1001-8050.2017.02.008. {ZHANG Yanmao,LIU Huiren,ZHANG Ruihong,CHEN Yugang,MA Tiepeng,YU Zhanyong,GAO Shuo,WU Xueqiang,LIU Jianhua. Combined free anterolateral thigh flap and tibial bone transport for resurfacing large segmental bone and soft tissue defect of lower extremities[J]. Zhonghua Chuang Shang Za Zhi[Chin J Trauma(Article in Chinese;Abstract in Chinese and English)],2017,33(2):129-133. DOI:10.3760/cma.j.issn.1001-8050.2017.02.008.}

[15911] 赵治伟，刘文静，查朱青，李彦丰，范会军. 带胫骨隐神经复合组织皮瓣在小腿创伤性骨与皮肤缺损中的临床应用 [J]. 中国骨伤，2017，30(12)：1131-1134. DOI：10.3969/j.issn.1003-0034.2017.12.011. {ZHAO Zhiwei,LIU Wenjing,CHA Zhuqing,LI Yanfeng,FAN Huijun. Clinical application of tibial composite saphenous nerve tissue flap for the treatment of traumatic bone-skin defect of leg[J]. Zhongguo Gu Shang[China J Orthop Trauma(Article in Chinese;Abstract in Chinese and English)],2017,30(12):1131-1134. DOI:10.3969/j.issn.1003-0034.2017.12.011.}

[15912] 陈长顺，胡祥，郑前进，段勇，刘思怡，陶圣祥. 胫后动脉穿支远端蒂复合组织瓣修复小腿远端创面 [J]. 中国修复重建外科杂志，2019，33(1)：75-79. DOI：10.7507/1002-1892.201805093. {CHEN Changshun,HU Xiang,ZHENG Qianjin,DUAN Yong,LIU Siyi,TAO Shengxiang. Application of composite tissue flaps pedicled with distal perforating branch of posterior tibial artery for repairing distal leg defects[J]. Zhongguo Xiu Fu Chong Jian Wai Ke Za Zhi[Chin J Repar Reconstr Surg(Article in Chinese;Abstract in Chinese and English)],2019,33(1):75-79. DOI:10.7507/1002-1892.201805093.}

5.11.5 踝部软组织缺损修复与重建
repair and reconstruction of ankle soft tissue defect

[15913] Shi B,Shu H,Wang Z,Cai C,Chand BB,Fang L,Ma B. Soft-tissue reconstruction without fibular reconstruction in traumatic injuries of the ankle with fibular loss[J]. Foot Ankle Int,2017,38(1):80-85. doi:10.1177/1071100716667317.

[15914] 吕建军. 足部岛状皮瓣修复足跟及踝部软组织缺损 [J]. 修复重建外科杂志，1988，2(2)：114. {LV Jianjun. Repair of heel and ankle soft tissue defects with foot island flap[J]. Zhongguo Xiu Fu Chong Jian Wai Ke Za Zhi[Chin J Repar Reconstr Surg(Article in Chinese;No abstract available)],1988,2(2):114.}

[15915] 王立德. 带血管蒂游离髂骨移植行踝关节融合一例 [J]. 修复重建外科杂志，1988，2(3)：46. {WANG Lide. Ankle fusion with free pedicled iliac bone graft:a case report[J]. Zhongguo Xiu Fu Chong Jian Wai Ke Za Zhi[Chin J Repar Reconstr Surg(Article in Chinese;No abstract available)],1988,2(3):46.}

[15916] 高景恒. 努力提高小腿踝足的修复重建技术 [J]. 修复重建外科杂志，1989，3(4)：145. {GAO Jingheng. Improvement of the repair and reconstruction technology of lower leg,ankle and foot[J]. Zhongguo Xiu Fu Chong Jian Wai Ke Za Zhi[Chin J Repar Reconstr Surg(Article in Chinese;No abstract available)],1989,3(4):145.}

[15917] 王正谦. 踝周组织缺损修复 [J]. 修复重建外科杂志，1989，3(4)：148. {WANG Zhengqian. Repair of tissue defect around ankle[J]. Zhongguo Xiu Fu Chong Jian Wai Ke Za Zhi[Chin J Repar Reconstr Surg(Article in Chinese;No abstract available)],1989,3(4):148.}

[15918] 吴梅英. 足踝部软组织缺损的显微外科治疗（附 35 例报告）[J]. 修复重建外科杂志，1989，3(4)：146-147. {WU Meiying. Microsurgical treatment of soft tissue defect of foot and ankle(with a report of 35 cases)[J]. Zhongguo Xiu Fu Chong Jian Wai Ke Za Zhi[Chin J Repar Reconstr Surg(Article in Chinese;Abstract in Chinese)],1989,3(4):146-147.}

[15919] 张占仲，姚书林，邹鸣岚，周晓原. 组织瓣移植治疗小腿及足踝部创伤 [J]. 修复重建外科杂志，1990，4(1)：37. {ZHANG Zhanzhong,YAO Shulin,ZOU Minglan,ZHOU Xiaoyuan. Treatment of leg and ankle trauma with tissue flap[J]. Zhongguo Xiu Fu Chong Jian Wai Ke Za Zhi[Chin J Repar Reconstr Surg(Article in Chinese;No abstract available)],1990,4(1):37.}

[15920] 刘云建，沈扬. 带血管蒂腓骨逆行移位重建外踝五例 [J]. 中国修复重建外科杂志，1994，8(10)：226-227. {LIU Yunjian,SHEN Yang. Reverse transposition of vascularized fibula flap for reconstruction of lateral malleolus:a report of 5 cases[J]. Zhongguo Xiu Fu Chong Jian Wai Ke Za Zhi[Chin J Repar Reconstr Surg(Article in Chinese;Abstract in Chinese)],1994,8(10):226-227.}

[15921] 张显文，向代理，傅跃先，刘正全. 隐动脉皮瓣在小儿踝跟部外伤的应用 [J]. 中国修复重建外科杂志，1996，10(1)：53-54. {ZHANG Xianwen,XIANG Daili,FU Yuexian,LIU Zhengquan. Application of saphenous artery flap in ankle and heel injury in children[J]. Zhongguo Xiu Fu Chong Jian Wai Ke Za Zhi[Chin J Repar Reconstr Surg(Article in Chinese;Abstract in Chinese)],1996,10(1):53-54.}

[15922] 刘会仁，张宁，张文惠. 腓骨移植与儿童踝关节生长紊乱 [J]. 中国修复重建外科杂志，1996，10(4)：218-220. {LIU Huiren,ZHANG Ning,ZHANG Wenhui. Disturbance of development of ankle joint from transplantation of vascularized fibular graft in childhood[J]. Zhongguo Xiu Fu Chong Jian Wai Ke Za Zhi[Chin J Repar Reconstr Surg(Article in Chinese;Abstract in Chinese and English)],1996,10(4):218-220.}

[15923] 张敏涛，陈伟华，孙延昌，包淑芝. 小腿后侧逆行筋膜皮瓣修复足踝部缺损 [J]. 中国修复重建外科杂志，1997，11(1)：60. {ZHANG Mintao,CHEN Weihua,SUN Yanchang,BAO Shuzhi. Repair of foot and ankle defects with reverse posterior fasciocutaneous flap of leg[J]. Zhongguo Xiu Fu Chong Jian Wai Ke Za Zhi[Chin J Repar Reconstr Surg(Article in Chinese;No abstract available)],1997,11(1):60.}

[15924] 赵天兰，程新德，熊世文，李光早，徐静. 腓动脉逆行岛状皮瓣修复足跟及踝部组织缺损 [J]. 中国修复重建外科杂志，1999，13(6)：361. {ZHAO Tianlan,CHENG Xinde,XIONG Shiwen,LI Guangzao,XU Jing. Repair of heel and ankle tissue defects with reverse peroneal artery island flap[J]. Zhongguo Xiu Fu Chong Jian Wai Ke Za Zhi[Chin J Repar Reconstr Surg(Article in Chinese;No abstract available)],1999,13(6):361.}

[15925] 明立功，明新武，明新广，明新杰，冯霞. 股前外侧皮瓣在足踝部皮肤软组织缺损中的应用 [J]. 中国修复重建外科杂志，2000，14(1)：58. {MING Ligong,MING Xinwu,MING Xinguang,MING Xinjie,FENG Xia. Application of anterolateral thigh flap in the treatment of skin and soft tissue defects of foot and ankle[J]. Zhongguo Xiu Fu Chong Jian Wai Ke Za Zhi[Chin J Repar Reconstr Surg(Article in Chinese;No abstract available)],2000,14(1):58.}

[15926] 温晓阳，胡文斌，廖世文，刘华. 腓动脉逆行岛状皮瓣修复足踝部缺损 [J]. 中国修复重建外科杂志，2000，14(4)：255. {WEN Xiaoyang,HU Wenbin,LIAO Shiwen,LIU Hua. Repair of foot and ankle defects with reverse peroneal artery island flap[J]. Zhongguo Xiu Fu Chong Jian Wai Ke Za Zhi[Chin J Repar Reconstr Surg(Article in Chinese;No abstract available)],2000,14(4):255.}

[15927] 孙伟. 小腿筋膜皮瓣修复足踝部软组织缺损 [J]. 中国修复重建外科杂志，2000，14(5)：318. {SUN Wei. Repair of soft tissue defect of foot and ankle with fasciocutaneous flap of leg[J]. Zhongguo Xiu Fu Chong Jian Wai Ke Za Zhi[Chin J Repar Reconstr Surg(Article in Chinese;No abstract available)],2000,14(5):318.}

[15928] 张前法，常金兰，葛志斌，陈乐鸣. 小腿后侧逆行岛状筋膜蒂皮瓣修复踝周软组织缺损 [J]. 中国修复重建外科杂志，2000，14(6)：382. {ZHANG Qianfa,CHANG Jinlan,GE Zhibin,CHEN Leming. Repair of soft tissue defect around ankle with reverse island fascial flap from posterior leg[J]. Zhongguo Xiu Fu Chong Jian Wai Ke Za Zhi[Chin J Repar Reconstr Surg(Article in Chinese;No abstract available)],2000,14(6):382.}

[15929] 杨超，刘学江，李全忠，黄富国. 带血管蒂组织瓣修复足踝部软组织缺损 13 例 [J]. 中国修复重建外科杂志，2001，15(2)：68. {YANG Chao,LIU Xuejiang,LI Quanzhong,HUANG Fuguo. Repair of soft tissue defect of ankle and foot with pedicled tissue flap:a report of 13 cases[J].

Zhongguo Xiu Fu Chong Jian Wai Ke Za Zhi[Chin J Repar Reconstr Surg(Article in Chinese;No abstract available)],2001,15(2):68.}

[15930] 魏人前，肖绍升，吴起，张斯怡. 小腿内侧交腿皮瓣修复内踝骨外露一例 [J]. 中国修复重建外科杂志，2001，15（2）：98. {WEI Renqian,XIAO Shaosheng,WU Qi,ZHANG Siyi. Internal malleolus bone exposure repaired with the medial cross leg flap:a case report[J]. Zhongguo Xiu Fu Chong Jian Wai Ke Za Zhi[Chin J Repar Reconstr Surg(Article in Chinese;No abstract available)],2001,15(2):98.}

[15931] 姜文学，姚树源，尤佳. 腓肠浅动脉逆行岛状皮瓣修复足踝部创面 [J]. 中国修复重建外科杂志，2003，17（1）：25. {JIANG Wenxue,YAO Shuyuan,YOU Jia. Repair of foot and ankle wounds with reverse island flap of superficial sural artery[J]. Zhongguo Xiu Fu Chong Jian Wai Ke Za Zhi[Chin J Repar Reconstr Surg(Article in Chinese;No abstract available)],2003,17(1):25.}

[15932] 屈跃峰，杨柳春. 阔筋膜张肌皮瓣移植修复足踝部皮肤软组织缺损 [J]. 中国修复重建外科杂志，2003，17（2）：92. {QU Yuefeng,YANG Liuchun. Repair of skin and soft tissue defects of foot and ankle with tensor fasciae latae flap[J]. Zhongguo Xiu Fu Chong Jian Wai Ke Za Zhi[Chin J Repar Reconstr Surg(Article in Chinese;No abstract available)],2003,17(2):92.}

[15933] 张增方，杜建春，孙伟，朱朝晖，张鑫，杨连根，娄洪亮. 逆行腓骨短肌肌瓣修复踝部软组织缺损 [J]. 中国修复重建外科杂志，2003，17（6）：458. {ZHANG Zengfang,DU Jianchun,SUN Wei,ZHU Chaohui,ZHANG Xin,YANG Liangen,LOU Hongliang. Repair of soft tissue defect of ankle with reverse peroneus brevis muscle flap[J]. Zhongguo Xiu Fu Chong Jian Wai Ke Za Zhi[Chin J Repar Reconstr Surg(Article in Chinese;No abstract available)],2003,17(6):458.}

[15934] 杨闻强，承耀东. 前锯肌下部肌瓣游离移植修复足踝部创面二例 [J]. 中国修复重建外科杂志，2003，17（6）：500. {YANG Wenqiang,CHENG Yaodong. Free transfer of lower serratus anterior muscle flap to repair foot and ankle wounds:a report of two cases[J]. Zhongguo Xiu Fu Chong Jian Wai Ke Za Zhi[Chin J Repar Reconstr Surg(Article in Chinese;No abstract available)],2003,17(6):500.}

[15935] 李军，徐永清，徐小山，郭远发，汪新民，王娜. 逆行腓肠神经营养血管筋膜皮瓣修复足踝部软组织缺损 [J]. 中国修复重建外科杂志，2004，18（3）：189-191. {LI Jun,XU Yongqing,XU Xiaoshan,GUO Yuanfa,WANG Xinmin,WANG Na. Reversed sural neurovascular fascio-cutaneous flap for reconstruction of soft-tissue defects in ankle and foot[J]. Zhongguo Xiu Fu Chong Jian Wai Ke Za Zhi[Chin J Repar Reconstr Surg(Article in Chinese;Abstract in Chinese and English)],2004,18(3):189-191.}

[15936] 张金明，陈小萱，潘淑娟，刘小容，梁伟强. 游离腹直肌瓣加植皮修复小腿及足踝部软组织缺损 [J]. 中国修复重建外科杂志，2004，18（3）：192-194. {ZHANG Jinming,CHEN Xiaoxuan,PAN Shujuan,LIU Xiaorong,LIANG Weiqiang. Reconstruction of leg and ankle defects by using free rectus abdominis muscle flaps with intermediate split thickness skin graft[J]. Zhongguo Xiu Fu Chong Jian Wai Ke Za Zhi[Chin J Repar Reconstr Surg(Article in Chinese;Abstract in Chinese and English)],2004,18(3):192-194.}

[15937] 张新明，张煜，袁宁，王延德. 游离皮瓣修复小腿及足踝部大面积皮肤软组织缺损 [J]. 中国修复重建外科杂志，2004，18（5）：442-443. {ZHANG Xinming,ZHANG Yu,YUAN Ning,WANG Yande. Repair of large skin and soft tissue defects of leg and ankle with free flap[J]. Zhongguo Xiu Fu Chong Jian Wai Ke Za Zhi[Chin J Repar Reconstr Surg(Article in Chinese;No abstract available)],2004,18(5):442-443.}

[15938] 郭铁芳，杨大平，韩雪峰，徐学武. 小隐静脉腓肠神经营养皮瓣在足踝创面的临床应用 [J]. 中国修复重建外科杂志，2005，19（8）：681-682. {GUO Tiefang,YANG Daping,HAN Xuefeng,XU Xuewu. Clinical application of small saphenous vein sural neurocutaneous flap in foot and ankle wound[J]. Zhongguo Xiu Fu Chong Jian Wai Ke Za Zhi[Chin J Repar Reconstr Surg(Article in Chinese;No abstract available)],2005,19(8):681-682.}

[15939] 袁风，田俊，甘莉娟. 小腿后侧远端筋膜蒂皮瓣修复踝及跟部皮肤缺损 [J]. 中国修复重建外科杂志，2006，20（1）：87-88. {YUAN Feng,TIAN Jun,GAN Lijuan. Repair of skin defect of ankle and heel with fasciocutaneous flap of distal leg[J]. Zhongguo Xiu Fu Chong Jian Wai Ke Za Zhi[Chin J Repar Reconstr Surg(Article in Chinese;No abstract available)],2006,20(1):87-88.}

[15940] 施耘，冯世海，曲年振，刘群. 腓肠神经营养血管蒂逆行岛状皮瓣修复足踝部深度烧伤 [J]. 中国修复重建外科杂志，2006，20（4）：481-482. {SHI Yun,FENG Shihai,QU Nianzhen,LIU Qun. Repair of deep burn of foot and ankle with sural neurovascular island flap[J]. Zhongguo Xiu Fu Chong Jian Wai Ke Za Zhi[Chin J Repar Reconstr Surg(Article in Chinese;No abstract available)],2006,20(4):481-482.}

[15941] 王召安，冯世尧，沈永峰，王宗秀. 内踝上皮支皮瓣修复足踝部皮肤软组织缺损 [J]. 中国修复重建外科杂志，2006，20（7）：770-771. {WANG Zhaoan,FENG Shiyao,SHEN Yongfeng,WANG Zongxiu. Repair of skin and soft tissue defects of foot and ankle with medial malleolus epithelial branch flap[J]. Zhongguo Xiu Fu Chong Jian Wai Ke Za Zhi[Chin J Repar Reconstr Surg(Article in Chinese;No abstract available)],2006,20(7):770-771.}

[15942] 田万成，张发惠，朱大成，国建文，潘风雨，宋海涛. 改良带腓肠神经营养血管远端蒂逆行岛状皮瓣修复足踝部皮肤缺损 [J]. 中国修复重建外科杂志，2006，20（11）：1090-1092. {TIAN Wancheng,ZHANG Fahui,ZHU Dacheng,GUO Jianwen,PAN Fengyu,SONG Haitao. Clinical application of improved island skin flap with distally-based sural nerve nutrient vessels[J]. Zhongguo Xiu Fu Chong Jian Wai Ke Za Zhi[Chin J Repar Reconstr Surg(Article in Chinese;Abstract in Chinese and English)],2006,20(11):1090-1092.}

[15943] 宫旭，路来金，李雷刚. 足踝部皮肤缺损的修复 [J]. 中国修复重建外科杂志，2006，20（12）：1202-1204. {GONG Xu,LU Laijin,LI Leigang. Comparison between two different repairing methods for skin defects of foot and ankle[J]. Zhongguo Xiu Fu Chong Jian Wai Ke Za Zhi[Chin J Repar Reconstr Surg(Article in Chinese;Abstract in Chinese and English)],2006,20(12):1202-1204.}

[15944] 朱良，钟广军，高宏，艾合麦提·玉素甫. 小腿后侧远端蒂筋膜皮瓣修复小腿和足踝部软组织缺损 [J]. 中国修复重建外科杂志，2007，21（1）：34-36. {ZHU Liang,ZHONG Guangjun,GAO Hong,AIHEMAIT Yusufu. Repairing soft tissue defects in cnemis,ankle and foot with calf and sural distal fasciocutaneous flaps[J]. Zhongguo Xiu Fu Chong Jian Wai Ke Za Zhi[Chin J Repar Reconstr Surg(Article in Chinese;Abstract in Chinese and English)],2007,21(1):34-36.}

[15945] 赵民，王利民，田德虎，李延明，孙绍斌，张永林，申海波，尚承德，张国鑫. 小腿远端蒂复合血管网皮瓣修复足踝部皮肤缺损 [J]. 中国修复重建外科杂志，2007，21（5）：548-550. {ZHAO Min,WANG Limin,TIAN Dehu,LI Yanming,SUN Shaobin,ZHANG Yonglin,SHEN Haibo,SHANG Chengde,ZHANG Guoxin. Repair of skin defect of foot and ankle with composite vascular network flap of dista leg[J]. Zhongguo Xiu Fu Chong Jian Wai Ke Za Zhi[Chin J Repar Reconstr Surg(Article in Chinese;Abstract in Chinese)],2007,21(5):548-550.}

[15946] 程安源，田小运，李瑞平，牛志强. 腓肠神经营养血管逆行岛状筋膜皮瓣修复儿童足踝部软组织缺损 [J]. 中国修复重建外科杂志，2007，21（5）：550-551. {CHENG Anyuan,TIAN Xiaoyun,LI Ruiping,NIU Zhiqiang. Sural neurovascular island fasciocutaneous flap for repairing soft tissue defect of foot and ankle in children[J]. Zhongguo Xiu Fu Chong Jian Wai Ke Za Zhi[Chin J Repar Reconstr Surg(Article in Chinese;Abstract in Chinese)],2007,21(5):550-551.}

[15947] 郑金文，岑石强，黄富国，池雷霆，方跃. 足踝深部创面的修复 [J]. 中国修复重建外科杂志，2007，21（11）：1209-1212. {ZHENG Jinwen,CEN Shiqiang,HUANG Fuguo,CHI Leiting,FANG Yue. Repair of deep wounds of the foot and ankle[J]. Zhongguo Xiu Fu Chong Jian Wai Ke Za Zhi[Chin J Repar Reconstr Surg(Article in Chinese;Abstract in Chinese and English)],2007,21(11):1209-1212.}

[15948] 李杰，郑怀仁，刘锴，袁海胜，刘羽，李亚君，李海霞. 腓肠神经营养血管逆行皮瓣修复足踝部软组织缺损 [J]. 中国修复重建外科杂志，2008，22（1）：115-116. {LI Jie,ZHENG Huairen,LIU Kai,YUAN Haisheng,LIU Yu,LI Yajun,LI Haixia. Repair of soft tissue defect of foot and ankle with reverse sural neurovascular flap[J]. Zhongguo Xiu Fu Chong Jian Wai Ke Za Zhi[Chin J Repar Reconstr Surg(Article in Chinese;Abstract in Chinese)],2008,22(1):115-116.}

[15949] 李宝成，王金山，郭爱民. 腓肠神经营养血管皮瓣修复足踝部软组织缺损 [J]. 中国修复重建外科杂志，2008，22（5）：636-637. {LI Baocheng,WANG Jinshan,GUO Aimin. Sural neurovascular flap for repairing soft tissue defect of foot and ankle[J]. Zhongguo Xiu Fu Chong Jian Wai Ke Za Zhi[Chin J Repar Reconstr Surg(Article in Chinese;Abstract in Chinese)],2008,22(5):636-637.}

[15950] 张发惠，吴水培. 腓骨头复合瓣重建内踝缺损的应用解剖 [J]. 中国修复重建外科杂志，2008，22（7）：780-783. {ZHANG Fahui,WU Shuipei. Applied anatomy of compound flap based on fibular head to rebuild defects of internal malleolus[J]. Zhongguo Xiu Fu Chong Jian Wai Ke Za Zhi[Chin J Repar Reconstr Surg(Article in Chinese;Abstract in Chinese and English)],2008,22(7):780-783.}

[15951] 张岩，蔡培华，阮洪江，刘生和，汪银锋，柴益民. 吻合血管的腓骨头联合皮瓣移植修复复杂外踝缺损 [J]. 中国修复重建外科杂志，2008，22（11）：1288-1291. {ZHANG Yan,CAI Peihua,RUAN Hongjiang,LIU Shenghe,WANG Yinfeng,CHAI Yimin. Compound grafting of vascularized fibular head and flaps to repair complicated lateral malleolus defects[J]. Zhongguo Xiu Fu Chong Jian Wai Ke Za Zhi[Chin J Repar Reconstr Surg(Article in Chinese;Abstract in Chinese and English)],2008,22(11):1288-1291.}

[15952] 林全艺，丁振贝，杨维章，陈加强，徐步国. 腓肠神经营养血管皮瓣修复小腿及足踝部软组织缺损 [J]. 中国修复重建外科杂志，2008，22（11）：1405-1407. {LIN Quanyi,DING Zhenbei,YANG Weizhang,CHEN Jiaqiang,XU Buguo. Sural neurovascular flap for repairing soft tissue defects of leg and ankle[J]. Zhongguo Xiu Fu Chong Jian Wai Ke Za Zhi[Chin J Repar Reconstr Surg(Article in Chinese;Abstract in Chinese)],2008,22(11):1405-1407.}

[15953] 陈雪松，肖茂明，王元山，黄敢，管力，张黎明，周晨. 腓动脉主穿支蒂腓肠神经营养血管皮瓣修复足踝部中小面积软组织缺损 [J]. 中国修复重建外科杂志，2009，23（2）：212-214. {CHEN Xuesong,XIAO Maoming,WANG Yuanshan,HUANG Gan,GUAN Li,ZHANG Liming,ZHOU Chen. Repair of small and medium-sized soft tissue defect in ankle with sural neurocutaneous vascular flap pedicled on main perforating branch of peroneal artery[J]. Zhongguo Xiu Fu Chong Jian Wai Ke Za Zhi[Chin J Repar Reconstr Surg(Article in Chinese;Abstract in Chinese and English)],2009,23(2):212-214.}

[15954] 刘雪涛，张成进，王成琪，刘光军，刘勇. 儿童内踝外伤性缺损的修复重建 [J]. 中国修复重建外科杂志，2009，23（4）：444-447. {LIU Xuetao,ZHANG Chengjin,WANG Chengqi,LIU Guangjun,LIU Yong. Repair and reconstruction of traumatic defect of medial malleolus in children[J]. Zhongguo Xiu Fu Chong Jian Wai Ke Za Zhi[Chin J Repar Reconstr Surg(Article in Chinese;Abstract in Chinese and English)],2009,23(4):444-447.}

[15955] 朱金强，沈柏晓，杨文峰，范宝平，曲广宇. 腓肠神经营养血管逆行岛状皮瓣修复足踝部大面积软组织缺损 [J]. 中国修复重建外科杂志，2010，24（1）：116-117. {ZHU Jinqiang,SHEN Baixiao,YANG Wenfeng,FAN Baoping,QU Guangyu. Repair of large soft tissue defect of foot and ankle with sural neurovascular island flap[J]. Zhongguo Xiu Fu Chong Jian Wai Ke Za Zhi[Chin J Repar Reconstr Surg(Article in Chinese;Abstract in Chinese)],2010,24(1):116-117.}

[15956] 王亚平，王新春，熊才亮，齐维林. 逆行隐神经皮瓣交腿移位修复难治足踝部创面 [J]. 中国修复重建外科杂志，2011，25（10）：1279-1280. {WANG Yaping,WANG Xinchun,XIONG Cailiang,QI Weilin. Cross leg transfer of reverse saphenous nerve flap for the treatment of refractory foot and ankle wounds[J]. Zhongguo Xiu Fu Chong Jian Wai Ke Za Zhi[Chin J Repar Reconstr Surg(Article in Chinese;Abstract in Chinese)],2011,25(10):1279-1280.}

[15957] 赵民，李然，李大村，李建军，李建锋，刘井达，赵亮，田德虎，邵新中. 足踝部皮肤软组织缺损的修复 [J]. 中国修复重建外科杂志，2012，26（2）：255-256. {ZHAO Min,LI Ran,LI Dacun,LI Jianjun,LI Jianfeng,LIU Jingda,ZHAO Liang,TIAN Dehu,SHAO Xinzhong. Repair of skin and soft tissue defect of foot and ankle[J]. Zhongguo Xiu Fu Chong Jian Wai Ke Za Zhi[Chin J Repar Reconstr Surg(Article in Chinese;Abstract in Chinese)],2012,26(2):255-256.}

[15958] 韦仁杰，黄明棣，卢长巍. 股前外侧皮瓣游离移植修复足踝部大面积皮肤软组织缺损 [J]. 中国修复重建外科杂志，2012，26（7）：889-890. {WEI Renjie,HUANG Mingdi,LU Changwei. Free anterolateral thigh flap for repairing large skin and soft tissue defects of foot and ankle[J]. Zhongguo Xiu Fu Chong Jian Wai Ke Za Zhi[Chin J Repar Reconstr Surg(Article in Chinese;Abstract in Chinese)],2012,26(7):889-890.}

[15959] 陈居文，李媛，张克亮，韩金豹，李超英. 小腿远端皮支链血管皮瓣修复足踝部缺损的疗效观察 [J]. 中国修复重建外科杂志，2013，27（2）：253-254. DOI：10.7507/1002-1892.20130058. {CHEN Juwen,LI Yuan,ZHANG Keliang,HAN Jinbao,LI Chaoying. Clinical observation of repairing foot and ankle defects with distal leg skin branch chain vascular flap[J]. Zhongguo Xiu Fu Chong Jian Wai Ke Za Zhi[Chin J Repar Reconstr Surg(Article in Chinese;Abstract in Chinese)],2013,27(2):253-254. DOI:10.7507/1002-1892.20130058.}

[15960] 顾加祥，潘俊博，刘宏君，张乃臣，田恒，张文忠. 游离股前外侧动脉穿支皮瓣及腓动脉穿支皮瓣在足踝部创面中的应用 [J]. 中国修复重建外科杂志，2013，27（6）：765-766. DOI：10.7507/1002-1892.20130169. {GU Jiaxiang,PAN Junbo,LIU Hongjun,ZHANG Naichen,TIAN Heng,ZHANG Wenzhong. Application of free anterolateral femoral artery perforator flap and peroneal artery perforator flap in foot and ankle wounds[J]. Zhongguo Xiu Fu Chong Jian Wai Ke Za Zhi[Chin J Repar Reconstr Surg(Article in Chinese;Abstract in Chinese)],2013,27(6):765-766. DOI:10.7507/1002-1892.20130169.}

[15961] 付兴茂，范韶光，刘勇，李树亮，王蕾，季晓峰. 带血管蒂腓骨头复合组织瓣修复儿童内踝缺损的初步研究 [J]. 中国修复重建外科杂志，2013，27（11）：1305-1308. DOI：10.7507/1002-1892.20130285. {FU Xingmao,FAN Shaoguang,LIU Yong,LI Shuliang,WANG Lei,JI Xiaofeng. A preliminary study on repairing defects at medial malleolus in children by vascularized fibular head composite flap[J]. Zhongguo Xiu Fu Chong Jian Wai Ke Za Zhi[Chin J Repar Reconstr Surg(Article in Chinese;Abstract in Chinese and English)],2013,27(11):1305-1308. DOI:10.7507/1002-1892.20130285.}

[15962] 申立林，宋素萍，蔺翠霞，李文龙，孙雪生，朱涛，李强. 吻合血管的腘动脉皮支皮瓣修复足踝部创面 [J]. 中国修复重建外科杂志，2014，28（1）：88-91. DOI：10.7507/1002-1892.20140020. {SHEN Lilin,SONG Suping,LIN Cuixia,LI Wenlong,SUN Xuesheng,ZHU Tao,LI Qiang. Free vascularized popliteal artery cutaneous branch flap for repair of wound on foot and ankle[J]. Zhongguo Xiu Fu Chong Jian Wai Ke Za Zhi[Chin J Repar Reconstr Surg(Article in Chinese;Abstract in Chinese and English)],2014,28(1):88-91. DOI:10.7507/1002-1892.20140020.}

[15963] 李泽龙，黄宾，刘喜彬，陈庆洲，蔡习炜，郑永佳. 组合式外固定架并腿固定联合隐神经营养血管皮瓣修复小腿及足踝部创面 [J]. 中国修复重建外科杂志，2014，28（10）：1263-1265. DOI：10.7507/1002-1892.20140273. {LI Zelong,HUANG Bin,LIU Xibin,CHEN Qingzhou,CAI Xiwei,ZHENG Yongjia. Treatment of leg,foot,and ankle wounds with saphenous neurocutaneous vascular flaps combined with assembly external frisket for fixation in parallel-leg position[J]. Zhongguo Xiu Fu Chong Jian Wai Ke Za Zhi[Chin J Repar Reconstr Surg(Article in Chinese;Abstract in Chinese and English)],2014,28(10):1263-1265. DOI:10.7507/1002-1892.20140273.}

[15964] 张子阳，张文夺，魏在荣，吴必华，李海，孙广峰，金文虎，唐修俊，邓呈亮，聂开瑜. 数字减影血管造影在胫后动脉穿支皮瓣修复足踝部创面中的应用研究 [J]. 中国修复重建外科杂志，2015，29（9）：1109-1112. DOI：10.7507/1002-1892.20150240. {ZHANG Ziyang,ZHANG Wenduo,WEI Zairong,WU Bihua,LI Hai,SUN Guangfeng,JIN Wenhu,TANG Xiujun,DENG Chengliang,NIE Kaiyu. Application value of digital subtraction angiography in repair of foot and ankle wounds with posterior tibial arterial perforator flap[J]. Zhongguo Xiu Fu Chong Jian Wai Ke Za Zhi[Chin J Repar Reconstr Surg(Article in Chinese;Abstract in Chinese and English)],2015,29(9):1109-1112. DOI:10.7507/1002-1892.20150240.}

[15965] 董忠根，刘玺，刘立宏，魏建伟，彭平，彭新宇. 皮岛倾斜设计的远端蒂腓肠神经筋膜皮瓣修复胫前纵向或跟踝部横向创面 [J]. 中国修复重建外科杂志，2016，30（11）：1391-1395. DOI：10.7507/1002-1892.20160286.｛DONG Zhonggen,LIU Xi,LIU Lihong,WEI Jianwei,PENG Ping,PENG Xinyu. Sural nuerofasciocutaneous flap with slope-designed skin island for coverage of soft tissue defects longitudinal in distal pretibial region or transverse in heel and ankle[J]. Zhongguo Xiu Fu Chong Jian Wai Ke Za Zhi[Chin J Repar Reconstr Surg(Article in Chinese;Abstract in Chinese and English)],2016,30(11):1391-1395. DOI:10.7507/1002-1892.20160286.｝

[15966] 孙广峰，聂开瑜，邓呈亮，李书俊，金文虎，吴必华，祁建平，魏在荣，王达利. 游离旋髂浅动脉穿支皮瓣修复足踝部皮肤软组织缺损 [J]. 中国修复重建外科杂志，2016，30（11）：1396-1399. DOI：10.7507/1002-1892.20160287.｛SUN Guangfeng,NIE Kaiyu,DENG Chengliang,LI Shujun,JIN Wenhu,WU Bihua,QI Jianping,WEI Zairong,WANG Dali. Repair of ankle skin and soft tissue defect with free superficial iliac circumflex artery perforator flap[J]. Zhongguo Xiu Fu Chong Jian Wai Ke Za Zhi[Chin J Repar Reconstr Surg(Article in Chinese;Abstract in Chinese and English)],2016,30(11):1396-1399. DOI:10.7507/1002-1892.20160287.｝

[15967] 尹路，宫可同，殷中罡，张波，徐建华. 游离穿支皮瓣联合游离植皮修复足踝部软组织缺损的疗效观察 [J]. 中国修复重建外科杂志，2017，31（3）：319-322. DOI：10.7507/1002-1892.201610122.｛YIN Lu,GONG Ketong,YIN Zhonggang,ZHANG Bo,XU Jianhua. Reconstruction of ankle and foot with combination of free perforator flaps and skin graft[J]. Zhongguo Xiu Fu Chong Jian Wai Ke Za Zhi[Chin J Repar Reconstr Surg(Article in Chinese;Abstract in Chinese and English)],2017,31(3):319-322. DOI:10.7507/1002-1892.201610122.｝

[15968] 程定，崔树英，张成书，李艳玲，李恒，王香玲，王俊，郑乐. "网球拍"状内踝上穿支螺旋桨皮瓣修复跟踝部软组织缺损疗效观察 [J]. 中国修复重建外科杂志，2018，32（11）：1450-1453. DOI：10.7507/1002-1892.201804030.｛CHENG Ding,CUI Shuying,ZHANG Chengshu,LI Yanling,LI Heng,WANG Xiangling,WANG Jun,ZHENG Le. Effectiveness of medial ankle branches propeller "Tennis racket-like" flap in repair of heel-ankle tissue defects[J]. Zhongguo Xiu Fu Chong Jian Wai Ke Za Zhi[Chin J Repar Reconstr Surg(Article in Chinese;Abstract in Chinese and English)],2018,32(11):1450-1453. DOI:10.7507/1002-1892.201804030.｝

[15969] 王伟，李俊明，代鹏威，张晓光，艾合买提江·玉素甫. 胫前动脉穿支螺旋桨皮瓣接力腓动脉终末前穿支螺旋桨皮瓣修复足踝部创面 [J]. 中国修复重建外科杂志，2020，34（1）：87-91. DOI：10.7507/1002-1892.201904095.｛WANG Wei,LI Junming,DAI Pengwei,ZHANG Xiaoguang,AIHEMAITIJIANG Yusufu. Anterior tibial artery perforator propeller flap relay peroneal artery terminal perforator propeller flap for foot and ankle defect[J]. Zhongguo Xiu Fu Chong Jian Wai Ke Za Zhi[Chin J Repar Reconstr Surg(Article in Chinese;Abstract in Chinese and English)],2020,34(1):87-91. DOI:10.7507/1002-1892.201904095.｝

5.11.6 足部软组织缺损修复与重建
repair and reconstruction of foot soft tissue defect

[15970] Dong L,Li F,Wang Z,Jiang J,Zhang G,Peng J,Zhang J,Ye Y. Techniques for covering soft tissue defects resulting from plantar ulcers in leprosy:Part I—General considerations and summary of results[J]. Indian J Lepr,1999,71(3):285-295.

[15971] Shu H,Ma B,Kan S,Wang H,Shao H,Watson JT. Treatment of posttraumatic equinus deformity and concomitant soft tissue defects of the heel[J]. J Trauma,2011,71(6):1699-1704. doi:10.1097/TA.0b013e3182396320.

[15972] Liu M,Yang Y,Zhang Y,Yang X,Hu D. Surgical reconstruction of complex distal foot defects with vascularized fascia lata[J]. Ann Plast Surg,2020,84(5):525-528. doi:10.1097/SAP.0000000000002115.

[15973] 陈守来. 跖内侧逆行岛状筋膜皮瓣修复前足底缺损 [J]. 修复重建外科杂志，1988，2（1）：28.｛CHEN Shoulai. Medial metatarsal reverse island fasciocutaneous flap for repair of anterior plantar defects[J]. Zhongguo Xiu Fu Chong Jian Wai Ke Za Zhi[Chin J Repar Reconstr Surg(Article in Chinese;No abstract available)],1988,2(1):28.｝

[15974] 顾龙顺，候春林. 外展踇肌肌皮瓣修复足跟创面 [J]. 修复重建外科杂志，1988，2（1）：46.｛GU Longshun,HOU Chunlin. Repair of heel wound with abductor musculocutaneous flap[J]. Zhongguo Xiu Fu Chong Jian Wai Ke Za Zhi[Chin J Repar Reconstr Surg(Article in Chinese;No abstract available)],1988,2(1):46.｝

[15975] 栾修荣. 足部软组织缺损的治疗 [J]. 修复重建外科杂志，1988，2（2）：113.｛LUAN Xiurong. Treatment of soft tissue defect of foot[J]. Zhongguo Xiu Fu Chong Jian Wai Ke Za Zhi[Chin J Repar Reconstr Surg(Article in Chinese;No abstract available)],1988,2(2):113.｝

[15976] 韩颖. 带神经的交腿皮瓣修复全足底疤痕 2 例报告 [J]. 修复重建外科杂志，1988，2（2）：115.｛HAN Ying. Repair of total plantar scar by cross leg flap with nerve:a report of 2 cases[J]. Zhongguo Xiu Fu Chong Jian Wai Ke Za Zhi[Chin J Repar Reconstr Surg(Article in Chinese;No abstract available)],1988,2(2):115.｝

[15977] 荣耀，蒙云飘. 肩胛岗下皮瓣移植足跟修复成形成功 [J]. 修复重建外科杂志，1988，2（2）：117.｛RONG Yao,MENG Yunpiao. Reconstruction of heel with subscapular flap[J]. Zhongguo Xiu Fu Chong Jian Wai Ke Za Zhi[Chin J Repar Reconstr Surg(Article in Chinese;No abstract available)],1988,2(2):117.｝

[15978] 关家文. 胫后动脉逆行岛状皮瓣修复足跟部皮肤缺损的体会 [J]. 修复重建外科杂志，1988，2（2）：117.｛GUAN Jiawen. Experience of repairing heel skin defect with reverse posterior tibial artery island flap[J]. Zhongguo Xiu Fu Chong Jian Wai Ke Za Zhi[Chin J Repar Reconstr Surg(Article in Chinese;No abstract available)],1988,2(2):117.｝

[15979] 宋景山. 带血管神经足底皮瓣修复足跟软组织缺损 [J]. 修复重建外科杂志，1988，2（2）：118.｛SONG Jingshan. Repair of heel soft tissue defect with vascularized plantar flap[J]. Zhongguo Xiu Fu Chong Jian Wai Ke Za Zhi[Chin J Repar Reconstr Surg(Article in Chinese;No abstract available)],1988,2(2):118.｝

[15980] 吴梅英，吴继明. 足跟软组织缺损的治疗 [J]. 修复重建外科杂志，1988，2(2)：124.｛WU Meiying,WU Jiming. Treatment of heel soft tissue defect[J]. Zhongguo Xiu Fu Chong Jian Wai Ke Za Zhi[Chin J Repar Reconstr Surg(Article in Chinese;No abstract available)],1988,2(2):124.｝

[15981] 沈恒志. 扩大足弓岛状皮瓣修复足跟部大块软组织缺损 [J]. 修复重建外科杂志，1988，2（2）：143.｛SHEN Hengzhi. Repair of large soft tissue defect of heel with expanded arch island flap[J]. Zhongguo Xiu Fu Chong Jian Wai Ke Za Zhi[Chin J Repar Reconstr Surg(Article in Chinese;No abstract available)],1988,2(2):143.｝

[15982] 易宁，张道琪. 吻合血管的足背复合皮瓣移植治疗对侧足背软组织肌腱缺损骨外露 [J]. 修复重建外科杂志，1988，2（2）：149.｛YI Ning,ZHANG DaoQi. Vascularized dorsalis pedis composite flap transplantation for the treatment of contralateral soft tissue tendon defect of dorsal foot and bone exposure[J]. Zhongguo Xiu Fu Chong Jian Wai Ke Za Zhi[Chin J Repar Reconstr Surg(Article in Chinese;No abstract available)],1988,2(2):149.｝

[15983] 王庆荣. 足毁损伤的早期修复 [J]. 修复重建外科杂志，1988，2（2）：111-112.｛WANG Qingrong. Early repair of severe foot injury[J]. Zhongguo Xiu Fu Chong Jian Wai Ke Za Zhi[Chin J Repar Reconstr Surg(Article in Chinese;No abstract available)],1988,2(2):111-112.｝

[15984] 孟新文，邹刚强. 足背逆行岛状皮瓣修复足趾皮肤缺损 [J]. 修复重建外科杂志，1988，2（2）：114-115.｛MENG Xinwen,ZOU Gangqiang. Reverse dorsalis pedis island flap for repairing toe skin defect[J]. Zhongguo Xiu Fu Chong Jian Wai Ke Za Zhi[Chin J Repar Reconstr Surg(Article in Chinese;No abstract available)],1988,2(2):114-115.｝

[15985] 张新力. 游离股外侧肌皮瓣移植修复足碾挫性损伤 [J]. 修复重建外科杂志，1988，2（2）：121-122.｛ZHANG Xinli. Repair of foot crush injury with free lateral thigh myocutaneous flap[J]. Zhongguo Xiu Fu Chong Jian Wai Ke Za Zhi[Chin J Repar Reconstr Surg(Article in Chinese;No abstract available)],1988,2(2):121-122.｝

[15986] 熊泽华. 小腿后部双血管蒂交腿皮瓣在足外科的应用 [J]. 修复重建外科杂志，1988，2（2）：122-123.｛XIONG Zehua. Application of double vascular pedicle cross leg flap in foot surgery[J]. Zhongguo Xiu Fu Chong Jian Wai Ke Za Zhi[Chin J Repar Reconstr Surg(Article in Chinese;No abstract available)],1988,2(2):122-123.｝

[15987] 吴福群. 足底肌皮瓣修复足跟部创面 [J]. 修复重建外科杂志，1988，2（2）：131-132.｛WU Fuqun. Repair of heel wound with plantar myocutaneous flap[J]. Zhongguo Xiu Fu Chong Jian Wai Ke Za Zhi[Chin J Repar Reconstr Surg(Article in Chinese;No abstract available)],1988,2(2):131-132.｝

[15988] 潘启龙，陈海. 足底内侧岛状皮瓣修复足跟软组织缺损（附 3 例报告）[J]. 修复重建外科杂志，1988，2（3）：13.｛PAN Qilong,CHEN Hai. Repair of heel soft tissue defect with medial plantar island flap:a report of 3 cases[J]. Zhongguo Xiu Fu Chong Jian Wai Ke Za Zhi[Chin J Repar Reconstr Surg(Article in Chinese;No abstract available)],1988,2(3):13.｝

[15989] 马春荣，张克川. 逆行岛状皮瓣修复手足部组织损伤的体会 [J]. 修复重建外科杂志，1989，3（1）：11.｛MA Chunrong,ZHANG Kechuan. Experience of reverse island flap in repairing tissue injury of hand and foot[J]. Zhongguo Xiu Fu Chong Jian Wai Ke Za Zhi[Chin J Repar Reconstr Surg(Article in Chinese;No abstract available)],1989,3(1):11.｝

[15990] 李桂田，曹玉德. 筋膜蒂皮瓣治疗足跟组织缺损 12 例报告 [J]. 修复重建外科杂志，1989，3（1）：24-25，49.｛LI Zhutian,CAO Yude. Treatment of heel tissue defect with fascial pedicle flap:a report of 12 cases[J]. Zhongguo Xiu Fu Chong Jian Wai Ke Za Zhi[Chin J Repar Reconstr Surg(Article in Chinese;Abstract in Chinese)],1989,3(1):24-25,49.｝

[15991] 谢兴乾. 手足背筋膜皮瓣修复邻近组织缺损三例 [J]. 修复重建外科杂志，1989，3（2）：91.｛XIE Xingqian. Repair of adjacent tissue defects with dorsal fasciocutaneous flap of hand and foot:a report of three cases[J]. Zhongguo Xiu Fu Chong Jian Wai Ke Za Zhi[Chin J Repar Reconstr Surg(Article in Chinese;No abstract available)],1989,3(2):91.｝

[15992] 袁相斌，何清濂，章惠兰，刘琪，林子豪，高学书. 足底内侧岛状皮瓣修复足跟软组织缺损远期效果观察 [J]. 修复重建外科杂志，1989，3（4）：149.｛YUAN Xiangbin,HE Qinglian,ZHANG Huilan,LIU Qi,LIN Zihao,GAO Xueshu. Long term effect of medial plantar island flap in repairing heel soft tissue defect[J]. Zhongguo Xiu Fu Chong Jian Wai Ke Za Zhi[Chin J Repar Reconstr Surg(Article in Chinese;No abstract available)],1989,3(4):149.｝

[15993] 赵玉驰，高国平，陈克邦. 应用岛状皮瓣转位术修复足跟组织缺损 [J]. 修复重建外科杂志，1989，3（4）：151.｛ZHAO Yuchi,GAO Guoping,CHEN Kebang. Application of island flap transposition to repair heel tissue defect[J]. Zhongguo Xiu Fu Chong Jian Wai Ke Za Zhi[Chin J Repar Reconstr Surg(Article in Chinese;No abstract available)],1989,3(4):151.｝

[15994] 胡克贤，赵吉生，肖茂明. 复合足背皮瓣加髂骨块植骨重建足缺损一例 [J]. 修复重建外科杂志，1989，3（4）：168.｛HU Kexian,ZHAO Jisheng,XIAO Maoming. Reconstruction of foot defect with compound dorsalis pedis flap and iliac bone graft:a case report[J]. Zhongguo Xiu Fu Chong Jian Wai Ke Za Zhi[Chin J Repar Reconstr Surg(Article in Chinese;No abstract available)],1989,3(4):168.｝

[15995] 邹云雯，乐兴详，夏精武，季爱玉，叶发刚. 吻合血管的皮瓣移植修复足部软组织缺损 [J]. 修复重建外科杂志，1989，3（4）：150-197.｛ZOU Yunwen,LE Xingxiang,XIA Jingwu,JI Aiyu,YE Fagang. Repair of foot soft tissue defect with vascularized flap[J]. Zhongguo Xiu Fu Chong Jian Wai Ke Za Zhi[Chin J Repar Reconstr Surg(Article in Chinese;No abstract available)],1989,3(4):150-197.｝

[15996] 章征源. 足损伤后严重畸形的显微外科治疗 [J]. 修复重建外科杂志，1989，3（4）：156-197.｛ZHANG Zhengyuan. Microsurgical treatment of severe deformities after foot injury[J]. Zhongguo Xiu Fu Chong Jian Wai Ke Za Zhi[Chin J Repar Reconstr Surg(Article in Chinese;No abstract available)],1989,3(4):156-197.｝

[15997] 李崇杰，蔡林方，辛畅太，田立杰，王玉，程云飞. 吻合血管的足部组织移植术后供区随诊 [J]. 修复重建外科杂志，1989，3（4）：178-179.｛LI Chongjie,CAI Linfang,XIN Changtai,TIAN Lijie,WANG Yu,CHENG Yunfei. Follow-up of donor site after vascularized foot tissue transposition[J]. Zhongguo Xiu Fu Chong Jian Wai Ke Za Zhi[Chin J Repar Reconstr Surg(Article in Chinese;No abstract available)],1989,3(4):178-179.｝

[15998] 熊世文，程新德. 应用轴型皮瓣修复小腿下 1/3 和足部组织缺损 [J]. 修复重建外科杂志，1990，4（1）：7-8.｛XIONG Shiwen,CHENG Xinde. Restoration of soft tissue defects at lower leg and foot by axile skin flap[J]. Xiu Fu Chong Jian Wai Ke Za Zhi [J Repar Reconstr Surg(Article in Chinese;Abstract in Chinese and English)],1990,4(1):7-8.｝

[15999] 罗永湘，曹代成，王体沛. 小腿及足部疾患的显微外科治疗 [J]. 修复重建外科杂志，1990，4（1）：31-32.｛LUO Yongxiang,CAO Daicheng,WANG Tipei. Microsurgical treatment of leg and foot diseases[J]. Zhongguo Xiu Fu Chong Jian Wai Ke Za Zhi[Chin J Repar Reconstr Surg(Article in Chinese;No abstract available)],1990,4(1):31-32.｝

[16000] 曹寿元. 腓肠肌皮瓣移位修复足跟和小腿软组织缺损 [J]. 修复重建外科杂志，1990，4（2）：121.｛CAO Shouyuan. Reconstruction of soft tissue defects of heel and leg with sural myocutaneous flap[J]. Zhongguo Xiu Fu Chong Jian Wai Ke Za Zhi[Chin J Repar Reconstr Surg(Article in Chinese;No abstract available)],1990,4(2):121.｝

[16001] 毕智勇. 岛状皮瓣、肌皮瓣移位修复足部软组织缺损 [J]. 修复重建外科杂志，1990，4（2）：123-124.｛BI Zhiyong. Transfer of island flap and myocutaneous flap to repair soft tissue defect of foot[J]. Zhongguo Xiu Fu Chong Jian Wai Ke Za Zhi[Chin J Repar Reconstr Surg(Article in Chinese;No abstract available)],1990,4(2):123-124.｝

[16002] 胡顺祥，郭应林，唐崇义，万里，罗永湘. 足底内侧岛状皮瓣修复足跟部软组织缺损 [J]. 修复重建外科杂志，1990，4（3）：164.｛HU Shunxiang,GUO Yinglin,TANG Chongyi,WAN Li,LUO Yongxiang. Repair of heel soft tissue defect with medial plantar island flap[J]. Zhongguo Xiu Fu Chong Jian Wai Ke Za Zhi[Chin J Repar Reconstr Surg(Article in Chinese;No abstract available)],1990,4(3):164.｝

[16003] 赵京航. 足背岛状皮瓣移位治疗跟部软组织缺损一例 [J]. 修复重建外科杂志，1990，4（3）：188.｛ZHAO Jinghang. Transfer of dorsalis pedis island flap for heel soft tissue defect:a case report[J]. Zhongguo Xiu Fu Chong Jian Wai Ke Za Zhi[Chin J Repar Reconstr Surg(Article in Chinese;No abstract available)],1990,4(3):188.｝

[16004] 高聿同，钟振岳，张十一，朱晓雷，战晓春，邓世良. 足部大面积软组织缺损的修复 [J]. 修复重建外科杂志，1991，5（2）：82.｛GAO Yutong,ZHONG Zhenyue,ZHANG Shiyi,ZHU Xiaolei,ZHAN Xiaochun,DENG Shiliang. Repair of large soft tissue defect of foot[J]. Zhongguo Xiu Fu Chong Jian Wai Ke Za Zhi[Chin J Repar Reconstr Surg(Article in Chinese;No abstract available)],1991,5(2):82.｝

[16005] 吴金仙，卞永新，朱英泰. 皮瓣转移修复手足部冻伤 [J]. 修复重建外科杂志，1991，5（2）：124.｛WU Jinxian,BIAN Yongxin,ZHU Yingtai. Repair of frostbite of hand and foot by skin flap transfer[J]. Zhongguo Xiu Fu Chong Jian Wai Ke Za Zhi[Chin J Repar Reconstr Surg(Article in Chinese;No abstract available)],1991,5(2):124.｝

[16006] 陈运祥. 小腿内侧逆行岛状皮瓣修复足部创伤 [J]. 修复重建外科杂志，1991，5（2）：124.｛CHEN Yunxiang. Repair of foot trauma with reverse island flap of medial leg[J]. Zhongguo

Xiu Fu Chong Jian Wai Ke Za Zhi[Chin J Repar Reconstr Surg(Article in Chinese;No abstract available)],1991,5(2):124.}

[16007] 范启申，王成琪，蒋纯志，潘昭勋，张希利．严重足外伤皮肤缺损的修复与感觉功能重建[J]．修复重建外科杂志，1991，5（2）：102-103．{FAN Qishen,WANG Chengqi,JIANG Chunzhi,PAN Zhaoxun,ZHANG Xili. Repair of skin defect and reconstruction of sensory function in severe foot trauma[J]. Zhongguo Xiu Fu Chong Jian Wai Ke Za Zhi[Chin J Repar Reconstr Surg(Article in Chinese;Abstract in Chinese)],1991,5(2):102-103.}

[16008] 任继尧，刘汉卿，王太增，李吉，柏树令．吻合血管的股前中区皮瓣修复手足皮肤缺损[J]．修复重建外科杂志，1991，5（3）：129-130，189．{REN Jiyao,LIU Hanqing,WANG Taizeng,LI Ji,BAI Shuling. Vascularized antero-middle femoral skin flap for repair of skin defects of hand and foot[J]. Zhongguo Xiu Fu Chong Jian Wai Ke Za Zhi[Chin J Repar Reconstr Surg(Article in Chinese;Abstract in Chinese and English)],1991,5(3):129-130,189.}

[16009] 李柱田，刘克．第一跖背动脉逆行岛状皮瓣修复足底远侧组织缺损[J]．修复重建外科杂志，1991，5（3）：134-135，189．{LI Zhutian,LIU Ke. The reversed first dorsal metatarsal artery island flap in resurfacing the defects at distal foot[J]. Zhongguo Xiu Fu Chong Jian Wai Ke Za Zhi[Chin J Repar Reconstr Surg(Article in Chinese;Abstract in Chinese and English)],1991,5(3):134-135,189.}

[16010] 郑长福，衡代忠，姚一民．足底严重软组织损伤的手术治疗[J]．修复重建外科杂志，1991，5（4）：223．{ZHENG Changfu,HENG Daizhong,YAO Yimin. Surgical treatment of severe plantar soft tissue injury[J]. Zhongguo Xiu Fu Chong Jian Wai Ke Za Zhi[Chin J Repar Reconstr Surg(Article in Chinese;No abstract available)],1991,5(4):223.}

[16011] 张功林，葛宝丰，张军华，丘耀元．吻合神经的臀股部带蒂皮瓣修复小儿足跟软组织缺损一例[J]．修复重建外科杂志，1991，5（4）：245．{ZHANG Gonglin,GE Baofeng,ZHANG Junhua,QIU Yaoyuan. Repair of heel soft tissue defect with nerve pedicled flap of hip and thigh in children[J]. Zhongguo Xiu Fu Chong Jian Wai Ke Za Zhi[Chin J Repar Reconstr Surg(Article in Chinese;No abstract available)],1991,5(4):245.}

[16012] 王希珍．瘢痕跟腱矩形瓣修复烧伤后马蹄足[J]．中国修复重建外科杂志，1992，6（1）：19．{WANG Xizhen. Rectangular cicatricial Achilles tendon flap for repair of clubfoot deformity after burn[J]. Zhongguo Xiu Fu Chong Jian Wai Ke Za Zhi[Chin J Repar Reconstr Surg(Article in Chinese;No abstract available)],1992,6(1):19.}

[16013] 谢贞玉．带血管蒂皮瓣修复手足皮肤缺损[J]．中国修复重建外科杂志，1992，6（1）：59．{XIE Zhenyu. Repair of skin defect of hand and foot with vascular pedicled flap[J]. Zhongguo Xiu Fu Chong Jian Wai Ke Za Zhi[Chin J Repar Reconstr Surg(Article in Chinese;No abstract available)],1992,6(1):59.}

[16014] 李垠，陈根元，王浩烈，白延峰，王文已．皮瓣修复手足皮肤缺损及瘢痕挛缩[J]．中国修复重建外科杂志，1992，6（1）：61．{LI Yin,CHEN Genyuan,WANG Haolie,BAI Yanfeng,WANG Wenyi. Repair of skin defect and scar contracture of hand and foot with skin flap[J]. Zhongguo Xiu Fu Chong Jian Wai Ke Za Zhi[Chin J Repar Reconstr Surg(Article in Chinese;No abstract available)],1992,6(1):61.}

[16015] 袁相斌，林子豪，何清濂，刘麒，章惠兰，赵耀中，董帆．吻合血管皮瓣移植修复足底大面积组织缺损[J]．中国修复重建外科杂志，1992，6（1）：34-69．{YUAN Xiangbin,LIN Zihao,He Qinglian,LIU Qi,ZHANG Huilan,ZHAO Yaozhong,DONG Fan. Repair of large plantar tissue defect with vascularized flap[J]. Zhongguo Xiu Fu Chong Jian Wai Ke Za Zhi[Chin J Repar Reconstr Surg(Article in Chinese;No abstract available)],1992,6(1):34-69.}

[16016] 范成金，楼肃亮，蔡有根．游离股外侧皮瓣移植修复足部皮肤缺损[J]．中国修复重建外科杂志，1992，6（2）：124．{FAN Chengjin,LOU Suliang,CAI Yougen. Repair of foot skin defect with free lateral thigh flap[J]. Zhongguo Xiu Fu Chong Jian Wai Ke Za Zhi[Chin J Repar Reconstr Surg(Article in Chinese;No abstract available)],1992,6(2):124.}

[16017] 路青林，王成琪，魏海温．股前外侧皮瓣修复足跟软组织缺损[J]．中国修复重建外科杂志，1993，7（1）：31．{LU Qinglin,WANG Chengqi,WEI Haiwen. Repair of heel soft tissue defect with anterolateral thigh flap[J]. Zhongguo Xiu Fu Chong Jian Wai Ke Za Zhi[Chin J Repar Reconstr Surg(Article in Chinese;No abstract available)],1993,7(1):31.}

[16018] 胡顺祥，郭应林，徐崇义，万里，黄敬东，关中伟，肖辉．组织瓣修复小腿和足部软组织缺损[J]．中国修复重建外科杂志，1993，7（1）：57．{HU Shunxiang,GUO Yinglin,XU Chongyi,WAN Li,HUANG Jingdong,GUAN Zhongwei,XIAO Hui. Repair of soft tissue defect of leg and foot with tissue flap[J]. Zhongguo Xiu Fu Chong Jian Wai Ke Za Zhi[Chin J Repar Reconstr Surg(Article in Chinese;No abstract available)],1993,7(1):57.}

[16019] 陈运祥．小腿逆行皮瓣修复足部创面[J]．中国修复重建外科杂志，1993，7（3）：140．{CHEN Yunxiang. Repair of foot wound with reverse leg flap[J]. Zhongguo Xiu Fu Chong Jian Wai Ke Za Zhi[Chin J Repar Reconstr Surg(Article in Chinese;No abstract available)],1993,7(3):140.}

[16020] 季卫平．趾短伸肌瓣在足背皮瓣切取后的修复作用[J]．中国修复重建外科杂志，1993，7（4）：239．{JI Weiping. Effect of extensor digitorum brevis flap after dorsalis pedis flap resection[J]. Zhongguo Xiu Fu Chong Jian Wai Ke Za Zhi[Chin J Repar Reconstr Surg(Article in Chinese;No abstract available)],1993,7(4):239.}

[16021] 黄建中，祖德．皮瓣肌皮瓣修复足跟部软组织缺损[J]．中国修复重建外科杂志，1993，7（4）：257．{HUANG Jianzhong,ZU De. Repair of heel soft tissue defect with myocutaneous flap[J]. Zhongguo Xiu Fu Chong Jian Wai Ke Za Zhi[Chin J Repar Reconstr Surg(Article in Chinese;No abstract available)],1993,7(4):257.}

[16022] 陈雪荣，张谢安．断肢足底皮瓣修复残端创面一例[J]．中国修复重建外科杂志，1993，7（4）：263．{CHEN Xuerong,ZHANG Xiean. Repair of stump wound with plantar flap of amputated limb:a case report[J]. Zhongguo Xiu Fu Chong Jian Wai Ke Za Zhi[Chin J Repar Reconstr Surg(Article in Chinese;No abstract available)],1993,7(4):263.}

[16023] 杨长山，陈亚春．小腿后侧超长皮肤筋膜瓣修复足跟褥疮一例[J]．中国修复重建外科杂志，1993，7（4）：264．{YANG Changshan,CHEN Yachun. Repair of heel sores with super-long skin fascial flap of posterior leg:a case report[J]. Zhongguo Xiu Fu Chong Jian Wai Ke Za Zhi[Chin J Repar Reconstr Surg(Article in Chinese;No abstract available)],1993,7(4):264.}

[16024] 关顾鹏，李树梁，颜远冲，马国棣．小腿内侧逆行岛状皮瓣修复足底软组织缺损[J]．中国修复重建外科杂志，1993，7（4）：265．{GUAN Gupeng,LI Shuliang,YAN Yuanchong,MA Guodi. Repair of plantar soft tissue defect with reverse island flap of medial leg[J]. Zhongguo Xiu Fu Chong Jian Wai Ke Za Zhi[Chin J Repar Reconstr Surg(Article in Chinese;No abstract available)],1993,7(4):265.}

[16025] 吕日新．小腿外侧逆行岛状皮瓣修复足跟软组织缺损[J]．中国修复重建外科杂志，1994，8（1）：62．{LV Rixin. Repair of plantar soft tissue defect with reverse island flap of lateral leg[J]. Zhongguo Xiu Fu Chong Jian Wai Ke Za Zhi[Chin J Repar Reconstr Surg(Article in Chinese;No abstract available)],1994,8(1):62.}

[16026] 张世民，张连生，韩平良．小腿前方远端蒂筋膜皮下组织瓣修复足背缺损[J]．中国修复重建外科杂志，1994，8（1）：113-114．{ZHANG Shimin,ZHANG Liansheng,HAN Pingliang. Repair of dorsal foot defect with pedicled fascial subcutaneous tissue flap of distal anterior leg[J]. Zhongguo Xiu Fu Chong Jian Wai Ke Za Zhi[Chin J Repar Reconstr Surg(Article in Chinese;Abstract in Chinese)],1994,8(1):113-114.}

[16027] 陈力平，冯亚琴，钱金岳．足跟部巨大皮角切除后修复一例[J]．中国修复重建外科杂志，1994，8（2）：125．{CHEN Liping,FENG Yaqin,QIAN Jinyue. Repair heel defect after huge cornu cutaneum excision:a case report[J]. Zhongguo Xiu Fu Chong Jian Wai Ke Za Zhi[Chin J Repar Reconstr Surg(Article in Chinese;No abstract available)],1994,8(2):125.}

[16028] 郑季南，郑文忠．肩胛皮瓣移植修复足部瘢痕挛缩六例[J]．中国修复重建外科杂志，1994，8（2）：128．{ZHENG Jinan,ZHENG Wenzhong. Repair of scar contracture of foot with scapular flap:a report of 6 cases[J]. Zhongguo Xiu Fu Chong Jian Wai Ke Za Zhi[Chin J Repar Reconstr Surg(Article in Chinese;No abstract available)],1994,8(2):128.}

[16029] 温晓阳．股前外侧皮瓣移植修复足背皮肤缺损一例[J]．中国修复重建外科杂志，1994，8（4）：254．{WEN Xiaoyang. Anterolateral thigh flap transposition for repairing skin defect of dorsum of foot:a case report[J]. Zhongguo Xiu Fu Chong Jian Wai Ke Za Zhi[Chin J Repar Reconstr Surg(Article in Chinese;No abstract available)],1994,8(4):254.}

[16030] 廖红波，李北．交腿皮瓣修复足跟部皮肤软组织缺损[J]．中国修复重建外科杂志，1994，8（4）：256．{LIAO Hongbo,LI Bei. Repair of skin and soft tissue defect of heel with cross leg flap[J]. Zhongguo Xiu Fu Chong Jian Wai Ke Za Zhi[Chin J Repar Reconstr Surg(Article in Chinese;No abstract available)],1994,8(4):256.}

[16031] 曹学诚，蔡锦方，孙宝国，孙占胜．吻合神经的臀部带蒂皮瓣修复足跟皮肤软组织缺损[J]．中国修复重建外科杂志，1995，9（2）：115．{CAO Xuecheng,CAI Jinfang,SUN Baoguo,SUN Zhansheng. Repair of skin and soft tissue defect of heel with gluteal flap pedicled with nerve[J]. Zhongguo Xiu Fu Chong Jian Wai Ke Za Zhi[Chin J Repar Reconstr Surg(Article in Chinese;No abstract available)],1995,9(2):115.}

[16032] 彭福荣，刁新清．足背逆行岛状皮瓣修复拇趾皮肤脱套伤[J]．中国修复重建外科杂志，1995，9（2）：125．{PENG Furong,DIAO Xinqing. Repaire of great toe degloving injury with reverse island flap of dorsal foot[J]. Zhongguo Xiu Fu Chong Jian Wai Ke Za Zhi[Chin J Repar Reconstr Surg(Article in Chinese;No abstract available)],1995,9(2):125.}

[16033] 廉洪文，杨韩芳，潘换丽．外踝上逆行岛状皮瓣修复足背骨关节外露[J]．中国修复重建外科杂志，1995，9（2）：128．{LIAN Hongwen,YANG Hanfang,PAN Huanli. Repair of doral foot joint exposure with reverse island flap above lateral malleolus[J]. Zhongguo Xiu Fu Chong Jian Wai Ke Za Zhi[Chin J Repar Reconstr Surg(Article in Chinese;No abstract available)],1995,9(2):128.}

[16034] 平国兴．带胫后动脉小腿内侧逆行岛状皮瓣修复足跟底部组织缺损[J]．中国修复重建外科杂志，1995，9（2）：100-101．{PING Guoxing. Retrograde island flap from medial side of leg with posterior tibial atery in the repair of tissues defect of the sole of foot[J]. Zhongguo Xiu Fu Chong Jian Wai Ke Za Zhi[Chin J Repar Reconstr Surg(Article in Chinese;Abstract in Chinese and English)],1995,9(2):100-101.}

[16035] 路新民，郝淑珍．组织瓣修复小腿足部骨外露创面[J]．中国修复重建外科杂志，1995，9（2）：125-126．{LU Xinmin,HAO Shuzhen. Repair of bone exposed wound of leg and foot with tissue flap[J]. Zhongguo Xiu Fu Chong Jian Wai Ke Za Zhi[Chin J Repar Reconstr Surg(Article in Chinese;No abstract available)],1995,9(2):125-126.}

[16036] 曾骏，叶兆英，季良贵，潘得敏．组织瓣修复足跟创面34例[J]．中国修复重建外科杂志，1995，9（3）：191-192．{ZENG Jun,YE Zhaoying,JI Lianggui,PAN Demin. Repair of heel wound with tissue flap:a report with 34 cases[J]. Zhongguo Xiu Fu Chong Jian Wai Ke Za Zhi[Chin J Repar Reconstr Surg(Article in Chinese;No abstract available)],1995,9(3):191-192.}

[16037] 刘瑞军，冯承臣，陈沂民，刘茂文，杨佃玉．足背逆行筋膜蒂皮瓣修复足远端创面[J]．中国修复重建外科杂志，1995，9（4）：254．{LIU Ruijun,FENG Chengchen,CHEN Yimin,LIU Maowen,YANG Dianyu. Repair of distal foot wound with reverse dorsal fascial flap[J]. Zhongguo Xiu Fu Chong Jian Wai Ke Za Zhi[Chin J Repar Reconstr Surg(Article in Chinese;No abstract available)],1995,9(4):254.}

[16038] 王东，杜作万，王永刚，张金华．足跟缺损修复28例[J]．中国修复重建外科杂志，1995，9（4）：255．{WANG Dong,DU Zuowan,WANG Yonggang,ZHANG Jinhua. Repair of heel defect in 28 cases[J]. Zhongguo Xiu Fu Chong Jian Wai Ke Za Zhi[Chin J Repar Reconstr Surg(Article in Chinese;No abstract available)],1995,9(4):255.}

[16039] 李辉，李子忠，周雷，余嘉洪，林军．外踝上方逆行岛状皮瓣修复足背远端软组织缺损[J]．中国修复重建外科杂志，1995，9（4）：256．{LI Hui,LI Zizhong,ZHOU Lei,YU Jiahong,LIN Jun. Repair of soft tissue defect of distal dorsum of foot with reverse island flap above lateral malleolus[J]. Zhongguo Xiu Fu Chong Jian Wai Ke Za Zhi[Chin J Repar Reconstr Surg(Article in Chinese;No abstract available)],1995,9(4):256.}

[16040] 张春，陈土根．股前外侧皮瓣修复手足部软组织缺损[J]．中国修复重建外科杂志，1996，10（1）：56．{ZHANG Chun,CHEN Tugen. Anterolateral thigh flap for repairing soft tissue defect of hand and foot[J]. Zhongguo Xiu Fu Chong Jian Wai Ke Za Zhi[Chin J Repar Reconstr Surg(Article in Chinese;No abstract available)],1996,10(1):56.}

[16041] 贝抗胜，邱万洪，钟立志．拇趾腓侧皮瓣移位修复前足底创面[J]．中国修复重建外科杂志，1996，10（2）：114-115．{BEI Kangsheng,QIU Wanhong,ZHONG Lizhi. Repair of anterior plantar wound with fibular flap of great toe[J]. Zhongguo Xiu Fu Chong Jian Wai Ke Za Zhi[Chin J Repar Reconstr Surg(Article in Chinese;Abstract in Chinese)],1996,10(2):114-115.}

[16042] 陈保光，杨爱德，丘奕军，许兴柏，刘华．外踝上方逆行岛状皮瓣修复足前部软组织缺损[J]．中国修复重建外科杂志，1996，10（4）：70．{CHEN Baoguang,YANG Aide,QIU Yijun,XU Xingbai,LIU Hua. Repair of soft tissue defect of anterior foot with reverse island flap above lateral malleolus[J]. Zhongguo Xiu Fu Chong Jian Wai Ke Za Zhi[Chin J Repar Reconstr Surg(Article in Chinese;No abstract available)],1996,10(4):70.}

[16043] 蔡锦方，孙宝国，潘冀清，李秉胜，曹学成，梁进，张抒，王源瑞．足组织缺损的显微修复[J]．中国修复重建外科杂志，1997，11（1）：39-41．{CAI Jinfang,SUN Baoguo,PAN Jiqing,LI Bingsheng,CAO Xuecheng,LIANG Jin,ZHANG Shu,WANG Yuanrui. Microsurgical restoration of foot tissue defects[J]. Zhongguo Xiu Fu Chong Jian Wai Ke Za Zhi[Chin J Repar Reconstr Surg(Article in Chinese;Abstract in Chinese and English)],1997,11(1):39-41.}

[16044] 罗永湘，王体沛，方煌．跖底外侧动脉逆行岛状皮瓣修复前足底创面[J]．中国修复重建外科杂志，1997，11（2）：20-22．{LUO Yongxiang,WANG Tipei,FANG Huang. Clinical application of retrograde island flap carrying plantar metatarsal ateries as pedicle[J]. Zhongguo Xiu Fu Chong Jian Wai Ke Za Zhi[Chin J Repar Reconstr Surg(Article in Chinese;Abstract in Chinese and English)],1997,11(2):20-22.}

[16045] 程银忠，杨英才．逆行岛状皮瓣修复足部电击伤[J]．中国修复重建外科杂志，1997，11(4)：67．{CHENG Yinzhong,YANG Yingcai. Repair of electric injury of foot with reverse island flap[J]. Zhongguo Xiu Fu Chong Jian Wai Ke Za Zhi[Chin J Repar Reconstr Surg(Article in Chinese;No abstract available)],1997,11(4):67.}

[16046] 陈茂松，程国良，方光荣，杨志贤．带血管蒂桥式足底内侧皮瓣修复足跟皮肤缺损[J]．中国修复重建外科杂志，1997，11（5）：37．{CHEN Maosong,CHENG Guoliang,FANG Guangrong,YANG Zhixian. Repair of heel skin defect with pedicled medial plantar bridge flap[J]. Zhongguo Xiu Fu Chong Jian Wai Ke Za Zhi[Chin J Repar Reconstr Surg(Article in Chinese;No abstract available)],1997,11(5):37.}

[16047] 尹同珍，崔青，董占吟，刘志波，王红梅．胸脐皮瓣修复足跟部大面积皮肤缺损一例[J]．中国修复重建外科杂志，1997，11（5）：42．{YIN Tongzhen,CUI Qing,DONG Zhanyin,LIU Zhibo,WANG Hongmei. Repair of large area skin defect of heel with thoracoumbilicus flap:a case report[J]. Zhongguo Xiu Fu Chong Jian Wai Ke Za Zhi[Chin J Repar Reconstr Surg(Article in Chinese;No abstract available)],1997,11(5):42.}

[16048] 孟新文，代大平，梁荣桓．足背皮瓣逆行移位修复前足组织缺损[J]．中国修复重建外科杂志，1998，12（5）：319．{MENG Xinwen,DAI Daping,LIANG Ronghuan. Reverse transposition of dorsalis pedis flap to repair forefoot tissue defect[J]. Zhongguo Xiu Fu Chong Jian Wai Ke Za Zhi[Chin J Repar Reconstr Surg(Article in Chinese;No abstract available)],1998,12(5):319.}

[16049] 窦以宝，范启申，周祥吉．足部皮肤缺损急诊修复 46 例 [J]．中国修复重建外科杂志，1998，12（6）：383．{DOU Yibao,FAN Qishen,ZHOU Xiangji. Emergency repair of foot skin defect in 46 cases[J]. Zhongguo Xiu Fu Chong Jian Wai Ke Za Zhi[Chin J Repar Reconstr Surg(Article in Chinese;No abstract available)],1998,12(6):383.}

[16050] 于昌玉．岛状皮瓣交腿转移修复足或胫前缺损 [J]．中国修复重建外科杂志，1998，12（6）：384．{YU Changyu. Cross leg island flap for repairing foot or anterior tibial defect[J]. Zhongguo Xiu Fu Chong Jian Wai Ke Za Zhi[Chin J Repar Reconstr Surg(Article in Chinese;No abstract available)],1998,12(6):384.}

[16051] 满中亚，吕庆海，王莹，邵明庆．足外侧皮瓣修复跟腱裸露二例 [J]．中国修复重建外科杂志，1999，13（1）：3-5．{MAN Zhongya,LV Qinghai,WANG Ying,SHAO Mingqing. Repair of Achilles tendon exposure with lateral foot flap:a report of two cases[J]. Zhongguo Xiu Fu Chong Jian Wai Ke Za Zhi[Chin J Repar Reconstr Surg(Article in Chinese;No abstract available)],1999,13(1):3-5.}

[16052] 陈辉，陈绍宗，李跃军．神经端侧吻合重建皮瓣感觉修复足跟软组织缺损 [J]．中国修复重建外科杂志，1999，13（1）：14-15．{CHEN Hui,CHEN Shaozong,LI Yuejun. Reinnervation of skin flap by end-to-side neuro-anastomosis in the repair of soft tissue defect of heel[J]. Zhongguo Xiu Fu Chong Jian Wai Ke Za Zhi[Chin J Repar Reconstr Surg(Article in Chinese;Abstract in Chinese and English)],1999,13(1):14-15.}

[16053] 蒲兴海，张华．足外侧筋膜岛状皮瓣修复足跟缺损 [J]．中国修复重建外科杂志，1999，13（3）：167-169．{PU Xinghai,ZHANG Hua. Repair of soft tissue defect on heel with island-shaped fascial flap of lateral foot[J]. Zhongguo Xiu Fu Chong Jian Wai Ke Za Zhi[Chin J Repar Reconstr Surg(Article in Chinese;Abstract in Chinese and English)],1999,13(3):167-169.}

[16054] 赵军强，尹胜廷，李永江，王长江．游离皮筋膜瓣修复对侧足部软组织撕脱缺损一例 [J]．中国修复重建外科杂志，1999，13（4）：198．{ZHAO Junqiang,YIN Shengting,LI Yongjiang,WANG Changjiang. Repair of soft tissue avulsion defect of contralateral foot with free skin flap:a case report[J]. Zhongguo Xiu Fu Chong Jian Wai Ke Za Zhi[Chin J Repar Reconstr Surg(Article in Chinese;No abstract available)],1999,13(4):198.}

[16055] 朱云，刘宏伟，于晟，钟晓玲．小隐静脉动脉化腓肠神经移植重建足部皮瓣感觉功能 [J]．中国修复重建外科杂志，1999，13（6）：393．{ZHU Yun,LIU Hongwei,YU Sheng,ZHONG Xiaoling. Reconstruction of sensory function of foot flap by sural nerve transfer with arterialized saphenous vein[J]. Zhongguo Xiu Fu Chong Jian Wai Ke Za Zhi[Chin J Repar Reconstr Surg(Article in Chinese;No abstract available)],1999,13(6):393.}

[16056] 黄龙江，肖启伟，朱兴军．足跟软组织缺损的修复 [J]．中国修复重建外科杂志，1999，13（6）：394．{HUANG Longjiang,XIAO Qiwei,ZHU Xingjun. Repair of heel soft tissue defect[J]. Zhongguo Xiu Fu Chong Jian Wai Ke Za Zhi[Chin J Repar Reconstr Surg(Article in Chinese;No abstract available)],1999,13(6):394.}

[16057] 唐有建．足部软组织缺损的修复 [J]．中国修复重建外科杂志，1999，13(6）：394．{TANG Youjian. Repair of foot soft tissue defect[J]. Zhongguo Xiu Fu Chong Jian Wai Ke Za Zhi[Chin J Repar Reconstr Surg(Article in Chinese;No abstract available)],1999,13(6):394.}

[16058] 严笑，雷书宏，李翠华．左足跟部贴骨瘢痕修复一例 [J]．中国修复重建外科杂志，1999，13（6）：395．{YAN Xiao,LEI Shuhong,LI Cuihua. A case of scar repair of left heel[J]. Zhongguo Xiu Fu Chong Jian Wai Ke Za Zhi[Chin J Repar Reconstr Surg(Article in Chinese;No abstract available)],1999,13(6):395.}

[16059] 丁真奇，康两奇，翟文亮，郭延杰，练克俭．足底局部旋转皮瓣修复足跟软组织缺损 [J]．中国修复重建外科杂志，1999，13（6）：337-339．{DING Zhenqi,KANG Liangqi,ZHAI Wenliang,GUO Yanjie,LIAN Kejian. Local plantar rotatory flap for repairing of soft tissue defect of heel[J]. Zhongguo Xiu Fu Chong Jian Wai Ke Za Zhi[Chin J Repar Reconstr Surg(Article in Chinese;Abstract in Chinese and English)],1999,13(6):337-339.}

[16060] 合润基．儿童全足套状皮肤撕脱伤的早期修复 [J]．中国修复重建外科杂志，2000，14（1）：16．{HE Runji. Early repair of full foot skin avulsion in children[J]. Zhongguo Xiu Fu Chong Jian Wai Ke Za Zhi[Chin J Repar Reconstr Surg(Article in Chinese;No abstract available)],2000,14(1):16.}

[16061] 王淑玉，方绍孟，刘佳娜，王利民，褚风强．外踝后皮瓣修复足部软组织缺损 [J]．中国修复重建外科杂志，2000，14（1）：63．{WANG Shuyu,FANG Shaomeng,LIU Jiana,WANG Limin,CHU Fengqiang. Repair of soft tissue defect of foot with posterior flap of lateral malleolus[J]. Zhongguo Xiu Fu Chong Jian Wai Ke Za Zhi[Chin J Repar Reconstr Surg(Article in Chinese;No abstract available)],2000,14(1):63.}

[16062] 云才，吴一民，黄健，刘浩江，张平平，李力．足底内侧岛状皮瓣修复足跟部皮肤缺损 [J]．中国修复重建外科杂志，2000，14（2）：89．{YUN Cai,WU Yimin,HUANG Jian,LIU Haojiang,ZHANG Pingping,LI Li. Repair of heel skin defect with medial plantar island flap[J]. Zhongguo Xiu Fu Chong Jian Wai Ke Za Zhi[Chin J Repar Reconstr Surg(Article in Chinese;No abstract available)],2000,14(2):89.}

[16063] 王文辉．足跟皮肤跟腱缺损修复一例 [J]．中国修复重建外科杂志，2000，14（2）：125．{WANG Wenhui. Repair of Achilles tendon defect in heel skin:a case report[J]. Zhongguo Xiu Fu Chong Jian Wai Ke Za Zhi[Chin J Repar Reconstr Surg(Article in Chinese;No abstract available)],2000,14(2):125.}

[16064] 刘进炼，张卫平，王占长，刘长安，步建立，康强军．足跟部皮肤缺损一期修复的围手术期处理 [J]．中国修复重建外科杂志，2000，14（4）：232-233．{LIU Jinlian,ZHANG Weiping,WANG Zhanchang,LIU Changan,BU Jianli,KANG Qiangjun. Surgical intervention in the treatment of skin defect of hell[J]. Zhongguo Xiu Fu Chong Jian Wai Ke Za Zhi[Chin J Repar Reconstr Surg(Article in Chinese;Abstract in Chinese and English)],2000,14(4):232-233.}

[16065] 党书孔．足底脂肪垫在足底皮肤脱套伤中的作用 [J]．中国修复重建外科杂志，2000，14（5）：297．{DANG Shukong. Effect of plantar fat pad on degloving injury of plantar[J]. Zhongguo Xiu Fu Chong Jian Wai Ke Za Zhi[Chin J Repar Reconstr Surg(Article in Chinese;No abstract available)],2000,14(5):297.}

[16066] 王森林，郑文忠，徐新华，曹杰．吻合血管的肩胛骨皮瓣修复跖骨及足背软组织缺损 [J]．中国修复重建外科杂志，2001，15（1）：4．{WANG Senlin,ZHENG Wenzhong,XU Xinhua,CAO Jie. Repair of soft tissue defects of metatarsal and dorsum of foot with vascularized scapular flap[J]. Zhongguo Xiu Fu Chong Jian Wai Ke Za Zhi[Chin J Repar Reconstr Surg(Article in Chinese;No abstract available)],2001,15(1):4.}

[16067] 曾开平，何宏生，陈宏．足底内侧皮瓣修复足跟软组织缺损 [J]．中国修复重建外科杂志，2001，15（3）：143．{ZENG Kaiping,HE Hongsheng,CHEN Hong. Repair of heel soft tissue defect with medial plantar flap[J]. Zhongguo Xiu Fu Chong Jian Wai Ke Za Zhi[Chin J Repar Reconstr Surg(Article in Chinese;No abstract available)],2001,15(3):143.}

[16068] 冯明录，陈志学，郭慧萍，强晓军，张国亮．游离肌皮瓣移植修复前足毁损伤三例 [J]．中国修复重建外科杂志，2001，15（3）：167．{FENG Minglu,CHEN Zhixue,GUO Huiping,QIANG Xiaojun,ZHANG Guoliang. Free myocutaneous flap transposition for the repair of forefoot injury:a report of three cases[J]. Zhongguo Xiu Fu Chong Jian Wai Ke Za Zhi[Chin J Repar Reconstr Surg(Article in Chinese;No abstract available)],2001,15(3):167.}

[16069] 宋海涛，田万成，康庆林，卢全中．足底内侧逆行岛状皮瓣修复足远端缺损 [J]．中国修复重建外科杂志，2002，16（2）：144．{SONG Haitao,TIAN Wancheng,KANG Qinglin,LU Quanzhong. Repair of distal foot defect with reverse medial plantar island flap[J]. Zhongguo Xiu Fu Chong Jian Wai Ke Za Zhi[Chin J Repar Reconstr Surg(Article in Chinese;No abstract available)],2002,16(2):144.}

[16070] 韩守江，杨连根，安小刚，娄宏亮．远端蒂足内侧皮瓣修复前足软组织缺损 [J]．中国修复重建外科杂志，2002，16（3）：204．{HAN Shoujiang,YANG Liangen,AN Xiaogang,LOU Hongliang. Repair of forefoot soft tissue defect with distal pedicled medial foot flap[J]. Zhongguo Xiu Fu Chong Jian Wai Ke Za Zhi[Chin J Repar Reconstr Surg(Article in Chinese;No abstract available)],2002,16(3):204.}

[16071] 李旭升，刘兴炎，葛宝丰，甄平．逆行胫前动脉皮瓣修复足背大面积软组织缺损 [J]．中国修复重建外科杂志，2002，16（3）：214．{LI Xusheng,LIU Xingyan,GE Baofeng,ZHEN Ping. Repair of large area soft tissue defect of the dorsal foot with reverse tibial artery flap[J]. Zhongguo Xiu Fu Chong Jian Wai Ke Za Zhi[Chin J Repar Reconstr Surg(Article in Chinese;No abstract available)],2002,16(3):214.}

[16072] 刘立峰，蔡锦方，梁进．带蒂岛状皮瓣移位修复足跟部软组织缺损 [J]．中国修复重建外科杂志，2002，16（3）：215．{LIU Lifeng,CAI Jinfang,LIANG Jin. Repair of heel soft tissue defect with pedicled island flap[J]. Zhongguo Xiu Fu Chong Jian Wai Ke Za Zhi[Chin J Repar Reconstr Surg(Article in Chinese;No abstract available)],2002,16(3):215.}

[16073] 康庆林，张春才，曹显科，卢全中，潘风雨．逆行足底内侧岛状皮瓣修复踇趾损伤 [J]．中国修复重建外科杂志，2002，16（5）：364．{KANG Qinglin,ZHANG Chuncai,CAO Xianke,LU Quanzhong,PAN Fengyu. Reverse medial plantar island flap for repairing great toe injury[J]. Zhongguo Xiu Fu Chong Jian Wai Ke Za Zhi[Chin J Repar Reconstr Surg(Article in Chinese;No abstract available)],2002,16(5):364.}

[16074] 王亚平，王振强，蒋华付，顾鹏先．游离胸脐超薄皮瓣修复足部创面 [J]．中国修复重建外科杂志，2002，16（6）：441．{WANG Yaping,WANG Zhenqiang,JIANG Huafu,GU Pengxian. Free thoracolumbar ultra-thin flap for repairing foot wound[J]. Zhongguo Xiu Fu Chong Jian Wai Ke Za Zhi[Chin J Repar Reconstr Surg(Article in Chinese;No abstract available)],2002,16(6):441.}

[16075] 张志新，路来金，刘志刚，刘彬，王雪莹．足底内侧逆行岛状皮瓣修复前足底顽固性溃疡 [J]．中国修复重建外科杂志，2002，16（6）：398-400．{ZHANG Zhixin,LU Laijin,LIU Zhigang,LIU Bin,WANG Xueying. Treatment of refractory ulcers on sole of forefoot with reversed medial plantar flap[J]. Zhongguo Xiu Fu Chong Jian Wai Ke Za Zhi[Chin J Repar Reconstr Surg(Article in Chinese;Abstract in Chinese and English)],2002,16(6):398-400.}

[16076] 王喜亚，张彤．足底内侧岛状皮瓣修复足跟皮肤缺损 [J]．中国修复重建外科杂志，2003，17（2）：142．{WANG Xiya,ZHANG Tong. Repair of heel skin defect with medial plantar island flap[J]. Zhongguo Xiu Fu Chong Jian Wai Ke Za Zhi[Chin J Repar Reconstr Surg(Article in Chinese;No abstract available)],2003,17(2):142.}

[16077] 阮国辉，白道永，张兴中，李金海，李世红，江爱华．腓肠神经伴行血管蒂皮瓣修复足部软组织缺损 [J]．中国修复重建外科杂志，2003，17（3）：239．{RUAN Guohui,BAI Daoyong,ZHANG Xingzhong,LI Jinhai,LI Shihong,JIANG Aihua. Sural nerve with vascular pedicled flap for repairing soft tissue defect of foot[J]. Zhongguo Xiu Fu Chong Jian Wai Ke Za Zhi[Chin J Repar Reconstr Surg(Article in Chinese;No abstract available)],2003,17(3):239.}

[16078] 周礼荣，李峻，王伟，丁任，刘迎曦，王平．全手或全足皮肤脱套伤的显微外科修复 [J]．中国修复重建外科杂志，2003，17（4）：321-323．{ZHOU Lirong,LI Jun,WANG Wei,DING Ren,LIU Yingxi,WANG Ping. Microsurgical repair of skin-degloving injury of whole hand or foot[J]. Zhongguo Xiu Fu Chong Jian Wai Ke Za Zhi[Chin J Repar Reconstr Surg(Article in Chinese;Abstract in Chinese and English)],2003,17(4):321-323.}

[16079] 艾春芳，郑学成，张会久．腓肠浅动脉逆行岛状皮瓣修复跟腱及足跟软组织缺损 [J]．中国修复重建外科杂志，2004，18（3）：246．{AI Chunfang,ZHENG Xuecheng,ZHANG Huijiu. Repair of Achilles tendon and heel soft tissue defect with reverse superficial sural artery island flap[J]. Zhongguo Xiu Fu Chong Jian Wai Ke Za Zhi[Chin J Repar Reconstr Surg(Article in Chinese;No abstract available)],2004,18(3):246.}

[16080] 白海军，王淑霞，闫新海．足跟部软组织缺损的修复 [J]．中国修复重建外科杂志，2004，18（4）：317．{BAI Haijun,WANG Shuxia,YAN Xinhai. Repair of heel soft tissue defect[J]. Zhongguo Xiu Fu Chong Jian Wai Ke Za Zhi[Chin J Repar Reconstr Surg(Article in Chinese;No abstract available)],2004,18(4):317.}

[16081] 魏人前，李颂梅．小腿外侧皮瓣修复胫前和足软组织缺损 [J]．中国修复重建外科杂志，2005，19（6）：455-456．{WEI Renqian,LI Songmei. Repair of anterior tibial,dorsal pedal and calcaneal soft-tissue defects with lateral crural flaps[J]. Zhongguo Xiu Fu Chong Jian Wai Ke Za Zhi[Chin J Repar Reconstr Surg(Article in Chinese;Abstract in Chinese and English)],2005,19(6):455-456.}

[16082] 张群，王岩，梁雨田，毕文志．足跟部恶性黑色素瘤的切除与修复重建 [J]．中国修复重建外科杂志，2005，19（7）：536-538．{ZHANG Qun,WANG Yan,LIANG Yutian,BI Wenzhi. Resection and reparation of heel with malignant melanoma[J]. Zhongguo Xiu Fu Chong Jian Wai Ke Za Zhi[Chin J Repar Reconstr Surg(Article in Chinese;Abstract in Chinese and English)],2005,19(7):536-538.}

[16083] 吴文，章莹，刘传芳，王毅飞．糖尿病足跟溃疡的外科治疗 [J]．中国修复重建外科杂志，2005，19（7）：591-592．{WU Wen,ZHANG Ying,LIU Chuanfang,WANG Yifei. Surgical treatment of diabetic heel ulcer[J]. Zhongguo Xiu Fu Chong Jian Wai Ke Za Zhi[Chin J Repar Reconstr Surg(Article in Chinese;No abstract available)],2005,19(7):591-592.}

[16084] 许亚军，寿奎水，陈政，姚群，薛明宇．逆行前踝上岛状皮瓣修复足背部软组织缺损 [J]．中国修复重建外科杂志，2005，19（9）：767-768．{XU Yajun,SHOU Kuishui,CHEN Zheng,YAO Qun,XUE Mingyu. Reverse anterior malleolus island flap for repairing soft tissue defect of dorsum of foot[J]. Zhongguo Xiu Fu Chong Jian Wai Ke Za Zhi[Chin J Repar Reconstr Surg(Article in Chinese;No abstract available)],2005,19(9):767-768.}

[16085] 林松庆，张发惠，徐皓，张朝春．邻近非主干血管蒂皮瓣移位修复足跟部皮肤缺损 [J]．中国修复重建外科杂志，2006，20（1）：47-49．{LIN Songqing,ZHANG Fahui,XU Hao,ZHANG Chaochun. The effect of transferring adjacent non-main vessel pedicle flap on repairing the heel skin defect[J]. Zhongguo Xiu Fu Chong Jian Wai Ke Za Zhi[Chin J Repar Reconstr Surg(Article in Chinese;Abstract in Chinese and English)],2006,20(1):47-49.}

[16086] 张志新，丁健，马南，路来金．足部逆行岛状皮瓣修复前足及足趾软组织缺损 [J]．中国修复重建外科杂志，2006，20（1）：85-86．{ZHANG Zhixin,DING Jian,MA Nan,LU Laijin. Repair of soft tissue defects of forefoot and toe with reverse island flap of foot[J]. Zhongguo Xiu Fu Chong Jian Wai Ke Za Zhi[Chin J Repar Reconstr Surg(Article in Chinese;No abstract available)],2006,20(1):85-86.}

[16087] 王海明，姜佩珠，张长青，曾炳芳．腓肠神经营养血管逆行岛状筋膜皮瓣修复足缺损一例 [J]．中国修复重建外科杂志，2006，20（1）：90-91．{WANG Haiming,JIANG Peizhu,ZHANG Changqing,ZENG Bingfang. Sural neurovascular island fasciocutaneous flap for repairing foot defect:a case report[J]. Zhongguo Xiu Fu Chong Jian Wai Ke Za Zhi[Chin J Repar Reconstr Surg(Article in Chinese;No abstract available)],2006,20(1):90-91.}

[16088] 王成刚，牟滨，赵雁南，扬嵩峰．瘢痕跟腱瓣修复瘢痕挛缩性足下垂 [J]．中国修复重建外科杂志，2006，20（3）：300．{WANG Chenggang,MOU Bin,ZHAO Yannan,YANG Songfeng. Repair of cicatricial contracture foot-drop with cicatricial Achilles tendon flap[J]. Zhongguo Xiu Fu Chong Jian Wai Ke Za Zhi[Chin J Repar Reconstr Surg(Article in Chinese;No abstract available)],2006,20(3):300.}

[16089] 胡继超，李钧，陈波，解辉，舒正华．双侧股前外侧皮瓣瓦合修复全足皮肤脱套伤 [J]．中国修复重建外科杂志，2006，20（9）：952-953．{HU Jichao,LI Jun,CHEN Bo,JIE Hui,SHU Zhenghua. Repair of degloving injury of whole foot with bilateral anterolateral thigh flaps[J]. Zhongguo Xiu Fu Chong Jian Wai Ke Za Zhi[Chin J Repar Reconstr Surg(Article in Chinese;No abstract available)],2006,20(9):952-953.}

[16090] 王凌峰，王宏，张军，巴特，侯智慧，胡国林，荣志东，曹胜军．小腿内侧神经血管蒂皮瓣修复足部软组织缺损 [J]．中国修复重建外科杂志，2006，20（12）：1274-1275．{WANG

Lingfeng,WANG Hong,ZHANG Jun,BA Te,HOU Zhihui,HU Guolin,RONG Zhidong,CAO Shengjun. Repair of soft tissue defect of foot with neurovascular pedicle skin flap of medial leg[J]. Zhongguo Xiu Fu Chong Jian Wai Ke Za Zhi[Chin J Repar Reconstr Surg(Article in Chinese;No abstract available)],2006,20(12):1274-1275.}

[16091] **李自力，肖向阳，严晓寒，王毅，赵桂香，程代薇. 超长腓肠神经营养血管蒂逆行岛状皮瓣移位修复足底软组织皮肤缺损 [J]. 中国修复重建外科杂志，2007，21（2）：209-210.** {LI Zili,XIAO Xiangyang,YAN Xiaohan,WANG Yi,ZHAO Guixiang,CHENG DaiWei. Transposition of reversed super-long sural neurovascular pedicle island flap for repairing plantar soft tissue and skin defects[J]. Zhongguo Xiu Fu Chong Jian Wai Ke Za Zhi[Chin J Repar Reconstr Surg(Article in Chinese;Abstract in Chinese)],2007,21(2):209-210.}

[16092] **梁家龙，颜斌，王忠远，施向春，黄凌云. 小腿腓肠神经和隐神经营养血管蒂皮瓣修复胫前及足部软组织缺损 [J]. 中国修复重建外科杂志，2007，21（2）：212-214.** {LIANG Jialong,YAN Bin,WANG Zhongyuan,SHI Xiangchun,HUANG Lingyun. Repair of soft tissue defects of anterior tibia and foot with sural nerve and saphenous neurovascular flap[J]. Zhongguo Xiu Fu Chong Jian Wai Ke Za Zhi[Chin J Repar Reconstr Surg(Article in Chinese;Abstract in Chinese)],2007,21(2):212-214.}

[16093] **陈誉华. 胫前动脉踝上穿支皮瓣修复足背软组织缺损 [J]. 中国修复重建外科杂志，2007，21（4）：432-434.** {CHEN Yuhua. Repair of soft tissue defect of dorsum of foot with supramalleolar perforator flap of anterior tibial artery[J]. Zhongguo Xiu Fu Chong Jian Wai Ke Za Zhi[Chin J Repar Reconstr Surg(Article in Chinese;Abstract in Chinese)],2007,21(4):432-434.}

[16094] **肖善杰，凌峰. 逆行胫前动脉岛状皮瓣修复足部皮肤软组织缺损 [J]. 中国修复重建外科杂志，2007，21（5）：551-552.** {XIAO Shanjie,LING Feng. Reverse anterior tibial artery island flap for repairing skin and soft tissue defects of foot[J]. Zhongguo Xiu Fu Chong Jian Wai Ke Za Zhi[Chin J Repar Reconstr Surg(Article in Chinese;Abstract in Chinese)],2007,21(5):551-552.}

[16095] **刘学胜，刘雪涛，劳克诚. 踝前皮瓣修复前足皮肤缺损 [J]. 中国修复重建外科杂志，2007，21（10）：1150-1151.** {LIU Xuesheng,LIU Xuetao,LAO Kecheng. Repair of forefoot skin defect with anterior malleolar flap[J]. Zhongguo Xiu Fu Chong Jian Wai Ke Za Zhi[Chin J Repar Reconstr Surg(Article in Chinese;Abstract in Chinese)],2007,21(10):1150-1151.}

[16096] **李永江，黄现峰. 踇趾软组织缺损的修复 [J]. 中国修复重建外科杂志，2007，21（10）：1151-1153.** {LI Yongjiang,HUANG Xianfeng. Repair of soft tissue defect of great toe[J]. Zhongguo Xiu Fu Chong Jian Wai Ke Za Zhi[Chin J Repar Reconstr Surg(Article in Chinese;Abstract in Chinese)],2007,21(10):1151-1153.}

[16097] **王虎，路来金，刘志刚. 足跟慢性溃疡的修复 [J]. 中国修复重建外科杂志，2007，21（12）：1396-1397.** {WANG Hu,LU Laijin,LIU Zhigang. Repair of chronic heel ulcer[J]. Zhongguo Xiu Fu Chong Jian Wai Ke Za Zhi[Chin J Repar Reconstr Surg(Article in Chinese;Abstract in Chinese)],2007,21(12):1396-1397.}

[16098] **郭志民，丁真奇，林山，沙漠，陈卫，叶文斌. 足趾皮瓣修复前足部小面积皮肤缺损 [J]. 中国修复重建外科杂志，2008，22（4）：504-505.** {GUO Zhimin,DING Zhenqi,LIN Shan,SHA Mo,CHEN Wei,YE Wenbin. Repair of small area skin defect of forefoot with toe flap[J]. Zhongguo Xiu Fu Chong Jian Wai Ke Za Zhi[Chin J Repar Reconstr Surg(Article in Chinese;Abstract in Chinese)],2008,22(4):504-505.}

[16099] **李蠡，薛春雨，李军辉，张敬德，邢新. 足跟皮肤软组织缺损的皮瓣修复 [J]. 中国修复重建外科杂志，2008，22（7）：800-802.** {LI Li,XUE Chunyu,LI Junhui,ZHANG Jingde,XING Xin. Application of flap in repair of heel skin and soft tissue defect[J]. Zhongguo Xiu Fu Chong Jian Wai Ke Za Zhi[Chin J Repar Reconstr Surg(Article in Chinese;Abstract in Chinese and English)],2008,22(7):800-802.}

[16100] **陈玉兵，徐永清，吕凤，陆声. 远端蒂的足背内侧皮神经营养血管皮瓣修复足背远端缺损创面 [J]. 中国修复重建外科杂志，2008，22（11）：1281-1284.** {CHEN Yubing,XU Yongqing,LV Feng,LU Sheng. Reconstruction of soft tissue defects in distal dorsalis pedis with distally based medial dorsal neurocutaneous flap on foot[J]. Zhongguo Xiu Fu Chong Jian Wai Ke Za Zhi[Chin J Repar Reconstr Surg(Article in Chinese;Abstract in Chinese and English)],2008,22(11):1281-1284.}

[16101] **陈玉兵，徐永清，陆声. 低旋转点的隐神经营养血管远端蒂皮瓣修复前足背侧缺损创面 [J]. 中国修复重建外科杂志，2008，22（11）：1285-1287.** {CHEN Yubing,XU Yongqing,LU Sheng. Distally based saphenous neurocutaneous flap of lower rotating point repairing soft tissue defect in dorsum of forefoot[J]. Zhongguo Xiu Fu Chong Jian Wai Ke Za Zhi[Chin J Repar Reconstr Surg(Article in Chinese;Abstract in Chinese and English)],2008,22(11):1285-1287.}

[16102] **曹贵军，杨佳伟，孙志刚，李冬海，贺立新，曹玉珏，崔永珍，屠海霞，孙凯，朱海涛. 腓肠神经营养血管筋膜瓣修复足背大面积创面 [J]. 中国修复重建外科杂志，2008，22（11）：1407-1408.** {CAO Guijun,YANG Jiawei,SUN Zhigang,LI Donghai,HE Lixin,CAO YuJue,CUI Yongzhen,TU Haixia,SUN Kai,ZHU Haitao. Sural neurovascular fascial flap for repairing large area wounds on dorsum of foot[J]. Zhongguo Xiu Fu Chong Jian Wai Ke Za Zhi[Chin J Repar Reconstr Surg(Article in Chinese;Abstract in Chinese)],2008,22(11):1407-1408.}

[16103] **徐世保，倪国骅，王国营，张德洪，杨洪海，吴二栋. 远端蒂足内侧皮瓣在儿童踇趾皮肤缺损中的应用 [J]. 中国修复重建外科杂志，2008，22（12）：1519-1520.** {XU Shibao,NI Guohua,WANG Guoying,ZHANG Dehong,YANG Honghai,WU Dongdong. Application of distally pedicled medial foot flap in the treatment of skin defect of great toe in children[J]. Zhongguo Xiu Fu Chong Jian Wai Ke Za Zhi[Chin J Repar Reconstr Surg(Article in Chinese;Abstract in Chinese)],2008,22(12):1519-1520.}

[16104] **肖峰，肖宏，郭筱秋. 带腓肠神经营养血管逆行岛状皮瓣修复足跟部皮肤软组织缺损 [J]. 中国修复重建外科杂志，2009，23（2）：253-254.** {XIAO Feng,XIAO Hong,GUO Xiaoqiu. Repair of skin and soft tissue defect of heel with reverse sural neurovascular island flap[J]. Zhongguo Xiu Fu Chong Jian Wai Ke Za Zhi[Chin J Repar Reconstr Surg(Article in Chinese;Abstract in Chinese)],2009,23(2):253-254.}

[16105] **朱跃良，徐永清，李军，杨军，欧阳云飞，何晓清，陈海东，范新宇. 儿童足后跟轮辐伤的临床治疗 [J]. 中国修复重建外科杂志，2009，23（10）：1180-1182.** {ZHU Yueliang,XU Yongqing,LI Jun,YANG Jun,OU Yangyunfei,HE Xiaoqing,CHEN Haidong,FAN Xinyu. Treatment of spoke heel injuries in children[J]. Zhongguo Xiu Fu Chong Jian Wai Ke Za Zhi[Chin J Repar Reconstr Surg(Article in Chinese;Abstract in Chinese and English)],2009,23(10):1180-1182.}

[16106] **金永刚，谭又吉，王景权，钟慧萍，乐嘉波，李红星，严良斌. 不同手术方法治疗麻风足底溃疡的疗效分析 [J]. 中国修复重建外科杂志，2009，23（10）：1183-1186.** {JIN Yonggang,TAN Youji,WANG Jingquan,ZHONG Huiping,LE Jiabo,LI Hongxing,YAN Liangbin. Effect of different surgical methods on leprosy plantar ulcers[J]. Zhongguo Xiu Fu Chong Jian Wai Ke Za Zhi[Chin J Repar Reconstr Surg(Article in Chinese;Abstract in Chinese and English)],2009,23(10):1183-1186.}

[16107] **王建雄，黄长明，邓建龙. 远端蒂腓动脉穿支-踝关节血管网筋膜皮瓣修复前足背软组织缺损 [J]. 中国修复重建外科杂志，2009，23（10）：1275-1276.** {WANG Jianxiong,HUANG Changming,DENG Jianlong. Repair of soft tissue defect of dorsum of forefoot with distally based peroneal artery perforator and malleolar vascular network fasciocutaneous flap[J]. Zhongguo Xiu Fu Chong Jian Wai Ke Za Zhi[Chin J Repar Reconstr Surg(Article in Chinese;Abstract in Chinese)],2009,23(10):1275-1276.}

[16108] **何祖胜，锡林宝勒日，白靖平，江仁兵，周洋，艾则孜，买买提艾力. 足部复发恶性黑色素瘤术后创面修复 [J]. 中国修复重建外科杂志，2009，23（10）：1277-1278.** {HE Zusheng,XI Linbaoleri,BAI Jingping,JIANG Renbing,ZHOU Yang,AI Zezi,MAI Maitiaili. Wound repair of recurrent malignant melanoma of foot after resection[J]. Zhongguo Xiu Fu Chong Jian Wai Ke Za Zhi[Chin J Repar Reconstr Surg(Article in Chinese;Abstract in Chinese)],2009,23(10):1277-1278.}

[16109] **苗卫华，刘振，许超. 逆行跗外侧动脉皮瓣修复前足皮肤软组织缺损 [J]. 中国修复重建外科杂志，2010，24（1）：53-56.** {MIAO Weihua,LIU Zhen,XU Chao. Repair of forefoot skin and soft tissue defect with reverse lateral tarsal artery flap[J]. Zhongguo Xiu Fu Chong Jian Wai Ke Za Zhi[Chin J Repar Reconstr Surg(Article in Chinese;Abstract in Chinese and English)],2010,24(1):53-56.}

[16110] **崔宜栋，蔡锦方，刘立峰，曹学成，邹林，尹海磊，李宗玉. 改良腓浅神经营养皮瓣修复前足皮肤软组织缺损 [J]. 中国修复重建外科杂志，2010，24（5）：562-565.** {CUI Yidong,CAI Jinfang,LIU Lifeng,CAO Xuecheng,ZOU Lin,YIN Hailei,LI Zongyu. Application of modified superficial peroneal neuro-fasciocutaneous flap in repairing soft tissue defect of forefoot[J]. Zhongguo Xiu Fu Chong Jian Wai Ke Za Zhi[Chin J Repar Reconstr Surg(Article in Chinese;Abstract in Chinese and English)],2010,24(5):562-565.}

[16111] **杨庆达，梁波，苏瑞鉴，张智钊，卢建国，曾麟杰，陈善豪，吴耀康. 踇趾底内侧动脉皮穿支血管蒂隐神经营养血管逆行皮瓣修复前足皮肤缺损 [J]. 中国修复重建外科杂志，2011，25（3）：379-380.** {YANG Qingda,LIANG Bo,SU Ruijian,ZHANG ZhiZhao,LU Jianguo,ZENG Linjie,CHEN Shanhao,WU Yaokang. Repair of forefoot skin defect with reverse saphenous neurovascular flap pedicled with cutaneous perforator of medial artery of great toe[J]. Zhongguo Xiu Fu Chong Jian Wai Ke Za Zhi[Chin J Repar Reconstr Surg(Article in Chinese;Abstract in Chinese)],2011,25(3):379-380.}

[16112] **唐继全，甘干达，陶智刚，罗平，黄育胡. 股前外侧皮瓣游离移植同时修复趾伸肌腱和足背创面 [J]. 中国修复重建外科杂志，2011，25（4）：423-426.** {TANG Jiquan,GAN Ganda,TAO Zhigang,LUO Ping,HUANG Yuhu. Anterolateral thigh flap for repair of toe extensor tendon and dorsal foot wound[J]. Zhongguo Xiu Fu Chong Jian Wai Ke Za Zhi[Chin J Repar Reconstr Surg(Article in Chinese;Abstract in Chinese and English)],2011,25(4):423-426.}

[16113] **郑磊，董忠根，郑稼，肖海滨，刘立宏. 腓动脉穿支筋膜蒂腓肠神经营养血管皮瓣修复足背皮肤软组织缺损 [J]. 中国修复重建外科杂志，2011，25（4）：427-430.** {ZHENG Lei,DONG Zhonggen,ZHENG Jia,XIAO Haibin,LIU Lihong. Reversed fascia pedicled peroneal perforating branch sural neurofasciocutaneous flap for repairing soft tissue defect in dorsal pedis[J]. Zhongguo Xiu Fu Chong Jian Wai Ke Za Zhi[Chin J Repar Reconstr Surg(Article in Chinese;Abstract in Chinese and English)],2011,25(4):427-430.}

[16114] **储国平，吕国忠，赵庆国，杨敏烈，苏青和. 脱套皮肤冷藏延期回植法治疗全足脱套伤 [J]. 中国修复重建外科杂志，2011，25（12）：1517-1518.** {CHU Guoping,LV Guozhong,ZHAO Qingguo,YANG Minlie,SU Qinghe. Refrigeration and delayed replantation of degloving skin in the treatment of degloving injury of whole foot[J]. Zhongguo Xiu Fu Chong Jian Wai Ke Za Zhi[Chin J Repar Reconstr Surg(Article in Chinese;Abstract in Chinese)],2011,25(12):1517-1518.}

[16115] **施洪臣，章雪松，李宝山，徐格，周强. 低旋转点外踝上皮瓣修复前足软组织缺损 [J]. 中国修复重建外科杂志，2012，26（6）：761-763.** {SHI Hongchen,ZHANG Xuesong,LI Baoshan,XU Ge,ZHOU Qiang. Repair of soft tissue defect of the forefoot by lateral malleolar flap with lower rotation point[J]. Zhongguo Xiu Fu Chong Jian Wai Ke Za Zhi[Chin J Repar Reconstr Surg(Article in Chinese;Abstract in Chinese)],2012,26(6):761-763.}

[16116] **沈小芳，糜菁熠，芮永军，寿奎水，赵刚，田建. 第一趾蹼皮支蒂岛状皮瓣修复踇趾软组织缺损 [J]. 中国修复重建外科杂志，2012，26（10）：1272-1273.** {SHEN Xiaofang,MI Jingyi,RUI Yongjun,SHOU Kuishui,ZHAO Gang,TIAN Jian. Repair of soft tissue defect of great toe with island flap pedicled with cutaneous branch of the first toe web[J]. Zhongguo Xiu Fu Chong Jian Wai Ke Za Zhi[Chin J Repar Reconstr Surg(Article in Chinese;Abstract in Chinese)],2012,26(10):1272-1273.}

[16117] **刘飞，周良，郑晓虎. 足趾侧方皮瓣修复多趾背皮肤缺损 [J]. 中国修复重建外科杂志，2013，27（2）：255-256. DOI：10.7507/1002-1892.20130059.** {LIU Fei,ZHOU Liang,ZHENG Xiaohu. Repair of multiple dorsal skin defect of toes with lateral toe flap[J]. Zhongguo Xiu Fu Chong Jian Wai Ke Za Zhi[Chin J Repar Reconstr Surg(Article in Chinese;Abstract in Chinese)],2013,27(2):255-256. DOI:10.7507/1002-1892.20130059.}

[16118] **冯剑，李学拥，吕小星，李靖，蒋立，李金清，李跃军. 腓肠神经营养血管蒂逆行岛状皮瓣修复足末端深度冻伤创面 [J]. 中国修复重建外科杂志，2013，27（3）：376-377. DOI：10.7507/1002-1892.20130085.** {FENG Jian,LI Xueyong,LV Xiaoxing,LI Jing,JIANG Li,LI Jinqing,LI Yuejun. Repair of severe frostbite wound of distal foot with reverse sural neurovascular island flap[J]. Zhongguo Xiu Fu Chong Jian Wai Ke Za Zhi[Chin J Repar Reconstr Surg(Article in Chinese;Abstract in Chinese)],2013,27(3):376-377. DOI:10.7507/1002-1892.20130085.}

[16119] **滕云升，王兆杰，刘重，张朝，智丰，吴勐. 游离腓骨皮瓣修复前足复合组织缺损 [J]. 中国修复重建外科杂志，2013，27（3）：378-379. DOI：10.7507/1002-1892.20130086.** {TENG Yunsheng,WANG Zhaojie,LIU Zhong,ZHANG Chao,ZHI Feng,WU Meng. Free fibular flap for repairing compound tissue defect of forefoot[J]. Zhongguo Xiu Fu Chong Jian Wai Ke Za Zhi[Chin J Repar Reconstr Surg(Article in Chinese;Abstract in Chinese)],2013,27(3):378-379. DOI:10.7507/1002-1892.20130086.}

[16120] **阚利民，孟小光，陈江华. 低旋转点腓肠神经营养血管皮瓣修复前足软组织缺损 [J]. 中国修复重建外科杂志，2013，27（4）：509-510. DOI：10.7507/1002-1892.20130115.** {KAN Limin,MENG Xiaoguang,CHEN Jianghua. Repair of soft tissue defect of forefoot by sural neurovascular flap with low rotation point[J]. Zhongguo Xiu Fu Chong Jian Wai Ke Za Zhi[Chin J Repar Reconstr Surg(Article in Chinese;Abstract in Chinese)],2013,27(4):509-510. DOI:10.7507/1002-1892.20130115.}

[16121] **周晓，许亚军，芮永军，寿奎水，陈学明. 带两套血供的足内侧皮瓣修复老年患者踇趾跖趾关节附近皮肤软组织缺损 [J]. 中国修复重建外科杂志，2013，27（6）：732-734. DOI：10.7507/1002-1892.20130162.** {ZHOU Xiao,XU Yajun,RUI Yongjun,SHOU Kuishui,CHEN Xueming. Repairing hallux metatarsophalangeal skin and soft tissue defects with medial flap with double blood supply system in elderly patients[J]. Zhongguo Xiu Fu Chong Jian Wai Ke Za Zhi[Chin J Repar Reconstr Surg(Article in Chinese;Abstract in Chinese and English)],2013,27(6):732-734. DOI:10.7507/1002-1892.20130162.}

[16122] **夏晓丹，谢松林，黄雄杰，何志湘. 股前外侧穿支皮瓣修复踇甲瓣再造拇指足供区皮肤缺损 [J]. 中国修复重建外科杂志，2014，28（1）：127-128. DOI：10.7507/1002-1892.20140029.** {XIA Xiaodan,XIE Songlin,HUANG Xiongjie,HE Zhixiang. Repairing the donor site skin defect of hallux-nail flap with anterolateral thigh perforator flap in the reconstruction of thumb[J]. Zhongguo Xiu Fu Chong Jian Wai Ke Za Zhi[Chin J Repar Reconstr Surg(Article in Chinese;Abstract in Chinese)],2014,28(1):127-128. DOI:10.7507/1002-1892.20140029.}

[16123] **郭振贵，朱静斌，李卫，李宝林，孟庆刚. 踇趾动脉皮支皮瓣修复踇趾趾端缺损疗效观察 [J]. 中国修复重建外科杂志，2014，28（2）：263-264. DOI：10.7507/1002-1892.20140058.** {GUO Zhengui,ZHU Jingbin,LI Wei,LI Baolin,MENG Qinggang. Clinical observation on the repair of great toe tip defect with flap pedicled with cutaneous branch of great toe artery[J]. Zhongguo Xiu Fu Chong Jian Wai Ke Za Zhi[Chin J Repar Reconstr Surg(Article in Chinese;Abstract in Chinese)],2014,28(2):263-264. DOI:10.7507/1002-1892.20140058.}

[16124] **李木卫，陈飞，马立峰，杨延军，张子清. 游离腓动脉穿支皮瓣修复足部供区创面的疗效 [J]. 中国修复重建外科杂志，2014，28（3）：389-390. DOI：10.7507/1002-1892.20140086.** {LI Muwei,CHEN Fei,MA Lifeng,YANG Yanjun,ZHANG Ziqing. Effect of free peroneal artery perforator flap in repairing donor site wound of foot[J]. Zhongguo Xiu Fu Chong Jian Wai Ke Za Zhi[Chin J Repar Reconstr Surg(Article in Chinese;Abstract in Chinese)],2014,28(3):389-390. DOI:10.7507/1002-1892.20140086.}

[16125] **宋永进，徐伟华，汪春阳，柴益民. 逆行胫前动脉穿支蒂腓浅神经营养血管皮瓣修复前足创**

面 [J]. 中国修复重建外科杂志，2014，28（11）：1447-1448. DOI：10.7507/1002-1892.20140312. {SONG Yongjin,XU Weihua,WANG Chunyang,CHAI Yimin. Reverse superficial peroneal neurovascular flap pedicled with perforating branch of anterior tibial artery for repair of forefoot wound[J]. Zhongguo Xiu Fu Chong Jian Wai Ke Za Zhi[Chin J Repar Reconstr Surg(Article in Chinese;Abstract in Chinese)],2014,28(11):1447-1448. DOI:10.7507/1002-1892.20140312.}

[16126] 何晓清，朱跃良，徐永清，王毅，梅良斌，李阳. 儿童足后跟Ⅲ级轮辐伤的特点及治疗方法选择 [J]. 中国修复重建外科杂志，2014，28（12）：1490-1493. DOI：10.7507/1002-1892.20140322. {HE Xiaoqing,ZHU Yueliang,XU Yongqing,WANG Yi,MEI Liangbin,LI Yang. Characteristics and treatment of grade Ⅲ spoke heel injuries in children[J]. Zhongguo Xiu Fu Chong Jian Wai Ke Za Zhi[Chin J Repar Reconstr Surg(Article in Chinese;Abstract in Chinese and English)],2014,28(12):1490-1493. DOI:10.7507/1002-1892.20140322.}

[16127] 陆晟迪，柴益民. 腓肠神经营养腓动脉穿支复合组织瓣修复足底负重区软组织缺损的临床应用 [J]. 中国修复重建外科杂志，2014，28（12）：1494-1497. DOI：10.7507/1002-1892.20140323. {LU Shengdi,CHAI Yimin. Clinical application of sural fasciomyocutaneous perforator flap in repair of soft tissue defect in weight-bearing area of foot[J]. Zhongguo Xiu Fu Chong Jian Wai Ke Za Zhi[Chin J Repar Reconstr Surg(Article in Chinese;Abstract in Chinese and English)],2014,28(12):1494-1497. DOI:10.7507/1002-1892.20140323.}

[16128] 郑大伟，黎章灿，曹广超，吴尧，石荣剑，孙峰，寿奎水. 腓肠内侧动脉穿支双叶游离皮瓣修复足部贯通伤 [J]. 中国修复重建外科杂志，2015，29（12）：1519-1522. DOI：10.7507/1002-1892.20150325. {ZHENG Dawei,LI Zhangcan,CAO Guangchao,WU Yao,SHI Rongjian,SUN Feng,SHOU Kuishui. Application of free bilobed medial sural artery perforator flap for repairing penetrating wound of foot[J]. Zhongguo Xiu Fu Chong Jian Wai Ke Za Zhi[Chin J Repar Reconstr Surg(Article in Chinese;Abstract in Chinese and English)],2015,29(12):1519-1522. DOI:10.7507/1002-1892.20150325.}

[16129] 王志浩，丁英杰，余志平，王晓科，邢国飞，丛海波. 前足严重损伤修复重建的临床研究 [J]. 中国修复重建外科杂志，2016，30（2）：169-172. DOI：10.7507/1002-1892.20160035. {WANG Zhihao,DING Yingjie,YU Zhiping,WANG Xiaoke,XING Guofei,CONG Haibo. Effectiveness of repairing or reconstructing defects of forefoot[J]. Zhongguo Xiu Fu Chong Jian Wai Ke Za Zhi[Chin J Repar Reconstr Surg(Article in Chinese;Abstract in Chinese and English)],2016,30(2):169-172. DOI:10.7507/1002-1892.20160035.}

[16130] 李木卫，罗朝晖，古汉南，马立峰，杨延军，张子清. 游离旋髂浅动脉皮瓣修复足趾组织移植术后供区缺损 [J]. 中国修复重建外科杂志，2016，30（2）：215-218. DOI：10.7507/1002-1892.20160044. {LI Muwei,LUO Zhaohui,GU Hannan,MA Lifeng,YANG Yanjun,ZHANG Ziqing. Free croin flap for repairing defects of donor after toe tissue transplantation[J]. Zhongguo Xiu Fu Chong Jian Wai Ke Za Zhi[Chin J Repar Reconstr Surg(Article in Chinese;Abstract in Chinese and English)],2016,30(2):215-218. DOI:10.7507/1002-1892.20160044.}

[16131] 孙广峰，聂开瑜，祁建平，金文虎，李书俊，张子阳，魏在荣，王达利. 腓肠内侧动脉穿支皮瓣游离移植修复前足背侧创面的研究 [J]. 中国修复重建外科杂志，2016，30（3）：378-381. DOI：10.7507/1002-1892.20160074. {SUN Guangfeng,NIE Kaiyu,QI Jianping,JIN Wenhu,LI Shujun,ZHANG Ziyang,WEI Zairong,WANG Dali. Free medial sural artery perforator flap for repairing anterior dorsal foot wound[J]. Zhongguo Xiu Fu Chong Jian Wai Ke Za Zhi[Chin J Repar Reconstr Surg(Article in Chinese;Abstract in Chinese and English)],2016,30(3):378-381. DOI:10.7507/1002-1892.20160074.}

[16132] 郭佳，刘勇，刘晓辉，隋志强，张雪涛，王蕾. 髂骨瓣串联股前外侧皮瓣一期修复足部第一跖骨与大面积皮肤软组织缺损 [J]. 中国修复重建外科杂志，2016，30（11）：1400-1403. DOI：10.7507/1002-1892.20160288. {GUO Jia,LIU Yong,LIU Xiaohui,SUI Zhiqiang,ZHANG Xuetao,WANG Lei. Iliac flap combined with anterolateral thigh flap for repair of first metatarsal bone and large skin defect[J]. Zhongguo Xiu Fu Chong Jian Wai Ke Za Zhi[Chin J Repar Reconstr Surg(Article in Chinese;Abstract in Chinese and English)],2016,30(11):1400-1403. DOI:10.7507/1002-1892.20160288.}

[16133] 查选平，郑境鹏，周淑蓉，黄华荣，蒋腾飞，周天云，陈慧丽. 可转换交腿方式的远端蒂腓肠神经营养血管皮瓣修复对侧足背前端较大创面 [J]. 中国修复重建外科杂志，2017，31（2）：227-230. DOI：10.7507/1002-1892.201605052. {CHA Xuanping,ZHENG Jingpeng,ZHOU Shurong,HUANG Huarong,JIANG Tengfei,ZHOU Tianyun,CHEN Huili. Clinical application of changeable cross-leg style sural neurovascular flap in repairing contralateral fairly large soft tissue defect on dorsum of forefoot[J]. Zhongguo Xiu Fu Chong Jian Wai Ke Za Zhi[Chin J Repar Reconstr Surg(Article in Chinese;Abstract in Chinese and English)],2017,31(2):227-230. DOI:10.7507/1002-1892.201605052.}

[16134] 陈玉兵，王丽丽. 足背动脉穿支蒂皮瓣修复前足背侧皮肤软组织缺损疗效观察 [J]. 中国修复重建外科杂志，2017，31（5）：632-634. DOI：10.7507/1002-1892.201702058. {CHEN Yubing,WANG Lili. Clinical observation on the repair of skin and soft tissue defects of dorsal forefoot with pedicled dorsal pedis artery perforator flap[J]. Zhongguo Xiu Fu Chong Jian Wai Ke Za Zhi[Chin J Repar Reconstr Surg(Article in Chinese;Abstract in Chinese)],2017,31(5):632-634. DOI:10.7507/1002-1892.201702058.}

[16135] 宋达疆，李赞，周晓，谢松林. 游离带感觉超薄股前外侧穿支皮瓣修复踇甲瓣供区创面的疗效观察 [J]. 中国修复重建外科杂志，2017，31（8）：987-991. DOI：10.7507/1002-1892.201703122. {SONG Dajiang,LI Zan,ZHOU Xiao,XIE Songlin. Repair of the donor defect after wrap-around flap transfer with free thinned innervated anterolateral thigh perforator flap[J]. Zhongguo Xiu Fu Chong Jian Wai Ke Za Zhi[Chin J Repar Reconstr Surg(Article in Chinese;Abstract in Chinese and English)],2017,31(8):987-991. DOI:10.7507/1002-1892.201703122.}

[16136] 李倩，肖海涛，岑瑛. 选择性修薄股前外侧皮瓣修复足跟及足跟后区缺损 [J]. 中国修复重建外科杂志，2018，32（3）：350-353. DOI：10.7507/1002-1892.201710074. {LI Qian,XIAO Haitao,CEN Ying. Application of selectively thinning of free anterolateral thigh flap in repair of heel skin and soft tissue defect[J]. Zhongguo Xiu Fu Chong Jian Wai Ke Za Zhi[Chin J Repar Reconstr Surg(Article in Chinese;Abstract in Chinese and English)],2018,32(3):350-353. DOI:10.7507/1002-1892.201710074.}

[16137] 高秋明，薛云，时培晟，周顺刚，邓晓文，刘锐，沈伟伟，黄强，李闯兵，石杰. 小腿后侧宽蒂双动力皮瓣治疗前足皮肤软组织缺损 [J]. 中国修复重建外科杂志，2018，32（9）：1192-1195. DOI：10.7507/1002-1892.201803111. {GAO Qiuming,XUE Yun,SHI Peisheng,ZHOU Shungang,DENG Xiaowen,LIU Rui,SHEN Weiwei,HUANG Qiang,LI Chuangbing,SHI Jie. Effectiveness of wide fascial and doubly vascularized pedicle posterior cnemis flap in repair of soft tissue defect of forefoot[J]. Zhongguo Xiu Fu Chong Jian Wai Ke Za Zhi[Chin J Repar Reconstr Surg(Article in Chinese;Abstract in Chinese and English)],2018,32(9):1192-1195. DOI:10.7507/1002-1892.201803111.}

5.12 辅助创面负压引流技术之显微外科修复

negative pressure wound therapy (NPWT),vacuum assisted closure (VAC),vacuum sealing drainage (VSD) in microsurgical reconstruction

[16138] Hou Z,Irgit K,Strohecker KA,Matzko ME,Wingert NC,DeSantis JG,Smith WR. Delayed flap reconstruction with vacuum-assisted closure management of the open IIIB tibial fracture[J]. J Trauma,2011,71(6):1705-1708. doi:10.1097/TA.0b013e31822e2823.

[16139] Li RG,Yu B,Wang G,Chen B,Qin CH,Guo G,Jin D,Ren GH. Sequential therapy of vacuum sealing drainage and free-flap transplantation for children with extensive soft-tissue defects below the knee in the extremities[J]. Injury,2012,43(6):822-828. doi:10.1016/j.injury.2011.09.031.

[16140] TANG Jianbing,CHENG Biao,ZHU Jiangting,LI Qin,ZHANG Bin. A topical negative-pressure technique with skin flap transplantation to repair lower-limb wounds with bone exposure[J]. Int J Low Extrem Wounds,2012,11(4):299-303. doi:10.1177/1534734612463697.

[16141] Li RG,Ren GH,Tan XJ,Yu B,Hu JJ. Free flap transplantation combined with skin grafting and vacuum sealing drainage for repair of circumferential or sub-circumferential soft-tissue wounds of the lower leg[J]. Med Sci Monit,2013,19:510-517. doi:10.12659/MSM.883963.

[16142] Wen G,Wang CY,Chai YM,Cheng L,Chen M,Yi-Min LV. Distally based saphenous neurocutaneous perforator flap combined with vac therapy for soft tissue reconstruction and hardware salvage in the lower extremities[J]. Microsurgery,2013,33(8):625-630. doi:10.1002/micr.22162.

[16143] Zhou M,Qi B,Yu A,Pan Z,Zhu S,Deng K,Tao S. Vacuum assisted closure therapy for treatment of complex wounds in replanted extremities[J]. Microsurgery,2013,33(8):620-624. doi:10.1002/micr.22178.

[16144] Hu C,Zhang T,Ren B,Deng Z,Cai L,Lei J,Ping A. Effect of vacuum-assisted closure combined with open bone grafting to promote rabbit bone graft vascularization[J]. Med Sci Monit,2015,21:1200-1206. doi:10.12659/MSM.892939.

[16145] Luo RB,Xu YA,Zhong HM,Zhang YF. Case Report:Local skin flap with vacuum-seal drainage to facilitate healing of ACS[J]. Genet Mol Res,2015,14(2):2953-2957. doi:10.4238/2015.April.10.3.

[16146] Wang F,Liu S,Qiu L,Ma B,Wang J,Wang YJ,Peszel A,Chen XL. Superthin abdominal wall glove-like flap combined with vacuum-assisted closure therapy for soft tissue reconstruction in severely burned hands or with infection[J]. Ann Plast Surg. 2015,75(6):603-606. doi:10.1097/SAP.0000000000000602.

[16147] Li W,Ji L,Tao W. Effect of vacuum sealing drainage in osteofascial compartment syndrome[J]. Int J Clin Exp Med,2015,8(9):16112-16116.

[16148] Yu P,Yu N,Yang X,Jin X,Lu H,Qi Z. Clinical efficacy and safety of negative-pressure wound therapy on flaps:a systematic review[J]. J Reconstr Microsurg,2017,33(5):358-366. doi:10.1055/s-0037-1599076.

[16149] Yu P,Yang X,Qi Z. Effects of incisional negative-pressure wound therapy on primary closed defects after superficial circumflex iliac artery perforator flap harvest:randomized controlled study[J]. Plast Reconstr Surg,2017,140(1):237e-238e. doi:10.1097/PRS.0000000000003457.

[16150] Mendame Ehya RE,Zhao Y,Zheng X,Yi W,Bounda GA,Li Z,Xiao W,Yu A. Comparative effectiveness study between negative pressure wound therapy and conventional wound dressing on perforator flap at the Chinese tertiary referral teaching hospital[J]. J Tissue Viability,2017,26(4):282-288. doi:10.1016/j.jtv.2017.07.002.

[16151] Pan X,Wang G,Lui TH. Transplantation treatment of extensive soft-tissue defects in lower extremities with a combination of cross-bridge flap and combined free-tissue flap covered by vacuum sealing drainage:one case report[J]. Open Orthop J,2017,11:704-713. doi:10.2174/1874325001711010704.

[16152] Bi H,Khan M,Li J,Pestana IA. Use of incisional negative pressure wound therapy in skin-containing free tissue transfer[J]. J Reconstr Microsurg,2018,34(3):200-205. doi:10.1055/s-0037-1608621.

[16153] Ge D. The safety of negative-pressure wound therapy on surgical wounds:an updated meta-analysis of 17 randomized controlled trials[J]. Adv Skin Wound Care,2018,31(9):421-428. doi:10.1097/01.ASW.0000542530.71686.5c.

[16154] Wu M,Sun M,Dai H,Xu J,Guo R,Wang Y,Xue C. Negative-pressure wound therapy:An effective adjunctive treatment to assist flap survival and wound closure[J]. J Plast Reconstr Aesthet Surg,2018,71(11):1664-1678. doi:10.1016/j.bjps.2018.07.021.

[16155] Lin PY,Liou TL,Lin KC,Hsieh MH,Chien CY,Hsieh CH. Immediate negative pressure wound therapy after free flap transfer for head and neck cancer surgery[J]. Laryngoscope,2018,128(11):2478-2482. doi:10.1002/lary.27169.

[16156] Wu M,Sun M,Dai H,Xu J,Wang X,Guo R,Wang Y,Xue C. The application of keystone flap combined with vacuum-assisted closure in the repair of sacrococcygeal skin defect after tumor resection[J]. J Surg Oncol,2019,119(7):974-978. doi:10.1002/jso.25397.

[16157] Hu FX,Hu XX,Yang XL,Han XH,Xu YB,Li K,Yan L,Chu HB. Treatment of large avulsion injury in perianal,sacral,and perineal regions by island flaps or skin graft combined with vacuum assisted closure[J]. BMC Surg,2019,19(1):65. doi:10.1186/s12893-019-0529-1.

[16158] Li X,Zhang F,Liu X,Cao Z,Liu P,Xia L,Du M. Staged treatment of chest wall radiation-induced ulcer with negative pressure wound therapy and latissimus dorsi myocutaneous flap transplantation[J]. J Craniofac Surg,2019,30(5):e450-e453. doi:10.1097/SCS.0000000000005514.

[16159] Li J,Zhang H,Qi B,Pan Z. Outcomes of vacuum sealing drainage treatment combined with skin flap transplantation and antibiotic bone cement on chronic tibia osteomyelitis:a case series study[J]. Med Sci Monit,2019,25:5343-5349. doi:10.12659/MSM.915921.

[16160] Pan T,Li K,Fan FD,Gao YS,Wang DJ. Vacuum-assisted closure vs. bilateral pectoralis major muscle flaps for deep sternal wounds infection[J]. J Thorac Dis,2020,12(3):866-875. doi:10.21037/jtd.2019.12.76.

[16161] Li ZY,Xie K,Li M,Wen B. The role of intermittent negative pressure wound therapy combined with a mesh incision in the salvage of perforator flaps with venous congestion[J]. Asian J Surg,2021,44(3):592-593. doi:10.1016/j.asjsur.2020.12.033.

[16162] 黄继胜. 带蒂肌瓣填塞及闭合冲洗吸引法治疗慢性骨髓炎 67 例疗效分析 [J]. 实用医学杂志，1998，14（4）：657. {HUANG Jisheng. Clinical analysis of pedicled muscle flap packing and vacuum sealing drainage on treatment of chronic osteomyelitis[J]. Shi Yong Yi Xue Za Zhi [J Pract Med(Article in Chinese;No abstract available)],1998,14(4):657.}

[16163] 胡孝菽，黄志远，陈振中，王敏. 轴型皮瓣加闭式冲洗引流急诊治疗近距离霰弹伤 [J]. 中国修复重建外科杂志，2003，17（6）：506. {HU Xiaoshu,HUANG Zhiyuan,CHEN

Zhenzhong,WANG Min. Emergent treatment of close shotgun wounds in short distance with axial flap and closed washing and drainage[J]. Zhongguo Xiu Fu Chong Jian Wai Ke Za Zhi[Chin J Repar Reconstr Surg(Article in Chinese;Abstract in Chinese)],2003,17(6):506.}

[16164] **喻爱喜，余国荣，邓凯，陶圣祥，潘振宇，张建华，宋九宏．封闭负压吸引联合组织瓣移植治疗严重感染性骨外露[J]．中华显微外科杂志，2006，29（3）：219－220．DOI：10.3760/cma.j.issn.1001－2036.2006.03.020．**{YU Aixi,YU Guorong,DENG Kai,TAO Shengxiang,PAN Zhenyu,ZHANG Jianhua,SONG Jiuhong. Vacuum sealing drainage combined with tissue flap transfer for treatment of severe infectious bone exposure[J]. Zhonghua Xian Wei Wai Ke Za Zhi[Chin J Microsurg(Article in Chinese;Abstract in Chinese)],2006,29(3):219-220. DOI:10.3760/cma.j.issn.1001-2036.2006.03.020.}

[16165] **潘振宇，喻爱喜，余国荣，陶圣祥．封闭式负压引流联合前臂皮神经营养血管皮瓣修复手掌皮肤缺损[J]．中国修复重建外科杂志，2008，22（5）：633－634．**{PAN Zhenyu,YU Aixi,YU Guorong,TAO Shengxiang. Vacuum sealing drainage combined with forearm neurocutaneous vascular flap for repair of palm skin defect[J]. Zhongguo Xiu Fu Chong Jian Wai Ke Za Zhi[Chin J Repar Reconstr Surg(Article in Chinese;Abstract in Chinese)],2008,22(5):633-634.}

[16166] **鲍同柱，吴剑，鄢飞，严雪港，刘万军，陈垦．负压封闭引流联合组织瓣及骨移植治疗小腿骨及软组织缺损[J]．中华显微外科杂志，2009，32（3）：241－243．DOI：10.3760/cma.j.issn.1001－2036.2009.03.031．**{BAO Tongzhu,WU Jian,YAN Fei,YAN Xuegang,LIU Wanjun,CHEN Ken. Vacuum sealing drainage combined with tissue flap and bone transfer in treatment of bone and soft tissue defects of lower leg[J]. Zhonghua Xian Wei Wai Ke Za Zhi[Chin J Microsurg(Article in Chinese;Abstract in Chinese)],2009,32(3):241-243. DOI:10.3760/cma.j.issn.1001-2036.2009.03.031.}

[16167] **冯亚高，张向宁，陶忠生，魏斌，霍飞，刘少华．封闭式负压引流联合股前外侧皮瓣修复足背皮肤缺损[J]．中华显微外科杂志，2009，32（4）：318－319．DOI：10.3760/cma.j.issn.1001－2036.2009.04.025．**{FENG Yagao,ZHANG Xiangning,TAO Zhongsheng,WEI Bin,HUO Fei,LIU Shaohua. Vacuum sealing drainage combined with anterolateral thigh flap for repair of dorsal foot skin defect[J]. Zhonghua Xian Wei Wai Ke Za Zhi[Chin J Microsurg(Article in Chinese;Abstract in Chinese)],2009,32(4):318-319. DOI:10.3760/cma.j.issn.1001-2036.2009.04.025.}

[16168] **吴刚，喻爱喜，祝少博，宋九宏，陶圣祥，漆白文．负压封闭引流技术在显微外科中应用的探讨[J]．中华显微外科杂志，2009，32（5）：420－422．DOI：10.3760/cma.j.issn.1001－2036.2009.05.034．**{WU Gang,YU Aixi,ZHU Shaobo,SONG Jiuhong,TAO Shengxiang,QI Baiwen. Application of vacuum sealing drainage in microsurgery[J]. Zhonghua Xian Wei Wai Ke Za Zhi[Chin J Microsurg(Article in Chinese;Abstract in Chinese)],2009,32(5):420-422. DOI:10.3760/cma.j.issn.1001-2036.2009.05.034.}

[16169] **张烨峰，郑锦标，林锦波，白肃，徐继庆，陈楚义．封闭负压吸引在腹部带蒂真皮下血管网皮瓣修复手部热压伤中的临床应用[J]．中华损伤与修复杂志（电子版），2009，4（1）：53－56．DOI：10.3969/j.issn.1673－9450.2009.01.011．**{ZHANG Yefeng,ZHENG Jinbiao,LIN Jinbo,BAI Su,XU Jiqing,CHEN Chuyi. Clinical application of using vacuum-sealing-drainage in pedicle abdominal flap with subdermal vascular net to repair pressure thermo injury of hand[J]. Zhonghua Sun Shang Yu Xiu Fu Za Zhi Dian Zi Ban[Chin J Injury Repair Wound Healing(Electr Ed)(Article in Chinese;Abstract in Chinese and English)],2009,4(1):53-56. DOI:10.3969/j.issn.1673-9450.2009.01.011.}

[16170] **蔡嬿娴，王永春，林森．封闭负压引流技术结合小腿皮神经营养血管皮瓣在小腿创面修复中的应用[J]．组织工程与重建外科杂志，2009，5（6）：335－336．DOI：10.3969/j.issn.1673－0364.2009.006.011．**{CAI Yanxian,WANG Yongchun,LIN Sen. Clinical application of vacuum sealing drainage(VSD) combining with reversed leg neurovascular flap on the leg wounds repair[J]. Zu Zhi Gong Cheng Yu Chong Jian Wai Ke Za Zhi[J Tissue Eng Reconstr Surg(Article in Chinese;Abstract in Chinese and English)],2009,5(6):335-336. DOI:10.3969/j.issn.1673-0364.2009.006.011.}

[16171] **黄国福，苏福锦，王卡琳，陈昭炎，谢炎天，何乃新．儿童足跟部感染创面经 VSD 技术处理后胸脐皮瓣修复 17 例[J]．中华显微外科杂志，2010，33（5）：409－410．DOI：10.3760/cma.j.issn.1001－2036.2010.05.021．**{HUANG Guofu,SU Fujin,WANG Kalin,CHEN Zhaoyan,XIE Yantian,HE Naixin. Thoracoumbilical flap after VSD technique for repair of infected heel wounds in 17 children[J]. Zhonghua Xian Wei Wai Ke Za Zhi[Chin J Microsurg(Article in Chinese;Abstract in Chinese)],2010,33(5):409-410. DOI:10.3760/cma.j.issn.1001-2036.2010.05.021.}

[16172] **张强，高伟，张抒，李瑞，范长春，蔡锦方．显微外科手术配合负压封闭吸引治疗慢性骨髓炎 16 例[J]．中华显微外科杂志，2010，33（1）：78－79．DOI：10.3760/cma.j.issn.1001－2036.2010.01.036．**{ZHANG Qiang,GAO Wei,ZHANG Shu,LI Rui,FAN Changchun,CAI Jinfang. Microsurgery combined with vacuum sealing drainage for treatment of chronic osteomyelitis in 16 cases[J]. Zhonghua Xian Wei Wai Ke Za Zhi[Chin J Microsurg(Article in Chinese;Abstract in Chinese)],2010,33(1):78-79. DOI:10.3760/cma.j.issn.1001-2036.2010.01.036.}

[16173] **李志杰，高伟阳，陈星隆，池征璘，李晓阳．负压引流结合皮瓣修复治疗难治性感染缺损创面[J]．中华显微外科杂志，2010，33（2）：150－151．DOI：10.3760/cma.j.issn.1001－2036.2010.02.023．**{LI Zhijie,GAO Weiyang,CHEN Xinglong,CHI Zhenglin,LI Xiaoyang. Vacuum sealing drainage combined with flap for repair for refractory infection defects[J]. Zhonghua Xian Wei Wai Ke Za Zhi[Chin J Microsurg(Article in Chinese;Abstract in Chinese)],2010,33(2):150-151. DOI:10.3760/cma.j.issn.1001-2036.2010.02.023.}

[16174] **丁伟，陈茂康，胡寿勇，朱小飞，莫利清．腓肠肌内侧头肌瓣移植结合负压引流治疗小腿软组织损伤[J]．中华显微外科杂志，2010，33（3）：234－235．DOI：10.3760/cma.j.issn.1001－2036.2010.03.026．**{DING Wei,CHEN Maokang,HU Shouyong,ZHU Xiaofei,MO Liqing. Medial gastrocnemius muscle flap combined with vacuum sealing drainage in the treatment of leg soft tissue injury[J]. Zhonghua Xian Wei Wai Ke Za Zhi[Chin J Microsurg(Article in Chinese;Abstract in Chinese)],2010,33(3):234-235. DOI:10.3760/cma.j.issn.1001-2036.2010.03.026.}

[16175] **任高宏，黎润光，刘勇，裴国献．应用封闭式负压引流及游离皮瓣治疗小儿肢体大面积软组织缺损[J]．中华显微外科杂志，2010，33（5）：363－367，后插 4．DOI：10.3760/cma.j.issn.1001－2036.2010.05.004．**{REN Gaohong,LI Runguang,LIU Yong,PEI Guoxian. Treatment of large area soft tissue defect in children limbs by sequential vacuum-assisted closure and free flaps[J]. Zhonghua Xian Wei Wai Ke Za Zhi[Chin J Microsurg(Article in Chinese;Abstract in Chinese and English)],2010,33(5):363-367,insert 4. DOI:10.3760/cma.j.issn.1001-2036.2010.05.004.}

[16176] **余黎，蔡林，余国荣，喻爱喜，陶圣祥，祝少博．交腿皮瓣结合封闭式负压引流技术修复小腿及踝足部组织缺损[J]．中华显微外科杂志，2010，33（5）：410－412．DOI：10.3760/cma.j.issn.1001－2036.2010.05.022．**{YU Li,CAI Lin,YU Guorong,YU Aixi,TAO Shengxiang,ZHU Shaobo. Cross leg flap combined with vacuum sealing drainage for repair of tissue defects of leg,ankle and foot[J]. Zhonghua Xian Wei Wai Ke Za Zhi[Chin J Microsurg(Article in Chinese;Abstract in Chinese)],2010,33(5):410-412. DOI:10.3760/cma.j.issn.1001-2036.2010.05.022.}

[16177] **李卫，杨大威，孙丕云，吴建滨，王景滨，梁佳军，孟庆刚．应用皮瓣移植联合封闭式负压引流治疗胫骨慢性骨髓炎[J]．中华显微外科杂志，2010，33（6）：502－503．DOI：10.3760/cma.j.issn.1001－2036.2010.06.027．**{LI Wei,YANG Dawei,SUN Piyun,WU Jianbin,WANG Jingbin,LIANG Jiajun,MENG Qinggang. Application of skin flap transfer combined with vacuum sealing drainage in treatment of chronic tibial osteomyelitis[J]. Zhonghua Xian Wei Wai Ke Za Zhi[Chin J Microsurg(Article in Chinese;Abstract in Chinese)],2010,33(6):502-503. DOI:10.3760/cma.j.issn.1001-2036.2010.06.027.}

[16178] **刘华水，楚万忠，栾涛，谢新敏，李强，布金鹏，李来峰，赵学春，刘晓萌．闭式负压引流联合带腓肠神经营养血管皮瓣修复近踝足部肌腱与骨外露创面[J]．中国骨伤，2010，23（8）：613－315．DOI：10.3969/j.issn.1003－0034.2010.08.018．**{LIU Huashui,CHU Wanzhong,LUAN Tao,XIE Xinmin,LI Qiang,BU Jinpeng,LI Laifeng,ZHAO Xuechun,LIU Xiaomeng. Analysis of the vacuum sealing drainage technique combined with sural neurovasculr pedicle fascio-cutaneous flap to repair deep wounds in the foot near the ankle joint with exposed bone and tendons[J]. Zhongguo Gu Shang[China J Orthop Trauma(Article in Chinese;Abstract in Chinese and English)],2010,23(8):613-315. DOI:10.3969/j.issn.1003-0034.2010.08.018.}

[16179] **张建超，沈国良，赵小瑜，林伟，祁强，张印峰，邓如明．中厚皮片和真皮下血管网皮瓣联合封闭式负压引流技术修复四肢大面积皮肤撕脱伤[J]．中国修复重建外科杂志，2010，24（3）：374－375．**{ZHANG Jianchao,SHEN Guoliang,ZHAO Xiaoyu,LIN Wei,QI Qiang,ZHANG Yinfeng,DENG Ruming. Middle thick skin and subdermal vascular network flap combined with closed negative pressure drainage for repair of limb avulsion injury[J]. Zhongguo Xiu Fu Chong Jian Wai Ke Za Zhi[Chin J Repar Reconstr Surg(Article in Chinese;Abstract in Chinese)],2010,24(3):374-375.}

[16180] **杨大威，李卫，孙丕云，吴建滨，王景滨，梁佳军，孟庆刚．封闭式负压引流技术联合腓肠神经营养血管逆行岛状皮瓣修复下肢皮肤软组织大面积缺损[J]．中国修复重建外科杂志，2010，24（4）：510－511．**{YANG Dawei,LI Wei,SUN Piyun,WU Jianbin,WANG Jinbin,LIANG Jiajun,MENG Qinggang. Vacuum sealing drainage combined with reversed sural neurovascular island flap for repair of large area skin and soft tissue defects of lower limbs[J]. Zhongguo Xiu Fu Chong Jian Wai Ke Za Zhi[Chin J Repar Reconstr Surg(Article in Chinese;Abstract in Chinese)],2010,24(4):510-511.}

[16181] **王春书，王爱国，马凌，韩玉，石春龙．吻合静脉加负压引流治疗全手掌皮肤脱套伤[J]．中国修复重建外科杂志，2010，24（5）：632－633．**{WANG Chunshu,WANG Aiguo,MA Ling,HAN Yu,SHI Chunlong. Treatment of full palm skin degloving injury with venous anastomosis and negative pressure drainage[J]. Zhongguo Xiu Fu Chong Jian Wai Ke Za Zhi[Chin J Repar Reconstr Surg(Article in Chinese;Abstract in Chinese)],2010,24(5):632-633.}

[16182] **黎晓华，王惠东，张长青，陈铿，庄蕾，丁宝志．封闭式负压引流技术联合皮瓣修复下肢皮肤软组织缺损[J]．中国修复重建外科杂志，2010，24（6）：722－725．**{LI Xiaohua,WANG Huidong,ZHANG Changqing,CHEN Ken,ZHUANG Lei,DING Baozhi. Repair of skin and soft tissue defects of lower limbs with vacuum sealing drainage combined with flaps[J]. Zhongguo Xiu Fu Chong Jian Wai Ke Za Zhi[Chin J Repar Reconstr Surg(Article in Chinese;Abstract in Chinese and English)],2010,24(6):722-725.}

[16183] **王琪影，刘林嶓，翟晓梅，陈旻静，王喜梅．负压封闭引流技术结合组织移植在难治性创面修复中的应用[J]．中华医学杂志，2011，91（12）：850－851．DOI：10.3760/cma.j.issn.0376－2491.2011.12.020．**{WANG Qiying,LIU Linbo,ZHAI Xiaomei,CHEN Minjing,WANG Ximei. Application of vacuum sealing drainage combined with tissue transplantation in the repair of refractory wounds[J]. Zhonghua Yi Xue Za Zhi[Natl Med J China(Article in Chinese;No abstract available)],2011,91(12):850-851. DOI:10.3760/cma.j.issn.0376-2491.2011.12.020.}

[16184] **许军，赵玉驰，黄仁辉，王力刚，黄金河．VSD 技术配合腓肠神经营养血管皮瓣修复足部软组织缺损[J]．中华显微外科杂志，2011，34（3）：234－236．DOI：10.3760/cma.j.issn.1001－2036.2011.03.025．**{XU Jun,ZHAO Yuchi,HUANG Renhui,WANG Ligang,HUANG Jinhe. VSD technique combined with sural neurovascular flap for repairing foot soft tissue defect[J]. Zhonghua Xian Wei Wai Ke Za Zhi[Chin J Microsurg(Article in Chinese;Abstract in Chinese)],2011,34(3):234-236. DOI:10.3760/cma.j.issn.1001-2036.2011.03.025.}

[16185] **陈伟明，刘飞，吴日强，陈桂全，黄彬，邓永高．负压封闭引流技术配合臀大肌皮瓣移植治疗骶尾部褥疮[J]．中华显微外科杂志，2011，34（4）：324－325．DOI：10.3760/cma.j.issn.1001－2036.2011.04.024．**{CHEN Weiming,LIU Fei,WU Riqiang,CHEN Guiquan,HUANG Bin,DENG Yonggao. Vacuum sealing drainage combined with gluteus maximus myocutaneous flap transfer in treatment of sacrococcygeal bedsore[J]. Zhonghua Xian Wei Wai Ke Za Zhi[Chin J Microsurg(Article in Chinese;Abstract in Chinese)],2011,34(4):324-325. DOI:10.3760/cma.j.issn.1001-2036.2011.04.024.}

[16186] **刘桂花，陈坤峰，赵志坚，张传林．负压封闭引流配合腓肠肌皮瓣移植治疗胫骨外露创面[J]．中华显微外科杂志，2011，34（4）：326－327．DOI：10.3760/cma.j.issn.1001－2036.2011.04.025．**{LIU Guihua,CHEN Kunfeng,ZHAO Zhijian,ZHANG Chuanlin. Vacuum sealing drainage combined with gastrocnemius flap transfer in treatment of tibial exposed wound[J]. Zhonghua Xian Wei Wai Ke Za Zhi[Chin J Microsurg(Article in Chinese;Abstract in Chinese)],2011,34(4):326-327. DOI:10.3760/cma.j.issn.1001-2036.2011.04.025.}

[16187] **刘景辉，徐梓博，崔海滨，肖志强，蔡伟雄，江秀珍．带蒂皮瓣联合负压封闭引流修复四肢软组织缺损[J]．中华显微外科杂志，2011，34（5）：418－419．DOI：10.3760/cma.j.issn.1001－2036.2011.05.027．**{LIU Jinghui,XU Zibo,CUI Haibin,XIAO Zhiqiang,CAI Weixiong,JIANG Xiuzhen. Pedicled skin flap combined with vacuum sealing drainage for repair of soft tissue defects of limbs[J]. Zhonghua Xian Wei Wai Ke Za Zhi[Chin J Microsurg(Article in Chinese;Abstract in Chinese)],2011,34(5):418-419. DOI:10.3760/cma.j.issn.1001-2036.2011.05.027.}

[16188] **丰波，武宇赤，张志，张霄雁，张澜，王永军．负压封闭引流联合游离皮瓣修复四肢大面积软组织缺损[J]．中华显微外科杂志，2011，34（6）：496－498．DOI：10.3760/cma.j.issn.1001－2036.2011.06.025．**{FENG Bo,WU Yuchi,ZHANG Zhi,ZHANG Xiaoyan,ZHANG Lan,WANG Yongjun. Vacuum sealing drainage combined with free flap for repair of large area soft tissue defect of limbs[J]. Zhonghua Xian Wei Wai Ke Za Zhi[Chin J Microsurg(Article in Chinese;Abstract in Chinese)],2011,34(6):496-498. DOI:10.3760/cma.j.issn.1001-2036.2011.06.025.}

[16189] **吴昊，王增涛，官士兵，王德华，许兰伟．封闭式负压引流结合皮瓣治疗手部高压注射伤[J]．中华手外科杂志，2011，27（4）：249－250．**{WU Hao,WANG Zengtao,GUAN Shibing,WANG Dehua,XU Lanwei. Vacuum sealing drainage combined with skin flap in treatment of high pressure injection injury of hand[J]. Zhonghua Shou Wai Ke Za Zhi[Chin J Hand Surg(Article in Chinese;Abstract in Chinese)],2011,27(4):249-250.}

[16190] **肖彦，喻永新，陈允周，李杰华，肖亮．外固定支架结合负压封闭引流及组合组织瓣转移技术治疗感染性骨折不愈合伴组织缺损[J]．中华创伤骨科杂志，2011，13（2）：197－199．DOI：10.3760/cma.j.issn.1671－7600.2011.02.024．**{XIAO Yan,YU Yongxin,CHEN Yunzhou,LI Jiehua,XIAO Liang. External fixation combined with vacuum sealing drainage and complex tissue flap transfer in treatment of infectious fracture nonunion with tissue defect[J]. Zhonghua Chuang Shang Gu Ke Za Zhi[Chin J Orthop Trauma(Article in Chinese;Abstract in Chinese)],2011,13(2):197-199. DOI:10.3760/cma.j.issn.1671-7600.2011.02.024.}

[16191] **潘跃，胡继超，王西迅，李钧，魏勇．封闭式负压引流技术联合全厚皮片植皮术修复足踇甲瓣手术供区[J]．中国骨伤，2011，24（5）：418－420．DOI：10.3969/j.issn.1003－0034.2011.05.017．**{PAN Yue,HU Jichao,WANG Xixun,LI Jun,WEI Yong. Containing negative pressure drainage technology combined dermatoplasty of full thick skin graft to repair surgical donor site of hallux toe[J]. Zhongguo Gu Shang[China J Orthop Trauma(Article in Chinese;Abstract in Chinese and English)],2011,24(5):418-420. DOI:10.3969/j.issn.1003-0034.2011.05.017.}

[16192] **裘曙文，黄武君，何勇，吴小安．封闭式负压引流技术联合腓肠神经营养血管皮瓣**

治疗跟腱部软组织缺损[J]. 中国修复重建外科杂志，2011，25(5)：637-638. {QIU Shuwen,HUANG Wujun,HE Yong,WU Xiaoan. Vacuum sealing drainage combined with sural neurovascular flap in treatment of Achilles tendon soft tissue defect[J]. Zhongguo Xiu Fu Chong Jian Wai Ke Za Zhi[Chin J Repar Reconstr Surg(Article in Chinese;Abstract in Chinese)],2011,25(5):637-638.}

[16193] 任高宏，黎健伟，黎润光，王钢，余斌. 桥式皮瓣联合游离植皮负压封闭引流修复下肢大面积环形软组织缺损[J]. 中华外科杂志，2012，50(1)：39-44. DOI：10.3760/cma.j.issn.0529-5815.2012.01.012. {REN Gaohong,LIU Jiangwei,LI Runguang,WANG Gang,YU Bin. Treatment of large circular soft tissue defect in lower extremities with a combination of bridge flaps and free skin graft covered by vacuum sealing drainage[J]. Zhonghua Wai Ke Za Zhi[Chin J Surg(Article in Chinese;Abstract in Chinese and English)],2012,50(1):39-44. DOI:10.3760/cma.j.issn.0529-5815.2012.01.012.}

[16194] 王一兵，王晶，万能，程宏宇，杨卫玺. 应用VSD联合腓肠神经营养血管皮瓣治疗儿童足踝部软组织撕脱伤[J]. 中华显微外科杂志，2012，35(5)：407-408. DOI：10.3760/cma.j.issn.1001-2036.2012.05.019. {WANG Yibing,WANG Jing,WAN Neng,CHENG Hongyu,YANG Weixi. VSD combined with sural neurovascular flap in the treatment of soft tissue avulsion injury of foot and ankle in children[J]. Zhonghua Xian Wei Wai Ke Za Zhi[Chin J Microsurg(Article in Chinese;Abstract in Chinese)],2012,35(5):407-408. DOI:10.3760/cma.j.issn.1001-2036.2012.05.019.}

[16195] 王俊霞，朱旭，吴学建. 可灌洗负压封闭引流技术联合岛状臀大肌皮瓣修复Ⅳ度褥疮[J]. 中华显微外科杂志，2012，35(2)：148-150. DOI：10.3760/cma.j.issn.1001-2036.2012.02.022. {WANG Juxia,ZHU Xu,WU Xuejian. Irrigatable vacuum sealing drainage combined with gluteus major island flap for repair of degree IV bedsore[J]. Zhonghua Xian Wei Wai Ke Za Zhi[Chin J Microsurg(Article in Chinese;Abstract in Chinese)],2012,35(2):148-150. DOI:10.3760/cma.j.issn.1001-2036.2012.02.022.}

[16196] 傅荣，游晓波，杜丽平. 臀部穿支皮瓣结合负压封闭引流治疗骶尾部褥疮[J]. 中华显微外科杂志，2012，35(3)：236-237. DOI：10.3760/cma.j.issn.1001-2036.2012.03.024. {FU Rong,YOU Xiaobo,DU Liping. Hip perforator flap and vacuum sealing drainage for treatment of sacrococcygeal decubitus[J]. Zhonghua Xian Wei Wai Ke Za Zhi[Chin J Microsurg(Article in Chinese;Abstract in Chinese)],2012,35(3):236-237. DOI:10.3760/cma.j.issn.1001-2036.2012.03.024.}

[16197] 陆男吉，钟永翔，文根，汪春阳，柴益民. 远端蒂隐神经营养血管皮瓣联合封闭负压吸引技术在胫骨远端钢板外露中的临床应用[J]. 中华显微外科杂志，2012，35(6)：457-459，后插4. DOI：10.3760/cma.j.issn.1001-2036.2012.06.006. {LU Jinan,ZHONG Yongxiang,WEN Gen,WANG Chunyang,CHAI Yimin. Clinical application of the reversed saphenous fasciocutaneous island flap combined with the vacuum sealing drainage therapy in plate exposure of the distal tibia[J]. Zhonghua Xian Wei Wai Ke Za Zhi[Chin J Microsurg(Article in Chinese;Abstract in Chinese and English)],2012,35(6):457-459,后插4. DOI:10.3760/cma.j.issn.1001-2036.2012.06.006.}

[16198] 柏士平，潘拥军，宗艳霞. 负压封闭引流结合臀大肌肌皮瓣在骶尾部褥疮修复中的应用[J]. 中国矫形外科杂志，2012，20(1)：27-29. DOI：10.3977/j.issn.1005-8478.2012.01.07. {BAI Shiping,PAN Yongjun,ZONG Yanxia. Clinical application of vacum sealing drainage and gluteus maximus myocutaneous flaps transfering for the repairing of sacral pressure sores[J]. Zhongguo Jiao Xing Wai Ke Za Zhi[Orthop J China(Article in Chinese;Abstract in Chinese and English)],2012,20(1):27-29. DOI:10.3977/j.issn.1005-8478.2012.01.07.}

[16199] 李春雨，刘金伟，李坤，李卫，何藻鹏，陈应驹，黄继辉. 游离股前外侧皮瓣结合负压封闭引流技术修复全足底皮肤缺损[J]. 中华创伤骨科杂志，2012，14(6)：544-546. DOI：10.3760/cma.j.issn.1671-7600.2012.06.020. {LI Chunyu,LIU Jinwei,LI Kun,LI Wei,HE Zaopeng,CHEN Yingju,HUANG Jihui. Free anterolateral thigh flap combined with vacuum sealing drainage for repair of total plantar skin defect[J]. Zhonghua Chuang Shang Gu Ke Za Zhi[Chin J Orthop Trauma(Article in Chinese;Abstract in Chinese)],2012,14(6):544-546. DOI:10.3760/cma.j.issn.1671-7600.2012.06.020.}

[16200] 任高宏，余斌，王钢，覃承诃，黎润光，蒋桂勇. 游离组织瓣联合游离植皮负压封闭引流技术修复肢体大面积软组织缺损[J]. 中华创伤骨科杂志，2012，14(10)：844-849. DOI：10.3760/cma.j.issn.1671-7600.2012.10.005. {REN Gaohong,YU Bin,WANG Gang,QIN Chengke,LI Runguang,JIANG Guiyong. Treatment of massive soft tissue defects at extremity with a combination of free tissue flap,free skin graft and vacuum sealing drainage[J]. Zhonghua Chuang Shang Gu Ke Za Zhi[Chin J Orthop Trauma(Article in Chinese;Abstract in Chinese and English)],2012,14(10):844-849. DOI:10.3760/cma.j.issn.1671-7600.2012.10.005.}

[16201] 潘朝晖，蒋萍萍，王剑利，薛山，赵玉祥，李洪飞. 负压封闭引流技术与穿支皮瓣技术联合治疗四肢严重挤压伤[J]. 中华创伤骨科杂志，2012，14(10)：850-853. DOI：10.3760/cma.j.issn.1671-7600.2012.10.006. {PAN Chaohui,JIANG Pingping,WANG Jianli,XUE Shan,ZHAO Yuxiang,LI Hongfei. Application of vacuum sealing drainage technique in perforator flap grafting to repair severely crushed extremities[J]. Zhonghua Chuang Shang Gu Ke Za Zhi[Chin J Orthop Trauma(Article in Chinese;Abstract in Chinese and English)],2012,14(10):850-853. DOI:10.3760/cma.j.issn.1671-7600.2012.10.006.}

[16202] 尹海磊，蔡锦方，刘立峰，卢廷胜，李宗玉. 皮瓣移植程序冲洗加负压引流治疗踝关节感染伴软组织缺损[J]. 中华整形外科杂志，2012，28(3)：222-223. DOI：10.3760/cma.j.issn.1009-4598.2012.03.016. {YI Hailei,CAI Jingfang,LIU Lifeng,LV Yansheng,LI Zongyu. Treatment of ankle joint infection with soft tissue defect with skin flap transplantation,procedure washing and vacuum sealing drainage[J]. Zhonghua Zheng Xing Wai Ke Za Zhi[Chin J Plast Surg(Article in Chinese;No abstract available)],2012,28(3):222-223. DOI:10.3760/cma.j.issn.1009-4598.2012.03.016.}

[16203] 郭晓波，李金晟，张菊芳，贾明，曹树英，唐亮，蔡莺莲. 负压封闭引流术联合皮瓣移植在慢性溃疡创面中的应用[J]. 中华整形外科杂志，2012，28(4)：270-273. DOI：10.3760/cma.j.issn.1009-4598.2012.04.009. {GUO Xiaobo,LI Jinsheng,ZHANG Jufang,JIA Ming,CAO Shuying,TANG Liang,CAI Yinglian. Application of the vacuum sealing drainage technique combined with skin flap in chronic ulcerative wounds[J]. Zhonghua Zheng Xing Wai Ke Za Zhi[Chin J Plast Surg(Article in Chinese;Abstract in Chinese and English)],2012,28(4):270-273. DOI:10.3760/cma.j.issn.1009-4598.2012.04.009.}

[16204] 李绍光，刘智，孙天胜，刘树清，李京生. 负压封闭引流联合筋膜皮瓣转移分期手术治疗创伤后骨髓炎[J]. 中国骨伤，2012，25(6)：516-519. DOI：10.3969/j.issn.1003-0034.2012.06.020. {LI Shaoguang,LIU Zhi,SUN Tiansheng,LIU Shuqing,LI Jingsheng. VSD combined with fascio-cutaneous flap transferation staging operation to treat post-traumatic osteomyelitis[J]. Zhongguo Gu Shang[China J Orthop Trauma(Article in Chinese;Abstract in Chinese and English)],2012,25(6):516-519. DOI:10.3969/j.issn.1003-0034.2012.06.020.}

[16205] 王挺，柴益民，侯春林. 远端蒂腓肠神经营养血管皮瓣联合负压封闭吸引治疗足踝部软组织缺损[J]. 国际骨科学杂志，2012，33(3)：201-203. DOI：10.3969/j.issn.1673-7083.2012.03.017. {WANG Ting,CHAI Yimin,HOU Chunlin. Distally based sural neurofasciocutaneous flaps combined with vacuum sealing drainage for reconstruction of soft tissue defects of the foot and ankle[J]. Guo Ji Gu Ke Xue Za Zhi [Int J Orthop(Article in Chinese;Abstract in Chinese and English)],2012,33(3):201-203. DOI:10.3969/j.issn.1673-7083.2012.03.017.}

[16206] 王泉，刘玉民，董桂贤，张宁，尚红涛，肖春来. 封闭负压引流联合腓肠肌肌皮瓣治疗胫前软组织缺损[J]. 临床骨科杂志，2012，15(4)：452-454. DOI：10.3969/j.issn.1008-0287.2012.04.045. {WANG Quan,LIU Yumin,DONG Guixian,ZHANG Ning,SHANG Hongtao,XIAO Chunlai. Vacuum sealing drainage with gastrocnemius muscle flap in the treatment of soft tissue defects of the anterior tibia[J]. Lin Chuang Gu Ke Za Zhi[J Clin Orthop(Article in Chinese;Abstract in Chinese and English)],2012,15(4):452-454. DOI:10.3969/j.issn.1008-0287.2012.04.045.}

[16207] 郝纵彬，罗旭松，杨军. 负压封闭引流技术辅助组织瓣修复复杂或慢性创面[J]. 组织工程与重建外科杂志，2012，8(3)：154-155，180. DOI：10.3969/j.issn.1673-0364.2012.03.008. {HAO Zongbin,LUO Xusong,YANG Jun. Vacuum-assisted closure with vascularized tissue flaps in repairing complex or chronic wounds[J]. Zu Zhi Gong Cheng Yu Chong Jian Wai Ke Za Zhi[J Tissue Eng Reconstr Surg(Article in Chinese;Abstract in Chinese and English)],2012,8(3):154-155,180. DOI:10.3969/j.issn.1673-0364.2012.03.008.}

[16208] 李文平，吴多庆，黄友华，张寿. 封闭式负压引流技术联合腓动脉穿支皮瓣修复足踝部皮肤软组织缺损[J]. 中国修复重建外科杂志，2012，26(4)：510-512. {LI Wenping,WU Duoqing,HUANG Youhua,ZHANG Shou. Vacuum sealing drainage combined with peroneal artery perforator flap for repairing skin and soft tissue defects of foot and ankle[J]. Zhongguo Xiu Fu Chong Jian Wai Ke Za Zhi[Chin J Repar Reconstr Surg(Article in Chinese;Abstract in Chinese)],2012,26(4):510-512.}

[16209] 汤样华，曾林如，黄忠名，徐灿达，岳振双. 封闭式负压引流联合游离股前外侧皮瓣修复Pilon骨折术后软组织缺损[J]. 中国修复重建外科杂志，2012，26(11)：1407-1408. {TANG Yanghua,ZENG Linru,HUANG Zhongming,XU Canda,YUE Zhenshuang. Vacuum sealing drainage combined with free anterolateral thigh flap for repairing soft tissue defect after Pilon fracture operation[J]. Zhongguo Xiu Fu Chong Jian Wai Ke Za Zhi[Chin J Repar Reconstr Surg(Article in Chinese;Abstract in Chinese)],2012,26(11):1407-1408.}

[16210] 唐林峰，巨积辉，侯瑞兴，金光哲，张广亮. VSD技术联合游离股前外侧穿支皮瓣修复手部桡侧半缺损[J]. 实用手外科杂志，2013，27(4)：348-350. DOI：10.3969/j.issn.1671-2722.2013.04.013. {TANG Linfeng,JU Jihui,HOU Ruixing,JIN Guangzhe,ZHANG Guangliang. Vacuum sealing drainage combined with free femoral anterolateral perforating branch flap to repair composite tissue defect in radialis wrest-hands[J]. Shi Yong Shou Wai Ke Za Zhi[Chin J Pract Hand Surg(Article in Chinese;Abstract in Chinese and English)],2013,27(4):348-350. DOI:10.3969/j.issn.1671-2722.2013.04.013.}

[16211] 陈桂全，陈伟明，黄彬. 负压引流技术配合皮瓣移植修复小儿足踝部皮肤软组织缺损[J]. 中华显微外科杂志，2013，36(3)：292-293. DOI：10.3760/cma.j.issn.1001-2036.2013.03.025. {CHEN Guiquan,CHEN Weiming,HUANG Bin. Vacuum sealing drainage and skin flap transfer for repair of skin and soft tissue defects of foot and ankle in children[J]. Zhonghua Xian Wei Wai Ke Za Zhi[Chin J Microsurg(Article in Chinese;Abstract in Chinese)],2013,36(3):292-293. DOI:10.3760/cma.j.issn.1001-2036.2013.03.025.}

[16212] 严立，胡锐，丁凡，程文俊，周蓓，郑琼，勘武生，任义军. 负压封闭引流技术联合游离皮瓣移植治疗合并骨折的小腿及足踝部热压伤[J]. 中华创伤骨科杂志，2013，15(4)：312-315. DOI：10.3760/cma.j.issn.1671-7600.2013.04.008. {YAN Li,HU Rui,DING Fan,CHENG Wenjun,ZHOU Bei,ZHENG Qiong,KAN Wusheng,REN Yijun. Vacuum sealing drainage combined with transferred free tissue flap for treatment of massive heat-press injury complicated with fracture in the cruris[J]. Zhonghua Chuang Shang Gu Ke Za Zhi[Chin J Orthop Trauma(Article in Chinese;Abstract in Chinese and English)],2013,15(4):312-315. DOI:10.3760/cma.j.issn.1671-7600.2013.04.008.}

[16213] 曲家富，闫荣亮，王良，吴俊，曹立海，赵国志，孙开艳，张玲，杜晓健，彭义，李绍光，马东海，高建华，刘洪达. 负压封闭引流技术结合肌瓣转移游离植皮治疗小腿及足踝部软组织缺损伴骨外露[J]. 中华创伤骨科杂志，2013，15(4)：316-319. DOI：10.3760/cma.j.issn.1671-7600.2013.04.009. {QU Jiafu,YAN Rongliang,WANG Liang,WU Jun,CAO Lihai,ZHAO Guozhi,SUN Kaiyan,ZHANG Ling,DU Xiaojian,PENG Yi,LI Shaoguang,MA Donghai,GAO Jianhua,LIU Hongda. Treatment of soft tissue defects complicated with bone exposure at the lower extremity and ankle with free skin graft and muscle flap transfer combined with vacuum sealing drainage[J]. Zhonghua Chuang Shang Gu Ke Za Zhi[Chin J Orthop Trauma(Article in Chinese;Abstract in Chinese and English)],2013,15(4):316-319. DOI:10.3760/cma.j.issn.1671-7600.2013.04.009.}

[16214] 余道江，赵天兰，徐又佳，谢晓明，陈琦，韩文雅，伍丽君，柴筠. 负压封闭引流技术在狭长窄蒂皮瓣中的应用[J]. 中华整形外科杂志，2013，29(1)：62-64. DOI：10.3760/cma.j.issn.1009-4598.2013.01.017. {YU Daojiang,ZHAO Tianlan,XU Youjia,XIE Xiaoming,CHEN Qi,HAN Wenya,WU Lijun,CHAI Jun. Application of vacuum sealing drainage technique in long narrow pedicle flap[J]. Zhonghua Zheng Xing Wai Ke Za Zhi[Chin J Plast Surg(Article in Chinese;No abstract available)],2013,29(1):62-64. DOI:10.3760/cma.j.issn.1009-4598.2013.01.017.}

[16215] 王相，张威凯，王海兵，毛根莲，李建. 负压封闭引流联合游离胫后动脉串联皮瓣修复前足脱套伤[J]. 中华整形外科杂志，2013，29(4)：258-260. DOI：10.3760/cma.j.issn.1009-4598.2013.04.006. {WANG Xiang,ZHANG Weikai,WANG Haibing,MAO Genlian,LI Jian. Vacuum sealing drainage and free coupling chain-link posterior tibial artery flap in the reconstruction of degloving injury of propodium[J]. Zhonghua Zheng Xing Wai Ke Za Zhi[Chin J Plast Surg(Article in Chinese;Abstract in Chinese and English)],2013,29(4):258-260. DOI:10.3760/cma.j.issn.1009-4598.2013.04.006.}

[16216] 余炳田，郑季南，李达，柯清辉. 外固定支架结合肌瓣转移及负压封闭引流治疗胫骨平台开放性骨折[J]. 创伤外科杂志，2013，15(5)：456-457. DOI：10.3969/j.issn.1009-4237.2013.05.027. {YU Bingtian,ZHENG Jinan,LI Da,KE Qinghui. External fixator in combined with muscle flap transfer and vacuum sealing drainage for treating open tibial plateau fracture[J]. Chuang Shang Wai Ke Za Zhi[J Traum Surg(Article in Chinese;Abstract in Chinese)],2013,15(5):456-457. DOI:10.3969/j.issn.1009-4237.2013.05.027.}

[16217] 郝岱峰，李涛，冯光，柴家科，李善友. 改良封闭式负压联合推进皮瓣修复髋部皮肤深度压疮[J]. 中华损伤与修复杂志(电子版)，2013，8(6)：32-34，38. DOI：10.3877/cma.j.issn.1673-9450.2013.06.009. {HAO Daifeng,LI Tao,FENG Guang,CHAI Jiake,LI Shanyou. Application of modified negative pressure wound therapy combined local advancement skin flap transplantation in repairing hip deep pressure ulcer[J]. Zhonghua Sun Shang Yu Xiu Fu Za Zhi Dian Zi Ban[Chin J Injury Repair Wound Healing(Electr Ed)(Article in Chinese;Abstract in Chinese and English)],2013,8(6):32-34,38. DOI:10.3877/cma.j.issn.1673-9450.2013.06.009.}

[16218] 姚俊娜，杜志军，赵祚塨. 封闭负压引流技术结合组织瓣移植治疗胫腓骨严重开放性骨折[J]. 组织工程与重建外科杂志，2013，9(3)：155-157. DOI：10.3969/j.issn.1673-0364.2013.03.010. {YAO Junna,DU Zhijun,ZHAO Zuogong. The treatment of open fracture of tibia and fibula with the technique of vacuum sealing drainage and tissue flaps[J]. Zu Zhi Gong Cheng Yu Chong Jian Wai Ke Za Zhi[J Tissue Eng Reconstr Surg(Article in Chinese;Abstract in Chinese and English)],2013,9(3):155-157. DOI:10.3969/j.issn.1673-0364.2013.03.010.}

[16219] 于铁强，左玉明，王月光，王国强，易凡. 封闭式负压引流技术联合腓肠神经营养血管皮瓣修复儿童足跟部软组织缺损[J]. 中国修复重建外科杂志，2013，27(5)：637-638. DOI：10.7507/1002-1892.20130140. {YU Tieqiang,ZUO Yuming,WANG Yueguang,WANG Guoqiang,YI Fan. Vacuum sealing drainage combined with sural neurovascular flap for repair of heel soft tissue defect in children[J]. Zhongguo Xiu Fu Chong Jian Wai Ke Za Zhi[Chin J Repar Reconstr Surg(Article in Chinese;Abstract in Chinese)],2013,27(5):637-638. DOI:10.7507/1002-1892.20130140.}

[16220] 刘飞，崔建礼，刘素英，路来金. VSD联合皮瓣修复腕手部软组织缺损的临床应用[J]. 中华显微

外科杂志，2014，37(3)：273-276. DOI：10.3760/cma.j.issn.1001-2036.2014.03.022. {LIU Fei,CUI Jianli,LIU Suying,LU Laijin. Clinical application of VSD combined with skin flap in repairing soft tissue defect of wrist and hand[J]. Zhonghua Xian Wei Wai Ke Za Zhi[Chin J Microsurg(Article in Chinese;Abstract in Chinese)],2014,37(3):273-276. DOI:10.3760/cma.j.issn.1001-2036.2014.03.022.}

[16221] 许永先，邹旭，章玲，张树新，张小平. VSD处理配合带肌腱足背皮瓣修复手部皮肤和肌腱缺损[J]. 中华显微外科杂志，2014，37(4)：394-396. DOI：10.3760/cma.j.issn.1001-2036.2014.04.025. {XU Yongxian,ZOU Xu,ZHANG Ling,ZHANG Shuxin,ZHANG Xiaoping. VSD and dorsalis pedis flap with tendon for repair of skin and tendon defects of hand[J]. Zhonghua Xian Wei Wai Ke Za Zhi[Chin J Microsurg(Article in Chinese;Abstract in Chinese)],2014,37(4):394-396. DOI:10.3760/cma.j.issn.1001-2036.2014.04.025.}

[16222] 崔彦明，陈雷，路来金，刘刚. 皮瓣修薄化处理持续VSD治疗四肢皮肤脱套伤[J]. 中华显微外科杂志，2014，37(6)：600-602. DOI：10.3760/cma.j.issn.1001-2036.2014.06.024. {CUI Yanming,CHEN Lei,LU Laijin,LIU Gang. Thin skin flap and continuous VSD for treatment of skin degloving injury of limbs[J]. Zhonghua Xian Wei Wai Ke Za Zhi[Chin J Microsurg(Article in Chinese;Abstract in Chinese)],2014,37(6):600-602. DOI:10.3760/cma.j.issn.1001-2036.2014.06.024.}

[16223] 刘景堂，高秋明，周顺刚. VSD装置覆盖逆行腓骨短肌肌瓣修复小腿远端创面1例[J]. 中国矫形外科杂志，2014，22(24)：2298-2299. DOI：10.3977/j.issn.1005-8478.2014.24.21. {LIU Jingtang,GAO Qiuming,ZHOU Shungang. Peroneal brevis muscle flap retrogradely covered with VSD device for repair of wound of distal leg:a case report[J]. Zhongguo Jiao Xing Wai Ke Za Zhi[Orthop J China(Article in Chinese;No abstract available)],2014,22(24):2298-2299. DOI:10.3977/j.issn.1005-8478.2014.24.21.}

[16224] 喻爱喜，李宗焕. 负压封闭引流技术在清洁创面的应用[J]. 中华显微外科杂志，2014，37(3)：210-212. DOI：10.3760/cma.j.issn.1001-2036.2014.03.002. {YU Aixi,LI Zonghuan. Application of vacuum sealing drainage in cleaning wounds[J]. Zhonghua Xian Wei Wai Ke Za Zhi[Chin J Microsurg(Article in Chinese;No abstract available)],2014,37(3):210-212. DOI:10.3760/cma.j.issn.1001-2036.2014.03.002.}

[16225] 柴益民. 感染创面负压封闭引流技术的应用[J]. 中华显微外科杂志，2014，37(3)：212-215. DOI：10.3760/cma.j.issn.1001-2036.2014.03.003. {CHAI Yimin. Application of vacuum sealing drainage technology in infected wound[J]. Zhonghua Xian Wei Wai Ke Za Zhi[Chin J Microsurg(Article in Chinese;No abstract available)],2014,37(3):212-215. DOI:10.3760/cma.j.issn.1001-2036.2014.03.003.}

[16226] 唐举玉. 负压封闭引流技术在植皮和皮瓣移植中的应用[J]. 中华显微外科杂志，2014，37(3)：215-217. DOI：10.3760/cma.j.issn.1001-2036.2014.03.004. {TANG Juyu. Application of vacuum sealing drainage in skin grafting and skin flap transfer[J]. Zhonghua Xian Wei Wai Ke Za Zhi[Chin J Microsurg(Article in Chinese;No abstract available)],2014,37(3):215-217. DOI:10.3760/cma.j.issn.1001-2036.2014.03.004.}

[16227] 顾立强. 复杂性创面中负压封闭引流技术的应用[J]. 中华显微外科杂志，2014，37(3)：217-218. DOI：10.3760/cma.j.issn.1001-2036.2014.03.005. {GU Liqiang. Application of vacuum sealing drainage in complex wounds[J]. Zhonghua Xian Wei Wai Ke Za Zhi[Chin J Microsurg(Article in Chinese;No abstract available)],2014,37(3):217-218. DOI:10.3760/cma.j.issn.1001-2036.2014.03.005.}

[16228] 胡爱心，陈廖斌，潘振宇. 负压封闭引流联合外踝上皮瓣修复足踝部软组织缺损[J]. 中华显微外科杂志，2014，37(6)：598-600. DOI：10.3760/cma.j.issn.1001-2036.2014.06.023. {HU Aixin,CHEN Liaobin,PAN Zhenyu. Vacuum sealing drainage combined with lateral supramalleolar flap for repair of soft tissue defect of foot and ankle[J]. Zhonghua Xian Wei Wai Ke Za Zhi[Chin J Microsurg(Article in Chinese;Abstract in Chinese)],2014,37(6):598-600. DOI:10.3760/cma.j.issn.1001-2036.2014.06.023.}

[16229] 余斌，贺立新，曹玉珏，张海生，张玉君. 自制简易负压封闭引流材料联合组织移植修复软组织缺损[J]. 中华烧伤杂志，2014，30(6)：542-543. DOI：10.3760/cma.j.issn.1009-2587.2014.06.021. {YU Bin,HE Lixin,CAO Yujue,ZHANG Haisheng,ZHANG Yujun. Self-made simple vacuum sealing drainage combined with tissue transfer for repair of soft tissue defects[J]. Zhonghua Shao Shang Za Zhi[Chin J Burns(Article in Chinese;No abstract available)],2014,30(6):542-543. DOI:10.3760/cma.j.issn.1009-2587.2014.06.021.}

[16230] 王海峰，朱捷，赵光勋，甘正祥，李明，方健. 封闭负压引流结合穿支蒂皮神经营养血管皮瓣治疗足踝部创面[J]. 中国骨与关节损伤杂志，2014，29(12)：1239-1241. DOI：10.7531/j.issn.1672-9935.2014.12.017. {WANG Haifeng,ZHU Jie,ZHAO Guangxun,GAN Zhengxiang,LI Ming,FANG Jian. Closed negative pressure drainage combined with perforator neurocutaneous flaps for reconstruction of defects at ankles and feet[J]. Zhongguo Gu Yu Guan Jie Sun Shang Za Zhi[Chin J Bone Joint Injury(Article in Chinese;Abstract in Chinese and English)],2014,29(12):1239-1241. DOI:10.7531/j.issn.1672-9935.2014.12.017.}

[16231] 杨代，房波，宋桂先，闫新海，孙书海，申玉珍. 腓肠肌皮瓣联合负压封闭引流治疗胫骨慢性骨髓炎及软组织缺损[J]. 组织工程与重建外科杂志，2014，10(6)：343-345. DOI：10.3969/j.issn.1673-0364.2014.06.011. {YANG Dai,FANG Bo,SONG Guixian,YAN Xinhai,SUN Shuhai,SHEN Yuzhen. The clinical efficacy of gastrocnemius muscle flap combining with vacuum sealing drainage in treating chronic tibia osteomyelitis with soft tissue defect[J]. Zu Zhi Gong Cheng Yu Chong Jian Wai Ke Za Zhi[J Tissue Eng Reconstr Surg(Article in Chinese;Abstract in Chinese and English)],2014,10(6):343-345. DOI:10.3969/j.issn.1673-0364.2014.06.011.}

[16232] 黄彬，陈伟明，黄勇仪，刘飞，钟子敏. 游离皮瓣联合VSD技术治疗前臂大面积皮肤软组织缺损[J]. 中华显微外科杂志，2015，38(1)：90-92. DOI：10.3760/cma.j.issn.1001-2036.2015.01.026. {HUANG Bin,CHEN Weiming,HUANG Yongyi,LIU Fei,ZHONG Zimin. Free flap combined with VSD technique in the treatment of large area skin and soft tissue defects of forearm[J]. Zhonghua Xian Wei Wai Ke Za Zhi[Chin J Microsurg(Article in Chinese;Abstract in Chinese)],2015,38(1):90-92. DOI:10.3760/cma.j.issn.1001-2036.2015.01.026.}

[16233] 靳兆印，张敬良，景伟，陈雷，丁亚南，戴飞，方文，周长城，张志新. VSD联合翻转筋膜瓣修复下肢重度污染或感染组织缺损[J]. 中华显微外科杂志，2015，38(2)：176-177. DOI：10.3760/cma.j.issn.1001-2036.2015.02.022. {JIN Zhaoyin,ZHANG Jingliang,JING Wei,CHEN Lei,DING Yanan,DAI Fei,FANG Wen,ZHOU Changcheng,ZHANG Zhixin. VSD combined with flipped fascial flap for repair of severe contaminated or infected tissue defects of lower limbs[J]. Zhonghua Xian Wei Wai Ke Za Zhi[Chin J Microsurg(Article in Chinese;Abstract in Chinese)],2015,38(2):176-177. DOI:10.3760/cma.j.issn.1001-2036.2015.02.022.}

[16234] 蔡晓斌，沈立锋，蓝益南，张春，李健. 改良VSD髓内引流结合载抗生素硫酸钙植入治疗慢性骨髓炎的疗效分析[J]. 中华显微外科杂志，2015，38(3)：248-253. DOI：10.3760/cma.j.issn.1001-2036.2015.03.011. {CAI Xiaobin,SHEN Lifeng,LAN Yinan,ZHANG Chun,LI Jian. The efficacy of the combination of improved intramedullary VSD drainage and contained antibiotics bone graft to treat chronic tubular bones osteomyelitis[J]. Zhonghua Xian Wei Wai Ke Za Zhi[Chin J Microsurg(Article in Chinese;Abstract in Chinese and English)],2015,38(3):248-253. DOI:10.3760/cma.j.issn.1001-2036.2015.03.011.}

[16235] 钟晓红，王明刚，水庆付，褚燕军，林涛. 邻近肌瓣联合VSD植皮一期修复胫前骨外露创面[J]. 中华整形外科杂志，2015，31(4)：277-280. DOI：10.3760/cma.j.issn.1009-4598.2015.04.009. {ZHONG Xiaohong,WANG Minggang,SHUI Qingfu,CHU Yanjun,LIN Tao. Reconstruction of tibial exposure with local muscular flap,VSD and skin transplantation[J]. Zhonghua Zheng Xing Wai Ke Za Zhi[Chin J Plast Surg(Article in Chinese;Abstract in Chinese and English)],2015,31(4):277-280. DOI:10.3760/cma.j.issn.1009-4598.2015.04.009.}

[16236] 从飞，宋涛，张文韬，欧学海，田小宁，付华，杜晓龙，王宇飞，陈勋. VSD技术联合腓肠神经营养血管皮瓣治疗足踝部感染性创面[J]. 实用手外科杂志，2015，29(1)：29-31，49. DOI：10.3969/j.issn.1671-2722.2015.01.009. {CONG Fei,SONG Tao,ZHANG Wentao,OU Xuehai,TIAN Xiaoning,FU Hua,DU Xiaolong,WANG Yufei,CHEN Xun. Analysis of the vacuum sealing drainage technique combined with sural neurovascular pedicle fascio-cutaneous flap to repair infections wounds in the foot or ankle[J]. Shi Yong Shou Wai Ke Za Zhi[Chin J Pract Hand Surg(Article in Chinese;Abstract in Chinese and English)],2015,29(1):29-31,49. DOI:10.3969/j.issn.1671-2722.2015.01.009.}

[16237] 谢云霞，李胜云，张增梅. 小腿损伤创面皮瓣修复中负压封闭引流技术应用27例体会[J]. 中华显微外科杂志，2015，38(2)：171-172. DOI：10.3760/cma.j.issn.1001-2036.2015.02.020. {XIE Yunxia,LI Shengyun,ZHANG Zengmei. Application of vacuum sealing drainage in skin flap for repair of leg injury in 27 cases[J]. Zhonghua Xian Wei Wai Ke Za Zhi[Chin J Microsurg(Article in Chinese;Abstract in Chinese)],2015,38(2):171-172. DOI:10.3760/cma.j.issn.1001-2036.2015.02.020.}

[16238] 赵景春，咸春静，于家傲，石凯，路来金. 双侧臀大肌皮瓣联合术后负压封闭引流治疗骶尾部软组织缺损[J]. 中华显微外科杂志，2015，38(5)：425-427. DOI：10.3760/cma.j.issn.1001-2036.2015.05.004. {ZHAO Jingchun,XIAN Chunjing,YU Jiaao,SHI Kai,LU Laijin. Management of sacral soft tissue defects with combined bilateral gluteus maximus musculocutaneous flap and postoperative negative pressure wound therapy[J]. Zhonghua Xian Wei Wai Ke Za Zhi[Chin J Microsurg(Article in Chinese;Abstract in Chinese and English)],2015,38(5):425-427. DOI:10.3760/cma.j.issn.1001-2036.2015.05.004.}

[16239] 侯训凯，王炳臣，林永杰，王国伟，石恩东，孙庆山，耿震，毛军胜. 封闭式负压引流技术联合皮瓣移植修复足部严重软组织缺损[J]. 中国矫形外科杂志，2015，23(19)：1779-1782. DOI：10.3977/j.issn.1005-8478.2015.19.10. {HOU Xunkai,WANG Bingchen,LIN Yongjie,WANG Guowei,SHI Endong,SUN Qingshan,GENG Zhen,MAO Junsheng. Vacuum sealing drainage combined with flap transplantation for repairing foot severe soft tissue defects[J]. Zhongguo Jiao Xing Wai Ke Za Zhi[Orthop J China(Article in Chinese;Abstract in Chinese and English)],2015,23(19):1779-1782. DOI:10.3977/j.issn.1005-8478.2015.19.10.}

[16240] 徐炜志，魏霞，狄青海，葛秀峰，孙绍强，王静. 菱形皮瓣联合负压引流技术分期修复骶尾部巨大褥疮[J]. 中华整形外科杂志，2015，31(1)：65-66. DOI：10.3760/cma.j.issn.1009-4598.2015.01.020. {XU Weizhi,WEI Xia,DI Qinghai,GE Xiufeng,SUN Shaoqiang,WANG Jing. Rhomboid flap combined with vacuum sealing drainage technique for staged repair of huge sacrococcygeal bedsore[J]. Zhonghua Zheng Xing Wai Ke Za Zhi[Chin J Plast Surg(Article in Chinese;No abstract available)],2015,31(1):65-66. DOI:10.3760/cma.j.issn.1009-4598.2015.01.020.}

[16241] 张大明，王友元，梁启祥，林钊宇，陈伟良，张彬. 负压封闭引流技术在游离前臂皮瓣修复术后供区植皮中的应用[J]. 中国口腔颌面外科杂志，2015，13(4)：370-372. {ZHANG Daming,WANG Youyuan,LIANG Qixiang,LIN Zhaoyu,CHEN Weiliang,ZHANG Bin. Application of vacuum sealing drainage in reconstruction of radial forearm flap donorsite defects with full-thickness skin graft[J]. Zhongguo Kou Qiang He Mian Wai Ke Za Zhi[Chin J Oral Maxillofac Surg(Article in Chinese;Abstract in Chinese and English)],2015,13(4):370-372.}

[16242] 徐鹏，刘延辉，俞伟忠，何建新，袁亚兵. 负压封闭引流联合小腿远端蒂岛状皮瓣治疗足踝部软组织缺损[J]. 实用手外科杂志，2015，29(3)：272-273. DOI：10.3969/j.issn.1671-2722.2015.03.015. {XU Peng,LIU Yanhui,YU Weizhong,HE Jianxin,YUAN Yabing. Treatment of foot and ankle soft tissue defect by Vacuum Sealing Drainage(VSD) technique combined with distal leg pedicle island flap[J]. Shi Yong Shou Wai Ke Za Zhi[Chin J Pract Hand Surg(Article in Chinese;Abstract in Chinese and English)],2015,29(3):272-273. DOI:10.3969/j.issn.1671-2722.2015.03.015.}

[16243] 董福，朱金荣，李云峰，陆春. 序贯封闭式负压引流技术与带蒂皮瓣治疗儿童后足摩托车轮辐伤[J]. 中国修复重建外科杂志，2015，29(4)：462-466. DOI：10.7507/1002-1892.20150100. {DONG Fu,ZHU Jinrong,LI Yunfeng,LU Chun. Sequential therapy of vacuum sealing drainage and pedicled flap transplantation for children with motorcycle spoke heel injury[J]. Zhongguo Xiu Fu Chong Jian Wai Ke Za Zhi[Chin J Repar Reconstr Surg(Article in Chinese;Abstract in Chinese and English)],2015,29(4):462-466. DOI:10.7507/1002-1892.20150100.}

[16244] 叶国强，傅国，戚剑. 一期封闭式负压引流联合双蒂滑行皮瓣治疗开放性胫腓骨骨折伴胫前软组织缺损[J]. 中国修复重建外科杂志，2015，29(8)：955-958. DOI：10.7507/1002-1892.20150206. {YE Guoqiang,FU Guo,QI Jian. Application of one stage vacuum sealing drainage combined with bi-pedicle sliding flap transplantation for open tibiofibular fracture and soft tissue defects of the lower leg[J]. Zhongguo Xiu Fu Chong Jian Wai Ke Za Zhi[Chin J Repar Reconstr Surg(Article in Chinese;Abstract in Chinese and English)],2015,29(8):955-958. DOI:10.7507/1002-1892.20150206.}

[16245] 邓国权，邹锦考，纪军，李江. VSD联合髂腹股沟皮瓣修复手部软组织缺损[J]. 中华显微外科杂志，2016，39(2)：159-161. DOI：10.3760/cma.j.issn.1001-2036.2016.02.014. {DENG Guoquan,ZOU Jinkao,JI Jun,LI Jiang. VSD combined with ilioinguinal flap for repair of hand soft tissue defect[J]. Zhonghua Xian Wei Wai Ke Za Zhi[Chin J Microsurg(Article in Chinese;Abstract in Chinese)],2016,39(2):159-161. DOI:10.3760/cma.j.issn.1001-2036.2016.02.014.}

[16246] 仇申强，孙文海，孙法威，王增涛. 髂腹部带蒂皮瓣结合VSD技术在上肢创面修复中的应用[J]. 中华显微外科杂志，2016，39(2)：165-167. DOI：10.3760/cma.j.issn.1001-2036.2016.02.017. {QIU Shenqiang,SUN Wenhai,SUN Fawei,WANG Zengtao. Application of ilio abdominal pedicled flap combined with VSD technique in upper limb wound repair[J]. Zhonghua Xian Wei Wai Ke Za Zhi[Chin J Microsurg(Article in Chinese;Abstract in Chinese)],2016,39(2):165-167. DOI:10.3760/cma.j.issn.1001-2036.2016.02.017.}

[16247] 陈坤峰，赵志坚，徐继胜，张传林. VSD联合逆行胫后动脉穿支皮瓣修复13例胫骨外露创面的体会[J]. 中华显微外科杂志，2016，39(6)：590-593. DOI：10.3760/cma.j.issn.1001-2036.2016.06.022. {CHEN Kunfeng,ZHAO Zhijian,XU Jisheng,ZHANG Chuanlin. VSD combined with retrograde posterior tibial artery perforator flap for repair of tibial exposed wound in 13 cases[J]. Zhonghua Xian Wei Wai Ke Za Zhi[Chin J Microsurg(Article in Chinese;Abstract in Chinese)],2016,39(6):590-593. DOI:10.3760/cma.j.issn.1001-2036.2016.06.022.}

[16248] 曹建明，张庆喜，尹志改，陈树波，王福川. Ilizarov外固定架骨搬移技术联合皮瓣、VSD技术治疗胫骨长段骨缺损及骨外露的疗效分析[J]. 中国矫形外科杂志，2016，24(6)：563-566. DOI：10.3977/j.issn.1005-8478.2016.06.17. {CAO Jianming,ZHANG Qingxi,YIN Zhigai,CHEN Shubo,WANG Fuchuan. Ilizarov external fixation combined with flap and VSD in the treatment of tibial long bone defect and bone exposure[J]. Zhongguo Jiao Xing Wai Ke Za Zhi[Orthop J China(Article in Chinese;Abstract in Chinese)],2016,24(6):563-566. DOI:10.3977/j.issn.1005-8478.2016.06.17.}

[16249] 程鹏，姜平，潘伯骁，吴键学. 臀部皮瓣术后VSD辅助切口愈合的临床研究[J]. 创伤外科杂志，2016，18(1)：39-41. DOI：10.3969/j.issn.1009-4237.2016.01.010. {CHENG Peng,JIANG Ping,PAN Boxiao,WU Jianxue. Clinical study of the effect of vacuum sealing drainage in assisting wound healing after hip flap surgery[J]. Chuang Shang Wai Ke Za Zhi[J Traum Surg(Article in Chinese;Abstract in Chinese and English)],2016,18(1):39-41. DOI:10.3969/j.issn.1009-4237.2016.01.010.}

[16250] 刘军，陈峰，杨辰，艾名洋. VSD技术结合游离股前外侧皮瓣修复四肢大面积皮肤缺损的疗效研究[J]. 创伤外科杂志，2016，18(2)：118-119. DOI：10.3969/

j.issn.1009－4237.2016.02.18. {LIU Jun,CHEN Feng,YANG Chen,AI Mingyang. Application of VSD technology combined with free anterolateral femoral flaps to repair widespread defects of soft tissue in extremities[J]. Chuang Shang Wai Ke Za Zhi [J Traum Surg(Article in Chinese;No abstract available)],2016,18(2):118-119. DOI:10.3969/j.issn.1009-4237.2016.02.18.}

[16251] 刘家国，刘莹松，罗斌，赵猛，徐圣康，严永祥，熊为. VSD技术序贯背阔肌皮瓣游离移植治疗胫腓骨严重开放性骨折骨外露[J]. 创伤外科杂志，2016，18（2）：78－81. DOI：10.3969/j.issn.1009－4237.2016.02.005. {LIU Jiaguo,LIU Yingsong,LUO Bin,ZHAO Meng,XU Shengkang,YAN Yongxiang,XIONG Wei. Sequential therapy of VSD and free latissimus dorsi flap for treatment of severe open tibiofibular fractures with bone exposure[J]. Chuang Shang Wai Ke Za Zhi[J Traum Surg(Article in Chinese;Abstract in Chinese and English)],2016,18(2):78-81. DOI:10.3969/j.issn.1009-4237.2016.02.005.}

[16252] 宋健，喻爱喜，漆白文，李宗焕. 负压封闭引流技术在难治性溃疡创面的应用[J]. 中华显微外科杂志，2016，39（1）：102－104. DOI：10.3760/cma.j.issn.1001－2036.2016.01.034. {SONG Jian,YU Aixi,QI Baiwen,LI Zonghuan. Application of vacuum sealing drainage in refractory ulcer[J]. Zhonghua Xian Wei Wai Ke Za Zhi[Chin J Microsurg(Article in Chinese;Abstract in Chinese)],2016,39(1):102-104. DOI:10.3760/cma.j.issn.1001-2036.2016.01.034.}

[16253] 王付勇，李华强. 负压封闭引流联合臀上动脉穿支皮瓣修复术治疗骶尾部压疮[J]. 中华实验外科杂志，2016，33（6）：1682－1683. DOI：10.3760/cma.j.issn.1001－9030.2016.06.080. {WANG Fuyong,LI Huaqiang. Vacuum sealing drainage combined with the gluteus maximus perforator artery flap in repair of sacroiliac pressure sores[J]. Zhonghua Shi Yan Wai Ke Za Zhi[Chin J Exp Surg(Article in Chinese;No abstract available)],2016,33(6):1682-1683. DOI:10.3760/cma.j.issn.1001-9030.2016.06.080.}

[16254] 吴春，孙捷，谭莉，王正理，应建军. 单侧臀股部穿支螺旋桨肌皮瓣联合负压封闭引流修复骶尾部压疮五例[J]. 中华烧伤杂志，2016，32（8）：496－498. DOI：10.3760/cma.j.issn.1009－2587.2016.08.012. {WU Chun,SUN Jie,TAN Li,WANG Zhengli,YING Jianjun. Unilateral gluteal femoral perforator propeller myocutaneous flap combined with vacuum sealing drainage for repair of sacrococcygeal pressure sores in 5 cases[J]. Zhonghua Shao Shang Za Zhi[Chin J Burns(Article in Chinese;No abstract available)],2016,32(8):496-498. DOI:10.3760/cma.j.issn.1009-2587.2016.08.012.}

[16255] 黄凯，郭峭峰，林炳远，沈立锋，刘亦杨，马苟平，张展，鲁宁，张春. 负压封闭引流联合游离股前外侧皮瓣治疗小儿足踝部软组织缺损[J]. 中华整形外科杂志，2016，32（3）：225－226. DOI：10.3760/cma.j.issn.1009－4598.2016.03.015. {HUANG Kai,GUO Qiaofeng,LIN Bingyuan,SHEN Lifeng,LIU Yiyang,MA Gouping,ZHANG Zhan,LU Ning,ZHANG Chun. Vacuum sealing drainage combined with free anterolateral thigh flap in treatment of soft tissue defect of foot and ankle in children[J]. Zhonghua Zheng Xing Wai Ke Za Zhi[Chin J Plast Surg(Article in Chinese;No abstract available)],2016,32(3):225-226. DOI:10.3760/cma.j.issn.1009-4598.2016.03.015.}

[16256] 钟云祥，钟强，张维辉，蔡国雄，周鸿志，刘文常，杨国雄. 负压封闭引流联合小腿皮神经皮瓣修复足踝部软组织缺损[J]. 临床骨科杂志，2016，19（1）：58－60. DOI：10.3969/j.issn.1008－0287.2016.01.023. {ZHONG Yunxiang,ZHONG Qiang,ZHANG Weihui,CAI Guoxiong,ZHOU Hongzhi,LIU Wenchang,YANG Guoxiong. Vacuum sealing drainage combined with crural neurocutaneous flap to repair soft tissue defect of ankle and foot[J]. Lin Chuang Gu Ke Za Zhi[J Clin Orthop(Article in Chinese;Abstract in Chinese and English)],2016,19(1):58-60. DOI:10.3969/j.issn.1008-0287.2016.01.023.}

[16257] 张友，周宏斌，成杰. 封闭负压引流结合掌背动脉穿支皮瓣、掌长肌腱移植修复手背复合组织缺损[J]. 临床骨科杂志，2016，19（2）：193－196. DOI：10.3969/j.issn.1008－0287.2016.02.022. {ZHANG You,ZHOU Hongbin,CHENG Jie. Vacuum sealing drainage combined dorsal metacarpal artery perforator flap and palmaris longus tendon transplantation to repair complex tissue defect of dorsum of hand[J]. Lin Chuang Gu Ke Za Zhi[J Clin Orthop(Article in Chinese;Abstract in Chinese and English)],2016,19(2):193-196. DOI:10.3969/j.issn.1008-0287.2016.02.022.}

[16258] 徐添发，胡俊勇，余世明，刘建华，李占春，曾宪尚，张阳春，詹科. VSD联合逆行比目鱼肌内侧肌瓣治疗伴软组织缺损的慢性胫骨骨髓炎[J]. 中华显微外科杂志，2017，40（1）：72－74. DOI：10.3760/cma.j.issn.1001－2036.2017.01.020. {XU Tianfa,HU Junyong,YU Shiming,LIU Jianhua,LI Zhanchun,ZENG Xianshang,ZHANG Yangchun,ZHAN Ke. VSD combined with retrograde medial soleus flap in treatment of chronic tibial osteomyelitis with soft tissue defect[J]. Zhonghua Xian Wei Wai Ke Za Zhi[Chin J Microsurg(Article in Chinese;Abstract in Chinese)],2017,40(1):72-74. DOI:10.3760/cma.j.issn.1001-2036.2017.01.020.}

[16259] 黄勇仪，陈伟明，黄彬，陈桂全，陈煜辉. VSD联合腓动脉穿支皮瓣修复小儿足跟部软组织缺损[J]. 中华显微外科杂志，2017，40（3）：292－294. DOI：10.3760/cma.j.issn.1001－2036.2017.03.027. {HUANG Yongyi,CHEN Weiming,HUANG Bin,CHEN Guiquan,CHEN Yuhui. VSD combined with peroneal artery perforator flap for repair of heel soft tissue defect in children[J]. Zhonghua Xian Wei Wai Ke Za Zhi[Chin J Microsurg(Article in Chinese;Abstract in Chinese)],2017,40(3):292-294. DOI:10.3760/cma.j.issn.1001-2036.2017.03.027.}

[16260] 曾文超，王福宁，程启龙，岳震，赵洋. VSD在治疗钛网修复颅骨缺损术后感染中的临床应用23例[J]. 中华显微外科杂志，2017，40（4）：396－397. DOI：10.3760/cma.j.issn.1001－2036.2017.04.026. {ZENG Wenchao,WANG Funing,CHENG Qilong,YUE Zhen,ZHAO Yang. Clinical application of VSD in treatment of infection after titanium mesh repair of skull defect in 23 cases[J]. Zhonghua Xian Wei Wai Ke Za Zhi[Chin J Microsurg(Article in Chinese;Abstract in Chinese)],2017,40(4):396-397. DOI:10.3760/cma.j.issn.1001-2036.2017.04.026.}

[16261] 宁金龙，李心怡，李小静，朱飞. 颞顶筋膜瓣充填加VSD治愈额前硬膜外凹陷腔隙缺损创面一例[J]. 中华整形外科杂志，2017，33（2）：147－148. DOI：10.3760/cma.j.issn.1009－4598.2017.02.016. {NING Jinlong,LI Xinyi,LI Xiaojing,ZHU Fei. Temporoparietal fascial flap filling and VSD for the treatment of prefrontal epidural cavity defect:a case report[J]. Zhonghua Zheng Xing Wai Ke Za Zhi[Chin J Plast Surg(Article in Chinese;No abstract available)],2017,33(2):147-148. DOI:10.3760/cma.j.issn.1009-4598.2017.02.016.}

[16262] 任俊涛，张云飞，金德富，申运山，李鹏. VSD结合吻合血管带腓骨骨皮瓣移植治疗胫骨骨髓炎伴骨缺损的疗效观察[J]. 中国骨与关节损伤杂志，2017，32（8）：808－811. DOI：10.7531/j.issn.1672－9935.2017.08.007. {REN Juntao,ZHANG Yunfei,JIN Defu,SHEN Yunshang,LI Peng. Clinical effect of grafting vascularized fibular osteoseptocutaneous flap with VSD for tibial osteomyelitis bone defect reconstruction[J]. Zhongguo Gu Yu Guan Jie Sun Shang Za Zhi[Chin J Bone Joint Injury(Article in Chinese;Abstract in Chinese and English)],2017,32(8):808-811. DOI:10.7531/j.issn.1672-9935.2017.08.007.}

[16263] 周盟森，颜屈伦，张普，陈金家，景向. 足踝部皮肤软组织缺损应用VSD联合腓动脉穿支皮瓣修复的临床疗效[J]. 实用手外科杂志，2017，31（1）：68－70. DOI：10.3969/j.issn.1671－2722.2017.01.022. {ZHOU Mengsen,YAN Qulun,ZHANG Jin,CHEN Jinjia,JING Xiang. The clinical efficacy of using VSD combined with peroneal artery perforator flap to repair foot and ankle soft tissue defect[J]. Shi Yong Shou Wai Ke Za Zhi[Chin J Pract Hand Surg(Article in Chinese;Abstract in Chinese and English)],2017,31(1):68-70. DOI:10.3969/j.issn.1671-2722.2017.01.022.}

[16264] 杜伟力，张国安，胡骁骅，沈余明. 踇展肌肌瓣联合创面负压治疗在糖尿病足窦道的效果[J]. 中华损伤与修复杂志（电子版），2017，12（5）：357－362. DOI：10.3877/cma.j.issn.1673－9450.2017.05.007. {DU Weili,ZHANG Guoan,HU Xiaohua,SHEN Yuming. Effect of abductor halluces muscle flap combined with negative pressure wound therapy in the treatment of sinus tract in diabetic foot[J]. Zhonghua Sun Shang Yu Xiu Fu Za Zhi Dian Zi Ban[Chin J Injury Repair Wound Healing(Electr Ed)(Article in Chinese;Abstract in Chinese and English)],2017,12(5):357-362. DOI:10.3877/cma.j.issn.1673-9450.2017.05.007.}

[16265] 梁嘉均，陈伟明，黄彬，陈桂全，黄勇仪. VSD联合皮瓣修复胫骨平台骨折内固定术后骨外露创面七例[J]. 中华显微外科杂志，2018，41（3）：262－263. DOI：10.3760/cma.j.issn.1001－2036.2018.03.015. {LIANG Jiajun,CHEN Weiming,HUANG Bin,CHEN Guiquan,HUANG Yongyi. VSD combined with skin flap for repairing bone exposed wound after internal fixation of tibial plateau fracture in 7 cases[J]. Zhonghua Xian Wei Wai Ke Za Zhi[Chin J Microsurg(Article in Chinese;Abstract in Chinese)],2018,41(3):262-263. DOI:10.3760/cma.j.issn.1001-2036.2018.03.015.}

[16266] 傅杨，汤样华，徐灿达. VSD联合皮瓣移植修复足背软组织缺损32例的临床体会[J]. 中华显微外科杂志，2018，41（3）：304－305. DOI：10.3760/cma.j.issn.1001－2036.2018.03.032. {FU Yang,TANG Yanghua,XU Canda. Clinical experience of VSD combined with skin flap transfer in repair of soft tissue defect of dorsum of foot in 32 cases[J]. Zhonghua Xian Wei Wai Ke Za Zhi[Chin J Microsurg(Article in Chinese;No abstract available)],2018,41(3):304-305. DOI:10.3760/cma.j.issn.1001-2036.2018.03.032.}

[16267] 陈金，王光勇，周廷玉，钟兵，李浩. 腓肠神经小隐静脉营养血管皮瓣联合VSD修复足踝及胫前软组织缺损的疗效观察[J]. 中华显微外科杂志，2018，41（5）：487－489. DOI：10.3760/cma.j.issn.1001－2036.2018.05.018. {CHEN Jin,WANG Guangyong,ZHOU Tingyu,ZHONG Bing,LI Hao. Sural nerve saphenous vein flap combined with VSD for repairing soft tissue defects of ankle and tibia[J]. Zhonghua Xian Wei Wai Ke Za Zhi[Chin J Microsurg(Article in Chinese;Abstract in Chinese)],2018,41(5):487-489. DOI:10.3760/cma.j.issn.1001-2036.2018.05.018.}

[16268] 欧昌良，邹永根，罗成，周鑫，罗旭超. 负压封闭引流联合股前外侧穿支皮瓣修复足部软组织缺损[J]. 中国骨伤，2018，31（7）：666－670. DOI：10.3969/j.issn.1003－0034.2018.07.015. {OU Changliang,ZOU Yonggen,LUO Cheng,ZHOU Xin,LUO Xuchao. Vacuum sealing drainage with anterolateral thigh perforator flap for repair foot soft tissue defect[J]. Zhongguo Gu Shang[China J Orthop Trauma(Article in Chinese;Abstract in Chinese and English)],2018,31(7):666-670. DOI:10.3969/j.issn.1003-0034.2018.07.015.}

[16269] 任乾峰，许宇达，陈磊. 负压封闭引流联合游离髂腹股沟皮瓣修复儿童足踝部软组织缺损[J]. 临床骨科杂志，2018，21（3）：379－380. DOI：10.3969/j.issn.1008－0287.2018.03.050. {REN Qianfeng,XU Yuda,CHEN Lei. Vaccum sealing drainage combined with free groin flap for repair of ankle and foot soft tissue defects in children[J]. Lin Chuang Gu Ke Za Zhi[J Clin Orthop(Article in Chinese;No abstract available)],2018,21(3):379-380. DOI:10.3969/j.issn.1008-0287.2018.03.050.}

[16270] 张玉军，巨积辉，吴海林，周广良. 负压封闭引流技术在游离背阔肌皮瓣供区植皮中的应用[J]. 实用手外科杂志，2018，32（3）：307－310. DOI：10.3969/j.issn.1671－2722.2018.03.016. {ZHANG Yujun,JU Jihui,WU Hailin,ZHOU Guangliang. Use of vacuum sealing drainage in donor site of free latissimus dorsi myocutaneous flap[J]. Shi Yong Shou Wai Ke Za Zhi[Chin J Pract Hand Surg(Article in Chinese;Abstract in Chinese and English)],2018,32(3):307-310. DOI:10.3969/j.issn.1671-2722.2018.03.016.}

[16271] 陈斌，胡伟，荆志振，郭秀生，魏杰. 皮瓣移植结合VSD治疗慢性感染性创面32例[J]. 中华显微外科杂志，2019，42（4）：374－376. DOI：10.3760/cma.j.issn.1001－2036.2019.04.014. {CHEN Bin,HU Wei,JING Zhizhen,GUO Xiusheng,WEI Jie. Skin flap transfer with VSD for treatment of chronic infectious wounds in 32 cases[J]. Zhonghua Xian Wei Wai Ke Za Zhi[Chin J Microsurg(Article in Chinese;Abstract in Chinese)],2019,42(4):374-376. DOI:10.3760/cma.j.issn.1001-2036.2019.04.014.}

[16272] 石磊，赵光彩. VSD联合股前外侧穿支皮瓣治疗糖尿病足溃疡12例[J]. 中国骨伤，2019，32（6）：574－577. DOI：10.3969/j.issn.1003－0034.2019.06.018. {SHI Lei,ZHAO Guangcai. Treatment of 12 patients with diabetic foot ulcers by VSD combined with anterior lateral perforator flap[J]. Zhongguo Gu Shang[China J Orthop Trauma(Article in Chinese;Abstract in Chinese and English)],2019,32(6):574-577. DOI:10.3969/j.issn.1003-0034.2019.06.018.}

[16273] 周望高，陈乐锋，熊懿，叶学浪，余少校，曾锦浩，陈泽华，柯于海，林慧鑫，张振伟. 吻合皮下静脉结合伤口负压引流治疗手掌皮肤逆行撕脱伤[J]. 中华手外科杂志，2019，35（1）：62－64. {ZHOU Wanggao,CHEN Lefeng,XIONG Yi,YE Xuelang,YU Shaoxiao,ZENG Jinhao,CHEN Zehua,KE Yuhai,LIN Huixin,ZHANG Zhenwei. Subcutaneous vein anastomosis combined with wound vacuum sealing drainage for treatment of palm skin retrograde avulsion injury[J]. Zhonghua Shou Wai Ke Za Zhi[Chin J Hand Surg(Article in Chinese;No abstract available)],2019,35(1):62-64.}

[16274] 杨卫玺，程宏宇，於国军，张大维，万能，王晶，孙勇，王一兵. 多种肌皮瓣移植联合负压封闭引流治疗难愈性创面[J]. 中华损伤与修复杂志（电子版），2019，14（6）：435－438. DOI：10.3877/cma.j.issn.1673－9450.2019.06.007. {YANG Weixi,CHENG Hongyu,YU Guojun,ZHANG Dawei,WAN Neng,WANG Jing,SUN Yong,WANG Yibing. Multiple myocutaneous flap transplantation combined with vacuum sealing drainage in treating refractory wounds[J]. Zhonghua Sun Shang Yu Xiu Fu Za Zhi Dian Zi Ban[Chin J Injury Repair Wound Healing(Electr Ed)(Article in Chinese;Abstract in Chinese and English)],2019,14(6):435-438. DOI:10.3877/cma.j.issn.1673-9450.2019.06.007.}

[16275] 孙阳，沈国良，赵小瑜，钱汉根. 术前负压封闭引流联合局部旋转皮瓣修复骶尾部压力性损伤的临床疗效分析[J]. 中华损伤与修复杂志（电子版），2019，14（6）：443－448. DOI：10.3877/cma.j.issn.1673－9450.2019.06.009. {SUN Yang,SHEN Guoliang,ZHAO Xiaoyu,QIAN Hangen. Clinical effect analysis of preoperative vacuum sealing drainage combined with local rotating skin flap for repairing sacrococcygeal pressure injury[J]. Zhonghua Sun Shang Yu Xiu Fu Za Zhi Dian Zi Ban[Chin J Injury Repair Wound Healing(Electr Ed)(Article in Chinese;Abstract in Chinese and English)],2019,14(6):443-448. DOI:10.3877/cma.j.issn.1673-9450.2019.06.009.}

[16276] 仇申强，张迪，孙法威，王增涛. 短蒂髂腹部带蒂皮瓣的蒂部周围应用负压封闭引流技术的临床疗效[J]. 实用手外科杂志，2019，33（3）：261－263. DOI：10.3969/j.issn.1671－2722.2019.03.002. {QIU Shenqiang,ZHANG Di,SUN Fawei,WANG Zengtao. Clinical application of the vacuum sealing drainage technique(VSD) in short pedicled ilioabdominal pedicled flap[J]. Shi Yong Shou Wai Ke Za Zhi[Chin J Pract Hand Surg(Article in Chinese;Abstract in Chinese and English)],2019,33(3):261-263. DOI:10.3969/j.issn.1671-2722.2019.03.002.}

[16277] 蓝波，傅尚俊，杨锦，周阳，楼旭鹏，唐永丰，陈逸民，何华斌，陈文涛，王燕. 游离股前外侧穿支薄皮瓣联合负压封闭引流术修复足踝部创面[J]. 实用手外科杂志，2019，33（3）：298－301. DOI：10.3969/j.issn.1671－2722.2019.03.013. {LAN Bo,FU Shangjun,YANG Jin,ZHOU Yang,LOU Xupeng,TANG Yongfeng,CHEN Yimin,HE Huabin,CHEN Wentao,WANG Yan. Clinical application of free thin anterolateral thigh perforator flap with vacuum sealing drainage technique to repair wounds in the foot and ankle[J]. Shi Yong Shou Wai Ke Za Zhi[Chin J Pract Hand Surg(Article in Chinese;Abstract in Chinese and English)],2019,33(3):298-301. DOI:10.3969/j.issn.1671-2722.2019.03.013.}

[16278] 李雪丽，姜蕾，黄勇，车海杰. 负压伤口疗法联合局部皮瓣治疗感染性腹主动脉瘤移植人工血管后窦道愈合不良一例[J]. 中华烧伤杂志，2020，36（2）：133－136. DOI：10.3760/cma.j.issn.1009－2587.2020.02.010. {LI Xueli,JIANG Lei,HUANG Yong,CHE Haijie. One patient with poor healing of sinus after implant of vascular prosthesis due to infected abdominal aortic aneurysms treated with negative pressure wound therapy combined with local flap[J]. Zhonghua Shao Shang Za Zhi[Chin J Burns(Article in Chinese;Abstract in Chinese and

English)],2020,36(2):133-136. DOI:10.3760/cma.j.issn.1009-2587.2020.02.010.}

[16279] 谢建华，孙巧云，柴香林，王生钰，张克录，刘海华，叶国泰，戴鹏祥. 显微外科技术联合置管负压引流技术治疗四肢挤轧逆行撕脱伤的临床研究 [J]. 实用手外科杂志，2020，34（1）：38-40，77. DOI：10.3969/j.issn.1671-2722.2020.01.013. {XIE Jianhua,SUN Qiaoyun,CHAI Xianglin,WANG Shengyu,ZHANG Kelu,LIU Haihua,YE Guotai,DAI Pengxiang. Clinical study of microsurgical technique combined with negative pressure drainage for the treatment of retrograde avulsion of extremities[J]. Shi Yong Shou Wai Ke Za Zhi[Chin J Pract Hand Surg(Article in Chinese;Abstract in Chinese and English)],2020,34(1):38-40,77. DOI:10.3969/j.issn.1671-2722.2020.01.013.}

5.13 下肢开放性骨折的游离皮瓣覆盖

free flap coverage of open fracture in lower extremity

[16280] Hou Z,Xu Z,Su Z. Experiences and lessons about soft-tissue flaps covering of severe open tibial fracture[J]. Chin J Traumatol,2001,4(4):245-247.

[16281] Tian QY,Zhang ZY,Xie H,Wang JL. Treatment of open infected tibial fracture with microsurgery[J]. Chin J Traumatol,2003,6(2):127-128.

[16282] Wu SP,Zhang FH,Yu FB,Zhou R. Medial malleolus and deltoid ligament reconstruction in open ankle fractures with combination of vascularized fibular head osteo-tendinous flap and free flap transfers[J]. Microsurgery,2009,29(8):630-635. doi:10.1002/micr.20689.

[16283] Song Y,Qi X,Shen J. Free flap combined with external fixator in the treatment of open fractures of the calf[J]. Cell Biochem Biophys,2014,70(1):549-552. doi:10.1007/s12013-014-9954-z.

[16284] Du X,Tian B. Application of external fixation combined with pedicled skin flap transposition in the treatment of open fracture of leg with soft tissue defect[J]. Minerva Med,2020 Nov 27. doi:10.23736/S0026-4806.20.07101-3. Online ahead of print.

[16285] 金成哲. 应用交腿皮瓣修复晚期开放性足跟部损伤 [J]. 修复重建外科杂志，1988，2（2）：143-144. {JIN Chengzhe. Repair of late open heel injury with cross-leg flap[J]. Zhongguo Xiu Fu Chong Jian Wai Ke Za Zhi[Chin J Repar Reconstr Surg(Article in Chinese;No abstract available)],1988,2(2):143-144.}

[16286] 向可述，郝怀德，汪华喜，周国桢. 腓肠肌肌皮瓣转位治疗胫腓骨开放性骨折胫骨裸露 [J]. 修复重建外科杂志，1989，3（2）：96. {XIANG Keshu,HAO Huaide,WANG Huaxi,ZHOU Guozhen. Gastrocnemius myocutaneous flap for treatment of open fracture of tibia and fibula[J]. Zhongguo Xiu Fu Chong Jian Wai Ke Za Zhi[Chin J Repar Reconstr Surg(Article in Chinese;No abstract available)],1989,3(2):96.}

[16287] 陈艺新，彭少英，张江林，王兰，赵筑川，贾湘谦. 骨骼外固定架与皮瓣移植治疗严重开放性、粉碎性胫腓骨骨折 [J]. 修复重建外科杂志，1990，4（1）：1-2，61. {CHEN Yixin,PENG Shaoying,ZHANG Jianglin,WANG Lan,ZHAO Zhuchuan,JIA Xiangqian. Treatment of severe open and comminuted fractures of tibia and fibula with external fixator and skin flap transplantation[J]. Zhongguo Xiu Fu Chong Jian Wai Ke Za Zhi[Chin J Repar Reconstr Surg(Article in Chinese;Abstract in Chinese)],1990,4(1):1-2,61.}

[16288] 董家胜，吕芳鸣，万紫书，李锦明，胡卫东，李家广，吴术仁，黄树开. 筋膜皮瓣修复小腿开放性骨折并软组织缺损 [J]. 中国修复重建外科杂志，1993，7（3）：149-150，192. {DONG Jiasheng,LV Fangming,WAN Zishu,LI Jinming,HU Weian,LI Jiaguang,WU Shuren,HUANG Shukai. Fasciocutaneous flap for repair of open fracture and soft tissue defect of lower leg[J]. Zhongguo Xiu Fu Chong Jian Wai Ke Za Zhi[Chin J Repar Reconstr Surg(Article in Chinese;Abstract in Chinese)],1993,7(3):149-150,192.}

[16289] 陈烈，林崇山，卓越. 皮瓣修复小腿开放性骨折软组织缺损 [J]. 中国修复重建外科杂志，1996，10（4）：69. {CHEN Lie,LIN Chongshan,ZHUO Yue. Repair of soft tissue defect of open fracture of leg with skin flap[J]. Zhongguo Xiu Fu Chong Jian Wai Ke Za Zhi[Chin J Repar Reconstr Surg(Article in Chinese;No abstract available)],1996,10(4):69.}

[16290] 刘永才，梁汉明. 腓肠肌肌皮瓣修复小腿开放性骨折伴软组织缺损 [J]. 中国修复重建外科杂志，1998，12（3）：192. {LIU Yongcai,LIANG Hanming. Repair of open fracture of lower leg with soft tissue defect with gastrocnemius myocutaneous flap[J]. Zhongguo Xiu Fu Chong Jian Wai Ke Za Zhi[Chin J Repar Reconstr Surg(Article in Chinese;No abstract available)],1998,12(3):192.}

[16291] 郭斌，靳方运，张清江，孙晓林，陈成礼，李文平. 小腿开放性骨折并感染创面的修复 [J]. 中国修复重建外科杂志，2000，14（1）：64. {GUO Bin,JIN Fangyun,ZHANG Qingjiang,SUN Xiaolin,CHEN Chengli,LI Wenping. Repair of infected wound in open fracture of lower leg[J]. Zhongguo Xiu Fu Chong Jian Wai Ke Za Zhi[Chin J Repar Reconstr Surg(Article in Chinese;No abstract available)],2000,14(1):64.}

[16292] 马林，刘敏，牛志勇. 应用胸脐皮瓣结合外固定架治疗严重胫腓骨开放性骨折并皮肤软组织缺损 [J]. 中华显微外科杂志，2002，25（2）：145-146. DOI：10.3760/cma.j.issn.1001-2036.2002.02.029. {MA Lin,LIU Min,NIU Zhiyong. Application of thoraco-umbilical flap combined with external fixator for treatment of severe open fracture of tibia and fibula with skin and soft tissue defect[J]. Zhonghua Xian Wei Wai Ke Za Zhi[Chin J Microsurg(Article in Chinese;Abstract in Chinese)],2002,25(2):145-146. DOI:10.3760/cma.j.issn.1001-2036.2002.02.029.}

[16293] 梁进，刘立峰，蔡锦方. Bastiani 式单侧外固定架并皮瓣修复治疗胫腓骨多段开放性骨折 [J]. 中国骨伤，2003，16（9）：560-561. DOI：10.3969/j.issn.1003-0034.2003.09.022. {LIANG Jin,LIU Lifeng,CAI Jinfang. Treatment of multi-segment open tibial fractures with bastiani type external fixer and transfer of the skin flap[J]. Zhongguo Gu Shang[China J Orthop Trauma(Article in Chinese;No abstract available)],2003,16(9):560-561. DOI:10.3969/j.issn.1003-0034.2003.09.022.}

[16294] 张景贵，王文己，王建民. 背阔肌肌皮瓣结合外固定器治疗严重胫腓骨开放性骨折并软组织缺损 [J]. 中国修复重建外科杂志，2003，17（5）：390. {ZHANG Jinggui,WANG Wenji,WANG Jianmin. Latissimus dorsi myocutaneous flap combined with external fixator in treatment of severe open fracture of tibia and fibula with soft tissue defect[J]. Zhongguo Xiu Fu Chong Jian Wai Ke Za Zhi[Chin J Repar Reconstr Surg(Article in Chinese;No abstract available)],2003,17(5):390.}

[16295] 张强，李秉胜，蔡锦方. 非扩髓带锁髓内钉固定联合皮瓣修复治疗Ⅲ B型胫骨开放性骨折 [J]. 中华创伤骨科杂志，2004，6（6）：618-620. DOI：10.3760/cma.j.issn.1671-7600.2004.06.006. {ZHANG Qiang,LI Bingsheng,CAI Jinfang. Treatment of open tibial fractures of type Ⅲ B with unreamed locking intramedullary nails and skin flap grafting[J]. Zhonghua Chuang Shang Gu Ke Za Zhi[Chin J Orthop Trauma(Article in Chinese;Abstract in Chinese and English)],2004,6(6):618-620. DOI:10.3760/cma.j.issn.1671-7600.2004.06.006.}

[16296] 温冰，Chew YC，Tan BK. 下肢严重开放性骨折的皮瓣覆盖 [J]. 中华创伤骨科杂志，2004，6（10）：1116-1117，1121. DOI：10.3760/cma.j.issn.1671-7600.2004.10.011. {WEN Bing,Chew YC,Tan BK. Flap coverage in severe open injuries of lower limb[J]. Zhonghua Chuang Shang Gu Ke Za Zhi[Chin J Orthop Trauma(Article in Chinese;Abstract in Chinese and English)],2004,6(10):1116-1117,1121. DOI:10.3760/cma.j.issn.1671-7600.2004.10.011.}

[16297] 刘宏滨，宋一平，雷会宁，张传开，童迅. 应用腓肠神经营养血管皮瓣急诊修复胫腓骨开放性骨折创面 [J]. 中华显微外科杂志，2005，28（1）：16. DOI：10.3760/cma.j.issn.1001-2036.2005.01.045. {LIU Hongbin,SONG Yiping,LEI Huining,ZHANG Chuankai,TONG Xun. Application of sural neurovascular flap for emergent repair of open fracture of tibia and fibula[J]. Zhonghua Xian Wei Wai Ke Za Zhi[Chin J Microsurg(Article in Chinese;No abstract available)],2005,28(1):16. DOI:10.3760/cma.j.issn.1001-2036.2005.01.045.}

[16298] 彭涛. 应用小腿外侧皮瓣修复胫骨开放性骨折皮肤软组织缺损 20 例 [J]. 中华显微外科杂志，2005，28（2）：167-169. DOI：10.3760/cma.j.issn.1001-2036.2005.02.027. {PENG Tao. Application of lateral leg flap for repair of skin and soft tissue defect of open tibial fracture in 20 cases[J]. Zhonghua Xian Wei Wai Ke Za Zhi[Chin J Microsurg(Article in Chinese;Abstract in Chinese)],2005,28(2):167-169. DOI:10.3760/cma.j.issn.1001-2036.2005.02.027.}

[16299] 孙新宏，秦玉东. 急诊手术修复胫骨开放性 Pilon 骨折 [J]. 中国修复重建外科杂志，2005，19（6）：496-497. {SUN Xinhong,QIN Yudong. Emergency operation for repair of open Pilon fracture of tibia[J]. Zhongguo Xiu Fu Chong Jian Wai Ke Za Zhi[Chin J Repar Reconstr Surg(Article in Chinese;No abstract available)],2005,19(6):496-497.}

[16300] 祝少博，喻爱喜，余国荣，邓凯，曾中华，陶圣祥，潘振宇. 外固定架联合皮瓣转位治疗合并软组织缺损的 Pilon 骨折 [J]. 中华显微外科杂志，2006，29（6）：422-425，插 2. DOI：10.3760/cma.j.issn.1001-2036.2006.06.008. {ZHU Shaobo,YU Aixi,YU Guorong,DENG Kai,ZENG Zhonghau,TAO Shengxiang,PAN Zhenyu. Treatment of Pilon fracture combining soft tissus defect with external combined with flap transposition[J]. Zhonghua Xian Wei Wai Ke Za Zhi[Chin J Microsurg(Article in Chinese;Abstract in Chinese and English)],2006,29(6):422-425,insert 2. DOI:10.3760/cma.j.issn.1001-2036.2006.06.008.}

[16301] 季祝永，韩乃付，孙凤翔，王永祥，陈宇，张文祥，张伟峰，邹春景，薛荣，陈余庆. 组合式骨外固定器及肌皮瓣转移治疗Ⅲ型胫腓骨开放性骨折 [J]. 中华创伤骨科杂志，2006，8（1）：95-96. DOI：10.3760/cma.j.issn.1671-7600.2006.01.029. {JI Zhuyong,HAN Naifu,SUN Fengxiang,WANG Yongxiang,CHEN Yu,ZHANG Wenxiang,ZHANG Weifeng,ZOU Chunjing,XUE Rong,CHEN Yuqing. Combined external fixator and myocutaneous flap transfer in treatment of Ⅲ open tibiofibular fracture[J]. Zhonghua Chuang Shang Gu Ke Za Zhi[Chin J Orthop Trauma(Article in Chinese;Abstract in Chinese)],2006,8(1):95-96. DOI:10.3760/cma.j.issn.1671-7600.2006.01.029.}

[16302] 李东柱，范启申，周祥吉，何新伟. 髂骨皮瓣治疗胫腓骨开放性骨折并皮肤软组织缺损 [J]. 中华创伤杂志，2006，22（4）：303-304. DOI：10.3760/j：issn：1001-8050.2006.04.020. {LI Dongzhu,FAN Qishen,ZHOU Xiangji,HE Xinwei. Treatment of open fracture of tibia and fibula with skin and soft tissue defect with iliac flap[J]. Zhonghua Chuang Shang Za Zhi[Chin J Trauma(Article in Chinese;No abstract available)],2006,22(4):303-304. DOI:10.3760/j:issn:1001-8050.2006.04.020.}

[16303] 蒋文平，赵少平，刘德群，王立新，吴爱民. 小腿严重开放性损伤的修复重建 [J]. 中国修复重建外科杂志，2006，20（2）：203-204. {JIANG Wenping,ZHAO Shaoping,LIU Dequn,WANG Lixin,WU Aiming. Repair and reconstruction of severe open injury of lower leg[J]. Zhongguo Xiu Fu Chong Jian Wai Ke Za Zhi[Chin J Repar Reconstr Surg(Article in Chinese;No abstract available)],2006,20(2):203-204.}

[16304] 李雪波，郑岭书，廖文，李军，靳元嵘，张建鹏，刘锁利. 三维外固定支架结合皮神经岛状皮瓣治疗 Gustilo Ⅲ型胫腓骨骨折 [J]. 中国矫形外科杂志，2007，15（24）：1914-1915. DOI：10.3969/j.issn.1005-8478.2007.24.027. {LI Xuebo,ZHENG Lingshu,LIAO Wen,LI Jun,JIN Yuanrong,ZHANG Jianpeng,LIU Suoli. Three dimensional external fixator combined with cutaneous nerve island flap for treatment of Gustilo type Ⅲ tibiofibular fracture[J]. Zhongguo Jiao Xing Wai Ke Za Zhi[Orthop J China(Article in Chinese;No abstract available)],2007,15(24):1914-1915. DOI:10.3969/j.issn.1005-8478.2007.24.027.}

[16305] 杨运发，侯之启，徐中和，张光明，温世锋. 早期应用腓骨皮瓣治疗 Gustilo ⅢB和ⅢC 型胫骨严重粉碎性骨折及其皮肤缺损 [J]. 中国骨与关节损伤杂志，2007，22（2）：110-112. DOI：10.3969/j.issn.1672-9935.2007.02.008. {YANG Yunfa,HOU Zhiqi,XU Zhonghe,ZHANG Guangming,WEN Shifeng. Early treatment of Gustilo ⅢB or Ⅲ C severe open comminuted fractures of tibia and soft tissue defects by using vascularized fibular skeletal flaps[J]. Zhongguo Gu Yu Guan Jie Sun Shang Za Zhi[Chin J Bone Joint Injury(Article in Chinese;Abstract in Chinese and English)],2007,22(2):110-112. DOI:10.3969/j.issn.1672-9935.2007.02.008.}

[16306] 杨运发，徐中和，侯之启，钟波夫，张光明. 腓骨皮瓣修复胫骨开放性粉碎性骨折及皮肤缺损 [J]. 中国修复重建外科杂志，2007，21（1）：97-98. {YANG Yunfa,XU Zhonghe,HOU Zhiqi,ZHONG Bofu,ZHANG Guangming. Repair of open comminuted tibial fracture and skin defect with fibular flap[J]. Zhongguo Xiu Fu Chong Jian Wai Ke Za Zhi[Chin J Repar Reconstr Surg(Article in Chinese;No abstract available)],2007,21(1):97-98.}

[16307] 陈建良，郑晓东，张龙君，王晓，许勇. Ⅰ期皮瓣或肌皮瓣移植在Ⅲ型 Pilon 骨折中的应用 [J]. 中国骨伤，2008，21（11）：864-865. DOI：10.3969/j.issn.1003-0034.2008.11.020. {CHEN Jianliang,ZHENG Xiaodong,ZHANG Longjun,WANG Xiao,XU Yong. Application of flap or musculocutaneous flap primary transplantation in Pilon fractures of type Ⅲ [J]. Zhongguo Gu Shang[China J Orthop Trauma(Article in Chinese;Abstract in Chinese and English)],2008,21(11):864-865. DOI:10.3969/j.issn.1003-0034.2008.11.020.}

[16308] 罗忠纯，楼华，蒋俊威，宋春林，龚民，王永才. 带蒂皮瓣移位联合外固定支架治疗小腿开放性骨折伴软组织缺损 [J]. 中国修复重建外科杂志，2008，22（8）：956-958. {LUO Zhongchun,LOU Hua,JIANG Junwei,SONG Chunlin,GONG Min,WANG Yongcai. Pedicle flap transfer combined with external fixator to treat leg open fracture with soft tissue defect[J]. Zhongguo Xiu Fu Chong Jian Wai Ke Za Zhi[Chin J Repar Reconstr Surg(Article in Chinese;Abstract in Chinese and English)],2008,22(8):956-958.}

[16309] 苑芳昌，杨全虎，杜晓飞，牟善霄，尹纪军，刘玉祥. 游离桥接皮瓣在肢体 Gustilo ⅢC 型损伤治疗中的临床应用 [J]. 中华显微外科杂志，2009，32（4）：334-335. DOI：10.3760/cma.j.issn.1001-2036.2009.04.035. {YUAN Fangchang,YANG Jinhu,DU Xiaofei,MOU Shanxiao,YIN Jijun,LIU Yuxiang. Clinical application of free bridging flap in the treatment of Gustilo ⅢC limb injury[J]. Zhonghua Xian Wei Wai Ke Za Zhi[Chin J Microsurg(Article in Chinese;Abstract in Chinese)],2009,32(4):334-335. DOI:10.3760/cma.j.issn.1001-2036.2009.04.035.}

[16310] 洪嵩，魏在荣. AO 外固定架结合皮瓣转移治疗胫腓骨重度开放性骨折 [J]. 中华创伤杂志，2009，25（7）：625-626. DOI：10.3760/cma.j.issn.1001-8050.2009.07.202. {HONG Song,WEI Zairong. Treatment of severe open fracture of tibia and fibula with AO external fixator combined with flap transfer[J]. Zhonghua Chuang Shang Za Zhi[Chin J Trauma(Article in Chinese;No abstract available)],2009,25(7):625-626. DOI:10.3760/cma.j.issn.1001-8050.2009.07.202.}

[16311] 郑胜平，王昊，杨华峰，王建，赵新党. 外固定架结合皮瓣治疗复杂开放性骨折 [J]. 临床骨科杂志，2009，12（4）：471-471. DOI：10.3969/j.issn.1008-0287.2009.04.049. {ZHENG Shengping,WANG Hao,YANG Huafeng,WANG Jian,ZHAO Xindang. External fixation and flaps for complex open fractures[J]. Lin Chuang Gu Ke Za Zhi[J Clin Orthop(Article in Chinese;No abstract available)],2009,12(4):471-471. DOI:10.3969/j.issn.1008-0287.2009.04.049.}

[16312] 程超，李晓天，阿不都萨拉木. 比目鱼肌内侧半肌瓣修复胫骨及踝部开放骨折术后软组织缺损 [J]. 中国修复重建外科杂志，2009，23（12）：1440-1442. {CHENG Chao,LI Xiaotian,ABUDU Salamu. Repairing postoperative soft tissue defects of tibia and ankle open fractures with muscle flap pedicled with medial half of soleus[J]. Zhongguo Xiu Fu Chong Jian Wai Ke Za Zhi[Chin J Repar Reconstr Surg(Article in Chinese;Abstract in Chinese and English)],2009,23(12):1440-1442.}

[16313] 唐继全，甘干达，陶智刚，罗平，扈克治. 早期切开复位钢板内固定加皮瓣转移治疗Ⅱ、Ⅲ型 Pilon

骨折 [J]. 创伤外科杂志，2010，12（5）：456. DOI：10.3969/j.issn.1009-4237.2010.05.032. {TANG Jiquan,GAN Ganda,TAO Zhigang,LUO Ping,HU Kezhi. Clinical effect of the early open reduction and internal fixation combined with flap transplantation for treatment of type Ⅱ and Ⅲ Pilon fractures[J]. Chuang Shang Wai Ke Za Zhi[J Traum Surg(Article in Chinese;Abstract in Chinese)],2010,12(5):456. DOI:10.3969/j.issn.1009-4237.2010.05.032.}

[16314] 张大伟，赵广跃，李军，祝勇刚，刘建，裴国献. 应用股前外侧皮瓣修复 Gustilo Ⅲ B 型小腿开放性骨折并软组织缺损 [J]. 中华显微外科杂志，2011，34（2）：116-118，后插 4. DOI：10.3760/cma.j.issn.1001-2036.2011.02.012. {ZHANG Dawei,ZHAO Guangyue,LI Jun,ZHU Yonggang,LIU Jian,PEI Guoxian. Use of the anterolateral thigh free flap for the soft tissue coverage of Gustilo grade-Ⅲ B open bone fractures in lower extremities[J]. Zhonghua Xian Wei Wai Ke Za Zhi[Chin J Microsurg(Article in Chinese;Abstract in Chinese and English)],2011,34(2):116-118,insert 4. DOI:10.3760/cma.j.issn.1001-2036.2011.02.012.}

[16315] 唐继全，甘干达，陶智刚，罗平，黄育胡. 负压封闭引流后应用皮瓣移植治疗开放性骨折创面 [J]. 中华显微外科杂志，2011，34（2）：154-156. DOI：10.3760/cma.j.issn.1001-2036.2011.02.030. {TANG Jiquan,GAN Ganda,TAO Zhigang,LUO Ping,HUANG Yuhu. Treatment of open fracture wounds with skin flap transplantation after vacuum sealing drainage[J]. Zhonghua Xian Wei Wai Ke Za Zhi[Chin J Microsurg(Article in Chinese;Abstract in Chinese)],2011,34(2):154-156. DOI:10.3760/cma.j.issn.1001-2036.2011.02.030.}

[16316] 柯清辉，郑季南，李达，陈凯腾，陈敏葵. 带锁髓内钉固定加肌瓣或肌皮瓣转移治疗伴软组织缺损的胫骨开放性骨折 [J]. 创伤外科杂志，2011，13（1）：69-69. DOI：10.3969/j.issn.1009-4237.2011.01.024. {KE Qinghui,ZHENG Jinan,LI Da,CHEN Kaiteng,CHEN Minkui. Interlocking intramedullary nailing plus muscle flap or musculocutaneous flap for open tibial fracture combined with soft tissue defect[J]. Chuang Shang Wai Ke Za Zhi[J Traum Surg(Article in Chinese;Abstract in Chinese)],2011,13(1):69-69. DOI:10.3969/j.issn.1009-4237.2011.01.024.}

[16317] 杨太明，孔祥如，高先亭，杨春，许兴柏，朱爱祥. 推进腓肠肌皮瓣修复跟腱开放性缺损 [J]. 中国修复重建外科杂志，2011，25（12）：1519-1520. {YANG Taiming,KONG Xiangru,GAO Xianting,YANG Chun,XU Xingbo,ZHU Aixiang. Advanced gastrocnemius flap for repair of open Achilles tendon defect[J]. Zhongguo Xiu Fu Chong Jian Wai Ke Za Zhi[Chin J Repar Reconstr Surg(Article in Chinese;Abstract in Chinese)],2011,25(12):1519-1520.}

[16318] 唐继全，甘干达，罗平，黄育胡. 股前外侧筋膜皮瓣修复跟腱开放性缺损 [J]. 中国修复重建外科杂志，2012，26（10）：1209-1212. {TANG Jiquan,GAN Ganda,LUO Ping,HUANG Yuhu. Anterolateral thigh fasciocutaneous flap for repair of open Achilles tendon defect[J]. Zhongguo Xiu Fu Chong Jian Wai Ke Za Zhi[Chin J Repar Reconstr Surg(Article in Chinese;Abstract in Chinese and English)],2012,26(10):1209-1212.}

[16319] 陈武，黎忠文，袁华军. 小腿及足部开放性骨折合并皮肤缺损的皮瓣修复 [J]. 中华显微外科杂志，2013，36（5）：505-506. DOI：10.3760/cma.j.issn.1001-2036.2013.05.030. {CHEN Wu,LI Zhongwen,YUAN Huajun. Skin flap for repair of open fracture of leg and foot with skin defect[J]. Zhonghua Xian Wei Wai Ke Za Zhi[Chin J Microsurg(Article in Chinese;Abstract in Chinese)],2013,36(5):505-506. DOI:10.3760/cma.j.issn.1001-2036.2013.05.030.}

[16320] 赵志坚，陈坤峰，张传林. 应用外固定架结合皮瓣移植治疗胫腓骨开放性骨折创面 [J]. 中华显微外科杂志，2013，36（5）：507-508. DOI：10.3760/cma.j.issn.1001-2036.2013.05.031. {ZHAO Zhijian,CHEN Kunfeng,ZHANG Chuanlin. Application of external fixator combined with skin flap in the treatment of open fracture of tibia and fibula[J]. Zhonghua Xian Wei Wai Ke Za Zhi[Chin J Microsurg(Article in Chinese;Abstract in Chinese)],2013,36(5):507-508. DOI:10.3760/cma.j.issn.1001-2036.2013.05.031.}

[16321] 刘重，徐虹，张朝，滕云升，吴勐，陶胜林. 分期治疗伴皮肤软组织缺损的开放 Pilon 骨折疗效观察 [J]. 中国修复重建外科杂志，2013，27（10）：1185-1189. DOI：10.7507/1002-1892.20130260. {LIU Zhong,XU Hong,ZHANG Zhao,TENG Yunsheng,WU Meng,TAO Shenglin. Effectiveness observation of staged treatment of open pilon fracture combined with soft tissue defect[J]. Zhongguo Xiu Fu Chong Jian Wai Ke Za Zhi[Chin J Repar Reconstr Surg(Article in Chinese;Abstract in Chinese and English)],2013,27(10):1185-1189. DOI:10.7507/1002-1892.20130260.}

[16322] 胡锐，任义军，严立，韩琼，赵志刚，勘武生. 一期内固定联合皮瓣移植治疗下肢 Gustilo Ⅲ B 型开放性骨折并严重软组织缺损 [J]. 中华显微外科杂志，2014，37（6）：560-563. DOI：10.3760/cma.j.issn.1001-2036.2014.06.011. {HU Rui,REN Yijun,YAN Li,HAN Qiong,ZHAO Zhigang,KAN Wusheng. Primary internal fixation combined with flap transfer to treat Gustilo-Ⅲ B open fractures of lower extremity with severe soft tissue defect[J]. Zhonghua Xian Wei Wai Ke Za Zhi[Chin J Microsurg(Article in Chinese;Abstract in Chinese and English)],2014,37(6):560-563. DOI:10.3760/cma.j.issn.1001-2036.2014.06.011.}

[16323] 葛华平，苗平，王瑞，田永宾，胡晓美. 应用胫后动脉穿支皮瓣修复足踝部复杂开放性骨折创面 [J]. 实用手外科杂志，2014，28（2）：158-159. DOI：10.3969/j.issn.1671-2722.2014.02.016. {GE Huaping,MIAO Ping,WANG Rui,TIAN Yongbin,HU Xiaomei. Repair complex foot and ankle fracture wound by posterior tibial artery perforator flap[J]. Shi Yong Shou Wai Ke Za Zhi[Chin J Pract Hand Surg(Article in Chinese;Abstract in Chinese and English)],2014,28(2):158-159. DOI:10.3969/j.issn.1671-2722.2014.02.016.}

[16324] 张大伟，祝勇刚，李军，赵广跃，裴国献. 健侧胫后血管皮瓣桥供血的股前外侧游离皮瓣在小腿开放性骨折治疗中的应用 [J]. 中国骨与关节杂志，2015，4（12）：928-930. DOI：10.3969/j.issn.2095-252X.2015.12.006. {ZHANG Dawei,ZHU Yonggang,LI Jun,ZHAO Guangyue,PEI Guoxian. Clinical applications on anterolateral thigh free flap transfer bridged by posterior tibial vascular flaps from the healthy leg[J]. Zhongguo Gu Yu Guan Jie Za Zhi[Chin J Bone Joint(Article in Chinese;Abstract in Chinese and English)],2015,4(12):928-930. DOI:10.3969/j.issn.2095-252X.2015.12.006.}

[16325] 康靖东，陈娟，徐伟军. 外固定支架联合负压封闭引流及皮瓣移植治疗 Gustilo Ⅲ A 型胫腓骨骨折 [J]. 中华损伤与修复杂志（电子版），2015，10（6）：23-27. DOI：10.3877/cma.j.issn.1673-9450.2015.06.006. {KANG Jingdong,CHEN Juan,XU Weijun. External fixation combined with vacuum sealing drainage and skin flap in the treatment of open tibial fracture of Gustilo type-Ⅲ A[J]. Zhonghua Sun Shang Yu Xiu Fu Za Zhi Dian Zi Ban[Chin J Injury Repair Wound Healing(Electr Ed)(Article in Chinese;Abstract in Chinese and English)],2015,10(6):23-27. DOI:10.3877/cma.j.issn.1673-9450.2015.06.006.}

[16326] 林炳远，黄凯，郭峭峰，张春，刘亦杨，沈立锋，马苟平. 胫后动脉穿支皮瓣治疗 Pilon 骨折术后前内侧切口愈合不良 [J]. 中华显微外科杂志，2016，39（5）：437-439. DOI：10.3760/cma.j.issn.1001-2036.2016.05.006. {LIN Bingyuan,HUANG Kai,GUO Qiaofeng,ZHANG Chun,LIU Yiyang,SHEN Lifeng,MA Gouping. The anterior medial incision poor healing after Pilon fracture treated by tibial artery perforator flap[J]. Zhonghua Xian Wei Wai Ke Za Zhi[Chin J Microsurg(Article in Chinese;Abstract in Chinese and English)],2016,39(5):437-439. DOI:10.3760/cma.j.issn.1001-2036.2016.05.006.}

[16327] 刘伟，肖艳，严志强，刘强，曾爱贞，杨康胜，区广鹏，黄瑞良，余斌. 游离旋股外侧动脉降支为蒂的皮瓣在小腿开放性 Gustilo-Anderson Ⅲ B 型损伤中的应用 [J]. 中国骨与关节损伤杂志，2016，31（8）：821-824. DOI：10.7531/j.issn.1672-9935.2016.08.011. {LIU Wei,XIAO Yan,YAN Zhiqiang,LIU Qiang,ZENG Aizhen,YANG Kangsheng,OU Guangpeng,HUANG Ruiliang,YU Bin. Clinical application of free descending branch of lateral femoral circumflex artery flap for repair of Gustilo-Anderson Ⅲ B injuries in leg open fractures[J]. Zhongguo Gu Yu Guan Jie Sun Shang Za Zhi[Chin J Bone Joint Injury(Article in Chinese;Abstract in Chinese and English)],2016,31(8):821-824. DOI:10.7531/j.issn.1672-9935.2016.08.011.}

[16328] 赵飞，丁冬，何仲义，姚占川，黄永禄，巩凡，李晓亮，张博闻，温鹏. 腓肠神经营养血管皮瓣联合外固定架治疗小腿 Gustilo Ⅲ 型骨折 15 例体会 [J]. 中华显微外科杂志，2017，40（6）：590-593. DOI：10.3760/cma.j.issn.1001-2036.2017.06.023. {ZHAO Fei,DING Dong,HE Zhongyi,YAO Zhanchuan,HUANG Yonglu,GONG Fan,LI Xiaoliang,ZHANG Bowen,WEN Peng. Sural neurovascular flap combined with external fixator in treatment of leg Gustilo Ⅲ fracture in 15 cases[J]. Zhonghua Xian Wei Wai Ke Za Zhi[Chin J Microsurg(Article in Chinese;Abstract in Chinese)],2017,40(6):590-593. DOI:10.3760/cma.j.issn.1001-2036.2017.06.023.}

[16329] 邹方亮，王庚启. 远端蒂腓肠神经营养血管皮瓣联合外固定支架治疗胫骨下段开放性骨折的效果分析 [J]. 中国矫形外科杂志，2017，25（6）：558-560. DOI：10.3977/j.issn.1005-8478.2017.06.17. {ZOU Fangliang,WANG Gengqi. The effect of distal pedicled sural neurovascular flap combined with external fixation in treatment of open fracture of lower tibia[J]. Zhongguo Jiao Xing Wai Ke Za Zhi[Orthop J China(Article in Chinese;Abstract in Chinese)],2017,25(6):558-560. DOI:10.3977/j.issn.1005-8478.2017.06.17.}

[16330] 林尊文，危文波，邹帆，胡冬，黄山虎，朱磊. 游离股前外侧皮瓣在修复小腿 Gustilo Ⅲ 型开放性骨折后皮肤软组织缺损中的应用 [J]. 中华显微外科杂志，2018，41（1）：18-21. DOI：10.3760/cma.j.issn.1001-2036.2018.01.005. {LIN Zunwen,WEI Wenbo,ZOU Fan,HU Dong,HUANG Shanhu,ZHU Lei. Anterolateral thigh flaps for reconstruction of soft tissue defect in lower extremities caused by the Gustilo Ⅲ open fracture[J]. Zhonghua Xian Wei Wai Ke Za Zhi[Chin J Microsurg(Article in Chinese;Abstract in Chinese and English)],2018,41(1):18-21. DOI:10.3760/cma.j.issn.1001-2036.2018.01.005.}

[16331] 张忠，郑晓菊，蔡鑫，付德丰，张潇剑. 一侧下肢 Gustilo ⅢB-ⅢC 型损伤一期内固定皮瓣覆盖的体会 [J]. 中华显微外科杂志，2018，41（1）：77-80. DOI：10.3760/cma.j.issn.1001-2036.2018.01.020. {ZHANG Zhong,ZHENG Xiaoju,CAI Xin,FU Defeng,ZHANG Xiaojian. Experience of primary internal fixation with skin flap covering for Gustilo ⅢB and ⅢC injury of one lower limb[J]. Zhonghua Xian Wei Wai Ke Za Zhi[Chin J Microsurg(Article in Chinese;Abstract in Chinese)],2018,41(1):77-80. DOI:10.3760/cma.j.issn.1001-2036.2018.01.020.}

[16332] 芮永军，吴永伟，刘军，马运宏，黎逢峰，陆尧，杨通，周明，康永强，顾珺. 游离皮瓣修复 Gustilo ⅢB、ⅢC 型胫腓骨骨折伴软组织缺损的临床疗效 [J]. 中华创伤杂志，2018，34（10）：881-885. DOI：10.3760/cma.j.issn.1001-8050.2018.10.005. {RUI Yongjun,WU Yongwei,LIU Jun,MA Yunhong,LI Fengfeng,LU Yao,YANG Tong,ZHOU Ming,KANG Yongqiang,GU Jun. Clinical efficacy of free flap in repairing Gustilo ⅢB and ⅢC fractures of tibia and fibula combined with soft tissue defects[J]. Zhonghua Chuang Shang Za Zhi[Chin J Trauma(Article in Chinese;Abstract in Chinese and English)],2018,34(10):881-885. DOI:10.3760/cma.j.issn.1001-8050.2018.10.005.}

[16333] 侍朋举，孙柏山，张瑞杰，王建生，齐巍，左金增，赵刚. 内外联合固定结合 Ⅱ 期穿支皮瓣治疗 Gustilo-Anderson ⅢB 及 ⅢC 型踝关节骨折脱位 [J]. 中国骨伤，2020，33（7）：596-601. DOI：10.12200/j.issn.1003-0034.2020.07.002. {SHI Pengju,SUN Boshan,ZHANG Ruijie,WANG Jiansheng,QI Wei,ZUO Jinzeng,ZHAO Gang. Internal and external fixation combined with second stage perforator flap for the treatment of ankle fracture dislocation of Gustilo-Anderson types ⅢB and ⅢC[J]. Zhongguo Gu Shang[China J Orthop Trauma(Article in Chinese;Abstract in Chinese and English)],2020,33(7):596-601. DOI:10.12200/j.issn.1003-0034.2020.07.002.}

[16334] 胡其恭，欧昌良，周鑫，罗旭超，邹永根，杨杰翔，陈孝均. 游离股前外侧穿支皮瓣联合外固定支架在小腿 Gustilo Ⅲ 型骨折中的临床应用 [J]. 创伤外科杂志，2020，22（7）：544-546. DOI：10.3969j.issn.1009-4237.2020.07.016. {HU Qigong,OU Changliang,ZHOU Xin,LUO Xuchao,ZOU Ynggen,YANG Jiexiang,CHEN Xiaojun. Clinical application free anterolateral thigh perforator flap combined with external fixation stent in calf Gustilo type Ⅲ fracture[J]. Chuang Shang Wai Ke Za Zhi[J Traum Surg(Article in Chinese;Abstract in Chinese and English)],2020,22(7):544-546. DOI:10.3969j.issn.1009-4237.2020.07.016.}

5.14 游离皮瓣治疗慢性骨髓炎

free flaps for treatment of chronic osteomyelitis

[16335] Xu XY,Zhu Y,Liu JH. Treatment of calcaneal osteomyelitis with free serratus anterior muscle flap transfer[J]. Foot Ankle Int,2009,30(11):1088-1093. doi:10.3113/FAI.2009.1088.

[16336] Yang C,Geng S,Fu C,Sun J,Bi Z. A minimally invasive modified reverse sural adipofascial flap for treating posttraumatic distal tibial and calcaneal osteomyelitis[J]. Int J Low Extrem Wounds,2013,12(4):279-285. doi:10.1177/1534734613511637.

[16337] Wang CY,Sun LY,Chai YM,Han P,Wen G,Chen H. A "hybrid" sural flap for treatment of chronic calcaneal osteomyelitis[J]. J Reconstr Microsurg,2014,30(7):457-462. doi:10.1055/s-0034-1372480.

[16338] Liu Y,Li H,Zhang Y,Luo Y. Review "Results of treatment of chronic osteomyelitis by gutter procedure and muscle flap transposition operation"[J]. Eur J Orthop Surg Traumatol,2015,25(2):405. doi:10.1007/s00590-014-1506-0.

[16339] Ju J,Li L,Zhou R,Hou R. Combined application of latissimus dorsi myocutaneous flap and iliac bone flap in the treatment of chronic osteomyelitis of the lower extremity[J]. J Orthop Surg Res,2018,13(1):117. doi:10.1186/s13018-018-0824-z.

[16340] Lou TF,Wen G,Wang CY,Chai YM,Han P,Yin XF. L-shaped corticotomy with bone flap sliding in the management of chronic tibial osteomyelitis:surgical technique and clinical results[J]. J Orthop Surg Res,2019,14(1):47. doi:10.1186/s13018-019-1086-0.

[16341] Hong X,He Z,Shen L,He X. Free vastus lateralis musculocutaneous flap transfer for radiation-induced chest wall fistula combined with osteomyelitis:Two case report[J]. Medicine(Baltimore),2019,98(22):e15859. doi:10.1097/MD.0000000000015859.

[16342] Luo Z,Dong Z,Ni J,Wei J,Peng P,Lv G. Distally based peroneal artery perforator-plus fasciocutaneous flap to reconstruct soft tissue defect combined with chronic osteomyelitis in the lateral malleolus[J]. Int J Low Extrem Wounds,2020 Sep 11. 1534734620956782. doi:10.1177/1534734620956782. Online ahead of print.

[16343] Xia Z,Wang C,Arnold A,Song J,Tang Y,Xu Q,Fang L. Efficacy of treating chronic tibial osteomyelitis with bone defect using a pedicled perforator-layered flap and fasciocutaneous flap of the posterior tibial artery:a case report[J]. Wounds,2020,32(11):E50-E54.

[16344] 朱盛修，李主一，王锡琏，邓夫一. 腓肠肌-皮瓣治疗下肢火器性慢性骨髓炎 [J]. 中华外科杂志，1981，19（9）：571-572. {ZHU Shengxiu,LI Zhuyi,WANG Xilian,DENG Fuyi. Gastrocnemius flap in treatment of firearm osteomyelitis of lower extremity[J]. Zhonghua Wai Ke Za Zhi[Chin J Surg(Article in Chinese;No abstract available)],1981,19(9):571-572.}

[16345] 朱盛修，卢世璧，张伯勋，姚建祥，王锡琏，李主一. 游离肌肉皮瓣转位或移植应用于创

伤性慢性骨髓炎[J]. 中华外科杂志，1983，21(6)：369-370. {ZHU Shengxiu,LU Shibi,ZHANG Boxun,YAO Jianxiang,WANG Xilian,LI Zhuyi. Application of free musculocutaneous flap transposition or transplantation in traumatic chronic osteomyelitis[J]. Zhonghua Wai Ke Za Zhi[Chin J Surg(Article in Chinese;No abstract available)],1983,21(6):369-370.}

[16346] 阿效诚，曾碧强，易宁，张道祺，李亚涛，罗伟，谢怀春. 腓肠肌内侧头肌皮瓣移位术治疗胫骨慢性骨髓炎伴胫前皮肤缺损[J]. 修复重建外科杂志，1987，1(1)：33-34. {A Xiaocheng,ZENG Biqiang,YI Ning,ZHANG Daoqi,LI Yatao,LUO Wei,XIE Huaichun. Treatment of chronic tibial osteomyelitis with anterior tibial skin defect by medial gastrocnemius head myocutaneous flap[J]. Zhongguo Xiu Fu Chong Jian Wai Ke Za Zhi[Chin J Repar Reconstr Surg(Article in Chinese;No abstract available)],1987,1(1):33-34.}

[16347] 胡顺祥，杨炳生，徐崇义，万里，罗永湘. 庆大霉素链珠加岛状肌皮瓣转移治疗慢性骨髓炎[J]. 修复重建外科杂志，1988，2(1)：13. {HU Shunxiang,YANG Bingsheng,XU Chongyi,WANG Li,LUO Yongxiang. Treatment of chronic osteomyelitis with gentamicin chain beads and island myocutaneous flap transfer[J]. Zhongguo Xiu Fu Chong Jian Wai Ke Za Zhi[Chin J Repar Reconstr Surg(Article in Chinese;No abstract available)],1988,2(1):13.}

[16348] 代富勇. 带血管蒂组织瓣一期修复慢性骨髓炎的溃疡创面[J]. 修复重建外科杂志，1988，2(2)：112. {DAI Fuyong. One stage repair of chronic osteomyelitis ulcer wound with vascularized tissue flap[J]. Zhongguo Xiu Fu Chong Jian Wai Ke Za Zhi[Chin J Repar Reconstr Surg(Article in Chinese;No abstract available)],1988,2(2):112.}

[16349] 金成哲. 腓肠肌皮瓣移植治疗胫骨慢性骨髓炎及大面积皮肤缺损[J]. 修复重建外科杂志，1988，2(2)：121. {JIN Zhecheng. Treatment of chronic osteomyelitis and large area skin defect of tibia with sural myocutaneous flap[J]. Zhongguo Xiu Fu Chong Jian Wai Ke Za Zhi [Chin J Repar Reconstr Surg(Article in Chinese (摘 16291);No abstract available)],1988,2(2):121.}

[16350] 陆炳全. 带血管蒂肌皮瓣移位治疗慢性骨髓炎[J]. 修复重建外科杂志，1988，2(2)：122. {LU Bingquan. Treatment of chronic osteomyelitis with vascularized myocutaneous flap[J]. Zhongguo Xiu Fu Chong Jian Wai Ke Za Zhi [Chin J Repar Reconstr Surg(Article in Chinese (摘 16291);No abstract available)],1988,2(2):122.}

[16351] 蔡锦方. 小腿外侧岛状皮瓣转移治疗胫骨慢性骨髓炎[J]. 修复重建外科杂志，1988，2(2)：142. {CAI Jinfang. Lateral leg island flap transfer for treatment of chronic tibial osteomyelitis[J]. Zhongguo Xiu Fu Chong Jian Wai Ke Za Zhi [Chin J Repar Reconstr Surg(Article in Chinese (摘 16291);No abstract available)],1988,2(2):142.}

[16352] 王孟雄. 肌皮瓣转位治疗慢性骨髓炎及外伤性软组织缺损[J]. 修复重建外科杂志，1988，2(2)：217. {WANG Mengxiong. Myocutaneous flap transposition for treatment of chronic osteomyelitis and traumatic soft tissue defect[J]. Zhongguo Xiu Fu Chong Jian Wai Ke Za Zhi[Chin J Repar Reconstr Surg(Article in Chinese;No abstract available)],1988,2(2):217.}

[16353] 韩孝明. 转移肌皮瓣治疗慢性骨髓炎[J]. 修复重建外科杂志，1988，2(2)：219. {HAN Xiaoming. Myocutaneous flap for treatment of chronic osteomyelitis[J]. Zhongguo Xiu Fu Chong Jian Wai Ke Za Zhi[Chin J Repar Reconstr Surg(Article in Chinese;No abstract available)],1988,2(2):219.}

[16354] 蔡锦方，曹斌，张成进. 小腿外侧岛状肌皮瓣转移治疗胫骨慢性骨髓炎[J]. 修复重建外科杂志，1988，2(4)：16-17，51. {CAI Jinfang,CAO Bin,ZHANG Chengjin. Lateral island flap of the lower leg for treatment of chronic osteomyelitis of tibia[J]. Zhongguo Xiu Fu Chong Jian Wai Ke Za Zhi[Chin J Repar Reconstr Surg(Article in Chinese;Abstract in Chinese)],1988,2(4):16-17,51.}

[16355] 韩孝明，李伯，董中. 转移肌瓣肌皮瓣治疗慢性骨髓炎（附40例报告）[J]. 修复重建外科杂志，1989，3(1)：28-29. {HAN Xiaoming,LI Bo,DONG Zhong. Treatment of chronic osteomyelitis with myocutaneous flap in 40 cases[J]. Zhongguo Xiu Fu Chong Jian Wai Ke Za Zhi[Chin J Repar Reconstr Surg(Article in Chinese;No abstract available)],1989,3(1):28-29.}

[16356] 王正红，楚道裕，孙林，朱义用，张德文. 小腿动脉皮支筋膜瓣治疗胫骨慢性骨髓炎[J]. 修复重建外科杂志，1991，5(3)：171. {WANG Zhenghong,CHU Daoyu,SUN Lin,ZHU Yiyong,ZHANG Dewen. The treatment of chronic osteomyelitis of tibia with fascia flap of the cutaneous branch of the lower leg artery[J]. Zhongguo Xiu Fu Chong Jian Wai Ke Za Zhi[Chin J Repar Reconstr Surg(Article in Chinese;No abstract available)],1991,5(3):171.}

[16357] 陈海啸，梅光秀. 分离型臂大肌下部肌皮瓣转位治疗坐骨结节骨髓炎[J]. 中华显微外科杂志，1993，16(3)：210-211. {CHEN Haixiao,MEI Guangxiu,WU Guangfu,GAO Yuandong. Separated musculocutaneous flap for treatment of osteomyelitis of ischial tuberosity[J]. Zhonghua Xian Wei Wai Ke Za Zhi[Chin J Microsurg(Article in Chinese;No abstract available)],1993,16(3):210-211.}

[16358] 王洲，王满，杨志远，胡亚兰. 踇外展肌皮瓣转移治疗跟骨骨髓炎24例报告[J]. 中华外科杂志，1993，31(9)：526. {WANG Zhou,WANG Man,YANG Zhiyuan,HU Yalan. Abductor hallux myocutaneous flap for treatment of calcaneal osteomyelitis in 24 cases[J]. Zhonghua Wai Ke Za Zhi[Chin J Surg(Article in Chinese;No abstract available)],1993,31(9):526.}

[16359] 郭树忠，鲁开化，艾玉峰. 股前外侧游离皮瓣在慢性颅骨骨髓炎治疗的应用[J]. 中华外科杂志，1993，31(9)：555-556. {GUO Shuzhong,LU Kaihua,AI Yufeng. Application of anterolateral thigh free flap in the treatment of chronic osteomyelitis of skull[J]. Zhonghua Wai Ke Za Zhi[Chin J Surg(Article in Chinese;Abstract in Chinese)],1993,31(9):555-556.}

[16360] 丁寿勇，傅祖国，刘志雄，张朝跃，曾跃林. 吻合血管的游离背阔肌肌皮瓣交腿移植治疗下肢慢性骨髓炎[J]. 中华整形烧伤外科杂志，1993，9(2)：106-107. DOI：10.3760/j.issn：1009-4598.1993.02.001. {DING Shouyong,FU Zuguo,LIU Zhixiong,ZHANG Chaoyue,ZENG Yuelin. Vascularized latissimus dorsi myocutaneous flap for chronic osteomyelitis of lower extremity[J]. Zhonghua Zheng Xing Shao Shang Wai Ke Za Zhi[Chin J Plast Surg Burns(Article in Chinese;Abstract in Chinese)],1993,9(2):106-107. DOI:10.3760/j.issn:1009-4598.1993.02.001.}

[16361] 樊文甫，李文谦，张照生，苏冬梅，杨学玲. 吻合血管的移植腓骨段发生骨髓炎二例[J]. 中国修复重建外科杂志，1993，7(1)：30. {FAN Wenfu,LI Wenqian,ZHANG Zhaosheng,SU Dongmei,YANG Xueling. Osteomyelitis after vascularized fibular graft in two cases[J]. Zhongguo Xiu Fu Chong Jian Wai Ke Za Zhi[Chin J Repar Reconstr Surg(Article in Chinese;No abstract available)],1993,7(1):30.}

[16362] 刘强，孟庆水，张正之，韩西城. 大网膜游离移植修复慢性骨髓炎合并皮肤缺损[J]. 中国修复重建外科杂志，1996，10(2)：30-31. {LIU Qiang,MENG Qingshui,ZHANG Zhengzhi,HAN Xicheng. Transfer of vascularized greater omentum in repairing chronic osteomyelitis with skin defect[J]. Zhongguo Xiu Fu Chong Jian Wai Ke Za Zhi[Chin J Repar Reconstr Surg(Article in Chinese;Abstract in Chinese and English)],1996,10(2):30-31.}

[16363] 郭文平，阿克巴尔，莎达提. 组织瓣修复骨外露骨髓炎[J]. 中国修复重建外科杂志，1997，11(2)：67. {GUO Wenping,Akebati,Shadati. Tissue flap for repair of osteomyelitis with bone exposure[J]. Zhongguo Xiu Fu Chong Jian Wai Ke Za Zhi[Chin J Repar Reconstr Surg(Article in Chinese;No abstract available)],1997,11(2):67.}

[16364] 陈克俊，高广伟，张宝贵. 应用皮瓣肌皮瓣修复小腿及足部软组织缺损伴骨髓炎[J]. 中华显微外科杂志，1998，21(4)：248. DOI：10.3760/cma.j.issn.1001-2036.1998.04.003. {CHEN Kejun,GAO Guangwei,ZHANG Baogui. Repairing the soft tissue defect with osteomyelitis in leg and foot by musculocutaneous flaps[J]. Zhonghua Xian Wei Wai Ke Za Zhi[Chin J Microsurg(Article in Chinese;Abstract in Chinese and English)],1998,21(4):248. DOI:10.3760/cma.j.issn.1001-2036.1998.04.003.}

[16365] 陈立乾. 广蒂股外侧肌瓣填塞治疗股骨慢性骨髓炎13例[J]. 中国修复重建外科杂志，1998，12(6)：383. {CHEN Liqian. Broad pedicled lateral femoral muscular flap for treatment of chronic femoral osteomyelitis in 13 cases[J]. Zhongguo Xiu Fu Chong Jian Wai Ke Za Zhi [Chin J Repar Reconstr Surg(Article in Chinese);No abstract available)],1998,12(6):383.}

[16366] 张东臣. 带血管蒂腓骨瓣移位修复胫骨骨髓炎合并骨缺损[J]. 中国修复重建外科杂志，1999，13(4)：220. {ZHANG Dongchen. Vascularized fibular flap for repair of tibial osteomyelitis with bone defect[J]. Zhongguo Xiu Fu Chong Jian Wai Ke Za Zhi[Chin J Repar Reconstr Surg(Article in Chinese;No abstract available)],1999,13(4):220.}

[16367] 丰德宽，谢焕福，陈鹏云，冯殿生，王涛，李储忠. 小腿前外侧岛状筋膜瓣治疗胫骨慢性骨髓炎[J]. 中国修复重建外科杂志，2000，14(1)：23. {FENG Dekuan,XIE Huanfu,CHEN Pengyun,FENG Diansheng,WANG Tao,LI Chuzhong. Anterolateral island fascial flap of lower leg for treatment of chronic tibial osteomyelitis[J]. Zhongguo Xiu Fu Chong Jian Wai Ke Za Zhi[Chin J Repar Reconstr Surg(Article in Chinese;No abstract available)],2000,14(1):23.}

[16368] 张宗武，房义辉，安龙，赵海燕，李洪杰. 肌皮瓣转移术治疗胫骨中上段骨髓炎17例[J]. 中国骨伤，2001，14(1)：57. DOI：10.3969/j.issn.1003-0034.2001.01.046. {ZHANG Zongwu,FANG Yihui,AN Long,ZHAO Haiyan,LI Hongjie. Treatment of osteomyelitis of middle and upper tibia with myocutaneous flap transfer in 17 cases[J]. Zhongguo Gu Shang[China J Orthop Trauma(Article in Chinese;No abstract available)],2001,14(1):57. DOI:10.3969/j.issn.1003-0034.2001.01.046.}

[16369] 吴学建，贺长清，王福建，陈聚伍. 背阔肌皮瓣治疗小腿软组织缺损骨髓炎及感染创面[J]中华显微外科杂志，2002，25(1)：65-66. DOI：10.3760/cma.j.issn.1001-2036.2002.01.029. {WU Xuejian,HE Changqing,WANG Fujian,CHEN Juwu. Latissimus dorsi myocutaneous flap for the treatment of osteomyelitis and infected wound of soft tissue defect of lower leg[J]. Zhonghua Xian Wei Wai Ke Za Zhi[Chin J Microsurg(Article in Chinese;Abstract in Chinese)],2002,25(1):65-66. DOI:10.3760/cma.j.issn.1001-2036.2002.01.029.}

[16370] 潘朝晖，王成琪，任志勇，郭德亮，蒋萍萍，宋元进. 游离肌皮瓣治疗小腿及足部软组织缺损伴慢性骨髓炎36例[J]. 中国矫形外科杂志，2002，9(5)：509-510. DOI：10.3969/j.issn.1005-8478.2002.05.032. {PAN Zhaohui,WANG Chengqi,REN Zhiyong,GUO Deliang,JIANG Pingping,SONG Yuanjin. Treatment of Soft Tissue Defect with Chronic Osteomyelitis in Legs and Feet Using Musculocutaneous flaps[J]. Zhongguo Jiao Xing Wai Ke Za Zhi[Orthop J China(Article in Chinese;Abstract in Chinese)],2002,9(5):509-510. DOI:10.3969/j.issn.1005-8478.2002.05.032.}

[16371] 金秀丽，周成福，王建业，李荣锐. 腓肠肌内侧头肌皮瓣移位治疗胫骨中上段骨髓炎骨外露[J]. 中华显微外科杂志，2003，26(4)：298-299. DOI：10.3760/cma.j.issn.1001-2036.2003.04.024. {JIN Xiuli,ZHOU Chengfu,WANG Jianye,LI Rongrui. Medial head flap of gastrocnemius for treatment of osteomyelitis exposure in the middle and upper tibia[J]. Zhonghua Xian Wei Wai Ke Za Zhi[Chin J Microsurg(Article in Chinese;Abstract in Chinese)],2003,26(4):298-299. DOI:10.3760/cma.j.issn.1001-2036.2003.04.024.}

[16372] 李朝晖，贺友生，陈光福，郑守链. 手背肌皮瓣治疗指骨慢性骨髓炎五例[J]. 中华显微外科杂志，2005，28(2)：115. DOI：10.3760/cma.j.issn.1001-2036.2005.02.047. {LI Chaohui,HE Yousheng,CHEN Guangfu,ZHENG Shoulian. Hand dorsalis flap for treatment of chronic osteomyelitis of phalange[J]. Zhonghua Xian Wei Wai Ke Za Zhi[Chin J Microsurg(Article in Chinese;No abstract available)],2005,28(2):115. DOI:10.3760/cma.j.issn.1001-2036.2005.02.047.}

[16373] 胡剑秋，陈世龙，张旭东，丁沈军，项德华，来进杰. 腓骨皮瓣移植修复四肢骨髓炎骨皮肤缺损[J]. 中华显微外科杂志，2005，28(4)：297-298. DOI：10.3760/cma.j.issn.1001-2036.2005.04.003. {HU Jianqiu,CHEN Shilong,ZHANG Xudong,DING Shenjun,XIANG Dehua,LAI Jinjie. Transplantation of the cutaneous fibular flap for the repair of bone and soft tissue defect of the extremity caused by osteomyelitis[J]. Zhonghua Xian Wei Wai Ke Za Zhi[Chin J Microsurg(Article in Chinese;Abstract in Chinese and English)],2005,28(4):297-298. DOI:10.3760/cma.j.issn.1001-2036.2005.04.003.}

[16374] 廖农，潘永谦，李银兴. 下斜方肌肌皮瓣修复锁骨陈旧性骨折合并骨髓炎[J]. 中国修复重建外科杂志，2005，19(8)：628. {LIAO Nong,PAN Yongqian,LI Yinxing. Repair of old clavicle fracture with osteomyelitis with inferior trapezius myocutaneous flap[J]. Zhongguo Xiu Fu Chong Jian Wai Ke Za Zhi[Chin J Repar Reconstr Surg(Article in Chinese;No abstract available)],2005,19(8):628.}

[16375] 李康华，唐举玉，刘俊，谢松林，刘鸣江. 游离髂骨皮瓣移植一期修复胫骨创伤后骨髓炎骨缺损[J]. 中华显微外科杂志，2006，29(2)：132-134. DOI：10.3760/cma.j.issn.1001-2036.2006.02.019. {LI Kanghua,TANG Juyu,LIU Jun,XIE Songlin,LIU Mingjiang. One-stage repair of osteomyelitis bone defect after tibial trauma with free iliac bone flap[J]. Zhonghua Xian Wei Wai Ke Za Zhi[Chin J Microsurg(Article in Chinese;Abstract in Chinese)],2006,29(2):132-134. DOI:10.3760/cma.j.issn.1001-2036.2006.02.019.}

[16376] 王新卫，冯峰，李勇军，郭建刚. 游离腓骨皮瓣移植Ⅰ期修复胫骨创伤性骨髓炎骨皮缺损[J]. 中国矫形外科杂志，2006，14(14)：1058-1060. {WANG Xinwei,FENG Feng,LI Yongjun,GUO Jiangang. Repairing chronic traumatic osteomyelitis complication with bone defect in tibia at stage Ⅰ with dissociated segmented-fibula and the cutaneous flap transfer[J]. Zhongguo Jiao Xing Wai Ke Za Zhi[Orthop J China(Article in Chinese;Abstract in Chinese and English)],2006,14(14):1058-1060.}

[16377] 钟坚，杨运发，侯之启，温世铎，徐中和. 吻合小隐静脉的腓肠神经营养血管逆行岛状皮瓣修复骨髓炎性跟部皮肤缺损[J]. 临床骨科杂志，2006，9(2)：135-137. DOI：10.3969/j.issn.1008-0287.2006.02.015. {ZHONG Jian,YANG Yunfa,HOU Zhiqi,WEN Shifeng,XU Zhonghe. Repair of skin defects secondary to chronic calcaneal osteomyelitis using distally based sural neurocutaneous flap by anastomosis of small saphenous veins[J]. Lin Chuang Gu Ke Za Zhi[J Clin Orthop(Article in Chinese;Abstract in Chinese and English)],2006,9(2):135-137. DOI:10.3969/j.issn.1008-0287.2006.02.015.}

[16378] 刘雪涛，张成进，李忠，周祥吉，范启申，王成琪. 髂骨皮瓣移植修复胫骨创伤后骨髓炎骨皮缺损[J]. 中国修复重建外科杂志，2007，21(9)：928-931. {LIU Xuetao,ZHANG Chengjin,LI Zhong,ZHOU Xiangji,FAN Qishen,WANG Chengqi. Free iliac flap grafting for repair of tibia traumatic osteomyelitis complicated with bone-skin defect[J]. Zhongguo Xiu Fu Chong Jian Wai Ke Za Zhi[Chin J Repar Reconstr Surg(Article in Chinese;Abstract in Chinese and English)],2007,21(9):928-931.}

[16379] 陈波，范顺武，李钧，舒正华. 持续抗生素灌洗和载药人工骨植骨联合皮瓣或肌皮瓣移植治疗难治性慢性骨髓炎[J]. 中国骨伤，2008，21(4)：251-252. DOI：10.3969/j.issn.1003-0034.2008.04.018. {CHEN Bo,FAN Shunwu,LI Jun,SHU Zhenghua. Persistent lavage with antibiotic solution and antibiotic-impregnated bone grafting with skin flap or muscle flap in the treatment of complicated chronic osteomyelitis[J]. Zhongguo Gu Shang[China J Orthop Trauma(Article in Chinese;Abstract in Chinese and English)],2008,21(4):251-252. DOI:10.3969/j.issn.1003-0034.2008.04.018.}

[16380] 杨长伟，贲道锋，路卫，夏照帆. 腓肠肌皮瓣在胫骨中上段慢性骨髓炎治疗中的应用[J]. 上海医学，2008，31(1)：60-61，封3. {YANG Changwei,BI Daofeng,LU Wei,XIA Zhaofan. Application of gastrocnemius flap in the treatment of chronic osteomyelitis in the middle and upper tibia[J]. Shang Hai Yi Xue[Shanghai Med J(Article in Chinese;No abstract available)],2008,31(1):60-61,cover 3.}

[16381] 才志刚，张绍明，张珩，徐小平. 心脏术后胸骨骨髓炎和纵隔炎使用腹直肌带蒂肌皮瓣修复创面[J]. 上海医学，2008，31(4)：256-258. {CAI Zhigang,ZHANG Shaoming,ZHANG Heng,XU Xiaoping. Pedicled rectus abdominis musculocutaneous flap in reconstruction of lesions associated with sternus osteomyelitis and mediastintis secondary to heart surgery[J]. Shang Hai Yi Xue[Shanghai Med J(Article in Chinese;Abstract in Chinese and English)],2008,31(4):256-258.}

[16382] 刘志旺，刘会仁，李瑞国，王国强. 游离股前外侧皮瓣治疗小腿软组织缺损、骨髓炎[J]. 创伤外科杂志，2009，11(3)：271-271. DOI：10.3969/j.issn.1009-4237.2009.03.030. {LIU Zhiwang,LIU Huiren,LI Ruiguo,WANG Guoqiang. Treatment of leg soft tissue defect and osteomyelitis with free anterolateral thigh flap[J]. Chuang Shang Wai Ke Za Zhi[J Traum Surg(Article

in Chinese;Abstract in Chinese)],2009,11(3):271-271. DOI:10.3969/j.issn.1009-4237.2009.03.030.}

[16383] 韩久卉，张英泽，田德虎，韩金豹，郭尔斐，查君璞．游离肌皮瓣移植治疗难治性小腿和足部创伤后骨髓炎[J]．中华骨科杂志，2010，30（7）：635-640．DOI：10.3760/cma.j.issn.0253-2352.2010.07.001．{HAN Jiuhui,ZHANG Yingze,TIAN Dehu,HAN Jinbao,GUO Erfei,ZHA Junpu. Transfer of free myocutaneous flap in treatment of refractory post-traumatic osteomyelitis of the lower leg and foot[J]. Zhonghua Gu Ke Za Zhi[Chin J Orthop(Article in Chinese;Abstract in Chinese and English)],2010,30(7):635-640. DOI:10.3760/cma.j.issn.0253-2352.2010.07.001.}

[16384] 刘杰，王栓科，郭士方，台会平．腓肠神经营养血管肌皮瓣加置管冲洗治疗外踝创伤性骨髓炎[J]．中华显微外科杂志，2010，33（4）：281-283．DOI：10.3760/cma.j.issn.1001-2036.2010.04.008．{LIU Jie,WANG Shuanke,GUO Shifang,TAI Huiping. Sural neuro musculocutaneous flap transplantation plus catheter irrigation for chronic lateral-malleolus Ostoemyelitis[J]. Zhonghua Xian Wei Wai Ke Za Zhi[Chin J Microsurg(Article in Chinese;Abstract in Chinese and English)],2010,33(4):281-283. DOI:10.3760/cma.j.issn.1001-2036.2010.04.008.}

[16385] 刘晓雪，段伟强，岑瑛，张艳阁．胸大肌肌瓣移位治疗开胸术后慢性胸骨骨髓炎[J]．中国修复重建外科杂志，2010，24（3）：322-324．{LIU Xiaoxue,DUAN Weiqiang,CE Ying,ZHANG Yange. Repair of chronic osteomyelitis of sternum after thoracotomy with greater pectoral muscle flap[J]. Zhongguo Xiu Fu Chong Jian Wai Ke Za Zhi[Chin J Repar Reconstr Surg(Article in Chinese;Abstract in Chinese and English)],2010,24(3):322-324.}

[16386] 程勇，许嘉生，周永生，周海洋，欧阳才生，何勤．腓肠神经营养血管逆行岛状肌皮瓣修复足踝部慢性骨髓炎创面[J]．中华整形外科杂志，2011，27（2）：138-139．DOI：10.3760/cma.j.issn.1009-4598.2011.02.019．{CHENG Yong,XU Xisheng,ZHOU Yongsheng,ZHOU Haiyang,OUYANG,Caisheng,HE Qin. Sural neurovascular island myocutaneous flap for repair of chronic osteomyelitis of foot and ankle[J]. Zhonghua Zheng Xing Wai Ke Za Zhi[Chin J Plast Surg(Article in Chinese;No abstract available)],2011,27(2):138-139. DOI:10.3760/cma.j.issn.1009-4598.2011.02.019.}

[16387] 翟建国，周硕霞，丛海波，杜全红，隋海明．游离皮瓣移植结合骨段滑移技术治疗胫骨骨髓炎骨缺损[J]．中华显微外科杂志，2012，35（4）：327-329．DOI：10.3760/cma.j.issn.1001-2036.2012.04.023．{ZHAI Jianguo,ZHOU Shuoxia,CONG Haibo,DU Quanhong,SUI Haiming. Free flap transfer with bone segment sliding technique for treatment of tibial osteomyelitis and bone defect[J]. Zhonghua Xian Wei Wai Ke Za Zhi[Chin J Microsurg(Article in Chinese;Abstract in Chinese)],2012,35(4):327-329. DOI:10.3760/cma.j.issn.1001-2036.2012.04.023.}

[16388] 胡晓骅，陈忠，黎明，杜伟力，王成，沈余明．腓骨短肌肌瓣联合腓肠神经营养血管逆行岛状皮瓣治疗患者小腿远端及足部骨髓炎伴软组织缺损[J]．中华烧伤杂志，2013，29（2）：173-176．DOI：10.3760/cma.j.issn.1009-2587.2013.02.020．{HU Xiaohua,CHEN Zhong,LI Ming,DU Weili,WANG Cheng,SHEN Yuming. Treatment of osteomyelitis and soft tissue defects at distal region of leg and foot by pedicled peroneus brevis muscle flaps and reverse island flaps with sural nerve and blood supplying vessels[J]. Zhonghua Shao Shang Za Zhi[Chin J Burns(Article in Chinese;Abstract in Chinese and English)],2013,29(2):173-176. DOI:10.3760/cma.j.issn.1009-2587.2013.02.020.}

[16389] 李亮，杨成林，吴思远，徐宏伟，查雪峰，宋祥胜．腓肠肌皮瓣修复老年人胫骨慢性骨髓炎创面[J]．临床骨科杂志，2013，16（2）：162-164．DOI：10.3969/j.issn.1008-0287.2013.02.018．{LI Liang,YANG Chenglin,WU Siyuan,XU Hongwei,ZHA Xuefeng,SONG Xiangsheng. Treatment of using muscle flaps to repair the wound of tibia chronic osteomylitis for elderly patients[J]. Lin Chuang Gu Ke Za Zhi[J Clin Orthop(Article in Chinese;Abstract in Chinese and English)],2013,16(2):162-164. DOI:10.3969/j.issn.1008-0287.2013.02.018.}

[16390] 俞华军，黄凯，马苟平，郭峭峰，张晓文，张春．踇趾腓侧皮瓣修复拇指骨髓炎病灶清除后皮肤软组织缺损[J]．中华手外科杂志，2016，32（4）：277-279．DOI：10.3760/cma.j.issn.1005-054X.2016.04.016．{YU Huajun,HUANG Kai,MA Gouping,GUO Qiaofeng,ZHANG Xiaowen,ZHANG Chun. One-stage surgical treatment for thumb osteomyelitis accompanied with soft tissue defects:free flap transplantation from fibular side of the big toe[J]. Zhonghua Shou Wai Ke Za Zhi[Chin J Hand Surg(Article in Chinese;Abstract in Chinese and English)],2016,32(4):277-279. DOI:10.3760/cma.j.issn.1005-054X.2016.04.016.}

[16391] 覃凤均，胡晓骅，黎明，沈余明．腓肠神经营养血管远端蒂皮瓣联合腓骨短肌肌瓣治疗跟骨骨髓炎15例[J]．中华烧伤杂志，2017，33（2）：93-94．DOI：10.3760/cma.j.issn.1009-2587.2017.02.008．{QIN Fengjun,HU Xiaohua,LI Ming,SHEN Yuming. Treatment of calcaneal osteomyelitis and calcaneal defect by distally based sural fasciocutaneous flap combined with peroneus brevis muscle[J]. Zhonghua Shao Shang Za Zhi[Chin J Burns(Article in Chinese;Abstract in Chinese and English)],2017,33(2):93-94. DOI:10.3760/cma.j.issn.1009-2587.2017.02.008.}

[16392] 江彬锋，黄凯，陆建伟，郭峭峰，沈立锋，林炳远，张春．髂骨及载抗生素人工骨联合腓肠肌内侧头肌皮瓣移植治疗胫骨中上段创伤性骨髓炎[J]．中华整形外科杂志，2017，33（3）：226-228．DOI：10.3760/cma.j.issn.1009-4598.2017.03.016．{JIANG Binfeng,HUANG Kai,LU Jianwei,GUO Qiaofeng,SHEN Lifeng,LIN Bingyuan,ZHANG Chun. Treatment of traumatic osteomyelitis in the middle and upper tibia with iliac bone and antibiotic loaded artificial bone combined with medial gastrocnemius myocutaneous flap[J]. Zhonghua Zheng Xing Wai Ke Za Zhi[Chin J Plast Surg(Article in Chinese;No abstract available)],2017,33(3):226-228. DOI:10.3760/cma.j.issn.1009-4598.2017.03.016.}

[16393] 覃凤均，胡晓骅，黎明，沈余明．腓肠神经营养血管远端蒂皮瓣联合腓骨短肌肌瓣治疗跟骨骨髓炎及跟骨缺损[J]．骨科临床与研究杂志，2017，3（6）：364-368．DOI：10.19548/j.2096-269x.2017.06.009．{QIN Fengjun,HU Xiaohua,LI Ming,SHEN Yuming. Treatment of calcaneal osteomyelitis and calcaneal defect by distally based sural fasciocutaneous flap combined with peroneus brevis muscle[J]. Gu Ke Lin Chuang Yu Yan Jiu Za Zhi[J Clin Orthop Res(Article in Chinese;Abstract in Chinese and English)],2017,3(6):364-368. DOI:10.19548/j.2096-269x.2017.06.009.}

[16394] 刘学光，孙振中，宋升，韦旭明，庄胤，周明，韩晓飞．足背动脉岛状皮瓣联合载万古霉素硫酸钙治疗胫骨远端创伤性骨髓炎伴软组织缺损[J]．中国修复重建外科杂志，2017，31（5）：629-631．DOI：10.7507/1002-1892.201610052．{LIU Xueguang,SUN Zhenzhong,SONG Sheng,WEI Xuming,ZHUANG Yin,ZHOU Ming,HAN Xiaofei. Dorsal pedis artery island flap combined with calcium sulfate loaded with vancomycin for treatment of traumatic osteomyelitis of distal tibia with soft tissue defect[J]. Zhongguo Xiu Fu Chong Jian Wai Ke Za Zhi[Chin J Repar Reconstr Surg(Article in Chinese;Abstract in Chinese)],2017,31(5):629-631. DOI:10.7507/1002-1892.201610052.}

[16395] 闫韵飞，解秀峰，褚立涛，李斌，曾晓峰，陆维举．臂部头静脉皮瓣修复胸壁放射性溃疡伴胸骨骨髓炎一例[J]．中华显微外科杂志，2018，41（3）：309．DOI：10.3760/cma.j.issn.1001-2036.2018.03.036．{YAN Yunfei,XIE Xiufeng,CHU Litao,LI Bin,ZENG Xiaofeng,LU Weiju. Repair of radiation ulcer of chest wall with sternal osteomyelitis with brachial cephalic vein flap:a case report[J]. Zhonghua Xian Wei Wai Ke Za Zhi[Chin J Microsurg(Article in Chinese;No abstract available)],2018,41(3):309. DOI:10.3760/cma.j.issn.1001-2036.2018.03.036.}

[16396] 刘亦杨，沈立锋，黄凯，林炳远，张展，翟利锋，张春，郭峭峰，马苟平，林程山．腓骨皮瓣结合载抗生素人工骨一期治疗前臂Cierny-Mader Ⅳ型骨髓炎[J]．中华显微外科杂志，2019，42（4）：348-353．DOI：10.3760/cma.j.issn.1001-2036.2019.04.009．{LIU Yiyang,SHEN Lifeng,HUANG Kai,LIN Bingyuan,ZHANG Zhan,ZHAI Lifeng,ZHANG Chun,GUO Qiaofeng,MA Gouping,LIN Chengshan. Free cutaneous fibular flap combined with antibiotic-loaded artificial bone graft for the treatment of an-tibrachial osteomyelitis of Cierny-Mader type IV[J]. Zhonghua Xian Wei Wai Ke Za Zhi[Chin J Microsurg(Article in Chinese;Abstract in Chinese and English)],2019,42(4):348-353. DOI:10.3760/cma.j.issn.1001-2036.2019.04.009.}

[16397] 王成，沈余明，覃凤均．应用股前外侧游离皮瓣移植治疗胫骨慢性骨髓炎的临床疗效观察[J]．骨科临床与研究杂志，2020，5（2）：111-115，121．DOI：10.19548/j.2096-269x.2020.02.010．{WANG Cheng,SHEN Yuming,QIN Fengjun. Clinical observation of anterolateral thigh free flap for treatment of chronic osteomyelitis of tibia[J]. Gu Ke Lin Chuang Yu Yan Jiu Za Zhi[J Clin Orthop Res(Article in Chinese;Abstract in Chinese and English)],2020,5(2):111-115,121. DOI:10.19548/j.2096-269x.2020.02.010.}

5.15 上肢骨缺损修复与重建

repair and reconstruction of upper limb bone defect

5.15.1 肱骨骨缺损修复与重建

repair and reconstruction of humeral bone defect

[16398] Niu Y,Bai Y,Xu S,Wu D,Liu X,Wang P,Zhang C,Li M. Treatment of bone nonunion and bone defects associated with unsuccessful humeral condylar fracture repair with autogenous iliac bone reconstruction[J]. J Shoulder Elbow Surg,2012,21(8):985-991. doi:10.1016/j.jse.2011.06.004.

[16399] 杨立民，石万一，叶显乐，郭景华．带血管蒂肩胛骨瓣转移修复肱骨上段骨缺损或肩关节融合[J]．中华外科杂志，1986，24（5）：267-268．{YANG Limin,SHI Wanyi,YE Xianle,GUO Jinghua. Vascularized scapular flap transfer for repair of upper humeral bone defect or shoulder joint fusion[J]. Zhonghua Wai Ke Za Zhi[Chin J Surg(Article in Chinese;No abstract available)],1986,24(5):267-268.}

[16400] 徐达传，钟世镇．以胸背血管肩胛骨支为蒂肩胛骨移位修复肱骨中上段缺损的应用解剖（一种新的血管蒂）[J]．修复重建外科杂志，1988，2（2）：236．{XU Dachuan,ZHONG Shizhen. Applied anatomy of scapular transposition pedicled with the scapular branch of thoracodorsal artery for repair of the defect of middle and upper humerus (a new vascular pedicle)[J]. Zhongguo Xiu Fu Chong Jian Wai Ke Za Zhi[Chin J Repar Reconstr Surg(Article in Chinese;No abstract available)],1988,2(2):236.}

[16401] 刘亚国，马大军．以肩胛下血管为蒂肩胛骨腋缘转位修复肱骨缺损的应用解剖[J]．修复重建外科杂志，1991，5（1）：49-50，64．{LIU Yaguo,MA Dajun. Applied anatomy of axillary margin of scapula pedicled with subscapular vessels for repair of humeral defect[J]. Zhongguo Xiu Fu Chong Jian Wai Ke Za Zhi[Chin J Repar Reconstr Surg(Article in Chinese;Abstract in Chinese)],1991,5(1):49-50,64.}

[16402] 乔闯．应用骨肌皮瓣转移再造肱骨干髓腔[J]．中华骨科杂志，1995，15：236-237．{QIAO Chuang. Musculoskeletal flap transfer for reconstruction of medullary cavity of humeral shaft[J]. Zhonghua Gu Ke Za Zhi[Chin J Orthop(Article in Chinese;No abstract available)],1995,15:236-237.}

[16403] 史振满，许知光，马百宝．带筋膜蒂的锁骨段转位移植修复肱骨缺损[J]．中华手外科杂志，1996，12（S1）：64-65．{SHI Zhenman,XU Zhiguang,MA Baibao. Clavicle segment with fascial pedicle transposition of for repair of humeral defect[J]. Zhonghua Shou Wai Ke Za Zhi[Chin J Hand Surg(Article in Chinese;No abstract available)],1996,12(S1):64-65.}

[16404] 顾立强，杨运平，裴国献，陈国奋，任高宏，徐达传，胡罢生．带上胫腓关节的腓骨移植修复肱骨缺损并重建肘关节功能的应用解剖与临床应用[J]．中华手外科杂志，2000，16（4）：201．DOI：10.3760/cma.j.issn.1005-054X.2000.04.004．{GU Liqiang,YANG Yunping,PEI Guoxian,CHEN Guofen,REN Gaohong,XU Dachuan,HU Basheng. Repair of long bone defect of humerus and reconstruction of elbow joint by vascularized fibular graft with upper tibiofibular joint:anatomical study and clinical application[J]. Zhonghua Shou Wai Ke Za Zhi[Chin J Hand Surg(Article in Chinese;Abstract in Chinese and English)],2000,16(4):201. DOI:10.3760/cma.j.issn.1005-054X.2000.04.004.}

[16405] 喻爱喜，陈振光，余国荣，谭金海．带血管蒂骨膜瓣移位修复肱骨骨折及骨不连[J]．中国修复重建外科杂志，2001，15（5）：310-311．{YU Aixi,CHEN Zhenguang,YU Guorong,TAN Jinhai. Repair of humeral fracture and non-union with transfer of vascularized periosteal flap[J]. Zhongguo Xiu Fu Chong Jian Wai Ke Za Zhi[Chin J Repar Reconstr Surg(Article in Chinese;Abstract in Chinese and English)],2001,15(5):310-311.}

[16406] 杨志明，饶书城，项舟，黄富国．吻合血管同种异体肱骨干移植20年随访结果[J]．中国修复重建外科杂志，2001，15（6）：354-357．{YANG Zhiming,RAO Shucheng,XIANG Zhou,HUANG Fuguo. Allogeneic humeral shaft transplantation with vascular anastomosis:twenty years follow-up[J]. Zhongguo Xiu Fu Chong Jian Wai Ke Za Zhi[Chin J Repar Reconstr Surg(Article in Chinese;Abstract in Chinese and English)],2001,15(6):354-357.}

[16407] 郭奇峰，徐中和，温世锋．带监测皮岛的腓骨头移植修复肱骨头缺损重建肩关节[J]．中国临床解剖学杂志，2003，21（5）：512-513．DOI：10.3969/j.issn.1001-165X.2003.05.036．{GUO Qifeng,XU Zhonghe,WEN Shifeng. Caput fibular grafts with monitoring-flap used to treat caput humeral big bone defect and reconstruct shoulder joint[J]. Zhongguo Lin Chuang Jie Pou Xue Za Zhi[Chin J Clin Anat(Article in Chinese;Abstract in Chinese and English)],2003,21(5):512-513. DOI:10.3969/j.issn.1001-165X.2003.05.036.}

[16408] 甄平，刘兴炎，高秋明，李旭升，傅晨．吻合血管游离腓骨移植治疗肱骨复杂性骨不连[J]．中国修复重建外科杂志，2004，18（6）：517-518．{ZHEN Ping,LIU Xingyan,GAO Qiuming,LI Xusheng,FU Chen. Treatment of complex nonunion of humerus with vascularized fibula graft[J]. Zhongguo Xiu Fu Chong Jian Wai Ke Za Zhi[Chin J Repar Reconstr Surg(Article in Chinese;No abstract available)],2004,18(6):517-518.}

[16409] 陈振光．带血管蒂骨及骨膜瓣移位修复肱骨不连和肱骨缺损的现状[J]．中华显微外科杂志，2006，29（3）：163-164．DOI：10.3760/cma.j.issn.1001-2036.2006.03.001．{CHEN Zhenguang. Present situation of repairing nonunion and defect of humerus with vascularized bone and periosteal flap[J]. Zhonghua Xian Wei Wai Ke Za Zhi[Chin J Microsurg(Article in Chinese;No abstract available)],2006,29(3):163-164. DOI:10.3760/cma.j.issn.1001-2036.2006.03.001.}

[16410] 贾红伟，吕松峰，任飞．胫骨皮瓣游离移植治疗肱骨骨不连骨缺损[J]．中国骨伤，2007，20（5）：334-335．DOI：10.3969/j.issn.1003-0034.2007.05.019．{JIA Hongwei,LV Songfeng,REN Fei. Free vascularized tibial flap graft for the treatment of bone nonunion or bone defect at humerus[J]. Zhongguo Gu Shang[China J Orthop Trauma(Article in Chinese;No abstract available)],2007,20(5):334-335. DOI:10.3969/j.issn.1003-0034.2007.05.019.}

[16411] 林永新，吕振京，孙国栋，王国普，李志忠．带血管蒂腓骨移植加锁定钢板治疗肱骨术后大段骨缺损的临床分析[J]．中华显微外科杂志，2013，36（4）：374-375．DOI：10.3760/cma.j.issn.1001-2036.2013.06.018．{LIN Yongxin,LV Zhenjing,SUN Guodong,WANG Guopu,LI Zhizhong. Clinical analysis of vascularized fibula flap transplantation and locking plate in treatment of large bone defect after humeral operation[J]. Zhonghua Xian Wei Wai Ke Za Zhi[Chin J Microsurg(Article in Chinese;Abstract in Chinese)],2013,36(4):374-375. DOI:10.3760/cma.j.issn.1001-2036.2013.06.018.}

[16412] 王伟，于秀淳，李骁，王振兴，赵仁涛，徐明，郑凯. 肱骨近端肿瘤患者骨缺损的同侧锁骨翻转修复[J]. 中国骨与关节杂志，2017，6（11）：867-873. DOI: 10.3969/j.issn.2095-252X.2017.11.015. {WANG Wei,YU Xiuchun,LI Xiao,WANG Zhenxing,ZHAO Rentao,XU Ming,ZHENG Kai. Clavicula pro humero reconstruction after tumor resection of the proximal humerus[J]. Zhongguo Gu Yu Guan Jie Za Zhi[Chin J Bone Joint(Article in Chinese;Abstract in Chinese and English)],2017,6(11):867-873. DOI:10.3969/j.issn.2095-252X.2017.11.015.}

5.15.2 尺、桡骨骨缺损修复与重建

repair and reconstruction of ulnar and radial bone defect

[16413] 李主一. 腓骨皮瓣复合组织移植修复严重尺骨缺损二例[J]. 修复重建外科杂志，1988，2（2）：88. {LI Zhuyi. Repair of severe ulnar defect by composite tissue transplantation of fibula flap:a report of 2 cases[J]. Zhongguo Xiu Fu Chong Jian Wai Ke Za Zhi[Chin J Repar Reconstr Surg(Article in Chinese;No abstract available)],1988,2(2):88.}

[16414] 李家法. 活骨移植修复骨髓炎致桡骨缺损一例[J]. 修复重建外科杂志，1989，3（4）：147. {LI Jiafa. Repair of radius defect caused by osteomyelitis by living bone transplantation:a case report[J]. Zhongguo Xiu Fu Chong Jian Wai Ke Za Zhi[Chin J Repar Reconstr Surg(Article in Chinese;No abstract available)],1989,3(4):147.}

[16415] 李其训，李主一，师继红，向红武. 吻合血管的腓骨半关节移植治疗桡骨远端骨巨细胞瘤远期疗效观察[J]. 中国修复重建外科杂志，1992，6（2）：78-79，126. {LI Qixun,LI Zhuyi,SHI Jihong,XIANG Hongwu. Vascularized fibular head transplantation in the treatment of giant cell tumor of the lower end of radius[J]. Zhongguo Xiu Fu Chong Jian Wai Ke Za Zhi[Chin J Repar Reconstr Surg(Article in Chinese;Abstract in Chinese and English)],1992,6(2):78-79,126.}

[16416] 冯明录. 桡骨远端骨巨细胞瘤切除后缺损的修复[J]. 中国修复重建外科杂志，1994，8（3）：191. {FENG Minglu. Repair of defect after resection of giant cell tumor of distal radius[J]. Zhongguo Xiu Fu Chong Jian Wai Ke Za Zhi[Chin J Repar Reconstr Surg(Article in Chinese;No abstract available)],1994,8(3):191.}

[16417] 张明元，蔡林. 桡骨远端骨缺损的修复与功能重建[J]. 中国修复重建外科杂志，1997，11（4）：229-230. {ZHANG Mingyuan,CAI Lin. Repair of bone defect of distal end of radius and its functional restoration[J]. Zhongguo Xiu Fu Chong Jian Wai Ke Za Zhi[Chin J Repar Reconstr Surg(Article in Chinese;Abstract in Chinese and English)],1997,11(4):229-230.}

[16418] 黄启顺，洪光祥，王发斌，万圣祥，张建新，陈振兵. 带血管蒂腓骨头移植代替桡骨远端重建腕关节疗效观察[J]. 中国修复重建外科杂志，1999，13（3）：170-172. {HUANG Qishun,HONG Guangxiang,WANG Fabin,WAN Shengxiang,ZHANG Jianxin,CHEN Zhenbing. Observation of reconstruction of wrist joint by replac ement of distal end of radius with vascularized fibular head[J]. Zhongguo Xiu Fu Chong Jian Wai Ke Za Zhi[Chin J Repar Reconstr Surg(Article in Chinese;Abstract in Chinese and English)],1999,13(3):170-172.}

[16419] 赵金忠，曾炳芳. 带血运骨膜管移植和骨充填物修复桡骨长段缺损的研究[J]. 中国修复重建外科杂志，2003，17（1）：9-12. {ZHAO Jinzhong,ZENG Bingfang. Treatment of large bone defect of radius with vascularized tubulate periosteum graft and bone filling material in rabbits[J]. Zhongguo Xiu Fu Chong Jian Wai Ke Za Zhi[Chin J Repar Reconstr Surg(Article in Chinese;Abstract in Chinese and English)],2003,17(1):9-12.}

[16420] 戚超，黄富国，杨志明，蔡琰，陈雷，陈进利. 桡骨远端瘤段切除后单纯自体腓骨移植与吻合血管腓骨移植重建桡腕关节疗效比较[J]. 中国修复重建外科杂志，2004，18（3）：165-167. {QI Chao,HUANG Fuguo,YANG Zhiming,CAI Yan,CHEN Lei,CHEN Jinli. Limb salvage surgery for wrist in bone tumor by using free vascularised fibular graft with fibular head or simple fibular graft[J]. Zhongguo Xiu Fu Chong Jian Wai Ke Za Zhi[Chin J Repar Reconstr Surg(Article in Chinese;Abstract in Chinese and English)],2004,18(3):165-167.}

[16421] 曹立新，梁辉，姜晓峰. 腓骨近端游离移植重建桡骨远端骨巨细胞瘤切除后骨缺损[J]. 中国修复重建外科杂志，2008，22（7）：889-891. {CAO Lixin,LIANG Hui,JIANG Xiaofeng. Reconstruction of bone defect after resection of giant cell tumor of distal radius with free proximal fibula transplantation[J]. Zhongguo Xiu Fu Chong Jian Wai Ke Za Zhi[Chin J Repar Reconstr Surg(Article in Chinese;Abstract in Chinese)],2008,22(7):889-891.}

[16422] 毕郑钢，潘琦，付春江，韩昕光. 吻合血管腓骨小头移植重建腕关节治疗桡骨远端骨巨细胞瘤[J]. 中国修复重建外科杂志，2010，24（12）：1416-1418. {BI Zhenggang,PAN Qi,FU Chunjiang,HAN Xinguang. Wrist joint reconstruction with vascularized fibular head graft after resection of distal radius giant cell tumor[J]. Zhongguo Xiu Fu Chong Jian Wai Ke Za Zhi[Chin J Repar Reconstr Surg(Article in Chinese;Abstract in Chinese and English)],2010,24(12):1416-1418.}

[16423] 杨焕友，王斌，王建功，李瑞国，赵少平，部文茜. 尺骨茎突骨折合并尺神经手背支腕关节支损伤临床研究[J]. 中国修复重建外科杂志，2013，27（9）：1028-1031. DOI: 10.7507/1002-1892.20130224. {YANG Huanyou,WANG Bin,WANG Jiangong,LI Ruiguo,ZHAO Shaoping,BU Wenqian. Clinical research of ulnar styloid fracture complicated with wrist dorsal branch of ulnar nerve injury[J]. Zhongguo Xiu Fu Chong Jian Wai Ke Za Zhi[Chin J Repar Reconstr Surg(Article in Chinese;Abstract in Chinese and English)],2013,27(9):1028-1031. DOI:10.7507/1002-1892.20130224.}

[16424] 王孝辉. 改良前臂背侧筋膜脂肪瓣治疗创伤性尺桡骨骨性连接[J]. 中国修复重建外科杂志，2016，30（7）：919-920. DOI: 10.7507/1002-1892.20160185. {WANG Xiaohui. Modified dorsal forearm fascia fat flap for the treatment of traumatic osseous connection of ulna and radius[J]. Zhongguo Xiu Fu Chong Jian Wai Ke Za Zhi[Chin J Repar Reconstr Surg(Article in Chinese;Abstract in Chinese)],2016,30(7):919-920. DOI:10.7507/1002-1892.20160185.}

[16425] 刘刚，李佳琪，黄俊琪，王陶，唐诗添，石波，黄富国，王军. 带血管蒂腓骨瓣移植重建Campanacci Ⅲ级桡骨远端骨巨细胞瘤切除术后桡腕关节的远期疗效[J]. 中国修复重建外科杂志，2020，34（3）：352-356. DOI: 10.7507/1002-1892.201904117. {LIU Gang,LI Jiaqi,HUANG Junqi,WANG Tao,TANG Shitian,SHI Bo,HUANG Fuguo,WANG Jun. Long-term effectiveness of vascularized fibula flap in radiocarpal joint reconstruction following excision of Campanacci grade Ⅲ giant cell tumor[J]. Zhongguo Xiu Fu Chong Jian Wai Ke Za Zhi[Chin J Repar Reconstr Surg(Article in Chinese;Abstract in Chinese and English)],2020,34(3):352-356. DOI:10.7507/1002-1892.201904117.}

[16426] 董延召，呼鹏飞，刘福云，牛学强，冯国明，王飞鹏. 桡骨短缩去旋转截骨皮下带蒂脂肪瓣填充治疗先天性尺桡骨融合[J]. 中国修复重建外科杂志，2020，34（7）：820-825. DOI: 10.7507/1002-1892.201911079. {DONG Yanzhao,HU Pengfei,LIU Fuyun,NIU Xueqiang,FENG Guoming,WANG Feipeng. Treatment of congenital radioulnar synostosis with radial derotational osteotomy and local subcutaneous pedicled fat flap filling in fusion area[J]. Zhongguo Xiu Fu Chong Jian Wai Ke Za Zhi[Chin J Repar Reconstr Surg(Article in Chinese;Abstract in Chinese and English)],2020,34(7):820-825. DOI:10.7507/1002-1892.201911079.}

5.15.3 手舟骨缺损修复与重建

repair and reconstruction of scaphoid defect of hand

[16427] Liang K,Ke Z,Chen L,Nie M,Cheng Y,Deng Z. Scaphoid nonunion reconstructed with vascularized bone-grafting pedicled on 1,2 intercompartmental supraretinacular artery and external fixation[J]. Eur Rev Med Pharmacol Sci,2013,17(11):1447-54.

[16428] 董桂书，卓巍，高博文. 血管束植入骨内治疗腕舟骨骨不连、月骨缺血性坏死[J]. 修复重建外科杂志，1989，3（1）：27. {DONG Guishu,ZHUO Wei,GAO Bowen. Intraosseous implantation of vascular bundle for the treatment of scaphoid nonunion and lunate avascular necrosis[J]. Zhongguo Xiu Fu Chong Jian Wai Ke Za Zhi[Chin J Repar Reconstr Surg(Article in Chinese;No abstract available)],1989,3(1):27.}

[16429] 鲁胜武，孙傅友，陈福春，曹家树. 逆行筋膜蒂桡骨茎突骨瓣治疗陈旧性腕舟骨骨折[J]. 中国修复重建外科杂志，1993，7（2）：86-87，127-129. {LU Shengwu,SUN Fuyou,CHEN Fuchun,CAO Jiashu. Conversed transplant of radial styloid bone flap with fascial pedicle in oldfracture of carpal scaphoid bone[J]. Zhongguo Xiu Fu Chong Jian Wai Ke Za Zhi[Chin J Repar Reconstr Surg(Article in Chinese;Abstract in Chinese and English)],1993,7(2):86-87,127-129.}

[16430] 侯德泰，王开舫，王旭泰，孟学祯. 带蒂桡骨骨膜骨瓣治疗陈旧性舟骨骨折[J]. 中国修复重建外科杂志，1993，7（4）：258. {HOU Detai,WANG Kaifang,WANG Xutai,MENG Xuezhen. Treatment of old scaphoid fracture with pedicled radial periosteal bone flap[J]. Zhongguo Xiu Fu Chong Jian Wai Ke Za Zhi[Chin J Repar Reconstr Surg(Article in Chinese;No abstract available)],1993,7(4):258.}

[16431] 宋力. 带蒂骨膜瓣移位修复腕舟骨陈旧性骨折[J]. 中国修复重建外科杂志，1997，11（1）：68. {SONG Li. Repair of old fracture of scaphoid bone by transposition of pedicled periosteal flap[J]. Zhongguo Xiu Fu Chong Jian Wai Ke Za Zhi[Chin J Repar Reconstr Surg(Article in Chinese;No abstract available)],1997,11(1):68.}

[16432] 郭涛. 第二掌骨骨膜骨瓣移位修复腕舟骨骨折二例[J]. 中国修复重建外科杂志，1997，11（5）：7. {GUO Tao. Transposition of second metacarpal periosteal bone flap for repair of scaphoid fracture:a report of 2 cases[J]. Zhongguo Xiu Fu Chong Jian Wai Ke Za Zhi[Chin J Repar Reconstr Surg(Article in Chinese;No abstract available)],1997,11(5):7.}

[16433] 闫毅，钟桂午，任朝霞，胡万华，许丁才. 以桡动脉返支为蒂的桡骨骨膜骨瓣移位治疗舟骨骨不连[J]. 中国修复重建外科杂志，2000，14（5）：293-294. {YAN Yi,ZHONG Guiwu,REN Chaoxia,HU Wanhua,XU Dingcai. Treatment of nonunion of scaphoid bone by transfer of radial periosteal bone flap pedicled with recurrent branch of radial artery[J]. Zhongguo Xiu Fu Chong Jian Wai Ke Za Zhi[Chin J Repar Reconstr Surg(Article in Chinese;Abstract in Chinese and English)],2000,14(5):293-294.}

[16434] 李龙，纪柳，江健，刘华彦，胡朝辉. 带蒂桡骨膜移位螺钉内固定治疗陈旧性腕舟骨骨折[J]. 中国修复重建外科杂志，2004，18（5）：364-366. {LI Long,JI Liu,JIANG Jian,LIU Huayan,HU Chaohui. Treatment of old scaphoid fracture with transposition of vascularized periosteal flap and internal fixation[J]. Zhongguo Xiu Fu Chong Jian Wai Ke Za Zhi[Chin J Repar Reconstr Surg(Article in Chinese;Abstract in Chinese and English)],2004,18(5):364-366.}

[16435] 朱延明. 桡动脉茎突返支为蒂桡骨茎突骨瓣植入术治疗舟骨骨折不愈合[J]. 中国修复重建外科杂志，2006，20（11）：1070-1072. {ZHU Yanming. Treatment of scaphoid nonunion with bone flap pedicled on the recurrent branch of radial artery to the styloid process[J]. Zhongguo Xiu Fu Chong Jian Wai Ke Za Zhi[Chin J Repar Reconstr Surg(Article in Chinese;Abstract in Chinese and English)],2006,20(11):1070-1072.}

5.15.4 腕骨骨缺损修复与重建

repair and reconstruction of carpal bone defect

[16436] 马玉林，夏宁晓，郭建斌，牛平. 带血管蒂第二、三掌骨骨瓣转移治疗腕舟骨陈旧性骨折[J]. 中华手外科杂志，1996，12（4）：22-23. {MA Yulin,XIA Ningxiao,GUO Jianbin,NIU Ping. Transposition of vascular pedicled bone flap from second or third metacarpal for old scaphoid fracture[J]. Zhonghua Shou Wai Ke Za Zhi[Chin J Hand Surg(Article in Chinese;Abstract in Chinese and English)],1996,12(4):22-23.}

[16437] 王鹏建，龚文汇，屈玉琛，邱强，何勤，安星. 桡动脉腕背支掌骨骨瓣移植治疗腕舟骨陈旧性骨折不连接[J]. 中华显微外科杂志，1996，19（4）：265-266. {WANG Pengjian,GONG Wenhui,QU Yuchen,QIU Qiang,HE Qin,AN Xing. Grafting of metacarpal bone flap with dorsal carpal branch of radial artery in treatment of advanced scaphoid bone fracture nonunion[J]. Zhonghua Xian Wei Wai Ke Za Zhi[Chin J Microsurg(Article in Chinese;Abstract in Chinese and English)],1996,19(4):265-266.}

[16438] 范遗恩，王日光，李长德，翟饶生. 带第二掌背动脉蒂掌骨膜瓣移植治疗腕舟骨骨折不愈合[J]. 中华显微外科杂志，1998，21（3）：177. DOI: 10.3760/cma.j.issn.1001-2036.1998.03.007. {FAN Yien,WANG Riguang,LI Changsheng,ZHAI Raosheng. Grafting of metacarpal periosteum island flaps with secondary dorsal metacarpal artery treatment of wrist scaphoid fracture nonunion[J]. Zhonghua Xian Wei Wai Ke Za Zhi[Chin J Microsurg(Article in Chinese;Abstract in Chinese and English)],1998,21(3):177. DOI:10.3760/cma.j.issn.1001-2036.1998.03.007.}

[16439] 周晓清，高恩健，李滨，曹汉岐，白孚生. 带血管蒂第一掌骨骨瓣移植治疗腕舟骨陈旧性骨折[J]. 中国矫形外科杂志，1999，6（12）：46. {ZHOU Xiaoqing,GAO Dongjian,LI Bin,CAO Hanqi,BAI Fusheng. Vascularized first metacarpal bone flap for old scaphoid fracture[J]. Zhongguo Jiao Xing Wai Ke Za Zhi[Orthop J China(Article in Chinese;No abstract available)],1999,6(12):46.}

[16440] 陈保光，杨爱德，丘奕军，许兴柏，刘华，冯毅，刘聪. 带蒂第二掌骨瓣治疗陈旧性腕舟状骨骨折26例[J]. 中华创伤杂志，2000，16（7）：441-442. DOI: 10.3760/j: issn: 1001-8050.2000.07.028. {CHEN Baoguang,YANG Aide,QIU Yijun,XU Xingbai,LIU Hua,FENG Yi,LIU Cong. Treatment of old scaphoid fracture with pedicled second metacarpal bone flap:a report of 26 cases[J]. Zhonghua Chuang Shang Za Zhi[Chin J Trauma(Article in Chinese;No abstract available)],2000,16(7):441-442. DOI:10.3760/j:issn:1001-8050.2000.07.028.}

[16441] 魏晓艳，韩静，彭聚胜，李江华，张长云. 带血管蒂第一掌骨瓣治疗陈旧性腕舟骨骨折[J]. 中华显微外科杂志，2003，26（3）：186. DOI: 10.3760/cma.j.issn.1001-2036.2003.03.043. {WEI Xiaoyan,HAN Jing,PENG Jusheng,LI Jianghua,ZHANG Changyun. Old scaphoid fracture treating with vascularized first metacarpal bone flap[J]. Zhonghua Xian Wei Wai Ke Za Zhi[Chin J Microsurg(Article in Chinese;No abstract available)],2003,26(3):186. DOI:10.3760/cma.j.issn.1001-2036.2003.03.043.}

[16442] 赵永恒，李锐，琴瀚姣，李炳万，崔树森. 以背侧腕骨间弓为蒂头状骨整体移位治疗月骨无菌性坏死[J]. 中华显微外科杂志，2012，35（4）：342-343. DOI: 10.3760/cma.j.issn.1001-2036.2012.04.032. {ZHAO Yongheng,LI Rui,QIN Hanjiao,LI Bingwan,CUI Shusen. Treatment of lunate aseptic necrosis with transposition of capitate bone pedicled with dorsal intercarpal arch[J]. Zhonghua Xian Wei Wai Ke Za Zhi[Chin J Microsurg(Article in Chinese;No abstract available)],2012,35(4):342-343. DOI:10.3760/cma.j.issn.1001-2036.2012.04.032.}

5.15.5 掌骨骨缺损修复与重建

repair and reconstruction of metacarpal bone defect

[16443] 陈瑞光，关活茂. 带血管蒂掌骨瓣移位修复掌骨骨不连与骨缺损[J]. 中华显微外科杂志，1997，20（3）：66-67. {CHEN Ruiguang,GUAN Huomao. Transposition of vascularized metacarpal bone flap to repair metacarpal nonunion and bone defect[J]. Zhonghua Xian Wei Wai Ke Za Zhi[Chin J Microsurg(Article in Chinese;No abstract available)],1997,20(3):66-67.}

[16444] 黄洪. 前臂复合皮瓣修复虎口、第二掌骨、伸食（示）指肌腱一例 [J]. 中华显微外科杂志，1997，20（1）：23. {HUANG Hong. Repair of the edge between thumb and second finger,the second metacarpal bone,and the extensor tendon of index finger with composite forearm flap:a case report[J]. Zhonghua Xian Wei Wai Ke Za Zhi[Chin J Microsurg(Article in Chinese;No abstract available)],1997,20(1):23.}

[16445] 蒲超，朱红，黄富国. 股前外侧皮瓣加髂骨植骨修复手背软组织及掌骨缺损二例 [J]. 中国修复重建外科杂志，2008，22（1）：25. {PU Chao,ZHU Hong,HUANG Fuguo. Anterolateral thigh flap combined with iliac bone graft for repair of soft tissue and metacarpal bone defects in the dorsal hand:a report of two cases[J]. Zhongguo Xiu Fu Chong Jian Wai Ke Za Zhi[Chin J Repar Reconstr Surg(Article in Chinese;No abstract available)],2008,22(1):25.}

[16446] 刘洋，杨青. 前臂骨间背侧动脉岛状肌皮瓣在手部软组织缺损合并掌骨慢性骨髓炎中的应用 [J]. 中华手外科杂志，2008，24（1）：64. DOI：10.3760/cma.j.issn.1005-054X.2008.01.027. {LIU Yang,YANG Qing. Application of forearm dorsal interosseous artery island myocutaneous flap in hand soft tissue defect combined with chronic osteomyelitis of metacarpal bone[J]. Zhonghua Shou Wai Ke Za Zhi[Chin J Hand Surg(Article in Chinese;No abstract available)],2008,24(1):64. DOI:10.3760/cma.j.issn.1005-054X.2008.01.027.}

[16447] 缪旭东，闫乔生，贾晶，许有，徐佳. 带筋膜蒂桡骨瓣在第 1 掌骨缺损中的应用 [J]. 实用手外科杂志，2013，27（3）：344-345，348. DOI：10.3969/j.issn.1671-2722.2013.03.013. {MIAO Xudong,YAN Qiaosheng,JIA Jing,XU You,XU Jia. Transfer of radius fascia bone-skin flap for repairing the first metacarpal bone defect[J]. Shi Yong Shou Wai Ke Za Zhi[Chin J Pract Hand Surg(Article in Chinese;Abstract in Chinese and English)],2013,27(3):344-345,348. DOI:10.3969/j.issn.1671-2722.2013.03.013.}

[16448] 周福临，陈伟，张毅，邓葵，卢耀军. 改良骨间背骨皮瓣修复手背皮肤合并掌骨缺损的临床应用 [J]. 中华手外科杂志，2014，30（4）：305-306. {ZHOU Fulin,CHEN Wei,ZHANG Yi,DENG Kui,LU Yaojun. Clinical application of modified interosseous dorsal bone flap in repair of dorsal skin of hand combined with metacarpal bone defect[J]. Zhonghua Shou Wai Ke Za Zhi[Chin J Hand Surg(Article in Chinese;Abstract in Chinese)],2014,30(4):305-306.}

[16449] 刘新益，李雷，刘海亮，李祥军，熊胜，巨积辉. 以旋髂浅动脉为蒂髂骨皮瓣修复手部掌骨与皮肤缺损 [J]. 中华手外科杂志，2016，32（6）：474-475. {LIU Xin-yi,LI Lei,LIU Hailiang,LI Xiangjun,XIONG Sheng,JU Jihui. The iliac bone flap pedicled with the superficial circumflex iliac artery was used to repair the metacarpal and skin defects of hand[J]. Zhonghua Shou Wai Ke Za Zhi[Chin J Hand Surg(Article in Chinese;Abstract in Chinese)],2016,32(6):474-475.}

[16450] 王孝辉，郭绍勇，李德，王庆丰. 游离旋髂浅动脉骨皮瓣修复掌骨缺损五例 [J]. 中华显微外科杂志，2017，40(6)：613-615. DOI：10.3760/cma.j.issn.1001-2036.2017.06.033. {WANG Xiaohui,GUO Shaoyong,LI De,WANG Qingfeng. Repair of metacarpal defect with free superficial circumflex iliac artery osteocutaneous flap in 5 cases[J]. Zhonghua Xian Wei Wai Ke Za Zhi[Chin J Microsurg(Article in Chinese;No abstract available)],2017,40(6):613-615. DOI:10.3760/cma.j.issn.1001-2036.2017.06.033.}

[16451] 肖驰，苏云，刘畅，魏志亨，邵全升，朱晓明，孙强，赵德伟. 自体髂骨瓣移植联合外固定架治疗掌骨术后无菌性骨不连 [J]. 中华手外科杂志，2020，36（2）：138-139. DOI：10.3760/cma.j.cn311653-20190624-00181. {XIAO Chi,SU Yun,LIU Chang,WEI Zhiheng,SHAO Quansheng,ZHU Xiaoming,SUN Qiang,ZHAO Dewei. Treatment of postoperative aseptic nonunion of metacarpal bone with autogenous iliac bone flap transplantation combined with external fixator[J]. Zhonghua Shou Wai Ke Za Zhi[Chin J Hand Surg(Article in Chinese;Abstract in Chinese)],2020,36(2):138-139. DOI:10.3760/cma.j.cn311653-20190624-00181.}

5.15.6 指骨骨缺损修复与重建
repair and reconstruction of phalangeal bone defect

[16452] 高伟阳. 带血管蒂残指骨皮瓣移位修复指骨缺损一例 [J]. 中国修复重建外科杂志，1996，10（2）：26. {GAO Weiyang. Repair of phalangeal defect by transposition of vascular pedicled residual phalangeal flap:a case report[J]. Zhongguo Xiu Fu Chong Jian Wai Ke Za Zhi[Chin J Repar Reconstr Surg(Article in Chinese;No abstract available)],1996,10(2):26.}

[16453] 王国选，林文茂，焦广军，王建均. 保留指骨重建手指 27 例 [J]. 中国修复重建外科杂志，1996，10（2）：68. {WANG Guoxuan,LIN Wenmao,JIAO Guangjun,WANG Jianjun. Finger reconstruction with preservation of phalanx:a report of 27 cases[J]. Zhongguo Xiu Fu Chong Jian Wai Ke Za Zhi[Chin J Repar Reconstr Surg(Article in Chinese;No abstract available)],1996,10(2):68.}

5.16 下肢骨缺损修复与重建
repair and reconstruction of lower limb bone defect

[16454] Yang YF,Xu ZH,Zhang GM,Wang JW,Hu SW,Hou ZQ,Xu DC. Modified classification and single-stage microsurgical repair of posttraumatic infected massive bone defects in lower extremities[J]. J Reconstr Microsurg,2013,29(9):593-600. doi:10.1055/s-0033-1348064.

5.16.1 股骨骨缺损修复与重建
repair and reconstruction of femoral bone defect

[16455] Chang Z,Hou T,Wu X,Luo F,Xing J,Li Z,Chen Q,Yu B,Xu J,Xie Z. An anti-infection tissue-engineered construct delivering vancomycin:its evaluation in a goat model of femur defect[J]. Int J Med Sci,2013,Oct,10(12):1761-70. doi:10.7150/ijms.6294.

[16456] 胡安华. 采用腓骨转位修复胫骨、股骨下端骨肿瘤病段切除后骨缺损 [J]. 修复重建外科杂志，1988，2（2）：131. {HU Anhua. Repair of bone defect after resection of bone tumor in tibia and lower femur by transposition of fibula[J]. Zhongguo Xiu Fu Chong Jian Wai Ke Za Zhi[Chin J Repar Reconstr Surg(Article in Chinese;No abstract available)],1988,2(2):131.}

[16457] 夏仁云，罗永湘，王体沛，叶阳春. 股骨下端胫骨上端骨肿瘤切除后骨缺损的修复重建 [J]. 修复重建外科杂志，1991，5（2）：77-79，126. {XIA Renyun,LUO Yongxiang,WANG Tipei,YE Yangchun. Repairment of bony defects following resection of tumors at distal femur and upper tibia[J]. Zhongguo Xiu Fu Chong Jian Wai Ke Za Zhi[Chin J Repar Reconstr Surg(Article in Chinese;Abstract in Chinese and English)],1991,5(2):77-79,126.}

[16458] 汤成华，黄国华，裔式坤，满毅，方巍. 吻合血管双腓骨移植治疗股骨下端长段骨缺损二例 [J]. 中华显微外科杂志，1994，17（4）：247. {TANG Chenghua,HUANG Guohua,YI Shikun,MAN Yi,FANG Wei. Vascularized double fibula graft for the treatment of long bone defect of distal femur:a report of 2 cases[J]. Zhonghua Xian Wei Wai Ke Za Zhi[Chin J Microsurg(Article in Chinese;No abstract available)],1994,17(4):247.}

[16459] 周围，牟宇科，邓万祥，赵胡瑞，周广恒. 游离腓骨移植修复股骨下段缺损 [J]. 中国修复重建外科杂志，1994，8（4）：228-229. {ZHOU Wei,MOU Yuke,DENG Wanxiang,ZHAO Hurui,ZHOU Guangheng. Repair of distal femoral defect with free fibula graft[J]. Zhongguo Xiu Fu Chong Jian Wai Ke Za Zhi[Chin J Repar Reconstr Surg(Article in Chinese;No abstract available)],1994,8(4):228-229.}

[16460] 姜世平，葛宝丰，刘兴炎，钟文可，陈宏贤，伍伟生. 火器伤致股骨大段缺损的显微外科治疗 [J]. 中华显微外科杂志，1997，20（1）：64-65. {JIANG Shiping,GE Baofeng,LIU Xingyan,ZHONG Wenke,CHEN Hongxian,WU Weisheng. Microsurgical treatment for large segmental defect of femur caused by firearm injury[J]. Zhonghua Xian Wei Wai Ke Za Zhi[Chin J Microsurg(Article in Chinese;No abstract available)],1997,20(1):64-65.}

[16461] 杨志明，黄富国，郭祖艳，裴福兴，李箭. 吻合血管的双腓骨并联移植修复长段股骨缺损 [J]. 中国修复重建外科杂志，1997，11（6）：66-68. {YANG Zhiming,HUANG Fuguo,GUO Zuyan,PEI Fuxing,LI Jian. Repair of long segment bone defect of femur by free juxtaposed bilateral fibulae autograft[J]. Zhongguo Xiu Fu Chong Jian Wai Ke Za Zhi[Chin J Repar Reconstr Surg(Article in Chinese;Abstract in Chinese and English)],1997,11(6):66-68.}

[16462] 刘兴炎，甄平，文益民，高秋明，李旭升. 带肌蒂或血管蒂髂骨瓣移植修复股骨干骨缺损 [J]. 中华显微外科杂志，1998，21（1）：3-5. {LIU Xingyan,ZHEN Ping,WEN Yimin,GAO Qiuming,LI Xusheng. Immediate repairing of the bone defect of femur shaft with iliac bone grafting with muscle pedicle or vascular pedicle[J]. Zhonghua Xian Wei Wai Ke Za Zhi[Chin J Microsurg(Article in Chinese;Abstract in Chinese and English)],1998,21(1):3-5.}

[16463] 麻文谦，赵胡瑞，邓万祥. 腓骨游离移植修复股骨干缺损失败二例 [J]. 中国修复重建外科杂志，1998，12（6）：335. {MA Wenqian,ZHAO Hurui,DENG Wanxiang. Failure of free fibula graft in repairing femoral shaft defect:a report of two cases[J]. Zhongguo Xiu Fu Chong Jian Wai Ke Za Zhi[Chin J Repar Reconstr Surg(Article in Chinese;No abstract available)],1998,12(6):335.}

[16464] 顾清林，王涛，刘贵秋. 吻合血管腓骨折迭移植修复股骨干 10 cm 骨缺损一例 [J]. 中华显微外科杂志，1999，22(1)：78. DOI：10.3760/cma.j.issn.1001-2036.1999.01.053. {GU Qinglin,WANG Tao,LIU Guiqiu. Repair of 10 cm bone defect of femoral shaft by transplantation of vascularized folded fibular:a case report[J]. Zhonghua Xian Wei Wai Ke Za Zhi[Chin J Microsurg(Article in Chinese;No abstract available)],1999,22(1):78. DOI:10.3760/cma.j.issn.1001-2036.1999.01.053.}

[16465] 韩红卫，刘延平，李峰，刘中平，熊南平. 臀中肌髂骨瓣移位修复股骨上段骨缺损 [J]. 中国修复重建外科杂志，1999，13（1）：59. {HAN Hongwei,LIU Yanping,LI Feng,LIU Zhongping,XIONG Nanping. Repair of bone defect in upper femur by transposition of iliac bone flap pedicled with gluteus medius muscle[J]. Zhongguo Xiu Fu Chong Jian Wai Ke Za Zhi[Chin J Repar Reconstr Surg(Article in Chinese;Abstract in Chinese)],1999,13(1):59.}

[16466] 时述山，胥少汀，李亚非，李放，姚建华，孙天胜. 带蒂腓骨移位修复胫骨股骨长段骨缺损 [J]. 中国修复重建外科杂志，2000，14（3）：156-158. {SHI Shushan,XU Shaoting,LI Yafei,LI Fang,YAO Jianhua,SUN Tiansheng. Treatment of tibia and femur massive defect with pedicled fibula transposition[J]. Zhongguo Xiu Fu Chong Jian Wai Ke Za Zhi[Chin J Repar Reconstr Surg(Article in Chinese;Abstract in Chinese and English)],2000,14(3):156-158.}

[16467] 任健，肖正龙，杨小山，徐景卫. 带血管蒂骨块移植治疗股骨近端疾病与损伤 [J]. 中华显微外科杂志，2001，24（1）：77. {REN Jian,XIAO Zhenglong,YANG Xiaoshan,XU Jingwei. Vascular pedicle bone graft for treatment of diseases and injuries of proximal femur[J]. Zhonghua Xian Wei Wai Ke Za Zhi[Chin J Microsurg(Article in Chinese;No abstract available)],2001,24(1):77.}

[16468] 殷林，孙武元，潘铁军，高锦. 双腓骨移植血管植入治疗股骨颈骨缺损与骨折一例 [J]. 中华显微外科杂志，2001，24(2)：85. DOI：10.3760/cma.j.issn.1001-2036.2001.02.042. {YIN Lin,SUN Wuyuan,PAN Tiejun,GAO Jin. Vascular implantation of double fibula graft in the treatment of bone defect and fracture of femoral neck:a case report[J]. Zhonghua Xian Wei Wai Ke Za Zhi[Chin J Microsurg(Article in Chinese;No abstract available)],2001,24(2):85. DOI:10.3760/cma.j.issn.1001-2036.2001.02.042.}

[16469] 孙强，赵德伟. 带旋股外动脉骨瓣和骨膜瓣移植治疗股骨中下段骨不愈合及骨缺损 18 例 [J]. 中华创伤杂志，2001，17（8）：504-505. DOI：10.3760/j：issn：1001-8050.2001.08.025. {SUN Qiang,ZHAO Dewei. Bone flap and periosteal flap with external circumflex femoral artery for the treatment of bone nonunion and bone defect in the middle and lower part of femur:a report of 18 cases[J]. Zhonghua Chuang Shang Za Zhi[Chin J Trauma(Article in Chinese;No abstract available)],2001,17(8):504-505. DOI:10.3760/j:issn:1001-8050.2001.08.025.}

[16470] 眭述平，曾炳芳，于仲嘉. 吻合血管游离双侧腓骨组合移植修复股骨大段缺损 [J]. 中华显微外科杂志，2003，26(2)：101-103. DOI：10.3760/cma.j.issn.1001-2036.2003.02.007. {SUI Shuping,ZENG Bingfang,YU Zhongjia. Repair of segmental femoral defect by combined transplantation of bilateral vascularized fibulas[J]. Zhonghua Xian Wei Wai Ke Za Zhi[Chin J Microsurg(Article in Chinese;Abstract in Chinese and English)],2003,26(2):101-103. DOI:10.3760/cma.j.issn.1001-2036.2003.02.007.}

[16471] 郭奇峰，徐中和，温世锋. 带监测皮岛的组合腓骨移植治疗股骨大段缺损 [J]. 中华显微外科杂志，2003，26(4)：299-300. DOI：10.3760/cma.j.issn.1001-2036.2003.04.025. {GUO Qifeng,XU Zhonghe,WEN Shifeng. Combined fibula transplantation with monitoring skin island for the treatment of large segmental defect of femur[J]. Zhonghua Xian Wei Wai Ke Za Zhi[Chin J Microsurg(Article in Chinese;Abstract in Chinese)],2003,26(4):299-300. DOI:10.3760/cma.j.issn.1001-2036.2003.04.025.}

[16472] 蒋俊威，王红川，黄富国，罗忠纯. 成人双腓骨游离移植修复股骨远端巨大骨缺损 [J]. 中国修复重建外科杂志，2004，18（5）：370-372. {JIANG Junwei,WANG Hongchuan,HUANG Fuguo,LUO Zhongchun. Repair of extensive bone defect of distal femur with free vascularized two fibulae transplantation in adults[J]. Zhongguo Xiu Fu Chong Jian Wai Ke Za Zhi[Chin J Repar Reconstr Surg(Article in Chinese;Abstract in Chinese and English)],2004,18(5):370-372.}

[16473] 李建明，石毅，段永新. 缝匠肌髂骨瓣移植治疗股骨中上段骨缺损性骨不连 [J]. 中国骨伤，2006，19（5）：300. DOI：10.3969/j.issn.1003-0034.2006.05.018. {LI Jianming,SHI Yi,DUAN Yongxin. Transplantation of the sartorius muscle iliac flap in treating the bone defect and nonunion of middle and superior segment of femur[J]. Zhongguo Gu Shang[China J Orthop Trauma(Article in Chinese;No abstract available)],2006,19(5):300. DOI:10.3969/j.issn.1003-0034.2006.05.018.}

[16474] 周建明，章银灿，石高才，卢焕兴，方伟松，楼才俊. 大段骨缺损股骨骨折的治疗 [J]. 中国骨伤，2007，20（8）：552-553. DOI：10.3969/j.issn.1003-0034.2007.08.022. {ZHOU Jianming,ZHANG Yincan,SHI Gaocai,LU Huanxing,FANG Weisong,LOU Caijun. Treatment of large bone defect of femoral fracture[J]. Zhongguo Gu Shang[China J Orthop Trauma(Article in Chinese;No abstract available)],2007,20(8):552-553. DOI:10.3969/j.issn.1003-0034.2007.08.022.}

[16475] 秦绍春，郑连杰. 复合腓骨移植修复股骨干缺损 12 例 [J]. 中国修复重建外科杂志，2007，21（1）：64. {QIN Shaochun,ZHENG Lianjie. Repair of femoral shaft defect with compound fibula transplantation:a report of 12 cases[J]. Zhongguo Xiu Fu Chong Jian Wai Ke Za Zhi[Chin J Repar Reconstr Surg(Article in Chinese;No abstract available)],2007,21(1):64.}

[16476] 左之良，刘向春，穆国斌，闫文静，王洪达，王浩. 自体腓骨移植治疗股骨下 1/3 骨折伴大段缺损 [J]. 中国骨伤，2010，23(1)：62-63. DOI：10.3969/j.issn.1003-0034.2010.01.021. {ZUO Zhiliang,LIU Xiangchun,MU Guobin,YAN Wenjing,WANG Hongda,WANG Hao. Autografting of fibula for treatment of the one-third of distal femoral fracture with long bone defect[J]. Zhongguo Gu Shang[China J Orthop Trauma(Article in Chinese;No abstract available)],2010,23(1):62-63. DOI:10.3969/j.issn.1003-0034.2010.01.021.}

[16477] 王剑利，潘朝辉，张兆亮，王五洲，郭永强，王根，孙圣亮，曲新强，付磊. 吻合血

管肋骨移植修复股骨转子区骨缺损的临床应用 [J]. 中华显微外科杂志，2011，34（4）：313-315. DOI: 10.3760/cma.j.issn.1001-2036.2011.04.017. {WANG Jianli,PAN Chaohui,ZHANG Zhaoliang,WANG Wuzhou,GUO Yongqiang,WANG Gen,SUN Shengliang,QU Xinqiang,FU Lei. Clinical application of vascularized rib graft in repairing bone defect in intertrochanteric region of femur[J]. Zhonghua Xian Wei Wai Ke Za Zhi[Chin J Microsurg(Article in Chinese;Abstract in Chinese)],2011,34(4):313-315. DOI:10.3760/cma.j.issn.1001-2036.2011.04.017.}

[16478] **郭永明，滕云升. 游离腓骨移植修复股骨感染性骨缺损 [J]. 中华显微外科杂志，2015，38（2）：134-137. DOI: 10.3760/cma.j.issn.1001-2036.2015.02.009.** {GUO Yongming,TENG Yunsheng. Repair of infectious bone defect in femur with free vascularized fibular graft[J]. Zhonghua Xian Wei Wai Ke Za Zhi[Chin J Microsurg(Article in Chinese;Abstract in Chinese and English)],2015,38(2):134-137. DOI:10.3760/cma.j.issn.1001-2036.2015.02.009.}

[16479] **高明暄，李旭升，付晓燕，陈彦飞，赵锟，常彦峰，李生贵，邵宏斌. 带血供腓骨移植重建股骨近端溶骨性病变致骨缺损 [J]. 中国矫形外科杂志，2015，23（15）：1351-1355. DOI: 10.3977/j.issn.1005-8478.2015.15.02.** {GAO Mingxuan,LI Xusheng,FU Xiaoyan,CHEN Yanfei,ZHAO Kun,CHANG Yanfeng,LI Shenggui,SHAO Hongbin. Surgical treatment of invasive benign tumors and tumor-like lesions of the proximal femur[J]. Zhongguo Jiao Xing Wai Ke Za Zhi[Orthop J China(Article in Chinese;Abstract in Chinese and English)],2015,23(15):1351-1355. DOI:10.3977/j.issn.1005-8478.2015.15.02.}

[16480] **陶占怀. 吻合血管的腓骨双折移植治疗股骨下段骨缺损随访 22 年 1 例报告 [J]. 中国矫形外科杂志，2015，23(15)：1435-1436. DOI: 10.3977/j.issn.1005-8478.2015.15.20.** {TAO Zhanhuai. Vascularized double-fracture fibula graft for the treatment of distal femoral bone defect:a 22-year follow-up report[J]. Zhongguo Jiao Xing Wai Ke Za Zhi[Orthop J China(Article in Chinese;No abstract available)],2015,23(15):1435-1436. DOI:10.3977/j.issn.1005-8478.2015.15.20.}

[16481] **高堪达，王秋根. 微创内固定系统联合腓骨移植治疗股骨远端骨不连伴骨缺损 [J]. 中国骨伤，2016，29（8）：723-728. DOI: 10.3969/j.issn.1003-0034.2016.08.010.** {GAO Kanda,WANG Qiugen. Treatment of distal femur nonunion with bone defect by less invasive stabilization system and fibular strut graft[J]. Zhongguo Gu Shang[China J Orthop Trauma(Article in Chinese;Abstract in Chinese and English)],2016,29(8):723-728. DOI:10.3969/j.issn.1003-0034.2016.08.010.}

[16482] **金霖峰，叶性璞. 外侧解剖接骨板结合自体腓骨植骨治疗股骨髁骨折并骨缺损 [J]. 临床骨科杂志，2016，19（3）：362-362. DOI: 10.3969/j.issn.1008-0287.2016.03.045.** {JIN Linfeng,YE Xingpu. The lateral anatomical plate combined with autogenous fibula transplantation for treatment of femoral condylal fracture with bone defect[J]. Lin Chuang Gu Ke Za Zhi[J Clin Orthop(Article in Chinese;No abstract available)],2016,19(3):362-362. DOI:10.3969/j.issn.1008-0287.2016.03.045.}

5.16.2 胫骨骨缺损修复与重建
repair and reconstruction of tibial bone defect

[16483] Yin P,Zhang L,Li T,Xie Y,Li J,Li Z,Liu J,Zhang L,Zhang Q,Tang P. Ipsilateral fibula transport for the treatment of massive tibial bone defects[J]. Injury,2015,46(11):2273-2277. doi:10.1016/j.injury.2015.08.028.

[16484] Shi E,Chen G,Qin B,Yang Y,Fang J,Li L,Wang Y,Zhu M,Yang J,Gu L. A novel rat model of tibial fracture for trauma researches:a combination of different types of fractures and soft tissue injuries[J]. J Orthop Surg Res,2019,14(1):333. doi:10.1186/s13018-019-1386-4.

[16485] **陈中伟，陈隆恩，张光健，俞汉良. 腓骨骨皮瓣带蒂转移治疗胫骨缺损 [J]. 中华外科杂志，1988，26（1）：32-33.** {CHEN Zhongwei,CHEN Longen,ZHANG Guangjian,YU Hanliang. Pedicle transfer of fibula skin flap for the treatment of tibial defect[J]. Zhonghua Wai Ke Za Zhi[Chin J Surg(Article in Chinese;No abstract available)],1988,26(1):32-33.}

[16486] **杨志明，罗永湘，陈秉礼，阿效诚. 胫骨缺损的治疗 [J]. 修复重建外科杂志，1988，2（1）：47-48.** {YANG Zhiming,LUO Yongxiang,CHEN Bingli,E Xiaocheng. Treatment of tibial defect[J]. Zhongguo Xiu Fu Chong Jian Wai Ke Za Zhi[Chin J Repar Reconstr Surg(Article in Chinese;No abstract available)],1988,2(1):47-48.}

[16487] **袁九安. 带血管肌蒂腓骨移位胫腓骨融合治疗小儿胫骨缺损一例 [J]. 修复重建外科杂志，1988，2（2）：127.** {YUAN Jiuan. Vascular muscle pedicled fibula transfer and tibiofibular fusion for the treatment of tibial defect in children:a case report[J]. Zhongguo Xiu Fu Chong Jian Wai Ke Za Zhi[Chin J Repar Reconstr Surg(Article in Chinese;No abstract available)],1988,2(2):127.}

[16488] **孙建英. 带血管蒂腓骨髂骨移植治疗胫骨巨细胞瘤切除后骨缺损及膝关节功能重建 [J]. 修复重建外科杂志，1988，2（2）：136.** {SUN Jianying. Vascularized fibula and iliac bone graft for the treatment of bone defect and functional reconstruction of knee joint after resection of giant cell tumor of tibia[J]. Zhongguo Xiu Fu Chong Jian Wai Ke Za Zhi[Chin J Repar Reconstr Surg(Article in Chinese;No abstract available)],1988,2(2):136.}

[16489] **袁九安，陈芳. 急诊修复左胫骨缺损合并小腿皮肤完全撕脱 [J]. 修复重建外科杂志，1988，2（4）：23.** {YUAN Jiuan,CHEN Fang. Emergency repair of left tibial defect with complete skin avulsion of leg[J]. Zhongguo Xiu Fu Chong Jian Wai Ke Za Zhi[Chin J Repar Reconstr Surg(Article in Chinese;No abstract available)],1988,2(4):23.}

[16490] **方绍孟，王淑玉，孟素芹，宋玉芹，张增方. 一期修复创伤性胫骨外露骨不连及骨缺损 [J]. 中华骨科杂志，1994，14（3）：583-585.** {FANG Shaomeng,WANG Shuyu,MENG Suqin,SONG Yuqin,ZHANG Zengfang. Primary repair of traumatic exposed non-union and defect of the tibia[J]. Zhonghua Gu Ke Za Zhi[Chin J Orthop(Article in Chinese;Abstract in Chinese and English)],1994,14(3):583-585.}

[16491] **许兴柏，杨爱德，雷恩忠，邱奕军. 胫骨长段缺损并贴骨瘢痕修复一例 [J]. 中国修复重建外科杂志，1994，8（3）：190-191.** {XU Xingbai,YANG Aide,LEI Enzhong,QIU Yijun. Repair of long segmental defect of tibia with cicatrix:a case report[J]. Zhongguo Xiu Fu Chong Jian Wai Ke Za Zhi[Chin J Repar Reconstr Surg(Article in Chinese;No abstract available)],1994,8(3):190-191.}

[16492] **杜远立，刘宪华，吕求精，王正尧，肖铁生，李毅，许维亚，史慧. 吻合血管的腓骨移植修复胫骨缺损 [J]. 中华显微外科杂志，1996，19（3）：213.** {DU Yuanli,LIU Xianhua,LV Qiujing,WANG Zhengyao,XIAO Tiesheng,LI Yi,XU Weiya,SHI Hui. Repair of tibial defect with vascularized fibula graft[J]. Zhonghua Xian Wei Wai Ke Za Zhi[Chin J Microsurg(Article in Chinese;No abstract available)],1996,19(3):213.}

[16493] **杨学舟，叶勇. 胫骨上段滑动植骨治疗胫骨骨缺损 [J]. 中国骨伤，1997，10（4）：37.** {YANG Xuezhou,YE Yong. Sliding bone grafting of upper tibia for the treatment of tibial bone defect[J]. Zhongguo Gu Shang[China J Orthop Trauma(Article in Chinese;No abstract available)],1997,10(4):37.}

[16494] **杜远立，刘宪华，吕求精. 腓骨移位修复外伤性胫骨缺损 [J]. 中国修复重建外科杂志，1997，11（1）：68.** {DU Yuanli,LIU Xianhua,LV Qiujing. Repair of traumatic tibial defect by transposition of fibula[J]. Zhongguo Xiu Fu Chong Jian Wai Ke Za Zhi[Chin J Repar Reconstr Surg(Article in Chinese;No abstract available)],1997,11(1):68.}

[16495] **郭金龙，杨登奎，马力夫. 带蒂腓骨头段移位修复胫骨上端骨缺损一例 [J]. 中国修复重建外科杂志，1997，11（2）：69.** {GUO Jinlong,YANG Dengkui,MA Lifu. Repair of bone defect of upper tibia by transposition of pedicled fibular head:a case report[J]. Zhongguo Xiu Fu Chong Jian Wai Ke Za Zhi[Chin J Repar Reconstr Surg(Article in Chinese;No abstract available)],1997,11(2):69.}

[16496] **赵建宁，田万军，陈跃先，郭炳旭，周利武. 带血管肌蒂腓骨移位修复胫骨长段骨缺损 [J]. 中国修复重建外科杂志，1997，11（3）：60.** {ZHAO Jianning,TIAN Wanjun,CHEN Yuexian,GUO Bingxu,ZHOU Liwu. Repair of long bone defect of tibia with vascularized muscle pedicled fibula[J]. Zhongguo Xiu Fu Chong Jian Wai Ke Za Zhi[Chin J Repar Reconstr Surg(Article in Chinese;No abstract available)],1997,11(3):60.}

[16497] **丰德宽，李储忠，肖鹏康. 残肢隐动脉交腿胫骨皮瓣修复胫骨及皮肤缺损一例 [J]. 中华显微外科杂志，1998，21（3）：235. DOI: 10.3760/cma.j.issn.1001-2036.1998.03.044.** {FENG Dekuan,LI Chuzhong,XIAO Pengkang. Repair of tibial and skin defects with tibial flap with saphenous artery cross leg of stump:a case report[J]. Zhonghua Xian Wei Wai Ke Za Zhi[Chin J Microsurg(Article in Chinese;No abstract available)],1998,21(3):235. DOI:10.3760/cma.j.issn.1001-2036.1998.03.044.}

[16498] **陈秀清，陈振光，王斌，余国荣，谢劲松，魏怀成. 带血管蒂髌骨移位修复胫骨内侧髁上关节面缺损的应用解剖 [J]. 中国修复重建外科杂志，1998，12（3）：153-155.** {CHEN Xiuqing,CHEN Zhenguang,WANG Bin,YU Guorong,XIE Jinsong,WEI Huaicheng. Applied anatomy of the pedicled patella transposition for repaire of the superior articular surface of the medial tibial condyle[J]. Zhongguo Xiu Fu Chong Jian Wai Ke Za Zhi[Chin J Repar Reconstr Surg(Article in Chinese;Abstract in Chinese and English)],1998,12(3):153-155.}

[16499] **仝占坤，马海燕，董爱芝，王会臻. 右小腿软组织及胫骨缺损修复一例 [J]. 中国修复重建外科杂志，1998，12（6）：384.** {TONG Zhankun,MA Haiyan,DONG Aizhi,WANG Huizhen. Repair of soft tissue and tibia defect of right leg:a case report[J]. Zhongguo Xiu Fu Chong Jian Wai Ke Za Zhi[Chin J Repar Reconstr Surg(Article in Chinese;No abstract available)],1998,12(6):384.}

[16500] **陈秀清，陈振光. 带血管蒂髌骨移位修复胫骨外侧髁上关节面缺损的应用解剖 [J]. 中国修复重建外科杂志，1998，12（3）：153-155.** {CHEN Xiuqing,CHEN Zhenguang. Applied anatomy of the pedicled patella transposition for repaire of the superior articular surface of the medial tibial condyle[J]. Zhongguo Xiu Fu Chong Jian Wai Ke Za Zhi[Chin J Repar Reconstr Surg(Article in Chinese;Abstract in Chinese and English)],1998,12(3):153-155.}

[16501] **蒙美运，赵海，吴昌新. 带同侧血管蒂腓骨内移植骨治疗胫骨骨缺损 [J]. 中华显微外科杂志，1999，22（S1）：3-5.** {MENG Meiyun,ZHAO Hai,WU Changxin. Treatment of tibial bone defect with ipsilateral vascularized fibula graft[J]. Zhonghua Xian Wei Wai Ke Za Zhi[Chin J Microsurg(Article in Chinese;No abstract available)],1999,22(S1):3-5.}

[16502] **甄平，刘兴炎，文益民，高秋明，李旭升. 改进法腓骨移植治疗胫骨及周围皮肤软组织缺损 [J]. 中国矫形外科杂志，1999，6（8）：22-24.** {ZHEN Ping,LIU Xingyan,WEN Yimin,GAO Qiuming,LI Xusheng. Modified free fibula grafting for the long bone defect of tibia combined with unhealthy soft tissues[J]. Zhongguo Jiao Xing Wai Ke Za Zhi[Orthop J China(Article in Chinese;Abstract in Chinese and English)],1999,6(8):22-24.}

[16503] **唐焕章，徐皓. 腓骨分期移位治疗小儿胫骨长段骨缺损 [J]. 中国矫形外科杂志，1999，6（2）：89.** {TANG Huanzhang,XU Hao. Staged transfer of fibula for the treatment of long tibial bone defect in children[J]. Zhongguo Jiao Xing Wai Ke Za Zhi[Orthop J China(Article in Chinese;No abstract available)],1999,6(2):89.}

[16504] **秦智，史振涛，张积利，依米提. 带血管的腓骨移植治疗胫骨严重粉碎骨折并骨缺损 [J]. 中国骨伤，1999，12（5）：49. DOI: 10.3969/j.issn.1003-0034.1999.05.026.** {QIN Zhi,SHI Zhentao,ZHANG Jili,YI Miti. Vascularized fibula graft for the treatment of severe comminuted fracture of tibia with bone defect[J]. Zhongguo Gu Shang[China J Orthop Trauma(Article in Chinese;No abstract available)],1999,12(5):49. DOI:10.3969/j.issn.1003-0034.1999.05.026.}

[16505] **甄平，刘兴炎，文益民，高秋明，李旭升. 游离腓骨复合组织移植修复胫骨及周围软组织缺损 [J]. 中国修复重建外科杂志，1999，13（3）：152-154.** {ZHEN Ping,LIU Xingyan,WEN Yimin,GAO Qiuming,LI Xusheng. Application of repairing tibia and soft tissue defect with free fibula combined tissue grafting[J]. Zhongguo Xiu Fu Chong Jian Wai Ke Za Zhi[Chin J Repar Reconstr Surg(Article in Chinese;Abstract in Chinese and English)],1999,13(3):152-154.}

[16506] **陈浩，杨宁，孙富顺. 带血管肌肉的腓骨移植修复同侧胫骨缺损 [J]. 中国修复重建外科杂志，1999，13（6）：392.** {CHEN Hao,YANG Ning,SUN Fushun. Repair of ipsilateral tibial defect with vascularized muscle fibula[J]. Zhongguo Xiu Fu Chong Jian Wai Ke Za Zhi[Chin J Repar Reconstr Surg(Article in Chinese;No abstract available)],1999,13(6):392.}

[16507] **吴景华，霍华春. 复合组织及大段胫骨缺损的显微外科修复 [J]. 中华显微外科杂志，2000，23（4）：315. DOI: 10.3760/cma.j.issn.1001-2036.2000.04.050.** {WU Jinghua,HUO Huachun. Microsurgical repair for compound tissue and large tibial defect[J]. Zhonghua Xian Wei Wai Ke Za Zhi[Chin J Microsurg(Article in Chinese;No abstract available)],2000,23(4):315. DOI:10.3760/cma.j.issn.1001-2036.2000.04.050.}

[16508] **方成，何一兵，林成君. 腓肠肌肌皮瓣治疗胫骨中上段骨与软组织缺损 [J]. 中国骨伤，2000，13（7）：421. DOI: 10.3969/j.issn.1003-0034.2000.07.021.** {FANG Cheng,HE Yibing,LIN Chengjun. Gastrocnemius myocutaneous flap for the treatment of bone and soft tissue defects in the middle and upper tibia[J]. Zhongguo Gu Shang[China J Orthop Trauma(Article in Chinese;No abstract available)],2000,13(7):421. DOI:10.3969/j.issn.1003-0034.2000.07.021.}

[16509] **倪国华. 双段腓骨皮瓣游离移植修复胫骨长段骨缺损 [J]. 中国创伤骨科杂志，2001，3（1）：63-63. DOI: 10.3760/cma.j.issn.1671-7600.2001.01.028.** {NI Guohua. Treatment of long -segment tibia defect using correlated fibula free flap[J]. Zhongguo Chuang Shang Gu Ke Za Zhi[Chin J Orthop Trauma(Article in Chinese;No abstract available)],2001,3(1):63-63. DOI:10.3760/cma.j.issn.1671-7600.2001.01.028.}

[16510] **王铁翔，邢国利，张立，徐英杰. 游离腓骨移植治疗胫骨缺损一例 [J]. 中国骨伤，2001，14（4）：221. DOI: 10.3969/j.issn.1003-0034.2001.04.046.** {WANG Tiexiang,XING Guoli,ZHANG Li,XU Yingjie. Free fibula transplantation for the treatment of tibial defect:a case report[J]. Zhongguo Gu Shang[China J Orthop Trauma(Article in Chinese;No abstract available)],2001,14(4):221. DOI:10.3969/j.issn.1003-0034.2001.04.046.}

[16511] **沈福成，艾兴龙，郝启富. 吻合血管腓骨移植治疗胫骨慢性骨髓炎骨缺损 [J]. 中华显微外科杂志，2002，25（3）：226-227. DOI: 10.3760/cma.j.issn.1001-2036.2002.03.031.** {SHEN Fucheng,AI Xinglong,HAO Qifu. Vascularized fibula graft for the treatment of bone defect in chronic osteomyelitis of tibia[J]. Zhonghua Xian Wei Wai Ke Za Zhi[Chin J Microsurg(Article in Chinese;Abstract in Chinese)],2002,25(3):226-227. DOI:10.3760/cma.j.issn.1001-2036.2002.03.031.}

[16512] **同志超，王坤正，姜永宏，孟红涛. 胫骨长段骨缺损伴软组织损伤的修复 [J]. 中国修复重建外科杂志，2002，16（2）：142.** {TONG Zhichao,WANG Kunzheng,JIANG Yonghong,MENG Hongtao. Repair of long bone defect of tibia with soft tissue injury[J]. Zhongguo Xiu Fu Chong Jian Wai Ke Za Zhi[Chin J Repar Reconstr Surg(Article in Chinese;No abstract available)],2002,16(2):142.}

[16513] **曹前来，王臻，于晓雯，腾勇，章庆俊，蔡靖宇. 不同侧带血管蒂腓骨移植修复胫骨长段缺损的疗效比较 [J]. 中国修复重建外科杂志，2002，16（2）：109-111.** {CAO Qianlai,WANG Zhen,YU Xiaowen,TENG Yong,ZHANG Qingjun,CAI Jingyu. Comparison of long bone repair in tibia by vascularized fibular grafting of different sides[J]. Zhongguo Xiu Fu Chong Jian Wai Ke Za Zhi[Chin J Repar Reconstr Surg(Article in Chinese;Abstract in Chinese and English)],2002,16(2):109-111.}

[16514] **李其水，康风英，梁进，郭伟. 骨移植修复胫骨长段缺损 [J]. 中国修复重建外科杂志，2002，16（4）：270.** {LI Qishui,KANG Fengying,LIANG Jin,GUO Wei. Repair of long segmental defect of tibia with bone graft[J]. Zhongguo Xiu Fu Chong Jian Wai Ke Za Zhi[Chin J Repar Reconstr Surg(Article in Chinese;No abstract available)],2002,16(4):270.}

[16515] 曾剑文，边子虎. 不同侧带血管蒂腓骨移植治疗胫骨骨髓炎并骨缺损 [J]. 中华显微外科杂志，2003，26（1）：75. {ZENG Jianwen,BIAN Zihu. Vascularized fibula transplantation in different sides for the treatment of tibial osteomyelitis with bone defect[J]. Zhonghua Xian Wei Wai Ke Za Zhi[Chin J Microsurg(Article in Chinese;No abstract available)],2003,26(1):75.}

[16516] 陈智，欧石，颜志坚，邓永上. 带肌及深筋膜蒂胫骨瓣移植修复胫骨缺损 [J]. 中华显微外科杂志，2003，26（3）：236-237. DOI：10.3760/cma.j.issn.1001-2036.2003.03.036. {CHEN Zhi,OU Shi,YAN Zhijian,DENG Yongshang. Repair of tibial defect by transplantation of tibial flap pedicled with muscle and deep fascia[J]. Zhonghua Xian Wei Wai Ke Za Zhi[Chin J Microsurg(Article in Chinese;Abstract in Chinese)],2003,26(3):236-237. DOI:10.3760/cma.j.issn.1001-2036.2003.03.036.}

[16517] 黎忠文，梁再卿，陈武. 胫腓关节融合加胫腓间植骨治疗胫骨缺损 [J]. 中华显微外科杂志，2003，26（3）：237-238. DOI：10.3760/cma.j.issn.1001-2036.2003.03.037. {LI Zhongwen,LIANG Zaiqing,CHEN Wu. Treatment of tibial defect with tibiofibular joint fusion and tibiofibular bone graft[J]. Zhonghua Xian Wei Wai Ke Za Zhi[Chin J Microsurg(Article in Chinese;Abstract in Chinese)],2003,26(3):237-238. DOI:10.3760/cma.j.issn.1001-2036.2003.03.037.}

[16518] 张错，范启申. 胫骨缺损的显微外科修复研究进展 [J]. 中国矫形外科杂志，2003，11（13）：929-931. DOI：10.3969/j.issn.1005-8478.2003.13.020. {ZHANG Kai,FAN Qishen. Advances in microsurgical repair of tibial defects[J]. Zhongguo Jiao Xing Wai Ke Za Zhi[Orthop J China(Article in Chinese;No abstract available)],2003,11(13):929-931. DOI:10.3969/j.issn.1005-8478.2003.13.020.}

[16519] 陈沂民，刘瑞军，邬宇辉，张荣峰，彭学军，王全健. 腓骨复合组织皮瓣治疗胫骨大段骨缺损 11 例 [J]. 中国骨伤，2003，16（6）：373. DOI：10.3969/j.issn.1003-0034.2003.06.024. {CHEN Yimin,LIU Ruijun,WU Yuhui,ZHANG Rongfeng,PENG Xuejun,WANG Quanjian. Treatment of 11 cases of the tibia defects with transplantation of the combined fibula and flap[J]. Zhongguo Gu Shang[China J Orthop Trauma(Article in Chinese;No abstract available)],2003,16(6):373. DOI:10.3969/j.issn.1003-0034.2003.06.024.}

[16520] 王志永，刘显良，赵忠伟. 游离髂骨瓣移植修复胫骨骨不连、骨缺损 [J]. 实用手外科杂志，2003，17（1）：31-32. DOI：10.3969/j.issn.1671-2722.2003.01.012. {WANG Zhiyong,LIU Xianliang,ZHAO Zhongwei. Treatment of tibia bone incoherence and defect by grafting free iliac bone flap[J]. Shi Yong Shou Wai Ke Za Zhi[Chin J Pract Hand Surg(Article in Chinese;Abstract in Chinese and English)],2003,17(1):31-32. DOI:10.3969/j.issn.1671-2722.2003.01.012.}

[16521] 姜洪贞. 带血管蒂腓骨瓣修复同侧胫骨缺损 [J]. 中国修复重建外科杂志，2003，17（4）：297. {JIANG Hongzhen. Repair of ipsilateral tibial defect with vascular pedicled fibular flap[J]. Zhongguo Xiu Fu Chong Jian Wai Ke Za Zhi[Chin J Repar Reconstr Surg(Article in Chinese;No abstract available)],2003,17(4):297.}

[16522] 侯春梅，贾淑兰，苏彦农，程绪西. 腓骨比目鱼肌瓣移位治疗胫前软组织及胫骨缺损 [J]. 中华显微外科杂志，2004，27（1）：57-58. DOI：10.3760/cma.j.issn.1001-2036.2004.01.024. {HOU Chunmei,JIA Shulan,SU Yannong,CHENG XuXi. Transposition of fibula soleus muscle flap for the treatment of anterior tibial soft tissue and tibial defect[J]. Zhonghua Xian Wei Wai Ke Za Zhi[Chin J Microsurg(Article in Chinese;Abstract in Chinese)],2004,27(1):57-58. DOI:10.3760/cma.j.issn.1001-2036.2004.01.024.}

[16523] 曾剑文，朱庆生，边子虎，刘文剑. 带血管蒂腓骨移植（位）治疗胫骨骨髓炎并骨缺损 [J]. 中华创伤骨科杂志，2004，6（2）：237-239. DOI：10.3760/cma.j.issn.1671-7600.2004.02.036. {ZENG Jianwen,ZHU Qingsheng,BIAN Zihu,LIU Wenjian. Treatment of osteomyelitis complicated with bone defect in tibia with vascularized fibula transfer[J]. Zhonghua Chuang Shang Gu Ke Za Zhi[Chin J Orthop Trauma(Article in Chinese;Abstract in Chinese and English)],2004,6(2):237-239. DOI:10.3760/cma.j.issn.1671-7600.2004.02.036.}

[16524] 娄宏亮，杨连根，安小刚，张增方，韩守江，琚童军，苗洁，李晓东. 逆行隐血管蒂股骨内侧髁骨瓣、骨膜瓣加交锁髓内钉治疗胫骨骨缺损、骨不连 [J]. 中华创伤骨科杂志，2004，6（4）：386-388. DOI：10.3760/cma.j.issn.1671-7600.2004.04.008. {LOU Hongliang,YANG Liangen,AN Xiaogang,ZHANG Zengfang,HAN Shoujiang,JU Tongjun,MIAO Jie,LI Xiaodong. Defect or nonunion of tibia fracture treated with medial femoral condylar bone flap and periost flap pedicled with retrograde saphenous artery and interlocking intramedullary nail[J]. Zhonghua Chuang Shang Gu Ke Za Zhi[Chin J Orthop Trauma(Article in Chinese;Abstract in Chinese and English)],2004,6(4):386-388. DOI:10.3760/cma.j.issn.1671-7600.2004.04.008.}

[16525] 邓江，韩小松，韩建华，王世强，何斌. 外固定架下带血管蒂腓骨及人工骨泰移植治疗儿童慢性感染性胫骨缺损 [J]. 中华创伤骨科杂志，2004，6（8）：926-927. DOI：10.3760/cma.j.issn.1671-7600.2004.08.024. {DENG Jiang,HAN Xiaosong,HAN Jianhua,WANG Shiqiang,HE Bin. Chronic tibial defection in children treated with grafting of fibula with vessel pedicles and Lebone under external fixators[J]. Zhonghua Chuang Shang Gu Ke Za Zhi[Chin J Orthop Trauma(Article in Chinese;Abstract in Chinese and English)],2004,6(8):926-927. DOI:10.3760/cma.j.issn.1671-7600.2004.08.024.}

[16526] 邵贺阳. 带血管蒂胫骨骨皮瓣交叉移植治疗胫骨和皮肤缺损体会 [J]. 中国骨伤，2004，17（12）：749-750. DOI：10.3969/j.issn.1003-0034.2004.12.024. {SHAO Heyang. Treatment of tibia and skin defect with crossing grafting of tibial bone skin flap combined with vascular pedicle[J]. Zhongguo Gu Shang[China J Orthop Trauma(Article in Chinese;No abstract available)],2004,17(12):749-750. DOI:10.3969/j.issn.1003-0034.2004.12.024.}

[16527] 牛军，曹飞，许晓楠，刘世方. 髂骨皮瓣移植治疗胫骨及软组织缺损 [J]. 创伤外科杂志，2004，6（2）：142-142. DOI：10.3969/j.issn.1009-4237.2004.02.028. {NIU Jun,CAO Fei,XU Xiaonan,LIU Shifang. Treatment of tibia and skin defect with free ilium and flap transplant[J]. Chuang Shang Wai Ke Za Zhi[J Traum Surg(Article in Chinese;Abstract in Chinese)],2004,6(2):142-142. DOI:10.3969/j.issn.1009-4237.2004.02.028.}

[16528] 陈克俊，张铁良，李津，陆芸，韩宝平. 感染性胫骨缺损的显微外科治疗 [J]. 中华创伤骨科杂志，2005，7（2）：187-189. DOI：10.3760/cma.j.issn.1671-7600.2005.02.027. {CHEN Kejun,ZHANG Tieliang,LI Jin,LU Yun,HAN Baoping. Microsurgical treatment of infective tibial defect[J]. Zhonghua Chuang Shang Gu Ke Za Zhi[Chin J Orthop Trauma(Article in Chinese;Abstract in Chinese)],2005,7(2):187-189. DOI:10.3760/cma.j.issn.1671-7600.2005.02.027.}

[16529] 邓江，韩小松，韩建华，王世强，何斌. 应用带血管蒂腓骨及人工骨肽治疗儿童慢性感染性胫骨骨缺损 [J]. 中国骨伤，2005，18（3）：159-160. DOI：10.3969/j.issn.1003-0034.2005.03.013. {DENG Jiang,HAN Xiaosong,HAN Jianhua,WANG Shiqiang,HE Bin. Treatment of chronic infective tibial defect by fibula with vascular flap combined with artificial bone peptide in children[J]. Zhongguo Gu Shang[China J Orthop Trauma(Article in Chinese;No abstract available)],2005,18(3):159-160. DOI:10.3969/j.issn.1003-0034.2005.03.013.}

[16530] 王新卫. 带血管T型支撑式骨移植修复胫骨上端腔隙性骨缺损 [J]. 中国骨伤，2005，18（9）：560-561. {WANG Xinwei. Repair of lacunae bone defect in superior extremity of tibia with vascularized T shape supporting bone grafting[J]. Zhongguo Gu Shang[China J Orthop Trauma(Article in Chinese;No abstract available)],2005,18(9):560-561.}

[16531] 陈爱民，侯春林，赵跃忠. 肩胛骨肋骨及背阔肌肌皮瓣复合组织移植修复胫骨长段缺损一例 [J]. 中国修复重建外科杂志，2005，19（7）：541-543. {CHEN Aimin,HOU Chunlin,ZHAO Yuezhong. Osteomyocutaneous latissimus dorsi scapular combined flap with vascularized rib to repair the large defect of tibia[J]. Zhongguo Xiu Fu Chong Jian Wai Ke Za Zhi[Chin J Repar Reconstr Surg(Article in Chinese;Abstract in Chinese and English)],2005,19(7):541-543.}

[16532] 杨运发，徐中和，侯之启，张光明. 腓骨移植并一期抽出式延长治疗胫骨大段骨缺损伴肢体短缩 [J]. 中国临床解剖学杂志，2006，24（5）：581-583. DOI：10.3969/j.issn.1001-165X.2006.05.028. {YANG Yunfa,XU Zhonghe,HOU Zhiqi,ZHANG Guangming. The repair of massive tibial bone defects with vascularized fibular grafts and synchronized Ⅰ stage correction of limb shortening deformity in affected extremities with proximal fibular pull out lengthening[J]. Zhongguo Lin Chuang Jie Pou Xue Za Zhi[Chin J Clin Anat(Article in Chinese;Abstract in Chinese and English)],2006,24(5):581-583. DOI:10.3969/j.issn.1001-165X.2006.05.028.}

[16533] 周明武，李坤德，赵东升，李士民，幸超峰，宋力，王飞云. 健侧骨膜皮瓣桥式转移修复患侧胫骨骨不连与骨缺损 [J]. 中华显微外科杂志，2006，29（1）：13. DOI：10.3760/cma.j.issn.1001-2036.2006.01.033. {ZHOU Mingwu,LI Kunde,ZHAO Dongsheng,LI Shimin,XING Chaofeng,SONG Li,WANG Feiyun. Repair of tibial nonunion and bone defect by bridge transfer of contralateral periosteal skin flap[J]. Zhonghua Xian Wei Wai Ke Za Zhi[Chin J Microsurg(Article in Chinese;No abstract available)],2006,29(1):13. DOI:10.3760/cma.j.issn.1001-2036.2006.01.033.}

[16534] 陈又年，刘莉. 肩胛骨复合组织瓣修复胫骨及软组织缺损 [J]. 中国骨伤，2006，19（12）：750-751. DOI：10.3969/j.issn.1003-0034.2006.12.021. {CHEN Younian,LIU Li. Free scapular composite flap for repairing of tibial and soft tissue defects[J]. Zhongguo Gu Shang[China J Orthop Trauma(Article in Chinese;No abstract available)],2006,19(12):750-751. DOI:10.3969/j.issn.1003-0034.2006.12.021.}

[16535] 王培吉，董启榕，秦建忠，江波，周凯龙，张咸中. 吻合血管折叠式腓骨皮瓣修复大段胫骨及皮肤软组织缺损 [J]. 中华显微外科杂志，2007，30（4）：264-266，后插 2. DOI：10.3760/cma.j.issn.1001-2036.2007.04.013. {WANG Peiji,DONG Qirong,QIN Jianzhong,JIANG Bo,ZHOU Kailong,ZHANG Xianzhong. To repair massive defect of the tibia and the skin and soft tissue with vascularized double barrel fibula flap[J]. Zhonghua Xian Wei Wai Ke Za Zhi[Chin J Microsurg(Article in Chinese;Abstract in Chinese and English)],2007,30(4):264-266,insert 2. DOI:10.3760/cma.j.issn.1001-2036.2007.04.013.}

[16536] 姚雨，徐本明，鹿洪辉. 应用腓骨组织瓣联合治疗胫骨骨髓炎长段骨缺损 20 例报告 [J]. 中国矫形外科杂志，2007，15（20）：1593-1594. DOI：10.3969/j.issn.1005-8478.2007.20.028. {YAO Yu,XU Benming,LU Honghui. Application of fibula tissue flap in the treatment of long bone defect of tibial osteomyelitis:a report of 20 cases[J]. Zhongguo Jiao Xing Wai Ke Za Zhi[Orthop J China(Article in Chinese;No abstract available)],2007,15(20):1593-1594. DOI:10.3969/j.issn.1005-8478.2007.20.028.}

[16537] 贾红伟，程春生，吕松峰，赵作恭，单海民，杜志军，汤金城，任飞. 胫骨皮瓣修复小腿感染性骨皮缺损的应用 [J]. 中国修复重建外科杂志，2007，21（1）：30-33. {JIA Hongwei,CHENG Chunsheng,LV Songfeng,ZHAO Zuogong,SHAN Haimin,DU Zhijun,TANG Jincheng,REN Fei. Clinical application of tibial bone-skin flaps in treatement of infective bone-skin defects of leg[J]. Zhongguo Xiu Fu Chong Jian Wai Ke Za Zhi[Chin J Repar Reconstr Surg(Article in Chinese;Abstract in Chinese)],2007,21(1):30-33.}

[16538] 王新卫，李勇军，郭建刚，冯峰. 游离腓骨移植修复胫骨慢性骨髓炎并长段骨缺损 [J]. 中国修复重建外科杂志，2007，21（3）：278-281. {WANG Xinwei,LI Yongjun,GUO Jiangang,FENG Feng. Repairing chronic osteomyelitis complicated by long bone defect in tibia with free segmented-fibula transplantation[J]. Zhongguo Xiu Fu Chong Jian Wai Ke Za Zhi[Chin J Repar Reconstr Surg(Article in Chinese;Abstract in Chinese and English)],2007,21(3):278-281.}

[16539] 康志学，穆广态，刘勇，赵飞，刘飞. 带血管蒂腓骨移植治疗胫骨长段骨缺损 [J]. 中华显微外科杂志，2008，31（1）：68-69. DOI：10.3760/cma.j.issn.1001-2036.2008.01.029. {KANG Zhixue,MU Guangtai,LIU Yong,ZHAO Fei,LIU Fei. Vascularized fibula graft for the treatment of tibial long bone defect[J]. Zhonghua Xian Wei Wai Ke Za Zhi[Chin J Microsurg(Article in Chinese;Abstract in Chinese)],2008,31(1):68-69. DOI:10.3760/cma.j.issn.1001-2036.2008.01.029.}

[16540] 黎忠文，唐继仁. 胫骨骨缺损的治疗进展 [J]. 中华显微外科杂志，2008，31（2）：158-159. DOI：10.3760/cma.j.issn.1001-2036.2008.02.036. {LI Zhongwen,TANG Jiren. Progress in the treatment of tibial bone defect[J]. Zhonghua Xian Wei Wai Ke Za Zhi[Chin J Microsurg(Article in Chinese;No abstract available)],2008,31(2):158-159. DOI:10.3760/cma.j.issn.1001-2036.2008.02.036.}

[16541] 李晓东，杨连根，韩守江，娄宏亮，王春宇，武继伟，张合，李昭，姚毅. 吻合血管腓骨皮瓣移植修复对侧长段胫骨及皮肤缺损 [J]. 中华显微外科杂志，2008，31（6）：410. DOI：10.3760/cma.j.issn.1001-2036.2008.06.032. {LI Xiaodong,YANG Liangen,HAN Shoujiang,LOU Hongliang,WANG Chunyu,WU Jiwei,ZHANG He,LI Zhao,YAO Yi. Repair of contralateral long tibia and skin defects with vascularized fibular flap[J]. Zhonghua Xian Wei Wai Ke Za Zhi[Chin J Microsurg(Article in Chinese;No abstract available)],2008,31(6):410. DOI:10.3760/cma.j.issn.1001-2036.2008.06.032.}

[16542] 赵治伟，程春生，单海民，程真真，马文龙. 改良腓骨皮瓣交叉移植治疗感染性胫骨骨及皮肤缺损 [J]. 中华显微外科杂志，2009，32（4）：290-292，插 4. DOI：10.3760/cma.j.issn.1001-2036.2009.04.011. {ZHAO Zhiwei,CHENG Chunsheng,SHAN Haimin,CHENG Zhenzhen,MA Wenlong. Improved cross-fibular flap transplantation in the treatment of infections skin defects of the tibia bone[J]. Zhonghua Xian Wei Wai Ke Za Zhi[Chin J Microsurg(Article in Chinese;Abstract in Chinese and English)],2009,32(4):290-292,insert 4. DOI:10.3760/cma.j.issn.1001-2036.2009.04.011.}

[16543] 甄平，刘兴炎，李旭升，田琦. 吻合血管腓骨复合组织皮瓣移植修复与重建胫骨重度开放性粉碎性骨折 [J]. 中华创伤骨科杂志，2009，11（8）：728-731. DOI：10.3760/cma.j.issn.1671-7600.2009.08.008. {ZHEN Ping,LIU Xingyan,LI Xusheng,TIAN Qi. Free composite fibular flap for repair and reconstruction of severe open tibial fractures[J]. Zhonghua Chuang Shang Gu Ke Za Zhi[Chin J Orthop Trauma(Article in Chinese;Abstract in Chinese and English)],2009,11(8):728-731. DOI:10.3760/cma.j.issn.1671-7600.2009.08.008.}

[16544] 李鹏，曾志超，欧治平，罗锦辉. 吻合血管腓骨游离移植治疗创伤性胫骨大段骨缺损 [J]. 中华显微外科杂志，2010，33（2）：159-160. DOI：10.3760/cma.j.issn.1001-2036.2010.02.029. {LI Peng,ZENG Zhichao,OU Zhiping,LUO Jinhui. Free transplantation of vascularized fibula for the treatment of traumatic large segmental bone defect of tibia[J]. Zhonghua Xian Wei Wai Ke Za Zhi[Chin J Microsurg(Article in Chinese;Abstract in Chinese)],2010,33(2):159-160. DOI:10.3760/cma.j.issn.1001-2036.2010.02.029.}

[16545] 李东柱，李庆喜，周祥吉. 骨膜瓣局部转移修复小儿胫骨缺损一例 [J]. 中华显微外科杂志，2010，33（3）：263. DOI：10.3760/cma.j.issn.1001-2036.2010.03.042. {LI Dongzhu,LI Qingxi,ZHOU Xiangji. Repair of tibial defect in children by local transfer of periosteal flap:a case report[J]. Zhonghua Xian Wei Wai Ke Za Zhi[Chin J Microsurg(Article in Chinese;No abstract available)],2010,33(3):263. DOI:10.3760/cma.j.issn.1001-2036.2010.03.042.}

[16546] 邹林，蔡锦方，刘立峰，张军，郑金龙，曹学成. 小腿外侧腓骨皮瓣交腿修复合并血管损伤的大段胫骨骨感染及缺损 [J]. 中华骨科杂志，2012，32（7）：675-680. DOI：10.3760/cma.j.issn.0253-2352.2012.07.013. {ZOU Lin,CAI Jinfang,LIU Lifeng,ZHANG Jun,ZHENG Jinlong,CAO Xuecheng. Use of cross-leg fibula flap for difficult reconstruction of extensive injuries in the lower extremities[J]. Zhonghua Gu Ke Za Zhi[Chin J Orthop(Article in Chinese;Abstract in Chinese and English)],2012,32(7):675-680. DOI:10.3760/cma.j.issn.0253-2352.2012.07.013.}

[16547] 李卫，刘金伟，张玉玲，李春雨，蔡厚洪，林绍仪，吴举，何藻鹏，梁观钦. 游离腓骨骨皮瓣加单臂外固定架治疗胫骨骨缺损 [J]. 临床骨科杂志，2013，16（6）：692-694. DOI：10.3969/j.issn.1008-0287.2013.06.037. {LI Wei,LIU Jinwei,ZHANG

Yuling,LI Chunyu,CAI Houhong,LIN Shaoyi,WU Ju,HE Zaopeng,LIANG Guanqin. The fibula osteocutaneous flap transfer combined with unilateral external fixation in treatment of tibial bone defect[J]. Lin Chuang Gu Ke Za Zhi[J Clin Orthop(Article in Chinese;Abstract in Chinese and English)],2013,16(6):692-694. doi:10.3969/j.issn.1008-0287.2013.06.037.}

[16548] 刘会仁，王立新，张艳茂，于占勇，刘志旺，李国华，赵刚，胡克俭．组织移植结合骨滑移治疗小腿皮肤软组织伴大段胫骨缺损 [J]．中国修复重建外科杂志，2013，27（3）：295-298．DOI：10.7507/1002-1892.20130068．{LIU Huiren,WANG Lixin,ZHANG Yanmao,YU Zhanyong,LIU Zhiwang,LI Guohua,ZHAO Gang,HU Kejian. Tissue transplantation with bone transmission for treating large defects of tibial bone and soft tissue[J]. Zhongguo Xiu Fu Chong Jian Wai Ke Za Zhi[Chin J Repar Reconstr Surg(Article in Chinese;Abstract in Chinese and English)],2013,27(3):295-298. DOI:10.7507/1002-1892.20130068.}

[16549] 王辉，范启申，任志勇，魏长月．骨膜内双段腓骨复合小腿外侧皮瓣移植修复胫骨及皮肤缺损 [J]．实用手外科杂志，2014，28（2）：149-150．DOI：10.3969/j.issn.1671-2722.2014.02.012．{WANG Hui,FAN Qishen,REN Zhiyong,WEI Changyue. Periosteal double fibular composite ectocnemial skin flap for repairing skin defect of the tibia[J]. Shi Yong Shou Wai Ke Za Zhi[Chin J Pract Hand Surg(Article in Chinese;Abstract in Chinese and English)],2014,28(2):149-150. DOI:10.3969/j.issn.1671-2722.2014.02.012.}

[16550] 殷渠东，顾三军，孙振中，芮永军，吴永伟，韦旭明．胫骨骨和软组织缺损三种治疗方法的效果比较 [J]．中华创伤杂志，2015，31（3）：245-248．DOI：10.3760/cma.j.issn.1001-8050.2015.03.016．{YIN Qudong,GU Sanjun,SUN Zhenzhong,RUI Yongjun,WU Yongwei,WEI Xuming. Comparison of the effects of three methods for the treatment of tibial bone and soft tissue defects[J]. Zhonghua Chuang Shang Za Zhi[Chin J Trauma(Article in Chinese;No abstract available)],2015,31(3):245-248. DOI:10.3760/cma.j.issn.1001-8050.2015.03.016.}

[16551] 刘志勤，王镖，杨新佑，张锡平．带蒂游离腓骨骨皮瓣治疗创伤后胫骨段缺损并胫前皮肤软组织缺损 [J]．中国骨与关节损伤杂志，2015，30（12）：1276-1279．DOI：10.7531/j.issn.1672-9935.2015.12.015．{LIU Zhiqin,WANG Biao,YANG Xinyou,ZHANG Xiping. Pedicle free fibula skin flap for post-traumatic tibial large segmental defects combined with anterior tibial soft tissue defects[J]. Zhongguo Gu Yu Guan Jie Sun Shang Za Zhi[Chin J Bone Joint Injury(Article in Chinese;Abstract in Chinese and English)],2015,30(12):1276-1279. DOI:10.7531/j.issn.1672-9935.2015.12.015.}

[16552] 刘晓春，黄东，吴伟炽，江奕恒，黄永军，牟勇，孙大炜．旋髂深动脉髂骨皮瓣修复胫骨伴软组织缺损 12 例 [J]．中华显微外科杂志，2016，39（6）：593-595．DOI：10.3760/cma.j.issn.1001-2036.2016.06.023．{LIU Xiaochun,HUANG Dong,WU Weichi,JIANG Yiheng,HUANG Yongjun,MOU Yong,SUN Dawei. Repair of tibia with soft tissue defect with deep iliac circumflex artery iliac flap:a report of 12 cases[J]. Zhonghua Xian Wei Wai Ke Za Zhi[Chin J Microsurg(Article in Chinese;Abstract in Chinese)],2016,39(6):593-595. DOI:10.3760/cma.j.issn.1001-2036.2016.06.023.}

[16553] 周明武，张迅，幸超峰，王飞云，朱杰，宋力，李扬，周立．大段游离胫骨异位预构骨皮瓣二期带蒂原位回植修复骨及皮肤软组织缺损 [J]．中国矫形外科杂志，2016，24（4）：320-324．DOI：10.3977/j.issn.1005-8478.2016.04.07．{ZHOU Mingwu,ZHANG Xun,XING Chaofeng,WANG Feiyun,ZHU Jie,SONG Li,LI Yang,ZHOU Li. Successful implantation of large dissociate tibial segment after bone flap ectopic prefabricate:two case report[J]. Zhongguo Jiao Xing Wai Ke Za Zhi[Orthop J China(Article in Chinese;Abstract in Chinese and English)],2016,24(4):320-324. DOI:10.3977/j.issn.1005-8478.2016.04.07.}

[16554] 赵坤，王延岭，卢敏勋，姚凯，肖聪，周勇，闵理，罗翼，屠重棋．胫骨下段大段瘤性骨缺损修复重建的研究进展 [J]．中国修复重建外科杂志，2018，32（9）：1211-1217．DOI：10.7507/1002-1892.201803007．{ZHAO Kun,WANG Yanling,LU Minxun,YAO Kai,XIAO Cong,ZHOU Yong,MIN Li,LUO Yi,TU Chongqi. Progress in repair and reconstruction of large segmental bone tumor defect in distal tibia[J]. Zhongguo Xiu Fu Chong Jian Wai Ke Za Zhi[Chin J Repar Reconstr Surg(Article in Chinese;Abstract in Chinese and English)],2018,32(9):1211-1217. DOI:10.7507/1002-1892.201803007.}

[16555] 刘重，郭永明，焦健，滕云升，张朝，石宇，吴珂．游离腓骨复合组织瓣修复胫骨近端开放性骨折后骨与软组织缺损 [J]．中华显微外科杂志，2019，42（6）：544-547．DOI：10.3760/cma.j.issn.1001-2036.2019.06.007．{LIU Chong,GUO Yongming,JIAO Jian,TENG Yunsheng,ZHANG Zhao,SHI Yu,WU Ke. Transplantation of free fibula composite tissue flap to repair bone and soft tissue defect after open fracture of proximal tibial[J]. Zhonghua Xian Wei Wai Ke Za Zhi[Chin J Microsurg(Article in Chinese;Abstract in Chinese and English)],2019,42(6):544-547. DOI:10.3760/cma.j.issn.1001-2036.2019.06.007.}

[16556] 周丕育，杨绍浦，李尚权，苏期波，马元俊，黄振华，张林虎，赵亮，黄江，王召华，刘波，郑青松，张钦超，张勇．两种不同方式髂骨瓣游离移植在胫骨骨缺损修复中的应用 [J]．中华整形外科杂志，2019，35（12）：1230-1233．DOI：10.3760/cma.j.issn.1009-4598.2019.12.014．{ZHOU Piyu,YANG Shaopu,LI Shangquan,SU Qibo,MA Yuanjun,HUANG Zhenhua,ZHANG Linhu,ZHAO Liang,HUANG Jiang,WANG Zhaohua,LIU Bo,ZHENG Qingsong,ZHANG Qinchao,ZHANG Yong. Two different methods of free iliac flap grafting in the repair of tibial defect[J]. Zhonghua Zheng Xing Wai Ke Za Zhi[Chin J Plast Surg(Article in Chinese;Abstract in Chinese and English)],2019,35(12):1230-1233. DOI:10.3760/cma.j.issn.1009-4598.2019.12.014.}

5.16.3 跟骨骨缺损修复与重建
repair and reconstruction of calcaneal bone defect

[16557] Cai J,Cao X,Liang J,Sun B. Heel reconstruction[J]. Plast Reconstr Surg,1997,99(2):448-453. doi:10.1097/00006534-199702000-00020.

[16558] 蔡锦方．足跟与足底缺损的再造 [J]．修复重建外科杂志，1988，2（2）：142-143．{CAI Jinfang. Reconstruction of heel and plantar defect[J]. Zhongguo Xiu Fu Chong Jian Wai Ke Za Zhi[Chin J Repar Reconstr Surg(Article in Chinese;No abstract available)],1988,2(2):142-143.}

[16559] 蔡锦方，刘晓平，潘冀清，张红旭．足跟再植与再造 [J]．修复重建外科杂志，1990，4（1）：3-4，61．{CAI Jinfang,LIU Xiaoping,PAN Jiqing,ZHANG Hongxu. Heel replantation and reconstruction[J]. Zhongguo Xiu Fu Chong Jian Wai Ke Za Zhi[Chin J Repar Reconstr Surg(Article in Chinese;Abstract in Chinese and English)],1990,4(1):3-4,61.}

[16560] 王洲，高捧述，胡亚兰．外展踇肌皮瓣转移治疗跟骨骨髓炎 [J]．修复重建外科杂志，1991，5（4）：231．{WANG Zhou,GAO Pengshu,HU Yalan. Transfer of abductor musculocutaneous flap in the treatment of calcaneal osteomyelitis[J]. Zhongguo Xiu Fu Chong Jian Wai Ke Za Zhi[Chin J Repar Reconstr Surg(Article in Chinese;No abstract available)],1991,5(4):231.}

[16561] 王振昊，王书成，娄组德，张书宏．吻合血管的髂骨瓣折迭并列游离移植再造跟骨 [J]．中华显微外科杂志，2000，23（3）：234-235．DOI：10.3760/cma.j.issn.1001-2036.2000.03.043．{WANG Zhenhao,WANG Shucheng,LOU Zude,ZHANG Shuhong. Vascularized iliac bone flap folding and free transplantation for calcaneal reconstruction[J]. Zhonghua Xian Wei Wai Ke Za Zhi[Chin J Microsurg(Article in Chinese;No abstract available)],2000,23(3):234-235. DOI:10.3760/cma.j.issn.1001-2036.2000.03.043.}

[16562] 黎忠文，梁再卿，陈仕平．跟骨再造一例报告 [J]．中华显微外科杂志，2000，23（4）：256．DOI：10.3760/cma.j.issn.1001-2036.2000.04.042．{LI Zhongwen,LIANG Zaiqing,CHEN Shiping. Calcaneal reconstruction:a case report[J]. Zhonghua Xian Wei Wai Ke Za Zhi[Chin J Microsurg(Article in Chinese;No abstract available)],2000,23(4):256. DOI:10.3760/cma.j.issn.1001-2036.2000.04.042.}

[16563] 贾红伟，程春生，赵祚恭．组织瓣组合游离移植修复跟骨及软组织缺损 [J]．中国修复重建外科杂志，2001，15（2）：122．{JIA Hongwei,CHENG Chunsheng,ZHAO Zuogong. Repair of calcaneal and soft tissue defects with tissue flap combined with free transplantation[J]. Zhongguo Xiu Fu Chong Jian Wai Ke Za Zhi[Chin J Repar Reconstr Surg(Article in Chinese;No abstract available)],2001,15(2):122.}

[16564] 蔡锦方，李秉胜，曹学成，梁进．足跟再造术长期疗效观察 [J]．中华外科杂志，2001，39（11）：869-871．DOI：10.3760/j：issn：0529-5815.2001.11.019．{CAI Jinfang,LI Bingsheng,CAO Xuecheng,LIANG Jin. Reconstruction of heel:long-term follow up of 12 cases[J]. Zhonghua Wai Ke Za Zhi[Chin J Surg(Article in Chinese;Abstract in Chinese and English)],2001,39(11):869-871. DOI:10.3760/j:issn:0529-5815.2001.11.019.}

[16565] 吴石头，杨泽璋，周发禄，尹书东，曾群，卢书文，唐茂林．逆行岛状腓骨肌皮瓣再造足跟 [J]．中国修复重建外科杂志，2001，15（4）：211-213．{WU Shitou,YANG Zezhang,ZHOU Falu,YIN Shudong,ZENG Qun,LU Shuwen,TANG Maolin. Reconstruction of heel by reversed island fibular musculocutaneous flap[J]. Zhongguo Xiu Fu Chong Jian Wai Ke Za Zhi[Chin J Repar Reconstr Surg(Article in Chinese;Abstract in Chinese and English)],2001,15(4):211-213.}

[16566] 郭德亮，潘朝晖，张伟旭．吻合血管腓骨移植重建全跟骨缺损一例 [J]．中华创伤骨科杂志，2002，4（1）：64．DOI：10.3760/cma.j.issn.1671-7600.2002.01.034．{GUO Deliang,PAN Chaohui,ZHANG Weixu. 1 case of repairing total calcaneum bone defect by fibular with vessle anastomosis[J]. Zhonghua Chuang Shang Gu Ke Za Zhi[Chin J Orthop Trauma(Article in Chinese;No abstract available)],2002,4(1):64. DOI:10.3760/cma.j.issn.1671-7600.2002.01.034.}

[16567] 张岩峰，王建荣，文伯元，王玉召，赵志明．异体跟骨移植及腓肠神经营养血管皮瓣修复跟骨缺损 [J]．中国修复重建外科杂志，2004，18（6）：468-470．{ZHANG Yanfeng,WANG Jianrong,WEN Boyuan,WANG Yuzhao,ZHAO Zhiming. Repair of calcaneus and skin defects with allograft and sural neurovascular flap[J]. Zhongguo Xiu Fu Chong Jian Wai Ke Za Zhi[Chin J Repar Reconstr Surg(Article in Chinese;Abstract in Chinese and English)],2004,18(6):468-470.}

[16568] 沈余明，向东，王浩，陈辉，黎明，张国安．腓肠神经营养血管远端蒂肌皮瓣治疗慢性跟骨骨髓炎 [J]．中国修复重建外科杂志，2007，21（4）：360-362．{SHEN Yuming,XIANG Dong,WANG Hao,CHEN Hui,LI Ming,ZHANG Guoan. Distally-based sural musculocutaneous flap for chronic calcaneal osteomyelitis[J]. Zhongguo Xiu Fu Chong Jian Wai Ke Za Zhi[Chin J Repar Reconstr Surg(Article in Chinese;Abstract in Chinese and English)],2007,21(4):360-362.}

[16569] 周仁鹏，梅劲，潘庆祥，陶友伦，魏鹏，胡斯旺，唐茂林．Ⅱ型与Ⅴ型腓骨瓣修复跟骨缺失初期再造跟骨稳定性的比较 [J]．解剖学报，2011，42（3）：410-414．DOI：10.3969/j.issn.0529-1356.2011.03.024．{ZHOU Renpeng,MEI Jin,PAN Qingxiang,TAO Youlun,WEI Peng,HU Siwang,TANG Maolin. Comparative study on the stability of reconstructing the calcaneus defect with the Ⅱ-shaped and Ⅴ-shaped fibula flap in the initial stage[J]. Jie Pou Xue Bao [Acta Anat Sin(Article in Chinese;Abstract in Chinese and English)],2011,42(3):410-414. DOI:10.3969/j.issn.0529-1356.2011.03.024.}

[16570] 阳富春，赵劲民，苏伟，沙轲，薄占东，程建文，姚军，王静成．小腿后内侧筋膜皮瓣移位修复后跟离断一例 [J]．中国修复重建外科杂志，2011，25（11）：1408．{YANG Fuchun,ZHAO Jinmin,SU Wei,SHA Ke,BO Zhandong,CHENG Jianwen,YAO Jun,WANG Jingcheng. Transposition of posterior medial fasciocutaneous flap of leg to repair heel amputation:a case report[J]. Zhongguo Xiu Fu Chong Jian Wai Ke Za Zhi[Chin J Repar Reconstr Surg(Article in Chinese;No abstract available)],2011,25(11):1408.}

[16571] 沈余明，胡骁骅，温春泉，宁方刚，于东宁，覃凤均．小腿联合肌皮瓣治疗创伤后慢性跟骨骨髓炎伴软组织缺损 [J]．中国修复重建外科杂志，2013，27（9）：1061-1064．DOI：10.7507/1002-1892.20130232．{SHEN Yuming,HU Xiaohua,WEN Chunquan,NING Fanggang,YU Dongning,QIN Fengjun. Treatment of post-traumatic chronic calcaneal osteomyelitis and soft tissue defect by using combined muscle and skin flaps of calf[J]. Zhongguo Xiu Fu Chong Jian Wai Ke Za Zhi[Chin J Repar Reconstr Surg(Article in Chinese;Abstract in Chinese and English)],2013,27(9):1061-1064. DOI:10.7507/1002-1892.20130232.}

[16572] 郑晓菊，王保山，王新宏，仇永锋，张忠，代创国，李海军．游离腓骨及小腿外侧皮瓣再造足跟的体会 [J]．中华显微外科杂志，2013，36（4）：415．DOI：10.3760/cma.j.issn.1001-2036.2013.06.039．{ZHENG Xiaoju,WANG Baoshan,WANG Xinhong,QIU Yongfeng,ZHANG Zhong,DAI Chuangguo,LI Haijun. Experience of heel reconstruction with free fibula and lateral leg flap[J]. Zhonghua Xian Wei Wai Ke Za Zhi[Chin J Microsurg(Article in Chinese;No abstract available)],2013,36(4):415. DOI:10.3760/cma.j.issn.1001-2036.2013.06.039.}

[16573] 杨英才，孙振中，张重阳，叶永奇，任红波，朱勇．以胫后动脉为蒂的逆行岛状皮瓣并联胫骨瓣修复足跟皮肤及跟骨缺损 [J]．中华整形外科杂志，2015，31（2）：143-144．DOI：10.3760/cma.j.issn.1009-4598.2015.02.019．{YANG Yingcai,SUN Zhenzhong,ZHANG Chongyang,YE Yongqi,REN Hongbo,ZHU Yong. Repair of calcaneal skin and calcaneal defects with retrograde island flap pedicled with posterior tibial artery and parallel tibial flap[J]. Zhonghua Zheng Xing Wai Ke Za Zhi[Chin J Plast Surg(Article in Chinese;No abstract available)],2015,31(2):143-144. DOI:10.3760/cma.j.issn.1009-4598.2015.02.019.}

5.16.4 跗骨骨缺损修复与重建
repair and reconstruction of tarsal bone defect

[16574] 胡建山，梁家龙，周宁全，解德一，马云军．同种异体全跗骨置换一例 [J]．中国修复重建外科杂志，1993，7（3）：136．{HU Jianshan,LIANG Jialong,ZHOU Ningquan,XIE Deyi,MA Yunjun. Allogeneic total tarsal bone replacement:a case report[J]. Zhongguo Xiu Fu Chong Jian Wai Ke Za Zhi[Chin J Repar Reconstr Surg(Article in Chinese;No abstract available)],1993,7(3):136.}

5.16.5 跖骨骨缺损修复与重建
repair and reconstruction of metatarsal bone defect

[16575] Li Z,Yang Y,Wang C,Xia R,Zhang Y,Zhao Q,Liao W,Wang Y,Lu J. Repair of sheep metatarsus defects by using tissue-engineering technique[J]. J Huazhong Univ Sci Technolog Med Sci,2005,25(1):62-67. doi:10.1007/BF02831389.

[16576] 任德新，张乃仁，张平方，李加祁．软骨膜游离移植治疗第二跖骨头缺血性坏死 [J]．中国修复重建外科杂志，1994，8（3）：171．{REN Dexin,ZHANG Nairen,ZHANG Pingfang,LI Jiaqi. Free perichondrium transplantation for the treatment of avascular necrosis of the second metatarsal head[J]. Zhongguo Xiu Fu Chong Jian Wai Ke Za Zhi[Chin J Repar Reconstr Surg(Article in Chinese;No abstract available)],1994,8(3):171.}

[16577] 陈振光，余国荣，喻爱喜，谭金海，王斌．第二跖骨头缺血性坏死的显微外科治疗 [J]．中国修复重建外科杂志，1998，12（5）：283-284．{CHEN Zhenguang,YU Guorong,YU Aixi,TAN Jinhai,WANG Bin. Microsurgical treatment of ischemic necrosis of the head of the 2nd metatarsal bone[J]. Zhongguo Xiu Fu Chong Jian Wai Ke Za Zhi[Chin J Repar Reconstr Surg(Article in Chinese;Abstract in Chinese and English)],1998,12(5):283-284.}

[16578] 潘朝晖，王剑利，蒋萍萍，王成琪，许瑞杰．游离髂骨重建跖骨缺损的三维有限元及临床

分析[J]. 中国修复重建外科杂志，2005，19(5)：358-360. {PAN Chaohui,WANG Jianli,JIANG Pingping,WANG Chengqi,XU Ruijie. 3-D finite element and clinical analyses of the reconstruction of the first to third metatarsus defect with ilium[J]. Zhongguo Xiu Fu Chong Jian Wai Ke Za Zhi[Chin J Repar Reconstr Surg(Article in Chinese;Abstract in Chinese and English)],2005,19(5):358-360.}

[16579] 吴克俭，张伟佳，侯树勋，郑小勇，李威. 带血管髂骨瓣游离移植修复跖骨及周围软组织缺损[J]. 中国修复重建外科杂志，2006，20(1)：27-29. {WU Kejian,ZHANG Weijia,HOU Shuxun,ZHENG Xiaoyong,LI Wei. Transplantation of the cutaneous iliac flap for the repair of bone and soft tissue defect of metatarsal[J]. Zhongguo Xiu Fu Chong Jian Wai Ke Za Zhi[Chin J Repar Reconstr Surg(Article in Chinese;Abstract in Chinese and English)],2006,20(1):27-29.}

5.16.6 其他下肢骨缺损修复与重建
repair and reconstruction of other lower limb bone defects

[16580] 张树桧. 吻合血管的游离腓骨移植修复长段骨缺损10例报告[J]. 修复重建外科杂志，1988，2(2)：134-135. {ZHANG Shuhui. Repair of long bone defects with vascularized free fibula:a report of 10 cases[J]. Zhongguo Xiu Fu Chong Jian Wai Ke Za Zhi[Chin J Repar Reconstr Surg(Article in Chinese;No abstract available)],1988,2(2):134-135.}

[16581] 唐希初. 带血管骨移植修复骨缺损的临床应用[J]. 修复重建外科杂志，1988，2(2)：219-220. {TANG Xichu. Clinical application of vascularized bone graft in repairing bone defect[J]. Zhongguo Xiu Fu Chong Jian Wai Ke Za Zhi[Chin J Repar Reconstr Surg(Article in Chinese;No abstract available)],1988,2(2):219-220.}

[16582] 郭文通. 四肢骨缺损的修复[J]. 修复重建外科杂志，1988，2(2)：227-228. {GUO Wentong. Repair of bone defect in extremities[J]. Zhongguo Xiu Fu Chong Jian Wai Ke Za Zhi[Chin J Repar Reconstr Surg(Article in Chinese;No abstract available)],1988,2(2):227-228.}

[16583] 陈礼堂，赵九相，刘晓化，曹迷多，季广义. 胫腓骨骨不连、骨缺损、骨外露的治疗体会[J]. 修复重建外科杂志，1989，3(3)：126. {CHEN Litang,ZHAO Jiuxiang,LIU Xiaohua,CAO Miduo,JI Guangyi. Experience in the treatment of tibiofibular nonunion,bone defect and bone exposure[J]. Zhongguo Xiu Fu Chong Jian Wai Ke Za Zhi[Chin J Repar Reconstr Surg(Article in Chinese;No abstract available)],1989,3(3):126.}

[16584] 周中英，林月秋，李主一，文家福，翁龙江. Ⅰ期处理贴骨瘢痕骨缺损及肢体短缩的新方法[J]. 修复重建外科杂志，1991，5(2)：87-88+127. {ZHOU Zhongying,LIN Yueqiu,LI Zhuyi,WEN Jiafu,WENG Longjiang. Primary treatment for cicatrix,bony defect,and shortening of the limb[J]. Zhongguo Xiu Fu Chong Jian Wai Ke Za Zhi[Chin J Repar Reconstr Surg(Article in Chinese;Abstract in Chinese and English)],1991,5(2):87-88+127.}

[16585] 葛祥祯，刘克泉，刘健，张成安，骆公久. 带蒂髂骨块移植修复短管状骨缺损[J]. 中国修复重建外科杂志，1992，6(3)：184. {GE Xiangzhen,LIU Kequan,LIU Jian,ZHANG Chengan,LUO Gongjiu. Repair of short tubular bone defect with pedicled iliac bone graft[J]. Zhongguo Xiu Fu Chong Jian Wai Ke Za Zhi[Chin J Repar Reconstr Surg(Article in Chinese;No abstract available)],1992,6(3):184.}

[16586] 李其训，李主一，林月秋，文家福，李春晓，段朝州，陆汉生，李光板. 四肢火器伤骨缺损修复方法的选择[J]. 中国修复重建外科杂志，1994，8(1)：142-143. {LI Qixun,LI Zhuyi,LIN Yueqiu,WEN Jiafu,LI Chunxiao,DUAN Chaozhou,LU Hansheng,LI Guangban. Choice of methods of repair of firearm injuries of extremities[J]. Zhongguo Xiu Fu Chong Jian Wai Ke Za Zhi[Chin J Repar Reconstr Surg(Article in Chinese;Abstract in Chinese and English)],1994,8(1):142-143.}

[16587] 钟贾纯，卓小为，张衡敏，代维立，王兰，陈振宇. 吻合血管的髂骨移植修复骨缺损骨不连[J]. 中国修复重建外科杂志，1994，8(3)：191. {ZHONG Jiachun,ZHUO Xiaowei,ZHANG Hengmin,DAI Weili,WANG Lan,CHEN Zhenyu. Repair of bone defect and nonunion with vascularized iliac bone graft[J]. Zhongguo Xiu Fu Chong Jian Wai Ke Za Zhi[Chin J Repar Reconstr Surg(Article in Chinese;No abstract available)],1994,8(3):191.}

[16588] 王崇锐. 带血管腓骨移植修复骨肿瘤截除后骨缺损二例[J]. 中国修复重建外科杂志，1996，10(1)：67. {WANG Chongrui. Vascularized fibula graft for repair of bone defect after resection of bone tumor:a report of 2 cases[J]. Zhongguo Xiu Fu Chong Jian Wai Ke Za Zhi[Chin J Repar Reconstr Surg(Article in Chinese;No abstract available)],1996,10(1):67.}

[16589] 陈振光，余国荣，喻爱喜，谭金海. 骨肿瘤切除后骨缺损的显微外科修复(附109例报告)[J]. 中国修复重建外科杂志，1996，10(1)：43-45. {CHEN Zhenguang,YU Guorong,YU Aixi,TAN Jinhai. Microsurgical repair of bone defect after resection of bone neoplasms (109 cases report)[J]. Zhongguo Xiu Fu Chong Jian Wai Ke Za Zhi[Chin J Repar Reconstr Surg(Article in Chinese;Abstract in Chinese and English)],1996,10(1):43-45.}

[16590] 黄潮桐，方达刚，王炳禧，张瑞龄，魏启赞，黄永辉，黄世平. 吻合血管游离腓骨移植修复长段骨缺损[J]. 中国修复重建外科杂志，1998，12(2)：88-89. {HUANG Chaotong,FANG Dagang,WANG Bingxi,ZHANG Ruiling,WEI Qizan,HUANG Yonghui,HUANG Shiping. Repair of massive bone defect with free vascularized fibular graft[J]. Zhongguo Xiu Fu Chong Jian Wai Ke Za Zhi[Chin J Repar Reconstr Surg(Article in Chinese;Abstract in Chinese and English)],1998,12(2):88-89.}

[16591] 朱庆和，楚道裕，贺小兵，卢卫忠. 腓骨游离移植修复病理性骨缺损一例[J]. 中国修复重建外科杂志，1998，12(3)：192. {ZHU Qinghe,CHU Daoyu,HE Xiaobing,LU Weizhong. Repair of pathological bone defect by free fibula transplantation:a case report[J]. Zhongguo Xiu Fu Chong Jian Wai Ke Za Zhi[Chin J Repar Reconstr Surg(Article in Chinese;No abstract available)],1998,12(3):192.}

[16592] 杨运发，张光明，徐中和，侯之启. 吻合血管腓骨与异体骨复合移植修复四肢长段骨缺损[J]. 中国修复重建外科杂志，2005，19(12)：986-988. {YANG Yunfa,ZHANG Guangming,XU Zhonghe,HOU Zhiqi. Repair of massive bone defects in limbs by using vascularized free fibular autograft compounding massive bone allografts[J]. Zhongguo Xiu Fu Chong Jian Wai Ke Za Zhi[Chin J Repar Reconstr Surg(Article in Chinese;Abstract in Chinese and English)],2005,19(12):986-988.}

[16593] 张煜，袁宁，王杰. 小腿内侧桥式复合组织瓣修复对侧皮肤软组织伴骨缺损[J]. 中国修复重建外科杂志，2006，20(5)：583-585. {ZHANG Yu,YUAN Ning,WANG Jie. Repair of contralateral skin and soft tissue with bone defect by medial leg bridge composite tissue flap[J]. Zhongguo Xiu Fu Chong Jian Wai Ke Za Zhi[Chin J Repar Reconstr Surg(Article in Chinese;No abstract available)],2006,20(5):583-585.}

[16594] 高迪，贾斌. 上胫腓联合复合组织移植修复外踝井距骨骨缺损[J]. 中国修复重建外科杂志，2012，26(8)：1022-1024. {GAO Di,JIA Bin. Repair of bone defect of lateral malleolus and talus with composite tissue graft of superior tibiofibular syndesmosis[J]. Zhongguo Xiu Fu Chong Jian Wai Ke Za Zhi[Chin J Repar Reconstr Surg(Article in Chinese;Abstract in Chinese)],2012,26(8):1022-1024.}

[16595] 刘重，徐虹，张朝，吴勐，滕云升，陶胜林. 分期治疗下肢长段感染性骨缺损[J]. 中国修复重建外科杂志，2014，28(10)：1212-1216. DOI: 10.7507/1002-1892.20140263. {LIU Chong,XU Hong,ZHANG Chao,WU Meng,TENG Yunsheng,TAO Shenglin. Staged treatment of infectious long bone defect in lower extremity[J]. Zhongguo Xiu Fu Chong Jian Wai Ke Za Zhi[Chin J Repar Reconstr Surg(Article in Chinese;Abstract in Chinese and English)],2014,28(10):1212-1216. DOI:10.7507/1002-1892.20140263.}

[16596] 沈余明，陈辉，胡骁骅，黄雷，马春旭. 组织瓣移植联合骨延长技术分期修复烧创伤后下肢严重软组织与骨缺损[J]. 中国修复重建外科杂志，2017，31(2)：160-164. DOI: 10.7507/1002-1892.201609117. {SHEN Yuming,CHEN Hui,HU Xiaohua,HUANG Lei,MA Chunxu. Tissue flap combined with sequential bone lengthening technique for repairing severe soft tissue and bone defects of lower extremity after burn injury[J]. Zhongguo Xiu Fu Chong Jian Wai Ke Za Zhi[Chin J Repar Reconstr Surg(Article in Chinese;Abstract in Chinese and English)],2017,31(2):160-164. DOI:10.7507/1002-1892.201609117.}

5.17 辅助骨搬运技术之显微外科重建
assisted bone transport technique

[16597] Wu Y,Yin Q,Rui Y,Sun Z,Gu S. Ilizarov technique:Bone transport versus bone shortening-lengthening for tibial bone and soft-tissue defects[J]. J Orthop Sci,2018,23(2):341-345. doi:10.1016/j.jos.2017.12.002.

[16598] Li R,Zhu G,Chen C,Chen Y,Ren G. Bone transport for treatment of traumatic composite tibial bone and soft tissue defects:any specific needs besides the ilizarov technique?[J]. Biomed Res Int,2020,2020:2716547. doi:10.1155/2020/2716547.

[16599] Ren GH,Li R,Hu Y,Chen Y,Chen C,Yu B. Treatment options for infected bone defects in the lower extremities:free vascularized fibular graft or Ilizarov bone transport?[J]. J Orthop Surg Res,2020,15(1):439. doi:10.1186/s13018-020-01907-z.

[16600] Zhong W,Lu S,Chai Y,Wen G,Wang C,Han P. One-stage reconstruction of complex lower extremity deformity combining Ilizarov external fixation and sural neurocutaneous flap[J]. Ann Plast Surg,2015,74(4):479-483. doi:10.1097/SAP.0000000000000479.

[16601] Xu J,Zhong WR,Cheng L,Wang CY,Wen G,Han P,Chai YM. The combined use of a neurocutaneous flap and the ilizarov technique for reconstruction of large soft tissue defects and bone loss in the tibia[J]. Ann Plast Surg,2017,78(5):543-548. doi:10.1097/SAP.0000000000000921.

[16602] Jiang Q,Huang K,Liu Y,Chi G. Using the Ilizarov technique to treat limb shortening after replantation of a severed lower limb:a case report[J]. Ann Transl Med,2020,8(16):1025. doi:10.21037/atm-20-5316.

[16603] 舒衡生，马宝通，阚世廉，庞贵根，师红立，方广文，赵志明. Ilizarov外固定架结合带蒂皮瓣转移治疗小腿感染性骨折不愈合伴皮肤软组织缺损(15例随访报告)[J]. 中国矫形外科杂志，2009，17(12)：901-904. {SHU Hengsheng,MA Baotong,KAN Shilian,PANG Guigen,SHI Hongli,FANG Guangwen,ZHAO Zhiming. Ilizarov external fixator combined pedicle flaps transferred on the treatment of infective fracture nonunion with soft tissue defects in legs[J]. Zhongguo Jiao Xing Wai Ke Za Zhi[Orthop J China(Article in Chinese;Abstract in Chinese and English)],2009,17(12):901-904.}

[16604] 洪焕玉，黄涛，王海，林江涛，孙政文，李宇. 早期骨搬移治疗合并软组织缺损的小腿中远端离断伤八例[J]. 中华创伤杂志，2009，25(11)：1005-1007. DOI: 10.3760/cma.j.issn.1001-8050.2009.11.318. {HONG Huanyu,HUANG Tao,WANG Hai,LIN Jiangtao,SUN Zhengwen,LI Yu. Early bone transfer in the treatment of middle and distal leg amputation injury with soft tissue defect:a report of 8 cases[J]. Zhonghua Chuang Shang Za Zhi[Chin J Trauma(Article in Chinese;No abstract available)],2009,25(11):1005-1007. DOI:10.3760/cma.j.issn.1001-8050.2009.11.318.}

[16605] 宋宁，莫忆南. Ilizarov技术在断肢(指)再植术后肢(指)体延长矫形中的临床应用[J]. 中国矫形外科杂志，2011，19(14)：1225-1227. DOI: 10.3977/j.issn.1005-8478.2011.14.23. {SONG Ning,MO Yinan. Clinical application of Ilizarov technique in orthopedic lengthening of limb (finger) after replantation of amputated limb (finger)[J]. Zhongguo Jiao Xing Wai Ke Za Zhi[Orthop J China(Article in Chinese;Abstract in Chinese)],2011,19(14):1225-1227. DOI:10.3977/j.issn.1005-8478.2011.14.23.}

[16606] 宋宁，莫忆南. Ilizarov外固定架在断指再植术后指体延长中的应用[J]. 中华手外科杂志，2011，27(5)：283. DOI: 10.3760/cma.j.issn.1005-054X.2011.05.012. {SONG Ning,MO Yinan. Application of Ilizarov external fixator in finger body lengthening after replantation of severed finger[J]. Zhonghua Shou Wai Ke Za Zhi[Chin J Hand Surg(Article in Chinese;No abstract available)],2011,27(5):283. DOI:10.3760/cma.j.issn.1005-054X.2011.05.012.}

[16607] 秦泗河，焦绍锋，潘奇. Ilizarov技术结合游离皮瓣移植治疗创伤后重度马蹄足畸形伴跟骨缺损一例[J]. 中华创伤骨科杂志，2013，15(10)：919-920. DOI: 10.3760/cma.j.issn.1671-7600.2013.10.024. {QIN Sihe,JIAO Shaofeng,PAN Qi. Ilizarov technique combined with free skin flap transplantation in the treatment of severe post-traumatic talipes equinovarus with calcaneal defect:a case report[J]. Zhonghua Chuang Shang Gu Ke Za Zhi[Chin J Orthop Trauma(Article in Chinese;No abstract available)],2013,15(10):919-920. DOI:10.3760/cma.j.issn.1671-7600.2013.10.024.}

[16608] 丛海波，王晓科，丁英杰，余志平，李长签. 组织瓣移植结合骨搬运修复重建小腿大范围复合组织缺损[J]. 中华创伤骨科杂志，2014，16(6)：461-464. DOI: 10.3760/cma.j.issn.1671-7600.2014.06.001. {CONG Haibo,WANG Xiaoke,DING Yingjie,YU Zhiping,LI Changqian. Tissue flap transplantation plus bone transportation for repair of massive multi-tissue defects at the leg[J]. Zhonghua Chuang Shang Gu Ke Za Zhi[Chin J Orthop Trauma(Article in Chinese;Abstract in Chinese and English)],2014,16(6):461-464. DOI:10.3760/cma.j.issn.1671-7600.2014.06.001.}

[16609] 周祥吉，薛丁山，杨富强，高学健，葛健健，范启申. 骨搬移联合皮瓣移植术在小腿医源性感染治疗中的应用[J]. 中国骨与关节损伤杂志，2014，29(12)：1233-1235. DOI: 10.7531/j.issn.1672-9935.2014.12.015. {ZHOU Xiangji,XUE Dingshan,YANG Fuqiang,GAO Xuejian,GE Jianjian,FAN Qishen. Application of combining surgical skin flap grafting and bone transplanting in treatment of nosocomial infection of shank[J]. Zhongguo Gu Yu Guan Jie Sun Shang Za Zhi[Chin J Bone Joint Injury(Article in Chinese;Abstract in Chinese and English)],2014,29(12):1233-1235. DOI:10.7531/j.issn.1672-9935.2014.12.015.}

[16610] 刘亦杨，沈立锋，郭峭峰，林炳远，黄凯，张春，张展. 应用Ilizarov技术治疗小腿下段断肢再植术后肢体短缩[J]. 中华创伤骨科杂志，2016，18(10)：908-912. DOI: 10.3760/cma.j.issn.1671-7600.2016.10.015. {LIU Yiyang,SHEN Lifeng,GUO Qiaofeng,LIN Bingyuan,HUANG Kai,ZHANG Chun,ZHANG Zhan. Treatment of shortening deformity after replantation of severed lower leg by Ilizarov technique[J]. Zhonghua Chuang Shang Gu Ke Za Zhi[Chin J Orthop Trauma(Article in Chinese;Abstract in Chinese and English)],2016,18(10):908-912. DOI:10.3760/cma.j.issn.1671-7600.2016.10.015.}

[16611] 严立，涂松，易新成，胡锐，韩琼，任义军，彭昊. 游离皮瓣结合Ilizarov骨搬运技术治疗Gustilo ⅢB型胫骨干感染性骨与软组织缺损[J]. 中华创伤骨科杂志，2016，18(12)：1033-1039. DOI: 10.3760/cma.j.issn.1671-7600.2016.12.005. {YAN Li,TU Song,YI Xincheng,HU Rui,HAN Qiong,REN Yijun,PENG Hao. Treatment of infectious bone and soft tissue defects following tibial shaft fracture of Gustilo type ⅢB using free flap and Ilizarov bone transport[J]. Zhonghua Chuang Shang Gu Ke Za Zhi[Chin J Orthop Trauma(Article in Chinese;Abstract in Chinese and English)],2016,18(12):1033-1039. DOI:10.3760/cma.

j.issn.1671-7600.2016.12.005.}

[16612] 王仲锋，王晓，李国军. Ilizarov技术联合皮瓣即时扩张技术Ⅰ期矫正合并皮肤挛缩的胫骨成角畸形[J]. 中国骨伤，2016，29（11）：1045-1048. DOI：10.3969/j.issn.1003-0034.2016.11.014. {WANG Zhongfeng,WANG Xiao,LI Guojun. Ilizarov technique combined with flap instant expansion technique for the treatment of the tibia deformity with skin contracture at one stage[J]. Zhongguo Gu Shang[China J Orthop Trauma(Article in Chinese;Abstract in Chinese and English)],2016,29(11):1045-1048. DOI:10.3969/j.issn.1003-0034.2016.11.014.}

[16613] 文根，蔡培华，柴益民. 皮瓣移植联合Ilizarov技术一期修复下肢大面积复合组织缺损[J]. 中华显微外科杂志，2017，40（3）：225-228. DOI：10.3760/cma.j.issn.1001-2036.2017.03.005. {WEN Gen,CAI Peihua,CHAI Yimin. The combined use of flaps transfer and ilizarov technique reconstruct the large soft tissue defects and bone lose in the lower leg[J]. Zhonghua Xian Wei Wai Ke Za Zhi[Chin J Microsurg(Article in Chinese;Abstract in Chinese and English)],2017,40(3):225-228. DOI:10.3760/cma.j.issn.1001-2036.2017.03.005.}

[16614] 周洪翔，李钟苗，李俊杰，周洁浩，干阜生，陈坚，周涛，陈亮，李勇. 桥式皮瓣结合Ilizarov技术治疗小腿Gustilo Ⅲ-B、C型损伤[J]. 中国矫形外科杂志，2017，25（4）：317-320. DOI：10.3977/j.issn.1005-8478.2017.04.07. {ZHOU Hongxiang,LI Zhongmiao,LI Junjie,ZHOU Jiehao,GAN Fusheng,CHEN Jian,ZHOU Tao,CHEN Liang,LI Yong. Bridge flap transplantation combined with Ilizarov technique for treatment of lower limb Gustilo Ⅲ-B/C injury[J]. Zhongguo Jiao Xing Wai Ke Za Zhi[Orthop J China(Article in Chinese;Abstract in Chinese and English)],2017,25(4):317-320. DOI:10.3977/j.issn.1005-8478.2017.04.07.}

[16615] 胡宏宇，高顺红，于志亮，张文龙，张云鹏，于俊，张净宇. 一期游离组织瓣移植二期Ilizarov技术手术治疗小腿大面积软组织缺损并大段胫骨缺损[J]. 中国骨与关节损伤杂志，2017，32（2）：160-163. DOI：10.7531/j.issn.1672-9935.2017.02.013. {HU Hongyu,GAO Shunhong,YU Zhiliang,ZHANG Wenlong,ZHANG Yunpeng,YU Jun,ZHANG Jingyu. First stage free flap transplantation combined with second stage Ilizarov technique for massive soft tissue defect of leg with large segmental tibia defects[J]. Zhongguo Gu Yu Guan Jie Sun Shang Za Zhi[Chin J Bone Joint Injury(Article in Chinese;Abstract in Chinese and English)],2017,32(2):160-163. DOI:10.7531/j.issn.1672-9935.2017.02.013.}

[16616] 伊力扎提·伊力哈木，亚穆罕默德·阿力克，阿里木江·阿不来提，阿依古丽·喀斯木，艾合买提江·玉素甫. 三节段截骨骨搬运治疗创伤后胫骨骨髓炎一例报道并文献复习[J]. 中华显微外科杂志，2017，40（6）：555-559. DOI：10.3760/cma.j.issn.1001-2036.2017.06.010. {YILIZATI Yilihamu,YAMUHANMODE Alike,ALIMUJIANG Abulati,AYIGULI Kasimu,AIHEMAITIJIANG Yusufu. Post-traumatic osteomyelitis treat with trifocal bone transportations:a case report and review of lecture[J]. Zhonghua Xian Wei Wai Ke Za Zhi[Chin J Microsurg(Article in Chinese;Abstract in Chinese and English)],2017,40(6):555-559. DOI:10.3760/cma.j.issn.1001-2036.2017.06.010.}

[16617] 杨维震，高顺红，白俊清. Ilizarov骨搬运与游离腓骨移植治疗大段胫骨骨缺损的比较[J]. 中国骨与关节损伤杂志，2018，33(6)：586-589. DOI：10.7531/j.issn.1672-9935.2018.06.010. {YANG Weizhen,GAO Shunhong,BAI Junqing. Comparison of Ilizarov bone graft and free fibula transplantation in treatment of large segmental tibial defects[J]. Zhongguo Gu Yu Guan Jie Sun Shang Za Zhi[Chin J Bone Joint Injury(Article in Chinese;Abstract in Chinese and English)],2018,33(6):586-589. DOI:10.7531/j.issn.1672-9935.2018.06.010.}

[16618] 徐建强，周密，刘琳琳，王长江，樊丽洁，张树明. 显微外科技术结合骨搬移术治疗小腿创伤后骨髓炎[J]. 中华创伤骨科杂志，2018，20（8）：675-678. DOI：10.3760/cma.j.issn.1671-7600.2018.08.007. {XU Jianqiang,ZHOU Mi,LIU Linlin,WANG Changjiang,FAN Lijie,ZHANG Shuming. Microsurgical techniques combined with bone transportation for osteomyelitis following open fracture on the leg[J]. Zhonghua Chuang Shang Gu Ke Za Zhi[Chin J Orthop Trauma(Article in Chinese;Abstract in Chinese and English)],2018,20(8):675-678. DOI:10.3760/cma.j.issn.1671-7600.2018.08.007.}

[16619] 王爽，舒衡生，石博文，沈义东. Ilizarov技术结合腓肠神经或隐神经营养血管皮瓣治疗足踝部软组织缺损伴创伤后马蹄足畸形[J]. 中华骨科杂志，2019，39（5）：305-312. DOI：10.3760/cma.j.issn.0253-2352.2019.05.008. {WANG Shuang,SHU Hengsheng,SHI Bowen,SHEN Yidong. Ilizarov method combined with reversed sural or saphenous neurocutaneous island flaps transfer for posttraumatic equinus with soft tissue defects on ankle and foot[J]. Zhonghua Gu Ke Za Zhi[Chin J Orthop(Article in Chinese;Abstract in Chinese and English)],2019,39(5):305-312. DOI:10.3760/cma.j.issn.0253-2352.2019.05.008.}

[16620] 任义军，胡锐，严立，赵晶晶，陈森，金志辉，叶佳，陈任. 组织移植结合Ilizarov骨牵张技术重建下肢骨与软组织缺损[J]. 中华显微外科杂志，2020，43（3）：233-237. DOI：10.3760/cma.j.cn441206-20200224-00089. {REN Yijun,HU Rui,YAN Li,ZHAO Jingjing,CHEN Sen,JIN Zhihui,YE Jia,CHEN Ren. Tissue transplantation combined with Ilizarov distraction technique to reconstruct bone and soft tissue defects in lower limb[J]. Zhonghua Xian Wei Wai Ke Za Zhi[Chin J Microsurg(Article in Chinese;Abstract in Chinese and English)],2020,43(3):233-237. DOI:10.3760/cma.j.cn441206-20200224-00089.}

[16621] 周涛，尚希福，周洪翔. 显微外科技术结合Ilizarov骨搬运技术治疗小腿Gustilo Ⅲ C型损伤[J]. 中国矫形外科杂志，2020，28（6）：548-552. DOI：10.3977/j.issn.1005-8478.2020.06.14. {ZHOU Tao,SHANG Xifu,ZHOU Hongxiang. Microsurgical repair combined with Ilizarov technique for Gustilo type Ⅲ C injuries in leg[J]. Zhongguo Jiao Xing Wai Ke Za Zhi[Orthop J China(Article in Chinese;Abstract in Chinese and English)],2020,28(6):548-552. DOI:10.3977/j.issn.1005-8478.2020.06.14.}

5.18 辅助膜诱导再生技术之显微外科重建

assisted membrane induction regeneration technique (membrane induction bone regeneration)

[16622] Kang Y,Wu Y,Ma Y,Liu J,Gu J,Zhou M,Wang Y,Lin F,Rui Y. "Primary free-flap tibial open fracture reconstruction with the Masquelet technique" and internal fixation[J]. Injury,2020,51(12):2970-2974. doi:10.1016/j.injury.2020.10.039.

[16623] Wang G,Tang Y,Wu X,Yang H. Masquelet technique combined with microsurgical technique for treatment of Gustilo IIIC open distal tibial fractures:a retrospective single-center cohort study[J]. J Int Med Res,2020,48(4):300060520910024. doi:10.1177/0300060520910024.

[16624] Deng L,Yu A,Qi B,Lei J,De Souza C,Zhu S,Yu L. The Masquelet technique combined with the muscle flap for use in emergency management of acute Gustilo type III trauma of the lower limb with segmental bone loss:Case series[J]. Int J Surg,2020,81:85-93. doi:10.1016/j.ijsu.2020.07.013.

[16625] Zhen P,Hu YY,Luo ZJ,Liu XY,Lu H,Li XS. One-stage treatment and reconstruction of Gustilo Type III open tibial shaft fractures with a vascularized fibular osteoseptocutaneous flap graft[J]. J Orthop Trauma,2010,24(12):745-751. doi:10.1097/BOT.0b013e3181d88a07.

[16626] Pang X,Cao Z,Wu P,Tang J,Zhou Z,Yu F,Zeng L,Xiao Y,Pan D,Liu R. Outcomes of free anterolateral thigh perforator flaps versus free modified latissimus dorsi myocutaneous flaps for Gustilo type IIIB open tibial fractures with necrosis and infection[J]. Am J Transl Res,2020,12(9):5836-5843.

[16627] 杨新明，王耀一，张磊，孟宪勇，阴彦林，胡振顺，赵御森，王海波. 带蒂筋膜瓣促血管化成骨与膜诱导成骨作用的比较[J]. 中华实验外科杂志，2011，28（9）：1430. DOI：10.3760/cma.j.issn.1001-9030.2011.09.010. {YANG Xinming,WANG Yaoyi,ZHANG Lei,MENG Xianyong,YIN Yanlin,HU Zhenshun,ZHAO Yusen,WANG Haibo. Comparison of vascularized osteogenesis with pedicled fascia flap and membrane induced osteogenesis[J]. Zhonghua Shi Yan Wai Ke Za Zhi[Chin J Exp Surg(Article in Chinese;No abstract available)],2011,28(9):1430. DOI:10.3760/cma.j.issn.1001-9030.2011.09.010.}

[16628] 杨新明，张瑛，张磊，孟宪勇，王耀一，胡振顺，阴彦林，石蔚，杜雅坤，张军威，张培楠，赵御森. 量化比较带蒂筋膜瓣促血管化成骨与膜诱导成骨作用及成骨效果的实验研究[J]. 中华损伤与修复杂志（电子版），2011，6（5）：700-712. DOI：10.3877/cma.j.issn.1673-9450.2011.05.003. {YANG Xinming,ZHANG Ying,ZHANG Lei,MENG Xianyong,WANG Yaoyi,HU Zhenshun,YIN Yanlin,SHI Wei,DU Yakun,ZHANG Junwei,ZHANG Peinan,ZHAO Yusen. Comparision between vascularization osteogenesis and the membrane guided osteogenesis of the pedicle fascial flap and the osteogenetic effect between them by quantification[J]. Zhonghua Sun Shang Yu Xiu Fu Za Zhi Dian Zi Ban[Chin J Injury Repair Wound Healing(Electr Ed)(Article in Chinese;Abstract in Chinese and English)],2011,6(5):700-712. DOI:10.3877/cma.j.issn.1673-9450.2011.05.003.}

[16629] 李宗愿，唐诗添，王军，张定伟，石波，王陶. Masquelet技术联合组织瓣移植修复骨软组织复合缺损[J]. 中国修复重建外科杂志，2016，30（8）：966-970. DOI：10.7507/1002-1892.20160196. {LI Zongyuan,TANG Shitian,WANG Jun,ZHANG Dingwei,SHI Bo,WANG Tao. Masquelet technique combined with tissue flap grafting for treatment of bone defect and soft tissue defect[J]. Zhongguo Xiu Fu Chong Jian Wai Ke Za Zhi[Chin J Repar Reconstr Surg(Article in Chinese;Abstract in Chinese and English)],2016,30(8):966-970. DOI:10.7507/1002-1892.20160196.}

[16630] 汤志辉，许景红，欧阳国新，毛成鹏，李铭. Masquelet技术联合腓肠神经营养血管皮瓣修复足部骨、软组织复合缺损[J]. 临床骨科杂志，2017，20（6）：694-697. DOI：10.3969/j.issn.1008-0287.2017.06.020. {TANG Zhihui,XU Jinghong,OUYANG Guoxin,MAO Chengpeng,LI Ming. Masquelet technique combined with sural neurovascular flap for repair of complex defect of bone and soft tissue on foot[J]. Lin Chuang Gu Ke Za Zhi[J Clin Orthop(Article in Chinese;Abstract in Chinese and English)],2017,20(6):694-697. DOI:10.3969/j.issn.1008-0287.2017.06.020.}

[16631] 肖卫东，喻爱喜，潘振宇，陶圣祥，漆白文，胡祥，易万荣，袁莹. 皮瓣移植联合Masquelet技术治疗骨及软组织缺损[J]. 中华显微外科杂志，2018，41（1）：9-13. DOI：10.3760/cma.j.issn.1001-2036.2018.01.003. {XIAO Weidong,YU Aixi,PAN Zhenyu,TAO Shengxiang,QI Baiwen,HU Xiang,YI Wanrong,YUAN Ying. Flap transplantation combined with Masquelet technique in the treatment of bone and soft defect[J]. Zhonghua Xian Wei Wai Ke Za Zhi[Chin J Microsurg(Article in Chinese;Abstract in Chinese and English)],2018,41(1):9-13. DOI:10.3760/cma.j.issn.1001-2036.2018.01.003.}

[16632] 滕云升，刘重，杨亚龙，郭永明，吴勐，张朝，王斌. 膜诱导技术结合股前外侧皮瓣移植修复小腿复合组织缺损[J]. 中华显微外科杂志，2018，41（1）：14-17. DOI：10.3760/cma.j.issn.1001-2036.2018.01.004. {TENG Yunsheng,LIU Chong,YANG Yalong,GUO Yongming,WU Meng,ZHANG Zhao,WANG Bin. Induced membrane technique combined with anteriolateral thigh flap transfer for repair of complex tissue de-fect of the lower extremity[J]. Zhonghua Xian Wei Wai Ke Za Zhi[Chin J Microsurg(Article in Chinese;Abstract in Chinese and English)],2018,41(1):14-17. DOI:10.3760/cma.j.issn.1001-2036.2018.01.004.}

[16633] 余黎，赵勇，谢哲，汪冰，邓玲珑，魏驰，邓凯，余国荣，祝少博. 肌瓣联合膜诱导技术急诊保肢治疗Gustilo ⅢB和ⅢC型小腿开放性损伤[J]. 中华显微外科杂志，2018，41（6）：538-543. DOI：10.3760/cma.j.issn.1001-2036.2018.06.005. {YU Li,ZHAO Yong,XIE Zhe,WANG Bing,DENG Linglong,WEI Chi,DENG Kai,YU Guorong,ZHU Shaobo. Application of muscular flap and induced membrane technique in the emergency treatment for limb salvage for Gustilo type ⅢB and ⅢC open fracture of lower leg[J]. Zhonghua Xian Wei Wai Ke Za Zhi[Chin J Microsurg(Article in Chinese;Abstract in Chinese and English)],2018,41(6):538-543. DOI:10.3760/cma.j.issn.1001-2036.2018.06.005.}

[16634] 王自方，明立功，李洋洋. 膜诱导技术结合指掌侧固有动脉背侧支皮瓣移植修复手指末节复合组织缺损[J]. 中华显微外科杂志，2019，42（1）：56-58. DOI：10.3760/cma.j.issn.1001-2036.2019.01.015. {WANG Zifang,MING Ligong,LI Yangyang. Repair of compound tissue defect of distal segment of finger by induced membrane technique combined with skin flap of dorsal branch of proper palmar digital artery[J]. Zhonghua Xian Wei Wai Ke Za Zhi[Chin J Microsurg(Article in Chinese;Abstract in Chinese)],2019,42(1):56-58. DOI:10.3760/cma.j.issn.1001-2036.2019.01.015.}

[16635] 范新宇，徐永清，王腾，刘华，董凯旋，奉国成，彭玉峰，赵刚，苟德金，蒋先帝. 膜诱导技术联合显微外科技术治疗Gustilo ⅢB、ⅢC型小腿开放性骨折[J]. 中华创伤骨科杂志，2019，21（10）：843-847. DOI：10.3760/cma.j.issn.1671-7600.2019.10.004. {FAN Xinyu,XU Yongqing,WANG Teng,LIU Hua,DONG Kaixuan,FENG Guocheng,PENG Yufeng,ZHAO Gang,GOU Dejin,JIANG Xiandi. Induced membrane technique and microsurgery for open leg fractures of Gustilo types Ⅲ B-C[J]. Zhonghua Chuang Shang Gu Ke Za Zhi[Chin J Orthop Trauma(Article in Chinese;Abstract in Chinese and English)],2019,21(10):843-847. DOI:10.3760/cma.j.issn.1671-7600.2019.10.004.}

[16636] 李树源，周琦石，黄学员，陈超，陈家齐，周宏亮，杨佳宝. 带蒂腓肠神经营养皮瓣联合诱导膜技术治疗跟骨骨髓炎的疗效分析[J]. 中国骨与关节损伤杂志，2019，34（4）：354-357. DOI：10.7531/j.issn.1672-9935.2019.04.005. {LI Shuyuan,ZHOU Qishi,HUANG Xueyuan,CHEN Chao,CHEN Jiaqi,ZHOU Hongliang,YANG Jiabao. Therapeutic effect of pedicled sural neurotrophic flap combined with induction membrane technique for calcaneal osteomyelitis[J]. Zhongguo Gu Yu Guan Jie Sun Shang Za Zhi[Chin J Bone Joint Injury(Article in Chinese;Abstract in Chinese and English)],2019,34(4):354-357. DOI:10.7531/j.issn.1672-9935.2019.04.005.}

[16637] 董俊文，梁高峰，滕云升，郭永明，权小波，贾宗海，张满盈，段超鹏，文波，贾钟喻. Masquelet技术结合股前外侧分叶皮瓣修复手掌贯通伤伴复合组织缺损15例[J]. 中华显微外科杂志，2020，43（2）：179-182. DOI：10.3760/cma.j.cn441206-20190610-00202. {DONG Junwen,LIANG Gaofeng,TENG Yunsheng,GUO Yongming,QUAN Xiaobo,JIA Zonghai,ZHANG Manying,DUAN Chaopeng,WEN Bo,JIA Zhongyu. Repair of penetrating injury of palm with compound tissue defect by Masquelet technique combined with anterolateral thigh lobulated flap:a report of 15 cases[J]. Zhonghua Xian Wei Wai Ke Za Zhi[Chin J Microsurg(Article in Chinese;Abstract in Chinese)],2020,43(2):179-182. DOI:10.3760/cma.j.cn441206-20190610-00202.}

[16638] 徐继胜，朱鑫，陈阳，李国盛，经亚威，丁丁，支振亚，赵志坚，陈坤峰，张传林. 桥式皮瓣联合膜诱导技术修复小腿Gustilo Ⅲ C型损伤的经验[J]. 中华显微外科杂志，2020，43（3）：288-292. DOI：10.3760/cma.j.cn441206-20200221-00077. {XU Jisheng,ZHU Xin,CHEN Yang,LI Guosheng,JING Yawei,DING Ding,ZHI Zhenya,ZHAO Zhijian,CHEN Kunfeng,ZHANG Chuanlin. Experience of repairing Gustilo Ⅲ C injury of leg with bridge flap combined with induced membrane technique[J]. Zhonghua Xian Wei Wai Ke Za Zhi[Chin J Microsurg(Article in Chinese;Abstract in Chinese)],2020,43(3):288-292. DOI:10.3760/cma.j.cn441206-20200221-00077.}

[16639] 陈俊柱，冯锡光，张敏，黄明军. Masquelet 技术联合 ALTP 修复小腿骨与软组织缺损十例 [J]. 中华显微外科杂志，2020，43（3）：292-296. DOI：10.3760/cma.j.cn441206-20200228-00107. {CHEN Junzhu,FENG Xiguang,ZHANG Min,HUANG Mingjun. Repair of bone and soft tissue defects of leg with Masquelet technique combined with ALTP:a report of 10 cases[J]. Zhonghua Xian Wei Wai Ke Za Zhi[Chin J Microsurg(Article in Chinese;Abstract in Chinese)],2020,43(3):292-296. DOI:10.3760/cma.j.cn441206-20200228-00107.}

[16640] 孟丛鹏，叶曙明，荆珏华. 诱导膜技术联合皮瓣移植治疗小腿感染性骨及软组织缺损 [J]. 中国修复重建外科杂志，2020，34（6）：756-760. DOI：10.7507/1002-1892.201911025. {MENG Congpeng,YE Shuming,JING Juehua. Masquelet technique combined with flap transplantation for infectious bone and soft tissue defects of lower leg[J]. Zhongguo Xiu Fu Chong Jian Wai Ke Za Zhi[Chin J Repar Reconstr Surg(Article in Chinese;Abstract in Chinese and English)],2020,34(6):756-760. DOI:10.7507/1002-1892.201911025.}

5.19 颌面部骨缺损修复与重建

repair and reconstruction of maxillofacial bone defect

5.19.1 下颌骨缺损的修复与重建

repair and reconstruction of mandible defect

[16641] TI-SHENG CHANG. Mandibular reconstruction in lower face injuries[J]. Chin Med J,1950 May-Jun;68(5-6):139-148.

[16642] CHANG KH. Immediate bone graft of mandible following surgical excision of large tumors;report of four cases[J]. Chin Med J,1958,76(2):166-173.

[16643] Tu YF. Autogenous boiled tumor bone immediate grafting of the mandible[J]. Chin Med J,1979,92(12):862-869.

[16644] Hong M,Chen ZH,Sun H,Bu RF,Chen MJ,Xie GC,Wang YM,Wang XS. Clinical application of autogenous mandibular bone grafts. Analysis of 166 cases[J]. Chin Med J,1989,102(10):791-794.

[16645] Chen WL,Chen ZW,Yang ZH,Huang ZQ,Li JS,Zhang B,Wang JG. The trapezius osteomyocutaneous island flap for reconstructing hemimandibular and oral defects following the ablation of advanced oral malignant tumours[J]. J Craniomaxillofac Surg,2009,37(2):91-95. doi:10.1016/j.jcms.2008.10.012.

[16646] Qu X,Zhang C,Yang W,Wang M. Deep circumflex iliac artery flap with osseointegrated implants for reconstruction of mandibular benign lesions:clinical experience of 33 cases[J]. Ir J Med Sci,2013,182(3):493-498. doi:10.1007/s11845-013-0921-2.

[16647] Sun Y,Sun J,Dong X,Zhang G,An J,Yuan H. Bilobed platysma myocutaneous flap in reconstruction of mandibular region cutaneous defect[J]. Pak J Pharm Sci,2016,29(5 Suppl):1783-1786.

[16648] Bin S,Bin Z,Baoxia D,Yue W,Wei Z. Neocondylar formation after resection of the mandible and reconstruction with a vascularised iliac crest free flap:rare case[J]. Br J Oral Maxillofac Surg,2017,55(7):717-718. doi:10.1016/j.bjoms.2017.04.022.

[16649] Qiao J,Yu B,Gui L,Fu X,Yen CK,Niu F,Zhang H,Wang C,Chen Y,Wang M,Liu J. Interpositional arthroplasty by temporalis fascia flap and galea aponeurotica combined with distraction osteogenesis:a modified method in treatment of adult patients with temporomandibular joint ankylosis and mandibular dysplasia[J]. J Craniofac Surg,2018,29(2):e184-e190. doi:10.1097/SCS.0000000000004242.

[16650] Chen WL,Huang ZQ,Zhou B,Wang Y,Chen R. Combined bilobed trapezius myocutaneous and scapula osteomyocutaneous flaps for the restoration of through-and-through defects of the mandible following salvage surgery for recurrent head and neck tumours[J]. Int J Oral Maxillofac Surg,2018,47(7):858-864. doi:10.1016/j.ijom.2018.03.010.

[16651] Chen R,Zhang HQ,Huang ZX,Li SH,Zhang DM,Huang ZQ. Computer-assisted resection and reconstruction of bilateral osteoradionecrosis of the mandible using 2 separate flaps prepared from a single fibula[J]. Oral Surg Oral Med Oral Pathol Oral Radiol,2018,126(2):102-106. doi:10.1016/j.oooo.2018.02.019.

[16652] Chen WL,Wang Y,Zhou B,Chen R. Using a bilobed trapezius myocutaneous flap and a scapula osteomyocutaneous flap to reconstruct through-and-through defects of the hemimandible after debridement of advanced mandibular osteoradionecrosis[J]. Ann Plast Surg,2018,81(5):548-552. doi:10.1097/SAP.0000000000001569.

[16653] Zhang M,Rao P,Xia D,Sun L,Cai X,Xiao J. Functional reconstruction of mandibular segment defects with individual preformed reconstruction plate and computed tomographic angiography-aided iliac crest flap[J]. J Oral Maxillofac Surg,201977(6):1293-1304. doi:10.1016/j.joms.2019.01.017.

[16654] Hu Y,Cao R,Wang Z,Hong W,Zheng C. Reconstruction of deep circumflex iliac artery free flap for multiple recurrent ameloblastoma in mandible[J]. J Craniofac Surg,2019,30(2):557-562. doi:10.1097/SCS.0000000000005166.

[16655] Li J,Nie L,Wang L,Xu X,Liu S,Lu Z,Chen J. Submental island flap combined with reconstruction titanium plate:a new way to treat mandibular osteoradionecrosis[J]. Surg Innov,2020,27(6):580-586. doi:10.1177/1553350620945899.

[16656] 吴求亮，郭琦. 下颌骨及其周围组织大型缺损的一期修复 [J]. 修复重建外科杂志，1988，2（2）：4. {WU Qiuliang,GUO Qi. One-stage repair for the large defects of mandible and its surrounding tissue[J]. Zhongguo Xiu Fu Chong Jian Wai Ke Za Zhi[Chin J Repar Reconstr Surg(Article in Chinese;No abstract available)],1988,2(2):4.}

[16657] 宋伯铮，邱蔚六. 四种重建下颌骨骨移植方法的临床效果比较 [J]. 修复重建外科杂志，1988，2（2）：23. {SONG Bozheng,QIU Weiliu. Comparison of clinical effects of four methods for mandibular reconstruction[J]. Zhongguo Xiu Fu Chong Jian Wai Ke Za Zhi[Chin J Repar Reconstr Surg(Article in Chinese;No abstract available)],1988,2(2):23.}

[16658] 刘亚国. 吻合双血管蒂髂骨瓣移植下颌骨巨型缺损的应用解剖 [J]. 修复重建外科杂志，1988，2（2）：256. {LIU Yaguo. Applied anatomy of repairing giant mandibular defect with double vascular pedicled iliac bone flap[J]. Zhongguo Xiu Fu Chong Jian Wai Ke Za Zhi[Chin J Repar Reconstr Surg(Article in Chinese;No abstract available)],1988,2(2):256.}

[16659] 田奉宸. 吻合臀上血管深上支的肌髂骨瓣移植修复下颌骨肿瘤切除后缺损 [J]. 修复重建外科杂志，1988，2（2）：2-3. {TIAN Fengchen. Transplantation of musculo-iliac bone flap anastomosed with deep superior branch of superior gluteal vessel to repair mandibular defect after resection of tumor[J]. Zhongguo Xiu Fu Chong Jian Wai Ke Za Zhi[Chin J Repar Reconstr Surg(Article in Chinese;No abstract available)],1988,2(2):2-3.}

[16660] 周训银. 下颌骨大型缺损一期修复的研究 [J]. 修复重建外科杂志，1988，2（2）：253-254. {ZHOU Xunyin. Study on one-stage repair for the large mandibular defect[J]. Zhongguo Xiu Fu Chong Jian Wai Ke Za Zhi[Chin J Repar Reconstr Surg(Article in Chinese;No abstract available)],1988,2(2):253-254.}

[16661] 田奉宸，濮礼臣，庞晓刚，张洪杰，张澜成，吴正启，陈仲欣，吕梦翔，曹宛章. 吻合臀上血管深上支的肌髂骨瓣移植修复下颌骨肿瘤切除术后缺损 [J]. 修复重建外科杂志，1989，3（1）：3-4，49. {TIAN Fengchen,PU Lichen,PANG Xiaogang,ZHANG Hongjie,ZHANG Lancheng,WU Zhengqi,CHEN Zhongxin,LV Mengxiang,CAO Wanzhang. Transplantation of musculo-iliac bone flap anastomosed with deep superior branch of superior gluteal vessel to repair mandibular defect after resection of mandibular tumor[J]. Zhongguo Xiu Fu Chong Jian Wai Ke Za Zhi[Chin J Repar Reconstr Surg(Article in Chinese;No abstract available)],1989,3(1):3-4,49.}

[16662] 邓兆秦，闰晓光. 吻合血管的肩胛骨瓣修复下颌骨缺损 [J]. 中国修复重建外科杂志，1993，7（2）：107. {DENG Zhaoqin,RUN Xiaoguang. Repair of mandibular defect with vascularized scapular flap[J]. Zhongguo Xiu Fu Chong Jian Wai Ke Za Zhi[Chin J Repar Reconstr Surg(Article in Chinese;No abstract available)],1993,7(2):107.}

[16663] 刘春华，沈永桢，周平，张志春，李雨顺，蒋建华. 颞浅血管蒂双叶复合组织瓣修复口腔及下颌骨缺损一例 [J]. 中国修复重建外科杂志，1994，8（1）：59. {LIU Chunhua,SHEN Yongzhen,ZHOU Ping,ZHANG Zhichun,LI Yushun,JIANG Jianhua. Repair of oral and mandibular defects with bilobar composite tissue flap pedicled with superficial temporal vessels:a case report[J]. Zhongguo Xiu Fu Chong Jian Wai Ke Za Zhi[Chin J Repar Reconstr Surg(Article in Chinese;No abstract available)],1994,8(1):59.}

[16664] 孙弘，王勇，张付初. 双侧胸锁乳突肌蒂半片锁骨一期修复下颌骨小颌畸形 [J]. 中国修复重建外科杂志，1994，8（4）：21-22，64. {SUN Hong,WANG Yong,ZHANG Fuchu. One stage reconstruction ofmicrognathia of mandible by usinghalf-split clavicle bone withpedicles of bilateral sternoclei-domastoid muscle[J]. Zhongguo Xiu Fu Chong Jian Wai Ke Za Zhi[Chin J Repar Reconstr Surg(Article in Chinese;Abstract in Chinese and English)],1994,8(4):21-22,64.}

[16665] 梁尚争，林辉灿，廖湘凌. 胸锁乳突肌蒂锁骨瓣修复下颌骨缺损 [J]. 中国修复重建外科杂志，1995，9（4）：247. {LIANG Shangzheng,LIN Huican,LIAO Xiangling. Repair of mandibular defect with clavicular flap pedicled with sternocleidomastoid muscle[J]. Zhongguo Xiu Fu Chong Jian Wai Ke Za Zhi[Chin J Repar Reconstr Surg(Article in Chinese;No abstract available)],1995,9(4):247.}

[16666] 南欣荣，唐友盛，沈国芳，叶为民. 吻合血管的双侧髂骨复合瓣重建下颌骨缺损 [J]. 中华显微外科杂志，1997，20（4）：57-58. {NAN Xinrong,TANG Yousheng,SHEN Guofang,YE Weimin. Reconstruction of mandibular defect with vascularized bilateral iliac composite flap[J]. Zhonghua Xian Wei Wai Ke Za Zhi[Chin J Microsurg(Article in Chinese;No abstract available)],1997,20(4):57-58.}

[16667] 王斌，陈振光，陈秀清，余国荣，喻爱喜，谭金海. 颈横血管肩胛冈支骨瓣移位修复下颌骨缺损的应用解剖 [J]. 中国修复重建外科杂志，1999，13（3）：145-147. {WANG Bin,CHEN Zhenguang,CHEN Xiuqing,YU Guorong,YU Aixi,TAN Jinhai. Applied anatomy of bone flap pedicled with spina scapu lar branch of transverse cervical artery for mandibular reconstruction[J]. Zhongguo Xiu Fu Chong Jian Wai Ke Za Zhi[Chin J Repar Reconstr Surg(Article in Chinese;Abstract in Chinese and English)],1999,13(3):145-147.}

[16668] 王新陆，李广宙，赵京华，李现军，宋岩来. 用计数比值评价血管化骨移植重建下颌骨效果 [J]. 中华显微外科杂志，2000，23（3）：240. DOI：10.3760/cma.j.issn.1001-2036.2000.03.063. {WANG Xinlu,LI Guangzhou,ZHAO Jinghua,LI Xianjun,SONG Yanlai. Evaluation of mandibular reconstruction with vascularized bone graft by counting ratio[J]. Zhonghua Xian Wei Wai Ke Za Zhi[Chin J Microsurg(Article in Chinese;No abstract available)],2000,23(3):240. DOI:10.3760/cma.j.issn.1001-2036.2000.03.063.}

[16669] 孙坚，李军，何悦，竺涵光，叶为民，顾章愉. 骨肌瓣重建下颌骨术后超声监测血供的应用价值 [J]. 现代口腔医学杂志，2002，16（2）：136-137. DOI：10.3969/j.issn.1003-7632.2002.02.014. {SUN Jian,LI Jun,HE Yue,ZHU Hanguang,YE Weimin,GU Zhangyu. Application of ultrasound in observation of the blood vessel in mandible reconstruction by osteomuscular flap[J]. Xian Dai Kou Qiang Yi Xue Za Zhi[J Mod Stomatol(Article in Chinese;Abstract in Chinese and English)],2002,16(2):136-137. DOI:10.3969/j.issn.1003-7632.2002.02.014.}

[16670] 毛驰，俞光岩，彭歆，郭传瑸，黄敏娴，张益，马大权. 腓骨复合瓣游离移植修复下颌骨缺损 [J]. 中国修复重建外科杂志，2002，16（2）：114-116. {MAO Chi,YU Guangyan,PENG Xin,GUO Chuanbin,HUANG Minxian,ZHANG Yi,MA Daquan. Primary study on repair of mandibular defect using free fibular composite flap[J]. Zhongguo Xiu Fu Chong Jian Wai Ke Za Zhi[Chin J Repar Reconstr Surg(Article in Chinese;Abstract in Chinese and English)],2002,16(2):114-116.}

[16671] 翦新春. 下颌骨重建中骨移植体塑形的研究进展 [J]. 中华整形外科杂志，2003，19（6）：456-458. DOI：10.3760/j.issn：1009-4598.2003.06.018. {JIAN Xinchun. Research progress of bone graft shaping in mandibular reconstruction[J]. Zhonghua Zheng Xing Wai Ke Za Zhi[Chin J Plast Surg(Article in Chinese;No abstract available)],2003,19(6):456-458. DOI:10.3760/j.issn:1009-4598.2003.06.018.}

[16672] 潘瑾，张益，毛驰，彭歆，俞光岩. 三维仿真头模在下颌骨缺损重建中的应用：1 例报道 [J]. 中国口腔颌面外科杂志，2003，1（2）：124-126. DOI：10.3969/j.issn.1672-3244.2003.02.021. {PAN Jin,ZHANG Yi,MAO Chi,PENG Xin,YU Guangyan. The use of 3-D cranial skull model in mandibular reconstruction:a case report[J]. Zhongguo Kou Qiang He Mian Wai Ke Za Zhi[Chin J Oral Maxillofac Surg(Article in Chinese;No abstract available)],2003,1(2):124-126. DOI:10.3969/j.issn.1672-3244.2003.02.021.}

[16673] 周训银，李研，吴殿源，肖茂明，聂苗苗，刘亚国，吴红，刘玉柱，金文山，徐永清，赵文星. 血管化自体骨移植重建下颌骨的研究 [J]. 解放军医学杂志，2003，28（7）：630-632. DOI：10.3321/j.issn：0577-7402.2003.07.025. {ZHOU Xunyin,LI Yan,WU Dianyuan,XIAO Maoming,NIE Miaomiao,LIU Yaguo,WU Hong,LIU Yuzhu,JIN Wenshan,XU Yongqing,ZHAO Wenxing. Study on reconstruction of mandibular defects using vascularized autogenous bone graf-ting[J]. Jie Fang Jun Yi Xue Za Zhi[Med J Chin PLA(Article in Chinese;Abstract in Chinese and English)],2003,28(7):630-632. DOI:10.3321/j.issn:0577-7402.2003.07.025.}

[16674] 李劲松，陈伟良，潘朝斌，王建广，陈绍维，黄洪章，杨朝晖. 吻合血管的腓骨瓣移植一期重建双侧下颌骨 [J]. 中华外科杂志，2004，42（18）：1139-1141. DOI：10.3760/j：issn：0529-5815.2004.18.014. {LI Jinsong,CHEN Weiliang,PAN Chaobin,WANG Jianguang,CHEN Shaowei,HUANG Hongzhang,YANG Chaohui. One-stage reconstruction of bilateral mandibular with free fibula flap[J]. Zhonghua Wai Ke Za Zhi[Chin J Surg(Article in Chinese;Abstract in Chinese and English)],2004,42(18):1139-1141. DOI:10.3760/j:issn:0529-5815.2004.18.014.}

[16675] 季平，杨凯，张劲松. 带肋骨胸大肌肌皮瓣与腓骨（皮）瓣修复重建下颌骨疗效对比分析 [J]. 中华创伤杂志，2005，21（6）：407-409. DOI：10.3760/j：issn：1001-8050.2005.06.003. {JI Ping,YANG Kai,ZHANG Jinsong. Comparative study of the clinical effect of mandible reconstruction with pectoralis major muscle musculo-cutaneous flap plus rib and fibular free flap[J]. Zhonghua Chuang Shang Za Zhi[Chin J Trauma(Article in Chinese;Abstract in Chinese and English)],2005,21(6):407-409. DOI:10.3760/j:issn:1001-8050.2005.06.003.}

[16676] 倪松，卓小为，杨华，王永夷. 吻合旋髂深血管髂骨移植修复下颌骨缺损 [J]. 中国修复重建外科杂志，2005，19（4）：325. {NI Song,ZHUO Xiaowei,YANG Hua,WANG Yongyi. Repair of mandibular defect with iliac bone graft with deep circumflex iliac vessels[J]. Zhongguo Xiu Fu Chong Jian Wai Ke Za Zhi[Chin J Repar Reconstr Surg(Article in Chinese;No abstract available)],2005,19(4):325.}

[16677] 张森林，孟昭业，董震，杨震，曹罡，刘锐. 胸大肌肌皮瓣与钛板联合修复口腔癌根治术

后的下颌骨缺损 [J]. 中国修复重建外科杂志，2005，19（10）：793-795. {ZHANG Senlin,MENG Zhaoye,DONG Zhen,YANG Zhen,CAO Gang,LIU Rui. Reconstruction of mandibular defect caused by resection of oral carcinoma with pectoralis major myocutaneous flap and ti-plate system[J]. Zhongguo Xiu Fu Chong Jian Wai Ke Za Zhi[Chin J Repar Reconstr Surg(Article in Chinese;Abstract in Chinese and English)],2005,19(10):793-795.}

[16678] 蒋继党，孙坚，翁雁秋，李军，陈阳，王国民. 下颌骨单侧节段性缺损及重建对语音清晰度的影响 [J]. 中国口腔颌面外科杂志，2006，4（6）：438-442. DOI: 10.3969/j.issn.1672-3244.2006.06.011. {JIANG Jidang,SUN Jian,WENG Yanqiu,LI Jun,CHEN Yang,WANG Guomin. Speech intelligibility in patients with unilateral segmental mandibular defect with or without reconstruction[J]. Zhongguo Kou Qiang He Mian Wai Ke Za Zhi[Chin J Oral Maxillofac Surg(Article in Chinese;Abstract in Chinese and English)],2006,4(6):438-442. DOI:10.3969/j.issn.1672-3244.2006.06.011.}

[16679] 曲行舟，胡永杰，徐立群，张陈平. 下颌骨重建术后内固定失败原因的回顾分析 [J]. 中国口腔颌面外科杂志，2007，5（2）：155-158. DOI: 10.3969/j.issn.1672-3244.2007.02.019. {QU Xingzhou,HU Yongjie,XU Liqun,ZHANG Chenping. Retrospective analysis of internal fixation failure in mandible reconstruction with two different methods[J]. Zhongguo Kou Qiang He Mian Wai Ke Za Zhi[Chin J Oral Maxillofac Surg(Article in Chinese;Abstract in Chinese and English)],2007,5(2):155-158. DOI:10.3969/j.issn.1672-3244.2007.02.019.}

[16680] 孙坚，沈毅，李军，翁雁秋，黄伟. 腓骨肌（皮）瓣平行折叠结合人工关节重建下颌骨缺损 [J]. 中国口腔颌面外科杂志，2007，5（4）：248-253. DOI: 10.3969/j.issn.1672-3244.2007.04.003. {SUN Jian,SHEN Yi,LI Jun,WENG Yanqiu,HUANG Wei. Reconstruction of mandibular defect with double barrel fibular osteocutaneous graft and condylar prosthesis[J]. Zhongguo Kou Qiang He Mian Wai Ke Za Zhi[Chin J Oral Maxillofac Surg(Article in Chinese;Abstract in Chinese and English)],2007,5(4):248-253. DOI:10.3969/j.issn.1672-3244.2007.04.003.}

[16681] 李晓敏，王虎，张静，周雄伟. 下颌骨缺损不同植入材料重建的 X 线影像学追踪观察 [J]. 现代口腔医学杂志，2007，21（4）：372-375. DOI: 10.3969/j.issn.1003-7632.2007.04.012. {LI Xiaomin,WANG Hu,ZHANG Jing,ZHOU Xiongwei. Mandibular reconstructions using multiple grafts:radiologic follow-up observation[J]. Xian Dai Kou Qiang Yi Xue Za Zhi[J Mod Stomatol(Article in Chinese;Abstract in Chinese and English)],2007,21(4):372-375. DOI:10.3969/j.issn.1003-7632.2007.04.012.}

[16682] 何悦，张志愿，竺涵光，张陈平，孙坚. 钛重建板联合胸大肌肌皮瓣同期修复下颌骨放射性骨坏死切除术后缺损 [J]. 上海口腔医学，2008，17（6）：565-568. {HE Yue,ZHANG Zhiyuan,ZHU Hanguang,ZHANG Chenping,SUN Jian. Immediate reconstruction of the mandibular detect in patients with osteoradionecrosis using reconstructive Tiplate and pedicled pectoralis major myocutaneous flap[J]. Shang Hai Kou Qiang Yi Xue[Shanghai J Stomatol(Article in Chinese;Abstract in Chinese and English)],2008,17(6):565-568.}

[16683] 徐靖宏，王慧明，李幼琴，谈伟强，林军，王炜. 预构骨肌皮瓣修复下颌骨和皮肤复合缺损的实验研究 [J]. 中国修复重建外科杂志，2008，22（2）：139-144. {XU Jinghong,WANG Huiming,LI Youqin,TAN Weiqiang,LIN Jun,WANG Wei. Experimental study on repairing composite defect of mandible and skin by prefabricated musculocutaneous flap including ectopic bone[J]. Zhongguo Xiu Fu Chong Jian Wai Ke Za Zhi[Chin J Repar Reconstr Surg(Article in Chinese;Abstract in Chinese and English)],2008,22(2):139-144.}

[16684] 孙坚，沈毅，李军，季彤，罗剑，俞志维. 应用 SimPlant 软件精确匹配与缺损外形吻合的髂骨肌瓣行下颌骨重建 [J]. 组织工程与重建外科杂志，2009，5（6）：318-321. DOI: 10.3969/j.issn.1673-0364.2009.006.005. {SUN Jian,SHEN Yi,LI Jun,JI Tong,LUO Jian,YU Zhiwei. Application of SimPlant software to match contour of iliac oste-myocutaneous flap and repair mandibular defect[J]. Zu Zhi Gong Cheng Yu Chong Jian Wai Ke Za Zhi[J Tissue Eng Reconstr Surg(Article in Chinese;Abstract in Chinese and English)],2009,5(6):318-321. DOI:10.3969/j.issn.1673-0364.2009.006.005.}

[16685] 施斌，林李嵩，邱宇，朱小峰，林耿冰，黄立. 快速原型技术辅助复杂下颌骨重建术后颞下颌关节功能的评价 [J]. 中国口腔颌面外科杂志，2009，7（1）：4-7. {SHI Bin,LIN Lisong,QIU Yu,ZHU Xiaofeng,LIN Gengbing,HUANG Li. Evaluation of temporomandibular joint function after complicated mandible reconstruction guided by rapid prototyping technique[J]. Zhongguo Kou Qiang He Mian Wai Ke Za Zhi[Chin J Oral Maxillofac Surg(Article in Chinese;Abstract in Chinese and English)],2009,7(1):4-7.}

[16686] 尚德浩，王雪梅，于艳凤，徐中飞，孙长伏. 应用快速原型技术指导腓骨平行折叠重建下颌骨的探讨 [J]. 中国口腔颌面外科杂志，2011，9（3）：230-233. {SHANG Dehao,WANG Xuemei,YU Yanfeng,XU Zhongfei,SUN Changfu. The use of rapid prototyping in mandible reconstruction with double barrel fibular graft[J]. Zhongguo Kou Qiang He Mian Wai Ke Za Zhi[Chin J Oral Maxillofac Surg(Article in Chinese;Abstract in Chinese and English)],2011,9(3):230-233.}

[16687] 徐立群，陈晓军，袁建兵，尹雪莱，张陈平. 下颌骨重建腓骨塑形板的试制与初步应用 [J]. 中国口腔颌面外科杂志，2011，9（6）：482-486. {XU Liqun,CHEN Xiaojun,YUAN Jianbing,YIN Xuelai,ZHANG Chenping. Tentative fabrication of fibular osteotomy guide and preliminarily clinical application in mandibular reconstruction[J]. Zhongguo Kou Qiang He Mian Wai Ke Za Zhi[Chin J Oral Maxillofac Surg(Article in Chinese;Abstract in Chinese and English)],2011,9(6):482-486.}

[16688] 陈旭兵. 游离腓骨瓣楔形截骨术在下颌骨重建中的应用 [J]. 中国口腔颌面外科杂志，2013，11（4）：325-328. {CHEN Xubing. Closed wedge osteotomy of free fibular flap for mandibular reconstruction[J]. Zhongguo Kou Qiang He Mian Wai Ke Za Zhi[Chin J Oral Maxillofac Surg(Article in Chinese;Abstract in Chinese and English)],2013,11(4):325-328.}

[16689] 杨志诚，向旭，严颖彬，史平，王超. 咬合导板及颌间牵引钉技术在游离腓骨瓣修复下颌骨缺损中的应用 [J]. 中国修复重建外科杂志，2013，27（3）：292-294. DOI: 10.7507/1002-1892.20130067. {YANG Zhicheng,XIANG Xu,YAN Yingbin,SHI Ping,WANG Chao. Application of occlusal guide plate combined with intermaxillary fixation screw in mandibular defect repair with free fibular flap[J]. Zhongguo Xiu Fu Chong Jian Wai Ke Za Zhi[Chin J Repar Reconstr Surg(Article in Chinese;Abstract in Chinese and English)],2013,27(3):292-294. DOI:10.7507/1002-1892.20130067.}

[16690] 颜光启，王雪，谭学新，王绪凯，杨鸣良，卢利. 应用 SurgiCase 软件指导游离腓骨皮瓣修复下颌骨缺损的研究 [J]. 中国修复重建外科杂志，2013，27（8）：1006-1009. DOI: 10.7507/1002-1892.20130218. {YAN Guangqi,WANG Xue,TAN Xuexin,WANG Xukai,YANG Mingliang,LU Li. Study on accuracy of virtual surgical planning in free fibula mandibular reconstruction by using surgicase software[J]. Zhongguo Xiu Fu Chong Jian Wai Ke Za Zhi[Chin J Repar Reconstr Surg(Article in Chinese;Abstract in Chinese and English)],2013,27(8):1006-1009. DOI:10.7507/1002-1892.20130218.}

[16691] 白植宝，黄磊，王新亮，石红光. 血管化平行折叠腓骨瓣重建下颌骨肿瘤术后骨缺损 [J]. 中国口腔颌面外科杂志，2014，12（5）：436-440. {BAI Zhibao,HUANG Lei,WANG Xinliang,SHI Hongguang. Double barrel vascularized free fibular flap for reconstruction of mandibular defects after tumor ablation[J]. Zhongguo Kou Qiang He Mian Wai Ke Za Zhi[Chin J Oral Maxillofac Surg(Article in Chinese;Abstract in Chinese and English)],2014,12(5):436-440.}

[16692] 范亚伟，付志新，王晓飞，范慧芳. 腓骨双叠结合钛种植体重建下颌骨大型缺损的临床研究 [J]. 现代口腔医学杂志，2014，28（4）：222-225. {FAN Yawei,FU Zhixin,WANG Xiaofei,FAN Huifang. Clinical research on the rebuilding of large mandibular defects via the integration of double-fold fibula and tiimplant[J]. Xian Dai Kou Qiang Yi Xue Za Zhi[J Mod Stomatol(Article in Chinese;Abstract in Chinese and English)],2014,28(4):222-225.}

[16693] 黄旭，刘建华，王慧明，朱慧勇，李志勇，滕理送. 口内入路下颌骨良性肿瘤切除同期自体骨移植修复重建术的临床研究 [J]. 中国修复重建外科杂志，2014，28（2）：192-196. DOI: 10.7507/1002-1892.20140041. {HUANG Xu,LIU Jianhua,WANG Huiming,ZHU Huiyong,LI Zhiyong,TENG Lisong. Clinical research of resection of mandibular benign tumors and primary reconstruction with autogenous bone graft via an intraoral approach[J]. Zhongguo Xiu Fu Chong Jian Wai Ke Za Zhi[Chin J Repar Reconstr Surg(Article in Chinese;Abstract in Chinese and English)],2014,28(2):192-196. DOI:10.7507/1002-1892.20140041.}

[16694] 陈旭兵，柳兆刚，袁建兵，田宏伟. 三维模拟技术在游离腓骨瓣移植重建下颌骨缺损中的应用 [J]. 上海口腔医学，2015，24（4）：460-464. {CHEN Xubing,LIU Zhaogang,YUAN Jianbing,TIAN Hongwei. Application of three-dimensional virtual technology in mandibular defects reconstruction with free fibular flap[J]. Shang Hai Kou Qiang Yi Xue[Shanghai J Stomatol(Article in Chinese;Abstract in Chinese and English)],2015,24(4):460-464.}

[16695] 刘林，夏德林，孙黎波，张力，王雷，肖金刚. 个性化预成型重建板技术联合血管化髂骨肌瓣在下颌骨修复重建中的应用 [J]. 中华整形外科杂志，2016，32（4）：258-263. DOI: 10.3760/cma.j.issn.1009-4598.2016.04.005. {LIU Lin,XIA Delin,SUN Libo,ZHANG Li,WANG Lei,XIAO Jingang. Application of individual prefabricated reconstructive titanic plate combined with vascularized iliac bone-muscular flap for reconstruction of mandibular defects[J]. Zhonghua Zheng Xing Wai Ke Za Zhi[Chin J Plast Surg(Article in Chinese;Abstract in Chinese and English)],2016,32(4):258-263. DOI:10.3760/cma.j.issn.1009-4598.2016.04.005.}

[16696] 王宏伟，马春跃，贺光，徐立群，张陈平，秦兴军. 家族性巨大型牙骨质瘤患者下颌骨重建术式的选择：2 例报告及文献复习 [J]. 中国口腔颌面外科杂志，2016，14（1）：89-92. {WANG Hongwei,MA Chunyue,HE Guang,XU Liqun,ZHANG Chenping,QIN Xingjun. Mandibular reconstruction in patients with familial gigantiform cementoma:report of 2 cases and review of the literature[J]. Zhongguo Kou Qiang He Mian Wai Ke Za Zhi[Chin J Oral Maxillofac Surg(Article in Chinese;Abstract in Chinese and English)],2016,14(1):89-92.}

[16697] 王明一，王慧珊，刘剑楠，王震，周恬，曲行舟. 下颌骨缺损重建术后影响种植体存留率因素的回顾性分析 [J]. 组织工程与重建外科杂志，2018，14（2）：80-82. DOI: 10.3969/j.issn.1673-0364.2018.02.005. {WANG Mingyi,WANG Huishan,LIU Jiannan,WANG Zhen,ZHOU Tian,QU Xingzhou. A retrospective analysis of the factors affecting implant retention rate after mandibular reconstruction[J]. Zu Zhi Gong Cheng Yu Chong Jian Wai Ke Za Zhi[J Tissue Eng Reconstr Surg(Article in Chinese;Abstract in Chinese and English)],2018,14(2):80-82. DOI:10.3969/j.issn.1673-0364.2018.02.005.}

[16698] 孙坚，沈毅，吕明明，李锋，王慧珊，白石柱，王良，杨鑫，李军. 经口内入路切除下颌骨良性肿瘤及同期血管化腓骨肌瓣精确重建下颌骨 [J]. 中国口腔颌面外科杂志，2018，16（3）：193-198. DOI: 10.19438/j.cjoms.2018.03.001. {SUN Jian,SHEN Yi,LV Mingming,LI Feng,WANG Huishan,BAI Shizhu,WANG Liang,YANG Xin,LI Jun. Resection of mandibular benign tumors by transoral approach and use of intraoral microvascular anastomosis for segmental mandibular reconstruction with vascularized fibula osseous flap:a pilot study in 4 consecutive patients[J]. Zhongguo Kou Qiang He Mian Wai Ke Za Zhi[Chin J Oral Maxillofac Surg(Article in Chinese;Abstract in Chinese and English)],2018,16(3):193-198. DOI:10.19438/j.cjoms.2018.03.001.}

[16699] 彭汉伟，林建英，郭海鹏，刘木元. 以旋髂深动脉为蒂的髂骨 - 腹内斜肌筋膜嵌合瓣修复下颌骨口腔黏膜复合缺损 [J]. 中国修复重建外科杂志，2018，32（12）：1567-1571. DOI: 10.7507/1002-1892.201806023. {PENG Hanwei,LIN Jianying,GUO Haipeng,LIU Muyuan. Application of deep circumflex iliac artery based iliac-internal oblique musculofascial chimeric flaps in reconstruction of complex oromandibular defects[J]. Zhongguo Xiu Fu Chong Jian Wai Ke Za Zhi[Chin J Repar Reconstr Surg(Article in Chinese;Abstract in Chinese and English)],2018,32(12):1567-1571. DOI:10.7507/1002-1892.201806023.}

[16700] 张誉，梁节，单小峰，张雷，蔡志刚. 导航辅助下颌骨缺损修复重建下颌骨三维形态变化及影响因素 [J]. 中华显微外科杂志，2020，43（3）：266-271. DOI: 10.3760/cma.j.cn441206-20191106-00352. {ZHANG Yu,LIANG Jie,SHAN Xiaofeng,ZHANG Lei,CAI Zhigang. The change of mandibular morphology and its influencing factors in image-guided mandibular reconstruction surgery[J]. Zhonghua Xian Wei Wai Ke Za Zhi[Chin J Microsurg(Article in Chinese;Abstract in Chinese and English)],2020,43(3):266-271. DOI:10.3760/cma.j.cn441206-20191106-00352.}

5.19.2 上颌骨缺损的修复与重建
repair and reconstruction of maxilla defect

[16701] Liu YM,Chen GF,Yan JL,Zhao SF,Zhang WM,Zhao S,Chen L. Functional reconstruction of maxilla with pedicled buccal fat pad flap,prefabricated titanium mesh and autologous bone grafts[J]. Int J Oral Maxillofac Surg,2006,35(12):1108-1113. doi:10.1016/j.ijom.2006.09.012.

[16702] Chen WL,Ye JT,Yang ZH,Huang ZQ,Zhang DM,Wang K. Reverse facial artery-submental artery mandibular osteomuscular flap for the reconstruction of maxillary defects following the removal of benign tumors[J]. Head Neck,2009,31(6):725-731. doi:10.1002/hed.21025.

[16703] You YH,Chen WL,Wang YP,Liang J,Zhang DM. Reverse facial-submental artery island flap for the reconstruction of maxillary defects after cancer ablation[J]. J Craniofac Surg,2009,20(6):2217-2220. doi:10.1097/SCS.0b013e3181bf84d7.

[16704] Wang JG,Chen WL,Ye HS,Yang ZH,Chai Q. Reverse facial artery-submental artery deepithelialised submental island flap to reconstruct maxillary defects following cancer ablation[J]. J Craniomaxillofac Surg,2011,39(7):499-502. doi:10.1016/j.jcms.2010.11.005.

[16705] Sun J,Shen Y,Li J,Zhang ZY. Reconstruction of high maxillectomy defects with the fibula osteomyocutaneous flap in combination with titanium mesh or a zygomatic implant[J]. Plast Reconstr Surg,2011,127(1):150-160. doi:10.1097/PRS.0b013e3181fad2d3.

[16706] Ahmed Djae K,Li Z,Li ZB. Temporalis muscle flap for immediate reconstruction of maxillary defects:review of 39 cases[J]. Int J Oral Maxillofac Surg,2011,40(7):715-721. doi:10.1016/j.ijom.2011.03.006.

[16707] Liu WW,Peng HW,Guo ZM,Zhang Q,Yang AK. Immediate reconstruction of maxillectomy defects using anterolateral thigh free flap in patients from a low resource region[J]. Laryngoscope,2012,122(11):2396-2401. doi:10.1002/lary.23416.

[16708] Zhang L,Sun H,Yu HB,Yuan H,Shen GF,Wang XD. Computer-assisted orthognathic surgery combined with fibular osteomyocutaneous flap reconstruction to correct facial asymmetry and maxillary defects secondary to maxillectomy in childhood[J]. J Craniofac Surg,2013,24(3):886-889. doi:10.1097/SCS.0b013e31827ff370.

[16709] Zhang WB,Wang Y,Liu XJ,Mao C,Guo CB,Yu GY,Peng X. Reconstruction of maxillary defects with free fibula flap assisted by computer techniques[J]. J

Craniomaxillofac Surg,2015,43(5):630-636. doi:10.1016/j.jcms.2015.03.007.
[16710] Lin XA,Shi YY,Liu C. The anterolateral thigh flap for reconstruction of the defect after maxillectomy[J]. J Craniofac Surg,2020,31(1):e89-e92. doi:10.1097/SCS.0000000000005975.
[16711] 陈关福，平飞云. 带蒂颊脂垫与骨移植一期重建上颌骨 [J]. 修复重建外科杂志，1991，5（4）：210-211，250. {CHEN Guanfu,PING Feiyun. One-stage reconstruction of maxilla with pedicled buccal fat pad and bone transplantation[J]. Zhongguo Xiu Fu Chong Jian Wai Ke Za Zhi[Chin J Repar Reconstr Surg(Article in Chinese;No abstract available)],1991,5(4):210-211,250.}
[16712] 陈巨峰，冼淡，杜永军，李庆生，劳均平，符志锋. 带皮岛游离腓骨骨皮瓣修复肿瘤切除后的上颌骨缺损 [J]. 中国修复重建外科杂志，2004，18（5）：440-441. {CHEN Jufeng,XIAN Dan,DU Yongjun,LI Qingsheng,LAO Junping,FU Zhifeng. Repair of maxillary defect after tumor resection with free fibula flap with skin island[J]. Zhongguo Xiu Fu Chong Jian Wai Ke Za Zhi[Chin J Repar Reconstr Surg(Article in Chinese;No abstract available)],2004,18(5):440-441.}
[16713] 张森林，孟昭业，董震，杨震，曹罡，刘锐，寿柏泉. 游离前臂皮瓣与钛网联合修复上颌骨缺损 [J]. 中国修复重建外科杂志，2004，18（6）：459-461. {ZHANG Senlin,MENG Zhaoye,DONG Zhen,YANG Zhen,CAO Gang,LIU Rui,SHOU Baiquan. Repair of maxillary defects by free forearm flap and titanium mesh[J]. Zhongguo Xiu Fu Chong Jian Wai Ke Za Zhi[Chin J Repar Reconstr Surg(Article in Chinese;Abstract in Chinese and English)],2004,18(6):459-461.}
[16714] 胡永杰，李思毅，张志愿，徐立群，曲行舟，Hardianto，A，吴轶群，张陈平. 复合髂骨肌皮瓣同期颧种植重建上颌骨缺损一例 [J]. 中国修复重建外科杂志，2005，19（10）：807-810. {HU Yongjie,LI Siyi,ZHANG Zhiyuan,XU Liqun,QU Xingzhou,A. Hardianto,WU Yiqun,ZHANG Chenping. Combined vascularized iliac osteomusculocutaneous flap with zygomatic implant anchorage in reconstructing 1 case of maxillary defect[J]. Zhongguo Xiu Fu Chong Jian Wai Ke Za Zhi[Chin J Repar Reconstr Surg(Article in Chinese;Abstract in Chinese and English)],2005,19(10):807-810.}
[16715] 左良，喻建军，周晓，戴捷，田峰，单振锋，胡杰，谌星，王鸿涵，蔡旭，高水超. 虚拟手术系统辅助下游离腓骨肌皮瓣对上下颌骨缺损的修复重建 [J]. 中华整形外科杂志，2019，35（7）：656-660. DOI：10.3760/cma.j.issn.1009-4598.2019.07.008. {ZUO Liang,YU Jianjun,ZHOU Xiao,DAI Jie,TIAN Hao,SHAN Zhenfeng,HU Jie,CHEN Xing,WANG Honghan,CAI Xu,GAO Shuichao. Application of virtual surgical planning in maxillary and mandible reconstruction with fibula flap[J]. Zhonghua Zheng Xing Wai Ke Za Zhi[Chin J Plast Surg(Article in Chinese;Abstract in Chinese and English)],2019,35(7):656-660. DOI:10.3760/cma.j.issn.1009-4598.2019.07.008.}

5.19.3 颧骨缺损的修复与重建
repair and reconstruction of zygomatic defect

[16716] Chen WL,Chen ZW,Yang ZH,Huang ZQ,Li JS,Zhang B,Wang JG. Pedicled mandibular osteomuscular flap for zygomatic reconstruction through a modified Weber-Ferguson incision[J]. J Craniofac Surg,2008,19(1):235-240. doi:10.1097/SCS.0b013e31815ca211.
[16717] Zhao MX,Li YQ,Tang Y,Chen W,Yang Z,Hu CM,Liu YY,Xu LS. Infraorbital and zygomatic reconstruction using pre-expanded rotation flap based on the orbicularis oculi muscle[J]. J Plast Reconstr Aesthet Surg,2012,65(12):1634-1638. doi:10.1016/j.bjps.2012.07.017.
[16718] 杨明达. 颧骨成形再造术 [J]. 修复重建外科杂志，1988，2（2）：6. {YANG Mingda. Zygomatic reconstruction[J]. Zhongguo Xiu Fu Chong Jian Wai Ke Za Zhi[Chin J Repar Reconstr Surg(Article in Chinese;No abstract available)],1988,2(2):6.}

5.19.4 眼眶缺损的修复与重建
repair and reconstruction of orbital defect

[16719] Ruhong Z,Xiongzheng M,Ming W,Tisheng Z,YiLin C. Reconstruction of the anophthalmic orbit by orbital osteotomy and free flap transfer[J]. J Craniofac Surg,2005,16(6):1091-108. doi:10.1097/01.scs.0000180012.60610.cc.
[16720] Zhang R. Reconstruction of the anophthalmic orbit by orbital osteotomy and free flap transfer[J]. J Plast Reconstr Aesthet Surg,2007,60(3):232-240. doi:10.1016/j.bjps.2005.11.031.
[16721] Li D,Jie Y,Liu H,Liu J,Zhu Z,Mao C. Reconstruction of anophthalmic orbits and contracted eye sockets with microvascular radial forearm free flaps[J]. Ophthalmic Plast Reconstr Surg,2008,24(2):94-97. doi:10.1097/IOP.0b013e318166dad1.
[16722] Yan Z,Zhou Z,Song X. Nasal endoscopy-assisted reconstruction of orbital floor blowout fractures using temporal fascia grafting[J]. J Oral Maxillofac Surg,2012,70(5):1119-1122. doi:10.1016/j.joms.2011.12.033.
[16723] Zhu L,Wang X,Liu Z. Temporal orbicularis oculi island pedicle flap for periorbital reconstruction[J]. Dermatol Surg,2012,38(12):2006-2010. doi:10.1111/j.1524-4725.2012.02575.x.
[16724] Zhang L,Cheng L,Jin R,Shi Y,Sun B,Qi Z,Wang W,Zhang Y. Serial reconstruction of anophthalmic orbits with 'bag-shaped' flaps[J]. J Plast Reconstr Aesthet Surg,2015,68(2):205-212. doi:10.1016/j.bjps.2014.09.045.
[16725] Guo XK,Sun YF,Liu B,Zhang WF,Xiong XP. A double-lobe flap design combined nasolabial advancement and infraorbital rotation for reconstruction of infraorbital defect[J]. J Craniofac Surg,2016,27(4):e389-390. doi:10.1097/SCS.0000000000002654.
[16726] Wu PS,Matoo R,Sun H,Song LY,Kikkawa DO,Lu W. Single-stage soft tissue reconstruction and orbital fracture repair for complex facial injuries[J]. J Plast Reconstr Aesthet Surg,2017,70(2):e1-e6. doi:10.1016/j.bjps.2016.10.021.
[16727] Fu K,Liu Y,Gao N,Cai J,He W,Qiu W. Reconstruction of maxillary and orbital floor defect with free fibula flap and whole individualized titanium mesh assisted by computer techniques[J]. J Oral Maxillofac Surg,2017,75(8):1791.e1-1791.e9. doi:10.1016/j.joms.2017.03.054.
[16728] Cheng LY,Bian WW,Sun XM,Yu ZY,Zhang Y,Zhang L,Zhang YG,Jin R. Computer-assisted volumetric analysis and quantitatively anophthalmic orbit reconstruction with dorsalis pedis flap and bone graft[J]. J Craniofac Surg,2018,29(2):358-363. doi:10.1097/SCS.0000000000004209.
[16729] 丁祖鑫，张涤生，石重明，曹谊林. 眼眶和结膜囊的一期再造术 [J]. 中国修复重建外科杂志，1992，6（2）：93-94，132. {DING Zuxin,ZHANG Disheng,SHI Chongming,CAO Yilin. One-stage reconstruction of orbital and conjunctival sac[J]. Zhongguo Xiu Fu Chong Jian Wai Ke Za Zhi[Chin J Repar Reconstr Surg(Article in Chinese;No abstract available)],1992,6(2):93-94,132.}

5.19.5 面中部骨缺损的修复与重建
repair and reconstruction of midface bone defect

[16730] Li J,Shen Y,Wang L,Wang JB,Sun J,Haugen TW. Superficial temporal versus cervical recipient vessels in maxillary and midface free vascularized tissue reconstruction:our 14-year experience[J]. J Oral Maxillofac Surg,2018,76(8):1786-1793. doi:10.1016/j.joms.2018.02.008.
[16731] 濮礼臣，田奉宸，王津慧，刘庆双，谭秀峰. 上唇方肌内眦头肌皮瓣在面中部缺损修复中的应用 [J]. 中国修复重建外科杂志，1992，6（4）：209-210，249. {PU Lichen,TIAN Fengchen,WANG Jinhui,LIU Qingshuang,TAN Xiufeng. Myocutaneous flap with pediculated quadratus labll superioris muscle in the reconstruction of mid-face defects[J]. Zhongguo Xiu Fu Chong Jian Wai Ke Za Zhi[Chin J Repar Reconstr Surg(Article in Chinese;Abstract in Chinese and English)],1992,6(4):209-210,249.}

5.20 躯干部骨缺损修复与重建
repair and reconstruction of trunk bone defect

[16732] 穆广态. 带旋髂深血管髂骨块转位修复耻骨肿瘤切除后骨缺损 [J]. 修复重建外科杂志，1988，2（2）：156. {MU Guangtai. Transposition of iliac bone with deep iliac circumflex vessels to repair bone defect after resection of pubic tumor[J]. Zhongguo Xiu Fu Chong Jian Wai Ke Za Zhi[Chin J Repar Reconstr Surg(Article in Chinese;No abstract available)],1988,2(2):156.}
[16733] 杨立民，郭景华，刘大雄，路迪生，郭林新. 吻合血管的肩胛骨腋缘移植治疗骨缺损 [J]. 修复重建外科杂志，1989，3（4）：160-162. {YANG Limin,GUO Jinghua,LIU Daxiong,LU Disheng,GUO Linxin. Transplantation of axillary margin of scapula with vascular anastomosis for the treatment of bone defect[J]. Zhongguo Xiu Fu Chong Jian Wai Ke Za Zhi[Chin J Repar Reconstr Surg(Article in Chinese;No abstract available)],1989,3(4):160-162.}

5.21 腹壁和胸壁重建
abdominal and chest wall reconstruction

[16734] Zhou F,Liu W,Tang Y. Autologous rib transplantation and terylene patch for repair of chest wall defect in a girl with Poland syndrome:a case report[J]. J Pediatr Surg,2008,43(10):1902-1905. doi:10.1016/j.jpedsurg.2008.06.005.
[16735] Liu L,Li JS,Li N,Ren JA,Zhao YZ. Reconstruction of infected complex abdominal wall defects with autogenous pedicled demucosalized small intestinal sheet[J]. Surgery,2009,145(1):114-149. doi:10.1016/j.surg.2008.08.014.
[16736] Zhang L,Li Q,Qin J,Gu Y. Musculature tissue engineering to repair abdominal wall hernia[J]. Artif Organs,2012,36(4):348-352. doi:10.1111/j.1525-1594.2011.01383.x.
[16737] Wu Y,Ren J,Liu S,Han G,Zhao Y,Li J. Abdominal wall reconstruction by combined use of biological mesh and autogenous pedicled demucosalized small intestinal sheet:a case report[J]. Hernia,2013,17(1):53-57. doi:10.1007/s10029-012-0965-7.
[16738] Xie HQ,Huang FG,Zhao YF,Qin TW,Li XQ,Liu C,Li-Ling J,Yang ZM. Tissue-engineered ribs for chest wall reconstruction:a case with 12-year follow-up[J]. Regen Med,2014,9(4):431-436. doi:10.2217/rme.14.24.
[16739] 董桂甫，刘仁滨. 以带蒂大网膜等组织移植修复胸腹壁巨大肿瘤切除术后缺损 [J]. 修复重建外科杂志，1988，2（1）：33. {DONG Guifu,LIU Renbin. Repair of defect of thoracic and abdominal wall after resection of huge tumor with pedicled greater omentum and other tissue transplantation[J]. Zhongguo Xiu Fu Chong Jian Wai Ke Za Zhi[Chin J Repar Reconstr Surg(Article in Chinese;No abstract available)],1988,2(1):33.}
[16740] 邹景贵. 应用阔筋膜张肌筋膜瓣整复全层腹壁缺损 [J]. 修复重建外科杂志，1988，2（2）：161. {ZOU Jinggui. Reconstruction of full-thickness abdominal wall defect with tensor fascia lata flap[J]. Zhongguo Xiu Fu Chong Jian Wai Ke Za Zhi[Chin J Repar Reconstr Surg(Article in Chinese;No abstract available)],1988,2(2):161.}
[16741] 刘建民，曹文安，喻学政，潘宁，葛报生. 上部腹直肌岛状肌皮瓣修复胸壁组织缺损 [J]. 修复重建外科杂志，1988，2（3）：22-23，49. {LIU Jianmin,CAO Wenan,YU Xuezheng,PAN Ning,GE Baosheng. Repair of chest wall tissue defect with superior rectus abdominis island myocutaneous flap[J]. Zhongguo Xiu Fu Chong Jian Wai Ke Za Zhi[Chin J Repar Reconstr Surg(Article in Chinese;No abstract available)],1988,2(3):22-23,49.}
[16742] 白民任. 背阔肌肌皮瓣行胸壁及乳房重建 [J]. 修复重建外科杂志，1989，3（4）：191. {BAI Minren. Reconstruction of chest wall and breast with latissimus dorsi myocutaneous flap[J]. Zhongguo Xiu Fu Chong Jian Wai Ke Za Zhi[Chin J Repar Reconstr Surg(Article in Chinese;No abstract available)],1989,3(4):191.}
[16743] 杨建文. 用大网膜和背阔肌皮瓣修复乳癌术后胸壁放射性溃疡 [J]. 修复重建外科杂志，1990，4（3）：144. {YANG Jianwen. Repair of radiation ulcer of chest wall after breast cancer operation with greater omentum and latissimus dorsi myocutaneous flap[J]. Zhongguo Xiu Fu Chong Jian Wai Ke Za Zhi[Chin J Repar Reconstr Surg(Article in Chinese;No abstract available)],1990,4(3):144.}
[16744] 韦福康，胡廷泽，罗启成，黄鲁刚. 自体肋骨移植和背阔肌转移术Ⅰ期修复 Poland 氏综合征前胸壁畸形 [J]. 修复重建外科杂志，1991，5（2）：105-134. {WEI Fukang,HU Tingze,LUO Qicheng,HUANG Lugang. One-stage repair of anterior chest wall deformity in Poland's syndrome by autogenous rib transplantation and latissimus dorsi transfer[J]. Zhongguo Xiu Fu Chong Jian Wai Ke Za Zhi[Chin J Repar Reconstr Surg(Article in Chinese;No abstract available)],1991,5(2):105-134.}
[16745] 黄建中，杨培奇，刘冠聚，李亚民. 背阔肌皮瓣移位修复胸壁巨大贴骨瘢痕 [J]. 中国修复重建外科杂志，1992，6（1）：17. {HUANG Jianzhong,YANG Peiqi,LIU Guanju,LI Yamin. Transposition of latissimus dorsi myocutaneous flap to repair huge bone-adherent scar on chest wall[J]. Zhongguo Xiu Fu Chong Jian Wai Ke Za Zhi[Chin J Repar Reconstr Surg(Article in Chinese;No abstract available)],1992,6(1):17.}
[16746] 付德元，张喜清. 胸大肌皮瓣加自体肋骨移植修复胸壁大块缺损 [J]. 中国修复重建外科杂志，1992，6（3）：153. {FU Deyuan,ZHANG Xiqing. Repair of massive defect of chest wall with pectoralis major myocutaneous flap and autogenous rib graft[J]. Zhongguo Xiu Fu Chong Jian Wai Ke Za Zhi[Chin J Repar Reconstr Surg(Article in Chinese;No abstract available)],1992,6(3):153.}
[16747] 封必钊，熊治川. 阔筋膜张肌筋膜瓣修复腹壁缺损一例 [J]. 中国修复重建外科杂志，1992，6（3）：184. {FENG Bizhao,XIONG Zhichuan. Repair of abdominal wall defect with

tensor fasciae lata myofascial flap:a case report[J]. Zhongguo Xiu Fu Chong Jian Wai Ke Za Zhi[Chin J Repar Reconstr Surg(Article in Chinese;No abstract available)],1992,6(3):184.}

[16748] 潘水章. 有机玻璃加胸大肌皮瓣修复前胸壁缺损一例[J]. 中国修复重建外科杂志，1993，7(1)：60. {PAN Shuizhang. Plexiglass plus pectoralis major myocutaneous flap for repair of anterior chest wall defect:a case report[J]. Zhongguo Xiu Fu Chong Jian Wai Ke Za Zhi[Chin J Repar Reconstr Surg(Article in Chinese;No abstract available)],1993,7(1):60.}

[16749] 李英华，陈家臻. 下腹壁滑膜肉瘤根治术后创面修复一例[J]. 中国修复重建外科杂志，1993，7(4)：219. {LI Yinghua,CHEN Jiazhen. Wound repair after radical resection of synovial sarcoma of lower abdominal wall:a case report[J]. Zhongguo Xiu Fu Chong Jian Wai Ke Za Zhi[Chin J Repar Reconstr Surg(Article in Chinese;No abstract available)],1993,7(4):219.}

[16750] 周铁政. 疝区皮肤软组织蒂瓣修复腹壁巨大切口疝[J]. 中国修复重建外科杂志，1993，7(4)：220-221，268. {ZHOU Tiezheng. Repair of huge incisional hernia of abdominal wall with soft-tissue-cutaneous flap adjacent to hernia[J]. Zhongguo Xiu Fu Chong Jian Wai Ke Za Zhi[Chin J Repar Reconstr Surg(Article in Chinese;Abstract in Chinese and English)],1993,7(4):220-221,268.}

[16751] 胡韶楠，徐建光，陶国治. 两块局部皮瓣移位修复胸壁巨大皮肤缺损一例[J]. 中国修复重建外科杂志，1994，8(2)：85. {HU Shaonan,XU Jianguang,TAO Guozhi. Transposition of two local flaps to repair huge skin defect of chest wall:a case report[J]. Zhongguo Xiu Fu Chong Jian Wai Ke Za Zhi[Chin J Repar Reconstr Surg(Article in Chinese;No abstract available)],1994,8(2):85.}

[16752] 雷建如，郭丰年. 胸壁巨大放射性溃疡修复一例[J]. 中国修复重建外科杂志，1994，8(2)：120. {LEI Jianru,GUO Fengnian. Repair of huge radiation ulcer of chest wall:a case report[J]. Zhongguo Xiu Fu Chong Jian Wai Ke Za Zhi[Chin J Repar Reconstr Surg(Article in Chinese;No abstract available)],1994,8(2):120.}

[16753] 谢舒，李素芝. 腹直肌肌皮瓣修复胸壁放射性溃疡[J]. 中国修复重建外科杂志，1994，8(3)：188. {XIE Shu,LI Suzhi. Repair of radiation ulcer of chest wall with rectus abdominis myocutaneous flap[J]. Zhongguo Xiu Fu Chong Jian Wai Ke Za Zhi[Chin J Repar Reconstr Surg(Article in Chinese;No abstract available)],1994,8(3):188.}

[16754] 廖邦兴，秦先慎. 双侧腹壁转移皮瓣修复腹前壁巨大创面一例[J]. 中国修复重建外科杂志，1994，8(3)：189. {LIAO Bangxing,QIN Xianshen. Repair of huge wound of anterior abdominal wall with bilateral abdominal wall transfer flap:a case report[J]. Zhongguo Xiu Fu Chong Jian Wai Ke Za Zhi[Chin J Repar Reconstr Surg(Article in Chinese;No abstract available)],1994,8(3):189.}

[16755] 刘勇，胡成. 阔筋膜张肌带蒂肌筋膜瓣修复腹壁缺损[J]. 中国修复重建外科杂志，1994，8(4)：241. {LIU Yong,HU Cheng. Repair of abdominal wall defect with tensor fascia lata pedicled myofascial flap[J]. Zhongguo Xiu Fu Chong Jian Wai Ke Za Zhi[Chin J Repar Reconstr Surg(Article in Chinese;No abstract available)],1994,8(4):241.}

[16756] 谢涛，杨家荣. 外伤性腹壁缺损Ⅰ期修复一例[J]. 中国修复重建外科杂志，1995，9(1)：61. {XIE Tao,YANG Jiarong. One-stage repair of traumatic abdominal wall defect:a case report[J]. Zhongguo Xiu Fu Chong Jian Wai Ke Za Zhi[Chin J Repar Reconstr Surg(Article in Chinese;No abstract available)],1995,9(1):61.}

[16757] 熊世文，程新德，李光早. 胸壁软组织缺损修复三例[J]. 中国修复重建外科杂志，1995，9(4)：256. {XIONG Shiwen,CHENG Xinde,LI Guangzao. Repair of soft tissue defects of chest wall:a report of 3 cases[J]. Zhongguo Xiu Fu Chong Jian Wai Ke Za Zhi[Chin J Repar Reconstr Surg(Article in Chinese;No abstract available)],1995,9(4):256.}

[16758] 董立新，李雪峰，李惠民，朱建跃. 髂骨瓣移位术后并发腹壁巨大切口疝一例[J]. 中国修复重建外科杂志，1995，9(4)：254-255. {DONG Lixin,LI Xuefeng,LI Huimin,ZHU Jianyue. A case of huge incisional hernia of abdominal wall after transposition of iliac bone flap[J]. Zhongguo Xiu Fu Chong Jian Wai Ke Za Zhi[Chin J Repar Reconstr Surg(Article in Chinese;No abstract available)],1995,9(4):254-255.}

[16759] 丘奕军，张振邦，陈保光，刘华，李自文，雷恩忠. 肌皮瓣与小牛胸膜联合修复腹壁缺损一例[J]. 中国修复重建外科杂志，1996，10(3)：68. {QIU Yijun,ZHANG Zhenbang,CHEN Baoguang,LIU Hua,LI Ziwen,LEI Enzhong. Repair of abdominal wall defect with myocutaneous flap and calf pleura:a case report[J]. Zhongguo Xiu Fu Chong Jian Wai Ke Za Zhi[Chin J Repar Reconstr Surg(Article in Chinese;No abstract available)],1996,10(3):68.}

[16760] 王小民，张付全，高仕琛，陈宁. 胸壁转移癌切除后缺损修复一例[J]. 中国修复重建外科杂志，1997，11(5)：58. {WANG Xiaomin,ZHANG Fuquan,GAO Shichen,CHEN Ning. Repair of defect after resection of metastatic carcinoma of chest wall:a case report[J]. Zhongguo Xiu Fu Chong Jian Wai Ke Za Zhi[Chin J Repar Reconstr Surg(Article in Chinese;No abstract available)],1997,11(5):58.}

[16761] 袁相斌，何清濂，章惠兰，程一军. 腹直肌皮瓣修复胸壁放射性溃疡一例[J]. 中国修复重建外科杂志，1997，11(6)：21. {YUAN Xiangbin,HE Qinglian,ZHANG Huilan,CHENG Yijun. Repair of radiation ulcer of chest wall with rectus abdominis myocutaneous flap:a case report[J]. Zhongguo Xiu Fu Chong Jian Wai Ke Za Zhi[Chin J Repar Reconstr Surg(Article in Chinese;No abstract available)],1997,11(6):21.}

[16762] 衡代忠，李友萍，姚一民. 严重电烧伤腹壁全层缺损的修复[J]. 中国修复重建外科杂志，1998，12(4)：254. {HENG Daizhong,LI Youping,YAO Yimin. Repair of full-thickness defect of abdominal wall after severe electrical burn[J]. Zhongguo Xiu Fu Chong Jian Wai Ke Za Zhi[Chin J Repar Reconstr Surg(Article in Chinese;No abstract available)],1998,12(4):254.}

[16763] 张长乐，汪春兰. 修复腹壁巨大切口疝的新方法[J]. 中国修复重建外科杂志，1999，13(1)：21-23. {ZHANG Changle,WANG Chunlan. A new method for repair of huge incisional hernia of abdominal wall[J]. Zhongguo Xiu Fu Chong Jian Wai Ke Za Zhi[Chin J Repar Reconstr Surg(Article in Chinese;Abstract in Chinese and English)],1999,13(1):21-23.}

[16764] 杨志明，赵雍凡，解慧琪，黄富国，刘欣，李涛. 组织工程肋骨移植修复胸壁巨大缺损[J]. 中国修复重建外科杂志，2000，14(6)：365-368. {YANG Zhiming,ZHAO Yongfan,XIE Huiqi,HUANG Fuguo,LIU Xin,LI Tao. Huge thoracic wall defect repaired by tissue engineered bone transplantation[J]. Zhongguo Xiu Fu Chong Jian Wai Ke Za Zhi[Chin J Repar Reconstr Surg(Article in Chinese;Abstract in Chinese and English)],2000,14(6):365-368.}

[16765] 程银忠，杨英才. 乳腺癌术后胸壁放射性溃疡的治疗[J]. 中国修复重建外科杂志，2002，16(6)：410. {CHENG Yinzhong,YANG Yingcai. Treatment for chest wall radiation ulcer after breast cancer operation[J]. Zhongguo Xiu Fu Chong Jian Wai Ke Za Zhi[Chin J Repar Reconstr Surg(Article in Chinese;No abstract available)],2002,16(6):410.}

[16766] 张宏宇，张才全，王子卫，付仲学. 腹壁巨大缺损的修复重建[J]. 中国修复重建外科杂志，2005，19(8)：629-631. {ZHANG Hongyu,ZHANG Caiquan,WANG Ziwei,FU Zhongxue. Repair of large abdominal wall defect with pedicle graft of greater omentum and polypropylene mesh[J]. Zhongguo Xiu Fu Chong Jian Wai Ke Za Zhi[Chin J Repar Reconstr Surg(Article in Chinese;Abstract in Chinese and English)],2005,19(8):629-631.}

[16767] 朱明海，梁国辉，张颖，冯峰，张天健. 胸腹壁随意皮瓣联合腹直肌肌瓣修复胸壁缺损[J]. 中国修复重建外科杂志，2006，20(8)：832-834. {ZHU Minghai,LIANG Guohui,ZHANG Ying,FENG Feng,ZHANG Tianjian. Repair of defects in chest wall with thoracico-abdominal skin flap and muscle flap of musculus rectus abdominis[J]. Zhongguo Xiu Fu Chong Jian Wai Ke Za Zhi[Chin J Repar Reconstr Surg(Article in Chinese;Abstract in Chinese and English)],2006,20(8):832-834.}

[16768] 高坤，黄富国，刘伦旭，裴福兴. 修复上胸壁巨大肿瘤切除后缺损一例的早期效果[J]. 中国修复重建外科杂志，2007，21(12)：1319-1322. {GAO Kun,HUANG Fuguo,LIU Lunxu,PEI Fuxing. Repair of large upper thoracic wall defect after tumorectomy[J]. Zhongguo Xiu Fu Chong Jian Wai Ke Za Zhi[Chin J Repar Reconstr Surg(Article in Chinese;Abstract in Chinese and English)],2007,21(12):1319-1322.}

[16769] 郭伶俐，邢新，李军辉，薛春雨，毕宏达，李志刚. 胸壁全层缺损的修复重建[J]. 中国修复重建外科杂志，2011，25(12)：1465-1468. {GUO Lingli,XING Xin,LI Junhui,XUE Chunyu,BI Hongda,LI Zhigang. Reconstruction of full-thickness chest wall defects[J]. Zhongguo Xiu Fu Chong Jian Wai Ke Za Zhi[Chin J Repar Reconstr Surg(Article in Chinese;Abstract in Chinese and English)],2011,25(12):1465-1468.}

[16770] 宋达疆，李赞，周晓，章一新，彭小伟，周波，吕春柳. 带蒂股前外侧肌皮瓣修复腹壁肿瘤术后全层缺损[J]. 中国修复重建外科杂志，2019，33(6)：712-716. DOI: 10.7507/1002-1892.201901005. {SONG Dajiang,LI Zan,ZHOU Xiao,ZHANG Yixin,PENG Xiaowei,ZHOU Bo,LV Chunliu. Application of pedicled anterolateral thigh myocutaneous flap for full-thickness abdominal wall reconstruction after tumor resection[J]. Zhongguo Xiu Fu Chong Jian Wai Ke Za Zhi[Chin J Repar Reconstr Surg(Article in Chinese;Abstract in Chinese and English)],2019,33(6):712-716. DOI:10.7507/1002-1892.201901005.}

[16771] 宋达疆，李赞，周晓，章一新，彭小伟，周波，吕春柳. 改良带蒂股前外侧肌皮瓣修复腹壁肿瘤术后大面积全层缺损[J]. 中国修复重建外科杂志，2019，33(10)：1305-1309. DOI: 10.7507/1002-1892.201903030. {SONG Dajiang,LI Zan,ZHOU Xiao,ZHANG Yixin,PENG Xiaowei,ZHOU Bo,LV Chunliu. Modified pedicled anterolateral thigh myocutaneous flap for large full-thickness abdominal defect reconstruction[J]. Zhongguo Xiu Fu Chong Jian Wai Ke Za Zhi[Chin J Repar Reconstr Surg(Article in Chinese;Abstract in Chinese and English)],2019,33(10):1305-1309. DOI:10.7507/1002-1892.201903030.}

5.22 肢体肿瘤术后组织缺损重建

reconstruction of tissue defect after limb tumour surgery

[16772] Yao D,Wang G,Chen M. The place of adjuvant regional perfusion and amputation in the treatment of osteogenic sarcoma[J]. Chin Med J,1979,92(11):757-762.

[16773] Fan QY. Successful resection of unusual large hemangioma of right gluteal and pubic region[J]. Chin Med J,1994,107(4):307-310.

[16774] Ma ZT,Li HG. Limb-salvage for osteosarcoma[J]. Chin Med J,1994,107(11):854-857.

[16775] Fan Q,Ma B,Guo A,Li Y,Ye J,Zhou Y,Qiu X. Surgical treatment of bone tumors in conjunction with microwave-induced hyperthermia and adjuvant immunotherapy. A preliminary report[J]. Chin Med J,1996,109(6):425-431.

[16776] Lu S,Wang J,Hu Y. Limb salvage in primary malignant bone tumors by intraoperative microwave heat treatment[J]. Chin Med J,1996,109(6):432-436.

[16777] Li X,Yang ZP,Li JM. Soft tissue reconstruction with sagittal split anterior tibial muscle transfer and medial gastrocnemius transposition in limb-salvage surgery of bone tumors in a proximal tibia[J]. Ann Plast Surg,2008,61(2):204-208. doi:10.1097/SAP.0b013e318157dae7.

[16778] Yang YF,Zhang GM,Xu ZH,Wang JW. Homeochronous usage of structural bone allografts with vascularized fibular autografts for biological repair of massive bone defects in the lower extremities after bone tumor excision[J]. J Reconstr Microsurg,2010,26(2):109-115. doi:10.1055/s-0029-1243295.

[16779] Qi DW,Wang P,Ye ZM,Yu XC,Hu YC,Zhang GC,Yan XB,Zheng K,Zhao LM,Zhang HL. Clinical and radiographic results of reconstruction with fibular autograft for distal radius giant cell tumor[J]. Orthop Surg,2016,8(2):196-204. doi:10.1111/os.12242.

[16780] He X,Zhang HL,Hu YC. Limb Salvage by Distraction Osteogenesis for Distal Tibial Osteosarcoma in a Young Child:A Case Report[J]. Orthop Surg. 2016,8(2):253-256. doi:10.1111/os.12241.

[16781] Jiang Y,Guo YF,Meng YK,Zhu L,Chen AM. A report of a novel technique:The comprehensive fibular autograft with double metal locking plate fixation(cFALP) for refractory post-operative diaphyseal femur fracture non-union treatment[J]. Injury,2016,47(10):2307-2311. doi:10.1016/j.injury.2016.07.026.

[16782] Yang YF,Wang JW,Huang P,Xu ZH. Distal radius reconstruction with vascularized proximal fibular autograft after en-bloc resection of recurrent giant cell tumor[J]. BMC Musculoskelet Disord,2016,17(1):346. doi:10.1186/s12891-016-1211-8.

[16783] Deng D,Liu J,Chen F,Lv D,Gan W,Li L,Wang J. Double-island anterolateral thigh free flap used in reconstruction for salvage surgery for locally recurrent head and neck carcinoma[J]. Medicine(Baltimore),2018,97(41):e12839. doi:10.1097/MD.0000000000012839.

[16784] Chen H,Chen Z,Wang J,Tian P,Shen YM,Huang L,Hu XH. A successful limb salvage of an electrical burned patient with extensive soft tissue and femoral bone necrosis[J]. J Burn Care Res,2019,40(1):128-132. doi:10.1093/jbcr/irx013.

[16785] Luo S,Jiang T,Yang X,Yang Y,Zhao J. Treatment of tumor-like lesions in the femoral neck using free nonvascularized fibular autografts in pediatric patients before epiphyseal closure[J]. J Int Med Res,2019,47(2):823-835. doi:10.1177/0300060518813510.

[16786] Lu S,Han P,Wen G,Wang C,Wang Y,Zhong W,Wang H,Chai Y. Establishing an evaluation system and limb-salvage protocol for mangled lower extremities in China[J]. J Bone Joint Surg Am,2019,101(18):e94. doi:10.2106/JBJS.18.01302.

[16787] Liu T,Ling L,Zhang Q,Liu Y,Guo X. Evaluation of the efficacy of pasteurized autograft and intramedullary vascularized fibular transfer for osteosarcoma of the femoral diaphysis[J]. Orthop Surg,2019,11(5):826-834. doi:10.1111/os.12528.

[16788] Lu Y,Zhu H,Huang M,Zhang C,Chen G,Ji C,Wang Z,Li J. Is frozen tumour-bearing autograft with concurrent vascularized fibula an alternative to the Capanna technique for the intercalary reconstruction after resection of osteosarcoma in the lower limb?[J]. Bone Joint J,2020,102-B(5):646-652. doi:10.1302/0301-620X.102B5.BJJ-2019-1380.R1.

[16789] 杨志明，饶书城，胡云洲，裴福兴，熊恩富，张世琼，沈怀信. 组织移植术修复肢体肿瘤切除后之缺损[J]. 修复重建外科杂志，1987，1(1)：24-26. {YANG Zhiming,RAO Shucheng,HU Yunzhou,PEI Fuxing,XIONG Enfu,ZHANG Shiqiong,SHEN Huaixin. Repair of defect after resection of limb tumor by tissue transplantation[J]. Zhongguo Xiu Fu Chong Jian Wai Ke Za Zhi[Chin J Repar Reconstr Surg(Article in Chinese;Abstract in Chinese)],1987,1(1):24-26.}

[16790] 黄继义，刘仁孝，肖映波. 保留肢体的下肢瘤段切除与功能重建[J]. 修复重建外科杂志，1989，3(2)：73. {HUANG Jiyi,LIU Renxiao,XIAO Yingbo. Tumor segment resection and functional

reconstruction of lower extremities with preservation of limbs[J]. Zhongguo Xiu Fu Chong Jian Wai Ke Za Zhi[Chin J Repar Reconstr Surg(Article in Chinese;No abstract available)],1989,3(2):73.}

[16791] 孙建英，孙渊．游离腓骨、髂骨移植治疗胫骨巨细胞瘤 [J]．修复重建外科杂志，1989，3(3)：131-146．{SUN Jianying,SUN Yuan. Treatment of giant cell tumor of tibia with free fibula and iliac bone graft[J]. Zhongguo Xiu Fu Chong Jian Wai Ke Za Zhi[Chin J Repar Reconstr Surg(Article in Chinese;No abstract available)],1989,3(3):131-146.}

[16792] 叶根茂，邵宣．肌皮瓣修复小腿慢性溃疡癌变切除后缺损 [J]．修复重建外科杂志，1990，4(4)：249．{YE Genmao,SHAO Xuan. Myocutaneous flap for reconstruction of defects after resection of chronic leg ulcer and canceration[J]. Zhongguo Xiu Fu Chong Jian Wai Ke Za Zhi[Chin J Repar Reconstr Surg(Article in Chinese;No abstract available)],1990,4(4):249.}

[16793] 陈振光，黄克俊，顾洁夫．吻合血管的腓骨游离移植修复长骨肿瘤段切除后的骨缺损 [J]．中华外科杂志，1990，28(3)：164-166．{CHEN Zhenguang,HUANG Kejun,GU Jiefu. Free transplantation of vascularized fibula to repair bone defect after resection of tumor segment of long bone[J]. Zhonghua Wai Ke Za Zhi[Chin J Surg(Article in Chinese;Abstract in Chinese)],1990,28(3):164-166.}

[16794] 詹宗亮，曾本书．上肢骨肿瘤切除后大块骨缺损的重建 [J]．修复重建外科杂志，1991，5(2)：92-93，133-134，128．{ZHAN Zongliang,ZENG Benshu. The reconstruction of large bony defect in upper limb after resection of tumor[J]. Zhongguo Xiu Fu Chong Jian Wai Ke Za Zhi[Chin J Repar Reconstr Surg(Article in Chinese;Abstract in Chinese and English)],1991,5(2):92-93,133-134,128.}

[16795] 杨振宪，池麟趾．带血管腓骨移植治疗骨肿瘤截除后骨缺损 [J]．中华显微外科杂志，1993，16(4)：267-269．{YANG Zhenxian,CHI Linzhi. The bone defect after the bone tumor had been amputated was treated by fibular grafting with blood vessel[J]. Zhonghua Xian Wei Wai Ke Za Zhi[Chin J Microsurg(Article in Chinese;Abstract in Chinese and English)],1993,16(4):267-269.}

[16796] 陈峥嵘，张光健，孙静娟．腓骨移植治疗上肢侵袭性良性骨肿瘤和恶性骨肿瘤 [J]．中华手外科杂志，1994，10(4)：214-216．{CHEN Zhengrong,ZHANG Guangjian,SUN Jingjuan. Vascularized and nonvascularized fibula graft for reconstruction after resection of malignant and aggressive benign bone tumors of upper limbs[J]. Zhonghua Shou Wai Ke Za Zhi[Chin J Hand Surg(Article in Chinese;Abstract in Chinese and English)],1994,10(4):214-216.}

[16797] 陈峥嵘，陈中伟，张光健．腓骨移植治疗肢体侵袭性骨肿瘤和恶性骨肿瘤 [J]．中华显微外科杂志，1996，19(3)：161-163．{CHEN Zhengrong,CHEN Zhongwei,ZHANG Guangjian. Fibula grafting for the treatment of aggressive benign and malignant bone tumor of extremity[J]. Zhonghua Xian Wei Wai Ke Za Zhi[Chin J Microsurg(Article in Chinese;Abstract in Chinese and English)],1996,19(3):161-163.}

[16798] 孔抗美，齐伟力，卫云涛，刘黎军．带血管腓骨移植治疗桡骨远端骨巨细胞瘤 [J]．中华显微外科杂志，1997，20(3)：79-80．{KONG Kangmei,QI Weili,WEI Yuntao,LIU Lijun. Vascularized fibula graft for the treatment of giant cell tumor of distal radius[J]. Zhonghua Xian Wei Wai Ke Za Zhi[Chin J Microsurg(Article in Chinese;No abstract available)],1997,20(3):79-80.}

[16799] 孔荣，方诗元，禹德万，孔繁锦．带血管蒂腓骨移植修复骨巨细胞瘤段切除后骨缺损 [J]．中国矫形外科杂志，1997，4(2)：134．{KONG Rong,FANG Shiyuan,YU Dewan,KONG Fanjin. Repair of bone defect after resection of giant cell tumor of bone with vascular pedicled fibula graft[J]. Zhongguo Jiao Xing Wai Ke Za Zhi[Orthop J China(Article in Chinese;No abstract available)],1997,4(2):134.}

[16800] 姚建华，时述山，季新民．带血管蒂腓骨移植治疗膝部肿瘤切除后骨缺损 [J]．中华显微外科杂志，2000，23(4)：300．DOI：10.3760/cma.j.issn.1001-2036.2000.04.028．{YAO Jianhua,SHI Shushan,JI Xinmin. Vascularized fibula graft for the treatment of bone defect after resection of knee tumor[J]. Zhonghua Xian Wei Wai Ke Za Zhi[Chin J Microsurg(Article in Chinese;No abstract available)],2000,23(4):300. DOI:10.3760/cma.j.issn.1001-2036.2000.04.028.}

[16801] 卢世璧．加深对骨肉瘤保肢的认识，促进保肢手术规范化 [J]．中华骨科杂志，2000，20(7)：389．DOI：10.3760/j.issn：0253-2352.2000.07.001．{LU Shibi. To deepen the understanding of limb salvage for osteosarcoma and promote the standardization of limb salvage surgery[J]. Zhonghua Gu Ke Za Zhi[Chin J Orthop(Article in Chinese;No abstract available)],2000,20(7):389. DOI:10.3760/j.issn:0253-2352.2000.07.001.}

[16802] 严世贵，叶招明，杨迪生．肱骨近端恶性肿瘤的保肢治疗 [J]．中华骨科杂志，2000，20(7)：416．DOI：10.3760/j.issn：0253-2352.2000.07.007．{YAN Shigui,YE Zhaoming,YANG Disheng. Limb salvage for malignant tumors of the proximal humerus[J]. Zhonghua Gu Ke Za Zhi[Chin J Orthop(Article in Chinese;Abstract in Chinese and English)],2000,20(7):416. DOI:10.3760/j.issn:0253-2352.2000.07.007.}

[16803] 沈靖南，劳镇国，李奇，王晋，朱庆棠，韩士英．带血管蒂肌瓣转移用于胫腓骨骨肉瘤保肢术 [J]．中华显微外科杂志，2000，23(3)：168-170．DOI：10.3760/cma.j.issn.1001-2036.2000.03.002．{SHEN Jingnan,LAO Zhenguo,LI Qi,WANG Jin,ZHU Qingtang,HAN Shiying. Vascularized muscular flap transfers in the shank salvage of bone tumor on tibia or fibula[J]. Zhonghua Xian Wei Wai Ke Za Zhi[Chin J Microsurg(Article in Chinese;Abstract in Chinese and English)],2000,23(3):168-170. DOI:10.3760/cma.j.issn.1001-2036.2000.03.002.}

[16804] 周建国，周勇，张敬良，孙书海，范启申．吻合血管的长段腓骨串联组合移植治疗瘤段切除后巨大骨关节缺损 [J]．中国矫形外科杂志，2001，8(10)：968-969．DOI：10.3969/j.issn.1005-8478.2001.10.010．{ZHOU Jianguo,ZHOU Yong,ZHANG Jingliang,SUN Shuhai,FAN Qishen. A Treatment of the Huge Bone and Arthris Defect by Transplantation of Long Bone Segments in Series Resulted from Excision of Tumour[J]. Zhongguo Jiao Xing Wai Ke Za Zhi[Orthop J China(Article in Chinese;Abstract in Chinese and English)],2001,8(10):968-969. DOI:10.3969/j.issn.1005-8478.2001.10.010.}

[16805] 李建民，杨志平，贾玉华，王韶进．腓肠肌移位在胫骨近端肿瘤保肢术中的应用价值 [J]．中国修复重建外科杂志，2001，15(1)：9-11．{LI Jianmin,YANG Zhiping,JIA Yuhua,WANG Shaojin. The application of transposition of the gastrocnemius muscle in the limb-salvage operations of the proximal tibial tumors[J]. Zhongguo Xiu Fu Chong Jian Wai Ke Za Zhi[Chin J Repar Reconstr Surg(Article in Chinese;Abstract in Chinese and English)],2001,15(1):9-11.}

[16806] 周建国，周勇，张敬良，范启申，孙书海．串联血管的超长双腓骨组合移植治疗瘤段切除后长段骨缺损 [J]．解放军医学杂志，2002，27(4)：319-320．DOI：10.3321/j.issn：0577-7402.2002.04.015．{ZHOU Jianguo,ZHOU Yong,ZHANG Jingliang,FAN Qishen,SUN Shuhai. Composite transplantation of double vascularized long segments of tibula in the repair of a huge bony defect resulted from excision of bone tumor[J]. Jie Fang Jun Yi Xue Za Zhi[Med J Chin PLA(Article in Chinese;Abstract in Chinese and English)],2002,27(4):319-320. DOI:10.3321/j.issn:0577-7402.2002.04.015.}

[16807] 叶军，范清宇，唐农轩．小腿肿瘤保肢术皮肤缺损的修复 [J]．中国矫形外科杂志，2002，10(9)：840-842．DOI：10.3969/j.issn.1005-8478.2002.09.002．{YE Jun,FAN Qingyu,TANG Nongxuan. The Safe Reliability of Two Kinds of Flap to Repair the Skin Defects in the Tumorous Limb Salvage Operation[J]. Zhongguo Jiao Xing Wai Ke Za Zhi[Orthop J China(Article in Chinese;Abstract in Chinese and English)],2002,10(9):840-842. DOI:10.3969/j.issn.1005-8478.2002.09.002.}

[16808] 曲永明，宋修军．髂骨游离移植修复上肢肿瘤切除后的骨缺损二例 [J]．中国修复重建外科杂志，2003，17(6)：471．{QU Yongming,SONG Xiujun. Free iliac bone graft for repair of bone defect after resection of upper limb tumor:a report of 2 cases[J]. Zhongguo Xiu Fu Chong Jian Wai Ke Za Zhi[Chin J Repar Reconstr Surg(Article in Chinese;No abstract available)],2003,17(6):471.}

[16809] 俞光荣，蔡宣松，袁锋，梅炯，李海丰，程黎明．腓肠肌及比目鱼肌瓣在胫骨近端恶性骨肿瘤保肢术的应用 [J]．上海医学，2003，26(2)：99-101．DOI：10.3969/j.issn.0253-9934.2003.02.006．{YU Guangrong,CAI Xuansong,YUAN Feng,MEI Jiong,LI Haifeng,CHENG Liming. Application of gastrocnemius,soleus muscle flap in limb salvage for proximal tibial malignant tumor[J]. Shang Hai Yi Xue[Shanghai Med J(Article in Chinese;Abstract in Chinese and English)],2003,26(2):99-101. DOI:10.3969/j.issn.0253-9934.2003.02.006.}

[16810] 吴兴，陈峥嵘，张光健．骨肉瘤保肢重建术式与患者预后 [J]．中国矫形外科杂志，2003，11(23)：1594-1596．DOI：10.3969/j.issn.1005-8478.2003.23.003．{WU Xing,CHEN Zhengrong,ZHANG Guangjian. Reconstruction Surgery of Osteosarcoma and Prognosis of Patients[J]. Zhongguo Jiao Xing Wai Ke Za Zhi[Orthop J China(Article in Chinese;Abstract in Chinese and English)],2003,11(23):1594-1596. DOI:10.3969/j.issn.1005-8478.2003.23.003.}

[16811] 冯运垒，吴业坤，招健明，许劲羽，腾范文，郭奇峰．携带监测皮岛的腓骨移植重建上段股骨肿瘤术后骨缺损 [J]．中华显微外科杂志，2004，27(4)：274．DOI：10.3760/cma.j.issn.1001-2036.2004.04.043．{FENG Yunlei,WU Yekun,ZHAO Jianming,XU Jinyu,TENG Fanwen,GUO Qifeng. Reconstruction of bone defect after operation of upper femoral tumor by fibula transplantation with monitoring skin island[J]. Zhonghua Xian Wei Wai Ke Za Zhi[Chin J Microsurg(Article in Chinese;No abstract available)],2004,27(4):274. DOI:10.3760/cma.j.issn.1001-2036.2004.04.043.}

[16812] 冯运垒，吴业坤，郭奇峰，招健明，许劲羽，腾范文．应用携带监测皮岛的腓骨移植重建股骨上段肿瘤术后骨缺损 [J]．中华显微外科杂志，2005，28(3)：208-209．DOI：10.3760/cma.j.issn.1001-2036.2005.03.007．{FENG Yunlei,WU Yekun,GUO Qifeng,ZHAO Jianming,XU Jinyu,TENG Fanwen. Reconstruction of upside femur bone defects after bone tumor resection using a free vascularized fibular transfer with a monitoring-flap[J]. Zhonghua Xian Wei Wai Ke Za Zhi[Chin J Microsurg(Article in Chinese;Abstract in Chinese and English)],2005,28(3):208-209. DOI:10.3760/cma.j.issn.1001-2036.2005.03.007.}

[16813] 王建炜，张光明，徐中和，杨运发，钟波夫．复合骨移植在下肢骨肿瘤保肢治疗中的应用 [J]．中华显微外科杂志，2005，28(4)：309-311，插图4-3．DOI：10.3760/cma.j.issn.1001-2036.2005.04.008．{WANG Jianwei,ZHANG Guangming,XU Zhonghe,YANG Yunfa,ZHONG Bofu. Reconstruction of lower extremity bone defects after bone tumor resection using free vascularized fibular transfer with a monitoring-flap combining with massive bone allograft[J]. Zhonghua Xian Wei Wai Ke Za Zhi[Chin J Microsurg(Article in Chinese;Abstract in Chinese and English)],2005,28(4):309-311,insert figure 4-3. DOI:10.3760/cma.j.issn.1001-2036.2005.04.008.}

[16814] 李南，郭卫，杨荣利，汤小东，杨毅．上肢骨肿瘤切除后的自体骨移植重建 [J]．中国修复重建外科杂志，2006，20(10)：992-995．{LI Nan,GUO Wei,YANG Rongli,TANG Xiaodong,YANG Yi. Reconstruction of bone defects with autograft after resection of upper extremity bone tumor[J]. Zhongguo Xiu Fu Chong Jian Wai Ke Za Zhi[Chin J Repar Reconstr Surg(Article in Chinese;Abstract in Chinese and English)],2006,20(10):992-995.}

[16815] 李荣锐，魏巍，解云川，付庆斌，唐华羽，翟饶生，王日光．吻合血管的游离腓骨移植在桡骨远端骨巨细胞瘤治疗中的应用 [J]．中华显微外科杂志，2006，29(2)：134-136．DOI：10.3760/cma.j.issn.1001-2036.2006.02.020．{LI Rongrui,WEI Wei,XIE Yunchuan,FU Qingbin,TANG Huayu,ZHAI Raosheng,WANG Riguang. Application of vascularized free fibula graft in the treatment of giant cell tumor of distal radius[J]. Zhonghua Xian Wei Wai Ke Za Zhi[Chin J Microsurg(Article in Chinese;Abstract in Chinese)],2006,29(2):134-136. DOI:10.3760/cma.j.issn.1001-2036.2006.02.020.}

[16816] 刘兴炎，刘旭东，田琦，张宇，高明暄．采用吻合血管腓骨移植修复邻近关节肿瘤性骨缺损的长期疗效分析 [J]．中国骨与关节损伤杂志，2006，21(1)：19-20．DOI：10.3969/j.issn.1672-9935.2006.01.007．{LIU Xingyan,LIU Xudong,TIAN Qi,ZHANG Yu,GAO Mingxuan. An analysis of the long-term effects for repairing knubbly bone defect hereabout joint[J]. Zhongguo Gu Yu Guan Jie Sun Shang Za Zhi[Chin J Bone Joint Injury(Article in Chinese;Abstract in Chinese and English)],2006,21(1):19-20. DOI:10.3969/j.issn.1672-9935.2006.01.007.}

[16817] 李东升，冯峰，古建立，张志勇，郭建刚，黄满玉．吻合血管腓骨髂骨联合移植修复膝关节周围骨巨细胞瘤切除术后的骨缺损 [J]．中国修复重建外科杂志，2006，20(10)：981-984．{LI Dongsheng,FENG Feng,GU Jianli,ZHANG Zhiyong,GUO Jiangang,HUANG Manyu. Vascularized fibular combined with iliac grafting to repair bone defect after tumor extensive resection for giant cell tumor of bone around knee[J]. Zhongguo Xiu Fu Chong Jian Wai Ke Za Zhi[Chin J Repar Reconstr Surg(Article in Chinese;Abstract in Chinese and English)],2006,20(10):981-984.}

[16818] 张光明，王建炜，徐中和，杨运发，温世锋，周立平．膝关节周围恶性骨肿瘤的保肢治疗 [J]．中华显微外科杂志，2006，29(1)：20-22．DOI：10.3760/cma.j.issn.1001-2036.2006.01.007．{ZHANG Guangming,WANG Jianwei,XU Zhonghe,YANG Yunfa,WEN Shifeng,ZHOU Liping. Limb salvage methods of bone tumors around the knee joint[J]. Zhonghua Xian Wei Wai Ke Za Zhi[Chin J Microsurg(Article in Chinese;Abstract in Chinese and English)],2006,29(1):20-22. DOI:10.3760/cma.j.issn.1001-2036.2006.01.007.}

[16819] 许建波，孙洪瀑，肖砚斌，张晋煜，杨祚璋，刘鹏杰．腓肠肌内侧肌瓣在胫骨上段恶性肿瘤切除保肢术中的应用 [J]．中国修复重建外科杂志，2007，21(4)：352-355．{XU Jianbo,SUN Hongpu,XIAO Yanbin,ZHANG Jinyu,YANG Zuozhang,LIU Pengjie. Application of medial head gastrocnemius muscle flap to limb-salvage operation of proximal tibial malignant tumor[J]. Zhongguo Xiu Fu Chong Jian Wai Ke Za Zhi[Chin J Repar Reconstr Surg(Article in Chinese;Abstract in Chinese and English)],2007,21(4):352-355.}

[16820] 张培良，辛杰，李恩惠，孙学成．四肢骨骼系统恶性肿瘤保肢治疗的组织修复及功能重建 [J]．中国矫形外科杂志，2008，16(17)：1303-1306．{ZHANG Peiliang,XIN Jie,LI Enhui,SUN Xuecheng. Tissue repairing and functional reconstruction in limb salvage operation of bone malignant tumors[J]. Zhongguo Jiao Xing Wai Ke Za Zhi[Orthop J China(Article in Chinese;Abstract in Chinese and English)],2008,16(17):1303-1306.}

[16821] 梁绍雄，黎忠文，袁华军，陈武，庞家省．吻合血管的腓骨移植加单纯腓骨植骨修复肿瘤性长段股骨干缺损 [J]．中华显微外科杂志，2009，32(2)：153-154．DOI：10.3760/cma.j.issn.1001-2036.2009.02.028．{LIANG Shaoxiong,LI Zhongwen,YUAN Huajun,CHEN Wu,PANG Jiasheng. Repair of neoplastic long femoral shaft defect with vascularized fibula graft and simple fibular bone graft[J]. Zhonghua Xian Wei Wai Ke Za Zhi[Chin J Microsurg(Article in Chinese;Abstract in Chinese)],2009,32(2):153-154. DOI:10.3760/cma.j.issn.1001-2036.2009.02.028.}

[16822] 方冠毅，覃雄楚，刘宇军，盛希．吻合血管的腓骨移植治疗桡骨远端肿瘤的体会 [J]．中华显微外科杂志，2009，32(4)：326-327．DOI：10.3760/cma.j.issn.1001-2036.2009.04.030．{FANG Guanyi,QIN Xiongchu,LIU Yujun,SHENG Xi. Experience of vascularized fibula transplantation in the treatment of distal radius tumor[J]. Zhonghua Xian Wei Wai Ke Za Zhi[Chin J Microsurg(Article in Chinese;Abstract in Chinese)],2009,32(4):326-327. DOI:10.3760/cma.j.issn.1001-2036.2009.04.030.}

[16823] 刘佳勇，方志伟，王树锋，樊征夫，白楚杰，陈静，王鹏翔，吴增礼．足跟恶性黑色素瘤的切除与修复 [J]．中国修复重建外科杂志，2010，24(11)：1350-1353．{LIU Jiayong,FANG Zhiwei,WANG Shufeng,FAN Zhengfu,BAI Chujie,CHEN Jing,WANG Pengxiang,WU Zengli. Resection of malignant melanoma on heel and reconstruction of defect[J]. Zhongguo Xiu Fu Chong Jian Wai Ke Za Zhi[Chin J Repar Reconstr Surg(Article in Chinese;Abstract in Chinese and English)],2010,24(11):1350-1353.}

[16824] 李旭升，樊晓海，刘兴炎，甄平，高秋明，薛云．吻合血管的腓骨移植重建儿童胫骨肿瘤切除后大段骨缺损 [J]．中国矫形外科杂志，2010，18(1)：79-81．{LI Xusheng,FAN Xiaohai,LIU Xingyan,ZHEN Ping,GAO Qiuming,XUE Yun. Free vascularized fibular transplantation for repairing massive tibia defects after tumor resection in the childhood[J]. Zhongguo Jiao Xing Wai Ke Za Zhi[Orthop J China(Article in Chinese;Abstract in Chinese)],2010,18(1):79-81.}

[16825] 冯峰，李东升，张志勇，黄满玉．吻合血管的腓骨多术式移植重建肿瘤性骨关节缺损 [J]．中国骨伤，2010，23(3)：197-199．DOI：10.3969/j.issn.1003-0034.2010.03.015．{FENG Feng,LI Dongsheng,ZHANG Zhiyong,HUANG Man. Reconstruction of tumor-induced bone defects with vascularized fibula graft[J]. Zhongguo Gu Shang[China J Orthop Trauma(Article in Chinese;Abstract in Chinese and English)],2010,23(3):197-199. DOI:10.3969/j.issn.1003-0034.2010.03.015.}

[16826] 胡永成．骨与软组织肿瘤保肢手术中大血管和神经的处理 [J]．中华骨科杂志，2010，30(8)：818-823．DOI：10.3760/cma.j.issn.0253-2352.2010.08.021．{HU Yongcheng. Management of macrovessels and nerves in limb salvage surgery for bone and soft tissue tumors[J]. Zhonghua Gu Ke Za Zhi[Chin J Orthop(Article in Chinese;No abstract available)],2010,30(8):818-823. DOI:10.3760/cma.j.issn.0253-2352.2010.08.021.}

[16827] 姚伟涛，蔡启卿，王家强，高嵩涛，王鑫．三种皮瓣修复足跟部恶性黑色素瘤术后缺损的疗效比较 [J]．中国修复重建外科杂志，2011，25(7)：800-804．{YAO Weitao,CAI Qiqing,WANG Jiaqiang,GAO Songtao,WANG Xin. Comparison study on different flaps in repairing defect caused by resection of cutaneous malignant melanoma in the heel region[J]. Zhongguo Xiu Fu Chong Jian Wai Ke Za Zhi[Chin J Repar Reconstr Surg(Article in Chinese;Abstract in Chinese and English)],2011,25(7):800-804.}

[16828] 李靖，王臻，郭征，栗向东，范宏斌，付军，吴智刚，陈国景．带血管腓骨复合异体骨修复长骨肿瘤切除后骨缺损 [J]．中华骨科杂志，2011，31(6)：605-610．DOI：10.3760/cma.j.issn.0253-2352.2011.06.009．{LI Jing,WANG Zhen,GUO Zheng,LI Xiangdong,FAN Hongbin,FU Jun,WU Zhigang,CHEN Guojing. The combination of a vascularized fibula with a massive allograft for reconstruction after intercalary resection of long bone tumor in extremities[J]. Zhonghua Gu Ke Za Zhi[Chin J Orthop(Article in Chinese;Abstract in Chinese and English)],2011,31(6):605-610. DOI:10.3760/cma.j.issn.0253-2352.2011.06.009.}

[16829] 许宋锋，于秀淳，徐明，宋若先，付志厚．内侧腓肠肌瓣前移在重建胫骨上段骨肿瘤保肢术伸膝装置中的应用与临床疗效 [J]．中国矫形外科杂志，2011，19(14)：1162-1166．DOI：10.3977/j.issn.1005-8478.2011.14.05．{XU Songfeng,YU Xiuchun,XU Ming,SONG Ruoxian,FU Zhihou. The application and clinical outcome of extensor mechanism reconstruction using medial gastrocnemius flap in limb-salvage treatment for bone tumor in the proximal tibia[J]. Zhongguo Jiao Xing Wai Ke Za Zhi[Orthop J China(Article in Chinese;Abstract in Chinese and English)],2011,19(14):1162-1166. DOI:10.3977/j.issn.1005-8478.2011.14.05.}

[16830] 徐敏，金一，秦莉峰，陈夏，彭丹，沈荧，黎志宏．腓肠肌瓣在膝关节周围恶性肿瘤保肢术中的应用 [J]．实用骨科杂志，2011，17(11)：988-990．DOI：10.3969/j.issn.1008-5572.2011.11.008．{XU Min,JIN Yi,QIN Lifeng,CHEN Xia,PENG Dan,SHEN Yi,LI Zhihong. Application of gastrocnemius muscle flap to limb-salvage operation for osteogenic malignant tumors around knee joint[J]. Shi Yong Gu Ke Za Zhi[J Pract Orthop(Article in Chinese;Abstract in Chinese and English)],2011,17(11):988-990. DOI:10.3969/j.issn.1008-5572.2011.11.008.}

[16831] 燕太强，董森，张学民，杨毅，杨荣利，郭卫．血管重建在骨与软组织肉瘤保肢术中的应用 [J]．中华骨科杂志，2011，31(2)：113-118．DOI：10.3760/cma.j.issn.0253-2352.2011.02.002．{YAN Taiqiang,DONG Sen,ZHANG Xuemin,YANG Yi,YANG Rongli,GUO Wei. Clinical results of limb salvage operation with major vascular reconstruction for sarcomas of extremities[J]. Zhonghua Gu Ke Za Zhi[Chin J Orthop(Article in Chinese;Abstract in Chinese and English)],2011,31(2):113-118. DOI:10.3760/cma.j.issn.0253-2352.2011.02.002.}

[16832] 李瑞君，路来金，刘鉴峰，张美英，刘彬．带蒂组织瓣在下肢软组织恶性肿瘤治疗中的应用 [J]．中国修复重建外科杂志，2012，26(3)：373-374．{LI Ruijun,LU Laijin,LIU Jianfeng,ZHANG Meiying,LIU Bin. Application of pedicled tissue flap in the treatment of soft tissue malignant tumors of lower extremities[J]. Zhongguo Xiu Fu Chong Jian Wai Ke Za Zhi[Chin J Repar Reconstr Surg(Article in Chinese;Abstract in Chinese)],2012,26(3):373-374.}

[16833] 叶永杰，阳波，岑石强，黄富国，罗斌，银毅，陈刚，冯应树．带血管腓骨头移植治疗桡骨远端骨肿瘤 [J]．中华手外科杂志，2012，28(1)：46-48．{YE Yongjie,YANG Bo,CEN Shiqiang,HUANG Fuguo,LUO Bin,YIN Yi,CHEN Gang,FENG Yingshu. Vascularized fibular head transplantation for treatment of distal radius bone neoplasms[J]. Zhonghua Shou Wai Ke Za Zhi[Chin J Hand Surg(Article in Chinese;Abstract in Chinese and English)],2012,28(1):46-48.}

[16834] 蔡显义，陈信军，张文戈．吻合血管的腓骨近端移植修复桡骨远端骨肿瘤切除术后骨缺损 [J]．临床骨科杂志，2012，15(4)：397-399．DOI：10.3969/j.issn.1008-0287.2012.04.018．{CAI Xianyi,CHEN Xinjun,ZHANG Wenge. Vascularized proximal fibular graft in repairing radius bone defect after tumor resection[J]. Lin Chuang Gu Ke Za Zhi[J Clin Orthop(Article in Chinese;Abstract in Chinese and English)],2012,15(4):397-399. DOI:10.3969/j.issn.1008-0287.2012.04.018.}

[16835] 汤小东，郭卫，杨荣利，唐顺，董森．累及腓骨的胫骨近端恶性肿瘤的保肢治疗 [J]．中华骨科杂志，2012，32(11)：1055-1059．DOI：10.3760/cma.j.issn.0253-2352.2012.11.012．{TANG Xiaodong,GUO Wei,YANG Rongli,TANG Shun,DONG Sen. Limb salvage surgery for malignant tumors of the proximal tibia involving the fibula[J]. Zhonghua Gu Ke Za Zhi[Chin J Orthop(Article in Chinese;Abstract in Chinese and English)],2012,32(11):1055-1059. DOI:10.3760/cma.j.issn.0253-2352.2012.11.012.}

[16836] 彭军，肖蓉，马洪良，陈懿，王久惠．改良带蒂踇展肌肌皮瓣修复足跟部皮肤恶性黑色素瘤术后缺损 [J]．中国修复重建外科杂志，2013，27(1)：118-120．{PENG Jun,XIAO Rong,MA Hongliang,CHEN Yi,WANG Jiuhui. Repair of postoperative defect of malignant melanoma of heel with modified pedicled abductor myocutaneous flap[J]. Zhongguo Xiu Fu Chong Jian Wai Ke Za Zhi[Chin J Repar Reconstr Surg(Article in Chinese;Abstract in Chinese)],2013,27(1):118-120.}

[16837] 孙荣涛，焦涛．吻合血管腓骨小头移植重建治疗桡骨远端骨巨细胞瘤疗效研究 [J]．中国矫形外科杂志，2016，24(17)：1613-1616．DOI：10.3977/j.issn.1005-8478.2016.17.16．{SUN Rongtao,JIAO Tao. The therapeutic effect study of vascularized fibular head transplantation and reconstruction on giant cell tumor of distal radius[J]. Zhongguo Jiao Xing Wai Ke Za Zhi[Orthop J China(Article in Chinese;Abstract in Chinese)],2016,24(17):1613-1616. DOI:10.3977/j.issn.1005-8478.2016.17.16.}

[16838] 李文军，张友乐，陈山林，田文，田光磊，杨勇．桡骨远端骨巨细胞瘤患者的不同方式腓骨近端移植治疗 [J]．中国骨与关节杂志，2016，5(1)：24-28．DOI：10.3969/j.issn.2095-252X.2016.01.006．{LI Wenjun,ZHANG Youle,CHEN Shanlin,TIAN Wen,TIAN Guanglei,YANG Yong. A comparative study of outcomes of different proximal fibular grafting for the treatment of giant cell tumor in the distal radius[J]. Zhongguo Gu Yu Guan Jie Za Zhi[Chin J Bone Joint(Article in Chinese;Abstract in Chinese and English)],2016,5(1):24-28. DOI:10.3969/j.issn.2095-252X.2016.01.006.}

[16839] 朱忠胜，张春林，何志敏，薛锋，董扬．腓骨近端移植治疗桡骨远端骨巨细胞瘤：关节融合与成形的比较 [J]．中国矫形外科杂志，2017，25(17)：1577-1581．DOI：10.3977/j.issn.1005-8478.2017.17.09．{ZHU Zhongsheng,ZHANG Chunlin,HE Zhimin,XUE Feng,DONG Yang. Wrist partial arthrodesis versus arthroplasty for the treatment of distal radius giant cell tumor with proximal fibular graft[J]. Zhongguo Jiao Xing Wai Ke Za Zhi[Orthop J China(Article in Chinese;Abstract in Chinese and English)],2017,25(17):1577-1581. DOI:10.3977/j.issn.1005-8478.2017.17.09.}

[16840] 桑尚，董扬，张智长，嵇伟平，杨庆诚．腓骨移植在骨肿瘤切除后骨缺损重建中的应用 [J]．中国骨与关节杂志，2017，6(2)：96-100．DOI：10.3969/j.issn.2095-252X.2017.02.005．{SANG Shang,DONG Yang,ZHANG Zhichang,JI Weiping,YANG Qingcheng. Application of fibula transplantation in the reconstruction of bone defects after bone tumor resection[J]. Zhongguo Gu Yu Guan Jie Za Zhi[Chin J Bone Joint(Article in Chinese;Abstract in Chinese and English)],2017,6(2):96-100. DOI:10.3969/j.issn.2095-252X.2017.02.005.}

[16841] 朱皓东，黄孟全，惠瑛，姬传磊，马许宁，鲁亚杰，陈国景，王臻，李婧．带血管腓骨复合灭活瘤骨修复节段性骨缺损 [J]．中国骨与关节杂志，2019，8(5)：338-343．DOI：10.3969/j.issn.2095-252X.2019.05.004．{ZHU Haodong,HUANG Mengquan,HUI Ying,JI Chuanlei,MA Xuning,LU Yajie,CHEN Guojing,WANG Zhen,LI Jing. Vascularized fibula autologous inactivation in the reconstruction of segmental bone defects[J]. Zhongguo Gu Yu Guan Jie Za Zhi[Chin J Bone Joint(Article in Chinese;Abstract in Chinese and English)],2019,8(5):338-343. DOI:10.3969/j.issn.2095-252X.2019.05.004.}

[16842] 谭磊，邢志利，姬涛，郭卫．带血运腓骨移植修复下肢恶性肿瘤切除术后骨缺损疗效分析 [J]．中国修复重建外科杂志，2019，33(7)：850-853．DOI：10.7507/1002-1892.201810118．{TAN Lei,XING Zhili,JI Tao,GUO Wei. Effectiveness of free vascularized fibular graft for bone defect after resection of lower limb malignant tumor[J]. Zhongguo Xiu Fu Chong Jian Wai Ke Za Zhi[Chin J Repar Reconstr Surg(Article in Chinese;Abstract in Chinese and English)],2019,33(7):850-853. DOI:10.7507/1002-1892.201810118.}

[16843] 许育健，徐永清，赵万秋，杨曦，张旭林，段家章，吴欢，袁礼波，何晓清．小腿踝上穿支蒂螺旋桨皮瓣修复足底黑色素瘤切除后创面 [J]．中国修复重建外科杂志，2020，34(3)：413-414．DOI：10.7507/1002-1892.201905063．{XU Yujian,XU Yongqing,ZHAO Wanqiu,YANG Xi,ZHANG Xulin,DUAN Jiazhang,WU Huan,YUAN Libo,HE Xiaoqing. Repair of wound after resection of plantar melanoma with supramalleolar perforator pedicled propeller flap[J]. Zhongguo Xiu Fu Chong Jian Wai Ke Za Zhi[Chin J Repar Reconstr Surg(Article in Chinese;Abstract in Chinese)],2020,34(3):413-414. DOI:10.7507/1002-1892.201905063.}

[16844] 李小亚，滕晓，林秾，严晓波，李冰皓，叶招明．带血管蒂腓骨重建治疗胫骨远端肿瘤的疗效研究 [J]．中国修复重建外科杂志，2020，34(10)：1221-1225．DOI：10.7507/1002-1892.202003088．{LI Xiaoya,TENG Xiao,LIN Nong,YAN Xiaobo,LI Binghao,YE Zhaoming. Treatment of distal tibial tumor with vascularized fibula reconstruction[J]. Zhongguo Xiu Fu Chong Jian Wai Ke Za Zhi[Chin J Repar Reconstr Surg(Article in Chinese;Abstract in Chinese and English)],2020,34(10):1221-1225. DOI:10.7507/1002-1892.202003088.}

[16845] 于秀淳，胡永成．保留骨骺保肢手术治疗儿童及青少年肢体骨肉瘤的基本原则与临床疗效 [J]．中华骨科杂志，2020，40(2)：119-128．DOI：10.3760/cma.j.issn.0253-2352.2020.02.008．{YU Xiuchun,HU Yongcheng. The basic principle and clinical outcomes of epiphysis preservation limb salvage in the treatment of limb osteosarcoma in children and adolescents[J]. Zhonghua Gu Ke Za Zhi[Chin J Orthop(Article in Chinese;Abstract in Chinese and English)],2020,40(2):119-128. DOI:10.3760/cma.j.issn.0253-2352.2020.02.008.}

5.23 肢体疾病术后组织缺损重建

reconstruction of tissue defect after limb disease surgery

[16846] 张淼淼，赵宇，汪春兰，孙伟．胸腹部扩张后穿支皮瓣跨区远位修复颌面部及上肢瘢痕术后缺损 [J]．中国修复重建外科杂志，2012，26(2)：223-226．{ZHANG Miaomiao,ZHAO Yu,WANG Chunlan,SUN Wei. Repair of face and upper limb defects with expanded delto-pectoral and abdominal perforator flaps[J]. Zhongguo Xiu Fu Chong Jian Wai Ke Za Zhi[Chin J Repar Reconstr Surg(Article in Chinese;Abstract in Chinese and English)],2012,26(2):223-226.}

5.24 肢体畸形组织修复与重建

repair and reconstruction of limb deformity tissue

[16847] 印飞，芮永军，薛明宇，林伟枫，刘帅，沈小芳．指动脉顺行筋膜瓣在 Wassel Ⅳ-D 型复拇畸形美学修复中的应用 [J]．中国修复重建外科杂志，2018，32(9)：1201-1204．DOI：10.7507/1002-1892.201803014．{YIN Fei,RUI Yongjun,XUE Mingyu,LIN Weifeng,LIU Shuai,SHEN Xiaofang. Application of anterograde fascial flap of digital artery in Wassel Ⅳ-D thumb duplication reconstruction[J]. Zhongguo Xiu Fu Chong Jian Wai Ke Za Zhi[Chin J Repar Reconstr Surg(Article in Chinese;Abstract in Chinese and English)],2018,32(9):1201-1204. DOI:10.7507/1002-1892.201803014.}

[16848] 成德亮，张丽君，王强，吕敏，段虹昊，胡雷鸣，梁小菊．双翼推进皮瓣成形指蹼治疗先天性并指畸形 [J]．中国修复重建外科杂志，2019，33(2)：195-198．DOI：10.7507/1002-1892.201809012．{CHENG Deliang,ZHANG Lijun,WANG Qiang,LV Min,DUAN Honghao,HU Leiming,LIANG Xiaoju. Reconstruction finger web with dorsal two wing-shaped advancement flap for the treatment of congenital syndactyly[J]. Zhongguo Xiu Fu Chong Jian Wai Ke Za Zhi[Chin J Repar Reconstr Surg(Article in Chinese;Abstract in Chinese and English)],2019,33(2):195-198. DOI:10.7507/1002-1892.201809012.}

[16849] 滕道练，李甲，潘勇，朱辉，寿奎水．M 形皮瓣在儿童 Wassel Ⅳ型复拇指畸形合并虎口狭窄矫形术中的应用 [J]．中国修复重建外科杂志，2020，34(9)：1211-1212．DOI：10.7507/1002-1892.202001092．{TENG Daolian,LI Jia,PAN Yong,ZHU Hui,SHOU Kuishui. Application of M-shaped skin flap in the correction of Wassel type Ⅳ duplicate thumb deformity with the first web space stenosis in children[J]. Zhongguo Xiu Fu Chong Jian Wai Ke Za Zhi[Chin J Repar Reconstr Surg(Article in Chinese;Abstract in Chinese)],2020,34(9):1211-1212. DOI:10.7507/1002-1892.202001092.}

6 周围神经显微外科 microsurgery in peripheral nerves

[16850] Xianyu M,Zhenggang B,Laijin L. Identification of the sensory and motor fascicles in the peripheral nerve:A historical review and recent progress[J]. Neurol India,2016,64(5):880-885. doi:10.4103/0028-3886.190241.

[16851] Cui X,Liu R,Zhao J,Li Y,Nian L. "Hand As Foot" teaching method in brachial plexus anatomy:An orthopedics teaching experience[J]. Asian J Surg,2020,43(11):1113-1114. doi:10.1016/j.asjsur.2020.08.004.

[16852] 孟昭辉，李琳. 喉神经的解剖观察 [J]. 中华医学杂志，1976，56(3)：177-180. {MENG Zhaohui,LI Lin. Anatomical observation of laryngeal nerves[J]. Zhonghua Yi Xue Za Zhi[Chin Med J(Article in Chinese;Abstract in Chinese)],1976,56(3):177.}

[16853] 山东省人民医院神经外科. 显微神经外科技术的临床应用 [J]. 山东医药，1978，(5)：5. {Department of Neurosurgery,Shandong Provincial People's Hospital. Clinical application of microneurosurgical technology[J]. Shandong Yi Yao[Shandong Med(Article in Chinese;No abstract available)],1978,(5):5.}

[16854] 朱家恺，黄承达. 束间吻合神经移植术 8 例远期疗效分析 [J]. 显微外科，1978，1(1)：3. {ZHU Jiakai,HUANG Chengda. Long-term efficacy analysis of eight cases of interfacial anastomosis nerve transplantation[J]. Xian Wei Wai Ke[Chin J Microsurg(Article in Chinese;Abstract in Chinese)],1978,1(1):3.}

[16855] 朱家恺. 周围神经束膜吻合术—重点探讨有关区别运动与感觉束的方法 [J]. 显微外科，1978，1(2)：64. {ZHU Jiakai. Peripheral nerve membrane anastomosis—exploring methods for differentiating motor and sensory beams[J]. Xian Wei Wai Ke[Chin J Microsurg(Article in Chinese;Abstract in Chinese)],1978,1(2):64.}

[16856] 臧人和，刘文耀，武健，郭怀荣，汪无级. 颅外－颅内动脉吻合术治疗闭塞性脑血管病 [J]. 中华外科杂志，1978，16(1)：19-21. {ZANG Renhe,LIU Wenyao,WU Jian,GUO Huairong,WANG Wuji. Treatment of occlusive cerebrovascular disease by intracranial arterial anastomosis[J]. Zhonghua Wai Ke Za Zhi[Chin J Surg(Article in Chinese;No abstract available)],1978,16(1):19-21.}

[16857] 王忠诚，杨炯达，雍成光，张懋植. 颅外—颅内动脉吻合术治疗脑缺血性疾患 [J]. 中华神经精神科杂志，1978，11(1)：20. {WANG Zhongcheng,YANG Jiongda,YONG Chengguang,ZHANG Maozhi. Treatment of cerebral ischemic disease by intracranial arterial anastomosis[J]. Zhong Hua Shen Jing Ke Za Zhi(Chin J Neuropsych(Article in Chinese;Abstract in Chinese)],1978,11(1):20.}

[16858] 钟世镇，刘牧之. 正中神经的显微外科解剖学研究 [J]. 显微外科，1979，2(4)：136. {ZHONG Shizhen,LIU Muzhi. Microsurgical anatomy of the median nerve[J]. Xian Wei Wai Ke[Chin J Microsurg(Article in Chinese;Abstract in Chinese)],1979,2(4):136.}

[16859] 黄承达. 隐神经—跟内侧神经吻合术 [J]. 显微外科，1979，2(2)：43. {HUANG Chengda. Saphenous nerve-medial nerve anastomosis[J]. Xian Wei Wai Ke[Chin J Microsurg(Article in Chinese;Abstract in Chinese)],1979,2(2):43.}

[16860] 朱家恺. 周围神经束膜吻合术——探讨有关运动束与感觉束的区别方法 [J]. 神经精神疾病杂志，1979，5(5)：229. {ZHU Jiakai. Peripheral nerve membrane anastomosis—discussion on the differences between the motor and sensory beams[J]. Shen Jing Jing Shen Ji Bing Za Zhi[J Neuropsych Dis(Article in Chinese;Abstract in Chinese)],1979,5(5):229.}

[16861] 黄克寿. 神经吻合术治疗甲状腺手术中喉返神经损伤二例报告 [J]. 新医学，1979，10(6)：287. {HUANG Keshou. Nerve anastomosis for the treatment of recurrent laryngeal nerve injury in thyroid surgery[J]. Xin Yi Xue[J New Med(Article in Chinese;No abstract available)],1979,10(6):287.}

[16862] 朱家恺，连萍. 介紹一种神经刺激器 [J]. 显微外科，1979，2(1)：6-8. {ZHU Jiakai,LIAN Ping. Introduce a nerve stimulator[J]. Xian Wei Wai Ke[Chin J Microsurg(Article in Chinese;Abstract in Chinese)],1979,2(1):6-8.}

[16863] 朱家恺，庞水发. 介绍一种检查植物神经恢复的方法—茚三酮指纹试验 [J]. 显微外科，1979，2(1)：16. {ZHU Jiakai,PANG Shuifa,Introducing a method for examining autonomic nerve recovery-ninhydrin fingerprint test[J]. Xian Wei Wai Ke[Chin J Microsurg(Article in Chinese;Abstract in Chinese)],1979,2(1):16.}

[16864] 钟世镇，马富，韩震，汪守义，孙博，陶永松. 颅内外动脉吻合术有关血管的外科解剖 [J]. 显微外科，1979，2(3)：102. {ZHONG Shizhen,MA Fu,HAN Zhen,WANG Shouyi,SUN Bo,TAO Yongsong. External intracranial arterial anastomosis the surgical anatomy of a blood vessel[J]. Xian Wei Wai Ke[Chin J Microsurg(Article in Chinese;Abstract in Chinese)],1979,2(3):102.}

[16865] 周良辅. 颅外颅内动脉吻合术治疗缺血性脑病 [J]. 上海医学，1979，2(6)：373. {ZHOU Liangfu. Extracranial intracranial arterial anastomosis for the treatment of ischemic encephalopathy[J]. Shang Hai Yi Xue[Shanghai Med(Article in Chinese;Abstract in Chinese)],1979,32(6):373.}

[16866] 车峻山，张豪文. 用颅外颅内动脉吻合术治疗闭塞性脑血管病 30 例临床分析 [J]. 辽宁医药，1979，(3)：1. {CHE Junshan,ZHANG Haowen. Clinical analysis of 30 cases of occlusive cerebrovascular disease treated by intracranial arterial anastomosis[J]. Liao Ning Yi Yao[Liaoning Med(Article in Chinese;Abstract in Chinese)],1979,3(3):1.}

[16867] 任文德. 颅外—颅内动脉吻合术治疗脑缺血性疾病 [J]. 山东医药杂志，1979，(3)：17. {REN Wende.Intracranial arterial anastomosis for the treatment of cerebral ischemic disease[J]. Shan Dong Yi Yao Za Zhi[Shandong Med Pharm(Article in Chinese;Abstract in Chinese)],1979,(3):17.}

[16868] 江砥震. 颅外——内动脉吻合术治疗缺血性脑血管病五例 [J]. 山西医药杂志，1979，(4)：17. {JIANG Dizhen.Extracranial intracranial artery anastomosis for the treatment of five cases of ischemic cerebrovascular disease[J].Shanxi Yi Yao Za Zhi(Shanxi J Med(Article in Chinese;Abstract in Chinese)],1979,3(4):17.}

[16869] 钟世镇，陶永松，刘牧之，马富. 颞浅动脉及其分支的调查 [J]. 广东解剖通报，1979，1(1)：36. {ZHONG Shizhen,TAO Yongsong,LIU Muzhi,MA Fu. Investigation of superficial temporal artery and its branches[J]. Guang Dong Jie Pou Xue Tong Bao[Anat Res(Article in Chinese;Abstract in Chinese)],1979,1(1):36.}

[16870] 黄大祥，林吉惠，陈由芝，李瑞畴. 颞浅动脉与大脑中动脉端側吻合术治疗閉塞性脑血管病 [J]. 显微外科，1979，2(1)：1. {HUANG Daxiang,LIN Jihui,CHEN Youzhi,LI Ruichou. Proximal anastomosis of superficial temporal artery and middle cerebral artery in the treatment of occlusive cerebrovascular disease[J]. Xian Wei Wai Ke[Chin J Microsurg(Article in Chinese;Abstract in Chinese)],1979,2(1):1.}

[16871] 倪鸣山，等. 颞浅动脉—大脑中动脉吻合术治疗大脑中动脉闭塞症 [J]. 江苏医药杂志，1979，5(4)：34. {NI mingshan,et al. The treatment of middle cerebral artery occlusion by anastomosis of the superficial temporal artery in the large brain[J]. Jiangsu Yi Yao Za Zhi[Jiangsu Med J(Article in Chinese;Abstract in Chinese)],1979,5(4)34.}

[16872] 编辑室. 努力提高显微周围神经外科质量. 显微外科，1980，3(1)：1. {Editing room. Strive to improve the quality of peripheral microsurgery[J]. Xian Wei Wai Ke[Chin J Microsurg(Article in Chinese;No abstract available)],1980,3(1):1.}

[16873] 费起礼. 狗的三种显微神经修复技术的比较 [J]. 天津医药骨科附刊，1980，13(3)：137. {FEI Qishe. Comparison of three microneural repair techniques in dogs[J]. Tianjin Yi Yao Gu Ke Fu Kan[Tianjin Med Orthop Suppl(Article in Chinese;No abstract available)],1980,13(3):137.}

[16874] 周良辅. 显微神经外科概况 [J]. 国外医学神经病学神经外科学分册，1980，(3)：134. {ZHOU Liangfu. Overview of Microneurosurgery[J]. Guo Wai Yi Xue Shen Jing Bing Xue Shen Jing Wai Ke Xue Fen Ce[Foreign Med Neurol Neurosurg Vol(Article in Chinese;No abstract available)],1980,(3):134.}

[16875] 高永华，朱家恺. 周围神经束膜的结构和功能 [J]. 显微外科，1980，3(1)：30. {GAO Yonghua,ZHU Jiakai. Structure and function of peripheral nerve membrane[J]. Xian Wei Wai Ke[Chin J Microsurg(Article in Chinese;No abstract available)],1980,3(1):30.}

[16876] 高永华，朱家恺. 手部皮肤感觉分布临床观察 [J]. 显微外科，1980，3(1)：21. {GAO Yonghua,ZHU Jiakai. Clinical observation of hand skin sensory distribution[J]. Xian Wei Wai Ke[Chin J Microsurg(Article in Chinese;Abstract in Chinese)],1980,3(1):21.}

[16877] 刘超濂. 正中神经和尺神经在前臂的肌支测量 [J]. 显微外科，1980，3(1)：11. {Liu Chaolian. Measurement of the median and ulnar nerves in the forearm muscle branch[J]. Xian Wei Wai Ke[Chin J Microsurg(Article in Chinese;Abstract in Chinese)],1980,3(1):11.}

[16878] 朱家恺，高永华. 48 次周围神经束膜缝合术的临床分析. 显微外科，1980，3(1)：3. {ZHU Jiakai,GAO Yonghua. Clinical analysis of 48 peripheral nerve bundle sutures[J]. Xian Wei Wai Ke[Chin J Microsurg(Article in Chinese;Abstract in Chinese)],1980,3(1):3.}

[16879] 翟允昌，孙守成，李厚泽，杨国瑞. 脊髓吻合术一例报告 [J]. 中华神经精神科杂志，1980，13(3)：178. {ZHAI Yunchang,SUN Shoucheng,LI Houze,YANG Guorui. A case report of spinal anastomosis[J]. Zhonghua Shen Jing Jing Shen Za Zhi[Chin J Neuropsych(Article in Chinese;Abstract in Chinese)],1980,13(3):178.}

[16880] 费起礼. 在自体神经移植中腓肠神经切除的影响 [J]. 天津医药（骨科副刊），1980，13(3)：118. {FEI Qili. The effect of sural nerve resection in autologous nerve transplantation[J]. Tian Jing Yi Yao Gu Ke Fu Kan(Tianjin Med J Orthop Suppl(Article in Chinese;No abstract available)],1980,13(3):118.}

[16881] 梁兆宽. 显微手术—小梁切除术 118 眼疗效报告 [J]. 中山医学院学报，1980，1(2)：240. {LIANG Zhaokuan. Micro-surgery-trabeculectomy in 118 eyes[J]. Zhongshan Yi Xue Yuan Xue Bao[J Zhongshan Med Coll(Article in Chinese;Abstract in Chinese)],1980,1(2):240.}

[16882] 贾树心，等. 颅外—颅内动脉搭桥的动物实验 [J]. 佳木斯医学院学报，1980，(1)：9. {JIA Shuxin et al. An animal study on intracranial artery bypass grafting[J]. Jiamusi Yi Xue Yuan Xue Bao[J Jiamusi Med Coll(Article in Chinese;Abstract in Chinese)],1980,(1):9.}

[16883] 李顺业，等. 颅外—内动脉血管吻合术治疗脑缺血性疾 [J]. 佳木斯医学院学报，1980，(1)：80. {LI Shunye.Extracranial and intracranial arterial anastomosis for the treatment of cerebral ischemic disease[J]. Jiamusi Yi Xue Yuan Xue Bao [J Jiamusi Med Coll(Article in Chinese;No abstract available)],1980,(1):80.}

[16884] 王以诚. 颅外－内动脉吻合术治疗闭塞性血管病 [J]. 湖北医学院学报，1980，1(2)：43. {WANG Yicheng.Extracranial-internal arterial anastomosis for the treatment of occlusive vascular disease[J]. Hubei Yi Xue Yuan Xue Bao(J Hubei Med Coll(Article in Chinese;Abstract in Chinese)],1980,1(2):43.}

[16885] 金志广. 对《颅内外动脉吻合术治疗闭塞性脑血管病适应证（试行草案）》的几点看法 [J]. 中华神经精神科杂志，1980，13(4)：264. {JIN Zhiguang. Some views on "Indications for treatment of occlusive cerebrovascular disease by internal and external arterial anastomosis (trial draft)"[J]. Zhong Hua Shen Jing Ke Za Zhi(ChinJ Neuropsych(Article in Chinese;No abstract available)],1980,13(4):264.}

[16886] 索敬贤，等. 颅外—颅内动脉吻合术治疗缺血性脑血管病 [J]. 白求恩医科大学学报，1980，6(1)：47. {SUO Jingxian.Extracranial anastomosis of intracranial arteries for the treatment of ischemic cerebrovascular disease[J]. Bethune Yi Ke Da Xue Xue Bao[J Bethune Med Univ(Article in Chinese;Abstract in Chinese)],1980,6(1):47.}

[16887] 安徽省脑血管显微术协作组. 颅外—颅内动脉吻合术治疗血管闭塞性疾病（附 60 例分析）[J]. 安徽医学院学报，1980，15(4)：21. {Anhui Province Cerebrovascular Microsurgery Collaboration Group.External and internal arterial anastomosis in the treatment of cerebrovascular occlusive disease (analysis of 60 cases)[J]. Anhui Yi Xue Yuan Xue Bao(J Anhui Med Coll(Article in Chinese;Abstract in Chinese)],1980,15(4):21.}

[16888] 苏芳中，等. 脑血管搭桥术治疗缺血性卒中 [J]. 河南医学院学报，1980，15(3)：175. {SU Fangzhong,et al. Cerebrovascular bypass for ischemic stroke[J]. He Nan Yi Xue[J Henan Med Coll(Article in Chinese;Abstract in Chinese)],1980,15(3):175.}

[16889] 李稔生，陆裕朴，石凯军. 周围神经鞘瘤 24 例报告 [J]. 中华外科杂志，1981，19(8)：488-489. {LI Rensheng,LU Yupu,SHI Kaijun. Neurilemmomas of peripheral nerves:report of 24 cases[J]. Zhonghua Wai Ke Za Zhi[Chin J Surg(Article in Chinese;Abstract in English)],1981,19(8):488-489.}

[16890] 周之德，等. 周围神经损伤的治疗（综述）[J]. 国外医学创伤与外科基术问题分册，1981，(1)：14. {ZHOU Zhide,et al. Treatment of peripheral nerve injury(review)[J]. Guo Wai Yi Xue Chuang Shang Yu Wai Ke Ji Shu Wen Ti Fen Ce[Foreign Med Trauma Basic Surg Vol(Article in Chinese;No abstract available)],1981,(1):14.}

[16891] 周家宝，戴祥麟. 视神经管的显微外科应用解剖学 [J]. 解剖学通报，1981，4(2-3)：212. {ZHOU Jiabao,DAI Xianglin. Applied anatomy of optic nerve microsurgery[J]. Jie Pou Xue Tong Bao[Chin J Anat(Article in Chinese;Abstract in Chinese)],1981,4(2-3):212.}

[16892] 钟世镇，刘牧之，周长满，陶永松. 桡神经的显微外科解剖学研究 [J]. 广东解剖学通报，1981，3(2)：165. {ZHONG Shizhen,LIU Muzhi,ZHOU Changman,TAO Yongsong. Microsurgical anatomy of radial nerve[J]. Guangdong Jie Pou Xue Tong Bao(Anat Res(Article in Chinese;No abstract available)],1981,3(2):165.}

[16893] 钟世镇，刘牧之，陶永松. 尺神经的显微外科解剖学 [J]. 广东解剖学通报，1981，3(1)：8. {ZHONG Shizhen,LIU Muzhi,TAO Yongsong. Microsurgical anatomy of the ulnar nerve[J]. Guangdong Jie Pou Xue Tong Bao[Anat Res(Article in Chinese;No abstract available)],1981,3(1):8.}

[16894] 巍宝林，王学礼. 腓肠神经的应用解剖学研究 [J]. 广东解剖学通报，1981，3(1)：25. {WEI Baolin,WANG Xueli. Applied anatomy of the gastrocnemial nerve[J]. Guangdong Jie Pou Xue Tong Bao(Anat Res(Article in Chinese;No abstract available)],1981,3(1):25.}

[16895] 黄瀛，施恩娟，司心成，张成立，张东铭，毛增荣．腓肠神经的观察测量与显微解剖 [J]．解剖学通报，1981，4（1）：82．{HUANG Ying,SHI Enjuan,SI Xincheng,ZHANG Chengli,ZHANG Dongming,MAO Zengrong. Observation and microanatomy of the surgical nerve[J]. Jie Pou Xue Tong Bao[Chin J Anat(Article in Chinese;Abstract in Chinese)],1981,4(1):82.}

[16896] 王启华，林正琰，肖尚英，刘庆麟，黄鸿钧，王植楠．喉返神经显微外科应用解剖学研究 [J]．广东解剖学通报，1981，3（1）：17．{WANG Qihua,LIN Zhengyan,XIAO Shangying,LIU Qinglin,HUANG Hongjun,WANG Zhinan. Applied anatomy of recurrent laryngeal nerve microsurgery[J]. Guang Dong Jie Pou Xue Tong Bao[Anat Res(Article in Chinese;Abstract in Chinese)],1981,3(1):17.}

[16897] 李启贤．神经束膜吻合，束间神经移植和束间松解术治疗周围神经损伤—附 11 例报告 [J]．湖南医药杂志，1981，(4)：2．{LI Qixian. Nerve bundle anastomosis,interbeam nerve transplantation and interbeam loosening for peripheral nerve injury:a report of 11 cases[J]. Hunan Yi Yao Za Zhi(Hunan Med J(Article in Chinese;No abstract available)],1981,(4):2.}

[16898] 王成琪，蔡锦方．应用束膜间吻合术修复周围神经损伤 [J]．解放军医学杂志，1981，6（2）：103．{WANG Chengqi,CAI Jinfang. Repair of peripheral nerve injury by interfascicular anastomosis[J]. Jie Fang Jun Yi Xue Za Zhi(Med J PLA(Article in Chinese;No abstract available)],1981,6(2):103.}

[16899] 高永华，朱家恺．异体神经移植的实验观察 [J]．显微外科，1981，4（3-4）：74．{GAO Yonghua,ZHU Jiakai. Experimental observation of allogeneic nerve transplantation[J]. Xian Wei Wai Ke[Chin J Microsurg(Article in Chinese;Abstract in Chinese)],1981,4(3-4):74.}

[16900] 高永华．论同种异体神经束间移植（文献综述）[J]．显微外科，1981，4(3-4)：110．{GAO Yonghua. On Allogeneic nerve bundle transplantation (literature review)[J]. Xian Wei Wai Ke[Chin J Microsurg(Article in Chinese;No abstract available)],1981,4(3-4):110.}

[16901] 张旭波，蒋克如，曹书成．自体神经游离移植修复面神经外段总干缺损一例报告 [J]．解放军医学杂志，1981，6（6）：360．{ZHANG Xubo,JIANG Keru,CAO Shucheng. A case report of repairing the defect of the total trunk of the external facial nerve with free autologous nerve transplantation[J]. Jie Fang Jun Yi Xue Za Zhi[Med J PLA(Article in Chinese;No abstract available)],1981,6(6):360.}

[16902] 刘运章，等．手术显微镜下翼管神经切断术（附 43 例初步报告）[J]．中华耳鼻喉科杂志，1981，16（1）：29．{LIU Yunzhang,et al. Neuromyotomy of the canal tube under the operating microscope (a preliminary report of 43 cases)[J]. Zhonghua Er Bi Hou Ke Za Zhi(Chin J Otorhinolaryngol(Article in Chinese;Abstract in Chinese)],1981,16(1):29.}

[16903] 吕新生．甲状腺手术时喉返神经损伤的再次手术治疗 [J]．湖南医学院学报，1981，6（4）：308．{LU Xinsheng. Reoperation of recurrent laryngeal nerve injury during thyroid surgery[J]. Hunan Yi Xue Yuan Xue Bao[J Hunan Med Coll(Article in Chinese;Abstract in Chinese)],1981,6(4):308.}

[16904] 卢世璧，徐世琦，张伯勋，程学明，王仁润，孙玉文，付祖国，刘志雄，邱少贞．神经束间松解术在神经火器震荡伤中的应用 [J]．解放军医学杂志，1981，6（2）：101．{LU Shibi,XU Shiqi,ZHANG Boxun,CHENG Xueming,WANG Renrun,SUN Yuwen,FU Zuguo,LIU Zhixiong,QIU Shaozhen. Application of nerve bundle release in nerve firearm trauma[J]. Jie Fang Jun Yi Xue Za Zhi(Med J PLA(Article in Chinese;Abstract in Chinese)],1981,6(2):101.}

[16905] 林楷，等．国人 50 例鞍区的显微解剖 [J]．北京第二医学院学报，1981，(4)：271．{LIN Kai,et al. Microdissection of saddle area in 50 Chinese people[J]. Beijing Di Er Yi Xue Yuan Xue Bao[J Beijing Second Med Coll(Article in Chinese;Abstract in Chinese)],1981,(4):271.}

[16906] 张成华．鞍区和海绵区的正常显微外科解剖及临床应用 [J]．中华神经精神科杂志，1981，14（1）：47．{ZHANG Chenghua. Normal microsurgical anatomy and clinical application of saddle region and sponge region[J]. Zhonghua Shen Jing Jing Shen Za Zhi[Chin J Neuropsych(Article in Chinese;Abstract in Chinese)],1981,14(1):47.}

[16907] 房台生，等．三叉神经与周围血管的关系 [J]．西安医学院学报，1981，2(4)：452．{FANG Taisheng,et al. Relationship between trigeminal nerve and peripheral blood vessels[J]. Xi'an Yi Xue Yuan Xue Bao[Xi'an Med Coll(Article in Chinese;Abstract in Chinese)],1981,2(4):452.}

[16908] 袁先厚，李龄，蒋先惠．经蝶窦入路显微手术治疗鞍内和鞍区病变 [J]．神经精神疾病杂志，1981，7（1）：50．{YUAN Xianhou,LI Ling,JIANG Xianhui. Transsphenoidal approach microsurgery for the treatment of saddle region and saddle region lesions[J]. Shen Jing Jing Shen Ji Bing Za Zhi[Neuropsych Dis (Article in Chinese;Abstract in Chinese)],1981,7(1):50.}

[16909] 衷先厚，等．听神经病理显微手术切除的体会 [J]．湖北医学院学报，1981，2（2）：59．{Zhong Xianhou,et al. Experience of microsurgical resection of acoustic nerve pathology[J]. Hubei Yi Xue Yuan Xue Bao(J Hubei Med Coll(Article in Chinese;Abstract in Chinese)],1981,2(2):59.}

[16910] 房台生，等．三叉神经颅内段的显微外科解剖学研究 [J]．西安医学院学报，1981，2（2）：210．{FANG Taisheng,et al. Microsurgical anatomy of the intracranial segment of the trigeminal nerve[J]. Xi'an Yi Xue Yuan Xue Bao(J Xi'an Med Coll(Article in Chinese;Abstract in Chinese)],1981,2(2):210.}

[16911] 钟世镇，马富，韩震，汪守义，孙博，陶永松．颅内外动脉吻合术有关血管的外科解剖学．中华神经精神科杂志，1981，14（3）：156．{ZHONG Shizhen,MA Fu,HAN Zhen,WANG Shouyi,SUN Bo,TAO Yongsong. Anastomosis of the external intracranial arteries[J]. Zhong Hua Shen Jing Ke Za Zhi(Chin J Neuropsych(Article in Chinese;Abstract in Chinese)],1981,14(3):156.}

[16912] 朱诚，陈长策，陈柏林，张光霁，杨中坚，张远征，周国庆．颅外—颅内动脉吻合术和孤立术治疗巨大动脉瘤 [J]．中华外科杂志，1981，19（10）：596．{ZHU Cheng,CHEN Changce,CHEN Bolin,ZHANG Guangqi,YANG Zhongjian,ZHANG Yuanzheng,ZHOU Guoqing. Extracranial intracranial arterial anastomosis and isolation for giant aneurysms[J]. Zhong Hua Wai Ke Za Zhi(Chin J Surg(Article in Chinese;Abstract in Chinese)],1981,19(10):596.}

[16913] 张成，等．颅外—颅内动脉搭桥术治疗脑缺血性疾病 [J]．山东医学院学报，1981，(2)：34．{ZHANG Cheng,et al. Extracranial artery bypass grafting for cerebral ischemic disease[J]. Shan Dong Yi Xue Yuan Bao(J Shandong Med Coll(Article in Chinese;Abstract in Chinese)],1981,(2):34.}

[16914] 朱建堃．颅外—颅内血管吻合术（综述）[J]．安徽医学院学报，1981，16（4）：76．{ZHU Jiankun. Extracranial intracranial vascular anastomosis (review)[J]. Anhui Yi Xue Yuan Xue Bao[J Anhui Med Coll(Article in Chinese;Abstract in Chinese)],1981,316(4):76.}

[16915] 臧人和，刘文耀．颅外—颅内动脉吻合术治疗缺血性脑血管病的临床随访 [J]．中华神经精神科杂志，1981，14（2）：79．{ZANG Renhe,LIU Wenyao. Clinical follow-up of extracranial intracranial artery anastomosis in the treatment of ischemic cerebrovascular disease[J]. Zhong Hua Shen Jing Ke Za Zhi[Chin J Neuropsych(Article in Chinese;Abstract in Chinese)],1981;14(2):79.}

[16916] 张成，张叔辰，李江汉，黄洪勋，钱捷，孟广远，张同善，高峰岭．颅外—颅外动脉搭桥术治疗脑缺血性疾病 273 例分析 [J]．中华神经精神科杂志，1981，14（2）：86．{ZHANG Cheng,ZHANG Shuchen,LI Jianghan,HUANG Hongxun,QIAN Jie,MENG Guangyuan,ZHANG Tongshan,GAO Fengling. Analysis of 273 cases of cerebral ischemic disease treated by extracranial artery bypass grafting[J]. Zhong Hua Shen Jing Ke Za Zhi[Chin J Neuropsych(Article in Chinese;Abstract in Chinese)],1981,14(2):86.}

[16917] 任文德，孙凝家．颞浅动脉 - 大脑中动脉分支搭桥术治疗缺血性脑血管病 60 例报告 [J]．中华神经精神科杂志，1981，14（2）：90．{REN Wende,SUN Ningjia. A report of 60 cases of ischemic cerebrovascular disease treated by middle cerebral artery bypass grafting in temporal artery[J]. Zhong Hua Shen Jing Ke Za Zhi[Chin J Neuropsych(Article in Chinese;Abstract in Chinese)],1981,14(2):90.}

[16918] 丁美修，朱咏华．颞浅动脉—大脑中动脉吻合术治疗 Moyamoya 病一例 [J]．上海医学，1981，4（7）：57，64．{DING Meixiu,ZHU Yonghua. A case of middle cerebral artery anastomosis of temporal artery in the treatment of Moyamoya disease[J]. Shanghai Yi Xue[Shanghai Med(Article in Chinese;Abstract in Chinese)],1981,4(7):57,64.}

[16919] 张诗兴，等．大脑动脉的显微外科解剖学：Ⅰ Willis 环前部及大脑前动脉 [J]．安徽医学院学报，1981，16（4）：1．{ZHANG Shixing,et al. Microsurgical anatomy of the cerebral arteries: Ⅰ Anterior Willis ring and anterior cerebral artery[J]. Anhui Yi Xue Yuan Xue Bao[J Anhui Med Coll(Article in Chinese;Abstract in Chinese)],1981,16(4):1.}

[16920] 郭庆林，黄其鎏，易声禹．显微神经外科手术治疗大脑中动脉闭塞的临床及 X 线分析 [J]．中华神经精神科杂志，1981，14（2）：83．{GUO Qinglin,HUANG Qiliu,YI Shengyu. Clinical and X-ray analysis of microsurgical treatment of middle cerebral artery occlusion[J]. Zhong Hua Shen Jing Ke Za Zhi[Chin J Neuropsych(Article in Chinese;Abstract in Chinese)],1981,14(2):83.}

[16921] 周长满．周围神经的扫描电初步观察 [J]．广东解剖学通报，1982，4（2）：153．{ZHOU Changman. Scanning electrical observation of peripheral nerves[J]. Guangdong Jie Pou Xue Tong Bao(Anat Res(Article in Chinese;No abstract available)],1982,4(2):153.}

[16922] 陈志洪，王玉琴，李天芝，李超，赵玉尧，李永相．显微外科在下齿槽神经修复中的应用（附 6 例报告）[J]．解放军医学杂志，1982，7（5）：262．{CHEN Zhihong,WANG Yuqin,LI Tianzhi,LI Chao,ZHAO Yuyao,LI Yongxiang. The application of microsurgery in the repair of the lower alveolar nerve (a report of 6 cases)[J]. Jie Fang Jun Yi Xue Za Zhi[Med J China PLA(Article in Chinese;No abstract available)],1982,7(5):262.}

[16923] 陈子华．正中神经与肌皮神经、尺神经吻合 [J]．广东解剖学通报，1982，4(1)：78．{CHEN Zihua. Anastomosis of median nerve with musculocutaneous nerve and ulnar nerve[J]. Guangdong Jie Pou Xue Tong Bao(Anat Res(Article in Chinese;No abstract available)],1982,4(1):78.}

[16924] 张作楷，等．神经移植体血管的显微解剖学（一）腓肠神经及其血管 [J]．解剖学报，1982，5（增刊 1）：63．{ZHANG Zuokai et al. Anatomic anatomy of the blood vessels of nerve grafts (1) The gastrocnemius nerve and its blood vessels[J]. Jie Pou Xue Bao[Acta Anat Sin(Article in Chinese;Abstract in Chinese)],1982,5(S1):63.}

[16925] 王启华，等．喉返神经血液供应显微外科解剖学研究 [J]．解剖学通报，1982，5（增刊 1）：63．{WANG Qihua,et al. Microsurgical anatomy of recurrent laryngeal nerve blood supply[J]. Jie Pou Xue Tong Bao[Chin J Anat(Article in Chinese;Abstract in Chinese)],1982,5(S1):63.}

[16926] 史少敏，等．神经束膜缝合与神经外膜缝合效果比较的实验研究 [J]．第四军医大学学报，1982，3（3）：217．{SHI Shaomin,et al. An experimental study on the comparison of the effects of nerve bundle membrane suture and outer membrane suture[J]. Di Si Jun Yi Da Xue Bao[J Fourth Milit Med Univ(Article in Chinese;Abstract in Chinese)],1982,3(3):217.}

[16927] 解相礼．周围神经伤断后束膜吻合术及束间神经移植术进展 [J]．山东医药，1982，(7)：41．{XIE Xiangli. Progress of bundle membrane anastomosis and interfacial nerve transplantation after peripheral nerve injury[J]. Shandong Yi Yao[Shandong Med(Article in Chinese;No abstract available)],1982,(7):41.}

[16928] 刘学礼，等．垂体腺瘤的显微外科治疗 [J]．山西医学院学报，1982，(2)：33．{LIU Xueli,et al. Microsurgical treatment of pituitary adenoma[J]. Shanxi Yi Xue Yuan Xue Bao[J Shanxi Med Coll(Article in Chinese;Abstract in Chinese)],1982,(2):33.}

[16929] 鲍文公，等．采用显微外科技术切除大型听神经瘤的初步经验 [J]．武汉医学院学报，1982，11（3）：26．{BAO Wengong et al. Preliminary experience of using large surgical techniques to remove large auditory nerves[J]. Wuhan Yi Xue Yuam Xue Bao[J Wuhan Med Coll(Article in Chinese;Abstract in Chinese)],1982,11(3):26.}

[16930] 张玉学，等．小脑桥角显微外科解剖学 [J]．解剖学通报，1982，5（增刊 1）：61．{ZHANG Yuxue,et al. Microsurgical anatomy of the cerebellopontine angle[J]. Jie Pou Xue Tong Bao[Chin J Anat(Article in Chinese;Abstract in Chinese)],1982,5(S1):61.}

[16931] 周敬德，等．桥小脑间隙及内听道区的显微外科解剖学研究 [J]．解剖学通报，1982，5（增刊 1）：60．{ZHOU Jingde et al. Microsurgical anatomy of the cerebellar space and inner auditory canal area. Jie Pou Xue Tong Bao[Chin J Anat(Article in Chinese;Abstract in Chinese)],1982;5(S1):60.}

[16932] 中华医学会脑血管专题学术会议．颅内外动脉吻合术的适应证、禁忌证和疗效评定标准 [J]．中华神经精神科杂志，1982，15（1）：62．{Chinese Academy of Medicine Cerebrovascular Conference. Criteria for indications,contraindications and efficacy of intracranial arterial anastomosis[J]. Zhong Hua Shen Jing Ke Za Zhi[Chin J Neuropsych(Article in Chinese;Abstract in Chinese)],1982,315(1):62 .}

[16933] 周良辅，等．颅内—颅外动脉吻合应用于颈内动脉海绵窦动脉瘤 [J]．上海第一医学院学报，1982，8（6）：452．{ZHOU liangfu,et al. Intracranial anastomosis of one extracranial artery was used for internal carotid cavernous sinus aneurysm[J]. Shanghai Di Yi Yi Xue Yuan Xue Bao[J Shanghai First Med Coll(Article in Chinese;Abstract in Chinese)],1982,38(6):452.}

[16934] 曹家义，陆婉芬．颅外—颅内动脉吻合治疗脑血管病（附 100 例临床分析）[J]．中华医学杂志，1982，62（6）：351．{CAO Jiayi,Lu Wanfen.Extracranial—intracranial arterial anastomosis for the treatment of cerebrovascular diseases (a clinical analysis of 100 cases)[J]. Zhong Hua Yi Xue Za Zhi[Chin Med J(Article in Chinese;Abstract in Chinese)],1982,62(6):351.}

[16935] 金家敏，张廷才，蒋宝川，韩宝合．颅外 - 颅内动脉吻合术有关血管的解剖——Ⅱ．大脑中动脉的顶后、角回和颞后动脉的测量与分布 [J]．解剖学报，1982，13（1）：15．{JIN Jiamin,ZHANG Tingcai,JIANG Baochuan,HAN Baohe. Extracranial artery anastomosis on intracranial vascular anatomic Ⅱ. After the top of the middle cerebral artery,the measurement of the angular gyrus and temporal artery as well as the distribution[J]. Jie Pou Xue Bao[Acta Anat Sin(Article in Chinese;Abstract in Chinese)],1982,13(1):15.}

[16936] 徐恩多，韩子玉，杨果凡，陈宝驹，高玉智．颞浅血管及其主要分、属支的外科解剖 [J]．广东解剖学通报，1982，4（1）：20．{XU Endo,HAN Ziyu,YANG Guofan,CHEN Baoju,GAO Yuzhi. Surgical anatomy of temporal vessels and their main branches[J]. Guangdong Jie Pou Xue Tong Bao[Anat Res(Article in Chinese;No abstract available)],1982,4(1):20.}

[16937] 曾司鲁，等．大脑内血管的显微解剖和一些扫描电镜观察 [J]．解剖学通报，1982，5(增刊 1)：56．{ZENG Silu,et al. Microanatomy and some scanning electron microscopy of blood vessels in the brain[J]. Jie Pou Xue Tong Bao[Chin J Anat(Article in Chinese;Abstract in Chinese)],1982,5(S1):56.}

[16938] 韩连斗，等．关于脑膜中动脉和大脑中动脉显微外科解剖学的研究 [J]．解剖学通报，1982，5（增刊 1）：56．{HAN Liandou,et al. Microsurgical anatomy of middle meningeal artery and middle cerebral artery[J]. Jie Pou Xue Tong Bao[Chin J Anat(Article in Chinese;Abstract in Chinese)],1982,5(S1):56.}

[16939] 魏锡云，等．小脑下前动脉的显微解剖学 [J]．解剖学通报，1982，35(增刊 1)：57．{WEI Xiyun,et al. Microanatomy of the inferior anterior cerebellar artery[J]. Jie Pou Xue Tong Bao[Chin J Anat(Article in Chinese;Abstract in Chinese)],1982,35(S1):57.}

[16940] 房台生，等．岩静脉的显微外科解剖 [J]．西安医学院学报，1982，3（1）：575．{FANG Taisheng,et al. Microsurgical anatomy of rock veins[J]. Xi'an Yi Xue Yuan Xue Bao[J Xi 'an Med Coll(Article in Chinese;Abstract in Chinese)],1982,3(1):575.}

[16941] 杨庆余，等．岩静脉的显微外科解剖 [J]．陕西新医药，1982，11（2）：60．{YANG Qingyu,et al. Microsurgical anatomy of rock veins[J]. Shaanxi Xin Yi Yao[Shaanxi New Med(Article in Chinese;Abstract in Chinese)],1982,11(2):60.}

[16942] 陈衔城．显微神经外科的技术训练基础 [J]．国外医学神经病学神经外科分册，1983，(1)：1．{CHEN Xiancheng. Technical training basis of microsurgery[J]. Guo Wai Yi Xue Shen Jing Bing Xue Shen Jing Wai Ke Xue Fen Ce[Foreign Med Neurol Neurosurg Vol(Article in Chinese;No abstract available)],1983,(1):1.}

[16943] 吴晋宝，秦月琴，程心恒，王永珍，范冷艳．足背皮神经的分布 [J]．解剖学通报，1983，6（1）：19．{WU Jinbao,QIN Yueqin,CHENG Xinheng,WANG Yongzhen,FAN Lengyan. Distribution

of dorsal cutaneous nerve[J]. Jie Pou Xue Tong Bao[Chin J Anat(Article in Chinese;Abstract in Chinese)],1983,6(1):19.}

[16944] 章中春，胡新友. 手部掌侧面皮肤的神经支配[J]. 解剖学通报，1983，6(3)：200. {ZHANG Zhongchun,HU Xinyou. Nerve innervation of the skin on the palm of the hand[J]. Jie Pou Xue Tong Bao[Chin J Anat(Article in Chinese;Abstract in Chinese)],1983,6(3):200.}

[16945] 张书琴，穆鉴. 三叉神经尾侧脊束核内突触的亚显微结构[J]. 解剖学报，1983，14(4)：399-403. {ZHANG Shuqin,MU Jian. The ultrastructure of the synapse in the spinal caudal trigeminal nucleus [J]. Jie Pou Xue Bao[Acta Anat Sin(Article in Chinese;Abstract in Chinese and English)],1983,14(4):399-403.}

[16946] 宋知非. 自体神经移植进展[J]. 国外医学创伤与外科基本问题分册，1983，(2)：76. {SONG Zhifei. Advances in autologous nerve transplantation[J]. Guo Wai Yi Xue Chuang Shang Yu Wai Ke Ji Ben Wen Ti Fen Ce[Foreign Med Trauma Surg Bas Vol(Article in Chinese;No abstract available)],1983,(2):76.}

[16947] 张镛福. 脊髓损伤的电生理方法测定(1)[J]. 国外医学创伤外科基本问题分册，1983，(2)：81. {ZHANG Yongfu. Determination of electrophysiological methods of spinal cord injury (1) [J]. Guo Wai Yi Xue Chuang Shang Wai Ke Ji Ben Wen Ti Fen Ce(Foreign Med Trauma Basic Surg Vol(Chin Med J(Article in Chinese;No abstract available)],1983,(2):81.}

[16948] 李龄，蒋先惠. 听神经瘤显微手术切除术[J]. 中华神经精神科杂志，1983，16(5)：257. {LI Ling,JIANG Xianhui. Microsurgical resection of acoustic neuroma[J]. Zhonghua Shen Jing Jing Shen Za Zhi[Chin J Neuropsych(Article in Chinese;Abstract in Chinese)],1983,16(5):257.}

[16949] 张玉学，等. 小脑脑桥角的显微解剖学[J]. 白求恩医科大学学报，1983，9(3)：62. {ZANG Yuxue et al. Microanatomy of the cerebellar pontine angle[J]. Bai Qiu En Yi Ke Da Xue Xue Bao[J Bethune Med Univ(Article in Chinese;Abstract in Chinese)],1983,9(3):62.

[16950] 于世英，吴若秋，万登济. 74 例颅内外动脉吻合术随访研究[J]. 中华外科杂志，1983，21(2)：107. {YU Shiying,WU Ruoqiu,WAN Dengji.Follow-up study of 74 cases of intracranial arterial anastomosis[J]. Zhong Hua Wai Ke Za Zhi[Chin J Surg(Article in Chinese;Abstract in Chinese)],1983,21(2):107.}

[16951] 姚家庆，戴蘅茹. 颅外—颅内动脉吻合术有关血管的局部定位和投影[J]. 临床应用解剖学杂志，1983，1(2)：123. {YAO Jiaqing,DAI Hengru.External intracranial arteriostomy,local localization and projection of blood vessels[J]. Lin Chuang Ying Yong Jie Pou Xue Za Zhi[Chin J Clin Anat(Article in Chinese;Abstract in Chinese)],1983;1(2):123.}

[16952] 祁建，高克实，朱元业，严超凡，李乐年. 选择颞区吻合血管的应用解剖学探讨[J]. 中国神经精神疾病杂志，1983，9(3)：146 {QI Jian,GAO Keshi,ZHU Yuanye,YAN Chaofan,LI Lenian. Applied anatomy of selective vascular anastomosis[J]. Zhong Hua Shen Jing Ke Za Zhi[Chin J Neuropsych(Article in Chinese;Abstract in Chinese)],1983,9(3):146.}

[16953] 张诗兴，赵敏学. Willis 环后部与大脑后动脉的显微外科解剖学[J]. 解剖学报，1983，14(4)：359. {ZHANG Shixing,ZHAO Minxue. Microsurgical anatomy of the posterior and posterior cerebral arteries of the ring of Willis[J]. Jie Pou Xue Bao[Acta Anat Sin(Article in Chinese;Abstract in Chinese)],1983,14(4):359.}

[16954] 李吉，刘曜曦，曹郁琦. 大脑前动脉分支的研究[J]. 解剖学通报，1983，6(3)：190. {LI Ji,LIU Yaoxi,CAO Yuqi. Study on branches of anterior cerebral artery[J]. Jie Pou Xue Tong Bao[Chin J Anat(Article in Chinese;Abstract in Chinese)],1983,6(3):190.}

[16955] 刘承基，谭启富，邬祖良，孙克华. 显微血管手术治疗大脑前动脉闭塞性脑缺血[J]. 中华神经精神科杂志，1983，16(1)：26. {LIU Chengji,TAN Qifu,WU Zuliang,SUN Kehua. Microvascular surgery for anterior cerebral artery occlusion[J]. Zhong Hua Shen Jing Jing Shen Za Zhi[Chin J Neuropsych(Article in Chinese;Abstract in Chinese)],1983,16(1):26.}

[16956] 张为龙. 大脑中动脉皮质支的显微解剖观察[J]. 中华外科杂志，1983，20(2)：80. {ZHANG Weilong. Microanatomy of cortical branches of middle cerebral artery[J]. Zhong Hua Wai Ke Za Zhi[Chin J Surg(Article in Chinese;Abstract in Chinese)],1983,20(2):80.}

[16957] 赵彬，等. 显微外科颅神经微血管减压术[J]. 北方医学，1983，(4)：33. {ZHAO Bin,et al. Microsurgical cranial nerve microvascular decompression[J]. Bei Fang Yi Xue[Northern Med(Article in Chinese;Abstract in Chinese)],1983,(4):33.}

[16958] 何蕴韶，钟世镇，王起云. 在周围神经外科修复中动运束与感觉束鉴别方法的进展[J]. 临床应用解剖学杂志，1984，2(1)：60-65. {HE Yunshao,ZHONG Shizhen,WANG Qiyun. Progress in the identification of motor and sensory bundles in peripheral nerve repair following injury[J]. Lin Chuang Ying Yong Jie Pou Xue Za Zhi[J Clin Appl Anat(Article in Chinese;No abstract available)],1984,2(1):60-65.}

[16959] 朱盛修，卢世璧，姚建祥，刘郑生，孙玉文，王锡琏，李主一，付祖国，刘志雄. 周围神经束膜减压术治疗灼性神经痛及其机理探讨[J]. 中华外科杂志，1984，22(5)：281-283. {ZHU Shengxiu,LU Shibi,YAO Jianxiang,LIU Zhengsheng,SUN Yuwen,WANG Xilian,LI Zhuyi,FU Zuguo,LIU Zhixiong. Perineurial decompression of peripheral nerve in the treatment of burning neuralgia and its mechanism[J]. Zhonghua Wai Ke Za Zhi[Chin J Surg(Article in Chinese;No abstract available)],1984,22(5):281-283.}

[16960] 李曦光，张亚州，陈玉祥，陈玉秀，边宪春. 嚼肌神经的显微外科解剖学[J]. 临床应用解剖学杂志，1984，2(2)：72. {LI Xiguang,ZHANG Yazhou,CHEN Yuxiang,CHEN Yuxiu,BIAN Xianchun. Microsurgical anatomy of the masticatory nerve[J]. Lin Chuang Ying Yong Jie Pou Xue Za Zhi[Chin J Clin Anat(Article in Chinese;Abstract in Chinese)],1984,2(2):72.}

[16961] 赵根然，杨月鲜，孔祥云，凌凤东，董硕文. 桡神经浅支和头静脉的显微解剖[J]. 中华骨科杂志，1984，4(2)：129. {ZHAO Genran,YANG Yuexian,KONG Xiangyun,LING Fengdong,DONG Shuowen. Microanatomy of the superficial branch of radial nerve and cephalic vein[J]. Zhonghua Gu Ke Za Zhi[Chin J Orthop(Article in Chinese;Abstract in Chinese and English)],1984,4(2):129.}

[16962] 周长满. 坐骨神经的显微外科解剖学研究[J]. 解剖学报，1984，15(2)：118. {ZHOU Changman. Microsurgical anatomy of the sciatic nerve[J]. Jie Pou Xue Bao[Acta Anat Sin(Article in Chinese;Abstract in Chinese)],1984,15(2):118.}

[16963] 余柏辉，张家瑚，冼培刚. 喉返神经的解剖学研究[J]. 临床应用解学杂志，1984，2(2)：71. {YU Baihui,ZHANG Jiahu,XIAN Peigang. Anatomical study of recurrent laryngeal nerve[J]. Lin Chuang Ying Yong Jie Pou Xue Za Zhi[Chin J Clin Anat(Article in Chinese;Abstract in Chinese)],1984,2(2):71.}

[16964] 宋知非，杨东岳，顾玉东，吴敏明，李鸿儒，张福林. 带血管的游离神经移植(实验研究)[J]. 上海第一医学院学报，1984，11(3)：187. {SONG Zhifei,YANG Dongyue,GU Yudong,WU Minming,LI Hongru,ZHANG Fulin. Vascular free nerve transplantation (experimental research).Shanghai Yi Xue Yuan Xue Bao[J Shanghai First Med Coll(Article in Chinese;Abstract in Chinese)],1984,11(3):187.}

[16965] 黄美光，等. 火器性神经损伤神经移植术后医疗体育探讨[J]. 中华医学杂志，1984，64(6)：371. {HUANG Meiguang et al. Discussion on medical sports after firearm nerve injury and nerve transplantation[J]. Zhonghua Yi Xue Za Zhi(Chin Med J(Article in Chinese;No abstract available)],1984,64(6):371.}

[16966] 曹家义. 颅外—颅内动脉吻合治疗脑缺血病的临床随访[J]. 中华外科杂志，1984，22(2)：72. {CAO Jiayi. Follow-up study of extra-intracranial arterial bypass surgery for cerebral ischemia[J]. Zhonghua Wai Ke Za Zhi[Chin J Surg(Article in Chinese;Abstract in English)],1984,22(2):72.}

[16967] 吴若秋. 第六届国际脑缺血显微吻合术讨论会介绍. 中华神经精神科杂志，1984，17(1)：59. {WU ruoqiu. Introduction to the 6th international symposium on microanastomosis for cerebral ischemia[J]. Zhong Hua Shen Jing Ke Za Zhi[Chin J Neuropsych(Article in Chinese;Abstract in Chinese)],1984,317(1):59.}

[16968] 张由己，李之邦，张向国. 双侧颞浅动脉搭桥术治疗儿童闭塞性脑血管病[J]. 中华外科杂志，1984，22(2)：74-75. {ZHANG Youji,LI Zhibang,ZHANG Xiangguo. Bilateral superficial artery bypass grafting in the treatment of occlusive cerebrovascular disease in children[J]. Zhong Hua Wai Ke Za Zhi[Chin J Surg(Article in Chinese;Abstract in Chinese)],1984,322(2):74.}

[16969] 张为龙. Willis 氏环后部的显微解剖学[J]. 解剖学报，1984，15(3)：225 {ZHANG Weilong. Microanatomy of the posterior portion of Willis's ring[J]. Jie Pou Xue Bao[Acta Anat Sin(Article in Chinese;Abstract in Chinese)],1984,15(3):225.}

[16970] 张为龙. 大脑前动脉远端的显微解剖学[J]. 临床应用解剖学杂志，1984，2(4)：217. {ZHANG Weilong. Microanatomy of the distal anterior cerebral artery[J]. Lin Chuang Ying Yong Jie Pou Xue Za Zhi[Chin J Clin Anat(Article in Chinese;Abstract in Chinese)],1984,2(4):217.}

[16971] 何润昌. 小脑与脑干之间深静脉的显微外科解剖[J]. 临床应用解剖学杂志，1984，32(4)：226. {HE Runchang. Microsurgical anatomy of deep veins between cerebellum and brainstem[J]. Lin Chuang Ying Yong Jie Pou Xue Za Zhi[Chin J Clin Anat(Article in Chinese;Abstract in Chinese)],1984,32(4):226.}

[16972] 史玉泉，陈衔城. 颅内动静脉畸型的显微外科治疗 70 例报告[J]. 中华外科杂志，1984，22(2)：87. {SHI Yuquan,CHEN Xiancheng. Microsurgical treatment of 70 cases of intracranial arteriovenous malformation[J]. Zhong Hua Wai Ke Za Zhi[Chin J Surg(Article in Chinese;Abstract in Chinese)],1984,22(2):87.}

[16973] 李淑芬，孙泽民. 松果体血管的显微解剖[J]. 解剖学报，1984，15(3)：245. {LI Shufen,SUN Zemin. Microanatomy of pineal blood vessels[J]. Jie Pou Xue Bao[Acta Anat Sin(Article in Chinese;Abstract in Chinese)],1984,15(3):245.}

[16974] 李文庆，钟生财，韩国栋，朱长德. 显微外科技术治疗周围神经损伤 100 例临床体会[J]. 显微医学杂志，1985，8(2)：90. {LI Wenqing,ZHONG Shengcai,HAN Guodong,ZHU Changde. Clinical experience of microsurgical treatment of 100 cases of peripheral nerve injury[J]. Xian Wei Yi Xue Za Zhi[Chin J Microsurg(Article in Chinese;Abstract in Chinese)],1985,8(2):90.}

[16975] 何蕴韶，钟世镇. 桡神经功能束定位的组化法研究[J]. 临床应用解剖学杂志，1985，3(3)：135. {HE Yunshao,ZHONG Shizhen. Histochemical study of radial nerve functional beam localization[J]. Lin Chuang Ying Yong Jie Pou Xue Za Zhi[Chin J Clin Anat(Article in Chinese;Abstract in Chinese)],1985,3(3):135.}

[16976] 刘大庸，胡耀民，董敬朋. 耳大神经移植体的应用解剖学[J]. 临床应用解剖学杂志，1985，3(2)：95. {LIU Dayong,HU Yaomin,DONG Jingpeng. Applied anatomy of the auricular nerve graft[J]. Lin Chuang Ying Yong Jie Pou Xue Za Zhi[Chin J Clin Anat(Article in Chinese;Abstract in Chinese)],1985,3(2):95.}

[16977] 唐清文，汪澜，廖新品. 手术中用以识别喉返神经的几种解剖学标志[J]. 临床应用解剖学杂志，1985，3(4)：233. {TANG Qingwen,WANG Lan,LIAO Xinpin. Several anatomical signs used to identify the recurrent laryngeal nerve during surgery[J]. Lin Chuang Ying Yong Jie Pou Xue Za Zhi[Chin J Clin Anat(Article in Chinese;Abstract in Chinese)],1985,3(4):233.}

[16978] 钟汉柱，忻元培，高建华，周长满，刘知难，钟世镇. 吻合血管的腓浅神经移植修复正中神经长段缺损[J]. 显微医学杂志，1985，8(1)：22. {ZHONG Hanzhu,XIN Yuanpei,GAO Jianhua,ZHOU Changman,LIU Zhinan,ZHONG Shizhen. Superficial peroneal nerve transplantation for anastomosis of vascular long segment defect[J]. Xian Wei Yi Xue Za Zhi[Chin J Microsurg(Article in Chinese;Abstract in Chinese)],1985,8(1):22.}

[16979] 王成琪，范启申，蔡锦方，田万成. 吻合血管的束间神经游离移植 7 例报告[J]. 解放军医学杂志，1985，10(3)：218-219. {WANG Chengqi,FAN Qishen,CAI Jinfang,TIAN Wancheng. Free anastomotic nerve graft transplantation. Jie Fang Jun Yi Xue Za Zhi(Med J PLA(Article in Chinese;No abstract available)],1985,10(3):218.}

[16980] 刘郑生，朱盛修，卢世璧. 火器性周围神经震荡后神经内胶原含量测定的实验研究[J]. 显微医学杂志，1985，8(1)：26. {LIU Zhengsheng,ZHU Shengxiu,LU Shibi. Experimental study on the determination of intra-nerve collagen content after firearm-induced perineal shock[J]. Xian Wei Yi Xue Za Zhi[Chin J Microsurg(Article in Chinese;Abstract in Chinese)],1985,8(1):26.}

[16981] 农海生，陆兆琼. 用神经束膜压术治疗灼性神经痛一例报告[J]. 显微医学杂志，1985，8(2)：86. {NONG Haisheng,LU Zhaoqiong. A case report on treatment of burning neuralgia with nerve bundle pressure[J]. Xian Wei Yi Xue Za Zhi[Chin J Microsurg(Article in Chinese;Abstract in Chinese)],1985,8(2):86.}

[16982] 关桂春，粮明业. 神经束膜减压治疗灼性神经痛一例报告[J]. 显微医学杂志，1985，8(3)：150. {GUAN Guichun,LANG Mingye. A case report of nerve bundle decompression in the treatment of burning neuropathy. Xian Wei Yi Xue Za Zhi[Chin J Microsurg(Article in Chinese;Abstract in Chinese)],1985,8(3):150.}

[16983] 周长满，郭海梅. 鉴别神经功能束的碳酸酐酶显示法[J]. 临床应用解剖学杂志，1985，3(3)：148. {ZHOU Changman,GUO Haimei. Carbonic anhydrase display method for identifying neural functional bundles[J]. Lin Chuang Ying Yong Jie Pou Xue Za Zhi[Chin J Clin Anat(Article in Chinese;Abstract in Chinese)],1985,3(3):148.}

[16984] 史少敏. 应用外膜及束膜缝合法修复周围神经损伤效果的比较[J]. 中华骨科杂志，1985，5(4)：249. {SHI Shaomin. Comparison of the effects of repairing peripheral nerve injury by adventitia and bundle membrane suture. Zhonghua Gu Ke Za Zhi(Chin J Orthop(Article in Chinese;Abstract in Chinese)],1985,5(4):249.}

[16985] 左焕琮，姜节良，焦书祥，左峰. 面肌抽搐的显微血管减压术[J]. 中华神经外科杂志，1985，1(3)：136. {ZUO Huancong,JIANG Jieliang,JIAO Shuxiang,ZUO Feng. Microvascular decompression of facial muscle extraction. Zhonghua Shen Jing Wai Ke Za Zhi[Chin J Neurosurg(Article in Chinese;Abstract in Chinese and English)],1985,1(3):136.}

[16986] 王维钧，尹昭炎，任祖渊，苏长保，阮伟峰. 经额开颅及经鼻显微手术治疗垂体腺瘤的比较[J]. 中华神经外科杂志，1985，1(2)：79-82. {WANG Weijun,YIN Zhaoyan,REN Zuyuan,SU Changbao,RUAN Weifeng. Comparison of transfrontal craniotomy and transnasal microsurgery for pituitary adenoma[J]. Zhonghua Shen Jing Wai Ke Za Zhi[Chin J Neurosurg(Article in Chinese;Abstract in Chinese)],1985,1(2):79-82.}

[16987] 李伯彦，王勉刚. 颅外－颅内动脉吻合治疗脑外伤后遗症二例报告[J]. 显微医学杂志，1985，8(2)：114. {LI Boyan,WANG Miangang. Report of two cases of intracranial artery anastomosis for sequelae of brain trauma[J]. Xian Wei Yi Xue Za Zhi[Chin J Microsurg(Article in Chinese;Abstract in Chinese)],1985,8(2):114.}

[16988] 何润昌，钟世镇. 小脑浅静脉的显微外科解剖[J]. 解剖学杂志，1985，8(3)：204. {HE Runchang,ZHONG Shizhen. Microsurgical anatomy of superficial cerebellar vein[J]. Jie Pou Xue Za Zhi[Chin J Anat(Article in Chinese;Abstract in Chinese)],1985,8(3):204.}

[16989] 曾司鲁，袁龙庆. 人大脑内血管铸型的显微解剖观察[J]. 解剖学报，1985，16(4)：347. {ZENG Xilu,YUAN Longqing. Microanatomical observation of the cast pattern of human brain blood vessels[J]. Jie Pou Xue Bao[Acta Anat Sin(Article in Chinese;Abstract in Chinese)],1985,16(4):347.}

[16990] 李斌，徐恩多. 基底动脉上段显微解剖学观察[J]. 临床应用解剖学杂志，1985，3(1)：37. {LI Bin,XU Enduo. Microanatomy of the upper segment of basilar artery[J]. Lin Chuang Ying Yong Jie Pou Xue Za Zhi[Chin J Clin Anat(Article in Chinese;Abstract in Chinese)],1985,3(1):37.}

[16991] 郑启新，洪光祥，朱通伯，王发斌，黄省秋. 神经缝合加神经植入重建移植肌肉的神经支配[J]. 中华显微外科杂志，1986，9(3)：160-163，C3. DOI：10.3760/cma.j.issn.1001-2036.1986.03.119. {ZHENG Qixin,HONG Guangxiang,ZHU Tongbo,WANG

Fabin,HUANG Shengqiu. Neural suture plus nerve implantation to rebuild the innervation of muscle[J]. Zhonghua Xian Wei Wai Ke Za Zhi[Chin J Microsurg(Article in Chinese;Abstract in Chinese)],1986,9(3):160-163,C3. DOI:10.3760/cma.j.issn.1001-2036.1986.03.119.}

[16992] 王忠诚，赵继宗. 近三年显微神经外科进展 [J]. 中华显微外科杂志，1986，9（3）：171. {WANG Zhongcheng,ZHAO Jizong. Progress of microneurosurgery in recent three years[J]. Zhonghua Xian Wei Wai Ke Za Zhi[Chin J Microsurg(Article in Chinese;No abstract available)],1986,9(3):171.}

[16993] 韩震，钟世镇，孙博，黄剑，胥少汀. 用骨间前神经修复鱼际肌支有关的解剖学 [J]. 中华显微外科杂志，1986，9（4）：224-225. DOI：10.3760/cma.j.issn.1001-2036.1986.04.119. {HAN Zhen,ZHONG Shizhen,SUN Bo,HUANG Jian,XU Shaoting. Anatomy of the intermuscular branch repaired with anterior interosseous nerve[J]. Zhonghua Xian Wei Wai Ke Za Zhi[Chin J Microsurg(Article in Chinese;Abstract in Chinese)],1986,9(4):224-225. DOI:10.3760/cma.j.issn.1001-2036.1986.04.119.}

[16994] 何润昌. 第三脑室后部显微外科解剖 [J]. 中华神经外科杂志，1986，2（3）：159. {HE Runchang. Microsurgical anatomy of the posterior third ventricle[J]. Zhonghua Shen Jing Wai Ke Za Zhi[Chin J Neurosurg(Article in Chinese;Abstract in Chinese and English)],1986,2(3):159.}

[16995] 张伯勋，卢世璧，朱盛修，王仁润. 腓肠神经的解剖类型及其切取后供区感觉变化的观察 [J]. 中华显微外科杂志，1986，9（3）：144-145，143，C1. DOI：10.3760/cma.j.issn.1001-2036.1986.03.107. {ZHANG Boxun,LU Shibi,ZHU Shengxiu,WANG Renrun. Observation of the anatomical type of sural nerve and the change of donor site feeling after resection[J]. Zhonghua Xian Wei Wai Ke Za Zhi[Chin J Microsurg(Article in Chinese;Abstract in Chinese)],1986,9(3):144-145,143,C1. DOI:10.3760/cma.j.issn.1001-2036.1986.03.107.}

[16996] 孙善全，张我华. 喉上神经襻及其临床意义 [J]. 中华外科杂志，1986，24（3）：179-181. {SUN Shanquan,ZHANG Wohua. Superior laryngeal neural crest and its clinical significance[J]. Zhonghua Wai Ke Za Zhi[Chin J Surg(Article in Chinese;Abstract in Chinese)],1986,24(3):179-181.}

[16997] 李家顺，徐印坎，张文明，周志华. 神经外膜与束膜显微缝合比较的实验研究 [J]. 中华显微外科杂志，1986，9（1）：33-35，C1. DOI：10.3760/cma.j.issn.1001-2036.1986.01.118. {LI Jiashun,XU Yinkan,ZHANG Wenming,ZHOU Zhihua. Experimental study on the comparison between outer nerve membrane and bundle membrane suture[J]. Zhonghua Xian Wei Wai Ke Za Zhi[Chin J Microsurg(Article in Chinese;Abstract in Chinese)],1986,9(1):33-35,C1. DOI:10.3760/cma.j.issn.1001-2036.1986.01.118.}

[16998] 余楠生. 较长自体神经移植二例报告 [J]. 中华显微外科杂志，1986，9（3）：157. {YU Nansheng. Two cases of long autologous nerve transplantation[J]. Zhonghua Xian Wei Wai Ke Za Zhi[Chin J Microsurg(Article in Chinese;Abstract in Chinese)],1986,9(3):157.}

[16999] 张咸中，王国君，李明，李铁军. 应用显微外科技术治疗周围神经损伤 200 例 [J]. 中华显微外科杂志，1986，9（3）：133-135. DOI：10.3760/cma.j.issn.1001-2036.1986.03.101. {ZHANG Xianzhong,WANG Guojun,LI Ming,LI Tiejun. Application of microsurgical techniques in the treatment of 200 cases of peripheral nerve injury[J]. Zhonghua Xian Wei Wai Ke Za Zhi[Chin J Microsurg(Article in Chinese;Abstract in Chinese)],1986,9(3):133-135. DOI:10.3760/cma.j.issn.1001-2036.1986.03.101.}

[17000] 杨庆余，陈东，房台生，马兆龙. 岩静脉显微外科解剖与三叉神经切断术 [J]. 中华显微外科杂志，1986，9（3）：166-167. DOI：10.3760/cma.j.issn.1001-2036.1986.03.121. {Yang Qingyu,CHEN Dong,FANG Taisheng,MA Zhaolong. Microsurgical anatomy of petrosal veins and triple neurotomy[J]. Zhonghua Xian Wei Wai Ke Za Zhi[Chin J Microsurg(Article in Chinese;Abstract in Chinese)],1986,9(3):166-167. DOI:10.3760/cma.j.issn.1001-2036.1986.03.121.}

[17001] 鲍吉光. 桡神经损伤显微外科手术 2 例 [J]. 中华显微外科杂志，1986，9（3）：187. {BAO Jiguang. 2 cases of radial nerve injury microsurgery[J]. Zhonghua Xian Wei Wai Ke Za Zhi[Chin J Microsurg(Article in Chinese;Abstract in Chinese)],1986,9(3):187.}

[17002] 吴梅英，吴继明，马树枝. 106 例周围神经损伤的手术治疗分析 [J]. 中华显微外科杂志，1986，9（4）：196-198. DOI：10.3760/cma.j.issn.1001-2036.1986.04.102. {WU Meiying,WU Jiming,MA Shuzhi. Analysis of surgical treatment of 106 cases of peripheral nerve injury[J]. Zhonghua Xian Wei Wai Ke Za Zhi[Chin J Microsurg(Article in Chinese;Abstract in Chinese)],1986,9(4):196-198. DOI:10.3760/cma.j.issn.1001-2036.1986.04.102.}

[17003] 张咸中，王国君，李明，李铁军. 骨间背神经自发性断裂 2 例报告 [J]. 中华显微外科杂志，1986，9（4）：198-198. DOI：10.3760/cma.j.issn.1001-2036.1986.04.103. {ZHANG Xianzhong,WANG Guojun,LI Ming,LI Tiejun. Two cases of spontaneous rupture of the interosseous dorsal nerve[J]. Zhonghua Xian Wei Wai Ke Za Zhi[Chin J Microsurg(Article in Chinese;Abstract in Chinese)],1986,9(4):198-198. DOI:10.3760/cma.j.issn.1001-2036.1986.04.103.}

[17004] 左焕琮，姜节良，郑丰仁，焦书祥，左峰，马力. 后颅凹显微血管减压手术治疗三叉神经痛初步报告 [J]. 中华神经外科杂志，1986，2（4）：233. {ZUO Huancong,JIANG Jieliang,ZHENG Fengren,JIAO Shuxiang,ZUO Feng,MA Li. Preliminary report on the treatment of trigeminal neuralgia with posterior cranial microvascular decompression surgery[J]. Zhonghua Shen Jing Wai Ke Za Zhi[Chin J Neurosurg(Article in Chinese;Abstract in Chinese and English)],1986,2(4):233.}

[17005] 陈硕，邹宁生，邱治民. 桥小脑间隙内血管神经的显微外科解剖 [J]. 临床解剖学杂志，1986，4（3）：145. {CHEN Shuo,ZOU Ningsheng,QIU Zhimin. Microsurgical anatomy of vascular nerves in the cerebellar space[J]. Lin Chuang Ying Yong Jie Pou Xue Za Zhi[Chin J Clin Anat(Article in Chinese;Abstract in Chinese)],1986,4(3):145.}

[17006] 吴光明，袁龙庆，曾司鲁. 脑桥动脉的显微外科解剖 [J]. 解剖学杂志，1986，9（4）：266. {WU Guangming,YUAN Longqing,ZENG Silu. Microsurgical anatomy of the pontine artery[J]. Jie Pou Xue Za Zhi[Chin J Anat(Article in Chinese;Abstract in Chinese)],1986,9(4):266.}

[17007] 丁育基，方绍明，曹家康，张志明，王冰. 脑功能区和深部动静脉畸形的显微手术切除 [J]. 中华外科杂志，1986，24（4）：196-198. {DING Yuji,FANG Shaoming,CAO Jiakang,ZHANG Zhiming,WANG Bing. Microsurgical resection of cerebral kinetic energy areas and deep arteriovenous malformations[J]. Zhong Hua Wai Ke Za Zhi(Chinese journal of surgery),1986,24(4):196.}

[17008] 刘泉开，刘牧之，钟世镇. 侧脑室胸导管分流的解剖学基础与手术疗效 [J]. 中华显微外科杂志，1986，9（4）：205-207. DOI：10.3760/cma.j.issn.1001-2036.1986.04.108. {LIU Quankai,LIU Muzhi,ZHONG Shizhen.Anatomic basis and surgical effect of lateral ventricular thoracic duct shunt[J]. Zhong Hua Xian Wei Wai Ke Za Zhi[Chin J Microsurg(Article in Chinese;Abstract in Chinese)],1986,9(4):205-207. DOI:10.3760/cma.j.issn.1001-2036.1986.04.108.}

[17009] 李之邦，赵华，夏志学. 颅外 - 内动脉吻合治疗儿童缺血性脑卒中——附 60 例报告 [J]. 中华神经外科杂志，1986，2（2）：106. {LI Zhibang,ZHAO Hua,XIA Zhixue. Extra-intracranial artery anastomosis in the treatment of ischemic stroke in children:a report of 60 cases[J]. Zhonghua Shen Jing Wai Ke Za Zhi[Chin J Neurosurg(Article in Chinese;No abstract available)],1986,2(2):106.}

[17010] 李之邦，赵华，夏志学. 颅外 - 内动脉吻合治疗脑缺血病成人与儿童疗效对比分析 [J]. 中华外科杂志，1986，24（8）：498-499. {LI Zhibang,ZHAO Hua,XIA Zhixue. Comparative analysis of the effect of extracranial arterial anastomosis in treating cerebral ischemia in adults and children.Zhong Hua Wai Ke Za Zhi(Chinese journal of surgery),1986,24(8):498.}

[17011] 朱盛修，王惠敏，刘桂林. 外固定不当致周围神经损伤 28 例分析 [J]. 中华外科杂志，1988，26（6）：344-345. {ZHU Shengxiu,WANG Huimin,LIU Guilin. Analysis of 28 cases of peripheral nerve injury caused by improper external fixation[J]. Zhonghua Wai Ke Za Zhi[Chin J Surg(Article in Chinese;Abstract in Chinese)],1988,26(6):344-345.}

[17012] 顾玉东. 周围神经手术误伤 81 例报告 [J]. 中华外科杂志，1988，26（9）：543-544. {GU Yudong. Accidental injury of peripheral nerve during operation:a report of 81 cases[J]. Zhonghua Wai Ke Za Zhi[Chin J Surg(Article in Chinese;Abstract in Chinese)],1988,26(9):543-544.}

[17013] 孔吉明，钟世镇. 用肌桥桥接周围神经缺损的远期观察 [J]. 修复重建外科杂志，1988，2（2）：252. {KONG Jiming,ZHONG Shizhen. Long-term observation of bridging peripheral nerve defect with muscle bridge[J]. Zhongguo Xiu Fu Chong Jian Wai Ke Za Zhi[Chin J Repar Reconstr Surg(Article in Chinese;No abstract available)],1988,2(2):252.}

[17014] 赵庆，卢世璧，商鉴. 周围神经再生趋化性的研究进展 [J]. 中华外科杂志，1988，26（8）：451-454. {ZHAO Qing,LU Shibi,SHANG Jian. Research Progress on chemotaxis of peripheral nerve regeneration[J]. Zhonghua Wai Ke Za Zhi[Chin J Surg(Article in Chinese;No abstract available)],1988,26(8):451-454.}

[17015] 尹维田，张君. 静脉桥接治疗周围神经缺损 [J]. 中华显微外科杂志，1990，13（1）：13-14. {YIN Weitian,ZHANG Jun. Vein bridging for the treatment of peripheral nerve defect[J]. Zhonghua Xian Wei Wai Ke Za Zhi[Chin J Microsurg(Article in Chinese;Abstract in Chinese)],1990,13(1):13-14.}

[17016] 韩岩，鲁开化. 非神经材料桥接周围神经缺损的研究进展 [J]. 修复重建外科杂志，1990，4（3）：130-132. {HAN Yan,LU Kaihua. Research progress of bridging peripheral nerve defects with non-neural materials[J]. Zhongguo Xiu Fu Chong Jian Wai Ke Za Zhi[Chin J Repar Reconstr Surg(Article in Chinese;No abstract available)],1990,4(3):130-132.}

[17017] 刘前进，陈治富，王胜利. 骨骼肌桥接修复周围神经缺损 [J]. 修复重建外科杂志，1990，4（3）：150-151，191. {LIU Qianjin,CHEN Zhifu,WANG Shengli. Repair of peripheral nerve defect by skeletal muscle bridging[J]. Zhongguo Xiu Fu Chong Jian Wai Ke Za Zhi[Chin J Repar Reconstr Surg(Article in Chinese;Abstract in Chinese and English)],1990,4(3):150-151,191.}

[17018] 朱盛修. 周围神经伤显微修复的进展 [J]. 中华显微外科杂志，1991，14（1）：17-18. {ZHU Shengxiu. Progress in microrepair for peripheral nerve injury[J]. Zhonghua Xian Wei Wai Ke Za Zhi[Chin J Microsurg(Article in Chinese;No abstract available)],1991,14(1):17-18.}

[17019] 张爱华，朱家恺. 骨骼肌修复周围神经缺损的研究进展 [J]. 中华显微外科杂志，1992，15（2）：114-117. {ZHANG Aihua,ZHU Jiakai. Research progress of skeletal muscle in repairing peripheral nerve defect[J]. Zhonghua Xian Wei Wai Ke Za Zhi[Chin J Microsurg(Article in Chinese;No abstract available)],1992,15(2):114-117.}

[17020] 顾玉东. 周围神经外科可能出现的失误和处理 II [J]. 手外科杂志，1992，8（1）：44-46. {GU Yudong. Possible mistakes and management in peripheral neurosurgery II [J]. Shou Wai Ke Za Zhi [J Hand Surg(Article in Chinese;No abstract available)],1992,8(1):44-46.}

[17021] 顾玉东. 周围神经外科可能出现的失误和处理 III[J]. 手外科杂志，1992，8（2）：115-117. {GU Yudong. Possible mistakes and management in peripheral neurosurgery III[J]. Shou Wai Ke Za Zhi [J Hand Surg(Article in Chinese;No abstract available)],1992,8(2):115-117.}

[17022] 张少成，赵杰. 静脉包复法修复周围神经部分损伤 [J]. 手外科杂志，1992，8（2）：91-92. {ZHANG Shaocheng,ZHAO Jie. Vein graft for repair of partial injury of peripheral nerve[J]. Shou Wai Ke Za Zhi [J Hand Surg(Article in Chinese;Abstract in Chinese)],1992,8(2):91-92.}

[17023] 蔡锦方，曹学诚，孙宝国，潘冀清，李秉胜，王源瑞，罗炜. 应用胎儿神经修复周围神经缺损 [J]. 中国修复重建外科杂志，1992，6（2）：84-85，127. {CAI Jinfang,CAO Xuecheng,SUN Baoguo,PAN Jiqing,LI Bingsheng,WANG Yuanrui,LUO Wei. Repair of peripheral nerve defects with fetal nerve grafts[J]. Zhongguo Xiu Fu Chong Jian Wai Ke Za Zhi[Chin J Repar Reconstr Surg(Article in Chinese;Abstract in Chinese and English)],1992,6(2):84-85,127.}

[17024] 沈宁江. 电刺激与周围神经再生 [J]. 中华显微外科杂志，1992，15（3）：184-186. {SHEN Ningjiang. Electrical stimulation and peripheral nerve regeneration[J]. Zhonghua Xian Wei Wai Ke Za Zhi[Chin J Microsurg(Article in Chinese;No abstract available)],1992,15(3):184-186.}

[17025] 宋如非，李承球，孙贤敏，骆东山. 周围神经卡压症显微外科治疗 [J]. 中华显微外科杂志，1993，16（1）：39-40. {SONG Rufei,LI Chengqiu,SUN Xianmin,LUO Dongshan. Microsurgical treatment for peripheral nerve entrapment[J]. Zhonghua Xian Wei Wai Ke Za Zhi[Chin J Microsurg(Article in Chinese;Abstract in Chinese)],1993,16(1):39-40.}

[17026] 胥少汀. 周围神经自然分束的临床意义 [J]. 中华显微外科杂志，1993，16（3）：228-229. {XU Shaoting. Clinical significance of natural fasciculation of peripheral nerve[J]. Zhonghua Xian Wei Wai Ke Za Zhi[Chin J Microsurg(Article in Chinese;No abstract available)],1993,16(3):228-229.}

[17027] 尹维田，季守贤，崔树森. 周围神经静脉桥接——神经断端留有间隙临床应用初步观察 [J]. 中华骨科杂志，1994，14（4）：491-493. {YIN Weitian,JI Shouxian,CUI Shusen. Small gap repair of transected peripheral nerve using venous bridge[J]. Zhonghua Gu Ke Za Zhi[Chin J Orthop(Article in Chinese;Abstract in Chinese and English)],1994,14(4):491-493.}

[17028] 金国华，田美玲. 自体去肌浆骨骼肌的制备及其修复周围神经缺损初探 [J]. 中华显微外科杂志，1994，17（4）：281. {JIN Guohua,TIAN Meiling. Preparation of autologous demuscularized skeletal muscle and its preliminary study on repairing peripheral nerve defect[J]. Zhonghua Xian Wei Wai Ke Za Zhi[Chin J Microsurg(Article in Chinese;No abstract available)],1994,17(4):281.}

[17029] 曹斌，王成琪，范启申，蒋纯志，张祚勇，梁耀光，朱一浩，庞昌金. 静脉内填入神经段桥接周围神经缺损的研究 [J]. 中华实验外科杂志，1994，11（6）：166-167，199. {CAO Bin,WANG Chengqi,FAN Qishen,JIANG Chunzhi,ZHANG Zuoyong,LIANG Yaoguang,ZHU Yihao,PANG Changjin. Filling vein with two neural segments to bridge nerve defect:an experimental study[J]. Zhonghua Shi Yan Wai Ke Za Zhi[Chin J Exp Surg(Article in Chinese;Abstract in Chinese and English)],1994,11(6):166-167,199.}

[17030] 王爱民，周明华，周肇平，李起鸿，蒋祖言. 肌肉源神经营养因子对游离周围神经修复脊髓损伤的作用 [J]. 中华医学杂志，1994，74（6）：366. {WANG Aimin,ZHOU Minghua,ZHOU Zhaoping,LI Qihong,JIANG Zuyan. Effect of muscle-derived neurotrophic factor on free peripheral nerve in repairing spinal cord injury[J]. Zhonghua Yi Xue Za Zhi[Natl Med J China(Article in Chinese;No abstract available)],1994,74(6):366.}

[17031] 朱一明，张自杰，庞水发，朱家恺. 周围神经损害的影像学诊断意义 [J]. 中华显微外科杂志，1994，17（2）：306-309. {ZHU Yiming,ZHANG Zijie,PANG Shuifa,ZHU Jiakai. Imaging diagnosis significance of peripheral nerve damage[J]. Zhonghua Xian Wei Wai Ke Za Zhi[Chin J Microsurg(Article in Chinese;No abstract available)],1994,17(2):306-309.}

[17032] 许忠凤，李宝林，唐征宇. 显微外科切除周围神经鞘瘤 [J]. 中华显微外科杂志，1995，18（3）：194. {XU Zhongfeng,LI Baolin,TANG Zhengyu. Microsurgical resection for peripheral schwannoma[J]. Zhonghua Xian Wei Wai Ke Za Zhi[Chin J Microsurg(Article in Chinese;No abstract available)],1995,18(3):194.}

[17033] 杨群，于钟毓，陈伟华，张信英，贾继峰，毕郑钢，孙立国，李文庆，邢艳. 电刺激促进周围神经再生的临床研究 [J]. 中华显微外科杂志，1995，18（3）：182-184，237-238. {YANG Qun,YU Zhongyu,CHEN Weihua,ZHANG Xinying,JIA Jifeng,BI Zhenggang,SUN Liguo,LI Wenqing,XING Yan. Clinical research of electrical stimulation in promoting peripheral nerve regeneration[J]. Zhonghua Xian Wei Wai Ke Za Zhi[Chin J Microsurg(Article in Chinese;Abstract in Chinese)],1995,18(3):182-184,237-238.}

[17034] 李青峰，范存义，顾玉东. 经皮电刺激促进周围神经再生的临床应用 [J]. 中华显微外科杂志，1995，18（4）：253-256，318. {LI Qingfeng,FAN Cunyi,GU Yudong. Electrostimulation enhances nerve regeneration:an analysis of clinical curative effect[J]. Zhonghua Xian Wei Wai Ke Za Zhi[Chin J Microsurg(Article in Chinese;Abstract in Chinese and English)],1995,18(4):253-256,318.}

[17035] 丛国辉，鲁开化. 不同性质骨骼肌复合材料桥接周围神经缺损的比较研究 [J]. 中华显微外科杂志，1995，18（4）：275-276，320. {CONG Guohui,LU Kaihua. Experimental studies

on differentcompound materials bridging the defects of peripheral nerve[J]. Zhonghua Xian Wei Wai Ke Za Zhi[Chin J Microsurg(Article in Chinese;Abstract in Chinese and English)],1995,18(4):275-276,320.}

[17036] 工熙荣，李宝淇．周围神经显微外科治疗84例分析[J]．中华手外科杂志，1995，11(1)：61．{GONG Xirong,LI Baoqi. Microsurgical treatment for peripheral nerve:an analysis of 84 cases[J]. Zhonghua Shou Wai Ke Za Zhi[Chin J Hand Surg(Article in Chinese;No abstract available)],1995,11(1):61.}

[17037] 王国英，秦建强，胡耀民，钟世镇．Laminin等因子失活后巨噬细胞的行为及对周围神经再生的影响[J]．中华显微外科杂志，1995，18(1)：30-33，77．{WANG Guoying,QIN Jianqiang,HU Yaomin,ZHONG Shizhen. Behavior of macrophages and their effects on peripheral nerve regeneration in the nerve grafts of laminin,fibronectin or collogen iv inactivation[J]. Zhonghua Xian Wei Wai Ke Za Zhi[Chin J Microsurg(Article in Chinese;Abstract in Chinese and English)],1995,18(1):30-33,77.}

[17038] 严志强，王友华，张沛云，顾晓松．快速免疫组化法区分人周围神经束性质[J]．中华显微外科杂志，1996，19(1)：3-5．{YAN Zhiqiang,WANG Youhua,ZHANG Peiyun,GU Xiaosong. Differentiation of motor and sensory fascicles in human peripheral nerve using rapid immunohistochemical staining[J]. Zhonghua Xian Wei Wai Ke Za Zhi[Chin J Microsurg(Article in Chinese;Abstract in Chinese and English)],1996,19(1):3-5.}

[17039] 肖玉周，刘宗昭．骨-纤维管内腱鞘囊肿致周围神经嵌压症[J]．中华显微外科杂志，1996，19(3)：186-188．{XIAO Yuzhou,LIU Zongzhao. Entrapment of peripheral nerves by carpal ganglion in the osteo-fibrous canal[J]. Zhonghua Xian Wei Wai Ke Za Zhi[Chin J Microsurg(Article in Chinese;Abstract in Chinese and English)],1996,19(3):186-188.}

[17040] 黄德清，候春林，张文明，贾连顺．保存硬脊膜修复周围神经缺损的进一步研究[J]．中华显微外科杂志，1996，19(4)：290-291．{HUANG Deqing,HOU Chunlin,ZHANG Wenming,JIA Lianshun. Further study on repairing peripheral nerve defect by preserving dura mater[J]. Zhonghua Xian Wei Wai Ke Za Zhi[Chin J Microsurg(Article in Chinese;No abstract available)],1996,19(4):290-291.}

[17041] 顾玉东．神经与肌肉移植的显微外科进展[J]．中华手外科杂志，1996，12(2)：3-5．{GU Yudong. Advances in microsurgery of nerve and muscle transplantation[J]. Zhonghua Shou Wai Ke Za Zhi[Chin J Hand Surg(Article in Chinese;No abstract available)],1996,12(2):3-5.}

[17042] 王欢，徐建光，顾玉东．周围神经脂肪纤维瘤二例报道及文献综述[J]．中华手外科杂志，1996，12(3)：56-57．{WANG Huan,XU Jianguang,GU Yudong. Lipofibroma of peripheral nerve:a report of two cases and literature review[J]. Zhonghua Shou Wai Ke Za Zhi[Chin J Hand Surg(Article in Chinese;No abstract available)],1996,12(3):56-57.}

[17043] 胡建山，梁家龙，唐红书．经皮电刺激促进周围神经再生的临床观察[J]．中华手外科杂志，1996，12(4)：69-70．{HU Jianshan,LIANG Jialong,TANG Hongshu. Clinical observation of percutaneous electrical stimulation promoting peripheral nerve regeneration[J]. Zhonghua Shou Wai Ke Za Zhi[Chin J Hand Surg(Article in Chinese;No abstract available)],1996,12(4):69-70.}

[17044] 李青峰．周围神经的生物磁检测与诊断[J]．中华显微外科杂志，1996，19(1)：65-67．{LI Qingfeng. Biomagnetic detection and diagnosis for peripheral nerve[J]. Zhonghua Xian Wei Wai Ke Za Zhi[Chin J Microsurg(Article in Chinese;No abstract available)],1996,19(1):65-67.}

[17045] 刘玉杰．周围神经嵌压症对神经微循环的影响[J]．中华显微外科杂志，1996，19(2)：152-153．{LIU Yujie. Effect of peripheral nerve entrapment on nerve microcirculation[J]. Zhonghua Xian Wei Wai Ke Za Zhi[Chin J Microsurg(Article in Chinese;No abstract available)],1996,19(2):152-153.}

[17046] 罗智捷，卢世璧．脊髓背侧神经节工切除术：一种定量性评价周围神经再生与修复效果的实验模型[J]．中华实验外科杂志，1996，13(1)：53-54．{LUO Zhijie,LU Shibi. Resection of dorsal ganglion of spinal cord:an experimental model for quantitative evaluation of peripheral nerve regeneration and repair[J]. Zhonghua Shi Yan Wai Ke Za Zhi[Chin J Exp Surg(Article in Chinese;Abstract in Chinese)],1996,13(1):53-54.}

[17047] 朱盛修．周围神经缺损的修复[J]．中国实用外科杂志，1997，17(11)：648-649．{ZHU Shengxiu. Repair of peripheral nerve defect[J]. Zhongguo Shi Yong Wai Ke Za Zhi[Chin J Pract Surg(Article in Chinese;No abstract available)],1997,17(11):648-649.}

[17048] 尹维田，潘清，崔树森，郝文学，张志新．神经生长因子促周围神经再生临床应用初步报告[J]．中华手外科杂志，1997，13(1)：6-8．DOI：10.3760/cma.j.issn.1005-054X.1997.01.003．{YIN Weitian,PAN Qing,CUI Shusen,HAO Wenxue,ZHANG Zhixin. The clinical application of nerve growth factor (NGF) for the regeneration of the injuried peripheral nerves[J]. Zhonghua Shou Wai Ke Za Zhi[Chin J Hand Surg(Article in Chinese;Abstract in Chinese and English)],1997,13(1):6-8. DOI:10.3760/cma.j.issn.1005-054X.1997.01.003.}

[17049] 朱盛修，王岩．非神经组织材料桥接周围神经研究进展[J]．中华创伤杂志，1997，13(10)：61-62．{ZHU Shengxiu,WANG Yan. Research progress of bridging peripheral nerve with non-nerve tissue materials[J]. Zhonghua Chuang Shang Za Zhi[Chin J Trauma(Article in Chinese;No abstract available)],1997,13(10):61-62.}

[17050] 申小青，李峰，吴明宇，谢开汉，余黎明，阎秀英，向忠，宋明照，熊泽华．筋膜管桥接修复周围神经缺损[J]．中国修复重建外科杂志，1997，11(5)：63．{SHEN Xiaoqing,LI Feng,WU Mingyu,XIE Kaihan,YU Liming,YAN Xiuying,XIANG Zhong,SONG Mingzhao,XIONG Zehua. Repair of peripheral nerve defect by bridging fascia tube[J]. Zhongguo Xiu Fu Chong Jian Wai Ke Za Zhi[Chin J Repar Reconstr Surg(Article in Chinese;No abstract available)],1997,11(5):63.}

[17051] 罗永湘，王体沛，方煌．血管束置入硅胶管内桥接周围神经缺损的临床应用[J]．中国修复重建外科杂志，1997，11(6)：24-26．{LUO Yongxiang,WANG Tipei,FANG Huang. Clinical application of implantation of vascular bundle into silicone tube to bridge the peripheral nerve defect[J]. Zhongguo Xiu Fu Chong Jian Wai Ke Za Zhi[Chin J Repar Reconstr Surg(Article in Chinese;Abstract in Chinese and English)],1997,11(6):24-26.}

[17052] 李青峰，顾玉东．电场对周围神经再生的影响[J]．中华整形烧伤外科杂志，1997，13(1)：42-47．DOI：10.3760/j.issn：1009-4598.1997.01.012．{LI Qingfeng,GU Yudong. Effect of electric fields on the cellular structure of the regenerated nerve[J]. Zhonghua Zheng Xing Shao Shang Wai Ke Za Zhi[Chin J Plast Surg Burns(Article in Chinese;Abstract in Chinese and English)],1997,13(1):42-47. DOI:10.3760/j.issn:1009-4598.1997.01.012.}

[17053] 唐世懋，竹方龙．周围神经缺损性损伤修复16例[J]．中华显微外科杂志，1998，21(1)：3-5．{TANG Shimao,ZHU Fanglong. Repair of peripheral nerve defect injury:a report of 16 cases[J]. Zhonghua Xian Wei Wai Ke Za Zhi[Chin J Microsurg(Article in Chinese;No abstract available)],1998,21(1):3-5.}

[17054] 张长青，顾玉东，陈亮，惠晓冬．应用“细胞外科”技术进行周围神经修复的研究[J]．中华手外科杂志，1998，14(2)：118-120．{ZHANG Changqing,GU Yudong,CHEN Liang,HUI Xiaodong. An experimental study of applying “cell surgery” technique to nerve repair[J]. Zhonghua Shou Wai Ke Za Zhi[Chin J Hand Surg(Article in Chinese;Abstract in Chinese and English)],1998,14(2):118-120.}

[17055] 肖文耀，张智才．周围神经吻合术后疗效观察[J]．中国骨伤，1998，11(6)：28-29．DOI：10.3969/j.issn.1003-0034.1998.06.017．{XIAO Wenyao,ZHANG Zhicai. Observation on the curative effect after peripheral nerve anastomosis[J]. Zhongguo Gu Shang[China J Orthop Trauma(Article in Chinese;No abstract available)],1998,11(6):28-29. DOI:10.3969/j.issn.1003-0034.1998.06.017.}

[17056] 肖玉周，朱家恺．高压氧治疗与周围神经再生[J]．中华显微外科杂志，1998，21(1)：76．DOI：10.3760/cma.j.issn.1001-2036.1998.01.047．{XIAO Yuzhou,ZHU Jiakai. Hyperbaric oxygen therapy and peripheral nerve regeneration[J]. Zhonghua Xian Wei Wai Ke Za Zhi[Chin J Microsurg(Article in Chinese;No abstract available)],1998,21(1):76. DOI:10.3760/cma.j.issn.1001-2036.1998.01.047.}

[17057] 方有生，周俊明，陈德松，顾玉东．经皮电刺激促进周围神经再生的临床应用[J]．中华手外科杂志，1998，14(4)：3-5．{FANG Yousheng,ZHOU Junming,CHEN Desong,GU Yudong. Clinical application of accelerating peripheral nerve regeneration by percutaneous electrical stimulation[J]. Zhonghua Shou Wai Ke Za Zhi[Chin J Hand Surg(Article in Chinese;Abstract in Chinese and English)],1998,14(4):3-5.}

[17058] 朱家恺．周围神经缺损的显微外科治疗[J]．中华显微外科杂志，1999，22(1)：5．DOI：10.3760/cma.j.issn.1001-2036.1999.01.002．{ZHU Jiakai. Microsurgical treatment for peripheral nerve defect[J]. Zhonghua Xian Wei Wai Ke Za Zhi[Chin J Microsurg(Article in Chinese;No abstract available)],1999,22(1):5. DOI:10.3760/cma.j.issn.1001-2036.1999.01.002.}

[17059] 韩岩，鲁开化，马福成．含有Ⅰ、Ⅳ型胶原的静脉管腔对周围神经缺损修复作用的影响[J]．中华显微外科杂志，1999，22(3)：198．DOI：10.3760/cma.j.issn.1001-2036.1999.03.014．{HAN Yan,LU Kaihua,MA Fucheng. The venous segments contained collagen I and IV effect on the repair of peripheral nerve defects[J]. Zhonghua Xian Wei Wai Ke Za Zhi[Chin J Microsurg(Article in Chinese;Abstract in Chinese and English)],1999,22(3):198. DOI:10.3760/cma.j.issn.1001-2036.1999.03.014.}

[17060] 姜保国，王兵．周围神经不同隙动脉套接的比较[J]．中国矫形外科杂志，1999，6(2)：115-117．{JIANG Baoguo,WANG Bing. Comparison of small gap artery sleeve bridging anatomosis and end-to-end suture in peripheral nerve repair[J]. Zhongguo Jiao Xing Wai Ke Za Zhi[Orthop J China(Article in Chinese;Abstract in Chinese and English)],1999,6(2):115-117.}

[17061] 王明新，姚建祥，左铁锷．周围神经伤合并刺激性神经痛[J]．中国矫形外科杂志，1999，6(7)：53-54．{WANG Mingxin,YAO Jianxiang,ZUO Tiee. Peripheral nerve injury combined with irritant neuralgia[J]. Zhongguo Jiao Xing Wai Ke Za Zhi[Orthop J China(Article in Chinese;No abstract available)],1999,6(7):53-54.}

[17062] 唐世懋．周围神经缺损的修复[J]．中国修复重建外科杂志，1999，13(1)：60．{TANG Shimao. Repair of peripheral nerve defect[J]. Zhongguo Xiu Fu Chong Jian Wai Ke Za Zhi[Chin J Repar Reconstr Surg(Article in Chinese;No abstract available)],1999,13(1):60.}

[17063] 许建中，李起鸿，柳凤轩．周围神经适应缓慢牵伸的形态学观察[J]．中华显微外科杂志，1999，22(2)：134．DOI：10.3760/cma.j.issn.1001-2036.1999.02.021．{XU Jianzhong,LI Qihong,LIU Fengxuan. Morphological observation of peripheral nerve adapting to slow stretching[J]. Zhonghua Xian Wei Wai Ke Za Zhi[Chin J Microsurg(Article in Chinese;No abstract available)],1999,22(2):134. DOI:10.3760/cma.j.issn.1001-2036.1999.02.021.}

[17064] 王法，黄耀添，殷琦，徐新智，王军，吕荣．甘露醇和当归对周围神经再灌注损伤的保护作用[J]．中华显微外科杂志，1999，22(S1)：3-5．{WANG Fa,HUANG Yaotian,YIN Qi,XU Xinzhi,WANG Jun,LV Rong. Comparisons of mannitol and danggui(Chinese angelica) for the protective effect on the injury of reperfusion in rabbit peripheral nerves[J]. Zhonghua Xian Wei Wai Ke Za Zhi[Chin J Microsurg(Article in Chinese;Abstract in Chinese and English)],1999,22(S1):3-5.}

[17065] 胡韶楠，顾玉东，王欢，徐建光．弥可保对周围神经再生作用的临床研究[J]．中华手外科杂志，1999，15(1)：3-5．{HU Shaonan,GU Yudong,WANG Huan,XU Jianguang. The effect of Methycobal on promoting peripheral nerve regeneration:a clinical study[J]. Zhonghua Shou Wai Ke Za Zhi[Chin J Hand Surg(Article in Chinese;Abstract in Chinese and English)],1999,15(1):3-5.}

[17066] 张西峰，朱盛修．周围神经显微外科修复回顾和展望[J]．中华显微外科杂志，2000，23(1)：17-18．DOI：10.3760/cma.j.issn.1001-2036.2000.01.006．{ZHANG Xifeng,ZHU Shengxiu. Review and prospect of microsurgical repair of peripheral nerve[J]. Zhonghua Xian Wei Wai Ke Za Zhi[Chin J Microsurg(Article in Chinese;No abstract available)],2000,23(1):17-18. DOI:10.3760/cma.j.issn.1001-2036.2000.01.006.}

[17067] 郑宏良，周水淼，颜永碧，李兆基，陈世彩，陆月良，周雍．周围神经再生时乙酰胆碱受体免疫电镜与肌功能观察[J]．中华显微外科杂志，2000，23(1)：42-45．DOI：10.3760/cma.j.issn.1001-2036.2000.01.016．{ZHENG Hongliang,ZHOU Shuimiao,YAN Yongbi,LI Zhaoji,CHEN Shicai,LU Yueliang,ZHOU Yong. Effect of neuromuscular junctional acetylcholine receptor on muscular function in peripheral nerve regeneration[J]. Zhonghua Xian Wei Wai Ke Za Zhi[Chin J Microsurg(Article in Chinese;Abstract in Chinese and English)],2000,23(1):42-45. DOI:10.3760/cma.j.issn.1001-2036.2000.01.016.}

[17068] 卢志远，孙英，王国君．小间隙影响周围神经再生超微结构特征的对比研究[J]．中国矫形外科杂志，2000，7(5)：461．DOI：10.3969/j.issn.1005-8478.2000.05.015．{LU Zhiyuan,SUN Ying,WANG Guojun. A contrast study on ultrastructure characteristics of small gaps effecting peripheral nerve regeneration[J]. Zhongguo Jiao Xing Wai Ke Za Zhi[Orthop J China(Article in Chinese;Abstract in Chinese and English)],2000,7(5):461. DOI:10.3969/j.issn.1005-8478.2000.05.015.}

[17069] 刘俊宾．复合型神经桥接体在周围神经修复中的研究进展[J]．中国矫形外科杂志，2000，7(5)：463．DOI：10.3969/j.issn.1005-8478.2000.05.016．{LIU Junbin. Research progress of compound nerve bridge in peripheral nerve repair[J]. Zhongguo Jiao Xing Wai Ke Za Zhi[Orthop J China(Article in Chinese;No abstract available)],2000,7(5):463. DOI:10.3969/j.issn.1005-8478.2000.05.016.}

[17070] 杨超，李全忠，刘先齐，朱红阳．周围神经刀伤15例修复疗效观察[J]．中国修复重建外科杂志，2000，14(6)：381．{YANG Chao,LI Quanzhong,LIU Xianqi,ZHU Hongyang. Observation on the curative effect of repairing peripheral nerve knife wound:a report of 15 cases[J]. Zhongguo Xiu Fu Chong Jian Wai Ke Za Zhi[Chin J Repar Reconstr Surg(Article in Chinese;No abstract available)],2000,14(6):381.}

[17071] 范秀红，周祥吉，范启申．周围神经检测研究进展[J]．中华显微外科杂志，2000，23(3)：237-238．DOI：10.3760/cma.j.issn.1001-2036.2000.03.046．{FAN Xiuhong,ZHOU Xiangji,FAN Qishen. Research progress of peripheral nerve detection[J]. Zhonghua Xian Wei Wai Ke Za Zhi[Chin J Microsurg(Article in Chinese;No abstract available)],2000,23(3):237-238. DOI:10.3760/cma.j.issn.1001-2036.2000.03.046.}

[17072] 解云川，杜文延，张亚华，范遗恩．应用显微外科技术治疗周围神经纤维瘤[J]．中华显微外科杂志，2001，24(2)：148-149．DOI：10.3760/cma.j.issn.1001-2036.2001.02.031．{XIE Yunchuan,DU Wenyan,ZHANG Yahua,FAN Yien. Application of microsurgical technique in the treatment of peripheral neurofibroma[J]. Zhonghua Xian Wei Wai Ke Za Zhi[Chin J Microsurg(Article in Chinese;Abstract in Chinese)],2001,24(2):148-149. DOI:10.3760/cma.j.issn.1001-2036.2001.02.031.}

[17073] 卢志远，孙英，王国君，尹维田．小间隙影响周围神经再生的组织学与图像研究[J]．中国矫形外科杂志，2001，8(6)：579-580．DOI：10.3969/j.issn.1005-8478.2001.06.020．{LU Zhiyuan,SUN Ying,WANG Guojun,YIN Weitian. An contrast study on histology and picture analysis of small gaps effecting prepheral nerve regeneration[J]. Zhongguo Jiao Xing Wai Ke Za Zhi[Orthop J China(Article in Chinese;Abstract in Chinese and English)],2001,8(6):579-580. DOI:10.3969/j.issn.1005-8478.2001.06.020.}

[17074] 朱家恺．周围神经缺损的显微外科治疗[J]．中国创伤骨科杂志，2001，3(1)：1-5．DOI：10.3760/cma.j.issn.1671-7600.2001.01.001．{ZHU Jiakai. Microsurgery treatment of peripheral nerve defects[J]. Zhongguo Chuang Shang Gu Ke Za Zhi[Chin J Orthop Trauma(Article in Chinese;No abstract available)],2001,3(1):1-5. DOI:10.3760/cma.j.issn.1671-7600.2001.01.001.}

[17075] 李绍光，顾立强．周围神经功能束鉴别的研究、应用及展望[J]．中国创伤骨科杂志，2001，3(1)：53-56．DOI：10.3760/cma.j.issn.1671-7600.2001.01.018．{LI

Shaoguang,GU Liqiang. The study,application and prospect of peripheral nerve functional funicular orientation[J]. Zhongguo Chuang Shang Gu Ke Za Zhi[Chin J Orthop Trauma(Article in Chinese;No abstract available)],2001,3(1):53-56. DOI:10.3760/cma.j.issn.1671-7600.2001.01.018.}

[17076] 丁晶，李其训，李主一，徐永清．异物损伤周围神经并存留体内40例[J]．中华创伤杂志，2001，17(9)：544-545．DOI：10.3760/j：issn：1001-8050.2001.09.009．{DING Jing,LI Qixun,LI Zhuyi,XU Yongqing. Diagnosis and treatment of peripheral nerve injury by foreign-body staying in the body-a report of 40 cases[J]. Zhonghua Chuang Shang Za Zhi[Chin J Trauma(Article in Chinese;Abstract in Chinese and English)],2001,17(9):544-545. DOI:10.3760/j:issn:1001-8050.2001.09.009.}

[17077] 朱天亮，蒋电明．神经桥接材料与周围神经修复[J]．创伤外科杂志，2001，3(4)：298-300．DOI：10.3969/j.issn.1009-4237.2001.04.027．{ZHU Tianliang,JIANG Dianming. Graft material for repair of peripheral nerve[J]. Chuang Shang Wai Ke Za Zhi[J Traum Surg(Article in Chinese;Abstract in Chinese and English)],2001,3(4):298-300. DOI:10.3969/j.issn.1009-4237.2001.04.027.}

[17078] 邓国三，黄广香，邝石峰，匡斌，陈云瀛．磁共振成像在周围神经病变外科治疗中的应用[J]．中华显微外科杂志，2001，24(2)：147-148．DOI：10.3760/cma.j.issn.1001-2036.2001.02.030．{DENG Guosan,HUANG Guangxiang,KUANG Shifeng,KUANG Bin,CHEN Yunying. Application of magnetic resonance imaging in surgical treatment of peripheral neuropathy[J]. Zhonghua Xian Wei Wai Ke Za Zhi[Chin J Microsurg(Article in Chinese;Abstract in Chinese)],2001,24(2):147-148. DOI:10.3760/cma.j.issn.1001-2036.2001.02.030.}

[17079] 聂庆岗，杨顺勇，金振林．上肢外周神经损伤显微外科治疗的体会[J]．中华显微外科杂志，2002，25(2)：154-155．DOI：10.3760/cma.j.issn.1001-2036.2002.02.036．{NIE Qinggang,YANG Shunyong,JIN Zhenlin. Experience of microsurgical treatment for peripheral nerve injury in upper limb[J]. Zhonghua Xian Wei Wai Ke Za Zhi[Chin J Microsurg(Article in Chinese;Abstract in Chinese)],2002,25(2):154-155. DOI:10.3760/cma.j.issn.1001-2036.2002.02.036.}

[17080] 童静，庄永青，傅小宽，杜冬．应用显微外科技术修复外周神经损伤[J]．中华显微外科杂志，2002，25(3)：227-228．DOI：10.3760/cma.j.issn.1001-2036.2002.03.032．{TONG Jing,ZHUANG Yongqing,FU Xiaokuan,DU Dong. Repair of peripheral nerve injury by microsurgical technique[J]. Zhonghua Xian Wei Wai Ke Za Zhi[Chin J Microsurg(Article in Chinese;Abstract in Chinese)],2002,25(3):227-228. DOI:10.3760/cma.j.issn.1001-2036.2002.03.032.}

[17081] 王愉思，许自力，王家让．外周神经损伤显微手术治疗68例临床分析[J]．中华显微外科杂志，2002，25(4)：308-309．DOI：10.3760/cma.j.issn.1001-2036.2002.04.032．{WANG Yusi,XU Zili,WANG Jiarang. Clinical analysis of microsurgical treatment for 68 cases with peripheral nerve injury[J]. Zhonghua Xian Wei Wai Ke Za Zhi[Chin J Microsurg(Article in Chinese;Abstract in Chinese)],2002,25(4):308-309. DOI:10.3760/cma.j.issn.1001-2036.2002.04.032.}

[17082] 顾玉东．周围神经缺损的基本概念与治疗原则[J]．中华手外科杂志，2002，18(3)：4-5．{GU Yudong. Basic concept and treatment principle for peripheral nerve defect[J]. Zhonghua Shou Wai Ke Za Zhi[Chin J Hand Surg(Article in Chinese;No abstract available)],2002,18(3):4-5.}

[17083] 顾玉东．周围神经缺损的治疗现状与进展[J]．中华创伤杂志，2002，18(9)：517-519．DOI：10.3760/j：issn：1001-8050.2002.09.001．{GU Yudong. Present sitation and progress in treatment of perheral nerve defects[J]. Zhonghua Chuang Shang Za Zhi[Chin J Trauma(Article in Chinese;No abstract available)],2002,18(9):517-519. DOI:10.3760/j:issn:1001-8050.2002.09.001.}

[17084] 金帅星，石伟，金武丕，李哲，张志刚．周围神经缺损的治疗进展[J]．中国骨伤，2002，15(8)：508-510．DOI：10.3969/j.issn.1003-0034.2002.08.045．{JIN Shuaixing,SHI Wei,JIN Wupi,LI Zhe,ZHANG Zhigang. Research progress of treatment of peripheral nerve defect[J]. Zhongguo Gu Shang[China J Orthop Trauma(Article in Chinese;No abstract available)],2002,15(8):508-510. DOI:10.3969/j.issn.1003-0034.2002.08.045.}

[17085] 袁即山，裴福兴，杨志明，张仕琼．白细胞介素1促进外周神经再生作用的形态学研究[J]．中华显微外科杂志，2002，25(2)：136-137．DOI：10.3760/cma.j.issn.1001-2036.2002.02.022．{YUAN Jishan,PEI Fuxing,YANG Zhiming,ZHANG Shiqiong. Morphological study of interleukin-1 promoting peripheral nerve regeneration[J]. Zhonghua Xian Wei Wai Ke Za Zhi[Chin J Microsurg(Article in Chinese;Abstract in Chinese)],2002,25(2):136-137. DOI:10.3760/cma.j.issn.1001-2036.2002.02.022.}

[17086] 马志国，秦毅，马红霞，施建党，闫乔生，陈恩智．单涎酸神经节苷脂促外周神经再生的临床应用观察[J]．中华显微外科杂志，2002，25(3)：228-229．DOI：10.3760/cma.j.issn.1001-2036.2002.03.033．{MA Zhiguo,QIN Yi,MA Hongxia,SHI Jiandang,YAN Qiaosheng,CHEN Enzhi. Clinical application of ganglioside monosialate in promoting peripheral nerve regeneration[J]. Zhonghua Xian Wei Wai Ke Za Zhi[Chin J Microsurg(Article in Chinese;Abstract in Chinese)],2002,25(3):228-229. DOI:10.3760/cma.j.issn.1001-2036.2002.03.033.}

[17087] 朱家恺．实现周围神经外科专业普及化是当务之急[J]．中华创伤杂志，2002，18(9)：520-521．DOI：10.3760/j：issn：1001-8050.2002.09.002．{ZHU Jiakai. It is urgent to popularize the specialty of peripheral neurosurgery[J]. Zhonghua Chuang Shang Za Zhi[Chin J Trauma(Article in Chinese;No abstract available)],2002,18(9):520-521. DOI:10.3760/j:issn:1001-8050.2002.09.002.}

[17088] 陈国奋，顾立强，裴国献．免疫抑制状态下的周围神经再生[J]．中国修复重建外科杂志，2002，16(2)：139-141．{CHEN Guofen,GU Liqiang,PEI Guoxian. Peripheral nerve regeneration under immunosuppression[J]. Zhongguo Xiu Fu Chong Jian Wai Ke Za Zhi[Chin J Repar Reconstr Surg(Article in Chinese;Abstract in Chinese and English)],2002,16(2):139-141.}

[17089] 吴克坚．外周神经损伤修复后自体筋膜包裹吻合口促进神经再生的临床观察[J]．中华显微外科杂志，2003，26(3)：194．DOI：10.3760/cma.j.issn.1001-2036.2003.03.052．{WU Kejian. Clinical observation of autologous fascia wrapping anastomosis to promote nerve regeneration after repair of peripheral nerve injury[J]. Zhonghua Xian Wei Wai Ke Za Zhi[Chin J Microsurg(Article in Chinese;No abstract available)],2003,26(3):194. DOI:10.3760/cma.j.issn.1001-2036.2003.03.052.}

[17090] 周成福，金秀丽，王建业，李荣锐．应用显微外科技术治疗外周神经损伤[J]．中华显微外科杂志，2003，26(3)：233-234．DOI：10.3760/cma.j.issn.1001-2036.2003.03.034．{ZHOU Chengfu,JIN Xiuli,WANG Jianye,LI Rongrui. Application of microsurgical technique in the treatment of peripheral nerve injury[J]. Zhonghua Xian Wei Wai Ke Za Zhi[Chin J Microsurg(Article in Chinese;Abstract in Chinese)],2003,26(3):233-234. DOI:10.3760/cma.j.issn.1001-2036.2003.03.034.}

[17091] 杨萍，应大君，宋林，孙建森．腺病毒载体介导bcl-2基因转染对周围神经再生修复的影响[J]．中华创伤杂志，2003，19(7)：417-421．DOI：10.3760/j：issn：1001-8050.2003.07.011．{YANG Ping,YING Dajun,SONG Lin,SUN Jiansen. Effect of adenovirus-mediated bcl-2 transfer on regeneration and repair of peripheral nerves in rats[J]. Zhonghua Chuang Shang Za Zhi[Chin J Trauma(Article in Chinese;Abstract in Chinese and English)],2003,19(7):417-421. DOI:10.3760/j:issn:1001-8050.2003.07.011.}

[17092] 李跃军，陈绍宗，李学拥，李望舟．去细胞异体神经材料复合碱性成纤维细胞生长因子修复周围神经缺损[J]．中华创伤杂志，2003，19(8)：491-493．DOI：10.3760/j：issn：1001-8050.2003.08.014．{LI Yuejun,CHEN Shaozong,LI Xueyong,LI Wangzhou. Repair of peripheral nerve defects using acellular allogeneic nerve grafting combined with exogenous basic fibroblast growth factor[J]. Zhonghua Chuang Shang Za Zhi[Chin J Trauma(Article in Chinese;Abstract in Chinese and English)],2003,19(8):491-493. DOI:10.3760/j:issn:1001-8050.2003.08.014.}

[17093] 叶惠贞，李斯明．周围神经缺损静脉桥接模型的制备[J]．创伤外科杂志，2003，5(4)：315-315．DOI：10.3969/j.issn.1009-4237.2003.04.045．{YE Huizhen,LI Siming. Preparation of vein bridging model for peripheral nerve defects[J]. Chuang Shang Wai Ke Za Zhi[J Traum Surg(Article in Chinese;Abstract in Chinese)],2003,5(4):315-315. DOI:10.3969/j.issn.1009-4237.2003.04.045.}

[17094] 朱庆棠，朱家恺，刘小林，许扬滨，闫玉华．聚乳酸微丝在外周神经内的降解性研究[J]．中华显微外科杂志，2003，26(1)：33-35．DOI：10.3760/cma.j.issn.1001-2036.2003.01.012．{ZHU Qingtang,ZHU Jiakai,LIU Xiaolin,XU Yangbin,YAN Yuhua. Study on degradation of polylactic acid filaments in peripheral nerve[J]. Zhonghua Xian Wei Wai Ke Za Zhi[Chin J Microsurg(Article in Chinese;Abstract in Chinese and English)],2003,26(1):33-35. DOI:10.3760/cma.j.issn.1001-2036.2003.01.012.}

[17095] 朱庆棠，朱家恺，程钢，黎志明，刘小林，许扬滨．可降解材料对外周神经的毒性作用研究[J]．中华显微外科杂志，2003，26(2)：127-129．DOI：10.3760/cma.j.issn.1001-2036.2003.02.015．{ZHU Qingtang,ZHU Jiakai,CHENG Gang,LI Zhiming,LIU Xiaolin,XU Yangbin. Study of toxic effect of degradable polymers on peripheral nerve[J]. Zhonghua Xian Wei Wai Ke Za Zhi[Chin J Microsurg(Article in Chinese;Abstract in Chinese and English)],2003,26(2):127-129. DOI:10.3760/cma.j.issn.1001-2036.2003.02.015.}

[17096] 范军胜，劳镇国，谢晓燕，朱庆棠，戚剑．外周神经损伤的高频超声诊断研究[J]．中华显微外科杂志，2003，26(4)：270-272．DOI：10.3760/cma.j.issn.1001-2036.2003.04.011．{FAN Junsheng,LAO Zhenguo,XIE Xiaoyan,ZHU Qingtang,QI Jian. Study of high-resolution ultrasonographic evaluation of peripheral nerve lesion in extremities[J]. Zhonghua Xian Wei Wai Ke Za Zhi[Chin J Microsurg(Article in Chinese;Abstract in Chinese and English)],2003,26(4):270-272. DOI:10.3760/cma.j.issn.1001-2036.2003.04.011.}

[17097] 修先伦，王宁，丁少珩，王吉波，王季．周围神经缺损不同修复方法的疗效比较[J]．中华骨科杂志，2004，24(8)：467-468．DOI：10.3760/j.issn：0253-2352.2004.08.005．{XIU Xianlun,WANG Ning,DING Shaoheng,WANG Jibo,WANG Ji. Comparison of therapeutic effects of different repair methods for peripheral nerve defect[J]. Zhonghua Gu Ke Za Zhi[Chin J Orthop(Article in Chinese;No abstract available)],2004,24(8):467-468. DOI:10.3760/j.issn:0253-2352.2004.08.005.}

[17098] 周成福，乔晓峰．人为因素导致上肢外周神经损伤延迟修复的显微外科治疗[J]．中华显微外科杂志，2004，27(3)：216-217．DOI：10.3760/cma.j.issn.1001-2036.2004.03.023．{ZHOU Chengfu,QIAO Xiaofeng. Microsurgical treatment of delayed repair of upper limb peripheral nerve injury caused by human factors[J]. Zhonghua Xian Wei Wai Ke Za Zhi[Chin J Microsurg(Article in Chinese;Abstract in Chinese)],2004,27(3):216-217. DOI:10.3760/cma.j.issn.1001-2036.2004.03.023.}

[17099] 周佩兰，黄庆森．周围神经缺损研究进展[J]．中国矫形外科杂志，2004，12(8)：620-622．DOI：10.3969/j.issn.1005-8478.2004.08.020．{ZHOU Peilan,HUANG Qingsen. Research progress of peripheral nerve defect[J]. Zhongguo Jiao Xing Wai Ke Za Zhi[Orthop J China(Article in Chinese;Abstract in Chinese and English)],2004,12(8):620-622. DOI:10.3969/j.issn.1005-8478.2004.08.020.}

[17100] 谭进，倪江东，李贺君，谢宏明，毛新展，宋德业．人发角蛋白桥接周围神经缺损的形态学观察[J]．中国矫形外科杂志，2004，12(17)：1326-1328．DOI：10.3969/j.issn.1005-8478.2004.17.015．{TAN Jin,NI Jiangdong,LI Hejun,XIE Hongming,MAO Xinzhan,SONG Deye. Morphological study of bridging peripheral nerve damage with human hair keratin[J]. Zhongguo Jiao Xing Wai Ke Za Zhi[Orthop J China(Article in Chinese;Abstract in Chinese and English)],2004,12(17):1326-1328. DOI:10.3969/j.issn.1005-8478.2004.17.015.}

[17101] 夏奕俊，徐向阳，崔茂龙，王成．模拟膈神经脉冲电刺激促进周围神经再生的研究[J]．中华实验外科杂志，2004，21(10)：1219-1221．DOI：10.3760/j.issn：1001-9030.2004.10.026．{XIA Yijun,XU Xiangyang,CUI Maolong,WANG Cheng. A study of promoting regeneration of peripheral nerve with simulated bioelectrical impulse of phrenic nerve[J]. Zhonghua Shi Yan Wai Ke Za Zhi[Chin J Exp Surg(Article in Chinese;Abstract in Chinese and English)],2004,21(10):1219-1221. DOI:10.3760/j.issn:1001-9030.2004.10.026.}

[17102] 张振伟，廖坚文，陈泽华，卓浩，林冷，张家俊，庄加川．FK506局部缓释膜片促进周围神经再生的临床应用研究[J]．中华手外科杂志，2004，20(3)：8-10．{ZHANG Zhenwei,LIAO Jianwen,CHEN Zehua,ZHUO Hao,LIN Leng,ZHANG Jiajun,ZHUANG Jiachuan. Promotion of peripheral nerve regeneration through local slow-releasing diaphragm with FK506:a clinical application study[J]. Zhonghua Shou Wai Ke Za Zhi[Chin J Hand Surg(Article in Chinese;Abstract in Chinese and English)],2004,20(3):8-10.}

[17103] 李强，李民，伍亚民，陈恒胜，刘媛，曾琳，李应玉．神经生长因子与睫状神经营养因子影响周围神经再生的比较研究[J]．中华手外科杂志，2004，20(3)：189-191．DOI：10.3760/cma.j.issn.1005-054X.2004.03.025．{LI Qiang,LI Min,WU Yamin,CHEN Hengsheng,LIU Yuan,ZENG Lin,LI Yingyu. Effect of nerve growth factor and ciliary neurotrophic factor on peripheral nerv eregeneration:comparative study[J]. Zhonghua Shou Wai Ke Za Zhi[Chin J Hand Surg(Article in Chinese;Abstract in Chinese and English)],2004,20(3):189-191. DOI:10.3760/cma.j.issn.1005-054X.2004.03.025.}

[17104] 高秋明，刘兴炎，甄平，李旭升，王宏东．外周神经复发性神经鞘瘤的显微外科治疗[J]．实用骨科杂志，2004，10(5)：407-408．DOI：10.3969/j.issn.1008-5572.2004.05.009．{GAO Qiuming,LIU Xingyan,ZHEN Ping,LI Xusheng,WANG Hongdong. Microsurgical treatment of recurrent neurilemmomas in peripheral nerves[J]. Shi Yong Gu Ke Za Zhi[J Pract Orthop(Article in Chinese;Abstract in Chinese and English)],2004,10(5):407-408. DOI:10.3969/j.issn.1008-5572.2004.05.009.}

[17105] 张伯勋．正确认识周围神经断裂伤的修复方法[J]．创伤外科杂志，2004，6(3)：161-163．DOI：10.3969/j.issn.1009-4237.2004.03.001．{ZHANG Boxun. Methods of repair of peripheral nerve injuries[J]. Chuang Shang Wai Ke Za Zhi[J Traum Surg(Article in Chinese;Abstract in Chinese and English)],2004,6(3):161-163. DOI:10.3969/j.issn.1009-4237.2004.03.001.}

[17106] 张开刚，王军，范启申，周详吉．显微外科技术治疗周围神经陈旧性损伤[J]．实用手外科杂志，2004，18(1)：11-12．DOI：10.3969/j.issn.1671-2722.2004.01.005．{ZHANG Kaigang,WANG Jun,FAN Qishen,ZHOU Xiangji. Reoperation of peripheral nerve injury by using microsurgery technique[J]. Shi Yong Shou Wai Ke Za Zhi[Chin J Pract Hand Surg(Article in Chinese;Abstract in Chinese and English)],2004,18(1):11-12. DOI:10.3969/j.issn.1671-2722.2004.01.005.}

[17107] 杨庆民，费绍波，丛海波，李金晟，毕卫伟．外周神经损伤的临床治疗[J]．中华显微外科杂志，2005，28(3)：282-283．DOI：10.3760/cma.j.issn.1001-2036.2005.03.044．{YANG Qingmin,FEI Shaobo,CONG Haibo,LI Jinsheng,BI Weiwei. Clinical treatment for peripheral nerve injury[J]. Zhonghua Xian Wei Wai Ke Za Zhi[Chin J Microsurg(Article in Chinese;Abstract in Chinese)],2005,28(3):282-283. DOI:10.3760/cma.j.issn.1001-2036.2005.03.044.}

[17108] 毛莉颖，黄东，张惠茹，江奕恒，吴伟炽，林浩，伍庆松．延迟一期修复外周神经损伤38例报告[J]．实用手外科杂志，2005，19(3)：151-152．DOI：10.3969/j.issn.1671-2722.2005.03.009．{MAO Liying,HUANG Dong,ZHANG Huiru,JIANG Yiheng,WU Weichi,LIN Hao,WU Qingsong. Repair of peripheral nerve injury of 38 cases in delayed phase Ⅰ[J]. Shi Yong Shou Wai Ke Za Zhi[Chin J Pract Hand Surg(Article in Chinese;Abstract in Chinese and English)],2005,19(3):151-152. DOI:10.3969/j.issn.1671-2722.2005.03.009.}

[17109] 王伟，范明，智小东，刘淑红，刘品端．神经支架复合体修复周围神经缺损[J]．中国医学科学院学报，2005，27(6)：688-691．{WANG Wei,FAN Ming,ZHI Xiaodong,LIU Shuhong,LIU

Pinduan. Repair of peripheral nerve gap with the use of tissue engineering scaffold complex[J]. Zhongguo Yi Xue Ke Xue Yuan Xue Bao [Acta Acad Med Sin(Article in Chinese;Abstract in Chinese and English)],2005,27(6):688-691.}

[17110] 刘晓军，苏利国，张晓军，王学民，段家波. 显微外科技术修复外周神经损伤 [J]. 上海医学，2005，28（9）：800-801. DOI：10.3969/j.issn.0253-9934.2005.09.025. {LIU Xiaojun,SU Liguo,ZHANG Xiaojun,WANG Xuemin,DUAN Jiabo. Microsurgical repair for peripheral nerve injury[J]. Shang Hai Yi Xue[Shanghai Med J(Article in Chinese;Abstract in Chinese and English)],2005,28(9):800-801. DOI:10.3969/j.issn.0253-9934.2005.09.025.}

[17111] 吴斗，陈君长，刘强，梁建芳，肖虹，卢向东. 外周神经切断后诱发脊髓运动神经元细胞凋亡的形态学研究 [J]. 中华显微外科杂志，2006，29（2）：110-113. DOI：10.3760/cma.j.issn.1001-2036.2006.02.011. {WU Dou,CHEN Junchang,LIU Qiang,LIANG Jianfang,XIAO Hong,LU Xiangdong. Morphological changes of motor neurons of spinal cord after peripheral nerve injury[J]. Zhonghua Xian Wei Wai Ke Za Zhi[Chin J Microsurg(Article in Chinese;Abstract in Chinese and English)],2006,29(2):110-113. DOI:10.3760/cma.j.issn.1001-2036.2006.02.011.}

[17112] 冯经旺，汤克沪，冯运华，尹知训，肖志林，沈景辉，谭志伟，林智峰. 延迟一期显微手术修复外周神经损伤 [J]. 中华显微外科杂志，2006，29（2）：139-140. DOI：10.3760/cma.j.issn.1001-2036.2006.02.023. {FENG Jingwang,TANG Kehu,FENG Yunhua,YIN Zhixun,XIAO Zhilin,SHEN Jinghui,TAN Zhiwei,LIN Zhifeng. Delayed one-stage microsurgery to repair peripheral nerve injury[J]. Zhonghua Xian Wei Wai Ke Za Zhi[Chin J Microsurg(Article in Chinese;Abstract in Chinese)],2006,29(2):139-140. DOI:10.3760/cma.j.issn.1001-2036.2006.02.023.}

[17113] 乔瑞红，刘强，韩树峰，吴斗，李钢. 去抗原异体神经复合甲状腺激素修复周围神经缺损 [J]. 中华创伤杂志，2006，22（2）：140-143. DOI：10.3760/j：issn：1001-8050.2006.02.016. {QIAO Ruihong,LIU Qiang,HAN Shufeng,WU Dou,LI Gang. Repair of peripheral nerve defects with acellular allogeneic grafts combined with triiodothyronine[J]. Zhonghua Chuang Shang Za Zhi[Chin J Trauma(Article in Chinese;Abstract in Chinese and English)],2006,22(2):140-143. DOI:10.3760/j:issn:1001-8050.2006.02.016.}

[17114] 林浩东，王欢，陈德松，李继峰，顾玉东. 银杏酮酯对周围神经再生的影响 [J]. 中华实验外科杂志，2006，23（7）：879. DOI：10.3760/j.issn：1001-9030.2006.07.047. {LIN Haodong,WANG Huan,CHEN Desong,LI Jifeng,GU Yudong. Effect of Ginkgo Biloba leaves on peripheral nerve regeneration[J]. Zhonghua Shi Yan Wai Ke Za Zhi[Chin J Exp Surg(Article in Chinese;No abstract available)],2006,23(7):879. DOI:10.3760/j.issn:1001-9030.2006.07.047.}

[17115] 侯春林. 长段周围神经缺损的治疗策略 [J]. 中华创伤杂志，2007，23（6）：401-402. DOI：10.3760/j：issn：1001-8050.2007.06.001. {HOU Chunlin. Treatment measures for large peripheral nerve defects[J]. Zhonghua Chuang Shang Za Zhi[Chin J Trauma(Article in Chinese;No abstract available)],2007,23(6):401-402. DOI:10.3760/j:issn:1001-8050.2007.06.001.}

[17116] 李宏生，李宇，纪影畅，蔡湘娜，林常敏，李国强，李玉容. 纤维蛋白胶载神经生长因子促进周围神经再生的临床应用 [J]. 中华整形外科杂志，2007，23（2）：171-172. DOI：10.3760/j.issn：1009-4598.2007.02.030. {LI Hongsheng,LI Yu,JI Yingchang,CAI Xiangna,LIN Changmin,LI Guoqiang,LI Yurong. Clinical application of fibrin glue-loaded nerve growth factor in promoting peripheral nerve regeneration[J]. Zhonghua Zheng Xing Wai Ke Za Zhi[Chin J Plast Surg(Article in Chinese;No abstract available)],2007,23(2):171-172. DOI:10.3760/j.issn:1009-4598.2007.02.030.}

[17117] 赵富强，张培训，姜保国. 周围神经断端桥接后数量放大效应的研究 [J]. 中华医学杂志，2007，87（15）：1043-1047. DOI：10.3760/j：issn：0376-2491.2007.15.010. {ZHAO Fuqiang,ZHANG Peixun,JIANG Baoguo. Magnifying effect of conduit bridging in number of nerve fibers of broken peripheral nerves:experiment with rats[J]. Zhonghua Yi Xue Za Zhi[Natl Med J China(Article in Chinese;Abstract in Chinese and English)],2007,87(15):1043-1047. DOI:10.3760/j:issn:0376-2491.2007.15.010.}

[17118] 谢雪涛，张长青，苏琰，张开刚，李四波. 小肠黏膜下层和自体翻转静脉修复周围神经缺损的比较研究 [J]. 中国修复重建外科杂志，2007，21（2）：149-153. {XIE Xuetao,ZHANG Changqing,SU Yan,ZHANG Kaigang,LI Sibo. Comparison between effects of small intestinal submucosa graft and inside-out vein graft on repairing peripheral nerve defects[J]. Zhongguo Xiu Fu Chong Jian Wai Ke Za Zhi[Chin J Repar Reconstr Surg(Article in Chinese;Abstract in Chinese and English)],2007,21(2):149-153.}

[17119] 朱家恺. 充分利用自然科学成果，开拓周围神经的处女地 [J]. 中国修复重建外科杂志，2007，21（6）：555-556. {ZHU Jiakai. Make full use of the achievements of natural science to explore the uncultivated land of peripheral nerve[J]. Zhongguo Xiu Fu Chong Jian Wai Ke Za Zhi[Chin J Repar Reconstr Surg(Article in Chinese;No abstract available)],2007,21(6):555-556.}

[17120] 李智，卢世璧，孙明学，彭江，张莉，眭翔，赵斌. 化学去细胞异体神经复合肝细胞生长因子修复周围神经缺损的研究 [J]. 中华骨科杂志，2008，28（6）：510-515. DOI：10.3321/j.issn：0253-2352.2008.06.016. {LI Zhi,LU Shibi,SUN Mingxue,PENG Jiang,ZHANG Li,SUI Xiang,ZHAO Bin. Effect of hepatocyte growth factor on peripheral nerve regeneration in acellular nerve graft[J]. Zhonghua Gu Ke Za Zhi[Chin J Orthop(Article in Chinese;Abstract in Chinese and English)],2008,28(6):510-515. DOI:10.3321/j.issn:0253-2352.2008.06.016.}

[17121] 薛金伟，杨光，李春雨，尹维田. 钙通道阻滞剂对外周神经损伤后瘢痕形成的抑制作用 [J]. 中华显微外科杂志，2008，31（6）：438-440. DOI：10.3760/cma.j.issn.1001-2036.2008.06.012. {XUE Jinwei,YANG Guang,LI Chunyu,YIN Weitian. Inhibitory effect of calcium channel blocker on scar formation after peripheral nerve injury[J]. Zhonghua Xian Wei Wai Ke Za Zhi[Chin J Microsurg(Article in Chinese;Abstract in Chinese)],2008,31(6):438-440. DOI:10.3760/cma.j.issn.1001-2036.2008.06.012.}

[17122] 袁华军，黎忠文，陈武. 外周神经损伤的显微外科修复 [J]. 中华显微外科杂志，2009，32（2）：144-146. DOI：10.3760/cma.j.issn.1001-2036.2009.02.022. {YUAN Huajun,LI Zhongwen,CHEN Wu. Microsurgical repair for peripheral nerve injury[J]. Zhonghua Xian Wei Wai Ke Za Zhi[Chin J Microsurg(Article in Chinese;Abstract in Chinese)],2009,32(2):144-146. DOI:10.3760/cma.j.issn.1001-2036.2009.02.022.}

[17123] 朱家恺. 我国周围神经外科学的文献回顾 [J]. 中华显微外科杂志，2009，32（6）：441-443. DOI：10.3760/cma.j.issn.1001-2036.2009.06.001. {ZHU Jiakai. Literature review of peripheral neurosurgery in China[J]. Zhonghua Xian Wei Wai Ke Za Zhi[Chin J Microsurg(Article in Chinese;No abstract available)],2009,32(6):441-443. DOI:10.3760/cma.j.issn.1001-2036.2009.06.001.}

[17124] 王培吉，周忠良，董启榕. 小间隙吻合修复周围神经断裂的研究进展 [J]. 中华显微外科杂志，2009，32（6）：520-522. DOI：10.3760/cma.j.issn.1001-2036.2009.06.037. {WANG Peiji,ZHOU Zhongliang,DONG Qirong. Research progress of small gap anastomosis in repairing peripheral nerve rupture[J]. Zhonghua Xian Wei Wai Ke Za Zhi[Chin J Microsurg(Article in Chinese;No abstract available)],2009,32(6):520-522. DOI:10.3760/cma.j.issn.1001-2036.2009.06.037.}

[17125] 蒋华军，曲巍. 周围神经缺损修复研究进展 [J]. 中国矫形外科杂志，2009，17（22）：1707-1709. {JIANG Huajun,QU Wei. Developmental study of peripheral nerve damage repair[J]. Zhongguo Jiao Xing Wai Ke Za Zhi[Orthop J China(Article in Chinese;Abstract in Chinese and English)],2009,17(22):1707-1709.}

[17126] 李桂石，李黎明，林国栋，徐林，杨光诗，张咸中. 急诊显微修复周围神经离断伤的近期疗效 [J]. 实用手外科杂志，2009，23(3)：151-154. DOI：10.3969/j.issn.1671-2722.2009.03.009. {LI Guishi,LI Liming,LIN Guodong,XU Lin,YANG Guangshi,ZHANG Xianzhong. Short-term efficacy of emergency repair of injuried peripheral nerve with microsurgery technique[J]. Shi Yong Shou Wai Ke Za Zhi[Chin J Pract Hand Surg(Article in Chinese;Abstract in Chinese and English)],2009,23(3):151-154. DOI:10.3969/j.issn.1671-2722.2009.03.009.}

[17127] 毛炳焱，胡志喜，丁原，贺用礼，刘君华，李际才，刘平均. 周围神经束间瘤变组织显微切除治疗周围神经脂肪纤维瘤 [J]. 中华手外科杂志，2011，27（6）：354-356. DOI：10.3760/cma.j.issn.1005-054X.2011.06.016. {MAO Bingyan,HU Zhixi,DING Yuan,HE Yongli,LIU Junhua,LI Jicai,LIU Pingjun. Microsurgical resection of intrafascicular neoplastic tissue for treatment of peripheral nerve lipofibroma[J]. Zhonghua Shou Wai Ke Za Zhi[Chin J Hand Surg(Article in Chinese;Abstract in Chinese and English)],2011,27(6):354-356. DOI:10.3760/cma.j.issn.1005-054X.2011.06.016.}

[17128] 赵喆，许文静，卢世璧，王玉，彭江，赵斌，赵庆，刘炎，任志午，詹胜峰，张莉. 化学去细胞异体神经周围复合 BMSCs 生物蛋白胶复合物促周围神经缺损修复 [J]. 中国修复重建外科杂志，2011，25（4）：488-493. {ZHAO Zhe,XU Wenjing,LU Shibi,WANG Yu,PENG Jiang,ZHAO Bin,ZHAO Qing,LIU Yan,REN Zhiwu,ZHAN Shengfeng,ZHANG Li. Effect of chemical extracted acellular nerve allograft supplementing with bone marrow mesenchymal stem cells embedded in fibrin glue on functional recovery of transected sciatic nerves[J]. Zhongguo Xiu Fu Chong Jian Wai Ke Za Zhi[Chin J Repar Reconstr Surg(Article in Chinese;Abstract in Chinese and English)],2011,25(4):488-493.}

[17129] 赵世昌，张春林，曾炳芳. 周围神经鞘瘤的临床特点和外科治疗 [J]. 中国骨与关节杂志，2012，1（3）：263-267. DOI：10.3969/j.issn.2095-252X.2012.03.010. {ZHAO Shichang,ZHANG Chunlin,ZENG Bingfang. The clinical features and surgical treatment of peripheral nerve schwannomas[J]. Zhongguo Gu Yu Guan Jie Za Zhi[Chin J Bone Joint(Article in Chinese;Abstract in Chinese and English)],2012,1(3):263-267. DOI:10.3969/j.issn.2095-252X.2012.03.010.}

[17130] 赵庆，任志午，彭江，王玉，卢世璧. 周围神经修复与间质干细胞归巢的研究进展 [J]. 中华骨科杂志，2012，32（4）：372-374. DOI：10.3760/cma.j.issn.0253-2352.2012.04.014. {ZHAO Qing,REN Zhiwu,PENG Jiang,WANG Yu,LU Shibi. Research progress of peripheral nerve repair and mesenchymal stem cell homing[J]. Zhonghua Gu Ke Za Zhi[Chin J Orthop(Article in Chinese;No abstract available)],2012,32(4):372-374. DOI:10.3760/cma.j.issn.0253-2352.2012.04.014.}

[17131] 贾中尉，陈江海，陈燕花，胡锐，孟繁斌，翁雨雄，陈振兵. TGF-β1和 CTGF 在周围神经卡压后骨骼肌纤维化中的作用 [J]. 中华显微外科杂志，2012，35（2）：135-138，后插 5. DOI：10.3760/cma.j.issn.1001-2036.2012.02.017. {JIA Zhongwei,CHEN Jianghai,CHEN Yanhua,HU Rui,MENG Fanbin,WENG Yuxiong,CHEN Zhenbing. Effect of TGF-β1 and CTGF on skeletal muscle fibrosis in nerve compression[J]. Zhonghua Xian Wei Wai Ke Za Zhi[Chin J Microsurg(Article in Chinese;Abstract in Chinese and English)],2012,35(2):135-138,insert 5. DOI:10.3760/cma.j.issn.1001-2036.2012.02.017.}

[17132] 胡锐，陈振兵，贾中尉，孟繁斌，劳杰. 结缔组织生长因子在周围神经慢性卡压损伤中的表达及其意义 [J]. 中华显微外科杂志，2012，35（4）：294-298，后插 5. DOI：10.3760/cma.j.issn.1001-2036.2012.04.009. {HU Rui,CHEN Zhenbing,JIA Zhongwei,MENG Fanbin,LAO Jie. Expression and role of connective tissue growth factor in the peripheral nerve after chronic compression injury[J]. Zhonghua Xian Wei Wai Ke Za Zhi[Chin J Microsurg(Article in Chinese;Abstract in Chinese and English)],2012,35(4):294-298, 后插 5. DOI:10.3760/cma.j.issn.1001-2036.2012.04.009.}

[17133] 夏许可，章莹. 周围神经缺损套管修复技术新进展 [J]. 中国临床解剖学杂志，2013，31(5)：608-610. {XIA Xuke,ZHANG Ying. Recent progress in peripheral nerve regeneration using nerve conduits[J]. Zhongguo Lin Chuang Jie Pou Xue Za Zhi[Chin J Clin Anat(Article in Chinese;No abstract available)],2013,31(5):608-610.}

[17134] 赵睿，蒋毅，丛锐，张航，鲜航，臧成五. 人工神经鞘管预防周围神经鞘瘤术后刺激性神经痛的临床研究 [J]. 中华显微外科杂志，2013，36（2）：133-136. DOI：10.3760/cma.j.issn.1001-2036.2013.02.011. {ZHAO Rui,JIANG Yi,CONG Rui,ZHANG hang,XIAN Hang,ZANG Chengwu. Clinical study for the artificial nerve canal to prevent irritating neuralgia after peripheral neurilemmoma resection[J]. Zhonghua Xian Wei Wai Ke Za Zhi[Chin J Microsurg(Article in Chinese;Abstract in Chinese and English)],2013,36(2):133-136. DOI:10.3760/cma.j.issn.1001-2036.2013.02.011.}

[17135] 朱庆棠，郑灿镔，刘小林. 周围神经缺损修复材料临床适应证的考虑 [J]. 中华显微外科杂志，2013，36（5）：417-421. DOI：10.3760/cma.j.issn.1001-2036.2013.05.001. {ZHU Qingtang,ZHENG Canbin,LIU Xiaolin. Consideration of clinical indications of materials for repairing peripheral nerve defect[J]. Zhonghua Xian Wei Wai Ke Za Zhi[Chin J Microsurg(Article in Chinese;No abstract available)],2013,36(5):417-421. DOI:10.3760/cma.j.issn.1001-2036.2013.05.001.}

[17136] 姜保国，殷晓峰，张培训，寇玉辉，韩娜. 周围神经再生过程中的系统重塑 [J]. 中华显微外科杂志，2013，36(5)：517-519. DOI：10.3760/cma.j.issn.1001-2036.2013.05.036. {JIANG Baoguo,YIN Xiaofeng,ZHANG Peixun,KOU Yuhui,HAN Na. System remodeling in the process of peripheral nerve regeneration[J]. Zhonghua Xian Wei Wai Ke Za Zhi[Chin J Microsurg(Article in Chinese;No abstract available)],2013,36(5):517-519. DOI:10.3760/cma.j.issn.1001-2036.2013.05.036.}

[17137] 王刚，范顺武，李强，申屠刚. 神经生长因子梯度缓释系统促进周围神经再生的临床疗效观察 [J]. 中华显微外科杂志，2013，36（6）：558-562. DOI：10.3760/cma.j.issn.1001-2036.2013.06.010. {WANG Gang,FAN Shunwu,LI Qiang,SHEN Tugang. Clincal effects of nerve growth factor gradient release system on treatment of peripheral nerve injuries[J]. Zhonghua Xian Wei Wai Ke Za Zhi[Chin J Microsurg(Article in Chinese;Abstract in Chinese and English)],2013,36(6):558-562. DOI:10.3760/cma.j.issn.1001-2036.2013.06.010.}

[17138] 徐军，林效宗，周德杰，许超蕊，陶天遵，田军. 静脉管内膜外翻治疗周围神经缺损 [J]. 临床骨科杂志，2013，16(4)：407-408. DOI：10.3969/j.issn.1008-0287.2013.04.019. {XU Jun,LIN Xiaozong,ZHOU Dejie,XU Chaorui,TAO Tianzun,TIAN Jun. Autologous inside-out vein graft as a conduit for repairing the peripheral nerve deficit[J]. Lin Chuang Gu Ke Za Zhi[J Clin Orthop(Article in Chinese;Abstract in Chinese and English)],2013,16(4):407-408. DOI:10.3969/j.issn.1008-0287.2013.04.019.}

[17139] 中华显微外科杂志编辑部. "神桥"——一种有希望的新型周围神经修复材料 [J]. 中华显微外科杂志，2013，36（1）：后插1- 后插2. {Editorial department of Chinese Journal of microsurgery. Shenqiao—a promising new peripheral nerve repair material[J]. Zhonghua Xian Wei Wai Ke Za Zhi[Chin J Microsurg(Article in Chinese;No abstract available)],2013,36(1):insert 1-insert 2.}

[17140] 朱昭炜，何波，刘小林，朱家恺. 周围神经内微血管形态观察方法的研究进展 [J]. 中华显微外科杂志，2013，36（6）：614-617. DOI：10.3760/cma.j.issn.1001-2036.2013.06.035. {ZHU Zhaowei,HE Bo,LIU Xiaolin,ZHU Jiakai. Research Progress on observation methods of microvessel morphology in peripheral nerve[J]. Zhonghua Xian Wei Wai Ke Za Zhi[Chin J Microsurg(Article in Chinese;No abstract available)],2013,36(6):614-617. DOI:10.3760/cma.j.issn.1001-2036.2013.06.035.}

[17141] 陈伟健，王培吉，左志诚，赵家举. 应用显微外科技术治疗周围神经鞘瘤 13 例 [J]. 中华显微外科杂志，2014，37(4)：388-390. DOI：10.3760/cma.j.issn.1001-2036.2014.04.022. {CHEN Weijian,WANG Peiji,ZUO Zhicheng,ZHAO Jiaju. Microsurgical treatment for peripheral schwannoma:a report of 13 cases[J]. Zhonghua Xian Wei Wai Ke Za Zhi[Chin J Microsurg(Article in Chinese;Abstract in Chinese)],2014,37(4):388-390. DOI:10.3760/cma.j.issn.1001-2036.2014.04.022.}

[17142] 郭泉，庄永青. 周围神经鞘瘤的显微外科治疗 [J]. 实用手外科杂志，2014，28（2）：

183-185. DOI: 10.3969/j.issn.1671-2722.2014.02.026. {GUO Quan,ZHUANG Yongqing. Microsurgical treatment of peripheral neurilemmoma[J]. Shi Yong Shou Wai Ke Za Zhi[Chin J Pract Hand Surg(Article in Chinese;Abstract in Chinese and English)],2014,28(2):183-185. DOI:10.3969/j.issn.1671-2722.2014.02.026.}

[17143] 王亮，郭恩琪，谢庆平，晋培红，范奔，朱孜冠. 生理性筋膜包埋带蒂翻转神经干修复周围神经缺损[J]. 中华显微外科杂志，2015，38（1）：93-95. DOI：10.3760/cma.j.issn.1001-2036.2015.01.027. {WANG Liang,GUO Enqi,XIE Qingping,JIN Peihong,FAN Ben,ZHU Ziguan. Repair of peripheral nerve defect with pedicled overturned nerve trunk embedded in physiological fascia[J]. Zhonghua Xian Wei Wai Ke Za Zhi[Chin J Microsurg(Article in Chinese;Abstract in Chinese)],2015,38(1):93-95. DOI:10.3760/cma.j.issn.1001-2036.2015.01.027.}

[17144] 刘小林，林焘，詹翼. 周围神经长段缺损桥接修复的相关因素[J]. 中华显微外科杂志，2017，40（1）：8-12. DOI：10.3760/cma.j.issn.1001-2036.2017.01.004. {LIU Xiaolin,LIN Tao,ZHAN Yi. Related factors for bridging repair of long segment defect of peripheral nerve[J]. Zhonghua Xian Wei Wai Ke Za Zhi[Chin J Microsurg(Article in Chinese;No abstract available)],2017,40(1):8-12. DOI:10.3760/cma.j.issn.1001-2036.2017.01.004.}

[17145] 张学磊，张瑞雪，赵建勇. 周围神经恶性神经鞘瘤一例[J]. 中华手外科杂志，2018，34（4）：268-269. DOI：10.3760/cma.j.issn.1005-054X.2018.04.011. {ZHANG Xuelei,ZHANG Ruixue,ZHAO Jianyong. Malignant schwannoma of peripheral nerve:a case report[J]. Zhonghua Shou Wai Ke Za Zhi[Chin J Hand Surg(Article in Chinese;No abstract available)],2018,34(4):268-269. DOI:10.3760/cma.j.issn.1005-054X.2018.04.011.}

[17146] 姚汝瞻，王炳武，王光林. 石墨烯及其衍生物修复周围神经缺损的研究进展[J]. 中国修复重建外科杂志，2018，32（11）：1483-1487. DOI：10.7507/1002-1892.201804096. {YAO Ruzhan,WANG Bingwu,WANG Guanglin. Research progress of graphene and its derivatives in repair of peripheral nerve defect[J]. Zhongguo Xiu Fu Chong Jian Wai Ke Za Zhi[Chin J Repar Reconstr Surg(Article in Chinese;Abstract in Chinese and English)],2018,32(11):1483-1487. DOI:10.7507/1002-1892.201804096.}

[17147] 梁超，丛锐，鲜航，张凡亮，张航，臧成五，赵睿，黄景辉. 胶原阵列微管神经支架修复周围神经缺损的安全性初步观察[J]. 中华显微外科杂志，2019，42（2）：136-140. DOI：10.3760/cma.j.issn.1001-2036.2019.02.009. {LIANG Chao,CONG Rui,XIAN Hang,ZHANG Fanliang,ZHANG Hang,ZANG Chengwu,ZHAO Rui,HUANG Jinghui. Clinical safety of collagen nerve scaffold with longitudinally oriented microchannels in bridging peripheral nerve defect[J]. Zhonghua Xian Wei Wai Ke Za Zhi[Chin J Microsurg(Article in Chinese;Abstract in Chinese and English)],2019,42(2):136-140. DOI:10.3760/cma.j.issn.1001-2036.2019.02.009.}

[17148] 李奇，牟怡平，吴杰，李忠义. 利用外固定架进行神经牵引治疗周围神经缺损的疗效观察[J]. 实用手外科杂志，2019，33（4）：374-376，380. DOI：10.3969/j.issn.1671-2722.2019.04.002. {LI Qi,MOU Yiping,WU Jie,LI Zhongyi. The effect observation of nerve traction by external fixator on peripheral nerve defect[J]. Shi Yong Shou Wai Ke Za Zhi[Chin J Pract Hand Surg(Article in Chinese;Abstract in Chinese and English)],2019,33(4):374-376,380. DOI:10.3969/j.issn.1671-2722.2019.04.002.}

[17149] 戴伍飞，石嘉琪，刘莎，徐梓淇，石逸瑾，赵亚红，杨宇民. 用于周围神经再生的纤维基导电型复合支架制准及性能研究[J]. 中国修复重建外科杂志，2019，33（3）：356-362. DOI：10.7507/1002-1892.201808004. {DAI Wufei,SHI Jiaqi,LIU Sha,XU Ziqi,SHI Yijin,ZHAO Yahong,YANG Yumin. Preparation and properties of fiber-based conductive composite scaffolds for peripheral nerve regeneration[J]. Zhongguo Xiu Fu Chong Jian Wai Ke Za Zhi[Chin J Repar Reconstr Surg(Article in Chinese;Abstract in Chinese and English)],2019,33(3):356-362. DOI:10.7507/1002-1892.201808004.}

[17150] 何富林，杨东，朱庆棠. 硫酸软骨素蛋白多糖对周围神经有序再生作用的研究进展[J]. 中华创伤骨科杂志，2019，21(12)：1097-1100. DOI：10.3760/cma.j.issn.1671-7600.2019.12.017. {HE Fulin,YANG Dong,ZHU Qingtang. Advances in research into the effect of chondroitin sulfate proteoglycan on orderly regeneration of peripheral nerves[J]. Zhonghua Chuang Shang Gu Ke Za Zhi[Chin J Orthop Trauma(Article in Chinese;Abstract in Chinese and English)],2019,21(12):1097-1100. DOI:10.3760/cma.j.issn.1671-7600.2019.12.017.}

[17151] 杨文强，于炎冰，王琦，张黎. 周围神经显微减压术治疗上肢透析相关周围神经病的疗效分析[J]. 中华神经外科杂志，2020，36（4）：365-369. DOI：10.3760/cma.j.cn112050-20190515-00206. {YANG Wenqiang,YU Yanbing,WANG Qi,ZHANG Li. Efficacy analysis of microsurgical decompression of peripheral nerves for treatment of dialysis-related peripheral neuropathy of upper limbs[J]. Zhonghua Shen Jing Wai Ke Za Zhi[Chin J Neurosurg(Article in Chinese;Abstract in Chinese and English)],2020,36(4):365-369. DOI:10.3760/cma.j.cn112050-20190515-00206.}

[17152] 邱帅，朱庆棠. 中枢与周围神经交界连接区的细胞迁移和轴突导向[J]. 中华显微外科杂志，2020，43（3）：276. DOI：10.3760/cma.j.issn.1001-2036.2020.03.102. {QIU Shuai,ZHU Qingtang. Cell migration and axon guidance at the border between central and peripheral nervous system[J]. Zhonghua Xian Wei Wai Ke Za Zhi[Chin J Microsurg(Article in Chinese;No abstract available)],2020,43(3):276. DOI:10.3760/cma.j.issn.1001-2036.2020.03.102.}

6.1 周围神经显微解剖
micro-dissection of peripheral nerve

[17153] Chen XQ,Bo S,Zhong SZ. Nerves accompanying the vertebral artery and their clinical relevance[J]. Spine,1988,13(12):1360-1364. doi:10.1097/00007632-198812000-00006.

[17154] He YS,Zhong SZ. Acetylcholinesterase:a histochemical identification of motor and sensory fascicles in human peripheral nerve and its use during operation[J]. Plast Reconstr Surg,1988,82(1):125-132.

[17155] Ding YC,Sun GC,Lu Y,Ly SY. The vascular microanatomy of skin territory of posterior forearm and its clinical application[J]. Ann Plast Surg,1989,22(2):126-134. doi:10.1097/00000637-198902000-00007.

[17156] Ren Z,Liu B,Ma X. Characteristic of facial muscle and efferent nerve on physiology and anatomy[J]. Chin Med Sci J,1997,12(1):50-52.

[17157] Zhao X,Hung LK,Zhang GM,Lao J. Applied anatomy of the axillary nerve for selective neurotization of the deltoid muscle[J]. Clin Orthop Relat Res,2001,390:244-251. doi:10.1097/00003086-200109000-00028.

[17158] Lin Y,Qiu Y. Microanatomy of endoscope-assisted glabellar nasal keyhole approach[J]. Minim Invasive Neurosurg,2003,46(3):155-160. doi:10.1055/s-2003-40739.

[17159] Zhao X,Lao J,Hung LK,Zhang GM,Zhang LY,Gu YD. Selective neurotization of the median nerve in the arm to treat brachial plexus palsy. An anatomic study and case report[J]. J Bone Joint Surg Am,2004,86(4):736-742. doi:10.2106/00004623-200404000-00010.

[17160] Lei T,Xu DC,Gao JH,Zhong SZ,Chen B,Yang DY,Cui L,Li ZH,Wang XH,Yang SM. Using the frontal branch of the superficial temporal artery as a landmark for locating the course of the temporal branch of the facial nerve during rhytidectomy:an anatomical study[J]. Plast Reconstr Surg,2005,116(2):623-629;discussion 630. doi:10.1097/01.prs.0000174001.95115.9e.

[17161] Lei T,Gao JH,Xu DC,Zhong SZ,Li XJ,Chen B,Yang DY,Wang XH. The frontal-temporal nerve triangle:a new concept of locating the motor and sensory nerves in upper third of the face rhytidectomy[J]. Plast Reconstr Surg,2006,117(2):385-394. doi:10.1097/01.prs.0000200807.14826.f9.

[17162] Xiang JP,Liu XL,Xu YB,Wang JY,Hu J. Microsurgical anatomy of dorsal root entry zone of brachial plexus[J]. Microsurgery,2008,28(1):17-20. doi:10.1002/micr.20438.

[17163] Wang SS,Zheng HP,Zhang X,Zhang FH,Jing JJ,Wang RM. Microanatomy and surgical relevance of the olfactory cistern[J]. Microsurgery,2008,28(1):65-70. doi:10.1002/micr.20448.

[17164] Lu W,Xu JG,Wang DP,Gu YD. Microanatomical study on the functional origin and direction of the thoracodorsal nerve from the trunks of brachial plexus[J]. Clin Anat,2008,21(6):509-513. doi:10.1002/ca.20656.

[17165] Lu S,Xu YQ,Chang S,Zhang YZ,Shi JH,Ding ZH,Li ZH,Zhong SZ. Clinical anatomy study of autonomic nerve with respective to the anterior approach lumbar surgery[J]. Surg Radiol Anat,2009,31(6):425-430. doi:10.1007/s00276-009-0461-7.

[17166] Liang C,Du Y,Lin X,Wu L,Wu D,Wang X. Anatomical features of the cisternal segment of the oculomotor nerve:neurovascular relationships and abnormal compression on magnetic resonance imaging[J]. J Neurosurg,2009,111(6):1193-1200. doi:10.3171/2009.1.JNS081185.

[17167] Zhang B,Li Z,Yang X,Li G,Wang Y,Cheng J,Tang X,Wang F. Anatomical variations of the upper thoracic sympathetic chain[J]. Clin Anat,2009,22(5):595-600. doi:10.1002/ca.20803.

[17168] Zhang Y,Liu H,Liu EZ,Lin YZ,Zhao SG,Jing GH. Microsurgical anatomy of the ocular motor nerves[J]. Surg Radiol Anat,2010,32(7):623-628. doi:10.1007/s00276-009-0585-9.

[17169] Song ZF,Sun MM,Wu ZY,Xia CL. Anatomical study and clinical significance of the rami communicantes between cervicothoracic ganglion and brachial plexus[J]. Clin Anat,2010,23(7):811-844. doi:10.1002/ca.21008.

[17170] Lin JF,Wang YH,Jiang BG,Zhang PX,Li YY,Zhang DY. Overall anatomical features and clinical value of the sacral nerve in high resolution computed tomography reconstruction[J]. Chin Med J,2010,123(21):3015-3019.

[17171] Zhu J,Li D,Shao J,Hu B. An ultrasound study of anatomic variants of the sural nerve[J]. Muscle Nerve,2011,43(4):560-562. doi:10.1002/mus.21918.

[17172] Yang D,Zhou Y,Tang Q,Xu H,Yang X. Anatomical relationship between the proximal tibia and posterior neurovascular structures:a safe zone for surgeries involving the proximal tibia[J]. J Arthroplasty,2011,26(7):1123-1127. doi:10.1016/j.arth.2011.02.023.

[17173] Zhang Y,Yu H,Shen BY,Zhong CJ,Liu EZ,Lin YZ,Jing GH. Microsurgical anatomy of the abducens nerve[J]. Surg Radiol Anat,2012,34(1):3-14. doi:10.1007/s00276-011-0850-6.

[17174] Shao YX,Xie X,Liang HS,Zhou J,Jing M,Liu EZ. Microsurgical anatomy of the greater superficial petrosal nerve[J]. World Neurosurg,2012,77(1):172-182. doi:10.1016/j.wneu.2011.06.035.

[17175] Chen YF,Zhu NF,Zhang CQ,Wang L,Wei HF,Lu Y. The relevance of the anatomical basis of fracture for the subsequent treatment of the anterior humeral circumflex artery and the axillary nerve[J]. Int Orthop,2012,36(4):783-787. doi:10.1007/s00264-011-1394-4.

[17176] Jia Y,Gou W,Geng L,Wang Y,Chen J. Anatomic proximity of the peroneal nerve to the posterolateral corner of the knee determined by MR imaging[J]. Knee,2012,19(6):766-768. doi:10.1016/j.knee.2012.01.007.

[17177] Wang XK,Wang HZ,Fu DJ,Lai MK. Microanatomy of the spermatic cords during microsurgical inguinal varicocelectomy:initial experience in Asian men[J]. Asian J Androl,2012,14(6):897-899. doi:10.1038/aja.2012.72.

[17178] Wang C,Liu J,Yuan W,Zhou X,Wang X,Xu P,Chen J,Wu G,Shi S. Anatomical feasibility of vagus nerve esophageal branch transfer to the phrenic nerve[J]. Neural Regen Res,2012,7(9):703-707. doi:10.3969/j.issn.1673-5374.2012.09.011.

[17179] Song ZF,Sun MM,Wu ZY,Lv HZ,Xia CL. Anatomical study of the communicating branches of cords of the brachial plexus and their clinical implications[J]. Clin Anat,2014,27(4):631-636. doi:10.1002/ca.22126.

[17180] Yang J,Jia X,Yu C,Gu Y. Pronator teres branch transfer to the anterior interosseous nerve for treating C8T1 brachial plexus avulsion:an anatomic study and case report[J]. Neurosurgery,2014,75(4):375-379;discussion 379. doi:10.1227/NEU.0000000000000435.

[17181] Wang C,Zhang Y,Nicholas T,Wu G,Shi S,Bo Y,Wang X,Zhou X,Yuan W. Neurotization of the phrenic nerve with accessory nerve for high cervical spinal cord injury with respiratory distress:an anatomic study[J]. Turk Neurosurg,2014,24(4):478-483. doi:10.5137/1019-5149.JTN.8335-13.1.

[17182] Yang XF,Luo GH,Ding ZH,Li GX,Chen XW,Zhong SZ. The urogenital-hypogastric sheath:an anatomical observation on the relationship between the inferomedial extension of renal fascia and the hypogastric nerves[J]. Int J Colorectal Dis,2014,29(11):1417-1426. doi:10.1007/s00384-014-1973-0.

[17183] Geng X,Xu J,Ma X,Wang X,Huang J,Zhang C,Wang C,Muhammad H. Anatomy of the sural nerve with an emphasis on the incision for medial displacement calcaneal osteotomy[J]. J Foot Ankle Surg,2015,54(3):341-344. doi:10.1053/j.jfas.2014.07.008.

[17184] Tian D,Fu M. Anatomic variation of the common palmar digital nerves and arteries[J]. J Korean Neurosurg Soc,2015,57(3):219-220. doi:10.3340/jkns.2015.57.3.219.

[17185] Yin Z,Yin J,Cai J,Sui T,Cao X. Neuroanatomy and clinical analysis of the cervical sympathetic trunk and longus colli[J]. J Biomed Res,2015,29(6):501-507. doi:10.7555/JBR.29.20150047.

[17186] Qin BG,Fu G,Yang JT,Wang HG,Zhu QT,Liu XL,Zhu JK,Gu LQ. Microanatomy of the separable length of the C7[J]. J Reconstr Microsurg,2016,32(2):109-113. doi:10.1055/s-0035-1563380.

[17187] Wang YJ,Liu L,Zhang MC,Sun H,Zeng H,Yang P. Imaging of pericardiophrenic bundles using multislice spiral computed tomography for phrenic nerve anatomy[J]. J Cardiovasc Electrophysiol,2016,27(8):961-971. doi:10.1111/

jce.13003.
[17188] Wang C,Kundaria S,Fernandez-Miranda J,Duvvuri U. A description of the anatomy of the glossopharyngeal nerve as encountered in transoral surgery[J]. Laryngoscope,2016,126(9):2010-2015. doi:10.1002/lary.25706.
[17189] Zhang L,Dong Z,Zhang CL,Gu YD. Surgical anatomy of the radial nerve at the elbow and in the forearm:anatomical basis for intraplexus nerve transfer to reconstruct thumb and finger extension in c7-t1 brachial plexus palsy[J]. J Reconstr Microsurg,2016,32(9):670-674. doi:10.1055/s-0036-1584687.
[17190] Zhong LY,Wang AP,Hong L,Chen SH,Wang XQ,Lv YC,Peng TH. Microanatomy of the brachial plexus roots and its clinical significance[J]. Surg Radiol Anat,2017,39(6):601-610. doi:10.1007/s00276-016-1784-9.
[17191] Ryu MH,Kahng D. Anatomical variation of zygomatic nerve branches around zygomaticus major muscle in facelift[J]. Plast Reconstr Surg Glob Open,2017,5(2):e1241. doi:10.1097/GOX.0000000000001241.
[17192] Mao H,Dong W,Shi Z,Yin W,Xu D,Wapner KL. Anatomical study of the neurovascular in flexor hallucis longus tendon transfers[J]. Sci Rep,2017,7(1):14202. doi:10.1038/s41598-017-13742-0.
[17193] Wang F,Zhou D,Li W,Ge M,Zhu D. A new pattern of the sural nerve added to "anatomy of the sural nerve:cadaver study and literature review"[J]. Plast Reconstr Surg Glob Open,2017,5(12):e1628. doi:10.1097/GOX.0000000000001628.
[17194] Zhu L,Zhou ZB,Shen D,Chen AM. Ipsilateral S2 nerve root transfer to pudendal nerve for restoration of external anal and urethral sphincter function:an anatomical study[J]. Sci Rep,2019,9(1):13993. doi:10.1038/s41598-019-50484-7.
[17195] Zhang H,Miao Y,Qu Z. Upper trunk block for shoulder analgesia with potential phrenic nerve sparing:a preliminary anatomical report one fascia,two blocks,and a concern on diaphragm-sparing[J]. Reg Anesth Pain Med,2019 Dec 1. rapm-2019-100746. doi:10.1136/rapm-2019-100746. Online ahead of print.
[17196] Yang XH,Wei C,Li GP,Wang JJ,Zhao HT,Shi LT,Cao XY,Zhang YZ. Anatomical study of the anterior neurovascular interval approach to the elbow:observation of the neurovascular interval and relevant branches[J]. Folia Morphol (Warsz),2020,79(2):387-394. doi:10.5603/FM.a2019.0093.
[17197] He WT,Li SG,Shao Y,Yang JT,Yang Y,Qin BG,Gu LQ. Safe level for harvesting for ulnar and median nerve transfers:a microanatomical and histological study[J]. J Hand Surg Eur,2020,45(8):827-831. doi:10.1177/1753193420901441.
[17198] Ye P,Feng XL,Yang ZH,Li GP,Sun J,Wu HX,Chen SC. The anatomy of the temporal and zygomatic branches of the facial nerve:application to Crow's feet wrinkles[J]. J Craniofac Surg,2020 Oct 8. doi:10.1097/SCS.0000000000007123. Online ahead of print.
[17199] Zhao S,Qiu L,Di P,Wang Y. The anatomy of the lateral cutaneous nerve of the thigh--a possible donor nerve for facial nerve repair[J]. Int J Oral Maxillofac Surg,1995,24(3):245-247. doi:10.1016/s0901-5027(06)80139-6.
[17200] 周长满，王书良，陈锡满，卢世璧. 颈丛代臂丛的应用解剖学研究 [J]. 临床应用解剖学杂志，1985，3(2): 92-94. DOI: 10.13418/j.issn.1001-165x.1985.02.012. {ZHOU Changman,WANG Shuliang,CHEN Ximan,LU Shibi. Applied anatomy of repairing brachial plexus with cervical plexus[J]. Lin Chuang Ying Yong Jie Pou Xue Za Zhi[Chin J Clin Anat(Article in Chinese;Abstract in Chinese)],1985,3(2):92-94. DOI:10.13418/j.issn.1001-165x.1985.02.012.}
[17201] 戴绍业，林道贤，李汉云，韩震. 胸背神经转位与腋神经缝接术及其应用解剖学 [J]. 临床解剖学杂志，1986，4(2): 90-92，126. DOI: 10.13418/j.issn.1001-165x.1986.02.014. {DAI Shaoye,LIN Daoxian,LI Hanyun,HAN Zhen. Applied anatomy of the transposition and anastomosis of thoracodorsal nerve to axillary nerve for the treatment of deltoid muscle paralysis[J]. Lin Chuang Jie Pou Xue Za Zhi[Chin J Clin Anat(Article in Chinese;Abstract in Chinese and English)],1986,4(2):90-92,126. DOI:10.13418/j.issn.1001-165x.1986.02.014.}
[17202] 韩震，钟世镇，孙博，刘牧之，何蕴韶，彭义森，孟石合，顾玉东. 前锯肌及其神经支配的解剖学研究 [J]. 临床解剖学杂志，1986，4(3): 158-160，190. {HAN Zhen,ZHONG Shizhen,SUN Bo,LIU Muzhi,HE Yunshao,PENG Yisen,MENG Shihe,GU Yudong. An anatomical study of anterior serratus muscle and its nerve supply[J]. Lin Chuang Jie Pou Xue Za Zhi[Chin J Clin Anat(Article in Chinese;Abstract in Chinese and English)],1986,4(3):158-160,190.}
[17203] 孙博，何蕴韶，钟世镇. 用下位肋间神经与股神经缝接治疗截瘫的解剖学探讨 [J]. 临床解剖学杂志，1986，4(3): 164-165，191. DOI: 10.13418/j.issn.1001-165x.1986.03.014. {SUN Bo,HE Yunshao,ZHONG Shizhen. Anatomical research on intercosta-femoral nerve anastomosis for the treatment of paraplegia[J]. Lin Chuang Jie Pou Xue Za Zhi[Chin J Clin Anat(Article in Chinese;Abstract in Chinese and English)],1986,4(3):164-165,191. DOI:10.13418/j.issn.1001-165x.1986.03.014.}
[17204] 钟世镇，孙博. 周围神经应用解剖学研究的进展 [J]. 临床解剖学杂志，1986，4(4): 247-250. DOI: 10.13418/j.issn.1001-165x.1986.04.030. {ZHONG Shizhen,SUN Bo. Advances in applied anatomy of peripheral nerve[J]. Lin Chuang Jie Pou Xue Za Zhi[Chin J Clin Anat(Article in Chinese;No abstract available)],1986,4(4):247-250. DOI:10.13418/j.issn.1001-165x.1986.04.030.}
[17205] 韩震，钟世镇，孙博，刘牧之，胥少汀，谢中光. 桡尺正中神经自然分束的解剖学及临床意义 [J]. 中华外科杂志，1986，24(1): 23-25. {HAN Zhen,ZHONG Shizhen,SUN Bo,LIU Muzhi,XU Shaoting,XIE Zhongguang. Anatomy and clinical significance of natural radical median nerve bundle[J]. Zhonghua Wai Ke Za Zhi[Chin J Surg (Article in Chinese;No abstract available)],1986,24(1):23-25.}
[17206] 顾玉东. 臂丛神经的临床解剖及其意义 [J]. 临床解剖学杂志，1987，5(4): 228-230，248-249. DOI: 10.13418/j.issn.1001-165x.1987.04.021. {GU Yudong. Clinical anatomy of brachial plexus and its clinical significance[J]. Lin Chuang Jie Pou Xue Za Zhi[Chin J Clin Anat(Article in Chinese;Abstract in Chinese and English)],1987,5(4):228-230,248-249. DOI:10.13418/j.issn.1001-165x.1987.04.021.}
[17207] 韩震，周莹，周琳. 用骨间前神经修复尺神经掌深支的应用解剖学研究 [J]. 修复重建外科杂志，1988，2(2): 235. {HAN Zhen,ZHOU Ying,ZHOU Lin. Applied anatomy of repairing deep metacarpal branch of ulnar nerve with anterior interosseous nerve[J]. Zhongguo Xiu Fu Chong Jian Wai Ke Za Zhi[Chin J Repar Reconstr Surg(Article in Chinese;No abstract available)],1988,2(2):235.}
[17208] 俞光荣. 前臂神经的应用解剖学研究 [J]. 修复重建外科杂志，1988，2(2): 241. {YU Guangrong. Applied anatomy of forearm nerve[J]. Zhongguo Xiu Fu Chong Jian Wai Ke Za Zhi[Chin J Repar Reconstr Surg(Article in Chinese;No abstract available)],1988,2(2):241.}
[17209] 俞光荣，杨少岩，李小平，唐兆濂. 前臂皮神经的应用解剖学研究 [J]. 修复重建外科杂志，1989，3(1): 41-43. {YU Guangrong,YANG Shaoyan,LI Xiaoping,TANG Zhaolian. Applied anatomy of the cutaneous nerve of the forearm[J]. Zhongguo Xiu Fu Chong Jian Wai Ke Za Zhi[Chin J Repar Reconstr Surg(Article in Chinese;No abstract available)],1989,3(1):41-43.}
[17210] 韩震，周莹. 骨间前神经修复尺神经掌深支应用解剖学研究 [J]. 中华显微外科杂志，1990，13(1): 29-31. {HAN Zhen,ZHOU Ying. Applied anatomy of repairing deep metacarpal branch of ulnar nerve with anterior interosseous nerve[J]. Zhonghua Xian Wei Wai Ke Za Zhi[Chin J Microsurg(Article in Chinese;No abstract available)],1990,13(1):29-31.}
[17211] 张咸中，黎晓华. 胎儿臂丛神经解剖学研究及其临床意义 [J]. 中华显微外科杂志，1993，16(2): 132-135. {ZHANG Xianzhong,LI Xiaohua. Anatomical study of fetal brachial plexus and its clinical significance[J]. Zhonghua Xian Wei Wai Ke Za Zhi[Chin J Microsurg(Article in Chinese;Abstract in Chinese)],1993,16(2):132-135.}
[17212] 党瑞山，纪荧明，李八斤，姜宗来，匡勇，侯春林. T9~12 后外侧支与臀上皮神经缝接重建臀部感觉的应用解剖 [J]. 中国临床解剖学杂志，1994，12(3): 180-182. DOI: 10.13418/j.issn.1001-165x.1994.03.011. {DANG Ruishan,JI Yingming,LI Bajin,JIANG Zonglai,KUANG Yong,HOU Chunlin. Match of posterolateral branches of t9~12 thoracic nerves with superior clunial nerves for sensory restoration of gluteal region:the anatomic aspect[J]. Zhongguo Lin Chuang Jie Pou Xue Za Zhi[Chin J Clin Anat(Article in Chinese;Abstract in Chinese and English)],1994,12(3):180-182. DOI:10.13418/j.issn.1001-165x.1994.03.011.}
[17213] 郑和平，张发惠，钟桂午. 腓肠肌神经肌蒂移位修复小腿前外侧肌瘫的应用解剖 [J]. 中国临床解剖学杂志，1994，12(3): 201-202. DOI: 10.13418/j.issn.1001-165x.1994.03.022. {ZHENG Heping,ZHANG Fahui,ZHONG Guiwu. Transfer of nerve-muscle pedicle of gastrocnemius for paralysis of anterolateral muscles of the leg:the applied anatomy[J]. Zhongguo Lin Chuang Jie Pou Xue Za Zhi[Chin J Clin Anat(Article in Chinese;Abstract in Chinese and English)],1994,12(3):201-202. DOI:10.13418/j.issn.1001-165x.1994.03.022.}
[17214] 王岩，朱盛修. 骨间前神经旋前方肌支转位修复鱼际支及尺神经深支的显微解剖学研究 [J]. 中华实验外科杂志，1994，11(4): 213-214，258-259. {WANG Yan,ZHU Shengxiu. Transfer of anterior interosseous nerve toinnervate intrinsic muscles of the hand:microanatomy research and related clinical problems[J]. Zhonghua Shi Yan Wai Ke Za Zhi[Chin J Exp Surg(Article in Chinese;Abstract in Chinese and English)],1994,11(4):213-214,258-259.}
[17215] 王伟，李吉. 带血管尺神经移植显微外科解剖学研究 [J]. 中华显微外科杂志，1995，18(1): 50-51. {WANG Wei,LI Ji. Microsurgical anatomy of vascularized ulnar nerve transplantation[J]. Zhonghua Xian Wei Wai Ke Za Zhi[Chin J Microsurg(Article in Chinese;No abstract available)],1995,18(1):50-51.}
[17216] 张发惠，郑和平，钟桂午. 桡侧腕短伸肌神经血管肌蒂移位修复前臂屈肌瘫的应用解剖 [J]. 中国临床解剖学杂志，1996，14(1): 18-19. DOI: 10.13418/j.issn.1001-165x.1996.01.009. {ZHANG Fahui,ZHENG Heping,ZHONG Guiwu. Applied anatomy of the neurovascular pedicle of short radial carpal extensor muscle[J]. Zhongguo Lin Chuang Jie Pou Xue Za Zhi[Chin J Clin Anat(Article in Chinese;Abstract in Chinese and English)],1996,14(1):18-19. DOI:10.13418/j.issn.1001-165x.1996.01.009.}
[17217] 沈尊理，陈德松，顾玉东，杨国敬. 臂丛神经椎间孔处的显微解剖及其临床意义 [J]. 中华手外科杂志，1996，12(1): 13-16. {SHEN Zunli,CHEN Desong,GU Yudong,YANG Guojing. Microsurgical anatomy of brachial plexus at the intervertebral foramen[J]. Zhonghua Shou Wai Ke Za Zhi[Chin J Hand Surg(Article in Chinese;Abstract in Chinese and English)],1996,12(1):13-16.}
[17218] 王伟，李吉. 有血供的尺神经移植的解剖学研究 [J]. 中华手外科杂志，1996，12(1): 20-22. {WANG Wei,LI Ji. Anatomical researches on vascularized ulnar nerve graft[J]. Zhonghua Shou Wai Ke Za Zhi[Chin J Hand Surg(Article in Chinese;Abstract in Chinese and English)],1996,12(1):20-22.}
[17219] 彭峰，陈德松，顾玉东. 肘部尺神经的临床解剖学研究 [J]. 中华手外科杂志，1996，12(2): 107-109. {PENG Feng,CHEN Desong,GU Yudong. Anatomical study of ulnar nerve compression at the elbow[J]. Zhonghua Shou Wai Ke Za Zhi[Chin J Hand Surg(Article in Chinese;Abstract in Chinese and English)],1996,12(2):107-109.}
[17220] 徐朋，徐达传. 腰骶部脊神经后根的显微外科解剖学研究 [J]. 中国临床解剖学杂志，1997，15(4): 241-245. DOI: 10.13418/j.issn.1001-165x.1997.04.001. {XU Peng,XU Dachuan. The microsurgical anatomy of the lumbosacral dorsal nerve roots[J]. Zhongguo Lin Chuang Jie Pou Xue Za Zhi[Chin J Clin Anat(Article in Chinese;Abstract in Chinese and English)],1997,15(4):241-245. DOI:10.13418/j.issn.1001-165x.1997.04.001.}
[17221] 付秀利，李幼琼，吕辉，吴德昌. 踝跖部神经显微断层解剖及其临床意义 [J]. 中国临床解剖学杂志，1997，15(3): 36-39. DOI: 10.13418/j.issn.1001-165x.1997.03.017. {FU Xiuli,LI Youqiong,LV Hui,WU Dechang. Microanatomy and clinical significance of anklometatarsal nerve[J]. Zhongguo Lin Chuang Jie Pou Xue Za Zhi[Chin J Clin Anat(Article in Chinese;Abstract in Chinese and English)],1997,15(3):36-39. DOI:10.13418/j.issn.1001-165x.1997.03.017.}
[17222] 彭峰，陈德松，顾玉东. 肘部尺神经半脱位的解剖学和流行病学研究 [J]. 中华骨科杂志，1997，17(1): 29-31. {PENG Feng,CHEN Desong,GU Yudong. Anatomical and epidemiological studies of the ulnar nerve subluxation at the elbow[J]. Zhonghua Gu Ke Za Zhi[Chin J Orthop(Article in Chinese;Abstract in Chinese and English)],1997,17(1):29-31.}
[17223] 王岩，朱盛修，张伯勋. 骨间前神经旋前方肌支移位修复鱼际肌支、尺神经深支的解剖研究及临床应用 [J]. 中国修复重建外科杂志，1997，11(6): 19-21. {WANG Yan,ZHU Shengxiu,ZHANG Boxun. Anatomical study and clinical application of transfer of pronator quadratus branch of anterior interosseous nerve in the repair of thenar branch of median nerve and deep branch of ulnar nerve[J]. Zhongguo Xiu Fu Chong Jian Wai Ke Za Zhi[Chin J Repar Reconstr Surg(Article in Chinese;Abstract in Chinese and English)],1997,11(6):19-21.}
[17224] 傅忠国，徐林，易斌，王波. 腰骶部脊神经根解剖变异及其临床意义 [J]. 中国临床解剖学杂志，1998，16(2): 145-147. DOI: 10.13418/j.issn.1001-165x.1998.02.023. {FU Zhongguo,XU Lin,YI Bin,WANG Bo. Anatomy of lumbosacral spinal nerve roos and its clinical signifcance[J]. Zhongguo Lin Chuang Jie Pou Xue Za Zhi[Chin J Clin Anat(Article in Chinese;Abstract in Chinese and English)],1998,16(2):145-147. DOI:10.13418/j.issn.1001-165x.1998.02.023.}
[17225] 劳镇国，于国中，刘均墀. 股神经与股四头肌的解剖学研究与临床应用 [J]. 中华显微外科杂志，1998，21(3): 189. DOI: 10.3760/cma.j.issn.1001-2036.1998.03.011. {LAO Zhenguo,YU Guozhong,LIU Junchi. Study on the anatomy and clinical implication of the femoral nerve and femoral quadriceps muscles[J]. Zhonghua Xian Wei Wai Ke Za Zhi[Chin J Microsurg(Article in Chinese;Abstract in Chinese and English)],1998,21(3):189. DOI:10.3760/cma.j.issn.1001-2036.1998.03.011.}
[17226] 劳杰，熊良俭，顾玉东. 斜方肌神经支配的应用解剖学研究 [J]. 中华手外科杂志，1999，15(3): 161. DOI: 10.3760/cma.j.issn.1005-054X.1999.03.013. {LAO Jie,XIONG Liangjian,GU Yudong. Innervation of the trapezius muscle:a microanatomic study[J]. Zhonghua Shou Wai Ke Za Zhi[Chin J Hand Surg(Article in Chinese;Abstract in Chinese and English)],1999,15(3):161. DOI:10.3760/cma.j.issn.1005-054X.1999.03.013.}
[17227] 赵新，张高孟，劳杰，邢进峰. 腋神经与四边孔关系的解剖学研究 [J]. 中华手外科杂志，1999，15(3): 3-5. {ZHAO Xin,ZHANG Gaomeng,LAO Jie,XING Jinfeng. An anatomical study of axillary nerve in quadrilateral zone[J]. Zhonghua Shou Wai Ke Za Zhi[Chin J Hand Surg(Article in Chinese;Abstract in Chinese and English)],1999,15(3):3-5.}
[17228] 徐建广，顾玉东. 大鼠坐骨神经显微解剖及其意义 [J]. 上海医学，1999，22(3): 154-155. DOI: 10.3969/j.issn.0253-9934.1999.03.009. {XU Jianguang,GU Yudong. Micro-anatomy of the sciatic nerve of the adult rat and its significance[J]. Shang Hai Yi Xue[Shanghai Med J(Article in Chinese;Abstract in Chinese and English)],1999,22(3):154-155. DOI:10.3969/j.issn.0253-9934.1999.03.009.}
[17229] 徐朋，徐达传，石瑾，钟世镇. 颈部脊神经后根显微外科解剖学研究 [J]. 中国临床解剖学杂志，2000，18(4): 305-307. DOI: 10.3969/j.issn.1001-165X.2000.04.006.

{XU Peng,XU Dachuan,SHI Jin,ZHONG Shizhen. Microsurgical anatomy of the cervical dorsal nerve roots[J]. Zhongguo Lin Chuang Jie Pou Xue Za Zhi[Chin J Clin Anat(Article in Chinese;Abstract in Chinese and English)],2000,18(4):305-307. DOI:10.3969/j.issn.1001-165X.2000.04.006.}

[17230] 武钢，徐达传，钟世镇．大腿内收肌神经肌支的终支的应用解剖学 [J]．中国矫形外科杂志，2000，7（8）：824．DOI：10.3969/j.issn.1005-8478.2000.08.041．{WU Gang,XU Dachuan,ZHONG Shizhen. Applied anatomy of the terminal branch of the adductor nerve of the thigh[J]. Zhongguo Jiao Xing Wai Ke Za Zhi[Orthop J China(Article in Chinese;No abstract available)],2000,7(8):824. DOI:10.3969/j.issn.1005-8478.2000.08.041.}

[17231] 王绥江，罗少军，郝新光．前臂皮神经、皮神经营养血管与浅静脉的关系和临床意义的解剖学研究 [J]．中华整形外科杂志，2000，16（4）：212．DOI：10.3760/j.issn：1009-4598.2000.04.006．{WANG Suijiang,LUO Shaojun,HAO Xinguang. The superficial vein,cutaneous nerve and its nutrient vessels in the forearm:anatomic study and the clinical implication[J]. Zhonghua Zheng Xing Wai Ke Za Zhi[Chin J Plast Surg(Article in Chinese;Abstract in Chinese and English)],2000,16(4):212. DOI:10.3760/j.issn:1009-4598.2000.04.006.}

[17232] 张向阳，周泰仁，曹德良，陈峥嵘．骨间背侧神经终末支的应用解剖研究 [J]．中国实用手外科杂志，2000，14（3）：166-167，173-193．{ZHANG Xiangyang,ZHOU Tairen,CAO Deliang,CHEN Zhengrong. Applied anatomical study of the terminal portion of dorsal interosseous nerve[J]. Shi Yong Shou Wai Ke Za Zhi[Chin J Pract Hand Surg(Article in Chinese;Abstract in Chinese and English)],2000,14(3):166-167,173-193.}

[17233] 徐文东，马建军，徐建光，黄汉伟，张家胜，张成钢，顾玉东．胸腔镜下切取膈神经的应用解剖 [J]．中国临床解剖学杂志，2001，19（1）：8-10．DOI：10.3969/j.issn.1001-165X.2001.01.002．{XU Wendong,MA Jianjun,XU Jianguang,HUANG Hanwei,ZHANG Jiasheng,ZHANG Chenggang,GU Yudong. Applied anatomy of cutting the phrenic nerve under VATS[J]. Zhongguo Lin Chuang Jie Pou Xue Za Zhi[Chin J Clin Anat(Article in Chinese;Abstract in Chinese and English)],2001,19(1):8-10. DOI:10.3969/j.issn.1001-165X.2001.01.002.}

[17234] 王金武，陈德松，王劼，方有生，顾玉东．颈神经后支的解剖及其临床意义 [J]．中国临床解剖学杂志，2001，19（2）：104-107．DOI：10.3969/j.issn.1001-165X.2001.02.002．{WANG Jinwu,CHEN Desong,WANG Jie,FANG Yousheng,GU Yudong. Applied anatomy of cervical dorsal rami nerve and its clinical significance[J]. Zhongguo Lin Chuang Jie Pou Xue Za Zhi[Chin J Clin Anat(Article in Chinese;Abstract in Chinese and English)],2001,19(2):104-107. DOI:10.3969/j.issn.1001-165X.2001.02.002.}

[17235] 徐杰，顾玉东，成效敏，董震．带尺侧上副动脉尺神经转位的解剖及临床意义 [J]．中国临床解剖学杂志，2001，19（2）：108-110．DOI：10.3969/j.issn.1001-165X.2001.02.003．{XU Jie,GU Yudong,CHENG Xiaomin,DONG Zhen. The anatomical study of vascularized ulnar nerve graft pedicled with the superior collateral ulnar artery[J]. Zhongguo Lin Chuang Jie Pou Xue Za Zhi[Chin J Clin Anat(Article in Chinese;Abstract in Chinese and English)],2001,19(2):108-110. DOI:10.3969/j.issn.1001-165X.2001.02.003.}

[17236] 王伟，罗永湘．上肢神经肌支的显微解剖及其在痉挛性瘫痪治疗中的意义 [J]．中国临床解剖学杂志，2001，19（3）：205-207．DOI：10.3969/j.issn.1001-165X.2001.03.004．{WANG Wei,LUO Yongxiang. Microanatomical study of muscular branches of upper extremity nerves and it's clinical significance in the treatment of spastic paralysis[J]. Zhongguo Lin Chuang Jie Pou Xue Za Zhi[Chin J Clin Anat(Article in Chinese;Abstract in Chinese and English)],2001,19(3):205-207. DOI:10.3969/j.issn.1001-165X.2001.03.004.}

[17237] 纪荣明，张少成，姜宗来，冯皓，汪晓军．颈襻或胸锁乳突肌支与膈神经吻接重建呼吸功能的应用解剖 [J]．中国临床解剖学杂志，2001，19（4）：319-320．DOI：10.3969/j.issn.1001-165X.2001.04.010．{JI Rongming,ZHANG Shaocheng,JIANG Zonglai,FENG Hao,WANG Xiaojun. Applied anatomy of anastomosis between the cervical loop or sternocleidomastoid muscular branches of the accessory nerve and the phrenic nerve for treatment of dyspnea after paraplegia[J]. Zhongguo Lin Chuang Jie Pou Xue Za Zhi[Chin J Clin Anat(Article in Chinese;Abstract in Chinese and English)],2001,19(4):319-320. DOI:10.3969/j.issn.1001-165X.2001.04.010.}

[17238] 杨学超，张文惠，高顺红，李瑞国，李文宏．胸背神经双分支的解剖研究与临床应用 [J]．中华骨科杂志，2001，21（2）：77-79．DOI：10.3760/j.issn：0253-2352.2001.02.003．{YANG Xuechao,ZHANG Wenhui,GAO Shunhong,LI Ruiguo,LI Wenhong. Anatomic study and clinical application of double-branched thoracodorsal nerve[J]. Zhonghua Gu Ke Za Zhi[Chin J Orthop(Article in Chinese;Abstract in Chinese and English)],2001,21(2):77-79. DOI:10.3760/j.issn:0253-2352.2001.02.003.}

[17239] 赵新，张高孟，劳杰．臂部正中神经内神经束组分布的解剖学研究及其临床意义 [J]．中华手外科杂志，2001，17(1)：41-44．DOI：10.3760/cma.j.issn.1005-054X.2001.01.016．{ZHAO Xin,ZHANG Gaomeng,LAO Jie. The topographic features of the fascicular groups of the median nerve in the upper arm and its clinical significance[J]. Zhonghua Shou Wai Ke Za Zhi[Chin J Hand Surg(Article in Chinese;Abstract in Chinese and English)],2001,17(1):41-44. DOI:10.3760/cma.j.issn.1005-054X.2001.01.016.}

[17240] 邢丹谋，周必光，彭正人，危蕾，潘昊，王俊文．指固有神经背侧支的应用解剖学研究 [J]．中华手外科杂志，2001，17（1）：54-56．{XING Danmou,ZHOU Biguang,PENG Zhengren,WEI Lei,PAN Hao,WANG Junwen. Applied anatomy of the dorsal branch of the proper digital nerve[J]. Zhonghua Shou Wai Ke Za Zhi[Chin J Hand Surg(Article in Chinese;Abstract in Chinese and English)],2001,17(1):54-56.}

[17241] 官士兵，史其林，孙贵新，顾玉东．内镜下小切口切取前臂尺神经移位的解剖学研究及临床意义 [J]．中国微创外科杂志，2001，1(6)：349-351．DOI：10.3969/j.issn.1009-6604.2001.06.013．{GUAN Shibing,SHI Qilin,SUN Guixin,GU Yudong. Endoscopic harvesting of the ulnar nerve in the forearm for the treatment of brachial plexus avulsion injury:anatomical study and clinical significance[J]. Zhongguo Wei Chuang Wai Ke Za Zhi[Chin J Minim Inva Surg(Article in Chinese;Abstract in Chinese and English)],2001,1(6):349-351. DOI:10.3969/j.issn.1009-6604.2001.06.013.}

[17242] 李正维，唐天驷，杨惠林，姜虹．上下肢相应脊神经后根的应用解剖学研究 [J]．骨与关节损伤杂志，2001，16(4)：294-296．DOI：10.3969/j.issn.1672-9935.2001.04.019．{LI Zhengwei,TANG Tiansi,YANG Huilin,JIANG Hong. Anatomy of the spinal posterior roots in the upper and lower limbs[J]. Gu Yu Guan Jie Sun Shang Za Zhi[J Bone Joint Injury(Article in Chinese;Abstract in Chinese and English)],2001,16(4):294-296. DOI:10.3969/j.issn.1672-9935.2001.04.019.}

[17243] 路来金，朴成东，于家傲，刘志刚，宫旭，赵春鹏，赵亮．双轴点动脉蒂桡神经浅支移位术的解剖学研究 [J]．中国临床解剖学杂志，2002，20（5）：348-351．DOI：10.3969/j.issn.1001-165X.2002.05.012．{LU Laijin,PU Chengdong,YU Jiaao,LIU Zhigang,GONG Xu,ZHAO Chunpeng,ZHAO Liang. Anatomic study on the transposition of superficial branch of radial nerve pedicled with two rotation point arteries[J]. Zhongguo Lin Chuang Jie Pou Xue Za Zhi[Chin J Clin Anat(Article in Chinese;Abstract in Chinese and English)],2002,20(5):348-351. DOI:10.3969/j.issn.1001-165X.2002.05.012.}

[17244] 李绍光，顾立强．腋神经中三角肌功能束组在四边孔平面分布的显微解剖及组织学研究 [J]．中华创伤骨科杂志，2002，4（1）：52-55．DOI：10.3760/cma.j.issn.1671-7600.2002.01.016．{LI Shaoguang,GU Liqiang. Microanatomy and histological study of the fascicular group to deltoid muscle in axillary nerve at the level of quadrilateral zone[J]. Zhonghua Chuang Shang Gu Ke Za Zhi[Chin J Orthop Trauma(Article in Chinese;Abstract in Chinese and English)],2002,4(1):52-55. DOI:10.3760/cma.j.issn.1671-7600.2002.01.016.}

[17245] 周友清，陈亮，顾玉东，李继峰．不同年龄大鼠神经再生解剖特异性的差异 [J]．中华创伤杂志，2002，18（7）：401-403．DOI：10.3760/j：issn：1001-8050.2002.07.005．{ZHOU Youqing,CHEN Liang,GU Yudong,LI Jifeng. Comparison of topographic specificity in peripheral nerve regeneration at different age:an experimental study[J]. Zhonghua Chuang Shang Za Zhi[Chin J Trauma(Article in Chinese;Abstract in Chinese and English)],2002,18(7):401-403. DOI:10.3760/j:issn:1001-8050.2002.07.005.}

[17246] 邵岩，顾立强，李绍光．正中神经鱼际肌支功能束定位显微外科解剖 [J]．中国临床解剖学杂志，2003，21(5)：472-473，476．DOI：10.3969/j.issn.1001-165X.2003.05.021．{SHAO Yan,GU Liqiang,LI Shaoguang. Microsurgery anatomy on functional tract location of thenar branch of median nerve[J]. Zhongguo Lin Chuang Jie Pou Xue Za Zhi[Chin J Clin Anat(Article in Chinese;Abstract in Chinese and English)],2003,21(5):472-473,476. DOI:10.3969/j.issn.1001-165X.2003.05.021.}

[17247] 王斌，邵新中，郑桓，卢爱东，李淑芹，李康华．肱三头肌外侧头神经肌支和血供的应用解剖 [J]．中国临床解剖学杂志，2003，21（6）：586-588．DOI：10.3969/j.issn.1001-165X.2003.06.019．{WANG Bin,SHAO Xinzhong,ZHENG Huan,LU Aidong,LI Shuqin,LI Kanghua. Applied anatomy of radial nerve branches and blood supply on the lateral head of triceps brachii[J]. Zhongguo Lin Chuang Jie Pou Xue Za Zhi[Chin J Clin Anat(Article in Chinese;Abstract in Chinese and English)],2003,21(6):586-588. DOI:10.3969/j.issn.1001-165X.2003.06.019.}

[17248] 刘毅，洪光祥，杨士豪．骨间后神经终末支显微外科的解剖学研究及其临床意义 [J]．中华手外科杂志，2003，19（1）：60-61．{LIU Yi,HONG Guangxiang,YANG Shihao. Microsurgery anatomy study and its clinical significance of the end part of the posterior interosseous nerve[J]. Zhonghua Shou Wai Ke Za Zhi[Chin J Hand Surg(Article in Chinese;Abstract in Chinese and English)],2003,19(1):60-61.}

[17249] 李绍光，顾立强，邵岩．尺神经干中手内肌功能束组走行分布的显微解剖学研究 [J]．中华创伤骨科杂志，2003，5（3）：218-221．DOI：10.3760/cma.j.issn.1671-7600.2003.03.019．{LI Shaoguang,GU Liqiang,SHAO Yan. Microanatomic study on arrangement and distribution of the fascicular groups in ulnar nerve trunk to the intrinsic muscles[J]. Zhonghua Chuang Shang Gu Ke Za Zhi[Chin J Orthop Trauma(Article in Chinese;Abstract in Chinese and English)],2003,5(3):218-221. DOI:10.3760/cma.j.issn.1671-7600.2003.03.019.}

[17250] 杨大平，陈天新，徐学武，郭铁芳，韩雪峰．股直肌内神经血管解剖研究和临床意义 [J]．中华整形外科杂志，2003，19（1）：15-17．DOI：10.3760/j.issn：1009-4598.2003.01.004．{YANG Daping,CHEN Tianxin,XU Xuewu,GUO Tiefang,HAN Xuefeng. The neurovascular anatomy and its clinical implication of the rectus femoris muscle[J]. Zhonghua Zheng Xing Wai Ke Za Zhi[Chin J Plast Surg(Article in Chinese;Abstract in Chinese and English)],2003,19(1):15-17. DOI:10.3760/j.issn:1009-4598.2003.01.004.}

[17251] 方有生，陈德松，顾玉东．颈丛受压的解剖与临床研究 [J]．上海医学，2003，26（2）：115-117．DOI：10.3969/j.issn.0253-9934.2003.02.011．{FANG Yousheng,CHEN Desong,GU Yudong. Anatomical and clinical study of cervical plexus compression[J]. Shang Hai Yi Xue[Shanghai Med J(Article in Chinese;Abstract in Chinese and English)],2003,26(2):115-117. DOI:10.3969/j.issn.0253-9934.2003.02.011.}

[17252] 黄东，江奕恒，吴伟炽，张惠茹，毛莉颖．吻合血管神经第 1 跖趾关节移植重建肘关节的解剖学基础 [J]．中国临床解剖学杂志，2004，22（6）：599-601，604．DOI：10.3969/j.issn.1001-165X.2004.06.011．{HUANG Dong,JIANG Yiheng,WU Weichi,ZHANG Huiru,MAO Liying. Reconstructing elbow joint by the first metatarsophalangeal joint anastomosed vessels and nerves[J]. Zhongguo Lin Chuang Jie Pou Xue Za Zhi[Chin J Clin Anat(Article in Chinese;Abstract in Chinese and English)],2004,22(6):599-601,604. DOI:10.3969/j.issn.1001-165X.2004.06.011.}

[17253] 张元智，顾立强，原林，黄文华，尹博，谢颖涛，张景僚，林晓岗．腰骶丛神经的断层解剖学及可视化初步研究 [J]．中华创伤骨科杂志，2004，6（12）：1362-1364．DOI：10.3760/cma.j.issn.1671-7600.2004.12.014．{ZHANG Yuanzhi,GU Liqiang,YUAN Lin,HUANG Wenhua,YIN Bo,XIE Yingtao,ZHANG Jingliao,LIN Xiaogang. A preliminary research on sectional anatomy of normal lumbosacral plexus and its visualization in the VCH Female Ⅰ[J]. Zhonghua Chuang Shang Gu Ke Za Zhi[Chin J Orthop Trauma(Article in Chinese;Abstract in Chinese and English)],2004,6(12):1362-1364. DOI:10.3760/cma.j.issn.1671-7600.2004.12.014.}

[17254] 章伟文，陈宏，王欣，陈德松．手指末节血管神经的应用解剖 [J]．实用骨科杂志，2004，10（5）：415-416．DOI：10.3969/j.issn.1008-5572.2004.05.012．{ZHANG Weiwen,CHEN Hong,WANG Xin,CHEN Desong. Topography of distal fingers[J]. Shi Yong Gu Ke Za Zhi[J Pract Orthop(Article in Chinese;Abstract in Chinese and English)],2004,10(5):415-416. DOI:10.3969/j.issn.1008-5572.2004.05.012.}

[17255] 麻文谦，张少成，张传森，党瑞山，崔毅．人髂腰肌神经的显微解剖和大鼠髂腰肌的复合动作电位研究 [J]．第二军医大学学报，2004，25（11）：1216-1219．DOI：10.3321/j.issn：0258-879X.2004.11.015．{MA Wenqian,ZHANG Shaocheng,ZHANG Chuansen,DANG Ruishan,CUI Yi. Microanatomy and electrophysiology of iliopsoas innervation[J]. Di Er Jun Yi Da Xue Xue Bao[Acad J Sec Mil Med Univ(Article in Chinese;Abstract in Chinese and English)],2004,25(11):1216-1219. DOI:10.3321/j.issn:0258-879X.2004.11.015.}

[17256] 孙鸿斌，尹维田，孙玉霞．阴部神经的临床应用解剖 [J]．吉林大学学报（医学版），2004，30（2）：242-243．DOI：10.3969/j.issn.1671-587X.2004.02.027．{SUN Hongbin,YIN Weitian,SUN Yuxia. Applied anatomy of pudendal nerve[J]. Ji Lin Da Xue Xue Bao(Yi Xue Ban)[J Jilin Univ Med Ed(Article in Chinese;Abstract in Chinese and English)],2004,30(2):242-243. DOI:10.3969/j.issn.1671-587X.2004.02.027.}

[17257] 彭珍山，彭田红，肖建忠，陈胜华，谭建国．带血供正中神经腕部感觉束转位桥接尺神经的解剖学基础 [J]．中国临床解剖学杂志，2005，23（1）：35-37．DOI：10.3969/j.issn.1001-165X.2005.01.010．{PENG Zhenshan,PENG Tianhong,XIAO Jianzhong,CHEN Shenghua,TAN Jianguo. Anatomical study on sensory tracts of wrist median nerve pedicled with nutrient vessels transferring to join wrist ulnar nerve[J]. Zhongguo Lin Chuang Jie Pou Xue Za Zhi[Chin J Clin Anat(Article in Chinese;Abstract in Chinese and English)],2005,23(1):35-37. DOI:10.3969/j.issn.1001-165X.2005.01.010.}

[17258] 向剑平，刘小林，许扬滨，王建云，胡军．臂丛后根脊髓入区的显微外科解剖 [J]．中国临床解剖学杂志，2005，23(2)：129-132．DOI：10.3969/j.issn.1001-165X.2005.02.005．{XIANG Jianping,LIU Xiaolin,XU Yangbin,WANG Jianyun,HU Jun. Microsurgical anatomy of dorsal root entry zone of brachial plexus[J]. Zhongguo Lin Chuang Jie Pou Xue Za Zhi[Chin J Clin Anat(Article in Chinese;Abstract in Chinese and English)],2005,23(2):129-132. DOI:10.3969/j.issn.1001-165X.2005.02.005.}

[17259] 陈刚，江华，林子豪，党瑞山，张传森，叶勇．掌长肌内神经血管的解剖学观察及其临床意义 [J]．中国临床解剖学杂志，2005，23（6）：603-605．DOI：10.3969/j.issn.1001-165X.2005.06.012．{CHEN Gang,JIANG Hua,LIN Zihao,DANG Ruishan,ZHANG Chuansen,YE Yong. Neurovascular observation of palmaris longus and its clinical significance[J]. Zhongguo Lin Chuang Jie Pou Xue Za Zhi[Chin J Clin Anat(Article in Chinese;Abstract in Chinese and English)],2005,23(6):603-605. DOI:10.3969/j.issn.1001-165X.2005.06.012.}

[17260] 马军，吴乃庆，曹晓建，朱裕成．马尾神经吻合治疗截瘫的应用解剖学研究 [J]．中国脊柱脊髓杂志，2005，15(9)：546-548．DOI：10.3969/j.issn.1004-406X.2005.09.009．{MA Jun,WU Naiqing,CAO Xiaojian,ZHU Yucheng. Anatomical study of cauda equina nerve root anastomose for paraplegia[J]. Zhongguo Ji Zhu Ji Sui Za Zhi[Chin J Spine Spinal Cord(Article in Chinese;Abstract in Chinese and English)],2005,15(9):546-548. DOI:10.3969/j.issn.1004-406X.2005.09.009.}

[17261] 单建林，姜恒，王丽艳. 臂丛神经与颈筋膜的解剖关系及其在手术中的应用 [J]. 中国矫形外科杂志，2005，13(14)：1082-1083. DOI：10.3969/j.issn.1005-8478.2005.14.014. {SHAN Jianlin,JIANG Heng,WANG Liyan. Relationship between brachial plexus and cervical fascia and its surgical significance[J]. Zhongguo Jiao Xing Wai Ke Za Zhi[Orthop J China(Article in Chinese;Abstract in Chinese and English)],2005,13(14):1082-1083. DOI:10.3969/j.issn.1005-8478.2005.14.014.}

[17262] 张元智，顾立强，尹博，原林，黄文华. 虚拟中国人女性 I 号臂丛神经断层解剖学研究 [J]. 中华创伤骨科杂志，2005，7(5)：439-441. DOI：10.3760/cma.j.issn.1671-7600.2005.05.011. {ZHANG Yuanzhi,GU Liqiang,YIN Bo,YUAN Lin,HUANG Wenhua. Observation of the sectional anatomic structure of the normal brachial plexus of the VCH Female Ⅰ (VCH-F Ⅰ)[J]. Zhonghua Chuang Shang Gu Ke Za Zhi[Chin J Orthop Trauma(Article in Chinese;Abstract in Chinese and English)],2005,7(5):439-441. DOI:10.3760/cma.j.issn.1671-7600.2005.05.011.}

[17263] 陈铭锐，陶利，邵岩，王成琪，钟世镇. 末节指神经血管显微解剖及临床意义 [J]. 中华创伤骨科杂志，2005，7(11)：1048-1050. DOI：10.3760/cma.j.issn.1671-7600.2005.11.013. {CHEN Mingrui,TAO Li,SHAO Yan,WANG Chengqi,ZHONG Shizhen. Surgical anatomy of nerves and blood vessels of the finger distal phalanx and its clinical significance[J]. Zhonghua Chuang Shang Gu Ke Za Zhi[Chin J Orthop Trauma(Article in Chinese;Abstract in Chinese and English)],2005,7(11):1048-1050. DOI:10.3760/cma.j.issn.1671-7600.2005.11.013.}

[17264] 陈刚，江华，林子豪，张盈帆，李文鹏，党瑞山，张传森，熊绍虎，沈辉. 前臂伸肌内神经血管分布的解剖学研究及其临床意义 [J]. 中国临床解剖学杂志，2006，24(6)：595-599. DOI：10.3969/j.issn.1001-165X.2006.06.001. {CHEN Gang,JIANG Hua,LIN Zihao,ZHANG Yingfan,LI Wenpeng,DANG Ruishan,ZHANG Chuansen,XIONG Shaohu,SHEN Hui. Anatomic study of neurovascular distribution of forearm extensors and its clinical significance[J]. Zhongguo Lin Chuang Jie Pou Xue Za Zhi[Chin J Clin Anat(Article in Chinese;Abstract in Chinese and English)],2006,24(6):595-599. DOI:10.3969/j.issn.1001-165X.2006.06.001.}

[17265] 彭田红，李学雷，黄美贤，徐凯，李严斌，李忠华，徐达传. 椎管内臂丛前后根的显微解剖及其临床意义 [J]. 中国临床解剖学杂志，2006，24(6)：616-619. DOI：10.3969/j.issn.1001-165X.2006.06.006. {PENG Tianhong,LI Xuelei,HUANG Meixian,XU Kai,LI Yanbin,LI Zhonghua,XU Dachuan. Microanatomy and clinical significance of nerve roots of brachial plexus within the spinal canal[J]. Zhongguo Lin Chuang Jie Pou Xue Za Zhi[Chin J Clin Anat(Article in Chinese;Abstract in Chinese and English)],2006,24(6):616-619. DOI:10.3969/j.issn.1001-165X.2006.06.006.}

[17266] 沙轲，陈德松，赵劲民，彭峰，陈琳，谢继辉. 大鼠颈交感神经解剖及其臂丛神经去交感神经支配模型的建立 [J]. 中华显微外科杂志，2006，29(1)：52-54. DOI：10.3760/cma.j.issn.1001-2036.2006.01.018. {SHA Ke,CHEN Desong,ZHAO Jinmin,PENG Feng,CHEN Lin,XIE Jihui. Anatomy of cervical sympathetic nerve and establishment of a model of sympathetic denervation of brachial plexus in rats[J]. Zhonghua Xian Wei Wai Ke Za Zhi[Chin J Microsurg(Article in Chinese;Abstract in Chinese)],2006,29(1):52-54. DOI:10.3760/cma.j.issn.1001-2036.2006.01.018.}

[17267] 陈刚，江华，林子豪，刘安堂，李文鹏，张盈帆，党瑞山，沈辉. 尺侧腕伸肌内神经血管分布的应用解剖 [J]. 中华显微外科杂志，2006，29(4)：271-273，插图4-5. DOI：10.3760/cma.j.issn.1001-2036.2006.04.011. {CHEN Gang,JIANG Hua,LIN Zihao,LIU Antang,LI Wenpeng,ZHANG Yingfan,DANG Ruishan,SHEN Hui. Applied anatomy of the neurovascular distribution in extensor carpi ulnaris[J]. Zhonghua Xian Wei Wai Ke Za Zhi[Chin J Microsurg(Article in Chinese;Abstract in Chinese and English)],2006,29(4):271-273,insert figure 4-5. DOI:10.3760/cma.j.issn.1001-2036.2006.04.011.}

[17268] 彭田红，丁红梅，陈胜华，谭建国，王爱平，周小兵，石小田，徐达传. 臂丛根部的显微解剖学研究及其临床意义 [J]. 中国临床解剖学杂志，2007，25(3)：231-235. DOI：10.3969/j.issn.1001-165X.2007.03.001. {PENG Tianhong,DING Hongmei,CHEN Shenghua,TAN Jianguo,WANG Aiping,ZHOU Xiaobing,SHI Xiaotian,XU Dachuan. Microanatomy of brachial plexus roots and its clinical significance[J]. Zhongguo Lin Chuang Jie Pou Xue Za Zhi[Chin J Clin Anat(Article in Chinese;Abstract in Chinese and English)],2007,25(3):231-235. DOI:10.3969/j.issn.1001-165X.2007.03.001.}

[17269] 崔建礼，路来金，薛晶，杨景全，刘彬，刘志刚，张海英. 示踪法进行臂丛神经显微解剖的实验研究 [J]. 中华显微外科杂志，2007，30(2)：136-137. DOI：10.3760/cma.j.issn.1001-2036.2007.02.019. {CUI Jianli,LU Laijin,XUE Jing,YANG Jingquan,LIU Bin,LIU Zhigang,ZHANG Haiying. Experimental study on microanatomy of brachial plexus by tracer method[J]. Zhonghua Xian Wei Wai Ke Za Zhi[Chin J Microsurg(Article in Chinese;Abstract in Chinese)],2007,30(2):136-137. DOI:10.3760/cma.j.issn.1001-2036.2007.02.019.}

[17270] 沈君，周翠屏，梁碧玲，汪华侨. 兔坐骨神经的磁共振显微神经成像术与大体解剖的对照研究 [J]. 中华显微外科杂志，2007，30(4)：285-287，后插5. DOI：10.3760/cma.j.issn.1001-2036.2007.04.019. {SHEN Jun,ZHOU Cuiping,LIANG Biling,WANG Huaqiao. The study of comparison with magnetic resonance microneurography of rabbit sciatic nerve correlated with gross anatomy[J]. Zhonghua Xian Wei Wai Ke Za Zhi[Chin J Microsurg(Article in Chinese;Abstract in Chinese and English)],2007,30(4):285-287,insert 5. DOI:10.3760/cma.j.issn.1001-2036.2007.04.019.}

[17271] 杨彬，高楠，王金国，牟莹，尹晓. 桡神经移位术的临床解剖学基础 [J]. 中国矫形外科杂志，2007，15(12)：927-928，939. DOI：10.3969/j.issn.1005-8478.2007.12.016. {YANG Bin,GAO Nan,WANG Jinguo,MOU Ying,YIN Xiao. Anatomical base of radial nervetransfer operation[J]. Zhongguo Jiao Xing Wai Ke Za Zhi[Orthop J China(Article in Chinese;Abstract in Chinese and English)],2007,15(12):927-928,939. DOI:10.3969/j.issn.1005-8478.2007.12.016.}

[17272] 王培吉，路来金，江波，周凯龙. 带蒂骨间后神经示指固有伸肌支移位修复尺神经深支及鱼际肌支的解剖学研究 [J]. 中华手外科杂志，2007，23(1)：60-63. DOI：10.3760/cma.j.issn.1005-054X.2007.01.019. {WANG Peiji,LU Laijin,JIANG Bo,ZHOU Kailong. Transfer of extensor indicis proprius branch of the posterior interosseous nerve to ulnar nerve deep branch and thenar branch:an anatomical study[J]. Zhonghua Shou Wai Ke Za Zhi[Chin J Hand Surg(Article in Chinese;Abstract in Chinese and English)],2007,23(1):60-63. DOI:10.3760/cma.j.issn.1005-054X.2007.01.019.}

[17273] 史二栓，王泽俊，方刚，索利娅. 肌皮神经及其分支的应用解剖学观测 [J]. 局解手术学杂志，2007，16(1)：16-18. DOI：10.3969/j.issn.1672-5042.2007.01.008. {SHI Ershuan,WANG Zejun,FANG Gang,SUO Liya. Applied anatomy observation and measurement of musculocutaneous nerve and the branches[J]. Ju Jie Shou Shu Xue Za Zhi[J Reg Anat Oper Surg(Article in Chinese;Abstract in Chinese and English)],2007,16(1):16-18. DOI:10.3969/j.issn.1672-5042.2007.01.008.}

[17274] 赵民，王利民，邵新中，田德虎，吴金英，李延明，曹立峰，姜桂芳. 肘部尺神经血供及带血供尺神经前置术的解剖学研究 [J]. 实用手外科杂志，2007，21(3)：152-154. DOI：10.3969/j.issn.1671-2722.2007.03.010. {ZHAO Min,WANG Limin,SHAO Xinzhong,TIAN Dehu,WU Jinying,LI Yanming,CAO Lifeng,JIANG Guifang. Anatomical study on supply of ulnar nerve in elbow region and anterior transposition of vascularized ulnarnerve for cubital tunnel syndrome[J]. Shi Yong Shou Wai Ke Za Zhi[Chin J Pract Hand Surg(Article in Chinese;Abstract in Chinese and English)],2007,21(3):152-154. DOI:10.3969/j.issn.1671-2722.2007.03.010.}

[17275] 赵民，田德虎，吴金英，邵新中，王利民，李延明，申海波，曹立峰，张国鑫，姜桂芳. 带伴行血管尺神经前置术的解剖学研究 [J]. 中国修复重建外科杂志，2007，21(11)：1196-1198. {ZHAO Min,TIAN Dehu,WU Jinying,SHAO Xinzhong,WANG Limin,LI Yanming,SHEN Haibo,CAO Lifeng,ZHANG Guoxin,JIANG Guifang. Anatomical study on anterior transposition of ulnar nerve accompanied with arteries for cubital tunnel syndrome[J]. Zhongguo Xiu Fu Chong Jian Wai Ke Za Zhi[Chin J Repar Reconstr Surg(Article in Chinese;Abstract in Chinese and English)],2007,21(11):1196-1198.}

[17276] 姜宗圆，王涛，丁国正，徐宏光. 肘部和前臂段桡神经解剖特征及损伤修复 [J]. 中华手外科杂志，2008，24(3)：140-143. DOI：10.3760/cma.j.issn.1005-054X.2008.03.005. {JIANG Zongyuan,WANG Tao,DING Guozheng,XU Hongguang. Anatomical features of radial nerve in the elbow and forearm[J]. Zhonghua Shou Wai Ke Za Zhi[Chin J Hand Surg(Article in Chinese;Abstract in Chinese and English)],2008,24(3):140-143. DOI:10.3760/cma.j.issn.1005-054X.2008.03.005.}

[17277] 陈刚，江华，林子豪，刘安堂，党瑞山，沈辉. 前臂肌内神经血管构筑的解剖学研究 [J]. 中华整形外科杂志，2008，24(3)：228-231. DOI：10.3760/j.issn：1009-4598.2008.03.017. {CHEN Gang,JIANG Hua,LIN Zihao,LIU Antang,DANG Ruishan,SHEN Hui. Anatomic study of intramuscular nerve and blood vessel in forearm muscles:an anatomical study[J]. Zhonghua Zheng Xing Wai Ke Za Zhi[Chin J Plast Surg(Article in Chinese;Abstract in Chinese and English)],2008,24(3):228-231. DOI:10.3760/j.issn:1009-4598.2008.03.017.}

[17278] 易德保，郭兴. 腓肠神经的营养血管临床应用解剖研究 [J]. 局解手术学杂志，2008，17(1)：12-13. DOI：10.3969/j.issn.1672-5042.2008.01.006. {YI Debao,GUO Xing. Clinical applied anatomic research of sural nerve's nutrient vessels[J]. Ju Jie Shou Shu Xue Za Zhi[J Reg Anat Oper Surg(Article in Chinese;Abstract in Chinese and English)],2008,17(1):12-13. DOI:10.3969/j.issn.1672-5042.2008.01.006.}

[17279] 黄红拾，王文婷，周谋望，陈亚平，杨磊，陈庆山，周长满. SD大鼠腰骶部脊神经前根显微外科解剖学观察 [J]. 中国临床解剖学杂志，2009，27(1)：90-92. {HUANG Hongshi,WANG Wenting,ZHOU Mouwang,CHEN Yaping,YANG Lei,CHEN Qingshan,ZHOU Changman. The microsurgical anatomy of the lumbosacral ventral roots in SD rat[J]. Zhongguo Lin Chuang Jie Pou Xue Za Zhi[Chin J Clin Anat(Article in Chinese;Abstract in Chinese and English)],2009,27(1):90-92.}

[17280] 丁健，高伟阳，洪建军. CO_2气腔内窥镜下切取腓肠神经的解剖学研究 [J]. 中华手外科杂志，2009，25(6)：381-384. DOI：10.3760/cma.j.issn.1005-054X.2009.06.026. {DING Jian,GAO Weiyang,HONG Jianjun. Anatomical study of endoscopic sural nerve harvesting in the carbon dioxide gas cavity[J]. Zhonghua Shou Wai Ke Za Zhi[Chin J Hand Surg(Article in Chinese;Abstract in Chinese and English)],2009,25(6):381-384. DOI:10.3760/cma.j.issn.1005-054X.2009.06.026.}

[17281] 王培，孙勃，杜元良，杨振军，孙贺. 桡神经浅支皮下段的解剖学特点及临床意义 [J]. 中国临床解剖学杂志，2010，28(1)：31-33. DOI：10.13418/j.issn.1001-165x.2010.01.010. {WANG Pei,SUN Bo,DU Yuanliang,YANG Zhenjun,SUN He. Anatomic features and clinical significance of superficial branch of radial nerve[J]. Zhongguo Lin Chuang Jie Pou Xue Za Zhi[Chin J Clin Anat(Article in Chinese;Abstract in Chinese and English)],2010,28(1):31-33. DOI:10.13418/j.issn.1001-165x.2010.01.010.}

[17282] 温竣翔，李昕，孙贵新，李立钧，谭军. 大鼠迷走神经和膈神经的解剖相关性实验研究 [J]. 中国临床解剖学杂志，2010，28(3)：324-326，329. DOI：10.13418/j.issn.1001-165x.2010.03.011. {WEN Junxiang,LI Xin,SUN Guixin,LI Lijun,TAN Jun. Anatomic research on the transposition of vagus nerve to phrenic nerve in the rat[J]. Zhongguo Lin Chuang Jie Pou Xue Za Zhi[Chin J Clin Anat(Article in Chinese;Abstract in Chinese and English)],2010,28(3):324-326,329. DOI:10.13418/j.issn.1001-165x.2010.03.011.}

[17283] 赵民朝，于亚东，李统，马涛，毕伟东. 正中神经指浅屈肌肌支移位修复尺神经运动支的应用解剖 [J]. 中华显微外科杂志，2010，33(6)：473-475，封3. DOI：10.3760/cma.j.issn.1001-2036.2010.06.012. {ZHAO Minchao,YU Yadong,LI Tong,MA Tao,BI Weidong. The anatomical study of the muscular branches of the musculus flexor digitorum superficialis repairing ulnar nerve motor branch from the median nerve[J]. Zhonghua Xian Wei Wai Ke Za Zhi[Chin J Microsurg(Article in Chinese;Abstract in Chinese and English)],2010,33(6):473-475,cover 3. DOI:10.3760/cma.j.issn.1001-2036.2010.06.012.}

[17284] 苏庆军，王志为，韩娜，何娇，王天兵. 椎管内胸神经根移位至腰神经根的解剖学研究 [J]. 中华外科杂志，2010，48(20)：1577-1580. DOI：10.3760/cma.j.issn.0529-5815.2010.20.015. {SU Qingjun,WANG Zhiwei,HAN Na,HE Jiao,WANG Tianbing. The anatomic study of transferring thoracic nerve roots to lumbar nerve root inside the spinal canal of paraplegia[J]. Zhonghua Wai Ke Za Zhi[Chin J Surg(Article in Chinese;Abstract in Chinese and English)],2010,48(20):1577-1580. DOI:10.3760/cma.j.issn.0529-5815.2010.20.015.}

[17285] 王泽俊，史二栓，方刚，皇甫锡才. 腓肠神经及其两根的应用解剖学观测 [J]. 局解手术学杂志，2010，19(6)：482-483. DOI：10.3969/j.issn.1672-5042.2010.06.015. {WANG Zejun,SHI Ershuan,FANG Gang,HUANGFU Xicai. Applied anatomy of the sural nerve and its roots[J]. Ju Jie Shou Shu Xue Za Zhi[J Reg Anat Oper Surg(Article in Chinese;Abstract in Chinese and English)],2010,19(6):482-483. DOI:10.3969/j.issn.1672-5042.2010.06.015.}

[17286] 李波，王政，董国军，夏长丽，苏略，高振平. 成人骨间前神经及其肌支的应用解剖 [J]. 吉林大学学报(医学版)，2010，36(2)：308-311. {LI Bo,WANG Zheng,DONG Guojun,XIA Changli,SU Lue,GAO Zhenping. Applied anatomy of adult anterior interosseous nerve and its muscular branches[J]. Ji Lin Da Xue Xue Bao(Yi Xue Ban)[J Jilin Univ Med Ed(Article in Chinese;Abstract in Chinese and English)],2010,36(2):308-311.}

[17287] 王斌，刘德群，王旭，周庆文，尹佳丽，杨焕友，王辉，剑锋，蒋文萍，田敏. 尺神经深支损伤的解剖学研究及临床应用 [J]. 中国修复重建外科杂志，2010，24(2)：223-225. {WANG Bin,LIU Dequn,WANG Xu,ZHOU Qingwen,YIN Jiali,YANG Huanyou,WANG Hui,JIAN Feng,JIANG Wenping,TIAN Min. Anatomic study on injury of simple deep branch of ulnar nerve[J]. Zhongguo Xiu Fu Chong Jian Wai Ke Za Zhi[Chin J Repar Reconstr Surg(Article in Chinese;Abstract in Chinese and English)],2010,24(2):223-225.}

[17288] 李明恒，张力成，陈维波，杨国敬，邱海胜，张雷，彭辉煌，吴建伟. 胫神经肌支移位修复腓深神经的显微解剖 [J]. 中华显微外科杂志，2011，34(5)：390-393. DOI：10.3760/cma.j.issn.1001-2036.2011.05.012. {LI Mingheng,ZHANG Licheng,CHEN Weibo,YANG Guojing,QIU Haisheng,ZHANG Lei,PENG Huihuang,WU Jianwei. Anatomical study of motor branches from tibial nerve transfer to restore the deep fibular nerve[J]. Zhonghua Xian Wei Wai Ke Za Zhi[Chin J Microsurg(Article in Chinese;Abstract in Chinese and English)],2011,34(5):390-393. DOI:10.3760/cma.j.issn.1001-2036.2011.05.012.}

[17289] 王斌，尹佳丽，董秀芝，陈超，韩海生，李浩. 正中神经环指桡侧指神经支移植修复尺神经深支缺损的应用解剖 [J]. 中华显微外科杂志，2011，34(6)：479-481. DOI：10.3760/cma.j.issn.1001-2036.2011.06.015. {WANG Bin,YIN Jiali,DONG Xiuzhi,CHEN Chao,HAN Haisheng,LI Hao. The anatomical research of grafting ring finger radial digital branch of median nerve for repairing injuried deep branch of ulnar nerve defects[J]. Zhonghua Xian Wei Wai Ke Za Zhi[Chin J Microsurg(Article in Chinese;Abstract in Chinese and English)],2011,34(6):479-481. DOI:10.3760/cma.j.issn.1001-2036.2011.06.015.}

[17290] 白鹤，沙轲，郭立利，谭桢，薛明强. 胸腔镜辅助直视下经胸切取膈神经的解剖学研究及临床应用 [J]. 中华手外科杂志，2011，27(3)：145-148. DOI：10.3760/cma.j.issn.1005-054X.2011.03.009. {BAI He,SHA Ke,GUO Lili,TAN Zhen,XUE Mingqiang. Endoscope-assisted transthoracic phrenic nerve harvesting:anatomic study and clinical application[J]. Zhonghua Shou Wai Ke Za Zhi[Chin J Hand Surg(Article in Chinese;Abstract in Chinese and English)],2011,27(3):145-148. DOI:10.3760/cma.j.issn.1005-054X.2011.03.009.}

[17291] 李高峰，田德虎，董海涛，刁雪鸥，于光辉，梁立伟. 桡神经浅支的功能解剖学观

察[J]. 实用骨科杂志，2011，17(6)：530-533，545，后插1. DOI：10.3969/j.issn.1008-5572.2011.06.014. {LI Gaofeng,TIAN Dehu,DONG Haitao,DIAO Xueou,YU Guanghui,LIANG Liwei. Anatomic study of different way to cutting superficial radial nerve transplanting to repair peripheral nerve defection and functional reconstruction of donor site[J]. Shi Yong Gu Ke Za Zhi[J Pract Orthop(Article in Chinese;Abstract in Chinese and English)],2011,17(6):530-533,545,insert 1. DOI:10.3969/j.issn.1008-5572.2011.06.014.}

[17292] 屈志刚，刘育杰，丁小珩，赵峰．胫神经束组及其血供的解剖学研究[J]．中国临床解剖学杂志，2012，30(6)：620-624．DOI：10.13418/j.issn.1001-165x.2012.06.011．{QU Zhigang,LIU Yujie,DING Xiaoheng,ZHAO Feng. Applied anatomy of the tibial nerve and its blood supply[J]. Zhongguo Lin Chuang Jie Pou Xue Za Zhi[Chin J Clin Anat(Article in Chinese;Abstract in Chinese and English)],2012,30(6):620-624. DOI:10.13418/j.issn.1001-165x.2012.06.011.}

[17293] 王斌，李浩，赵刚，杨焕友，张雪柏，蒋文平，张剑锋．尺神经深支的影像解剖[J]．中华显微外科杂志，2012，35(3)：215-218．DOI：10.3760/cma.j.issn.1001-2036.2012.03.013．{WANG Bin,LI Hao,ZHAO Gang,YANG Huanyou,ZHANG Xuebai,JIANG Wenping,ZHANG Jianfeng. Imaging anatomic study of deep branch of ulnar nerve[J]. Zhonghua Xian Wei Wai Ke Za Zhi[Chin J Microsurg(Article in Chinese;Abstract in Chinese and English)],2012,35(3):215-218. DOI:10.3760/cma.j.issn.1001-2036.2012.03.013.}

[17294] 丁洁，梁炳生，贾英伟，达志峰，朱志祥．正中神经掌皮支的局部解剖与临床意义[J]．中华手外科杂志，2013，29(4)：205-207．DOI：10.3760/cma.j.issn.1005-054X.2013.04.007．{DING Jie,LIANG Bingsheng,JIA Yingwei,DA Zhifeng,ZHU Zhixiang. Regional anatomy of median nerve palmar cutaneous branch and its clinical significance[J]. Zhonghua Shou Wai Ke Za Zhi[Chin J Hand Surg(Article in Chinese;Abstract in Chinese and English)],2013,29(4):205-207. DOI:10.3760/cma.j.issn.1005-054X.2013.04.007.}

[17295] 陈汇浩，侯春林，雷德桥，尹刚，林浩东．健侧腰骶神经根移位重建脑卒中偏瘫下肢运动功能的应用解剖学研究[J]．中国临床解剖学杂志，2014，32(6)：640-643．DOI：10.13418/j.issn.1001-165x.2014.06.003．{CHEN Huihao,HOU Chunlin,LEI Deqiao,YIN Gang,LIN Haodong. Applied anatomy of contralateral lumbosacral nerve roots transfer to repair lower extremity motor function in hemiplegic stoke[J]. Zhongguo Lin Chuang Jie Pou Xue Za Zhi[Chin J Clin Anat(Article in Chinese;Abstract in Chinese and English)],2014,32(6):640-643. DOI:10.13418/j.issn.1001-165x.2014.06.003.}

[17296] 许彬，董震，张成钢．正中神经旋前圆肌肌支移位术的解剖与临床研究[J]．中华手外科杂志，2014，30(5)：355-358．DOI：10.3760/cma.j.issn.1005-054X.2014.05.016．{XU Bin,DONG Zhen,ZHANG Chenggang. Transfer of pronator teres branch of the median nerve:an anatomical and clinical study[J]. Zhonghua Shou Wai Ke Za Zhi[Chin J Hand Surg(Article in Chinese;Abstract in Chinese and English)],2014,30(5):355-358. DOI:10.3760/cma.j.issn.1005-054X.2014.05.016.}

[17297] 柳成荫，石祥恩，王才永．颈背部肌肉及脊神经后支显微解剖学研究[J]．中华神经外科杂志，2014，30(8)：811-814．DOI：10.3760/cma.j.issn.1001-2346.2014.08.016．{LIU Chengyin,SHI Xiangen,WANG Caiyong. Anatomical study of neck back muscle and spinal nerve dorsal rami[J]. Zhonghua Shen Jing Wai Ke Za Zhi[Chin J Neurosurg(Article in Chinese;Abstract in Chinese and English)],2014,30(8):811-814. DOI:10.3760/cma.j.issn.1001-2346.2014.08.016.}

[17298] 施娣，刘鸿，刘雷，肖紫春，阿米特，简超．前臂皮神经与浅静脉解剖学研究[J]．中华实验外科杂志，2015，32(12)：3132-3134．DOI：10.3760/cma.j.issn.1001-9030.2015.12.068．{SHI Di,LIU Hong,LIU Lei,XIAO Zichun,Amit,JIAN Chao. Anatomic study of the forearm cutaneous nerves and superficial veins[J]. Zhonghua Shi Yan Wai Ke Za Zhi[Chin J Exp Surg(Article in Chinese;Abstract in Chinese and English)],2015,32(12):3132-3134. DOI:10.3760/cma.j.issn.1001-9030.2015.12.068.}

[17299] 于淼，赵馨悦，刘环宇，崔林，秦向征．踇趾内侧趾足底固有神经卡压的应用解剖[J]．中华显微外科杂志，2019，42(3)：268-271．DOI：10.3760/cma.j.issn.1001-2036.2019.03.014．{YU Miao,ZHAO Xinyue,LIU Huanyu,CUI Lin,QIN Xiangzheng. Applied anatomy of the compression of the proper plantar digital nerves of the medial great toe[J]. Zhonghua Xian Wei Wai Ke Za Zhi[Chin J Microsurg(Article in Chinese;Abstract in Chinese and English)],2019,42(3):268-271. DOI:10.3760/cma.j.issn.1001-2036.2019.03.014.}

[17300] 顿爱社，孙丰刚，王洪宾，张春菊，李凤娟，安淑红，石娟，王慧．尺神经手部分支的显微解剖学研究及其意义[J]．局解手术学杂志，2019，28(4)：253-255．DOI：10.11659/jjssx.11E018018．{DUN Aishe,SUN Fenggang,WANG Hongbin,ZHANG Chunju,LI Fengjuan,AN Shuhong,SHI Juan,WANG Hui. Microanatomical study and significance of hand branch of ulnar nerve[J]. Ju Jie Shou Shu Xue Za Zhi[J Reg Anat Oper Surg(Article in Chinese;Abstract in Chinese and English)],2019,28(4):253-255. DOI:10.11659/jjssx.11E018018.}

6.2 周围神经损伤

peripheral nerve injury

[17301] CHAO YI-CH'ENG(ZHAO Yicheng),TSANG YU-CH'FAN (TANG Yuchun),TS'UI CHIH-T'AN (CUI Zhitan). Nerve regeneration through a gap:an experimental study[J]. Chin Med J,1962,81(11):740-748.

[17302] He C,Chen Z,Chen Z. Enhancement of motor nerve regeneration by nerve growth factor[J]. Microsurgery,1992,13(3):151-154. doi:10.1002/micr.1920130310.

[17303] Tang JB,Shi D,Zhou H. Vein conduits for repair of nerves with a prolonged gap or in unfavourable conditions:an analysis of three failed cases[J]. Microsurgery,1995,16(3):133-137. doi:10.1002/micr.1920160303.

[17304] Tang JB. Vein conduits with interposition of nerve tissue for peripheral nerve defects[J]. J Reconstr Microsurg,1995,11(1):21-26. doi:10.1055/s-2007-1006506.

[17305] Ling Y,Xie Y. Dynamic changes of mechanically activated channels and K+ channels at injury site of peripheral nerve in rat[J]. Sci China C Life Sci,1996,39(1):71-79.

[17306] Fu WY,Fu AK,Lok KC,Ip FC,Ip NY. Induction of Cdk5 activity in rat skeletal muscle after nerve injury[J]. Neuroreport,2002,13(2):243-247. doi:10.1097/00001756-200202110-00014.

[17307] Xu H,Jiang B,Zhang D,Fu Z,Zhang H. Compound injection of radix Hedysari to promote peripheral nerve regeneration in rats[J]. Chin J Traumatol,2002,5(2):107-111.

[17308] Li GD,Wo Y,Zhong MF,Zhang FX,Bao L,Lu YJ,Huang YD,Xiao HS,Zhang X. Expression of fibroblast growth factors in rat dorsal root ganglion neurons and regulation after peripheral nerve injury[J]. Neuroreport,2002,13(15):1903-1907. doi:10.1097/00001756-200210280-00014.

[17309] Chen Z. Progress of peripheral nerve repair[J]. Chin J Traumatol,2002,5(6):323-325.

[17310] Dong C,Xie Z,Fan J,Xie Y. Ectopic discharges trigger sympathetic sprouting in rat dorsal root ganglia following peripheral nerve injury[J]. Sci China C Life Sci,2002,45(2):191-200. doi:10.1360/02yc9022.

[17311] Zhang J,Oswald TM,Lineaweaver WC,Chen Z,Zhang G,Chen Z,Zhang F. Enhancement of rat sciatic nerve regeneration by fibronectin and laminin through a silicone chamber[J]. J Reconstr Microsurg,2003,19(7):467-472. doi:10.1055/s-2003-44635.

[17312] Yang L,Zhang FX,Huang F,Lu YJ,Li GD,Bao L,Xiao HS,Zhang X. Peripheral nerve injury induces trans-synaptic modification of channels,receptors and signal pathways in rat dorsal spinal cord[J]. Eur J Neurosci,2004,19(4):871-883. doi:10.1111/j.0953-816x.2004.03121.x.

[17313] Chen L,Gu YD,Xu L. Clinical application of axonal repair technique for treatment of peripheral nerve injury[J]. Chin J Traumatol,2004,7(3):153-155.

[17314] Peng XQ,Zhang XL,Fang Y,Xie WR,Xie YK. Sialic acid contributes to hyperexcitability of dorsal root ganglion neurons in rats with peripheral nerve injury[J]. Brain Res,2004,1026(2):185-193. doi:10.1016/j.brainres.2004.07.075.

[17315] Fan KW,Zhu ZX,Den ZY. An experimental model of an electrical injury to the peripheral nerve[J]. Burns,2005,31(6):731-736. doi:10.1016/j.burns.2005.02.022.

[17316] Li LJ,Zhang J,Zhang F,Lineaweaver WC,Chen TY,Chen ZW. Longitudinal intrafascicular electrodes in collection and analysis of sensory signals of the peripheral nerve in a feline model[J]. Microsurgery,2005,25(7):561-565. doi:10.1002/micr.20159.

[17317] Zou T,Ling C,Xiao Y,Tao X,Ma D,Chen ZL,Strickland S,Song H. Exogenous tissue plasminogen activator enhances peripheral nerve regeneration and functional recovery after injury in mice[J]. J Neuropathol Exp Neurol,2006,65(1):78-86. doi:10.1097/01.jnen.0000195942.25163.f5.

[17318] Zhang Y,Liu Q,Liu Q,Duan H,Cheng J,Jiang S,Huang X,Leng S,He F,Zheng Y. Association between metabolic gene polymorphisms and susceptibility to peripheral nerve damage in workers exposed to n-hexane:a preliminary study[J]. Biomarkers,2006,11(1):61-69. doi:10.1080/13547500500451176.

[17319] Jiang B,Zhang P,Zhang D,Fu Z,Yin X,Zhang H. Study on small gap sleeve bridging peripheral nerve injury[J]. Artif Cells Blood Substit Immobil Biotechnol,2006,34(1):55-74. doi:10.1080/10731190500430149.

[17320] Sun T,Xiao HS,Zhou PB,Lu YJ,Bao L,Zhang X. Differential expression of synaptoporin and synaptophysin in primary sensory neurons and up-regulation of synaptoporin after peripheral nerve injury[J]. Neuroscience,2006,141(3):1233-1245. doi:10.1016/j.neuroscience.2006.05.010.

[17321] Yin XF,Fu ZG,Zhang DY,Jiang BG. Alterations in the expression of ATP-sensitive potassium channel subunit mRNA after acute peripheral nerve and spinal cord injury[J]. Eur Neurol,2007,57(1):4-10. doi:10.1159/000097003.

[17322] Hu J,Zhu QT,Liu XL,Xu YB,Zhu JK. Repair of extended peripheral nerve lesions in rhesus monkeys using acellular allogenic nerve grafts implanted with autologous mesenchymal stem cells[J]. Exp Neurol,2007,204(2):658-666. doi:10.1016/j.expneurol.2006.11.018.

[17323] Wang LH,Lu YJ,Bao L,Zhang X. Peripheral nerve injury induces reorganization of galanin-containing afferents in the superficial dorsal horn of monkey spinal cord[J]. Eur J Neurosci,2007,25(4):1087-1096. doi:10.1111/j.1460-9568.2007.05372.x.

[17324] Wei H,Zhao W,Wang YX,Pertovaara A. Pain-related behavior following REM sleep deprivation in the rat:influence of peripheral nerve injury,spinal glutamatergic receptors and nitric oxide[J]. Brain Res,2007,1148:105-112. doi:10.1016/j.brainres.2007.02.040.

[17325] Lok KC,Fu AK,Ip FC,Wong YH,Ip NY. Expression of G protein beta subunits in rat skeletal muscle after nerve injury:Implication in the regulation of neuregulin signaling[J]. Neuroscience,2007,146(2):594-603. doi:10.1016/j.neuroscience.2007.02.007.

[17326] Wei LP,He FC,Chen XW,Lu SB,Lanzetta M,De longh R. Osmic acid staining of myelin sheath in normal and regenerated peripheral nerves[J]. Chin J Traumatol,2007,10(2):86-89.

[17327] Lin H,Wang H,Chen D,Gu Y. A dose-effect relationship of Ginkgo biloba extract to nerve regeneration in a rat model[J]. Microsurgery,2007,27(8):673-687. doi:10.1002/micr.20430.

[17328] Chen M,Cheng C,Yan M,Niu S,Gao S,Shi S,Liu H,Qin Y,Shen A. Involvement of CAPON and nitric oxide synthases in rat muscle regeneration after peripheral nerve injury[J]. J Mol Neurosci,2008,34(1):89-100. doi:10.1007/s12031-007-9005-y.

[17329] Liu LY,Zheng H,Xiao HL,She ZJ,Zhao SM,Chen ZL,Zhou GM. Comparison of blood-nerve barrier disruption and matrix metalloprotease-9 expression in injured central and peripheral nerves in mice[J]. Neurosci Lett,2008,434(2):155-159. doi:10.1016/j.neulet.2007.12.052.

[17330] Zheng X,Zhang J,Chen T,Chen Z. Recording and stimulating properties of chronically implanted longitudinal intrafascicular electrodes in peripheral fascicles in an animal model[J]. Microsurgery,2008,28(3):203-209. doi:10.1002/micr.20465.

[17331] Pan F,Chen A,Guo F,Zhu C,Tao F. Effect of FK506 on expression of hepatocyte growth factor in murine spinal cord following peripheral nerve injury[J]. J Huazhong Univ Sci Technolog Med Sci,2008,28(2):159-162. doi:10.1007/s11596-008-0211-9.

[17332] Li X,Li YH,Yu S,Liu Y. Upregulation of Ryk expression in rat dorsal root ganglia after peripheral nerve injury[J]. Brain Res Bull,2008,77(4):178-184. doi:10.1016/j.brainresbull.2008.05.011.

[17333] Yong N,Guoping C. The role and mechanism of the up-regulation of fibrinolytic activity in painful peripheral nerve injury[J]. Neurochem Res,2009,34(3):587-592. doi:10.1007/s11064-008-9826-2.

[17334] Wang Y,Liu Y,Chen Y,Shi S,Qin J,Xiao F,Zhou D,Lu M,Lu Q,Shen A. Peripheral nerve injury induces down-regulation of Foxo3a and p27kip1 in rat dorsal root ganglia[J]. Neurochem Res,2009,34(5):891-898. doi:10.1007/s11064-008-9849-8.

[17335] Huang Y,Liu Y,Chen Y,Yu X,Yang J,Lu M,Lu Q,Ke Q,Shen A,Yan M. Peripheral nerve lesion induces an up-regulation of Spy1 in rat spinal cord[J]. Cell Mol Neurobiol,2009,29(3):403-411. doi:10.1007/s10571-008-9332-8.

[17336] Wei SY,Zhang PX,Han N,Dang Y,Zhang HB,Zhang DY,Fu ZG,Jiang BG. Effects of Hedysari polysaccharides on regeneration and function recovery following peripheral nerve injury in rats[J]. Am J Chin Med,2009,37(1):57-67. doi:10.1142/S0192415X09006618.

[17337] Yu H,Peng J,Guo Q,Zhang L,Li Z,Zhao B,Sui X,Wang Y,Xu W,Lu S. Improvement of peripheral nerve regeneration in acellular nerve grafts with local release of nerve growth factor[J]. Microsurgery,2009,29(4):330-336. doi:10.1002/micr.20635.
[17338] Jin L,Jianghai C,Juan L,Hao K. Pleiotrophin and peripheral nerve injury[J]. Neurosurg Rev,2009,32(4):387-393. doi:10.1007/s10143-009-0202-8.
[17339] Wei S,Yin X,Kou Y,Jiang B. Lumbricus extract promotes the regeneration of injured peripheral nerve in rats[J]. J Ethnopharmacol,2009,123(1):51-54. doi:10.1016/j.jep.2009.02.030.
[17340] Peng G,Han M,Du Y,Lin A,Yu L,Zhang Y,Jing N. SIP30 is regulated by ERK in peripheral nerve injury-induced neuropathic pain[J]. J Biol Chem,2009,284(44):30138-30147. doi:10.1074/jbc.M109.036756.
[17341] Yu K,Zhang C,Wang Y,Zhang P,Zhang D,Zhang H,Jiang B. The protective effects of small gap sleeve in bridging peripheral nerve mutilation[J]. Artif Cells Blood Substit Immobil Biotechnol,2009,37(6):257-264. doi:10.3109/10731190903360810.
[17342] Gu S,Shen Y,Xu W,Xu L,Li X,Zhou G,Gu Y,Xu J. Application of fetal neural stem cells transplantation in delaying denervated muscle atrophy in rats with peripheral nerve injury[J]. Microsurgery,2010,30(4):266-274. doi:10.1002/micr.20722.
[17343] Yin ZS,Zhang H,Bo W,Gao W. Erythropoietin promotes functional recovery and enhances nerve regeneration after peripheral nerve injury in rats[J]. AJNR Am J Neuroradiol,2010,31(3):509-515. doi:10.3174/ajnr.A1820.
[17344] Jiang B,Zhang P,Jiang B. Advances in small gap sleeve bridging peripheral nerve injury[J]. Artif Cells Blood Substit Immobil Biotechnol,2010,38(1):1-4. doi:10.3109/10731190903495652.
[17345] Shen J,Zhou CP,Zhong XM,Guo RM,Griffith JF,Cheng LN,Duan XH,Liang BL. MR neurography:T1 and T2 measurements in acute peripheral nerve traction injury in rabbits[J]. Radiology,2010,254(3):729-738. doi:10.1148/radiol.09091223.
[17346] Chen Y,Zheng X,Wang J,Zhu Y,Zhan C. Reliable techniques to avoid damaging the superficial radial nerve due to percutaneous Kirschner wire fixation of the distal radius fracture through the radial styloid process[J]. Surg Radiol Anat,2010,32(8):711-717. doi:10.1007/s00276-010-0652-2.
[17347] Zhang X,Chen G,Xue Q,Yu B. Early changes of beta-Catenins and Menins in spinal cord dorsal horn after peripheral nerve injury[J]. Cell Mol Neurobiol,2010,30(6):885-890. doi:10.1007/s10571-010-9517-9.
[17348] Ma J,Li W,Tian R,Lei W. Ginsenoside Rg1 promotes peripheral nerve regeneration in rat model of nerve crush injury[J]. Neurosci Lett,2010,478(2):66-71. doi:10.1016/j.neulet.2010.04.064.
[17349] Dong MM,Yi TH. Stem cell and peripheral nerve injury and repair[J]. Facial Plast Surg,2010,26(5):421-427. doi:10.1055/s-0030-1265023.
[17350] Cai ZG,Shi XJ,Lu XG,Yang ZH,Yu GY. Efficacy of functional training of the facial muscles for treatment of incomplete peripheral facial nerve injury[J]. Chin J Dent Res,2010,13(1):37-43.
[17351] Zhang L,Cao R,Zhu Y,Feng G,Zhang X,Huang F. Repair of the peripheral nerve defect with the combination of allogeneic nerve and autologous neuroma[J]. Turk Neurosurg,2010,20(4):470-479. doi:10.5137/1019-5149.JTN.2942-10.3.
[17352] Shen J,Duan XH,Cheng LN,Zhong XM,Guo RM,Zhang F,Zhou CP,Liang BL. In vivo MR imaging tracking of transplanted mesenchymal stem cells in a rabbit model of acute peripheral nerve traction injury[J]. J Magn Reson Imaging,2010,32(5):1076-1085. doi:10.1002/jmri.22353.
[17353] Wang CY,Zhang KH,Fan CY,Mo XM,Ruan HJ,Li FF. Aligned natural-synthetic polyblend nanofibers for peripheral nerve regeneration[J]. Acta Biomater,2011,7(2):634-643. doi:10.1016/j.actbio.2010.09.011.
[17354] Liu JJ,Wang CY,Wang JG,Ruan HJ,Fan CY. Peripheral nerve regeneration using composite poly(lactic acid-caprolactone)/nerve growth factor conduits prepared by coaxial electrospinning[J]. J Biomed Mater Res A,2011,96(1):13-20. doi:10.1002/jbm.a.32946.
[17355] Zhu J,Liu F,Li D,Shao J,Hu B. Preliminary study of the types of traumatic peripheral nerve injuries by ultrasound[J]. Eur Radiol,2011,21(5):1097-1101. doi:10.1007/s00330-010-1992-3.
[17356] Yu W,Wang J,Yin J. Platelet-rich plasma:a promising product for treatment of peripheral nerve regeneration after nerve injury[J]. Int J Neurosci,2011,121(4):176-180. doi:10.3109/00207454.2010.544432.
[17357] Ren WJ,Liu Y,Zhou LJ,Li W,Zhong Y,Pang RP,Xin WJ,Wei XH,Wang J,Zhu HQ,Wu CY,Qin ZH,Liu G,Liu XG. Peripheral nerve injury leads to working memory deficits and dysfunction of the hippocampus by upregulation of TNF-α in rodents[J]. Neuropsychopharmacology. 2011,36(5):979-992. doi:10.1038/npp.2010.236.
[17358] Zhao Z,Wang Y,Peng J,Ren Z,Zhan S,Liu Y,Zhao B,Zhao Q,Zhang L,Guo Q,Xu W,Lu S. Repair of nerve defect with acellular nerve graft supplemented by bone marrow stromal cells in mice[J]. Microsurgery,2011,31(5):388-394. doi:10.1002/micr.20882.
[17359] Yin XF,Kou YH,Wang YH,Zhang P,Zhang HB,Jiang BG. Portion of a nerve trunk can be used as a donor nerve to reconstruct the injured nerve and donor site simultaneously[J]. Artif Cells Blood Substit Immobil Biotechnol,2011,39(5):304-309. doi:10.3109/10731199.2011.574636.
[17360] Cheng LN,Duan XH,Zhong XM,Guo RM,Zhang F,Zhou CP,Shen J. Transplanted neural stem cells promote nerve regeneration in acute peripheral nerve traction injury:assessment using MRI[J]. AJR Am J Roentgenol,2011,196(6):1381-1387. doi:10.2214/AJR.10.5495.
[17361] Lui TH,Chan LK. Deep peroneal nerve injury following external fixation of the ankle:case report and anatomic study[J]. Foot Ankle Int,2011,32(5):S550-555. doi:10.3113/FAI.2011.0550.
[17362] Huang B,Zhao X,Zheng LB,Zhang L,Ni B,Wang YW. Different expression of tissue inhibitor of metalloproteinase family members in rat dorsal root ganglia and their changes after peripheral nerve injury[J]. Neuroscience,2011,193:421-428. doi:10.1016/j.neuroscience.2011.07.031.
[17363] Wang Y,Zhao Z,Zhao B,Qi HX,Peng J,Zhang L,Xu WJ,Hu P,Lu SB. Biocompatibility evaluation of electrospun aligned poly (propylene carbonate) nanofibrous scaffolds with peripheral nerve tissues and cells in vitro[J]. Chin Med J,2011,124(15):2361-2366.
[17364] Ma XL,Sun XL,Yang Z,Li XL,Ma JX,Zhang Y,Yuan ZZ. Biomechanical properties of peripheral nerve after acellular treatment[J]. Chin Med J,2011,124(23):3925-3929.
[17365] Duan XH,Cheng LN,Zhang F,Liu J,Guo RM,Zhong XM,Wen XH,Shen J. In vivo MRI monitoring nerve regeneration of acute peripheral nerve traction injury following mesenchymal stem cell transplantation[J]. Eur J Radiol,2012,81(9):2154-2160. doi:10.1016/j.ejrad.2011.06.050.
[17366] Tang P,Wang Y,Zhang L,He C,Liu X. Sonographic evaluation of peripheral nerve injuries following the Wenchuan earthquake[J]. J Clin Ultrasound,2012,40(1):7-13. doi:10.1002/jcu.20895.
[17367] Li S,Zhou S,Wei X,Yang A,Zhang L. Cutis laxa with skeletal muscle and nerve damage[J]. Int J Dermatol,2012,51(1):86-88. doi:10.1111/j.1365-4632.2011.04880.x.
[17368] Chen ZB,Zhang HY,Zhao JH,Zhao W,Zhao D,Zheng LF,Zhang XF,Liao XP,Yi XN. Slit-Robo GTPase-activating proteins are differentially expressed in murine dorsal root ganglia:modulation by peripheral nerve injury[J]. Anat Rec (Hoboken),2012,295(4):652-660. doi:10.1002/ar.22419.
[17369] Wang Y,Zhang P,Yin X,Peng J,Kou Y,Zhang Z,Zhang D,Jiang B. Characteristics of peripheral nerve regeneration following a second nerve injury and repair[J]. Artif Cells Blood Substit Immobil Biotechnol,2012,40(4):296-302. doi:10.3109/10731199.2011.652259.
[17370] Liu YR,Liu Q. Meta-analysis of mNGF therapy for peripheral nerve injury:a systematic review[J]. Chin J Traumatol,2012,15(2):86-91.
[17371] Wu N,Hao F,Yu X. Peripheral nerve and skin damage associated with working in a STCP factory:report of four cases[J]. Clin Toxicol(Phila),2012,50(6):514-517. doi:10.3109/15563650.2012.696200.
[17372] Li JY,Wang X,Ji PT,Li XF,Guan GH,Jiang XS,Zhou GS,Hua F,Wang N. Peripheral nerve injury decreases the expression of metabolic glutamate receptor 7 in dorsal root ganglion neurons[J]. Neurosci Lett,2012,531(1):52-56. doi:10.1016/j.neulet.2012.10.014.
[17373] Zhao L,Lv G,Jiang S,Yan Z,Sun J,Wang L,Jiang D. Morphological differences in skeletal muscle atrophy of rats with motor nerve and/or sensory nerve injury[J]. Neural Regen Res,2012,7(32):2507-2515. doi:10.3969/j.issn.1673-5374.2012.32.004.
[17374] Wang X,Wan L,Li X,Meng Y,Zhu N,Yang M,Feng B,Zhang W,Zhu S,Li S. A standardized method to create peripheral nerve injury in dogs using an automatic non-serrated forceps[J]. Neural Regen Res,2012,7(32):2516-2521. doi:10.3969/j.issn.1673-5374.2012.32.005.
[17375] Zhan X,Gao M,Jiang Y,Zhang W,Wong WM,Yuan Q,Su H,Kang X,Dai X,Zhang W,Guo J,Wu W. Nanofiber scaffolds facilitate functional regeneration of peripheral nerve injury[J]. Nanomedicine,2013,9(3):305-315. doi:10.1016/j.nano.2012.08.009.
[17376] Li JM,Xue ZQ,Deng SH,Luo XG,Patrylo PR,Rose GW,Cai H,Cai Y,Yan XX. Amyloid plaque pathogenesis in 5XFAD mouse spinal cord:retrograde transneuronal modulation after peripheral nerve injury[J]. Neurotox Res,2013,24(1):1-14. doi:10.1007/s12640-012-9355-2.
[17377] Huang Y,Zhu J,Liu F. Ultrasound in diagnosis of retroperitoneal femoral nerve injury:a case report[J]. J Plast Reconstr Aesthet Surg,2013,66(2):e50-52. doi:10.1016/j.bjps.2012.11.023.
[17378] Zhang X,Xin N,Tong L,Tong XJ. Electrical stimulation enhances peripheral nerve regeneration after crush injury in rats[J]. Mol Med Rep,2013,7(5):1523-1527. doi:10.3892/mmr.2013.1395.
[17379] Yin XF,Kou YH,Zhang PX,Wang YH,Jiang BG. Characteristics of peripheral nerve collateral multiplication and its potential use in neural trauma[J]. Chin Med J,2013,126(8):1598-1599.
[17380] Qi HT,Wang XM,Li SY,Wang GB,Wang DH,Wang ZT,Zhang XD,Teng JB. The role of ultrasonography and MRI in patients with non-traumatic nerve fascicle torsion of the upper extremity[J]. Clin Radiol,2013,68(9):e479-83. doi:10.1016/j.crad.2013.03.021.
[17381] Ma J,Liu J,Yu H,Wang Q,Chen Y,Xiang L. Curcumin promotes nerve regeneration and functional recovery in rat model of nerve crush injury[J]. Neurosci Lett,2013,547:26-31. doi:10.1016/j.neulet.2013.04.054.
[17382] Zhang ZH,Liang L,Jia TZ,Zhang SL,Wang MP,Ma LW,Liu Q. Clinical observation of peripheral nerve injury in 2 patients with cancer after radiotherapy[J]. Contemp Oncol(Pozn),2013,17(2):196-199. doi:10.5114/wo.2013.34625.
[17383] Li N,Lim G,Chen L,McCabe MF,Kim H,Zhang S,Mao J. Spinal expression of Hippo signaling components YAP and TAZ following peripheral nerve injury in rats[J]. Brain Res,2013,1535:137-147. doi:10.1016/j.brainres.2013.08.049.
[17384] Huang J,Zhang Y,Lu L,Hu X,Luo Z. Electrical stimulation accelerates nerve regeneration and functional recovery in delayed peripheral nerve injury in rats[J]. Eur J Neurosci,2013,38(12):3691-701. doi:10.1111/ejn.12370.
[17385] Chen G,Zhang Z,Wang S,Lv D. Combined treatment with FK506 and nerve growth factor for spinal cord injury in rats[J]. Exp Ther Med,2013,6(4):868-872. doi:10.3892/etm.2013.1254.
[17386] Gao Y,Weng C,Wang X. Changes in nerve microcirculation following peripheral nerve compression[J]. Neural Regen Res,2013,8(11):1041-1047. doi:10.3969/j.issn.1673-5374.2013.11.010.
[17387] Li R,Liu Z,Pan Y,Chen L,Zhang Z,Lu L. Peripheral nerve injuries treatment:a systematic review[J]. Cell Biochem Biophys,2014,68(3):449-454. doi:10.1007/s12013-013-9742-1.
[17388] Zhou X,He X,He B,Zhu Z,Zheng C,Xu J,Jiang L,Gu L,Zhu J,Zhu Q,Liu X. Etifoxine promotes glial-derived neurotrophic factor-induced neurite outgrowth in PC12 cells[J]. Mol Med Rep. 2013,8(1):75-80. doi:10.3892/mmr.2013.1474.
[17389] Zhou X,He B,Zhu Z,He X,Zheng C,Xu J,Jiang L,Gu L,Zhu J,Zhu Q,Liu X. Etifoxine provides benefits in nerve repair with acellular nerve grafts[J]. Muscle Nerve,2014,50(2):235-243. doi:10.1002/mus.24131.
[17390] Gang Y,Wang T,Sheng J,Hou C,Lin H. Anatomical feasibility of transferring the obturator and genitofemoral nerves to repair lumbosacral plexus nerve root avulsion injuries[J]. Clin Anat,2014,27(5):783-788. doi:10.1002/ca.22327.
[17391] Zhang X,Zhang F,Lu L,Li H,Wen X,Shen J. MR imaging and T2 measurements in peripheral nerve repair with activation of Toll-like receptor 4 of

neurotmesis[J]. Eur Radiol,2014,24(5):1145-1152. doi:10.1007/s00330-014-3134-9.

[17392] Li Y,Guo L,Ahn HS,Kim MH,Kim SW. Amniotic mesenchymal stem cells display neurovascular tropism and aid in the recovery of injured peripheral nerves[J]. J Cell Mol Med,2014,18(6):1028-1034. doi:10.1111/jcmm.12249.

[17393] Yang YK,Lu XB,Wang YH,Yang MM,Jiang DM. Identification crucial genes in peripheral neuropathic pain induced by spared nerve injury[J]. Eur Rev Med Pharmacol Sci,2014,18(15):2152-2159.

[17394] Zhang Z,Li X,Zuo S,Xin J,Zhang P. Bridging peripheral nerves using a deacetyl chitin conduit combined with short-term electrical stimulation[J]. Neural Regen Res,2014,9(10):1075-1078. doi:10.4103/1673-5374.133168.

[17395] Lu M,Wang Y,Yue L,Chiu J,He F,Wu X,Zang B,Lu B,Yao X,Jiang Z. Follow-up evaluation with ultrasonography of peripheral nerve injuries after an earthquake[J]. Neural Regen Res,2014,9(6):582-588. doi:10.4103/1673-5374.130095.

[17396] Rao T,Wu F,Xing D,Peng Z,Ren D,Feng W,Chen Y,Zhao Z,Wang H,Wang J,Kan W,Zhang Q. Effects of valproic acid on axonal regeneration and recovery of motor function after peripheral nerve injury in the rat[J]. Arch Bone Jt Surg,2014,2(1):17-24.

[17397] Wang W,Gao J,Na L,Jiang H,Xue J,Yang Z,Wang P. Craniocerebral injury promotes the repair of peripheral nerve injury[J]. Neural Regen Res,2014,9(18):1703-1708. doi:10.4103/1673-5374.141807.

[17398] Zhang T,Li Z,Dong J,Nan F,Li T,Yu Q. Edaravone promotes functional recovery after mechanical peripheral nerve injury[J]. Neural Regen Res,2014,9(18):1709-1715. doi:10.4103/1673-5374.141808.

[17399] Jia GL,Xi HL,Wang XK,Feng S,Tian ZL. Selective retention of the great saphenous vein to prevent saphenous nerve injury during varicose vein surgery[J]. Eur Rev Med Pharmacol Sci,2014,18(22):3459-3463.

[17400] Cheng Q,Jiang C,Wang C,Yu S,Zhang Q,Gu X,Ding F. The Achyranthes bidentata polypeptide k fraction enhances neuronal growth in vitro and promotes peripheral nerve regeneration after crush injury in vivo[J]. Neural Regen Res,2014,9(24):2142-2150. doi:10.4103/1673-5374.147948.

[17401] Bo J,Zhang W,Sun X,Yang Y,Liu X,Jiang M,Ma Z,Gu X. The cyclic AMP response element-binding protein antisense oligonucleotide induced anti-nociception and decreased the expression of KIF17 in spinal cord after peripheral nerve injury in mice[J]. Int J Clin Exp Med,2014,7(12):5181-5191.

[17402] Huang B,Li X,Zhu XC,Lu YS. Deceased expression of prostatic acid phosphatase in primary sensory neurons after peripheral nerve injury[J]. Int J Clin Exp Pathol,2014,7(12):8602-8608.

[17403] He B,Zhu Q,Chai Y,Ding X,Tang J,Gu L,Xiang J,Yang Y,Zhu J,Liu X. Safety and efficacy evaluation of a human acellular nerve graft as a digital nerve scaffold:a prospective,multicentre controlled clinical trial[J]. J Tissue Eng Regen Med,2015,9(3):286-295. doi:10.1002/term.1707.

[17404] Yan H,Zhang F,Wang C,Xia Z,Mo X,Fan C. The role of an aligned nanofiber conduit in the management of painful neuromas in rat sciatic nerves[J]. Ann Plast Surg,2015,74(4):454-461. doi:10.1097/SAP.0000000000000266.

[17405] Zhang PX,Yin XF,Kou YH,Xue F,Han N,Jiang BG. Neural regeneration after peripheral nerve injury repair is a system remodelling process of interaction between nerves and terminal effector[J]. Neural Regen Res,2015,10(1):52. doi:10.4103/1673-5374.150705.

[17406] Zhang PX,Li-Ya A,Kou YH,Yin XF,Xue F,Han N,Wang TB,Jiang BG. Biological conduit small gap sleeve bridging method for peripheral nerve injury:regeneration law of nerve fibers in the conduit[J]. Neural Regen Res,2015,10(1):71-78. doi:10.4103/1673-5374.150709.

[17407] Bai L,Wang TB,Wang X,Zhang WW,Xu JH,Cai XM,Zhou DY,Cai LB,Pan JD,Tian MT,Chen H,Zhang DY,Fu ZG,Zhang PX,Jiang BG. Use of nerve elongator to repair short-distance peripheral nerve defects:a prospective randomized study[J]. Neural Regen Res,2015,10(1):79-83. doi:10.4103/1673-5374.150710.

[17408] Chen B,Niu SP,Wang ZY,Wang ZW,Deng JX,Zhang PX,Yin XF,Han N,Kou YH,Jiang BG. Local administration of icariin contributes to peripheral nerve regeneration and functional recovery[J]. Neural Regen Res,2015,10(1):84-89. doi:10.4103/1673-5374.150711.

[17409] He GH,Ruan JW,Zeng YS,Zhou X,Ding Y,Zhou GH. Improvement in acupoint selection for acupuncture of nerves surrounding the injury site:electro-acupuncture with Governor vessel with local meridian acupoints[J]. Neural Regen Res,2015,10(1):128-135. doi:10.4103/1673-5374.150720.

[17410] Zhang W,Gao Y,Zhou Y,Liu J,Zhang L,Long A,Zhang L,Tang P. Localized and sustained delivery of erythropoietin from PLGA microspheres promotes functional recovery and nerve regeneration in peripheral nerve injury[J]. Biomed Res Int,2015,2015:478103. doi:10.1155/2015/478103.

[17411] He CQ,Zhang LH,Liu XF,Tang PF. A 2-year follow-up survey of 523 cases with peripheral nerve injuries caused by the earthquake in Wenchuan,China[J]. Neural Regen Res,2015,10(2):252-259. doi:10.4103/1673-5374.152379.

[17412] Zhang L,Han X,Li P,Liu Y,Zhu Y,Zou J,Yu Z. A study of tapping by the unaffected finger of patients presenting with central and peripheral nerve damage[J]. Front Hum Neurosci,2015,9:260. doi:10.3389/fnhum.2015.00260.

[17413] Yao C,Wang J,Zhang H,Zhou S,Qian T,Ding F,Gu X,Yu B. Long non-coding RNA uc.217 regulates neurite outgrowth in dorsal root ganglion neurons following peripheral nerve injury[J]. Eur J Neurosci,2015,42(1):1718-1725. doi:10.1111/ejn.12966.

[17414] Guo ZY,Sun X,Xu XL,Zhao Q,Peng J,Wang Y. Human umbilical cord mesenchymal stem cells promote peripheral nerve repair via paracrine mechanisms[J]. Neural Regen Res,2015,10(4):651-658. doi:10.4103/1673-5374.155442.

[17415] Gu J,Liu H,Zhang N,Tian H,Pan J,Zhang W,Wang J. Effect of transgenic human insulin-like growth factor-1 on spinal motor neurons following peripheral nerve injury[J]. Exp Ther Med,2015,10(1):19-24. doi:10.3892/etm.2015.2472.

[17416] Liu GY,Jin Y,Zhang Q,Li R. Peripheral nerve repair:a hot spot analysis on treatment methods from 2010 to 2014[J]. Neural Regen Res,2015,10(6):996-1002. doi:10.4103/1673-5374.158368.

[17417] Ke X,Li Q,Xu L,Zhang Y,Li D,Ma J,Mao X. Netrin-1 overexpression in bone marrow mesenchymal stem cells promotes functional recovery in a rat model of peripheral nerve injury[J]. J Biomed Res,2015,29(5):380-389. doi:10.7555/JBR.29.20140076.

[17418] Muheremu A,Ao Q. Past,present,and future of nerve conduits in the treatment of peripheral nerve injury[J]. Biomed Res Int,2015,2015:237507. doi:10.1155/2015/237507.

[17419] Wang YL,Gu XM,Kong Y,Feng QL,Yang YM. Electrospun and woven silk fibroin/poly(lactic-co-glycolic acid) nerve guidance conduits for repairing peripheral nerve injury[J]. Neural Regen Res,2015,10(10):1635-1642. doi:10.4103/1673-5374.167763.

[17420] Pei BA,Zi JH,Wu LS,Zhang CH,Chen YZ. Pulsed electrical stimulation protects neurons in the dorsal root and anterior horn of the spinal cord after peripheral nerve injury[J]. Neural Regen Res,2015,10(10):1650-1655. doi:10.4103/1673-5374.167765.

[17421] Yin G,Chen H,Hou C,Xiao J,Lin H. Obturator nerve transfer to the branch of the tibial nerve innervating the gastrocnemius muscle for the treatment of sacral plexus nerve injury[J]. Neurosurgery,2016,78(4):546-551. doi:10.1227/NEU.0000000000001166.

[17422] Wan Q,Wang S,Zhou J,Zou Q,Deng Y,Wang S,Zheng X,Li X. Evaluation of radiation-induced peripheral nerve injury in rabbits with MR neurography using diffusion tensor imaging and T2 measurements:Correlation with histological and functional changes[J]. J Magn Reson Imaging,2016,43(6):1492-1499. doi:10.1002/jmri.25114.

[17423] Li BB,Yin YX,Yan QJ,Wang XY,Li SP. A novel bioactive nerve conduit for the repair of peripheral nerve injury[J]. Neural Regen Res,2016,11(1):150-155. doi:10.4103/1673-5374.175062.

[17424] Wu S,Marie Lutz B,Miao X,Liang L,Mo K,Chang YJ,Du P,Soteropoulos P,Tian B,Kaufman AG,Bekker A,Hu Y,Tao YX. Dorsal root ganglion transcriptome analysis following peripheral nerve injury in mice[J]. Mol Pain,2016,12:1744806916629048. doi:10.1177/1744806916629048.

[17425] Han AC,Deng JX,Huang QS,Zheng HY,Zhou P,Liu ZW,Chen ZB. Verapamil inhibits scar formation after peripheral nerve repair in vivo[J]. Neural Regen Res,2016,11(3):508-511. doi:10.4103/1673-5374.179075.

[17426] Han D,Chen Y,Kou Y,Weng J,Chen B,Yu Y,Zhang P,Jiang B. Profiling of the dynamically alteredgene expression in peripheral nerve injury using NGS RNA sequencing technique[J]. Am J Transl Res,2016,8(2):871-884.

[17427] Xu D,Omura T,Masaki N,Arima H,Banno T,Okamoto A,Hanada M,Takei S,Matsushita S,Sugiyama E,Setou M,Matsuyama Y. Increased arachidonic acid-containing phosphatidylcholine is associated with reactive microglia and astrocytes in the spinal cord after peripheral nerve injury[J]. Sci Rep,2016,6:26427. doi:10.1038/srep26427.

[17428] Au NP,Kumar G,Asthana P,Tin C,Mak YL,Chan LL,Lam PK,Ma CH. Ciguatoxin reduces regenerative capacity of axotomized peripheral neurons and delays functional recovery in pre-exposed mice after peripheral nerve injury[J]. Sci Rep,2016,6:26809. doi:10.1038/srep26809.

[17429] Li Q,Li T,Cao XC,Luo DQ,Lian KJ. Methylprednisolone microsphere sustained-release membrane inhibits scar formation at the site of peripheral nerve lesion[J]. Neural Regen Res,2016,11(5):835-841. doi:10.4103/1673-5374.182713.

[17430] Liu HF,Chen ZG,Lineaweaver WC,Zhang F. Can the babysitter procedure improve nerve regeneration and denervated muscle atrophy in the treatment of peripheral nerve injury?[J]. Plast Reconstr Surg,2016,138(1):122-131. doi:10.1097/PRS.0000000000002292.

[17431] Gong L,Wu J,Zhou S,Wang Y,Qin J,Yu B,Gu X,Yao C. Global analysis of transcriptome in dorsal root ganglia following peripheral nerve injury in rats[J]. Biochem Biophys Res Commun,2016,478(1):206-212. doi:10.1016/j.bbrc.2016.07.067.

[17432] Xiao B,Rao F,Guo ZY,Sun X,Wang YG,Liu SY,Wang AY,Guo QY,Meng HY,Zhao Q,Peng J,Wang Y,Lu SB. Extracellular matrix from human umbilical cord-derived mesenchymal stem cells as a scaffold for peripheral nerve regeneration[J]. Neural Regen Res,2016,11(7):1172-1179. doi:10.4103/1673-5374.187061.

[17433] Wang F,Xiang H,Fischer G,Liu Z,Dupont MJ,Hogan QH,Yu H. HMG-CoA synthase isoenzymes 1 and 2 localize to satellite glial cells in dorsal root ganglia and are differentially regulated by peripheral nerve injury[J]. Brain Res,2016,1652:62-70. doi:10.1016/j.brainres.2016.09.032.

[17434] Zha GB,Shen M,Gu XS,Yi S. Changes in microtubule-associated protein tau during peripheral nerve injury and regeneration[J]. Neural Regen Res,2016,11(9):1506-1511. doi:10.4103/1673-5374.191227.

[17435] Liang L,Zhao JY,Gu X,Wu S,Mo K,Xiong M,Marie Lutz B,Bekker A,Tao YX. G9a inhibits CREB-triggered expression of mu opioid receptor in primary sensory neurons following peripheral nerve injury[J]. Mol Pain,2016,12:1744806916682242. doi:10.1177/1744806916682242.

[17436] He QR,Cong M,Chen QZ,Sheng YF,Li J,Zhang Q,Ding F,Gong YP. Expression changes of nerve cell adhesion molecules L1 and semaphorin 3A after peripheral nerve injury[J]. Neural Regen Res,2016,11(12):2025-2030. doi:10.4103/1673-5374.197148.

[17437] Chen YY,Zhang X,Lin XF,Zhang F,Duan XH,Zheng CS,Chen MW,Wang DY,Zeng WK,Shen J. DTI metrics can be used as biomarkers to determine the therapeutic effect of stem cells in acute peripheral nerve injury[J]. J Magn Reson Imaging,2017,45(3):855-862. doi:10.1002/jmri.25395.

[17438] Xu F,Zhang K,Lv P,Lu R,Zheng L,Zhao J. NECL1 coated PLGA as favorable conduits for repair of injured peripheral nerve[J]. Mater Sci Eng C Mater Biol Appl,2017,70(Pt 2):1132-1140. doi:10.1016/j.msec.2016.03.043.

[17439] Wu W,Zhang S,Chen Y,Liu H. Biological function and mechanism of bone marrow mesenchymal stem cells-packed poly (3,4-ethylenedioxythiophene) (pedot) scaffolds for peripheral nerve injury:the involvement of miR-21-notch signaling pathway[J]. Curr Neurovasc Res,2017,14(1):19-25. doi:10.2174/1567202614666161123112832.

[17440] Liu HF,Chen ZG,Lineaweaver WC,Friel MT,Zhang F. Molecular mechanism of the "Babysitter" procedure for nerve regeneration and muscle preservation in peripheral nerve repair in a rat model[J]. Ann Plast Surg,2017,78(6):704-711. doi:10.1097/SAP.0000000000000952.

[17441] Chang HL,Wang HC,Chunag YT,Chou CW,Lin IL,Lai CS,Chang LL,Cheng KI. miRNA expression change in dorsal root ganglia after peripheral nerve injury[J]. J Mol Neurosci,2017,61(2):169-177. doi:10.1007/s12031-016-0876-7.
[17442] Yan Y,Shen FY,Agresti M,Zhang LL,Matloub HS,LoGiudice JA,Havlik R,Li J,Gu YD,Yan JG. Best time window for the use of calcium-modulating agents to improve functional recovery in injured peripheral nerves-An experiment in rats[J]. J Neurosci Res,2017,95(9):1786-1795. doi:10.1002/jnr.24009.
[17443] Liu Y,Zhou LJ,Wang J,Li D,Ren WJ,Peng J,Wei X,Xu T,Xin WJ,Pang RP,Li YY,Qin ZH,Murugan M,Mattson MP,Wu LJ,Liu XG. TNF-α differentially regulates synaptic plasticity in the hippocampus and spinal cord by microglia-dependent mechanisms after peripheral nerve injury[J]. J Neurosci,2017,37(4):871-881. doi:10.1523/JNEUROSCI.2235-16.2016.
[17444] Ruven C,Li W,Li H,Wong WM,Wu W. Transplantation of embryonic spinal cord derived cells helps to prevent muscle atrophy after peripheral nerve injury[J]. Int J Mol Sci,2017,18(3):511. doi:10.3390/ijms18030511.
[17445] Wang J,Chen M,Du J. Type III Monteggia fracture with posterior interosseous nerve injury in a child:A case report[J]. Medicine(Baltimore),2017,96(11):e6377. doi:10.1097/MD.0000000000006377.
[17446] Gao D,Jiang JJ,Gu SH,Lu JZ,Xu L. Morphological detection and functional assessment of regenerated nerve after neural prosthesis with a PGLA nerve conduit[J]. Sci Rep,2017,7:46403. doi:10.1038/srep46403.
[17447] Cai M,Huang T,Hou B,Guo Y. Role of demyelination efficiency within acellular nerve scaffolds during nerve regeneration across peripheral defects[J]. Biomed Res Int,2017,2017:4606387. doi:10.1155/2017/4606387.
[17448] Pan B,Zhou HX,Liu Y,Yan JY,Wang Y,Yao X,Deng YQ,Chen SY,Lu L,Wei ZJ,Kong XH,Feng SQ. Time-dependent differential expression of long non-coding RNAs following peripheral nerve injury[J]. Int J Mol Med,2017,39(6):1381-1392. doi:10.3892/ijmm.2017.2963.
[17449] Jiang J,Hu Y,Zhang B,Shi Y,Zhang J,Wu X,Yao P. MicroRNA-9 regulates mammalian axon regeneration in peripheral nerve injury[J]. Mol Pain,2017,13:1744806917711612. doi:10.1177/1744806917711612.
[17450] Chen L,Cheng J,Yang X,Jin X,Qi Z,Jin YQ. Bone marrow-derived cells response in proximal regions of nerves after peripheral nerve injury[J]. Cell Biol Int,2017,41(8):863-870. doi:10.1002/cbin.10796.
[17451] Zheng M,Duan J,He Z,Wang Z,Mu S,Zeng Z,Qu J,Wang D,Zhang J. Transplantation of bone marrow stromal stem cells overexpressing tropomyosin receptor kinase A for peripheral nerve repair[J]. Cytotherapy,2017,19(8):916-926. doi:10.1016/j.jcyt.2017.04.007.
[17452] Jiang B,Zhang Y,She C,Zhao J,Zhou K,Zuo Z,Zhou X,Wang P,Dong Q. X-ray irradiation has positive effects for the recovery of peripheral nerve injury maybe through the vascular smooth muscle contraction signaling pathway[J]. Environ Toxicol Pharmacol,2017,54:177-183. doi:10.1016/j.etap.2017.07.010.
[17453] He XZ,Ma JJ,Wang HQ,Hu TM,Sun B,Gao YF,Liu SB,Wang W,Wang P. Brain injury in combination with tacrolimus promotes the regeneration of injured peripheral nerves[J]. Neural Regen Res,2017,12(6):987-994. doi:10.4103/1673-5374.208595.
[17454] Cheng Q,Wang YX,Yu J,Yi S. Critical signaling pathways during Wallerian degeneration of peripheral nerve[J]. Neural Regen Res,2017,12(6):995-1002. doi:10.4103/1673-5374.208596.
[17455] Jiang B,Zhang Y,Zhao J,She C,Zhou X,Wang P,Dong Q. Illumina deep sequencing reveals conserved and novel microRNAs involved in the response to X-ray irradiation after peripheral nerve injury in rats[J]. Neurosci Lett,2017,658:12-18. doi:10.1016/j.neulet.2017.08.034.
[17456] Yan L,Yao Z,Lin T,Zhu Q,Qi J,Gu L,Fang J,Zhou X,Liu X. The role of precisely matching fascicles in the quick recovery of nerve function in long peripheral nerve defects[J]. Neuroreport,2017,28(15):1008-1015. doi:10.1097/WNR.0000000000000873.
[17457] Wang YJ,Zuo ZX,Wu C,Liu L,Feng ZH,Li XY. Cingulate alpha-2a adrenoceptors mediate the effects of clonidine on spontaneous pain induced by peripheral nerve injury[J]. Front Mol Neurosci,2017,10:289. doi:10.3389/fnmol.2017.00289.
[17458] Jiang BG,Han N,Rao F,Wang YL,Kou YH,Zhang PX. Advance of peripheral nerve injury repair and reconstruction[J]. Chin Med J,2017,130(24):2996-2998. doi:10.4103/0366-6999.220299.
[17459] Deng JX,Zhang DY,Li M,Weng J,Kou YH,Zhang PX,Han N,Chen B,Yin XF,Jiang BG. Autologous transplantation with fewer fibers repairs large peripheral nerve defects[J]. Neural Regen Res,2017,12(12):2077-2083. doi:10.4103/1673-5374.221167.
[17460] Wang C,Lu CF,Peng J,Hu CD,Wang Y. Roles of neural stem cells in the repair of peripheral nerve injury[J]. Neural Regen Res,2017,12(12):2106-2112. doi:10.4103/1673-5374.221171.
[17461] Liu S,Sun X,Wang T,Chen S,Zeng CG,Xie G,Zhu Q,Liu X,Quan D. Nano-fibrous and ladder-like multi-channel nerve conduits:Degradation and modification by gelatin[J]. Mater Sci Eng C Mater Biol Appl,2018,83:130-142. doi:10.1016/j.msec.2017.11.020.
[17462] Chen J,Li H,Lim G,McCabe MF,Zhao W,Yang Y,Ma W,Li N. Different effects of dexmedetomidine and midazolam on the expression of NR2B and GABAA-1 following peripheral nerve injury in rats[J]. IUBMB Life,2018,70(2):143-152. doi:10.1002/iub.1713.
[17463] Ko HG,Choi JH,Park DI,Kang SJ,Lim CS,Sim SE,Shim J,Kim JI,Kim S,Choi TH,Ye S,Lee J,Park P,Kim S,Do J,Park J,Islam MA,Kim HJ,Turck CW,Collingridge GL,Zhuo M,Kaang BK. Rapid turnover of cortical ncam1 regulates synaptic reorganization after peripheral nerve injury[J]. Cell Rep,2018,22(3):748-759. doi:10.1016/j.celrep.2017.12.059.
[17464] Deng JX,Weng J,Kou YH,Zhang PX,Wang YH,Han N,Jiang BG,Yin XF. Territory maximization hypothesis during peripheral nerve regeneration[J]. Neural Regen Res,2018,13(2):230-231. doi:10.4103/1673-5374.226393.
[17465] Weng J,Wang YH,Li M,Zhang DY,Jiang BG. GSK3 inhibitor promotes myelination and mitigates muscle atrophy after peripheral nerve injury[J]. Neural Regen Res,2018,13(2):324-330. doi:10.4103/1673-5374.226403.
[17466] Weng J,Zhang P,Yin X,Jiang B. The whole transcriptome involved in denervated muscle atrophy following peripheral nerve injury[J]. Front Mol Neurosci,2018,11:69. doi:10.3389/fnmol.2018.00069.
[17467] Wang H,Wu J,Zhang X,Ding L,Zeng Q. Microarray analysis of the expression profile of lncRNAs reveals the key role of lncRNA BC088327 as an agonist to heregulin induced cell proliferation in peripheral nerve injury[J]. Int J Mol Med,2018,41(6):3477-3484. doi:10.3892/ijmm.2018.3571.
[17468] Li M,Zhang P,Zhang D. PVDF piezoelectric neural conduit incorporated pre-differentiated adipose-derived stem cells may accelerate the repair of peripheral nerve injury[J]. Med Hypotheses,2018,114:55-57. doi:10.1016/j.mehy.2018.02.027.
[17469] Chen H,Xiang J,Wu J,He B,Lin T,Zhu Q,Liu X,Zheng C. Expression patterns and role of PTEN in rat peripheral nerve development and injury[J]. Neurosci Lett,2018,676:78-84. doi:10.1016/j.neulet.2018.04.016.
[17470] Lin T,Liu S,Chen S,Qiu S,Rao Z,Liu J,Zhu S,Yan L,Mao H,Zhu Q,Quan D,Liu X. Hydrogel derived from porcine decellularized nerve tissue as a promising biomaterial for repairing peripheral nerve defects[J]. Acta Biomater,2018,73:326-338. doi:10.1016/j.actbio.2018.04.001.
[17471] Zhou N,Hao S,Huang Z,Wang W,Yan P,Zhou W,Zhu Q,Liu X. MiR-7 inhibited peripheral nerve injury repair by affecting neural stem cells migration and proliferation through cdc42[J]. Mol Pain,2018,14:1744806918766793. doi:10.1177/1744806918766793.
[17472] Tu Y,Chen Z,Hu J,Ding Z,Lineaweaver WC,Dellon AL,Zhang F. Chronic nerve compression accelerates the progression of diabetic peripheral neuropathy in a rat model:a study of gene expression profiling[J]. J Reconstr Microsurg,2018,34(7):537-548. doi:10.1055/s-0038-1642023.
[17473] Qian C,Tan D,Wang X,Li L,Wen J,Pan M,Li Y,Wu W,Guo J. Peripheral nerve injury-induced astrocyte activation in spinal ventral horn contributes to nerve regeneration[J]. Neural Plast,2018,2018:8561704. doi:10.1155/2018/8561704.
[17474] Zou JL,Sun JH,Qiu S,Chen SH,He FL,Li JC,Mao HQ,Liu XL,Quan DP,Zeng YS,Zhu QT. Spatial distribution affects the role of CSPGs in nerve regeneration via the actin filament-mediated pathway[J]. Exp Neurol,2018,307:37-44. doi:10.1016/j.expneurol.2018.05.023.
[17475] Zhu H,Xue C,Yao M,Wang H,Zhang P,Qian T,Zhou S,Li S,Yu B,Wang Y,Gu X. miR-129 controls axonal regeneration via regulating insulin-like growth factor-1 in peripheral nerve injury[J]. Cell Death Dis,2018,9(7):720. doi:10.1038/s41419-018-0760-1.
[17476] Mao S,Zhang S,Zhou Z,Shi X,Huang T,Feng W,Yao C,Gu X,Yu B. Alternative RNA splicing associated with axon regeneration after rat peripheral nerve injury[J]. Exp Neurol,2018,308:80-89. doi:10.1016/j.expneurol.2018.07.003.
[17477] Yin X,Zhang X,Kou Y,Wang Y,Zhang L,Jiang B,Zhang D. How many nerve fibres can be separated as donor from an integral nerve trunk when reconstructing a peripheral nerve trauma with amplification method by artificial biochitin conduit?[J]. Artif Cells Nanomed Biotechnol,2018,46(S2):646-651. doi:10.1080/21691401.2018.1466145.
[17478] Qin J,Wu JC,Wang QH,Zhou SL,Mao SS,Yao C. Transcription factor networks involved in cell death in the dorsal root ganglia following peripheral nerve injury[J]. Neural Regen Res,2018,13(9):1622-1627. doi:10.4103/1673-5374.237183.
[17479] Yi S,Wang XH,Xing LY. Transcriptome analysis of adherens junction pathway-related genes after peripheral nerve injury[J]. Neural Regen Res,2018,13(10):1804-1810. doi:10.4103/1673-5374.237127.
[17480] Liu Q,Wang X,Yi S. Pathophysiological changes of physical barriers of peripheral nerves after injury[J]. Front Neurosci,2018,12:597. doi:10.3389/fnins.2018.00597.
[17481] Zhang L,Lei L,Zhao Y,Wang R,Zhu Y,Yu Z,Zhang X. Finger tapping outperforms the traditional scale in patients with peripheral nerve damage[J]. Front Physiol,2018,9:1361. doi:10.3389/fphys.2018.01361.
[17482] Wang X,Miao Y,Ni J,Wang Y,Qian T,Yu J,Liu Q,Wang P,Yi S. Peripheral nerve injury induces dynamic changes of tight junction components[J]. Front Physiol,2018,9:1519. doi:10.3389/fphys.2018.01519.
[17483] Qian T,Fan C,Liu Q,Yi S. Systemic functional enrichment and ceRNA network identification following peripheral nerve injury[J]. Mol Brain,2018,11(1):73. doi:10.1186/s13041-018-0421-4.
[17484] Vijayavenkataraman S,Zhang S,Thaharah S,Sriram G,Lu WF,Fuh JYH. Electrohydrodynamic jet 3d printed nerve guide conduits (ngcs) for peripheral nerve injury repair[J]. Polymers (Basel),2018,10(7):753. doi:10.3390/polym10070753.
[17485] Vijayavenkataraman S,Thaharah S,Zhang S,Lu WF,Fuh JYH. 3D-printed pcl/rgo conductive scaffolds for peripheral nerve injury repair[J]. Artif Organs,2019,43(5):515-523. doi:10.1111/aor.13360.
[17486] Zhao L,Yi S. Transcriptional landscape of alternative splicing during peripheral nerve injury[J]. J Cell Physiol,2019,234(5):6876-6885. doi:10.1002/jcp.27446.
[17487] Weng W,Yao C,Poonit K,Zhou X,Sun C,Zhang F,Yan H. Metformin relieves neuropathic pain after spinal nerve ligation via autophagy flux stimulation[J]. J Cell Mol Med,2019,23(2):1313-1324. doi:10.1111/jcmm.14033.
[17488] Yu Z,Xu N,Zhang N,Xiong Y,Wang Z,Liang S,Zhao D,Huang F,Zhang C. Repair of peripheral nerve sensory impairments via the transplantation of bone marrow neural tissue-committed stem cell-derived sensory neurons[J]. Cell Mol Neurobiol,2019,39(3):341-353. doi:10.1007/s10571-019-00650-2.
[17489] Quan Q,Meng HY,Chang B,Liu GB,Cheng XQ,Tang H,Wang Y,Peng J,Zhao Q,Lu SB. Aligned fibers enhance nerve guide conduits when bridging peripheral nerve defects focused on early repair stage[J]. Neural Regen Res,2019,14(5):903-912. doi:10.4103/1673-5374.249239.
[17490] Chen S,Zhao Y,Yan X,Zhang L,Li G,Yang Y. PAM/GO/gel/SA composite hydrogel conduit with bioactivity for repairing peripheral nerve injury[J]. J Biomed Mater Res A,2019,107(6):1273-1283. doi:10.1002/jbm.a.36637.
[17491] Quan Q,Meng H,Chang B,Hong L,Li R,Liu G,Cheng X,Tang H,Liu P,Sun Y,Peng J,Zhao Q,Wang Y,Lu S. Novel 3-D helix-flexible nerve guide conduits repair nerve defects[J]. Biomaterials,2019,207:49-60. doi:10.1016/j.biomaterials.2019.03.040.
[17492] Liu P,Peng J,Han GH,Ding X,Wei S,Gao G,Huang K,Chang F,Wang Y. Role of macrophages in peripheral nerve injury and repair[J]. Neural Regen Res,2019,14(8):1335-1342. doi:10.4103/1673-5374.253510.
[17493] Huang L,Xia B,Shi X,Gao J,Yang Y,Xu F,Qi F,Liang C,Huang J,Luo Z. Time-restricted release of multiple neurotrophic factors promotes axonal

regeneration and functional recovery after peripheral nerve injury[J]. FASEB J,2019,33(7):8600-8613. doi:10.1096/fj.201802065RR.

[17494] Chen S,Du Z,Zou J,Qiu S,Rao Z,Liu S,Sun X,Xu Y,Zhu Q,Liu X,Mao HQ,Bai Y,Quan D. Promoting neurite growth and schwann cell migration by the harnessing decellularized nerve matrix onto nanofibrous guidance[J]. ACS Appl Mater Interfaces,2019,11(19):17167-17176. doi:10.1021/acsami.9b01066.

[17495] Rao F,Yuan Z,Zhang D,Yu F,Li M,Li D,Jiang B,Wen Y,Zhang P. Small-molecule SB216763-loaded microspheres repair peripheral nerve injury in small gap tubulization[J]. Front Neurosci,2019,13:489. doi:10.3389/fnins.2019.00489.

[17496] Park S,Liu CY,Ward PJ,Jaiswal PB,English AW. Effects of repeated 20-Hz electrical stimulation on functional recovery following peripheral nerve injury[J]. Neurorehabil Neural Repair,2019,33(9):775-784. doi:10.1177/1545968319862563.

[17497] Zhang CH,Ma ZZ,Huo BB,Lu YC,Wu JJ,Hua XY,Xu JG. Diffusional plasticity induced by electroacupuncture intervention in rat model of peripheral nerve injury[J]. J Clin Neurosci,2019,69:250-256. doi:10.1016/j.jocn.2019.08.088.

[17498] Dong R,Liu Y,Yang Y,Wang H,Xu Y,Zhang Z. MSC-derived exosomes-based therapy for peripheral nerve injury:a novel therapeutic strategy[J]. Biomed Res Int,2019,2019:6458237. doi:10.1155/2019/6458237.

[17499] Hou Y,Wang X,Zhang Z,Luo J,Cai Z,Wang Y,Li Y. Repairing transected peripheral nerve using a biomimetic nerve guidance conduit containing intraluminal sponge fillers[J]. Adv Healthc Mater,2019,8(21):e1900913. doi:10.1002/adhm.201900913.

[17500] Liu B,Xin W,Tan JR,Zhu RP,Li T,Wang D,Kan SS,Xiong DK,Li HH,Zhang MM,Sun HH,Wagstaff W,Zhou C,Wang ZJ,Zhang YG,He TC. Myelin sheath structure and regeneration in peripheral nerve injury repair[J]. Proc Natl Acad Sci U S A,2019,116(44):22347-22352. doi:10.1073/pnas.1910292116.

[17501] Mao S,Huang T,Chen Y,Shen L,Zhou S,Zhang S,Yu B. Circ-Spidr enhances axon regeneration after peripheral nerve injury[J]. Cell Death Dis,2019,10(11):787. doi:10.1038/s41419-019-2027-x.

[17502] Yao Z,Yan LW,Qiu S,He FL,Gu FB,Liu XL,Qi J,Zhu QT. Customized scaffold design based on natural peripheral nerve fascicle characteristics for biofabrication in tissue regeneration[J]. Biomed Res Int,2019,2019:3845780. doi:10.1155/2019/3845780.

[17503] Chen ZX,Lu HB,Jin XL,Feng WF,Yang XN,Qi ZL. Skeletal muscle-derived cells repair peripheral nerve defects in mice[J]. Neural Regen Res,2020,15(1):152-161. doi:10.4103/1673-5374.264462.

[17504] Liu Y,Wang H. Peripheral nerve injury induced changes in the spinal cord and strategies to counteract/enhance the changes to promote nerve regeneration[J]. Neural Regen Res,2020,15(2):189-198. doi:10.4103/1673-5374.265540.

[17505] Fan Z,Liao X,Tian Y,Xuzhuzi X,Nie Y. A prevascularized nerve conduit based on a stem cell sheet effectively promotes the repair of transected spinal cord injury[J]. Acta Biomater,2020,101:304-313. doi:10.1016/j.actbio.2019.10.042.

[17506] Shi G,Zhou X,Wang X,Zhang X,Zhang P,Feng S. Signatures of altered DNA methylation gene expression after central and peripheral nerve injury[J]. J Cell Physiol,2020,235(6):5171-5181. doi:10.1002/jcp.29393.

[17507] Chen B,Carr L,Dun XP. Dynamic expression of Slit1-3 and Robo1-2 in the mouse peripheral nervous system after injury[J]. Neural Regen Res,2020,15(5):948-958. doi:10.4103/1673-5374.268930.

[17508] Fu T,Jiang L,Peng Y,Li Z,Liu S,Lu J,Zhang F,Zhang J. Electrical muscle stimulation accelerates functional recovery after nerve injury[J]. Neuroscience,2020,426:179-188. doi:10.1016/j.neuroscience.2019.10.052.

[17509] Xu Z,Chen Z,Feng W,Huang M,Yang X,Qi Z. Grafted muscle-derived stem cells promote the therapeutic efficiency of epimysium conduits in mice with peripheral nerve gap injury[J]. Artif Organs,2020,44(5):E214-E225. doi:10.1111/aor.13614.

[17510] Lin Y,Xie Z,Zhou J,Yin G,Lin H. Differential gene and protein expression in gastrocnemius and tibialis anterior muscle following tibial and peroneal nerve injury in rats[J]. Gene Expr Patterns,2020,35:119079. doi:10.1016/j.gep.2019.119079.

[17511] Hussain G,Wang J,Rasul A,Anwar H,Qasim M,Zafar S,Aziz N,Razzaq A,Hussain R,de Aguilar JG,Sun T. Current status of therapeutic approaches against peripheral nerve injuries:a detailed story from injury to recovery[J]. Int J Biol Sci,2020,16(1):116-134. doi:10.7150/ijbs.35653.

[17512] Liu X,Cui X,Guan G,Dong Y,Zhang Z. microRNA-192-5p is involved in nerve repair in rats with peripheral nerve injury by regulating XIAP[J]. Cell Cycle,2020,19(3):326-338. doi:10.1080/15384101.2019.1710916.

[17513] Weng J,Li DD,Jiang BG,Yin XF. Temporal changes in the spinal cord transcriptome after peripheral nerve injury[J]. Neural Regen Res,2020,15(7):1360-1367. doi:10.4103/1673-5374.272618.

[17514] Shen YY,Gu XK,Zhang RR,Qian TM,Li SY,Yi S. Biological characteristics of dynamic expression of nerve regeneration related growth factors in dorsal root ganglia after peripheral nerve injury[J]. Neural Regen Res,2020,15(8):1502-1509. doi:10.4103/1673-5374.274343.

[17515] Lyu C,Lyu GW,Mulder J,Martinez A,Shi TS. G Protein-gated inwardly rectifying potassium channel subunit 3 is upregulated in rat DRGs and spinal cord after peripheral nerve injury[J]. J Pain Res,2020,13:419-429. doi:10.2147/JPR.S233744.

[17516] Qian T,Qian K,Xu T,Shi J,Ma T,Song Z,Xu C,Li L. Efficacy evaluation of personalized coaptation in neurotization for motor deficit after peripheral nerve injury:A systematic review and meta-analysis[J]. Brain Behav,2020,10(4):e01582. doi:10.1002/brb3.1582.

[17517] Huang ML,Zhai Z,Chen ZX,Yang XN,Qi ZL. Platelet-rich fibrin membrane nerve guidance conduit:a potentially promising method for peripheral nerve injuries[J]. Chin Med J,2020,133(8):999-1001. doi:10.1097/CM9.0000000000000726.

[17518] Lu Y,Zhang P,Zhang Q,Yang C,Qian Y,Suo J,Tao X,Zhu J. Duloxetine attenuates paclitaxel-induced peripheral nerve injury by inhibiting p53-related pathways[J]. J Pharmacol Exp Ther,2020,373(3):453-462. doi:10.1124/jpet.120.265082.

[17519] Qiu S,Rao Z,He F,Wang T,Xu Y,Du Z,Yao Z,Lin T,Yan L,Quan D,Zhu Q,Liu X. Decellularized nerve matrix hydrogel and glial-derived neurotrophic factor modifications assisted nerve repair with decellularized nerve matrix scaffolds[J]. J Tissue Eng Regen Med,2020,14(7):931-943. doi:10.1002/term.3050.

[17520] Yuan YS,Niu SP,Yu F,Zhang YJ,Han N,Lu H,Yin XF,Xu HL,Kou YH. Intraoperative single administration of neutrophil peptide 1 accelerates the early functional recovery of peripheral nerves after crush injury[J]. Neural Regen Res,2020,15(11):2108-2115. doi:10.4103/1673-5374.282270.

[17521] Liu P,Zhang Q,Gao YS,Huang YG,Gao J,Zhang CQ. The delayed-onset mechanical pain behavior induced by infant peripheral nerve injury is accompanied by sympathetic sprouting in the dorsal root ganglion[J]. Biomed Res Int,2020,2020:9165475. doi:10.1155/2020/9165475.

[17522] Li X,Yang W,Xie H,Wang J,Zhang L,Wang Z,Wang L. CNT/Sericin conductive nerve guidance conduit promotes functional recovery of transected peripheral nerve injury in a rat model[J]. ACS Appl Mater Interfaces,2020,12(33):36860-36872. doi:10.1021/acsami.0c08457.

[17523] Xing XX,Hua XY,Zheng MX,Ma ZZ,Huo BB,Wu JJ,Ma SJ,Ma J,Xu JG. Intra and inter:Alterations in functional brain resting-state networks after peripheral nerve injury[J]. Brain Behav,2020,10(9):e01747. doi:10.1002/brb3.1747.

[17524] Jiang Z,Zhang H,Yu T,Du Y,Qian Z,Chang F. Musculoskeletal ultrasonography combined with electromyography in the diagnosis of massage-inducted lateral plantar nerve injury:A case report[J]. Medicine(Baltimore),2020,99(28):e21130. doi:10.1097/MD.0000000000021130.

[17525] Zhao J,Ding Y,He R,Huang K,Liu L,Jiang C,Liu Z,Wang Y,Yan X,Cao F,Huang X,Peng Y,Ren R,He Y,Cui T,Zhang Q,Zhang X,Liu Q,Li Y,Ma Z,Yi X. Dose-effect relationship and molecular mechanism by which BMSC-derived exosomes promote peripheral nerve regeneration after crush injury[J]. Stem Cell Res Ther,2020,11(1):360. doi:10.1186/s13287-020-01872-8.

[17526] Zhang Q,Wu P,Chen F,Zhao Y,Li Y,He X,Huselstein C,Ye Q,Tong Z,Chen Y. Brain derived neurotrophic factor and glial cell line-derived neurotrophic factor-transfected bone mesenchymal stem cells for the repair of periphery nerve injury[J]. Front Bioeng Biotechnol,2020,8:874. doi:10.3389/fbioe.2020.00874.

[17527] Chen J,Yang R,Li H,Lao J. Green tea polyphenols promote functional recovery from peripheral nerve injury in rats[J]. Med Sci Monit,2020,26:e923806. doi:10.12659/MSM.923806.

[17528] Luo L,He Y,Jin L,Zhang Y,Guastaldi FP,Albashari AA,Hu F,Wang X,Wang L,Xiao J,Li L,Wang J,Higuchi A,Ye Q. Application of bioactive hydrogels combined with dental pulp stem cells for the repair of large gap peripheral nerve injuries[J]. Bioact Mater,2020,6(3):638-654. doi:10.1016/j.bioactmat.2020.08.028.

[17529] Dong M,Shi B,Liu D,Liu JH,Zhao D,Yu ZH,Shen XQ,Gan JM,Shi BL,Qiu Y,Wang CC,Zhu ZZ,Shen QD. Conductive hydrogel for a photothermal-responsive stretchable artificial nerve and coalescing with a damaged peripheral nerve[J]. ACS Nano,2020 Oct 7. doi:10.1021/acsnano.0c05197. Online ahead of print.

[17530] Song S,Wang X,Wang T,Yu Q,Hou Z,Zhu Z,Li R. Additive manufacturing of nerve guidance conduits for regeneration of injured peripheral nerves[J]. Front Bioeng Biotechnol,2020,8:590596. doi:10.3389/fbioe.2020.590596.

[17531] Liu YP,Luo ZR,Wang C,Cai H,Zhao TT,Li H,Shao SJ,Guo HD. Electroacupuncture promoted nerve repair after peripheral nerve injury by regulating mir-1b and its target brain-derived neurotrophic factor[J]. Front Neurosci,2020,14:525144. doi:10.3389/fnins.2020.525144.

[17532] Du J,Fang J,Xiang X,Yu J,Le X,Liang Y,Jin X,Fang J. Effects of low-and high-frequency electroacupuncture on protein expression and distribution of TRPV1 and P2X3 in rats with peripheral nerve injury[J]. Acupunct Med，2020 Dec 17:964528420968845. doi:10.1177/0964528420968845. Online ahead of print.

[17533] Chen W,Tian X,Chen L,Huang W. Macrodactyly of the foot resulting from plantar nerve impairment[J]. J Plast Reconstr Aesthet Surg,2021,74(8):1840-1847. doi:10.1016/j.bjps.2020.11.032.

[17534] Asthana P,Zhang G,Sheikh KA,Him Eddie Ma C. Heat shock protein is a key therapeutic target for nerve repair in autoimmune peripheral neuropathy and severe peripheral nerve injury[J]. Brain Behav Immun,2021,91:48-64. doi:10.1016/j.bbi.2020.08.020.

[17535] Cheng XQ,Xu WJ,Ding X,Han GH,Wei S,Liu P,Meng HY,Shang AJ,Wang Y,Wang AY. Bioinformatic analysis of cytokine expression in the proximal and distal nerve stumps after peripheral nerve injury[J]. Neural Regen Res,2021,16(5):878-884. doi:10.4103/1673-5374.295348.

[17536] Li L,Xu Y,Wang X,Liu J,Hu X,Tan D,Li Z,Guo J. Ascorbic acid accelerates Wallerian degeneration after peripheral nerve injury[J]. Neural Regen Res,2021,16(6):1078-1085. doi:10.4103/1673-5374.300459.

[17537] He Q,Yu F,Cong M,Ji Y,Zhang Q,Ding F. Comparative proteomic analysis of differentially expressed proteins between injured sensory and motor nerves after peripheral nerve transection[J]. J Proteome Res,2021,20(3):1488-1508. doi:10.1021/acs.jproteome.0c00639.

[17538] Lv SQ,Wu W. ISP and PAP4 peptides promote motor functional recovery after peripheral nerve injury[J]. Neural Regen Res,2021,16(8):1598-1605. doi:10.4103/1673-5374.294565.

[17539] Zheng C,Yang Z,Chen S,Zhang F,Rao Z,Zhao C,Quan D,Bai Y,Shen J. Nanofibrous nerve guidance conduits decorated with decellularized matrix hydrogel facilitate peripheral nerve injury repair[J]. Theranostics,2021,11(6):2917-2931. doi:10.7150/thno.50825.

[17540] Yang X,Liu R,Xu Y,Ma X,Zhou B. The mechanisms of peripheral nerve preconditioning injury on promoting axonal regeneration[J]. Neural Plast,2021,2021:6648004. doi:10.1155/2021/6648004.

[17541] Wang Y,Wang S,He JH. Transcriptomic analysis reveals essential microRNAs after peripheral nerve injury[J]. Neural Regen Res,2021,16(9):1865-1870. doi:10.4103/1673-5374.306092.

[17542] Yu T,Xu Y,Ahmad MA,Javed R,Hagiwara H,Tian X. Exosomes as a promising therapeutic strategy for peripheral nerve injury[J]. Curr Neuropharmacol,2021 Feb 3. doi:10.2174/1570159X19666210203161559. Online ahead of print.

[17543] Rao Z,Lin T,Qiu S,Zhou J,Liu S,Chen S,Wang T,Liu X,Zhu Q,Bai Y,Quan D. Decellularized nerve matrix hydrogel scaffolds with longitudinally oriented and size-tunable microchannels for peripheral nerve regeneration[J]. Mater Sci Eng C Mater Biol Appl,2021,120:111791. doi:10.1016/j.msec.2020.111791.

[17544] Zhang Y,Liu J,Wang X,Zhang J,Xie C. Extracellular vesicle-encapsulated microRNA-23a from dorsal root ganglia neurons binds to A20 and promotes inflammatory macrophage polarization following peripheral nerve injury[J]. Aging (Albany NY),2021,13(5):6752-6764. doi:10.18632/aging.202532.

[17545] Bao Q,Liu Q,Wang J,Shen Y,Zhang W. Impaired limb functional outcome of peripheral nerve regeneration is marked by incomplete recovery of paw muscle atrophy and brain functional connectivity in a rat forearm nerve repair model[J]. Neural Plast,2021,2021:6689476. doi:10.1155/2021/6689476.

[17546] 吴明权，王锦聪．周围神经损伤81例疗效分析[J]．中华外科杂志，1962，10（10）：657-659;630．{WU Mingquan,WANG Jincong. Outcome of 81 cases of peripheral nerve injury[J]. Zhonghua Wai Ke Za Zhi[Chin J Surg(Article in Chinese;No abstract available)],1962,10(10):657-659;630.}

[17547] 王孟雄．显微外科技术在治疗周围神经损伤中的应用[J]．修复重建外科杂志，1988，2（2）：92．{WANG Mengxiong. Application of microsurgical technique in the treatment of peripheral nerve injury[J]. Zhongguo Xiu Fu Chong Jian Wai Ke Za Zhi[Chin J Repar Reconstr Surg(Article in Chinese;No abstract available)],1988,2(2):92.}

[17548] 顾玉东，吴敏明，郑忆柳，钟慈声．药物性周围神经损伤[J]．中华外科杂志，1988，26（8）：460-461．{GU Yudong,WU Minming,ZHENG Yiliu,ZHONG Cisheng. Drug induced peripheral nerve injury[J]. Zhonghua Wai Ke Za Zhi[Chin J Surg(Article in Chinese;Abstract in Chinese)],1988,26(8):460-461.}

[17549] 朱盛修．周围神经损伤后的显微外科修复[J]．中华显微外科杂志，1989，12（3）：173-175．{ZHU Shengxiu. Microsurgical repair for peripheral nerve injury[J]. Zhonghua Xian Wei Wai Ke Za Zhi[Chin J Microsurg(Article in Chinese;No abstract available)],1989,12(3):173-175.}

[17550] 赵德伟，崔振江，孙亚娟，刘起家，王永林，张伦．周围神经损伤修复术后的高压氧治疗[J]．中华外科杂志，1991，29（2）：118-120．{ZHAO Dewei,CUI Zhenjiang,SUN Yajuan,LIU Qijia,WANG Yonglin,ZHANG Lun. Hyperbaric oxygen therapy after repair of peripheral nerve injury[J]. Zhonghua Wai Ke Za Zhi[Chin J Surg(Article in Chinese;Abstract in Chinese)],1991,29(2):118-120.}

[17551] 贺长清，栾效华．周围神经损伤的显微外科体会[J]．中华显微外科杂志，1992，15（2）：103-104．{HE Changqing,LUAN Xiaohua. Experience of microsurgical treatment for peripheral nerve injury[J]. Zhonghua Xian Wei Wai Ke Za Zhi[Chin J Microsurg(Article in Chinese;No abstract available)],1992,15(2):103-104.}

[17552] 王崇锐．上肢周围神经损伤的修复[J]．中国修复重建外科杂志，1992，6（1）：60．{WANG Chongrui. Repair of peripheral nerve injury of upper limb[J]. Zhongguo Xiu Fu Chong Jian Wai Ke Za Zhi[Chin J Repar Reconstr Surg(Article in Chinese;No abstract available)],1992,6(1):60.}

[17553] 葛祥祯，张成安，刘克泉，刘健．周围神经损伤的修复[J]．中国修复重建外科杂志，1992，6（4）：199．{GE Xiangzhen,ZHANG Chengan,LIU Kequan,LIU Jian. Repair of peripheral nerve injury[J]. Zhongguo Xiu Fu Chong Jian Wai Ke Za Zhi[Chin J Repar Reconstr Surg(Article in Chinese;No abstract available)],1992,6(4):199.}

[17554] 王广顺，娄祖德，刘冠聚，张玉忠，王书成．周围神经损伤的显微外科修复[J]．中国修复重建外科杂志，1993，7（1）：57．{WANG Guangshun,LOU Zude,LIU Guanju,ZHANG Yuzhong,WANG Shucheng. Microsurgical repair of peripheral nerve injury[J]. Zhongguo Xiu Fu Chong Jian Wai Ke Za Zhi[Chin J Repar Reconstr Surg(Article in Chinese;No abstract available)],1993,7(1):57.}

[17555] 邓国三，余安定，陈云瀛．快速乙酰胆碱酯酶组化染色法在周围神经损伤手术修复中的应用[J]．中华显微外科杂志，1994，17（3）：176-177，237．{DENG Guosan,YU Anding,CHEN Yunying. The application of fast acting acetylcholinesterase histochemical staining in repairing peripheral nerve injury[J]. Zhonghua Xian Wei Wai Ke Za Zhi[Chin J Microsurg(Article in Chinese;Abstract in Chinese and English)],1994,17(3):176-177,237.}

[17556] 黄德征，唐传其，陈海，甘贵珍．显微外科手术修复周围神经损伤65例[J]．中华显微外科杂志，1995，18（3）：187-189，238．{HUANG Dezheng,TANG Chuanqi,CHEN Hai,GAN Guizhen. Microsurgery for repairing peripheral nerve injury:report of 65 cases[J]. Zhonghua Xian Wei Wai Ke Za Zhi[Chin J Microsurg(Article in Chinese;Abstract in Chinese and English)],1995,18(3):187-189,238.}

[17557] 张自杰．周围神经损伤后感觉小体变化的初步研究[J]．中华显微外科杂志，1995，18（3）：214-216，240．{ZHANG Zijie. The primary studies of degeneration at denervated sensory corpuscles of thehand in human being[J]. Zhonghua Xian Wei Wai Ke Za Zhi[Chin J Microsurg(Article in Chinese;Abstract in Chinese and English)],1995,18(3):214-216,240.}

[17558] 孟宏，谢曦衷，崔志民．四肢骨折合并周围神经损伤的显微修复[J]．中国修复重建外科杂志，1995，9（4）：239-240．{MENG Hong,XIE Xizhong,CUI Zhimin. Microsurgical repair of limb fracture combined with peripheral nerve injury[J]. Zhongguo Xiu Fu Chong Jian Wai Ke Za Zhi[Chin J Repar Reconstr Surg(Article in Chinese;Abstract in Chinese)],1995,9(4):239-240.}

[17559] 裴福兴，杨志明，黄富国，项舟，谭建三，步宏．周围神经损伤后的免疫反应与神经再生[J]．中华显微外科杂志，1995，18（2）：146-148，160．{PEI Fuxing,YANG Zhiming,HUANG Fuguo,XIANG Zhou,TAN Jiansan,BU Hong. Study of immunoreaction and regeneration of peripheral nerve followingtrauma[J]. Zhonghua Xian Wei Wai Ke Za Zhi[Chin J Microsurg(Article in Chinese;Abstract in Chinese and English)],1995,18(2):146-148,160.}

[17560] 孔吉明，钟世镇，胡耀民，李忠华．周围神经损伤所致感觉神经元胞体死亡的保护[J]．中华显微外科杂志，1995，18（4）：269-271，319．{KONG Jiming,ZHONG Shizhen,HU Yaomin,LI Zhonghua. Protecting sensory neuron from death caused by peripheral nerve injury[J]. Zhonghua Xian Wei Wai Ke Za Zhi[Chin J Microsurg(Article in Chinese;Abstract in Chinese and English)],1995,18(4):269-271,319.}

[17561] 侯建伟，王召言，赵永强，朱宏伟，范正伟．不同术式修复周围神经损伤术后疗效分析[J]．中国骨伤，1996，9（5）：46．{HOU Jianwei,WANG Zhaoyan,ZHAO Yongqiang,ZHU Hongwei,FAN Zhengwei. Analysis of the curative effect of different surgical methods in repairing peripheral nerve injury[J]. Zhongguo Gu Shang[China J Orthop Trauma(Article in Chinese;No abstract available)],1996,9(5):46.}

[17562] 熊革．热像仪对周围神经损伤的评估价值[J]．中华显微外科杂志，1996，19（3）：226-228．{XIONG Ge. Evaluation value of thermal imaging in peripheral nerve injury[J]. Zhonghua Xian Wei Wai Ke Za Zhi[Chin J Microsurg(Article in Chinese;No abstract available)],1996,19(3):226-228.}

[17563] 冯运垒．周围神经损伤的显微外科修复[J]．中华显微外科杂志，1997，20（1）：17-18．{FENG Yunlei. Microsurgical treatment for peripheral nerve in juries[J]. Zhonghua Xian Wei Wai Ke Za Zhi[Chin J Microsurg(Article in Chinese;Abstract in Chinese and English)],1997,20(1):17-18.}

[17564] 罗永湘．近五年来周围神经损伤修复的回顾与展望[J]．中华显微外科杂志，1997，20（3）：18-21．{LUO Yongxiang. Review and prospect for repair of peripheral nerve injury in recent five years[J]. Zhonghua Xian Wei Wai Ke Za Zhi[Chin J Microsurg(Article in Chinese;No abstract available)],1997,20(3):18-21.}

[17565] 王拴科，李蕴麟．应用显微外科技术修复周围神经损伤[J]．中华显微外科杂志，1997，20（3）：73-74．{WANG Shuanke,LI Yunlin. Application of microsurgical technique to repair peripheral nerve injury[J]. Zhonghua Xian Wei Wai Ke Za Zhi[Chin J Microsurg(Article in Chinese;No abstract available)],1997,20(3):73-74.}

[17566] 谢国均，劳维蔼，唐国瑜，廖维娜．应用显微外科技术修复周围神经损伤[J]．中国修复重建外科杂志，1997，11（3）：57．{XIE Guojun,LAO Weiai,TANG Guoyu,LIAO Weina. Application of microsurgical technique to repair peripheral nerve injury[J]. Zhongguo Xiu Fu Chong Jian Wai Ke Za Zhi[Chin J Repar Reconstr Surg(Article in Chinese;No abstract available)],1997,11(3):57.}

[17567] 黄耀添，褚晓朝，朱庆生，黄鲁豫．手术合并周围神经损伤分析[J]．中国修复重建外科杂志，1997，11（6）：343-346．{HUANG Yaotian,CHU Xiaochao,ZHU Qingsheng,HUANG Luyu. Peripheral nerve injury as a complication from orthopedic operation[J]. Zhongguo Xiu Fu Chong Jian Wai Ke Za Zhi[Chin J Repar Reconstr Surg(Article in Chinese;Abstract in Chinese and English)],1997,11(6):343-346.}

[17568] 许家军，何成，宋田斌，赵小林，王成海，姜宗来，路长林．周围神经损伤后外源性神经生长因子及睫状神经营养因子对神经元的保护作用[J]．中华显微外科杂志，1997，20（1）：34-37．{XU Jiajun,HE Cheng,SONG Tianbin,ZHAO Xiaolin,WANG Chenghai,JIANG Zonglai,LU Changlin. Protective effect of exogenous nerve growth factor and ciliary neurotrophic factor on neurons after sciatic nerve injury in rat[J]. Zhonghua Xian Wei Wai Ke Za Zhi[Chin J Microsurg(Article in Chinese;Abstract in Chinese and English)],1997,20(1):34-37.}

[17569] 裴福兴，王光林，林卫．周围神经损伤后免疫反应与神经再生的研究进展[J]．中华显微外科杂志，1997，20（2）：80-82．{PEI Fuxing,WANG Guanglin,LIN Wei. Research progress of immune response and nerve regeneration after peripheral nerve injury[J]. Zhonghua Xian Wei Wai Ke Za Zhi[Chin J Microsurg(Article in Chinese;No abstract available)],1997,20(2):80-82.}

[17570] 徐建光，顾玉东，沈丽英，成效敏，王欢，胡韶楠．术中超强电刺激在周围神经损伤治疗中的应用[J]．中国修复重建外科杂志，1997，11（4）：21-23．{XU Jianguang,GU Yudong,SHEN Liying,CHENG Xiaomin,WANG Huan,HU Shaonan. Intraoperative extrastrong electrical stimulation in the treatment of peripheral nerve injury[J]. Zhongguo Xiu Fu Chong Jian Wai Ke Za Zhi[Chin J Repar Reconstr Surg(Article in Chinese;Abstract in Chinese and English)],1997,11(4):21-23.}

[17571] 刘坚义，卢德文．显微外科技术在周围神经损伤修复中的应用[J]．中华显微外科杂志，1998，21（2）：100．DOI：10.3760/cma.j.issn.1001-2036.1998.02.008．{LIU Jianyi,LU Dewen. Exiperience of microsurgical treatment for peripheral nerve injuries[J]. Zhonghua Xian Wei Wai Ke Za Zhi[Chin J Microsurg(Article in Chinese;Abstract in Chinese and English)],1998,21(2):100. DOI:10.3760/cma.j.issn.1001-2036.1998.02.008.}

[17572] 张惠茹，黄东，吴伟炽．应用显微外科技术治疗周围神经损伤的临床体会[J]．中华显微外科杂志，1998，21（2）：143．DOI：10.3760/cma.j.issn.1001-2036.1998.02.029．{ZHANG Huiru,HUANG Dong,WU Weichi. Clinical experience of microsurgical technique in the treatment of peripheral nerve injury[J]. Zhonghua Xian Wei Wai Ke Za Zhi[Chin J Microsurg(Article in Chinese;No abstract available)],1998,21(2):143. DOI:10.3760/cma.j.issn.1001-2036.1998.02.029.}

[17573] 朱文，李汛，李作勇．应用显微外科技术修复周围神经损伤76例[J]．中华显微外科杂志，1998，21（4）：305-306．DOI：10.3760/cma.j.issn.1001-2036.1998.04.034．{ZHU Wen,LI Xun,LI Zuoyong. Application of microsurgical technique to repair 76 cases of peripheral nerve injury[J]. Zhonghua Xian Wei Wai Ke Za Zhi[Chin J Microsurg(Article in Chinese;No abstract available)],1998,21(4):305-306. DOI:10.3760/cma.j.issn.1001-2036.1998.04.034.}

[17574] 薛峰铭，刘强胜．周围神经损伤修复后组织床的修复[J]．实用骨科杂志，1998，4（1）：12-14．{XUE Fengming,LIU Qiangsheng. Site selection for the repaired peripheral nerves after their renovation by microsurgery[J]. Shi Yong Gu Ke Za Zhi[J Pract Orthop(Article in Chinese;Abstract in Chinese and English)],1998,4(1):12-14.}

[17575] 刘智，刘树青，李京生．电刺激治疗周围神经损伤[J]．中华显微外科杂志，1998，21（3）：234．DOI：10.3760/cma.j.issn.1001-2036.1998.03.038．{LIU Zhi,LIU Shuqing,LI Jingsheng. Treatment of peripheral nerve injury by electrical stimulation[J]. Zhonghua Xian Wei Wai Ke Za Zhi[Chin J Microsurg(Article in Chinese;No abstract available)],1998,21(3):234. DOI:10.3760/cma.j.issn.1001-2036.1998.03.038.}

[17576] 王培信，秦辉．筋膜血管蒂包埋治疗周围神经损伤[J]．中华显微外科杂志，1998，21（3）：240．DOI：10.3760/cma.j.issn.1001-2036.1998.03.051．{WANG Peixin,QIN Hui. Treatment of peripheral nerve injury with fascial vascular pedicle embedding[J]. Zhonghua Xian Wei Wai Ke Za Zhi[Chin J Microsurg(Article in Chinese;No abstract available)],1998,21(3):240. DOI:10.3760/cma.j.issn.1001-2036.1998.03.051.}

[17577] 孟宏，谢睎衷，崔志民，黄建华，余林权，梁郁．周围神经损伤Ⅱ期修复原因分析及显微外科修复[J]．中华显微外科杂志，1999，22（Z1）：73-74．DOI：10.3760/cma.j.issn.1001-2036.1999.Z1.152．{MENG Hong,XIE Xizhong,CUI Zhimin,HUANG Jianhua,YU Linquan,LIANG Yu. Analysis of the causes of second-stage repair of peripheral nerve injury and microsurgical repair[J]. Zhonghua Xian Wei Wai Ke Za Zhi[Chin J Microsurg(Article in Chinese;No abstract available)],1999,22(Z1):73-74. DOI:10.3760/cma.j.issn.1001-2036.1999.Z1.152.}

[17578] 陈亮，顾玉东，徐建光．应用轴索修复技术治疗周围神经损伤的疗效分析[J]．中华骨科杂志，2000，20（9）：559．DOI：10.3760/j.issn：0253-2352.2000.09.013．{CHEN Liang,GU Yudong,XU Jianguang. Outcome of the application of axonal repair technique for the treatment of peripheral nerve injury[J]. Zhonghua Gu Ke Za Zhi[Chin J Orthop(Article in Chinese;Abstract in Chinese and English)],2000,20(9):559. DOI:10.3760/j.issn:0253-2352.2000.09.013.}

[17579] 顾玉东．提高周围神经损伤与疾病的诊治水平[J]．中华骨科杂志，2000，20（10）：581．DOI：10.3760/j.issn：0253-2352.2000.10.001．{GU Yudong. Improve the level of diagnosis and treatment for peripheral nerve injury and disease[J]. Zhonghua Gu Ke Za Zhi[Chin J Orthop(Article in Chinese;No abstract available)],2000,20(10):581. DOI:10.3760/j.issn:0253-2352.2000.10.001.}

[17580] 崔玉明．周围神经损伤的治疗现状[J]．中国骨伤，2000，13（9）：573．DOI：10.3969/j.issn.1003-0034.2000.09.065．{CUI Yuming. Current status of treatment for peripheral nerve injury[J]. Zhongguo Gu Shang[China J Orthop Trauma(Article in Chinese;No abstract available)],2000,13(9):573. DOI:10.3969/j.issn.1003-0034.2000.09.065.}

[17581] 陈晓东，顾玉东．周围神经损伤与神经元死亡的研究进展[J]．中华显微外科杂志，2000，23（3）：238-240．DOI：10.3760/cma.j.issn.1001-2036.2000.03.047．{CHEN Xiaodong,GU Yudong. Research progress of peripheral nerve injury and neuronal death[J]. Zhonghua Xian Wei Wai Ke Za Zhi[Chin J Microsurg(Article in Chinese;No abstract available)],2000,23(3):238-240. DOI:10.3760/cma.j.issn.1001-2036.2000.03.047.}

[17582] 郑稼，田书建，罗建平，刘继军．周围神经损伤诊治失误的临床分析与显微外科修复[J]．中华显微外科杂志，2001，24（1）：70-71．DOI：10.3760/cma.j.issn.1001-2036.2001.01.038．{ZHENG Jia,TIAN Shujian,LUO Jianping,LIU Jijun. Clinical analysis and microsurgical repair of misdiagnosis and treatment of peripheral nerve injury[J]. Zhonghua Xian Wei Wai Ke Za Zhi[Chin J Microsurg(Article in Chinese;No abstract available)],2001,24(1):70-71. DOI:10.3760/cma.j.issn.1001-2036.2001.01.038.}

[17583] 陈振兵，洪光祥，王发斌，黄启顺，翁雨雄．白细胞介素-1β及肿瘤坏死因子-α对周围神经损伤后背根神经节的保护作用[J]．中华显微外科杂志，2001，24（1）：49．DOI：10.3760/cma.j.issn.1001-2036.2001.01.018．{CHEN Zhenbing,HONG Guangxiang,WANG Fabin,HUANG Qishun,WENG Yuxiong. Protective effect of interleukin-1 β and tumor necrosis factor-α on dorsal root ganglion after peripheral nerve injury[J]. Zhonghua Xian Wei Wai Ke Za Zhi[Chin J Microsurg(Article in Chinese;No abstract available)],2001,24(1):49. DOI:10.3760/cma.j.issn.1001-2036.2001.01.018.}

[17584] 钱叶斌，陶有略．周围神经损伤对神经元胞体的影响[J]．中华显微外科杂志，2001，24（1）：75-76．DOI：10.3760/cma.j.issn.1001-2036.2001.01.048．{QIAN Yebin,TAO Youlue. Effect of peripheral nerve injury on neuronal soma[J]. Zhonghua Xian Wei Wai Ke Za Zhi[Chin J Microsurg(Article in Chinese;No abstract available)],2001,24(1):75-76. DOI:10.3760/cma.j.issn.1001-2036.2001.01.048.}

[17585] 顾立强，陈国奋，相大勇，朱立军，裴国献．免疫抑制剂FK506加速周围神经损伤修复后功能恢复的初步临床报告[J]．中华创伤骨科杂志，2001，3（3）：191-193．DOI：

10.3760/cma.j.issn.1671-7600.2001.03.011. {GU Liqiang,CHEN guofen,XIANG Dayong,ZHU Lijun,PEI Guoxian. Preliminary report on clinical application of immunosuppresssant FK506 for accelerating functional restoration after peripheral nerve repair[J]. Zhonghua Chuang Shang Gu Ke Za Zhi[Chin J Orthop Trauma(Article in Chinese;Abstract in Chinese and English)],2001,3(3):191-193. DOI:10.3760/cma.j.issn.1671-7600.2001.03.011.}

[17586] 陈爱民，侯春林，王诗波，张伟，匡勇，王金武. 周围神经损伤的再手术治疗 [J]. 中国矫形外科杂志，2002，9(2)：134-136. DOI：10.3969/j.issn.1005-8478.2002.02.011. {CHEN Aimin,HOU Chunlin,WANG Shibo,ZHANG Wei,KUANG Yong,WANG Jinwu. Reoperation of peripheral nerve injury[J]. Zhongguo Jiao Xing Wai Ke Za Zhi[Orthop J China(Article in Chinese;Abstract in Chinese and English)],2002,9(2):134-136. DOI:10.3969/j.issn.1005-8478.2002.02.011.}

[17587] 王敏，杨志焕. 周围神经损伤修复方法研究进展 [J]. 创伤外科杂志，2002，4（1）：51-54. DOI：10.3969/j.issn.1009-4237.2002.01.021. {WANG Min,YANG Zhihuan. Advances in peripheral nerve repair[J]. Chuang Shang Wai Ke Za Zhi[J Traum Surg(Article in Chinese;Abstract in Chinese and English)],2002,4(1):51-54. DOI:10.3969/j.issn.1009-4237.2002.01.021.}

[17588] 邓忠虎，王玉禄，周凤莲. 小间隙吻合静脉套接加生物蛋白胶修复周围神经损伤 58 例 [J]. 中国修复重建外科杂志，2002，16（6）：407. {DENG Zhonghu,WANG Yulu,ZHOU Fenglian. Repair of peripheral nerve injury with small gap anastomosis and fibrin glue:a report of 58 cases[J]. Zhongguo Xiu Fu Chong Jian Wai Ke Za Zhi[Chin J Repar Reconstr Surg(Article in Chinese;No abstract available)],2002,16(6):407.}

[17589] 薛锋，顾玉东，陈德松，李继峰. 银杏叶提取物对周围神经损伤后运动神经元的保护作用 [J]. 中华手外科杂志，2002，18（1）：46-48. DOI：10.3760/cma.j.issn.1005-054X.2002.01.017. {XUE Feng,GU Yudong,CHEN Desong,LI Jifeng. Protective effect of extract of ginkgo biloba on survival of motor neurons after peripheral nerve injury[J]. Zhonghua Shou Wai Ke Za Zhi[Chin J Hand Surg(Article in Chinese;Abstract in Chinese and English)],2002,18(1):46-48. DOI:10.3760/cma.j.issn.1005-054X.2002.01.017.}

[17590] 陈国奋，顾立强. FK506 加速周围神经损伤修复后的功能恢复 [J]. 中华手外科杂志，2002，18（2）：51-53. {CHEN Guofen,GU Liqiang. FK 506 accelerates functional recovery following repair of peripheral nerve injury[J]. Zhonghua Shou Wai Ke Za Zhi[Chin J Hand Surg(Article in Chinese;Abstract in Chinese and English)],2002,18(2):51-53.}

[17591] 李剑，姜保国. 神经管桥在周围神经损伤修复中的应用 [J]. 中华实验外科杂志，2003，20（12）：1161-1162. DOI：10.3760/j.issn：1001-9030.2003.12.055. {LI Jian,JIANG Baoguo. Application of tubes in the repair of peripheral nerve injury[J]. Zhonghua Shi Yan Wai Ke Za Zhi[Chin J Exp Surg(Article in Chinese;No abstract available)],2003,20(12):1161-1162. DOI:10.3760/j.issn:1001-9030.2003.12.055.}

[17592] 顾玉东. 提高周围神经损伤的诊治水平 [J]. 中华创伤骨科杂志，2003，5（1）：1-4. DOI：10.3760/cma.j.issn.1671-7600.2003.01.001. {GU Yudong. To improve the diagnosis and treatment of peripheral nerve injuries[J]. Zhonghua Chuang Shang Gu Ke Za Zhi[Chin J Orthop Trauma(Article in Chinese;Abstract in Chinese and English)],2003,5(1):1-4. DOI:10.3760/cma.j.issn.1671-7600.2003.01.001.}

[17593] 黄启云. 硅胶管套接法治疗陈旧性周围神经损伤 [J]. 中国骨伤，2003，16（10）：630-630. DOI：10.3969/j.issn.1003-0034.2003.10.027. {HUANG Qiyun. Treatment of old peripheral nerve injury with silica gel tube linking technique[J]. Zhongguo Gu Shang[China J Orthop Trauma(Article in Chinese;No abstract available)],2003,16(10):630-630. DOI:10.3969/j.issn.1003-0034.2003.10.027.}

[17594] 张巨，孙鸿斌，刘浩宇，刘学忠，谢延祥，苏文彪，张屹阳. 自体深筋膜包裹神经断端治疗周围神经损伤 [J]. 吉林大学学报（医学版），2003，29（4）：507-509. DOI：10.3969/j.issn.1671-587X.2003.04.045. {ZHANG Ju,SUN Hongbin,LIU Haoyu,LIU Xuezhong,XIE Yanxiang,SU Wenbiao,ZHANG Yiyang. Pack the nerve stoma with self-deep fascia to repair peripheral nerve injury[J]. Ji Lin Da Xue Xue Bao(Yi Xue Ban)[J Jilin Univ Med Ed(Article in Chinese;Abstract in Chinese and English)],2003,29(4):507-509. DOI:10.3969/j.issn.1671-587X.2003.04.045.}

[17595] 朱家恺. 周围神经损伤的诊断 [J]. 上海医学，2003，26（2）：89-90. DOI：10.3969/j.issn.0253-9934.2003.02.003. {ZHU Jiakai. Diagnosis of peripheral nerve injury[J]. Shang Hai Yi Xue[Shanghai Med J(Article in Chinese;No abstract available)],2003,26(2):89-90. DOI:10.3969/j.issn.0253-9934.2003.02.003.}

[17596] 朱家恺. 周围神经损伤的若干进展 [J]. 中华创伤骨科杂志，2004，6（1）：51-54. DOI：10.3760/cma.j.issn.1671-7600.2004.01.013. {ZHU Jiakai. Some advances in management of peripheral nerve injury[J]. Zhonghua Chuang Shang Gu Ke Za Zhi[Chin J Orthop Trauma(Article in Chinese;Abstract in Chinese and English)],2004,6(1):51-54. DOI:10.3760/cma.j.issn.1671-7600.2004.01.013.}

[17597] 苏永宾. 周围神经损伤临床修复技术概况 [J]. 中国骨伤，2004，17（3）：189-190. DOI：10.3969/j.issn.1003-0034.2004.03.034. {SU Yongbin. General situation of clinical repair technique for peripheral nerve injury[J]. Zhongguo Gu Shang[China J Orthop Trauma(Article in Chinese;No abstract available)],2004,17(3):189-190. DOI:10.3969/j.issn.1003-0034.2004.03.034.}

[17598] 陈晓东. 周围神经损伤与修复 [J]. 创伤外科杂志，2004，6（6）：478-480. DOI：10.3969/j.issn.1009-4237.2004.06.041. {CHEN Xiaodong. Peripheral nerve injury and its repair[J]. Chuang Shang Wai Ke Za Zhi[J Traum Surg(Article in Chinese;Abstract in Chinese and English)],2004,6(6):478-480. DOI:10.3969/j.issn.1009-4237.2004.06.041.}

[17599] 王进，逄文泉，邹云雯. 人工非神经移植材料的研究进展 [J]. 中国矫形外科杂志，2005，13（12）：932-933. DOI：10.3969/j.issn.1005-8478.2005.12.018. {WANG Jin,PANG Wenquan,ZOU Yunwen. Research progress of artificial non-nerve transplantation materials[J]. Zhongguo Jiao Xing Wai Ke Za Zhi[Orthop J China(Article in Chinese;No abstract available)],2005,13(12):932-933. DOI:10.3969/j.issn.1005-8478.2005.12.018.}

[17600] 朱家恺. 周围神经损伤的诊治进展 [J]. 中华创伤杂志，2005，21（1）：63-66. {ZHU Jiakai. Advances in diagnosis and treatment of peripheral nerve injuries[J]. Zhonghua Chuang Shang Za Zhi[Chin J Trauma(Article in Chinese;No abstract available)],2005,21(1):63-66.}

[17601] 侯春林. 周围神经损伤修复进展 [J]. 中华创伤杂志，2005，21（8）：561-563. DOI：10.3760/j：issn：1001-8050.2005.08.001. {HOU Chunlin. Research progress in repair of peripheral nerve injuries[J]. Zhonghua Chuang Shang Za Zhi[Chin J Trauma(Article in Chinese;No abstract available)],2005,21(8):561-563. DOI:10.3760/j:issn:1001-8050.2005.08.001.}

[17602] 李平生，林国叶，何向阳，阮雄星，王怀云，方国芳. 周围神经损伤的修复治疗 [J]. 中国骨伤，2005，18（11）：667-669. DOI：10.3969/j.issn.1003-0034.2005.11.012. {LI Pingsheng,LIN Guoye,HE Xiangyang,RUAN Xiongxing,WANG Huaiyun,FANG Guofang. Repairing treatment of peripheral nerve injuries[J]. Zhongguo Gu Shang[China J Orthop Trauma(Article in Chinese;Abstract in Chinese and English)],2005,18(11):667-669. DOI:10.3969/j.issn.1003-0034.2005.11.012.}

[17603] 席建平. 显微外科技术修复周围神经损伤 [J]. 中国修复重建外科杂志，2005，19（8）：677-678. {XI Jianping. Microsurgical repair for peripheral nerve injury[J]. Zhongguo Xiu Fu Chong Jian Wai Ke Za Zhi[Chin J Repar Reconstr Surg(Article in Chinese;No abstract available)],2005,19(8):677-678.}

[17604] 陈统一. 周围神经损伤修复的进展及展望 [J]. 中国修复重建外科杂志，2005，19（11）：851-852. {CHEN Tongyi. Progress and prospect of repair for peripheral nerve injury[J]. Zhongguo Xiu Fu Chong Jian Wai Ke Za Zhi[Chin J Repar Reconstr Surg(Article in Chinese;No abstract available)],2005,19(11):851-852.}

[17605] 朱家恺. 周围神经损伤诊断与治疗进展 [J]. 中国修复重建外科杂志，2006，20（4）：319-323. {ZHU Jiakai. Recent progress in diagnosis and treatment of the injury to the peripheral nerve[J]. Zhongguo Xiu Fu Chong Jian Wai Ke Za Zhi[Chin J Repar Reconstr Surg(Article in Chinese;Abstract in Chinese and English)],2006,20(4):319-323.}

[17606] 顾玉东. 周围神经损伤治疗的近期进展 [J]. 中华手外科杂志，2008，24（2）：65. DOI：10.3760/cma.j.issn.1005-054X.2008.02.001. {GU Yudong. Recent development in treatment of peripheral nerve injuries[J]. Zhonghua Shou Wai Ke Za Zhi[Chin J Hand Surg(Article in Chinese;No abstract available)],2008,24(2):65. DOI:10.3760/cma.j.issn.1005-054X.2008.02.001.}

[17607] 苏佳灿，李卓东，禹宝庆，曹烈虎，张春才. 汶川地震致周围神经损伤 14 例诊治体会 [J]. 中国骨伤，2008，21（10）：739-740. DOI：10.3969/j.issn.1003-0034.2008.10.009. {SU Jiacan,LI Zhuodong,YU Baoqing,CAO Liehu,ZHANG Chuncai. Diagnosis and treatment of peripheral nerve injury in Wenchuan earthquake:a report of 14 cases[J]. Zhongguo Gu Shang[China J Orthop Trauma(Article in Chinese;Abstract in Chinese and English)],2008,21(10):739-740. DOI:10.3969/j.issn.1003-0034.2008.10.009.}

[17608] 刘小林. 我国周围神经损伤修复研究现状与趋势 [J]. 中国修复重建外科杂志，2008，22（9）：1025. {LIU Xiaolin. Research status and trend of peripheral nerve injury and repair in China[J]. Zhongguo Xiu Fu Chong Jian Wai Ke Za Zhi[Chin J Repar Reconstr Surg(Article in Chinese;No abstract available)],2008,22(9):1025.}

[17609] 周路遥，谢晓燕，许尔蛟，朱庆棠，邵赭英，郑艳玲，劳镇国，吕明德. 高频超声诊断周围神经损伤临床价值的探讨 [J]. 中华外科杂志，2008，46（9）：654-656. DOI：10.3321/j.issn：0529-5815.2008.09.005. {ZHOU Luyao,XIE Xiaoyan,XU Erjiao,ZHU Qingtang,SHAO Zheying,ZHENG Yanling,LAO Zhenguo,LV Mingde. The clinic value of high frequency ultrasound in diagnosis of peripheral nerve diseases[J]. Zhonghua Wai Ke Za Zhi[Chin J Surg(Article in Chinese;Abstract in Chinese and English)],2008,46(9):654-656. DOI:10.3321/j.issn:0529-5815.2008.09.005.}

[17610] 李智，卢世璧，孙明学，彭江，张莉，眭翔，赵斌. 肝细胞生长因子修复周围神经损伤研究 [J]. 中华创伤杂志，2008，24（6）：411-414. DOI：10.3321/j.issn：1001-8050.2008.06.004. {LI Zhi,LU Shibi,SUN Mingxue,PENG Jiang,ZHANG Li,SUI Xiang,ZHAO Bin. Effect of hepatocyte growth factor on peripheral nerve regeneration[J]. Zhonghua Chuang Shang Za Zhi[Chin J Trauma(Article in Chinese;Abstract in Chinese and English)],2008,24(6):411-414. DOI:10.3321/j.issn:1001-8050.2008.06.004.}

[17611] 余文超，刘岩. 周围神经损伤修复方法研究进展 [J]. 中华外科杂志，2009，47（18）：1426-1428. DOI：10.3760/cma.j.issn.0529-5815.2009.18.019. {YU Wenchao,LIU Yan. Research progress on repair methods of peripheral nerve injury[J]. Zhonghua Wai Ke Za Zhi[Chin J Surg(Article in Chinese;No abstract available)],2009,47(18):1426-1428. DOI:10.3760/cma.j.issn.0529-5815.2009.18.019.}

[17612] 刘刚义，席志峰，王从虎，李学亮. 切割性周围神经损伤后灼性神经痛一例 [J]. 中华手外科杂志，2009，25（3）：171. DOI：10.3760/cma.j.issn.1005-054X.2009.03.020. {LIU Gangyi,XI Zhifeng,WANG Conghu,LI Xueliang. A case of burning neuralgia after incised peripheral nerve injury[J]. Zhonghua Shou Wai Ke Za Zhi[Chin J Hand Surg(Article in Chinese;No abstract available)],2009,25(3):171. DOI:10.3760/cma.j.issn.1005-054X.2009.03.020.}

[17613] 梁钢，孙建平，孟朝晖，娄玉兰，张庆洋. 严重烧伤致周围神经损伤 14 例 [J]. 中华烧伤杂志，2009，25（3）：170. DOI：10.3760/cma.j.issn.1009-2587.2009.03.004. {LIANG Gang,SUN Jianping,MENG Zhaohui,LOU Yulan,ZHANG Qingyang. Peripheral nerve injury caused by severe burn:a report of 14 cases[J]. Zhonghua Shao Shang Za Zhi[Chin J Burns(Article in Chinese;No abstract available)],2009,25(3):170. DOI:10.3760/cma.j.issn.1009-2587.2009.03.004.}

[17614] 董红让，米永，李澜. 高压氧配合显微外科技术治疗高原军训中周围神经损伤的临床效果观察 [J]. 解放军医学杂志，2009，34（2）：230-231. DOI：10.3321/j.issn：0577-7402.2009.02.031. {DONG Hongrang,MI Yong,LI Lan. Clinical effects of hyperbaric oxygenation treatment combined with microsurgical technique on peripheral nerve injuries at high altitude[J]. Jie Fang Jun Yi Xue Za Zhi[Med J Chin PLA(Article in Chinese;Abstract in Chinese and English)],2009,34(2):230-231. DOI:10.3321/j.issn:0577-7402.2009.02.031.}

[17615] 顾立强，戚剑. 周围神经损伤临床问题讨论 [J]. 中华显微外科杂志，2009，32（6）：481-487. DOI：10.3760/cma.j.issn.1001-2036.2009.06.013. {GU Liqiang,QI Jian. Discussion on clinical problems of peripheral nerve injury[J]. Zhonghua Xian Wei Wai Ke Za Zhi[Chin J Microsurg(Article in Chinese;No abstract available)],2009,32(6):481-487. DOI:10.3760/cma.j.issn.1001-2036.2009.06.013.}

[17616] 陈臣，刘艾琳，史其林，陈为民，顾玉东. 超声诊断在周围神经损伤应用价值的探讨 [J]. 创伤外科杂志，2009，11(4)：367-367. DOI：10.3969/j.issn.1009-4237.2009.04.028. {CHEN Chen,LIU Ailin,SHI Qilin,CHEN Weimin,GU Yudong. Application value of high-frequency sonography in peripheral nerve injury[J]. Chuang Shang Wai Ke Za Zhi[J Traum Surg(Article in Chinese;Abstract in Chinese and English)],2009,11(4):367-367. DOI:10.3969/j.issn.1009-4237.2009.04.028.}

[17617] 何波，朱庆棠，刘小林. 周围神经移植物的临床应用进展 [J]. 中华显微外科杂志，2010，33（3）：256-261. DOI：10.3760/cma.j.issn.1001-2036.2010.03.040. {HE Bo,ZHU Qingtang,LIU Xiaolin. Progress in clinical application of peripheral nerve graft[J]. Zhonghua Xian Wei Wai Ke Za Zhi[Chin J Microsurg(Article in Chinese;Abstract in Chinese and English)],2010,33(3):256-261. DOI:10.3760/cma.j.issn.1001-2036.2010.03.040.}

[17618] 顾立强，戚剑. 创伤骨科周围神经损伤临床热点问题讨论 [J]. 中华显微外科杂志，2010，33（6）：476-480. DOI：10.3760/cma.j.issn.1001-2036.2010.06.013. {GU Liqiang,QI Jian. Discussion on clinical hot issues of peripheral nerve injury in trauma orthopedics[J]. Zhonghua Xian Wei Wai Ke Za Zhi[Chin J Microsurg(Article in Chinese;No abstract available)],2010,33(6):476-480. DOI:10.3760/cma.j.issn.1001-2036.2010.06.013.}

[17619] 徐建光，顾玉东. 转化医学在周围神经损伤诊治中的应用 [J]. 中华显微外科杂志，2011，34（1）：10-11. DOI：10.3760/cma.j.issn.1001-2036.2011.01.007. {XU Jianguang,GU Yudong. Application of translational medicine in the diagnosis and treatment of peripheral nerve injury[J]. Zhonghua Xian Wei Wai Ke Za Zhi[Chin J Microsurg(Article in Chinese;No abstract available)],2011,34(1):10-11. DOI:10.3760/cma.j.issn.1001-2036.2011.01.007.}

[17620] 张耀丹，王晓明，黄更珍. 周围神经损伤修复技术的研究进展 [J]. 中华损伤与修复杂志（电子版），2013，8(2)：74-77. DOI：10.3877/cma.j.issn.1673-9450.2013.02.027. {ZHANG Yaodan,WANG Xiaoming,HUANG Gengzhen. Research progress of peripheral nerve injury repair[J]. Zhonghua Sun Shang Yu Xiu Fu Za Zhi Dian Zi Ban[Chin J Injury Repair Wound Healing(Electr Ed)(Article in Chinese;Abstract in Chinese and English)],2013,8(2):74-77. DOI:10.3877/cma.j.issn.1673-9450.2013.02.027.}

[17621] 王世炜，刘松. 周围神经损伤修复的研究进展 [J]. 中华神经外科杂志，2014，30（4）：419-422. DOI：10.3760/cma.j.issn.1001-2346.2014.04.031. {WANG Shiwei,LIU Song. Research progress in repair of peripheral nerve injury[J]. Zhonghua Shen Jing Wai Ke Za Zhi[Chin J Neurosurg(Article in Chinese;No abstract available)],2014,30(4):419-422. DOI:10.3760/cma.j.issn.1001-2346.2014.04.031.}

[17622] 陈焱，肖志宏，邢丹谋. 周围神经损伤再生与修复的研究进展 [J]. 中华显微外科杂志，2015，38（4）：413-416. DOI：10.3760/cma.j.issn.1001-2036.2015.04.036.

{CHEN Yan,XIAO Zhihong,XING Danmou. Research progress on regeneration and repair of peripheral nerve injury[J]. Zhonghua Xian Wei Wai Ke Za Zhi[Chin J Microsurg(Article in Chinese;No abstract available)],2015,38(4):413-416. DOI:10.3760/cma.j.issn.1001-2036.2015.04.036.}

[17623] 张升波，刘海飞，陈峰，王向阳，季爱玉，叶发刚．周围神经损伤修复和治疗研究进展[J]．中华显微外科杂志，2016，39(2)：204-208．DOI：10.3760/cma.j.issn.1001-2036.2016.02.035．{ZHANG Shengbo,LIU Haifei,CHEN Feng,WANG Xiangyang,JI Aiyu,YE Fagang. Progress in repair and treatment of peripheral nerve injury[J]. Zhonghua Xian Wei Wai Ke Za Zhi[Chin J Microsurg(Article in Chinese;Abstract in Chinese)],2016,39(2):204-208. DOI:10.3760/cma.j.issn.1001-2036.2016.02.035.}

[17624] 睢涛，曹晓建．周围神经损伤修复术中运动束与感觉束鉴别的现状及展望[J]．中华实验外科杂志，2016，33(11)：2438-2441．DOI：10.3760/cma.j.issn.1001-9030.2016.11.002．{SUI Tao,CAO Xiaojian. Identification of motor and sensory fiber during surgical repair of peripheral nerve injury:the situation and prospect[J]. Zhonghua Shi Yan Wai Ke Za Zhi[Chin J Exp Surg(Article in Chinese;Abstract in Chinese and English)],2016,33(11):2438-2441. DOI:10.3760/cma.j.issn.1001-9030.2016.11.002.}

[17625] 张凤玲，邓呈亮，肖顺娥，魏在荣．脂肪来源干细胞促进周围神经损伤修复研究进展[J]．中国修复重建外科杂志，2020，34(8)：1059-1064．DOI：10.7507/1002-1892.201910009．{ZHANG Fengling,DENG Chengliang,XIAO Shune,WEI Zairong. Research progress of adipose-derived stem cells in promoting the repair of peripheral nerve injury[J]. Zhongguo Xiu Fu Chong Jian Wai Ke Za Zhi[Chin J Repair Reconstr Surg(Article in Chinese;Abstract in Chinese and English)],2020,34(8):1059-1064. DOI:10.7507/1002-1892.201910009.}

6.2.1 周围神经损伤病理
pathology of peripheral nerve injury

[17626] 陈德松，顾玉东，蔡佩琴，劳杰，陈亮．33 例臂丛神经鞘瘤的临床与病理分析[J]．中华外科杂志，1995，33(8)：488-489．{CHEN Desong,GU Yudong,CAI Peiqin,LAO Jie,CHEN Liang. Clinical and pathological analysis of 33 cases of brachial plexus schwannoma[J]. Zhonghua Wai Ke Za Zhi[Chin J Surg(Article in Chinese;Abstract in Chinese)],1995,33(8):488-489.}

[17627] 张少成，郑旭东，修先伦，李全华，赵杰，于金国，禹宝庆．脊髓损伤后周围神经病理改变的初步研究及临床观察[J]．中华显微外科杂志，2000，23(3)：215-216．DOI：10.3760/cma.j.issn.1001-2036.2000.03.020．{ZHANG Shaocheng,ZHENG Xudong,XIU Xianlun,LI Quanhua,ZHAO Jie,YU Jinguo,YU Baoqing. Preliminary study and clinical observation on pathological changes of peripheral nerve after spinal cord injury[J]. Zhonghua Xian Wei Wai Ke Za Zhi[Chin J Microsurg(Article in Chinese;No abstract available)],2000,23(3):215-216. DOI:10.3760/cma.j.issn.1001-2036.2000.03.020.}

[17628] 宣昭鹏，张晓杰，路来金，刘志刚．大鼠臂丛神经根吻合后脊髓病理改变和轴突再生的研究[J]．中国修复重建外科杂志，2008，22(9)：1077-1081．{XUAN Zhaopeng,ZHANG Xiaojie,LU Laijin,LIU Zhigang. Spinal pathologic changes and axonal regeneration after brachial plexus root anastomosis in rats[J]. Zhongguo Xiu Fu Chong Jian Wai Ke Za Zhi[Chin J Repair Reconstr Surg(Article in Chinese;Abstract in Chinese and English)],2008,22(9):1077-1081.}

[17629] 顾玉东．对《大鼠臂丛神经根吻合后脊髓病理改变和轴突再生的研究》一文的几点感想[J]．中国修复重建外科杂志，2008，22(11)：1396．{GU Yudong. Some thoughts on the study of "spinal pathologic changes and axonal regeneration after brachial plexus root anastomosis in rats"[J]. Zhongguo Xiu Fu Chong Jian Wai Ke Za Zhi[Chin J Repair Reconstr Surg(Article in Chinese;No abstract available)],2008,22(11):1396.}

6.2.2 周围神经损伤分度
indexing of peripheral nerve injury

[17630] 沈定国，苏凤霞，芦世璧，王德生，李小井，张绍玲．肌电图对判断神经损伤程度的评价[J]．中华外科杂志，1981，19(9)：553-557．{SHEN Dingguo,SU Fengxia,LU Shibi,WANG Desheng,LI Xiaojing,ZHANG Shaoling. Evaluation of electromyography in judging the degree of nerve injury[J]. Zhonghua Wai Ke Za Zhi[Chin J Surg(Article in Chinese;No abstract available)],1981,19(9):553-557.}

6.2.3 周围神经损伤类型
type of peripheral nerve injury

[17631] 杨绍安，余斌，肖晓桃．周围神经缺损的分类与治疗体会[J]．中华显微外科杂志，2000，23(2)：144-145．DOI：10.3760/cma.j.issn.1001-2036.2000.02.032．{YANG Shaoan,YU Bin,XIAO Xiaotao. Classification and treatment of peripheral nerve defect[J]. Zhonghua Xian Wei Wai Ke Za Zhi[Chin J Microsurg(Article in Chinese;No abstract available)],2000,23(2):144-145. DOI:10.3760/cma.j.issn.1001-2036.2000.02.032.}

[17632] 张华，蒋电明．汶川地震转运部分伤员闭合性周围神经损伤的早期治疗[J]．创伤外科杂志，2008，10(6)：511-513．DOI：10.3969/j.issn.1009-4237.2008.06.014．{ZHANG Hua,JIANG Dianming. Initial treatment for patients transported from the Wenchuan earthquake stricken area suffering closed peripheral nerve injury[J]. Chuang Shang Wai Ke Za Zhi[J Traum Surg(Article in Chinese;Abstract in Chinese and English)],2008,10(6):511-513. DOI:10.3969/j.issn.1009-4237.2008.06.014.}

6.2.3.1 机械性神经损伤
mechanical nerve injury

[17633] 殷成，蒋理，周帅，孙晓川．体外神经块轴突机械切断再生模型的建立[J]．中华创伤杂志，2012，28(11)：1037-1041．DOI：10.3760/cma.j.issn.1001-8050.2012.11.020．{YIN Cheng,JIANG Li,ZHOU Shuai,SUN Xiaochuan. Establishment of a model for axonal regeneration following mechanical transection in vitro[J]. Zhonghua Chuang Shang Za Zhi[Chin J Trauma(Article in Chinese;Abstract in Chinese and English)],2012,28(11):1037-1041. DOI:10.3760/cma.j.issn.1001-8050.2012.11.020.}

6.2.3.2 物理性神经损伤
physical nerve injury

[17634] 薛兵，卢宏．放射性神经系统损伤 2 例分析并文献回顾[J]．神经损伤与功能重建，2019，14(2)：72-75．DOI：10.16780/j.cnki.sjssgncj.2019.02.005．{XUE Bing,LU Hong. Analysis of radioactive nervous system injury-2 case reports and literature review[J]. Shen Jing Sun Shang Yu Gong Neng Chong Jian[Neural Injury Funct Reconstr(Article in Chinese;Abstract in Chinese and English)],2019,14(2):72-75. DOI:10.16780/j.cnki.sjssgncj.2019.02.005.}

6.2.3.3 药物注射性神经损伤
drug-induced nerve injury

[17635] 朱庆生，陆裕朴，黄耀添．周围神经药物注射伤早期减压冲洗与晚期神经松解比较的实验研究[J]．中国修复重建外科杂志，1993，7(3)：153-155，192-196．{ZHU Qingsheng,LU Yupu,HUANG Yaotian. Peripheral nerve injection injury:acomparative study of results between early incision of epineurium with saline irrigation and late neurolysis[J]. Zhongguo Xiu Fu Chong Jian Wai Ke Za Zhi[Chin J Repar Reconstr Surg(Article in Chinese;Abstract in Chinese and English)],1993,7(3):153-155,192-196.}

[17636] 黄耀添，闫乔生，朱庆生，雷伟，赵黎，颉强．臀部坐骨神经药物注射伤的手术治疗[J]．中华骨科杂志，1999，19(7)：408-410．{HUANG Yaotian,YAN Qiaosheng,ZHU Qingsheng,LEI Wei,ZHAO Li,JIE Qiang. Surgical treatment of injection injuries of gluteal sciatic nerve[J]. Zhonghua Gu Ke Za Zhi[Chin J Orthop(Article in Chinese;Abstract in Chinese and English)],1999,19(7):408-410.}

6.2.3.4 神经火器伤
firearm injury of peripheral nerve

[17637] Lai X,Liu Y,Chen L. The effect of indirect injury to peripheral nerves on wound healing after firearm wounds[J]. J Trauma,1996,40(3 Suppl):S56-59.

[17638] Liu J,Peng X,Liu Y,Lai X,Li S,Wang M,Huang H,Du Q,Sun H. Microsurgical repair at early stage for soft tissue defect of limbs wounded by modern firearm[J]. Chin J Traumatol,2002,5(3):142-145.

[17639] Wang JM,Li BC,Chen L,Wang GB,Zhang LC. Identification of differentially expressed genes from spinal cord after firearm injury to rabbit sciatic nerves[J]. Chin J Traumatol,2004,7(5):294-300.

[17640] Wang JM,Li BC,Chen L,Wang GB,Sun H,Chen Z,Zhang LC. Cell death-inducing DFF45-like effector may take part in neuronal apoptosis of the lumbar spinal cord after sciatic nerve injury caused by a firearm[J]. Mil Med,2006,171(8):793-799. doi:10.7205/milmed.171.8.793.

[17641] 卢世璧，朱盛修，张伯勋，姚建祥，徐仕琦，程学明，王仁润，王锡链，李主一，付祖国，刘志雄，邱仁贞．自体神经束间游离移植治疗火器性周围神经损伤[J]．中华外科杂志，1983，21(11)：646-649．{LU Shibi,ZHU Shengxiu,ZHANG Boxun,YAO Jianxiang,XU Shiqi,CHENG Xueming,WANG Renrun,WANG Xilian,LI Zhuyi,FU Zuguo,LIU Zhixiong,QIU Renzhen. Free fascicular autograft for the treatment of firearm peripheral nerve injury[J]. Zhonghua Wai Ke Za Zhi[Chin J Surg(Article in Chinese;No abstract available)],1983,21(11):646-649.}

[17642] 李主一，翁龙江．腓肠神经移植治疗火器性迷走神经损伤[J]．修复重建外科杂志，1988，2(2)：165．{LI Zhuyi,WENG Longjiang. Sural nerve transplantation for the treatment of firearm vagus nerve injury[J]. Zhongguo Xiu Fu Chong Jian Wai Ke Za Zhi[Chin J Repair Reconstr Surg(Article in Chinese;No abstract available)],1988,2(2):165.}

[17643] 朱盛修，刘郑生．火器伤后灼性神经痛的神经内压观察[J]．中华显微外科杂志，1990，13(3)：156-157．{ZHU Shengxiu,LIU Zhengsheng. Observation of internal pressure of causalgia after firearm injury[J]. Zhonghua Xian Wei Wai Ke Za Zhi[Chin J Microsurg(Article in Chinese;No abstract available)],1990,13(3):156-157.}

[17644] 王仁润，李京生，陈迎朝，卢世璧，朱盛修，张伯勋．59 条火器性下肢神经伤显微外科修复疗效分析[J]．骨与关节损伤杂志，1994，9(6)：230-232．{WANG Renrun,LI Jingsheng,CHEN Yingchao,LU Shibi,ZHU Shengxiu,ZHANG Boxun. Analysis of 59 lower limb nerves injury treated with microsurgery[J]. Gu Yu Guan Jie Sun Shang Za Zhi[J Bone Joint Injury(Article in Chinese;Abstract in Chinese and English)],1994,9(6):230-232.}

[17645] 李魁章，刘晓化，王鑫．火器伤致小腿胫骨、胫后动脉、胫神经缺损应用自体废弃组织移植修复一例[J]．中华显微外科杂志，2001，24(4)：248．DOI：10.3760/cma.j.issn.1001-2036.2001.04.041．{LI Kuizhang,LIU Xiaohua,WANG Xin. Repair of tibia,posterior tibial artery and tibial nerve defect caused by firearm injury by autologous waste tissue transplantation:a case report[J]. Zhonghua Xian Wei Wai Ke Za Zhi[Chin J Microsurg(Article in Chinese;No abstract available)],2001,24(4):248. DOI:10.3760/cma.j.issn.1001-2036.2001.04.041.}

[17646] 朱盛修，李主一，宋守礼．火器性外周神经伤的显微外科治疗[J]．中华显微外科杂志，2002，25(1)：12-13．DOI：10.3760/cma.j.issn.1001-2036.2002.01.005．{ZHU Shengxiu,LI Zhuyi,SONG Shouli. Microsurgical treatment of peripheral nerves injuries by firearm[J]. Zhonghua Xian Wei Wai Ke Za Zhi[Chin J Microsurg(Article in Chinese;Abstract in Chinese and English)],2002,25(1):12-13. DOI:10.3760/cma.j.issn.1001-2036.2002.01.005.}

[17647] 李兵仓．周围神经火器伤的研究进展[J]．中华创伤杂志，2003，19(4)：251-254．DOI：10.3760/j：issn：1001-8050.2003.04.020．{LI Bingcang. Research progress of firearm injury of peripheral nerve[J]. Zhonghua Chuang Shang Za Zhi[Chin J Trauma(Article in Chinese;No abstract available)],2003,19(4):251-254. DOI:10.3760/j:issn:1001-8050.2003.04.020.}

6.2.3.5 缺血性神经损伤
ischemic nerve injury

[17648] 王法．周围神经的缺血与再灌注损伤[J]．中国矫形外科杂志，1998，5(5)：64-65．{WANG Fa. Ischemia and reperfusion injury of peripheral nerve[J]. Zhongguo Jiao Xing Wai Ke Za Zhi[Orthop J China(Article in Chinese;No abstract available)],1998,5(5):64-65.}

[17649] 徐进旺，李爱民，刘希光，陈慧珍，李宁，孙勇，陈震，朱家球．米诺环素对大鼠面神经缺血损伤模型面运动神经元的保护作用[J]．中华实验外科杂志，2015，32(12)：2960．DOI：10.3760/cma.j.issn.1001-9030.2015.12.013．{XU Jinwang,LI Aimin,LIU Xiguang,CHEN Huizhen,LI Ning,SUN Yong,CHEN Zhen,ZHU Jiaqiu. Protective effect of minocycline on facial motor neurons in rat model of facial nerve ischemia injury[J]. Zhonghua Shi Yan Wai Ke Za Zhi[Chin J Exp Surg(Article in Chinese;No abstract available)],2015,32(12):2960. DOI:10.3760/cma.j.issn.1001-9030.2015.12.013.}

6.2.3.6 体位性神经损伤
body position-associated nerve injury

[17650] 李平，李江，杨齐玉．椎管内神经鞘瘤体位性根痛分析[J]．中国矫形外科杂志，1999，6(1)：50-51．{LI Ping,LI Jiang,YANG Qiyu. Analysis of postural root pain of intraspinal schwannoma[J]. Zhongguo Jiao Xing Wai Ke Za Zhi[Orthop J China(Article in Chinese;No abstract available)],1999,6(1):50-51.}

[17651] 柳欣，冯美江，鲁翔．高龄老年体位性低血压患者并发神经退行性疾病的临床研究[J]．神经损伤与功能重建，2018，13(8)：395-398．DOI：10.16780/j.cnki.sjssgncj.2018.08.005．{LIU Xin,FENG Meijiang,LU Xiang. Clinical Study of the Changes of Postural Blood Pressure and Neurodegenerative Disease in Elderly Patients with Hypertension[J]. Shen Jing Sun Shang Yu Gong Neng Chong Jian[Neural Injury Funct Reconstr(Article in Chinese;Abstract in Chinese and English)],2018,13(8):395-398. DOI:10.16780/j.cnki.sjssgncj.2018.08.005.}

6.2.3.7 神经根性撕脱伤
nerve root avulsion injury

[17652] 常万绅，褚寅，周玲，沈成，王丹．部分正中及尺神经移位治疗 C5、6 根性撕脱伤 [J]．中华手外科杂志，1996，12（3）：137-139．{CHANG Wanshen,CHU Yin,ZHOU Ling,SHEN Cheng,WANG Dan. Partial ulnar and median nerve transfer for C5,6 avulsion of brachial plexus[J]. Zhonghua Shou Wai Ke Za Zhi[Chin J Hand Surg(Article in Chinese;Abstract in Chinese and English)],1996,12(3):137-139.}

[17653] 刘黎军，朱家恺，肖建德．雪旺细胞源神经营养因子对脊神经根性撕脱所致运动神经元死亡的保护作用 [J]．中华实验外科杂志，1999，16（4）：345．DOI：10.3760/j.issn:1001-9030.1999.04.028．{LIU Lijun,ZHU Jiakai,XIAO Jiande. Protective effects of Schwann cell derived neurotrophic factor on motoneurons from spinaJ root avulsion induced cel death[J]. Zhonghua Shi Yan Wai Ke Za Zhi[Chin J Exp Surg(Article in Chinese;Abstract in Chinese and English)],1999,16(4):345. DOI:10.3760/j.issn:1001-9030.1999.04.028.}

[17654] 韩曙，周丽华，谢元云．条件性损伤对脊神经根撕脱伤后脊髓运动神经元一氧化氮合酶表达和细胞死亡的影响 [J]．中华显微外科杂志，2000，23（4）：282．DOI：10.3760/cma.j.issn.1001-2036.2000.04.017．{HAN Shu,ZHOU Lihua,XIE Yuanyun. Effect of conditioning lesion on NOS expression and cell death process of spinal cord anterior horn motoneurons after spinal roots avulsion[J]. Zhonghua Xian Wei Wai Ke Za Zhi[Chin J Microsurg(Article in Chinese;Abstract in Chinese and English)],2000,23(4):282. DOI:10.3760/cma.j.issn.1001-2036.2000.04.017.}

[17655] 韩曙，汪华侨，周丽华，袁群芳，姚志彬，吴武田．抗氧化剂对脊神经根撕脱伤后脊髓运动神经元的影响 [J]．中华显微外科杂志，2002，25（2）：131-132．DOI：10.3760/cma.j.issn.1001-2036.2002.02.019．{HAN Shu,WANG Huaqiao,ZHOU Lihua,YUAN Qunfang,YAO Zhibin,WU Wutian. Effects of antioxidants on spinal motoneurons after spinal nerve root avulsion injury[J]. Zhonghua Xian Wei Wai Ke Za Zhi[Chin J Microsurg(Article in Chinese;Abstract in Chinese)],2002,25(2):131-132. DOI:10.3760/cma.j.issn.1001-2036.2002.02.019.}

[17656] 江曦，陈爱民，张志凌．骶丛神经根性撕脱伤的诊断及治疗 [J]．国际骨科学杂志，2008，29（2）：98-99．DOI：10.3969/j.issn.1673-7083.2008.02.008．{JIANG Xi,CHEN Aimin,ZHANG Zhiling. Diagnosis and treatment of lumbosacral nerve root avulsion[J]. Guo Ji Gu Ke Xue Za Zhi [Int J Orthop(Article in Chinese;Abstract in Chinese)],2008,29(2):98-99. DOI:10.3969/j.issn.1673-7083.2008.02.008.}

[17657] 王树锋，薛云浩，刘佳勇，栗鹏程，褚寅，熊革，孙燕琨．闭孔神经移位修复腰骶丛神经根撕脱伤的解剖学观察及临床应用 [J]．中华骨科杂志，2009，29（5）：387-392．DOI：10.3760/cma.j.issn.0253-2352.2009.05.001．{WANG Shufeng,XUE Yunhao,LIU Jiayong,LI Pengcheng,CHU Yin,XIONG Ge,SUN Yankun. Obturator nerve transfer to repair lumbosacral plexus nerve root avulsion injuries:anatomic study and clinical application[J]. Zhonghua Gu Ke Za Zhi[Chin J Orthop(Article in Chinese;Abstract in Chinese and English)],2009,29(5):387-392. DOI:10.3760/cma.j.issn.0253-2352.2009.05.001.}

[17658] 张志凌，郭清河，杨迪，江曦，鹿楠，陈爱民．健侧骶神经根移位修复大鼠骶丛撕脱伤 [J]．中华创伤杂志，2011，27（6）：530-533．DOI：10.3760/cma.j.issn.1001-8050.2011.06.012．{ZHANG Zhiling,GUO Qinghe,YANG Di,JIANG Xi,LU Nan,CHEN Aimin. Repair of sacral plexus root avulsion with normal sacral nerve root transposition in rats[J]. Zhonghua Chuang Shang Za Zhi[Chin J Trauma(Article in Chinese;Abstract in Chinese and English)],2011,27(6):530-533. DOI:10.3760/cma.j.issn.1001-8050.2011.06.012.}

[17659] 尹刚，侯春林，盛军，林浩东．闭孔神经或生殖股神经移位修复腰骶丛根性撕脱伤的应用解剖学研究 [J]．中国临床解剖学杂志，2012，30（5）：487-490．DOI：10.13418/j.issn.1001-165x.2012.05.001．{YIN Gang,HOU Chunlin,SHENG Jun,LIN Haodong. Applied anatomy of the nerve transfer to repair lumbosacral plexus nerve avulsion injuries[J]. Zhongguo Lin Chuang Jie Pou Xue Za Zhi[Chin J Clin Anat(Article in Chinese;Abstract in Chinese and English)],2012,30(5):487-490. DOI:10.13418/j.issn.1001-165x.2012.05.001.}

[17660] 任高宏，蒋桂勇，胡稷杰，黎润光．多组神经束支部移位重建 C5 和 C6 根性撕脱伤后的肩外展屈肘功能 [J]．中华创伤骨科杂志，2012，14（8）：679-684．DOI：10.3760/cma.j.issn.1671-7600.2012.08.008．{REN Gaohong,JIANG Guiyong,HU Jijie,LI Runguang. Transfer of combined nerve fascicles for reconstruction of shoulder abduction and elbow flexion after C5-C6 avulsion of the brachial plexus[J]. Zhonghua Chuang Shang Gu Ke Za Zhi[Chin J Orthop Trauma(Article in Chinese;Abstract in Chinese and English)],2012,14(8):679-684. DOI:10.3760/cma.j.issn.1671-7600.2012.08.008.}

[17661] 付强，马骏，朱磊，陈爱民．健侧 L3 和 S1 神经根为动力源联合移位修复腰骶丛神经根性撕脱伤一例 [J]．中华创伤杂志，2015，31（12）：1150-1152．DOI：10.3760/cma.j.issn.1001-8050.2015.12.024．{FU Qiang,MA Jun,ZHU Lei,CHEN Aimin. Repair of lumbosacral plexus root avulsion by combined transposition of contralateral L3 and S1 nerve roots as power source:a case report[J]. Zhonghua Chuang Shang Za Zhi[Chin J Trauma(Article in Chinese;No abstract available)],2015,31(12):1150-1152. DOI:10.3760/cma.j.issn.1001-8050.2015.12.024.}

6.2.3.8 医源性神经损伤
iatrogenic nerve injury

[17662] Shen J,Chen W,Ye X,Qiu Y,Xu J,Zhu Y,Shen Y,Xu W. Ultrasound in the management of iatrogenic spinal accessory nerve palsy at the posterior cervical triangle area[J]. Muscle Nerve,2019,59(1):64-69. doi:10.1002/mus.26342.

[17663] Yuan Q,Hou J,Liao Y,Zheng L,Wang K,Wu G. Selective vagus-recurrent laryngeal nerve anastomosis in thyroidectomy with cancer invasion or iatrogenic transection[J]. Langenbecks Arch Surg,2020,405(4):461-468. doi:10.1007/s00423-020-01906-y.

[17664] 朱盛修，刘桂林．医源性桡神经损伤的防治 [J]．中华医学杂志，1987，67(3)：168．{ZHU Shengxiu,LIU Guilin. Prevention and treatment of iatrogenic radial nerve injury[J]. Zhonghua Yi Xue Za Zhi[Natl Med J China(Article in Chinese;No abstract available)],1987,67(3):168.}

[17665] 徐庆中，谭文榜，徐开河，张正新．医源性周围神经损伤 [J]．修复重建外科杂志，1990，4（3）：148．{XU Qingzhong,TAN Wenbang,XU Kaihe,ZHANG Zhengxin. Iatrogenic peripheral nerve injury[J]. Zhongguo Xiu Fu Chong Jian Wai Ke Za Zhi[Chin J Repair Reconstr Surg(Article in Chinese;No abstract available)],1990,4(3):148.}

[17666] 严昌琥，何向阳，陈尊雄．医源性副神经损伤三例 [J]．修复重建外科杂志，1990，4（3）：149．{YAN Changwan,HE Xiangyang,CHEN Zunxiong. Iatrogenic accessory nerve injury:a report of 3 cases[J]. Zhongguo Xiu Fu Chong Jian Wai Ke Za Zhi[Chin J Repair Reconstr Surg(Article in Chinese;Abstract in Chinese)],1990,4(3):149.}

[17667] 任德胜，洪云．儿童医源性周围神经损伤 [J]．手外科杂志，1992，8（1）：21-22．{REN Desheng,HONG Yun. Iatrogenic peripheral nerve injury in children[J]. Shou Wai Ke Za Zhi [J Hand Surg(Article in Chinese;Abstract in Chinese)],1992,8(1):21-22.}

[17668] 黄耀添，陆裕朴，殷奇，吴克俭，朱庆生．医源性桡神经损伤的原因和预防 [J]．中国修复重建外科杂志，1992，6（3）：165-166．{HUANG Yaotian,LU Yupu,YIN Qi,WU Kejian,ZHU Qingsheng. Causes and prevention of iatrogenic radial nerve injury[J]. Zhongguo Xiu Fu Chong Jian Wai Ke Za Zhi[Chin J Repair Reconstr Surg(Article in Chinese;Abstract in Chinese)],1992,6(3):165-166.}

[17669] 贺长清，翟福英，卫云涛，栾效华．医源性周围神经损伤及显微外科治疗 [J]．中华显微外科杂志，1993，16（1）：55-56．{HE Changqing,ZHAI Fuying,WEI Yuntao,LUAN Xiaohua. Iatrogenic peripheral nerve injury and its microsurgical treatment[J]. Zhonghua Xian Wei Wai Ke Za Zhi[Chin J Microsurg(Article in Chinese;No abstract available)],1993,16(1):55-56.}

[17670] 李绍仁．周围神经医源性损伤的教训 [J]．中华显微外科杂志，1994，17（2）：146-147．{LI Shaoren. Lessons from iatrogenic injury of peripheral nerve[J]. Zhonghua Xian Wei Wai Ke Za Zhi[Chin J Microsurg(Article in Chinese;No abstract available)],1994,17(2):146-147.}

[17671] 韦正超，陈其勋．医源性周围神经损伤及其治疗 [J]．中华显微外科杂志，1994，17（3）：219-221．{WEI Zhengchao,CHEN Qixun. Iatrogenic peripheral nerve injury and its treatment[J]. Zhonghua Xian Wei Wai Ke Za Zhi[Chin J Microsurg(Article in Chinese;No abstract available)],1994,17(3):219-221.}

[17672] 左云亮，刘金榜，李国有．医源性桡神经损伤 9 例报告 [J]．中华手外科杂志，1995，11（1）：13．{ZUO Yunliang,LIU Jinbang,LI Guoyou. Iatrogenic radial nerve injury:a report of 9 cases[J]. Zhonghua Shou Wai Ke Za Zhi[Chin J Hand Surg(Article in Chinese;No abstract available)],1995,11(1):13.}

[17673] 林其仁，郑文忠，王文怀，姚学东，吴文华，李树梁，崔冈山．医源性桡神经断伤 [J]．中华手外科杂志，1995，11（1）：62．{LIN Qiren,ZHENG Wenzhong,WANG Wenhuai,YAO Xuedong,WU Wenhua,LI Shuliang,CUI Gangshan. Iatrogenic radial nerve injury[J]. Zhonghua Shou Wai Ke Za Zhi[Chin J Hand Surg(Article in Chinese;No abstract available)],1995,11(1):62.}

[17674] 郝维真，劳汉昌．医源性神经损伤及显微外科修复 [J]．中华手外科杂志，1996，12：80-82．{HAO Weizhen,LAO Hanchang. Iatrogenic peripheral nerve injuries and microsurgical repair[J]. Zhonghua Shou Wai Ke Za Zhi[Chin J Hand Surg(Article in Chinese;Abstract in Chinese and English)],1996,12:80-82.}

[17675] 陈欣志，康少英，宋玉荣，周维海．医源性桡神经损伤 30 例分析 [J]．实用骨科杂志，1997，3（3）：132-134．DOI：10.13795/j.cnki.sgkz.1997.03.003．{CHEN Xinzhi,KANG Shaoying,SONG Yurong,ZHOU Weihai. Analysis of iatrogenic injuries of radial nerve in 30 casses[J]. Shi Yong Gu Ke Za Zhi[J Pract Orthop(Article in Chinese;Abstract in Chinese and English)],1997,3(3):132-134. DOI:10.13795/j.cnki.sgkz.1997.03.003.}

[17676] 徐建高，李荫山，苏传钧．医源性小儿周围神经损伤的显微外科修复 [J]．中华显微外科杂志，1998，21（2）：144-145．DOI：10.3760/cma.j.issn.1001-2036.1998.02.030．{XU Jiangao,LI Yinshan,SU Chuanjun. Microsurgical repair of iatrogenic peripheral nerve injury in children[J]. Zhonghua Xian Wei Wai Ke Za Zhi[Chin J Microsurg(Article in Chinese;No abstract available)],1998,21(2):144-145. DOI:10.3760/cma.j.issn.1001-2036.1998.02.030.}

[17677] 宋修竹，贺长清，张高孟，顾玉东．医源性颈部神经损伤的修复 [J]．中国修复重建外科杂志，1998，12（3）：133-134．{SONG Xiuzhu,HE Changqing,ZHANG Gaomeng,GU Yudong. Iatrogenic peripheral nerve injuries and its repair[J]. Zhongguo Xiu Fu Chong Jian Wai Ke Za Zhi[Chin J Repair Reconstr Surg(Article in Chinese;Abstract in Chinese and English)],1998,12(3):133-134.}

[17678] 张国亮，蔡启卿，冯明录．医源性周围神经损伤的治疗 [J]．中国矫形外科杂志，2000，7（5）：503．DOI：10.3969/j.issn.1005-8478.2000.05.037．{ZHANG Guoliang,CAI Qiqing,FENG Minglu. Treatment for peripheral nerves injury by improper operation of medical personnel[J]. Zhongguo Jiao Xing Wai Ke Za Zhi[Orthop J China(Article in Chinese;Abstract in Chinese)],2000,7(5):503. DOI:10.3969/j.issn.1005-8478.2000.05.037.}

[17679] 徐生根，胡居恒．医源性骨间背侧神经损伤的显微外科修复 [J]．中华显微外科杂志，2001，24（1）：77．{XU Shenggen,HU Juheng. Microsurgical repair for iatrogenic dorsal interosseous nerve injury[J]. Zhonghua Xian Wei Wai Ke Za Zhi[Chin J Microsurg(Article in Chinese;No abstract available)],2001,24(1):77.}

[17680] 韦正超，蔡道章，徐桂如，陈其勋．医源性外周神经损伤临床治疗分析 [J]．中华显微外科杂志，2002，25(2)：152-153．DOI：10.3760/cma.j.issn.1001-2036.2002.02.035．{WEI Zhengchao,CAI Daozhang,XU Guiru,CHEN Qixun. Analysis of clinical treatment of iatrogenic peripheral nerve injury[J]. Zhonghua Xian Wei Wai Ke Za Zhi[Chin J Microsurg(Article in Chinese;Abstract in Chinese)],2002,25(2):152-153. DOI:10.3760/cma.j.issn.1001-2036.2002.02.035.}

[17681] 李志杰，高伟阳，闫合德，洪建军，陈星隆，李晓阳．医源性桡神经损伤诊治的临床探讨 [J]．实用手外科杂志，2004，18（4）：202-203．DOI：10.3969/j.issn.1671-2722.2004.04.004．{LI Zhijie,GAO Weiyang,YAN Hede,HONG Jianjun,CHEN Xinglong,LI Xiaoyang. Clinical investigation on the treatment of iatrogenic radial nerve injuries[J]. Shi Yong Shou Wai Ke Za Zhi[Chin J Pract Hand Surg(Article in Chinese;Abstract in Chinese and English)],2004,18(4):202-203. DOI:10.3969/j.issn.1671-2722.2004.04.004.}

[17682] 张祖根，张磊冰，田晓滨，邱冰，李波，赵筑川，韩伟，周焯家．医源性周围神经损伤分析 [J]．中国骨伤，2005，18（1）：6-7．DOI：10.3969/j.issn.1003-0034.2005.01.003．{ZHANG Zugen,ZHANG Leibing,TIAN Xiaobin,QIU Bing,LI Bo,ZHAO Zhuchuan,HAN Wei,ZHOU Zhuojia. Analysis of iatrogenic peripheral nerve injury[J]. Zhongguo Gu Shang[China J Orthop Trauma(Article in Chinese;Abstract in Chinese and English)],2005,18(1):6-7. DOI:10.3969/j.issn.1003-0034.2005.01.003.}

[17683] 徐生根，毛兆光．医源性骨间背侧神经损伤 15 例 [J]．中国骨伤，2005，18（12）：725-726．DOI：10.3969/j.issn.1003-0034.2005.12.009．{XU Shenggen,MAO Zhaoguang. Iatrogenic interosseous posterior nerve injuries:a report of 15 patients[J]. Zhongguo Gu Shang[China J Orthop Trauma(Article in Chinese;Abstract in Chinese and English)],2005,18(12):725-726. DOI:10.3969/j.issn.1003-0034.2005.12.009.}

[17684] 宋会江，金宏，李锦新，姚隽，李郁明．医源性桡神经损伤 46 例分析 [J]．实用手外科杂志，2005，19（2）：79-80．DOI：10.3969/j.issn.1671-2722.2005.02.006．{SONG Huijiang,JIN Hong,LI Jinxin,YAO Jun,LI Yuming. Analysis of 46 cases with iatrogenic injuries of radial nerve[J]. Shi Yong Shou Wai Ke Za Zhi[Chin J Pract Hand Surg(Article in Chinese;Abstract in Chinese and English)],2005,19(2):79-80. DOI:10.3969/j.issn.1671-2722.2005.02.006.}

[17685] 张震寰，马广．医源性桡神经损伤 38 例分析 [J]．实用手外科杂志，2010，24（4）：256-257．DOI：10.3969/j.issn.1671-2722.2010.04.005．{ZHANG Zhenhuan,MA Guang. Analysis of iatrogenic radial nerve injury in 38 cases[J]. Shi Yong Shou Wai Ke Za Zhi[Chin J Pract Hand Surg(Article in Chinese;Abstract in Chinese and English)],2010,24(4):256-257. DOI:10.3969/j.issn.1671-2722.2010.04.005.}

[17686] 王亚平，熊才亮，王新春，齐维林．医源性臂段桡神经损伤及治疗 [J]．神经损伤与功能重建，2011，6（6）：437-439．DOI：10.3870/sjsscj.2011.06.014．{WANG Yaping,XIONG Cailiang,WANG Xinchun,QI Weilin. Clinical analysis of iatrogenic injury of the radial nerves in the section of arms[J]. Shen Jing Sun Shang Yu Gong Neng Chong Jian[Neural Injury Funct Reconstr(Article in Chinese;Abstract in Chinese and English)],2011,6(6):437-439. DOI:10.3870/sjsscj.2011.06.014.}

[17687] 杨超，劳克诚，卢廷胜．肱骨骨折致医源性桡神经损伤的治疗 [J]．中华创伤骨科杂志，2012，14（6）：540-541．DOI：10.3760/cma.j.issn.1671-7600.2012.06.018．{YANG Chao,LAO Kecheng,LU Tingsheng. Treatment of iatrogenic radial nerve injury caused by humeral fracture[J]. Zhonghua Chuang Shang Gu Ke Za Zhi[Chin J Orthop Trauma(Article in Chinese;Abstract in Chinese)],2012,14(6):540-541. DOI:10.3760/cma.j.issn.1671-7600.2012.06.018.}

[17688] 韩昕光，毕郑刚，毛立飞，雷亮，尚剑．医源性周围神经损伤的临床治疗 [J]．中华创伤杂志，2012，28（2）：125-127．DOI：10.3760/cma.j.issn.1001-8050.2012.02.008.

{HAN Xinguang,BI Zhenggang,MAO Lifei,LEI Liang,SHANG Jian. Clinical treatment of iatrogenic peripheral nerve injury[J]. Zhonghua Chuang Shang Za Zhi[Chin J Trauma(Article in Chinese;Abstract in Chinese and English)],2012,28(2):125-127. DOI:10.3760/cma.j.issn.1001-8050.2012.02.008.}

6.2.4 周围神经损伤临床特征
clinical characteristics of peripheral nerve injury

6.2.4.1 运动障碍
dyskinesia

[17689] 宁志杰，李贵涛，黄彦杰. 小儿痉挛性下肢运动障碍的临床病理分类及手术治疗（附214例报告）[J]. 中国矫形外科杂志，1997，4（4）：23-24，79. {NING Zhijie,LI Guitao,HUANG Yanjie. The clinical classification and operative treatment of spastic lower limbs motor disturbance in children(a report of 214 cases)[J]. Zhongguo Jiao Xing Wai Ke Za Zhi[Orthop J China(Article in Chinese;Abstract in Chinese and English)],1997,4(4):23-24,79.}

6.2.4.2 感觉障碍
sensory disturbance

[17690] Li XM,Yang Y,Hou Y,Yang JT,Qin BG,Fu G,Gu LQ. Diagnostic accuracy of three sensory tests for diagnosis of sensory disturbances[J]. J Reconstr Microsurg. 2015,31(1):67-73. doi:10.1055/s-0034-1384819.
[17691] 南欣荣，唐友盛，沈国芳，张念光，N Saman. 髂骨复合瓣移植肢体感觉障碍的临床研究 [J]. 现代口腔医学杂志，2000，14(2): 105-106. DOI: 10.3969/j.issn.1003-7632.2000.02.013. {NAN Xinrong,TANG Yousheng,SHEN Guofang,ZHANG Nianguang,N Saman. Clinical study on sensory function of limbs following iliac crest composite free flaps transfer[J]. Xian Dai Kou Qiang Yi Xue Za Zhi[J Mod Stomatol(Article in Chinese;Abstract in Chinese and English)],2000,14(2):105-106. DOI:10.3969/j.issn.1003-7632.2000.02.013.}

6.2.4.3 植物神经障碍
autonomic nerve disorder

[17692] 汤旦林，夏汗清. 几种植物神经机能检查方法及其正常范围 [J]. 中华医学杂志，1962，48（10）：673-674. {TANG Danlin,XIA Hanqing. Several methods of autonomic nerve function examination and their normal range[J]. Zhonghua Yi Xue Za Zhi[Natl Med J China(Article in Chinese;No abstract available)],1962,48(10):673-674.}
[17693] 赵耕源，梁秀龄，舒方涛，区国伟，王砚田. 健康青年植物神经机能检查结果的分析 [J]. 中华医学杂志，1963，49（7）：426-429. {ZHAO Gengyuan,LIANG Xiuling,SHU Fangtao,OU Guowei,WANG Yantian. Analysis of the results of autonomic nerve function examination in healthy young people[J]. Zhonghua Yi Xue Za Zhi[Natl Med J China(Article in Chinese;No abstract available)],1963,49(7):426-429.}

6.2.4.4 神经性疼痛
neuropathic pain

[17694] 邹望远，郭曲练，杨勇，王锷，贺正华. 鞘内注射人前脑啡肽原基因单纯疱疹病毒Ⅰ型扩增子载体对神经性疼痛大鼠的镇痛作用 [J]. 中华医学杂志，2008，88（29）：2064-2068. DOI：10.3321/j.issn：0376-2491.2008.29.013. {ZOU Wangyuan,GUO Qulian,YANG Yong,WANG E,HE Zhenghua. Analgesic effect of intrathecal injection of Herpes simplex virus type Ⅰ amplicon vector-mediated human preproenkephalin gene on chronic neuropathic pain:experiment with rats[J]. Zhonghua Yi Xue Za Zhi[Natl Med J China(Article in Chinese;Abstract in Chinese and English)],2008,88(29):2064-2068. DOI:10.3321/j.issn:0376-2491.2008.29.013.}
[17695] 梁思泉，Antonio De Salles. VPL/VPM 联合 PAG/PVG 脑深部电刺激治疗神经性疼痛的疗效分析 [J]. 中华神经外科杂志，2012，28（8）：802-805. DOI：10.3760/cma.j.issn.1001-2346.2012.08.017. {LIANG Siquan,Antonio De Salles. Analysis of VPL/VPM DBS combined PAG/PVG DBS for treatment of neuropathic pain[J]. Zhonghua Shen Jing Wai Ke Za Zhi[Chin J Neurosurg(Article in Chinese;Abstract in Chinese and English)],2012,28(8):802-805. DOI:10.3760/cma.j.issn.1001-2346.2012.08.017.}
[17696] 李雪松，苑龙，孟纯阳. 胶质细胞：神经性疼痛的参与者 [J]. 中国矫形外科杂志，2018，26（16）：1479-1482. DOI：10.3977/j.issn.1005-8478.2018.16.08. {LI Xuesong,YUAN Long,MENG Chunyang. Glial cells:participants in neuropathic pain[J]. Zhongguo Jiao Xing Wai Ke Za Zhi[Orthop J China(Article in Chinese;Abstract in Chinese and English)],2018,26(16):1479-1482. DOI:10.3977/j.issn.1005-8478.2018.16.08.}
[17697] 梁彦虎，苑龙，李雪松，孟纯阳. 酪氨酸激酶/信号转导转录激活因子3与神经性疼痛的研究进展 [J]. 中华实验外科杂志，2019，36（8）：1505-1507. DOI：10.3760/cma.j.issn.1001-9030.2019.08.055. {LIANG Yanhu,YUAN Long,LI Xuesong,MENG Chunyang. Progress in research on janus kinase/signal transducer and activator of transcription3 and neuropathic pain[J]. Zhonghua Shi Yan Wai Ke Za Zhi[Chin J Exp Surg(Article in Chinese;Abstract in Chinese and English)],2019,36(8):1505-1507. DOI:10.3760/cma.j.issn.1001-9030.2019.08.055.}

6.2.4.5 交感神经切断术
microsurgical sympathectomy

[17698] Yim AP,Liu HP,Lee TW,Wan S,Arifi AA. 'Needlescopic' video-assisted thoracic surgery for palmar hyperhidrosis[J]. Eur J Cardiothorac Surg,2000,17(6):697-701. doi:10.1016/s1010-7940(00)00378-x.
[17699] Chen Y,Zhang YH,Bie BH,Zhao ZQ. Sympathectomy induces novel purinergic sensitivity in sciatic afferents[J]. Acta Pharmacol Sin,2000,21(11):1002-1004.
[17700] Li J,Wang L,Wang J. Video-assisted thoracoscopic sympathectomy for congenital long QT syndromes[J]. Pacing Clin Electrophysiol,2003,26(4 Pt 1):870-873. doi:10.1046/j.1460-9592.2003.t01-1-00152.x.
[17701] Sihoe AD,Cheung CS,Lai HK,Lee TW,Thung KH,Yim AP. Incidence of chest wall paresthesia after needlescopic video-assisted thoracic surgery for palmar hyperhidrosis[J]. Eur J Cardiothorac Surg,2005,27(2):313-319. doi:10.1016/j.ejcts.2004.10.038.
[17702] Chen SC,Lin CY,Chou MC,Chen YH,Shy CJ,Hou CT,Fang HY,Lin TS. Endoscopic thoracic sympathetic block by clipping for recurrent palmar hyperhidrosis[J]. Int Surg,2005,90(5):284-288.
[17703] Tu YR,Li X,Lin M,Lai FC,Li YP,Chen JF,Ye JG. Epidemiological survey of primary palmar hyperhidrosis in adolescent in Fuzhou of People's Republic of China[J]. Eur J Cardiothorac Surg,2007,31(4):737-739. doi:10.1016/j.ejcts.2007.01.020.
[17704] Sihoe AD,Liu RW,Lee AK,Lam CW,Cheng LC. Is previous thoracic sympathectomy a risk factor for exertional heat stroke?[J]. Ann Thorac Surg,2007,84(3):1025-1027. doi:10.1016/j.athoracsur.2007.04.066.
[17705] Yang J,Tan JJ,Ye GL,Gu WQ,Wang J,Liu YG. T3/T4 thoracic sympathictomy and compensatory sweating in treatment of palmar hyperhidrosis[J]. Chin Med J,2007,120(18):1574-1577.
[17706] Li X,Chen R,Tu YR,Lin M,Lai FC,Li YP,Chen JF,Ye JG. Epidemiological survey of primary palmar hyperhidrosis in adolescents[J]. Chin Med J,2007,120(24):2215-22157.
[17707] Li X,Tu YR,Lin M,Lai FC,Chen JF,Dai ZJ. Endoscopic thoracic sympathectomy for palmar hyperhidrosis:a randomized control trial comparing T3 and T2-4 ablation[J]. Ann Thorac Surg,2008,85(5):1747-1751. doi:10.1016/j.athoracsur.2008.01.060.
[17708] Li X,Tu YR,Lin M,Lai FC,Chen JF,Miao HW. Minimizing endoscopic thoracic sympathectomy for primary palmar hyperhidrosis:guided by palmar skin temperature and laser Doppler blood flow[J]. Ann Thorac Surg,2009,87(2):427-431. doi:10.1016/j.athoracsur.2008.10.009.
[17709] Liu Y,Yang J,Liu J,Yang F,Jiang G,Li J,Huang Y,Wang J. Surgical treatment of primary palmar hyperhidrosis:a prospective randomized study comparing T3 and T4 sympathicotomy[J]. Eur J Cardiothorac Surg,2009,35(3):398-402. doi:10.1016/j.ejcts.2008.10.048.
[17710] Chen YB,Ye W,Yang WT,Shi L,Guo XF,Xu ZH,Qian YY. Uniportal versus biportal video-assisted thoracoscopic sympathectomy for palmar hyperhidrosis[J]. Chin Med J,2009,122(13):1525-1528.
[17711] Chen HS,Qu F,He X,Wang Y,Wen WW. Chemical or surgical sympathectomy prevents mechanical hyperalgesia induced by intraplantar injection of bee venom in rats[J]. Brain Res,2010,1353:86-93. doi:10.1016/j.brainres.2010.07.069.
[17712] Zhang L,Wang WH,Li LF,Dong GX,Zhao J,Luan JY,Sun TT. Long-term remission of primary erythermalgia with R1150W polymorphism in SCN9A after chemical lumbar sympathectomy[J]. Eur J Dermatol,2010,20(6):763-767. doi:10.1684/ejd.2010.1125.
[17713] Hu K,Zhou H,Zhang G,Qin R,Hou R,Kong L,Ding Y. The effect of chemical sympathectomy and stress on bone remodeling in adult rats[J]. Neuro Endocrinol Lett,2010,31(6):807-813.
[17714] Deng B,Tan QY,Jiang YG,Zhao YP,Zhou JH,Ma Z,Wang RW. Optimization of sympathectomy to treat palmar hyperhidrosis:the systematic review and meta-analysis of studies published during the past decade[J]. Surg Endosc,2011,25(6):1893-1901. doi:10.1007/s00464-010-1482-3.
[17715] Wei J,Yan L,Liu T,Xu W,Shi Z,Wu T,Wan Q. Cervical sympathectomy reduces neurogenic vasodilation in dura mater of rats[J]. Auton Neurosci,2011,162(1-2):10-14. doi:10.1016/j.autneu.2011.01.005.
[17716] Wang FG,Chen YB,Yang WT,Shi L. Comparison of compensatory sweating and quality of life following thoracic sympathetic block for palmar hyperhidrosis:electrocautery hook versus titanium clip[J]. Chin Med J,2011,124(21):3495-3498.
[17717] Wong RH,Ng CS,Wong JK,Tsang S. Needlescopic video-assisted thoracic surgery for reversal of thoracic sympathectomy[J]. Interact Cardiovasc Thorac Surg,2012,14(3):350-352. doi:10.1093/icvts/ivr121.
[17718] Ng CS,Yeung EC,Wong RH,Kwok MW. Single-port sympathectomy for palmar hyperhidrosis with Vasoview Hemopro 2 endoscopic vein harvesting device[J]. J Thorac Cardiovasc Surg,2012,144(5):1256-1257. doi:10.1016/j.jtcvs.2012.06.020.
[17719] Tu Y,Luo R,Li X,Lin M,Qiu M. Hypermyelination and overexpression of neuregulin-1 in thoracic sympathetic nerves in patients with primary palmar hyperhidrosis[J]. J Clin Neurosci,2012,19(12):1651-1653. doi:10.1016/j.jocn.2011.12.032.
[17720] Zhang TY,Wang L,Xu JJ. The effects of thoracic sympathotomy on heart rate variability in patients with palmar hyperhidrosis[J]. Yonsei Med J,2012,53(6):1081-1084. doi:10.3349/ymj.2012.53.6.1081.
[17721] Zhu LH,Wang W,Yang S,Li D,Zhang Z,Chen S,Cheng X,Chen L,Chen W. Transumbilical thoracic sympathectomy with an ultrathin flexible endoscope in a series of 38 patients[J]. Surg Endosc,2013,27(6):2149-2155. doi:10.1007/s00464-012-2732-3.
[17722] Zhang J,Zhu L,Yang S,Chen L,Li D,Zheng H,Chen W. Feasibility of endoscopic transumbilical thoracic sympathectomy in a porcine model[J]. Interact Cardiovasc Thorac Surg,2013,17(1):127-131. doi:10.1093/icvts/ivt151.
[17723] Zhu LH,Chen L,Yang S,Liu D,Zhang J,Cheng X,Chen W. Embryonic NOTES thoracic sympathectomy for palmar hyperhidrosis:results of a novel technique and comparison with the conventional VATS procedure[J]. Surg Endosc,2013,27(11):4124-4129. doi:10.1007/s00464-013-3079-0.
[17724] Huang B,Sun K,Zhu Z,Zhou C,Wu Y,Zhang F,Yan M. Oximetry-derived perfusion index as an early indicator of CT-guided thoracic sympathetic blockade in palmar hyperhidrosis[J]. Clin Radiol,2013,68(12):1227-1232. doi:10.1016/j.crad.2013.07.003.
[17725] Jin CH,Liu K,Yu KZ,Tian H,Mao ZC,Shen WY. Single-port thoracoscopic sympathicotomy using a double-lumen electrocautery tube and cautery hook for primary palmar hyperhidrosis:a randomized controlled trial[J]. Thorac Cardiovasc Surg,2014,62(5):439-444. doi:10.1055/s-0032-1327764.
[17726] Zhu LH,Du Q,Chen L,Yang S,Tu Y,Chen S,Chen W. One-year follow-up period after transumbilical thoracic sympathectomy for hyperhidrosis:outcomes and consequences[J]. J Thorac Cardiovasc Surg,2014,147(1):25-28. doi:10.1016/j.jtcvs.2013.08.062.
[17727] Ng CS,Lau RW,Wong RH,Ho AM,Wan S. Single-port vasoview sympathectomy for palmar hyperhidrosis:a clinical update[J]. J Laparoendosc Adv Surg Tech A,2014,24(1):32-34. doi:10.1089/lap.2013.0346.
[17728] Tang H,Wu B,Xu Z,Xue L,Li B,Zhao X. A new surgical procedure for palmar hyperhidrosis:is it possible to perform endoscopic sympathectomy under deep sedation without intubation?[J]. Eur J Cardiothorac Surg,2014,46(2):286-

290;discussion 290. doi:10.1093/ejcts/ezt599.

[17729] Cai S,Huang S,An J,Li Y,Weng Y,Liao H,Chen H,Liu L,He J,Zhang J. Effect of lowering or restricting sympathectomy levels on compensatory sweating[J]. Clin Auton Res,2014,24(3):143-149. doi:10.1007/s10286-014-0242-1.

[17730] Yang Y,Zeng L,An Z,Wang L,Hu J. Minimally invasive thoracic sympathectomy for palmar hyperhidrosis via a single unilateral incision approach by the pleura videoscope[J]. J Laparoendosc Adv Surg Tech A,2014,24(5):328-332. doi:10.1089/lap.2013.0473.

[17731] Yang Y,Yan Z,Fu X,Dong L,Xu L,Wang J,Cheng G. The clinical study of the optimalization of surgical treatment and the traditional Chinese medicine intervention on palmar hyperhidrosis[J]. Cell Biochem Biophys,2014,70(2):1401-1405. doi:10.1007/s12013-014-0070-x.

[17732] Chen J,Lin M,Chen X,Cao Z,Tan Z,Xiong W,Tu Y,Yang J. A novel locus for primary focal hyperhidrosis mapped on chromosome 2q31.1[J]. Br J Dermatol,2015,172(4):1150-1153. doi:10.1111/bjd.13383.

[17733] Xu L,Yu WK,Lin ZL,Tan SJ,Bai XW,Ding K,Li N. Chemical sympathectomy attenuates inflammation,glycocalyx shedding and coagulation disorders in rats with acute traumatic coagulopathy[J]. Blood Coagul Fibrinolysis,2015,26(2):152-160. doi:10.1097/MBC.0000000000000211.

[17734] Lai FC,Tu YR,Li YP,Li X,Lin M,Chen JF,Lin JB. Nation wide epidemiological survey of primary palmar hyperhidrosis in the People's Republic of China[J]. Clin Auton Res,2015,25(2):105-108. doi:10.1007/s10286-014-0259-5.

[17735] Cai SW,Shen N,Li DX,Wei B,An J,Zhang JH. Compensatory sweating after restricting or lowering the level of sympathectomy:a systematic review and meta-analysis[J]. Clinics (Sao Paulo),2015,70(3):214-219. doi:10.6061/clinics/2015(03)11.

[17736] Liu Y,Li H,Zheng X,Li X,Li J,Jiang G,Wang J. Sympathicotomy for palmar hyperhidrosis:the association between intraoperative palm temperature change and the curative effect[J]. Ann Thorac Cardiovasc Surg,2015,21(4):359-363. doi:10.5761/atcs.oa.14-00270.

[17737] Ning Y,Wang Y,Tao X,Tang H,Jiang J,Li Y,Sun G,Xue L,Zhao X. Single-port endoscopic thoracic sympathectomy with monitored anesthesia care:a more promising procedure for palmar hyperhidrosis[J]. World J Surg,2015,39(9):2269-2273. doi:10.1007/s00268-015-3104-7.

[17738] Wang WH,Zhang L,Li X,Zhao J,Zhuang JM,Dong GX. Chemical lumbar sympathectomy in the treatment of idiopathic livedo reticularis[J]. J Vasc Surg,2015,62(4):1018-1022. doi:10.1016/j.jvs.2015.04.419.

[17739] Shi H,Shu Y,Shi W,Lu S,Sun C. Single-port microthoracoscopic sympathicotomy for the treatment of primary palmar hyperhidrosis:an analysis of 56 consecutive cases[J]. Indian J Surg,2015,77(4):270-275. doi:10.1007/s12262-015-1288-6.

[17740] Zhu LH,Chen W,Chen L,Yang S,Lu ZT. Transumbilical thoracic sympathectomy:a single-centre experience of 148 cases with up to 4 years of follow-up[J]. Eur J Cardiothorac Surg,2016,49(Suppl 1):i79-i 83. doi:10.1093/ejcts/ezv391.

[17741] Du Q,Lin M,Yang JH,Chen JF,Tu YR. Overexpression of aqp5 was detected in axillary sweat glands of primary focal hyperhidrosis patients[J]. Dermatology,2016,232(2):150-155. doi:10.1159/000444081.

[17742] Chen JF,Lin M,Chen P,Quan D,Li X,Lai FC,Tu YR. Nonintubated needlescopic thoracic sympathectomy for primary palmar hyperhidrosis:a randomized controlled trial[J]. Surg Laparosc Endosc Percutan Tech,2016,26(4):328-333. doi:10.1097/SLE.0000000000000287.

[17743] Guo JG,Fei Y,Huang B,Yao M. CT-guided thoracic sympathetic blockade for palmar hyperhidrosis:Immediate results and postoperative quality of life[J]. J Clin Neurosci,2016,34:89-93. doi:10.1016/j.jocn.2016.05.031.

[17744] Bahar R,Zhou P,Liu Y,Huang Y,Phillips A,Lee TK,Su M,Yang S,Kalia S,Zhang X,Zhou Y. The prevalence of anxiety and depression in patients with or without hyperhidrosis (HH)[J]. J Am Acad Dermatol,2016,75(6):1126-1133. doi:10.1016/j.jaad.2016.07.001.

[17745] Zhang W,Yu D,Wei Y,Xu J,Zhang X. A systematic review and meta-analysis of T2,T3 or T4,to evaluate the best denervation level for palmar hyperhidrosis[J]. Sci Rep,2017,7(1):129. doi:10.1038/s41598-017-00169-w.

[17746] Zhang W,Wei Y,Jiang H,Xu J,Yu D. R3 versus R4 thoracoscopic sympathectomy for severe palmar hyperhidrosis[J]. Thorac Cardiovasc Surg,2017,65(6):491-496. doi:10.1055/s-0037-1600113.

[17747] Sang HW,Li GL,Xiong P,Zhu MC,Zhu M. Optimal targeting of sympathetic chain levels for treatment of palmar hyperhidrosis:an updated systematic review[J]. Surg Endosc,2017,31(11):4357-4369. doi:10.1007/s00464-017-5508-y.

[17748] Zheng Z,Wan Y,Liu Y,Zhu L,Tang J,Huang W,Cheng B. Lumbar sympathectomy regulates vascular cell turnover in rat hindfoot plantar skin[J]. Clin Hemorheol Microcirc,2017,67(2):149-157. doi:10.3233/CH-170257.

[17749] Zheng ZF,Liu YS,Min X,Tang JB,Liu HW,Cheng B. Recovery of sympathetic nerve function after lumbar sympathectomy is slower in the hind limbs than in the torso[J]. Neural Regen Res,2017,12(7):1177-1185. doi:10.4103/1673-5374.211200.

[17750] Zhang W,Wei Y,Jiang H,Xu J,Yu D. T3 versus T4 thoracoscopic sympathectomy for palmar hyperhidrosis:a meta-analysis and systematic review[J]. J Surg Res,2017,218:124-131. doi:10.1016/j.jss.2017.05.063.

[17751] Chen JP,Chen RF,Peng AJ,Xu CH,Li GY. Is compensatory hyperhidrosis after thoracic sympathicotomy in palmar hyperhidrosis patients related to the excitability of thoracic sympathetic ganglions?[J]. J Thorac Dis,2017,9(9):3069-3075. doi:10.21037/jtd.2017.08.100.

[17752] Zheng Z,Liu Y,Zhu L,Tang J,Huang W,Cheng B. Lumbar sympathectomy reduces vascular permeability,possibly through decreased adenosine receptor A2a expression in the hind plantar skin of rats[J]. Clin Hemorheol Microcirc,2018,68(1):5-15. doi:10.3233/CH-160214.

[17753] Li WX,Li YK,Lin HT. Curative effect of minimally invasive surgery on palmar and foot hyperhidrosis and its influence on serum-related cytokines and immunoglobulins[J]. Exp Ther Med,2018,15(4):3759-3764. doi:10.3892/etm.2018.5873.

[17754] Weng W,Liu Y,Li J,Jiang G,Liu J,Wang J. A long-term evaluation of postoperative moist hands after R4/R4+5 sympathectomy for primary palmar hyperhidrosis[J]. J Thorac Dis,2018,10(3):1532-1537. doi:10.21037/jtd.2018.02.07.

[17755] Qian K,Feng YG,Zhou JH,Wang RW,Tan QY,Deng B. Anxiety after Sympathectomy in patients with primary palmar hyperhidrosis may prolong the duration of compensatory hyperhidrosis[J]. J Cardiothorac Surg,2018,13(1):54. doi:10.1186/s13019-018-0736-3.

[17756] Du X,Zhu X,Wang T,Hu X,Lin P,Teng Y,Fan C,Li J,Xi Y,Xiao J,Liu W,Zhang J,Zhou H,Tian D,Yuan S. Compensatory hyperhidrosis after different surgeries at the same sympathetic levels:a meta-analysis[J]. Ann Transl Med,2018,6(11):203. doi:10.21037/atm.2018.05.24.

[17757] Wang WH,Zhang L,Dong GX,Sun TT,Lin ZM,Yang Y,Li X. Chemical lumbar sympathectomy in the treatment of recalcitrant erythromelalgia[J]. J Vasc Surg,2018,68(6):1897-1905. doi:10.1016/j.jvs.2018.05.226.

[17758] Feng X,Xiong X,Jin E,Meng W. Needlescopic video-assisted thoracic bilateral t4 sympathicotomy for the treatment of primary palmar hyperhidrosis:an analysis of 200 cases[J]. Thorac Cardiovasc Surg,2019,67(5):395-401. doi:10.1055/s-0038-1645872.

[17759] Cho SB,Park J,Zheng Z,Yoo KH,Kim H. Split-axilla comparison study of 0.5-MHz,invasive,bipolar radiofrequency treatment using insulated microneedle electrodes for primary axillary hyperhidrosis[J]. Skin Res Technol,2019,25(1):30-39. doi:10.1111/srt.12591.

[17760] Yang H,Kang J,Zhang S,Peng K,Deng B,Cheng B. CT-guided chemical thoracic sympathectomy versus botulinum toxin type a injection for palmar hyperhidrosis[J]. Thorac Cardiovasc Surg,2019,67(5):402-406. doi:10.1055/s-0038-1668599.

[17761] Liu G,Kang G,Huang J,Xie S,Hu H. Changes in palm temperature as predictor of long-term cure of sympathicotomy for palmar hyperhidrosis?[J]. J Neurol Surg A Cent Eur Neurosurg,2019,80(2):67-71. doi:10.1055/s-0038-1666790.

[17762] Shi W,Zhao B,Yao J,Zhou Y,Tong M,Jing L,Wang G. Intramedullary spinal cord ganglioglioma presenting as hyperhidrosis:a rare case report and literature review[J]. World Neurosurg,2019,127:232-236. doi:10.1016/j.wneu.2019.03.115.

[17763] Yang C,Qiu Y,Wu X,Wang J,Wu Y,Hu X. Analysis of contact position for subthalamic nucleus deep brain stimulation-induced hyperhidrosis[J]. Parkinsons Dis,2019,2019:8180123. doi:10.1155/2019/8180123.

[17764] Chen J,Liu Y,Yang J,Hu J,Peng J,Gu L,Deng B,Li Y,Gao B,Sheng Q,Chen G,Zhang Y,Xie D,Wang J,Zhan H,Tu Y. Endoscopic thoracic sympathicotomy for primary palmar hyperhidrosis:A retrospective multicenter study in China[J]. Surgery,2019,166(6):1092-1098. doi:10.1016/j.surg.2019.05.039.

[17765] Huang L,Jiang H,Wei D,Xue Q,Ding Q,Hu R. A comparative study of thoracoscopic sympathectomy for the treatment of hand sweating[J]. J Thorac Dis,2019,11(8):3336-3340. doi:10.21037/jtd.2019.08.18.

[17766] Chen S,Zhang P,Chai T,Shen Z,Kang M,Lin J. T3 versus T4 video-assisted thoracoscopic sympathectomy for palmar hyperhidrosis:A protocol for a systematic review and meta-analysis[J]. Medicine(Baltimore),2019,98(42):e17272. doi:10.1097/MD.0000000000017272.

[17767] Pei G,Liu Y,Liu Q,Min X,Yang Y,Wang S,Liu J,Wang J,Huang Y. The safety and feasibility of intraoperative near-infrared fluorescence imaging with indocyanine green in thoracoscopic sympathectomy for primary palmar hyperhidrosis[J]. Thorac Cancer,2020,11(4):943-949. doi:10.1111/1759-7714.13345.

[17768] Zhang J,Cheng Y,Chen D,Zhang F,Duan S,Chen L,Chen C,Sang Y,Shi L,Yang W,Chen Y. Is the result of modified Allen' s test still accurate after endoscopic thoracic sympathectomy?[J]. J Thorac Dis,2020,12(3):696-704. doi:10.21037/jtd.2019.12.112.

[17769] Wei Y,Xu ZD,Li H. Quality of life after thoracic sympathectomy for palmar hyperhidrosis:a meta-analysis[J]. Gen Thorac Cardiovasc Surg,2020,68(8):746-753. doi:10.1007/s11748-020-01376-5.

[17770] Tonello R,Xie W,Lee SH,Wang M,Liu X,Strong JA,Zhang JM,Berta T. Local sympathectomy promotes anti-inflammatory responses and relief of paclitaxel-induced mechanical and cold allodynia in mice[J]. Anesthesiology,2020,132(6):1540-1553. doi:10.1097/ALN.0000000000003241.

[17771] Lin JB,Chen JF,Lai FC,Li X,Xie JB,Tu YR,Kang MQ. Involvement of activin a receptor type 1 (ACVR1) in the pathogenesis of primary focal hyperhidrosis[J]. Biochem Biophys Res Commun,2020,528(2):299-304. doi:10.1016/j.bbrc.2020.05.052.

[17772] Xie H,Lu T,Zhu Y,Zhu D,Wei T,Yuan G,Yang Y,Liu X. A retrospective cohort study of T3 versus T4 thoracoscopic sympathectomy for primary palmar hyperhidrosis and primary palmar hyperhidrosis with axillary and plantar sweating[J]. Wideochir Inne Tech Maloinwazyjne,2020,15(3):488-495. doi:10.5114/wiitm.2019.89656.

[17773] Liu M,Ni H,Tao J,Xie K. Lumbar sympathetic nerve modulation using absolute ethanol for the treatment of primary lower-extremity hyperhidrosis:a dose-effect pilot study[J]. Med Sci Monit,2021,27:e928209. doi:10.12659/MSM.928209.

[17774] Lin JB,Kang MQ,Huang LP,Zhuo Y,Li X,Lai FC. CHRNA1 promotes the pathogenesis of primary focal hyperhidrosis[J]. Mol Cell Neurosci,2021,111:103598. doi:10.1016/j.mcn.2021.103598.

[17775] Yang C,Li Z,Bai H,Mao H,Li JX,Wu H,Wu D,Mu J. Long-term efficacy of t3 versus t3+t4 thoracoscopic sympathectomy for concurrent palmar and plantar hyperhidrosis[J]. J Surg Res,2021,263:224-229. doi:10.1016/j.jss.2020.11.064.

[17776] 严志焜，朱理，倪科伟. 经电视胸腔镜胸交感神经切除术治疗手汗症 50 例 [J]. 中华外科杂志，2000，38（1）：64-66. DOI：10.3760/j：issn：0529-5815.2000.01.020. {YAN Zhikun,ZHU Li,NI Kewei. Partial sympathectomy for treating palmar hyperhidrosis with VATS[J]. Zhonghua Wai Ke Za Zhi[Chin J Surg(Article in Chinese;Abstract in Chinese and English)],2000,38(1):64-66. DOI:10.3760/j:issn:0529-5815.2000.01.020.}

[17777] 吴珊鹏，罗永湘. 颈上节交感神经切断后痉挛肌肉肌电图与肌纤维结构的改变 [J]. 中华实验外科杂志，2000，17（6）：563-564. DOI：10.3760/j.issn：1001-9030.2000.06.035. {WU Shanpeng,LUO Yongxiang. A experiment study on EMG and twitch muscle fiber structure in spasmodic muscle after superior cervical sympathectomy[J]. Zhonghua Shi Yan Wai Ke Za Zhi[Chin J Exp Surg(Article in Chinese;Abstract in Chinese and English)],2000,17(6):563-564. DOI:10.3760/j.issn:1001-9030.2000.06.035.}

[17778] 胡泽勇，Chan Churnpon，Pillay Prem，Hong Alvin. 内窥镜胸交感神经链切断

术治疗多汗症[J]. 中国微创外科杂志，2001，1(6)：338-339. DOI：10.3969/j.issn.1009-6604.2001.06.007. {HU Zeyong,CHAN Chumpon,PILLAY Prem,HONG Alvin. Endoscopic thoracic sympathectomy[J]. Zhongguo Wei Chuang Wai Ke Za Zhi[Chin J Minim Inva Surg(Article in Chinese;Abstract in Chinese and English)],2001,1(6):338-339. DOI:10.3969/j.issn.1009-6604.2001.06.007.}

[17779] 胡建强，赵志青，黄海，秦永文，郑成竹. 手汗症患者胸交感神经节切除对 QT 离散度的影响[J]. 上海医学，2002，25(1)：58-59. DOI：10.3969/j.issn.0253-9934.2002.01.021. {HU Jianqiang,ZHAO Zhiqing,HUANG Hai,QIN Yongwen,ZHENG Chengzhu. Effect of thoracic sympathetic ganglion resection on QT dispersion in patients with palmar hyperhidrosis[J]. Shang Hai Yi Xue[Shanghai Med J(Article in Chinese;No abstract available)],2002,25(1):58-59. DOI:10.3969/j.issn.0253-9934.2002.01.021.}

[17780] 杨劼，谭家驹，李文军，叶国麟，古卫权，潘瑞琳，王俊. 电视纵隔镜胸交感神经链切断术治疗手汗症 55 例报告[J]. 中国微创外科杂志，2004，4(1)：29-30. DOI：10.3969/j.issn.1009-6604.2004.01.012. {YANG Jie,TAN Jiaju,LI Wenjun,YE Guolin,GU Weiquan,PAN Ruilin,WANG Jun. Thoracic sympathectomy under video mediastinoscopy for palmar hyperhidrosis:Report of 55 cases[J]. Zhongguo Wei Chuang Wai Ke Za Zhi[Chin J Minim Inva Surg(Article in Chinese;Abstract in Chinese and English)],2004,4(1):29-30. DOI:10.3969/j.issn.1009-6604.2004.01.012.}

[17781] 叶建明，吴康康，谭海栋. 胸腔镜下 T2~T4 交感神经链切断术治疗手汗症 11 例报告[J]. 中国微创外科杂志，2004，4(3)：246-247. DOI：10.3969/j.issn.1009-6604.2004.03.035. {YE Jianming,WU Kangkang,TAN Haidong. Thoracoscopic T2 ~ T4 sympathectomy for palmar hyperhidrosis:a report of 11 cases[J]. Zhongguo Wei Chuang Wai Ke Za Zhi[Chin J Minim Inva Surg(Article in Chinese;No abstract available)],2004,4(3):246-247. DOI:10.3969/j.issn.1009-6604.2004.03.035.}

[17782] 石献忠，刘彦国，王俊，赵靖，汪亚晴，于恩华. 上胸段交感干切断术的微创外科解剖学[J]. 中国临床解剖学杂志，2005，23(6)：623-626. DOI：10.3969/j.issn.1001-165X.2005.06.018. {SHI Xianzhong,LIU Yanguo,WANG Jun,ZHAO Jing,WANG Yaqing,YU Enhua. Minimal invasive anatomy of upper thoracic sympathectomy[J]. Zhongguo Lin Chuang Jie Pou Xue Za Zhi[Chin J Clin Anat(Article in Chinese;Abstract in Chinese and English)],2005,23(6):623-626. DOI:10.3969/j.issn.1001-165X.2005.06.018.}

[17783] 陈小伍，戎祯祥，剧永乐，陆光生，伍锦浩，朱达坚. 应用胸腔镜微创技术行胸交感神经切断术治疗手汗症[J]. 中华显微外科杂志，2005，28(4)：367-369. DOI：10.3760/cma.j.issn.1001-2036.2005.04.037. {CHEN Xiaowu,RONG Zhenxiang,JU Yongle,LU Guangsheng,WU Jinhao,ZHU Dajian. Thoracoscopic sympathectomy for palmar hyperhidrosis[J]. Zhonghua Xian Wei Wai Ke Za Zhi[Chin J Microsurg(Article in Chinese;Abstract in Chinese)],2005,28(4):367-369. DOI:10.3760/cma.j.issn.1001-2036.2005.04.037.}

[17784] 王俊，刘彦国，刘军，崔健，赵辉，周足力，李剑锋，姜冠潮. 头面多汗症的电视胸腔镜手术治疗[J]. 中华外科杂志，2005，43(10)：631-634. DOI：10.3760/j：issn：0529-5815.2005.10.003. {WANG Jun,LIU Yanguo,LIU Jun,CUI Jian,ZHAO Hui,ZHOU Zuli,LI Jianfeng,JIANG Guanchao. Craniofacial hyperhidrosis treated by video-assisted thoracoscopic sympathicotomy[J]. Zhonghua Wai Ke Za Zhi[Chin J Surg(Article in Chinese;Abstract in Chinese and English)],2005,43(10):631-634. DOI:10.3760/j:issn:0529-5815.2005.10.003.}

[17785] 郭绍红，严金，储修峰，杨贺杰，王孝文，万树成. 胸腔镜钛夹夹闭胸交感神经干治疗头面部多汗 10 例报告[J]. 中国微创外科杂志，2005，5(8)：626-628. DOI：10.3969/j.issn.1009-6604.2005.08.013. {GUO Shaohong,YAN Jin,CHU Xiufeng,YANG Hejie,WANG Xiaowen,WAN Shucheng. Thoracoscopic sympathetic trunk clipping for craniofacial hyperhidrosis:Analysis of 10 cases[J]. Zhongguo Wei Chuang Wai Ke Za Zhi[Chin J Minim Inva Surg(Article in Chinese;Abstract in Chinese and English)],2005,5(8):626-628. DOI:10.3969/j.issn.1009-6604.2005.08.013.}

[17786] 涂远荣，李旭，林敏，赖繁彩，陈剑锋，叶建刚. 胸腔镜下胸交感神经干切断术的临床研究(附 200 例报告)[J]. 中国微创外科杂志，2005，5(12)：993-994. DOI：10.3969/j.issn.1009-6604.2005.12.011. {TU Yuanrong,LI Xu,LIN Min,LAI Fancai,CHEN Jianfeng,YE Jiangang. Endoscopic thoracic sympathectomy:A clinical research of 200 cases[J]. Zhongguo Wei Chuang Wai Ke Za Zhi[Chin J Minim Inva Surg(Article in Chinese;Abstract in Chinese and English)],2005,5(12):993-994. DOI:10.3969/j.issn.1009-6604.2005.12.011.}

[17787] 林敏，涂远荣，李旭，赖繁彩，陈剑锋，叶建刚. 胸腔镜下胸交感神经干切断术治疗手汗症 200 例近远期随访报告[J]. 中国微创外科杂志，2005，5(12)：995-996. DOI：10.3969/j.issn.1009-6604.2005.12.012. {LIN Min,TU Yuanrong,LI Xu,LAI Fancai,CHEN Jianfeng,YE Jiangang. Follow-up observations of 200 cases of endoscopic thoracic sympathectomy for palmar hyperhidrosis[J]. Zhongguo Wei Chuang Wai Ke Za Zhi[Chin J Minim Inva Surg(Article in Chinese;Abstract in Chinese and English)],2005,5(12):995-996. DOI:10.3969/j.issn.1009-6604.2005.12.012.}

[17788] 魏翔，潘铁成，李军，汤应雄，胡敏，陈涛，刘立刚，徐利军，Alfred，OMO. 针型胸腔镜胸交感神经干切断术治疗手汗症[J]. 中华外科杂志，2006，44(14)：949-951. DOI：10.3760/j：issn：0529-5815.2006.14.005. {WEI Xiang,PAN Tiecheng,LI Jun,TANG Yingxiong,HU Min,CHEN Tao,LIU Ligang,XU Lijun,Alfred,Omo. Needlescopic thoracic sympathicotomy for palmar hyperhidrosis[J]. Zhonghua Wai Ke Za Zhi[Chin J Surg(Article in Chinese;Abstract in Chinese and English)],2006,44(14):949-951. DOI:10.3760/j:issn:0529-5815.2006.14.005.}

[17789] 涂远荣，李旭，林敏，赖繁彩，陈剑锋，叶建刚，代祖建. 手汗症患者胸交感神经超微结构观察[J]. 中华实验外科杂志，2006，23(7)：884. DOI：10.3760/j.issn：1001-9030.2006.07.052. {TU Yuanrong,LI Xu,LIN Min,LAI Fancai,CHEN Jianfeng,YE Jiangang,DAI Zujian. Ultrastructural observation of thoracic sympathetic nerve in patients with palmar hyperhidrosis[J]. Zhonghua Shi Yan Wai Ke Za Zhi[Chin J Exp Surg(Article in Chinese;No abstract available)],2006,23(7):884. DOI:10.3760/j.issn:1001-9030.2006.07.052.}

[17790] 涂远荣，叶建刚，李旭，林敏，赖繁彩，陈剑锋. 手汗症患者胸交感神经节乙酰胆碱受体 α7 亚单位的表达与临床意义[J]. 中华实验外科杂志，2006，23(11)：1406-1407. DOI：10.3760/j.issn：1001-9030.2006.11.045. {TU Yuanrong,YE Jiangang,LI Xu,LIN Min,LAI Fancai,CHEN Jianfeng. Expression and clinical significance of nAchR subunit α 7 in thorax sympathetic ganglia of palmar hyperhidrosis[J]. Zhonghua Shi Yan Wai Ke Za Zhi[Chin J Exp Surg(Article in Chinese;Abstract in Chinese and English)],2006,23(11):1406-1407. DOI:10.3760/j.issn:1001-9030.2006.11.045.}

[17791] 叶建刚，涂远荣. 手汗症治疗新进展[J]. 中国微创外科杂志，2006，6(8)：633-634. DOI：10.3969/j.issn.1009-6604.2006.08.032. {YE Jiangang,TU Yuanrong. New progress in the treatment of palmar hyperhidrosis[J]. Zhongguo Wei Chuang Wai Ke Za Zhi[Chin J Minim Inva Surg(Article in Chinese;No abstract available)],2006,6(8):633-634. DOI:10.3969/j.issn.1009-6604.2006.08.032.}

[17792] 聂荣华，刘日辉，詹波涛，张拥军. 电视纵隔镜下部分胸交感神经切断术治疗手汗症[J]. 中国微创外科杂志，2006，6(9)：655-656. DOI：10.3969/j.issn.1009-6604.2006.09.006. {NIE Ronghua,LIU Rihui,ZHAN Botao,ZHANG Yongjun. Partial sympathectomy under video-mediastinoscopy for treating palmar hyperhidrosis[J]. Zhongguo Wei Chuang Wai Ke Za Zhi[Chin J Minim Inva Surg(Article in Chinese;Abstract in Chinese and English)],2006,6(9):655-656. DOI:10.3969/j.issn.1009-6604.2006.09.006.}

[17793] 傅成国，姜杰，康健乐. 电视胸腔镜胸交感神经干切断术治疗手汗症 50 例[J]. 中国微创外科杂志，2006，6(9)：657-658. DOI：10.3969/j.issn.1009-6604.2006.09.007. {FU Chengguo,JIANG Jie,KANG Jianle. Video-assisted thoracoscopic sympathectomy for palmar hyperhidrosis:Report of 50 cases[J]. Zhongguo Wei Chuang Wai Ke Za Zhi[Chin J Minim Inva Surg(Article in Chinese;Abstract in Chinese and English)],2006,6(9):657-658. DOI:10.3969/j.issn.1009-6604.2006.09.007.}

[17794] 涂远荣. 应重视胸交感神经切断术治疗手汗症并发症的防治[J]. 中华医学杂志，2006，86(33)：2307-2308. DOI：10.3760/j：issn：0376-2491.2006.33.002. {TU Yuanrong. Attention should be paid to prevention and control of complications of thoracic sympathicotomy for palmar hyperhidrosis[J]. Zhonghua Yi Xue Za Zhi[Natl Med J China(Article in Chinese;Abstract in Chinese and English)],2006,86(33):2307-2308. DOI:10.3760/j:issn:0376-2491.2006.33.002.}

[17795] 林敏，涂远荣，李旭，赖繁彩，陈剑锋，代祖建. 不同节段胸交感神经干切断术治疗手汗症的疗效比较[J]. 中华医学杂志，2006，86(33)：2315-2317. DOI：10.3760/j：issn：0376-2491.2006.33.005. {LIN Min,TU Yuanrong,LI Xu,LAI Fancai,CHEN Jianfeng,DAI Zujian. Comparison of curative effects of sympathicotomy at different segments on palmar hyperhidrosis[J]. Zhonghua Yi Xue Za Zhi[Natl Med J China(Article in Chinese;Abstract in Chinese and English)],2006,86(33):2315-2317. DOI:10.3760/j:issn:0376-2491.2006.33.005.}

[17796] 刘彦国，杨劼，王俊，刘军，李剑锋，姜冠潮，黄宇清，杨帆，赵辉. T3、T4 交感神经链切断术治疗手汗症的比较[J]. 中华医学杂志，2006，86(33)：2318-2320. DOI：10.3760/j：issn：0376-2491.2006.33.006. {LIU Yanguo,YANG Jie,WANG Jun,LIU Jun,LI Jianfeng,JIANG Guanchao,HUANG Yuqing,YANG Fan,ZHAO Hui. A comparison of T3 sympathicotomy versus T4 sympathicotomy in the treatment of primary palmer hyperhidrosis[J]. Zhonghua Yi Xue Za Zhi[Natl Med J China(Article in Chinese;Abstract in Chinese and English)],2006,86(33):2318-2320. DOI:10.3760/j:issn:0376-2491.2006.33.006.}

[17797] 涂远荣，李旭，林敏，赖繁彩，陈剑锋. 电视胸腔镜胸交感神经干切断术治疗手汗症 588 例疗效分析[J]. 中华外科杂志，2007，45(22)：1527-1529. DOI：10.3760/j.issn：0529-5815.2007.22.006. {TU Yuanrong,LI Xu,LIN Min,LAI Fancai,CHEN Jianfeng. Video-assisted thoracoscopic sympathicotomy for the treatment of palmar hyperhidrosis in 588 cases[J]. Zhonghua Wai Ke Za Zhi[Chin J Surg(Article in Chinese;Abstract in Chinese and English)],2007,45(22):1527-1529. DOI:10.3760/j.issn:0529-5815.2007.22.006.}

[17798] 代祖建，涂远荣，李旭，林敏，赖繁彩，陈剑锋. 手汗症患者胸交感神经节胆碱乙酰转移酶、血管活性肠肽的表达及意义[J]. 中华实验外科杂志，2007，24(8)：1017-1018. DOI：10.3760/j.issn：1001-9030.2007.08.043. {DAI Zujian,TU Yuanrong,LI Xu,LIN Min,LAI Fancai,CHEN Jianfeng. Expression and significance of choline acetyltransferase and vasoactive intestinal peptide in thoracic sympathetic ganglion of patients with palmar hyperhidrosis[J]. Zhonghua Shi Yan Wai Ke Za Zhi[Chin J Exp Surg(Article in Chinese;Abstract in Chinese and English)],2007,24(8):1017-1018. DOI:10.3760/j.issn:1001-9030.2007.08.043.}

[17799] 曹浩强，沈亦钰，肖旺频，雷龙. 胸腔镜下 T2~3 交感神经链切断术对手汗症患者手足温度的影响[J]. 中华实验外科杂志，2007，24(10)：1223-1224. DOI：10.3760/j.issn：1001-9030.2007.10.025. {CAO Haoqiang,SHEN Yiyu,XIAO Wangpin,LEI Long. Effects of T2 ~ 3 sympathicotomy undergoing thoracoscopes on palm and foot temperature in patients with palm and foot hyperhidrosis[J]. Zhonghua Shi Yan Wai Ke Za Zhi[Chin J Exp Surg(Article in Chinese;Abstract in Chinese and English)],2007,24(10):1223-1224. DOI:10.3760/j.issn:1001-9030.2007.10.025.}

[17800] 涂远荣，李旭，林敏，赖繁彩，陈剑锋，叶建刚，代祖建. 胸腔镜下胸交感神经干切断术治疗手汗症(附 300 例报告)[J]. 中华神经外科杂志，2007，23(2)：142-145. DOI：10.3760/j.issn：1001-2346.2007.02.017. {TU Yuanrong,LI Xu,LIN Min,LAI Fancai,CHEN Jianfeng,YE Jiangang,DAI Zujian. Endoscopic thoracic sympathectomy:a clinical research of 300 cases[J]. Zhonghua Shen Jing Wai Ke Za Zhi[Chin J Neurosurg(Article in Chinese;Abstract in Chinese and English)],2007,23(2):142-145. DOI:10.3760/j.issn:1001-2346.2007.02.017.}

[17801] 曹浩强，沈亦钰. 胸腔镜下 T2-3 交感神经链切断术治疗手汗症合并冻疮[J]. 中国微创外科杂志，2007，7(5)：434-435. DOI：10.3969/j.issn.1009-6604.2007.05.018. {CAO Haoqiang,SHEN Yiyu. Transthoracic endoscopic T2-3 sympathectomy for palmar hyperhidrosis with chilblain[J]. Zhongguo Wei Chuang Wai Ke Za Zhi[Chin J Minim Inva Surg(Article in Chinese;Abstract in Chinese and English)],2007,7(5):434-435. DOI:10.3969/j.issn.1009-6604.2007.05.018.}

[17802] 余超，翁毅敏，廖洪映，张健，蔡松旺，李昀，罗学平，陈惠国，谷力加. 1.7 mm 针型胸腔镜 T2-4 交感神经干切除术治疗手足多汗症 53 例报道[J]. 中山大学学报(医学科学版)，2007，28(z1)：87-89. DOI：10.3321/j.issn：1672-3554.2007.z1.033. {YU Chao,WENG Yimin,LIAO Hongying,ZHANG Jian,CAI Songwang,LI Yun,LUO Xueping,CHEN Huiguo,GU Lijia. 1.7 mm needle thoracoscopic T2-4 sympathectomy for hyperhidrosis of hands and feet:a report of 53 cases[J]. Zhong Shan Da Xue Xue Bao(Yi Xue Ke Xue Ban)[J Sun Yat-Sen Univ(Med Sci)(Article in Chinese;Abstract in Chinese)],2007,28(z1):87-89. DOI:10.3321/j.issn:1672-3554.2007.z1.033.}

[17803] 李佩盈，顾华生，张军，梁伟民. 库克支气管阻塞器在患者胸腔镜下双侧交感神经切断术中的应用[J]. 中华医学杂志，2008，88(5)：348-349. DOI：10.3321/j.issn：0376-2491.2008.05.016. {LI Peiying,GU Huahua,ZHANG Jun,LIANG Weimin. Application of cook bronchial occluder in bilateral sympathectomy under thoracoscopy[J]. Zhonghua Yi Xue Za Zhi[Natl Med J China(Article in Chinese;No abstract available)],2008,88(5):348-349. DOI:10.3321/j.issn:0376-2491.2008.05.016.}

[17804] 于文，唐中祥，陈武荣，于成涛，曹瑜琦. 胸腔镜下胸交感神经链切断术治疗手汗症[J]. 上海医学，2008，31(5)：343-345. {YU Wen,TANG Zhongxiang,CHEN Wurong,YU Chengtao,CAO Yuqi. Clinical application of thoracoscopic sympathectomy in patients with palmar hyperhidrosis[J]. Shang Hai Yi Xue[Shanghai Med J(Article in Chinese;Abstract in Chinese and English)],2008,31(5):343-345.}

[17805] 罗荣刚，涂远荣，李旭，林敏，陈剑锋，邱明链. 手汗症患者胸交感神经干脑源性神经营养因子和神经调节因子-1 基因表达与有髓神经纤维密度及横截面积的关系[J]. 中华实验外科杂志，2009，26(2)：226-228，封3. DOI：10.3760/cma.j.issn.1001-9030.2009.02.035. {LUO Ronggang,TU Yuanrong,LI Xu,LIN Min,CHEN Jianfeng,QIU Minglian. Relationship between genetic expression of BDNF and NRG-1 and myelinated nerve fiber density and cross-sectional area in thoracic sympathetic trunk of palmar hyperhidrosis[J]. Zhonghua Shi Yan Wai Ke Za Zhi[Chin J Exp Surg(Article in Chinese;Abstract in Chinese and English)],2009,26(2):226-228,cover 3. DOI:10.3760/cma.j.issn.1001-9030.2009.02.035.}

[17806] 涂远荣，李旭，林敏，赖繁彩，陈剑锋，邱明链. 手汗症患者手术前后脑血流灌注显像研究[J]. 中华实验外科杂志，2009，26(4)：489-490. DOI：10.3760/cma.j.issn.1001-9030.2009.04.032. {TU Yuanrong,LI Xu,LIN Min,LAI Fancai,CHEN Jianfeng,QIU Minglian. Characteristics of cerebral regional blood flow in patients with palmar hyperhidrosis[J]. Zhonghua Shi Yan Wai Ke Za Zhi[Chin J Exp Surg(Article in Chinese;Abstract in Chinese and English)],2009,26(4):489-490. DOI:10.3760/cma.j.issn.1001-9030.2009.04.032.}

[17807] 廖洪映，韦正超，翁毅敏，李昀，蔡松旺，张建，余超，陈惠国，王翠苹，谷力加. 胸腔镜下 T3-4 交感神经干切断术治疗原发性手足多汗症的优势分析[J]. 实用医学杂志，2009，25(23)：3969-3971. DOI：10.3969/j.issn.1006-5725.2009.23.022. {LIAO Hongying,WEI Zhengchao,WENG Yimin,LI Yun,CAI Songwang,ZHANG Jian,YU Chao,CHEN Huiguo,WANG Cuiping,GU Lijia. Advantages of T3-4 sympathicotomy performed by video-assisted thoracoscopic surgery for primary palmoplantar hyperhidrosis[J]. Shi Yong Yi Xue Za Zhi[J Pract Med(Article in Chinese;Abstract in Chinese and English)],2009,25(23):3969-3971. DOI:10.3969/

j.issn.1006-5725.2009.23.022.}

[17808] **林敏，涂远荣，苗惠文，李旭，赖繁彩，陈剑锋，邱明链. 大鼠前肢足垫皮肤交感节后神经元定位及手汗症术式 [J]. 中华实验外科杂志，2010，27（2）：268. DOI：10.3760/cma.j.issn.1001-9030.2010.02.052.** {LIN Min,TU Yuanrong,MIAO Huiwen,LI Xu,LAI Fancai,CHEN Jianfeng,QIU Minglian. Localization of sympathetic postganglionic neurons in the skin of forelimb foot pad and operation method of hand hyperhidrosis in rats[J]. Zhonghua Shi Yan Wai Ke Za Zhi[Chin J Exp Surg(Article in Chinese;No abstract available)],2010,27(2):268. DOI:10.3760/cma.j.issn.1001-9030.2010.02.052.}

[17809] **李玉华，朱彦君，伍青，张希东，王桂洪，宋清君. 胸腔镜下T3交感神经链及其侧支切断治疗手汗症 [J]. 中国微创外科杂志，2010，10（6）：496-498. DOI：10.3969/j.issn.1009-6604.2010.06.006.** {LI Yuhua,ZHU Yanjun,WU Qing,ZHANG Xidong,WANG Guihong,SONG Qingjun. Dissection of T3 sympathetic nerve and its side branch by thoracoscopy for palmar hyperhidrosis[J]. Zhongguo Wei Chuang Wai Ke Za Zhi[Chin J Minim Inva Surg(Article in Chinese;Abstract in Chinese and English)],2010,10(6):496-498. DOI:10.3969/j.issn.1009-6604.2010.06.006.}

[17810] **许胜水，段明科，吴艺根，熊伟，兰俊斌. 二孔法胸腔镜下T3胸交感神经链切断术治疗手汗症（附52例报告）[J]. 中国微创外科杂志，2010，10（6）：499-500. DOI：10.3969/j.issn.1009-6604.2010.06.007.** {XU Shengshui,DUAN Mingke,WU Yigen,XIONG Wei,LAN Junbin. Endoscopic thoracic T3 sympathectomy with two trocars for palmar hyperhidrosis:report of 52 cases[J]. Zhongguo Wei Chuang Wai Ke Za Zhi[Chin J Minim Inva Surg(Article in Chinese;Abstract in Chinese and English)],2010,10(6):499-500. DOI:10.3969/j.issn.1009-6604.2010.06.007.}

[17811] **孙高忠，许林海，周冰. 电视胸腔镜手术治疗手汗症不同术式的选择 [J]. 中华医学杂志，2010，90（29）：2065-2067. DOI：10.3760/cma.j.issn.0376-2491.2010.29.013.** {SUN Gaozhong,XU Linhai,ZHOU Bing. The choice of thoracoscopic sympathectomy in the treatment of palmar hyperhidrosis among different procedures[J]. Zhonghua Yi Xue Za Zhi[Natl Med J China(Article in Chinese;Abstract in Chinese and English)],2010,90(29):2065-2067. DOI:10.3760/cma.j.issn.0376-2491.2010.29.013.}

[17812] **谢言虎，方才，马冬春，崔中璐，康芳. 单孔电视胸腔镜下手汗症患者胸交感神经节切断术麻醉管理 [J]. 安徽医科大学学报，2010，45（3）：393-395. DOI：10.3969/j.issn.1000-1492.2010.03.028.** {XIE Yanhu,FANG Cai,MA Dongchun,CUI Zhonglu,KANG Fang. Anesthesia management with thoracoscopic sympathectomy through single hole for palmar hyperhidrosis[J]. An Hui Yi Ke Da Xue Xue Bao[Acta Anhui Med Coll(Article in Chinese;Abstract in Chinese and English)],2010,45(3):393-395. DOI:10.3969/j.issn.1000-1492.2010.03.028.}

[17813] **徐文东，邱彦群，沈云东，蒋苏，陆九州，徐建光. 胸腔镜视下双侧胸交感神经干切断治疗原发性手汗症的临床分析 [J]. 中华手外科杂志，2011，27（5）：263-265. DOI：10.3760/cma.j.issn.1005-054X.2011.05.005.** {XU Wendong,QIU Yanqun,SHEN Yundong,JIANG Su,LU Jiuzhou,XU Jianguang. Bilateral sympathectomy via thoracoscope for treatment of idiopathic hyperhidrosis[J]. Zhonghua Shou Wai Ke Za Zhi[Chin J Hand Surg(Article in Chinese;Abstract in Chinese and English)],2011,27(5):263-265. DOI:10.3760/cma.j.issn.1005-054X.2011.05.005.}

[17814] **张健. 胸腔镜交感神经切断术的临床应用现状 [J]. 中国微创外科杂志，2011，11（5）：443-445. DOI：10.3969/j.issn.1009-6604.2011.05.020.** {ZHANG Jian. Clinical application of thoracoscopic sympathectomy[J]. Zhongguo Wei Chuang Wai Ke Za Zhi[Chin J Minim Inva Surg(Article in Chinese;No abstract available)],2011,11(5):443-445. DOI:10.3969/j.issn.1009-6604.2011.05.020.}

[17815] **许建新，林建生，康明强，吴荔辉，郑新阳，关军. 胸腔镜下不同节段胸交感神经链切断术治疗手汗症的疗效比较 [J]. 中国微创外科杂志，2011，16（9）：832-833，836. DOI：10.3969/j.issn.1009-6604.2011.09.021.** {XU Jianxin,LIN Jiansheng,KANG Mingqiang,WU Lihui,ZHENG Xinyang,GUAN Jun. Curative effects of sympathectomy at different segments for palmar hyperhidrosis[J]. Zhongguo Wei Chuang Wai Ke Za Zhi[Chin J Minim Inva Surg(Article in Chinese;Abstract in Chinese and English)],2011,16(9):832-833,836. DOI:10.3969/j.issn.1009-6604.2011.09.021.}

[17816] **黄冰，姚明，周煦燕，曹浩强，祝则峰，侯健，陆雅萍，孙建良，胡奕. CT引导下经皮穿刺胸交感链阻滞治疗手汗症的临床效果 [J]. 中华医学杂志，2011，91（38）：2710-2713. DOI：10.3760/cma.j.issn.0376-2491.2011.38.015.** {HUANG Bing,YAO Ming,ZHOU Xuyan,CAO Haoqiang,ZHU Zefeng,HOU Jian,LU Yaping,SUN Jianliang,HU Yi. Therapeutic feasibility of percutaneous puncture and chemical neurolysis of thoracic sympathetic nerve block in palmar hyperhidrosis under the guidance of computed tomograph[J]. Zhonghua Yi Xue Za Zhi[Natl Med J China(Article in Chinese;Abstract in Chinese and English)],2011,91(38):2710-2713. DOI:10.3760/cma.j.issn.0376-2491.2011.38.015.}

[17817] **涂远荣，赖繁彩，李旭，林敏，段红兵，傅成国，詹华辉，郑毅汶. 胸腔镜经乳晕单切口胸交感神经切断术治疗手汗症 [J]. 中华医学杂志，2011，91（44）：3131-3133. DOI：10.3760/cma.j.issn.0376-2491.2011.44.010.** {TU Yuanrong,LAI Fancai,LI Xu,LIN Min,DUAN Hongbing,FU Chengguo,ZHAN Huahui,ZHENG Yiwen. Trans-areola single port endoscopic thoracic sympathectomy for the treatment of palmar hyperhidrosis:a new surgical approach[J]. Zhonghua Yi Xue Za Zhi[Natl Med J China(Article in Chinese;Abstract in Chinese and English)],2011,91(44):3131-3133. DOI:10.3760/cma.j.issn.0376-2491.2011.44.010.}

[17818] **史宏灿，束余声，石维平，陆世春，王康，孙超，缪乾兵，贺建胜，金卫国. 单孔法胸腔镜下交感神经链切断术治疗原发性手汗症35例报告 [J]. 中国微创外科杂志，2012，12（1）：50-52. DOI：10.3969/j.issn.1009-6604.2012.01.018.** {SHI Hongcan,SHU Yusheng,SHI Weiping,LU Shichun,WANG Kang,SUN Chao,MIAO Qianbing,HE Jiansheng,JIN Weiguo. Mini-thoracoscopic bilateral cervical sympathectomy with a single trocar for primary palmar hyperhidrosis[J]. Zhongguo Wei Chuang Wai Ke Za Zhi[Chin J Minim Inva Surg(Article in Chinese;Abstract in Chinese and English)],2012,12(1):50-52. DOI:10.3969/j.issn.1009-6604.2012.01.018.}

[17819] **罗经文，陈开林，成俊玲，古琳，刘志新，乔建华. 单孔胸腔镜下T3交感神经干切断术治疗手汗症 [J]. 中国微创外科杂志，2012，12（2）：179-180. DOI：10.3969/j.issn.1009-6604.2012.02.027.** {LUO Jingwen,CHEN Kailin,CHENG Junling,GU Lin,LIU Zhixin,QIAO Jianhua. Treatment of palmar hyperhidrosis by T3 sympathectomy under a single trocar thoracoscopy[J]. Zhongguo Wei Chuang Wai Ke Za Zhi[Chin J Minim Inva Surg(Article in Chinese;No abstract available)],2012,12(2):179-180. DOI:10.3969/j.issn.1009-6604.2012.02.027.}

[17820] **钟卫权，吕坤，廖金文，廖承辉. 胸腔镜下T3胸交感神经切断术治疗手汗症62例临床分析 [J]. 中国微创外科杂志，2012，12（8）：733-734，737. DOI：10.3969/j.issn.1009-6604.2012.08.020.** {ZHONG Weiquan,LV Kun,LIAO Jinwen,LIAO Chenghui. Thoracoscopic T3 sympathectomy for palmar hyperhidrosis:analysis on 62 cases[J]. Zhongguo Wei Chuang Wai Ke Za Zhi[Chin J Minim Inva Surg(Article in Chinese;Abstract in Chinese and English)],2012,12(8):733-734,737. DOI:10.3969/j.issn.1009-6604.2012.08.020.}

[17821] **马日新，曾格林，吕庆帮. 自制穿刺式电刀在微型胸腔镜治疗手汗症中的应用 [J]. 中国微创外科杂志，2012，12（9）：843-844. DOI：10.3969/j.issn.1009-6604.2012.09.027.** {MA Rixin,ZENG Gelin,LV Qingbang. Needlescopic video-assisted thoracoscopic sympathectomy with a self-made needle-shaped electrotome for palmar hyperhidrosis[J]. Zhongguo Wei Chuang Wai Ke Za Zhi[Chin J Minim Inva Surg(Article in Chinese;Abstract in Chinese and English)],2012,12(9):843-844. DOI:10.3969/j.issn.1009-6604.2012.09.027.}

[17822] **贲晓松，陈刚，王立，肖朴，唐继鸣，谢亮，周海榆，周子浩，叶雄，张冬坤. 单孔法胸腔镜双侧胸交感神经链切断术治疗原发性手汗症 [J]. 实用医学杂志，2012，28（14）：2405-2407. DOI：10.3969/j.issn.1006-5725.2012.14.041.** {BEN Xiaosong,CHEN Gang,WANG Li,XIAO Pu,TANG Jiming,XIE Liang,ZHOU Haiyu,ZHOU Zihao,YE Xiong,ZHANG Dongkun. Single hole thoracoscopic bilateral thoracic sympathectomy for primary palmar hyperhidrosis[J]. Shi Yong Yi Xue Za Zhi[J Pract Med(Article in Chinese;Abstract in Chinese)],2012,28(14):2405-2407. DOI:10.3969/j.issn.1006-5725.2012.14.041.}

[17823] **朱立桓，陈龙，王雯，杨胜生，李达周，程先进，陈胜平，冯学刚，张吉学. 软式内镜下经脐胸交感神经切断术的临床研究 [J]. 中华外科杂志，2013，51（8）：759-760. DOI：10.3760/cma.j.issn.0529-5815.2013.08.024.** {ZHU Lihuan,CHEN Long,WANG Wen,YANG Shengsheng,LI Dazhou,CHENG Xianjin,CHEN Shengping,FENG Xuegang,ZHANG Jixue. Clinical study of soft endoscopic transumbilical thoracic sympathectomy[J]. Zhonghua Wai Ke Za Zhi[Chin J Surg(Article in Chinese;Abstract in Chinese)],2013,51(8):759-760. DOI:10.3760/cma.j.issn.0529-5815.2013.08.024.}

[17824] **陆雅萍，黄冰，孙建良，姚明，胡奕，周煦燕，祝则峰，过建国，侯健. CT引导下经皮穿刺胸交感神经调控治疗头面部多汗症 [J]. 中华神经外科杂志，2013，29（5）：520-522. DOI：10.3760/cma.j.issn.1001-2346.2013.05.027.** {LU Yaping,HUANG Bing,SUN Jianliang,YAO Ming,HU Yi,ZHOU Xuyan,ZHU Zefeng,GUO Jianguo,HOU Jian. CT guided percutaneous thoracic sympathetic nerve regulation in the treatment of craniofacial hyperhidrosis[J]. Zhonghua Shen Jing Wai Ke Za Zhi[Chin J Neurosurg(Article in Chinese;No abstract available)],2013,29(5):520-522. DOI:10.3760/cma.j.issn.1001-2346.2013.05.027.}

[17825] **赖光湖，杜铭，陈焕文，李建军. 人工气胸在胸腔镜下胸交感神经链切断术中的价值 [J]. 中国微创外科杂志，2013，13（5）：401-402，408. DOI：10.3969/j.issn.1009-6604.2013.05.006.** {LAI Guanghu,DU Ming,CHEN Huanwen,LI Jianjun. The value of co2 pneumothorax in thoracoscopic sympathectomy[J]. Zhongguo Wei Chuang Wai Ke Za Zhi[Chin J Minim Inva Surg(Article in Chinese;Abstract in Chinese and English)],2013,13(5):401-402,408. DOI:10.3969/j.issn.1009-6604.2013.05.006.}

[17826] **陈惠国，罗晓璇，黄邵洪，李昀，张健，蔡松旺，廖洪映，谷力加. 手足多汗症胸腔镜下交感神经链切断术后代偿性出汗的多因素分析 [J]. 中国微创外科杂志，2013，13（8）：677-679. DOI：10.3969/j.issn.1009-6604.2013.08.002.** {CHEN Huiguo,LUO Xiaoxuan,HUANG Shaohong,LI Yun,ZHANG Jian,CAI Songwang,LIAO Hongying,GU Lijia. A multivariate analysis of the incidence of compensatory hyperhidrosis after thoracoscopic sympathectomy for palmar and foot hyperhidrosis[J]. Zhongguo Wei Chuang Wai Ke Za Zhi[Chin J Minim Inva Surg(Article in Chinese;Abstract in Chinese and English)],2013,13(8):677-679. DOI:10.3969/j.issn.1009-6604.2013.08.002.}

[17827] **林敏，涂远荣，赖繁彩，李旭，陈剑锋，罗荣刚，林剑波. 经腋窝隐痕单切口胸腔镜下胸交感神经切断术治疗手汗症 [J]. 中华医学杂志，2013，93（41）：3300-3301. DOI：10.3760/cma.j.issn.0376-2491.2013.41.015.** {LIN Min,TU Yuanrong,LAI Fancai,LI Xu,CHEN Jianfeng,LUO Ronggang,LIN Jianbo. Transaxillary concealing single incision endoscopic thoracic sympathectomy in the treatment of palmar hyperhidrosis:a novel surgical approach[J]. Zhonghua Yi Xue Za Zhi[Natl Med J China(Article in Chinese;Abstract in Chinese and English)],2013,93(41):3300-3301. DOI:10.3760/cma.j.issn.0376-2491.2013.41.015.}

[17828] **孟胜蓝，杨帆，赵晓龙，牛会军. 单腔气管插管单操作孔电视胸腔镜交感神经切断术治疗手汗症103例临床分析 [J]. 第三军医大学学报，2013，35（16）：1756-1758.** {MENG Shenglan,YANG Fan,ZHAO Xiaolong,NIU Huijun. Clinical analysis of 103 cases of palmar hyperhidrosis treated by single lumen endotracheal intubation and single hole video-assisted thoracoscopic sympathectomy[J]. Di San Jun Yi Da Xue Xue Bao[Acta Acad Med Mil Tert(Article in Chinese;Abstract in Chinese)],2013,35(16):1756-1758.}

[17829] **林敏，涂远荣，陈剑锋，李旭，赖繁彩，林剑波. 手汗症患者胸交感神经旁路纤维超微结构的研究 [J]. 中华实验外科杂志，2014，31（10）：2314-2315. DOI：10.3760/cma.j.issn.1001-9030.2014.10.083.** {LIN Min,TU Yuanrong,CHEN Jianfeng,LI Xu,LAI Fancai,LIN Jianbo. Ultrastructural study of the nerve fibers bypass thoracic sympathetic chain in hyperhidrosis[J]. Zhonghua Shi Yan Wai Ke Za Zhi[Chin J Exp Surg(Article in Chinese;Abstract in Chinese and English)],2014,31(10):2314-2315. DOI:10.3760/cma.j.issn.1001-9030.2014.10.083.}

[17830] **沈国义，张奕，黄镇，林涌. 胸腔镜单孔隐蔽切口治疗手汗症30例 [J]. 中国微创外科杂志，2014，14（1）：66-68.** {SHEN Guoyi,ZHANG Yi,HUANG Zhen,LIN Yong. Single-port hidden incision endoscopic thoracic sympathectomy for palmar hyperhidrosis[J]. Zhongguo Wei Chuang Wai Ke Za Zhi[Chin J Minim Inva Surg(Article in Chinese;Abstract in Chinese and English)],2014,14(1):66-68.}

[17831] **林敏，涂远荣，陈剑锋，李旭，赖繁彩，林剑波. 两种不同方式的R3胸交感神经切断术治疗手汗症疗效比较 [J]. 中华医学杂志，2014，94（47）：3745-3747. DOI：10.3760/cma.j.issn.0376-2491.2014.47.011.** {LIN Min,TU Yuanrong,CHEN Jianfeng,LI Xu,LAI Fancai,LIN Jianbo. Efficacy comparison of two methods of r3 sympathicotomy for palmar hyperhidrosis[J]. Zhonghua Yi Xue Za Zhi[Natl Med J China(Article in Chinese;Abstract in Chinese and English)],2014,94(47):3745-3747. DOI:10.3760/cma.j.issn.0376-2491.2014.47.011.}

[17832] **李彩伟，朱彦君，李玉华，伍青，吴科，张希东，王桂洪. 胸腔镜下R4交感神经链联合R3侧枝切断术治疗原发性手汗症 [J]. 安徽医科大学学报，2014，49（6）：792-794，795.** {LI Caiwei,ZHU Yanjun,LI Yuhua,WU Qing,WU Ke,ZHANG Xidong,WANG Guihong. Video-assisted thoracoscopic R4 trunk combined with R3 ramus sympathectomy in the treatment of palmar hyperhidrosis[J]. An Hui Yi Ke Da Xue Xue Bao[Acta Anhui Med Coll(Article in Chinese;Abstract in Chinese and English)],2014,49(6):792-794,795.}

[17833] **张正红，葛明建，颜尧雄，孙雨果. 使用硬质输尿管镜行单孔胸交感干切断术治疗手汗症6例 [J]. 中国微创外科杂志，2015，15（4）：352-354. DOI：10.3969/j.issn.1009-6604.2015.04.020.** {ZHNAG Zhenghong,GE Mingjian,YAN Yaoxiong,SUN Yugo. Single-port thoracic sympathectomy for palmar hyperhidrosis by using rigid ureteroscope:report of 6 cases[J]. Zhongguo Wei Chuang Wai Ke Za Zhi[Chin J Minim Inva Surg(Article in Chinese;Abstract in Chinese and English)],2015,15(4):352-354. DOI:10.3969/j.issn.1009-6604.2015.04.020.}

[17834] **许志扬，许建新，林建生，关军，郑新阳，施海展，陈信淳. 手汗症胸交感神经链切断术后生活质量分析 [J]. 中国微创外科杂志，2015，15（7）：635-637，640. DOI：10.3969/j.issn.1009-6604.2015.07.017.** {XU Zhiyang,XU Jianxin,LIN Jiansheng,GUAN Jun,ZHENG Xinyang,SHI Haizhan,CHEN Xinchun. Research on quality of life after thoracic sympathectomy for palmar hyperhidrosis[J]. Zhongguo Wei Chuang Wai Ke Za Zhi[Chin J Minim Inva Surg(Article in Chinese;Abstract in Chinese and English)],2015,15(7):635-637,640. DOI:10.3969/j.issn.1009-6604.2015.07.017.}

[17835] **杨红军，邓兵梅，程飚，彭凯润，武肖娜，项薇. CT引导下胸交感神经化学阻断术治疗手多汗症的临床观察 [J]. 神经损伤与功能重建，2015，10（5）：423-424. DOI：10.3870/sjsscj.2015.05.016.** {YANG Hongjun,DENG Bingmei,CHENG Biao,PENG Kairun,WU Xiaona,XIANG Wei. CT-guided chemical thoracic sympathectomy for the treatment of palmar hyperhidrosis:a prospective study of 26 patients[J]. Shen Jing Sun Shang Yu Gong Neng Chong Jian[Neural Injury Funct Reconstr(Article in Chinese;Abstract in Chinese and English)],2015,10(5):423-424. DOI:10.3870/sjsscj.2015.05.016.}

[17836] **黄冰，沈秀华，任小妹. 腰交感神经调制治疗代偿性多汗合并早泄一例报告 [J]. 中华泌尿外科杂志，2016，37（11）：812. DOI：10.3760/cma.j.issn.1000-6702.2016.11.005.** {HUANG Bing,SHEN Xiuhua,REN Xiaomei. Lumbar sympathetic modulation in the treatment of compensatory hyperhidrosis combined with premature ejaculation:a case report[J]. Zhonghua Mi Niao

Wai Ke Za Zhi[Chin J Urol(Article in Chinese;No abstract available)],2016,37(11):812. DOI:10.3760/cma.j.issn.1000-6702.2016.11.005.}

[17837] 涂远荣，林敏，陈剑锋，李旭，赖繁彩，邱明链，杜泉，肖仁栋，林剑波. 胸交感神经切断术治疗原发性手汗症2206例：10年结果和分析[J]. 中国微创外科杂志，2017，17(2)：99-103. DOI：10.3969/j.issn.1009-6604.2017.02.002. {TU Yuanrong,LIN Min,CHEN Jianfeng,LI Xu,LAI Fancai,QIU Minglian,DU Quan,XIAO Rendong,LIN Jianbo. Analysis of 10 years of outcomes among 2206 cases of endoscopic thoracic sympathotomy for primary palmar hyperhidrosis[J]. Zhongguo Wei Chuang Wai Ke Za Zhi[Chin J Minim Inva Surg(Article in Chinese;Abstract in Chinese and English)],2017,17(2):99-103. DOI:10.3969/j.issn.1009-6604.2017.02.002.}

[17838] 张小川，仲宁，李星，张亚年，张璐，邓俊，陈文，范心廷. 经乳晕单孔胸腔镜交感神经切断术治疗手汗症[J]. 中国微创外科杂志，2017，17(10)：939，941. DOI：10.3969/j.issn.1009-6604.2017.10.022. {ZHNAG Xiaochuan,ZHONG Ning,LI Xing,ZHANG Yanan,ZHANG Lu,DENG Jun,CHEN Wen,FAN Xinting. Treatment of palmar hyperhidrosis by periareolar thoracoscopic sympathectomy[J]. Zhongguo Wei Chuang Wai Ke Za Zhi[Chin J Minim Inva Surg(Article in Chinese;Abstract in Chinese)],2017,17(10):939,941. DOI:10.3969/j.issn.1009-6604.2017.10.022.}

[17839] 费勇，徐明民，黄冰，谢可越，倪华栋，张利，张惠萍，姚明. 超声评价原发性手汗症患者胸交感神经阻滞术后桡动脉与尺动脉血流动力学变化[J]. 中华医学杂志，2017，97(22)：1729-1733. DOI：10.3760/cma.j.issn.0376-2491.2017.22.011. {FEI Yong,XU Mingmin,HUANG Bing,XIE Keyue,NI Huadong,ZHANG Li,ZHANG Huiping,YAO Ming. Assessment of the radial and ulnar arteries hemodynamic changes by ultrasound in patients with primary palmar hyperhidrosis after thoracic sympathetic block[J]. Zhonghua Yi Xue Za Zhi[Natl Med J China(Article in Chinese;Abstract in Chinese and English)],2017,97(22):1729-1733. DOI:10.3760/cma.j.issn.0376-2491.2017.22.011.}

[17840] 王俊彬，刘继先，李灼，苏文杰，叶艺旺. 3 mm胸腔镜联合免trocar电凝钩经乳晕切口治疗男性手汗症[J]. 中国微创外科杂志，2018，18(12)：1121-1124. DOI：10.3969/j.issn.1009-6604.2018.12.018. {WANG Junbin,LIU Jixian,LI Zhuo,SU Wenjie,YE Yiwang. The 3-mm thoracoscope combined with trocar-free electrocoagulation hook for treatment of male palmar hyperhidrosis through periareolar incision[J]. Zhongguo Wei Chuang Wai Ke Za Zhi[Chin J Minim Inva Surg(Article in Chinese;Abstract in Chinese and English)],2018,18(12):1121-1124. DOI:10.3969/j.issn.1009-6604.2018.12.018.}

6.3 神经显微修复手术
microsurgical repair of nerve

[17841] 成效敏，顾玉东，胡锡琪. 臂丛恶性"Triton"肿瘤一例报告[J]. 中华医学杂志，1989，69(11)：613. {CHENG Xiaomin,GU Yudong,HU Xiqi. Malignant "Triton" tumor of brachial plexus:a case report[J]. Zhonghua Yi Xue Za Zhi[Natl Med J China(Article in Chinese;No abstract available)],1989,69(11):613.}

[17842] 顾玉东，陈德松，成效敏，徐建光，张丽银，蔡佩琴. 臂丛神经手术并发症及其防治[J]. 中华手外科杂志，1994，10(3)：18-21. {GU Yudong,CHEN Desong,CHENG Xiaomin,XU Jianguang,ZHANG Liyin,CAI Peiqin. Complications in the operations of brachial plexus and their prevention and treatment[J]. Zhonghua Shou Wai Ke Za Zhi[Chin J Hand Surg(Article in Chinese;Abstract in Chinese and English)],1994,10(3):18-21.}

[17843] 张波，于彦铮，鲍国正，成效敏. 人肌皮神经和臂丛功能束定位的组织化学法研究[J]. 解剖学报，1995，26(4)：341-345. DOI：10. 16098/j.issn.0529-1356.1995.04.002. {ZHANG Bo,YU Yanzheng,BAO Guozheng,CHENG Xiaomin. The ache histochemical study of the arrangement of fascicles of human musculocutaneous nerve and the brachial plexus[J]. Jie Pou Xue Bao [Acta Anat Sin(Article in Chinese;Abstract in Chinese and English)],1995,26(4):341-345. DOI:10. 16098/j.issn.0529-1356.1995.04.002.}

[17844] 余任风，赵喜滨. 显微外科治疗臂丛神经损伤[J]. 中华显微外科杂志，1995，18(1)：58-59. {YU Renfeng,ZHAO Xibin. Microsurgical treatment for brachial plexus injury[J]. Zhonghua Xian Wei Wai Ke Za Zhi[Chin J Microsurg(Article in Chinese;No abstract available)],1995,18(1):58-59.}

[17845] 董震，成效敏，王欢，肖文焕，顾玉东. 肱二头肌和三角肌肌支在臂丛的定位及其临床意义[J]. 中国临床解剖学杂志，1999，17(1)：33-34. DOI：10.13418/j.issn.1001-165x.1999.03.017. {DONG Zhen,CHENG Xiaomin,WANG Huan,XIAO Wenhuan,GU Yudong. Location of the nerve branch to biceps brachii and deltoid in branchial plexus[J]. Zhongguo Lin Chuang Jie Pou Xue Za Zhi[Chin J Clin Anat(Article in Chinese;Abstract in Chinese and English)],1999,17(1):33-34. DOI:10.13418/j.issn.1001-165x.1999.03.017.}

[17846] 甄平，刘兴炎. 滑膜肉瘤浸润臂丛神经一例[J]. 中华手外科杂志，1999，15(3)：148. {ZHEN Ping,LIU Xingyan. Synovial sarcoma infiltrating brachial plexus:a case report[J]. Zhonghua Shou Wai Ke Za Zhi[Chin J Hand Surg(Article in Chinese;No abstract available)],1999,15(3):148.}

[17847] 官士兵，史其林，陈德松，顾玉东. 双干臂丛变异一例报道[J]. 中华手外科杂志，2002，18(2)：102. {GUAN Shibing,SHI Qilin,CHEN Desong,GU Yudong. Double trunk brachial plexus variation:a case report[J]. Zhonghua Shou Wai Ke Za Zhi[Chin J Hand Surg(Article in Chinese;No abstract available)],2002,18(2):102.}

[17848] 朱庆棠，劳镇国，刘均墀，刘小林，许扬滨，李平，戚剑，吴聚. 12例臂丛神经鞘瘤临床特点分析[J]. 中山大学学报(医学科学版)，2003，24(z1)：122-123. DOI：10.3321/j.issn：1672-3554.2003.z1.056. {ZHU Qingtang,LAO Zhenguo,LIU Junchi,LIU Xiaolin,XU Yangbin,LI Ping,QI Jian,WU Ju. Analysis of clinical characteristics for 12 cases of brachial plexus schwannoma[J]. Zhong Shan Da Xue Xue Bao(Yi Xue Ke Xue Ban)[J Sun Yat-Sen Univ(Med Sci)(Article in Chinese;Abstract in Chinese)],2003,24(z1):122-123. DOI:10.3321/j.issn:1672-3554.2003.z1.056.}

[17849] 康皓，洪光祥，王发斌，陈振兵，黄启顺，翁雨雄. 臂丛神经鞘膜瘤的手术治疗[J]. 中华手外科杂志，2004，20(2)：68-69. DOI：10.3760/cma.j.issn.1005-054X.2004.02.002. {KANG Hao,HONG Guangxiang,WANG Fabin,CHEN Zhenbing,HUANG Qishun,WENG Yuxiong. Surgical treatment of schwannonmas in brachial plexus[J]. Zhonghua Shou Wai Ke Za Zhi[Chin J Hand Surg(Article in Chinese;Abstract in Chinese and English)],2004,20(2):68-69. DOI:10.3760/cma.j.issn.1005-054X.2004.02.002.}

[17850] 叶建华，唐桂阳，王爱民，曾周景，杨楠生，孔禄生. 椎管外臂丛神经根切断术治疗脑外伤后上肢痉挛[J]. 创伤外科杂志，2004，6(1)：55-55. DOI：10.3969/j.issn.1009-4237.2004.01.021. {YE Jianhua,TANG Guiyang,WANG Aimin,ZENG Zhoujing,YANG Nansheng,KONG Lusheng. Treatment of spasticity of upper extremities following brain injuries by brachial plexus nerve root rhizotomy from excanal approach[J]. Chuang Shang Wai Ke Za Zhi[J Traum Surg(Article in Chinese;Abstract in Chinese)],2004,6(1):55-55. DOI:10.3969/j.issn.1009-4237.2004.01.021.}

[17851] 张元智，顾立强. 彩色多普勒超声描记臂丛神经[J]. 中华创伤骨科杂志，2004，6(3)：287-289. DOI：10.3760/cma.j.issn.1671-7600.2004.03.016. {ZHANG Yuanzhi,GU Liqiang. Color Doppler sonographic mapping of the normal brachial plexus[J]. Zhonghua Chuang Shang Gu Ke Za Zhi[Chin J Orthop Trauma(Article in Chinese;Abstract in Chinese and English)],2004,6(3):287-289. DOI:10.3760/cma.j.issn.1671-7600.2004.03.016.}

[17852] 张元智，顾立强，曾琼新. 薄层连续MRI扫描描记臂丛神经[J]. 中华创伤骨科杂志，2004，6(11)：1253-1255. DOI：10.3760/cma.j.issn.1671-7600.2004.11.017. {ZHANG Yuanzhi,GU Liqiang,ZENG Qiongxin. Brachial plexus:normal anatomy with MRI imaging[J]. Zhonghua Chuang Shang Gu Ke Za Zhi[Chin J Orthop Trauma(Article in Chinese;Abstract in Chinese and English)],2004,6(11):1253-1255. DOI:10.3760/cma.j.issn.1671-7600.2004.11.017.}

[17853] 李大村，李炳万，赵维彦，邱旭东，吴绍君. 臂丛恶性神经鞘瘤的诊断和治疗[J]. 中华手外科杂志，2005，21(1)：35. {LI Dacun,LI Bingwan,ZHAO Weiyan,QIU Xudong,WU Shaojun. Diagnosis and treatment for malignant schwannoma of brachial plexus[J]. Zhonghua Shou Wai Ke Za Zhi[Chin J Hand Surg(Article in Chinese;No abstract available)],2005,21(1):35.}

[17854] 张元智，顾立强，尹博，原林，黄文华. 虚拟中国人女Ⅰ号(VCH-FⅠ)臂丛神经可视化初步研究[J]. 中华手外科杂志，2005，21(5)：277-279. {ZHANG Yuanzhi,GU Liqiang,YIN Bo,YUAN Lin,HUANG Wenhua. Visualization of anatomic structures of the normal brachial plexus of the VCH Female I[J]. Zhonghua Shou Wai Ke Za Zhi[Chin J Hand Surg(Article in Chinese;Abstract in Chinese and English)],2005,21(5):277-279.}

[17855] 彭田红，唐茂林，徐达传，廖华，钟世镇. 椎管外臂丛的血供分布特点及其临床意义[J]. 中华骨科杂志，2006，26(7)：472-475. DOI：10.3760/j.issn：0253-2352.2006.07.010. {PENG Tianhong,TANG Maolin,XU Dachuan,LIAO Hua,ZHONG Shizhen. The zonal pattern of extrinsic blood supply to the brachial plexus and its clinical significance[J]. Zhonghua Gu Ke Za Zhi[Chin J Orthop(Article in Chinese;Abstract in Chinese and English)],2006,26(7):472-475. DOI:10.3760/j.issn:0253-2352.2006.07.010.}

[17856] 李进，康皓，王发斌，洪光祥. 椎管内外联合生长的臂丛神经鞘膜瘤[J]. 中华手外科杂志，2006，22(4)：255. DOI：10.3760/cma.j.issn.1005-054X.2006.04.031. {LI Jin,KANG Hao,WANG Fabin,HONG Guangxiang. Neurilemmoma of brachial plexus growing together inside and outside the spinal canal[J]. Zhonghua Shou Wai Ke Za Zhi[Chin J Hand Surg(Article in Chinese;No abstract available)],2006,22(4):255. DOI:10.3760/cma.j.issn.1005-054X.2006.04.031.}

[17857] 林浩东，陈德松，方有生，顾玉东. 臂丛神经根对手指感觉的支配[J]. 中国修复重建外科杂志，2007，21(6)：604-606. {LIN Haodong,CHEN Desong,FANG Yousheng,GU Yudong. Sensation of fingers innervated by brachial plexus roots[J]. Zhongguo Xiu Fu Chong Jian Wai Ke Za Zhi[Chin J Repar Reconstr Surg(Article in Chinese;Abstract in Chinese and English)],2007,21(6):604-606.}

[17858] 吴海钰，贺钊君，步建衡，张洪青. 臂丛及周围神经鞘瘤手术治疗38例[J]. 中国矫形外科杂志，2008，16(13)：966-968. {WU Haiyu,HE Zhaojun,BU Jianheng,ZHANG Hongqing. Schmannomas in brachial plexus and peripheral nerves:surgical treatment of 38 cases[J]. Zhongguo Jiao Xing Wai Ke Za Zhi[Orthop J China(Article in Chinese;Abstract in Chinese and English)],2008,16(13):966-968.}

[17859] 黄轶刚，陈亮，顾玉东，李继峰，俞光荣. 新生儿臂丛上半椎韧带的组织学与生物力学研究[J]. 中华创伤骨科杂志，2008，10(10)：948-950. DOI：10.3760/cma.j.issn.1671-7600.2008.10.015. {HUANG Yigang,CHEN Liang,GU Yudong,LI Jifeng,YU Guangrong. C7 roots vulnerable to avulsion in newborns:histological and biomechanical basis for obstetric palsy of brachial plexus[J]. Zhonghua Chuang Shang Gu Ke Za Zhi[Chin J Orthop Trauma(Article in Chinese;Abstract in Chinese and English)],2008,10(10):948-950. DOI:10.3760/cma.j.issn.1671-7600.2008.10.015.}

[17860] 欧昌良，罗旭超，邹永根. 臂丛脂肪瘤显微手术一例[J]. 中华显微外科杂志，2017，40(6)：617-618. DOI：10.3760/cma.j.issn.1001-2036.2017.06.035. {OU Changliang,LUO Xuchao,ZOU Yonggen. Microsurgery of brachial plexus lipoma:a case report[J]. Zhonghua Xian Wei Wai Ke Za Zhi[Chin J Microsurg(Article in Chinese;No abstract available)],2017,40(6):617-618. DOI:10.3760/cma.j.issn.1001-2036.2017.06.035.}

[17861] 吴超，马长城，王振宇，于涛，刘彬. 臂丛神经鞘瘤的分区、分型和显微外科治疗[J]. 中国微创外科杂志，2017，17(12)：1060-1063. DOI：10.3969/j.issn.1009-6604.2017.12.002. {WU Chao,MA Changcheng,WANG Zhenyu,YU Tao,LIU Bin. On regions,classification,and microsurgical treatment of brachial plexus Schwannomas[J]. Zhongguo Wei Chuang Wai Ke Za Zhi[Chin J Minim Inva Surg(Article in Chinese;Abstract in Chinese and English)],2017,17(12):1060-1063. DOI:10.3969/j.issn.1009-6604.2017.12.002.}

[17862] 沙漠，丁真奇，康两期，洪海森，王臻，郭征. 臂丛区域肿瘤外科分区建议及手术入路探讨[J]. 中国骨与关节杂志，2017，6(2)：101-107. DOI：10.3969/j.issn.2095-252X.2017.02.006. {SHA Mo,DING Zhenqi,KANG Liangqi,HONG Haisen,WANG Zhen,GUO Zheng. Suggestions for surgical classification of and operative approach to brachial plexus region tumors[J]. Zhongguo Gu Yu Guan Jie Za Zhi[Chin J Bone Joint(Article in Chinese;Abstract in Chinese and English)],2017,6(2):101-107. DOI:10.3969/j.issn.2095-252X.2017.02.006.}

6.3.1 神经探查术
nerve exploration

[17863] 黄以乐，王锦玲. 面神经全段探查减压术[J]. 中华耳鼻咽喉科杂志，1991，26(5)：268-269. {HUANG Yile,WANG Jinling. Full segment exploration and decompression of facial nerve[J]. Zhonghua Er Bi Yan Hou Ke Za Zhi[Chin J Otorhinolaryngol(Article in Chinese;Abstract in Chinese)],1991,26(5):268-269.}

[17864] 张宁，张文惠. 带骨膜血管蒂的锁骨段截骨入路探查臂丛神经[J]. 中华手外科杂志，1993，9(1)：47-47. {ZHANG Ning,ZHANG Wenhui. Exploration of brachial plexus by clavicular osteotomy with periosteal vascular pedicle[J]. Zhonghua Shou Wai Ke Za Zhi[Chin J Hand Surg(Article in Chinese;No abstract available)],1993,9(1):47-47.}

6.3.2 神经松解术
neurolysis

[17865] Huang B,Yao M,Feng Z,Guo J,Zereshki A,Leong M,Qian X. CT-guided percutaneous infrazygomatic radiofrequency neurolysis through foramen rotundum to treat V2 trigeminal neuralgia[J]. Pain Med,2014,15(8):1418-1428. doi:10.1111/pme.12440.

[17866] Shuai C,Hede Y,Shen L,Yuanming O,Hongjiang R,Cunyi F. Is routine ulnar nerve transposition necessary in open release of stiff elbows? Our experience and a literature review[J]. Int Orthop,2014,38(11):2289-2294. doi:10.1007/s00264-014-2465-0.

[17867] Jiang H,Liang Y,Li L,Gu L,Yao S. Cyclic sciatica due to endometriosis of the sciatic nerve:neurolysis with combined laparoscopic and transgluteal approaches:a case report[J]. JBJS Case Connect,2014,4(1 Suppl 2):1-4. doi:10.2106/JBJS.CC.M.00234.

[17868] Cai J,Zhou Y,Chen S,Sun Y,Yuanming O,Ruan H,Fan C. Ulnar neuritis after open elbow arthrolysis combined with ulnar nerve subcutaneous transposition for post-traumatic elbow stiffness:outcome and risk factors[J]. J Shoulder Elbow Surg,2016,25(6):1027-1033. doi:10.1016/j.jse.2016.01.013.

[17869] Lui TH. Endoscopic Decompression of the first branch of the lateral plantar nerve and release of the plantar aponeurosis for chronic heel pain[J]. Arthrosc Tech,2016,5(3):e589-e594. doi:10.1016/j.eats.2016.02.018.

[17870] Zhang X,Xu Y,Zhou J,Pu S,Lv Y,Chen Y,Du D. Ultrasound-guided alcohol neurolysis and radiofrequency ablation of painful stump neuroma:effective treatments for post-amputation pain[J]. J Pain Res,2017,10:295-302. doi:10.2147/JPR.S127157.

[17871] Kang Q,Li X,Cheng Z,Liu C. Effects of release and decompression techniques on nerve roots through percutaneous transforaminal endoscopic discectomy on patients with central lumbar disc herniation[J]. Exp Ther Med,2017,13(6):2927-2933. doi:10.3892/etm.2017.4293.

[17872] Wang H,Wang P,Amajoyi O,Chen CJ,Chen GY. The safety of percutaneous trigger digit release increased by neurovascular displacement with local hydraulic dilatation:an anatomical and clinical study[J]. Med Sci Monit,2017,23:5034-5040. doi:10.12659/msm.904676.

[17873] Hu J,Tu Y,Ding Z,Chen Z,Dellon AL,Lineaweaver WC,Zhang F. Alteration of sciatic nerve histology and electrical function after compression and after neurolysis in a diabetic rat model[J]. Ann Plast Surg,2018,81(6):682-687. doi:10.1097/SAP.0000000000001646.

[17874] Wu M,Jiang X,Niu C,Fu X. Outcome of internal neurolysis for trigeminal neuralgia without neurovascular compression and its relationship with intraoperative trigeminocardiac reflex[J]. Stereotact Funct Neurosurg,2018,96(5):305-310. doi:10.1159/000493547.

[17875] Wu B,Yue L,Sun F,Gao S,Liang B,Tao T. The feasibility and efficacy of ultrasound-guided c2 nerve root coblation for cervicogenic headache[J]. Pain Med,2019,20(6):1219-1226. doi:10.1093/pm/pny227.

[17876] Kang J,Liu Y,Niu L,Wang M,Meng C,Zhou H. Anesthesia upstream of the alcoholic lesion point alleviates the pain of alcohol neurolysis for intercostal neuralgia:a prospective randomized clinical trial[J]. Clinics (Sao Paulo),2020,75:e1296. doi:10.6061/clinics/2020/e1296.

[17877] Xu J,Liu H,Luo F,Lin Y. Common peroneal nerve 'pre-release' in total knee arthroplasty for severe valgus deformities[J]. Knee,2020,27(3):980-986. doi:10.1016/j.knee.2020.02.012.

[17878] Wu M,Qiu J,Jiang X,Li M,Wang SD,Dong Q,Fu X,Niu C. Diffusion tensor imaging reveals microstructural alteration of the trigeminal nerve root in classical trigeminal neuralgia without neurovascular compression and correlation with outcome after internal neurolysis[J]. Magn Reson Imaging,2020,71:37-44. doi:10.1016/j.mri.2020.05.006.

[17879] Sun H,He M,Pang J,Guo X,Huo Y,Ma J. Continuous lumbar sympathetic blockade enhances the effect of lumbar sympatholysis on refractory diabetic neuropathy:a randomized controlled trial[J]. Diabetes Ther,2020,11(11):2647-2655. doi:10.1007/s13300-020-00918-7.

[17880] 张咸中. 周围神经损伤松解术后即刻功能恢复 [J]. 修复重建外科杂志，1988，2（2）: 92. {ZHANG Xianzhong. Immediate functional recovery after neurolysis of peripheral nerve injury[J]. Zhongguo Xiu Fu Chong Jian Wai Ke Za Zhi[Chin J Repar Reconstr Surg(Article in Chinese;No abstract available)],1988,2(2):92.}

[17881] 李德安，桑文才. 显微外科松解术治疗眶上神经痛 [J]. 中华显微外科杂志，1991，14（3）: 166-167. {LI Dean,SANG Wencai. Microsurgical release in the treatment of supraorbital neuralgia[J]. Zhonghua Xian Wei Wai Ke Za Zhi[Chin J Microsurg(Article in Chinese;No abstract available)],1991,14(3):166-167.}

[17882] 段萌茂，屈友初. 神经松解术治疗前臂缺血性肌挛缩 [J]. 修复重建外科杂志，1991，5（4）: 248. {DUAN Mengmao,QU Youchu. Neurolysis in the treatment of ischemic muscle contracture of forearm[J]. Zhongguo Xiu Fu Chong Jian Wai Ke Za Zhi[Chin J Repar Reconstr Surg(Article in Chinese;No abstract available)],1991,5(4):248.}

[17883] 赵德伟，谭红军. 血管束植入加长段神经束间松解治疗周围神经损伤 [J]. 中华显微外科杂志，1993，16（3）: 217-218. {ZHAO Dewei,TAN Hongjun. Treatment of peripheral nerve injury with vascular bundle implantation and nerve bundle release[J]. Zhonghua Xian Wei Wai Ke Za Zhi[Chin J Microsurg(Article in Chinese;No abstract available)],1993,16(3):217-218.}

[17884] 阳仁华. 束间松解术治疗周围神经损伤 [J]. 中国修复重建外科杂志，1993，7（4）: 256. {YANG Renhua. Treatment of peripheral nerve injury by inter bundle neurolysis[J]. Zhongguo Xiu Fu Chong Jian Wai Ke Za Zhi[Chin J Repar Reconstr Surg(Article in Chinese;Abstract in Chinese and English)],1993,7(4):256.}

[17885] 宫云霞，张咸中，关华立. 产瘫 52 例神经松解手术效果分析 [J]. 中华手外科杂志，1995，11（1）: 7-8. {GONG Yunxia,ZHANG Xianzhong,GUAN Huali. Analysis of the results of neurolysis for 52 cases of brachial plexus injuries at birth[J]. Zhonghua Shou Wai Ke Za Zhi[Chin J Hand Surg(Article in Chinese;Abstract in Chinese)],1995,11(1):7-8.}

[17886] 姜广良，陈德松，顾玉东. 多次神经松解对神经损伤预后的影响 [J]. 中华手外科杂志，1995，11（1）: 48-50. {JIANG Guangliang,CHEN Desong,GU Yudong. Effect of multiple neurolysis on progress of nerve injury:an experimental study[J]. Zhonghua Shou Wai Ke Za Zhi[Chin J Hand Surg(Article in Chinese;Abstract in Chinese and English)],1995,11(1):48-50.}

[17887] 虞聪，胡必寺，沈丽英，顾玉东. 周围神经卡压松解的实验研究 [J]. 中华手外科杂志，1996，12（4）: 50-52. {YU cong,hu bisi,shen liying,gu yudong. experimental study on neurolysis[J]. Zhonghua Shou Wai Ke Za Zhi[Chin J Hand Surg(Article in Chinese;Abstract in Chinese and English)],1996,12(4):50-52.}

[17888] 刘郑生，朱盛修. 松解术治疗周围神经嵌压症的解剖学基础 [J]. 中国临床解剖学杂志，1998，16（4）: 375. DOI: 10.13418/j.issn.1001-165x.1998.04.042. {LIU Zhengsheng,ZHU Shengxiu. Anatomic basis of neurolysis for peripheral nerve entrapment[J]. Zhongguo Lin Chuang Jie Pou Xue Za Zhi[Chin J Clin Anat(Article in Chinese;No abstract available)],1998,16(4):375. DOI:10.13418/j.issn.1001-165x.1998.04.042.}

[17889] 王超平，张少成，张碧煌，严照明. 神经松解加神经外膜内置管给药治疗灼性神经痛 [J]. 中华手外科杂志，2000，16（1）: 33-34. {WANG Chaoping,ZHANG Shaocheng,ZHANG Bihuang,YAN Zhaoming. Neurolysis combined with indwelling epineurial catheter drug delivery for treatment of causalgia:A report of 12 cases[J]. Zhonghua Shou Wai Ke Za Zhi[Chin J Hand Surg(Article in Chinese;Abstract in Chinese and English)],2000,16(1):33-34.}

[17890] 郭跃先，王秀丽，孟庆云，李德培，张经岐，王瑞久. 周围神经卡压松解后病理生理变化的实验研究 [J]. 中国修复重建外科杂志，2000，14（6）: 336-339. {GUO Yuexian,WANG Xiuli,MENG Qingyun,LI Depei,ZHANG Jingqi,WANG Ruijiu. Experimental study of pathophysiological changes for peripheral nerve after neurolysis[J]. Zhongguo Xiu Fu Chong Jian Wai Ke Za Zhi[Chin J Repar Reconstr Surg(Article in Chinese;Abstract in Chinese and English)],2000,14(6):336-339.}

[17891] 罗永湘，王体沛，方煌. 神经松解术治疗上肢原因不明的神经炎 [J]. 中华显微外科杂志，2001，24（2）: 104-106. DOI: 10.3760/cma.j.issn.1001-2036.2001.02.009. {LUO Yongxiang,WANG Tipei,FANG Huang. Treatment for upper limb neuritis of unknown cause by neurolysis[J]. Zhonghua Xian Wei Wai Ke Za Zhi[Chin J Microsurg(Article in Chinese;Abstract in Chinese and English)],2001,24(2):104-106. DOI:10.3760/cma.j.issn.1001-2036.2001.02.009.}

[17892] 张敏，梁胜根，陈忠羡，黄远翘. 胫神经跗管松解术治疗糖尿病性足部溃疡 [J]. 中华显微外科杂志，2001，24（4）: 280. DOI: 10.3760/cma.j.issn.1001-2036.2001.04.039. {ZHANG Min,LIANG Shenggen,CHEN Zhongxian,HUANG Yuanqiao. Treatment of diabetic foot ulcer with tarsal canal release of tibial nerve[J]. Zhonghua Xian Wei Wai Ke Za Zhi[Chin J Microsurg(Article in Chinese;No abstract available)],2001,24(4):280. DOI:10.3760/cma.j.issn.1001-2036.2001.04.039.}

[17893] 梁胜根，罗治师，张敏，陈忠羡，黄远翘. 神经松解减压治疗糖尿病下肢溃疡 20 例疗效分析 [J]. 中国实用外科杂志，2001，21（7）: 434. DOI: 10.3321/j.issn: 1005-2208.2001.07.035. {LIANG Shenggen,LUO Zhishi,ZHANG Min,CHEN Zhongxian,HUANG Yuanqiao. Outcome of 20 cases of diabetic lower limb ulcer treated by neurolysis and decompression[J]. Zhongguo Shi Yong Wai Ke Za Zhi[Chin J Pract Surg(Article in Chinese;No abstract available)],2001,21(7):434. DOI:10.3321/j.issn:1005-2208.2001.07.035.}

[17894] 张小卫，刘淼，翁润民，吴当学. 臀肌挛缩症松解术合并坐骨神经损伤 [J]. 中国矫形外科杂志，2002，10（11）: 1062-1063. DOI: 10.3969/j.issn.1005-8478.2002.11.007. {ZHANG Xiaowei,LIU Miao,WENG Runmin,WU Dangxue. Gluteal muscles contracture release and injury of the sciatic nerve[J]. Zhongguo Jiao Xing Wai Ke Za Zhi[Orthop J China(Article in Chinese;Abstract in Chinese and English)],2002,10(11):1062-1063. DOI:10.3969/j.issn.1005-8478.2002.11.007.}

[17895] 连勇，邵新中，周俊祥，康亚娟，张云，张增祥. 周围神经卡压外膜松解范围对手术疗效影响的实验研究 [J]. 中华手外科杂志，2005，21（2）: 124-125. {LIAN Yong,SHAO Xinzhong,ZHOU Junxiang,KANG Yajuan,ZHANG Yun,ZHANG Zengxiang. Influence of extent of epineurectomy on the results of neurolysis in nerve entrapment:an experimen study[J]. Zhonghua Shou Wai Ke Za Zhi[Chin J Hand Surg(Article in Chinese;Abstract in Chinese and English)],2005,21(2):124-125.}

[17896] 陆晓文，张少成，马玉海，桑井贵，羊国民. 显微松解、切断微神经支治疗顽固性肱骨外上髁炎 [J]. 中华创伤杂志，2005，21（4）: 301-302. DOI: 10.3760/j: issn: 1001-8050.2005.04.020. {LU Xiaowen,ZHANG Shaocheng,MA Yuhai,SANG Jinggui,YANG Guomin. Treatment of intractable lateral epicondylitis of humerus by microsurgical release and cutting off of micro nerve branches[J]. Zhonghua Chuang Shang Za Zhi[Chin J Trauma(Article in Chinese;No abstract available)],2005,21(4):301-302. DOI:10.3760/j:issn:1001-8050.2005.04.020.}

[17897] 姚勇，王任直，张波，柳夫义，魏宇魁. 应用周围神经松解术治疗糖尿病性周围神经病 [J]. 中华医学杂志，2005，85（38）: 2728-2729. DOI: 10.3760/j: issn: 0376-2491.2005.38.015. {YAO Yong,WANG Renzhi,ZHANG Bo,LIU Fuyi,WEI Yukui. Application of peripheral neurolysis in the treatment of diabetic peripheral neuropathy[J]. Zhonghua Yi Xue Za Zhi[Natl Med J China(Article in Chinese;No abstract available)],2005,85(38):2728-2729. DOI:10.3760/j:issn:0376-2491.2005.38.015.}

[17898] 戴晓明，曾海滨，王金星，周清碧，陈勇忠. 束间松解加束膜减压治疗灼性神经痛 [J]. 中华显微外科杂志，2006，29（3）: 177. DOI: 10.3760/cma.j.issn.1001-2036.2006.03.035. {DAI Xiaoming,ZENG Haibin,WANG Jinxing,ZHOU Qingbi,CHEN Yongzhong. Treatment of burning neuralgia with bundle release and decompression[J]. Zhonghua Xian Wei Wai Ke Za Zhi[Chin J Microsurg(Article in Chinese;No abstract available)],2006,29(3):177. DOI:10.3760/cma.j.issn.1001-2036.2006.03.035.}

[17899] 王涛，罗鹏波，虞庆，刘靖波，张高孟，顾玉东. 阿霉素神经干注射联合神经瘤切除或松解治疗痛性神经瘤 [J]. 中华手外科杂志，2008，24（6）: 329-331. {WANG Tao,LUO Pengbo,YU Qing,LIU Jingbo,ZHANG GAO Meng,GU Yudong. Treatment of painful neuroma by intraneurai injection of adriblasfine combined with neuroma resection or neurolysis[J]. Zhonghua Shou Wai Ke Za Zhi[Chin J Hand Surg(Article in Chinese;Abstract in Chinese and English)],2008,24(6):329-331.}

[17900] 蔡晓冰，佟大可，竺伟，谭章勇，朱红伟，卫旭彪，范宇，张少成. 显微松解术治疗腰椎间盘术后硬膜神经根挫伤与瘢痕粘连 [J]. 中国矫形外科杂志，2011，19（3）: 256-257. DOI: 10.3977/j.issn.1005-8478.2011.03.25. {CAI Xiaobing,TONG Dake,ZHU Wei,TAN Zhangyong,ZHU Hongwei,WEI Xubiao,FAN Yu,ZHANG Shaocheng. Treatment of dural nerve root contusion and scar adhesion after lumbar disc surgery with microsurgical release[J]. Zhongguo Jiao Xing Wai Ke Za Zhi[Orthop J China(Article in Chinese;Abstract in Chinese)],2011,19(3):256-257. DOI:10.3977/j.issn.1005-8478.2011.03.25.}

[17901] 张阳，祝联，李青峰. 周围神经松解术在降低糖尿病足部溃疡发病率中的应用 [J]. 组织工程与重建外科杂志，2014，10（6）: 363-366. DOI: 10.3969/j.issn.1673-0364.2014.06.018. {ZHANG Yang,ZHU Lian,LI Qingfeng. Decompressing peripheral nerves of lower extremity in patients with diabetic neuropathy for preventing foot ulceration[J]. Zu Zhi Gong Cheng Yu Chong Jian Wai Ke Za Zhi[J Tissue Eng Reconstr Surg(Article in Chinese;Abstract in Chinese and English)],2014,10(6):363-366. DOI:10.3969/j.issn.1673-0364.2014.06.018.}

[17902] 王海涛，郑文祯，杨小玉，张巨，马恩元. 神经松解与神经移植手术治疗早期骨间背神经自发性卡压的效果评价 [J]. 吉林大学学报（医学版），2014，40（6）: 1270-1274. DOI: 10.13481/j.1671-587x.20140630. {WANG Haitao,ZHENG Wenzhen,YANG Xiaoyu,ZHANG Ju,MA Enyuan. Evaluation on effectiveness of neurolysis and nerve grafts surgery in treatment of early spontaneous posterior interosseous nerve entrapment[J]. Ji Lin Da Xue Xue Bao(Yi Xue Ban)[J Jilin Univ Med Ed(Article in Chinese;Abstract in Chinese and English)],2014,40(6):1270-1274. DOI:10.13481/j.1671-587x.20140630.}

[17903] 王刚，申屠刚，徐云钦，姚有荣，李强. 神经生长因子缓释系统在周围神经松解术中的应用 [J]. 中华解剖与临床杂志，2015，20（4）: 339-343. DOI: 10.3760/cma.j.issn.2095-7041.2015.04.013. {WANG Gang,SHEN Tugang,XU Yunqin,YAO Yourong,LI Qiang. Clinical application of nerve growth factor delivery release system on treatment of peripheral nerve relaxation[J]. Zhonghua Jie Pou Yu Lin Chuang Za Zhi[Chin J Anat Clin(Article in Chinese;Abstract in Chinese and English)],2015,20(4):339-343. DOI:10.3760/cma.j.issn.2095-7041.2015.04.013.}

[17904] 张波，黄克，韦冰丹，甘坤宁，崔向荣，熊凯. 应用周围神经松解术治疗糖尿病性周围神经病的疗效研究 [J]. 实用手外科杂志，2015，29（2）: 130-133. DOI: 10.3969/j.issn.1671-2722.2015.02.003. {ZHANG Bo,HUANG Ke,WEI Bingdan,GAN Kunning,CUI Xiangrong,XIONG Kai. Effect of peripheral neurolysis therapy on diabetic peripheral neuropathy[J]. Shi Yong Shou Wai Ke Za Zhi[Chin J Pract Hand Surg(Article in Chinese;Abstract in Chinese and English)],2015,29(2):130-133. DOI:10.3969/j.issn.1671-2722.2015.02.003.}

[17905] 杨焕友，王斌，李瑞国，刘志旺，张荐，贾松. 腕管内外松解治疗腕部正中神经双卡征疗效观察 [J]. 中国修复重建外科杂志，2017，31（10）: 1236-1239. DOI: 10.7507/1002-1892.201704125. {YANG Huanyou,WANG Bin,LI Ruiguo,LIU Zhiwang,ZHANG Jian,JIA Song. Effectiveness of wrist tube inside and outside releasing for treating median nerve double entrapment at wrist[J]. Zhongguo Xiu Fu Chong Jian Wai Ke Za Zhi[Chin J Repar Reconstr Surg(Article in Chinese;Abstract in Chinese and English)],2017,31(10):1236-1239. DOI:10.7507/1002-1892.201704125.}

[17906] 李光耀，薛明强，王静威，梁东，罗捷，沙轲. 神经松解与神经移植治疗 Narakas II 型产瘫的随访研究 [J]. 中华显微外科杂志，2020，43（1）: 42-46. DOI: 10.3760/cma.j.issn.1001-2036.2020.01.011. {LI Guangyao,XUE Mingqiang,WANG Jingwei,LIANG Dong,LUO Jie,SHA Ke. The clinical outcome of Narakas II obstetric brachial plexus palsy by neurolysis and never grafting[J]. Zhonghua Xian Wei Wai Ke Za Zhi[Chin J

Microsurg(Article in Chinese;Abstract in Chinese and English)],2020,43(1):42-46. DOI:10.3760/cma.j.issn.1001-2036.2020.01.011.}
[17907] 王晨，罗鹏飞，何飞，崔真慈，刘莹莹，李理，程大胜，贲道锋. 神经松解肌腱移植术治疗上肢严重热压伤的疗效评价 [J]. 中华创伤杂志，2020，36(4)：347-352. DOI:10.3760/cma.j.issn.1001-8050.2020.04.012. {WANG Chen,LUO Pengfei,HE Fei,CUI Zhenci,LIU Yingying,LI Li,CHENG Dasheng,BEN Daofeng. Curative effect of neurolysis and tendon transplantation for treatment of severe thermal crush injuries of the upper limb[J]. Zhonghua Chuang Shang Za Zhi[Chin J Trauma(Article in Chinese;Abstract in Chinese and English)],2020,36(4):347-352. DOI:10.3760/cma.j.issn.1001-8050.2020.04.012.}

6.3.3 神经缝合术
neurorrhaphy

[17908] Zhong SZ,Wang GY,He YS,Sun B. The relationship between structural features of peripheral nerves and suture methods for nerve repair[J]. Microsurgery,1988,9(3):181-187. doi:10.1002/micr.1920090304.
[17909] Mu LC,Yang SL. Electromyographic study on end-to-end anastomosis of the recurrent laryngeal nerve in dogs[J]. Laryngoscope,1990,100(9):1009-1017. doi:10.1288/00005537-199009000-00017.
[17910] Zhao JZ,Chen ZW,Chen TY. Nerve regeneration after terminolateral neurorrhaphy:experimental study in rats[J]. J Reconstr Microsurg,1997,13(1):31-37. doi:10.1055/s-2008-1063938.
[17911] Ji H,Hu ZQ. Paralyzed masseter muscle reinnervation by facial nerve implantation or anastomosis:a comparative study in rabbits[J]. Di Yi Jun Yi Da Xue Xue Bao,2003,23(4):340-343.
[17912] Xiong G,Ling L,Nakamura R,Sugiura Y. Retrograde tracing and electrophysiological findings of collateral sprouting after end-to-side neurorrhaphy[J]. Hand Surg,2003,8(2):145-150. doi:10.1142/s0218810403001637.
[17913] Liu HJ,Dong MM,Chi FL. Functional remobilization evaluation of the paralyzed vocal cord by end-to-side neurorrhaphy in rats[J]. Laryngoscope,2005,115(8):1418-1420. doi:10.1097/01.mlg.0000167982.07597.df.
[17914] Jiang B,Zhang P,Yan J,Zhang H. Dynamic observation of biomechanic properties of sciatic nerve at the suture site in rats following repairing[J]. Artif Cells Blood Substit Immobil Biotechnol,2008,36(1):45-50. doi:10.1080/10731190701857777.
[17915] Zhu QT,Zhu JK,Chen GY. Location of collateral sprouting of donor nerve following end-to-side neurorrhaphy[J]. Muscle Nerve,2008,38(5):1506-1509. doi:10.1002/mus.21116.
[17916] Chen P,Song J,Luo L,Gong S. Plastic changes of synapses and excitatory neurotransmitter receptors in facial nucleus following facial-facial anastomosis[J]. J Huazhong Univ Sci Technolog Med Sci,2008,28(6):714-718. doi:10.1007/s11596-008-0623-6.
[17917] Chen B,Song Y,Liu Z. Promotion of nerve regeneration in peripheral nerve by short-course FK506 after end-to-side neurorrhaphy[J]. J Surg Res,2009,152(2):303-310. doi:10.1016/j.jss.2008.03.032.
[17918] Chen P,Song J,Luo LH,Zhang G,Xiao HJ,Gong SS. Abnormal motor reflexes and dormant facial motor neurons in rats with facial-facial anastomosis[J]. J Int Med Res,2009,37(3):705-716. doi:10.1177/147323000903700314.
[17919] Song C,Oswald T,Yan H,Chen MB,Zhang J,Chen T,Lineaweaver WC,Zhang F. Repair of partial nerve injury by bypass nerve grafting with end-to-side neurorrhaphy[J]. J Reconstr Microsurg,2009,25(8):507-515. doi:10.1055/s-0029-1234029.
[17920] Chen P,Song J,Luo LH,Xiao HJ,Gong SS. Isolating RNAs from rat facial motor neurons with laser capture microdissection after facial-facial anastomosis[J]. Neurosci Lett,2010,468(3):316-319. doi:10.1016/j.neulet.2009.11.023.
[17921] Yin XF,Kou YH,Wang YH,Zhang P,Zhang DY,Fu ZG,Zhang HB,Jiang BG. Can "dor to dor+rec neurorrhaphy" by biodegradable chitin conduit be a new method for peripheral nerve injury?[J]. Artif Cells Blood Substit Immobil Biotechnol,2011,39(2):110-115. doi:10.3109/10731199.2010.506851.
[17922] Wang W,Chen S,Chen D,Xia S,Qiu X,Liu Y,Zheng H. Contralateral ansa cervicalis-to-recurrent laryngeal nerve anastomosis for unilateral vocal fold paralysis:a long-term outcome analysis of 56 cases[J]. Laryngoscope,2011,121(5):1027-1034. doi:10.1002/lary.21725.
[17923] Yu Q,Lin ZK,Ding J,Wang T,Chi YL,Gao WY. Functional motor nerve regeneration without motor-sensory specificity following end-to-side neurorrhaphy:an experimental study[J]. J Hand Surg Am,2011,36(12):2010-2016. doi:10.1016/j.jhsa.2011.09.008.
[17924] Zhang S,Ji F,Tong D,Li M. Side-to-side neurorrhaphy for high-level peripheral nerve injuries[J]. Acta Neurochir (Wien),2012,154(3):527-532. doi:10.1007/s00701-011-1264-2.
[17925] Gao WS,Dong CJ,Li SQ,Kunwar KJ,Li B. Re-innervation of the bladder through end-to-side neurorrhaphy of autonomic nerve and somatic nerve in rats[J]. J Neurotrauma,2012,29(8):1704-1713. doi:10.1089/neu.2011.2255.
[17926] Zheng MX,Xu WD,Shen YD,Xu JG,Gu YD. Reconstruction of elbow flexion by end-to-side neurorrhaphy in phrenic nerve transfer[J]. Plast Reconstr Surg,2012,129(3):573e-575e. doi:10.1097/PRS.0b013e3182419c00.
[17927] Liu G,Zhang Q,Jin Y,Gao Z. Stress and strain analysis on the anastomosis site sutured with either epineurial or perineurial sutures after simulation of sciatic nerve injury[J]. Neural Regen Res,2012,7(29):2299-304. doi:10.3969/j.issn.1673-5374.2012.29.009.
[17928] Peng C,Zhang Q,Yang Q,Zhu Q. Strain and stress variations in the human amniotic membrane and fresh corpse autologous sciatic nerve anastomosis in a model of sciatic nerve injury[J]. Neural Regen Res,2012,7(23):1779-1785. doi:10.3969/j.issn.1673-5374.2012.23.003.
[17929] Yu W,Wang J,Xu M,Qin H,Cui S. Brain-derived neurotrophic factor expression in dorsal root ganglion neurons in response to reanastomosis of the distal stoma after nerve grafting[J]. Neural Regen Res,2012,7(26):2012-2017. doi:10.3969/j.issn.1673-5374.2012.26.002.
[17930] Dong C,Gao W,Jia R,Li S,Shen Z,Li B. Reconstruction of anorectal function through end-to-side neurorrhaphy by autonomic nerves and somatic nerve in rats[J]. J Surg Res,2013,180(2):e63-e71. doi:10.1016/j.jss.2012.03.053.
[17931] Zhang Z,Kou Y,Yin X,Wang Y,Zhang P,Jiang B. The effect of a small gap sleeve suture at the distal anastomosis of a nerve graft on promoting nerve regeneration and functional recovery[J]. Artif Cells Nanomed Biotechnol,2013,41(4):282-288. doi:10.3109/21691401.2012.742097.
[17932] Zhang P,Han N,Wang T,Xue F,Kou Y,Wang Y,Yin X,Lu L,Tian G,Gong X,Chen S,Dang Y,Peng J,Jiang B. Biodegradable conduit small gap tubulization for peripheral nerve mutilation:a substitute for traditional epineurial neurorrhaphy[J]. Int J Med Sci,2013,10(2):171-175. doi:10.7150/ijms.5312.
[17933] Yu Q,Chen C,Zhang X,Lv L,Lin K,Chi Y,Gao W. Quantitative assessment of the motor-sensory specificity of the motor and primary sensory neurons after the end-to-side neurorrhaphy[J]. J Reconstr Microsurg,2013,29(9):579-586. doi:10.1055/s-0033-1348036.
[17934] Wang Z,Zhang Z,Huang Q,Yang J,Wu H. Long-term facial nerve function following facial reanimation after translabyrinthine vestibular schwannoma surgery:A comparison between sural grafting and VII-XII anastomosis[J]. Exp Ther Med,2013,6(1):101-104. doi:10.3892/etm.2013.1120.
[17935] Dai J,Shen SG,Zhang S,Wang X,Zhang W,Zhang L. Rapid and accurate identification of cut ends of facial nerves using a nerve monitoring system during surgical exploration and anastomosis[J]. J Oral Maxillofac Surg,2013,71(10):1809.e1-e5. doi:10.1016/j.joms.2013.06.193.
[17936] Chen WL,Zhang DM,Yang ZH,Wang YY,Fan S. Functional hemitongue reconstruction using innervated supraclavicular fasciocutaneous island flaps with the cervical plexus and reinnervated supraclavicular fasciocutaneous island flaps with neurorrhaphy of the cervical plexus and lingual nerve[J]. Head Neck,2014,36(1):66-70. doi:10.1002/hed.23268.
[17937] Li Q,Zhang P,Yin X,Han N,Kou Y,Jiang B. Early sensory protection in reverse end-to-side neurorrhaphy to improve the functional recovery of chronically denervated muscle in rat:a pilot study[J]. J Neurosurg,2014,121(2):415-422. doi:10.3171/2014.4.JNS131723.
[17938] Li Q,Zhang P,Yin X,Jiang B. Early nerve protection with anterior interosseous nerve in modified end-to-side neurorrhaphy repairs high ulnar nerve injury:a hypothesis of a novel surgical technique[J]. Artif Cells Nanomed Biotechnol,2015,43(2):103-105. doi:10.3109/21691401.2013.848873.
[17939] Zhang L,Li D,Wan H,Hao S,Wang S,Wu Z,Zhang J,Qiao H,Li P,Wang M,Su D,Schumacher M,Liu S. Hypoglossal-facial nerve 'side'-to-side neurorrhaphy using a predegenerated nerve autograft for facial palsy after removal of acoustic tumours at the cerebellopontine angle[J]. J Neurol Neurosurg Psychiatry,2015,86(8):865-872. doi:10.1136/jnnp-2014-308465.
[17940] Wang P,Zhang Y,Zhao J,Jiang B. Intramuscular injection of bone marrow mesenchymal stem cells with small gap neurorrhaphy for peripheral nerve repair[J]. Neurosci Lett,2015,585:119-125. doi:10.1016/j.neulet.2014.11.039.
[17941] Feng B,Ma H,Hu H,Zhang L,Zhang Z,Pang Y,Wang Y,Niu K,Lin L. Effect of combination of nerve fragments with nerve growth factor in autologous epineurium small gap coaptation on peripheral nerve injury repair[J]. Cell Tissue Bank,2015,16(4):497-502. doi:10.1007/s10561-015-9495-8.
[17942] Yu Y,Zhang P,Yin X,Han N,Kou Y,Jiang B. Specificity of motor axon regeneration:a comparison of recovery following biodegradable conduit small gap tubulization and epineurial neurorrhaphy[J]. Am J Transl Res,2015,7(1):53-65.
[17943] Wang P,Zhao J,Jiang B,Zhang Y. Use of small gap anastomosis for the repair of peripheral nerve injury by cutting and sleeve jointing the epineurium[J]. J Reconstr Microsurg,2015,31(4):268-276. doi:10.1055/s-0034-1395993.
[17944] Gao W,Liu Q,Li S,Zhang J,Li Y. End-to-side neurorrhaphy for nerve repair and function rehabilitation[J]. J Surg Res,2015,197(2):427-435. doi:10.1016/j.jss.2015.03.100.
[17945] Piao CD,Yang K,Li P,Luo M. Autologous nerve graft repair of different degrees of sciatic nerve defect:stress and displacement at the anastomosis in a three-dimensional fnite element simulation model[J]. Neural Regen Res,2015,10(5):804-807. doi:10.4103/1673-5374.156986.
[17946] Sun Y,Liu L,Han Y,Xu L,Zhang D,Wang H. The role of great auricular-facial nerve neurorrhaphy in facial nerve damage[J]. Int J Clin Exp Med,2015,8(8):12970-12976.
[17947] Zhou Y,Zhao J,Sun X,Li S,Hou X,Yuan X,Yuan X. Rapid gelling chitosan/polylysine hydrogel with enhanced bulk cohesive and interfacial adhesive force:mimicking features of epineurial matrix for peripheral nerve anastomosis[J]. Biomacromolecules,2016,17(2):622-630. doi:10.1021/acs.biomac.5b01550.
[17948] Dong C,Dong Z,Xie Z,Zhang L,Xiong F,Wen Q,Fan Z,Peng Q. Functional restoration of erectile function using end-to-side autonomic-to-somatic neurorrhaphy in rats[J]. Urology,2016,95:108-114. doi:10.1016/j.urology.2016.05.017.
[17949] Liao C,Zhang W,Zhong W,Liu P. Facial-hypoglossal end-to-side neurorrhaphy:exploration of the source of axonal sprouting[J]. J Reconstr Microsurg,2016,32(8):599-607. doi:10.1055/s-0036-1584219.
[17950] Yu Q,Zhang SH,Wang T,Peng F,Han D,Gu YD. End-to-side neurorrhaphy repairs peripheral nerve injury:sensory nerve induces motor nerve regeneration[J]. Neural Regen Res,2017,12(10):1703-1707. doi:10.4103/1673-5374.217350.
[17951] Gao W,He X,Li Y,Wen J. The effects of FK1706 on nerve regeneration and bladder function recovery following an end-to-side neurorrhaphy in rats[J]. Oncotarget,2017,8(55):94345-94357. doi:10.18632/oncotarget.21718.
[17952] Li YL,Wen JJ,Wen YB,He XF,Wu JW,Li YW,Han ZJ,Feng JJ,Yan SH,Li SL,Heesakkers JP,Gao WS,Wen JG. Reconstruction of bladder function and prevention of renal deterioration by means of end-to-side neurorrhaphy in rats with neurogenic bladder[J]. Neurourol Urodyn,2018,37(4):1272-1280. doi:10.1002/nau.23456.
[17953] Shi S,Han Y,Xu L,Li J,Han Y,Cai J,Wang H. Effect of epineurial neurorrhaphy on restoration of facial nerve injuries with different levels of neurotmesis in a rat model:a pilot study[J]. World Neurosurg,2018,112:e14-e22. doi:10.1016/j.wneu.2017.11.167.
[17954] Zhu X,Wei H,Zhu H. Nerve wrap after end-to-end and tension-free neurorrhaphy attenuates neuropathic pain:A prospective study based on cohorts of digit replantation[J]. Sci Rep,2018,8(1):620. doi:10.1038/s41598-

017-19134-8.

[17955] Liu P,Liao C,Zhong W,Yang M,Li P,Zhang W. Comparison of 4 different methods for direct hypoglossal-facial nerve anastomosis in rats[J]. World Neurosurg,2018,112:e588-e596. doi:10.1016/j.wneu.2018.01.094.

[17956] Zhang M,Zhang Y,Bian Y,Fu H,Xu Y,Guo Y. Effect of long-term electroacupuncture stimulation on recovery of sensorimotor function after peripheral nerve anastomosis[J]. Acupunct Med,2018,36(3):170-175. doi:10.1136/acupmed-2017-011367.

[17957] Wang S,Su D,Li J,Li D,Wan H,Schumacher M,Liu S. Donor nerve axotomy and axonal regeneration after end-to-side neurorrhaphy in a rodent model[J]. J Neurosurg,2018,130(1):197-206. doi:10.3171/2017.8.JNS17739.

[17958] Yao P,Li P,Jiang JJ,Li HY. Anastomotic stoma coated with chitosan film as a betamethasone dipropionate carrier for peripheral nerve regeneration[J]. Neural Regen Res,2018,13(2):309-316. doi:10.4103/1673-5374.226401.

[17959] Liu P,Zhang Z,Liao C,Zhong W,Li P,Zhang W. Dynamic quantitative assessment of motor axon sprouting after direct facial-hypoglossal end-to-side neurorrhaphy in rats[J]. J Reconstr Microsurg,2018,34(6):436-445. doi:10.1055/s-0038-1636539.

[17960] Wen J,Han Y,Guo S,Yang M,Li L,Sun G,Wang J,Hu F,Liang J,Wei L,Zhou Q,Zhang W,Tan J. Recovery of respiratory function and autonomic diaphragm movement following unilateral recurrent laryngeal nerve to phrenic nerve anastomosis in rabbits[J]. J Neurosurg Spine,2018,29(4):470-480. doi:10.3171/2017.12.SPINE17849.

[17961] Wang W,Degrugillier L,Tremp M,Prautsch K,Sottaz L,Schaefer DJ,Madduri S,Kalbermatten D. Nerve repair with fibrin nerve conduit and modified suture placement[J]. Anat Rec (Hoboken),2018,301(10):1690-1696. doi:10.1002/ar.23921.

[17962] Wang B,Wang S,Liu S,Zhang S,Li D,Li J,Huang X,Schumacher M,Wan H. Hypoglossal-facial 'side-to-side' neurorrhaphy combined with electrical myostimulation for facial palsy in rats[J]. Transl Neurosci,2018,9:167-174. doi:10.1515/tnsci-2018-0025.

[17963] Cui S,Li K,Xu M,Yu W. Effect of Reneurorrhaphy of distal coaptation on nerve regeneration after nerve grafting:animal experimental study[J]. World Neurosurg,2019,122:e1365-e1373. doi:10.1016/j.wneu.2018.11.049.

[17964] Kou YH,Yu YL,Zhang YJ,Han N,Yin XF,Yuan YS,Yu F,Zhang DY,Zhang PX,Jiang BG. Repair of peripheral nerve defects by nerve transposition using small gap bio-sleeve suture with different inner diameters at both ends[J]. Neural Regen Res,2019,14(4):706-712. doi:10.4103/1673-5374.247475.

[17965] Gao Z,Jia XH,Xu J,Yu J,Wang J,Zhao WD,Chi FL,Dai CF,Li HW,Zhong P,Chen B,Yuan YS. Neurorrhaphy for facial reanimation with interpositional graft:outcome in 23 patients and the impact of timing on the outcome[J]. World Neurosurg,2019,126:e688-e693. doi:10.1016/j.wneu.2019.02.124.

[17966] Zhao X,Li B,Guan X,Sun G,Zhang M,Zhang W,Xu J,Ren X. Peg-enhanced behavioral recovery after sciatic nerve transection and either suturing or sleeve conduit deployment in rats[J]. J Invest Surg,2021,34(5):524-533. doi:10.1080/08941939.2019.1654047.

[17967] Su DY,Wan H,Li Z,Qiao H,Schumacher M,Liu S. analysis of preoperative factors influencing hypoglossal-facial side-to-side neurorrhaphy for facial paralysis after excision of acoustic neuroma[J]. Biomed Environ Sci,2020,33(1):30-36. doi:10.3967/bes2020.004.

[17968] Wang W,Liu F,Zhang C,Li M,Chen S,Gao Y,Chen M,Zheng H. Immediate ansa cervicalis-to-recurrent laryngeal nerve anastomosis for the management of recurrent laryngeal nerve infiltration by a differentiated thyroid carcinoma[J]. ORL J Otorhinolaryngol Relat Spec,2020,82(2):93-105. doi:10.1159/000505129.

[17969] Zhang H,Chai S,Pan Q,Li B. Restoration of the penile sensory pathway through end-to-side dorsal root neurorrhaphy in rats[J]. J Spinal Cord Med,2020 Jun 16. 1-10. doi:10.1080/10790268.2020.1778353. Online ahead of print.

[17970] Zhuang Y,Ling M,Li Z,Li D,Wan H,Schumacher M,Liu S. Effects of the remaining and/or spontaneously regenerated facial axons after hypoglossal-facial nerve neurorrhaphy for facial paralysis[J]. Front Neurol,2020,11:413. doi:10.3389/fneur.2020.00413.

[17971] Lu YC,Wu JJ,Ma H,Hua XY,Xu JG. Functional organization of brain network in peripheral neural anastomosis rats after electroacupuncture:an ica and connectome analysis[J]. Neuroscience,2020,442:216-227. doi:10.1016/j.neuroscience.2020.06.017.

[17972] Ouyang L,Zhang F,Liu J,Cui S,Chen K,Wang J,Zhou L. Application of oblique nerve coaptation in autologous nerve transplantation[J]. Ann Transl Med,2020,8(20):1300. doi:10.21037/atm-20-6526.

[17973] Wu R,Zhang C,Wang H,Li M,Lei S,Zeng J,He J. Clinical observation of end-to-end neuroanastomosis in the treatment of complete injury of the unilateral recurrent laryngeal nerve[J]. Gland Surg,2020,9(6):2017-2025. doi:10.21037/gs-20-633.

[17974] 钟世镇，何蕴韶，韩震，刘牧之，孙博，胥少汀，朱家恺. 选择周围神经缝合方式的解剖学依据[J]. 临床解剖学杂志，1986，4(1)：3-7. DOI：10.13418/j.issn.1001-165x.1986.01.003. {ZHONG Shizhen,HE Yunshao,HAN Zhen,LIU Muzhi,SUN Bo,XU Shaoting,ZHU Jiakai. Anatomical basis for selecting the suture method of peripheral nerve[J]. Lin Chuang Jie Pou Xue Za Zhi[Chin J Clin Anat(Article in Chinese;Abstract in Chinese)],1986,4(1):3-7. DOI:10.13418/j.issn.1001-165x.1986.01.003.}

[17975] 王仁润，胥少汀，卢世璧. 张力下神经缝合与神经移植的实验研究[J]. 中华外科杂志，1988，26(8)：466-470. {WANG Renrun,XU Shaoting,LU Shibi. Experimental study of nerve suture and nerve transplantation under tension[J]. Zhonghua Wai Ke Za Zhi[Chin J Surg(Article in Chinese;Abstract in Chinese)],1988,26(8):466-470.}

[17976] 程国良，孙绍绵. 周围神经张力缝合对神经再生影响的实验研究[J]. 中华显微外科杂志，1992，15(3)：168-170. {CHENG Guoliang,SUN Shaomian. Experimental study on the effect of tension suture of peripheral nerve on nerve regeneration[J]. Zhonghua Xian Wei Wai Ke Za Zhi[Chin J Microsurg(Article in Chinese;Abstract in Chinese)],1992,15(3):168-170.}

[17977] 刘康，韩西城. 周围神经粘合与缝合的比较研究[J]. 中华创伤杂志，1994，10(6)：266-267. DOI：10.3760/j：issn：1001-8050.1994.06.008. {LIU Kang,HAN Xicheng. Tissue adhesive versus suture in peripheral nerve:a comparative study[J]. Zhonghua Chuang Shang Za Zhi[Chin J Trauma(Article in Chinese;Abstract in Chinese and English)],1994,10(6):266-267. DOI:10.3760/j:issn:1001-8050.1994.06.008.}

[17978] 刘康，韩西城. 纤维蛋白粘合剂、ZT胶与缝合法吻接周围神经效果的比较[J]. 中国骨伤，1994，7(4)：11-12，3-4. {LIU Kang,HAN Xicheng. A comparison on the effectiveness among fibrin binder,ZT gum and suture of the interrupted peripheral nerve[J]. Zhongguo Gu Shang[China J Orthop Trauma(Article in Chinese;Abstract in Chinese and English)],1994,7(4):11-12,3-4.}

[17979] 程建华，邵宣，王乾兴，叶根茂，王与荣. 甲壳素膜对鼠坐骨神经离断缝合口结缔组织的影响[J]. 中华实验外科杂志，1995，12(4)：308-309. {CHENG Jianhua,SHAO Xuan,WANG Qianxing,YE Genmao,WANG Yurong. Effect of chitin membrane on connective tissue of sciatic nerve suture in rats[J]. Zhonghua Shi Yan Wai Ke Za Zhi[Chin J Exp Surg(Article in Chinese;Abstract in Chinese)],1995,12(4):308-309.}

[17980] 吴克坚，殷代昌，陈家臻，刘鸿. 周围神经缝合处静脉片屏蔽的实验对比观察[J]. 中华显微外科杂志，1996，19(2)：129. {WU Kejian,YIN Daichang,CHEN Jiazhen,LIU Hong. Comparative experimental observation on the shielding of venous slices at the suture of peripheral nerve[J]. Zhonghua Xian Wei Wai Ke Za Zhi[Chin J Microsurg(Article in Chinese;No abstract available)],1996,19(2):129.}

[17981] 徐向阳，顾玉东. 氨哮素对神经切断再缝合后肌肉功能恢复的影响[J]. 中华手外科杂志，1996，12(增刊)：48-50. {XU Xiangyang,GU Yudong. Effect of clenbuterol on muscle recovery after nerve repair in rats[J]. Zhonghua Shou Wai Ke Za Zhi[Chin J Hand Surg(Article in Chinese;Abstract in Chinese and English)],1996,12(S):48-50.}

[17982] 王书成，王和驹，陈剑飞，吕国坤. 周围神经缺损的牵引延长直接缝合治疗[J]. 中国修复重建外科杂志，1998，12(3)：135-137. {WANG Shucheng,WANG Heju,CHEN Jianfei,LV Guokun. Repair of peripheral nerve effect by direct suture after elongation of nerve by traction[J]. Zhongguo Xiu Fu Chong Jian Wai Ke Za Zhi[Chin J Repar Reconstr Surg(Article in Chinese;Abstract in Chinese and English)],1998,12(3):135-137.}

[17983] 张哲敏，凌彤，张克亮，邵新中. 生物膜包裹神经缝合口作用的实验研究[J]. 中华手外科杂志，1999，15(1)：3-5. {ZHANG Zhemin,LING Tong,ZHANG Keliang,SHAO Xinzhong. An experiment study on the effect of biological membrane to wrap the nerve anastomosis site[J]. Zhonghua Shou Wai Ke Za Zhi[Chin J Hand Surg(Article in Chinese;Abstract in Chinese and English)],1999,15(1):3-5.}

[17984] 王军义，郭卫，艾京，耿孟录. 周围神经断裂减张缝合术[J]. 临床骨科杂志，1999，2(3)：208-209. DOI：10.3969/j.issn.1008-0287.1999.03.020. {WANG Junyi,GUO Wei,AI Jing,GENG Menglu. Relaxation suture of peripheral nerve rupture[J]. Lin Chuang Gu Ke Za Zhi[J Clin Orthop(Article in Chinese;Abstract in Chinese and English)],1999,2(3):208-209. DOI:10.3969/j.issn.1008-0287.1999.03.020.}

[17985] 修先伦，张少成，许硕贵. 神经血管疾患周围神经侧侧缝合法的实验研究[J]. 中华骨科杂志，2000，20(10)：583. DOI：10.3760/j.issn：0253-2352.2000.10.002. {XIU Xianlun,ZHANG Shaocheng,XU Shuogui. An experimental study of peripheral nerve regeneration after side-to-side neurorrhaphy[J]. Zhonghua Gu Ke Za Zhi[Chin J Orthop(Article in Chinese;Abstract in Chinese and English)],2000,20(10):583. DOI:10.3760/j.issn:0253-2352.2000.10.002.}

[17986] 陈强，胡罢生. 采用指神经分束端端缝合治疗痛性神经瘤[J]. 中国创伤骨科杂志，2000，2(1)：72. {CHEN Qiang,HU Basheng. End-to-end suture of digital nerve bundle in the treatment of painful neuroma[J]. Zhongguo Chuang Shang Gu Ke Za Zhi[Chin J Orthop Trauma(Article in Chinese;No abstract available)],2000,2(1):72.}

[17987] 杨家辉，郑晓明，洪光祥，王发斌，陈振兵. 碱性成纤维细胞生长因子对神经切断再缝合后肌肉功能恢复的影响[J]. 中国矫形外科杂志，2001，8(5)：478-479. DOI：10.3969/j.issn.1005-8478.2001.05.019. {YANG Jiahui,ZHENG Xiaoming,HONG Guangxiang,WANG Fabin,CHEN Zhenbing. Effect of basic Fibroblast Growth Factors on muscle recovery after nerve repair in rats[J]. Zhongguo Jiao Xing Wai Ke Za Zhi[Orthop J China(Article in Chinese;Abstract in Chinese and English)],2001,8(5):478-479. DOI:10.3969/j.issn.1005-8478.2001.05.019.}

[17988] 修先伦，张少成，王吉波，许硕贵. 侧侧缝合法治疗不完全性周围神经损伤的实验研究[J]. 中国矫形外科杂志，2001，8(10)：984-985. DOI：10.3969/j.issn.1005-8478.2001.10.016. {XIU Xianlun,ZHANG Shaocheng,WANG Jibo,XU Shuogui. An experimental study of the side-to-side neurorrhaphy to repair incomplete injury of peripheral nerve[J]. Zhongguo Jiao Xing Wai Ke Za Zhi[Orthop J China(Article in Chinese;Abstract in Chinese and English)],2001,8(10):984-985. DOI:10.3969/j.issn.1005-8478.2001.10.016.}

[17989] 张少成，张雪松，刘会仁，郑旭东，年申生，王书平，王家林，潘永太，禹宝庆，侯海春，李明，石志才，李志强. 侧侧缝合法治疗周围神经损伤的临床应用初步报告[J]. 中华骨科杂志，2002，22(7)：398-401. DOI：10.3760/j.issn：0253-2352.2002.07.005. {ZHANG Shaocheng,ZHANG Xuesong,LIU Huiren,ZHENG Xudong,NIAN Shensheng,WANG Shuping,WANG Jialin,PAN Yongtai,YU Baoqing,HOU Haichun,LI Ming,SHI Zhicai,LI Zhiqiang. Treatment of peripheral nerve injury with side-to-side anastomosis[J]. Zhonghua Gu Ke Za Zhi[Chin J Orthop(Article in Chinese;Abstract in Chinese and English)],2002,22(7):398-401. DOI:10.3760/j.issn:0253-2352.2002.07.005.}

[17990] 张少成，郭福玲，阎国章，马玉海，贾金鹏，邬春虎，修先伦. 神经束间侧侧缝合重建截瘫/四肢瘫感觉功能[J]. 中国矫形外科杂志，2002，10(10)：987-988. DOI：10.3969/j.issn.1005-8478.2002.10.017. {ZHANG Shaocheng,GUO Fuling,YAN Guozhang,MA Yuhai,JIA Jinpeng,WU Chunhu,XIU Xianlun. Functional reconstruction of sensation in paraplegia with side to side suture interfascicular of peripheral nerves[J]. Zhongguo Jiao Xing Wai Ke Za Zhi[Orthop J China(Article in Chinese;Abstract in Chinese and English)],2002,10(10):987-988. DOI:10.3969/j.issn.1005-8478.2002.10.017.}

[17991] 马玉海，张少成，贾宝成，麻文谦，潘永太，曹莉，何成. 神经缝合口周围应用甲钴胺的实验研究[J]. 中华手外科杂志，2002，18(3)：59-61. {MA Yuhai,ZHANG Shaocheng,JIA Baocheng,MA Wenqian,PAN Yongtai,CAO Li,HE Cheng. Effect of local administration of mecobalamin at the nerve suture site:an experimental study[J]. Zhonghua Shou Wai Ke Za Zhi[Chin J Hand Surg(Article in Chinese;Abstract in Chinese and English)],2002,18(3):59-61.}

[17992] 张君，魏壮，刘飙，尹维田，高庆国. 神经肌腱缝合治疗神经瘤性残端痛的实验研究与临床应用[J]. 中华手外科杂志，2003，19(2)：82-83. DOI：10.3760/cma.j.issn.1005-054X.2003.02.010. {ZHANG Jun,WEI Zhuang,LIU Biao,YIN Weitian,GAO Qingguo. The experimental study and clinical application of anastomosis of nerve to tendon for treatment of neuromatic stump pain[J]. Zhonghua Shou Wai Ke Za Zhi[Chin J Hand Surg(Article in Chinese;Abstract in Chinese and English)],2003,19(2):82-83. DOI:10.3760/cma.j.issn.1005-054X.2003.02.010.}

[17993] 陆九州，徐文东，张凯莉，朱艺，徐建光，顾玉东. 内窥镜技术结合NAP早期判断尺神经缝合后再生质量的临床应用[J]. 中华手外科杂志，2004，20(3)：155-156. DOI：10.3760/cma.j.issn.1005-054X.2004.03.012. {LU Jiuzhou,XU Wendong,ZHANG Kaili,ZHU Yi,XU Jianguang,GU Yudong. Endoscopic technique combining with NAP in early judgment of repair quality of ulnar nerve:clinical applicatipn[J]. Zhonghua Shou Wai Ke Za Zhi[Chin J Hand Surg(Article in Chinese;Abstract in Chinese and English)],2004,20(3):155-156. DOI:10.3760/cma.j.issn.1005-054X.2004.03.012.}

[17994] 常万绅，李玉成，诸寅，张长清，张云涛，王海华，李忠哲. 正中神经部分束支移位与肌皮神经肱二头肌肌支缝合重建屈肘功能[J]. 中华手外科杂志，2005，21(2)：89-92. {CHANG Wanshen,LI Yucheng,ZHU Yin,ZHANG Changqing,ZHANG Yuntao,WANG Haihua,LI Zhongzhe. Median nerve fascicle transfer to biceps muscle branch of the musculocutaneous nerve for restoration of elbow flexion[J]. Zhonghua Shou Wai Ke Za Zhi[Chin J Hand Surg(Article in Chinese;Abstract in Chinese and English)],2005,21(2):89-92.}

[17995] 张家俊，张振伟，廖坚文，庄加川，陈泽华. 局部应用FK506缓释膜片对大鼠坐骨神经缝合术后脊髓神经元的影响[J]. 中华手外科杂志，2005，21(3)：177-178. DOI：10.3760/cma.j.issn.1005-054X.2005.03.022. {ZHANG Jiajun,ZHANG Zhenwei,LIAO Jianwen,ZHUANG Jiachuan,CHEN Zehua. Impact of partial application of FK506 delayed release

membranes in the rats' spinal cord cell units after the sciatic nerve sutured[J]. Zhonghua Shou Wai Ke Za Zhi[Chin J Hand Surg(Article in Chinese;Abstract in Chinese and English)],2005,21(3):177-178. DOI:10.3760/cma.j.issn.1005-054X.2005.03.022.}

[17996] 吴强，李康华，贝抗胜，黄水云，李雄，唐华军. 神经端侧缝合的髂腹股沟皮瓣修复手部组织缺损21例[J]. 中华显微外科杂志，2006，29（2）：136-138. DOI：10.3760/cma.j.issn.1001-2036.2006.02.021. {WU Qiang,LI Kanghua,BEI Kangsheng,HUANG Shuiyun,LI Xiong,TANG Huajun. Ilioinguinal flap with end to side neurorrhaphy for repair of hand tissue defect:a report of 21 cases[J]. Zhonghua Xian Wei Wai Ke Za Zhi[Chin J Microsurg(Article in Chinese;Abstract in Chinese)],2006,29(2):136-138. DOI:10.3760/cma.j.issn.1001-2036.2006.02.021.}

[17997] 陈佳，龙兴敬，赵万正，尹烈，周围. 缝合皮神经的营养血管皮瓣修复拇指末节软组织缺损[J]. 中华手外科杂志，2007，23（5）：315. DOI：10.3760/cma.j.issn.1005-054X.2007.05.026. {CHEN Jia,LONG Xingjing,ZHAO Wanzheng,YIN Lie,ZHOU Wei. Repair of distal thumb soft tissue defect with nutrient vascular flap sutured with cutaneous nerve[J]. Zhonghua Shou Wai Ke Za Zhi[Chin J Hand Surg(Article in Chinese;No abstract available)],2007,23(5):315. DOI:10.3760/cma.j.issn.1005-054X.2007.05.026.}

[17998] 王方，陈志坚，陈富强，沈珊安，潘峥，赵帅，马一翔，葛曼，周瀛梁. 不同显微缝合法修复腕部尺神经断裂伤疗效分析[J]. 中华显微外科杂志，2009，32（4）：338-339. DOI：10.3760/cma.j.issn.1001-2036.2009.04.037. {WANG Fang,CHEN Zhijian,CHEN Fuqiang,SHEN Shanan,PAN Zheng,ZHAO Shuai,MA Yixiang,GE Man,ZHOU Yingliang. Analysis of the curative effect of different microsurgical sutures in repairing ulnar nerve rupture of wrist[J]. Zhonghua Xian Wei Wai Ke Za Zhi[Chin J Microsurg(Article in Chinese;Abstract in Chinese)],2009,32(4):338-339. DOI:10.3760/cma.j.issn.1001-2036.2009.04.037.}

[17999] 陈超，邵新中，高顺红，王斌，刘德群. 缝合双侧指神经背侧支的改良邻指皮瓣重建指腹感觉[J]. 中华手外科杂志，2009，25（5）：288-290. DOI：10.3760/cma.j.issn.1005-054X.2009.05.019. {CHEN Chao,SHAO Xinzhong,GAO Shunhong,WANG Bin,LIU Dequn. Sensory reconstruction of finger pulp using the bilaterally innervated sensory modified cross-finger flap[J]. Zhonghua Shou Wai Ke Za Zhi[Chin J Hand Surg(Article in Chinese;Abstract in Chinese and English)],2009,25(5):288-290. DOI:10.3760/cma.j.issn.1005-054X.2009.05.019.}

[18000] 孙涛，魏鹏，周丹亚，胡瑞斌，滕晓峰，陈宏. 缝合神经的指固有动脉背支血管链皮瓣修复指远端皮肤缺损[J]. 中华手外科杂志，2011，27（2）：84-86. DOI：10.3760/cma.j.issn.1005-054X.2011.02.007. {SUN Tao,WEI Peng,ZHOU Danya,HU Ruibin,TENG Xiaofeng,CHEN Hong. Repair of fingertip defect with proper digital artery lateral cutaneous branch-chain flap accompanied with dorsal digital nerve or dorsal branch of proper digital nerve coaptation[J]. Zhonghua Shou Wai Ke Za Zhi[Chin J Hand Surg(Article in Chinese;Abstract in Chinese and English)],2011,27(2):84-86. DOI:10.3760/cma.j.issn.1005-054X.2011.02.007.}

[18001] 赵刚，芮永军，糜菁熠，邱扬，姚群，柯尊山，华雍. 缝合双侧神经带感觉岛状皮瓣重建指腹缺损[J]. 中华手外科杂志，2016，32（6）：443-445. DOI：10.3760/cma.j.issn.1005-054X.2016.06.019. {ZHAO Gang,RUI Yongjun,MI Jingyi,QIU Yang,YAO Qun,KE Zunshan,HUA Yong. Finger pulp reconstruction with innervated reverse digital artery flap through bilateral neurorrhaphy[J]. Zhonghua Shou Wai Ke Za Zhi[Chin J Hand Surg(Article in Chinese;Abstract in Chinese and English)],2016,32(6):443-445. DOI:10.3760/cma.j.issn.1005-054X.2016.06.019.}

[18002] 吴昌盛，潘振宇，李平华，张浩. 缝合神经的游离股前外侧皮瓣修复前足皮肤缺损皮瓣感觉恢复情况的中期随访[J]. 中华显微外科杂志，2018，41（4）：371-373. DOI：10.3760/cma.j.issn.1001-2036.2018.04.014. {WU Changsheng,PAN Zhenyu,LI Pinghua,ZHANG Hao. Mid term follow-up of sensory recovery of free anterolateral thigh flap with nerve suture for repairing skin defect of forefoot[J]. Zhonghua Xian Wei Wai Ke Za Zhi[Chin J Microsurg(Article in Chinese;Abstract in Chinese)],2018,41(4):371-373. DOI:10.3760/cma.j.issn.1001-2036.2018.04.014.}

[18003] 黄志见，巨积辉，金乾衡. 缝合神经的邻指背顺行筋膜蒂皮瓣修复儿童手指皮肤缺损[J]. 中华手外科杂志，2018，34（1）：13-15. DOI：10.3760/cma.j.issn.1005-054X.2018.01.005. {HUANG Zhijian,JU Jihui,JIN Qianheng. Dorsal fascial pedicle flaps with dorsal nerve suture for repair of adjacent finger skin defects of children[J]. Zhonghua Shou Wai Ke Za Zhi[Chin J Hand Surg(Article in Chinese;Abstract in Chinese and English)],2018,34(1):13-15. DOI:10.3760/cma.j.issn.1005-054X.2018.01.005.}

[18004] 芮晶，许娅莉，赵新，李继峰，劳杰，顾玉东. 大鼠膈神经、肋间神经侧侧缝合对肺功能的影响[J]. 中华手外科杂志，2019，35（3）：212-215. DOI：10.3760/cma.j.issn.1005-054X.2019.03.018. {RUI Jing,XU Yali,ZHAO Xin,LI Jifeng,LAO Jie,GU Yudong. Effects of side-to-side neurorrhaphy of phrenic nerve or intercostal nerve on pulmonary function in rats[J]. Zhonghua Shou Wai Ke Za Zhi[Chin J Hand Surg(Article in Chinese;Abstract in Chinese and English)],2019,35(3):212-215. DOI:10.3760/cma.j.issn.1005-054X.2019.03.018.}

[18005] 周鹏飞，刘宏君，张乃臣，顾加祥，张文忠，王天亮. 缝合与不缝合指固有神经掌侧皮支的指动脉逆行岛状皮瓣修复指端软组织缺损的疗效比较[J]. 中华手外科杂志，2019，35（3）：232-234. DOI：10.3760/cma.j.issn.1005-054X.2019.03.018. {ZHOU Pengfei,LIU Hongjun,ZHANG Naichen,GU Jiaxiang,ZHANG Wenzhong,WANG Tianliang. Comparison of the effect of reverse digital artery island flap with or without suture of the palmar cutaneous branch of the proper digital nerve in repairing fingertip soft tissue defect[J]. Zhonghua Shou Wai Ke Za Zhi[Chin J Hand Surg(Article in Chinese;Abstract in Chinese)],2019,35(3):232-234. DOI:10.3760/cma.j.issn.1005-054X.2019.03.018.}

6.3.3.1 神经外膜缝合术
epineural neurorrhaphy

[18006] 汤克沪，谢树生. 束组膜联合外膜缝合法修复上肢神经损伤[J]. 修复重建外科杂志，1991，5（3）：186. {TANG Kehu,XIE Shusheng. Repair of upper limb nerve injury with united suture of epineurium and perineurium[J]. Zhongguo Xiu Fu Chong Jian Wai Ke Za Zhi[Chin J Repar Reconstr Surg(Article in Chinese;No abstract available)],1991,5(3):186.}

[18007] 李光昭，林本丹. 神经外膜束组膜缝合修复周围神经损伤[J]. 中华显微外科杂志，1995，18（4）：257-258. {LI Guangzhao,LIN Bendan. Treatment of peripheral nerve injury with united suture of epineurium and perineurium[J]. Zhonghua Xian Wei Wai Ke Za Zhi[Chin J Microsurg(Article in Chinese;Abstract in Chinese)],1995,18(4):257-258.}

[18008] 王仁润，邢玉林，陈迎朝，李京生，赵德伟. 以剥离神经外膜为支点行神经直接缝合的初步报告[J]. 中华显微外科杂志，1996，19（4）：257. {WANG Renrun,XING Yulin,CHEN Yingchao,LI Jingsheng,ZHAO Dewei. A preliminary report of direct neurorrhaphy with exfoliated epineurium as a fulcrum[J]. Zhonghua Xian Wei Wai Ke Za Zhi[Chin J Microsurg(Article in Chinese;No abstract available)],1996,19(4):257.}

[18009] 许硕贵，张少成，王家林. 神经束外膜吻合治疗截肢（指）残端神经瘤的长期随访[J]. 中国矫形外科杂志，1999，6（11）：844. {XU Shuogui,ZHANG Shaocheng,WANG Jialin. Long time follow-up of painful stump neuroma treated by nerve sheath anastomosis[J]. Zhongguo Jiao Xing Wai Ke Za Zhi[Orthop J China(Article in Chinese;Abstract in Chinese)],1999,6(11):844.}

[18010] 杨绍安，舒小秋，刘宁富. 小间隙外膜袖缝合修复外周神经损伤[J]. 中华显微外科杂志，2003，26（1）：63-64. DOI：10.3760/cma.j.issn.1001-2036.2003.01.028. {YANG Shaoan,SHU Xiaoqiu,LIU Ningfu. Repair of peripheral nerve injury with small gap epineurial cuff anastomosis[J]. Zhonghua Xian Wei Wai Ke Za Zhi[Chin J Microsurg(Article in Chinese;Abstract in Chinese)],2003,26(1):63-64. DOI:10.3760/cma.j.issn.1001-2036.2003.01.028.}

[18011] 宫云霞，王利，陈传煌，李文庆，朱小弟，王文胜，张鹏，杨涛，惠明. 神经外膜逆行剪开套接吻合周围神经损伤临床研究初步结果[J]. 实用手外科杂志，2006，20（2）：70-72. DOI：10.3969/j.issn.1671-2722.2006.02.002. {GONG Yunxia,WANG Li,CHEN Chuanhuang,LI Wenqing,ZHU Xiaodi,WANG Wensheng,ZHANG Peng,YANG Tao,HUI Ming. Clinical study on reversed epineurial conduit in repair rupture of peripheral nerves[J]. Shi Yong Shou Wai Ke Za Zhi[Chin J Pract Hand Surg(Article in Chinese;Abstract in Chinese and English)],2006,20(2):70-72. DOI:10.3969/j.issn.1671-2722.2006.02.002.}

[18012] 冯宪发. 周围神经外膜吻合方法的改进性临床研究[J]. 实用手外科杂志，2007，21（4）：195-197. DOI：10.3969/j.issn.1671-2722.2007.04.001. {FENG Xianfa. Clinical research of improvement in anastomosis methods of peripheral nerve[J]. Shi Yong Shou Wai Ke Za Zhi[Chin J Pract Hand Surg(Article in Chinese;Abstract in Chinese and English)],2007,21(4):195-197. DOI:10.3969/j.issn.1671-2722.2007.04.001.}

[18013] 张屹阳. 外膜小间隙法缝合周围神经损伤的临床应用[J]. 吉林大学学报（医学版），2008，34（2）：319. DOI：10.3969/j.issn.1671-587X.2008.02.069. {ZHANG Yiyang. Clinical application of small gap anastomosis in peripheral nerve injury[J]. Ji Lin Da Xue Xue Bao(Yi Xue Ban)[J Jilin Univ Med Ed(Article in Chinese;No abstract available)],2008,34(2):319. DOI:10.3969/j.issn.1671-587X.2008.02.069.}

[18014] 王培吉，赵家举，江波，孙斌，张勇，周凯龙，周聚普. 自体神经外膜小间隙桥接法与外膜原位缝合法修复周围神经断裂的对比实验研究[J]. 中华显微外科杂志，2013，36（5）：478-481. DOI：10.3760/cma.j.issn.1001-2036.2013.05.018. {WANG Peiji,ZHAO Jiaju,JIANG Bo,SUN Bin,ZHANG Yong,ZHOU Kailong,ZHOU Jupu. A comparative experimental study on the repair of peripheral nerve rupture by autogenous epineurial small gap bridging and epineurial in situ suture[J]. Zhonghua Xian Wei Wai Ke Za Zhi[Chin J Microsurg(Article in Chinese;Abstract in Chinese)],2013,36(5):478-481. DOI:10.3760/cma.j.issn.1001-2036.2013.05.018.}

6.3.3.2 神经束膜缝合术
perineurial neurorrhaphy

[18015] 周之德，姜其为，胡清潭. 周围神经束膜缝合的动物实验[J]. 中华外科杂志，1982，20（12）：722-725. {ZHOU Zhide,JIANG Qiwei,HU Qingtan. Animal experiment of perineurial suture of peripheral nerve[J]. Zhonghua Wai Ke Za Zhi[Chin J Surg(Article in Chinese;No abstract available)],1982,20(12):722-725.}

[18016] 史少敏，陆裕朴，胡蕴玉. 神经束膜缝合与外膜缝合效果比较的实验研究[J]. 中华外科杂志，1984，22（1）：40-43. {SHI Shaomin,LU Yupu,HU Yunyu. An experimental study on the comparison of the effect of perineural suture and epineurium suture[J]. Zhonghua Wai Ke Za Zhi[Chin J Surg(Article in Chinese;No abstract available)],1984,22(1):40-43.}

[18017] 庞水发，朱家恺. 周围神经束膜缝合术[J]. 中华显微外科杂志，1990，13（1）：51-54. {PANG Shuifa,ZHU Jiakai. Peripheral nerve fascicular suture[J]. Zhonghua Xian Wei Wai Ke Za Zhi[Chin J Microsurg(Article in Chinese;No abstract available)],1990,13(1):51-54.}

[18018] 王贵，闫何云，杨永祥，解克敏，翟所鑫，凌彤，韦加宁. 神经束膜缝合生物膜覆盖研究[J]. 中华手外科杂志，1995，11（1）：44. {WANG Gui,YAN Heyun,YANG Yongxiang,XIE Kemin,ZHAI Suoxin,LING Tong,WEI Jianing. Study on biofilm covering of perineurial suture[J]. Zhonghua Shou Wai Ke Za Zhi[Chin J Hand Surg(Article in Chinese;No abstract available)],1995,11(1):44.}

[18019] 王彦生，辛畅泰，田立杰. 神经束膜配对吻合治疗复发性指端神经瘤[J]. 中华显微外科杂志，1999，22(3)：封三. DOI：10.3760/cma.j.issn.1001-2036.1999.03.065. {WANG Yansheng,XIN Changtai,TIAN Lijie. Treatment of recurrent fingertip neuroma with paired perineural neurorrhaphy[J]. Zhonghua Xian Wei Wai Ke Za Zhi[Chin J Microsurg(Article in Chinese;No abstract available)],1999,22(3):cover 3. DOI:10.3760/cma.j.issn.1001-2036.1999.03.065.}

[18020] 王洪财，谭轩昂，丁德伟，郭静苹，罗亦康，杜军荣，黄志新，洪加乐. 神经束膜与外膜联合缝合足趾游离皮瓣移植修复指腹缺损[J]. 中华显微外科杂志，2016，39（2）：177-179. DOI：10.3760/cma.j.issn.1001-2036.2016.02.022. {WANG Hongcai,TAN Xuanang,DING Dewei,GUO Jingping,LUO Yikang,DU Junrong,HUANG Zhixin,HONG Jiale. Repair of finger pulp defect with free toe flap with united suture of epineurium and perineurium[J]. Zhonghua Xian Wei Wai Ke Za Zhi[Chin J Microsurg(Article in Chinese;Abstract in Chinese)],2016,39(2):177-179. DOI:10.3760/cma.j.issn.1001-2036.2016.02.022.}

[18021] 陈阳，陈军，关键，李非. 外膜束膜联合缝合法治疗上肢神经损伤的肢体运动感觉恢复研究[J]. 中华手外科杂志，2019，35（2）：133-135. DOI：10.3760/cma.j.issn.1005-054X.2019.02.018. {CHEN Yang,CHEN Jun,GUAN Jian,LI Fei. Study on the motor and sensory recovery of upper limb in the treatment of upper extremity nerve injury with combined suture of epineurium and perineurium[J]. Zhonghua Shou Wai Ke Za Zhi[Chin J Hand Surg(Article in Chinese;Abstract in Chinese and English)],2019,35(2):133-135. DOI:10.3760/cma.j.issn.1005-054X.2019.02.018.}

6.3.4 神经小间隙缝合术
neurorrhaphy with small gap

[18022] Zhang P,Zhang C,Kou Y,Yin X,Zhang H,Jiang B. The histological analysis of biological conduit sleeve bridging rhesus monkey median nerve injury with small gap[J]. Artif Cells Blood Substit Immobil Biotechnol,2009,37(2):101-104. doi:10.1080/10731190902742620.

[18023] Zhang P,Kou Y,Yin X,Wang Y,Zhang H,Jiang B. The experimental research of nerve fibers compensation amplification innervation of ulnar nerve and musculocutaneous nerve in rhesus monkeys[J]. Artif Cells Blood Substit Immobil Biotechnol,2011,39(1):39-43. doi:10.3109/10731199.2010.494583.

[18024] Kou YH,Zhang PX,Wang YH,Chen B,Han N,Xue F,Zhang HB,Yin XF,Jiang BG. Sleeve bridging of the rhesus monkey ulnar nerve with muscular branches of the pronator teres:multiple amplification of axonal regeneration[J]. Neural Regen Res,2015,10(1):53-59. doi:10.4103/1673-5374.150706.

[18025] Wang ZY,Wang JW,Qin LH,Zhang WG,Zhang PX,Jiang BG. Chitin biological absorbable catheters bridging sural nerve grafts transplanted into sciatic nerve defects promote nerve regeneration[J]. CNS Neurosci Ther,2018,24(6):483-494. doi:10.1111/cns.12820.

[18026] 尹维田，王国君. 小间隙静脉桥吻合神经断裂临床研究[J]. 中华显微外科杂志，1993，16（4）：249-250. {YIN Weitian,WANG Guojun. Clinical study of nerve rupture in small gap vein bridge anastomosis[J]. Zhonghua Xian Wei Wai Ke Za Zhi[Chin J Microsurg(Article in Chinese;Abstract in Chinese)],1993,16(4):249-250.}

[18027] 宋修竹，顾玉东，徐建光. 不同对位情况下神经直接缝合与小间隙套管法修复的疗效比较[J]. 中

华手外科杂志，1998，14(4)：250. DOI：10.3760/cma.j.issn.1005-054X.1998.04.022. {SONG Xiuzhu,GU Yudong,XU Jianguang. Comparison of suture and conduit nerve repair in different alignment situation[J]. Zhonghua Shou Wai Ke Za Zhi[Chin J Hand Surg(Article in Chinese;Abstract in Chinese and English)],1998,14(4):250. DOI:10.3760/cma.j.issn.1005-054X.1998.04.022.}

[18028] 姜保国，吉田泰二. 周围神经小间隙动脉套接的免疫组织化学观察 [J]. 中华显微外科杂志，1998，21(1)：39-42. {JIANG Baoguo,Yasuji Yoshida. Immunohistochemical study of gap artery sleeve bridging in peripheral nerve[J]. Zhonghua Xian Wei Wai Ke Za Zhi[Chin J Microsurg(Article in Chinese;Abstract in Chinese and English)],1998,21(1):39-42.}

[18029] 姜保国，李剑. 替代神经外膜缝合—小间隙套接法修复周围神经损伤 [J]. 中国矫形外科杂志，2003，11(8)：544-546. DOI：10.3969/j.issn.1005-8478.2003.08.014. {JIANG Baoguo,LI Jian. Replacing the traditional neural epineurium suture-study on small gap bridging peripheral nerve injury[J]. Zhongguo Jiao Xing Wai Ke Za Zhi[Orthop J China(Article in Chinese;Abstract in Chinese and English)],2003,11(8):544-546. DOI:10.3969/j.issn.1005-8478.2003.08.014.}

[18030] 李剑，姜保国，张殿英，张宏波，党育，尚永刚，杨明. 生物套管小间隙桥接修复周围神经的实验研究 [J]. 中华手外科杂志，2003，19(2)：56-58. DOI：10.3760/cma.j.issn.1005-054X.2003.02.024. {LI Jian,JIANG Baoguo,ZHANG dianying,ZHANG Hongbo,DANG Yu,SHANG Yonggang,Yang Ming. Using biological tube for bridging the peripheral nerve defect with a small gap:an experimental study[J]. Zhonghua Shou Wai Ke Za Zhi[Chin J Hand Surg(Article in Chinese;Abstract in Chinese and English)],2003,19(2):56-58. DOI:10.3760/cma.j.issn.1005-054X.2003.02.024.}

[18031] 张培训，姜保国，赵富强，傅中国，张殿英，杜婵，张宏波. 甲壳质生物套管小间隙桥接大鼠周围神经的实验研究 [J]. 中华外科杂志，2005，43(20)：1344-1347. DOI：10.3760/j：issn：0529-5815.2005.20.014. {ZHANG Peixun,JIANGBaoguo,ZHAO Fuqiang,Fu Zhongguo,ZHANG dianying,Du Chan,ZHANG Hongbo. Chitin biological tube bridging the peripheral nerve with a small gap[J]. Zhonghua Wai Ke Za Zhi[Chin J Surg(Article in Chinese;Abstract in Chinese and English)],2005,43(20):1344-1347. DOI:10.3760/j:issn:0529-5815.2005.20.014.}

[18032] 姜柏林，姜保国. 小间隙桥接修复外周神经损伤的研究进展 [J]. 中华显微外科杂志，2008，31(6)：470-472. DOI：10.3760/cma.j.issn.1001-2036.2008.06.038. {JIANG Bolin,JIANG Baoguo. Research progress of small gap bridging in repairing peripheral nerve injury[J]. Zhonghua Xian Wei Wai Ke Za Zhi[Chin J Microsurg(Article in Chinese;No abstract available)],2008,31(6):470-472. DOI:10.3760/cma.j.issn.1001-2036.2008.06.038.}

[18033] 郁凯，张丞，张培训，王艳华，张殿英，张宏波，姜保国. 小间隙桥接周围神经损伤 Gap-43 表达变化的实验研究 [J]. 中华显微外科杂志，2010，33(3)：227-229. DOI：10.3760/cma.j.issn.1001-2036.2010.03.022. {YU Kai,ZHANG Cheng,ZHANG Peixun,WANG Yanhua,ZHANG Dianying,ZHANG Hongbo,JIANG Baoguo. Experimental study of Gap-43 expression changes with repairing peripheral nerve injury by small gap bridging method[J]. Zhonghua Xian Wei Wai Ke Za Zhi[Chin J Microsurg(Article in Chinese;Abstract in Chinese)],2010,33(3):227-229. DOI:10.3760/cma.j.issn.1001-2036.2010.03.022.}

[18034] 郁凯，张培训，王艳华，张殿英，张宏波，姜保国. 小间隙桥接周围神经对缝合口神经调节蛋白-1表达变化的影响 [J]. 中华手外科杂志，2010，26(6)：372-375. DOI：10.3760/cma.j.issn.1005-054X.2010.06.028. {YU Kai,ZHANG Peixun,WANG Yanhua,ZHANG Dianying,ZHANG Hongbo,JIANG Baoguo. The experimental study of NRG-1 gene expression changes in small gap sleeve bridging peripheral nerve injury[J]. Zhonghua Shou Wai Ke Za Zhi[Chin J Hand Surg(Article in Chinese;Abstract in Chinese and English)],2010,26(6):372-375. DOI:10.3760/cma.j.issn.1005-054X.2010.06.028.}

[18035] 刘华刚，陈琳，王臻，刘伟强，纪柳，敖强. 小间隙吻合术结合控释生长因子促进坐骨神经再生的实验研究 [J]. 中华神经外科杂志，2014，30(4)：339-343. DOI：10.3760/cma.j.issn.1001-2346.2014.04.005. {LIU Huagang,CHEN Lin,WANG Zhen,LIU Weiqiang,JI Liu,AO Qiang. Control release of growth factors combined with small gap anastomosis promotes sciatic nerve regeneration after transaction in rats[J]. Zhonghua Shen Jing Wai Ke Za Zhi[Chin J Neurosurg(Article in Chinese;Abstract in Chinese and English)],2014,30(4):339-343. DOI:10.3760/cma.j.issn.1001-2346.2014.04.005.}

[18036] 徐成毅，杨绍安，曹军，杨潇，肖晓桃，张玉娴. 不同长度聚乳酸膜小间隙缝合修复大鼠腓总神经损伤 [J]. 中华显微外科杂志，2016，39(2)：152-155. DOI：10.3760/cma.j.issn.1001-2036.2016.02.012. {XU Chengyi,YANG Shaoan,CAO Jun,YANG Xiao,XIAO Xiaotao,ZHANG Yuxian. Repair of common peroneal nerve injury in rats by small gap sleeve bridging method with different length of polylactic acid membrane[J]. Zhonghua Xian Wei Wai Ke Za Zhi[Chin J Microsurg(Article in Chinese;Abstract in Chinese)],2016,39(2):152-155. DOI:10.3760/cma.j.issn.1001-2036.2016.02.012.}

[18037] 杨小祥，李保留，吴振，陆超，吕强，翟阿妮，曹多芬. 小间隙神经吻合法用于腕部神经损伤的临床疗效观察 [J]. 中华显微外科杂志，2018，41(3)：284-287. DOI：10.3760/cma.j.issn.1001-2036.2018.03.025. {YANG Xiaoxiang,LI Baoliu,WU Zhen,LU Chao,LV Qiang,ZHAI Ani,CAO Duofen. Clinical observation of small gap nerve anastomosis in the treatment of wrist nerve injury[J]. Zhonghua Xian Wei Wai Ke Za Zhi[Chin J Microsurg(Article in Chinese;Abstract in Chinese)],2018,41(3):284-287. DOI:10.3760/cma.j.issn.1001-2036.2018.03.025.}

6.3.5 神经端-侧缝合术
end-to-side suture of nerve

[18038] 陈振兵，洪光祥，王发斌，黄启顺，翁雨雄. 神经端侧吻合技术的临床应用 [J]. 中华显微外科杂志，1997，20(2)：136-137. {CHEN Zhenbing,HONG Guangxiang,WANG Fabin,HUANG Qishun,WENG Yuxiong. Clinical application of end-to-side neurorrhaphy[J]. Zhonghua Xian Wei Wai Ke Za Zhi[Chin J Microsurg(Article in Chinese;No abstract available)],1997,20(2):136-137.}

[18039] 陈振兵，王发斌，洪光祥，黄启顺，翁雨雄. 腓浅神经与腓肠神经端侧吻合的临床观察 [J]. 中华手外科杂志，1997，13(2)：122-123. DOI：10.3760/cma.j.issn.1005-054X.1997.02.023. {CHEN Zhenbing,WANG Fabin,HONG Guangxiang,HUANG Qishun,WENG Yuxiong. Clinical observation of end-to-side anastomosis between superficial peroneal nerve and sural nerve[J]. Zhonghua Shou Wai Ke Za Zhi[Chin J Hand Surg(Article in Chinese;No abstract available)],1997,13(2):122-123. DOI:10.3760/cma.j.issn.1005-054X.1997.02.023.}

[18040] 曹学诚，矢岛弘嗣，玉井进，蔡锦方. 神经干端侧吻合后侧支发芽能力的实验研究 [J]. 中国修复重建外科杂志，1997，11(6)：5-8. {CAO Xuecheng,SHIDAO Hongsi,YU Jingjin,CAI Jinfang. Experimental study on the collateral sprouting after end-to-side anastomosis of nerve trunk[J]. Zhongguo Xiu Fu Chong Jian Wai Ke Za Zhi[Chin J Repar Reconstr Surg(Article in Chinese;Abstract in Chinese and English)],1997,11(6):5-8.}

[18041] 罗永湘，王体沛，方煌. 神经端侧吻合治疗尺神经缺损的初步探讨 [J]. 中国修复重建外科杂志，1997，11(6)：338-339. {LUO Yongxiang,WANG Tipei,FANG Huang. Preliminary investigation of treatment of ulnar nerve defect by end-to-side neurorrhaphy[J]. Zhongguo Xiu Fu Chong Jian Wai Ke Za Zhi[Chin J Repar Reconstr Surg(Article in Chinese;Abstract in Chinese and English)],1997,11(6):338-339.}

[18042] 王金武，范启申，周祥吉. 神经端侧缝合再生的实验研究 [J]. 中华显微外科杂志，1998，21(2)：83. DOI：10.3760/cma.j.issn.1001-2036.1998.02.002. {WANG Jinwu,FAN Qishen,ZHOU Xiangji. Experimental study of nerve regeneration after end-to-side neurorrhaphy[J]. Zhonghua Xian Wei Wai Ke Za Zhi[Chin J Microsurg(Article in Chinese;Abstract in Chinese and English)],1998,21(2):83. DOI:10.3760/cma.j.issn.1001-2036.1998.02.002.}

[18043] 陈统一，赵金忠，陈中伟. 大鼠神经端侧缝合的实验研究 [J]. 中华显微外科杂志，1998，21(2)：86. DOI：10.3760/cma.j.issn.1001-2036.1998.02.003. {CHEN Tongyi,ZHAO Jinzhong,CHEN Zhongwei. The experimental study of terminolateral neurorrhaphy in rats[J]. Zhonghua Xian Wei Wai Ke Za Zhi[Chin J Microsurg(Article in Chinese;Abstract in Chinese and English)],1998,21(2):86. DOI:10.3760/cma.j.issn.1001-2036.1998.02.003.}

[18044] 罗永湘，王体沛，方煌. 神经端侧吻合的临床应用 [J]. 中华显微外科杂志，1998，21(2)：90. DOI：10.3760/cma.j.issn.1001-2036.1998.02.004. {LUO Yongxiang,WANG Tipei,FANG Huang. Clinical application of end-to-side neurorrhaphy[J]. Zhonghua Xian Wei Wai Ke Za Zhi[Chin J Microsurg(Article in Chinese;Abstract in Chinese and English)],1998,21(2):90. DOI:10.3760/cma.j.issn.1001-2036.1998.02.004.}

[18045] 李跃军，陈绍宗，程飙. 神经端侧吻合的初步研究 [J]. 中华显微外科杂志，1998，21(2)：128-129. DOI：10.3760/cma.j.issn.1001-2036.1998.02.018. {LI Yuejun,CHEN Shaozong,CHENG Biao. A preliminary study of end-to-side neurorrhaphy[J]. Zhonghua Xian Wei Wai Ke Za Zhi[Chin J Microsurg(Article in Chinese;No abstract available)],1998,21(2):128-129. DOI:10.3760/cma.j.issn.1001-2036.1998.02.018.}

[18046] 洪光祥 郑毅 王发斌 万圣祥 陈振兵. 周围神经端侧吻合后神经再生的研究 [J]. 中华手外科杂志，1998，14(1)：1-5. {HONG Guangxiang,ZHENG Yi,WANG Fabin,WAN Shengxiang,CHEN Zhenbing. An experimental study of peripheral nerve regeneration after end-to-side coaptation[J]. Zhonghua Shou Wai Ke Za Zhi[Chin J Hand Surg(Article in Chinese;Abstract in Chinese and English)],1998,14(1):1-5.}

[18047] 董震，成效敏，袁伟. 不同端侧缝合方法对周围神经再生的影响 [J]. 中华手外科杂志，1998，14(3)：175. DOI：10.3760/cma.j.issn.1005-054X.1998.03.018. {DONG Zhen,CHENG Xiaomin,YUAN Wei. The effect of different end-to-side coaptation on peripheral nerve regeneration[J]. Zhonghua Shou Wai Ke Za Zhi[Chin J Hand Surg(Article in Chinese;Abstract in Chinese and English)],1998,14(3):175. DOI:10.3760/cma.j.issn.1005-054X.1998.03.018.}

[18048] 张东旺，罗永湘. 周围神经端侧缝合后侧支神经再生的研究进展 [J]. 中华骨科杂志，1999，19(11)：690-692. {ZHANG Dongwang,LUO Yongxiang. Research progress of collateral nerve regeneration after end-to-side suture of peripheral nerve[J]. Zhonghua Gu Ke Za Zhi[Chin J Orthop(Article in Chinese;No abstract available)],1999,19(11):690-692.}

[18049] 朱庆棠，朱家恺，劳镇国. 神经端侧吻合后侧支再生的形态学研究 [J]. 中华显微外科杂志，1999，22(2)：117. DOI：10.3760/cma.j.issn.1001-2036.1999.02.014. {ZHU Qingtang,ZHU Jiakai,LAO Zhenguo. Morphological study of collateral regeneration after end-to-side neurorrhaphy[J]. Zhonghua Xian Wei Wai Ke Za Zhi[Chin J Microsurg(Article in Chinese;Abstract in Chinese and English)],1999,22(2):117. DOI:10.3760/cma.j.issn.1001-2036.1999.02.014.}

[18050] 赵金忠，仲飚，陈中伟. 通过端侧缝合克服周围神经缺损的实验研究 [J]. 中华显微外科杂志，1999，22(3)：201. DOI：10.3760/cma.j.issn.1001-2036.1999.03.015. {ZHAO Jinzhong,ZHONG Biao,CHEN Zhongwei. Experimental study of nerve defect repair by terminolateral neurorrhaphy[J]. Zhonghua Xian Wei Wai Ke Za Zhi[Chin J Microsurg(Article in Chinese;Abstract in Chinese and English)],1999,22(3):201. DOI:10.3760/cma.j.issn.1001-2036.1999.03.015.}

[18051] 曹学诚，蔡锦方. 周围神经端侧吻合后乙酰胆碱转移酶变化 [J]. 中华显微外科杂志，1999，22(3)：204. DOI：10.3760/cma.j.issn.1001-2036.1999.03.016. {CAO Xuecheng,CAI Jinfang. Surgically intervened collateral sprouting of peripheral nerve:The changes of choline acetyl transferase[J]. Zhonghua Xian Wei Wai Ke Za Zhi[Chin J Microsurg(Article in Chinese;Abstract in Chinese and English)],1999,22(3):204. DOI:10.3760/cma.j.issn.1001-2036.1999.03.016.}

[18052] 范启申，王金武，周祥吉，曹斌，蒋纯志，王拥军，王刚. 神经端侧缝合修复感觉神经长段缺损的临床观察 [J]. 中华显微外科杂志，1999，22(S1)：5-6. {FAN Qishen,WANG Jinwu,ZHOU Xiangji,CAO Bin,JIANG Chunzhi,WANG Yongjun,WANG Gang. Clinical application of the end-to-side neurorrhaphy[J]. Zhonghua Xian Wei Wai Ke Za Zhi[Chin J Microsurg(Article in Chinese;Abstract in Chinese and English)],1999,22(S1):5-6.}

[18053] 徐清贵，洪光祥，王发斌，刘红光. 神经端侧缝合法防治失神经肌肉萎缩的实验研究 [J]. 中华手外科杂志，1999，15(1)：3-5. {XU Qinggui,HONG Guangxiang,WANG Fabin,LIU Hongguang. End-to-side neurorrhaphy for prevention of atrophy in denervated muscles[J]. Zhonghua Shou Wai Ke Za Zhi[Chin J Hand Surg(Article in Chinese;Abstract in Chinese and English)],1999,15(1):3-5.}

[18054] 董震，成效敏，王欢，顾玉东. 周围神经端侧缝合与端端缝合疗效比较的实验研究 [J]. 中华手外科杂志，1999，15(2)：3-5. {DONG Zhen,CHENG Xiaomin,WANG Huan,GU Yudong. Comparison of the outcome of end-to-side neurorrhaphy and end-to-end neurorrhaphy of the peripheral nerves:an experimental study[J]. Zhonghua Shou Wai Ke Za Zhi[Chin J Hand Surg(Article in Chinese;Abstract in Chinese and English)],1999,15(2):3-5.}

[18055] 田鲁峰，范启申，周祥吉，徐林. 神经端侧缝合与神经转位缝合及带血运神经移植疗效比较的实验研究 [J]. 实用手外科杂志，1999，13(4)：223-224，244. {TIAN Lufeng,FAN Qishen,ZHOU Xiangji,XU Lin. Study on comparing the effect of end-to-side neurorrhaphy and nerve transposition and vascular-ized nerve graft[J]. Shi Yong Shou Wai Ke Za Zhi[Chin J Pract Hand Surg(Article in Chinese;Abstract in Chinese and English)],1999,13(4):223-224,244.}

[18056] 范启申，王拥军，周祥吉，田鲁峰，姚庆端，王刚. 逆行追踪神经端侧缝合后侧支生长的神经元胞体实验研究 [J]. 中华显微外科杂志，2000，23(3)：200-201. DOI：10.3760/cma.j.issn.1001-2036.2000.03.013. {FAN Qishen,WANG Yongjun,ZHOU Xiangji,TIAN Lufeng,YAO Qingduan,WANG Gang. The experimental study of nerve cell body of collateral sprouting after end-to-side neurorrhaphy by ret rograde tracing[J]. Zhonghua Xian Wei Wai Ke Za Zhi[Chin J Microsurg(Article in Chinese;Abstract in Chinese and English)],2000,23(3):200-201. DOI:10.3760/cma.j.issn.1001-2036.2000.03.013.}

[18057] 杨占辉，孙艳玲，乔金环. 指神经原位移植端侧嵌入缝接法预防和治疗痛性神经瘤 [J]. 中国矫形外科杂志，2000，7(5)：497-498. DOI：10.3969/j.issn.1005-8478.2000.05.033. {YANG Zhanhui,SUN Yanling,QIAO Jinhuan. Prevention and treatment of painful neuroma by end-to-side anastomosis[J]. Zhongguo Jiao Xing Wai Ke Za Zhi[Orthop J China(Article in Chinese;Abstract in Chinese)],2000,7(5):497-498. DOI:10.3969/j.issn.1005-8478.2000.05.033.}

[18058] 杨占辉，孙艳玲，聂晶莹，于建民，孙学良. 指神经端侧缝合法预防和治疗痛性神经瘤 [J]. 中华手外科杂志，2000，16(1)：39. {YANG Zhanhui,SUN Yanling,NIE Jingying,YU Jianmin,SUN Xueliang. Prevention and treatment of painful neuroma by end-to-side suture of digital nerve[J]. Zhonghua Shou Wai Ke Za Zhi[Chin J Hand Surg(Article in Chinese;No abstract available)],2000,16(1):39.}

[18059] 陈绍宗，程飚，李跃军. 神经端侧吻合重建足部皮瓣手术后感觉功能 [J]. 中华整形外科杂志，2000，16(3)：149. DOI：10.3760/j.issn：1009-4598.2000.03.006. {CHEN Shaozong,CHENG Biao,LI Yuejun. Maintenance of foot sensory function by end-to-side neurorrhaphy[J]. Zhonghua Zheng Xing Wai Ke Za Zhi[Chin J Plast Surg(Article in Chinese;Abstract in Chinese and English)],2000,16(3):149. DOI:10.3760/j.issn:1009-4598.2000.03.006.}

[18060] 杨家辉，洪光祥，王发斌，陈振兵. 周围神经端侧吻合对失神经肌肉及运动终板保护作用的实验研究 [J]. 中国实用手外科杂志，2000，14(3)：163-165，193. {YANG Jiahui,HONG Guangxiang,WANG Fabin,CHEN Zhenbing. End-to-side neurorrhaphy for preventing denervated muscles atrophy and motor endplate degeneration[J]. Shi Yong Shou Wai Ke Za Zhi[Chin J Pract Hand

Surg(Article in Chinese;Abstract in Chinese and English)],2000,14(3):163-165,193.}

[18061] 李旭东，许家军，季正伦，欧阳天祥，何清濂. 大鼠周围神经端侧吻合后再生轴突的功能恢复 [J]. 第二军医大学学报，2000，21(12)：1184-1185. DOI：10.3321/j.issn：0258-879X.2000.12.029. {LI Xudong,XU Jiajun,JI Zhenglun,OUYANG Tianxiang,HE Qinglian. Function of the regenerative axon after peripheral nerve end-to-side neurorrhaphy in rats[J]. Di Er Jun Yi Da Xue Xue Bao[Acad J Sec Mil Med Univ(Article in Chinese;Abstract in Chinese and English)],2000,21(12):1184-1185. DOI:10.3321/j.issn:0258-879X.2000.12.029.}

[18062] 易西南，李昌琪，吴松，曾赵军，伍校琼. 周围神经端侧吻合再生纤维来源的实验研究 [J]. 中国临床解剖学杂志，2001，19(3)：252-253. DOI：10.3969/j.issn.1001-165X.2001.03.024. {YI Xinan,LI Changqi,WU Song,ZENG Zhaojun,WU Xiaoqiong. Origin of the regenerating axons after end-to-side neurorrhaphy of peripheral nerve:experimental study in rats[J]. Zhongguo Lin Chuang Jie Pou Xue Za Zhi[Chin J Clin Anat(Article in Chinese;Abstract in Chinese and English)],2001,19(3):252-253. DOI:10.3969/j.issn.1001-165X.2001.03.024.}

[18063] 陈辉，陈绍宗，李跃军. 神经端侧吻合植入失神经皮瓣感觉功能研究 [J]. 中华显微外科杂志，2001，24(1)：40-41. DOI：10.3760/cma.j.issn.1001-2036.2001.01.015. {CHEN Hui,CHEN Shaozong,LI Yuejun. A study on the functions of the regenerated axons in end-to-side neurorrhaphy[J]. Zhonghua Xian Wei Wai Ke Za Zhi[Chin J Microsurg(Article in Chinese;Abstract in Chinese and English)],2001,24(1):40-41. DOI:10.3760/cma.j.issn.1001-2036.2001.01.015.}

[18064] 张东，凌彤. 神经端侧缝合法的研究与应用 [J]. 中华显微外科杂志，2001，24(2)：159-160. DOI：10.3760/cma.j.issn.1001-2036.2001.02.049. {ZHANG Dong,LING Tong. Research and application of end-to-side suture of nerve[J]. Zhonghua Xian Wei Wai Ke Za Zhi[Chin J Microsurg(Article in Chinese;No abstract available)],2001,24(2):159-160. DOI:10.3760/cma.j.issn.1001-2036.2001.02.049.}

[18065] 杜冬，王国君，王军强，许则民，王国深. 神经端侧吻合的实验研究 [J]. 中华显微外科杂志，2001，24(3)：201-204. DOI：10.3760/cma.j.issn.1001-2036.2001.03.015. {DU Dong,WANG Guojun,WANG Junqiang,XU Zemin,WANG Guoshen. Experimental study of nerve regeneration after nerve end-to-side neurorrhaphy[J]. Zhonghua Xian Wei Wai Ke Za Zhi[Chin J Microsurg(Article in Chinese;Abstract in Chinese and English)],2001,24(3):201-204. DOI:10.3760/cma.j.issn.1001-2036.2001.03.015.}

[18066] 秦荣生，李健宁，钟延丰，王盛兰，郑菊阳，马勇光，薛宏宇，李东，王侠. 鼠周围神经端侧缝合与侧侧缝合修复方式的比较研究 [J]. 中华外科杂志，2001，39(2)：156-159. DOI：10.3760/j：issn：0529-5815.2001.02.019. {QIN Rongsheng,LI Jianning,ZHONG Yanfeng,WANG Shenglan,ZHENG Juyang,MA Yongguang,XUE Hongyu,LI Dong,WANG Xia. Comparative studies of peripheral nerve repair mode between end-to-side neurorrhaphy and side-to-side neurorrhaphy in rates[J]. Zhonghua Wai Ke Za Zhi[Chin J Surg(Article in Chinese;Abstract in Chinese and English)],2001,39(2):156-159. DOI:10.3760/j:issn:0529-5815.2001.02.019.}

[18067] 刘明锁，李跃军. 周围神经端侧吻合的研究进展 [J]. 中国矫形外科杂志，2001，8(2)：171-173. DOI：10.3969/j.issn.1005-8478.2001.02.023. {LIU Mingsuo,LI Yuejun. Research progress of end-to-side anastomosis for peripheral nerve[J]. Zhongguo Jiao Xing Wai Ke Za Zhi[Orthop J China(Article in Chinese;No abstract available)],2001,8(2):171-173. DOI:10.3969/j.issn.1005-8478.2001.02.023.}

[18068] 陈振兵，洪光祥，王发斌，黄启顺，康皓，翁雨雄. 神经端侧吻合术与侧侧吻合术对神经干损伤后功能恢复作用的比较 [J]. 中华实验外科杂志，2001，18(2)：136-137. DOI：10.3760/j.issn：1001-9030.2001.02.014. {CHEN Zhenbing,HONG Guangxiang,WANG Fabin,HUANG Qishun,KANG Hao,WENG Yuxiong. Comparion of the function of end-to-side neurorrhaphy and side-to-side neurorrhaphy of peripheral nerves after the trunk damage:an experimen tal study[J]. Zhonghua Shi Yan Wai Ke Za Zhi[Chin J Exp Surg(Article in Chinese;Abstract in Chinese and English)],2001,18(2):136-137. DOI:10.3760/j.issn:1001-9030.2001.02.014.}

[18069] 陈振兵，洪光祥，王发斌，康皓，黄启顺，翁雨雄. 神经端侧吻合术与侧侧吻合术再生能力比较的实验研究 [J]. 实用手外科杂志，2001，15(1)：29-31. DOI：10.3969/j.issn.1671-2722.2001.01.011. {CHEN Zhenbing,HONG Guangxiang,WANG Fabin,KANG Hao,HUANG Qishun,WENG Yuxiong. Comparison of the nerve regeneration of end-to-side neurorrhaphy and side-to-side neurorrhaphy:an experimental study[J]. Shi Yong Shou Wai Ke Za Zhi[Chin J Pract Hand Surg(Article in Chinese;Abstract in Chinese and English)],2001,15(1):29-31. DOI:10.3969/j.issn.1671-2722.2001.01.011.}

[18070] 程飚，陈绍宗，李学拥，李跃军，李望舟，曲辉. 端侧神经吻合后神经再生状况的实验研究 [J]. 中国临床解剖学杂志，2002，20(4)：286-289. DOI：10.3969/j.issn.1001-165X.2002.04.016. {CHENG Biao,CHEN Shaozong,LI Xueyong,LI Yuejun,LI Wangzhou,QU Hui. Experimental study of nerve regeneration after end-to-side neurorrhaphy[J]. Zhongguo Lin Chuang Jie Pou Xue Za Zhi[Chin J Clin Anat(Article in Chinese;Abstract in Chinese and English)],2002,20(4):286-289. DOI:10.3969/j.issn.1001-165X.2002.04.016.}

[18071] 程飚，陈绍宗，李学拥，李跃军. 端侧神经吻合后 GAP-43 和 Tau 蛋白在背根神经节和受神经内的变化 [J]. 中华显微外科杂志，2002，25(1)：52-53. DOI：10.3760/cma.j.issn.1001-2036.2002.01.019. {CHENG Biao,CHEN Shaozong,LI Xueyong,LI Yuejun. Changes of GAP-43 and tau protein in dorsal root ganglion and recipient nerve after end-to-side nerve anastomosis[J]. Zhonghua Xian Wei Wai Ke Za Zhi[Chin J Microsurg(Article in Chinese;No abstract available)],2002,25(1):52-53. DOI:10.3760/cma.j.issn.1001-2036.2002.01.019.}

[18072] 杨家辉，郑晓明，洪光祥，王发斌，陈振兵. 碱性成纤维细胞生长因子促进外周神经端侧吻合后功能恢复的实验研究 [J]. 中华显微外科杂志，2002，25(1)：53-54. DOI：10.3760/cma.j.issn.1001-2036.2002.01.020. {YANG Jiahui,ZHENG Xiaoming,HONG Guangxiang,WANG Fabin,CHEN Zhenbing. Effect of basic Fibroblast Growth Factor on functional recovery after peripheral nerve end-to-side anastomosis[J]. Zhonghua Xian Wei Wai Ke Za Zhi[Chin J Microsurg(Article in Chinese;No abstract available)],2002,25(1):53-54. DOI:10.3760/cma.j.issn.1001-2036.2002.01.020.}

[18073] 陈辉，陈绍宗. 端侧神经吻合恢复隐神经营养血管蒂逆行皮瓣感觉的应用 [J]. 中华显微外科杂志，2002，25(1)：54-55. DOI：10.3760/cma.j.issn.1001-2036.2002.01.021. {CHEN Hui,CHEN Shaozong. Application of end-to-side nerve anastomosis to restore the sensation of retrograde flap pedicled with saphenous nerve nutrient vessels[J]. Zhonghua Xian Wei Wai Ke Za Zhi[Chin J Microsurg(Article in Chinese;No abstract available)],2002,25(1):54-55. DOI:10.3760/cma.j.issn.1001-2036.2002.01.021.}

[18074] 洪光祥，陈振兵. 周围神经端侧缝合的研究进展 [J]. 中华手外科杂志，2002，18(1)：3-6. {HONG Guangxiang,CHEN Zhenbing. Research progress of end-to-side suture of peripheral nerve[J]. Zhonghua Shou Wai Ke Za Zhi[Chin J Hand Surg(Article in Chinese;No abstract available)],2002,18(1):3-6.}

[18075] 王敏，杨志焕. 周围神经损伤端侧吻合法进展 [J]. 临床骨科杂志，2002，5(1)：71-73. DOI：10.3969/j.issn.1008-0287.2002.01.038. {WANG Min,YANG Zhihuan. Progress of the end-to-side neurorrhaphy of peripheral nerves[J]. Lin Chuang Gu Ke Za Zhi[J Clin Orthop(Article in Chinese;No abstract available)],2002,5(1):71-73. DOI:10.3969/j.issn.1008-0287.2002.01.038.}

[18076] 王亮，王国君，许则民. 带血运的尺神经移植加端侧吻合治疗大段正中神经和尺神经缺损的实验研究 [J]. 吉林大学学报（医学版），2002，28(2)：168-170. DOI：10.3969/j.issn.1671-587X.2002.02.021. {WANG Liang,WANG Guojun,XU Zemin. Experimental study on efficiency in treatment of long defect of median nerve with and ulnar nerve with blood life ulnar nerve plus end-to-side anastomosis[J]. Ji Lin Da Xue Xue Bao(Yi Xue Ban)[J Jilin Univ Med Ed(Article in Chinese;Abstract in Chinese and English)],2002,28(2):168-170. DOI:10.3969/j.issn.1671-587X.2002.02.021.}

[18077] 尚咏，王利清，汪爱媛，卢世璧，余征. 外源性表皮生长因子促端侧吻合神经再生的研究 [J]. 中华显微外科杂志，2003，26(1)：36-38. DOI：10.3760/cma.j.issn.1001-2036.2003.01.013. {SHANG Yong,WANG Liqing,WANG Aiyuan,LU Shibi,YU Zheng. Promotion of nerve regeneration in peripheral nerve by exogenous Epidermal Growth Factor after terminolateral neurorrhaphy:an experimental study[J]. Zhonghua Xian Wei Wai Ke Za Zhi[Chin J Microsurg(Article in Chinese;Abstract in Chinese and English)],2003,26(1):36-38. DOI:10.3760/cma.j.issn.1001-2036.2003.01.013.}

[18078] 李伟，罗永湘，金毅. 自体雪旺细胞促周围神经端侧吻合轴突侧支发芽的实验研究 [J]. 中华实验外科杂志，2003，20(2)：155-157. DOI：10.3760/j.issn：1001-9030.2003.02.026. {LI Wei,LUO Yongxiang,JIN Yi. An experimental study of Schwann cell autografting promoting axonal collateral sprouting after peripheral nerve end-to-side anastomosis[J]. Zhonghua Shi Yan Wai Ke Za Zhi[Chin J Exp Surg(Article in Chinese;Abstract in Chinese and English)],2003,20(2):155-157. DOI:10.3760/j.issn:1001-9030.2003.02.026.}

[18079] 韦兆祥，朱亚平，张志霖，李欢. 神经端侧缝合术后远期疗效的临床观察 [J]. 中华手外科杂志，2003，19(2)：101-102. DOI：10.3760/cma.j.issn.1005-054X.2003.02.018. {WEI Zhaoxiang,ZHU Yaping,ZHANG Zhilin,LI Huan. Long term clinical observation of end-to-side neurorrhaphy[J]. Zhonghua Shou Wai Ke Za Zhi[Chin J Hand Surg(Article in Chinese;Abstract in Chinese and English)],2003,19(2):101-102. DOI:10.3760/cma.j.issn.1005-054X.2003.02.018.}

[18080] 许愿忠，易西南，曾志成. 大鼠坐骨神经端侧吻合术后 IGF-IR 表达的实验研究 [J]. 局解手术学杂志，2003，12(5)：323-325. DOI：10.3969/j.issn.1672-5042.2003.05.002. {XU Yuanzhong,YI Xinan,ZENG Zhicheng. The experimental study of IGF-IR expression after end-to-side neurorraphy of rat sciatic nerve[J]. Ju Jie Shou Shu Xue Za Zhi[J Reg Anat Oper Surg(Article in Chinese;Abstract in Chinese and English)],2003,12(5):323-325. DOI:10.3969/j.issn.1672-5042.2003.05.002.}

[18081] 李伟，罗永湘. 周围神经端侧吻合研究及临床应用 [J]. 中国修复重建外科杂志，2003，17(1)：30-33. {LI Wei,LUO Yongxiang. Review and cliniacl application of end-to-side anastomosis of peripheral nerve[J]. Zhongguo Xiu Fu Chong Jian Wai Ke Za Zhi[Chin J Repar Reconstr Surg(Article in Chinese;Abstract in Chinese and English)],2003,17(1):30-33.}

[18082] 吴强，李康华，贝抗胜，黄水云，李雄，唐华军，章良森，刘建平，何小龙，熊英辉. 神经端侧缝合重建腓肠神经营养血管逆行皮瓣感觉功能的临床观察 [J]. 中华显微外科杂志，2004，27(2)：106-108. DOI：10.3760/cma.j.issn.1001-2036.2004.02.010. {WU Qiang,LI Kanghua,BEI Kangsheng,HUANG Shuiyun,LI Xiong,TANG Huajun,ZHANG Liangsen,LIU Jianping,HE Xiaolong,XIONG Yinghui. Clinical study of reconstructing the sensation of the sural island skin flap by the way of end-to-side neuro-anastomosis[J]. Zhonghua Xian Wei Wai Ke Za Zhi[Chin J Microsurg(Article in Chinese;Abstract in Chinese and English)],2004,27(2):106-108. DOI:10.3760/cma.j.issn.1001-2036.2004.02.010.}

[18083] 曾荣，康毅，孙欣. 神经端侧缝合在周围神经长段缺损修复中的应用 [J]. 中国矫形外科杂志，2004，12(14)：1071-1073. DOI：10.3969/j.issn.1005-8478.2004.14.010. {ZENG Rong,KANG Yi,SUN Xin. Application of end-to-side coaptation in repairing long peripheral nerve defect[J]. Zhongguo Jiao Xing Wai Ke Za Zhi[Orthop J China(Article in Chinese;Abstract in Chinese and English)],2004,12(14):1071-1073. DOI:10.3969/j.issn.1005-8478.2004.14.010.}

[18084] 于占革，潘琦，韩成龙. 神经端侧缝合治疗陈旧性周围神经损伤的实验研究 [J]. 中国矫形外科杂志，2004，12(20)：1584-1585. DOI：10.3969/j.issn.1005-8478.2004.20.018. {YU Zhange,PAN Qi,HAN Chenglong. Experimental study of end-to-end neurohhaphy to treat obslete peripheral nerve injury[J]. Zhongguo Jiao Xing Wai Ke Za Zhi[Orthop J China(Article in Chinese;Abstract in Chinese)],2004,12(20):1584-1585. DOI:10.3969/j.issn.1005-8478.2004.20.018.}

[18085] 施鸿飞，宋知非. 神经端侧吻合术的研究进展 [J]. 临床骨科杂志，2004，7(3)：356-360. DOI：10.3969/j.issn.1008-0287.2004.03.061. {SHI Hongfei,SONG Zhifei. Advances of study on terminolateral neurorrhaphy[J]. Lin Chuang Gu Ke Za Zhi[J Clin Orthop(Article in Chinese;No abstract available)],2004,7(3):356-360. DOI:10.3969/j.issn.1008-0287.2004.03.061.}

[18086] 李旭东，季正伦，何清濂，王成海. 外源性神经生长因子促神经端侧吻合后侧支发芽的作用 [J]. 第二军医大学学报，2004，25(10)：1131-1132. DOI：10.3321/j.issn：0258-879X.2004.10.026. {LI Xudong,JI Zhenglun,HE Qinglian,WANG Chenghai. Exogenous nerve growth factor promoting collateral sprouting after peripheral nerve end-to-side anastomosis[J]. Di Er Jun Yi Da Xue Xue Bao[Acad J Sec Mil Med Univ(Article in Chinese;Abstract in Chinese)],2004,25(10):1131-1132. DOI:10.3321/j.issn:0258-879X.2004.10.026.}

[18087] 熊革，中村蓼吾，杉浦康夫. 周围神经端端或端侧吻合后降钙素基因相关肽和 P 物质免疫组织化学的对比研究 [J]. 中国修复重建外科杂志，2004，18(1)：4-7. {XIONG Ge,Ryogo Nakamura,Yasuo Sugiura. Immunohistochemistry study of calcitonin gene-related peptide and substance p levels between end-to-end and end-to-side neurorrhaphy[J]. Zhongguo Xiu Fu Chong Jian Wai Ke Za Zhi[Chin J Repar Reconstr Surg(Article in Chinese;Abstract in Chinese and English)],2004,18(1):4-7.}

[18088] 李志跃，赵群，朱家恺. 周围神经端侧动脉套接后神经再生的研究 [J]. 中国修复重建外科杂志，2004，18(6)：487-489. {LI Zhiyue,ZHAO Qun,ZHU Jiakai. Experimental study on peripheral nerve regeneration after artery sleeve anastomosis and end-to-side suture[J]. Zhongguo Xiu Fu Chong Jian Wai Ke Za Zhi[Chin J Repar Reconstr Surg(Article in Chinese;Abstract in Chinese and English)],2004,18(6):487-489.}

[18089] 彭田红，徐达传，李学雷，李严斌，王兴海. 舌下神经 - 面神经直接侧端吻合的应用解剖学研究 [J]. 中国临床解剖学杂志，2005，23(6)：597-599. DOI：10.3969/j.issn.1001-165X.2005.06.010. {PENG Tianhong,XU Dachuan,LI Xuelei,LI Yanbin,WANG Xinghai. Applied anatomy of direct side-to-end anastomosis of hypoglossal and facial nerve[J]. Zhongguo Lin Chuang Jie Pou Xue Za Zhi[Chin J Clin Anat(Article in Chinese;Abstract in Chinese and English)],2005,23(6):597-599. DOI:10.3969/j.issn.1001-165X.2005.06.010.}

[18090] 庄加川，张振伟，廖坚文，陈泽华，张家俊，林冷，殷明天，陈乐峰，陈国荣. FK506 缓释膜片促进外周神经端 - 侧吻合后神经再生的研究 [J]. 中华显微外科杂志，2005，28(3)：228-230. DOI：10.3760/cma.j.issn.1001-2036.2005.03.014. {ZHUANG Jiachuan,ZHANG Zhenwei,LIAO Jianwen,CHEN Zehua,ZHANG Jiajun,LIN Leng,YIN Mingtian,CHEN Lefeng,CHEN Guorong. An experimental study of promoting peripheral nerve regeneration through slow-releasing diaphragm with FK506 after end-to-side neurorrhaphy[J]. Zhonghua Xian Wei Wai Ke Za Zhi[Chin J Microsurg(Article in Chinese;Abstract in Chinese and English)],2005,28(3):228-230. DOI:10.3760/cma.j.issn.1001-2036.2005.03.014.}

[18091] 张志新，路来金，刘志刚. 吻合口间距对神经双端侧吻合神经再生的影响 [J]. 中华实验外科杂志，2005，22(7)：887. DOI：10.3760/j.issn：1001-9030.2005.07.056. {ZHANG Zhixin,LU Laijin,LIU Zhigang. Effect of anastomotic distance on nerve regeneration after double-end-to-side neurorrhaphy[J]. Zhonghua Shi Yan Wai Ke Za Zhi[Chin J Exp Surg(Article in Chinese;No abstract available)],2005,22(7):887. DOI:10.3760/j.issn:1001-9030.2005.07.056.}

[18092] 詹海华，阚世廉，张铁良，宫可同，张建兵，鲁毅军，赵卫生，王瑞林，章明放. 应用端侧吻合修复高位尺神经损伤的研究 [J]. 中华实验外科杂志，2005，22(10)：1248-1249. DOI：10.3760/j.issn：1001-9030.2005.10.037. {ZHAN Haihua,KAN Shilian,ZHANG Tieliang,GONG Ketong,ZHANG Jianbing,LU Yijun,ZHAO Weisheng,WANG Ruilin,ZHANG Mingfang. The ulnar nerve injury repair by end-to-side neurorrhaphy[J]. Zhonghua Shi Yan Wai Ke Za Zhi[Chin J Exp Surg(Article in Chinese;Abstract in Chinese and English)],2005,22(10):1248-1249.

DOI:10.3760/j.issn:1001-9030.2005.10.037.}

[18093] 陈琳，彭峰，沙轲，王劼，彭裕文，陈德松．端侧缝合后神经再生方式的实验研究 [J]．中华手外科杂志，2005，21（5）：301－303．{CHEN Lin,PENG Feng,SHA Ke,WANG Jie,PENG Yuwen,CHEN Desong. The study of regeneration mode of end-to-side neurorraphy[J]. Zhonghua Shou Wai Ke Za Zhi[Chin J Hand Surg(Article in Chinese;Abstract in Chinese and English)],2005,21(5):301-303.}

[18094] 施鸿飞，宋知非．端侧缝合加搭桥对周围神经再生的影响 [J]．临床骨科杂志，2005，8（3）：271－275．DOI：10.3969/j.issn.1008－0287.2005.03.033．{SHI Hongfei,SONG Zhifei. Peripheral nerve regeneration after termino-lateral neurorrhaphy combined with distal nerve bridging[J]. Lin Chuang Gu Ke Za Zhi[J Clin Orthop(Article in Chinese;Abstract in Chinese and English)],2005,8(3):271-275. DOI:10.3969/j.issn.1008-0287.2005.03.033.}

[18095] 朱庆棠，朱家恺，劳镇国，许扬滨，刘小林．采用神经纤维梳理技术显示神经端侧缝合后侧支再生的研究 [J]．中国修复重建外科杂志，2005，19（11）：868－870．{ZHU Qingtang,ZHU Jiakai,LAO Zhenguo,XU Yangbin,LIU Xiaolin. Collateral sprouting at end-to-side neurorrhaphy site demonstrated by nerve fibers micro-tease technique[J]. Zhongguo Xiu Fu Chong Jian Wai Ke Za Zhi[Chin J Repar Reconstr Surg(Article in Chinese;Abstract in Chinese and English)],2005,19(11):868-870.}

[18096] 樊飞，郑仰林，张顺，张德成．黄体酮促进端侧吻合外周神经再生的实验研究 [J]．中华显微外科杂志，2006，29(1)：35－38．DOI：10.3760/cma.j.issn.1001－2036.2006.01.012．{FAN Fei,ZHENG Yanglin,ZHANG Shun,ZHANG Decheng. The promotion of nerve regeneration in peripheral nerve by progesterone after terminolateral neurorrhaphy:an experiment study[J]. Zhonghua Xian Wei Wai Ke Za Zhi[Chin J Microsurg(Article in Chinese;Abstract in Chinese and English)],2006,29(1):35-38. DOI:10.3760/cma.j.issn.1001-2036.2006.01.012.}

[18097] 于占革，赵承斌．神经端侧缝合的应用与预后研究进展 [J]．中国矫形外科杂志，2006，14（2）：132－134．DOI：10.3969/j.issn.1005－8478.2006.02.015．{YU Zhange,ZHAO Chengbin. Application and prognosis of end-to-side neurorrhaphy[J]. Zhongguo Jiao Xing Wai Ke Za Zhi[Orthop J China(Article in Chinese;No abstract available)],2006,14(2):132-134. DOI:10.3969/j.issn.1005-8478.2006.02.015.}

[18098] 王源瑞，张振军，冷永德，李坤．神经桥接与神经端侧缝合修复周围神经缺损的研究进展 [J]．中华创伤骨科杂志，2006，8(11)：1072－1075．DOI：10.3760/cma.j.issn.1671－7600.2006.11.017．{WANG Yuanrui,ZHANG Zhenjun,LENG Yongde,LI Kun. Repair of peripheral nerve defects-nerve bridge grafting and end-to-side anastomosis[J]. Zhonghua Chuang Shang Gu Ke Za Zhi[Chin J Orthop Trauma(Article in Chinese;No abstract available)],2006,8(11):1072-1075. DOI:10.3760/cma.j.issn.1671-7600.2006.11.017.}

[18099] 朱小雷，张云峰，孙占胜，陈振强．周围神经端侧吻合新方法大鼠实验模型的建立 [J]．中华创伤杂志，2006，22（5）：372－376．DOI：10.3760/j：issn：1001－8050.2006.05.015．{ZHU Xiaolei,ZHANG Yunfeng,SUN Zhansheng,CHEN Zhenqiang. Establishment of a new animal model for end-to-side anastomosis of peripheral nerves[J]. Zhonghua Chuang Shang Za Zhi[Chin J Trauma(Article in Chinese;Abstract in Chinese and English)],2006,22(5):372-376. DOI:10.3760/j:issn:1001-8050.2006.05.015.}

[18100] 宋海峰，刘强，吴斗．端侧缝合修复周围神经损伤研究进展 [J]．国际骨科学杂志，2006，27（2）：98－100．DOI：10.3969/j.issn.1673－7083.2006.02.013．{SONG Haifeng,LIU Qiang,WU Dou. Research progress on repairing peripheral nerve injury by end-to-side neurorrhaphy[J]. Guo Ji Gu Ke Xue Za Zhi [Int J Orthop(Article in Chinese;Abstract in Chinese)],2006,27(2):98-100. DOI:10.3969/j.issn.1673-7083.2006.02.013.}

[18101] 虞庆，王涛，罗鹏波，顾玉东．周围神经端侧缝合后神经再生及其趋化性的实验研究 [J]．中华手外科杂志，2007，23（1）：30－33．{YU Qing,WANG Tao,LUO Pengbo,GU Yudong. Nerve regeneration and neurotropism following end-to-side neurorrhaphy:an experimental study[J]. Zhonghua Shou Wai Ke Za Zhi[Chin J Hand Surg(Article in Chinese;Abstract in Chinese and English)],2007,23(1):30-33.}

[18102] 许娅莉，邵新中，王磊，连勇．神经高位端端与低位端侧或侧侧缝合相结合提高神经修复能力的实验研究 [J]．中华手外科杂志，2007，23（2）：103－106．DOI：10.3760/cma.j.issn.1005－054X.2007.02.015．{XU Yali,SHAO Xinzhong,WANG Lei,LIAN Yong. The combination of proximal end-to-end neurorrhaphy and distal end-to-side or side-to-side neurorrhaphy to improve functional recovery after nerve repair:an experimental study[J]. Zhonghua Shou Wai Ke Za Zhi[Chin J Hand Surg(Article in Chinese;Abstract in Chinese and English)],2007,23(2):103-106. DOI:10.3760/cma.j.issn.1005-054X.2007.02.015.}

[18103] 王源瑞，贾堂宏，赵东．神经端侧缝合与带血供的自体神经游离移植修复神经缺损的比较研究 [J]．中华创伤骨科杂志，2007，9（9）：852－856．DOI：10.3760/cma.j.issn.1671－7600.2007.09.016．{WANG Yuanrui,JIA Tanghong,ZHAO Dong. A comparative study on repair of peripheral nerve defects by end-to-side anastomosis and free nerve autograft with blood supply[J]. Zhonghua Chuang Shang Gu Ke Za Zhi[Chin J Orthop Trauma(Article in Chinese;Abstract in Chinese and English)],2007,9(9):852-856. DOI:10.3760/cma.j.issn.1671-7600.2007.09.016.}

[18104] 郭伟韬，曾荣，孙欣，郑鸿，林颢，王辉，刘思景．桡神经－正中神经端侧吻合在桡神经长段缺损修复中的应用 [J]．中华创伤骨科杂志，2008，10（9）：899－900．DOI：10.3760/cma.j.issn.1671－7600.2008.09.028．{GUO Weitao,ZENG Rong,SUN Xin,ZHENG Hong,LIN Hao,WANG Hui,LIU Sijing. End-to-side anastomosis of median and radial nerves applied in repair of long defects of radial nerve[J]. Zhonghua Chuang Shang Gu Ke Za Zhi[Chin J Orthop Trauma(Article in Chinese;No abstract available)],2008,10(9):899-900. DOI:10.3760/cma.j.issn.1671-7600.2008.09.028.}

[18105] 魏佑震，顾小兵，张凤鸣，逄小红，巩念明，孙丰刚．大鼠腓总神经端侧吻合于胫神经再生神经的逆行追踪 [J]．中山大学学报（医学科学版），2008，29（6）：720－723．DOI：10.3321/j.issn：1672－3554.2008.06.018．{WEI Youzhen,GU Xiaobing,ZHANG Fengming,PANG Xiaohong,GONG Nianming,SUN Fenggang. Tracing of regenerating axons in peroneal nerve neurorrhaphy to tibial nerve in rats[J]. Zhong Shan Da Xue Xue Bao(Yi Xue Ke Xue Ban)[J Sun Yat-Sen Univ(Med Sci)(Article in Chinese;Abstract in Chinese and English)],2008,29(6):720-723. DOI:10.3321/j.issn:1672-3554.2008.06.018.}

[18106] 虞庆，王涛，顾玉东．神经端侧缝合后趋化性的神经元逆行示踪研究 [J]．中华显微外科杂志，2009，32（1）：36－38．DOI：10.3760/cma.j.issn.1001－2036.2009.01.016．{YU Qing,WANG Tao,GU Yudong. Neurotropism following end-to-side neurorrhaphy by neuron retrograde tracing technique[J]. Zhonghua Xian Wei Wai Ke Za Zhi[Chin J Microsurg(Article in Chinese;Abstract in Chinese and English)],2009,32(1):36-38. DOI:10.3760/cma.j.issn.1001-2036.2009.01.016.}

[18107] 胡孔和，吴强，刘建平，何小龙，席新华，靳安民，刘成龙．神经端侧吻合重建股前外侧游离皮瓣感觉功能 [J]．中华显微外科杂志，2009，32（2）：146－148．DOI：10.3760/cma.j.issn.1001－2036.2009.02.023．{HU Konghe,WU Qiang,LIU Jianping,HE Xiaolong,XI Xinhua,JIN Anmin,LIU Chenglong. Reconstruction of sensory function of anterolateral thigh free flap by end-to-side neurorrhaphy[J]. Zhonghua Xian Wei Wai Ke Za Zhi[Chin J Microsurg(Article in Chinese;Abstract in Chinese)],2009,32(2):146-148. DOI:10.3760/cma.j.issn.1001-2036.2009.02.023.}

[18108] 王生钰，谢建华，李再桂，刘海华，张克禄，张永强．指神经缺损端侧缝合与神经移植疗效比较的临床研究 [J]．中华手外科杂志，2009，25（6）：385．DOI：10.3760/cma.j.issn.1005－054X.2009.06.027．{WANG Shengyu,XIE Jianhua,LI Zaigui,LIU Haihua,ZHANG Kelu,ZHANG Yongqiang. Clinical study on the comparison of end-to-side suture and nerve transplantation for digital nerve defect[J]. Zhonghua Shou Wai Ke Za Zhi[Chin J Hand Surg(Article in Chinese;No abstract available)],2009,25(6):385. DOI:10.3760/cma.j.issn.1005-054X.2009.06.027.}

[18109] 李兵，高宛生，董传江．内脏神经－体神经端侧吻合后神经再生方式的研究 [J]．中华实验外科杂志，2010，27(3)：336－337．DOI：10.3760/cma.j.issn.1001－9030.2010.03.024．{LI Bing,GAO Wansheng,DONG Chuanjiang. A retrograde tracer study of the regenerative nerve after end-to-side nerve anastomosis of distal stump of autonomic nerve to somatic nerve in rats[J]. Zhonghua Shi Yan Wai Ke Za Zhi[Chin J Exp Surg(Article in Chinese;Abstract in Chinese and English)],2010,27(3):336-337. DOI:10.3760/cma.j.issn.1001-9030.2010.03.024.}

[18110] 高宛生，李兵．内脏神经－体神经端侧吻合后神经纤维再生研究 [J]．中华实验外科杂志，2010，27（5）：629－630．DOI：10.3760/cma.j.issn.1001－9030.2010.05.032．{GAO Wansheng,LI Bing. The nerve regeneration after end-to-side nerve anastomosis of distal stump of autonomic nerve to somatic nerve in rats[J]. Zhonghua Shi Yan Wai Ke Za Zhi[Chin J Exp Surg(Article in Chinese;Abstract in Chinese and English)],2010,27(5):629-630. DOI:10.3760/cma.j.issn.1001-9030.2010.05.032.}

[18111] 杨蓊勃，虞聪，陈琳，杨剑云，吴可晚．不同端－侧缝合方式修复周围神经的比较研究 [J]．中华手外科杂志，2010，26（4）：222－225．DOI：10.3760/cma.j.issn.1005－054X.2010.04.014．{YANG Wengbo,YU Cong,CHEN Lin,YANG Jianyun,WU Kewan. Comparative study of peripheral nerve reconstruction using different types of end-to-side neurorrhaphy[J]. Zhonghua Shou Wai Ke Za Zhi[Chin J Hand Surg(Article in Chinese;Abstract in Chinese and English)],2010,26(4):222-225. DOI:10.3760/cma.j.issn.1005-054X.2010.04.014.}

[18112] 刘军，芮永军，寿奎水，施海峰，陆征峰，胡刚．神经端侧吻合术在拇指旋转撕脱离断伤中的应用 [J]．中国修复重建外科杂志，2010，24（8）：1020－1021．{LIU Jun,RUI Yongjun,SHOU Kuishui,SHI Haifeng,LU Zhengfeng,HU Gang. Application of end-to-side neurorrhaphy in rotational avulsion of thumb[J]. Zhongguo Xiu Fu Chong Jian Wai Ke Za Zhi[Chin J Repar Reconstr Surg(Article in Chinese;Abstract in Chinese)],2010,24(8):1020-1021.}

[18113] 陈保国，黄渭清．端侧吻合供体神经对受体神经再生作用的影响研究进展 [J]．中国修复重建外科杂志，2010，24（11）：1306－1309．{CHEN Baoguo,HUANG Weiqing. Research progress of effect of donor nerve on regeneration of recipient nerve in end-to-side neurorrhaphy[J]. Zhongguo Xiu Fu Chong Jian Wai Ke Za Zhi[Chin J Repar Reconstr Surg(Article in Chinese;Abstract in Chinese and English)],2010,24(11):1306-1309.}

[18114] 史升，袁文．端侧吻合技术在神经损伤修复方面的发展及现状 [J]．中华外科杂志，2011，49（3）：272－274．DOI：10.3760/cma.j.issn.0529－5815.2011.03.019．{SHI Sheng,YUAN Wen. The development and present situation of end-to-side anastomosis in the repair of nerve injury[J]. Zhonghua Wai Ke Za Zhi[Chin J Surg(Article in Chinese;No abstract available)],2011,49(3):272-274. DOI:10.3760/cma.j.issn.0529-5815.2011.03.019.}

[18115] 杨蓊勃，虞聪，陈琳，杨剑云．不同延迟修复时间对神经端－侧缝合效果影响的实验研究 [J]．中华手外科杂志，2011，27（3）：164－167．DOI：10.3760/cma.j.issn.1005－054X.2011.03.016．{YANG Wengbo,YU Cong,CHEN Lin,YANG Jianyun. Experimental study of end-to-side neurorrhaphy after different intervals of delayed repair[J]. Zhonghua Shou Wai Ke Za Zhi[Chin J Hand Surg(Article in Chinese;Abstract in Chinese and English)],2011,27(3):164-167. DOI:10.3760/cma.j.issn.1005-054X.2011.03.016.}

[18116] 芮永军，张志海，施海峰，吴权，柯尊山，寿奎水．神经端侧缝合治疗手指顽固性残端痛性神经瘤 [J]．中华手外科杂志，2011，27（6）：338－340．DOI：10.3760/cma.j.issn.1005－054X.2011.06.009．{RUI Yongjun,ZHANG Zhihai,SHI Haifeng,WU Quan,KE Zunshan,SHOU Kuishui. Treatment of refractory stump pain caused by neuroma by end-to-side neurorrhaphy[J]. Zhonghua Shou Wai Ke Za Zhi[Chin J Hand Surg(Article in Chinese;Abstract in Chinese and English)],2011,27(6):338-340. DOI:10.3760/cma.j.issn.1005-054X.2011.06.009.}

[18117] 江起庭，冯明生，江志伟，刘进竹．神经移植合并双端侧神经吻合修复双侧指固有神经陈旧性损伤 [J]．组织工程与重建外科杂志，2011，7（6）：335－337．DOI：10.3969/j.issn.1673－0364.2011.06.010．{JIANG Qiting,FENG Mingsheng,JIANG Zhiwei,LIU Jinzhu. Nerve graft with two end-to-side neurorrhaphy in treating bilateral chronic proper digital nerve injuries[J]. Zu Zhi Gong Cheng Yu Chong Jian Wai Ke Za Zhi[J Tissue Eng Reconstr Surg(Article in Chinese;Abstract in Chinese and English)],2011,7(6):335-337. DOI:10.3969/j.issn.1673-0364.2011.06.010.}

[18118] 江起庭，杨丽娜，江志伟．双端侧神经吻合修复双侧指固有神经陈旧性损伤 [J]．中华骨科杂志，2012，32（12）：1161－1165．DOI：10.3760/cma.j.issn.0253－2352.2012.12.013．{JIANG Qiting,YANG Lina,JIANG Zhiwei. Double end-to-side neuroanastomosis for repairing bilateral obsolete proper digital nerve injuries[J]. Zhonghua Gu Ke Za Zhi[Chin J Orthop(Article in Chinese;Abstract in Chinese and English)],2012,32(12):1161-1165. DOI:10.3760/cma.j.issn.0253-2352.2012.12.013.}

[18119] 胡孔和，吴强，靳安民，席新华，段扬，刘成龙．神经端侧吻合重建游离皮瓣感觉功能的临床效果 [J]．中华显微外科杂志，2012，35（3）：237－239．DOI：10.3760/cma.j.issn.1001－2036.2012.03.025．{HU Konghe,WU Qiang,JIN Anmin,XI Xinhua,DUAN Yang,LIU Chenglong. Clinical effect of end-to-side neurorrhaphy to reconstruct the sensory function of free skin flap[J]. Zhonghua Xian Wei Wai Ke Za Zhi[Chin J Microsurg(Article in Chinese;Abstract in Chinese)],2012,35(3):237-239. DOI:10.3760/cma.j.issn.1001-2036.2012.03.025.}

[18120] 芮晶，劳杰．端侧吻合修复周围神经损伤的研究进展 [J]．中华显微外科杂志，2012，35(3)：259－261．DOI：10.3760/cma.j.issn.1001－2036.2012.03.035．{RUI Jing,LAO Jie. Research progress of end-to-side anastomosis in repairing peripheral nerve injury[J]. Zhonghua Xian Wei Wai Ke Za Zhi[Chin J Microsurg(Article in Chinese;No abstract available)],2012,35(3):259-261. DOI:10.3760/cma.j.issn.1001-2036.2012.03.035.}

[18121] 杨家辉，洪光祥，渠刚，陈振兵，苏森，王发斌．周围神经端侧吻合的时限研究 [J]．中华实验外科杂志，2012，29（7）：1282－1284．DOI：10.3760/cma.j.issn.1001－9030.2012.07.026．{YANG Jiahui,HONG Guangxiang,QU Gang,CHEN Zhenbing,SU Sen,WANG Fabin. End-to-side neurorrhaphy of different periods after degeneration[J]. Zhonghua Shi Yan Wai Ke Za Zhi[Chin J Exp Surg(Article in Chinese;Abstract in Chinese and English)],2012,29(7):1282-1284. DOI:10.3760/cma.j.issn.1001-9030.2012.07.026.}

[18122] 刘宇舟，芮永军，糜菁熠，邱扬，华雍．神经端侧缝合术在手指脱套离断再植中的应用 [J]．中华显微外科杂志，2013，36(2)：167－169．DOI：10.3760/cma.j.issn.1001－2036.2013.02.021．{LIU Yuzhou,RUI Yongjun,MI Jingyi,QIU Yang,HUA Yong. Application of end-to-side neurorrhaphy in replantation of amputated fingers[J]. Zhonghua Xian Wei Wai Ke Za Zhi[Chin J Microsurg(Article in Chinese;Abstract in Chinese)],2013,36(2):167-169. DOI:10.3760/cma.j.issn.1001-2036.2013.02.021.}

[18123] 贾英伟，梁炳生，张登峰，常文凯，乔虎云，陈治，李刚．螺旋式改良神经端侧缝合法修复周围神经损伤的实验研究 [J]．中华手外科杂志，2013，29（1）：49－52．DOI：10.3760/cma.j.issn.1005－054X.2013.01.020．{JIA Yingwei,LIANG Bingsheng,ZHANG Dengfeng,CHANG Wenkai,QIAO Huyun,CHEN Zhi,LI Gang. Modified spiral end-to-side neurorrhaphy for peripheral nerve injury reconstruction:an experimental study[J]. Zhonghua Shou Wai Ke Za Zhi[Chin J Hand Surg(Article in Chinese;Abstract in Chinese and English)],2013,29(1):49-52. DOI:10.3760/cma.j.issn.1005-054X.2013.01.020.}

[18124] 贾英伟，段王平，梁炳生，张登峰，常文凯，乔虎云，陈治，李刚．不同吻合面积影响神经端侧吻合法修复效果的实验研究 [J]．实用骨科杂志，2013，19（5）：429－431，后插 2．DOI：10.3969/j.issn.1008－5572.2013.05.013．{JIA Yingwei,DUAN Wangping,LIANG Bingsheng,ZHANG Dengfeng,CHANG Wenkai,QIAO Huyun,CHEN Zhi,LI Gang. The effect of

different anastom otic area in end-to-side neurorrhaphy for peripheral nerve injuries:an experimental study[J]. Shi Yong Gu Ke Za Zhi[J Pract Orthop(Article in Chinese;Abstract in Chinese and English)],2013,19(5):429-431,insert 2. DOI:10.3969/j.issn.1008-5572.2013.05.013.}

[18125] 江起庭，王钰，杨丽娜，冯明生，江志伟. 双神经弓式双端侧吻合治疗痛性指固有神经瘤[J]. 创伤外科杂志，2014，16(1)：36-38. {JIANG Qiting,WANG Yu,YANG Lina,FENG Mingsheng,JIANG Zhiwei. Treatment of refractory pain caused by neuroma by double end-to-side neuroanastomosis[J]. Chuang Shang Wai Ke Za Zhi[J Traum Surg(Article in Chinese;Abstract in Chinese and English)],2014,16(1):36-38.}

[18126] 江起庭，王钰，杨丽娜，江志伟. 神经弓式双端侧神经吻合修复双侧指固有神经急性损伤[J]. 第二军医大学学报，2014，35(2)：149-153. DOI：10.3724/SP.J.1008.2014.00149. {JIANG Qiting,WANG Yu,YANG Lina,JIANG Zhiwei. Arched nerves of double end-to-side neuroanastomosis for repairing bilateral acute proper digital nerve injuries[J]. Di Er Jun Yi Da Xue Xue Bao[Acad J Sec Mil Med Univ(Article in Chinese;Abstract in Chinese and English)],2014,35(2):149-153. DOI:10.3724/SP.J.1008.2014.00149.}

[18127] 董传江，谢宗兰，张路生，范哲奇，吴朝，董自强. 内脏神经－体神经端侧吻合对供体神经及其功能的影响[J]. 中华实验外科杂志，2016，33(4)：1030-1032. DOI：10.3760/cma.j.issn.1001-9030.2016.04.049. {DONG Chuanjiang,XIE Zonglan,ZHANG Lusheng,FAN Zheqi,WU Chao,DONG Ziqiang. The effect of end-to-side nerve anastomosis of autonomic nerve to somatic nerve on the donor nerve and its functions[J]. Zhonghua Shi Yan Wai Ke Za Zhi[Chin J Exp Surg(Article in Chinese;Abstract in Chinese and English)],2016,33(4):1030-1032. DOI:10.3760/cma.j.issn.1001-9030.2016.04.049.}

[18128] 董传江，谢宗兰，张路生，范哲奇，吴朝，董自强. 内脏神经－体神经端侧吻合与端端吻合修复膀胱功能的比较[J]. 中华实验外科杂志，2016，33(6)：1461-1463. DOI：10.3760/cma.j.issn.1001-9030.2016.06.009. {DONG Chuanjiang,XIE Zonglan,ZHANG Lusheng,FAN Zheqi,WU Chao,DONG Ziqiang. The efficacy of end-to-side nerve anastomosis of autonomic nerve to somatic nerve vs.end-to-end nerve anastomosis on restoration of bladder function[J]. Zhonghua Shi Yan Wai Ke Za Zhi[Chin J Exp Surg(Article in Chinese;Abstract in Chinese and English)],2016,33(6):1461-1463. DOI:10.3760/cma.j.issn.1001-9030.2016.06.009.}

[18129] 高宛生，李云龙，何翔飞，文建国. FK1706对内脏神经－体神经端侧吻合大鼠神经再生的作用[J]. 中华实验外科杂志，2017，34(10)：1655-1657. DOI：10.3760/cma.j.issn.1001-9030.2017.10.010. {GAO Wansheng,LI Yunlong,HE Xiangfei,WEN Jianguo. Effect of FK1706 on nerve regeneration after end-to-side neurorrhaphy of autonomic nerve and somatic nerve in rats[J]. Zhonghua Shi Yan Wai Ke Za Zhi[Chin J Exp Surg(Article in Chinese;Abstract in Chinese and English)],2017,34(10):1655-1657. DOI:10.3760/cma.j.issn.1001-9030.2017.10.010.}

[18130] 黎庆钿，陈钢泓，马元琛，廖俊星，郑秋坚. 感觉神经反式端侧缝合寄养改善大鼠失神经骨骼肌功能的恢复[J]. 中华显微外科杂志，2018，41(2)：156-161. DOI：10.3760/cma.j.issn.1001-2036.2018.02.014. {LI Qingdian,CHEN Ganghong,MA Yuanchen,LIAO Junxing,ZHENG Qiujian. Sensory nerve baby-sitting in reverse end-to-side fashion improves the recovery of denervated muscle in rats[J]. Zhonghua Xian Wei Wai Ke Za Zhi[Chin J Microsurg(Article in Chinese;Abstract in Chinese and English)],2018,41(2):156-161. DOI:10.3760/cma.j.issn.1001-2036.2018.02.014.}

6.4 周围神经缺损修复
repair of peripheral nerve defect

[18131] 朱家恺. 骨骼肌移植修复周围神经缺损的研究（初步小结）[J]. 中国修复重建外科杂志，1992，6(4)：193-196. {ZHU Jiakai. Repair of peripheral nerve defects with skeletal muscle transplantation[J]. Zhongguo Xiu Fu Chong Jian Wai Ke Za Zhi[Chin J Repar Reconstr Surg(Article in Chinese;Abstract in Chinese)],1992,6(4):193-196.}

[18132] 洪光祥，王发斌. 自体静脉移植修复周围神经缺损的疗效观察[J]. 中华手外科杂志，1993，9(1)：10-11. {HONG Guangxiang,WANG Fabin. Clinical observation of autologous vein transplantation in repairing peripheral nerve defect[J]. Zhonghua Shou Wai Ke Za Zhi[Chin J Hand Surg(Article in Chinese;Abstract in Chinese)],1993,9(1):10-11.}

[18133] 丁海明，孟庆永，韩西城，谭瑞诚. 血管植入神经移植段修复周围神经缺损再血管化观察[J]. 骨与关节损伤杂志，1995，10(6)：358-359. {DING Haiming,MENG Qingyong,HAN Xicheng,TAN Ruicheng. Observation of the revascularization of nerve grafts with vascular implantation[J]. Gu Yu Guan Jie Sun Shang Za Zhi[J Bone Joint Injury(Article in Chinese;Abstract in Chinese and English)],1995,10(6):358-359.}

[18134] 杜全印，蒋祖言，王爱民. 移植周围神经修复脊髓损伤[J]. 中国矫形外科杂志，1999，6(3)：222-223. {DU Quanyin,JIANG Zuyan,WANG Aimin. Transplantation of peripheral nerve to repair spinal cord injury[J]. Zhongguo Jiao Xing Wai Ke Za Zhi[Orthop J China(Article in Chinese;No abstract available)],1999,6(3):222-223.}

[18135] 赵德伟，王卫明，康凯夫，荆拓，王铁男，于晓光，杨磊，崔旭. 周围神经缺损神经移植修复对神经元细胞凋亡的影响[J]. 中华外科杂志，2002，40(11)：862-864. DOI：10.3760/j：issn：0529-5815.2002.11.022. {ZHAO Dewei,WANG Weiming,KANG Kaifu,JING Tuo,WANG Tienan,YU Xiaoguang,YANG Lei,CUI Xu. Protection effect of nerve implantation after peripheral nerve injury to rats[J]. Zhonghua Wai Ke Za Zhi[Chin J Surg(Article in Chinese;Abstract in Chinese and English)],2002,40(11):862-864. DOI:10.3760/j:issn:0529-5815.2002.11.022.}

6.4.1 神经移植术
nerve transfer

[18136] 陈德义. 神经移植修复坐骨神经缺损一例报告[J]. 中华外科杂志，1985，23(6)：335. {CHEN Deyi. Repair of sciatic nerve defect by nerve transplantation:a case report[J]. Zhonghua Wai Ke Za Zhi[Chin J Surg(Article in Chinese;No abstract available)],1985,23(6):335.}

[18137] 赵德伟，崔振江. 神经移植修复周围神经损伤高压氧治疗观察[J]. 中华显微外科杂志，1991，14(1)：36-38. {ZHAO Dewei,CUI Zhenjiang. Observation of hyperbaric oxygen therapy for repairing peripheral nerve injury with nerve transplantation[J]. Zhonghua Xian Wei Wai Ke Za Zhi[Chin J Microsurg(Article in Chinese;Abstract in Chinese)],1991,14(1):36-38.}

[18138] 吴梅英. 周围神经缺损的自体神经移植[J]. 中华显微外科杂志，1991，14(1)：39-41. {WU Meiying. Autogenous nerve transplantation of peripheral nerve defect[J]. Zhonghua Xian Wei Wai Ke Za Zhi[Chin J Microsurg(Article in Chinese;Abstract in Chinese)],1991,14(1):39-41.}

[18139] 金国华，胡迎青. 骨骼肌桥接与自体神经移植修复周围神经缺损的比较研究[J]. 中华显微外科杂志，1991，14(1)：46-48. {JIN Guohua,HU Yingqing. Comparative study of the skeletal muscle bridge with autogenous nerve graft in repairing peripheral nerve gap[J]. Zhonghua Xian Wei Wai Ke Za Zhi[Chin J Microsurg(Article in Chinese;Abstract in Chinese)],1991,14(1):46-48.}

[18140] 杨志岑. 带大隐静脉隐神经移植修复周围神经缺损[J]. 中华显微外科杂志，1991，14(3)：139-140. {YANG Zhongcen. Repair of peripheral nerve defect by transplantation of saphenous nerve with great saphenous vein[J]. Zhonghua Xian Wei Wai Ke Za Zhi[Chin J Microsurg(Article in Chinese;Abstract in Chinese)],1991,14(3):139-140.}

[18141] 张传林，燕冰. 小隐静脉带动脉化腓肠神经移植修复长段神经缺损[J]. 中华显微外科杂志，1992，15(1)：9-10. {ZHANG Chuanlin,YAN Bing. Repair of long segment nerve defect by vascularized sural nerve transplantation pedicled with small saphenous vein[J]. Zhonghua Xian Wei Wai Ke Za Zhi[Chin J Microsurg(Article in Chinese;Abstract in Chinese)],1992,15(1):9-10.}

[18142] 傅小宽，朱家恺. 变性骨骼肌与自体神经联合移植修复周围神经缺损[J]. 中华显微外科杂志，1993，16(3)：197-199. {FU Xiaokuan,ZHU Jiakai. Repair of peripheral nerve defect by combined transplantation of degenerated skeletal muscle and autologous nerve[J]. Zhonghua Xian Wei Wai Ke Za Zhi[Chin J Microsurg(Article in Chinese;Abstract in Chinese)],1993,16(3):197-199.}

[18143] 范启申，梁耀光. 神经外膜与神经片段移植桥接神经缺损[J]. 中华显微外科杂志，1993，16(4)：246-248. {FAN Qishen,LIANG Yaoguang. Transplantation of epineurium and nerve fragments to bridge nerve defect[J]. Zhonghua Xian Wei Wai Ke Za Zhi[Chin J Microsurg(Article in Chinese;Abstract in Chinese)],1993,16(4):246-248.}

[18144] 刘会敏，臧鸿声. 自体神经移植端端吻合防治神经瘤形成之机制[J]. 中华显微外科杂志，1993，16(4)：282-283. {LIU Huimin,ZANG Hongsheng. Mechanism of end-to-end anastomosis of autologous nerve transplantation in the prevention and treatment of neuroma[J]. Zhonghua Xian Wei Wai Ke Za Zhi[Chin J Microsurg(Article in Chinese;Abstract in Chinese)],1993,16(4):282-283.}

[18145] 李忠玉，顾玉东. 带血管神经移植修复神经缺损的远期随访[J]. 中华手外科杂志，1993，9(2)：102-104. {LI Zhongyu,GU Yudong. Recovery of peripheral nerve defects with free vascularized nerve grafting:a long period follow-up[J]. Zhonghua Shou Wai Ke Za Zhi[Chin J Hand Surg(Article in Chinese;Abstract in Chinese)],1993,9(2):102-104.}

[18146] 崔树森，张志新，尹维田，王冰. 生物膜包绕神经移植治疗神经瘤性残端痛[J]. 中国修复重建外科杂志，1994，8(3)：188. {CUI Shusen,ZHANG Zhixin,YIN Weitian,WANG Bing. Nerve transplantation surrounded by biofilm in the treatment of stump pain caused by neuroma[J]. Zhongguo Xiu Fu Chong Jian Wai Ke Za Zhi[Chin J Repar Reconstr Surg(Article in Chinese;No abstract available)],1994,8(3):188.}

[18147] 王爱民，周肇平，周明华，Bruce IC，余婉华. 自体带血管神经移植修复脊髓损伤的初步研究[J]. 中华骨科杂志，1995，15(2)：695-697. {WANG Aimin,ZHOU Zhaoping,ZHOU Minghua,Bruce IC,YU Wanhua. Vascularized peripheral nerve trunk autograftedin rats with spinal cord injury:a preliminary report[J]. Zhonghua Gu Ke Za Zhi[Chin J Orthop(Article in Chinese;Abstract in Chinese and English)],1995,15(2):695-697.}

[18148] 姜永冲，路来金，王玉发，尹维田，高庆国，王首夫. 带贵要静脉前臂内侧皮神经移植修复周围神经缺损[J]. 中华显微外科杂志，1995，18(1)：55-57. {JIANG Yongchong,LU Laijin,WANG Yufa,YIN Weitian,GAO Qingguo,WANG Shoufu. Transplantation of medial forearm cutaneous nerve with basilic vein to repair peripheral nerve defect[J]. Zhonghua Xian Wei Wai Ke Za Zhi[Chin J Microsurg(Article in Chinese;No abstract available)],1995,18(1):55-57.}

[18149] 李建西，申彪. 带不带血管周围神经移植的比较[J]. 中华显微外科杂志，1996，19(1)：9-11. {LI Jianxi,SHEN Biao. Experimental comparison of vascularized and nonvascularized nerve grafting[J]. Zhonghua Xian Wei Wai Ke Za Zhi[Chin J Microsurg(Article in Chinese;Abstract in Chinese and English)],1996,19(1):9-11.}

[18150] 赵德伟，朱景斌，郭林，杜国君，李建军，刘大辉，谭红军，谷翔宇，张朝阳. 腓肠神经移植修复周围神经缺损116例[J]. 中华显微外科杂志，1996，19(4)：270-272. {ZHAO Dewei,ZHU Jingbin,GUO Lin,DU Guojun,LI Jianjun,LIU Dahui,TAN Hongjun,GU Xiangyu,ZHANG Chaoyang. The free transplantation of calf nerve repair the defect of peripheral nerve:116 cases report[J]. Zhonghua Xian Wei Wai Ke Za Zhi[Chin J Microsurg(Article in Chinese;Abstract in Chinese and English)],1996,19(4):270-272.}

[18151] 赵德伟，杜国君，张晓明，朱景斌，郭林，范秀玉，严佩影，张朝阳，孙强. 血管束植入移植神经修复周围神经缺损[J]. 中华创伤杂志，1996，12(7)：33-35. {ZHAO Dewei,DU Guojun,ZHANG Xiaoming,ZHU Jingbin,GUO Lin,FAN Xiuyu,YAN Peiying,ZHANG Chaoyang,SUN Qiang. Repair of peripheral nerve defects using free nerve grafts with vascular implants[J]. Zhonghua Chuang Shang Za Zhi[Chin J Trauma(Article in Chinese;Abstract in Chinese and English)],1996,12(7):33-35.}

[18152] 程春生，赵雅平. 静脉蒂动脉化腓肠神经移植修复长段神经缺损[J]. 中华显微外科杂志，1998，21(1)：68-69. {CHENG Chunsheng,ZHAO Yaping. Repair of long nerve defect by arterialized sural nerve graft pedicled with vein[J]. Zhonghua Xian Wei Wai Ke Za Zhi[Chin J Microsurg(Article in Chinese;No abstract available)],1998,21(1):68-69.}

[18153] 范启申，周祥吉，钟世镇. 吻合腓动静脉腓肠神经移植的应用[J]. 中华显微外科杂志，1998，21(2)：97-99. DOI：10.3760/cma.j.issn.1001-2036.1998.02.007. {FAN Qishen,ZHOU Xiangji,ZHONG Shizhen. Anatomical research of sural nerve blood supply and its clinical application[J]. Zhonghua Xian Wei Wai Ke Za Zhi[Chin J Microsurg(Article in Chinese;Abstract in Chinese and English)],1998,21(2):97-99. DOI:10.3760/cma.j.issn.1001-2036.1998.02.007.}

[18154] 张传林，张树桧，冯爱菊. 静脉血营养神经移植的实验及应用研究[J]. 中华创伤杂志，1998，14(1)：35. DOI：10.3760/j：issn：1001-8050.1998.01.012. {ZHANG Chuanlin,ZHANG Shuhui,FENG Aiju. Experimental study and clinical application of nerve transplantation with veins[J]. Zhonghua Chuang Shang Za Zhi[Chin J Trauma(Article in Chinese;Abstract in Chinese and English)],1998,14(1):35. DOI:10.3760/j:issn:1001-8050.1998.01.012.}

[18155] 田立杰，战杰，王淑华，梁晓旭，安贵林，田耘. 胎儿神经移植修复感觉神经缺损[J]. 中国修复重建外科杂志，1998，12(3)：138-140. {TIAN Lijie,ZHAN Jie,WANG Shuhua,LIANG Xiaoxu,AN Guilin,TIAN Yun. Allograft of frozen nerve in repairing sensory nerve defect[J]. Zhongguo Xiu Fu Chong Jian Wai Ke Za Zhi[Chin J Repar Reconstr Surg(Article in Chinese;Abstract in Chinese and English)],1998,12(3):138-140.}

[18156] 范启申，周祥吉，王继锋. 带腓动静脉腓肠神经移植修复上肢神经[J]. 中华骨科杂志，1999，19(4)：225. DOI：10.3760/j.issn：0253-2352.1999.04.009. {FAN Qishen,ZHOU Xiangji,WANG Jifeng. Repairing of the nerve of the upper limbs with sural nerve supplied with peroneal artery and vein[J]. Zhonghua Gu Ke Za Zhi[Chin J Orthop(Article in Chinese;Abstract in Chinese and English)],1999,19(4):225. DOI:10.3760/j.issn:0253-2352.1999.04.009.}

[18157] 万智勇，张帆，陈初勇. 骨骼肌包埋神经片段桥接与神经移植修复神经缺损的比较[J]. 中华骨科杂志，1999，19(6)：353. DOI：10.3760/j.issn：0253-2352.1999.06.009. {WAN Zhiyong,ZHANG Fan,CHEN Chuyong. Comparison of implantation of nerve fragment embedded in skeletal muscle fibers with nerve grafting in the treatment of peripheral nerve defects[J]. Zhonghua Gu Ke Za Zhi[Chin J Orthop(Article in Chinese;Abstract in Chinese and English)],1999,19(6):353. DOI:10.3760/j.issn:0253-2352.1999.06.009.}

[18158] 刘世敬，贺长清. 预变性周围神经移植促进早期轴突再生[J]. 中华显微外科杂志，1999，22(S1)：3-5. {LIU Shijing,HE Changqing. Predegenerative peripheral nerve transplantation promotes early axonal regeneration[J]. Zhonghua Xian Wei Wai Ke Za Zhi[Chin J Microsurg(Article in Chinese;No abstract available)],1999,22(S1):3-5.}

[18159] 徐杰，顾玉东，劳杰，成效敏，董震，王涛. 以尺侧上副动脉为蒂尺神经移植的临床研究[J]. 中华手外科杂志，2001，17(4)：200-203. DOI：10.3760/cma.j.issn.1005-054X.2001.04.004. {XU Jie,GU Yudong,LAO Jie,CHENG Xiaomin,DONG Zhen,WANG Tao. Ulnar nerve grafting pedicled by the superior collateral ulnar artery:a clinica l study[J].

Zhonghua Shou Wai Ke Za Zhi[Chin J Hand Surg(Article in Chinese;Abstract in Chinese and English)],2001,17(4):200-203. DOI:10.3760/cma.j.issn.1005-054X.2001.04.004.}

[18160] 张少成，瞿创予，张雪松，郑家富．神经移植术治疗截瘫神经性膀胱的尿动力学观察 [J]．中华泌尿外科杂志，2001，22（4）：220-222．DOI：10.3760/j：issn：1000-6702.2001.04.009．{ZHANG Shaocheng,QU Chuangyu,ZHANG Xuesong,ZHENG Jiafu. An urodynamic evaluation of neuroanastomosis for neurogenic bladder caused by spinal cord injury[J]. Zhonghua Mi Niao Wai Ke Za Zhi[Chin J Urol(Article in Chinese;Abstract in Chinese and English)],2001,22(4):220-222. DOI:10.3760/j:issn:1000-6702.2001.04.009.}

[18161] 向铁城．腓浅神经移植一期修复桡神经缺损 [J]．中华显微外科杂志，2002，25（1）：78．DOI：10.3760/cma.j.issn.1001-2036.2002.01.050．{XIANG Tiecheng. One-stage repair of radial nerve defect by superficial peroneal nerve transplantation[J]. Zhonghua Xian Wei Wai Ke Za Zhi[Chin J Microsurg(Article in Chinese;No abstract available)],2002,25(1):78. DOI:10.3760/cma.j.issn.1001-2036.2002.01.050.}

[18162] 冯万文，李建华，桑锡光，赵大同，杨兰生，郭淑玉，路海英．桡神经浅支移植修复桡神经缺损 [J]．中华手外科杂志，2002，18（3）：143．DOI：10.3760/cma.j.issn.1005-054X.2002.03.006．{FENG Wanwen,LI Jianhua,SANG Xiguang,ZHAO Datong,YANG Lansheng,GUO Shuyu,LU Haiying. Repair of radial nerve defect by transplantation of superficial branch of radial nerve[J]. Zhonghua Shou Wai Ke Za Zhi[Chin J Hand Surg(Article in Chinese;No abstract available)],2002,18(3):143. DOI:10.3760/cma.j.issn.1005-054X.2002.03.006.}

[18163] 陈允震，王琛，李劲松，王道清，王振华．指数曲线电刺激对外周神经移植的影响 [J]．中华显微外科杂志，2003，26（2）：135-136．DOI：10.3760/cma.j.issn.1001-2036.2003.02.019．{CHEN Yunzhen,WANG Chen,LI Jinsong,WANG Daoqing,WANG Zhenhua. Effect of exponential curve electrical stimulation on peripheral nerve transplantation[J]. Zhonghua Xian Wei Wai Ke Za Zhi[Chin J Microsurg(Article in Chinese;Abstract in Chinese)],2003,26(2):135-136. DOI:10.3760/cma.j.issn.1001-2036.2003.02.019.}

[18164] 崔忠宁，刘敏．小隐静脉带动脉化腓肠神经移植修复上肢神经缺损 [J]．中华显微外科杂志，2003，26（2）：152-153．DOI：10.3760/cma.j.issn.1001-2036.2003.02.031．{CUI Zhongning,LIU Min. Repair of nerve defect of upper limb by arterialized sural nerve graft pedicled with small saphenous vein[J]. Zhonghua Xian Wei Wai Ke Za Zhi[Chin J Microsurg(Article in Chinese;Abstract in Chinese)],2003,26(2):152-153. DOI:10.3760/cma.j.issn.1001-2036.2003.02.031.}

[18165] 吴包金，江华．失神经皮瓣移植感觉功能恢复的研究进展 [J]．中华整形外科杂志，2004，20（3）：231-233．DOI：10.3760/j.issn：1009-4598.2004.03.022．{WU Baojin,JIANG Hua. Research progress on sensory function recovery of denervated skin flap[J]. Zhonghua Zheng Xing Wai Ke Za Zhi[Chin J Plast Surg(Article in Chinese;No abstract available)],2004,20(3):231-233. DOI:10.3760/j.issn:1009-4598.2004.03.022.}

[18166] 周琳，史其林，顾玉东．内镜在神经移植方面应用的进展 [J]．中国微创外科杂志，2005，5（5）：405-406．DOI：10.3969/j.issn.1009-6604.2005.05.027．{ZHOU Lin,SHI Qilin,GU Yudong. Progress in the application of endoscopy in nerve transplantation[J]. Zhongguo Wei Chuang Wai Ke Za Zhi[Chin J Minim Inva Surg(Article in Chinese;No abstract available)],2005,5(5):405-406. DOI:10.3969/j.issn.1009-6604.2005.05.027.}

[18167] 高仕长，陈亮，顾玉东，胡韶楠．神经移植移位术治疗产瘫的早期疗效分析 [J]．中华手外科杂志，2005，21（2）：67-69．DOI：10.3760/cma.j.issn.1005-054X.2005.02.002．{GAO Shichang,CHEN Liang,GU Yudong,HU Shaonan. Neuroma resection and brachial plexus reconstruction by nerve transfer and nerve grafting:analysis of early outcome in obstetric brachial plexus palsy[J]. Zhonghua Shou Wai Ke Za Zhi[Chin J Hand Surg(Article in Chinese;Abstract in Chinese and English)],2005,21(2):67-69. DOI:10.3760/cma.j.issn.1005-054X.2005.02.002.}

[18168] 黄新，李小军．腓肠神经移植修复桡神经深支损伤 [J]．中华显微外科杂志，2006，29（3）：232-233．DOI：10.3760/cma.j.issn.1001-2036.2006.03.029．{HUANG Xin,LI Xiaojun. Transplantation of sural nerve to repair injury of deep branch of radial nerve[J]. Zhonghua Xian Wei Wai Ke Za Zhi[Chin J Microsurg(Article in Chinese;Abstract in Chinese)],2006,29(3):232-233. DOI:10.3760/cma.j.issn.1001-2036.2006.03.029.}

[18169] 苑芳昌，柏春玲，任记彬．双侧小隐静脉动脉化腓肠神经移植修复股动脉和股神经缺损一例 [J]．中华显微外科杂志，2007，30（2）：120．DOI：10.3760/cma.j.issn.1001-2036.2007.02.040．{YUAN Fangchang,BAI Chunling,REN Jibin. Bilateral small saphenous vein arterialized sural nerve graft for repair of femoral artery and femoral nerve defect:a case report[J]. Zhonghua Xian Wei Wai Ke Za Zhi[Chin J Microsurg(Article in Chinese;No abstract available)],2007,30(2):120. DOI:10.3760/cma.j.issn.1001-2036.2007.02.040.}

[18170] 郑怀远，洪光祥，刘娟，黄启顺．前臂背侧皮神经移植修复骨间背侧神经运动支的临床疗效 [J]．中华显微外科杂志，2012，35（6）：499-501．DOI：10.3760/cma.j.issn.1001-2036.2012.06.022．{ZHENG Huaiyuan,HONG Guangxiang,LIU Juan,HUANG Qishun. Clinical effect of transplantation of dorsal forearm cutaneous nerve to repair motor branch of dorsal interosseous nerve[J]. Zhonghua Xian Wei Wai Ke Za Zhi[Chin J Microsurg(Article in Chinese;Abstract in Chinese)],2012,35(6):499-501. DOI:10.3760/cma.j.issn.1001-2036.2012.06.022.}

[18171] 李锦永，胡洪良，王换新，程学锋．腓肠神经移植修复桡神经深支缺损的疗效分析 [J]．中华显微外科杂志，2013，36（2）：183-185．DOI：10.3760/cma.j.issn.1001-2036.2013.02.029．{LI Jinyong,HU Hongliang,WANG Huanxin,CHENG Xuefeng. Analysis of the curative effect of sural nerve transplantation in repairing the defect of deep branch of radial nerve[J]. Zhonghua Xian Wei Wai Ke Za Zhi[Chin J Microsurg(Article in Chinese;Abstract in Chinese)],2013,36(2):183-185. DOI:10.3760/cma.j.issn.1001-2036.2013.02.029.}

[18172] 卓高豹，温新，张怀保，陈顺平，余方正，李剑敏，王健．带小隐静脉静脉化腓肠神经移植治疗桡神经颗粒细胞瘤一例 [J]．中华手外科杂志，2018，34（3）：195-196．DOI：10.3760/cma.j.issn.1005-054X.2018.03.013．{ZHUO Gaobao,WEN Xin,ZHANG Huaibao,CHEN Shunping,YU Fangzheng,LI Jianmin,WANG Jian. Sural nerve transplantation with small saphenous vein in the treatment of radial nerve granulosa cell tumor:a case report[J]. Zhonghua Shou Wai Ke Za Zhi[Chin J Hand Surg(Article in Chinese;No abstract available)],2018,34(3):195-196. DOI:10.3760/cma.j.issn.1005-054X.2018.03.013.}

[18173] 何炜，刘宗宝，崔志浩，陆飞伟，袁晓栋．不带血供的长段自体神经移植修复上臂桡神经缺损的初步临床研究 [J]．中华手外科杂志，2018，34（6）：466-467．DOI：10.3760/cma.j.issn.1005-054X.2018.06.026．{HE Wei,LIU Zongbao,CUI Zhihao,LU Feiwei,YUAN Xiaodong. Preliminary clinical study on repair of radial nerve defect of upper arm by long segment autogenous nerve transplantation without blood supply[J]. Zhonghua Shou Wai Ke Za Zhi[Chin J Hand Surg(Article in Chinese;Abstract in Chinese)],2018,34(6):466-467. DOI:10.3760/cma.j.issn.1005-054X.2018.06.026.}

6.4.1.1 带蒂神经移植术
pedicled nerve transfer

[18174] Gu YD,Wu MM,Zheng YL,Li HR,Xu YN. Vascularized free sural nerve grafting[J]. Chin Med J,1985,98(12):875-880.

[18175] 宋一平，钟桂午，张正治．带蒂骨间前神经转位移植修复上肢神经干缺损 [J]．中国临床解剖学杂志，1995，13（1）：227-229．DOI：10.13418/j.issn.1001-165x.1995.03.031．{SONG Yiping,ZHONG Guiwu,ZHANG Zhengzhi. Transposition of pedicled anterior interosseous nerve for the treatment ofnerve trunk defects in upper limb[J]. Zhongguo Lin Chuang Jie Pou Xue Za Zhi[Chin J Clin Anat(Article in Chinese;Abstract in Chinese and English)],1995,13(1):227-229. DOI:10.13418/j.issn.1001-165x.1995.03.031.}

[18176] 蒋立新，张淑芬，于秀娥，焦粤龙．受区带蒂筋膜包绕耳大神经移植治疗面神经缺失性损伤 [J]．中华耳鼻咽喉科杂志，2004，39（4）：219-222．DOI：10.3760/j.issn：1673-0860.2004.04.008．{JIANG Lixin,ZHANG Shufen,YU Xiue,JIAO Yuelong. Treating defective damage of facial nerve with great auricular nerve grafting covered by pediculated fascial tube[J]. Zhonghua Er Bi Yan Hou Ke Za Zhi[Chin J Otorhinolaryngol(Article in Chinese;Abstract in Chinese and English)],2004,39(4):219-222. DOI:10.3760/j.issn:1673-0860.2004.04.008.}

6.4.1.2 游离神经移植术
free nerve transfer

[18177] 顾玉东，吴敏明，郑忆柳，李鸿儒，徐永年．静脉蒂动脉化游离腓肠神经移植 [J]．中华外科杂志，1985，23（6）：338-340．{GU Yudong,WU Minming,ZHENG Yiliu,LI Hongru,XU Yongnian. Free sural nerve transplantation with vein pedicle arterialized[J]. Zhonghua Wai Ke Za Zhi[Chin J Surg(Article in Chinese;No abstract available)],1985,23(6):338-340.}

[18178] 朱发亮，杨少华，范普宝，张茂其．残肢坐骨神经游离移植一例报告 [J]．临床解剖学杂志，1986，4（2）：80．DOI：10.13418/j.issn.1001-165x.1986.02.008．{ZHU Faliang,YANG Shaohua,FAN Pubao,ZHANG Maoqi. Free sciatic nerve transplantation of stump:a case report[J]. Lin Chuang Jie Pou Xue Za Zhi[Chin J Clin Anat(Article in Chinese;No abstract available)],1986,4(2):80. DOI:10.13418/j.issn.1001-165x.1986.02.008.}

[18179] 纪延玉．静脉血供的游离腓肠神经移植 [J]．修复重建外科杂志，1988，2（2）：93．{JI Yanyu. Free sural nerve transplantation with venous blood supply[J]. Zhongguo Xiu Fu Chong Jian Wai Ke Za Zhi[Chin J Repar Reconstr Surg(Article in Chinese;No abstract available)],1988,2(2):93.}

[18180] 郑瑞启，赵永江，夏日明．小隐静脉蒂非动脉化的游离腓肠神经移植 [J]．修复重建外科杂志，1990，4（3）：142．{ZHENG Ruiqi,ZHAO Yongjiang,XIA Riming. Free sural nerve transplantation with non-arterialized pedicle of small saphenous vein[J]. Zhongguo Xiu Fu Chong Jian Wai Ke Za Zhi[Chin J Repar Reconstr Surg(Article in Chinese;No abstract available)],1990,4(3):142.}

[18181] 谢贞玉．静脉血营养的腓肠神经游离移植 [J]．修复重建外科杂志，1990，4（3）：141-190．{XIE Zhenyu. Free vascularized nerve graft with lesser saphenous vein[J]. Zhongguo Xiu Fu Chong Jian Wai Ke Za Zhi[Chin J Repar Reconstr Surg(Article in Chinese;Abstract in Chinese and English)],1990,4(3):141-190.}

[18182] 杨大平，夏双印，陶天遵，韩孝明，姚猛，董中．静脉蒂动脉化游离神经移植修复神经缺损 [J]．修复重建外科杂志，1990，4（4）：238．{YANG Daping,XIA Shuangyin,TAO Tianzun,HAN Xiaoming,YAO Meng,DONG Zhong. Repair of nerve defect by arterialized free nerve transplantation with venous pedicle[J]. Zhongguo Xiu Fu Chong Jian Wai Ke Za Zhi[Chin J Repar Reconstr Surg(Article in Chinese;No abstract available)],1990,4(4):238.}

[18183] 丁力．带血管蒂的游离神经移植术 [J]．中华显微外科杂志，1991，14（2）：120-121．{DING Li. Free nerve transplantation with vascular pedicle[J]. Zhonghua Xian Wei Wai Ke Za Zhi[Chin J Microsurg(Article in Chinese;No abstract available)],1991,14(2):120-121.}

[18184] 丁力，张涤生，黄文义．预制带静脉蒂神经游离移植实验研究 [J]．中华显微外科杂志，1991，14（4）：214-216．{DING Li,ZHANG Disheng,HUANG Wenyi. Free grafts of prefabricated venous pedicled nerve:an experimental study in the rabbit[J]. Zhonghua Xian Wei Wai Ke Za Zhi[Chin J Microsurg(Article in Chinese;Abstract in Chinese)],1991,14(4):214-216.}

[18185] 李儒，杜明义，王云龙，刁泰昌．静脉血营养的游离腓肠神经移植修复桡神经缺损 [J]．中国修复重建外科杂志，1992，6（1）：7．{LI Ru,DU Mingyi,WANG Yunlong,DIAO Taichang. Repair of radial nerve defect by free sural nerve transplantation with venous blood nutrition[J]. Zhongguo Xiu Fu Chong Jian Wai Ke Za Zhi[Chin J Repar Reconstr Surg(Article in Chinese;No abstract available)],1992,6(1):7.}

[18186] 赵凯，张炳祥，黄品强．双血供神经游离移植修复胫神经缺损一例 [J]．中国修复重建外科杂志，1993，7（4）：260．{ZHAO Kai,ZHANG Bingxiang,HUANG Pinqiang. Repair of tibial nerve defect by free transplantation of double blood supply nerve:a case report[J]. Zhongguo Xiu Fu Chong Jian Wai Ke Za Zhi[Chin J Repar Reconstr Surg(Article in Chinese;No abstract available)],1993,7(4):260.}

[18187] 余任风．小隐静脉动脉化游离腓肠神经移植术 [J]．中华手外科杂志，1994，10（2）：54．{YU Renfeng. Free sural nerve transplantation with arterialized saphenous vein[J]. Zhonghua Shou Wai Ke Za Zhi[Chin J Hand Surg(Article in Chinese;No abstract available)],1994,10(2):54.}

[18188] 李端峰．静脉蒂动脉化腓肠神经游离移植修复尺神经长段缺损 [J]．中国修复重建外科杂志，1994，8（2）：126-127．{LI Duanfeng. Repair of long segment defect of ulnar nerve with vein pedicled arterialized sural nerve free graft[J]. Zhongguo Xiu Fu Chong Jian Wai Ke Za Zhi[Chin J Repar Reconstr Surg(Article in Chinese;No abstract available)],1994,8(2):126-127.}

[18189] 阚世廉，宫可同，费起礼，张春丽，章明放，银和平，孔令震．健康神经与退变神经游离移植比较的实验研究（一）[J]．中华手外科杂志，1995，11（1）：45-47，68．{KAN Shilian,GONG Ketong,FEI Qili,ZHANG Chunli,ZHANG Mingfang,YIN Heping,KONG Lingzhen. Comparative experiment of normal and degenerated nerve grafts[J]. Zhonghua Shou Wai Ke Za Zhi[Chin J Hand Surg(Article in Chinese;Abstract in Chinese and English)],1995,11(1):45-47,68.}

[18190] 韩国栋，李文庆，苏盛元，王淑，李长虎，沈晓钟．小隐静脉带动脉化游离腓肠神经移植治疗上肢长段神经缺损 [J]．中华手外科杂志，1995，11（3）：150．{HAN Guodong,LI Wenqing,SU Shengyuan,WANG Shu,LI Changhu,SHEN Xiaozhong. Arterialized free sural nerve transplantation pedicled with saphenous vein for the treatment of long segment nerve defect of upper extremity[J]. Zhonghua Shou Wai Ke Za Zhi[Chin J Hand Surg(Article in Chinese;No abstract available)],1995,11(3):150.}

[18191] 丁海明，韩西城．血管植入游离神经移植段修复周围神经缺损的实验研究 [J]．中华创伤杂志，1995，11（4）：207-208．{DING Haiming,HAN Xicheng. Experimental study of using autogenous nerve graft with vascular implantation for repairing nerve defect[J]. Zhonghua Chuang Shang Za Zhi[Chin J Trauma(Article in Chinese;Abstract in Chinese and English)],1995,11(4):207-208.}

[18192] 张少成，逄育，赵永江，张传森．自体周围神经组织游离移植治疗陈旧性脊髓损伤 [J]．中国局解手术学杂志，1999，8（4）：270-272．{ZHANG Shaocheng,PANG Yu,ZHAO Yongjiang,ZHANG Chuansen. The transplantation of peripheral nerve treat the later injury of spine cord[J]. Ju Jie Shou Shu Xue Za Zhi[J Reg Anat Oper Surg(Article in Chinese;Abstract in Chinese and English)],1999,8(4):270-272.}

[18193] 彭智，刘双意，谭宏昌，陈航，廖进民，康毅，曾荣．大隐静脉动脉化游离隐神经移植的实验研究 [J]．中华手外科杂志，2001，17（3）：46-49．{PENG Zhi,LIU Shuangyi,TAN Hongchang,CHEN Hang,LIAO Jinmin,KANG Yi,ZENG Rong. Free grafting of saphenous nerve with great saphenous arteriotization :an experimental study[J]. Zhonghua Shou Wai Ke Za Zhi[Chin J Hand Surg(Article in Chinese;Abstract in Chinese and English)],2001,17(3):46-49.}

[18194] 李中锋，崔红旺，王俊波，朱玉花，任有成，袁正江，崔永光，卢宏，陈永彩．小隐静脉蒂动脉化游离腓肠神经移植修复上肢神经缺损 [J]．中华手外科杂志，2008，24（6）：382-382．DOI：10.3760/cma.j.issn.1005-054X.2008.06.026．{LI Zhongfeng,CUI Hongwang,WANG Junbo,ZHU Yuhua,REN Youcheng,YUAN Zhengjiang,CUI Yongguang,LU Hong,CHEN Yongcai. Repair of nerve defect of upper limb with arterialized free sural nerve pedicled with small saphenous vein[J]. Zhonghua Shou Wai Ke Za Zhi[Chin J Hand Surg(Article in Chinese;No abstract available)],2008,24(6):382-382. DOI:10.3760/cma.j.issn.1005-054X.2008.06.026.}

6.4.1.2.1 神经全干移植术
single-stranded nerve grafting

[18195] 王军强，伊明江，诸寅，王满宜，张伯松，刘德全，危杰．坐骨神经霰弹枪伤的手术治疗 [J]．中华外科杂志，2004，42（2）：81-83．DOI：10.3760/j：issn：0529-5815.2004.02.006．{WANG Junqiang,YI Mingjiang,ZHU Yin,WANG Manyi,ZHANG Bosong,LIU Dequan,WEI Jie. Surgical treatment of shotgun injuries of the sciatic nerve[J]. Zhonghua Wai Ke Za Zhi[Chin J Surg(Article in Chinese;Abstract in Chinese and English)],2004,42(2):81-83. DOI:10.3760/j:issn:0529-5815.2004.02.006.}

6.4.1.2.2 神经电缆式移植术
cable nerve grafting

[18196] 丰德宽，陈鹏云，谢志军．带血管蒂前臂后皮神经电缆式移植修复上臂桡神经缺损 [J]．中华骨科杂志，1997，17（9）：560-563．{FENG Dekuan,CHEN Pengyun,XIE Zhijun. Cable grafting of vascularized posterior antebrachial cutaneus nerve for defect of radial nerve in upper arm[J]. Zhonghua Gu Ke Za Zhi[Chin J Orthop(Article in Chinese;Abstract in Chinese and English)],1997,17(9):560-563.}

6.4.1.2.3 神经束间移植术
interfascicular nerve transfer

[18197] 朱家恺，黄承达．束间吻合神经移植术 8 例远期疗效分析 [J]．中华外科杂志，1979，17(1)：47-49．{ZHU Jiakai,HUANG Chengda. Analysis of long-term effect of nerve transplantation with interfascicular anastomosis:a report of 8 cases[J]. Zhonghua Wai Ke Za Zhi[Chin J Surg(Article in Chinese;No abstract available)],1979,17(1):47-49.}

[18198] 王仁润，卢世壁．束间神经移植后 Tinel's 征临床观察 [J]．中华显微外科杂志，1990，13（1）：15-16．{WANG Renrun,LU Shibi . Clinical observation of Tinel's sign with interfascicular nerve transplantation[J]. Zhonghua Xian Wei Wai Ke Za Zhi[Chin J Microsurg(Article in Chinese;Abstract in Chinese)],1990,13(1):15-16.}

[18199] 汤锦波，侍德，顾永强．非神经组织束间移植修复神经缺损 [J]．中华创伤杂志，1995，11（1）：14-16．{TANG Jinbo,SHI De,GU Yongqiang. Non nervus tissue interfascicular transplantation to repair nervus defect[J]. Zhonghua Chuang Shang Za Zhi[Chin J Trauma(Article in Chinese;Abstract in Chinese)],1995,11(1):14-16.}

6.4.1.2.4 吻合血管神经移植术
vascularized nerve transfer

[18200] 周长满，钟世镇，刘牧之．吻合血管移植周围神经的解剖学基础 Ⅰ．小腿皮神经移植的显微外科解剖学 [J]．临床应用解剖学杂志，1983，1（1）：13-20．DOI：10.13418/j.issn.1001-165x.1983.01.008．{ZHOU Changman,ZHONG Shizhen,LIU Muzhi . Anatomical basis of peripheral nerves after vascular grafting Ⅰ :Microsurgical anatomy of cutaneous nerve grafts in the leg[J]. Lin Chuang Ying Yong Jie Pou Xue Za Zhi[Chin J Clin Anat(Article in Chinese;Abstract in Chinese)],1983,1(1):13-20. DOI:10.13418/j.issn.1001-165x.1983.01.008.}

[18201] 钟汉柱，周长满，忻元培，高建华，刘知难，钟世镇．吻合血管移植周围神经的解剖学基础 Ⅲ．吻合血管移植腓浅神经修复缺损 25 厘米的正中神经 [J]．临床应用解剖学杂志，1983，1（1）：21-23．DOI：10.13418/j.issn.1001-165x.1983.01.009．{ZHONG Hanzhu,ZHOU Changman,Qi Yuanpei,GAO Jianhua,LIU Zhinan,ZHONG Shizhen. Anatomical basis of peripheral nerves after vascular grafting Ⅲ :Anastomosis of blood vessel and transplantation of superficial peroneal nerve to repair defect of 25 cm median nerve[J]. Lin Chuang Ying Yong Jie Pou Xue Za Zhi[Chin J Clin Anat(Article in Chinese;Abstract in Chinese)],1983,1(1):21-23. DOI:10.13418/j.issn.1001-165x.1983.01.009.}

[18202] 周长满，钟世镇．吻合血管移植周围神经的解剖学基础 Ⅱ．应用多种方法对周围神经内微血管的研究 [J]．临床应用解剖学杂志，1983，1（2）：99-103．DOI：10.13418/j.issn.1001-165x.1983.02.010．{ZHOU Changman,ZHONG Shizhen. Anatomical basis of peripheral nerves after vascular grafting Ⅱ:Application of various methods to the study of microvessels in peripheral nerves[J]. Lin Chuang Ying Yong Jie Pou Xue Za Zhi[Chin J Clin Anat(Article in Chinese;Abstract in Chinese)],1983,1(2):99-103. DOI:10.13418/j.issn.1001-165x.1983.02.010.}

[18203] 孟宪玉，何尚宽，钟世镇．吻合血管移植腓深神经的应用解剖学 [J]．修复重建外科杂志，1988，2（2）：248．{MENG Xianyu,HE Shangkuan,ZHONG Shizhen. Applied anatomy of deep peroneal nerve transplantation with anastomotic vessels[J]. Zhongguo Xiu Fu Chong Jian Wai Ke Za Zhi[Chin J Repar Reconstr Surg(Article in Chinese;Abstract in Chinese)],1988,2(2):248.}

[18204] 朱星红，程耕历．吻合血管的腓浅神经移植解剖学基础 [J]．中华显微外科杂志，1990，13（1）：32-34．{ZHU Xinghong,CHENG Geng Li. Anatomical basis of superficial peroneal nerve graft with vascular anastomosis[J]. Zhonghua Xian Wei Wai Ke Za Zhi[Chin J Microsurg(Article in Chinese;Abstract in Chinese)],1990,13(1):32-34.}

[18205] 郝迎春，田丰年．吻合血管的跖内侧神经移植 [J]．中华显微外科杂志，1990，13（4）：206-208．{HAO Yingchun,TIAN Fengnian . Transplantation of medial metatarsal nerve with vascular anastomosis[J]. Zhonghua Xian Wei Wai Ke Za Zhi[Chin J Microsurg(Article in Chinese;Abstract in Chinese)],1990,13(4):206-208.}

[18206] 陈中伟，徐林．吻合血管的神经移植桥接臂丛缺损 [J]．中华显微外科杂志，1992，15（1）：11-13．{CHEN Zhongwei,XU Lin. Treatment of brachial plexus defect by nerve graft with vascular anastomosis[J]. Zhonghua Xian Wei Wai Ke Za Zhi[Chin J Microsurg(Article in Chinese;Abstract in Chinese)],1992,15(1):11-13.}

[18207] 于建农，刘克泉，刘健．吻合血管的神经移植治疗臂丛肿瘤切除后神经缺损 [J]．中华显微外科杂志，1994，17（4）：257．{YU Jiannong,LIU Kequan,LIU Jian. Treatment of nerve defect after resection of brachial plexus tumor by nerve transplantation with vascular anastomosis[J]. Zhonghua Xian Wei Wai Ke Za Zhi[Chin J Microsurg(Article in Chinese;Abstract in Chinese)],1994,17(4):257.}

[18208] 王爱民，周肇平，周明华，IC，Bruce，李起鸿，蒋祖言．二步吻合技术在鼠带血管神经移植修复脊髓损伤中的应用 [J]．中华外科杂志，1994，32（4）：239．{WANG Aimin,ZHOU Zhaoping,ZHOU Minghua,IC Bruce,LI Qihong,JIANG Zuyan. Application of two-step anastomosis technique in the repair of spinal cord injury by vascularized nerve transplantation in rats[J]. Zhonghua Wai Ke Za Zhi[Chin J Surg(Article in Chinese;Abstract in Chinese)],1994,32(4):239.}

[18209] 王爱民，周肇平，周明华，蒋祖言，李起鸿．带血管神经二步吻合移植修复鼠脊髓损伤的实验研究 [J]．中华神经外科杂志，1995，11（6）：351-353，375．DOI：10.3760/cma.j.issn.1001-2346.1995.06.120．{WANG Aimin,ZHOU Zhaoping,ZHOU Minghua,JIANG Zuyan,LI Qihong. Effects of two stage anastomosis technique on vascularized nerve autografted in rats spinal cord[J]. Zhonghua Shen Jing Wai Ke Za Zhi[Chin J Neurosurg(Article in Chinese ;Abstract in Chinese)],1995,11(6):351-353,375. DOI:10.3760/cma.j.issn.1001-2346.1995.06.120.}

[18210] 王源瑞，贾堂宏，孟祥海，杜伍岭．吻合血管的腓肠神经移植修复前臂远端尺动脉和尺神经缺损 [J]．中华创伤骨科杂志，2004，6（12）：1431-1432．DOI：10.3760/cma.j.issn.1671-7600.2004.12.039．{WANG Yuanrui,JIA Tanghong,MENG Xianghai,DU Wuling. Repair of defects of distal ulnar artery and nerve of forearm with grafting of vascular sural nerve[J]. Zhonghua Chuang Shang Gu Ke Za Zhi[Chin J Orthop Trauma(Article in Chinese ;Abstract in Chinese and English)],2004,6(12):1431-1432. DOI:10.3760/cma.j.issn.1671-7600.2004.12.039.}

6.4.1.2.5 同种异体神经移植术
allogenic nerve transplantation

[18211] Zhong H,Chen B,Lu S,Zhao M,Guo Y,Hou S. Nerve regeneration and functional recovery after a sciatic nerve gap is repaired by an acellular nerve allograft made through chemical extraction in canines[J]. J Reconstr Microsurg,2007,23(8):479-487. doi:10. 1055/s-2007-992340.

[18212] Zhang LX,Tong XJ,Sun XH,Tong L,Gao J,Jia H,Li ZH. Experimental study of low dose ultrashortwave promoting nerve regeneration after acellular nerve allografts repairing the sciatic nerve gap of rats[J]. Cell Mol Neurobiol,2008,28(4):501-509. doi:10. 1007/s 10571-007-9226-1.

[18213] Wang D,Liu XL,Zhu JK,Jiang L,Hu J,Zhang Y,Yang LM,Wang HG,Yi JH. Bridging small-gap peripheral nerve defects using acellular nerve allograft implanted with autologous bone marrow stromal cells in primates[J]. Brain Res,2008,1188:44-53. doi:10. 1016/j.brainres. 2007. 09. 098.

[18214] Haisheng H,Songjie Z,Xin L. Assessment of nerve regeneration across nerve allografts treated with tacrolimus[J]. Artif Cells Blood Substit Immobil Biotechnol,2008,36(5):465-474. doi:10. 1080/ 10731190802375810.

[18215] Sun XH,Che YQ,Tong XJ,Zhang LX,Feng Y,Xu AH,Tong L,Jia H,Zhang X. Improving nerve regeneration of acellular nerve allografts seeded with SCs bridging the sciatic nerve defects of rat[J]. Cell Mol Neurobiol,2009,29(3):347-353. doi:10. 1007/s 10571-008-9326-6.

[18216] Zhang LX,Tong XJ,Yuan XH,Sun XH,Jia H. Effects of 660-nm galliumaluminum-arsenide low-energy laser on nerve regeneration after acellular nerve allograft in rats[J]. Synapse,2010,64(2):152-160. doi:10. 1002/syn. 20724.

[18217] Hu M,Zhang L,Niu Y,Xiao H,Tang P,Wang Y. Repair of whole rabbit facial nerve defects using facial nerve allografts[J]. J Oral Maxillofac Surg,2010,68(9):2196-2206. doi:10. 1016/j.joms. 2009. 11. 012.

[18218] Wang D,Liu XL,Zhu JK,Hu J,Jiang L,Zhang Y,Yang LM,Wang HG,Zhu QT,Yi JH,Xi TF. Repairing large radial nerve defects by acellular nerve allografts seeded with autologous bone marrow stromal cells in a monkey model[J]. J Neurotrauma,2010,27(10):1935-1943. doi:10. 1089/neu. 2010. 1352.

[18219] Sun F,Zhou K,Mi WJ,Qiu JH. Repair of facial nerve defects with decellularized artery allografts containing autologous adipose-derived stem cells in a rat model[J]. Neurosci Lett,2011,499(2):104-108. doi:10. 1016/j.neulet. 2011. 05. 043.

[18220] Zhang L,Lv X,Tong X,Jia H,Li Z. Study on molecular mechanism for improving neural regeneration after repair of sciatic nerve defect in rat by acellular nerve allograft[J]. Synapse,2012,66(1):52-60. doi:10. 1002/syn. 20985.

[18221] Wang Y,Jia H,Li WY,Tong XJ,Liu GB,Kang SW. Synergistic effects of bone mesenchymal stem cells and chondroitinase ABC on nerve regeneration after acellular nerve allograft in rats[J]. Cell Mol Neurobiol,2012,32(3):361-371. doi:10. 1007/s 10571-011-9764-4.

[18222] Li W,Wu WW,Lin XS,Hou SX,Zhong HB,Ruan DK. Changes in T lymphocyte subsets and intracellular cytokines after transfer of chemically extracted acellular nerve allografts[J]. Mol Med Rep,2012,5(4):1080-1086. doi:10. 3892/mmr. 2012. 747.

[18223] Wang Y,Zhao Z,Ren Z,Zhao B,Zhang L,Chen J,Xu W,Lu S,Zhao Q,Peng J. Recellularized nerve allografts with differentiated mesenchymal stem cells promote peripheral nerve regeneration[J]. Neurosci Lett,2012,514(1):96-101. doi:10. 1016/j.neulet. 2012. 02. 066.

[18224] Pang CJ,Tong L,Ji LL,Wang ZY,Zhang X,Gao H,Jia H,Zhang LX,To n g XJ. Synergistic effects of ultrashort t wave a n d b o n e marrow stromal cells on nerve regeneration with acellular nerve allografts[J].Synapse,2013,67(10):637-647. doi:10. 1002/syn. 21669.

[18225] Guo Y,Chen G,Tian G,Tapia C. Sensory recovery following decellularized nerve allograft transplantation for digital nerve repair[J]. J Plast Surg Hand Surg,2013,47(6):451-453. doi:10. 3109/ 2000656X. 2013. 778862.

[18226] Zheng C,Zhu Q,Liu X,Huang X,He C,Jiang L,Quan D. Improved peripheral nerve regeneration using acellular nerve allografts loaded with platelet-rich plasma[J]. Tissue Eng Part A,2014,20(23-24):3228-3240. doi:10. 1089/ten. TEA. 2013. 0729.

[18227] Li T,Zhang XJ,Li J,Kan QC. Effect of FK 506 nanospheres on regeneration of allogeneic nerve after transplant[J]. Asian Pac J Trop Med,2014,7(6):478-482. doi:10. 1016/S 1995-7645(14) 60078-X.

[18228] Zhang Y,Zhang H,Katiella K,Huang W. Chemically extracted acellular allogeneic nerve graft combined with ciliary neurotrophic factor promotes sciatic nerve repair[J]. Neural Regen Res,2014,9(14):1358-1364. doi:10. 4103/ 1673-5374. 137588.

[18229] Zhang Y,Zhang H,Zhang G,Ka K,Huang W. Combining acellular nerve allografts with brain-derived neurotrophic factor transfected bone marrow mesenchymal stem cells restores sciatic nerve injury better than either intervention alone[J]. Neural Regen Res,2014,9(20):1814-1819. doi:10. 4103/ 1673-5374. 143427.

[18230] Wang Y,Liu Y,Liu Q. Ganglioside promotes the bridging of sciatic nerve defects in cryopreserved peripheral nerve allografts[J]. Neural Regen Res,2014,9(20):1820-1823. doi:10. 4103/ 1673-5374. 143429.

[18231] Zhu Z,Zhou X,He B,Dai T,Zheng C,Yang C,Zhu S,Zhu J,Zhu Q,Liu X.Ginkgo biloba extract(EGb 761) promotes peripheral nerve regeneration and neovascularization after acellular nerve allografts in a rat model[J]. Cell Mol Neurobiol,2015,35(2):273-282. doi:10. 1007/s 10571-014-0122-1.

[18232] Li XY,Hu HL,Fei JR,Wang X,Wang TB,Zhang PX,Chen H. One-stage human acellular nerve allograft reconstruction for digital nerve defects[J].Neural Regen Res,2015,10(1):95-98. doi:10. 4103/ 1673-5374. 150712.

[18233] Zhou SH,Zhen P,Li SS,Liang XY,Gao MX,Tian Q,Li XS. Allograft pretreatment for the repair of sciatic nerve defects:green tea polyphenols versus radiation[J]. Neural Regen Res,2015,10(1):136-140. doi:10. 4103/ 1673-5374. 150722.

[18234] Huang H,Xiao H,Liu H,Niu Y,Yan R,Hu M. A comparative study of acellular nerve xenografts and allografts in repairing rat facial nerve defects[J]. Mol Med Rep,2015,12(4):6330-6336. doi:10. 3892/mmr. 2015. 4123.

[18235] Zhang YR,Ka K,Zhang GC,Zhang H,Shang Y,Zhao GQ,Huang WH. Repair of peripheral nerve defects with chemically extracted acellular nerve allografts loaded with neurotrophic factors-transfected bone marrow mesenchymal stem cells[J].Neural Regen Res,2015,10(9):1498-1506. doi:10.4103/1673-5374.165523.

[18236] Hu M,Xiao H,Niu Y,Liu H,Zhang L. Long-term follow-up of the repair of the multiple-branch facial nerve defect using acellular nerve allograft[J]. J Oral Maxillofac Surg,2016,74(1):218.e1-e11. doi:10. 1016/j.joms. 2015. 08. 005.

[18237] Wang H,Wu J,Zhang X,Ding L,Zeng Q. Study of synergistic role of allogenic skin-derived precursor differentiated Schwann cells and heregulin-1β in nerve regeneration with an acellular nerve allograft[J]. Neurochem Int,2016,97:146-153. doi:10. 1016/j.neuint. 2016. 04. 003.

[18238] Wang Y,Li WY,Sun P,Jin ZS,Liu GB,Deng LX,Guan LX. Sciatic nerve regeneration in KLF 7-transfected acellular nerve allografts[J]. Neurol Res,2016,38(3):242-254. doi:10. 1080/ 01616412. 2015. 1105584.

[18239] Wang Y,Jia H,Li WY,Guan LX,Deng L,Liu YC,Liu GB. Molecular examination of bone marrow stromal cells and chondroitinase ABC-assisted acellular nerve allograft for peripheral nerve regeneration[J]. Exp Ther Med,2016,12(4):1980-1992. doi:10. 3892/etm. 2016. 3585.

[18240] Jia X,Yu C,Yang J. Outcome comparison of nerve transfer with different donor nerves in a rat model[J]. Can J Neurol Sci,2016,43(6):786-790. doi:10. 1017/cjn. 2016. 302.

[18241] Zhu S,Liu J,Zheng C,Gu L,Zhu Q,Xiang J,He B,Zhou X,Liu X. Analysis of human acellular nerve allograft reconstruction of 64 injured nerves in the hand and upper extremity:a 3 year follow-up study[J]. J Tissue Eng Regen Med,2017,11(8):2314-2322. doi:10. 1002/term. 2130.

[18242] Zhu Z,Huang Y,Zou X,Zheng C,Liu J,Qiu L,He B,Zhu Q,Liu X. The vascularization pattern of acellular nerve allografts after nerve repair in Sprague-Dawley rats[J]. Neurol Res,2017,39(11):1014-1021. doi:10. 1080/01616412. 2017. 1365423.

[18243] Sun X,Wang Y,Guo Z,Xiao B,Sun Z,Yin H,Meng H,Sui X,Zhao Q,Guo Q,Wang A,Xu W,Liu S,Li Y,Lu S,Peng J. Acellular cauda equina allograft as main material combined with biodegradable chitin conduit for regeneration of long-distance sciatic nerve defect in rats[J]. Adv Healthc Mater,2018,7(17):e1800276. doi:10. 1002/adhm. 201800276.

[18244] Huang YY,Xu XL,Huang XJ,Liu JH,Qi J,Zhu S,Zhu ZW,He B,Zhu QT,Xu YB,Gu LQ,Liu XL. Various changes in cryopreserved acellular nerve allografts at-80℃ [J]. Neural Regen Res,2018,13(9):1643-1649. doi:10. 4103/ 1673-5374. 237138.

[18245] Li Z,Zhang S,Li J,Zeng H,Wang Y,Huang Y. Nerve regeneration in rat peripheral nerve allografts:Evaluation of cold-inducible RNAb-binding protein in nerve storage and regeneration [J]. J C o m p Neurol,2019,527(17):2885-2895. doi:10. 1002/cne. 24716.

[18246] Chen C,Tian Y,Wang J,Zhang X,Nan L,Dai P,Gao Y,Zheng S,Liu W,Zhang Y. Testosterone propionate can promote effects of acellular nerve allograft-seeded bone marrow mesenchymal stem cells on repairing canine sciatic nerve[J]. J Tissue Eng Regen Med,2019,13(9):1685-1701. doi:10. 1002/term. 2922.

[18247] Yang JT,Fang JT,Li L,Chen G,Qin BG,Gu LQ. Contralateral C 7 transfer combined with acellular nerve allografts seeded with differentiated adipose stem cells for repairing upper brachial plexus injury in rats[J]. Neural Regen Res,2019,14(11):1932-1940. doi:10. 4103/ 1673-5374. 259626.

[18248] Li L,He WT,Qin BG,Liu XL,Yang JT,Gu LQ. Comparison between direct repair and human acellular nerve allografting during contralateral C 7 transfer to the upper trunk for restoration of shoulder abduction and elbow flexion[J]. Neural Regen Res,2019,14(12):2132-2140. doi:10. 4103/ 1673-5374. 262600.

[18249] Fu XM,Wang Y,Fu WL,Liu DH,Zhang CY,Wang QL,Tong XJ. The combination of adipose-derived schwann-like cells and acellular nerve allografts promotes sciatic nerve regeneration and repair through the JAK 2/ STAT 3 signaling pathway in rats[J]. Neuroscience,2019,422:134-145. doi:10. 1016/j.neuroscience. 2019. 10. 018.

[18250] Piao C,Li Z,Ding J,Kong D. Mechanical properties of the sciatic nerve following combined transplantation of analytically extracted acellular allogeneic nerve and adipose-derived mesenchymal stem cells[J]. Acta Cir Bras,2020,35(4):e 202000405. doi:10. 1590/s 0102-865020200040000005.

[18251] Yu T,Wen L,He J,Xu Y,Li T,Wang W,Ma Y,Ahmad MA,Tian X,Fan J,Wang X,Hagiwara H,Ao Q. Fabrication and evaluation of an optimized acellular nerve allograft with multiple axial channels[J]. Acta Biomater,2020,115:235-249. doi:10. 1016/j.actbio. 2020. 07. 059.

[18252] Zuo J,Wu Y,Xiang R,Dai Z,Zhu Y. ω-3 Polyunsaturated fatty acids facilitate the repair of peripheral nerve defects with chemically extracted acellular allograft in rats[J]. Biomed Res Int,2021,2021:2504276. doi:10. 1155/ 2021/ 2504276.

[18253] Yin Y,Xiao G,Zhang K,Ying G,Xu H,De Melo BAG,Li S,Liu F,Yetisen AK,Jiang N. Tacrolimus-and nerve growth factor-treated allografts for neural tissue regeneration[J]. ACS Chem Neurosci,2019,10(3):1411-1419. doi:10. 1021/acschemneuro. 8b 00452.

[18254] 王建云，刘小林，朱家恺，李文萍，向剑平. 化学萃取同种异体神经种植许旺细胞的体外实验 [J]. 中华显微外科杂志，2002，25(3)：189-191. DOI：10. 3760/cma. j.issn. 1001-2036. 2002. 03. 011. {WANG Jianyun,LIU Xiaolin,ZHU Jiakai,LI Wenping,XIANG Jianping. Study of planting isogenous Schwann cells into chemical extracted allogenous nerve in vitro[J]. Zhonghua Xian Wei Wai Ke Za Zhi[Chin J Microsurg(Article in Chinese;Abstract in Chinese and English)],2002,25(3):189-191. DOI:10. 3760/cma.j.issn. 1001-2036. 2002. 03. 011.}

[18255] 孟庆刚，洪光祥，钱贵宾，岳琦，张凤蕴，王立峰，孙立国. 胸腺内注射异基因抗原诱导鼠神经移植免疫耐受的实验研究 [J]. 中华手外科杂志，2006，22(1)：47-49. DOI：10. 3760/cma. j.issn. 1005-054X. 2006. 01. 019. {MENG Qinggang,HONG Guangxiang,QIAN Guibin,YUE Qi,ZHANG Fengyun,WANG Lifeng,SUN Liguo. Experimental study on immune tolerance of mice nerve transplantation induced by intrathymus injection of allogene[J]. Zhonghua Shou Wai Ke Za Zhi[Chin J Hand Surg(Article in Chinese;Abstract in Chinese and English)],2006,22(1):47-49. DOI:10. 3760/cma.j.issn. 1005-054X. 2006. 01. 019.}

[18256] 李智，卢世璧，孙明学. 化学去细胞同种异体神经的研究进展 [J]. 中华骨科杂志，2007，27(8)：619-621. DOI：10. 3760/j.issn：0253-2352. 2007. 08. 013. {LI Zhi,LU Shibi,SUN Mingxue. Research progress of chemical acellular nerve allograft[J]. Zhonghua Gu Ke Za Zhi[Chin J Orthop(Article in Chinese;Abstract in Chinese)],2007,27(8):619-621. DOI:10. 3760/ j.issn:0253-2352. 2007. 08. 013.}

[18257] 崔勇，张信英，张涛. 冻干去细胞同种异体神经种植类许旺细胞修复坐骨神经缺损的实验研究 [J]. 中华显微外科杂志，2007，30(1)：28-31，插5. DOI：10. 3760/cma. j.issn. 1001-2036. 2007. 01. 010. {CUI Yong,ZHANG Xinying,ZHANG Tao. Experimental study of repairing peripheral nerve defects with lyophilized accellular allogeneic nerve seeded with Schwann cells-liked[J]. Zhonghua Xian Wei Wai Ke Za Zhi[Chin J Microsurg(Article in Chinese;Abstract in Chinese and English)],2007,30(1):28-31,insert 5. DOI:10. 3760/cma. j.issn. 1001-2036. 2007. 01. 010.}

[18258] 王冠军，孙明学，卢世璧，许文静，赵斌，彭江，张莉，黄靖香. 改良化学去细胞同种异体神经制备方法的实验研究 [J]. 中国矫形外科杂志，2007，15(12)：929-932，加页1. DOI：10. 3969/j.issn. 1005-8478. 2007. 12. 017. {WANG Jingxiang,SUN Mingxue,LU Shibi,XU Wenjing,ZHAO Bin,PENG Jiang,ZHANG Li,HUANG Jingxiang. Experimental study of the improved preparative method of chemically extracted acelluar nerve allograft[J]. Zhongguo Jiao Xing Wai Ke Za Zhi[Orthop J China(Article in Chinese;Abstract in Chinese and English)],2007,15(12):929-932,add 1. DOI:10. 3969/j.issn. 1005-8478. 2007. 12. 017.}

[18259] 江长青，肖颖锋，万圣祥，司一民. 化学萃取法制备人类同种异体神经支架的实验研究 [J]. 实用手外科杂志，2008，22(1)：27-29. DOI：10. 3969/j.issn. 1671-2722. 2008. 01. 009. {JIANG Changqing,XIAO Yingfeng,WAN Shengxiang,SI Yimin. Experimental studies of acellular nerve autograft from human by chemical extraction[J]. Shi Yong Shou Wai Ke Za Zhi[Chin J Pract Hand Surg(Article in Chinese;Abstract in Chinese and English)],2008,22(1):27-29. DOI:10. 3969/ j.issn. 1671-2722. 2008. 01. 009.}

[18260] 于海龙，彭江，孙华燕，徐风华，张莉，赵斌，眭翔，许文静，卢世璧. 化学去细胞同种异体神经复合缓释神经生长因子修复周围神经缺损 [J]. 中国修复重建外科杂志，2008，22(11)：1373-1377. DOI：CNKI：SUN：ZXCW. 0. 2008-11-032. {YU Hailong,PENG Jiang,SUN Huayan,XU Fenghua,ZHANG Li,ZHAO Bin,SUI Xiang,XU Wenjing,LU Shibi. Effect of controlled release nerve growth factor on repairing peripheral nerve defect by acellular nerve graft[J]. Zhongguo Xiu Fu Chong Jian Wai Ke Za Zhi[Chin J Repar Reconstr Surg(Article in Chinese;Abstract in Chinese and English)],2008,22(11):1373-1377. DOI:CNKI:SUN:ZXCW. 0. 2008-11-032.}

[18261] 易建华，刘小林，朱家恺，朱庆棠，李智勇，胡军，向剑平，江丽，何彩风. 人源性同种异体去细胞外周神经材料标准制备方法的研究 [J]. 中华显微外科杂志，2009，32(3)：207-209，插5. DOI：10. 3760/cma.j.issn. 1001-2036. 2009. 03. 014. {YI Jianhua,LIU Xiaolin,ZHU Jiakai,ZHU Qingtang,LI Zhiyong,HU Jun,XIANG Jianping,JIANG Li,HE Caifeng. Analytical study of human allogenic acellular peripheral nerve in standard preparation methods[J]. Zhonghua Xian Wei Wai Ke Za Zhi[Chin J Microsurg(Article in Chinese;Abstract in Chinese and English)],2009,32(3):207-209,insert 5. DOI:10. 3760/cma.j.issn. 1001-2036. 2009. 03. 014.}

[18262] 丁小珩，刘小林，刘育杰，姜凯，屈志刚，张宏勋，焦鸿生，方光荣，顾立强，朱庆棠，李智勇，何波，朱家恺. 去细胞同种异体神经修复材料临床应用初步报告 [J]. 中华显微外科杂志，2009，32(6)：448-450. DOI：10. 3760/cma.j.issn. 1001-2036. 2009. 06. 004. {DING Xiaoheng,LIU Xiaolin,LIU Yujie,JIANG Kai,QU Zhigang,ZHANG Hongxun,JIAO Hongsheng,FANG Guangrong,GU Liqiang,ZHU Qingtang,LIZhiyong,HE Bo,ZHU Jiakai. A preliminary clinical report on bridging digital nerve defect with human acellular nerve graft[J]. Zhonghua Xian Wei Wai Ke Za Zhi[Chin J Microsurg(Article in Chinese;Abstract in Chinese and English)],2009,32(6):448-450. DOI:10. 3760/cma.j.issn. 1001-2036. 2009. 06. 004.}

[18263] 杨小华，韩金豹，张沉冰，田德虎，韩久卉. 同种异体神经复合体修复兔坐骨神经缺损的研究 [J]. 中华实验外科杂志，2009，26(12)：1705-1707. DOI：10. 3760/cma. j.issn. 1001-9030. 2009. 12. 046. {YANG Xiaohua,HAN Jinbao,ZAHNG Chenbing,TIAN dehu,HAN Jiuhui. Planting fetus rabbit schwann cells into the extracted acellular nerve graft of homogeneity in repairing rabbit sciatic nerve defect[J]. Zhonghua Shi Yan Wai Ke Za Zhi[Chin J Exp Surg(Article in Chinese;Abstract in Chinese and English)],2009,26(12):1705-1707. DOI:10. 3760/cma.j.issn. 1001-9030. 2009. 12. 046.}

[18264] 李威，阮狄克. 同种异体周围神经去抗原方法的研究进展 [J]. 创伤外科杂志，2009，11(1)：90-91，96. DOI：10. 3969/j.issn. 1009-4237. 2009. 01. 037. {LI Wei,RUAN Dike. Research progress of removal of antigen in peripheral allogenic nerve[J]. Chuang Shang Wai Ke Za Zhi[J Traum Surg(Article in Chinese;Abstract in Chinese and English)],2009,11(1):90-91,96. DOI:10. 3969/ j.issn. 1009-4237. 2009. 01. 037.}

[18265] 朱昭炜，黄艳燕，黄喜军，朱爽，何波，朱庆棠，许扬滨，刘小林，朱家恺. 去细胞同种异体神经修复材料的深低温保存研究 [J]. 中华显微外科杂志，2016，39(6)：572-574. DOI：10. 3760/cma.j.issn. 1001-2036. 2016. 06. 015. {ZHU Zhaowei,HUANG Yanyan,HUANG Xijun,ZHU Shuang,HE Bo,ZHU Qingtang,XU Yangbin,LIU Xiaolin,ZHU Jiakai. Study on cryopreservation of decellularized allogeneic nerve repair materials[J]. Zhonghua Xian Wei Wai Ke Za Zhi[Chin J Microsurg(Article in Chinese;Abstract in Chinese)],2016,39(6):572-574. DOI:10. 3760/cma.j.issn. 1001-2036. 2016. 06. 015.}

6.4.2 神经延长术
nerve lengthening

[18266] 范大鹏，侯春林，周辉. 兔小腿缓慢延长对神经影响的电生理研究 [J]. 修复重建外科杂志，1991，5(3)：179-181，192. DOI：CNKI：SUN：ZXCW.0.1991-03-034. {FAN Dapeng,HOU Chunlin,ZHOU Hui. Electrophysiological study on the effect of slow leg lengthening on nerves in rabbits[J]. Zhongguo Xiu Fu Chong Jian Wai Ke Za Zhi[Chin J Repar Reconstr Surg(Article in Chinese;Abstract in Chinese)],1991,5(3):179-181,192. DOI:CNKI:SUN:ZXCW.0.1991-03-034.}

[18267] 周吉怀，蒋祖言. 牵拉延长神经法修复周围神经缺损的实验研究 [J]. 中国修复重建外科杂志，1995，9(3)：169-172. DOI：CNKI：SUN：ZXCW.0.1995-03-019. {ZHOU Jihuai,JIANG Zuyan. Experimental study on the repair of peripheral nerve defect by stretch lengthening nerve[J]. Zhongguo Xiu Fu Chong Jian Wai Ke Za Zhi[Chin J Repar Reconstr Surg(Article in Chinese;Abstract in Chinese)],1995,9(3):169-172. DOI:CNKI:SUN:ZXCW.0.1995-03-019.}

[18268] 许建中. 牵伸延长与周围神经的适应性 [J]. 中华显微外科杂志，1996，19(3)：229-231. {XU Jianzhong. Adaptability of peripheral nerve to stretch lengthening[J]. Zhonghua Xian Wei Wai Ke Za Zhi[Chin J Microsurg(Article in Chinese;Abstract in Chinese)],1996,19(3):229-231.}

[18269] 苗旭漫，肖光，闫敬军. 膝屈曲挛缩矫正角度与坐骨神经延长率的计算 [J]. 中国矫形外科杂志，1996，3(3)：8-10，79. DOI：CNKI：SUN：ZJXS.0.1996-01-002. {MIAO Xuman,XIAO Guang,YAN Jingjun. Calculation of one stage corrective angle and stretch of sciatic nerve for knee flexion contracture[J]. Zhongguo Jiao Xing Wai Ke Za Zhi[Orthop J China(Article in Chinese;Abstract in Chinese)],1996,3(3):8-10,79. DOI:CNKI:SUN:ZJXS.0.1996-01-002.}

[18270] 裴明. 周围神经延长术 [J]. 中华显微外科杂志，1997，20(4)：73-75. DOI：CNKI：SUN：ZHXW.0.1997-04-041. {PEI Ming. Peripheral nerve lengthening[J]. Zhonghua Xian Wei Wai Ke Za Zhi[Chin J Microsurg(Article in Chinese;Abstract in Chinese)],1997,20(4):73-75. DOI:CNKI:SUN:ZHXW.0.1997-04-041.}

[18271] 谢文龙. 牵张延长周围神经的研究进展及其临床应用 [J]. 中国矫形外科杂志，1997，4(6)：513-514. DOI：CNKI：SUN：ZJXS.0.1997-06-050. {XIE Wenlong. Research

progress and clinical application of stretch lengthening peripheral nerve[J]. Zhongguo Jiao Xing Wai Ke Za Zhi[Orthop J China(Article in Chinese;Abstract in Chinese)],1997,4(6):513-514. DOI:CNKI:SUN:ZJXS.0.1997-06-050.}

[18272] 颜昌义，戴克戎，张涤生. 周围神经对扩张延长耐受性的实验研究 [J]. 中华创伤杂志，1997，13（1）：33-36. DOI：CNKI：SUN：ZHCS.0.1997-05-016. {YAN Changyi,DAI Kerong,ZHANG Disheng. Experimental study of peripheral nerve endurance to expansion[J]. Zhonghua Chuang Shang Za Zhi[Chin J Trauma(Article in Chinese;Abstract in Chinese and English)],1997,13(1):33-36. DOI:CNKI:SUN:ZHCS.0.1997-05-016.}

[18273] 吴健斌，安洪. 周围神经延长及相关研究进展综述 [J]. 中国修复重建外科杂志，1997，11（1）：36-38. DOI：CNKI：SUN：ZXCW.0.1997-01-009. {WU Jianbin,AN Hong. Peripheral nerve lengthening and related research progress:A literature review[J]. Zhongguo Xiu Fu Chong Jian Wai Ke Za Zhi[Chin J Repar Reconstr Surg(Article in Chinese;No abstract avaliable)],1997,11(1):36-38. DOI:CNKI:SUN:ZXCW.0.1997-01-009.}

[18274] 裴明，张光健，尹峰. 周围神经纵向牵拉延长的实验研究 [J]. 中华骨科杂志，1998，18（4）：226. DOI：10.3760/j.issn：0253-2352.1998.04.011. {PEI Ming,ZHANG Guangjian,YIN Feng. Expermental Study of Longitudinal Stretching in Peripheral Nerve[J]. Zhonghua Gu Ke Za Zhi[Chin J Orthop(Article in Chinese;Abstract in Chinese and English)],1998,18(4):226. DOI:10.3760/j.issn:0253-2352.1998.04.011.}

[18275] 吴健斌，安洪. 脉冲电磁场、碱性成纤维细胞生长因子促进坐骨神经延长的实验研究 [J]. 中华创伤杂志，1998，14（3）：148. DOI：10.3760/j：issn：1001-8050.1998.03.007. {WU Jianbin,AN Hong. Experimental study on sciatic nerve elongation enhanced by pulsed electromagnetic field and basic Fibroblast Growth Factor[J]. Zhonghua Chuang Shang Za Zhi[Chin J Trauma(Article in Chinese;Abstract in Chinese and English)],1998,14(3):148. DOI:10.3760/j:issn:1001-8050.1998.03.007.}

[18276] 劳镇国，叶永玉，周宏，周肇平. 用组织扩张器延长损伤后的周围神经远段的实验观察 [J]. 中华显微外科杂志，2000，23(3)：196-199. DOI：10.3760/cma.j.issn.1001-2036.2000.03.012. {LAO Zhenguo,YE Yongyu,ZHOU Hong,ZHOU Zhaoping. Experimental study on the elongation of degenerative peripheral nerve by tissue expander[J]. Zhonghua Xian Wei Wai Ke Za Zhi[Chin J Microsurg(Article in Chinese;Abstract in Chinese and English)],2000,23(3):196-199. DOI:10.3760/cma.j.issn.1001-2036.2000.03.012.}

[18277] 许建中，李起鸿，范少地. 缓慢牵伸肢体延长时周围神经生物学适应性机理的实验研究 [J]. 中华外科杂志，2000，38（10）：739-741. DOI：10.3760/j：issn：0529-5815.2000.10.005. {XU Jianzhong,LI Qihong,FAN Shaodi. The mechanism of biological adaptability of peripheral nerves during limb lengthening in rabbits[J]. Zhonghua Wai Ke Za Zhi[Chin J Surg(Article in Chinese;Abstract in Chinese and English)],2000,38(10):739-741. DOI:10.3760/j:issn:0529-5815.2000.10.005.}

[18278] 谢文龙，臧鸿声. 神经牵拉延长器修复神经缺损的实验研究 [J]. 中国矫形外科杂志，2000，7（3）：261-263. DOI：10.3969/j.issn.1005-8478.2000.03.019. {XIE Wenlong,ZANG Hongsheng. The experimental study on repairing for rabbits sciatic nerve defect with self-designed elongater[J]. Zhongguo Jiao Xing Wai Ke Za Zhi[Orthop J China(Article in Chinese;Abstract in Chinese and English)],2000,7(3):261-263. DOI:10.3969/j.issn.1005-8478.2000.03.019.}

[18279] 范少地，许建中，李起鸿，钟桂午. 缓慢牵伸肢体延长周围神经损害自然修复过程的组织学研究 [J]. 中国矫形外科杂志，2000，7（7）：669-671，728. DOI：10.3969/j.issn.1005-8478.2000.07.015. {FAN Shaodi,XU Jianzhong,LI Qihong,ZHONG Guiwu. Histological investigation on the natural repairing process of peripheral nerves after tibial lengthening in rabbits[J]. Zhongguo Jiao Xing Wai Ke Za Zhi[Orthop J China(Article in Chinese;Abstract in Chinese and English)],2000,7(7):669-671,728. DOI:10.3969/j.issn.1005-8478.2000.07.015.}

[18280] 宋知非，陈海，骆东山. 扩张延长对周围神经影响的实验研究 [J]. 中华手外科杂志，2000，16（4）：244. DOI：10.3760/cma.j.issn.1005-054X.2000.04.017. {SONG Zhifei,CHEN Hai,LUO Dongshan. Experimental study of the influence of nerve stretch by tissue expender on peripheral nerves[J]. Zhonghua Shou Wai Ke Za Zhi[Chin J Hand Surg(Article in Chinese;Abstract in Chinese and English)],2000,16(4):244. DOI:10.3760/cma.j.issn.1005-054X.2000.04.017.}

[18281] 牙祖蒙，陈宗基，王建华，李忠禹，谭颖徽. 兔面神经部分缺损两端不同幅度延长对修复效果的影响 [J]. 中华创伤杂志，2000，16（4）：232-234. DOI：10.3760/j：issn：1001-8050.2000.04.014. {YA Zumeng,CHEN Zongji,WANG Jianhua,LI Zhongyu,TAN Yinghui. Experimental study of effects of elongation of proximal and distal segments of transected facial nerve on defect repair[J]. Zhonghua Chuang Shang Za Zhi[Chin J Trauma(Article in Chinese;Abstract in Chinese and English)],2000,16(4):232-234. DOI:10.3760/j:issn:1001-8050.2000.04.014.}

[18282] 范少地，许建中，李起鸿. 缓慢牵伸肢体延长周围神经亚临床损害自然修复机制的实验研究 [J]. 中华创伤杂志，2000，16（12）：745-746. DOI：10.3760/j：issn：1001-8050.2000.12.012. {FAN Shaodi,XU Jianzhong,LI Qihong. Study of the reparing process of periperal nerves after tibial lengthing in rabbits[J]. Zhonghua Chuang Shang Za Zhi[Chin J Trauma(Article in Chinese;Abstract in Chinese and English)],2000,16(12):745-746. DOI:10.3760/j:issn:1001-8050.2000.12.012.}

[18283] 牙祖蒙，陈宗基，王建华. 快速和缓慢面神经延长的实验研究 [J]. 中华整形外科杂志，2000，16（4）：229. DOI：10.3760/j.issn：1009-4598.2000.04.011. {YA Zumeng,CHEN Zongji,WANG Jianhua. Theexperimental study on acute and chronic expansion of the facial nerves[J]. Zhonghua Zheng Xing Wai Ke Za Zhi[Chin J Plast Surg(Article in Chinese;Abstract in Chinese and English)],2000,16(4):229. DOI:10.3760/j.issn:1009-4598.2000.04.011.}

[18284] 范少地，许建中，李起鸿，吴康. 缓慢牵伸肢体延长时周围神经损害及修复过程中生长相关蛋白-43 mRNA 表达的实验研究 [J]. 第三军医大学学报，2000，22（2）：153-155. DOI：10.3321/j.issn：1000-5404.2000.02.016. {FAN Shaodi,XU Jianzhong,LI Qihong,WU Kang. Expression of GAP-43 mRNA in course of injury and repair of peripheral nerve during and after limb lengthening in rabbits[J]. Di San Jun Yi Da Xue Xue Bao[Acta Acad Med Mil Tert(Article in Chinese;Abstract in Chinese and English)],2000,22(2):153-155. DOI:10.3321/j.issn:1000-5404.2000.02.016.}

[18285] 牙祖蒙，陈宗基，王建华，李忠禹，谭颖徽. 弦式加载法延长面神经模型的建立 [J]. 中国修复重建外科杂志，2000，14（2）：90-92. {YA Zumeng,CHEN Zongji,WANG Jianhua,LI Zhongyu,TAN Yinghui. Establishment of facial nerve elongation model by string-type loading[J]. Zhongguo Xiu Fu Chong Jian Wai Ke Za Zhi[Chin J Repar Reconstr Surg(Article in Chinese;Abstract in Chinese and English)],2000,14(2):90-92.}

[18286] 丁小谋，王宏，邹宏恩. 神经延长修复周围神经长段缺损 [J]. 中国修复重建外科杂志，2000，14（6）：380. DOI：CNKI：SUN：ZXCW.0.2000-06-022. {DING Xiaomou,WANG Hong,ZOU Hongen. Nerve lengthening for repairing long segment defect of peripheral nerve[J]. Zhongguo Xiu Fu Chong Jian Wai Ke Za Zhi[Chin J Repar Reconstr Surg(Article in Chinese;Abstract in Chinese)],2000,14(6):380. DOI:CNKI:SUN:ZXCW.0.2000-06-022.}

[18287] 阎家智，姜保国，徐海林，张殿英，冯传汉. 周围神经损伤远端延长修复自身缺损的实验研究 [J]. 中华实验外科杂志，2001，18（3）：253-254. DOI：10.3760/j.issn：1001-9030.2001.03.025. {YAN Jiazhi,JIANG Baoguo,XU Hailin,ZAHNG Dianying,FENG chuanhan. An experimental study of repairing defect by segment expansion of the distal injured peripheral nerve[J]. Zhonghua Shi Yan Wai Ke Za Zhi[Chin J Exp Surg(Article in Chinese;Abstract in Chinese and English)],2001,18(3):253-254. DOI:10.3760/j.issn:1001-9030.2001.03.025.}

[18288] 王晓东，李永新，姜长明，张卫国. 大鼠坐骨神经急性延长的实验研究 [J]. 中华手外科杂志，2001，17（1）：55-57. DOI：10.3760/cma.j.issn.1005-054X.2001.01.020. {WANG Xiaodong,LI Yongxin,JIANG Changming,ZHANG Weiguo. Experimental study of acute lengthening of sciatic nerve in rats[J]. Zhonghua Shou Wai Ke Za Zhi[Chin J Hand Surg(Article in Chinese;Abstract in Chinese and English)],2001,17(1):55-57. DOI:10.3760/cma.j.issn.1005-054X.2001.01.020.}

[18289] 宋知非，卢意光，骆东山，王斌. 周围神经不同节段扩张延长的实验研究 [J]. 中华手外科杂志，2002，18(4)：236-238. DOI：10.3760/cma.j.issn.1005-054X.2002.04.018. {SONG Zhifei,LU Yiguang,LUO Dongshan,WANG Bin. Nerve stretch by expansion at different segment of peripheral nerve:an experimental study[J]. Zhonghua Shou Wai Ke Za Zhi[Chin J Hand Surg(Article in Chinese;Abstract in Chinese and English)],2002,18(4):236-238. DOI:10.3760/cma.j.issn.1005-054X.2002.04.018.}

[18290] 程飚，Douglas H. Smith，陈峥嵘. 神经轴突延长模型的建立 [J]. 中华手外科杂志，2003，19（1）：51-53. DOI：10.3760/cma.j.issn.1005-054X.2003.01.020. {CHENG Biao,Douglas H Smith,CHEN Zhengrong. Setup of model of the axonal elongation[J]. Zhonghua Shou Wai Ke Za Zhi[Chin J Hand Surg(Article in Chinese;Abstract in Chinese and English)],2003,19(1):51-53. DOI:10.3760/cma.j.issn.1005-054X.2003.01.020.}

[18291] 金帅星，朴虎林，石伟，朴华益，张志刚，金成峰. 应用神经延长架延长兔坐骨神经的实验研究 [J]. 中国骨伤，2003，16(2)：87-90. DOI：10.3969/j.issn.1003-0034.2003.02.010. {JIN Shuaixing,PU Hulin,SHI Wei,PU Huayi,ZHANG Zhigang,JIN Chengfeng. An experimental study of rabbits sciatic nerve distracting lengthening with nerve lengthening device for repair of peripheral nerve injury[J]. Zhongguo Gu Shang[China J Orthop Trauma(Article in Chinese;Abstract in Chinese and English)],2003,16(2):87-90. DOI:10.3969/j.issn.1003-0034.2003.02.010.}

[18292] 闫家智，姜保国，徐海林，张宏波，李剑，张培训，魏光如，赵富强. 周围神经延长后单根神经纤维的组织学观察 [J]. 中华手外科杂志，2004，20（1）：60-62. DOI：10.3760/cma.j.issn.1005-054X.2004.01.023. {YAN Jiazhi,JIANG Baoguo,XU Hailin,ZHANG Hongbo,LI Jian,ZHANG Jiaoyin,WEI Guangru,ZHAO Fuqiang. Histological observation of single nerve fiber after peripheral nerve stretching[J]. Zhonghua Shou Wai Ke Za Zhi[Chin J Hand Surg(Article in Chinese;Abstract in Chinese and English)],2004,20(1):60-62. DOI:10.3760/cma.j.issn.1005-054X.2004.01.023.}

[18293] 程飚，陈峥嵘，吴志伟. PLGA 生物膜和延长的神经轴突束构建人工神经的体外研究 [J]. 中华创伤骨科杂志，2004，6(7)：771-773. DOI：10.3760/cma.j.issn.1671-7600.2004.07.014. {CHENG Biao,CHEN Zhengrong,WU Zhiwei. Experimental study of PLGA membrane and elongated neuron axon in fabrication of artificial nerve in vitro[J]. Zhonghua Chuang Shang Gu Ke Za Zhi[Chin J Orthop Trauma(Article in Chinese;Abstract in Chinese and English)],2004,6(7):771-773. DOI:10.3760/cma.j.issn.1671-7600.2004.07.014.}

[18294] 韦培湧，吴建中，涂良携，姜苏明，刘金生，陈学群. 面神经在颞骨内改道以延长其可利用长度的应用解剖 [J]. 中国临床解剖学杂志，2005，23（1）：67-69. DOI：10.3969/j.issn.1001-165X.2005.01.019. {WEI Peiyong,WU Jianzhong,TU Liangcai,JIANG Suming,LIU Jinsheng,CHEN Xuequn. The applied anatomy of repairing the facial nerve defect by the change of its course in temporal bone[J]. Zhongguo Lin Chuang Jie Pou Xue Za Zhi[Chin J Clin Anat(Article in Chinese;Abstract in Chinese and English)],2005,23(1):67-69. DOI:10.3969/j.issn.1001-165X.2005.01.019.}

[18295] 牙祖蒙，高志，王建华，张纲，谭颖徽. 面神经缺损快速延长后即刻端端吻合修复的初步临床应用 [J]. 中国修复重建外科杂志，2007，21（1）：23-25. DOI：CNKI：SUN：ZXCW.0.2007-01-006. {YA Zumeng,GAO Zhi,WANG Jianhua,ZHANG Gang,TAN Yinghui. Primary clinical study on using end-to-end neurorrhaphy following rapid nerve expansion to repair facial nerve defect[J]. Zhongguo Xiu Fu Chong Jian Wai Ke Za Zhi [Chin J Repar Reconstr Surg(Article in Chinese ;Abstract in Chinese and English)],2007,21(1):23-25. DOI:CNKI:SUN:ZXCW.0.2007-01-006.}

[18296] 王春妹，舒衡生，邵珩，赵志明，李云生. 周围神经在缓慢肢体延长中的形态学观察 [J]. 中国矫形外科杂志，2010，18（18）：1554-1558. DOI：CNKI：SUN：ZJXS.0.2010-18-028. {WANG Chunmei,SHU Hengsheng,SHAO Heng,ZHAO Zhiming,LI Yunsheng. Morphological observation on the peripheral nerve after slow limb lengthening[J]. Zhongguo Jiao Xing Wai Ke Za Zhi[Orthop J China(Article in Chinese;Abstract in Chinese and English)],2010,18(18):1554-1558. DOI:CNKI:SUN:ZJXS.0.2010-18-028.}

[18297] 吴晓虎. 缓慢神经延长修复周围神经缺损 [J]. 中华显微外科杂志，2017，40（6）：621-624，后插 1. DOI：10.3760/cma.j.issn.1001-2036.2017.06.037. {WU Xiaohu. Repair of peripheral nerve defect with slow nerve lengthening[J]. Zhonghua Xian Wei Wai Ke Za Zhi[Chin J Microsurg(Article in Chinese;Abstract in Chinese)],2017,40(6):621-624,insert 1. DOI:10.3760/cma.j.issn.1001-2036.2017.06.037.}

[18298] 莎茹拉，沈俊，张长青. 神经延长术修复周围神经缺损实验研究 [J]. 国际骨科学杂志，2017，38（2）：110-114. DOI：10.3969/j.issn.1673-7083.2017.02.011. {SHA Rula,SHEN Jun,ZHANG Changqing. Repairing peripheral nerve defects with gradual lengthening of nerve stumps[J]. Guo Ji Gu Ke Xue Za Zhi [Int J Orthop(Article in Chinese;Abstract in Chinese and English)],2017,38(2):110-114. DOI:10.3969/j.issn.1673-7083.2017.02.011.}

[18299] 李星玮，莎茹拉，鲍丙波，高涛，林俊卿，郑宪友. 大鼠坐骨神经延长术对疼痛影响的实验研究 [J]. 中国修复重建外科杂志，2019，33（7）：894-900. DOI：10.7507/1002-1892.2018120912. {LI Xingwei,SHA Rula,BAO Bingbo,GAO Tao,LIN Junqing,ZHENG Xianyou. Experimental study of the effect of the sciatic nerve elongation on pain in rats[J]. Zhongguo Xiu Fu Chong Jian Wai Ke Za Zhi[Chin J Repar Reconstr Surg(Article in Chinese;Abstract in Chinese and English)],2019,33(7):894-900. DOI:10.7507/1002-1892.2018120912.}

6.4.3 神经导管
nerve tube

[18300] Cheng M,Deng J,Yang F,Gong Y,Zhao N,Zhang X. Study on physical properties and nerve cell affinity of composite films from chitosan and gelatin solutions[J]. Biomaterials,2003,24(17):2871-2880. doi:10.1016/s0142-9612(03)00117-0.

[18301] Wei X,Lao J,Gu YD. Bridging peripheral nerve defect with chitosan-collagen film[J]. Chin J Traumatol,2003,6(3):131-134.

[18302] He FC,Fan QY,Cushway TR,De longh R,Lanzetta M,Tos P,Owen ER. Long-term result of guided nerve regeneration with an inert microporous polytetrafluoroethylene conduit[J]. Chin J Traumatol,2003,6(3):145-151.

[18303] Cheng M,Cao W,Gao Y,Gong Y,Zhao N,Zhang X. Studies on nerve cell affinity of biodegradable modified chitosan films[J]. J Biomater Sci Polym Ed,2003,14(10):1155-1167. doi:10.1163/156856203769231628.

[18304] Li J,Yan JG,Ai X,Hu S,Gu YD,Matloub HS,Sanger JR. Ultrastructural analysis of peripheral-nerve regeneration within a nerve conduit[J]. J Reconstr Microsurg,2004,20(7):565-569. doi:10.1055/s-2004-836128.

[18305] Yang Y,Gu X,Tan R,Hu W,Wang X,Zhang P,Zhang T. Fabrication and properties of a porous chitin/chitosan conduit for nerve regeneration[J].

Biotechnol Lett,2004,26(23):1793-1797. doi:10.1007/s10529-004-4611-z.

[18306] Wang X,Hu W,Cao Y,Yao J,Wu J,Gu X. Dog sciatic nerve regeneration across a 30-mm defect bridged by a chitosan/PGA artificial nerve graft[J]. Brain,2005,128(Pt 8):1897-1910. doi:10.1093/brain/awh517.

[18307] Zhang P,He X,Zhao F,Zhang D,Fu Z,Jiang B. Bridging small-gap peripheral nerve defects using biodegradable chitin conduits with cultured schwann and bone marrow stromal cells in rats[J]. J Reconstr Microsurg,2005,21(8):565-571. doi:10.1055/s-2005-922437.

[18308] Ao Q,Wang A,Cao W,Zhang L,Kong L,He Q,Gong Y,Zhang X. Manufacture of multimicrotubule chitosan nerve conduits with novel molds and characterization in vitro[J]. J Biomed Mater Res A,2006,77(1):11-18. doi:10.1002/jbm.a.30593.

[18309] Li Q,Ping P,Jiang H,Liu K. Nerve conduit filled with GDNF gene-modified Schwann cells enhances regeneration of the peripheral nerve[J]. Microsurgery,2006,26(2):116-121. doi:10.1002/micr.20192.

[18310] Wang A,Ao Q,Cao W,Yu M,He Q,Kong L,Zhang L,Gong Y,Zhang X. Porous chitosan tubular scaffolds with knitted outer wall and controllable inner structure for nerve tissue engineering[J]. J Biomed Mater Res A,2006,79(1):36-46. doi:10.1002/jbm.a.30683.

[18311] Tse TH,Chan BP,Chan CM,Lam J. Mathematical modeling of guided neurite extension in an engineered conduit with multiple concentration gradients of Nerve Growth Factor(NGF)[J]. Ann Biomed Eng,2007,35(9):1561-1572. doi:10.1007/s10439-007-9328-4.

[18312] Wang A,Ao Q,Wei Y,Gong K,Liu X,Zhao N,Gong Y,Zhang X. Physical properties and biocompatibility of a porous chitosan-based fiber-reinforced conduit for nerve regeneration[J]. Biotechnol Lett,2007,29(11):1697-1702. doi:10.1007/s10529-007-9460-0.

[18313] Xie F,Li QF,Gu B,Liu K,Shen GX. In vitro and in vivo evaluation of a biodegradable chitosan-PLA composite peripheral nerve guide conduit material[J]. Microsurgery,2008,28(6):471-479. doi:10.1002/micr.20514.

[18314] Zhang P,Xue F,Kou Y,Fu Z,Zhang D,Zhang H,Jiang B. The experimental study of absorbable chitin conduit for bridging peripheral nerve defect with nerve fasciculu in rats[J]. Artif Cells Blood Substit Immobil Biotechnol,2008,36(4):360-671. doi:10.1080/10731190802239040.

[18315] Cui T,Yan Y,Zhang R,Liu L,Xu W,Wang X. Rapid prototyping of a double-layer polyurethane-collagen conduit for peripheral nerve regeneration[J]. Tissue Eng Part C Methods,2009,15(1):1-9. doi:10.1089/ten.tec.2008.0354.

[18316] Bian YZ,Wang Y,Aibaidoula G,Chen GQ,Wu Q. Evaluation of poly(3-hydroxybutyrate-co-3-hydroxyhexanoate) conduits for peripheral nerve regeneration[J]. Biomaterials,2009,30(2):217-225. doi:10.1016/j.biomaterials.2008.09.036.

[18317] Jiao H,Yao J,Yang Y,Chen X,Lin W,Li Y,Gu X,Wang X. Chitosan/polyglycolic acid nerve grafts for axon regeneration from prolonged axotomized neurons to chronically denervated segments[J]. Biomaterials,2009,30(28):5004-5018. doi:10.1016/j.biomaterials.2009.05.059.

[18318] Xu H,Yan Y,Wan T,Li S. Degradation properties of the electrostatic assembly PDLLA/CS/CHS nerve conduit[J]. Biomed Mater,2009,4(4):045006. doi:10.1088/1748-6041/4/4/045006.

[18319] Zhang Z,Wang S,Tian X,Zhao Z,Zhang J,Lv D. A new effective scaffold to facilitate peripheral nerve regeneration:chitosan tube coated with maggot homogenate product[J]. Med Hypotheses,2010,74(1):12-14. doi:10.1016/j.mehy.2009.07.053.

[18320] Wang G,Lu G,Ao Q,Gong Y,Zhang X. Preparation of cross-linked carboxymethyl chitosan for repairing sciatic nerve injury in rats[J]. Biotechnol Lett,2010,32(1):59-66. doi:10.1007/s10529-009-0123-1.

[18321] Zheng L,Cui HF. Use of chitosan conduit combined with bone marrow mesenchymal stem cells for promoting peripheral nerve regeneration[J]. J Mater Sci Mater Med,2010,21(5):1713-1720. doi:10.1007/s10856-010-4003-y.

[18322] Zhang C,Zhang P,Wang Y,Yu K,Kou Y,Jiang B. Early spatiotemporal progress of myelinated nerve fiber regenerating through biological chitin conduit after injury[J]. Artif Cells Blood Substit Immobil Biotechnol,2010,38(2):103-108. doi:10.3109/10731191003634836.

[18323] Li X,Wang W,Wei G,Wang G,Zhang W,Ma X. Immunophilin FK506 loaded in chitosan guide promotes peripheral nerve regeneration[J]. Biotechnol Lett,2010,32(9):1333-1337. doi:10.1007/s10529-010-0287-8.

[18324] HUANG Jifeng,LI Dezhong,YAN Qiongjiao,ZHENG Huayong,LI Shipu. Evaluation of PRGD/FK506/NGF conduits for peripheral nerve regeneration in rats[J]. Neurol India,2010,58(3):384-391. doi:10.4103/0028-3886.65810.

[18325] Ding F,Wu J,Yang Y,Hu W,Zhu Q,Tang X,Liu J,Gu X. Use of tissue-engineered nerve grafts consisting of a chitosan/poly(lactic-co-glycolic acid)-based scaffold included with bone marrow mesenchymal cells for bridging 50-mm dog sciatic nerve gaps[J]. Tissue Eng Part A,2010,16(12):3779-3790. doi:10.1089/ten.TEA.2010.0299.

[18326] Shen H,Shen ZL,Zhang PH,Chen NL,Wang YC,Zhang ZF,Jin YQ. Ciliary neurotrophic factor-coated polylactic-polyglycolic acid chitosan nerve conduit promotes peripheral nerve regeneration in canine tibial nerve defect repair[J]. J Biomed Mater Res B Appl Biomater,2010,95(1):161-170. doi:10.1002/jbm.b.31696.

[18327] Ao Q,Fung CK,Tsui AY,Cai S,Zuo HC,Chan YS,Shum DK. The regeneration of transected sciatic nerves of adult rats using chitosan nerve conduits seeded with bone marrow stromal cell-derived Schwann cells[J]. Biomaterials,2011,32(3):787-796. doi:10.1016/j.biomaterials.2010.09.046.

[18328] Lin H,Liu F,Zhang C,Zhang Z,Kong Z,Zhang X,Hoffman RM. Characterization of nerve conduits seeded with neurons and Schwann cells derived from hair follicle neural crest stem cells[J]. Tissue Eng Part A,2011,17(13-14):1691-1698. doi:10.1089/ten.TEA.2010.0514.

[18329] Xu H,Yan Y,Li S. PDLLA/chondroitin sulfate/chitosan/NGF conduits for peripheral nerve regeneration[J]. Biomaterials,2011,32(20):4506-4516. doi:10.1016/j.biomaterials.2011.02.023.

[18330] Wei Y,Gong K,Zheng Z,Wang A,Ao Q,Gong Y,Zhang X. Chitosan/silk fibroin-based tissue-engineered graft seeded with adipose-derived stem cells enhances nerve regeneration in a rat model[J]. J Mater Sci Mater Med,2011,22(8):1947-1964. doi:10.1007/s10856-011-4370-z.

[18331] Yang Y,Zhao W,He J,Zhao Y,Ding F,Gu X. Nerve conduits based on immobilization of nerve growth factor onto modified chitosan by using genipin as a crosslinking agent[J]. Eur J Pharm Biopharm,2011,79(3):519-525. doi:10.1016/j.ejpb.2011.06.008.

[18332] Yu W,Zhao W,Zhu C,Zhang X,Ye D,Zhang W,Zhou Y,Jiang X,Zhang Z. Sciatic nerve regeneration in rats by a promising electrospun collagen/poly(ε-caprolactone) nerve conduit with tailored degradation rate[J]. BMC Neurosci,2011,12:68. doi:10.1186/1471-2202-12-68.

[18333] Xue C,Hu N,Gu Y,Yang Y,Liu Y,Liu J,Ding F,Gu X. Joint use of a chitosan/PLGA scaffold and MSCs to bridge an extra large gap in dog sciatic nerve[J]. Neurorehabil Neural Repair,2012,26(1):96-106. doi:10.1177/1545968311420444.

[18334] Liao CD,Zhang F,Guo RM,Zhong XM,Zhu J,Wen XH,Shen J. Peripheral nerve repair:monitoring by using gadofluorine M-enhanced MR imaging with chitosan nerve conduits with cultured mesenchymal stem cells in rat model of neurotmesis[J]. Radiology,2012,262(1):161-171. doi:10.1148/radiol.11110911.

[18335] Li S,Wu H,Hu XD,Tu CQ,Pei FX,Wang GL,Lin W,Fan HS. Preparation of electrospun PLGA-silk fibroin nanofibers-based nerve conduits and evaluation in vivo[J]. Artif Cells Blood Substit Immobil Biotechnol,2012,40(1-2):171-178. doi:10.3109/10731199.2011.637927.

[18336] Zheng L,Cui HF. Enhancement of nerve regeneration along a chitosan conduit combined with bone marrow mesenchymal stem cells[J]. J Mater Sci Mater Med,2012,23(9):2291-2302. doi:10.1007/s10856-012-4694-3.

[18337] Yan Q,Yin Y,Li B. Use new PLGL-RGD-NGF nerve conduits for promoting peripheral nerve regeneration[J]. Biomed Eng Online,2012,11:36. doi:10.1186/1475-925X-11-36.

[18338] Wang H,Zhao Q,Zhao W,Liu Q,Gu X,Yang Y. Repairing rat sciatic nerve injury by a nerve-growth-factor-loaded,chitosan-based nerve conduit[J]. Biotechnol Appl Biochem,2012,59(5):388-394. doi:10.1002/bab.1031.

[18339] Huang J,Xiang J,Yan Q,Li S,Song L,Cai X. Dog tibial nerve regeneration across a 30-mm defect bridged by a PRGD/PDLLA/β-TCP/NGF sustained-release conduit[J]. J Reconstr Microsurg. 2013,29(2):77-87. doi:10.1055/s-0032-1328918.

[18340] Yang XN,Jin YQ,Bi H,Wei W,Cheng J,Liu ZY,Shen Z,Qi ZL,Cao Y. Peripheral nerve repair with epimysium conduit[J]. Biomaterials,2013,34(22):5606-5616. doi:10.1016/j.biomaterials.2013.04.018.

[18341] Guan S,Zhang XL,Lin XM,Liu TQ,Ma XH,Cui ZF. Chitosan/gelatin porous scaffolds containing hyaluronic acid and heparan sulfate for neural tissue engineering[J]. J Biomater Sci Polym Ed,2013,24(8):999-1014. doi:10.1080/09205063.2012.731374.

[18342] Ouyang Y,Huang C,Zhu Y,Fan C,Ke Q. Fabrication of seamless electrospun collagen/PLGA conduits whose walls comprise highly longitudinal aligned nanofibers for nerve regeneration[J]. J Biomed Nanotechnol,2013,9(6):931-943. doi:10.1166/jbn.2013.1605.

[18343] Liu H,Wen W,Hu M,Bi W,Chen L,Liu S,Chen P,Tan X. Chitosan conduits combined with nerve growth factor microspheres repair facial nerve defects[J]. Neural Regen Res,2013,8(33):3139-3147. doi:10.3969/j.issn.1673-5374.2013.33.008.

[18344] Nie X,Deng M,Yang M,Liu L,Zhang Y,Wen X. Axonal regeneration and remyelination evaluation of chitosan/gelatin-based nerve guide combined with transforming growth factor-β1 and Schwann cells[J]. Cell Biochem Biophys,2014,68(1):163-172. doi:10.1007/s12013-013-9683-8.

[18345] Xu H,Holzwarth JM,Yan Y,Xu P,Zheng H,Yin Y,Li S,Ma PX. Conductive PPY/PDLLA conduit for peripheral nerve regeneration[J]. Biomaterials,2014,35(1):225-235. doi:10.1016/j.biomaterials.2013.10.002.

[18346] Li G,Zhang L,Wang C,Zhao X,Zhu C,Zheng Y,Wang Y,Zhao Y,Yang Y. Effect of silanization on chitosan porous scaffolds for peripheral nerve regeneration[J]. Carbohydr Polym,2014,101:718-726. doi:10.1016/j.carbpol.2013.09.064.

[18347] Gu Y,Zhu J,Xue C,Li Z,Ding F,Yang Y,Gu X. Chitosan/silk fibroin-based,Schwann cell-derived extracellular matrix-modified scaffolds for bridging rat sciatic nerve gaps[J]. Biomaterials,2014,35(7):2253-2263. doi:10.1016/j.biomaterials.2013.11.087.

[18348] Qiu T,Yin Y,Li B,Xie L,Yan Q,Dai H,Wang X,Li S. PDLLA/PRGD/β-TCP conduits build the neurotrophin-rich microenvironment suppressing the oxidative stress and promoting the sciatic nerve regeneration[J]. J Biomed Mater Res A,2014,102(10):3734-3743. doi:10.1002/jbm.a.35078.

[18349] Yu W,Jiang X,Cai M,Zhao W,Ye D,Zhou Y,Zhu C,Zhang X,Lu X,Zhang Z. A novel electrospun nerve conduit enhanced by carbon nanotubes for peripheral nerve regeneration[J]. Nanotechnology,2014,25(16):165102. doi:10.1088/0957-4484/25/16/165102.

[18350] Li G,Zhao X,Zhang L,Wang C,Shi Y,Yang Y. Regulating Schwann cells growth by chitosan micropatterning for peripheral nerve regeneration in vitro[J]. Macromol Biosci,2014,14(8):1067-1075. doi:10.1002/mabi.201400098.

[18351] Zhao J,Zheng X,Fu C,Qu W,Wei G,Zhang W. FK506-loaded chitosan conduit promotes the regeneration of injured sciatic nerves in the rat through the upregulation of brain-derived neurotrophic factor and TrkB[J]. J Neurol Sci,2014,344(1-2):20-26. doi:10.1016/j.jns.2014.06.005.

[18352] Chen X,Yin Y,Zhang T,Zhao Y,Yang Y,Yu X,Wang H. Ultrasound imaging of chitosan nerve conduits that bridge sciatic nerve defects in rats[J]. Neural Regen Res,2014,9(14):1386-1388. doi:10.4103/1673-5374.137592.

[18353] Mu Y,Wu F,Lu Y,Wei L,Yuan W. Progress of electrospun fibers as nerve conduits for neural tissue repair[J]. Nanomedicine (Lond),2014,9(12):1869-1883. doi:10.2217/nnm.14.70.

[18354] Zhao L,Qu W,Wu Y,Ma H,Jiang H. Dorsal root ganglion-derived Schwann cells combined with poly(lactic-co-glycolic acid)/chitosan conduits for the repair of sciatic nerve defects in rats[J]. Neural Regen Res,2014,9(22):1961-1967. doi:10.4103/1673-5374.145374.

[18355] Luo L,Gan L,Liu Y,Tian W,Tong Z,Wang X,Huselstein C,Chen Y. Construction of nerve guide conduits from cellulose/soy protein composite membranes combined with Schwann cells and pyrroloquinoline quinone for the repair of peripheral nerve defect[J]. Biochem Biophys Res Commun,2015,457(4):507-513. doi:10.1016/j.bbrc.2014.12.121.

[18356] Huang C,Ouyang Y,Niu H,He N,Ke Q,Jin X,Li D,Fang J,Liu W,Fan C,Lin T.

Nerve guidance conduits from aligned nanofibers:improvement of nerve regeneration through longitudinal nanogrooves on a fiber surface[J]. ACS Appl Mater Interfaces,2015,7(13):7189-7196. doi:10.1021/am509227t.
[18357] Li B,Qiu T,Iyer KS,Yan Q,Yin Y,Xie L,Wang X,Li S. PRGD/PDLLA conduit potentiates rat sciatic nerve regeneration and the underlying molecular mechanism[J]. Biomaterials,2015,55:44-53. doi:10.1016/j.biomaterials.2015.03.028.
[18358] Wu H,Zhang J,Luo Y,Wan Y,Sun S. Mechanical properties and permeability of porous chitosan-poly(p-dioxanone)/silk fibroin conduits used for peripheral nerve repair[J]. J Mech Behav Biomed Mater,2015,50:192-205. doi:10.1016/j.jmbbm.2015.06.016.
[18359] Xie H,Yang W,Chen J,Zhang J,Lu X,Zhao X,Huang K,Li H,Chang P,Wang Z,Wang L. A silk sericin/silicone nerve guidance conduit promotes regeneration of a transected sciatic nerve[J]. Adv Healthc Mater,2015,4(15):2195-2205. doi:10.1002/adhm.201500355.
[18360] Zhu L,Liu T,Cai J,Ma J,Chen AM. Repair and regeneration of lumbosacral nerve defects in rats with chitosan conduits containing bone marrow mesenchymal stem cells[J]. Injury,2015,46(11):2156-2163. doi:10.1016/j.injury.2015.08.035.
[18361] Yin Y,Li B,Yan Q,Dai H,Wang X,Huang J,Li S. Promotion of peripheral nerve regeneration and prevention of neuroma formation by PRGD/PDLLA/β-TCP conduit:report of two cases[J]. Regen Biomater,2015,2(2):119-124. doi:10.1093/rb/rbv006.
[18362] Xiao Q,Zhang X,Wu Y. Experimental research on differentiation-inducing growth of nerve lateral bud by huc-mscs chitosan composite conduit[J]. Cell Biochem Biophys,2015,73(2):305-311. doi:10.1007/s12013-015-0578-8.
[18363] Li D ,Pan X ,Sun B ,Wu T ,Chen W ,Huang C ,Ke Q ,Ei-Hamshary HA ,Al-Deyab SS ,Mo X . Nerve conduits constructed by electrospun P(LLA-CL) nanofibers and PLLA nanofiber yarns[J]. J Mater Chem B,2015,3(45):8823-8831. doi:10.1039/c5tb01402f.
[18364] Ezra M,Bushman J,Shreiber D,Schachner M,Kohn J. Porous and nonporous nerve conduits:the effects of a hydrogel luminal filler with and without a neurite-promoting moiety[J]. Tissue Eng Part A,2016,22(9-10):818-826. doi:10.1089/ten.TEA.2015.0354.
[18365] Hu Y,Wu Y,Gou Z,Tao J,Zhang J,Liu Q,Kang T,Jiang S,Huang S,He J,Chen S,Du Y,Gou M. 3D-engineering of cellularized conduits for peripheral nerve regeneration[J]. Sci Rep,2016,6:32184. doi:10.1038/srep32184.
[18366] Gan L,Zhao L,Zhao Y,Li K,Tong Z,Yi L,Wang X,Li Y,Tian W,He X,Zhao M,Li Y,Chen Y. Cellulose/soy protein composite-based nerve guidance conduits with designed microstructure for peripheral nerve regeneration[J]. J Neural Eng,2016,13(5):056019. doi:10.1088/1741-2560/13/5/056019.
[18367] Song J,Sun B,Liu S,Chen W,Zhang Y,Wang C,Mo X,Che J,Ouyang Y,Yuan W,Fan C. Polymerizing pyrrole coated poly (l-lactic acid-co- ε -caprolactone) (PLCL) conductive nanofibrous conduit combined with electric stimulation for long-range peripheral nerve regeneration[J]. Front Mol Neurosci,2016,9:117. doi:10.3389/fnmol.2016.00117.
[18368] Zhu L,Wang K,Ma T,Huang L,Xia B,Zhu S,Yang Y,Liu Z,Quan X,Luo K,Kong D,Huang J,Luo Z. Noncovalent bonding of RGD and YIGSR to an electrospun poly(ε -Caprolactone) conduit through peptide self-assembly to synergistically promote sciatic nerve regeneration in rats[J]. Adv Healthc Mater,2017,6(8). doi:10.1002/adhm.201600860.
[18369] Rao J,Cheng Y,Liu Y,Ye Z,Zhan B,Quan D,Xu Y. A multi-walled silk fibroin/silk sericin nerve conduit coated with poly(lactic-co-glycolic acid) sheath for peripheral nerve regeneration[J]. Mater Sci Eng C Mater Biol Appl,2017,73:319-332. doi:10.1016/j.msec.2016.12.085.
[18370] Muheremu A,Chen L,Wang X,Wei Y,Gong K,Ao Q. Chitosan nerve conduits seeded with autologous bone marrow mononuclear cells for 30 mm goat peroneal nerve defect[J]. Sci Rep,2017,7:44002. doi:10.1038/srep44002.
[18371] Tao J,Hu Y,Wang S,Zhang J,Liu X,Gou Z,Cheng H,Liu Q,Zhang Q,You S,Gou M. A 3D-engineered porous conduit for peripheral nerve repair[J]. Sci Rep,2017,7:46038. doi:10.1038/srep46038.
[18372] Wu H,Liu J,Fang Q,Xiao B,Wan Y. Establishment of nerve growth factor gradients on aligned chitosan-polylactide /alginate fibers for neural tissue engineering applications[J]. Colloids Surf B Biointerfaces,2017,160:598-609. doi:10.1016/j.colsurfb.2017.10.017.
[18373] Zhang SJ,Wu WL,Yang KY,Chen YZ,Liu HC. Phenotypic changes of Schwann cells on the proximal stump of injured peripheral nerve during repair using small gap conduit tube[J]. Neural Regen Res,2017,12(9):1538-1543. doi:10.4103/1673-5374.215266.
[18374] Zhao Y,Zhang Q,Zhao L,Gan L,Yi L,Zhao Y,Xue J,Luo L,Du Q,Geng R,Sun Z,Benkirane-Jessel N,Chen P,Li Y,Chen Y. Enhanced peripheral nerve regeneration by a high surface area to volume ratio of nerve conduits fabricated from hydroxyethyl cellulose/soy protein composite sponges[J]. ACS Omega,2017,2(11):7471-7481. doi:10.1021/acsomega.7b01003.
[18375] Wu T,Li D,Wang Y,Sun B,Li D,Morsi Y,El-Hamshary H,Al-Deyab SS ,Mo X. Laminin-coated nerve guidance conduits based on poly(l-lactide-co-glycolide) fibers and yarns for promoting Schwann cells' proliferation and migration[J]. J Mater Chem B. 2017 May 7;5(17):3186-3194. doi:10.1039/c6tb03330j.
[18376] Wang S,Sun C,Guan S,Li W ,Xu J,Ge D,Zhuang M,Liu T ,Ma X. Chitosan/gelatin porous scaffolds assembled with conductive poly(3,4-ethylenedioxythiophene) nanoparticles for neural tissue engineering[J]. J Mater Chem B,2017,5(24):4774-4788. doi:10.1039/c7tb00608j.
[18377] Zhang XF,Liu HX,Ortiz LS,Xiao ZD,Huang NP. Laminin-modified and aligned poly(3-hydroxybutyrate-co-3-hydroxyvalerate)/polyethylene oxide nanofibrous nerve conduits promote peripheral nerve regeneration[J]. J Tissue Eng Regen Med,2018,12(1):e627-e636. doi:10.1002/term.2355.
[18378] Guo Q,Liu C,Hai B,Ma T,Zhang W,Tan J,Fu X,Wang H,Xu Y,Song C. Chitosan conduits filled with simvastatin/Pluronic F-127 hydrogel promote peripheral nerve regeneration in rats[J]. J Biomed Mater Res B Appl Biomater,2018,106(2):787-799. doi:10.1002/jbm.b.33890.
[18379] Zhu C,Huang J,Xue C,Wang Y,Wang S,Bao S,Chen R,Li Y,Gu Y. Skin derived precursor Schwann cell-generated acellular matrix modified chitosan/silk scaffolds for bridging rat sciatic nerve gap[J]. Neurosci Res,2018,135:21-31. doi:10.1016/j.neures.2017.12.007.
[18380] Li R,Liu H,Huang H,Bi W,Yan R,Tan X,Wen W,Wang C,Song W,Zhang Y,Zhang F,Hu M. Chitosan conduit combined with hyaluronic acid prevent sciatic nerve scar in a rat model of peripheral nerve crush injury[J]. Mol Med Rep,2018,17(3):4360-4368. doi:10.3892/mmr.2018.8388.
[18381] Cui Y,Yao Y,Zhao Y,Xiao Z,Cao Z,Han S,Li X,Huan Y,Pan J,Dai J. Functional collagen conduits combined with human mesenchymal stem cells promote regeneration after sciatic nerve transection in dogs[J]. J Tissue Eng Regen Med,2018,12(5):1285-1296. doi:10.1002/term.2660.
[18382] Xu C,Guan S,Wang S,Gong W,Liu T,Ma X,Sun C. Biodegradable and electroconductive poly(3,4-ethylenedioxythiophene)/carboxymethyl chitosan hydrogels for neural tissue engineering[J]. Mater Sci Eng C Mater Biol Appl,2018,84:32-43. doi:10.1016/j.msec.2017.11.032.
[18383] Wang C,Jia Y,Yang W,Zhang C,Zhang K,Chai Y. Silk fibroin enhances peripheral nerve regeneration by improving vascularization within nerve conduits[J]. J Biomed Mater Res A,2018,106(7):2070-2077. doi:10.1002/jbm.a.36390.
[18384] Zhang L,Zhao W,Niu C,Zhou Y,Shi H,Wang Y,Yang Y,Tang X. Genipin-cross-linked chitosan nerve conduits containing TNF-α inhibitors for peripheral nerve repair[J]. Ann Biomed Eng,2018,46(7):1013-1025. doi:10.1007/s10439-018-2011-0.
[18385] Li G,Xue C,Wang H,Yang X,Zhao Y,Zhang L,Yang Y. Spatially featured porous chitosan conduits with micropatterned inner wall and seamless sidewall for bridging peripheral nerve regeneration[J]. Carbohydr Polym,2018,194:225-235. doi:10.1016/j.carbpol.2018.04.049.
[18386] Peng Y,Li KY,Chen YF,Li XJ,Zhu S,Zhang ZY,Wang X,Duan LN,Luo ZJ,Du JJ,Wang JC. Beagle sciatic nerve regeneration across a 30 mm defect bridged by chitosan/PGA artificial nerve grafts[J]. Injury,2018,49(8):1477-1484. doi:10.1016/j.injury.2018.03.023.
[18387] Yi J,Jiang N,Li B,Yan Q,Qiu T,Swaminatha Iyer K,Yin Y,Dai H,Yetisen AK,Li S. Painful terminal neuroma prevention by capping PRGD/PDLLA conduit in rat sciatic nerves[J]. Adv Sci (Weinh),2018,5(6):1700876. doi:10.1002/advs.201700876.
[18388] Yang X,Sun A,Ju BF,Xu S. A rotary scanning method to evaluate grooves and porosity for nerve guide conduits based on ultrasound microscopy[J]. Rev Sci Instrum,2018,89(7):073705. doi:10.1063/1.5004783.
[18389] Li Y,Yu Z,Men Y,Chen X,Wang B. Laminin-chitosan-PLGA conduit co-transplanted with Schwann and neural stem cells to repair the injured recurrent laryngeal nerve[J]. Exp Ther Med,2018,16(2):1250-1258. doi:10.3892/etm.2018.6343.
[18390] Wang Z,Fan J,Yang X,Zhang W,Zhang P,Jiang B. The neural regeneration effect of chitin biological absorbable tubes bridging sciatic nerve defects with sural nerve grafts[J]. Am J Transl Res,2018,10(8):2362-2371.
[18391] Wang S,Guan S,Li W,Ge D,Xu J,Sun C,Liu T,Ma X. 3D culture of neural stem cells within conductive PEDOT layer-assembled chitosan/gelatin scaffolds for neural tissue engineering[J]. Mater Sci Eng C Mater Biol Appl,2018,93:890-901. doi:10.1016/j.msec.2018.08.054.
[18392] Sun B,Zhou Z,Li D,Wu T,Zheng H,Liu J,Wang G,Yu Y,Mo X. Polypyrrole-coated poly(l-lactic acid-co- ε -caprolactone)/silk fibroin nanofibrous nerve guidance conduit induced nerve regeneration in rat[J]. Mater Sci Eng C Mater Biol Appl,2019,94:190-199. doi:10.1016/j.msec.2018.09.021.
[18393] Jiang Z,Song Y,Qiao J,Yang Y,Zhang W,Liu W,Han B. Rat sciatic nerve regeneration across a 10-mm defect bridged by a chitin/CM-chitosan artificial nerve graft[J]. Int J Biol Macromol,2019,129:997-1005. doi:10.1016/j.ijbiomac.2019.02.080.
[18394] Sun AX,Prest TA,Fowler JR,Brick RM,Gloss KM,Li X,DeHart M,Shen H,Yang G,Brown BN,Alexander PG,Tuan RS. Conduits harnessing spatially controlled cell-secreted neurotrophic factors improve peripheral nerve regeneration[J]. Biomaterials,2019,203:86-95. doi:10.1016/j.biomaterials.2019.01.038.
[18395] Han GH,Peng J,Liu P,Ding X,Wei S,Lu S,Wang Y. Therapeutic strategies for peripheral nerve injury:decellularized nerve conduits and Schwann cell transplantation[J]. Neural Regen Res,2019,14(8):1343-1351. doi:10.4103/1673-5374.253511.
[18396] Rao F,Zhang D,Fang T,Lu C,Wang B,Ding X,Wei S,Zhang Y,Pi W,Xu H,Wang Y,Jiang B,Zhang P. Exosomes from human gingiva-derived mesenchymal stem cells combined with biodegradable chitin conduits promote rat sciatic nerve regeneration[J]. Stem Cells Int,2019,2019:2546367. doi:10.1155/2019/2546367.
[18397] Chen X,Liu C,Huang Z,Pu X,Shang L,Yin G,Xue C. Preparation of carboxylic graphene oxide-composited polypyrrole conduits and their effect on sciatic nerve repair under electrical stimulation[J]. J Biomed Mater Res A,2019,107(12):2784-2795. doi:10.1002/jbm.a.36781.
[18398] Zhang L,Yang W,Xie H,Wang H,Wang J,Su Q,Li X,Song Y,Wang G,Wang L,Wang Z. Sericin nerve guidance conduit delivering therapeutically repurposed clobetasol for functional and structural regeneration of transected peripheral nerves[J]. ACS Biomater Sci Eng,2019,5(3):1426-1439. doi:10.1021/acsbiomaterials.8b01297.
[18399] Gong H,Fei H,Xu Q,Gou M,Chen HH. 3D-engineered GelMA conduit filled with ECM promotes regeneration of peripheral nerve[J]. J Biomed Mater Res A,2020,108(3):805-813. doi:10.1002/jbm.a.36859.
[18400] Zhang D,Yao Y,Duan Y,Yu X,Shi H,Nakkala JR,Zuo X,Hong L,Mao Z,Gao C. Surface-anchored graphene oxide nanosheets on cell-scale micropatterned poly(d,l-lactide-co-caprolactone) conduits promote peripheral nerve regeneration[J]. ACS Appl Mater Interfaces,2020,12(7):7915-7930. doi:10.1021/acsami.9b20321.
[18401] Rao F,Wang Y,Zhang D,Lu C,Cao Z,Sui J,Wu M,Zhang Y,Pi W,Wang B,Kou Y,Wang X,Zhang P,Jiang B. Aligned chitosan nanofiber hydrogel grafted with peptides mimicking bioactive brain-derived neurotrophic factor and vascular endothelial growth factor repair long-distance sciatic nerve defects in rats[J]. Theranostics,2020,10(4):1590-1603. doi:10.7150/thno.36272.
[18402] Li J,Zhang Y,Yang Z,Zhang J,Lin R,Luo D. Salidroside promotes sciatic nerve regeneration following combined application epimysium conduit and

Schwann cells in rats[J]. Exp Biol Med (Maywood),2020,245(6):522-531. doi:10.1177/1535370220906541.

[18403] Zhang D,Yang W,Wang C,Zheng H,Liu Z,Chen Z,Gao C. Methylcobalamin-loaded PLCL conduits facilitate the peripheral nerve regeneration[J]. Macromol Biosci,2020,20(3):e1900382. doi:10.1002/mabi.201900382.

[18404] Zhang Q,Tong Z,Chen F,Wang X,Ren M,Zhao Y,Wu P,He X,Chen P,Chen Y. Aligned soy protein isolate-modified poly(L-lactic acid) nanofibrous conduits enhanced peripheral nerve regeneration[J]. J Neural Eng,2020,17(3):036003. doi:10.1088/1741-2552/ab8d81.

[18405] Zhang Z,Jrgensen ML,Wang Z,Amagat J,Wang Y,Li Q,Dong M,Chen M. 3D anisotropic photocatalytic architectures as bioactive nerve guidance conduits for peripheral neural regeneration[J]. Biomaterials,2020,253:120108. doi:10.1016/j.biomaterials.2020.120108.

[18406] Wu P,Zhao Y,Chen F,Xiao A,Du Q,Dong Q,Ke M,Liang X,Zhou Q,Chen Y. Conductive hydroxyethyl cellulose/soy protein isolate/polyaniline conduits for enhancing peripheral nerve regeneration via electrical stimulation[J]. Front Bioeng Biotechnol,2020,8:709. doi:10.3389/fbioe.2020.00709.

[18407] Wang J,Xiong H,Zhu T,Liu Y,Pan H,Fan C,Zhao X,Lu WW. Bioinspired multichannel nerve guidance conduit based on shape memory nanofibers for potential application in peripheral nerve repair[J]. ACS Nano,2020,14(10):12579-12595. doi:10.1021/acsnano.0c03570.

[18408] Wang J,Cheng Y,Wang H,Wang Y,Zhang K,Fan C,Wang H,Mo X. Biomimetic and hierarchical nerve conduits from multifunctional nanofibers for guided peripheral nerve regeneration[J]. Acta Biomater,2020,117:180-191. doi:10.1016/j.actbio.2020.09.037.

[18409] Long Q,Wu B,Yang Y,Wang S,Shen Y,Bao Q,Xu F. Nerve guidance conduit promoted peripheral nerve regeneration in rats[J]. Artif Organs,2021,45(6):616-624. doi:10.1111/aor.13881.

[18410] Huang Z,Ma Y,Jing W,Zhang Y,Jia X,Cai Q,Ao Q,Yang X. Tracing carbon nanotubes (CNTS) in rat peripheral nerve regenerated with conductive conduits composed of poly(lactide-co-glycolide) and fluorescent CNTs[J]. ACS Biomater Sci Eng,2020,6(11):6344-6355. doi:10.1021/acsbiomaterials.0c01065.

[18411] Huang Q,Cai Y,Zhang X,Liu J,Liu Z,Li B,Wong H,Xu F,Sheng L,Sun D,Qin J,Luo Z,Lu X. Aligned graphene mesh-supported double network natural hydrogel conduit loaded with netrin-1 for peripheral nerve regeneration[J]. ACS Appl Mater Interfaces,2021,13(1):112-122. doi:10.1021/acsami.0c16391.

[18412] Liu F,Hao F,Hao P,Zhao W,Gao Y,Duan H,Yang Z,Li X. bFGF-chitosan scaffolds effectively repair 20 mm sciatic nerve defects in adult rats[J]. Biomed Mater,2021,16(2):025011. doi:10.1088/1748-605X/abd9dc.

[18413] 赫崇亮. 周围神经导管修复与神经再生室的研究进展 [J]. 中华显微外科杂志，1992，15(4)：243-246. DOI：10.1007/BF02005919. {HE Chongliang. Research progress of peripheral nerve conduit repair and nerve regeneration room[J]. Zhonghua Xian Wei Wai Ke Za Zhi[Chin J Microsurg(Article in Chinese;Abstract in Chinese)],1992,15(4):243-246. DOI:10.1007/BF02005919.}

[18414] 劳杰，熊良俭，顾玉东，邝永衡，梁秉中. 应用激活态的雪旺细胞填充导管修复周围神经缺损的初步研究 [J]. 中华手外科杂志，2000，16(4)：46-50. DOI：10.3760/cma.j.issn.1005-054X.2000.04.015. {LAO Jie,XIONG Liangjian,GU Yudong,KUANG Yongheng,LIANG Bingzhong. Activated Schwann cells filled within silicone tube to repair peripheral nerve defect :a preliminary experimental study[J]. Zhonghua Shou Wai Ke Za Zhi[Chin J Hand Surg(Article in Chinese;Abstract in Chinese and English)],2000,16(4):46-50. DOI:10.3760/cma.j.issn.1005-054X.2000.04.015.}

[18415] 于炎冰，左焕琮，任祖渊. 壳聚糖导管桥接周围神经缺损的实验研究 [J]. 中华神经外科杂志，2000，16(6)：375. DOI：10.3760/j.issn：1001-2346.2000.06.010. {YU Yanbing,ZUO Huancong,REN Zuyuan. The experimental study of bridging of peripheral nerve defects by chitosan nerve guide[J]. Zhonghua Shen Jing Wai Ke Za Zhi[Chin J Neurosurg(Article in Chinese;Abstract in Chinese and English)],2000,16(6):375. DOI:10.3760/j.issn:1001-2346.2000.06.010.}

[18416] 李青峰，徐靖宏，罗敏，干季良. 不同通透性壳聚糖生物膜复合导管修复周围神经缺损的实验研究 [J]. 上海医学，2000，23(7)：390-392. DOI：10.3969/j.issn.0253-9934.2000.07.003. {LI Qingfeng,XU Jinghong,LUO Min,GAN Jiliang. Experimental study on peripheral nerve regeneration through composite biomembrane-chitosan conduits with different permeabilities[J]. Shang Hai Yi Xue[Shanghai Med J(Article in Chinese;Abstract in Chinese and English)],2000,23(7):390-392. DOI:10.3969/j.issn.0253-9934.2000.07.003.}

[18417] 胡庆柳，朴英杰，彭心昭，徐锡金，傅文玉，路艳蒙，陈英. 人发角蛋白神经导管诱导兔胫神经缺损部分再生时泛素的表达及分布 [J]. 中国临床解剖学杂志，2002，20(2)：143-144. DOI：10.3969/j.issn.1001-165X.2002.02.023. {HU Qingliu,PU Yingjie,PENG Xinzhao,XU Xijin,FU Wenyu,LU Yanmeng,CHEN Ying. Expression and distribution of ubiquitin during the repair period of damaged rabbit shank nerve induced by nerve conduit made of human hair keratin[J]. Zhongguo Lin Chuang Jie Pou Xue Za Zhi[Chin J Clin Anat(Article in Chinese;Abstract in Chinese and English)],2002,20(2):143-144. DOI:10.3969/j.issn.1001-165X.2002.02.023.}

[18418] 王栓科，张致英，杨团民，洪光祥，王同光. 细胞外 ATP 对周围神经导管中再生轴突诱导作用的实验研究 [J]. 中华手外科杂志，2002，18(3)：13-15. DOI：10.3760/cma.j.issn.1005-054X.2002.03.004. {WANG Shuanke,ZHANG Zhiying,YANG Tuanmin,HONG Guangxiang,WANG Tongguang. Guidance of regenerating axon by extracellular ATP at peripheral nerve conduit :An experimental study[J]. Zhonghua Shou Wai Ke Za Zhi[Chin J Hand Surg(Article in Chinese;Abstract in Chinese and English)],2002,18(3):13-15. DOI:10.3760/cma.j.issn.1005-054X.2002.03.004.}

[18419] 胡庆柳，朴英杰，邹飞. 人发角蛋白导管修复周围神经缺损的实验研究 [J]. 第一军医大学学报，2002，22(9)：784-787. DOI：10.3321/j.issn：1673-4254.2002.09.006. {HU Qingliu,PIAO Yingjie,ZOU Fei. Experimental study of repairing peripheral nerve damage with conduit made of human hair keratin[J]. Di Yi Jun Yi Da Xue Xue Bao[J First Mil Med Univ(Article in Chinese;Abstract in Chinese and English)],2002,22(9):784-787. DOI:10.3321/j.issn:1673-4254.2002.09.006.}

[18420] 董红让，徐永年，黄继锋，万涛，李德中，程文俊. 聚乳酸 / 神经生长因子缓释导管修复周围神经缺损实验研究 [J]. 中国临床解剖学杂志，2003，21(5)：482-485. DOI：10.3969/j.issn.1001-165X.2003.05.025. {DONG Hongrang,XU Yongnian,HUANG Jifeng,WAN Tao,LI Dezhong,CHENG Wenjun. Experimental study of bridging peripheral nerve defect with biodegradable PDLLA/NGF controlled release conduit[J]. Zhongguo Lin Chuang Jie Pou Xue Za Zhi[Chin J Clin Anat(Article in Chinese;Abstract in Chinese and English)],2003,21(5):482-485. DOI:10.3969/j.issn.1001-165X.2003.05.025.}

[18421] 胡庆柳，朴英杰，邹飞. 人发角蛋白神经导管诱导兔胫神经修复时 NGF 和 p75 的表达及分布 [J]. 第一军医大学学报，2003，23(9)：929-932. DOI：10.3321/j.issn：1673-4254.2003.09.015. {HU Qingliu,PIAO Yingjie,ZOU Fei. Expression and distribution of NGF and p75 during rabbit tibial nerve repair induced by human hair keratin conduits[J]. Di Yi Jun Yi Da Xue Xue Bao[J First Mil Med Univ(Article in Chinese;Abstract in Chinese and English)],2003,23(9):929-932. DOI:10.3321/j.issn:1673-4254.2003.09.015.}

[18422] 程文俊，徐永年，黄继锋，万涛，刘曦明，徐锋，李德中. 外消旋聚乳酸 / 神经生长因子复合导管修复大鼠坐骨神经缺损的量效作用 [J]. 中华手外科杂志，2004，20(4)：237-239. DOI：10.3760/cma.j.issn.1005-054X.2004.04.022. {CHENG Wenjun,XU Yongnian,HUANG Jifeng,WAN Tao,LIU Ximing,XU Feng,LI Dezhong. Dose effect of PDLLA/NGF compound conduit on restoration of rat sciatic nerve defect[J]. Zhonghua Shou Wai Ke Za Zhi[Chin J Hand Surg(Article in Chinese;Abstract in Chinese and English)],2004,20(4):237-239. DOI:10.3760/cma.j.issn.1005-054X.2004.04.022.}

[18423] 李强，伍亚民. 生物活性导管修复周围神经长距离缺损的研究进展 [J]. 创伤外科杂志，2004，6(3)：224-226. DOI：10.3969/j.issn.1009-4237.2004.03.025. {LI Qiang,WU Yamin. Development of biologically active conduit for repair of long segment defect of peripheral nerve[J]. Chuang Shang Wai Ke Za Zhi[J Traum Surg(Article in Chinese;Abstract in Chinese and English)],2004,6(3):224-226. DOI:10.3969/j.issn.1009-4237.2004.03.025.}

[18424] 刘世清，李皓桓，彭昊. 吡咯喹啉醌充填导管诱导外周神经再生的实验研究 [J]. 中华显微外科杂志，2005，28(2)：145-147. DOI：10.3760/cma.j.issn.1001-2036.2005.02.017. {LIU Shiqing,LI Haohuan,PENG Hao. Inducing nerve regeneration by tubes filled with pyrroloquinoline quinone on peripheral nerve defect animals[J]. Zhonghua Xian Wei Wai Ke Za Zhi[Chin J Microsurg(Article in Chinese;Abstract in Chinese and English)],2005,28(2):145-147. DOI:10.3760/cma.j.issn.1001-2036.2005.02.017.}

[18425] 刘世清，李皓桓，彭昊，徐怡. 新型纤维素导管桥接周围神经缺损的研究 [J]. 中华实验外科杂志，2005，22(5)：593-594. DOI：10.3760/j.issn：1001-9030.2005.05.028. {LIU Shiqing,LI Haohuan,PENG Hao,XU Yi. Peripheral nerve deficit bridged by a new type of fibrin tube[J]. Zhonghua Shi Yan Wai Ke Za Zhi[Chin J Exp Surg(Article in Chinese;Abstract in Chinese and English)],2005,22(5):593-594. DOI:10.3760/j.issn:1001-9030.2005.05.028.}

[18426] 徐永年，黄继锋，闫玉华，程文俊，陈谦，李德中，王伟莉，刘曦明. 外消旋聚乳酸 / 神经生长因子复合导管中神经生长因子的合适含量 [J]. 中华手外科杂志，2005，21(2)：112-114. DOI：10.3760/cma.j.issn.1005-054X.2005.02.018. {XU Yongnian,HUANG Jifeng,YAN Yuhua,CHENG Wenjun,CHEN Qian,LI Dezhong,WANG Weili,LIU Ximing. Suitable dose of nerve growth factor in the poly d,l-lactic acid/nerve growth factor compound conduit[J]. Zhonghua Shou Wai Ke Za Zhi[Chin J Hand Surg(Article in Chinese;Abstract in Chinese and English)],2005,21(2):112-114. DOI:10.3760/cma.j.issn.1005-054X.2005.02.018.}

[18427] 谢峰，李青峰，赵林森. 新型复合生物材料导管修复大鼠周围神经缺损的实验研究 [J]. 中华整形外科杂志，2005，21(4)：295-298. DOI：10.3760/j.issn：1009-4598.2005.04.017. {XIE Feng,LI Qingfeng,ZHAO Linsen. Study on using a new biodegradable conduit to repairing rat's peripheral nerve defect[J]. Zhonghua Zheng Xing Wai Ke Za Zhi[Chin J Plast Surg(Article in Chinese;Abstract in Chinese and English)],2005,21(4):295-298. DOI:10.3760/j.issn:1009-4598.2005.04.017.}

[18428] 谢峰，李青峰，赵林森. 几丁糖 - 聚乳酸复合生物材料神经导管的预构 [J]. 组织工程与重建外科杂志，2005，1(1)：42-46. DOI：10.3969/j.issn.1673-0364.2005.01.012. {XIE Feng,LI Qingfeng,ZHAO Linsen. Facrication of a nerve chonduit with a combined chitosan and PLA[J]. Zu Zhi Gong Cheng Yu Chong Jian Wai Ke Za Zhi[J Tissue Eng Reconstr Surg(Article in Chinese;Abstract in Chinese and English)],2005,1(1):42-46. DOI:10.3969/j.issn.1673-0364.2005.01.012.}

[18429] 沈尊理，张菁，沈华，陈皓，张佩华，王文祖，陈南梁，黄一雄，张兆锋，贾万新，黄倩. 脉冲等离子体涂层神经导管修复周围神经缺损实验研究 [J]. 组织工程与重建外科杂志，2005，1(2)：94-97. DOI：10.3969/j.issn.1673-0364.2005.02.009. {SHEN Zunli,ZHANG Jing,SHEN Hua,CHEN Hao,ZHANG Peihua,WANG Wenzu,CHEN Nanliang,HUANG Yixiong,ZHANG Zhaofeng,JIA Wanxin,HUANG Qian. Experimental study on repair of peripheral nerve defects using pulsed plasma coated nerve conduit[J]. Zu Zhi Gong Cheng Yu Chong Jian Wai Ke Za Zhi[J Tissue Eng Reconstr Surg(Article in Chinese;Abstract in Chineseand English)],2005,1(2):94-97. DOI:10.3969/j.issn.1673-0364.2005.02.009.}

[18430] 沈华，沈尊理，张佩华，张俊锋，贾万新，张兆锋，黄一雄. 甲壳素涂层并预置引导纤维神经导管的实验研究 [J]. 中国修复重建外科杂志，2005，19(11)：860-863. DOI：10.7666/d.y772836. {SHEN Hua,SHEN Zunli,ZHANG Peihua,ZHANG Junfeng,JIA Wanxin,ZHANG Zhaofeng,HUANG Yixiong. Experimental study on nerve conduit coated with chitin and filled with a guide-fiber[J]. Zhongguo Xiu Fu Chong Jian Wai Ke Za Zhi[Chin J Repar Reconstr Surg(Article in Chinese;Abstract in Chinese and English)],2005,19(11):860-863. DOI:10.7666/d.y772836.}

[18431] 董红让，徐达传，廖华，阎玉华，罗吉伟. 外消旋聚乳酸 / 神经生长因子缓释导管的体内降解研究 [J]. 中国临床解剖学杂志，2006，24(2)：201-203. DOI：10.3969/j.issn.1001-165X.2006.02.026. {DONG Hongrang,XU Dachuan,LIAO Hua,YAN Yuhua,LUO Jiwei. Biodegradation of PDLLA/NGF controlled release conduit in vivo[J]. Zhongguo Lin Chuang Jie Pou Xue Za Zhi[Chin J Clin Anat(Article in Chinese;Abstract in Chinese and English)],2006,24(2):201-203. DOI:10.3969/j.issn.1001-165X.2006.02.026.}

[18432] 沈尊理，沈华，张菁，张佩华，王文祖，陈南梁，郑志清，王永春，连峰. 睫状神经营养因子涂层的聚羟基乙酸聚乳酸神经导管修复犬胫神经缺损 [J]. 中华显微外科杂志，2006，29(5)：347-349，插图 5-4. DOI：10.3760/cma.j.issn.1001-2036.2006.05.010. {SHEN Zunli,SHEN Hua,ZHANG Jing,ZHANG Peihua,WANG Wenzu,CHEN Nanlong,TAN Zhiqing,WANG Yongchun,LIAN Feng. Ciliary neurotrophic factor-coated polyglecolic-polylactic acid nerve conduits to repair canine tibial nerve defects[J]. Zhonghua Xian Wei Wai Ke Za Zhi[Chin J Microsurg(Article in Chinese;Abstract in Chinese and English)],2006,29(5):347-349,insert figure 5-4. DOI:10.3760/cma.j.issn.1001-2036.2006.05.010.}

[18433] 何留民，全大萍，廖凯荣. 具有多纵向排列通道的多孔神经导管的制备研究 [J]. 组织工程与重建外科杂志，2006，2(6)：312-315. DOI：10.3969/j.issn.1673-0364.2006.06.004. {HE Liumin,QUAN Daping,LIAO Kairong. Manufacture of multiple-channel porous biodegradable nerve conduits[J]. Zu Zhi Gong Cheng Yu Chong Jian Wai Ke Za Zhi[J Tissue Eng Reconstr Surg(Article in Chinese;Abstract in Chinese and English)],2006,2(6):312-315. DOI:10.3969/j.issn.1673-0364.2006.06.004.}

[18434] 董红让，徐达传，徐永年，阎玉华，罗吉伟. 外消旋聚乳酸复合神经生长因子缓释导管促周围神经再生的形态学研究 [J]. 中国修复重建外科杂志，2006，20(8)：787-790. DOI：CNKI：SUN：ZXCW.0.2006-08-002. {DONG Hongrang,XU Dachuan,XU Yongnian,YAN Yuhua,LUO Jiwei. Morphologic research on pdlla/ngf-controlled release conduit promoting peripheral nerve regeneration[J]. Zhongguo Xiu Fu Chong Jian Wai Ke Za Zhi[Chin J Repar Reconstr Surg(Article in Chinese;Abstract in Chinese and English)],2006,20(8):787-790. DOI:CNKI:SUN:ZXCW.0.2006-08-002.}

[18435] 杜怀栋，周梁，田宏斌，田洁. 有活性的人工神经导管修复大鼠面神经的实验研究 [J]. 中华医学杂志，2007，87(46)：3302-3306. DOI：10.3760/j.issn：0376-2491.2007.46.017. {DU Huaidong,ZHOU Liang,TIAN Hongbin,TIAN Jie. Repair of facial nerve with bioactive artificial nerve conduit:experiment with rats[J]. Zhonghua Yi Xue Za Zhi[Natl Med J China(Article in Chinese;Abstract in Chinese and English)],2007,87(46):3302-3306. DOI:10.3760/j.issn:0376-2491.2007.46.017.}

[18436] 刘晓富，郑林丰，谢乐斯，张建伟，余清平，许愿忠，曾志成. PLGA 导管修复大鼠坐骨神经缺损的实验研究 [J]. 第三军医大学学报，2008，30(15)：1462-1465. DOI：10.3321/j.issn：1000-5404.2008.15.021. {LIU Xiaofu,ZHENG Linfeng,XIE

Lesi,ZHANG Jianwei,YU Qingping,XU Yuanzhong,ZENG Zhicheng. PLGA tube repairs sciatic nerve defect in rats[J]. Di San Jun Yi Da Xue Xue Bao[Acta Acad Med Mil Tert(Article in Chinese;Abstract in Chinese and English)],2008,30(15):1462-1465. DOI:10.3321/j.issn:1000-5404.2008.15.021.}

[18437] 吴飞，邢丹谋，彭正人，勘武生，饶婷. 丙戊酸钠充填导管促进大鼠外周神经再生的实验研究[J]. 中华显微外科杂志，2009，32（1）：39-42，插 3. DOI：10.3760/cma.j.issn.1001-2036.2009.01.017. {WU Fei,XING Danmou,PENG Zhengren,KAN Wusheng,RAO ting. Enhancing nerve regeneration by tubes filled with valproic acid on peripheral nerve defect rats[J]. Zhonghua Xian Wei Wai Ke Za Zhi[Chin J Microsurg(Article in Chinese;Abstract in Chinese and English)],2009,32(1):39-42,insert 3. DOI:10.3760/cma.j.issn.1001-2036.2009.01.017.}

[18438] 黄继锋，征华勇，李世普，严琼娇，徐永年，陈庄洪. RGD 多肽接枝聚复合导管桥接神经缺损的实验研究[J]. 中华手外科杂志，2009，25（3）：154-157. DOI：10.3760/cma.j.issn.1005-054X.2009.03.013. {HUANG Jifeng,ZHENG Huayong,LI Shipu,YAN Qiongjiao,XU Yongnian,CHEN Zhuanghong. An experimental study of RGD peptide conjugated poly[LA-(Glc-Lys)] nerve conduit to bridge nerve gap[J]. Zhonghua Shou Wai Ke Za Zhi[Chin J Hand Surg(Article in Chinese;Abstract in Chinese and English)],2009,25(3):154-157. DOI:10.3760/cma.j.issn.1005-054X.2009.03.013.}

[18439] 魏延云，王建广，黄磊，刘俊建，范存义. 复合神经生长因子的纳米纤维导管促神经再生的初步研究[J]. 中华创伤骨科杂志，2009，11（1）：51-55. DOI：10.3760/cma.j.issn.1671-7600.2009.01.014. {WEI Yanyun,WANG Jianguang,HUANG Lei,LIU Junjian,FAN Cunyi. Nerve conduits of nanofibers combined with nerve growth factors[J]. Zhonghua Chuang Shang Gu Ke Za Zhi[Chin J Orthop Trauma(Article in Chinese;Abstract in Chinese and English)],2009,11(1):51-55. DOI:10.3760/cma.j.issn.1671-7600.2009.01.014.}

[18440] 刘俊建，王建广，魏延云，阮洪江，刘生和，汪银锋，刘珅，范存义. 同轴共纺复合神经生长因子导管修复大鼠坐骨神经缺损的实验研究[J]. 中华创伤骨科杂志，2009，11（4）：351-356. DOI：10.3760/cma.j.issn.1671-7600.2009.04.014. {LIU Junjian,WANG Jianguang,WEI Yanyun,RUAN Hongjiang,LIU Shenghe,WANG Yinfeng,LIU Li,FAN Cunyi. Compound nerve conduit promoting peripheral nerve regeneration in rats[J]. Zhonghua Chuang Shang Gu Ke Za Zhi[Chin J Orthop Trauma(Article in Chinese;Abstract in Chinese and English)],2009,11(4):351-356. DOI:10.3760/cma.j.issn.1671-7600.2009.04.014.}

[18441] 严小莉，赵亚红，赵微加，杨宇民. 丝素蛋白人工神经导管的皮肤致敏实验[J]. 组织工程与重建外科杂志，2009，5（1）：29-31. DOI：10.3969/j.issn.1673-0364.2009.01.008. {YAN Xiaoli,ZHAO Yahong,ZHAO Weijia,YANG Yumin. Skin sensitization test of silk flbroin-based nerve guidance conduit[J]. Zu Zhi Gong Cheng Yu Chong Jian Wai Ke Za Zhi[J Tissue Eng Reconstr Surg(Article in Chinese;Abstract in Chinese and English)],2009,5(1):29-31. DOI:10.3969/j.issn.1673-0364.2009.01.008.}

[18442] 吴坚，严小莉，赵亚红，杨宇民. 人工神经移植物丝素蛋白导管的生物相容性的初步研究[J]. 组织工程与重建外科杂志，2009，5（2）：86-88. DOI：10.3969/j.issn.1673-0364.2009.04.007. {WU Jian,YAN Xiaoli,ZHAO Yahong,YANG Yumin. Preliminary study on the biocompalibility of the silk fibroin conduits-based nerve grafts[J]. Zu Zhi Gong Cheng Yu Chong Jian Wai Ke Za Zhi[J Tissue Eng Reconstr Surg(Article in Chinese;Abstract in Chinese and English)],2009,5(2):86-88. DOI:10.3969/j.issn.1673-0364.2009.04.007.}

[18443] 于雯雯，蒋欣泉，张志愿. 周围神经导管修复中神经营养因子的应用方式进展[J]. 中国口腔颌面外科杂志，2009，7（1）：77-80. DOI：CNKI：SUN：ZGKQ.0.2009-01-035. {YU Wenwen,JIANG Xinquan,ZHANG Zhiyuan. Neurotrophic factor delivery in nerve conduits for perlpheral nerve regeneration[J]. Zhongguo Kou Qiang He Mian Wai Ke Za Zhi[Chin J Oral Maxillofac Surg(Article in Chinese;Abstract in Chinese and English)],2009,7(1):77-80. DOI:CNKI:SUN:ZGKQ.0.2009-01-035.}

[18444] 钟荣国，李志跃，李际才. 聚乳酸与聚羟基乙酸共聚物三维神经导管内微丝直径对周围神经缺损修复的影响[J]. 中华实验外科杂志，2010，27（1）：108-110. DOI：10.3760/cma.j.issn.1001-9030.2010.01.043. {ZHONG Rongguo,LI Zhiyue,LI Jicai. The optimal diameter of microfilaments in polylactic polyglycolic polymer three-dimensional conduit in repairing peripheral nerve defects[J]. Zhonghua Shi Yan Wai Ke Za Zhi[Chin J Exp Surg(Article in Chinese;Abstract in Chinese and English)],2010,27(1):108-110. DOI:10.3760/cma.j.issn.1001-9030.2010.01.043.}

[18445] 刘勇，侯春林. 神经导管研究进展[J]. 国际骨科学杂志，2010，31（5）：279-281. DOI：10.3969/j.issn.1673-7083.2010.05.007. {LIU Yong,HOU Chunlin. Current development of nerve guid conduits[J]. Guo Ji Gu Ke Xue Za Zhi [Int J Orthop(Article in Chinese;Abstract in Chinese)],2010,31(5):279-281. DOI:10.3969/j.issn.1673-7083.2010.05.007.}

[18446] 刘勇，侯春林，林浩东，徐镇，魏长征. 几丁糖复合聚乙烯醇神经导管修复大鼠坐骨神经损[J]. 中华显微外科杂志，2011，34（4）：297-300. DOI：10.3760/cma.j.issn.1001-2036.2011.04.012. {LIU Yong,HOU Chunlin,LIN Haodong,XU Zhen,WEI Changzheng. Chitosan/PVA nerve conduits repair sciatic nerve defect in rats[J]. Zhonghua Xian Wei Wai Ke Za Zhi[Chin J Microsurg(Article in Chinese;Abstract in Chinese and English)],2011,34(4):297-300. DOI:10.3760/cma.j.issn.1001-2036.2011.04.012.}

[18447] 张伟，岳靓，易红蕾，王传峰，陈家瑜，吴冰，魏显招，郑志清，李明，傅强. 自组装多肽凝胶联合可降解神经导管修复长节段周围神经损伤[J]. 中国矫形外科杂志，2011，19（24）：2083-2087. DOI：10.3977/j.issn.1005-8478.2011.24.16. {ZHANG Wei,YUE Liang,YI Honglei,WANG Chuanfeng,CHEN Jiayu,WU Bing,WEI Xianzhao,TAN Zhiqing,LI Ming,FU Qiang. Combined used of self-assembly peptide and degradable nerve conduit for repair of peripheral nerve injury[J]. Zhongguo Jiao Xing Wai Ke Za Zhi[Orthop J China(Article in Chinese;Abstract in Chinese and English)],2011,19(24):2083-2087. DOI:10.3977/j.issn.1005-8478.2011.24.16.}

[18448] 刘勇，侯春林，林浩东，徐镇，莫秀梅. 静电纺纳米聚乳酸己内酮共聚物导管修复周围神经缺损的实验研究[J]. 中华手外科杂志，2011，27（4）：227-230. DOI：10.3760/cma.j.issn.1005-054X.2011.04.016. {LIU Yong,HOU Chunlin,LIN Haodong,XU Zhen,MO Xiumei. P(LLA-CL) nerve conduits of electrospun nanofibers for repair of sciatic nerve defect in rats[J]. Zhonghua Shou Wai Ke Za Zhi[Chin J Hand Surg(Article in Chinese;Abstract in Chinese and English)],2011,27(4):227-230. DOI:10.3760/cma.j.issn.1005-054X.2011.04.016.}

[18449] 屈振宇，曲卫国，马卫东，曲晓娟，张璐，裘罡. 医用 OB 胶联合几丁聚糖 - 胶原导管修复兔面神经损伤的实验研究[J]. 中国口腔颌面外科杂志，2011，9（5）：374-380. DOI：CNKI：SUN：ZGKQ.0.2011-05-008. {QU Zhenyu,QU Weiguo,MA Weidong,QU Xiaojuan,ZHANG Lu,QIU Gang. Facial nerve repair with OB glue and chitosan-collagen conduit:An experimental study in rabbits[J]. Zhongguo Kou Qiang He Mian Wai Ke Za Zhi[Chin J Oral Maxillofac Surg(Article in Chinese;Abstract in Chinese and English)],2011,9(5):374-380. DOI:CNKI:SUN:ZGKQ.0.2011-05-008.}

[18450] 刘小华，邱伟，李舒梅，董明华，张宏宇，杨宇民. 低蛋白壳聚糖神经导管组织相容性的实验研究[J]. 实用医学杂志，2011，27（8）：1359-1361. DOI：10.3969/j.issn.1006-5725.2011.08.014. {LIU Xiaohua,QIU Wei,LI Shumei,DONG Minghua,ZHANG Hongyu,YANG Yumin. Experimental study on histocompatibility of nerve guide conduit contented chitosan of lower protein[J]. Shi Yong Yi Xue Za Zhi[J Pract Med(Article in Chinese;Abstract in Chinese and English)],2011,27(8):1359-1361. DOI:10.3969/j.issn.1006-5725.2011.08.014.}

[18451] 刘勇，侯春林，林浩东，魏长征. 几丁糖 / 聚乙烯醇神经导管修复猕猴周围神经缺损的实验研究[J]. 中国修复重建外科杂志，2011，25（10）：1235-1238. DOI：10.7666/d.d151291. {LIU Yong,HOU Chunlin,LIN Haodong,WEI Changzheng. An experimental study on effect of chitosan/polyvinyl alcohol nerve conduits on peripheral nerve regeneration in macaques[J]. Zhongguo Xiu Fu Chong Jian Wai Ke Za Zhi[Chin J Repar Reconstr Surg(Article in Chinese;Abstract in Chinese and English)],2011,25(10):1235-1238. DOI:10.7666/d.d151291.}

[18452] 向杰. 人工神经导管基础与临床研究进展[J]. 中国临床解剖学杂志，2012，30（5）：587-589. DOI：CNKI：SUN：ZLJZ.0.2012-05-032. {XIANG Jie. Recent advances in experimental and clinical study of articial nerve conduits[J]. Zhongguo Lin Chuang Jie Pou Xue Za Zhi[Chin J Clin Anat(Article in Chinese;Abstract in Chinese)],2012,30(5):587-589. DOI:CNKI:SUN:ZLJZ.0.2012-05-032.}

[18453] 李政，周明. 神经导管联合自体变性肌桥修复大鼠周围神经缺损的实验研究[J]. 组织工程与重建外科杂志，2012，8(3)：146-149. DOI：10.3969/j.issn.1673-0364.2012.03.006. {LI Zheng,ZHOU Ming. Denatured autologous muscle graft combining PLGA nerve guide conduits in repairing peripheral nerve defects[J]. Zu Zhi Gong Cheng Yu Chong Jian Wai Ke Za Zhi[J Tissue Eng Reconstr Surg(Article in Chinese;Abstract in Chinese and English)],2012,8(3):146-149. DOI:10.3969/j.issn.1673-0364.2012.03.006.}

[18454] 段永畅，田广永，郑伟，张珊珊. 载 NGF 海藻酸凝胶 - 聚乳酸复合导管修复兔面神经缺损实验研究[J]. 中国临床解剖学杂志，2014，32（2）：189-191. DOI：10.13418/j.issn.1001-165x.2014.02.017. {DUAN Yongchang,TIAN Guangyong,ZHENG Wei,ZHANG Shanshan. The study of the composite conduit containing Nerve Growth Factor and alginate gel-polylactic acid for repair of facial nerve injury in rabbit[J]. Zhongguo Lin Chuang Jie Pou Xue Za Zhi[Chin J Clin Anat(Article in Chinese;Abstract in Chinese and English)],2014,32(2):189-191. DOI:10.13418/j.issn.1001-165x.2014.02.017.}

[18455] 张伟才，黄继锋，严琼娇，李世普. PNGF 导管复合骨髓间充质干细胞修复大鼠 12 mm 坐骨神经缺损[J]. 中国临床解剖学杂志，2014，32（3）：325-329. DOI：10.13418/j.issn.1001-165x.2014.03.020. {ZHANG Weicai,HUANG Jifeng,YAN Qiongjiao,LI Shipu. PNGF conduit seeded with bone marrow derived mesenchymal stem cells to repair 12-mm sciatic nerve defect of rat[J]. Zhongguo Lin Chuang Jie Pou Xue Za Zhi[Chin J Clin Anat(Article in Chinese;Abstract in Chinese and English)],2014,32(3):325-329. DOI:10.13418/j.issn.1001-165x.2014.03.020.}

[18456] 王华松，吴刚，黄继锋，张伟才. 新型仿生人工神经导管修复周围神经缺损的初步临床观察[J]. 中国临床解剖学杂志，2014，32（6）：735-738. DOI：10.13418/j.issn.1001-165x.2014.06.026. {WANG Huasong,WU Gang,HUANG Jifeng,ZHANG Weicai. Preliminary clinical observation of repairing peripheral nerve defect by a novel artificial nerve conduit[J]. Zhongguo Lin Chuang Jie Pou Xue Za Zhi[Chin J Clin Anat(Article in Chinese ;Abstract in Chinese and English)],2014,32(6):735-738. DOI:10.13418/j.issn.1001-165x.2014.06.026.}

[18457] 林强，蔡杨庭，李皓莘. 负载浓度梯度 NGF 的周围神经导管修复大鼠周围神经缺损的实验研究[J]. 中国修复重建外科杂志，2014，28（2）：167-172. DOI：10.7507/1002-1892.20140037. {LIN Qiang,CAI Yangting,LI Ha. Experimental study on gradient of nerve growth factor immobilized conduits promoting peripheral nerve regeneration in rats[J]. Zhongguo Xiu Fu Chong Jian Wai Ke Za Zhi[Chin J Repar Reconstr Surg(Article in Chinese;Abstract in Chinese and English)],2014,28(2):167-172. DOI:10.7507/1002-1892.20140037.}

[18458] 黄继锋，张伟才，王伟莉，林莉，严琼姣，李世普. PRGD 复合神经导管修复上肢周围神经缺损[J]. 中华显微外科杂志，2015，38（2）：130-133. DOI：10.3760/cma.j.issn.1001-2036.2015.02.008. {HUANG Jifeng,ZHANG Weicai,WANG Weili,LIN Li,YAN Qiongjiao,LI Shipu. PRGD composite nerve conduit in repair of human peripheral nerve defect in upper extremity[J]. Zhonghua Xian Wei Wai Ke Za Zhi[Chin J Microsurg(Article in Chinese;Abstract in Chinese and English)],2015,38(2):130-133. DOI:10.3760/cma.j.issn.1001-2036.2015.02.008.}

[18459] 饶婷，吴飞，程帆，张孝斌. 新型复合材料 PRGD/PDLLA/VPA 神经导管促进大鼠周围神经再生的实验研究[J]. 中华显微外科杂志，2015，38（4）：367-371. DOI：10.3760/cma.j.issn.1001-2036.2015.04.015. {RAO Ting,WU Fei,CHENG Fan,ZAHNG Xiaobin. The effect of new PRGD/PDLLA/VPA composite nerve conduits on peripheral nerve regeneration in a rat model[J]. Zhonghua Xian Wei Wai Ke Za Zhi[Chin J Microsurg(Article in Chinese;Abstract in Chinese and English)],2015,38(4):367-371. DOI:10.3760/cma.j.issn.1001-2036.2015.04.015.}

[18460] 徐云强，张振辉，余欣，陈旭义，李东，李瑞欣，冯世庆. 胶原 / 丝素导管介导雪旺细胞联合神经干细胞修复坐骨神经缺损[J]. 中华实验外科杂志，2015，32（3）：585-587. DOI：10.3760/cma.j.issn.1001-9030.2015.03.051. {XU Yunqiang,ZHANG Zhenhui,YU Xin,CHEN Xuyi,LI Dong,LI Ruixin,FENG Shiqing. Collagen/silk fibroin conduit combined with the co-culture of Schwann cells and neural stem cells for bridging sciatic nerve defect[J]. Zhonghua Shi Yan Wai Ke Za Zhi[Chin J Exp Surg(Article in Chinese;Abstract in Chinese and English)],2015,32(3):585-587. DOI:10.3760/cma.j.issn.1001-9030.2015.03.051.}

[18461] 吴飞，李亚明，张卫兵，胡戈亮，刘世清，勘武生. 新型纳米材料乳酸 - 羟基乙酸 -L- 赖氨酸多肽接枝聚 / 聚乳酸 / 纳米羟基磷灰石 / 丙戊酸神经导管促进大鼠周围神经再生的研究[J]. 中华实验外科杂志，2015，32（7）：1595-1598. DOI：10.3760/cma.j.issn.1001-9030.2015.07.033. {WU Fei,LI Yaming,ZHANG Weibing,HU Geliang,LIU Shiqing,KAN Wusheng. Effect of new nanocomposite RGD peptide conjugated poly [LA-(Glc-Lys)]/poly (D,L-lactic acid)/nanosized hydroxyapatite/valproic acid nerve conduits on peripheral nerve regeneration in a rat model[J]. Zhonghua Shi Yan Wai Ke Za Zhi[Chin J Exp Surg(Article in Chinese;Abstract in Chinese and English)],2015,32(7):1595-1598. DOI:10.3760/cma.j.issn.1001-9030.2015.07.033.}

[18462] 陈琳，张玉琪，敖强，左焕琮. 神经修复导管的研究现状[J]. 中华神经外科杂志，2015，31（6）：644-646. DOI：10.3760/cma.j.issn.1001-2346.2015.06.028. {CHEN Lin,ZHANG Yuqi,AO Qiang,ZUO Huancong. Research status of nerve repair catheter[J]. Zhonghua Shen Jing Wai Ke Za Zhi[Chin J Neurosurg(Article in Chinese;No abstract avaliable)],2015,31(6):644-646. DOI:10.3760/cma.j.issn.1001-2346.2015.06.028.}

[18463] 张志军，王建华，王世杰，敖强，李妍，吕原. 神经导管联合人雪旺细胞修复大鼠外周神经损伤的研究[J]. 神经损伤与功能重建，2015，10（5）：380-382. DOI：10.3870/sjsscj.2015.05.002. {ZHANG Zhijun,WANG Jianhua,WANG Shijie,AO Qiang,LI Yan,LV Yuan. Effect of nerve conduits combined with human blood schwann cells on peripheral nerve repair after injury in rats[J]. Shen Jing Sun Shang Yu Gong Neng Chong Jian[Neural Injury Funct Reconstr(Article in Chinese;Abstract in Chinese and English)],2015,10(5):380-382. DOI:10.3870/sjsscj.2015.05.002.}

[18464] 刘彦冬，窦源东，侯春林，林浩东. 电纺丝壳聚糖 / 聚乳酸神经导管修复大鼠周围神经缺损的实验研究[J]. 中国修复重建外科杂志，2015，29（5）：600-608. DOI：10.7507/1002-1892.20150130. {LIU Yandong,DOU Yuandong,HOU Chunlin,LIN Haodong. Effect evaluation of electrospun chitosan/polylactic acid nerve conduits for repair of peripheral nerve defect in rats[J]. Zhongguo Xiu Fu Chong Jian Wai Ke Za Zhi[Chin J Repar Reconstr Surg(Article in Chinese;Abstract in Chinese and English)],2015,29(5):600-608. DOI:10.7507/1002-1892.20150130.}

[18465] 郭强，王光林，林卫，黄仲，谭振，刘雷，黄富国. 自体静脉神经导管修复周围神经缺损的研究进展[J]. 中国修复重建外科杂志，2015，29（11）：1446-1450. DOI：10.7507/1002-1892.20150309. {GUO Qiang,WANG Guanglin,LIN Wei,HUANG Zhong,TAN Zhen,LIU Lei,HUANG Fuguo. Research progress of autologous vein nerve conduit for repair of peripheral nerve defect[J]. Zhongguo Xiu Fu Chong Jian Wai Ke Za Zhi[Chin J Repar Reconstr Surg(Article in Chinese;Abstract in Chinese and English)],2015,29(11):1446-1450. DOI:10.7507/1002-1892.20150309.}

[18466] 饶建伟，叶舟，占蓓蕾，全大萍，许扬滨. 丝胶蛋白对仿生丝素蛋白神经导管的改性研究[J]. 中华显微外科杂志，2016，39(3)：251-257. DOI：10.3760/cma.j.issn.1001-2036.2016.03.011. {RAO Jianwei,YE Zhou,ZHAN Beilei,QUAN Daping,XU Yangbin. The modification research of

bionic silk fibroin nerve guidance conduits by silk sericin[J]. Zhonghua Xian Wei Wai Ke Za Zhi[Chin J Microsurg(Article in Chinese;Abstract in Chinese and English)],2016,39(3):251-257. DOI:10.3760/cma.j.issn.1001-2036.2016.03.011.}

[18467] 阿不来提·阿不拉，楚古丽克·巴吐尔，艾尔肯·热合木吐拉，买买提明·赛依提，艾合买提江·玉素甫. 多孔胶原神经导管联合向类雪旺细胞诱导的脂肪间充质干细胞修复大鼠坐骨神经缺损 [J]. 中华手外科杂志，2016，32（5）：382-384. DOI：10.3760/cma.j.issn.1005-054X.2016.05.027. {Abulaiti Abula,Chugulike Batuer,Eierken Rehemutula,Maimaitimin Sayiti,Aihemaitijiang Yusufu. Repair of sciatic nerve defects in a rat model with multichannel collagen nerve conduits combined wi th Schwann like cells induced from adipose derived mesenchymal stem cells[J]. Zhonghua Shou Wai Ke Za Zhi[Chin J Hand Surg(Article in Chinese;Abstract in Chinese and English)],2016,32(5):382-384. DOI:10.3760/cma.j.issn.1005-054X.2016.05.027.}

[18468] 郭琦，刘灿，海宝，马腾，王红，宋纯理，徐迎胜. 壳聚糖导管填充辛伐他汀 / 泊洛沙姆 407 水凝胶促进大鼠坐骨神经缺损后运动功能恢复 [J]. 中国微创外科杂志，2016，16（7）：638-644. DOI：10.3969/j.issn.1009-6604.2016.07.017. {GUO Qi,LIU Can,HAI Bao,MA Teng,WANG Hong,SONG Chunli,XU Yin. Bridging sciatic nerve defect with simvastatin delivered by injectable thermosensitive pluronic F-127 hydrogel promotes nerve regeneration in rat[J]. Zhongguo Wei Chuang Wai Ke Za Zhi[Chin J Minim Inva Surg(Article in Chinese;Abstract in Chinese and English)],2016,16(7):638-644. DOI:10.3969/j.issn.1009-6604.2016.07.017.}

[18469] 宋学文，魏彦明，李根，秦文，王维，张晓敏，赵红斌. 红景天苷 / 胶原蛋白 / 聚己内酯神经导管修复大鼠坐骨神经缺损的实验研究 [J]. 中国修复重建外科杂志，2016，30（5）：634-640. DOI：10.7507/1002-1892.20160127. {SONG Xuewen,WEI Yanming,LI Gen,QIN Wen,WANG Wei,ZHANG Xiaomin,ZHAO Hongbin. Experimental studies on effects of salidroside/collagen/ polycaprolactone nerve guide conduits for repairing sciatic nerve defect in rats[J]. Zhongguo Xiu Fu Chong Jian Wai Ke Za Zhi[Chin J Repar Reconstr Surg(Article in Chinese;Abstract in Chinese)],2016,30(5):634-640. DOI:10.7507/1002-1892.20160127.}

[18470] 姬琳琳，魏在荣. 壳聚糖神经导管联合施万细胞桥接修复周围神经缺损新进展 [J]. 中国临床解剖学杂志，2018，36(5)：593-595. DOI：10.13418/j.issn.1001-165x.2018.05.023. {JI Linlin,WEI Zairong. Application of the chitosan nerve catheter combined with schwann cell bridge in repairing the peripheral nerve defects[J]. Zhongguo Lin Chuang Jie Pou Xue Za Zhi[Chin J Clin Anat(Article in Chinese;Abstract in Chinese)],2018,36(5):593-595. DOI:10.13418/j.issn.1001-165x.2018.05.023.}

[18471] 张伟，刘俊健，王季，李明，傅强. 自组装多肽与神经生长因子导管修复兔周围神经缺损 [J]. 中国矫形外科杂志，2018，26（8）：751-756. DOI：10.3977/j.issn.1005-8478.2018.08.17. {ZHANG Wei,LIU Junjian,WANG Ji,LI Ming,FU Qiang. Self-assembly peptide and nerve conduit combined with nerve growth factor for repair of peripheral nerve defect in rabbit[J]. Zhongguo Jiao Xing Wai Ke Za Zhi[Orthop J China(Article in Chinese;Abstract in Chinese and English)],2018,26(8):751-756. DOI:10.3977/j.issn.1005-8478.2018.08.17.}

[18472] 亚穆罕默德·阿力克，阿里木江·阿不来提，买买艾力·玉山，刘振辉，付伟，艾合买提江·玉素甫. 仿生多通道神经导管降低兔坐骨神经缺损再生神经纤维错配 [J]. 中华显微外科杂志，2019，42（4）：360-365. DOI：10.3760/cma.j.issn.1001-2036.2019.04.011. {Yamuhanmode Alike,Alimujiang Abulaiti,Maimaiaili Yushan,LIU Zhenhui,FU Wei,Aihemaitijiang Yusufu. Application of the bionic multi-channel nerve conduit in the rabbit sciatic nerve defect by reducing mismatch of regenerated nerve fibers[J]. Zhonghua Xian Wei Wai Ke Za Zhi[Chin J Microsurg(Article in Chinese;Abstract in Chinese and English)],2019,42(4):360-365. DOI:10.3760/cma.j.issn.1001-2036.2019.04.011.}

[18473] 赵群仔，王勇，王平. 人工神经导管在喉返神经损伤修复中的应用 [J]. 中华实验外科杂志，2019，36（11）：2119-2121. DOI：10.3760/cma.j.issn.1001-9030.2019.11.060. {ZHAO Qunzi,WANG Yong,WANG Ping. Artificial nerve conduit in the repair of recurrent laryngeal nerve injury[J]. Zhonghua Shi Yan Wai Ke Za Zhi[Chin J Exp Surg(Article in Chinese;Abstract in Chinese and English)],2019,36(11):2119-2121. DOI:10.3760/cma.j.issn.1001-9030.2019.11.060.}

[18474] 周经，杨晓楠，祁佐良. 复合型神经导管与周围神经修复 [J]. 中华整形外科杂志，2019，35（3）：314-318. DOI：10.3760/cma.j.issn.1009-4598.2019.03.021. {ZHOU Jing,YANG Xiaonan,QI Zuoliang. Compound nerve conduits in peripheral nerve repair[J]. Zhonghua Zheng Xing Wai Ke Za Zhi[Chin J Plast Surg(Article in Chinese;Abstract in Chinese and English)],2019,35(3):314-318. DOI:10.3760/cma.j.issn.1009-4598.2019.03.021.}

[18475] 魏长征，杨小元，王晓彤. 温敏性壳聚糖神经导管的绿色制备方案及性能研究 [J]. 中国修复重建外科杂志，2019，33（11）：1439-1445. DOI：10.7507/1002-1892.201904009. {WEI Changzheng,YANG Xiaoyuan,WANG Xiaotong. A green route for the fabrication of thermo-sensitive chitosan nerve conduits and their property evaluation[J]. Zhongguo Xiu Fu Chong Jian Wai Ke Za Zhi[Chin J Repar Reconstr Surg(Article in Chinese;Abstract in Chinese and English)],2019,33(11):1439-1445. DOI:10.7507/1002-1892.201904009.}

6.4.4 神经植入术
nerve implantation

[18476] 张建新，洪光祥. 神经植入法重建皮瓣神经支配的实验研究 [J]. 手外科杂志，1992，8（2）：93-97. DOI：CNKI：SUN：ZHSY.0.1994-04-010. {ZHANG Jianxin,HONG Guangxiang. Experimental study on reconstruction of skin flap innervation by nerve implantation[J]. Shou Wai Ke Za Zhi [J Hand Surg(Article in Chinese;Abstract in Chinese)],1992,8(2):93-97. DOI:CNKI:SUN:ZHSY.0.1994-04-010.}

[18477] 范启申，王成琪，周建国，李庆喜，曹斌，郭德亮，蒋纯志，潘昭勋，魏长月，郑隆宝，梁跃光. 感觉神经植入皮瓣重建感觉的实验研究与临床应用 [J]. 中华整形烧伤外科杂志，1992，8（3）：193-195. DOI：10.3760/j.issn：1009-4598.1992.03.006. {FAN Qishen,WANG Chengqi,ZHOU Jianguo,LI Qingxi,CAO Bin,GUO Deliang,JIANG Chunzhi,PAN Zhaoxun,WEI Changyue,ZHENG Longbao,LIANG Yueguang. Experimental study and clinical application of sensory nerve implantation flap in sensory reconstruction[J]. Zhonghua Zheng Xing Shao Shang Wai Ke Za Zhi[Chin J Plast Surg Burns(Article in Chinese;Abstract in Chinese)],1992,8(3):193-195. DOI:10.3760/j.issn:1009-4598.1992.03.006.}

[18478] 李学拥，李荟元，陈绍宗. CB-HRP 顺行示踪法观察神经植入皮瓣后再生神经纤维的分布 [J]. 中华显微外科杂志，1994，17（3）：212. DOI：CNKI：SUN：ZHXW.0.1994-03-025. {LI Xueyong,LI Huiyuan,CHEN Shaozong. CB-HRP antegrade tracing method to observe the distribution of regenerated nerve fibers after nerve implantation in skin flap[J]. Zhonghua Xian Wei Wai Ke Za Zhi[Chin J Microsurg(Article in Chinese;No abstract avaliable)],1994,17(3):212. DOI:CNKI:SUN:ZHXW.0.1994-03-025.}

[18479] 范启申，王成琪，梁跃光，周建国，李庆喜，曹斌，郭德亮，蒋纯志，潘兆勋，魏长月，郑隆宝，李忠. 感觉神经植入皮瓣重建感觉功能的实验与临床研究 [J]. 中华实验外科杂志，1994，11(1)：211-212，258. DOI：CNKI：SUN：ZHSY.0.1994-04-010. {FAN Qishen,WANG Chengqi,LIANG Yueguang,ZHOU Jianguo,LI Qingxi,CAO Bin,GUO Deliang,JIANG Chunzhi,PAN Zhaoxun,WEI Changyue,ZHENG Longbao,LI Zhong. Experimental study of implanting senso-ry nerve into flap to recover senses anditsclinical application[J]. Zhonghua Shi Yan Wai Ke Za Zhi[Chin J Exp Surg(Article in Chinese;Abstract in Chinese)],1994,11(1):211-212,258. DOI:CNKI:SUN:ZHSY.0.1994-04-010.}

[18480] 李学拥，李荟元，陈绍宗. 感觉神经植入失神经皮瓣后神经再支配的电镜观察 [J]. 中华医学杂志，1994，74（10）：624-625. DOI：10.1007/BF02007173. {LI Xueyong,LI Huiyuan,CHEN Shaozong. Electron microscopic observation of nerve reinnervation after sensory nerve implantation into denervated flap[J]. Zhonghua Yi Xue Za Zhi[Natl Med J China(Article in Chinese;Abstract in Chinese)],1994,74(10):624-625. DOI:10.1007/BF02007173.}

[18481] 杨川，蔡佩佩，钟斌，王炜. 带神经血管肌束植入术治疗肌肉瘫痪的临床应用 [J]. 中国修复重建外科杂志，1994，8（4）：98-100. DOI：CNKI：SUN：ZXCW.0.1994-02-013. {YANG Chuan,CAI Peipei,ZHONG Bin,WANG Wei. Clinical use of implantation of muscle bundle with neurovascular pedicle in the treament of paralysed musele[J]. Zhongguo Xiu Fu Chong Jian Wai Ke Za Zhi[Chin J Repar Reconstr Surg(Article in Chinese;Abstract in Chinese and English)],1994,8(4):98-100. DOI:CNKI:SUN:ZXCW.0.1994-02-013.}

[18482] 李学拥，陈绍宗. 感觉神经植入皮瓣后再生纤维成熟过程的电镜观察 [J]. 中国修复重建外科杂志，1995，9（1）：31-34. DOI：CNKI：SUN：ZXCW.0.1995-01-012. {LI Xueyong,CHEN Shaozong. Observation of thre progress of nerne regenration after sensory nerve being implanted into skin flap under electron microscope[J]. Zhongguo Xiu Fu Chong Jian Wai Ke Za Zhi[Chin J Repar Reconstr Surg(Article in Chinese;Abstract in Chinese and English)],1995,9(1):31-34. DOI:CNKI:SUN:ZXCW.0.1995-01-012.}

[18483] 李跃军，陈绍宗，胡三觉，李荟元. 兔耳大神经植入颈肩部失神经皮瓣后感觉重建的量化研究 [J]. 中华显微外科杂志，1996，19（3）：193-196. DOI：10.1007/BF02951625. {LI Yuejun,CHEN Shaozong,HU Sanjie,LI Huiyuan. Quantitative study on reestablishment of sensory function after the greater auricular nerve being implanted into denerved cervico-shouderflap in rabbits[J]. Zhonghua Xian Wei Wai Ke Za Zhi[Chin J Microsurg(Article in Chinese;Abstract in Chinese and English)],1996,19(3):193-196. DOI:10.1007/BF02951625.}

[18484] 陶树青，田军. 指神经真皮内植入治疗截指后神经痛 [J]. 中华显微外科杂志，1996，19（4）：302-303. DOI：CNKI：SUN：ZHXW.0.1996-04-031. {TAO Shuqing,TIAN Jun. Intradermal implantation of finger nerve for post-amputation neuralgia[J]. Zhonghua Xian Wei Wai Ke Za Zhi[Chin J Microsurg(Article in Chinese;Abstract in Chinese)],1996,19(4):302-303. DOI:CNKI:SUN:ZHXW.0.1996-04-031.}

[18485] 韩树峰，韩西城. 静脉桥接周围神经缺损再植入肌肉的实验 [J]. 中华手外科杂志，1996，12（4）：23-25. {HAN Shufeng,HAN Xicheng. An experimental study of autogenous vein bridging and muscular implantation for peripheral nerve defect[J]. Zhonghua Shou Wai Ke Za Zhi[Chin J Hand Surg(Article in Chinese;Abstract in Chinese and English)],1996,12(4):23-25.}

[18486] 王珍祥，陈绍宗，李荟元. 猴失神经支配皮肤植入神经后感觉小体和游离末梢的再生 [J]. 中华整形烧伤外科杂志，1996，12（1）：12-14. DOI：10.3760/j.issn：1009-4598.1996.01.004. {WANG Zhenxiang,CHEN Shaozong,LI Huiyuan. Regeneration of musculocutaneous nerve and functional restoration of the biceps muscle after reimplantation of nerve to spinal cord[J]. Zhonghua Zheng Xing Shao Shang Wai Ke Za Zhi[Chin J Plast Surg Burns(Article in Chinese;Abstract in Chinese and English)],1996,12(1):12-14. DOI:10.3760/j.issn:1009-4598.1996.01.004.}

[18487] 李学拥，陈绍崇，李跃军. 猴失神经手指神经植入后游离末梢的溃变与再生 [J]. 中华显微外科杂志，1998，21（4）：283. DOI：10.3760/cma.j.issn.1001-2036.1998.04.016. {LI Xueyong,CHEN Shaochong,LI Yuejun. Ulceration and regeneration of free terminal after implantation of denervated monkey finger nerve[J]. Zhonghua Xian Wei Wai Ke Za Zhi[Chin J Microsurg(Article in Chinese;No abstract avaliable)],1998,21(4):283. DOI:10.3760/cma.j.issn.1001-2036.1998.04.016.}

[18488] 刘强，孙吉平，张正之. 神经瘤片段植入变性骨骼肌修复神经缺损 [J]. 中国矫形外科杂志，1998，5（1）：58-59. DOI：CNKI：SUN：ZJXS.0.1998-02-044. {LIU Qiang,SUN Jiping,ZHANG Zhengzhi. Implantation of neuroma fragments into degenerative skeletal muscles to repair nerve defects[J]. Zhongguo Jiao Xing Wai Ke Za Zhi[Orthop J China(Article in Chinese;Abstract in Chinese)],1998,5(1):58-59. DOI:CNKI:SUN:ZJXS.0.1998-02-044.}

[18489] 陆伟，农绍友，丁强，鄢宏. 感觉神经植入对中厚皮片感觉的影响 [J]. 中华显微外科杂志，1999，22（S1）：3-5. DOI：CNKI：SUN：ZHXW.0.1999-S1-044. {LU Wei,NONG Shaoyou,DING Qiang,YAN Hong. The effect of sensory nerve implantation on the sensation of medium-thickness skin[J]. Zhonghua Xian Wei Wai Ke Za Zhi[Chin J Microsurg(Article in Chinese;No abstract avaliable)],1999,22(S1):3-5. DOI:CNKI:SUN:ZHXW.0.1999-S1-044.}

[18490] 李学拥，陈绍宗，李跃军，程飚，陈辉，曲辉. 神经植入猴失神经手指后对 Merkel 细胞溃变与再生的超微结构观察 [J]. 中华手外科杂志，1999，15（1）：3-5. DOI：10.3760/cma.j.issn.1005-054X.1999.01.024. {LI Xueyong,CHEN Shaozong,LI Yuejun,CHENG Biao,CHEN Hui,QU Hui. Ultrastructural observation of Merkel cell degeneration and regeneration after nerve implantation in monkey denervated fingers[J]. Zhonghua Shou Wai Ke Za Zhi[Chin J Hand Surg(Article in Chinese;Abstract in Chinese)],1999,15(1):3-5. DOI:10.3760/cma.j.issn.1005-054X.1999.01.024.}

[18491] 李学拥，陈绍宗，李跃军，程飙，陈辉. 神经植入猴失神经手指后上皮细胞轴突复合体的超微结构观察 [J]. 中华创伤杂志，1999，15（1）：18-20. DOI：10.3760/j：issn：1001-8050.1999.01.007. {LI Xueyong,CHEN Shaozong,LI Yuejun,CHENG Biao,CHEN Hui. Ultrastructural observation of epithelial cell-axon compounds following sensory nerve implanted into monkey's denervated fingers[J]. Zhonghua Chuang Shang Za Zhi[Chin J Trauma(Article in Chinese;Abstract in Chinese and English)],1999,15(1):18-20. DOI:10.3760/j:issn:1001-8050.1999.01.007.}

[18492] 李学拥，陈绍宗，李跃军，程飚，陈辉，曲辉. 神经植入猴失神经手指后触觉小体溃变与再生的电镜观察 [J]. 中国修复重建外科杂志，1999，13（4）：193-198. DOI：CNKI：SUN：ZXCW.0.1999-04-001. {LI Xueyong,CHEN shaozong,LI Yuejun,CHENG Biao,CHEN Hui,QU Hui. Observation on the degeneration and regeneration of the meissner's corpuscles in the monkey's denervated fingers following sensory nerve implantation under electron microscope[J]. Zhongguo Xiu Fu Chong Jian Wai Ke Za Zhi[Chin J Repar Reconstr Surg(Article in Chinese;Abstract in Chinese and English)],1999,13(4):193-198. DOI:CNKI:SUN:ZXCW.0.1999-04-001.}

[18493] 张绪生，于晟，肖斌. 吻合血管的腓肠神经植入重建皮瓣感觉 [J]. 中华显微外科杂志，2001，24（3）：213-214. DOI：10.3760/cma.j.issn.1001-2036.2001.03.022. {ZHANG Xusheng,YU Sheng,XIAO Bin. Implantation of vascularized sural nerve to reconstruct skin flap sensation[J]. Zhonghua Xian Wei Wai Ke Za Zhi[Chin J Microsurg(Article in Chinese;Abstract in Chinese)],2001,24(3):213-214. DOI:10.3760/cma.j.issn.1001-2036.2001.03.022.}

[18494] 郭庆山，王爱民，孙红振，杜全印. 带蒂神经植入脊髓后许旺细胞的存活与迁移 [J]. 中华显微外科杂志，2001，24(4)：275-277. DOI：10.3760/cma.j.issn.1001-2036.2001.04.013. {GUO Qingshan,WANG Aimin,SUN Hongzhen,DU Quanyin. The survival and migration of Schwann cells after peripheral nerve grafted into spinal cord[J]. Zhonghua Xian Wei Wai Ke Za Zhi[Chin J Microsurg(Article in Chinese;Abstract in Chinese and English)],2001,24(4):275-277. DOI:10.3760/cma.j.issn.1001-2036.2001.04.013.}

[18495] 刘强，苏云星. 血管植入变性骨骼肌与自体神经瘤片段联合移植修复周围神经陈旧性缺损 [J]. 中国骨伤，2002，15(3)：152-153. DOI：10.3969/j.issn.1003-0034.2002.03.009. {LIU Qiang,SU Yunxing. Blood vessel implant degeneration skeletal muscle and private neuromata part transplantation on obsolete defect of peripheral nerve[J]. Zhongguo Gu Shang[China J Orthop Trauma(Article in Chinese;Abstract in Chinese and English)],2002,15(3):152-153. DOI:10.3969/j.issn.1003-0034.2002.03.009.}

[18496] 冀航，胡志奇. 兔咬肌原位移植状态下面神经吻合与植入的比较研究 [J]. 第一军医大学学报，2003，23（4）：340-343. DOI：10.3321/j.issn：1673-4254.2003.04.013. {JI

Hang,HU Zhiqi. Paralyzed masseter muscle reinnervation by facial nerve implantation or anastomosis:a comparative study in rabbits[J]. Di Yi Jun Yi Da Xue Xue Bao[J First Mil Med Univ(Article in Chinese;Abstract in Chinese)],2003,23(4):340-343. DOI:10.3321/j.issn:1673-4254.2003.04.013.}

[18497] 张少成，许硕贵，马玉海，逄育，张振伟，王家林，郑旭东，康力新. 硬脊膜内松解自体周围神经植入治疗脊髓陈旧性不完全性断裂伤 [J]. 第二军医大学学报，2004，25（7）：803-804. DOI：10.3321/j.issn：0258-879X.2004.07.034. {ZHANG Shaocheng,XU Shuogui,MA Yuhai,PANG Yu,ZHANG Zhenwei,WANG Jialin,ZHNEG Xudong,KANG Lixin. Intradural lysis and peripheral nerve implantation for obsolete incomplete rupture of spinal cord[J]. Di Er Jun Yi Da Xue Xue Bao[Acad J Sec Mil Med Univ(Article in Chinese;Abstract in Chinese and English)],2004,25(7):803-804. DOI:10.3321/j.issn:0258-879X.2004.07.034.}

[18498] 徐生根，巫庆新，毛兆光. 肋间神经血管束植入脊髓治疗截瘫的临床研究 [J]. 中国骨伤，2005，18（3）：172-173. DOI：10.3969/j.issn.1003-0034.2005.03.022. {XU Shenggen,WU Qingxin,MAO Zhaoguang. Treatment of paraplegia with implanting intercostal vascularied nerve to spinal cord[J]. Zhongguo Gu Shang[China J Orthop Trauma(Article in Chinese;Abstract in Chinese)],2005,18(3):172-173. DOI:10.3969/j.issn.1003-0034.2005.03.022.}

[18499] 吴包金，江华，李文鹏，张盈帆，陈刚. 感觉神经植入兔带蒂皮瓣转移再造阴茎后的再生神经形态学观察 [J]. 中华整形外科杂志，2007，23（5）：416-419. DOI：10.3760/j.issn：1009-4598.2007.05.018. {WU Baojin,JIANG Hua,LI Wenpeng,ZHANG Yingfan,CHEN Gang. Morphologic observation of the regenerated nerve in reconstructed penis with sensory nerve implantation in rabbit[J]. Zhonghua Zheng Xing Wai Ke Za Zhi[Chin J Plast Surg(Article in Chinese;Abstract in Chinese and English)],2007,23(5):416-419. DOI:10.3760/j.issn:1009-4598.2007.05.018.}

[18500] 李文鹏，江华，吴包金，陈刚，刘颖. 家兔再造阴茎神经植入后远期机械感觉纤维再生研究 [J]. 中华整形外科杂志，2007，23（5）：422-424. DOI：10.3760/j.issn：1009-4598.2007.05.020. {LI Wenpeng,JIANG Hua,WU Baojin,CHEN Gang,LIU Ying. A long-term study of regeneration of mechanical sensory fibers after free nerve transplantation to the rabbit reconstructed penis[J]. Zhonghua Zheng Xing Wai Ke Za Zhi[Chin J Plast Surg(Article in Chinese;Abstract in Chinese and English)],2007,23(5):422-424. DOI:10.3760/j.issn:1009-4598.2007.05.020.}

[18501] 王江宁，王寿宇，唐一源，张峰. 大鼠骨骼肌异位移植寄养后运动神经植入的电生理研究 [J]. 中国修复重建外科杂志，2007，21（3）：295-297. DOI：CNKI：SUN：ZXCW.0.2007-03-019. {WANG Jiangning,WANG Shouyu,TANG Yiyuan,ZHANG Feng. Electrophysiological study on motor nerve implantation after ectopic transplantation of skeletal muscle in rat[J]. Zhongguo Xiu Fu Chong Jian Wai Ke Za Zhi[Chin J Repar Reconstr Surg(Article in Chinese;Abstract in Chinese and English)],2007,21(3):295-297. DOI:CNKI:SUN:ZXCW.0.2007-03-019.}

[18502] 张铁柱，毛驰，栾修文，陈坤，高岩. 兔耳大神经植入颈部皮瓣修复颊缺损重建感觉的实验研究 [J]. 中国修复重建外科杂志，2007，21（4）：336-339. DOI：CNKI：SUN：ZXCW.0.2007-04-003. {ZHANG Tiezhu,MAO Chi,LUAN Xiuwen,CHEN Kun,GAO Yan. Reestablishment of sensory function after greater auricular nerve implanted into flap for reconstruction of buccal defect in rabbits[J]. Zhongguo Xiu Fu Chong Jian Wai Ke Za Zhi[Chin J Repar Reconstr Surg(Article in Chinese;Abstract in Chinese and English)],2007,21(4):336-339. DOI:CNKI:SUN:ZXCW.0.2007-04-003.}

[18503] 郑旭东，张少成，梁俊刚，黄进，杨恺. 硬脊膜内松解自体周围神经植入治疗脊髓陈旧性不完全性断裂伤 [J]. 中国矫形外科杂志，2009，17（20）：1530-1533. DOI：10.3321/j.issn：0258-879X.2004.07.034. {ZHENG Xudong,ZHANG Shaocheng,LIANG Jungang,HUANG Jin,YANG Kai. Intradurallysis and peripheral nerve implantation for obsolete incomplete rupture of spinal cord[J]. Zhongguo Jiao Xing Wai Ke Za Zhi[Orthop J China(Article in Chinese;Abstract in Chinese and English)],2009,17(20):1530-1533. DOI:10.3321/j.issn:0258-879X.2004.07.034.}

[18504] 李任，牙祖蒙. 成肌细胞自体移植对大鼠神经植入术后终板再生及神经肌肉功能恢复的影响 [J]. 中华创伤杂志，2012，28（9）：849-853. DOI：10.3760/cma.j.issn.1001-8050.2012.09.025. {LI Ren,YA Zumeng. Role of autologous myoblast transplantation in endplate regeneration and neuromuscular function restoration after direct nerve implantation in rats[J]. Zhonghua Chuang Shang Za Zhi[Chin J Trauma(Article in Chinese;Abstract in Chinese and English)],2012,28(9):849-853. DOI:10.3760/cma.j.issn.1001-8050.2012.09.025.}

[18505] 刘勇，张成进，付兴茂，王剑利，张雪涛，王蕾. 跨供区髂骨皮瓣联合感觉神经植入一期修复大面积跟骨与皮肤缺损 [J]. 中华创伤骨科杂志，2013，15（7）：571-574. DOI：10.3760/cma.j.issn.1671-7600.2013.07.005. {LIU Yong,ZAHNG Chengjin,FU Xingmao,WANG Jianli,ZHANG Xuetao,WANG Lei. An iliac flap straddling the donor site plus sensory nerve implantation for one-stage repair of massive defects of calcaneal bone and skin[J]. Zhonghua Chuang Shang Gu Ke Za Zhi[Chin J Orthop Trauma(Article in Chinese;Abstract in Chinese and English)],2013,15(7):571-574. DOI:10.3760/cma.j.issn.1671-7600.2013.07.005.}

[18506] 陈飞，高峰，黄刚，李保龙，杨延军. 神经束植入联合甲钴胺治疗失神经骨骼肌的实验研究 [J]. 实用手外科杂志，2013，27（2）：156-160. DOI：10.3969/j.issn.1671-2722.2013.02.019. {CHEN Fei,GAO Feng,HUANG Gang,LI Baolong,YANG Yanjun. The experimental study of nerve tract implantation combined with Methycobal in denervated skeletal muscle[J]. Shi Yong Shou Wai Ke Za Zhi[Chin J Pract Hand Surg(Article in Chinese;Abstract in Chinese and English)],2013,27(2):156-160. DOI:10.3969/j.issn.1671-2722.2013.02.019.}

6.4.5 撕脱神经根回植术
reimplantation of avulsed spinal nerve

[18507] 韩成龙，张信英，杨群. 根性撕脱的臂丛前根再植入脊髓的显微解剖 [J]. 中华显微外科杂志，2002，25（3）：204-206. DOI：10.3760/cma.j.issn.1001-2036.2002.03.016. {HAN Chenglong,ZHANG Xinying,YANG Qun. Microsurgical anatomy and approach of reimplanting avulsed brachial plexus ventral roots into the spinal cord[J]. Zhonghua Xian Wei Wai Ke Za Zhi[Chin J Microsurg(Article in Chinese;Abstract in Chinese and English)],2002,25(3):204-206. DOI:10.3760/cma.j.issn.1001-2036.2002.03.016.}

[18508] 夏平光，顾立强，裴国献，林敬明，胡罡生. 肌皮神经回植脊髓后神经再生与肱二头肌功能恢复的实验研究 [J]. 中华创伤杂志，2002，18（9）：536-539. DOI：10.3760/j：issn：1001-8050.2002.09.007. {XIA Pingguang,GU Liqiang,PEI Guoxian,LIN Jingming,HU Zhisheng. Regeneration of musculocutaneous nerve and functional restoration of the biceps muscle after reimplantation of nerve to spinal cord[J]. Zhonghua Chuang Shang Za Zhi[Chin J Trauma(Article in Chinese;Abstract in Chinese and English)],2002,18(9):536-539. DOI:10.3760/j:issn:1001-8050.2002.09.007.}

[18509] 宣昭鹏，路来金，刘志刚. 大鼠臂丛神经根性回植后脊髓病理改变和轴突再生 [J]. 中华手外科杂志，2007，23（4）：241-244. DOI：10.3760/cma.j.issn.1005-054X.2007.04.022. {XUANG Zhaopeng,LU Laijin,LIU Zhigang. Spinal cord pathologic change and axonal regeneration after spinal nerve root re-implantation of brachial plexus root avulsions[J]. Zhonghua Shou Wai Ke Za Zhi[Chin J Hand Surg(Article in Chinese;Abstract in Chinese and English)],2007,23(4):241-244. DOI:10.3760/cma.j.issn.1005-054X.2007.04.022.}

[18510] 黄灿阳，张勇，柳明忠，黄杰聪，张文明. 持续和非持续神经寄养对臂丛根性撕脱回植术后神经功能恢复的作用 [J]. 中华创伤杂志，2016，32（8）：759-762. DOI：10.3760/cma.j.issn.1001-8050.2016.08.020. {HUANG Canyang,ZAHNG Yong,LIU Mingzhong,HUANGJiecong,ZHANG Wenming. Effect of persistence and protophase motor nerve baby-sitting on nerve function recovery in nerve root re-implantation for brachial plexus avulsion injury[J]. Zhonghua Chuang Shang Za Zhi[Chin J Trauma(Article in Chinese;Abstract in Chinese and English)],2016,32(8):759-762. DOI:10.3760/cma.j.issn.1001-8050.2016.08.020.}

6.4.6 术中电生理检测技术
intraoperative electrophysiological test

[18511] Gu Y. Functional motor innervation of brachial plexus roots. An intraoperative electrophysiological study[J]. Chin Med J,1996,109(10):749-751.

[18512] Wang K,Liu J. Needling sensation receptor of an acupoint supplied by the median nerve--studies of their electro-physiological characteristics[J]. Am J Chin Med,1989,17(3-4):145-155. doi:10.1142/S0192415X89000231.

[18513] Gu YD,Shen LY. Electrophysiological changes after severance of the C7 nerve root[J]. J Hand Surg Br,1994,19(1):69-71. doi:10.1016/0266-7681(94)90053-1.

[18514] Gu YD. Functional motor innervation of brachial plexus roots. An intraoperative electrophysiological study[J]. J Hand Surg Br,1997,22(2):258-260. doi:10.1016/s0266-7681(97)80076-9.

[18515] Hou Z,Zhu J. An experimental study about the incorrect electrophysiological evaluation following peripheral nerve injury and repair[J]. Electromyogr Clin Neurophysiol,1998,38(5):301-304.

[18516] Yin Z,Gu Y,Shen L,Dong Y. The protective effect of procaine blocking on nerve-electrophysiological study during operation[J]. Chin Med J,1998,111(8):710-711.

[18517] Xu JG,Gu YD,Hu SN,Wang H,Chen L. Electrophysiologic study of influence on C7 innervated muscles after transection of different C7 fascicles[J]. Microsurgery, 2004,24(2):147-150. doi:10.1002/micr.20013.

[18518] Hu SN,Zhou WJ,Wang H,Chen L,Zhu Y,Gu YD,Xu JG. Origination of the brachialis branch of the musculocutaneous nerve:an electrophysiological study[J]. Neurosurgery,2008,62(4):908-911;discussion 911-2. doi:10.1227/01.neu.0000318176.13214.70.

[18519] Zhang P,Yin X,Kou Y,Wang Y,Zhang H,Jiang B. The electrophysiology analysis of biological conduit sleeve bridging rhesus monkey median nerve injury with small gap[J]. Artif Cells Blood Substit Immobil Biotechnol,2008,36(5):457-463. doi:10.1080/10731190802375802.

[18520] Lu W,Xu J,Wang D. Intraoperative decision making by electrophysiological detection of the origin of thoracodorsal nerve in the C7 nerve root transfer procedure[J]. J Reconstr Microsurg,2011,27(1):1-4. doi:10.1055/s-0030-1263291.

[18521] Li WJ,Wang SF,Li PC,Li YC,Jin YD,Yang Y,Xue YH,Zheng W. Electrophysiological study of the dominant motor innervation to the extensor digitorum communis muscle and long head of triceps brachii at posterior divisions of brachial plexus[J]. Microsurgery,2011,31(7):535-538. doi:10.1002/micr.20911.

[18522] Zhang L,Zhang CG,Dong Z,Gu YD. Spinal nerve origins of the muscular branches of the radial nerve:an electrophysiological study[J]. Neurosurgery,2012,70(6):1438-1441;discussion 1441. doi:10.1227/NEU.0b013e3182486b35.

[18523] Rui J,Zhao X,Zhu Y,Gu Y,Lao J. Posterior approach for accessory-suprascapular nerve transfer:an electrophysiological outcomes study[J]. J Hand Surg Eur,2013,38(3):242-247. doi:10.1177/1753193412447495.

[18524] Wang L,Hu Y,Jiang L,Zhong X,Chen J,Xu N. Electrophysiological characteristics of the pediatric femoral nerve and their use in clinical diagnosis[J]. Pediatr Neurol,2014,50(2):149-157. doi:10.1016/j.pediatrneurol.2013.10.011.

[18525] Xu B,Dong Z,Zhang CG,Zhu Y,Tian D,Gu YD. Origination of the muscular branches of the median nerve:an electrophysiological study[J]. Neurosurgery,2015,76(2):196-200;discussion 200. doi:10.1227/NEU.0000000000000585.

[18526] Han D,Lu J,Xu L,Xu J. Comparison of two electrophysiological methods for the assessment of progress in a rat model of nerve repair[J]. Int J Clin Exp Med,2015,8(2):2392-23948.

[18527] Luo W,Zhang Y,Lin J,Wang M,Luo G. Nervus intermedius neuralgia treated with tractotomy under intraoperative nerve electrophysiology monitoring[J]. J Neurosurg Sci,2015,59(4):457-461.

[18528] Zhang SQ,Wu MF,Peng CG,Lv Y,Wu DK,Liu J,Yang Q. Improvements in neuroelectrophysiological and rear limb functions in rats with spinal cord injury after Schwann cell transplantation in combination with a C5a receptor antagonist[J]. Genet Mol Res,2015,14(4):15158-15168. doi:10.4238/2015.November.25.4.

[18529] Sun B,Liu LZ,Li YF,Chen ZH,Ling L,Yang F,Cui F,Huang XS. Clinical Characteristics,electrophysiology,and skin biopsy of 38 peripheral neuropathy cases with small fiber involvement of various etiologies[J]. Chin Med J,2017,130(14):1683-1688. doi:10.4103/0366-6999.209897.

[18530] Shi M,Qi H,Ding H,Chen F,Xin Z,Zhao Q,Guan S,Shi H. Electrophysiological examination and high frequency ultrasonography for diagnosis of radial nerve torsion and compression[J]. Medicine(Baltimore),2018,97(2):e9587. doi:10.1097/MD.0000000000009587.

[18531] Hou B. The medium and long-term effect of electrophysiologic monitoring on the facial nerve function in minimally invasive surgery treating acoustic neuroma[J]. Exp Ther Med,2018,15(3):2347-2350. doi:10.3892/etm.2018.5683.

[18532] Shen J,Ye X,Qiu Y,Xu J,Zhu Y,Shen Y,Xu W. Preoperative evaluation of iatrogenic spinal accessory nerve palsy:what is the place for electrophysiological testing?[J]. J Clin Neurophysiol,2019,36(4):306-311. doi:10.1097/WNP.0000000000000589.

[18533] Yin HW,Feng JT,Shen YD,Wang YS,Zhang DG,Xu WD. Using posterior part of the deltoid muscle as receptor and quality control with intra-operative electrophysiological examination in targeted muscle reinnervation for high-level upper extremity amputees[J]. Chin Med J,2020 Dec 14;134(9):1129-1131. doi:10.1097/CM9.0000000000001261.

[18534] Liu Y,Rui J,Gao K,Lao J. Variable innervation of the first dorsal interosseous

muscle:an electrophysiological study[J]. Ann Transl Med,2020,8(23):1563. doi:10.21037/atm-20-1466.

[18535] Wu Y,Shi J,Gao J,Hu Y,Ren H,Guan H,Li J,Huang Y,Cui L,Guan Y. Peripheral nerve hyperexcitability syndrome:A clinical,electrophysiological,and immunological study[J]. Muscle Nerve,2021,63(5):697-702. doi:10.1002/mus.27188.

[18536] Zheng C,Nie C,Zhu Y,Xu M,Lyu F,Jiang J,Xia X. Preoperative electrophysiologic assessment of C5-innervated muscles in predicting C5 palsy after posterior cervical decompression[J]. Eur Spine J,2021,30(6):1681-1688. doi:10.1007/s00586-021-06757-9.

[18537] 杨亭. 腕部高压电烧伤后神经损伤的自然转归——26 条神经肌电图观察 [J]. 中华外科杂志，1982，20（7）：435-437. {YANG Ting. Natural outcome of nerve injury after high voltage electric burn of wrist:Observation of 26 neuroelectromyography[J]. Zhonghua Wai Ke Za Zhi[Chin J Surg(Article in Chinese;Abstract in Chinese)],1982,20(7):435 - 437.}

[18538] 杨亭. 肌电图等电生理在手外科的应用 [J]. 中华外科杂志，1985，23（6）：374-377. {YANG Ting. Application of electromyography isoelectrophysiology in hand surgery[J]. Zhonghua Wai Ke Za Zhi[Chin J Surg(Article in Chinese;No abstract avaliable)],1985,23(6):374 - 377.}

[18539] 汪柳锵，王春林，柴本甫，张言凤. 前臂运动神经交通支在肌电图上表现一例报告 [J]. 中华医学杂志，1987，67（5）：260. {WANG Liuqiang,WANG Chunlin,CHAI Benfu,ZHANG Yanfeng. Forearm motor nerve communication branch on electromyography:a case report[J]. Zhonghua Yi Xue Za Zhi[Natl Med J China(Article in Chinese;No abstract avaliable)],1987,67(5):260.}

[18540] 李之芳，张岑山，曲铁兵，刘清和，唐小奈. 骨骼肌桥接周围神经缺损的电生理研究 [J]. 中华医学杂志，1990，70（7）：408-409. {LI Zhifang,ZAHNG Censhan,QU Tiebing,LIU Qinghe,TANG Xiaonai. Electrophysiological study of skeletal muscle bridging peripheral nerve defect[J]. Zhonghua Yi Xue Za Zhi[Natl Med J China(Article in Chinese;Abstract in Chinese)],1990,70(7):408 - 409.}

[18541] 沈宁江. 周围神经损伤与修复的电生理评价 [J]. 中华显微外科杂志，1993，16（3）：225-227. {SHEN Ningjiang. Electrophysiological evaluation of peripheral nerve injury and repair[J]. Zhonghua Xian Wei Wai Ke Za Zhi[Chin J Microsurg(Article in Chinese;Abstract in Chinese)],1993,16(3):225 - 227.}

[18542] 沈丽英，顾玉东. 术中肌电电生理检测在治疗周围神经损伤中的价值 [J]. 中华手外科杂志，1993，9（1）：28-29. {SHEN Liying,GU Yudong. The value of intraoperative electromyography in the treatment of peripheral nerve injury[J]. Zhonghua Shou Wai Ke Za Zhi[Chin J Hand Surg(Article in Chinese;Abstract in Chinese)],1993,9(1):28 - 29.}

[18543] 侯之启，朱家恺. 周围神经完全损伤与不完全损伤的电生理研究 [J]. 中华显微外科杂志，1994，17（2）：180-183，237-238. DOI：CNKI：SUN：SGKZ.0.1996-03-003. {HOU Zhiqi,ZHU Jiakai. Electro - physiological study of complete and incomplete injuries of peripheral nerves[J]. Zhonghua Xian Wei Wai Ke Za Zhi[Chin J Microsurg(Article in Chinese;Abstract in Chinese)],1994,17(2):180 - 183,237 - 238. DOI:CNKI:SUN:SGKZ.0.1996 - 03 - 003.}

[18544] 侯之启，朱家恺. 电生理方法评价周围神经再生的初步研究 [J]. 中华显微外科杂志，1994，17（4）：126-130，158-159. DOI：10.1007/BF02006258. {HOU Zhiqi,ZHU Jiakai. Preliminarg study of evaluation ofeperipheral nerve regeneration eiectropysiolgical meshods[J]. Zhonghua Xian Wei Wai Ke Za Zhi[Chin J Microsurg(Article in Chinese;Abstract in Chinese)],1994,17(4):126 - 130,158 - 159. DOI:10.1007/BF02006258.}

[18545] 王柯慧，李文荣，钟红刚. 兔坐骨神经钳夹伤后的电生理研究 [J]. 中国骨伤，1994，7（1）：11-12，4. DOI：CNKI：SUN：ZGGU.0.1994-02-002. {WANG Kehui,LI Wenrong,ZHONG Honggang. Electrophysiological study on rabbit sciatic nerve after clamp injury[J]. Zhongguo Gu Shang[China J Orthop Trauma(Article in Chinese;Abstract in Chinese)],1994,7(1):11 - 12,4. DOI:CNKI:SUN:ZGGU.0.1994 - 02 - 002.}

[18546] 成效敏，顾玉东，沈丽英，除建光，董震. 电生理检查在肘段尺神经前置术中的作用 [J]. 中国修复重建外科杂志，1994，8（1）：144-145. DOI：CNKI：SUN：ZXCW.0.1994-03-007. {CHEN Xiaomin,GU Yudong,SHEN Liying,CHU Jianguang,DONG Zhen. The effect of electrophysiological examination in the operation of cubitaltunnel syndrome[J]. Zhongguo Xiu Fu Chong Jian Wai Ke Za Zhi[Chin J Repar Reconstr Surg(Article in Chinese;Abstract in Chinese and English)],1994,8(1):144 - 145. DOI:CNKI:SUN:ZXCW.0.1994 - 03 - 007.}

[18547] 董卫东. 运用电生理技术正确诊断周围神经压迫症 [J]. 中华骨科杂志，1995，15（14）：53. DOI：CNKI：SUN：ZHGK.0.1995-01-021. {DONG Weidong. Correct diagnosis of peripheral nerve compression by electrophysiological technique[J]. Zhonghua Gu Ke Za Zhi[Chin J Orthop(Article in Chinese;Abstract in Chinese)],1995,15(14):53. DOI:CNKI:SUN:ZHGK.0.1995 - 01 - 021.}

[18548] 崔树森，尹维田，王冰，刘永茂，张文杰. 静脉骨骼肌神经生长因子复合移植修复神经缺损的电生理研究 [J]. 中华显微外科杂志，1995，18（3）：217-218. DOI：10.1007/BF02007173. {CUI Shusen,YIN Weitian,WANG Bing,LIU Yongmao,ZHANG Wenjie. Electrophysiological study of nerve growth factor combined with vein skeletal muscle in repairing nerve defect[J]. Zhonghua Xian Wei Wai Ke Za Zhi[Chin J Microsurg(Article in Chinese;Abstract in Chinese)],1995,18(3):217 - 218. DOI:10.1007/BF02007173.}

[18549] 成效敏，顾玉东，沈丽英，董震. 肘关节体位对尺神经电生理检查的影响 [J]. 中华手外科杂 志，1995，11（2）：171-173. DOI：CNKI：SUN：ZHSK.0.1995-03-022. {CHENG Xiaomin,GU Yudong,SHEN Liying,DONG Zhen. Position of elbow joint influences electropbysiological examination of ulnar nerve[J]. Zhonghua Shou Wai Ke Za Zhi[Chin J Hand Surg(Article in Chinese;Abstract in Chinese and English)],1995,11(2):171 - 173. DOI:CNKI:SUN:ZHSK.0.1995 - 03 - 022.}

[18550] 徐建光，顾玉东. 术中持续肌电监测在周围神经损伤诊治中应用 [J]. 中华手外科杂志，1995，11（4）：238-241. DOI：CNKI：SUN：ZHSK.0.1995-04-023. {XU Jianguang,GU Yudong. Continuous intraoperative electrophysiological monitoring in treatment of peripheral nerve injury[J]. Zhonghua Shou Wai Ke Za Zhi[Chin J Hand Surg(Article in Chinese;Abstract in Chinese and English)],1995,11(4):238 - 241. DOI:CNKI:SUN:ZHSK.0.1995 - 04 - 023.}

[18551] 顾玉东，沈丽英，沈尊理，陈德松，成效敏，张丽银，蔡佩琴，陈高. 臂丛神经根支配功能的电生理研究 [J]. 中华外科杂志，1996，34（5）：41-44. DOI：CNKI：SUN：ZHWK.0.1996-01-015. {GU Yudong,SHEN Liying,SHEN Zunli,CHEN Desong,CHENG Xiaomin,ZHANG Liyin,CAI Peiqin,CHEN Gao. Functional motor in nervation of brachial plexus roots :an intraoperative electro physiological study[J]. Zhonghua Wai Ke Za Zhi[Chin J Surg(Article in Chinese;Abstract in Chinese and English)],1996,34(5):41 - 44. DOI:CNKI:SUN:ZHWK.0.1996 - 01 - 015.}

[18552] 王法，马昕，黄耀添，殷琦，徐新智. 甘露醇和氯丙嗪对家兔周围神经缺血再灌注损伤电生理变化的影响 [J]. 中华手外科杂志，1996，12（2）：116-119. DOI：CNKI：SUN：ZHSK.0.1996-02-026. {WANG Fa,MA Xin,HUANG Yaotian,YIN Qi,XU Xinzhi. Influence of mannitol and chlorpromazine on electrophysiological changes of peripheral nerve ischemic and reperfusion injury in rabbits[J]. Zhonghua Shou Wai Ke Za Zhi[Chin J Hand Surg(Article in Chinese;Abstract in Chinese and English)],1996,12(2):116 - 119. DOI:CNKI:SUN:ZHSK.0.1996 - 02 - 026.}

[18553] 尹宗生，顾玉东，沈丽英，董吟林，高学纯. 术中应用电生理检测研究普鲁卡因封闭对神经的保护作用 [J]. 中华手外科杂志，1996，12（4）：8-10. DOI：CNKI：SUN：ZHSK.0.1996-01-003. {YIN Zongsheng,GU Yudong,SHEN Liying,DONG Yinlin,GAO Xuechun. The protective effect of procaine blocking on nerve:an electrophysiological study during operation[J]. Zhonghua Shou Wai Ke Za Zhi[Chin J Hand Surg(Article in Chinese;Abstract in Chinese and English)],1996,12(4):8 - 10. DOI:CNKI:SUN:ZHSK.0.1996 - 01 - 003.}

[18554] 廖平川，吴晋普. 鼠坐骨神经实验中电生理指标的应用探讨 [J]. 中华手外科杂志，1996，12（4）：254-256. {LIAO Pingchuan,WU Jinpu. Evaluation of electrophysiologic technique and index in rat sciatle nerve experiments[J]. Zhonghua Shou Wai Ke Za Zhi[Chin J Hand Surg(Article in Chinese;Abstract in Chinese and English)],1996,12(4):254 - 256.}

[18555] 姜保国，王兵，王澍寰，冯传汉. 周围神经牵拉延长模型建立及电生理研究 [J]. 中华手外科杂志，1996，12（4）：35-37. DOI：CNKI：SUN：ZHSK.0.1996-01-015. {JAING Baoguo,WANG Bing,WANG Shuhuan,FENG Chuanhan. Electrophysiological changes in peripheral nerve elongation with tissue expander[J]. Zhonghua Shou Wai Ke Za Zhi[Chin J Hand Surg(Article in Chinese;Abstract in Chinese and English)],1996,12(4):35 - 37. DOI:CNKI:SUN:ZHSK.0.1996 - 01 - 015.}

[18556] 王莎莉，罗勇. 65 例上肢神经损伤的电生理分析 [J]. 中华创伤杂志，1996，12（1）：50-51. DOI：CNKI：SUN：SCSZ.0.1995-Z1-000. {WANG Sali,LUO Yong. Electrophysiological of upper limb nerve injury:analysis of 65 cases[J]. Zhonghua Chuang Shang Za Zhi[Chin J Trauma(Article in Chinese;Abstract in Chinese)],1996,12(1):50 - 51. DOI:CNKI:SUN:SCSZ.0.1995 - Z1 - 000.}

[18557] 徐建光，顾玉东，沈丽英，成效敏，王欢. 术中持续肌电监测在周围神经损伤诊治中的应用 [J]. 中华手外科杂志，1996，12（4）：238-241. DOI：10.3760/cma.j.issn.1005-054X.1995.04.124. {XU Jianguang,GU Yudong,SHEN Liying,CHENG Xiaomin,WANG Huan. Continuous intraoperative electrophysiological monitoring in treatment of peripheral nerve injury[J]. Zhonghua Shou Wai Ke Za Zhi[Chin J Hand Surg(Article in Chinese;Abstract in Chinese and English)],1996,12(4):238 - 241. DOI:10.3760/cma.j.issn.1005 - 054X.1995.04.124.}

[18558] 师继红，黄耀添，徐新智. 手术治疗周围神经缺血再灌注损伤的电生理研究 [J]. 中华显微外科杂志，1997，20(2)：38-41. DOI：CNKI：SUN：ZHXW.0.1997-02-019. {SHI Jihong,HUANG Yaotian,XU Xinzhi. An electrophysiological study of peripheral nerves follpwing surgical procedures for ischemia and reperfusion injury[J]. Zhonghua Xian Wei Wai Ke Za Zhi[Chin J Microsurg(Article in Chinese;Abstract in Chinese and English)],1997,20(2):38 - 41. DOI:CNKI:SUN:ZHXW.0.1997 - 02 - 019.}

[18559] 郁以红，黄绥仁，何小英. 肘部尺神经卡压的定位诊断和电生理学研究 [J]. 中华手外科杂志，1997，13（1）：35-37. DOI：10.3760/cma.j.issn.1005-054X.1997.01.012. {YU Yihong,HUANG Suiren,HE Xiaoying. Localized diagnosis and electrophysiologic studies for ulnar nerve entrapment at the elbow[J]. Zhonghua Shou Wai Ke Za Zhi[Chin J Hand Surg(Article in Chinese;Abstract in Chinese and English)],1997,13(1):35 - 37. DOI:10.3760/cma.j.issn.1005 - 054X.1997.01.012.}

[18560] 李跃军，陈绍宗，李学拥，程飙. 猴指神经皮下植入后感觉神经电生理的研究 [J]. 中华手外科杂志，1997，13(4)：245-247. DOI：10.3760/cma.j.issn.1005-054X.1997.04.018. {LI Yuejun,CHEN Shaozong,LI Xueyong,CHENG Biao. Neuroelectrophysiological study on sensory functions after subcutaneous implantation of digital nerve in monkeys[J]. Zhonghua Shou Wai Ke Za Zhi[Chin J Hand Surg(Article in Chinese;Abstract in Chinese and English)],1997,13(4):245 - 247. DOI:10.3760/cma.j.issn.1005 - 054X.1997.04.018.}

[18561] 沈丽英，顾玉东，马建军，张凯丽，姚琴妹，朱艺. 产瘫的肌电图神经电图分类 [J]. 中华手外科杂志，1997，13(2)：17-19. DOI：10.3760/cma.j.issn.1005-054X.1997.02.005. {SHEN Liying,GU Yudong,MA Jianjun,ZHANG Kaili,YAO Qinmei,ZHU Yi. Myographic and electrophysiological classfication of obstetric brachial plexus palsy[J]. Zhonghua Shou Wai Ke Za Zhi[Chin J Hand Surg(Article in Chinese;Abstract in Chinese and English)],1997,13(2):17 - 19. DOI:10.3760/cma.j.issn.1005 - 054X.1997.02.005.}

[18562] 肖颖锋，洪光祥，王发斌，万圣祥. 电生理检查对再生运动神经功能恢复评价的实验研究 [J]. 中国修复重建外科杂志，1998，12（6）：367-370. DOI：CNKI：SUN：ZXCW.0.1998-06-020. {XIAO Yingfeng,HONG Guangxiang,WANG Fabin,WAN Shengxiang. Experimental study on electrophysiological evaluation of functional recovery in motor nerve regeneration[J]. Zhongguo Xiu Fu Chong Jian Wai Ke Za Zhi[Chin J Repar Reconstr Surg(Article in Chinese;Abstract in Chinese and English)],1998,12(6):367 - 370. DOI:CNKI:SUN:ZXCW.0.1998 - 06 - 020.}

[18563] 沈丽英，顾玉东，陈正永. 术中神经电图 - 肌电图检测方法的临床应用 [J]. 中华手外科杂志，1998，14（3）：189. DOI：10.3760/cma.j.issn.1005-054X.1998.03.040. {SHEN Liying,GU Yudong,CHEN Zhengyong. Clinical application of intraoperative electromyogram - electromyogram detection method[J]. Zhonghua Shou Wai Ke Za Zhi[Chin J Hand Surg(Article in Chinese;Abstract in Chinese)],1998,14(3):189. DOI:10.3760/cma.j.issn.1005 - 054X.1998.03.040.}

[18564] 沈丽英，马建军，顾玉东. 臂从根性损伤两种神经电图 - 肌电图检测方法的诊断符合率 [J]. 中华手外科杂志，1998，14（4）：215. DOI：10.3760/cma.j.issn.1005-054X.1998.04.011. {SHEN Liying,MA Jianjun,GU Yudong. Combined application of multiple electrophysiological examinations for diagnosis of root injuries of the brachial plexus[J]. Zhonghua Shou Wai Ke Za Zhi[Chin J Hand Surg(Article in Chinese;Abstract in Chinese and English)],1998,14(4):215. DOI:10.3760/cma.j.issn.1005 - 054X.1998.04.011.}

[18565] 李跃军，陈绍宗，李学拥. 猴指神经皮下植入后中远期再生效果的电生理研究 [J]. 中华显微外科杂志，1999，22(1)：43. DOI：10.3760/cma.j.issn.1001-2036.1999.01.016. {LI Yuejun,CHEN Shaozong,LI Xueyong. Neuroelectrophysiological study on mid - Iong - term regeneration effect after monkey's digital nerves implanted into subcutaneous tissue[J]. Zhonghua Xian Wei Wai Ke Za Zhi[Chin J Microsurg(Article in Chinese;Abstract in Chinese and English)],1999,22(1):43. DOI:10.3760/cma.j.issn.1001 - 2036.1999.01.016.}

[18566] 周田华，李主一，周中英. 电磁场促进周围神经再生的电生理观测 [J]. 中华显微外科杂志，1999，22（2）：135. DOI：10.3760/cma.j.issn.1001-2036.1999.02.022. {ZHOU Tianhua,LI Zhuyi,ZHOU Zhongying. Electrophysiological observation of peripheral nerve regeneration promoted by electromagnetic field[J]. Zhonghua Xian Wei Wai Ke Za Zhi[Chin J Microsurg(Article in Chinese;Abstract in Chinese and English)],1999,22(2):135. DOI:10.3760/cma.j.issn.1001 - 2036.1999.02.022.}

[18567] 朱锦宇，黄耀添，吕荣，徐新智，王军，杨光. 周围神经损伤晚期修复后脊髓运动神经元形态学及神经电生理学研究 [J]. 中国修复重建外科杂志，1999，13（2）：114-118. DOI：10.1016/B978-008043005-8/50012-3. {ZHU Jinyu,HUANG Yaotian,LU Rong,XU Xinzhi,WANG Jun,YANG Guang. Morphological changes and electrophysiological study of motor neuron of spinal cord following delayed repair of peripheral nerve injury[J]. Zhongguo Xiu Fu Chong Jian Wai Ke Za Zhi[Chin J Repar Reconstr Surg(Article in Chinese;Abstract in Chinese and English)],1999,13(2):114 - 118. DOI:10.1016/B978 - 008043005 - 8/50012 - 3.}

[18568] 徐杰，成效敏，董震，顾玉东. 晚期不全产瘫术式选择的电生理标准研究 [J]. 中国修复重建外科杂志，1999，13（2）：75-78. DOI：10.1088/0256-307X/15/12/010. {XU Jie,JING Limin,DONG Zhen,GU Yudong. Electrophysiological criteria for selection of operative procedure in the treatment of late incomplete obstetrical palsy[J]. Zhongguo Xiu Fu Chong Jian Wai Ke Za Zhi[Chin J Repar Reconstr Surg(Article in Chinese;Abstract in Chinese and English)],1999,13(2):75 - 78. DOI:10.1088/0256 - 307X/15/12/010.}

[18569] 陈正永，徐建光，沈丽英. 术中肌电检测判断外伤性神经瘤残存功能的探讨 [J]. 中华骨科杂志，2000，20（10）：601. DOI：10.3760/j.issn：0253-2352.2000.10.007. {CHEN Zhengyong,XU Jianguang,SHEN Liying. Assessment of neurofiber function within neuroma using intraoperative compound muscle action potential test[J]. Zhonghua Gu Ke Za Zhi[Chin J Orthop(Article in Chinese;Abstract in Chinese and English)],2000,20(10):601. DOI:10.3760/j.issn:0253 - 2352.2000.10.007.}

[18570] 周守静，徐建光，沈丽英．肌松药对术中肌电检测的影响[J]．中华手外科杂志，2000，16（3）：149．DOI：10.3760/cma.j.issn.1005-054X.2000.03.008．{ZHOU Shoujing,XU Jianguang,SHEN Liying. Influence of muscle relaxants on intraoperative electromyographic examination[J]. Zhonghua Shou Wai Ke Za Zhi[Chin J Hand Surg(Article in Chinese;Abstract in Chinese and English)],2000,16(3):149. DOI:10.3760/cma.j.issn.1005-054X.2000.03.008.}

[18571] 章祖成，钱海平，施水潮，孟琪瑛，罗旭耀．术中肌电监测在周围神经损伤后二期手术及卡压综合征中的应用[J]．中华显微外科杂志，2001，24（2）：135．DOI：10.3760/cma.j.issn.1001-2036.2001.02.020．{ZHANG Zucheng,QIAN Haiping,SHI Shuichao,MENG Qiying,LUO Xuyao. Application of intraoperative electromyography monitoring in secondary operation and entrapment syndrome after peripheral nerve injury[J]. Zhonghua Xian Wei Wai Ke Za Zhi[Chin J Microsurg(Article in Chinese;Abstract in Chinese)],2001,24(2):135. DOI:10.3760/cma.j.issn.1001-2036.2001.02.020.}

[18572] 朱维平，陈正永，朱艺，赵琳，陈国华，吴亚莉，忻向荣，李桦．兔坐骨神经高压电损伤后早期电生理改变的实验研究[J]．中华手外科杂志，2001，17（2）：60-62．DOI：10.3760/cma.j.issn.1005-054X.2001.02.021．{ZHU Weiping,CHEN Zhengyong,ZHU Yi,ZHAO Lin,CHEN Guohua,WU Yali,XIN Xiangrong,LI Hua. An experiment study of early electrophysiological changes following high-voltage electrical injury of the sciatic nerve[J]. Zhonghua Shou Wai Ke Za Zhi[Chin J Hand Surg(Article in Chinese;Abstract in Chinese and English)],2001,17(2):60-62. DOI:10.3760/cma.j.issn.1005-054X.2001.02.021.}

[18573] 魏佑震，孙雪生，朱涛，高圣龙，郭新银，乔现福．大鼠腓总神经"π"式桥接于胫神经后再生神经的电生理溯源[J]．中华显微外科杂志，2003，26（4）：285-286．DOI：10.3760/cma.j.issn.1001-2036.2003.04.016．{WEI Youzhen,SUN Xuesheng,ZHU Tao,GAO Shenglong,GUO Xinyin,QIAO Xianfu. The electrophysiological origin of the regenerating axons in peroneal nerve via"π" fashion neurorrhaphy to tibial nerve[J]. Zhonghua Xian Wei Wai Ke Za Zhi[Chin J Microsurg(Article in Chinese;Abstract in Chinese and English)],2003,26(4):285-286. DOI:10.3760/cma.j.issn.1001-2036.2003.04.016.}

[18574] 郑修军，张键，陈统一，陈中伟．纵行神经束内微电极刺激和记录家兔坐骨神经束电生理信号的研究[J]．中华医学杂志，2003，83（2）：144-145．DOI：10.3760/j：issn：0376-2491.2003.02.017．{ZHENG Xiujun,ZHANG Jian,CHEN Tongyi,CHEN Zhongwei. Study on the stimulation and recording of electrophysiological signals of rabbit sciatic nerve tract by longitudinal intrafascicular microelectrode[J]. Zhonghua Yi Xue Za Zhi[Natl Med J China(Article in Chinese;Abstract in Chinese)],2003,83(2):144-145. DOI:10.3760/j:issn:0376-2491.2003.02.017.}

[18575] 戚剑，劳镇国，陈裕光，朱庆棠，许扬滨，李平，朱家恺．术中电生理检测在外周神经损伤中的应用[J]．中华显微外科杂志，2004，27（4）：249-251．DOI：10.3760/cma.j.issn.1001-2036.2004.04.005．{QI Jian,LAO Zhenguo,CHEN Yuguang,ZHU Qingtang,XU Yangbin,LI Ping,ZHU Jiakai. Application of intraoperative electrophysiologic examination in peripheral nerve lesions[J]. Zhonghua Xian Wei Wai Ke Za Zhi[Chin J Microsurg(Article in Chinese;Abstract in Chinese and English)],2004,27(4):249-251. DOI:10.3760/cma.j.issn.1001-2036.2004.04.005.}

[18576] 潘生才，吴珊鹏，孔抗美．颈交感神经网切除对肢体痉挛骨骼肌肌电图、酶及肌纤维结构的影响[J]．中华实验外科杂志，2004，21（10）：1224-1225．DOI：10.3760/j.issn：1001-9030.2004.10.028．{PAN Shengcai,WU Shanpeng,KONG Kangmei. An experimental study of effect of cervical sympathectomy on spasmodic limb muscle[J]. Zhonghua Shi Yan Wai Ke Za Zhi[Chin J Exp Surg(Article in Chinese;Abstract in Chinese and English)],2004,21(10):1224-1225. DOI:10.3760/j.issn:1001-9030.2004.10.028.}

[18577] 刘飙，许则民，魏壮，尹维田．闭合性坐骨神经损伤的肌电图 - 神经电图定位诊断[J]．吉林大学学报（医学版），2004，30（2）：295-296．DOI：10.3969/j.issn.1671-587X.2004.02.047．{LIU Biao,XU Zemin,WEI Zhuang,YIN Weitian. Level diagnosis of EMG of closed injuries of sciatic nerves[J]. Ji Lin Da Xue Xue Bao(Yi Xue Ban)[J Jilin Univ Med Ed(Article in Chinese;Abstract in Chinese)],2004,30(2):295-296. DOI:10.3969/j.issn.1671-587X.2004.02.047.}

[18578] 罗鹏波，王涛．正中神经 - 尺神经交通支解剖、电生理及临床意义[J]．国际骨科学杂志，2006，27（5）：298-300．DOI：10.3969/j.issn.1673-7083.2006.05.016．{LUO Pengbo,WANG Tao. The anatomical and electrophysiological investigation of Martin-Gruber anastomisis and clinical signification[J]. Guo Ji Gu Ke Xue Za Zhi [Int J Orthop(Article in Chinese;Abstract in Chinese)],2006,27(5):298-300. DOI:10.3969/j.issn.1673-7083.2006.05.016.}

[18579] 王贵平，周晖，赵瑛，刘志民．糖尿病大鼠周围神经病变时神经电生理及病理变化的关系[J]．第二军医大学学报，2006，27（12）：1310-1314．DOI：10.3321/j.issn：0258-879X.2006.12.008．{WANG Guiping,ZHOU Hui,ZHAO Ying,LIU Zhimin. Relationship between electrophysiologic and pathologic changes in diabetic peripheral neuropathy rats[J]. Di Er Jun Yi Da Xue Xue Bao[Acad J Sec Mil Med Univ(Article in Chinese;Abstract in Chinese and English)],2006,27(12):1310-1314. DOI:10.3321/j.issn:0258-879X.2006.12.008.}

[18580] 魏国兴，陈绍宗，李跃军，李学拥，李金清．不同神经移植体修复神经缺损的形态和电生理研究[J]．实用医学杂志，2006，22（6）：617-619．DOI：10.3969/j.issn.1006-5725.2006.06.003．{WEI Guoxing,CHEN Shaozong,LI Yuejun,LI Xueyong,LI Jinqing. Morphologic and electrophysiological study of peripheral nerve regeneration contributed to different nerve graftings[J]. Shi Yong Yi Xue Za Zhi[J Pract Med(Article in Chinese;Abstract in Chinese and English)],2006,22(6):617-619. DOI:10.3969/j.issn.1006-5725.2006.06.003.}

[18581] 王德华，徐建光，周文俊，李继峰，顾玉东．神经干细胞移植防治骨骼肌失神经肌萎缩的电生理研究[J]．中华手外科杂志，2007，23（1）：1-3．DOI：10.3760/cma.j.issn.1005-054X.2007.01.001．{WANG Dehua,XU Jianguang,ZHOU Wenjun,LI Jifeng,GU Yudong. Prevention of denervation muscle atrophy by transplantation of neural stem cells:an electrophysiological study[J]. Zhonghua Shou Wai Ke Za Zhi[Chin J Hand Surg(Article in Chinese;Abstract in Chinese and English)],2007,23(1):1-3. DOI:10.3760/cma.j.issn.1005-054X.2007.01.001.}

[18582] 倪红斌，梁维邦，徐武，韦永祥，蒋健，陈杰，戴艳红，高下．神经电生理监测在显微切除听神经瘤术中面听神经保护的意义[J]．中国微创外科杂志，2008，8（5）：448-450．DOI：10.3969/j.issn.1009-6604.2008.05.026．{NI Hongbin,LIANG Weibang,XU Wu,WEI Yongxiang,JIANG Jian,CHEN Jie,DAI Yanhong,GAO Xia. Neurophysiological monitoring for preservation of facial and auditory nerve functions during microsurgery for acoustic neuroma[J]. Zhongguo Wei Chuang Wai Ke Za Zhi[Chin J Minim Inva Surg(Article in Chinese;Abstract in Chinese and English)],2008,8(5):448-450. DOI:10.3969/j.issn.1009-6604.2008.05.026.}

[18583] 谢致，曹晓莹，沈雅芳，顾雁浩．不同浓度的罗哌卡因对糖尿病大鼠坐骨神经电生理的影响[J]．中华手外科杂志，2009，25（5）：308-311．DOI：10.3760/cma.j.issn.1005-054X.2009.05.029．{XIE Zhi,CAO Xiaoying,SHEN Yafang,GU Yanhao. Effects of ropivacaine dosage on electrophysiologic changes of the sciatic nerve in diabetic rats[J]. Zhonghua Shou Wai Ke Za Zhi[Chin J Hand Surg(Article in Chinese;Abstract in Chinese and English)],2009,25(5):308-311. DOI:10.3760/cma.j.issn.1005-054X.2009.05.029.}

[18584] 吴晓天，王涛，张凯莉，沈忆文．前臂正中神经 - 尺神经交通支电生理学研究[J]．中华手外科杂志，2009，25（6）：322-324．DOI：10.3760/cma.j.issn.1005-054X.2009.06.002．{WU Xiaotian,WANG Tao,ZHAGN Kaili,SHEN Yiwen. Electrophysiological study of median-ulnar nerve communications in the forearm[J]. Zhonghua Shou Wai Ke Za Zhi[Chin J Hand Surg(Article in Chinese;Abstract in Chinese and English)],2009,25(6):322-324. DOI:10.3760/cma.j.issn.1005-054X.2009.06.002.}

[18585] 刘晓军，漆松涛，刘文，方陆雄，张国忠，王浩，郭志旺，黄广龙，孟伟．听神经瘤术中面神经电生理监测的问题与对策[J]．中华神经外科杂志，2009，25（6）：490-493．DOI：10.3760/cma.j.issn.1001-2346.2009.06.005．{LIU Xiaojun,QI Songtao,LIU Wen,FANG Luxiong,ZHANG Guozhong,WANG Hao,GUO ZhiWANG,HUANG Guanglong,MENG Wei. Problems and solutions of intraoperative facial nerve electrophysiologic monitoring for acoustic neuroma[J]. Zhonghua Shen Jing Wai Ke Za Zhi[Chin J Neurosurg(Article in Chinese;Abstract in Chinese and English)],2009,25(6):490-493. DOI:10.3760/cma.j.issn.1001-2346.2009.06.005.}

[18586] 陈宾，李明．儿童先天性马蹄内翻足外周神经电生理检测的临床应用[J]．第三军医大学学报，2009，31（3）：269-272．DOI：10.3321/j.issn：1000-5404.2009.03.024．{CHEN Bin,LI Ming. Electrophysiology of peripheral nerve in children suffering from congenital clubfoot:report of 338 feet[J]. Di San Jun Yi Da Xue Xue Bao[Acta Acad Med Mil Tert(Article in Chinese;Abstract in Chinese and English)],2009,31(3):269-272. DOI:10.3321/j.issn:1000-5404.2009.03.024.}

[18587] 王贵平，周晖，赵瑛，刘志民．糖尿病大鼠周围神经病变时神经电生理及病理的变化与通络方剂干预的作用[J]．上海医学，2009，32（5）：410-413，彩3．DOI：10.3321/j.issn：0258-879X.2006.12.008．{WANG Guiping,ZHOU Hui,ZHAO Ying,LIU Zhimin. Electrophysiologic and pathologic changes in diabetic peripheral neuropathy rats and interventional effects of Tongluo recipe[J]. Shang Hai Yi Xue[Shanghai Med J(Article in Chinese;Abstract in Chinese and English)],2009,32(5):410-413,insert figure 3. DOI:10.3321/j.issn:0258-879X.2006.12.008.}

[18588] 周晖．糖尿病性神经病变的神经电生理检查评价[J]．上海医学，2009，32（5）：463-466．DOI：10.3969/j.issn.1005-5304.2012.07.013．{ZHOU Hui. Evaluation of neuroelectrophysiological examination of diabetic neuropathy[J]. Shang Hai Yi Xue[Shanghai Med J(Article in Chinese;Abstract in Chinese)],2009,32(5):463-466. DOI:10.3969/j.issn.1005-5304.2012.07.013.}

[18589] 杨唐柱，黄晓琳．表面肌电描记术在神经肌肉损伤评测中的应用[J]．神经损伤与功能重建，2009，4（5）：315-318．DOI：10.3870/sjsscj.2009.05.003．{YANG Tangzhu,HUANG Xiaolin. Application of surface electromyography in the assessment of neuromuscular injuries[J]. Shen Jing Sun Shang Yu Gong Neng Chong Jian[Neural Injury Funct Reconstr(Article in Chinese;Abstract in Chinese and English)],2009,4(5):315-318. DOI:10.3870/sjsscj.2009.05.003.}

[18590] 牛朝诗，凌士营，计颖，丁宛海，姜晓峰，刘会林，陈海宁，魏祥品，傅先明．神经电生理监测技术和显微外科技术在听神经瘤手术中应用[J]．中华显微外科杂志，2010，33（1）：23-26．DOI：10.3760/cma.j.issn.1001-2036.2010.01.011．{NIU Chaoshi,LING Shiying,JI Ying,DING Wanhai,JIANG Xiaofeng,LIU Huilin,CHEN Haining,Wei Xiangpin,FU Xianming. Application of neurophysiological monitoring and microsurgical technique in acoustic neurinoma resection[J]. Zhonghua Xian Wei Wai Ke Za Zhi[Chin J Microsurg(Article in Chinese;Abstract in Chinese and English)],2010,33(1):23-26. DOI:10.3760/cma.j.issn.1001-2036.2010.01.011.}

[18591] 林洁，赵彦胤，乔凯．青年上肢远端肌萎缩症的临床及电生理特点[J]．中华手外科杂志，2010，26（5）：304-306．DOI：10.3760/cma.j.issn.1005-054X.2010.05.020．{LIN Jie,ZHAO Yanyin,QIAO Kai. Electrophysiological characteristics of juvenile muscular atrophy of distal upper extremity (Hirayama's disease)[J]. Zhonghua Shou Wai Ke Za Zhi[Chin J Hand Surg(Article in Chinese;Abstract in Chinese and English)],2010,26(5):304-306. DOI:10.3760/cma.j.issn.1005-054X.2010.05.020.}

[18592] 朱春雷，赵世伟，李强，吴广智，崔树森，田东．神经电生理检查对足趾背屈功能障碍的诊断价值[J]．中华手外科杂志，2010，26（6）：354-356．DOI：10.3760/cma.j.issn.1005-054X.2010.06.018．{ZHU Chunlei,ZHAO Shiwei,LI Qiang,WU Guangzhi,CUI Shusen,TIAN Dong. Electrophysiological diagnosis of toe dorsiflexion dysfunction[J]. Zhonghua Shou Wai Ke Za Zhi[Chin J Hand Surg(Article in Chinese;Abstract in Chinese and English)],2010,26(6):354-356. DOI:10.3760/cma.j.issn.1005-054X.2010.06.018.}

[18593] 乔慧，常鹏飞．开展术中神经电生理监测的重要性[J]．中华神经外科杂志，2010，26（12）：1057-1058．DOI：10.3760/cma.j.issn.1001-2346.2010.12.001．{QIAO Hui,CHANG Pengfei. The importance of intraoperative neuroelectrophysiological monitoring[J]. Zhonghua Shen Jing Wai Ke Za Zhi[Chin J Neurosurg(Article in Chinese;No abstract avaliable)],2010,26(12):1057-1058. DOI:10.3760/cma.j.issn.1001-2346.2010.12.001.}

[18594] 王树锋，栗鹏程，李玉成，李文军，金亚娣，杨昀，薛云皓，郑炜．上中下三干后股对指总伸肌及肱三头肌长头交叉支配的电生理研究[J]．实用手外科杂志，2010，24（2）：98-100．DOI：10.3969/j.issn.1671-2722.2010.02.005．{WANG Shufeng,LI Pengcheng,LI Yucheng,LI Wenjun,JIN Yadi,YANG Yun,XUE Yunhao,ZHENG Wei. Electrophysiological analysis of the dominance innervation of extensor digitorum communis muscle and long head of triceps brachii muscle at the level of posterior division of brachial plexus[J]. Shi Yong Shou Wai Ke Za Zhi[Chin J Pract Hand Surg(Article in Chinese;Abstract in Chinese and English)],2010,24(2):98-100. DOI:10.3969/j.issn.1671-2722.2010.02.005.}

[18595] 戚剑，顾立强，王皓帆，程思红，李增宏，周家铭，梁英杰．术中神经干动作电位早期定量诊断周围神经损伤的实验研究[J]．中华显微外科杂志，2010，33（2）：129-132．DOI：10.3760/cma.j.issn.1001-2036.2010.02.015．{QI Jian,GU Liqiang,WANG Haofan,CHENG Sihong,LI Zenghong,ZHOU Jiaming,LIANG Yingjie. Study on quantitative criteria of intraoperative nerve action potentials for early diagnosis in peripheral nerve injury[J]. Zhonghua Xian Wei Wai Ke Za Zhi[Chin J Microsurg(Article in Chinese;Abstract in Chinese and English)],2010,33(2):129-132. DOI:10.3760/cma.j.issn.1001-2036.2010.02.015.}

[18596] 张培训，殷晓峰，寇玉辉，韩娜，王艳华，张宏波，姜保国．恒河猴周围神经再生纤维放大及代偿效应的电生理与功能学分析[J]．中华手外科杂志，2011，27（3）：168-171．DOI：10.3760/cma.j.issn.1005-054X.2011.03.017．{ZHANG Jiaoyin,YIN Xiaofeng,KOU Yuhui,HAN Na,WANG Yanhua,ZHANG Hongbo,JIANG Baoguo. Electrophysiological and functional analysis of peripheral nerve regeneration enlargement and compensation in rhesus monkey[J]. Zhonghua Shou Wai Ke Za Zhi[Chin J Hand Surg(Article in Chinese;Abstract in Chinese and English)],2011,27(3):168-171. DOI:10.3760/cma.j.issn.1005-054X.2011.03.017.}

[18597] 李永平，劳杰，赵新，刘靖波，田东，张凯丽，朱艺．大鼠正中神经修复后不同时段的电生理变化与神经再生的相关性分析[J]．中华手外科杂志，2011，27（3）：176-180．DOI：10.3760/cma.j.issn.1005-054X.2011.03.020．{LI Yongping,LAO Jie,ZHAO Xin,LIU Jingbo,TIAN Dong,ZHANG Kaili,ZHU Yi. The characteristics of median nerve compound nerve action potential at different post injury and repair intervals and their correlation with nerve regeneration in rats[J]. Zhonghua Shou Wai Ke Za Zhi[Chin J Hand Surg(Article in Chinese;Abstract in Chinese and English)],2011,27(3):176-180. DOI:10.3760/cma.j.issn.1005-054X.2011.03.020.}

[18598] 张文川，李世亭，郑学胜，杨敏，施君，仲文翔．高频超声、神经电生理对糖尿病性周围神经病的手术评估[J]．中华神经外科杂志，2011，27（6）：543-548．DOI：10.3760/cma.j.issn.1001-2346.2011.06.002．{ZHANG Wenchuan,LI Shiting,ZHENG Xuesheng,YANG Min,SHI Jun,ZHONG Wenxiang. High-resolution ultrasonography and electrophysiological studies in lower extremity nerve decompression for diabetic peripheral neuropathy[J]. Zhonghua Shen Jing Wai Ke Za Zhi[Chin J Neurosurg(Article in Chinese;Abstract in Chinese and English)],2011,27(6):543-548. DOI:10.3760/cma.j.issn.1001-2346.2011.06.002.}

[18599] 赵学明，药天乐，万大海，王永红，范益民，郝解贺．面神经电生理监测在大型听神经瘤术中的应用[J]．中华神经外科杂志，2011，27（9）：917-920．DOI：10.3760/cma.j.issn.1001-2346.2011.09.017．{ZHAO Xueming,YAO Tianle,WAN Dahai,WANG Yonghong,FAN Yimin,HAO Jiehe. Intraoperative electrophysiologic monitoring of the facial nerve in operation of large acoustic neuromas[J]. Zhonghua Shen Jing Wai Ke Za Zhi[Chin J Neurosurg(Article in Chinese;Abstract in Chinese and English)],2011,27(9):917-920. DOI:10.3760/

cma.j.issn.1001-2346.2011.09.017.}

[18600] 戚剑，王皓帆，顾立强，程思红，李增宏，周家铭，梁英杰．术中神经干动作电位波幅和波幅比值早期定量诊断周围神经损伤的对比实验研究[J]．实用手外科杂志，2011，25(1)：43-46．DOI：10.3969/j.issn.1671-2722.2011.01.019．{QI Jian,WANG Haofan,GU Liqiang,CHENG Sihong,LI Zenghong,ZHOU Jiaming,LIANG Yingjie. Comparison of nerve action potential amplitude and nerve proximal-to-distal amplitude ratio for assessment of severity of the nerve injury[J]. Shi Yong Shou Wai Ke Za Zhi[Chin J Pract Hand Surg(Article in Chinese;Abstract in Chinese and English)],2011,25(1):43-46. DOI:10.3969/j.issn.1671-2722.2011.01.019.}

[18601] 王峥，马梦洁，韩琦．鼠神经生长因子对面神经炎疗效的肌电图分析[J]．神经损伤与功能重建，2012，7(4)：286-288．DOI：10.3870/sjsscj.2012.04.014．{WANG Zheng,MA Mengjie,HAN Qi. Analysis the efficacy of Nerve Growth Factor in the treatment of facial paralysis[J]. Shen Jing Sun Shang Yu Gong Neng Chong Jian[Neural Injury Funct Reconstr(Article in Chinese;Abstract in Chinese and English)],2012,7(4):286-288. DOI:10.3870/sjsscj.2012.04.014.}

[18602] 陈刚，张杰，董军，张振宇，艾克拜尔，杨小朋．神经电生理监测对听神经瘤切除术中面神经的保护作用[J]．中华神经外科杂志，2013，29(5)：500-502．DOI：10.3760/cma.j.issn.1001-2346.2013.05.020．{CHEN Gang,ZHANG Jie,DONG Jun,ZHANG Zhenyu,Aikebaier,YANG Xiaopeng. The protective effect of neuroelectrophysiological monitoring on the facial nerve during the resection of acoustic neuroma[J]. Zhonghua Shen Jing Wai Ke Za Zhi[Chin J Neurosurg(Article in Chinese;Abstract in Chinese)],2013,29(5):500-502. DOI:10.3760/cma.j.issn.1001-2346.2013.05.020.}

[18603] 陈艺，叶劲，白波，张姝江，吴景明．复杂髋关节手术中应用电生理监测技术预防下肢周围神经损伤[J]．中华关节外科杂志（电子版），2013，7(5)：622-626．DOI：10.3877/cma.j.issn.1674-134X.2013.05.007．{CHEN Yi,YE Jin,BAIi Bo,ZHANG Shujiang,WU Jingming. Electrophysiological monitoring prevents lower limb peripheral nerve damage in complicated total hip arthroplasty[J]. Zhonghua Guan Jie Wai Ke Za Zhi Dian Zi Ban[Chin J Joint Surg(Electr Ed)(Article in Chinese;Abstract in Chinese and English)],2013,7(5):622-626. DOI:10.3877/cma.j.issn.1674-134X.2013.05.007.}

[18604] 孙博，李一凡，刘立芝，陈朝晖，凌丽，杨飞，刘洁晓，刘红，朱文佳．伴小纤维受损周围神经病34例的临床、电生理及皮肤活检研究[J]．中华医学杂志，2014，94(43)：3397-3401．DOI：10.3760/cma.j.issn.0376-2491.2014.43.010．{SUN Bo,LI Yifan,LIU Lizhi,CHEN Chaohui,LING Li,YANG Fei,LIU Jiexiao,LIU Hong,ZHU Wenjia. Clinical,electrophysiological and skin biopsy studies of peripheral neuropathy with small fibers involvement:a report of 34 cases[J]. Zhonghua Yi Xue Za Zhi[Natl Med J China(Article in Chinese;Abstract in Chinese and English)],2014,94(43):3397-3401. DOI:10.3760/cma.j.issn.0376-2491.2014.43.010.}

[18605] 孙太欣，周丽丽，孙晨曦，周国平，李丹．高压氧联合甲钴胺治疗2型糖尿病周围神经病电生理疗效观察[J]．神经损伤与功能重建，2015，10(3)：216-219．DOI：10.3870/sjsscj.2015.03.010．{SUN Taixin,ZHOU Lili,SUN Chenxi,ZHOU Guoping,LI Dan. Electrophysiological changes after hyperbaric oxygen combined with mecobalamin in the treatment of type 2 diabetes peripheral neuropathy[J]. Shen Jing Sun Shang Yu Gong Neng Chong Jian[Neural Injury Funct Reconstr(Article in Chinese;Abstract in Chinese and English)],2015,10(3):216-219. DOI:10.3870/sjsscj.2015.03.010.}

[18606] 刘献增．神经电生理监测的临床应用[J]．中华医学杂志，2015，95(21)：1633-1635．DOI：10.3760/cma.j.issn.0376-2491.2015.21.001．{LIU Xianzeng. Clinical application of neuroelectrophysiological monitoring[J]. Zhonghua Yi Xue Za Zhi[Natl Med J China(Article in Chinese;No abstract avaliable)],2015,95(21):1633-1635. DOI:10.3760/cma.j.issn.0376-2491.2015.21.001.}

[18607] 梁汉生，冯艺．术中神经电生理监测的现状及展望[J]．中华医学杂志，2015，95(21)：1646-1647．DOI：10.3760/cma.j.issn.0376-2491.2015.21.006．{LIANG Hansheng,FENG Yi. Current situation and Prospect of intraoperative neuroelectrophysiological monitoring[J]. Zhonghua Yi Xue Za Zhi[Natl Med J China(Article in Chinese;Abstract in Chinese and English)],2015,95(21):1646-1647. DOI:10.3760/cma.j.issn.0376-2491.2015.21.006.}

[18608] 陈艺，叶劲，林志雄，吴景明，黎文，卢永辉，白波，卢伟杰．多模式神经电生理监测在椎管内占位手术中的应用[J]．中国临床解剖学杂志，2017，35(3)：331-335．DOI：10.13418/j.issn.1001-165x.2017.03.020．{CHEN Yi,YE Jin,LIN Zhixiong,WU Jingming,LI Wen,LU Yonghui,BAI Bo,LU Weijie. Multiple intraoperative monitoring of neuroelectrophysiology in surgical treatment for intraspinal occupying lesion[J]. Zhongguo Lin Chuang Jie Pou Xue Za Zhi[Chin J Clin Anat(Article in Chinese;Abstract in Chinese and English)],2017,35(3):331-335. DOI:10.13418/j.issn.1001-165x.2017.03.020.}

[18609] 朱昱亭，王磊，董豪，朱子煜，王云甫．神经电生理监测技术在糖尿病周围神经病变患者中的应用价值研究[J]．神经损伤与功能重建，2017，12(6)：520-522，543．DOI：10.16780/j.cnki.sjssgncj.2017.06.015．{ZHU Yuting,WANG Lei,DONG Hao,ZHU Ziyu,WANG Yunfu. Study on diagnostic characteristics of neurophysiological monitoring in patients with diabetic peripheral neuropathy[J]. Shen Jing Sun Shang Yu Gong Neng Chong Jian[Neural Injury Funct Reconstr(Article in Chinese;Abstract in Chinese and English)],2017,12(6):520-522,543. DOI:10.16780/j.cnki.sjssgncj.2017.06.015.}

[18610] 王亚薇，宫可同，耿文静，陈欣，刘津贤．神经电生理检查对第一背侧骨间肌萎缩的诊断价值[J]．中华手外科杂志，2018，34(3)：209-211．DOI：10.3760/cma.j.issn.1005-054X.2018.03.019．{WANG Yawei,GONG Ketong,GENG Wenjing,CHEN Xin,LIU Jinxian. The diagnostic value of neuro-electrophysiological examination for the first dorsal interosseous muscle atrophy[J]. Zhonghua Shou Wai Ke Za Zhi[Chin J Hand Surg(Article in Chinese;Abstract in Chinese and English)],2018,34(3):209-211. DOI:10.3760/cma.j.issn.1005-054X.2018.03.019.}

[18611] 林春晓，解杰梅，李香卿，姜晓锐，李桂石，田东．肌电图仪电刺激治疗186例上肢周围神经卡压患者的疗效观察[J]．中华手外科杂志，2018，34(3)：192-195．DOI：10.3760/cma.j.issn.1005-054X.2018.03.012．{LIN Chunxiao,XIE Jiemei,LI Xiangqing,JIANG Xiaorui,LI Guishi,TIAN Dong. Clinical observation of electrical stimulation treatment by electromyography on 186 cases of peripheral nerve entrapment in upper extremity[J]. Zhonghua Shou Wai Ke Za Zhi[Chin J Hand Surg(Article in Chinese;Abstract in Chinese and English)],2018,34(3):192-195. DOI:10.3760/cma.j.issn.1005-054X.2018.03.012.}

[18612] 吴俊国，王明海，董有海，何军，洪洋．肌电图诱发电位仪对骨折内固定手术中神经损伤的监测[J]．局解手术学杂志，2018，27(1)：65-67．DOI：10.11659/jjssx.10E017013．{WU Junguo,WANG Minghai,DONG Youhai,HE Jun,HONG Yang. Application of electromyographic in monitoring nerve root at fracture fixation process[J]. Ju Jie Shou Shu Xue Za Zhi[J Reg Anat Oper Surg(Article in Chinese;Abstract in Chinese and English)],2018,27(1):65-67. DOI:10.11659/jjssx.10E017013.}

[18613] 张航，丛锐，赵睿，臧成五，陈定章，陈永祥．探讨肌电图联合高频超声检查在外伤性桡神经损伤程度和部位诊断中的应用[J]．实用手外科杂志，2018，32(2)：163-165．DOI：10.3969/j.issn.1671-2722.2018.02.009．{ZHANG Hang,CONG Rui,ZHAO Rui,ZANG Chengwu,CHEN Dingzhang,CHEN Yongxiang. The application value of the electromyography combined with high frequency ultrasonography test in diagnosing the degree and location of radial nerve injury[J]. Shi Yong Shou Wai Ke Za Zhi[Chin J Pract Hand Surg(Article in Chinese;Abstract in Chinese and English)],2018,32(2):163-165. DOI:10.3969/j.issn.1671-2722.2018.02.009.}

[18614] 赵恺，张所军，郭超，陶安宇，张华楸，牛洪泉，舒凯，雷霆．术中超声联合神经电生理监测辅助高位颈段脊髓髓内肿瘤显微手术治疗[J]．中华显微外科杂志，2019，42(3)：250-253．DOI：10.3760/cma.j.issn.1001-2036.2019.03.010．{ZHAO Kai,ZHANG Suojun,GUO Chao,TAO Anyu,ZHANG Hualan,NIU Hongquan,SHU Kai,LEI Ting. Application of intraoperative ultrasound and neuromonitoring in microsurgical treatment of intramedullary tumor in the superior cervical spinal cord[J]. Zhonghua Xian Wei Wai Ke Za Zhi[Chin J Microsurg(Article in Chinese;Abstract in Chinese and English)],2019,42(3):250-253. DOI:10.3760/cma.j.issn.1001-2036.2019.03.010.}

[18615] 孙艳，张莉，吴智勇，吴庆彬．住院2型糖尿病合并周围神经病变患者临床指标及肌电图特点分析[J]．安徽医科大学学报，2019，54(7)：1118-1122．DOI：10.19405/j.cnki.issn1000-1492.2019.07.023．{SUN Yan,ZHANG Li,WU Zhiyong,WU Qingbin. Analysis of clinical indexes and characteristic of electromyography in inpatients with type 2 diabetes complicated with peripheral neuropathy[J]. An Hui Yi Ke Da Xue Xue Bao[Acta Anhui Med Coll(Article in Chinese;Abstract in Chinese and English)],2019,54(7):1118-1122. DOI:10.19405/j.cnki.issn1000-1492.2019.07.023.}

[18616] 许娅莉，田野，张栋栋，邵新中．桡神经/骨间后神经沙漏样狭窄患者的电生理分析[J]．中华手外科杂志，2020，36(1)：23-26．DOI：10.3760/cma.j.issn.1005-054X.2020.01.006．{XU Yali,TIAN Ye,ZHANG Dongdong,SHAO Xinzhong. Electrophysiological analysis of the patients with hourglass-like constriction of radial nerve/posterior interosseous nerve[J]. Zhonghua Shou Wai Ke Za Zhi[Chin J Hand Surg(Article in Chinese ;Abstract in Chinese and English)],2020,36(1):23-26. DOI:10.3760/cma.j.issn.1005-054X.2020.01.006.}

[18617] 季骋远，王中，朱昀，王伟，李翔，陈罡．神经电生理监测在听神经瘤切除术中的应用分析[J]．中华医学杂志，2020，100(8)：619-623．DOI：10.3760/cma.j.issn.0376-2491.2020.08.011．{JI Chengyuan,WANG Zhong,ZHU Yun,WANG Wei,LI Xiang,CHEN Gang. Application of electrophysiological monitoring in acoustic neuroma resection[J]. Zhonghua Yi Xue Za Zhi[Natl Med J China(Article in Chinese;Abstract in Chinese and English)],2020,100(8):619-623. DOI:10.3760/cma.j.issn.0376-2491.2020.08.011.}

[18618] 马将，李红，史万英，张玉漫，汪婷，赵雅彤．任务导向性训练对上肢周围神经损伤患者肌电图及手功能的影响[J]．中华老年骨科与康复电子杂志，2020，6(3)：159-164．DOI：10.3877/cma.j.issn.2096-0263.2020.03.007．{MA Jiang,LI Hong,SHI Wanying,ZHANG Yuman,WANG Ting,ZHAO Yatong. Effect of task oriented training on electromyography and hand function for patients with the hand functional disorders after peripheral nerve injury[J]. Zhonghua Lao Nian Gu Ke Yu Kang Fu Dian Zi Za Zhi [Chin J Geriatr Orthop Rehabil (Electr Ed)(Article in Chinese;Abstract in Chinese and English)],2020,6(3):159-164. DOI:10.3877/cma.j.issn.2096-0263.2020.03.007.}

6.4.7 周围神经损伤修复效果评价标准
criteria for evaluating the repaire results of peripheral nerve injury

[18619] Shen N,Zhu J. Application of sciatic functional index in nerve functional assessment[J]. Microsurgery,1995,16(8):552-555. doi:10.1002/micr.1920160809.

[18620] Shen N,Zhu J. Functional assessment of peripheral nerve injury and repair[J]. J Reconstr Microsurg,1996,12(3):153-157. doi:10.1055/s-2007-1006469.

[18621] Chen N,Yuan Y,Cheung LK,Huang KM. Objective evaluation of oral and maxillofacial sensory nerves[J]. Chin J Dent Res,1998,1(2):68-72.

[18622] 沈宁江，朱家恺．坐骨神经功能指数在神经功能评价中的应用[J]．中华显微外科杂志，1993，16(4)：284-287．{SHEN Ningjiang,ZHU Jiakai. The application of sciatic nerve function index in nerve function evaluation[J]. Zhonghua Xian Wei Wai Ke Za Zhi[Chin J Microsurg(Article in Chinese;Abstract in Chinese)],1993,16(4):284-287.}

[18623] 沈宁江，朱家恺．自主神经功能评价在周围神经损伤和修复中的临床应用[J]．中华显微外科杂志，1994，17(4)：178-179，237．DOI：10.1007/BF02006258．{SHEN Ningjiang,ZHU Jiakai. Clinical evaluation of autonomic nerve function in peripheral nerve injury and repair[J]. Zhonghua Xian Wei Wai Ke Za Zhi[Chin J Microsurg(Article in Chinese;Abstract in Chinese)],1994,17(4):178-179,237. DOI:10.1007/BF02006258.}

[18624] 沈宁江，朱家恺．小腿三头肌肌力评价坐骨神经运动功能恢复的实验研究[J]．中华显微外科杂志，1994，17(5)：266-268，318-319．DOI：CNKI：SUN：ZHXW.0.1994-04-015．{SHEN Ningjiang,ZHU Jiakai. Experimentas study of evaluating the rat sciatic nerve functional recovery by miscle strength of triceps surae muscle[J]. Zhonghua Xian Wei Wai Ke Za Zhi[Chin J Microsurg(Article in Chinese;Abstract in Chinese)],1994,17(5):266-268,318-319. DOI:CNKI:SUN:ZHXW.0.1994-04-015.}

[18625] 沈宁江，朱家恺．周围神经损伤和修复功能评价的方法学探讨[J]．中华显微外科杂志，1995，18(1)：37-40，78．DOI：10.1007/BF02007173．{SHEN Ningjiang,ZHU Jiakai. A study on functional assessment of the peripheral nerve injury and repair[J]. Zhonghua Xian Wei Wai Ke Za Zhi[Chin J Microsurg(Article in Chinese;Abstract in Chinese and English)],1995,18(1):37-40,78. DOI:10.1007/BF02007173.}

[18626] 沈宁江，朱家恺．评价坐骨神经功能的实验研究[J]．中国矫形外科杂志，1995，2(3)：191-193．DOI：CNKI：SUN：ZJXS.0.1995-03-036．{SHEN Ningjiang,ZHU Jiakai. Experimental study on evaluating sciatic nerve function[J]. Zhongguo Jiao Xing Wai Ke Za Zhi[Orthop J China(Article in Chinese;No abstract avaliable)],1995,2(3):191-193. DOI:CNKI:SUN:ZJXS.0.1995-03-036.}

[18627] 李平，刘均墀，劳镇国．腕部神经损伤修复术后远期疗效的观察与评价[J]．中华显微外科杂志，1999，22(1)：66．DOI：10.3760/cma.j.issn.1001-2036.1999.01.033．{LI Ping,LIU Junlong,LAO Zhenguo. Observation and evaluation of long-term curative effect after repair of wrist nerve injury[J]. Zhonghua Xian Wei Wai Ke Za Zhi[Chin J Microsurg(Article in Chinese;No abstract avaliable)],1999,22(1):66. DOI:10.3760/cma.j.issn.1001-2036.1999.01.033.}

[18628] 何波，刘小林，朱庆棠，郑灿镔，顾立强，朱家恺．周围神经修复临床疗效的科学评价[J]．中华显微外科杂志，2011，34(1)：15-20．DOI：10.3760/cma.j.issn.1001-2036.2011.01.010．{HE Bo,LIU Xiaolin,ZHU Qingtang,ZHENG Canbin,GU Liqiang,ZHU Jiakai. Scientific assessment on the outcome of clinical application with peripheral nerve graft materials[J]. Zhonghua Xian Wei Wai Ke Za Zhi[Chin J Microsurg(Article in Chinese;Abstract in Chinese and English)],2011,34(1):15-20. DOI:10.3760/cma.j.issn.1001-2036.2011.01.010.}

[18629] 顾玉东．臂丛神经损伤的功能评定标准与治疗方案[J]．中华手外科杂志，2011，27(3)：130．DOI：10.3760/cma.j.issn.1005-054X.2011.03.002．{GU Yudong. Evaluation criteria and treatment of brachial plexus injuries[J]. Zhonghua Shou Wai Ke Za Zhi[Chin J Hand Surg(Article in Chinese;Abstract in Chinese)],2011,27(3):130. DOI:10.3760/cma.j.issn.1005-054X.2011.03.002.}

6.4.7.1 电流感觉阈值测试
current perception threshold testing

[18630] 杜瑞琴，李全民，刘悦琴，周亚男，朱艳秋．电流感觉阈值对糖尿病足风险的预测研究[J]．中华损伤与修复杂志（电子版），2012，7(2)：30-34．DOI：10.3877/cma.j.issn.1673-9450.2012.02.010．{DU Ruiqin,LI Quanmin,LIU Yueqin,ZHOU Yanan,ZHU

Yanqiu. Current perception threshold in the prognosis of diabetic foot[J]. Zhonghua Sun Shang Yu Xiu Fu Za Zhi Dian Zi Ban[Chin J Injury Repair Wound Healing(Electr Ed)(Article in Chinese;Abstract in Chinese and English)],2012,7(2):30-34. DOI:10.3877/cma.j.issn.1673-9450.2012.02.010.}

6.4.8 周围神经损伤修复效果影响因素
factors affecting the repair result of peripheral nerve injury

[18631] He B,Zhu Z,Zhu Q,Zhou X,Zheng C,Li P,Zhu S,Liu X,Zhu J. Factors predicting sensory and motor recovery after the repair of upper limb peripheral nerve injuries[J]. Neural Regen Res,2014,9(6):661-672. doi:10.4103/1673-5374.130094.

[18632] Hong W,Cheng H,Wang X,Feng C. Influencing factors analysis of facial nerve function after the microsurgical resection of acoustic neuroma[J]. J Korean Neurosurg Soc,2017,60(2):165-173. doi:10.3340/jkns.2013.0407.001.

6.4.9 周围神经虚拟重建技术
virtual reconstruction technique of peripheral nerve

[18633] Zhong Y,Wang L,Dong J,Zhang Y,Luo P,Qi J,Liu X,Xian CJ. Three-dimensional reconstruction of peripheral nerve internal fascicular groups[J]. Sci Rep. 2015 Nov 24;5:17168. doi:10.1038/srep17168.

[18634] Zhu S,Zhu Q,Liu X,Yang W,Jian Y,Zhou X,He B,Gu L,Yan L,Lin T,Xiang J,Qi J. Three-dimensional reconstruction of the microstructure of human acellular nerve allograft[J]. Sci Rep,2016,6:30694. doi:10.1038/srep30694.

[18635] Yan L,Guo Y,Qi J,Zhu Q,Gu L,Zheng C,Lin T,Lu Y,Zeng Z,Yu S,Zhu S,Zhou X,Zhang X,Du Y,Yao Z,Lu Y,Liu X. Iodine and freeze-drying enhanced high-resolution MicroCT imaging for reconstructing 3D intraneural topography of human peripheral nerve fascicles[J]. J Neurosci Methods,2017,287:58-67. doi:10.1016/j.jneumeth.2017.06.009.

[18636] Qi J,Wang WY,Zhong YC,Zhou JM,Luo P,Tang P,He CF,Zhu S,Liu XL,Zhang Y. Three-dimensional visualization of the functional fascicular groups of a long-segment peripheral nerve[J]. Neural Regen Res,2018,13(8):1465-1470. doi:10.4103/1673-5374.235307.

[18637] Yao Z,Yan LW,Wang T,Qiu S,Lin T,He FL,Yuan RH,Liu XL,Qi J,Zhu QT. A rapid micro-magnetic resonance imaging scanning for three-dimensional reconstruction of peripheral nerve fascicles[J]. Neural Regen Res,2018,13(11):1953-1960. doi:10.4103/1673-5374.238718.

[18638] Luo P,Dong J,Qi J,Zhang Y,Liu X,Zhong Y,Xian CJ,Wang L. An enhanced staining method K-B-2R staining for three-dimensional nerve reconstruction[J]. BMC Neurosci,2019,20(1):32. doi:10.1186/s12868-019-0515-7.

[18639] Yan L,Liu S,Qi J,Zhang Z,Zhong J,Li Q,Liu X,Zhu Q,Yao Z,Lu Y,Gu L. Three-dimensional reconstruction of internal fascicles and microvascular structures of human peripheral nerves[J]. Int J Numer Method Biomed Eng,2019,35(10):e3245. doi:10.1002/cnm.3245.

[18640] 陈菁，李兵仓，黄宏，陈志强，楚燕飞，朱刚．大鼠坐骨神经损伤后显微及超微结构的三维重建[J]．解放军医学杂志，2003，28(4)：345-346．DOI：10.3321/j.issn：0577-7402.2003.04.024．{CHEN Jing,LI Bingcang,HUANG Hong,CHEN Zhiqiang,CHU Yanfei,ZHU Gang. 3-D(three dimensional) reconstruction of microstructure and ultrastructure of the sciat-ic nerve of rat after injury[J]. Jie Fang Jun Yi Xue Za Zhi[Med J Chin PLA(Article in Chinese;Abstract in Chinese and English)],2003,28(4):345-346. DOI:10.3321/j.issn:0577-7402.2003.04.024.}

[18641] 陈增淦，陈统一，张键，陈中伟，李华，贾富仓，刘丽艳．臂丛神经显微结构的计算机三维重建[J]．中华骨科杂志，2004，24(8)：462-466．DOI：10.3760/j.issn：0253-2352.2004.08.004．{CHEN Zenggan,CHEN Tongyi,ZHANG Jian,CHEN Zhongwei,LI Hua,JIA Fucang,LIU Liyan. Three-dimensional reconstruction of the microstructure of brachial plexus from serial tissue sections[J]. Zhonghua Gu Ke Za Zhi[Chin J Orthop(Article in Chinese;Abstract in Chinese and English)],2004,24(8):462-466. DOI:10.3760/j.issn:0253-2352.2004.08.004.}

[18642] 李绍光，顾立强，邵岩．尺神经功能束组走行模式的三维重建[J]．中华创伤骨科杂志，2004，6(12)：1358-1361．DOI：10.3760/cma.j.issn.1671-7600.2004.12.013．{LI Shaoguang,GU Liqiang,SHAO Yan. Three-dimensional imaging reconstruction of the ulnar nerve functional fascicular groups[J]. Zhonghua Chuang Shang Gu Ke Za Zhi[Chin J Orthop Trauma(Article in Chinese;Abstract in Chinese and English)],2004,6(12):1358-1361. DOI:10.3760/cma.j.issn.1671-7600.2004.12.013.}

[18643] 戚剑，刘小林，熊卓，周家铭，李生杰，梁英杰，张毅．短段腓总神经功能束三维重建的初步研究[J]．中国修复重建外科杂志，2008，22(9)：1031-1035．{QI Jian,LIU Xiaolin,XIONG Zhuo,ZHOU Jiaming,LI Shengjie,LIANG Yingjie,ZHANG Yi. Preliminary research of 3d reconstruction of short-segment common peroneal nerve functional fascicles[J]. Zhongguo Xiu Fu Chong Jian Wai Ke Za Zhi[Chin J Repar Reconstr Surg(Article in Chinese;Abstract in Chinese and English)],2008,22(9):1031-1035.}

[18644] 张毅，刘小林，卢昊，戚剑，何彩凤，罗鹏．周围神经功能束三维可视化中完整信息的二维全景图像获取[J]．中华显微外科杂志，2010，33(4)：319-321．DOI：10.3760/cma.j.issn.1001-2036.2010.04.022．{ZHANG Yi,LIU Xiaolin,LU Hao,QI Jian,HE Caifeng,LUO Peng. Two dimensional panoramic image acquisition of complete information in three-dimensional visualization of peripheral nerve functional bundle[J]. Zhonghua Xian Wei Wai Ke Za Zhi[Chin J Microsurg(Article in Chinese;Abstract in Chinese)],2010,33(4):319-321. DOI:10.3760/cma.j.issn.1001-2036.2010.04.022.}

[18645] 罗鹏，刘小林，戚剑，张毅．周围神经三维可视化模型建立中的功能束识别研究进展[J]．中华创伤骨科杂志，2011，13(2)：187-189．DOI：10.3760/cma.j.issn.1671-7600.2011.02.020．{LUO Peng,LIU Xiaolin,QI Jian,ZHANG Yi. Research progress of functional bundle recognition in the establishment of three-dimensional visualization model of peripheral nerve[J]. Zhonghua Chuang Shang Gu Ke Za Zhi[Chin J Orthop Trauma(Article in Chinese;No abstract available)],2011,13(2):187-189. DOI:10.3760/cma.j.issn.1671-7600.2011.02.020.}

[18646] 罗鹏，张毅，戚剑，钟映春，刘小林．周围神经虚拟三维重建中神经束功能及形态定位的组织化学染色方法研究[J]．中国修复重建外科杂志，2012，26(4)：477-482．DOI：10.3760/cma.j.issn.1671-7600.2011.02.020．{LUO Peng,ZHANG Yi,QI Jian,ZHONG Yingchun,LIU Xiaolin. Research of histochemical staining for identifying the function and morphology of fascicles in three-dimensional reconstruction of peripheral nerve[J]. Zhongguo Xiu Fu Chong Jian Wai Ke Za Zhi[Chin J Repar Reconstr Surg(Article in Chinese;Abstract in Chinese and English)],2012,26(4):477-482. DOI:10.3760/cma.j.issn.1671-7600.2011.02.020.}

[18647] 秦本刚，朱家恺，顾立强，向剑平，傅国，戚剑，王洪刚，张德春，郑剑文，刘小林．C7神经前后股末端神经束结构特点和三维重建初步研究[J]．中国修复重建外科杂志，2012，26(1)：97-101．{QIN Bengang,ZHU Jiakai,GU Liqiang,XIANG Jianping,FU Guo,QI Jian,WANG Honggang,ZHANG Dechun,ZHENG Jianwen,LIU Xiaolin. Elementary research of constructive feature and three-dimensional reconstruction of nerve bundles of C7 anterior and posterior division end[J]. Zhongguo Xiu Fu Chong Jian Wai Ke Za Zhi[Chin J Repar Reconstr Surg(Article in Chinese;Abstract in Chinese and English)],2012,26(1):97-101.}

[18648] 亚穆罕默德·阿力克，伊力扎提·伊力哈木，阿里木江·阿不来提，买买艾力·玉山，艾合买提江·玉素甫．应用micro-CT实现兔坐骨神经显微三维结构可视化研究[J]．中国修复重建外科杂志，2017，31(12)：1490-1494．DOI：10.7507/1002-1892.201705055．{Yamuhanmode Alike,Yilizati Yilihamu,Alimujiang Abulaiti,Maimaiaili Yushan,Aihemaitijiang Yusufu. Visualization research of three-dimensional microstructure of rabbit sciatic nerve bundles by micro-CT[J]. Zhongguo Xiu Fu Chong Jian Wai Ke Za Zhi[Chin J Repar Reconstr Surg(Article in Chinese;Abstract in Chinese and English)],2017,31(12):1490-1494. DOI:10.7507/1002-1892.201705055.}

[18649] 秦本刚，杨建涛，向剑平，张中伟，李平，戚剑，王洪刚，朱庆棠，刘小林，顾立强．基于稳态的三维弥散加权序列MRI臂丛神经成像在臂丛神经损伤诊断中的应用[J]．骨科临床与研究杂志，2019，4(2)：74-78．DOI：10.19548/j.2096-269x.2019.02.003．{QIN Bengang,YANG Jiantao,XIANG Jianping,ZHANG Zhongwei,LI Ping,QI Jian,WANG Honggang,ZHU Qingtang,LIU Xiaolin,GU Liqiang. Application of three-dimensional diffusion-weighted steady-state free precession with MRI brachial plexus imaging in adult brachial plexus avulsion[J]. Gu Ke Lin Chuang Yu Yan Jiu Za Zhi[J Clin Orthop Res(Article in Chinese;Abstract in Chinese and English)],2019,4(2):74-78. DOI:10.19548/j.2096-269x.2019.02.003.}

6.4.10 组织工程化神经移植
engineering nerve grafting

[18650] Cheng B,Chen Z. To fabricate artificial nerves with tissue engineering methods[J]. Chin J Traumatol,2002,5(4):214-218.

[18651] Hou SY,Zhang HY,Quan DP,Liu XL,Zhu JK. Tissue-engineered peripheral nerve grafting by differentiated bone marrow stromal cells[J]. Neuroscience, 2006,140(1):101-110. doi:10.1016/j.neuroscience.2006.01.066.

[18652] Nie X,Zhang YJ,Tian WD,Jiang M,Dong R,Chen JW,Jin Y. Improvement of peripheral nerve regeneration by a tissue-engineered nerve filled with ectomesenchymal stem cells[J]. Int J Oral Maxillofac Surg,2007,36(1):32-38. doi:10.1016/j.ijom.2006.06.005.

[18653] Wei AL,Liu SQ,Tao HY,Peng H. Repairing peripheral nerve defects with tissue engineered artificial nerves in rats[J]. Chin J Traumatol,2008,11(1):28-33. doi:10.1016/s1008-1275(08)60006-1.

[18654] Guo BF,Dong MM. Application of neural stem cells in tissue-engineered artificial nerve[J]. Otolaryngol Head Neck Surg,2009,140(2):159-164. doi:10.1016/j.otohns.2008.10.039.

[18655] Yuan JD,Nie WB,Fu Q,Lian XF,Hou TS,Tan ZQ. Novel three-dimensional nerve tissue engineering scaffolds and its biocompatibility with Schwann cells[J]. Chin J Traumatol,2009,12(3):133-137.

[18656] Yang LM,Liu XL,Zhu QT,Zhang Y,Xi TF,Hu J,He CF,Jiang L. Human peripheral nerve-derived scaffold for tissue-engineered nerve grafts:histology and biocompatibility analysis[J]. J Biomed Mater Res B Appl Biomater,2011,96(1):25-33. doi:10.1002/jbm.b.31719.

[18657] Gu X,Ding F,Yang Y,Liu J. Construction of tissue engineered nerve grafts and their application in peripheral nerve regeneration[J]. Prog Neurobiol,2011,93(2):204-230. doi:10.1016/j.pneurobio.2010.11.002.

[18658] Wang G,Hu X,Lin W,Dong C,Wu H. Electrospun PLGA-silk fibroin-collagen nanofibrous scaffolds for nerve tissue engineering[J]. In Vitro Cell Dev Biol Anim,2011,47(3):234-240. doi:10.1007/s11626-010-9381-4.

[18659] Jia H,Wang Y,Tong XJ,Liu GB,Li Q,Zhang LX,Sun XH. Biocompatibility of acellular nerves of different mammalian species for nerve tissue engineering[J]. Artif Cells Blood Substit Immobil Biotechnol,2011,39(6):366-375. doi:10.3109/10731199.2011.618133.

[18660] Zeng C,Sheng P,Xie G,Zhu J,Dong P,Quan D. Fabrication of PLLA nanofibrous multi-channel conduits for neural tissue engineering[J]. J Control Release,2011,152 Suppl 1:e234-e 236. doi:10.1016/j.jconrel.2011.09.032.

[18661] Tang X,Xue C,Wang Y,Ding F,Yang Y,Gu X. Bridging peripheral nerve defects with a tissue engineered nerve graft composed of an in vitro cultured nerve equivalent and a silk fibroin-based scaffold[J]. Biomaterials,2012,33(15):3860-3867. doi:10.1016/j.biomaterials.2012.02.008.

[18662] Jin L,Feng ZQ,Zhu ML,Wang T,Leach MK,Jiang Q. A novel fluffy conductive polypyrrole nano-layer coated PLLA fibrous scaffold for nerve tissue engineering[J]. J Biomed Nanotechnol,2012,8(5):779-785. doi:10.1166/jbn.2012.1443.

[18663] Zhao B,Sun X,Li X,Yang Q,Li Y,Zhang Y,Li B,Ma X. Improved preparation of acellular nerve scaffold and application of PKH26 fluorescent labeling combined with in vivo fluorescent imaging system in nerve tissue engineering[J]. Neurosci Lett,2013,556:52-57. doi:10.1016/j.neulet.2013.10.021.

[18664] Wang Q,Zhang C,Zhang L,Guo W,Feng G,Zhou S,Zhang Y,Tian T,Li Z,Huang F. The preparation and comparison of decellularized nerve scaffold of tissue engineering[J]. J Biomed Mater Res A,2014,102(12):4301-4308. doi:10.1002/jbm.a.35103.

[18665] Gu X,Ding F,Williams DF. Neural tissue engineering options for peripheral nerve regeneration[J]. Biomaterials,2014,35(24):6143-6156. doi:10.1016/j.biomaterials.2014.04.064.

[18666] Ding T,Zhu C,Kou ZZ,Yin JB,Zhang T,Lu YC,Wang LY,Luo ZJ,Li YQ. Neural tissue engineering scaffold with sustained RAPA release relieves neuropathic pain in rats[J]. Life Sci,2014,112(1-2):22-32. doi:10.1016/j.lfs.2014.07.011.

[18667] Huang L,Li R,Liu W,Dai J,Du Z,Wang X,Ma J,Zhao J. Dynamic culture of a thermosensitive collagen hydrogel as an extracellular matrix improves the construction of tissue-engineered peripheral nerve[J]. Neural Regen Res,2014,9(14):1371-1378. doi:10.4103/1673-5374.137590.

[18668] Feng Y,Wang J,Ling S,Li Z,Li M,Li Q,Ma Z,Yu S. Differentiation of mesenchymal stem cells into neuronal cells on fetal bovine acellular dermal matrix as a tissue engineered nerve scaffold[J]. Neural Regen Res,2014,9(22):1968-1978. doi:10.4103/1673-5374.145378.

[18669] Zhang J,Qiu K,Sun B,Fang J,Zhang K,Ei-Hamshary H,Al-Deyab SS,Mo X. The aligned core-sheath nanofibers with electrical conductivity for neural tissue engineering[J]. J Mater Chem B,2014,2(45):7945-7954. doi:10.1039/c4tb01185f.

[18670] Luo H,Zhu B,Zhang Y,Jin Y. Tissue-engineered nerve constructs under a microgravity system for peripheral nerve regeneration[J]. Tissue Eng Part A,2015,21(1-2):267-276. doi:10.1089/ten.TEA.2013.0565.

[18671] Wen X,Wang Y,Guo Z,Meng H,Huang J,Zhang L,Zhao B,Zhao Q,Zheng Y,Peng J. Cauda equina-derived extracellular matrix for fabrication of nanostructured hybrid scaffolds applied to neural tissue engineering[J]. Tissue Eng Part A,2015,21(5-6):1095-1105. doi:10.1089/ten.TEA.2014.0173.

[18672] Gao Y,Wang YL,Kong D,Qu B,Su XJ,Li H,Pi HY. Nerve autografts and tissue-engineered materials for the repair of peripheral nerve injuries:a 5-year bibliometric analysis[J]. Neural Regen Res,2015,10(6):1003-1008. doi:10.4103/1673-5374.158369.

[18673] Wu Y,Feng S,Zan X,Lin Y,Wang Q. Aligned electroactive TMV nanofibers as enabling scaffold for neural tissue engineering[J]. Biomacromolecules, 2015,16(11):3466-3472. doi:10.1021/acs.biomac.5b00884.

[18674] Ding T,Yin JB,Hao HP,Zhu C,Zhang T,Lu YC,Wang LY,Wang Z,Li YQ. Tissue engineering of nanosilver-embedded peripheral nerve scaffold to repair nerve defects under contamination conditions[J]. Int J Artif Organs,2015,38(9):508-516. doi:10.5301/ijao.5000439.

[18675] Wang EW,Zhang J,Huang JH. Repairing peripheral nerve injury using tissue engineering techniques[J]. Neural Regen Res,2015,10(9):1393-1394. doi:10.4103/1673-5374.165501.

[18676] Wu Y,Wang L,Guo B,Shao Y,Ma PX. Electroactive biodegradable polyurethane significantly enhanced Schwann cells myelin gene expression and neurotrophin secretion for peripheral nerve tissue engineering[J]. Biomaterials,2016,87:18-31. doi:10.1016/j.biomaterials.2016.02.010.

[18677] Wang HK,Wang YX,Xue CB,Li ZM,Huang J,Zhao YH,Yang YM,Gu XS. Angiogenesis in tissue-engineered nerves evaluated objectively using MICROFIL perfusion and micro-CT scanning[J]. Neural Regen Res,2016,11(1):168-173. doi:10.4103/1673-5374.175065.

[18678] Liu F,Lin H,Zhang C. Construction of tissue-engineered nerve conduits seeded with neurons derived from hair-follicle neural crest stem cells[J]. Methods Mol Biol,2016,1453:33-38. doi:10.1007/978-1-4939-3786-8_5.

[18679] Zhou JF,Wang YG,Cheng L,Wu Z,Sun XD,Peng J. Preparation of polypyrrole-embedded electrospun poly(lactic acid) nanofibrous scaffolds for nerve tissue engineering[J]. Neural Regen Res. 2016,11(10):1644-1652. doi:10.4103/1673-5374.193245.

[18680] Hu J,Tian L,Prabhakaran MP,Ding X,Ramakrishna S. Fabrication of Nerve Growth Factor encapsulated aligned poly(ε -Caprolactone) nanofibers and their assessment as a potential neural tissue engineering scaffold[J]. Polymers(Basel),2016,8(2):54. doi:10.3390/polym8020054.

[18681] Gu Y,Li Z,Huang J,Wang H,Gu X,Gu J. Application of marrow mesenchymal stem cell-derived extracellular matrix in peripheral nerve tissue engineering[J]. J Tissue Eng Regen Med,2017,11(8):2250-2260. doi:10.1002/term.2123.

[18682] Hu J,Kai D,Ye H,Tian L,Ding X,Ramakrishna S,Loh XJ. Electrospinning of poly(glycerol sebacate)-based nanofibers for nerve tissue engineering[J]. Mater Sci Eng C Mater Biol Appl,2017,70(Pt 2):1089-1094. doi:10.1016/j.msec.2016.03.035.

[18683] Liu H,Lv P,Zhu Y,Wu H,Zhang K,Xu F,Zheng L,Zhao J. Salidroside promotes peripheral nerve regeneration based on tissue engineering strategy using Schwann cells and PLGA:in vitro and in vivo[J]. Sci Rep,2017,7:39869. doi:10.1038/srep39869.

[18684] Zhang K,Huang D,Yan Z,Wang C. Heparin/collagen encapsulating nerve growth factor multilayers coated aligned PLLA nanofibrous scaffolds for nerve tissue engineering[J]. J Biomed Mater Res A,2017,105(7):1900-1910. doi:10.1002/jbm.a.36053.

[18685] Pan M,Wang X,Chen Y,Cao S,Wen J,Wu G,Li Y,Li L,Qian C,Qin Z,Li Z,Tan D,Fan Z,Wu W,Guo J. Tissue engineering with peripheral blood-derived mesenchymal stem cells promotes the regeneration of injured peripheral nerves[J]. Exp Neurol,2017,292:92-101. doi:10.1016/j.expneurol.2017.03.005.

[18686] Wu J,Xie L,Lin WZY,Chen Q. Biomimetic nanofibrous scaffolds for neural tissue engineering and drug development[J]. Drug Discov Today,2017,22(9):1375-1384. doi:10.1016/j.drudis.2017.03.007.

[18687] Wang S,Guan S,Xu J,Li W,Ge D,Sun C,Liu T,Ma X. Neural stem cell proliferation and differentiation in the conductive PEDOT-HA/Cs/Gel scaffold for neural tissue engineering[J]. Biomater Sci,2017,5(10):2024-2034. doi:10.1039/c7bm00633k.

[18688] Wang S,Qiu J,Guo W,Yu X,Nie J,Zhang J,Zhang X,Liu Z,Mou X,Li L,Liu H. A Nanostructured molybdenum disulfide film for promoting neural stem cell neuronal differentiation:toward a nerve tissue-engineered 3D scaffold[J]. Adv Biosyst,2017,1(5):e1600042. doi:10.1002/adbi.201600042.

[18689] Wu H,Fang Q,Liu J,Yu X,Xu Y,Wan Y,Xiao B. Multi-tubule conduit-filler constructs loaded with gradient-distributed growth factors for neural tissue engineering applications[J]. J Mech Behav Biomed Mater,2018,77:671-682. doi:10.1016/j.jmbbm.2017.10.031.

[18690] Lin C,Liu C,Zhang L,Huang Z,Zhao P,Chen R,Pang M,Chen Z,He L,Luo C,Rong L,Liu B. Interaction of iPSC-derived neural stem cells on poly(L-lactic acid) nanofibrous scaffolds for possible use in neural tissue engineering[J]. Int J Mol Med,2018,41(2):697-708. doi:10.3892/ijmm.2017.3299.

[18691] Liu C,Wang C,Zhao Q,Li X,Xu F,Yao X,Wang M. Incorporation and release of dual growth factors for nerve tissue engineering using nanofibrous bicomponent scaffolds[J]. Biomed Mater,2018,13(4):044107. doi:10.1088/1748-605X/aab693.

[18692] Zhang Y,Wang Z,Wang Y,Li L,Wu Z,Ito Y,Yang X,Zhang P. A novel approach via surface modification of degradable polymers with adhesive DOPA-IGF-1 for neural tissue engineering[J]. J Pharm Sci,2019,108(1):551-562. doi:10.1016/j.xphs.2018.10.008.

[18693] Zhang PX,Han N,Kou YH,Zhu QT,Liu XL,Quan DP,Chen JG,Jiang BG. Tissue engineering for the repair of peripheral nerve injury[J]. Neural Regen Res,2019,14(1):51-58. doi:10.4103/1673-5374.243701.

[18694] Bei HP,Yang Y,Zhang Q,Tian Y,Luo X,Yang M,Zhao X. Graphene-based nanocomposites for neural tissue engineering[J]. Molecules,2019,24(4):658. doi:10.3390/molecules24040658.

[18695] Liu Y,Yu S,Gu X,Cao R,Cui S. Tissue-engineered nerve grafts using a scaffold-independent and injectable drug delivery system:a novel design with translational advantages[J]. J Neural Eng,2019,16(3):036030. doi:10.1088/1741-2552/ab17a0.

[18696] Wen X,Shen M,Bai Y,Xu C,Han X,Yang H,Yang L. Biodegradable cell-laden starch foams for the rapid fabrication of 3D tissue constructs and the application in neural tissue engineering[J]. J Biomed Mater Res B Appl Biomater,2020,108(1):104-116. doi:10.1002/jbm.b.34370.

[18697] Zha F,Chen W,Zhang L,Yu D. Electrospun natural polymer and its composite nanofibrous scaffolds for nerve tissue engineering[J]. J Biomater Sci Polym Ed,2020,31(4):519-548. doi:10.1080/09205063.2019.1697170.

[18698] Bin Z,Zhihu Z,Jianxiong M,Xinlong M. Repairing peripheral nerve defects with revascularized tissue-engineered nerve based on a vascular endothelial growth factor-heparin sustained release system[J]. J Tissue Eng Regen Med,2020,14(6):819-828. doi:10.1002/term.3048.

[18699] Zhao Y,Liang Y,Ding S,Zhang K,Mao HQ,Yang Y. Application of conductive PPy/SF composite scaffold and electrical stimulation for neural tissue engineering[J]. Biomaterials,2020,255:120164. doi:10.1016/j.biomaterials.2020.120164.

[18700] Zha F,Chen W,Hao L,Wu C,Lu M,Zhang L,Yu D. Electrospun cellulose-based conductive polymer nanofibrous mats:composite scaffolds and their influence on cell behavior with electrical stimulation for nerve tissue engineering[J]. Soft Matter,2020,16(28):6591-6598. doi:10.1039/d0sm00593b.

[18701] Yu X,Zhang T,Li Y. 3D printing and bioprinting nerve conduits for neural tissue engineering[J]. Polymers (Basel),2020,12(8):1637. doi:10.3390/polym12081637.

[18702] Zhang K,Chooi WH,Liu S,Chin JS,Murray A,Nizetic D,Cheng D,Chew SY. Localized delivery of CRISPR/dCas9 via layer-by-layer self-assembling peptide coating on nanofibers for neural tissue engineering[J]. Biomaterials,2020,256:120225. doi:10.1016/j.biomaterials.2020.120225.

[18703] Huang L,Gao J,Wang H,Xia B,Yang Y,Xu F,Zheng X,Huang J,Luo Z. Fabrication of 3D scaffolds displaying biochemical gradients along longitudinally oriented microchannels for neural tissue engineering[J]. ACS Appl Mater Interfaces,2020,12(43):48380-48394. doi:10.1021/acsami.0c15185.

[18704] Jiang H,Qian Y,Fan C,Ouyang Y. Polymeric guide conduits for peripheral nerve tissue engineering[J]. Front Bioeng Biotechnol,2020,8:582646. doi:10.3389/fbioe.2020.582646.

[18705] Yan J,Wu R,Liao S,Jiang M,Qian Y. Applications of polydopamine-modified scaffolds in the peripheral nerve tissue engineering[J]. Front Bioeng Biotechnol,2020,8:590998. doi:10.3389/fbioe.2020.590998.

[18706] Zhu H,Qiao X,Liu W,Wang C,Zhao Y. Microglia play an essential role in synapse development and neuron maturation in tissue-engineered neural tissues[J]. Front Neurosci,2020,14:586452. doi:10.3389/fnins.2020.586452.

[18707] Liu S,Sun L,Zhang H,Hu Q,Wang Y,Ramalingam M. High-resolution combinatorial 3D printing of gelatin-based biomimetic triple-layered conduits for nerve tissue engineering[J]. Int J Biol Macromol,2021,166:1280-1291. doi:10.1016/j.ijbiomac.2020.11.010.

[18708] Chen Y,Long X,Lin W,Du B,Yin H,Lan W,Zhao D,Li Z,Li J,Luo F,Tan H. Bioactive 3D porous cobalt-doped alginate/waterborne polyurethane scaffolds with a coral reef-like rough surface for nerve tissue engineering application[J]. J Mater Chem B,2021,9(2):322-335. doi:10.1039/d0tb02347g.

[18709] Yang CY,Huang WY,Chen LH,Liang NW,Wang HC,Lu J,Wang X,Wang TW. Neural tissue engineering:the influence of scaffold surface topography and extracellular matrix microenvironment[J]. J Mater Chem B,2021,9(3):567-584. doi:10.1039/d0tb01605e.

[18710] Wang S,Gu M,Luan CC,Wang Y,Gu X,He JH. Biocompatibility and biosafety of butterfly wings for the clinical use of tissue-engineered nerve grafts[J]. Neural Regen Res,2021,16(8):1606-1612. doi:10.4103/1673-5374.303041.

[18711] Zha F,Chen W,Lv G,Wu C,Hao L,Meng L,Zhang L,Yu D. Effects of surface condition of conductive electrospun nanofiber mats on cell behavior for nerve tissue engineering[J]. Mater Sci Eng C Mater Biol Appl,2021,120:111795. doi:10.1016/j.msec.2020.111795.

[18712] 戴传昌，商庆新，王炜．用组织工程方法桥接周围神经缺损的实验研究[J]．中华外科杂志，2000，38（5）：388．DOI：10.3760/j：issn：0529-5815.2000.05.021．{DAI Chuanchang,SHANG Qingxin,WANG Wei. Repairing peripheral nerve defects by tissue engineering techniques:An experimental study[J]. Zhonghua Wai Ke Za Zhi[Chin J Surg(Article in Chinese;Abstract in Chinese and English)],2000,38(5):388. DOI:10.3760/j:issn:0529-5815.2000.05.021.}

[18713] 沈尊理，Berger Alfred，Hierner Robert．组织工程化人工神经内部支架及其生物相容性研究[J]．中华手外科杂志，2000，16（4）：42-45．DOI：10.3760/cma.j.issn.1005-054X.2000.04.014．{SHEN Zunli,Berger Alfred,Hierner Robert. The intrinsic frame work for a tissue-engineered bioartificial nerve and its biocompatibility[J]. Zhonghua Shou Wai Ke Za Zhi[Chin J Hand Surg(Article in Chinese;Abstract in Chinese and English)],2000,16(4):42-45. DOI:10.3760/cma.j.issn.1005-054X.2000.04.014.}

[18714] 沈尊理，Alfred B，Robert H，Joern L，Christina A，Gerhard WF．组织工程化人工神经实验研究[J]．中国创伤骨科杂志，2000，2（1）：40-43．DOI：CNKI：SUN：ZCGK.0.2000-04-009．{SHEN Zunli,Alfred B,Robert H,Joern L,Christina A,Gerhard WF. Experimental study of a tissue-engineered bioartificial nerve graft[J]. Zhongguo Chuang Shang Gu Ke Za Zhi[Chin J Orthop Trauma(Article in Chinese;Abstract in Chinese and English)],2000,2(1):40-43. DOI:CNKI:SUN:ZCGK.0.2000-04-009.}

[18715] 顾立强，秦煜，叶震海．雪旺细胞与周围神经组织工程[J]．中国创伤骨科杂志，2000，2（3）：73-75．DOI：10.3321/j.issn：1673-8225.2001.16.009．{GU Liqiang,QIN Yu,YE Zhenhai. Schwann cells and peripheral nerve tissue engineering[J]. Zhongguo Chuang Shang Gu Ke Za Zhi[Chin J Orthop Trauma(Article in Chinese;No abstract avaliable)],2000,2(3):73-75. DOI:10.3321/j.issn:1673-8225.2001.16.009.}

[18716] 王光林，杨志明，解慧琪，王翠莹，李胜富．周围神经组织工程材料的预构[J]．中国修复重建外科杂志，2000，14（2）：110-114．{WANG Guanglin,YANG Zhiming,XIE Huiqi,WANG Cuiying,LI Shengfu. Materials fabrication of tissue engineered peripheral nerve in vitro[J]. Zhongguo Xiu Fu Chong Jian Wai Ke Za Zhi[Chin J Repar Reconstr Surg(Article in Chinese;Abstract in Chinese and English)],2000,14(2):110-114.}

[18717] 沈尊理，Alfred Berger，Robert Hierner，Joern Lohmeyer，Christina Allmeling，Gerhard Walter F．组织工程化人工神经修复长段神经缺损实验的初步报告[J]．中华手外科杂志，2001，17（2）：112-115．DOI：10.3760/cma.j.issn.1005-

054X.2001.02.018. {SHEN Zunli,Berger Alfred,Hierner Robert,Joern Lohmeyer,Christina Allmeling,Gerhard Walter F. Repair of a long nerve defect with a tissue-engineered bioartificial nerve graft:a preliminary report[J]. Zhonghua Shou Wai Ke Za Zhi[Chin J Hand Surg(Article in Chinese;Abstract in Chinese and English)],2001,17(2):112-115. DOI:10.3760/cma.j.issn.1005-054X.2001.02.018.}

[18718] 程飚，陈峥嵘. 组织工程化人工神经构建的方法研究 [J]. 中国矫形外科杂志，2002，9（5）：456-459. DOI：10.3969/j.issn.1005-8478.2002.05.012. {CHENG Biao,CHEN Zhengrong. Study of fabricating tissue engineering method for artificial nerve[J]. Zhongguo Jiao Xing Wai Ke Za Zhi[Orthop J China(Article in Chinese;Abstract in Chinese and English)],2002,9(5):456-459. DOI:10.3969/j.issn.1005-8478.2002.05.012.}

[18719] 王光林，杨志明，林卫，毕建红，李胜富，张杰. 组织工程化人工神经修复周围神经缺损的实验研究 [J]. 中华手外科杂志，2002，18（3）：134-137. DOI：10.3760/cma.j.issn.1005-054X.2002.03.003. {WANG Guanglin,YANG Zhiming,LIN Wei,BI Jianhong,LI Shengfu,ZHANG Jie. An experimental study on repair of peripneyal nerve defects with tissue engineering artificial nerve[J]. Zhonghua Shou Wai Ke Za Zhi[Chin J Hand Surg(Article in Chinese;Abstract in Chinese and English)],2002,18(3):134-137. DOI:10.3760/cma.j.issn.1005-054X.2002.03.003.}

[18720] 王敏，杨志焕. 组织工程与周围神经再生 [J]. 中华创伤杂志，2002，18（3）：184-187. DOI：10.3760/j：issn：1001-8050.2002.03.022. {WANG Min,YANG Zhihuan. Tissue engineering and peripheral nerve regeneration[J]. Zhonghua Chuang Shang Za Zhi[Chin J Trauma(Article in Chinese;No abstract avaliable)],2002,18(3):184-187. DOI:10.3760/j:issn:1001-8050.2002.03.022.}

[18721] 侯赛云，朱家恺. 经诱导的骨髓基质干细胞应用于组织工程化人工神经的实验研究 [J]. 中华显微外科杂志，2003，26（2）：112-115. DOI：10.3760/cma.j.issn.1001-2036.2003.02.011. {HOU Saiyun,ZHU Jiakai. Experimental study of using induced bone marrow stromal cells into a tissue-engineered bioartificial nerve[J]. Zhonghua Xian Wei Wai Ke Za Zhi[Chin J Microsurg(Article in Chinese;Abstract in Chinese and English)],2003,26(2):112-115. DOI:10.3760/cma.j.issn.1001-2036.2003.02.011.}

[18722] 李强，李民，伍亚民. 神经组织工程研究进展 [J]. 中国矫形外科杂志，2003，11（3）：264-266. DOI：10.3969/j.issn.1005-8478.2003.03.037. {LI Qiang,LI Min,WU Yamin. Research progress on neural tissue engineering[J]. Zhongguo Jiao Xing Wai Ke Za Zhi[Orthop J China(Article in Chinese;No abstract avaliable)],2003,11(3):264-266. DOI:10.3969/j.issn.1005-8478.2003.03.037.}

[18723] 蒋良福，劳杰. 周围神经组织工程研究 [J]. 中华创伤杂志，2003，19（4）：254-256. DOI：10.3760/j：issn：1001-8050.2003.04.021. {JIANG Liangfu,LAO Jie. Peripheral nerve tissue engineering research[J]. Zhonghua Chuang Shang Za Zhi[Chin J Trauma(Article in Chinese;No abstract avaliable)],2003,19(4):254-256. DOI:10.3760/j:issn:1001-8050.2003.04.021.}

[18724] 朱庆棠，朱家恺，赖英荣，江长青，杨光诗，胡军，刘小林. 去细胞组织工程化神经支架的制备与形态学研究 [J]. 中华显微外科杂志，2004，27（1）：35-37. DOI：10.3760/cma.j.issn.1001-2036.2004.01.013. {ZHU Qingtang,ZHU Jiakai,LAI Yingrong,JIANG Changqing,YANG Guangshi,HU Jun,LIU Xiaolin. Scaffold of acellular tissue-engineered nerve derived from human and study of its morphology[J]. Zhonghua Xian Wei Wai Ke Za Zhi[Chin J Microsurg(Article in Chinese;Abstract in Chinese and English)],2004,27(1):35-37. DOI:10.3760/cma.j.issn.1001-2036.2004.01.013.}

[18725] 李强，伍亚民. 外周神经组织工程研究进展 [J]. 中华显微外科杂志，2004，27（2）：158-159. DOI：10.3760/cma.j.issn.1001-2036.2004.02.042. {LI Qiang,WU Yamin. Research progress of peripheral nerve tissue engineering[J]. Zhonghua Xian Wei Wai Ke Za Zhi[Chin J Microsurg(Article in Chinese;Abstract in Chinese and English)],2004,27(2):158-159. DOI:10.3760/cma.j.issn.1001-2036.2004.02.042.}

[18726] 周建生，种衍学，肖玉周. 碱性成纤维细胞生长因子对组织工程化外周神经的影响 [J]. 中华显微外科杂志，2004，27（4）：275-277. DOI：10.3760/cma.j.issn.1001-2036.2004.04.015. {ZHOU Jiansheng,ZHONG Yanxue,XIAO Yuzhou. Effect of basic fibroblast growth factor in tissue engineering peripheral nerve bridges[J]. Zhonghua Xian Wei Wai Ke Za Zhi[Chin J Microsurg(Article in Chinese;Abstract in Chinese and English)],2004,27(4):275-277. DOI:10.3760/cma.j.issn.1001-2036.2004.04.015.}

[18727] 梁伟，罗卓荆，王树森，闫铭，王萌，张亚婧. 修复神经缺损的组织工程支架材料的研制及其生物相容性研究 [J]. 中华创伤骨科杂志，2004，6（9）：1037-1041. DOI：10.3760/cma.j.issn.1671-7600.2004.09.024. {LIANG Wei,LUO Zhuojing,WANG Shusen,YAN Ming,WANG Meng,ZHANG Yajing. A tissue engineering biomaterial used to repair injured nerve and its biocompatibility[J]. Zhonghua Chuang Shang Gu Ke Za Zhi[Chin J Orthop Trauma(Article in Chinese;Abstract in Chinese and English)],2004,6(9):1037-1041. DOI:10.3760/cma.j.issn.1671-7600.2004.09.024.}

[18728] 张鹏，林立新，唐胜建，王成琪. 组织工程神经在修复周围神经缺损中的应用 [J]. 中华创伤骨科杂志，2004，6（11）：1280-1282. DOI：10.3760/cma.j.issn.1671-7600.2004.11.024. {ZHANG Peng,LIN Lixin,TANG Shengjian,WANG Chengqi. Application of tissue engineered nerve in repair of peripheral nerve defects[J]. Zhonghua Chuang Shang Gu Ke Za Zhi[Chin J Orthop Trauma(Article in Chinese;Abstract in Chinese and English)],2004,6(11):1280-1282. DOI:10.3760/cma.j.issn.1671-7600.2004.11.024.}

[18729] 许扬滨，胡军，江长青，杨光诗，朱家恺，刘小林. 用去细胞同种异体神经构建猕猴组织工程化神经的实验研究 [J]. 中华显微外科杂志，2005，28（2）：136-138. DOI：10.3760/cma.j.issn.1001-2036.2005.02.014. {XU Yangbin,HU Jun,JIANG Changqing,YANG Guangshi,ZHU Jiakai,LIU Xiaolin. Study on the reconstruction of rhesus tissue-engineered peripheral nerve using acellular allogenic nerve with implanted autologous mesenchymal stem cells or Schwann cells[J]. Zhonghua Xian Wei Wai Ke Za Zhi[Chin J Microsurg(Article in Chinese;Abstract in Chinese and English)],2005,28(2):136-138. DOI:10.3760/cma.j.issn.1001-2036.2005.02.014.}

[18730] 张涵，袁芳，安沂华. 应用组织工程学修复周围神经损伤的研究进展 [J]. 中华实验外科杂志，2005，22（7）：892-893. DOI：10.3760/j.issn：1001-9030.2005.07.060. {ZHANG Han,YUAN Fang,AN Yihua. Research progress of repairing peripheral nerve injury with tissue engineering[J]. Zhonghua Shi Yan Wai Ke Za Zhi[Chin J Exp Surg(Article in Chinese;No abstract avaliable)],2005,22(7):892-893. DOI:10.3760/j.issn:1001-9030.2005.07.060.}

[18731] 江长青，胡军，向剑平，朱家恺，刘小林. 猕猴组织工程化周围神经移植物的实验研究 [J]. 中华手外科杂志，2005，21（6）：372-374. DOI：10.3760/cma.j.issn.1005-054X.2005.06.020. {JIANG Changqing,HU Jun,XAING Jianping,ZHU Jiakai,LIU Xiaolin. Experimental studies of tissue-engineered nerve grafts in rhesus[J]. Zhonghua Shou Wai Ke Za Zhi[Chin J Hand Surg(Article in Chinese;Abstract in Chinese and English)],2005,21(6):372-374. DOI:10.3760/cma.j.issn.1005-054X.2005.06.020.}

[18732] 王永刚，裴国献. 周围神经及骨代谢与组织工程骨的构建 [J]. 中华创伤骨科杂志，2005，7（7）：685-688. DOI：CNKI：SUN：ZCGK.0.2005-07-025. {WANG Yonggang,PEI Guoxian. Effects of peripheral nerve system on bone tissue engineering[J]. Zhonghua Chuang Shang Gu Ke Za Zhi[Chin J Orthop Trauma(Article in Chinese;Abstract in Chinese and English)],2005,7(7):685-688. DOI:CNKI:SUN:ZCGK.0.2005-07-025.}

[18733] 胡军，刘小林，朱庆棠，许扬滨，朱家恺. 构建猕猴组织工程化周围神经的实验研究 [J]. 中华创伤骨科杂志，2005，7（12）：1152-1156. DOI：10.3760/cma.j.issn.1671-7600.2005.12.014. {HU Jun,LIU Xiaolin,ZHU Qingtang,XU Yangbin,ZHU Jiakai. An experimental study on reconstruction of rhesus tissue-engineered peripheral nerve[J]. Zhonghua Chuang Shang Gu Ke Za Zhi[Chin J Orthop Trauma(Article in Chinese;Abstract in Chinese and English)],2005,7(12):1152-1156. DOI:10.3760/cma.j.issn.1671-7600.2005.12.014.}

[18734] 尚剑，袁绍辉，毕郑钢. 骨髓干细胞诱导分化构建组织工程神经 [J]. 中国矫形外科杂志，2006，14（20）：1574-1576，插4. DOI：10.3969/j.issn.1005-8478.2006.20.018. {SHANG Jian,YUAN Shaohui,BI Zhenggang. Repairing peripheral nerve defect by tissue engineered nerve[J]. Zhongguo Jiao Xing Wai Ke Za Zhi[Orthop J China(Article in Chinese;Abstract in Chinese and English)],2006,14(20):1574-1576,insert 4. DOI:10.3969/j.issn.1005-8478.2006.20.018.}

[18735] 沈尊理. 组织工程化人工神经研究 [J]. 组织工程与重建外科杂志，2006，2（4）：181-184. DOI：10.3969/j.issn.1673-0364.2006.04.001. {SHEN Zhunli. Research of Tissue Engineering Nerve[J]. Zu Zhi Gong Cheng Yu Chong Jian Wai Ke Za Zhi[J Tissue Eng Reconstr Surg(Article in Chinese;Abstract in Chinese)],2006,2(4):181-184. DOI:10.3969/j.issn.1673-0364.2006.04.001.}

[18736] 牛晓锋，刘小林. 周围神经生物衍生组织工程支架的制备和应用研究 [J]. 中国修复重建外科杂志，2006，20（2）：194-198. DOI：CNKI：SUN：ZXCW.0.2006-02-024. {NIU Xiaofeng,LIU Xiaolin. Production and application of bio-derived scaffold in peripheral nerve[J]. Zhongguo Xiu Fu Chong Jian Wai Ke Za Zhi[Chin J Repar Reconstr Surg(Article in Chinese;Abstract in Chinese and English)],2006,20(2):194-198. DOI:CNKI:SUN:ZXCW.0.2006-02-024.}

[18737] 陶海鹰，卫爱林，陶海莉，刘世清，彭昊. 组织工程神经修复大鼠坐骨神经缺损的研究 [J]. 中华实验外科杂志，2007，24（11）：1404-1406. DOI：10.3760/j.issn：1001-9030.2007.11.044. {TAO Haiying,WEI Ailin,TAO Haili,LIU Shiqing,PENG Hao. An experimental study of repairing the peripheral nerve defects with tissue engineering artifical nerve[J]. Zhonghua Shi Yan Wai Ke Za Zhi[Chin J Exp Surg(Article in Chinese;Abstract in Chinese and English)],2007,24(11):1404-1406. DOI:10.3760/j.issn:1001-9030.2007.11.044.}

[18738] 吴坚，胡文，姚健，杨宇民. 犬自体骨髓间充质干细胞组织工程化神经荧光金逆行示踪标记实验 [J]. 组织工程与重建外科杂志，2007，3（1）：46-48. DOI：10.3969/j.issn.1673-0364.2007.01.013. {WU Jian,HU Wen,YAO Jian,YANG Yumin. Research of tissue-engineered nerve of auto bone mesenchymal stem cells examined with fluoro gold retrograde tracing[J]. Zu Zhi Gong Cheng Yu Chong Jian Wai Ke Za Zhi[J Tissue Eng Reconstr Surg(Article in Chinese;Abstract in Chinese and English)],2007,3(1):46-48. DOI:10.3969/j.issn.1673-0364.2007.01.013.}

[18739] 李根卡，余楠生，黎文. 雪旺细胞和生物蛋白胶构建组织工程神经的初步研究 [J]. 中国修复重建外科杂志，2007，21（6）：577-581. DOI：CNKI：SUN：ZXCW.0.2007-06-008. {LI Genka,YU Nansheng,LI Wen. Experimental study on tissue engineered nerve constructed by schwann cells and fibrin glue[J]. Zhongguo Xiu Fu Chong Jian Wai Ke Za Zhi[Chin J Repar Reconstr Surg(Article in Chinese;Abstract in Chinese and English)],2007,21(6):577-581. DOI:CNKI:SUN:ZXCW.0.2007-06-008.}

[18740] 苏琰，张长青，曾炳芳，张开刚，谢雪涛. 小肠黏膜下层复合雪旺细胞构建组织工程化人工神经修复周围神经缺损的研究 [J]. 中华骨科杂志，2008，28（2）：149-154. DOI：10.3321/j.issn：0253-2352.2008.02.013. {SU Yan,ZHANG Changqing,ZENG Bingfang,ZHANG Kaigang,XIE Xuetao. The study of construction of tissue-engineered artificial nerve with small intestinal submucosa compound of Schwann cells to repair peripheral nerve defect[J]. Zhonghua Gu Ke Za Zhi[Chin J Orthop(Article in Chinese;Abstract in Chinese and English)],2008,28(2):149-154. DOI:10.3321/j.issn:0253-2352.2008.02.013.}

[18741] 邹枕玮，郑启新，吴永超，吴斌. 新型多肽神经组织工程支架与背根神经节细胞联合培养的研究 [J]. 中华实验外科杂志，2008，25（6）：688-690. DOI：10.3321/j.issn：1001-9030.2008.06.002. {ZOU Zhenwei,ZHENG Qixin,WU Yongchao,WU Bin. The experimental study on co-culture of dorsal root ganglia and the neotype scaffolds of neural tissue engineering[J]. Zhonghua Shi Yan Wai Ke Za Zhi[Chin J Exp Surg(Article in Chinese;Abstract in Chinese and English)],2008,25(6):688-690. DOI:10.3321/j.issn:1001-9030.2008.06.002.}

[18742] 周佳，沈尊理，沈华，金羽青，刘伟，娄琳，陈南梁. 经等离子体修饰并复合 BMSCs 的组织工程神经研究 [J]. 中国修复重建外科杂志，2008，22（12）：1481-1484. DOI：CNKI：SUN：ZXCW.0.2008-12-026. {ZHOU Jia,SHEN Zunli,SHEN Hua,JIN Yuqing,LIU Wei,LOU Lin,CHEN Nanliang. Tissue engineered nerve based on plasma treatment and BMSCs[J]. Zhongguo Xiu Fu Chong Jian Wai Ke Za Zhi[Chin J Repar Reconstr Surg(Article in Chinese;Abstract in Chinese and English)],2008,22(12):1481-1484. DOI:CNKI:SUN:ZXCW.0.2008-12-026.}

[18743] 王光林，林卫，高伟强，肖裕华，董长超. bFGF-PLGA 缓释微球生物活性组织工程神经的构建和效果评价研究 [J]. 中国修复重建外科杂志，2008，22（12）：1485-1490. DOI：CNKI：SUN：ZXCW.0.2008-12-027. {WANG Guanglin,LIN Wei,GAO Weiqiang,XIAO Yuhua,DONG Changchao. Construction and evaluation of the tissue engineered nerve of bFGF-PLGA sustained release microspheres[J]. Zhongguo Xiu Fu Chong Jian Wai Ke Za Zhi[Chin J Repar Reconstr Surg(Article in Chinese;Abstract in Chinese and English)],2008,22(12):1485-1490. DOI:CNKI:SUN:ZXCW.0.2008-12-027.}

[18744] 李岩峰，劳杰. 组织工程神经导管研究进展 [J]. 中华创伤杂志，2009，25（4）：381-384. DOI：10.3760/cma.j.issn.1001-8050.2009.04.116. {LI Yanfeng,LAO Jie. Recent advances in tissue-engineered nerve conduits[J]. Zhonghua Chuang Shang Za Zhi[Chin J Trauma(Article in Chinese;No abstract avaliable)],2009,25(4):381-384. DOI:10.3760/cma.j.issn.1001-8050.2009.04.116.}

[18745] 于海龙，卢世璧，彭江. 组织工程化人工神经的研究与进展 [J]. 解放军医学杂志，2009，34（1）：107-109. DOI：10.3321/j.issn：0577-7402.2009.01.032. {YU Hailong,LU Shibi,PENG Jiang. Research progress of tissue engineered artificial nerve[J]. Jie Fang Jun Yi Xue Za Zhi[Med J Chin PLA(Article in Chinese;Abstract in Chinese)],2009,34(1):107-109. DOI:10.3321/j.issn:0577-7402.2009.01.032.}

[18746] 王佰川，邵增务. 自组装多肽纳米纤维材料在神经组织工程中的应用 [J]. 中国修复重建外科杂志，2009，23（7）：861-863. DOI：CNKI：SUN：ZXCW.0.2009-07-025. {WANG Baichuan,SHAO Zengwu. Application of self-assembling peptide nanofiber scaffold in nerve tissue engineering[J]. Zhongguo Xiu Fu Chong Jian Wai Ke Za Zhi[Chin J Repar Reconstr Surg(Article in Chinese;Abstract in Chinese and English)],2009,23(7):861-863. DOI:CNKI:SUN:ZXCW.0.2009-07-025.}

[18747] 黎建文，李智勇，朱庆棠，胡军，何彩凤，刘小林，江丽. PKH26 标记法在组织工程神经种子细胞体内示踪中的应用 [J]. 中华显微外科杂志，2010，33（1）：34-37，91. DOI：10.3760/cma.j.issn.1001-2036.2010.01.014. {LI Jianwen,LI Zhiyong,ZHU Qingtang,HU Jun,HE Caifeng,LIU Xiaolin,JIANG Li. PKH26 dye for tracing the seed cells of tissue-engineered peripheral nerve in vivo[J]. Zhonghua Xian Wei Wai Ke Za Zhi[Chin J Microsurg(Article in Chinese;Abstract in Chinese and English)],2010,33(1):34-37,91. DOI:10.3760/cma.j.issn.1001-2036.2010.01.014.}

[18748] 张伟，李明，傅强. 静电纺丝纤维支架在神经组织工程中的应用进展 [J]. 中华外科杂志，2010，48（20）：1584-1587. DOI：10.3760/cma.j.issn.0529-5815.2010.20.017. {ZHANG Wei,LI Ming,FU Qiang. Application progress of electrospun fiber scaffold in nerve tissue engineering[J]. Zhonghua Wai Ke Za Zhi[Chin J Surg(Article in Chinese;Abstract in Chinese)],2010,48(20):1584-1587. DOI:10.3760/cma.j.issn.0529-5815.2010.20.017.}

[18749] 张伟，李明，傅强. 自组装纳米纤维支架在神经组织工程中的应用进展 [J]. 中国脊柱脊髓杂志，2010，20（8）：700-702. DOI：10.3969/j.issn.1004-406X.2010.08.22. {ZHANG Wei,LI Ming,FU Qiang. Application progress of self-assembled nanofiber scaffolds in

nerve tissue engineering[J]. Zhongguo Ji Zhu Ji Sui Za Zhi[Chin J Spine Spinal Cord(Article in Chinese;Abstract in Chinese)],2010,20(8):700-702. DOI:10.3969/j.issn.1004-406X.2010.08.22.}

[18750] 游华，矫树生，冯帅南，陈建梅，李兵仓. 大鼠坐骨神经缺损后组织工程人工神经对外周靶器官及脊髓神经元的保护作用[J]. 中华创伤杂志，2010，26(3)：265-269. DOI：10.3760/cma.j.issn.1001-8050.2010.03.023. {YOU Hua,JIAO Shusheng,FENG Shuainan,CHEN Jianmei,LI Bingcang. Protective effect of tissue-engineered artificial nerve on peripheral target organ and spinal cord neurons after rat sciatic nerve defect[J]. Zhonghua Chuang Shang Za Zhi[Chin J Trauma(Article in Chinese;Abstract in Chinese and English)],2010,26(3):265-269. DOI:10.3760/cma.j.issn.1001-8050.2010.03.023.}

[18751] 曹常松，张基仁. 组织工程化神经修复周围神经缺损的研究进展[J]. 中华创伤杂志，2010，26(6)：573-576. DOI：10.3760/cma.j.issn.1001-8050.2010.06.028. {CAO Changshong,ZHANG Jiren. Research progress of tissue-engineered nerves in repair of peripheral nerve defects[J]. Zhonghua Chuang Shang Za Zhi[Chin J Trauma(Article in Chinese;No abstract avaliable)],2010,26(6):573-576. DOI:10.3760/cma.j.issn.1001-8050.2010.06.028.}

[18752] 顾晓松. 组织工程神经研究进展[J]. 中国修复重建外科杂志，2010，24(7)：860-863. DOI：CNKI：SUN：ZXCW.0.2010-07-025. {GU Xiaosong. Research progress of tissue engineered nerve grafts[J]. Zhongguo Xiu Fu Chong Jian Wai Ke Za Zhi[Chin J Repar Reconstr Surg(Article in Chinese;Abstract in Chinese and English)],2010,24(7):860-863. DOI:CNKI:SUN:ZXCW.0.2010-07-025.}

[18753] 胡旭栋，王光林. 静电纺丝纳米纤维支架在神经组织工程中的研究进展[J]. 中国修复重建外科杂志，2010，24(9)：1133-1137. DOI：CNKI：SUN：ZXCW.0.2010-09-034. {HU Xudong,WANG Guanglin. Research progress of electrospun nanofibers scaffold in nerve tissue engineering[J]. Zhongguo Xiu Fu Chong Jian Wai Ke Za Zhi[Chin J Repar Reconstr Surg(Article in Chinese;Abstract in Chinese and English)],2010,24(9):1133-1137. DOI:CNKI:SUN:ZXCW.0.2010-09-034.}

[18754] 杨亚东，薄占东. 组织工程技术治疗周围神经缺损的研究进展[J]. 中国修复重建外科杂志，2010，24(11)：1310-1314. DOI：CNKI：SUN：ZXCW.0.2010-11-012. {YANG Yadong,BO Zhandong. Progress of peripheral nerve defect treatment with tissue engineering[J]. Zhongguo Xiu Fu Chong Jian Wai Ke Za Zhi[Chin J Repar Reconstr Surg(Article in Chinese;Abstract in Chinese and English)],2010,24(11):1310-1314. DOI:CNKI:SUN:ZXCW.0.2010-11-012.}

[18755] 张伟，杨宗德，易红蕾，陈家瑜，吴冰，魏显招，张涤清，郑志清，李明，傅强. 聚乳酸-聚羟基乙酸神经导管和骨髓间充质干细胞构建组织工程神经[J]. 中国矫形外科杂志，2011，19(11)：939-942. DOI：10.3977/j.issn.1005-8478.2011.11.16. {ZHANGWei,YANG Zongde,YI Honglei,CHEN Jiayu,WU Bing,WEI Xianzhao,ZHANG Diqing,TAN Zhiqing,Li Ming,FU Qiang. Constructing nerve tissue engineering with poly lactide-co-glycolide acid nerve conduit and bone marrow stromal cells[J]. Zhongguo Jiao Xing Wai Ke Za Zhi[Orthop J China(Article in Chinese;Abstract in Chinese and English)],2011,19(11):939-942. DOI:10.3977/j.issn.1005-8478.2011.11.16.}

[18756] 刘俊，阎作勤. 亲和素-生物素黏附系统修饰纳米纤维构建组织工程神经的实验研究[J]. 中华手外科杂志，2011，27(5)：300-302. DOI：10.3760/cma.j.issn.1005-054X.2011.05.020. {LIU Jun,YAN Zuoqin. An experimental study of tissue engineered nerve using ABBS modified nanofibers[J]. Zhonghua Shou Wai Ke Za Zhi[Chin J Hand Surg(Article in Chinese;Abstract in Chinese and English)],2011,27(5):300-302. DOI:10.3760/cma.j.issn.1005-054X.2011.05.020.}

[18757] 杨亚东，薄占东，赵劲民. 组织工程骨神经及血管化构建的研究进展[J]. 中华医学杂志，2011，91(12)：858-860. DOI：10.3760/cma.j.issn.0376-2491.2011.12.023. {YANG Yadong,BO Zhandong,ZHAO Jinmin. Advances in the research of tissue engineered bone nerve and vascularization construction[J]. Zhonghua Yi Xue Za Zhi[Natl Med J China(Article in Chinese;Abstract in Chinese)],2011,91(12):858-860. DOI:10.3760/cma.j.issn.0376-2491.2011.12.023.}

[18758] 向宁，王光林. 以导电性纳米碳管为支架的组织工程神经研究进展[J]. 中国修复重建外科杂志，2011，25(11)：1389-1392. DOI：CNKI：51-1372/R.20111012.1410.025. {XAING Ning,WANG Guanglin. Research progress of neural tissue engineering based on electrically conductive carbon nanotube scaffold[J]. Zhongguo Xiu Fu Chong Jian Wai Ke Za Zhi[Chin J Repar Reconstr Surg(Article in Chinese;Abstract in Chinese and English)],2011,25(11):1389-1392. DOI:CNKI:51-1372/R.20111012.1410.025.}

[18759] 李奇，田保玲，佟晓杰. 经脂肪源性干细胞诱导的施万样细胞用于组织工程化人工神经的实验研究[J]. 实用手外科杂志，2012，26(4)：362-365，396. DOI：10.3969/j.issn.1671-2722.2012.04.023. {LI Qi,TIAN Baoling,TONG Xiaojie. Experimental study of the Schwann-like cells from the committed differentiation of Adipose-derived stromal cells in vitro and it's applying in tissue-engineered bioarfificial nerve[J]. Shi Yong Shou Wai Ke Za Zhi[Chin J Pract Hand Surg(Article in Chinese;Abstract in Chinese and English)],2012,26(4):362-365,396. DOI:10.3969/j.issn.1671-2722.2012.04.023.}

[18760] 唐休发，张富贵，冯扬，周伟，刘济远，华成舸. 舌下神经植入组织工程骨骼肌的体内实验研究[J]. 中国修复重建外科杂志，2012，26(3)：359-364. DOI：CNKI：51-1372/R.20120229.0859.023. {TANG Xiufa,ZHANG Fugui,FENG Yang,ZHOU Wei,LIU Jiyuan,HUA Chengge. In vivo study on tissue engineered skeletal muscle with hypoglossal nerve implantation[J]. Zhongguo Xiu Fu Chong Jian Wai Ke Za Zhi[Chin J Repar Reconstr Surg(Article in Chinese;Abstract in Chinese and English)],2012,26(3):359-364. DOI:CNKI:51-1372/R.20120229.0859.023.}

[18761] 郝虎萍，丁坦，王继猛，王哲，罗卓荆. 组织工程神经支架复合FK506修复周围神经长节段缺损以及痛觉变化的研究[J]. 中国矫形外科杂志，2013，21(18)：1863-1869. DOI：10.3977/j.issn.1005-8478.2013.18.13. {HAO Huping,DING Tan,WANG Jimeng,WANG Zhe,LUO Zhuojing. A new nerve engineering scaffold with FK506 for bridging large nerve defects[J]. Zhongguo Jiao Xing Wai Ke Za Zhi[Orthop J China(Article in Chinese;Abstract in Chinese and English)],2013,21(18):1863-1869. DOI:10.3977/j.issn.1005-8478.2013.18.13.}

[18762] 丁坦，郝虎萍，杜俊杰，罗卓荆. 纳米银-胶原蛋白组织工程周围神经支架的构建及其理化性能的检测[J]. 中华创伤骨科杂志，2013，15(7)：597-602. DOI：10.3760/cma.j.issn.1671-7600.2013.07.011. {DING Tan,HAO Huping,DU Junjie,LUO Zhuojing. Construction of tissue-engineered scaffold for peripheral nerve regeneration with nano-sliver and collagen and their physical and chemical examinations[J]. Zhonghua Chuang Shang Gu Ke Za Zhi[Chin J Orthop Trauma(Article in Chinese;Abstract in Chinese and English)],2013,15(7):597-602. DOI:10.3760/cma.j.issn.1671-7600.2013.07.011.}

[18763] 赵斌，马信龙，孙晓雷，李秀兰，杨强，张扬，郭悦. PKH-26标记ADSCs示踪技术在构建组织工程周围神经中的应用[J]. 中华手外科杂志，2014，30(1)：14-18. DOI：10.3760/cma.j.issn.1005-054X.2014.01.004. {ZHAO Bin,MA Xinlong,SUN Xiaolei,LI Xiulan,YANG Qiang,ZHANG Yang,GUO Yue. Application of technique of labeling ADSCs with PKH-26 in tissue engineered peripheral nerve[J]. Zhonghua Shou Wai Ke Za Zhi[Chin J Hand Surg(Article in Chinese;Abstract in Chinese and English)],2014,30(1):14-18. DOI:10.3760/cma.j.issn.1005-054X.2014.01.004.}

[18764] 蒋良福，陈鸥，虞庆，褚庭纲，丁健，李志杰. 预血管化组织工程神经修复周围神经缺损的研究[J]. 中华手外科杂志，2014，30(3)：216-219. DOI：10.3760/cma.j.issn.1005-054X.2014.03.022. {JIANG Liangfu,CHEN Ou,YU Qing,CHU Tinggang,DING Jian,LI Zhijie. Repairing peripheral nerve defect with prevascularized artificial nerve[J]. Zhonghua Shou Wai Ke Za Zhi[Chin J Hand Surg(Article in Chinese;Abstract in Chinese and English)],2014,30(3):216-219. DOI:10.3760/cma.j.issn.1005-054X.2014.03.022.}

[18765] 赵斌，马信龙，孙晓雷，李秀兰，马剑雄，张扬，杨召，李爽，杨强. 低渗联合冻干改良制备组织工程神经支架及其性能研究[J]. 中华创伤骨科杂志，2014，16(3)：254-259. DOI：10.3760/cma.j.issn.1671-7600.2014.03.016. {ZHAO Bin,MA Xinlong,SUN Xiaolei,LI Xiulan,MA Jianxiong,ZHANG Yang,YANG Zhao,LI Shuang,YANG Qiang. An acellular nerve scaffold fabricated by hypotonic buffer combined with freeze-drying[J]. Zhonghua Chuang Shang Gu Ke Za Zhi[Chin J Orthop Trauma(Article in Chinese;Abstract in Chinese and English)],2014,16(3):254-259. DOI:10.3760/cma.j.issn.1671-7600.2014.03.016.}

[18766] 李春波，陈增淦，陈统一，张峰，周建平. 种子细胞在构建组织工程神经中的应用进展[J]. 中国修复重建外科杂志，2014，28(2)：173-178. DOI：10.7507/1002-1892.20140038. {LI Chunbo,CHEN Zenggan,CHEN Tongyi,ZHANG Feng,ZHOU Jianping. Application progress of seed cells in tissue engineered nerve[J]. Zhongguo Xiu Fu Chong Jian Wai Ke Za Zhi[Chin J Repar Reconstr Surg(Article in Chinese;Abstract in Chinese and English)],2014,28(2):173-178. DOI:10.7507/1002-1892.20140038.}

[18767] 李艳军，孙晓雷，马剑雄，张扬，赵斌，李爽，吕建伟，马信龙. 不同微应变环境对组织工程化周围神经移植体性能的影响[J]. 中华显微外科杂志，2015，38(2)：138-143. DOI：10.3760/cma.j.issn.1001-2036.2015.02.010. {LI Yanjun,SUN Xiaolei,MA Jianxiong,ZHANG Yang,ZHAO Bin,LI Shuang,LV Jianwei,MA Xinlong. The effects of different micro strain environments to the tissue-engineered nerve scaffolds[J]. Zhonghua Xian Wei Wai Ke Za Zhi[Chin J Microsurg(Article in Chinese;Abstract in Chinese and English)],2015,38(2):138-143. DOI:10.3760/cma.j.issn.1001-2036.2015.02.010.}

[18768] 陶学强. 组织工程材料在周围神经损伤修复中应用的研究进展[J]. 中国矫形外科杂志，2015，23(4)：318-321. DOI：10.3977/j.issn.1005-8478.2015.04.07. {TAO Xueqiang. Progress in using of tissue engineering material in the repairing of peripheral nerve injury[J]. Zhongguo Jiao Xing Wai Ke Za Zhi[Orthop J China(Article in Chinese;Abstract in Chinese and English)],2015,23(4):318-321. DOI:10.3977/j.issn.1005-8478.2015.04.07.}

[18769] 李艳军，孙晓雷，张扬，赵斌，马剑雄，李风波，马信龙. 循环牵张应力对组织工程化周围神经功能恢复的影响[J]. 中华手外科杂志，2015，31(1)：61-64. DOI：10.3760/cma.j.issn.1005-054X.2015.01.023. {LI Yanjun,SUN Xiaolei,ZHANG Yang,ZHAO Bin,MA Jianxiong,LI Fengbo,MA Xinlong. The effects of cyclic tensile strain on functional recovery of tissue-engineered nerve grafts[J]. Zhonghua Shou Wai Ke Za Zhi[Chin J Hand Surg(Article in Chinese;Abstract in Chinese and English)],2015,31(1):61-64. DOI:10.3760/cma.j.issn.1005-054X.2015.01.023.}

[18770] 刘鐘阳，刘靓，黄景辉，黄亮亮，朱澍，孙振，权鑫，杨亚锋，马腾. 复合雪旺细胞的神经组织工程材料联合脉冲电磁场促进大鼠坐骨神经缺损的再生[J]. 中华骨科杂志，2016，36(8)：465-478. DOI：10.3760/cma.j.issn.0253-2352.2016.08.003. {LIU Zhongyang,LIU Liang,HUANG Jinghui,HUANG Liangliang,ZHU Shu,SUN Zhen,QUAN Xin,YANG Yafeng,MA Teng. Schwann cells loaded neural tissue engineering scaffold combined pulsed electromagnetic field in vivo promote sciatic nerve regeneration in rats[J]. Zhonghua Gu Ke Za Zhi[Chin J Orthop(Article in Chinese;Abstract in Chinese and English)],2016,36(8):465-478. DOI:10.3760/cma.j.issn.0253-2352.2016.08.003.}

[18771] 赵斌，马信龙，孙晓雷，李艳军，郭悦，张扬，杨强. 改良脱细胞神经支架复合脂肪干细胞裸鼠皮下异位构建组织工程化周围神经的研究[J]. 中华实验外科杂志，2016，33(11)：2446-2450. DOI：10.3760/cma.j.issn.1001-9030.2016.11.004. {ZHAO Bin,MA Xinlong,SUN Xiaolei,LI Yanjun,GUO Yue,ZHANG Yang,YANG Qiang. Ectopic construction of tissue-engineered peripheral nerve in nude mice based on improved acellular nerve scaffold and adipose derived-stem cells[J]. Zhonghua Shi Yan Wai Ke Za Zhi[Chin J Exp Surg(Article in Chinese;Abstract in Chinese and English)],2016,33(11):2446-2450. DOI:10.3760/cma.j.issn.1001-9030.2016.11.004.}

[18772] 向飞帆，阳运康. 组织工程神经联合川芎嗪移植修复大鼠坐骨神经缺损[J]. 中华创伤杂志，2016，32(3)：268-274. DOI：10.3760/cma.j.issn.1001-8050.2016.03.017. {XIANG Feifan,YANG Yunkang. Tissue-engineered nerve graft and tetramethylpyrazine for repair of rat ischiadic nerve defect[J]. Zhonghua Chuang Shang Za Zhi[Chin J Trauma(Article in Chinese;Abstract in Chinese and English)],2016,32(3):268-274. DOI:10.3760/cma.j.issn.1001-8050.2016.03.017.}

[18773] 吴飞，邓明，杨越，张向阳，刘丰，贺斌. 复合脂肪源性干细胞的VPA/PRGD组织工程神经修复大鼠坐骨神经缺损的实验研究[J]. 中华显微外科杂志，2017，40(4)：353-357. DOI：10.3760/cma.j.issn.1001-2036.2017.04.011. {WU Fei,DENG Ming,YANG Yue,ZHANG Xiangyang,LIU Feng,HE Bin. Repair of sciatic nerve defects with VPA/PRGD conduits containing adipose-derived stem cells in a rat model[J]. Zhonghua Xian Wei Wai Ke Za Zhi[Chin J Microsurg(Article in Chinese;Abstract in Chinese and English)],2017,40(4):353-357. DOI:10.3760/cma.j.issn.1001-2036.2017.04.011.}

[18774] 储成艳，朱亮，王苏平，蓝晓艳，秦华民，李深. 胶原凝胶构建神经组织工程支架的实验研究[J]. 中国修复重建外科杂志，2017，31(3)：363-368. DOI：10.7507/1002-1892.201611010. {CHU Chengyan,ZHU Liang,WANG Suping,LAN Xiaoyan,QIN Huamin,LI Shen. Construction of neural tissue engineering scaffold by gelatinous collagen[J]. Zhongguo Xiu Fu Chong Jian Wai Ke Za Zhi[Chin J Repar Reconstr Surg(Article in Chinese;Abstract in Chinese and English)],2017,31(3):363-368. DOI:10.7507/1002-1892.201611010.}

[18775] 张振辉，王庆德，梅伟，毛克政，姜文涛. 新型组织工程化神经导管修复大鼠周围神经缺损[J]. 中华显微外科杂志，2018，41(6)：563-567. DOI：10.3760/cma.j.issn.1001-2036.2018.06.011. {ZHANG Zhenhui,WANG Qingde,MEI Wei,MAO Kezheng,JIANG Wentao. Research of a novel tissue-engineered nerve graft for sciatic nerve repair in rats[J]. Zhonghua Xian Wei Wai Ke Za Zhi[Chin J Microsurg(Article in Chinese;Abstract in Chinese and English)],2018,41(6):563-567. DOI:10.3760/cma.j.issn.1001-2036.2018.06.011.}

[18776] 朱志康，吴攀，王新刚，韩春茂. 组织工程皮肤中感觉神经再生的研究进展[J]. 中华烧伤杂志，2019，35(3)：237-240. DOI：10.3760/cma.j.issn.1009-2587.2019.03.016. {ZHU Zhikang,WU Pan,WANG Xingang,HAN Chunmao. Advances in the research of sensory nerve regeneration in tissue engineering skin[J]. Zhonghua Shao Shang Za Zhi[Chin J Burns(Article in Chinese;Abstract in Chinese and English)],2019,35(3):237-240. DOI:10.3760/cma.j.issn.1009-2587.2019.03.016.}

[18777] 赵斌，马剑雄，马信龙. 组织工程周围神经血管化研究进展[J]. 中国修复重建外科杂志，2019，33(8)：1029-1032. DOI：10.7507/1002-1892.201902032. {ZHAO Bin,MA Jianxiong,MA Xinlong. Advance of vascularization of tissue engineered peripheral nerve[J]. Zhongguo Xiu Fu Chong Jian Wai Ke Za Zhi[Chin J Repar Reconstr Surg(Article in Chinese;Abstract in Chinese and English)],2019,33(8):1029-1032. DOI:10.7507/1002-1892.201902032.}

6.4.11 周围神经实验显微外科
experimental microsurgery of peripheral nerve

[18778] Zhao Q,Lu SB,Shang JA,Wang JF. Neurotropism to tissue specificity in nerve regeneration. Experimental study on sciatic nerves of rat[J]. Chin Med J,1989,102(12):926-930.

[18779] Liu XL,Zhu JK. The histochemical study of rat sciatic nerve cholinesterase

in degeneration and regeneration[J]. J Reconstr Microsurg,1990,6(1):43-47. doi:10.1055/s-2007-1006801.
[18780] Gu LQ,Zhu JK. Repair of different sized nerve defects using degenerated muscle grafts with vascular implantation:an experimental study in the rat[J]. J Reconstr Microsurg,1992,8(1):47-52. doi:10.1055/s-2007-1006683.
[18781] Wang Y,Hung LK,Leung PC. Bridging nerve defects with differently treated muscle grafts:assessment of microsphere technique for measurement of blood flow in rats[J]. Chin Med J,1997,110(10):774-777.
[18782] Zhang C,Gu Y,Chen L. Study on early frozen section after nerve repair with "cell surgery" technique[J]. Chin J Traumatol,1998,1(1):45-48.
[18783] Ip WY,Shibata T,Tang FH,Mak AF,Chow SP. Adhesion formation after nerve repair:an experimental study of early protected mobilization in the rabbit[J]. J Hand Surg Br,2000,25(6):582-584. doi:10.1054/jhsb.2000.0480.
[18784] Zhang F,Blain B,Beck J,Zhang J,Chen Z,Chen ZW,Lineaweaver WC. Autogenous venous graft with one-stage prepared Schwann cells as a conduit for repair of long segmental nerve defects[J]. J Reconstr Microsurg,2002,18(4):295-300. doi:10.1055/s-2002-30186.
[18785] Cheng B,Chen Z. Fabricating autologous tissue to engineer artificial nerve[J]. Microsurgery,2002,22(4):133-137. doi:10.1002/micr.21740.
[18786] Huang T,Qin JQ,Huo XK,Yu L,Xiong SH,Liu DY,Zhong SZ. Changes in content of macrophage migration inhibitory factor secreted by Schwann cells after peripheral nerve injury[J],Di Yi Jun Yi Da Xue Xue Bao,2002,22(6):493-495.
[18787] Wang J,Liu X,Zhu J,Li W,Xiang J. Study in vitro of populating autogenous Schwann cells into chemical extracted allogenous nerve[J]. Chin J Traumatol,2002,5(6):326-328.
[18788] Zhu JY,Huang YT,Zhu QS,Lu R. Expression of adenovirus-mediated neurotrophin-3 gene in Schwann cells of sciatic nerve in rats[J]. Chin J Traumatol,2003,6(2):75-80.
[18789] Wan H,An Y,Zhang Z,Zhang Y,Wang Z. Differentiation of rat embryonic neural stem cells promoted by co-cultured Schwann cells[J]. Chin Med J,2003,116(3):428-431.
[18790] Wang GL,Lin W,Yang ZM,Pei FX,Liu L. Experimental study on the adhesion,migration and three-dimensional growth of Schwann cells on absorbable biological materials[J]. Chin J Traumatol,2003,6(4):209-212.
[18791] Chen Z,Chen ZX,Chen HX,Chen HS,Zhou T,Lu HS. Schwann cell apoptosis in Wallerian-degenerated sciatic nerve of the rat[J]. Chin J Traumatol,2004,7(4):220-228.
[18792] Tang ZL,Hu J,Li JH,Zou SJ. Effect of Nerve Growth Factor and Schwann cells on axon regeneration of distracted inferior alveolar nerve following mandibular lengthening[J]. Chin J Traumatol,2004,7(2):81-86.
[18793] Yang LY,Zheng JK,Wang CY,Li WY. Differentiation of adult human bone marrow mesenchymal stem cells into Schwann-like cells in vitro[J]. Chin J Traumatol,2005,8(2):77-80.
[18794] Chen X,Wang XD,Chen G,Lin WW,Yao J,Gu XS. Study of in vivo differentiation of rat bone marrow stromal cells into Schwann cell-like cells[J]. Microsurgery, 2006,26(2):111-115. doi:10.1002/micr.20184.
[18795] Jiang L,Zhu JK,Liu XL,Xiang P,Hu J,Yu WH. Differentiation of rat adipose tissue-derived stem cells into Schwann-like cells in vitro[J]. Neuroreport,2008, 19(10):1015-1019. doi:10.1097/WNR.0b013e3283040efc.
[18796] Zhang H,Lin X,Wan H,Li JH,Li JM. Effect of low-intensity pulsed ultrasound on the expression of neurotrophin-3 and Brain-Derived Neurotrophic Factor in cultured Schwann cells[J]. Microsurgery,2009,29(6):479-485. doi:10.1002/micr.20644.
[18797] Jiang M,Zhuge X,Yang Y,Gu X,Ding F. The promotion of peripheral nerve regeneration by chitooligosaccharides in the rat nerve crush injury model[J]. Neurosci Lett,2009,454(3):239-243. doi:10.1016/j.neulet.2009.03.042.
[18798] Wan L,Xia R,Ding W. Short-term low-frequency electrical stimulation enhanced remyelination of injured peripheral nerves by inducing the promyelination effect of Brain-Derived Neurotrophic Factor on Schwann cell polarization[J]. J Neurosci Res,2010,88(12):2578-2587. doi:10.1002/jnr.22426.
[18799] Yi C,Dahlin LB. Impaired nerve regeneration and Schwann cell activation after repair with tension[J]. Neuroreport,2010,21(14):958-962. doi:10.1097/WNR.0b013e32833e787f.
[18800] Zhou LN,Zhang JW,Wang JC,Lei WL,Liu XL,Zhou LH. Bone marrow stromal and Schwann cells from adult rats can interact synergistically to aid in peripheral nerve repair even without intercellular contact in vitro[J]. J Tissue Eng Regen Med,2012,6(7):579-588. doi:10.1002/term.467.
[18801] Wu Y,Xue B,Li X,Liu H. Puerarin prevents high glucose-induced apoptosis of Schwann cells by inhibiting oxidative stress[J]. Neural Regen Res,2012,7(33):2583-2591. doi:10.3969/j.issn.1673-5374.2012.33.003.
[18802] Xue B,Sun L,Li X,Wang X,Zhang Y,Mu Y,Liang L. Ginsenoside Rb1 relieves glucose fluctuation-induced oxidative stress and apoptosis in Schwann cells[J]. Neural Regen Res,2012,7(30):2340-2346. doi:10.3969/j.issn.1673-5374.2012.30.003.
[18803] Hu A,Zuo B,Zhang F,Lan Q,Zhang H. Electrospun silk fibroin nanofibers promote Schwann cell adhesion,growth and proliferation[J]. Neural Regen Res,2012,7(15):1171-1178. doi:10.3969/j.issn.1673-5374.2012.15.008.
[18804] Zhu J,Qin J,Shen Z,Kretlow JD,Wang X,Liu Z,Jin Y. Dispase rapidly and effectively purifies Schwann cells from newborn mice and adult rats[J]. Neural Regen Res,2012,7(4):256-260. doi:10.3969/j.issn.1673-5374.2012.04.003.
[18805] Wu JX,Chen L,Ding F,Gu YD. A rat model study of atrophy of denervated musculature of the hand being faster than that of denervated muscles of the arm[J]. J Muscle Res Cell Motil,2013,34(1):15-22. doi:10.1007/s10974-012-9328-3.
[18806] Wang HB,Wang XP,Zhong SZ,Shen ZL. Novel method for culturing Schwann cells from adult mouse sciatic nerve in vitro[J]. Mol Med Rep,2013,7(2):449-453. doi:10.3892/mmr.2012.1177.
[18807] Hu W,Liu D,Zhang Y,Shen Z,Gu T,Gu X,Gu J. Neurological function following intra-neural injection of fluorescent neuronal tracers in rats[J]. Neural Regen Res,2013,8(14):1253-1261. doi:10.3969/j.issn.1673-5374.2013.14.001.
[18808] Jiang M,Cheng Q,Su W,Wang C,Yang Y,Cao Z,Ding F. The beneficial effect of chitooligosaccharides on cell behavior and function of primary Schwann cells is accompanied by up-regulation of adhesion proteins and neurotrophins[J]. Neurochem Res,2014,39(11):2047-2057. doi:10.1007/s11064-014-1387-y.
[18809] Qu L,Liang X,Gu B,Liu W. Quercetin alleviates high glucose-induced Schwann cell damage by autophagy[J]. Neural Regen Res,2014,9(12):1195-1203. doi:10.4103/1673-5374.135328.
[18810] Liu F,Zhang H,Zhang K,Wang X,Li S,Yin Y. Rapamycin promotes Schwann cell migration and Nerve Growth Factor secretion[J]. Neural Regen Res,2014,9(6):602-609. doi:10.4103/1673-5374.130101.
[18811] Ni Y,Zhang K,Liu X,Yang T,Wang B,Fu L,A L,Zhou Y. miR-21 promotes the differentiation of hair follicle-derived neural crest stem cells into Schwann cells[J]. Neural Regen Res,2014,9(8):828-836. doi:10.4103/1673-5374.131599.
[18812] Porto de Melo P,Miyamoto H,Serradori T,Ruggiero Mantovani G,Selber J,Facca S,Xu WD,Santelmo N,Liverneaux P. Robotic phrenic nerve harvest:a feasibility study in a pig model[J]. Chir Main,2014,33(5):356-360. doi:10.1016/j.main.2014.07.006.
[18813] Zhang P,Lu X,Chen J,Chen Z. Schwann cells originating from skin-derived precursors promote peripheral nerve regeneration in rats[J]. Neural Regen Res,2014,9(18):1696-1702. doi:10.4103/1673-5374.141805.
[18814] Ba YY,Wang H,Ning XJ,Luo L,Li WS. Construction and identification of human glial cell-derived neurotrophic factor gene-modified Schwann cells from rhesus monkeys[J]. Hum Gene Ther Methods,2014,25(6):339-344. doi:10.1089/hgtb.2014.119.
[18815] Zhu Z,Qiao L,Zhao Y,Zhang S. Optimal freezing and thawing for the survival of peripheral nerves in severed rabbit limbs[J]. Int J Clin Exp Pathol,2014,7(11):7801-7805.
[18816] Zhu S,Li J,Zhu Q,Dai T,He B,Zhou X,Xiang J,Liu X. Differentiation of human amniotic epithelial cells into Schwann-like cells via indirect co-culture with Schwann cells in vitro[J]. Mol Med Rep,2015,11(2):1221-1227. doi:10.3892/mmr.2014.2881.
[18817] Qiu L,He B,Hu J,Zhu Z,Liu X,Zhu J. Cartilage oligomeric matrix protein angiopoeitin-1 provides benefits during nerve regeneration in vivo and in vitro[J]. Ann Biomed Eng,2015,43(12):2924-2940. doi:10.1007/s10439-015-1342-3.
[18818] Man LL,Liu F,Wang YJ,Song HH,Xu HB,Zhu ZW,Zhang Q,Wang YJ. The HMGB1 signaling pathway activates the inflammatory response in Schwann cells[J]. Neural Regen Res,2015,10(10):1706-1712. doi:10.4103/1673-5374.167773.
[18819] Zheng C,Zhu Q,Liu X,Huang X,He C,Jiang L,Quan D,Zhou X,Zhu Z. Effect of platelet-rich plasma (PRP) concentration on proliferation,neurotrophic function and migration of Schwann cells in vitro[J]. J Tissue Eng Regen Med,2016,10(5):428-436. doi:10.1002/term.1756.
[18820] Cui WL,Qiu LH,Lian JY,Li JC,Hu J,Liu XL. Cartilage oligomeric matrix protein enhances the vascularization of acellular nerves[J]. Neural Regen Res,2016,11(3):512-518. doi:10.4103/1673-5374.179078.
[18821] Yi S,Yuan Y,Chen Q,Wang X,Gong L,Liu J,Gu X,Li S. Regulation of Schwann cell proliferation and migration by miR-1 targeting Brain-Derived Neurotrophic Factor after peripheral nerve injury[J]. Sci Rep,2016,6:29121. doi:10.1038/srep29121.
[18822] Qian TM,Zhao LL,Wang J,Li P,Qin J,Liu YS,Yu B,Ding F,Gu XS,Zhou SL. miR-148b-3p promotes migration of Schwann cells by targeting cullin-associated and neddylation-dissociated 1[J]. Neural Regen Res,2016,11(6):1001-1005. doi:10.4103/1673-5374.184504.
[18823] Zhu X,Li K,Guo X,Wang J,Xiang Y. Schwann cell proliferation and differentiation that is induced by ferulic acid through MEK1/ERK1/2 signalling promotes peripheral nerve remyelination following crush injury in rats[J]. Exp Ther Med,2016,12(3):1915-1921. doi:10.3892/etm.2016.3525.
[18824] Chen Y,Guo W,Xu L,Li W,Cheng M,Hu Y,Xu W. 17β-Estradiol promotes Schwann cell proliferation and differentiation,accelerating early remyelination in a mouse peripheral nerve injury model[J]. Biomed Res Int,2016,2016:7891202. doi:10.1155/2016/7891202.
[18825] Wang XP,Wu M,Guan JZ,Wang ZD,Gao XB,Liu YY. Pre-degenerated peripheral nerves co-cultured with bone marrow-derived cells:a new technique for harvesting high-purity Schwann cells[J]. Neural Regen Res,2016,11(10):1653-1659. doi:10.4103/1673-5374.193246.
[18826] Su WF,Gu Y,Wei ZY,Shen YT,Jin ZH,Yuan Y,Gu XS,Chen G. Rab27a/Slp2-a complex is involved in Schwann cell myelination[J]. Neural Regen Res,2016,11(11):1830-1838. doi:10.4103/1673-5374.194755.
[18827] Yan JG,Zhang LL,Agresti MA,Shen F,Matloub HS,Yan Y,Li J,Gu YD,Logiudice JA,Havlik R. Effect of calcitonin on cultured Schwann cells[J]. Muscle Nerve,2017,56(4):768-772. doi:10.1002/mus.25519.
[18828] Zhou XH,Lin W,Ren YM,Liu S,Fan BY,Wei ZJ,Shi GD,Cheng X,Hao Y,Feng SQ. Comparison of DNA methylation in Schwann cells before and after peripheral nerve injury in rats[J]. Biomed Res Int,2017,2017:5393268. doi:10.1155/2017/5393268.
[18829] Yi S,Wang QH,Zhao LL,Qin J,Wang YX,Yu B,Zhou SL. miR-30c promotes Schwann cell remyelination following peripheral nerve injury[J]. Neural Regen Res,2017,12(10):1708-1715. doi:10.4103/1673-5374.217351.
[18830] Pan B,Shi ZJ,Yan JY,Li JH,Feng SQ. Long non-coding RNA NONMMUG014387 promotes Schwann cell proliferation after peripheral nerve injury[J]. Neural Regen Res,2017,12(12):2084-2091. doi:10.4103/1673-5374.221168.
[18831] Jiang XW,Zhang BQ,Qiao L,Liu L,Wang XW,Yu WH. Acetyl-11-keto-β-boswellic acid extracted from Boswellia serrata promotes Schwann cell proliferation and sciatic nerve function recovery[J]. Neural Regen Res,2018,13(3):484-491. doi:10.4103/1673-5374.228732.
[18832] Lv W,Deng B,Duan W,Li Y,Liu Y,Li Z,Xia W,Li C. Schwann cell plasticity is regulated by a weakened intrinsic antioxidant defense system in acute peripheral nerve injury[J]. Neuroscience,2018,382:1-13. doi:10.1016/j.neuroscience.2018.04.018.
[18833] Zheng T,Zhang TB,Wang CL,Zhang WX,Jia DH,Yang F,Sun YY,Ding XJ,Wang R. Icariside II promotes the differentiation of adipose tissue-derived stem cells to Schwann cells to preserve erectile function after cavernous nerve injury[J].

Mol Cells,2018,41(6):553-561. doi:10.14348/molcells.2018.2236.
[18834] Yao C,Wang Y,Zhang H,Feng W,Wang Q,Shen D,Qian T,Liu F,Mao S,Gu X,Yu B. lncRNA TNXA-PS1 modulates Schwann cells by functioning as a competing endogenous RNA following nerve injury[J]. J Neurosci,2018,38(29):6574-6585. doi:10.1523/JNEUROSCI.3790-16.2018.
[18835] Deng B,Lv W,Duan W,Liu Y,Li Z,Song X,Cui C,Qi X,Wang X,Li C. FGF9 modulates Schwann cell myelination in developing nerves and induces a pro-inflammatory environment during injury[J]. J Cell Biochem,2018,119(10):8643-8658. doi:10.1002/jcb.27105.
[18836] Shi GD,Cheng X,Zhou XH,Fan BY,Ren YM,Lin W,Zhang XL,Liu S,Hao Y,Wei ZJ,Feng SQ. iTRAQ-based proteomics profiling of Schwann cells before and after peripheral nerve injury[J]. Iran J Basic Med Sci,2018,21(8):832-841. doi:10.22038/IJBMS.2018.26944.6588.
[18837] Yu F,Weng J,Yuan YS,Kou YH,Han N,Jiang BG,Zhang PX. Wnt5a affects Schwann cell proliferation and regeneration via Wnt/c-Jun and PTEN signaling pathway[J]. Chin Med J,2018,131(21):2623-2625. doi:10.4103/0366-6999.244116.
[18838] Su WF,Wu F,Jin ZH,Gu Y,Chen YT,Fei Y,Chen H,Wang YX,Xing LY,Zhao YY,Yuan Y,Tang X,Chen G. Overexpression of P2X4 receptor in Schwann cells promotes motor and sensory functional recovery and remyelination via BDNF secretion after nerve injury[J]. Glia,2019,67(1):78-90. doi:10.1002/glia.23527.
[18839] Rui J,Zhou YJ,Zhao X,Li JF,Gu YD,Lao J. Endogenous automatic nerve discharge promotes nerve repair:an optimized animal model[J]. Neural Regen Res,2019,14(2):306-312. doi:10.4103/1673-5374.244802.
[18840] Kang WB,Chen YJ,Lu DY,Yan JZ. Folic acid contributes to peripheral nerve injury repair by promoting Schwann cell proliferation,migration,and secretion of Nerve Growth Factor[J]. Neural Regen Res,2019,14(1):132-139. doi:10.4103/1673-5374.243718.
[18841] Xu DD,Li WT,Jiang D,Wu HG,Ren MS,Chen MQ,Wu YB. 3-N-Butylphthalide mitigates high glucose-induced injury to Schwann cells:association with nitrosation and apoptosis[J]. Neural Regen Res,2019,14(3):513-518. doi:10.4103/1673-5374.245590.
[18842] Liu QY,Miao Y,Wang XH,Wang P,Cheng ZC,Qian TM. Increased levels of miR-3099 induced by peripheral nerve injury promote Schwann cell proliferation and migration[J]. Neural Regen Res,2019,14(3):525-531. doi:10.4103/1673-5374.245478.
[18843] Yi S,Liu Q,Wang X,Qian T,Wang H,Zha G,Yu J,Wang P,Gu X,Chu D,Li S. Tau modulates Schwann cell proliferation,migration and differentiation following peripheral nerve injury[J]. J Cell Sci,2019,132(6):jcs222059. doi:10.1242/jcs.222059.
[18844] Wei ZJ,Fan BY,Liu Y,Ding H,Tang HS,Pan DY,Shi JX,Zheng PY,Shi HY,Wu H,Li A,Feng SQ. MicroRNA changes of bone marrow-derived mesenchymal stem cells differentiated into neuronal-like cells by Schwann cell-conditioned medium[J]. Neural Regen Res,2019,14(8):1462-1469. doi:10.4103/1673-5374.253532.
[18845] Ji XM,Wang SS,Cai XD,Wang XH,Liu QY,Wang P,Cheng ZC,Qian TM. Novel miRNA,miR-sc14,promotes Schwann cell proliferation and migration[J]. Neural Regen Res,2019,14(9):1651-1656. doi:10.4103/1673-5374.255996.
[18846] Mao S,Zhang S,Zhou S,Huang T,Feng W,Gu X,Yu B. A Schwann cell-enriched circular RNA circ-Ankib1 regulates Schwann cell proliferation following peripheral nerve injury[J]. FASEB J,2019,33(11):12409-12424. doi:10.1096/fj.201900965R.
[18847] Xu H,Chen J,Feng Z,Fu K,Qiao Y,Zhang Z,Wang W,Wang Y,Zhang J,Perdanasari AT,Hanasono MM,Levin LS,Yang X,Hao Y,Li Y,Wo Y,Zhang Y. Shortwave infrared fluorescence in vivo imaging of nerves for minimizing the risk of intraoperative nerve injury[J]. Nanoscale,2019,11(42):19736-19741. doi:10.1039/c9nr06066a.
[18848] Zhang F,Gu X,Yi S,Xu H. Dysregulated transcription factor TFAP2A after peripheral nerve injury modulated Schwann cell phenotype[J]. Neurochem Res,2019,44(12):2776-2785. doi:10.1007/s11064-019-02898-y.
[18849] Liu Y,Yu F,Zhang B,Zhou M,Bei Y,Zhang Y,Tang J,Yang Y,Huang Y,Xiang Q,Zhao Y,Liang Q,Liu Y. Improving the protective effects of aFGF for peripheral nerve injury repair using sulfated chitooligosaccharides[J]. Asian J Pharm Sci,2019,14(5):511-520. doi:10.1016/j.ajps.2018.09.007.
[18850] Liu CY,Yin G,Sun YD,Lin YF,Xie Z,English AW,Li QF,Lin HD. Effect of exosomes from adipose-derived stem cells on the apoptosis of Schwann cells in peripheral nerve injury[J]. CNS Neurosci Ther,2020,26(2):189-196. doi:10.1111/cns.13187.
[18851] Li JN,Zhang Z,Wu GZ,Yao DB,Cui SS. Claudin-15 overexpression inhibits proliferation and promotes apoptosis of Schwann cells in vitro[J]. Neural Regen Res,2020,15(1):169-177. doi:10.4103/1673-5374.264463.
[18852] Yao C,Chen Y,Wang J,Qian T,Feng W,Chen Y,Mao S,Yu B. LncRNA BC088259 promotes Schwann cell migration through Vimentin following peripheral nerve injury[J]. Glia,2020,68(3):670-679. doi:10.1002/glia.23749.
[18853] Gu XK,Li XR,Lu ML,Xu H. Lithium promotes proliferation and suppresses migration of Schwann cells[J]. Neural Regen Res,2020,15(10):1955-1961. doi:10.4103/1673-5374.280324.
[18854] Pan B,Huo T,Hu Y,Cao M,Bu X,Li Z,Jing L,Luo X,Gao X,Feng H,Yuan F,Guo K. Exendin-4 promotes Schwann cell proliferation and migration via activating the Jak-STAT pathway after peripheral nerve injury[J]. Neuroscience,2020,437:1-10. doi:10.1016/j.neuroscience.2020.04.017.
[18855] Hu X,Wang X,Xu Y,Li L,Liu J,He Y,Zou Y,Yu L,Qiu X,Guo J. Electric conductivity on aligned nanofibers facilitates the transdifferentiation of mesenchymal stem cells into Schwann cells and regeneration of injured peripheral nerve[J]. Adv Healthc Mater,2020,9(11):e1901570. doi:10.1002/adhm.201901570.
[18856] Lu PJ,Wang G,Cai XD,Zhang P,Wang HK. Sequencing analysis of matrix metalloproteinase 7-induced genetic changes in Schwann cells[J]. Neural Regen Res,2020,15(11):2116-2122. doi:10.4103/1673-5374.282263.
[18857] Ning XJ,Lu XH,Luo JC,Chen C,Gao Q,Li ZY,Wang H. Molecular mechanism of microRNA-21 promoting Schwann cell proliferation and axon regeneration during injured nerve repair[J]. RNA Biol,2020,17(10):1508-1519. doi:10.1080/15476286.2020.1777767.
[18858] Wang JB,Zhang Z,Li JN,Yang T,Du S,Cao RJ,Cui SS. SPP1 promotes Schwann cell proliferation and survival through PKCα by binding with CD44 and αvβ3 after peripheral nerve injury[J]. Cell Biosci,2020,10:98. doi:10.1186/s13578-020-00458-4.
[18859] Qu WR,Zhu Z,Liu J,Song DB,Tian H,Chen BP,Li R,Deng LX. Interaction between Schwann cells and other cells during repair of peripheral nerve injury[J]. Neural Regen Res,2021,16(1):93-98. doi:10.4103/1673-5374.286956.
[18860] Wei ZY,Qu HL,Dai YJ,Wang Q,Ling ZM,Su WF,Zhao YY,Shen WX,Chen G. Pannexin 1,a large-pore membrane channel,contributes to hypotonicity-induced ATP release in Schwann cells[J]. Neural Regen Res,2021,16(5):899-904. doi:10.4103/1673-5374.290911.
[18861] Djuanda D,He B,Liu X,Xu S,Zhang Y,Xu Y,Zhu Z. Comprehensive analysis of age-related changes in lipid metabolism and myelin sheath formation in sciatic nerves[J]. J Mol Neurosci,2021 Jan 25. doi:10.1007/s12031-020-01768-5. Online ahead of print.
[18862] Wang MS,Chen ZW,Zhang GJ,Chen ZR. Topical GM1 ganglioside to promote crushed rat sciatic nerve regeneration[J]. Microsurgery,1995,16(8):542-546. doi:10.1002/micr.1920160807.
[18863] Chen ZW,Wang MS. Effects of Nerve Growth Factor on crushed sciatic nerve regeneration in rats[J]. Microsurgery,1995,16(8):547-551. doi:10.1002/micr.1920160808.
[18864] Zhang JY,Luo XG,Xian CJ,Liu ZH,Zhou XF. Endogenous BDNF is required for myelination and regeneration of injured sciatic nerve in rodents[J]. Eur J Neurosci,2000,12(12):4171-4180.
[18865] Chen Y,Zhang YH,Zhao ZQ. Novel purinergic sensitivity develops in injured sensory axons following sciatic nerve transection in rat[J]. Brain Res,2001,911(2):168-172. doi:10.1016/s0006-8993(01)02651-8.
[18866] Fan M,Mi R,Yew DT,Chan WY. Analysis of gene expression following sciatic nerve crush and spinal cord hemisection in the mouse by microarray expression profiling[J]. Cell Mol Neurobiol,2001,21(5):497-508. doi:10.1023/a:1013867306555.
[18867] Shen A,Wang H,Zhang Y,Yan J,Zhu D,Gu J. Expression of beta-1,4-galactosyltransferase II and V in rat injured sciatic nerves[J]. Neurosci Lett,2002,327(1):45-48. doi:10.1016/s0304-3940(02)00381-6.
[18868] Shao Y,Ma H,Wu Y,Chen H,Zeng L,Li M,Long Z,Li Y,Yang H. Effect of Nerve Growth Factor on changes of myelin basic protein and functional repair of peripheral nerve following sciatic nerve injury in rats[J]. Chin J Traumatol,2002,5(4):237-240.
[18869] Zheng X,Zhang J,Chen T,Chen Z. Longitudinally implanted intrafascicular electrodes for stimulating and recording fascicular physioelectrical signals in the sciatic nerve of rabbits[J]. Microsurgery,2003,23(3):268-273. doi:10.1002/micr.10116.
[18870] Xie Y,Duan YB,Xu JX,Kang YM,Hu SJ. Parabolic bursting induced by veratridine in rat injured sciatic nerves[J]. Sheng Wu Hua Xue Yu Sheng Wu Wu Li Xue Bao (Shanghai),2003,35(9):806-10.
[18871] Shen A,Zhu D,Ding F,Zhu M,Gu X,Gu J. Increased gene expression of beta-1,4-galactosyltransferase I in rat injured sciatic nerve[J]. J Mol Neurosci,2003,21(2):103-10. doi:10.1385/JMN:21:2:103.
[18872] Zhang P,He X,Liu K,Zhao F,Fu Z,Zhang D,Zhang Q,Jiang B. Bone marrow stromal cells differentiated into functional Schwann cells in injured rats sciatic nerve[J]. Artif Cells Blood Substit Immobil Biotechnol,2004,32(4):509-518. doi:10.1081/bio-200039608.
[18873] Liu S,Li H,Ou Yang J,Peng H,Wu K,Liu Y,Yang J. Enhanced rat sciatic nerve regeneration through silicon tubes filled with pyrroloquinoline quinone[J]. Microsurgery,2005,25(4):329-337. doi:10.1002/micr.20126.
[18874] Li HH,Liu SQ,Peng H,Zhang N. Pyrroloquinoline quinone enhances regeneration of transected sciatic nerve in rats[J]. Chin J Traumatol,2005,8(4):225-229.
[18875] Wan L,Luo A,Yu H,Tian Y. Effect of touch-stimulus on the expression of C-fos and TrkA in spinal cord following chronic constriction injury of the sciatic nerve in rats[J]. J Huazhong Univ Sci Technolog Med Sci,2005,25(2):219-222. doi:10.1007/BF02873582.
[18876] La JL,Jalali S,Shami SA. Morphological studies on crushed sciatic nerve of rabbits with electroacupuncture or diclofenac sodium treatment[J]. Am J Chin Med,2005,33(4):663-669. doi:10.1142/S0192415X05003259.
[18877] Yi XN,Zheng LF,Zhang JW,Zhang LZ,Xu YZ,Luo G,Luo XG. Dynamic changes in Robo2 and Slit1 expression in adult rat dorsal root ganglion and sciatic nerve after peripheral and central axonal injury[J]. Neurosci Res,2006,56(3):314-321. doi:10.1016/j.neures.2006.07.014.
[18878] Zeng YS,Nie JH,Zhang W,Chen SJ,Wu W. Morphine acts via mu-opioid receptors to enhance spinal regeneration and synaptic reconstruction of primary afferent fibers injured by sciatic nerve crush[J]. Brain Res,2007,1130(1):108-113. doi:10.1016/j.brainres.2006.10.079.
[18879] Liu M,Zhang D,Shao C,Liu J,Ding F,Gu X. Expression pattern of myostatin in gastrocnemius muscle of rats after sciatic nerve crush injury[J]. Muscle Nerve,2007,35(5):649-656. doi:10.1002/mus.20749.
[18880] Wang YJ,Zhou CJ,Shi Q,Smith N,Li TF. Aging delays the regeneration process following sciatic nerve injury in rats[J]. J Neurotrauma,2007,24(5):885-894. doi:10.1089/neu.2006.0156.
[18881] Shao C,Liu M,Wu X,Ding F. Time-dependent expression of myostatin RNA transcript and protein in gastrocnemius muscle of mice after sciatic nerve resection[J]. Microsurgery,2007,27(5):487-493. doi:10.1002/micr.20392.
[18882] Shi S,Cheng C,Zhao J,Chen M,Qin J,Gao S,Shen A. Expression of p27kip1 and Skp2 in the adult spinal cord following sciatic nerve injury[J]. J Mol Neurosci,2007,32(1):64-71. doi:10.1007/s12031-007-0015-6.
[18883] Shen AG,Shi SX,Chen ML,Qin J,Gao SF,Cheng C. Dynamic changes of p27(kip1) and Skp2 expression in injured rat sciatic nerve[J]. Cell Mol Neurobiol,2008,28(5):713-725. doi:10.1007/s10571-007-9167-8.
[18884] Shen J,Wang HQ,Zhou CP,Liang BL. Magnetic resonance microneurography of rabbit sciatic nerve on a 1.5-T clinical MR system correlated with gross anatomy[J]. Microsurgery,2008,28(1):32-36. doi:10.1002/micr.20435.
[18885] Zheng LF,Wang R,Xu YZ,Yi XN,Zhang JW,Zeng ZC. Calcitonin gene-

related peptide dynamics in rat dorsal root ganglia and spinal cord following different sciatic nerve injuries[J]. Brain Res,2008,1187:20-32. doi:10.1016/j.brainres.2007.10.044.

[18886] Gao S,Fei M,Cheng C,Yu X,Chen M,Shi S,Qin J,Guo Z,Shen A. Spatiotemporal expression of PSD-95 and nNOS after rat sciatic nerve injury[J]. Neurochem Res,2008,33(6):1090-1100. doi:10.1007/s11064-007-9555-y.

[18887] Chen L,Qin J,Cheng C,Niu S,Liu Y,Shi S,Liu H,Shen A. Spatiotemporal expression of SSeCKS in injured rat sciatic nerve[J]. Anat Rec (Hoboken),2008,291(5):527-537. doi:10.1002/ar.20692.

[18888] Zhang P,Xue F,Zhao F,Lu H,Zhang H,Jiang B. The immunohistological observation of proliferation rule of Schwann cell after sciatic nerve injury in rats[J]. Artif Cells Blood Substit Immobil Biotechnol,2008,36(2):150-155. doi:10.1080/10731190801932132.

[18889] Wu F,Xing D,Peng Z,Rao T. Enhanced rat sciatic nerve regeneration through silicon tubes implanted with valproic acid[J]. J Reconstr Microsurg,2008,24(4):267-276. doi:10.1055/s-2008-1078696.

[18890] Yan M,Cheng C,Ding F,Jiang J,Gao L,Xia C,Shen A. The expression patterns of beta1,4 galactosyltransferase I and V mRNAs,and Galbeta1-4GlcNAc group in rat gastrocnemius muscles post sciatic nerve injury[J]. Glycoconj J,2008,25(7):685-701. doi:10.1007/s10719-008-9129-5.

[18891] Li X,Shen J,Chen J,Wang X,Liu Q,Liang B. Magnetic resonance imaging evaluation of acute crush injury of rabbit sciatic nerve:correlation with histology[J]. Can Assoc Radiol J,2008,59(3):123-130.

[18892] Yong N,Guoping C. Upregulation of matrix metalloproteinase-9 dependent on hyaluronan synthesis after sciatic nerve injury[J]. Neurosci Lett,2008,444(3):259-263. doi:10.1016/j.neulet.2008.08.042.

[18893] Jing YY,Wang JY,Li XL,Wang ZH,Pei L,Pan MM,Dong XP,Fan GX,Yuan YK. Nerve Growth Factor of red nucleus involvement in pain induced by spared nerve injury of the rat sciatic nerve[J]. Neurochem Res,2009,34(9):1612-1618. doi:10.1007/s11064-009-9950-7.

[18894] Sun W,Sun C,Lin H,Zhao H,Wang J,Ma H,Chen B,Xiao Z,Dai J. The effect of collagen-binding NGF-beta on the promotion of sciatic nerve regeneration in a rat sciatic nerve crush injury model[J]. Biomaterials,2009,30(27):4649-4656. doi:10.1016/j.biomaterials.2009.05.037.

[18895] Tang J,Hua Y,Su J,Zhang P,Zhu X,Wu L,Niu Q,Xiao H,Ding X. Expression of VEGF and neural repair after alprostadil treatment in a rat model of sciatic nerve crush injury[J]. Neurol India,2009,57(4):387-394. doi:10.4103/0028-3886.55583.

[18896] Tang Y,Chu GY,He HX,Yu CP,An JX,Guo XY. Screening of differentially expressed genes in the hypothalamus of a rat neuropathic pain model following sciatic nerve injury[J]. Chin Med J,2009,122(23):2893-2897.

[18897] Ding T,Luo ZJ,Zheng Y,Hu XY,Ye ZX. Rapid repair and regeneration of damaged rabbit sciatic nerves by tissue-engineered scaffold made from nano-silver and collagen type I[J]. Injury,2010,41(5):522-527. doi:10.1016/j.injury.2009.04.003.

[18898] Yuan Y,Shen H,Yao J,Hu N,Ding F,Gu X. The protective effects of Achyranthes bidentata polypeptides in an experimental model of mouse sciatic nerve crush injury[J]. Brain Res Bull,2010,81(1):25-32. doi:10.1016/j.brainresbull.2009.07.013.

[18899] Han H,Ao Q,Chen G,Wang S,Zuo H. A novel basic Fibroblast Growth Factor delivery system fabricated with heparin-incorporated fibrin-fibronectin matrices for repairing rat sciatic nerve disruptions[J]. Biotechnol Lett,2010,32(4):585-591. doi:10.1007/s10529-009-0186-z.

[18900] Wang J,Zhang P,Wang Y,Kou Y,Zhang H,Jiang B. The observation of phenotypic changes of Schwann cells after rat sciatic nerve injury[J]. Artif Cells Blood Substit Immobil Biotechnol,2010,38(1):24-28. doi:10.3109/10731190903495736.

[18901] Shi W,Yao J,Chen X,Lin W,Gu X,Wang X. The delayed repair of sciatic nerve defects with tissue-engineered nerve grafts in rats[J]. Artif Cells Blood Substit Immobil Biotechnol,2010,38(1):29-37. doi:10.3109/10731190903495751.

[18902] Li BC,Jiao SS,Xu C,You H,Chen JM. PLGA conduit seeded with olfactory ensheathing cells for bridging sciatic nerve defect of rats[J]. J Biomed Mater Res A,2010,94(3):769-780. doi:10.1002/jbm.a.32727.

[18903] Chen J,Chu YF,Chen JM,Li BC. Synergistic effects of NGF,CNTF and GDNF on functional recovery following sciatic nerve injury in rats[J]. Adv Med Sci,2010,55(1):32-42. doi:10.2478/v10039-010-0020-9.

[18904] Liang L,Wang Z,Lü N,Yang J,Zhang Y,Zhao Z. Involvement of nerve injury and activation of peripheral glial cells in tetanic sciatic stimulation-induced persistent pain in rats[J]. J Neurosci Res,2010,88(13):2899-2910. doi:10.1002/jnr.22439.

[18905] HUANG Hanwei,Zhao Hui. FYN-dependent muscle-immune interaction after sciatic nerve injury[J]. Muscle Nerve,2010,42(1):70-77. doi:10.1002/mus.21605.

[18906] Wan LD,Xia R,Ding WL. Electrical stimulation enhanced remyelination of injured sciatic nerves by increasing neurotrophins[J]. Neuroscience, 2010,169(3):1029-1038. doi:10.1016/j.neuroscience.2010.05.051.

[18907] Chen WZ,Qiao H,Zhou W,Wu J,Wang ZB. Upgraded Nerve Growth Factor expression induced by low-intensity continuous-wave ultrasound accelerates regeneration of neurotometicly injured sciatic nerve in rats[J]. Ultrasound Med Biol,2010,36(7):1109-1117. doi:10.1016/j.ultrasmedbio.2010.04.014.

[18908] Su JH,Chen YF,Tang JR,Wu L,Zhang P,Yu LB,Niu Q,Xiao H. Protective effects of the calcium-channel blocker flunarizine on crush injury of sciatic nerves in a rat model[J]. Neurol India,2010,58(4):530-536. doi:10.4103/0028-3886.68665.

[18909] Yang J,Gu Y,Huang X,Shen A,Cheng C. Dynamic changes of ICAM-1 expression in peripheral nervous system following sciatic nerve injury[J]. Neurol Res,2011,33(1):75-83. doi:10.1179/016164110X12714125204353.

[18910] Lin Z,Wu VW,Ju W,Yamada Y,Chen L. Radiation-induced changes in peripheral nerve by stereotactic radiosurgery:a study on the sciatic nerve of rabbit[J]. J Neurooncol,2011,102(2):179-85. doi:10.1007/s11060-010-0309-3.

[18911] You H,Wei L,Liu Y,Oudega M,Jiao SS,Feng SN,Chen Y,Chen JM,Li BC. Olfactory ensheathing cells enhance Schwann cell-mediated anatomical and functional repair after sciatic nerve injury in adult rats[J]. Exp Neurol,2011,229(1):158-167. doi:10.1016/j.expneurol.2010.08.034.

[18912] Wang Q,Wang Y,Zhou Z,Lu X,Cao Y,Liu Y,Yan M,He F,Pan X,Qian X,Ji Y,Yang H. Expressions of forkhead class box O3a on crushed rat sciatic nerves and differentiated primary Schwann cells[J]. Cell Mol Neurobiol,2011,31(4):509-518. doi:10.1007/s10571-010-9644-3.

[18913] Lin H,Hou C,Chen D. Altered expression of inducible nitric oxide synthase after sciatic nerve injury in rat[J]. Cell Biochem Biophys,2011,61(2):261-265. doi:10.1007/s12013-011-9192-6.

[18914] Meng H,Li M,You F,Du J,Luo Z. Assessment of processed human amniotic membrane as a protective barrier in rat model of sciatic nerve injury[J]. Neurosci Lett,2011,496(1):48-53. doi:10.1016/j.neulet.2011.03.090.

[18915] Yang Y,Yuan X,Ding F,Yao D,Gu Y,Liu J,Gu X. Repair of rat sciatic nerve gap by a silk fibroin-based scaffold added with bone marrow mesenchymal stem cells[J]. Tissue Eng Part A,2011,17(17-18):2231-2244. doi:10.1089/ten.TEA.2010.0633.

[18916] Ding T,Lu WW,Zheng Y,Li Zy,Pan Hb,Luo Z. Rapid repair of rat sciatic nerve injury using a nanosilver-embedded collagen scaffold coated with laminin and fibronectin[J]. Regen Med,2011,6(4):437-447. doi:10.2217/rme.11.39.

[18917] Wang Y,Tang P,Zhang L,Wan W,He C,Tang J. Gray-scale contrast-enhanced ultrasonography for quantitative evaluation of the blood perfusion of the sciatic nerves with crush injury[J]. Acad Radiol,2011,18(10):1285-1291. doi:10.1016/j.acra.2011.06.001.

[18918] Wang CY,Liu JJ,Fan CY,Mo XM,Ruan HJ,Li FF. The effect of aligned core-shell nanofibres delivering NGF on the promotion of sciatic nerve regeneration[J]. J Biomater Sci Polym Ed,2012,23(1-4):167-184. doi:10.1163/092050610X545805.

[18919] He WJ,Cui J,Du L,Zhao YD,Burnstock G,Zhou HD,Ruan HZ. Spinal P2X(7) receptor mediates microglia activation-induced neuropathic pain in the sciatic nerve injury rat model[J]. Behav Brain Res,2012,226(1):163-170. doi:10.1016/j.bbr.2011.09.015.

[18920] Li H,Deng J,Chen H,Chen T,Cao X,Hou H,Huan W,Zhang G,Yu B,Wang Y. Dynamic changes of PIRH2 and p27kip1 expression in injured rat sciatic nerve[J]. Neurol Sci,2012,33(4):749-757. doi:10.1007/s10072-011-0809-8.

[18921] Ding WG,Yan WH,Wei ZX,Liu JB. Difference in intraosseous blood vessel volume and number in osteoporotic model mice induced by spinal cord injury and sciatic nerve resection[J]. J Bone Miner Metab,2012,30(4):400-407. doi:10.1007/s00774-011-0328-y.

[18922] Cao Y,Wang Q,Zhou Z,Wang Y,Liu Y,Ji Y,Liu F. Changes of peroxisome proliferator-activated receptor-γ on crushed rat sciatic nerves and differentiated primary Schwann cells[J]. J Mol Neurosci,2012,47(2):380-388. doi:10.1007/s12031-011-9662-8.

[18923] Lou D,Sun B,Wei H,Deng X,Chen H,Xu D,Li G,Xu H,Wang Y. Spatiotemporal expression of testicular protein kinase 1 after rat sciatic nerve injury[J]. J Mol Neurosci,2012,47(1):180-191. doi:10.1007/s12031-012-9712-x.

[18924] Yuan Q,Su H,Guo J,Tsang KY,Cheah KS,Chiu K,Yang J,Wong WM,So KF,Huang JD,Wu W,Lin ZX. Decreased c-Jun expression correlates with impaired spinal motoneuron regeneration in aged mice following sciatic nerve crush[J]. Exp Gerontol,2012,47(4):329-336. doi:10.1016/j.exger.2012.02.006.

[18925] Yu B,Zhou S,Wang Y,Qian T,Ding G,Ding F,Gu X. miR-221 and miR-222 promote Schwann cell proliferation and migration by targeting LASS2 after sciatic nerve injury[J]. J Cell Sci,2012,125(Pt 11):2675-2683. doi:10.1242/jcs.098996.

[18926] Zhu L,Yan Y,Ke K,Wu X,Gao Y,Shen A,Li J,Kang L,Zhang G,Wu Q,Yang H. Dynamic change of Numbl expression after sciatic nerve crush and its role in Schwann cell differentiation[J]. J Neurosci Res,2012,90(8):1557-1565. doi:10.1002/jnr.23039.

[18927] Xu L,Zhou S,Feng GY,Zhang LP,Zhao DM,Sun Y,Liu Q,Huang F. Neural stem cells enhance nerve regeneration after sciatic nerve injury in rats[J]. Mol Neurobiol,2012,46(2):265-274. doi:10.1007/s12035-012-8292-7.

[18928] Yu B,Qian T,Wang Y,Zhou S,Ding G,Ding F,Gu X. miR-182 inhibits Schwann cell proliferation and migration by targeting FGF9 and NTM,respectively at an early stage following sciatic nerve injury[J]. Nucleic Acids Res,2012,40(20):10356-10365. doi:10.1093/nar/gks750.

[18929] Deng X,Wei H,Lou D,Sun B,Chen H,Zhang Y,Wang Y. Changes in CLIP3 expression after sciatic nerve injury in adult rats[J]. J Mol Histol,2012,43(6):669-679. doi:10.1007/s10735-012-9450-y.

[18930] Gong D,Geng C,Jiang L,Aoki Y,Nakano M,Zhong L. Effect of pyrroloquinoline quinone on neuropathic pain following chronic constriction injury of the sciatic nerve in rats[J]. Eur J Pharmacol,2012,697(1-3):53-58. doi:10.1016/j.ejphar.2012.09.052.

[18931] Tang JR,Wu L,Su JH,Zhang P,Yu LB,Xiao H. Vasoactive agent buflomedil up-regulated expression of vascular endothelial growth factor in a rat model of sciatic nerve crush injury[J]. Indian J Pharmacol,2012,44(4):480-484. doi:10.4103/0253-7613.99312.

[18932] Lian Y,Wang Y,Ma K,Zhao L,Zhang Z,Shang Y,Si J,Li L. Expression of gamma-aminobutyric acid type A receptor α2 subunit in the dorsal root ganglion of rats with sciatic nerve injury[J]. Neural Regen Res,2012,7(32):2492-2499. doi:10.3969/j.issn.1673-5374.2012.32.002.

[18933] Que J,Cao Q,Sui T,Du S,Zhang A,Kong D,Cao X. Tacrolimus reduces scar formation and promotes sciatic nerve regeneration[J]. Neural Regen Res,2012,7(32):2500-2506. doi:10.3969/j.issn.1673-5374.2012.32.003.

[18934] Ye F,Li H,Qiao G,Chen F,Tao H,Ji A,Hu Y. Platelet-rich plasma gel in combination with Schwann cells for repair of sciatic nerve injury[J]. Neural Regen Res,2012,7(29):2286-2292. doi:10.3969/j.issn.1673-5374.2012.29.007.

[18935] Zhang J,Wang Y,Zhang J. Chemoattractive capacity of different lengths of nerve fragments bridging regeneration chambers for the repair of sciatic nerve defects[J]. Neural Regen Res,2012,7(29):2293-2298. doi:10.3969/j.issn.1673-5374.2012.29.008.

[18936] Li D,Wang C,Shan W,Zeng R,Fang Y,Wang P. Human amnion tissue injected with human umbilical cord mesenchymal stem cells repairs damaged sciatic nerves in rats[J]. Neural Regen Res,2012,7(23):1771-1778. doi:10.3969/j.issn.1673-5374.2012.23.002.

[18937] Yao D,Li M,Shen D,Ding F,Lu S,Zhao Q,Gu X. Gene expression profiling of the rat sciatic nerve in early Wallerian degeneration after injury[J]. Neural Regen

Res,2012,7(17):1285-1292. doi:10.3969/j.issn.1673-5374.2012.17.001.
[18938] Cao J,Niu Z,Wang Y,Jiang Y,Liu H,Wang B,Yin W,Li L. Immune reactions and nerve repair in mice with sciatic nerve injury 14 days after intraperitoneal injection of Brazil[J]. Neural Regen Res,2012,7(9):675-679. doi:10.3969/j.issn.1673-5374.2012.09.006.
[18939] Du J,Zhao Q,Zhang Y,Wang Y,Ma M. 7,8-dihydroxycoumarin improves neurological function in a mouse model of sciatic nerve injury[J]. Neural Regen Res,2012,7(6):445-450. doi:10.3969/j.issn.1673-5374.2012.06.007.
[18940] Yu H,Xiang L,Xu W,Zhao B,Wang Y,Peng J,Lu S. Chondroitinase ABC improves recovery of long sciatic nerve defects[J]. Neural Regen Res,2012,7(1):61-65. doi:10.3969/j.issn.1673-5374.2012.01.010.
[18941] Yang J,Cao J,Wang Y,Xu J,Zhou Z,Gu X,Liu X,Wen H,Wu H,Cheng C. Transcription initiation factor IIB involves in Schwann cell differentiation after rat sciatic nerve crush[J]. J Mol Neurosci,2013,49(3):491-498. doi:10.1007/s12031-012-9865-7.
[18942] Wang Y,Cheng X,Zhou Z,Wu H,Long L,Gu X,Xu G. Increased expression of Gem after rat sciatic nerve injury[J]. J Mol Histol,2013,44(1):27-36. doi:10.1007/s10735-012-9459-2.
[18943] Wu H,Liu Y,Zhou Y,Long L,Cheng X,Ji L,Weng H,Ding T,Yang J,Wei H,Li M,Huan W,Deng X,Wang Y. Changes in the BAG1 expression of Schwann cells after sciatic nerve crush[J]. J Mol Neurosci,2013,49(3):512-522. doi:10.1007/s12031-012-9910-6.
[18944] Cao X,Zhao P,Tao G,Zhu Y,Zhou F,Cui Z,Bao G,Xu D,Zhang G,Chen X. The role of C-terminal binding protein 2 in Schwann cell differentiation after sciatic nerve crush[J]. J Mol Neurosci,2013,49(3):531-538. doi:10.1007/s12031-012-9916-0.
[18945] Wang Y,Shen W,Yang L,Zhao H,Gu W,Yuan Y. The protective effects of Achyranthes bidentata polypeptides on rat sciatic nerve crush injury causes modulation of neurotrophic factors[J]. Neurochem Res,2013,38(3):538-546. doi:10.1007/s11064-012-0946-3.
[18946] Yu B,Zhou S,Hu W,Qian T,Gao R,Ding G,Ding F,Gu X. Altered long noncoding RNA expressions in dorsal root ganglion after rat sciatic nerve injury[J]. Neurosci Lett,2013,534:117-122. doi:10.1016/j.neulet.2012.12.014.
[18947] Sun G,Li Z,Wang X,Tang W,Wei Y. Modulation of MAPK and Akt signaling pathways in proximal segment of injured sciatic nerves[J]. Neurosci Lett,2013,534:205-210. doi:10.1016/j.neulet.2012.12.019.
[18948] Li M,Guo W,Zhang P,Li H,Gu X,Yao D. Signal flow and pathways in response to early Wallerian degeneration after rat sciatic nerve injury[J]. Neurosci Lett,2013,536:56-63. doi:10.1016/j.neulet.2013.01.008.
[18949] Sheng QS,Wang ZJ,Zhang J,Zhang YG. Salidroside promotes peripheral nerve regeneration following crush injury to the sciatic nerve in rats[J]. Neuroreport,2013,24(5):217-223. doi:10.1097/WNR.0b013e32835eb867.
[18950] Cheng X,Zhou Z,Xu G,Zhao J,Wu H,Long L,Wen H,Gu X,Wang Y. Dynamic changes of Jab1 and p27kip1 expression in injured rat sciatic nerve[J]. J Mol Neurosci,2013,51(1):148-158. doi:10.1007/s12031-013-9969-8.
[18951] Wang Y,Long L,Yang J,Wu Y,Wu H,Wei H,Deng X,Cheng X,Lou D,Chen H,Wen H. Spatiotemporal expression of SKIP after rat sciatic nerve crush[J]. Neurochem Res,2013,38(4):857-865. doi:10.1007/s11064-013-0990-7.
[18952] Cheng X,Gan L,Zhao J,Chen M,Liu Y,Wang Y. Changes in Ataxin-10 expression after sciatic nerve crush in adult rats[J]. Neurochem Res,2013,38(5):1013-1021. doi:10.1007/s11064-013-1011-6.
[18953] Que J,Cao Q,Sui T,Du S,Kong D,Cao X. Effect of FK506 in reducing scar formation by inducing fibroblast apoptosis after sciatic nerve injury in rats[J]. Cell Death Dis,2013,4(3):e526. doi:10.1038/cddis.2013.56.
[18954] Cheng RD,Tu WZ,Wang WS,Zou EM,Cao F,Cheng B,Wang JZ,Jiang YX,Jiang SH. Effect of electroacupuncture on the pathomorphology of the sciatic nerve and the sensitization of P2X receptors in the dorsal root ganglion in rats with chronic constrictive injury[J]. Chin J Integr Med,2013,19(5):374-379. doi:10.1007/s11655-013-1447-1.
[18955] Meng C,Liang X,Li Q,Chen G,Liu H,Li K. Changes of GTP cyclohydrolase I and neuronal apoptosis in rat spinal dorsal cord induced by sciatic nerve injury[J]. Neurol Sci,2013,34(12):2145-2150. doi:10.1007/s10072-013-1353-5.
[18956] Cao J,Cheng X,Zhou Z,Sun H,Zhou F,Zhao J,Liu Y,Cui G. Changes in the Foxj1 expression of Schwann cells after sciatic nerve crush[J]. J Mol Histol,2013,44(4):391-399. doi:10.1007/s10735-013-9500-0.
[18957] Li H,Shen L,Ma C,Huang Y. Differential expression of miRNAs in the nervous system of a rat model of bilateral sciatic nerve chronic constriction injury[J]. Int J Mol Med,2013,32(1):219-226. doi:10.3892/ijmm.2013.1381.
[18958] Yao D,Li M,Shen D,Ding F,Lu S,Zhao Q,Gu X. Expression changes and bioinformatic analysis of Wallerian degeneration after sciatic nerve injury in rat[J]. Neurosci Bull,2013,29(3):321-332. doi:10.1007/s12264-013-1340-0.
[18959] Liu J,Li K,Huang X,Xie J,Huang X. Electrical stimulation by semi-implantable electrodes decreases the levels of proteins associated with sciatic nerve injury-induced muscle atrophy[J]. Mol Med Rep,2013,8(1):245-249. doi:10.3892/mmr.2013.1487.
[18960] Li X,Chen J,Hong G,Sun C,Wu X,Peng MJ,Zeng G. In vivo DTI longitudinal measurements of acute sciatic nerve traction injury and the association with pathological and functional changes[J]. Eur J Radiol,2013,82(11):e707-e714. doi:10.1016/j.ejrad.2013.07.018.
[18961] Yuan HF,Yang MY,Xu WD. Late sciatic nerve palsy caused by recurrent hematoma after primary total hip arthroplasty:a case report[J]. Orthop Surg,2013,5(3):222-224. doi:10.1111/os.12050.
[18962] Cheng L,Liu Y,Zhao H,Zhang W,Guo YJ,Nie L. Lentiviral-mediated transfer of CDNF promotes nerve regeneration and functional recovery after sciatic nerve injury in adult rats[J]. Biochem Biophys Res Commun,2013,440(2):330-335. doi:10.1016/j.bbrc.2013.09.084.
[18963] Zou DW,Gao YB,Zhu ZY,Zhou H,Zhang TJ,Li BM,Wang JY,Li MZ,Ma MF,Zhang N. Traditional chinese medicine tang-luo-ning ameliorates sciatic nerve injuries in streptozotocin-induced diabetic rats[J]. Evid Based Complement Alternat Med,2013,2013:989670. doi:10.1155/2013/989670.
[18964] Li X,Kang L,Li G,Zeng H,Zhang L,Ling X,Dong H,Liang S,Chen H. Intrathecal leptin inhibits expression of the P2X2/3 receptors and alleviates neuropathic pain induced by chronic constriction sciatic nerve injury[J]. Mol Pain,2013,9:65. doi:10.1186/1744-8069-9-65.
[18965] Gao H,You Y,Zhang G,Zhao F,Sha Z,Shen Y. The use of fiber-reinforced scaffolds cocultured with Schwann cells and vascular endothelial cells to repair rabbit sciatic nerve defect with vascularization[J]. Biomed Res Int,2013,2013:362918. doi:10.1155/2013/362918.
[18966] Zong H,Zhao H,Zhao Y,Jia J,Yang L,Ma C,Zhang Y,Dong Y. Nanoparticles carrying neurotrophin-3-modified Schwann cells promote repair of sciatic nerve defects[J]. Neural Regen Res,2013,8(14):1262-1268. doi:10.3969/j.issn.1673-5374.2013.14.002.
[18967] Xu D,Zhao C,Ma H,Wei J,Li D. Comparison of viscoelasticity between normal human sciatic nerve and amniotic membrane[J]. Neural Regen Res,2013,8(14):1269-1275. doi:10.3969/j.issn.1673-5374.2013.14.003.
[18968] Yu T,Zhao C,Li P,Liu G,Luo M. Poly(lactic-co-glycolic acid) conduit for repair of injured sciatic nerve:a mechanical analysis[J]. Neural Regen Res,2013,8(21):1966-1973. doi:10.3969/j.issn.1673-5374.2013.21.005.
[18969] Zhao F,He W,Zhang Y,Tian D,Zhao H,Yu K,Bai J. Electric stimulation and decimeter wave therapy improve the recovery of injured sciatic nerves[J]. Neural Regen Res,2013,8(21):1974-1984. doi:10.3969/j.issn.1673-5374.2013.21.006.
[18970] Zhang C,Lv G. Repair of sciatic nerve defects using tissue engineered nerves[J]. Neural Regen Res,2013,8(21):1985-1994. doi:10.3969/j.issn.1673-5374.2013.21.007.
[18971] Zhang X,Chen J. The mechanism of astragaloside IV promoting sciatic nerve regeneration[J]. Neural Regen Res,2013,8(24):2256-2265. doi:10.3969/j.issn.1673-5374.2013.24.005.
[18972] Liu B,Liu Y,Yang G,Xu Z,Chen J. Ursolic acid induces neural regeneration after sciatic nerve injury[J]. Neural Regen Res,2013,8(27):2510-2519. doi:10.3969/j.issn.1673-5374.2013.27.002.
[18973] Sun Y,Zhang X,Zhou Q,Wang Y,Jiang Y,Cao J. Propofol's effect on the sciatic nerve:Harmful or protective?[J]. Neural Regen Res,2013,8(27):2520-2530. doi:10.3969/j.issn.1673-5374.2013.27.003.
[18974] Xu Q,Liu T,Chen S,Gao Y,Wang J,Qiao L,Liu J. Correlation between the cumulative analgesic effect of electroacupuncture intervention and synaptic plasticity of hypothalamic paraventricular nucleus neurons in rats with sciatica[J]. Neural Regen Res,2013,8(3):218-225. doi:10.3969/j.issn.1673-5374.2013.03.003.
[18975] Fu C,Yin Z,Yu D,Yang Z. Substance P and calcitonin gene-related peptide expression in dorsal root ganglia in sciatic nerve injury rats[J]. Neural Regen Res,2013,8(33):3124-3130. doi:10.3969/j.issn.1673-5374.2013.33.006.
[18976] Piao C,Li P,Liu G,Yang K. Viscoelasticity of repaired sciatic nerve by poly(lactic-co-glycolic acid) tubes[J]. Neural Regen Res,2013,8(33):3131-3138. doi:10.3969/j.issn.1673-5374.2013.33.007.
[18977] Ma S,Peng C,Wu S,Wu D,Gao C. Sciatic nerve regeneration using a Nerve Growth Factor-containing fibrin glue membrane[J]. Neural Regen Res,2013,8(36):3416-3422. doi:10.3969/j.issn.1673-5374.2013.36.007.
[18978] Song C,Yang Z,Zhong M,Chen Z. Sericin protects against diabetes-induced injuries in sciatic nerve and related nerve cells[J]. Neural Regen Res,2013,8(6):506-513. doi:10.3969/j.issn.1673-5374.2013.06.003.
[18979] Yao L,Cao J,Sun H,Guo A,Li A,Ben Z,Zhang H,Wang X,Ding Z,Yang X,Huang X,Ji Y,Zhou Z. FBP1 and p27kip1 expression after sciatic nerve injury:implications for Schwann cells proliferation and differentiation[J]. J Cell Biochem,2014,115(1):130-140. doi:10.1002/jcb.24640.
[18980] Yuan Q,Su H,Chiu K,Lin ZX,Wu W. Assessment of the rate of spinal motor axon regeneration by choline acetyltransferase immunohistochemistry following sciatic nerve crush injury in mice[J]. J Neurosurg,2014,120(2):502-508. doi:10.3171/2013.8.JNS121648.
[18981] Chen F,Wang L,Chen S,Li Z,Chen Z,Zhou X,Zhai D. Nasal inhalation of butorphanol in combination with ketamine quickly elevates the mechanical pain threshold in the model of chronic constriction injury to the sciatic nerve of rat[J]. J Surg Res,2014,186(1):292-296. doi:10.1016/j.jss.2013.08.008.
[18982] Li M,Zhang P,Guo W,Li H,Gu X,Yao D. Protein expression profiling during wallerian degeneration after rat sciatic nerve injury[J]. Muscle Nerve,2014,50(1):73-78. doi:10.1002/mus.24082.
[18983] Ma F,Xiao Z,Chen B,Hou X,Dai J,Xu R. Linear ordered collagen scaffolds loaded with collagen-binding basic Fibroblast Growth Factor facilitate recovery of sciatic nerve injury in rats[J]. Tissue Eng Part A,2014,20(7-8):1253-1262. doi:10.1089/ten.TEA.2013.0158.
[18984] Zhu X,Yao L,Guo A,Li A,Sun H,Wang N,Liu H,Duan Z,Cao J. CAP1 was associated with actin and involved in Schwann cell differentiation and motility after sciatic nerve injury[J]. J Mol Histol,2014,45(3):337-348. doi:10.1007/s10735-013-9554-z.
[18985] Wei Y,Gong K,Ao Q,Wang A,Gong Y,Zuo H,Zhang Y,Wang J,Wang G. Lentiviral vectors enveloped with rabies virus glycoprotein can be used as a novel retrograde tracer to assess nerve recovery in rat sciatic nerve injury models[J]. Cell Tissue Res,2014,355(2):255-266. doi:10.1007/s00441-013-1756-x.
[18986] Zhu X,Yao L,Yang X,Sun H,Guo A,Li A,Yang H. Spatiotemporal expression of KHSRP modulates Schwann cells and neuronal differentiation after sciatic nerve injury[J]. Int J Biochem Cell Biol,2014,48:1-10. doi:10.1016/j.biocel.2013.12.008.
[18987] Zhang YG,Sheng QS,Wang HK,Lv L,Zhang J,Chen JM,Xu H. Triptolide improves nerve regeneration and functional recovery following crush injury to rat sciatic nerve[J]. Neurosci Lett,2014,561:198-202. doi:10.1016/j.neulet.2013.12.068.
[18988] Zhou S,Gao R,Hu W,Qian T,Wang N,Ding G,Ding F,Yu B,Gu X. MiR-9 inhibits Schwann cell migration by targeting Cthrc1 following sciatic nerve injury[J]. J Cell Sci,2014,127(Pt 5):967-976. doi:10.1242/jcs.131672.
[18989] Cao H,Zheng JW,Li JJ,Meng B,Li J,Ge RS. Effects of curcumin on pain threshold and on the expression of nuclear factor B and CX3C receptor 1 after sciatic nerve chronic constrictive injury in rats[J]. Chin J Integr Med,2014,20(11):850-856. doi:10.1007/s11655-013-1549-9.
[18990] Yu H,Liu J,Ma J,Xiang L. Local delivery of controlled released Nerve Growth Factor promotes sciatic nerve regeneration after crush injury[J]. Neurosci

Lett,2014,566:177-181. doi:10.1016/j.neulet.2014.02.065.
[18991] Shu L,Su J,Jing L,Huang Y,Di Y,Peng L,Liu J. Reduced Renshaw recurrent inhibition after neonatal sciatic nerve crush in rats[J]. Neural Plast,2014,2014:786985. doi:10.1155/2014/786985.
[18992] Liu Y,Liu Y,Cao J,Zhu X,Nie X,Yao L,Chen M,Cheng X,Wang Y. Upregulated expression of ebp1 contributes to Schwann cell differentiation and migration after sciatic nerve crush[J]. J Mol Neurosci,2014,54(4):602-613. doi:10.1007/s12031-014-0331-6.
[18993] Sun C,Hou Z,Hong G,Wan Q,Li X. In vivo evaluation of sciatic nerve crush injury using diffusion tensor imaging:correlation with nerve function and histology[J]. J Comput Assist Tomogr,2014,38(5):790-796. doi:10.1097/RCT.0000000000000118.
[18994] Zhou Z,Liu Y,Nie X,Cao J,Zhu X,Yao L,Zhang W,Yu J,Wu G,Liu Y,Yang H. Involvement of upregulated SYF2 in Schwann cell differentiation and migration after sciatic nerve crush[J]. Cell Mol Neurobiol,2014,34(7):1023-1036. doi:10.1007/s10571-014-0078-1.
[18995] Liu Y,Liu Y,Nie X,Cao J,Zhu X,Zhang W,Liu Z,Mao X,Yan S,Ni Y,Wang Y. Up-regulation of HDAC4 is associated with Schwann cell proliferation after sciatic nerve crush[J]. Neurochem Res,2014,39(11):2105-2117. doi:10.1007/s11064-014-1401-4.
[18996] Lu A,Huang Z,Zhang C,Zhang X,Zhao J,Zhang H,Zhang Q,Wu S,Yi X. Differential expression of microRNAs in dorsal root ganglia after sciatic nerve injury[J]. Neural Regen Res,2014,9(10):1031-1040. doi:10.4103/1673-5374.133164.
[18997] Jiang N,Li H,Sun Y,Yin D,Zhao Q,Cui S,Yao D. Differential gene expression in proximal and distal nerve segments of rats with sciatic nerve injury during Wallerian degeneration[J]. Neural Regen Res,2014,9(12):1186-1194. doi:10.4103/1673-5374.135325.
[18998] Wu M,Zhao G,Yang X,Peng C,Zhao J,Liu J,Li R,Gao Z. Puerarin accelerates neural regeneration after sciatic nerve injury[J]. Neural Regen Res,2014,9(6):589-593. doi:10.4103/1673-5374.130097.
[18999] Liang X,Cai H,Hao Y,Sun G,Song Y,Chen W. Sciatic nerve repair using adhesive bonding and a modified conduit[J]. Neural Regen Res,2014,9(6):594-601. doi:10.4103/1673-5374.130099.
[19000] Ju L,Zhang X,Zhang T,Zheng J. Research on recovery function of two drugs combination on rat sciatic nerve injury regeneration model[J]. Pak J Pharm Sci,2014,27(5 Suppl):1695-1698.
[19001] Liu G,Jiang R,Jin Y. Sciatic nerve injury repair:a visualized analysis of research fronts and development trends[J]. Neural Regen Res,2014,9(18):1716-1722. doi:10.4103/1673-5374.141810.
[19002] Xu W,Zhao X,Wang Q,Sun J,Xu J,Zhou W,Wang H,Yan S,Yuan H. Three-dimensional conformal intensity-modulated radiation therapy of left femur foci does not damage the sciatic nerve[J]. Neural Regen Res,2014,9(20):1824-1829. doi:10.4103/1673-5374.143430.
[19003] Gan L,Qian M,Shi K,Chen G,Gu Y,Du W,Zhu G. Restorative effect and mechanism of mecobalamin on sciatic nerve crush injury in mice[J]. Neural Regen Res,2014,9(22):1979-1984. doi:10.4103/1673-5374.145379.
[19004] Wang X,Pan M,Wen J,Tang Y,Hamilton AD,Li Y,Qian C,Liu Z,Wu W,Guo J. A novel artificial nerve graft for repairing long-distance sciatic nerve defects:a self-assembling peptide nanofiber scaffold-containing poly(lactic-co-glycolic acid) conduit[J]. Neural Regen Res,2014,9(24):2132-2141. doi:10.4103/1673-5374.147944.
[19005] Gong L,Zhu Y,Xu X,Li H,Guo W,Zhao Q,Yao D. The effects of claudin 14 during early Wallerian degeneration after sciatic nerve injury[J]. Neural Regen Res,2014,9(24):2151-2158. doi:10.4103/1673-5374.147946.
[19006] Wang J,Ren KY,Wang YH,Kou YH,Zhang PX,Peng JP,Deng L,Zhang HB,Jiang BG. Effect of active Notch signaling system on the early repair of rat sciatic nerve injury[J]. Artif Cells Nanomed Biotechnol,2015,43(6):383-389. doi:10.3109/21691401.2014.896372.
[19007] Xing H,Zhou M,Assinck P,Liu N. Electrical stimulation influences satellite cell differentiation after sciatic nerve crush injury in rats[J]. Muscle Nerve,2015,51(3):400-411. doi:10.1002/mus.24322.
[19008] Wang D,Wang X,Geng S,Bi Z. Axonal regeneration in early stages of sciatic nerve crush injury is enhanced by 7nAChR in rats[J]. Mol Biol Rep,2015,42(3):603-609. doi:10.1007/s11033-014-3805-2.
[19009] Jiao H,Yao J,Song Y,Chen Y,Li D,Liu X,Chen X,Lin W,Li Y,Wang X. Morphological proof of nerve regeneration after long-term defects of rat sciatic nerves[J]. Int J Neurosci,2015,125(11):861-874. doi:10.3109/00207454.2014.984296.
[19010] Wang Y,Wang H,Mi D,Gu X,Hu W. Periodical assessment of electrophysiological recovery following sciatic nerve crush via surface stimulation in rats[J]. Neurol Sci,2015,36(3):449-456. doi:10.1007/s10072-014-2005-0.
[19011] Li M,Zhang P,Li H,Zhu Y,Cui S,Yao D. TGF-β1 is critical for Wallerian degeneration after rat sciatic nerve injury[J]. Neuroscience,2015,284:759-767. doi:10.1016/j.neuroscience.2014.10.051.
[19012] Zhou S,Zhang S,Wang Y,Yi S,Zhao L,Tang X,Yu B,Gu X,Ding F. MiR-21 and miR-222 inhibit apoptosis of adult dorsal root ganglion neurons by repressing TIMP3 following sciatic nerve injury[J]. Neurosci Lett,2015,586:43-49. doi:10.1016/j.neulet.2014.12.006.
[19013] Ding T,Zhu C,Yin JB,Zhang T,Lu YC,Ren J,Li YQ. Slow-releasing rapamycin-coated bionic peripheral nerve scaffold promotes the regeneration of rat sciatic nerve after injury[J]. Life Sci,2015,122:92-99. doi:10.1016/j.lfs.2014.12.005.
[19014] Wang Y,Zhou S,Xu H,Yan S,Xu D,Zhang Y. Up-regulation of NF45 correlates with Schwann cell proliferation after sciatic nerve crush[J]. J Mol Neurosci,2015,56(1):216-227. doi:10.1007/s12031-014-0484-3.
[19015] Li DY,Meng L,Ji N,Luo F. Effect of pulsed radiofrequency on rat sciatic nerve chronic constriction injury:a preliminary study[J]. Chin Med J,2015,128(4):540-544. doi:10.4103/0366-6999.151113.
[19016] Song XM,Xu XH,Zhu J,Guo Z,Li J,He C,Burnstock G,Yuan H,Xiang Z. Up-regulation of P2X7 receptors mediating proliferation of Schwann cells after sciatic nerve injury[J]. Purinergic Signal,2015,11(2):203-213. doi:10.1007/s11302-015-9445-8.
[19017] Wang L,Yuan D,Zhang D,Zhang W,Liu C,Cheng H,Song Y,Tan Q. Ginsenoside re promotes nerve regeneration by facilitating the proliferation,differentiation and migration of Schwann cells via the ERK-and JNK-dependent pathway in rat model of sciatic nerve crush injury[J]. Cell Mol Neurobiol,2015,35(6):827-840. doi:10.1007/s10571-015-0177-7.
[19018] Wang H,Fang J,Hu F,Li G,Hong HE. Seawater immersion aggravates sciatic nerve injury in rats[J]. Exp Ther Med,2015,9(4):1153-1160. doi:10.3892/etm.2015.2281.
[19019] Han N,Xu CG,Wang TB,Kou YH,Yin XF,Zhang PX,Xue F. Electrical stimulation does not enhance nerve regeneration if delayed after sciatic nerve injury:the role of fibrosis[J]. Neural Regen Res,2015,10(1):90-94. doi:10.4103/1673-5374.150714.
[19020] Tong LL,Ding YQ,Jing HB,Li XY,Qi JG. Differential motor and sensory functional recovery in male but not female adult rats is associated with remyelination rather than axon regeneration after sciatic nerve crush[J]. Neuroreport,2015,26(7):429-437. doi:10.1097/WNR.0000000000000366.
[19021] Feng X,Yuan W. Dexamethasone enhanced functional recovery after sciatic nerve crush injury in rats[J]. Biomed Res Int,2015,2015:627923. doi:10.1155/2015/627923.
[19022] Li H,Jia JP,Xu M,Zhang L. Changes in the blood-nerve barrier after sciatic nerve cold injury:indications supporting early treatment[J]. Neural Regen Res,2015,10(3):419-424. doi:10.4103/1673-5374.153690.
[19023] Wang Y,Ma M,Tang Q,Zhu L,Koleini M,Zou D. The effects of different tensile parameters for the neurodynamic mobilization technique on tricipital muscle wet weight and MuRf-1 expression in rabbits with sciatic nerve injury[J]. J Neuroeng Rehabil,2015,12:38. doi:10.1186/s12984-015-0034-4.
[19024] Zhang W,Zhu X,Liu Y,Chen M,Yan S,Mao X,Liu Z,Wu W,Chen C,Xu X,Wang Y. Nur77 was essential for neurite outgrowth and involved in Schwann cell differentiation after sciatic nerve injury[J]. J Mol Neurosci,2015,57(1):38-47. doi:10.1007/s12031-015-0575-9.
[19025] Zhou LN,Zhang JW,Liu XL,Zhou LH. Co-graft of bone marrow stromal cells and Schwann cells into acellular nerve scaffold for sciatic nerve regeneration in rats[J]. J Oral Maxillofac Surg,2015,73(8):1651-1660. doi:10.1016/j.joms.2015.02.013.
[19026] Dai L,Han Y,Ma T,Liu Y,Ren L,Bai Z,Li Y. Effects of deep electroacupuncture stimulation at "Huantiao" (GB 30) on expression of apoptosis-related factors in rats with acute sciatic nerve injury[J]. Evid Based Complement Alternat Med. 2015;2015:157897. doi:10.1155/2015/157897.
[19027] Wang Y,Li ZW,Luo M,Li YJ,Zhang KQ. Biological conduits combining bone marrow mesenchymal stem cells and extracellular matrix to treat long-segment sciatic nerve defects[J]. Neural Regen Res,2015,10(6):965-971. doi:10.4103/1673-5374.158362.
[19028] Lv Y,Nan P,Chen G,Sha Y,Xia B,Yang L. In vivo repair of rat transected sciatic nerve by low-intensity pulsed ultrasound and induced pluripotent stem cells-derived neural crest stem cells[J]. Biotechnol Lett,2015,37(12):2497-2506. doi:10.1007/s10529-015-1939-5.
[19029] Ren F,Zhang H,Qi C,Gao ML,Wang H,Li XQ. Blockade of transient receptor potential cation channel subfamily V member 1 promotes regeneration after sciatic nerve injury[J]. Neural Regen Res,2015,10(8):1324-1331. doi:10.4103/1673-5374.162770.
[19030] Zhao H,Yang BL,Liu ZX,Yu Q,Zhang WJ,Yuan K,Zeng HH,Zhu GC,Liu DM,Li Q. Microencapsulation improves inhibitory effects of transplanted olfactory ensheathing cells on pain after sciatic nerve injury[J]. Neural Regen Res,2015,10(8):1332-1337. doi:10.4103/1673-5374.162769.
[19031] Huo DS,Zhang M,Cai ZP,Dong CX,Wang H,Yang ZJ. The role of Nerve Growth Factor in ginsenoside RG1-induced regeneration of injured rat sciatic nerve[J]. J Toxicol Environ Health A,2015,78(21-22):1328-1337. doi:10.1080/15287394.2015.1085943.
[19032] Chen YM,Shen RW,Zhang B,Zhang WN. Regional tissue immune responses after sciatic nerve injury in rats[J]. Int J Clin Exp Med,2015,8(8):13408-13412.
[19033] Wu R,Yan Y,Yao J,Liu Y,Zhao J,Liu M. Calpain 3 expression pattern during gastrocnemius muscle atrophy and regeneration following sciatic nerve injury in rats[J]. Int J Mol Sci,2015,16(11):26927-26935. doi:10.3390/ijms161126003.
[19034] Zhao Q,Li ZY,Zhang ZP,Mo ZY,Chen SJ,Xiang SY,Zhang QS,Xue M. Polylactic-co-glycolic acid microspheres containing three neurotrophic factors promote sciatic nerve repair after injury[J]. Neural Regen Res,2015,10(9):1491-1497. doi:10.4103/1673-5374.165522.
[19035] Geng Z,Tong X,Jia H. Reactive oxygen species (ROS) mediates non-freezing cold injury of rat sciatic nerve[J]. Int J Clin Exp Med,2015,8(9):15700-15707.
[19036] Dong S,Cao Y,Li H,Tian J,Yi C,Sang W. Impact of ischemic preconditioning on ischemia-reperfusion injury of the rat sciatic nerve[J]. Int J Clin Exp Med,2015,8(9):16245-16251.
[19037] Cheng XL,Wang P,Sun B,Liu SB,Gao YF,He XZ,Yu CY. The longitudinal epineural incision and complete nerve transection method for modeling sciatic nerve injury[J]. Neural Regen Res,2015,10(10):1663-1668. doi:10.4103/1673-5374.167767.
[19038] Cui Y,Li J,Zhu Y,Tang H,He X,Xu Y. The neuroprotective effects of aspirin following crush injury to rat sciatic nerve[J]. Int J Clin Exp Med,2015,8(10):18185-18190.
[19039] Li HF,Wang YR,Huo HP,Wang YX,Tang J. Neuroprotective effects of ultrasound-guided Nerve Growth Factor injections after sciatic nerve injury[J]. Neural Regen Res,2015,10(11):1846-1855. doi:10.4103/1673-5374.170315.
[19040] Yao L,Liu YH,Li X,Ji YH,Yang XJ,Hang XT,Ding ZM,Liu F,Wang YH,Shen AG. CRMP1 interacted with spy1 during the collapse of growth cones induced by Sema3A and acted on regeneration after sciatic nerve crush[J]. Mol Neurobiol,2016,53(2):879-893. doi:10.1007/s12035-014-9049-2.
[19041] Hou H,Zhang L,Ye Z,Li J,Lian Z,Chen C,He R,Peng B,Xu Q,Zhang G,Gan W,Tang P. Chitooligosaccharide inhibits scar formation and enhances functional recovery in a mouse model of sciatic nerve injury[J]. Mol Neurobiol,2016,53(4):2249-2257. doi:10.1007/s12035-015-9196-0.
[19042] Chen Z,Zhang W,Ni L,Wang G,Cao Y,Wu W,Sun C,Yuan D,Ni H,Wang Y,Yang H. Spatiotemporal expression of poly(rC)-binding protein PCBP2

modulates Schwann cell proliferation after sciatic nerve injury[J]. Cell Mol Neurobiol,2016,36(5):725-735. doi:10.1007/s10571-015-0253-z.

[19043] Yao C,Shi X,Zhang Z,Zhou S,Qian T,Wang Y,Ding F,Gu X,Yu B. Hypoxia-induced upregulation of mir-132 promotes Schwann cell migration after sciatic nerve injury by targeting PRKAG3[J]. Mol Neurobiol,2016,53(8):5129-5139. doi:10.1007/s12035-015-9449-y.

[19044] Zhang ZM,Shi R,Chen H,Zhang Z. Lesional accumulation of CD8(+) cells in sciatic nerves of experimental autoimmune neuritis rats[J]. Neurol Sci,2016,37(2):199-203. doi:10.1007/s10072-015-2384-x.

[19045] Ma J,Yu H,Liu J,Chen Y,Wang Q,Xiang L. Curcumin promotes nerve regeneration and functional recovery after sciatic nerve crush injury in diabetic rats[J]. Neurosci Lett,2016,610:139-143. doi:10.1016/j.neulet.2015.11.005.

[19046] Liao C,Zheng R,Wei C,Yan J,Ding Y,Wang G,Li Z,Zhang Z. Tissue-engineered conduit promotes sciatic nerve regeneration following radiation-induced injury as monitored by magnetic resonance imaging[J]. Magn Reson Imaging,2016,34(4):515-523. doi:10.1016/j.mri.2015.12.004.

[19047] Chen S,Xie W,Strong JA,Jiang J,Zhang JM. Sciatic endometriosis induces mechanical hypersensitivity,segmental nerve damage,and robust local inflammation in rats[J]. Eur J Pain,2016,20(7):1044-1057. doi:10.1002/ejp.827.

[19048] Ma J,Liu J,Yu H,Chen Y,Wang Q,Xiang L. Beneficial effect of metformin on nerve regeneration and functional recovery after sciatic nerve crush injury in diabetic rats[J]. Neurochem Res,2016,41(5):1130-1137. doi:10.1007/s11064-015-1803-y.

[19049] Huang HC,Chen L,Zhang HX,Li SF,Liu P,Zhao TY,Li CX. Autophagy promotes peripheral nerve regeneration and motor recovery following sciatic nerve crush injury in rats[J]. J Mol Neurosci,2016,58(4):416-423. doi:10.1007/s12031-015-0672-9.

[19050] Xu F,Huang J,He Z,Chen J,Tang X,Song Z,Guo Q,Huang C. Microglial polarization dynamics in dorsal spinal cord in the early stages following chronic sciatic nerve damage[J]. Neurosci Lett,2016,617:6-13. doi:10.1016/j.neulet.2016.01.038.

[19051] Wang J,Muheremu A,Zhang M,Gong K,Huang C,Ji Y,Wei Y,Ao Q. MicroRNA-338 and microRNA-21 co-transfection for the treatment of rat sciatic nerve injury[J]. Neurol Sci,2016,37(6):883-890. doi:10.1007/s10072-016-2500-6.

[19052] Ren HY,Ding YQ,Xiao X,Xie WZ,Feng YP,Li XY,Qi JG. Behavioral characterization of neuropathic pain on the glabrous skin areas reinnervated solely by axotomy-regenerative axons after adult rat sciatic nerve crush[J]. Neuroreport,2016,27(6):404-414. doi:10.1097/WNR.0000000000000554.

[19053] Dong HY,Jiang XM,Niu CB,Du L,Feng JY,Jia FY. Cerebrolysin improves sciatic nerve dysfunction in a mouse model of diabetic peripheral neuropathy[J]. Neural Regen Res,2016,11(1):156-162. doi:10.4103/1673-5374.175063.

[19054] Li H,Zhang L,Xu M. Dexamethasone prevents vascular damage in early-stage non-freezing cold injury of the sciatic nerve[J]. Neural Regen Res,2016,11(1):163-167. doi:10.4103/1673-5374.175064.

[19055] Zheng J,Sun J,Lu X,Zhao P,Li K,Li L. BDNF promotes the axonal regrowth after sciatic nerve crush through intrinsic neuronal capability upregulation and distal portion protection[J]. Neurosci Lett,2016,621:1-8. doi:10.1016/j.neulet.2016.04.006.

[19056] Wu W,Liu Y,Wang Y. Sam68 promotes Schwann cell proliferation by enhancing the PI3K/Akt pathway and acts on regeneration after sciatic nerve crush[J]. Biochem Biophys Res Commun,2016,473(4):1045-1051. doi:10.1016/j.bbrc.2016.04.013.

[19057] Dayawansa S,Zhang J,Shih CH,Tharakan B,Huang JH. Functional, electrophysiological recoveries of rats with sciatic nerve lesions following transplantation of elongated DRG cells[J]. Neurol Res,2016,38(4):352-357. doi:10.1080/01616412.2015.1105586.

[19058] Tang W,Li B,Chen S,Lu Y,Han N,Li X,Li Z,Wei Y. Increased GSK-3 expression in DRG microglia in response to sciatic nerve crush[J]. Acta Biochim Biophys Sin (Shanghai),2016,48(6):581-583. doi:10.1093/abbs/gmw027.

[19059] Jiang X,Ma J,Wei Q,Feng X,Qiao L,Liu L,Zhang B,Yu W. Effect of frankincense extract on nerve recovery in the rat sciatic nerve damage model[J]. Evid Based Complement Alternat Med,2016,2016:3617216. doi:10.1155/2016/3617216.

[19060] Ke T,Li R,Chen W. Inhibition of the NMDA receptor protects the rat sciatic nerve against ischemia/reperfusion injury[J]. Exp Ther Med,2016,11(5):1563-1572. doi:10.3892/etm.2016.3148.

[19061] Wang M,Zhang XM,Yang SB. Effect of Electroacupuncture on the expression of glycyl-tRNA synthetase and ultrastructure changes in atrophied rat peroneus longus muscle induced by sciatic nerve injection injury[J]. Evid Based Complement Alternat Med,2016,2016:7536234. doi:10.1155/2016/7536234.

[19062] Xiang Q,Yu C,Zhu YF,Li CY,Tian RB,Li XH. Nuclear factor erythroid 2-related factor 2 antibody attenuates thermal hyperalgesia in the dorsal root ganglion:Neurochemical changes and behavioral studies after sciatic nerve-pinch injury[J]. Injury,2016,47(8):1647-1654. doi:10.1016/j.injury.2016.06.006.

[19063] Chen X,Zhang J,Wang X,Bi J. Functional recovery from sciatic nerve crush injury is delayed because of increased distal atrophy in mice lacking the p75 receptor[J]. Neuroreport,2016,27(12):940-947. doi:10.1097/WNR.0000000000000635.

[19064] Wang Y,Zhang W,Zhu X,Wang Y,Mao X,Xu X,Wang Y. Upregulation of AEG-1 involves in Schwann cell proliferation and migration after sciatic nerve crush[J]. J Mol Neurosci,2016,60(2):248-257. doi:10.1007/s12031-016-0782-z.

[19065] Zheng M,Duan J,He Z,Wang Z,Mu S,Zeng Z,Qu J,Zhang J,Wang D. Overexpression of tropomyosin receptor kinase A improves the survival and Schwann-like cell differentiation of bone marrow stromal cells in nerve grafts for bridging rat sciatic nerve defects[J]. Cytotherapy,2016,18(10):1256-1269. doi:10.1016/j.jcyt.2016.06.015.

[19066] Wu W,Liu Q,Liu Y,Yu Z,Wang Y. Dixdc1 targets CyclinD1 and p21 via PI3K pathway activation to promote Schwann cell proliferation after sciatic nerve crush[J]. Biochem Biophys Res Commun,2016,478(2):956-963. doi:10.1016/j.bbrc.2016.08.058.

[19067] Qin J,Zha GB,Yu J,Zhang HH,Yi S. Differential temporal expression of matrix metalloproteinases following sciatic nerve crush[J]. Neural Regen Res,2016,11(7):1165-1171. doi:10.4103/1673-5374.187059.

[19068] Yuan W,Feng X. Immune cell distribution and immunoglobulin levels change following sciatic nerve injury in a rat model[J]. Iran J Basic Med Sci,2016,19(7):794-799.

[19069] Liu GM,Xu K,Li J,Luo YG. Curcumin upregulates S100 expression and improves regeneration of the sciatic nerve following its complete amputation in mice[J]. Neural Regen Res,2016,11(8):1304-1311. doi:10.4103/1673-5374.189196.

[19070] Li YJ,Zhao BL,Lv HZ,Qin ZG,Luo M. Acellular allogeneic nerve grafting combined with bone marrow mesenchymal stem cell transplantation for the repair of long-segment sciatic nerve defects:biomechanics and validation of mathematical models[J]. Neural Regen Res,2016,11(8):1322-1326. doi:10.4103/1673-5374.189198.

[19071] Xu XF,Zhang DD,Liao JC,Xiao L,Wang Q,Qiu W. Galanin and its receptor system promote the repair of injured sciatic nerves in diabetic rats[J]. Neural Regen Res,2016,11(9):1517-1526. doi:10.4103/1673-5374.191228.

[19072] Wang H,Li X,Shan L,Zhu J,Chen R,Li Y,Yuan W,Yang L,Huang J. Recombinant hNeuritin promotes structural and functional recovery of sciatic nerve injury in rats[J]. Front Neurosci,2016 Dec 22;10:589. doi:10.3389/fnins.2016.00589.

[19073] Li BH,Yang K,Wang X. Biodegradable magnesium wire promotes regeneration of compressed sciatic nerves[J]. Neural Regen Res,2016,11(12):2012-2017. doi:10.4103/1673-5374.197146.

[19074] Guo X,Yu TY,Steven W,Jia WD,Ma C,Tao YH,Yang C,Lv TT,Wu S,Lu MQ,Liu JL. "Three Methods and Three Points" regulates p38 mitogen-activated protein kinase in the dorsal horn of the spinal cord in a rat model of sciatic nerve injury[J]. Neural Regen Res,2016,11(12):2018-2024. doi:10.4103/1673-5374.197147.

[19075] Zou Y,Xu F,Tang Z,Zhong T,Cao J,Guo Q,Huang C. Distinct calcitonin gene-related peptide expression pattern in primary afferents contribute to different neuropathic symptoms following chronic constriction or crush injuries to the rat sciatic nerve[J]. Mol Pain,2016,12:1744806916681566. doi:10.1177/1744806916681566.

[19076] Pan F,Yu TY,Wong S,Xian ST,Lu MQ,Wu JC,Gao YF,Li XQ,Geng N,Yao BB. Chinese tuina downregulates the elevated levels of tissue plasminogen activator in sciatic nerve injured Sprague-Dawley rats[J]. Chin J Integr Med,2017,23(8):617-624. doi:10.1007/s11655-015-2142-1.

[19077] Li S,Zhang R,Yuan Y,Yi S,Chen Q,Gong L,Liu J,Ding F,Cao Z,Gu X. MiR-340 regulates fibrinolysis and axon regrowth following sciatic nerve injury[J]. Mol Neurobiol,2017,54(6):4379-4389. doi:10.1007/s12035-016-9965-4.

[19078] Ni XJ,Wang XD,Zhao YH,Sun HL,Hu YM,Yao J,Wang Y. The effect of low-intensity ultrasound on Brain-Derived Neurotropic Factor expression in a rat sciatic nerve crushed injury model[J]. Ultrasound Med Biol,2017,43(2):461-468. doi:10.1016/j.ultrasmedbio.2016.09.017.

[19079] Li R,Wu J,Lin Z,Nangle MR,Li Y,Cai P,Liu D,Ye L,Xiao Z,He C,Ye J,Zhang H,Zhao Y,Wang J,Li X,He Y,Ye Q,Xiao J. Single injection of a novel Nerve Growth Factor coacervate improves structural and functional regeneration after sciatic nerve injury in adult rats[J]. Exp Neurol,2017,288:1-10. doi:10.1016/j.expneurol.2016.10.015.

[19080] Xiang F,Wei D,Yang Y,Chi H,Yang K,Sun Y. Tissue-engineered nerve graft with tetramethylpyrazine for repair of sciatic nerve defects in rats[J]. Neurosci Lett,2017,638:114-120. doi:10.1016/j.neulet.2016.12.026.

[19081] Liu Y,Wu W,Yang H,Zhou Z,Zhu X,Sun C,Liu Y,Yu Z,Chen Y,Wang Y. Upregulated expression of TRIM32 is involved in Schwann cell differentiation,migration and neurite outgrowth after sciatic nerve crush[J]. Neurochem Res,2017,42(4):1084-1095. doi:10.1007/s11064-016-2142-3.

[19082] Wang J,Ma SH,Tao R,Xia LJ,Liu L,Jiang YH. Gene expression profile changes in rat dorsal horn after sciatic nerve injury[J]. Neurol Res,2017,39(2):176-182. doi:10.1080/01616412.2016.1273590.

[19083] Yu J,Wang M,Liu J,Zhang X,Yang S. Effect of electroacupuncture on the expression of agrin and acetylcholine receptor subtypes in rats with tibialis anterior muscular atrophy induced by sciatic nerve injection injury[J]. Acupunct Med,2017,35(4):268-275. doi:10.1136/acupmed-2015-011005.

[19084] Han B,Zhao JY,Wang WT,Li ZW,He AP,Song XY. Cdc42 promotes Schwann cell proliferation and migration through Wnt/β-Catenin and p38 MAPK signaling pathway after sciatic nerve injury[J]. Neurochem Res,2017,42(5):1317-1324. doi:10.1007/s11064-017-2175-2.

[19085] Hei WH,Almansoori AA,Sung MA,Ju KW,Seo N,Lee SH,Kim BJ,Kim SM,Jahng JW,He H,Lee JH. Adenovirus vector-mediated ex vivo gene transfer of Brain-Derived Neurotrophic Factor (BDNF) tohuman umbilical cord blood-derived mesenchymal stem cells (UCB-MSCs) promotescrush-injured rat sciatic nerve regeneration[J]. Neurosci Lett,2017,643:111-120. doi:10.1016/j.neulet.2017.02.030.

[19086] Liu X,Sun Y,Li H,Li Y,Li M,Yuan Y,Cui S,Yao D. Effect of Spp1 on nerve degeneration and regeneration after rat sciatic nerve injury[J]. BMC Neurosci,2017,18(1):30. doi:10.1186/s12868-017-0348-1.

[19087] Wang GW,Yang H,Wu WF,Zhang P,Wang JY. Design and optimization of a biodegradable porous zein conduit using microtubes as a guide for rat sciatic nerve defect repair[J]. Biomaterials,2017,131:145-159. doi:10.1016/j.biomaterials.2017.03.038.

[19088] Gao SH,Shen LL,Wen HZ,Zhao YD,Ruan HZ. Inhibition of metabotropic glutamate receptor subtype 1 alters the excitability of the commissural pyramidal neuron in the rat anterior cingulate cortex after chronic constriction injury to the sciatic nerve[J]. Anesthesiology,2017,127(3):515-533. doi:10.1097/ALN.0000000000001654.

[19089] Liu L,Yin Y,Li F,Malhotra C,Cheng J. Flow cytometry analysis of inflammatory cells isolated from the sciatic nerve and DRG after chronic constriction injury in mice[J]. J Neurosci Methods,2017,284:47-56. doi:10.1016/j.jneumeth.2017.04.012.

[19090] Chen MM,Qin J,Chen SJ,Yao LM,Zhang LY,Yin ZQ,Liao H. Quercetin promotes motor and sensory function recovery following sciatic nerve-crush injury in C57BL/6J mice[J]. J Nutr Biochem,2017,46:57-67. doi:10.1016/j.jnutbio.2017.04.006.

[19091] Wang Q,Chen J,Niu Q,Fu X,Sun X,Tong X. The application of graphene oxidized combining with decellularized scaffold to repair of sciatic nerve injury in rats[J]. Saudi Pharm J,2017,25(4):469-476. doi:10.1016/j.jsps.2017.04.008.
[19092] Li Y,Yao D,Zhang J,Liu B,Zhang L,Feng H,Li B. The effects of epidermal neural crest stem cells on local inflammation microenvironment in the defected sciatic nerve of rats[J]. Front Mol Neurosci,2017,10:133. doi:10.3389/fnmol.2017.00133.
[19093] Zhao Z,Li X,Li Q. Curcumin accelerates the repair of sciatic nerve injury in rats through reducing Schwann cells apoptosis and promoting myelinization[J]. Biomed Pharmacother,2017,92:1103-1110. doi:10.1016/j.biopha.2017.05.099.
[19094] Li R,Zou S,Wu Y,Li Y,Khor S,Mao Y,He H,Xu K,Zhang H,Li X,Wang J,Jiang H,Jin Q,Ye Q,Wang Z,Xiao J. Heparin-based coacervate of bFGF facilitates peripheral nerve regeneration by inhibiting endoplasmic reticulum stress following sciatic nerve injury[J]. Oncotarget,2017,8(29):48086-48097. doi:10.18632/oncotarget.18256.
[19095] Song J,Li X,Li Y,Che J,Li X,Zhao X,Chen Y,Zheng X,Yuan W. Biodegradable and biocompatible cationic polymer delivering microRNA-221/222 promotes nerve regeneration after sciatic nerve crush[J]. Int J Nanomedicine,2017,12:4195-4208. doi:10.2147/IJN.S132190.
[19096] Ji ZH,Liu ZJ,Liu ZT,Zhao W,Williams BA,Zhang HF,Li L,Xu SY. Diphenyleneiodonium mitigates bupivacaine-induced sciatic nerve damage in a diabetic neuropathy rat model by attenuating oxidative stress[J]. Anesth Analg,2017,125(2):653-661. doi:10.1213/ANE.0000000000002186.
[19097] Zhang M,Jiang MH,Kim DW,Ahn W,Chung E,Son Y,Chi G. Comparative analysis of the cell fates of induced Schwann cells from subcutaneous fat tissue and naïve Schwann cells in the sciatic nerve injury model[J]. Biomed Res Int,2017,2017:1252851. doi:10.1155/2017/1252851.
[19098] Zhang W,Zhang L,Liu J,Zhang L,Zhang J,Tang P. Repairing sciatic nerve injury with an EPO-loaded nerve conduit and sandwiched-in strategy of transplanting mesenchymal stem cells[J]. Biomaterials,2017,142:90-100. doi:10.1016/j.biomaterials.2017.06.024.
[19099] Cao S,Deng W,Li Y,Qin B,Zhang L,Yu S,Xie P,Xiao Z,Yu T. Chronic constriction injury of sciatic nerve changes circular RNA expression in rat spinal dorsal horn[J]. J Pain Res,2017,10:1687-1696. doi:10.2147/JPR.S139592.
[19100] Zhou C,Liu B,Huang Y,Zeng X,You H,Li J,Zhang Y. The effect of four types of artificial nerve graft structures on the repair of 10-mm rat sciatic nerve gap[J]. J Biomed Mater Res A,2017,105(11):3077-3085. doi:10.1002/jbm.a.36172.
[19101] Zhang MT,Wang B,Jia YN,Liu N,Ma PS,Gong SS,Niu Y,Sun T,Li YX,Yu JQ. Neuroprotective effect of liquiritin against neuropathic pain induced by chronic constriction injury of the sciatic nerve in mice[J]. Biomed Pharmacother,2017,95:186-198. doi:10.1016/j.biopha.2017.07.167.
[19102] Zhang Y,Zhan Y,Han N,Kou Y,Yin X,Zhang P. Analysis of temporal expression profiles after sciatic nerve injury by bioinformatic method[J]. Sci Rep,2017,7(1):9818. doi:10.1038/s41598-017-10127-1.
[19103] Yu J,Wang S,Wu C,Yi S. Deep sequencing reveals the significant involvement of cAMP-related signaling pathways following sciatic nerve crush[J]. Neurochem Res,2017,42(12):3603-3611. doi:10.1007/s11064-017-2409-3.
[19104] Zhi MJ,Liu K,Zheng ZL,He X,Li T,Sun G,Zhang M,Wang FC,Gao XY,Zhu B. Application of the chronic constriction injury of the partial sciatic nerve model to assess acupuncture analgesia[J]. J Pain Res,2017,10:2271-2280. doi:10.2147/JPR.S139324.
[19105] Ma Y,Ge S,Zhang J,Zhou D,Li L,Wang X,Su J. Mesenchymal stem cell-derived extracellular vesicles promote nerve regeneration after sciatic nerve crush injury in rats[J]. Int J Clin Exp Pathol,2017,10(9):10032-10039.
[19106] Xue C,Zhu H,Tan D,Ren H,Gu X,Zhao Y,Zhang P,Sun Z,Yang Y,Gu J,Gu Y,Gu X. Electrospun silk fibroin-based neural scaffold for bridging a long sciatic nerve gap in dogs[J]. J Tissue Eng Regen Med,2018,12(2):e1143-e1153. doi:10.1002/term.2449.
[19107] Yao Y,Cui Y,Zhao Y,Xiao Z,Li X,Han S,Chen B,Fang Y,Wang P,Pan J,Dai J. Efect of longitudinally oriented collagen conduit combined with Nerve Growth Factor on nerve regeneration after dog sciatic nerve injury[J]. J Biomed Mater Res B Appl Biomater,2018,106(6):2131-2139. doi:10.1002/jbm.b.34020.
[19108] Guo D,Lu X,Xu X,Gou H,Wang Z,Cao Y,Luo X. Therapeutic effect of Vinorine on sciatic nerve injured rat[J]. Neurochem Res,2018,43(2):375-386. doi:10.1007/s11064-017-2432-4.
[19109] Wu W,Niu Y,Kong X,Liu D,Long X,Shu S,Su X,Wang B,Liu X,Ma Y,Wang L. Application of diffusion tensor imaging in quantitatively monitoring chronic constriction injury of rabbit sciatic nerves:correlation with histological and functional changes[J]. Br J Radiol,2018,91(1083):20170414. doi:10.1259/bjr.20170414.
[19110] Lin T,Qiu S,Yan L,Zhu S,Zheng C,Zhu Q,Liu X. Miconazole enhances nerve regeneration and functional recovery after sciatic nerve crush injury[J]. Muscle Nerve,2018,57(5):821-828. doi:10.1002/mus.26033.
[19111] Tang G,Yao J,Shen R,Ji A,Ma K,Cong B,Wang F,Zhu L,Wang X,Ding Y,Zhang B. Reduced inflammatory factor expression facilitates recovery after sciatic nerve injury in TLR4 mutant mice[J]. Int Immunopharmacol,2018,55:77-85. doi:10.1016/j.intimp.2017.12.007.
[19112] Xu M,Cheng Z,Ding Z,Wang Y,Guo Q,Huang C. Resveratrol enhances IL-4 receptor-mediated anti-inflammatory effects in spinal cord and attenuates neuropathic pain following sciatic nerve injury[J]. Mol Pain,2018,14:1744806918767549. doi:10.1177/1744806918767549.
[19113] Zhang YL,Liu YG,Chen DJ,Yang BL,Liu TT,Li JJ,Wang XQ,Li HR,Liu ZX. Microencapsulated Schwann cell transplantation inhibits P2X2/3 receptors overexpression in a sciatic nerve injury rat model with neuropathic pain[J]. Neurosci Lett,2018,676:51-57. doi:10.1016/j.neulet.2018.03.063.
[19114] Yu M,Zhao Y,Zhang X. Gardenoside combined with ozone inhibits the expression of P2X3 and P2X7 purine receptors in rats with sciatic nerve injury[J]. Mol Med Rep,2018,17(6):7980-7986. doi:10.3892/mmr.2018.8803.
[19115] Hu LN,Tian JX,Gao W,Zhu J,Mou FF,Ye XC,Liu YP,Lu PP,Shao SJ,Guo HD. Electroacupuncture and moxibustion promote regeneration of injured sciatic nerve through Schwann cell proliferation and Nerve Growth Factor secretion[J]. Neural Regen Res,2018,13(3):477-483. doi:10.4103/1673-5374.228731.
[19116] Zhou XB,Liu N,Wang D,Zou DX,Wei CW,Zhou JL. Neuroprotective effect of ischemic postconditioning on sciatic nerve transection[J]. Neural Regen Res,2018,13(3):492-496. doi:10.4103/1673-5374.228733.
[19117] Liu Y,Wang S,Ding D,Yu Z,Sun W,Wang Y. Up-regulation of Cdc37 contributes to Schwann cell proliferation and migration after sciatic nerve crush[J]. Neurochem Res,2018,43(6):1182-1190. doi:10.1007/s11064-018-2535-6.
[19118] Sang Q,Sun D,Chen Z,Zhao W. NGF and PI3K/Akt signaling participate in the ventral motor neuronal protection of curcumin in sciatic nerve injury rat models[J]. Biomed Pharmacother,2018,103:1146-1153. doi:10.1016/j.biopha.2018.04.116.
[19119] Wu DM,Wen X,Han XR,Wang S,Wang YJ,Shen M,Fan SH,Zhuang J,Zhang ZF,Shan Q,Li MQ,Hu B,Sun CH,Lu J,Zheng YL. MiR-142-3p enhances cell viability and inhibits apoptosis by targeting CDKN1B and TIMP3 following sciatic nerve injury[J]. Cell Physiol Biochem,2018,46(6):2347-2357. doi:10.1159/000489626.
[19120] Ding Z,Cao J,Shen Y,Zou Y,Yang X,Zhou W,Guo Q,Huang C. Resveratrol promotes nerve regeneration via activation of p300 acetyltransferase-mediated vegf signaling in a rat model of sciatic nerve crush injury[J]. Front Neurosci,2018,12:341. doi:10.3389/fnins.2018.00341.
[19121] Zhang H,Li Y,Yang Q,Liu XG,Dougherty PM. Morphological and physiological plasticity of spinal lamina II GABA neurons is induced by sciatic nerve chronic constriction injury in mice[J]. Front Cell Neurosci,2018,12:143. doi:10.3389/fncel.2018.00143.
[19122] Li Y,Sun Y,Cai M,Zhang H,Gao N,Huang H,Cui S,Yao D. Fas ligand gene (FasLG) plays an important role in nerve degeneration and regeneration after rat sciatic nerve injury[J]. Front Mol Neurosci,2018,11:210. doi:10.3389/fnmol.2018.00210.
[19123] Pan H,Ding Y,Yan N,Nie Y,Li M,Tong L. Trehalose prevents sciatic nerve damage to and apoptosis of Schwann cells of streptozotocin-induced diabetic C57BL/6J mice[J]. Biomed Pharmacother,2018,105:907-914. doi:10.1016/j.biopha.2018.06.069.
[19124] Huang D,Yang J,Liu X,He L,Luo X,Tian H,Xu T,Zeng J. P2Y(6) receptor activation is involved in the development of neuropathic pain induced by chronic constriction injury of the sciatic nerve in rats[J]. J Clin Neurosci,2018,56:156-162. doi:10.1016/j.jocn.2018.07.013.
[19125] Mao P,Li CR,Zhang SZ,Zhang Y,Liu BT,Fan BF. Transcriptomic differential lncRNA expression is involved in neuropathic pain in rat dorsal root ganglion after spared sciatic nerve injury[J]. Braz J Med Biol Res,2018,51(10):e7113. doi:10.1590/1414-431X20187113.
[19126] Guan Q,Su B,Wei X,Wang S,Wang M,Liu N,Jiang W,Xu M,Yu S. Protective effect of calpeptin on acrylamide-induced microtubule injury in sciatic nerve[J]. Toxicology,2018,409:103-111. doi:10.1016/j.tox.2018.08.002.
[19127] Xu L,Liu Y,Sun Y,Li H,Mi W,Jiang Y. Analgesic effects of TLR4/NF-B signaling pathway inhibition on chronic neuropathic pain in rats following chronic constriction injury of the sciatic nerve[J]. Biomed Pharmacother,2018,107:526-533. doi:10.1016/j.biopha.2018.07.116.
[19128] Huang MQ,Cao XY,Chen XY,Liu YF,Zhu SL,Sun ZL,Kong XB,Huo JR,Zhang S,Xu YQ. Saikosaponin a increases interleukin-10 expression and inhibits scar formation after sciatic nerve injury[J]. Neural Regen Res,2018,13(9):1650-1656. doi:10.4103/1673-5374.237139.
[19129] Pu S,Li S,Xu Y,Wu J,Lv Y,Du D. Role of receptor-interacting protein 1/receptor-interacting protein 3 in inflammation and necrosis following chronic constriction injury of the sciatic nerve[J]. Neuroreport,2018,29(16):1373-1378. doi:10.1097/WNR.0000000000001120.
[19130] Gu Y,Wu Y,Su W,Xing L,Shen Y,He X,Li L,Yuan Y,Tang X,Chen G. 17β-Estradiol enhances Schwann cell differentiation via the ERβ-ERK1/2 signaling pathway and promotes remyelination in injured sciatic nerves[J]. Front Pharmacol,2018,9:1026. doi:10.3389/fphar.2018.01026.
[19131] Wang B,Zhang G,Yang M,Liu N,Li YX,Ma H,Ma L,Sun T,Tan H,Yu J. Neuroprotective effect of anethole against neuropathic pain induced by chronic constriction injury of the sciatic nerve in mice[J]. Neurochem Res,2018,43(12):2404-2422. doi:10.1007/s11064-018-2668-7.
[19132] Ding D,Zhang P,Liu Y,Wang Y,Sun W,Yu Z,Cheng Z,Wang Y. Runx2 was correlated with neurite outgrowth and Schwann cell differentiation,migration after sciatic nerve crush[J]. Neurochem Res,2018,43(12):2423-2434. doi:10.1007/s11064-018-2670-0.
[19133] Hou B,Ye Z,Ji W,Cai M,Ling C,Chen C,Guo Y. Comparison of the effects of BMSC-derived Schwann cells and autologous Schwann cells on remyelination using a rat sciatic nerve defect model[J]. Int J Biol Sci,2018,14(13):1910-1922. doi:10.7150/ijbs.26765.
[19134] Ni XJ,Wang XD,Zhao YH,Qiu JY,Chen Y,Wang Y,Chang JJ. The high-frequency ultrasound detection of rat sciatic nerve in a crushed injury model[J]. Ultrasound Q,2019,35(2):120-124. doi:10.1097/RUQ.0000000000000370.
[19135] Zhang Y,Liu HL,An LJ,Li L,Wei M,Ge DJ,Su Z. miR-124-3p attenuates neuropathic pain induced by chronic sciatic nerve injury in rats via targeting EZH2[J]. J Cell Biochem,2019,120(4):5747-5755. doi:10.1002/jcb.27861.
[19136] Meng D,Chen H,Lin Y,Lin H,Hou C. Transferring of femoral nerve motor branches for high-level sciatic nerve injury:a cadaver feasibility study[J]. Acta Neurochir(Wien),2019,161(2):279-286. doi:10.1007/s00701-018-3746-y.
[19137] Yu ZY,Geng J,Li ZQ,Sun YB,Wang SL,Masters J,Wang DX,Guo XY,Li M,Ma D. Dexmedetomidine enhances ropivacaine-induced sciatic nerve injury in diabetic rats[J]. Br J Anaesth,2019,122(1):141-149. doi:10.1016/j.bja.2018.08.022.
[19138] Wang ZY,Qin LH,Zhang WG,Zhang PX,Jiang BG. Qian-Zheng-San promotes regeneration after sciatic nerve crush injury in rats[J]. Neural Regen Res,2019,14(4):683-691. doi:10.4103/1673-5374.247472.
[19139] Jiang J,Zhang Z,Yu Y,Luan M,Ma Z,Gao F,Yu S. Screening of NogoA/NTR-related differential genes in rat sciatic nerve injury signal pathway[J]. Per Med,2019,16(2):93-105. doi:10.2217/pme-2018-0088.
[19140] Lin YF,Xie Z,Zhou J,Chen HH,Shao WW,Lin HD. Effect of exogenous spastin combined with polyethylene glycol on sciatic nerve injury[J]. Neural Regen Res,2019,14(7):1271-1279. doi:10.4103/1673-5374.251336.
[19141] Wang X,Zhao H,Ni J,Pan J,Hua H,Wang Y. Identification of suitable reference

genes for gene expression studies in rat skeletal muscle following sciatic nerve crush injury[J]. Mol Med Rep,2019,19(5):4377-4387. doi:10.3892/mmr.2019.10102.

[19142] Li L,Li Y,Fan Z,Wang X,Li Z,Wen J,Deng J,Tan D,Pan M,Hu X,Zhang H,Lai M,Guo J. Ascorbic acid facilitates neural regeneration after sciatic nerve crush injury[J]. Front Cell Neurosci,2019,13:108. doi:10.3389/fncel.2019.00108.

[19143] Zhang DY,Yu K,Yang Z,Liu XZ,Ma XF,Li YX. Variation in expression of small ubiquitin-like modifiers in injured sciatic nerve of mice[J]. Neural Regen Res,2019,14(8):1455-1461. doi:10.4103/1673-5374.253531.

[19144] Zhu H,Wang Y,Yang X,Wan G,Qiu Y,Ye X,Gao Y,Wan D. Catalpol improves axonal outgrowth and reinnervation of injured sciatic nerve by activating Akt/mTOR pathway and regulating BDNF and PTEN expression[J]. Am J Transl Res,2019,11(3):1311-1326.

[19145] Zheng Z,Liu J. GDNF-ADSCs-APG embedding enhances sciatic nerve regeneration after electrical injury in a rat model[J]. J Cell Biochem,2019,120(9):14971-14985. doi:10.1002/jcb.28759.

[19146] Aziz N,Rasul A,Malik SA,Anwar H,Imran A,Razzaq A,Shaukat A,Shahid Kamran SK,de Aguilar JG,Sun T,Hussain G. Supplementation of Cannabis sativa L. leaf powder accelerates functional recovery and ameliorates haemoglobin level following an induced injury to sciatic nerve in mouse model[J]. Pak J Pharm Sci,2019,32(2 (Supplementary):785-792.

[19147] Song H,Zhu Z,Zhou Y,Du N,Song T,Liang H,Chen X,Wang Y,Wang Y,Hu Y. MIF/CD74 axis participates in inflammatory activation of Schwann cells following sciatic nerve injury[J]. J Mol Histol,2019,50(4):355-367. doi:10.1007/s10735-019-09832-0.

[19148] Zhang L,Li B,Liu B,Dong Z. Co-transplantation of epidermal neural crest stem cells and olfactory ensheathing cells repairs sciatic nerve defects in rats[J]. Front Cell Neurosci,2019,13:253. doi:10.3389/fncel.2019.00253.

[19149] Gao J,Zhang L,Wei Y,Chen T,Ji X,Ye K,Yu J,Tang B,Sun X,Hu J. Human hair keratins promote the regeneration of peripheral nerves in a rat sciatic nerve crush model[J]. J Mater Sci Mater Med,2019,30(7):82. doi:10.1007/s10856-019-6283-1.

[19150] Zhuo P,Gao D,Xia Q,Ran D,Xia W. Sciatic nerve injury in children after gluteal intramuscular injection:Case reports on medical malpractice[J]. Med Sci Law,2019,59(3):139-142. doi:10.1177/0025802419851980.

[19151] Zhang G,Liu N,Zhu C,Ma L,Yang J,Du J,Zhang W,Sun T,Niu J,Yu J. Antinociceptive effect of isoorientin against neuropathic pain induced by the chronic constriction injury of the sciatic nerve in mice[J]. Int Immunopharmacol,2019,75:105753. doi:10.1016/j.intimp.2019.105753.

[19152] Wang XS,Chen X,Gu TW,Wang YX,Mi DG,Hu W. Axonotmesis-evoked plantar vasodilatation as a novel assessment of C-fiber afferent function after sciatic nerve injury in rats[J]. Neural Regen Res,2019,14(12):2164-2172. doi:10.4103/1673-5374.262595.

[19153] Alike Y,Yushan M,Keremu A,Abulaiti A,Liu ZH,Fu W,Yan LW,Yusufu A,Zhu QT. Application of custom anatomy-based nerve conduits on rabbit sciatic nerve defects:in vitro and in vivo evaluations[J]. Neural Regen Res,2019,14(12):2173-2182. doi:10.4103/1673-5374.262601.

[19154] Chen J,Li C,Liu W,Yan B,Hu X,Yang F. miRNA-155 silencing reduces sciatic nerve injury in diabetic peripheral neuropathy[J]. J Mol Endocrinol,2019,63(3):227-238. doi:10.1530/JME-19-0067.

[19155] Li K,Shi X,Luo M,Inam-U-Llah,Wu P,Zhang M,Zhang C,Li Q,Wang Y,Piao F. Taurine protects against myelin damage of sciatic nerve in diabetic peripheral neuropathy rats by controlling apoptosis of Schwann cells via NGF/Akt/GSK3β pathway[J]. Exp Cell Res,2019,383(2):111557. doi:10.1016/j.yexcr.2019.111557.

[19156] Wang D,Gao T,Zhao Y,Mao Y,Sheng Z,Lan Q. Nicotine exerts neuroprotective effects by attenuating local inflammatory cytokine production following crush injury to rat sciatic nerves[J]. Eur Cytokine Netw,2019,30(2):59-66. doi:10.1684/ecn.2019.0426.

[19157] Imran A,Xiao L,Ahmad W,Anwar H,Rasul A,Imran M,Aziz N,Razzaq A,Arshad MU,Shabbir A,Gonzalez de Aguilar JL,Sun T,Hussain G. Foeniculum vulgare (Fennel) promotes functional recovery and ameliorates oxidative stress following a lesion to the sciatic nerve in mouse model[J]. J Food Biochem,2019,43(9):e12983. doi:10.1111/jfbc.12983.

[19158] Xiang Q,Li JJ,Li CY,Tian RB,Li XH. Somatostatin type 2 receptor antibody enhances mechanical hyperalgesia in the dorsal root ganglion neurons after sciatic nerve-pinch injury:evidence of behavioral studies and bax protein expression[J]. CNS Neurol Disord Drug Targets,2019,18(10):791-797. doi:10.2174/1871527318666191101094412.

[19159] Huo DS,Sun JF,Cai ZP,Yan XS,Wang H,Jia JX,Yang ZJ. The protective mechanisms underlying Ginsenoside Rg1 effects on rat sciatic nerve injury[J]. J Toxicol Environ Health A,2019,82(19):1027-1035. doi:10.1080/15287394.2019.1684028.

[19160] Wang H,Zhang P,Yu J,Zhang F,Dai W,Yi S. Matrix metalloproteinase 7 promoted Schwann cell migration and myelination after rat sciatic nerve injury[J]. Mol Brain,2019,12(1):101. doi:10.1186/s13041-019-0516-6.

[19161] Yi-Zhen L,Run-Pei M,Tian-Yuan Y,Wan-Zhu B,Jing-Jing C,Meng-Qian L,Yi S,Yu-Ting L,Shuai S,Yu-Mo Z,Yan-Jun M,Tao-Tao L,Guo-Yong C. Mild mechanic stimulate on acupoints regulation of CGRP-positive cells and microglia morphology in spinal cord of sciatic nerve injured rats[J]. Front Integr Neurosci,2019,13:58. doi:10.3389/fnint.2019.00058.

[19162] Zhu B,Gao J,Ouyang Y,Hu Z,Chen X. Overexpression Of miR138 ameliorates spared sciatic nerve injury-induced neuropathic pain through the anti-inflammatory response in mice[J]. J Pain Res,2019,12:3135-3145. doi:10.2147/JPR.S219462.

[19163] Liu L,Tian D,Liu C,Yu K,Bai J. Metformin enhances functional recovery of peripheral nerve in rats with sciatic nerve crush injury[J]. Med Sci Monit,2019,25:10067-10076. doi:10.12659/MSM.918277.

[19164] Wang H,Ma J,He X,Xie Q,Fu Y,Wang P. Investigation for the correlation between brain injury and injured ipsilateral sciatic nerve regeneration in a rat model[J]. J Integr Neurosci,2019,18(4):467-473. doi:10.31083/j.jin.2019.04.1155.

[19165] Chen B,Chen Q,Parkinson DB,Dun XP. Analysis of Schwann cell migration and axon regeneration following nerve injury in the sciatic nerve bridge[J]. Front Mol Neurosci,2019,12:308. doi:10.3389/fnmol.2019.00308.

[19166] Qiu J,Yang X,Wang L,Zhang Q,Ma W,Huang Z,Bao Y,Zhong L,Sun H,Ding F. Isoquercitrin promotes peripheral nerve regeneration through inhibiting oxidative stress following sciatic crush injury in mice[J]. Ann Transl Med,2019,7(22):680. doi:10.21037/atm.2019.11.18.

[19167] Zhao H,Duan LJ,Sun QL,Gao YS,Yang YD,Tang XS,Zhao DY,Xiong Y,Hu ZG,Li CH,Chen SX,Liu T,Yu X. Identification of key pathways and genes in l4 dorsal root ganglion (DRG) after sciatic nerve injury via microarray analysis[J]. J Invest Surg,2020,33(2):172-180. doi:10.1080/08941939.2018.1452996.

[19168] Wang G,Wu W,Yang H,Zhang P,Wang JY. Intact polyaniline coating as a conductive guidance is beneficial to repairing sciatic nerve injury[J]. J Biomed Mater Res B Appl Biomater,2020,108(1):128-142. doi:10.1002/jbm.b.34372.

[19169] Chen J,Zhou XJ,Sun RB. Effect of the combination of high-frequency repetitive magnetic stimulation and neurotropin on injured sciatic nerve regeneration in rats[J]. Neural Regen Res,2020,15(1):145-151. doi:10.4103/1673-5374.264461.

[19170] Cheng XQ,Liang XZ,Wei S,Ding X,Han GH,Liu P,Sun X,Quan Q,Tang H,Zhao Q,Shang AJ,Peng J. Protein microarray analysis of cytokine expression changes in distal stumps after sciatic nerve transection[J]. Neural Regen Res,2020,15(3):503-511. doi:10.4103/1673-5374.266062.

[19171] Jiang X,Wang Y,Zhang B,Fei X,Guo X,Jia Y,Yu W. Acetyl-11-keto-β-boswellic acid regulates the repair of rat sciatic nerve injury by promoting the proliferation of Schwann cells[J]. Life Sci,2020,254:116887. doi:10.1016/j.lfs.2019.116887.

[19172] Jian C,Zhang L,Jinlong L,Bo T,Liu Z. Effects of brazilein on PSD-95 protein expression and neurological recovery in mice after sciatic nerve injury[J]. Neurosci Lett,2020,715:134547. doi:10.1016/j.neulet.2019.134547.

[19173] Zhu Y,Jin Z,Luo Y,Wang Y,Peng N,Peng J,Wang Y,Yu B,Lu C,Zhang S. Evaluation of the crushed sciatic nerve and denervated muscle with multimodality ultrasound techniques:an animal study[J]. Ultrasound Med Biol,2020,46(2):377-392. doi:10.1016/j.ultrasmedbio.2019.10.004.

[19174] Liu Y,Dong R,Zhang C,Yang Y,Xu Y,Wang H,Zhang M,Zhu J,Wang Y,Sun Y,Zhang Z. Therapeutic effects of nerve leachate-treated adipose-derived mesenchymal stem cells on rat sciatic nerve injury[J]. Exp Ther Med,2020,19(1):223-231. doi:10.3892/etm.2019.8203.

[19175] Li J,Liu Y,Liu HQ,Chen L,Li RJ. Ketogenic diet potentiates electrical stimulation-induced peripheral nerve regeneration after sciatic nerve crush injury in rats[J]. Mol Nutr Food Res,2020,64(7):e1900535. doi:10.1002/mnfr.201900535.

[19176] Lai M,Pan M,Ge L,Liu J,Deng J,Wang X,Li L,Wen J,Tan D,Zhang H,Hu X,Fu L,Xu Y,Li Z,Qiu X,Chen G,Guo J. NeuroD1 overexpression in spinal neurons accelerates axonal regeneration after sciatic nerve injury[J]. Exp Neurol,2020,327:113215. doi:10.1016/j.expneurol.2020.113215.

[19177] Zeng L,Cen Y,Chen J,Lei L,Zhang L,Qin X,Gao X,Wang Y,Zeng C. Effects of electroacupuncture on functional indices and pS6 expression following acute sciatic nerve crush injury in rats[J]. Acupunct Med,2020,38(3):181-187. doi:10.1136/acupmed-2016-011263.

[19178] Chen Y,Wang W,Zhao Z,Ren D,Xin D. 4-AP-3-MeOH promotes structural and functional spontaneous recovery in the acute sciatic nerve stretch injury[J]. Dose Response,2020,18(1):1559325819899254. doi:10.1177/1559325819899254.

[19179] Mo Y,Liu B,Qiu S,Wang X,Zhong L,Han X,Mi F. Down-regulation of microRNA-34c-5p alleviates neuropathic pain via the SIRT1/STAT3 signaling pathway in rat models of chronic constriction injury of sciatic nerve[J]. J Neurochem,2020,154(3):301-315. doi:10.1111/jnc.14998.

[19180] Zheng Y,Huang C,Yang X,Zhang Z. Altered expression of glycoprotein nonetastatic melanoma protein B in the distal sciatic nerve following injury[J]. Int J Mol Med,2020,45(6):1909-1917. doi:10.3892/ijmm.2020.4559.

[19181] Su H,Xu F,Sun H,Fu X,Zhao Y. Preparation and evaluation of BDNF composite conduits for regeneration of sciatic nerve defect in rats[J]. J Pharm Sci,2020,109(7):2189-2195. doi:10.1016/j.xphs.2020.03.027.

[19182] Zhang Y,Wang WT,Gong CR,Li C,Shi M. Combination of olfactory ensheathing cells and human umbilical cord mesenchymal stem cell-derived exosomes promotes sciatic nerve regeneration[J]. Neural Regen Res,2020,15(10):1903-1911. doi:10.4103/1673-5374.280330.

[19183] Zhang T,Niu J,Wang Y,Yan J,Hu W,Mi D. The role of C-afferents in mediating neurogenic vasodilatation in plantar skin after acute sciatic nerve injury in rats[J]. BMC Neurosci,2020,21(1):15. doi:10.1186/s12868-020-00564-6.

[19184] Cui M,Liang J,Xu D,Zhao L,Zhang X,Zhang L,Ren S,Liu D,Niu X,Zang YJ,Zhang B. NLRP3 inflammasome is involved in nerve recovery after sciatic nerve injury[J]. Int Immunopharmacol,2020,84:106492. doi:10.1016/j.intimp.2020.106492.

[19185] Ma Y,Zhai D,Zhang W,Zhang H,Dong L,Zhou Y,Feng D,Zheng Y,Wang T,Mao C,Wang X. Down-regulation of long non-coding RNA MEG3 promotes Schwann cell proliferation and migration and repairs sciatic nerve injury in rats[J]. J Cell Mol Med,2020,24(13):7460-7469. doi:10.1111/jcmm.15368.

[19186] Meng FW,Jing XN,Song GH,Jie LL,Shen FF. Prox1 induces new lymphatic vessel formation and promotes nerve reconstruction in a mouse model of sciatic nerve crush injury[J]. J Anat,2020,237(5):933-940. doi:10.1111/joa.13247.

[19187] Razzaq A,Hussain G,Rasul A,Xu J,Zhang Q,Malik SA,Anwar H,Aziz N,Braidy N,de Aguilar JG,Wei W,Li J,Li X. Strychnos nux-vomica L. seed preparation promotes functional recovery and attenuates oxidative stress in a mouse model of sciatic nerve crush injury[J]. BMC Complement Med Ther,2020,20(1):181. doi:10.1186/s12906-020-02950-3.

[19188] Zhang J,Ren J,Liu Y,Huang D,Lu L. Resveratrol regulates the recovery of rat sciatic nerve crush injury by promoting the autophagy of Schwann cells[J]. Life Sci,2020,256:117959. doi:10.1016/j.lfs.2020.117959.

[19189] Xu D,Liang J,Cui M,Zhang L,Ren S,Zheng W,Dong X,Zhang B. Saturated fatty acids activate the inflammatory signalling pathway in Schwann cells:Implication in sciatic nerve injury[J]. Scand J Immunol,2020,92(2):e12896. doi:10.1111/sji.12896.

[19190] Chen T,Li Y,Ni W,Tang B,Wei Y,Li J,Yu J,Zhang L,Gao J,Zhou J,Zhang W,Xu

H,Hu J. Human neural stem cell-conditioned medium inhibits inflammation in macrophages via SIRT-1 signaling pathway in vitro and promotes sciatic nerve injury recovery in rats[J]. Stem Cells Dev,2020,29(16):1084-1095. doi:10.1089/scd.2020.0020.
[19191] Lv TT,Mo YJ,Yu TY,Shao S,Lu MQ,Luo YT,Shen Y,Zhang YM,Steven W. Using RNA-seq to explore the repair mechanism of the three methods and three-acupoint technique on DRGs in sciatic nerve injured rats[J]. Pain Res Manag,2020,2020:7531409. doi:10.1155/2020/7531409.
[19192] Zhang D,Sun J,Yang B,Ma S,Zhang C,Zhao G. Therapeutic effect of Tetrapanax papyriferus and hederagenin on chronic neuropathic pain of chronic constriction injury of sciatic nerve rats based on KEGG pathway prediction and experimental verification[J]. Evid Based Complement Alternat Med,2020,2020:2545806. doi:10.1155/2020/2545806.
[19193] Zhao L,Song C,Huang Y,Lei W,Sun J. MMP-9 regulates CX3CL1/CX3CR1 in the early phase of neuropathic pain in chronic sciatic nerve constriction injury (CCI) rats[J]. Ann Palliat Med,2020,9(4):2020-2027. doi:10.21037/apm-20-1078.
[19194] Lv T,Mo Y,Yu T,Zhang Y,Shao S,Luo Y,Shen Y,Lu M,Wong SG. An investigation into the rehabilitative mechanism of tuina in the treatment of sciatic nerve injury[J]. Evid Based Complement Alternat Med,2020,2020:5859298. doi:10.1155/2020/5859298.
[19195] Sun X,Wang W,Dong Y,Wang Y,Zhang M,Wang Z,Yu X,Huang J,Cai H. Relationship between calcium circulation-related factors and muscle strength in rat sciatic nerve injury model[J]. Iran J Basic Med Sci,2020,23(5):654-662. doi:10.22038/IJBMS.2020.40915.9695.
[19196] Zhang J,Zhang Y,Chen L,Rao Z,Sun Y. Ulinastatin promotes regeneration of peripheral nerves after sciatic nerve injury by targeting let-7 microRNAs and enhancing NGF expression[J]. Drug Des Devel Ther,2020,14:2695-2705. doi:10.2147/DDDT.S255158.
[19197] Xing HY,Liu N,Zhou MW. Satellite cell proliferation and myofiber cross-section area increase after electrical stimulation following sciatic nerve crush injury in rats[J]. Chin Med J,2020,133(16):1952-1960. doi:10.1097/CM9.0000000000000822.
[19198] Gao L,Feng A,Yue P,Liu Y,Zhou Q,Zang Q,Teng J. LncRNA BC083743 promotes the proliferation of Schwann cells and axon regeneration through miR-103-3p/BDNF after sciatic nerve crush[J]. J Neuropathol Exp Neurol,2020,79(10):1100-1114. doi:10.1093/jnen/nlaa069.
[19199] Li Y,Wang L,Zhang G,Qiao X,Zhang M. SIRT1 mediates neuropathic pain induced by sciatic nerve chronic constrictive injury in the VTA-NAc pathway[J]. Pain Res Manag,2020,2020:4245968. doi:10.1155/2020/4245968.
[19200] Yang X,Xu X,Cai X,He J,Lu P,Guo Q,Wang G,Zhu H,Wang H,Xue C. Gene set enrichment analysis and protein-protein interaction network analysis after sciatic nerve injury[J]. Ann Transl Med,2020,8(16):988. doi:10.21037/atm-20-4958.
[19201] Li X,Yuan J,Yu X,Zhang Q,Qin B. Effect of PKC/NF-B on the regulation of P2X(3) receptor in dorsal root ganglion in rats with sciatic nerve injury[J]. Pain Res Manag,2020,2020:7104392. doi:10.1155/2020/7104392.
[19202] Yu F,Yuan Y,Xu H,Niu S,Han N,Zhang Y,Yin X,Kou Y,Jiang B. Neutrophil peptide-1 promotes the repair of sciatic nerve injury through the expression of proteins related to nerve regeneration[J]. Nutr Neurosci,2020 Oct 15. 1-11. doi:10.1080/1028415X.2020.1792617. Online ahead of print.
[19203] Zhang RR,Chen SL,Cheng ZC,Shen YY,Yi S,Xu H. Characteristics of cytokines in the sciatic nerve stumps and DRGs after rat sciatic nerve crush injury[J]. Mil Med Res,2020,7(1):57. doi:10.1186/s40779-020-00286-0.
[19204] Jia Y,Zhang M,Li P,Tang W,Liu Y,Hu Y,Cui Q,Liu M,Jiang J. Bioinformatics analysis of long non-coding RNAs involved in nerve regeneration following sciatic nerve injury[J]. Mol Pain,2020,16:1744806920971918. doi:10.1177/1744806920971918.
[19205] Wang J,Zhu YQ,Wang Y,Xu HG,Xu WJ,Wang YX,Cheng XQ,Quan Q,Hu YQ,Lu CF,Zhao YX,Jiang W,Liu C,Xiao L,Lu W,Zhu C,Wang AY. A novel tissue engineered nerve graft constructed with autologous vein and nerve microtissue repairs a long-segment sciatic nerve defect[J]. Neural Regen Res,2021,16(1):143-149. doi:10.4103/1673-5374.286977.
[19206] Zhang GF,Zhou ZQ,Guo J,Gu HW,Su MZ,Yu BC,Zhou F,Han BY,Jia M,Ji MH,Tao YX,Zhao CJ,Yang JJ. Histone deacetylase 3 in hippocampus contributes to memory impairment after chronic constriction injury of sciatic nerve in mice[J]. Pain,2021,162(2):382-395. doi:10.1097/j.pain.0000000000002056.
[19207] Xu WL,Aikeremu D,Sun JG,Zhang YJ,Xu JB,Zhou WZ,Zhao XB,Wang H,Yuan H. Effect of intensity-modulated radiation therapy on sciatic nerve injury caused by echinococcosis[J]. Neural Regen Res,2021,16(3):580-586. doi:10.4103/1673-5374.293153.
[19208] Zhang L,Chen X,Wu L,Li Y,Wang L,Zhao X,Zhao T,Zhang L,Yan Z,Wei G. Ameliorative effects of escin on neuropathic pain induced by chronic constriction injury of sciatic nerve[J]. J Ethnopharmacol,2021,267:113503. doi:10.1016/j.jep.2020.113503.
[19209] Mao Z,Huang R,Xu J,Guo R,Wei X. Liver X receptor in sciatic nerve exerts an alleviating effect on neuropathic pain behaviors induced by crush injury[J]. Neurochem Res,2021,46(2):358-366. doi:10.1007/s11064-020-03171-3.
[19210] Yuan YS,Yu F,Zhang YJ,Niu SP,Xu HL,Kou YH. Changes in proteins related to early nerve repair in a rat model of sciatic nerve injury[J]. Neural Regen Res,2021,16(8):1622-1627. doi:10.4103/1673-5374.301025.
[19211] Niu Y,Stadler FJ,Fu M. Biomimetic electrospun tubular PLLA/gelatin nanofiber scaffold promoting regeneration of sciatic nerve transection in SD rat[J]. Mater Sci Eng C Mater Biol Appl,2021,121:111858. doi:10.1016/j.msec.2020.111858.
[19212] Mehanna A,Szpotowicz E,Schachner M,Jakovcevski I. Improved regeneration after femoral nerve injury in mice lacking functional T-and B-lymphocytes[J]. Exp Neurol,2014,261:147-155. doi:10.1016/j.expneurol.2014.06.012.
[19213] Aikeremujiang Muheremu,Ao Q,Wang Y,Cao P,Peng J. Femoral nerve regeneration and its accuracy under different injury mechanisms[J]. Neural Regen Res,2015,10(10):1669-1673. doi:10.4103/1673-5374.167768.
[19214] Wei L,Xing DM,Liu J,Wu B. Research on the repairing effect of polylactic acid-trimethylene carbonate/GNDF slow-release catheter on the injured femoral nerve fiber[J]. Pak J Pharm Sci,2018,31(6Special):2903-2907.
[19215] Ding F,Cheng Q,Gu X. The repair effects of Achyranthes bidentata extract on the crushed common peroneal nerve of rabbits[J]. Fitoterapia,2008,79(3):161-167. doi:10.1016/j.fitote.2007.10.002.
[19216] Gong Y,Gong L,Gu X,Ding F. Chitooligosaccharides promote peripheral nerve regeneration in a rabbit common peroneal nerve crush injury model[J]. Microsurgery, 2009,29(8):650-656. doi:10.1002/micr.20686.
[19217] Chen L,Gu YD. Lowest number of brachial plexus nerve roots required for maintaining normal limb function--an experimental study[J]. Hand Surg,2001,6(1):37-45. doi:10.1142/s0218810401000412.
[19218] Cao X,Li J,Cao Y,Cai J. C3,4 transfer for neurotization of C5,6 nerve roots in brachial plexus injury in a rabbit model[J]. J Reconstr Microsurg,2003,19(4):265-270. doi:10.1055/s-2003-40583.
[19219] Xu JG,Wang H,Hu SN,Gu YD. Selective transfer of the C7 nerve root:an experimental study[J]. J Reconstr Microsurg,2004,20(6):463-470;discussion 471-472. doi:10.1055/s-2004-833503.
[19220] Jin H,Wu Z,Tian T,Gu Y. Apoptosis in atrophic skeletal muscle induced by brachial plexus injury in rats[J]. J Trauma,2001,50(1):31-35. doi:10.1097/00005373-200101000-00005.
[19221] Wang H,Spinner RJ,Windebank AJ. Quantitative evaluation of movement and strength of the upper limb after transection of the C7 nerve:is it possible in an animal model?[J]. J Neurosurg Spine,2009,10(2):102-110. doi:10.3171/2008.10.SPI08468.
[19222] Chen L,Lu LJ,Meng XT,Chen D,Zhang ZX,Yang F. Reimplantation combined with transplantation of transgenic neural stem cells for treatment of brachial plexus root avulsion[J]. Chin J Traumatol,2008,11(5):267-273. doi:10.1016/s1008-1275(08)60054-1.
[19223] Zheng Z,Hu Y,Tao W,Zhang X,Li Y. Dorsal root entry zone lesions for phantom limb pain with brachial plexus avulsion:a study of pain and phantom limb sensation[J]. Stereotact Funct Neurosurg,2009,87(4):249-255. doi:10.1159/000225978.
[19224] Chen LJ,Zhang FG,Li J,Song HX,Zhou LB,Yao BC,Li F,Li WC. Expression of calcitonin gene-related peptide in anterior and posterior horns of the spinal cord after brachial plexus injury[J]. J Clin Neurosci,2010,17(1):87-91. doi:10.1016/j.jocn.2009.03.042.
[19225] Huang YG,Chen L,Gu YD,Yu GR. Sympathetic preganglionic neurons project to superior cervical ganglion via C7 spinal nerve in pup but not in adult rats[J]. Auton Neurosci,2010,154(1-2):54-58. doi:10.1016/j.autneu.2009.11.004.
[19226] Mei RJ,Xu YY,Li Q. Experimental study on mechanical vibration massage for treatment of brachial plexus injury in rats[J]. J Tradit Chin Med,2010,30(3):190-195. doi:10.1016/s0254-6272(10)60039-8.
[19227] Chen LJ,Ren YH,Liu L,Zhang XQ,Zhao Y,Wu WT,Li F. Upregulated expression of GAP-43 mRNA and protein in anterior horn motoneurons of the spinal cord after brachial plexus injury[J]. Arch Med Res,2010,41(7):513-518. doi:10.1016/j.arcmed.2010.10.005.
[19228] Wang LL,Zhao XC,Yan LF,Wang YQ,Cheng X,Fu R,Zhou LH. C-jun phosphorylation contributes to down regulation of neuronal nitric oxide synthase protein and motoneurons death in injured spinal cords following root-avulsion of the brachial plexus[J]. Neuroscience,2011,189:397-407. doi:10.1016/j.neuroscience.2011.04.070.
[19229] Chen Z,Zhang J,Chen T,Chen Z,Li H,Zhang EW,Lineaweaver WC,Zhang F. Study of sensory and motor fascicles in brachial plexus and establishment of a digital three-dimensional graphic model[J]. Ann Plast Surg,2011,67(6):615-619. doi:10.1097/SAP.0b013e31822f677e.
[19230] Nie M,Chen L,Gu Y. Constituent ratio of motor fibers from the C5-C7 spinal nerves in the radial nerve is greater in pup rats than in adult rats[J]. Orthopedics,2012,35(6):e903-e908. doi:10.3928/01477447-20120525-32.
[19231] Wang B,Chen L,Liu B,Liu Z,Zhang Z,Pan Y,Song L,Lu L. Differentiation of endogenous neural stem cells in adult versus neonatal rats after brachial plexus root avulsion injury[J]. Neural Regen Res,2012,7(23):1786-1790. doi:10.3969/j.issn.1673-5374.2012.23.004.
[19232] Guo Z,Wang L. Electroacupuncture stimulation of the brachial plexus trunk on the healthy side promotes Brain-Derived Neurotrophic Factor mRNA expression in the ischemic cerebral cortex of a rat model of cerebral ischemia/reperfusion injury[J]. Neural Regen Res,2012,7(21):1618-1623. doi:10.3969/j.issn.1673-5374.2012.21.003.
[19233] Wu D,Li Q,Zhu X,Wu G,Cui S. Valproic acid protection against the brachial plexus root avulsion-induced death of motoneurons in rats[J]. Microsurgery, 2013,33(7):551-559. doi:10.1002/micr.22130.
[19234] Lu Q,Gu L,Jiang L,Qin B,Fu G,Li X,Yang J,Huang X,Yang Y,Zhu Q,Liu X,Zhu J. The upper brachial plexus defect model in rhesus monkeys:a cadaveric feasibility study[J]. Neuroreport,2013,24(16):884-888. doi:10.1097/WNR.0000000000000011.
[19235] Li Q,Wu D,Li R,Zhu X,Cui S. Valproic acid protects neurons and promotes neuronal regeneration after brachial plexus avulsion[J]. Neural Regen Res,2013,8(30):2838-2848. doi:10.3969/j.issn.1673-5374.2013.30.006.
[19236] Yang W,Yang J,Yu C,Gu Y. End-to-side neurotization with different donor nerves for treating brachial plexus injury:an experimental study in a rat model[J]. Muscle Nerve,2014,50(1):67-72. doi:10.1002/mus.24110.
[19237] Luo H,Cheng X,Tang Y,Ling Z,Zhou L. Electroacupuncture treatment contributes to the downregulation of neuronal nitric oxide synthase and motoneuron death in injured spinal cords following root avulsion of the brachial plexus[J]. Biomed Rep,2014,2(2):207-212. doi:10.3892/br.2013.212.
[19238] Tang Y,Ling ZM,Fu R,Li YQ,Cheng X,Song FH,Luo HX,Zhou LH. Time-specific microRNA changes during spinal motoneuron degeneration in adult rats following unilateral brachial plexus root avulsion:ipsilateral vs. contralateral changes[J]. BMC Neurosci,2014,15:92. doi:10.1186/1471-2202-15-92.
[19239] Fu G,Qin B,Jiang L,Huang X,Lu Q,Zhang D,Liu X,Zhu J,Zheng J,Li X,Gu L. Penile erectile dysfunction after brachial plexus root avulsion injury in rats[J]. Neural Regen Res,2014,9(20):1839-1843. doi:10.4103/1673-5374.143432.
[19240] Yang Q,Luo M,Li P,Jin H. Transplantation of human amniotic epithelial cells repairs brachial plexus injury:pathological and biomechanical analyses[J]. Neural Regen Res,2014,9(24):2159-2163. doi:10.4103/1673-5374.147947.
[19241] Liu C,Qian X,JianXiong AN,Wang Y,Fang Q,Jiang Y,Cope DK,Williams JP. A

new animal model of brachial plexus neuralgia produced by injection of cobra venom into the lower trunk in the rat[J]. Pain Med,2015,16(9):1680-1689. doi:10.1111/pme.12722.

[19242] Li K,Cao RJ,Zhu XJ,Liu XY,Li LY,Cui SS. Erythropoietin attenuates the apoptosis of adult neurons after brachial plexus root avulsion by downregulating JNK phosphorylation and c-Jun expression and inhibiting C-PARP cleavage[J]. J Mol Neurosci,2015,56(4):917-925. doi:10.1007/s12031-015-0543-4.

[19243] Jin H,Yang Q,Ji F,Zhang YJ,Zhao Y,Luo M. Human amniotic epithelial cell transplantation for the repair of injured brachial plexus nerve:evaluation of nerve viscoelastic properties[J]. Neural Regen Res,2015,10(2):260-265. doi:10.4103/1673-5374.152380.

[19244] Yang J,Li X,Hou Y,Yang Y,Qin B,Fu G,Qi J,Zhu Q,Liu X,Gu L. Development of a novel experimental rat model for brachial plexus avulsion injury[J]. Neuroreport,2015,26(9):501-509. doi:10.1097/WNR.0000000000000378.

[19245] Liu H,Qian XY,An JX,Liu CC,Jiang YD,Cope DK,Williams JP. Analgesic effects and neuropathology changes of electroacupuncture on curing a rat model of brachial plexus neuralgia induced by cobra venom[J]. Pain Physician,2016,19(3):E435-E447.

[19246] Yang C,Xu J,Chen J,Li S,Cao Y,Zhu Y,Xu L. Experimental study of brachial plexus and vessel compression:evaluation of combined central and peripheral electrodiagnostic approach[J]. Oncotarget,2017,8(31):50618-50628. doi:10.18632/oncotarget.16817.

[19247] Fang J,Yang J,Yang Y,Li L,Qin B,He W,Yan L,Chen G,Tu Z,Liu X,Gu L. A novel rat model of brachial plexus injury with nerve root stumps[J]. J Neurosci Methods,2018,295:1-9. doi:10.1016/j.jneumeth.2017.11.004.

[19248] Liu Y,Wang L,Lao J,Zhao X. Changes in microRNA expression in the brachial plexus avulsion model of neuropathic pain[J]. Int J Mol Med,2018,41(3):1509-1517. doi:10.3892/ijmm.2017.3333.

[19249] Zhao Y,Wu T. Histone deacetylase inhibition inhibits brachial plexus avulsion-induced neuropathic pain[J]. Muscle Nerve,2018,58(3):434-440. doi:10.1002/mus.26160.

[19250] Hou AL,Xu WD. A model of neuropathic pain in brachial plexus avulsion injury and associated spinal glial cell activation[J]. J Pain Res,2018,11:3171-3179. doi:10.2147/JPR.S174663.

[19251] Chen S,Hou Y,Zhao Z,Luo Y,Lv S,Wang Q,Li J,He L,Zhou L,Wu W. Neuregulin-1 accelerates functional motor recovery by improving motoneuron survival after brachial plexus root avulsion in mice[J]. Neuroscience,2019,404:510-518. doi:10.1016/j.neuroscience.2019.01.054.

[19252] Shen J,Huo BB,Hua XY,Zheng MX,Lu YC,Wu JJ,Shan CL,Xu JG. Cerebral (18) F-FDG metabolism alteration in a neuropathic pain model following brachial plexus avulsion:a PET/CT study in rats[J]. Brain Res,2019,1712:132-138. doi:10.1016/j.brainres.2019.02.005.

[19253] Wang T,Zeng LN,Zhu Z,Wang YH,Ding L,Luo WB,Zhang XM,He ZW,Wu HF. Effect of lentiviral vector-mediated overexpression of hypoxia-inducible factor 1 alpha delivered by pluronic F-127 hydrogel on brachial plexus avulsion in rats[J]. Neural Regen Res,2019,14(6):1069-1078. doi:10.4103/1673-5374.250629.

[19254] Xie W,Xie W,Kang Z,Jiang C,Liu N. Administration of curcumin alleviates neuropathic pain in a rat model of brachial plexus avulsion[J]. Pharmacology,2019,103(5-6):324-332. doi:10.1159/000496928.

[19255] Tang Y,Wang J,Wan S,Luo L,Qiu Y,Jiang S,Yue G,Tang Y,Tang W. Epigallocatechin gallate enhances the motor neuron survival and functional recovery after brachial plexus root avulsion by regulating FIG4[J]. Folia Neuropathol,2019,57(4):340-347. doi:10.5114/fn.2019.90819.

[19256] Yu G,Zilundu PLM,Xu X,Li Y,Zhou Y,Zhong K,Fu R,Zhou LH. The temporal pattern of brachial plexus root avulsion-induced lncRNA and mRNA expression prior to the motoneuron loss in the injured spinal cord segments[J]. Neurochem Int,2020,132:104611. doi:10.1016/j.neuint.2019.104611.

[19257] Xian H,Jiang Y,Zhang H,Ma SB,Zhao R,Cong R. CCL2-CCR2 axis potentiates NMDA receptor signaling to aggravate neuropathic pain induced by brachial plexus avulsion[J]. Neuroscience,2020,425:29-38. doi:10.1016/j.neuroscience.2019.11.012.

[19258] Zhang L,Zhang CL,Cai T,Zhu KP,Hu JP,Dong Z. Comparative study of pronator teres branch transfer and brachialis motor branch transfer to the anterior interosseous nerve to treat lower brachial plexus injury in rats[J]. J Plast Reconstr Aesthet Surg,2020,73(2):231-241. doi:10.1016/j.bjps.2019.11.005.

[19259] Yu G,Zilundu PLM,Liu L,Zhong K,Tang Y,Ling Z,Zhou LH. ERRγ is downregulated in injured motor neuron subpopulations following brachial plexus root avulsion[J]. Exp Ther Med,2020,19(1):205-213. doi:10.3892/etm.2019.8209.

[19260] Guo MG,Li DP,Wu LX,Li M,Yang B. Bone marrow mesenchymal stem cells repair brachial plexus injury in rabbits through ERK pathway[J]. Eur Rev Med Pharmacol Sci,2020,24(3):1515-1523. doi:10.26355/eurrev_202002_20210.

[19261] Huo BB,Zheng MX,Hua XY,Shen J,Wu JJ,Xu JG. Brain metabolism in rats with neuropathic pain induced by brachial plexus avulsion injury and treated via electroacupuncture[J]. J Pain Res,2020,13:585-595. doi:10.2147/JPR.S232030.

[19262] Meng XL,Fu P,Wang L,Yang X,Hong G,Zhao X,Lao J. Increased EZH2 levels in anterior cingulate cortex microglia aggravate neuropathic pain by inhibiting autophagy following brachial plexus avulsion in rats[J]. Neurosci Bull,2020,36(7):793-805. doi:10.1007/s12264-020-00502-w.

[19263] Huang C,Fu C,Qi ZP,Guo WL,You D,Li R,Zhu Z. Localised delivery of quercetin by thermo-sensitive PLGA-PEG-PLGA hydrogels for the treatment of brachial plexus avulsion[J]. Artif Cells Nanomed Biotechnol,2020,48(1):1010-1021. doi:10.1080/21691401.2020.1770265.

[19264] Hou AL,Zheng MX,Hua XY,Huo BB,Shen J,Xu JG. Electroacupuncture-related metabolic brain connectivity in neuropathic pain due to brachial plexus avulsion injury in rats[J]. Front Neural Circuits,2020,14:35. doi:10.3389/fncir.2020.00035.

[19265] Chen S,He B,Zhou G,Xu Y,Wu L,Xie Y,Li Y,Chen S,Huang J,Wu H,Xiao Z. Berberine enhances L1 expression and axonal remyelination in rats after brachial plexus root avulsion[J]. Brain Behav,2020,10(10):e01792. doi:10.1002/brb3.1792.

[19266] Fang J,Li L,Zhai H,Qin B,Quan D,Shi E,Zhu M,Yang J,Liu X,Gu L. Local riluzole release from a thermosensitive hydrogel rescues injured motoneurons through nerve root stumps in a brachial plexus injury rat model[J]. Neurochem Res,2020,45(11):2800-2813. doi:10.1007/s11064-020-03120-0.

[19267] Liu LP,Zhang J,Pu B,Li WQ,Wang YS. Upregulation of JHDM1D-AS1 alleviates neuroinflammation and neuronal injury via targeting miR-101-3p-DUSP1 in spinal cord after brachial plexus injury[J]. Int Immunopharmacol,2020,89(Pt A):106962. doi:10.1016/j.intimp.2020.106962.

[19268] Xian H,Xie R,Luo C,Cong R. Comparison of different in vivo animal models of brachial plexus avulsion and its application in pain study[J]. Neural Plast,2020,2020:8875915. doi:10.1155/2020/8875915.

[19269] Li B,Li P,Weng R,Wu Z,Qin B,Fang J,Wang Y,Qiu S,Yang J,Gu L. Trehalose protects motorneuron after brachial plexus root avulsion by activating autophagy and inhibiting apoptosis mediated by the AMPK signaling pathway[J]. Gene,2021,768:145307. doi:10.1016/j.gene.2020.145307.

[19270] Zhong K,Li Y,Tang Y,Yu G,Zilundu PLM,Wang Y,Zhou Y,Xu X,Fu R,Zhou L. Cytokine profile and glial activation following brachial plexus roots avulsion injury in mice[J]. J Neuroimmunol,2021,353:577517. doi:10.1016/j.jneuroim.2021.577517.

[19271] Xu Z,Zhu Y,Shen J,Su L,Hou Y,Liu M,Jiao X,Chen X,Zhu S,Lu Y,Yao C,Wang L,Gong C,Ma Z,Zou C,Xu J. Pain relief dependent on IL-17-CD4(+) T cell-β-endorphin axis in rat model of brachial plexus root avulsion after electroacupuncture therapy[J]. Front Neurosci,2021,14:596780. doi:10.3389/fnins.2020.596780.

[19272] Wang L,Yuzhou L,Yingjie Z,Jie L,Xin Z. A new rat model of neuropathic pain:complete brachial plexus avulsion[J]. Neurosci Lett,2015,589:52-56. doi:10.1016/j.neulet.2015.01.033.

[19273] Shen J,Huo BB,Zheng MX,Hua XY,Shen H,Lu YC,Jiang DL,Shan CL,Xu JG. Evaluation of neuropathic pain in a rat model of total brachial plexus avulsion from behavior to brain metabolism[J]. Pain Physician,2019,22(3):E215-E224.

[19274] Pan F,Chen L,Ding F,Zhang J,Gu YD. Expression profiles of MiRNAs for intrinsic musculature of the forepaw and biceps in the rat model simulating irreversible muscular atrophy of obstetric brachial plexus palsy[J]. Gene,2015,565(2):268-274. doi:10.1016/j.gene.2015.04.012.

[19275] Wu JX,Chen L,Ding F,Chen LZ,Gu YD. mRNA expression characteristics are different in irreversibly atrophic intrinsic muscles of the forepaw compared with reversibly atrophic biceps in a rat model of obstetric brachial plexus palsy (OBPP)[J]. J Muscle Res Cell Motil,2016,37(1-2):17-25. doi:10.1007/s10974-016-9442-8.

[19276] Yu XH,Wu JX,Chen L,Gu YD. Inflammation and apoptosis accelerate progression to irreversible atrophy in denervated intrinsic muscles of the hand compared with biceps:proteomic analysis of a rat model of obstetric brachial plexus palsy[J]. Neural Regen Res,2020,15(7):1326-1332. doi:10.4103/1673-5374.272619.

[19277] Li B,Chen L,Gu YD. Stability of motor endplates is greater in the biceps than in the interossei in a rat model of obstetric brachial plexus palsy[J]. Neural Regen Res,2020,15(9):1678-1685. doi:10.4103/1673-5374.276341.

[19278] Wang M,Xu W,Zheng M,Teng F,Xu J,Gu Y. Phrenic nerve end-to-side neurotization in treating brachial plexus avulsion:an experimental study in rats[J]. Ann Plast Surg,2011,66(4):370-376. doi:10.1097/SAP.0b013e3181f322fd.

[19279] Jia X,Chen C,Yang J,Yu C. End-to-side neurotization with the phrenic nerve in restoring the function of toe extension:an experimental study in a rat model[J]. J Plast Surg Hand Surg,2018,52(3):185-188. doi:10.1080/2000656X.2017.1408017.

[19280] Hao GL,Zhang TY,Zhang Q,Gu MY,Chen C,Zou L,Cao XC,Zhang GC. Partial recovery of limb function following end-to-side screw anastomosis of phrenic nerve in rats with brachial plexus injury[J]. Med Sci Monit,2018,24:4832-4840. doi:10.12659/MSM.908379.

[19281] Jiang Y,Wang L,Lao J,Zhao X. Comparative study of intercostal nerve transfer to lower trunk and contralateral C7 root transfer in repair of total brachial plexus injury in rats[J]. J Plast Reconstr Aesthet Surg,2016,69(5):623-628. doi:10.1016/j.bjps.2015.11.004.

[19282] Chen L,Gu YD. An experimental study of contralateral C7 root transfer with vascularized nerve grafting to treat brachial plexus root avulsion[J]. J Hand Surg Br,1994,19(1):60-66. doi:10.1016/0266-7681(94)90051-5.

[19283] Wang M,Li ZY,Xu WD,Hua XY,Xu JG,Gu YD. Sensory restoration in cortical level after a contralateral C7 nerve transfer to an injured arm in rats[J]. Neurosurgery,2010,67(1):136-143;discussion 143. doi:10.1227/01.NEU.0000370603.45342.6B.

[19284] Lin H,Sheng J,Hou C. The effectiveness of contralateral C7 nerve root transfer for the repair of avulsed C7 nerve root in total brachial plexus injury:an experimental study in rats[J]. J Reconstr Microsurg,2013,29(5):325-330. doi:10.1055/s-0033-1343498.

[19285] Wang L,Jiang Y,Lao J,Zhao X. Contralateral C7 transfer to lower trunk via the prespinal route in the repair of brachial plexus injury:an experimental study in rats[J]. J Plast Reconstr Aesthet Surg,2014,67(9):1282-1287. doi:10.1016/j.bjps.2014.05.024.

[19286] Yang MJ,Li S,Yang CS,Wang XJ,Chang SM,Sun GX. Dynamic alterations of the levels of tumor necrosis factor-α,interleukin-6,and interleukin-1β in rat primary motor cortex during transhemispheric functional reorganization after contralateral seventh cervical spinal nerve root transfer following brachia[J]. Neuroreport,2017,28(5):279-284. doi:10.1097/WNR.0000000000000743.

[19287] Zhang L,Zhang CL,Dong Z,Gu YD. Outcome of finger extension after nerve transfer to repair C7-T1 brachial plexus palsy in rats:comparative study of the supinator motor branch transfer to the posterior interosseous nerve and the contralateral C7 transfer to the lower trunk[J]. Neurosurgery,2017,80(4):627-634. doi:10.1093/neuros/nyw160.

[19288] Wang ZQ,Xiu DH,Liu GF,Jiang JL. Overexpression of Neuregulin-1 (NRG-1) gene contributes to surgical repair of brachial plexus injury after contralateral C7 nerve root transfer in rats[J]. Med Sci Monit,2018,24:5779-5787. doi:10.12659/MSM.908144.

[19289] Wang Z,Feeley BT,Kim HT,Liu X. Reversal of fatty infiltration after suprascapular nerve compression release is dependent on UCP1 expression in mice[J]. Clin Orthop Relat Res,2018,476(8):1665-1679. doi:10.1097/CORR.0000000000000335.
[19290] Gui LA,Xin CT,Xue CS,Lin FC,Yu W,Li NW,Yan Q,Shu C,Yajima M,Yamada N,Asano G. Regenerative changes in median nerve defects using various rabbit skeletal muscles[J]. Nihon Hansenbyo Gakkai Zasshi,1997,66(3):207-213. doi:10.5025/hansen.66.207.
[19291] Gu J,Hu W,Deng A,Zhao Q,Lu S,Gu X. Surgical repair of a 30 mm long human median nerve defect in the distal forearm by implantation of a chitosan-PGA nerve guidance conduit[J]. J Tissue Eng Regen Med,2012,6(2):163-168. doi:10.1002/term.407.
[19292] Sun K,Zhang J,Chen T,Chen Z,Chen Z,Li Z,Li H,Hu P. Three-dimensional reconstruction and visualization of the median nerve from serial tissue sections[J]. Microsurgery,2009,29(7):573-577. doi:10.1002/micr.20646.
[19293] Hu N,Wu H,Xue C,Gong Y,Wu J,Xiao Z,Yang Y,Ding F,Gu X. Long-term outcome of the repair of 50 mm long median nerve defects in rhesus monkeys with marrow mesenchymal stem cells-containing,chitosan-based tissue engineered nerve grafts[J]. Biomaterials,2013,34(1):100-111. doi:10.1016/j.biomaterials.2012.09.020.
[19294] Cui J,Gong X,Jiang Z,Yu X,Liu Y,Lu L. Experimental study of the functional reserve of median nerve in rats[J]. Int J Clin Exp Med,2015,8(9):16015-16021.
[19295] Bao BB,Qu DQ,Zhu HY,Gao T,Zheng XY. Brain remodeling after chronic median nerve compression in a rat model[J]. Neural Regen Res,2018,13(4):704-708. doi:10.4103/1673-5374.230298.
[19296] Jiang CQ,Hu J,Xiang JP,Zhu JK,Liu XL,Luo P. Tissue-engineered rhesus monkey nerve grafts for the repair of long ulnar nerve defects:similar outcomes to autologous nerve grafts[J]. Neural Regen Res,2016,11(11):1845-1850. doi:10.4103/1673-5374.194757.
[19297] Yu F,Yu YL,Niu SP,Zhang PX,Yin XF,Han N,Zhang YJ,Zhang DY,Kou YH,Jiang BG. Repair of long segmental ulnar nerve defects in rats by several different kinds of nerve transposition[J]. Neural Regen Res,2019,14(4):692-698. doi:10.4103/1673-5374.247473.
[19298] Li Z,Qin H,Feng Z,Liu W,Zhou Y,Yang L,Zhao W,Li Y. Human umbilical cord mesenchymal stem cell-loaded amniotic membrane for the repair of radial nerve injury[J]. Neural Regen Res,2013,8(36):3441-3448. doi:10.3969/j.issn.1673-5374.2013.36.010.
[19299] Wang D,Huang X,Fu G,Gu L,Liu X,Wang H,Hu J,Yi J,Niu X,Zhu Q. A simple model of radial nerve injury in the rhesus monkey to evaluate peripheral nerve repair[J]. Neural Regen Res,2014,9(10):1041-1046. doi:10.4103/1673-5374.133166.
[19300] Meng D,Zhou J,Lin Y,Xie Z,Chen H,Yu R,Lin H,Hou C. Transfer of obturator nerve for femoral nerve injury:an experiment study in rats[J]. Acta Neurochir (Wien),2018,160(7):1385-1391. doi:10.1007/s00701-018-3565-1.
[19301] Cheng Q,Yuan Y,Sun C,Gu X,Cao Z,Ding F. Neurotrophic and neuroprotective actions of Achyranthes bidentata polypeptides on cultured dorsal root ganglia of rats and on crushed common peroneal nerve of rabbits[J]. Neurosci Lett,2014,562:7-12. doi:10.1016/j.neulet.2013.12.015.
[19302] Zhang ZY,Yang J,Fan ZH,Wang DL,Wang YY,Zhang T,Yu LM,Yu CY. Fresh human amniotic membrane effectively promotes the repair of injured common peroneal nerve[J]. Neural Regen Res,2019,14(12):2199-2208. doi:10.4103/1673-5374.262596.
[19303] Yin Z,Liu L,Xue B,Fan J,Chen W,Liu Z. Dynamic penile corpora cavernosa reconstruction using bilateral innervated gracilis muscles:a preclinical investigation[J]. Sex Med,2018,6(2):162-170. doi:10.1016/j.esxm.2018.01.002.
[19304] An Y,Reimers K,Allmeling C,Liu J,Lazaridis A,Strauss S,Vogt PM. Large-volume vascularized muscle grafts engineered from groin adipose tissue in perfusion bioreactor culture[J]. J Craniofac Surg,2020,31(2):588-593. doi:10.1097/SCS.0000000000006257.
[19305] Cai Z,Yu G,Ma D,Tan J,Yang Z,Zhang X. Experimental studies on traumatic facial nerve injury[J]. J Laryngol Otol,1998,112(3):243-247. doi:10.1017/s002221510015827x.
[19306] Dai CF,Kanoh N,Li KY,Wang Z. Study on facial motoneuronal death after proximal or distal facial nerve transection[J]. Am J Otol,2000,21(1):115-118. doi:10.1016/s0196-0709(00)80084-8.
[19307] Wang Z,Dai C,Zhang Y. Experimental study on facial nerve regeneration with or without geniculate ganglionectomy[J]. Arch Otolaryngol Head Neck Surg,2001,127(4):422-425. doi:10.1001/archotol.127.4.422.
[19308] Wang ZM,Dai CF,Kanoh N,Chi FL,Li KY. Apoptosis and expression of BCL-2 in facial motoneurons after facial nerve injury[J]. Otol Neurotol,2002,23(3):397-404. doi:10.1097/00129492-200205000-00029.
[19309] Wang Z,Dai CF,Chi F. Retrograde degeneration of the facial nerve after acute traction on parotid gland:an experimental investigation[J]. Otolaryngol Head Neck Surg,2002,127(1):55-59. doi:10.1067/mhn.2002.126720.
[19310] Chen P,Wang P,Chen G,Gong S. Study on remodeling of astrocytes in facial neuclus after peripheral injury[J]. J Huazhong Univ Sci Technolog Med Sci,2005,25(6):726-728. doi:10.1007/BF02896184.
[19311] Tang J,Wang XM,Hu J,Luo E,Qi MC. Autogenous standard versus inside-out vein graft to repair facial nerve in rabbits[J]. Chin J Traumatol,2008,11(2):104-109. doi:10.1016/s1008-1275(08)60022-x.
[19312] Zhou L,Du HD,Tian HB,Li C,Tian J,Jiang JJ. Experimental study on repair of the facial nerve with Schwann cells transfected with GDNF genes and PLGA conduits[J]. Acta Otolaryngol,2008,128(11):1266-1272. doi:10.1080/00016480801935517.
[19313] Zhang H,Wei YT,Tsang KS,Sun CR,Li J,Huang H,Cui FZ,An YH. Implantation of neural stem cells embedded in hyaluronic acid and collagen composite conduit promotes regeneration in a rabbit facial nerve injury model[J]. J Transl Med,2008,6:67. doi:10.1186/1479-5876-6-67.
[19314] Shi Y,Zhou L,Tian J,Wang Y. Transplantation of neural stem cells overexpressing glia-derived neurotrophic factor promotes facial nerve regeneration[J]. Acta Otolaryngol,2009,129(8):906-914. doi:10.1080/00016480802468153.
[19315] Zhang W,Sun B,Yu Z,An J,Liu Q,Ren T. High dose erythropoietin promotes functional recovery of rats following facial nerve crush[J]. J Clin Neurosci,2009,16(4):554-556. doi:10.1016/j.jocn.2008.06.013.
[19316] Zhang L,Fan Z,Han Y,Xu L,Luo J,Li J,Wang H. Changes in facial nerve function,morphology and neurotrophic factor expression in response to three types of nerve injury[J]. J Laryngol Otol,2010,124(3):265-271. doi:10.1017/S0022215109991733.
[19317] Zhu L,Lu J,Tay SS,Jiang H,He BP. Induced NG2 expressing microglia in the facial motor nucleus after facial nerve axotomy[J]. Neuroscience,2010,166(3):842-851. doi:10.1016/j.neuroscience.2009.12.057.
[19318] Wu G,Ju L,Jin T,Chen L,Shao L,Wang Y,Liu B. Local delivery of recombinant human bone morphogenetic protein-2 increases axonal regeneration and the expression of tau protein after facial nerve injury[J]. J Int Med Res,2010,38(5):1682-1688. doi:10.1177/147323001003800513.
[19319] Wang X,Luo E,Li Y,Hu J. Schwann-like mesenchymal stem cells within vein graft facilitate facial nerve regeneration and remyelination[J]. Brain Res,2011,1383:71-80. doi:10.1016/j.brainres.2011.01.098.
[19320] Sun F,Zhou K,Mi WJ,Qiu JH. Combined use of decellularized allogeneic artery conduits with autologous transdifferentiated adipose-derived stem cells for facial nerve regeneration in rats[J]. Biomaterials,2011,32(32):8118-8128. doi:10.1016/j.biomaterials.2011.07.031.
[19321] Mao Y,Fan Z,Han Y,Liu W,Xu L,Jiang Z,Li J,Wang H. The alterations of inducible nitric oxide synthase in the mouse brainstem during herpes simplex virus type 1-induced facial palsy[J]. Neurol Res,2012,34(3):304-313. doi:10.1179/1743132812Y.0000000017.
[19322] Zhou RY,Xu J,Chi FL,Chen LH,Li ST. Differences in sensitivity to rocuronium among orbicularis oris muscles innervated by normal or damaged facial nerves and gastrocnemius muscle innervated by somatic nerve in rats:combined morphological and functional analyses[J]. Laryngoscope, 2012,122(8):1831-1837. doi:10.1002/lary.23286.
[19323] Chen JL,Li SQ,Chi FL,Chen LH,Li ST. Different sensitivities to rocuronium of the neuromuscular junctions innervated by normal/damaged facial nerves and somatic nerve in rats:the role of the presynaptic acetylcholine quantal release[J]. Chin Med J,2012,125(10):1747-1752.
[19324] Wang H,Fang F,Yi J,Xiang Z,Sun M,Jiang H. Establishment and assessment of the perinatal mouse facial nerve axotomy model via a subauricular incision approach[J]. Exp Biol Med (Maywood),2012,237(11):1249-1255. doi:10.1258/ebm.2012.012134.
[19325] Cao J,Xiao Z,Jin W,Chen B,Meng D,Ding W,Han S,Hou X,Zhu T,Yuan B,Wang J,Liang W,Dai J. Induction of rat facial nerve regeneration by functional collagen scaffolds[J]. Biomaterials,2013,34(4):1302-1310. doi:10.1016/j.biomaterials.2012.10.031.
[19326] Hu A,Zuo B,Zhang F,Zhang H,Lan Q. Evaluation of electronspun silk fibroin-based transplants used for facial nerve repair[J]. Otol Neurotol,2013,34(2):311-318. doi:10.1097/MAO.0b013e31827b4bd4.
[19327] Hao YN,Luo WL,Wang D,Wang ZG. Experimental research on treatment of injured facial nerves induced by hepatocyte growth factor mediated by ultrasound-targeted microbubble destruction[J]. J Craniofac Surg,2013,24(2):421-424. doi:10.1097/SCS.0b013e31828010eb.
[19328] Hu J,Zhou L,Ma Z. Delayed repair of facial nerve trauma:an experimental study in guinea pigs[J]. Acta Otolaryngol,2013,133(7):772-778. doi:10.3109/00016489.2013.765967.
[19329] Xing Y,Chen L,Li S. Evoked electromyography to rocuronium in orbicularis oris and gastrocnemius in facial nerve injury in rabbits[J]. J Surg Res,2013,185(1):198-205. doi:10.1016/j.jss.2013.05.087.
[19330] Chen D,Zhang D,Xu L,Han Y,Wang H. The alterations of matrix metalloproteinase-9 in mouse brainstem during herpes simplex virus type 1-induced facial palsy[J]. J Mol Neurosci,2013,51(3):703-709. doi:10.1007/s12031-013-0051-3.
[19331] Zhu G,Lou W. Regeneration of facial nerve defects with xenogeneic acellular nerve grafts in a rat model[J]. Head Neck,2014,36(4):481-486. doi:10.1002/hed.23321.
[19332] Cui Y,Lu C,Meng D,Xiao Z,Hou X,Ding W,Kou D,Yao Y,Chen B,Zhang Z,Li J,Pan J,Dai J. Collagen scaffolds modified with CNTF and bFGF promote facial nerve regeneration in minipigs[J]. Biomaterials,2014,35(27):7819-7827. doi:10.1016/j.biomaterials.2014.05.065.
[19333] Lu C,Meng D,Cao J,Xiao Z,Cui Y,Fan J,Cui X,Chen B,Yao Y,Zhang Z,Ma J,Pan J,Dai J. Collagen scaffolds combined with collagen-binding ciliary neurotrophic factor facilitate facial nerve repair in mini-pigs[J]. J Biomed Mater Res A,2015,103(5):1669-1676. doi:10.1002/jbm.a.35305.
[19334] Zhu Y,Liu S,Zhou S,Yu Z,Tian Z,Zhang C,Yang W. Vascularized versus nonvascularized facial nerve grafts using a new rabbit model[J]. Plast Reconstr Surg,2015,135(2):331e-339e. doi:10.1097/PRS.0000000000000992.
[19335] Hui L,Yuan J,Ren Z,Jiang X. Nerve Growth Factor reduces apoptotic cell death in rat facial motor neurons after facial nerve injury[J]. Neurosciences (Riyadh),2015,20(1):65-68.
[19336] Huang JT,Wang GD,Wang da L,Liu Y,Zhang XY,Zhao YF. A novel videographic method for quantitatively tracking vibrissal motor recovery following facial nerve injuries in rats[J]. J Neurosci Methods,2015,249:16-21. doi:10.1016/j.jneumeth.2015.03.035.
[19337] Tan J,Xu J,Xing Y,Chen L,Li S. Effect of rocuronium on the level and mode of pre-synaptic acetylcholine release by facial and somatic nerves,and changes following facial nerve injury in rabbits[J]. Int J Clin Exp Pathol,2015,8(2):1479-1490.
[19338] Tang YD,Zheng XS,Ying TT,Yuan Y,Li ST. Nimodipine-mediated re-myelination after facial nerve crush injury in rats[J]. J Clin Neurosci,2015,22(10):1661-1668. doi:10.1016/j.jocn.2015.03.048.
[19339] Chao X,Fan Z,Han Y,Wang Y,Li J,Chai R,Xu L,Wang H. Effects of local application of methylprednisolone delivered by the C/GP-hydrogel on the recovery of facial nerves[J]. Acta Otolaryngol,2015,135(11):1178-84.
[19340] Jie T,Zhiqiang G,Guodong F,Yubin X,Xiuyong D,Tingting C,Yang Z. The effective stimulating pulse for restoration of blink function in unilateral facial nerve paralysis rabbits,verified by a simple FES system[J]. Eur Arch Otorhinolaryngol,2016,273(10):2959-2964. doi:10.1007/s00405-015-3884-2.

[19341] Sun W,Feng W,Lu H,Gong S. Synaptic plasticity in the facial nucleus in rats following infraorbital nerve manipulation after facial nerve injury[J]. Eur Arch Otorhinolaryngol,2016,273(10):3135-3142. doi:10.1007/s00405-016-3939-z.

[19342] Wang Y,Zhao X,Huojia M,Xu H,Zhuang Y. Transforming growth factor-β3 promotes facial nerve injury repair in rabbits[J]. Exp Ther Med,2016,11(3):703-708. doi:10.3892/etm.2016.2972.

[19343] Chao X,Xu L,Shang H,Han Y,Cai J,Li J,Wang H,Fan Z. The injury of marginal mandibular branch unexpectedly promotes the repair of buccal branch of facial nerve in a rat model[J]. Acta Otolaryngol,2016,136(9):956-963. doi:10.3109/00016489.2016.1169318.

[19344] Wang H,Ni H,Han S,Xu W,Wang J,Yuan B,Zhu T,Jin W,Liang W,Dai J. The promotion of neural regeneration in a rat facial nerve crush injury model using collagen-binding NT-3[J]. Ann Clin Lab Sci,2016,46(6):578-585.

[19345] Ma F,Zhu T,Xu F,Wang Z,Zheng Y,Tang Q,Chen L,Shen Y,Zhu J. Neural stem/progenitor cells on collagen with anchored basic Fibroblast Growth Factor as potential natural nerve conduits for facial nerve regeneration[J]. Acta Biomater,2017,50:188-197. doi:10.1016/j.actbio.2016.11.064.

[19346] Chen P,Knox CJ,Yao L,Li C,Hadlock TA. The effects of venous ensheathment on facial nerve repair in the rat[J]. Laryngoscope,2017,127(7):1558-1564. doi:10.1002/lary.26501.

[19347] Huang H,Liu H,Yan R,Hu M. PI3K/Akt and ERK/MAPK signaling promote different aspects of neuron survival and axonal regrowth following rat facial nerve axotomy[J]. Neurochem Res,2017,42(12):3515-3524. doi:10.1007/s11064-017-2399-1.

[19348] Huang HT,Sun ZG,Liu HW,Ma JT,Hu M. ERK/MAPK and PI3K/AKT signal channels simultaneously activated in nerve cell and axon after facial nerve injury[J]. Saudi J Biol Sci,2017,24(8):1853-1858. doi:10.1016/j.sjbs.2017.11.027.

[19349] Ma F,Xu F,Li R,Zheng Y,Wang F,Wei N,Zhong J,Tang Q,Zhu T,Wang Z,Zhu J. Sustained delivery of glial cell-derived neurotrophic factors in collagen conduits for facial nerve regeneration[J]. Acta Biomater,2018,69:146-155. doi:10.1016/j.actbio.2018.01.001.

[19350] Deng Y,Xu Y,Liu H,Peng H,Tao Q,Liu H,Liu H,Wu J,Chen X,Fan J. Electrical stimulation promotes regeneration and re-myelination of axons of injured facial nerve in rats[J]. Neurol Res,2018,40(3):231-238. doi:10.1080/01616412.2018.1428390.

[19351] Zhang L,Fan Z,Han Y,Xu L,Liu W,Bai X,Zhou M,Li J,Wang H. Valproic acid promotes survival of facial motor neurons in adult rats after facial nerve transection:a pilot study[J]. J Mol Neurosci,2018,64(4):512-522. doi:10.1007/s12031-018-1051-0.

[19352] Gao D,Tang T,Zhu J,Tang Y,Sun H,Li S. CXCL12 has therapeutic value in facial nerve injury and promotes Schwann cells autophagy and migration via PI3K-AKT-mTOR signal pathway[J]. Int J Biol Macromol,2019,124:460-468. doi:10.1016/j.ijbiomac.2018.10.212.

[19353] Gu J,Xu H,Xu YP,Liu HH,Lang JT,Chen XP,Xu WH,Deng Y,Fan JP. Olfactory ensheathing cells promote nerve regeneration and functional recovery after facial nerve defects[J]. Neural Regen Res,2019,14(1):124-131. doi:10.4103/1673-5374.243717.

[19354] Fei J,Gao L,Li HH,Yuan QL,Li LJ. Electroacupuncture promotes peripheral nerve regeneration after facial nerve crush injury and upregulates the expression of glial cell-derived neurotrophic factor[J]. Neural Regen Res,2019,14(4):673-682. doi:10.4103/1673-5374.247471.

[19355] Ge Y,Zhang Y,Tang Q,Gao J,Yang H,Gao Z,Zhao RC. Mechanisms of the immunomodulation effects of bone marrow-derived mesenchymal stem cells on facial nerve injury in sprague-dawley rats[J]. Stem Cells Dev,2019,28(7):489-496. doi:10.1089/scd.2018.0104.

[19356] Tan J,Xu Y,Han F,Ye X. Genetical modification on adipose-derived stem cells facilitates facial nerve regeneration[J]. Aging(Albany NY),2019,11(3):908-920. doi:10.18632/aging.101790.

[19357] Zhu Y,Zhou S,Xu W,Liu L,Lu H,Yang W. Effects of postoperative radiotherapy on vascularized nerve graft for facial nerve repair in a rabbit model[J]. J Oral Maxillofac Surg,2019,77(11):2339-2346. doi:10.1016/j.joms.2019.04.012.

[19358] Xu J,Huang Y,Li S,Chen L,Xue Z. Nicotinic acetylcholine receptor subunit expression in the gastrocnemius and in the orbicularis oris before and after facial nerve injury in rats[J]. Neurol Res,2019,41(9):817-826. doi:10.1080/01616412.2019.1617501.

[19359] Zhang Z,Li X,Li Z,Bai Y,Liao G,Pan J,Zhang C. Collagen/nano-sized β-tricalcium phosphate conduits combined with collagen filaments and Nerve Growth Factor promote facial nerve regeneration in miniature swine:an in vivo study[J]. Oral Surg Oral Med Oral Pathol Oral Radiol,2019,128(5):472-478. doi:10.1016/j.oooo.2018.12.006.

[19360] Li L,Cai J,Yuan Y,Mao Y,Xu L,Han Y,Li J,Wang H. Platelet-rich plasma can release nutrient factors to promote facial nerve crush injury recovery in rats[J]. Saudi Med J,2019,40(12):1209-1217. doi:10.15537/smj.2019.12.24747.

[19361] Li M,Zhu Q,Liu J. Olfactory ensheathing cells in facial nerve regeneration[J]. Braz J Otorhinolaryngol,2020,86(5):525-533. doi:10.1016/j.bjorl.2018.07.006.

[19362] Wang P,Zhao H,Yao Y,Lu C,Ma J,Chen R,Pan J. Repair of facial nerve crush injury in rabbits using collagen plus basic Fibroblast Growth Factor[J]. J Biomed Mater Res A,2020,108(6):1329-1337. doi:10.1002/jbm.a.36905.

[19363] Xia W,Zhu J,Wang X,Tang Y,Zhou P,Wei X,Chang B,Zheng X,Zhu W,Hou M,Li S. Overexpression of Foxc1 regenerates crushed rat facial nerves by promoting Schwann cells migration via the Wnt/β-catenin signaling pathway[J]. J Cell Physiol,2020,235(12):9609-9622. doi:10.1002/jcp.29772.

[19364] Wu L,Han D,Jiang J,Xie X,Zhao X,Ke T,Zhao W,Liu L,Zhao W. Co-transplantation of bone marrow mesenchymal stem cells and monocytes in the brain stem to repair the facial nerve axotomy[J]. Eur J Histochem,2020,64(s2):3136. doi:10.4081/ejh.2020.3136.

[19365] Ni Y,Chen D,Jiang Y,Qiu D,Li W,Li H. The regenerative potential of facial nerve motoneurons following chronic axotomy in rats[J]. Neural Plast,2020,2020:8884511. doi:10.1155/2020/8884511.

[19366] Sun Y,Jin C,Li K,Zhang Q,Geng L,Liu X,Zhang Y. Restoration of orbicularis oculi muscle function in rabbits with peripheral facial paralysis via an implantable artificial facial nerve system[J]. Exp Ther Med,2017,14(6):5289-5296. doi:10.3892/etm.2017.5223.

[19367] Wang BB,Zhang SD,Feng J,Li JH,Liu S,Li Z,Wan H. An experimental study on the optimal timing for the repair of incomplete facial paralysis by hypoglossal-facial 'side'-to-side neurorrhaphy in rats[J]. Biomed Environ Sci,2018,31(6):413-424. doi:10.3967/bes2018.055.

[19368] Tu X,Zuo J,Hu K,Kang J,Mei Y,Wang N. Effect of systemic application of 5-hydroxytryptamine on hypoglossal nerve discharge in anesthetized rats[J]. J Mol Neurosci,2015,57(3):435-445. doi:10.1007/s12031-015-0590-x.

[19369] Zhao Y,Li C,Liu X,Zhou L,Zhang D,Xin J,Wang T,Li S,Sun H,Dionigi G. Investigation on emg profiles of the superior laryngeal nerve in a in vivo porcine model[J]. J Invest Surg,2020,33(7):596-604. doi:10.1080/08941939.2018.1547462.

[19370] Mu L,Yang S. An experimental study on the laryngeal electromyography and visual observations in varying types of surgical injuries to the unilateral recurrent laryngeal nerve in the neck[J]. Laryngoscope,1991,101(7 Pt 1):699-708. doi:10.1288/00005537-199107000-00003.

[19371] Xu W,Han D,Hu H,Fan E. Characteristics of experimental recurrent laryngeal nerve surgical injury in dogs[J]. Ann Otol Rhinol Laryngol,2009,118(8):575-580. doi:10.1177/000348940911800808.

[19372] Jiang K,Zhu Y,Zhou G,Ye Y,Xie Q,Yang X,Wang S. Safe distance between electrotome and recurrent laryngeal nerve:an experimental canine model[J]. Int J Clin Exp Med,2015,8(1):770-775.

[19373] Wang B,Yuan J,Xu J,Xie J,Wang G,Dong P. Neurotrophin expression and laryngeal muscle pathophysiology following recurrent laryngeal nerve transection[J]. Mol Med Rep,2016,13(2):1234-1242. doi:10.3892/mmr.2015.4684.

[19374] Li Y,Xu W,Cheng LY. Adipose-derived mesenchymal stem cells accelerate nerve regeneration and functional recovery in a rat model of recurrent laryngeal nerve injury[J]. Neural Regen Res,2017,12(9):1544-1550. doi:10.4103/1673-5374.215267.

[19375] Pan Y,Jiao G,Yang J,Guo R,Li J,Wang C. Insights into the therapeutic potential of heparinized collagen scaffolds loading human umbilical cord mesenchymal stem cells and Nerve Growth Factor for the repair of recurrent laryngeal nerve injury[J]. Tissue Eng Regen Med,2017,14(3):317-326. doi:10.1007/s13770-017-0032-7.

[19376] Liu H,Pu Y,Xu Y,Xu H,Liu H,Cheng Y,Xu W,Chen X,Fan J. Olfactory-ensheathing cells promote physiological repair of injured recurrent laryngeal nerves and functional recovery of glottises in dogs[J]. Mol Cell Biochem,2018,446(1-2):115-125. doi:10.1007/s11010-018-3279-y.

[19377] Wang H,Wang H,Li X,Xu W. Characteristics of early internal laryngeal muscle atrophy after recurrent laryngeal nerve injuries in rats[J]. Laryngoscope,2021,131(4):E1256-E1264. doi:10.1002/lary.29210.

[19378] Li Y,Men Y,Wang B,Chen X,Yu Z. Co-transplantation of Schwann cells and neural stem cells in the laminin-chitosan-PLGA nerve conduit to repair the injured recurrent laryngeal nerve in SD rats[J]. J Mater Sci Mater Med,2020,31(11):99. doi:10.1007/s10856-020-06436-z.

[19379] Li T,Zhou G,Yang Y,Gao ZD,Guo P,Shen ZL,Yang XD,Xie QW,Ye YJ,Jiang KW,Wang S. Identifying a safe range of stimulation current for intraoperative neuromonitoring of the recurrent laryngeal nerve:results from a canine model[J]. Chin Med J,2016,129(15):1830-1834. doi:10.4103/0366-6999.186636.

[19380] Wang B,Yuan J,Chen X,Xu J,Li Y,Dong P. Functional regeneration of the transected recurrent laryngeal nerve using a collagen scaffold loaded with laminin and laminin-binding BDNF and GDNF[J]. Sci Rep,2016,6:32292. doi:10.1038/srep32292.

[19381] Zhou MW,Wang WT,Huang HS,Zhu GY,Chen YP,Zhou CM. Microsurgical anatomy of lumbosacral nerve rootlets for highly selective rhizotomy in chronic spinal cord injury[J]. Anat Rec(Hoboken),2010,293(12):2123-2128. doi:10.1002/ar.21213.

[19382] Chang SM,Hou CL. Staggered rhizotomy of anterior and posterior sacral roots for bladder reservoir function in spinal cord injury:a canine experimental study and preliminary clinical report[J]. Orthop Surg,2009,1(2):164-170. doi:10.1111/j.1757-7861.2009.00025.x.

[19383] Li H,Li Q,Xie K,Feng S,Wang P,Ma X. Expression of c-Fos and c-Jun in adjacent cervical spinal cord segments following C7 nerve root rhizotomy in rats:Indication of a neural pathway between adjacent cervical spinal cord segments[J]. Exp Ther Med,2013,6(2):373-377. doi:10.3892/etm.2013.1136.

[19384] Fu CY,Hong GX,Wang FB. Expression of vascular endothelial growth factor and its fetal liver kinase-1 receptor in spinal cord and dorsal root ganglia after neurotomy of sciatic nerve in rats[J]. Chin J Traumatol,2005,8(1):17-22.

[19385] Liu HF,Chen ZG,Fang TL,Arnold P,Lineaweaver WC,Zhang J. Changes of the donor nerve in end-to-side neurorrhaphies with epineurial window and partial neurectomy:a long-term evaluation in the rat model[J]. Microsurgery,2014,34(2):136-144. doi:10.1002/micr.22167.

[19386] Liu HF,Chen ZG,Shen HM,Zhang H,Zhang J,Lineaweaver WC,Zhang F. Efficacy of the end-to-side neurorrhaphies with epineural window and partial donor neurectomy in peripheral nerve repair:an experimental study in rats[J]. J Reconstr Microsurg,2015,31(1):31-38. doi:10.1055/s-0034-1382263.

[19387] Zong H,Ma F,Zhang L,Lu H,Gong J,Cai M,Lin H,Zhu Y,Hou C. Hindlimb spasticity after unilateral motor cortex lesion in rats is reduced by contralateral nerve root transfer[J]. Biosci Rep,2016,36(6):e00430. doi:10.1042/BSR20160412.

[19388] Shen N,Zhu J. Experimental study using a direct current electrical field to promote peripheral nerve regeneration[J]. J Reconstr Microsurg,1995,11(3):189-193. doi:10.1055/s-2007-1006530.

[19389] CHAO YI-CH'ENG(ZHAO Yicheng),TSANG YU-CH'FAN(TANG Yuchun),TS'UI CHIH-T'AN(CUI Zhitan). Nerve regeneration through a gap:an experimental study[J].Chin Med J,1962,81(11):740-748.

[19390] 赵以成，臧玉淦，崔志潭. 周围神经断伤后通过断端间隙的再生[J]. 中华外科杂志，1961，9(12)：853-856. {ZHAO Yicheng,ZANG Yugan,CUI Zhitan. Nerve regenerating through the gaps after peripheral nerve injury[J]. Zhonghua Wai Ke Za Zhi[Chin J Surg(Article in Chinese;No abstract available)],1961,9(12):853-856.} .

[19391] 陈德松，李鸿儒，杨东岳. 周围神经缝接方法的显微外科实验研究[J]. 中华医学杂志，1983，63(7)：435-438. DOI：CNKI：SUN：JPXZ.0.1982-04-025.

{CHEN Desong,LI Hongru,YANG Dongyue. Microsurgery experimental study of peripheral nerve suture technology[J]. Zhonghua Yi Xue Za Zhi[Natl Med J China(Article in Chinese;Abstract in Chinese)],1983,63(7):435-438. DOI:CNKI:SUN:JPXZ.0.1982-04-025.}

[19392] 赵庆，卢世璧，商鉴，王继芳，刘兴春. 大鼠坐骨神经再生过程中远端对近端趋化作用的实验研究 [J]. 中华外科杂志，1989，27（4）：243-246. {ZHAO Qing,LU Shibi,SHANG Jian,WANG Jifang,LIU Xingchun. Experimental study on chemotaxis of the distal to the proximal during regeneration of sciatic nerve in rats[J]. Zhonghua Wai Ke Za Zhi[Chin J Surg(Article in Chinese;Abstract in Chinese)],1989,27(4):243-246.}

[19393] 张爱华，朱家恺. 血管植入变性骨骼肌修复神经缺损实验研究 [J]. 中华显微外科杂志，1990，13（1）：25-28. {ZHANG Aihua,ZHU Jiakai. Experimental study on repairing nerve defects with vascular implantation in degeneration[J]. Zhonghua Xian Wei Wai Ke Za Zhi[Chin J Microsurg(Article in Chinese;Abstract in Chinese)],1990,13(1):25-28.}

[19394] 顾立强，朱家恺. 血管植入变性骨骼肌修复不同长度神经缺损的实验研究 [J]. 中华显微外科杂志，1990，13（2）：85-88. {GU Liqiang,ZHU Jiakai. Experimental study on repairing nerve defects of different lengths with implanted blood vessels in degenerated skeletal muscle[J]. Zhonghua Xian Wei Wai Ke Za Zhi[Chin J Microsurg(Article in Chinese;Abstract in Chinese)],1990,13(2):85-88.}

[19395] 孙磊，陆裕朴，胡蕴玉. 肌基膜管桥接周围神经缺损的实验研究 [J]. 中华外科杂志，1990，28（8）：464-467. {SUN Lei,LU Yupu,HU Yunyu. Experimental study of muscle basal lamina bridging peripheral nerve defect[J]. Zhonghua Wai Ke Za Zhi[Chin J Surg(Article in Chinese;Abstract in Chinese)],1990,28(8):464-467.}

[19396] 周苏，张涤生，黄文义，陈守正. 纤维蛋白粘合剂吻合周围神经的实验研究 [J]. 中华外科杂志，1990，28（11）：689-692. DOI：10.1007/BF03008874. {ZHOU Su,ZHANG Disheng,HUANG Wenyi,CHEN Shouzheng. Experimental study of fibrin adhesive anastomosis with peripheral nerve[J]. Zhonghua Wai Ke Za Zhi[Chin J Surg(Article in Chinese;Abstract in Chinese)],1990,28(11):689-692. DOI:10.1007/BF03008874.}

[19397] 王岩，朱盛修，沈定国，刘兴春，钟世镇. 带血管的骨骼肌桥接周围神经缺损的实验研究 [J]. 中华医学杂志，1990，70（12）：673-675. DOI：10.1007/BF03008874. {WANG Yan,ZHU Shengxiu,SHEN Dingguo,LIU Xingchun,ZHONG Shizhen. Experimental study on bridging peripheral nerve defect with vascularized skeletal muscle[J]. Zhonghua Yi Xue Za Zhi[Natl Med J China(Article in Chinese;Abstract in Chinese)],1990,70(12):673-675. DOI:10.1007/BF03008874.}

[19398] 陈有刚，朱家恺. 人羊膜基底膜桥接神经缺损实验研究 [J]. 中华显微外科杂志，1990，13（1）：20-24. {CHEN Yougang,ZHU Jiakai. Experimental study on bridging nerve defect with human amniotic basement membrane[J]. Zhonghua Xian Wei Wai Ke Za Zhi[Chin J Microsurg(Article in Chinese;Abstract in Chinese)],1990,13(1):20-24.}

[19399] 杨志明，黄富国，易林，张尚福，覃质彬，李俸媛. 生物粘合剂粘合神经的实验研究（初步报告）[J]. 修复重建外科杂志，1990，4（3）：136-138，193-190. DOI：CNKI：SUN：ZXCW.0.1990-03-004. {YANG Zhiming,HUANG Fuguo,YI Lin,ZHANG Shangfu,QIN Zhibin,LI Fengyuan. Experimental study of bioadhesive bonding in the treatment of nerve injury:a preliminary report[J]. Zhongguo Xiu Fu Chong Jian Wai Ke Za Zhi[Chin J Repar Reconstr Surg(Article in Chinese;Abstract in Chinese)],1990,4(3):136-138,193-190. DOI:CNKI:SUN:ZXCW.0.1990-03-004.}

[19400] 席保平，刘小林. 雪旺氏细胞植入非神经移植体修复周围神经缺损实验研究 [J]. 中华显微外科杂志，1991，14（2）：90-94. {Xi Baoping,LIU Xiaolin. Experimental study of Schwann cells implanted into non-nerve grafts to repair peripheral nerve defects[J]. Zhonghua Xian Wei Wai Ke Za Zhi[Chin J Microsurg(Article in Chinese;Abstract in Chinese)],1991,14(2):90-94.}

[19401] 蔡锦方，曹学诚，张福洲，耿明. 异种胎神经移植修复周围神经缺损实验研究初步报告 [J]. 中华显微外科杂志，1991，14（4）：217-219. DOI：10.3760/cma.j.issn.1001-2036.1991.04.114. {CAI Jinfang,CAO Xuecheng,ZHANG Fuzhou,GENG Ming. Experimental study of fetal nerve xenografting for repairing nerve defect:a preliminary report[J]. Zhonghua Xian Wei Wai Ke Za Zhi[Chin J Microsurg(Article in Chinese;Abstract in Chinese)],1991,14(4):217-219. DOI:10.3760/cma.j.issn.1001-2036.1991.04.114.}

[19402] 洪光祥 王发斌 黄省秋 张建新 万圣祥 郑启新 刘海华. 自体静脉移植修复周围神经缺损实验研究 [J]. 中华显微外科杂志，1991，14（4）：220-222. DOI：10.3760/cma.j.issn.1001-2036.1991.04.116. {HONG Guangxiang,WANG Fabin,HUANG Shengqiu,ZHANG Jianxin,WAN Shengxiang,ZHENG Qixin,LIU Haihua. Experimental study of vein autograft used for repairing peripheral nerve defect[J]. Zhonghua Xian Wei Wai Ke Za Zhi[Chin J Microsurg(Article in Chinese;Abstract in Chinese and English)],1991,14(4):220-222. DOI:10.3760/cma.j.issn.1001-2036.1991.04.116.}

[19403] 魏家宾，李主一，翁龙江，安梅，牟如春. 高压氧对周围神经再生作用的实验研究 [J]. 修复重建外科杂志，1991，5（1）：45-48+66-64. DOI：CNKI：SUN：ZXCW.0.1991-01-037. {WEI Jiabin,LI Zhuyi,WENG Longjiang,AN Mei,MOU Ruchun. Experimental study of hyperbaric oxygen on peripheral nerve regeneration[J]. Zhongguo Xiu Fu Chong Jian Wai Ke Za Zhi[Chin J Repar Reconstr Surg(Article in Chinese;Abstract in Chinese)],1991,5(1):45-48+66-64. DOI:CNKI:SUN:ZXCW.0.1991-01-037.}

[19404] 谢卫国，朱家恺. 用骨骼肌桥接神经缺损的灵长类动物实验研究 [J]. 中华显微外科杂志，1991，14(4)：210-211. DOI：10.3760/cma.j.issn.1001-2036.1991.04.110. {XIE Weiguo,ZHU Jiakai. Experimental study of bridging the peripheral nerve gap with skeletal muscle in the primate[J]. Zhonghua Xian Wei Wai Ke Za Zhi[Chin J Microsurg(Article in Chinese;Abstract in Chinese)],1991,14(4):210-211. DOI:10.3760/cma.j.issn.1001-2036.1991.04.110.}

[19405] 臧鸿声，刘会敏. 自体神经原位再植防治创伤性神经瘤的实验研究与临床应用 [J]. 中华外科杂志，1991，29（10）：596-598. {ZANG Hongsheng,LIU Huimin. Experimental study and clinical application of autologous nerve replantation in the prevention and treatment of traumatic neuroma[J]. Zhonghua Wai Ke Za Zhi[Chin J Surg(Article in Chinese;Abstract in Chinese)],1991,29(10):596-598.}

[19406] 杨川，王炜，钟斌，蔡佩佩. 带神经血管的肌束使失神经肌肉恢复神经再支配的实验研究 [J]. 修复重建外科杂志，1991，5（3）：175-178，192. DOI：CNKI：SUN：ZXCW.0.1991-03-032. {YANG Chuan,WANG Wei,ZHONG Bin,CAI Peipei. An experimental study on the neurovascular muscle bundle to restore denervated muscles to reinnervation[J]. Zhongguo Xiu Fu Chong Jian Wai Ke Za Zhi[Chin J Repar Reconstr Surg(Article in Chinese;Abstract in Chinese)],1991,5(3):175-178,192. DOI:CNKI:SUN:ZXCW.0.1991-03-032.}

[19407] 张萌，丘钜世. 人雪旺氏细胞的体外培养及储存 [J]. 中华显微外科杂志，1992，15（1）：34-35. {ZHANG Meng,QIU Jushi. Culture and storage of human Schwann cells in vitro[J]. Zhonghua Xian Wei Wai Ke Za Zhi[Chin J Microsurg(Article in Chinese;Abstract in Chinese)],1992,15(1):34-35.}

[19408] 张自杰，朱家恺. 获得大量雪旺氏细胞的方法学研究 [J]. 中华显微外科杂志，1992，15（2）：87-89. {ZHANG Zijie,ZHU Jiakai. Methodological study of obtaining large numbers of Schwann cells[J]. Zhonghua Xian Wei Wai Ke Za Zhi[Chin J Microsurg(Article in Chinese;Abstract in Chinese)],1992,15(2):87-89.}

[19409] 张自杰，朱家恺. 神经细胞与雪旺氏细胞共同培养研究 [J]. 中华显微外科杂志，1992，15（3）：174-176. {ZHANG Zijie,ZHU Jiakai. Co-cultivation of nerve cells and Schwann cells[J]. Zhonghua Xian Wei Wai Ke Za Zhi[Chin J Microsurg(Article in Chinese;Abstract in Chinese)],1992,15(3):174-176.}

[19410] 张爱华，朱家恺. 雪旺氏细胞引入桥接神经缺损的肌移植体的方法学研究 [J]. 中华显微外科杂志，1992，15（4）：215-217. {ZHANG Aihua,ZHU Jiakai. Methodological study on the introduction of Schwann cells into muscle grafts bridging nerve defects[J]. Zhonghua Xian Wei Wai Ke Za Zhi[Chin J Microsurg(Article in Chinese;Abstract in Chinese)],1992,15(4):215-217.}

[19411] 张自杰，朱家恺. 快速分离纯净雪旺氏细胞的实验研究 [J]. 中华显微外科杂志，1992，15（4）：218-219. {ZHANG Zijie,ZHU Jiakai. Experimental study on the rapid separation of pure Schwann cells[J]. Zhonghua Xian Wei Wai Ke Za Zhi[Chin J Microsurg(Article in Chinese;Abstract in Chinese)],1992,15(4):218-219.}

[19412] 范启申，王成琪，曹斌，魏长月，潘兆勋. 含有血运雪旺氏细胞的鞘膜管桥接神经缺损的临床应用 [J]. 中国修复重建外科杂志，1992，6（4）：197-199，248. DOI：CNKI：SUN：ZXCW.0.1992-04-002. {FAN Qishen,WANG Chengqi,CAO Bin,WEI Changyue,PAN Zhaoxun. Clinical application of the sheath tube containing bloody Schwann cells to bridge the nerve defect[J]. Zhongguo Xiu Fu Chong Jian Wai Ke Za Zhi[Chin J Repar Reconstr Surg(Article in Chinese;Abstract in Chinese)],1992,6(4):197-199,248. DOI:CNKI:SUN:ZXCW.0.1992-04-002.}

[19413] 张爱华，朱家恺. 用血管植入变性骨骼肌修复周围神经缺损的进一步实验研究 [J]. 中华显微外科杂志，1992，15（1）：27-30. {ZHANG Aihua,ZHU Jiakai. A further experimental study on repairing peripheral nerve defects with vascular implantation of degenerated skeletal muscle[J]. Zhonghua Xian Wei Wai Ke Za Zhi[Chin J Microsurg(Article in Chinese;Abstract in Chinese)],1992,15(1):27-30.}

[19414] 谢卫国，朱家恺. 植入血管的变性骨骼肌桥接中长段神经缺损的灵长类动物实验研究 [J]. 中华显微外科杂志，1992，15（2）：90-92. {XIE Weiguo,ZHU Jiakai. Experimental study on primate animals with implanted vascular degeneration skeletal muscle bridging middle and long nerve defects[J]. Zhonghua Xian Wei Wai Ke Za Zhi[Chin J Microsurg(Article in Chinese;Abstract in Chinese)],1992,15(2):90-92.}

[19415] 刘强胜，周利君. 周围神经移植选择组织床的实验研究 [J]. 中华显微外科杂志，1992，15（1）：54-55. {LIU Qiangsheng,ZHOU Lijun. Experimental study on selecting tissue bed for peripheral nerve transplantation[J]. Zhonghua Xian Wei Wai Ke Za Zhi[Chin J Microsurg(Article in Chinese;Abstract in Chinese)],1992,15(1):54-55.}

[19416] 王秋根，高建章，赵杰，刘植珊，梁再跃. 实验性周围神经损伤的高压氧治疗 [J]. 中华外科杂志，1992，30（6）：374. {WANG Qiugen,GAO Jianzhang,ZHAO Jie,LIU Zhishan,LIANG Zaiyue. Experimental study of hyperbaric oxygen therapyin the treatment of peripheral nerve injury[J]. Zhonghua Wai Ke Za Zhi[Chin J Surg(Article in Chinese;No abstract avaliable)],1992,30(6):374.}

[19417] 陈德松，徐建光. 直流点送与感应点送刺激对小鼠周围神经再生影响的研究 [J]. 手外科杂志，1992，8（3）：156-157. {CHEN Desong,XU Jianguang. Study on the effect of direct current point delivery and induction point delivery on peripheral nerve regeneration in mice[J]. Shou Wai Ke Za Zhi[J Hand Surg(Article in Chinese;Abstract in Chinese)],1992,8(3):156-157.}

[19418] 杨川，王炜，钟斌，蔡佩佩. 带神经血管的肌束使瘫痪肌肉恢复神经支配进一步实验研究 [J]. 中国修复重建外科杂志，1992，6（4）：232-234，250. DOI：CNKI：SUN：ZXCW.0.1992-04-026. {YANG Chuan,WANG Wei,ZHONG Bin,CAI Peipei. The muscle bundle with neurovascular can restore the innervation of paralyzed muscles. Further experimental research[J]. Zhongguo Xiu Fu Chong Jian Wai Ke Za Zhi[Chin J Repar Reconstr Surg(Article in Chinese;Abstract in Chinese)],1992,6(4):232-234,250. DOI:CNKI:SUN:ZXCW.0.1992-04-026.}

[19419] 崔树森，张文杰. 带蒂腱滑膜管羊膜雪旺氏细胞粗制品复合体修复神经缺损实验研究 [J]. 中华显微外科杂志，1993，16（1）：43-45. {CUI Shusen,ZHANG Wenjie. Experimental study on repairing nerve defects with a complex of crude amniotic membrane Schwann cells with pedicle tendon synovial tube[J]. Zhonghua Xian Wei Wai Ke Za Zhi[Chin J Microsurg(Article in Chinese;Abstract in Chinese)],1993,16(1):43-45.}

[19420] 顾立强，顾熊飞. 雪旺氏细胞源营养神经活性物质的研究 [J]. 中华显微外科杂志，1993，16（2）：125-128. {GU Liqiang,GU Xiongfei. Study on the neuroactive substances derived from Schwann cells[J]. Zhonghua Xian Wei Wai Ke Za Zhi[Chin J Microsurg(Article in Chinese;Abstract in Chinese)],1993,16(2):125-128.}

[19421] 李豪青，黄恭康. 不同功能性质及倒转的神经移植实验 [J]. 中华显微外科杂志，1993，16（2）：129-131. {LI Haoqing,HUANG Gongkang. Nerve transplantation experiments with different functional properties and inversions[J]. Zhonghua Xian Wei Wai Ke Za Zhi[Chin J Microsurg(Article in Chinese;Abstract in Chinese)],1993,16(2):129-131.}

[19422] 韩岩，鲁开化. 静脉与神经组织复合移植修复周围神经缺损的实验研究 [J]. 中华外科杂志，1993，31（12）：726-729. {HAN Yan,LU Kaihua. Experimental study on repairing peripheral nerve defects with composite transplantation of vein and nerve tissue[J]. Zhonghua Wai Ke Za Zhi[Chin J Surg(Article in Chinese;Abstract in Chinese)],1993,31(12):726-729.}

[19423] 沈宁江，朱家恺. 直流电场促进周围神经再生的实验研究 [J]. 中华显微外科杂志，1993，16（2）：116-119. {SHEN Ningjiang,ZHU Jiakai. Experimental study on the promotion of peripheral nerve regeneration by direct current electric field[J]. Zhonghua Xian Wei Wai Ke Za Zhi[Chin J Microsurg(Article in Chinese;Abstract in Chinese)],1993,16(2):116-119.}

[19424] 苟三怀，侯春林，臧鸿声，卢建熙. 几丁质桥接周围神经缺损的实验研究 [J]. 中国修复重建外科杂志，1993，7（3）：169-171+193-196. DOI：CNKI：SUN：ZXCW.0.1993-03-033. {GOU Sanhuai,HOU Chunlin,ZANG Hongsheng,LU Jianxi. Chitinbridging of peripheral nerve defects :an experimental study[J]. Zhongguo Xiu Fu Chong Jian Wai Ke Za Zhi[Chin J Repar Reconstr Surg(Article in Chinese;Abstract in Chinese and English)],1993,7(3):169-171+193-196. DOI:CNKI:SUN:ZXCW.0.1993-03-033.}

[19425] 陈伟华，杨桂兰. 全置入电刺激器促进鼠坐骨神经再生实验研究 [J]. 中华显微外科杂志，1993，16（2）：120-122. {CHEN Weihua,YANG Guilan. Experimental study on the promotion of rat sciatic nerve regeneration by inserting electric stimulator[J]. Zhonghua Xian Wei Wai Ke Za Zhi[Chin J Microsurg(Article in Chinese;Abstract in Chinese)],1993,16(2):120-122.}

[19426] 龚文汇，王国英，胡耀民，钟世镇. 雪旺氏细胞植入 DACRON 人造管修复周围神经缺损的实验研究 [J]. 中国临床解剖学杂志，1994，12（3）：303-306. {GONG Wenhui,WANG Guoying,HU Yaomin,ZHONG Shizhen. Experimental study on Schwann cells introduced into dacron tube as a conduit for peripheral nerve regeneration[J]. Zhongguo Lin Chuang Jie Pou Xue Za Zhi[Chin J Clin Anat(Article in Chinese;Abstract in Chinese and English)],1994,12(3):303-306.}

[19427] 顾立强，朱家恺. 神经生长因子和雪旺氏细胞分泌的神经营养活性物质促进周围神经再生的实验研究 [J]. 中华显微外科杂志，1994，17（6）：269-272，319. DOI：CNKI：SUN：ZHXW.0.1994-04-017. {GU Liqiang,ZHU Jiakai. Experimntal study on promoting peripheral nerve regfneration by Nerve Growth Factor and Schwann cell-derived heurotrophic substances[J]. Zhonghua Xian Wei Wai Ke Za Zhi[Chin J Microsurg(Article in Chinese;Abstract in Chinese)],1994,17(6):269-272,319. DOI:CNKI:SUN:ZHXW.0.1994-04-017.}

[19428] 丁文龙，刘德民，王桂秀，温蔚. 异种神经移植后去神经支配骨骼肌运动终板的再形成 [J]. 中国临床解剖学杂志，1994，12（4）：51-53. DOI：CNKI：SUN：ZLJZ.0.1994-01-024. {DING Wenlong,LIU Demin,WANG Guixiu,WEN Wei. The regeneration of motor end-plate in densrvated skeletal muscle af-ter heterogenic nerve graft[J]. Zhongguo Lin Chuang Jie Pou Xue Za Zhi[Chin J Clin Anat(Article in Chinese;Abstract in Chinese and English)],1994,12(4):51-53. DOI:CNKI:SUN:ZLJZ.0.1994-01-024.}

[19429] 陈强，胡耀民，钟世镇，孔吉明. 异体腹主动脉桥接周围神经缺损的实验研究 [J]. 中华显微外科杂志，1994，17（6）：273-276，319. DOI：CNKI：SUN：ZHXW.0.1994-04-019. {CHEN Qiang,HU Yaomin,ZHONG Shizhen,KONG Jiming. Experimentxl study on allograft. Of abdominal aorta as a bridge for peripheral nerve regeneration[J]. Zhonghua Xian Wei Wai Ke Za Zhi[Chin J Microsurg(Article in Chinese;Abstract in Chinese)],1994,17(6):273-276,319. DOI:CNKI:SUN:ZHXW.0.1994-04-019.}

[19430] 陈亮，顾玉东，顾红玉，王欢. 大鼠前肢周围神经及主要肌肉的中枢及背根神经节定位 [J]. 中华手外科杂志，1994，10（1）：22-25. DOI：10.3760/cma.j.issn.1005-

054X.1994.01.112. {CHEN Liang,GU Yudong,GU Hongyu,WANG Huan. Central and dorsal root ganglion location of peripheral nerves and main muscles in rats[J]. Zhonghua Shou Wai Ke Za Zhi[Chin J Hand Surg(Article in Chinese;Abstract in Chinese)],1994,10(1):22-25. DOI:10.3760/cma.j.issn.1005-054X.1994.01.112.}

[19431] 荀三怀，侯春林，臧鸿声. 几丁质再生室对修复周围神经缺损影响的实验研究 [J]. 解放军医学杂志，1994，19（5）：373-376. DOI：CNKI：SUN：JFJY.0.1994-05-017. {GOU Sanhuai,HOU Chunlin,ZANG Hongsheng. Experimental study of the effect of chitin regeneration chamber on the repair of peripheral nerve defect[J]. Jie Fang Jun Yi Xue Za Zhi[Med J Chin PLA(Article in Chinese;Abstract in Chinese and English)],1994,19(5):373-376. DOI:CNKI:SUN:JFJY.0.1994-05-017.}

[19432] 范启申，王成琪，梁耀光，郑隆宝，张作勇. 含有血运神经片段的外膜管桥接神经缺损实验研究与临床应用 [J]. 中华骨科杂志，1994，14（5）：494-497. DOI：CNKI：SUN：ZHGK.0.1994-08-021. {FAN Qishen,WANG Chengqi,LIANG Yaoguang,ZHENG Longbao,ZHANG Zuoyong. Bridging repair of nerve defect using blood suppliedsheath canal with Schwann cells[J]. Zhonghua Gu Ke Za Zhi[Chin J Orthop(Article in Chinese;Abstract in Chinese and English)],1994,14(5):494-497. DOI:CNKI:SUN:ZHGK.0.1994-08-021.}

[19433] 朱朔瞰，张时纯，龚家琳，龙文荣，彭隆祥. 新生儿脐带血管作为神经修复材料的实验观察 [J]. 中华骨科杂志，1994，14（3）：180-184. DOI：10.1007/BF02006258. {ZHU ShuoLong,ZHANG Shichun,GONG Jialin,LONG Wenrong,PENG Longxiang. Human umbilical vessels as a new conduitmaterial for peripheral nerve repair-an experimental study[J]. Zhonghua Gu Ke Za Zhi[Chin J Orthop(Article in Chinese;Abstract in Chinese and English)],1994,14(3):180-184. DOI:10.1007/BF02006258.}

[19434] 李坤，李培春，黄世宁，浦洪琴. 肌肉桥接与肌表面旷置修复神经缺损的实验研究 [J]. 中华显微外科杂志，1994，17（2）：282. DOI：CNKI：SUN：ZHXW.0.1994-04-024. {LI Kun,LI peichun,HUANG shining,PU Hongqin. Experimental study on repairing nerve defects with muscle bridge and muscle surface exclusion[J]. Zhonghua Xian Wei Wai Ke Za Zhi[Chin J Microsurg(Article in Chinese;Abstract in Chinese)],1994,17(2):282. DOI:CNKI:SUN:ZHXW.0.1994-04-024.}

[19435] 刘会敏，陈咏莲，叶挺军，侯春林，臧鸿声，荀三怀. 几丁质管套接兔两近端神经防治创伤性神经瘤的实验研究 [J]. 中国修复重建外科杂志，1994，8（4）：29-30，64. {LIU Huimin,CHEN Yonglian,YE Tingjun,HOU Chunlin,ZANG Hongsheng,GOU Sanhuai. Experimental study of approximating two proximal ends of nervesof the rabbit with chitin tube forprevention of neuroma development[J]. Zhongguo Xiu Fu Chong Jian Wai Ke Za Zhi[Chin J Repar Reconstr Surg(Article in Chinese;Abstract in Chinese)],1994,8(4):29-30,64.}

[19436] 张惠君，陈以慈. 坐骨神经损伤后 AchE 在大鼠脊神经节与脊髓前、后角中动态变化的分析比较 [J]. 广东解剖学通报，1994，16（1）：119-123. DOI：CNKI：SUN：ZHXW.0.1997-01-023. {ZHANG Hui Jun,CHEN Yi Ci. Comparative analysis of the dynamic change of acetylcholinesterase (AchE) in the dorsal horn,ventral horn of spinal cord and the spinal ganglion of the rat after sciatic lesion[J]. Guangdong Jie Pou Xue Tong Bao[Bull Guangdong Anat(Article in Chinese;Abstract in Chinese and English)],1994,16(1):119-123. DOI:CNKI:SUN:ZHXW.0.1997-01-023.}

[19437] 张惠君，陈以慈. 坐骨神经损伤后 VIP 在大鼠脊髓腰段后角中的动态变化 [J]. 广东解剖学通报，1994，16（1）：46-50. {ZHANG Hui Jun,CHEN Yi Ci. The dynamic change of vasoactive intestinal polypeptide (vip) in the dorsal horn of the rat lumbar spinal cord after sciatic nerve transection[J]. Guangdong Jie Pou Xue Tong Bao[Bull Guangdong Anat(Article in Chinese;Abstract in Chinese)],1994,16(1):46-50.}

[19438] 范启申，王成琪，梁耀光，郑隆宝，张祚勇. 含有血运雪旺氏细胞的外膜管桥接神经缺损的研究 [J]. 中华实验外科杂志，1995，12（2）：41-42，75. DOI：CNKI：SUN：ZHSY.0.1995-01-022. {FAN Qishen,WANG Chengqi,LIANG Yaoguang,ZHENG Longbao,ZHANG Zuoyong. Experimental studies in bridging nerve defect using epineurium canal with bloody schwann's cell[J]. Zhonghua Shi Yan Wai Ke Za Zhi[Chin J Exp Surg(Article in Chinese;Abstract in Chinese)],1995,12(2):41-42,75. DOI:CNKI:SUN:ZHSY.0.1995-01-022.}

[19439] 顾立强，朱家恺，景宗森，李建兰. 雪旺氏细胞和脊髓腹侧神经元联合培养重组"组织块"的发现 [J]. 中华实验外科杂志，1995，12（2）：115-116. DOI：10.3760/cma.j.issn.1001-9030.1995.02.127. {GU Liqiang,ZHU Jiakai,JONG Zongsen,LI Jianlan. Experimental discovery on forming explant-like tissue by coculturing dissociated Schwann cells and ventral motoneurons of spinal cord[J]. Zhonghua Shi Yan Wai Ke Za Zhi[Chin J Exp Surg(Article in Chinese;Abstract in Chinese)],1995,12(2):115-116. DOI:10.3760/cma.j.issn.1001-9030.1995.02.127.}

[19440] 荀三怀，侯春林，臧鸿声，李晓华. 几丁质室内植入雪旺氏细胞对神经再生影响实验研究 [J]. 中国修复重建外科杂志，1995，9（2）：108-111. {GOU Sanhuai,HOU Chunlin,ZANG Hongsheng,LI Xiaohua. Experimental study on the effect of Schwann cells implanted into chitin chamber on nerve regeneration[J]. Zhongguo Xiu Fu Chong Jian Wai Ke Za Zhi[Chin J Repar Reconstr Surg(Article in Chinese;Abstract in Chinese)],1995,9(2):108-111.}

[19441] 丁文龙，刘德明，王桂秀，温蔚. 刀豆球蛋白 A 处理异种移植神经对神经再生的影响 [J]. 解剖学报，1995，26（5）：265-269，342. DOI：10.1007/BF02007173. {DING Wenlong,LIU Demin,WANG Guixiu,WEN Wei. Influence on nerve regeneration in the use of heterograft treated by cona[J]. Jie Pou Xue Bao[Acta Anat Sin(Article in Chinese;Abstract in Chinese and English)],1995,26(5):265-269,342. DOI:10.1007/BF02007173.}

[19442] 殷琦，陆裕朴，褚晓朝，胡蕴玉，石凯军，黄耀添，王军，付炳峨. 晚期周围神经损伤治疗临床及实验研究 [J]. 中华骨科杂志，1995，15（11）：596-599. DOI：10.1007/BF02007173. {YIN Qi,LU Yupu,CHU Xiaochao,HU Yunyu,SHI Kaijun,HUANG Yaotian,WANG Jun,FU Binge. Clinical and experimental studies on delayed re-pair for peripheral nerve injuries[J]. Zhonghua Gu Ke Za Zhi[Chin J Orthop(Article in Chinese;Abstract in Chinese)],1995,15(11):596-599. DOI:10.1007/BF02007173.}

[19443] 王书成，沈宁江，陈建，吴多能. 周围神经牵长效应的实验研究 [J]. 中华显微外科杂志，1995，18（3）：208-211，240. DOI：CNKI：SUN：ZHXW.0.1995-03-021. {WANG Shucheng,SHEN Ningjiang,CHEN Jian,WU Duoneng. Experimental study of the stretching effect on peripheral nerve[J]. Zhonghua Xian Wei Wai Ke Za Zhi[Chin J Microsurg(Article in Chinese;Abstract in Chinese)],1995,18(3):208-211,240. DOI:CNKI:SUN:ZHXW.0.1995-03-021.}

[19444] 劳杰，顾玉东，王胜利. 应用 CO_2 激光吻合周围神经的实验研究 [J]. 中华手外科杂志，1995，11（1）：40-41. DOI：10.3760/cma.j.issn.1005-054X.1995.01.126. {LAO Jie,GU Yudong,WANG Shengli. Sutureless peripheral nerve anastomosis using CO_2-laser[J]. Zhonghua Shou Wai Ke Za Zhi[Chin J Hand Surg(Article in Chinese;Abstract in Chinese)],1995,11(1):40-41. DOI:10.3760/cma.j.issn.1005-054X.1995.01.126.}

[19445] 邵景范，罗永湘. 白芨胶载神经生长因子促周围神经再生的实验研究 [J]. 中华手外科杂志，1995，11（1）：42-44，67. DOI：10.3760/cma.j.issn.1005-054X.1995.01.128. {SHAO Jingfan,LUO Yongxiang. Experimental studies of peripheral nerve regeneration enhanced by NGF mixed with BSG as a carrier[J]. Zhonghua Shou Wai Ke Za Zhi[Chin J Hand Surg(Article in Chinese;Abstract in Chinese)],1995,11(1):42-44,67. DOI:10.3760/cma.j.issn.1005-054X.1995.01.128.}

[19446] 殷琦，陆裕朴，胡蕴玉，李稔生. 肌肉失神经后运动终板早晚期退变实验研究 [J]. 中国修复重建外科杂志，1995，9（1）：35-38. DOI：CNKI：SUN：ZXCW.0.1995-01-014. {YIN Qi,LU Yupu,HU Yunyu,LI Rensheng. Experimental study on early and late degeneration of motor endplate after muscle denervation[J]. Zhongguo Xiu Fu Chong Jian Wai Ke Za Zhi[Chin J Repar Reconstr Surg(Article in Chinese;Abstract in Chinese)],1995,9(1):35-38. DOI:CNKI:SUN:ZXCW.0.1995-01-014.}

[19447] 殷琦，陆裕朴，胡蕴玉，李稔生. 雪旺氏细胞基底膜与晚期神经再生 [J]. 中华骨科杂志，1996，16（4）：26-28. DOI：CNKI：SUN：ZHGK.0.1996-03-011. {YIN Qi,LU Yupu,HU Yunyu,LI Rensheng. Schwann cell basal membrane and delayed nerve regeneration[J]. Zhonghua Gu Ke Za Zhi[Chin J Orthop(Article in Chinese;Abstract in Chinese and English)],1996,16(004):26-28. DOI:CNKI:SUN:ZHGK.0.1996-03-011.}

[19448] 高贵，朱家恺，顾熊飞，谢冈，周晓天. 雪旺细胞源神经营养蛋白的纯化及其体外生物活性的研究 [J]. 中华显微外科杂志，1996，19（2）：115-118. DOI：10.1007/BF02951625. {GAO Gui,ZHU Jiakai,GU Xiongfei,XIE Gang,ZHOU Xiaotian. The purification of Schwann cells-derived neurotrophic substances and studying on it's neruobiological activity[J]. Zhonghua Xian Wei Wai Ke Za Zhi[Chin J Microsurg(Article in Chinese;Abstract in Chinese and English)],1996,19(2):115-118. DOI:10.1007/BF02951625.}

[19449] 顾立强，朱家恺. 不同时间差速粘附分离、纯化瓦勒变性神经的雪旺细胞 [J]. 中华显微外科杂志，1996，19（2）：128-129. DOI：CNKI：SUN：ZHXW.0.1996-02-025. {GU Liqiang,ZHU Jiakai. Different time adhesion separation and purification of Schwann cells from Waller degeneration nerve[J]. Zhonghua Xian Wei Wai Ke Za Zhi[Chin J Microsurg(Article in Chinese;No abstract avaliable)],1996,19(2):128-129. DOI:CNKI:SUN:ZHXW.0.1996-02-025.}

[19450] 高贵，朱家恺，顾熊飞. 雪旺细胞源运动神经营养蛋白对周围神经再生的影响 [J]. 中华显微外科杂志，1996，19（3）：200-202. DOI：10.1007/BF02951625. {GAO Gui,ZHU Jiakai,GU Xiongfei. The effects of the Schwann cells-derived motoneurotrophic proteins to peripheral nerve regeneration[J]. Zhonghua Xian Wei Wai Ke Za Zhi[Chin J Microsurg(Article in Chinese;Abstract in Chinese and English)],1996,19(3):200-202. DOI:10.1007/BF02951625.}

[19451] 顾立强，李建兰，朱家恺. 雪旺氏细胞源神经营养因子制品促进神经再生的研究 [J]. 中华实验外科杂志，1996，13（4）：56. DOI：10.3760/cma.j.issn.1001-9030.1996.01.133. {GU Liqiang,LI Jianlan,ZHU Jiakai. Research on Schwann cell-derived neurotrophic factor products to promote nerve regeneration[J]. Zhonghua Shi Yan Wai Ke Za Zhi[Chin J Exp Surg(Article in Chinese;Abstract in Chinese)],1996,13(4):56. DOI:10.3760/cma.j.issn.1001-9030.1996.01.133.}

[19452] 丁文龙，刘德明，温蔚. 雷公藤对异种神经移植后神经再生的影响 [J]. 解剖学报，1996，27（4）：251. DOI：CNKI：SUN：JPXB.0.1996-03-005. {DING Wenlong,LIU Deming,WEN Wei. The effect of Tripterygium wilfordii on nerve regeneration after xenogeneic nerve transplantation[J]. Jie Pou Xue Bao[Acta Anat Sin(Article in Chinese;No abstract avaliable)],1996,27(4):251. DOI:CNKI:SUN:JPXB.0.1996-03-005.}

[19453] 赵德伟，杜国君，张晓明，郭林，朱景斌，于小光，范秀玉. 血管束植入移植神经修复周围神经缺损的实验研究 [J]. 中华骨科杂志，1996，16（3）：37-39. DOI：CNKI：SUN：ZHCS.0.1996-01-016. {ZHAO Dewei,DU Guojun,ZHANG Xiaoming,GUO Lin,ZHU Jingbin,YU Xiaoguang,FAN Xiuyu. Implantation of vascular bundle into the free nervegrafts for the repair of peripheral nerve defects[J]. Zhonghua Gu Ke Za Zhi[Chin J Orthop(Article in Chinese;Abstract in Chinese and English)],1996,16(3):37-39. DOI:CNKI:SUN: ZHCS.0.1996-01-016.}

[19454] 卫晓恩，韩西城. 多种移植体修复周围神经的比较实验研究 [J]. 中国修复重建外科杂志，1996，10（1）：16-19. DOI：CNKI：SUN：ZXCW.0.1996-01-003. {WEI Xiaoen,HAN Xicheng. Comparative experimental study of various grafts for repairing peripheral nerve[J]. Zhongguo Xiu Fu Chong Jian Wai Ke Za Zhi[Chin J Repar Reconstr Surg(Article in Chinese;Abstract in Chinese)],1996,10(1):16-19. DOI:CNKI:SUN:ZXCW.0.1996-01-003.}

[19455] 李坤，黄世宁，浦洪琴，李培春，梁明康. 肌表面旷置修复周围神经缺损的实验研究 [J]. 中国临床解剖学杂志，1996，14：219-221. DOI：10.1007/BF02951625. {LI Kun,HUANG Shining,PU Hongqin,LI peichun,LIANG Mingkang. Experimental research on innervation of peripheral nerve defect through fixed on muscle surface[J]. Zhongguo Lin Chuang Jie Pou Xue Za Zhi[Chin J Clin Anat(Article in Chinese;Abstract in Chinese and English)],1996,14:219-221. DOI:10.1007/BF02951625.}

[19456] 荀三怀，侯春林，王东荣，李晓华. 几丁质桥接周围神经缺损的实验研究及临床应用 [J]. 中华骨科杂志，1996，16（3）：13-16. DOI：10.1007/BF02951625. {GOU Sanhuai,HOU Chunlin,WANG Dongrong,LI Xiaohua. Chitin bridging of peripheral nerve defects :An experimental study and report of four cases[J]. Zhonghua Gu Ke Za Zhi[Chin J Orthop(Article in Chinese;Abstract in Chinese and English)],1996,16(3):13-16. DOI:10.1007/BF02951625.}

[19457] 万智勇，张帆，赵仲生，毕擎，陈初勇. 骨骼肌包埋自体神经片段修复周围神经缺损的实验研究 [J]. 中华骨科杂志，1996，16（4）：29-30. DOI：10.1007/BF02951625. {WAN Zhiyong,ZHANG Fan,ZHAO Zhongsheng,BI Qing,CHEN Chuyong. Repair of peripheral nerve defect using nerve fragments embedded in skeletal muscle[J]. Zhonghua Gu Ke Za Zhi[Chin J Orthop(Article in Chinese;Abstract in Chinese and English)],1996,16(4):29-30. DOI:10.1007/BF02951625.}

[19458] 白巍，吕荣，陆裕朴. 周围神经损伤感觉终器退变与重建实验研究 [J]. 中华显微外科杂志，1996，19（1）：6-8. DOI：10.1007/BF02951625. {BAI Wei,LV Rong,LU Yupu. Experimental studies on degeneration and reconstruction of the sensory end organs in peripheral nerve injuries[J]. Zhonghua Xian Wei Wai Ke Za Zhi[Chin J Microsurg(Article in Chinese;Abstract in Chinese and English)],1996,19(1):6-8. DOI:10.1007/BF02951625.}

[19459] 李志忠，冼我权，王德就，陈新. 人羊膜管充填自体神经组织浆模拟神经生长微环境修复周围神经缺损的实验研究 [J]. 中国矫形外科杂志，1996，3（1）：52-53. {LI Zhizhong,XIAN Wuquan,WANG Dejiu,CHEN Xin. Experimental study of human amniotic tube filled with autologous nerve tissue plasma to simulate nerve growth microenvironment to repair peripheral nerve defects[J]. Zhongguo Jiao Xing Wai Ke Za Zhi[Orthop J China(Article in Chinese;No abstract avaliable)],1996,3(1):52-53.}

[19460] 黄德清，侯春林，张文明. 异体硬脊膜桥接周围神经缺损的实验研究 [J]. 中华手外科杂志，1996，12（3）：47-49. DOI：CNKI：SUN：ZHSK.0.1996-01-020. {HUANG Deqing,HOU Chunlin,ZHANG Wenming. Alogenous dura mater bidging for peripheral nerve defects:An experimental study[J]. Zhonghua Shou Wai Ke Za Zhi[Chin J Hand Surg(Article in Chinese;Abstract in Chinese and English)],1996,12(3):47-49. DOI:CNKI:SUN:ZHSK.0.1996-01-020.}

[19461] 丁自海，李坤德，金丹，王迎丽，佟军，吕青. 止血带压力和时间梯度对兔周围神经结构的影响 [J]. 中华手外科杂志，1996，12（3）：174-176，193. DOI：CNKI：SUN：ZHSK.0.1996-03-025. {DING Zihai,LI Kunde,JIN Dan,WANG Yingli,TONG Jun,LV Qing. Effects of tourniquet of different pressure and time gradient on sciatic nerve structure in rabbits[J]. Zhonghua Shou Wai Ke Za Zhi[Chin J Hand Surg(Article in Chinese;Abstract in Chinese and English)],1996,12(3):174-176,193. DOI:CNKI:SUN:ZHSK.0.1996-03-025.}

[19462] 龚炎培，顾玉东. 乳鼠坐骨神经条件培养基促进周围神经再生的实验研究 [J]. 中华手外科杂志，1996，12（3）：185-188. DOI：CNKI：SUN：ZHSK.0.1996-03-030. {GONG Yanpei,GU Yudong. Improvement of vein bridged sciatic nerve regeneration by cultured fluid of neonatal rats' sciatic nerve[J]. Zhonghua Shou Wai Ke Za Zhi[Chin J Hand Surg(Article in Chinese;Abstract in Chinese and English)],1996,12(3):185-188. DOI:CNKI:SUN: ZHSK.0.1996-03-030.}

[19463] 李青峰，顾玉东. 经皮电刺激促进周围神经再生的实验研究 [J]. 中国修复重建外科杂志，1996，10（2）：103-105. DOI：CNKI：SUN：ZXCW.0.1996-02-022. {LI Qingfeng,GU Yudong. Experimental study on the promotive effect of percutaneous electrical stimulation on peripheral nerve regenerstion[J]. Zhongguo Xiu Fu Chong Jian Wai Ke Za Zhi[Chin J

Repair Reconstr Surg(Article in Chinese;Abstract in Chinese and English)],1996,10(2):103-105. DOI:CNKI:SUN:ZXCW.0.1996-02-022.}

[19464] 尹宗生，顾玉东. 普鲁卡因阻滞对神经断伤所致神经元超微结构破坏的保护作用实验研究 [J]. 中华骨科杂志，1996，16(12)：34-36. DOI：CNKI：SUN：ZHGK.0.1996-03-014. {YIN Zongsheng,GU Yudong. Protective action of procaine on ultrastuctures of α -motoneurons from being destroyed by nerve transection:an experimental study[J]. Zhonghua Gu Ke Za Zhi[Chin J Orthop(Article in Chinese;Abstract in Chinese and English)],1996,16(12):34-36. DOI:CNKI:SUN:ZHGK.0.1996-03-014.}

[19465] 姚猛，孙宇良，闫景龙，田万里，李村，董大明. 预防继发性神经根粘连的实验研究 [J]. 中华外科杂志，1996，34(11)：17-19. {YAO Meng,SUN Yuliang,YAN Jinglong,TIAN Wanli,LI Cun,DONG Daming. Prevention from secondary nerve root adhesion:an experimental study[J]. Zhonghua Wai Ke Za Zhi[Chin J Surg(Article in Chinese;Abstract in Chinese and English)],1996,34(11):17-19.}

[19466] 陈振兵，洪光祥，王发斌，黄省秋，万圣祥，黄启顺，康皓. 终末器官对神经再生影响的实验研究 [J]. 中华手外科杂志，1996，12(1)：41-43. DOI：CNKI：SUN：ZHSK.0.1996-01-017. {CHEN Zhenbing,HONG Guangxiang,WANG Fabin,HUANG Shengqiu,WAN Shengxiang,HUANG Qishun,KANG Hao. Influence of end organs on peripheral regeneration:an experimental study[J]. Zhonghua Shou Wai Ke Za Zhi[Chin J Hand Surg(Article in Chinese;Abstract in Chinese and English)],1996,12(1):41-43. DOI:CNKI:SUN:ZHSK.0.1996-01-017.}

[19467] 辛畅泰，安贵林. 不同骨骼肌桥接动物神经缺损的实验研究 [J]. 中华手外科杂志，1996，12(4)：249-253. {XIN Changtai,AN Guilin. Experimental research of distinct skeletal muscle bridging for nerve defects of animals[J]. Zhonghua Shou Wai Ke Za Zhi[Chin J Hand Surg(Article in Chinese;Abstract in Chinese and English)],1996,12(4):249-253.}

[19468] 徐向阳，顾玉东. 氨哮素对成年大鼠失神经支配肌肉的作用 [J]. 中华手外科杂志，1996，12(S1)：44-47. DOI：10.3760/cma.j.issn.1005-054X.1996.Z1.121. {XU Xiangyang,GU Yudong. Effect of clenbuterol on denervated muscles of adult rats[J]. Zhonghua Shou Wai Ke Za Zhi[Chin J Hand Surg(Article in Chinese;Abstract in Chinese and English)],1996,12(S1):44-47. DOI:10.3760/cma.j.issn.1005-054X.1996.Z1.121.}

[19469] 庞清江，罗永湘，毛宾尧. 坐骨神经损伤致脊髓前角运动神经元内酶学变化实验研究的初步报道 [J]. 中国矫形外科杂志，1996，3(4)：290-291. DOI：CNKI：SUN：ZJXS.0.1996-04-036. {PANG Qingjiang,LUO Yongxiang,MAO Binyao. A preliminary experimental study on the changes of enzymes in the motoneurons of the anterior horn of the spinal cord caused by sciatic nerve injury[J]. Zhongguo Jiao Xing Wai Ke Za Zhi[Orthop J China(Article in Chinese;No abstract available)],1996,3(4):290-291. DOI:CNKI:SUN:ZJXS.0.1996-04-036.}

[19470] 王树森，黄耀添. 大鼠坐骨神经损伤后脊髓前角细胞及其树突的形态计量和超微结构研究 [J]. 中华手外科杂志，1996，12(4)：245-248. DOI：10.3760/cma.j.issn.1005-054X.1996.04.126. {WANG Shusen,HUANG Yaotian. Changes of adult rat spinal motoneurons and their dendrites following permanent axotomy of sciatic nerve[J]. Zhonghua Shou Wai Ke Za Zhi[Chin J Hand Surg(Article in Chinese;Abstract in Chinese and English)],1996,12(4):245-248. DOI:10.3760/cma.j.issn.1005-054X.1996.04.126.}

[19471] 马向阳，于涯涛，钟世镇，胡耀民，陈立龙，王国英. 巨噬细胞条件培养基影响雪旺细胞 NGF 表达率实验研究 [J]. 中华显微外科杂志，1997，20(3)：63-64. DOI：10.3760/cma.j.issn.1001-2036.1997.03.132. {MA Xiangyang,YU Yatao,ZHONG Shizhen,HU Yaomin,CHEN Lilong,WANG Guoying. Experimental study on the effect of macrophage conditioned medium on Schwann cell NGF expression[J]. Zhonghua Xian Wei Wai Ke Za Zhi[Chin J Microsurg(Article in Chinese;Abstract in Chinese)],1997,20(3):63-64. DOI:10.3760/cma.j.issn.1001-2036.1997.03.132.}

[19472] 韩岩，汤朝武. 利用 Geneticin 纯化雪旺细胞的实验研究 [J]. 中华显微外科杂志，1997，20(4)：277-280. DOI：CNKI：SUN：ZHXW.0.1997-04-018. {HAN Yan,TANG Chaowu. Experimental study of puring culture Schwann cells with geneticin[J]. Zhonghua Xian Wei Wai Ke Za Zhi[Chin J Microsurg(Article in Chinese;Abstract in Chinese and English)],1997,20(4):277-280. DOI:CNKI:SUN:ZHXW.0.1997-04-018.}

[19473] 丁海明，韩西城. 血管植入神经移植段修复神经缺损的实验研究 [J]. 中国骨伤，1997，10(1)：13-14，64. DOI：CNKI：SUN：ZGGU.0.1997-04-006. {DING Haiming,HAN Xicheng. Effect of the application of autogenous nerve graft with vascular implantation to repair nerve defect[J]. Zhongguo Gu Shang[China J Orthop Trauma(Article in Chinese;Abstract in Chinese)],1997,10(1):13-14,64. DOI:CNKI:SUN:ZGGU.0.1997-04-006.}

[19474] 吴承远，苏万东，杨扬，江玉泉. 神经节苷脂与神经生长因子对移植神经再生的促进作用 [J]. 中华器官移植杂志，1997，18(3)：191-192. DOI：10.3760/cma.j.issn.0254-1785.1997.03.032. {WU Chengyuan,SU Wandong,YANG Yang,JIANG Yuquan. The promoting effect of ganglioside and Nerve Growth Factor on transplanted nerve regeneration[J]. Zhonghua Qi Guan Yi Zhi Za Zhi[Chin J Organ Transplant(Article in Chinese;Abstract in Chinese)],1997,18(3):191-192. DOI:10.3760/cma.j.issn.0254-1785.1997.03.032.}

[19475] 陈振兵，洪光祥，王发斌，黄省秋，万圣祥，黄启顺，康皓. 神经移植段对神经再生影响的实验研究 [J]. 中国修复重建外科杂志，1997，11(1)：27-30. DOI：CNKI：SUN：ZXCW.0.1997-01-006. {CHEN Zhenbing,HONG Guangxiang,WANG Fabin,HUANG Shengqiu,WAN Shengxiang,HUANG Qishun,KANG Hao. Experimental study on the effect of nerve graft on nerve regeneration[J]. Zhongguo Xiu Fu Chong Jian Wai Ke Za Zhi[Chin J Repar Reconstr Surg(Article in Chinese;Abstract in Chinese)],1997,11(1):27-30. DOI:CNKI:SUN:ZXCW.0.1997-01-006.}

[19476] 刘玉杰，卢世璧，罗毅，张伯勋，何风春，昝世明，张永刚. 周围神经嵌压后脱髓鞘改变的实验研究 [J]. 中华显微外科杂志，1997，20(4)：34-37. DOI：CNKI：SUN：ZHXW.0.1997-04-017. {LIU Yujie,LU Shibi,LUO Yi,ZHANG Boxun,HE Fengchun,ZAN Shiming,ZHANG Yonggang. Experimental study of demyelination of peripheral nerve compression[J]. Zhonghua Xian Wei Wai Ke Za Zhi[Chin J Microsurg(Article in Chinese;Abstract in Chinese and English)],1997,20(4):34-37. DOI:CNKI:SUN:ZHXW.0.1997-04-017.}

[19477] 吴柏林，罗永湘. 靶肌肉注射神经生长因子促进鼠坐骨神经再生的实验研究 [J]. 中华显微外科杂志，1997，20(2)：35-37. DOI：10.3760/cma.j.issn.1001-2036.1997.02.119. {WU Bolin,LUO Yongxiang. Experimental studies of peripheral nerve regeneration enhanced by targeted muscle injecting Nerve Growth Factor[J]. Zhonghua Xian Wei Wai Ke Za Zhi[Chin J Microsurg(Article in Chinese;Abstract in Chinese and English)],1997,20(2):35-37. DOI:10.3760/cma.j.issn.1001-2036.1997.02.119.}

[19478] 陈建常，傅源，史振满，王乐农，卢开柏. 丹参对肢体神经止血带损伤保护作用的实验研究 [J]. 中华显微外科杂志，1997，20(2)：53-54. DOI：10.3760/cma.j.issn.1001-2036.1997.02.128. {CHEN Jianchang,FU Yuan,SHI Zhenman,WANG Lenong,LU Kaibai. Experimental study of salvia miltiorrhiza on protecting limb nerve tourniquet injury[J]. Zhonghua Xian Wei Wai Ke Za Zhi[Chin J Microsurg(Article in Chinese;Abstract in Chinese and English)],1997,20(2):53-54. DOI:10.3760/cma.j.issn.1001-2036.1997.02.128.}

[19479] 徐文东，徐建光，顾玉东，邓守真，薛方平. 125I-酪氨酸在大鼠坐骨神经内转运的初步研究 [J]. 中华手外科杂志，1997，13(1)：44-45. DOI：10.3760/cma.j.issn.1005-054X.1997.01.015. {XU Wendong,XU Jianguang,GU Yudong,DENG Shouzhen,XUE Fangping. The transportation of 125I-Tyrosine in rat's sciatic nerve:a preliminary study[J]. Zhonghua Shou Wai Ke Za Zhi[Chin J Hand Surg(Article in Chinese;Abstract in Chinese and English)],1997,13(1):44-45. DOI:10.3760/cma.j.issn.1005-054X.1997.01.015.}

[19480] 王欢，顾玉东，徐建光，沈丽英，李继峰，朱静珍. 背根神经节感觉神经元延缓失神经支配肌肉萎缩作用的实验研究 [J]. 中华手外科杂志，1997，13(4)：231-234. DOI：10.3760/cma.j.issn.1005-054X.1997.04.014. {WANG Huan,GU Yudong,XU Jianguang,SHEN Liying,LI Jifeng,ZHU Jingzhen. The effect of dorsal root ganglion on delaying atrophy of denervated skeletal muscle:an experimental study[J]. Zhonghua Shou Wai Ke Za Zhi[Chin J Hand Surg(Article in Chinese;Abstract in Chinese and English)],1997,13(4):231-234. DOI:10.3760/cma.j.issn.1005-054X.1997.04.014.}

[19481] 张伯勋，郭义柱，梁雨田，刘郑生，王岩，王志刚. 神经断端肌内埋入防治残端神经瘤的实验研究 [J]. 中国修复重建外科杂志，1997，11(6)：9-11. {ZHANG Boxun,GUO Yizhu,LIANG Yutian,LIU Zhengsheng,WANG Yan,WANG Zhigang. Experimental study on prevention and treatment of neuroma buy implanting nerve stump into muscle[J]. Zhongguo Xiu Fu Chong Jian Wai Ke Za Zhi[Chin J Repar Reconstr Surg(Article in Chinese;Abstract in Chinese and English)],1997,11(6):9-11.}

[19482] 陈振兵，洪光祥，王发斌，万圣祥，黄启顺，康皓，翁雨雄. 大鼠坐骨神经损伤后神经内膜Ⅰ、Ⅲ型胶原含量的变化 [J]. 中华显微外科杂志，1997，20(1)：55-56. DOI：CNKI：SUN：ZHXW.0.1997-01-023. {CHEN Zhenbing,HONG Guangxiang,WANG Fabin,WAN Shengxiang,HUANG Qishun,KANG Hao,WENG Yuxiong. Changes of collagen type Ⅰ and Ⅲ in intima after sciatic nerve injury in rats[J]. Zhonghua Xian Wei Wai Ke Za Zhi[Chin J Microsurg(Article in Chinese;No abstract available)],1997,20(1):55-56. DOI:CNKI:SUN:ZHXW.0.1997-01-023.}

[19483] 王树森，黄耀添，褚晓朝，吕荣. 大鼠坐骨神经损伤后降钙素基因相关肽与运动终板的关系 [J]. 中华显微外科杂志，1997，20(4)：31-33. DOI：10.3321/j.issn：1673-8225.2004.20.048. {WANG Shusen,HUANG Yaotian,CHU Xiaochao,LV Rong. Changes of calcitonin gene-related peptide in spinal cord neurons and motor end plates after sciatic nerve injury in rats[J]. Zhonghua Xian Wei Wai Ke Za Zhi[Chin J Microsurg(Article in Chinese;Abstract in Chinese and English)],1997,20(4):31-33. DOI:10.3321/j.issn:1673-8225.2004.20.048.}

[19484] 赵世伟，王金昌，李炳万，唐在明，赵蓬波，董云鹏. 腺苷和神经生长因子对大鼠坐骨神经损伤后的恢复作用 [J]. 中华显微外科杂志，1997，20(4)：53-54. DOI：CNKI：SUN：ZHXW.0.1997-04-025. {ZHAO Shiwei,WANG Jinchang,LI Bingwan,TANG Zaiming,ZHAO Pengbo,DONG Yunpeng. Effects of adenosine and Nerve Growth Factor on recovery after sciatic nerve injury in rats[J]. Zhonghua Xian Wei Wai Ke Za Zhi[Chin J Microsurg(Article in Chinese;Abstract in Chinese)],1997,20(4):53-54. DOI:CNKI:SUN:ZHXW.0.1997-04-025.}

[19485] 马向阳，于涯涛，钟世镇，胡耀民，陈立龙，曾庆有. 雪旺氏细胞内 NGF 含量的定量测定方法研究 [J]. 中国临床解剖学杂志，1998，16(1)：64-67. DOI：CNKI：SUN：ZLJZ.0.1998-04-028. {MA Xiangyang,YU Yatao,ZHONG Shizhen,HU Yaomin,CHEN Lilong,ZENG Qingyou. A semiquantitative method to measure the cellular NGF content of individual Schwann cell[J]. Zhongguo Lin Chuang Jie Pou Xue Za Zhi[Chin J Clin Anat(Article in Chinese;Abstract in Chinese and English)],1998,16(1):64-67. DOI:CNKI:SUN:ZLJZ.0.1998-04-028.}

[19486] 刘黎军，朱家恺，顾熊飞. 雪旺细胞源神经营养因子的神经营养活性及其抗 NO 神经毒性作用 [J]. 中华显微外科杂志，1998，21(4)：264. DOI：10.3760/cma.j.issn.1001-2036.1998.04.009. {LIU Lijun,ZHU Jiakai,Gu Xiongfei. Studies of neurotrophic activities of Schwann cell derived neurotrophic factor and its resistant effect on nitric oxide neurotoxicity[J]. Zhonghua Xian Wei Wai Ke Za Zhi[Chin J Microsurg(Article in Chinese;Abstract in Chinese and English)],1998,21(4):264. DOI:10.3760/cma.j.issn.1001-2036.1998.04.009.}

[19487] 陈书连，贺长清，吴学建. 翻转静脉桥接修复周围神经缺损的实验研究 [J]. 中华显微外科杂志，1998，21(3)：208. DOI：10.3760/cma.j.issn.1001-2036.1998.03.017. {CHEN Shulian,HE Changqing,WU Xuejian. An experimental study of tubulating a defect of peripheral nerve with inside-out vein graft in rat[J]. Zhonghua Xian Wei Wai Ke Za Zhi[Chin J Microsurg(Article in Chinese;Abstract in Chinese and English)],1998,21(3):208. DOI:10.3760/cma.j.issn.1001-2036.1998.03.017.}

[19488] 周田华，李主一，周中英，翁龙江，李光全，李云梅. 脉冲电磁场促进周围神经再生的实验观察 [J]. 中国矫形外科杂志，1998，5(2)：64-65，96. DOI：CNKI：SUN：ZJXS.0.1998-02-049. {ZHOU Tianhua,LI Zhuyi,ZHOU Zhongying,WENG Longjiang,LI Guangquan,LI Yunmei. Experimental observation of pulsed electromagnetic field promoting peripheral nerve regeneration[J]. Zhongguo Jiao Xing Wai Ke Za Zhi[Orthop J China(Article in Chinese;Abstract in Chinese)],1998,5(2):64-65,96. DOI:CNKI:SUN:ZJXS.0.1998-02-049.}

[19489] 方有生，陈德松，顾玉东. 党参黄芪丹参等复方中草药合剂对周围神经再生影响的实验研究 [J]. 中华手外科杂志，1998，14(3)：181. DOI：10.3760/cma.j.issn.1005-054X.1998.03.020. {FANG Yousheng,CHEN Desong,GU Yudong. Facilitated regeneration of rat peripheral nerves with mixture of Dangshen,Astragalus root,Red sage root,et al[J]. Zhonghua Shou Wai Ke Za Zhi[Chin J Hand Surg(Article in Chinese;Abstract in Chinese and English)],1998,14(3):181. DOI:10.3760/cma.j.issn.1005-054X.1998.03.020.}

[19490] 匡勇，侯春林，苟三怀. 几丁糖管修复周围神经缺损的实验研究 [J]. 中华创伤杂志，1998，14(2)：1001-8050. DOI：10.3760/j：issn：1001-8050.1998.02.004. {KUANG Yong,HOU Chunlin,GOU Sanhuai. Nerve regeneration through chitosan nerve guide in rats[J]. Zhonghua Chuang Shang Za Zhi[Chin J Trauma(Article in Chinese;Abstract in Chinese and English)],1998,14(2):1001-8050. DOI:10.3760/j:issn:1001-8050.1998.02.004.}

[19491] 杨静，裴福兴，杨志明，成娘. IL-1 促周围神经再生的实验研究 [J]. 中华创伤杂志，1998，14(2)：77-79. DOI：10.3760/j：issn：1001-8050.1998.02.006. {YANG Jing,PEI Fuxing,YANG Zhiming,CHENG Niang. Study of interleukin-1 in stimulating peripheral nerve regeneration[J]. Zhonghua Chuang Shang Za Zhi[Chin J Trauma(Article in Chinese;Abstract in Chinese and English)],1998,14(2):77-79. DOI:10.3760/j:issn:1001-8050.1998.02.006.}

[19492] 张长青，顾玉东，陈亮. 纤维蛋白凝胶粘合加外膜固定修复周围神经的实验研究 [J]. 中国修复重建外科杂志，1998，12(3)：129-132. DOI：10.3969/j.issn.1000-6834.2001.04.021. {ZHANG Changqing,GU Yudong,CHEN Liang. Experimental study of fibrin glue adhesion with epineurial anchor suture to repair peripheral nerves[J]. Zhongguo Xiu Fu Chong Jian Wai Ke Za Zhi[Chin J Repar Reconstr Surg(Article in Chinese;Abstract in Chinese and English)],1998,12(3):129-132. DOI:10.3969/j.issn.1000-6834.2001.04.021.}

[19493] 唐孝明，裴福兴，谭健三. 碱性成纤维细胞生长因子促神经再生的实验研究 [J]. 中华显微外科杂志，1998，21(3)：201. DOI：10.3760/cma.j.issn.1001-2036.1998.03.015. {TANG Xiaoming,PEI Fuxing,TAN Jiansan. Experimental study of the effect of Basic Fibroblast Growth Factor on the regeneration of peripheral nerve[J]. Zhonghua Xian Wei Wai Ke Za Zhi[Chin J Microsurg(Article in Chinese;Abstract in Chinese and English)],1998,21(3):201. DOI:10.3760/cma.j.issn.1001-2036.1998.03.015.}

[19494] 朱清远，王国君，高庆国. 大鼠颈 6 和颈 8 神经根切断术后肢体功能变化的实验研究 [J]. 中华外科杂志，1998，36(10)：630. DOI：10.3760/j：issn：0529-5815.1998.10.018. {ZHU Qingyuan,WANG Guojun,GAO Qingguo. Functional changes of forelegs of rats after C6 and C8 nerve roots resection:an experimental study[J]. Zhonghua Wai Ke Za Zhi[Chin J Surg(Article in Chinese;Abstract in Chinese and English)],1998,36(10):630. DOI:10.3760/j:issn:0529-5815.1998.10.018.}

[19495] 劳杰，顾玉东，熊良俭，邵永衡. 预变神经移植段修复神经缺损的实验研究 [J]. 中华手外科杂志，1998，14(2)：3-5. DOI：10.3760/cma.j.issn.1005-054X.1998.02.024. {LAO Jie,GU Yudong,XIONG Liangjian,SHAO Yongheng. An experimental study on nerve defect repair with predegenerated nerve graft[J]. Zhonghua Shou Wai Ke Za Zhi[Chin J Hand Surg(Article in Chinese;Abstract in Chinese and English)],1998,14(2):3-5. DOI:10.3760/cma.j.issn.1005-

054X.1998.02.024.}

[19496] 陈晓东，顾玉东，徐建光，陈亮，沈丽英. 电针对大鼠坐骨神经再生影响的功能评价 [J]. 中华手外科杂志，1998，14(2)：121-123. DOI：10.3760/cma.j.issn.1005-054X.1998.02.027. {CHEN Xiaodong,GU Yudong,XU Jianguang,CHEN Liang,SHEN Liying. Electroacupuncture promotes sciatic nerve regeneration in rats:functional evaluation[J]. Zhonghua Shou Wai Ke Za Zhi[Chin J Hand Surg(Article in Chinese;Abstract in Chinese and English)],1998,14(2):121-123. DOI:10.3760/cma.j.issn.1005-054X.1998.02.027.}

[19497] 徐文东，邓守真，徐建光. 鼠坐骨神经再生早期轴浆流改变的实验研究 [J]. 中华手外科杂志，1998，14(4)：239. DOI：10.3760/cma.j.issn.1005-054X.1998.04.018. {XU Wendong,DENG Shouzhen,XU Jianguang. The changes of axoplasm at the early stage of regeneration in rat sciatic nerve:an experimental study[J]. Zhonghua Shou Wai Ke Za Zhi[Chin J Hand Surg(Article in Chinese;Abstract in Chinese and English)],1998,14(4):239. DOI:10.3760/cma.j.issn.1005-054X.1998.04.018.}

[19498] 陈亮，顾玉东，李大村，沈丽英，徐建光. 维持肢体正常的运动感觉功能所需最少神经根数的实验研究 [J]. 中华手外科杂志，1998，14(4)：3-5. DOI：10.3760/cma.j.issn.1005-054X.1998.04.017. {CHEN Liang,GU Yudong,LI Dacun,SHEN Liying,XU Jianguang. An experimental study or the least nerve roots or the brachial plexus for maintaining the normal limb function[J]. Zhonghua Shou Wai Ke Za Zhi[Chin J Hand Surg(Article in Chinese;Abstract in Chinese and English)],1998,14(4):3-5. DOI:10.3760/cma.j.issn.1005-054X.1998.04.017.}

[19499] 王树森，黄耀添，褚晓朝. 坐骨神经损伤后脊髓后角 P 物质及降钙素基因相关肽的变化 [J]. 中华显微外科杂志，1998，21(2)：127. DOI：10.3760/cma.j.issn.1001-2036.1998.02.017. {WANG Shusen,HUANG Yaotian,CHU Xiaochao. Changes of substance P and calcitonin gene-related peptide in spinal dorsal horn after sciatic nerve injury[J]. Zhonghua Xian Wei Wai Ke Za Zhi[Chin J Microsurg(Article in Chinese;Abstract in Chinese)],1998,21(2):127. DOI:10.3760/cma.j.issn.1001-2036.1998.02.017.}

[19500] 利春叶，曹代成. 碱性成纤维细胞生长因子促进坐骨神经损伤后功能的恢复 [J]. 中华显微外科杂志，1998，21(4)：274. DOI：10.3760/cma.j.issn.1001-2036.1998.04.012. {LI Chunye,CAO Daicheng. Basic Fibroblast Growth Factor enhance functlonal recovery of injuried sciatic nerve[J]. Zhonghua Xian Wei Wai Ke Za Zhi[Chin J Microsurg(Article in Chinese;Abstract in Chinese and English)],1998,21(4):274. DOI:10.3760/cma.j.issn.1001-2036.1998.04.012.}

[19501] 李月奎，李莉，林嘉友，万选才，穆瑞民. 坐骨神经损伤诱导脊髓 IL-1 mRNA 的表达及其与星形胶质细胞、NOS 阳性细胞的关系 [J]. 中国医学科学院学报，1998，20(1)：1-7. DOI：CNKI：SUN：ZYKX.0.1998-01-000. {LI Yuekui,LI LI,LIN Jiayou,WAN Xuancai,MU Ruimin. Expression of IL-1 mRNA and its correlation with astrocytes and nos-positive neurons in rat spinal cord following sciatic nerve injury[J]. Zhongguo Yi Xue Ke Xue Yuan Xue Bao[Acta Acad Med Sin(Article in Chinese;Abstract in Chinese and English)],1998,20(1):1-7. DOI:CNKI:SUN:ZYKX.0.1998-01-000.}

[19502] 董震，成效敏，顾玉东，尹宗生. 坐骨神经卡压对腰脊髓神经元的影响 [J]. 中国修复重建外科杂志，1998，12(2)：113-116. DOI：CNKI：SUN：ZXCW.0.1998-02-018. {DONG Zhen,CHENG Xiaomin,GU Yudong,YIN Zongsheng. Effect of crushing of sciatic nerve on neuron of lumbar spinal cord[J]. Zhongguo Xiu Fu Chong Jian Wai Ke Za Zhi[Chin J Repar Reconstr Surg(Article in Chinese;Abstract in Chinese)],1998,12(2):113-116. DOI:CNKI:SUN:ZXCW.0.1998-02-018.}

[19503] 马向阳，于涯涛，钟世镇，胡耀民，陈立龙，曾庆有. 乳鼠雪旺氏细胞的纯化培养研究 [J]. 中国临床解剖学杂志，1999，17(1)：70-72. DOI：CNKI：SUN：ZLJZ.0.1999-01-034. {MA Xiangyang,YU Yatao,ZHONG Shizhen,HU Yaomin,CHEN Lilong,ZENG Qingyou. Purification of newborn rat Schwann cells in vitro[J]. Zhongguo Lin Chuang Jie Pou Xue Za Zhi[Chin J Clin Anat(Article in Chinese;Abstract in Chinese and English)],1999,17(1):70-72. DOI:CNKI:SUN:ZLJZ.0.1999-01-034.}

[19504] 张福洲. 大鼠神经修复实验中雪旺细胞的作用 [J]. 中华显微外科杂志，1999，22(1)：54. DOI：10.3760/cma.j.issn.1001-2036.1999.01.021. {ZHANG Fuzhou. The role of Schwann cells in rat nerve repair experiment[J]. Zhonghua Xian Wei Wai Ke Za Zhi[Chin J Microsurg(Article in Chinese;Abstract in Chinese)],1999,22(1):54. DOI:10.3760/cma.j.issn.1001-2036.1999.01.021.}

[19505] 马向阳，于涯涛，钟世镇. 巨噬细胞条件培养基促进许旺细胞分泌神经生长因子的实验研究 [J]. 中华显微外科杂志，1999，22(2)：120. DOI：10.3760/cma.j.issn.1001-2036.1999.02.015. {MA Xiangyang,YU Yatao,ZHONG Shizhen. Experimental study on the macrophages conditioned media influence NGF secretion in adult rat Schwann cells in vitro[J]. Zhonghua Xian Wei Wai Ke Za Zhi[Chin J Microsurg(Article in Chinese;Abstract in Chinese and English)],1999,22(2):120. DOI:10.3760/cma.j.issn.1001-2036.1999.02.015.}

[19506] 卢晓林，朱家恺，刘长征. 许旺细胞源神经营养蛋白受体的初步定位 [J]. 中华显微外科杂志，1999，22(3)：192. DOI：10.3760/cma.j.issn.1001-2036.1999.03.012. {LU Xiaolin,ZHU Jiakai,LIU Changzheng. Radioreceptor assay of Schwann-cell derived neurotrophic protein[J]. Zhonghua Xian Wei Wai Ke Za Zhi[Chin J Microsurg(Article in Chinese;Abstract in Chinese and English)],1999,22(3):192. DOI:10.3760/cma.j.issn.1001-2036.1999.03.012.}

[19507] 陈礼刚，高立达，曾凡俊，毛伯镛，李开慧，卢敏. pSVPoMcat 微基因修饰许旺细胞移植对脊髓损伤的早期保护作用 [J]. 中华显微外科杂志，1999，22(S1)：3-5. DOI：10.3760/cma.j.issn.1001-2036.1999.Z1.130. {CHEN Ligang,GAO Lida,ZENG Fanjun,MAO Boyong,LI Kaihui,LU Min. Early protective effect of pSVPoMcat microgene modified Schwann cell transplantation on spinal cord injury[J]. Zhonghua Xian Wei Wai Ke Za Zhi[Chin J Microsurg(Article in Chinese;Abstract in Chinese)],1999,22(S1):3-5. DOI:10.3760/cma.j.issn.1001-2036.1999.Z1.130.}

[19508] 阚世廉，费起礼，官可同. 自体、异体雪旺细胞及其培养液植入羊膜基底膜修复神经缺损的比较研究 [J]. 中华手外科杂志，1999，15(1)：45. DOI：10.3760/cma.j.issn.1005-054X.1999.01.018. {HAN Shilian,FEI Qili,GUAN Ketong. A comparative study on implantation of autogenous or allogenic Schwann cells and its culture fluid into the amniotic basal lamina for repair of peripheral nerve defects[J]. Zhonghua Shou Wai Ke Za Zhi[Chin J Hand Surg(Article in Chinese;Abstract in Chinese and English)],1999,15(1):45. DOI:10.3760/cma.j.issn.1005-054X.1999.01.018.}

[19509] 丁文龙，刘德明，温蔚. 雷公藤甲素对异种神经移植后神经再生的影响 [J]. 解剖学报，1999，30(1)：31-34. DOI：10.3321/j.issn：0529-1356.1999.01.008. {DING Wenlong,LIU Deming,WEN Wei. Effect of tripterygium wilfordii hook on nerve regeneration after heterografting[J]. Jie Pou Xue Bao[Acta Anat Sin(Article in Chinese;Abstract in Chinese and English)],1999,30(1):31-34. DOI:10.3321/j.issn:0529-1356.1999.01.008.}

[19510] 侍坚，路长林，曲伸，何小龙，王成海. 移植 NT-4 基因修饰细胞对大鼠前角运动神经元损伤的保护作用 [J]. 第二军医大学学报，1999，20(3)：158-160. DOI：10.3321/j.issn：0258-879X.1999.03.007. {SHI Jian,LU Changlin,QU Shen,HE Xiaolong,WANG Chenghai. The protective effect of grafting NT-4 genetically modified cells on injury of spine motoneurons in rats[J]. Di Er Jun Yi Da Xue Xue Bao[Acad J Sec Mil Med Univ(Article in Chinese;Abstract in Chinese and English)],1999,20(3):158-160. DOI:10.3321/j.issn:0258-879X.1999.03.007.}

[19511] 许建中，李起鸿，廖维宏. 周围神经适应缓慢牵伸的机理研究（兔胫后神经血循环观察）[J]. 中华骨科杂志，1999，19(3)：170. DOI：10.3760/j.issn：0253-2352.1999.03.013. {XU Jianzhong,LI Qihong,LIAO Weihong. A study on the adaptive mechanism of peripheral nerveto gradual limb lengthening in rabbits:observation of blood supply[J]. Zhonghua Gu Ke Za Zhi[Chin J Orthop(Article in Chinese;Abstract in Chinese and English)],1999,19(3):170. DOI:10.3760/j.issn:0253-2352.1999.03.013.}

[19512] 刘卫平，王彦刚，章翔. 激光吻合鼠坐骨神经后神经再生及脊髓神经元变化的实验研究 [J]. 中华显微外科杂志，1999，22(1)：53. DOI：10.3760/cma.j.issn.1001-2036.1999.01.020. {LIU Weiping,WANG Yangang,ZANG Xiang. Experimental study on nerve regeneration and spinal neuron changes after laser anastomosis of sciatic nerve in rats[J]. Zhonghua Xian Wei Wai Ke Za Zhi[Chin J Microsurg(Article in Chinese;Abstract in Chinese)],1999,22(1):53. DOI:10.3760/cma.j.issn.1001-2036.1999.01.020.}

[19513] 徐建广，顾玉东，李继峰. 大鼠失神经支配骨骼肌及其运动终板退变观察 [J]. 中华显微外科杂志，1999，22(3)：215. DOI：10.3760/cma.j.issn.1001-2036.1999.03.020. {XU Jianguang,GU Yudong,LI Jifeng. Observation on denervated skeletal muscle and motor endplate degeneration in rats[J]. Zhonghua Xian Wei Wai Ke Za Zhi[Chin J Microsurg(Article in Chinese;Abstract in Chinese)],1999,22(3):215. DOI:10.3760/cma.j.issn.1001-2036.1999.03.020.}

[19514] 田涛，吴朝晖，金惠铭，顾玉东. 大鼠失神经肌萎缩后成肌细胞增殖动力学的变化 [J]. 中华手外科杂志，1999，15(1)：3-5. DOI：10.3760/cma.j.issn.1005-054X.1999.01.015. {TIAN Tao,WU Chaohui,JIN Huiming,GU Yudong. The changes of myoblast proliferation dynamics of denervated atrophic skeletal m uscle in rats[J]. Zhonghua Shou Wai Ke Za Zhi[Chin J Hand Surg(Article in Chinese;Abstract in Chinese and English)],1999,15(1):3-5. DOI:10.3760/cma.j.issn.1005-054X.1999.01.015.}

[19515] 史其林，顾玉东. 在胸腔内窥镜镜视下切取膈神经的实验研究 [J]. 中华手外科杂志，1999，15(2)：3-5. DOI：10.3760/cma.j.issn.1005-054X.1999.02.123. {SHI Qilin,GU Yudong. A cadaveric study of intrathoracic harvesting of the phrenic nerve under endoscope[J]. Zhonghua Shou Wai Ke Za Zhi[Chin J Hand Surg(Article in Chinese;Abstract in Chinese and English)],1999,15(2):3-5. DOI:10.3760/cma.j.issn.1005-054X.1999.02.123.}

[19516] 陈晓东，顾玉东，徐建光. 损伤大鼠坐骨神经诱导运动神经元凋亡的初步报告 [J]. 中华手外科杂志，1999，15(2)：3-5. DOI：10.3760/cma.j.issn.1005-054X.1999.02.126. {CHEN Xiaodong,GU Yudong,XU Jianguang. Apoptosis of motor neurons following transection of the sciatic nerve in adult rats[J]. Zhonghua Shou Wai Ke Za Zhi[Chin J Hand Surg(Article in Chinese;Abstract in Chinese and English)],1999,15(2):3-5. DOI:10.3760/cma.j.issn.1005-054X.1999.02.126.}

[19517] 徐建广，顾玉东. 失神经支配骨骼肌退变组织形态学及电生理实验研究 [J]. 中国修复重建外科杂志，1999，13(4)：202-205. DOI：CNKI：SUN：ZXCW.0.1999-04-004. {XU Jianguang,GU Yudong. Experimental study of morphology and electrophysiology on denervated skeletal muscle[J]. Zhongguo Xiu Fu Chong Jian Wai Ke Za Zhi[Chin J Repar Reconstr Surg(Article in Chinese;Abstract in Chinese and English)],1999,13(4):202-205. DOI:CNKI:SUN:ZXCW.0.1999-04-004.}

[19518] 张烽，顾玉东，徐建光. 复方中药对大鼠坐骨神经损伤后神经元保护作用的实验研究 [J]. 中华手外科杂志，1999，15(3)：163. DOI：10.3760/cma.j.issn.1005-054X.1999.03.014. {ZHANG Feng,GU Yudong,XU Jianguang. Experimental study on the protective effect of compound traditional Chinese medicine on neurons after sciatic nerve injury in rats[J]. Zhonghua Shou Wai Ke Za Zhi[Chin J Hand Surg(Article in Chinese;Abstract in Chinese and English)],1999,15(3):163. DOI:10.3760/cma.j.issn.1005-054X.1999.03.014.}

[19519] 洪岸，李校坤，付忠国，徐林，林剑. 碱性成纤维细胞生长因子在大鼠坐骨神经损伤修复中的作用 [J]. 中国修复重建外科杂志，1999，13(5)：287-290. DOI：10.1007/s11769-000-0028-3. {HONG An,LI Xiaokun,FU Zhongguo,XU Lin,LIN Jian. Effect of basic Fibroblast Growth Factor on repairing transected sciatic nerve in rats[J]. Zhongguo Xiu Fu Chong Jian Wai Ke Za Zhi[Chin J Repar Reconstr Surg(Article in Chinese;Abstract in Chinese and English)],1999,13(5):287-290. DOI:10.1007/s11769-000-0028-3.}

[19520] 秦煜，顾立强，董文其. 感觉和运动神经来源的雪旺细胞 p75 受体表达的研究 [J]. 中华实验外科杂志，2000，17(2)：118-119. DOI：10.3760/j.issn：1001-9030.2000.02.008. {QIN Yu,GU Liqiang,DONG Wenqi. Study on p75 receptor expression of Schwann cells of sensory and motor nerve origin[J]. Zhonghua Shi Yan Wai Ke Za Zhi[Chin J Exp Surg(Article in Chinese;Abstract in Chinese and English)],2000,17(2):118-119. DOI:10.3760/j.issn:1001-9030.2000.02.008.}

[19521] 谢冈，朱家恺，顾熊飞. 雪旺细胞胞浆神经营养蛋白促进周围神经再生的实验 [J]. 中国修复重建外科杂志，2000，14(6)：321-324. DOI：CNKI：SUN：ZXCW.0.2000-06-000. {XIE Gang,ZHU Jiakai,GU Xiongfei. Experimental study on Schwann cells cytoplasmic neurotrophic proteins to improve the regeneration of the injured peripheral nerve in vivo[J]. Zhongguo Xiu Fu Chong Jian Wai Ke Za Zhi[Chin J Repar Reconstr Surg(Article in Chinese;Abstract in Chinese and English)],2000,14(6):321-324. DOI:CNKI:SUN:ZXCW.0.2000-06-000.}

[19522] 张庭深，辛畅泰，安贵林，李崇杰，苏秋香，王素华，郑桂芬，魏侃. bFGF 复合膜对自体神经移植的影响 [J]. 中国临床解剖学杂志，2000，18(3)：257-259. DOI：10.3969/j.issn.1001-165X.2000.03.027. {ZHANG Tingshen,XIN Changtai,AN Guilin,LI Chongjie,SU Qiuxiang,WANG Suhua,ZHENG Guifen,WEI Kan. The effect of compound membrane containing bFGF on the autoplasitc nerve graft[J]. Zhongguo Lin Chuang Jie Pou Xue Za Zhi[Chin J Clin Anat(Article in Chinese;Abstract in Chinese and English)],2000,18(3):257-259. DOI:10.3969/j.issn.1001-165X.2000.03.027.}

[19523] 张西峰，韩西城，朱盛修，张伯勋. 不同预变性时间大鼠神经移植的研究 [J]. 中华实验外科杂志，2000，17(5)：453-454. DOI：10.3760/j.issn：1001-9030.2000.05.027. {ZHANG Xifeng,HAN Xicheng,ZHU Shengxiu,ZHANG Boxun. Study on nerve autografts of different predegenerated time to treat nerve defects[J]. Zhonghua Shi Yan Wai Ke Za Zhi[Chin J Exp Surg(Article in Chinese;Abstract in Chinese and English)],2000,17(5):453-454. DOI:10.3760/j.issn:1001-9030.2000.05.027.}

[19524] 邓少丽，袁涛，廖维宏. 大鼠胚胎脊髓组织移植时联合应用神经生长因子及尼莫地平对受损脊髓功能恢复的影响 [J]. 中华器官移植杂志，2000，21(1)：59. DOI：10.3760/cma.j.issn.0254-1785.2000.01.024. {DENG Shaoli,YUAN Tao,LIAO Weihong. Effects of combined application of Nerve Growth Factor and nimodipine on the functional recovery of injured spinal cord during rat embryonic spinal cord tissue transplantation[J]. Zhonghua Qi Guan Yi Zhi Za Zhi[Chin J Organ Transplant(Article in Chinese;Abstract in Chinese)],2000,21(1):59. DOI:10.3760/cma.j.issn.0254-1785.2000.01.024.}

[19525] 许建中，李起鸿. 周围神经适应缓慢牵伸的机制研究：兔胫后神经血-神经屏障及束膜屏障观察 [J]. 中华骨科杂志，2000，20(10)：586. DOI：10.3760/j.issn：0253-2352.2000.10.003. {XU Jianzhong,LI Qihong. A study on the adaptive mechanism of peripheral nerveto gradual limb lengthening:observation on the perinerial barrier and vascular permeability[J]. Zhonghua Gu Ke Za Zhi[Chin J Orthop(Article in Chinese;Abstract in Chinese and English)],2000,20(10):586. DOI:10.3760/j.issn:0253-2352.2000.10.003.}

[19526] 利春叶，曹代成. 碱性成纤维细胞生长因子结合静脉套接法修复周围神经缺损的实验研究 [J]. 中国修复重建外科杂志，2000，14(1)：14-16. DOI：10.3760/cma.j.issn.1008-1372.2007.06.018. {LI Chunye,CAO Daicheng. Experimental study on repair of peripheral nerve defect by basic Fibroblast Growth Factor combined with autogenous vein graft conduit[J]. Zhongguo Xiu Fu Chong Jian Wai Ke Za Zhi[Chin J Repar Reconstr Surg(Article in Chinese;Abstract in Chinese and English)],2000,14(1):14-16. DOI:10.3760/cma.j.issn.1008-1372.2007.06.018.}

[19527] 张沛云，王晓冬，顾晓松，吕广明，柯靖，沈馨亚. 背根神经节与医用可降解材料聚乙醇酸纤维联合培养的实验研究 [J]. 中华显微外科杂志，2000，23(1)：49-51. DOI：10.3760/cma.j.issn.1001-2036.2000.01.018. {ZHANG Peiyun,WANG Xiaodong,GU Xiaosong,LV Guangming,KE Jing,SHEN Xinya. The experimental study on co-culture of dorsal

root ganglia and medicine degradable material polyglycolci acid[J]. Zhonghua Xian Wei Wai Ke Za Zhi[Chin J Microsurg(Article in Chinese;Abstract in Chinese and English)],2000,23(1):49-51. DOI:10.3760/cma.j.issn.1001-2036.2000.01.018.}

[19528] 王德春，陈中伟，陈峥嵘. 纤溶酶原激活剂（t-PA）促进挤压伤大鼠坐骨神经再生 [J]. 中华显微外科杂志，2000，23（2）：113. DOI：10.3760/cma.j.issn.1001-2036.2000.02.014. {WANG Dechun,CHEN Zhongwei,CHEN Zhengrong.Enhancrnwnl of regeneration of the crushed sciatic nerve of nerve of rat using tissue-type plasminogen activator(t-PA)[J]. Zhonghua Xian Wei Wai Ke Za Zhi[Chin J Microsurg(Article in Chinese;Abstract in Chinese and English)],2000,23(2):113. DOI:10.3760/cma.j.issn.1001-2036.2000.02.014.}

[19529] 张烽，顾玉东，徐建光. 银杏叶提取物促进大鼠坐骨神经再生的实验研究 [J]. 中华显微外科杂志，2000，23（4）：279. DOI：10.3760/cma.j.issn.1001-2036.2000.04.016. {ZHANG Feng,GU Yudong,XU Jianguang. Experimental study of Ginkgo biloba extract in promoting regeneration of sciatic nerve in rats[J]. Zhonghua Xian Wei Wai Ke Za Zhi[Chin J Microsurg(Article in Chinese;Abstract in Chinese)],2000,23(4):279. DOI:10.3760/cma.j.issn.1001-2036.2000.04.016.}

[19530] 张烽，顾玉东，徐建光. 银杏叶提取物促进大鼠坐骨神经再生的实验研究 [J]. 中华外科杂志，2000，38（1）：78. DOI：10.3760/j：issn：0529-5815.2000.01.027. {ZHANG Feng,GU Yudong,XU Jianguang. Experimental study on the effect of ginkgo biloba extract on sciatic nerve regeneration in rats[J]. Zhonghua Wai Ke Za Zhi[Chin J Surg(Article in Chinese;Abstract in Chinese)],2000,38(1):78. DOI:10.3760/j:issn:0529-5815.2000.01.027.}

[19531] 王欢，顾玉东. 不同方法的感觉神经（元）营养失神经骨骼肌实验研究的疗效比较 [J]. 中华手外科杂志，2000，16（1）：49-52. DOI：10.3760/cma.j.issn.1005-054X.2000.01.014. {WANG Huan,GU Yudong. Comparative study on different surgical procedures using sensory nerves or neurons for delaying atrophy of denervated skeletal muscle[J]. Zhonghua Shou Wai Ke Za Zhi[Chin J Hand Surg(Article in Chinese;Abstract in Chinese and English)],2000,16(1):49-52. DOI:10.3760/cma.j.issn.1005-054X.2000.01.014.}

[19532] 王建华，洪光祥，王发斌. 大鼠坐骨神经切断后 L3~L6 脊髓前角运动神经元凋亡及 C-Jun 表达的研究 [J]. 中华手外科杂志，2000，16（2）：64-66. DOI：10.3760/cma.j.issn.1005-054X.2000.02.018. {WANG Jianhua,HONG Guangxiang,WANG Fabin. C-Jun expression and apoptosis in the spinal cord motoneurons after sciatic nerve transection in rat[J]. Zhonghua Shou Wai Ke Za Zhi[Chin J Hand Surg(Article in Chinese;Abstract in Chinese and English)],2000,16(2):64-66. DOI:10.3760/cma.j.issn.1005-054X.2000.02.018.}

[19533] 顾晓松，丁斐，徐炜岚. 大鼠坐骨神经损伤后 NGF 基因表达的变化 [J]. 解剖学报，2000，31（Z1）：45. DOI：10.3321/j.issn：0529-1356.2000.Z1.012. {GU Xiaosong,DING Fei,XU Weilan. The expressive variety of NGF gene in injured sciatic nerves of rat[J]. Jie Pou Xue Bao[Acta Anat Sin(Article in Chinese;Abstract in Chinese and English)],2000,31(Z1):45. DOI:10.3321/j.issn:0529-1356.2000.Z1.012.}

[19534] 张烽，顾玉东，徐建光. 大鼠坐骨神经损伤后神经元细胞凋亡的初步观察 [J]. 中华手外科杂志，2000，16（1）：53-55. DOI：10.3760/cma.j.issn.1005-054X.2000.01.015. {ZHANG Feng,GU Yudong,XU Jianguang. Apoptosis of neurons following sciatic nerve injury:a preliminary observation in rats[J]. Zhonghua Shou Wai Ke Za Zhi[Chin J Hand Surg(Article in Chinese;Abstract in Chinese and English)],2000,16(1):53-55. DOI:10.3760/cma.j.issn.1005-054X.2000.01.015.}

[19535] 张烽，顾玉东，徐建光. 中药 EGb24/6 对鼠坐骨神经损伤后神经元保护的实验研究 [J]. 中华医学杂志，2000，80（3）：230-231. DOI：10.3760/j：issn：0376-2491.2000.03.031. {ZHANG Feng,GU Yudong,XU Jianguang. Experimental study on the protective effect of traditional Chinese medicine EGb24/6 on neurons after sciatic nerve injury in rats[J]. Zhonghua Yi Xue Za Zhi[Natl Med J China(Article in Chinese;Abstract in Chinese)],2000,80(3):230-231. DOI:10.3760/j:issn:0376-2491.2000.03.031.}

[19536] 张烽，顾玉东，徐建光，李继峰. 外源性表皮生长因子对大鼠坐骨神经损伤后神经元保护的实验研究 [J]. 上海医学，2000，23（7）：411-413. DOI：10.3969/j.issn.0253-9934.2000.07.010. {ZHANG Feng,GU Yudong,XU Jianguang,LI Jifeng. Protective effect of exogenous Epidermal Growth Factor on neuronal damage following sciatic nerve injury in rats[J]. Shang Hai Yi Xue[Shanghai Med J(Article in Chinese;Abstract in Chinese and English)],2000,23(7):411-413. DOI:10.3969/j.issn.0253-9934.2000.07.010.}

[19537] 劳杰，赵新，顾玉东，李继峰，熊良俭. 不同时段预变神经雪旺细胞的形态学变化 [J]. 中华骨科杂志，2001，21（11）：689-691. DOI：10.3760/j.issn：0253-2352.2001.11.013. {LAO Jie,ZHOA Xin,GU Yudong,LI Jifeng,XIONG Liangjian. Morphological changes of different time of Schwann cells within the predegenerated nerve[J]. Zhonghua Gu Ke Za Zhi[Chin J Orthop(Article in Chinese;Abstract in Chinese and English)],2001,21(11):689-691. DOI:10.3760/j.issn:0253-2352.2001.11.013.}

[19538] 周佩兰，杨明富，赵凤仪，王瑞琳，赵卫生，魏典，邢国胜，孔令震. 静脉体基底膜许旺细胞和 NGF 复合移植桥接神经缺损的实验研究 [J]. 中华显微外科杂志，2001，24（2）：124-126. DOI：10.3760/cma.j.issn.1001-2036.2001.02.016. {ZHOu Peilan,YANG Mingfu,ZHAO Fengyi,WANG Ruilin,ZHAO Weisheng,WEI Dian,XING Guosheng,KONG Lingzhen. Experimental study of repairing peripheral nerve defect with compound grafts of vein conduit,basement membrane Schwann cell and Nerve Growth Factor[J]. Zhonghua Xian Wei Wai Ke Za Zhi[Chin J Microsurg(Article in Chinese;Abstract in Chinese and English)],2001,24(2):124-126. DOI:10.3760/cma.j.issn.1001-2036.2001.02.016.}

[19539] 秦煜，顾立强，吴岚晓，裴国献. 感觉性和运动性神经来源许旺细胞神经生长因子的表达 [J]. 中华显微外科杂志，2001，24（4）：278-280. DOI：10.3760/cma.j.issn.1001-2036.2001.04.014. {QIN Yu,GU Liqiang,WU Lanxiao,PEI Guoxian. Expression of Nerve Growth Factor in sensory and motor Schwann cells[J]. Zhonghua Xian Wei Wai Ke Za Zhi[Chin J Microsurg(Article in Chinese;Abstract in Chinese and English)],2001,24(4):278-280. DOI:10.3760/cma.j.issn.1001-2036.2001.04.014.}

[19540] 王建云，刘小林. 雪旺细胞的培养和种植与神经移植 [J]. 中国矫形外科杂志，2001，8（6）：590-592. DOI：10.3969/j.issn.1005-8478.2001.06.024. {WANG Jianyun,LIU Xiaolin. Cultivation and planting of Schwann cells and nerve transplantation[J]. Zhongguo Jiao Xing Wai Ke Za Zhi[Orthop J China(Article in Chinese;Abstract in Chinese)],2001,8(6):590-592. DOI:10.3969/j.issn.1005-8478.2001.06.024.}

[19541] 秦煜，顾立强，吴岚晓，裴国献. 感觉和运动神经源性雪旺细胞与神经元共培养神经生长因子 mRNA 的表达 [J]. 中华实验外科杂志，2001，18（2）：185. DOI：10.3760/j.issn：1001-9030.2001.02.040. {QIN Yu,GU Liqiang,WU Lanxiao,PEI Guoxian. Expression of Nerve Growth Factor mRNA in co-culture of sensory and motor neurogenic Schwann cells and neurons[J]. Zhonghua Shi Yan Wai Ke Za Zhi[Chin J Exp Surg(Article in Chinese;Abstract in Chinese)],2001,18(2):185. DOI:10.3760/j.issn:1001-9030.2001.02.040.}

[19542] 陈峥嵘，程飚. 雪旺细胞种于医用组织引导再生胶原膜构建自体人工神经的实验研究 [J]. 中华手外科杂志，2001，17（3）：176-178. DOI：10.3760/cma.j.issn.1005-054X.2001.03.017. {CHEN Zhengrong,CHENG Biao. The experimental study on fabricating auto-artificial nerve with medical tissue guided regeneration collagen membrane seeded with Schwann cells[J]. Zhonghua Shou Wai Ke Za Zhi[Chin J Hand Surg(Article in Chinese;Abstract in Chinese and English)],2001,17(3):176-178. DOI:10.3760/cma.j.issn.1005-054X.2001.03.017.}

[19543] 周重建，施杞，王拥军，沈培芝，刘梅，徐宇. 腰神经根损伤后神经肌肉接头施旺细胞的作用和表现 [J]. 安徽医科大学学报，2001，36（4）：271-274. DOI：10.3969/j.issn.1000-1492.2001.04.008. {ZHOU Jianshe,SHI Qi,WANG Yongjun,SHEN Peizhi,LIU Mei,XU Yu. Expression and role of Schwann cell in neuromuscular junction following lumbar nerve root injury[J]. An Hui Yi Ke Da Xue Xue Bao[Acta Univ Med Anhui(Article in Chinese;Abstract in Chinese and English)],2001,36(4):271-274. DOI:10.3969/j.issn.1000-1492.2001.04.008.}

[19544] 朱锦宇，黄耀添，朱庆生，吕荣. 腺病毒介导的 NT-3 基因在大鼠坐骨神经的表达 [J]. 中华骨科杂志，2001，21（12）：755-759. DOI：10.3760/j.issn：0253-2352.2001.12.013. {ZHU Jinyu,HUANG Yaotian,ZHU Qingsheng,LV Rong. Expression of adenoviral mediated NT-3 genes in Schwann cells of sciatic nerve in the rats[J]. Zhonghua Gu Ke Za Zhi[Chin J Orthop(Article in Chinese;Abstract in Chinese and English)],2001,21(12):755-759. DOI:10.3760/j.issn:0253-2352.2001.12.013.}

[19545] 王绪凯，张媛媛，刘永权. 预构血管化神经与非血管化神经移植对比的实验研究 [J]. 中华显微外科杂志，2001，24（2）：136-137. DOI：10.3760/cma.j.issn.1001-2036.2001.02.021. {WANG Xukai,ZHANG Yuanyuan,LIU Yongquan. Experimental study of autologous and non-pre-ulcerated nerve transplantation in rats[J]. Zhonghua Xian Wei Wai Ke Za Zhi[Chin J Microsurg(Article in Chinese;Abstract in Chinese)],2001,24(2):136-137. DOI:10.3760/cma.j.issn.1001-2036.2001.02.021.}

[19546] 杨有庚，李春根，郭鹏，任宪盛. 大鼠周围神经移植修复马尾神经损伤的早期形态学观察 [J]. 中国脊柱脊髓杂志，2001，11（3）：168-170. DOI：10.3969/j.issn.1004-406X.2001.03.012. {YANG Yougeng,LI Chungen,GUO Peng,REN Xiansheng. The early stage morphology study of the repairment of cauda equina injury with peripheral nerve transplantation in rats[J]. Zhongguo Ji Zhu Ji Sui Za Zhi[Chin J Spine Spinal Cord(Article in Chinese;Abstract in Chinese and English)],2001,11(3):168-170. DOI:10.3969/j.issn.1004-406X.2001.03.012.}

[19547] 张明，李世德，郝英. 胚胎脊髓移植修复周围神经缺损的超微结构及电生理研究 [J]. 中国矫形外科杂志，2001，8（12）：1182-1184. DOI：10.3969/j.issn.1005-8478.2001.12.013. {ZHANG Ming,LI Shide,HAO Ying. The studying of ultrastructure and electromyogram of transplantation with embryonic spinal cord to repair peripheral nerve defects in rabbits[J]. Zhongguo Jiao Xing Wai Ke Za Zhi[Orthop J China(Article in Chinese;Abstract in Chinese and English)],2001,8(12):1182-1184. DOI:10.3969/j.issn.1005-8478.2001.12.013.}

[19548] 徐杰，顾玉东，成效敏，董震，劳杰，陈亮. 比较两种带血供长段尺神经移植术神经再生远期结果的实验研究 [J]. 中华手外科杂志，2001，17（2）：16-18. DOI：10.3760/cma.j.issn.1005-054X.2001.02.005. {XU Jie,GU Yudong,GONG Mingmin,DONG Zhen,LAO Jie,CHEN Liang. Comparison of long-term outcome of nerve regeneration between two methods of lengthy vascularized ulnar nerve grafting:an experimental study[J]. Zhonghua Shou Wai Ke Za Zhi[Chin J Hand Surg(Article in Chinese;Abstract in Chinese and English)],2001,17(2):16-18. DOI:10.3760/cma.j.issn.1005-054X.2001.02.005.}

[19549] 张明，李世德，郝英. 兔胚胎脊髓移植修复周围神经缺损的实验研究 [J]. 中华手外科杂志，2001，17（4）：240-242. DOI：10.3760/cma.j.issn.1005-054X.2001.04.018. {ZHANG Ming,LI Shide,HAO Ying. Repair of peripheral nerve defects with transplantation of embryonic spinal cord in rabbits:an experimental study[J]. Zhonghua Shou Wai Ke Za Zhi[Chin J Hand Surg(Article in Chinese;Abstract in Chinese and English)],2001,17(4):240-242. DOI:10.3760/cma.j.issn.1005-054X.2001.04.018.}

[19550] 魏东光，吴承远，辛华，仇红. 神经干细胞的体外扩增及移植应用 [J]. 中华器官移植杂志，2001，22（2）：122-123. DOI：10.3760/cma.j.issn.0254-1785.2001.02.024. {WEI Dongguang,WU Chengyuan,XIN Hua,QIU Hong. In vitro expansion and transplantation of neural stem cells[J]. Zhonghua Qi Guan Yi Zhi Za Zhi[Chin J Organ Transplant(Article in Chinese;Abstract in Chinese)],2001,22(2):122-123. DOI:10.3760/cma.j.issn.0254-1785.2001.02.024.}

[19551] 贺石生，侯铁胜，单晓巍，王建文，夏金辉，王吉. 硬膜外移植自体髓核对大鼠神经根结构和功能的影响 [J]. 第二军医大学学报，2001，22（5）：435-438. DOI：10.3321/j.issn：0258-879X.2001.05.012. {HE Shisheng,HOU Tiesheng,SHAN Xiaowei,WANG Jianwen,XIA Jinhui,WANG Ji. Effect of nucleus pulposus autograft to the cavum epidurale on the structure and function of nerve roots in rats[J]. Di Er Jun Yi Da Xue Xue Bao[Acad J Sec Mil Med Univ(Article in Chinese;Abstract in Chinese and English)],2001,22(5):435-438. DOI:10.3321/j.issn:0258-879X.2001.05.012.}

[19552] 张强，廖维宏，王正国，伍亚民，陈恒胜，李应玉. 胚胎脊髓移植和损伤区上下神经根吻合对损伤大鼠脊髓神经元的影响 [J]. 中华显微外科杂志，2001，24（1）：51-52. DOI：10.3760/cma.j.issn.1001-2036.2001.01.020. {ZHANG Qiang,LIAO Weihong,WANG Zhengguo,WU Yamin,CHEN Hengsheng,LI Yingyu. Effects of embryonic spinal cord transplantation and anastomosis of upper and lower nerve roots in injured area on injured spinal cord neurons in rats[J]. Zhonghua Xian Wei Wai Ke Za Zhi[Chin J Microsurg(Article in Chinese;Abstract in Chinese)],2001,24(1):51-52. DOI:10.3760/cma.j.issn.1001-2036.2001.01.020.}

[19553] 孔祥玉，赵淑敏，谢洪林，张树彬，韩玉华，孙广林. 半吻合、半埋入法桥接周围神经缺损的实验研究 [J]. 中国临床解剖学杂志，2001，19（3）：254-256. DOI：10.3969/j.issn.1001-165X.2001.03.025. {KONG Xiangyu,ZHAO Shumin,XIE Honglin,ZHANG Shubin,HAN Yuhua,SUN Guanglin. Experimental studies on bridging damaged peripheral nerves by semi-anastomosis and semi-implantation method[J]. Zhongguo Lin Chuang Jie Pou Xue Za Zhi[Chin J Clin Anat(Article in Chinese;Abstract in Chinese and English)],2001,19(3):254-256. DOI:10.3969/j.issn.1001-165X.2001.03.025.}

[19554] 王同光，王拴科，洪光祥，王发斌，黄启顺，翁雨雄. 细胞外 ATP 对外周神经再生作用的实验研究 [J]. 中华显微外科杂志，2001，24（3）：198-200. DOI：10.3760/cma.j.issn.1001-2036.2001.03.014. {WANG Tongguang,WANG Shuanke,HONG Guangxiang,WANG Fabin,HUANG Qishun,WENG Yuxiong. Effect of extracellular ATP on the regeneration of the peripheral nerve[J]. Zhonghua Xian Wei Wai Ke Za Zhi[Chin J Microsurg(Article in Chinese;Abstract in Chinese and English)],2001,24(3):198-200. DOI:10.3760/cma.j.issn.1001-2036.2001.03.014.}

[19555] 刘晓东，贺长清. 局部应用甲状腺素促进周围神经再生的实验研究 [J]. 中华显微外科杂志，2001，24（3）：207-208. DOI：10.3760/cma.j.issn.1001-2036.2001.03.018. {LIU Xiaodong,HE Changqing. Experimental study on local thyroid hormone for promoting peripheral nerve regeneration[J]. Zhonghua Xian Wei Wai Ke Za Zhi[Chin J Microsurg(Article in Chinese;Abstract in Chinese and English)],2001,24(3):207-208. DOI:10.3760/cma.j.issn.1001-2036.2001.03.018.}

[19556] 杨家辉，洪光祥，王发斌，陈振兵. 碱性成纤维细胞生长因子促进周围神经侧枝生长的实验研究 [J]. 中华手外科杂志，2001，17（z1）：59-61. DOI：10.3760/cma.j.issn.1005-054X.2001.z1.026. {YANG Jiahui,HONG Guangxiang,WANG Fabin,CHEN Zhenbing. The promotion of peripheral nerve collateral generation by bFGF :an experimental study[J]. Zhonghua Shou Wai Ke Za Zhi[Chin J Hand Surg(Article in Chinese;Abstract in Chinese and English)],2001,17(z1):59-61. DOI:10.3760/cma.j.issn.1005-054X.2001.z1.026.}

[19557] 陈国奋，顾立强. FK506 加速周围神经损伤修复后肢体功能恢复的实验研究 [J]. 中国创伤骨科杂志，2001，3（4）：273-276. DOI：10.3760/cma.j.issn.1671-7600.2001.04.011. {CHEN Guofen,GU Liqiang. FK506 accelerates functional recovery following peripheral nerve transection[J]. Zhongguo Chuang Shang Gu Ke Za Zhi[Chin J Orthop Trauma(Article in Chinese;Abstract in Chinese and English)],2001,3(4):273-276. DOI:10.3760/cma.j.issn.1671-7600.2001.04.011.}

[19558] 张卫国，姜长明，朱继华，张贵源，侯海东. 断端间距对周围神经再生影响的实验研究 [J]. 实用手外科杂志，2001，15（1）：36-38. DOI：10.3969/j.issn.1671-2722.2001.01.013. {ZHANG Weiguo,JIANG Changming,ZHU Jihua,ZHANG Guiyuan,HOU Haidong. Experimental

study of small gap repair after nerve injury[J]. Shi Yong Shou Wai Ke Za Zhi[Chin J Pract Hand Surg(Article in Chinese;Abstract in Chinese and English)],2001,15(1):36-38. DOI:10.3969/j.issn.1671-2722.2001.01.013.}

[19559] 陈哲宇，郑兴东，李建红，路长林，何成. 重组人胶质细胞源性神经营养因子对大鼠周围神经再生的作用[J]. 第二军医大学学报，2001，22（3）：239-241. DOI：10.3321/j.issn：0258-879X.2001.03.013. {CHEN Zheyu,ZHENG Xingdong,LI Jianhong,LU Changlin,HE Cheng. Effect of recombinant human glial cell line-derived neurotrophic factor (GDNF) on peripheral nerve regeneration in rats[J]. Di Er Jun Yi Da Xue Xue Bao[Acad J Sec Mil Med Univ(Article in Chinese;Abstract in Chinese and English)],2001,22(3):239-241. DOI:10.3321/j.issn:0258-879X.2001.03.013.}

[19560] 魏欣，劳杰，顾玉东. 几丁糖-胶原复合膜促进周围神经再生的实验研究[J]. 上海医学，2001，24（9）：534-537. DOI：10.3969/j.issn.0253-9934.2001.09.008. {WEI Xin,LAO Jie,GU Yudong. Chitolsan-collagen film enhance peripheral nerve regeneration:an experiment research[J]. Shang Hai Yi Xue[Shanghai Med J(Article in Chinese;Abstract in Chinese and English)],2001,24(9):534-537. DOI:10.3969/j.issn.0253-9934.2001.09.008.}

[19561] 王平，彭学良，刘晋才. 含神经生长因子的羊膜基质管桥接修复神经缺损的实验研究[J]. 中华显微外科杂志，2001，24（1）：42-45. DOI：10.3760/cma.j.issn.1001-2036.2001.01.016. {WANG Ping,PENG Xueliang,Liu JinCai. An experimental study peripheral nerve regeneration through NGF i□ HAMM grafts in rats[J]. Zhonghua Xian Wei Wai Ke Za Zhi[Chin J Microsurg(Article in Chinese;Abstract in Chinese and English)],2001,24(1):42-45. DOI:10.3760/cma.j.issn.1001-2036.2001.01.016.}

[19562] 赵凤瑞，田燕雏，刘德若，梁朝阳，葛炳生，李福田，郭永庆，石彬，张海涛，王在永，陈京宇，鲍彤. 肋间神经冷冻止痛的实验及临床研究[J]. 中华外科杂志，2001，39（11）：852-854. DOI：10.3760/j：issn：0529-5815.2001.11.013. {ZHAO Fengrui,TIAN Yanxiao,LIU Deruo,LIANG Chaoyang,GE Bingsheng,LI Futian,GUO Yongqing,SHI Bin,ZHANG Haitao,WANG Zaiyong,CHEN Jingyu,BAO Tong. Prospective double-blind randomized trial of cryoanalgesia:experimental and clinical study[J]. Zhonghua Wai Ke Za Zhi[Chin J Surg(Article in Chinese;Abstract in Chinese and English)],2001,39(11):852-854. DOI:10.3760/j:issn:0529-5815.2001.11.013.}

[19563] 周友清，陈亮，顾玉东. 不同年龄神经再生组织特异性差异的实验研究[J]. 中华手外科杂志，2001，17（1）：6-8. DOI：10.3760/cma.j.issn.1005-054X.2001.01.003. {ZHOU Youqing,CHEN Liang,GU Yudong. Comparison of tissue specificity in peripheral nerve regeneration at different ages:an experimental study[J]. Zhonghua Shou Wai Ke Za Zhi[Chin J Hand Surg(Article in Chinese;Abstract in Chinese and English)],2001,17(1):6-8. DOI:10.3760/cma.j.issn.1005-054X.2001.01.003.}

[19564] 尹宗生，顾玉东，朱建华，高秀健. 125碘—辣根过氧化物酶追踪手术后神经轴浆流的实验研究[J]. 中华手外科杂志，2001，17（2）：102-104. DOI：10.3760/cma.j.issn.1005-054X.2001.02.015. {YIN Zongsheng,GU Yudong,ZHU Jianhua,GAO Xiujian. An experimental study ofaxoplamic flow fracing usiing 125Iodine horseradish paroxidase[J]. Zhonghua Shou Wai Ke Za Zhi[Chin J Hand Surg(Article in Chinese;Abstract in Chinese and English)],2001,17(2):102-104. DOI:10.3760/cma.j.issn.1005-054X.2001.02.015.}

[19565] 刘靖波，徐建光，王欢，陈正永，胡韶楠. 失神经纤颤电位及正尖波波幅与神经修复后肌肉功能恢复关系的实验研究[J]. 中华手外科杂志，2001，17（2）：108-111. DOI：10.3760/cma.j.issn.1005-054X.2001.02.017. {LIU Jingbo,XU Jianguang,WANG Huan,CHEN Zhengyong,HU Shaonan. Experimental study of the correlation between amplitude of fibrillation potential and positive sharp wave and functional recovery of muscles after nerve repair[J]. Zhonghua Shou Wai Ke Za Zhi[Chin J Hand Surg(Article in Chinese;Abstract in Chinese and English)],2001,17(2):108-111. DOI:10.3760/cma.j.issn.1005-054X.2001.02.017.}

[19566] 王欢，李继峰，钟慈声，顾玉东. 感觉神经（元）对失神经骨骼肌超微结构保护作用的实验研究[J]. 中华手外科杂志，2001，17（S1）：53-55. DOI：10.3760/cma.j.issn.1005-054X.2001.z1.023. {WANG Huan,LI Jifeng,ZHONG Cisheng,GU Yudong. Experimental study of the influence of sensory nerve (neuron) protection on the ultrastructure of denervated skeletal muscles[J]. Zhonghua Shou Wai Ke Za Zhi[Chin J Hand Surg(Article in Chinese;Abstract in Chinese and English)],2001,17(S1):53-55. DOI:10.3760/cma.j.issn.1005-054X.2001.z1.023.}

[19567] 白秉学，苏剑斌，虞东辉，鄂玲玲，陈彪，周长满. GDNF在坐骨神经损伤后大鼠L4~6背根节神经元的表达及变化[J]. 解剖学报，2001，32（1）：17-20. DOI：10.3321/j.issn：0529-1356.2001.01.005. {BAI Bingxue,SU Jianbin,YU Donghui,E Lingling,CHEN Biao,ZHOU Changman. Expression and change of gdnf in the neurons of l4-6 drg after sciatic nerve injury in rat[J]. Jie Pou Xue Bao[Acta Anat Sin(Article in Chinese;Abstract in Chinese and English)],2001,32(1):17-20. DOI:10.3321/j.issn:0529-1356.2001.01.005.}

[19568] 王常利，苏剑斌，鄂玲玲，周长满. GDNF及HSV-GDNF对坐骨神经损伤大鼠脊髓运动神经元Bcl-2表达的影响[J]. 解剖学报，2001，32（2）：132-135. DOI：10.3321/j.issn：0529-1356.2001.02.009. {WANG Changli,SU Jianbin,E Lingling,ZHOU Changman. Effects of both gdnf and hsv-gdnf on bcl-2 expression in spinal cord motor neurons after sciatic nerve injury in rats[J]. Jie Pou Xue Bao[Acta Anat Sin(Article in Chinese;Abstract in Chinese and English)],2001,32(2):132-135. DOI:10.3321/j.issn:0529-1356.2001.02.009.}

[19569] 米瑞发，周长满，范明. 大鼠坐骨神经损伤后背根节感觉神经元神经丝蛋白基因表达的变化[J]. 解剖学报，2001，32（4）：324-328. DOI：10.3321/j.issn：0529-1356.2001.04.009. {MI Ruifa,ZHOU Changman,FAN Ming. Altered expression of neurofilament genes in rat sensory neurons of the dorsal root ganglion after sciatic nerve crush[J]. Jie Pou Xue Bao[Acta Anat Sin(Article in Chinese;Abstract in Chinese and English)],2001,32(4):324-328. DOI:10.3321/j.issn:0529-1356.2001.04.009.}

[19570] 李志跃，朱家恺，成少安. 大鼠坐骨神经损伤后许旺细胞源神经营养因子表达的实验研究[J]. 中华显微外科杂志，2001，24(2)：120-123. DOI：10.3760/cma.j.issn.1001-2036.2001.02.015. {LI Zhiyue,ZHU Jiakai,CHENG Shaoan. Expression of Schwann cell derived n euro trophic factor after injuried of sciatic nerve of rats[J]. Zhonghua Xian Wei Wai Ke Za Zhi[Chin J Microsurg(Article in Chinese;Abstract in Chinese and English)],2001,24(2):120-123. DOI:10.3760/cma.j.issn.1001-2036.2001.02.015.}

[19571] 李陶，陈意生，王禾，卓豫. Caspase 3在不同鼠龄大鼠脊髓组织中的表达及坐骨神经损伤后的变化[J]. 中华实验外科杂志，2001，18（6）：580-582. DOI：10.3760/j.issn：1001-9030.2001.06.042. {LI Tao,CHEN Yisheng,WANG He,ZHUO Yu. Expression of Caspase 3 in spinal cord tissue in different age following transection of the sciatic nerve in rats[J]. Zhonghua Shi Yan Wai Ke Za Zhi[Chin J Exp Surg(Article in Chinese;Abstract in Chinese and English)],2001,18(6):580-582. DOI:10.3760/j.issn:1001-9030.2001.06.042.}

[19572] 张文捷，周跃. 坐骨神经损伤对背根节细胞凋亡及细胞凋亡相关蛋白表达的影响[J]. 中华手外科杂志，2001，17（3）：159-162. DOI：10.3760/cma.j.issn.1005-054X.2001.03.012. {ZHANG Wenjie,ZHOU Yue. Influence of sciatic nerve injury on the apoptosis of dorsal root ganglion and expression of apoptosis-related protein[J]. Zhonghua Shou Wai Ke Za Zhi[Chin J Hand Surg(Article in Chinese;Abstract in Chinese and English)],2001,17(3):159-162. DOI:10.3760/cma.j.issn.1005-054X.2001.03.012.}

[19573] 李陶，王禾，卓豫，陈意生. 大鼠坐骨神经损伤后脊髓组织中Caspase 3、Bcl-xl表达变化的实验研究[J]. 中华创伤杂志，2001，17（9）：536-539. DOI：10.3760/j：issn：1001-8050.2001.09.007. {LI Tao,WANG He,ZHUO Yu,CHEN Yisheng. A study on expression of Caspase 3 and Bd-xl in spinal cord tissue following transection of the sciatic nerve in rats[J]. Zhonghua Chuang Shang Za Zhi[Chin J Trauma(Article in Chinese;Abstract in Chinese and English)],2001,17(9):536-539. DOI:10.3760/j:issn:1001-8050.2001.09.007.}

[19574] 陈国华，吴亚莉，朱维平，严根荣，忻向荣，王关炎，陆瑞昶. 家兔高压电击伤后坐骨神经损伤的实验研究[J]. 中华烧伤杂志，2001，17（6）：357-359. DOI：10.3760/cma.j.issn.1009-2587.2001.06.012. {CHEN Guohua,WU Ya Li,ZHU Weiping,YAN Genrong,XIN Xiangrong,WANG Guanyan,LU Ruichang. An experimental study of the sciatic nerve injury by high voltage electricity in rabbits[J]. Zhonghua Shao Shang Za Zhi[Chin J Burns(Article in Chinese;Abstract in Chinese and English)],2001,17(6):357-359. DOI:10.3760/cma.j.issn.1009-2587.2001.06.012.}

[19575] 陈德英，程赛宇，肖燕，何扬涛. 神经元尼氏染色法在坐骨神经损伤研究中的应用[J]. 创伤外科杂志，2001，3（z1）：35-37. DOI：10.3969/j.issn.1009-4237.2001.z1.015. {CHEN Deying,CHENG Saiyu,XIAO Yan,HE Yangtao. Application of brilliant cresyl violet in demonstrating Nissl bodies of neuron in sciatic nerve injury[J]. Chuang Shang Wai Ke Za Zhi[J Traum Surg(Article in Chinese;Abstract in Chinese and English)],2001,3(z1):35-37. DOI:10.3969/j.issn.1009-4237.2001.z1.015.}

[19576] 都玉通，王亚平，徐宏萍，徐晓青，吴晓东. 高压氧治疗坐骨神经损伤1例[J]. 第三军医大学学报，2001，23（10）：1152-1152. DOI：10.3321/j.issn：1000-5404.2001.10.049. {DOU Yutong,WANG Yaping,XU Hongping,XU Xiaoqing,WU Xiaodong. Report a case of sciatic-nerve injury treated by hyperbaric oxygen[J]. Di San Jun Yi Da Xue Xue Bao[Acta Acad Med Mil Tert(Article in Chinese;No abstract available)],2001,23(10):1152-1152. DOI:10.3321/j.issn:1000-5404.2001.10.049.}

[19577] 李文萍，朱家恺，籍涛，王建云，利春叶. 许旺细胞在人工神经支架材料上三维培养的体外活性研究[J]. 中华显微外科杂志，2002，25（1）：31-33. DOI：10.3760/cma.j.issn.1001-2036.2002.01.012. {LI Wenping,ZHU Jiakai,JI Tao,WANG Jianyun,LI Chunye. Study of activity of Schwann cells cultured three-dimensionally on scaffold of bioartificial nerve in vitro[J]. Zhonghua Xian Wei Wai Ke Za Zhi[Chin J Microsurg(Article in Chinese;Abstract in Chinese and English)],2002,25(1):31-33. DOI:10.3760/cma.j.issn.1001-2036.2002.01.012.}

[19578] 黄涛，秦建强，刘大庸，霍霄鲲，余磊，熊绍虎，钟世镇. 外周神经损伤后许旺细胞激活巨噬细胞的实验研究[J]. 中华显微外科杂志，2002，25（3）：192-193. DOI：10.3760/cma.j.issn.1001-2036.2002.03.012. {HUANG Tao,QIN Jianqiang,LIU Dayong,HUO Xiaokun,YU Lei,XIONG Shaohu,ZHONG Shizhen. Experimental study on the role of Schwann cells in macrophages activation after peripheral nerve injury[J]. Zhonghua Xian Wei Wai Ke Za Zhi[Chin J Microsurg(Article in Chinese;Abstract in Chinese and English)],2002,25(3):192-193. DOI:10.3760/cma.j.issn.1001-2036.2002.03.012.}

[19579] 胡晞棠，熊良俭，劳杰. 从成年大白鼠坐骨神经分离培养许旺细胞的方法学探讨[J]. 中华显微外科杂志，2002，25(3)：197-200. DOI：10.3760/cma.j.issn.1001-2036.2002.03.014. {HU Xitang,XIONG Liangjian,LAO Jie. The methodological study of Schwann cell culture from sciatic nerve of adult SD rat[J]. Zhonghua Xian Wei Wai Ke Za Zhi[Chin J Microsurg(Article in Chinese;Abstract in Chinese and English)],2002,25(3):197-200. DOI:10.3760/cma.j.issn.1001-2036.2002.03.014.}

[19580] 李平，许扬滨，刘均墀，朱家恺，刘长征. 许旺细胞源神经营养因子在运动神经元轴突逆行运输的研究[J]. 中华显微外科杂志，2002，25（4）：278-279. DOI：10.3760/cma.j.issn.1001-2036.2002.04.013. {LI Ping,XU Yangbin,LIU Junlong,ZHU Jiakai,LIU Changzheng. Study of retrograde axonal transport of 125 I-Schwann cell derived neurotrophic factor by motor neurons[J]. Zhonghua Xian Wei Wai Ke Za Zhi[Chin J Microsurg(Article in Chinese;Abstract in Chinese and English)],2002,25(4):278-279. DOI:10.3760/cma.j.issn.1001-2036.2002.04.013.}

[19581] 黄涛，秦建强，熊绍虎，余磊，霍霄鲲，廖华，李鉴轶，刘大庸. 周围神经损伤后巨噬细胞游走抑制因子mRNA在许旺细胞的表达状况[J]. 中华外科杂志，2002，40（9）：699-701. DOI：10.3760/j：issn：0529-5815.2002.09.018. {HUANG Tao,QIN Jianqiang,XIONG Shaohu,YU Lei,HUO Xiaokun,LIAO Hua,LI Jianyi,LIU Dayong. Expression of macrophage migration inhibitory factor mRNA in Schwann cells[J]. Zhonghua Wai Ke Za Zhi[Chin J Surg(Article in Chinese;Abstract in Chinese and English)],2002,40(9):699-701. DOI:10.3760/j:issn:0529-5815.2002.09.018.}

[19582] 程飚，陈峥嵘. 修饰后的聚羟基乙酸和聚乳酸共聚物支架与人胚雪旺细胞联合培养的实验研究[J]. 中华手外科杂志，2002，18（2）：119-121. DOI：10.3760/cma.j.issn.1005-054X.2002.02.023. {CHEN Zhengrong,CHENG Biao. The experimental study on co-culture of human embryo Schwann cells seeded into modified scaffoldings coated with poly-glycolic acid and polyactic acid homoconjugate[J]. Zhonghua Shou Wai Ke Za Zhi[Chin J Hand Surg(Article in Chinese;Abstract in Chinese and English)],2002,18(2):119-121. DOI:10.3760/cma.j.issn.1005-054X.2002.02.023.}

[19583] 万虹，安沂华，王红云，孙梅珍，刘暌，王忠诚，张亚卓. 雪旺氏细胞促进共培养大鼠胚胎神经干细胞的分化[J]. 中华神经外科杂志，2002，18（2）：100-103. DOI：10.3760/j.issn：1001-2346.2002.02.009. {WAN Hong,AN Yihua,WANG Hongyun,SUN Meizhen,LIU Li,WANG Zhongcheng,ZHANG Yazhuo. Differentiation of embryonic neural stem cells promoted by co-cultured Schwann cells[J]. Zhonghua Shen Jing Wai Ke Za Zhi[Chin J Neurosurg(Article in Chinese;Abstract in Chinese and English)],2002,18(2):100-103. DOI:10.3760/j.issn:1001-2346.2002.02.009.}

[19584] 安沂华，万虹，王红云，张泽舜，孙梅珍，张亚卓，王忠诚. 大鼠雪旺氏细胞支持人胚胎神经干细胞的生长并诱导其分化[J]. 中华神经外科杂志，2002，18（5）：279-281. DOI：10.3760/j.issn：1001-2346.2002.05.003. {AN Yihua,WAN Hong,WANG Hongyun,ZHANG Zeshun,SUN Meizhen,ZHANG Yazhuo,WANG Zhongcheng. Growth and differentiation of human embryonic neural stem cells boosted by rat Schwann cells[J]. Zhonghua Shen Jing Wai Ke Za Zhi[Chin J Neurosurg(Article in Chinese;Abstract in Chinese and English)],2002,18(5):279-281. DOI:10.3760/j.issn:1001-2346.2002.05.003.}

[19585] 张朝跃，苗惊雷，沈民仁，吴松，詹瑞森，赵自平，江皓. 植入自体雪旺氏细胞的胚胎神经修复上肢神经缺损[J]. 实用手外科杂志，2002，16（4）：211-212. DOI：10.3969/j.issn.1671-2722.2002.04.008. {ZHANG Chaoyue,MIAO Jinglei,SHEN Minren,WU Song,ZHAN Ruisen,ZHAO Ziping,JIANG Hao. Clinical study of application of autologous Schwann cells grafting fetus nerve to repair upper limb nerve defect[J]. Shi Yong Shou Wai Ke Za Zhi[Chin J Pract Hand Surg(Article in Chinese;Abstract in Chinese and English)],2002,16(4):211-212. DOI:10.3969/j.issn.1671-2722.2002.04.008.}

[19586] 黄涛，秦建强，霍霄鲲，余磊，熊绍虎，刘大庸，钟世镇. 周围神经损伤后雪旺细胞分泌巨噬细胞游走抑制因子的变化[J]. 第一军医大学学报，2002，22（6）：493-495. DOI：10.3321/j.issn：1673-4254.2002.06.003. {HUANG Tao,QIN Jianqiang,HUO Xiaokun,YU Lei,XIONG Shaohu,LIU Dayong,ZHONG Shizhen. Changes in content of macrophage migration inhibitory factor secreted by Schwann cells after peripheral nerve injury[J]. Di Yi Jun Yi Da Xue Xue Bao[J First Mil Med Univ(Article in Chinese;Abstract in Chinese and English)],2002,22(6):493-495. DOI:10.3321/j.issn:1673-4254.2002.06.003.}

[19587] 李跃军，陈绍宗，曲辉，李学拥，李望舟，程飚. 异种神经基膜管桥接周围神经缺损的初步研究[J]. 中国修复重建外科杂志，2002，16（3）：161-165. DOI：CNKI：SUN：ZXCW.0.2002-03-006. {LI Yuejun,CHEN Shaozong,QU Hui,LI Xueyong,LI WANGzhou,CHENG Biao. Repair of peripheral nerve defect by xenogeneic acellular nerve basal lamina scaffolds[J]. Zhongguo Xiu Fu Chong Jian Wai Ke Za Zhi[Chin J Repar Reconstr Surg(Article in Chinese;Abstract in Chinese and English)],2002,16(3):161-165. DOI:CNKI:SUN:

ZXCW.0.2002-03-006.}

[19588] 赵德伟，王卫明，刘宇鹏，荆拓，王铁男，于晓光，崔旭，廉皓屹，范治伟. 血管束植入移植神经修复外周神经损伤对神经元细胞凋亡的影响 [J]. 中华显微外科杂志，2002，25（2）：132–134. DOI：10.3760/cma.j.issn.1001–2036.2002.02.020. {ZHAO Dewei,WANG Weiming,LIU Yupeng,JING Tuo,WANG Tienan,YU Xiaoguang,CUI Xu,LIAN Haoyi,FAN Zhiwei. Effect of vascular bundle implantation and transplantation of nerve to repair peripheral nerve injury on neuronal cell apoptosis[J]. Zhonghua Xian Wei Wai Ke Za Zhi[Chin J Microsurg(Article in Chinese;Abstract in Chinese)],2002,25(2):132-134. DOI:10.3760/cma.j.issn.1001-2036.2002.02.020.}

[19589] 阮奕文，王传恩，童建尔，姚志彬. NGF/GDNF 基因修饰神经干细胞移植对 AD 模型鼠行为学的疗效 [J]. 解剖学报，2002，33（2）：122–125. DOI：10.3321/j.issn：0529–1356.2002.02.003. {RUAN Yiwen,WANG Chuanen,TONG Jianer,YAO Zhibin. Behavioral effect of transplantation of the neural stem cells modified with gene of NGF or GDNF on ad model rat[J]. Jie Pou Xue Bao[Acta Anat Sin(Article in Chinese;Abstract in Chinese and English)],2002,33(2):122-125. DOI:10.3321/j.issn:0529-1356.2002.02.003.}

[19590] 王晓冬，顾晓松，张沛云，曹涌，马红萍. 人工组织神经移植物辅加神经再生素修复大鼠周围神经缺损的实验研究 [J]. 解剖学报，2002，33（2）：131–135. DOI：10.3321/j.issn：0529–1356.2002.02.005. {WANG Xiaodong,GU Xiaosong,ZHANG Peiyun,CAO Yong,MA Hongping. The experimental study on the artificial nerve tissue graft with nerve regeneration factor in repairing peripheral nerve gap in rat[J]. Jie Pou Xue Bao[Acta Anat Sin(Article in Chinese;Abstract in Chinese and English)],2002,33(2):131-135. DOI:10.3321/j.issn:0529-1356.2002.02.005.}

[19591] 张沛云，顾晓松，王晓冬，吕广明，王友华，蔡云平. 人工组织神经移植物辅加神经生长因子修复大鼠坐骨神经缺损 [J]. 中华显微外科杂志，2002，25（2）：126–128. DOI：10.3760/cma.j.issn.1001–2036.2002.02.017. {ZHANG Peiyun,GU Xiaosong,WANG Xiaodong,LV Guangming,WANG Youhua,CAI Yunping. Experimental study of artificial tissue nerve graft adding Nerve Growth Factor repaired peripheral nerve gapin rat[J]. Zhonghua Xian Wei Wai Ke Za Zhi[Chin J Microsurg(Article in Chinese;Abstract in Chinese and English)],2002,25(2):126-128. DOI:10.3760/cma.j.issn.1001-2036.2002.02.017.}

[19592] 曹涌，成红兵，王晓冬，张沛云. 壳聚糖管与聚乙醇酸纤维复合移植修复大鼠坐骨神经缺损研究 [J]. 中华显微外科杂志，2002，25（4）：274–277. DOI：10.3760/cma.j.issn.1001–2036.2002.04.012. {CAO Yong,CHENG Hongbing,WANG Xiaodong,ZHANG Peiyun. Experimental study of repair of sciatic nerve gap in rat by chitosan tube and polyglycolic fiber[J]. Zhonghua Xian Wei Wai Ke Za Zhi[Chin J Microsurg(Article in Chinese;Abstract in Chinese and English)],2002,25(4):274-277. DOI:10.3760/cma.j.issn.1001-2036.2002.04.012.}

[19593] 张振伟，廖坚文，张日华，林冷，古纪欢，单臣，张咸中. FK506 缓释膜片促进外周神经再生的实验研究 [J]. 中华显微外科杂志，2002，25（1）：44–46. DOI：10.3760/cma.j.issn.1001–2036.2002.01.016. {ZHANG Zhenwei,LIAO Jianwen,ZHANG Rihua,LIN Leng,GU Jihuan,SHAN Chen,ZHANG Xianzhong. An experimental study auxoaction of peripheral nerve regeneration through slow-releasing diaphragm with the FK506[J]. Zhonghua Xian Wei Wai Ke Za Zhi[Chin J Microsurg(Article in Chinese;Abstract in Chinese and English)],2002,25(1):44-46. DOI:10.3760/cma.j.issn.1001-2036.2002.01.016.}

[19594] 刘远禄. 巴斯德处理周围神经后的溃变和再生的实验研究 [J]. 中国矫形外科杂志，2002，10（8）：803–806. DOI：10.3969/j.issn.1005–8478.2002.08.025. {LIU Yuanlu. Degeneration and regeneration of pasteurized peripheral nerve in rats[J]. Zhongguo Jiao Xing Wai Ke Za Zhi[Orthop J China(Article in Chinese;Abstract in Chinese and English)],2002,10(8):803-806. DOI:10.3969/j.issn.1005-8478.2002.08.025.}

[19595] 姜保国，党育，徐海林，张殿英，张宏波. 局部应用复方红芪对周围神经损伤修复后影响的实验研究 [J]. 中华手外科杂志，2002，18（1）：42–44. DOI：10.3760/cma.j.issn.1005–054X.2002.01.015. {JIANG Baoguo,DANG Yu,XU Hailin,ZHANG Dianying,ZHANG Hongbo. Experimental study of the extract from Radix Hedysari et al local use on the repair of peripheral nerve[J]. Zhonghua Shou Wai Ke Za Zhi[Chin J Hand Surg(Article in Chinese;Abstract in Chinese and English)],2002,18(1):42-44. DOI:10.3760/cma.j.issn.1005-054X.2002.01.015.}

[19596] 练克俭，洪加源，翟文亮，丁真奇，康两期，郭林新，郭延杰，郭志民. 体外神经牵延器修复周围神经缺损的实验研究 [J]. 中国骨伤，2002，15（12）：727–728. DOI：10.3969/j.issn.1003–0034.2002.12.009. {LIAN Kejian,HONG Jiayuan,ZHAI Wenliang,DING Zhenqi,KANG Liangqi,GUO Linxin,GUO Yanjie,GUO Zhimin. Experimental study of nerve elongation apparatus for repair of defect of peripheral nerve in vitro[J]. Zhongguo Gu Shang[China J Orthop Trauma(Article in Chinese;Abstract in Chinese and English)],2002,15(12):727-728. DOI:10.3969/j.issn.1003-0034.2002.12.009.}

[19597] 钱叶斌，陶有略，黄翠芬，武一曼. 补阳还五汤促进周围神经损伤后神经元存活的实验研究 [J]. 实用手外科杂志，2002，16（3）：152–154. DOI：10.3969/j.issn.1671–2722.2002.03.012. {QIAN Yebin,TAO Youlue,HUANG Cuifen,WU Yiman. Experimental study of the survival-promoting effect of buyang huanwu decoction on neurons after peripheral nerve injury[J]. Shi Yong Shou Wai Ke Za Zhi[Chin J Pract Hand Surg(Article in Chinese;Abstract in Chinese and English)],2002,16(3):152-154. DOI:10.3969/j.issn.1671-2722.2002.03.012.}

[19598] 尹宗生，顾玉东，朱建华，李光武，胡勇，华兴一. 125 碘 – 辣根过氧化物酶评价手术后神经再生的实验 [J]. 中华显微外科杂志，2002，25（4）：285–287. DOI：10.3760/cma.j.issn.1001–2036.2002.04.015. {YIN Zongsheng,GU Yudong,ZHU Jianhua,LI Guangwu,HU Yong,HUA Xingyi. Experimental study of evaluation nerve regeneration with 125 Iodine-horseradish paroxidase after operation[J]. Zhonghua Xian Wei Wai Ke Za Zhi[Chin J Microsurg(Article in Chinese;Abstract in Chinese and English)],2002,25(4):285-287. DOI:10.3760/cma.j.issn.1001-2036.2002.04.015.}

[19599] 杨恒文，陈恒胜，伍亚民，邵阳，曾琳. NGF 对大鼠坐骨神经损伤后腰髓 MBP 含量及其前角神经元的影响 [J]. 中国矫形外科杂志，2002，9（6）：580–582. DOI：10.3969/j.issn.1005–8478.2002.06.018. {YANG Hengwen,CHEN Hengsheng,WU Yamin,SHAO Yang,CENG Lin. Effects of Nerve Growth Factor(NGF) on anterior horn motoneuron in spinal cord after sciatic nerve injury[J]. Zhongguo Jiao Xing Wai Ke Za Zhi[Orthop J China(Article in Chinese;Abstract in Chinese and English)],2002,9(6):580-582. DOI:10.3969/j.issn.1005-8478.2002.06.018.}

[19600] 李陶，陈意生，王禾，卓豫. 大鼠坐骨神经损伤后脊髓及坐骨神经中睫状神经营养因子及其受体 mRNA 的表达 [J]. 中华实验外科杂志，2002，19（2）：122–124. DOI：10.3760/j.issn：1001–9030.2002.02.009. {LI Tao,CHEN Yisheng,WANG He,ZHUO Yu. Expression of ciliary neurotrophic recptor alpha mRNA and ciliary neurotrophic mRNA in spinal cord and sciatic nerve in rats of different age following injury of sciatic nerve[J]. Zhonghua Shi Yan Wai Ke Za Zhi[Chin J Exp Surg(Article in Chinese;Abstract in Chinese and English)],2002,19(2):122-124. DOI:10.3760/j.issn:1001-9030.2002.02.009.}

[19601] 刘京升，孙正义，董晓丽. 脑源性神经营养因子对大鼠坐骨神经损伤诱导神经元凋亡的作用 [J]. 中华实验外科杂志，2002，19（2）：130–131. DOI：10.3760/j.issn：1001–9030.2002.02.012. {LIU Jingsheng,SUN Zhengyi,DONG Xiaoli. Brain-Derived Neurotrophic Factor prevents the death of motor neurons following sciatic nerve injury in rats[J]. Zhonghua Shi Yan Wai Ke Za Zhi[Chin J Exp Surg(Article in Chinese;Abstract in Chinese and English)],2002,19(2):130-131. DOI:10.3760/j.issn:1001-9030.2002.02.012.}

[19602] 薛锋，顾玉东，李继峰，陈德松，钟慈声. 银杏叶提取物对坐骨神经损伤后感觉神经元超微结构的影响 [J]. 中华实验外科杂志，2002，19（5）：452–453. DOI：10.3760/j.issn：1001–9030.2002.05.029. {XUE Feng,GU Yudong,LI Jifeng,CHEN Desong,ZHONG Ci Sheng. Influence of ginkgo biloba extract on ultrastructural changes of sensery neurons following sciatic nerve injury in rats[J]. Zhonghua Shi Yan Wai Ke Za Zhi[Chin J Exp Surg(Article in Chinese;Abstract in Chinese and English)],2002,19(5):452-453. DOI:10.3760/j.issn:1001-9030.2002.05.029.}

[19603] 杨恒文，陈恒胜，伍亚民，邵阳，曾琳，刘媛. 神经生长因子对大鼠坐骨神经损伤后腰髓前角神经元的影响 [J]. 中华创伤杂志，2002，18（2）：111–112. DOI：10.3760/j：issn：1001–8050.2002.02.014. {YANG Hengwen,CHEN Hengsheng,WU Yamin,SHAO Yang,CENG Lin,LIU Yuan. Effect of Nerve Growth Factor on lumbar spinal cord anterior horn neurons after sciatic nerve injury in rats[J]. Zhonghua Chuang Shang Za Zhi[Chin J Trauma(Article in Chinese;No abstract available)],2002,18(2):111-112. DOI:10.3760/j:issn:1001-8050.2002.02.014.}

[19604] 程赛宇，阮怀珍，吴喜贵，张金海. 大鼠坐骨神经损伤后嗅球成鞘细胞对脊髓神经元的保护作用 [J]. 中华创伤杂志，2002，18（10）：607–610. DOI：10.3760/j：issn：1001–8050.2002.10.010. {CHENG Saiyu,RUAN Huaizhen,WU Xigui,ZHANG Jinhai. Protective effect of olfactory ensheathing cells on spinal cord neurons after sciatic nerve injury in rats[J]. Zhonghua Chuang Shang Za Zhi[Chin J Trauma(Article in Chinese;Abstract in Chinese and English)],2002,18(10):607-610. DOI:10.3760/j:issn:1001-8050.2002.10.010.}

[19605] 陈恒胜，伍亚民，廖维宏. 蛇毒神经生长因子对大鼠坐骨神经损伤修复作用的实验研究 [J]. 创伤外科杂志，2002，4（2）：97–99. DOI：10.3969/j.issn.1009–4237.2002.02.010. {CHEN Hengsheng,WU Yamin,LIAO Weihong. Effects of snake Nerve Growth Factor on repair of crushed sciaticnerve in rats[J]. Chuang Shang Wai Ke Za Zhi[J Traum Surg(Article in Chinese;Abstract in Chinese and English)],2002,4(2):97-99. DOI:10.3969/j.issn.1009-4237.2002.02.010.}

[19606] 陈德英，程赛宇，肖艳，何扬涛. 坐骨神经损伤修复过程中髓鞘变化的形态学研究 [J]. 创伤外科杂志，2002，4(3)：149–151. DOI：10.3969/j.issn.1009–4237.2002.03.008. {CHEN Deying,CHENG Saiyu,XIAO Yan,HE Yangtao. A morphological study of myelin sheath changes in sciatic nerve injury and repair[J]. Chuang Shang Wai Ke Za Zhi[J Traum Surg(Article in Chinese;Abstract in Chinese and English)],2002,4(3):149-151. DOI:10.3969/j.issn.1009-4237.2002.03.008.}

[19607] 张文捷，李兵仓. 大鼠坐骨神经损伤对背根节 GDNF 表达的影响 [J]. 创伤外科杂志，2002，4（5）：266–269. DOI：10.3969/j.issn.1009–4237.2002.05.004. {ZHANG Wenjie,LI Bingcang. Experimental study on GDNF expression of dorsal root ganglion in the conditioning lesions of sciatic nerve in rats[J]. Chuang Shang Wai Ke Za Zhi[J Traum Surg(Article in Chinese;Abstract in Chinese and English)],2002,4(5):266-269. DOI:10.3969/j.issn.1009-4237.2002.05.004.}

[19608] 楚燕飞，朱刚，陈菁，李兵仓，王宪荣，冯华. 大鼠坐骨神经损伤后雪旺细胞、层粘连蛋白动态变化研究 [J]. 创伤外科杂志，2002，4（5）：270–273. DOI：10.3969/j.issn.1009–4237.2002.05.005. {CHU Yanfei,ZHU Gang,CHEN Jing,LI Bingcang,WANG Xianrong,FENG Hua. Detection of Schwann cell and laminin following sciatic nerve injury in rats[J]. Chuang Shang Wai Ke Za Zhi[J Traum Surg(Article in Chinese;Abstract in Chinese and English)],2002,4(5):270-273. DOI:10.3969/j.issn.1009-4237.2002.05.005.}

[19609] 楚燕飞，朱刚，陈菁，李兵仓，王宪荣，冯华. 联合应用 NGF 和 CNTF 对大鼠坐骨神经损伤后功能恢复的影响 [J]. 第三军医大学学报，2002，24（4）：439–441. DOI：10.3321/j.issn：1000–5404.2002.04.021. {CHU Yanfei,ZHU Gang,CHEN Jing,LI Bingcang,WANG Xianrong,FENG Hua. Effect of co-application of NGF and CNTF to functional recovery after sciatic nerve injury in rats[J]. Di San Jun Yi Da Xue Xue Bao[Acta Acad Med Mil Tert(Article in Chinese;Abstract in Chinese and English)],2002,24(4):439-441. DOI:10.3321/j.issn:1000-5404.2002.04.021.}

[19610] 程赛宇，阮怀珍，张金海，吴喜贵. 几丁质在大鼠坐骨神经损伤早期修复作用的研究 [J]. 第三军医大学学报，2002，24(9)：1017–1019. DOI：10.3321/j.issn：1000–5404.2002.09.005. {CHENG Saiyu,RUAN Huaizhen,ZHANG Jinhai,WU Xigui. Protective effect of chitin on neurons in early stage after sciatic nerve injury in rats[J]. Di San Jun Yi Da Xue Xue Bao[Acta Acad Med Mil Tert(Article in Chinese;Abstract in Chinese and English)],2002,24(9):1017-1019. DOI:10.3321/j.issn:1000-5404.2002.09.005.}

[19611] 成少安，朱家恺. 许旺细胞源神经营养因子受体在外周神经组织中的分布研究 [J]. 中华显微外科杂志，2003，26(3)：195–197. DOI：10.3760/cma.j.issn.1001–2036.2003.03.013. {CHENG Shaoan,ZHU Jiakai. Exploration of the receptor of Schwann cell derived neurotrophic factor in rat peripheral nerve[J]. Zhonghua Xian Wei Wai Ke Za Zhi[Chin J Microsurg(Article in Chinese;Abstract in Chinese and English)],2003,26(3):195-197. DOI:10.3760/cma.j.issn.1001-2036.2003.03.013.}

[19612] 朱锦宇，朱庆生，黄耀添，吕荣，黄鲁豫. 腺病毒介导的 LacZ 基因在培养许旺细胞中的表达 [J]. 中华显微外科杂志，2003，26（3）：198–200. DOI：10.3760/cma.j.issn.1001–2036.2003.03.014. {ZHU Jinyu,ZHU Qingsheng,HUANG Yaotian,LV Rong,HUANG Luyu. Adenoviral vector-mediated transfer of LacZ genes into rat Schwann cells in vitro[J]. Zhonghua Xian Wei Wai Ke Za Zhi[Chin J Microsurg(Article in Chinese;Abstract in Chinese and English)],2003,26(3):198-200. DOI:10.3760/cma.j.issn.1001-2036.2003.03.014.}

[19613] 平萍，李青峰，张涤生. 胶质细胞源性神经营养因子基因修饰的雪旺氏细胞修复大鼠周围神经缺损的实验研究 [J]. 中华整形外科杂志，2003，19（5）：369–372. DOI：10.3760/j.issn：1009–4598.2003.05.017. {PING Ping,LI Qingfeng,ZHANG Disheng. An experiment study on repair of peripheral nerve defects by GDNF gene modified Schwann cells[J]. Zhonghua Zheng Xing Wai Ke Za Zhi[Chin J Plast Surg(Article in Chinese;Abstract in Chinese and English)],2003,19(5):369-372. DOI:10.3760/j.issn:1009-4598.2003.05.017.}

[19614] 朱锦宇，朱庆生，黄耀添，吕荣，王军. 腺病毒介导的 LacZ 基因在大鼠坐骨神经的表达 [J]. 中国矫形外科杂志，2003，11(10)：683–684. DOI：10.3969/j.issn.1005–8478.2003.10.012. {ZHU Jinyu,ZHU Qingsheng,HUANG Yaotian,LV Rong,WANG Jun. Adenoviral vector-mediated transfer of LacZ genes into rat sciatic nerve[J]. Zhongguo Jiao Xing Wai Ke Za Zhi[Orthop J China(Article in Chinese;Abstract in Chinese and English)],2003,11(10):683-684. DOI:10.3969/j.issn.1005-8478.2003.10.012.}

[19615] 衷鸿宾，侯树勋，陈秉耀，解英俊. 粗大去细胞神经移植物的化学萃取及组织学研究 [J]. 中国矫形外科杂志，2003，11（16）：1117–1119. DOI：10.3969/j.issn.1005–8478.2003.16.013. {ZHONG Hongbin,HOU Shuxun,CHEN Bingyao,XIE Yingjun. Research of acellular nerve allograft by chemical extraction in canine[J]. Zhongguo Jiao Xing Wai Ke Za Zhi[Orthop J China(Article in Chinese;Abstract in Chinese and English)],2003,11(16):1117-1119. DOI:10.3969/j.issn.1005-8478.2003.16.013.}

[19616] 陈秉耀，侯树勋，衷鸿宾，程庆，张春莉，梁红英. 兔化学去细胞神经移植修复大鼠坐骨神经缺损 [J]. 中国矫形外科杂志，2003，11（21）：1476–1478. DOI：10.3969/j.issn.1005–8478.2003.21.011. {CHEN Bingyao,HOU Shuxun,ZHONG Hongbin,CHENG Qing,ZHANG Chunli,LIANG Hongying. Repair of rat sciatic nerve defect with grafting of rabbit nerve decellulated by chemical extraction[J]. Zhongguo Jiao Xing Wai Ke Za Zhi[Orthop J China(Article in Chinese;Abstract in Chinese and English)],2003,11(21):1476-1478. DOI:10.3969/j.issn.1005-8478.2003.21.011.}

[19617] 徐杰，施能木. 神经旁路移植的实验研究 [J]. 中华手外科杂志，2003，19（2）：112–114. DOI：10.3760/cma.j.issn.1005–054X.2003.02.022. {XU Jie,SHI Nengmu. Experimental study of nerve bypass transfer[J]. Zhonghua Shou Wai Ke Za Zhi[Chin J Hand

Surg(Article in Chinese;Abstract in Chinese and English)],2003,19(2):112-114. DOI:10.3760/cma.j.issn.1005-054X.2003.02.022.}

[19618] **李世德，张明．免胚胎脊髓移植与自体神经移植修复坐骨神经缺损的比较研究[J]．中华创伤杂志，2003，19(9)：548-552．DOI：10.3760/j：issn：1001-8050.2003.09.010．** {LI Shide,ZHANG Ming. Comparative study on repair of peripheral nerve defects either by embryonic spinal cord transplantation or nerve allograft in rabbits[J]. Zhonghua Chuang Shang Za Zhi[Chin J Trauma(Article in Chinese;Abstract in Chinese and English)],2003,19(9):548-552. DOI:10.3760/j:issn:1001-8050.2003.09.010.}

[19619] **陈允震，王琛，王道清，李劲松，王振华．指数曲线电刺激促进周围神经损伤修复的实验研究[J]．中华骨科杂志，2003，23(5)：299-302．DOI：10.3760/j.issn：0253-2352.2003.05.011．** {CHEN Yunzhen,WANG Chen,WANG Daoqing,LI Jinsong,WANG Zhenhua. An experimental research of exponential curve electric stimulus promoting the restoration of peripheral nerve injury[J]. Zhonghua Gu Ke Za Zhi[Chin J Orthop(Article in Chinese;Abstract in Chinese and English)],2003,23(5):299-302. DOI:10.3760/j.issn:0253-2352.2003.05.011.}

[19620] **陈明，夏仁云．构建生物人工神经修复周围神经缺损的实验研究[J]．中国矫形外科杂志，2003，11(8)：536-538．DOI：10.3969/j.issn.1005-8478.2003.08.011．** {CHEN Ming,XIA Renyun. Experimental study of repair of peripheral nerve defect using bioartificial nerve[J]. Zhongguo Jiao Xing Wai Ke Za Zhi[Orthop J China(Article in Chinese;Abstract in Chinese and English)],2003,11(8):536-538. DOI:10.3969/j.issn.1005-8478.2003.08.011.}

[19621] **刘儒森，郝桂兰，张德光，刘亚，韩桂全，王德华．黄芪对兔周围神经再灌注损伤的保护作用[J]．中华实验外科杂志，2003，20(6)：505-507．DOI：10.3760/j.issn：1001-9030.2003.06.011．** {LIU Rusen,HAO Guilan,ZHANG Deguang,LIU ya,HAN Guiquan,WANG Dehua. Protective effect of astragalus on peripheral nerve ischemia reperfusion injury in rabbist[J]. Zhonghua Shi Yan Wai Ke Za Zhi[Chin J Exp Surg(Article in Chinese;Abstract in Chinese and English)],2003,20(6):505-507. DOI:10.3760/j.issn:1001-9030.2003.06.011.}

[19622] **黄启顺，洪光祥，王发斌，康皓，翁雨雄，陈振兵．纤维蛋白胶粘合修复周围神经抗牵拉强度动态变化的实验研究[J]．中华手外科杂志，2003，19(2)：53-55．DOI：10.3760/cma.j.issn.1005-054X.2003.02.023．** {HUANG Qishun,HONG Guangxiang,WANG Fabin,KANG Hao,WENG Yuxiong,CHEN Zhenbing. The experiment study of dynamic changes of anti-stretch intensity in peripheral nerves repaired with the adhesion of fibrin glue[J]. Zhonghua Shou Wai Ke Za Zhi[Chin J Hand Surg(Article in Chinese;Abstract in Chinese and English)],2003,19(2):53-55. DOI:10.3760/cma.j.issn.1005-054X.2003.02.023.}

[19623] **李宏生，李光昭，姚楚征，许翔聪，孙泽光，杨永熙．纤维蛋白胶粘合修复周围神经损伤的实验研究[J]．中国微创外科杂志，2003，3(1)：82-84．DOI：10.3969/j.issn.1009-6604.2003.01.047．** {WANG Zugui,CHEN Yu,LI Weibin,BAO Xiaoyi,LIANG Kailu,LIU Chunyang,YANG Jun,LIU Dun. An experimental study on injured peripheral nerves repaired by adhesion of fibrin glue[J]. Zhongguo Wei Chuang Wai Ke Za Zhi[Chin J Minim Inva Surg(Article in Chinese;Abstract in Chinese and English)],2003,3(1):82-84. DOI:10.3969/j.issn.1009-6604.2003.01.047.}

[19624] **王栓科，洪光祥，王秉义，王同光．非选择性ATP受体拮抗剂对坐骨神经再生轴突诱向作用影响的实验研究[J]．中华显微外科杂志，2003，26(4)：279-281．DOI：10.3760/cma.j.issn.1001-2036.2003.04.014．** {WANG Shuanke,HONG Guangxiang,WANG Bingyi,WANG Tongguang. The effect on sciatic nerve regeneration of non-selective antagonist of ATP receptors[J]. Zhonghua Xian Wei Wai Ke Za Zhi[Chin J Microsurg(Article in Chinese;Abstract in Chinese and English)],2003,26(4):279-281. DOI:10.3760/cma.j.issn.1001-2036.2003.04.014.}

[19625] **刘希伟，胡涛．家兔坐骨神经损伤后肌肉组织乙酰胆碱酯酶的变化[J]．中国临床解剖学杂志，2003，21(3)：257-258．DOI：10.3969/j.issn.1001-165X.2003.03.023．** {LIU Xiwei,HU Tao. The change of acetylcholinesterase concentration in muscle after ischiadicus nerve injury in rabbit[J]. Zhongguo Lin Chuang Jie Pou Xue Za Zhi[Chin J Clin Anat(Article in Chinese;Abstract in Chinese and English)],2003,21(3):257-258. DOI:10.3969/j.issn.1001-165X.2003.03.023.}

[19626] **尹方明，李铁林，秦建强，刘大庸，段传志，黄庆，汪求精．大鼠坐骨神经损伤后脊髓前角神经元死亡数量的研究[J]．中国临床解剖学杂志，2003，21(3)：259-260．DOI：10.3969/j.issn.1001-165X.2003.03.024．** {YIN Fangming,LI Tielin,QIN Jianqiang,LIU Dayong,DUAN Chuanzhi,HUANG Qing,WANG Qiujing. The dead number of spinal cord anterior horn motor neurons following sciatic nerve injury in adult rats[J]. Zhongguo Lin Chuang Jie Pou Xue Za Zhi[Chin J Clin Anat(Article in Chinese;Abstract in Chinese and English)],2003,21(3):259-260. DOI:10.3969/j.issn.1001-165X.2003.03.024.}

[19627] **陈恒胜，伍亚民，龙在云，曾琳，邵阳，王永堂．蛇毒神经生长因子对大鼠坐骨神经损伤功能修复的时效作用研究[J]．中国矫形外科杂志，2003，11(2)：104-105．DOI：10.3969/j.issn.1005-8478.2003.02.009．** {CHEN Hengsheng,WU Yamin,LONG Zaiyun,CENG Lin,SHAO Yang,WANG Yongtang. Time effect of snake Nerve Growth Factor on functiond recovery of crushed nerve in rats[J]. Zhongguo Jiao Xing Wai Ke Za Zhi[Orthop J China(Article in Chinese;Abstract in Chinese and English)],2003,11(2):104-105. DOI:10.3969/j.issn.1005-8478.2003.02.009.}

[19628] **尹方明，李铁林，钟世镇，胡耀民．坐骨神经损伤后脊髓前角神经元形态学的观察[J]．中华实验外科杂志，2003，20(6)：503-504．DOI：10.3760/j.issn：1001-9030.2003.06.010．** {YIN Fangming,LI Tielin,ZHONG Shizhen,HU Yaomin. The morphological observation of motor neurons in spinal cord anterior horn following sciatic nerve injury in adult rats[J]. Zhonghua Shi Yan Wai Ke Za Zhi[Chin J Exp Surg(Article in Chinese;Abstract in Chinese and English)],2003,20(6):503-504. DOI:10.3760/j.issn:1001-9030.2003.06.010.}

[19629] **尹宗生，顾玉东，顾映红，朱腾方．中药治疗对大鼠坐骨神经损伤后神经生长因子蛋白表达的影响[J]．中华手外科杂志，2003，19(1)：57-59．DOI：10.3760/cma.j.issn.1005-054X.2003.01.022．** {YIN Zongsheng,GU Yudong,GU Yinghong,ZHU Tengfang. The effect of Chinese herbs on Nerve Growth Factor(NGF) protein expression after sciatic nerve injury at rats[J]. Zhonghua Shou Wai Ke Za Zhi[Chin J Hand Surg(Article in Chinese;Abstract in Chinese and English)],2003,19(1):57-59. DOI:10.3760/cma.j.issn.1005-054X.2003.01.022.}

[19630] **朱刚，楚燕飞，陈菁，李兵仓，王宪荣，冯华．联合应用神经生长因子和睫状神经营养因子治疗大鼠坐骨神经损伤[J]．中华创伤杂志，2003，19(5)：283-285．DOI：10.3760/j：issn：1001-8050.2003.05.008．** {ZHU Gang,CHU Yanfei,CHEN Jing,LI Bingcang,WANG Xianrong,FENG Hua. Combined application of Nerve Growth Factor and ciliary neurotrofic factor to treat sciatic nerve injuries[J]. Zhonghua Chuang Shang Za Zhi[Chin J Trauma(Article in Chinese;Abstract in Chinese and English)],2003,19(5):283-285. DOI:10.3760/j:issn:1001-8050.2003.05.008.}

[19631] **吴松，刘丹，张朝跃，李明波，詹瑞森，李昌琪．兔坐骨神经损伤修复后骶交感神经节内c-ret mRNA表达的变化[J]．骨与关节损伤杂志，2003，18(12)：821-823．DOI：10.3969/j.issn.1672-9935.2003.12.010．** {WU Song,LIU Dan,ZHANG Chaoyue,LI Mingbo,ZHAN Ruisen,LI Changqi. The Expression of C-ret mRNA in rabbit sacral sympathetic ganglia after sciatic nerve repaired[J]. Gu Yu Guan Jie Sun Shang Za Zhi[J Bone Joint Injury(Article in Chinese;Abstract in Chinese and English)],2003,18(12):821-823. DOI:10.3969/j.issn.1672-9935.2003.12.010.}

[19632] **汪华侨，庞水发，李光武，戎利民，洪衍波．靶肌肉注射碱性成纤维细胞生长因子对坐骨神经损伤再生及功能恢复的影响[J]．中山大学学报(医学科学版)，2003，24(z1)：34-37．DOI：10.3321/j.issn：1672-3554.2003.z1.014．** {WANG Huaqiao,PANG Shuifa,LI Guangwu,RONG Limin,HONG Yanbo. Effects of target intramuscular injection of basic Fibroblast Growth Factor on regeneration and functional recovery of sciatic nerve injury[J]. Zhong Shan Da Xue Xue Bao(Yi Xue Ke Xue Ban)[J Sun Yat-Sen Univ(Med Sci)(Article in Chinese;Abstract in Chinese)],2003,24(z1):34-37. DOI:10.3321/j.issn:1672-3554.2003.z1.014.}

[19633] **程赛宇，阮怀珍，吴喜贵，张金海．嗅球成鞘细胞在坐骨神经损伤后功能恢复中的作用[J]．中国修复重建外科杂志，2003，17(1)：18-21．DOI：CNKI：SUN：ZXCW.0.2003-01-005．** {CHENG Saiyu,RUAN Huaizhen,WU Xigui,ZHANG Jinhai. Olfactory ensheathing cells enhance functional recovery of injured sciatic nerve[J]. Zhongguo Xiu Fu Chong Jian Wai Ke Za Zhi[Chin J Repar Reconstr Surg(Article in Chinese;Abstract in Chinese and English)],2003,17(1):18-21. DOI:CNKI:SUN:ZXCW.0.2003-01-005.}

[19634] **刘黎军，朱家恺，王大平，肖建德，杨雷．雪旺细胞源神经营养因子对背根节感觉神经元的保护作用[J]．中国临床解剖学杂志，2004，22(6)：649-651．DOI：10.3969/j.issn.1001-165X.2004.06.027．** {LIU Lijun,ZHU Jiakai,WANG Daping,XIAO Jiande,YANG Lei. The protective effects of neurotrophic factor deriving from Schwann cell on sensory neurons of dorsal root ganglion[J]. Zhongguo Lin Chuang Jie Pou Xue Za Zhi[Chin J Clin Anat(Article in Chinese;Abstract in Chinese and English)],2004,22(6):649-651. DOI:10.3969/j.issn.1001-165X.2004.06.027.}

[19635] **张文捷，周跃，陈菁，王建忠，陈建梅．胶质细胞源性神经营养因子基因修饰的雪旺细胞对大鼠坐骨神经缺损的修复作用[J]．中华手外科杂志，2004，20(3)：60-62，69．DOI：10.3760/cma.j.issn.1005-054X.2004.03.024．** {ZHANG Wenjie,ZHOU Yue,CHEN Jing,WANG Jianzhong,CHEN Jianmei. Effects of glial cell line-derived neurotrophic factor modified Schwann cells on repair of sciatic nerve defects in rats[J]. Zhonghua Shou Wai Ke Za Zhi[Chin J Hand Surg(Article in Chinese;Abstract in Chinese and English)],2004,20(3):60-62,69. DOI:10.3760/cma.j.issn.1005-054X.2004.03.024.}

[19636] **江长青，刘小林．雪旺细胞移植与周围神经再生[J]．中华创伤骨科杂志，2004，6(2)：216-219．DOI：10.3760/cma.j.issn.1671-7600.2004.02.028．** {JIANG Changqing,LIU Xiaolin. Transplantation of Schwann cells and regeneration of peripheral nerve[J]. Zhonghua Chuang Shang Gu Ke Za Zhi[Chin J Orthop Trauma(Article in Chinese;Abstract in Chinese and English)],2004,6(2):216-219. DOI:10.3760/cma.j.issn.1671-7600.2004.02.028.}

[19637] **何继银，劳杰．周围神经损伤后雪旺细胞生存与凋亡的动态平衡[J]．中华创伤骨科杂志，2004，6(3)：330-333．DOI：10.3760/cma.j.issn.1671-7600.2004.03.028．** {HE Jiyin,LAO Jie. Homeostasis between survival and apoptosis of Schwann cells after injury of peripheral nerve[J]. Zhonghua Chuang Shang Gu Ke Za Zhi[Chin J Orthop Trauma(Article in Chinese;Abstract in Chinese and English)],2004,6(3):330-333. DOI:10.3760/cma.j.issn.1671-7600.2004.03.028.}

[19638] **陈哲，陈海啸，陈正形，陈汉松，周涛，卢洪胜．坐骨神经创伤性华勒氏变性中雪旺细胞凋亡初步研究[J]．中国骨伤，2004，17(2)：83-86．DOI：10.3969/j.issn.1003-0034.2004.02.007．** {CHEN Zhe,CHEN Haixiao,CHEN Zhengxing,CHEN Hansong,ZHOU Tao,LU Hongsheng. Preliminary investigation on Schwann cell apoptosis in Wallerian-degenerated sciatic nerve of rat[J]. Zhongguo Gu Shang[China J Orthop Trauma(Article in Chinese;Abstract in Chinese and English)],2004,17(2):83-86. DOI:10.3969/j.issn.1003-0034.2004.02.007.}

[19639] **王万山，朴仲贤，韩明虎，王启伟，朴英杰．大鼠坐骨神经再生过程中的施万细胞自噬作用[J]．第一军医大学学报，2004，24(1)：85-87．DOI：10.3321/j.issn：1673-4254.2004.01.026．** {WANG Wanshan,PIAO Zhongxian,HAN Minghu,WANG Qiwei,PIAO Yingjie. Autophagic effect of Schwann cells in the regeneration of rat sciatic nerves[J]. Di Yi Jun Yi Da Xue Xue Bao[J First Mil Med Univ(Article in Chinese;Abstract in Chinese and English)],2004,24(1):85-87. DOI:10.3321/j.issn:1673-4254.2004.01.026.}

[19640] **张文捷，周跃，陈菁，王建忠，陈建梅．GDNF基因修饰的雪旺细胞对大鼠坐骨神经缺损的修复作用[J]．第三军医大学学报，2004，26(20)：1826-1829．DOI：10.3321/j.issn：1000-5404.2004.20.010．** {ZHANG Wenjie,ZHOU Yue,CHEN Jing,WANG Jianzhong,CHEN Jianmei. Effects of GDNF-modified Schwann cells on repair of sciatic nerve defect in rats[J]. Di San Jun Yi Da Xue Xue Bao[Acta Acad Med Mil Tert(Article in Chinese;Abstract in Chinese and English)],2004,26(20):1826-1829. DOI:10.3321/j.issn:1000-5404.2004.20.010.}

[19641] **朱晓光，周君琳，邵新中，张桂生，张克亮．应用胚胎脊髓前角细胞移植修复大鼠神经损伤的实验研究[J]．中华手外科杂志，2004，20(4)：50-53．DOI：10.3760/cma.j.issn.1005-054X.2004.04.023．** {ZHU Xiaoguang,ZHOU Junlin,SHAO Xinzhong,ZHANG Guisheng,ZHANG Keliang. Experimental study of nerve repair by embryonic spinal cord ventral horn cell transplantation in rats[J]. Zhonghua Shou Wai Ke Za Zhi[Chin J Hand Surg(Article in Chinese;Abstract in Chinese and English)],2004,20(4):50-53. DOI:10.3760/cma.j.issn.1005-054X.2004.04.023.}

[19642] **祝佩芹，王学礼，陈铎，焦玉刚，苏玉红．神经细胞外基质材料制备及修复周围神经缺损的实验研究[J]．中国临床解剖学杂志，2004，22(2)：206-209．DOI：10.3969/j.issn.1001-165X.2004.02.030．** {ZHU Peiqin,WANG Xueli,CHEN Duo,JIAO Yugang,SU Yuhong. Preparation of the nerve extracellular matrix material and the experimental study on the repairing of nerve segmental defects[J]. Zhongguo Lin Chuang Jie Pou Xue Za Zhi[Chin J Clin Anat(Article in Chinese;Abstract in Chinese and English)],2004,22(2):206-209. DOI:10.3969/j.issn.1001-165X.2004.02.030.}

[19643] **苏琰，张长青，孙鲁源，张晔，曾炳芳．小肠粘膜下层(SIS)桥接周围神经缺损的实验研究[J]．中华创伤骨科杂志，2004，6(10)：1136-1139．DOI：10.3760/cma.j.issn.1671-7600.2004.10.017．** {SU Yan,ZHANG Changqing,SUN Luyuan,ZHANG Ye,ZENG Bingfang. An experimental study of repairing peripheral nerve gaps with porcine small intestinal submucosa (SIS)bridging[J]. Zhonghua Chuang Shang Gu Ke Za Zhi[Chin J Orthop Trauma(Article in Chinese;Abstract in Chinese and English)],2004,6(10):1136-1139. DOI:10.3760/cma.j.issn.1671-7600.2004.10.017.}

[19644] **卢耀军，张云坤，洪光祥．靶肌肉注射甲钴胺对大鼠周围神经损伤再生的作用[J]．中华创伤杂志，2004，20(12)：739-742．DOI：CNKI：SUN：XDKF.0.2006-17-064．** {LU Yaojun,ZHANG Yunkun,HONG Guangxiang. Peripheral nerve regeneration in response to target muscle injection with Methycobal[J]. Zhonghua Chuang Shang Za Zhi[Chin J Trauma(Article in Chinese;Abstract in Chinese and English)],2004,20(12):739-742. DOI:CNKI:SUN:XDKF.0.2006-17-064.}

[19645] **李庆霖，冷向阳，李晓春，李振华，孙志，张君．带蒂骨骼肌桥接近端周围神经防治残端痛性神经瘤的实验与临床应用研究[J]．中国骨伤，2004，17(11)：650-652．DOI：10.3969/j.issn.1003-0034.2004.11.004．** {LI Qinglin,LENG Xiangyang,LI Xiaochun,LI Zhenhua,SUN Zhi,ZHANG Jun. Experimental study and clinical application of proximal ends bridging of peripheral nerve with pedicled skeletal muscle to prevent and treat stump tenderness caused by neuroma[J]. Zhongguo Gu Shang[China J Orthop Trauma(Article in Chinese;Abstract in Chinese and English)],2004,17(11):650-652. DOI:10.3969/j.issn.1003-0034.2004.11.004.}

[19646] **刘晓东，李玉山，贺长清，王凤琴．靶肌肉注射甲状腺素促进周围神经再生的实验研究[J]．实用手外科杂志，2004，18(2)：99-100．DOI：10.3969/j.issn.1671-2722.2004.02.014．** {LIU Xiaodong,LI Yushan,HE Changqing,WANG Fengqin. Experimental study of promoting regeneration of peripheral nerve by targeted muscle injecting thyroid hormone[J]. Shi Yong Shou Wai Ke Za Zhi[Chin J Pract Hand Surg(Article in Chinese;Abstract in Chinese and English)],2004,18(2):99-100. DOI:10.3969/j.issn.1671-2722.2004.02.014.}

[19647] **温武，余永伟，周水淼，崔毅，杨心青，章如新，张青．两种生长因子对犬环杓后肌神经**

再支配的作用[J]. 中华显微外科杂志，2004，27(2)：123-125. DOI：10.3760/cma.j.issn.1001-2036.2004.02.016. {WEN Wu,YU Yongwei,ZHOU Shuimiao,CUI Yi,YANG Xinqing,ZHANG Ruxin,ZHANG Qing. Effect of growth factor on nerve regeneration of the posterior cricoarytenoid muscle in dogs[J]. Zhonghua Xian Wei Wai Ke Za Zhi[Chin J Microsurg(Article in Chinese;Abstract in Chinese and English)],2004,27(2):123-125. DOI:10.3760/cma.j.issn.1001-2036.2004.02.016.}

[19648] 徐蔚，江基尧，杨朋范，高永军，方绍龙，付登礼. 选择性深低温断血流对猴神经功能及神经元超微结构的影响[J]. 中华外科杂志，2004，42(8)：486-488. DOI：10.3760/j：issn：0529-5815.2004.08.011. {XU Wei,JIANG Jiyao,YANG Pengfan,GAO Yongjun,FANG Shaolong,FU Dengli. Effects on neuronal ultrastructure and nervous system of monkey after selective cerebral profound hypothermia and blood flow occlusion[J]. Zhonghua Wai Ke Za Zhi[Chin J Surg(Article in Chinese;Abstract in Chinese and English)],2004,42(8):486-488. DOI:10.3760/j:issn:0529-5815.2004.08.011.}

[19649] 刘世清，张思胜，彭昊，陶海鹰，范里. 无细胞的异体神经修复鼠坐骨神经缺损[J]. 中华手外科杂志，2004，20(2)：49-52. DOI：10.3760/cma.j.issn.1005-054X.2004.02.018. {LIU Shiqing,ZHANG Sisheng,PENG Hao,TAO Haiying,FAN Li. Repair of rat sciatic nerve gap with acellular allogeneic nerve grafts[J]. Zhonghua Shou Wai Ke Za Zhi[Chin J Hand Surg(Article in Chinese;Abstract in Chinese and English)],2004,20(2):49-52. DOI:10.3760/cma.j.issn.1005-054X.2004.02.018.}

[19650] 刘明辉，杨志明，解慧琪，李秀群. 大鼠失神经靶肌肉注射异体不同细胞对神经再生影响的研究[J]. 中国修复重建外科杂志，2004，18(3)：225-228. DOI：CNKI：SUN：ZXCW.0.2004-03-022. {LIU Minghui,YANG Zhiming,XIE Huiqi,LI Xiuqun. Effect of different allogenic cells injected into denervated muscles on nerve regeneration in rats[J]. Zhongguo Xiu Fu Chong Jian Wai Ke Za Zhi[Chin J Repar Reconstr Surg(Article in Chinese;Abstract in Chinese and English)],2004,18(3):225-228. DOI:CNKI:SUN:ZXCW.0.2004-03-022.}

[19651] 张正丰，廖维宏，杨青峰. 重组心肌营养素-1对成年大鼠坐骨神经损伤后脊髓前角神经元存活的研究[J]. 中华实验外科杂志，2004，21(1)：116. DOI：10.3760/j.issn：1001-9030.2004.01.051. {ZHANG Zhengfeng,LIAO Weihong,YANG Qingfeng. Effect of recombinant cardiotrophin-1 on the survival of spinal cord anterior horn neurons after sciatic nerve injury in adult rats[J]. Zhonghua Shi Yan Wai Ke Za Zhi[Chin J Exp Surg(Article in Chinese;No abstract available)],2004,21(1):116. DOI:10.3760/j.issn:1001-9030.2004.01.051.}

[19652] 尹方明，李铁林，段传志，柯以铨，汪求精，郭元星，方兵. 大鼠坐骨神经损伤后感觉神经元死亡数量的研究[J]. 中华实验外科杂志，2004，21(9)：1103-1104. DOI：10.3760/j.issn：1001-9030.2004.09.033. {YIN Fangming,LI Tielin,DUAN Chuanzhi,KE Yiquan,WANG Qiujing,GUO Yuanxing,FANG Bing. Quantitative analysis of dead dorsal root ganglion neurons following sciatic nerve injury in adult rats[J]. Zhonghua Shi Yan Wai Ke Za Zhi[Chin J Exp Surg(Article in Chinese;Abstract in Chinese and English)],2004,21(9):1103-1104. DOI:10.3760/j.issn:1001-9030.2004.09.033.}

[19653] 罗永春，朱刚，陈菁，李兵仓，陈志强，赵辉. 白细胞介素-1β对大鼠坐骨神经损伤早期神经生长因子表达的影响[J]. 中华创伤杂志，2004，20(5)：305-306. DOI：10.3760/j：issn：1001-8050.2004.05.015. {LUO Yongchun,ZHU Gang,CHEN Jing,LI Bingcang,CHEN Zhiqiang,ZHAO Hui. Effect of interleukin-1 β on the expression of Nerve Growth Factor in the early stage of sciatic nerve injury in rats[J]. Zhonghua Chuang Shang Za Zhi[Chin J Trauma(Article in Chinese;Abstract in Chinese)],2004,20(5):305-306. DOI:10.3760/j:issn:1001-8050.2004.05.015.}

[19654] 李陶，陈意生，王禾，卓豫. 不同年龄大鼠坐骨神经损伤后睫状神经营养因子对脊髓组织中Caspase3表达的影响[J]. 创伤外科杂志，2004，6(2)：119-122. DOI：10.3969/j.issn.1009-4237.2004.02.013. {LI Tao,CHEN Yisheng,WANG He,ZHUO Yu. Effects of ciliary neurotrophic factor on caspase3 in spinal cord in rats of different ages after sciatic nerve injury[J]. Chuang Shang Wai Ke Za Zhi[J Traum Surg(Article in Chinese;Abstract in Chinese and English)],2004,6(2):119-122. DOI:10.3969/j.issn.1009-4237.2004.02.013.}

[19655] 周友清，陈亮，顾玉东. 不同年龄大鼠坐骨神经损伤后slit2 mRNA表达的差异[J]. 中华医学杂志，2004，84(13)：1110-1113. DOI：10.3760/j：issn：0376-2491.2004.13.017. {ZHOU Youqing,CHEN Liang,GU Yudong. Study of expression of slit2 mRNA in rats of different age after sciatic nerve iniury[J]. Zhonghua Yi Xue Za Zhi[Natl Med J China(Article in Chinese;Abstract in Chinese and English)],2004,84(13):1110-1113. DOI:10.3760/j:issn:0376-2491.2004.13.017.}

[19656] 李绍光，顾立强，邵岩. 尺神经功能分支断面神经纤维定量组织学研究[J]. 中华创伤骨科杂志，2004，6(10)：1132-1135. DOI：10.3760/cma.j.issn.1671-7600.2004.10.016. {LI Shaoguang,GU Liqiang,SHAO Yan. Quantitative histological study of nerve fibers of functional branches of the ulnar nerve on cross-sections[J]. Zhonghua Chuang Shang Gu Ke Za Zhi[Chin J Orthop Trauma(Article in Chinese;Abstract in Chinese and English)],2004,6(10):1132-1135. DOI:10.3760/cma.j.issn.1671-7600.2004.10.016.}

[19657] 杨俊，武雷，黄涛，余磊，邱小忠，廖华，陆云涛，刘晓静，秦建强. 改良雪旺细胞传代培养的实验研究[J]. 中国临床解剖学杂志，2005，23(1)：17-19，23. DOI：10.3969/j.issn.1001-165X.2005.01.005. {YANG Jun,WU Lei,HUANG Tao,YU Lei,QIU Xiaozhong,LIAO Hua,LU Yuntao,LIU Xiaojing,QIN Jianqiang. The experimental study on the improved method of Schwann cells' passage culture[J]. Zhongguo Lin Chuang Jie Pou Xue Za Zhi[Chin J Clin Anat(Article in Chinese;Abstract in Chinese and English)],2005,23(1):17-19,23. DOI:10.3969/j.issn.1001-165X.2005.01.005.}

[19658] 武雷，罗艳芬，杨俊，廖华，秦建强. 不同浓度基底膜组份对雪旺细胞生长的影响[J]. 中国临床解剖学杂志，2005，23(3)：278-280，283. DOI：10.3969/j.issn.1001-165X.2005.03.015. {WU Lei,LUO Yanfen,YANG Jun,LIAO Hua,QIN Jianqiang. Effects of basement membrane components at different concentration on the growth of Schwann cell[J]. Zhongguo Lin Chuang Jie Pou Xue Za Zhi[Chin J Clin Anat(Article in Chinese;Abstract in Chinese and English)],2005,23(3):278-280,283. DOI:10.3969/j.issn.1001-165X.2005.03.015.}

[19659] 王建云，刘小林，向剑平，朱家恺，邓宇斌，李佛保. 类许旺细胞种植入去细胞神经桥接物后体内外标记示踪及神经功能恢复检测[J]. 中华显微外科杂志，2005，28(3)：224-227. DOI：10.3760/cma.j.issn.1001-2036.2005.03.013. {WANG Jianyun,LIU Xiaolin,XIANG Jianping,ZHU Jiakai,DENG Yubin,LI Fobao. Experimental study on marking and tracing Schwann-liked cells after explantaion and implantation in acellural nerve grafts and measuring neural functional recovery after implantation[J]. Zhonghua Xian Wei Wai Ke Za Zhi[Chin J Microsurg(Article in Chinese;Abstract in Chinese and English)],2005,28(3):224-227. DOI:10.3760/cma.j.issn.1001-2036.2005.03.013.}

[19660] 郭家松，曾园山，李海标，黄文林，陈穗君. NT-3基因修饰许旺细胞与神经干细胞联合移植促进大鼠全横断脊髓受损伤神经元的存活及其轴突再生[J]. 中华显微外科杂志，2005，28(4)：337-339，插图4-5. DOI：10.3760/cma.j.issn.1001-2036.2005.04.018. {GUO Jiasong,ZENG Yuanshan,LI Haibiao,HUANG Wenlin,CHEN Suijun. Combinative grafting neural stem cells and NT-3 genetically modified Schwann cells to promote the injured neurons' survival and axonal regeneration of the transected spinal cord rat[J]. Zhonghua Xian Wei Wai Ke Za Zhi[Chin J Microsurg(Article in Chinese;Abstract in Chinese and English)],2005,28(4):337-339,insert figure 4-5. DOI:10.3760/cma.j.issn.1001-2036.2005.04.018.}

[19661] 蒋良福，劳杰，何继银，顾玉东. 几丁糖胶原复合膜及激活态雪旺细胞修复周围神经缺损的实验研究[J]. 中华手外科杂志，2005，21(3)：172-174. DOI：10.3760/cma.j.issn.1005-054X.2005.03.020. {JIANG Liangfu,LAO Jie,HE Jiyin,GU Yudong. An experimental study on repair of peripheral nerve defects with Chitosan-collagen film and activated Schwann cell[J]. Zhonghua Shou Wai Ke Za Zhi[Chin J Hand Surg(Article in Chinese;Abstract in Chinese and English)],2005,21(3):172-174. DOI:10.3760/cma.j.issn.1005-054X.2005.03.020.}

[19662] 姚健，顾剑辉，陈罡，林琳，胡文，王晓冬. 陈旧性神经损伤后雪旺细胞的变化实验研究[J]. 中华手外科杂志，2005，21(6)：368-371. DOI：10.3760/cma.j.issn.1005-054X.2005.06.019. {YAO Jian,GU Jianhui,CHEN Gang,LIN Lin,HU Wen,WANG Xiaodong. The changes of Schwann cells in prolonged nerve injuries:an experimental study[J]. Zhonghua Shou Wai Ke Za Zhi[Chin J Hand Surg(Article in Chinese;Abstract in Chinese and English)],2005,21(6):368-371. DOI:10.3760/cma.j.issn.1005-054X.2005.06.019.}

[19663] 雄鹰，王为，于炜婷，郭昕，马小军，陈绍宗. 微囊化雪旺细胞/神经组织移植促进周围神经再生的实验研究[J]. 组织工程与重建外科杂志，2005，1(1)：18-21. DOI：10.3969/j.issn.1673-0364.2005.01.006. {XIONG Ying,WANG Wei,YU Weiting,GUO Xin,MA Xiaojun,CHEN Shaozong. Effects of transplanting encapsulated Schwann cells/nerve tissue on peripheral nerve regeneration following nerve injury in the rat[J]. Zu Zhi Gong Cheng Yu Chong Jian Wai Ke Za Zhi[J Tissue Eng Reconstr Surg(Article in Chinese;Abstract in Chinese and English)],2005,1(1):18-21. DOI:10.3969/j.issn.1673-0364.2005.01.006.}

[19664] 朱天亮，蒋电明，顾玉荣. 冻融异种神经匀浆结合硅胶管套接法修复周围神经缺损的实验研究[J]. 创伤外科杂志，2005，7(2)：114-117. DOI：10.3969/j.issn.1009-4237.2005.02.011. {ZHU Tianliang,JAING Dianming,GU Yurong. Experimental study on repair of peripheral nerve defect by cryo-treated xenogeneic nerve homogenate combined with graft conduit of silastic[J]. Chuang Shang Wai Ke Za Zhi[J Traum Surg(Article in Chinese;Abstract in Chinese and English)],2005,7(2):114-117. DOI:10.3969/j.issn.1009-4237.2005.02.011.}

[19665] 徐永年，黄继锋，阎玉华，程文俊，陈谦，刘曦明，李德中，王伟莉. PDLLA/NGF复合膜用于自体神经移植促进神经再生实验研究[J]. 中国临床解剖学杂志，2005，23(2)：177-179. DOI：10.3969/j.issn.1001-165X.2005.02.016. {XU Yongnian,HUANG Jifeng,YAN Yuhua,CHENG Wenjun,CHEN Qian,LIU Ximing,LI Dezhong,WANG Weili. The experimental research of the poly d,l-lactic acid/Nerve Growth Factor (PDLLA/NGF) compound membrane promoting nerve regeneration by packing nerve autograft[J]. Zhongguo Lin Chuang Jie Pou Xue Za Zhi[Chin J Clin Anat(Article in Chinese;Abstract in Chinese and English)],2005,23(2):177-179. DOI:10.3969/j.issn.1001-165X.2005.02.016.}

[19666] 孙旭芳，项红兵，招伟贤. 干细胞分化的可控性在神经细胞移植中的研究进展[J]. 中华器官移植杂志，2005，26(7)：446-447. DOI：10.3760/cma.j.issn.0254-1785.2005.07.023. {SUN Xufang,XIANG Hongbing,ZHAO Weixian. Research progress on the controllability of stem cell differentiation in nerve cell transplantation[J]. Zhonghua Qi Guan Yi Zhi Za Zhi[Chin J Organ Transplant(Article in Chinese;No abstract avaliable)],2005,26(7):446-447. DOI:10.3760/cma.j.issn.0254-1785.2005.07.023.}

[19667] 张俊芳，周鸣鸣，刘梅，丁斐. 神经生长液对兔周围神经损伤的修复作用研究[J]. 中国临床解剖学杂志，2005，23(1)：83-86. DOI：10.3969/j.issn.1001-165X.2005.01.024. {ZHANG Junfang,ZHOU Mingming,LIU Mei,DING Fei. The regenerative effect of nerve growth decoction on the crushed peripheral nerve of rabbits[J]. Zhongguo Lin Chuang Jie Pou Xue Za Zhi[Chin J Clin Anat(Article in Chinese;Abstract in Chinese and English)],2005,23(1):83-86. DOI:10.3969/j.issn.1001-165X.2005.01.024.}

[19668] 杜劲松，王剑，张信英. 骨髓源神经干细胞修复大鼠周围神经缺损的实验研究[J]. 中国矫形外科杂志，2005，13(10)：764-766. DOI：10.3969/j.issn.1005-8478.2005.10.015. {DU Jinsong,WANG Jian,ZHANG Xinying. Experimental study of using neural stem cells derived from bone marrow to repair rats' peripheral nerve gap[J]. Zhongguo Jiao Xing Wai Ke Za Zhi[Orthop J China(Article in Chinese;Abstract in Chinese and English)],2005,13(10):764-766. DOI:10.3969/j.issn.1005-8478.2005.10.015.}

[19669] 张玉波，伍亚民，杨恒文，侯天勇. 神经生长因子促再生周围神经血管生成的实验研究[J]. 中国矫形外科杂志，2005，13(18)：1410-1412. DOI：10.3969/j.issn.1005-8478.2005.18.017. {ZHANG Yubo,WU Yamin,YANG Hengwen,HOU Tianyong. Effect of Nerve Growth Factor on angiogenesis of regenerative perpheral nerve in rat[J]. Zhongguo Jiao Xing Wai Ke Za Zhi[Orthop J China(Article in Chinese;Abstract in Chinese and English)],2005,13(18):1410-1412. DOI:10.3969/j.issn.1005-8478.2005.18.017.}

[19670] 廖亮，张高孟，王欢，顾玉东. 建立周围神经二次损伤的实验动物模型[J]. 中华手外科杂志，2005，21(2)：118-120. DOI：10.3760/cma.j.issn.1005-054X.2005.02.020. {LIAO Liang,ZHANG GAOaomeng,WANG Huan,GU Yudong. Establishment of an animal model of twice injury of the peripheral nerve[J]. Zhonghua Shou Wai Ke Za Zhi[Chin J Hand Surg(Article in Chinese;Abstract in Chinese and English)],2005,21(2):118-120. DOI:10.3760/cma.j.issn.1005-054X.2005.02.020.}

[19671] 陆九州，徐建光，徐文东，朱艺，顾玉东. 内窥镜技术提高周围神经损伤疗效的实验研究[J]. 中华手外科杂志，2005，21(3)：169-171. DOI：10.3760/cma.j.issn.1005-054X.2005.03.019. {LU Jiuzhou,XU Jianguang,XU Wendong,ZHU Yi,GU Yudong. Endoscopic intervention in management of peripheral nerve injuries:an experimental study[J]. Zhonghua Shou Wai Ke Za Zhi[Chin J Hand Surg(Article in Chinese;Abstract in Chinese and English)],2005,21(3):169-171. DOI:10.3760/cma.j.issn.1005-054X.2005.03.019.}

[19672] 苏琰，张长青，宋飒，马鑫，曾炳芳. 聚-DL-乳酸可吸收医用膜防止周围神经粘连的实验研究[J]. 中华创伤骨科杂志，2005，7(12)：1165-1168. DOI：10.3760/cma.j.issn.1671-7600.2005.12.017. {SU Yan,ZHANG Changqing,SONG Sa,MA Xin,ZENG Bingfang. The experimental study of poly-DL-lactic acid absorbable membrane in prevention of peripheral nerve adhesion[J]. Zhonghua Chuang Shang Gu Ke Za Zhi[Chin J Orthop Trauma(Article in Chinese;Abstract in Chinese and English)],2005,7(12):1165-1168. DOI:10.3760/cma.j.issn.1671-7600.2005.12.017.}

[19673] 宋玫，陈绍宗，韩骅，雄鹰. 微囊化转NGF基因3T3细胞修复大鼠周围神经损伤的实验研究[J]. 中华整形外科杂志，2005，21(1)：53-57. DOI：10.3760/j.issn：1009-4598.2005.01.016. {SONG Mei,CHEN Shaozong,HAN Hua,XIONG Ying. An experimental study on repair of peripheral nerve injury by transplantation of microcapsulated NGF-expressing NIH 3T3 cells[J]. Zhonghua Zheng Xing Wai Ke Za Zhi[Chin J Plast Surg(Article in Chinese;Abstract in Chinese and English)],2005,21(1):53-57. DOI:10.3760/j.issn:1009-4598.2005.01.016.}

[19674] 尹维田，魏壮，刘飙，宋宗新. 小间隙桥接法和神经外膜吻合法修复周围神经断裂的实验研究[J]. 吉林大学学报(医学版)，2005，31(6)：869-871. DOI：10.3969/j.issn.1671-587X.2005.06.016. {YIN Weitian,WEI Zhuang,LIU Biao,SONG Zongxin. Experimental study on small gaps bridging and epineurial suture in repairing rupture of peripheral nerves[J]. Ji Lin Da Xue Xue Bao(Yi Xue Ban)[J Jilin Univ Med Ed(Article in Chinese;Abstract in Chinese and English)],2005,31(6):869-871. DOI:10.3969/j.issn.1671-587X.2005.06.016.}

[19675] 杨光诗，许扬滨，朱家恺，刘小林，朱庆棠. 猕猴骨髓间充质干细胞与去细胞神经优化人工神经的体外构建[J]. 中华显微外科杂志，2005，28(1)：35-37. DOI：10.3760/cma.j.issn.1001-2036.2005.01.014. {YANG Guangshi,XU Yangbin,ZHU Jiakai,LIU Xiaolin,ZHU Qingtang. The consturction of artificial nerves by planting rhesus maceque mesenchymal stem cells into chemically extracted allogenous accellular nerves in vitro[J]. Zhonghua Xian Wei Wai Ke Za Zhi[Chin J Microsurg(Article in Chinese;Abstract in Chinese and English)],2005,28(1):35-37. DOI:10.3760/cma.j.issn.1001-2036.2005.01.014.}

[19676] 傅重洋，洪光祥，王发斌，康皓，黄启顺，陈振兵，翁雨雄. 大鼠坐骨神经切断后VEGF及其受体flk-1在脊髓与脊神经节中的表达[J]. 中华显微外科杂志，2005，28(1)：45-

47. DOI: 10.3760/cma.j.issn.1001-2036.2005.01.017. {FU Chongyang,HONG Guangxiang,WANG Fabin,KANG Hao,Huang Qishun,CHEN Zhenbing,Weng Yuxiong. Expression of VEGF and flk-1 receptor in spinal cord and dorsal root ganglia after neurotomy of rat sciatic nerve[J]. Zhonghua Xian Wei Wai Ke Za Zhi[Chin J Microsurg(Article in Chinese;Abstract in Chinese and English)],2005,28(1):45-47. DOI:10.3760/cma.j.issn.1001-2036.2005.01.017.}

[19677] **赵磊，吕广明，严志强. 选择性神经损伤对大鼠腓肠肌萎缩影响的实验研究 [J]. 中华显微外科杂志，2005，28（3）：244-246. DOI: 10.3760/cma.j.issn.1001-2036.2005.03.019.** {ZHAO Lei,LV Guangming,YAN Zhiqiang. Experimental study on the effect of selective nerve injury on rat gastrocnemius atrophy[J]. Zhonghua Xian Wei Wai Ke Za Zhi[Chin J Microsurg(Article in Chinese;Abstract in Chinese)],2005,28(3):244-246. DOI:10.3760/cma.j.issn.1001-2036.2005.03.019.}

[19678] **王树森，胡蕴玉，罗卓荆，陈良为，刘慧玲，孟国林，吕荣，徐新智. 硫酸肝素复合胶原蛋白支架材料桥接大鼠坐骨神经的形态学研究 [J]. 中华外科杂志，2005，43（8）：531-534. DOI: 10.3760/j: issn: 0529-5815.2005.08.014.** {WANG Shusen,HU Yunyu,LUO Zhuojing,CHEN Liangwei,LIU Huiling,MENG Guolin,LV Rong,XU Xinzhi. Morphology research of the rat sciatic nerve bridged by collage-heparin sulfate scaffold[J]. Zhonghua Wai Ke Za Zhi[Chin J Surg(Article in Chinese;Abstract in Chinese and English)],2005,43(8):531-534. DOI:10.3760/j:issn:0529-5815.2005.08.014.}

[19679] **潘永太，张少成. 肌外膜转位重建神经外膜的实验研究 [J]. 中华手外科杂志，2005，21（4）：230-232. DOI: 10.3760/cma.j.issn.1005-054X.2005.04.015.** {PAN Yongtai,ZHANG Shaocheng. An experimental study on the reconstruction of epineurium with pedicled epimysium flap[J]. Zhonghua Shou Wai Ke Za Zhi[Chin J Hand Surg(Article in Chinese;Abstract in Chinese and English)],2005,21(4):230-232. DOI:10.3760/cma.j.issn.1005-054X.2005.04.015.}

[19680] **林浩东，顾玉东，王劼，陈德松. 大鼠胸背神经和背阔肌在脊髓节段及脊神经节的定位研究 [J]. 中华手外科杂志，2005，21（6）：375-377. DOI: 10.3760/cma.j.issn.1005-054X.2005.06.021.** {LIN Haodong,GU Yudong,WANG Jie,CHEN Desong. Spinal cord and dorsal root ganglia location of the thoracodorsal nerve and latissimus dorsi muscle in rats[J]. Zhonghua Shou Wai Ke Za Zhi[Chin J Hand Surg(Article in Chinese;Abstract in Chinese and English)],2005,21(6):375-377. DOI:10.3760/cma.j.issn.1005-054X.2005.06.021.}

[19681] **王敏，杨志焕，潘君，周跃，V，Maquet.. 甲状腺激素人工神经桥接大鼠坐骨神经缺损的组织学观察 [J]. 中国修复重建外科杂志，2005，19（11）：882-886. DOI: CNKI: SUN: ZXCW.0.2005-11-009.** {WANG Min,YANG Zhihuan,PAN Jun,ZHOU Yue,V MAQUET. Histological evaluation of poly(dextrogyr-levogyr) lactide acide-triiodothyronine in sciatic nerve defect of rat[J]. Zhongguo Xiu Fu Chong Jian Wai Ke Za Zhi[Chin J Repar Reconstr Surg(Article in Chinese;Abstract in Chinese and English)],2005,19(11):882-886. DOI:CNKI:SUN:ZXCW.0.2005-11-009.}

[19682] **王岩峰，吕刚，李雷，黄涛，高大新，张彩顺. 大鼠坐骨神经损伤后导向分子 Slit2 mRNA 表达的变化 [J]. 中华显微外科杂志，2005，28（3）：246-247. DOI: 10.3760/cma.j.issn.1001-2036.2005.03.020.** {WANG Yanfeng,LV Gang,LI Lei,HUANG Tao,GAO Daxin,ZHANG Caishun. Changes of Slit2 mRNA expression after sciatic nerve injury in rats[J]. Zhonghua Xian Wei Wai Ke Za Zhi[Chin J Microsurg(Article in Chinese;Abstract in Chinese)],2005,28(3):246-247. DOI:10.3760/cma.j.issn.1001-2036.2005.03.020.}

[19683] **闫家智，姜保国，赵富强，魏光如，尚永刚，张培训，刘勃，张宏波. 大鼠坐骨神经损伤修复后吻合处力学性能的动态观察 [J]. 中华外科杂志，2005，43（12）：792-794. DOI: 10.3760/j: issn: 0529-5815.2005.12.009.** {YAN Jiazhi,JIANG Baoguo,ZHAO Fuqiang,WEI Guangru,SHANG Yonggang,ZHANG Peixun,LIU Bo,ZHANG Hongbo. Dynamic observation of the biomechanic properties of sciatic nerve at the suture site in rats following repairing[J]. Zhonghua Wai Ke Za Zhi[Chin J Surg(Article in Chinese;Abstract in Chinese and English)],2005,43(12):792-794. DOI:10.3760/j:issn:0529-5815.2005.12.009.}

[19684] **刘振旗，孙辉生. 神经生长因子对小鼠坐骨神经损伤的痛觉恢复作用 [J]. 中华实验外科杂志，2005，22（4）：444. DOI: 10.3760/j.issn: 1001-9030.2005.04.047.** {LIU Zhenqi,SUN Huisheng. Pain recovery effect of Nerve Growth Factor on sciatic nerve injury in mice[J]. Zhonghua Shi Yan Wai Ke Za Zhi[Chin J Exp Surg(Article in Chinese;Abstract in Chinese)],2005,22(4):444. DOI:10.3760/j.issn:1001-9030.2005.04.047.}

[19685] **王启伟，迟德彪，路艳蒙，朴仲贤，王万山，顾为望，朴英杰. 坐骨神经再生过程中施万细胞自噬的形态学观察 [J]. 中国临床解剖学杂志，2006，24（4）：410-412. DOI: CNKI: SUN: ZLJZ.0.2006-04-025.** {WANG Qiwei,CHI Debiao,LU Yanmeng,PIAO Zhongxian,WANG Wanshan,Gu WeiWANG,PIAO Yingjie. Morphological observation of Schwann cell autophagy during regenerative course of sciatic nerve[J]. Zhongguo Lin Chuang Jie Pou Xue Za Zhi[Chin J Clin Anat(Article in Chinese;Abstract in Chinese and English)],2006,24(4):410-412. DOI:CNKI:SUN:ZLJZ.0.2006-04-025.}

[19686] **陈秉耀，侯树勋，赵敏，衷鸿宾，祁彦霞. 化学去细胞异种神经移植后宿主的许旺细胞在移植物内的增殖 [J]. 中华显微外科杂志，2006，29（5）：350-352，插图 5-5. DOI: 10.3760/cma.j.issn.1001-2036.2006.05.011.** {CHEN Bingyao,HOU Shuxun,ZHAO Min,ZHONG Hongbin,QI Yanxia. Immigration and proliferation of Schwann cells in chemical acellular xenogeneousnerve grafts in rats[J]. Zhonghua Xian Wei Wai Ke Za Zhi[Chin J Microsurg(Article in Chinese;Abstract in Chinese and English)],2006,29(5):350-352,insert figure 5-5. DOI:10.3760/cma.j.issn.1001-2036.2006.05.011.}

[19687] **杨俊，邱小忠，余磊，朴英杰，秦建强. IL-1β 激活后的许旺细胞与人发角蛋白三维培养构建人工神经桥接体 [J]. 南方医科大学学报，2006，26（11）：1577-1582. DOI: 10.3321/j.issn: 1673-4254.2006.11.008.** {YANG Jun,QIU Xiaozhong,YU Lei,PU Yingjie,QIN Jianqiang. Construction of artificial nerve bridge by three-dimensional culture of interleukin-1β-activated Schwann cells with human hair keratins[J]. Nan Fang Yi Ke Da Xue Xue Bao[J South Med Univ(Article in Chinese;Abstract in Chinese and English)],2006,26(11):1577-1582. DOI:10.3321/j.issn:1673-4254.2006.11.008.}

[19688] **肖玉周，姚运峰，潘功平，周建生，胡汝麒. 两步冷冻法对周围神经雪旺细胞生物活性的影响 [J]. 中国修复重建外科杂志，2006，20（8）：801-804. DOI: CNKI: SUN: ZXCW.0.2006-08-005.** {XIAO Yuzhou,YAO Yunfeng,PAN Gongping,ZHOU Jiansheng,HU Ruqi. An effect of the two-step freezing method on the Schwann cell biological activity in the peripheral nerve of the rat[J]. Zhongguo Xiu Fu Chong Jian Wai Ke Za Zhi[Chin J Repar Reconstr Surg(Article in Chinese;Abstract in Chinese and English)],2006,20(8):801-804. DOI:CNKI:SUN:ZXCW.0.2006-08-005.}

[19689] **白玉龙，胡永善，林伟平，俞仁康，徐一鸣. 经皮电刺激促进周围神经功能恢复的组织学研究 [J]. 中华手外科杂志，2006，22（5）：311-313. DOI: 10.3760/cma.j.issn.1005-054X.2006.05.021.** {BAIi Yulong,HU Yongshan,LIN Weiping,YU Renkang,XU Yiming. Histological study on the effects of transcutaneous electric stimulation on peripheral nerve functional recovery[J]. Zhonghua Shou Wai Ke Za Zhi[Chin J Hand Surg(Article in Chinese;Abstract in Chinese and English)],2006,22(5):311-313. DOI:10.3760/cma.j.issn.1005-054X.2006.05.021.}

[19690] **高明堂，蒋电明，高松明. 大鼠异体神经段皮下包埋的形态学研究 [J]. 创伤外科杂志，2006，8（1）：63-64. DOI: 10.3969/j.issn.1009-4237.2006.01.022.** {GAO Mingtang,JIANG Dianming,GAO Songming. Nerve in subcutaneous compartment:an experimental morphological study[J]. Chuang Shang Wai Ke Za Zhi[J Traum Surg(Article in Chinese;Abstract in Chinese and English)],2006,8(1):63-64. DOI:10.3969/j.issn.1009-4237.2006.01.022.}

[19691] **董震，袁伟，顾玉东，赵春宇. 植入式神经微电极的设计及神经电信号提取的实验研究 [J]. 中华手外科杂志，2006，22（6）：365-366. DOI: 10.3760/cma.j.issn.1005-054X.2006.06.020.** {DONG Zhen,YUAN Wei,GU Yudong,ZHAO Chunyu. Experimental study of the design of implantable neural microelectrode and the collection of neural electric signal[J]. Zhonghua Shou Wai Ke Za Zhi[Chin J Hand Surg(Article in Chinese;Abstract in Chinese and English)],2006,22(6):365-366. DOI:10.3760/cma.j.issn.1005-054X.2006.06.020.}

[19692] **周建生，唐兆前，肖玉周，刘振华，胡汝麒. 大网膜包裹人工神经移植体再血管化及神经再生的研究 [J]. 中国修复重建外科杂志，2006，20（8）：797-800. DOI: CNKI: SUN: ZXCW.0.2006-08-004.** {ZHOU Jiansheng,TANG Zhaoqian,XIAO Yuzhou,LIU Zhenhua,HU Ruqi. An effect of the omental wrapping on revascularization and nerve regeneration of the artificial nerve graft[J]. Zhongguo Xiu Fu Chong Jian Wai Ke Za Zhi[Chin J Repar Reconstr Surg(Article in Chinese;Abstract in Chinese and English)],2006,20(8):797-800. DOI:CNKI:SUN:ZXCW.0.2006-08-004.}

[19693] **赵富强，姜保国，张培训，张宏波，杜婵. 生物人工周围神经修复大鼠不同长度周围神经缺损 [J]. 中华实验外科杂志，2006，23（2）：164-166. DOI: 10.3760/j.issn: 1001-9030.2006.02.011.** {ZHAO Fuqiang,JIANG Baoguo,ZHANG PeiXun,ZHANG Hongbo,DU Chan. An experiment study on the treatment of different length peripheral nerve defect by bioartificial peripheral nerve[J]. Zhonghua Shi Yan Wai Ke Za Zhi[Chin J Exp Surg(Article in Chinese;Abstract in Chinese and English)],2006,23(2):164-166. DOI:10.3760/j.issn:1001-9030.2006.02.011.}

[19694] **史正亮，邵新中，马维，张爱民，范志勇，宋永周，张华，刘会玲. 医用 OB 胶粘合周围神经的实验研究 [J]. 中华手外科杂志，2006，22（3）：183-185，插 3-1. DOI: 10.3760/cma.j.issn.1005-054X.2006.03.023.** {SHI Zhengliang,SHAO Xinzhong,MA Wei,ZHANG Aimin,FAN Zhiyong,SONG Yongzhou,ZHANG Hua,LIU Huiling. The experimental study of nerve repair by using medical OB glue[J]. Zhonghua Shou Wai Ke Za Zhi[Chin J Hand Surg(Article in Chinese;Abstract in Chinese and English)],2006,22(3):183-185,cover 3-1. DOI:10.3760/cma.j.issn.1005-054X.2006.03.023.}

[19695] **王碧菠，戴传昌，钟斌，金羽青，祁佐良，董佳生. 基膜管－自体神经嵌合体修复大鼠周围神经缺损的实验研究 [J]. 组织工程与重建外科杂志，2006，2（1）：41-44. DOI: 10.3969/j.issn.1673-0364.2006.01.013.** {WANG Bibo,DAI Chuanchang,ZHONG Bin,JIN Yuqing,QI Zhuoliang,DONG Jiasheng. An experimental study on repair of peripheral nerve defect by a composite of acellular nerve allografts with interposed nerve autograft[J]. Zu Zhi Gong Cheng Yu Chong Jian Wai Ke Za Zhi[J Tissue Eng Reconstr Surg(Article in Chinese;Abstract in Chinese and English)],2006,2(1):41-44. DOI:10.3969/j.issn.1673-0364.2006.01.013.}

[19696] **沙轲，陈德松，陈琳，彭峰，方有生，谢继辉. 失交感神经支配对周围神经再生影响的实验研究 [J]. 中华医学杂志，2006，86（15）：1069-1072. DOI: 10.3760/j: issn: 0376-2491.2006.15.014.** {SHA Ke,CHEN Desong,CHEN Lin,PENG Feng,FANG Yousheng,XIE Jihui. Impact of loss of sympathetic innervation on peripheral nerve regeneration:an experimental study with rats[J]. Zhonghua Yi Xue Za Zhi[Natl Med J China(Article in Chinese;Abstract in Chinese and English)],2006,86(15):1069-1072. DOI:10.3760/j:issn:0376-2491.2006.15.014.}

[19697] **孙美庆，季正伦，江华，张敬德. 免疫抑制对大鼠周围神经损伤再生的影响 [J]. 第二军医大学学报，2006，27（9）：941-945. DOI: 10.3321/j.issn: 0258-879X.2006.09.004.** {SUN Meiqing,JI Zhenglun,JIANG Hua,ZAHNG Jingde. Effects of immunosuppression on post-injury regeneration of peripheral nerve in rats[J]. Di Er Jun Yi Da Xue Xue Bao[Acad J Sec Mil Med Univ(Article in Chinese;Abstract in Chinese and English)],2006,27(9):941-945. DOI:10.3321/j.issn:0258-879X.2006.09.004.}

[19698] **赵波，蒋电明. 不同时段异体神经片段皮下包埋对周围神经再生影响的实验研究 [J]. 中国修复重建外科杂志，2006，20（8）：791-796. DOI: CNKI: SUN: ZXCW.0.2006-08-003.** {ZHAO BoJIANG Dianmin. An effect of the peripheral nerve allograft with subcutaneous preservation at different times on the nerve regeneration[J]. Zhongguo Xiu Fu Chong Jian Wai Ke Za Zhi[Chin J Repar Reconstr Surg(Article in Chinese;Abstract in Chinese and English)],2006,20(8):791-796. DOI:CNKI:SUN:ZXCW.0.2006-08-003.}

[19699] **党跃修，王栓科，孙正义，汪玉良，夏亚一，冯万文. 腹腔注射 ATP 对大鼠坐骨神经再生影响的实验研究 [J]. 中华显微外科杂志，2006，29（2）：114-117. DOI: 10.3760/cma.j.issn.1001-2036.2006.02.012.** {DANG Yuexiu,WANG Shuanke,SUN Zhengyi,WANG Yuliang,XIA Yayi,FENG Wanwen. The experimental study about the influence of intraperitoneal injection of ATP on sciatic nerve regeneration[J]. Zhonghua Xian Wei Wai Ke Za Zhi[Chin J Microsurg(Article in Chinese;Abstract in Chinese and English)],2006,29(2):114-117. DOI:10.3760/cma.j.issn.1001-2036.2006.02.012.}

[19700] **宋春辉，陈统一，张峰，张键，陈中伟. 连续性神经瘤型损伤模型兔的 CNTF 和 CGRP 表达变化的研究 [J]. 中华显微外科杂志，2006，29（3）：198-201，插图 4. DOI: 10.3760/cma.j.issn.1001-2036.2006.03.013.** {SONG Chunhui,CHEN Tongyi,ZHANG Feng,ZHANG Jian,CHEN Zhongwei. Research about the expression changes of CNTF and CGRP in the rabbits' model of neuroma-in-continuity[J]. Zhonghua Xian Wei Wai Ke Za Zhi[Chin J Microsurg(Article in Chinese;Abstract in Chinese and English)],2006,29(3):198-201,insert 4. DOI:10.3760/cma.j.issn.1001-2036.2006.03.013.}

[19701] **杨绍安，靳安民，蔡宝塔，肖莎，肖晓桃. 酸性成纤维细胞生长因子预防失神经支配肌运动终板退变及肌萎缩的实验研究 [J]. 中华显微外科杂志，2006，29（3）：213-214. DOI: 10.3760/cma.j.issn.1001-2036.2006.03.017.** {YANG Shaoan,JIN Anmin,CAI Baota,XIAO Sha,XIAO Xiaotao. Experimental study of acidic Fibroblast Growth Factor in preventing denervation of denervated muscle motor endplate and muscle atrophy[J]. Zhonghua Xian Wei Wai Ke Za Zhi[Chin J Microsurg(Article in Chinese;Abstract in Chinese)],2006,29(3):213-214. DOI:10.3760/cma.j.issn.1001-2036.2006.03.017.}

[19702] **林浩东，王欢，陈德松，李继峰，顾玉东. 银杏叶提取物（EGb50）对大鼠坐骨神经再生的影响及其量效关系 [J]. 中华显微外科杂志，2006，29（4）：264-266. DOI: 10.3760/cma.j.issn.1001-2036.2006.04.009.** {LIN Haodong,WANG Huan,CHEN Desong,LI Jifeng,GU Yudong. Effect of extract of leave Ginkgo biloba(EGb50) on sciatic nerve regeneration in rats and its dose-effect relationship[J]. Zhonghua Xian Wei Wai Ke Za Zhi[Chin J Microsurg(Article in Chinese;Abstract in Chinese and English)],2006,29(4):264-266. DOI:10.3760/cma.j.issn.1001-2036.2006.04.009.}

[19703] **彭智，曾伟锋，罗少军，梁国恩，张培华. 膈神经转位重建大鼠股四头肌功能的实验研究 [J]. 中华显微外科杂志，2006，29（6）：448-450. DOI: 10.3760/cma.j.issn.1001-2036.2006.06.016.** {PENG Zhi,ZENG Weifeng,LUO Shaojun,LIANG Guoen,ZHANG Peihua. Reconstruction of quadriceps femoris muscle by transposition of phrenic nerve in rats[J]. Zhonghua Xian Wei Wai Ke Za Zhi[Chin J Microsurg(Article in Chinese;Abstract in Chinese)],2006,29(6):448-450. DOI:10.3760/cma.j.issn.1001-2036.2006.06.016.}

[19704] **王栓科，党跃修. 细胞外 ATP 对坐骨神经损伤后脊髓前角运动神经元保护作用的实验研究 [J]. 中华显微外科杂志，2006，29（1）：42-44. DOI: 10.3760/cma.j.issn.1001-2036.2006.01.014.** {WANG Shuanke,DANG Yuexiu. An experimental study on protective effect of extracellular ATP to motor neurons in anterior horn of spinal cord after sciatic nerve injury[J]. Zhonghua Xian Wei Wai Ke Za Zhi[Chin J Microsurg(Article in Chinese;Abstract in Chinese and English)],2006,29(1):42-44. DOI:10.3760/cma.j.issn.1001-2036.2006.01.014.}

[19705] **赵富强，姜保国，张培训，张宏波. 鼠坐骨神经损伤后雪旺细胞增殖规律的免疫组织化学观察 [J]. 中华外科杂志，2006，44（4）：268-270. DOI: 10.3760/j: issn: 0529-5815.2006.04.015.** {ZHAO Fuqiang,JIANG Baoguo,ZHANG Peixun,ZHANG Hongbo. The rule of proliferation after sciatic injury of rats:immunohistological observation[J]. Zhonghua Wai Ke Za Zhi[Chin J

Surg(Article in Chinese;Abstract in Chinese and English)],2006,44(4):268-270. DOI:10.3760/j:issn:0529-5815.2006.04.015.}

[19706] 肖颖锋，万圣祥，洪光祥，罗永湘. 坐骨神经损伤及神经生长因子对背根神经节中 TrkA 及其 mRNA 表达的调控 [J]. 中华实验外科杂志，2006，23（9）：1115－1117. DOI：10.3760/j.issn：1001－9030.2006.09.032. {XIAO Yingfeng,WAN Shengxiang,HONG Guangxiang,LUO Yongxiang. The modulation on the expression of TrkA and trkA mRNA in rat dorsal root ganglion following sciatic nerve injury and exogenous NGF injection[J]. Zhonghua Shi Yan Wai Ke Za Zhi[Chin J Exp Surg(Article in Chinese;Abstract in Chinese and English)],2006,23(9):1115-1117. DOI:10.3760/j.issn:1001-9030.2006.09.032.}

[19707] 林浩东，王欢，陈德松，李继峰，顾玉东. 银杏酮酯对大鼠坐骨神经损伤后神经生长因子基因表达的影响 [J]. 中华手外科杂志，2006，22（5）：305－307. DOI：10.3760/cma.j.issn.1005－054X.2006.05.019. {LIN Haodong,WANG Huan,CHEN Desong,LI Jifeng,GU Yudong. Effect of Extract of Ginkgo Biloba leaves(EGb50) on mRNA expression of NGF after sciatic nerve injury in rats[J]. Zhonghua Shou Wai Ke Za Zhi[Chin J Hand Surg(Article in Chinese;Abstract in Chinese and English)],2006,22(5):305-307. DOI:10.3760/cma.j.issn.1005-054X.2006.05.019.}

[19708] 杨德梅，阿丽娅，魏光如，董建强，姜保国. 复方红芪减方提取液对坐骨神经损伤后表达 bFGF、NGF 和 Trk 的影响 [J]. 中华手外科杂志，2006，22（5）：308－310. DOI：10.3760/cma.j.issn.1005－054X.2006.05.020. {YANG Demei,A Liya,WEI Guangru,DONG Jianqiang,JIANG Baoguo. The effects of modified formula Radix hedysari on the expression of bFGF,Trk and NGF in injured sciatic nerve[J]. Zhonghua Shou Wai Ke Za Zhi[Chin J Hand Surg(Article in Chinese;Abstract in Chinese and English)],2006,22(5):308-310. DOI:10.3760/cma.j.issn.1005-054X.2006.05.020.}

[19709] 芮永军，张蕾，王骏，糜菁熠，柯尊山. 超短波对大鼠坐骨神经损伤后脊髓内 GAP－43 和 CGRP 表达的影响 [J]. 中华手外科杂志，2006，22（6）：370－372. DOI：10.3760/cma.j.issn.1005－054X.2006.06.022. {RUI Yongjun,ZHANG Lei,WANG Jun,MI Jingyi,KE Zunshan. Effects of ultra short wave on GAP-43 and CGRP expression in the spinal cord after sciatic nerve lesions in rats[J]. Zhonghua Shou Wai Ke Za Zhi[Chin J Hand Surg(Article in Chinese;Abstract in Chinese and English)],2006,22(6):370-372. DOI:10.3760/cma.j.issn.1005-054X.2006.06.022.}

[19710] 周鸣鸣，张俊芳，丁斐. 神经再生素促进大鼠坐骨神经损伤后再生 [J]. 第二军医大学学报，2006，27（9）：937－940. DOI：10.3321/j.issn：0258－879X.2006.09.003. {ZHOU Mingming,ZHANG Junfang,DING Fei. Nerve regeneration factor promotes nerve regeneration after sciatic nerve injury in rats[J]. Di Er Jun Yi Da Xue Xue Bao[Acad J Sec Mil Med Univ(Article in Chinese;Abstract in Chinese and English)],2006,27(9):937-940. DOI:10.3321/j.issn:0258-879X.2006.09.003.}

[19711] 熊革，王炎，童德迪，皮彦斌，郑炜，张友乐. 免疫抑制剂对大鼠坐骨神经损伤修复后细胞因子表达的影响 [J]. 中国修复重建外科杂志，2006，20（12）：1163－1167. DOI：CNKI：SUN：ZXCW.0.2006－12－000. {XIONG Ge,WANG Yan,TONG Dedi,PI Yanbin,ZHENG Wei,ZHANG Youle. Effects of immunosuppressants on cytokine expressions after repair for nerve injury in a rat model[J]. Zhongguo Xiu Fu Chong Jian Wai Ke Za Zhi[Chin J Repar Reconstr Surg(Article in Chinese;Abstract in Chinese and English)],2006,20(12):1163-1167. DOI:CNKI:SUN:ZXCW.0.2006-12-000.}

[19712] 程飚，李伯休，陈峥嵘. 雪旺细胞构建人工神经在大鼠长段神经缺损中的修复作用研究 [J]. 中国矫形外科杂志，2007，15（20）：1562－1565. DOI：10.3969/j.issn.1005－8478.2007.20.014. {CHENG Biao,LI Boxiu,CHEN Zhengrong. Research of long peripheral nerve defect repair with artificial nerve composed with Schwann cell[J]. Zhongguo Jiao Xing Wai Ke Za Zhi[Orthop J Chin(Article in Chinese;Abstract in Chinese and English)],2007,15(20):1562-1565. DOI:10.3969/j.issn.1005-8478.2007.20.014.}

[19713] 王碧菠，戴传昌，殷德明，金羽青，祁佐良，董佳生. 雪旺细胞在大鼠脱细胞异体神经基膜管中迁移的研究 [J]. 中国修复重建外科杂志，2007，21（6）：582－585. {WANG Bibo,DAI Chuanchang,YIN Deming,JIN Yuqing,QI Zuoliang,DONG Jiasheng. A study on migration of Schwann cells in acellular nerve allograft of ratAT[J]. Zhongguo Xiu Fu Chong Jian Wai Ke Za Zhi[Chin J Repar Reconstr Surg(Article in Chinese;Abstract in Chinese and English)],2007,21(6):582-585.}

[19714] 姚健，施伟，袁颖，林巍巍，陈雪，李奕，王晓冬. 人工组织神经移植物对大鼠陈旧性坐骨神经缺损（60 天）的修复作用 [J]. 解剖学报，2007，38（5）：505－510. DOI：10.3321/j.issn：0529－1356.2007.05.001. {YAO Jian,SHI Wei,YUAN Ying,LIN Weiwei,CHEN Xue,LI Yi,WANG Xiaodong. Effect of the artificial nerve graft on nerve regeneration in rat sciatic nerve of two months defect model[J]. Jie Pou Xue Bao[Acta Anat Sin(Article in Chinese;Abstract in Chinese and English)],2007,38(5):505-510. DOI:10.3321/j.issn:0529-1356.2007.05.001.}

[19715] 陈绍宗，魏国兴. 不同结构皮神经移植后早期的再生 [J]. 中华实验外科杂志，2007，24(1)：67－68. DOI：10.3760/j.issn：1001－9030.2007.01.027. {CHEN Shaozong,WEI Guoxing. Early nerve regeneration after transplantation of various cutaneous nerve autografts[J]. Zhonghua Shi Yan Wai Ke Za Zhi[Chin J Exp Surg(Article in Chinese;Abstract in Chinese and English)],2007,24(1):67-68. DOI:10.3760/j.issn:1001-9030.2007.01.027.}

[19716] 李涛，洪光祥，李进，王发斌，康皓，陈振兵，黄启顺，翁雨雄. MSCs 静脉移植对周围神经再生的作用 [J]. 中华手外科杂志，2007，23（1）：4－7. DOI：10.3760/cma.j.issn.1005－054X.2007.01.002. {LI Tao,HONG Guangxiang,LI Jin,WANG Fabin,KANG Hao,CHEN Zhenbing,HUANG Qishun,WENG Yuxiong. The effect of intravenous administration of mesenchymal stem cells on peripheral nerve regeneration in rats[J]. Zhonghua Shou Wai Ke Za Zhi[Chin J Hand Surg(Article in Chinese;Abstract in Chinese and English)],2007,23(1):4-7. DOI:10.3760/cma.j.issn.1005-054X.2007.01.002.}

[19717] 陈冠军，朱庆生，吕荣，段永宏，王华溢，徐新智，李文献. 优化法去细胞兔神经移植修复大鼠坐骨神经缺损 [J]. 中华手外科杂志，2007，23（1）：26－29，插 4. DOI：10.3760/cma.j.issn.1005－054X.2007.01.008. {CHEN Guanjun,ZHU Qingsheng,LV Rong,DUAN Yonghong,WANG Huayi,XU Xinzhi,LI Wenwen. Repair of rat sciatic nerve defect with optimized acellular rabbit nerve[J]. Zhonghua Shou Wai Ke Za Zhi[Chin J Hand Surg(Article in Chinese;Abstract in Chinese and English)],2007,23(1):26-29,insert 4. DOI:10.3760/cma.j.issn.1005-054X.2007.01.008.}

[19718] 吴志宏，黄静，高微虹，王爱丽，贾卿，陈波，徐顺，顾耀辉. 鼠神经生长因子促进大张移植皮片感觉康复的临床研究 [J]. 中华烧伤杂志，2007，23（6）：440－443. DOI：10.3760/cma.j.issn.1009－2587.2007.06.012. {WU Zhihong,HUANG Jing,GAO Weihong,WANG Aili,JIA Qing,CHEN Bo,XU Shun,GU Yaohui. Effect of Nerve Growth Factor on the promotion of sensory recovery of large skin graft in patients[J]. Zhonghua Shao Shang Za Zhi[Chin J Burns(Article in Chinese;Abstract in Chinese and English)],2007,23(6):440-443. DOI:10.3760/cma.j.issn.1009-2587.2007.06.012.}

[19719] 麻文谦，张少成，颜永碧，倪灿荣. 去除外膜的外周神经移植对大鼠脊髓损伤的影响 [J]. 中华显微外科杂志，2007，30（5）：367－369，插 6. DOI：10.3760/cma.j.issn.1001－2036.2007.05.015. {MA Wenqian,ZHANG Shaocheng,YAN Yongbi,NI Canrong. Effect of removed epineurium of peripheral nerve and transplanted into spinal cord injury in rats[J]. Zhonghua Xian Wei Wai Ke Za Zhi[Chin J Microsurg(Article in Chinese;Abstract in Chinese and English)],2007,30(5):367-369,insert 6. DOI:10.3760/cma.j.issn.1001-2036.2007.05.015.}

[19720] 王祖贵，陈渝，李维宾，包小义，梁开路，刘春阳，杨军，刘盾. 接枝水凝胶硅胶膜修复周围神经的临床应用与实验研究 [J]. 中华创伤杂志，2007，23（7）：505－507. DOI：10.3760/j.issn：1001－8050.2007.07.009. {WANG ZuGui,CHEN Yu,LI Weibin,BAO Xiaoyi,LIANG Kaidao,LIU Chunyang,YANG Jun,LIU Dun. Clinical application and experimental study of hydro-silica-gel in repairing peripheral nerve injury[J]. Zhonghua Chuang Shang Za Zhi[Chin J Trauma(Article in Chinese;Abstract in Chinese and English)],2007,23(7):505-507. DOI:10.3760/j.issn:1001-8050.2007.07.009.}

[19721] 刘明辉，杨志明，金连宏，贾继峰，李秀群，唐洁. 细胞治疗促进周围神经再生的实验研究 [J]. 中国修复重建外科杂志，2007，21（6）：571－576. DOI：CNKI：SUN：ZXCW.0.2007－06－006. {LIU Minghui,YANG Zhiming,JIN Lianhong,JIA Jifeng,LI xiuqun,TANG Jie. An experimental study on peripheral nerve regeneration by cell-associated therapy[J]. Zhongguo Xiu Fu Chong Jian Wai Ke Za Zhi[Chin J Repar Reconstr Surg(Article in Chinese;Abstract in Chinese)],2007,21(6):571-576. DOI:CNKI:SUN:ZXCW.0.2007-06-006.}

[19722] 张辉宇，于春波，孙雪生，朱涛，王玉萍，魏佑震. 大鼠腓总神经“π”式桥接于胫神经再生的原配连接 [J]. 中华显微外科杂志，2007，30（2）：125－128. DOI：10.3760/cma.j.issn.1001－2036.2007.02.015. {ZHANG Huiyu,YU Chunbo,SUN Xuesheng,ZHU Tao,WANG Yuping,WEI Youzhen. The original nerve reunion of regenerating axons in peroneal nerve via “π” fashion neurorrhaphy to tibial nerve[J]. Zhonghua Xian Wei Wai Ke Za Zhi[Chin J Microsurg(Article in Chinese;Abstract in Chinese and English)],2007,30(2):125-128. DOI:10.3760/cma.j.issn.1001-2036.2007.02.015.}

[19723] 李刚，常文凯，田江华，梁炳生. 神经肌蒂移位预防失神经肌萎缩的实验研究 [J]. 中国修复重建外科杂志，2007，21（6）：565－567. {LI Gang,CHANG Wenkai,TIAN Jianghua,LIANG Bingsheng. Neuromuscular pedicle transplantation for prevention of atrophy in denervated muscle[J]. Zhongguo Xiu Fu Chong Jian Wai Ke Za Zhi[Chin J Repar Reconstr Surg(Article in Chinese;Abstract in Chinese and English)],2007,21(6):565-567.}

[19724] 王江宁，王寿宇，邓兆滨，唐一源，张峰. 大鼠股薄肌异位寄养后恢复神经再支配的组织学观察 [J]. 中国修复重建外科杂志，2007，21（6）：568－570. {WANG Jiangning,WANG Shouyu,DENG Zhaobin,TANG Yiyuan,ZAHNG Feng. Reinnervation after ectopic transplantation of gracilis muscle of rats[J]. Zhongguo Xiu Fu Chong Jian Wai Ke Za Zhi[Chin J Repar Reconstr Surg(Article in Chinese;Abstract in Chinese and English)],2007,21(6):568-570.}

[19725] 梁安霖，蒋电明，安洪. 血管内皮生长因子活化的细胞外基质对大鼠坐骨神经缺损的修复作用 [J]. 中国修复重建外科杂志，2007，21（6）：590－595. {LIAGN Anlin,JIANG Dianming,AN Hong. Effects of vascular endothelial growth factor gene-activated matrix on repair of sciatic nerve defects in rats[J]. Zhongguo Xiu Fu Chong Jian Wai Ke Za Zhi[Chin J Repar Reconstr Surg(Article in Chinese;Abstract in Chinese and English)],2007,21(6):590-595.}

[19726] 熊革，王炎，童德迪，皮彦斌，郑炜，张友乐. 免疫抑制剂在大鼠坐骨神经损伤修复中的作用 [J]. 中华显微外科杂志，2007，30（1）：24－27，插 4. DOI：10.3760/cma.j.issn.1001－2036.2007.01.009. {XIONG Ge,WANG Yan,TONG Dedi,PI Yanbin,ZHENG Wei,ZHANG Youle. Immunosuppressants impact on rat sciatic nerve injury and repair[J]. Zhonghua Xian Wei Wai Ke Za Zhi[Chin J Microsurg(Article in Chinese;Abstract in Chinese and English)],2007,30(1):24-27,insert 4. DOI:10.3760/cma.j.issn.1001-2036.2007.01.009.}

[19727] 杨德梅，杜婵，党育，付中国，姜保国. 复方红芪减方提取液促进坐骨神经损伤后修复的实验研究 [J]. 中华手外科杂志，2007，23（5）：302－304. DOI：10.3760/cma.j.issn.1005－054X.2007.05.020. {YANG Demei,DU Chan,DANG Yu,FU Zhongguo,JIANG Baoguo. Long-term effects of modified formula Radix Hedysari on enhancement of nerve regeneration:an experiment study in a sciatic nerve injury model[J]. Zhonghua Shou Wai Ke Za Zhi[Chin J Hand Surg(Article in Chinese;Abstract in Chinese and English)],2007,23(5):302-304. DOI:10.3760/cma.j.issn.1005-054X.2007.05.020.}

[19728] 林浩东，王欢，陈德松，李继峰，顾玉东. 银杏酮酯对大鼠坐骨神经损伤后诱导型一氧化氮合酶表达的影响 [J]. 中华医学杂志，2007，87（7）：485－488. DOI：10.3760/j：issn：0376－2491.2007.07.013. {LIN Haodong,WANG Huan,CHEN Desong,LI Jifeng,GU Yudong. Effect of extract of Ginkgo biloba leaves on expression of inducible nitric oxide synthase after sciatic nerve injury:experiment with rats[J]. Zhonghua Yi Xue Za Zhi[Natl Med J China(Article in Chinese;Abstract in Chinese and English)],2007,87(7):485-488. DOI:10.3760/j:issn:0376-2491.2007.07.013.}

[19729] 张芾男，董福慧，仇树林. 大鼠皮神经卡压模型的实验研究 [J]. 中国骨伤，2007，20（4）：217－219. DOI：10.3969/j.issn.1003－0034.2007.04.001. {ZHANG Feinan,DONG Fuhui,CHOU Shulin. Model study of cutaneous nerve entrapment in the rat[J]. Zhongguo Gu Shang[China J Orthop Trauma(Article in Chinese;Abstract in Chinese and English)],2007,20(4):217-219. DOI:10.3969/j.issn.1003-0034.2007.04.001.}

[19730] 张芾男，董福慧，张卓男，李兵，韩胜，仇树林. 单纯减压对皮神经卡压作用的实验研究 [J]. 中国骨伤，2007，20(5)：289－291. DOI：10.3969/j.issn.1003－0034.2007.05.001. {ZHANG Feinan,DONG Fuhui,ZHANG Zhuonan,LI Bing,HAN Sheng,CHOU Shulin. Effect of simple decompression on cutaneous nerve entrapment[J]. Zhongguo Gu Shang[China J Orthop Trauma(Article in Chinese;Abstract in Chinese and English)],2007,20(5):289-291. DOI:10.3969/j.issn.1003-0034.2007.05.001.}

[19731] 冯世庆，李崴，孔晓红，陈家童，曹富江，郭世绂. 壳聚糖－胶原生物膜介导雪旺细胞联合神经干细胞桥接周围神经缺损 [J]. 中华实验外科杂志，2008，25（12）：1630－1632. DOI：10.3321/j.issn：1001－9030.2008.12.033. {FENG Shiqing,LI Wei,KONG Xiaohong,CHEN Jiatong,CAO Fujiang,GUO Shifu. Connecting the defects of sciatic nerve by transplantation of Schwann cells and neural stem cells embedded to the chitosan-collagen complex film[J]. Zhonghua Shi Yan Wai Ke Za Zhi[Chin J Exp Surg(Article in Chinese;Abstract in Chinese and English)],2008,25(12):1630-1632. DOI:10.3321/j.issn:1001-9030.2008.12.033.}

[19732] 刘夫海，陈统一. 嗅鞘细胞与雪旺细胞修复神经缺损的效果比较 [J]. 中华创伤骨科杂志，2008，10(11)：1043－1048. DOI：10.3760/cma.j.issn.1671－7600.2008.11.012. {LIU Fuhai,CHEN Tongyi. Olfactory ensheathing cells versus Schwann cells in repairing nerve defects[J]. Zhonghua Chuang Shang Gu Ke Za Zhi[Chin J Orthop Trauma(Article in Chinese;Abstract in Chinese and English)],2008,10(11):1043-1048. DOI:10.3760/cma.j.issn.1671-7600.2008.11.012.}

[19733] 朱国臣，肖大江，黄红宇，袁渊，吴四海，赵新. 许旺细胞植入去细胞异体神经修复大鼠面神经缺损 [J]. 中华创伤杂志，2008，24（11）：897－899. DOI：10.3321/j.issn：1001－8050.2008.11.011. {ZHU Guochen,XIAO Dajiang,HUANG Hongyu,YUNA Yuan,WU Sihai,ZHAO Xin. Repair of facial nerve defects by using acellular nerve allografts implanted with Schwann cells in rats[J]. Zhonghua Chuang Shang Za Zhi[Chin J Trauma(Article in Chinese;Abstract in Chinese and English)],2008,24(11):897-899. DOI:10.3321/j.issn:1001-8050.2008.11.011.}

[19734] 杨新伟，王秋根. 许旺细胞与神经轴突再生研究进展 [J]. 国际骨科学杂志，2008，29（4）：275－276. DOI：10.3969/j.issn.1673－7083.2008.04.022. {YANG Xinwei,WANG Qiugen. Schwann cells and axonal regeneration[J]. Guo Ji Gu Ke Xue Za Zhi[Int J Orthop(Article in Chinese;Abstract in Chinese)],2008,29(4):275-276. DOI:10.3969/j.issn.1673-7083.2008.04.022.}

[19735] 曲巍，蒋华军，李登军，张卫国，吕德成. 成年鼠坐骨神经雪旺细胞体外培养的实验研究 [J]. 实用手外科杂志，2008，22(1)：30－32. DOI：10.3969/j.issn.1671－2722.2008.01.010. {QU Wei,JIANG Huajun,LI Dengjun,ZHANG Weiguo,LV Decheng. Experimental study od Schwannecell culture from adult SD rats[J]. Shi Yong Shou Wai Ke Za Zhi[Chin J Pract Hand Surg(Article in Chinese;Abstract in Chinese and English)],2008,22(1):30-32. DOI:10.3969/j.issn.1671-2722.2008.01.010.}

[19736] 廖华，徐达传，邱小忠，余磊，欧阳钧. 失神经萎缩肌组织成分对成肌细胞性能影响的实验研究 [J]. 中国临床解剖学杂志，2008，26（2）：154－157. DOI：10.3969/j.issn.1001－165X.2008.02.013. {LIAO Hua,XU Dachuan,QIU Xiaozhong,YU Lei,OUYANG Jun. Experimental

study of the features of myoblast treated with component of long-term denervated musicle tissue[J]. Zhongguo Lin Chuang Jie Pou Xue Za Zhi[Chin J Clin Anat(Article in Chinese;Abstract in Chinese and English)],2008,26(2):154-157. DOI:10.3969/j.issn.1001-165X.2008.02.013.}

[19737] 许蕙，朱悦，辛畅泰. bFGF 植入失神经骨骼肌对肌卫星细胞增殖与肌萎缩影响的实验研究 [J]. 中国修复重建外科杂志，2008，22（12）：1462-1465. DOI：CNKI：SUN：ZXCW.0.2008-12-022. {XU Hui,ZHU Yue,XIIN Changtai. An experimental study on effect of implanting bFGF into denervated skeletal muscle to muscle satellite cell proliferation and muscle atrophy[J]. Zhongguo Xiu Fu Chong Jian Wai Ke Za Zhi[Chin J Repar Reconstr Surg(Article in Chinese;Abstract in Chinese and English)],2008,22(12):1462-1465. DOI:CNKI:SUN:ZXCW.0.2008-12-022.}

[19738] 林森，徐建光，胡韶楠，徐文东，徐雷，顾玉东，汪洋，周国民. 不同移植时间对胚胎脊髓源性神经干细胞体内分化为神经元影响的实验研究 [J]. 中华手外科杂志，2008，24（1）：41-44. DOI：10.3760/cma.j.issn.1005-054X.2008.01.014. {LIN Sen,XU Jianguang,HU Shaonan,XU Wendong,XU Lei,GU Yudong,WANG Yang,ZHOU Guomin. The effect of different transplantation time for spinal cord-derived neural stem cells differentiating into neurons:a pilot study in vivo[J]. Zhonghua Shou Wai Ke Za Zhi[Chin J Hand Surg(Article in Chinese;Abstract in Chinese and English)],2008,24(1):41-44. DOI:10.3760/cma.j.issn.1005-054X.2008.01.014.}

[19739] 王雷，蒋电明. 微囊化周围神经组织腹腔移植的实验研究 [J]. 中华创伤杂志，2008，24（11）：908-911. DOI：10.3321/j.issn：1001-8050.2008.11.014. {WANG Lei,JIANG Dianming. Experimental study on transplantation of microencapsulated peripheral nerve tissue into abdominal cavity[J]. Zhonghua Chuang Shang Za Zhi[Chin J Trauma(Article in Chinese;Abstract in Chinese and English)],2008,24(11):908-911. DOI:10.3321/j.issn:1001-8050.2008.11.014.}

[19740] 邵明，毕郑钢，赵吉成. 骨髓基质细胞移植治疗神经系统损伤现实价值及机制 [J]. 国际骨科学杂志，2008，29（5）：301-303. DOI：10.3969/j.issn.1673-7083.2008.05.007. {SHAO Ming,BI Zhenggang,ZHAO Jicheng. Utilized value and mechanism of hone marrow stromal cells transplantation treating nervous system injury[J]. Guo Ji Gu Ke Xue Za Zhi[Int J Orthop(Article in Chinese;Abstract in Chinese)],2008,29(5):301-303. DOI:10.3969/j.issn.1673-7083.2008.05.007.}

[19741] 施永彦，喻爱喜，张功礼，王小涛，赵筑. 神经生长因子基因转染间充质干细胞移植对损伤脊髓保护的实验研究 [J]. 中华显微外科杂志，2008，31（3）：199-202，封3. DOI：10.3760/cma.j.issn.1001-2036.2008.03.013. {SHI Yongyan,YU Aixi,ZHANG Gongli,WANG Xiaotao,ZHAO Zhu. Experimental study of repairing acute spinal cord injury with transplantation of mesenchymal stem cells genetically modified by NGF in rats[J]. Zhonghua Xian Wei Wai Ke Za Zhi[Chin J Microsurg(Article in Chinese;Abstract in Chinese and English)],2008,31(3):199-202,cover 3. DOI:10.3760/cma.j.issn.1001-2036.2008.03.013.}

[19742] 郁凯，张培训，王艳华，付中国，张殿英，张宏波，姜保国. 周围神经损伤后急性期 NGF、BDNF 基因表达变化的实验研究 [J]. 中华手外科杂志，2008，24（6）：332-335. DOI：10.3760/cma.j.issn.1005-054X.2008.06.005. {YU Kai,ZHANG Peixun,WANG Yanhua,FU Zhonghua,ZHANG Dianying,ZHANG Hongbo,JIANG Baoguo. Experimental study of NGF and BDNF Gene expression in acute peripheral nerve injury[J]. Zhonghua Shou Wai Ke Za Zhi[Chin J Hand Surg(Article in Chinese;Abstract in Chinese and English)],2008,24(6):332-335. DOI:10.3760/cma.j.issn.1005-054X.2008.06.005.}

[19743] 马南，路来金，马丽华，张敬莹，张志新. 大鼠周围神经可塑性的实验研究 [J]. 中国修复重建外科杂志，2008，22（9）：1073-1076. DOI：CNKI：SUN：ZXCW.0.2008-09-016. {MA Nan,LU Laijin,MA Lihua,ZHANG Jingying,ZHANG Zhixin. Experimental study on peripheral nerve plasticity in rats[J]. Zhongguo Xiu Fu Chong Jian Wai Ke Za Zhi[Chin J Repar Reconstr Surg(Article in Chinese;Abstract in Chinese)],2008,22(9):1073-1076. DOI:CNKI:SUN:ZXCW.0.2008-09-016.}

[19744] 江丽，朱家恺，刘小林，牛晓锋，周丽华，梁英杰，戚剑，胡军. 种植脂肪干细胞的去细胞神经修复坐骨神经缺损的实验研究 [J]. 中华显微外科杂志，2008，31（5）：350-353，405. DOI：10.3760/cma.j.issn.1001-2036.2008.05.010. {JIANG Li,ZHU Jiakai,LIU Xiaolin,NIU Xiaofeng,ZHOU Lihua,LIANG Yingjie,QI Jian,HU Jun. Study on repair of sciatic nerve lesions using acellular nerves implanted with adipose tissue-derived stromal cells[J]. Zhonghua Xian Wei Wai Ke Za Zhi[Chin J Microsurg(Article in Chinese;Abstract in Chinese and English)],2008,31(5):350-353,405. DOI:10.3760/cma.j.issn.1001-2036.2008.05.010.}

[19745] 周文俊，张成钢，胡韶楠，朱艺，徐建光. 大鼠肱肌肌支的脊髓神经根定位 [J]. 中华手外科杂志，2008，24（3）：137-139. DOI：10.3760/cma.j.issn.1005-054X.2008.03.004. {ZHOU Wenjun,ZHANG Chenggang,HU Shaonan,ZHU Yi,Xu Jianguang. Precise orientation of brachialis muscle branch in the spinal nerve roots in rats[J]. Zhonghua Shou Wai Ke Za Zhi[Chin J Hand Surg(Article in Chinese;Abstract in Chinese and English)],2008,24(3):137-139. DOI:10.3760/cma.j.issn.1005-054X.2008.03.004.}

[19746] 田峰，田立杰，王斌，季相禄，白哲，王菲. 氯沙坦减少细胞凋亡延缓失神经骨骼肌萎缩的实验研究 [J]. 中国修复重建外科杂志，2008，22（5）：602-605. {TIAN Feng,TIAN Lijie,WANG Bin,JI Xianglu,BAI Zhe,WANG Fei. Experimental study on losartan decreasing denervated skeletal muscle atrophy through reducing cell apoptosis[J]. Zhongguo Xiu Fu Chong Jian Wai Ke Za Zhi[Chin J Repar Reconstr Surg(Article in Chinese;Abstract in Chinese and English)],2008,22(5):602-605.}

[19747] 路来金，崔建礼，宫旭，宣昭鹏，于家傲，陈雷. 大鼠尺神经功能储备的实验研究 [J]. 中国修复重建外科杂志，2008，22（9）：1060-1063. DOI：CNKI：SUN：ZXCW.0.2008-09-013. {LU Laijin,CUI Jianli,GONG Xu,XUAN Zhaopeng,YU Jiaao,CHEN Lei. Experimental study on the functional reserve of ulnar nerve in rats[J]. Zhongguo Xiu Fu Chong Jian Wai Ke Za Zhi[Chin J Repar Reconstr Surg(Article in Chinese;Abstract in Chinese and English)],2008,22(9):1060-1063. DOI:CNKI:SUN:ZXCW.0.2008-09-013.}

[19748] 柳明忠，张文明，朱维钦，吴珊鹏. 运动神经移位寄养促进二期神经修复的实验研究 [J]. 中国修复重建外科杂志，2008，22（9）：1064-1067. DOI：CNKI：SUN：ZXCW.0.2008-09-014. {LIU Mingzhong,ZHANG Wenming,ZHU Weiqin,WU Shanpeng. Experimental study on the improving effect of motor nerve babysitting on delayed nerve anastomosis[J]. Zhongguo Xiu Fu Chong Jian Wai Ke Za Zhi[Chin J Repar Reconstr Surg(Article in Chinese;Abstract in Chinese and English)],2008,22(9):1064-1067. DOI:CNKI:SUN:ZXCW.0.2008-09-014.}

[19749] 姚健，林潇哲，田竑，施伟，焦海山，王晓冬. 大鼠陈旧性坐骨神经缺损修复期限的实验研究 [J]. 中国修复重建外科杂志，2008，22（9）：1068-1072. DOI：CNKI：SUN：ZXCW.0.2008-09-015. {YAO Jian,LIN Xiaozhe,TIAN Hong,ShI Wei,JIAO Haishan,WANG Xiaodong. Time limit of repairing old sciatic nerve defect in rats[J]. Zhongguo Xiu Fu Chong Jian Wai Ke Za Zhi[Chin J Repar Reconstr Surg(Article in Chinese;Abstract in Chinese and English)],2008,22(9):1068-1072. DOI:CNKI:SUN:ZXCW.0.2008-09-015.}

[19750] 宋莉，杨邦祥，康仙慧，肖红，杨帆，刘慧. 不同浓度阿米替林抗大鼠坐骨神经痛觉过敏的实验研究 [J]. 中国修复重建外科杂志，2008，22（11）：1339-1343. DOI：CNKI：SUN：ZXCW.0.2008-11-022. {SONG Li,YANG Bangxiang,KANG Xianhui,XIAO Hong,YANG Fan,LIU Hui. Peripheral anti-hyperalgeslc effect of amitriptyline for sclatic nerve blockade on neuropathic pain of rats[J]. Zhongguo Xiu Fu Chong Jian Wai Ke Za Zhi[Chin J Repar Reconstr Surg(Article in Chinese;Abstract in Chinese and English)],2008,22(11):1339-1343. DOI:CNKI:SUN:ZXCW.0.2008-11-022.}

[19751] 王岐本，谢乐斯，邝满元，蒙艳斌，黄河，曾志成. 大鼠坐骨神经损伤早期 NF-κB 和 Bcl-2 在脊髓运动神经元的诱导激活 [J]. 中国临床解剖学杂志，2008，26（4）：405-408. DOI：10.3969/j.issn.1001-165X.2008.04.017. {WANG Qiben,XIE Lesi,KUANG Manyuan,MENG Yanbin,HUANG He,CENG Zhicheng. Activation of NF-κB and Bcl-2 in rat spinal cord after sciatic nerve injury[J]. Zhongguo Lin Chuang Jie Pou Xue Za Zhi[Chin J Clin Anat(Article in Chinese;Abstract in Chinese and English)],2008,26(4):405-408. DOI:10.3969/j.issn.1001-165X.2008.04.017.}

[19752] 陈山林，田光磊. 大鼠坐骨神经损伤修复模型功能直接评定的研究进展 [J]. 中华外科杂志，2008，46（12）：950-952. DOI：10.3321/j.issn：0529-5815.2008.12.023. {CHEN Shanlin,TIAN Guanglei. Research progress on direct functional evaluation of rat sciatic nerve injury repair model[J]. Zhonghua Wai Ke Za Zhi[Chin J Surg(Article in Chinese;No abstract available)],2008,46(12):950-952. DOI:10.3321/j.issn:0529-5815.2008.12.023.}

[19753] 聂铭博，康皓，邢丹谋，彭正人，洪光祥. MCP-1 在大鼠坐骨神经损伤中作用的实验研究 [J]. 中华手外科杂志，2008，24（6）：336-339，390. DOI：10.3760/cma.j.issn.1005-054X.2008.06.006. {NIE Mingbo,KANG Hao,XING Danmou,PENG Zhengren,HONG Guangxiang. An experimental study of the role of MCP-1 in a rat sciatic nerve injury model[J]. Zhonghua Shou Wai Ke Za Zhi[Chin J Hand Surg(Article in Chinese;Abstract in Chinese and English)],2008,24(6):336-339,390. DOI:10.3760/cma.j.issn.1005-054X.2008.06.006.}

[19754] 王瑾，王艳华，张培训，寇玉辉，张宏波，姜保国. 大鼠外周神经损伤后许旺细胞表型改变的初步探讨 [J]. 中华显微外科杂志，2009，32（5）：378-380，后插 4. DOI：10.3760/cma.j.issn.1001-2036.2009.05.011. {WANG Jin,WANG Yanhua,ZHANG Jiaotong,KOU Yuhui,ZHANG Hongbo,JIANG Baoguo. Phenotypic changes of Schwann cells after sciatic nerve injury of rats in vivo[J]. Zhonghua Xian Wei Wai Ke Za Zhi[Chin J Microsurg(Article in Chinese;Abstract in Chinese and English)],2009,32(5):378-380,insert 4. DOI:10.3760/cma.j.issn.1001-2036.2009.05.011.}

[19755] 孙佳冰，路来金. T 细胞疫苗联合 FK506 抑制异种神经移植排斥的实验研究 [J]. 中华显微外科杂志，2009，32（1）：43-46，封 3. DOI：10.3760/cma.j.issn.1001-2036.2009.01.018. {SUN Jiabing,LU Laijin. Experimental research on T cell vaccination combined with FK506 against the rejection heterogenic transplantation on peripheral nerve[J]. Zhonghua Xian Wei Wai Ke Za Zhi[Chin J Microsurg(Article in Chinese;Abstract in Chinese and English)],2009,32(1):43-46,cover 3. DOI:10.3760/cma.j.issn.1001-2036.2009.01.018.}

[19756] 赵志钢，陈秉耀，魏海温，王成琪，吴宝岭. 异种化学去细胞神经移植修复大鼠坐骨神经缺损的功能评价 [J]. 中国矫形外科杂志，2009，17（12）：938-940. {ZHAO Zhigang,CHEN Bingyao,WEI Haiwen,WANG Chengqi,WU Baoling. Regeneration of rat sciatic nerve inhanced by chemical acellular xenogeneous nerve grafts:a functional evaluation[J]. Zhongguo Jiao Xing Wai Ke Za Zhi[Orthop J Chin(Article in Chinese;Abstract in Chinese and English)],2009,17(12):938-940.}

[19757] 周晓彬，朱晓光，张克亮，胡春鹤，徐屹. 血液供应对移植大鼠背根神经节内神经元成活的影响 [J]. 中华手外科杂志，2009，25（1）：54-57. DOI：10.3760/cma.j.issn.1005-054X.2009.01.022. {ZHOU Xiaobin,ZHU Xiaoguang,ZHANG Keliang,HU Chunhe,XU Yi. The effect of blood supply on the survival of dorsal root ganglia[J]. Zhonghua Shou Wai Ke Za Zhi[Chin J Hand Surg(Article in Chinese;Abstract in Chinese and English)],2009,25(1):54-57. DOI:10.3760/cma.j.issn.1005-054X.2009.01.022.}

[19758] 汤锋，刘爽，王伟. 丝素蛋白载体负载神经生长因子在周围神经损伤修复中应用的实验研究 [J]. 中华损伤与修复杂志（电子版），2009，4（5）：526-531. DOI：10.3969/j.issn.1673-9450.2009.05.005. {TANG Feng,LIU Shuang,WANG Wei. Repairing peripheral nerve defect by silk protein loading Nerve Growth Factor[J]. Zhonghua Sun Shang Yu Xiu Fu Za Zhi Dian Zi Ban[Chin J Injury Repair Wound Healing(Electr Ed)(Article in Chinese;Abstract in Chinese and English)],2009,4(5):526-531. DOI:10.3969/j.issn.1673-9450.2009.05.005.}

[19759] 骆渊城，康皓，李进，陈燕花，胡克力，洪光祥. 银杏叶提取物对大鼠坐骨神经切断后 HSP 70 在脊髓与脊神经节中表达的影响 [J]. 中华手外科杂志，2009，25（2）：107-109. DOI：10.3760/cma.j.issn.1005-054X.2009.02.022. {LUO Yuancheng,KANG Hao,LI Jin,CHEN Yanhua,HU Keli,HONG Guangxiang. Expression of heat shock proteins 70 in spinal cord and dorsal root ganglia after neurotomy of rat sciatic nerve and the effect of extract of ginkgo biloba[J]. Zhonghua Shou Wai Ke Za Zhi[Chin J Hand Surg(Article in Chinese;Abstract in Chinese and English)],2009,25(2):107-109. DOI:10.3760/cma.j.issn.1005-054X.2009.02.022.}

[19760] 万波，张辉，尹宗生，胡勇，王伟. 促红细胞生成素促进大鼠坐骨神经再生作用的实验研究 [J]. 中华手外科杂志，2009，25（2）：113-116. DOI：10.3760/cma.j.issn.1005-054X.2009.02.025. {WAN Bo,ZHANG Hui,YIN Zongsheng,HU Yong,WANG Wei. Experimental study of erythropoietin on promoting sciatic nerve regeneration in rats[J]. Zhonghua Shou Wai Ke Za Zhi[Chin J Hand Surg(Article in Chinese;Abstract in Chinese and English)],2009,25(2):113-116. DOI:10.3760/cma.j.issn.1005-054X.2009.02.025.}

[19761] 王天兵，张丞，寇玉辉，王瑾，王静，王延华，姜保国. 活体小鼠坐骨神经的形态学观察 [J]. 中华手外科杂志，2009，25（5）：301-303. DOI：10.3760/cma.j.issn.1005-054X.2009.05.025. {WANG Tianbing,ZHANG Cheng,KOU Yuhui,WANG Jin,WANG Jing,WANG Yanhua,JIANG Baoguo. In vivo observation of mouse sciatic nerve morphology[J]. Zhonghua Shou Wai Ke Za Zhi[Chin J Hand Surg(Article in Chinese;Abstract in Chinese and English)],2009,25(5):301-303. DOI:10.3760/cma.j.issn.1005-054X.2009.05.025.}

[19762] 牛晓锋，刘小林，胡军，江丽. 大鼠化学去细胞异体神经再血管化的实验研究 [J]. 中国修复重建外科杂志，2009，23（2）：235-238. DOI：CNKI：SUN：ZXCW.0.2009-02-033. {NIU Xiaofeng,LIU Xiaolin,HU Jun,JIANG Li. Experimental research on revascularization of chemically extracted acellular allogenous nerve graft[J]. Zhongguo Xiu Fu Chong Jian Wai Ke Za Zhi[Chin J Repar Reconstr Surg(Article in Chinese;Abstract in Chinese and English)],2009,23(2):235-238. DOI:CNKI:SUN:ZXCW.0.2009-02-033.}

[19763] 王忠仁，杨波，王利民，李恩. 人脐血间充质干细胞修复大鼠坐骨神经损伤的实验研究 [J]. 中华显微外科杂志，2009，32（5）：387-389，后插 6. DOI：10.3760/cma.j.issn.1001-2036.2009.05.015. {WANG Zhongren,YANG Bo,WANG Limin,LI En. Experiment research of the function of human umbilical cord blood mesenchymal stem cells in the regeneration of rat's sciatic nerve[J]. Zhonghua Xian Wei Wai Ke Za Zhi[Chin J Microsurg(Article in Chinese;Abstract in Chinese and English)],2009,32(5):387-389,insert 6. DOI:10.3760/cma.j.issn.1001-2036.2009.05.015.}

[19764] 张丞，王艳华，郁凯，张培训，张宏波，姜保国. 大鼠坐骨神经损伤修复后近端轴突再生的初步研究 [J]. 中华显微外科杂志，2009，32（6）：467-470，后插 2. DOI：10.3760/cma.j.issn.1001-2036.2009.06.012. {ZHANG Cheng,WANG Yanhua,YU Kai,ZHANG Peixun,ZHANG Hongbo,JIANG Baoguo. A preliminary experimental study of proximal regeneration process of sciatic nerve after injury[J]. Zhonghua Xian Wei Wai Ke Za Zhi[Chin J Microsurg(Article in Chinese;Abstract in Chinese and English)],2009,32(6):467-470,insert 2. DOI:10.3760/cma.j.issn.1001-2036.2009.06.012.}

[19765] 陈渝，王大勇，王祖贵，翁政，邓忠良. 携带 NGF 基因腺病毒治疗大鼠坐骨神经损伤的实验研究 [J]. 中国修复重建外科杂志，2009，23（8）：947-953. DOI：CNKI：SUN：ZXCW.0.2009-08-022. {CHEN Yu,WANG Dayong,WANG Zugui,WENG Zheng,DENG Zhongliang. Effect of adenovirus expressing ngf on sciatic nerve injury in rats[J]. Zhongguo Xiu Fu Chong Jian Wai Ke Za Zhi[Chin J Repar Reconstr Surg(Article in Chinese;Abstract in Chinese and English)],2009,23(8):947-953. DOI:CNKI:SUN:ZXCW.0.2009-08-022.}

[19766] 张莉，王玉，彭江，陈继凤，赵喆，赵斌，薛静，眭翔，杨昱，许文静，卢世璧. 骨髓基质干细胞诱导成雪旺细胞的可行性及促轴突生长的体外功能实验 [J]. 中华创伤骨科杂志，2010，12（10）：945-949. DOI：10.3760/cma.j.issn.1671-7600.2010.10.011. {ZHANG

Li,WANG Yu,PENG Jiang,CHEN Jifeng,ZHAO Zhe,ZHAO Bin,XUE Jing,SUI Xiang,YANG Yu,XU Wenjing,LU Shibi. Bone mesenchymal stem cells differentiate into a Schwann-cell phenotype and promote neurite out growth in vitro[J]. Zhonghua Chuang Shang Gu Ke Za Zhi[Chin J Orthop Trauma(Article in Chinese;Abstract in Chinese and English)],2010,12(10):945-949. DOI:10.3760/cma.j.issn.1671-7600.2010.10.011.}

[19767] 赵喆，许文静，卢世璧，赵斌，王玉，彭江，张莉，陈继凤，赵庆，任志午，刘炎. 化学去细胞异体神经添加不同组织来源雪旺细胞对周围神经损伤修复的功能评价 [J]. 中国修复重建外科杂志，2010，24（11）：1281-1287. DOI：CNKI：SUN：ZXCW.0.2010-11-003. {ZHAO Zhe,XU Wenjing,LU Shibi,ZHAO Bin,WANG Yu,PENG Jiang,ZHANG Li,CHEN Jifeng,ZHAO Qing,REN Zhiwu,LIU Yan. Functional evaluation of chemically extracted acellular nerve allograft supplement with different tissues of Schwann cells for peripheral nerve regeneration[J]. Zhongguo Xiu Fu Chong Jian Wai Ke Za Zhi[Chin J Repar Reconstr Surg(Article in Chinese;Abstract in Chinese and English)],2010,24(11):1281-1287. DOI:CNKI:SUN:ZXCW.0.2010-11-003.}

[19768] 郝增涛，温树正，马玉霞，王继宏. 去细胞异种神经复合神经生长因子修复神经缺损的实验研究 [J]. 中华创伤骨科杂志，2010，12（10）：950-954. DOI：10.3760/cma.j.issn.1671-7600.2010.10.012. {HAO Zengtao,WEN Shuzheng,MA Yuxia,WANG Jihong. Repair of peripheral nerve gap with xenogeneic acellular graft combined with Nerve Growth Factor[J]. Zhonghua Chuang Shang Gu Ke Za Zhi[Chin J Orthop Trauma(Article in Chinese;Abstract in Chinese and English)],2010,12(10):950-954. DOI:10.3760/cma.j.issn.1671-7600.2010.10.012.}

[19769] 徐明珠，孙鸿斌，李强，崔树森. 大鼠坐骨神经移植术后 BDNF 在相应脊髓节段运动神经元中的表达 [J]. 中华显微外科杂志，2010，33（2）：145-147. DOI：10.3760/cma.j.issn.1001-2036.2010.02.021. {XU Mingzhu,SUN Hongbin,LI Qiang,CUI Shusen. Expression of BDNF in motor neurons of corresponding spinal cord segment after sciatic nerve transplantation in rats[J]. Zhonghua Xian Wei Wai Ke Za Zhi[Chin J Microsurg(Article in Chinese;Abstract in Chinese)],2010,33(2):145-147. DOI:10.3760/cma.j.issn.1001-2036.2010.02.021.}

[19770] 傅阳，陈亮，顾玉东. 幼年大鼠神经根移植修复对 GDNF 及其受体影响的研究 [J]. 中华显微外科杂志，2010，33（3）：210-212，后插 4. DOI：10.3760/cma.j.issn.1001-2036.2010.03.016. {FU Yang,CHEN Liang,GU Yudong. Study of nerve grafting to the change of GDNF and GFRα1 on neurons after brachial plexus nerve injury in young rats[J]. Zhonghua Xian Wei Wai Ke Za Zhi[Chin J Microsurg(Article in Chinese;Abstract in Chinese and English)],2010,33(3):210-212,insert 4. DOI:10.3760/cma.j.issn.1001-2036.2010.03.016.}

[19771] 傅阳，陈亮，顾玉东. 幼年大鼠神经根断裂后移植修复对神经元凋亡基因表达影响的研究 [J]. 中华手外科杂志，2010，26（3）：130-133. DOI：10.3760/cma.j.issn.1005-054X.2010.03.002. {FU Yang,CHEN Liang,GU Yudong. The impact of graft repair of ruptured nerve roots in young rats on the expression of neuron apoptotic genes:an experimental study[J]. Zhonghua Shou Wai Ke Za Zhi[Chin J Hand Surg(Article in Chinese;Abstract in Chinese and English)],2010,26(3):130-133. DOI:10.3760/cma.j.issn.1005-054X.2010.03.002.}

[19772] 杨劲松，陈峥嵘. 携带胶质细胞源性神经营养因子基因的骨髓间充质干细胞移植对兔坐骨神经缺损的治疗作用 [J]. 中华创伤杂志，2010，26（11）：1030-1034. DOI：10.3760/cma.j.issn.1001-8050.2010.11.018. {YANG Jinsong,CHEN Zhengrong. Repair of sciatic nerve defect with implantation of glial cell line-derived neurotrophic factor locally secreting mesenchymal stem cells in rabbits[J]. Zhonghua Chuang Shang Za Zhi[Chin J Trauma(Article in Chinese;Abstract in Chinese and English)],2010,26(11):1030-1034. DOI:10.3760/cma.j.issn.1001-8050.2010.11.018.}

[19773] 何爱咏，闫振升，王如成. 神经生长因子及三磷酸腺苷联合应用修复大鼠周围神经损伤及对失神经肌肉的作用 [J]. 中华创伤杂志，2010，26（4）：354-360. DOI：10.3760/cma.j.issn.1001-8050.2010.04.025. {HE Aiyong,YAN Zhensheng,WANG Rucheng. Combined used of Nerve Growth Factor and adenosine triphosphate for repair of peripheral nerve injury and its influence on the denervated muscle[J]. Zhonghua Chuang Shang Za Zhi[Chin J Trauma(Article in Chinese;Abstract in Chinese and English)],2010,26(4):354-360. DOI:10.3760/cma.j.issn.1001-8050.2010.04.025.}

[19774] 李强，申屠刚，伍亚民，李骥，王刚. FK506 缓释剂促进周围神经再生纤维电生理功能恢复的实验研究 [J]. 中国骨伤，2010，23（11）：841-844. DOI：10.3969/j.issn.1003-0034.2010.11.014. {LI Qiang,SHEN Tugang,WU Yamin,LI Ji,WANG Gang. Experimental study of electrophysiologic effets of regenerative nerve fibres affected by control relesing FK506[J]. Zhongguo Gu Shang[China J Orthop Trauma(Article in Chinese;Abstract in Chinese and English)],2010,23(11):841-844. DOI:10.3969/j.issn.1003-0034.2010.11.014.}

[19775] 夏红霞，康皓. 周围神经损伤后选择性再生的实验动物模型研究 [J]. 神经损伤与功能重建，2010，5（6）：413-416. DOI：10.3870/sjsscj.2010.06.005. {XIA Hongxia,KANG Hao. Establishment of a modified selective regeneration model on rats after peripheral nerve injury[J]. Shen Jing Sun Shang Yu Gong Neng Chong Jian[Neural Injury Funct Reconstr(Article in Chinese;Abstract in Chinese and English)],2010,5(6):413-416. DOI:10.3870/sjsscj.2010.06.005.}

[19776] 王钊，金丹，文君，陀泳华，郭小磊. 神经肽对大鼠骨髓间质干细胞增殖影响的研究 [J]. 中华骨科杂志，2010，30（12）：1223-1227. DOI：10.3760/cma.j.issn.0253-2352.2010.12.011. {WANG Zhao,JIN Dan,WEN Jun,TUO Yonghua,GUO Xiaolei. The effect of neuropeptides on proliferation of rat bone marrow mesenchymal stem cells[J]. Zhonghua Gu Ke Za Zhi[Chin J Orthop(Article in Chinese;Abstract in Chinese and English)],2010,30(12):1223-1227. DOI:10.3760/cma.j.issn.0253-2352.2010.12.011.}

[19777] 吴学建，何江涛，孙士强. 人脐带间充质干细胞复合去细胞神经基膜管修复大鼠坐骨神经缺损 [J]. 中华显微外科杂志，2010，33（6）：461-464，后插 7. DOI：10.3760/cma.j.issn.1001-2036.2010.06.008. {WU Xuejian,HE Jiangtao,SUN Shiqiang. An experimental study on repairing sciatic nerve defects of rats by human umbilical cord derived mesenchymal stem cells and acellular nerve basal lamina tube[J]. Zhonghua Xian Wei Wai Ke Za Zhi[Chin J Microsurg(Article in Chinese;Abstract in Chinese and English)],2010,33(6):461-464,insert 7. DOI:10.3760/cma.j.issn.1001-2036.2010.06.008.}

[19778] 仓海斌，龚炎培，周翔. 不同时间神经修复后失神经肌肉及运动终板变化的实验研究 [J]. 中华手外科杂志，2010，26（3）：148-151. DOI：10.3760/cma.j.issn.1005-054X.2010.03.009. {CANG Haibin,GONG Yanpei,ZHOU Xiang. Changes of denervated skeletal muscle and motor endplate after nerve repair with different intervals of delay:an experimental study[J]. Zhonghua Shou Wai Ke Za Zhi[Chin J Hand Surg(Article in Chinese;Abstract in Chinese and English)],2010,26(3):148-151. DOI:10.3760/cma.j.issn.1005-054X.2010.03.009.}

[19779] 范洪伟，邓春荣，付健，丁磊，殷钢，马玉林. 枸杞多糖对大鼠坐骨神经离断后创伤性神经瘤形成及其疼痛影响 [J]. 中国修复重建外科杂志，2010，24（11）：1298-1301. DOI：CNKI：SUN：ZXCW.0.2010-11-008. {FAN Hongwei,DENG Chunrong,FU Jian,DING Lei,YIN Gang,MA Yulin. Effects of lycium barbarum polysaccharide on formation of traumatic neuroma and pain after transection of sciatic nerve in rats[J]. Zhongguo Xiu Fu Chong Jian Wai Ke Za Zhi[Chin J Repar Reconstr Surg(Article in Chinese;Abstract in Chinese and English)],2010,24(11):1298-1301. DOI:CNKI:SUN:ZXCW.0.2010-11-008.}

[19780] 张燕红，张星漪，鞠躬. 睾酮对小鼠坐骨神经损伤后脊髓前角运动神经元的保护作用 [J]. 解剖学报，2010，41（2）：180-184. DOI：10.3969/j.issn.0529-1356.2010.02.003. {ZHANG Yanhong,ZHANG Xingyi,JU Gong. Protection of testosterone on spinal cord anterior horn motor neurons after sciatic nerve injury in mice[J]. Jie Pou Xue Bao[Acta Anat Sin(Article in Chinese;Abstract in Chinese and English)],2010,41(2):180-184. DOI:10.3969/j.issn.0529-1356.2010.02.003.}

[19781] 王友华，徐大伟，徐水珠，孙法瑞，陶然. Foxo3a 和 p27kip1 在大鼠坐骨神经损伤后背根神经节中的表达 [J]. 中华显微外科杂志，2010，33（2）：133-136. DOI：10.3760/cma.j.issn.1001-2036.2010.02.016. {WANG Youhua,XU Dawei,XU Shuizhu,SUN Farui,TAO Ran. Expression of Foxo3a and p27kip1 in lumbar dorsal root ganglia(DRG) after rat sciatic nerve injury[J]. Zhonghua Xian Wei Wai Ke Za Zhi[Chin J Microsurg(Article in Chinese;Abstract in Chinese and English)],2010,33(2):133-136. DOI:10.3760/cma.j.issn.1001-2036.2010.02.016.}

[19782] 高志明，张岫竹，王旭辉，何跃，刘大维，张良，王伍超，代维，蔡双霜，张良潮，林井副，周继红. 高速三角破片致猪坐骨神经损伤的特点 [J]. 中华创伤杂志，2010，26（4）：366-369. DOI：10.3760/cma.j.issn.1001-8050.2010.04.027. {GAO Zhiming,ZHANG Xiuzhu,WANG Xuhui,HE Yue,LIU Dawei,ZHANG Liang,WANG Wuchao,DAI Wei,CAI Shuangshuang,ZHANG Liangchao,LIN Jingfu,ZHOU Jihong. Characteristics of the sciatic nerve injuries inflicted by high-velocity triangle fragments in swine[J]. Zhonghua Chuang Shang Za Zhi[Chin J Trauma(Article in Chinese;Abstract in Chinese and English)],2010,26(4):366-369. DOI:10.3760/cma.j.issn.1001-8050.2010.04.027.}

[19783] 王友华，徐大伟，徐水珠，孙法瑞，陶然. Foxo3a 在大鼠坐骨神经损伤后背根神经节中的表达 [J]. 中华创伤杂志，2010，26（7）：631-634. DOI：10.3760/cma.j.issn.1001-8050.2010.07.019. {WANG Youhua,XU Dawei,XU Shuizhu,SUN Farui,TAO Ran. Expression of Foxo3a in lumbar dorsal root ganglia after rat sciatic nerve injury[J]. Zhonghua Chuang Shang Za Zhi[Chin J Trauma(Article in Chinese;Abstract in Chinese and English)],2010,26(7):631-634. DOI:10.3760/cma.j.issn.1001-8050.2010.07.019.}

[19784] 王知非，廖达光，李昌琪. 大鼠坐骨神经损伤后脑源性神经营养因子对脊髓前角内生长相关蛋白 GAP-43 表达的影响 [J]. 南方医科大学学报，2010，30（3）：569-571. DOI：10.12122/j.issn.1673-4254.2010.03.031. {WANG Zhifei,LIAO Daguang,LI Changqi. Effect of endogenous Brain-Derived Neurotrophic Factor on GAP-43 expression in the anterior horn of the spinal cord in rats with sciatic nerve injury[J]. Nan Fang Yi Ke Da Xue Xue Bao[J South Med Univ(Article in Chinese;Abstract in Chinese and English)],2010,30(3):569-571. DOI:10.12122/j.issn.1673-4254.2010.03.031.}

[19785] 于志勇，杨大志，刘洪涛，徐亮，王多，汪代东. 神经生长因子基因修饰的雪旺细胞在神经元损伤后修复中的作用 [J]. 中华骨科杂志，2011，31（12）：1352-1357. DOI：10.3760/cma.j.issn.0253-2352.2011.12.010. {YU Zhiyong,YANG Dazhi,LIU Hongtao,XU Liang,WANG Duo,WANG Daidong. The effect of NGF gene modified Scwhann cells on DRG neurons repair after compressed injury[J]. Zhonghua Gu Ke Za Zhi[Chin J Orthop(Article in Chinese;Abstract in Chinese and English)],2011,31(12):1352-1357. DOI:10.3760/cma.j.issn.0253-2352.2011.12.010.}

[19786] 王金武，刘晓琳，芮碧宇，黄敏，廖广姗，蒋海涛，戴尅戎. 植入式电刺激治疗兔坐骨神经损伤的实验研究 [J]. 中国矫形外科杂志，2011，19（6）：503-507. DOI：10.3977/j.issn.1005-8478.2011.06.18. {WANG Jinwu,LIU Xiaolin,Rui Biyu,Huang Min,Liao Guangshan,Jiang Haitao,Dai Qirong. Experimental study of implantable electrical stimulation system for treatment of rabbits with acute sciatic nerve injury[J]. Zhongguo Jiao Xing Wai Ke Za Zhi[Orthop J Chin(Article in Chinese;Abstract in Chinese and English)],2011,19(6):503-507. DOI:10.3977/j.issn.1005-8478.2011.06.18.}

[19787] 贾玉玺，姜日花，刘飙，曹剑. 红光对周围神经损伤后再生的实验研究 [J]. 中华显微外科杂志，2011，34（4）：309-310. DOI：10.3760/cma.j.issn.1001-2036.2011.04.015. {JIA Yuxi,JIANG Rihua,LIU Biao,CAO Jian. Experimental study of red light on regeneration of peripheral nerve injury[J]. Zhonghua Xian Wei Wai Ke Za Zhi[Chin J Microsurg(Article in Chinese;Abstract in Chinese)],2011,34(4):309-310. DOI:10.3760/cma.j.issn.1001-2036.2011.04.015.}

[19788] 陆九州，蒋军健，徐建光，徐文东，徐雷，劳杰，顾玉东. 应用几丁糖 - 胶原 - 二丙酸倍他米松缓释复合膜提高周围神经修复疗效的实验研究 [J]. 神经损伤与功能重建，2011，6（4）：241-245. DOI：10.3870/sjsscj.2011.04.002. {LU Jiuzhou,JIANG Junjian,XU Jianguang,XU Wendong,XU Lei,LAO Jie,GU Yudong. Effects of Chitosan-collagen Betamethasone Dipropionate film on nerve scarring and regeneration of peripheral nerves in rats following injuries[J]. Shen Jing Sun Shang Yu Gong Neng Chong Jian[Neural Injury Funct Reconstr(Article in Chinese;Abstract in Chinese and English)],2011,6(4):241-245. DOI:10.3870/sjsscj.2011.04.002.}

[19789] 钟贵彬，李伟，刘祖德，倪鹏文，乔志光. 脊神经前根吻合重建大鼠脊髓损伤后肢体运动功能的实验研究 [J]. 中华显微外科杂志，2011，34（1）：42-46. DOI：10.3760/cma.j.issn.1001-2036.2011.01.018. {ZHONG Guibin,LI Wei,LIU Zude,NI Pengwen,QIAO Zhiguang. Experimental study of reconstruction of hindlimp movement with spinal ventral root anastomoses after spinal cord injury in rats[J]. Zhonghua Xian Wei Wai Ke Za Zhi[Chin J Microsurg(Article in Chinese;Abstract in Chinese and English)],2011,34(1):42-46. DOI:10.3760/cma.j.issn.1001-2036.2011.01.018.}

[19790] 方有生，刘杰，黄芳，顾玉东. 人羊膜上皮细胞对大鼠坐骨神经再生影响的实验研究 [J]. 中华手外科杂志，2011，27（2）：77-80. DOI：10.3760/cma.j.issn.1005-054X.2011.02.005. {FANG Yousheng,LIU Jie,HUANG Fang,GU Yudong. The effect of human amniotic epithelial cells on regeneration of rat sciatic nerve:an experimental study[J]. Zhonghua Shou Wai Ke Za Zhi[Chin J Hand Surg(Article in Chinese;Abstract in Chinese and English)],2011,27(2):77-80. DOI:10.3760/cma.j.issn.1005-054X.2011.02.005.}

[19791] 张继春，张亮，李晓东，马海民，夏晓明，张伟. 银杏叶提取物对大鼠坐骨神经损伤后脊髓前角降钙素基因相关肽表达的影响 [J]. 中华实验外科杂志，2011，28（11）：2017. DOI：10.3760/cma.j.issn.1001-9030.2011.11.080. {ZHANG Jichun,ZHANG Liang,LI Xiaodong,MA Haimin,XIA Xiaoming,ZHANG Wei. Influence of ginkgo biloba extract on calcitonin gene-related peptide expression in anterior horn of spinal cord following sciatic nerve injury in rats[J]. Zhonghua Shi Yan Wai Ke Za Zhi[Chin J Exp Surg(Article in Chinese;Abstract in Chinese)],2011,28(11):2017. DOI:10.3760/cma.j.issn.1001-9030.2011.11.080.}

[19792] 裴保安，段姗姗，吴立生，张存华，陈允震. 脊髓电刺激对坐骨神经损伤大鼠背根神经节神经元和脊髓神经元的保护作用 [J]. 中华实验外科杂志，2011，28（11）：1964-1966. DOI：10.3760/cma.j.issn.1001-9030.2011.11.051. {PEI Baoan,DUAN Shanshan,WU Lisheng,ZHANG Cunhua,CHEN Yunzhen. Protective effect of epidural electrical stimulation on dorsal root ganglion and spinal cord motoneuron after sciatic nerve transection[J]. Zhonghua Shi Yan Wai Ke Za Zhi[Chin J Exp Surg(Article in Chinese;Abstract in Chinese and English)],2011,28(11):1964-1966. DOI:10.3760/cma.j.issn.1001-9030.2011.11.051.}

[19793] 秦雅鑫，王国祥，施俊锋，许冬华，任占云. 不同频率的脉冲电磁场对大鼠坐骨神经损伤的疗效 [J]. 神经损伤与功能重建，2011，6（1）：28-31. DOI：10.3870/sjsscj.2011.01.007. {QIN Yaxin,WANG Guoxiang,SHI Junfeng,XU Donghua,REN Zhanyun. Effects of different frequency pulsed electromagnetic field on functions of the damaged sciatic nerve[J]. Shen Jing Sun Shang Yu Gong Neng Chong Jian[Neural Injury Funct Reconstr(Article in Chinese;Abstract in Chinese and English)],2011,6(1):28-31. DOI:10.3870/sjsscj.2011.01.007.}

[19794] 赵娟，俞红，徐义明，白跃宏. 物理治疗促进坐骨神经损伤再生的实验研究 [J]. 中国修复重建外科杂志，2011，25（1）：107-111. DOI：CNKI：51-1372/R_20101210.1518.060. {ZHAO Juan,YU Hong,XU Yiming,BAI Yuehong. Experimental study on regeneration of sciatic nerve injury with physical therapy[J]. Zhongguo Xiu Fu Chong Jian Wai Ke Za Zhi[Chin J Repar Reconstr Surg(Article in Chinese;Abstract in Chinese and English)],2011,25(1):107-111. DOI:CNKI:51-1372/R_20101210.1518.060.}

[19795] 楚晓丰，阮洪江，刘俊建，范存义. 不同角度修复大鼠坐骨神经损伤的组织学研究 [J]. 中国修复重建外科杂志，2011，25（5）：587-590. DOI：CNKI：51-1372/R.20110402.1656.018.

{CHU Xiaofeng,RUAN Hongjiang,LIU Junjian,FAN Cunyi. Histological study on sciatic never repair at different angles in rats[J]. Zhongguo Xiu Fu Chong Jian Wai Ke Za Zhi[Chin J Repair Reconstr Surg(Article in Chinese;Abstract in Chinese and English)],2011,25(5):587-590. DOI:CNKI:51-1372/R.20110402.1656.018.}

[19796] **刘璋寅．周围神经中许旺细胞特异性标记物 [J]．组织工程与重建外科杂志，2012，8（5）：292-297．DOI：10.3969/j.issn.1673-0364.2012.05.014．**{LIU Zhangyin. Special Marker of Schwann cell in Peripheral Nerve[J]. Zu Zhi Gong Cheng Yu Chong Jian Wai Ke Za Zhi[J Tissue Eng Reconstr Surg(Article in Chinese;Abstract in Chinese and English)],2012,8(5):292-297. DOI:10.3969/j.issn.1673-0364.2012.05.014.}

[19797] **景尚斐，温树正，樊东升，郝增涛，冀云涛，杨晨瑗．去细胞异种神经复合骨髓基质干细胞修复周围神经缺损的实验研究 [J]．中华手外科杂志，2012，28（2）：112-116．DOI：10.3760/cma.j.issn.1005-054X.2012.02.020．**{JING Shangfei,WEN Shuzheng,WANG Jihong,FAN Dongsheng,HAO Zengtao,JI Yuntao,YANG Chenyuan. Acellular xenogeneic nerve repopulated with BMSCs to repair peripheral nerve defects:an experimental study[J]. Zhonghua Shou Wai Ke Za Zhi[Chin J Hand Surg(Article in Chinese;Abstract in Chinese and English)],2012,28(2):112-116. DOI:10.3760/cma.j.issn.1005-054X.2012.02.020.}

[19798] **黄喜军，朱庆棠，江丽，郑灿镔，朱昭炜，路庆森，许银峰，顾立强，刘小林．去细胞异种神经复合同种异体脂肪干细胞修复猕猴周围神经缺损的免疫反应研究 [J]．中国修复重建外科杂志，2012，26（8）：993-1000．**{HUANG Xijun,ZHU Qingtang,JIANG Li,ZHENG Canbin,ZHU Zhaowei,LU Qingsen,XU Yinfeng,GU Liqiang,LIU Xiaolin. Study on immune response after repair of nerve defect with acellular nerve xenograft laden with allogenic adipose-derived stem cells in rhesus monkey[J]. Zhongguo Xiu Fu Chong Jian Wai Ke Za Zhi[Chin J Repair Reconstr Surg(Article in Chinese;Abstract in Chinese and English)],2012,26(8):993-1000.}

[19799] **孙强，郑加法，赵昌明．移植段神经与周围静脉伴行修复长段周围神经缺损的实验研究 [J]．中国修复重建外科杂志，2012，26（7）：832-836．DOI：CNKI：SUN：ZXCW.0.2012-07-016．**{SUN Qiang,ZHENG Jiafa,ZHAO Changming. Nerve transplantation and accompanying peripheral vessels for repair of long nerve defect[J]. Zhongguo Xiu Fu Chong Jian Wai Ke Za Zhi[Chin J Repair Reconstr Surg(Article in Chinese;Abstract in Chinese and English)],2012,26(7):832-836. DOI:CNKI:SUN:ZXCW.0.2012-07-016.}

[19800] **唐硕，赵晶晶，林强，秦王驰，许扬滨．基于神经搭桥的中枢神经 - 周围神经直接连接技术治疗脊髓损伤的实验研究 [J]．中华显微外科杂志，2012，35（2）：142-144，后插 3．DOI：10.3760/cma.j.issn.1001-2036.2012.02.019．**{TANG Shuo,ZHAO Jingjing,LIN Qiang,QIN WANGchi,XU Yangbin. Experimental study on the treatment of spinal cord injury with the direct connection technique of central nerve and peripheral nerve based on nerve bypass[J]. Zhonghua Xian Wei Wai Ke Za Zhi[Chin J Microsurg(Article in Chinese;Abstract in Chinese)],2012,35(2):142-144,insert 3. DOI:10.3760/cma.j.issn.1001-2036.2012.02.019.}

[19801] **张义鹏，林丁盛，闫合德，高伟阳，李志杰，陈星隆．反义 TGF-β1 对周围神经生长影响的实验研究 [J]．中华显微外科杂志，2012，35（4）：309-312，后插 7．DOI：10.3760/cma.j.issn.1001-2036.2012.04.015．**{ZHANG Yipeng,LIN Dingsheng,YAN Hede,GAO Weiyang,LI Zhijie,CHEN Xinglong. Experimental study on the effect of antisense TGF-β1 on peripheral nerve growth[J]. Zhonghua Xian Wei Wai Ke Za Zhi[Chin J Microsurg(Article in Chinese;Abstract in Chinese)],2012,35(4):309-312,insert 7. DOI:10.3760/cma.j.issn.1001-2036.2012.04.015.}

[19802] **王培吉，董启榕，江波，赵家举．自体神经外膜小间隙桥接法构建神经再生室修复周围神经断裂的实验研究 [J]．中华手外科杂志，2012，28（1）：13-16．DOI：10.3760/cma.j.issn.1005-054X.2012.01.005．**{WANG Peiji,DONG Qirong,JIANG Bo,ZHAO Jiaju. The experimental study on repair of peripheral nerve rupture using a nerve regeneration chamber created by autologous epineurium small gap coaptauon[J]. Zhonghua Shou Wai Ke Za Zhi[Chin J Hand Surg(Article in Chinese;Abstract in Chinese and English)],2012,28(1):13-16. DOI:10.3760/cma.j.issn.1005-054X.2012.01.005.}

[19803] **周立义，李晨，柯雪蕾，肖强，邓亮．骨髓基质细胞源性神经活性蛋白促进周围神经再生的实验研究 [J]．中华手外科杂志，2012，28（2）：119-121．DOI：10.3760/cma.j.issn.1005-054X.2012.02.023．**{ZHOU Liyi,LI Chen,KE Xuelei,XIAO Qiang,DENG Liang. An experiinental study on the effect of neurotrophic proteins from the conditioned medium of BMSCs on peripheral nerve regenerafion[J]. Zhonghua Shou Wai Ke Za Zhi[Chin J Hand Surg(Article in Chinese;Abstract in Chinese and English)],2012,28(2):119-121. DOI:10.3760/cma.j.issn.1005-054X.2012.02.023.}

[19804] **胡文，顾晓松．周围神经损伤动物模型神经再生效果的评价 [J]．中华显微外科杂志，2012，35（5）：435-439．DOI：10.3760/cma.j.issn.1001-2036.2012.05.033．**{HU Wen,GU Xiaosong. Evaluation of nerve regeneration in animal models of peripheral nerve injury[J]. Zhonghua Xian Wei Wai Ke Za Zhi[Chin J Microsurg(Article in Chinese;Abstract in Chinese)],2012,35(5):435-439. DOI:10.3760/cma.j.issn.1001-2036.2012.05.033.}

[19805] **渠刚，李俊，曹辉，洪光祥，陈振兵．大鼠坐骨神经切断后远端神经段内转化生长因子β1 和Ⅲ型胶原的变化及意义 [J]．中华手外科杂志，2012，28（1）：22-25．DOI：10.3760/cma.j.issn.1005-054X.2012.01.007．**{QU Gang,LI Jun,CAO Hui,HONG Guangxiang,CHEN Zhenbing. The changes and effects of transforming growth factor β1 and Collagen Ⅲ in the distal part of rat sciatic nerve after nerve transection[J]. Zhonghua Shou Wai Ke Za Zhi[Chin J Hand Surg(Article in Chinese;Abstract in Chinese and English)],2012,28(1):22-25. DOI:10.3760/cma.j.issn.1005-054X.2012.01.007.}

[19806] **陈洪菊，唐彬秩，屈艺，母得志．哺乳动物雷帕霉素靶蛋白参与神经系统损伤修复的研究进展及其延伸意义 [J]．中国修复重建外科杂志，2012，26（5）：625-630．DOI：CNKI：SUN：ZXCW.0.2012-05-036．**{CHEN Hongju,TANG Binzhi,QU Yi,MU Dezhi. Progress and extensive meaning of mammalian target of rapamycin involved in restoration of nervous system injury[J]. Zhongguo Xiu Fu Chong Jian Wai Ke Za Zhi[Chin J Repair Reconstr Surg(Article in Chinese;Abstract in Chinese and English)],2012,26(5):625-630. DOI:CNKI:SUN:ZXCW.0.2012-05-036.}

[19807] **杨加富，张晨，孙琳，王志军，付雷．大鼠股神经结扎损伤修复方法的实验研究 [J]．中国修复重建外科杂志，2012，26（7）：837-844．DOI：10.7666/d.y1945099．**{YANG Jiafu,ZHANG Chen,SUN Lin,WANG Zhijun,FU Lei. Experimental study on three repairing methods for femoral nerve injury after ligation in rats[J]. Zhongguo Xiu Fu Chong Jian Wai Ke Za Zhi[Chin J Repair Reconstr Surg(Article in Chinese;Abstract in Chinese and English)],2012,26(7):837-844. DOI:10.7666/d.y1945099.}

[19808] **刘强，王德国，梁茂华．曲安奈德对 SD 大鼠坐骨神经损伤后功能恢复影响的实验研究 [J]．中国矫形外科杂志，2012，20（6）：556-558．DOI：10.3977/j.issn.1005-8478.2012.06.22．**{LIU Qiang,WANG Deguo,LIANG Maohua. Effect of triamcinolone acetonide on the structure and function of the injured sciatic nerve in rats:an experimental study[J]. Zhongguo Jiao Xing Wai Ke Za Zhi[Orthop J China(Article in Chinese;Abstract in Chinese and English)],2012,20(6):556-558. DOI:10.3977/j.issn.1005-8478.2012.06.22.}

[19809] **陈健，尹宗生，张辉，黄大可．促红细胞生成素对大鼠坐骨神经损伤后炎性反应和细胞凋亡的影响 [J]．中华手外科杂志，2012，28（1）：9-12．DOI：10.3760/cma.j.issn.1005-054X.2012.01.004．**{CHEN Jian,YIN Zongsheng,ZHANG Hui,HUANG Dake. The impact of erythropoietin on inflammation and neuronal apoptosis after sciatic nerve injury in rats[J]. Zhonghua Shou Wai Ke Za Zhi[Chin J Hand Surg(Article in Chinese;Abstract in Chinese and English)],2012,28(1):9-12. DOI:10.3760/cma.j.issn.1005-054X.2012.01.004.}

[19810] **彭琳，霍霞，徐锡金．坐骨神经损伤脊髓神经元退变与组织型纤溶酶原激活物及其抑制物表达的关系研究 [J]．中华手外科杂志，2012，28（1）：17-21．DOI：10.3760/cma.j.issn.1005-054X.2012.01.006．**{PENG Lin,HUO Xia,XU Xijin. Association between neurodegeneration and tissue plasminogen activator and plasminogen activator inhibitors in spinal cord after sciatic nerve transection[J]. Zhonghua Shou Wai Ke Za Zhi[Chin J Hand Surg(Article in Chinese;Abstract in Chinese and English)],2012,28(1):17-21. DOI:10.3760/cma.j.issn.1005-054X.2012.01.006.}

[19811] **王旸，陈燕花，陈振兵，翁雨雄，曹辉．神经慢性卡压后基质金属蛋白酶及其组织抑制物在神经中的表达 [J]．中华实验外科杂志，2012，29（7）：1285-1287．DOI：10.3760/cma.j.issn.1001-9030.2012.07.027．**{WANG Yang,CHEN Yanhua,CHEN Zhenbing,WENG Yuxiong,CAO Hui. Expression of matrix metalloproteinase-9 and tissue inhibitor of metalloproteinase-1 in sciatic nerves after chronic constriction injury[J]. Zhonghua Shi Yan Wai Ke Za Zhi[Chin J Exp Surg(Article in Chinese;Abstract in Chinese and English)],2012,29(7):1285-1287. DOI:10.3760/cma.j.issn.1001-9030.2012.07.027.}

[19812] **胡锐，陈振兵，贾中尉，孟繁斌，劳杰．结缔组织生长因子抗体抑制慢性卡压后神经纤维化的研究 [J]．中华实验外科杂志，2012，29（11）：2259-2262．DOI：10.3760/cma.j.issn.1001-9030.2012.11.055．**{HU Rui,CHEN Zhenbing,JIA Zhongwei,MENG Fanbin,LAO Jie. Inhibitory effects of connective tissue growth factor antibody on peripheral neural fibrosis after chronic entrapment[J]. Zhonghua Shi Yan Wai Ke Za Zhi[Chin J Exp Surg(Article in Chinese;Abstract in Chinese and English)],2012,29(11):2259-2262. DOI:10.3760/cma.j.issn.1001-9030.2012.11.055.}

[19813] **辛林伟，王梨明，唐际存，李朝旭，李强．胶质细胞源性神经营养因子基因修饰的施万细胞复合胶原 - 壳聚糖神经支架对大鼠坐骨神经缺损的修复作用 [J]．中国医学科学院学报，2013，35（6）：655-661．DOI：10.3881/j.issn.1000-503X.2013.06.013．**{XIN Linwei,WANG Liming,TANG Jicun,LI Zhaoxu,LI Qiang. Transplantation of collagen-chitosan nerve conduits filled with glial cell line-derived neurotrophic factor gene-modified Schwann cells for the repair of sciatic nerve defect[J]. Zhongguo Yi Xue Ke Xue Yuan Xue Bao[Acta Acad Med Sin(Article in Chinese;Abstract in Chinese and English)],2013,35(6):655-661. DOI:10.3881/j.issn.1000-503X.2013.06.013.}

[19814] **傅阳，陈亮，顾玉东．幼年大鼠神经根不同时间移植修复对神经元的影响 [J]．中华显微外科杂志，2013，36（3）：253-256．DOI：10.3760/cma.j.issn.1001-2036.2013.03.012．**{FU Yang,CHEN Liang,GU Yudong. Study of the neuronal effect after nerve grafting to reconstruct nerve root at different time interval in young rats[J]. Zhonghua Xian Wei Wai Ke Za Zhi[Chin J Microsurg(Article in Chinese;Abstract in Chinese and English)],2013,36(3):253-256. DOI:10.3760/cma.j.issn.1001-2036.2013.03.012.}

[19815] **汪雷，宋跃明，袁海峰，刘立岷，龚全，孔清泉，杨曦．NEP1-40 基因修饰对神经干细胞移植后存活和分化的影响 [J]．中国修复重建外科杂志，2013，27（11）：1368-1374．DOI：10.7507/1002-1892.20130297．**{WANG Lei,SONG Yueming,YUAN Haifeng,LIU Limin,GONG Quan,KONG Qingquan,YANG Xi. Influence of nogo extracellular peptide residues 1-40 gene modification on survival and differentiation of neural stem cells after transplantation[J]. Zhongguo Xiu Fu Chong Jian Wai Ke Za Zhi[Chin J Repair Reconstr Surg(Article in Chinese;Abstract in Chinese and English)],2013,27(11):1368-1374. DOI:10.7507/1002-1892.20130297.}

[19816] **李兵奎，常巍，王达义，温国宏，杨祺，郭振鹏，刘涛．BMSCs 移植联合督脉电针对大鼠脊髓损伤后神经功能恢复的影响 [J]．中华显微外科杂志，2013，36（3）：265-268．DOI：10.3760/cma.j.issn.1001-2036.2013.03.015．**{LI Bingkui,CHANG Wei,WANG Dayi,WEN Guohong,YANG Qi,GUO Zhenpeng,LIU Tao. Effect of BMSCs transplantation combined with governor channel electroacupuncture on the recovery of nerve function after spinal cord injury in rats[J]. Zhonghua Xian Wei Wai Ke Za Zhi[Chin J Microsurg(Article in Chinese;Abstract in Chinese)],2013,36(3):265-268. DOI:10.3760/cma.j.issn.1001-2036.2013.03.015.}

[19817] **毛以华，朱昭炜，丁茂超，唐茂林．应用高分辨率显微 CT 进行大鼠周围神经微血管三维可视化研究 [J]．解剖学报，2013，44（3）：353-356．DOI：10.3969/j.issn.0529-1356.2013.03.012．**{MAO Yihua,ZHU Zhaowei,DING Maochao,TANG Maolin. Three-dimensional visualization of microvessels related to the peripheral nerve by using microcomputed tomography[J]. Jie Pou Xue Bao[Acta Anat Sin(Article in Chinese;Abstract in Chinese and English)],2013,44(3):353-356. DOI:10.3969/j.issn.0529-1356.2013.03.012.}

[19818] **蒋良福，陈鸥，褚庭纲，丁健，虞庆，张国佑，李志杰．硫酸软骨素酶处理的异体去细胞神经修复周围神经缺损的实验研究 [J]．中华手外科杂志，2013，29（4）：208-211．DOI：10.3760/cma.j.issn.1005-054X.2013.04.008．**{JIANG Liangfu,CHEN Ou,CHU Tinggang,DING Jian,YU Qing,ZHANG Guoyou,Li Zhijie. Decellularized nerve allograft treated with chondroitinase ABC for repair of peripheral nerve defects:an experimental study[J]. Zhonghua Shou Wai Ke Za Zhi[Chin J Hand Surg(Article in Chinese;Abstract in Chinese and English)],2013,29(4):208-211. DOI:10.3760/cma.j.issn.1005-054X.2013.04.008.}

[19819] **张子清，李保龙，刘良媛，杨延军，曹爱兵，劳杰，顾玉东．神经“借干”修复周围神经缺损的实验研究 [J]．中华手外科杂志，2013，29（5）：308-311．DOI：10.3760/cma.j.issn.1005-054X.2013.05.021．**{ZHANG Ziqing,LI Baolong,LIU Liangyi,YANG Yanjun,CAO Aibing,LAO Jie,GU Yudong. Experimental study of repairing peripheral nerve defects using bridging neurons[J]. Zhonghua Shou Wai Ke Za Zhi[Chin J Hand Surg(Article in Chinese;Abstract in Chinese and English)],2013,29(5):308-311. DOI:10.3760/cma.j.issn.1005-054X.2013.05.021.}

[19820] **朱昭炜，毛以华，何波，周翔，朱庆棠，顾立强，郑剑文，朱家恺，唐茂林，刘小林．SD 大鼠坐骨神经微血管三维可视化研究初探 [J]．中国修复重建外科杂志，2013，27（2）：189-192．DOI：10.7507/1002-1892.20130042．**{ZHU Zhaowei,MAO Yihua,HE Bo,ZHOU Xiang,ZHU Qingtang,GU Liqiang,ZHENG Jianwei,ZHU Jiakai,TANG Maolin,LIU Xiaolin. A trail of three-dimensional visualization technique to observe intraneural microvessels of sciatic nerves in sprague dawley rats[J]. Zhongguo Xiu Fu Chong Jian Wai Ke Za Zhi[Chin J Repair Reconstr Surg(Article in Chinese;Abstract in Chinese and English)],2013,27(2):189-192. DOI:10.7507/1002-1892.20130042.}

[19821] **吴敏，王晓盼，肖玉周，周建生．骨髓源性细胞促进坐骨神经体外预变性实验研究 [J]．中国修复重建外科杂志，2013，27（5）：554-558．DOI：10.7507/1002-1892.20130123．**{WU Min,WANG Xiaopan,XIAO Yuzhou,ZHOU Jiansheng. Bone marrow derived cells promoting pre-degeneration of sciatic nerve in vitro[J]. Zhongguo Xiu Fu Chong Jian Wai Ke Za Zhi[Chin J Repair Reconstr Surg(Article in Chinese;Abstract in Chinese and English)],2013,27(5):554-558. DOI:10.7507/1002-1892.20130123.}

[19822] **黄喜军，朱庆棠，江丽，郑灿镔，朱昭炜，路庆森，许银峰，顾立强，刘小林．复合异体脂肪干细胞的异种去细胞神经修复猕猴周围神经缺损 [J]．中华显微外科杂志，2014，37（1）：48-55．DOI：10.3760/cma.j.issn.1001-2036.2014.01.015．**{HUANG Xijun,ZHU Qingtang,JIANG Li,ZHENG Canbin,ZHU Zhaowei,LU Qingsen,XU Yinfeng,GU Liqiang,LIU Xiaolin. Repair of nerve defect with acellular nerve xenograft laden with allogenic adipose-derived stem cells in rhesus monkey[J]. Zhonghua Xian Wei Wai Ke Za Zhi[Chin J Microsurg(Article in Chinese;Abstract in Chinese and English)],2014,37(1):48-55. DOI:10.3760/cma.j.issn.1001-2036.2014.01.015.}

[19823] **傅阳，陈亮，顾玉东．幼年大鼠 C5 神经根切断后不同时间移植修复对靶组织的影响 [J]．中华显微外科杂志，2014，37（1）：44-47．DOI：10.3760/cma.j.issn.1001-2036.2014.01.014．**{FU Yang,CHEN Liang,GU Yudong. Study of the target muscle function after nerve grafting to reconstruct C5 root resection at different time interval in young rats[J]. Zhonghua Xian Wei Wai Ke Za Zhi[Chin J Microsurg(Article in Chinese;Abstract in Chinese and English)],2014,37(1):44-47. DOI:10.3760/cma.

j.issn.1001-2036.2014.01.014.}

[19824] 高旭鹏，郭志远，孙逊，王玉，彭江，郭全义，赵庆，卢世璧. 经尾静脉移植干细胞治疗神经Crush损伤的研究[J]. 中国矫形外科杂志，2014，22(19)：1783-1788. DOI：10.3977/j.issn.1005-8478.2014.19.10. {GAO Xupeng,GUO Zhiyuan,SUN Xun,WANG Yu,PENG Jiang,GUO Quanyi,ZHAO Qing,LU Shibi. Effects of intravenous transplanted stem cells on nerve crush injury[J]. Zhongguo Jiao Xing Wai Ke Za Zhi[Orthop J China(Article in Chinese;Abstract in Chinese and English)],2014,22(19):1783-1788. DOI:10.3977/j.issn.1005-8478.2014.19.10.}

[19825] 李德志，郝淑煜，苏迪娅，王世炜，刘松. 神经营养因子-3基因转染周围神经移植物治疗颈脊神经背根损伤的实验研究[J]. 中华神经外科杂志，2014，30(4)：335-338. DOI：10.3760/cma.j.issn.1001-2346.2014.04.004. {LI Dezhi,HAO Shuyu,SU Diya,WANG Shiwei,LIU Song. Transduction of Neurotrophin 3 gene into peripheral nerve graft for treatment of cervical dorsal root injury[J]. Zhonghua Shen Jing Wai Ke Za Zhi[Chin J Neurosurg(Article in Chinese;Abstract in Chinese and English)],2014,30(4):335-338. DOI:10.3760/cma.j.issn.1001-2346.2014.04.004.}

[19826] 朱瑾，王满宜，田光磊，孙丽颖，刘畅，王志新，刘宝岳. 周围神经结扎损伤治疗方法的实验研究[J]. 中华手外科杂志，2014，30(1)：10-13. DOI：10.3760/cma.j.issn.1005-054X.2014.01.003. {ZHU Jin,WANG Manyi,TIAN Guanglei,SUN Liying,LIU Chang,WANG Zhixin,LIU Baoyue. Treatment for the ligated peripheral nerves:an experimental study in rats[J]. Zhonghua Shou Wai Ke Za Zhi[Chin J Hand Surg(Article in Chinese;Abstract in Chinese and English)],2014,30(1):10-13. DOI:10.3760/cma.j.issn.1005-054X.2014.01.003.}

[19827] 王继宏，李恒彬，温树正. 结缔组织生长因子在大鼠坐骨神经慢性卡压损伤中的表达及红景天对其表达水平影响的研究[J]. 中国修复重建外科杂志，2014，28(9)：1125-1132. DOI：10.7507/1002-1892.20140245. {WANG Jihong,LI Hengbin,WEN Shuzheng. Expression of connective tissue growth factor in sciatic nerve after chronic compression injury and effect of rhodiola sachalinensis on its expression[J]. Zhongguo Xiu Fu Chong Jian Wai Ke Za Zhi[Chin J Repar Reconstr Surg(Article in Chinese;Abstract in Chinese and English)],2014,28(9):1125-1132. DOI:10.7507/1002-1892.20140245.}

[19828] 郭卫春，唐冰，熊敏，刘志刚，曾云，李军. 骨髓间充质干细胞联合孕酮修复大鼠坐骨神经损伤的研究[J]. 中华实验外科杂志，2014，31(8)：1781-1783，封4. DOI：10.3760/cma.j.issn.1001-9030.2014.08.059. {GUO Weichun,TANG Bing,XIONG Min,LIU Zhigang,CENG Yun,LI Jun. Bone marrow mesenchymal stem cells combined with progesterone for repair of sciatic nerve injury in rats[J]. Zhonghua Shi Yan Wai Ke Za Zhi[Chin J Exp Surg(Article in Chinese;Abstract in Chinese and English)],2014,31(8):1781-1783,cover 4. DOI:10.3760/cma.j.issn.1001-9030.2014.08.059.}

[19829] 孙晓雷，赵斌，马信龙，李秀兰，徐康，张扬，郭悦. 兔坐骨神经损伤后内源性生长因子含量的变化及意义[J]. 中华创伤杂志，2014，30(5)：471-474. DOI：10.3760/cma.j.issn.1001-8050.2014.05.025. {SUN Xiaolei,ZHAO Bin,MA Xinlong,LI Xiulan,XU Kang,ZHANG Yang,GUO Yue. Changes of endogenous growth factors and their significance after sciatic nerve injury in rabbits[J]. Zhonghua Chuang Shang Za Zhi[Chin J Trauma(Article in Chinese;Abstract in Chinese and English)],2014,30(5):471-474. DOI:10.3760/cma.j.issn.1001-8050.2014.05.025.}

[19830] 刘鑫，藏金月，辛娟娟，马天怡，霍东升，蔡志平. 坐骨神经损伤后雏菊叶龙胆的修复作用实验研究[J]. 局解手术学杂志，2014，23(2)：115-117. DOI：10.11659/jjssx.1672-5042.201402002. {LIU Xin,CANG Jinyue,XIN Juanjuan,MA Tianyi,HUO Dongsheng,CAI Zhiping. Experimental study of Bellidifolin in enhancing rehabilitation of injuried sciatic nerve[J]. Ju Jie Shou Shu Xue Za Zhi[J Reg Anat Oper Surg(Article in Chinese;Abstract in Chinese and English)],2014,23(2):115-117. DOI:10.11659/jjssx.1672-5042.201402002.}

[19831] 沈其孝，陈燕花，陈江海，李涛，陈振兵. 坐骨神经慢性卡压后结缔组织生长因子在背根神经节中表达的变化[J]. 中华实验外科杂志，2014，31(9)：1996-1998. DOI：10.3760/cma.j.issn.1001-9030.2014.09.055. {SHEN Qixiao,CHEN Yanhua,CHEN Jianghai,LI Tao,CHEN Zhenbing. Expression pattern of connective tissue growth factor in dorsal root ganglia during chronic nerve compression[J]. Zhonghua Shi Yan Wai Ke Za Zhi[Chin J Exp Surg(Article in Chinese;Abstract in Chinese and English)],2014,31(9):1996-1998. DOI:10.3760/cma.j.issn.1001-9030.2014.09.055.}

[19832] 陈鸥，杨艳微，胡云双. 低氧预处理诱导后类许旺细胞修复大鼠坐骨神经缺损的实验研究[J]. 中华显微外科杂志，2015，38(5)：464-467. DOI：10.3760/cma.j.issn.1001-2036.2015.05.015. {CHEN Ou,YANG Yanwei,HU Yunshuang. Experimental study on the repair of rat sciatic nerve defect with Schwann-like cells induced by hypoxia preconditioning[J]. Zhonghua Xian Wei Wai Ke Za Zhi[Chin J Microsurg(Article in Chinese;Abstract in Chinese)],2015,38(5):464-467. DOI:10.3760/cma.j.issn.1001-2036.2015.05.015.}

[19833] 赵飞，丁冬，温鹏，黄永禄，巩凡，姚占川，李晓亮，杨子洋，张多强. 枸杞多糖联合去细胞异种神经支架修复大鼠坐骨神经缺损的实验研究[J]. 中华显微外科杂志，2015，38(6)：579-583. DOI：10.3760/cma.j.issn.1001-2036.2015.06.015. {ZHAO Fei,DING Dong,WEN Peng,HUANG Yonglu,GONG Fan,YAO Zhanchuan,LI Xiaoliang,YANG Ziyang,ZHANG Duoqiang. Experimental study of Lycium barbarum polysaccharides combined with acellular xenogeneic nerve scaffold to repair rat sciatic nerve defect[J]. Zhonghua Xian Wei Wai Ke Za Zhi[Chin J Microsurg(Article in Chinese;Abstract in Chinese and English)],2015,38(6):579-583. DOI:10.3760/cma.j.issn.1001-2036.2015.06.015.}

[19834] 李沿江，黄英如，王雷，冼华，吴珍元，余学东. 人参皂甙Rb1冷保存大鼠坐骨神经修复周围神经缺损的实验研究[J]. 中国矫形外科杂志，2015，23(4)：336-342. DOI：10.3977/j.issn.1005-8478.2015.04.12. {LI Yanjiang,HUANG Yingru,WANG Lei,XIAN Hua,WU Zhenyuan,YU Xuedong. Experimental study of ginsenoside Rb1 on cold-preserved sciatic nerve and nerve regeneration in a rat model[J]. Zhongguo Jiao Xing Wai Ke Za Zhi[Orthop J China(Article in Chinese;Abstract in Chinese and English)],2015,23(4):336-342. DOI:10.3977/j.issn.1005-8478.2015.04.12.}

[19835] 王晓华，程明和，王新霞，王强. 脑源性神经营养因子缓释微球对周围神经损伤大鼠的神经保护作用[J]. 第二军医大学学报，2015，36(6)：639-643. DOI：10.3724/SP.J.1008.2015.00639. {WANG Xiaohua,CHENG Minghe,WANG Xinxia,WANG Qiang. Protective effect of Brain-Derived Neurotrophic Factor-PLGA sustained release microspheres on peripheral nerve injury[J]. Di Er Jun Yi Da Xue Xue Bao[Acad J Sec Mil Med Univ(Article in Chinese;Abstract in Chinese and English)],2015,36(6):639-643. DOI:10.3724/SP.J.1008.2015.00639.}

[19836] 王天仪，原文琦，刘勇，张衍军，王志杰，陈学明，张亚奎，冯世庆，赵向阳. 坐骨神经预损伤后miR-124-3p调节GAP-43表达并促进轴突生长的实验研究[J]. 中华骨科杂志，2015，35(4)：420-427. DOI：10.3760/cma.j.issn.0253-2352.2015.04.019. {WANG Tianyi,YUAN Wenqi,LIU Yong,ZHANG Yanjun,WANG Zhijie,CHEN Xueming,ZHANG Yakui,FENG Shiqing,ZHAO Xiangyang. After sciatic nerve conditioning injury miR-124-3p regulates GAP-43 expression in dorsal root ganglion neurons and further promoting neurite growth via STAT3[J]. Zhonghua Gu Ke Za Zhi[Chin J Orthop(Article in Chinese;Abstract in Chinese and English)],2015,35(4):420-427. DOI:10.3760/cma.j.issn.0253-2352.2015.04.019.}

[19837] 贺菊芳，余资江. 基因工程细胞移植治疗坐骨神经损伤的研究进展[J]. 局解手术学杂志，2015，24(6)：666-668. DOI：10.11659/jjssx.01E015003. {HE Jufang,YU Zijiang. Research progress on transplantation of gene engineering cells for repairing the sciatic nerve injury[J]. Ju Jie Shou Shu Xue Za Zhi[J Reg Anat Oper Surg(Article in Chinese;Abstract in Chinese and English)],2015,24(6):666-668. DOI:10.11659/jjssx.01E015003.}

[19838] 张辉，王彦生. 氧化巴西苏木素对小鼠坐骨神经损伤后脊髓运动神经元中NF-κB表达的影响[J]. 实用手外科杂志，2015，29(1)：68-70. DOI：10.3969/j.issn.1671-2722.2015.01.024. {ZHANG Hui,WANG Yan Sheng. The effect of Brazilein on the expression of NF-κB in spinal motor neurons in mice after sciatic nerve injury[J]. Shi Yong Shou Wai Ke Za Zhi[Chin J Pract Hand Surg(Article in Chinese;Abstract in Chinese and English)],2015,29(1):68-70. DOI:10.3969/j.issn.1671-2722.2015.01.024.}

[19839] 王玺，王胜，肖玉周. 脐血间充质干细胞诱导分化为类雪旺细胞修复大鼠坐骨神经损伤的实验研究[J]. 中国修复重建外科杂志，2015，29(2)：213-220. DOI：10.7507/1002-1892.20150046. {WANG Xi,WANG Sheng,XIAO Yuzhou. An experimental study on repair of sciatic nerve injury by schwann-like cells derived from umbilical cord blood mesenchymal stem cells[J]. Zhongguo Xiu Fu Chong Jian Wai Ke Za Zhi[Chin J Repar Reconstr Surg(Article in Chinese;Abstract in Chinese and English)],2015,29(2):213-220. DOI:10.7507/1002-1892.20150046.}

[19840] 赵飞，丁冬，温鹏，巩凡，黄永禄，姚占川，杨子洋，李晓亮，马军，张多强，王真. 枸杞多糖联合去细胞异种神经支架修复大鼠坐骨神经缺损[J]. 中华手外科杂志，2016，32(4)：304-308. DOI：10.3760/cma.j.issn.1005-054X.2016.04.026. {ZHAO Fei,DING Dong,WEN Peng,GONG Fan,HUANG Yonglu,YAO Zhanchuan,YANG Ziyang,LI Xiaoliang,MA Jun,ZHANG Duoqiang,WANG Zhen. Decellularized nerve xenograft combined with lycium barbarum polysaccharide for repair of sciatic nerve defect in rats[J]. Zhonghua Shou Wai Ke Za Zhi[Chin J Hand Surg(Article in Chinese;Abstract in Chinese and English)],2016,32(4):304-308. DOI:10.3760/cma.j.issn.1005-054X.2016.04.026.}

[19841] 李仕维，刘丕楠，周强意，张晶，张顺，杨智君，王博，赵赋. 大鼠坐骨神经移植神经鞘瘤模型的建立[J]. 中华神经外科杂志，2016，32(11)：1151-1155. DOI：10.3760/cma.j.issn.1001-2346.2016.11.019. {LI Shiwei,LIU Pinan,ZHOU Qiangyi,ZHANG Jing,ZHANG Shun,YANG Zhijun,WANG Bo,ZHAO Fu. The establishment of Schwannoma xenograft model within the sciatic nerve of rats[J]. Zhonghua Shen Jing Wai Ke Za Zhi[Chin J Neurosurg(Article in Chinese;Abstract in Chinese and English)],2016,32(11):1151-1155. DOI:10.3760/cma.j.issn.1001-2346.2016.11.019.}

[19842] 王春生，李靖年，毕秋玲. 鼠神经生长因子及甲基泼尼松龙鞘膜内应用治疗周围神经损伤[J]. 中国矫形外科杂志，2016，24(12)：1113-1117. DOI：10.3977/j.issn.1005-8478.2016.12.12. {WANG Chunsheng,LI jingnian,BI Qiuling. Administration of mouse Nerve Growth Factor and methylprednisolone in nerve sheath versus muscular injeciton in treatment of peripheral nerve injury[J]. Zhongguo Jiao Xing Wai Ke Za Zhi[Orthop J China(Article in Chinese;Abstract in Chinese and English)],2016,24(12):1113-1117. DOI:10.3977/j.issn.1005-8478.2016.12.12.}

[19843] 陈渝，邓忠良，翁政，陈诗谋，童伟. NGF/MAG双基因共表达腺病毒修复大鼠周围神经损伤的实验研究[J]. 中国修复重建外科杂志，2016，30(8)：1026-1033. DOI：10.7507/1002-1892.20160206. {CHEN Yu,DENG Zhongliang,WENG Zheng,CHEN Shimou,TONG Wei. Effect of recombinant co-expression adenovirus of Nerve Growth Factor and myelin associated glycoprotein genes on rat sciatic nerve injury[J]. Zhongguo Xiu Fu Chong Jian Wai Ke Za Zhi[Chin J Repar Reconstr Surg(Article in Chinese;Abstract in Chinese and English)],2016,30(8):1026-1033. DOI:10.7507/1002-1892.20160206.}

[19844] 张帅帅，李亮，毕龙，杨柳，裴国献. 显微外科技术构建家兔股动脉局部去交感神经模型[J]. 中华显微外科杂志，2016，39(1)：46-51. DOI：10.3760/cma.j.issn.1001-2036.2016.01.012. {ZHANG Shuaishuai,LI Liang,BI Long,YANG Liu,PEI Guoxian. A study on constructing:a rabbit model of local sympathetic denervation of femoral artery by microsurgery method[J]. Zhonghua Xian Wei Wai Ke Za Zhi[Chin J Microsurg(Article in Chinese;Abstract in Chinese and English)],2016,39(1):46-51. DOI:10.3760/cma.j.issn.1001-2036.2016.01.012.}

[19845] 张钰，陈鹏，张登军，张斌斌，孙广峰，聂晶. 淫羊藿苷对大鼠坐骨神经离断后修复与再生的影响[J]. 中华手外科杂志，2016，32(1)：59-61. DOI：10.3760/cma.j.issn.1005-054X.2016.01.027. {ZHANG Yu,CHEN Peng,ZHANG Dengjun,ZHANG Binbin,SUN Guangfeng,NIE Jing. Effect of Icariin on regeneration of rat sciatic nerve after transection and repair[J]. Zhonghua Shou Wai Ke Za Zhi[Chin J Hand Surg(Article in Chinese;Abstract in Chinese and English)],2016,32(1):59-61. DOI:10.3760/cma.j.issn.1005-054X.2016.01.027.}

[19846] 周聚普，苏冠龙，江波，王培吉. 高频电刀预防神经瘤性残端痛的实验研究[J]. 中华手外科杂志，2016，32(4)：296-299. DOI：10.3760/cma.j.issn.1005-054X.2016.04.024. {ZHOU jupu,SU Guanlong,JIANG Bo,WANG Peiji. An experiment study of the effect of high frequency electrotome on preventing the formation of painful neuroma[J]. Zhonghua Shou Wai Ke Za Zhi[Chin J Hand Surg(Article in Chinese;Abstract in Chinese and English)],2016,32(4):296-299. DOI:10.3760/cma.j.issn.1005-054X.2016.04.024.}

[19847] 艾尔肯·热合木吐拉，彭峰，张莉，李斌，贾潇天，虞聪，陈琳. 利用激光诱导光化学反应建立大鼠正中神经定量损伤模型[J]. 中华手外科杂志，2016，32(5)：377-381. DOI：10.3760/cma.j.issn.1005-054X.2016.05.026. {AIERKEN Rehemutula,PENG Feng,ZHANG Li,LI Bin,JIA Xiaotian,YU Cong,CHEN Lin. Laser induced photochemical reaction for establishment of quantitative median nerve injury model in rats[J]. Zhonghua Shou Wai Ke Za Zhi[Chin J Hand Surg(Article in Chinese;Abstract in Chinese and English)],2016,32(5):377-381. DOI:10.3760/cma.j.issn.1005-054X.2016.05.026.}

[19848] 陈春美，赵伟，宋启民，张健，费昶，戴超. F波在兔坐骨神经损伤急性期的变化[J]. 中华实验外科杂志，2016，33(11)：2546-2548. DOI：10.3760/cma.j.issn.1001-9030.2016.11.032. {CHEN Chunmei,ZHAO Wei,SONG Qimin,ZHANG Jian,FEI Chang,DAI Chao. Changes of F wave in the acute sciatic nerve injury[J]. Zhonghua Shi Yan Wai Ke Za Zhi[Chin J Exp Surg(Article in Chinese;Abstract in Chinese and English)],2016,33(11):2546-2548. DOI:10.3760/cma.j.issn.1001-9030.2016.11.032.}

[19849] 张强，陈汇浩，刘国辉，宗海洋，林浩东，侯春林. 恒河猴坐骨神经损伤修复后胫神经和腓总神经预后差异的研究[J]. 中国修复重建外科杂志，2016，30(5)：608-611. DOI：10.7507/1002-1892.20160123. {ZHANG Qiang,CHEN Huihao,LIU Guohui,ZONG Haiyang,LIN Haodong,HOU Chunlin. Comparison of healing results between tibial nerve and common peroneal nerve after sciatic nerve injury repair in rhesus monkey[J]. Zhongguo Xiu Fu Chong Jian Wai Ke Za Zhi[Chin J Repar Reconstr Surg(Article in Chinese;Abstract in Chinese and English)],2016,30(5):608-611. DOI:10.7507/1002-1892.20160123.}

[19850] 冯思航，冯登殿，赵炜疆. 他克莫司局部缓释用药对大鼠胫神经损伤的疗效[J]. 神经损伤与功能重建，2016，11(1)：35-38. DOI：10.16780/j.cnki.sjssgncj.2016.01.010. {FENG Sihang,FENG Dengdian,ZHAO Weijiang. Effects of FK506 microspheres on the tibial nerve injury in rats[J]. Shen Jing Sun Shang Yu Gong Neng Chong Jian[Neural Injury Funct Reconstr(Article in Chinese;Abstract in Chinese and English)],2016,11(1):35-38. DOI:10.16780/j.cnki.sjssgncj.2016.01.010.}

[19851] 冯思航，冯登殿. 大鼠胫神经损伤后远侧端髓鞘和轴索再生的研究[J]. 神经损伤与功能重建，2016，11(2)：103-106. DOI：10.16780/j.cnki.sjssgncj.2016.02.003. {FENG Sihang,FENG Dengdian. Remyelinatin and axonal regeneration of distal stumps following tibial nerve transection in rats[J]. Shen Jing Sun Shang Yu Gong Neng Chong Jian[Neural Injury Funct Reconstr(Article in Chinese;Abstract in Chinese and English)],2016,11(2):103-106. DOI:10.16780/j.cnki.sjssgncj.2016.02.003.}

[19852] 黄梦强，朱双龙，陈旭义，徐云强. 基因修饰雪旺细胞促进周围神经损伤修复再生的研究进展[J]. 中华创伤杂志，2017，33(7)：669-672. DOI：10.3760/cma.j.issn.1001-8050.2017.07.017.

{HUANG Mengqiang,ZHU Shuanglong,CHEN Xuyi,XU Yunqiang. Research progress on genetically modified Schwann cells to promote the repair and regeneration of peripheral nerve injury[J]. Zhonghua Chuang Shang Za Zhi[Chin J Trauma(Article in Chinese;Abstract in Chinese)],2017,33(7):669-672. DOI:10.3760/cma.j.issn.1001-8050.2017.07.017.}

[19853] 虞庆，提力曼江·托乎提，王涛．采用改良清晰脂质交换丙烯酰胺杂交精细成像相容性组织水凝胶法透明正中神经的实验研究 [J]．中华手外科杂志，2017，33（5）：376-378. DOI：10.3760/cma.j.issn.1005-054X.2017.05.022．{YU Qing,TILIMANJIANG Tuohuti,WANG Tao. Visualizing median nerve fibers through modified CLARITY method:an experimental study in rat[J]. Zhonghua Shou Wai Ke Za Zhi[Chin J Hand Surg(Article in Chinese;Abstract in Chinese and English)],2017,33(5):376-378. DOI:10.3760/cma.j.issn.1005-054X.2017.05.022.}

[19854] 林耀发，宗海洋，胡显腾，于荣华，邵弯弯，侯春林，林浩东．大鼠坐骨神经损伤后Spastin表达变化的实验研究 [J]．中国修复重建外科杂志，2017，31（1）：80-84. DOI：10.7507/1002-1892.201610093．{LIN Yaofa,ZONG Haiyang,HU Xianteng,YU Ronghua,SHAO Wanwan,HOU Chunlin,LIN Haodong. Changes of endogenous Spastin expression after sciatic nerve injury in rats[J]. Zhongguo Xiu Fu Chong Jian Wai Ke Za Zhi[Chin J Repair Reconstr Surg(Article in Chinese;Abstract in Chinese and English)],2017,31(1):80-84. DOI:10.7507/1002-1892.201610093.}

[19855] 邱超，郑亚妮，许硕贵．骨髓间充质干细胞移植对周围神经损伤后施旺细胞的影响 [J]．组织工程与重建外科杂志，2018，14（1）：28-30，52. DOI：10.3969/j.issn.1673-0364.2018.01.008. {QIU Chao,ZHENG Yani,XU Shuogui. Effects of BMSCs transplantation on Schwann cells after peripheral nerve injury[J]. Zu Zhi Gong Cheng Yu Chong Jian Wai Ke Za Zhi[J Tissue Eng Reconstr Surg(Article in Chinese;Abstract in Chinese and English)],2018,14(1):28-30,52. DOI:10.3969/j.issn.1673-0364.2018.01.008.}

[19856] 龚飞宇，魏在荣，金文虎，李海，邓呈亮，吴必华，聂开瑜．人羊膜间充质干细胞来源的雪旺细胞样细胞移植在皮瓣神经再生中的作用 [J]．中国修复重建外科杂志，2018，32（1）：80-90. DOI：10.7507/1002-1892.201708007．{GONG Feiyu,WEI Zairong,JIN Wenhu,LI Hai,DENG Chengliang,WU Bihua,NIE Kaiyu. The role of Schwann cells-like cells derived from human amniotic membrane mesenchymal stem cells transplantation in flap nerves regeneration[J]. Zhongguo Xiu Fu Chong Jian Wai Ke Za Zhi[Chin J Repair Reconstr Surg(Article in Chinese;Abstract in Chinese and English)],2018,32(1):80-90. DOI:10.7507/1002-1892.201708007.}

[19857] 尹刚，刘蔡钺，林耀发，谢铮，侯春林，林浩东．脂肪干细胞来源外泌体对周围神经损伤后再生作用的实验研究 [J]．中国修复重建外科杂志，2018，32（12）：1592-1596. DOI：10.7507/1002-1892.201707051．{YIN Gang,LIU Caiyue,LIN Yaofa,XIE Zheng,HOU Chunlin,LIN Haodong. Effect of exosomes from adipose-derived stem cells on peripheral nerve regeneration[J]. Zhongguo Xiu Fu Chong Jian Wai Ke Za Zhi[Chin J Repair Reconstr Surg(Article in Chinese;Abstract in Chinese and English)],2018,32(12):1592-1596. DOI:10.7507/1002-1892.201707051.}

[19858] 张钰，孙广峰，聂晶．大鼠坐骨神经离断吻合后外周血单核细胞对脊髓前角运动神经元的影响 [J]．中华创伤杂志，2018，34（2）：169-174. DOI：10.3760/cma.j.issn.1001-8050.2018.02.013. {ZHANG Yu,SUN Guangfeng,NIE Jing. Effect of peripheral blood mononuclear cells on spinal motor neurons after end-to-end anastomosis of transected sciatic nerves in rats[J]. Zhonghua Chuang Shang Za Zhi[Chin J Trauma(Article in Chinese;Abstract in Chinese and English)],2018,34(2):169-174. DOI:10.3760/cma.j.issn.1001-8050.2018.02.013.}

[19859] 冯蔚枫，陆海滨，徐筑秋，陈露露，杨晓楠，祁佐良．肌外膜导管中细胞对周围神经再生影响的实验研究 [J]．中国修复重建外科杂志，2018，32（5）：617-624. DOI：10.7507/1002-1892.201712092．{FENG Weifeng,LU Haibin,XU Zhuqiu,CHEN Lulu,YANG Xiaonan,QI Zuoliang. Effect of cells in the epimysium conduit on the regeneration of peripheral nerve[J]. Zhongguo Xiu Fu Chong Jian Wai Ke Za Zhi[Chin J Repair Reconstr Surg(Article in Chinese;Abstract in Chinese and English)],2018,32(5):617-624. DOI:10.7507/1002-1892.201712092.}

[19860] 陈汇浩，宗海洋，蒙德鹏，蔡雨卫，侯春林，林浩东．胫神经近端肌支移位修复高位腓深神经损伤的实验研究 [J]．中华显微外科杂志，2018，41（1）：57-61. DOI：10.3760/cma.j.issn.1001-2036.2018.01.014．{CHEN Huihao,ZONG Haiyang,MENG depeng,CAI Yuwei,HOU Chunlin,LIN Haodong. Experimental study on repairmen of high deep peroneal nerve injury by nerve transposition methods using different proximal tibialnerve muscular branches[J]. Zhonghua Xian Wei Wai Ke Za Zhi[Chin J Microsurg(Article in Chinese;Abstract in Chinese and English)],2018,41(1):57-61. DOI:10.3760/cma.j.issn.1001-2036.2018.01.014.}

[19861] 周明伟，侯洁，张青玲，贾玉玺．甘草甜素修复小鼠坐骨神经损伤的研究 [J]．中华实验外科杂志，2018，35（3）：509-512. DOI：10.3760/cma.j.issn.1001-9030.2018.03.034. {ZHOU Mingwei,HOU Jie,ZHANG Qingling,JIA Yuxi. Effects of Glycyrrhizin on repairing sciatic nerve injury in mice[J]. Zhonghua Shi Yan Wai Ke Za Zhi[Chin J Exp Surg(Article in Chinese;Abstract in Chinese and English)],2018,35(3):509-512. DOI:10.3760/cma.j.issn.1001-9030.2018.03.034.}

[19862] 陈伟，魏在荣，吴必华，杨成兰，金文虎，龚飞宇，孙广峰，聂开瑜，王达利．大鼠施万细胞与成纤维细胞联合移植对大鼠失神经支配穿支皮瓣神经再生的影响及其机制 [J]．中华烧伤杂志，2019，35（2）：134-142. DOI：10.3760/cma.j.issn.1009-2587.2019.02.009. {CHEN Wei,WEI Zairong,WU Bihua,YANG Chenglan,JIN Wenhu,GONG Feiyu,SUN Guangfeng,NIE Kaiyu,WANG Dali. Effects of combined transplantation of rat Schwann cells and fibroblasts on nerve regeneration of denervated perforator flaps in rats and the mechanism[J]. Zhonghua Shao Shang Za Zhi[Chin J Burns(Article in Chinese;Abstract in Chinese and English)],2019,35(2):134-142. DOI:10.3760/cma.j.issn.1009-2587.2019.02.009.}

[19863] 赵亮，李丹，刘园，刘璐，李洪鹏．抑制水通道蛋白4可降低脊髓后角胶质细胞细胞外调节蛋白激酶信号的活化改善坐骨神经损伤导致的神经病理性疼痛 [J]．解剖学报，2019，50（1）：35-39. DOI：10.16098/j.issn.0529-1356.2019.01.007．{ZHAO Liang,LI Dan,LIU Nan,LIU Lu,LI Hongpeng. Inhibition of the aquaporin4 correlates with the analgesic effects via extracellular regulated protein kinase pathway activation of spinal dorsal horn after sciatic nerve injury[J]. Jie Pou Xue Bao[Acta Anat Sin(Article in Chinese;Abstract in Chinese and English)],2019,50(1):35-39. DOI:10.16098/j.issn.0529-1356.2019.01.007.}

[19864] 杨荣源，陈进鸿，李洪瀚．绿茶多酚联合甲钴胺对周围神经损伤修复作用的动物实验研究 [J]．中华手外科杂志，2020，36（1）：61-65. DOI：10.3760/cma.j.issn.1005-054X.2020.01.019. {YANG Rongyuan,CHEN Jinhong,LI Honghan. Experimental study on the effect of green tea polyphenols combined with Mecobalamin on the repair of peripheral nerve injury[J]. Zhonghua Shou Wai Ke Za Zhi[Chin J Hand Surg(Article in Chinese;Abstract in Chinese and English)],2020,36(1):61-65. DOI:10.3760/cma.j.issn.1005-054X.2020.01.019.}

[19865] 朱宇，黄定基，高翔，张跃．无线局域网络辐射对大鼠坐骨神经损伤修复的影响 [J]．中华实验外科杂志，2020，37（2）：293-295. DOI：10.3760/cma.j.issn.1001-9030.2020.02.028. {ZHU Yu,HUANG Dingji,GAO Xiang,ZHANG Yue. Effect of wireless fidelity radiation on repair of sciatic nerve injury in rats[J]. Zhonghua Shi Yan Wai Ke Za Zhi[Chin J Exp Surg(Article in Chinese;Abstract in Chinese and English)],2020,37(2):293-295. DOI:10.3760/cma.j.issn.1001-9030.2020.02.028.}

[19866] 高海明，王波，曹家全，李秀军，黄陈翼，吴佳奇，刘宗超．自体注射型富血小板纤维蛋白联合BMSCs治疗大鼠坐骨神经损伤的实验研究 [J]．中国修复重建外科杂志，2020，34（5）：637-642. DOI：10.7507/1002-1892.201909061．{GAO Haiming,WANG Bo,CAO Jiaquan,LI Xiujun,HUANG Chenyi,WU Jiaqi,LIU Zongchao. Experimental study on autologous injectable platelets rich fibrin combined with bone mesenchymal stem cells in treating sciatic nerve injury in rats[J]. Zhongguo Xiu Fu Chong Jian Wai Ke Za Zhi[Chin J Repair Reconstr Surg(Article in Chinese;Abstract in Chinese and English)],2020,34(5):637-642. DOI:10.7507/1002-1892.201909061.}

6.4.12 臂丛损伤
brachial plexus injury

[19867] Gu YD,Wu MM,Zheng YL,Zhang GM,Yan JG,Cheng XM,Chen DS. Microsurgical treatment for root avulsion of the brachial plexus[J]. Chin Med J,1987,100(7):519-522.

[19868] Gu YD,Zhang GM,Chen DS,Yan JG,Cheng XM. Microsurgical treatment of brachial plexus irreversible avulsion[J]. Chin Med J,1989,102(7):545-548.

[19869] Zhang GM,Gu YD,Chen DS,Yan JG,Cheng XM. Root avulsion of brachial plexus in infants and children[J]. Chin Med J,1990,103(5):424-427.

[19870] Gu YD,Zhang GM,Chen DS,Cheng XM,Zhang LY,Yan JG,Cai PQ,Shen LY. Cervical nerve root transfer from contralateral normal side for treatment of brachial plexus root avulsions[J]. Chin Med J,1991,104(3):208-211.

[19871] Gu YD. Distribution of the sensory endings of the C7 nerve root and its clinic significance[J]. J Hand Surg Br,1994,19(1):67-68. doi:10.1016/0266-7681(94)90052-3.

[19872] Gu YD,Cheng XM,Chen DS,Zhang GM,Xu JG,Chen L,Zhang LY,Cai PQ. Femoral nerve transfer for treatment of brachial plexus root avulsion[J]. Plast Reconstr Surg,1998,102(6):1973-1978;discussion 1979-1980. doi:10.1097/00006534-199811000-00024.

[19873] Chen ZY,Xu JG,Shen LY,Gu YD. Phrenic nerve conduction study in patients with traumatic brachial plexus palsy[J]. Muscle Nerve,2001,24(10):1388-1390. doi:10.1002/mus.1160.

[19874] Zhou Y,Chen L,Hu S,Gu Y. Brachial plexus injury after transfer of free latissimus dorsi musculocutaneous flap[J]. Chin J Traumatol,2002,5(4):254-256.

[19875] Lu L,Gong X,Liu Z,Wang D,Zhang Z. Diagnosis and operative treatment of radiation-induced brachial plexopathy[J]. Chin J Traumatol,2002,5(6):329-332.

[19876] Zhao X,Lao J,Hung LK,Zhang GM,Zhang LY,Gu YD. Selective neurotization of the median nerve in the arm to treat brachial plexus palsy. Surgical technique[J]. J Bone Joint Surg Am,2005,87 Suppl 1(Pt 1):122-135. doi:10.2106/JBJS.D.02633.

[19877] Xu WD,Gu YD,Lu JB,Yu C,Zhang CG,Xu JG. Pulmonary function after complete unilateral phrenic nerve transection[J]. J Neurosurg,2005,103(3):464-467. doi:10.3171/jns.2005.103.3.0464.

[19878] Guan SB,Hou CL,Chen DS,Gu YD. Restoration of shoulder abduction by transfer of the spinal accessory nerve to suprascapular nerve through dorsal approach:a clinical study[J]. Chin Med J,2006,119(9):707-712.

[19879] Qian BP,Qiu Y,Wang B. Brachial plexus palsy associated with halo traction before posterior correction in severe scoliosis[J]. Stud Health Technol Inform,2006,123:538-542.

[19880] QIAN Bang-ping,QIU Yong,WANG Bin,YU Yang,ZHU Ze-zhang. Brachial plexus palsy caused by halo traction before posterior correction in patients with severe scoliosis[J]. Chin J Traumatol,2007,10(5):294-298.

[19881] Gu Y. Lateral progression of brachial plexus avulsion injury[J]. Front Med China,2007,1(1):20-23. doi:10.1007/s11684-007-0004-8.

[19882] Xu WD,Lu JZ,Qiu YQ,Jiang S,Xu L,Xu JG,Gu YD. Hand prehension recovery after brachial plexus avulsion injury by performing a full-length phrenic nerve transfer via endoscopic thoracic surgery[J]. J Neurosurg,2008,108(6):1215-1219. doi:10.3171/JNS/2008/108/6/1215.

[19883] Zhang Z,Song L,Meng Q,Li Z,Luo B,Pei Z,Zeng J. Segmented echo planar MR imaging of the brachial plexus with inversion recovery magnetization preparation at 3.0T[J]. J Magn Reson Imaging,2008,28(2):440-444. doi:10.1002/jmri.21304.

[19884] Chen FY,Tao W,Cheng X,Wang HY,Hu YS,Zhang XH,Li YJ. Brain glucose metabolic changes associated with chronic spontaneous pain due to brachial plexus avulsion:a preliminary positron emission tomography study[J]. Chin Med J,2008,121(12):1096-1100.

[19885] Dong Z,Gu YD,Zhang CG,Zhang L. Clinical use of supinator motor branch transfer to the posterior interosseous nerve in C7-T1 brachial plexus palsies[J]. J Neurosurg,2010,113(1):113-117. doi:10.3171/2010.1.JNS091441.

[19886] Jin ZH,Yu JA,Niu ZH,Shi K. Surgical treatment of brachial plexus carcinoma metastasized from non-ipsilateral breast cancer[J]. Neurosciences (Riyadh),2011,16(1):57-59.

[19887] Huang YG,Chen L,Gu YD,Yu GR. Undeveloped semiconic posterosuperior ligament and susceptibility to avulsion of the C7 spinal nerve in Erb palsy[J]. J Neurosurg Pediatr,2011,7(6):676-680. doi:10.3171/2011.3.PEDS1159.

[19888] Chen DZ,Cong R,Zheng MJ,Zhu T,Coles G,Feng H,Zhou XD,Zhu YS. Differential diagnosis between pre-and postganglionic adult traumatic brachial plexus lesions by ultrasonography[J]. Ultrasound Med Biol,2011,37(8):1196-1203. doi:10.1016/j.ultrasmedbio.2011.04.015.

[19889] Lin H,Lv D,Hou C,Chen D. Modified C7 neurotization in the treatment of brachial plexus avulsion injury[J]. J Neurosurg,2011,115(4):865-869. doi:10.3171/2011.6.JNS101604.

[19890] Wei HF,Chen L,Gu YD. Identification of CNS neural circuitry involved in the innervation of C7 spinal nerve:a viral transsynaptic tracing study[J]. Chin J Traumatol,2011,14(5):259-263.

[19891] Lu J,Xu J,Xu W,Xu L,Fang Y,Chen L,Gu Y. Combined nerve transfers for repair of the upper brachial plexus injuries through a posterior approach[J]. Microsurgery,2012,32(2):111-117. doi:10.1002/micr.20962.

[19892] Zhou JM,Gu YD,Xu XJ,Zhang SY,Zhao X. Clinical research of comprehensive rehabilitation in treating brachial plexus injury patients[J]. Chin Med J,2012,125(14):2516-2520.

[19893] Dong S,Hu YS,Du W,Tao W,Zhang XH,Zhuang P,Li YJ. Changes in spontaneous dorsal horn potentials after dorsal root entry zone lesioning in patients with pain after brachial plexus avulsion[J]. J Int Med

Res,2012,40(4):1499-1506. doi:10.1177/147323001204000429.
[19894] Liu T,Liu H,Yang C,Xu S,Sun C. Brachial plexus palsy,a rare delayed complication of the Nuss procedure for pectus excavatum:a case report[J]. J Pediatr Surg,2012,47(11):e19-e20. doi:10.1016/j.jpedsurg.2012.07.045.
[19895] Li Z,Xia X,Rong X,Tang Y,Xu D. Structure of the brachial plexus root and adjacent regions displayed by ultrasound imaging[J]. Neural Regen Res,2012,7(26):2044-2050. doi:10.3969/j.issn.1673-5374.2012.26.006.
[19896] Chen LZ,Chen L,Zhu Y,Gu YD. Semiquantifying of fascicles of the C7 spinal nerve in the upper and lower subscapular nerves innervating the subscapularis and its clinical inference in Erb's palsy[J]. Clin Anat,2013,26(4):470-475. doi:10.1002/ca.22064.
[19897] Bao YF,Tang WJ,Zhu DQ,Li YX,Zee CS,Chen XJ,Geng DY. Sensory neuronopathy involves the spinal cord and brachial plexus:a quantitative study employing multiple-echo data image combination (MEDIC) and turbo inversion recovery magnitude (TIRM)[J]. Neuroradiology,2013,55(1):41-48. doi:10.1007/s00234-012-1085-x.
[19898] Wu JD,Huang WH,Huang ZY,Chen M,Zhang GJ. Brachial plexus palsy after a left-side modified radical mastectomy with immediate latissimusdorsi flap reconstruction:report of a case[J]. World J Surg Oncol,2013,11:276. doi:10.1186/1477-7819-11-276.
[19899] Yang J,Qin B,Fu G,Li P,Zhu Q,Liu X,Zhu J,Gu L. Modified pathological classification of brachial plexus root injury and its MR imaging characteristics[J]. J Reconstr Microsurg,2014,30(3):171-178. doi:10.1055/s-0033-1357498.
[19900] Zheng M,Zhu Y,Zhou X,Chen S,Cong R,Chen D. Diagnosis of closed injury and neoplasm of the brachial plexus by ultrasonography[J]. J Clin Ultrasound,2014,42(7):417-422. doi:10.1002/jcu.22155.
[19901] Zhu YS,Mu NN,Zheng MJ,Zhang YC,Feng H,Cong R,Zhou XD,Chen DZ. High-resolution ultrasonography for the diagnosis of brachial plexus root lesions[J]. Ultrasound Med Biol,2014,40(7):1420-1426. doi:10.1016/j.ultrasmedbio.2014.02.012.
[19902] Xu X,Zhou J,Gu Y. Clinical research of postoperative comprehensive rehabilitation in treating brachial plexus injuries[J]. Chin Med J,2014,127(9):1782-1784.
[19903] Gu B,Yang Z,Huang S,Xiao S,Zhang B,Yang L,Zhao J,Zhao Z,Shen J,Liu J. Radiation-induced brachial plexus injury after radiotherapy for nasopharyngeal carcinoma[J]. Jpn J Clin Oncol,2014,44(8):736-742. doi:10.1093/jjco/hyu062.
[19904] Zhang S,Tang H,Zhou J,Gu Y. Electroacupuncture attenuates neuropathic pain after brachial plexus injury[J]. Neural Regen Res,2014,9(14):1365-1370. doi:10.4103/1673-5374.137589.
[19905] Zhang K,Lv Z,Liu J,Zhu H,Li R. Restoration and protection of brachial plexus injury:hot topics in the last decade[J]. Neural Regen Res,2014,9(18):1723-1728. doi:10.4103/1673-5374.141809.
[19906] Wu SG,Huang SJ,Zhou J,Sun JY,Guo H,Li FY,Lin Q,Lin HX,He ZY. Dosimetric analysis of the brachial plexus among patients with breast cancer treated with post-mastectomy radiotherapy to the ipsilateral supraclavicular area:report of 3 cases of radiation-induced brachial plexus neuropathy[J]. Radiat Oncol,2014,9:292. doi:10.1186/s13014-014-0292-5.
[19907] Xu B,Dong Z,Zhang CG,Gu YD. Clinical outcome following transfer of the supinator motor branch to the posterior interosseous nerve in patients with C7-T1 brachial plexus palsy[J]. J Reconstr Microsurg,2015,31(2):102-106. doi:10.1055/s-0034-1384212.
[19908] Jiang H,Lu H,Yuan H,Huang H,Wei Y,Zhang Y,Liu X. Dosimetric benefits of placing dose constraints on the brachial plexus in patients with nasopharyngeal carcinoma receiving intensity-modulated radiation therapy:a comparative study[J]. J Radiat Res,2015,56(1):114-121. doi:10.1093/jrr/rru072.
[19909] Hua XY,Qiu YQ,Li T,Zheng MX,Shen YD,Jiang S,Xu JG,Gu YD,Xu WD. Contralateral peripheral neurotization for hemiplegic upper extremity after central neurologic injury[J]. Neurosurgery,2015,76(2):187-195;discussion 195. doi:10.1227/NEU.0000000000000590.
[19910] Gu W,Jiang W,He J,Liu S,Wang Z. Blockade of the brachial plexus abolishes activation of specific brain regions by electroacupuncture at LI4:a functional MRI study[J]. Acupunct Med,2015,33(6):457-464. doi:10.1136/acupmed-2015-010901.
[19911] Xu B,Dong Z,Zhang CG,Gu YD. Transfer of the radial branch of the superficial radial nerve to the sensory branch of the ulnar nerve for sensory restoration after C7-T1 brachial plexus injury[J]. J Plast Reconstr Aesthet Surg,2016,69(3):318-322. doi:10.1016/j.bjps.2015.10.043.
[19912] Chu B,Wang H,Chen L,Gu Y,Hu S. Dual nerve transfers for restoration of shoulder function after brachial plexus avulsion injury[J]. Ann Plast Surg,2016,76(6):668-673. doi:10.1097/SAP.0000000000000747.
[19913] Wang L,Niu Y,Kong X,Yu Q,Kong X,Lv Y,Shi H,Li C,Wu W,Wang B,Liu D. The application of paramagnetic contrast-based T2 effect to 3D heavily T2W high-resolution MR imaging of the brachial plexus and its branches[J]. Eur J Radiol,2016,85(3):578-584. doi:10.1016/j.ejrad.2015.12.001.
[19914] Cai Z,Li Y,Hu Z,Fu R,Rong X,Wu R,Cheng J,Huang X,Luo J,Tang Y. Radiation-induced brachial plexopathy in patients with nasopharyngeal carcinoma:a retrospective study[J]. Oncotarget,2016,7(14):18887-18895. doi:10.18632/oncotarget.7748.
[19915] Jia X,Yang J,Chen L,Yu C,Kondo T. Primary brachial plexus tumors:clinical experiences of 143 cases[J]. Clin Neurol Neurosurg,2016,148:91-95. doi:10.1016/j.clineuro.2016.07.009.
[19916] Jia X,Yang J,Chen L,Yu C. Large cervicothoracic myxoinflammatory fibroblastic sarcoma with brachial plexus invasion:a case report and literature review[J]. Oncol Lett,2016,12(3):1717-1720. doi:10.3892/ol.2016.4824.
[19917] Qin BG,Yang JT,Yang Y,Wang HG,Fu G,Gu LQ,Li P,Zhu QT,Liu XL,Zhu JK. Diagnostic value and surgical implications of the 3D DW-SSFP MRI on the management of patients with brachial plexus injuries[J]. Sci Rep,2016,6:35999. doi:10.1038/srep35999.
[19918] Xu B,Dong Z,Zhang CG,Gu YD. Multiple nerve and tendon transfers:a new strategy for restoring hand function in a patient with C7-T1 brachial plexus avulsions[J]. J Neurosurg,2017,127(4):837-842. doi:10.3171/2016.8.JNS151749.
[19919] Liu Y,Wang L,Meng C,Zhou Y,Lao J,Zhao X. A new model for the study of neuropathic pain after brachial plexus injury[J]. Injury,2017,48(2):253-261. doi:10.1016/j.injury.2016.11.007.
[19920] Yu A,Wang S,Cheng X,Liang W,Bai R,Xue Y,Li W. Functional connectivity of motor cortical network in patients with brachial plexus avulsion injury after contralateral cervical nerve transfer:a resting-state fMRI study[J]. Neuroradiology, 2017,59(3):247-253. doi:10.1007/s00234-017-1796-0.
[19921] Zhou Y,Liu P,Rui J,Zhao X,Lao J. The associated factors and clinical features of neuropathic pain after brachial plexus injuries:a cross-sectional study[J]. Clin J Pain,2017,33(11):1030-1036. doi:10.1097/AJP.0000000000000493.
[19922] Jia X,Chen C,Chen L,Yu C,Kondo T. Large malignant granular cell tumor with suprascapular nerve and brachial plexus invasion:a case report and literature review[J]. Medicine(Baltimore),2017,96(44):e8531. doi:10.1097/MD.0000000000008531.
[19923] Zheng B,Song L,Liu H. Pulsed radiofrequency of brachial plexus under ultrasound guidance for refractory stump pain:a case report[J]. J Pain Res,2017,10:2601-2604. doi:10.2147/JPR.S148479.
[19924] Zheng MX,Hua XY,Jiang S,Qiu YQ,Shen YD,Xu WD. Contralateral peripheral neurotization for a hemiplegic hindlimb after central neurological injury[J]. J Neurosurg,2018,128(1):304-311. doi:10.3171/2016.4.JNS152046.
[19925] Jiang S,Ng CY,Xu WD. The derivation of C7 nerve root as a potential donor nerve:a historical note[J]. J Hand Surg Eur,2018,43(2):213-214. doi:10.1177/1753193417726643.
[19926] Ye X,Shen YD,Feng JT,Xu WD. Nerve fascicle transfer using a part of the C7 nerve for spinal accessory nerve injury[J]. J Neurosurg Spine,2018,28(5):555-561. doi:10.3171/2017.8.SPINE17582.
[19927] Wang J,Liu F,Liu S,Wang N. An uncommon cause of contralateral brachial plexus injury following jugular venous cannulation[J]. Am J Case Rep,2018,19:289-291. doi:10.12659/ajcr.908125.
[19928] Feng JT,Xu WD. Contralateral cervical nerve transfer for arm paralysis[J]. N Engl J Med,2018,378(15):1460-1461. doi:10.1056/NEJMc1801458.
[19929] Yu H,Wang YS,Zeng XD. Contralateral cervical nerve transfer for arm paralysis[J]. N Engl J Med,2018,378(15):1460. doi:10.1056/NEJMc1801458.
[19930] Gao AB,Lv YC,Wang AP,Zhong LY,Tang ML,Thomas BP,Peng TH. The zonal pattern of arterial supply to the brachial plexus and its clinical significance[J]. Surg Radiol Anat,2018,40(7):815-822. doi:10.1007/s00276-018-2024-2.
[19931] Rui J,Xu YL,Zhao X,Li JF,Gu YD,Lao J. Phrenic and intercostal nerves with rhythmic discharge can promote early nerve regeneration after brachial plexus repair in rats[J]. Neural Regen Res,2018,13(5):862-868. doi:10.4103/1673-5374.232482.
[19932] Zhang L,Xiao T,Yu Q,Li Y,Shen F,Li W. Clinical value and diagnostic accuracy of 3.0T multi-parameter magnetic resonance imaging in traumatic brachial plexus injury[J]. Med Sci Monit,2018,24:7199-7205. doi:10.12659/MSM.907019.
[19933] Chen YC,Lian Z,Lin YN,Wang XJ,Yao GF. Injury to the axillary artery and brachial plexus caused by a closed floating shoulder injury:a case report[J]. World J Clin Cases,2018,6(15):1029-1035. doi:10.12998/wjcc.v6.i15.1029.
[19934] Li CH,Wu VW,Chiu G. A dosimetric evaluation on applying RTOG-based and CT/MRI-based delineation methods to brachial plexus in radiotherapy of nasopharyngeal carcinoma treated with helical tomotherapy[J]. Br J Radiol,2019,92(1102):20170881. doi:10.1259/bjr.20170881.
[19935] Guo WL,Qu WR,Zeng LN,Qi ZP,Huang C,Zhu Z,Li R. l-Theanine and NEP1-40 promote nerve regeneration and functional recovery after brachial plexus root avulsion[J]. Biochem Biophys Res Commun,2019,508(4):1126-1132. doi:10.1016/j.bbrc.2018.11.124.
[19936] Jiang S,Chen W,Shen YD,Qiu YQ,Yu AP,Xu WD. C7 transfer in a posterior intradural approach for treating hemiplegic upper-limbs:hypothesis and a cadaver feasibility study[J]. Br J Neurosurg,2019,33(4):413-417. doi:10.1080/02688697.2018.1552754.
[19937] Li GY,Xue MQ,Wang JW,Zeng XY,Qin J,Sha K. Traumatic brachial plexus injury:a study of 510 surgical cases from multicenter services in Guangxi,China[J]. Acta Neurochir(Wien),2019,161(5):899-906. doi:10.1007/s00701-019-03871-y.
[19938] Chen K,Deng L,She H,Hu F,Li T. MR neurography showed brachial plexus abnormalities in syringomyelia with shoulder Charcot arthropathy:a case report[J]. Br J Neurosurg,2019 Mar 20:1-3. doi:10.1080/02688697.2019.1590526. Online ahead of print.
[19939] Meng C,Yang X,Liu Y,Zhou Y,Rui J,Li S,Xu C,Zhuang Y,Lao J,Zhao X. Decreased expression of lncRNA Malat1 in rat spinal cord contributes to neuropathic pain by increasing neuron excitability after brachial plexus avulsion[J]. J Pain Res,2019,12:1297-1310. doi:10.2147/JPR.S195117.
[19940] Wang GB,Qiu YQ,Ying Y,Yu AP,Jiang S,Jia J,Jia X,Xu WD. Simple grading for motor function in spastic arm paralysis:Hua-Shan grading of upper extremity[J]. J Stroke Cerebrovasc Dis,2019,28(8):2140-2147. doi:10.1016/j.jstrokecerebrovasdis.2019.04.006.
[19941] Su X,Kong X,Liu D,Kong X,Alwalid O,Wang J,Shu S,Zheng C. Multimodal magnetic resonance imaging of peripheral nerves:Establishment and validation of brachial and lumbosacral plexi measurements in 163 healthy subjects[J]. Eur J Radiol,2019,117:41-48. doi:10.1016/j.ejrad.2019.05.017.
[19942] Yu BF,Yin HW,Qiu YQ,Shen YD,Gu YD,Xu WD. Designing a 20 mm incision to protect the dorsal branch of the ulnar nerve during arthroscopic repair of triangular fibrocartilage complex injuries:Cadaver study and preliminary clinical results[J]. Hand Surg Rehabil,2019,38(6):381-385. doi:10.1016/j.hansur.2019.09.008.
[19943] Chen H,Yin G,Cui N,Lin H. Rare primary embryonal carcinoma in the brachial plexus:a case report and literature review[J]. Neurosurgery,2020,87(2):E152-E155. doi:10.1093/neuros/nyz361.
[19944] Guo J,Gao K,Zhou Y,Zhao X,Lao J. Comparison of neuropathic pain characteristics associated with total brachial plexus injury before and after surgical repair:a retrospective study[J]. Clin Neurol Neurosurg,2020,191:105692. doi:10.1016/j.clineuro.2020.105692.
[19945] Xiao B,Ma A,Li Z,Zhang S,Xu X,Zhou J,Li W,Zhang J,Yao F. Naprapathy

attenuates neuropathic pain after brachial plexus injury[J]. Ann Palliat Med,2020,9(3):766-773. doi:10.21037/apm.2020.04.16.

[19946] Xu Z,Zhang T,Chen J,Liu Z,Wang T,Hu Y,Zhang J,Xue F. Combine contrast-enhanced 3D T2-weighted short inversion time inversion recovery MR neurography with MR angiography at 1.5 T in the assessment of brachial plexopathy[J]. MAGMA,2021,34(2):229-239. doi:10.1007/s10334-020-00867-z.

[19947] Zhang X,Wang W,Liu T,Qi Y,Ma L. The effects of three different contrast agents(Gd-BOPTA,Gd-DTPA,and Gd-DOTA) on brachial plexus magnetic resonance imaging[J]. Ann Transl Med,2021,9(4):344. doi:10.21037/atm-21-348.

[19948] **韩震，钟世镇，刘牧之，孙博．胸背神经、下肩胛下神经移位与肌皮神经吻合修复臂丛损伤的解剖学研究 [J]．临床应用解剖学杂志，1983，1（1）：67－71．** {HAN Zhen,ZHONG Shizhen,LIU Muzhi,SUN Bo. Anatomical study of thoracic and dorsal nerve and subscapular nerve transfer and musculocutaneous nerve anastomosis to repair brachial plexus injury[J]. Lin Chuang Ying Yong Jie Pou Xue Za Zhi[J Clin Appl Anat(Article in Chinese;Abstract in Chinese)],1983,1(1):67-71.}

[19949] **顾玉东，吴敏明，郑忆柳，张高孟，陈德松，严计赓，成效敏．臂丛神经损伤的诊断 [J]．中华外科杂志，1988，26（8）：455－457．DOI：CNKI：SUN：ZHSK.0.1999－01－007．** {GU Yudong,WU Minming,ZHENG Yiliu,ZHANG Gaomeng,CHEN Desong,YAN Jigeng,CHENG Xiaomin. Diagnosis of brachial plexus injury[J]. Zhonghua Wai Ke Za Zhi[Chin J Surg(Article in Chinese;Abstract in Chinese)],1988,26(8):455-457. DOI:CNKI:SUN:ZHSK.0.1999-01-007.}

[19950] **张咸中．臂丛神经损伤 [J]．修复重建外科杂志，1988，2（2）：55．** {ZHANG Xianzhong. Brachial plexus injury[J]. Zhongguo Xiu Fu Chong Jian Wai Ke Za Zhi[Chin J Repar Reconstr Surg(Article in Chinese;No abstract available)],1988,2(2):55.}

[19951] **朱盛修，梁雨田，刘玉本，朱云峰．锁骨下区臂丛和动脉伤后肢端血供观察 [J]．中华外科杂志，1991，29（10）：628．** {ZHU Shengxiu,LIANG Yutian,LIU Yuben,ZHU Yunfeng. Clinical observation of blood supply to the distal end of affected extremity after brachial plexus and artery injury in the subclavian region[J]. Zhonghua Wai Ke Za Zhi[Chin J Surg(Article in Chinese;No abstract available)],1991,29(10):628.}

[19952] **张咸中，王国君，李明，韩庆武，程淑英，李晓春，张文泰，高学汉．臂丛神经损伤合并多神经损伤 [J]．修复重建外科杂志，1991，5（2）：125．** {ZHANG Xianzhong,WANG Guojun,LI Ming,HAN Qingwu,CHENG Shuying,LI Xiaochun,ZHANG Wentai,GAO Xuehan. Brachial plexus injury combined with polynerve injury[J]. Zhongguo Xiu Fu Chong Jian Wai Ke Za Zhi[Chin J Repar Reconstr Surg(Article in Chinese;No abstract available)],1991,5(2):125.}

[19953] **张友乐，杨克非，李淳，谢启磷．臂丛神经损伤合并假性动脉瘤二例 [J]．中华外科杂志，1992，30（6）：362．** {ZHANG Youle,YANG Kefei,LI Chun,XIE Qilin. Brachial plexus injury combined with pseudoaneurysm:a report of 2 cases[J]. Zhonghua Wai Ke Za Zhi[Chin J Surg(Article in Chinese;No abstract available)],1992,30(6):362.}

[19954] **张少成．臂丛神经损伤的修复：36 例报告 [J]．手外科杂志，1992，8(1)：2－3．** {ZHANG Shaocheng. Repair of brachial plexus injury:a report of 36 cases[J]. Shou Wai Ke Za Zhi[J Hand Surg(Article in Chinese;Abstract in Chinese)],1992,8(1):2-3.}

[19955] **成效敏，顾玉东，张高孟，徐建光，张丽银．乳癌根治术后并发臂丛神经损伤 [J]．中国修复重建外科杂志，1992，6（2）：82－83，126－127．** {CHENG Xiaomin,GU Yudong,ZHANG Gaomeng,XU Jianguang,ZHANG Liyin. Brachial plexus injury after radical mastectomy[J]. Zhongguo Xiu Fu Chong Jian Wai Ke Za Zhi[Chin J Repar Reconstr Surg(Article in Chinese;Abstract in Chinese)],1992,6(2):82-83,126-127.}

[19956] **王国君，尹维田．臂丛神经损伤 50 例 [J]．中华显微外科杂志，1993，16（2）：94－95．** {WANG Guojun,YIN Weitian. 50 cases of brachial plexus injury[J]. Zhonghua Xian Wei Wai Ke Za Zhi[Chin J Microsurg(Article in Chinese;Abstract in Chinese)],1993,16(2):94-95.}

[19957] **张少成，罗国亭．臂丛神经损伤机制的实验研究 [J]．中华手外科杂志，1993，9（1）：36－38．** {ZHANG Shaocheng,LUO Guoting. Experimental study on mechanism of brachial plexus injury[J]. Zhonghua Shou Wai Ke Za Zhi[Chin J Hand Surg(Article in Chinese;Abstract in Chinese)],1993,9(1):36-38.}

[19958] **路来金，王国君．放射性臂丛神经损伤的修复 [J]．中华手外科杂志，1993，9（1）：46－46．** {LU Laijin,WANG Guojun. Repair of radiated brachial plexus injury[J]. Zhonghua Shou Wai Ke Za Zhi[Chin J Hand Surg(Article in Chinese;Abstract in Chinese)],1993,9(1):46-46.}

[19959] **顾玉东，陈德松，成效敏，张丽银，蔡佩琴，徐建光．臂丛神经损伤灼性神经痛的治疗 [J]．中华显微外科杂志，1994，17（4）：255－257，317．DOI：CNKI：SUN：ZHXW.0.1994－04－008．** {GU Yudong,CHEN Desong,GONG Mingmin,ZHANG Liyin,CAI Peiqin,XU Jianguang. Treament of causalgia caused by brachial plexus injuries[J]. Zhonghua Xian Wei Wai Ke Za Zhi[Chin J Microsurg(Article in Chinese;Abstract in Chinese)],1994,17(4):255-257,317. DOI:CNKI:SUN:ZHXW.0.1994-04-008.}

[19960] **袁宏伟，聂长根，丁学福．腋动脉假性动脉瘤引起臂丛神经损伤一例报告 [J]．中华手外科杂志，1994，10(1)：47. DOI：10.3760/cma.j.issn.1005－054X.1994.01.124.** {YUAN Hongwei,NIE Changgen,DING Xuefu. Brachial plexus injury caused by pseudoaneurysm of axillary artery:a case report[J]. Zhonghua Shou Wai Ke Za Zhi[Chin J Hand Surg(Article in Chinese;No abstract available)],1994,10(1):47. DOI:10.3760/cma.j.issn.1005-054X.1994.01.124.}

[19961] **申风琴，李六一，温菊梅，宋新光．脊髓电刺激运动诱发电位诊断臂丛神经损伤 1 例报告 [J]．中国脊柱脊髓杂志，1995，5（2）：124．DOI：CNKI：SUN：ZJZS.0.1995－03－011．** {SHEN Fengqin,LI Liuyi,WEN Jumei,SONG Xinguang. Diagnosis of brachial plexus injury by motor evoked potential of spinal cord electrical stimulation:a case report[J]. Zhongguo Ji Zhu Ji Sui Za Zhi[Chin J Spine Spinal Cord(Article in Chinese;Abstract in Chinese)],1995,5(2):124. DOI:CNKI:SUN:ZJZS.0.1995-03-011.}

[19962] **王玉，石强，田峰，李崇杰．枪弹致臂丛神经后束及肺部贯穿伤一例 [J]．中华显微外科杂志，1996，19（2）：127．DOI：CNKI：SUN：ZHXW.0.1996－02－024．** {WANG Yu,SHI Qiang,TIAN Feng,LI Chongjie. Gunshot-induced brachial plexus posterior bundle and lung penetrating injuries:a case report[J]. Zhonghua Xian Wei Wai Ke Za Zhi[Chin J Microsurg(Article in Chinese;No abstract available)],1996,19(2):127. DOI:CNKI:SUN:ZHXW.0.1996-02-024.}

[19963] **劳镇国，刘均墀，朱家恺，江宏，程钢，刘小林，许扬滨．臂丛神经损伤的显微外科治疗 [J]．中华显微外科杂志，1996，19（3）：183－185．DOI：CNKI：SUN：ZHXW.0.1996－03－013．** {LAO Zhenguo,LIU Junlong,ZHU Jiakai,JIANG Hong,CHENG Gang,LIUXiaolin,XU Yangbin. Microsurgical treatment for brachial plexus injury[J]. Zhonghua Xian Wei Wai Ke Za Zhi[Chin J Microsurg(Article in Chinese;Abstract in Chinese and English)],1996,19(3):183-185. DOI:CNKI:SUN:ZHXW.0.1996-03-013.}

[19964] **许建中，王家湖，胡建．锁骨骨折合并臂丛神经及锁骨下动脉损伤一例 [J]．中国修复重建外科杂志，1996，10（3）：43．** {XU Jianzhong,WANG Jiahu,HU Jian. Clavicle fracture complicated with brachial plexus and subclavian artery injury:a case report[J]. Zhongguo Xiu Fu Chong Jian Wai Ke Za Zhi[Chin J Repar Reconstr Surg(Article in Chinese;No abstract available)],1996,10(3):43.}

[19965] **许扬滨，朱家恺，梁碧玲，高明勇．臂丛神经损伤的核磁共振诊断及影像特点 [J]．中华显微外科杂志，1997，20（2）：29－31．DOI：CNKI：SUN：ZHXW.0.1997－02－015．** {XU Yangbin,ZHU Jiakai,LIANGBiling,GAO Mingyong. The application ofmri in the diagnosis of brachial plexus in jury[J]. Zhonghua Xian Wei Wai Ke Za Zhi[Chin J Microsurg(Article in Chinese;Abstract in Chinese and English)],1997,20(2):29-31. DOI:CNKI:SUN:ZHXW.0.1997-02-015.}

[19966] **徐跃根，裴仁模，金才益，李钧．臂丛神经损伤的显微外科治疗 [J]．中华手外科杂志，1997，13（3）：174．DOI：CNKI：SUN：ZHSK.0.1997－03－024．** {XU Yuegen,PEI Renmo,JIN Caiyi,LI Jun. Microsurgical treatment in brachial plexus injury[J]. Zhonghua Shou Wai Ke Za Zhi[Chin J Hand Surg(Article in Chinese;Abstract in Chinese)],1997,13(3):174. DOI:CNKI:SUN:ZHSK.0.1997-03-024.}

[19967] **马建军，张高孟，徐建光，顾玉东．治疗臂丛损伤移位神经的组织化学研究 [J]．中华手外科杂志，1997，13（4）：235－237．DOI：10.3760/cma.j.issn.1005－054X.1997.04.015．** {MA Jianjun,ZHANG Gaomeng,XU Jianguang,GU Yudong. A histochemical study of the donor nerves for treatment of brachial plexus injuries[J]. Zhonghua Shou Wai Ke Za Zhi[Chin J Hand Surg(Article in Chinese;Abstract in Chinese and English)],1997,13(4):235-237. DOI:10.3760/cma.j.issn.1005-054X.1997.04.015.}

[19968] **冯亚高，闵坤山．臂丛损伤延误诊断前臂骨筋膜室综合征一例报告 [J]．中华手外科杂志，1998，14（1）：3－5．** {FENG Yagao,MIN Kunshan. Delayed diagnosis of forearm osteofascial compartment syndrome after brachial plexus injury:a case report[J]. Zhonghua Shou Wai Ke Za Zhi[Chin J Hand Surg(Article in Chinese;No abstract available)],1998,14(1):3-5.}

[19969] **刘飙，尹维田，卢志远．断指、臂丛神经及肌腱损伤患者血清 sIL－2R 的检测 [J]．中华手外科杂志，1998，14（1）：3－5．** {LIU Biao,YIN Weitian,LU Zhiyuan. Detection of serum sIL-2R in patients with severed finger,brachial plexus and tendon injury[J]. Zhonghua Shou Wai Ke Za Zhi[Chin J Hand Surg(Article in Chinese;Abstract in Chinese)],1998,14(1):3-5.}

[19970] **胡韶楠，徐建光，顾玉东．不同病理类型臂丛损伤后变性神经中胶原的变化 [J]．中华手外科杂志，1998，14(1)：48－50．** {HU Shaonan,XU Jianguang,GU Yudong. Immunohistochemical and ultrastructural study of collagen in degenerating nerves after different pathological brachial plexus injuries[J]. Zhonghua Shou Wai Ke Za Zhi[Chin J Hand Surg(Article in Chinese;Abstract in Chinese and English)],1998,14(1):48-50.}

[19971] **许扬滨，朱家恺，李子平．CT 薄层扫描诊断臂丛神经损伤的价值 [J]．中华显微外科杂志，1999，22（3）：180．DOI：10.3760/cma.j.issn.1001－2036.1999.03.008．** {XU Yangbin,ZHU Jiakai,LI Ziping. The value of CT with thin slice scan in the diagnosis of brachial plexus injury[J]. Zhonghua Xian Wei Wai Ke Za Zhi[Chin J Microsurg(Article in Chinese;Abstract in Chinese and English)],1999,22(3):180. DOI:10.3760/cma.j.issn.1001-2036.1999.03.008.}

[19972] **庄永青，傅小宽，童静，李珍生．臂丛神经合并血管损伤的显微外科治疗 [J]．中华显微外科杂志，1999，22（4）：3－5．DOI：CNKI：SUN：ZHXW.0.1999－04－004．** {ZHUANG Yongqing,FU Xiaokuan,TONG Jing,LI Zhensheng. Microsurgical treatment of brachial plexus nerve with vascular trauma[J]. Zhonghua Xian Wei Wai Ke Za Zhi[Chin J Microsurg(Article in Chinese;Abstract in Chinese and English)],1999,22(4):3-5. DOI:CNKI:SUN:ZHXW.0.1999-04-004.}

[19973] **冯亚高，汪功久，王坚．颈部切割伤致臂丛损伤三例报告 [J]．中华手外科杂志，1999，15（1）：62．DOI：10.3760/cma.j.issn.1005－054X.1999.01.037．** {FENG Yagao,WANG Gongjiu,WANG Jian. Brachial plexus injury caused by cervical incision:a report of 3 cases[J]. Zhonghua Shou Wai Ke Za Zhi[Chin J Hand Surg(Article in Chinese;Abstract in Chinese)],1999,15(1):62. DOI:10.3760/cma.j.issn.1005-054X.1999.01.037.}

[19974] **薛锋，陈德松．臂丛神经损伤患者术后刺激患肢诱发咳嗽一例报告 [J]．中华手外科杂志，1999，15（2）：3－5．DOI：10.3760/cma.j.issn.1005－054X.1999.02.118．** {XUE Feng,CHEN Desong. Cough induced by postoperative stimulation of the affected limb in a patient with brachial plexus injury:a case report[J]. Zhonghua Shou Wai Ke Za Zhi[Chin J Hand Surg(Article in Chinese;Abstract in Chinese)],1999,15(2):3-5. DOI:10.3760/cma.j.issn.1005-054X.1999.02.118.}

[19975] **胡韶楠，徐建光，顾玉东．不同病理类型的臂丛神经损伤后变性神经中 S－100 蛋白的变化 [J]．中国修复重建外科杂志，1999，13（4）：209－212．DOI：CNKI：SUN：ZXCW.0.1999－04－007．** {HU Shaonan,XU Jianguang,GU Yudong. Immunohistochemical study of s-100 protein in degenerative nerve after different pathological brachial plexus injuries[J]. Zhongguo Xiu Fu Chong Jian Wai Ke Za Zhi[Chin J Repar Reconstr Surg(Article in Chinese;Abstract in Chinese and English)],1999,13(4):209-212. DOI:CNKI:SUN:ZXCW.0.1999-04-007.}

[19976] **杨绍安，刘宁富，余斌，尹烈．臂丛损伤手术治疗的远期随访 [J]．中华显微外科杂志，2000，23（1）：74－75．DOI：10.3760/cma.j.issn.1001－2036.2000.01.034．** {YANG Shaoan,LIU Ningfu,YU Bin,YIN Lie. Long-term function of surgical treatment of brachial plexus injury[J]. Zhonghua Xian Wei Wai Ke Za Zhi[Chin J Microsurg(Article in Chinese;Abstract in Chinese)],2000,23(1):74-75. DOI:10.3760/cma.j.issn.1001-2036.2000.01.034.}

[19977] **王树锋，张高孟，赵新．健侧胸外侧神经移位修复臂丛损伤的应用解剖 [J]．中华显微外科杂 志，2000，23（2）：127．DOI：10.3760/cma.j.issn.1001－2036.2000.02.019．** {WANG Shufeng,ZHANG Gaomeng,ZHAO Xin. The applied anatomical study of the contralatcral lateral pectoral nerve transfer to reconstruct the brachial plexus injury[J]. Zhonghua Xian Wei Wai Ke Za Zhi[Chin J Microsurg(Article in Chinese;Abstract in Chinese and English)],2000,23(2):127. DOI:10.3760/cma.j.issn.1001-2036.2000.02.019.}

[19978] **顾玉东．21 世纪臂丛损伤诊治的研究方向与任务 [J]．中华手外科杂志，2000，16（1）：10－12．DOI：10.3760/cma.j.issn.1005－054X.2000.01.003．** {GU Yudong. The goals of diagnosis and treatment of brachial plexus injuries in the 21st century[J]. Zhonghua Shou Wai Ke Za Zhi[Chin J Hand Surg(Article in Chinese;Abstract in Chinese and English)],2000,16(1):10-12. DOI:10.3760/cma.j.issn.1005-054X.2000.01.003.}

[19979] **冯亚高，汪功久，刘大朋，董清芳，韩晓宪．椎动脉断裂合并臂丛神经损伤成功救治一例 [J]．中华手外科杂志，2000，16(3)：35. DOI：10.3760/cma.j.issn.1005－054X.2000.03.029.** {FENG Yagao,WANG Gongjiu,LIU Dapeng,DONG Qingfang,HAN Xiaoxian. Successful treatment of vertebral artery rupture combined with brachial plexus injury:a case report[J]. Zhonghua Shou Wai Ke Za Zhi[Chin J Hand Surg(Article in Chinese;Abstract in Chinese)],2000,16(3):35. DOI:10.3760/cma.j.issn.1005-054X.2000.03.029.}

[19980] **吴朝辉，田涛，金惠铭．氨哮素延缓臂丛神经损伤后骨骼肌萎缩的机理研究 [J]．中华手外科杂志，2000，16（4）：198．DOI：10.3760/cma.j.issn.1005－054X.2000.04.003．** {WU Chaohui,TIAN Tao,JIN Huiming. Molecular mechanism of the effect of clenbuterol on delaying skeletal muscle atrophy following brachial plexus injury[J]. Zhonghua Shou Wai Ke Za Zhi[Chin J Hand Surg(Article in Chinese;Abstract in Chinese and English)],2000,16(4):198. DOI:10.3760/cma.j.issn.1005-054X.2000.04.003.}

[19981] **胡韶楠，顾玉东，徐建光，施达仁，陆洪珍．失神经肌萎缩臂丛神经损伤后不同部位失神经骨骼肌萎缩后细胞凋亡的研究 [J]．中华手外科杂志，2000，16（4）：4－7．DOI：10.3760/cma.j.issn.1005－054X.2000.04.002．** {HU Shaonan,GU Yudong,XU Jianguang,SHI Daren,LU Hongzhen. Myocyte apoptosis in different denervated muscles after brachial plexus injury[J]. Zhonghua Shou Wai Ke Za Zhi[Chin J Hand Surg(Article in Chinese;Abstract in Chinese and English)],2000,16(4):4-7. DOI:10.3760/cma.j.issn.1005-054X.2000.04.002.}

[19982] **张卫国，姜长明，裴炯，朱继华，张贵源．臂丛神经损伤的显微外科治疗 [J]．中国实用手外科杂志，2000，14（4）：199－200．** {ZHANG Weiguo,JIANG Changming,PEI Jiong,ZHU Jihua,ZHANG Guiyuan. Microsurgical treatment of brachial plexus injury[J]. Shi Yong Shou Wai Ke Za Zhi[Chin J Pract Hand Surg(Article in Chinese;Abstract in Chinese and English)],2000,14(4):199-200.}

[19983] **田涛，吴朝晖，金惠鸣．大鼠臂丛神经损伤后骨骼肌萎缩时肌细胞凋亡的研究 [J]．中华医学杂志，2000，80（7）：530．DOI：10.3760/j：issn：0376－2491.2000.07.017．** {TIAN Tao,WU Chaohui,JIN Huiming. Apoptosis in atrophic skeletal muscle induced by brachial plexus injury in rats[J]. Zhonghua Yi Xue Za Zhi[Natl Med J China(Article in Chinese;Abstract in Chinese and English)],2000,80(7):530. DOI:10.3760/j:issn:0376-2491.2000.07.017.}

[19984] **侯之启，徐中和．部分正中神经尺神经束移位修复臂丛损伤 [J]．中华显微外科杂志，2001，24（4）：257－259．DOI：10.3760/cma.j.issn.1001－2036.2001.04.006．** {HOU Zhiqi,XU Zhonghe. Partial median and ulnar nerve transfer for functional reconstruction in brachial

plexus injury[J]. Zhonghua Xian Wei Wai Ke Za Zhi[Chin J Microsurg(Article in Chinese;Abstract in Chinese and English)],2001,24(4):257-259. DOI:10.3760/cma.j.issn.1001-2036.2001.04.006.}

[19985] 李文军，裴连魁，梁炳生. 端侧吻合修复臂丛损伤实验模型的建立[J]. 实用手外科杂志，2001，15（2）：92-94. DOI：10.3969/j.issn.1671-2722.2001.02.011. {LI Wenjun,PEI Liankui,LIANG Bingsheng. Establishment of rat model to repair brachial plexus injuries via end-to-side neurorrhaphy[J]. Shi Yong Shou Wai Ke Za Zhi[Chin J Pract Hand Surg(Article in Chinese;Abstract in Chinese and English)],2001,15(2):92-94. DOI:10.3969/j.issn.1671-2722.2001.02.011.}

[19986] 顾玉东. 臂丛神经损伤诊治的研究进展与今后任务[J]. 上海医学，2001，24（9）：513-514. DOI：10.3969/j.issn.0253-9934.2001.09.001. {GU Yudong. Recent research progress and future task in the diagnosis and management of brachial plexus injury[J]. Shang Hai Yi Xue[Shanghai Med J(Article in Chinese;Abstract in Chinese)],2001,24(9):513-514. DOI:10.3969/j.issn.0253-9934.2001.09.001.}

[19987] 张连波，高庆国，王国君. 放射性臂丛神经损伤的研究进展[J]. 中华手外科杂志，2002，18（3）：47-48. DOI：10.3760/cma.j.issn.1005-054X.2002.03.019. {ZHANG Lian Bo,GAO Qing Guo,WANG Guo Jun. Research progress of radiation-induced brachial plexus injury[J]. Zhonghua Shou Wai Ke Za Zhi[Chin J Hand Surg(Article in Chinese;Abstract in Chinese)],2002,18(3):47-48. DOI:10.3760/cma.j.issn.1005-054X.2002.03.019.}

[19988] 吴朝晖，金惠铭，顾玉东. 大鼠臂丛神经损伤后萎缩骨骼肌基因表达谱的变化[J]. 中华创伤杂志，2002，18(6)：357-360. DOI：10.3760/j：issn：1001-8050.2002.06.010. {WU Chaohui,JIN Huiming,GU Yudong. Changes of gene expression in atrophic muscle induced by brachial plexus injury in rats[J]. Zhonghua Chuang Shang Za Zhi[Chin J Trauma(Article in Chinese;Abstract in Chinese and English)],2002,18(6):357-360. DOI:10.3760/j:issn:1001-8050.2002.06.010.}

[19989] 胡韶楠，顾玉东，徐建光，施达仁，陆洪珍. 臂丛神经损伤后不同部位肌肉萎缩的检测和机制探讨[J]. 中华创伤杂志，2002，18（9）：526-529. DOI：10.3760/j：issn：1001-8050.2002.09.004. {HU Shaonan,GU Yudong,XU Jianguang,SHI Daren,LU Hongzhen. Examination and mechanism of different muscles atrophy after brachial plexus injury[J]. Zhonghua Chuang Shang Za Zhi[Chin J Trauma(Article in Chinese;Abstract in Chinese and English)],2002,18(9):526-529. DOI:10.3760/j:issn:1001-8050.2002.09.004.}

[19990] 吴朝晖，金惠铭，顾玉东. MyoD家族蛋白在大鼠臂丛神经损伤后骨骼肌萎缩中的作用[J]. 中华医学杂志，2002，82（8）：561-563. DOI：10.3760/j：issn：0376-2491.2002.08.016. {WU Chaohui,JIN Huiming,GU Yudong. The effect of MyoD family proteins on muscular atrophy induced by brachial plexus injury in rats[J]. Zhonghua Yi Xue Za Zhi[Natl Med J China(Article in Chinese;Abstract in Chinese and English)],2002,82(8):561-563. DOI:10.3760/j:issn:0376-2491.2002.08.016.}

[19991] 梁银杏，劳镇国，戚剑，吕建敏. 神经-肌电图与MRI检查结合诊断臂丛神经损伤[J]. 中山医科大学学报，2002，23（6）：471-473. DOI：10.3321/j.issn：1672-3554.2002.06.021. {LIANG Yin Xing,LAO Zhenguo,QI Jian,LV Jian Min. Electromyography and MRI in the diagnosis of brachial plexus injury[J]. Zhong Shan Yi Ke Da Xue Xue Bao[Acad J SUMS(Article in Chinese;Abstract in Chinese and English)],2002,23(6):471-473. DOI:10.3321/j.issn:1672-3554.2002.06.021.}

[19992] 王树锋，张友乐，常万绅，孙燕琨，韦加宁，张景秀，程小光，王澍寰. CTM诊断臂丛神经损伤的临床研究[J]. 中华骨科杂志，2003，23（12）：728-731. DOI：10.3760/j.issn：0253-2352.2003.12.006. {WANG Shufeng,ZHANG Youle,CHANG WANGkun,SUN Yankun,WEI Jianning,ZHANG Jingxiu,CHENG Xiaoguang,WANG Shuhuan. The clinical study of computerized tomography myelography in diagnosing root avulsion of hrachial plexus[J]. Zhonghua Gu Ke Za Zhi[Chin J Orthop(Article in Chinese;Abstract in Chinese and English)],2003,23(12):728-731. DOI:10.3760/j.issn:0253-2352.2003.12.006.}

[19993] 冯亚高. 颈部切割伤致臂丛损伤九例[J]. 中华显微外科杂志，2003，26（1）：75-76. DOI：10.3760/cma.j.issn.1001-2036.2003.01.038. {FENG Yagao. Brachial plexus injury caused by cervical cutting injury:a report of 9 cases[J]. Zhonghua Xian Wei Wai Ke Za Zhi[Chin J Microsurg(Article in Chinese;Abstract in Chinese)],2003,26(1):75-76. DOI:10.3760/cma.j.issn.1001-2036.2003.01.038.}

[19994] 肖嵩华，刘芙进，宋守礼，朱盛修，张伯勋，张群，赫荣国. 锁骨下及腋动脉损伤合并臂丛神经损伤的急救与外科治疗（附10例报告）[J]. 中国矫形外科杂志，2003，11（13）：898-900. DOI：10.3969/j.issn.1005-8478.2003.13.010. {XIAO Songhua,LIU Fu Jin,SONG Shouli,ZHU Shengxiu,ZHANG Boxun,ZHANG Qun,HE Rongguo. Treatment for subclacan and axillery arterial injuries with brachial plexus injuries[J]. Zhongguo Jiao Xing Wai Ke Za Zhi[Orthop J China(Article in Chinese;Abstract in Chinese and English)],2003,11(13):898-900. DOI:10.3969/j.issn.1005-8478.2003.13.010.}

[19995] 王敏，黄象艳，李震，张梁. 胰岛素样生长因子Ⅰ对臂丛神经损伤后骨骼肌细胞凋亡的影响[J]. 中国矫形外科杂志，2003，11（19）：1371-1373. DOI：10.3969/j.issn.1005-8478.2003.19.023. {WANG Min,HUANG Xiangyan,LI Zhen,ZHANG Liang. Effect of Insulin Like Growth Factor I on apoptosis of biceps following brachial plexus injury[J]. Zhongguo Jiao Xing Wai Ke Za Zhi[Orthop J China(Article in Chinese;Abstract in Chinese and English)],2003,11(19):1371-1373. DOI:10.3969/j.issn.1005-8478.2003.19.023.}

[19996] 李文军，裴连魁，梁炳生，史其林，顾玉东. 端侧缝合与神经移位修复臂丛损伤的比较研究[J]. 中华手外科杂志，2003，19（4）：59-61. DOI：10.3760/cma.j.issn.1005-054X.2003.04.024. {LI Wenjun,PEI Liankui,LIANG Bingsheng,SHI Qilin,GU Yudong. Comparative study between end-to-side neurorrhaphy and nerve transposition for repair of brachial plexus injury[J]. Zhonghua Shou Wai Ke Za Zhi[Chin J Hand Surg(Article in Chinese;Abstract in Chinese and English)],2003,19(4):59-61. DOI:10.3760/cma.j.issn.1005-054X.2003.04.024.}

[19997] 蔡林，王华，张爱明. 锁骨下血管合并臂丛损伤的处理[J]. 中华创伤骨科杂志，2003，5（3）：171-172，181. DOI：10.3760/cma.j.issn.1671-7600.2003.03.004. {CAI Lin,WANG Hua,ZHANG Aiming. Treatment of combined subclavian artery and brachial plexus injury[J]. Zhonghua Chuang Shang Gu Ke Za Zhi[Chin J Orthop Trauma(Article in Chinese;Abstract in Chinese and English)],2003,5(3):171-172,181. DOI:10.3760/cma.j.issn.1671-7600.2003.03.004.}

[19998] 钟永平. "浮动锁骨"伴双侧臂丛神经损伤1例[J]. 临床骨科杂志，2003，6（2）：181-181. DOI：10.3969/j.issn.1008-0287.2003.02.040. {ZHONG Yongping. A case of floating clavicle with bilateral injury of brachial pelxus[J]. Lin Chuang Gu Ke Za Zhi[J Clin Orthop(Article in Chinese;No abstract available)],2003,6(2):181-181. DOI:10.3969/j.issn.1008-0287.2003.02.040.}

[19999] 蔡林，金伟，王华，刘涛. 神经转位治疗儿童臂丛损伤[J]. 临床骨科杂志，2003，6（3）：216-218. DOI：10.3969/j.issn.1008-0287.2003.03.009. {CAI Lin,JIN Wei,WANG Hua,LIU Tao. Treatment of brachial plexus avulsion by nerve transfer in children[J]. Lin Chuang Gu Ke Za Zhi[J Clin Orthop(Article in Chinese;Abstract in Chinese and English)],2003,6(3):216-218. DOI:10.3969/j.issn.1008-0287.2003.03.009.}

[20000] 沙轲，陈德松，彭峰，陈琳. 神经松解同时组织瓣移植治疗放射性臂丛神经损伤[J]. 中国矫形外科杂志，2004，12（1）：138-139. DOI：10.3969/j.issn.1005-8478.2004.01.047. {SHA Ke,CHEN Desong,PENG Feng,CHEN Lin. Treating Radiation-induced brachial plexus neuropathy with vascularized soft tissues flaps[J]. Zhongguo Jiao Xing Wai Ke Za Zhi[Orthop J China(Article in Chinese;Abstract in Chinese)],2004,12(1):138-139. DOI:10.3969/j.issn.1005-8478.2004.01.047.}

[20001] 赵志彩，向剑平，刘小林. 广州市五所医院臂丛神经损伤流行病学回顾性研究[J]. 中华手外科杂志，2004，20（3）：166-168. DOI：10.3760/cma.j.issn.1005-054X.2004.03.017. {ZHAO Zhicai,XIANG Jianping,LIU Xiaolin. Epidemiological study of brachial plexus injuries at five hospitals in Guangzhou:a retrospective study[J]. Zhonghua Shou Wai Ke Za Zhi[Chin J Hand Surg(Article in Chinese;Abstract in Chinese and English)],2004,20(3):166-168. DOI:10.3760/cma.j.issn.1005-054X.2004.03.017.}

[20002] 马玉海，张少成，王志伟，麻文谦，潘永太，孙来卿. 急诊和亚急诊手术治疗有合并伤的臂丛损伤[J]. 中华创伤骨科杂志，2004，6（3）：290-292. DOI：10.3760/cma.j.issn.1671-7600.2004.03.017. {MA Yuhai,ZHANG Shaocheng,WANG Zhiwei,MA Wenqian,PAN Yongtai,SUN Laiqing. Emergency or subemergency repair of brachial plexus injury associated with other traumas[J]. Zhonghua Chuang Shang Gu Ke Za Zhi[Chin J Orthop Trauma(Article in Chinese;Abstract in Chinese and English)],2004,6(3):290-292. DOI:10.3760/cma.j.issn.1671-7600.2004.03.017.}

[20003] 周艳，冯振江. 上臂切削痂术中橡皮管止血带损伤臂丛神经一例[J]. 中华烧伤杂志，2004，20（6）：378. DOI：10.3760/cma.j.issn.1009-2587.2004.06.039. {ZHOU Yan,FENG Zhenjiang. Injury of brachial plexus nerve by rubber tube tourniquet during upper arm escharectomy:a case report[J]. Zhonghua Shao Shang Za Zhi[Chin J Burns(Article in Chinese;No abstract available)],2004,20(6):378. DOI:10.3760/cma.j.issn.1009-2587.2004.06.039.}

[20004] 冯亚高，解放军. 臂丛切割伤的特点及治疗[J]. 临床骨科杂志，2004，7（3）：339-339. DOI：10.3969/j.issn.1008-0287.2004.03.050. {FENG Yagao,XIE Fangjun. Characteristics and treatment of cutting injury of brachial plexus[J]. Lin Chuang Gu Ke Za Zhi[J Clin Orthop(Article in Chinese;No abstract available)],2004,7(3):339-339. DOI:10.3969/j.issn.1008-0287.2004.03.050.}

[20005] 王伟，尹宗生，胡勇，华兴一. 大鼠臂丛神经损伤后对低级中枢运动神经元凋亡的影响[J]. 临床骨科杂志，2004，7（4）：456-459. DOI：10.3969/j.issn.1008-0287.2004.04.041. {WANG Wei,YIN Zongsheng,HU Yong,HUA Xingyi. The effects of brachial plexus root injuries on the apoptosis of spinal cord motor neuron in rats[J]. Lin Chuang Gu Ke Za Zhi[J Clin Orthop(Article in Chinese;Abstract in Chinese and English)],2004,7(4):456-459. DOI:10.3969/j.issn.1008-0287.2004.04.041.}

[20006] 陈龙菊，李峰，刘娜，司文章，吴武田. 臂丛损伤脊髓运动神经元与神经根GAP-43 mRNA表达[J]. 中国临床解剖学杂志，2005，23（6）：639-642. DOI：10.3969/j.issn.1001-165X.2005.06.022. {CHEN Longju,LI Feng,LIU Na,SI Wenwen,WU Wutian. GAP-43 mRNA expression of the motor neurons and nerve roots induced by brachial plexus avulsion injury[J]. Zhongguo Lin Chuang Jie Pou Xue Za Zhi[Chin J Clin Anat(Article in Chinese;Abstract in Chinese and English)],2005,23(6):639-642. DOI:10.3969/j.issn.1001-165X.2005.06.022.}

[20007] 黄绍娴，刘双意，戚怡，曾荣，黄冠中. 臂丛神经损伤的神经电生理诊断价值[J]. 中国矫形外科杂志，2005，13（10）：747-749. DOI：10.3969/j.issn.1005-8478.2005.10.010. {HUANG Shaoxian,LIU Shuangyi,QI Yi,CENG Rong,HUANG Guanzhong. The electrophysiological examination in diagnosis of brachial plexus jnjury[J]. Zhongguo Jiao Xing Wai Ke Za Zhi[Orthop J China(Article in Chinese;Abstract in Chinese and English)],2005,13(10):747-749. DOI:10.3969/j.issn.1005-8478.2005.10.010.}

[20008] 徐栋，朱宝林，高扬，王仁成，赵平厚，张燕国. 锁骨骨折导致臂丛神经损伤的治疗[J]. 中国矫形外科杂志，2005，13（20）：1597-1598. DOI：10.3969/j.issn.1005-8478.2005.20.031. {XU Dong,ZHU Baolin,GAO Yang,WANG Rencheng,ZHAO Pinghou,ZHANG Yanguo. Investigation of the treatment of brachial-plexus injury after clavicular fracture[J]. Zhongguo Jiao Xing Wai Ke Za Zhi[Orthop J China(Article in Chinese;Abstract in Chinese and English)],2005,13(20):1597-1598. DOI:10.3969/j.issn.1005-8478.2005.20.031.}

[20009] 黄轶刚，陈亮，顾玉东. 产瘫与成人臂丛损伤发生机制差异的解剖学研究[J]. 中华手外科杂志，2005，21(2)：75-78. DOI：10.3760/cma.j.issn.1005-054X.2005.02.004. {HUANG Yigang,CHEN Liang,GU Yudong. Applied anatomy of the different mechanism that the brachial plexus are injuried in newborn and adult cases[J]. Zhonghua Shou Wai Ke Za Zhi[Chin J Hand Surg(Article in Chinese;Abstract in Chinese and English)],2005,21(2):75-78. DOI:10.3760/cma.j.issn.1005-054X.2005.02.004.}

[20010] 张文明，涂致远，朱维钦，林建华，郑志竑，林玲，胡建石. 臂丛损伤神经干细胞脊髓前角移植后分化情况及对运动神经元的保护作用[J]. 中华手外科杂志，2005，21（4）：241-244. DOI：10.3760/cma.j.issn.1005-054X.2005.04.018. {ZHANG Wenming,TU Zhiyuan,ZHU Weiqin,LIN Jianhua,ZHENG Zhihong,LIN Ling,HU Jianshi. An experimental study on differentiation of transplanted neural stem cells and the protective effect on motoneurons after brachial plexus avulsion injuries[J]. Zhonghua Shou Wai Ke Za Zhi[Chin J Hand Surg(Article in Chinese;Abstract in Chinese and English)],2005,21(4):241-244. DOI:10.3760/cma.j.issn.1005-054X.2005.04.018.}

[20011] 黄轶刚，陈亮，顾玉东. 产瘫与成人臂丛损伤Horner征产生机制差异的解剖学研究[J]. 中华创伤杂志，2005，21(z1)：49-52. DOI：10.3760/j：issn：1001-8050.2005.z1.013. {HUANG Yigang,CHEN Liang,GU Yudong. Anatomic study of different mechanisms of Horner syndrome between obstetric brachial plexus palsy and adult brachial plexus injury[J]. Zhonghua Chuang Shang Za Zhi[Chin J Trauma(Article in Chinese;Abstract in Chinese and English)],2005,21(z1):49-52. DOI:10.3760/j:issn:1001-8050.2005.z1.013.}

[20012] 段涛，陈亮. 产科臂丛神经损伤的防治（Ⅰ）[J]. 中华医学杂志，2005，85（4）：283. DOI：10.3760/j：issn：0376-2491.2005.04.018. {DUAN Tao,CHEN Liang. Prevention and treatment of brachial plexus injury in obstetrics（Ⅰ）[J]. Zhonghua Yi Xue Za Zhi[Natl Med J China(Article in Chinese;Abstract in Chinese)],2005,85(4):283. DOI:10.3760/j:issn:0376-2491.2005.04.018.}

[20013] 段涛，陈亮. 产科臂丛神经损伤的防治（Ⅱ）[J]. 中华医学杂志，2005，85（5）：353. DOI：10.3760/j：issn：0376-2491.2005.05.021. {DUAN Tao,CHEN Liang. Prevention and treatment of brachial plexus injury in obstetrics（Ⅱ）[J]. Zhonghua Yi Xue Za Zhi[Natl Med J China(Article in Chinese;Abstract in Chinese)],2005,85(5):353. DOI:10.3760/j:issn:0376-2491.2005.05.021.}

[20014] 段涛，陈亮. 产科臂丛神经损伤的防治（Ⅲ）[J]. 中华医学杂志，2005，85（6）：427. DOI：10.3760/j：issn：0376-2491.2005.06.019. {DUAN Tao,CHEN Liang. Prevention and treatment of brachial plexus injury in obstetrics（Ⅲ）[J]. Zhonghua Yi Xue Za Zhi[Natl Med J China(Article in Chinese;Abstract in Chinese)],2005,85(6):427. DOI:10.3760/j:issn:0376-2491.2005.06.019.}

[20015] 段涛，陈亮. 产科臂丛神经损伤的防治（Ⅳ）[J]. 中华医学杂志，2005，85（7）：498. DOI：10.3760/j：issn：0376-2491.2005.07.020. {DUAN Tao,CHEN Liang. Prevention and treatment of brachial plexus injury in obstetrics（Ⅳ）[J]. Zhonghua Yi Xue Za Zhi[Natl Med J China(Article in Chinese;Abstract in Chinese)],2005,85(7):498. DOI:10.3760/j:issn:0376-2491.2005.07.020.}

[20016] 黄富国，杨志明，裴福兴，张世琼，项舟，岑石强，樊征夫. 不可逆臂丛神经不全损伤的功能重建[J]. 中国修复重建外科杂志，2005，19（11）：894-896. DOI：CNKI：SUN：ZXCW.0.2005-11-012. {HUANG Fuguo,YANG Zhiming,PEI Fuxing,ZHANG Shiqiong,XIANG Zhou,CEN Shiqiang,FAN Zhengfu. Functional reconstruction of irrecoverable partial injury of brachial plexus[J]. Zhongguo Xiu Fu Chong Jian Wai Ke Za Zhi[Chin J Repar Reconstr Surg(Article in Chinese;Abstract in Chinese and English)],2005,19(11):894-896. DOI:CNKI:SUN:ZXCW.0.2005-11-012.}

[20017] 傅阳，陈亮，顾玉东. 神经移植修复幼年大鼠臂丛损伤后神经元酶组织化学改变的研究

[J]. 中华显微外科杂志，2006，29（1）：32-34，插图1-2. DOI：10.3760/cma.j.issn.1001-2036.2006.01.011. {FU Yang,CHEN Liang,GU Yudong. Effect of nerve grafting to enzyme histochemical changes on neurons after brachial plexus nerve injury in young rats[J]. Zhonghua Xian Wei Wai Ke Za Zhi[Chin J Microsurg(Article in Chinese;Abstract in Chinese and English)],2006,29(1):32-34,insert 1-2. DOI:10.3760/cma.j.issn.1001-2036.2006.01.011.}

[20018] 李智富，许扬滨，刘长征. 胆碱乙酰基转移酶活性快速测定诊断臂丛损伤的实验研究[J]. 中华显微外科杂志，2006，29（3）：194-197. DOI：10.3760/cma.j.issn.1001-2036.2006.03.012. {LI Zhifu,XU Yangbin,LIU Changzheng. Experimental study on diagnosing the brachial plexus injury through quickly detecting the ChAT activity[J]. Zhonghua Xian Wei Wai Ke Za Zhi[Chin J Microsurg(Article in Chinese;Abstract in Chinese and English)],2006,29(3):194-197. DOI:10.3760/cma.j.issn.1001-2036.2006.03.012.}

[20019] 孙祖林，刘志刚，宣昭鹏. 大鼠臂丛放射性损伤后脊髓前角运动神经元病理变化及c-fos基因表达[J]. 中华显微外科杂志，2006，29（4）：267-270，插图4-4. DOI：10.3760/cma.j.issn.1001-2036.2006.04.010. {SUN Zulin,LIU Zhigang,XUAN Zhaopeng. The pathological changes of motor neurons and the expression of c-fos in ventral horn of spinal cord after radiation induced brachial plexus injury of rats[J]. Zhonghua Xian Wei Wai Ke Za Zhi[Chin J Microsurg(Article in Chinese;Abstract in Chinese and English)],2006,29(4):267-270,insert figure 4-4. DOI:10.3760/cma.j.issn.1001-2036.2006.04.010.}

[20020] 王来旭，王树锋，王晓芳，王学文，周忠水，冯楠，王政. 椎管内修复臂丛损伤的显微解剖[J]. 中华显微外科杂志，2006，29（5）：375-376. DOI：10.3760/cma.j.issn.1001-2036.2006.05.020. {WANG Laixu,WANG Shufeng,WANG Xiaofang,WANG Xuewen,ZHOU Zhongshui,FENG Nan,WANG Zheng. Microanatomy of intraspinal repair of brachial plexus injury[J]. Zhonghua Xian Wei Wai Ke Za Zhi[Chin J Microsurg(Article in Chinese;Abstract in Chinese)],2006,29(5):375-376. DOI:10.3760/cma.j.issn.1001-2036.2006.05.020.}

[20021] 路来金，宫旭，张晓杰，于家傲，路璐. 放射性臂丛神经损伤的诊断和治疗[J]. 中华显微外科杂志，2006，29（6）：454-455. DOI：10.3760/cma.j.issn.1001-2036.2006.06.019. {LU Laijin,GONG Xu,ZHANG Xiaojie,YU Jiaao,LU Lu. Diagnosis and treatment of radiation-induced brachial plexus injury[J]. Zhonghua Xian Wei Wai Ke Za Zhi[Chin J Microsurg(Article in Chinese;Abstract in Chinese)],2006,29(6):454-455. DOI:10.3760/cma.j.issn.1001-2036.2006.06.019.}

[20022] 贾林芝，蒋明，徐雷，顾玉东，张志鸿. 臂丛神经损伤患者肱二头肌和小指展肌蛋白质表达的差异[J]. 中华实验外科杂志，2006，23（3）：373. DOI：10.3760/j.issn：1001-9030.2006.03.049. {JIA Linzhi,JIANG Ming,XU Lei,GU Yudong,ZHANG Zhihong. Differential analysis of protein expression in biceps brachii and abductor of little finger in patients with brachial plexus injury[J]. Zhonghua Shi Yan Wai Ke Za Zhi[Chin J Exp Surg(Article in Chinese;Abstract in Chinese)],2006,23(3):373. DOI:10.3760/j.issn:1001-9030.2006.03.049.}

[20023] 彭峰，陈琳，蔡佩琴，方有生，陈德松. 人工血管在臂丛神经合并血管损伤中应用的临床初步研究[J]. 中华手外科杂志，2006，22（1）：26-28. DOI：10.3760/cma.j.issn.1005-054X.2006.01.011. {PENG Feng,CHEN Lin,CAI Peiqin,FANG Yousheng,CHEN Desong. Clinical application of artificial blood vessels in patients with both brachial plexus and blood vessel injuries[J]. Zhonghua Shou Wai Ke Za Zhi[Chin J Hand Surg(Article in Chinese;Abstract in Chinese and English)],2006,22(1):26-28. DOI:10.3760/cma.j.issn.1005-054X.2006.01.011.}

[20024] 傅阳，陈亮，顾玉东. 神经移植术修复幼年大鼠臂丛神经损伤后对神经元保护作用的实验研究[J]. 中华手外科杂志，2006，22（2）：103-105. DOI：10.3760/cma.j.issn.1005-054X.2006.02.017. {FU Yang,CHEN Liang,GU Yudong. Nerve grafting after brachial plexus injury in young rats:an experimental study of the protective effect on neurons[J]. Zhonghua Shou Wai Ke Za Zhi[Chin J Hand Surg(Article in Chinese;Abstract in Chinese and English)],2006,22(2):103-105. DOI:10.3760/cma.j.issn.1005-054X.2006.02.017.}

[20025] 劳杰，何继银，顾玉东，张丽银，虞聪，赵新，陈为民. 创伤性臂丛神经损伤合并肩袖及肱二头肌长头腱损伤的超声诊断[J]. 中华手外科杂志，2006，22（3）：144-145. DOI：10.3760/cma.j.issn.1005-054X.2006.03.007. {LAO Jie,HE Jiyin,GU Yudong,ZHANG Liyin,YU Cong,ZHAO Xin,CHEN Weimin. Ultrasound diagnosis of traumatic brachial plexus injury combined with rotator cuff tear and injury of long head of the biceps[J]. Zhonghua Shou Wai Ke Za Zhi[Chin J Hand Surg(Article in Chinese;Abstract in Chinese and English)],2006,22(3):144-145. DOI:10.3760/cma.j.issn.1005-054X.2006.03.007.}

[20026] 林晓岗，顾立强，谢颖涛，相大勇，尹博. 游离股薄肌移植在臂丛神经损伤中的应用解剖学研究[J]. 中华创伤骨科杂志，2006，8（4）：349-352. DOI：10.3760/cma.j.issn.1671-7600.2006.04.013. {LIN Xiaogang,GU Liqiang,XIE Yingtao,XIANG Dayong,YIN Bo. Study on applied anatomy of free gracilis muscle transplantation in brachial plexus injury[J]. Zhonghua Chuang Shang Gu Ke Za Zhi[Chin J Orthop Trauma(Article in Chinese;Abstract in Chinese and English)],2006,8(4):349-352. DOI:10.3760/cma.j.issn.1671-7600.2006.04.013.}

[20027] 王树锋，李玉成，李中哲，王来旭，潘勇卫，张云涛. 椎管内修复臂丛神经损伤的解剖及临床应用研究[J]. 中华骨科杂志，2007，27（5）：341-346. DOI：10.3760/j.issn：0253-2352.2007.05.005. {WANG Shufeng,LI Yucheng,LI Zhongzhe,WANG Laixu,PAN Yongwei,ZHANG Yuntao. The anatomical and clinical study of intradural repair of brachial plexus injury[J]. Zhonghua Gu Ke Za Zhi[Chin J Orthop(Article in Chinese;Abstract in Chinese and English)],2007,27(5):341-346. DOI:10.3760/j.issn:0253-2352.2007.05.005.}

[20028] 杨俊，杨双石，刘竟龙，丘立标. 锁骨及第一肋骨骨折致臂丛不完全性损伤的特点及处理[J]. 中华显微外科杂志，2007，30（6）：465-466. DOI：10.3760/cma.j.issn.1001-2036.2007.06.027. {YANG Jun,YANG Shuangshi,LIU Jinglong,QIU Libiao. Characteristics and management of incomplete brachial plexus injury caused by fracture of clavicle and first rib[J]. Zhonghua Xian Wei Wai Ke Za Zhi[Chin J Microsurg(Article in Chinese;Abstract in Chinese)],2007,30(6):465-466. DOI:10.3760/cma.j.issn.1001-2036.2007.06.027.}

[20029] 黄轶刚，陈亮，顾玉东，俞光荣. 不同年龄大鼠臂丛损伤后Horner征发生机制差异的动物模型建立[J]. 中华实验外科杂志，2007，24（6）：748-750. DOI：10.3760/j.issn：1001-9030.2007.06.037. {HUANG Yigang,CHEN Liang,GU Yudong,YU Guangrong. The establishment of animal Horner models with different mechanisms following the brachial plexus injury in rats at various ages[J]. Zhonghua Shi Yan Wai Ke Za Zhi[Chin J Exp Surg(Article in Chinese;Abstract in Chinese and English)],2007,24(6):748-750. DOI:10.3760/j.issn:1001-9030.2007.06.037.}

[20030] 韵向东，王栓科，鲁富春. 臂丛损伤后细胞外三磷腺苷对脊髓组织中NT-3和NF-200表达的影响[J]. 中华手外科杂志，2007，23（2）：115-117. DOI：10.3760/cma.j.issn.1005-054X.2007.02.018. {YUN Xiangdong,WANG Shuanke,LU Fuchun. The effect of exogenous ATP on expression of neurotrophin-3 and neurofilament protein in spinal cord after brachial plexus injury[J]. Zhonghua Shou Wai Ke Za Zhi[Chin J Hand Surg(Article in Chinese;Abstract in Chinese and English)],2007,23(2):115-117. DOI:10.3760/cma.j.issn.1005-054X.2007.02.018.}

[20031] 庄蕾，刘志刚. 治疗放射性臂丛神经损伤的临床分析[J]. 中华手外科杂志，2007，23（2）：95-97. DOI：10.3760/cma.j.issn.1005-054X.2007.02.012. {ZHUANG Lei,LIU Zhigang. Clinical analysis of radiation-induced brachial plexopathy[J]. Zhonghua Shou Wai Ke Za Zhi[Chin J Hand Surg(Article in Chinese;Abstract in Chinese and English)],2007,23(2):95-97. DOI:10.3760/cma.j.issn.1005-054X.2007.02.012.}

[20032] 陈琳，彭峰，蔡佩琴，陈德松. 臂丛神经损伤早期修复的临床研究[J]. 中华手外科杂志，2007，23（5）：279-282. DOI：10.3760/cma.j.issn.1005-054X.2007.05.011. {CHEN Lin,PENG Feng,CAI Peiqin,CHEN Desong. Clinical study on early operation of brachial plexus injuries[J]. Zhonghua Shou Wai Ke Za Zhi[Chin J Hand Surg(Article in Chinese;Abstract in Chinese and English)],2007,23(5):279-282. DOI:10.3760/cma.j.issn.1005-054X.2007.05.011.}

[20033] 陈定章，周晓东，朱永胜，丛锐，郑敏娟，何光彬，曹洪艳. 臂丛神经闭合性损伤和肿瘤的超声诊断[J]. 中华手外科杂志，2007，23（6）：361-363. DOI：10.3760/cma.j.issn.1005-054X.2007.06.013. {CHEN Dingzhang,ZHOU Xiaodong,ZHU Yongsheng,CONG Rui,ZHENG Minjuan,HE Guangbin,CAO Hongyan. Diagnosis of close injury and neoplasm of the brachial plexus by ultrasonography[J]. Zhonghua Shou Wai Ke Za Zhi[Chin J Hand Surg(Article in Chinese;Abstract in Chinese and English)],2007,23(6):361-363. DOI:10.3760/cma.j.issn.1005-054X.2007.06.013.}

[20034] 张文明，柳明忠，朱维钦，林建华. 臂丛损伤后神经移位寄养法预防失神经支配肌萎缩的实验研究[J]. 中华手外科杂志，2007，23（6）：373-376. DOI：10.3760/cma.j.issn.1005-054X.2007.06.016. {ZHANG Wenming,LIU Mingzhong,ZHU Weiqin,LIN Jianhua. Nerve transfer "baby-sitting" for prevention of denervation muscle atrophy after brachial plexus injury:an experiment study[J]. Zhonghua Shou Wai Ke Za Zhi[Chin J Hand Surg(Article in Chinese;Abstract in Chinese and English)],2007,23(6):373-376. DOI:10.3760/cma.j.issn.1005-054X.2007.06.016.}

[20035] 邹学军，顾立强. 肌皮神经肱肌支在股薄肌移植治疗下臂丛损伤中的解剖学研究及临床应用[J]. 中华创伤骨科杂志，2007，9（10）：951-954. DOI：10.3760/cma.j.issn.1671-7600.2007.10.014. {ZOU Xuejun,GU Liqiang. The anatomic study of musculocutaneous nerve branch to brachialis muscle in treatment of lower brachial plexus injury by free gracilis transplantation[J]. Zhonghua Chuang Shang Gu Ke Za Zhi[Chin J Orthop Trauma(Article in Chinese;Abstract in Chinese and English)],2007,9(10):951-954. DOI:10.3760/cma.j.issn.1671-7600.2007.10.014.}

[20036] 顾玉东. 臂丛神经损伤研究的方向[J]. 中华手外科杂志，2008，24（3）：129. DOI：10.3760/cma.j.issn.1005-1054X.2008.03.001. {GU Yudong. Study on the brachial plexus injuries[J]. Zhonghua Shou Wai Ke Za Zhi[Chin J Hand Surg(Article in Chinese;Abstract in Chinese)],2008,24(3):129. DOI:10.3760/cma.j.issn.1005-054X.2008.03.001.}

[20037] 马健，李冉. 双侧锁骨骨折合并双侧臂丛神经损伤一例[J]. 中华创伤杂志，2008，24（1）：45. DOI：10.3321/j.issn：1001-8050.2008.01.024. {MA Jian,LI Ran. Bilateral clavicle fracture combined with bilateral brachial plexus injury:a case report[J]. Zhonghua Chuang Shang Za Zhi[Chin J Trauma(Article in Chinese;Abstract in Chinese)],2008,24(1):45. DOI:10.3321/j.issn:1001-8050.2008.01.024.}

[20038] 程志英. 止血带使用不当致臂丛神经损伤1例[J]. 临床骨科杂志，2008，11（4）：323-324. DOI：10.3969/j.issn.1008-0287.2008.04.049. {CHENG Zhiying. A case of brachial plexus injury caused by improper use of tournique[J]. Lin Chuang Gu Ke Za Zhi[J Clin Orthop(Article in Chinese;No abstract available)],2008,11(4):323-324. DOI:10.3969/j.issn.1008-0287.2008.04.049.}

[20039] 陆志方，夏春林，刘大成. 新生儿臂丛损伤发生机制研究进展[J]. 中国临床解剖学杂志，2009，27（5）：626-628. DOI：CNKI：SUN：ZLJZ.0.2009-05-044. {LU Zhifang,XIA Chunlin,LIU Dacheng. Advances in pathogenesis of the neonatal brachial plexus injury[J]. Zhongguo Lin Chuang Jie Pou Xue Za Zhi[Chin J Clin Anat(Article in Chinese;Abstract in Chinese)],2009,27(5):626-628. DOI:CNKI:SUN:ZLJZ.0.2009-05-044.}

[20040] 李军，马保安，龙华，胡运军，单乐群，陈烁，唐农轩. 尺神经部分转位肌皮神经二头肌支治疗早晚期臂丛神经损伤[J]. 中国矫形外科杂志，2009，17（9）：667-670. DOI：CNKI：SUN：ZJXS.0.2009-09-010. {LI Jun,MA Baoan,LONG Hua,HU Yunjun,DAN Lequn,CHEN Shuo,TANG Nongxuan. Nerve transfer to biceps muscle using a part of ulnar nerve for elbow flexion restoration in acute and delayed upper brachial plexus injury[J]. Zhongguo Jiao Xing Wai Ke Za Zhi[Orthop J China(Article in Chinese and English;Abstract in Chinese and English)],2009,17(9):667-670. DOI:CNKI:SUN:ZJXS.0.2009-09-010.}

[20041] 胡白露，王芳，周春桃，龙小春，邹小英，龙云凤，冉学军. 拐杖使用不当致臂丛神经损伤的防治经验[J]. 创伤外科杂志，2009，11（1）：11-11. DOI：10.3969/j.issn.1009-4237.2009.01.038. {HU Bailu,WANG Fang,ZHOU Chuntao,LONG Xiaochun,ZOU Xiaoying,LONG Yunfeng,RAN Xuejun. Controlling experience of brachial plexus injury by incorrect use of stick[J]. Chuang Shang Wai Ke Za Zhi[J Traum Surg(Article in Chinese;Abstract in Chinese)],2009,11(1):11-11. DOI:10.3969/j.issn.1009-4237.2009.01.038.}

[20042] 王方，陈德松，周瀛梁，赵帅，陈富强，沈珊安. 臂丛神经损伤后期伸腕（指）功能重建[J]. 实用手外科杂志，2009，23（3）：137-139. DOI：10.3969/j.issn.1671-2722.2009.03.003. {WANG Fang,CHEN Desong,ZHOU Yingliang,ZHAO Shuai,CHEN Fuqiang,SHEN Shanan. The later period reconstruction of wrist(digit) extending function after brachial plexus injury[J]. Shi Yong Shou Wai Ke Za Zhi[Chin J Pract Hand Surg(Article in Chinese;Abstract in Chinese and English)],2009,23(3):137-139. DOI:10.3969/j.issn.1671-2722.2009.03.003.}

[20043] 傅国，顾立强，秦本刚，李平，向剑平，戚剑，朱庆棠，李智勇，劳镇国，刘小林，朱家恺. 臂丛损伤患者的生存质量调查分析[J]. 中华显微外科杂志，2010，33（2）：125-128. DOI：10.3760/cma.j.issn.1001-2036.2010.02.014. {FU Guo,GU Liqiang,QIN Bengang,LI Ping,XIANG Jianping,QI Jian,ZHU Qingtang,LI Zhiyong,LAO Zhenguo,LIU Xiaolin,ZHU Jiakai. Investigation and analysis of the quality of life on brachial plexus injury patients[J]. Zhonghua Xian Wei Wai Ke Za Zhi[Chin J Microsurg(Article in Chinese;Abstract in Chinese and English)],2010,33(2):125-128. DOI:10.3760/cma.j.issn.1001-2036.2010.02.014.}

[20044] 赵金龙，钱永跃，徐卫华，陈勇兵. 侧卧位手术臂丛神经损伤六例分析[J]. 中华外科杂志，2010，48（6）：477-478. DOI：10.3760/cma.j.issn.0529-5815.2010.06.024. {ZHAO Jinlong,QIAN Yongyue,XU Weihua,CHEN Yongbing. Brachial plexus injury caused by lateral decubitus surgery:Analysis of 6 cases[J]. Zhonghua Wai Ke Za Zhi[Chin J Surg(Article in Chinese;No abstract available)],2010,48(6):477-478. DOI:10.3760/cma.j.issn.0529-5815.2010.06.024.}

[20045] 郑喆，胡永生，陶蔚，张晓华，李勇杰. 脊髓后根入髓区切开术治疗臂丛神经损伤后疼痛的疗效和并发症分析[J]. 中华创伤杂志，2010，26（10）：885-888. DOI：10.3760/cma.j.issn.1001-8050.2010.10.007. {ZHENG Zhe,HU Yongsheng,TAO Wei,ZHANG Xiaohua,LI Yongjie. Dorsal root entry zone incision for pain induced by brachial plexus injury:an analysis of curative effect and complications[J]. Zhonghua Chuang Shang Za Zhi[Chin J Trauma(Article in Chinese;Abstract in Chinese and English)],2010,26(10):885-888. DOI:10.3760/cma.j.issn.1001-8050.2010.10.007.}

[20046] 高庆国，张连波，高琛茂，李树义，刘军，吴世峰. 纤维溶解疗法治疗放射性臂丛损伤16例初步报告[J]. 中华显微外科杂志，2011，34（1）：21-24. DOI：10.3760/cma.j.issn.1001-2036.2011.01.012. {GAO Qingguo,ZHANG Lianbo,GAO Chenmao,LI Shuyi,LIU Jun,WU Shifeng. Fibrinolytic therapy in radiation-induced brachial plexopathy:16 cases report and review[J]. Zhonghua Xian Wei Wai Ke Za Zhi[Chin J Microsurg(Article in Chinese;Abstract in Chinese and English)],2011,34(1):21-24. DOI:10.3760/cma.j.issn.1001-2036.2011.01.012.}

[20047] 高庆国，张连波，李树义，吴世峰，刘军. 放射性臂丛损伤手术治疗的教训[J]. 中华显微外科杂志，2011，34（5）：425-426. DOI：10.3760/cma.j.issn.1001-2036.2011.05.031. {GAO Qingguo,ZHANG Lianbo,LI Shuyi,WU Shifeng,LIU Jun. Experience in surgical treatment of radiation brachial plexus injury[J]. Zhonghua Xian Wei Wai Ke Za Zhi[Chin J Microsurg(Article in Chinese;Abstract in Chinese)],2011,34(5):425-426. DOI:10.3760/cma.j.issn.1001-2036.2011.05.031.}

[20048] 孙俊凯，刘竟龙，宋晓斌. 急诊手术综合治疗臂丛开放性损伤30例[J]. 中华显微外科杂志，

2011，34（6）：516-517. DOI：10.3760/cma.j.issn.1001-2036.2011.06.037. {SUN Junkai,LIU Jinglong,SONG Xiaobin. Comprehensive treatment of open brachial plexus injury by emergency operation:the analysis of 30 cases[J]. Zhonghua Xian Wei Wai Ke Za Zhi[Chin J Microsurg(Article in Chinese;Abstract in Chinese)],2011,34(6):516-517. DOI:10.3760/cma.j.issn.1001-2036.2011.06.037.}

[20049] 曹树明，杨蓊勃，虞聪. 磁共振对臂丛神经损伤诊断准确率的分析 [J]. 中华手外科杂志，2011，27(1)：41-44. DOI：10.3760/cma.j.issn.1005-054X.2011.01.015. {CAO Shuming,YANG Wengbo,YU Cong. Diagnostic accuracy of MRI in characterizing brachial plexus injuries[J]. Zhonghua Shou Wai Ke Za Zhi[Chin J Hand Surg(Article in Chinese;Abstract in Chinese and English)],2011,27(1):41-44. DOI:10.3760/cma.j.issn.1005-054X.2011.01.015.}

[20050] 顾玉东. 臂丛神经损伤的分型与手术方案 [J]. 中华手外科杂志，2011，27（3）：131-133. DOI：10.3760/cma.j.issn.1005-1054X.2011.03.003. {GU Yudong. Classification and surgical treatmnet of brachial plexus injuries[J]. Zhonghua Shou Wai Ke Za Zhi[Chin J Hand Surg(Article in Chinese;Abstract in Chinese)],2011,27(3):131-133. DOI:10.3760/cma.j.issn.1005-054X.2011.03.003.}

[20051] 孙鸿斌，李强，吴广智，崔树森. 丙戊酸对大鼠臂丛损伤后脊髓运动神经元 Ca2+ 及凋亡的影响 [J]. 中华显微外科杂志，2012，35（4）：289-293. DOI：10.3760/cma.j.issn.1001-2036.2012.04.008. {SUN Hongbin,LI Qiang,WU Guangzhi,CUI Shusen. Effect of valproic acid on Ca2+ and cell apoptosis in spinal cord motor neurons after brachial plexus injury in rats[J]. Zhonghua Xian Wei Wai Ke Za Zhi[Chin J Microsurg(Article in Chinese;Abstract in Chinese and English)],2012,35(4):289-293. DOI:10.3760/cma.j.issn.1001-2036.2012.04.008.}

[20052] 林晓岗，顾立强. 游离股薄肌移植在臂丛损伤治疗中的显微组织学及定量研究 [J]. 中华显微外科杂志，2012，35(6)：471-474，后插6. DOI：10.3760/cma.j.issn.1001-2036.2012.06.010. {LIN Xiaogang,GU Liqiang. The microhistological and quantification study of free gracilis muscle transplantation in treatment of the brachial plexus injury[J]. Zhonghua Xian Wei Wai Ke Za Zhi[Chin J Microsurg(Article in Chinese;Abstract in Chinese and English)],2012,35(6):471-474,insert 6. DOI:10.3760/cma.j.issn.1001-2036.2012.06.010.}

[20053] 杨蓊勃，虞聪，陈琳，杨剑云. 供体神经端－侧缝合治疗臂丛神经损伤的比较研究 [J]. 中华手外科杂志，2012，28(3)：177-181. DOI：10.3760/cma.j.issn.1005-054X.2012.03.022. {YANG Wengbo,YU Cong,CHEN Lin,YANG Jianyun. End-to-side neurorraphy using different donor nerves for reconstructing brachial plexus injury:an experimental study in a rat model[J]. Zhonghua Shou Wai Ke Za Zhi[Chin J Hand Surg(Article in Chinese;Abstract in Chinese and English)],2012,28(3):177-181. DOI:10.3760/cma.j.issn.1005-054X.2012.03.022.}

[20054] 伊力夏提·赛吾来提，王伟，买买提明·赛依提，刘亚飞，马创，艾合买提江·玉素甫. 肩胛骨骨折合并臂丛损伤的早期显微外科治疗 [J]. 中华显微外科杂志，2013，36（5）：498-500. DOI：10.3760/cma.j.issn.1001-2036.2013.05.027. {YILIXIATI Saiwulati,WANG Wei,MAIMAITIMING Saiyiti,LIU Yafei,MA Chuang,AIHEMATIJIANG Yusufu. Early microsurgical treatment in scapula fracture combined with brachial plexus injury[J]. Zhonghua Xian Wei Wai Ke Za Zhi[Chin J Microsurg(Article in Chinese;Abstract in Chinese)],2013,36(5):498-500. DOI:10.3760/cma.j.issn.1001-2036.2013.05.027.}

[20055] 刘宗宝，朱贤，陆剑锋，黄建平，王涛. 臂丛神经合并上肢大血管损伤的手术时机与方法的选择 [J]. 中华手外科杂志，2013，29（2）：108-110. DOI：10.3760/cma.j.issn.1005-054X.2013.02.025. {LIU Zongbao,ZHU Xian,LU Jianfeng,HUANG Jianping,WANG Tao. Timing and surgical options of brachial plexus injury with concomitant major vessel injuries of the upper[J]. Zhonghua Shou Wai Ke Za Zhi[Chin J Hand Surg(Article in Chinese;Abstract in Chinese and English)],2013,29(2):108-110. DOI:10.3760/cma.j.issn.1005-054X.2013.02.025.}

[20056] 王伟，阿里木江·阿不来提，沈美华，刘亚飞，袁春晓，艾合买提江·玉素甫. 新疆地区创伤人群中臂丛损伤的流行病学分析 [J]. 中华显微外科杂志，2014，37（4）：348-351. DOI：10.3760/cma.j.issn.1001-2036.2014.04.008. {WANG Wei,ALIMUJIANG Abulaiti,SHEN Meihua,LIU Yafei,YUAN Chunciao,AIHEMATIJIANG Yusufu. Epidemiological analysis of brachial plexus injury in the Xinjiang region trauma center[J]. Zhonghua Xian Wei Wai Ke Za Zhi[Chin J Microsurg(Article in Chinese;Abstract in Chinese)],2014,37(4):348-351. DOI:10.3760/cma.j.issn.1001-2036.2014.04.008.}

[20057] 李波，弓贺炜，李文斌，乔虎云，梁炳生. 介入治疗椎动脉断裂合并臂丛损伤一例 [J]. 中华手外科杂志，2014，30(6)：457. DOI：10.3760/cma.j.issn.1005-054X.2014.06.023. {LI Bo,GONG Hewei,LI Wenbin,QIAO Huyun,LIANG Bingsheng. Interventional treatment of vertebral artery rupture with brachial plexus injury:a case report[J]. Zhonghua Shou Wai Ke Za Zhi[Chin J Hand Surg(Article in Chinese;Abstract in Chinese)],2014,30(6):457. DOI:10.3760/cma.j.issn.1005-054X.2014.06.023.}

[20058] 薛云皓，王树峰，李文军，杨勇. 利用椎管内残留神经根修复臂丛神经损伤 10 例远期随访报道 [J]. 中国骨与关节杂志，2014，3（3）：193-196. DOI：10.3969/j.issn.2095-252X.2014.03.008. {XUE Yunhao,WANG Shufeng,LI Wenjun,YANG Yong. Intraspinal nerve root stump repair for brachial plexus injuries:a long-term follow-up report of 10 cases[J]. Zhongguo Gu Yu Guan Jie Za Zhi[Chin J Bone Joint(Article in Chinese;Abstract in Chinese and English)],2014,3(3):193-196. DOI:10.3969/j.issn.2095-252X.2014.03.008.}

[20059] 戚超，蔡琰，于腾波，陈伯华，孟庆阳. 肩袖损伤合并臂丛损伤的诊治 [J]. 中国修复重建外科杂志，2014，28（7）：802-805. DOI：10.7507/1002-1892.20140178. {QI Chao,CAI Yan,YU Teng Bo,CHEN Bohua,MENG Qingyang. Diagnosis and treatment of rotator cuff tear and brachial plexus injury[J]. Zhongguo Xiu Fu Chong Jian Wai Ke Za Zhi[Chin J Repar Reconstr Surg(Article in Chinese;Abstract in Chinese and English)],2014,28(7):802-805. DOI:10.7507/1002-1892.20140178.}

[20060] 刘亚飞，王伟，Anod Mani Regmi，艾合买提江·玉素甫. 锁骨骨折合并臂丛损伤的早期显微外科治疗 [J]. 中国修复重建外科杂志，2014，28（11）：1329-1332. DOI：10.7507/1002-1892.20140288. {LIU Yafei,WANG Wei,Anod Mani Regmi,AHEMAITIJIANG Yusufu. Early microsurgical management of clavicular fracture combined with brachial plexus injury[J]. Zhongguo Xiu Fu Chong Jian Wai Ke Za Zhi[Chin J Repar Reconstr Surg(Article in Chinese;Abstract in Chinese and English)],2014,28(11):1329-1332. DOI:10.7507/1002-1892.20140288.}

[20061] 顾玉东. 臂丛神经损伤修复六条原则 [J]. 中华手外科杂志，2015，31（5）：321. DOI：10.3760/cma.j.issn.1005-054X.2015.05.001. {GU Yudong. Six principles for treatment of brachial plexus injury[J]. Zhonghua Shou Wai Ke Za Zhi[Chin J Hand Surg(Article in Chinese;Abstract in Chinese)],2015,31(5):321. DOI:10.3760/cma.j.issn.1005-054X.2015.05.001.}

[20062] 吴殿秀，吴广智，李强，崔树森. 丙戊酸对大鼠臂丛损伤后脊髓运动神经元 c-Jun 和 Bcl-2 表达的影响 [J]. 中华显微外科杂志，2016，39（5）：478-480. DOI：10.3760/cma.j.issn.1001-2036.2016.05.016. {WU Dianxiu,WU Guangzhi,LI Qiang,CUI Shusen. Effect of valproic acid on expression of c-Jun and Bcl-2 in spinal motor neurons after brachial plexus injury in rats[J]. Zhonghua Xian Wei Wai Ke Za Zhi[Chin J Microsurg(Article in Chinese;Abstract in Chinese)],2016,39(5):478-480. DOI:10.3760/cma.j.issn.1001-2036.2016.05.016.}

[20063] 陈斌，袁普卫，周国干，张晓亮，权朋勃. 以臂丛神经损伤为首发症状的 Pancoast 癌误诊为颈椎病 1 例及相关文献回顾 [J]. 中国矫形外科杂志，2016，24（9）：858-861. DOI：10.3977/j.issn.1005-8478.2016.09.19. {CHEN Bin,YUAN Puwei,ZHOU Guogan,ZHANG Xiaoliang,QUAN Pengbo. Pancoast carcinoma with brachial plexus injury as the initial symptom was misdiagnosed as cervical spondylosis:a case report and related literature review[J]. Zhongguo Jiao Xing Wai Ke Za Zhi[Orthop J China(Article in Chinese;Abstract in Chinese)],2016,24(9):858-861. DOI:10.3977/j.issn.1005-8478.2016.09.19.}

[20064] 李菁，刘松，冯洁，历俊华，苏迪娅，柳云鹏，万虹. 孕酮对臂丛神经损伤后轴突再生及神经元保护作用的实验研究 [J]. 中华神经外科杂志，2016，32（3）：229-234. DOI：10.3760/cma.j.issn.1001-2346.2016.03.003. {LI Jing,LIU Song,FENG Jie,LI Junhua,SU Diya,LIU Yunpeng,WAN Hong. Axonal regeneration and neuronal protective effect of progesterone after brachial plexus injury:an experimental study[J]. Zhonghua Shen Jing Wai Ke Za Zhi[Chin J Neurosurg(Article in Chinese;Abstract in Chin ese and English)],2016,32(3):229-234. DOI:10.3760/cma.j.issn.1001-2346.2016.03.003.}

[20065] 戴巧艳，黄小芬，何冬华，谭运娟，何翠环，黄天雯，李平，秦本刚. 游离股薄肌移植治疗臂丛损伤患者的护理难点与对策 [J]. 中华显微外科杂志，2017，40（4）：400-403. DOI：10.3760/cma.j.issn.1001-2036.2017.04.028. {DAI Qiaoyan,HUANG Xiaofen,HE Donghua,TAN Yunjuan,HE Cuihuan,HUANG Tianwen,LI Ping,QIN Bengang. Nursing difficulties and countermeasures of free gracilis muscle transplantation for patients with brachial plexus injury[J]. Zhonghua Xian Wei Wai Ke Za Zhi[Chin J Microsurg(Article in Chinese;Abstract in Chinese)],2017,40(4):400-403. DOI:10.3760/cma.j.issn.1001-2036.2017.04.028.}

[20066] 秦爱敏，张增梅，谢云霞，朱旭. 术中肌电刺激对臂丛不全损伤松解疗效的对比研究 [J]. 中华显微外科杂志，2017，40(6)：582-583. DOI：10.3760/cma.j.issn.1001-2036.2017.06.019. {QIN Aimin,ZHANG Zengmei,XIE Yunxia,ZHU Xu. A comparative study of the effect of intraoperative electromyographic stimulation on the release of brachial plexus insufficiency[J]. Zhonghua Xian Wei Wai Ke Za Zhi[Chin J Microsurg(Article in Chinese;Abstract in Chinese)],2017,40(6):582-583. DOI:10.3760/cma.j.issn.1001-2036.2017.06.019.}

[20067] 高山，肖鹏，陈文恒，蔡猛. 臂丛神经损伤后脊髓神经元脑衰反应调节蛋白 2 表达上调以加快轴突生长 [J]. 中华实验外科杂志，2018，35（12）：2298-2301. DOI：10.3760/cma.j.issn.1001-9030.2018.12.038. {GAO Shan,XIAO Peng,CHEN Wenheng,CAI Meng. Increased collapsin response mediator protein 2 in spinal cord neurons promotes axon regeneration after brachial plexus injury[J]. Zhonghua Shi Yan Wai Ke Za Zhi[Chin J Exp Surg(Article in Chinese;Abstract in Chinese and English)],2018,35(12):2298-2301. DOI:10.3760/cma.j.issn.1001-9030.2018.12.038.}

[20068] 刘宇洲，庄永青，熊洪涛，刘靖波，周英杰，高凯鸣，赵新，劳杰. 臂丛神经损伤所致疼痛的临床随访及相关因素研究 [J]. 中华手外科杂志，2018，34（4）：274-277. DOI：10.3760/cma.j.issn.1005-054X.2018.04.014. {LIU Yuzhou,ZHUANG Yongqing,XIONG Hongtao,LIU Jing Bo,ZHOU Yingjie,GAO Kaiming,ZHAO Xin,LAO Jie. A clinical study on the pain following brachial plexus injury and its correlative factors[J]. Zhonghua Shou Wai Ke Za Zhi[Chin J Hand Surg(Article in Chinese;Abstract in Chinese and English)],2018,34(4):274-277. DOI:10.3760/cma.j.issn.1005-054X.2018.04.014.}

[20069] 李光耀，薛明强，王静威，曾祥勇，覃俊，沙轲. 广西壮族自治区创伤性臂丛损伤的流行病学调查及随访 [J]. 中华显微外科杂志，2019，42（1）：82-84. DOI：10.3760/cma.j.issn.1001-2036.2019.01.026. {LI Guangyao,XUE Mingqiang,WANG Jingwei,CENG Xiangyong,TAN Jun,SHA Ke. Epidemiological investigation and follow-up of traumatic brachial plexus injury in Guangxi Zhuang Autonomous Region[J]. Zhonghua Xian Wei Wai Ke Za Zhi[Chin J Microsurg(Article in Chinese;Abstract in Chinese)],2019,42(1):82-84. DOI:10.3760/cma.j.issn.1001-2036.2019.01.026.}

[20070] 李光耀，薛明强，王静威，罗捷，梁东，沙轲. 新生儿臂丛损伤早期神经移植移位术的疗效分析 [J]. 中华显微外科杂志，2019，42（3）：291-293. DOI：10.3760/cma.j.issn.1001-2036.2019.03.023. {LI Guangyao,XUE Mingqiang,WANG Jingwei,LUO Jie,LIANG Dong,SHA Ke. Clinical analysis of early nerve transplantation in neonates with brachial plexus injury[J]. Zhonghua Xian Wei Wai Ke Za Zhi[Chin J Microsurg(Article in Chinese;Abstract in Chinese)],2019,42(3):291-293. DOI:10.3760/cma.j.issn.1001-2036.2019.03.023.}

[20071] 李光耀，薛明强，王静威，曾祥勇，覃俊，沙轲. 广西地区新生儿臂丛神经损伤的流行病学研究 [J]. 中华手外科杂志，2019，35（4）：283-286. DOI：10.3760/cma.j.issn.1005-054X.2019.04.018. {LI Guangyao,XUE Mingqiang,WANG Jingwei,CENG Xiangyong,TAN Jun,SHA Ke. Epidemiological study on brachial plexus injury of newborns in Guangxi[J]. Zhonghua Shou Wai Ke Za Zhi[Chin J Hand Surg(Article in Chinese;Abstract in Chinese and English)],2019,35(4):283-286. DOI:10.3760/cma.j.issn.1005-054X.2019.04.018.}

[20072] 刘芮村，倪兵，胡永生，张晓华，任志伟，郭松，舒伟，朱宏伟，杜涛，李勇杰. 脊髓背根入髓区毁损术治疗臂丛神经损伤后神经病理性疼痛的疗效及其影响因素分析（附 105 例报告）[J]. 中华神经外科杂志，2020，36（4）：385-389. DOI：10.3760/cma.j.cn112050-20191010-00429. {LIU Ruicun,NI Bing,HU Yongsheng,ZHANG Xiaohua,REN Zhi Wei,GUO Song,SHU Wei,ZHU Hongwei,DU Tao,LI Yongjie. Therapeutic effect analysis of dorsal root entry zonectomy for neuropathic pain post brachial plexus injury:a report of 105 cases[J]. Zhonghua Shen Jing Wai Ke Za Zhi[Chin J Neurosurg(Article in Chinese;Abstract in Chinese and English)],2020,36(4):385-389. DOI:10.3760/cma.j.cn112050-20191010-00429.}

6.4.12.1 臂丛上干根性撕脱伤

avulsion of the C5 ~ 6 spinal nerves of the brachial plexus

[20073] Chen L,Gu YD,Hu SN. Functional reconstruction of the irreparable upper trunk defect of the brachial plexus--a case report[J]. Hand Surg,2004,9(1):125-129. doi:10.1142/s0218810404002108.

[20074] Xu S,Wang X,Lou X,Du J,Gong L,Lin X. Novel double-superior-trunk injury of the brachial plexus:a case report[J]. J Int Med Res,2008,36(3):594-598. doi:10.1177/147323000803600327.

[20075] Zou L,Cao X,Li J,Liu L,Wang P,Cai J. Improved C3-4 transfer for treatment of root avulsion of the brachial plexus upper trunk:Animal experiments and clinical application[J]. Neural Regen Res,2012,7(20):1545-1555. doi:10.3969/j.issn.1673-5374.2012.20.004.

[20076] Yang KX,Zhang SH,Ge DW,Sui T,Chen HT,Cao XJ. A novel extradural nerve transfer technique by coaptation of C4 to C5 and C7 to C6 for treating isolated upper trunk avulsion of the brachial plexus[J]. J Biomed Res,2018,32(4):298-304. doi:10.7555/JBR.32.20180012.

[20077] 陈晓东，顾玉东，徐建光，马建军. 膈神经损伤与臂丛上干节前损伤的关系 [J]. 中华显微外科杂志，1997，20(4)：3-5. DOI：CNKI：SUN：ZHXW.0.1997-04-000. {CHEN Xiaodong,GU Yudong,XU Jianguang,MA Jianjun. The relationship between lesion of phrenic nerve and preganglion in jury of upper trunk of brachial plexus[J]. Zhonghua Xian Wei Wai Ke Za Zhi[Chin J Microsurg(Article in Chinese;Abstract in Chinese and English)],1997,20(4):3-5. DOI:CNKI:SUN:ZHXW.0.1997-04-000.}

[20078] 宋业良，苏金政. 臂丛上干伴桡神经损伤二例 [J]. 中华手外科杂志，1997，13（2）：66. DOI：10.3760/cma.j.issn.1005-054X.1997.02.031. {SONG Yeliang,SU Jinzheng. Upper trunk of brachial plexus with radial nerve injury:Two cases report[J]. Zhonghua Shou Wai Ke Za Zhi[Chin J Hand Surg(Article in Chinese;No abstract available)],1997,13(2):66. DOI:10.3760/cma.j.issn.1005-054X.1997.02.031.}

[20079] 徐杰，成效敏，顾玉东，董震，沈丽英. 产伤性臂丛神经上干神经瘤的早期治疗 [J]. 中华手外科杂志，1997，13（2）：5-8. DOI：10.3760/cma.j.issn.1005-054X.1997.02.002.

{XU Jie,CHENG Xiaomin,GU Yudong,DONG Zhen,SHEN Liying. Early management of obstetrical brachial plexus upper trunk neuroma[J]. Zhonghua Shou Wai Ke Za Zhi[Chin J Hand Surg(Article in Chinese;Abstract in Chinese and English)],1997,13(2):5-8. DOI:10.3760/cma.j.issn.1005-054X.1997.02.002.}

[20080] **方有生，陈德松，顾玉东．前、中斜角肌起点与臂丛上干的关系及其临床意义 [J]．中国临床解剖学杂志，1999，17（4）：35-36．DOI：10.1016/B978-008043005-8/50012-3．**{FANG Yousheng,CHEN Desong,GU Yudong. The relationship between the origin of anterior and middle scalene muscle and the upper trunk of brachiplex[J]. Zhongguo Lin Chuang Jie Pou Xue Za Zhi[Chin J Clin Anat(Article in Chinese;Abstract in Chinese and English)],1999,17(4):35-36. DOI:10.1016/B978-008043005-8/50012-3.}

[20081] **黄东生，刘尚礼，马若凡，李春海，戴绍业．选择性肌支神经转位治疗臂丛上干损伤 [J]．临床骨科杂志，1999，2（2）：101-102．DOI：10.3969/j.issn.1008-0287.1999.02.007．**{HUANG Dongsheng,LIU Shangli,MA Ruofan,LI Chunhai,DAI Shaoye. Transference of selected muscular branchial nerve for treatment of upper trunk injury of brachial plexus[J]. Lin Chuang Gu Ke Za Zhi[J Clin Orthop(Article in Chinese;Abstract in Chinese and English)],1999,2(2):101-102. DOI:10.3969/j.issn.1008-0287.1999.02.007.}

[20082] **韩国栋，李长虎，王凯，沈晓钟．神经移位治疗臂丛上干根性撕脱伤 [J]．中华手外科杂志，2001，17（2）：26-27．DOI：10.3760/cma.j.issn.1005-054X.2001.02.009．**{HAN Guodong,LI Changhu,WANG Kai,SHEN Xiaozhong. Nerve transfer for treatment of root avulsion of brachial plexus upper trunk[J]. Zhonghua Shou Wai Ke Za Zhi[Chin J Hand Surg(Article in Chinese;Abstract in Chinese and English)],2001,17(2):26-27. DOI:10.3760/cma.j.issn.1005-054X.2001.02.009.}

[20083] **曲永松，安月勇，韩文祥．臂丛上干穿过前斜角肌变异 1 例 [J]．中国临床解剖学杂志，2002，20（3）：209-209．DOI：10.3969/j.issn.1001-165X.2002.03.034．**{QU Yongsong,AN Yueyong,HAN Wenxiang. Variation of superior trunk of brachial plexus passing through anterior scalenus muscle:a case report[J]. Zhongguo Lin Chuang Jie Pou Xue Za Zhi[Chin J Clin Anat(Article in Chinese;No abstract available)],2002,20(3):209-209. DOI:10.3969/j.issn.1001-165X.2002.03.034.}

[20084] **周友清，陈亮，胡韶楠，顾玉东．背阔肌游离移植术后致臂丛神经上干损伤一例 [J]．中国修复重建外科杂志，2003，17（1）：76．**{ZHOU Youqing,CHEN Liang,HU Shaonan,GU Yudong. Injury of upper trunk of brachial plexus caused by free latissimus dorsi muscle transplantation:a case report[J]. Zhongguo Xiu Fu Chong Jian Wai Ke Za Zhi[Chin J Repar Reconstr Surg(Article in Chinese;Abstract in Chinese)],2003,17(1):76.}

[20085] **陈亮，顾玉东，胡韶楠．臂丛上干长段缺损功能重建一例报告 [J]．中华骨科杂志，2004，24（3）：187-188．DOI：10.3760/j.issn：0253-2352.2004.03.016．**{CHEN Liang,GU Yudong,HU Shaonan. Functional reconstruction of long segment defect of upper trunk of brachial plexus:a case report[J]. Zhonghua Gu Ke Za Zhi[Chin J Orthop(Article in Chinese;No abstract available)],2004,24(3):187-188. DOI:10.3760/j.issn:0253-2352.2004.03.016.}

[20086] **陆伟，徐建光，肖建德，李继峰，胡韶楠，徐文东，徐雷，姜浩，王大平，顾玉东．大鼠臂丛上中干损伤后肱三头肌背阔肌功能状态变化的实验研究 [J]．中国矫形外科杂志，2004，12（18）：1410-1412．DOI：10.3969/j.issn.1005-8478.2004.18.015．**{LU Wei,XU Jianguang,XIAO Jiande,LI Jifeng,HU Shaonan,XU Wendong,XU Lei,JIANG Hao,WANG Daping,GU Yudong. Relationship between superior and middle trunks of the brachial plexus and the brachial triceps and latissimus dorsi muscles[J]. Zhongguo Jiao Xing Wai Ke Za Zhi[Orthop J China(Article in Chinese;Abstract in Chinese and English)],2004,12(18):1410-1412. DOI:10.3969/j.issn.1005-8478.2004.18.015.}

[20087] **陆九州，徐建光，徐文东，徐雷，顾施辉，沈云东，赵新，顾玉东．多组神经束支部移位治疗臂丛神经上干损伤的近期疗效 [J]．中国修复重建外科杂志，2008，22（9）：1040-1043．**{LU Jiuzhou,XU Jianguang,XU Wendong,XU Lei,GU Shihui,SHEN Yundong,ZHAO Xin,GU Yudong. Short-term efficacy of multiple nerves branch transfer for treating superior trunk brachial plexus injury[J]. Zhongguo Xiu Fu Chong Jian Wai Ke Za Zhi[Chin J Repar Reconstr Surg(Article in Chinese;Abstract in Chinese and English)],2008,22(9):1040-1043.}

[20088] **徐房添，高辉，姬广林，刘午阳，赖光松，华云，吴东保，黄为民，艾芳．臂丛神经上干根性撕脱伤的手术治疗 [J]．中国矫形外科杂志，2010，18（14）：1175-1177．DOI：CNKI：SUN：ZJXS.0.2010-14-016．**{XU Fangtian,GAO Hui,JI Guanglin,LIU Wuyang,LAI Guangsong,HUA Yun,WU Dongbao,HUANG Weimin,AI Fang. Surgical treatment of avulsion of upper trunk root of brachial plexus[J]. Zhongguo Jiao Xing Wai Ke Za Zhi[Orthop J China(Article in Chinese;Abstract in Chinese)],2010,18(14):1175-1177. DOI:CNKI:SUN:ZJXS.0.2010-14-016.}

[20089] **张浩，陈斌，曾隐．束支移位手术治疗臂丛神经上干损伤重建屈肘肩外展功能 [J]．临床骨科杂志，2010，13（5）：596-597．DOI：10.3969/j.issn.1008-0287.2010.05.062．**{ZHANG Hao,CHEN Bin,CENG Yin. Fascicle transfer for restoration of elbow flexion and shoulder abduction in upper brachial plexus injury[J]. Lin Chuang Gu Ke Za Zhi[J Clin Orthop(Article in Chinese;No abstract available)],2010,13(5):596-597. DOI:10.3969/j.issn.1008-0287.2010.05.062.}

[20090] **邓凯，张克亮，王素云，李秀荣，张华，马维．端端吻合与端侧吻合治疗臂丛神经上干损伤实验研究 [J]．中国修复重建外科杂志，2010，24（11）：1302-1305．**{DENG Kai,ZHANG Keliang,WANG Suyun,LI Xiurong,ZHANG Hua,MA Wei. Efficacy comparison of end-to-end and end-to-side neurorrhaphy in treatment of brachial plexus upper trunk injury[J]. Zhongguo Xiu Fu Chong Jian Wai Ke Za Zhi[Chin J Repar Reconstr Surg(Article in Chinese;Abstract in Chinese and English)],2010,24(11):1302-1305.}

[20091] **王西迅，李钧，陈旭辉，张高孟，童哲，陈波，金成，舒正华，崔岩，潘跃．掌长肌腱移位重建臂丛上干和中干损伤及下干部分损伤的伸指功能 [J]．中华显微外科杂志，2012，35（4）：325-326．DOI：10.3760/cma.j.issn.1001-2036.2012.04.022．**{WANG Xixun,LI Jun,CHEN Xuhui,ZHANG Gaomeng,TONG Zhe,CHEN Bo,JIN Cheng,SHU Zhenghua,CUI Yan,PAN Yue. Transposition of palmaris longus tendon to reconstruct finger extension function of upper trunk and middle trunk of brachial plexus and partial injury of lower trunk of brachial plexus[J]. Zhonghua Xian Wei Wai Ke Za Zhi[Chin J Microsurg(Article in Chinese;Abstract in Chinese)],2012,35(4):325-326. DOI:10.3760/cma.j.issn.1001-2036.2012.04.022.}

[20092] **陈汉东，王和驹，吴开丘，邱勋永，王快胜，马心赤．臂丛神经上干损伤神经移位术的疗效观察 [J]．中华手外科杂志，2014，30（5）：396-397．DOI：10.3760/cma.j.issn.1005-054X.2014.05.032．**{CHEN Handong,WANG Heju,WU Kaiqiu,QIU Xunyong,WANG Kuaisheng,MA Xinchi. Nerve transfer in the treatment of upper trunk injury of brachial plexus[J]. Zhonghua Shou Wai Ke Za Zhi[Chin J Hand Surg(Article in Chinese;No abstract available)],2014,30(5):396-397. DOI:10.3760/cma.j.issn.1005-054X.2014.05.032.}

[20093] **曹树明，虞聪．多组神经移位术治疗臂丛神经上干损伤的临床疗效 [J]．中华手外科杂志，2014，30（6）：439-441．DOI：10.3760/cma.j.issn.1005-054X.2014.06.015．**{CAO Shuming,YU Cong. Clinical application and efficacy of multiple nerve transfers for treatment of brachial plexus upper trunk injuries[J]. Zhonghua Shou Wai Ke Za Zhi[Chin J Hand Surg(Article in Chinese;Abstract in Chinese and English)],2014,30(6):439-441. DOI:10.3760/cma.j.issn.1005-054X.2014.06.015.}

[20094] **王德华，张桂萍，王增涛，朱小雷，刘志波，孙文海．多组神经部分束支移位重建臂丛神经上干损伤后肩肘功能 [J]．中华手外科杂志，2015，31（3）：215-217．DOI：10.3760/cma.j.issn.1005-054X.2015.03.025．**{WANG Dehua,ZHANG Guiping,WANG Zengtao,ZHU Xiaolei,LIU Zhibo,SUN Wenhai. Multiple nerve transfers for restoration of shoulder and elbow functions in brachial plexus upper trunk injury[J]. Zhonghua Shou Wai Ke Za Zhi[Chin J Hand Surg(Article in Chinese;Abstract in Chinese and English)],2015,31(3):215-217. DOI:10.3760/cma.j.issn.1005-054X.2015.03.025.}

[20095] **沈美华，任鹏，艾合买提江·玉素甫．背阔肌肌皮瓣移位重建晚期臂丛神经上干损伤屈肘功能的疗效评价 [J]．中国骨与关节损伤杂志，2015，30（5）：497-499．DOI：10.7531/j.issn.1672-9935.2015.05.017．**{SHEN Meihua,REN Peng,AIHEMAITIJIANG Yusufu. Curative effect evaluation of latissimus dorsi myocutaneous flap translocation for reconstruction of elbow flexion function in late stage upper brachial plexus injuries[J]. Zhongguo Gu Yu Guan Jie Sun Shang Za Zhi[Chin J Bone Joint Injury(Article in Chinese;Abstract in Chinese and English)],2015,30(5):497-499. DOI:10.7531/j.issn.1672-9935.2015.05.017.}

[20096] **孙世宇，郭建荣，林福清，傅舒昆，王欢，金孝岠．超声引导下臂丛上干和颈浅丛神经阻滞联合全身麻醉在肩关节镜手术中的应用 [J]．上海医学，2018，41（11）：681-685．DOI：CNKI：SUN：SHYX.0.2018-11-010．**{SUN Shiyu,GUO Jianrong,LIN Fuqing,FU Shukun,WANG Huan,JIN Xiaoju. Ultrasound-guided superior trunk of brachial plexus block and superficial cervical plexus block combined with general anesthesia in arthroscopic shoulder surgery[J]. Shang Hai Yi Xue[Shanghai Med J(Article in Chinese;Abstract in Chinese and English)],2018,41(11):681-685. DOI:CNKI:SUN:SHYX.0.2018-11-010.}

6.4.12.2 臂丛下干根性撕脱伤
avulsion of the C8T1 spinal nerves of the brachial plexus

[20097] Zheng XY,Hou CL,Gu YD,Shi QL,Guan SB. Repair of brachial plexus lower trunk injury by transferring brachialis muscle branch of musculocutaneous nerve:anatomic feasibility and clinical trials[J]. Chin Med J,2008,121(2):99-104.

[20098] Wu X,Cong XB,Huang QS,Ai FX,Liu YT,Lu XC,Li J,Weng YX,Chen ZB. Transposition of branches of radial nerve innervating supinator to posterior interosseous nerve for functional reconstruction of finger and thumb extension in 4 patients with middle and lower trunk root avulsion injuries of brachial plexus[J]. J Huazhong Univ Sci Technolog Med Sci,2017,37(6):933-937. doi:10.1007/s11596-017-1830-9.

[20099] Wang SF,Li PC,Xue YH,Li F,Berger AJ,Bhatia A. Direct repair of the lower trunk to residual nerve roots for restoration of finger flexion after total brachial plexus injury[J]. J Hand Surg Am,2021,46(5):423.e1-423.e8. doi:10.1016/j.jhsa.2020.09.023.

[20100] **李光宗．臂丛下干从前斜角肌前面走行变异 1 例 [J]．中国临床解剖学杂志，2003，21（2）：172-172．DOI：10.3969/j.issn.1001-165X.2003.02.037．**{LI Guangzong. Variation of anterior scalenus muscle in the inferior trunk of brachial plexus:a case report[J]. Zhongguo Lin Chuang Jie Pou Xue Za Zhi[Chin J Clin Anat(Article in Chinese;Abstract in Chinese)],2003,21(2):172-172. DOI:10.3969/j.issn.1001-165X.2003.02.037.}

[20101] **郑宪友，顾玉东，史其林，李继峰，孙贵新，周琳．大鼠单纯臂丛下干损伤屈指功能重建动物模型的探讨 [J]．中华显微外科杂志，2005，28（1）：52-54．DOI：10.3760/cma.j.issn.1001-2036.2005.01.020．**{ZHENG Xianyou,GU Yudong,SHI Qilin,LI Ji Feng,SUN Guixin,ZHOU Lin. Study on the reconstruction of finger flexion function after injury of the inferior trunk of brachial plexus in rats[J]. Zhonghua Xian Wei Wai Ke Za Zhi[Chin J Microsurg(Article in Chinese;Abstract in Chinese)],2005,28(1):52-54. DOI:10.3760/cma.j.issn.1001-2036.2005.01.020.}

[20102] **郑宪友，顾玉东，史其林，张高孟，周琳，杨明杰．臂丛下干损伤不同修复术式的疗效比较 [J]．中华手外科杂志，2005，21（3）：146-148．DOI：10.3760/cma.j.issn.1005-054X.2005.03.009．**{ZHENG Xianyou,GU Yudong,SHI Qilin,ZHANG Gaomeng,ZHOU Lin,YANG Mingjie. Treatment outcome of various reconstructive procedures of brachial plexus lower trunk injuries:a comparative study[J]. Zhonghua Shou Wai Ke Za Zhi[Chin J Hand Surg(Article in Chinese;Abstract in Chinese and English)],2005,21(3):146-148. DOI:10.3760/cma.j.issn.1005-054X.2005.03.009.}

[20103] **王国君，王玉发，王华龙，顾加祥．臂丛神经下干、内侧束部损伤 133 例的远期随访结果 [J]．中华手外科杂志，2005，21（4）：200-202．DOI：10.3760/cma.j.issn.1005-054X.2005.04.004．**{WANG Guojun,WANG Yufa,WANG Hualong,GU Jiaxiang. Clinical outcome of brachial plexus lower trunk and medial cord injuries:Long-term folow-up of 133 cases[J]. Zhonghua Shou Wai Ke Za Zhi[Chin J Hand Surg(Article in Chinese;Abstract in Chinese and English)],2005,21(4):200-202. DOI:10.3760/cma.j.issn.1005-054X.2005.04.004.}

[20104] **丛锐，刁金美，徐晖，赵睿，张航，游思维．臂丛神经下干不同损伤诱发神经病理性疼痛大鼠后足的痛行为学特征 [J]．中华手外科杂志，2010，26（3）：137-140．DOI：10.3760/cma.j.issn.1005-054X.2010.03.005．**{CONG Rui,DIAO Jinmei,XU Hui,ZHAO Rui,ZHANG Hang,YOU Siwei. Behavioral comparisons of neuropathic pain Induced by transection and avulsion injuries of the rat brachial plexus[J]. Zhonghua Shou Wai Ke Za Zhi[Chin J Hand Surg(Article in Chinese;Abstract in Chinese and English)],2010,26(3):137-140. DOI:10.3760/cma.j.issn.1005-054X.2010.03.005.}

[20105] **杜亚伟，刘德群，王斌，韩星梅．正中神经和尺神经低位端侧吻合修复臂丛神经下干或高位尺神经损伤的解剖学研究 [J]．中国修复重建外科杂志，2010，24（3）：332-334．DOI：CNKI：SUN：ZXCW.0.2010-03-027．**{DU Yawei,LIU Dequn,WANG Bin,HAN Xingmei. Anatomical studies on low end-to-side anastomosis of median nerve and ulnar nerve in repair of dejerine klumpke type paralysis or high ulnar nerve injury[J]. Zhongguo Xiu Fu Chong Jian Wai Ke Za Zhi[Chin J Repar Reconstr Surg(Article in Chinese;Abstract in Chinese and English)],2010,24(3):332-334. DOI:CNKI:SUN:ZXCW.0.2010-03-027.}

6.4.12.3 全臂丛根性撕脱伤
total avulsion of brachial plexus nerve root

[20106] Liu Y,Lao J,Gao K,Gu Y,Xin Z. Outcome of nerve transfers for traumatic complete brachial plexus avulsion:results of 28 patients by DASH and NRS questionnaires[J]. J Hand Surg Eur,2012,37(5):413-421. doi:10.1177/1753193411425330.

[20107] Liu Y,Lao J,Gao K,Gu Y,Zhao X. Functional outcome of nerve transfers for traumatic global brachial plexus avulsion[J]. Injury,2013,44(5):655-660. doi:10.1016/j.injury.2012.02.006.

[20108] Qiu TM,Chen L,Mao Y,Wu JS,Tang WJ,Hu SN,Zhou LF,Gu YD. Sensorimotor cortical changes assessed with resting-state fMRI following total brachial plexus root avulsion[J]. J Neurol Neurosurg Psychiatry,2014,85(1):99-105. doi:10.1136/jnnp-2013-304956.

[20109] Zhou Y,Liu P,Rui J,Zhao X,Lao J. The clinical characteristics of neuropathic pain in patients with total brachial plexus avulsion:a 30-case study[J]. Injury,2016,47(8):1719-1724. doi:10.1016/j.injury.2016.05.022.

[20110] Li F,Wang SF,Li PC,Xue YH,Zou JY,Li WJ. Restoration of active pick-up function in patients with total brachial plexus avulsion injuries[J]. J Hand Surg Eur,2018,43(3):269-274. doi:10.1177/1753193417728405.

[20111] Gao KM,Hu JJ,Lao J,Zhao X. Evaluation of nerve transfer options for treating total brachial plexus avulsion injury:a retrospective study of 73 participants[J]. Neural Regen Res,2018,13(3):470-476. doi:10.4103/1673-5374.228730.

[20112] 顾玉东，张高孟，陈德松，严什赓，成效敏，张丽银，蔡佩琴，沈丽英. 健侧颈神经根移位术治疗臂丛根性撕脱伤[J]. 中华医学杂志，1989，69(10)：563-565. {GU Yudong,ZHANG Gaomeng,CHEN Desong,YAN Shigeng,CHENG Xiaomin,ZHANG Liyin,CAI Peiqin,SHEN Liying. Contralateral cervical nerve root transfer for the treatment of brachial plexus root avulsion[J]. Zhonghua Yi Xue Za Zhi[Natl Med J China(Article in Chinese;Abstract in Chinese)],1989,69(10):563-565.}

[20113] 顾玉东. 颈丛神经运动支移位治疗臂丛根性撕脱伤[J]. 中华显微外科杂志，1990，13(1)：4-6. {GU Yudong. Transposition of motor branch of cervical plexus for the treatment of brachial plexus root avulsion[J]. Zhonghua Xian Wei Wai Ke Za Zhi[Chin J Microsurg(Article in Chinese;Abstract in Chinese)],1990,13(1):4-6.}

[20114] 顾玉东，张高孟. 健侧颈神经根合并多组神经移位治疗臂丛根性撕脱伤[J]. 中华显微外科杂志，1991，14(3)：129-132. DOI：10.3760/cma.j.issn.1001-2036.1991.03.101. {GU Yudong,ZHANG Gaomeng. Transfer of cervical nerve root from healthy side with muitiple nerves for treatment of brachial plexus root avulsion[J]. Zhonghua Xian Wei Wai Ke Za Zhi[Chin J Microsurg(Article in Chinese;Abstract in Chinese)],1991,14(3):129-132. DOI:10.3760/cma.j.issn.1001-2036.1991.03.101.}

[20115] 沈天真，张高孟. 臂丛神经根损伤的影象学诊断[J]. 手外科杂志，1992，8(1)：4-6. {SHEN Tianzhen,ZHANG Gaomeng. Imaging diagnosis of brachial plexus root injury[J]. Shou Wai Ke Za Zhi[J Hand Surg(Article in Chinese;Abstract in Chinese)],1992,8(1):4-6.}

[20116] 尹宗生. 臂丛根性撕脱伤后脊髓前角α运动神经元超微结构改变的实验研究[J]. 手外科杂志，1992，8(1)：28-30. {YIN Zongsheng. Experimental study on ultrastructural changes of α motoneurons in anterior horn of spinal cord after brachial plexus root avulsion[J]. Shou Wai Ke Za Zhi[J Hand Surg(Article in Chinese;Abstract in Chinese)],1992,8(1):28-30.}

[20117] 胡溱. 日本臂丛神经根性撕脱伤的治疗现状[J]. 手外科杂志，1992，8(1)：49-50. {HU Qin. Current status of treatment of brachial plexus root avulsion in Japan[J]. Shou Wai Ke Za Zhi[J Hand Surg(Article in Chinese;Abstract in Chinese)],1992,8(1):49-50.}

[20118] 尹宗生，顾玉东. 臂丛根性损伤脊髓前角α运动神经元数目变化的实验研究[J]. 中华显微外科杂志，1993，16(1)：41-42. {YIN Zongsheng,GU Yudong. Experimental study on the changes of α motor nerve in anterior horn of spinal cord after brachial plexus root injury[J]. Zhonghua Xian Wei Wai Ke Za Zhi[Chin J Microsurg(Article in Chinese;Abstract in Chinese)],1993,16(1):41-42.}

[20119] 顾玉东，成效敏. 臂丛根性损伤的股神经寄养法[J]. 中华显微外科杂志，1993，16(2)：99-100. {GU Yudong,CHENG Xiaomin. Femoral nerve foster care for brachial plexus root injury[J]. Zhonghua Xian Wei Wai Ke Za Zhi[Chin J Microsurg(Article in Chinese;Abstract in Chinese)],1993,16(2):99-100.}

[20120] 白波，余楠生. 脊髓造影CT诊断臂丛神经根性损伤[J]. 中华显微外科杂志，1995，18(3)：218-219. DOI：10.3760/cma.j.issn.1001-2036.1995.03.130. {BAI Bo,YU Nansheng. Diagnosis of brachial plexus root injury by myelography CT[J]. Zhonghua Xian Wei Wai Ke Za Zhi[Chin J Microsurg(Article in Chinese;Abstract in Chinese)],1995,18(3):218-219. DOI:10.3760/cma.j.issn.1001-2036.1995.03.130.}

[20121] 杨亭，杨克非，金亚娣，王丽华，安晋屏. 根性臂丛神经损伤的电生理研究及与治疗的关系(附376例分析)[J]. 中华手外科杂志，1995，11(3)：168-170. DOI：CNKI：SUN：ZHSK.0.1995-03-020. {YANG Ting,YANG Kefei,JIN Yadi,WANG Lihua,AN Jinping. Electrophysiological study of root brachial plexus injury and its relationship to treatment :analysis of 376 cases[J]. Zhonghua Shou Wai Ke Za Zhi[Chin J Hand Surg(Article in Chinese;Abstract in Chinese)],1995,11(3):168-170. DOI:CNKI:SUN:ZHSK.0.1995-03-020.}

[20122] 胡韶楠，徐建光，袁伟，王欢. 臂丛神经节前损伤的大鼠动物模型[J]. 中华手外科杂志，1996，12(2)：120-122+131. DOI：CNKI：SUN：ZHSK.0.1996-02-028. {HU Shaonan,XU Jianguang,YUAN Wei,WANG Huan. Rat model of brachial plexus preganglionic injury[J]. Zhonghua Shou Wai Ke Za Zhi[Chin J Hand Surg(Article in Chinese;Abstract in Chinese)],1996,12(2):120-122+131. DOI:CNKI:SUN:ZHSK.0.1996-02-028.}

[20123] 卢伟杰，余楠生，白波. 小脑延髓池穿刺造影CT扫描诊断臂丛神经根性损伤[J]. 中华手外科杂志，1996，12(3)：134-136. DOI：CNKI：SUN：ZHSK.0.1996-03-004. {LU Weijie,YU Nansheng,BAI Bo. Cerebellar medulla cistern puncture CT scan diagnosis of brachial plexus nerve root injury[J]. Zhonghua Shou Wai Ke Za Zhi[Chin J Hand Surg(Article in Chinese;Abstract in Chinese)],1996,12(3):134-136. DOI:CNKI:SUN:ZHSK.0.1996-03-004.}

[20124] 顾玉东. 对臂丛神经节前损伤后行神经移位肌内种植术的评价[J]. 中华手外科杂志，1996，12(4)：2-4. DOI：CNKI：SUN：ZHSK.0.1996-01-001. {GU Yudong. Assessment of intrarmuscular implantation of transferred nerve in brachial plexus pre-ganglionic injury[J]. Zhonghua Shou Wai Ke Za Zhi[Chin J Hand Surg(Article in Chinese;Abstract in Chinese and English)],1996,12(4):2-4. DOI:CNKI:SUN:ZHSK.0.1996-01-001.}

[20125] 裴连魁，梁炳生，张建中. 臂丛根性撕脱伤的功能数字表示法[J]. 中国骨伤，1996，9(5)：36-38，64. DOI：CNKI：SUN：ZGGU.0.1996-05-029. {PEI Liankui,LIANG Bingsheng,ZHANG Jianzhong. The demonstration of the functional digits of brachial plexus roots avulsion[J]. Zhongguo Gu Shang[China J Orthop Trauma(Article in Chinese;Abstract in Chinese)],1996,9(5):36-38,64. DOI:CNKI:SUN:ZGGU.0.1996-05-029.}

[20126] 邹云雯，夏精武，季爱玉，叶发刚，张勇，周宽德. 复合式神经移位术治疗臂丛根性撕脱伤[J]. 中华骨科杂志，1997，17(3)：29-31. DOI：CNKI：SUN：ZHGK.0.1997-08-009. {ZOU Yunwen,XIA Jingwu,JI Aiyu,YE Fagang,ZHANG Yong,ZHOU Kuande. Multiple nerve transfers for treatment of brachial plexus avulsion injuries[J]. Zhonghua Gu Ke Za Zhi[Chin J Orthop(Article in Chinese;Abstract in Chinese and English)],1997,17(3):29-31. DOI:CNKI:SUN:ZHGK.0.1997-08-009.}

[20127] 裴连魁，梁炳生，尹芸生，王东，高平，张登峰. 神经移位修复臂丛神经根性撕脱伤[J]. 中国修复重建外科杂志，1997，11(1)：34-35. {PEI Liankui,LIANG Bingsheng,YIN Yunsheng,WANG Dong,GAO Ping,ZHANG Dengfeng. Treatment of nerve root avulsion of brachial plexus by nerve transfer[J]. Zhongguo Xiu Fu Chong Jian Wai Ke Za Zhi[Chin J Repar Reconstr Surg(Article in Chinese;Abstract in Chinese and English)],1997,11(1):34-35.}

[20128] 肖鹏康，王思峰，丰德宽. 臂丛根性撕裂合并脊膜袖损伤一例[J]. 中华显微外科杂志，1998，21(1)：78. DOI：10.3760/cma.j.issn.1001-2036.1998.01.046. {XIAO Pengkang,WANG Sifeng,FENG Dekuan. Root tear of brachial plexus combined with spinal meningeal cuff injury:a case report[J]. Zhonghua Xian Wei Wai Ke Za Zhi[Chin J Microsurg(Article in Chinese;Abstract in Chinese)],1998,21(1):78. DOI:10.3760/cma.j.issn.1001-2036.1998.01.046.}

[20129] 马建军，张高孟，沈丽英，顾玉东. 臂丛撕脱伤患者同侧膈神经诱发电位的研究[J]. 中华手外科杂志，1998，14(1)：3-5. {MA Jianjun,ZHANG Gaomeng,SHEN Liying,GU Yudong. Electrophysiological evaluation of phrenic nerve function after brachial plexus avulsion injury[J]. Zhonghua Shou Wai Ke Za Zhi[Chin J Hand Surg(Article in Chinese;Abstract in Chinese and English)],1998,14(1):3-5.}

[20130] 张丽银，顾玉东. 臂丛神经根性损伤术前术后的康复治疗[J]. 中华手外科杂志，1998，14(3)：172. DOI：10.3760/cma.j.issn.1005-054X.1998.03.017. {ZHANG Liyin,GU Yudong. Pre-and post-operative rehabilitation after root injuries of brachia! Plexus[J]. Zhonghua Shou Wai Ke Za Zhi[Chin J Hand Surg(Article in Chinese;Abstract in Chinese and English)],1998,14(3):172. DOI:10.3760/cma.j.issn.1005-054X.1998.03.017.}

[20131] 陈正永，沈丽英，马建军，张凯莉，朱艺. 膈神经副神经肌电图检查对提高臂丛神经根性损伤诊断符合率的机制和意义[J]. 中华手外科杂志，1998，14(3)：3-5. {CHEN Zhengyong,SHEN Liying,MA Jianjun,ZHANG Kaili,ZHU Yi. The mechanism and significance of increased diagnostic rate of brachial plexus root injuries using electromyographic examinations of phrenic and accessory nerves[J]. Zhonghua Shou Wai Ke Za Zhi[Chin J Hand Surg(Article in Chinese;Abstract in Chinese and English)],1998,14(3):3-5.}

[20132] 沈丽英，马建军，顾玉东，陈正永，张凯丽，朱艺. 臂丛根性损伤两种神经电图－肌电图检测方法的诊断符合率[J]. 中华手外科杂志，1998，14(4)：3-5. DOI：CNKI：SUN：ZHSK.0.1998-04-011. {SHEN Liying,MA Jianjun,GU Yudong,CHEN Zhengyong,ZHANG Kaili,ZHU Yi. Diagnostic coincidence rate of two electroneurogram-electromyogram detection methods for brachial plexus root injury[J]. Zhonghua Shou Wai Ke Za Zhi[Chin J Hand Surg(Article in Chinese;Abstract in Chinese)],1998,14(4):3-5. DOI:CNKI:SUN:ZHSK.0.1998-04-011.}

[20133] 顾玉东，成效敏，陈德松. 股神经移位治疗臂丛根性撕脱伤[J]. 中华创伤杂志，1998，14(2)：69-71. DOI：10.3760/j：issn：1001-8050.1998.02.003. {GU Yudong,CHENG Xiaomin,CHEN Desong. To treat root avulsion in brachial plexus with femoral nerves[J]. Zhonghua Chuang Shang Za Zhi[Chin J Trauma(Article in Chinese;Abstract in Chinese and English)],1998,14(2):69-71. DOI:10.3760/j:issn:1001-8050.1998.02.003.}

[20134] 郭瑞华，董扬，于仲嘉，眭述平，曾炳芳. 全臂丛损伤神经不同段的错位移植实验[J]. 中华显微外科杂志，1999，22(S1)：3-5. DOI：10.3760/cma.j.issn.1001-2036.1999.Z1.129. {GUO Ruihua,DONG Yang,YU Zhongjia,SUI Shuping,ZENG Bingfang. Experimental study on dislocation transplantation of different segments of total brachial plexus injury[J]. Zhonghua Xian Wei Wai Ke Za Zhi[Chin J Microsurg(Article in Chinese;Abstract in Chinese)],1999,22(S1):3-5. DOI:10.3760/cma.j.issn.1001-2036.1999.Z1.129.}

[20135] 于仲嘉，眭述平，虞申. 上臂短缩神经移位治疗全臂丛根性损伤三例初步报告[J]. 中华手外科杂志，1999，15(1)：8. DOI：10.3760/cma.j.issn.1005-054X.1999.01.004. {YU Zhongjia,MU Shuping,YU Shen. Treatment of total brachial plexus root avulsion by nerve transfer through upper limb shortening:a report of 3 cases[J]. Zhonghua Shou Wai Ke Za Zhi[Chin J Hand Surg(Article in Chinese;Abstract in Chinese and English)],1999,15(1):8. DOI:10.3760/cma.j.issn.1005-054X.1999.01.004.}

[20136] 顾立强，裴国献，任高宏，周围，林立，夏霆，胡罢生，陈国奋. 全臂丛根性撕脱伤后神经移位联合早期股薄肌移植重建术[J]. 中国创伤骨科杂志，1999，1(1)：40-42. DOI：CNKI：SUN：ZCGK.0.1999-01-018. {GU Liqiang,PEI Guoxian,REN Gaohong,ZHOU Wei,LIN Li,XIA Ting,HU Basheng,CHEN Guofen. Reconstruction after complete root avulsion of brachial plexus by nerve transfer combined with gracilis transplantation at early stage[J]. Zhongguo Chuang Shang Gu Ke Za Zhi[Chin J Orthop Trauma(Article in Chinese;Abstract in Chinese and English)],1999,1(1):40-42. DOI:CNKI:SUN:ZCGK.0.1999-01-018.}

[20137] 王涛，顾玉东，陈德松. 臂丛神经多节段损伤的诊断和处理[J]. 中华手外科杂志，1999，15(1)：11. DOI：10.3760/cma.j.issn.1005-054X.1999.01.005. {WANG Tao,GU Yudong,CHEN Desong. Diagnosis and treatment of multiple level brachial plexus injuries[J]. Zhonghua Shou Wai Ke Za Zhi[Chin J Hand Surg(Article in Chinese;Abstract in Chinese and English)],1999,15(1):11. DOI:10.3760/cma.j.issn.1005-054X.1999.01.005.}

[20138] 顾玉东. 臂丛根性撕脱伤治疗进展[J]. 中国创伤骨科杂志，1999，1(1)：19-22. DOI：10.3760/cma.j.issn.1001-2036.2002.01.002. {GU Yudong. Progress in the treatment of brachial plexus root avulsion[J]. Zhongguo Chuang Shang Gu Ke Za Zhi[Chin J Orthop Trauma(Article in Chinese;Abstract in Chinese)],1999,1(1):19-22. DOI:10.3760/cma.j.issn.1001-2036.2002.01.002.}

[20139] 高明勇，梁碧玲，许扬滨，黄穗乔，钟镜联，陈健宇，叶瑞心. 臂丛神经根损伤的MR诊断及其应用价值[J]. 中华创伤杂志，1999，15(2)：151-152. DOI：10.3760/j：issn：1001-8050.1999.02.026. {GAO Mingyong,LIANG Biling,XU Yangbin,HUANG Suiqiao,ZHONG Jinglian,CHEN Jianyu,YE Rui Xin. MR diagnosis of brachial plexus root injury and its application value[J]. Zhonghua Chuang Shang Za Zhi[Chin J Trauma(Article in Chinese;Abstract in Chinese)],1999,15(2):151-152. DOI:10.3760/j:issn:1001-8050.1999.02.026.}

[20140] 刘黎军，朱家恺，肖建德. 雪旺细胞源神经营养因子预防臂丛神经根性撕脱伤所致运动神经元死亡[J]. 中国修复重建外科杂志，1999，13(5)：295-298. DOI：CNKI：SUN：ZXCW.0.1999-05-010. {LIU Lijun,ZHU Jiakai,XIAO Jian De. Rescue of motoneuron from brachial plexus nerve root avulsion induced cell death by Schwann cell derived neurotrophic factor[J]. Zhongguo Xiu Fu Chong Jian Wai Ke Za Zhi[Chin J Repar Reconstr Surg(Article in Chinese;Abstract in Chinese and English)],1999,13(5):295-298. DOI:CNKI:SUN:ZXCW.0.1999-05-010.}

[20141] 顾立强，裴国献，任高宏. 早期股薄肌移植联合神经移位治疗全臂丛根性撕脱伤的初步报告[J]. 中华外科杂志，2000，38(6)：477. DOI：10.3760/j：issn：0529-5815.2000.06.026. {GU Liqiang,PEI Guoxian,REN Gaohong. A preliminary report of early gracilis muscle transplantation combined with nerve transfer in the treatment of total brachial plexus root avulsion[J]. Zhonghua Wai Ke Za Zhi[Chin J Surg(Article in Chinese;Abstract in Chinese)],2000,38(6):477. DOI:10.3760/j:issn:0529-5815.2000.06.026.}

[20142] 常万绅，诸寅，李玉成. 神经束移位治疗臂丛神经根性撕脱伤70例临床报告[J]. 中华手外科杂志，2000，16(4)：209. DOI：10.3760/cma.j.issn.1005-054X.2000.04.007. {CHANG Wan shen,ZHU Yin,LI Yu cheng. Nerve fascicle transfer for treatment of brachial plexus root avulsion:a clinical report of 70[J]. Zhonghua Shou Wai Ke Za Zhi[Chin J Hand Surg(Article in Chinese;Abstract in Chinese and English)],2000,16(4):209. DOI:10.3760/cma.j.issn.1005-054X.2000.04.007.}

[20143] 杨成林，张信英，杨群，王光远，张涛. 大鼠脊神经前根再植入脊髓治疗臂丛撕脱伤的实验研究[J]. 中华显微外科杂志，2001，24(2)：137-138. DOI：10.3760/cma.j.issn.1001-2036.2001.02.022. {YANG Chenglin,ZHANG Xinying,YANG Qun,WANG Guangda,ZHANG Tao. Experimental study on the treatment of brachial plexus avulsion injury by reimplantation of anterior root of spinal nerve into spinal cord in rats[J]. Zhonghua Xian Wei Wai Ke Za Zhi[Chin J Microsurg(Article in Chinese;Abstract in Chinese)],2001,24(2):137-138. DOI:10.3760/cma.j.issn.1001-2036.2001.02.022.}

[20144] 夏平光，顾立强. 臂丛根性撕脱伤后神经根回植术的研究进展[J]. 中国矫形外科杂志，2001，8(2)：177-179. DOI：10.3969/j.issn.1005-8478.2001.02.025. {XIA Pingguang,GU Liqiang. Research progress of nerve root replantation after brachial plexus root avulsion[J]. Zhongguo Jiao Xing Wai Ke Za Zhi[Orthop J China(Article in Chinese;Abstract in Chinese)],2001,8(2):177-179. DOI:10.3969/j.issn.1005-8478.2001.02.025.}

[20145] 张立群，朱维钦，林建华. 实验性不同类型大鼠臂丛根性损伤后脊髓运动神经元存活情况观察[J]. 中华手外科杂志，2001，17(2)：54-56. DOI：10.3760/cma.j.issn.1005-054X.2001.02.019. {ZHANG Liqun,ZHU Weiqin,LIN Jianhua. Survival of spinal motoneurons after various types of brachial plexus root injuries:an experimental study[J]. Zhonghua Shou Wai Ke Za Zhi[Chin J Hand Surg(Article in Chinese;Abstract in Chinese and English)],2001,17(2):54-56. DOI:10.3760/cma.j.issn.1005-054X.2001.02.019.}

[20146] 宋卫东，罗永湘. 臂丛神经根性撕脱伤后神经营养因子在脊髓及肌肉中表达的变化[J]. 中国修复重建外科杂志，2001，15(2)：77-81. DOI：CNKI：SUN：ZXCW.0.2001-02-006. {SONG Weidong,LUO Yongxiang. Variation of neurotrophic factors expression in spinal cord and muscle after root avulsion of brachial plexus[J]. Zhongguo Xiu Fu Chong Jian Wai Ke Za Zhi[Chin J Repar Reconstr Surg(Article in Chinese;Abstract in Chinese and English)],2001,15(2):77-81. DOI:CNKI:SUN:ZXCW.0.2001-02-006.}

[20147] 靳方运，吴若丹，安林芝，陈成礼，李文平，孙晓林，郭斌，王永亮. 全臂丛神经根性撕脱伤

28 例治疗分析 [J]. 中华手外科杂志，2002，18（3）：168–169. DOI：10.3760/cma.j.issn.1005–054X.2002.03.017. {JIN Fangyun,WU Ruodan,AN Linzhi,CHEN Chengli,LI Wenping,SUN Xiaolin,GUO Bin,WANG Yongliang. Total root avulsion injuries of brachial plexus:treatment analysis of 28 cases[J]. Zhonghua Shou Wai Ke Za Zhi[Chin J Hand Surg(Article in Chinese;Abstract in Chinese and English)],2002,18(3):168-169. DOI:10.3760/cma.j.issn.1005-054X.2002.03.017.}

[20148] 徐杰，顾玉东. 多组神经移位治疗全臂丛神经根性撕脱伤 38 例 [J]. 中华创伤杂志，2002，18（9）：522–525. DOI：10.3760/j：issn：1001–8050.2002.09.003. {XU Jie,GU Yudong. Long-term outcomes of multiple donor nerves transfer for treatment of brachial plexus total roots avulsion[J]. Zhonghua Chuang Shang Za Zhi[Chin J Trauma(Article in Chinese;Abstract in Chinese and English)],2002,18(9):522-525. DOI:10.3760/j:issn:1001-8050.2002.09.003.}

[20149] 顾玉东. 臂丛神经根性撕脱伤治疗进展 [J]. 中华显微外科杂志，2002，25（1）：5–7. DOI：10.3760/cma.j.issn.1001–2036.2002.01.002. {GU Yudong. Progress in the treatment of brachial plexus root avulsion[J]. Zhonghua Xian Wei Wai Ke Za Zhi[Chin J Microsurg(Article in Chinese;Abstract in Chinese)],2002,25(1):5-7. DOI:10.3760/cma.j.issn.1001-2036.2002.01.002.}

[20150] 王金武，侯春林，陈爱民，王诗波，陈德松，顾玉东. 臂丛神经根性撕脱伤患者三叉神经支配区感觉改变与交感神经功能状态关系的探讨 [J]. 中国矫形外科杂志，2002，9（2）：131–133. DOI：10.3969/j.issn.1005–8478.2002.02.010. {WANG Jinwu,HOU Chun Lin,CHEN Ai Min,WANG Shi Bo,CHEN Desong,GU Yudong. A study on the relationship between the hypoesthesia of trigeminal nerves of cases with root avulsion of the brachial plexus and the function of sympathetic nerves[J]. Zhongguo Jiao Xing Wai Ke Za Zhi[Orthop J China(Article in Chinese;Abstract in Chinese and English)],2002,9(2):131-133. DOI:10.3969/j.issn.1005-8478.2002.02.010.}

[20151] 顾立强，陈国奋，裴国献，相大勇，任高宏，李绍光，凌旭，朱立军，郭刚，胡罢生. 双重股薄肌移植重建全臂丛根性撕脱伤后手握持功能 [J]. 中华创伤骨科杂志，2003，5（2）：120–123. DOI：10.3760/cma.j.issn.1671–7600.2003.02.013. {GU Liqiang,CHEN Guofen,PEI Guoxian,XIANG Dayong,REN Gaohong,LI Shaoguang,LING Xu,ZHU Lijun,GUO Gang,HU Basheng. Functional reconstruction of hand prehension after complete root avulsion of brachial plexus by double gracilis transplantations[J]. Zhonghua Chuang Shang Gu Ke Za Zhi[Chin J Orthop Trauma(Article in Chinese;Abstract in Chinese and English)],2003,5(2):120-123. DOI:10.3760/cma.j.issn.1671-7600.2003.02.013.}

[20152] 夏平光，顾立强，黄继锋，陈庄洪，林敬明. 臂丛根性撕脱后神经根回植术的大鼠动物模型 [J]. 中国临床解剖学杂志，2003，21（5）：486–488. DOI：10.3969/j.issn.1001–165X.2003.05.026. {XIA Pingguang,GU Liqiang,HUANG Jifeng,CHEN Zhuanghong,LIN Jingming. The animal model on reimplantation of nerve root to the spinal cord after root avulsion of brachial plexus in rats[J]. Zhongguo Lin Chuang Jie Pou Xue Za Zhi[Chin J Clin Anat(Article in Chinese;Abstract in Chinese and English)],2003,21(5):486-488. DOI:10.3969/j.issn.1001-165X.2003.05.026.}

[20153] 郑圣鼐，张高孟，顾玉东，张丽银. 颈胸椎前路和后路手术制作大鼠臂丛根性撕脱伤模型探讨 [J]. 中华显微外科杂志，2003，26（4）：291–292. DOI：10.3760/cma.j.issn.1001–2036.2003.04.019. {ZHENG Shengnai,ZHANG Gaomeng,GU Yudong,ZHANG Liyin. Study on the model of brachial plexus root avulsion injury in rats by anterior and posterior approach of cervicothoracic vertebrae[J]. Zhonghua Xian Wei Wai Ke Za Zhi[Chin J Microsurg(Article in Chinese;Abstract in Chinese)],2003,26(4):291-292. DOI:10.3760/cma.j.issn.1001-2036.2003.04.019.}

[20154] 张建一，柴宏，吴武田. 大鼠臂丛前根撕脱延期再植回对运动神经元存活的作用 [J]. 中国临床解剖学杂志，2003，21（4）：362–364. DOI：10.3969/j.issn.1001–165X.2003.04.021. {ZHANG Jianyi,CHAI Hong,WU WUtian. Survival and regeneration of motoneurons in adult rats by delayed reimplantation of ventral root following spinal root avulsion[J]. Zhongguo Lin Chuang Jie Pou Xue Za Zhi[Chin J Clin Anat(Article in Chinese;Abstract in Chinese and English)],2003,21(4):362-364. DOI:10.3969/j.issn.1001-165X.2003.04.021.}

[20155] 周丽华，李方澜，袁群芳，姚志彬. 两种天然抗氧化剂对臂丛根性撕脱后脊髓运动神经元保护作用的比较 [J]. 中华显微外科杂志，2003，26（3）：204–206. DOI：10.3760/cma.j.issn.1001–2036.2003.03.016. {ZHOU Lihua,LI Fanglan,YUAN Qunfang,YAO Zhibin. The comparative study of protective effect of two kinds of natural antioxidants on spinal motoneurons following brachial roots avulsion[J]. Zhonghua Xian Wei Wai Ke Za Zhi[Chin J Microsurg(Article in Chinese;Abstract in Chinese and English)],2003,26(3):204-206. DOI:10.3760/cma.j.issn.1001-2036.2003.03.016.}

[20156] 李占玉，徐文东，徐建光，顾玉东. 成年大鼠全臂丛根性撕脱伤后对侧运动皮层可塑性变化的实验研究 [J]. 中华手外科杂志，2004，20（1）：51–54. DOI：10.3760/cma.j.issn.1005–054X.2004.01.021. {LI Zhanyu,XU Wendong,XU Jianguang,GU Yudong. Experimental study on changes of plasticity of contralateral motor cortex following total brachial plexus root avulsion injuries in the adult rats[J]. Zhonghua Shou Wai Ke Za Zhi[Chin J Hand Surg(Article in Chinese;Abstract in Chinese and English)],2004,20(1):51-54. DOI:10.3760/cma.j.issn.1005-054X.2004.01.021.}

[20157] 顾玉东. 臂丛根性撕脱伤的术式与原则 [J]. 中华手外科杂志，2004，20（2）：65–67. DOI：10.3760/cma.j.issn.1005–054X.2004.02.001. {GU Yudong. The procedure and principle of brachial plexus root avulsion injury[J]. Zhonghua Shou Wai Ke Za Zhi[Chin J Hand Surg(Article in Chinese;Abstract in Chinese)],2004,20(2):65-67. DOI:10.3760/cma.j.issn.1005-054X.2004.02.001.}

[20158] 顾玉东. 臂丛神经根性撕脱伤的治疗 [J]. 中华创伤骨科杂志，2004，6（1）：3–7. DOI：10.3760/cma.j.issn.1671–7600.2004.01.002. {GU Yudong. Treatment of nerve root avulsion of brachial plexus[J]. Zhonghua Chuang Shang Gu Ke Za Zhi[Chin J Orthop Trauma(Article in Chinese;Abstract in Chinese and English)],2004,6(1):3-7. DOI:10.3760/cma.j.issn.1671-7600.2004.01.002.}

[20159] 李方澜，周丽华，刘佛林，袁群芳，姚志彬. 植物抗氧化剂 TA9901 保护臂丛撕脱后运动神经元的实验研究 [J]. 中华手外科杂志，2004，20（1）：61–64. DOI：10.3760/cma.j.issn.1005–054X.2004.01.024. {LI Fanglan,ZHOU Lihua,LIU Folin,YUAN Qunfang,YAO Zhibin. Experimental study of botanic antioxidant TA9901 protection of rat spinal motoneurons in brachial plexus root avulsions[J]. Zhonghua Shou Wai Ke Za Zhi[Chin J Hand Surg(Article in Chinese;Abstract in Chinese and English)],2004,20(1):61-64. DOI:10.3760/cma.j.issn.1005-054X.2004.01.024.}

[20160] 孙天胜，刘树清，李绍光，任继鑫，刘智，李京生. 神经根回植术治疗臂丛根性撕脱伤一例 [J]. 中华外科杂志，2005，43（16）：1104. DOI：10.3760/j：issn：0529–5815.2005.16.020. {SUN Tiansheng,LIU Shuqing,LI Shaoguang,REN Jixin,LIU Zhi,LI Jingsheng. Nerve root replantation in the treatment of brachial plexus root avulsion:a case report[J]. Zhonghua Wai Ke Za Zhi[Chin J Surg(Article in Chinese;Abstract in Chinese)],2005,43(16):1104. DOI:10.3760/j:issn:0529-5815.2005.16.020.}

[20161] 孙贵新，顾玉东，虞聪，张高孟，李文军，郑宪友，史其林. 二期多组神经移位治疗臂丛神经根性撕脱伤的临床应用和疗效 [J]. 中国修复重建外科杂志，2005，19（6）：450–452. DOI：CNKI：SUN：ZXCW.0.2005–06–011. {SUN Guixin,GU Yudong,YU Cong,ZHANG Gaomeng,LI Wenjun,ZHENG Xianyou,SHI Qilin. Clinical application and efficiency of two stage multiple nerves transfer for treatment of root avulsion of brachial plexus[J]. Zhongguo Xiu Fu Chong Jian Wai Ke Za Zhi[Chin J Repar Reconstr Surg(Article in Chinese;Abstract in Chinese and English)],2005,19(6):450-452. DOI:CNKI:SUN:ZXCW.0.2005-06-011.}

[20162] 张军，张信英，曹阳，付春江. 脊髓前体细胞移植在大鼠臂丛神经根性撕脱伤中的应用研究 [J]. 中国修复重建外科杂志，2005，19（11）：864–867. DOI：CNKI：SUN：ZXCW.0.2005–11–004. {ZHANG Jun,ZHANG Xinying,CAO Yang,FU Chunjiang. Study on the effect of spinal neural progenitor transplantation on treating brachial plexus avulsed injury[J]. Zhongguo Xiu Fu Chong Jian Wai Ke Za Zhi[Chin J Repar Reconstr Surg(Article in Chinese;Abstract in Chinese and English)],2005,19(11):864-867. DOI:CNKI:SUN:ZXCW.0.2005-11-004.}

[20163] 汪丽清，初国良，刘佛林，袁群芳，周丽华. 臂丛节前损伤晚期脊髓前角的病理变化 [J]. 中国临床解剖学杂志，2006，24（2）：176–179. DOI：10.3969/j.issn.1001–165X.2006.02.019. {WANG Liqing,CHU Guoliang,LIU Folin,YUAN Qunfang,ZHOU Lihua. The pathologic changes in injured anterior horn at the late stage of preganglionic avulsion of the brachial plexus[J]. Zhongguo Lin Chuang Jie Pou Xue Za Zhi[Chin J Clin Anat(Article in Chinese;Abstract in Chinese and English)],2006,24(2):176-179. DOI:10.3969/j.issn.1001-165X.2006.02.019.}

[20164] 顾玉东. 臂丛神经根性撕脱伤治疗近期进展 [J]. 中华显微外科杂志，2006，29（6）：401–402. DOI：10.3760/cma.j.issn.1001–2036.2006.06.001. {GU Yudong. Recent progress in the treatment of brachial plexus root avulsion[J]. Zhonghua Xian Wei Wai Ke Za Zhi[Chin J Microsurg(Article in Chinese;Abstract in Chinese)],2006,29(6):401-402. DOI:10.3760/cma.j.issn.1001-2036.2006.06.001.}

[20165] 邓凯，张克亮，马维. 部分束支移位治疗臂丛神经根性损伤神经截取限度的实验研究 [J]. 中华手外科杂志，2006，22（4）：245–248. DOI：10.3760/cma.j.issn.1005–054X.2006.04.022. {DENG Kai,ZHANG Keliang,MA Wei. An experiment study on the limit of fascicular harvest in partial nerve transfer in treatment of brachial plexus root injuries[J]. Zhonghua Shou Wai Ke Za Zhi[Chin J Hand Surg(Article in Chinese;Abstract in Chinese and English)],2006,22(4):245-248. DOI:10.3760/cma.j.issn.1005-054X.2006.04.022.}

[20166] 张信英，韩成龙，杜劲松，张军，曹杨. 臂丛神经根性撕脱伤前根椎管内植入手术入路探讨 [J]. 中华创伤骨科杂志，2006，8（12）：1157–1160. DOI：10.3760/cma.j.issn.1671–7600.2006.12.015. {ZHANG Xin Ying,HAN Cheng Long,DU Jin Song,ZHANG Jun,CAO Yang. A study of approaches in reimplantation of avulsed brachial plexus ventral roots into the spinal cord[J]. Zhonghua Chuang Shang Gu Ke Za Zhi[Chin J Orthop Trauma(Article in Chinese;Abstract in Chinese and English)],2006,8(12):1157-1160. DOI:10.3760/cma.j.issn.1671-7600.2006.12.015.}

[20167] 刘佛林，汪丽清，周丽华，袁群芳，吴国珍，吴武田. EGb761 促进臂丛根性撕脱伤运动神经元功能修复的多靶点机制 [J]. 中山大学学报（医学科学版），2006，27（6）：634–639. DOI：10.3321/j.issn：1672–3554.2006.06.008. {LIU Folin,WANG Liqing,ZHOU Lihua,YUAN Qunfang,WU Guozhen,WU WUtian. Multiple Targets Effects of EGb761 on Functional Repairing of Injured Spinal Motor Neurons Following Brachial Roots Avulsion[J]. Zhong Shan Da Xue Xue Bao(Yi Xue Ke Xue Ban)[J Sun Yat-Sen Univ(Med Sci)(Article in Chinese;Abstract in Chinese and English)],2006,27(6):634-639. DOI:10.3321/j.issn:1672-3554.2006.06.008.}

[20168] 王树锋，栗鹏程，陆健，李玉成. 经纵隔内切取长段膈神经与下干后股直接吻合重建全臂丛撕脱伤的伸指功能 [J]. 实用手外科杂志，2007，21（2）：70–72，封三. DOI：10.3969/j.issn.1671–2722.2007.02.002. {WANG Shufeng,LI Pengcheng,LU Jian,LI Yucheng. Clinical study of direct coaptation of phrenic nerve harvested in mediastinum with posterior division of lower trunk to recover finger extension with brachial plexus root avulsion[J]. Shi Yong Shou Wai Ke Za Zhi[Chin J Pract Hand Surg(Article in Chinese;Abstract in Chinese and English)],2007,21(2):70-72,cover 3. DOI:10.3969/j.issn.1671-2722.2007.02.002.}

[20169] 涂致远，张文明，朱维钦，郑志竑，胡建石. 脊髓源性神经干细胞在臂丛撕脱伤后相应前角内分化情况观察 [J]. 中华显微外科杂志，2007，30（3）：193–196，插 3–3. DOI：10.3760/cma.j.issn.1001–2036.2007.03.010. {TU Zhiyuan,ZHANG Wenming,ZHU Weiqin,ZHENG Zhihong,HU Jianshi. Differentiation of neural stem cells transplanted into ventral horn of spinal cord after brachial plexus avulsion[J]. Zhonghua Xian Wei Wai Ke Za Zhi[Chin J Microsurg(Article in Chinese;Abstract in Chinese and English)],2007,30(3):193-196,insert 3-3. DOI:10.3760/cma.j.issn.1001-2036.2007.03.010.}

[20170] 滕红林，王健，王美豪，王汛，黎金林，林利兴，叶澄宇. 动态 MRI 对臂丛根性损伤和颈髓损伤的鉴别诊断意义 [J]. 中华创伤杂志，2007，23（9）：695–698. DOI：10.3760/j.issn：1001–8050.2007.09.018. {TENG Honglin,WANG Jian,WANG Meihao,WANG Xun,LI Jinlin,LIN Lixing,YE Chengyu. Significance of dynamic MRI in the differential diagnosis between brachial plexus root injuries and cervical spinal cord injuries[J]. Zhonghua Chuang Shang Za Zhi[Chin J Trauma(Article in Chinese;Abstract in Chinese and English)],2007,23(9):695-698. DOI:10.3760/j.issn:1001-8050.2007.09.018.}

[20171] 韩力，阚世廉，袁建军，刘忠玉，田旭. 臂丛神经根性撕脱伤后神经根回植的实验研究 [J]. 中国修复重建外科杂志，2007，21（9）：948–952. DOI：10.7666/d.y881173. {HAN Li,KAN Shilian,YUAN Jianjun,LIU Zhongyu,TIAN Xu. Experimental study on reimplantation of ventral root into spinal cord after brachial plexus avulsion[J]. Zhongguo Xiu Fu Chong Jian Wai Ke Za Zhi[Chin J Repar Reconstr Surg(Article in Chinese;Abstract in Chinese and English)],2007,21(9):948-952. DOI:10.7666/d.y881173.}

[20172] 方仁杰，陆志方，夏春林，宋占锋，李东印. 幼年大鼠臂丛根性损伤模型的构建及其评价 [J]. 中国临床解剖学杂志，2008，26（1）：65–68，72. DOI：10.3969/j.issn.1001–165X.2008.01.019. {FANG Renjie,LU Zhifang,XIA Chunlin,SONG Zhanfeng,LI Dongyin. Establishment and evaluation of young rat model for upper brachial plexus injury[J]. Zhongguo Lin Chuang Jie Pou Xue Za Zhi[Chin J Clin Anat(Article in Chinese;Abstract in Chinese and English)],2008,26(1):65-68,72. DOI:10.3969/j.issn.1001-165X.2008.01.019.}

[20173] 朱家恺. 臂丛根性撕脱伤治疗策略的探讨 [J]. 中华显微外科杂志，2008，31（4）：241–242. DOI：10.3760/cma.j.issn.1001–2036.2008.04.001. {ZHU Jiakai. Study on the treatment strategy of brachial plexus root avulsion[J]. Zhonghua Xian Wei Wai Ke Za Zhi[Chin J Microsurg(Article in Chinese;Abstract in Chinese)],2008,31(4):241-242. DOI:10.3760/cma.j.issn.1001-2036.2008.04.001.}

[20174] 鲁富春，王栓科，韵向东. 细胞外 ATP 对臂丛神经根性撕脱伤后脊髓运动神经元保护的实验研究 [J]. 中华显微外科杂志，2008，31（6）：424–427. DOI：10.3760/cma.j.issn.1001–2036.2008.06.008. {LU Fuchun,WANG Shuanke,YUN Xiangdong. An experimental study on protective effect of extracellulsr ATP to motorneurons on spinal cord after brachial plexus avulsion[J]. Zhonghua Xian Wei Wai Ke Za Zhi[Chin J Microsurg(Article in Chinese;Abstract in Chinese and English)],2008,31(6):424-427. DOI:10.3760/cma.j.issn.1001-2036.2008.06.008.}

[20175] 陈雷，张志新，路来金，刘志刚，李晓涛. 臂丛根性撕脱伤后神经根回植术的研究进展 [J]. 中华外科杂志，2008，46（22）：1756–1758. DOI：10.3321/j.issn：0529–5815.2008.22.025. {CHEN Lei,ZHANG Zhixin,LU Laijin,LIU Zhigang,LI Xiaotao. Research progress of nerve root replantation after brachial plexus root avulsion[J]. Zhonghua Wai Ke Za Zhi[Chin J Surg(Article in Chinese;Abstract in Chinese)],2008,46(22):1756-1758. DOI:10.3321/j.issn:0529-5815.2008.22.025.}

[20176] 陈雷，路来金，孟晓婷，陈东，张志新，杨帆. 转基因神经干细胞移植治疗臂丛神经根性撕脱伤 [J]. 中华实验外科杂志，2008，25（2）：218–220. DOI：10.3321/j.issn：1001–9030.2008.02.028. {CHEN Lei,LU Laijin,MENG Xiaoting,CHEN Dong,ZHANG Zhixin,YANG Fan. The experimental study on the treatment of brachial plexus root avulsion by transplantation of transgenic neural stem cells[J]. Zhonghua Shi Yan Wai Ke Za Zhi[Chin J Exp Surg(Article in Chinese;Abstract in Chinese and English)],2008,25(2):218-220. DOI:10.3321/j.issn:1001-9030.2008.02.028.}

[20177] 杨蓊勃，虞聪，赵秋枫. MRM 在臂丛神经节前损伤诊断中的运用 [J]. 中华手外科杂志，2008，24（4）：239-242. DOI：10.3760/cma.j.issn.1005-054X.2008.04.016. {YANG Wengbo,YU Cong,ZHAO Qiufeng. Diagnosis of brachial plexus injury by MR-myelography[J]. Zhonghua Shou Wai Ke Za Zhi[Chin J Hand Surg(Article in Chinese;Abstract in Chinese and English)],2008,24(4):239-242. DOI:10.3760/cma.j.issn.1005-054X.2008.04.016.}

[20178] 顾玉东. 关于臂丛根性撕脱伤治疗策略的补充 [J]. 中华显微外科杂志，2009，32（1）：51. DOI：10.3760/cma.j.issn.1001-2036.2009.01.021. {GU Yudong. Supplement to the treatment strategy of brachial plexus root avulsion[J]. Zhonghua Xian Wei Wai Ke Za Zhi[Chin J Microsurg(Article in Chinese;No abstract available)],2009,32(1):51. DOI:10.3760/cma.j.issn.1001-2036.2009.01.021.}

[20179] 朱家恺. 再论"臂丛根性撕脱伤治疗策略的探讨"[J]. 中华显微外科杂志，2009，32（1）：52. DOI：10.3760/cma.j.issn.1001-2036.2009.01.022. {ZHU Jiakai. Further discussion on the treatment strategy of brachial plexus root avulsion[J]. Zhonghua Xian Wei Wai Ke Za Zhi[Chin J Microsurg(Article in Chinese;No abstract available)],2009,32(1):52. DOI:10.3760/cma.j.issn.1001-2036.2009.01.022.}

[20180] 刘宏君，刘志刚，刘彬，顾加祥. 大鼠臂丛神经根性撕脱伤的生物力学研究及临床意义 [J]. 中华显微外科杂志，2009，32（3）：222-224. DOI：10.3760/cma.j.issn.1001-2036.2009.03.019. {LIU Hongjun,LIU Zhigang,LIU Bin,GU Jiaxiang. Biomechanical study and clinical significance of brachial plexus root avulsion in rats[J]. Zhonghua Xian Wei Wai Ke Za Zhi[Chin J Microsurg(Article in Chinese;Abstract in Chinese)],2009,32(3):222-224. DOI:10.3760/cma.j.issn.1001-2036.2009.03.019.}

[20181] 王树锋，栗鹏程，薛云皓，李玉成，陆健，郑炜，孙燕琨. 儿童创伤性臂丛神经撕脱伤的屈指功能重建 [J]. 中华外科杂志，2010，48（1）：35-38. DOI：10.3760/cma.j.issn.0529-5815.2010.01.008. {WANG Shufeng,LI Pengcheng,XUE Yunhao,LI Yucheng,LU Jian,ZHENG Wei,SUN Yankun. The clinical study of reconstruction of traumatic brachial plexus root avulsion injury in children[J]. Zhonghua Wai Ke Za Zhi[Chin J Surg(Article in Chinese;Abstract in Chinese and English)],2010,48(1):35-38. DOI:10.3760/cma.j.issn.0529-5815.2010.01.008.}

[20182] 张德春，顾立强，向剑平，戚剑，秦本刚，傅国，刘小林，朱家恺. 高分辨率 MRI 诊断臂丛根性撕脱伤的临床研究 [J]. 中华显微外科杂志，2011，34（5）：379-381. DOI：10.3760/cma.j.issn.1001-2036.2011.05.009. {ZHANG Dechun,GU Liqiang,XIANG Jianping,QI Jian,QIN Bengang,FU Guo,LIU Xiaolin,ZHU Jiakai. The clinical analysis of high resolution MR image diagnosing brachial plexus root avuision injury[J]. Zhonghua Xian Wei Wai Ke Za Zhi[Chin J Microsurg(Article in Chinese;Abstract in Chinese and English)],2011,34(5):379-381. DOI:10.3760/cma.j.issn.1001-2036.2011.05.009.}

[20183] 顾立强，张德春，向剑平，秦本刚，戚剑，李平，朱庆棠，傅国，劳镇国，刘小林，朱家恺. 成人臂丛根性损伤临床分型的初步研究 [J]. 中华显微外科杂志，2011，34（6）：457-460. DOI：10.3760/cma.j.issn.1001-2036.2011.06.007. {GU Liqiang,ZHANG Dechun,XIANG Jianping,QIN Bengang,QI Jian,LI Ping,ZHU Qingtang,FU Guo,LAO Zhenguo,LIU Xiaolin,ZHU Jiakai. Preliminary research on the clinical classification of the brachial plexus root injury in adult[J]. Zhonghua Xian Wei Wai Ke Za Zhi[Chin J Microsurg(Article in Chinese;Abstract in Chinese and English)],2011,34(6):457-460. DOI:10.3760/cma.j.issn.1001-2036.2011.06.007.}

[20184] 聂铭博，陈亮. 模拟产瘫和成人臂丛神经根性损伤发生垂腕垂指畸形的大鼠模型 [J]. 中华手外科杂志，2011，27（6）：357-361. DOI：10.3760/cma.j.issn.1005-054X.2011.06.017. {NIE Mingbo,CHEN Liang. Establishment of the rat model for simulating carpoptosis in birth palsy and adult brachial plexus root injury[J]. Zhonghua Shou Wai Ke Za Zhi[Chin J Hand Surg(Article in Chinese;Abstract in Chinese and English)],2011,27(6):357-361. DOI:10.3760/cma.j.issn.1005-054X.2011.06.017.}

[20185] 聂铭博，陈亮. 不同神经重建手术对大鼠臂丛根性损伤后伸腕伸指功能疗效的比较研究 [J]. 中华显微外科杂志，2012，35（2）：114-118. DOI：10.3760/cma.j.issn.1001-2036.2012.02.008. {NIE Mingbo,CHEN Liang. The comparative study of different nerve reconstruction for curing the brachial plexus root injury with wrist and finger drop[J]. Zhonghua Xian Wei Wai Ke Za Zhi[Chin J Microsurg(Article in Chinese;Abstract in Chinese and English)],2012,35(2):114-118. DOI:10.3760/cma.j.issn.1001-2036.2012.02.008.}

[20186] 丛锐，刁金美，游思维. 臂丛神经根性撕脱伤诱发的灼性神经痛的特点与机制 [J]. 中华创伤骨科杂志，2012，14（9）：813-815. DOI：10.3760/cma.j.issn.1671-7600.2012.09.018. {CONG Rui,DIAO Jinmei,YOU Siwei. Characteristics and mechanism of burning neuralgia induced by brachial plexus root avulsion[J]. Zhonghua Chuang Shang Gu Ke Za Zhi[Chin J Orthop Trauma(Article in Chinese;Abstract in Chinese)],2012,14(9):813-815. DOI:10.3760/cma.j.issn.1671-7600.2012.09.018.}

[20187] 王斌，李海涛，张剑锋，杨焕友，刘伟，蒋文平，赵刚. 臂丛神经根性撕脱伤修复前臂屈肌功能的应用解剖 [J]. 中国修复重建外科杂志，2012，26（10）：1223-1226. {WANG Bin,LI Haitao,ZHANG Jianfeng,YANG Huanyou,LIU Wei,JIANG Wenping,ZHAO Gang. Anatomical study on contralateral C7 root transfer for recovery of forearm flexor function in repairing of brachial plexus avulsion[J]. Zhongguo Xiu Fu Chong Jian Wai Ke Za Zhi[Chin J Repar Reconstr Surg(Article in Chinese;Abstract in Chinese and English)],2012,26(10):1223-1226.}

[20188] 胡永生，李勇杰，陶蔚，张晓华，董生，杜薇. 脊髓后根入髓区切开术治疗臂丛神经根撕脱后疼痛 [J]. 中华神经外科杂志，2012，28（8）：799-801. DOI：10.3760/cma.j.issn.1001-2346.2012.08.016. {HU Yongsheng,LI Yongjie,TAO Wei,ZHANG Xiaohua,DONG Sheng,DU Wei. Surgical treatment for pain after brachial plexus avulsion[J]. Zhonghua Shen Jing Wai Ke Za Zhi[Chin J Neurosurg(Article in Chinese;Abstract in Chinese and English)],2012,28(8):799-801. DOI:10.3760/cma.j.issn.1001-2346.2012.08.016.}

[20189] 栗鹏程，王树锋，薛云皓，李玉成，郜永斌，郑炜，孙燕琨. 创伤性全臂丛撕脱伤上肢整体功能重建的临床研究 [J]. 中华骨科杂志，2013，33（5）：520-525. DOI：10.3760/cma.j.issn.0253-2352.2013.05.014. {LI Pengcheng,WANG Shufeng,XUE Yunhao,LI Yucheng,GAO Yongbin,ZHENG Wei,SUN Yankun. The clinical research of restoring the global upper limber function in traumatic total brachial plexus avulsion injuries[J]. Zhonghua Gu Ke Za Zhi[Chin J Orthop(Article in Chinese;Abstract in Chinese and English)],2013,33(5):520-525. DOI:10.3760/cma.j.issn.0253-2352.2013.05.014.}

[20190] 王树锋，粟鹏程，薛云皓，李玉成，郜永彬，郑炜，孙燕琨. 重建全臂丛根性撕脱伤上肢主动拾物功能四例报告 [J]. 中华外科杂志，2013，51（4）：381-382. DOI：10.3760/cma.j.issn.0529-5815.2013.04.026. {WANG Shufeng,SU Pengcheng,XUE Yunhao,LI Yucheng,GAO Yongbin,ZHENG Wei,SUN Yankun. Reconstruction of active pick-up function of upper limb in total brachial plexus root avulsion injury:a report of 4 cases[J]. Zhonghua Wai Ke Za Zhi[Chin J Surg(Article in Chinese;Abstract in Chinese)],2013,51(4):381-382. DOI:10.3760/cma.j.issn.0529-5815.2013.04.026.}

[20191] 于宁，王彦生. 椎管内外神经根移位整体化治疗臂丛神经根性撕脱伤的实验研究 [J]. 实用手外科杂志，2014，28（1）：71-74. DOI：10.3969/j.issn.1671-2722.2014.01.026. {YU Ning,WANG Yansheng. Spinal nerve root transfer and experimental study on integrative treatment of avulsion injury of brachial plexus root avulsion[J]. Shi Yong Shou Wai Ke Za Zhi[Chin J Pract Hand Surg(Article in Chinese;Abstract in Chinese and English)],2014,28(1):71-74. DOI:10.3969/j.issn.1671-2722.2014.01.026.}

[20192] 曹树明，杨蓊勃，虞聪，宫可同. 臂丛 MRI 在臂丛神经节前损伤诊断中的临床效能分析 [J]. 实用手外科杂志，2014，28（4）：374-376，397. DOI：10.3969/j.issn.1671-2722.2014.04.007. {CAO Shuming,YANG Wengbo,YU Cong,GONG Ketong. Clinical effectiveness analysis of MRI in the diagnosis of brachial plexus preganglionic injury[J]. Shi Yong Shou Wai Ke Za Zhi[Chin J Pract Hand Surg(Article in Chinese;Abstract in Chinese and English)],2014,28(4):374-376,397. DOI:10.3969/j.issn.1671-2722.2014.04.007.}

[20193] 江烨，徐秀玥，赵新，劳杰，金红，张磊. 全臂丛神经损伤后对侧大脑运动皮层的定量蛋白质组学研究 [J]. 中华手外科杂志，2015，31（1）：66-69. DOI：10.3760/cma.j.issn.1005-054X.2015.01.025. {JIANG Ye,XU Xiuyue,ZHAO Xin,LAO Jie,JIN Hong,ZHANG Lei. Quantitative proteomic analysis of the motor cortex after total brachial plexus injury using iTRAQ[J]. Zhonghua Shou Wai Ke Za Zhi[Chin J Hand Surg(Article in Chinese;Abstract in Chinese and English)],2015,31(1):66-69. DOI:10.3760/cma.j.issn.1005-054X.2015.01.025.}

[20194] 王树锋，栗鹏程，薛云皓，李文军，郑炜. 全臂丛神经损伤残留神经根与下干直接缝合重建屈指功能疗效 [J]. 实用手外科杂志，2015，29（1）：3-5，9. DOI：10.3969/j.issn.1671-2722.2015.01.001. {WANG Shufeng,LI Pengcheng,XUE Yunhao,LI Wenjun,ZHENG Wei. The clinical study of direct coaptation of the residual nerve root with the lower trunk for finger flexion reconstruction in patient with total brachial plexus injury[J]. Shi Yong Shou Wai Ke Za Zhi[Chin J Pract Hand Surg(Article in Chinese;Abstract in Chinese and English)],2015,29(1):3-5,9. DOI:10.3969/j.issn.1671-2722.2015.01.001.}

[20195] 于宁，王彦生. 转染碱性成纤维细胞生长因子的骨髓间充质干细胞在臂丛神经撕脱后神经再生中的实验研究 [J]. 中华手外科杂志，2017，33（2）：136-139. DOI：10.3760/cma.j.issn.1005-054X.2017.02.022. {YU Ning,WANG Yansheng. Experimental study of the role of bFGF transfected MSCs in nerve regeneration after brachial plexus avulsion injury[J]. Zhonghua Shou Wai Ke Za Zhi[Chin J Hand Surg(Article in Chinese;Abstract in Chinese and English)],2017,33(2):136-139. DOI:10.3760/cma.j.issn.1005-054X.2017.02.022.}

[20196] 王雨，王文晟. 臂丛神经根性撕脱伤后微环境变化的研究进展 [J]. 中国临床解剖学杂志，2018，36（5）：596-599. DOI：10.13418/j.issn.1001-165x.2018.05.024. {WANG Yu,WANG Wensheng. The progress on study of injury mechanism of brachial plexus root avulsion[J]. Zhongguo Lin Chuang Jie Pou Xue Za Zhi[Chin J Clin Anat(Article in Chinese;Abstract in Chinese and English)],2018,36(5):596-599. DOI:10.13418/j.issn.1001-165x.2018.05.024.}

[20197] 叶尔番·艾尔肯，胡韶楠. 膈神经损伤和臂丛神经根性撕脱伤关系的临床回顾性研究 [J]. 中华手外科杂志，2018，34（1）：27-30. DOI：10.3760/cma.j.issn.1005-054X.2018.01.011. {YEErfan Aierken,HU Shaonan. Clinical retrospective study of relationship between phrenic nerve lesion and brachial plexus avulsion injuries[J]. Zhonghua Shou Wai Ke Za Zhi[Chin J Hand Surg(Article in Chinese;Abstract in Chinese and English)],2018,34(1):27-30. DOI:10.3760/cma.j.issn.1005-054X.2018.01.011.}

[20198] 陈龙菊，陈传奇，谭云霞，吴太鼎，柯尊记. 葛根素对臂丛撕脱后脊髓运动神经元 GAP-43 及 NGF 蛋白表达的影响 [J]. 中华显微外科杂志，2018，41（1）：62-65. DOI：10.3760/cma.j.issn.1001-2036.2018.01.015. {CHEN Longju,CHEN Chuanqi,TAN Yunxia,WU Taiding,KE Zunji. The effect of Puerarin on GAP-43 protein and NGF protein expression of spinal motoneurons following brachial roots avulsion[J]. Zhonghua Xian Wei Wai Ke Za Zhi[Chin J Microsurg(Article in Chinese;Abstract in Chinese and English)],2018,41(1):62-65. DOI:10.3760/cma.j.issn.1001-2036.2018.01.015.}

[20199] 王雨，陈传奇，王文晟，喻保军，张义，李丹，陈龙菊. 葛根素对臂丛神经根性撕脱伤脊髓前角 iNOS、CGRP 蛋白表达及 PI3K/Akt 信号通路的影响 [J]. 中国临床解剖学杂志，2019，37（5）：517-522. DOI：10.13418/j.issn.1001-165x.2019.05.008. {WANG Yu,CHEN Chuanqi,WANG Wensheng,YU Baojun,ZHANG Yi,LI Dan,CHEN Longju. Effects of Puerarin on the expression of iNOS,CGRP,and PI3K/Akt signaling pathway in spinal cord anterior horn after brachial plexus root avulsion injury[J]. Zhongguo Lin Chuang Jie Pou Xue Za Zhi[Chin J Clin Anat(Article in Chinese;Abstract in Chinese and English)],2019,37(5):517-522. DOI:10.13418/j.issn.1001-165x.2019.05.008.}

[20200] 李世杰，高素洁，李凯. 促红细胞生成素对大鼠臂丛神经撕脱伤后脊髓神经元的保护作用及其机制 [J]. 中华实验外科杂志，2019，36（2）：292-294. DOI：10.3760/cma.j.issn.1001-9030.2019.02.031. {LI Shijie,GAO Sujie,LI Kai. Study on the neuroprotection and its molecular mechanisms of erythropoietin against brachial plexus root avulsion injury in rats[J]. Zhonghua Shi Yan Wai Ke Za Zhi[Chin J Exp Surg(Article in Chinese;Abstract in Chinese and English)],2019,36(2):292-294. DOI:10.3760/cma.j.issn.1001-9030.2019.02.031.}

[20201] 陈传奇，陈龙菊，吴太鼎，谭云霞，李丹，王雨. 葛根素对臂丛根性撕脱后脊髓 MMP-9 蛋白表达的影响 [J]. 中国临床解剖学杂志，2019，37（2）：148-152. DOI：10.13418/j.issn.1001-165x.2019.02.007. {CHEN Chuanqi,CHEN Longju,WU Taiding,TAN Yunxia,LI Dan,WANG Yu. Effect of Puerarin on the expression of MMP-9 protein in spinal cord after brachial plexus root avulsion[J]. Zhongguo Lin Chuang Jie Pou Xue Za Zhi[Chin J Clin Anat(Article in Chinese;Abstract in Chinese and English)],2019,37(2):148-152. DOI:10.13418/j.issn.1001-165x.2019.02.007.}

6.4.12.4 臂丛束支部损伤
cord-branch injury of the brachial plexus

[20202] 刘宗宝，朱寅，陆剑锋，钱辉，黄建平，王涛. 臂丛束支部合并大血管损伤的显微外科治疗 [J]. 中华显微外科杂志，2014，37（6）：547-552. DOI：10.3760/cma.j.issn.1001-2036.2014.06.008. {LIU Zongbao,ZHU Yin,LU Jianfeng,QIAN Hui,HUANG Jianping,WANG Tao. Microsurgical treatment of the brachial plexus cord terminal branch injuries with concomitant major vessel injuries[J]. Zhonghua Xian Wei Wai Ke Za Zhi[Chin J Microsurg(Article in Chinese;Abstract in Chinese and English)],2014,37(6):547-552. DOI:10.3760/cma.j.issn.1001-2036.2014.06.008.}

6.4.12.5 分娩性臂丛麻痹
obstetric brachial plexus palsy ,OBPP

[20203] Gu YD,Chen L,Shen LY. Classification of impairment of shoulder abduction in obstetric brachial plexus palsy and its clinical significance[J]. J Hand Surg Br,2000,25(1):46-48. doi:10.1054/jhsb.1999.0282.

[20204] Xu J,Cheng X,Gu Y. Different methods and results in the treatment of obstetrical brachial plexus palsy[J]. J Reconstr Microsurg,2000,16(6):417-20;discussion 420-422. doi:10.1055/s-2006-947147.

[20205] Chen L,Gu Y,Xu J. Operative treatment of medial rotation contracture of the shoulder caused by obstetric brachial plexus palsy[J]. Chin J Traumatol,2000,3(1):13-17.

[20206] Xu J,Cheng X,Dong Z,Gu Y. Remote therapeutic effect of early nerve transposition in treatment of obstetrical brachial plexus palsy[J]. Chin J Traumatol,2001,4(1):40-43.

[20207] Chen L,Gu YD,Hu SN. Applying transfer of trapezius and/or latissimus dorsi with teres major for reconstruction of abduction and external rotation of the shoulder in obstetrical brachial plexus palsy[J]. J Reconstr Microsurg,2002,18(4):275-280. doi:10.1055/s-2002-30183.

[20208] Chen L,Gu YD,Wang H. Microsurgical reconstruction of obstetric brachial plexus palsy[J]. Microsurgery,2008,28(2):108-112. doi:10.1002/micr.20459.

[20209] Huang YG,Chen L,Gu YD,Yu GR. Histopathological basis of Horner's syndrome in obstetric brachial plexus palsy differs from that in adult brachial plexus injury[J]. Muscle Nerve,2008,37(5):632-637. doi:10.1002/mus.20960.

[20210] Chen L,Gao SC,Gu YD,Hu SN,Xu L,Huang YG. Histopathologic study of the neuroma-in-continuity in obstetric brachial plexus palsy[J]. Plast Reconstr Surg,2008,121(6):2046-2054. doi:10.1097/PRS.0b013e3181706e7e.

[20211] Lin H,Hou C,Chen D. Modified C7 neurotization for the treatment of obstetrical brachial plexus palsy[J]. Muscle Nerve,2010,42(5):764-768. doi:10.1002/mus.21752.

[20212] Xi SD,Zhu YL,Chen C,Liu HQ,Wang WW,Li F. The plasticity of the corticospinal tract in children with obstetric brachial plexus palsy after Botulinum Toxin A treatment[J]. J Neurol Sci,2018,394:19-25. doi:10.1016/j.jns.2018.08.025.

[20213] 顾玉东，赵家. 30例分娩性臂丛神经损伤临床分析[J]. 中华医学杂志，1988，68(9)：527. {GU Yudong,ZHAO Jia. Clinical analysis of 30 cases of obstetric brachial plexus palsy[J]. Zhonghua Yi Xue Za Zhi[Natl Med J China(Article in Chinese;Abstract in Chinese)],1988,68(9):527.}

[20214] 陈亮，顾玉东，胡韶楠，傅阳. 旋转截骨矫形手术在分娩性臂丛损伤治疗中的应用[J]. 中华手外科杂志，2001，17(1)：3-5. DOI：10.3760/cma.j.issn.1005-054X.2001.01.002. {CHEN Liang,GU Yudong,HU Shaonan,FU Yang. Application of derotation osteotomy in the treatment of obstetric brachial plexus palsy(OBPP)[J]. Zhonghua Shou Wai Ke Za Zhi[Chin J Hand Surg(Article in Chinese;Abstract in Chinese and English)],2001,17(1):3-5. DOI:10.3760/cma.j.issn.1005-054X.2001.01.002.}

[20215] 高仕长，孟炜，陈亮，顾玉东. 分娩性臂丛神经损伤危险因素的病例对照研究[J]. 中华手外科杂志，2002，18(4)：3-6. DOI：10.3760/cma.j.issn.1005-054X.2002.04.001. {GAO Shichang,MENG Wei,CHEN Liang,GU Yudong. Case control study of risk factors in obstetrical brachial plexus palsy[J]. Zhonghua Shou Wai Ke Za Zhi[Chin J Hand Surg(Article in Chinese;Abstract in Chinese and English)],2002,18(4):3-6. DOI:10.3760/cma.j.issn.1005-054X.2002.04.001.}

[20216] 李慧，薛桂银，李新兰. 分娩性新生儿臂丛神经损伤的诊治分析（附12例报告）[J]. 中国矫形外科杂志，2003，11(10)：713-714. DOI：10.3969/j.issn.1005-8478.2003.10.026. {LI Hui,XUE Gui Yin,LI Xin Lan. Diagnosis and treatment of obstetrical brachial plexus palsy(affi liated 12 cases)[J]. Zhongguo Jiao Xing Wai Ke Za Zhi[Orthop J China(Article in Chinese;Abstract in Chinese and English)],2003,11(10):713-714. DOI:10.3969/j.issn.1005-8478.2003.10.026.}

[20217] 陈清汉，陈德松，方有生，苑壮，张明生，马希峰. 分娩性臂丛神经损伤的早期显微外科治疗[J]. 中国修复重建外科杂志，2003，17(5)：400-402. {CHEN Qinghan,CHEN Desong,FANG Yousheng,YUAN Zhuang,ZHANG Mingsheng,MA Xifeng. Early microsurgical treatment of upper obstetrical brachial plexus injury[J]. Zhongguo Xiu Fu Chong Jian Wai Ke Za Zhi[Chin J Repar Reconstr Surg(Article in Chinese;Abstract in Chinese and English)],2003,17(5):400-402.}

[20218] 陈亮，顾玉东，胡韶楠，徐雷，傅阳，王树锋. 神经移植和移位术治疗早期分娩性臂丛神经麻痹[J]. 中华骨科杂志，2004，24(8)：449-452. DOI：10.3760/j.issn：0253-2352.2004.08.001. {CHEN Liang,GU Yudong,HU Shaonan,XU Lei,FU Yang,WANG Shufeng. Application of nerve grafting and nerve transfer for treatment of early obstetrical brachial plexus palsy[J]. Zhonghua Gu Ke Za Zhi[Chin J Orthop(Article in Chinese;Abstract in Chinese and English)],2004,24(8):449-452. DOI:10.3760/j.issn:0253-2352.2004.08.001.}

[20219] 王树锋，潘勇卫，胡琪，陈山林，程晓光，常万绅，胡臻. 分娩性臂丛神经麻痹后遗肩关节内旋挛缩致盂肱关节畸形的Waters分型[J]. 中华骨科杂志，2005，25(9)：552-555. DOI：10.3760/j.issn：0253-2352.2005.09.010. {WANG Shufeng,PAN Yongwei,HU Qi,CHEN Shanlin,CHENG Xiaoguang,CHANG Wanshen,HU Zhen. The Waters classification of glenohumeral joint deformity secondary to shoulder internal rotational contracture of brachial plexux birth palsy[J]. Zhonghua Gu Ke Za Zhi[Chin J Orthop(Article in Chinese;Abstract in Chinese and English)],2005,25(9):552-555. DOI:10.3760/j.issn:0253-2352.2005.09.010.}

[20220] 高仕长，陈亮，顾玉东，胡韶楠. 分娩性臂丛损伤创伤性神经瘤的病理研究[J]. 中华手外科杂志，2005，21(2)：70-74. DOI：10.3760/cma.j.issn.1005-054X.2005.02.003. {GAO Shichang,CHEN Liang,GU Yudong,HU Shaonan. Pathological study of neuroma-in-continuity in obstetric brachial plexus palsy[J]. Zhonghua Shou Wai Ke Za Zhi[Chin J Hand Surg(Article in Chinese;Abstract in Chinese and English)],2005,21(2):70-74. DOI:10.3760/cma.j.issn.1005-054X.2005.02.003.}

[20221] 王玉发，李春雨，李锐，李立森，魏壮，李庆霖，张巨，刘浩宇. 分娩性臂丛损伤的术前评估与早期治疗[J]. 中华显微外科杂志，2006，29(3)：231-232. DOI：10.3760/cma.j.issn.1001-2036.2006.03.028. {WANG Yufa,LI Chunyu,LI Rui,LI Lisen,WEI Zhuang,LI Qinglin,ZHANG Ju,LIU Haoyu. Preoperative evaluation and early treatment of parturient brachial plexus injury[J]. Zhonghua Xian Wei Wai Ke Za Zhi[Chin J Microsurg(Article in Chinese;Abstract in Chinese)],2006,29(3):231-232. DOI:10.3760/cma.j.issn.1001-2036.2006.03.028.}

[20222] 林浩东，陈德松，顾玉东. 神经移位治疗分娩性全臂丛神经根性撕脱伤[J]. 中华外科杂志，2008，46(10)：790-791. DOI：10.3321/j.issn：0529-5815.2008.10.021. {LIN Haodong,CHEN Desong,GU Yudong. Nerve transfer in the treatment of total brachial plexus root avulsion during delivery[J]. Zhonghua Wai Ke Za Zhi[Chin J Surg(Article in Chinese;Abstract in Chinese)],2008,46(10):790-791. DOI:10.3321/j.issn:0529-5815.2008.10.021.}

[20223] 艾合买提江·玉素甫，阿不来提·阿不拉，买买提明·赛依提. 尺桡骨旋转截骨治疗大龄分娩性臂丛神经损伤前臂旋前挛缩畸形[J]. 中华手外科杂志，2010，26(6)：360-362. DOI：10.3760/cma.j.issn.1005-054X.2010.06.021. {AIHEMAITIJIANG Yusufu,ABULAITI Abula,MAIMAITIMING Saiyiti. Application of derotation osteotomy in the treatment of obstetric brachial plexus palsy (OBPP)[J]. Zhonghua Shou Wai Ke Za Zhi[Chin J Hand Surg(Article in Chinese;Abstract in Chinese and English)],2010,26(6):360-362. DOI:10.3760/cma.j.issn.1005-054X.2010.06.021.}

[20224] 李清，陈亮. 神经电生理及影像学检查在分娩性臂丛神经损伤诊断中的应用[J]. 国际骨科学杂志，2010，31(6)：364-367. DOI：10.3969/j.issn.1673-7083.2010.06.014. {LI Qing,CHEN Liang. Application of neuroelectrophysiologic and imagic diagnosis in obstetric brachial plexus palsy[J]. Guo Ji Gu Ke Xue Za Zhi[Int J Orthop(Article in Chinese;Abstract in Chinese and English)],2010,31(6):364-367. DOI:10.3969/j.issn.1673-7083.2010.06.014.}

[20225] 朱俞岚，张备，陈亮，白玉龙. 肌电生物反馈治疗分娩性臂丛神经麻痹术后腕背伸功能的疗效分析[J]. 中华手外科杂志，2013，29(5)：287-289. DOI：10.3760/cma.j.issn.1005-054X.2013.05.014. {ZHU Yulan,ZHANG Bei,CHEN Liang,BAI Yulong. Electromyographic biofeedback improved wrist dorsiflexion in children with obstetrical brachial plexus palsy:a preliminary report[J]. Zhonghua Shou Wai Ke Za Zhi[Chin J Hand Surg(Article in Chinese;Abstract in Chinese and English)],2013,29(5):287-289. DOI:10.3760/cma.j.issn.1005-054X.2013.05.014.}

[20226] 孙嘉宇，陈亮，胡韶楠. 分娩性臂丛损伤的神经重建诊治进展[J]. 中国修复重建外科杂志，2016，30(10)：1311-1314. DOI：10.7507/1002-1892.20160266. {SUN Jiayu,CHEN Liang,HU Shaonan. Advances in nerve reconstruction of obstetric brachial plexus palsy[J]. Zhongguo Xiu Fu Chong Jian Wai Ke Za Zhi[Chin J Repar Reconstr Surg(Article in Chinese;Abstract in Chinese and English)],2016,30(10):1311-1314. DOI:10.7507/1002-1892.20160266.}

6.4.13 丛外神经移位术
extraplexus nerve transfer

[20227] 杨明杰，史其林，顾玉东. 丛外神经移位治疗臂丛神经损伤的进展[J]. 中国修复重建外科杂志，2005，19(11)：902-905. DOI：10.3760/cma.j.issn.1671-7600.2004.02.027. {YANG Mingjie,SHI Qilin,GU Yudong. Recent development of extraplexal neurotization as a treatment for brachial plexus injuries[J]. Zhongguo Xiu Fu Chong Jian Wai Ke Za Zhi[Chin J Repar Reconstr Surg(Article in Chinese;Abstract in Chinese and English)],2005,19(11):902-905. DOI:10.3760/cma.j.issn.1671-7600.2004.02.027.}

[20228] 许扬滨，沈俊，向剑平，秦王驰，刘祥厦. 联合尺神经束支和臂丛外神经移位治疗臂丛损伤[J]. 中华显微外科杂志，2009，32(6)：451-454，后插1. DOI：10.3760/cma.j.issn.1001-2036.2009.06.005. {XU Yangbin,SHEN Jun,XIANG Jianping,QIN Wangchi,LIU Xiangsha. Transfer of ulnar nerve partial fascicles and brachial plexus extrinsic nerve for treatment of the brachial plexus injury[J]. Zhonghua Xian Wei Wai Ke Za Zhi[Chin J Microsurg(Article in Chinese;Abstract in Chinese and English)],2009,32(6):451-454,insert 1. DOI:10.3760/cma.j.issn.1001-2036.2009.06.005.}

6.4.13.1 副神经移位术
spinal accessory nerve transfer

[20229] Hou Z,Xu Z. Nerve transfer for treatment of brachial plexus injury:comparison study between the transfer of partial median and ulnar nerves and that of phrenic and spinal accessary nerves[J]. Chin J Traumatol,2002,5(5):263-266.

[20230] Song J,Qiu WJ,Chen L,Hu SN,Wu JX,Gu YD. Transfers of the ipsilateral C7 plus the spinal accessory nerve versus triple nerve transfers for treatment of c5-c6 avulsion of the brachial plexus[J]. J Hand Surg Am,2020,45(4):363.e1-363.e6. doi:10.1016/j.jhsa.2019.09.010.

[20231] 王树锋，张高孟，顾玉东. 锁骨下水平副神经切断移位修复肩胛上神经的临床观察[J]. 中华骨科杂志，2000，20(10)：594. DOI：10.3760/j.issn：0253-2352.2000.10.005. {WANG Shufeng,ZHANG Gaomeng,GU Yudong. A clinical study of spinal accessory nerve transfer for the repair of suprascapular nerve to restore the impaired abduction function of the shoulder following avulsion injury of the brachial plexus[J]. Zhonghua Gu Ke Za Zhi[Chin J Orthop(Article in Chinese;Abstract in Chinese and English)],2000,20(10):594. DOI:10.3760/j.issn:0253-2352.2000.10.005.}

[20232] 张成钢，徐建光，沈丽英，徐文东. 副神经移接肩胛上神经术后肌电恢复规律的初步探讨[J]. 中华手外科杂志，2002，18(1)：35-37. DOI：10.3760/cma.j.issn.1005-054X.2002.01.012. {ZHANG Chenggang,XU Jianguang,SHEN Liying,XU Wendong. The regular rule of electromyographic recovery after transfer of accessory nerve to superascapular nerve:a preliminary investigation[J]. Zhonghua Shou Wai Ke Za Zhi[Chin J Hand Surg(Article in Chinese;Abstract in Chinese and English)],2002,18(1):35-37. DOI:10.3760/cma.j.issn.1005-054X.2002.01.012.}

[20233] 周许辉，贾连顺，李家顺，谭军. 副神经移位恢复高位颈髓横断伤大鼠膈肌运动功能的初步研究[J]. 中国矫形外科杂志，2003，11(5)：325-327. DOI：10.3969/j.issn.1005-8478.2003.05.013. {ZHOU Xuhui,JIA Lianshun,LI Jiashun,TAN Jun. Preliminary study on accessory nerve transfer for reanimating the diaphragm in rats with high cervical spinal cord transversal injury[J]. Zhongguo Jiao Xing Wai Ke Za Zhi[Orthop J China(Article in Chinese;Abstract in Chinese and English)],2003,11(5):325-327. DOI:10.3969/j.issn.1005-8478.2003.05.013.}

[20234] 官士兵，陈德松，方有生，蔡佩琴，陈琳，彭峰，顾玉东. 后进路副神经移位修复肩胛上神经术式的解剖学研究[J]. 中华手外科杂志，2004，20(1)：55-57. DOI：10.3760/cma.j.issn.1005-054X.2004.01.022. {GUAN Shibing,CHEN Desong,FANG Yousheng,CAI Peiqin,CHEN Lin,PENG Feng,GU Yudong. Posterior approach for transfer of the spinal accessory nerve to the suprascapular nerve:an anatomic study[J]. Zhonghua Shou Wai Ke Za Zhi[Chin J Hand Surg(Article in Chinese;Abstract in Chinese and English)],2004,20(1):55-57. DOI:10.3760/cma.j.issn.1005-054X.2004.01.022.}

[20235] 官士兵，陈德松，方有生，林浩东，顾玉东. 副神经移位修复臂丛损伤受区神经选择的探讨[J]. 中国矫形外科杂志，2004，12(3)：182-184. DOI：10.3969/j.issn.1005-8478.2004.03.006. {GUAN Shibing,CHEN Desong,FANG Yousheng,LIN Haodong,GU Yudong. Clinic and comparative study on the choice of the recipient nerve of the spinal accessory nerve transfer for restoration of shoulder abduction in brachiai plexus injury[J]. Zhongguo Jiao Xing Wai Ke Za Zhi[Orthop J China(Article in Chinese;Abstract in Chinese and English)],2004,12(3):182-184. DOI:10.3969/j.issn.1005-8478.2004.03.006.}

[20236] 官士兵，陈德松，顾玉东. 副神经移位治疗臂丛神经损伤的进展[J]. 中华创伤骨科杂志，2004，6(2)：213-216. DOI：10.3760/cma.j.issn.1671-7600.2004.02.027. {GUAN Shibing,CHEN Desong,GU Yudong. Progress in treatment of brachial plexus injury with accessory nerve transfer[J]. Zhonghua Chuang Shang Gu Ke Za Zhi[Chin J Orthop Trauma(Article in Chinese;Abstract in Chinese and English)],2004,6(2):213-216. DOI:10.3760/cma.j.issn.1671-7600.2004.02.027.}

[20237] 顾加祥，王华龙，许则民，王国君. 副神经移位修复C5上干组织学和图像研究[J]. 中国矫形外科杂志，2005，13(24)：1876-1878. DOI：10.3969/j.issn.1005-8478.2005.24.011. {GU Jiaxiang,WANG Hualong,XU Zemin,WANG Guojun. Study of effect of repair of C5 and superior trunk using accessory nerve transposition[J]. Zhongguo Jiao Xing Wai Ke Za Zhi[Orthop J China(Article in Chinese;Abstract in Chinese and English)],2005,13(24):1876-1878. DOI:10.3969/j.issn.1005-8478.2005.24.011.}

[20238] 官士兵，侯春林，陈德松，顾玉东. 肩胛上神经严重撕脱时副神经移位修复的处理对策[J]. 中华创伤骨科杂志，2006，8(8)：777-778. DOI：10.3760/cma.j.issn.1671-7600.2006.08.021. {GUAN Shibing,HOU Chunlin,CHEN Desong,GU Yudong. Repairing severe avulsion of suprascapular nerve with accessory nerve transfer[J]. Zhonghua Chuang Shang Gu Ke Za Zhi[Chin J Orthop Trauma(Article in Chinese;Abstract in Chinese)],2006,8(8):777-778. DOI:10.3760/cma.j.issn.1671-7600.2006.08.021.}

[20239] 周许辉，张咏，严望军，陈雄生，贾连顺，袁文. 副神经移位膈神经重建高位颈髓损伤后呼吸功能的相关解剖学研究[J]. 中国临床解剖学杂志，2007，25(1)：54-56. DOI：10.3969/j.issn.1001-165X.2007.01.018. {ZHOU Xu Hui,ZHANG Yong,YAN Wang Jun,CHEN Xiong Sheng,JIA Lian Shun,YUAN Wen. Anatomic research on respiratory function reconstruction by transposition of accessory nerve to phrenic nerve in the rats with upper cervical cord injuries[J]. Zhongguo Lin Chuang Jie Pou Xue Za Zhi[Chin J Clin Anat(Article in Chinese;Abstract in Chinese and English)],2007,25(1):54-56. DOI:10.3969/j.issn.1001-165X.2007.01.018.}

[20240] 周许辉，贾连顺，袁文，严望军，张咏. 副神经移位膈神经后膈肌运动诱发电位与病理学对照研究[J]. 中国矫形外科杂志，2007，15(14)：1091-1093. DOI：10.3969/j.issn.1005-8478.2007.14.016. {ZHOU Xuhui,JIA Lianshun,YUAN Wen,YAN Wangjun,ZHANG Yong. Motor evoked potential and pathology research about this diaphragm after transposition of accessory nerve and phrenic nerve[J]. Zhongguo Jiao Xing Wai Ke Za Zhi[Orthop J China(Article in Chinese;Abstract in Chinese and English)],2007,15(14):1091-1093. DOI:10.3969/j.issn.1005-8478.2007.14.016.}

[20241] 周许辉，贾连顺，袁文，严望军，张咏．高位颈髓损伤后副神经移位膈神经后的膈肌组织学观察[J]．中华创伤杂志，2007，23(10)：761-763．DOI：10.3760/j.issn：1001-8050.2007.10.013．{ZHOU Xuhui,JIA Lianshun,YUAN Wen,YAN Wangjun,ZHANG Yong. Histological study on reconstruction of respiratory function by transposition of accessory nerve to phrenic nerve following upper cervical cord injuries[J]. Zhonghua Chuang Shang Za Zhi[Chin J Trauma(Article in Chinese;Abstract in Chinese and English)],2007,23(10):761-763. DOI:10.3760/j.issn:1001-8050.2007.10.013.}

[20242] 芮晶，劳杰，赵新．副神经移位修复肩胛上神经的入路术式比较[J]．中华创伤骨科杂志，2009，11(5)：483-485．DOI：10.3760/cma.j.issn.1671-7600.2009.05.019．{RUI Jing,LAO Jie,ZHAO Xin. Comparison of approaches and procedures of repairing suprascapular nerve with accessory nerve transfer[J]. Zhonghua Chuang Shang Gu Ke Za Zhi[Chin J Orthop Trauma(Article in Chinese;Abstract in Chinese)],2009,11(5):483-485. DOI:10.3760/cma.j.issn.1671-7600.2009.05.019.}

[20243] 薛明强，赵劲民，白鹤，杜刚，谭桢，程建文，沙轲．后入路副神经移位至肩胛上神经的应用解剖[J]．中华显微外科杂志，2010，33(1)：46-48，93．DOI：10.3760/cma.j.issn.1001-2036.2010.01.018．{XUE Mingqang,ZHAO Jinmin,BAI He,DU Gang,TAN Zhen,CHENG Jianwen,SHA Ke. Applied anatomy for transfer of the spinal accessory nerve to the suprascapular nerve[J]. Zhonghua Xian Wei Wai Ke Za Zhi[Chin J Microsurg(Article in Chinese;Abstract in Chinese and English)],2010,33(1):46-48,93. DOI:10.3760/cma.j.issn.1001-2036.2010.01.018.}

[20244] 王策，袁文，周许辉，王新伟，史升，徐贵青，吴国新，薄音．副神经移位膈神经的人体解剖学研究[J]．中华外科杂志，2010，48(16)：1252-1255．DOI：10.3760/cma.j.issn.0529-5815.2010.16.013．{WANG Ce,YUAN Wen,ZHOU Xuhui,WANG Xinwei,SHI Sheng,XU Guiqing,WU Guoxin,BAO Yin. Anatomic research on the transposition of accessory nerve to phrenic nerve[J]. Zhonghua Wai Ke Za Zhi[Chin J Surg(Article in Chinese;Abstract in Chinese and English)],2010,48(16):1252-1255. DOI:10.3760/cma.j.issn.0529-5815.2010.16.013.}

[20245] 张咏，周许辉，叶晓健，袁文，贾连顺．副神经移位膈神经后高位颈髓损伤大鼠血气分析指标变化特点研究[J]．中国矫形外科杂志，2011，19(2)：127-130．DOI：10.3977/j.issn.1005-8478.2011.02.11．{ZHANG Yong,ZHOU Xuhui,YE Xiaojian,YUAN Wen,JIA Lianshun. Research about the changing features of the blood gas analysis after transposition of accessory to phrenic nerve in reconstruction of respiratory function with upper cervical cord injuries[J]. Zhongguo Jiao Xing Wai Ke Za Zhi[Orthop J China(Article in Chinese;Abstract in Chinese and English)],2011,19(2):127-130. DOI:10.3977/j.issn.1005-8478.2011.02.11.}

[20246] 赵文，孙坚．C4 副神经移位重建斜方肌功能的实验研究[J]．中国修复重建外科杂志，2012，26(3)：341-345．{ZHAO Wen,SUN Jian. Functional reconstruction of trapezius muscle through transpositional anastomosis of C4 anterior trunk and accessory nerve[J]. Zhongguo Xiu Fu Chong Jian Wai Ke Za Zhi[Chin J Repar Reconstr Surg(Article in Chinese;Abstract in Chinese and English)],2012,26(3):341-345.}

[20247] 樊俊，顾一飞，王策，周许辉，王新伟，袁文，吴国新．副神经移位膈神经重建高位颈髓损伤患者呼吸功能的解剖学研究[J]．中国脊柱脊髓杂志，2015，25(4)：344-348．DOI：10.3969/j.issn.1004-406X.2015.04.11．{FAN Jun,GU Yifei,WANG Ce,ZHOU Xuhui,WANG Xinwei,YUAN Wen,WU Guoxin. Anatomic research on the phrenic nerve reconstruction by the spinal accessory nerve[J]. Zhongguo Ji Zhu Ji Sui Za Zhi[Chin J Spine Spinal Cord(Article in Chinese;Abstract in Chinese and English)],2015,25(4):344-348. DOI:10.3969/j.issn.1004-406X.2015.04.11.}

6.4.13.2 膈神经移位术
phrenic nerve transfer

[20248] Gu YD,Wu MM,Zhen YL,Zhao JA,Zhang GM,Chen DS,Yan JQ,Cheng XM. Phrenic nerve transfer for treatment of root avulsion of the brachial plexus[J]. Chin Med J,1990,103(4):267-270.

[20249] Gu YD,Wu MM,Zhen YL,Zhao JA,Zhang GM,Chen DS,Yan JG,Cheng XM. Phrenic nerve transfer for brachial plexus motor neurotization[J]. Microsurgery,1989,10(4):287-289. doi:10.1002/micr.1920100407.

[20250] Gu YD,Ma MK. Use of the phrenic nerve for brachial plexus reconstruction[J]. Clin Orthop Relat Res,1996,323:119-121. doi:10.1097/00003086-199602000-00016.

[20251] Ma J,Gu Y,Zhang G,Xu J. Experimental study of phrenic nerve transfer for treatment of brachial plexus root avulsion[J]. Chin J Traumatol,1998,1(1):25-31.

[20252] TAN Lijie,XU Zhenglang. Mobilization of the phrenic nerve in the thoracic cavity by video-assisted thoracic surgery. Techniques and initial experience[J]. Surg Endosc,2001,15(10):1156-1158. doi:10.1007/s004640080063.

[20253] Xu WD,Gu YD,Xu JG,Tan LJ. Full-length phrenic nerve transfer by means of video-assisted thoracic surgery in treating brachial plexus avulsion injury[J]. Plast Reconstr Surg,2002,110(1):104-109;discussion 110-111. doi:10.1097/00006534-200207000-00018.

[20254] Xu JG,Gu YD,Wang H,Hu SN,Yong Chen Z. Comparative experimental study on treatment outcome of nerve transfer,using selective C7 nerve root vs. phrenic nerve[J]. Microsurgery,2004,24(2):143-146. doi:10.1002/micr.20012.

[20255] Xu WD,Xu JG,Gu YD. Comparative clinic study on vascularized and nonvascularized full-length phrenic nerve transfer[J]. Microsurgery,2005,25(1):16-20. doi:10.1002/micr.20075.

[20256] Xu YB,Liu J,Li P,Donelan MB,Parrett BM,Winograd JM. The phrenic nerve as a motor nerve donor for facial reanimation with the free latissimus dorsi muscle[J]. J Reconstr Microsurg,2009,25(8):457-463. doi:10.1055/s-0029-1223851.

[20257] Dong Z,Zhang CG,Gu YD. Surgical outcome of phrenic nerve transfer to the anterior division of the upper trunk in treating brachial plexus avulsion[J]. J Neurosurg,2010,112(2):383-385. doi:10.3171/2009.4.JNS081064.

[20258] Lin H,Hou C,Chen A,Xu Z. Transfer of the phrenic nerve to the posterior division of the lower trunk to recover thumb and finger extension in brachial plexus palsy[J]. J Neurosurg,2011,114(1):212-216. doi:10.3171/2010.7.JNS091748.

[20259] Wang C,Yuan W,Zhou XH,Shi S,Wang X. Neurotization of the phrenic nerve with accessory nerve:a new strategy for high cervical spinal cord injury with respiratory distress[J]. Med Hypotheses,2011,76(4):564-566. doi:10.1016/j.mehy.2011.01.001.

[20260] Yang J,Chen L,Gu Y,Chen D,Wang T. Selective neurotization of the radial nerve in the axilla using a full-length phrenic nerve to treat complete brachial plexus palsy:an anatomic study and case report[J]. Neurosurgery,2011,68(6):1648-1653;discussion 1653. doi:10.1227/NEU.0b013e318213414b.

[20261] Yang ML,Li JJ,Zhang SC,Du LJ,Gao F,Li J,Wang YM,Gong HM,Cheng L. Functional restoration of the paralyzed diaphragm in high cervical quadriplegia via phrenic nerve neurotization utilizing the functional spinal accessory nerve[J]. J Neurosurg Spine,2011,15(2):190-194. doi:10.3171/2011.3.SPINE10911.

[20262] Jiang S,Xu WD,Shen YD,Xu JG,Gu YD. An anatomical study of the full-length phrenic nerve and its blood supply:clinical implications for endoscopic dissection[J]. Anat Sci Int,2011,86(4):225-231. doi:10.1007/s12565-011-0114-x.

[20263] Lin H,Hou C,Chen D. Full-length phrenic nerve transfer as the treatment for brachial plexus avulsion injury to restore wrist and finger extension[J]. Muscle Nerve,2012,45(1):39-42. doi:10.1002/mus.22161.

[20264] Liu Y,Lao J,Gao K,Gu Y,Zhao X. Comparative study of phrenic nerve transfers with and without nerve graft for elbow flexion after global brachial plexus injury[J]. Injury,2014,45(1):227-231. doi:10.1016/j.injury.2012.12.013.

[20265] Liu Y,Xu XC,Zou Y,Li SR,Zhang B,Wang Y. Phrenic nerve transfer to the musculocutaneous nerve for the repair of brachial plexus injury:electrophysiological characteristics[J]. Neural Regen Res,2015,10(2):328-333. doi:10.4103/1673-5374.152388.

[20266] Wang SF,Li PC,Xue YH,Zou JY,Li WJ,Li Y. Direct coaptation of the phrenic nerve with the posterior division of the lower trunk to restore finger and elbow extension function in patients with total brachial plexus injuries[J]. Neurosurgery,2016,78(2):208-215. doi:10.1227/NEU.0000000000001008.

[20267] Jiang Y,Lao J. The phrenic nerve transfer in the treatment of a septuagenarian with brachial plexus avulsion injury:a case report[J]. Int J Neurosci,2018,128(5):467-471. doi:10.1080/00207454.2017.1398154.

[20268] Liu Y,Zhuang Y,Yu H,Xiong H,Lao J. Comparative study of phrenic and partial ulnar nerve transfers for elbow flexion after upper brachial plexus avulsion:a retrospective clinical analysis[J]. J Plast Reconstr Aesthet Surg,2018,71(9):1245-1251. doi:10.1016/j.bjps.2018.05.024.

[20269] Li M,Zheng H,Chen S,Chen D,Zhu M. Selective reinnervation using phrenic nerve and hypoglossal nerve for bilateral vocal fold paralysis[J]. Laryngoscope,2019,129(11):2669-2673. doi:10.1002/lary.27768.

[20270] 顾玉东，吴敏明，郑忆柳，赵家骜，张高孟，陈德松，严计赓，成效敏．臂丛根性撕脱伤的膈神经移位治疗[J]．中华外科杂志，1989，27(7)：433-435．{GU Yudong,WU Minming,ZHENG Yiliu,ZHAO Jiaao,ZHANG Gaomeng,CHEN Desong,YAN Jigeng,CHENG Xiaomin. Transposition of phrenic nerve in the treatment of brachial plexus root avulsion[J]. Zhonghua Wai Ke Za Zhi[Chin J Surg(Article in Chinese;Abstract in Chinese)],1989,27(7):433-435.}

[20271] 马建军，顾玉东．膈神经移位治疗臂丛根性撕脱伤不同术式的比较研究[J]．中华显微外科杂志，1993，16(3)：194-196．{MA Jianjun,GU Yudong. Comparative study of different surgical methods of phrenic nerve transfer in the treatment of brachial plexus root avulsion[J]. Zhonghua Xian Wei Wai Ke Za Zhi[Chin J Microsurg(Article in Chinese;Abstract in Chinese)],1993,16(3):194-196.}

[20272] 郝维真，劳汉昌．胸背神经，膈神经联合移位治疗臂丛上干根性撕脱伤[J]．中华手外科杂志，1993，9(1)：45-45．{HAO Weizhen,LAO Hanchang. Combined transposition of thoracodorsal nerve and phrenic nerve in the treatment of avulsion of upper trunk root of brachial plexus[J]. Zhonghua Shou Wai Ke Za Zhi[Chin J Hand Surg(Article in Chinese;Abstract in Chinese)],1993,9(1):45-45.}

[20273] 张丽银，顾玉东．膈神经移位术后肺功能随访观察[J]．中华手外科杂志，1994，10(1)：10-11．DOI：CNKI：SUN：ZHSK.0.1994-01-005．{ZHANG Liyin,GU Yudong. Follow-up observation of pulmonary function after phrenic nerve transfer[J]. Zhonghua Shou Wai Ke Za Zhi[Chin J Hand Surg(Article in Chinese;Abstract in Chinese)],1994,10(1):10-11. DOI:CNKI:SUN:ZHSK.0.1994-01-005.}

[20274] 马建军，顾玉东，陈德松，沈丽英，李继峰．膈神经移位直接缝接与神经种植治疗臂丛根性撕脱伤实验研究[J]．中华手外科杂志，1994，10(1)：12-15．{MA Jianjun,GU Yudong,CHEN Desong,SHEN Liying,LI Jifeng. An experimental study on phrenic nerve transfer for treatment of brachial plexus roots avulsion using direct anastomosing and sural nerve implamting[J]. Zhonghua Shou Wai Ke Za Zhi[Chin J Hand Surg(Article in Chinese;Abstract in Chinese)],1994,10(1):12-15.}

[20275] 阚世廉，费起礼，刘巨荣，许文普，金凤华，宫可同．膈神经移位治疗臂丛根性撕脱伤[J]．中华手外科杂志，1995，11(4)：248．{KAN Shilian,FEI Qili,LIU Ju Rong,XU Wenpu,JIN Fenghua,GONG Ketong. Phrenic nerve transfer in the treatment of brachial plexus root avulsion[J]. Zhonghua Shou Wai Ke Za Zhi[Chin J Hand Surg(Article in Chinese;Abstract in Chinese)],1995,11(4):248.}

[20276] 徐向阳，顾玉东．膈神经及肋间神经移位后肱二头肌的组织形态学研究[J]．中华骨科杂志，1996，16(12)：39-41，3．DOI：CNKI：SUN：ZHGK.0.1996-12-011．{XU Xiangyang,GU Yudong. A histomorphological study of biceps brachi muscle following phrenic never and intercostal never transfer[J]. Zhonghua Gu Ke Za Zhi[Chin J Orthop(Article in Chinese;Abstract in Chinese and English)],1996,16(12):39-41,3. DOI:CNKI:SUN:ZHGK.0.1996-12-011.}

[20277] 周守静，陈德松，梁伟民．膈神经移位对小儿呼吸功能影响的观察[J]．中华手外科杂志，1996，12(4)：11-12．DOI：CNKI：SUN：ZHSK.0.1996-01-005．{ZHOU Shoujing,CHEN Desong,LIANG Weimin. Influence of phrenic nerve transfer on respiratory function in children[J]. Zhonghua Shou Wai Ke Za Zhi[Chin J Hand Surg(Article in Chinese;Abstract in Chinese and English)],1996,12(4):11-12. DOI:CNKI:SUN:ZHSK.0.1996-01-005.}

[20278] 周守静，徐建光，梁伟民．膈神经和肋间神经移位术中呼吸功能的变化[J]．中华手外科杂志，1996，12(S1)：29-30．DOI：10.3760/cma.j.issn.1005-054X.1996.Z1.115．{ZHOU Shoujing,XU Jianguang,LIANG Weimin. The changes of respiratory function in the transfer of phrenic and intercostal nerve[J]. Zhonghua Shou Wai Ke Za Zhi[Chin J Hand Surg(Article in Chinese;Abstract in Chinese and English)],1996,12(S1):29-30. DOI:10.3760/cma.j.issn.1005-054X.1996.Z1.115.}

[20279] 王国君，高庆国，尹维田．膈神经和副神经不同移位方法治疗臂丛根性撕脱伤[J]．中华显微外科杂志，1998，21(4)：304．DOI：10.3760/cma.j.issn.1001-2036.1998.04.033．{WANG Guojun,GAO Qingguo,YIN Weitian. Different transposition of phrenic nerve and accessory nerve in the treatment of brachial plexus root avulsion[J]. Zhonghua Xian Wei Wai Ke Za Zhi[Chin J Microsurg(Article in Chinese;Abstract in Chinese)],1998,21(4):304. DOI:10.3760/cma.j.issn.1001-2036.1998.04.033.}

[20280] 缪江永，高解春，肖现民．产瘫患者膈神经移位治疗后肺功能的变化[J]．中华手外科杂志，1999，15(4)：242．DOI：10.3760/cma.j.issn.1005-054X.1999.04.019．{MIAO Jiangyong,GAO Jiechun,XIAO Xianmin. The changes of respiratory function after phrenic nerve transfer f or treatment of obstetric brachial plexus palsy[J]. Zhonghua Shou Wai Ke Za Zhi[Chin J Hand Surg(Article in Chinese;Abstract in Chinese and English)],1999,15(4):242. DOI:10.3760/cma.j.issn.1005-054X.1999.04.019.}

[20281] 徐文东，顾玉东，徐建光．胸腔镜视下切取膈神经移位治疗臂丛神经损伤的临床应用报告[J]．中华手外科杂志，2000，16(2)：94．DOI：10.3760/cma.j.issn.1005-054X.2000.02.007．{XU Wendong,GU Yudong,XU Jianguang. Thoracoscopic harvesting of the phrenic nerve for treament of branchial plexus avulsion injury:a preliminary report of clinical application[J]. Zhonghua Shou Wai

Ke Za Zhi[Chin J Hand Surg(Article in Chinese;Abstract in Chinese and English)],2000,16(2):94. DOI:10.3760/cma.j.issn.1005-054X.2000.02.007.}

[20282] **董震，成效敏，徐杰，顾玉东. 膈神经移位接上干前股的解剖与临床研究 [J]. 中华手外科杂志，2000，16(2)：40-42. DOI: 10.3760/cma.j.issn.1005-054X.2000.02.009.** {DONG Zhen,CHENG Xiaomin,XU Jie,GU Yudong. Anatomical and clinical study of phrenic nerve transfer to the upper trunk of brachial plexus[J]. Zhonghua Shou Wai Ke Za Zhi[Chin J Hand Surg(Article in Chinese;Abstract in Chinese and English)],2000,16(2):40-42. DOI:10.3760/cma.j.issn.1005-054X.2000.02.009.}

[20283] **宋修竹，龙厚清，季爱玉. 膈神经不同部位移位恢复屈肘功能的实验研究 [J]. 中华显微外科杂志，2001，24(2)：138-139. DOI: 10.3760/cma.j.issn.1001-2036.2001.02.023.** {SONG Xiuzhu,LONG Houqing,JI Aiyu. Experimental study on recovery of elbow flexion function by transposition of phrenic nerve in different parts[J]. Zhonghua Xian Wei Wai Ke Za Zhi[Chin J Microsurg(Article in Chinese;Abstract in Chinese)],2001,24(2):138-139. DOI:10.3760/cma.j.issn.1001-2036.2001.02.023.}

[20284] **徐文东，马建军，沈丽英，徐建光，张成钢，张家胜，顾玉东. 膈神经移位至肌皮神经两种术式肌电随访结果的比较分析 [J]. 中华手外科杂志，2001，17(1)：21-23. DOI: 10.3760/cma.j.issn.1005-054X.2001.01.007.** {XU Wendong,MA Jianjun,SHEN Liying,XU Jianguang,ZHANG Cheng Gang,ZHANG Jia Sheng,GU Yudong. Comparison of two procedures of phrenic nerve transfer to musculocutaneous nerve:an analysis of EMG follow-up results[J]. Zhonghua Shou Wai Ke Za Zhi[Chin J Hand Surg(Article in Chinese;Abstract in Chinese and English)],2001,17(1):21-23. DOI:10.3760/cma.j.issn.1005-054X.2001.01.007.}

[20285] **邓剑平，张高孟，顾玉东，王涛，张丽银，李继峰. 建立经胸切取膈神经全长移位治疗臂丛损伤的动物模型 [J]. 中华手外科杂志，2001，17(3)：179-180. DOI: 10.3760/cma.j.issn.1005-054X.2001.03.018.** {DENG Jianping,ZHANG Gaomeng,GU Yudong,WANG Tao,ZHANG Liyin,LI Jifeng. Establishment of an animal model of phrenic nerve transfer to its full length for treatment of brachial plexus injuries by thoracic approach[J]. Zhonghua Shou Wai Ke Za Zhi[Chin J Hand Surg(Article in Chinese;Abstract in Chinese and English)],2001,17(3):179-180. DOI:10.3760/cma.j.issn.1005-054X.2001.03.018.}

[20286] **徐文东，顾玉东，徐建光，谭黎杰. 用电视胸腔镜切取胸段膈神经移位治疗臂丛根性撕脱伤 [J]. 上海医学，2001，24(9)：523-526. DOI: 10.3969/j.issn.0253-9934.2001.09.005.** {XU Wendong,GU Yudong,XU Jianguang,TAN Lijie. Mobilization of the phrenic nerve in the thoracic cavity by VATS for neurotization after brachial plexus injury[J]. Shang Hai Yi Xue[Shanghai Med J(Article in Chinese;Abstract in Chinese and English)],2001,24(9):523-526. DOI:10.3969/j.issn.0253-9934.2001.09.005.}

[20287] **廖华，徐达传，顾玉东. 膈神经移位治疗臂丛损伤的研究进展 [J]. 中国临床解剖学杂志，2002，20(3)：239-240. DOI: 10.3969/j.issn.1001-165X.2002.03.027.** {LIAO Hua,XU Dachuan,GU Yudong. The study progression of phrenic nerve transposition for treating brachial plexus injury[J]. Zhongguo Lin Chuang Jie Pou Xue Za Zhi[Chin J Clin Anat(Article in Chinese;Abstract in Chinese)],2002,20(3):239-240. DOI:10.3969/j.issn.1001-165X.2002.03.027.}

[20288] **张高孟，张丽银，赵新，王涛，顾玉东. 经胸膈神经移位治疗臂丛神经损伤 [J]. 中华手外科杂志，2002，18(1)：9-11. DOI: 10.3760/cma.j.issn.1005-054X.2002.01.003.** {ZHANG Gaomeng,ZHANG Liyin,ZHAO Xin,WANG Tao,GU Yudong. Transthoracic phrenic nerve transfer for treatment of the brachial plexus injury[J]. Zhonghua Shou Wai Ke Za Zhi[Chin J Hand Surg(Article in Chinese;Abstract in Chinese and English)],2002,18(1):9-11. DOI:10.3760/cma.j.issn.1005-054X.2002.01.003.}

[20289] **张丽银，赵新，张高孟，王涛，顾玉东. 进胸取膈神经移位术后肺功能的变化 [J]. 中华手外科杂志，2002，18(1)：12-14. DOI: 10.3760/cma.j.issn.1005-054X.2002.01.004.** {ZHANG Liyin,ZHAO Xin,ZHANG Gaomeng,WANG Tao,GU Yudong. The change of the respiratory function after transfer of phrenic nerve harvested from thoracic cavity[J]. Zhonghua Shou Wai Ke Za Zhi[Chin J Hand Surg(Article in Chinese;Abstract in Chinese and English)],2002,18(1):12-14. DOI:10.3760/cma.j.issn.1005-054X.2002.01.004.}

[20290] **赵新，张高孟，劳杰，张丽银，王涛. 选择进胸取膈神经移位路径的应用解剖学研究 [J]. 中华手外科杂志，2002，18(1)：13-15. DOI: 10.3760/cma.j.issn.1005-054X.2002.01.005.** {ZHAO Xin,ZHANG Gaomeng,LAO Jie,ZHANG Liyin,WANG Tao. An applied anatomical study of choosing transfer course of phrenic nerve harvested from thoracic cavity[J]. Zhonghua Shou Wai Ke Za Zhi[Chin J Hand Surg(Article in Chinese;Abstract in Chinese and English)],2002,18(1):13-15. DOI:10.3760/cma.j.issn.1005-054X.2002.01.005.}

[20291] **邓剑平，张高孟，顾玉东，王涛，张丽银，李继峰. 比较经胸与锁骨上膈神经移位治疗臂丛损伤疗效的实验研究 [J]. 中华手外科杂志，2002，18(1)：18-21. DOI: 10.3760/cma.j.issn.1005-054X.2002.01.006.** {DENG Jianping,ZHANG Gaomeng,GU Yudong,WANG Tao,ZHANG Liyin,LI Jifeng. Comparison of treatment outcome of phrenic nerve transfer through thoracic vs superaclavicular approach for treatment of brachial plexus injuries:an experimental study[J]. Zhonghua Shou Wai Ke Za Zhi[Chin J Hand Surg(Article in Chinese;Abstract in Chinese and English)],2002,18(1):18-21. DOI:10.3760/cma.j.issn.1005-054X.2002.01.006.}

[20292] **徐文东，徐建光，顾玉东. 全长膈神经移位不同路径选择的解剖学研究 [J]. 中华手外科杂志，2002，18(2)：80-82. DOI: 10.3760/cma.j.issn.1005-054X.2002.02.008.** {XU Wendong,XU Jianguang,GU Yudong. Option of different path for full-length phrenic nerve transfer:an anatomic study[J]. Zhonghua Shou Wai Ke Za Zhi[Chin J Hand Surg(Article in Chinese;Abstract in Chinese and English)],2002,18(2):80-82. DOI:10.3760/cma.j.issn.1005-054X.2002.02.008.}

[20293] **顾立强，陈钢，陈国奋，夏霆，肖飞，王珂，黄烈育，李绍光，凌旭，蔡瑞君，裴国献. 胸腔镜下切取膈神经移位重建全臂丛根性撕脱伤手部功能初步报告 [J]. 中华创伤骨科杂志，2002，4(4)：266-268. DOI: 10.3760/cma.j.issn.1671-7600.2002.04.009.** {GU Liqiang,CHEN Gang,CHEN Guofen,XIA Ting,XIAO Fei,WANG Ke,HUANG Lieyu,LI Shao Guang,LING Xu,CAI Ruijun,PEI Guoxian. A preliminary report on full length phrenic nerve harvesting under thoracoscope and the phrenic nerve transfer for hand function reconstruction in total root avulsion of brachial plexus[J]. Zhonghua Chuang Shang Gu Ke Za Zhi[Chin J Orthop Trauma(Article in Chinese;Abstract in Chinese and English)],2002,4(4):266-268. DOI:10.3760/cma.j.issn.1671-7600.2002.04.009.}

[20294] **徐文东，顾玉东，徐建光，谭黎杰. 电视胸腔镜下全长膈神经移位治疗臂丛损伤 15 例分析 [J]. 中华医学杂志，2002，82(10)：714-715. DOI: 10.3760/j: issn: 0376-2491.2002.10.020.** {XU Wendong,GU Yudong,XU Jianguang,TAN Lijie. Video-assisted thoracoscopic full-length phrenic nerve transfer in the treatment of brachial plexus injury:a report of 15 cases[J]. Zhonghua Yi Xue Za Zhi[Natl Med J China(Article in Chinese;Abstract in Chinese)],2002,82(10):714-715. DOI:10.3760/j:issn:0376-2491.2002.10.020.}

[20295] **杨剑云，王涛，顾玉东，张丽银. 比较不同膈神经移位术式重建屈肘功能的实验研究 [J]. 中华手外科杂志，2003，19(4)：253-256. DOI: 10.3760/cma.j.issn.1005-054X.2003.04.026.** {YANG Jianyun,WANG Tao,GU Yudong,ZHANG Liyin. Comparison of restoration of elbow flexion by different phrenic nerve transfer methods:an experimental study[J]. Zhonghua Shou Wai Ke Za Zhi[Chin J Hand Surg(Article in Chinese;Abstract in Chinese and English)],2003,19(4):253-256. DOI:10.3760/cma.j.issn.1005-054X.2003.04.026.}

[20296] **宫云霞，张咸中，张振伟，黄艳梅，杨涛，陈传煌，陶莉. 膈神经移位治疗产瘫节前损伤 [J]. 中华创伤骨科杂志，2004，6(11)：1319-1320. DOI: 10.3760/cma.j.issn.1671-7600.2004.11.043.** {GONG Yunxia,ZHANG Xianzhong,ZHANG Zhenwei,HUANG Yanmei,YANG Tao,CHEN Chuanhuang,TAO Li. Phrenic nerve transfer for preganglionic injuries of brachial plexus in obstetrical palsy[J]. Zhonghua Chuang Shang Gu Ke Za Zhi[Chin J Orthop Trauma(Article in Chinese;Abstract in Chinese and English)],2004,6(11):1319-1320. DOI:10.3760/cma.j.issn.1671-7600.2004.11.043.}

[20297] **李志强，张少成，贾金鹏，马玉海. 改良法膈神经移位肌皮神经术的临床疗效分析 [J]. 中国骨伤，2005，18(6)：363. DOI: 10.3969/j.issn.1003-0034.2005.06.019.** {LI Zhi Qiang,ZHANG Shao Cheng,JIA Jin Peng,MA Yu Hai. Clinical analysis on the therapeutic effectiveness of improved method of transfering phrenic nerve for the operation of musculocutaneous nerve[J]. Zhongguo Gu Shang[China J Orthop Trauma(Article in Chinese;Abstract in Chinese and English)],2005,18(6):363. DOI:10.3969/j.issn.1003-0034.2005.06.019.}

[20298] **徐文东，顾玉东，糜菁熠，林森，周文俊，徐建光. 带与不带血供的全长膈神经移位临床应用比较 [J]. 中国修复重建外科杂志，2005，19(11)：887-889.** {XU Wendong,GU Yudong,MI Jingyi,LIN Sen,ZHOU Wenjun,XU Jianguang. Clinical comparison of vascularized and non-vascularized full-length phrenic nerve transfer[J]. Zhongguo Xiu Fu Chong Jian Wai Ke Za Zhi[Chin J Repar Reconstr Surg(Article in Chinese;Abstract in Chinese and English)],2005,19(11):887-889.}

[20299] **刘叶，范顺武，贺长清. 膈神经移位至臂丛上干前股的临床应用及疗效分析 [J]. 中国临床解剖学杂志，2006，24(3)：344-346. DOI: 10.3969/j.issn.1001-165X.2006.03.033.** {LIU Ye,FAN Shunwu,HE Changqing. Clinical application and efficacy of phrenic nerve transferring to the anterior division of upper trunk of brachial plexus for treatment of the brachial plexus injury[J]. Zhongguo Lin Chuang Jie Pou Xue Za Zhi[Chin J Clin Anat(Article in Chinese;Abstract in Chinese and English)],2006,24(3):344-346. DOI:10.3969/j.issn.1001-165X.2006.03.033.}

[20300] **艾尔肯·萨德尔，塔依尔·帕拉提·帕尔哈提. 臂丛神经根性损伤膈神经移位术对青壮年患者早期呼吸功能的影响 [J]. 中华手外科杂志，2006，22(3)：167-169. DOI: 10.3760/cma.j.issn.1005-054X.2006.03.017.** {AIERKEN Sadeer,TAYIER Palati Paerhati. Changes of pulmonary function at early postoperative stage of phrenic nerve transfer in young adults with brachial plexus injuries[J]. Zhonghua Shou Wai Ke Za Zhi[Chin J Hand Surg(Article in Chinese;Abstract in Chinese and English)],2006,22(3):167-169. DOI:10.3760/cma.j.issn.1005-054X.2006.03.017.}

[20301] **杨勇，陈亮，顾玉东，胡韶楠，张皓. 膈神经移位术对小儿呼吸系统远期影响的临床研究 [J]. 中华医学杂志，2006，86(17)：1179-1182. DOI: 10.3760/j: issn: 0376-2491.2006.17.008.** {YANG Yong,CHEN Liang,GU Yudong,HU Shaonan,ZHANG Hao. Long-term impact of transfer of phrenic nerve on respiratory system of children:a clinical study of 34 cases[J]. Zhonghua Yi Xue Za Zhi[Natl Med J China(Article in Chinese;Abstract in Chinese and English)],2006,86(17):1179-1182. DOI:10.3760/j:issn:0376-2491.2006.17.008.}

[20302] **杨剑云，陈德松，王涛，蔡佩琴，陈琳，彭峰. 全长膈神经移位恢复伸腕指功能的实验研究 [J]. 中华手外科杂志，2007，23(1)：22-25. DOI: 10.3760/cma.j.issn.1005-054X.2007.01.007.** {YANG Jianyun,CHEN Desong,WANG Tao,CAI Peiqin,CHEN Lin,PENG Feng. Experimental study of full length phrenic nerve transfer for restoration of wrist and finger extension[J]. Zhonghua Shou Wai Ke Za Zhi[Chin J Hand Surg(Article in Chinese;Abstract in Chinese and English)],2007,23(1):22-25. DOI:10.3760/cma.j.issn.1005-054X.2007.01.007.}

[20303] **董震，成效敏，顾玉东. 膈神经移位接上干前股的疗效分析 [J]. 中华手外科杂志，2007，23(2)：85-86. DOI: 10.3760/cma.j.issn.1005-054X.2007.02.008.** {DONG Zhen,CHENG Xiaomin,GU Yudong. Outcomes analysis of phrenic nerve transfer to anterior division of the upper trunk of brachial plexus[J]. Zhonghua Shou Wai Ke Za Zhi[Chin J Hand Surg(Article in Chinese;Abstract in Chinese and English)],2007,23(2):85-86. DOI:10.3760/cma.j.issn.1005-054X.2007.02.008.}

[20304] **张成钢，马建军，徐建光，顾玉东，Wiberg M. 膈神经移位术后神经元再生的实验研究 [J]. 中华手外科杂志，2007，23(5)：299-301. DOI: 10.3760/cma.j.issn.1005-054X.2007.05.019.** {ZHANG Chenggang,MA Jianjun,XU Jianguang,GU Yudong,Wiberg M. An experimental study on neuronal regeneration after phrenic nerve transfer[J]. Zhonghua Shou Wai Ke Za Zhi[Chin J Hand Surg(Article in Chinese;Abstract in Chinese and English)],2007,23(5):299-301. DOI:10.3760/cma.j.issn.1005-054X.2007.05.019.}

[20305] **徐文东，邱彦群，徐雷，陆九州，徐建光，顾玉东. 全长膈神经移位重建屈指功能的临床报告 [J]. 中华手外科杂志，2008，24(3)：130-132. DOI: 10.3760/cma.j.issn.1005-054X.2008.03.002.** {XU Wendong,QIU Yanqun,XU Lei,LU Jiuzhou,XU Jianguang,GU Yudong. Full length phrenic nerve transfer for restoration of finger flexion:a clinical report[J]. Zhonghua Shou Wai Ke Za Zhi[Chin J Hand Surg(Article in Chinese;Abstract in Chinese and English)],2008,24(3):130-132. DOI:10.3760/cma.j.issn.1005-054X.2008.03.002.}

[20306] **杨剑云，王涛，蔡佩琴，陈琳，陈德松. 全长膈神经移位恢复伸腕指功能的解剖学研究和临床应用 [J]. 中华手外科杂志，2008，24(6)：322-325. DOI: 10.3760/cma.j.issn.1005-054X.2008.06.002.** {YANG Jianyun,WANG Tao,CAI Peiqin,CHEN Lin,CHEN Desong. Anatomical and clinical study of full length phrenic nerve transfer for restoration of wrist and finger extension[J]. Zhonghua Shou Wai Ke Za Zhi[Chin J Hand Surg(Article in Chinese;Abstract in Chinese and English)],2008,24(6):322-325. DOI:10.3760/cma.j.issn.1005-054X.2008.06.002.}

[20307] **叶作舟，史其林，姜晓琪，陈臣，顾玉东. 膈神经移位术中应用生物膜防止神经黏连的临床研究 [J]. 创伤外科杂志，2008，10(6)：516-518. DOI: 10.3969/j.issn.1009-4237.2008.06.016.** {YE Zuozhou,SHI Qilin,JIANG Xiaoqi,CHEN CHEN,GU Yudong. Clinical analysis on the preventive effect of biofilm on nerve adhesion in the phrenic nerve transfer to musculocutaneous nerve[J]. Chuang Shang Wai Ke Za Zhi[J Traum Surg(Article in Chinese;Abstract in Chinese and English)],2008,10(6):516-518. DOI:10.3969/j.issn.1009-4237.2008.06.016.}

[20308] **朱春平，张平，丁永斌，张明亮，徐克孝，兰魁兵. 膈神经移位治疗臂丛损伤的临床应用和早期疗效 [J]. 实用手外科杂志，2008，22(3)：150-151. DOI: 10.3969/j.issn.1671-2722.2008.03.009.** {ZHU Chunping,ZHANG Ping,DING Yongbin,ZHANG Mingliang,XU Kexiao,LAN Kuibing. Clinical application and early outcome of transfer of phrenic nerve in treatment of brachial plexus avulsion injuries[J]. Shi Yong Shou Wai Ke Za Zhi[Chin J Pract Hand Surg(Article in Chinese;Abstract in Chinese and English)],2008,22(3):150-151. DOI:10.3969/j.issn.1671-2722.2008.03.009.}

[20309] **顾爱明，李美君，任宇连. 膈神经移位术后呼吸功能随访观察 [J]. 中华手外科杂志，2010，26(1)：59-60. DOI: 10.3760/cma.j.issn.1005-054X.2010.01.027.** {GU Aiming,LI Meijun,REN Yulian. Follow-up observation of respiratory function after phrenic nerve transfer[J]. Zhonghua Shou Wai Ke Za Zhi[Chin J Hand Surg(Article in Chinese;Abstract in Chinese)],2010,26(1):59-60. DOI:10.3760/cma.j.issn.1005-054X.2010.01.027.}

[20310] **王猛，徐文东，徐建光，顾玉东. 膈神经端侧吻合移位治疗肌皮神经损伤的实验研究 [J]. 中华手外科杂志，2010，26(2)：117-121. DOI: 10.3760/cma.j.issn.1005-054X.2010.02.025.** {WANG Meng,XU Wendong,XU Jianguang,GU Yudong. End-to-side neurorrhaphy for phrenic nerve neurotization of the musculocutanrous nerve in the treatment of branchial plexus injuries:an eaperimental study in rats[J]. Zhonghua Shou Wai Ke Za Zhi[Chin J Hand Surg(Article in Chinese;Abstract in Chinese and English)],2010,26(2):117-121. DOI:10.3760/cma.j.issn.1005-054X.2010.02.025.}

[20311] **任甜甜，胡韶楠，陈亮，朱艺，田东，顾玉东. 膈神经移位术后肱肌及肱肌肌支恢复的实验研究 [J]. 中华手外科杂志，2010，26(3)：134-136. DOI: 10.3760/cma.j.issn.1005-054X.2010.03.004.** {REN Tiantian,HU Shaonan,CHEN Liang,ZHU Yi,TIAN Dong,GU Yudong. Recovery of the brachialis muscle and brachialis branch of the musculocutaneous nerve after phrenic nerve transfer:an experimental study[J]. Zhonghua Shou Wai Ke Za Zhi[Chin J Hand Surg(Article in Chinese;Abstract in Chinese and English)],2010,26(3):134-136. DOI:10.3760/

cma.j.issn.1005-054X.2010.03.004.}

[20312] 杜守超，张世民，叶晓生，叶鸿风. NGF 促进大鼠膈神经移位迷走神经异化支配心脏的实验研究 [J]. 中国修复重建外科杂志，2010，24（5）：584-587. DOI: 10.7666/d.y1996927. {DU Shouchao,ZHANG Shimin,YE Xiaosheng,YE Hongfeng. Experimental study on promotion of somato-visceral heterogenic reinnervation with Nerve Growth Factor in rat phrenic-to-vagus anastomosis model[J]. Zhongguo Xiu Fu Chong Jian Wai Ke Za Zhi[Chin J Repar Reconstr Surg(Article in Chinese;Abstract in Chinese and English)],2010,24(5):584-587. DOI:10.7666/d.y1996927.}

[20313] 王树锋，栗鹏程，薛云浩，李玉成. 膈神经移位修复下干后股重建臂丛撕脱伤伸肘及伸指功能的中期随访 [J]. 中华骨科杂志，2012，32（9）：855-861. DOI: 10.3760/cma.j.issn.0253-2352.2012.09.009. {WANG Shufeng,LI Pengcheng,XUE Yunhao,LI Yucheng. Medium term follow-up of phrenic nerve transfer to the posterior division of lower trunk to recover elbow and finger extension in patients with brachial plexus root avulsion[J]. Zhonghua Gu Ke Za Zhi[Chin J Orthop(Article in Chinese;Abstract in Chinese and English)],2012,32(9):855-861. DOI:10.3760/cma.j.issn.0253-2352.2012.09.009.}

[20314] 肖成伟，劳杰，赵新. 移植神经长度对膈神经移位肌皮神经疗效的影响 [J]. 中华手外科杂志，2013，29（2）：111-112. DOI: 10.3760/cma.j.issn.1005-054X.2013.02.026. {XIAO Cheng Wei,LAO Jie,ZHAO Xin. The effectiveness of the length of nerve graft in phrenic nerve to musculocutaneous nerve transfer[J]. Zhonghua Shou Wai Ke Za Zhi[Chin J Hand Surg(Article in Chinese;Abstract in Chinese and English)],2013,29(2):111-112. DOI:10.3760/cma.j.issn.1005-054X.2013.02.026.}

[20315] 沈云东，郑谋雄，徐文东，徐建光，顾玉东. 膈神经端侧缝合移位术后呼吸功能的随访研究 [J]. 中华手外科杂志，2014，30（1）：1-4. DOI: 10.3760/cma.j.issn.1005-054X.2014.01.001. {SHEN Yundong,ZHENG Mouxiong,XU Wendong,XU Jianguang,GU Yudong. Respiration function after phrenic nerve transfer by end-to-side neurorrhaphy[J]. Zhonghua Shou Wai Ke Za Zhi[Chin J Hand Surg(Article in Chinese;Abstract in Chinese and English)],2014,30(1):1-4. DOI:10.3760/cma.j.issn.1005-054X.2014.01.001.}

[20316] 李文军，何丽月，杨莉，陈山林，王树锋，田光磊，田文，孙贵新，顾玉东. 青少年及成人膈神经切取移位后对呼吸功能长期影响的 Meta 分析 [J]. 中华显微外科杂志，2016，39（2）：127-134. DOI: 10.3760/cma.j.issn.1001-2036.2016.02.007. {LI Wenjun,HE Liyue,YANG Li,CHEN Shanlin,WANG Shufeng,TIAN Guanglei,TIAN Wen,SUN Guixin,GU Yudong. The long-term impact on pulmonary function via phrenic nerve transfer to the teenager and adult:a Meta-analysis[J]. Zhonghua Xian Wei Wai Ke Za Zhi[Chin J Microsurg(Article in Chinese;Abstract in Chinese and English)],2016,39(2):127-134. DOI:10.3760/cma.j.issn.1001-2036.2016.02.007.}

[20317] 杨剑云，虞聪，王涛，艾尔肯·热合木吐拉. 膈神经移位修复臂丛神经下干后股重建伸趾功能的实验研究 [J]. 中华手外科杂志，2016，32（1）：47-50. DOI: 10.3760/cma.j.issn.1005-054X.2016.01.022. {YANG Jianyun,YU Cong,WANG Tao,AIERKEN Rehemutula. Experimental study of innervation of the posterior division of the lower trunk with phrenic nerve for restoration of toe extension[J]. Zhonghua Shou Wai Ke Za Zhi[Chin J Hand Surg(Article in Chinese;Abstract in Chinese and English)],2016,32(1):47-50. DOI:10.3760/cma.j.issn.1005-054X.2016.01.022.}

6.4.13.3 肋间神经移位术
intercostal nerve transfer

[20318] Zheng MX,Xu WD,Qiu YQ,Xu JG,Gu YD. Phrenic nerve transfer for elbow flexion and intercostal nerve transfer for elbow extension[J]. J Hand Surg Am,2010,35(8):1304-1309. doi:10.1016/j.jhsa.2010.04.006.

[20319] Luo PB,Chen L,Zhou CH,Hu SN,Gu YD. Results of intercostal nerve transfer to the musculocutaneous nerve in brachial plexus birth palsy[J]. J Pediatr Orthop,2011,31(8):884-888. doi:10.1097/BPO.0b013e318230a783.

[20320] Zheng MX,Qiu YQ,Xu WD,Xu JG. Long-term observation of respiratory function after unilateral phrenic nerve and multiple intercostal nerve transfer for avulsed brachial plexus injury[J]. Neurosurgery,2012,70(4):796-801;discussion 801. doi:10.1227/NEU.0b013e3181f74139.

[20321] Gao K,Lao J,Zhao X,Gu Y. Outcome after transfer of intercostal nerves to the nerve of triceps long head in 25 adult patients with total brachial plexus root avulsion injury[J]. J Neurosurg,2013,118(3):606-610. doi:10.3171/2012.10.JNS12637.

[20322] Xiao C,Lao J,Wang T,Zhao X,Liu J,Gu Y. Intercostal nerve transfer to neurotize the musculocutaneous nerve after traumatic brachial plexus avulsion:a comparison of two,three,and four nerve transfers[J]. J Reconstr Microsurg,2014,30(5):297-304. doi:10.1055/s-0033-1361840.

[20323] Liu Y,Lao J,Zhao X. Comparative study of phrenic and intercostal nerve transfers for elbow flexion after global brachial plexus injury[J]. Injury,2015,46(4):671-675. doi:10.1016/j.injury.2014.11.034.

[20324] Jia X,Yang J,Yu C. Intercostal nerve transfer for restoration of the diaphragm muscle function after phrenic nerve transfer in total brachial plexus avulsion[J]. Clin Neurol Neurosurg,2020,197:106085. doi:10.1016/j.clineuro.2020.106085.

[20325] 成效敏，顾玉东. 肋间神经移位接胸背神经疗效的初步报道 [J]. 中华显微外科杂志，1992，15（1）：14-16. {CHENG Xiaomin,GU Yudong. A preliminary report on the curative effect of transposition of intercostal nerve to thoracodorsal nerve[J]. Zhonghua Xian Wei Wai Ke Za Zhi[Chin J Microsurg(Article in Chinese;Abstract in Chinese)],1992,15(1):14-16.}

[20326] 黎晓华，宫云霞，关华立. 产瘫肋间神经移位代肌皮神经一例 [J]. 中华显微外科杂志，2000，23（2）：121. DOI: 10.3760/cma.j.issn.1001-2036.2000.02.051. {LI Xiaohua,GONG Yunxia,GUAN Huali. Transposition of intercostal nerve to replace musculocutaneous nerve in a case of obstetrical paralysis[J]. Zhonghua Xian Wei Wai Ke Za Zhi[Chin J Microsurg(Article in Chinese;No abstract available)],2000,23(2):121. DOI:10.3760/cma.j.issn.1001-2036.2000.02.051.}

[20327] 胡溱，董虎林，韦加宁. 肋间神经移位治疗全臂丛根性撕脱伤两种术式的比较 [J]. 中华手外科杂志，2000，16（1）：34-36. DOI: 10.3760/cma.j.issn.1005-054X.2000.01.009. {HU Qin,DONG Hulin,WEI Jianing. Comparison of two procedures of intercostal nerve transfer for treatment of total brachial plexus root avulsion[J]. Zhonghua Shou Wai Ke Za Zhi[Chin J Hand Surg(Article in Chinese;Abstract in Chinese and English)],2000,16(1):34-36. DOI:10.3760/cma.j.issn.1005-054X.2000.01.009.}

[20328] 张少成，马玉海，张振伟，胡玉华，张传森，党瑞山. 带血管肋间神经移位与骶神经根选择性束间吻接行截瘫大小便功能重建 [J]. 解放军医学杂志，2003，28（9）：831-832，849. DOI: 10.3321/j.issn: 0577-7402.2003.09.031. {ZHANG Shaocheng,MA Yuhai,ZHANG Zhenwei,HU Yuhua,ZHANG Chuansen,DANG Ruishan. Functional reconstruction of defecation and urinary functions in paraplegic patients by vascularized intercostal nerves transfer to sacral nerve roots with selected interfascicular anastomosis[J]. Jie Fang Jun Yi Xue Za Zhi[Med J Chin PLA(Article in Chinese;Abstract in Chinese and English)],2003,28(9):831-832,849. DOI:10.3321/j.issn:0577-7402.2003.09.031.}

[20329] 刘俊建，范存义，阮洪江，王建广. 肋间神经移位经后路直接修复腋神经前支的解剖学研究 [J]. 中华创伤骨科杂志，2008，10（9）：854-856. DOI: 10.3760/cma.j.issn.1671-7600.2008.09.014. {LIU Junjian,FAN Cunyi,RUAN Hongjiang,WANG Jianguang. Transferring intercostal nerves to the anterior branch of axillary nerve through a posterior approach[J]. Zhonghua Chuang Shang Gu Ke Za Zhi[Chin J Orthop Trauma(Article in Chinese;Abstract in Chinese and English)],2008,10(9):854-856. DOI:10.3760/cma.j.issn.1671-7600.2008.09.014.}

[20330] 吴恙，关文杰，赵新，高凯鸣. 肋间神经移位术修复腋神经 [J]. 中华手外科杂志，2011，27（3）：191-192. DOI: 10.3760/cma.j.issn.1005-054X.2011.03.028. {WU Yang,GUAN Wenjie,ZHAO Xin,GAO Kaiming. Repair of axillary nerve by transposition of intercostal nerve[J]. Zhonghua Shou Wai Ke Za Zhi[Chin J Hand Surg(Article in Chinese;Abstract in Chinese)],2011,27(3):191-192. DOI:10.3760/cma.j.issn.1005-054X.2011.03.028.}

[20331] 楚彬，胡韶楠，陈亮，宋捷. 肋间神经移位腋神经的解剖学研究 [J]. 中华手外科杂志，2012，28（5）：300-302. DOI: 10.3760/cma.j.issn.1005-054X.2012.05.022. {CHU Bin,HU Shaonan,CHEN Liang,SONG Jie. Anatomic study of intercostal to axillary nerve transfer[J]. Zhonghua Shou Wai Ke Za Zhi[Chin J Hand Surg(Article in Chinese;Abstract in Chinese and English)],2012,28(5):300-302. DOI:10.3760/cma.j.issn.1005-054X.2012.05.022.}

[20332] 楚彬，胡韶楠，陈亮，宋捷. 肋间神经移位肩胛上神经的解剖学研究 [J]. 中国修复重建外科杂志，2012，26（9）：1095-1097. DOI: 10.3760/cma.j.issn.1005-054X.2012.05.022. {CHU Bin,HU Shaonan,CHEN Liang,SONG Jie. Anatomic study on intercostal nerve transfer to suprascapular nerve[J]. Zhongguo Xiu Fu Chong Jian Wai Ke Za Zhi[Chin J Repar Reconstr Surg(Article in Chinese;Abstract in Chinese and English)],2012,26(9):1095-1097. DOI:10.3760/cma.j.issn.1005-054X.2012.05.022.}

[20333] 赵沛，劳杰，赵新，高凯鸣. 肋间神经移位修复桡神经肱三头肌肌支的长期随访疗效 [J]. 中华手外科杂志，2013，29（4）：198-200. DOI: 10.3760/cma.j.issn.1005-054X.2013.04.004. {ZHAO Pei,LAO Jie,ZHAO Xin,GAO Kaiming. Long-term results of intercostal nerve transfer to triceps branch of the radial nerve[J]. Zhonghua Shou Wai Ke Za Zhi[Chin J Hand Surg(Article in Chinese;Abstract in Chinese and English)],2013,29(4):198-200. DOI:10.3760/cma.j.issn.1005-054X.2013.04.004.}

[20334] 刘宗宝，朱寅，陆剑锋，钱辉，黄建平，王涛. 肋间神经移位肌皮神经治疗臂丛神经根性撕脱伤的疗效观察 [J]. 中华手外科杂志，2014，30（6）：442-444. DOI: 10.3760/cma.j.issn.1005-054X.2014.06.016. {LIU Zongbao,ZHU Yin,LU Jianfeng,QIAN Hui,HUANG Jianping,WANG Tao. Clinical results of intercostal nerve transfer to the musculocutaneous nerve in brachial plexus root avulsion injuries[J]. Zhonghua Shou Wai Ke Za Zhi[Chin J Hand Surg(Article in Chinese;Abstract in Chinese and English)],2014,30(6):442-444. DOI:10.3760/cma.j.issn.1005-054X.2014.06.016.}

[20335] 肖锋，劳杰. 肋间神经移位治疗臂丛神经损伤的研究进展 [J]. 中华手外科杂志，2019，35（1）：78-80. DOI: 10.3760/cma.j.issn.1005-054X.2019.01.031. {XIAO Feng,LAO Jie. Research progress of intercostal nerve transfer in the treatment of brachial plexus injury[J]. Zhonghua Shou Wai Ke Za Zhi[Chin J Hand Surg(Article in Chinese;Abstract in Chinese)],2019,35(1):78-80. DOI:10.3760/cma.j.issn.1005-054X.2019.01.031.}

6.4.13.4 健侧第 7 颈椎神经根移位术
contralateral C7 spinal nerve transfer

[20336] Gu Y. Progress in hand surgery of China[J]. Chin Med J,1995,108(1):68-72.

[20337] Gu YD,Zhang GM,Chen DS,Yan JG,Cheng XM,Chen L. Seventh cervical nerve root transfer from the contralateral healthy side for treatment of brachial plexus root avulsion[J]. J Hand Surg Br,1992,17(5):518-521. doi:10.1016/s0266-7681(05)80235-9.

[20338] Gu YD,Chen DS,Zhang GM,Cheng XM,Xu JG,Zhang LY,Cai PQ,Chen L. Long-term functional results of contralateral C7 transfer[J]. J Reconstr Microsurg,1998,14(1):57-59. doi:10.1055/s-2007-1006902.

[20339] Gu Y,Xu J,Chen L,Wang H,Hu S. Long term outcome of contralateral C7 transfer:a report of 32 cases[J]. Chin Med J,2002,115(6):866-868.

[20340] Yu ZJ,Sui S,Yu S,Huang Y,Sheng J. Contralateral normal C7 nerve transfer after upper arm shortening for the treatment of total root avulsion of the brachial plexus:a preliminary report[J]. Plast Reconstr Surg,2003,111(4):1465-1469. doi:10.1097/01.PRS.0000049634.97185.2D.

[20341] Xu W,Lu J,Xu J,Gu Y. Full-length ulnar nerve harvest by means of endoscopy for contralateral C7 nerve root transfer in the treatment of brachial plexus injuries[J]. Plast Reconstr Surg,2006,118(3):689-693;discussion 694-695. doi:10.1097/01.prs.0000232980.37831.76.

[20342] Chen L,Gu YD,Hu SN,Xu JG,Xu L,Fu Y. Contralateral C7 transfer for the treatment of brachial plexus root avulsions in children——a report of 12 cases[J]. J Hand Surg Am,2007,32(1):96-103. doi:10.1016/j.jhsa.2006.05.013.

[20343] Gu YD. Contralateral C7 root transfer over the last 20 years in China[J]. Chin Med J,2007,120(13):1123-1126.

[20344] Xu L,Gu Y,Xu J,Lin S,Chen L,Lu J. Contralateral C7 transfer via the prespinal and retropharyngeal route to repair brachial plexus root avulsion:a preliminary report[J]. Neurosurgery,2008,63(3):553-8;discussion 558-559. doi:10.1227/01.NEU.0000324729.03588.BA.

[20345] Feng J,Wang T,Gu Y,Chen L,Zhang G,Zhu Y. Contralateral C7 transfer to lower trunk via a subcutaneous tunnel across the anterior surface of chest and neck for total root avulsion of the brachial plexus:a preliminary report[J]. Neurosurgery,2010,66(6 Suppl Operative):252-263;discussion 263. doi:10.1227/01.NEU.0000369658.43380.95.

[20346] Zou YW,Wang ZJ,Yu H. Treatment of brachial plexus injury with modified contralateral C7 transfer[J]. Orthop Surg,2010,2(1):14-18. doi:10.1111/j.1757-7861.2009.00057.x.

[20347] Lin H,Hou C,Chen D. Contralateral C7 transfer for the treatment of upper obstetrical brachial plexus palsy[J]. Pediatr Surg Int,2011,27(9):997-1001. doi:10.1007/s00383-011-2894-4.

[20348] Wang L,Zhao X,Gao K,Lao J,Gu YD. Reinnervation of thenar muscle after repair of total brachial plexus avulsion injury with contralateral C7 root transfer:report of five cases[J]. Microsurgery,2011,31(4):323-326. doi:10.1002/micr.20836.

[20349] Zhang CG,Gu YD. Contralateral C7 nerve transfer——our experiences over past 25 years[J]. J Brachial Plex Peripher Nerve Inj,2011,6(1):10. doi:10.1186/1749-7221-6-10.

[20350] Wang S,Yiu HW,Li P,Li Y,Wang H,Pan Y. Contralateral C7 nerve root transfer to neurotize the upper trunk via a modified prespinal route in repair of brachial plexus avulsion injury[J]. Microsurgery,2012,32(3):183-188. doi:10.1002/micr.20963.

[20351] Hua XY,Zuo CT,Xu WD,Liu HQ,Zheng MX,Xu JG,Gu YD. Reversion of transcallosal interhemispheric neuronal inhibition on motor cortex after contralateral C7 neurotization[J]. Clin Neurol Neurosurg,2012,114(7):1035-1038. doi:10.1016/j.clineuro.2012.01.047.

[20352] Wang SF,Li PC,Xue YH,Yiu HW,Li YC,Wang HH. Contralateral C7 nerve transfer with direct coaptation to restore lower trunk function after traumatic brachial plexus avulsion[J]. J Bone Joint Surg Am,2013,95(9):821-827,S1-2. doi:10.2106/JBJS.L.00039.

[20353] Gao K,Lao J,Zhao X,Gu Y. Outcome of contralateral C7 transfer to two recipient nerves in 22 patients with the total brachial plexus avulsion injury[J]. Microsurgery,2013,33(8):605-611. doi:10.1002/micr.22137.

[20354] Gao KM,Lao J,Zhao X,Gu YD. Outcome of contralateral C7 nerve transferring to median nerve[J]. Chin Med J,2013,126(20):3865-3868.

[20355] Hu S,Gu Y. Contralateral C7 transfer for treatment of brachial plexus root avulsion[J]. Handchir Mikrochir Plast Chir,2014,46(2):80-84. doi:10.1055/s-0034-1370958.

[20356] Wang SF,Xue YH. Contralateral C7 nerve transfer with direct coaptation to restore lower trunk function after traumatic brachial plexus avulsion injuries:surgical technique[J]. JBJS Essent Surg Tech,2014,4(1):e5. doi:10.2106/JBJS.ST.M.00027.

[20357] Li W,Wang S,Zhao J,Rahman MF,Li Y,Li P,Xue Y. Complications of contralateral C7 transfer through the modified prespinal route for repairing brachial plexus root avulsion injury:a retrospective study of 425 patients[J]. J Neurosurg,2015,122(6):1421-1428. doi:10.3171/2014.10.JNS131574.

[20358] Yang G,Chang KW,Chung KC. A systematic review of contralateral C7 transfer for the treatment of traumatic brachial plexus injury:part 1. overall outcomes[J]. Plast Reconstr Surg,2015,136(4):794-809. doi:10.1097/PRS.0000000000001494.

[20359] Yang G,Chang KW,Chung KC. A systematic review of outcomes of contralateral C7 transfer for the treatment of traumatic brachial plexus injury:part 2. donorsite morbidity[J]. Plast Reconstr Surg,2015,136(4):480e-489e. doi:10.1097/PRS.0000000000001616.

[20360] Li XM,Yang JT,Hou Y,Yang Y,Qin BG,Fu G,Gu LQ. Donor-side morbidity after contralateral C7 nerve transfer:results at a minimum of 6 months after surgery[J]. J Neurosurg,2016,124(5):1434-1441. doi:10.3171/2015.3.JNS142213.

[20361] Jiang S,Ichihara S,Prunires G,Peterson B,Facca S,Xu WD,Liverneaux P. Robot-assisted C7 nerve root transfer from the contralateral healthy side:a preliminary cadaver study[J]. Hand Surg Rehabil,2016,35(2):95-99. doi:10.1016/j.hansur.2015.12.008.

[20362] Mathews AL,Yang G,Chang KW,Chung KC. A systematic review of outcomes of contralateral C7 transfer for the treatment of traumatic brachial plexus injury:an international comparison[J]. J Neurosurg,2017,126(3):922-932. doi:10.3171/2016.1.JNS152597.

[20363] Li WJ,He LY,Chen SL,Lyu YW,Wang SF,Yong Y,Tian W,Tian GL,Gu YD. Contralateral C7 nerve root transfer for function recovery in adults:a meta-analysis[J]. Chin Med J,2017,130(24):2960-2968. doi:10.4103/0366-6999.220316.

[20364] Wang GB,Yu AP,Ng CY,Lei GW,Wang XM,Qiu YQ,Feng JT,Li T,Chen QZ,He QR,Ding F,Cui SS,Gu YD,Xu JG,Jiang S,Xu WD. Contralateral C7 to C7 nerve root transfer in reconstruction for treatment of total brachial plexus palsy:anatomical basis and preliminary clinical results[J]. J Neurosurg Spine,2018,29(5):491-499. doi:10.3171/2018.3.SPINE171251.

[20365] Jiang Y,Wang L,Lao J,Zhao X. Total brachial plexus injury:contralateral C7 root transfer to the lower trunk versus the median nerve[J]. Neural Regen Res,2018,13(11):1968-1973. doi:10.4103/1673-5374.239444.

[20366] Yang X,Liu Y,Zhao X,Lao J. Electrophysiologic recovery of the abductor pollicis brevis after contralateral C7 nerve transfer in 95 patients with global brachial plexus avulsion[J]. J Electromyogr Kinesiol,2018,43:158-161. doi:10.1016/j.jelekin.2018.10.002.

[20367] Liu Y,Yang X,Gao K,Yu H,Xiao F,Zhuang Y,Lao J. Outcome of contralateral C7 transfers to different recipient nerves after global brachial plexus avulsion[J]. Brain Behav,2018,8(12):e01174. doi:10.1002/brb3.1174.

[20368] Feng J,Wang T,Luo P. Contralateral C7 transfer to lower trunk via a subcutaneous tunnel across the anterior surface of the chest and neck for total brachial plexus root avulsion:a cadaveric study[J]. J Orthop Surg Res,2019,14(1):27. doi:10.1186/s13018-019-1068-2.

[20369] Guan J,Lin J,Guan X,Jin Q. Treatment of central paralysis of upper extremity using contralateral C7 nerve transfer via posterior spinal route[J]. World Neurosurg,2019,125:228-233. doi:10.1016/j.wneu.2019.01.181.

[20370] Yu AP,Jiang S,Zhao HL,Liang ZH,Qiu YQ,Shen YD,Wang GB,Liang C,Xu WD. Application of CUBE-STIR MRI and high-frequency ultrasound in contralateral cervical 7 nerve transfer surgery[J]. Br J Neurosurg,2019 Mar 12. 1-6. doi:10.1080/02688697.2019.1584661. Online ahead of print.

[20371] Hong GH,Liu JB,Liu YZ,Gao KM,Zhao X,Lao J. Modified contralateral C7 nerve transfer:the possibility of permitting ulnar nerve recovery is confirmed by 10 cases of autopsy[J]. Neural Regen Res,2019,14(8):1449-1454. doi:10.4103/1673-5374.253530.

[20372] Ye X,Shen YD,Feng JT,Wang F,Gao ZR,Lei GW,Yu AP,Wang CP,Liang CM,Xu WD. A novel mouse model of contralateral C7 transfer via the pretracheal route:a feasibility study[J]. J Neurosci Methods,2019,328:108445. doi:10.1016/j.jneumeth.2019.108445.

[20373] Li S,Cao Y,Zhang Y,Jiang J,Gu Y,Xu L. Contralateral C7 transfer via both ulnar nerve and medial antebrachial cutaneous nerve to repair total brachial plexus avulsion:a preliminary report[J]. Br J Neurosurg,2019,33(6):648-654. doi:10.1080/02688697.2019.1675866.

[20374] Yu BF,Chen LW,Qiu YQ,Xu J,Yin HW,Li QY,Xu WD. Contralateral seventh cervical nerve transfer can affect the pennation angle of the lower limb in spastic hemiplegia patients:an observational case series study[J]. Brain Behav,2019,9(12):e01460. doi:10.1002/brb3.1460.

[20375] Li P,Shen Y,Xu J,Liang C,Jiang S,Qiu Y,Yin H,Feng J,Li T,Shen J,Wang G,Yu B,Ye X,Yu A,Lei G,Cai Z,Xu W. Contralateral cervical seventh nerve transfer for spastic arm paralysis via a modified prespinal route:a cadaveric study[J]. Acta Neurochir(Wien),2020,162(1):141-146. doi:10.1007/s00701-019-04069-y.

[20376] Yang K,Jiang F,Zhang S,Zhao H,Shi Z,Liu J,Cao X. Extradural contralateral C7 nerve root transfer in a cervical posterior approach for treating spastic limb paralysis:a cadaver feasibility study[J]. Spine,2020,45(11):E608-E615. doi:10.1097/BRS.0000000000003349.

[20377] Xiao F,Lao J. Comparative study of intercostal nerve and contralateral C7 nerve transfers for elbow extension after global brachial plexus avulsion[J]. Ann Plast Surg,2020,85(3):272-275. doi:10.1097/SAP.0000000000002312.

[20378] Liu Y,Xiao F,Zhuang Y,Lao J. Contralateral C7 transfer to axillary and median nerves in rats with total brachial plexus avulsion[J]. BMC Musculoskelet Disord,2020,21(1):196. doi:10.1186/s12891-020-03209-1.

[20379] Li J,Ying Y,Su F,Chen L,Yang J,Jia J,Jia X,Xu W. The Hua-Shan rehabilitation program after contralateral seventh cervical nerve transfer for spastic arm paralysis[J]. Disabil Rehabil,2020 Jun 1. 1-8. doi:10.1080/09638288.2020.1768597. Online ahead of print.

[20380] Xia P,Yang T,Wang X,Li X. Combination of pregabalin and transcutaneous electrical nerve stimulation for neuropathic pain in a stroke patient after contralateral C7 nerve transfer:a case report[J]. Int J Neurosci,2020 Jun 26. 1-6. doi:10.1080/00207454.2020.1786687. Online ahead of print.

[20381] Guan J,Lin J,Guan X,Jin Q,Chen L,Shan Q,Wu J,Cai X,Zhang D,Tao W,Chen F,Chen Y,Yang S,Fan Y,Wu H,Zhang H. Preliminary results of posterior contralateral cervical 7 nerve transposition in the treatment of upper limb plegia after a stroke[J]. Brain Behav,2020,10(11):e01821. doi:10.1002/brb3.1821.

[20382] 陈亮，顾玉东．健侧颈 7 神经根移位治疗臂丛根性撕脱伤的实验研究 [J]．中华外科杂志，1992，30（9）：525-527．{CHEN Liang,GU Yudong. Contralateral 7th cervical nerve transfer in the treatment of brachial plexus root avulsion:an experimental study[J]. Zhonghua Wai Ke Za Zhi[Chin J Surg(Article in Chinese;Abstract in Chinese)],1992,30(9):525-527.}

[20383] 周礼荣．健侧颈 7 神经根并多组神经移位治疗全臂丛神经根性撕脱伤二例初步报告 [J]．中华手外科杂志，1993，9（1）：43-44．{ZHOU Lirong. Contralateral 7th cervical nerve combined multiple groups of nerve translocation in the treatment of total brachial plexus root avulsion:Two case report[J]. Zhonghua Shou Wai Ke Za Zhi[Chin J Hand Surg(Article in Chinese;Abstract in Chinese)],1993,9(1):43-44.}

[20384] 张咸中，张振伟，韩庆武，宫云霞．健侧 C7 移位术二例初步报告 [J]．中华显微外科杂志，1995，18（1）：6．DOI：10.3760/cma.j.issn.1001-2036.1995.01.104．{ZHANG Xian Zhong,ZHANG Zhen Wei,HAN Qing Wu,GONG Yun Xia. Contralateral C7 transposition:a preliminary report of two cases[J]. Zhonghua Xian Wei Wai Ke Za Zhi[Chin J Microsurg(Article in Chinese;No abstract available)],1995,18(1):6. DOI:10.3760/cma.j.issn.1001-2036.1995.01.104.}

[20385] 劳杰，熊良俭，顾玉东，邙永衡．健侧颈 7 移位治疗臂丛神经根性撕脱伤最佳时间选择的实验研究 [J]．中华手外科杂志，1995，11（3）：165-167．DOI：CNKI：SUN：ZHSK.0.1995-03-019．{LAO Jie,XIONG Liangjian,GU Yudong,MANG Yongheng. Optimal time of contralateral side C7 root transfer for brachial plexus root avulsion:experimental study[J]. Zhonghua Shou Wai Ke Za Zhi[Chin J Hand Surg(Article in Chinese;Abstract in Chinese and English)],1995,11(3):165-167. DOI:CNKI:SUN:ZHSK.0.1995-03-019.}

[20386] 陈天国．健侧 C7 神经根移位后健侧肢体功能的观察 [J]．中华手外科杂志，1996，12（1）：61．DOI：10.3760/cma.j.issn.1005-054X.1996.01.129．{CHEN Tianguo. Observation of contralateral limb function after transfer of contralateral C7 nerve root[J]. Zhonghua Shou Wai Ke Za Zhi[Chin J Hand Surg(Article in Chinese;Abstract in Chinese)],1996,12(1):61. DOI:10.3760/cma.j.issn.1005-054X.1996.01.129.}

[20387] 沈丽英，顾玉东．健侧颈 7 神经根桥接后电生理变化研究 [J]．中华手外科杂志，1996，12（4）：222-224．DOI：10.3760/cma.j.issn.1003-9457.1993.01.124．{SHEN Liying,GU Yudong. Electrophysiological changes after contralateral C7 root transfer[J]. Zhonghua Shou Wai Ke Za Zhi[Chin J Hand Surg(Article in Chinese;Abstract in Chinese and English)],1996,12(4):222-224. DOI:10.3760/cma.j.issn.1003-9457.1993.01.124.}

[20388] 樊源，冯光宙，宋涛．健侧 C7 神经移位二例报道 [J]．中华手外科杂志，1997，13（1）：8．DOI：10.3760/cma.j.issn.1005-054X.1997.01.020．{FAN Yuan,FENG Guang Zhou,SONG Tao. Contralateral C7 nerve transfer:a report of two cases[J]. Zhonghua Shou Wai Ke Za Zhi[Chin J Hand Surg(Article in Chinese;Abstract in Chinese)],1997,13(1):8. DOI:10.3760/cma.j.issn.1005-054X.1997.01.020.}

[20389] 董震，成效敏，徐杰，顾玉东．健侧 C7 神经移位术后早期观察健手感觉运动的动态变化及其临床意义 [J]．中华手外科杂志，1997，13（4）：52-54．DOI：10.3760/cma.j.issn.1005-054X.1997.04.017．{DONG Zhen,CHENG Xiaomin,XU Jie,GU Yudong. The regular pattern of early sensory and motor changes of the healthy hand after C7 transfer and its clinical significance[J]. Zhonghua Shou Wai Ke Za Zhi[Chin J Hand Surg(Article in Chinese;Abstract in Chinese and English)],1997,13(4):52-54. DOI:10.3760/cma.j.issn.1005-054X.1997.04.017.}

[20390] 劳镇国，刘均墀，朱家恺，刘小林，程钢，许扬滨，江宏．健侧颈 7 神经移位治疗臂丛神经撕脱伤的疗效 [J]．中山医科大学学报，1998，19（S1）：3-5．DOI：CNKI：SUN：ZSYK.0.1998-S1-032．{LAO Zhenguo,LIU Junchi,ZHU Jiakai,LIU Xiaolin,CHENG Gang,XU Yangbin,JIANG Hong. Effect of contralateral C7 nerve transfer in the treatment of brachial plexus avulsion[J]. Zhong Shan Yi Ke Da Xue Xue Bao[Acad J SUMS(Article in Chinese;Abstract in Chinese and English)],1998,19(S1):3-5. DOI:CNKI:SUN:ZSYK.0.1998-S1-032.}

[20391] 沈丽英，顾玉东，陈正永，朱艺，张凯莉．肌电图 - 神经电图测定健侧颈 7 神经根移位桥接至受体神经后再生的临床研究 [J]．中华手外科杂志，1999，15（3）：3-5．DOI：CNKI：SUN：ZHSK.0.1999-03-013．{SHEN Liying,GU Yudong,CHEN Zhengyong,ZHU Yi,ZHANG Kaili. Electrophysiological study on nerve regeneration after second stage contralateral C7 transfer[J]. Zhonghua Shou Wai Ke Za Zhi[Chin J Hand Surg(Article in Chinese;Abstract in Chinese and English)],1999,15(3):3-5. DOI:CNKI:SUN:ZHSK.0.1999-03-013.}

[20392] 王天兵，彭峰，高兴平，沙轲，方有生，陈德松．健侧 C7 神经根移位至桡神经治疗全臂丛神经根性撕脱伤 [J]．中华骨科杂志，2002，22（7）：402-404．DOI：10.3760/j.issn：0253-2352.2002.07.006．{WANG Tianbing,PENG Feng,GAO Xingping,SHA Ke,FANG Yousheng,CHEN Desong. Clinical investigation of contralateral C7 root transfer to the radial nerve for total brachial plexus root avulsion injury[J]. Zhonghua Gu Ke Za Zhi[Chin J Orthop(Article in Chinese;Abstract in Chinese and English)],2002,22(7):402-404. DOI:10.3760/j.issn:0253-2352.2002.07.006.}

[20393] 彭峰，蔡佩琴，陈德松，陈琳，顾玉东．健侧 C7 神经移位修复臂丛神经根干部损伤的改良术式 [J]．中华手外科杂志，2003，19（2）：66-68．DOI：10.3760/cma.j.issn.1005-054X.2003.02.002．{PENG Feng,CAI Peiqin,CHEN Desong,CHEN Lin,GU Yudong. Modified procedure of contralateral C7 transfer for repair of roots and trunks injuries of brachial plexus[J]. Zhonghua Shou Wai Ke Za Zhi[Chin J Hand Surg(Article in Chinese;Abstract in Chinese and English)],2003,19(2):66-68. DOI:10.3760/cma.j.issn.1005-054X.2003.02.002.}

[20394] 王树锋，胡琪，王海华，苏彦农，赵俊会，常万绅．健侧 C7 神经根移位经椎体前通路的应用解剖及临床研究 [J]．中华手外科杂志，2003，19（2）：69-71．DOI：10.3760/cma.j.issn.1005-054X.2003.02.003．{WANG Shufeng,HU Qi,WANG Hai Hua,SU

Yan Nong,ZHAO Jun Hui,CHANG Wan Shen. The anatomical and clinical study of contralateral C7 transfer through the prespinal route[J]. Zhonghua Shou Wai Ke Za Zhi[Chin J Hand Surg(Article in Chinese;Abstract in Chinese and English)],2003,19(2):69-71. DOI:10.3760/cma.j.issn.1005-054X.2003.02.003.}

[20395] 郑圣鼐，张高孟，张丽银，顾玉东，王涛，赵新. 中断神经节与尺神经联系对健侧 C7 神经根移位疗效影响的实验研究 [J]. 中华手外科杂志，2003，19（2）：72−74. DOI：10.3760/cma.j.issn.1005−054X.2003.02.004. {ZHENG Shengnai,ZHANG Gaomeng,ZHANG Liyin,GU Yudong,WANG Tao,ZHAO Xin. The influence of interrupting the relationship between dorsal root ganglion and ulnar nerve on treatment outcome of contralateral C7 nerve root transfer:an experimental study[J]. Zhonghua Shou Wai Ke Za Zhi[Chin J Hand Surg(Article in Chinese;Abstract in Chinese and English)],2003,19(2):72-74. DOI:10.3760/cma.j.issn.1005-054X.2003.02.004.}

[20396] 王树锋，王海华，苏彦农，潘勇卫，陈山林，胡琪，赵俊会. 健侧 C7 神经根经椎体前通路移位修复臂丛神经损伤疗效的初步观察 [J]. 中华骨科杂志，2004，24（8）：453−456. DOI：10.3760/j.issn：0253−2352.2004.08.002. {WANG Shufeng,WANG Haihua,SU Yannong,PAN Yongwei,CHEN Shanlin,HU Qi,ZHAO Junhui. The clinical study of healthy C7 nerve root transfer to repair the brachial plexus avulsion through the anterior spinal approach[J]. Zhonghua Gu Ke Za Zhi[Chin J Orthop(Article in Chinese;Abstract in Chinese and English)],2004,24(8):453-456. DOI:10.3760/j.issn:0253-2352.2004.08.002.}

[20397] 朱艺，张凯莉，顾玉东，徐文东，徐建光. 健侧 C7 神经根移位术后患肢对应皮层体感诱发电位的变化规律 [J]. 中华骨科杂志，2004，24（8）：457−461. DOI：10.3760/j.issn：0253−2352.2004.08.003. {ZHU Yi,ZHANG Kaili,GU Yudong,XU Wendong,XU Jianguang. Study on alterative regularity of somatosensory evoked potential for detecting re-domination process of corresponding cerebral cortex of affected extremity after healthy C7 nerve root transfer[J]. Zhonghua Gu Ke Za Zhi[Chin J Orthop(Article in Chinese;Abstract in Chinese and English)],2004,24(8):457-461. DOI:10.3760/j.issn:0253-2352.2004.08.003.}

[20398] 孙贵新，顾玉东，史其林，朱艺，王欢. 健侧颈 7 神经根移位同时修复两条神经的初步临床疗效 [J]. 中华手外科杂志，2004，20（4）：224−225. DOI：10.3760/cma.j.issn.1005−054X.2004.04.017. {SUN Guixin,GU Yudong,SHI Qilin,ZHU Yi,WANG Huan. Contralateral C7 transfer to two recipient nerves at the same time:preliminary clinical report[J]. Zhonghua Shou Wai Ke Za Zhi[Chin J Hand Surg(Article in Chinese;Abstract in Chinese and English)],2004,20(4):224-225. DOI:10.3760/cma.j.issn.1005-054X.2004.04.017.}

[20399] 王天兵，姜保国，方有生，陈德松. 健侧 C7 移位至桡神经治疗全臂丛神经根性撕脱伤改良术的解剖学基础 [J]. 中华创伤骨科杂志，2004，6（2）：181−183. DOI：10.3760/cma.j.issn.1671−7600.2004.02.018. {WANG Tianbing,JIANG Baoguo,FANG Yousheng,CHEN Desong. Anatomic evidence for the improved technique of contralateral C7 root transfer to radial nerve in treatment of total brachial plexus root avulsion injury[J]. Zhonghua Chuang Shang Gu Ke Za Zhi[Chin J Orthop Trauma(Article in Chinese;Abstract in Chinese and English)],2004,6(2):181-183. DOI:10.3760/cma.j.issn.1671-7600.2004.02.018.}

[20400] 王树锋，潘勇卫，朱谨，李玉成，栗鹏程，贺继伟. 改良的尺神经桥接健侧 C7 治疗臂丛神经撕脱伤 [J]. 实用手外科杂志，2004，18（1）：6−8. DOI：10.3969/j.issn.1671−2722.2004.01.003. {WANG Shufeng,PAN Yongwei,ZHU Jin,LI Yucheng,LI Pengcheng,HE Jiwei. Modified procedure of ipsilateral ulnar nerve graft for bridging the contralateral C7 in treatment of brachial plexus root avulsion injury[J]. Shi Yong Shou Wai Ke Za Zhi[Chin J Pract Hand Surg(Article in Chinese;Abstract in Chinese and English)],2004,18(1):6-8. DOI:10.3969/j.issn.1671-2722.2004.01.003.}

[20401] 王天兵，赵富强，姜保国，傅中国，张殿英，徐海林. 健侧 C7 前、后股移位修复上、下干治疗全臂丛神经根性撕脱伤实验研究及初步临床观察 [J]. 中华创伤杂志，2005，21（z1）：53−57. DOI：10.3760/j：issn：1001−8050.2005.z1.014. {WANG Tianbing,ZHAO Fuqiang,JIANG Baoguo,FU Zhongguo,ZHANG Dianying,XU Hailin. Treatment of total brachial plexus avulsion by transferring anterior and posterior cord of healthy C7 root to upper and lower trunks:experimental and preliminarily clinical study[J]. Zhonghua Chuang Shang Za Zhi[Chin J Trauma(Article in Chinese;Abstract in Chinese and English)],2005,21(z1):53-57. DOI:10.3760/j:issn:1001-8050.2005.z1.014.}

[20402] 王树锋，胡琪，潘勇卫. 健侧颈 7 神经移位与下干直接缝合的可行性研究 [J]. 实用手外科杂志，2005，19（2）：67−69. DOI：10.3969/j.issn.1671−2722.2005.02.001. {WANG Shufeng,HU Qi,PAN Yongwei. Feasibility of direct anastomosis of contralateral C7 transferred through prespinal route with lower trunk in patient with brachial plexus root avulsion[J]. Shi Yong Shou Wai Ke Za Zhi[Chin J Pract Hand Surg(Article in Chinese;Abstract in Chinese and English)],2005,19(2):67-69. DOI:10.3969/j.issn.1671-2722.2005.02.001.}

[20403] 孙贵新，顾玉东，李继峰，李文军，王欢. 健侧颈 7 神经根移位修复多条神经模型的建立及功能恢复动态观察 [J]. 中华手外科杂志，2006，22（1）：50−52. DOI：10.3760/cma.j.issn.1005−054X.2006.01.020. {SUN Guixin,GU Yudong,LI Jifeng,LI Wenjun,WANG Huan. Contralateral C7 transfer to multiple recipient nerves:animal model and dynamic evaluation of functional recovery[J]. Zhonghua Shou Wai Ke Za Zhi[Chin J Hand Surg(Article in Chinese;Abstract in Chinese and English)],2006,22(1):50-52. DOI:10.3760/cma.j.issn.1005-054X.2006.01.020.}

[20404] 顾玉东. 健侧颈 7 移位 20 年 [J]. 中华手外科杂志，2006，22（4）：193−194. DOI：10.3760/cma.j.issn.1005−054X.2006.04.001. {GU Yudong. 20 years of clinical experience in contralateral C7 transfer[J]. Zhonghua Shou Wai Ke Za Zhi[Chin J Hand Surg(Article in Chinese;Abstract in Chinese)],2006,22(4):193-194. DOI:10.3760/cma.j.issn.1005-054X.2006.04.001.}

[20405] 高凯鸣，劳杰，顾玉东，张丽银，虞聪，赵新. 健侧颈 7 移位术后的远期功能随访 [J]. 中华手外科杂志，2006，22(4)：195−197. DOI：10.3760/cma.j.issn.1005−054X.2006.04.002. {GAO Kaiming,LAO Jie,GU Yudong,ZHANG Liyin,YU Cong,ZHAO Xin. Long-term outcome of contralateral C7 nerve transfer[J]. Zhonghua Shou Wai Ke Za Zhi[Chin J Hand Surg(Article in Chinese;Abstract in Chinese and English)],2006,22(4):195-197. DOI:10.3760/cma.j.issn.1005-054X.2006.04.002.}

[20406] 邵新中，许娅莉，于亚东，张桂生. 健侧颈 7 神经根移位治疗臂丛损伤的疗效观察 [J]. 中华手外科杂志，2006，22（4）：198−200. DOI：10.3760/cma.j.issn.1005−054X.2006.04.003. {SHAO Xinzhong,XU Yali,YU Ya Dong,ZHANG Guisheng. Clinical outcome of contralateral C7 transfer for treatment of brachial plexus injuries[J]. Zhonghua Shou Wai Ke Za Zhi[Chin J Hand Surg(Article in Chinese;Abstract in Chinese and English)],2006,22(4):198-200. DOI:10.3760/cma.j.issn.1005-054X.2006.04.003.}

[20407] 孙贵新，顾玉东，王欢，史其林. 健侧颈 7 移位术移植神经的解剖学研究 [J]. 中华手外科杂志，2006，22(4)：201−203. DOI：10.3760/cma.j.issn.1005−054X.2006.04.004. {SUN Guixin,GU Yudong,WANG Huan,SHI Qilin. Anatomic study the medial antebrachial cutaneous nerve and the ulnar nerve and its clinical application[J]. Zhonghua Shou Wai Ke Za Zhi[Chin J Hand Surg(Article in Chinese;Abstract in Chinese and English)],2006,22(4):201-203. DOI:10.3760/cma.j.issn.1005-054X.2006.04.004.}

[20408] 王树锋，栗鹏程，褚寅，陆健，李玉成，潘勇卫，薛云皓，胡琪，田光磊. 健侧 C7 神经移位与患侧下干直接吻合重建屈指功能的初步研究 [J]. 中华骨科杂志，2007，27（6）：438−441. DOI：10.3760/j.issn：0253−2352.2007.06.010. {WANG Shufeng,LI Pengcheng,CHU Yin,LU Jian,LI Yucheng,PAN Yongwei,XUE Yunhao,HU Qi,TIAN Guanglei. The primary clinical study of direct anastomosis of contralateral C7 transfered through the prespinal route with lower trunk in patient with brachial plexus root avulsion[J]. Zhonghua Gu Ke Za Zhi[Chin J Orthop(Article in Chinese;Abstract in Chinese and English)],2007,27(6):438-441. DOI:10.3760/j.issn:0253-2352.2007.06.010.}

[20409] 丛海波，隋海明，乔永平，李金晟，王祝民. 健侧 C7 神经根椎体前移位治疗臂丛根性撕脱伤 [J]. 中华显微外科杂志，2007，30(1)：72−73. DOI：10.3760/cma.j.issn.1001−2036.2007.01.029. {CONG Haibo,SUI Haiming,QIAO Yongping,LI Jinsheng,WANG Zhumin. Anterior transposition of contralateral C7 nerve root in the treatment of brachial plexus root avulsion[J]. Zhonghua Xian Wei Wai Ke Za Zhi[Chin J Microsurg(Article in Chinese;Abstract in Chinese)],2007,30(1):72-73. DOI:10.3760/cma.j.issn.1001-2036.2007.01.029.}

[20410] 徐雷，顾玉东，徐建光，徐文东，陆九州，林森，沈云东，沈浩，韩栋. 健侧颈 7 神经根经椎体前路移位修复臂丛神经根性撕脱伤的疗效观察 [J]. 中华显微外科杂志，2007，30（4）：270−273，后插 1. DOI：10.3760/cma.j.issn.1001−2036.2007.04.015. {XU Lei,GU Yudong,XU Jianguang,XU Wendong,LU Jiuzhou,LIN Sen,SHEN Yundong,SHEN Hao,HAN Dong. The contralateral C7 transfer via prespinal route to repair the brachial plexus avulsion:a preliminary study on its clinical effect[J]. Zhonghua Xian Wei Wai Ke Za Zhi[Chin J Microsurg(Article in Chinese;Abstract in Chinese and English)],2007,30(4):270-273,insert 1. DOI:10.3760/cma.j.issn.1001-2036.2007.04.015.}

[20411] 田立杰，田芙蓉，田峰，李小川，季相禄. 健侧 C7 神经经椎体前食管后移位治疗臂丛神经损伤 [J]. 中华显微外科杂志，2007，30（4）：311−313. DOI：10.3760/cma.j.issn.1001−2036.2007.04.032. {TIAN Li Jie,TIAN Fu Rong,TIAN Feng,LI Xiao Chuan,JI Xiang Lu. Transposition of contralateral C7 nerve through anterior esophagus in the treatment of brachial plexus injury[J]. Zhonghua Xian Wei Wai Ke Za Zhi[Chin J Microsurg(Article in Chinese;Abstract in Chinese)],2007,30(4):311-313. DOI:10.3760/cma.j.issn.1001-2036.2007.04.032.}

[20412] 罗鹏波，王涛，虞庆，顾玉东. 神经轴突二次损伤对健侧颈 7 神经根移位术疗效影响的实验研究 [J]. 中华手外科杂志，2007，23（2）：118−121. DOI：10.3760/cma.j.issn.1005−054X.2007.02.019. {LUO Pengbo,WANG Tao,YU Qing,GU Yudong. An experimental study on the influence of secondary axotomy on contralateral C7 transfer[J]. Zhonghua Shou Wai Ke Za Zhi[Chin J Hand Surg(Article in Chinese;Abstract in Chinese and English)],2007,23(2):118-121. DOI:10.3760/cma.j.issn.1005-054X.2007.02.019.}

[20413] 徐雷，顾玉东，徐建光，陆九州，徐文东，林森，沈云东，沈浩，韩栋. 经椎体前路移位健侧颈 7 神经根修复臂丛上中干根性撕脱伤 [J]. 中华手外科杂志，2007，23（6）：345−348. DOI：10.3760/cma.j.issn.1005−054X.2007.06.008. {XU Lei,GU Yudong,XU Jianguang,LU Jiu Zhou,XU Wendong,LIN Sen,SHEN Yundong,SHEN Hao,HAN Dong. Contralateral C7 transfer via prespinal route to repair upper and middle trunk avulsions of the brachial plexus[J]. Zhonghua Shou Wai Ke Za Zhi[Chin J Hand Surg(Article in Chinese;Abstract in Chinese and English)],2007,23(6):345-348. DOI:10.3760/cma.j.issn.1005-054X.2007.06.008.}

[20414] 林浩东，方有生，陈德松. 健侧 C7 神经根移位治疗上干根性撕脱伤性产瘫 [J]. 中华创伤骨科杂志，2007，9(5)：495−496. DOI：10.3760/cma.j.issn.1671−7600.2007.05.027. {LIN Haodong,FANG Yousheng,CHEN Desong. Transfer of contralateral C7 for the treatment of root avulsion of upper brachial plexus in obstetric palsy[J]. Zhonghua Chuang Shang Gu Ke Za Zhi[Chin J Orthop Trauma(Article in Chinese;Abstract in Chinese)],2007,9(5):495-496. DOI:10.3760/cma.j.issn.1671-7600.2007.05.027.}

[20415] 陈亮，顾玉东，胡韶楠，傅阳. 健侧 C7 神经根移位治疗儿童臂丛根性撕脱伤 [J]. 中华骨科杂志，2008，28（3）：207−211. DOI：10.3321/j.issn：0253−2352.2008.03.007. {CHEN Liang,GU Yudong,HU Shaonan,FU Yang. Contralateral C7 transfer for treatment of brachial plexus root avulsions in children:a report of 12 cases[J]. Zhonghua Gu Ke Za Zhi[Chin J Orthop(Article in Chinese;Abstract in Chinese and English)],2008,28(3):207-211. DOI:10.3321/j.issn:0253-2352.2008.03.007.}

[20416] 刘佳勇，王树锋，杨连雪，李立罡. 健侧 C7 神经根与臂丛下干前股束支同时移位的可行性研究 [J]. 中华骨科杂志，2008，28（11）：927−930. DOI：10.3321/j.issn：0253−2352.2008.11.010. {LIU Jia Yong,WANG Shufeng,YANG Lianxue,LI Ligang. The safety and feasibility of using fascicle of anterior division of the lower trunk as donor nerve after contralateral C7 nerve root transfer[J]. Zhonghua Gu Ke Za Zhi[Chin J Orthop(Article in Chinese;Abstract in Chinese and English)],2008,28(11):927-930. DOI:10.3321/j.issn:0253-2352.2008.11.010.}

[20417] 王树锋，栗鹏程，陆健，李玉成，刘佳勇，王海华，胡琪，赵俊会. 健侧 C7 神经根经椎体前移位修复臂丛上干损伤的中期临床随访 [J]. 中华骨科杂志，2008，28（11）：931−935. DOI：10.3321/j.issn：0253−2352.2008.11.011. {WANG Shufeng,LI Pengcheng,LU Jian,LI Yucheng,LIU Jiayong,WANG Haihua,HU Qi,ZHAO Junhui. Median-term follow-up of contralateral C7 nerve root transfer through the prespinal route to repair the upper trunk in the patients with brachiai plexus injury[J]. Zhonghua Gu Ke Za Zhi[Chin J Orthop(Article in Chinese;Abstract in Chinese and English)],2008,28(11):931-935. DOI:10.3321/j.issn:0253-2352.2008.11.011.}

[20418] 顾立强，向剑平，李平，戚剑，朱庆棠，秦本刚，劳镇国，刘小林，朱家恺. 健侧颈 7 神经经椎体前路移位直接修复臂丛根部撕脱伤 [J]. 中华显微外科杂志，2008，31（1）：33−34. DOI：10.3760/cma.j.issn.1001−2036.2008.01.013. {GU Liqiang,XIANG Jianping,LI Ping,QI Jian,ZHU Qingtang,QIN Bengang,LAO Zhenguo,LIU Xiaolin,ZHU Jiakai. Contralateral C7 nerve root transfer for directly repairing brachial plexus avulsion injuries by prespinal route[J]. Zhonghua Xian Wei Wai Ke Za Zhi[Chin J Microsurg(Article in Chinese;Abstract in Chinese and English)],2008,31(1):33-34. DOI:10.3760/cma.j.issn.1001-2036.2008.01.013.}

[20419] 沈浩，徐建光，徐文东，华续赟，赵志奇. 大鼠健侧颈 7 移位术后运动皮层兴奋性谷氨酸及其受体变化 [J]. 中华手外科杂志，2008，24（3）：167−170. DOI：10.3760/cma.j.issn.1005−054X.2008.03.014. {SHEN Hao,XU Jianguang,XU Wendong,HUA Xuyun,ZHAO Zhiqi. The changes of glutamic acid and NMDA receptors in motor cortex after contralateral C7 transfer[J]. Zhonghua Shou Wai Ke Za Zhi[Chin J Hand Surg(Article in Chinese;Abstract in Chinese and English)],2008,24(3):167-170. DOI:10.3760/cma.j.issn.1005-054X.2008.03.014.}

[20420] 赵吉连，李明东，尹占文，贾一明. 健侧 C7 移位与下干直接缝合治疗全臂丛神经损伤 [J]. 中华手外科杂志，2008，24(5)：319−320. DOI：10.3760/cma.j.issn.1005−054X.2008.05.028. {ZHAO Ji Lian,LI Ming Dong,YIN Zhan Wen,JIA Yi Ming. Direct suture of contralateral C7 transposition and inferior trunk for the treatment of total brachial plexus injury[J]. Zhonghua Shou Wai Ke Za Zhi[Chin J Hand Surg(Article in Chinese;No abstract available)],2008,24(5):319-320. DOI:10.3760/cma.j.issn.1005-054X.2008.05.028.}

[20421] 何晓清，徐永清，朱跃良，杨军，徐小山. 健侧 C7 神经移位经改良椎体前通路的解剖学研究 [J]. 中国临床解剖学杂志，2009，27（2）：141−144. DOI：CNKI：SUN：ZLJZ.0.2009−02−010. {HE Xiaoqing,XU Yongqing,ZHU Yueliang,YANG Jun,XU Xiaoshan. Anatomic characteristics of contralateral C7 nerve transfer the modified prespinal route[J]. Zhongguo Lin Chuang Jie Pou Xue Za Zhi[Chin J Clin Anat(Article in Chinese;Abstract in Chinese and English)],2009,27(2):141-144. DOI:CNKI:SUN:ZLJZ.0.2009-02-010.}

[20422] 王玉发，王斌，李福，朱哲，李幼琼，苏略，邹双伟. 健侧颈 7 神经移位经椎体径路的应用解剖学研究 [J]. 中华显微外科杂志，2009，32（2）：133−135. DOI：10.3760/cma.j.issn.1001−2036.2009.02.017. {WANG Yufa,WANG Bin,LI Fu,ZHU Zhe,LI Youqiong,SU Lue,ZOU Shuangwei. The anatomical study of contralateral C7 transfer through the vertebral body route[J]. Zhonghua Xian Wei Wai Ke Za Zhi[Chin J Microsurg(Article in Chinese;Abstract in Chinese and English)],2009,32(2):133-135. DOI:10.3760/cma.j.issn.1001-2036.2009.02.017.}

[20423] 王斌，刘伟，郑桓，张志刚，刘德群，马铁鹏，李春江，尹佳丽，杨焕友，张文龙. 健侧 C7 神经移位时健侧 C7 神经吻合口至效应器长度的测量 [J]. 中华显微外科杂志，2009，32

(3): 221-222. DOI: 10.3760/cma.j.issn.1001-2036.2009.03.018. {WANG Bin,LIU Wei,ZHENG Huan,ZHANG Zhigang,LIU Dequn,MA Tiepeng,LI Chunjiang,YIN Jiali,YANG Huanyou,ZHANG Wenlong. Measurement of the length from the anastomosis of the contralateral C7 nerve to the effector during the transfer of the contralateral C7 nerve[J]. Zhonghua Xian Wei Wai Ke Za Zhi[Chin J Microsurg(Article in Chinese;Abstract in Chinese)],2009,32(3):221-222. DOI:10.3760/cma.j.issn.1001-2036.2009.03.018.}

[20424] **顾立强，向剑平，秦本刚，李平，戚剑，朱庆棠，傅国，王洪刚，劳镇国，刘小林，朱家恺. 健侧颈7椎体前路移位直接修复下干联合股薄肌移植治疗臂丛根部撕脱伤[J]. 中华显微外科杂志，2009，32(6): 444-447. DOI: 10.3760/cma.j.issn.1001-2036.2009.06.002.** {GU Liqiang,XIANG Jianping,QIN Bengang,LI Ping,QI Jian,ZHU Qingtang,FU Guo,WANG Honggang,LAO Zhenguo,LIU Xiaolin,ZHU Jiakai. Treatment of total root avulsion of brachial plexus by contralateral C7 nerve transfer for directly repairing C8T1 via prespinal route combined with functioning gracilis transplantation[J]. Zhonghua Xian Wei Wai Ke Za Zhi[Chin J Microsurg(Article in Chinese;Abstract in Chinese and English)],2009,32(6):444-447. DOI:10.3760/cma.j.issn.1001-2036.2009.06.002.}

[20425] **顾玉东. 神经修复的六条原则——评一例健侧颈7移位失败的教训[J]. 中华手外科杂志，2009，25(6): 321. DOI: 10.3760/cma.j.issn.1005-054X.2009.06.001.** {GU Yudong. Six rules in nerve repair-lessons learned from a failed case of contralateral C7 transfer[J]. Zhonghua Shou Wai Ke Za Zhi[Chin J Hand Surg(Article in Chinese;No abstract available)],2009,25(6):321. DOI:10.3760/cma.j.issn.1005-054X.2009.06.001.}

[20426] **邹云雯，张勇，于泓，季爱玉，王志杰. 改良式健侧颈7神经移位术治疗臂丛根性撕脱伤[J]. 实用手外科杂志，2009，23(3): 131-133. DOI: 10.3969/j.issn.1671-2722.2009.03.001.** {ZOU Yunwen,ZHANG Yong,YU Hong,JI Aiyu,WANG Zhijie. Modified methods of contralateral C7 transfer for treatment of the brachial plexus root avulsion injuries[J]. Shi Yong Shou Wai Ke Za Zhi[Chin J Pract Hand Surg(Article in Chinese;Abstract in Chinese and English)],2009,23(3):131-133. DOI:10.3969/j.issn.1671-2722.2009.03.001.}

[20427] **王树锋，栗鹏程，李玉成，薛云皓，郑炜，孙燕琨，郜永斌，潘勇卫，胡琪，田光磊. 健侧C7与下干直接吻合治疗创伤性臂丛撕脱伤的中期疗效[J]. 中华骨科杂志，2010，30(4): 386-390. DOI: 10.3760/cma.j.issn.0253-2352.2010.04.013.** {WANG Shufeng,LI Pengcheng,LI Yucheng,XUE Yunhao,ZHENG Wei,SUN Yankun,GAO Yongbin,PAN Yongwei,HU Qi,TIAN Guanglei. The media-term follow-up of contralateral C7 direct coaptation with lower trunk in patient with brachial plexus root avulsion[J]. Zhonghua Gu Ke Za Zhi[Chin J Orthop(Article in Chinese;Abstract in Chinese and English)],2010,30(4):386-390. DOI:10.3760/cma.j.issn.0253-2352.2010.04.013.}

[20428] **王树锋，李玉成，栗鹏程，王海华，褚寅，薛云皓，胡琪，赵俊会. 健侧C7神经经椎体前通路移位的并发症及防治对策[J]. 中华骨科杂志，2010，30(8): 758-763. DOI: 10.3760/cma.j.issn.0253-2352.2010.08.006.** {WANG Shufeng,LI Yucheng,LI Pengcheng,WANG Haihua,CHU Yin,XUE Yunhao,HU Qi,ZHAO Junhui. Prevention and management of the complication of contralateral C7 nerve root transfer through the prespinal route to repair the brachial plexus nerve root avulsion injury[J]. Zhonghua Gu Ke Za Zhi[Chin J Orthop(Article in Chinese;Abstract in Chinese and English)],2010,30(8):758-763. DOI:10.3760/cma.j.issn.0253-2352.2010.08.006.}

[20429] **罗鹏波，王涛，冯俊涛，刘靖波. 健侧颈7神经根移位直接修复对侧臂丛神经下干的动物实验模型[J]. 中华手外科杂志，2010，26(1): 45-47. DOI: 10.3760/cma.j.issn.1005-054X.2010.01.021.** {LUO Peng Bo,WANG Tao,FENG Jun Tao,LIU Jing Bo. The experimental model of contralateral C7 direct transfer to the injured lower trunk via subcutaneous tunnel[J]. Zhonghua Shou Wai Ke Za Zhi[Chin J Hand Surg(Article in Chinese;Abstract in Chinese and English)],2010,26(1):45-47. DOI:10.3760/cma.j.issn.1005-054X.2010.01.021.}

[20430] **高凯鸣，劳杰，赵新，顾玉东. 选择性健侧C7神经根移位术的远期功能随访[J]. 中华手外科杂志，2010，26(6): 324-327. DOI: 10.3760/cma.j.issn.1005-054X.2010.06.002.** {GAO Kaiming,LAO Jie,ZHAO Xin,GU Yudong. Long-term outcome of selective contralateral C7 nerve transfer[J]. Zhonghua Shou Wai Ke Za Zhi[Chin J Hand Surg(Article in Chinese;Abstract in Chinese and English)],2010,26(6):324-327. DOI:10.3760/cma.j.issn.1005-054X.2010.06.002.}

[20431] **冯俊涛，王涛，陈亮，罗鹏波，顾玉东. 阻断部分臂丛神经下干分支对健侧颈7移位下干后神经再生的影响[J]. 中华手外科杂志，2011，27(2): 73-76. DOI: 10.3760/cma.j.issn.1005-054X.2011.02.004.** {FENG Juntao,WANG Tao,CHEN Liang,LUO Pengbo,GU Yudong. The changes of the nerve fibers of lower trunk repaired by the contralateral C7 after its branches were cut[J]. Zhonghua Shou Wai Ke Za Zhi[Chin J Hand Surg(Article in Chinese;Abstract in Chinese and English)],2011,27(2):73-76. DOI:10.3760/cma.j.issn.1005-054X.2011.02.004.}

[20432] **木合提地尔·阿不拉，伊力夏提·赛吾来提，古丽娜尔·依明，艾合买提江·玉素甫. 健侧C7神经根移位治疗臂丛神经根性撕脱伤的疗效观察[J]. 中国修复重建外科杂志，2011，25(11): 1364-1366.** {MUHETIDIER Abula,YILIXIATI Saiwulaiti,GULNAER Yiming,AIHEMAITIJIANG Yusufu. Clinical outcome of contralateral C7 nerve root transposition for treatment of brachial plexus root avulsioh injury[J]. Zhongguo Xiu Fu Chong Jian Wai Ke Za Zhi[Chin J Repar Reconstr Surg(Article in Chinese;Abstract in Chinese and English)],2011,25(11):1364-1366.}

[20433] **陆俭军，谭海涛，陆声榆，李晓，甘智，李颖. 健侧第7颈神经根经椎前路移位治疗臂丛根性撕脱伤25例[J]. 中华显微外科杂志，2012，35(5): 409-410. DOI: 10.3760/cma.j.issn.1001-2036.2012.05.020.** {LU Jianjun,TAN Haitao,LU Shengyu,LI Xiao,GAN Zhi,LI Ying. Transposition of contralateral seventh cervical nerve root through anterior approach for the treatment of brachial plexus root avulsion:a report of 25 cases[J]. Zhonghua Xian Wei Wai Ke Za Zhi[Chin J Microsurg(Article in Chinese;Abstract in Chinese)],2012,35(5):409-410. DOI:10.3760/cma.j.issn.1001-2036.2012.05.020.}

[20434] **王猛，徐文东，华续赟，蒋苏，徐建光，邱彦群. 健侧颈7移位术治疗中枢神经损伤后上肢功能障碍的实验研究[J]. 中华手外科杂志，2012，28(1): 5-8. DOI: 10.3760/cma.j.issn.1005-054X.2012.01.003.** {WANG Meng,XU Wendong,HUA Xuyun,JIANG Su,XU Jianguang,QIU Yanqun. The treatment of forearm dysfunction following central nervous system injury using contralateral C7 nerve transfer:an experimental study in rats[J]. Zhonghua Shou Wai Ke Za Zhi[Chin J Hand Surg(Article in Chinese;Abstract in Chinese and English)],2012,28(1):5-8. DOI:10.3760/cma.j.issn.1005-054X.2012.01.003.}

[20435] **王立，劳杰，赵新，高凯鸣. 全臂丛神经损伤健侧颈7移位术后大鱼际肌功能的远期随访[J]. 中华手外科杂志，2012，28(2): 72-74. DOI: 10.3760/cma.j.issn.1005-054X.2012.02.005.** {WANG Li,LAO Jie,ZHAO Xin,GAO Kai Ming. Long-term results of thenar muscle reanimation after contralateral C7 root transfer in repair of total brachial plexus avulsion injury[J]. Zhonghua Shou Wai Ke Za Zhi[Chin J Hand Surg(Article in Chinese;Abstract in Chinese and English)],2012,28(2):72-74. DOI:10.3760/cma.j.issn.1005-054X.2012.02.005.}

[20436] **顾玉东. 影响健侧颈7移位术疗效的因素[J]. 中华手外科杂志，2012，28(3): 129. DOI: 10.3760/cma.j.issn.1005-054X.2012.03.001.** {GU Yudong. Factors affecting the curative effect of contralateral C7 transposition[J]. Zhonghua Shou Wai Ke Za Zhi[Chin J Hand Surg(Article in Chinese;Abstract in Chinese)],2012,28(3):129. DOI:10.3760/cma.j.issn.1005-054X.2012.03.001.}

[20437] **向前生，杨俊涛，刘冠兰，谭文甫，李浩，张思思. 健侧C7神经经椎体后通路治疗臂丛神经根性撕脱伤的解剖学研究[J]. 中国修复重建外科杂志，2012，26(2): 235-237. DOI: CNKI: 51-1372/R.20120117.1622.021.** {XIANG Qian Sheng,YANG Jun Tao,LIU Guan Lan,TAN Wen Fu,LI Hao,ZHANG Si Si. Anatomical study on contralateral C7 nerve transfer via posterior spinal route for treatment of brachial plexus root avulsion injury[J]. Zhongguo Xiu Fu Chong Jian Wai Ke Za Zhi[Chin J Repar Reconstr Surg(Article in Chinese;Abstract in Chinese and English)],2012,26(2):235-237. DOI:CNKI:51-1372/R.20120117.1622.021.}

[20438] **王彦生，于宁，沈勇，谭润，许蕙. 健侧颈7神经根椎体前移位后患侧下干分支作为动力神经再利用的初步研究[J]. 中华手外科杂志，2014，30(1): 19-21. DOI: 10.3760/cma.j.issn.1005-054X.2014.01.006.** {WANG Yansheng,YU Ning,SHEN Yong,ZHANG Hui,TAN Run,XU Hui. Branches of the lower trunk neurotized by pre-vertebral route contralateral C7 nerve transfer as donor nerves:a preliminary study[J]. Zhonghua Shou Wai Ke Za Zhi[Chin J Hand Surg(Article in Chinese;Abstract in Chinese and English)],2014,30(1):19-21. DOI:10.3760/cma.j.issn.1005-054X.2014.01.006.}

[20439] **王彦生，张辉，于宁，沈勇，谭润，许蕙，辛畅泰. 健侧C7椎体前移位联合多组神经移位治疗全臂丛神经根性撕脱伤[J]. 实用手外科杂志，2014，28(2): 122-124. DOI: 10.3969/j.issn.1671-2722.2014.02.002.** {WANG Yansheng,ZHANG Hui,YU Ning,SHEN Yong,TAN Run,XU Hui,XIN Changtai. Contralateral C7 nerve transfer via anterior vertebral path combined with multiple donor nerves transfer for the treatment of brachial plexus total roots avulsion[J]. Shi Yong Shou Wai Ke Za Zhi[Chin J Pract Hand Surg(Article in Chinese;Abstract in Chinese and English)],2014,28(2):122-124. DOI:10.3969/j.issn.1671-2722.2014.02.002.}

[20440] **王伟，阿里木江·阿不来提，吐尔逊江·达地汗，沈美华，刘亚飞，袁春晓，艾合买提江·玉素甫. 健侧C7神经根联合多组神经移位治疗全臂丛根性撕脱伤的疗效观察[J]. 中国修复重建外科杂志，2014，28(6): 737-740. DOI: 10.7507/1002-1892.20140164.** {WANG Wei,ALIMUJIANG Abulaiti,TUERXUNJIANG Dadihan,SHEN Meihua,LIU Yafei,YUAN Chunxiao,AIHEMAITIJIANG Yusufu. Effectiveness of contralateral C7 nerve root and multiple nerves transfer for treatment of brachial plexus root avulsion[J]. Zhongguo Xiu Fu Chong Jian Wai Ke Za Zhi[Chin J Repar Reconstr Surg(Article in Chinese;Abstract in Chinese and English)],2014,28(6):737-740. DOI:10.7507/1002-1892.20140164.}

[20441] **曹鹏克，王伟，李俊明，艾合买提江·玉素甫. 健侧C7神经联合多组神经移位治疗全臂丛神经根性撕脱伤正中神经功能随访[J]. 中国骨与关节损伤杂志，2015，30(5): 449-451. DOI: 10.7531/j.issn.1672-9935.2015.05.001.** {CAO Pengke,WANG Wei,LI Junming,AIHEMAITIJIANG Yusufu. Long-term follow-up for median nerve function after contralateral C7 nerve and multiple donor nerves transfer for treatment of brachial plexus root avulsion[J]. Zhongguo Gu Yu Guan Jie Sun Shang Za Zhi[Chin J Bone Joint Injury(Article in Chinese;Abstract in Chinese and English)],2015,30(5):449-451. DOI:10.7531/j.issn.1672-9935.2015.05.001.}

[20442] **何翠环，戴巧艳，刘回芬，陈晓玲，黄小芬，郑灿镔，顾立强，黄天雯. 健侧第7颈神经椎体前路移位修复臂丛损伤132例术后护理体会[J]. 中华显微外科杂志，2016，39(3): 306-309. DOI: 10.3760/cma.j.issn.1001-2036.2016.03.028.** {HE Cuihuan,DAI Qiaoyan,LIU Huifen,CHEN Xiaoling,HUANG Xiaofen,ZHENG Canbin,GU Liqiang,HUANG Tianwen. Postoperative nursing experience of 132 cases of contralateral C7 nerve root transfer for directly repairing brachial plexus avulsion injuries by prespinal route[J]. Zhonghua Xian Wei Wai Ke Za Zhi[Chin J Microsurg(Article in Chinese;Abstract in Chinese and English)],2016,39(3):306-309. DOI:10.3760/cma.j.issn.1001-2036.2016.03.028.}

[20443] **冯俊涛，王涛. 健侧颈7神经根移位修复下干治疗全臂丛神经根性撕脱伤的实验研究[J]. 中华手外科杂志，2016，32(3): 221-224. DOI: 10.3760/cma.j.issn.1005-054X.2016.03.026.** {FENG Juntao,WANG Tao. Experimental study of direct transfer of contralateral C7 to the lower trunk for the treatment of total root avulsions of the brachial plexus[J]. Zhonghua Shou Wai Ke Za Zhi[Chin J Hand Surg(Article in Chinese;Abstract in Chinese and English)],2016,32(3):221-224. DOI:10.3760/cma.j.issn.1005-054X.2016.03.026.}

[20444] **陈亮. 健侧颈7移位术30年回顾[J]. 中华手外科杂志，2016，32(4): 243-246. DOI: 10.3760/cma.j.issn.1005-054X.2016.04.003.** {CHEN Liang. The 30-year review of contralateral C7 transposition[J]. Zhonghua Shou Wai Ke Za Zhi[Chin J Hand Surg(Article in Chinese;No abstract available)],2016,32(4):243-246. DOI:10.3760/cma.j.issn.1005-054X.2016.04.003.}

[20445] **徐文东，顾玉东. 健侧颈7移位术30年[J]. 中华手外科杂志，2016，32(4): 247-249. DOI: 10.3760/cma.j.issn.1005-054X.2016.04.004.** {XU Wendong,GU Yudong. The 30-year review of contralateral C7 transposition[J]. Zhonghua Shou Wai Ke Za Zhi[Chin J Hand Surg(Article in Chinese;No abstract available)],2016,32(4):247-249. DOI:10.3760/cma.j.issn.1005-054X.2016.04.004.}

[20446] **冯俊涛，王涛，顾玉东. 健侧C7移位后的下干分支修复受损神经[J]. 临床骨科杂志，2016，19(3): 378，379. DOI: 10.3969/j.issn.1008-0287.2016.03.053.** {FENG Juntao,WANG Tao,GU Yudong. Its branches used as the donor nerves after the lower trunk repaired by the contralateral C7[J]. Lin Chuang Gu Ke Za Zhi[J Clin Orthop(Article in Chinese;Abstract in Chinese)],2016,19(3):378,379. DOI:10.3969/j.issn.1008-0287.2016.03.053.}

[20447] **杨勇，王树锋，栗鹏程，薛云皓，李文军，李玉成. 健侧颈7神经根经改良椎体前通路移位修复臂丛神经根性损伤[J]. 中华手外科杂志，2017，33(1): 32-35. DOI: 10.3760/cma.j.issn.1005-054X.2017.01.016.** {YANG Yong,WANG Shufeng,LI Pengcheng,XUE Yunhao,LI Wenjun,LI Yucheng. Contralateral C7 nerve transfer via a modified prespinal route in repair of brachial plexus avulsion injuries[J]. Zhonghua Shou Wai Ke Za Zhi[Chin J Hand Surg(Article in Chinese;Abstract in Chinese and English)],2017,33(1):32-35. DOI:10.3760/cma.j.issn.1005-054X.2017.01.016.}

[20448] **买买艾力·玉山，任鹏，亚穆罕默德·阿力克，阿里木江·阿不来提，阿不来提·阿布拉，艾合买提江·玉素甫. 新疆地区健侧C7移位术治疗全臂丛根性撕脱伤远期疗效观察[J]. 中华显微外科杂志，2019，42(6): 540-543. DOI: 10.3760/cma.j.issn.1001-2036.2019.06.006.** {MAIMAAILI Yushan,REN Peng,YAMUHANMODE Alike,ALIMUJIANG Abulaiti,ABULAITI Abula,AIHEMAITIJIANG Yusufu. Clinical outcomes of contralateral 7th cervical nerve transfer in the treatment of total brachial plexus root avulsion in Xinjiang Autonomous Region[J]. Zhonghua Xian Wei Wai Ke Za Zhi[Chin J Microsurg(Article in Chinese;Abstract in Chinese and English)],2019,42(6):540-543. DOI:10.3760/cma.j.issn.1001-2036.2019.06.006.}

[20449] **于虎，刘宇洲，劳杰. 前臂内侧皮神经桥接至尺神经深支的健侧颈7移位术早中期电生理研究[J]. 中华手外科杂志，2020，36(2): 95-98. DOI: 10.3760/cma.j.cn311653-20191219-06369.** {YU Hu,LIU Yuzhou,LAO Jie. Early and mid-term electrophysiological study of the contralateral C7 nerve transfer using the medial antebrachial cutaneous nerve as a bridge to the deep branch of ulnar nerve[J]. Zhonghua Shou Wai Ke Za Zhi[Chin J Hand Surg(Article in Chinese;Abstract in Chinese and English)],2020,36(2):95-98. DOI:10.3760/cma.j.cn311653-20191219-06369.}

6.4.14 丛内神经移位术
intraplexus nerve transfer

[20450] **李文军，陈山林，赵建勇. 上肢丛内神经移位的研究进展[J]. 中国矫形外科杂志，2013，21(8): 780-783. DOI: 10.3977/j.issn.1005-8478.2013.08.09.** {LI Wen Jun,CHEN Shanlin,ZHAO Jianyong. Research progress of nerve transfer in upper limb plexus[J]. Zhongguo Jiao Xing Wai Ke Za Zhi[Orthop J China(Article in Chinese;Abstract in Chinese)],2013,21(8):780-783. DOI:10.3977/j.issn.1005-8478.2013.08.09.}

[20451] 郭金鼎，高凯鸣．丛内神经移位修复臂丛神经损伤的研究进展 [J]．中华手外科杂志，2018，34（1）：74-77．DOI：10.3760/cma.j.issn.1005-054X.2018.01.034．{GUO Jinding,GAO Kaiming. Research progress of intraplexus nerve transfer in repairing brachial plexus injury[J]. Zhonghua Shou Wai Ke Za Zhi[Chin J Hand Surg(Article in Chinese;Abstract in Chinese)],2018,34(1):74-77. DOI:10.3760/cma.j.issn.1005-054X.2018.01.034.}

6.4.14.1 尺神经部分束移位重建屈肘术
Oberlin operation

[20452] Li L,Yang J,Qin B,Wang H,Yang Y,Fang J,Chen G,Liu X,Tu Z,Gu L. Analysis of human acellular nerve allograft combined with contralateral C7 nerve root transfer for restoration of shoulder abduction and elbow flexion in brachial plexus injury:a mean 4-year follow-up[J]. J Neurosurg,2019,132(6):1914-1924. doi:10.3171/2019.2.JNS182620.

[20453] 张东，凌彤，邵新中，张克亮，薛景凤．肌皮神经与尺神经端侧缝合重建屈肘功能的实验研究 [J]．实用手外科杂志，1999，13（1）：219-222．{ZHANG Dong,LING Tong,SHAO Xinzhong,ZHANG Keliang,XUE Jingfeng. An experimental study of restoring elbow flexion after end-to-side neurorrhaphy using muscu-locutaneous nerve to ulnar nerve[J]. Shi Yong Shou Wai Ke Za Zhi[Chin J Pract Hand Surg(Article in Chinese;Abstract in Chinese and English)],1999,13(1):219-222.}

[20454] 李玉成，常万绅，诸寅，张长清，张云涛，王海华，李忠哲．正中神经、尺神经部分束支移位术重建屈肘功能 [J]．中国实用手外科杂志，2000，14（4）：201-205．DOI：CNKI：SUN：SYSW.0.2000-04-004．{LI Yucheng,CHANG Wanshen,ZHU Yin,ZHANG Changqing,ZHANG Yuntao,WANG Haihua,LI Zhongzhe. Fascicle of median nerve or ulnar nerve transfer to reconstruct the function of elbow flexion[J]. Shi Yong Shou Wai Ke Za Zhi[Chin J Pract Hand Surg(Article in Chinese;Abstract in Chinese and English)],2000,14(4):201-205. DOI:CNKI:SUN:SYSW.0.2000-04-004.}

[20455] 李玉成，常万绅，诸寅，张长清，张云涛，王海华，李忠哲．正中神经、尺神经部分束支移位术重建屈肘功能的远期疗效分析 [J]．中华手外科杂志，2001，17（1）：24-26．DOI：10.3760/cma.j.issn.1005-054X.2001.01.008．{LI Yucheng,CHANG Wanshen,ZHU Yin,ZHANG Changqing,ZHANG Yuntao,WANG Haihua,LI Zhongzhe. Transfer of partial fascicles of median nerve or ulnar nerve for restoration of elbow flexion:analysis of long-term result[J]. Zhonghua Shou Wai Ke Za Zhi[Chin J Hand Surg(Article in Chinese;Abstract in Chinese and English)],2001,17(1):24-26. DOI:10.3760/cma.j.issn.1005-054X.2001.01.008.}

[20456] 顾立强，陈国奋，李绍光，相大勇，邵岩，裴国献．选择性正中、尺神经部分束联合副神经移位治疗颈 5，6 根性撕脱伤 [J]．中华创伤骨科杂志，2003，5（3）：168-170．DOI：10.3760/cma.j.issn.1671-7600.2003.03.003．{GU Liqiang,CHEN Guo Fen,LI Shao Guang,XIANG Da Yong,SHAO Yan,PEI Guoxian. Treatment of C5,C6 root avulsion by selective partial fascicles transfer of median and ulnar nerves combined with trapezius branch transfer of accessory nerve[J]. Zhonghua Chuang Shang Gu Ke Za Zhi[Chin J Orthop Trauma(Article in Chinese;Abstract in Chinese and English)],2003,5(3):168-170. DOI:10.3760/cma.j.issn.1671-7600.2003.03.003.}

[20457] 张在轶，王爱国，周明明．尺神经部分束支移位重建臂丛神经上干损伤屈肘功能 [J]．中华手外科杂志，2013，29（6）：377-378．DOI：10.3760/cma.j.issn.1005-054X.2013.06.026．{ZHANG Zaiyi,WANG Aiguo,ZHOU Mingming. Reconstruction of elbow flexion after injury of upper trunk of brachial plexus by transposition of partial bundle branch of ulnar nerve[J]. Zhonghua Shou Wai Ke Za Zhi[Chin J Hand Surg(Article in Chinese;Abstract in Chinese)],2013,29(6):377-378. DOI:10.3760/cma.j.issn.1005-054X.2013.06.026.}

[20458] 周英杰，芮晶，赵新，劳杰．改良 Oberlin 术在臂丛损伤后屈肘功能重建中的应用 [J]．中华显微外科杂志，2015，38（1）：102-104．DOI：10.3760/cma.j.issn.1001-2036.2015.01.033．{ZHOU Yingjie,RUI Jing,ZHAO Xin,LAO Jie. Application of modified Oberlin procedure in the reconstruction of elbow flexion after brachial plexus injury[J]. Zhonghua Xian Wei Wai Ke Za Zhi[Chin J Microsurg(Article in Chinese;Abstract in Chinese)],2015,38(1):102-104. DOI:10.3760/cma.j.issn.1001-2036.2015.01.033.}

[20459] 买买艾力·玉山，阿里木江·阿不来提，任鹏，亚穆罕默德·阿力克，艾合买提江·玉素甫．Oberlin 手术重建臂丛上干根性撕脱伤屈肘功能的疗效观察 [J]．中华显微外科杂志，2017，40（3）：244-247．DOI：10.3760/cma.j.issn.1001-2036.2017.03.010．{Maimaiaili Yushan,Alimujiang Abulaiti,REN Peng,Yamuhanmode Alike,Aihemaitijiang Yusufu. Outcomes of elbow flexion reconstruction of Oberlin operation in the treatment of brachial plexus upper root avulsion[J]. Zhonghua Xian Wei Wai Ke Za Zhi[Chin J Microsurg(Article in Chinese;Abstract in Chinese and English)],2017,40(3):244-247. DOI:10.3760/cma.j.issn.1001-2036.2017.03.010.}

6.4.14.2 桡神经肱三头肌长头肌支移位重建肩外展术
nerve transfer using the nerve to the long head of the triceps to reconstruct shoulder abduction innervated by the axillary nerve

[20460] 陈琳，彭峰，陈德松．肱三头肌长头重建肩外展功能的应用解剖 [J]．中国临床解剖学杂志，2001，19（2）：125-126．DOI：10.3969/j.issn.1001-165X.2001.02.010．{CHEN Lin,PENG Feng,CHEN Desong. The applied anatomy of the reconstruction of shoulder with long head of triceps muscleCHEN Lin[J]. Zhongguo Lin Chuang Jie Pou Xue Za Zhi[Chin J Clin Anat(Article in Chinese;Abstract in Chinese and English)],2001,19(2):125-126. DOI:10.3969/j.issn.1001-165X.2001.02.010.}

[20461] 侯之启，徐中和．桡神经肱三头肌长头支修复腋神经的解剖和临床应用 [J]．中华显微外科杂志，2002，25（3）：175-176．DOI：10.3760/cma.j.issn.1001-2036.2002.03.006．{HOU Zhiqi,XU Zhonghe. Neurotization from one of triceps branches of radial nerve to axillary nerve:clinical application and anatomy[J]. Zhonghua Xian Wei Wai Ke Za Zhi[Chin J Microsurg(Article in Chinese;Abstract in Chinese and English)],2002,25(3):175-176. DOI:10.3760/cma.j.issn.1001-2036.2002.03.006.}

[20462] 姜宗圆，王涛，杨剑云，顾玉东．桡神经肱三头肌肌支的解剖学研究 [J]．中华手外科杂志，2003，19（3）：189-192．DOI：10.3760/cma.j.issn.1005-054X.2003.03.029．{JIANG Zongyuan,WANG Tao,YANG Jianyun,GU Yudong. An anatomical study of radial nerve branches to triceps brachii muscle[J]. Zhonghua Shou Wai Ke Za Zhi[Chin J Hand Surg(Article in Chinese;Abstract in Chinese and English)],2003,19(3):189-192. DOI:10.3760/cma.j.issn.1005-054X.2003.03.029.}

[20463] 林浩东，方有生，陈德松．斜方肌联合肱三头肌长头移位重建肩外展功能 [J]．中国矫形外科杂志，2007，15（11）：873-874．DOI：10.3969/j.issn.1005-8478.2007.11.024．{LIN Haodong,FANG Yousheng,CHEN Desong. Reconstruction of shoulder abduction with trapezius and long head of triceps muscle transfer[J]. Zhongguo Jiao Xing Wai Ke Za Zhi[Orthop J China(Article in Chinese;Abstract in Chinese)],2007,15(11):873-874. DOI:10.3969/j.issn.1005-8478.2007.11.024.}

6.4.14.3 肌皮神经肱肌支移位重建屈指术
transfer of brachialis branch of the musculocutaneous nerve to reconstruct finger flexion

[20464] Gu Y,Wang H,Zhang L,Zhang G,Zhao X,Chen L. Transfer of brachialis branch of musculocutaneous nerve for finger flexion:anatomic study and case report[J]. Microsurgery,2004,24(5):358-362. doi:10.1002/micr.20053.

[20465] 顾玉东，张丽银，张高孟，赵新，陈琳．肌皮神经肱肌支移位重建屈指功能解剖学研究与临床病例报告 [J]．中华手外科杂志，2003，19（4）：25-27．DOI：10.3760/cma.j.issn.1005-054X.2003.04.011．{GU Yudong,ZHANG Liyin,ZHANG Gaomeng,ZHAO Xin,CHEN Lin. Anatomical study of transferring musculocutaneous nerve branches to brachialis muscle for restoration of digital flexion:a case report[J]. Zhonghua Shou Wai Ke Za Zhi[Chin J Hand Surg(Article in Chinese;Abstract in Chinese and English)],2003,19(4):25-27. DOI:10.3760/cma.j.issn.1005-054X.2003.04.011.}

[20466] 胡韶楠，顾玉东，陈亮，徐建光，张凯莉，朱艺．肌皮神经肱肌肌支移位术的电生理研究 [J]．中华手外科杂志，2005，21（4）：197-199．DOI：10.3760/cma.j.issn.1005-054X.2005.04.003．{HU Shaonan,GU Yudong,CHEN Liang,XU Jianguang,ZHANG Kaili,ZHU Yi. Transfer of brachialis muscle branch of the musculocutaneous nerve to the median nerve:an electrophysiological study[J]. Zhonghua Shou Wai Ke Za Zhi[Chin J Hand Surg(Article in Chinese;Abstract in Chinese and English)],2005,21(4):197-199. DOI:10.3760/cma.j.issn.1005-054X.2005.04.003.}

[20467] 胡韶楠，顾玉东，陈亮，徐建光，周文俊，张凯丽，朱艺．应用电生理检测肌皮神经肱肌肌支在神经根的定位 [J]．中华手外科杂志，2008，24（2）：90-92．DOI：10.3760/cma.j.issn.1005-054X.2008.02.009．{HU Shaonan,GU Yudong,CHEN Liang,XU Jianguang,ZHOU Wen Jun,ZHANG Kaili,ZHU Yi. An electrophysiologic study on the origination of brachialis branch of the musculocutaneous nerve[J]. Zhonghua Shou Wai Ke Za Zhi[Chin J Hand Surg(Article in Chinese;Abstract in Chinese and English)],2008,24(2):90-92. DOI:10.3760/cma.j.issn.1005-054X.2008.02.009.}

6.4.14.4 同侧第 7 颈椎神经根移位术
ipsilateral C7 spinal nerve transfer

[20468] Xu J,Hu S,Wang H,Shen Ln LN,Gu Y. Study on clinical application of selective transfer of ipsilateral C7 nerve root[J]. Chin J Traumatol,2000,3(3):169-171.

[20469] Gu YD,Cai PQ,Xu F,Peng F,Chen L. Clinical application of ipsilateral C7 nerve root transfer for treatment of C5 and C6 avulsion of brachial plexus[J]. Microsurgery,2003,23(2):105-108. doi:10.1002/micr.10113.

[20470] Song J,Chen L,Gu YD. Functional compensative mechanism of upper limb with root avulsion of C5-C6 of brachial plexus after ipsilateral C7 transfer[J]. Chin J Traumatol,2008,11(4):232-238. doi:10.1016/s1008-1275(08)60048-6.

[20471] Song J,Chen L,Gu Y. Effect of ipsilateral C7 nerve root transfer on restoration of rat upper trunk muscle and nerve function after brachial plexus root avulsion[J]. Orthopedics,2010,33(12):886. doi:10.3928/01477447-20101021-12.

[20472] Yin HW,Jiang S,Xu WD,Xu L,Xu JG,Gu YD. Partial ipsilateral C7 transfer to the upper trunk for C5-C6 avulsion of the brachial plexus[J]. Neurosurgery,2012,70(5):1176-81;discussion 1181-1182. doi:10.1227/NEU.0b013e3182400a91.

[20473] 徐建光，胡韶楠，王欢，沈丽英，顾玉东．同侧颈 7 神经根选择性束组移位术的临床应用 [J]．中华手外科杂志，1999，15（3）：3-5．DOI：10.3760/cma.j.issn.1005-054X.1999.03.009．{XU Jianguang,HU Shaonan,WANG Huan,SHEN Liying,GU Yudong. A study of the clinical application of ipsilateral selective C7 transfer[J]. Zhonghua Shou Wai Ke Za Zhi[Chin J Hand Surg(Article in Chinese;Abstract in Chinese and English)],1999,15(3):3-5. DOI:10.3760/cma.j.issn.1005-054X.1999.03.009.}

[20474] 徐建光，胡韶楠．同侧颈 7 神经根选择性移位术后疗臂丛上干根性撕脱伤 [J]．中国创伤骨科杂志，2000，2（1）：28-30．DOI：CNKI：SUN：ZCGK.0.2000-01-012．{XU Jianguang,HU Shaonan. Treat the brachial plexus upper trunk avulsion by ipsilateral C7 nerve transfer[J]. Zhongguo Chuang Shang Gu Ke Za Zhi[Chin J Orthop Trauma(Article in Chinese;Abstract in Chinese and English)],2000,2(1):28-30. DOI:CNKI:SUN:ZCGK.0.2000-01-012.}

[20475] 薛锋，蔡佩琴，顾玉东，陈德松．同侧 C7 神经根移位后对其支配肌影响的初步观察 [J]．中华手外科杂志，2001，17（3）：133-135．DOI：10.3760/cma.j.issn.1005-054X.2001.03.003．{XUE Feng,CAI Peiqin,GU Yudong,CHEN Desong. Influence of ipsilateral C7 nerve root transfer on its innervating muscles:a preliminary report[J]. Zhonghua Shou Wai Ke Za Zhi[Chin J Hand Surg(Article in Chinese;Abstract in Chinese and English)],2001,17(3):133-135. DOI:10.3760/cma.j.issn.1005-054X.2001.03.003.}

[20476] 蔡佩琴，顾玉东，薛锋，彭峰，陈琳．同侧颈 7 神经根移位术的临床应用 [J]．中华手外科杂志，2002，18（2）：73-74．DOI：10.3760/cma.j.issn.1005-054X.2002.02.005．{CAI Peiqin,GU Yudong,XUE Feng,PENG Feng,CHEN Lin. Clinical application of transfer of ipsilateral cervical 7 root[J]. Zhonghua Shou Wai Ke Za Zhi[Chin J Hand Surg(Article in Chinese;Abstract in Chinese and English)],2002,18(2):73-74. DOI:10.3760/cma.j.issn.1005-054X.2002.02.005.}

[20477] 虞聪，徐建光，劳杰．同侧颈 7 移位修复臂丛上干不全损伤的疗效与背阔肌功能的关系 [J]．中华手外科杂志，2002，18（2）：75-76．DOI：10.3760/cma.j.issn.1005-054X.2002.02.006．{YU Cong,XU Jianguang,LAO Jie. Relationship between treatment outcome and function of latissimus dorsi muscle at patients with incomplete injury of upper trunk of brachial plexus repaired by transfer of ipsilateral C7 root[J]. Zhonghua Shou Wai Ke Za Zhi[Chin J Hand Surg(Article in Chinese;Abstract in Chinese and English)],2002,18(2):75-76. DOI:10.3760/cma.j.issn.1005-054X.2002.02.006.}

[20478] 劳克诚，姜学恩，宋修竹，周少麟．同侧 C7 神经根移位治疗臂丛上干根性撕脱伤 [J]．中华手外科杂志，2003，19（2）：75-76．DOI：10.3760/cma.j.issn.1005-054X.2003.02.005．{LAO Kecheng,JIANG Xueen,SONG Xiuzhu,ZHOU Shaolin. Ipsibateral C7 nerve root transfer for treatment of root avulsion injuries of upper trunk of brachial plexus[J]. Zhonghua Shou Wai Ke Za Zhi[Chin J Hand Surg(Article in Chinese;Abstract in Chinese)],2003,19(2):75-76. DOI:10.3760/cma.j.issn.1005-054X.2003.02.005.}

[20479] 张咸中，金春．患侧颈 7 神经根移位治疗产瘫根性撕脱伤 [J]．实用手外科杂志，2003，17（4）：195-196．DOI：10.3969/j.issn.1671-2722.2003.04.001．{ZHANG Xianzhong,JIN Chun. Treatment of radicular avulsed wound caused by obstetric brachial plexus palsy with transfer of affected part C7 nerve root[J]. Shi Yong Shou Wai Ke Za Zhi[Chin J Pract Hand Surg(Article in Chinese;Abstract in Chinese and English)],2003,17(4):195-196. DOI:10.3969/j.issn.1671-2722.2003.04.001.}

[20480] 徐雷，顾玉东，徐建光，朱艺，张凯丽，徐文东，陆九州，林森．背阔肌电生理支配权重分析在同侧 C7 神经根移位术中的临床意义 [J]．中华手外科杂志，2006，22（6）：347-349．DOI：10.3760/cma.j.issn.1005-054X.2006.06.012．{XU Lei,GU Yudong,XU Jianguang,ZHU Yi,ZHANG Kaili,XU Wendong,LU Jiuzhou,LIN Sen. Latissimus dorsi muscle

innervation by C7:an electrophysiological dominance analysis and its clinical implication in ipsilateral C7 transfer[J]. Zhonghua Shou Wai Ke Za Zhi[Chin J Hand Surg(Article in Chinese;Abstract in Chinese and English)],2006,22(6):347-349. DOI:10.3760/cma.j.issn.1005-054X.2006.06.012.}

[20481] 宋捷，陈亮，顾玉东. 同侧颈7神经根移位治疗臂丛上干根性撕脱伤患肢功能变化的实验研究[J]. 中华手外科杂志，2007，23(6)：367-372. DOI：10.3760/cma.j.issn.1005-054X.2007.06.015. {SONG Jie,CHEN Liang,GU Yudong. An experimental study on mechanism of functional compensation for the injured extremity with brachial plexus upper trunk avulsion repaired by ipsilateral C7 nerve root transfer[J]. Zhonghua Shou Wai Ke Za Zhi[Chin J Hand Surg(Article in Chinese;Abstract in Chinese and English)],2007,23(6):367-372. DOI:10.3760/cma.j.issn.1005-054X.2007.06.015.}

[20482] 宋捷，陈亮，顾玉东. 同侧颈7神经根移位治疗臂丛上干根性撕脱伤的实验研究[J]. 中华外科杂志，2008，46(10)：763-767. DOI：10.3321/j.issn：0529-5815.2008.10.012. {SONG Jie,CHEN Liang,GU Yudong. An experimental study on outcome of ipsilateral C7 nerve root transfer to repair the root avulsion of the brachial plexus[J]. Zhonghua Wai Ke Za Zhi[Chin J Surg(Article in Chinese;Abstract in Chinese and English)],2008,46(10):763-767. DOI:10.3321/j.issn:0529-5815.2008.10.012.}

[20483] 陈立，徐雷，顾玉东，徐建光，徐文东，陆九州，朱艺. 肱三头肌及指总伸肌电生理支配权重分析在同侧C7神经根移位术中的临床意义[J]. 中国修复重建外科杂志，2008，22(9)：1036-1039. DOI：CNKI：SUN：ZXCW.0.2008-09-005. {CHEN Li,XU Lei,GU Yudong,XU Jianguang,XU Wendong,LU Jiuzhou,ZHU Yi. Clinical significance of electrophysiological dominance analysis of triceps brachii muscle/extensor digitorum communis muscle innervation in ipsilateral C7 transfer[J]. Zhongguo Xiu Fu Chong Jian Wai Ke Za Zhi[Chin J Repar Reconstr Surg(Article in Chinese;Abstract in Chinese and English)],2008,22(9):1036-1039. DOI:CNKI:SUN:ZXCW.0.2008-09-005.}

6.4.15 上肢神经损伤
nerve injury of upper limb

[20484] Deng A,Liu D,Gu C,Gu X,Gu J,Hu W. Active skin perfusion and thermoregulatory response in the hand following nerve injury and repair in human upper extremities[J]. Brain Res,2016,1630:38-49. doi:10.1016/j.brainres.2015.10.045.

[20485] Li Z,Tian D,Chen L,Wang X,Jiang L,Yu Y. Electrical impedance myography for discriminating traumatic peripheral nerve injury in the upper extremity[J]. Clin Neurophysiol,2017,128(2):384-390. doi:10.1016/j.clinph.2016.11.016.

[20486] Tang W,Zhang X,Sun Y,Yao B,Chen X,Chen X,Gao X. Quantitative assessment of traumatic upper-limb peripheral nerve injuries using surface electromyography[J]. Front Bioeng Biotechnol,2020,8:795. doi:10.3389/fbioe.2020.00795.

[20487] 陆裕朴，石凯军. 上肢神经损伤的处理问题[J]. 中华外科杂志，1963，11(3)：169-174. {LU Yupu,SHI Kaijun. Management of upper limb nerve injury[J]. Zhonghua Wai Ke Za Zhi[Chin J Surg(Article in Chinese;No abstract available)],1963,11(3):169-174.}（非显微修复 Non-microsurgical repair）

[20488] 韦加宁，王澍寰，刘淑芳. 上肢神经修复87例临床分析[J]. 中华外科杂志，1981，19(1)：3-6. {WEI Jianing,WANG Shuhuan,LIU Shufang. Clinical analysis of 87 cases of upper limb nerve repair[J]. Zhonghua Wai Ke Za Zhi[Chin J Surg(Article in Chinese;Abstract in Chinese)],1981,19(1):3-6.}

[20489] 韦加宁，徐弘道. 上肢神经修复87例临床分析[J]. 中华医学杂志，1981，61(4)：224. {WEI Jianing,XU Hong Dao. Nerve repair of the upper limb:a clinical analysis of 87 cases[J]. Zhonghua Yi Xue Za Zhi[Natl Med J China(Article in Chinese;No abstract available)],1981,61(4):224.}

[20490] 朱家恺，劳镇国，于国中，刘均墀，冯应潮，庞水发. 115例上肢神经损伤修复方法的分析(附53例随访结果)[J]. 中华医学杂志，1986，66(8)：453-456. {ZHU Jiakai,LAO Zhenguo,YU Guozhong,LIU Junchi,FENG Yingchao,PANG Shuifa. A clinical analysis of 115 cases of nerve repair of the upper limb:follow-up results of 53 cases[J]. Zhonghua Yi Xue Za Zhi[Natl Med J China(Article in Chinese;Abstract in Chinese)],1986,66(8):453-456.}

[20491] 杨振宪，池麟趾，等. 用显微外科技术治疗上肢神经损伤[J]. 中华显微外科杂志，1991，14(4)：229-230. {YANG Zhenxian,CHI Linzhi,et al. Microsurgical treatment of upper limb nerve injury[J]. Zhonghua Xian Wei Wai Ke Za Zhi[Chin J Microsurg(Article in Chinese;Abstract in Chinese)],1991,14(4):229-230.}

[20492] 李相民，潘泽. 上肢神经损伤的手术治疗(附52例疗效分析)[J]. 手外科杂志，1992，8(1)：23-25. {LI Xiangmin,PAN Ze. Surgical treatment of upper limb nerve injury:analysis of 52 cases[J]. Shou Wai Ke Za Zhi[J Hand Surg(Article in Chinese;Abstract in Chinese)],1992,8(1):23-25.}

[20493] 李锦永，丁任，胡洪良，谢振军. 上肢神经损伤的显微修复及临床分析[J]. 中国修复重建外科杂志，1994，8(4)：234. DOI：CNKI：SUN：ZXCW.0.1994-04-024. {LI Jinyong,DING Ren,HU Hongliang,XIE Zhenjun. Microsurgial repair and clinical analysis of upper limb nerve injury[J]. Zhongguo Xiu Fu Chong Jian Wai Ke Za Zhi[Chin J Repar Reconstr Surg(Article in Chinese;Abstract in Chinese)],1994,8(4):234. DOI:CNKI:SUN:ZXCW.0.1994-04-024.}

[20494] 李锦永，丁仁，胡洪良，谢振军，王献伟，宋敬中，王平振，孙勇. 上肢神经损伤55例疗效分析[J]. 中华骨科杂志，1995，15(12)：344-346. DOI：CNKI：SUN：ZHGK.0.1995-06-010. {LI Jinyong,DING Ren,HU Hongliang,XIE Zhenjun,WANG Xianwei,SONG Jingzhong,WANG Pingzhen,SUN Yong. Nerve Injuries of the upper limb analysis of 55cases[J]. Zhonghua Gu Ke Za Zhi[Chin J Orthop(Article in Chinese;Abstract in Chinese and English)],1995,15(12):344-346. DOI:CNKI:SUN:ZHGK.0.1995-06-010.}

[20495] 孟宏，崔志民，梁郁. 上肢神经损伤的急诊显微外科修复[J]. 中华显微外科杂志，1997，20(1)：19-20. DOI：10.3760/cma.j.issn.1001-2036.1997.01.108. {MENG Hong,CUI Zhimin,LIANG Yu. Emergency microsurgical repair of open injuries of nerve pectoral limb[J]. Zhonghua Xian Wei Wai Ke Za Zhi[Chin J Microsurg(Article in Chinese;Abstract in Chinese and English)],1997,20(1):19-20. DOI:10.3760/cma.j.issn.1001-2036.1997.01.108.}

[20496] 谢衷，崔志民，孟宏，梁郁，余林权. 肱骨骨折合并上肢神经损伤的治疗[J]. 临床骨科杂志，1999，2(3)：213-214. DOI：10.3969/j.issn.1008-0287.1999.03.023. {XIE Zhong,CUI Zhimin,MENG Hong,LIANG Yu,YU Linquan. Treatment of humeral fracture complicated with nerve injury[J]. Lin Chuang Gu Ke Za Zhi[J Clin Orthop(Article in Chinese;Abstract in Chinese and English)],1999,2(3):213-214. DOI:10.3969/j.issn.1008-0287.1999.03.023.}

[20497] 谢硕胜，黄德征. 儿童上肢神经损伤的显微外科修复[J]. 中华显微外科杂志，2000，23(2)：146. DOI：10.3760/cma.j.issn.1001-2036.2000.02.034. {XIE Shuosheng,HUANG Dezheng. Microsurgical repair of upper limb nerve injury in children[J]. Zhonghua Xian Wei Wai Ke Za Zhi[Chin J Microsurg(Article in Chinese;Abstract in Chinese)],2000,23(2):146. DOI:10.3760/cma.j.issn.1001-2036.2000.02.034.}

[20498] 张远林，杨丽梅. 上肢神经损伤治疗体会[J]. 中国骨伤，2000，13(7)：438. DOI：10.3969/j.issn.1003-0034.2000.07.044. {ZHANG Yuanlin,YANG Limei. Experience in the treatment of upper limb nerve injury[J]. Zhongguo Gu Shang[China J Orthop Trauma(Article in Chinese;Abstract in Chinese)],2000,13(7):438. DOI:10.3969/j.issn.1003-0034.2000.07.044.}

[20499] 吴爱民，刘德群，刘月波，赵少平，曹自新，王月. 上肢神经损伤458例临床分析[J]. 实用手外科杂志，2002，16(1)：26-28. DOI：10.3969/j.issn.1671-2722.2002.01.010. {WU Aimin,LIU Dequn,LIU Yuebo,ZHAO Shaoping,CAO Zixin,WANG Yue. Nerve injury of the upper limb:a clinical analysis of 458 cases[J]. Shi Yong Shou Wai Ke Za Zhi[Chin J Pract Hand Surg(Article in Chinese;Abstract in Chinese and English)],2002,16(1):26-28. DOI:10.3969/j.issn.1671-2722.2002.01.010.}

[20500] 梁启善，黄毅敏，陈永健，卢冉翔，邹家礼. 上肢神经损伤的显微外科修复与康复[J]. 中华显微外科杂志，2005，28(2)：190-191. DOI：10.3760/cma.j.issn.1001-2036.2005.02.043. {LIANG Qishan,HUANG Yimin,CHEN Yongjian,LU Ranxiang,ZOU Jiali. Microsurgical repair and rehabilitation of upper limb nerve injury[J]. Zhonghua Xian Wei Wai Ke Za Zhi[Chin J Microsurg(Article in Chinese;Abstract in Chinese)],2005,28(2):190-191. DOI:10.3760/cma.j.issn.1001-2036.2005.02.043.}

[20501] 时海军，刘敏，牛志勇. 应用显微外科技术修复上肢神经缺损的临床疗效[J]. 中华显微外科杂志，2009，32(3)：254-255. DOI：10.3760/cma.j.issn.1001-2036.2009.03.039. {SHI Haijun,LIU Min,NIU Zhiyong. Clinical effect of microsurgical technique in repairing nerve defect of upper limb[J]. Zhonghua Xian Wei Wai Ke Za Zhi[Chin J Microsurg(Article in Chinese;Abstract in Chinese)],2009,32(3):254-255. DOI:10.3760/cma.j.issn.1001-2036.2009.03.039.}

[20502] 檀臻炜，钟刚，岑石强，张定伟，项舟，黄富国. 高频超声检查在上肢神经损伤中的临床应用[J]. 中华手外科杂志，2010，26(5)：264-266. DOI：10.3760/cma.j.issn.1005-054X.2010.05.004. {TAN Zhenwei,ZHONG Gang,CEN Shiqiang,ZHANG Dingwei,XIANG Zhou,HUANG Fuguo. The clinical application of high resolution ultrasound in upper limb nerve injuries[J]. Zhonghua Shou Wai Ke Za Zhi[Chin J Hand Surg(Article in Chinese;Abstract in Chinese and English)],2010,26(5):264-266. DOI:10.3760/cma.j.issn.1005-054X.2010.05.004.}

6.4.15.1 副神经损伤
accessory nerve injury

[20503] Guo CB,Zhang Y,Zou LD,Mao C,Peng X,Yu GY. Reconstruction of accessory nerve defects with sternocleidomastoid muscle-great auricular nerve flap[J]. Br J Plast Surg,2005,58(2):233-238. doi:10.1016/j.bjps.2004.02.009.

[20504] 董意如. 颈后三角区副神经损伤的预防和治疗[J]. 中华外科杂志，1966，14(4)：216-218. {DONG Yiru. Prevention and treatment of accessory nerve injury in posterior cervical triangle[J]. Zhonghua Wai Ke Za Zhi[Chin J Surg(Article in Chinese;Abstract in Chinesele)],1966,14(4):216-218.}（非显微修复 Non-microsurgical repair）

[20505] 吴之康，卢世璧. 副神经损伤[J]. 中华外科杂志，1978，16(2)：95-97. {WU Zhikang,LU Shibi. Accessory nerve injury[J]. Zhonghua Wai Ke Za Zhi[Chin J Surg(Article in Chinese;Abstract in Chinese and English)],1978,16(2):95-97.}

[20506] 吴之康. 副神经损伤[J]. 中华医学杂志，1978，58(10)：607. {WU Zhikang Deng. Accessory nerve injury[J]. Zhonghua Yi Xue Za Zhi[Natl Med J China(Article in Chinese;No abstract available)],1978,58(10):607.}

[20507] 赵钟岳，冯传汉. 肌移位术治疗副神经损伤所致斜方肌瘫痪[J]. 中华外科杂志，1981，19(7)：432-433. {ZHAO Zhongyue,FENG Chuanhan. Muscle transfer for the treatment of trapezius paralysis caused by accessory nerve injury[J]. Zhonghua Wai Ke Za Zhi[Chin J Surg(Article in Chinese;No abstract available)],1981,19(7):432-433.}

[20508] 吴敏明，顾玉东，郑忆柳，杨东岳. 副神经损伤的治疗[J]. 中华外科杂志，1984，22(6)：354-355. {WU Minming,GU Yudong,ZHENG Yiliu,YANG Dongyue. The treatment of Spinal Accessory Nerve Injury[J]. Zhonghua Wai Ke Za Zhi[Chin J Surg(Article in Chinese;Abstract in Chinese and English)],1984,22(6):354-355.}

[20509] 刘均墀，朱家恺. 颈部手术所致副神经损伤的治疗[J]. 中华显微外科杂志，1990，13(3)：158-159. {LIU Junchi,ZHU Jiakai. Treatment of accessory nerve injury caused by neck surgery[J]. Zhonghua Xian Wei Wai Ke Za Zhi[Chin J Microsurg(Article in Chinese;Abstract in Chinese)],1990,13(3):158-159.}

[20510] 李忠禹，谭颖徽，高志，牙祖蒙. 副神经损伤的治疗[J]. 中华整形烧伤外科杂志，1993，9(5)：351-352. DOI：10.3760/j.issn：1009-4598.1993.05.019. {LI Zhongyu,TAN Yinghui,GAO Zhi,YA Zumeng. The treatment of spinal accessory nerve Injury[J]. Zhonghua Zheng Xing Shao Shang Wai Ke Za Zhi[Chin J Plast Surg Burns(Article in Chinese;Abstract in Chinese)],1993,9(5):351-352. DOI:10.3760/j.issn:1009-4598.1993.05.019.}

[20511] 沈余明，沈祖尧，马春旭. 烧伤后颈部瘢痕挛缩松解术致副神经损伤二例[J]. 中华整形外科杂志，1999，15(2)：114. DOI：10.3760/j.issn：1009-4598.1999.02.032. {SHEN Yuming,SHEN Zuyao,MA Chunxu. Accessory nerve injury caused by release of cervical scar contracture after burn:a report of two cases[J]. Zhonghua Zheng Xing Wai Ke Za Zhi[Chin J Plast Surg(Article in Chinese;No abstract available)],1999,15(2):114. DOI:10.3760/j.issn:1009-4598.1999.02.032.}

[20512] 官士兵，陈德松，史其林，方有生，蔡佩琴，顾玉东. 副神经损伤的诊治(附17例报告)[J]. 中国矫形外科杂志，2003，11(11)：742-744. DOI：10.3969/j.issn.1005-8478.2003.11.007. {GUAN Shibing,CHEN Desong,SHI Qilin,FANG Yousheng,CAI Peiqin,GU Yudong. Treatment of the spinal accessory nerve injury:report of 17 cases[J]. Zhongguo Jiao Xing Wai Ke Za Zhi[Orthop J China(Article in Chinese;Abstract in Chinese and English)],2003,11(11):742-744. DOI:10.3969/j.issn.1005-8478.2003.11.007.}

[20513] 严旭，庞锡琴，邵擎东，江伦发，魏延云，陈德松. 颈外侧区淋巴结活检致副神经损伤的治疗[J]. 中国修复重建外科杂志，2003，17(5)：430. DOI：10.1007/s11769-003-0089-1. {YAN Xu,PANG Xiqin,SHAO Qingdong,JIANG Lunfa,WEI Yanyun,CHEN Desong. Treatment of accessory nerve injury caused by lymph node biopsy in lateral cervical region[J]. Zhongguo Xiu Fu Chong Jian Wai Ke Za Zhi[Chin J Repar Reconstr Surg(Article in Chinese;Abstract in Chinese)],2003,17(5):430. DOI:10.1007/s11769-003-0089-1.}

6.4.15.2 肩胛上神经损伤
suprascapular nerve injury

[20514] Hu S,Chu B,Song J,Chen L. Anatomic study of the intercostal nerve transfer to the suprascapular nerve and a case report[J]. J Hand Surg Eur,2014,39(2):194-198. doi:10.1177/1753193413475963.

[20515] Yang Y,Zuo J,Liu T,Shao P,Wu H,Gao Z,Xiao J. Glenoid morphology and the safe zone for protecting the suprascapular nerve during baseplate fixation in reverse shoulder arthroplasty[J]. Int Orthop,2018,42(3):587-593. doi:10.1007/s00264-017-3646-4.

[20516] Sun Y,Wang C,Kwak JM,Jung HW,Kholinne E,Jeon IH. Suprascapular nerve neuropathy leads to supraspinatus tendon degeneration[J]. J Orthop Sci,2020,25(4):588-594. doi:10.1016/j.jos.2019.09.020.

[20517] Li J,Zhou J,Wang D,Li D,Zhang W. Applied anatomical study on suprascapular nerve protection in reverse total shoulder arthroplasty[J]. J Orthop Surg Res,2020,15(1):524. doi:10.1186/s13018-020-02061-2.

[20518] Yang P,Wang C,Zhang D,Zhang Y,Yu T,Qi C. Comparison of clinical

outcome of decompression of suprascapular nerve at spinoglenoid notch for patients with posterosuperior massive rotator cuff tears and suprascapular neuropathy[J]. BMC Musculoskelet Disord,2021,22(1):202. doi:10.1186/s12891-021-04075-1.

[20519] 胡军，周江南．肩胛上神经损伤 [J]．中国矫形外科杂志，2002，9（3）：283-284．DOI：10.3969/j.issn.1005-8478.2002.03.024．{HU Jun,ZHOU Jiangnan. Anatomic study of the injury of both rotator cuff and suprascapular nerve[J]. Zhongguo Jiao Xing Wai Ke Za Zhi[Orthop J China(Article in Chinese;Abstract in Chinese and English)],2002,9(3):283-284. DOI:10.3969/j.issn.1005-8478.2002.03.024.}

[20520] 赵延旭，顾立强，徐达传，李泽宇．肩袖合并肩胛上神经损伤原因的解剖学研究 [J]．中国临床解剖学杂志，2006，24（6）：627-630．DOI：10.3969/j.issn.1001-165X.2006.06.009．{ZHAO Yanxu,GU Liqiang,XU Dachuan,LI Zeyu. Anatomic study of the injury of both rotator cuff and suprascapular nerve[J]. Zhongguo Lin Chuang Jie Pou Xue Za Zhi[Chin J Clin Anat(Article in Chinese;Abstract in Chinese and English)],2006,24(6):627-630. DOI:10.3969/j.issn.1001-165X.2006.06.009.}

[20521] 梁钢．严重烫伤合并肩胛上神经损伤一例 [J]．中华烧伤杂志，2009，25（6）：459．DOI：10.3760/cma.j.issn.1009-2587.2009.06.020．{LIANG Gang. Severe scald combined with suprascapular nerve injury:a case report[J]. Zhonghua Shao Shang Za Zhi[Chin J Burns(Article in Chinese;No abstract available)],2009,25(6):459. DOI:10.3760/cma.j.issn.1009-2587.2009.06.020.}

[20522] 杨璞，蔡琰，张益，王宸，张辉，刘炜洁，于腾波，赵夏，戚超．两种不同术式治疗合并肩胛上神经损伤的巨大肩袖撕裂后神经恢复的临床对比研究 [J]．中华肩肘外科电子杂志，2019，7（3）：245-252．DOI：10.3877/cma.j.issn.2095-5790.2019.03.010．{YANG Pu,CAI Yan,ZHANG Yi,WANG Chen,ZHANG Hui,LIU Weijie,YU Tengbo,ZHAO Xia,QI Chao. Clinical contrast study of nerve recovery after two different surgical methods for treatment of massiverotator cuff tear with suprascapular nerve injury[J]. Zhonghua Jian Zhou Wai Ke Dian Zi Za Zhi[Chin J Should Elbow(Article in Chinese;Abstract in Chinese and English)],2019,7(3):245-252. DOI:10.3877/cma.j.issn.2095-5790.2019.03.010.}

6.4.15.3 腋神经损伤
axillary nerve injury

[20523] Yang X,Xu B,Tong JS,Zhang CG,Dong Z,Liu JB. Triceps motor branch transfer for isolated axillary nerve injury:Outcomes in 9 patients[J]. Orthop Traumatol Surg Res,2017,103(8):1283-1286. doi:10.1016/j.otsr.2017.07.002.

[20524] Yao F,Zhang L,Jing J. Luxatio erecta humeri with humeral greater tuberosity fracture and axillary nerve injury[J]. Am J Emerg Med,2018,36(10):1926.e3-1926.e5. doi:10.1016/j.ajem.2018.06.064.

[20525] 刘永轶，李金良，孟泊湖．肩关节后脱位并腋神经损伤一例报告 [J]．中华骨科杂志，2000，20（9）：570．DOI：10.3760/j.issn：0253-2352.2000.09.018．{LIU Yongyi,LI Jinliang,MENG Bohu. Posterior dislocation of shoulder with axillary nerve injury:a case report[J]. Zhonghua Gu Ke Za Zhi[Chin J Orthop(Article in Chinese;Abstract in Chinese)],2000,20(9):570. DOI:10.3760/j.issn:0253-2352.2000.09.018.}

[20526] 张逢辉，杨立伟，白世祥，国建飞．胸外科手术致腋神经损伤四例 [J]．中华创伤杂志，2005，21（12）：906．DOI：10.3760/j：issn：1001-8050.2005.12.029．{ZHANG Fenghui,YANG Liwei,BAI Shixiang,GUO Jianfei. Axillary nerve injury caused by thoracic surgery:a report of 4 cases[J]. Zhonghua Chuang Shang Za Zhi[Chin J Trauma(Article in Chinese;Abstract in Chinese)],2005,21(12):906. DOI:10.3760/j:issn:1001-8050.2005.12.029.}

[20527] 谭美云，郭杏，王远辉，张忠杰，阳运康，鲁晓波．肩关节周围损伤合并腋神经损伤的诊治 [J]．中国修复重建外科杂志，2010，24（4）：506-507．DOI：CNKI：SUN：ZXCW.0.2010-04-045．{TAN Meiyun,GUO Xing,WANG Yuanhui,ZHANG Zhongjie,YANG Yunkang,LU Xiaobo. Diagnosis and treatment of shoulder injury combined with axillary nerve injury[J]. Zhongguo Xiu Fu Chong Jian Wai Ke Za Zhi[Chin J Repar Reconstr Surg(Article in Chinese;Abstract in Chinese)],2010,24(4):506-507. DOI:CNKI:SUN:ZXCW.0.2010-04-045.}

[20528] 夏剑，许永武，徐永丰，万爱国，丁健．肩胛骨骨折合并腋神经损伤的治疗 [J]．中华手外科杂志，2011，27（6）：375-376．DOI：10.3760/cma.j.issn.1005-054X.2011.06.023．{XIA Jian,XU Yongwu,XU Yongfeng,WAN Aiguo,DING Jian. Treatment of scapular fracture combined with axillary nerve injury[J]. Zhonghua Shou Wai Ke Za Zhi[Chin J Hand Surg(Article in Chinese;Abstract in Chinese and English)],2011,27(6):375-376. DOI:10.3760/cma.j.issn.1005-054X.2011.06.023.}

[20529] 何腾峰，郦志文，张杰，沈华松，李杰，蔡明．肩关节脱位合并腋神经损伤的诊治体会 [J]．中华手外科杂志，2012，28（3）：190．DOI：10.3760/cma.j.issn.1005-054X.2012.03.027．{HE Tengfeng,LI Zhiwen,ZHANG Jie,SHEN Huasong,LI Jie,CAI Ming. Diagnosis and treatment of shoulder dislocation complicated with axillary nerve injury[J]. Zhonghua Shou Wai Ke Za Zhi[Chin J Hand Surg(Article in Chinese;Abstract in Chinese)],2012,28(3):190. DOI:10.3760/cma.j.issn.1005-054X.2012.03.027.}

[20530] 戚超，蔡琰，孟庆阳，陈伯华，赵夏，于腾波．肩关节脱位合并肩袖与腋神经损伤的诊治体会 [J]．中华关节外科杂志（电子版），2015，9（5）：579-583．DOI：10.3877/cma.j.issn.1674-134X.2015.05.005．{QI Chao,CAI Yan,MENG Qingyang,CHEN Bohua,ZHAO Xia,YU Tengbo. Clinical treatment of simultaneous lesions of rotator cuff and axillary nerve caused by shoulder dislocation[J]. Zhonghua Guan Jie Wai Ke Za Zhi Dian Zi Ban[Chin J Joint Surg(Electr Ed)(Article in Chinese;Abstract in Chinese and English)],2015,9(5):579-583. DOI:10.3877/cma.j.issn.1674-134X.2015.05.005.}

6.4.15.4 肌皮神经损伤
musculocutenous nerve injury

[20531] Dai SY,Lin DX,Han Z,Zhoug SZ. Transference of thoracodorsal nerve to musculocutaneous or axillary nerve in old traumatic injury[J]. J Hand Surg Am,1990,15(1):36-37. doi:10.1016/s0363-5023(09)91102-9.

[20532] 柴胜武，赵占吉，安克斌．腋部手术致肌皮神经损伤一例 [J]．中国修复重建外科杂志，1993，7（2）：122．{CHAI Shengwu,ZHAO Zhanji,AN Kebin. Myocutaneous nerve injury caused by axillary surgery:a case report[J]. Zhongguo Xiu Fu Chong Jian Wai Ke Za Zhi[Chin J Repar Reconstr Surg(Article in Chinese;No abstract available)],1993,7(2):122.}

[20533] 阚世廉，费起礼，许文普，刘巨荣．肌皮神经损伤的手术治疗 [J]．中华骨科杂志，1995，15（12）：342-343．DOI：CNKI：SUN：ZHGK.0.1995-06-009．{KAN Shilian,FEI Qili,XU Wenpu,LIU Jurong. Surgical treatment of injuries of musculocutaneous nerve[J]. Zhonghua Gu Ke Za Zhi[Chin J Orthop(Article in Chinese;Abstract in Chinese)],1995,15(12):342-343. DOI:CNKI:SUN:ZHGK.0.1995-06-009.}

[20534] 黄东生，林道贤，戴绍业．胸背神经转位治疗腋神经或肌皮神经损伤 [J]．中华显微外科杂志，1995，18（3）：185-186，238．DOI：CNKI：SUN：ZHXW.0.1995-03-007．{HUANG Dongsheng,LIN Daoxian,DAI Shaoye. Long-term results of transterring thoracodorsal nerve to musculocutaneous or axillary nerve in old traumatic injury[J]. Zhonghua Xian Wei Wai Ke Za Zhi[Chin J Microsurg(Article in Chinese;Abstract in Chinese)],1995,18(3):185-186,238. DOI:CNKI:SUN:ZHXW.0.1995-03-007.}

6.4.15.5 正中神经损伤
median nerve injury

[20535] Fan W,Gu J,Hu W,Deng A,Ma Y,Liu J,Ding F,Gu X. Repairing a 35-mm-long median nerve defect with a chitosan/PGA artificial nerve graft in the human:a case study[J]. Microsurgery,2008,28(4):238-242. doi:10.1002/micr.20488.

[20536] Gu B,Xie F,Jiang H,Shen G,Li Q. Repair of electrically injured median nerve with the aid of somatosensory evoked potential[J]. Microsurgery,2009,29(6):449-455. doi:10.1002/micr.20631.

[20537] Lai WK,Chiu YT,Law WS. The deformation and longitudinal excursion of median nerve during digits movement and wrist extension[J]. Man Ther,2014,19(6):608-613. doi:10.1016/j.math.2014.06.005.

[20538] Wan Y,Jiang W,Wang B,Sun Y. Compression of the palmar cutaneous branch of the median nerve secondary to previous rupture of the palmaris longus tendon:case report[J]. Int J Surg Case Rep,2020,74:281-283. doi:10.1016/j.ijscr.2020.06.097.

[20539] Liu J,Zhong K,Lin D. Median nerve compression caused by superficial brachial artery:an unusual clinical case[J]. J Int Med Res,2020,48(12):300060520969043. doi:10.1177/0300060520969043.

[20540] 白春，梁凤辰．15 例正中神经损伤的临床分析 [J]．中华显微外科杂志，1999，22（S1）：3-5．DOI：10.3760/cma.j.issn.1001-2036.1999.Z1.114．{BAI Chun,LIANG Fengchen. Clinical analysis of 15 cases of median nerve injury[J]. Zhonghua Xian Wei Wai Ke Za Zhi[Chin J Microsurg(Article in Chinese;Abstract in Chinese)],1999,22(S1):3-5. DOI:10.3760/cma.j.issn.1001-2036.1999.Z1.114.}

[20541] 张晨阳，刘郑生，唐金树，缪力，贾云飞．用电刺激束支定位法修复远端尺神经和正中神经损伤 [J]．中国矫形外科杂志，2000，7（9）：900-901．DOI：10.3969/j.issn.1005-8478.2000.09.023．{ZHANG Chenyang,LIU Zhengsheng,TANG Jinshu,MIAO Li,JIA Yunfei. Low ulnal and median nerve injuries repair with intraneural fascicular dissection and electrical fascicular orientation[J]. Zhongguo Jiao Xing Wai Ke Za Zhi[Orthop J China(Article in Chinese;Abstract in Chinese)],2000,7(9):900-901. DOI:10.3969/j.issn.1005-8478.2000.09.023.}

[20542] 刘宝戈，杨仲，江汉，王勇，徐天同，田成瑞．正中神经损伤晚期修复的实验研究 [J]．实用手外科杂志，2001，15（3）：163-164．DOI：10.3969/j.issn.1671-2722.2001.03.014．{LIU Baoge,YANG Zhong,JIANG Han,WANG Yong,XU Tiantong,TIAN Chengrui. The experimental study of median nerve injury in advanced stage[J]. Shi Yong Shou Wai Ke Za Zhi[Chin J Pract Hand Surg(Article in Chinese;Abstract in Chinese and English)],2001,15(3):163-164. DOI:10.3969/j.issn.1671-2722.2001.03.014.}

[20543] 田劲，陈发林，唐玲丽．腋动脉及正中神经损伤修复一例 [J]．中国修复重建外科杂志，2003，17（2）：168．DOI：CNKI：SUN：ZXCW.0.2003-02-031．{TIAN Jin,CHEN Fa Lin,TANG Ling Li. Repair of axillary artery and median nerve injury:a case report[J]. Zhongguo Xiu Fu Chong Jian Wai Ke Za Zhi[Chin J Repar Reconstr Surg(Article in Chinese;Abstract in Chinese)],2003,17(2):168. DOI:CNKI:SUN:ZXCW.0.2003-02-031.}

[20544] 李文庆，王利，宫云霞，朱小弟，王文胜，杨涛，陈传煌，张鹏．外伤性前臂正中神经损伤的治疗 [J]．中华手外科杂志，2005，21（1）：40-41．DOI：10.3760/cma.j.issn.1005-054X.2005.01.017．{LI Wenqing,WANG Li,GONG Yunxia,ZHU Xiaodi,WANG Wensheng,YANG Tao,CHEN Chuanhuang,ZHANG Peng. Treatment of median nerve injuries at the forearm[J]. Zhonghua Shou Wai Ke Za Zhi[Chin J Hand Surg(Article in Chinese;Abstract in Chinese and English)],2005,21(1):40-41. DOI:10.3760/cma.j.issn.1005-054X.2005.01.017.}

[20545] 黎鸣，肖丽亚，林敏婷，周雪贤．Riche-Cannieu 吻合支再支配作用的初步研究 [J]．中华显微外科杂志，2011，34（6）：464-467．DOI：10.3760/cma.j.issn.1001-2036.2011.06.010．{LI Ming,XIAO Liya,LIN Minting,ZHOU Xuexian. A preliminary study on the reinnervation effect of the Riche-Cannieu anastomosis[J]. Zhonghua Xian Wei Wai Ke Za Zhi[Chin J Microsurg(Article in Chinese;Abstract in Chinese and English)],2011,34(6):464-467. DOI:10.3760/cma.j.issn.1001-2036.2011.06.010.}

[20546] 殷洪雷，易传军，诸寅，田光磊．正中神经损伤延期修复的长期疗效研究 [J]．中国修复重建外科杂志，2015，29（8）：986-991．DOI：10.7507/1002-1892.20150212．{YIN Honglei,YI Chuanjun,ZHU Yin,TIAN Guanglei. Long-term results of delayed repair of median nerve injury[J]. Zhongguo Xiu Fu Chong Jian Wai Ke Za Zhi[Chin J Repar Reconstr Surg(Article in Chinese;Abstract in Chinese and English)],2015,29(8):986-991. DOI:10.7507/1002-1892.20150212.}

[20547] 杨蓊勃，蒋纯志，尹昭伟．经皮肱动脉穿刺致正中神经损伤 [J]．中华手外科杂志，2017，33（2）：103-105．DOI：10.3760/cma.j.issn.1005-054X.2017.02.009．{YANG Wengbo,JIANG Chunzhi,YIN Zhaowei. Median nerve injury after percutaneous catheterization of the brachial artery[J]. Zhonghua Shou Wai Ke Za Zhi[Chin J Hand Surg(Article in Chinese;Abstract in Chinese and English)],2017,33(2):103-105. DOI:10.3760/cma.j.issn.1005-054X.2017.02.009.}

6.4.15.6 尺神经损伤
ulnar nerve injury

[20548] Tang JB. Group fascicular vein grafts with interposition of nerve slices for long ulnar nerve defects:report of three cases[J]. Microsurgery,1993,14(6):404-408. doi:10.1002/micr.1920140611.

[20549] Wang Y,Zhu S. Transfer of a branch of the anterior interosseus nerve to the motor branch of the median nerve and ulnar nerve[J]. Chin Med J,1997,110(3):216-219.

[20550] Xu J,Gu Y,Lao J,Cheng X,Dong Z. Anatomic basis of vascularized ulnar nerve graft by the pedicle of the superior collateral ulnar artery[J]. Chin J Traumatol,2001,4(4):195-198.

[20551] Ruan HJ,Liu JJ,Fan CY,Jiang J,Zeng BF. Incidence,management,and prognosis of early ulnar nerve dysfunction in type C fractures of distal humerus[J]. J Trauma,2009,67(6):1397-1401. doi:10.1097/TA.0b013e3181968176.

[20552] Liu B,Zhang F,Chen L,Zhang L,Zhao L. Lipofibromatous hamartoma in the ulnar nerve of the forearm[J]. Neurosciences(Riyadh),2014,19(2):142-143.

[20553] Wang B,Zhao Y,Lu A,Chen C. Ulnar nerve deep branch compression by a ganglion:a review of nine cases[J]. Injury,2014,45(7):1126-1130. doi:10.1016/j.injury.2014.03.017.

[20554] Wu Y,Yang B,Bao Q,Ye C,Wang T,Xie Y,Jia J,Xue A,Shen Y,Ji M. Magnetic resonance spectrum technique in the follow-up of an ulnar nerve injured patient[J]. Plast Reconstr Surg Glob Open,2015,3(5):e403. doi:10.1097/GOX.0000000000000368.

[20555] Lu H,Chen Q,Shen H. Pigmented villonodular synovitis of the elbow with rdial,median and ulnar nerve compression[J]. Int J Clin Exp Pathol,2015,8(11):14045-14049.

[20556] Wang Z,Liu DY,Lei YY,Yang Z,Wang W. Ulnar nerve sonography in leprosy neuropathy[J]. J Med Ultrason,2016,43(1):137-140. doi:10.1007/s10396-015-0652-2.

[20557] Cheng Y,Xu X,Chen W,Wang Y. Doppler sonography for ulnar neuropathy at the elbow[J]. Muscle Nerve,2016,54(2):258-263. doi:10.1002/mus.25022.

[20558] Rui J,Zhou Y,Wang L,Li J,Gu Y,Lao J. Restoration of ulnar nerve motor function by pronator quadratus motor branch:an anatomical study[J]. Acta Neurochir(Wien),2016,158(4):755-759. doi:10.1007/s00701-016-2728-1.

[20559] Won HS,Liu HF,Kim JH,Kwak DS,Chung IH,Kim IB. Intermuscular aponeuroses between the flexor muscles of the forearm and their relationships with the ulnar nerve[J]. Surg Radiol Anat,2016,38(10):1183-1189. doi:10.1007/s00276-016-1695-9.

[20560] Song M,Sun X,Sun R,Liu T,Li G,Liu S,Lu M,Qu W. Ulnar nerve tuberculoma:a case report and literature review[J]. J Clin Neurosci,2016,32:130-133. doi:10.1016/j.jocn.2015.12.047.

[20561] Lui TH. Endoscopically assisted anterior subcutaneous transposition of ulnar nerve[J]. Arthrosc Tech,2016,5(3):e643-647. doi:10.1016/j.eats.2016.02.010.

[20562] Bao H,Wang S,Wang G,Yang L,Hasan MU,Yao B,Wu C,Zhang X,Chen W,Chan Q,Wu L,Chhabra A. Diffusion-weighted MR neurography of median and ulnar nerves in the wrist and palm[J]. Eur Radiol,2017,27(6):2359-2366. doi:10.1007/s00330-016-4591-0.

[20563] Wang PJ,Zhang Y,Zhao JJ,Zhou JP,Zuo ZC,Wu BB. Transfer of the extensor indicis proprius branch of posterior interosseous nerve to reconstruct ulnar nerve and median nerve injured proximally:an anatomical study[J]. Neural Regen Res,2017,12(1):143-148. doi:10.4103/1673-5374.199007.

[20564] Chen J,Wang CL,Wu S,He S,Ren J. The feasibility of using high-resolution ultrasonography to assess ulnar nerve in patients with diabetes mellitus[J]. J Ultrason,2017,17(70):160-166. doi:10.15557/JoU.2017.0024.

[20565] Lui TH. Endoscopic anterior subcutaneous transposition of the ulnar nerve[J]. Arthrosc Tech,2017,6(4):e1451-e1456. doi:10.1016/j.eats.2017.06.005.

[20566] Liu XH,Gong MQ,Wang Y,Liu C,Li SL,Jiang XY. Anterior subcutaneous transposition of the ulnar nerve affects elbow range of motion:a mean 13.5 years of follow-up[J]. Chin Med J,2018,131(3):282-288. doi:10.4103/0366-6999.223851.

[20567] Cheng T,Yang J,Qi H. Congenital ulnar nerve deficient hand:a case report[J]. J Hand Surg Eur,2019,44(8):856-858. doi:10.1177/1753193419843810.

[20568] Wu P,Xu S,Cheng B,Chen L,Xue C,Ge H,Yu C. Surgical treatment of intraneural ganglion cysts of the ulnar nerve at the elbow:long-term follow-up of 9 cases[J]. Neurosurgery,2019,85(6):E1068-E1075. doi:10.1093/neuros/nyz239.

[20569] Ding W,Li X,Pan J,Zhang P,Yin S,Zhou X,Li J,Wang L,Wang X,Dong J. Repair method for complete high ulnar nerve injury based on nerve magnified regeneration[J]. Ther Clin Risk Manag,2020,16:155-168. doi:10.2147/TCRM.S237851.

[20570] Wang GH,Mao T,Chen YL,Xu C,Xing SG,Ni XJ,Deng AD. An intraneural ganglion cyst of the ulnar nerve at the wrist:a case report and literature review[J]. J Int Med Res,2021,49(1):300060520982701. doi:10.1177/0300060520982701.

[20571] 侯孝廉，李明信. 腕部正中神经尺神经损伤的手术治疗 [J]. 中华显微外科杂志，1991，14（3）：168-169.｛HOU Xiaolian,LI Mingxin. Surgical treatment of ulnar nerve injury of median nerve of wrist[J]. Zhonghua Xian Wei Wai Ke Za Zhi[Chin J Microsurg(Article in Chinese;Abstract in Chinese)],1991,14(3):168-169.｝

[20572] 宋修军，林彬. 显微外科技术治疗尺神经损伤的体会 [J]. 中华显微外科杂志，1994，17（2）：289. DOI：CNKI：SUN：ZHXW.0.1994-04-030.｛SONG Xiujun,LIN Bin. Experience of microsurgical technique in the treatment of ulnar nerve injury[J]. Zhonghua Xian Wei Wai Ke Za Zhi[Chin J Microsurg(Article in Chinese;Abstract in Chinese)],1994,17(2):289. DOI:CNKI:SUN:ZHXW.0.1994-04-030.｝

[20573] 许知光. 腕部尺神经损伤的显微修复与综合治疗 [J]. 中华显微外科杂志，1996，19（2）：161.｛XU Zhiguang. Microrepair and comprehensive treatment of ulnar nerve injury in wrist[J]. Zhonghua Xian Wei Wai Ke Za Zhi[Chin J Microsurg(Article in Chinese;No abstract available)],1996,19(2):161.｝

[20574] 黄钢，胡修德，潘显明. 旋前方肌支转位修复前臂正中神经和尺神经损伤 [J]. 中华显微外科杂志，1998，21(2)：142. DOI：10.3760/cma.j.issn.1001-2036.1998.02.028.｛HUANG Gang,HU Xiude,PAN Xianming. Transposition of pronator branch to repair the injury of median nerve and ulnar nerve of forearm[J]. Zhonghua Xian Wei Wai Ke Za Zhi[Chin J Microsurg(Article in Chinese;Abstract in Chinese)],1998,21(2):142. DOI:10.3760/cma.j.issn.1001-2036.1998.02.028.｝

[20575] 傅炳峨，陆裕朴，石凯军，史少敏，朱庆生，李华林，朱立军. 尺神经损伤 402 例报告 [J]. 中华手外科杂志，1998，14（2）：99-100. DOI：10.3760/cma.j.issn.1005-054X.1998.02.018.｛FU Binge,LU Yupu,SHI Kaijun,SHI Shaomin,ZHU Qingsheng,LI Hualin,ZHU Lijun. Management of ulnar nerve injury:a report of 402 cases[J]. Zhonghua Shou Wai Ke Za Zhi[Chin J Hand Surg(Article in Chinese;Abstract in Chinese and English)],1998,14(2):99-100. DOI:10.3760/cma.j.issn.1005-054X.1998.02.018.｝

[20576] 白静春. 肱骨髁上骨折合并尺神经损伤一例 [J]. 中国骨伤，1998，11（2）：68. DOI：10.3969/j.issn.1003-0034.1998.02.046.｛BAI Jingchun. Supracondylar fracture of humerus combined with ulnar nerve injury:a case report[J]. Zhongguo Gu Shang[China J Orthop Trauma(Article in Chinese;No abstract available)],1998,11(2):68. DOI:10.3969/j.issn.1003-0034.1998.02.046.｝

[20577] 吴瑞智，赵贵能，宋帮成. 儿童 Galeazzi 骨折并发尺神经损伤 [J]. 中国矫形外科杂志，2000，7（6）：543. DOI：10.3969/j.issn.1005-8478.2000.06.045.｛WU Ruizhi,ZHAO Guineng,SONG Bangcheng. Galeazzi fracture complicated with ulnar nerve injury in children[J]. Zhongguo Jiao Xing Wai Ke Za Zhi[Orthop J China(Article in Chinese;Abstract in Chinese)],2000,7(6):543. DOI:10.3969/j.issn.1005-8478.2000.06.045.｝

[20578] 宋卫东，罗永湘. 影响尺神经损伤手术疗效的因素分析 [J]. 中华显微外科杂志，2001，24（1）：73-75. DOI：10.3760/cma.j.issn.1001-2036.2001.01.047.｛SONG Weidong,LUO Yongxiang. Analysis of the factors affecting the surgical effect of ulnar nerve injury[J]. Zhonghua Xian Wei Wai Ke Za Zhi[Chin J Microsurg(Article in Chinese;Abstract in Chinese)],2001,24(1):73-75. DOI:10.3760/cma.j.issn.1001-2036.2001.01.047.｝

[20579] 韩力，张宝贵，阚世廉，费起礼，张建兵. 腕部尺神经损伤的显微修复 [J]. 中华手外科杂志，2002，18（4）：7-9. DOI：10.3760/cma.j.issn.1005-054X.2002.04.002.｛HAN Li,ZHANG Baogui,KAN Shilian,FEI Qili,ZHANG Jianbing. Microsurgical repair of ulnar nerve injury in wrist[J]. Zhonghua Shou Wai Ke Za Zhi[Chin J Hand Surg(Article in Chinese;Abstract in Chinese)],2002,18(4):7-9. DOI:10.3760/cma.j.issn.1005-054X.2002.04.002.｝

[20580] 张建兵，阚世廉，费起礼. 尺神经损伤后的功能重建 [J]. 实用手外科杂志，2003，17（2）：75-76. DOI：10.3969/j.issn.1671-2722.2003.02.006.｛ZHANG Jianbing,KAN Shilian,FEI Qili. Reconstruction after ulnar nerve injuried[J]. Shi Yong Shou Wai Ke Za Zhi[Chin J Pract Hand Surg(Article in Chinese;Abstract in Chinese and English)],2003,17(2):75-76. DOI:10.3969/j.issn.1671-2722.2003.02.006.｝

[20581] 王斌，李康华，邵新中，高顺红，马铁鹏，李春江，杨义，尹佳丽，张文龙，焦成. 骨间前神经旋前方肌支移位在高位尺神经损伤中的应用 [J]. 中华手外科杂志，2007，23（3）：153-154. DOI：10.3760/cma.j.issn.1005-054X.2007.03.016.｛WANG Bin,LI Kanghua,SHAO Xinzhong,GAO Shunhong,MA Tiepeng,LI Chunjiang,YANG Yi,YIN Jiali,ZHANG Wenlong,JIAO Cheng. Clinical application of transfer of pronator quadratus muscle branch of the anterior interosseous nerve for treatment of high level ulnar nerve injuries[J]. Zhonghua Shou Wai Ke Za Zhi[Chin J Hand Surg(Article in Chinese;Abstract in Chinese and English)],2007,23(3):153-154. DOI:10.3760/cma.j.issn.1005-054X.2007.03.016.｝

[20582] 李建峰，邵新中，周德贵，赵梅红，姚晓光. 桡骨远端骨折合并腕部尺神经损伤的诊断与治疗 [J]. 中华手外科杂志，2007，23（5）：295-296. DOI：10.3760/cma.j.issn.1005-054X.2007.05.017.｛LI Jianfeng,SHAO Xinzhong,ZHOU Degui,ZHAO Meihong,YAO Xiaoguang. Diagnosis and treatment of distal radius fracture combined with ulnar nerve injury at the wrist[J]. Zhonghua Shou Wai Ke Za Zhi[Chin J Hand Surg(Article in Chinese;Abstract in Chinese and English)],2007,23(5):295-296. DOI:10.3760/cma.j.issn.1005-054X.2007.05.017.｝

[20583] 车宇，徐林. 尺神经损伤误诊 18 例分析 [J]. 中国骨伤，2008，21（10）：769-770. DOI：10.3969/j.issn.1003-0034.2008.10.022.｛CHE Yu,XU Lin. Analysis on misdiagnosis of ulnar nerve injury:a report of 18 cases[J]. Zhongguo Gu Shang[China J Orthop Trauma(Article in Chinese;Abstract in Chinese)],2008,21(10):769-770. DOI:10.3969/j.issn.1003-0034.2008.10.022.｝

[20584] 曹进，仲肇平，周龙，徐荣明，陈秋，彭琳瑞，任荣. 内外髁三针固定治疗儿童肱骨髁上骨折中尺神经损伤的预防 [J]. 中国骨伤，2008，21（10）：780-782. DOI：10.3969/j.issn.1003-0034.2008.10.026.｛CAO Jin,ZHONG Zhaoping,ZHOU Long,XU Rongming,CHEN Qiu,PENG Linrui,REN Rong. Prevention of ulnar nerve injury during fixation of supracondylar fractures in children by a medial-lateral three-pin fixation technique[J]. Zhongguo Gu Shang[China J Orthop Trauma(Article in Chinese;Abstract in Chinese and English)],2008,21(10):780-782. DOI:10.3969/j.issn.1003-0034.2008.10.026.｝

[20585] 顾玉东. 肱骨干骨折治疗中引发的桡、正中、尺神经损伤 [J]. 中华骨科杂志，2009，29（12）：1165. DOI：10.3760/cma.j.issn.0253-2352.2009.12.021.｛GU Yudong. Injury of radial,median and ulnar nerve caused by humeral shaft fracture[J]. Zhonghua Gu Ke Za Zhi[Chin J Orthop(Article in Chinese;Abstract in Chinese)],2009,29(12):1165. DOI:10.3760/cma.j.issn.0253-2352.2009.12.021.｝

[20586] 黎鸣，李归宿，林敏婷. 异位支配对正中神经尺神经损伤诊断影响的研究 [J]. 中华手外科杂志，2009，25(6)：328-331. DOI：10.3760/cma.j.issn.1005-054X.2009.06.004.｛LI Ming,LI Guixiu,LIN Minting. A study of the effects of anomalous innervation on the diagnosis of median or ulnar nerve injury[J]. Zhonghua Shou Wai Ke Za Zhi[Chin J Hand Surg(Article in Chinese;Abstract in Chinese and English)],2009,25(6):328-331. DOI:10.3760/cma.j.issn.1005-054X.2009.06.004.｝

[20587] 王斌，宗双乐，邵新中. 桡骨远端骨折合并桡尺远侧关节分离致尺神经损伤一例 [J]. 中华手外科杂志，2012，28(2)：111. DOI：10.3760/cma.j.issn.1005-054X.2012.02.019.｛WANG Bin,ZONG Shuangle,SHAO Xinzhong. Ulnar nerve injury caused by distal radius fracture combined with distal radioulnar joint separation:a case report[J]. Zhonghua Shou Wai Ke Za Zhi[Chin J Hand Surg(Article in Chinese;No abstract available)],2012,28(2):111. DOI:10.3760/cma.j.issn.1005-054X.2012.02.019.｝

[20588] 丁健，李志杰，陶先耀，王珑，封晓亮. 正中神经拇短屈肌肌支移位治疗高位尺神经损伤的应用解剖 [J]. 中华显微外科杂志，2015，38（2）：149-151. DOI：10.3760/cma.j.issn.1001-2036.2015.02.012.｛DING Jian,LI Zhijie,TAO Xianyao,WANG Long,FENG Xiaoliang. An anatomical study of the flexor pollicis brevis branch of median nerve transfer to the deep branch of ulnar nerve for the treatment of proximal ulnar nerve injuries[J]. Zhonghua Xian Wei Wai Ke Za Zhi[Chin J Microsurg(Article in Chinese;Abstract in Chinese and English)],2015,38(2):149-151. DOI:10.3760/cma.j.issn.1001-2036.2015.02.012.｝

6.4.15.7 桡神经损伤
radial nerve injury

[20589] PAN Yongwei,TIAN Guanglei,WEI Jianing,WANG Shuhuan,LI Qingtai,TIAN Wen. Nontraumatic paralysis of the radial nerve with multiple constrictions[J]. J Hand Surg Am,2003,28(2):199-205. doi:10.1053/jhsu.2003.50007.

[20590] Xue G,He M,Zhao J,Chen Y,Tian Y,Zhao B,Niu B. Intravenous umbilical cord mesenchymal stem cell infusion for the treatment of combined malnutrition nonunion of the humerus and radial nerve injury[J]. Regen Med,2011,6(6):733-741. doi:10.2217/rme.11.83.

[20591] Liu GY,Zhang CY,Wu HW. Comparison of initial nonoperative and operative management of radial nerve palsy associated with acute humeral shaft fractures[J]. Orthopedics,2012,35(8):702-708. doi:10.3928/01477447-20120725-10.

[20592] Wang X,Zhang P,Zhou Y,Zhu C. Secondary radial nerve palsy after internal fixation of humeral shaft fractures[J]. Eur J Orthop Surg Traumatol,2014,24(3):331-333. doi:10.1007/s00590-013-1197-y.

[20593] Chen X,Liu T. Does emergency surgical treatment allow good nerve recovery in humeral diaphyseal fractures associated with radial palsy?[J]. Int Orthop,2016,40(4):857-858. doi:10.1007/s00264-015-3037-7.

[20594] Liu W,Sui X,Ye L,Zhao L. Ultrasonographic evaluation of radial nerve injuries associated with pediatric chronic monteggia lesions[J]. Muscle Nerve,2019,59(3):326-330. doi:10.1002/mus.26376.

[20595] Shen J,Yang F,Chen W,Wang F,Liang C,Qiu Y,Xu W. The efficacy of ultrasound for visualizing radial nerve lesions with coexistent plate fixation of humeral shaft fractures[J]. Injury,2021,52(3):516-523. doi:10.1016/j.injury.2020.11.042.

[20596] Qi W,Shen Y,Qiu Y,Jiang S,Yu Y,Yin H,Xu W. Surgical treatment of hourglass-like radial nerve constrictions[J]. Neurochirurgie,2021,67(2):170-175. doi:10.1016/j.neuchi.2021.01.010.

[20597] 陶甫，孔令震. 应用肌腱转移术治疗不可恢复的桡神经损伤的探讨 [J]. 中华外科杂志，1964,12(增刊 1):105-109.｛TAO Fu,KONG Lingzhen. Tendon transfer operation in the treatment of irreparable radial nerve injury[J]. Zhonghua Wai Ke Za Zhi[Chin J Surg(Article in Chinese;Abstract in Chinese)],1964,12(S1):105-109.｝

[20598] 沈家维，陈玉敏，杨再明. 孟氏骨折合并桡神经损伤 [J]. 中华外科杂志，1983，21（11）：695-696.｛SHEN Jiawei,CHEN Yumin,YANG Zaiming. Monteggia fracture with

radial nerve injury[J]. Zhonghua Wai Ke Za Zhi[Chin J Surg(Article in Chinese;Abstract in Chinese)],1983,21(11):695-696.}

[20599] 李承球，潘建华，韩祖斌，孙贤敏．肱骨干骨折并发桡神经损伤 31 例临床分析 [J]．中华外科杂志，1985，23（5）：278-280．{LI Chengqiu,PAN Jianhua,HAN Zubin,SUN Xianmin. Clinical analysis of 31 cases of humeral shaft fracture complicated with radial nerve injury[J]. Zhonghua Wai Ke Za Zhi[Chin J Surg(Article in Chinese;Abstract in Chinese)],1985,23(5):278-280.}

[20600] 于涯涛．腋后入路修复桡神经损伤的应用解剖学 [J]．临床解剖学杂志，1987，5（3）：162-164，190．DOI：10.13418/j.issn.1001-165x.1987.03.016．{YU Yatao. Applied anatomy study of repairing radial nerve injury by retroaxillary approach[J]. Lin Chuang Jie Pou Xue Za Zhi[Chin J Clin Anat(Article in Chinese;Abstract in Chinese)],1987,5(3):162-164,190. DOI:10.13418/j.issn.1001-165x.1987.03.016.}

[20601] 韦加宁．对桡神经损伤临床表现概念的商榷 [J]．中华外科杂志，1987，25(5)：313．{WEI Jianing. Discussion on the concept of clinical manifestation of radial nerve injury[J]. Zhonghua Wai Ke Za Zhi[Chin J Surg(Article in Chinese;No abstract available)],1987,25(5):313.}

[20602] 殷琦，陆裕朴．桡神经损伤治疗 144 例报告 [J]．中华显微外科杂志，1991，14（3）：133-136．{YIN Qi,LU Yupu. Treatment of radial nerve injury:a report of 144 cases[J]. Zhonghua Xian Wei Wai Ke Za Zhi[Chin J Microsurg(Article in Chinese;Abstract in Chinese)],1991,14(3):133-136.}

[20603] 陈信，吕伟．肱骨骨折并发桡神经损伤的治疗 [J]．中华手外科杂志，1993，9（1）：49．{CHEN Xin,LV Wei. Treatment of humeral fracture complicated with radial nerve injury[J]. Zhonghua Shou Wai Ke Za Zhi[Chin J Hand Surg(Article in Chinese;Abstract in Chinese)],1993,9(1):49.}

[20604] 刘明礼，张欣．压迫性高位桡神经损伤两例报告 [J]．中华手外科杂志，1994，10（1）：41．{LIU Mingli,ZHANG Xin. Compressive high radial nerve injury:two cases report[J]. Zhonghua Shou Wai Ke Za Zhi[Chin J Hand Surg(Article in Chinese;Abstract in Chinese)],1994,10(1):41.}

[20605] 高云早．50 例肱骨干骨折并发桡神经损伤的治疗体会 [J]．安徽医科大学学报，1995，30（3）：251．DOI：CNKI：SUN：YIKE.0.1995-03-062．{GAO Yunzao. Experience in the treatment of 50 cases of humeral shaft fracture complicated with radial nerve injury[J]. An Hui Yi Ke Da Xue Xue Bao[Acta Univ Med Anhui(Article in Chinese;Abstract in Chinese and English)],1995,30(3):251. DOI:CNKI:SUN:YIKE.0.1995-03-062.}

[20606] 黄耀添，冯志军，殷琦，雷伟，朱立军，朱锦宇．儿童桡神经损伤 78 例分析 [J]．中华手外科杂志，1998，14（2）：3-5．DOI：10.3760/cma.j.issn.1005-054X.1998.02.019．{HUANG Yaotian,FENG Zhijun,YIN Qi,LEI Wei,ZHU Lijun,ZHU Jinyu. Analysis of 78 cases of radial nerve injury in children[J]. Zhonghua Shou Wai Ke Za Zhi[Chin J Hand Surg(Article in Chinese;Abstract in Chinese and English)],1998,14(2):3-5. DOI:10.3760/cma.j.issn.1005-054X.1998.02.019.}

[20607] 陈玉兵，王群殿，徐兴臣．手术致桡神经损伤的原因分析及防治 [J]．中国矫形外科杂志，2000，7（5）：512．DOI：10.3969/j.issn.1005-8478.2000.05.044．{CHEN Yubing,WANG Qundian,XU Xingchen. Analysis of the reason and prevention of the injury of radial nerve in surgery[J]. Zhongguo Jiao Xing Wai Ke Za Zhi[Orthop J China(Article in Chinese;Abstract in Chinese)],2000,7(5):512. DOI:10.3969/j.issn.1005-8478.2000.05.044.}

[20608] 袁华军，梁善荣，黎忠文．肱骨骨折致桡神经损伤治疗疗效分析 [J]．中华显微外科杂志，2001，24（3）：221-223．DOI：10.3760/cma.j.issn.1001-2036.2001.03.029．{YUAN Huajun,LIANG Shanrong,LI Zhongwen. Analysis of therapeutic effect on radial nerve injury caused by humeral fracture[J]. Zhonghua Xian Wei Wai Ke Za Zhi[Chin J Microsurg(Article in Chinese;Abstract in Chinese)],2001,24(3):221-223. DOI:10.3760/cma.j.issn.1001-2036.2001.03.029.}

[20609] 侯金永，周立波，戴振国．闭合整复穿针固定治疗儿童孟氏骨折合并桡神经损伤 6 例 [J]．中国骨伤，2001，14（12）：755．DOI：10.3969/j.issn.1003-0034.2001.12.027．{HOU Jinyong,ZHOU Libo,DAI Zhenguo. Closed reduction and needle fixation in the treatment of Monteggia fracture with radial nerve injury in children:6 cases report[J]. Zhongguo Gu Shang[China J Orthop Trauma(Article in Chinese;Abstract in Chinese and English)],2001,14(12):755. DOI:10.3969/j.issn.1003-0034.2001.12.027.}

[20610] 张明元，王建平，陈廖斌．桡神经损伤的修复与功能重建 [J]．中国修复重建外科杂志，2001，15（6）：358-359．DOI：CNKI：SUN：ZXCW.0.2001-06-016．{ZHANG Mingyuan,WANG Jianping,CHEN Liaobin. Repair and reconstruction of radial nerve injury[J]. Zhongguo Xiu Fu Chong Jian Wai Ke Za Zhi[Chin J Repar Reconstr Surg(Article in Chinese;Abstract in Chinese and English)],2001,15(6):358-359. DOI:CNKI:SUN:ZXCW.0.2001-06-016.}

[20611] 梅锦荣，管国华，朱剑华，李伟，沈鹏．桡神经损伤的治疗效果 [J]．中华手外科杂志，2002，18（1）：36-37．DOI：10.3760/cma.j.issn.1005-054X.2002.01.013．{MEI Jinrong,GUAN Guohua,ZHU Jianhua,LI Wei,SHEN Peng. Treatment outcome of radial nerve injury[J]. Zhonghua Shou Wai Ke Za Zhi[Chin J Hand Surg(Article in Chinese;Abstract in Chinese and English)],2002,18(1):36-37. DOI:10.3760/cma.j.issn.1005-054X.2002.01.013.}

[20612] 黄隆，姚学东，戴章生，姚晓滨，林其仁．肱骨内固定术后的桡神经损伤 [J]．中国骨伤，2002，15（9）：545．DOI：10.3969/j.issn.1003-0034.2002.09.015．{HUANG Long,YAO Xuedong,DAI Zhangsheng,YAO Xiaobin,LIN Qiren. Radial nerve injury following internal fixation of the humerus[J]. Zhongguo Gu Shang[China J Orthop Trauma(Article in Chinese;Abstract in Chinese and English)],2002,15(9):545. DOI:10.3969/j.issn.1003-0034.2002.09.015.}

[20613] 高昌启，姚大瑞．儿童孟氏骨折伴桡神经损伤的诊治 [J]．临床骨科杂志，2002，5（4）：281-282．DOI：10.3969/j.issn.1008-0287.2002.04.028．{GAO Changqi,YAO Darui. Diagnosis and treatment of monteggia fracture in children complicating with nerve radialis injurie[J]. Lin Chuang Gu Ke Za Zhi[J Clin Orthop(Article in Chinese;Abstract in Chinese and English)],2002,5(4):281-282. DOI:10.3969/j.issn.1008-0287.2002.04.028.}

[20614] 欧景才，黄东，张惠茹，江奕恒，吴伟炽，毛莉颖．不同原因致桡神经损伤的显微外科修复 [J]．实用手外科杂志，2003，17（3）：153-154．DOI：10.3969/j.issn.1671-2722.2003.03.012．{OU Jingcai,HUANG Dong,ZHANG Huiru,JIANG Yiheng,WU Weichi,MAO Liying. Microsurgical repair of radial nerve injury caused by different reason[J]. Shi Yong Shou Wai Ke Za Zhi[Chin J Pract Hand Surg(Article in Chinese;Abstract in Chinese and English)],2003,17(3):153-154. DOI:10.3969/j.issn.1671-2722.2003.03.012.}

[20615] 周强，阚世廉，宫可同，费起礼．桡神经损伤后的功能重建 [J]．中国修复重建外科杂志，2003，17（5）：429．DOI：CNKI：SUN：ZXCW.0.2003-05-026．{ZHOU Qiang,KAN Shilian,GONG Ketong,FEI Qili. Functional reconstruction after radial nerve injury[J]. Zhongguo Xiu Fu Chong Jian Wai Ke Za Zhi[Chin J Repar Reconstr Surg(Article in Chinese;Abstract in Chinese and English)],2003,17(5):429. DOI:CNKI:SUN:ZXCW.0.2003-05-026.}

[20616] 黄山东，尹庆水，李凭跃．肱骨骨折后迟发性桡神经损伤 [J]．中华骨科杂志，2004，24（8）：503．DOI：10.3760/j.issn：0253-2352.2004.08.015．{HUANG Shandong,YIN Qingshui,LI Pingyue. Delayed radial nerve injury after humeral fracture[J]. Zhonghua Gu Ke Za Zhi[Chin J Orthop(Article in Chinese;Abstract in Chinese)],2004,24(8):503. DOI:10.3760/j.issn:0253-2352.2004.08.015.}

[20617] 韩相珍，陈阳，闫明彩．桡神经损伤的治疗 [J]．中国矫形外科杂志，2004，12（16）：1272．DOI：10.3969/j.issn.1005-8478.2004.16.023．{HAN Xiangzhen,CHEN Yang,YAN Mingcai. Treatment of radial nerve injury[J]. Zhongguo Jiao Xing Wai Ke Za Zhi[Orthop J China(Article in Chinese;Abstract in Chinese)],2004,12(16):1272. DOI:10.3969/j.issn.1005-8478.2004.16.023.}

[20618] 夏瀚，张在华，郑军，马维初，李前辉，刘忠良．自锁髓内钉内固定治疗肱骨干骨折合并桡神经损伤 [J]．中华创伤骨科杂志，2004，6（12）：1407-1408．DOI：10.3760/cma.j.issn.1671-7600.2004.12.027．{XIA Han,ZHANG Zaihua,ZHENG Jun,MA Weichu,LI Qianhui,LIU Zhongliang. Self-locking intramedullary nails in treatment of humeral shaft fracture complicated with radial nerve injury[J]. Zhonghua Chuang Shang Gu Ke Za Zhi[Chin J Orthop Trauma(Article in Chinese;Abstract in Chinese and English)],2004,6(12):1407-1408. DOI:10.3760/cma.j.issn.1671-7600.2004.12.027.}

[20619] 刘志刚，于家傲，陈雷．肱骨干骨折术后桡神经损伤的诊治分析 [J]．中华创伤骨科杂志，2004，6（12）：1409-1410．DOI：10.3760/cma.j.issn.1671-7600.2004.12.028．{LIU Zhigang,YU Jiaao,CHEN Lei. Diagnosis and treatment of radial nerve injury following internal fixation for humeral shaft fracture[J]. Zhonghua Chuang Shang Gu Ke Za Zhi[Chin J Orthop Trauma(Article in Chinese;Abstract in Chinese and English)],2004,6(12):1409-1410. DOI:10.3760/cma.j.issn.1671-7600.2004.12.028.}

[20620] 魏尧森，王济纬，张立岩．肱骨干骨折合并桡神经损伤的早期手术治疗 [J]．临床骨科杂志，2004，7（2）：201-202．DOI：10.3969/j.issn.1008-0287.2004.02.041．{WEI Yaosen,WANG Jiwei,ZHANG Liyan. The early surgical treatment of humeral diaphyseal fracture with radial nerve injury[J]. Lin Chuang Gu Ke Za Zhi[J Clin Orthop(Article in Chinese;Abstract in Chinese)],2004,7(2):201-202. DOI:10.3969/j.issn.1008-0287.2004.02.041.}

[20621] 陈振鹤，庄永青，李小军，傅小宽，童静．带筋膜蒂前臂外侧皮神经移植修复桡神经损伤 [J]．实用手外科杂志，2004，18（4）：210-211．DOI：10.3969/j.issn.1671-2722.2004.04.008．{CHEN Zhenhe,ZHUANG Yongqing,LI Xiaojun,FU Xiaokuan,TONG Jing. Repair of radial nerve deep branch by lateral antebrachial cutaneous nerve with fascial pedicle[J]. Shi Yong Shou Wai Ke Za Zhi[Chin J Pract Hand Surg(Article in Chinese;Abstract in Chinese and English)],2004,18(4):210-211. DOI:10.3969/j.issn.1671-2722.2004.04.008.}

[20622] 吕俊忠，王守东，林宗棋．上臂桡神经损伤 37 例临床分析 [J]．中华实验外科杂志，2005，22（6）：673．DOI：10.3760/j.issn：1001-9030.2005.06.044．{LV Junzhong,WANG Shoudong,LIN Zongqi. Clinical analysis of 37 cases of radial nerve injury of upper arm[J]. Zhonghua Shi Yan Wai Ke Za Zhi[Chin J Exp Surg(Article in Chinese;Abstract in Chinese)],2005,22(6):673. DOI:10.3760/j.issn:1001-9030.2005.06.044.}

[20623] 刘勇章，胡小鹏，王耀南，朱彤，丁勇，陶海荣，王立，许志兴．肱骨骨折伴桡神经损伤的治疗 [J]．临床骨科杂志，2005，8（4）：360-361．DOI：10.3969/j.issn.1008-0287.2005.04.030．{LIU Yongzhang,HU Xiaopeng,WANG Yaonan,ZHU Tong,DING Yong,TAO Hairong,WANG Li,XU Zhixing. Treatment of humeral fracture associated with radial nerve injury[J]. Lin Chuang Gu Ke Za Zhi[J Clin Orthop(Article in Chinese;Abstract in Chinese and English)],2005,8(4):360-361. DOI:10.3969/j.issn.1008-0287.2005.04.030.}

[20624] 李龙，李兵，江健，唐运鹏，刘华彦，吴康，韦钊岚．不可逆桡神经损伤的手功能重建 [J]．中国修复重建外科杂志，2005，19（11）：897-898．DOI：CNKI：SUN：YXLZ.0.2008-04-005．{LI Long,LI Bing,JIANG Jian,TANG Yunpeng,LIU Huayan,WU Kang,WEI Zhaolan. Functional reconstruction of hands with irreversible radial nerve injury[J]. Zhongguo Xiu Fu Chong Jian Wai Ke Za Zhi[Chin J Repar Reconstr Surg(Article in Chinese;Abstract in Chinese and English)],2005,19(11):897-898. DOI:CNKI:SUN:YXLZ.0.2008-04-005.}

[20625] 符广敏，曹雷，李云鹏．儿童陈旧性桡骨头脱位合并桡神经损伤的治疗分析（附 26 例报告 ）[J]．中国矫形外科杂志，2006，14（12）：949-950．DOI：10.3969/j.issn.1005-8478.2006.12.025．{FU Guangmin,CAO Lei,LI Yunpeng. Treatment of old dislocation of the radial head complicated by deep branch of radial nerve injury in children[J]. Zhongguo Jiao Xing Wai Ke Za Zhi[Orthop J China(Article in Chinese;Abstract in Chinese)],2006,14(12):949-950. DOI:10.3969/j.issn.1005-8478.2006.12.025.}

[20626] 刘远禄，田显阳，秦晋，张奎，苟景跃，胡建华，王珏．桡神经损伤的治疗和经验教训 [J]．中国矫形外科杂志，2006，14（24）：1866-1868．DOI：10.3969/j.issn.1005-8478.2006.24.010．{LIU Yuanlu,TIAN Xianyang,QIN Jin,ZHANG Kui,GOU Jingyue,HU Jianhua,WANG Jue. Causes and treatment in radial nerve injury[J]. Zhongguo Jiao Xing Wai Ke Za Zhi[Orthop J China(Article in Chinese;Abstract in Chinese and English)],2006,14(24):1866-1868. DOI:10.3969/j.issn.1005-8478.2006.24.010.}

[20627] 张国柱，蒋协远．闭合复位带锁髓内钉适宜治疗合并桡神经损伤的肱骨干骨折吗 ?[J]．中华创伤骨科杂志，2006，8（7）：606-608．DOI：10.3760/cma.j.issn.1671-7600.2006.07.003．{ZHANG Guozhu,JIANG Xieyuan. Is closed reduction and interlocking intramedullary nailing fit for the treatment of fractures of humeral shaft with radial nerve injury?[J]. Zhonghua Chuang Shang Gu Ke Za Zhi[Chin J Orthop Trauma(Article in Chinese;Abstract in Chinese and English)],2006,8(7):606-608. DOI:10.3760/cma.j.issn.1671-7600.2006.07.003.}

[20628] 耿登峰，张会云，李桂兰．无移位肱骨髁上骨折致桡神经损伤 1 例 [J]．中国骨伤，2006，19（11）：651．DOI：10.3969/j.issn.1003-0034.2006.11.028．{GENG Dengfeng,ZHANG Huiyun,LI Guilan. Humeral supracondylar fracture without displace induced to radial nerve injury:a case report[J]. Zhongguo Gu Shang[China J Orthop Trauma(Article in Chinese;No abstract available)],2006,19(11):651. DOI:10.3969/j.issn.1003-0034.2006.11.028.}

[20629] 黄粹业，马世前，李郁享，仇继任，唐国能．上臂段桡神经损伤的显微外科治疗 [J]．中华显微外科杂志，2007，30（3）：225-227．DOI：10.3760/cma.j.issn.1001-2036.2007.03.025．{HUANG Cuiye,MA Shi Qian,LI Yuxiang,CHOU Jiren,TANG Guoneng. Microsurgical treatment of upper arm radial nerve injury[J]. Zhonghua Xian Wei Wai Ke Za Zhi[Chin J Microsurg(Article in Chinese;Abstract in Chinese)],2007,30(3):225-227. DOI:10.3760/cma.j.issn.1001-2036.2007.03.025.}

[20630] 张强华，闵继康，袁永健，王丹．孟氏骨折合并桡神经损伤的诊治 [J]．中华手外科杂志，2008，24(6)：381．DOI：10.3760/cma.j.issn.1005-054X.2008.06.025．{ZHANG Qianghua,MIN Jikang,YUAN Yongjian,WANG Dan. Diagnosis and treatment of Monteggia fracture complicated with radial nerve injury[J]. Zhonghua Shou Wai Ke Za Zhi[Chin J Hand Surg(Article in Chinese;Abstract in Chinese and English)],2008,24(6):381. DOI:10.3760/cma.j.issn.1005-054X.2008.06.025.}

[20631] 姚保兵，孙秀梅，韩冰，王文德，赵凤林．逆行交锁髓内钉治疗合并桡神经损伤的肱骨干骨折 [J]．中国骨伤，2008，21（9）：687-688．DOI：10.3969/j.issn.1003-0034.2008.09.020．{YAO Baobing,SUN Xiumei,HAN Bing,WANG Wende,ZHAO Fenglin. Retrograde interlocking intramedullary nail in treatment of humeral shaft fracture compficared with radial nerve in-jury[J]. Zhongguo Gu Shang[China J Orthop Trauma(Article in Chinese;Abstract in Chinese)],2008,21(9):687-688. DOI:10.3969/j.issn.1003-0034.2008.09.020.}

[20632] 陈乐滋，虞聪．经皮电刺激促进桡神经损伤后神经再生的临床研究 [J]．中华手外科杂志，2010，26（4）：208-211．DOI：10.3760/cma.j.issn.1005-054X.2010.04.007．{CHEN Lezi,YU Cong. Transcutaneous electrical nerve stimulation after radial nerve injury in the upper arm:a randomized controlled clinical study[J]. Zhonghua Shou Wai Ke Za Zhi[Chin J Hand Surg(Article in Chinese;Abstract in Chinese and English)],2010,26(4):208-211. DOI:10.3760/cma.j.issn.1005-054X.2010.04.007.}

[20633] 陈琳，陈为民，彭峰，顾伟．高频超声在肱骨骨折合并桡神经损伤诊断中的应用 [J]．中华手外科杂志，2010，26（5）：258-260．DOI：10.3760/cma.j.issn.1005-054X.2010.05.002．{CHEN Lin,CHEN Weimin,PENG Feng,GU Wei. Application of high-resolution sonography for diagnosis of radial nerve injury combined with humeral fracture[J]. Zhonghua Shou Wai Ke Za Zhi[Chin J Hand Surg(Article in Chinese;Abstract in Chinese and English)],2010,26(5):258-260. DOI:10.3760/cma.j.issn.1005-054X.2010.05.002.}

[20634] 塔依尔江·举来提，赵喜滨．创伤性浮肘并桡神经损伤一期手术治疗疗效分析 [J]．中华手外科杂志，2010，26（6）：344-346．DOI：10.3760/cma.j.issn.1005-054X.2010.06.012．

{TAYIERJIANG Julaiti,ZHAO Xibin. Outcome assessment of one stage surgical treatment of floating elbow and radial nerve injuries[J]. Zhonghua Shou Wai Ke Za Zhi[Chin J Hand Surg(Article in Chinese;Abstract in Chinese and English)],2010,26(6):344-346. DOI:10.3760/cma.j.issn.1005-054X.2010.06.012.}

[20635] 赵炳显，李炳万，赵世伟，邱旭东，朱春雷. 改良津下法对不可逆桡神经损伤的手功能重建[J]. 中华手外科杂志，2010，26（6）：363-365. DOI：10.3760/cma.j.issn.1005-054X.2010.06.023. {ZHAO Bingxian,LI Bingwan,ZHAO Shiwei,QIU Xudong,ZHU Chunlei. Modified Tsuge technique for functional reconstruction of hands with radial nerve palsy[J]. Zhonghua Shou Wai Ke Za Zhi[Chin J Hand Surg(Article in Chinese;Abstract in Chinese and English)],2010,26(6):363-365. DOI:10.3760/cma.j.issn.1005-054X.2010.06.023.}

[20636] 孟庆元，杨俊峰，徐登，张健. 肱骨干骨折合并桡神经损伤38例治疗及功能康复[J]. 神经损伤与功能重建，2010，5（2）：119-121. DOI：10.3870/sjsscj.2010.02.010. {MENG Qingyuan,YANG Junfeng,XU Deng,ZHANG Jian. Treatment and functional rehabilitation of humeral shaft fracture with radial nerve injury in 38 cases[J]. Shen Jing Sun Shang Yu Gong Neng Chong Jian[Neural Injury Funct Reconstr(Article in Chinese;Abstract in Chinese and English)],2010,5(2):119-121. DOI:10.3870/sjsscj.2010.02.010.}

[20637] 张功林，葛宝丰. 介绍一种防止桡神经损伤的方法[J]. 国际骨科学杂志，2011，32（4）：272. DOI：10.3969/j.issn.1673-7083.2011.04.023. {ZHANG Gonglin,GE Baofeng. A method of protecting the radial nerve from injury[J]. Guo Ji Gu Ke Xue Za Zhi[Int J Orthop(Article in Chinese;Abstract in Chinese)],2011,32(4):272. DOI:10.3969/j.issn.1673-7083.2011.04.023.}

[20638] 徐培，周铁仁，杨进，杨建祥. 上臂桡神经损伤的评估与治疗[J]. 中国矫形外科杂志，2012，20（16）：1535. DOI：10.3977/j.issn.1005-8478.2012.16.30. {XU Pei,ZHOU Tieren,YANG Jin,YANG Jianxiang. Evaluation and treatment of radial nerve injury in upper arm[J]. Zhongguo Jiao Xing Wai Ke Za Zhi[Orthop J China(Article in Chinese;Abstract in Chinese and English)],2012,20(16):1535. DOI:10.3977/j.issn.1005-8478.2012.16.30.}

[20639] 李中锋，崔红旺，王俊波，聂兴国. 严重自体压迫性桡神经损伤的疗效分析[J]. 中华手外科杂志，2012，28（1）：36-38. DOI：10.3760/cma.j.issn.1005-054X.2012.01.014. {LI Zhongfeng,CUI Hongwang,WANG Junbo,NIE Xingguo. Cause analysis and outcome assessment of surgical treatment in patients of severe radial nerve injury caused by compression in the upper arm[J]. Zhonghua Shou Wai Ke Za Zhi[Chin J Hand Surg(Article in Chinese;Abstract in Chinese and English)],2012,28(1):36-38. DOI:10.3760/cma.j.issn.1005-054X.2012.01.014.}

[20640] 陈居文，陆芸，李媛，孙静涛，郝宝喜，李超英. 前臂外侧皮神经移植加移位修复桡神经损伤[J]. 中华显微外科杂志，2013，36（4）：392-393. DOI：10.3760/cma.j.issn.1001-2036.2013.06.027. {CHEN Juwen,LU Yun,LI Yuan,SUN Jingtao,HAO Baoxi,LI Chaoying. Repair of radial nerve injury by transplantation and transposition of lateral cutaneous nerve of forearm[J]. Zhonghua Xian Wei Wai Ke Za Zhi[Chin J Microsurg(Article in Chinese;Abstract in Chinese)],2013,36(4):392-393. DOI:10.3760/cma.j.issn.1001-2036.2013.06.027.}

[20641] 公茂琪，诸寅，查晔军，李庭，蒋协远. 应用肘关节铰链式外固定架治疗引起的桡神经损伤[J]. 中华创伤杂志，2013，29（5）：411-415. DOI：10.3760/cma.j.issn.1001-8050.2013.05.006. {GONG Maoqi,ZHU Yin,CHA Yejun,LI Ting,JIANG Xieyuan. Radial nerve injury secondary to use of hinged elbow external fixators[J]. Zhonghua Chuang Shang Za Zhi[Chin J Trauma(Article in Chinese;Abstract in Chinese and English)],2013,29(5):411-415. DOI:10.3760/cma.j.issn.1001-8050.2013.05.006.}

[20642] 朱晓中，付凯，郑宪友，柴益民，曾炳芳. 肱骨干骨折合并桡神经损伤的治疗策略[J]. 中华手外科杂志，2015，31（1）：24-26. DOI：10.3760/cma.j.issn.1005-054X.2015.01.011. {ZHU Xiaozhong,FU Kai,ZHENG Xianyou,CHAI Yimin,ZENG Bingfang. Treatment strategies of humeral shaft fractures associated with radial nerve injuries[J]. Zhonghua Shou Wai Ke Za Zhi[Chin J Hand Surg(Article in Chinese;Abstract in Chinese and English)],2015,31(1):24-26. DOI:10.3760/cma.j.issn.1005-054X.2015.01.011.}

[20643] 缪玉龙，朱文华，刘敏峰，邵志恩，邓智明，朱振兴. 机器挤轧致桡神经损伤39例的治疗[J]. 实用手外科杂志，2017，31(1)：22-23，35. DOI：10.3969/j.issn.1671-2722.2017.01.006. {MIAO Yulong,ZHU Wenhua,LIU Minfeng,SHAO Zhien,DENG Zhiming,ZHU Zhenxing. Treatment of radial nerve injury caused by machinery crush in 39 cases[J]. Shi Yong Shou Wai Ke Za Zhi[Chin J Pract Hand Surg(Article in Chinese;Abstract in Chinese and English)],2017,31(1):22-23,35. DOI:10.3969/j.issn.1671-2722.2017.01.006.}

[20644] 刘彬，鹿亮，尚希福，陈伟健. 肌腱转位术治疗桡神经损伤晚期功能障碍疗效观察[J]. 中国修复重建外科杂志，2017，31（5）：635-637. DOI：10.7507/1002-1892.201609095. {LIU Bin,LU Liang,SHANG Xifu,CHEN Weijian. Observation on the efficacy of tendon transposition in the treatment of late dysfunction of radial nerve injury[J]. Zhongguo Xiu Fu Chong Jian Wai Ke Za Zhi[Chin J Repar Reconstr Surg(Article in Chinese;Abstract in Chinese)],2017,31(5):635-637. DOI:10.7507/1002-1892.201609095.}

6.4.15.8 指神经损伤
digital nerve injury

[20645] Tang JB,Gu YQ,Song YS. Repair of digital nerve defect with autogenous vein graft during flexor tendon surgery in zone 2[J]. J Hand Surg Br,1993,18(4):449-453. doi:10.1016/0266-7681(93)90144-5.

[20646] Cheng AS,Hung L,Wong JM,Lau H,Chan J. A prospective study of early tactile stimulation after digital nerve repair[J]. Clin Orthop Relat Res,2001,384:169-175. doi:10.1097/00003086-200103000-00020.

[20647] Jain A,Dunlop R,Hems T,Tang JB. Outcomes of surgical repair of a single digital nerve in adults[J]. J Hand Surg Eur,2019,44(6):560-565. doi:10.1177/1753193419846761.

[20648] 吕吉仑，刘洪禄，赵建勇，许俊岭，韩光普，陶晓冰. 改良环指尺侧岛状皮瓣修复拇指指腹感觉功能18例[J]. 中国骨伤，1997，10（2）：29. DOI：10.3969/j.issn.1003-0034.yyyy.nn.zzz. {LV Jilun,LIU Honglu,ZHAO Jian Yong,XU Junling,HAN Guangpu,TAO Xiaobing. Repair of abdominal sensory function of thumb with modified ulnar island flap of ring finger:a report of 18 cases[J]. Zhongguo Gu Shang[China J Orthop Trauma(Article in Chinese;No abstract available)],1997,10(2):29. DOI:10.3969/j.issn.1003-0034.yyyy.nn.zzz.}

6.4.15.9 上肢神经卡压症
upper-limb nerve entrapment

[20649] Yin Y,McEnery KW,Gilula LA,Krain S. An 80-year-old man with symptoms of bilateral carpal tunnel syndrome[J]. Orthop Rev,1992,21(9):1109-1112,1117.

[20650] Tang X,Zhuang L,Lu Z. Carpal tunnel syndrome:a retrospective analysis of 262 cases and a one to one matched case-control study of 61 women pairs in relationship between manual housework and carpal tunnel syndrome[J]. Chin Med J,1999,112(1):44-48.

[20651] Wong KC,Hung LK,Ho PC,Wong JM. Carpal tunnel release. A prospective,randomised study of endoscopic versus limited-open methods[J]. J Bone Joint Surg Br,2003,85(6):863-868.

[20652] Hui AC,Wong SM,Griffith JF. An unusual cause of carpal tunnel syndrome[J]. Int J Clin Pract,2003,57(7):635-636.

[20653] Jia ZR,Shi X,Sun XR. Pathogenesis and electrodiagnosis of cubital tunnel syndrome[J]. Chin Med J,2004,117(9):1313-1316.

[20654] Hui AC,Wong S,Leung CH,Tong P,Mok V,Poon D,Li-Tsang CW,Wong LK,Boet R. A randomized controlled trial of surgery vs steroid injection for carpal tunnel syndrome[J]. Neurology,2005,64(12):2074-2078. doi:10.1212/01.WNL.0000169017.79374.93.

[20655] Chow CS,Hung LK,Chiu CP,Lai KL,Lam LN,Ng ML,Tam KC,Wong KC,Ho PC. Is symptomatology useful in distinguishing between carpal tunnel syndrome and cervical spondylosis?[J]. Hand Surg,2005,10(1):1-5. doi:10.1142/S0218810405002425.

[20656] Yung PS,Hung LK,Tong CW,Ho PC. Carpal tunnel release with a limited palmar incision:clinical results and pillar pain at 18 months follow-up[J]. Hand Surg,2005,10(1):29-35. doi:10.1142/S0218810405002413.

[20657] Liu F,Watson HK,Carlson L,Lown I,Wollstein R. Use of quantitative abductor pollicis brevis strength testing in patients with carpal tunnel syndrome[J]. Plast Reconstr Surg,2007,119(4):1277-1283. doi:10.1097/01.prs.0000254498.49588.2d.

[20658] Wang J,Ni W,Li Q,Xu J,Zhu H,Zhao B,Guo S,Zeng B. Differential diagnosis of cervical nerve compression syndrome of the external intervertebral foramen[J]. Front Med China,2007,1(2):177-180. doi:10.1007/s11684-007-0033-3.

[20659] Cai DF. Warm-needling plus Tuina relaxing for the treatment of carpal tunnel syndrome[J]. J Tradit Chin Med,2010,30(1):23-24. doi:10.1016/s0254-6272(10)60007-6.

[20660] Wu G,Li C,Sun H,Zhu Q,Cui S. Hourglass-like constriction of the musculocutaneous nerve:case report[J]. J Hand Surg Am,2010,35(10):1652-1654. doi:10.1016/j.jhsa.2010.07.008.

[20661] Ho AW,Ho ST,Koo SC,Wong KH. Hand numbness and carpal tunnel syndrome after volar plating of distal radius fracture[J]. Hand(NY),2011,6(1):34-38. doi:10.1007/s11552-010-9283-7.

[20662] Pan YW,Wang S,Tian G,Li C,Tian W,Tian M. Typical brachial neuritis (Parsonage-Turner syndrome) with hourglass-like constrictions in the affected nerves[J]. J Hand Surg Am,2011,36(7):1197-1203. doi:10.1016/j.jhsa.2011.03.041.

[20663] Guan J,Ji F,Chen W,Chu H,Lu Z. Sonographic and electrophysiological detection in patients with carpal tunnel syndrome[J]. Neurol Res,2011,33(9):970-975. doi:10.1179/1743132811Y.0000000028.

[20664] Zhong W,Zhang W,Zheng X,Li S,Shi J. Comparative study of different surgical transposition methods for ulnar nerve entrapment at the elbow[J]. J Int Med Res,2011,39(5):1766-1772. doi:10.1177/147323001103900519.

[20665] Xu L,Huang F,Hou C. Treatment for carpal tunnel syndrome by coronal Z-type lengthening of the transverse carpal ligament[J]. J Pak Med Assoc,2011,61(11):1068-1071.

[20666] Jiang S,Xu W,Shen Y,Xu JG,Gu YD. Endoscopy-assisted cubital tunnel release under carbon dioxide insufflation and anterior transposition[J]. Ann Plast Surg,2012,68(1):62-66. doi:10.1097/SAP.0b013e318211913c.

[20667] Li Y,Lao J. The cubital tunnel syndrome caused by the two synovial cysts[J]. J Plast Reconstr Aesthet Surg,2012,65(6):827-829. doi:10.1016/j.bjps.2011.11.017.

[20668] Zhong W,Zhang W,Zheng X,Li S,Shi J. The high-resolution ultrasonography and electrophysiological studies in nerve decompression for ulnar nerve entrapment at the elbow[J]. J Reconstr Microsurg,2012,28(5):345-348. doi:10.1055/s-0032-1313766.

[20669] Li H,Cai QX,Shen PQ,Chen T,Zhang ZM,Zhao L. Posterior interosseous nerve entrapment after Monteggia fracture-dislocation in children[J]. Chin J Traumatol,2013,16(3):131-135.

[20670] Xu X,Lao J,Zhao X. How to prevent injury to the palmar cutaneous branch of median nerve and ulnar nerve in a palmar incision in carpal tunnel release,a cadaveric study[J]. Acta Neurochir(Wien),2013,155(9):1751-1755. doi:10.1007/s00701-013-1764-3.

[20671] Yin HW,Qiu YQ,Shen YD,Xu JG,Gu YD,Xu WD. Arthroscopic distal metaphyseal ulnar shortening osteotomy for ulnar impaction syndrome:a different technique[J]. J Hand Surg Am,2013,38(11):2257-2262. doi:10.1016/j.jhsa.2013.08.108.

[20672] Zhu J,Liu F. Paying attention to carpal tunnel contents lesions:ultrasound for evaluation of carpal tunnel syndrome[J]. Ann Rheum Dis,2014,73(4):e16. doi:10.1136/annrheumdis-2013-205015.

[20673] Chen L,Duan X,Huang X,Lv J,Peng K,Xiang Z. Effectiveness and safety of endoscopic versus open carpal tunnel decompression[J]. Arch Orthop Trauma Surg,2014,134(4):585-593. doi:10.1007/s00402-013-1898-z.

[20674] Pan Y,Wang S,Zheng D,Tian W,Tian G,Ho PC,Cheng HS,Zhong Y. Hourglass-like constrictions of peripheral nerve in the upper extremity:a clinical review and pathological study[J]. Neurosurgery,2014,75(1):10-22. doi:10.1227/NEU.0000000000000350.

[20675] Wu P,Yang JY,Chen L,Yu C. Surgical and conservative treatments of complete spontaneous posterior interosseous nerve palsy with hourglass-like fascicular constrictions:a retrospective study of 41 cases[J]. Neurosurgery,2014,75(3):250-257;discussion 257. doi:10.1227/NEU.0000000000000424.

[20676] Xing SG,Tang JB. Entrapment neuropathy of the wrist,forearm,and elbow[J]. Clin Plast Surg,2014,41(3):561-588. doi:10.1016/j.cps.2014.03.007.

[20677] Chen HW,Ou S,Liu GD,Fei J,Zhao GS,Wu LJ,Pan J. Clinical efficacy of simple decompression versus anterior transposition of the ulnar nerve for the treatment of cubital tunnel syndrome:a meta-analysis[J]. Clin Neurol Neurosurg,2014,126:150-155. doi:10.1016/j.clineuro.2014.08.005.

[20678] Qing C,Zhang J,Wu S,Ling Z,Wang S,Li H,Li H. Clinical classification and treatment of cubital tunnel syndrome[J]. Exp Ther Med,2014,8(5):1365-1370. doi:10.3892/etm.2014.1983.

[20679] Sundstrup E,Jakobsen MD,Brandt M,Jay K,Colado JC,Wang Y,Andersen LL. Acute effect of topical menthol on chronic pain in slaughterhouse workers with

carpal tunnel syndrome:triple-blind,randomized placebo-controlled trial[J]. Rehabil Res Pract,2014,2014:310913. doi:10.1155/2014/310913.
[20680] Wu P,Yang JY,Yu C. Surgical treatment of spontaneous posterior interosseous nerve palsy with hourglass-like constriction[J]. J Hand Surg Eur,2015,40(6):646-647. doi:10.1177/1753193414528154.
[20681] Zuo D,Zhou Z,Wang H,Liao Y,Zheng L,Hua Y,Cai Z. Endoscopic versus open carpal tunnel release for idiopathic carpal tunnel syndrome:a meta-analysis of randomized controlled trials[J]. J Orthop Surg Res,2015,10:12. doi:10.1186/s13018-014-0148-6.
[20682] Zhang X,Li Y,Wen S,Zhu H,Shao X,Yu Y. Carpal tunnel release with subneural reconstruction of the transverse carpal ligament compared with isolated open and endoscopic release[J]. Bone Joint J,2015,97B(2):221-228. doi:10.1302/0301-620X.97B2.34423.
[20683] Li MX,He Q,Hu ZL,Chen SH,Lv YC,Liu ZH,Wen Y,Peng TH. Applied anatomical study of the vascularized ulnar nerve and its blood supply for cubital tunnel syndrome at the elbow region[J]. Neural Regen Res,2015,10(1):141-145. doi:10.4103/1673-5374.150723.
[20684] Liu Z,Jia ZR,Wang TT,Shi X,Liang W. Preliminary study on the lesion location and prognosis of cubital tunnel syndrome by motor nerve conduction studies[J]. Chin Med J,2015,128(9):1165-1170. doi:10.4103/0366-6999.156100.
[20685] Zhang J,Liu N,Wang YW,Zhang ZC,Zheng LN,Zhu J. Evaluation of the function status of the ulnar nerve in carpal tunnel syndrome[J]. Genet Mol Res,2015,14(2):3680-3686. doi:10.4238/2015.April.17.17.
[20686] Liu CH,Wu SQ,Ke XB,Wang HL,Chen CX,Lai ZL,Zhuang ZY,Wu ZQ,Lin Q. Subcutaneous versus submuscular anterior transposition of the ulnar nerve for cubital tunnel syndrome:a systematic review and meta-analysis of randomized controlled trials and observational studies[J]. Medicine(Baltimore), 2015,94(29):e1207. doi:10.1097/MD.0000000000001207.
[20687] Zhang L,Rehemutula A,Peng F,Yu C,Wang TB,Chen L. Does the ratio of the carpal tunnel inlet and outlet cross-sectional areas in the median nerve reflect carpal tunnel syndrome severity?[J]. Neural Regen Res,2015,10(7):1172-1176. doi:10.4103/1673-5374.160117.
[20688] Zhao HL,Wang GB,Jia YQ,Zhu SC,Zhang FF,Liu HM. Comparison of risk of carpal tunnel syndrome in patients with distal radius fractures after 7 treatments[J]. Med Sci Monit,2015,21:2837-2844. doi:10.12659/MSM.894075.
[20689] Huang W,Zhang PX,Peng Z,Xue F,Wang TB,Jiang BG. Anterior subcutaneous transposition of the ulnar nerve improves neurological function in patients with cubital tunnel syndrome[J]. Neural Regen Res,2015,10(10):1690-1695. doi:10.4103/1673-5374.167770.
[20690] Lu Y,Meng Z,Pan X,Qin L,Wang G. Value of high-frequency ultrasound in diagnosing carpal tunnel syndrome[J]. Int J Clin Exp Med,2015,8(12):22418-22424.
[20691] Yu G,Chen Q,Wang D,Wang X,Li Z,Zhao J,Song C,Wang H,Wang Z. Diagnosis of carpal tunnel syndrome assessed using high-frequency ultrasonography:cross-section areas of 8-site median nerve[J]. Clin Rheumatol,2016,35(10):2557-2564. doi:10.1007/s10067-016-3214-0.
[20692] Wang H,Ma J,Zhao L,Wang Y,Jia X. Utility of MRI diffusion tensor imaging in carpal tunnel syndrome:a meta-analysis[J]. Med Sci Monit,2016,22:736-742. doi:10.12659/msm.895758.
[20693] Liu Z,Jia ZR,Wang TT,Shi X,Liang W. Effect of elbow position on short-segment nerve conduction study in cubital tunnel syndrome[J]. Chin Med J,2016,129(9):1028-1035. doi:10.4103/0366-6999.180515.
[20694] Hu K,Zhang T,Xu W. Intraindividual comparison between open and endoscopic release in bilateral carpal tunnel syndrome:a meta-analysis of randomized controlled trials[J]. Brain Behav,2016,6(3):e00439. doi:10.1002/brb3.439.
[20695] Zhang X,Huang X,Wang X,Wen S,Sun J,Shao X. A randomized comparison of double small,standard,and endoscopic approaches for carpal tunnel release[J]. Plast Reconstr Surg,2016,138(3):641-647. doi:10.1097/PRS.0000000000002511.
[20696] Cai J,Wang W,Yu S,Yan H,Zhan Y,Fan C. Chronic posttraumatic dislocation of radial head with ulnar nerve entrapment in a child:a case report and literature review[J]. Ann Plast Surg,2016,76(6):659-662. doi:10.1097/SAP.0000000000000620.
[20697] Chung VCH,Ho RST,Liu S,Chong MKC,Leung AWN,Yip BHK,Griffiths SM,Zee BCY,Wu JCY,Sit RWS,Lau AYL,Wong SYS. Electroacupuncture and splinting versus splinting alone to treat carpal tunnel syndrome:a randomized controlled trial[J]. CMAJ,2016,188(12):867-875. doi:10.1503/cmaj.151003.
[20698] Li ZJ,Wang Y,Zhang HF,Ma XL,Tian P,Huang Y. Effectiveness of low-level laser on carpal tunnel syndrome:a meta-analysis of previously reported randomized trials[J]. Medicine(Baltimore),2016,95(31):e4424. doi:10.1097/MD.0000000000004424.
[20699] Weng C,Dong H,Chu H,Lu Z. Clinical and electrophysiological evaluation of neutral wrist nocturnal splinting in patients with carpal tunnel syndrome[J]. J Phys Ther Sci,2016,28(8):2274-2278. doi:10.1589/jpts.28.2274.
[20700] Chen Y,Zhao CQ,Ye G,Liu CD,Xu WD. Low-power laser therapy for carpal tunnel syndrome:effective optical power[J]. Neural Regen Res,2016,11(7):1180-1184. doi:10.4103/1673-5374.187063.
[20701] Ren YM,Zhou XH,Qiao HY,Wei ZJ,Fan BY,Lin W,Feng SQ. Open versus endoscopic in situ decompression in cubital tunnel syndrome:a systematic review and meta-analysis[J]. Int J Surg,2016,35:104-110. doi:10.1016/j.ijsu.2016.09.012.
[20702] Ren YM,Wang XS,Wei ZJ,Fan BY,Lin W,Zhou XH,Feng SQ. Efficacy,safety,and cost of surgical versus nonsurgical treatment for carpal tunnel syndrome:a systematic review and meta-analysis[J]. Medicine(Baltimore),2016,95(40):e4857. doi:10.1097/MD.0000000000004857.
[20703] Ge Y,Li F,Chen J,Tian J. Severe carpal tunnel syndrome caused by gouty tophi diagnosed by dual energy computed tomography:case report[J]. Arch Rheumatol,2016,31(3):284-286. doi:10.5606/ArchRheumatol.2016.5856.
[20704] Xin H,Hu HY,Liu B,Liu X,Li X,Li J. Ultrasound elastographic evaluation of the median nerve in hemodialysis with carpal tunnel syndrome[J]. J Med Ultrason,2017,44(1):123-131. doi:10.1007/s10396-016-0733-x.
[20705] Bao H,Wu C,Wang S,Wang G,Zhang X,Zhang X,Wu L. Diffusion-weighted magnetic resonance neurography for the diagnosis of carpal tunnel syndrome:a pilot study[J]. Clin Radiol,2017,72(2):165-169. doi:10.1016/j.crad.2016.09.016.
[20706] Yang M,Wang J,Yang X,Zhong W,Ma Q,Li S,Zhang W. Use of high-resolution ultrasonography in anterior subcutaneous transposition of the ulnar nerve for cubital tunnel syndrome[J]. Acta Neurochir Suppl,2017,124:277-281. doi:10.1007/978-3-319-39546-3_40.
[20707] Tong J,Xu B,Dong Z,Zhang C,Gu Y. Surgical outcome for severe cubital tunnel syndrome in patients aged >70 years:a mean follow-up of 4.5 years[J]. Acta Neurochir(Wien),2017,159(5):917-923. doi:10.1007/s00701-017-3113-4.
[20708] Lu H,Chen Q,Shen H. A repeated carpal tunnel syndrome due to tophaceous gout in flexor tendon:a case report[J]. Medicine(Baltimore),2017,96(9):e6245. doi:10.1097/MD.0000000000006245.
[20709] Zhang X,Dhawan V,Yu Y,Zhang G,Shao X. A minimally invasive approach for cubital tunnel release and ulnar nerve transposition[J]. Phys Sportsmed,2017,45(2):110-113. doi:10.1080/00913847.2017.1295775.
[20710] Li Z,Chen L,Zhu Y,Wei Q,Liu W,Tian D,Yu Y. Handheld Electrical impedance myography probe for assessing carpal tunnel syndrome[J]. Ann Biomed Eng,2017,45(6):1572-1580. doi:10.1007/s10439-017-1819-3.
[20711] Tong J,Xu B,Dong Z,Liu J,Zhang C,Gu Y. Cubital tunnel syndrome caused by ganglion cysts:a review of 59 cases[J]. Acta Neurochir (Wien),2017,159(7):1265-1271. doi:10.1007/s00701-017-3180-6.
[20712] Zhang C,Li M,Jiang J,Zhou Q,Xiang L,Huang Y,Ban W,Peng W. Diagnostic value of virtual touch tissue imaging quantification for evaluating median nerve stiffness in carpal tunnel syndrome[J]. J Ultrasound Med,2017,36(9):1783-1791. doi:10.1002/jum.14213.
[20713] Chen J,Chen L,Wu L,Wang R,Liu JB,Hu B,Jiang LX. Value of superb microvascular imaging ultrasonography in the diagnosis of carpal tunnel syndrome:compared with color Doppler and power Doppler[J]. Medicine (Baltimore),2017,96(21):e6862. doi:10.1097/MD.0000000000006862.
[20714] Zhou XH,Ren YM,Wei ZJ,Lin W,Fan BY,Liu S,Hao Y,Shi GD,Feng SQ. Differential expression of miRNAs in Osborne's ligament of cubital tunnel syndrome[J]. Mol Med Rep,2017,16(1):687-695. doi:10.3892/mmr.2017.6663.
[20715] Guo XY,Xiong MX,Zhao Y,He FD,Cheng XQ,Wu YY,Chen K,Lu M. Comparison of the clinical effectiveness of ultrasound-guided corticosteroid injection with and without needle release of the transverse carpal ligament in carpal tunnel syndrome[J]. Eur Neurol,2017,78(1-2):33-40. doi:10.1159/000477719.
[20716] Woo EHC,White P,Lai CWK. Effects of electronic device overuse by university students in relation to clinical status and anatomical variations of the median nerve and transverse carpal ligament[J]. Muscle Nerve,2017,56(5):873-880. doi:10.1002/mus.25697.
[20717] Chen L,Chen J,Hu B,Jiang LX. Sonographic findings of the bifid median nerve and persistent median artery in carpal tunnel:a preliminary study in chinese individuals[J]. Clinics(Sao Paulo),2017,72(6):358-362. doi:10.6061/clinics/2017(06)05.
[20718] Chen Y,Ji W,Li T,Cong X,Chen Z. The mini-incision technique for carpal tunnel release using nasal instruments in Chinese patients[J]. Medicine(Baltimore), 2017,96(31):e7677. doi:10.1097/MD.0000000000007677.
[20719] Chang WK,Li YP,Zhang DF,Liang BS. The cubital tunnel syndrome caused by the intraneural or extraneural ganglion cysts:case report and review of the literature[J]. J Plast Reconstr Aesthet Surg,2017,70(10):1404-1408. doi:10.1016/j.bjps.2017.05.006.
[20720] Lu YC,Zhang H,Zheng MX,Hua XY,Qiu YQ,Shen YD,Jiang S,Xu JG,Gu YD,Xu WD. Local and extensive neuroplasticity in carpal tunnel syndrome:a resting-state fMRI study[J]. Neurorehabil Neural Repair,2017,31(10-11):898-909. doi:10.1177/1545968317723749.
[20721] Chen L,Liu HQ,Yang F,Liu Y,Zhang ZX,Liu ZG,Li RJ. Small incision releasing of transverse carpal ligament in diagnosis and treatment of mild carpal tunnel syndrome[J]. J Biol Regul Homeost Agents,2017,31(3):673-678.
[20722] Ma H,Lu Y,Hua X,Shen Y,Zheng M,Xu W. A longitudinal fMRI research on neural plasticity and sensory outcome of carpal tunnel syndrome[J]. Neural Plast,2017,2017:5101925. doi:10.1155/2017/5101925.
[20723] Tong J,Dong Z,Xu B,Zhang C,Gu Y. Predictors of surgical outcomes for severe cubital tunnel syndrome:a review of 146 patients[J]. Acta Neurochir (Wien),2018,160(3):645-650. doi:10.1007/s00701-017-3420-9.
[20724] Kong L,Bai J,Yu K,Zhang B,Zhang J,Tian D. Predictors of surgical outcomes after in situ ulnar nerve decompression for cubital tunnel syndrome[J]. Ther Clin Risk Manag,2018,14:69-74. doi:10.2147/TCRM.S155284.
[20725] Bai J,Kong L,Zhao H,Yu K,Zhang B,Zhang J,Tian D. Carpal tunnel release with a new mini-incision approach versus a conventional approach,a retrospective cohort study[J]. Int J Surg,2018,52:105-109. doi:10.1016/j.ijsu.2018.02.033.
[20726] Deng X,Chau LP,Chiu SY,Leung KP,Li SW,Ip WY. Exploratory use of ultrasound to determine whether demyelination following carpal tunnel syndrome co-exists with axonal degeneration[J]. Neural Regen Res,2018,13(2):317-323. doi:10.4103/1673-5374.226402.
[20727] Guan W,Lao J,Gu Y,Zhao X,Rui J,Gao K. Case-control study on individual risk factors of carpal tunnel syndrome[J]. Exp Ther Med,2018,15(3):2761-2766. doi:10.3892/etm.2018.5817.
[20728] Guo XY,Xiong MX,Lu M,Cheng XQ,Wu YY,Chen SY,Chen K,Zhou QD,Wang L,Tan L,Quan JR,He FD,Chen Q. Ultrasound-guided needle release of the transverse carpal ligament with and without corticosteroid injection for the treatment of carpal tunnel syndrome[J]. J Orthop Surg Res,2018,13(1):69. doi:10.1186/s13018-018-0771-8.
[20729] Luo PB,Zhang CQ. Chronic carpal tunnel syndrome caused by covert tophaceous gout:a case report[J]. World J Clin Cases,2018,6(9):279-283. doi:10.12998/wjcc.v6.i9.279.
[20730] Liu C,Li HW,Wang L,Zhu L,Jiang XF,Yang MJ,Li B,Zhang C,Yang HF,Xu XX. Optimal parameters and location for diffusion tensor imaging in the diagnosis of carpal tunnel syndrome:a meta-analysis[J]. Clin Radiol,2018,73(12):1058.e11-1058.e19. doi:10.1016/j.crad.2018.08.015.
[20731] Li P,Lou D,Lu H. The cubital tunnel syndrome caused by intraneural ganglion cyst of the ulnar nerve at the elbow:a case report[J]. BMC Neurol,2018,18(1):217. doi:10.1186/s12883-018-1229-7.
[20732] Hu K,Ma H,Shen Y,Williams Z,Xu W. Plexiform neurofibroma as a

cause of carpal tunnel syndrome in a radial deficiency patient[J]. Br J Neurosurg,2019,33(3):281-282. doi:10.1080/02688697.2017.1333572.

[20733] Wu Y,Liu M,Qu W. 'Bony' cubital tunnel syndrome caused by heterotopic ossification[J]. Br J Neurosurg,2019,33(5):584-585. doi:10.1080/02688697.2017.1390066.

[20734] Woo EHC,White P,Lai CWK. Morphological changes of the median nerve within the carpal tunnel during various finger and wrist positions:an analysis of intensive and nonintensive electronic device users[J]. J Hand Surg Am,2019,44(7):610.e1-610.e15. doi:10.1016/j.jhsa.2018.08.006.

[20735] Tong JS,Dong Z,Xu B,Zhang CG,Gu YD. Surgical treatment for severe cubital tunnel syndrome with absent sensory nerve conduction[J]. Neural Regen Res,2019,14(3):519-524. doi:10.4103/1673-5374.245479.

[20736] Wang Y,Liu T,Song L,Zhang Z,Zhang Y,Ni J,Lu L. Spontaneous peripheral nerve palsy with hourglass-like fascicular constriction in the upper extremity[J]. J Neurosurg,2019,131(6):1876-1886. doi:10.3171/2018.8.JNS18419.

[20737] Zhang S,Wang F,Ke S,Lin C,Liu C,Xin W,Wu S,Ma C. The effectiveness of ultrasound-guided steroid injection combined with miniscalpel-needle release in the treatment of carpal tunnel syndrome vs. steroid injection alone:a randomized controlled study[J]. Biomed Res Int,2019,2019:9498656. doi:10.1155/2019/9498656.

[20738] Li M,Jiang J,Zhou Q,Zhang C. Sonographic follow-up after endoscopic carpal tunnel release for severe carpal tunnel syndrome:a one-year neuroanatomical prospective observational study[J]. BMC Musculoskelet Disord,2019,20(1):157. doi:10.1186/s12891-019-2548-6.

[20739] Li G,Kong L,Kou N,Wang Y,Yu K,Bai J,Tian D. The comparison of limited-incision versus standard-incision in treatment of carpal tunnel syndrome:a meta-analysis of randomized controlled trials[J]. Medicine(Baltimore),2019,98(18):e15372. doi:10.1097/MD.0000000000015372.

[20740] Teng X,Xu J,Yuan H,He X,Chen H. Comparison of wrist arthroscopy,small incision surgery,and conventional surgery for the treatment of carpal tunnel syndrome:a retrospective study at a single center[J]. Med Sci Monit,2019,25:4122-4129. doi:10.12659/MSM.912912.

[20741] Kholinne E,Alsharidah MM,Almutair O,Aljasser S,Alhothali W,Kwak JM,Sun Y,Lee HJ,Koh KH,Jeon IH. Revision surgery for refractory cubital tunnel syndrome:a systematic review[J]. Orthop Traumatol Surg Res,2019,105(5):867-876. doi:10.1016/j.otsr.2019.03.020.

[20742] Zhang YW,Ju C,Ke XL,Xiao X,Xiao Y,Chen X,Zhang SL,Ge HY,Deng L. Ipsilateral radial nerve,median nerve,and ulnar nerve injury caused by crush syndrome due to alcohol intoxication:a case report[J]. Medicine(Baltimore),2019,98(38):e17227. doi:10.1097/MD.0000000000017227.

[20743] Shen Y,Li T,Cai T,Zhong J,Guo J,Shen H. Acupotomy for nerve entrapment syndrome:a systematic review protocol[J]. Medicine(Baltimore),2019,98(50):e18327. doi:10.1097/MD.0000000000018327.

[20744] Zhou Q,Shen Y,Sun X,Qiu Z,Jia Y,Li S. Acupotomy for patients with carpal tunnel syndrome:a systematic review protocol[J]. Medicine(Baltimore),2019,98(51):e18336. doi:10.1097/MD.0000000000018336.

[20745] Wu IX,Lam VC,Ho RS,Cheung WK,Sit RW,Chou LW,Zhang Y,Leung TH,Chung VC. Acupuncture and related interventions for carpal tunnel syndrome:systematic review[J]. Clin Rehabil,2020,34(1):34-44. doi:10.1177/0269215519877511.

[20746] Deng H,Lu B,Yin C,Xu Y,Ding Y,Mi Y,Xu P. The effectiveness of ultrasonography in the diagnosis of spontaneous hourglasslike constriction of peripheral nerve in the upper extremity[J]. World Neurosurg,2020,134:e103-e111. doi:10.1016/j.wneu.2019.09.111.

[20747] Yushan M,Abula A,Ren P,Alike Y,Chen E,Ma C,Yusufu A. Outcomes of revision neurolysis of the ulnar nerve and ulnar groove plasty for persistent and recurrent cubital tunnel syndrome——a retrospective study of 21 cases[J]. Injury,2020,51(2):329-333. doi:10.1016/j.injury.2019.11.003.

[20748] Sun MY,Jeon A,Seo CM,Kim YG,Wu YN,Kim DW,Lee JH. The injection site in the tarsal tunnel to minimize neurovascular injury for heel pain:an anatomical study[J]. Surg Radiol Anat,2020,42(6):681-684. doi:10.1007/s00276-019-02411-8.

[20749] Cheung WKW,Wu IXY,Sit RWS,Ho RST,Wong CHL,Wong SYS,Chung VCH. Low-level laser therapy for carpal tunnel syndrome:systematic review and network meta-analysis[J]. Physiotherapy,2020,106:24-35. doi:10.1016/j.physio.2019.06.005.

[20750] Kwon S,Bin Z,Deslivia MF,Lee HJ,Rhyu IJ,Jeon IH. Curved skin incision for ulnar nerve transposition in cubital tunnel syndrome:cadaveric and clinical study to avoid injury of medial cutaneous nerve[J]. Orthop Traumatol Surg Res,2020,106(4):757-763. doi:10.1016/j.otsr.2020.03.003.

[20751] Li Y,Luo W,Wu G,Cui S,Zhang Z,Gu X. Open versus endoscopic carpal tunnel release:a systematic review and meta-analysis of randomized controlled trials[J]. BMC Musculoskelet Disord,2020,21(1):272. doi:10.1186/s12891-020-03306-1.

[20752] Xie Y,Zhang C,Liang B,Wang J,Wang L,Wan T,Xu F,Lei L. Effects of shock wave therapy in patients with carpal tunnel syndrome:a systematic review and meta-analysis[J]. Disabil Rehabil,2020 May 18. 1-12. doi:10.1080/09638288.2020.1762769. Online ahead of print.

[20753] Tang JB. Radial tunnel syndrome:definition,distinction and treatments[J]. J Hand Surg Eur,2020,45(8):882-889. doi:10.1177/1753193420953990.

[20754] Jia S,Shi X,Liu G,Wang L,Zhang X,Ma X,Li J,Shao X. Determinants of anxiety and depression in patients with cubital tunnel syndrome[J]. BMC Psychiatry,2020,20(1):540. doi:10.1186/s12888-020-02934-0.

[20755] Dong C,Sun Y,Qi Y,Zhu Y,Wei H,Wu D,Li C. Effect of platelet-rich plasma injection on mild or moderate carpal tunnel syndrome:an updated systematic review and meta-analysis of randomized controlled trials[J]. Biomed Res Int,2020,2020:5089378. doi:10.1155/2020/5089378.

[20756] Han Y,Zhang C,Li K. A pilot clinical trial comparing efficacy and safety of tramadol versus prednisone along with therapeutic ultrasound as adjuvant therapy in Chinese patients with carpal tunnel syndrome diagnosed by ultrasonography[J]. Pak J Pharm Sci,2020,33(3Special):1397-1402.

[20757] Yang F,Li M,Qiu Y. Value of ultrasound in the management of cubital tunnel syndrome with associated space-occupying lesions[J]. J Hand Surg Eur,2021,46(2):195-197. doi:10.1177/1753193420943029.

[20758] Deng X,Chau PL,Chiu SY,Leung KP,Hu Y,Ip WY. Neural plasticity secondary to carpal tunnel syndrome:a pseudo-continuous arterial spin labeling study[J]. Neural Regen Res,2021,16(1):158-165. doi:10.4103/1673-5374.286971.

[20759] Ng AWH,Griffith JF,Tsai CSC,Tse WL,Mak M,Ho PC. MRI of the carpal tunnel 3 and 12 months after endoscopic carpal tunnel release[J]. AJR Am J Roentgenol,2021,216(2):464-470. doi:10.2214/AJR.20.23066.

[20760] Feng B,Chen K,Zhu X,Ip WY,Andersen LL,Page P,Wang Y. Prevalence and risk factors of self-reported wrist and hand symptoms and clinically confirmed carpal tunnel syndrome among office workers in China:a cross-sectional study[J]. BMC Public Health,2021,21(1):57. doi:10.1186/s12889-020-10137-1.

[20761] Lai ZH,Yang SP,Shen HL,Luo Y,Cai XH,Jiang WT,Liao LP,Wu KB,Lv GR. Combination of high-frequency ultrasound and virtual touch tissue imaging and quantification improve the diagnostic efficiency for mild carpal tunnel syndrome[J]. BMC Musculoskelet Disord,2021,22(1):112. doi:10.1186/s12891-021-03982-7.

[20762] Yang J,Chen K,Liu Y,Yang Y. Prolonged median distal sensory nerve action potential duration in carpal tunnel syndrome[J]. Muscle Nerve,2021,63(5):710-714. doi:10.1002/mus.27190.

[20763] Liu B,Wu F. Initial outcomes of a novel high-visibility endoscopic carpal tunnel release technique[J]. J Wrist Surg,2021,10(1):64-69. doi:10.1055/s-0040-1715089.

[20764] Ren HJ,Ye X,Li PY,Shen YD,Qiu YQ,Xu WD. Outcomes of ulnar nerve decompression for double crush syndrome[J]. Br J Neurosurg,2021 Feb 27. 1-9. doi:10.1080/02688697.2021.1889463. Online ahead of print.

[20765] Zhang J,Zhu W,Lin M,Jiang C. Superb microvascular imaging for detecting carpal tunnel syndrome compared with power Doppler ultrasonography:a protocol for systematic review and meta-analysis[J]. Medicine(Baltimore),2021,100(9):e24575. doi:10.1097/MD.0000000000024575.

[20766] 史少敏，陆裕朴．骨间掌侧神经受压综合征八例报告[J]．中华外科杂志，1987，25（5）：263-265. {SHI Shaomin,LU Yupu. Metacarpal interosseous nerve compression syndrome:a report of 8 cases[J]. Zhonghua Wai Ke Za Zhi[Chin J Surg(Article in Chinese;Abstract in Chinese)],1987,25(5):263-265.}

[20767] 陈德松，顾玉东，张高孟，严计庚，成效敏，张丽银，蔡佩琴，徐建光．后骨间神经卡压综合征25例临床分析[J]．中华外科杂志，1990，28（8）：457-459. {CHEN Desong,GU Yudong,ZHANG Gaomeng,YAN Jigeng,CHENG Xiaomin,ZHANG Liyin,CAI Peiqin,XU Jianguang. Clinical analysis of 25 cases of posterior interosseous nerve entrapment syndrome[J]. Zhonghua Wai Ke Za Zhi[Chin J Surg(Article in Chinese;Abstract in Chinese)],1990,28(8):457-459.}

[20768] 陈德松．后骨间神经卡压综合征25例临床分析[J]．中华医学杂志，1990，70（8）：468. {CHEN Desong. Clinical analysis of posterior interosseous nerve entrapment syndrome in 25 cases[J]. Zhonghua Yi Xue Za Zhi[Natl Med J China(Article in Chinese;Abstract in Chinese)],1990,70(8):468.}

[20769] 李国顺，李学政，宋延平．腋神经浅支卡压综合征（附二例报告）[J]．修复重建外科杂志，1990，4（3）：147. {LI Guoshun,LI Xuezheng,SONG Yanping. Superficial branch of axillary nerve entrapment syndrome:a report of two cases[J]. Zhongguo Xiu Fu Chong Jian Wai Ke Za Zhi[Chin J Repar Reconstr Surg(Article in Chinese;Abstract in Chinese)],1990,4(3):147.}

[20770] 李庆泰，杨克非，谢启粦．上臂内侧肌间隔增厚致尺神经嵌压一例报告[J]．中华外科杂志，1990，28（8）：483. {LI Qingtai,YANG Kefei,XIE Qilinv. Ulnar nerve impingement caused by thickening of medial muscle septum of upper arm:a case report[J]. Zhonghua Wai Ke Za Zhi[Chin J Surg(Article in Chinese;No abstract available)],1990,28(8):483.}

[20771] 尹维田，张巨，王首夫，邹业君．神经松解术治疗腕部尺神经卡压综合征[J]．中国修复重建外科杂志，1992，6(3)：152-153. DOI：CNKI：SUN：ZXCW.0.1992-03-013. {YIN Weitian,ZHANG Ju,WANG Shoufu,ZOU Yejun. Neurolysis for the treatment of ulnar nerve entrapment syndrome of wrist[J]. Zhongguo Xiu Fu Chong Jian Wai Ke Za Zhi[Chin J Repar Reconstr Surg(Article in Chinese;Abstract in Chinese)],1992,6(3):152-153. DOI:CNKI:SUN:ZXCW.0.1992-03-013.}

[20772] 陈德松，劳杰，顾玉东．桡神经浅支在前臂的卡压[J]．中华手外科杂志，1993，9（1）：12-13. DOI：10.3760/cma.j.issn.1003-9457.1993.01.106. {CHEN Desong,LAO Jie,GU Yudong. Radial sensory nerve eentrapment in the forearm[J]. Zhonghua Shou Wai Ke Za Zhi[Chin J Hand Surg(Article in Chinese;Abstract in Chinese)],1993,9(1):12-13. DOI:10.3760/cma.j.issn.1003-9457.1993.01.106.}

[20773] 程淑英，张咸中，韩庆武，宫云霞．上臂桡神经卡压征[J]．中华手外科杂志，1993，9（1）：18-19. DOI：10.3760/cma.j.issn.1003-9457.1993.01.109. {CHENG Shuying,ZHANG Xianzhong,HAN Qingwu,GONG Yunxia. Pressure syndrome of the radial nerve in upper arm[J]. Zhonghua Shou Wai Ke Za Zhi[Chin J Hand Surg(Article in Chinese;Abstract in Chinese)],1993,9(1):18-19. DOI:10.3760/cma.j.issn.1003-9457.1993.01.109.}

[20774] 王培泽，蔡琦，董方葴，倪海涛，杨均，李云林，郝栓发．骨间背侧神经压综合征的显微外科治疗[J]．局解手术学杂志，1994，3（1）：14-18. DOI：CNKI：SUN：JJXZ.0.1994-02-008. {WANG Peize,CAI Qi,DONG Fangzhen,NI Haitao,YANG Jun,LI Yunlin,HAO Shuanfa. Microsurgical treatment of the entrapment syndrome of the posterior interosseous nerve[J]. Ju Jie Shou Shu Xue Za Zhi[J Reg Anat Oper Surg(Article in Chinese;Abstract in Chinese)],1994,3(1):14-18. DOI:CNKI:SUN:JJXZ.0.1994-02-008.}

[20775] 王玉发，王国君．上臂多神经卡压的显微外科治疗[J]．中华显微外科杂志，1994，17（3）：221-222. DOI：CNKI：SUN：ZHXW.0.1994-03-033. {WANG Yufa,WANG Guojun. Microsurgical treatment of multiple nerve entrapment in the upper arm[J]. Zhonghua Xian Wei Wai Ke Za Zhi[Chin J Microsurg(Article in Chinese;Abstract in Chinese)],1994,17(3):221-222. DOI:CNKI:SUN:ZHXW.0.1994-03-033.}

[20776] 孔令震．对上肢周围神经嵌压综合征命名的商榷[J]．中华骨科杂志，1995，15（6）：323. DOI：10.1007/BF02007173. {KONG Lingzhen. Discussion on the nomenclature of upper limb peripheral nerve entrapment syndrome[J]. Zhonghua Gu Ke Za Zhi[Chin J Orthop(Article in Chinese;Abstract in Chinese and English)],1995,15(6):323. DOI:10.1007/BF02007173.}

[20777] 陈德松．周围神经卡压综合征进展[J]．中华手外科杂志，1995，11（1）：1-2. DOI：10.3969/j.issn.1672-7185.2010.12.003. {CHEN Desong. Progress of peripheral nerve entrapment syndrome[J]. Zhonghua Shou Wai Ke Za Zhi[Chin J Hand Surg(Article in Chinese;No abstract available)],1995,11(1):1-2. DOI:10.3969/j.issn.1672-7185.2010.12.003.}

[20778] 刘丰春，姜成瑛，张良，孟庆兰，曹文强．中斜角肌与有关神经卡压的形态学分析[J]．中国临床解剖学杂志，1995，13（1）：203-204. DOI：CNKI：SUN：ZLJZ.0.1995-03-017. {LIU Fengchun,JIANG Chengying,ZHANG Liang,MENG Qinglan,CAO Wenqiang. Morphologic analysis of dorsal scapular nerve entrapment related calenus medium[J]. Zhongguo Lin Chuang Jie Pou Xue Za Zhi[Chin J Clin Anat(Article in Chinese;Abstract in Chinese and English)],1995,13(1):203-204. DOI:CNKI:SUN:ZLJZ.0.1995-03-017.}

[20779] 刘社伟．前臂桡神经浅支卡压征二例[J]．中华手外科杂志，1995，11（1）：26. DOI：10.3760/cma.j.issn.1005-054X.1995.01.115. {LIU Shewei. Entrapment of superficial branch of radial nerve of forearm:a report of two cases[J]. Zhonghua Shou Wai Ke Za Zhi[Chin J

Hand Surg(Article in Chinese;No abstract available)],1995,11(1):26. DOI:10.3760/cma.j.issn.1005-054X.1995.01.115.}

[20780] 杨建安，曹体贵，曹卫华，凌峰. 胸长神经卡压一例报告 [J]. 中华手外科杂志，1995，11（1）：31. DOI：10.3760/cma.j.issn.1005-054X.1995.01.118. {YANG Jianan,CAO Tigui,CAO Weihua,LING Feng. Compression of long thoracic nerve:a case report[J]. Zhonghua Shou Wai Ke Za Zhi[Chin J Hand Surg(Article in Chinese;Abstract in Chinese)],1995,11(1):31. DOI:10.3760/cma.j.issn.1005-054X.1995.01.118.}

[20781] 孙贺，杜心如，梁玉珍. 拇指背侧固有神经卡压一例 [J]. 中华手外科杂志，1995，11（1）：37. DOI：10.3760/cma.j.issn.1005-054X.1995.01.123. {SUN He,DU Xinru,LIANG Yuzhen. Compression of dorsal proper nerve of thumb:a case report[J]. Zhonghua Shou Wai Ke Za Zhi[Chin J Hand Surg(Article in Chinese;Abstract in Chinese)],1995,11(1):37. DOI:10.3760/cma.j.issn.1005-054X.1995.01.123.}

[20782] 王正. 桡神经浅支卡压征的治疗体会 [J]. 中华手外科杂志，1995，11（4）：236-237. DOI：10.3760/cma.j.issn.1005-054X.1995.04.123. {WANG Zheng. Superficial radial nerve compression[J]. Zhonghua Shou Wai Ke Za Zhi[Chin J Hand Surg(Article in Chinese;Abstract in Chinese and English)],1995,11(4):236-237. DOI:10.3760/cma.j.issn.1005-054X.1995.04.123.}

[20783] 徐建光，胡韶楠，徐文东，顾玉东. 色素沉着绒毛结节性滑膜炎致腕部尺神经卡压（附二例报告及文献综述）[J]. 中华手外科杂志，1995，11（S1）：54-55. DOI：CNKI：SUN：ZHSK.0.1995-S1-038. {XU Jianguang,HU Shaonan,XU Wendong,GU Yudong. Entrapment of ulnar nerve in wrist caused by pigmented villonodular synovitis:report of 2 cases and literature review[J]. Zhonghua Shou Wai Ke Za Zhi[Chin J Hand Surg(Article in Chinese;Abstract in Chinese)],1995,11(S1):54-55. DOI:CNKI:SUN:ZHSK.0.1995-S1-038.}

[20784] 崔树森，尹维田，王国君，王冰. 桡神经感觉支嵌压症的显微外科治疗 [J]. 中华显微外科杂志，1995，18（1）：60-61. DOI：CNKI：SUN：ZHXW.0.1995-01-033. {CUI Shusen,YIN Weitian,WANG Guojun,WANG Bing. Microsurgical treatment of entrapment of sensory branch of radial nerve[J]. Zhonghua Xian Wei Wai Ke Za Zhi[Chin J Microsurg(Article in Chinese;Abstract in Chinese)],1995,18(1):60-61. DOI:CNKI:SUN:ZHXW.0.1995-01-033.}

[20785] 李鸿思，杨亚东，杨永林，马启东，王荣强. 臀上皮神经脂肪疝嵌压症 37 例治疗 [J]. 中国骨伤，1995，8（5）：18. DOI：10.3969/j.issn.1003-0034.yyyy.nn.zzz. {LI Hongsi,YANG Yadong,YANG Yonglin,MA Qidong,WANG Rongqiang. Treatment of 37 cases of gluteal epithelial nerve fat herniation[J]. Zhongguo Gu Shang[China J Orthop Trauma(Article in Chinese;Abstract in Chinese and English)],1995,8(5):18. DOI:10.3969/j.issn.1003-0034.yyyy.nn.zzz.}

[20786] 钟杰刚，蔡植英，林本丹，邱雪立. 上肢周围神经嵌压综合征 23 例报告 [J]. 中华显微外科杂志，1996，19（3）：222-224. DOI：CNKI：SUN：ZHXW.0.1996-03-036. {ZHONG Jie gang,CAI Zhiying,LIN Bendan,QIU Xueli. Peripheral nerve entrapment syndrome of upper limb:a report of 23 cases[J]. Zhonghua Xian Wei Wai Ke Za Zhi[Chin J Microsurg(Article in Chinese;Abstract in Chinese)],1996,19(3):222-224. DOI:CNKI:SUN:ZHXW.0.1996-03-036.}

[20787] 高明杰，于虎. 前臂腱鞘囊肿致尺神经卡压二例 [J]. 中华显微外科杂志，1996，19（1）：40. DOI：CNKI：SUN：ZHXW.0.1996-01-019. {GAO Mingjie,YU Hu. Ulnar nerve entrapment caused by tendon sheath cyst of forearm:Report of two cases[J]. Zhonghua Xian Wei Wai Ke Za Zhi[Chin J Microsurg(Article in Chinese;Abstract in Chinese and English)],1996,19(1):40. DOI:CNKI:SUN:ZHXW.0.1996-01-019.}

[20788] 阚世廉，费起礼，宫可同，张建兵. 同一肢体两条神经卡压综合征二例报告 [J]. 中华骨科杂志，1997，17（6）：36. DOI：CNKI：SUN：ZHGK.0.1997-07-011. {KAN Shilian,FEI Qili,GONG Ketong,ZHANG Jianbing. Entrapment syndrome of two nerves in the same limb:a report of 2 cases[J]. Zhonghua Gu Ke Za Zhi[Chin J Orthop(Article in Chinese;Abstract in Chinese)],1997,17(6):36. DOI:CNKI:SUN:ZHGK.0.1997-07-011.}

[20789] 张高孟，蔡智民. 双神经卡压综合征 [J]. 中华手外科杂志，1997，13（1）：25-27. DOI：10.3760/cma.j.issn.1005-054X.1997.01.009. {ZHANG Gaomeng,CAI Zhimin. Double nerve compression syndrome[J]. Zhonghua Shou Wai Ke Za Zhi[Chin J Hand Surg(Article in Chinese;Abstract in Chinese and English)],1997,13(1):25-27. DOI:10.3760/cma.j.issn.1005-054X.1997.01.009.}

[20790] 王体沛，罗永湘. 正中神经返支卡压征（症）[J]. 中华手外科杂志，1997，13（1）：41-43. DOI：10.3760/cma.j.issn.1005-054X.1997.01.014. {WANG Tipei,LUO Yongxiang. Median nerve recurrent branch entrapment syndrome[J]. Zhonghua Shou Wai Ke Za Zhi[Chin J Hand Surg(Article in Chinese;Abstract in Chinese and English)],1997,13(1):41-43. DOI:10.3760/cma.j.issn.1005-054X.1997.01.014.}

[20791] 张平方，张振家，张振全，何杨，张辉. 周围神经双重卡压综合征二例 [J]. 中国修复重建外科杂志，1998，12（6）：382. DOI：CNKI：SUN：ZXCW.0.1998-06-027. {ZHANG Pingfang,ZHANG Zhenjia,ZHANG Zhenquan,HE Yang,ZHANG Hui. Two cases of peripheral nerve double entrapment syndrome[J]. Zhongguo Xiu Fu Chong Jian Wai Ke Za Zhi[Chin J Repair Reconstr Surg(Article in Chinese;Abstract in Chinese)],1998,12(6):382. DOI:CNKI:SUN:ZXCW.0.1998-06-027.}

[20792] 潘希贵，王成琪，张成进，胡红军，肖朋康，潘朝辉. 指掌侧总神经卡压征（症）[J]. 中华手外科杂志，1998，14（1）：62. DOI：CNKI：SUN：ZHSK.0.1998-01-034. {PAN Xigui,WANG Chengqi,ZHANG Chengjin,HUu Hongjun,XIAO Pengkang,PAN Zhaohui. Entrapment sign of common metacarpal nerve of finger[J]. Zhonghua Shou Wai Ke Za Zhi[Chin J Hand Surg(Article in Chinese;Abstract in Chinese)],1998,14(1):62. DOI:CNKI:SUN:ZHSK.0.1998-01-034.}

[20793] 刘强，刘丁凯. 肘管内腱鞘囊肿致尺神经卡压一例 [J]. 中国修复重建外科杂志，1998，12（6）：384. DOI：CNKI：SUN：ZXCW.0.1998-06-031. {LIU Qiang,LIU Dingkai. Ulnar nerve entrapment caused by tendon sheath cyst in cubital tunnel:a case report[J]. Zhongguo Xiu Fu Chong Jian Wai Ke Za Zhi[Chin J Repair Reconstr Surg(Article in Chinese;No abstract available)],1998,12(6):384. DOI:CNKI:SUN:ZXCW.0.1998-06-031.}

[20794] 郭建斌，范晓宇，梁志军，何忠义，马玉林. 正中神经掌皮支卡压综合征 [J]. 中国临床解剖学杂志，1999，17（4）：349. DOI：CNKI：SUN：ZLJZ.0.1999-04-037. {GUO Jianbin,FAN Xiaoyu,LIANG Zhijun,HE Zhongyi,MA Yulin. Entrapment syndrome of palmar cutaneous branch of median nerve[J]. Zhongguo Lin Chuang Jie Pou Xue Za Zhi[Chin J Clin Anat(Article in Chinese;Abstract in Chinese)],1999,17(4):349. DOI:CNKI:SUN:ZLJZ.0.1999-04-037.}

[20795] 江甫祥，杨小平，严林，周泰仁. 桡神经深支卡压综合征 [J]. 中国矫形外科杂志，1999，6（4）：58. DOI：CNKI：SUN：ZJXS.0.1999-04-035. {JIANG Fuxiang,YANG Xiaoping,YAN Lin,ZHOU Tairen. Entrapment syndrome of deep branch of radial nerve[J]. Zhongguo Jiao Xing Wai Ke Za Zhi[Orthop J China(Article in Chinese;Abstract in Chinese)],1999,6(4):58. DOI:CNKI:SUN:ZJXS.0.1999-04-035.}

[20796] 王金武，陈德松，方有生，顾玉东. 椎孔外颈神经卡压综合征 [J]. 实用骨科杂志，1999，5（3）：130-132. DOI：CNKI：SUN：SGKZ.0.1999-03-000. {WANG Jinwu,CHEN Desong,FANG Yousheng,GU Yudong. External intervertebral foramen's cervical nerve compression syndrome[J]. Shi Yong Gu Ke Za Zhi[J Pract Orthop(Article in Chinese;Abstract in Chinese and English)],1999,5(3):130-132. DOI:CNKI:SUN:SGKZ.0.1999-03-000.}

[20797] 郭建斌，范晓宇，梁志军，何忠义，马玉林. 腕部正中神经掌皮支卡压综合征 [J]. 中国修复重建外科杂志，1999，13（4）：223-224. DOI：CNKI：SUN：ZXCW.0.1999-04-015. {GUO Jianbin,FAN Xiaoyu,LIANG Zhijun,HE Zhongyi,MA Yulin. Compression of the palmar cutaneous branch of the median nerve at the wrist[J]. Zhongguo Xiu Fu Chong Jian Wai Ke Za Zhi[Chin J Repair Reconstr Surg(Article in Chinese;Abstract in Chinese and English)],1999,13(4):223-224. DOI:CNKI:SUN:ZXCW.0.1999-04-015.}

[20798] 周枫，方有生，陈德松. 腕部尺神经深支卡压综合征 [J]. 中国修复重建外科杂志，1999，13（4）：225-226. DOI：CNKI：SUN：ZXCW.0.1999-04-016. {ZHOU Feng,FANG Yousheng,CHEN Desong. Compression of the deep branch of ulnar nerve at the wrist[J]. Zhongguo Xiu Fu Chong Jian Wai Ke Za Zhi[Chin J Repair Reconstr Surg(Article in Chinese;Abstract in Chinese and English)],1999,13(4):225-226. DOI:CNKI:SUN:ZXCW.0.1999-04-016.}

[20799] 王斌，赵少平，刘德群，田晓芳. 单纯尺神经深支卡压伴小指外展肌起点变异一例 [J]. 中华显微外科杂志，1999，22（4）：3-5. DOI：10.3760/cma.j.issn.1001-2036.1999.04.115. {WANG Bin,ZHAO Shao Ping,LIU De Qun,TIAN Xiao Fang. Simple entrapment of deep branch of ulnar nerve with variation of abductor muscle of little finger:a case report[J]. Zhonghua Xian Wei Wai Ke Za Zhi[Chin J Microsurg(Article in Chinese;Abstract in Chinese)],1999,22(4):3-5. DOI:10.3760/cma.j.issn.1001-2036.1999.04.115.}

[20800] 赵少平，刘德群，陈先，蒋文平，陈志坚，郑煦光，张宁. 尺神经在拇收肌腱弓的卡压征二例 [J]. 中华显微外科杂志，1999，22（S1）：3-5. DOI：10.3760/cma.j.issn.1001-2036.1999.Z1.120. {ZHAO Shaoping,LIU Dequn,CHEN Xian,JIANG Wenping,CHEN Zhijian,ZHENG Xuguang,ZHANG Ning. Entrapment of ulnar nerve in adductor pollicis adductor tendon arch:Report of two cases[J]. Zhonghua Xian Wei Wai Ke Za Zhi[Chin J Microsurg(Article in Chinese;Abstract in Chinese)],1999,22(S1):3-5. DOI:10.3760/cma.j.issn.1001-2036.1999.Z1.120.}

[20801] 浦文山，李咸周. 颈神经根椎管外卡压颈肩臂痛的一个重要发病因素 [J]. 中国矫形外科杂志，1999，6（2）：32-33. DOI：CNKI：SUN：ZJXS.0.1999-07-016. {PU Wenshan,LI Xianzhou. Entrapment of cervical nerve root outside spinal canal——an important reason of the cervicoscapilar and arm pains[J]. Zhongguo Jiao Xing Wai Ke Za Zhi[Orthop J China(Article in Chinese;Abstract in Chinese and English)],1999,6(2):32-33. DOI:CNKI:SUN:ZJXS.0.1999-07-016.}

[20802] 陈德松，陈琳，薛峰. 颈神经根卡压引起的肘外侧顽固性疼痛 [J]. 中华手外科杂志，1999，15（1）：14. DOI：10.3760/cma.j.issn.1005-054X.1999.01.006. {CHEN Desong,CHEN Lin,XUE Feng. Cervical nerve root compression —— one cause for intractable lateral elbow pain[J]. Zhonghua Shou Wai Ke Za Zhi[Chin J Hand Surg(Article in Chinese;Abstract in Chinese and English)],1999,15(1):14. DOI:10.3760/cma.j.issn.1005-054X.1999.01.006.}

[20803] 王春会，阚世廉，万树斌. 小儿尺骨青枝骨折引起尺神经卡压三例报告 [J]. 中华手外科杂志，1999，15（1）：16. DOI：10.3760/cma.j.issn.1005-054X.1999.01.034. {WANG Chunhui,KAN Shilian,WAN Shubin. Ulnar nerve entrapment caused by fracture of green branch of ulna in children:a report of 3 cases[J]. Zhonghua Shou Wai Ke Za Zhi[Chin J Hand Surg(Article in Chinese;Abstract in Chinese)],1999,15(1):16. DOI:10.3760/cma.j.issn.1005-054X.1999.01.034.}

[20804] 罗永湘. 对颈神经卡压认识的进展 [J]. 中华手外科杂志，1999，15（1）：3-5. DOI：10.3760/cma.j.issn.1005-054X.1999.01.001. {LUO Yongxiang. Progress in the understanding of cervical nerve entrapment[J]. Zhonghua Shou Wai Ke Za Zhi[Chin J Hand Surg(Article in Chinese;Abstract in Chinese)],1999,15(1):3-5. DOI:10.3760/cma.j.issn.1005-054X.1999.01.001.}

[20805] 李炳万，陈立成，刘云江，吴绍君. 指神经卡压征（症）[J]. 中华手外科杂志，1999，15（1）：3-5. DOI：10.3760/cma.j.issn.1005-054X.1999.01.010. {LI Bingwan,CHEN Licheng,LIU Yunjiang,WU Shaojun. Entrapment neuropathy of digital nerves[J]. Zhonghua Shou Wai Ke Za Zhi[Chin J Hand Surg(Article in Chinese;Abstract in Chinese and English)],1999,15(1):3-5. DOI:10.3760/cma.j.issn.1005-054X.1999.01.010.}

[20806] 王金武，陈德松，方有生，顾玉东. 颈神经后支卡压综合征 [J]. 中国矫形外科杂志，2000，7（7）：650-652. DOI：10.3969/j.issn.1005-8478.2000.07.008. {WANG Jinwu,CHEN Desong,FANG Yousheng,GU Yudong. Cervical dorsal rami compression syndrome[J]. Zhongguo Jiao Xing Wai Ke Za Zhi[Orthop J China(Article in Chinese;Abstract in Chinese and English)],2000,7(7):650-652. DOI:10.3969/j.issn.1005-8478.2000.07.008.}

[20807] 崔明，顾正义，郭伟，杜炯，张言凤. 上肢两个或多个部位神经卡压综合征 [J]. 临床骨科杂志，2000，3（2）：112-114. DOI：10.3969/j.issn.1008-0287.2000.02.015. {CUI Ming,GU Zhengyi,GUO Wei,DU Jiong,ZHANG Yanfeng. Double or multiple nerve crushing syndrome of the upper extremity[J]. Lin Chuang Gu Ke Za Zhi[J Clin Orthop(Article in Chinese;Abstract in Chinese and English)],2000,3(2):112-114. DOI:10.3969/j.issn.1008-0287.2000.02.015.}

[20808] 赵晓芳，杨华. 医源性假性动脉瘤并尺神经卡压一例报告 [J]. 中华手外科杂志，2000，16（3）：148. DOI：10.3760/cma.j.issn.1005-054X.2000.03.032. {ZHAO Xiao Fang,YANG Hua. Iatrogenic pseudoaneurysm with ulnar nerve entrapment:a case report[J]. Zhonghua Shou Wai Ke Za Zhi[Chin J Hand Surg(Article in Chinese;No abstract available)],2000,16(3):148. DOI:10.3760/cma.j.issn.1005-054X.2000.03.032.}

[20809] 陈德松，方有生，陈琳，彭峰. 椎孔外颈神经卡压综合征与颈椎病的鉴别 [J]. 中华手外科杂志，2001，17（S1）：28-30. DOI：10.3760/cma.j.issn.1005-054X.2001.z1.012. {CHEN Desong,FANG Yousheng,CHEN Lin,PENG Feng. Differentiation of cervical nerve entrapment syndrome at extravertebral foramen with cervical spondylopathy[J]. Zhonghua Shou Wai Ke Za Zhi[Chin J Hand Surg(Article in Chinese;Abstract in Chinese and English)],2001,17(S1):28-30. DOI:10.3760/cma.j.issn.1005-054X.2001.z1.012.}

[20810] 张政，邓冠忠，张文汉. 应用康宁克通 A 治疗肩胛背神经卡压综合征疗效观察 [J]. 中华创伤骨科杂志，2001，3（3）：177. DOI：10.3760/cma.j.issn.1671-7600.2001.03.024. {ZHANG Zheng,DENG Guanzhong,ZHANG Wenhan. Therapeutical observation of dorsal nerve of scapula compression syndrome treated by kenacort A[J]. Zhonghua Chuang Shang Gu Ke Za Zhi[Chin J Orthop Trauma(Article in Chinese;Abstract in Chinese)],2001,3(3):177. DOI:10.3760/cma.j.issn.1671-7600.2001.03.024.}

[20811] 王晨明. 骨间背侧神经卡压综合征 [J]. 中国骨伤，2001，14（6）：373. DOI：10.3969/j.issn.1003-0034.2001.06.038. {WANG Chenming. Entrapment syndrome of posterior interosseous nerve[J]. Zhongguo Gu Shang[China J Orthop Trauma(Article in Chinese;Abstract in Chinese)],2001,14(6):373. DOI:10.3969/j.issn.1003-0034.2001.06.038.}

[20812] 陈庆贺. 显微外科治疗臀上内侧皮神经卡压征 [J]. 中华显微外科杂志，2001，24（4）：314. DOI：CNKI：SUN：ZHXW.0.2001-04-053. {CHEN Qinghe. The treatment of superior medial gluteal cutaneous nerve entrapment syndrome by microsurgical technique[J]. Zhonghua Xian Wei Wai Ke Za Zhi[Chin J Microsurg(Article in Chinese;Abstract in Chinese and English)],2001,24(4):314. DOI:CNKI:SUN:ZHXW.0.2001-04-053.}

[20813] 吴同军，牛永民. 正中神经返支卡压征（症）一例报告 [J]. 中华手外科杂志，2001，17（2）：25. DOI：10.3760/cma.j.issn.1005-054X.2001.02.024. {WU Tongjun,NIU Yongmin. Entrapment of the recurrent branch of the median nerve:a case report[J]. Zhonghua Shou Wai Ke Za Zhi[Chin J Hand Surg(Article in Chinese;No abstract available)],2001,17(2):25. DOI:10.3760/cma.j.issn.1005-054X.2001.02.024.}

[20814] 方有生. 肩胛背神经卡压征（症）32 例的临床治疗 [J]. 中华手外科杂志，2001，17（6）：32-34. DOI：10.3760/cma.j.issn.1005-054X.2001.06.005. {FANG Yousheng. Treatment of dorsal scapular nerve compression syndrome:a report of 32 cases[J]. Zhonghua Shou Wai Ke Za Zhi[Chin J Hand Surg(Article in Chinese;Abstract in Chinese and English)],2001,17(6):32-34. DOI:10.3760/cma.j.issn.1005-054X.2001.06.005.}

[20815] 言晓宇，李庆泰. 特殊部位的骨间背侧神经嵌压征（症）的显微外科治疗 [J]. 中华显微外科杂志，2001，24（1）：62-63. DOI：10.3760/cma.j.issn.1001-2036.2001.01.030. {YAN Xiaoyu,LI Qingtai. Microsurgical treatment of special dorsal interosseous nerve entrapment syndrome[J]. Zhonghua Xian Wei Wai Ke Za Zhi[Chin J Microsurg(Article in Chinese;Abstract in Chinese)],2001,24(1):62-63. DOI:10.3760/cma.j.issn.1001-2036.2001.01.030.}

[20816] 舒强，孟凡东，卢敏，凌光烈，徐恩多. 正中神经在肘部及前臂上段卡压综合征的解剖基础 [J]. 中国临床解剖学杂志，2002，20（3）：207-209. DOI：10.3969/j.issn.1001-

165X.2002.03.015. {SHU Qiang,MENG Fandong,LU Min,LING Guanglie,XU Enduo. Anatomical bases of median nerve entrapment syndrome at elbow and upper part of forearm[J]. Zhongguo Lin Chuang Jie Pou Xue Za Zhi[Chin J Clin Anat(Article in Chinese;Abstract in Chinese and English)],2002,20(3):207-209. DOI:10.3969/j.issn.1001-165X.2002.03.015.}

[20817] 王大立，史鹤，赵旭．双手正中神经大鱼际肌支卡压征（症）一例报道 [J]．中华手外科杂志，2002，18（3）：164．DOI：10.3760/cma.j.issn.1005-054X.2002.03.031．{WANG Dali,SHI He,ZHAO Xu. Compression of the greater thenar branch of the median nerve of both hands:a case report[J]. Zhonghua Shou Wai Ke Za Zhi[Chin J Hand Surg(Article in Chinese;No abstract available)],2002,18(3):164. DOI:10.3760/cma.j.issn.1005-054X.2002.03.031.}

[20818] 王希，袁君君，白瑞珍．颈背根节卡压与顽固性肘外侧疼痛的临床研究 [J]．中国骨伤，2002，15（6）：324-326．DOI：10.3969/j.issn.1003-0034.2002.06.002．{WANG Xi,YUAN Junjun,BAI Ruizhen. Clinical study of cervical dorsal root ganglia entrapment and intractable lateral elbow pain[J]. Zhongguo Gu Shang[China J Orthop Trauma(Article in Chinese;Abstract in Chinese and English)],2002,15(6):324-326. DOI:10.3969/j.issn.1003-0034.2002.06.002.}

[20819] 龚炎培，高井宏明，阿达启介，新居大，井形高明．周围神经双卡综合征动物模型的实验研究 [J]．中华手外科杂志，2003，19（2）：65-66+69．DOI：10.3760/cma.j.issn.1005-054X.2003.02.027．{GONG Yanpei,Hiroaki Takai,Keisuke Adachin,XIN Ju Da,JING Xing Gao Ming. An experimental study of animal model of double crush syndrome in the peripheral nerve[J]. Zhonghua Shou Wai Ke Za Zhi[Chin J Hand Surg(Article in Chinese;Abstract in Chinese and English)],2003,19(2):65-66+69. DOI:10.3760/cma.j.issn.1005-054X.2003.02.027.}

[20820] 王岩松，姚猛，刘斌，黄鹏，陈立民，姜永庆．颈神经根受压伴远端神经卡压的诊治 [J]．中华手外科杂志，2003，19（2）：88-90．DOI：10.3760/cma.j.issn.1005-054X.2003.02.013．{WANG Yansong,YAO Meng,LIU Bin,HUANG Peng,CHEN Limin,JIANG Yongqing. The diagnosis and treatment of the cervical nerve root coexisting with the distal nerve entrapment[J]. Zhonghua Shou Wai Ke Za Zhi[Chin J Hand Surg(Article in Chinese;Abstract in Chinese and English)],2003,19(2):88-90. DOI:10.3760/cma.j.issn.1005-054X.2003.02.013.}

[20821] 陈传煌，宫云霞，王利，杨涛，邵明，盖炼炼，胡冰，罗炻．肌皮神经卡压征（症）一例报告 [J]．中华手外科杂志，2003，19（3）：192．DOI：10.3760/cma.j.issn.1005-054X.2003.03.035．{CHEN Chuanhuang,GONG Yunxia,WANG Li,YANG Tao,SHAO Ming,GAI Lianlian,HU Bing,LUO Wu. Musculocutaneous nerve entrapment syndrome:a case report[J]. Zhonghua Shou Wai Ke Za Zhi[Chin J Hand Surg(Article in Chinese;Abstract in Chinese)],2003,19(3):192. DOI:10.3760/cma.j.issn.1005-054X.2003.03.035.}

[20822] 邓迎生，许声联，林廷军．折顶复位 Colles 骨折致骨片嵌压正中神经 1 例 [J]．中国骨伤，2003，16（6）：378．DOI：10.3969/j.issn.1003-0034.2003.06.029．{DENG Yingsheng,XU Shenglian,LIN Tingjun. Median nerve compression caused by treatment of the Colles' fracture with manipulative reduction:a case report[J]. Zhongguo Gu Shang[China J Orthop Trauma(Article in Chinese;No abstract available)],2003,16(6):378. DOI:10.3969/j.issn.1003-0034.2003.06.029.}

[20823] 梅锦荣，周国顺，管国华，黄胜，朱剑华，陈成冬，李炜，寿志强．四肢神经卡压征（症）的微创手术治疗 [J]．中华手外科杂志，2004，20（2）：70-72．DOI：10.3760/cma.j.issn.1005-054X.2004.02.003．{MEI Jinrong,ZHOU Guoshun,GUAN Guohua,HUANG Sheng,ZHU Jianhua,CHEN Chengdong,LI Wei,SHOU Zhiqiang. Mini-trauma surgical treatment of nerve compression syndrome in extremifies[J]. Zhonghua Shou Wai Ke Za Zhi[Chin J Hand Surg(Article in Chinese;Abstract in Chinese and English)],2004,20(2):70-72. DOI:10.3760/cma.j.issn.1005-054X.2004.02.003.}

[20824] 陈建鸿，董福慧．铍针治疗颈横皮神经卡压综合征 [J]．中国骨伤，2004，17（5）：283-284．DOI：10.3969/j.issn.1003-0034.2004.05.009．{CHEN Jianhong,DONG Fuhui. Treatment on entrapment syndrome of tranverse cervical cutaneous nerve with Pi-zhen[J]. Zhongguo Gu Shang[China J Orthop Trauma(Article in Chinese;Abstract in Chinese and English)],2004,17(5):283-284. DOI:10.3969/j.issn.1003-0034.2004.05.009.}

[20825] 雷仲民，黄明华，尹辛成，董福慧，刘凯．铍针治疗颈肩部皮神经卡压综合征 [J]．中国骨伤，2004，17（11）：674-675．DOI：10.3969/j.issn.1003-0034.2004.11.012．{LEI Zhongmin,HUANG Minghua,YIN Xincheng,DONG Fuhui,LIU Kai. Clinical study on Pizhen therapy of cutaneous nerve entrapment syndrome of neck and shoulder[J]. Zhongguo Gu Shang[China J Orthop Trauma(Article in Chinese;Abstract in Chinese and English)],2004,17(11):674-675. DOI:10.3969/j.issn.1003-0034.2004.11.012.}

[20826] 贾松．肱骨外上髁炎合并 C56 神经根卡压综合征的治疗 [J]．中国骨伤，2004，17（12）：758-759．DOI：10.3969/j.issn.1003-0034.2004.12.032．{JIA Song. Treatment of external humeral epicondylitis associated with C56 nerve root compress syndrome[J]. Zhongguo Gu Shang[China J Orthop Trauma(Article in Chinese;Abstract in Chinese)],2004,17(12):758-759. DOI:10.3969/j.issn.1003-0034.2004.12.032.}

[20827] 许立新，刘烈东，薛春堂，刘岗．肘部尺神经卡压症 [J]．中国矫形外科杂志，2004，12（7）：509-510．DOI：10.3969/j.issn.1005-8478.2004.07.009．{XU Lixin,LIU Liedong,XUE Chundtang,LIU Gang. Compression syndrome of the ulnar nerve in the region of the elbow[J]. Zhongguo Jiao Xing Wai Ke Za Zhi[Orthop J China(Article in Chinese;Abstract in Chinese and English)],2004,12(7):509-510. DOI:10.3969/j.issn.1005-8478.2004.07.009.}

[20828] 蒋华，袁启智，黄伟杰，韩松海．上肢多神经卡压 1 例报告 [J]．中国矫形外科杂志，2004，12（13）：997-997．DOI：10.3969/j.issn.1005-8478.2004.13.028．{JIANG Hua,YUAN Qizhi,HUANG Weijie,HAN Songhai. Compression of multiple nerves in the upper limb:a case report[J]. Zhongguo Jiao Xing Wai Ke Za Zhi[Orthop J China(Article in Chinese;Abstract in Chinese)],2004,12(13):997-997. DOI:10.3969/j.issn.1005-8478.2004.13.028.}

[20829] 陈聚伍，贺长青，黄宗强，鲍恒，王卫东，王利民，王义生．肩胛背神经卡压综合征的诊治体会 [J]．中华手外科杂志，2005，21（3）：191．DOI：10.3760/cma.j.issn.1005-054X.2005.03.030．{CHEN Juwu,HE Changqing,HUANG Zongqiang,BAO Heng,WANG Weidong,WANG Limin,WANG Yisheng. Diagnosis and treatment of dorsal scapular nerve entrapment syndrome[J]. Zhonghua Shou Wai Ke Za Zhi[Chin J Hand Surg(Article in Chinese;Abstract in Chinese)],2005,21(3):191. DOI:10.3760/cma.j.issn.1005-054X.2005.03.030.}

[20830] 韩震，尹保国，刘畅，韩冰，庞伟华，曾展东．枕大神经卡压综合征的应用解剖学和针刀治疗研究 [J]．中国骨伤，2005，18（1）：10-12．DOI：10.3969/j.issn.1003-0034.2005.01.005．{HAN Zhen,YIN Baoguo,LIU Chang,HAN Bing,PANG Weihua,CENG Zhandong. Study of applied anatomic and acupuncture therapy on the greater occipital nerve compressive syndrome[J]. Zhongguo Gu Shang[China J Orthop Trauma(Article in Chinese;Abstract in Chinese and English)],2005,18(1):10-12. DOI:10.3969/j.issn.1003-0034.2005.01.005.}

[20831] 余伟吉，李福安．小针刀配合封闭治疗皮神经卡压综合征 [J]．中国骨伤，2005，18（2）：120-121．DOI：10.3969/j.issn.1003-0034.2005.02.023．{YU Weiji,LI Fuan. Application of small knife needle combined with blocking treatment for cutaneous nerve compression syndrome[J]. Zhongguo Gu Shang[China J Orthop Trauma(Article in Chinese;Abstract in Chinese)],2005,18(2):120-121. DOI:10.3969/j.issn.1003-0034.2005.02.023.}

[20832] 吴春雷．小针刀治疗上肢周围神经双卡综合征 [J]．中国骨伤，2005，18（12）：727-729．DOI：10.3969/j.issn.1003-0034.2005.12.010．{WU Chunlei. Treatment of double entrapment syndrome of peripheral nerve in upper limbs with small needle knife:a report of 48 cases[J]. Zhongguo Gu Shang[China J Orthop Trauma(Article in Chinese;Abstract in Chinese and English)],2005,18(12):727-729. DOI:10.3969/j.issn.1003-0034.2005.12.010.}

[20833] 崔智超，胡子娟，马泉，孔祥玉．双侧膈神经走行异常伴卡压 1 例 [J]．中国临床解剖学杂志，2005，23（6）：596．DOI：10.3969/j.issn.1001-165X.2005.06.033．{CUI Zhichao,HU Zijuan,MA Quan,KONG Xiangyu. Bilateral diaphragmatic nerve courser anomaly combining with a nerve compression:a case report[J]. Zhongguo Lin Chuang Jie Pou Xue Za Zhi[Chin J Clin Anat(Article in Chinese;Abstract in Chinese)],2005,23(6):596. DOI:10.3969/j.issn.1001-165X.2005.06.033.}

[20834] 王建广，范存义，曾炳芳．桡神经浅支卡压征（症）一例报告 [J]．中华创伤骨科杂志，2006，8（12）：1104．DOI：10.3760/cma.j.issn.1671-7600.2006.12.033．{WANG Jianguang,FAN Cunyi,ZENG Bingfang. A case report of compression sign of superficial radial nerve[J]. Zhonghua Chuang Shang Gu Ke Za Zhi[Chin J Orthop Trauma(Article in Chinese;No abstract available)],2006,8(12):1104. DOI:10.3760/cma.j.issn.1671-7600.2006.12.033.}

[20835] 竺湘江，王刚祥，潘科良．肱骨内上髁骨折致尺神经卡压 1 例 [J]．中国骨伤，2006，19（8）：500．DOI：10.3969/j.issn.1003-0034.2006.08.030．{ZHU Xiangjiang,WANG Gangxiang,PAN Keliang. Treatment of one patient with ulnar nerve compression caused by medial epicondyle of humerus[J]. Zhongguo Gu Shang[China J Orthop Trauma(Article in Chinese;No abstract available)],2006,19(8):500. DOI:10.3969/j.issn.1003-0034.2006.08.030.}

[20836] 高伟阳．内窥镜治疗周围神经卡压综合征的现状和应用前景 [J]．中华手外科杂志，2007，23（2）：69-70．DOI：10.3760/cma.j.issn.1005-054X.2007.02.002．{GAO Weiyang. The current situation and prospect treatment of peripheral nerve compression syndromes by endoscopic technique[J]. Zhonghua Shou Wai Ke Za Zhi[Chin J Hand Surg(Article in Chinese;No abstract available)],2007,23(2):69-70. DOI:10.3760/cma.j.issn.1005-054X.2007.02.002.}

[20837] 李琦，曾炳芳，王金武，徐建广，倪伟峰，郭尚春．应用局部电刺激建立椎孔外颈神经卡压综合征动物模型的实验研究 [J]．中华骨科杂志，2008，28（3）：224-228．DOI：10.3321/j.issn：0253-2352.2008.03.010．{LI Qi,ZENG Bingfang,WANG Jinwu,XU Jianguang,NI Weifeng,GUO Shangchun. Establishment of animal model of extra vertebral foramen cervical nerve entrapment syndrome by local electrical stimulation-an in vivo experimental study[J]. Zhonghua Gu Ke Za Zhi[Chin J Orthop(Article in Chinese;Abstract in Chinese and English)],2008,28(3):224-228. DOI:10.3321/j.issn:0253-2352.2008.03.010.}

[20838] 洪建军，高伟阳，李志杰，陈星隆．内镜辅助治疗周围神经卡压综合征 [J]．中华骨科杂志，2008，28（11）：941-944．DOI：10.3321/j.issn：0253-2352.2008.11.013．{HONG Jianjun,GAO Weiyang,LI Zhijie,CHEN Xinglong. Endoscopic decompression for the treatment of peripheral nerve entrapment syndrome[J]. Zhonghua Gu Ke Za Zhi[Chin J Orthop(Article in Chinese;Abstract in Chinese and English)],2008,28(11):941-944. DOI:10.3321/j.issn:0253-2352.2008.11.013.}

[20839] 宣昭鹏，张晓杰，詹亚梅，路来金．上肢神经卡压 646 例分析 [J]．中华显微外科杂志，2008，31（4）：261-263．DOI：10.3760/cma.j.issn.1001-2036.2008.04.008．{XUAN Zhaopeng,ZHANG Xiaojie,ZHAN Yamei,LU Laijin. Nerve compression of the upper limb:a clinical analysis of 646 cases[J]. Zhonghua Xian Wei Wai Ke Za Zhi[Chin J Microsurg(Article in Chinese;Abstract in Chinese and English)],2008,31(4):261-263. DOI:10.3760/cma.j.issn.1001-2036.2008.04.008.}

[20840] 应有荣，朱让腾，应有技，胡思进，张德清，应光华，高福明．两种针具治疗锁骨上神经卡压综合征的临床疗效观察 [J]．中国骨伤，2008，21（6）：455-457．DOI：10.3969/j.issn.1003-0034.2008.06.021．{YING Yourong,ZHU Rangteng,YING Youji,HU Sijin,ZHANG Deqing,YING Guanghua,GAO Fuming. Comparative study on the Pizhen and acupuncture for the treatment of supraclavicular nerve-entrapment syndrome[J]. Zhongguo Gu Shang[China J Orthop Trauma(Article in Chinese;Abstract in Chinese and English)],2008,21(6):455-457. DOI:10.3969/j.issn.1003-0034.2008.06.021.}

[20841] 王金昌，王天斌，赵炳显，王学成．指总神经卡压的术中分析及手术方法 [J]．中华手外科杂志，2008，24（1）：59．DOI：10.3760/cma.j.issn.1005-054X.2008.01.022．{WANG Jinchang,WANG Tianbin,ZHAO Bingxian,WANG Xuecheng. Intraoperative analysis and surgical methods of entrapment of common digital nerve[J]. Zhonghua Shou Wai Ke Za Zhi[Chin J Hand Surg(Article in Chinese;Abstract in Chinese)],2008,24(1):59. DOI:10.3760/cma.j.issn.1005-054X.2008.01.022.}

[20842] 尹辛成，张翔，董福慧，陈力夯，雷仲民，靳宜．铍针治疗上肢皮神经卡压综合征的临床观察 [J]．中国骨伤，2009，22（8）：641-642．DOI：10.3969/j.issn.1003-0034.2009.08.029．{YIN Xincheng,ZHANG Xiang,DONG Fuhui,CHEN Liben,LEI Zhongmin,JIN Yi. Clinical observation on treatmen of cutaneous nerve entrapment syndrome of upper limb by Pizhen [J]. Zhongguo Gu Shang[China J Orthop Trauma(Article in Chinese;Abstract in Chinese)],2009,22(8):641-642. DOI:10.3969/j.issn.1003-0034.2009.08.029.}

[20843] 应有荣，朱让腾，应有技，张德清，应光华，高福明．铍针与推拿治疗胸外侧皮神经后支卡压综合征的临床对照试验 [J]．中国骨伤，2009，22（9）：659-661．DOI：10.3969/j.issn.1003-0034.2009.09.005．{YING Yourong,ZHU Rangteng,YING Youji,ZHANG Deqing,YING Guanghua,GAO Fuming. Controlled clinical trials on the Pizhen and massage for the treatment of thoracic lateral cutaneous nerve entrapment syndrome[J]. Zhongguo Gu Shang[China J Orthop Trauma(Article in Chinese;Abstract in Chinese and English)],2009,22(9):659-661. DOI:10.3969/j.issn.1003-0034.2009.09.005.}

[20844] 胡锐，陈振兵．周围神经卡压综合征诊断与治疗进展 [J]．国际骨科学杂志，2009，30（4）：242-243，246．DOI：10.3969/j.issn.1673-7083.2009.04.010．{HU Rui,CHEN Zhenbing. Progress in diagnosis and treatment of peripheral nerve entrapment syndrome[J]. Guo Ji Gu Ke Xue Za Zhi[Int J Orthop(Article in Chinese;Abstract in Chinese)],2009,30(4):242-243,246. DOI:10.3969/j.issn.1673-7083.2009.04.010.}

[20845] 孙建华，刘翠法，韩森东．手术治疗肘部尺神经卡压综合征 [J]．中国骨伤，2010，23（5）：392-393．DOI：10.3969/j.issn.1003-0034.2010.05.025．{SUN Jianhua,LIU Cuifa,HAN Sendong. Operative treatment of nerve compression syndrome in ulnar nerve of elbow[J]. Zhongguo Gu Shang[China J Orthop Trauma(Article in Chinese;Abstract in Chinese)],2010,23(5):392-393. DOI:10.3969/j.issn.1003-0034.2010.05.025.}

[20846] 吴建滨，孟庆刚，梁佳军，孙丕云，许梅辛．肱三头肌外侧头肌腱变性致桡神经卡压一例 [J]．中华显微外科杂志，2011，34（5）：393．DOI：10.3760/cma.j.issn.1001-2036.2011.05.013．{WU Jianbin,MENG Qinggang,LIANG Jiajun,SUN Piyun,XU Meixin. Radial nerve entrapment caused by tendon degeneration of lateral head of triceps brachii:a case report[J]. Zhonghua Xian Wei Wai Ke Za Zhi[Chin J Microsurg(Article in Chinese;Abstract in Chinese)],2011,34(5):393. DOI:10.3760/cma.j.issn.1001-2036.2011.05.013.}

[20847] 刘乾仁，刘志刚，张志新．正中神经返支卡压征（症）二例 [J]．中华手外科杂志，2011，27（2）：109．DOI：10.3760/cma.j.issn.1005-054X.2011.02.016．{LIU Qianren,LIU Zhigang,ZHANG Zhixin. Median recurrent branch entrapment sign:a report of two cases[J]. Zhonghua Shou Wai Ke Za Zhi[Chin J Hand Surg(Article in Chinese;No abstract available)],2011,27(2):109. DOI:10.3760/cma.j.issn.1005-054X.2011.02.016.}

[20848] 焦利斌，张高孟，田纪青，田纪渭，潘海珍，项伟．胸长神经、肩胛背神经卡压一例报告 [J]．中华骨科杂志，2012，32（4）：382-384．DOI：10.3760/cma.j.issn.0253-2352.2012.04.017．{JIAO Libin,ZHANG Gaomeng,TIAN Jiqing,TIAN Jiwei,PAN Haizhen,XIANG Wei. Compression of long thoracic nerve and dorsal scapular nerve:a case report[J]. Zhonghua Gu Ke Za Zhi[Chin J Orthop(Article in Chinese;Abstract in Chinese)],2012,32(4):382-384. DOI:10.3760/cma.j.issn.0253-2352.2012.04.017.}

[20849] 王斌，田敏，杨焕友，李建军，赵占国，李浩．对掌肌管处尺神经深支卡压征九例 [J]．中华显

微外科杂志，2012，35(1)：86. DOI：10.3760/cma.j.issn.1001-2036.2012.01.038. {WANG Bin,TIAN Min,YANG Huanyou,LI Jianjun,ZHAO Zhanguo,LI Hao. Entrapment of deep branch of ulnar nerve at palmar canal:Clinical analysis of 9 cases[J]. Zhonghua Xian Wei Wai Ke Za Zhi[Chin J Microsurg(Article in Chinese;Abstract in Chinese)],2012,35(1):86. DOI:10.3760/cma.j.issn.1001-2036.2012.01.038.}

[20850] 孙益，童培建，李象钧. 肘部腱鞘囊肿致骨间背侧神经卡压综合征5例临床分析[J]. 中国骨伤，2013，26(11)：949-952. DOI：10.3969/j.issn.1003-0034.2013.11.017. {SUN Yi,TONG Peijian,LI Xiangjun. Entrapment syndrome of posterior interosseous nerve caused by elbow cyst:5 cases reports[J]. Zhongguo Gu Shang[China J Orthop Trauma(Article in Chinese;Abstract in Chinese and English)],2013,26(11):949-952. DOI:10.3969/j.issn.1003-0034.2013.11.017.}

[20851] 王西迅，李钧，陈旭辉，张高孟，陈波，崔岩，金成，胡继超，童哲. 肱桡肌入路小切口治疗桡神经深支卡压综合征[J]. 中华显微外科杂志，2014，37(1)：72-73. DOI：10.3760/cma.j.issn.1001-2036.2014.01.021. {WANG Xixun,LI Jun,CHEN Xuhui,ZHANG Gaomeng,CHEN Bo,CUI Yan,JIN Cheng,HU Jichao,TONG Zhe. Treatment of entrapment syndrome of deep branch of radial nerve by small incision in brachioradialis approach[J]. Zhonghua Xian Wei Wai Ke Za Zhi[Chin J Microsurg(Article in Chinese;Abstract in Chinese)],2014,37(1):72-73. DOI:10.3760/cma.j.issn.1001-2036.2014.01.021.}

[20852] 胡建威，张亦庚. 显微外科手术治疗囊肿致尺神经深支卡压18例[J]. 中华显微外科杂志，2014，37(5)：490-492. DOI：10.3760/cma.j.issn.1001-2036.2014.05.021. {HU Jianwei,ZHANG Yigeng. Microsurgical treatment of entrapment of deep branch of ulnar nerve caused by cyst:a report of 18 cases[J]. Zhonghua Xian Wei Wai Ke Za Zhi[Chin J Microsurg(Article in Chinese;Abstract in Chinese)],2014,37(5):490-492. DOI:10.3760/cma.j.issn.1001-2036.2014.05.021.}

[20853] 王西迅，李钧，陈旭辉，崔岩，金成，陈波，舒正华，胡继超，魏勇. 桡骨远端及尺骨茎突骨折手法整复后尺神经卡压于尺骨茎突骨折端1例[J]. 中国骨伤，2014，27(2)：167-168. DOI：10.3969/j.issn.1003-0034.2014.02.019. {WANG Xixun,LI Jun,CHEN Xuhui,CUI Yan,JIN Cheng,CHEN Bo,SHU Zhenghua,HU Jichao,WEI Yong. A case report of ulnar nerve entrapment in the ulnar styloid fracture after reduction of fracture of the distal radius and ulnar styloid[J]. Zhongguo Gu Shang[China J Orthop Trauma(Article in Chinese;No abstract available)],2014,27(2):167-168. DOI:10.3969/j.issn.1003-0034.2014.02.019.}

[20854] 李岳伟，邓建龙. 拇指神经卡压症1例[J]. 临床骨科杂志，2014，17(1)：19. DOI：10.3969/j.issn.1008-0287.2014.01.007. {LI Yuewei,DENG Jianlong. A case of pollex nerve compressive syndrome[J]. Lin Chuang Gu Ke Za Zhi[J Clin Orthop(Article in Chinese;No abstract available)],2014,17(1):19. DOI:10.3969/j.issn.1008-0287.2014.01.007.}

[20855] 李岩峰，孙源，蔡培华，范存义. 指固有神经卡压综合征15例[J]. 中华手外科杂志，2016，32(6)：453-454. DOI：10.3760/cma.j.issn.1005-054X.2016.06.024. {LI Yanfeng,SUN Yuan,CAI Peihua,FAN Cunyi. Entrapment syndrome of proper digital nerve:a report of 15 cases[J]. Zhonghua Shou Wai Ke Za Zhi[Chin J Hand Surg(Article in Chinese;No abstract available)],2016,32(6):453-454. DOI:10.3760/cma.j.issn.1005-054X.2016.06.024.}

[20856] 解杰梅，李香卿，林春晓，姜晓锐，刘冠英. 睡眠姿势不当致肌皮神经和腋神经卡压一例[J]. 中华手外科杂志，2016，32(3)：240. DOI：10.3760/cma.j.issn.1005-054X.2016.03.035. {JIE Jiemei,LI Xiangqing,LIN Chunxiao,JIANG Xiaorui,LIU Guanying. Myocutaneous nerve and axillary nerve entrapment caused by improper sleeping position:a case report[J]. Zhonghua Shou Wai Ke Za Zhi[Chin J Hand Surg(Article in Chinese;No abstract available)],2016,32(3):240. DOI:10.3760/cma.j.issn.1005-054X.2016.03.035.}

[20857] 张文贤，周君，冯康虎，李盛华，王久夏，浦军. 前臂深屈肌腱腱鞘囊肿卡压尺神经1例[J]. 中国骨伤，2016，29(5)：476-478. DOI：10.3969/j.issn.1003-0034.2016.05.018. {ZHANG Wenxian,ZHOU Jun,FENG Kanghu,LI Shenghua,WANG Jiuxia,PU Jun. A case report in entrapment of the ulnar nerve by forearm deep flexor tendon ganglion cyst[J]. Zhongguo Gu Shang[China J Orthop Trauma(Article in Chinese;No abstract available)],2016,29(5):476-478. DOI:10.3969/j.issn.1003-0034.2016.05.018.}

[20858] 高培森，任水明，刘磊，杜智慧，王淑敏. 高频超声在类风湿关节炎患者神经卡压诊断中的应用价值[J]. 中国医学科学院学报，2016，38(3)：327-330. DOI：10.3881/j.issn.1000-503X.2016.03.015. {GAO Peisen,REN Shuiming,LIU Lei,DU Zhihui,WANG Shumin. Value of high-frequency ultrasound in the diagnosis of peripheral nerve compression in rheumatoid arthritis patients[J]. Zhongguo Yi Xue Ke Xue Yuan Xue Bao[Acta Acad Med Sin(Article in Chinese;Abstract in Chinese and English)],2016,38(3):327-330. DOI:10.3881/j.issn.1000-503X.2016.03.015.}

[20859] 黄益楚，章伟祥，陈孝军，都巍，姬强明. 前臂正中神经伴行动脉断裂并发筋膜室综合征一例[J]. 中华手外科杂志，2017，33(2)：131. DOI：10.3760/cma.j.issn.1005-054X.2017.02.035. {HUANG Yichu,ZHANG Weixiang,CHEN Xiaojun,DOU Wei,JI Qiangming. Median forearm nerve accompanied with arterial rupture complicated with fascial compartment syndrome:a case report[J]. Zhonghua Shou Wai Ke Za Zhi[Chin J Hand Surg(Article in Chinese;No abstract available)],2017,33(2):131. DOI:10.3760/cma.j.issn.1005-054X.2017.02.035.}

[20860] 王江波，李庆霖，杨光，崔树森. 掌骨异常突起导致尺神经深支卡压一例[J]. 中华手外科杂志，2017，33(5)：398. DOI：10.3760/cma.j.issn.1005-054X.2017.05.034. {WANG Jiangbo,LI Qinglin,YANG Guang,CUI Shusen. Abnormal protuberance of metacarpal bone resulting in deep branch of ulnar nerve entrapment:a case report[J]. Zhonghua Shou Wai Ke Za Zhi[Chin J Hand Surg(Article in Chinese;No abstract available)],2017,33(5):398. DOI:10.3760/cma.j.issn.1005-054X.2017.05.034.}

[20861] 潘昭勋，闵小军，孙超，杜德凯. 体外放散式冲击波治疗臂外侧上皮神经卡压综合征的疗效分析[J]. 中国医学科学院学报，2018，40(3)：344-348. DOI：10.3881/j.issn.1000-503X.2018.03.008. {PAN Zhaoxun,MIN Xiaojun,SUN Chao,DU Dekai. Effectiveness of extracorporeal shockwave therapy in treating superior lateral brachial cutaneous nerve compression syndrome[J]. Zhongguo Yi Xue Ke Xue Yuan Xue Bao[Acta Acad Med Sin(Article in Chinese;Abstract in Chinese and English)],2018,40(3):344-348. DOI:10.3881/j.issn.1000-503X.2018.03.008.}

[20862] 杨焕友，李瑞国，刘娜，王伟，刘伟，部文茜. 显微外科手术治疗腕关节尺背侧囊肿致尺神经手背支卡压[J]. 中华手外科杂志，2018，34(5)：346-348. DOI：10.3760/cma.j.issn.1005-054X.2018.05.009. {YANG Huanyou,LI Ruiguo,LIU Na,WANG Wei,LIU Wei,BU Wenqian. Microsurgery treatment for entrapment of ulnar nerve dorsal branch caused by ulnar dorsal wrist cysts[J]. Zhonghua Shou Wai Ke Za Zhi[Chin J Hand Surg(Article in Chinese;Abstract in Chinese and English)],2018,34(5):346-348. DOI:10.3760/cma.j.issn.1005-054X.2018.05.009.}

[20863] 史卫东，邓亚军，解琪琪，李文洲，陈宝，万麟，谢建琴，康学文，汪静. 非创伤性双侧桡神经深支卡压综合征一例[J]. 中华手外科杂志，2019，35(2)：156. DOI：10.3760/cma.j.issn.1005-054X.2019.02.028. {SHI Weidong,DENG Yajun,JIE Qiqi,LI Wenzhou,CHEN Bao,WAN Lin,XIE Jianqin,KANG Xuewen,WANG Jing. Non-traumatic entrapment syndrome of bilateral deep branch of radial nerve:a case report[J]. Zhonghua Shou Wai Ke Za Zhi[Chin J Hand Surg(Article in Chinese;No abstract available)],2019,35(2):156. DOI:10.3760/cma.j.issn.1005-054X.2019.02.028.}

[20864] 庞波涛，宋坤修，刘永涛. 错构瘤致桡神经深支卡压综合征一例[J]. 中华手外科杂志，2019，35(6)：479. DOI：10.3760/cma.j.issn.1005-054X.2019.06.033. {PANG Botao,SONG Kunxiu,LIU Yongtao. Entrapment syndrome of deep branch of radial nerve caused by hamartoma:a case report[J]. Zhonghua Shou Wai Ke Za Zhi[Chin J Hand Surg(Article in Chinese;No abstract available)],2019,35(6):479. DOI:10.3760/cma.j.issn.1005-054X.2019.06.033.}

[20865] 岳震，曾文超，梁文勇，赵兴长，赵洋，巩超，王福宁. 桡神经浅支卡压综合征的临床诊断及治疗[J]. 实用手外科杂志，2019，33(4)：405-406，433. DOI：10.3969/j.issn.1671-2722.2019.04.013. {YUE Zhen,CENG Wenchao,LIANG Wenyong,ZHAO Xingchang,ZHAO Yang,GONG Chao,WANG Funing. Clinical diagnosis and treatment of superficial radial nerve entrapment syndrome[J]. Shi Yong Shou Wai Ke Za Zhi[Chin J Pract Hand Surg(Article in Chinese;Abstract in Chinese and English)],2019,33(4):405-406,433. DOI:10.3969/j.issn.1671-2722.2019.04.013.}

[20866] 冯新红，武剑，白志勇，刘宏静，陈静. 非外伤性前骨间神经损伤综合征的临床特征分析[J]. 中华医学杂志，2019，99(38)：3024-3026. DOI：10.3760/cma.j.issn.0376-2491.2019.38.012. {FENG Xinhong,WU Jian,BAI Zhiyong,LIU Hongjing,CHEN Jing. Clinical characteristics of non-traumatic anterior interosseous nerve injury syndrome[J]. Zhonghua Yi Xue Za Zhi[Natl Med J China(Article in Chinese;Abstract in Chinese)],2019,99(38):3024-3026. DOI:10.3760/cma.j.issn.0376-2491.2019.38.012.}

[20867] 邢强强，巨积辉，张玉军，蒋国栋. 高位正中神经卡压一例[J]. 中华手外科杂志，2019，35(6)：480. DOI：10.3760/cma.j.issn.1005-054X.2019.06.034. {XING Qiangqiang,JU Jihui,ZHANG Yujun,JIANG Guodong. High median nerve compression:a case report[J]. Zhonghua Shou Wai Ke Za Zhi[Chin J Hand Surg(Article in Chinese;No abstract available)],2019,35(6):480. DOI:10.3760/cma.j.issn.1005-054X.2019.06.034.}

6.4.15.9.1 胸廓出口综合征(臂丛神经血管卡压症)
thoracic outlet syndrome,tos (brachial plexus vascular entrapment)

[20868] Gu YD,Zhang GM,Chen DS,Yan JG,Cheng XM. Thoracic outlet syndrome[J]. Chin Med J,1988,101(9):689-694.

[20869] Chen D,Gu Y,Lao J,Chen L. Dorsal scapular nerve compression. Atypical thoracic outlet syndrome[J]. Chin Med J,1995,108(8):582-585.

[20870] Leung YF,Chung OM,Ip PS,Wong A,Wai YL. An unusual case of thoracic outlet syndrome associated with long distance running[J]. Br J Sports Med,1999,33(4):279-281. doi:10.1136/bjsm.33.4.279.

[20871] Rehemutula A,Zhang L,Chen L,Chen D,Gu Y. Managing pediatric thoracic outlet syndrome[J]. Ital J Pediatr,2015,41:22. doi:10.1186/s13052-015-0128-4.

[20872] Rehemutula A,Zhang LI,Yu C,Chen L,Gu Y. Thoracoscopy-assisted first rib resection for the treatment of thoracic outlet syndrome caused by fibrous dysplasia:a report of two cases[J]. Exp Ther Med,2015,9(6):2241-2244. doi:10.3892/etm.2015.2371.

[20873] Feng JT,Zhu Y,Hua XY,Zhu Y,Gu YD,Xu JG,Xu WD. Diagnosing neurogenic thoracic outlet syndrome with the triple stimulation technique[J]. Clin Neurophysiol,2016,127(1):886-891. doi:10.1016/j.clinph.2015.04.065.

[20874] Gong X,Jiang ZM,Lu LJ. Residual symptom analysis after the subtotal anterior and middle scalenectomy for disputed thoracic outlet syndrome:comparison between surgical and untreated patients[J]. Ann Plast Surg,2017,78(5):533-536. doi:10.1097/SAP.0000000000000944.

[20875] Wang W. Is thoracic outlet syndrome common after Nuss procedure?[J]. J Plast Reconstr Aesthet Surg,2018,71(5):773-774. doi:10.1016/j.bjps.2017.12.017.

[20876] Zhang W,Pei Y,Liu K,Tan J,Ma J,Zhao J. Thoracic outlet syndrome(TOS):a case report of a rare complication after Nuss procedure for pectus excavatum[J]. Medicine(Baltimore),2018,97(36):e11846. doi:10.1097/MD.0000000000011846.

[20877] Yin ZG,Gong KT,Zhang JB. Outcomes of surgical management of neurogenic thoracic outlet syndrome:a systematic review and bayesian perspective[J]. J Hand Surg Am,2019,44(5):416.e1-416.e17. doi:10.1016/j.jhsa.2018.06.120.

[20878] Jiang S,Shen H,Tan WQ,Lu H. Arterial thoracic outlet syndrome caused by cervical ribs-an unusual case report[J]. Medicine(Baltimore),2019,98(11):e14778. doi:10.1097/MD.0000000000014778.

[20879] Wang XT,Yao M,Zhong M,Wang YJ,Shi Q,Cui XJ. Thoracic outlet syndrome in a postoperative cervical spondylotic myelopathy patient:a case report[J]. Medicine(Baltimore),2019,98(11):e14806. doi:10.1097/MD.0000000000014806.

[20880] Zhang T,Xu Z,Chen J,Liu Z,Wang T,Hu Y,Shen L,Xue F. A novel approach for imaging of thoracic outlet syndrome using contrast-enhanced magnetic resonance angiography (CE-MRA),short inversion time inversion recovery sampling perfection with application-optimized contrasts using different flip angle evolution[J]. Med Sci Monit,2019,25:7617-7623. doi:10.12659/MSM.919358.

[20881] Liu Y,Wu Z,Huang B,Yang Y,Zhao J,Ma Y. Venous thoracic outlet syndrome secondary to arterial stent implantation:a case report[J]. Medicine(Baltimore),2019,98(47):e17829. doi:10.1097/MD.0000000000017829.

[20882] Gu G,Liu J,Lv Y,Huang H,Li F,Chen M,Chen Y,Shao J,Liu B,Liu C,Zhang X,Zheng Y. Costoclavicular ligament as a novel cause of venous thoracic outlet syndrome:from anatomic study to clinical application[J]. Surg Radiol Anat,2020,42(8):865-870. doi:10.1007/s00276-020-02479-7.

[20883] 孙衍庆，朱大雷，李伟生，吴兆荣，张奕正. 胸廓出口综合征诊断与治疗的几个问题[J]. 中华外科杂志，1982，20(7)：430-434. {SUN Yanqing,ZHU Dalei,LI Weisheng,WU Zhaorong,ZHANG Yizheng. Several problems in the diagnosis and treatment of thoracic outlet syndrome[J]. Zhonghua Wai Ke Za Zhi[Chin J Surg(Article in Chinese;Abstract in Chinese)],1982,20(7):430-434.}

[20884] 顾玉东，吴敏明，郑忆柳. 经锁骨上下联合进路切除第一肋治疗胸廓出口综合征[J]. 中华外科杂志，1984，22(11)：692-693. {GU Yudong,WU Minming,ZHENG Yiliu. Resection of the first rib by supraclavicular and supraclavicular approach for the treatment of thoracic outlet syndrome[J]. Zhonghua Wai Ke Za Zhi[Chin J Surg(Article in Chinese;Abstract in Chinese)],1984,22(11):692-693.}

[20885] 顾玉东，张高孟，陈德松，严什赓，成效敏. 臂丛神经血管受压征[J]. 中华医学杂志，1987，67(9)：512-513. {GU Yudong,ZHANG Gaomeng,CHEN Desong,YAN Shigeng,CHENG Xiaomin. Brachial neurovascular compression syndrome[J]. Zhonghua Yi Xue Za Zhi[Natl Med J China(Article in Chinese;Abstract in Chinese)],1987,67(9):512-513.}

[20886] 张建，董宗俊，李学峰，薛祥禄. 经腋第一肋切除治疗胸廓出口综合征[J]. 中华外科杂志，1992，30(6)：361-362. {ZHANG Jian,DONG Zongjun,LI Xuefeng,XUE Xianglu. Transaxillary first costal resection in the treatment of thoracic outlet syndrome[J]. Zhonghua Wai Ke Za Zhi[Chin J Surg(Article in Chinese;Abstract in Chinese)],1992,30(6):361-362.}

[20887] 成效敏，顾玉东. 胸廓出口综合征合并远侧份神经卡压[J]. 手外科杂志，1992，8(1)：9-10. {CHENG Xiaomin,GU Yudong. Thoracic outlet syndrome with distal nerve entrapment[J]. Shou Wai Ke Za Zhi[J Hand Surg(Article in Chinese;Abstract in Chinese)],1992,8(1):9-10.}

[20888] 张云岐，王海羲. 胸廓出口综合征23例报告[J]. 手外科杂志，1992，8(3)：152-153. {ZHANG Yunqi,WANG Haixi. Thoracic outlet syndrome:a report of 23 cases[J]. Shou Wai Ke Za

Zhi[J Hand Surg(Article in Chinese;Abstract in Chinese)],1992,8(3):152-153.}

[20889] 廖平川，郑仰林，田丰年，梁炳生，郝清宽. 胸廓出口综合征的电生理学观察与分析 [J]. 中华骨科杂志，1994，14（7）：428-432. DOI：10.1007/BF02006258. {LIAO Pingchuan,ZHENG Yanglin,TIAN Fengnian,LIANG Bingsheng,HAO Qingkuan. Electrophsiological findings and analysis ofthoracic outlet syndrome[J]. Zhonghua Gu Ke Za Zhi[Chin J Orthop(Article in Chinese;Abstract in Chinese)],1994,14(7):428-432. DOI:10.1007/BF02006258.}

[20890] 陈德松，顾玉东，劳杰，陈亮. 肩胛背神经卡压（不典型胸廓出口综合征）[J]. 中华手外科杂志，1994，10（1）：28-30. DOI：CNKI：SUN：ZHSK.0.1994-01-013. {CHEN Desong,GU Yudong,LAO Jie,CHEN Liang. Compression of dorsal scapular nerve:Atypical thoracic outlet syndrome[J]. Zhonghua Shou Wai Ke Za Zhi[Chin J Hand Surg(Article in Chinese;Abstract in Chinese)],1994,10(1):28-30. DOI:CNKI:SUN:ZHSK.0.1994-01-013.}

[20891] 成效敏，顾玉东，张高孟，陈德松. 39 例臂丛神经血管受压征分析 [J]. 中华骨科杂志，1994，14（2）：387-391. DOI：CNKI：SUN：ZHGK.0.1994-07-000. {CHENG Xiaomin,GU Yudong,ZHANG Gaomeng,CHEN Desong. Brachial ncurovascular compression syndrome-an analysis of thirty nine cases[J]. Zhonghua Gu Ke Za Zhi[Chin J Orthop(Article in Chinese;Abstract in Chinese)],1994,14(2):387-391. DOI:CNKI:SUN:ZHGK.0.1994-07-000.}

[20892] 肖延河. 胸廓出口综合征手术效果差原因分析 [J]. 中华手外科杂志，1995，11（1）：31. DOI：10.3760/cma.j.issn.1005-054X.1995.01.119. {XIAO Yanhe. Analysis of the factors of poor surgical effect of thoracic outlet syndrome[J]. Zhonghua Shou Wai Ke Za Zhi[Chin J Hand Surg(Article in Chinese;Abstract in Chinese)],1995,11(1):31. DOI:10.3760/cma.j.issn.1005-054X.1995.01.119.}

[20893] 郑仰林，张正之，韩西成，廖平川. 胸膜上膜卡压引起的胸廓出口综合征 [J]. 中华手外科杂志，1995，11（1）：27-28. DOI：CNKI：SUN：ZHSK.0.1995-01-015. {ZHENG Yanglin,ZHANG Zhengzhi,HAN Xicheng,LIAO Pingchuan. Thoracic outlet snydrome caused by suprapleural membane compression[J]. Zhonghua Shou Wai Ke Za Zhi[Chin J Hand Surg(Article in Chinese;Abstract in Chinese)],1995,11(1):27-28. DOI:CNKI:SUN:ZHSK.0.1995-01-015.}

[20894] 辛杰，李汉秀，尚小鹏，随国侠. 臂丛神经上干卡压征（症）二例 [J]. 中华手外科杂志，1996，12（1）：16. DOI：10.3760/cma.j.issn.1005-054X.1996.01.108. {XIN Jie,LI Hanxiu,SHANG Xiaopeng,SUI Guoxia. Compression sign of superior trunk of brachial plexus:a report of two cases[J]. Zhonghua Shou Wai Ke Za Zhi[Chin J Hand Surg(Article in Chinese;Abstract in Chinese)],1996,12(1):16. DOI:10.3760/cma.j.issn.1005-054X.1996.01.108.}

[20895] 赵新，陈德松. 斜角肌切断术治疗臂丛神经血管受压征的远期疗效 [J]. 中华手外科杂志，1996，12（3）：37-39. DOI：10.3760/cma.j.issn.1005-054X.1996.Z1.118. {ZHAO Xin,CHEN Desong. Long-term results of scalenus muscle severance for thoracic outlet syndrome[J]. Zhonghua Shou Wai Ke Za Zhi[Chin J Hand Surg(Article in Chinese;Abstract in Chinese and English)],1996,12(3):37-39. DOI:10.3760/cma.j.issn.1005-054X.1996.Z1.118.}

[20896] 陈德松，方有生，李建伟，顾玉东. 切断前中斜角肌及小斜角肌起点治疗胸廓出口综合征的解剖学与应用研究 [J]. 中华手外科杂志，1997，13（3）：139-141. DOI：10.3760/cma.j.issn.1005-054X.1997.03.005. {CHEN Desong,FANG Yousheng,LI Jianwei,GU Yudong. Resection of the insertions of scalenus anticus,medius and minimus for treatment of thoracie outlet syndrome:an anatomical study[J]. Zhonghua Shou Wai Ke Za Zhi[Chin J Hand Surg(Article in Chinese;Abstract in Chinese and English)],1997,13(3):139-141. DOI:10.3760/cma.j.issn.1005-054X.1997.03.005.}

[20897] 田存平，王瑞庆，尹云生，张正之. SIBSON 筋膜导致胸廓出口综合症 [J]. 中国骨伤，1997，10（4）：6-7，63. DOI：10.3969/j.issn.1003-0034.yyyy.nn.zzz. {TIAN Cunping,WANG Ruiqing,YIN Yunsheng,ZHANG Zhengzhi. Thoracic outlet syndrome induced by Sibson'sfascia[J]. Zhongguo Gu Shang[China J Orthop Trauma(Article in Chinese;Abstract in Chinese)],1997,10(4):6-7,63. DOI:10.3969/j.issn.1003-0034.yyyy.nn.zzz.}

[20898] 陈德松. 臂丛神经血管受压征的特殊试验调查报告 [J]. 中华手外科杂志，1997，13（1）：30-33. DOI：10.3760/cma.j.issn.1005-054X.1997.01.010. {CHEN Desong. Report on special tests of brachial plexus neurovascular compression syndrome[J]. Zhonghua Shou Wai Ke Za Zhi[Chin J Hand Surg(Article in Chinese;Abstract in Chinese and English)],1997,13(1):30-33. DOI:10.3760/cma.j.issn.1005-054X.1997.01.010.}

[20899] 史其林，顾玉东，方有生，徐建光，桥诘博行. 内窥镜诊治臂丛神经血管受压征的解剖学研究 [J]. 中华手外科杂志，1997，13（3）：178-180. DOI：10.3760/cma.j.issn.1005-054X.1997.03.018. {SHI Qilin,GU Yudong,FANG Yousheng,XU Jianguang,Hashime Hiroyuki. An anatomic study of the endoscopic treatment of thoracic outlet syndrome[J]. Zhonghua Shou Wai Ke Za Zhi[Chin J Hand Surg(Article in Chinese;Abstract in Chinese and English)],1997,13(3):178-180. DOI:10.3760/cma.j.issn.1005-054X.1997.03.018.}

[20900] 陈德松，方有生，李建伟. 胸廓出口综合征的新认识——解剖学与临床观察 [J]. 中华外科杂 志，1998，36（11）：661. DOI：10.3760/j：issn：0529-5815.1998.11.007. {CHEN Desong,FANG Yousheng,LI Jianwei. Anatomical study and clinical observation of thoracic outlet syndrome[J]. Zhonghua Wai Ke Za Zhi[Chin J Surg(Article in Chinese;Abstract in Chinese and English)],1998,36(11):661. DOI:10.3760/j:issn:0529-5815.1998.11.007.}

[20901] 方智敏. 胸廓出口综合征诊断和治疗探讨 [J]. 中国矫形外科杂志，1998，5（2）：36-37. DOI：CNKI：SUN：ZJXS.0.1998-03-024. {FANG Zhimin. Diagnosis and treatment of thoracic outlet syndrome[J]. Zhongguo Jiao Xing Wai Ke Za Zhi[Orthop J China(Article in Chinese;Abstract in Chinese)],1998,5(2):36-37. DOI:CNKI:SUN:ZJXS.0.1998-03-024.}

[20902] 王振捷，于洪泉，任华，鞠进，孙成孚. 胸廓出口综合征的诊断与治疗 [J]. 中国医学科学院学报，1998，20（4）：308-312. DOI：CNKI：SUN：ZYKX.0.1998-04-015. {WANG Zhen Jie,YU Hong Quan,REN Hua,JU Jin,SUN Cheng Fu. Diagnosis and treatment of thoracic outlet syndrome[J]. Zhongguo Yi Xue Ke Xue Yuan Xue Bao[Acta Acad Med Sin(Article in Chinese;Abstract in Chinese)],1998,20(4):308-312. DOI:CNKI:SUN:ZYKX.0.1998-04-015.}

[20903] 傅惠娟. 斜角肌间隙解剖结构变异与胸廓出口综合征 [J]. 上海医学，1998，21（6）：350. DOI：CNKI：SUN：SHYX.0.1998-06-019. {FU Huijuan. Anatomical structure variation of scalenus space and thoracic outlet syndrome[J]. Shang Hai Yi Xue[Shanghai Med J(Article in Chinese;Abstract in Chinese)],1998,21(6):350. DOI:CNKI:SUN:SHYX.0.1998-06-019.}

[20904] 史其林，顾玉东，方有生. 内窥镜诊治臂丛神经血管受压征入路的解剖学研究 [J]. 中华手外科杂志，1998，14(3)：187. DOI：10.3760/cma.j.issn.1005-054X.1998.03.022. {SHI Qilin,GU Yudong,FANG Yousheng. Anatomic study of the approach for the endoscopic treatment of thoracic outlet syndrome[J]. Zhonghua Shou Wai Ke Za Zhi[Chin J Hand Surg(Article in Chinese;Abstract in Chinese and English)],1998,14(3):187. DOI:10.3760/cma.j.issn.1005-054X.1998.03.022.}

[20905] 陈德松，陈琳，顾玉东. 胸廓出口综合征手术方法改良 [J]. 中华骨科杂志，1999，19（4）：230. DOI：10.3760/j.issn：0253-2352.1999.04.011. {CHEN Desong,CHEN Lin,GU Yudong. Modified surgical methods for thoracic outlet syndrome[J]. Zhonghua Gu Ke Za Zhi[Chin J Orthop(Article in Chinese;Abstract in Chinese and English)],1999,19(4):230. DOI:10.3760/j.issn:0253-2352.1999.04.011.}

[20906] 沈丽英，顾玉东，张凯丽，陈正永，朱艺. 胸廓出口综合征的神经 - 肌电图诊断方法 [J]. 中华手外科杂志，1999，15（1）：3-5. DOI：10.3760/cma.j.issn.1005-054X.1999.01.007. {SHEN Liying,GU Yudong,ZHANG Kaili,CHEN Zheng Yong,ZHU Yi. Electromyographic diagnosis of thoracic outlet syndrome[J]. Zhonghua Shou Wai Ke Za Zhi[Chin J Hand Surg(Article in Chinese;Abstract in Chinese and English)],1999,15(1):3-5. DOI:10.3760/cma.j.issn.1005-054X.1999.01.007.}

[20907] 徐炳汉，丁宇令，薛玉蝉. 非手术疗法治疗胸廓出口综合征 [J]. 中国骨伤，1999，12（6）：65. DOI：10.3969/j.issn.1003-0034.1999.06.046. {XU Binghan,DING Yuling,XUE Yuchan. Nonoperative therapy for thoracic outlet syndrome[J]. Zhongguo Gu Shang[China J Orthop Trauma(Article in Chinese;Abstract in Chinese)],1999,12(6):65. DOI:10.3969/j.issn.1003-0034.1999.06.046.}

[20908] 陈德松，方有生，陈琳，彭峰，顾玉东. 小儿胸廓出口综合征七例报告 [J]. 上海医学，1999，22（3）：151-152. DOI：10.3969/j.issn.0253-9934.1999.03.008. {CHEN Desong,FANG Yousheng,CHEN Lin,PENG Feng,GU Yudong. Thoracic outlet syndrome in the children:report of 7 cases[J]. Shang Hai Yi Xue[Shanghai Med J(Article in Chinese;Abstract in Chinese and English)],1999,22(3):151-152. DOI:10.3969/j.issn.0253-9934.1999.03.008.}

[20909] 李大村，李炳万，赵维彦. 臂丛神经血管受压征的临床分析 [J]. 中华手外科杂志，1999，15（1）：3-5. DOI：10.3760/cma.j.issn.1005-054X.1999.01.008. {LI Dacun,LI Bingwan,ZHAO Weiyan. Clinical classification of thoracic outlet syndrome[J]. Zhonghua Shou Wai Ke Za Zhi[Chin J Hand Surg(Article in Chinese;Abstract in Chinese and English)],1999,15(1):3-5. DOI:10.3760/cma.j.issn.1005-054X.1999.01.008.}

[20910] 蒋雪生，周国顺，管国华. 胸廓出口综合征 28 例分析 [J]. 中华手外科杂志，2000，16(4)：22. DOI：10.3760/cma.j.issn.1005-054X.2000.04.021. {JIANG Xuesheng,ZHOU Guoshun,GUAN Guohua. Analysis of 28 cases of thoracic outlet syndrome[J]. Zhonghua Shou Wai Ke Za Zhi[Chin J Hand Surg(Article in Chinese;Abstract in Chinese)],2000,16(4):22. DOI:10.3760/cma.j.issn.1005-054X.2000.04.021.}

[20911] 方有生，彭裕文，王吉力，陈德松. 胸廓出口综合征患者颈项部牵涉痛机制探讨——荧光素逆行双标法 [J]. 中国临床解剖学杂志，2001，19（4）：357-358. DOI：10.3969/j.issn.1001-165X.2001.04.025. {FANG Yousheng,PENG Yuwen,WANG Jili,CHEN Desong. Possible mechanism of referred pain around neck caused by thoracic outlet syndrome[J]. Zhongguo Lin Chuang Jie Pou Xue Za Zhi[Chin J Clin Anat(Article in Chinese;Abstract in Chinese and English)],2001,19(4):357-358. DOI:10.3969/j.issn.1001-165X.2001.04.025.}

[20912] 方有生，陈德松，顾玉东. 上干型胸廓出口综合征的解剖与临床研究 [J]. 中华显微外科杂志，2001，24（3）：183-184. DOI：10.3760/cma.j.issn.1001-2036.2001.03.008. {FANG Yousheng,CHEN Desong,GU Yudong. Anatomical and clinical study of upper trunk thoracic outlet syndrome[J]. Zhonghua Xian Wei Wai Ke Za Zhi[Chin J Microsurg(Article in Chinese;Abstract in Chinese and English)],2001,24(3):183-184. DOI:10.3760/cma.j.issn.1001-2036.2001.03.008.}

[20913] 伊力哈木 · 阿布力米提 · 艾热体. 胸廓出口综合征姐妹 2 例 [J]. 中国矫形外科杂志，2001，8（3）：243. DOI：10.3969/j.issn.1005-8478.2001.03.049. {Yilihamu Abulimiti Aireti. Two sisters with thoracic outlet syndrome[J]. Zhongguo Jiao Xing Wai Ke Za Zhi[Orthop J China(Article in Chinese;No abstract available)],2001,8(3):243. DOI:10.3969/j.issn.1005-8478.2001.03.049.}

[20914] 陈德松，王天兵，高兴平. 妙纳治疗胸廓出口综合征的临床观察 [J]. 中华手外科杂志，2001，17(1)：14-16. DOI：10.3760/cma.j.issn.1005-054X.2001.01.005. {CHEN Desong,WANG Tianbing,GAO Xingping. Treatment of thoracic outlet syndrome with Mynal:a clinical observation[J]. Zhonghua Shou Wai Ke Za Zhi[Chin J Hand Surg(Article in Chinese;Abstract in Chinese and English)],2001,17(1):14-16. DOI:10.3760/cma.j.issn.1005-054X.2001.01.005.}

[20915] 路新民. 同期手术治疗胸廓出口综合征合并远端神经卡压的疗效 [J]. 中华手外科杂志，2001，17(6)：37-39. DOI：10.3760/cma.j.issn.1005-054X.2001.06.006. {LU Xinmin. Treatment outcome of thoracic outlet syndrome in conjunction with distal nerve compression at the same stage[J]. Zhonghua Shou Wai Ke Za Zhi[Chin J Hand Surg(Article in Chinese;Abstract in Chinese and English)],2001,17(6):37-39. DOI:10.3760/cma.j.issn.1005-054X.2001.06.006.}

[20916] 席荣华，姜国勇，谢伟. 颈部淋巴结结核致胸廓出口综合征一例 [J]. 中华手外科杂志，2001，17（S1）：5. DOI：10.3760/cma.j.issn.1005-054X.2001.z1.010. {XI Ronghua,JIANG Guoyong,XIE Wei. Thoracic outlet syndrome caused by cervical lymph node tuberculosis:a case report[J]. Zhonghua Shou Wai Ke Za Zhi[Chin J Hand Surg(Article in Chinese;Abstract in Chinese)],2001,17(S1):5. DOI:10.3760/cma.j.issn.1005-054X.2001.z1.010.}

[20917] 章伟文，陈宏，费剑荣. 胸廓出口综合征手术治疗中对前中小斜角肌的处理 [J]. 中华手外科杂志，2001，17（z1）：35-36. DOI：10.3760/cma.j.issn.1005-054X.2001.z1.015. {ZHANG Weiwen,CHEN Hong,FEI Jianrong. Surgical treatment of thoracic outlet syndrome :management of anterior,medium and minimus scalenus muscles[J]. Zhonghua Shou Wai Ke Za Zhi[Chin J Hand Surg(Article in Chinese;Abstract in Chinese and English)],2001,17(z1):35-36. DOI:10.3760/cma.j.issn.1005-054X.2001.z1.015.}

[20918] 曹扬，陈中，林平，施亚明，邢进峰，施铁军，吴恙，马安军. 锁骨下血管损伤继发臂丛神经受压征的治疗 [J]. 中华手外科杂志，2001，17（S1）：42-44. DOI：10.3760/cma.j.issn.1005-054X.2001.z1.018. {CAO Yang,CHEN Zhong,LIN Ping,SHI Yaming,XING Jinfeng,SHI Tiejun,WU Yang,MA Anjun. The surgical timing of brachial plexus compression secondary to traumatized subclavicular vessels rupture[J]. Zhonghua Shou Wai Ke Za Zhi[Chin J Hand Surg(Article in Chinese;Abstract in Chinese and English)],2001,17(S1):42-44. DOI:10.3760/cma.j.issn.1005-054X.2001.z1.018.}

[20919] 吴力军. 颈椎间盘突出同时伴有颈丛臂丛神经受压征七例报道 [J]. 中华手外科杂志，2001，17（z1）：43. DOI：10.3760/cma.j.issn.1005-054X.2001.z1.019. {WU Lijun. Cervical disc herniation accompanied with cervical plexus brachial plexus compression sign:a report of 7 cases[J]. Zhonghua Shou Wai Ke Za Zhi[Chin J Hand Surg(Article in Chinese;Abstract in Chinese)],2001,17(z1):43. DOI:10.3760/cma.j.issn.1005-054X.2001.z1.019.}

[20920] 陈德松，方有生，陈琳，彭峰，顾玉东. 小切口治疗臂丛神经血管受压征 [J]. 中华手外科杂志，2001，17（z1）：24-25. DOI：10.3760/cma.j.issn.1005-054X.2001.z1.011. {CHEN Desong,FANG Yousheng,CHEN Lin,PENG Feng,GU Yudong. Treatment of brachial plexus nerve and vessel compression syndrome:application of small incision[J]. Zhonghua Shou Wai Ke Za Zhi[Chin J Hand Surg(Article in Chinese;Abstract in Chinese and English)],2001,17(z1):24-25. DOI:10.3760/cma.j.issn.1005-054X.2001.z1.011.}

[20921] 徐雷，徐建光，顾玉东，张凯莉，朱艺. 运动诱发电位诊断胸廓出口综合征的实验研究 [J]. 中华手外科杂志，2002，18（1）：55-58. DOI：10.3760/cma.j.issn.1005-054X.2002.01.020. {XU Lei,XU Jianguang,GU Yudong,ZHANG Kaili,ZHU Yi. Diagnosis of thoracic outlet syndrome with motor evoked potential:an experimental study[J]. Zhonghua Shou Wai Ke Za Zhi[Chin J Hand Surg(Article in Chinese;Abstract in Chinese and English)],2002,18(1):55-58. DOI:10.3760/cma.j.issn.1005-054X.2002.01.020.}

[20922] 徐向阳，陈毓，王蕾，陆宸照. 经腋路第一肋切除治疗胸廓出口综合征 [J]. 中华手外科杂志，2002，18（2）：15-17. DOI：10.3760/cma.j.issn.1005-054X.2002.02.007. {XU Xiangyang,CHEN Yu,WANG Lei,LU Chenzhao. First rib resection by transaxillary approach for treatment of thoracic outlet syndrome[J]. Zhonghua Shou Wai Ke Za Zhi[Chin J Hand Surg(Article in Chinese;Abstract in Chinese and English)],2002,18(2):15-17. DOI:10.3760/cma.j.issn.1005-054X.2002.02.007.}

[20923] 郝丽丽，路新民，郝溆诊. 胸廓出口综合征术后合并顽固性呃逆一例 [J]. 中华手外科杂志，2002，18（3）：42. DOI：10.3760/cma.j.issn.1005-054X.2002.03.032. {HAO Lili,LU Xinmin,HAO Xuzhen. Thoracic outlet syndrome complicated with intractable hiccup after operation:a case report[J]. Zhonghua Shou Wai Ke Za Zhi[Chin J Hand Surg(Article in Chinese;No abstract available)],2002,18(3):42. DOI:10.3760/cma.j.issn.1005-054X.2002.03.032.}

[20924] 魏彦春，张克亮，张增祥. 胸廓出口综合征诊治进展 [J]. 中国骨伤，2002，15（9）：573-574. DOI：10.3969/j.issn.1003-0034.2002.09.042. {WEI Yanchun,ZHANG

Keliang,ZHANG Zengxiang. Progress in the diagnosis and treatment of thoracic outlet syndrome[J]. Zhongguo Gu Shang[China J Orthop Trauma(Article in Chinese;Abstract in Chinese)],2002,15(9):573-574. DOI:10.3969/j.issn.1003-0034.2002.09.042.}

[20925] 官士兵，史其林，陈德松，顾玉东．内窥镜诊治臂丛神经血管受压征手术器械入路的解剖学研究 [J]. 中华骨科杂志，2002，22（3）：161-164. DOI：10.3760/j.issn：0253-2352.2002.03.009. {GUAN Shibing,SHI Qilin,CHEN Desong,GU Yudong. Anatomic study of the approach for endoscopic treatment of brachial plexus compression syndrome[J]. Zhonghua Gu Ke Za Zhi[Chin J Orthop(Article in Chinese;Abstract in Chinese and English)],2002,22(3):161-164. DOI:10.3760/j.issn:0253-2352.2002.03.009.}

[20926] 陈志强，周路纲，王杰峰．胸廓出口综合征 8 例报告 [J]. 中国矫形外科杂志，2003，11（1）：40. DOI：10.3969/j.issn.1005-8478.2003.01.036. {CHEN Zhiqiang,ZHOU Lugang,WANG Jiefeng. Thoracic outlet syndrome:a report of 8 cases[J]. Zhongguo Jiao Xing Wai Ke Za Zhi[Orthop J China(Article in Chinese;No abstract available)],2003,11(1):40. DOI:10.3969/j.issn.1005-8478.2003.01.036.}

[20927] 孙明，徐林，于胜军，吕浩然．胸廓出口综合征合并四卡综合征 1 例 [J]. 中国矫形外科杂志，2003，11（10）：682. DOI：10.3969/j.issn.1005-8478.2003.10.035. {SUN Ming,XU Lin,YU Shengjun,LV Haoran. Thoracic outlet syndrome complicated with four cards syndrome:a case report[J]. Zhongguo Jiao Xing Wai Ke Za Zhi[Orthop J China(Article in Chinese;Abstract in Chinese)],2003,11(10):682. DOI:10.3969/j.issn.1005-8478.2003.10.035.}

[20928] 马永东，赵强．斜角肌止点封闭治疗臂丛神经卡压症疗效分析 [J]. 中国矫形外科杂志，2003，11（19）：1323. DOI：10.3969/j.issn.1005-8478.2003.19.054. {MA Yongdong,ZHAO Qiang. Analysis of the efficacy of scalenus muscle stop closure in the treatment of brachial plexus entrapment[J]. Zhongguo Jiao Xing Wai Ke Za Zhi[Orthop J China(Article in Chinese;Abstract in Chinese)],2003,11(19):1323. DOI:10.3969/j.issn.1005-8478.2003.19.054.}

[20929] 陈德松，方有生，蔡佩琴，陈琳，彭峰，顾玉东．在内窥镜辅助下手术治疗胸廓出口综合征 10 例报告 [J]. 中华手外科杂志，2003，19（3）：27-29. DOI：10.3760/cma.j.issn.1005-054X.2003.03.016. {CHEN Desong,FANG Yousheng,CAI Peiqin,CHEN Lin,PENG Feng,GU Yudong. Surgical treatment of thoracic outlet syndrome assisted by endoscope:report of 10 cases[J]. Zhonghua Shou Wai Ke Za Zhi[Chin J Hand Surg(Article in Chinese;Abstract in Chinese and English)],2003,19(3):27-29. DOI:10.3760/cma.j.issn.1005-054X.2003.03.016.}

[20930] 范少地，钟桂午，闫自强．腋下型肱骨头脱位伴臂丛受压急诊治疗 5 例 [J]. 中国骨伤，2003，16（7）：434. DOI：10.3969/j.issn.1003-0034.2003.07.026. {FAN Shaodi,ZHONG Guiwu,YAN Ziqiang. Emergency treatment of subaxillary humerus head dislocation and brachial plexus compression:a report of 5 cases[J]. Zhongguo Gu Shang[China J Orthop Trauma(Article in Chinese;Abstract in Chinese)],2003,16(7):434. DOI:10.3969/j.issn.1003-0034.2003.07.026.}

[20931] 周业金，苏家庆．手术治疗无骨性异常的臂丛神经血管受压征 [J]. 临床骨科杂志，2003，6（2）：162-163. DOI：10.3969/j.issn.1008-0287.2003.02.023. {ZHOU Yejin,SU Jiaqing. Operative treatment of thoracic outlet syndrome without osteous abnormality[J]. Lin Chuang Gu Ke Za Zhi[J Clin Orthop(Article in Chinese;Abstract in Chinese and English)],2003,6(2):162-163. DOI:10.3969/j.issn.1008-0287.2003.02.023.}

[20932] 曾庆敏，尹望平，陈德松．小斜角肌及异常束带在胸廓出口综合征中的作用 [J]. 中国矫形外科杂志，2004，12（11）：863-864. DOI：10.3969/j.issn.1005-8478.2004.11.020. {CENG Qingmin,YIN Wangping,CHEN Desong. The role of lesser scalenus muscle and abnormal band in thoracic outlet syndrome[J]. Zhongguo Jiao Xing Wai Ke Za Zhi[Orthop J China(Article in Chinese;Abstract in Chinese)],2004,12(11):863-864. DOI:10.3969/j.issn.1005-8478.2004.11.020.}

[20933] 徐雷，徐建光，顾玉东，李继峰，袁伟，张凯莉．大鼠臂丛神经慢性卡压后不同时程神经组织的超微结构研究 [J]. 中华手外科杂志，2004，20（2）：106-109. DOI：10.3760/cma.j.issn.1005-054X.2004.02.017. {XU Lei,XU Jianguang,GU Yudong,LI Jifeng,YUAN Wei,ZHANG Kaili. The ultrastructure study of nerve tissues at intervals after chronic compression injury of brachial plexus at rats[J]. Zhonghua Shou Wai Ke Za Zhi[Chin J Hand Surg(Article in Chinese;Abstract in Chinese and English)],2004,20(2):106-109. DOI:10.3760/cma.j.issn.1005-054X.2004.02.017.}

[20934] 郝淑珍，路新民．胸廓出口综合征术后合并 Horner 征一例 [J]. 中华手外科杂志，2004，20（4）：215. DOI：10.3760/cma.j.issn.1005-054X.2004.04.036. {HAO Shuzhen,LU Xinmin. Thoracic outlet syndrome complicated with Horner sign after operation:a case report[J]. Zhonghua Shou Wai Ke Za Zhi[Chin J Hand Surg(Article in Chinese;Abstract in Chinese)],2004,20(4):215. DOI:10.3760/cma.j.issn.1005-054X.2004.04.036.}

[20935] 米琨，农奔．儿童胸廓出口综合征的诊断与治疗 [J]. 临床骨科杂志，2004，7（4）：413-414. DOI：10.3969/j.issn.1008-0287.2004.04.021. {MI Kun,NONG Ben. Diagnosis and treatment of thoracic outlet syndrome in children[J]. Lin Chuang Gu Ke Za Zhi[J Clin Orthop(Article in Chinese;Abstract in Chinese and English)],2004,7(4):413-414. DOI:10.3969/j.issn.1008-0287.2004.04.021.}

[20936] 刘桂云，刘国强，吴文元，赵建勇，孙秀梅，高树芬，时忠霞，苏会灵，赵冬梅，王荣琴．臂丛神经血管受压征 6 例分析 [J]. 中国矫形外科杂志，2004，12（1）：12. DOI：10.3969/j.issn.1005-8478.2004.01.054. {LIU Guiyun,LIU Guoqiang,WU Wenyuan,ZHAO Jianyong,SUN Xiumei,GAO Shufen,SHI Zhongxia,SU Huiling,ZHAO Dongmei,WANG Rongqin. Brachial ncurovascular compression syndrome——an analysis of thirty nine cases[J]. Zhongguo Jiao Xing Wai Ke Za Zhi[Orthop J China(Article in Chinese;Abstract in Chinese)],2004,12(1):12. DOI:10.3969/j.issn.1005-8478.2004.01.054.}

[20937] 李大村，赵维彦，邱旭东，李传福，李炳万．手术治疗臂丛神经血管受压征 106 例 [J]. 实用手外科杂志，2004，18（4）：200-201. DOI：10.3969/j.issn.1671-2722.2004.04.003. {LI Dacun,ZHAO Weiyan,QIU Xudong,LI Chuanfu,LI Bingwan. Operation treatment of 106 cases with compressed brachial plexus nerve and blood vessel[J]. Shi Yong Shou Wai Ke Za Zhi[Chin J Pract Hand Surg(Article in Chinese;Abstract in Chinese and English)],2004,18(4):200-201. DOI:10.3969/j.issn.1671-2722.2004.04.003.}

[20938] 陈中，曹扬，林平，邢进峰，施铁军．创伤继发臂丛神经急性卡压征（症）[J]. 中华手外科杂志，2005，21（1）：20-22. DOI：10.3760/cma.j.issn.1005-054X.2005.01.009. {CHEN Zhong,CAO Yang,LIN Ping,XING Jinfeng,SHI Tiejun. Acute post-traumatic brachial plexus compression[J]. Zhonghua Shou Wai Ke Za Zhi[Chin J Hand Surg(Article in Chinese;Abstract in Chinese and English)],2005,21(1):20-22. DOI:10.3760/cma.j.issn.1005-054X.2005.01.009.}

[20939] 张志新，郭雅娣，马南．腋静脉异常膨大致臂丛神经卡压一例报道 [J]. 中华手外科杂志，2005，21（4）：244. DOI：10.3760/cma.j.issn.1005-054X.2005.04.031. {ZHANG Zhi Xin,GUO Ya Di,MA Nan. Acute post-traumatic brachial plexus compression[J]. Zhonghua Shou Wai Ke Za Zhi[Chin J Hand Surg(Article in Chinese;Abstract in Chinese and English)],2005,21(4):244. DOI:10.3760/cma.j.issn.1005-054X.2005.04.031.}

[20940] 张凯莉．运动诱发电位分段检测法在胸廓出口综合征中的诊断价值 [J]. 中华手外科杂志，2005，21（5）：275-276. {ZHANG Kaili. Segmental detection of motor evoked potential in the diagnosis of thoracic outlet syndrome[J]. Zhonghua Shou Wai Ke Za Zhi[Chin J Hand Surg(Article in Chinese;Abstract in Chinese and English)],2005,21(5):275-276.}

[20941] 陈琳，蔡佩琴，彭峰，陈德松．经典与改良斜角肌切断术治疗胸廓出口综合征疗效的长期随访 [J]. 中华手外科杂志，2005，21（6）：323-325. DOI：10.3760/cma.j.issn.1005-054X.2005.06.002. {CHEN Lin,CAI Peiqin,PENG Feng,CHEN Desong. Long-term outcome of thoracic outlet syndrome:a comparison of classic and modified scalenectomy[J]. Zhonghua Shou Wai Ke Za Zhi[Chin J Hand Surg(Article in Chinese;Abstract in Chinese and English)],2005,21(6):323-325. DOI:10.3760/cma.j.issn.1005-054X.2005.06.002.}

[20942] 章伟文，陈宏，王欣，费剑荣．切断前中小斜角肌治疗胸廓出口综合征的远期疗效 [J]. 中华手外科杂志，2005，21（6）：326-327. DOI：10.3760/cma.j.issn.1005-054X.2005.06.003. {ZHANG Weiwen,CHEN Hong,WANG Xin,FEI Jianrong. Long-term results of treatment of thoracic outlet syndrome by resection of the scalenus muscles[J]. Zhonghua Shou Wai Ke Za Zhi[Chin J Hand Surg(Article in Chinese;Abstract in Chinese and English)],2005,21(6):326-327. DOI:10.3760/cma.j.issn.1005-054X.2005.06.003.}

[20943] 蒋雪生，周国顺，管国华，朱剑华，沈鹏，姬亚锋．胸廓出口综合征 26 例术后远期疗效分析 [J]. 中华手外科杂志，2005，21（6）：328-330. DOI：10.3760/cma.j.issn.1005-054X.2005.06.004. {JIANG Xuesheng,ZHOU Guoshun,GUAN Guohua,ZHU Jianhua,SHEN Peng,JI Yafeng. Long-term results of thoracic outlet syndrome:a report of 26 cases[J]. Zhonghua Shou Wai Ke Za Zhi[Chin J Hand Surg(Article in Chinese;Abstract in Chinese and English)],2005,21(6):328-330. DOI:10.3760/cma.j.issn.1005-054X.2005.06.004.}

[20944] 周枫，张云庆，杨惠光，姜雪峰，高兴平，骆文兴．胸廓出口综合征非手术和手术治疗的长期随访 [J]. 中华手外科杂志，2005，21（6）：331-333. DOI：10.3760/cma.j.issn.1005-054X.2005.06.005. {ZHOU Feng,ZHANG Yun Qing,YANG Hui Guang,JIANG Xue Feng,GAO Xing Ping,LUO Wen Xing. Long-term results of thoracic outlet syndrome:surgical treatment versus conservative treatment[J]. Zhonghua Shou Wai Ke Za Zhi[Chin J Hand Surg(Article in Chinese;Abstract in Chinese and English)],2005,21(6):331-333. DOI:10.3760/cma.j.issn.1005-054X.2005.06.005.}

[20945] 于利，张卫国，鲁明．胸廓出口综合征的诊疗体会 [J]. 实用手外科杂志，2005，19（2）：77-78. DOI：10.3969/j.issn.1671-2722.2005.02.005. {YU Li,ZHANG Weiguo,LU Ming. Diagnosis and surgical treatment of thoracic outlet syndrome[J]. Shi Yong Shou Wai Ke Za Zhi[Chin J Pract Hand Surg(Article in Chinese;Abstract in Chinese and English)],2005,19(2):77-78. DOI:10.3969/j.issn.1671-2722.2005.02.005.}

[20946] 黄卫江，田慧中，吕霞．第 1 肋骨切除术治疗胸廓出口综合征 [J]. 中国矫形外科杂志，2006，14（17）：1309-1310. DOI：10.3969/j.issn.1005-8478.2006.17.011. {HUANG Weijiang,TIAN Huizhong,LV Xia. First rib resection for thoracic outlet syndrome [J]. Zhongguo Jiao Xing Wai Ke Za Zhi[Orthop J China(Article in Chinese;No abstract available)],2006,14(17):1309-1310. DOI:10.3969/j.issn.1005-8478.2006.17.011.}

[20947] 周华江，张琦，刘波，王希明，范存义．胸廓出口综合征合并颈椎病的治疗疗效分析 [J]. 中国矫形外科杂志，2006，14（23）：1833-1834. DOI：10.3969/j.issn.1005-8478.2006.23.026. {ZHOU Huajiang,ZHANG Qi,LIU Bo,WANG Ximing,FAN Cunyi. Curative effects analysis on treatment of thoracic outlet syndrome combined with myeloradiculopathy[J]. Zhongguo Jiao Xing Wai Ke Za Zhi[Orthop J China(Article in Chinese;Abstract in Chinese)],2006,14(23):1833-1834. DOI:10.3969/j.issn.1005-8478.2006.23.026.}

[20948] 田东，张凯丽．冷热觉测定在诊断胸廓出口综合征中的应用 [J]. 中华手外科杂志，2006，22（3）：153-154. DOI：10.3760/cma.j.issn.1005-054X.2006.03.011. {TIAN Dong,ZHANG Kaili. Diagnosis of lower trunk thoracic outlet syndrome by examination of the warm and cold sensation[J]. Zhonghua Shou Wai Ke Za Zhi[Chin J Hand Surg(Article in Chinese;Abstract in Chinese and English)],2006,22(3):153-154. DOI:10.3760/cma.j.issn.1005-054X.2006.03.011.}

[20949] 陆伟，徐建光，肖建德，王大平．臂丛神经卡压综合征的诊治 [J]. 中华创伤骨科杂志，2006，8（9）：809-812. DOI：10.3760/cma.j.issn.1671-7600.2006.09.003. {LU Wei,XU Jianguang,XIAO Jiande,WANG Daping. Diagnosis and treatment of multiple nerve entrapment in the brachial plexus[J]. Zhonghua Chuang Shang Gu Ke Za Zhi[Chin J Orthop Trauma(Article in Chinese;Abstract in Chinese and English)],2006,8(9):809-812. DOI:10.3760/cma.j.issn.1671-7600.2006.09.003.}

[20950] 林浩东，陈德松，方有生．小针刀治疗上干型胸廓出口综合征 [J]. 中国骨伤，2006，19（3）：129-130. DOI：10.3969/j.issn.1003-0034.2006.03.001. {LIN Haodong,CHEN Desong,FANG Yousheng. Treatment of thoracic outlet syndrome of upper plexus type with small needle knife[J]. Zhongguo Gu Shang[China J Orthop Trauma(Article in Chinese;Abstract in Chinese and English)],2006,19(3):129-130. DOI:10.3969/j.issn.1003-0034.2006.03.001.}

[20951] 林梓凌，林应强，黄学员．中上段颈椎推拿治疗早期胸廓出口综合征的临床观察与探讨 [J]. 中国骨伤，2006，19（9）：556-557. DOI：10.3969/j.issn.1003-0034.2006.09.017. {LIN Ziling,LIN Yingqiang,HUANG Xueyuan. Manipulative upper and middle cervical vertebra in the treatment of thoracic outlet syndrome at earlier period[J]. Zhongguo Gu Shang[China J Orthop Trauma(Article in Chinese;Abstract in Chinese and English)],2006,19(9):556-557. DOI:10.3969/j.issn.1003-0034.2006.09.017.}

[20952] 林浩东，陈德松，顾玉东．胸廓出口综合征术后并发症临床分析 [J]. 中国矫形外科杂志，2007，15（23）：1795-1797. DOI：10.3969/j.issn.1005-8478.2007.23.010. {LIN Haodong,CHEN Desong,GU Yudong. Analysis of complications after surgical treatment of thoracic outlet syndrome[J]. Zhongguo Jiao Xing Wai Ke Za Zhi[Orthop J China(Article in Chinese;Abstract in Chinese and English)],2007,15(23):1795-1797. DOI:10.3969/j.issn.1005-8478.2007.23.010.}

[20953] 高庆国，张连波，李树义，姜兴超，张健，褚光．前中斜角肌神经支切除治疗胸廓出口综合征 [J]. 中华手外科杂志，2007，23（4）：202. DOI：10.3760/cma.j.issn.1005-054X.2007.04.026. {GAO Qing Guo,ZHANG Lian Bo,LI Shu Yi,JIANG Xing Chao,ZHANG Jian,CHU Guang. Resection of nerve branch of anterior middle scalenus muscle in the treatment of thoracic outlet syndrome[J]. Zhonghua Shou Wai Ke Za Zhi[Chin J Hand Surg(Article in Chinese;Abstract in Chinese)],2007,23(4):202. DOI:10.3760/cma.j.issn.1005-054X.2007.04.026.}

[20954] 曾林如，全仁夫，劳杰，虞聪，徐灿达，谢庆平．臂丛神经血管受压征 13 例手术治疗的随访 [J]. 中华手外科杂志，2007，23（1）：51-52. DOI：10.3760/cma.j.issn.1005-054X.2007.01.016. {ZENG Linru,QUAN Renfu,LAO Jie,YU Cong,XU Canda,XIE Qingping. Treatment outcome of thoracic outlet syndrome:a follow-up of 13 patients[J]. Zhonghua Shou Wai Ke Za Zhi[Chin J Hand Surg(Article in Chinese;Abstract in Chinese and English)],2007,23(1):51-52. DOI:10.3760/cma.j.issn.1005-054X.2007.01.016.}

[20955] 曾林如，马宁，申丰，王利祥，徐灿达．临床治疗 44 例臂丛神经血管受压征的疗效分析 [J]. 中华手外科杂志，2007，23（3）：162-164. DOI：10.3760/cma.j.issn.1005-054X.2007.03.020. {CENG Linru,MA Ning,SHEN Feng,WANG Lixiang,XU Canda. Outcome analysis of clinical treatment for 44 cases of TOS[J]. Zhonghua Shou Wai Ke Za Zhi[Chin J Hand Surg(Article in Chinese;Abstract in Chinese and English)],2007,23(3):162-164. DOI:10.3760/cma.j.issn.1005-054X.2007.03.020.}

[20956] 徐杰，吴世强，林院，罗奋棋．经腋路内窥镜辅助下切除第一肋骨治疗胸廓出口综合征 [J]. 中华手外科杂志，2008，24（6）：366-368. DOI：10.3760/cma.j.issn.1005-054X.2008.06.016. {XU Jie,WU Shiqiang,LIN Yuan,LUO Fenqi. Endoscope assisted transaxillary first rib resection for the treatment of thoracic outlet syndrome[J]. Zhonghua Shou Wai Ke Za Zhi[Chin J Hand Surg(Article in Chinese;Abstract in Chinese and English)],2008,24(6):366-368. DOI:10.3760/cma.j.issn.1005-054X.2008.06.016.}

[20957] 章允刚，章允志，张启聪，刘海燕．小针刀定点松解法治疗上干型胸廓出口综合征 [J]. 中国骨伤，2009，22（3）：216-217. DOI：10.3969/j.issn.1003-0034.2009.03.022. {ZHANG Yungang,ZHANG Yunzhi,ZHANG Qicong,LIU Haiyan. Fixed-point release with small needle knife for the treatment of upper plexus thoracic outlet syndrome[J]. Zhongguo Gu Shang[China J Orthop Trauma(Article in Chinese;Abstract in Chinese and English)],2009,22(3):216-217. DOI:10.3969/j.issn.1003-0034.2009.03.022.}

[20958] 王利群，孙磊．胸廓出口综合征[J]．中国矫形外科杂志，2010，18（24）：2056-2058．DOI：CNKI：SUN：ZJXS.0.2010-24-013．{WANG Liqun,SUN Lei. Thoracic outlet syndrome[J]. Zhongguo Jiao Xing Wai Ke Za Zhi[Orthop J China(Article in Chinese;Abstract in Chinese)],2010,18(24):2056-2058. DOI:CNKI:SUN:ZJXS.0.2010-24-013.}

[20959] 陈琳，彭峰，杨剑云，吴可晚．臂丛神经卡压对颈交感神经节超微结构的影响[J]．中华手外科杂志，2010，26（1）：36-38．DOI：10.3760/cma.j.issn.1005-054X.2010.01.018．{CHEN Lin,PENG Feng,YANG Jianyun,WU Kewan. The influence of brachial plexus compression on the ultrastructures of cervical sympathetic ganglion[J]. Zhonghua Shou Wai Ke Za Zhi[Chin J Hand Surg(Article in Chinese;Abstract in Chinese and English)],2010,26(1):36-38. DOI:10.3760/cma.j.issn.1005-054X.2010.01.018.}

[20960] 陈云丰，陆叶，敖荣广．锁骨中段骨折畸形愈合致胸廓出口综合征一例[J]．中国修复重建外科杂志，2010，24（4）：451．DOI：CNKI：SUN：ZXCW.0.2010-04-022．{CHEN Yunfeng,LU Ye,AO Rongguang. Thoracic outlet syndrome caused by malunion of middle clavicle fracture:a case report[J]. Zhongguo Xiu Fu Chong Jian Wai Ke Za Zhi[Chin J Repar Reconstr Surg(Article in Chinese;No abstract available)],2010,24(4):451. DOI:CNKI:SUN:ZXCW.0.2010-04-022.}

[20961] 吴可晚，陈琳，陈德松．交感神经对慢性卡压的臂丛神经背根节中P物质mRNA表达的影响[J]．中华显微外科杂志，2011，34（1）：38-41，后插4．DOI：10.3760/cma.j.issn.1001-2036.2011.01.017．{WU Kewan,CHEN Lin,CHEN Desong. Effect of sympathetic nerve on the expression of substance P mRNA in dorsal root ganglion of chronically compressed brachial plexus[J]. Zhonghua Xian Wei Wai Ke Za Zhi[Chin J Microsurg(Article in Chinese;Abstract in Chinese and English)],2011,34(1):38-41,insert 4. DOI:10.3760/cma.j.issn.1001-2036.2011.01.017.}

[20962] 焦利斌，田纪青，田纪渭，项伟，潘海珍，韩东强．斜角肌切断术治疗胸廓出口综合征的临床疗效[J]．中华显微外科杂志，2011，34（2）：160-161．DOI：10.3760/cma.j.issn.1001-2036.2011.02.033．{JIAO Libin,TIAN Jiqing,TIAN Jiwei,XIANG Wei,PAN Haizhen,HAN Dongqiang. Clinical effect of scalenotomy in the treatment of thoracic outlet syndrome[J]. Zhonghua Xian Wei Wai Ke Za Zhi[Chin J Microsurg(Article in Chinese;Abstract in Chinese)],2011,34(2):160-161. DOI:10.3760/cma.j.issn.1001-2036.2011.02.033.}

[20963] 顾玉东．胸廓出口综合征的分型、分度及功能评定标准[J]．中华手外科杂志，2011，27（3）：129-130．DOI：10.3760/cma.j.issn.1005-054X.2011.03.001．{GU Yudong. Thoracic outlet syndrome:classification,grading and evaluation criteria[J]. Zhonghua Shou Wai Ke Za Zhi[Chin J Hand Surg(Article in Chinese;No abstract available)],2011,27(3):129-130. DOI:10.3760/cma.j.issn.1005-054X.2011.03.001.}

[20964] 杨亚东，薄占东，周娟，赵劲民，程建文，姚军．第一肋骨骨化性纤维瘤压迫臂丛神经一例报告[J]．中华骨科杂志，2011，31（4）：387-388．DOI：10.3760/cma.j.issn.0253-2352.2011.04.017．{YANG Yadong,BAO Zhandong,ZHOU Juan,ZHAO Jinmin,CHENG Jianwen,YAO Jun. Brachial plexus compression caused by ossifying fibroma of the first rib:a case report[J]. Zhonghua Gu Ke Za Zhi[Chin J Orthop(Article in Chinese;No abstract available)],2011,31(4):387-388. DOI:10.3760/cma.j.issn.0253-2352.2011.04.017.}

[20965] 茅天，谢仁国，王古衡，邢树国．行特殊血管检查致胸廓出口综合征诊断的假阳性率[J]．中华手外科杂志，2012，28（1）：34-35．DOI：10.3760/cma.j.issn.1005-054X.2012.01.013．{MAO Tian,XIE Renguo,WANG Guheng,XING Shuguo. False positive rate of special vascular examination of thoracic outlet syndrome[J]. Zhonghua Shou Wai Ke Za Zhi[Chin J Hand Surg(Article in Chinese;Abstract in Chinese and English)],2012,28(1):34-35. DOI:10.3760/cma.j.issn.1005-054X.2012.01.013.}

[20966] 李战春，劳杰，赵新，顾玉东．10例上干型胸廓出口综合征诊治回顾性分析[J]．中华手外科杂志，2012，28（5）：281-283．DOI：10.3760/cma.j.issn.1005-054X.2012.05.013．{LI Zhanchun,LAO Jie,ZHAO Xin,GU Yudong. Diagnosis and treatment of upper trunk type thoracic outlet syndrome:retrospective analysis of 10 cases[J]. Zhonghua Shou Wai Ke Za Zhi[Chin J Hand Surg(Article in Chinese;Abstract in Chinese and English)],2012,28(5):281-283. DOI:10.3760/cma.j.issn.1005-054X.2012.05.013.}

[20967] 吴可晚，陈琳，杨剑云．颈交感神经在臂丛神经慢性卡压伤中的作用[J]．中华手外科杂志，2013，29（5）：301-304．DOI：10.3760/cma.j.issn.1005-054X.2013.05.019．{WU Kewan,CHEN Lin,YANG Jianyun. The effect of cervical sympathetic nerve on chronically compressed brachial plexus[J]. Zhonghua Shou Wai Ke Za Zhi[Chin J Hand Surg(Article in Chinese;Abstract in Chinese and English)],2013,29(5):301-304. DOI:10.3760/cma.j.issn.1005-054X.2013.05.019.}

[20968] 贾英伟，韦健，梁炳生，劳杰．骨化性肌炎致胸廓出口综合征一例[J]．中华手外科杂志，2014，30（1）：78．DOI：10.3760/cma.j.issn.1005-054X.2014.01.032．{JIA Yingwei,WEI Jian,LIANG Bingsheng,LAO Jie. Thoracic outlet syndrome caused by myositis ossificans:a case report[J]. Zhonghua Shou Wai Ke Za Zhi[Chin J Hand Surg(Article in Chinese;No abstract available)],2014,30(1):78. DOI:10.3760/cma.j.issn.1005-054X.2014.01.032.}

[20969] 姚倍金，林浩，冉忠营，韩国强，刘窗溪．胸廓出口综合征的外科治疗[J]．中华神经外科杂志，2014，30（4）：384-386．DOI：10.3760/cma.j.issn.1001-2346.2014.04.019．{YAO Beijin,LIN Hao,RAN Zhongying,HAN Guoqiang,LIU Chuangxi. Microsurgical treatment for patients with thoracic outlet syndrome[J]. Zhonghua Shen Jing Wai Ke Za Zhi[Chin J Neurosurg(Article in Chinese;Abstract in Chinese and English)],2014,30(4):384-386. DOI:10.3760/cma.j.issn.1001-2346.2014.04.019.}

[20970] 张献宇，李强，吴广智，张展，崔树森．F波在神经型胸廓出口综合征诊断中的作用[J]．中华手外科杂志，2015，31（6）：433-435．DOI：10.3760/cma.j.issn.1005-054X.2015.06.013．{ZHANG Xianyu,LI Qiang,WU Guangzhi,ZHANG Zhan,CUI Shusen. The role of F waves in the diagnosis of neurogenic thoracic outlet syndrome[J]. Zhonghua Shou Wai Ke Za Zhi[Chin J Hand Surg(Article in Chinese;Abstract in Chinese and English)],2015,31(6):433-435. DOI:10.3760/cma.j.issn.1005-054X.2015.06.013.}

[20971] 初海坤，王立波，孙智颖，徐衍斌，沈建辉，方今女，王暖凤．神经型胸廓出口综合征早期与晚期手术治疗的比较[J]．中华手外科杂志，2016，32（2）：152-153．DOI：10.3760/cma.j.issn.1005-054X.2016.02.036．{CHU Haikun,WANG Libo,SUN Zhiying,XU Yanbin,SHEN Jianhui,FANG Jinnv,WANG Nuanfeng. Comparison of early and late surgical treatment of neurogenic thoracic outlet syndrome[J]. Zhonghua Shou Wai Ke Za Zhi[Chin J Hand Surg(Article in Chinese;Abstract in Chinese)],2016,32(2):152-153. DOI:10.3760/cma.j.issn.1005-054X.2016.02.036.}

[20972] 刘宗宝，祁连港，钱辉，陆剑锋，徐正道，陈建新，张同华，王涛．3D MRI对臂丛及血管同时成像技术诊断TOS的可行性研究[J]．中华手外科杂志，2018，34（5）：363-366．DOI：10.3760/cma.j.issn.1005-054X.2018.05.015．{LIU Zongbao,QI Liangang,QIAN Hui,LU Jianfeng,XU Zhengdao,CHEN Jianxin,ZHANG Tonghua,WANG Tao. Feasibility study of 3D MRI in diagnosis of thoracic outlet syndrome with simultaneous brachial plexus and vascular imaging[J]. Zhonghua Shou Wai Ke Za Zhi[Chin J Hand Surg(Article in Chinese;Abstract in Chinese and English)],2018,34(5):363-366. DOI:10.3760/cma.j.issn.1005-054X.2018.05.015.}

[20973] 张轩，庄永青，劳杰，熊洪涛，魏瑞鸿，刘英男，温桂芬，徐涛，刘兆康，陈纯玲．锁骨上入路内窥镜治疗胸廓出口综合征的临床解剖学研究[J]．中华手外科杂志，2019，35（1）：30-33．DOI：10.3760/cma.j.issn.1005-054X.2019.01.012．{ZHANG Xuan,ZHUANG Yongqing,LAO Jie,XIONG Hongtao,WEI Ruihong,LIU Yingnan,WEN Guifen,XU Tao,LIU Zhaokang,CHEN Chunling. Anatomic and clinical study of endoscopic assisted surgery via supraclavicular approach in thoracic outlet syndrome[J]. Zhonghua Shou Wai Ke Za Zhi[Chin J Hand Surg(Article in Chinese;Abstract in Chinese and English)],2019,35(1):30-33. DOI:10.3760/cma.j.issn.1005-054X.2019.01.012.}

[20974] 项杰，陈肖肖，王章富，陈伟富，陈海啸．胸廓出口综合征的诊断治疗进展[J]．中国骨伤，2019，32（2）：190-194．DOI：10.3969/j.issn.1003-0034.2019.02.020．{XIANG Jie,CHEN Xiaoxiao,WANG Zhangfu,CHEN Wefu,CHEN Haixiao. Progress in diagnosis and therapy of thoracic outlet syndrome[J]. Zhongguo Gu Shang[China J Orthop Trauma(Article in Chinese;Abstract in Chinese and English)],2019,32(2):190-194. DOI:10.3969/j.issn.1003-0034.2019.02.020.}

[20975] 栗鹏程，王志新，陈山林，薛云皓，易传军，李玉成，荣艳波．采用经锁骨上入路切除斜角肌和第一肋方法治疗非特异性胸廓出口综合征[J]．骨科临床与研究杂志，2019，4（2）：79-83．DOI：10.19548/j.2096-269x.2019.02.004．{LI Pengcheng,WANG Zhixin,CHEN Shanlin,XUE Yunhao,YI Chuanjun,LI Yucheng,RONG Yanbo. Supraclavicular scalenectomy and first rib resection for disputed thoracic outlet syndrome[J]. Gu Ke Lin Chuang Yu Yan Jiu Za Zhi[J Clin Orthop Res(Article in Chinese;Abstract in Chinese and English)],2019,4(2):79-83. DOI:10.19548/j.2096-269x.2019.02.004.}

[20976] 祁连港，王涛，崔志浩，徐正道，张同华，王本军，刘宗宝．3D MRI在肿瘤压迫臂丛神经与锁骨下动脉诊治中的临床应用[J]．中华手外科杂志，2019，35（5）：354-357．DOI：10.3760/cma.j.issn.1005-054X.2019.05.013．{QI Liangang,WANG Tao,CUI Zhihao,XU Zhengdao,ZHANG Tonghua,WANG Benjun,LIU Zongbao. Clinical application of 3D MRI in diagnosis and treatment of brachial plexus and subclavian artery compression by tumors[J]. Zhonghua Shou Wai Ke Za Zhi[Chin J Hand Surg(Article in Chinese;Abstract in Chinese and English)],2019,35(5):354-357. DOI:10.3760/cma.j.issn.1005-054X.2019.05.013.}

6.4.15.9.2 肩胛上神经卡压症
suprascapular nerve entrapment

[20977] 卢秉文，何端．肩胛上神经综合征的解剖学基础[J]．临床应用解剖学杂志，1984，2（3）：178-181．DOI：CNKI：SUN：BATE.0.1982-02-037．{LU Bingwen,HE Duan. Anatomical basis of suprascapular nerve syndrome[J]. Lin Chuang Ying Yong Jie Pou Xue Za Zhi[J Clin Appl Anat(Article in Chinese;Abstract in Chinese)],1984,2(3):178-181. DOI:CNKI:SUN:BATE.0.1982-02-037.}

[20978] 林萍，王文赤．肩胛上神经嵌压症的解剖学分析[J]．中国临床解剖学杂志，1994，12（4）：277-279．DOI：CNKI：SUN：ZLJZ.0.1994-04-020．{LIN Ping,WANG Wenchi. Anatomical analysis of entrapment of suprascapular nerve[J]. Zhongguo Lin Chuang Jie Pou Xue Za Zhi[Chin J Clin Anat(Article in Chinese;Abstract in Chinese)],1994,12(4):277-279. DOI:CNKI:SUN:ZLJZ.0.1994-04-020.}

[20979] 卢景和，任龙喜，顾耀辰，刘爱学，白俊清，卢怡，刘英杰，朱军，李建民，赵庆锁，程爱国，赵文斌．肩胛上神经卡压症的诊断和治疗（附12例报告）[J]．中华骨科杂志，1994，14（5）：298-300．DOI：10.3760/cma.j.issn.0253-2352.1994.05.115．{LU Jinghe,REN Longxi,GU Yaochen,LIU Aixue,BAI Junqing,LU Yi,LIU Yingjie,ZHU Jun,LI Jianmin,ZHAO Qingsuo,CHENG Aiguo,ZHAO Wenbin. Diagnosis and treatment of suprascapular nerveentrapment[J]. Zhonghua Gu Ke Za Zhi[Chin J Orthop(Article in Chinese;Abstract in Chinese)],1994,14(5):298-300. DOI:10.3760/cma.j.issn.0253-2352.1994.05.115.}

[20980] 尹维田，季守贤，崔树森．肩胛上神经卡压症二例报告[J]．中华骨科杂志，1995，15（7）：701．DOI：CNKI：SUN：ZHGK.0.1995-10-025．{YIN Weitian,JI Shouxian,CUI Shusen. Suprascapular nerve entrapment:a report of 2 cases[J]. Zhonghua Gu Ke Za Zhi[Chin J Orthop(Article in Chinese;No abstract available)],1995,15(7):701. DOI:CNKI:SUN:ZHGK.0.1995-10-025.}

[20981] 王震寰，杨其云，王小标，王芳，苗华．肩胛下孔内肩胛上神经卡压的解剖学研究[J]．中国矫形外科杂志，1996，3（z1）：75，78．DOI：CNKI：SUN：ZJXS.0.1996-01-063．{WANG Zhenhuan,YANG Qiyun,WANG Xiaobiao,WANG Fang,MIAO Hua. Anatomical study on the entrapment of suprascapular nerve in subscapular foramen[J]. Zhongguo Jiao Xing Wai Ke Za Zhi[Orthop J China(Article in Chinese;Abstract in Chinese)],1996,3(z1):75,78. DOI:CNKI:SUN:ZJXS.0.1996-01-063.}

[20982] 常法瑾，时和同，张全治．肩胛上神经嵌压综合征52例的诊治[J]．安徽医科大学学报，1996，31（3）：63-64．DOI：CNKI：SUN：YIKE.0.1996-01-036．{CHANG Fajin,SHI Hetong,ZHANG Quanzhi. Diagnosis and treatment of suprascapular nerve entrapment syndrome:a report of 52 cases[J]. An Hui Yi Ke Da Xue Xue Bao[Acta Univ Med Anhui(Article in Chinese;Abstract in Chinese)],1996,31(3):63-64. DOI:CNKI:SUN:YIKE.0.1996-01-036.}

[20983] 贾燕飞，包永革，姜厚增．肩胛上神经卡压征（症）五例分析[J]．中华手外科杂志，2000，16（1）：19．DOI：10.3760/cma.j.issn.1005-054X.2000.01.017．{JIA Yanfei,BAO Yongge,JIANG Houzeng. Suprascapular nerve entrapment syndrome:aAn analysis of five cases[J]. Zhonghua Shou Wai Ke Za Zhi[Chin J Hand Surg(Article in Chinese;No abstract available)],2000,16(1):19. DOI:10.3760/cma.j.issn.1005-054X.2000.01.017.}

[20984] 纪青，唐英翰，张信英．肩胛上切迹骨折致肩胛上神经卡压征（症）一例[J]．中华手外科杂志，2000，16（1）：26．DOI：10.3760/cma.j.issn.1005-054X.2000.01.022．{JI Qing,TANG Yinghan,ZHANG Xinying. Suprascapular nerve entrapment syndrome caused by suprascapular notch fracture:a case report[J]. Zhonghua Shou Wai Ke Za Zhi[Chin J Hand Surg(Article in Chinese;No abstract available)],2000,16(1):26. DOI:10.3760/cma.j.issn.1005-054X.2000.01.022.}

[20985] 刘夫军，宋修竹，王玉梅．肩胛上神经卡压征（症）三例报道[J]．中华手外科杂志，2000，16（1）：61．DOI：10.3760/cma.j.issn.1005-054X.2000.01.027．{LIU Fujun,SONG Xiuzhu,WANG Yumei. Suprascapular nerve entrapment syndrome:a report of 3 cases[J]. Zhonghua Shou Wai Ke Za Zhi[Chin J Hand Surg(Article in Chinese;No abstract available)],2000,16(1):61. DOI:10.3760/cma.j.issn.1005-054X.2000.01.027.}

[20986] 陈德松，方有生，陈琳，薛锋，顾玉东．肩胛上神经卡压的诊断和治疗[J]．中华手外科杂志，2000，16（4）：14-16．DOI：10.3760/cma.j.issn.1005-054X.2000.04.005．{CHEN Desong,FANG Yousheng,CHEN Lin,XUE Feng,GU Yudong. Diagnosis and treatment of suprascapular nerve entrapment syndrome[J]. Zhonghua Shou Wai Ke Za Zhi[Chin J Hand Surg(Article in Chinese;Abstract in Chinese and English)],2000,16(4):14-16. DOI:10.3760/cma.j.issn.1005-054X.2000.04.005.}

[20987] 茆怀海，窦忠新，邹开军，汪爱国，王文富，阮国辉．小针刀治疗肩胛上神经嵌压症的应用解剖[J]．中国临床解剖学杂志，2001，19（3）：212-214．DOI：10.3969/j.issn.1001-165X.2001.03.007．{MAO Huaihai,DOU Zhongxin,ZOU Kaijun,WANG Aiguo,WANG Wenfu,RUAN Guohui. Applied anatomy of the treatment of entrapment disease of suprascapular nerve by small needle-knife[J]. Zhongguo Lin Chuang Jie Pou Xue Za Zhi[Chin J Clin Anat(Article in Chinese;Abstract in Chinese and English)],2001,19(3):212-214. DOI:10.3969/j.issn.1001-165X.2001.03.007.}

[20988] 陈兴民，李忠哲，王力刚，冯明录．肩胛上神经卡压综合征的诊治[J]．实用手外科杂志，2001，15（4）：202-204．DOI：10.3969/j.issn.1671-2722.2001.04.003．{CHEN Xingmin,LI Zhongzhe,WANG Ligang,FENG Minglu. The diagnosis and treatment of suprascapular nerve compression syndrome[J]. Shi Yong Shou Wai Ke Za Zhi[Chin J Pract Hand Surg(Article in Chinese;Abstract in Chinese and English)],2001,15(4):202-204. DOI:10.3969/j.issn.1671-2722.2001.04.003.}

[20989] 王生介．颈部压痛点局部封闭治疗肩胛背神经卡压45例[J]．中华手外科杂志，2001，17

(z1): 39. DOI: 10.3760/cma.j.issn.1005-054X.2001.z1.017. {WANG Shengjie. Local closure of neck tenderness point in the treatment of dorsal scapular nerve compression:a report of 45 cases[J]. Zhonghua Shou Wai Ke Za Zhi[Chin J Hand Surg(Article in Chinese;Abstract in Chinese)],2001,17(z1):39. DOI:10.3760/cma.j.issn.1005-054X.2001.z1.017.}

[20990] 陈兴民，李忠哲，王军义，冯明录. 肩胛上神经卡压综合征的基础和诊断治疗[J]. 中国临床解剖学杂志，2002，20(4): 314-315. DOI: 10.3969/j.issn.1001-165X.2002.04.026. {CHEN Xing Min,LI Zhong Zhe,WANG Jun Yi,FENG Ming Lu. Diagnosis and treatment of suprascapular nerve compression syndrome[J]. Zhongguo Lin Chuang Jie Pou Xue Za Zhi[Chin J Clin Anat(Article in Chinese;Abstract in Chinese and English)],2002,20(4):314-315. DOI:10.3969/j.issn.1001-165X.2002.04.026.}

[20991] 贾松. 神经阻滞针刀松解治疗肩胛上神经卡压综合征[J]. 中国骨伤，2003，16(9): 555. DOI: 10.3969/j.issn.1003-0034.2003.09.037. {JIA Song. Needle knife release of nerve block in the treatment of suprascapular nerve entrapment syndrome[J]. Zhongguo Gu Shang[China J Orthop Trauma(Article in Chinese;Abstract in Chinese)],2003,16(9):555. DOI:10.3969/j.issn.1003-0034.2003.09.037.}

[20992] 张启维，张耀南. 冈盂切迹腱鞘囊肿致肩胛上神经卡压一例报告[J]. 中华骨科杂志，2004，24(8): 505-506. DOI: 10.3760/j.issn: 0253-2352.2004.08.020. {ZHANG Qiwei,ZHANG Yaonan. Suprascapular nerve compression caused by ganglion notch tendon sheath cyst:a case report[J]. Zhonghua Gu Ke Za Zhi[Chin J Orthop(Article in Chinese;No abstract available)],2004,24(8):505-506. DOI:10.3760/j.issn:0253-2352.2004.08.020.}

[20993] 牛平安. 中西医结合治疗肩胛上神经卡压综合征[J]. 中国骨伤，2004，17(2): 100. DOI: 10.3969/j.issn.1003-0034.2004.02.015. {NIU Pingan. Treatment of suprascapular nerve entrapment syndrome with integration of TCM and western medicine[J]. Zhongguo Gu Shang[China J Orthop Trauma(Article in Chinese;Abstract in Chinese)],2004,17(2):100. DOI:10.3969/j.issn.1003-0034.2004.02.015.}

[20994] 林浩东，方有生，陈德松. 肩胛上神经卡压综合征的后入路手术应用[J]. 中国修复重建外科杂志，2005，19(11): 899-901. DOI: CNKI: SUN: ZXCW.0.2005-11-014. {LIN Haodong,FANG Yousheng,CHEN Desong. Surgical treatment of suprascapular nerve compression syndrome through posterior approach[J]. Zhongguo Xiu Fu Chong Jian Wai Ke Za Zhi[Chin J Repar Reconstr Surg(Article in Chinese;Abstract in Chinese and English)],2005,19(11):899-901. DOI:CNKI:SUN:ZXCW.0.2005-11-014.}

[20995] 吴力军，许汉荣，朱江. 肩胛上神经卡压综合征[J]. 中华手外科杂志，2006，22(1): 64. DOI: 10.3760/cma.j.issn.1005-054X.2006.01.028. {WU Lijun,XU Hanrong,ZHU Jiang. Suprascapular nerve entrapment syndrome[J]. Zhonghua Shou Wai Ke Za Zhi[Chin J Hand Surg(Article in Chinese;Abstract in Chinese)],2006,22(1):64. DOI:10.3760/cma.j.issn.1005-054X.2006.01.028.}

[20996] 吴道贵，黄挺武，高晖. 三种方法治疗肩胛上神经卡压综合征[J]. 中国骨伤，2006，19(5): 274-275. DOI: 10.3969/j.issn.1003-0034.2006.05.010. {WU Daogui,HUANG Tingwu,GAO Hui. Three methods for treatment of the suprascapular nerve entrapment syndrome[J]. Zhongguo Gu Shang[China J Orthop Trauma(Article in Chinese;Abstract in Chinese and English)],2006,19(5):274-275. DOI:10.3969/j.issn.1003-0034.2006.05.010.}

[20997] 王浩东，路来金，陈雷，刘志刚，于家傲. 肩胛骨冈盂切迹腱鞘囊肿致肩胛上神经卡压一例[J]. 中华显微外科杂志，2009，32(3): 189. DOI: 10.3760/cma.j.issn.1001-2036.2009.03.007. {WANG Haodong,LU Laijin,CHEN Lei,LIU Zhigang,YU Jiaao. Suprascapular nerve compression caused by tendon sheath cyst in the glenoid notch of the scapula:a case report[J]. Zhonghua Xian Wei Wai Ke Za Zhi[Chin J Microsurg(Article in Chinese;No abstract available)],2009,32(3):189. DOI:10.3760/cma.j.issn.1001-2036.2009.03.007.}

[20998] 周枫，杨惠光，张云庆. 肩胛上神经卡压综合征14例分析[J]. 中华手外科杂志，2011，27(6): 380-381. DOI: 10.3760/cma.j.issn.1005-054X.2011.06.027. {ZHOU Feng,YANG Huiguang,ZHANG Yunqing. Analysis of 14 cases of suprascapular nerve entrapment syndrome[J]. Zhonghua Shou Wai Ke Za Zhi[Chin J Hand Surg(Article in Chinese;Abstract in Chinese)],2011,27(6):380-381. DOI:10.3760/cma.j.issn.1005-054X.2011.06.027.}

[20999] 李文翠，王大平，陆伟. 关节镜下松解治疗肩胛上神经卡压九例[J]. 中华显微外科杂志，2012，35(3): 207-209，后插10. DOI: 10.3760/cma.j.issn.1001-2036.2012.03.011. {LI Wencui,WANG Daping,LU Wei. Technique of arthroscopic suprascapular nerve release:9 cases report[J]. Zhonghua Xian Wei Wai Ke Za Zhi[Chin J Microsurg(Article in Chinese;Abstract in Chinese and English)],2012,35(3):207-209,insert 10. DOI:10.3760/cma.j.issn.1001-2036.2012.03.011.}

[21000] 李跃红，孙建军，胡莉莉，杨荣，张浩，许楠健. 肩胛上神经卡压综合征的治疗体会[J]. 中华显微外科杂志，2014，37(6): 610-613. DOI: 10.3760/cma.j.issn.1001-2036.2014.06.029. {LI Yuehong,SUN Jianjun,HU Lili,YANGrong,ZHANG Hao,XU Nanjian. Experience in the treatment of suprascapular nerve entrapment syndrome[J]. Zhonghua Xian Wei Wai Ke Za Zhi[Chin J Microsurg(Article in Chinese;Abstract in Chinese)],2014,37(6):610-613. DOI:10.3760/cma.j.issn.1001-2036.2014.06.029.}

[21001] 宋云骏，王永为，姜林鹤，黄微，辛建会，肖春山. 肩胛上神经卡压机制的临床解剖学研究[J]. 中国临床解剖学杂志，2015，33(6): 623-626. DOI: 10.13418/j.issn.1001-165x.2015.06.002. {SONG Yunjun,WANG Yongwei,JIANG Linhe,HUANG Wei,XIN Jianhui,XIAO Chunshan. A mechanism study of clinical anatomy on suprascapular nerve entrapment[J]. Zhongguo Lin Chuang Jie Pou Xue Za Zhi[Chin J Clin Anat(Article in Chinese;Abstract in Chinese and English)],2015,33(6):623-626. DOI:10.13418/j.issn.1001-165x.2015.06.002.}

[21002] 明立功，明朝戈，王自方，王新德，孟维娜，杨华丽，王双双，田东，陈德松. 神经松解术及肩胛上横韧带切除治疗肩胛上神经卡压综合征[J]. 实用手外科杂志，2017，31(3): 297-298，302. DOI: 10.3969/j.issn.1671-2722.2017.03.009. {MING Ligong,MING Chaoge,WANG Zifang,WANG Xinde,MENG Weina,YANG Huali,WANG Shuangshuang,TIAN Dong,CHEN Desong. Neurolysis combined with scapular transverse ligament incision to treat suprascapular nerve entrapment syndrome[J]. Shi Yong Shou Wai Ke Za Zhi[Chin J Pract Hand Surg(Article in Chinese;Abstract in Chinese and English)],2017,31(3):297-298,302. DOI:10.3969/j.issn.1671-2722.2017.03.009.}

[21003] 刘玮洁，蔡琰，戚超，于腾波，陈伯华，赵夏，汪健. 关节镜下经后关节囊切开减压治疗冈盂切迹囊肿引起的肩胛上神经卡压综合征[J]. 中华骨科杂志，2018，38(7): 390-395. DOI: 10.3760/cma.j.issn.0253-2352.2018.07.002. {LIU Weijie,CAI Yan,QI Chao,YU Tengbo,CHEN Bohua,ZHAO Xia,WANG Jian. Clinical treatment of suprascapular nerve compression syndromes via posterior portal by arthroscopic decompression of spinoglenoid notch cysts and release of suprascapular nerve[J]. Zhonghua Gu Ke Za Zhi[Chin J Orthop(Article in Chinese;Abstract in Chinese and English)],2018,38(7):390-395. DOI:10.3760/cma.j.issn.0253-2352.2018.07.002.}

6.4.15.9.3 四边孔综合征
quadrilateral foramen syndrome

[21004] Chen D,Cai P,Lao G,Gu Y. Quadrilateral space syndrome[J]. Chin Med J,1995,108(2):109-112.

[21005] 卢世璧，王继芳，石明君，陈传功. 肩四边孔综合征[J]. 中华外科杂志，1985，23(10): 619-620. {LU Shibi,WANG Jifang,SHI Mingjun,CHEN Chuangong. Quadrilateral foramen syndrome[J]. Zhonghua Wai Ke Za Zhi[Chin J Surg(Article in Chinese;Abstract in Chinese)],1985,23(10):619-620.}

[21006] 廖平川，郑仰林，韩西城，邵西仓. 四边孔综合征的电生理诊断[J]. 中华显微外科杂志，1995，18(1): 51-52. DOI: 10.3760/cma.j.issn.1001-2036.1995.01.126. {LIAO Pingchuan,ZHENG Yanglin,HAN Xicheng,SHAO Xicang. Electrophysiological diagnosis of quadrilateral foramen syndrome[J]. Zhonghua Xian Wei Wai Ke Za Zhi[Chin J Microsurg(Article in Chinese;Abstract in Chinese)],1995,18(1):51-52. DOI:10.3760/cma.j.issn.1001-2036.1995.01.126.}

[21007] 陈德松，蔡佩琴，劳杰，顾玉东. 四边孔综合征[J]. 中华手外科杂志，1995，11(1): 24-26. DOI: CNKI: SUN: ZHSK.0.1995-01-013. {CHEN Desong,CAI Peiqin,LAO Jie,GU Yudong. Quadrilateral foramen syndrome[J]. Zhonghua Shou Wai Ke Za Zhi[Chin J Hand Surg(Article in Chinese;Abstract in Chinese)],1995,11(1):24-26. DOI:CNKI:SUN:ZHSK.0.1995-01-013.}

[21008] 徐小平，任进，李广兵，王全美. 四边孔综合征伴脂肪瘤1例[J]. 临床骨科杂志，1999，2(3): 228. DOI: 10.3969/j.issn.1008-0287.1999.03.043. {XU Xiaoping,REN Jin,LI Guangbing,WANG Quanmei. 1 case of quadrilateral foramen syndrome combined with lipoma[J]. Lin Chuang Gu Ke Za Zhi[J Clin Orthop(Article in Chinese;Abstract in Chinese)],1999,2(3):228. DOI:10.3969/j.issn.1008-0287.1999.03.043.}

[21009] 王继锋，李秀英. 四边孔综合征误诊误治临床分析[J]. 中国矫形外科杂志，2000，7(11): 1129-1130. DOI: 10.3969/j.issn.1005-8478.2000.11.032. {WANG Jifeng,LI Xiuying. Clinical analysis of wrongly diagnosed and treated for quadrilateral foramen syndrome[J]. Zhongguo Jiao Xing Wai Ke Za Zhi[Orthop J China(Article in Chinese;Abstract in Chinese)],2000,7(11):1129-1130. DOI:10.3969/j.issn.1005-8478.2000.11.032.}

[21010] 匡勇，侯春林. 四边孔综合征的诊断治疗[J]. 中国修复重建外科杂志，2001，15(4): 199-201. {KUANG Yong,HOU Chunlin. The diagnosis and treatment of quadrilateral space syndrome[J]. Zhongguo Xiu Fu Chong Jian Wai Ke Za Zhi[Chin J Repar Reconstr Surg(Article in Chinese;Abstract in Chinese and English)],2001,15(4):199-201.}

[21011] 洪建军，高伟阳，李志杰，陈星隆，闫合德，李晓阳. 内窥镜辅助下治疗四边孔综合征[J]. 中华手外科杂志，2007，23(4): 253. DOI: 10.3760/cma.j.issn.1005-054X.2007.04.031. {HONG Jianjun,GAO Weiyang,LI Zhijie,CHEN Xinglong,YAN Hede,LI Xiaoyang. Endoscope-assisted treatment of quadrilateral foramen syndrome[J]. Zhonghua Shou Wai Ke Za Zhi[Chin J Hand Surg(Article in Chinese;Abstract in Chinese)],2007,23(4):253. DOI:10.3760/cma.j.issn.1005-054X.2007.04.031.}

6.4.15.9.4 肘管综合征
cubital tunnel syndrome

[21012] 信士卿，樊德豪. 肘管综合征[J]. 中华医学杂志，1983，63(8): 511-514. {XIN Shiqing,FAN Dehao. Cubital tunnel syndrome[J]. Zhonghua Yi Xue Za Zhi[Natl Med J China(Article in Chinese;Abstract in Chinese)],1983,63(8):511-514.}

[21013] 罗克忱，张郢华，林元问，魏夕云，黄国海. 前臂内侧皮神经与肘管综合征手术的关系[J]. 临床解剖学杂志，1987，5(1): 39-40，63. {LUO Kechen,ZHANG Yinghua,LIN Yuanwen,WEI Xiyun,HUANG Guohai. Relationship between medial cutaneous nerve of forearm and operation of cubital tunnel syndrome[J]. Lin Chuang Jie Pou Xue Za Zhi[Chin J Clin Anat(Article in Chinese;Abstract in Chinese)],1987,5(1):39-40,63.}

[21014] 黄绥仁，何小英. 肘管综合征的电生理诊断[J]. 修复重建外科杂志，1988，2(2): 91. DOI: 10.3969/j.issn.1674-8972.2002.04.025. {HUANG Suiren,HE Xiaoying. Electrophysiological diagnosis of cubital tunnel syndrome[J]. Zhongguo Xiu Fu Chong Jian Wai Ke Za Zhi[Chin J Repar Reconstr Surg(Article in Chinese;Abstract in Chinese)],1988,2(2):91. DOI:10.3969/j.issn.1674-8972.2002.04.025.}

[21015] 温殿学. 肱骨内上髁截骨尺神经松解前置术治疗晚期肘管综合征[J]. 修复重建外科杂志，1988，2(2): 91. {WEN Dianxue. Medial humeral epicondyle osteotomy and anterior placement of ulnar nerve in the treatment of advanced cubital tunnel syndrome[J]. Zhongguo Xiu Fu Chong Jian Wai Ke Za Zhi[Chin J Repar Reconstr Surg(Article in Chinese;Abstract in Chinese)],1988,2(2):91.}

[21016] 姜长明，王立德. 肘管综合症治疗的体会[J]. 修复重建外科杂志，1988，2(2): 92-93. {JIANG Changming,WANG Lide. Clinical experience of the treatment of carpal tunnel syndrome[J]. Zhongguo Xiu Fu Chong Jian Wai Ke Za Zhi[Chin J Repar Reconstr Surg(Article in Chinese;No abstract available)],1988,2(2):92-93.}

[21017] 杨敏杰，马兆龙，王剑鸣，王万利，奕万虎. 肘管的应用解剖与肘管综合征[J]. 中华骨科杂志，1994，14(10): 394-396. DOI: 10.3760/cma.j.issn.0253-2352.1994.07.104. {YANG Minjie,MA Zhaolong,WANG Jianwu,WANG Wanli,YI Wanhu. The clinical anatomy and cubital tunnel syndrome of the cubital tunnel[J]. Zhonghua Gu Ke Za Zhi[Chin J Orthop(Article in Chinese;Abstract in Chinese)],1994,14(10):394-396. DOI:10.3760/cma.j.issn.0253-2352.1994.07.104.}

[21018] 马学义，刘美音，卢美源，张明. 肘管综合征的临床与解剖学研究(附62例分析)[J]. 中华骨科杂志，1994，14(12): 755-758. DOI: 10.3760/cma.j.issn.0253-2352.1994.12.122. {MA Xueyi,LIU Meiyin,LU Meiyuan,ZHANG Ming. The cubital tunnel syndrome:a clinical and anatomical study——a report of 62 cases[J]. Zhonghua Gu Ke Za Zhi[Chin J Orthop(Article in Chinese;Abstract in Chinese)],1994,14(12):755-758. DOI:10.3760/cma.j.issn.0253-2352.1994.12.122.}

[21019] 林其仁，王文怀，姚学东，李树梁，林承志，黄奥，陈平常. 肘管综合征手术效果欠佳原因及处理[J]. 中华手外科杂志，1994，10(1): 6. DOI: 10.3760/cma.j.issn.1005-054X.1994.01.104. {LIN Qiren,WANG Wenhuai,YAO Xuedong,LI Shuliang,LIN Chengzhi,HUANG Ao,CHEN Pingchang. Factors and management of poor surgical effect of cubital tunnel syndrome[J]. Zhonghua Shou Wai Ke Za Zhi[Chin J Hand Surg(Article in Chinese;Abstract in Chinese)],1994,10(1):6. DOI:10.3760/cma.j.issn.1005-054X.1994.01.104.}

[21020] 史明起，王坤正，刘世甫. 肘管综合症69例分析[J]. 中国骨伤，1994，7(6): 14. {SHI Mingqi,WANG Kunzheng,LIU Shifu. Analysis of 69 cases of cubital tunnel syndrome[J]. Zhongguo Gu Shang[China J Orthop Trauma(Article in Chinese;No abstract available)],1994,7(6):14.}

[21021] 王正林，吴鸿臻. 肘管综合征的显微外科治疗[J]. 中华显微外科杂志，1995，18(2): 151-152. {WANG Zhenglin,WU Hongzhen. Microsurgical treatment of cubital tunnel syndrome[J]. Zhonghua Xian Wei Wai Ke Za Zhi[Chin J Microsurg(Article in Chinese;Abstract in Chinese)],1995,18(2):151-152.}

[21022] 郑承泽，王天兵. 肘管综合征36例分析[J]. 中华显微外科杂志，1995，18(4): 259-260. DOI: 10.3760/cma.j.issn.1001-2036.1995.04.111. {ZHENG Chengze,WANG Tianbing. Cubital tunnel syndrome:an analysis of 36 cases[J]. Zhonghua Xian Wei Wai Ke Za Zhi[Chin J Microsurg(Article in Chinese;Abstract in Chinese)],1995,18(4):259-260. DOI:10.3760/cma.j.issn.1001-2036.1995.04.111.}

[21023] 付万有，刘经伦，刘彦荣，杨永宸，吕福润，黄振起，白锋. 肘管综合征14例分析[J]. 中华手外科杂志，1995，11(1): 36. {FU Wanyou,LIU Jinglun,LIU Yanrong,YANG Yongchen,LV Furun,HUANG Zhenqi,BAI Feng. Analysis of 14 cases of cubital tunnel syndrome[J]. Zhonghua Shou Wai Ke Za Zhi[Chin J Hand Surg(Article in Chinese;Abstract in Chinese)],1995,11(1):36.}

[21024] 成效敏，顾玉东，沈丽英，徐建光，董震. 肘管综合征术中电生理监测[J]. 中华手外科杂志，1995，11(1): 22-23. DOI: 10.3760/cma.j.issn.1005-054X.1995.01.112. {CHENG Xiaomin,GU Yudong,SHEN Liying,XU Jianguang,DONG Zhen. Electrophysiological

studies in cubital tunnel syndrome[J]. Zhonghua Shou Wai Ke Za Zhi[Chin J Hand Surg(Article in Chinese;Abstract in Chinese)],1995,11(1):22-23. DOI:10.3760/cma.j.issn.1005-054X.1995.01.112.}

[21025] **刘新房．显微手术治疗肘管综合症 [J]．中国骨伤，1995，8(1)：13-14．DOI：10.3969/j.issn.1003-0034.yyyy.nn.zzz．**{LIU Xinfang. Microsurgical treatment of cubital tunnel syndrome[J]. Zhongguo Gu Shang[China J Orthop Trauma(Article in Chinese;No abstract available)],1995,8(1):13-14. DOI:10.3969/j.issn.1003-0034.yyyy.nn.zzz.}

[21026] **王兵．显微手术治疗肘管综合征的优点 [J]．中华显微外科杂志，1996，19(1)：61-62．DOI：CNKI：SUN：ZHXW.0.1996-01-034．**{WANG Bing. Advantages of microsurgical treatment in the cubital tunnel syndrome[J]. Zhonghua Xian Wei Wai Ke Za Zhi[Chin J Microsurg(Article in Chinese;Abstract in Chinese)],1996,19(1):61-62. DOI:CNKI:SUN:ZHXW.0.1996-01-034.}

[21027] **廖孔荣，高伟阳，黄佳温，姜志川．45 例肘管综合征术后远期随访报告 [J]．中华手外科杂志，1997，13(1)：34-36．DOI：10.3760/cma.j.issn.1005-054X.1997.01.011．**{LIAO Kongrong,GAO Weiyang,HUANG Jiawen,JIANG Zhichuan. Cubital tunnel syndrome effect:a long term postoperative follow up in 48 cases of 45 patients[J]. Zhonghua Shou Wai Ke Za Zhi[Chin J Hand Surg(Article in Chinese;Abstract in Chinese and English)],1997,13(1):34-36. DOI:10.3760/cma.j.issn.1005-054X.1997.01.011.}

[21028] **张康乐．肘管综合征 29 例分析 [J]．实用骨科杂志，1997，3(4)：208-211．DOI：CNKI：SUN：SGKZ.0.1997-04-007．**{ZHANG Kangle. Cubital tunnel syndrome:an analysis of 29 cases[J]. Shi Yong Gu Ke Za Zhi[J Pract Orthop(Article in Chinese;Abstract in Chinese)],1997,3(4):208-211. DOI:CNKI:SUN:SGKZ.0.1997-04-007.}

[21029] **柳俊旗，苏建林．肘管综合征 46 例分析 [J]．中华手外科杂志，1998，14(1)：663．**{LIU Junqi,SU Jianlin. Analysis of 46 cases of cubital tunnel syndrome[J]. Zhonghua Shou Wai Ke Za Zhi[Chin J Hand Surg(Article in Chinese;Abstract in Chinese)],1998,14(1):663.}

[21030] **陈琳，陈德松，彭峰．老年人肘管综合征九例分析 [J]．中华手外科杂志，1998，14(2)：3-5．DOI：10.3760/cma.j.issn.1005-054X.1998.02.016．**{CHEN Lin,CHEN Desong,PENG Feng. Etiology and diagnosis of cubital tunnel syndrome in seniors[J]. Zhonghua Shou Wai Ke Za Zhi[Chin J Hand Surg(Article in Chinese;Abstract in Chinese and English)],1998,14(2):3-5. DOI:10.3760/cma.j.issn.1005-054X.1998.02.016.}

[21031] **鲁敏，刘新民，迟学生，黎明，刘剑锋．治疗肘管综合征四种手术方法的疗效比较 [J]．中华手外科杂志，1998，14(2)：62-63．DOI：10.3760/cma.j.issn.1005-054X.1998.02.033．**{LU Min,LIU Xinmin,CHI Xuesheng,LI Ming,LIU Jianfeng. Comparison of four surgical methods in the treatment of cubital tunnel syndrome[J]. Zhonghua Shou Wai Ke Za Zhi[Chin J Hand Surg(Article in Chinese;Abstract in Chinese)],1998,14(2):62-63. DOI:10.3760/cma.j.issn.1005-054X.1998.02.033.}

[21032] **于亚东，洪光祥，郭瑞军．肘管综合征 B 超诊断评价 [J]．中华创伤杂志，1998，14(2)：80．DOI：10.3760/j：issn：1001-8050.1998.02.007．**{YU Yadong,HONG Guangxiang,GUO Ruijun. Evaluation of B-mode ultrasonography in diagnosis of cubital tunnel syndrome[J]. Zhonghua Chuang Shang Za Zhi[Chin J Trauma(Article in Chinese;No abstract available)],1998,14(2):80. DOI:10.3760/j:issn:1001-8050.1998.02.007.}

[21033] **汪万全．滑液囊肿致肘管综合征一例报告 [J]．中华手外科杂志，1999，15(1)：7．DOI：10.3760/cma.j.issn.1005-054X.1999.01.026．**{WANG Wanquan. Cubital tunnel syndrome caused by synovial fluid cyst:a case report[J]. Zhonghua Shou Wai Ke Za Zhi[Chin J Hand Surg(Article in Chinese;No abstract available)],1999,15(1):7. DOI:10.3760/cma.j.issn.1005-054X.1999.01.026.}

[21034] **杨晓龙，温忠，杨玉华．应用显微外科技术治疗肘管综合征 22 例分析 [J]．实用手外科杂志，1999，13(3)：81-83．DOI：CNKI：SUN：SYSW.0.1999-02-009．**{YANG Xiaolong,WEN Zhong,YANG Yuhua. Cubital tunnel syndrome treated with microsurgery-report of 22 cases[J]. Shi Yong Shou Wai Ke Za Zhi[Chin J Pract Hand Surg(Article in Chinese;Abstract in Chinese and English)],1999,13(3):81-83. DOI:CNKI:SUN:SYSW.0.1999-02-009.}

[21035] **王涛，柏龙文，严少荣．尺神经鞘瘤致肘管综合征一例报告 [J]．中华手外科杂志，2000，16(3)：192．DOI：10.3760/cma.j.issn.1005-054X.2000.03.031．**{WANG Tao,BAI Longwen,YAN Shaorong. Cubital tunnel syndrome caused by ulnar Schwannoma:a case report[J]. Zhonghua Shou Wai Ke Za Zhi[Chin J Hand Surg(Article in Chinese;No abstract available)],2000,16(3):192. DOI:10.3760/cma.j.issn.1005-054X.2000.03.031.}

[21036] **虞聪，顾玉东．对中重度肘管综合征治疗方式的探讨 [J]．中华手外科杂志，2000，16(3)：30-32．DOI：10.3760/cma.j.issn.1005-054X.2000.03.010．**{YU Cong,GU Yudong. Treatment of moderate or severe degree cubital tunnel syndrome[J]. Zhonghua Shou Wai Ke Za Zhi[Chin J Hand Surg(Article in Chinese;Abstract in Chinese and English)],2000,16(3):30-32. DOI:10.3760/cma.j.issn.1005-054X.2000.03.010.}

[21037] **黄国华，陈德松．肘管综合征 [J]．中国骨伤，2000，13(2)：116-117．DOI：10.3969/j.issn.1003-0034.2000.02.035．**{HUANG Guohua,CHEN Desong. Cubital tunnel syndrome[J]. Zhongguo Gu Shang[China J Orthop Trauma(Article in Chinese;Abstract in Chinese)],2000,13(2):116-117. DOI:10.3969/j.issn.1003-0034.2000.02.035.}

[21038] **孙国绍，高德山，刘文娅，刘东海，林岿然，赵代杰，宁红吉，陈炳灿．带筋膜尺神经前移治疗肘管综合征 [J]．中国骨伤，2000，13(2)：75-76．DOI：10.3969/j.issn.1003-0034.2000.02.004．**{SUN Guoshao,GAO Deshan,LIU Wenya,LIU Donghai,LIN Kuiran,ZHAO Daijie,NING Hongji,CHEN Bingcan. Treatment of cubital tunnel syndrome using subcutaneous anterior transposition of the ulnar nerve with peripheral fascia[J]. Zhongguo Gu Shang[China J Orthop Trauma(Article in Chinese;Abstract in Chinese and English)],2000,13(2):75-76. DOI:10.3969/j.issn.1003-0034.2000.02.004.}

[21039] **王铁翔，李永红．大骨节病引起的肘管综合征 10 例 [J]．中国骨伤，2000，13(11)：696．DOI：10.3969/j.issn.1003-0034.2000.11.050．**{WANG Tiexiang,LI Yonghong. Cubital tunnel syndrome caused by Kashin-Beck disease:a report of 10 cases[J]. Zhongguo Gu Shang[China J Orthop Trauma(Article in Chinese;Abstract in Chinese)],2000,13(11):696. DOI:10.3969/j.issn.1003-0034.2000.11.050.}

[21040] **戴志刚，刘儒森，刘亚，崔化琴．尺神经肌下前置术治疗肘管综合征 [J]．临床骨科杂志，2000，3(2)：85-86．DOI：10.3969/j.issn.1008-0287.2000.02.003．**{DAI Zhigang,LIU Rusen,LIU Ya,CUI Huaqin. Anterior submuscular transposition of the ulnar nerve for cubit tunnel syndrome[J]. Lin Chuang Gu Ke Za Zhi[J Clin Orthop(Article in Chinese;Abstract in Chinese and English)],2000,3(2):85-86. DOI:10.3969/j.issn.1008-0287.2000.02.003.}

[21041] **陈德松，彭峰，陈琳．青少年肘管综合征 6 例 [J]．上海医学，2000，23(7)：438-439．DOI：10.3969/j.issn.0253-9934.2000.07.025．**{CHEN Desong,PENG Feng,CHEN Lin. Cubital tunnel syndrome in adolescents:a report of 6 cases[J]. Shang Hai Yi Xue[Shanghai Med J(Article in Chinese;Abstract in Chinese)],2000,23(7):438-439. DOI:10.3969/j.issn.0253-9934.2000.07.025.}

[21042] **黄国华，陈德松．肘管综合症 50 例术后随访分析 [J]．实用骨科杂志，2001，7(2)：88-89．DOI：10.3969/j.issn.1008-5572.2001.02.004．**{HUANG Guohua,CHEN Desong. Follow-up evaluation of 50 postoperative cases of cubital tunnel syndrome[J]. Shi Yong Gu Ke Za Zhi[J Pract Orthop(Article in Chinese;Abstract in Chinese and English)],2001,7(2):88-89. DOI:10.3969/j.issn.1008-5572.2001.02.004.}

[21043] **张天宏，祝元鼎，孙天威．肘管综合征的手术治疗 [J]．中国矫形外科杂志，2002，10(8)：774-775．DOI：10.3969/j.issn.1005-8478.2002.08.014．**{ZHANG Tianhong,ZHU Yuanding,SUN Tianwei. Operative treatment of cubital tunnel syndrome[J]. Zhongguo Jiao Xing Wai Ke Za Zhi[Orthop J China(Article in Chinese;Abstract in Chinese and English)],2002,10(8):774-775. DOI:10.3969/j.issn.1005-8478.2002.08.014.}

[21044] **虞聪，顾玉东．小切口单纯肘管松解术治疗肘管综合征 [J]．中华手外科杂志，2002，18(3)：144-145．DOI：10.3760/cma.j.issn.1005-054X.2002.03.007．**{YU Cong,GU Yudong. Treatment of cubital tunnel syndrome with short-incision and simple decompression of cubital tunnel[J]. Zhonghua Shou Wai Ke Za Zhi[Chin J Hand Surg(Article in Chinese;Abstract in Chinese and English)],2002,18(3):144-145. DOI:10.3760/cma.j.issn.1005-054X.2002.03.007.}

[21045] **李基英，黄平，黎圣真，阮才政，张振辉．肘管综合征手术治疗 26 例报告 [J]．中华创伤骨科杂志，2002，4(3)：169，191．DOI：10.3760/cma.j.issn.1671-7600.2002.03.024．**{LI Jiying,HUANG Ping,LI Shengzhen,RUAN Caizheng,ZHANG Zhenhui. Surgical treatment of 26 cases of cubital tunnel syndrome[J]. Zhonghua Chuang Shang Gu Ke Za Zhi[Chin J Orthop Trauma(Article in Chinese;Abstract in Chinese)],2002,4(3):169,191. DOI:10.3760/cma.j.issn.1671-7600.2002.03.024.}

[21046] **张天宏，祝元鼎，孙天威．肘管综合征的手术治疗 [J]．实用骨科杂志，2002，8(1)：19-20．DOI：10.3969/j.issn.1008-5572.2002.01.008．**{ZHANG Tianhong,ZHU Yuanding,SUN Tianwei. Operation treatment of cubit tunnel syndrome[J]. Shi Yong Gu Ke Za Zhi[J Pract Orthop(Article in Chinese;Abstract in Chinese and English)],2002,8(1):19-20. DOI:10.3969/j.issn.1008-5572.2002.01.008.}

[21047] **刘海燕，陈德松，刘剑飞．右侧胸廓出口综合征双侧肘管综合征一例 [J]．中国修复重建外科杂志，2002，16(2)：122．DOI：CNKI：SUN：ZXCW.0.2002-02-018．**{LIU Haiyan,CHEN Desong,LIU Jianfei. Right thoracic outlet syndrome with bilateral cubital tunnel syndrome:a case report[J]. Zhongguo Xiu Fu Chong Jian Wai Ke Za Zhi[Chin J Repar Reconstr Surg(Article in Chinese;No abstract available)],2002,16(2):122. DOI:CNKI:SUN:ZXCW.0.2002-02-018.}

[21048] **李小峰，王宇飞．肘管综合征 45 例手术治疗的疗效分析 [J]．中华手外科杂志，2003，19(1)：59．DOI：10.3760/cma.j.issn.1005-054X.2003.01.031．**{LI Xiaofeng,WANG Yufei. Surgical treatment of cubital tunnel syndrome:a report of 45 cases[J]. Zhonghua Shou Wai Ke Za Zhi[Chin J Hand Surg(Article in Chinese;Abstract in Chinese)],2003,19(1):59. DOI:10.3760/cma.j.issn.1005-054X.2003.01.031.}

[21049] **史其林，官士兵，余学东，孙贵新，顾玉东．内窥镜治疗肘管综合征 [J]．中华手外科杂志，2003，19(3)：33-35．DOI：10.3760/cma.j.issn.1005-054X.2003.03.018．**{SHI Qilin,GUAN Shibing,YU Xuedong,SUN Guixin,GU Yudong. Treatment of cubital tunnel syndrome by endoscope[J]. Zhonghua Shou Wai Ke Za Zhi[Chin J Hand Surg(Article in Chinese;Abstract in Chinese and English)],2003,19(3):33-35. DOI:10.3760/cma.j.issn.1005-054X.2003.03.018.}

[21050] **李文军，顾玉东，史其林．肘管综合征的研究进展 [J]．中华创伤杂志，2003，19(6)：375-377．DOI：10.3760/j：issn：1001-8050.2003.06.018．**{LI Wenjun,GU Yudong,SHI Qilin. Research progress of cubital tunnel syndrome[J]. Zhonghua Chuang Shang Za Zhi[Chin J Trauma(Article in Chinese;Abstract in Chinese)],2003,19(6):375-377. DOI:10.3760/j:issn:1001-8050.2003.06.018.}

[21051] **焦建宝，侯立军，王琳，刘勇．肘管综合征再次手术 23 例分析 [J]．临床骨科杂志，2003，6(1)：70．DOI：10.3969/j.issn.1008-0287.2003.01.027．**{JIAO Jianbao,HOU Lijun,WANG Lin,LIU Yong. An analysis of 23 cases of reoperation of cubital tunnel syndrome[J]. Lin Chuang Gu Ke Za Zhi[J Clin Orthop(Article in Chinese;No abstract available)],2003,6(1):70. DOI:10.3969/j.issn.1008-0287.2003.01.027.}

[21052] **沈尊理，沈华，侯明钟，贾万新，黄燮青，蔡嫣娴，王岚，黄一雄，章开衡，张兆锋，钱鋆，王永春．肘管综合征尺神经皮下前置术疗效回顾性分析 [J]．中国矫形外科杂志，2004，12(19)：1453-1455．DOI：10.3969/j.issn.1005-8478.2004.19.003．**{SHEN Zunli,SHEN Hua,HOU Mingzhong,JIA Wanxin,HUANG Xieqing,CAI Yanxian,WANG Lan,HUANG Yixiong,ZHANG Kaiheng,ZHANG Zhaofeng,QIANyun,WANG Yongchun. Retrospective review of results for cubital tunnel syndrome using anterior subcutaneous transposition of ulnar nerve[J]. Zhongguo Jiao Xing Wai Ke Za Zhi[Orthop J China(Article in Chinese;Abstract in Chinese and English)],2004,12(19):1453-1455. DOI:10.3969/j.issn.1005-8478.2004.19.003.}

[21053] **殷春芳，张英剑．肘管综合征的病因及治疗体会 [J]．临床骨科杂志，2004，7(1)：84-86．DOI：10.3969/j.issn.1008-0287.2004.01.035．**{YIN Chunfang,ZHANG Yingjian. The etiology and treatment of cubital tunnel syndrome[J]. Lin Chuang Gu Ke Za Zhi[J Clin Orthop(Article in Chinese;No abstract available)],2004,7(1):84-86. DOI:10.3969/j.issn.1008-0287.2004.01.035.}

[21054] **陈云光，冯廷春．高原军训致肘管综合征 169 例 [J]．创伤外科杂志，2004，6(4)：262．DOI：10.3969/j.issn.1009-4237.2004.04.039．**{CHEN Yunguang,FENG Tingchun. Cubital tunnel sydrome in military training at high altitude:report of 169 cases[J]. Chuang Shang Wai Ke Za Zhi[J Traum Surg(Article in Chinese;Abstract in Chinese)],2004,6(4):262. DOI:10.3969/j.issn.1009-4237.2004.04.039.}

[21055] **周君琳，杜心如，王庆一，刘清和，孟祥龙，王志为．带血管蒂尺神经前移治疗肘管综合征的基础与临床应用研究 [J]．中国临床解剖学杂志，2005，23(5)：484-486．DOI：10.3969/j.issn.1001-165X.2005.05.010．**{ZHOU Junlin,DU Xinru,WANG Qingyi,LIU Qinghe,MENG Xianglong,WANG Zhiwei. Anatomic and clinical study of anterior transposition of the vascularized ulnar nerve for cubital tunnel syndrome[J]. Zhongguo Lin Chuang Jie Pou Xue Za Zhi[Chin J Clin Anat(Article in Chinese;Abstract in Chinese and English)],2005,23(5):484-486. DOI:10.3969/j.issn.1001-165X.2005.05.010.}

[21056] **薛静，钟桂午，蔡肖岚，张小东，徐达传，胡万华．肘管综合征的显微外科治疗 [J]．实用手外科杂志，2005，19(1)：12-13．DOI：10.3969/j.issn.1671-2722.2005.01.004．**{XUE Jing,ZHONG Guiwu,CAI Xiaolan,ZHANG Xiaodong,XU Dachuan,HU Wanhua. Microsurgical treatment of cubital tunnel syndrome[J]. Shi Yong Shou Wai Ke Za Zhi[Chin J Pract Hand Surg(Article in Chinese;Abstract in Chinese and English)],2005,19(1):12-13. DOI:10.3969/j.issn.1671-2722.2005.01.004.}

[21057] **黄隆，叶晖，林其仁．肘管综合征尺神经的前置方式及其疗效比较 [J]．实用手外科杂志，2005，19(2)：72-74．DOI：10.3969/j.issn.1671-2722.2005.02.003．**{HUANG Long,YE Hui,LIN Qiren. Cubital tunnel syndrome:discussion of different anterior transpositions of ulnar nerve and comparison of respective effect[J]. Shi Yong Shou Wai Ke Za Zhi[Chin J Pract Hand Surg(Article in Chinese;Abstract in Chinese and English)],2005,19(2):72-74. DOI:10.3969/j.issn.1671-2722.2005.02.003.}

[21058] **马越，党耕町，刘忠军，姜亮，吴云霞．神经电生理检查对神经根型颈椎病与肘管综合征的鉴别诊断价值 [J]．中国脊柱脊髓杂志，2006，16(9)：652-654．DOI：10.3969/j.issn.1004-406X.2006.09.003．**{MA Yue,DANG Gengding,LIU Zhongjun,JIANG Liang,WU Yunxia. Differentiatial diagnosis between cervical spondylotic radiculopathy and cubital tunnel syndrome by electrophysiology[J]. Zhongguo Ji Zhu Ji Sui Za Zhi[Chin J Spine Spinal Cord(Article in Chinese;Abstract in Chinese and English)],2006,16(9):652-654. DOI:10.3969/j.issn.1004-406X.2006.09.003.}

[21059] **田东，顾雁浩，张凯莉，徐雷．探讨肘管综合征电生理分期的定量指标 [J]．中华手外科杂志，2006，22(5)：289-291．DOI：10.3760/cma.j.issn.1005-054X.2006.05.012．**{TIAN Dong,GU Yanhao,ZHANG Kaili,XU Lei. Quantitative parameters of electrophysiologic staging of cubital tunnel syndrome[J]. Zhonghua Shou Wai Ke Za Zhi[Chin J Hand Surg(Article in Chinese;Abstract in Chinese and English)],2006,22(5):289-291. DOI:10.3760/cma.j.issn.1005-054X.2006.05.012.}

[21060] 侯巍，冯世庆，郑永发，杨淳彭，王沛. 肘管综合征的解剖和病因学探讨 [J]. 中国矫形外科杂志，2007，15(7)：534-537，加页 2. DOI：10.3969/j.issn.1005-8478.2007.07.018. {HOU Wei,FENG Shiqing,ZHENG Yongfa,YANG Chunpeng,WANG Pei. Discussion on anatomy and etiology of cubital tunnel syndrome[J]. Zhongguo Jiao Xing Wai Ke Za Zhi[Orthop J China(Article in Chinese;Abstract in Chinese and English)],2007,15(7):534-537,add 2. DOI:10.3969/j.issn.1005-8478.2007.07.018.}

[21061] 张展，陈德松，陈为民，蔡佩琴，陈琳，彭峰. 超声检查在肘管综合征诊治中的应用 [J]. 中华手外科杂志，2007，23(2)：98-100. DOI：10.3760/cma.j.issn.1005-054X.2007.02.013. {ZHANG Zhan,CHEN Desong,CHEN Weimin,CAI Peiqin,CHEN Lin,PENG Feng. The application of ultrasonography in the diagnosis and treatment of cubital tunnel syndrome[J]. Zhonghua Shou Wai Ke Za Zhi[Chin J Hand Surg(Article in Chinese;Abstract in Chinese and English)],2007,23(2):98-100. DOI:10.3760/cma.j.issn.1005-054X.2007.02.013.}

[21062] 崔青，张建华，赵玲，李海清，董占引，张金秀，杨中华. 尺神经沟扩大成形术治疗中老年肘管综合征 [J]. 中华手外科杂志，2007，23(4)：256. DOI：10.3760/cma.j.issn.1005-054X.2007.04.034. {CUI Qing,ZHANG Jianhua,ZHAO Ling,LI Haiqing,DONG Zhanyin,ZHANG Jinxiu,YANG Zhonghua. Enlarged ulnar sulcus plasty for the treatment of cubital tunnel syndrome in the middle-aged or elderly[J]. Zhonghua Shou Wai Ke Za Zhi[Chin J Hand Surg(Article in Chinese;No abstract available)],2007,23(4):256. DOI:10.3760/cma.j.issn.1005-054X.2007.04.034.}

[21063] 田东，张凯丽，顾雁浩. 前臂尺神经干动作电位在轻度肘管综合征诊断中的应用 [J]. 中华手外科杂志，2007，23(6)：352-354. DOI：10.3760/cma.j.issn.1005-054X.2007.06.010. {TIAN Dong,ZHANG Kaili,GU Yanhao. Application of nerve action potential (NAP) of ulnar nerve in the forearm in diagnosis of mild cubital tunnel syndrome[J]. Zhonghua Shou Wai Ke Za Zhi[Chin J Hand Surg(Article in Chinese;Abstract in Chinese and English)],2007,23(6):352-354. DOI:10.3760/cma.j.issn.1005-054X.2007.06.010.}

[21064] 张建华，崔青，韩建荣，赵玲，董占引，杨中华，李海清，许营民，王军，褚定坤. 尺神经沟扩大成形治疗肘管综合征的解剖基础与临床应用 [J]. 中国临床解剖学杂志，2008，26(4)：455-457. DOI：10.3969/j.issn.1001-165X.2008.04.032. {ZHANG Jianhua,CUI Qing,HAN Jianrong,ZHAO Ling,DONG Zhanyin,YANG Zhonghua,LI Haiqing,XU Yingmin,WANG Jun,CHU Dingkun. Anatomy and clinical application of the approach of expansion and formation of ulnar nerve sulcus in treating cubital tunnel syndrome[J]. Zhongguo Lin Chuang Jie Pou Xue Za Zhi[Chin J Clin Anat(Article in Chinese;Abstract in Chinese and English)],2008,26(4):455-457. DOI:10.3969/j.issn.1001-165X.2008.04.032.}

[21065] 艾合买提江·玉素甫，阿不来提·阿不拉，陈琳，彭峰，阿里木江. 带血管蒂尺神经松解前置治疗肘管综合征 [J]. 中华显微外科杂志，2008，31(1)：70-72. DOI：10.3760/cma.j.issn.1001-2036.2008.01.031. {Aihemaitijiang Yusufu,Abulaiti Abula,CHEN Lin,PENG Feng,ALIMUJIANG. The observation of clinical efficacy of anterior transposition of vascularized ulnaris nerve in treatment of cubital tunnel syndrome[J]. Zhonghua Xian Wei Wai Ke Za Zhi[Chin J Microsurg(Article in Chinese;Abstract in Chinese)],2008,31(1):70-72. DOI:10.3760/cma.j.issn.1001-2036.2008.01.031.}

[21066] 郑文旭，成伏波，李幼琼，董娜，张娇，孙霓. 肘管综合征的应用解剖学研究 [J]. 中华手外科杂志，2008，24(3)：171-173. DOI：10.3760/cma.j.issn.1005-054X.2008.03.015. {ZHENG Wenxu,CHENG Fubo,LI Youqiong,DONG Na,ZHANG Jiao,SUN Ni. Applied anatomical study of cubital tunnel syndrome[J]. Zhonghua Shou Wai Ke Za Zhi[Chin J Hand Surg(Article in Chinese;Abstract in Chinese and English)],2008,24(3):171-173. DOI:10.3760/cma.j.issn.1005-054X.2008.03.015.}

[21067] 李文军，田光磊，陈山林，诸寅，田文，王树峰，易传军，朱瑾，刘波. 肘管综合征 135 例尺神经皮下前移术疗效分析 [J]. 中华手外科杂志，2008，24(6)：326-328. DOI：10.3760/cma.j.issn.1005-054X.2008.06.003. {LI Wenjun,TIAN Guanglei,CHEN Shanlin,ZHU Yin,TIAN Wen,WANG Shufeng,YI Chuanjun,ZHU Jin,LIU Bo. Clinical analysis of subcutaneous anterior transposition of the ulnar nerve in 135 patients of cubital tunnel syndrome[J]. Zhonghua Shou Wai Ke Za Zhi[Chin J Hand Surg(Article in Chinese;Abstract in Chinese and English)],2008,24(6):326-328. DOI:10.3760/cma.j.issn.1005-054X.2008.06.003.}

[21068] 赵民，邵新中，吴金英，李大村，李建峰，刘井达，赵亮，王利民，姜桂芳. 带伴行动脉尺神经前置治疗肘管综合征 [J]. 中华手外科杂志，2008，24(6)：363-365. DOI：10.3760/cma.j.issn.1005-054X.2008.06.015. {ZHAO Min,SHAO Xinzhong,WU Jinying,LI Dacun,LI Jianfeng,LIU Jingda,ZHAO Liang,WANG Limin,JIANG Guifang. Anterior transposion of the ulnar nerve with its accompanying artery for treatment of cubital tunnel syndrome[J]. Zhonghua Shou Wai Ke Za Zhi[Chin J Hand Surg(Article in Chinese;Abstract in Chinese and English)],2008,24(6):363-365. DOI:10.3760/cma.j.issn.1005-054X.2008.06.015.}

[21069] 余宗保，梁炳生. 两种尺神经前置方法治疗肘管综合征疗效分析 [J]. 国际骨科学杂志，2008，29(2)：129-130. DOI：10.3969/j.issn.1673-7083.2008.02.019. {YU Zongbao,LIANG Bingsheng. Efficacy analysis of two methods of treating cubital tunnel syndrome[J]. Guo Ji Gu Ke Xue Za Zhi[Int J Orthop(Article in Chinese;Abstract in Chinese and English)],2008,29(2):129-130. DOI:10.3969/j.issn.1673-7083.2008.02.019.}

[21070] 田万成，潘风雨，潘希贵，卢全忠. 肘管综合征的显微外科治疗 [J]. 实用手外科杂志，2008，22(2)：67-68. DOI：10.3969/j.issn.1671-2722.2008.02.001. {TIAN Wancheng,PAN Fengyu,PAN Xigui,LU Quanzhong. Treatment of micrsurgery in cubital tunnel syndrome[J]. Shi Yong Shou Wai Ke Za Zhi[Chin J Pract Hand Surg(Article in Chinese;Abstract in Chinese and English)],2008,22(2):67-68. DOI:10.3969/j.issn.1671-2722.2008.02.001.}

[21071] 张春林，阴彦林，苏峰，班旭英，贾晓静. 尺神经前置深筋膜瓣包绕固定治疗肘管综合征疗效分析 [J]. 中国修复重建外科杂志，2008，22(8)：1008-1009. DOI：CNKI：SUN：ZXCW.0.2008-08-027. {ZHANG Chunlin,YIN Yanlin,SU Feng,BAN Xuying,JIA Xiaojing. Clinical analysis of ulnar nerve anterior deep fascia flap wrapping fixation in the treatment of cubital tunnel syndrome[J]. Zhongguo Xiu Fu Chong Jian Wai Ke Za Zhi[Chin J Repar Reconstr Surg(Article in Chinese;Abstract in Chinese)],2008,22(8):1008-1009. DOI:CNKI:SUN:ZXCW.0.2008-08-027.}

[21072] 赵民，邵新中，田德虎，吴金英，李大村，李建峰，刘井达，赵亮，王利民，姜桂芳. 带尺侧下副动脉尺神经松解前置术治疗肘管综合征 [J]. 中国修复重建外科杂志，2008，22(9)：1044-1046. DOI：CNKI：SUN：ZXCW.0.2008-09-009. {ZHAO Min,SHAO Xinzhong,TIAN Dehu,WU Jinying,LI Dacun,LI Jianfeng,LIU Jingda,ZHAO Liang,WANG Limin,JIANG Guifang. Decompression and anterior transposition of ulnar nerve with inferior ulnar collateral artery for cubital tunnel syndrome[J]. Zhongguo Xiu Fu Chong Jian Wai Ke Za Zhi[Chin J Repar Reconstr Surg(Article in Chinese;Abstract in Chinese and English)],2008,22(9):1044-1046. DOI:CNKI:SUN:ZXCW.0.2008-09-009.}

[21073] 张建华，崔青，董占引，魏华，赵玲，杨中华，李海清，王红梅. 尺神经沟扩大神经束间松解治疗重度肘管综合征临床研究 [J]. 中国修复重建外科杂志，2008，22(11)：1314-1317. DOI：CNKI：SUN：ZXCW.0.2008-11-014. {ZHANG Jianhua,CUI Qing,DONG Zhanyin,WEI Hua,ZHAO Ling,YANG Zhonghua,LI Haiqing,WANG Hongmei. Clinical study on expansion of groove of ulnar nerve and interfascicular neurolysis in treating severe cubital tunnel syndrome[J]. Zhongguo Xiu Fu Chong Jian Wai Ke Za Zhi[Chin J Repar Reconstr Surg(Article in Chinese;Abstract in Chinese and English)],2008,22(11):1314-1317. DOI:CNKI:SUN:ZXCW.0.2008-11-014.}

[21074] 杨淳彭，王沛，赵虬，胡珺，冯世庆. 电生理定位结合术中神经监测在肘管综合征治疗中的应用 [J]. 中华实验外科杂志，2009，26(10)：1371-1372. DOI：10.3760/cma.j.issn.1001-9030.2009.10.050. {YANG Chunpeng,WANG Pei,ZHAO Qiu,HU Jun,FENG Shiqing. Study on the application of electroneurophysiology position oriented diagnosis and Intraoperative monitoring in the treatment of cubital tunnel syndrome[J]. Zhonghua Shi Yan Wai Ke Za Zhi[Chin J Exp Surg(Article in Chinese;Abstract in Chinese and English)],2009,26(10):1371-1372. DOI:10.3760/cma.j.issn.1001-9030.2009.10.050.}

[21075] 张世民，张凯，黄轶刚，李海丰，王欣. 前臂内侧皮神经后支与肘管综合征手术切口的解剖关系 [J]. 中华手外科杂志，2009，25(1)：47-49. DOI：10.3760/cma.j.issn.1005-054X.2009.01.020. {ZHANG Shimin,ZHANG Kai,HUANG Yigang,LI Haifeng,WANG Xin. The anatomic relationship between the posterior branch of the medial antebrachial cutaneous nerve and the surgical incision for cubital tunnel Syndrome[J]. Zhonghua Shou Wai Ke Za Zhi[Chin J Hand Surg(Article in Chinese;Abstract in Chinese and English)],2009,25(1):47-49. DOI:10.3760/cma.j.issn.1005-054X.2009.01.020.}

[21076] 马南，朱建民，张银网，朱海波. 肱骨内上髁骨折合并肘管内囊肿致肘管综合征一例 [J]. 中华手外科杂志，2009，25(2)：112. DOI：10.3760/cma.j.issn.1005-054X.2009.02.024. {MA Nan,ZHU Jianmin,ZHANG Yinwang,ZHU Haibo. Cubital tunnel syndrome caused by fracture of medial epicondyle of humerus combined with cyst in cubital tunnel:a case report[J]. Zhonghua Shou Wai Ke Za Zhi[Chin J Hand Surg(Article in Chinese;No abstract available)],2009,25(2):112. DOI:10.3760/cma.j.issn.1005-054X.2009.02.024.}

[21077] 王磊，张申申，郭卫中. 肘关节滑膜软骨瘤病致肘管综合征二例 [J]. 中华手外科杂志，2009，25(2)：128. DOI：10.3760/cma.j.issn.1005-054X.2009.02.032. {WANG Lei,ZHANG Shenshen,GUO Weizhong. Cubital tunnel syndrome caused by synovial chondromatosis of elbow joint:a report of two cases[J]. Zhonghua Shou Wai Ke Za Zhi[Chin J Hand Surg(Article in Chinese;Abstract in Chinese)],2009,25(2):128. DOI:10.3760/cma.j.issn.1005-054X.2009.02.032.}

[21078] 宋业良，姜延海，宋义光. 尺神经周围静脉壁包绕激素注入在肘管综合征术中的应用 [J]. 中华手外科杂志，2009，25(5)：319. DOI：10.3760/cma.j.issn.1005-054X.2009.05.033. {SONG Yeliang,JIANG Yanhai,SONG Yiguang. Clinical application of hormone injection around the wall of ulnar nerve in the operation of cubital tunnel syndrome[J]. Zhonghua Shou Wai Ke Za Zhi[Chin J Hand Surg(Article in Chinese;Abstract in Chinese)],2009,25(5):319. DOI:10.3760/cma.j.issn.1005-054X.2009.05.033.}

[21079] 何旭，曹学成，王卫国，桑成林，赵靖，赵冰，张元信，汤海萍. 神经电生理各项指标在肘管综合征诊断中的价值 [J]. 中华手外科杂志，2009，25(6)：325-327. DOI：10.3760/cma.j.issn.1005-054X.2009.06.003. {HE Xu,CAO Xuecheng,WANG Weiguo,SANG Chenglin,ZHAO Jing,ZHAO Bing,ZHANG Yuanxin,TANG Haiping. Value of indexes of electromyoneurogram in the diagnosis of cubital tunnel syndrome[J]. Zhonghua Shou Wai Ke Za Zhi[Chin J Hand Surg(Article in Chinese;Abstract in Chinese and English)],2009,25(6):325-327. DOI:10.3760/cma.j.issn.1005-054X.2009.06.003.}

[21080] 唐昭惠，王凯. 腱鞘囊肿并神经鞘囊肿致肘管综合征 1 例 [J]. 临床骨科杂志，2009，12(3)：269-270. DOI：10.3969/j.issn.1008-0287.2009.03.059. {TANG Zhaohui,WANG Kai. A case of cubital tunnel syndrome with ganglion and cyst of ulnar nerve[J]. Lin Chuang Gu Ke Za Zhi[J Clin Orthop(Article in Chinese;No abstract available)],2009,12(3):269-270. DOI:10.3969/j.issn.1008-0287.2009.03.059.}

[21081] 姜晓琪，史其林，叶作舟，陈臣，顾玉东. 尺神经前移治疗肘管综合征 83 例分析 [J]. 创伤外科杂志，2009，11(1)：79. DOI：10.3969/j.issn.1009-4237.2009.01.029. {JIANG Xiaoqi,SHI Qilin,YE Zuozhou,CHEN CHEN,GU Yudong. Clinical analysis of cubital tunnel syndrome by anterior transposition of ulnar nerve:report of 83 cases[J]. Chuang Shang Wai Ke Za Zhi[J Traum Surg(Article in Chinese;Abstract in Chinese)],2009,11(1):79. DOI:10.3969/j.issn.1009-4237.2009.01.029.}

[21082] 崔忠宁，刘敏，杜张荣，马林，刘明. 肘管综合征 112 例疗效分析 [J]. 中华显微外科杂志，2010，33(4)：329-331. DOI：10.3760/cma.j.issn.1001-2036.2010.04.028. {CUI Zhongning,LIU Min,DU Zhangrong,MA Lin,LIU Ming. Clinical analysis of 112 cases of cubital tunnel syndrome[J]. Zhonghua Xian Wei Wai Ke Za Zhi[Chin J Microsurg(Article in Chinese;Abstract in Chinese)],2010,33(4):329-331. DOI:10.3760/cma.j.issn.1001-2036.2010.04.028.}

[21083] 顾玉东. 肘管综合征如何治疗 [J]. 中华手外科杂志，2010，26(2)：66. DOI：10.3760/cma.j.issn.1005-054X.2010.02.002. {GU Yudong. How to treat cubital tunnel syndrome[J]. Zhonghua Shou Wai Ke Za Zhi[Chin J Hand Surg(Article in Chinese;Abstract in Chinese)],2010,26(2):66. DOI:10.3760/cma.j.issn.1005-054X.2010.02.002.}

[21084] 顾玉东. 腕管综合征与肘管综合征诊治中的有关问题 [J]. 中华手外科杂志，2010，26(6)：321-323. DOI：10.3760/cma.j.issn.1005-054X.2010.06.001. {GU Yudong. Issues in the diagnosis and treatment of carpal tunnel syndrome and cubital tunnel syndrome[J]. Zhonghua Shou Wai Ke Za Zhi[Chin J Hand Surg(Article in Chinese;Abstract in Chinese)],2010,26(6):321-323. DOI:10.3760/cma.j.issn.1005-054X.2010.06.001.}

[21085] 田东，张凯莉. 对冲阻滞神经电生理技术在诊断肘管综合征中的应用 [J]. 中华手外科杂志，2010，26(6)：351-353. DOI：10.3760/cma.j.issn.1005-054X.2010.06.016. {TIAN Dong,ZHANG Kaili. The clinical application of collision technique in the early diagnosis of cubital tunnel syndrome[J]. Zhonghua Shou Wai Ke Za Zhi[Chin J Hand Surg(Article in Chinese;Abstract in Chinese and English)],2010,26(6):351-353. DOI:10.3760/cma.j.issn.1005-054X.2010.06.016.}

[21086] 董永明，韩景文，徐亚林. 肘骨性关节炎合并囊肿致肘管综合征 1 例 [J]. 中国骨伤，2010，23(8)：611-612. DOI：10.3969/j.issn.1003-0034.2010.08.017. {DONG Yongming,HAN Jingwen,XU Yalin. Cubital tunnel syndrome caused by osteoarthritis of elbow joint with cyst:a case report[J]. Zhongguo Gu Shang[China J Orthop Trauma(Article in Chinese;No abstract available)],2010,23(8):611-612. DOI:10.3969/j.issn.1003-0034.2010.08.017.}

[21087] 陈浩，梁炳生. 肘管综合征研究进展 [J]. 国际骨科学杂志，2010，31(3)：156-158. DOI：10.3969/j.issn.1673-7083.2010.03.009. {CHEN Hao,LIANG Bingsheng. Research progress of cubital tunnel syndrome[J]. Guo Ji Gu Ke Xue Za Zhi[Int J Orthop(Article in Chinese;Abstract in Chinese)],2010,31(3):156-158. DOI:10.3969/j.issn.1673-7083.2010.03.009.}

[21088] 周坚龙，殷中罡，王晓刚. 尺神经外膜松解前置筋膜皮下组织瓣悬吊治疗重度肘管综合征 [J]. 实用手外科杂志，2010，24(1)：38-39. DOI：10.3969/j.issn.1671-2722.2010.01.013. {ZHOU Jianlong,YIN Zhonggang,WANG Xiaogang. Treatment of serious cubital tunnel syndrome by unlar nerve neurolysis and anterior transposition and suspension with adipofascial flap[J]. Shi Yong Shou Wai Ke Za Zhi[Chin J Pract Hand Surg(Article in Chinese;Abstract in Chinese and English)],2010,24(1):38-39. DOI:10.3969/j.issn.1671-2722.2010.01.013.}

[21089] 罗世兴，赵劲民，苏伟，李晓峰. 尺神经皮下前置与肌内前置治疗肘管综合征的疗效比较 [J]. 中国修复重建外科杂志，2010，24(5)：577-580. DOI：CNKI：SUN：ZXCW.0.2010-05-028. {LUO Shixing,ZHAO Jinmin,SU Wei,LI Xiaofeng. Efficacy comparison between anterior subcutaneous and submuscular transposition of ulnar nerve to treat cubital tunnel syndrome[J]. Zhongguo Xiu Fu Chong Jian Wai Ke Za Zhi[Chin J Repar Reconstr Surg(Article in Chinese;Abstract in Chinese and English)],2010,24(5):577-580. DOI:CNKI:SUN:ZXCW.0.2010-05-028.}

[21090] 刘刚，钟刚，易敏，岑石强，项舟，黄富国. 肘外翻畸形导致肘管综合征的相关因素分析 [J]. 中国修复重建外科杂志，2010，24(8)：967-971. DOI：CNKI：SUN：ZXCW.0.2010-08-030. {LIU Gang,ZHONG Gang,YI Min,CEN Shiqiang,XIANG Zhou,HUANG Fuguo. Related factor analysis of cubital tunnel syndrome caused by cubitus valgus deformity[J]. Zhongguo Xiu Fu Chong Jian Wai Ke Za Zhi[Chin J Repar Reconstr Surg(Article in Chinese;Abstract in Chinese and English)],2010,24(8):967-971. DOI:CNKI:SUN:ZXCW.0.2010-08-030.}

[21091] 杨明杰，孙贵新，谭军，史其林. 内窥镜下尺神经松解联合内上髁微小切除治疗伴尺神经

滑脱的肘管综合征 [J]. 中国修复重建外科杂志，2010，24（9）：1069-1071. DOI: CNKI: SUN: ZXCW.0.2010-09-017. {YANG Mingjie,SUN Guixin,TAN Jun,SHI Qilin. Effectiveness of endoscopic ulnar neurolysis and minimal medial epicondylectomy in treating cubital tunnel syndrome with ulnar nerve subluxation[J]. Zhongguo Xiu Fu Chong Jian Wai Ke Za Zhi[Chin J Repar Reconstr Surg(Article in Chinese;Abstract in Chinese and English)],2010,24(9):1069-1071. DOI:CNKI:SUN:ZXCW.0.2010-09-017.}

[21092] 顾玉东. 腕管综合征与肘管综合征的临床分型现状与建议 [J]. 中华骨科杂志，2011，31（7）：818-819. DOI: 10.3760/cma.j.issn.0253-2352.2011.07.019. {GU Yudong. Current status and suggestion of clinical classification of carpal and cubital tunnel syndromes[J]. Zhonghua Gu Ke Za Zhi[Chin J Orthop(Article in Chinese;Abstract in Chinese)],2011,31(7):818-819. DOI:10.3760/cma.j.issn.0253-2352.2011.07.019.}

[21093] 李瑞君，路来金，张志新. 肌电图辅助定位小切口尺神经松解术治疗肘管综合征 [J]. 中华手外科杂志，2011，27(2)：99-101. DOI: 10.3760/cma.j.issn.1005-054X.2011.02.013. {LI Ruijun,LU Laijin,ZHANG Zhixin. In situ ulnar nerve decompression at the cubital tunnel via a small incision with electromyography localization[J]. Zhonghua Shou Wai Ke Za Zhi[Chin J Hand Surg(Article in Chinese;Abstract in Chinese and English)],2011,27(2):99-101. DOI:10.3760/cma.j.issn.1005-054X.2011.02.013.}

[21094] 顾玉东. 腕管综合征与肘管综合征功能评定标准的现状与建议 [J]. 中华创伤骨科杂志，2011，13（1）：6-7. DOI: 10.3760/cma.j.issn.1671-7600.2011.01.003. {GU Yudong. Current evaluation criteria for carpal tunnel syndrome and cubital tunnel syndrome[J]. Zhonghua Chuang Shang Gu Ke Za Zhi[Chin J Orthop Trauma(Article in Chinese;Abstract in Chinese)],2011,13(1):6-7. DOI:10.3760/cma.j.issn.1671-7600.2011.01.003.}

[21095] 胡继超，崔岩，李钧，陈波，潘跃，柳杰. 内窥镜及显微镜辅助下三切口治疗肘管综合征 [J]. 中国修复重建外科杂志，2011，25（2）：216-219. DOI: CNKI: 51-1372/R.20110106.1622.021. {HU Jichao,CUI Yan,LI Jun,CHEN Bo,PAN Yue,LIU Jie. Endoscope and microscope assisted three small incisions for treatment of cubital tunnel syndrome[J]. Zhongguo Xiu Fu Chong Jian Wai Ke Za Zhi[Chin J Repar Reconstr Surg(Article in Chinese;Abstract in Chinese and English)],2011,25(2):216-219. DOI:CNKI:51-1372/R.20110106.1622.021.}

[21096] 赵家举，王培吉，江波，钱源源. 显微外科手术治疗肘管综合征 43 例 [J]. 中华显微外科杂志，2012，35(2)：145-146. DOI: 10.3760/cma.j.issn.1001-2036.2012.02.020. {ZHAO Jiaju,WANG Peiji,JIANG Bo,QIAN Yuanyuan. Microsurgical treatment of cubital tunnel syndrome:a report of 43 cases[J]. Zhonghua Xian Wei Wai Ke Za Zhi[Chin J Microsurg(Article in Chinese;Abstract in Chinese)],2012,35(2):145-146. DOI:10.3760/cma.j.issn.1001-2036.2012.02.020.}

[21097] 张义鹏，高伟阳，王安远，解学关，蒋良福，周飞亚，丁健. 内镜辅助尺神经前置术治疗肘管综合征的疗效随访 [J]. 中华显微外科杂志，2012，35（3）：204-206，后插 10. DOI: 10.3760/cma.j.issn.1001-2036.2012.03.010. {ZHANG Yipeng,GAO Weiyang,WANG Anyuan,JIE Xueguan,JIANG Liangfu,ZHOU Feiya,DING Jian. The outcome of anterior transposition of the ulnar nerve in treatment of cubital tunnel syndrome with endoscopically assisted[J]. Zhonghua Xian Wei Wai Ke Za Zhi[Chin J Microsurg(Article in Chinese;Abstract in Chinese and English)],2012,35(3):204-206,insert 10. DOI:10.3760/cma.j.issn.1001-2036.2012.03.010.}

[21098] 陈克俊，戚炜，王晓南，李凯. 带血管的肘部尺神经前移治疗肘管综合征的探讨 [J]. 中国矫形外科杂志，2012，20（21）：2006-2008. DOI: 10.3977/j.issn.1005-8478.2012.21.25. {CHEN Kejun,QI Wei,WANG Xiaonan,LI Kai. The discussion of anterior transposition of the ulnar nerve with blood vessel for treatment of cubital tunnel syndrome[J]. Zhongguo Jiao Xing Wai Ke Za Zhi[Orthop J China(Article in Chinese;Abstract in Chinese and English)],2012,20(21):2006-2008. DOI:10.3977/j.issn.1005-8478.2012.21.25.}

[21099] 李泽璐，杨国栋，李刚，张登峰，常文凯，梁炳生. 肘管综合征治疗策略 [J]. 中华手外科杂志，2012，28（5）：277-279. DOI: 10.3760/cma.j.issn.1005-054X.2012.05.011. {LI Zelu,YANG Guodong,LI Gang,ZHANG Dengfeng,CHANG Wenkai,LIANG Bingsheng. The treatment strategies of cubital tunnel syndrome[J]. Zhonghua Shou Wai Ke Za Zhi[Chin J Hand Surg(Article in Chinese;Abstract in Chinese and English)],2012,28(5):277-279. DOI:10.3760/cma.j.issn.1005-054X.2012.05.011.}

[21100] 周炎，丰峰，瞿新丛，方祖怡，刘祥，潘晓辉，许来峰. 两种尺神经前置方法治疗肘管综合征的疗效比较 [J]. 中国修复重建外科杂志，2012，26（4）：429-432. DOI: CNKI: SUN: ZXCW.0.2012-04-014. {ZHOU Yan,FENG FENG,QU Xincong,FANG Zuyi,LIU Xiang,PAN Xiaohui,XU Laifeng. Effectiveness comparison between two different methods of anterior transposition of the ulnar nerve in treatment of cubital tunnel syndrome[J]. Zhongguo Xiu Fu Chong Jian Wai Ke Za Zhi[Chin J Repar Reconstr Surg(Article in Chinese;Abstract in Chinese and English)],2012,26(4):429-432. DOI:CNKI:SUN:ZXCW.0.2012-04-014.}

[21101] 滕晓峰，陈宏，魏鹏. 小切口治疗肘管综合征的临床疗效分析 [J]. 中华手外科杂志，2013，29（1）：37-39. DOI: 10.3760/cma.j.issn.1005-054X.2013.01.016. {TENG Xiaofeng,CHEN Hong,WEI Peng. Clinical outcomes analysis of small incision cubital tunnel release[J]. Zhonghua Shou Wai Ke Za Zhi[Chin J Hand Surg(Article in Chinese;Abstract in Chinese and English)],2013,29(1):37-39. DOI:10.3760/cma.j.issn.1005-054X.2013.01.016.}

[21102] 顾玉东. 再论肘管综合征的治疗 [J]. 中华手外科杂志，2013，29（4）：193-194. DOI: 10.3760/cma.j.issn.1005-054X.2013.04.001. {GU Yudong. Further discussion on the treatment of cubital tunnel syndrome[J]. Zhonghua Shou Wai Ke Za Zhi[Chin J Hand Surg(Article in Chinese;No abstract available)],2013,29(4):193-194. DOI:10.3760/cma.j.issn.1005-054X.2013.04.001.}

[21103] 茅天，谢仁国，王古衡，邢树国. 三种手术方法治疗肘管综合征的临床对比研究 [J]. 中华手外科杂志，2013，29（6）：334-336. DOI: 10.3760/cma.j.issn.1005-054X.2013.06.007. {MAO Tian,XIE Renguo,WANG Guheng,XING Shuguo. Comparison of three different surgical approaches in the treatment of cubital tunnel syndrome[J]. Zhonghua Shou Wai Ke Za Zhi[Chin J Hand Surg(Article in Chinese;Abstract in Chinese and English)],2013,29(6):334-336. DOI:10.3760/cma.j.issn.1005-054X.2013.06.007.}

[21104] 孙良智，孙建民，栾素娴，徐世民，衣兰凯，苏保辉，石林，尚小鹏，李忠. 带血管尺神经前置术治疗重度肘管综合征 [J]. 中华手外科杂志，2013，29（6）：337-339. DOI: 10.3760/cma.j.issn.1005-054X.2013.06.008. {SUN Liangzhi,SUN Jianmin,LUAN Suxian,XU Shimin,YI Lan Kai,SU Baohui,SHI Lin,SHANG Xiaopeng,LI Zhong. Anterior transposition of vascularized ulnar nerve for the treatment of severe cubital tunnel syndrome[J]. Zhonghua Shou Wai Ke Za Zhi[Chin J Hand Surg(Article in Chinese;Abstract in Chinese and English)],2013,29(6):337-339. DOI:10.3760/cma.j.issn.1005-054X.2013.06.008.}

[21105] 牟怡平，张扬，高峰，辛畅泰. 皮下前置术与带血运前置术治疗肘管综合征的疗效对比 [J]. 实用手外科杂志，2013，27（4）：324-326. DOI: 10.3969/j.issn.1671-2722.2013.04.004. {MOU Yiping,ZHANG Yang,GAO Feng,XIN Changtai. Anterior subcutaneous versus anterior subcutaneous with blood supply transposition of the ulnar nerve for cubital tunnel syndrome[J]. Shi Yong Shou Wai Ke Za Zhi[Chin J Pract Hand Surg(Article in Chinese;Abstract in Chinese and English)],2013,27(4):324-326. DOI:10.3969/j.issn.1671-2722.2013.04.004.}

[21106] 孟纬，潘昊鹏，朱伟. 肘管综合征患者不同屈肘角度的肘管内压力变化 [J]. 中国修复重建外科杂志，2013，27（6）：729-731. DOI: 10.7507/1002-1892.20130161. {MENG Wei,PAN Haopeng,ZHU Wei. Pressure change of cubital tunnel at different elbow flexion angles in patients with cubital tunnel syndrome[J]. Zhongguo Xiu Fu Chong Jian Wai Ke Za Zhi[Chin J Repar Reconstr Surg(Article in Chinese;Abstract in Chinese and English)],2013,27(6):729-731. DOI:10.7507/1002-1892.20130161.}

[21107] 路云翔，陈郁鲜，沈俊，庄泽，何容涵，任建华，王昆，史德海，李智勇. 保留前臂内侧皮神经后支的尺神经松解前置术治疗肘管综合征 12 例 [J]. 中华显微外科杂志，2014，37（2）：208. DOI: 10.3760/cma.j.issn.1001-2036.2014.02.040. {LU Yunxiang,CHEN Yuxian,SHEN Jun,ZHUANG Ze,HE Ronghan,REN Jianhua,WANG Kun,SHI Dehai,LI Zhiyong. Anterior release of ulnar nerve with posterior branch of medial cutaneous nerve of forearm in the treatment of cubital tunnel syndrome:a report of 12 cases[J]. Zhonghua Xian Wei Wai Ke Za Zhi[Chin J Microsurg(Article in Chinese;Abstract in Chinese)],2014,37(2):208. DOI:10.3760/cma.j.issn.1001-2036.2014.02.040.}

[21108] 焦伟，高延智，冯国平，胡守成. 双侧肘后肌肥大卡压致肘管综合征一例 [J]. 中华显微外科杂志，2014，37（6）：620. DOI: 10.3760/cma.j.issn.1001-2036.2014.06.033. {JIAO Wei,GAO Yanzhi,FENG Guoping,HU Shoucheng. Cubital tunnel syndrome caused by hypertrophy and compression of bilateral posterior elbow muscles:a case report[J]. Zhonghua Xian Wei Wai Ke Za Zhi[Chin J Microsurg(Article in Chinese;No abstract available)],2014,37(6):620. DOI:10.3760/cma.j.issn.1001-2036.2014.06.033.}

[21109] 张小路，林其仁. 尺神经肌下前置肱骨内上髁肌群经骨道原位重建治疗肘管综合征 [J]. 中华手外科杂志，2014，30(3)：191-193. DOI: 10.3760/cma.j.issn.1005-054X.2014.03.012. {ZHANG Xiaolu,LIN Qiren. Treatment of cubital tunnel syndrome with ulnar nerve anterior submuscular transposition and medial epicondyle muscle group in situ reconstruction via a bone tunnel[J]. Zhonghua Shou Wai Ke Za Zhi[Chin J Hand Surg(Article in Chinese;Abstract in Chinese and English)],2014,30(3):191-193. DOI:10.3760/cma.j.issn.1005-054X.2014.03.012.}

[21110] 陈宏，潘佳栋，王欣，章伟文. 合并肘关节内翻或外翻的肘管综合征的临床疗效探讨 [J]. 中华肩肘外科电子杂志，2014，2(4)：240-245. DOI: 10.3877/cma.j.issn.2095-5790.2014.04.007. {CHEN Hong,PAN Jiadong,WANG Xin,ZHANG Weiwen. Clinical efficacy of combined wedge osteotomy and ulnar nerve transposition for the treatment of cubital tunnel syndrome associated with cubitus varus or valgus[J]. Zhonghua Jian Zhou Wai Ke Dian Zi Za Zhi[Chin J Should Elbow(Article in Chinese;Abstract in Chinese and English)],2014,2(4):240-245. DOI:10.3877/cma.j.issn.2095-5790.2014.04.007.}

[21111] 李超，尚希福，鹿亮，姚刚，陈光，曹晓芳，窦正郁. 肱骨远端陈旧性骨折致肘管综合征的手术治疗 [J]. 临床骨科杂志，2014，17(5)：563-565. DOI: 10.3969/j.issn.1008-0287.2014.05.027. {LI Chao,SHANG Xifu,LU Liang,YAO Gang,CHEN Guang,CAO Xiaofang,DOU Zhengyu. Operation of cubital tunnel syndrome caused by old fracture of the distal humerus[J]. Lin Chuang Gu Ke Za Zhi[J Clin Orthop(Article in Chinese;Abstract in Chinese and English)],2014,17(5):563-565. DOI:10.3969/j.issn.1008-0287.2014.05.027.}

[21112] 郁诗阳，刘坤，范存义. 肘管综合征的治疗研究进展 [J]. 中国修复重建外科杂志，2014，28（8）：1043-1046. DOI: 10.7507/1002-1892.20140227. {YU Shiyang,LIU Kun,FAN Cunyi. Progress of treatment of cubital tunnel syndrome[J]. Zhongguo Xiu Fu Chong Jian Wai Ke Za Zhi[Chin J Repar Reconstr Surg(Article in Chinese;Abstract in Chinese and English)],2014,28(8):1043-1046. DOI:10.7507/1002-1892.20140227.}

[21113] 茅天，谢仁国，邢树国，王古衡. 陈旧性肱桡关节脱位致肘管综合征一例 [J]. 中华创伤杂志，2015，31（2）：155-157. DOI: 10.3760/cma.j.issn.1001-8050.2015.02.016. {MAO Tian,XIE Renguo,XING Shuguo,WANG Guheng. Cubital tunnel syndrome caused by old dislocation of humeral-radial joint:a case report[J]. Zhonghua Chuang Shang Za Zhi[Chin J Trauma(Article in Chinese;No abstract available)],2015,31(2):155-157. DOI:10.3760/cma.j.issn.1001-8050.2015.02.016.}

[21114] 陈冉，阚世廉，李津. 以急性加重为表现的肘管综合征临床特征与治疗 [J]. 中华医学杂志，2015，95(41)：3370-3372. DOI: 10.3760/cma.j.issn.0376-2491.2015.41.012. {CHEN Ran,KAN Shilian,LI Jin. Characteristic and treatment of acute aggravating cubital tunnel syndrome[J]. Zhonghua Yi Xue Za Zhi[Natl Med J China(Article in Chinese;Abstract in Chinese and English)],2015,95(41):3370-3372. DOI:10.3760/cma.j.issn.0376-2491.2015.41.012.}

[21115] 郭泉，庄永青，魏瑞鸿，熊洪涛，张轩. 内窥镜下微创治疗肘管综合征的相关解剖学研究 [J]. 中国临床解剖学杂志，2016，34（3）：245-248. DOI: 10.13418/j.issn.1001-165x.2016.03.002. {GUO Quan,ZHUANG Yongqing,WEI Ruihong,XIONG Hongtao,JIANG Haoli,ZHANG Xuan. Anatomical study of the treatment of cubital tunnel syndrome by endoscope[J]. Zhongguo Lin Chuang Jie Pou Xue Za Zhi[Chin J Clin Anat(Article in Chinese;Abstract in Chinese and English)],2016,34(3):245-248. DOI:10.13418/j.issn.1001-165x.2016.03.002.}

[21116] 王辉，杨晓溪，王斌，贾松，张剑锋，王志强. 肘管综合征合并掌腱膜挛缩六例的显微手术治疗 [J]. 中华显微外科杂志，2016，39（2）：200-201. DOI: 10.3760/cma.j.issn.1001-2036.2016.02.033. {WANG Hui,YANG Xiaoxi,WANG Bin,JIA Song,ZHANG Jianfeng,WANG Zhiqiang. Microsurgical treatment of cubital tunnel syndrome complicated with palmar aponeurosis contracture:a report of 6 cases[J]. Zhonghua Xian Wei Wai Ke Za Zhi[Chin J Microsurg(Article in Chinese;Abstract in Chinese)],2016,39(2):200-201. DOI:10.3760/cma.j.issn.1001-2036.2016.02.033.}

[21117] 任一鸣，周先虎，魏志坚，樊保佑，林伟，刘燊，郝岩，冯世庆. 肘管综合征中弓状韧带小分子 RNA 的生物信息学分析 [J]. 中华实验外科杂志，2016，33（9）：2241. DOI: 10.3760/cma.j.issn.1001-9030.2016.09.057. {REN Yiming,ZHOU Xianhu,WEI Zhijian,FAN Baoyou,LIN Wei,LIU Sang,HAO Yan,FENG Shiqing. Bioinformatic analysis of microRNA in Osborne's ligament of cubital tunnel syndrome[J]. Zhonghua Shi Yan Wai Ke Za Zhi[Chin J Exp Surg(Article in Chinese;Abstract in Chinese)],2016,33(9):2241. DOI:10.3760/cma.j.issn.1001-9030.2016.09.057.}

[21118] 于晓飞，李楠，于亚东，邵新中，白延彬. 误诊为肘管综合征的遗传性运动感觉周围神经病一例 [J]. 中华手外科杂志，2016，32（4）：276. DOI: 10.3760/cma.j.issn.1005-054X.2016.04.015. {YU Xiaofei,LI Nan,YU Yadong,SHAO Xinzhong,BAI Yanbin. Hereditary motor sensory peripheral neuropathy misdiagnosed as cubital tunnel syndrome:a case report[J]. Zhonghua Shou Wai Ke Za Zhi[Chin J Hand Surg(Article in Chinese;No abstract available)],2016,32(4):276. DOI:10.3760/cma.j.issn.1005-054X.2016.04.015.}

[21119] 刘靖波，劳杰，董震. 肘管综合征单纯松解术疗效的临床评价 [J]. 中华手外科杂志，2016，32（4）：294-295. DOI: 10.3760/cma.j.issn.1005-054X.2016.04.023. {LIU Jing Bo,LAO Jie,DONG Zhen. A clinical efficacy assessment of simple decompression of cubital tunnel syndrome[J]. Zhonghua Shou Wai Ke Za Zhi[Chin J Hand Surg(Article in Chinese;Abstract in Chinese and English)],2016,32(4):294-295. DOI:10.3760/cma.j.issn.1005-054X.2016.04.023.}

[21120] 陆奇，陈亮，胡韶楠，宋捷. 肘管综合征合并腕尺管囊肿一例 [J]. 中华手外科杂志，2016，32（5）：347. DOI: 10.3760/cma.j.issn.1005-054X.2016.05.012. {LU Qi,CHEN Liang,HU Shaonan,SONG Jie. Cubital tunnel syndrome complicated with carpal ulnar canal cyst:a case report[J]. Zhonghua Shou Wai Ke Za Zhi[Chin J Hand Surg(Article in Chinese;No abstract available)],2016,32(5):347. DOI:10.3760/cma.j.issn.1005-054X.2016.05.012.}

[21121] 王晓峰，李学渊，薛建波，孙涛，陈益，章伟文. 带血管蒂深筋膜瓣下尺神经前置术治疗中重度肘管综合征 [J]. 中华手外科杂志，2016，32（5）：387-388. DOI: 10.3760/cma.j.issn.1005-054X.2016.05.029. {WANG Xiao Feng,LI Xue Yuan,XUE Jian Bo,SUN Tao,CHEN Yi,ZHANG Wei Wen. Anterior placement of ulnar nerve under vascular pedicled deep fascia flap for the treatment of moderate and severe cubital tunnel syndrome[J]. Zhonghua Shou Wai Ke Za Zhi[Chin J Hand Surg(Article in Chinese;Abstract in Chinese)],2016,32(5):387-388. DOI:10.3760/cma.j.issn.1005-054X.2016.05.029.}

[21122] 杨明，黄伟，王天兵，张殿英，付中国，熊建，陈建海，姜保国. 关节镜下松解尺神经治疗肘管综合征疗效 [J]. 中华肩肘外科电子杂志，2016，4（4）：230-235. DOI:

10.3877/cma.j.issn.2095-5790.2016.04.007. {YANG Ming,HUANG Wei,WANG Tianbing,ZHANG Dianying,FU Zhongguo,XIONG Jian,CHEN Jianhai,JIANG Baoguo. Endoscopic cubital tunnel release in treatment of idiopathic cubital tunnel syndrome[J]. Zhonghua Jian Zhou Wai Ke Dian Zi Za Zhi[Chin J Should Elbow(Article in Chinese;Abstract in Chinese and English)],2016,4(4):230-235. DOI:10.3877/cma.j.issn.2095-5790.2016.04.007.}

[21123] 赵民，邵新中，吴金英，肖焕波，李然，李大村，李建峰，刘井达，赵亮. 尺神经原位松解术与尺神经松解皮下前置术治疗肘管综合征的疗效比较 [J]. 实用手外科杂志，2016，30（4）：413-415. DOI：10.3969/j.issn.1671-2722.2016.04.012. {ZHAO Min,SHAO Xinzhong,WU Jinying,XIAO Huanbo,LI Ran,LI Dacun,LI Jianfeng,LIU Jingda,ZHAO Liang. Prospective randomized study of simple decompression versus anterior submusclar transposition of the ulnar nerve in cubital tunnel syndrome[J]. Shi Yong Shou Wai Ke Za Zhi[Chin J Pract Hand Surg(Article in Chinese;Abstract in Chinese and English)],2016,30(4):413-415. DOI:10.3969/j.issn.1671-2722.2016.04.012.}

[21124] 任鹏，阿不来提·阿不拉，程二林，艾合买提江·玉素甫. 尺神经松解前置联合手内在肌重建治疗重度肘管综合征 [J]. 中国修复重建外科杂志，2016，30（5）：604-607. DOI：10.7507/1002-1892.20160122. {REN Peng,ABULAITI Abula,CHENG Erlin,AIHEMAITIJIANG Yusufu. Anterior subcutaneous transposition of ulnar nerve and hand intrinsic muscles function reconstruction for severe cubital tunnel syndrome[J]. Zhongguo Xiu Fu Chong Jian Wai Ke Za Zhi[Chin J Repar Reconstr Surg(Article in Chinese;Abstract in Chinese and English)],2016,30(5):604-607. DOI:10.7507/1002-1892.20160122.}

[21125] 童劲松，董震. 肘管综合征术式的研究进展 [J]. 中国修复重建外科杂志，2016，30（9）：1166-1169. DOI：10.7507/1002-1892.20160237. {TONG Jinsong,DONG Zhen. Research progress of surgical procedures for cubital tunnel syndrome[J]. Zhongguo Xiu Fu Chong Jian Wai Ke Za Zhi[Chin J Repar Reconstr Surg(Article in Chinese;Abstract in Chinese and English)],2016,30(9):1166-1169. DOI:10.7507/1002-1892.20160237.}

[21126] 贾科锋. 肘管的解剖特点对原位松解术治疗肘管综合征的疗效影响 [J]. 中国临床解剖学杂志，2017，35（4）：453-455. DOI：10.13418/j.issn.1001-165x.2017.04.020. {JIA Kefeng. The anatomical features of cubital tunnel influence on the outcomes of in situ decompression treatment for cubital tunnel syndrome[J]. Zhongguo Lin Chuang Jie Pou Xue Za Zhi[Chin J Clin Anat(Article in Chinese;Abstract in Chinese and English)],2017,35(4):453-455. DOI:10.13418/j.issn.1001-165x.2017.04.020.}

[21127] 孙良智，栾素娴，孙建民，王炳武，徐世民，苏保辉，于明东，刘伟强，姚汝瞻. 带血管蒂尺神经肌筋膜下前置术治疗中度肘管综合征 [J]. 中国矫形外科杂志，2017，25（5）：399-403. DOI：10.3977/j.issn.1005-8478.2017.05.04. {SUN Liangzhi,LUAN Suxian,SUN Jianmin,WANG Bingwu,XU Shimin,SU Baohui,YU Mingdong,LIU Weiqiang,YAO Ruzhan. Anterior subfascial transposition of the ulnar nerve with blood vessel for treatment of moderate cubital tunnel syndrome[J]. Zhongguo Jiao Xing Wai Ke Za Zhi[Orthop J China(Article in Chinese;Abstract in Chinese and English)],2017,25(5):399-403. DOI:10.3977/j.issn.1005-8478.2017.05.04.}

[21128] 朱旭，吴学建. 术中肌电刺激对肘管综合征手术疗效的影响 [J]. 中华实验外科杂志，2017，34（12）：2269-2271. DOI：10.3760/cma.j.issn.1001-9030.2017.12.080. {ZHU Xu,WU Xuejian. Effect of intraoperative electromyogram stimulation on surgical effectiveness of cubital tunnel syndrome[J]. Zhonghua Shi Yan Wai Ke Za Zhi[Chin J Exp Surg(Article in Chinese;Abstract in Chinese and English)],2017,34(12):2269-2271. DOI:10.3760/cma.j.issn.1001-9030.2017.12.080.}

[21129] 高凯鸣，劳杰，赵新，方有生，刘靖波. 带血管蒂尺神经前置术治疗重度肘管综合征的临床疗效观察 [J]. 中华手外科杂志，2017，33（6）：458-460. DOI：10.3760/cma.j.issn.1005-054X.2017.06.024. {GAO Kaiming,LAO Jie,ZHAO Xin,FANG Yousheng,LIU Jingbo. Clinical effect observation of vascularized anterior transposition of ulnar nerve for treatment of severe cubital tunnel syndrome[J]. Zhonghua Shou Wai Ke Za Zhi[Chin J Hand Surg(Article in Chinese;Abstract in Chinese and English)],2017,33(6):458-460. DOI:10.3760/cma.j.issn.1005-054X.2017.06.024.}

[21130] 赵飞，张博闻，黄永禄，丁冬，巩凡，李晓亮，马建明，何仲义，温鹏. 尺神经皮下前置与筋膜下前置治疗肘管综合征 [J]. 中华手外科杂志，2017，33（6）：461-463. DOI：10.3760/cma.j.issn.1005-054X.2017.06.025. {ZHAO Fei,ZHANG Bowen,HUANG Yonglu,DING Dong,GONG Fan,LI Xiaoliang,MA Jianming,HE Zhongyi,WEN Peng. Anterior subcutaneous transposition versus anterior subfascial transposition of the ulnar nerve in the treatment of cubital tunnel syndrome[J]. Zhonghua Shou Wai Ke Za Zhi[Chin J Hand Surg(Article in Chinese;Abstract in Chinese and English)],2017,33(6):461-463. DOI:10.3760/cma.j.issn.1005-054X.2017.06.025.}

[21131] 王伟，于梦旋，李娜，王会含，刘举，张娇娇，张志新. 不伴神经前置的单纯尺神经松解治疗肘管综合征 [J]. 中华显微外科杂志，2018，41（5）：500-501. DOI：10.3760/cma.j.issn.1001-2036.2018.05.023. {WANG Wei,YU Meng Xuan,LI Na,WANG Hui Han,LIU Ju,ZHANG Jiao Jiao,ZHANG Zhi Xin. Simple ulnar nerve release without nerve preposition in the treatment of cubital tunnel syndrome[J]. Zhonghua Xian Wei Wai Ke Za Zhi[Chin J Microsurg(Article in Chinese;Abstract in Chinese)],2018,41(5):500-501. DOI:10.3760/cma.j.issn.1001-2036.2018.05.023.}

[21132] 孙守勇，王海峰，梁旭东. 肘管扩大成形术治疗肘关节炎性肘管综合征 [J]. 中国矫形外科杂志，2018，26（15）：1431-1432. DOI：10.3977/j.issn.1005-8478.2018.15.19. {SUN Shouyong,WANG Haifeng,LIANG Xudong. Expanded cubital tunnel plasty for the treatment of inflammatory cubital tunnel syndrome of elbow joint[J]. Zhongguo Jiao Xing Wai Ke Za Zhi[Orthop J China(Article in Chinese;Abstract in Chinese)],2018,26(15):1431-1432. DOI:10.3977/j.issn.1005-8478.2018.15.19.}

[21133] 常文凯，黄熠东，黄龙，武永辉. 尺神经不对称前置术治疗肘管综合征 [J]. 中华手外科杂志，2018，34（5）：353-355. DOI：10.3760/cma.j.issn.1005-054X.2018.05.012. {CHANG Wenkai,HUANG Yidong,HUANG Long,WU Yonghui. Asymmetric anterior transposition of ulnar nerve in the treatment of cubital tunnel syndrome[J]. Zhonghua Shou Wai Ke Za Zhi[Chin J Hand Surg(Article in Chinese;Abstract in Chinese and English)],2018,34(5):353-355. DOI:10.3760/cma.j.issn.1005-054X.2018.05.012.}

[21134] 肖锋，劳杰，赵新. 影响重度肘管综合征术后疗效的相关因素分析 [J]. 中华手外科杂志，2019，35（3）：206-208. DOI：10.3760/cma.j.issn.1005-054X.2019.03.016. {XIAO Feng,LAO Jie,ZHAO Xin. Relevant factors influencing the outcome of severe cubital tunnel syndrome after operation[J]. Zhonghua Shou Wai Ke Za Zhi[Chin J Hand Surg(Article in Chinese;Abstract in Chinese and English)],2019,35(3):206-208. DOI:10.3760/cma.j.issn.1005-054X.2019.03.016.}

[21135] 胡时源，刘阳，王爽，刘鉴锋，徐永丽，刘志刚. 痛风石致左腕管综合征并右肘管综合征一例 [J]. 中华手外科杂志，2019，35（4）：316. DOI：10.3760/cma.j.issn.1005-054X.2019.04.032. {HU Shiyuan,LIU Yang,WANG Shuang,LIU Jianfeng,XU Yongli,LIU Zhigang. Left carpal tunnel syndrome and right cubital tunnel syndrome caused by gout stone:a case report[J]. Zhonghua Shou Wai Ke Za Zhi[Chin J Hand Surg(Article in Chinese;No abstract available)],2019,35(4):316. DOI:10.3760/cma.j.issn.1005-054X.2019.04.032.}

[21136] 赵睿，丛锐，田通，赵永，史林. 肘管综合征一期手术失败原因探讨及肘管翻修术的临床疗效评估 [J]. 中华手外科杂志，2019，35（5）：347-350. DOI：10.3760/cma.j.issn.1005-054X.2019.05.011. {ZHAO Rui,CONG Rui,TIAN Tong,ZHAO Yong,SHI Lin. Analysis the cause of failure in primary surgery of cubital tunnel syndrome and clinical evaluation of revision cubital runnel surgery[J]. Zhonghua Shou Wai Ke Za Zhi[Chin J Hand Surg(Article in Chinese;Abstract in Chinese and English)],2019,35(5):347-350. DOI:10.3760/cma.j.issn.1005-054X.2019.05.011.}

[21137] 齐江明，宫可同，李东升，张大伟. 肘管综合征患者伸肘与屈肘状态下尺神经运动神经传导速度对比研究 [J]. 中华手外科杂志，2019，35（5）：377-379. DOI：10.3760/cma.j.issn.1005-054X.2019.05.020. {QI Jiangming,GONG Ketong,LI Dongsheng,ZHANG Dawei. A comparative study of motor nerve conduction velocity of ulnar nerve between elbow extension and elbow flexion in patients with cubital tunnel syndrome[J]. Zhonghua Shou Wai Ke Za Zhi[Chin J Hand Surg(Article in Chinese;Abstract in Chinese and English)],2019,35(5):377-379. DOI:10.3760/cma.j.issn.1005-054X.2019.05.020.}

[21138] 王自方，明立功，王新德，孟维娜，王晓文，李洋洋. 关节清理成形尺神经松解前置术治疗中重度肘关节骨关节炎伴肘管综合征 [J]. 实用手外科杂志，2019，33（2）：153-155，167. DOI：10.3969/j.issn.1671-2722.2019.02.008. {WANG Zifang,MING Ligong,WANG Xinde,MENG Weina,WANG Xiaowen,LI Yangyang. Treatment of moderate-severe osteoarthritis in elbow joint with cubital tunnel syndrome by joint clean arthroplasty and ulnar nerve release anterior transposition[J]. Shi Yong Shou Wai Ke Za Zhi[Chin J Pract Hand Surg(Article in Chinese;Abstract in Chinese and English)],2019,33(2):153-155,167. DOI:10.3969/j.issn.1671-2722.2019.02.008.}

[21139] 赵飞，张博闻，高剑，黄永禄，巩凡，李晓亮，丁一，张汉霖，张立鹏，彭凯. 肘部小切口带尺侧下副动脉尺神经筋膜下前置术治疗重度肘管综合征 [J]. 中华手外科杂志，2020，36（1）：55-57. DOI：10.3760/cma.j.issn.1005-054X.2020.01.017. {ZHAO Fei,ZHANG Bowen,GAO Jian,HUANG Yonglu,GONG Fan,LI Xiaoliang,DING Yi,ZHANG Hanlin,ZHANG Lipeng,PENG Kai. Vascularized anterior subcutaneous transposition of the ulnar nerve with inferior ulnar collateral artery for treatment of severe cubital tunnel syndrome through minimal incision in elbow[J]. Zhonghua Shou Wai Ke Za Zhi[Chin J Hand Surg(Article in Chinese;Abstract in Chinese and English)],2020,36(1):55-57. DOI:10.3760/cma.j.issn.1005-054X.2020.01.017.}

6.4.15.9.5 肘前综合征

anterior elbow syndrome

[21140] 杨焕友，王斌，李瑞国，刘伟，张荐，贾松. 肘前囊肿导致桡神经主干卡压的手术治疗（附 7 例临床分析）[J]. 中国骨与关节损伤杂志，2018，33（11）：1140-1142. DOI：10.7531/j.issn.1672-9935.2018.11.007. {YANG Huanyou,WANG Bin,LI Ruiguo,LIU Wei,ZHANG Jian,JIA Song. Surgical treatment of entrapment syndrome of radial nerve trunk caused by anterior elbow cyst (7 case analysis)[J]. Zhongguo Gu Yu Guan Jie Sun Shang Za Zhi[Chin J Bone Joint Injury(Article in Chinese;Abstract in Chinese and English)],2018,33(11):1140-1142. DOI:10.7531/j.issn.1672-9935.2018.11.007.}

6.4.15.9.6 骨间前神经卡压症

palmar interosseous nerve entrapment

[21141] 舒强，卢敏，孟凡东，凌光烈，徐恩多. 骨间前神经综合征解剖学基础 [J]. 中国临床解剖学杂志，2000，18（4）：338-339. DOI：10.3969/j.issn.1001-165X.2000.04.019. {SHU Qiang,LU Min,MENG Fandong,LING Guanglie,XU Enduo. Anatomical basis of anterior interosseous nerve syndrome[J]. Zhongguo Lin Chuang Jie Pou Xue Za Zhi[Chin J Clin Anat(Article in Chinese;Abstract in Chinese and English)],2000,18(4):338-339. DOI:10.3969/j.issn.1001-165X.2000.04.019.}

[21142] 韩力，阚世廉，鲁毅军，宫可同，周强，费起礼. 骨间前神经卡压综合征的治疗 [J]. 实用手外科杂志，2004，18（4）：216-217. DOI：10.3969/j.issn.1671-2722.2004.04.011. {HAN Li,KAN Shilian,LU Yijun,GONG Ketong,ZHOU Qiang,FEI Qili. Treatment of anterior interosseous nerve compression syndrome[J]. Shi Yong Shou Wai Ke Za Zhi[Chin J Pract Hand Surg(Article in Chinese;Abstract in Chinese and English)],2004,18(4):216-217. DOI:10.3969/j.issn.1671-2722.2004.04.011.}

[21143] 游戊己，刘复安. 骨间前神经卡压征（症）的手术治疗 [J]. 中华手外科杂志，2005，21(1)：42-43. DOI：10.3760/cma.j.issn.1005-054X.2005.01.018. {YOU Wuji,LIU Fuan. Surgical treatment of anterior interosseous nerve syndrome[J]. Zhonghua Shou Wai Ke Za Zhi[Chin J Hand Surg(Article in Chinese;Abstract in Chinese and English)],2005,21(1):42-43. DOI:10.3760/cma.j.issn.1005-054X.2005.01.018.}

[21144] 宋洪波，王辉，岳建堂，栾述静，刘金军. 外伤性骨间前神经卡压综合征一例 [J]. 中华显微外科杂志，2006，29（5）：337. DOI：10.3760/cma.j.issn.1001-2036.2006.05.040. {SONG Hongbo,WANG Hui,YUE Jiantang,LUAN Shujing,LIU Jinjun. Traumatic anterior interosseous nerve entrapment syndrome:a case report[J]. Zhonghua Xian Wei Wai Ke Za Zhi[Chin J Microsurg(Article in Chinese;No abstract available)],2006,29(5):337. DOI:10.3760/cma.j.issn.1001-2036.2006.05.040.}

[21145] 刘志刚，刘宏君，刘彬. 骨间前神经卡压的解剖学研究及临床分析 [J]. 中华手外科杂志，2009，25（3）：151-153. DOI：10.3760/cma.j.issn.1005-054X.2009.03.012. {LIU Zhigang,LIU Hongjun,LIU Bin. Anatomic study and clinical analysis of anterior interosseous nerve compression syndrome[J]. Zhonghua Shou Wai Ke Za Zhi[Chin J Hand Surg(Article in Chinese;Abstract in Chinese and English)],2009,25(3):151-153. DOI:10.3760/cma.j.issn.1005-054X.2009.03.012.}

[21146] 黎鸣，林敏婷，周雪贤. 骨间前神经卡压征（症）的电生理研究 [J]. 实用手外科杂志，2011，25（2）：94-96. DOI：10.3969/j.issn.1671-2722.2011.02.002. {LI Ming,LIN Minting,ZHOU Xuexian. A electrophysiological study of the anterior interosseous nerve entrapment syndrome[J]. Shi Yong Shou Wai Ke Za Zhi[Chin J Pract Hand Surg(Article in Chinese;Abstract in Chinese and English)],2011,25(2):94-96. DOI:10.3969/j.issn.1671-2722.2011.02.002.}

[21147] 李锦永，李中锋，王焕新. 骨间前神经嵌压综合征的手术治疗 [J]. 中国修复重建外科杂志，2011，25（3）：381-382. DOI：CNKI：51-1372/R.20110131.1654.028. {LI Jinyong,LI Zhongfeng,WANG Huanxin. Surgical treatment of anterior interosseous nerve entrapment syndrome[J]. Zhongguo Xiu Fu Chong Jian Wai Ke Za Zhi[Chin J Repar Reconstr Surg(Article in Chinese;Abstract in Chinese)],2011,25(3):381-382. DOI:CNKI:51-1372/R.20110131.1654.028.}

[21148] 施良森，董应梅，谢献华，施文叠，郑倍奋. 高频超声辅助定位小切口松解治疗骨间前神经卡压 [J]. 中华手外科杂志，2012，28（2）：126. DOI：10.3760/cma.j.issn.1005-054X.2012.02.028. {SHI Liangsen,DONG Yingmei,XIE Xianhua,SHI Wendie,ZHENG Beifen. High-frequency ultrasound-assisted localization of small incision release in the treatment of anterior interosseous nerve entrapment[J]. Zhonghua Shou Wai Ke Za Zhi[Chin J Hand Surg(Article in Chinese;Abstract in Chinese)],2012,28(2):126. DOI:10.3760/cma.j.issn.1005-054X.2012.02.028.}

6.4.15.9.7 骨间后神经卡压症

dorsal interosseous nerve entrapment

[21149] Chen DS,Gu YD,Zhang GM,Yan JG,Chen XM,Zhang LY,Cai PQ,Xu JG. Entrapment of posterior interosseous nerve of forearm. Report of 25 cases[J]. Chin Med J,1994,107(3):196-199.

[21150] 陈德松，方有生. 腕背痛的一个并不罕见的原因——骨间后神经终末支卡压征 [J]. 中华手外科杂志，1996，12（3）：140-142. DOI：10.3760/cma.j.issn.1005-054X.1996.03.107. {CHEN Desong,FANG Yousheng. A cause of dorsal wrist pain:compression of ending branches of posterior interosseous nerve[J]. Zhonghua Shou Wai Ke Za Zhi[Chin J Hand Surg(Article in Chinese;Abstract in Chinese and English)],1996,12(3):140-142. DOI:10.3760/cma.j.issn.1005-054X.1996.03.107.}

[21151] 王明礼 张满江 陈世远. 腕部腱鞘囊肿术后骨间后神经卡压的治疗 [J]. 中华手外科杂志，1998，14（1）：41-42. DOI：CNKI：SUN：ZHSK.0.1998-01-018. {WANG Mingli,ZHANG Manjiang,CHENG Shiyuan. The treatment of compression of the posterior interosseous nerve after thecal cyst resection at dorsal aspect of the wrist[J]. Zhonghua Shou Wai Ke Za Zhi[Chin J Hand Surg(Article in Chinese;Abstract in Chinese and English)],1998,14(1):41-42. DOI:CNKI:SUN:ZHSK.0.1998-01-018.}

[21152] 张小卫，王金堂，宋红星. 骨间后神经嵌压综合征的显微手术治疗 [J]. 中华显微外科杂志，1999，22(2)：148. DOI：10.3760/cma.j.issn.1001-2036.1999.02.035. {ZHANG Xiaowei,WANG Jintang,SONG Hongxing. Microsurgical treatment of posterior interosseous nerve entrapment syndrome[J]. Zhonghua Xian Wei Wai Ke Za Zhi[Chin J Microsurg(Article in Chinese;Abstract in Chinese)],1999,22(2):148. DOI:10.3760/cma.j.issn.1001-2036.1999.02.035.}

[21153] 初国良，彭映基，徐朝任，冯正巩. 骨间后神经受压的解剖学基础 [J]. 中国临床解剖学杂志，2001，19（2）：149-150. DOI：10.3969/j.issn.1001-165X.2001.02.020. {CHU Guoliang,PENG Yingji,XU Chao-ren,FENG Zhenggong. Anatomical basis of the posterior interosseous nerve entrapment[J]. Zhongguo Lin Chuang Jie Pou Xue Za Zhi[Chin J Clin Anat(Article in Chinese;Abstract in Chinese and English)],2001,19(2):149-150. DOI:10.3969/j.issn.1001-165X.2001.02.020.}

[21154] 赵淑清，吴家辅，刘燕，柳维平，王建祥. 旋后肌变性致骨间后神经卡压征（症）一例报道 [J]. 中华手外科杂志，2001，17（3）：150. DOI：10.3760/cma.j.issn.1005-054X.2001.03.021. {ZHAO Shuqing,WU Jiafu,LIU Yan,LIU Weiping,WANG Jianxiang. Posterior interosseous nerve entrapment syndrome caused by degeneration of pronator muscle:a case report[J]. Zhonghua Shou Wai Ke Za Zhi[Chin J Hand Surg(Article in Chinese;No abstract available)],2001,17(3):150. DOI:10.3760/cma.j.issn.1005-054X.2001.03.021.}

[21155] 马洪光，田培文. 腕背部外伤致骨间后神经卡压一例 [J]. 中华手外科杂志，2003，19（1）：20. DOI：10.3760/cma.j.issn.1005-054X.2003.01.035. {MA Hongguang,TIAN Peiwen. Compression of posterior interosseous nerve caused by trauma of back of wrist:a case report[J]. Zhonghua Shou Wai Ke Za Zhi[Chin J Hand Surg(Article in Chinese;No abstract available)],2003,19(1):20. DOI:10.3760/cma.j.issn.1005-054X.2003.01.035.}

[21156] 韩久卉，韩金豹，张克亮，田德虎，张继春. 骨间后神经多处卡压的临床分析 [J]. 中华显微外科杂志，2004，27（3）：214-216. DOI：10.3760/cma.j.issn.1001-2036.2004.03.022. {HAN Jiuhui,HAN Jinbao,ZHANG Keliang,TIAN Dehu,ZHANG Jichun. Clinical analysis of multiple entrapment of posterior interosseous nerve[J]. Zhonghua Xian Wei Wai Ke Za Zhi[Chin J Microsurg(Article in Chinese;Abstract in Chinese)],2004,27(3):214-216. DOI:10.3760/cma.j.issn.1001-2036.2004.03.022.}

[21157] 廖文波，洪嵩，安荣泽. 骨间后神经卡压综合征的应用解剖学研究 [J]. 骨与关节损伤杂志，2004，19（9）：595-596. DOI：10.3969/j.issn.1672-9935.2004.09.008. {LIAO Wenbo,HONG Song,AN Rongze. The anatomical basis of the posterior interosseous nerve compression and its relationship with clinic[J]. Gu Yu Guan Jie Sun Shang Za Zhi[J Bone Joint Injury(Article in Chinese;Abstract in Chinese and English)],2004,19(9):595-596. DOI:10.3969/j.issn.1672-9935.2004.09.008.}

[21158] 王国强，刘会仁，李瑞国，刘志旺. 骨间后神经尺侧支卡压一例报告 [J]. 中华手外科杂志，2005，21（5）：306. {WANG Guoqiang,LIU Huiren,LI Ruiguo,LIU Zhiwang. Compression of ulnar branch of posterior interosseous nerve:a case report[J]. Zhonghua Shou Wai Ke Za Zhi[Chin J Hand Surg(Article in Chinese;No abstract available)],2005,21(5):306.}

[21159] 李建有，管国华，王志岩. 显微外科技术治疗骨间后神经卡压综合征 17 例 [J]. 临床骨科杂志，2005，8（5）：422-423. DOI：10.3969/j.issn.1008-0287.2005.05.016. {LI Jianyou,GUAN Guohua,WANG Zhiyan. 17 cases of posterior interosseous nerve compression syndromes treated by microsurgical technique[J]. Lin Chuang Gu Ke Za Zhi[J Clin Orthop(Article in Chinese;Abstract in Chinese and English)],2005,8(5):422-423. DOI:10.3969/j.issn.1008-0287.2005.05.016.}

[21160] 王玉发，魏辉，王雪睿，李锐，张开治，王晓晖，董俊文. 骨间后神经卡压综合征的显微手术治疗 [J]. 中华显微外科杂志，2006，29（5）：377-378. DOI：10.3760/cma.j.issn.1001-2036.2006.05.021. {WANG Yufa,WEI Hui,WANG Xuerui,LI Rui,ZHANG Kaizhi,WANG Xiaohui,DONG Junwen. Microsurgical treatment of posterior interosseous nerve entrapment syndrome[J]. Zhonghua Xian Wei Wai Ke Za Zhi[Chin J Microsurg(Article in Chinese;Abstract in Chinese)],2006,29(5):377-378. DOI:10.3760/cma.j.issn.1001-2036.2006.05.021.}

[21161] 杨大威，李卫，孙丕云，吴建滨，王景滨，梁佳军，孟庆刚. 腱鞘囊肿致骨间后神经卡压一例 [J]. 中华手外科杂志，2010，26（6）：343. DOI：10.3760/cma.j.issn.1005-054X.2010.06.011. {YANG Dawei,LI Wei,SUN Piyun,WU Jianbin,WANG Jingbin,LIANG Jiajun,MENG Qinggang. Posterior interosseous nerve compression caused by tendon sheath cyst:a case report[J]. Zhonghua Shou Wai Ke Za Zhi[Chin J Hand Surg(Article in Chinese;No abstract available)],2010,26(6):343. DOI:10.3760/cma.j.issn.1005-054X.2010.06.011.}

[21162] 张云鹏，高顺红，胡宏宇，于俊，张净宇，齐巍. 肘关节滑膜软骨瘤病合并骨间后神经卡压一例 [J]. 中华手外科杂志，2013，29（2）：100. DOI：10.3760/cma.j.issn.1005-054X.2013.02.022. {ZHANG Yunpeng,GAO Shunhong,HU Hongyu,YU Jun,ZHANG Jingyu,QI Wei. Synovial chondromatosis of elbow joint complicated with posterior interosseous nerve entrapment:a case report[J]. Zhonghua Shou Wai Ke Za Zhi[Chin J Hand Surg(Article in Chinese;No abstract available)],2013,29(2):100. DOI:10.3760/cma.j.issn.1005-054X.2013.02.022.}

6.4.15.9.8 腕管综合征
carpal tunnel syndrome

[21163] Zong-Ming Li，Kai-Nan An. 腕管的生物力学及与腕管综合征的相关性（上）[J]. 中华骨科杂志，2008，28（4）：349-352. DOI：10.3321/j.issn：0253-2352.2008.04.020. {Zong-Ming Li,Kai-Nan An. Biomechanics of carpal tunnel and its correlation with carpal tunnel syndrome (part I)[J]. Zhonghua Gu Ke Za Zhi[Chin J Orthop(Article in Chinese;No abstract available)],2008,28(4):349-352. DOI:10.3321/j.issn:0253-2352.2008.04.020.}

[21164] Zong-Ming Li，Kai-Nan An. 腕管的生物力学及与腕管综合征的相关性（下）[J]. 中华骨科杂志，2008，28（5）：438-440. DOI：10.3321/j.issn：0253-2352.2008.05.021. {Zong-Ming Li,Kai-Nan An. Biomechanics of carpal tunnel and its correlation with carpal tunnel syndrome (part II)[J]. Zhonghua Gu Ke Za Zhi[Chin J Orthop(Article in Chinese;No abstract available)],2008,28(5):438-440. DOI:10.3321/j.issn:0253-2352.2008.05.021.}

[21165] 俞昌泰，周连圻，王惠生. 腕管综合征 [J]. 中华外科杂志，1965，13(3)：246-248. {YU Changtai,ZHOU Lianqi,WANG Huisheng. Carpal tunnel syndrome[J]. Zhonghua Wai Ke Za Zhi[Chin J Surg(Article in Chinese;Abstract in Chinese)],1965,13(3):246-248.}

[21166] 沈清瑞，纪玉莲，吴建平，陈伟珍，朱兰英，李希杰，李初俊. 血液透析并发腕管综合征 [J]. 中华器官移植杂志，1990，11（1）：43-44. DOI：10.3760/cma.j.issn.0254-1785.1990.01.021. {SHEN Qingrui,JI Yulian,WU Jianping,CHEN Weizhen,ZHU Lanying,LI Xijie,LI Chujun. Carpal tunnel syndrome complicated by hemodialysis[J]. Zhonghua Qi Guan Yi Zhi Za Zhi[Chin J Organ Transplant(Article in Chinese;Abstract in Chinese)],1990,11(1):43-44. DOI:10.3760/cma.j.issn.0254-1785.1990.01.021.}

[21167] 徐德奎，唐绍奇. 急性腕管综合征（附 10 例报告）[J]. 中华骨科杂志，1994，14（19）：392-393. DOI：CNKI：SUN：ZHGK.0.1994-07-002. {XU Dekui,TANG Shaoqi. Acute entrapment syndrome of median nervein the carpal tunnel an analysis of ten cases[J]. Zhonghua Gu Ke Za Zhi[Chin J Orthop(Article in Chinese;Abstract in Chinese)],1994,14(19):392-393. DOI:CNKI:SUN:ZHGK.0.1994-07-002.}

[21168] 赵景波. 长期透析与腕管综合征 [J]. 肾脏病与透析肾移植杂志，1994，3（3）：244-245. DOI：CNKI：SUN：SZBY.0.1994-03-018. {ZHAO Jingbo. Long-term dialysis and carpal tunnel syndrome[J]. Shen Zang Bing Yu Tou Xi Shen Yi Zhi Za Zhi[Chin J Nephrol,Dial Transpl(Article in Chinese;No abstract available)],1994,3(3):244-245. DOI:CNKI:SUN:SZBY.0.1994-03-018.}

[21169] 宋知非，李承球，孙贤敏，韩祖斌. 腕管综合征 28 例报告 [J]. 中华手外科杂志，1995，11（1）：32-33. DOI：10.3760/cma.j.issn.1005-054X.1995.01.120. {SONG Zhifei,LI Chengqiu,SUN Xianmin,HAN Zubin. Carpal tunnel syndrome:report of 28 cases[J]. Zhonghua Shou Wai Ke Za Zhi[Chin J Hand Surg(Article in Chinese;Abstract in Chinese and English)],1995,11(1):32-33. DOI:10.3760/cma.j.issn.1005-054X.1995.01.120.}

[21170] 朱守荣，朱盛修，徐仕琦. 腕管综合征 17 例术中病变观察 [J]. 中华手外科杂志，1995，11（4）：29-31. DOI：CNKI：SUN：ZHSK.0.1995-01-016. {ZHU Shourong,ZHU Shengxiu,XU Shiqi. Intraoperative observation of pathological changes in 17 cases of carpal tunnel syndrome[J]. Zhonghua Shou Wai Ke Za Zhi[Chin J Hand Surg(Article in Chinese;Abstract in Chinese and English)],1995,11(4):29-31. DOI:CNKI:SUN:ZHSK.0.1995-01-016.}

[21171] 姚琴妹，沈丽英，李盛昌，张凯莉. 108 例腕管综合征正中神经传导测定结果分析 [J]. 中华手外科杂志，1995，11(3)：174-175. DOI：10.3760/cma.j.issn.1005-054X.1995.03.125. {YAO Qinmei,SHEN Liying,LI Shengchang,ZHANG Kaili. Nerve conduction velocity of median nerve in carpal tunnel syndrome:analysis of 108 cases[J]. Zhonghua Shou Wai Ke Za Zhi[Chin J Hand Surg(Article in Chinese;Abstract in Chinese and English)],1995,11(3):174-175. DOI:10.3760/cma.j.issn.1005-054X.1995.03.125.}

[21172] 崔树森，尹维田，王国君，王冰. 月骨脱位引起急性腕管综合征三例 [J]. 中华手外科杂志，1996，12（1）：19. DOI：10.3760/cma.j.issn.1005-054X.1996.01.110. {CUI Shusen,YIN Weitian,WANG Guojun,WANG Bing. Acute carpal tunnel syndrome caused by Lunate dislocation:a report of 3 cases[J]. Zhonghua Shou Wai Ke Za Zhi[Chin J Hand Surg(Article in Chinese;Abstract in Chinese)],1996,12(1):19. DOI:10.3760/cma.j.issn.1005-054X.1996.01.110.}

[21173] 王志华，马广文，吴乃洪. 妊娠合并腕管综合征的诊治 [J]. 中华手外科杂志，1996，12（1）：46. DOI：10.3760/cma.j.issn.1005-054X.1996.01.120. {WANG Zhihua,MA Guangwen,WU Naihong. Diagnosis and treatment of carpal tunnel syndrome during the pregnancy[J]. Zhonghua Shou Wai Ke Za Zhi[Chin J Hand Surg(Article in Chinese;Abstract in Chinese)],1996,12(1):46. DOI:10.3760/cma.j.issn.1005-054X.1996.01.120.}

[21174] 陈德松，劳杰，蔡佩琴，陈亮，顾玉东. 从病理分析讨论腕管综合征的手术方法 [J]. 中华手外科杂志，1996，12（S1）：31-33. DOI：10.3760/cma.j.issn.1005-054X.1996.Z1.116. {CHEN Desong,LAO Jie,CAI Peiqin,CHEN Liang,GU Yudong. Surgical method for carpal tunnel syndrome based on pathological analysis[J]. Zhonghua Shou Wai Ke Za Zhi[Chin J Hand Surg(Article in Chinese;Abstract in Chinese and English)],1996,12(S1):31-33. DOI:10.3760/cma.j.issn.1005-054X.1996.Z1.116.}

[21175] 王钢，庄颜峰，金明新. 痛风致腕管综合征一例报道 [J]. 中华手外科杂志，1997，13（1）：58. DOI：10.3760/cma.j.issn.1005-054X.1997.01.027. {WANG Gang,ZHUANG Yanfeng,JIN Mingxin. Carpal tunnel syndrome caused by gout:a case report[J]. Zhonghua Shou Wai Ke Za Zhi[Chin J Hand Surg(Article in Chinese;No abstract available)],1997,13(1):58. DOI:10.3760/cma.j.issn.1005-054X.1997.01.027.}

[21176] 陈允沛，谢华，王德军，胡萍. Colles 骨折并发急性腕管综合征 16 例 [J]. 中华手外科杂志，1997，13（3）：177. DOI：10.3760/cma.j.issn.1005-054X.1997.03.025. {CHEN Yunpei,XIE Hua,WANG Dejun,HU Ping. Colles fracture complicated with acute carpal tunnel syndrome:a report of 16 cases[J]. Zhonghua Shou Wai Ke Za Zhi[Chin J Hand Surg(Article in Chinese;No abstract available)],1997,13(3):177. DOI:10.3760/cma.j.issn.1005-054X.1997.03.025.}

[21177] 董扬，曾炳芳，眭述平. Colles 骨折并发腕管综合征的防治——附 6 例报告 [J]. 上海医学，1997，20（1）：299-300. DOI：CNKI：SUN：SHYX.0.1997-05-031. {DONG Yang,ZENG Bingfang,SUI Shuping. Prevention and treatment of Colles fracture complicated with carpal tunnel syndrome:a report of 6 cases[J]. Shang Hai Yi Xue[Shanghai Med J(Article in Chinese;Abstract in Chinese)],1997,20(1):299-300. DOI:CNKI:SUN:SHYX.0.1997-05-031.}

[21178] 郁以红，黄绥仁，何小英，韩荣，朱一皓. 拇指、环指的感觉潜伏期对诊断腕管综合征的价值 [J]. 上海医学，1997，20（11）：326-327. DOI：CNKI：SUN：SHYX.0.1997-06-008. {YU Yihong,HUANG Suiren,HE Xiaoying,HAN Rong,ZHU Yihao. The value of sensory latencies of the thumb and ring fingers in diagnosis of carpal tunnel syndrome[J]. Shang Hai Yi Xue[Shanghai Med J(Article in Chinese;Abstract in Chinese and English)],1997,20(11):326-327. DOI:CNKI:SUN:SHYX.0.1997-06-008.}

[21179] 牛艳辉. 腕管综合征诊断与治疗进展 [J]. 中国矫形外科杂志，1998，4（2）：71-72. DOI：CNKI：SUN：ZJXS.0.1998-03-057. {NIU Yanhui. Advances in diagnosis and treatment of carpal tunnel syndrome[J]. Zhongguo Jiao Xing Wai Ke Za Zhi[Orthop J China(Article in Chinese;No abstract available)],1998,4(2):71-72. DOI:CNKI:SUN:ZJXS.0.1998-03-057.}

[21180] 陈庆贺. 腕管综合征的显微外科治疗 [J]. 中华显微外科杂志，1999，22（3）：封三. DOI：10.3760/cma.j.issn.1001-2036.1999.03.062. {CHEN Qinghe. Microsurgery treatment of carpal tunnel syndrome[J]. Zhonghua Xian Wei Wai Ke Za Zhi[Chin J Microsurg(Article in Chinese;No abstract available)],1999,22(3):cover 3. DOI:10.3760/cma.j.issn.1001-2036.1999.03.062.}

[21181] 刘继军，赵炬才，翟晓军. 腕管综合征的误诊原因分析 [J]. 实用骨科杂志，1999，5（3）：136-138. DOI：CNKI：SUN：SGKZ.0.1999-03-004. {LIU Jijun,ZHAO Jucai,ZHAI Xiaojun. Analysis of misdiagnosis on carpal tunnael syndrome[J]. Shi Yong Gu Ke Za Zhi[J Pract Orthop(Article in Chinese;Abstract in Chinese and English)],1999,5(3):136-138. DOI:CNKI:SUN:SGKZ.0.1999-03-004.}

[21182] 吴思宇，孙红振，王爱民. 痛风性腕管综合征一例报告 [J]. 中华骨科杂志，2000，20（4）：206. DOI：10.3760/j.issn：0253-2352.2000.04.019. {WU Siyu,SUN Hongzhen,WANG Aimin. Gouty carpal tunnel syndrome:a case report[J]. Zhonghua Gu Ke Za Zhi[Chin J Orthop(Article in Chinese;No abstract available)],2000,20(4):206. DOI:10.3760/j.issn:0253-2352.2000.04.019.}

[21183] 于涛，岳红伟，王桂新，田光磊. 7 例腕管综合征再次手术分析 [J]. 中国矫形外科杂志，2000，7（7）：666. DOI：10.3969/j.issn.1005-8478.2000.07.041. {YU Tao,YUE Hongwei,WANG Guixin,TIAN Guanglei. Reoperation analysis of 7 cases of carpal tunnel syndrome[J]. Zhongguo Jiao Xing Wai Ke Za Zhi[Orthop J China(Article in Chinese;No abstract available)],2000,7(7):666. DOI:10.3969/j.issn.1005-8478.2000.07.041.}

[21184] 张宏志，徐莉洁，李继萍. 妊娠期腕管综合征 [J]. 中国矫形外科杂志，2000，7（7）：700-701. DOI：10.3969/j.issn.1005-8478.2000.07.026. {ZHANG Hongzhi,XU Lijie,LI Jiping. Carpal tunnel syndrom during pregnancy[J]. Zhongguo Jiao Xing Wai Ke Za Zhi[Orthop J China(Article in Chinese;Abstract in Chinese)],2000,7(7):700-701. DOI:10.3969/j.issn.1005-8478.2000.07.026.}

[21185] 王永春，侯明钟．痛风致腕管综合征1例报告[J]．中国矫形外科杂志，2000，7(11)：1095-1095．DOI：10.3969/j.issn.1005-8478.2000.11.047．{WANG Yongchun,HOU Mingzhong. Carpal tunnel syndrome caused by gout:a case report[J]. Zhongguo Jiao Xing Wai Ke Za Zhi[Orthop J China(Article in Chinese;No abstract available)],2000,7(11):1095-1095. DOI:10.3969/j.issn.1005-8478.2000.11.047.}

[21186] 张高孟，马建军，徐建光，赵新．小切口治疗腕管综合征14例报告[J]．中华手外科杂志，2000，16(1)：35-36．DOI：10.3760/cma.j.issn.1005-054X.2000.01.008．{ZHANG Gaomeng,MA Jianjun,XU Jianguang,ZHAO Xin. Carpal tunnel release by small incision:a report of 14 cases[J]. Zhonghua Shou Wai Ke Za Zhi[Chin J Hand Surg(Article in Chinese;Abstract in Chinese and English)],2000,16(1):35-36. DOI:10.3760/cma.j.issn.1005-054X.2000.01.008.}

[21187] 史其林，薛峰，王金武．腕管综合征在内窥镜视下手术与常规手术的疗效比较[J]．中华手外科杂志，2000，16(3)：152．DOI：10.3760/cma.j.issn.1005-054X.2000.03.009．{SHI Qilin,XUE Feng,WANG Jinwu. Carpal tunnel release:comparison of the treatment outcome between Okutsu method and open procedure[J]. Zhonghua Shou Wai Ke Za Zhi[Chin J Hand Surg(Article in Chinese;Abstract in Chinese and English)],2000,16(3):152. DOI:10.3760/cma.j.issn.1005-054X.2000.03.009.}

[21188] 王大立，赵旭，姜晓彬．克雷氏骨折复位致急性腕管综合征8例[J]．中国骨伤，2000，13(11)：657．DOI：10.3969/j.issn.1003-0034.2000.11.037．{WANG Dali,ZHAO Xu,JIANG Xiaobin. Acute carpal tunnel syndrome caused by reduction of Colles fracture:a report of 8 cases[J]. Zhongguo Gu Shang[China J Orthop Trauma(Article in Chinese;Abstract in Chinese)],2000,13(11):657. DOI:10.3969/j.issn.1003-0034.2000.11.037.}

[21189] 张爱民．Colles骨折所致急性腕管综合症的治疗[J]．中国实用手外科杂志，2000，14(4)：212-213．DOI：CNKI：SUN：SYSW.0.2000-04-009．{ZHANG Aimin. The treatment for acute carpal tunnel syndrome caused by Colles fracture[J]. Shi Yong Shou Wai Ke Za Zhi[Chin J Pract Hand Surg(Article in Chinese;Abstract in Chinese and English)],2000,14(4):212-213. DOI:CNKI:SUN:SYSW.0.2000-04-009.}

[21190] 魏壮，张巨，刘飙，尹维田．痛风致腕管综合征一例[J]．中华显微外科杂志，2001，24(3)：240．{WEI Zhuang,ZHANG Ju,LIU Biao,YIN Weitian. Carpal tunnel syndrome caused by gout:a case report[J]. Zhonghua Xian Wei Wai Ke Za Zhi[Chin J Microsurg(Article in Chinese;No abstract available)],2001,24(3):240.}

[21191] 高辉．Colles骨折外固定后致急性腕管综合征27例报告[J]．中华手外科杂志，2001，17(1)：35．DOI：10.3760/cma.j.issn.1005-054X.2001.01.029．{GAO Hui. Acute carpal tunnel syndrome caused by external fixation of Colles fracture:a report of 27 cases[J]. Zhonghua Shou Wai Ke Za Zhi[Chin J Hand Surg(Article in Chinese;No abstract available)],2001,17(1):35. DOI:10.3760/cma.j.issn.1005-054X.2001.01.029.}

[21192] 宫旭，路来金，张晓杰，刘志刚．腕管综合征术前肌电指标与术后早期疗效的相关性分析[J]．中华手外科杂志，2001，17(4)：38-40．DOI：10.3760/cma.j.issn.1005-054X.2001.04.014．{GONG Xu,LU Laijin,ZHANG Xiaojie,LIU Zhigang. Analysis of correlations between early outcomes of carpal tunnel release and pre operative electromyogramic results[J]. Zhonghua Shou Wai Ke Za Zhi[Chin J Hand Surg(Article in Chinese;Abstract in Chinese and English)],2001,17(4):38-40. DOI:10.3760/cma.j.issn.1005-054X.2001.04.014.}

[21193] 刘晋才．腕管综合征内窥镜松解技术及并发症[J]．中国创伤骨科杂志，2001，3(1)：78-80．DOI：10.3760/cma.j.issn.1671-7600.2001.01.039．{LIU Jincai. Endoscopic release of the carpal tunnel syndrome and its complications[J]. Zhongguo Chuang Shang Gu Ke Za Zhi[Chin J Orthop Trauma(Article in Chinese;No abstract available)],2001,3(1):78-80. DOI:10.3760/cma.j.issn.1671-7600.2001.01.039.}

[21194] 史其林，孙贵新，杨素敏，王金武，顾玉东．微创内镜下治疗腕管综合征——附69例报告[J]．中国微创外科杂志，2001，1(6)：331-333．DOI：10.3969/j.issn.1009-6604.2001.06.004．{SHI Qilin,SUN Guixin,YANG Sumin,WANG Jinwu,GU Yudong. Minimal invasive endoscopic management of carpal tunnel syndrome(CTS) with a report of 69 case[J]. Zhongguo Wei Chuang Wai Ke Za Zhi[Chin J Minim Inva Surg(Article in Chinese;Abstract in Chinese and English)],2001,1(6):331-333. DOI:10.3969/j.issn.1009-6604.2001.06.004.}

[21195] 邹小英，邱庆林，黄菊芳．肌电图检查辅助诊断腕管综合征(附4例报告)[J]．第一军医大学学报，2001，21(1)：4．DOI：10.3321/j.issn：1673-4254.2001.01.024．{ZOU Xiaoying,QIU Qinglin,HUANG Jufang. Electromyography in the diagnosis of carpal tunnel syndrome:a report of 4 cases[J]. Di Yi Jun Yi Da Xue Xue Bao[J First Mil Med Univ(Article in Chinese;No abstract available)],2001,21(1):4. DOI:10.3321/j.issn:1673-4254.2001.01.024.}

[21196] 张宏志，徐莉洁，于金昌，徐健．因特网上腕管综合征信息资源评估[J]．中国矫形外科杂志，2002，9(6)：621-622．DOI：10.3969/j.issn.1005-8478.2002.06.044．{ZHANG Hongzhi,XU Lijie,YU Jinchang,XU Jian. Evaluating information of carpal tunnel syndrome on the Internet[J]. Zhongguo Jiao Xing Wai Ke Za Zhi[Orthop J China(Article in Chinese;Abstract in Chinese)],2002,9(6):621-622. DOI:10.3969/j.issn.1005-8478.2002.06.044.}

[21197] 章亚东，侯树勋．腕管综合征的微创治疗[J]．中华骨科杂志，2003，23(7)：444-446．DOI：10.3760/j.issn：0253-2352.2003.07.014．{ZHANG Yadong,HOU Shuxun. The clincal effects of minimal invasive treatment of carpal tunnel syndrome[J]. Zhonghua Gu Ke Za Zhi[Chin J Orthop(Article in Chinese;Abstract in Chinese)],2003,23(7):444-446. DOI:10.3760/j.issn:0253-2352.2003.07.014.}

[21198] 宫修建，许玉鹏．显微外科治疗腕管综合征28例[J]．中华显微外科杂志，2003，26(2)：111．DOI：10.3969/j.issn.1672-9935.2003.02.036．{GONG Xiujian,XU Yupeng. Microsurgical treatment of 28 cases of carpal tunnel syndrome[J]. Zhonghua Xian Wei Wai Ke Za Zhi[Chin J Microsurg(Article in Chinese;No abstract available)],2003,26(2):111. DOI:10.3969/j.issn.1672-9935.2003.02.036.}

[21199] 章亚东，侯树勋，张轶超．腕管综合征镜下手术治疗的并发症[J]．中华外科杂志，2003，41(1)：67-69．DOI：10.3760/j：issn：0529-5815.2003.01.022．{ZHANG Yadong,HOU Shuxun,ZHANG Yichao. Complications of endoscopic surgery for carpal tunnel syndrome[J]. Zhonghua Wai Ke Za Zhi[Chin J Surg(Article in Chinese;No abstract available)],2003,41(1):67-69. DOI:10.3760/j:issn:0529-5815.2003.01.022.}

[21200] 雷文涛，杨宝根，沈进稳．急性腕管综合征五例报告[J]．中华手外科杂志，2003，19(1)：10．DOI：10.3760/cma.j.issn.1005-054X.2003.01.034．{LEI Wentao,YANG Baogen,SHEN Jinwen. Acute carpal tunnel syndrome:a report of 5 cases[J]. Zhonghua Shou Wai Ke Za Zhi[Chin J Hand Surg(Article in Chinese;No abstract available)],2003,19(1):10. DOI:10.3760/cma.j.issn.1005-054X.2003.01.034.}

[21201] 车峰远，蒋建章，王冰，孙威，李学松，孙志清．拇指感觉神经传导速度对轻度腕管综合征的诊断作用[J]．中华手外科杂志，2003，19(2)：79．DOI：10.3760/cma.j.issn.1005-054X.2003.02.029．{CHE Fengyuan,JIANG Jianzhang,WANG Bing,SUN Wei,LI Xuesong,SUN Zhiqing. The role of thumb sensory nerve conduction velocity in the diagnosis of mild carpal tunnel syndrome[J]. Zhonghua Shou Wai Ke Za Zhi[Chin J Hand Surg(Article in Chinese;Abstract in Chinese)],2003,19(2):79. DOI:10.3760/cma.j.issn.1005-054X.2003.02.029.}

[21202] 顾玉东，史其林，孙贵新．内窥镜下松解腕管综合征的神经并发症[J]．中华手外科杂志，2003，19(3)：151-152．DOI：10.3760/cma.j.issn.1005-054X.2003.03.015．{GU Yudong,SHI Qilin,SUN Guixin. Nerve complication produced by endoscopic releasing of carpal tunnel[J]. Zhonghua Shou Wai Ke Za Zhi[Chin J Hand Surg(Article in Chinese;Abstract in Chinese and English)],2003,19(3):151-152. DOI:10.3760/cma.j.issn.1005-054X.2003.03.015.}

[21203] 李淳，韦加宁，赵俊会，张云涛，龙振华．腕管综合征与嗜酸性筋膜炎[J]．中华手外科杂志，2003，19(4)：228-229．DOI：10.3760/cma.j.issn.1005-054X.2003.04.017．{LI Chun,WEI Jianing,ZHAO Jun Hui,ZHANG Yun Tao,LONG Zhen Hua. Carpal tunnel syndrome and eosinophilic fasciitis[J]. Zhonghua Shou Wai Ke Za Zhi[Chin J Hand Surg(Article in Chinese;Abstract in Chinese and English)],2003,19(4):228-229. DOI:10.3760/cma.j.issn.1005-054X.2003.04.017.}

[21204] 刘璠，H.cKirk Watson，Lois Carlson．拇短展肌肌力定量测定在腕管综合征诊断中作用[J]．中华创伤骨科杂志，2003，5(4)：312-315．DOI：10.3760/cma.j.issn.1671-7600.2003.04.009．{LIU Fan,H.cKirk Watson,Lois Carlson. Effect of quantitative abductor pollicis brevis strength testing in the diagnosis of carpal tunnel syndrome[J]. Zhonghua Chuang Shang Gu Ke Za Zhi[Chin J Orthop Trauma(Article in Chinese;Abstract in Chinese and English)],2003,5(4):312-315. DOI:10.3760/cma.j.issn.1671-7600.2003.04.009.}

[21205] 史其林，郑宪友，孙贵新，李文军，官士兵，顾玉东．Chow法内窥镜下治疗腕管综合征的临床经验[J]．中国微创外科杂志，2003，3(4)：297-299．DOI：10.3969/j.issn.1009-6604.2003.04.009．{SHI Qilin,ZHENG Xianyou,SUN Guixin,LI Wenjun,GUAN Shibing,GU Yudong. Clinical experience of the treatment of carpal tunnel syndrome by Chow technique under endoscope[J]. Zhongguo Wei Chuang Wai Ke Za Zhi[Chin J Minim Inva Surg(Article in Chinese;Abstract in Chinese and English)],2003,3(4):297-299. DOI:10.3969/j.issn.1009-6604.2003.04.009.}

[21206] 李林生，王文彪，杨素敏．微型钩刀治疗腕管综合征12例[J]．中国骨伤，2003，16(7)：418-419．DOI：10.3969/j.issn.1003-0034.2003.07.014．{LI Linsheng,WANG Wenbiao,YANG Sumin. Treatment of carpal tunnel syndrome with mini hook knife:a report of 12 cases[J]. Zhongguo Gu Shang[China J Orthop Trauma(Article in Chinese;Abstract in Chinese and English)],2003,16(7):418-419. DOI:10.3969/j.issn.1003-0034.2003.07.014.}

[21207] 李林生，王文彪，杨素敏．微型钩刀治疗腕管综合征12例报告[J]．实用手外科杂志，2003，17(2)：84-85．DOI：10.3969/j.issn.1671-2722.2003.02.010．{LI Linsheng,WANG Wenbiao,YANG Sumin. Carpal tunnel release by tiny hook knife:a report of 12 cases[J]. Shi Yong Shou Wai Ke Za Zhi[Chin J Pract Hand Surg(Article in Chinese;Abstract in Chinese and English)],2003,17(2):84-85. DOI:10.3969/j.issn.1671-2722.2003.02.010.}

[21208] 孙贵新，史其林，顾玉东．内窥镜下治疗腕管综合征89例报告[J]．中国矫形外科杂志，2004，12(6)：415-417．DOI：10.3969/j.issn.1005-8478.2004.06.010．{SUN Guixin,SHI Qilin,GU Yudong. Experiments report on endoscopic management of carpal tunnel syndrome of 89 cases[J]. Zhongguo Jiao Xing Wai Ke Za Zhi[Orthop J China(Article in Chinese;Abstract in Chinese and English)],2004,12(6):415-417. DOI:10.3969/j.issn.1005-8478.2004.06.010.}

[21209] 张兆锋，钱鋆，黄一雄，黄燮青，侯明钟，沈尊理，贾万新．长期血液透析并发腕管综合征5例[J]．中国矫形外科杂志，2004，12(17)：1345-1346．DOI：10.3969/j.issn.1005-8478.2004.17.022．{ZHANG Zhaofeng,QIAN Yun,HUANG Yixiong,HUANG Xieqing,HOU Mingzhong,SHEN Zunli,JIA Wanxin. Carpal tunnel syndrome in five patients on long term hemodialysis[J]. Zhongguo Jiao Xing Wai Ke Za Zhi[Orthop J China(Article in Chinese;Abstract in Chinese)],2004,12(17):1345-1346. DOI:10.3969/j.issn.1005-8478.2004.17.022.}

[21210] 刘璠，Lois Carlson，H. Kirk Watson．腕管综合征主要症状体征敏感性与特异性的比较[J]．中华手外科杂志，2004，20(3)：140-142．DOI：10.3760/cma.j.issn.1005-054X.2004.03.006．{LIU Fan,Lois Carlson,H. Kirk Watson. Comparison of sensitivity and specificity of main symptoms and signs in carpal tunnel syndrome[J]. Zhonghua Shou Wai Ke Za Zhi[Chin J Hand Surg(Article in Chinese;Abstract in Chinese and English)],2004,20(3):140-142. DOI:10.3760/cma.j.issn.1005-054X.2004.03.006.}

[21211] 王冰，车峰远，任士卿，刘好文，邸旭辉．应用环指感觉神经传导速度测定诊断腕管综合征[J]．中华手外科杂志，2004，20(3)：143-144．DOI：10.3760/cma.j.issn.1005-054X.2004.03.007．{WANG Bing,CHE Fengyuan,REN Shiqing,LIU Haowen,DI Xuhui. Diagnosis of carpal tunnel syndrome using ring finger sensory nerve conduction velocity[J]. Zhonghua Shou Wai Ke Za Zhi[Chin J Hand Surg(Article in Chinese;Abstract in Chinese and English)],2004,20(3):143-144. DOI:10.3760/cma.j.issn.1005-054X.2004.03.007.}

[21212] 顾雁浩，张凯莉，朱艺，田东，黄霄云．探讨腕管综合征电生理分期的定量指标[J]．中华手外科杂志，2004，20(3)：19-21. DOI：10.3760/cma.j.issn.1005-054X.2004.03.008．{GU Yanhao,ZHANG Kaili,ZHU Yi,TIAN Dong,HUANG Xiaoyun. Investigation of quantitative index for electrophysiology stage in carpal tunnel syndrome[J]. Zhonghua Shou Wai Ke Za Zhi[Chin J Hand Surg(Article in Chinese;Abstract in Chinese and English)],2004,20(3):19-21. DOI:10.3760/cma.j.issn.1005-054X.2004.03.008.}

[21213] 刘璠，朱鸣镝，程映华，茅天，樊健．掌部小切口治疗腕管综合征[J]．中华创伤骨科杂志，2004，6(4)：400-403. DOI：10.3760/cma.j.issn.1671-7600.2004.04.012. {LIU Fan,ZHU Mingdi,CHENG Yinghua,MAO Tian,FAN Jian. Mini palmar approach for carpal tunnel release[J]. Zhonghua Chuang Shang Gu Ke Za Zhi[Chin J Orthop Trauma(Article in Chinese;Abstract in Chinese and English)],2004,6(4):400-403. DOI:10.3760/cma.j.issn.1671-7600.2004.04.012.}

[21214] 赵宏，赵宇，田野，杨波，邱贵兴．腕管综合征关节镜下手术与开放手术的疗效比较[J]．中国医学科学院学报，2004，26(6)：657-660．DOI：CNKI：SUN：ZYKX.0.2004-06-013．{ZHAO Hong,ZHAO Yu,TIAN Ye,YANG Bo,QIU Guixing. Comparison of endoscopic versus open surgical treatment of carpal tunnel syndrome[J]. Zhongguo Yi Xue Ke Xue Yuan Xue Bao[Acta Acad Med Sin(Article in Chinese;Abstract in Chinese and English)],2004,26(6):657-660. DOI:CNKI:SUN:ZYKX.0.2004-06-013.}

[21215] 王辉，梅继文，黄锐，王宏伟，李坤，穆尚强．腕管综合征术后疗效不佳原因分析及其治疗体会[J]．吉林大学学报(医学版)，2004，30(2)：302．DOI：10.3969/j.issn.1671-587X.2004.02.081．{WANG Hui,MEI Jiwen,HUANG Rui,WANG Hongwei,LI Kun,MU Shangqiang. Analysis of the factors and treatment of postoperative poor curative effect of carpal tunnel syndrome[J]. Ji Lin Da Xue Xue Bao(Yi Xue Ban)[J Jilin Univ Med Ed(Article in Chinese;No abstract available)],2004,30(2):302. DOI:10.3969/j.issn.1671-587X.2004.02.081.}

[21216] 李春雨，王玉发，尹维田，张巨，高庆国，刘飙，朱清远．家族性双侧腕管综合征一家系分析[J]．吉林大学学报(医学版)，2004，30(2)：303-304．DOI：10.3969/j.issn.1671-587X.2004.02.051．{LI Chunyu,WANG Yufa,YIN Weitian,ZHANG Ju,GAO Qingguo,LIU Biao,ZHU Qingyuan. Analysis of familial bilateral carpal tunnel syndrome in a family[J]. Ji Lin Da Xue Xue Bao(Yi Xue Ban)[J Jilin Univ Med Ed(Article in Chinese;Abstract in Chinese)],2004,30(2):303-304. DOI:10.3969/j.issn.1671-587X.2004.02.051.}

[21217] 陈聚伍，黄宗强，吴学建，贺长清．小双切口治疗腕管综合征15例体会[J]．中华显微外科杂志，2005，28(3)：270-271．DOI：10.3760/cma.j.issn.1001-2036.2005.03.036．{CHEN Juwu,HUANG Zongqiang,WU Xuejian,HE Changqing. The clinical experience of 15 cases of carpal tunnel syndrome by small double incision[J]. Zhonghua Xian Wei Wai Ke Za Zhi[Chin J Microsurg(Article in Chinese;Abstract in Chinese)],2005,28(3):270-271. DOI:10.3760/cma.j.issn.1001-2036.2005.03.036.}

[21218] 顾玉东．重视对腕管综合征的诊治[J]．中国矫形外科杂志，2005，13(5)：325-326．DOI：10.3969/j.issn.1005-8478.2005.05.002．{GU Yudong. The diagnosis and treatment of carpal tunnel syndrome[J]. Zhongguo Jiao Xing Wai Ke Za Zhi[Orthop J China(Article in Chinese;No abstract available)],2005,13(5):325-326. DOI:10.3969/j.issn.1005-8478.2005.05.002.}

[21219] 朱艺，张凯莉，劳杰，陈德松，王涛，田东．腕管综合征术前、后感觉神经动作电位与复合肌肉动作电位检测结果的比较[J]．中华手外科杂志，2005，21(1)：23-25．DOI：10.3760/cma.j.issn.1005-054X.2005.01.010．{ZHU Yi,ZHANG Kaili,LAO

Jie,CHEN Desong,WANG Tao,TIAN Dong. Comparison of SNAP and CMAP before and after carpal tunnel release:a clinical study[J]. Zhonghua Shou Wai Ke Za Zhi[Chin J Hand Surg(Article in Chinese;Abstract in Chinese and English)],2005,21(1):23-25. DOI:10.3760/cma.j.issn.1005-054X.2005.01.010.}

[21220] 田东，张凯莉，朱明洁. 环指感觉神经动作电位潜伏期诊断轻度腕管综合征的作用 [J]. 中华手外科杂志，2005，21（1）：26-27. DOI：10.3760/cma.j.issn.1005-054X.2005.01.011. {TIAN Dong,ZHANG Kaili,ZHU Mingjie. Application of latent period of sensory nerve action potential in the ring finger for early diagnosis of carpal tunnel syndrome[J]. Zhonghua Shou Wai Ke Za Zhi[Chin J Hand Surg(Article in Chinese;Abstract in Chinese and English)],2005,21(1):26-27. DOI:10.3760/cma.j.issn.1005-054X.2005.01.011.}

[21221] 张高孟，张丽银，马建军，赵新，郑圣鼐. 严重腕管综合征腕管松解与一期拇指对掌功能重建 [J]. 中华手外科杂志，2005，21（2）：93-94. DOI：10.3760/cma.j.issn.1005-054X.2005.02.009. {ZHANG Gaomeng,ZHANG Liyin,MA Jianjun,ZHAO Xin,ZHENG Shengnai. Carpal tunnel release and thumb opponensplasty for treatment of severe carpal tunnel syndrome[J]. Zhonghua Shou Wai Ke Za Zhi[Chin J Hand Surg(Article in Chinese;Abstract in Chinese and English)],2005,21(2):93-94. DOI:10.3760/cma.j.issn.1005-054X.2005.02.009.}

[21222] 俞淼，陈德松，陈为民，陈琳，蔡佩琴. 超声检查在腕管综合征诊断中的应用 [J]. 中华手外科杂志，2005，21(3)：131-133. DOI：10.3760/cma.j.issn.1005-054X.2005.03.003. {YU Miao,CHEN Desong,CHEN Weimin,CHEN Lin,CAI Peiqin. The application of ultrasonography in the diagnosis of carpal tunnel syndrome[J]. Zhonghua Shou Wai Ke Za Zhi[Chin J Hand Surg(Article in Chinese;Abstract in Chinese and English)],2005,21(3):131-133. DOI:10.3760/cma.j.issn.1005-054X.2005.03.003.}

[21223] 金京春，张少成. 简易微创减压法治疗腕管综合征 [J]. 中华手外科杂志，2005，21（4）：199. DOI：10.3760/cma.j.issn.1005-054X.2005.04.023. {JIN Jingchun,ZHANG Shaocheng. Simple minimally invasive decompression in the treatment of carpal tunnel syndrome[J]. Zhonghua Shou Wai Ke Za Zhi[Chin J Hand Surg(Article in Chinese;Abstract in Chinese)],2005,21(4):199. DOI:10.3760/cma.j.issn.1005-054X.2005.04.023.}

[21224] 严雪忠，傅格深，邵文飞，杨友发. 腕部腱鞘结核致腕管综合征的临床分析 [J]. 中华手外科杂志，2005，21（4）：215. DOI：10.3760/cma.j.issn.1005-054X.2005.04.025. {YAN Xuezhong,FU Geshen,SHAO Wenfei,YANG Youfa. Clinical analysis of carpal tunnel syndrome caused by tuberculosis of tendon sheath of wrist[J]. Zhonghua Shou Wai Ke Za Zhi[Chin J Hand Surg(Article in Chinese;No abstract available)],2005,21(4):215. DOI:10.3760/cma.j.issn.1005-054X.2005.04.025.}

[21225] 李瑞国，刘会仁，王国强，汪琦，赵小明，刘志旺，李国华. 蚓状肌血管脂肪瘤致腕管综合征一例报道 [J]. 中华手外科杂志，2005，21（5）：8. DOI：CNKI：SUN：ZHSK.0.2005-05-002. {LI Ruiguo,LIU Huiren,WANG Guoqiang,WANG Qi,ZHAO Xiaoming,LIU Zhiwang,LI Guohua. Carpal tunnel syndrome caused by lumbrical angiolipoma:a case report[J]. Zhonghua Shou Wai Ke Za Zhi[Chin J Hand Surg(Article in Chinese;No abstract available)],2005,21(5):8. DOI:CNKI:SUN:ZHSK.0.2005-05-002.}

[21226] 黎建义，黄星垣，黄春梅. 痛风致双侧腕管综合征一例报道 [J]. 中华手外科杂志，2005，21（5）：316. {LI Jianyi,HUANG Xingyuan,HUANG Chunmei. Bilateral carpal tunnel syndrome caused by gout:a case report[J]. Zhonghua Shou Wai Ke Za Zhi[Chin J Hand Surg(Article in Chinese;No abstract available)],2005,21(5):316.}

[21227] 于家傲，刘志刚，路来金，张志新，李大为. 一期拇指对掌功能重建治疗重度腕管综合征 [J]. 中华手外科杂志，2005，21（5）：299-300. DOI：CNKI：SUN：ZHSK.0.2005-05-022. {YU Jiaao,LIU Zhigang,LU Laijin,ZHANG Zhixin,LI Dawei. Primary thumb opponensplasty for treatment of severe carpal tunnel syndrome[J]. Zhonghua Shou Wai Ke Za Zhi[Chin J Hand Surg(Article in Chinese;Abstract in Chinese and English)],2005,21(5):299-300. DOI:CNKI:SUN:ZHSK.0.2005-05-022.}

[21228] 顾玉东. 正确掌握与评估内镜松解治疗腕管综合征 [J]. 中国微创外科杂志，2005，5（5）：341. DOI：10.3969/j.issn.1009-6604.2005.05.001. {GU Yudong. Correct grasp and evaluation of endoscopic release in the treatment of carpal tunnel syndrome[J]. Zhongguo Wei Chuang Wai Ke Za Zhi[Chin J Minim Inva Surg(Article in Chinese;No abstract available)],2005,5(5):341. DOI:10.3969/j.issn.1009-6604.2005.05.001.}

[21229] 高顺红，王斌，刘会仁，刘德群，曹磊，杨义. 带血管蒂小鱼际皮下脂肪瓣治疗复发性腕管综合征 [J]. 中国矫形外科杂志，2006，14（9）：715-716. DOI：10.3969/j.issn.1005-8478.2006.09.024. {GAO Shunhong,WANG Bin,LIU Huiren,LIU Dequn,CAO Lei,YANG Yi. Vessel -pedicled hypothenar fat flap for management of recurrent carpal tunnel syndrome[J]. Zhongguo Jiao Xing Wai Ke Za Zhi[Orthop J China(Article in Chinese;Abstract in Chinese)],2006,14(9):715-716. DOI:10.3969/j.issn.1005-8478.2006.09.024.}

[21230] 杨明杰，史其林，周琳，顾玉东. 探讨腕管综合征术中电生理检测指标与预后的关系 [J]. 中华手外科杂志，2006，22（2）：92-94. DOI：10.3760/cma.j.issn.1005-054X.2006.02.012. {YANG Mingjie,SHI Qilin,ZHOU Lin,GU Yudong. Intraoperative distal motor latency as a predictor of carpal tunnel release[J]. Zhonghua Shou Wai Ke Za Zhi[Chin J Hand Surg(Article in Chinese;Abstract in Chinese and English)],2006,22(2):92-94. DOI:10.3760/cma.j.issn.1005-054X.2006.02.012.}

[21231] 顾玉东，陈德松，史其林，王涛，张丽银. 腕管综合征 128 例分析 [J]. 中华手外科杂志，2006，22（5）：283-285. DOI：10.3760/cma.j.issn.1005-054X.2006.05.010. {GU Yudong,CHEN Desong,SHI Qilin,WANG Tao,ZHANG Liyin. Clinical analysis of 128 patients with carpal tunnel syndrome[J]. Zhonghua Shou Wai Ke Za Zhi[Chin J Hand Surg(Article in Chinese;Abstract in Chinese and English)],2006,22(5):283-285. DOI:10.3760/cma.j.issn.1005-054X.2006.05.010.}

[21232] 孙贵新，史其林，李文军，郑宪友，杨明杰，顾玉东. 内镜下切断屈肌支持带远侧纤维束治疗腕管综合征 [J]. 中国微创外科杂志，2006，6（7）：494-496. DOI：10.3969/j.issn.1009-6604.2006.07.006. {SUN Guixin,SHI Qilin,LI Wenjun,ZHENG Xianyou,YANG Mingjie,GU Yudong. Endoscopic release of distal holdfast fibers of the flexor retinaculum for carpal tunnel syndrome[J]. Zhongguo Wei Chuang Wai Ke Za Zhi[Chin J Minim Inva Surg(Article in Chinese;Abstract in Chinese and English)],2006,6(7):494-496. DOI:10.3969/j.issn.1009-6604.2006.07.006.}

[21233] 孙卫东，温建民. 甲状腺机能减退症误诊为腕管综合征 1 例 [J]. 中国骨伤，2006，19（4）：198. DOI：10.3969/j.issn.1003-0034.2006.04.035. {SUN Weidong,WEN Jianmin. Misdiagnosis of hypothyroidism as carpal tunnel syndrome:a case report[J]. Zhongguo Gu Shang[China J Orthop Trauma(Article in Chinese;No abstract available)],2006,19(4):198. DOI:10.3969/j.issn.1003-0034.2006.04.035.}

[21234] 禚宝华. 封闭配合局部制动治疗腕管综合征 [J]. 中国骨伤，2006，19（4）：246-247. DOI：10.3969/j.issn.1003-0034.2006.04.024. {ZHUO Baohua. Treatment of carpal tunnel syndrome with blockade and external fixation[J]. Zhongguo Gu Shang[China J Orthop Trauma(Article in Chinese;No abstract available)],2006,19(4):246-247. DOI:10.3969/j.issn.1003-0034.2006.04.024.}

[21235] 周伟荣. 腕管综合征 96 例分析 [J]. 中国骨伤，2006，19（6）：368-369. DOI：10.3969/j.issn.1003-0034.2006.06.022. {ZHOU Weirong. Treatment of 96 patients with carpal tunnel syndrome[J]. Zhongguo Gu Shang[China J Orthop Trauma(Article in Chinese;No abstract available)],2006,19(6):368-369. DOI:10.3969/j.issn.1003-0034.2006.06.022.}

[21236] 王晓腾，陈昌伟. 急性腕管综合征的手术治疗 [J]. 中国骨伤，2006，19（7）：428-429. DOI：10.3969/j.issn.1003-0034.2006.07.018. {WANG Xiaoteng,CHEN Changwei. Surgical treatment of acute carpal tunnel syndrom[J]. Zhongguo Gu Shang[China J Orthop Trauma(Article in Chinese;Abstract in Chinese and English)],2006,19(7):428-429. DOI:10.3969/j.issn.1003-0034.2006.07.018.}

[21237] 谌丰. 小切口神经松解治疗腕管综合征疗效分析 [J]. 实用手外科杂志，2006，20（2）：83-85. DOI：10.3969/j.issn.1671-2722.2006.02.007. {CHEN Feng. Effect different of surgery on treatment of carpal tunnel syndrome between mini-incision decompressive and routine method[J]. Shi Yong Shou Wai Ke Za Zhi[Chin J Pract Hand Surg(Article in Chinese;Abstract in Chinese and English)],2006,20(2):83-85. DOI:10.3969/j.issn.1671-2722.2006.02.007.}

[21238] 钱雪梅，张进，孙晓江. 糖尿病性腕管综合征患者神经电生理的临床研究 [J]. 上海医学，2006，29(11)：791-793. DOI：10.3969/j.issn.0253-9934.2006.11.010. {QIAN Xuemei,ZHANG Jin,SUN Xiaojiang. Clinical study of nerve electrophysiology in diabetic patients with the carpal tunnel syndrome[J]. Shang Hai Yi Xue[Shanghai Med J(Article in Chinese;Abstract in Chinese and English)],2006,29(11):791-793. DOI:10.3969/j.issn.0253-9934.2006.11.010.}

[21239] 史占雷，高顺红，刘德群. 复发性腕管综合征的研究进展 [J]. 中国矫形外科杂志，2007，15（21）：1641-1643. DOI：10.3969/j.issn.1005-8478.2007.21.013. {SHI Zhanlei,GAO Shunhong,LIU Dequn. Research progress of recurrent carpal tunnel syndrome[J]. Zhongguo Jiao Xing Wai Ke Za Zhi[Orthop J China(Article in Chinese;Abstract in Chinese)],2007,15(21):1641-1643. DOI:10.3969/j.issn.1005-8478.2007.21.013.}

[21240] 彭峰，陈德松，陈琳，蔡佩琴. 内窥镜辅助下治疗腕管综合征的方法 [J]. 中华手外科杂志，2007，23（2）：71-73. DOI：10.3760/cma.j.issn.1005-054X.2007.02.003. {PENG Feng,CHEN Desong,CHEN Lin,CAI Peiqin. Endoscopic assisted carpal tunnel release[J]. Zhonghua Shou Wai Ke Za Zhi[Chin J Hand Surg(Article in Chinese;Abstract in Chinese and English)],2007,23(2):71-73. DOI:10.3760/cma.j.issn.1005-054X.2007.02.003.}

[21241] 李志杰，高伟阳，洪建军，陈星隆，闫合德，李晓阳. 内窥镜与常规开放手术治疗腕管综合征的疗效比较 [J]. 中华手外科杂志，2007，23（2）：74-76. DOI：10.3760/cma.j.issn.1005-054X.2007.02.004. {LI Zhijie,GAO Weiyang,HONG Jianjun,CHEN Xinglong,YAN Hede,LI Xiaoyang. Comparison of treatment outcome between endoscopic carpal tunnel release and open procedure[J]. Zhonghua Shou Wai Ke Za Zhi[Chin J Hand Surg(Article in Chinese;Abstract in Chinese and English)],2007,23(2):74-76. DOI:10.3760/cma.j.issn.1005-054X.2007.02.004.}

[21242] 曲巍，张卫国，鲁明，傅重洋，吕德成. 三种不同术式治疗腕管综合征的疗效比较 [J]. 中华手外科杂志，2007，23（2）：77-78. DOI：10.3760/cma.j.issn.1005-054X.2007.02.005. {QU Wei,ZHANG Weiguo,LU Ming,FU Zhongyang,LV Decheng. Comparison of the clinical outcome of three different procedures of carpal tunnel release[J]. Zhonghua Shou Wai Ke Za Zhi[Chin J Hand Surg(Article in Chinese;Abstract in Chinese and English)],2007,23(2):77-78. DOI:10.3760/cma.j.issn.1005-054X.2007.02.005.}

[21243] 崔志强，王增. 痛风致腕管综合征一例 [J]. 中华手外科杂志，2007，23（3）：142. DOI：10.3760/cma.j.issn.1005-054X.2007.03.011. {CUI Zhiqiang,WANG Zeng. Carpal tunnel syndrome caused by gout:a case report[J]. Zhonghua Shou Wai Ke Za Zhi[Chin J Hand Surg(Article in Chinese;No abstract available)],2007,23(3):142. DOI:10.3760/cma.j.issn.1005-054X.2007.03.011.}

[21244] 于满柱. 双侧腕管跗管综合征三例 [J]. 中华手外科杂志，2007，23（6）：372. DOI：10.3760/cma.j.issn.1005-054X.2007.06.027. {YU Manzhu. Three cases of bilateral carpal tunnel tarsal tunnel syndrome[J]. Zhonghua Shou Wai Ke Za Zhi[Chin J Hand Surg(Article in Chinese;No abstract available)],2007,23(6):372. DOI:10.3760/cma.j.issn.1005-054X.2007.06.027.}

[21245] 陶澄，何爱咏，张湘生，倪江东. 结核性腱鞘滑膜炎所致腕管综合征的手术治疗 [J]. 临床骨科杂志，2007，10（5）：440-441. DOI：10.3969/j.issn.1008-0287.2007.05.023. {TAO Cheng,HE Aiyong,ZHANG Xiangsheng,NI Jiangdong. Surgical treatment of carpal tunnel syndrome secondary to tuberculous tenosynovitis[J]. Lin Chuang Gu Ke Za Zhi[J Clin Orthop(Article in Chinese;Abstract in Chinese and English)],2007,10(5):440-441. DOI:10.3969/j.issn.1008-0287.2007.05.023.}

[21246] 徐迎胜，郑菊阳，张朔，张俊，康德瑄，樊东升. 接触性热痛诱发电位检测方法的建立及在腕管综合征中的应用 [J]. 中华医学杂志，2007，87（5）：321-324. DOI：10.3760/j：issn：0376-2491.2007.05.008. {XU Yingsheng,ZHENG Juyang,ZHANG Shuo,ZHANG Jun,KANG Dexuan,FAN Dongsheng. Establishment of a method of contact heat evoked potential and its application in carpal tunnel syndrome[J]. Zhonghua Yi Xue Za Zhi[Natl Med J China(Article in Chinese;Abstract in Chinese and English)],2007,87(5):321-324. DOI:10.3760/j:issn:0376-2491.2007.05.008.}

[21247] 顾玉东，史其林，陈德松，王涛，张丽银. 感觉过敏型腕管综合征的治疗 [J]. 中华显微外科杂志，2008，31（4）：259-260. DOI：10.3760/cma.j.issn.1001-2036.2008.04.007. {GU Yudong,SHI Qilin,CHEN Desong,WANG Tao,ZHANG Liyin. Treatment of carpal tunnel syndrome with atgesia[J]. Zhonghua Xian Wei Wai Ke Za Zhi[Chin J Microsurg(Article in Chinese;Abstract in Chinese and English)],2008,31(4):259-260. DOI:10.3760/cma.j.issn.1001-2036.2008.04.007.}

[21248] 赵亮，李大村，赵炳显，邓军，李海雷. 超声检查在腕管综合征分期诊断中的应用及临床意义 [J]. 中华手外科杂志，2008，24（1）：36-38. DOI：10.3760/cma.j.issn.1005-054X.2008.01.012. {ZHAO Liang,LI Dacun,ZHAO Bingxian,DENG Jun,LI Hailei. The application and clinical significance of ultrasonography in the staging diagnosis of carpal tunnel syndrome[J]. Zhonghua Shou Wai Ke Za Zhi[Chin J Hand Surg(Article in Chinese;Abstract in Chinese and English)],2008,24(1):36-38. DOI:10.3760/cma.j.issn.1005-054X.2008.01.012.}

[21249] 王秀会，史其林，王子平，付备刚，付耀龙. 内镜在腕管综合征治疗中的应用选择 [J]. 中国微创外科杂志，2008，8（8）：694-695. DOI：10.3969/j.issn.1009-6604.2008.08.007. {WANG Xiuhui,SHI Qilin,WANG Ziping,FU Beigang,FU Yaolong. Application of Endoscopy to Treatment of Carpal Tunnel Syndrome[J]. Zhongguo Wei Chuang Wai Ke Za Zhi[Chin J Minim Inva Surg(Article in Chinese;Abstract in Chinese and English)],2008,8(8):694-695. DOI:10.3969/j.issn.1009-6604.2008.08.007.}

[21250] 张君，桑秋凌，李墨，赵文海. 内镜下两点单侧钩切法治疗腕管综合征的临床应用 [J]. 中国骨伤，2008，21（2）：139-140. DOI：10.3969/j.issn.1003-0034.2008.02.028. {ZHANG Jun,SANG Qiuling,LI Mo,ZHAO Wenhai. Clinical application of endoscopic two-portal one-way releasing procedure for carpal tunnel syndrome[J]. Zhongguo Gu Shang[China J Orthop Trauma(Article in Chinese;Abstract in Chinese and English)],2008,21(2):139-140. DOI:10.3969/j.issn.1003-0034.2008.02.028.}

[21251] 徐林，郑金红. 腕管综合征患者与正常人腕横韧带厚度的超声影像学研究 [J]. 中国矫形外科杂志，2009，17（9）：664-666. DOI：CNKI：SUN：ZJXS.0.2009-09-008. {XU Lin,ZHENG Jinhong. Sonographic study on thickness of transverse carpal ligaments in carpal tunnel syndrome patients and healthy volunteers[J]. Zhongguo Jiao Xing Wai Ke Za Zhi[Orthop J China(Article in Chinese;Abstract in Chinese and English)],2009,17(9):664-666. DOI:CNKI:SUN:ZJXS.0.2009-09-008.}

[21252] 朱艺，张凯莉，田东，顾雁浩，黄霄云，韩锋. 单纤维肌电图在诊断腕管综合征中的表现和评价 [J]. 中华手外科杂志，2009，25（4）：221-223. DOI：10.3760/cma.j.issn.1005-054X.2009.04.013. {ZHU Yi,ZHANG Kaili,TIAN Dong,GU Yanhao,HUANG Xiaoyun,HAN Feng. The resuits and value of single fiber electromyography in the diagnosis of CTS[J]. Zhonghua Shou Wai Ke Za Zhi[Chin J Hand Surg(Article in Chinese;Abstract in Chinese and English)],2009,25(4):221-223. DOI:10.3760/cma.j.issn.1005-054X.2009.04.013.}

[21253] 李凡，单臣，关华立. 腕管综合征的显微外科治疗 [J]. 中国矫形外科杂志，2010，18（5）：426－427. DOI：10.3760/cma.j.issn.1001－2036.1999.03.062. {LI Fan,DAN Chen,GUAN Huali. Microsurgery treatment of carpal tunnel syndrome[J]. Zhongguo Jiao Xing Wai Ke Za Zhi[Orthop J China(Article in Chinese;Abstract in Chinese)],2010,18(5):426-427. DOI:10.3760/cma.j.issn.1001-2036.1999.03.062.}

[21254] 罗世兴，赵劲民，苏伟，沙轲，韦庆军，李晓峰. 关节镜和开放手术治疗腕管综合征相关并发症的系统评价 [J]. 中国矫形外科杂志，2010，18（9）：716－720. DOI：CNKI：SUN：ZJXS.0.2010－09－007. {LUO Shixing,ZHAO Jinmin,SU Wei,SHA Ke,WEI Qingjun,LI Xiaofeng. Complications of endoscopic versus open decompression for carpal tunnel release:a systematic review[J]. Zhongguo Jiao Xing Wai Ke Za Zhi[Orthop J China(Article in Chinese;Abstract in Chinese and English)],2010,18(9):716-720. DOI:CNKI:SUN:ZJXS.0.2010-09-007.}

[21255] 徐林，侯春林. 超声测量腕横韧带厚度辅助诊断腕管综合征的可行性研究 [J]. 中国矫形外科杂志，2010，18（12）：1008－1010. DOI：CNKI：SUN：ZJXS.0.2010－12－017. {XU Lin,HOU Chunlin. Feasibility of ultrasonography in diagnosis of carpal tunnel syndrome by measuring the thickness of transverse carpal ligaments[J]. Zhongguo Jiao Xing Wai Ke Za Zhi[Orthop J China(Article in Chinese;Abstract in Chinese and English)],2010,18(12):1008-1010. DOI:CNKI:SUN:ZJXS.0.2010-12-017.}

[21256] 刘晓琳，盛加根，曾炳芳. 腕管综合征诊断的研究进展 [J]. 中国矫形外科杂志，2010，18（24）：2062－2065. DOI：CNKI：SUN：ZJXS.0.2010－24－016. {LIU Xiaolin,SHENG Jiagen,ZENG Bingfang. Advances in the diagnosis of carpal tunnel syndrome[J]. Zhongguo Jiao Xing Wai Ke Za Zhi[Orthop J China(Article in Chinese;Abstract in Chinese)],2010,18(24):2062-2065. DOI:CNKI:SUN:ZJXS.0.2010-24-016.}

[21257] 陈劼，徐雷，徐建光，田东，朱艺，韩栋，顾玉东. 腕管综合征术中神经电生理检测与手术疗效评价的初步探讨 [J]. 中华手外科杂志，2010，26（2）：93－94. DOI：10.3760/cma.j.issn.1005－054X.2010.02.015. {CHEN Jie,XU Lei,XU Jianguang,TIAN Dong,ZHU Yi,HAN Dong,GU Yudong. Preliminary observation of the relationship between intraoperative electrophysiologic testing and surgical outcome of carpal tunnel release[J]. Zhonghua Shou Wai Ke Za Zhi[Chin J Hand Surg(Article in Chinese;Abstract in Chinese and English)],2010,26(2):93-94. DOI:10.3760/cma.j.issn.1005-054X.2010.02.015.}

[21258] 孙太存，黄永辉，徐晓峰，沈铁城. 结核致腕管综合征的临床特点与治疗 [J]. 中华手外科杂志，2010，26（4）：255. DOI：10.3760/cma.j.issn.1005－054X.2010.04.030. {SUN Taicun,HUANG Yonghui,XU Xiaofeng,SHEN Tiecheng. Clinical characteristics and treatment of carpal tunnel syndrome caused by tuberculosis[J]. Zhonghua Shou Wai Ke Za Zhi[Chin J Hand Surg(Article in Chinese;No abstract available)],2010,26(4):255. DOI:10.3760/cma.j.issn.1005-054X.2010.04.030.}

[21259] 茅天，谢仁国，汤锦波. 腕管综合征术后柱状痛的临床研究 [J]. 中华手外科杂志，2010，26（6）：369－371. DOI：10.3760/cma.j.issn.1005－054X.2010.06.027. {MAO Tian,XIE Renguo,TANG Jinbo. Clinical study of pillar pain after carpal tunnel release[J]. Zhonghua Shou Wai Ke Za Zhi[Chin J Hand Surg(Article in Chinese;Abstract in Chinese and English)],2010,26(6):369-371. DOI:10.3760/cma.j.issn.1005-054X.2010.06.027.}

[21260] 吴佳怡，王钢，余斌，胡静. 腕管综合征的治疗方法选择与疗效评价 [J]. 中华创伤骨科杂志，2010，12(9)：851－854. DOI：10.3760/cma.j.issn.1671－7600.2010.09.011. {WU Jiayi,WANG Gang,YU Bin,HU Jing. Selection of therapeutic methods for carpal tunnel syndrome[J]. Zhonghua Chuang Shang Gu Ke Za Zhi[Chin J Orthop Trauma(Article in Chinese;Abstract in Chinese and English)],2010,12(9):851-854. DOI:10.3760/cma.j.issn.1671-7600.2010.09.011.}

[21261] 邢志利，孙捷，罗靖致，吴维国，谢玲丽，黄斌. 腕关节骨折脱位并发腕管综合征的手术治疗体会 [J]. 中国骨伤，2010，23(11)：816－817. DOI：10.3969/j.issn.1003－0034.2010.11.006. {XING Zhili,SUN Jie,LUO Jingzhi,WU Weiguo,XIE Lingli,HUANG Bin. Surgical treatment of fracture and dislocation of wrist joint complicated by carpal tunnel syndrome[J]. Zhongguo Gu Shang[China J Orthop Trauma(Article in Chinese;No abstract available)],2010,23(11):816-817. DOI:10.3969/j.issn.1003-0034.2010.11.006.}

[21262] 吴鹏，虞聪. 轻中度腕管综合征保守治疗进展 [J]. 国际骨科学杂志，2010，31（1）：26－28. DOI：10.3969/j.issn.1673－7083.2010.01.010. {WU Peng,YU Cong. Conservative treatment of mild and moderate carpal tunnel syndrome[J]. Guo Ji Gu Ke Xue Za Zhi[Int J Orthop(Article in Chinese;Abstract in Chinese)],2010,31(1):26-28. DOI:10.3969/j.issn.1673-7083.2010.01.010.}

[21263] 马婧嵚，史其林. 腕管综合征治疗进展 [J]. 国际骨科学杂志，2010，31（5）：282－284. DOI：10.3969/j.issn.1673－7083.2010.05.008. {MA Jingqin,SHI Qilin. Advances in treatment of carpal tunnel syndrome[J]. Guo Ji Gu Ke Xue Za Zhi[Int J Orthop(Article in Chinese;Abstract in Chinese)],2010,31(5):282-284. DOI:10.3969/j.issn.1673-7083.2010.05.008.}

[21264] 陈宏，周丹亚，章伟文，王欣，滕晓峰，李学渊，魏鹏，胡瑞斌. 内窥镜 Chow 法治疗腕管综合征 [J]. 实用手外科杂志，2010，24（2）：105－107. DOI：10.3969/j.issn.1671－2722.2010.02.008. {CHEN Hong,ZHOU Danya,ZHANG Weiwen,WANG Xin,TENG Xiaofeng,LI Xueyuan,WEI Peng,HU Ruibin. Treatment of carpal tunnel syndrome by Chow technique under endoscope[J]. Shi Yong Shou Wai Ke Za Zhi[Chin J Pract Hand Surg(Article in Chinese;Abstract in Chinese and English)],2010,24(2):105-107. DOI:10.3969/j.issn.1671-2722.2010.02.008.}

[21265] 陈颐，江长青，宫琳. 高频超声在腕管综合征早期诊断中的应用 [J]. 实用手外科杂志，2010，24（3）：195－197. DOI：10.3969/j.issn.1671－2722.2010.03.013. {CHEN Yi,JIANG Changqing,GONG Lin. Application of high-frequency ultrasound imaging for diagnosis of early stage of carpal tunnel syndrome[J]. Shi Yong Shou Wai Ke Za Zhi[Chin J Pract Hand Surg(Article in Chinese;Abstract in Chinese and English)],2010,24(3):195-197. DOI:10.3969/j.issn.1671-2722.2010.03.013.}

[21266] 谭鸿，陈曦，谢德，汪红，方志. 内窥镜下应用组合式带槽透明扩张管治疗腕管综合征 [J]. 中国修复重建外科杂志，2010，24（9）：1066－1068. DOI：CNKI：SUN：ZXCW.0.2010－09－016. {TAN Hong,CHEN Xi,XIE De,WANG Hong,FANG Zhi. Treatment of carpal tunnel syndrome by endoscope through transparent combined with dilation conductor[J]. Zhongguo Xiu Fu Chong Jian Wai Ke Za Zhi[Chin J Repar Reconstr Surg(Article in Chinese;Abstract in Chinese and English)],2010,24(9):1066-1068. DOI:CNKI:SUN:ZXCW.0.2010-09-016.}

[21267] 姜晓琪，陈臣，叶作舟，王斌，史其林. 腕管综合征内窥镜手术预防正中神经损伤的临床研究 [J]. 中华手外科杂志，2011，27（1）：35－38. DOI：10.3760/cma.j.issn.1005－054X.2011.01.013. {JIANG Xiaoqi,CHEN CHEN,YE Zuozhou,WANG Bin,SHI Qilin. A clinical study on prevention of median nerve injury in endoscopic carpal tunnel release[J]. Zhonghua Shou Wai Ke Za Zhi[Chin J Hand Surg(Article in Chinese;Abstract in Chinese and English)],2011,27(1):35-38. DOI:10.3760/cma.j.issn.1005-054X.2011.01.013.}

[21268] 孟国成，陈立科，陈四华，徐昱，吴波. 三种手术方式治疗腕管综合征的临床优劣分析 [J]. 中华手外科杂志，2011，27（4）：246－247. DOI：10.3760/cma.j.issn.1005－054X.2011.04.023. {MENG Guocheng,CHEN Like,CHEN Sihua,XU Yu,WU Bo. Clinical analysis of three surgical methods for carpal tunnel syndrome[J]. Zhonghua Shou Wai Ke Za Zhi[Chin J Hand Surg(Article in Chinese;Abstract in Chinese)],2011,27(4):246-247. DOI:10.3760/cma.j.issn.1005-054X.2011.04.023.}

[21269] 喻林波，利春叶，贾赛雄，李晓文，欧春培，杨钦泰，叶飞强. 腕管综合征 84 例临床分析 [J]. 中华手外科杂志，2011，27（6）：345－347. DOI：10.3760/cma.j.issn.1005－054X.2011.06.012. {YU Linbo,LI Chun Ye,JIA Saixiong,LI Xiaowen,OU Chunpei,YANG Qintai,YE Feiqiang. Clinical analysis of 84 cases of carpal tunnel syndrome[J]. Zhonghua Shou Wai Ke Za Zhi[Chin J Hand Surg(Article in Chinese;Abstract in Chinese and English)],2011,27(6):345-347. DOI:10.3760/cma.j.issn.1005-054X.2011.06.012.}

[21270] 王彦杰，王世刚，苗淑娟，苏霞. 腕横韧带切除预防桡骨下端骨折迟发性腕管综合征的病例对照研究 [J]. 中国骨伤，2011，24(6)：487－489. DOI：10.3969/j.issn.1003－0034.2011.06.014. {WANG Yanjie,WANG Shigang,MIAO Shujuan,SU Xia. Case-control study on transverse carpal ligament resection for the prevention of delayed carpal tunnel syndrome after distal radius fracture[J]. Zhongguo Gu Shang[China J Orthop Trauma(Article in Chinese;Abstract in Chinese and English)],2011,24(6):487-489. DOI:10.3969/j.issn.1003-0034.2011.06.014.}

[21271] 吴国正，郭亮，刘炳胜，龙超. 显微技术在腕管综合征中的应用 [J]. 临床骨科杂志，2011，14（3）：348. DOI：10.3969/j.issn.1008－0287.2011.03.049. {WU Guozheng,GUO Liang,LIU Bingsheng,LONG Chao. Microscopic technique in treating the carpal tunnel syndrome[J]. Lin Chuang Gu Ke Za Zhi[J Clin Orthop(Article in Chinese;No abstract available)],2011,14(3):348. DOI:10.3969/j.issn.1008-0287.2011.03.049.}

[21272] 崔书伟，陈青，徐世民. 神经松解术结合健骨注射液治疗中老年腕管综合征的疗效观察 [J]. 实用手外科杂志，2011，25（3）：193－194. DOI：10.3969/j.issn.1671－2722.2011.03.007. {CUI Shuwei,CHEN Qing,XU Shimin. The treatment efficacy of neurolysis and jiangu injection in elderly patients with carpal tunnel syndrome[J]. Shi Yong Shou Wai Ke Za Zhi[Chin J Pract Hand Surg(Article in Chinese;Abstract in Chinese and English)],2011,25(3):193-194. DOI:10.3969/j.issn.1671-2722.2011.03.007.}

[21273] 冯仕明，高顺红. 腕管综合征治疗研究进展 [J]. 中国修复重建外科杂志，2011，25（5）：628－630. DOI：CNKI：51－1372/R.20110402.1656.026. {FENG Shiming,GAO Shunhong. Research progress of treatment of carpal tunnel syndrome[J]. Zhongguo Xiu Fu Chong Jian Wai Ke Za Zhi[Chin J Repar Reconstr Surg(Article in Chinese;Abstract in Chinese and English)],2011,25(5):628-630. DOI:CNKI:51-1372/R.20110402.1656.026.}

[21274] 冯仕明，高顺红，焦成，陈超，刘德群. Colles 骨折复位后致急性腕管综合征 22 例临床分析 [J]. 中国修复重建外科杂志，2011，25（11）：1360－1363. DOI：CNKI：51－1372/R.20110909.1757.014. {FENG Shiming,GAO Shunhong,JIAO Cheng,CHEN Chao,LIU Dequn. Clinical analysis of acute carpal tunnel syndrome after reduction of colles' fracture in twenty-two patients[J]. Zhongguo Xiu Fu Chong Jian Wai Ke Za Zhi[Chin J Repar Reconstr Surg(Article in Chinese;Abstract in Chinese and English)],2011,25(11):1360-1363. DOI:CNKI:51-1372/R.20110909.1757.014.}

[21275] 李建峰，赵亮，刘井达，王小磊，赵民，李大村. 掌腱膜挛缩症合并腕管综合征的诊断和治疗 [J]. 中华手外科杂志，2012，28（4）：216－217. DOI：10.3760/cma.j.issn.1005－054X.2012.04.008. {LI Jianfeng,ZHAO Liang,LIU Jingda,WANG Xiaolei,ZHAO Min,LI Dacun. The diagnosis and treatment of Dupuytren's contracture combined with carpal tunnel syndrome[J]. Zhonghua Shou Wai Ke Za Zhi[Chin J Hand Surg(Article in Chinese;Abstract in Chinese and English)],2012,28(4):216-217. DOI:10.3760/cma.j.issn.1005-054X.2012.04.008.}

[21276] 陈燕花，徐勤海，翁雨雄，李涛，丛晓斌，雷伟，陈振兵. 痛风石致腕管综合征的病例分析 [J]. 中华手外科杂志，2012，28（6）：369－371. DOI：10.3760/cma.j.issn.1005－054X.2012.06.022. {CHEN Yanhua,XU Qinhai,WENG Yuxiong,LI Tao,CONG Xiaobin,LEI Wei,CHEN Zhenbing. Clinical analysis of carpal tunnel syndrome caused by gout[J]. Zhonghua Shou Wai Ke Za Zhi[Chin J Hand Surg(Article in Chinese;Abstract in Chinese)],2012,28(6):369-371. DOI:10.3760/cma.j.issn.1005-054X.2012.06.022.}

[21277] 冯仕明，高顺红，陈超，刘德群. 复发的腕管综合征的显微外科治疗 [J]. 中华创伤骨科杂志，2012，14（4）：295－298. DOI：10.3760/cma.j.issn.1671－7600.2012.04.004. {FENG Shiming,GAO Shunhong,CHEN Chao,LIU Dequn. Microsurgery for recurrent carpal tunnel syndrome[J]. Zhonghua Chuang Shang Gu Ke Za Zhi[Chin J Orthop Trauma(Article in Chinese;Abstract in Chinese and English)],2012,14(4):295-298. DOI:10.3760/cma.j.issn.1671-7600.2012.04.004.}

[21278] 靳国强，杨军，李春游，明晓峰，赵晓非，程春生. 掌部小切口减压治疗腕管综合征 [J]. 中国骨伤，2012，25(1)：58－61. DOI：10.3969/j.issn.1003－0034.2012.01.016. {JIN Guoqiang,YANG Jun,LI Chunyou,MING Xiaofeng,ZHAO Xiaofei,CHENG Chunsheng. Treatment of carpal tunnel syndrome with mini-incision decompression[J]. Zhongguo Gu Shang[China J Orthop Trauma(Article in Chinese;Abstract in Chinese and English)],2012,25(1):58-61. DOI:10.3969/j.issn.1003-0034.2012.01.016.}

[21279] 周武平，杨鹏彬，郭宏亮，王俊良，吾木尔. 开放和关节镜下松解治疗腕管综合征的临床对照研究 [J]. 中国骨与关节杂志，2012，1（3）：225－228. DOI：10.3969/j.issn.2095－252X.2012.03.003. {ZHOU Wuping,YANG Pengbin,GUO Hongliang,WANG Junliang,WU Muer. Open surgical versus arthroscopic release in the treatment of carpal tunnel syndrome:a clinical parallel-group trial[J]. Zhongguo Gu Yu Guan Jie Za Zhi[Chin J Bone Joint(Article in Chinese;Abstract in Chinese and English)],2012,1(3):225-228. DOI:10.3969/j.issn.2095-252X.2012.03.003.}

[21280] 吴鹏，杨剑云，陈琳，虞聪. 轻中度腕管综合征药物治疗长短期疗效 [J]. 国际骨科学杂志，2012，33（4）：270－271，277. DOI：10.3969/j.issn.1673－7083.2012.04.018. {WU Peng,YANG Jianyun,CHEN Lin,YU Cong. Long-and short-term effects of drugs on treating mild-to-moderate carpal tunnel syndrome[J]. Guo Ji Gu Ke Xue Za Zhi[Int J Orthop(Article in Chinese;Abstract in Chinese and English)],2012,33(4):270-271,277. DOI:10.3969/j.issn.1673-7083.2012.04.018.}

[21281] 张勇，王培吉，赵家举，祁连港，苏冠龙. 显微外科技术治疗老年人腕管综合征 28 例 [J]. 中华显微外科杂志，2013，36（3）：294－296. DOI：10.3760/cma.j.issn.1001－2036.2013.03.026. {ZHANG Yong,WANG Peiji,ZHAO Jiaju,QI Liangang,SU Guanlong. Microsurgical treatment of 28 cases of carpal tunnel syndrome in the elderly[J]. Zhonghua Xian Wei Wai Ke Za Zhi[Chin J Microsurg(Article in Chinese;Abstract in Chinese)],2013,36(3):294-296. DOI:10.3760/cma.j.issn.1001-2036.2013.03.026.}

[21282] 吴鹏，杨剑云，陈琳，虞聪. 甲钴铵对轻中度腕管综合征治疗的有效性研究 [J]. 中华手外科杂志，2013，29(1)：46－48. DOI：10.3760/cma.j.issn.1005－054X.2013.01.019. {WU Peng,YANG Jianyun,CHEN Lin,YU Cong. The effect of methycobal on treating mild to moderate carpal tunnel syndrome:a clinical study[J]. Zhonghua Shou Wai Ke Za Zhi[Chin J Hand Surg(Article in Chinese;Abstract in Chinese and English)],2013,29(1):46-48. DOI:10.3760/cma.j.issn.1005-054X.2013.01.019.}

[21283] 魏平，雷青，陈松，陈立，柴亚胜，阳宏奇. 正中神经丛状神经纤维瘤致腕管综合征一例 [J]. 中华手外科杂志，2013，29(1)：63－64. DOI：10.3760/cma.j.issn.1005－054X.2013.01.029. {WEI Ping,LEI Qing,CHEN Song,CHEN Li,CHAI Yasheng,YANG Hongqi. Carpal tunnel syndrome caused by median plexiform neurofibroma:a case report[J]. Zhonghua Shou Wai Ke Za Zhi[Chin J Hand Surg(Article in Chinese;No abstract available)],2013,29(1):63-64. DOI:10.3760/cma.j.issn.1005-054X.2013.01.029.}

[21284] 任举山，葛茂林，魏飞，石海英，王俊涛. 痛风致双侧腕管综合征一例 [J]. 中华手外科杂志，2013，29（3）：135. DOI：10.3760/cma.j.issn.1005－054X.2012.03.005. {REN Jushan,GE Maolin,WEI Fei,SHI Haiying,WANG Juntao. Bilateral carpal tunnel syndrome caused by gout:a case report[J]. Zhonghua Shou Wai Ke Za Zhi[Chin J Hand Surg(Article in Chinese;No abstract available)],2013,29(3):135. DOI:10.3760/cma.j.issn.1005-054X.2012.03.005.}

[21285] 刘双明，赵如清，杨峰，王强，张文辉. 以手部晨僵为表现的腕管综合征 9 例分析 [J]. 中华手外科杂志，2013，29(3)：177－178. DOI：10.3760/cma.j.issn.1005－054X.2013.03.023.

{LIU Shuangming,ZHAO Ruqing,YANG Feng,WANG Qiang,ZHANG Wenhui. Analysis of 9 cases of carpal tunnel syndrome with morning stiffness of hand[J]. Zhonghua Shou Wai Ke Za Zhi[Chin J Hand Surg(Article in Chinese;Abstract in Chinese)],2013,29(3):177-178. DOI:10.3760/cma.j.issn.1005-054X.2013.03.023.}

[21286] 吴佩蓉，付备刚，陆耀刚，娄玉健，马明，王秀会．腕管综合征两种减压手术后肌电图检测结果的分析比较 [J]．中华手外科杂志，2013，29（5）：290-292．DOI：10.3760/cma.j.issn.1005-054X.2013.05.015．{WU Peirong,FU Beigang,LU Yaogang,LOU Yujian,MA Ming,WANG Xiuhui. Comparison of the electrophysiologic results after two different surgical decompressions of carpal tunnel syndrome[J]. Zhonghua Shou Wai Ke Za Zhi[Chin J Hand Surg(Article in Chinese;Abstract in Chinese and English)],2013,29(5):290-292. DOI:10.3760/cma.j.issn.1005-054X.2013.05.015.}

[21287] 陈汉东，王和驹，吴开丘，王快胜，马心赤．MRI 诊断腕管综合征特异性研究 [J]．中华手外科杂志，2013，29（6）：376-377．DOI：10.3760/cma.j.issn.1005-054X.2013.06.025．{CHEN Handong,WANG Heju,WU Kaiqiu,WANG Kuaisheng,MA Xinchi. MRI diagnosis of carpal tunnel syndrome[J]. Zhonghua Shou Wai Ke Za Zhi[Chin J Hand Surg(Article in Chinese;Abstract in Chinese)],2013,29(6):376-377. DOI:10.3760/cma.j.issn.1005-054X.2013.06.025.}

[21288] 毛庆龙，唐哲明，杨小辉，陈彬，首家保，崔泽龙．内窥镜治疗腕管综合征的疗效观察 [J]．组织工程与重建外科杂志，2013，9(6)：336-337．DOI：10.3969/j.issn.1673-0364.2013.06.010．{MAO Qinglong,TANG Zheming,YANG Xiaohui,CHEN Bin,SHOU Jiabao,CUI Zelong. Effect of reforming endoscopic minimally invasive releasing(REMIR) for the treatment of carpal tunnel syndrome[J]. Zu Zhi Gong Cheng Yu Chong Jian Wai Ke Za Zhi[J Tissue Eng Reconstr Surg(Article in Chinese;Abstract in Chinese and English)],2013,9(6):336-337. DOI:10.3969/j.issn.1673-0364.2013.06.010.}

[21289] 刘英男，傅小宽，施杨，庄永青．超声诊断腕管综合征的准确性及应用 [J]．局解手术学杂志，2013，22（1）：89-90．DOI：10.11659/jjssx.1672-5042.2013010040．{LIU Yingnan,FU Xiaokuan,SHI Yang,ZHUANG Yongqing. Accuracy and application of ultrasonic diagnosis of carpal tunnel syndrome[J]. Ju Jie Shou Shu Xue Za Zhi[J Reg Anat Oper Surg(Article in Chinese;No abstract available)],2013,22(1):89-90. DOI:10.11659/jjssx.1672-5042.2013010040.}

[21290] 季伟，陈振兵，黄启顺，翁雨雄，李涛，陈江海，陈燕花，李进．开放式腕管松解术治疗腕管综合征疗效的主观评价 [J]．中华手外科杂志，2014，30（2）：118-120．DOI：10.3760/cma.j.issn.1005-054X.2014.02.017．{JI Wei,CHEN Zhenbing,HUANG Qishun,WENG Yuxiong,LI Tao,CHEN Jianghai,CHEN Yanhua,LI Jin. Subjective outcome evaluations following open carpal tunnel release[J]. Zhonghua Shou Wai Ke Za Zhi[Chin J Hand Surg(Article in Chinese;Abstract in Chinese and English)],2014,30(2):118-120. DOI:10.3760/cma.j.issn.1005-054X.2014.02.017.}

[21291] 向福胜，周彬，付伦，余贵华．腕管痛风结石并腕管综合征一例 [J]．中华手外科杂志，2014，30(3)：197．DOI：10.3760/cma.j.issn.1005-054X.2014.03.014．{XIANG Fusheng,ZHOU Bin,FU Lun,YU Guihua. Carpal tunnel gout stone with carpal tunnel syndrome:a case report[J]. Zhonghua Shou Wai Ke Za Zhi[Chin J Hand Surg(Article in Chinese;No abstract available)],2014,30(3):197. DOI:10.3760/cma.j.issn.1005-054X.2014.03.014.}

[21292] 王古衡，谢仁国，汤锦波，茅天，邢树国，陈亚兰．蚓状肌肌腹过近致腕管综合征一例 [J]．中华手外科杂志，2014，30（4）：288．DOI：10.3760/cma.j.issn.1005-054X.2014.04.019．{WANG Guheng,XIE Renguo,TANG Jinbo,MAO Tian,XING Shuguo,CHEN Yalan. Carpal tunnel syndrome caused by too close vermiform muscle abdomen:a case report[J]. Zhonghua Shou Wai Ke Za Zhi[Chin J Hand Surg(Article in Chinese;No abstract available)],2014,30(4):288. DOI:10.3760/cma.j.issn.1005-054X.2014.04.019.}

[21293] 茅天，谢仁国，汤锦波，王古衡，邢树国．影响重度腕管综合征术后捏力恢复因素的临床分析 [J]．中华手外科杂志，2014，30（5）：362-364．DOI：10.3760/cma.j.issn.1005-054X.2014.05.019．{MAO Tian,XIE Renguo,TANG Jinbo,WANG Guheng,XING Shuguo. Factors influencing the recovery of pinch strength:an analysis in patients with severe carpal tunnel syndrome[J]. Zhonghua Shou Wai Ke Za Zhi[Chin J Hand Surg(Article in Chinese;Abstract in Chinese and English)],2014,30(5):362-364. DOI:10.3760/cma.j.issn.1005-054X.2014.05.019.}

[21294] 李建强，姜保国，陈建海，付中国，王天兵．滑膜增生型腕管综合征的手术治疗 [J]．中华肩肘外科电子杂志，2014，2（2）：103-108．DOI：10.3877/cma.j.issn.2095-5790.2014.02.007．{LI Jianqiang,JIANG Baoguo,CHEN Jianhai,FU Zhongguo,WANG Tianbing. Surgical treatment of synovial hyperplasia carpal tunnel syndrome[J]. Zhonghua Jian Zhou Wai Ke Dian Zi Za Zhi[Chin J Should Elbow(Article in Chinese;Abstract in Chinese and English)],2014,2(2):103-108. DOI:10.3877/cma.j.issn.2095-5790.2014.02.007.}

[21295] 刘恒，王瑞，曹永平，张道俭，杨昕，立成．透明外导管行 Chow 法内镜治疗腕管综合征 [J]．实用骨科杂志，2014，20（5）：409-412，413．DOI：CNKI：SUN：SGKZ.0.2014-05-007．{LIU Heng,WANG Rui,CAO Yongping,ZHANG Daojian,YANG Xin,LI Cheng. Endoscopic treatment of carpal tunnel syndrome following Chow' s technique with a clear can-nula[J]. Shi Yong Gu Ke Za Zhi[J Pract Orthop(Article in Chinese;Abstract in Chinese and English)],2014,20(5):409-412,413. DOI:CNKI:SUN:SGKZ.0.2014-05-007.}

[21296] 柳逸，沈尊理，沈华，张兆锋，章开衡，邢书亮．局部麻醉下行腕掌部纵形小切口腕管切开减压和正中神经松解术治疗腕管综合征的临床分析 [J]．上海医学，2014，37（3）：235-237．DOI：CNKI：SUN：SHYX.0.2014-03-024．{LIU Yi,SHEN Zunli,SHEN Hua,ZHANG Zhaofeng,ZHANG Kaiheng,XING Shuliang. Carpal tunnel release via longitudinal small carpometacarpal incision and median nerve decompression for treating carpal tunnel syndrome under local anesthesia:a clinical analysis[J]. Shang Hai Yi Xue[Shanghai Med J(Article in Chinese;Abstract in Chinese and English)],2014,37(3):235-237. DOI:CNKI:SUN:SHYX.0.2014-03-024.}

[21297] 魏瑞鸿，庄永青，叶凤清，姜浩力，熊洪涛，方锡池，张轩．手掌侧单孔入路微创治疗腕管综合征的解剖学研究 [J]．中国临床解剖学杂志，2015，33（1）：12-16．DOI：10.13418/j.issn.1001-165x.2015.01.004．{WEI Ruihong,ZHUANG Yongqing,YE Fengqing,JIANG Haoli,XIONG Hongtao,FANG Xichi,ZHANG Xuan. Anatomic study of the volar single-aperture approach of endoscopic carpal tunnel release[J]. Zhongguo Lin Chuang Jie Pou Xue Za Zhi[Chin J Clin Anat(Article in Chinese;Abstract in Chinese and English)],2015,33(1):12-16. DOI:10.13418/j.issn.1001-165x.2015.01.004.}

[21298] 朱玉辉，王雨露，梁献丹，王宏家，吕豪珍．腕部肌内黏液瘤合并腕管综合征一例 [J]．中华手外科杂志，2015，31（3）：184．DOI：10.3760/cma.j.issn.1005-054X.2015.03.011．{ZHU Yuhui,WANG Yulu,LIANG Xiandan,WANG Hongjia,LV Haozhen. Carpal tunnel syndrome with myxoma in wrist:a case report[J]. Zhonghua Shou Wai Ke Za Zhi[Chin J Hand Surg(Article in Chinese;No abstract available)],2015,31(3):184. DOI:10.3760/cma.j.issn.1005-054X.2015.03.011.}

[21299] 张莉，艾尔肯·热合木吐拉，贾潇天，彭峰，杨剑云，蔡佩琴，虞聪，陈琳．术中高频超声在不同程度腕管综合征松解手术中的应用 [J]．中华手外科杂志，2015，31（3）：203-205．DOI：10.3760/cma.j.issn.1005-054X.2015.03.020．{ZHANG Li,AIERKEN Rehemutula,JIA Xiaotian,PENG Feng,YANG Jianyun,CAI Peiqin,YU Cong,CHEN Lin. The application of intraoperative high-resolution ultrasonography in carpal tunnel syndrome with various degrees of severity[J]. Zhonghua Shou Wai Ke Za Zhi[Chin J Hand Surg(Article in Chinese;Abstract in Chinese and English)],2015,31(3):203-205. DOI:10.3760/cma.j.issn.1005-054X.2015.03.020.}

[21300] 吴作培，陈春华，孙贵新．桡骨远端骨折致急性腕管综合征的手术治疗 [J]．中华手外科杂志，2015，31（5）：384-385．DOI：10.3760/cma.j.issn.1005-054X.2015.05.029．{WU Zuopei,CHEN Chunhua,SUN Guixin. Surgical treatment of acute carpal tunnel syndrome caused by distal radius fracture[J]. Zhonghua Shou Wai Ke Za Zhi[Chin J Hand Surg(Article in Chinese;Abstract in Chinese)],2015,31(5):384-385. DOI:10.3760/cma.j.issn.1005-054X.2015.05.029.}

[21301] 吴春，谭莉，应建军．腕部巨大腱鞘囊肿致腕管综合征一例 [J]．中华手外科杂志，2015，31（6）：444．DOI：10.3760/cma.j.issn.1005-054X.2015.06.017．{WU Chun,TAN Li,YING Jianjun. Giant carpal sheath cyst caused by carpal tunnel syndrome:a case report[J]. Zhonghua Shou Wai Ke Za Zhi[Chin J Hand Surg(Article in Chinese;No abstract available)],2015,31(6):444. DOI:10.3760/cma.j.issn.1005-054X.2015.06.017.}

[21302] 黄若强，吕荼，邱忠朋．腕管综合征患者开放式松解手术效果的非客观研究 [J]．临床骨科杂志，2015，18（4）：481-484．DOI：10.3969/j.issn.1008-0287.2015.04.042．{HUANG Ruoqiang,LV Tu,QIU Zhongpeng. Non objective study of operation effect of carpal tunnel syndrome in patients with open carpal tunnel release[J]. Lin Chuang Gu Ke Za Zhi[J Clin Orthop(Article in Chinese;Abstract in Chinese and English)],2015,18(4):481-484. DOI:10.3969/j.issn.1008-0287.2015.04.042.}

[21303] 刘凯，朱伟，李颖，李兵．腕管综合征传统治疗与内窥镜治疗的疗效分析 [J]．实用手外科杂志，2015，29（1）：50-51，73．DOI：10.3969/j.issn.1671-2722.2015.01.016．{LIU Kai,ZHU Wei,LI Ying,LI Bing. Clinical analysis research of carpal tunnel syndrome with traditional method and endoscopic treatment[J]. Shi Yong Shou Wai Ke Za Zhi[Chin J Pract Hand Surg(Article in Chinese;Abstract in Chinese and English)],2015,29(1):50-51,73. DOI:10.3969/j.issn.1671-2722.2015.01.016.}

[21304] 汪仁斌，刘尊敬，汪伟，董明睿，孙少杰，毛坤，焦劲松，严莉．腕管综合征合并神经根型颈椎病的临床与电生理特点 [J]．中华医学杂志，2015，95（35）：2846-2850．DOI：10.3760/cma.j.issn.0376-2491.2015.35.008．{WANG Renbin,LIU Zunjing,WANG Wei,DONG Mingrui,SUN Shaojie,MAO Kun,JIAO Jinsong,YAN Li. Carpal tunnel syndrome with cervical spondylotic radiculopathy:a clinical and electrophysiological study[J]. Zhonghua Yi Xue Za Zhi[Natl Med J China(Article in Chinese;Abstract in Chinese and English)],2015,95(35):2846-2850. DOI:10.3760/cma.j.issn.0376-2491.2015.35.008.}

[21305] 逄紫千，王可人，叶玉琴，张欣，刘明军，黄庆道．正中神经掌支肌电图检测在腕管综合征诊断中的应用 [J]．吉林大学学报（医学版），2015，41（4）：846-849．DOI：10.13481/j.1671-587x.20150434．{PANG Ziqian,WANG Keren,YE Yuqin,ZHANG Xin,LIU Mingjun,HUANG Qingdao. Application of electromyogram of palmar cutaneous brahch of median nerve in dignosis of carpal tunnel syndrome[J]. Ji Lin Da Xue Xue Bao(Yi Xue Ban)[J Jilin Univ Med Ed(Article in Chinese;Abstract in Chinese and English)],2015,41(4):846-849. DOI:10.13481/j.1671-587x.20150434.}

[21306] 王易彬，汤宇，徐子涵，吉毅峥，孙天胜．环线切割手术治疗腕管综合征的初步临床观察 [J]．中华骨科杂志，2016，36(3)：129-135．DOI：10.3760/cma.j.issn.0253-2352.2016.03.001．{WANG Yibin,TANG Yu,XU Zihan,JI Yizheng,SUN Tiansheng. The preliminary outcomes of percutaneously looped thread transection in the surgical treatment of carpal tunnel syndrome[J]. Zhonghua Gu Ke Za Zhi[Chin J Orthop(Article in Chinese;Abstract in Chinese and English)],2016,36(3):129-135. DOI:10.3760/cma.j.issn.0253-2352.2016.03.001.}

[21307] 曾文超，王洪宾，岳震，梁文勇，刘淑永，曾庆尚，郭洪敏，纪林善．正中动脉增粗致腕管综合征 5 例的诊疗经验 [J]．中华显微外科杂志，2016，39（4）：373-374．DOI：10.3760/cma.j.issn.1001-2036.2016.04.017．{ZENG Wenchao,WANG Hongbin,YUE Zhen,LIANG Wenyong,LIU Shuyong,CENG Qingshang,GUO Hongmin,JI Linshan. Diagnosis and treatment of 5 cases of carpal tunnel syndrome caused by median artery thickening[J]. Zhonghua Xian Wei Wai Ke Za Zhi[Chin J Microsurg(Article in Chinese;Abstract in Chinese)],2016,39(4):373-374. DOI:10.3760/cma.j.issn.1001-2036.2016.04.017.}

[21308] 许亚军．关于急性腕管综合征与神经松解 [J]．中华手外科杂志，2016，32（1）：1-2．DOI：10.3760/cma.j.issn.1005-054X.2016.01.001．{XU Yajun. Acute carpal tunnel syndrome and neurolysis[J]. Zhonghua Shou Wai Ke Za Zhi[Chin J Hand Surg(Article in Chinese;No abstract available)],2016,32(1):1-2. DOI:10.3760/cma.j.issn.1005-054X.2016.01.001.}

[21309] 徐梦媛，章开衡，蔡嫣娴，沈华，沈尊理，张兆锋．腕管综合征严重程度及病程长短与手术疗效的相关性分析 [J]．中华手外科杂志，2016，32（1）：5-7．DOI：10.3760/cma.j.issn.1005-054X.2016.01.004．{XU Mengyuan,ZHANG Kaiheng,CAI Yanxian,SHEN Hua,SHEN Zunli,ZHANG Zhaofeng. Clinical analysis of the correlation between preoperative severity and duration of symptoms and the outcomes of carpal tunnel decompression[J]. Zhonghua Shou Wai Ke Za Zhi[Chin J Hand Surg(Article in Chinese;Abstract in Chinese and English)],2016,32(1):5-7. DOI:10.3760/cma.j.issn.1005-054X.2016.01.004.}

[21310] 李建峰，肖焕波，李海雷，刘井达，赵亮，王小磊，赵民，张文桐，李大村．腕管综合征易患因素的流行病学调查 [J]．中华手外科杂志，2016，32（1）：8-11．DOI：10.3760/cma.j.issn.1005-054X.2016.01.005．{LI Jianfeng,XIAO Huanbo,LI Hailei,LIU Jingda,ZHAO Liang,WANG Xiaolei,ZHAO Min,ZHANG Wentong,LI Dacun. Epidemiological investigation of the risk factors for carpal tunnel syndrome[J]. Zhonghua Shou Wai Ke Za Zhi[Chin J Hand Surg(Article in Chinese;Abstract in Chinese and English)],2016,32(1):8-11. DOI:10.3760/cma.j.issn.1005-054X.2016.01.005.}

[21311] 陈欣，田德润，王植，袁宇，宫可同．神经肌电图与 MRI 诊断早期腕管综合征的功用 [J]．中华手外科杂志，2016，32（1）：12-15．DOI：10.3760/cma.j.issn.1005-054X.2016.01.006．{CHEN Xin,TIAN Derun,WANG Zhi,YUAN Yu,GONG Ketong. The application and effectiveness of neuroelectrophysiology and MRI in the early diagnosis of carpal tunnel syndrome[J]. Zhonghua Shou Wai Ke Za Zhi[Chin J Hand Surg(Article in Chinese;Abstract in Chinese and English)],2016,32(1):12-15. DOI:10.3760/cma.j.issn.1005-054X.2016.01.006.}

[21312] 冯伟，邢丹谋，任东，陈焱，王欢，赵志明，彭正人．急性腕管综合征治疗体会 [J]．中华手外科杂志，2016，32(1)：15-16．DOI：10.3760/cma.j.issn.1005-054X.2016.01.007．{FENG Wei,XING Danmou,REN Dong,CHEN Yan,WANG Huan,ZHAO Zhiming,PENG Zhengren. Treatment of acute carpal tunnel syndrome[J]. Zhonghua Shou Wai Ke Za Zhi[Chin J Hand Surg(Article in Chinese;No abstract available)],2016,32(1):15-16. DOI:10.3760/cma.j.issn.1005-054X.2016.01.007.}

[21313] 茅天，谢仁国，王古衡，邢树国．腕管综合征相关因素的分析 [J]．中华手外科杂志，2016，32（1）：17-19．DOI：10.3760/cma.j.issn.1005-054X.2016.01.008．{MAO Tian,XIE Renguo,WANG Guheng,XING Shuguo. An analysis of the predisposition factors for carpal tunnel syndrome[J]. Zhonghua Shou Wai Ke Za Zhi[Chin J Hand Surg(Article in Chinese;Abstract in Chinese and English)],2016,32(1):17-19. DOI:10.3760/cma.j.issn.1005-054X.2016.01.008.}

[21314] 刘靖波，顾玉东，劳杰，董震．晚期腕管综合征患者手术疗效的回顾性随访研究 [J]．中华手外科杂志，2016，32（3）：205-206．DOI：10.3760/cma.j.issn.1005-054X.2016.03.020．{LIU Jingbo,GU Yudong,LAO Jie,DONG Zhen. A retrospective follow-up study of the postoperative outcomes of late stage carpal tunnel syndrome[J]. Zhonghua Shou Wai Ke Za Zhi[Chin J Hand Surg(Article in Chinese;Abstract in Chinese and English)],2016,32(3):205-206. DOI:10.3760/cma.j.issn.1005-054X.2016.03.020.}

[21315] 叶红禹，赵晓航，胡德锋，孙艺，马建安，易兵，丁龙．掌心小切口治疗腕管综合征的临床应用 [J]．中华手外科杂志，2016，32（3）：229-230．DOI：10.3760/cma.j.issn.1005-054X.2016.03.029．{YE Hongyu,ZHAO Xiaohang,HU Defeng,SUN Yi,MA Jianan,YI Bing,DING Long. Clinical application of small incision in the treatment of carpal tunnel syndrome[J]. Zhonghua Shou Wai Ke Za Zhi[Chin J Hand Surg(Article in Chinese;Abstract in Chinese)],2016,32(3):229-230. DOI:10.3760/cma.j.issn.1005-054X.2016.03.029.}

[21316] 孙罡，李建浩．桡骨远端骨折内固定术后预防急性腕管综合征的方法探讨 [J]．中华手外科杂志，2016，32（4）：281-282．DOI：10.3760/cma.j.issn.1005-054X.2016.04.018．

{SUN Gang,LI Jianhao. Prevention of median nerve insult after internal fixation of distal radius fractures[J]. Zhonghua Shou Wai Ke Za Zhi[Chin J Hand Surg(Article in Chinese;Abstract in Chinese and English)],2016,32(4):281-282. DOI:10.3760/cma.j.issn.1005-054X.2016.04.018.}

[21317] 彭印文，陈棉智，崔邦胜. 应用腕掌尺侧横切口松解减压术治疗腕管综合征 [J]. 实用手外科杂志，2016，30(1)：59-61. DOI：10.3969/j.issn.1671-2722.2016.01.022. {PENG Yinwen,CHEN Mianzhi,CUI Bangsheng. Application of proximal wrist incision decompression and reduction treatment for carpal tunnel syndrome[J]. Shi Yong Shou Wai Ke Za Zhi[Chin J Pract Hand Surg(Article in Chinese;Abstract in Chinese and English)],2016,30(1):59-61. DOI:10.3969/j.issn.1671-2722.2016.01.022.}

[21318] 孙乾. 传统手术切口与小切口治疗腕管综合征的比较分析 [J]. 实用手外科杂志，2016，30(4)：447-449. DOI：10.3969/j.issn.1671-2722.2016.04.024. {SUN Qian. Retrospective study of traditional incision and small incision for the treatment of carpal tunnel syndrome[J]. Shi Yong Shou Wai Ke Za Zhi[Chin J Pract Hand Surg(Article in Chinese;Abstract in Chinese and English)],2016,30(4):447-449. DOI:10.3969/j.issn.1671-2722.2016.04.024.}

[21319] 何川，杨玉杰，张驰，董海蓉. 正中神经掌 - 指Ⅲ与腕 - 掌段感觉传导速度比值在腕管综合征中的诊断价值 [J]. 中华医学杂志，2016，96(31)：2462-2465. DOI：10.3760/cma.j.issn.0376-2491.2016.31.005. {HE Chuan,YANG Yujie,ZHANG Chi,DONG Hairong. Value of ratio of sensory nerves conductive velocity along palm-median finger/wrist-palm in diagnosing the carpal tunnel syndrome[J]. Zhonghua Yi Xue Za Zhi[Natl Med J China(Article in Chinese;Abstract in Chinese and English)],2016,96(31):2462-2465. DOI:10.3760/cma.j.issn.0376-2491.2016.31.005.}

[21320] 裴军，尹卫东，全君浩，唐晨，邱小兰，尤加锐. 腕部多发性炎性肉芽肿引起腕管综合征一例 [J]. 中华手外科杂志，2017，33(1)：46. DOI：10.3760/cma.j.issn.1005-054X.2017.01.021. {PEI Jun,YIN Weidong,QUAN Junjie,TANG Chen,QIU Xiaolan,YOU Jiarui. Carpal tunnel syndrome caused by multiple inflammatory granuloma of wrist:a case report[J]. Zhonghua Shou Wai Ke Za Zhi[Chin J Hand Surg(Article in Chinese;No abstract available)],2017,33(1):46. DOI:10.3760/cma.j.issn.1005-054X.2017.01.021.}

[21321] 吴亮，杜维卫，张伟平，赵志林，唐贤翱，尚超. 腕管综合征标准化治疗临床分析 [J]. 中华手外科杂志，2017，33(1)：64-65. DOI：10.3760/cma.j.issn.1005-054X.2017.01.028. {WU Liang,DU Weiwei,ZHANG Weiping,ZHAO Zhilin,TANG Xianao,SHANG Chao. Clinical analysis of standardized treatment for carpal tunnel syndrome[J]. Zhonghua Shou Wai Ke Za Zhi[Chin J Hand Surg(Article in Chinese;Abstract in Chinese)],2017,33(1):64-65. DOI:10.3760/cma.j.issn.1005-054X.2017.01.028.}

[21322] 马福元，潘俊博，吴春彪，卞正君. 腕管内色素沉着绒毛结节性滑膜炎致腕管综合征一例 [J]. 中华手外科杂志，2017，33(2)：135. DOI：10.3760/cma.j.issn.1005-054X.2017.02.021. {MA Fuyuan,PAN Junbo,WU Chunbiao,BIAN Zhengjun. Carpal tunnel syndrome caused by pigmented villonodular synovitis in carpal tunnel:a case report[J]. Zhonghua Shou Wai Ke Za Zhi[Chin J Hand Surg(Article in Chinese;No abstract available)],2017,33(2):135. DOI:10.3760/cma.j.issn.1005-054X.2017.02.021.}

[21323] 黄平，余晓芳，王金波. 腕掌侧巨大腱鞘囊肿致腕管综合征一例 [J]. 中华手外科杂志，2017，33(2)：139. DOI：10.3760/cma.j.issn.1005-054X.2017.02.023. {HUANG Ping,YU Xiaofang,WANG Jinbo. Carpal tunnel syndrome caused by giant palmar carpal ganglion cyst:a case report[J]. Zhonghua Shou Wai Ke Za Zhi[Chin J Hand Surg(Article in Chinese;No abstract available)],2017,33(2):139. DOI:10.3760/cma.j.issn.1005-054X.2017.02.023.}

[21324] 李家庚，许玉本，魏登科，李刚. 示指指浅屈肌腱痛风结石致腕管综合征一例 [J]. 中华手外科杂志，2017，33(2)：159. DOI：10.3760/cma.j.issn.1005-054X.2017.02.036. {LI Jiageng,XU Yuben,WEI Dengke,LI Gang. Carpal tunnel syndrome caused by gout stone of flexor digitorum superficialis tendon:a case report[J]. Zhonghua Shou Wai Ke Za Zhi[Chin J Hand Surg(Article in Chinese;No abstract available)],2017,33(2):159. DOI:10.3760/cma.j.issn.1005-054X.2017.02.036.}

[21325] 谢林，徐文强，康然，席志鹏，顾军. 经皮 5.9 mm 全内窥镜下微创治疗腕管综合征 [J]. 中华手外科杂志，2017，33(2)：114-117. DOI：10.3760/cma.j.issn.1005-054X.2017.02.013. {XIE Lin,XU Wenqiang,KANG Ran,XI Zhipeng,GU Jun. Percutaneous full endoscopic carpal tunnel release using a 5.9 mm endoscope[J]. Zhonghua Shou Wai Ke Za Zhi[Chin J Hand Surg(Article in Chinese;Abstract in Chinese and English)],2017,33(2):114-117. DOI:10.3760/cma.j.issn.1005-054X.2017.02.013.}

[21326] 庄永青，刘靖波，魏瑞鸿，姜浩力，熊洪涛，方锡池，温桂芬，蔡妙霞，刘兆康，劳杰. 一种新的手掌侧单孔入路微创治疗腕管综合征的解剖与临床研究 [J]. 中华手外科杂志，2017，33(4)：289-292. DOI：10.3760/cma.j.issn.1005-054X.2017.04.020. {ZHUANG Yongqing,LIU Jingbo,WEI Ruihong,JIANG Haoli,XIONG Hongtao,FANG Xichi,WEN Guifen,CAI Miao Xia,LIU Zhaokang,LAO Jie. Anatomic and clinical study of a new surgical procedure with volar single-portal approach for minimally invasive treatment of carpal tunnel syndrome[J]. Zhonghua Shou Wai Ke Za Zhi[Chin J Hand Surg(Article in Chinese;Abstract in Chinese and English)],2017,33(4):289-292. DOI:10.3760/cma.j.issn.1005-054X.2017.04.020.}

[21327] 柳三凤，刘春华，庄智勇，陈长贤，谢树荣，蔡金表，黄霄云，田东. 肌电图在腕管综合征分期诊断及鉴别诊断中的应用价值 [J]. 实用手外科杂志，2017，31(2)：224-225，228. DOI：10.3969/j.issn.1671-2722.2017.02.029. {LIU Sanfeng,LIU Chunhua,ZHUANG Zhiyong,CHEN Changxian,XIE Shurong,CAI Jinbiao,HUANG Xiaoyun,TIAN Dong. Application value of electromyogram in the stage and identify diagnosis of carpal tunnel syndrome[J]. Shi Yong Shou Wai Ke Za Zhi[Chin J Pract Hand Surg(Article in Chinese;Abstract in Chinese and English)],2017,31(2):224-225,228. DOI:10.3969/j.issn.1671-2722.2017.02.029.}

[21328] 王晓峰，王欣，孙涛，费剑荣，蔡利兵，陈宏，章伟文. 内窥镜下改良 Okutsu 法治疗腕管综合征的临床应用 [J]. 中华手外科杂志，2018，34(1)：51-52. DOI：10.3760/cma.j.issn.1005-054X.2018.01.021. {WANG Xiaofeng,WANG Xin,SUN Tao,FEI Jianrong,CAI Libing,CHEN Hong,ZHANG Weiwen. Clinical application of modified Okutsu method under endoscope in the treatment of carpal tunnel syndrome[J]. Zhonghua Shou Wai Ke Za Zhi[Chin J Hand Surg(Article in Chinese;Abstract in Chinese)],2018,34(1):51-52. DOI:10.3760/cma.j.issn.1005-054X.2018.01.021.}

[21329] 刘靖波，劳杰，刘宇洲，关文杰，洪光辉. 正中神经掌皮支尺侧支损伤——腕管综合征术后柱状痛的重要病因 [J]. 中华手外科杂志，2018，34(4)：270-272. DOI：10.3760/cma.j.issn.1005-054X.2018.04.012. {LIU Jingbo,LAO Jie,LIU Yuzhou,GUAN Wenjie,HONG Guanghui. Injury of ulnar branch of palmar cutaneous branch of median nerve:an important cause of pillar pain after surgical treatment for carpal tunnel syndrome[J]. Zhonghua Shou Wai Ke Za Zhi[Chin J Hand Surg(Article in Chinese;Abstract in Chinese and English)],2018,34(4):270-272. DOI:10.3760/cma.j.issn.1005-054X.2018.04.012.}

[21330] 陈冉，李津，李瑞华，戚炜. 痛风石致腕管综合征临床病例分析 [J]. 中华手外科杂志，2018，34(5)：350-352. DOI：10.3760/cma.j.issn.1005-054X.2018.05.011. {CHEN Ran,LI Jin,LI Ruihua,QI Wei. Clinical analysis of carpal tunnel syndrome caused by tophaceous gout[J]. Zhonghua Shou Wai Ke Za Zhi[Chin J Hand Surg(Article in Chinese;Abstract in Chinese and English)],2018,34(5):350-352. DOI:10.3760/cma.j.issn.1005-054X.2018.05.011.}

[21331] 张开勇，杨洋，徐斯伟，寿鉴，蒋会站，张必萌. 针刀治疗腕管综合征的病例对照研究 [J]. 中国骨伤，2018，31(6)：497-499. DOI：10.3969/j.issn.1003-0034.2018.06.002. {ZHANG Kaiyong,YANG YANG,XU Siwei,SHOU Yin,JIANG Huiru,ZHANG Bimeng. A case control study on the treatment of carpal tunnel syndrome with needle Dao[J]. Zhongguo Gu Shang[China J Orthop Trauma(Article in Chinese;Abstract in Chinese and English)],2018,31(6):497-499. DOI:10.3969/j.issn.1003-0034.2018.06.002.}

[21332] 熊建，韩权，王艳华，杨明，付中国，张殿英，王天兵. 腕管综合征手术方式的选择和治疗效果分析 [J]. 中华肩肘外科电子杂志，2018，6(4)：247-253. DOI：10.3877/j.issn.2095-5790.2018.04.003. {XIONG Jian,HAN Quan,WANG Yanhua,YANG Ming,FU Zhongguo,ZHANG Dianying,WANG Tianbing. Type of surgical intervention and analysis of therapeutic effect for carpal tunnel syndrome[J]. Zhonghua Jian Zhou Wai Ke Dian Zi Za Zhi[Chin J Should Elbow(Article in Chinese;Abstract in Chinese and English)],2018,6(4):247-253. DOI:10.3877/j.issn.2095-5790.2018.04.003.}

[21333] 王天亮，侯瑞兴，顾加祥，刘宏君，袁超群. 两种腕部小切口手术治疗腕管综合征的疗效比较 [J]. 实用手外科杂志，2018，32(4)：391-393，400. DOI：10.3969/j.issn.1671-2722.2018.04.005. {WANG Tianliang,HOU Ruixing,GU Jiaxiang,LIU Hongjun,YUAN Chaoqun. Comparative study of the treatment of carpal tunnel syndrome with two different types of small incisions in wrist[J]. Shi Yong Shou Wai Ke Za Zhi[Chin J Pract Hand Surg(Article in Chinese;Abstract in Chinese and English)],2018,32(4):391-393,400. DOI:10.3969/j.issn.1671-2722.2018.04.005.}

[21334] 梁伟，李青松，宋开芳，季亮，王祥，魏翔. 掌部小切口治疗腕管综合征的临床体会 [J]. 中华显微外科杂志，2019，42(1)：73-75. DOI：10.3760/cma.j.issn.1001-2036.2019.01.022. {LIANG Wei,LI Qingsong,SONG Kaifang,JI Liang,WANG Xiang,WEI Xiang. Clinical experience of treating carpal tunnel syndrome with small incision in palmar[J]. Zhonghua Xian Wei Wai Ke Za Zhi[Chin J Microsurg(Article in Chinese;Abstract in Chinese)],2019,42(1):73-75. DOI:10.3760/cma.j.issn.1001-2036.2019.01.022.}

[21335] 李俊杰，祝斌，杨科跃，王科杰，张健，蔡晓明，竺枫，王欣. 伴有滑膜增生的腕管综合征的微创手术治疗 [J]. 中华显微外科杂志，2019，42(3)：237-240. DOI：10.3760/cma.j.issn.1001-2036.2019.03.007. {LI Jun Jie,ZHU Bin,YANG Keyue,WANG Kejie,ZHANG Jian,CAI Xiaoming,ZHU Feng,WANG Xin. Minimally invasive surgical treatment for carpal tunnel syndrome with synovial hyperplasia[J]. Zhonghua Xian Wei Wai Ke Za Zhi[Chin J Microsurg(Article in Chinese;Abstract in Chinese and English)],2019,42(3):237-240. DOI:10.3760/cma.j.issn.1001-2036.2019.03.007.}

[21336] 李学渊，阮健，周晓玲，李宇宁，胡浩良，俞淼，李一，章伟文，陈宏. 非结核分枝杆菌感染所致腕管综合征 [J]. 中华手外科杂志，2019，35(2)：108-110. DOI：10.3760/cma.j.issn.1005-054X.2019.02.010. {LI Xue Yuan,RUAN Jian,ZHOU Xiaoling,LI Yuning,HU Haoliang,YU Miao,LI Yi,ZHANG Weiwen,CHEN Hong. Carpal tunnel syndrome caused by nontuberculosis mycobacteria infection[J]. Zhonghua Shou Wai Ke Za Zhi[Chin J Hand Surg(Article in Chinese;Abstract in Chinese and English)],2019,35(2):108-110. DOI:10.3760/cma.j.issn.1005-054X.2019.02.010.}

[21337] 柳三凤，田东，黄霄云，庄智勇，蔡金表，周泉腾. 肌电图在腕管综合征早期诊断中的应用价值 [J]. 中华手外科杂志，2019，35(4)：297-298. DOI：10.3760/cma.j.issn.1005-054X.2019.04.022. {LIU Sanfeng,TIAN Dong,HUANG Xiaoyun,ZHUANG Zhiyong,CAI Jinbiao,ZHOU Quanteng. Application value of electromyography in early diagnosis of carpal tunnel syndrome[J]. Zhonghua Shou Wai Ke Za Zhi[Chin J Hand Surg(Article in Chinese;Abstract in Chinese)],2019,35(4):297-298. DOI:10.3760/cma.j.issn.1005-054X.2019.04.022.}

[21338] 陶善春，糜菁熠，姚群，华雍，赵刚. 屈肌腱闭合撕裂后瘢痕增生致腕管综合征一例 [J]. 中华手外科杂志，2019，35(5)：379-380. DOI：10.3760/cma.j.issn.1005-054X.2019.05.021. {TAO Shanchun,MI Jingyi,YAO Qun,HUA Yong,ZHAO Gang. Carpal tunnel syndrome caused by scar hyperplasia after closed tear of flexor tendon:a case report[J]. Zhonghua Shou Wai Ke Za Zhi[Chin J Hand Surg(Article in Chinese;No abstract available)],2019,35(5):379-380. DOI:10.3760/cma.j.issn.1005-054X.2019.05.021.}

[21339] 徐兴国，陈情忠，付慧敏，邢树国，孟蓓，杨建平. 不同局部麻醉药物配伍对腕管综合征患者神经阻滞效果的临床研究 [J]. 中华手外科杂志，2019，35(6)：432-435. DOI：10.3760/cma.j.issn.1005-054X.2019.06.014. {XU Xingguo,CHEN Qingzhong,FU Huimin,XING Shuguo,MENG Bei,YANG Jianping. Clinical study on the effect of different local anesthetics on nerve block in patients with carpal tunnel syndrome[J]. Zhonghua Shou Wai Ke Za Zhi[Chin J Hand Surg(Article in Chinese;Abstract in Chinese and English)],2019,35(6):432-435. DOI:10.3760/cma.j.issn.1005-054X.2019.06.014.}

[21340] 罗云洪，俞振华，周奇，朱鹏. 切开松解减压术治疗滑膜增生性腕管综合征 [J]. 中华手外科杂志，2019，35(6)：461-463. DOI：10.3760/cma.j.issn.1005-054X.2019.06.024. {LUO Yunhong,YU Zhenhua,ZHOU Qi,ZHU Peng. Open release and decompression in the treatment of synovial proliferative carpal tunnel syndrome[J]. Zhonghua Shou Wai Ke Za Zhi[Chin J Hand Surg(Article in Chinese;Abstract in Chinese)],2019,35(6):461-463. DOI:10.3760/cma.j.issn.1005-054X.2019.06.024.}

[21341] 冯清波，邱洁，顾加祥，张文忠，李姣，王天亮，袁超群，刘宏君. 双侧腕管综合征 152 例病因分析及治疗体会 [J]. 中华手外科杂志，2019，35(6)：465-467. DOI：10.3760/cma.j.issn.1005-054X.2019.06.026. {FENG Qingbo,QIU Jie,GU Jiaxiang,ZHANG Wenzhong,LI Jiao,WANG Tianliang,YUAN Chaoqun,LIU Hongjun. Etiological analysis and treatment of 152 cases of bilateral carpal tunnel syndrome[J]. Zhonghua Shou Wai Ke Za Zhi[Chin J Hand Surg(Article in Chinese;Abstract in Chinese)],2019,35(6):465-467. DOI:10.3760/cma.j.issn.1005-054X.2019.06.026.}

[21342] 薛云皓，陈山林，李淳，荣艳波，刘路. 经腕横纹小切口治疗腕管综合征的早期疗效 [J]. 骨科临床与研究杂志，2019，4(2)：84-87. DOI：10.19548/j.2096-269x.2019.02.005. {XUE Yunhao,CHEN Shanlin,LI Chun,RONG Yanbo,LIU Lu. Early efficacy of carpal tunnel release by small incision at transverse wrist crease[J]. Gu Ke Lin Chuang Yu Yan Jiu Za Zhi[J Clin Orthop Res(Article in Chinese;Abstract in Chinese and English)],2019,4(2):84-87. DOI:10.19548/j.2096-269x.2019.02.005.}

[21343] 胡时源，刘阳，王爽，徐永丽，刘志刚. 手腕部结核性腱鞘滑膜炎致腕管综合征诊治经验 [J]. 实用手外科杂志，2019，33(2)：150-152. DOI：10.3969/j.issn.1671-2722.2019.02.007. {HU Shiyuan,LIU Yang,WANG Shuang,XU Yongli,LIU Zhigang. Diagnosis and treatment experience of carpal tunnel syndrome caused by tuberculous tenosynovitis of the wrist[J]. Shi Yong Shou Wai Ke Za Zhi[Chin J Pract Hand Surg(Article in Chinese;Abstract in Chinese and English)],2019,33(2):150-152. DOI:10.3969/j.issn.1671-2722.2019.02.007.}

[21344] 杜翠，李向荣，俞俊兴，贾学峰. 腕管药物注射辅助小切口治疗中重度腕管综合征的效果 [J]. 实用手外科杂志，2019，33(3)：294-297. DOI：10.3969/j.issn.1671-2722.2019.03.012. {DU Cui,LI Xiangrong,YU Junxing,JIA Xuefeng. Effect of carpal tunnel drug injection assisted with small incision on the treatment of moderate and severe carpal tunnel syndrome[J]. Shi Yong Shou Wai Ke Za Zhi[Chin J Pract Hand Surg(Article in Chinese;Abstract in Chinese and English)],2019,33(3):294-297. DOI:10.3969/j.issn.1671-2722.2019.03.012.}

[21345] 丁泓彰，翟玥，刘泽豫，颜一瑞，夏嘉阳，邓国英. 大学生腕管综合征发病危险因素的调查统计及其与电子产品使用的相关性分析 [J]. 上海医学，2019，42(1)：21-26. DOI：CNKI：SUN：SHYX.0.2019-01-007. {DING Hongzhang,ZHAI Yue,LIU Zeyu,YAN Yirui,XIA Jiayang,DENG Guoying. Correlation between risk factors of carpal tunnel syndrome and electronic product use in college students[J]. Shang Hai Yi Xue[Shanghai Med J(Article in Chinese;Abstract in Chinese and English)],2019,42(1):21-26. DOI:CNKI:SUN:SHYX.0.2019-01-007.}

[21346] 王小龙，韩超前，温树正，郝增涛，赵建民，殷超，樊东升，景尚斐，王永飞，王继宏，

刘瑞. 三种小切口腕管松解术治疗腕管综合征的对比研究 [J]. 中华手外科杂志，2020，36（2）：106-110. DOI：10.3760/cma.j.cn311653-20190527-00156. {WANG Xiaolong,HAN Chaoqian,WEN Shuzheng,HAO Zengtao,ZHAO Jianmin,YIN Chao,FAN Dongsheng,JING Shangfei,WANG Yongfei,WANG Jihong,LIU Rui. A comparative study of carpal tunnel release through three kinds of small incision for the treatment of carpal tunnel syndrome[J]. Zhonghua Shou Wai Ke Za Zhi[Chin J Hand Surg(Article in Chinese;Abstract in Chinese and English)],2020,36(2):106-110. DOI:10.3760/cma.j.cn311653-20190527-00156.}

[21347] 林佩达，沈华昊，赵舟益. 浙江舟山渔区痛风石致双侧腕管综合征的诊治分析 [J]. 中华手外科杂志，2020，36（2）：152-153. DOI：10.3760/cma.j.cn311653-20190628-06195. {LIN Peida,SHEN Jianhao,ZHAO Zhouyi. Diagnosis and treatment of bilateral carpal tunnel syndrome caused by gout in Zhoushan fishing area of Zhejiang Province[J]. Zhonghua Shou Wai Ke Za Zhi[Chin J Hand Surg(Article in Chinese;Abstract in Chinese)],2020,36(2):152-153. DOI:10.3760/cma.j.cn311653-20190628-06195.}

[21348] 秦宏玖，夏江，马涛. 完全清醒技术在腕管综合征手术中的应用 [J]. 中国骨伤，2020，33（7）：659-661. DOI：10.12200/j.issn.1003-0034.2020.07.013. {QIN Hongjiu,XIA Jiang,MA Tao. Clinical application of wide awake technique in carpal tunnel syndrome[J]. Zhongguo Gu Shang[China J Orthop Trauma(Article in Chinese;Abstract in Chinese and English)],2020,33(7):659-661. DOI:10.12200/j.issn.1003-0034.2020.07.013.}

[21349] 林佩达，沈华昊，赵舟益. 手术治疗痛风石致腕管综合征 [J]. 临床骨科杂志，2020，23（3）：372. DOI：10.3969/j.issn.1008-0287.2020.03.024. {LIN Peida,SHEN Jianhao,ZHAO Zhouyi. Surgical treatment for carpal tunnel syndrome caused by tophaceous gout[J]. Lin Chuang Gu Ke Za Zhi[J Clin Orthop(Article in Chinese;No abstract available)],2020,23(3):372. DOI:10.3969/j.issn.1008-0287.2020.03.024.}

[21350] 吉浩宇. 中度腕管综合征的体外冲击波治疗效果研究 [J]. 实用手外科杂志，2020，34（1）：73-77. DOI：10.3969/j.issn.1671-2722.2020.01.025. {JI Haoyu. Clinical study of extracorporeal shock wave in the treatment of moderate carpal tunnel syndrome[J]. Shi Yong Shou Wai Ke Za Zhi[Chin J Pract Hand Surg(Article in Chinese;Abstract in Chinese and English)],2020,34(1):73-77. DOI:10.3969/j.issn.1671-2722.2020.01.025.}

[21351] 车宇. 痛风致腕管综合征 10 例疗效 [J]. 实用手外科杂志，2020，34（2）：173-175. DOI：10.3969/j.issn.1671-2722.2020.02.017. {CHE Yu. Treatment experirnce of 10 cases with carpal tnnel syndrome caused by gout[J]. Shi Yong Shou Wai Ke Za Zhi[Chin J Pract Hand Surg(Article in Chinese;Abstract in Chinese and English)],2020,34(2):173-175. DOI:10.3969/j.issn.1671-2722.2020.02.017.}

6.4.15.9.9 腕尺管综合征
ulnar carpal tunnel syndrome

[21352] 陈传功. 射击性腕尺管综合征 [J]. 中华手外科杂志，1994，10（1）：21. DOI：10.3760/cma.j.issn.1005-054X.1994.01.111. {CHEN Chuangong. Ulnar tunnel syndrome caused by shooting[J]. Zhonghua Shou Wai Ke Za Zhi[Chin J Hand Surg(Article in Chinese;No abstract available)],1994,10(1):21. DOI:10.3760/cma.j.issn.1005-054X.1994.01.111.}

[21353] 刘玉杰，朱盛修，张伯勋. 神经松解术治疗腕尺管综合征 [J]. 中华显微外科杂志，1996，19（1）：12-14. DOI：CNKI：SUN：ZHXW.0.1996-01-005. {LIU Yujie,ZHU Shengxiu,ZHANG Boxun. Neurolysis of ulnar tunnel syndrome[J]. Zhonghua Xian Wei Wai Ke Za Zhi[Chin J Microsurg(Article in Chinese;Abstract in Chinese and English)],1996,19(1):12-14. DOI:CNKI:SUN:ZHXW.0.1996-01-005.}

[21354] 宋知非，骆东山，王斌. 腕尺管综合征 [J]. 中华手外科杂志，1999，15（1）：28. DOI：10.3760/cma.j.issn.1005-054X.1999.01.011. {SONG Zhifei,LUO Dongshan,WANG Bin. Ulnar nerve entrapment at the wrist[J]. Zhonghua Shou Wai Ke Za Zhi[Chin J Hand Surg(Article in Chinese;Abstract in Chinese and English)],1999,15(1):28. DOI:10.3760/cma.j.issn.1005-054X.1999.01.011.}

[21355] 曾纳新，杨美玉. 特殊群体的腕尺管神经卡压征（症）[J]. 中华手外科杂志，2002，18（3）：148. DOI：10.3760/cma.j.issn.1005-054X.2002.03.025. {CENG Naxin,YANG Meiyu. Entrapment of ulnar nerve in special population[J]. Zhonghua Shou Wai Ke Za Zhi[Chin J Hand Surg(Article in Chinese;Abstract in Chinese)],2002,18(3):148. DOI:10.3760/cma.j.issn.1005-054X.2002.03.025.}

[21356] 王彦生，沙德峰，田芙蓉，李崇杰，蔡林方. 腕尺管综合征的解剖特点及显微外科治疗 [J]. 实用手外科杂志，2003，17（4）：201-202. DOI：10.3969/j.issn.1671-2722.2003.04.004. {WANG Yansheng,SHA Defeng,TIAN Furong,LI Chongjie,CAI Linfang. Anatomical characteristics and microsurgery technique in treatment of ulnar tunnel syndrom at wrisrt[J]. Shi Yong Shou Wai Ke Za Zhi[Chin J Pract Hand Surg(Article in Chinese;Abstract in Chinese and English)],2003,17(4):201-202. DOI:10.3969/j.issn.1671-2722.2003.04.004.}

[21357] 王斌，张志刚，李康华，向铁成. 腕尺管综合征 39 例回顾分析 [J]. 中国修复重建外科杂志，2005，19（9）：737-739. DOI：CNKI：SUN：ZXCW.0.2005-09-015. {WANG Bin,ZHANG Zhigang,LI Kanghua,XIANG Tiecheng. Clinical review of thirty-nine cases of ulnar tunnel syndrome[J]. Zhongguo Xiu Fu Chong Jian Wai Ke Za Zhi[Chin J Repar Reconstr Surg(Article in Chinese;Abstract in Chinese and English)],2005,19(9):737-739. DOI:CNKI:SUN:ZXCW.0.2005-09-015.}

[21358] 王斌，张志刚，刘德群. 桡骨远端骨折合并腕尺管综合征一例 [J]. 中华创伤杂志，2010，26（10）：949-950. DOI：10.3760/cma.j.issn.1001-8050.2010.10.026. {WANG Bin,ZHANG Zhigang,LIU Dequn. Distal radius fracture complicated with carpal ulnar tunnel syndrome:a case report[J]. Zhonghua Chuang Shang Za Zhi[Chin J Trauma(Article in Chinese;Abstract in Chinese)],2010,26(10):949-950. DOI:10.3760/cma.j.issn.1001-8050.2010.10.026.}

6.4.16 下肢神经损伤
nerve injury of lower limb

[21359] Li Y,Lin H,Zhao L,Chen A. Unaffected contralateral S1 transfer for the treatment of lumbosacral plexus avulsion[J]. Injury. 2014,45(6):1015-1018. doi:10.1016/j.injury.2014.01.014.

6.4.16.1 坐骨神经损伤
sciatic nerve injury

[21360] Jiang D,Yu X,An H,Liang Y,Liang A. Hip and pelvic fractures and sciatic nerve injury[J]. Chin J Traumatol,2002,5(6):333-337.

[21361] Hou C,Wang S,Chen A,Zhang W,Kuang Y,Liu Y,Yin C,Zhang S,Wang J. Surgical management for sciatic nerve injury[J]. Chin J Traumatol,2002,5(6):338-341.

[21362] 戴松茂，董仁章，王信山，顾德义，王静成，虞堂云. 束膜切开术治疗注射性坐骨神经损伤 [J]. 修复重建外科杂志，1990，4（3）：145-146+191. DOI：CNKI：SUN：ZXCW.0.1990-03-011. {DAI Songmao,DONG Renzhang,WANG Xinshan,GU Deyi,WANG Jingcheng,YU Tangyun. Perineurotomy for the treatment of sciatic nerve injury caused by injection[J]. Zhongguo Xiu Fu Chong Jian Wai Ke Za Zhi[Chin J Repar Reconstr Surg(Article in Chinese;Abstract in Chinese)],1990,4(3):145-146+191. DOI:CNKI:SUN:ZXCW.0.1990-03-011.}

[21363] 张振伟，张咸中. 坐骨神经损伤的显微外科治疗 [J]. 中国修复重建外科杂志，1993，7（4）：233-234. DOI：CNKI：SUN：ZXCW.0.1993-04-026. {ZHANG Zhenwei,ZHANG Xianzhong. Microsurgical treatment of sciatic nerve injury[J]. Zhongguo Xiu Fu Chong Jian Wai Ke Za Zhi[Chin J Repar Reconstr Surg(Article in Chinese;Abstract in Chinese)],1993,7(4):233-234. DOI:CNKI:SUN:ZXCW.0.1993-04-026.}

[21364] 伍成奇，梁国久，刘向业，李金敏. 坐骨神经损伤显微外科修复及即时肌腱转位二例报告 [J]. 中华显微外科杂志，1995，18（2）：137. DOI：10.3760/cma.j.issn.1001-2036.1995.02.140. {WU Chengqi,LIANG Guojiu,LIU Xiangye,LI Jinmin. Microsurgical repair of sciatic nerve injury and immediate tendon transposition:a report of two cases[J]. Zhonghua Xian Wei Wai Ke Za Zhi[Chin J Microsurg(Article in Chinese;No abstract available)],1995,18(2):137. DOI:10.3760/cma.j.issn.1001-2036.1995.02.140.}

[21365] 林其仁，谢瑞程，郑文忠，王文怀，姚学东，吴文华. 髋关节后脱位合并坐骨神经损伤 [J]. 中华创伤杂志，1996，12（1）：52-53. DOI：CNKI：SUN：ZHCS.0.1996-01-031. {LIN Qiren,XIE Ruicheng,ZHENG Wenzhong,WANG Wenhuai,YAO Xuedong,WU Wenhua. Posterior dislocation of hip joint with sciatic nerve injury[J]. Zhonghua Chuang Shang Za Zhi[Chin J Trauma(Article in Chinese;Abstract in Chinese)],1996,12(1):52-53. DOI:CNKI:SUN:ZHCS.0.1996-01-031.}

[21366] 邓昌，李庆涛，田凌云，冯宝龄. 髋关节骨折 - 后脱位合并坐骨神经损伤的创伤机制及漏诊分析 [J]. 中国矫形外科杂志，2000，7（1）：77-78. DOI：10.3969/j.issn.1005-8478.2000.01.028. {DENG Chang,LI Qingtao,TIAN Lingyun,FENG Baoling. Dislocation and Fracture of Hip Joint Incorporating with sciatic nerve trauma——traumatic mechanism and analysis of leakage diagnosis[J]. Zhongguo Jiao Xing Wai Ke Za Zhi[Orthop J China(Article in Chinese;Abstract in Chinese and English)],2000,7(1):77-78. DOI:10.3969/j.issn.1005-8478.2000.01.028.}

[21367] 闫乔生，黄耀添，杜鸿章. 儿童臀部坐骨神经损伤 [J]. 中国矫形外科杂志，2000，7（12）：1164. DOI：10.3969/j.issn.1005-8478.2000.12.006. {YAN Qiaosheng,HUANG Yaotian,DU Hongzhang. Injury of sciatic nerve injury in the cluneal region in children[J]. Zhongguo Jiao Xing Wai Ke Za Zhi[Orthop J China(Article in Chinese;Abstract in Chinese and English)],2000,7(12):1164. DOI:10.3969/j.issn.1005-8478.2000.12.006.}

[21368] 王思群，顾湘杰，姜建元. 注射性坐骨神经损伤的手术治疗 [J]. 中国矫形外科杂志，2000，7（12）：1227. DOI：10.3969/j.issn.1005-8478.2000.12.033. {WANG Siqun,GU Xiangjie,JIANG Jianyuan. Surgical Treatment for Injection Injury of the Sciatic Nerve in Children[J]. Zhongguo Jiao Xing Wai Ke Za Zhi[Orthop J China(Article in Chinese;Abstract in Chinese and English)],2000,7(12):1227. DOI:10.3969/j.issn.1005-8478.2000.12.033.}

[21369] 黄耀添，闫乔生，雷伟，朱庆生，赵黎，李华林. 臀部坐骨神经损伤及修复 [J]. 中国修复重建外科杂志，2000，14（2）：83-86. DOI：10.3969/j.issn.1005-8478.2000.12.006. {HUANG Yaotian,YAN Qiaosheng,LEI Wei,ZHU Qingsheng,ZHAO Li,LI Hualin. Gluteal sciatic nerve injury and its treatment[J]. Zhongguo Xiu Fu Chong Jian Wai Ke Za Zhi[Chin J Repar Reconstr Surg(Article in Chinese;Abstract in Chinese and English)],2000,14(2):83-86. DOI:10.3969/j.issn.1005-8478.2000.12.006.}

[21370] 龙绍华. 髓内钉内固定治疗股骨骨折致坐骨神经损伤两例报告 [J]. 中华骨科杂志，2001，21（8）：462. DOI：10.3760/j.issn：0253-2352.2001.08.016. {LONG Shaohua. Treatment of sciatic nerve injury caused by femoral fracture with intramedullary nail:a report of two cases[J]. Zhonghua Gu Ke Za Zhi[Chin J Orthop(Article in Chinese;No abstract available)],2001,21(8):462. DOI:10.3760/j.issn:0253-2352.2001.08.016.}

[21371] 冯敬，范斌，钟易林. 迟发性坐骨神经损伤误诊为腰椎间盘突出症 2 例 [J]. 中国矫形外科杂志，2001，8（7）：726. DOI：10.3969/j.issn.1005-8478.2001.07.051. {FENG Jing,FAN Bin,ZHONG Yilin. Delayed sciatic nerve injury misdiagnosed as lumbar disc herniation:a report of two cases[J]. Zhongguo Jiao Xing Wai Ke Za Zhi[Orthop J China(Article in Chinese;Abstract in Chinese and English)],2001,8(7):726. DOI:10.3969/j.issn.1005-8478.2001.07.051.}

[21372] 李庆涛，张循美，孙树新，邓昌，田凌云. 髋关节骨折——后脱位合并坐骨神经损伤的创伤机制及漏诊分析 [J]. 中华创伤骨科杂志，2001，3（3）：183-184. DOI：10.3760/cma.j.issn.1671-7600.2001.03.008. {LI Qingtao,ZHANG Xunmei,SUN Shuxin,DENG Chang,TIAN Lingyun. The analysis of traumatic mechanism and missed diagnosis of sciatic nerve injury complicated hip fracture and posterior dislocation[J]. Zhonghua Chuang Shang Gu Ke Za Zhi[Chin J Orthop Trauma(Article in Chinese;Abstract in Chinese and English)],2001,3(3):183-184. DOI:10.3760/cma.j.issn.1671-7600.2001.03.008.}

[21373] 宋建榕，李建东，陈奋勇，林佳俊，李卫峰. 砂枪致坐骨神经损伤八例 [J]. 中华创伤杂志，2001，17（12）：755-756. DOI：10.3760/j：issn：1001-8050.2001.12.018. {SONG Jianrong,LI Jiandong,CHEN Fenyong,LIN Jiajun,LI Weifeng. Sciatic nerve injury caused by sand gun:a report of 8 cases[J]. Zhonghua Chuang Shang Za Zhi[Chin J Trauma(Article in Chinese;No abstract available)],2001,17(12):755-756. DOI:10.3760/j:issn:1001-8050.2001.12.018.}

[21374] 陈献南，李毅中. 交通事故致髋关节骨折、脱位合并坐骨神经损伤 13 例 [J]. 中华创伤杂志，2001，17（12）：760-761. DOI：10.3760/j：issn：1001-8050.2001.12.023. {CHEN Xiannan,LI Yizhong. Fracture and dislocation of hip joint combined with sciatic nerve injury caused by traffic accident:a report of 13 cases[J]. Zhonghua Chuang Shang Za Zhi[Chin J Trauma(Article in Chinese;No abstract available)],2001,17(12):760-761. DOI:10.3760/j:issn:1001-8050.2001.12.023.}

[21375] 韩金豹，韩久卉，田德虎，张经歧. 开放性股骨干骨折合并坐骨神经损伤 1 例 [J]. 中国骨伤，2001，14（8）：507. DOI：10.3969/j.issn.1003-0034.2001.08.044. {HAN Jinbao,HAN Jiuhui,TIAN Dehu,ZHANG Jingqi. Open femoral shaft fracture with sciatic nerve injury:a case report[J]. Zhongguo Gu Shang[China J Orthop Trauma(Article in Chinese;No abstract available)],2001,14(8):507. DOI:10.3969/j.issn.1003-0034.2001.08.044.}

[21376] 禹宝庆，张少成，韩雪华. 髋部坐骨神经损伤的诊断及治疗 [J]. 第二军医大学学报，2001，22（10）：928，931，934. DOI：10.3321/j.issn：0258-879X.2001.10.037. {YU Baoqing,ZHANG Shaocheng,HAN Xuehua. Diagnosis and treatment of sciatic nerve injury around hip[J]. Di Er Jun Yi Da Xue Xue Bao[Acad J Sec Mil Med Univ(Article in Chinese;No abstract available)],2001,22(10):928,931,934. DOI:10.3321/j.issn:0258-879X.2001.10.037.}

[21377] 闫乔生，黄耀添，杜鸿章，朱庆生. 小儿臀部坐骨神经损伤的修复 [J]. 中国修复重建外科杂志，2001，15（4）：254. DOI：CNKI：SUN：ZXCW.0.2001-04-023. {YAN Qiaosheng,HUANG Yaotian,DU Hongzhang,ZHU Qingsheng. Repair of sciatic nerve injury in children[J]. Zhongguo Xiu Fu Chong Jian Wai Ke Za Zhi[Chin J Repar Reconstr Surg(Article in Chinese;Abstract in Chinese)],2001,15(4):254. DOI:CNKI:SUN:ZXCW.0.2001-04-023.}

[21378] 王晗. 猎枪铅弹致坐骨神经损伤的显微外科治疗 [J]. 中华显微外科杂志，2002，25（2）：160. DOI：10.3760/cma.j.issn.1001-2036.2002.02.052. {WANG Han. Microsurgical treatment of sciatic nerve injury caused by shotgun lead shot[J]. Zhonghua Xian Wei Wai Ke Za Zhi[Chin J Microsurg(Article in Chinese;No abstract available)],2002,25(2):160. DOI:10.3760/cma.j.issn.1001-2036.2002.02.052.}

[21379] 侯春林，王诗波，陈爱民，张伟，匡勇，刘岩，尹承慧，张世民，王金武. 坐骨神经损伤的手术治疗 [J]. 中华创伤杂志，2002，18（9）：530-532. DOI：10.3760/j：issn：

1001-8050.2002.09.005. {HOU Chunlin,WANG Shibo,CHEN Aimin,ZHANG Wei,KUANG Yong,LIU Yan,YIN Chenghui,ZHANG Shimin,WANG Jinwu. Repair of sciatic nerve injury[J]. Zhonghua Chuang Shang Za Zhi[Chin J Trauma(Article in Chinese;Abstract in Chinese and English)],2002,18(9):530-532. DOI:10.3760/j:issn:1001-8050.2002.09.005.}

[21380] 刘卓，刘磊，吕智．髋关节骨折脱位合并坐骨神经损伤的临床特点及疗效分析［J］．中国骨伤，2002，15（9）：524-525．DOI：10.3969/j.issn.1003-0034.2002.09.005．{LIU Zhuo,LIU Lei,LV Zhi. The clinical characteristics of fracture-dislocation of the hip complicated with sciatic nerve injury and the analysis of the result of treatment[J]. Zhongguo Gu Shang[China J Orthop Trauma(Article in Chinese;Abstract in Chinese and English)],2002,15(9):524-525. DOI:10.3969/j.issn.1003-0034.2002.09.005.}

[21381] 韩士章，苑振峰，杨晓飞．髋部骨折脱位合并坐骨神经损伤治疗分析［J］．中国矫形外科杂志，2003，11（16）：1096-1097．DOI：10.3969/j.issn.1005-8478.2003.16.004．{HAN Shizhang,YUAN Zhenfeng,YANG Xiaofei. Analysis of treatment for fracture-dislocation of the hip complicated with sciatic nerve injury[J]. Zhongguo Jiao Xing Wai Ke Za Zhi[Orthop J China(Article in Chinese;Abstract in Chinese and English)],2003,11(16):1096-1097. DOI:10.3969/j.issn.1005-8478.2003.16.004.}

[21382] 余学东，蒋电明，安洪．外伤性髋关节后脱位合并坐骨神经损伤［J］．创伤外科杂志，2004，6（1）：19-21．DOI：10.3969/j.issn.1009-4237.2004.01.009．{YU Xuedong,JIANG Dianming,AN Hong. Traumatic posterior dislocation of hip associated with injury of sciatic nerve[J]. Chuang Shang Wai Ke Za Zhi[J Traum Surg(Article in Chinese;Abstract in Chinese and English)],2004,6(1):19-21. DOI:10.3969/j.issn.1009-4237.2004.01.009.}

[21383] 尹怡辉，何爱咏．儿童注射性坐骨神经损伤手术治疗疗效分析［J］．局解手术学杂志，2005，14（6）：381-382．DOI：10.3969/j.issn.1672-5042.2005.06.010．{YIN Yihui,HE Aiyong. Therapeutic effect of surgical treatment for sciatic nerve injury caused by intramuscular injection in children[J]. Ju Jie Shou Shu Xue Za Zhi[J Reg Anat Oper Surg(Article in Chinese;Abstract in Chinese and English)],2005,14(6):381-382. DOI:10.3969/j.issn.1672-5042.2005.06.010.}

[21384] 孙津民，李兆祥，林子蔚，魏志达．坐骨神经损伤多见腓总神经病变原因分析及临床意义［J］．中国临床解剖学杂志，2006，24（2）：163-165．DOI：10.3969/j.issn.1001-165X.2006.02.015．{SUN Jinmin,LI Zhaoxiang,LIN Ziwei,WEI Zhida. The reasons for the disease of common peroneal nerve caused by sciatic nerve injury and its clinical significance[J]. Zhongguo Lin Chuang Jie Pou Xue Za Zhi[Chin J Clin Anat(Article in Chinese;Abstract in Chinese and English)],2006,24(2):163-165. DOI:10.3969/j.issn.1001-165X.2006.02.015.}

[21385] 郑玉涛，叶维健．诊疗坐骨神经损伤的局部解剖学基础及临床分析［J］．局解手术学杂志，2008，17(5)：322-324．DOI：10.3969/j.issn.1672-5042.2008.05.011．{ZHENG Yutao,YE Weijian. Regional anatomy and clinical analysis of injured sciatic nerve in diagnosis and treatment[J]. Ju Jie Shou Shu Xue Za Zhi[J Reg Anat Oper Surg(Article in Chinese;Abstract in Chinese and English)],2008,17(5):322-324. DOI:10.3969/j.issn.1672-5042.2008.05.011.}

[21386] 周智，左文山，谢跃．刀刺伤导致坐骨神经损伤合并假性动脉瘤一例［J］．中华显微外科杂志，2014，37（5）：520．DOI：10.3760/cma.j.issn.1001-2036.2014.05.036．{ZHOU Zhi,ZUO Wenshan,XIE Yue. A case of sciatic nerve injury complicated with pseudoaneurysm caused by stab wound[J]. Zhonghua Xian Wei Wai Ke Za Zhi[Chin J Microsurg(Article in Chinese;No abstract available)],2014,37(5):520. DOI:10.3760/cma.j.issn.1001-2036.2014.05.036.}

[21387] 李明恒，钟红发，陈荣春．胫神经近端肌支移位治疗高位坐骨神经损伤的应用解剖［J］．中国临床解剖学杂志，2015，33（1）：5-8．DOI：10.13418/j.issn.1001-165x.2015.01.002．{LI Mingheng,ZHONG Hongfa,CHEN Rongchun. The anatomical study of transfer of motor branches from proximal segment of the tibial nerve for treatment of high-level sciatic nerve injury[J]. Zhongguo Lin Chuang Jie Pou Xue Za Zhi[Chin J Clin Anat(Article in Chinese;Abstract in Chinese and English)],2015,33(1):5-8. DOI:10.13418/j.issn.1001-165x.2015.01.002.}

6.4.16.2 股神经损伤
femoral nerve injury

[21388] Chen H,Meng D,Xie Z,Yin G,Hou C,Lin H. Transfer of sciatic nerve motor branches in high femoral nerve injury:a cadaver feasibility study and clinical case report[J]. Oper Neurosurg(Hagerstown),2020,19(3):E244-E250. doi:10.1093/ons/opaa131.

[21389] Yang J,Zhang Z,Cheng H,Xiao K,Luo D,Zhang H. Sciatic and femoral nerve injury among patients who received Bernese peri-acetabular osteotomy[J]. Int Orthop,2019,43(3):573-577. doi:10.1007/s00264-018-4035-3.

[21390] Cao Y,Li Y,Zhang Y,Li S,Jiang J,Gu Y,Xu L. Different surgical reconstructions for femoral nerve injury:a clinical study on 9 cases[J]. Ann Plast Surg,2020,84(5S Suppl 3):S171-S177. doi:10.1097/SAP.0000000000002371.

[21391] Lin M,Long G,Chen M,Chen W,Mo J,Chen N. Giant recurrent left inguinal hernia with femoral nerve injury:a report of a rare case[J]. BMC Surg,2020,20(1):123. doi:10.1186/s12893-020-00786-9.

[21392] Cao Y,Li Y,Zhang Y,Li S,Jiang J,Gu Y,Xu L. Contralateral obturator nerve transfer for femoral nerve restoration:a case report[J]. Br J Neurosurg,2021,35(1):35-39. doi:10.1080/02688697.2020.1749983.

[21393] 吴梅英．运动致股神经损伤［J］．修复重建外科杂志，1990，4（3）：143-144，190-191．DOI：CNKI：SUN：ZXCW.0.1990-03-009．{WU Meiying. Femoral nerve injury caused by exercise[J]. Zhongguo Xiu Fu Chong Jian Wai Ke Za Zhi[Chin J Repair Reconstr Surg(Article in Chinese;No abstract available)],1990,4(3):143-144,190-191. DOI:CNKI:SUN:ZXCW.0.1990-03-009.}

[21394] 张咸中，程淑英，张振伟，韩庆武，单臣．股神经损伤三例报告［J］．中华显微外科杂志，1995，18(2)：133．DOI：10.3760/cma.j.issn.1001-2036.1995.02.138．{ZHANG Xianzhong,CHENG Shuying,ZHANG Zhenwei,HAN Qingwu,DAN Chen. Femoral nerve injury:a report of 3 cases[J]. Zhonghua Xian Wei Wai Ke Za Zhi[Chin J Microsurg(Article in Chinese;No abstract available)],1995,18(2):133. DOI:10.3760/cma.j.issn.1001-2036.1995.02.138.}

[21395] 张德友，李运祥，刘元开，王霞．闭合性股神经损伤二例［J］．中华显微外科杂志，1997，20（2）：18．DOI：10.3760/cma.j.issn.1001-2036.1997.02.110．{ZHANG Deyou,LI Yunxiang,LIU Yuankai,WANG Xia. Closed femoral nerve injury:a report of 2 cases[J]. Zhonghua Xian Wei Wai Ke Za Zhi[Chin J Microsurg(Article in Chinese;No abstract available)],1997,20(2):18. DOI:10.3760/cma.j.issn.1001-2036.1997.02.110.}

[21396] 杨成林，张信英，韩成龙．臀部刀砍伤致股神经损伤一例［J］．中华显微外科杂志，2003，26（1）：21．DOI：10.3760/cma.j.issn.1001-2036.2003.01.041．{YANG Chenglin,ZHANG Xinying,HAN Chenglong. Femoral nerve injury caused by cutting:a case report[J]. Zhonghua Xian Wei Wai Ke Za Zhi[Chin J Microsurg(Article in Chinese;No abstract available)],2003,26(1):21. DOI:10.3760/cma.j.issn.1001-2036.2003.01.041.}

[21397] 刘云升，王慧东．股神经损伤1例漏诊原因分析［J］．中国骨伤，2004，17（4）：214．DOI：10.3969/j.issn.1003-0034.2004.04.028．{LIU Yunsheng,WANG Huidong. Analysis on cause of misdiagnosis of femoral nervous injury:a case report[J]. Zhongguo Gu Shang[China J Orthop Trauma(Article in Chinese;No abstract available)],2004,17(4):214. DOI:10.3969/j.issn.1003-0034.2004.04.028.}

[21398] 王银河，朱晞群，吴继明，李格．髂窝血肿清除术后股神经损伤一例报告［J］．中华骨科杂志，2005，25（5）：267．DOI：10.3760/j.issn：0253-2352.2005.05.016．{WANG Yinhe,ZHU Xiqun,WU Jiming,LI Ge. Femoral nerve injury after evacuation of iliac fossa hematoma:a case report[J]. Zhonghua Gu Ke Za Zhi[Chin J Orthop(Article in Chinese;No abstract available)],2005,25(5):267. DOI:10.3760/j.issn:0253-2352.2005.05.016.}

[21399] 刘建寅，李庆泰，张云涛．第2腰神经根修复高位股神经损伤一例［J］．中华显微外科杂志，2005，28（2）：118．DOI：10.3760/cma.j.issn.1001-2036.2005.02.049．{LIU Jianyin,LI Qingtai,ZHANG Yuntao. Repair of high femoral nerve injury by the second lumbar nerve root:a case report[J]. Zhonghua Xian Wei Wai Ke Za Zhi[Chin J Microsurg(Article in Chinese;No abstract available)],2005,28(2):118. DOI:10.3760/cma.j.issn.1001-2036.2005.02.049.}

[21400] 刘建寅，郭强，李庆泰，王洪业，王丹，张云涛．26例股神经损伤的临床治疗分析［J］．中华显微外科杂志，2006，29(2)：95-96．DOI：10.3760/cma.j.issn.1001-2036.2006.02.006．{LIU Jianyin,GUO Qiang,LI Qingtai,WANG Hongye,WANG Dan,ZHANG Yuntao. Clinical treatment analysis of twnety-six cases of femoral nerve injury[J]. Zhonghua Xian Wei Wai Ke Za Zhi[Chin J Microsurg(Article in Chinese;Abstract in Chinese and English)],2006,29(2):95-96. DOI:10.3760/cma.j.issn.1001-2036.2006.02.006.}

[21401] 刘昌宝．左侧腹股沟股疝手术后股神经损伤1例分析［J］．创伤外科杂志，2016，18（7）：407．DOI：10.3969/j.issn.1009-4237.2016.07.020．{LIU Changbao. Nerve injury after surgery of left inguinofemoral hernia:a case report[J]. Chuang Shang Wai Ke Za Zhi[J Traum Surg(Article in Chinese;No abstract available)],2016,18(7):407. DOI:10.3969/j.issn.1009-4237.2016.07.020.}

[21402] 周军，林耀发，宗海洋，谢铮，林浩东，侯春林．闭孔神经前支移位修复股神经损伤的解剖学研究［J］．中国修复重建外科杂志，2017，31（11）：1367-1370．DOI：10.7507/1002-1892.201705046．{ZHOU Jun,LIN Yaofa,ZONG Haiyang,XIE Zheng,LIN Haodong,HOU Chunlin. Anatomical study on the repair of femoral nerve injury with anterior branch of obturator nerve[J]. Zhongguo Xiu Fu Chong Jian Wai Ke Za Zhi[Chin J Repair Reconstr Surg(Article in Chinese;Abstract in Chinese and English)],2017,31(11):1367-1370. DOI:10.7507/1002-1892.201705046.}

[21403] 周军．股神经损伤的手术治疗进展［J］．中华显微外科杂志，2018，41（2）：208，后插1．DOI：10.3760/cma.j.issn.1001-2036.2017.06.035．{ZHOU Jun. Progress in surgical treatment of femoral nerve injury[J]. Zhonghua Xian Wei Wai Ke Za Zhi[Chin J Microsurg(Article in Chinese;No abstract available)],2018,41(2):208,insert 1. DOI:10.3760/cma.j.issn.1001-2036.2017.06.035.}

6.4.16.3 闭孔神经损伤
obturator nerve injury

[21404] 张永，王国亚，杨胜波．股神经和闭孔神经肌支转位的解剖学测量和神经纤维定量［J］．中国临床解剖学杂志，2014，32（5）：544-547．DOI：10.13418/j.issn.1001-165x.2014.05.009．{ZHANG Yong,WANG Guoya,YANG Shengbo. Anatomical measurement and quantification of nerve fibers for femoral and obturator nerve muscular branches transfer[J]. Zhongguo Lin Chuang Jie Pou Xue Za Zhi[Chin J Clin Anat(Article in Chinese;Abstract in Chinese and English)],2014,32(5):544-547. DOI:10.13418/j.issn.1001-165x.2014.05.009.}

[21405] 朱红花，钟江．超声引导联合神经刺激器用于经尿道膀胱肿瘤电切术中闭孔神经定位的临床研究［J］．上海医学，2018，41（3）：145-149．DOI：CNKI：SUN：SHYX.0.2018-03-007．{ZHU Honghua,ZHONG Jiang. Application of ultrasound combined with nerve stimulator for obturator nerve positioning in transurethral resection of bladder tumor[J]. Shang Hai Yi Xue[Shanghai Med J(Article in Chinese;Abstract in Chinese and English)],2018,41(3):145-149. DOI:CNKI:SUN:SHYX.0.2018-03-007.}

6.4.16.4 胫神经损伤
tibial nerve injury

[21406] Pang Y,Hong Q,Zheng J. Sensory reinnervation of muscle spindles after repair of tibial nerve defects using autogenous vein grafts[J]. Neural Regen Res,2014,9(6):610-615. doi:10.4103/1673-5374.130103.

6.4.16.5 腓总神经损伤
common peroneal nerve injury

[21407] Zhu J,Jiang Y,Hu Y,Xing C. Common peroneal nerve injury during a straight leg raising test,the result of an intraneural ganglion[J]. J Plast Reconstr Aesthet Surg,2010,63(12):e835-836. doi:10.1016/j.bjps.2010.07.019.

[21408] Wu C,Wang G,Zhao Y,Hao W,Zhao L,Zhang X,Cao J,Wang S,Chen W,Chan Q,Zhao B,Chhabra A. Assessment of tibial and common peroneal nerves in diabetic peripheral neuropathy by diffusion tensor imaging:a case control study[J]. Eur Radiol,2017,27(8):3523-3531. doi:10.1007/s00330-016-4698-3.

[21409] Wang YP,Zhang W,Zhang J,Sun YP,An JL,Ding WY. Analysis of the clinical effects of transforaminal endoscopic discectomy on lumbar disk herniation combined with common peroneal nerve paralysis:a 2-year follow-up retrospective study on 32 patients[J]. J Pain Res,2017,10:105-112. doi:10.2147/JPR.S120463.

[21410] Zeng X,Xie L,Qiu Z,Sun K. Compression neuropathy of common peroneal nerve caused by a popliteal cyst:a case report[J]. Medicine(Baltimore),2018,97(16):e9922. doi:10.1097/MD.0000000000009922.

[21411] Chen H,Meng D,Yin G,Hou C,Lin H. Translocation of the soleus muscular branch of the tibial nerve to repair high common peroneal nerve injury[J]. Acta Neurochir(Wien),2019,161(2):271-277. doi:10.1007/s00701-018-03797-x.

[21412] Wang T,Zhao J,Yuan D. Successful surgical management of a ruptured popliteal artery aneurysm with acute common peroneal nerve neuropathy:a rare case[J]. Vascular,2021,29(2):256-259. doi:10.1177/1708538120950870.

[21413] Liu Z,Yushan M,Liu Y,Yusufu A. Prognostic factors in patients who underwent surgery for common peroneal nerve injury:a nest case-control study[J]. BMC Surg,2021,21(1):11. doi:10.1186/s12893-020-01033-x.

[21414] Shen K,Bai P,Sun R,Liu L,Wang F,Chen B,Wang X. Common peroneal nerve palsy due to giant fabella after total knee arthroplasty[J]. Orthop Surg,2021,13(2):669-672. doi:10.1111/os.12874.

[21415] 李成荣．腓总神经损伤功能重建［J］．修复重建外科杂志，1988，2（2）：144．{LI Chengrong. Functional reconstruction of common peroneal nerve injury[J]. Zhongguo Xiu Fu Chong Jian Wai Ke Za Zhi[Chin J Repair Reconstr Surg(Article in Chinese;No abstract

available)],1988,2(2):144.}

[21416] 刘建寅，程绪西．腓总神经损伤手术治疗 24 例临床分析 [J]．中华显微外科杂志，1993，16（2）：96－98．{LIU Jianyin,CHENG Xuxi. Surgical treatment in common peroneal nerve injury:a clinical analysis of 24 cases[J]. Zhonghua Xian Wei Wai Ke Za Zhi[Chin J Microsurg(Article in Chinese;Abstract in Chinese)],1993,16(2):96-98.}

[21417] 黄耀添，马平．运动创伤引起的腓总神经损伤 [J]．中国修复重建外科杂志，1993，7（1）：16－17，62．DOI：CNKI：SUN：ZXCW.0.1993－01－008．{HUANG Yaotian,MA Ping. Injury of common peroneal nerve caused by sports injury[J]. Zhongguo Xiu Fu Chong Jian Wai Ke Za Zhi[Chin J Repar Reconstr Surg(Article in Chinese;Abstract in Chinese)],1993,7(1):16-17,62. DOI:CNKI:SUN:ZXCW.0.1993-01-008.}

[21418] 宋基学，张兴志，范玉春．腓总神经损伤早期显微外科治疗 [J]．中华显微外科杂志，1995，18（4）：268．DOI：10.3760/cma.j.issn.1001－2036.1995.04.115．{SONG Jixue,ZHANG Xingzhi,FAN Yuchun. Early microsurgical treatment of common peroneal nerve injury[J]. Zhonghua Xian Wei Wai Ke Za Zhi[Chin J Microsurg(Article in Chinese;No abstract available)],1995,18(4):268. DOI:10.3760/cma.j.issn.1001-2036.1995.04.115.}

[21419] 杨光，沈江．胫腓骨外固定术后外旋位放置致腓总神经损伤 5 例 [J]．中国骨伤，1999，12（2）：65．DOI：10.3969/j.issn.1003－0034.1999.02.040．{YANG Guang,SHEN Jiang. Common peroneal nerve injury caused by external rotation after external fixation of tibia and fibula:a report of 5 cases[J]. Zhongguo Gu Shang[China J Orthop Trauma(Article in Chinese;No abstract available)],1999,12(2):65. DOI:10.3969/j.issn.1003-0034.1999.02.040.}

[21420] 吴其常，王东生，何志晶．合并膝关节韧带损伤的腓总神经损伤 [J]．中国矫形外科杂志，2000，7（3）：306－307．DOI：10.3969/j.issn.1005－8478.2000.03.039．{WU Qichang,WANG Dongsheng,HE Zhijing. Common peroneal nerve injery complicated with knee joint iigament injury[J]. Zhongguo Jiao Xing Wai Ke Za Zhi[Orthop J China(Article in Chinese;Abstract in Chinese and English)],2000,7(3):306-307. DOI:10.3969/j.issn.1005-8478.2000.03.039.}

[21421] 彭家声．踝关节内翻扭伤致腓总神经损伤的诊治 [J]．临床骨科杂志，2000，3（2）：128－129．DOI：10.3969/j.issn.1008－0287.2000.02.023．{PENG Jiasheng. Diagnosis and treatment of the injury of common peroneal nerve after inversion ankle sprains[J]. Lin Chuang Gu Ke Za Zhi[J Clin Orthop(Article in Chinese;Abstract in Chinese)],2000,3(2):128-129. DOI:10.3969/j.issn.1008-0287.2000.02.023.}

[21422] 黄龙江．腓总神经损伤修复一例 [J]．中国修复重建外科杂志，2000，14（2）：封三．DOI：CNKI：SUN：ZXCW.0.2000－02－032．{HUANG Longjiang. Repair of common peroneal nerve injury:a case report[J]. Zhongguo Xiu Fu Chong Jian Wai Ke Za Zhi[Chin J Repar Reconstr Surg(Article in Chinese;No abstract available)],2000,14(2):cover 3. DOI:CNKI:SUN:ZXCW.0.2000-02-032.}

[21423] 崔胜杰，冀雪霞，牛洪峰，崔香丽，王向辉，张素梅．腓总神经损伤晚期功能重建八例 [J]．中国修复重建外科杂志，2001，15（3）：192．DOI：CNKI：SUN：ZXCW.0.2001－03－027．{CUI Shengjie,JI Xuexia,NIU Hongfeng,CUI Xiangli,WANG Xianghui,ZHANG Sumei. Later functional reconstruction of common peroneal nerve injury:a report of 8 cases[J]. Zhongguo Xiu Fu Chong Jian Wai Ke Za Zhi[Chin J Repar Reconstr Surg(Article in Chinese;No abstract available)],2001,15(3):192. DOI:CNKI:SUN:ZXCW.0.2001-03-027.}

[21424] 杨成林，付春江，毕郑钢．特殊运动致腓总神经损伤一例 [J]．中华显微外科杂志，2004，27（4）：283．DOI：10.3760/cma.j.issn.1001－2036.2004.04.048．{YANG Chenglin,FU Chunjiang,BI Zhenggang. Common peroneal nerve injury caused by special exercise:a case report[J]. Zhonghua Xian Wei Wai Ke Za Zhi[Chin J Microsurg(Article in Chinese;No abstract available)],2004,27(4):283. DOI:10.3760/cma.j.issn.1001-2036.2004.04.048.}

[21425] 王晓腾，陈昌伟．外固定不恰当致腓总神经损伤 15 例临床分析 [J]．中国骨伤，2004，17（9）：557－557．DOI：10.3969/j.issn.1003－0034.2004.09.020．{WANG Xiaoteng,CHEN Changwei. Fifteen patients with common peroneal nerve injury caused by inappropriate external fixation[J]. Zhongguo Gu Shang[China J Orthop Trauma(Article in Chinese;No abstract available)],2004,17(9):557-557. DOI:10.3969/j.issn.1003-0034.2004.09.020.}

[21426] 斯清庆，陈爱民，侯春林，严力生．踝扭伤致腓总神经损伤的诊治 [J]．中国骨伤，2005，18（9）：538－539．DOI：CNKI：SUN：ZGGU.0.2005－09－012．{SI Qingqing,CHEN Aimin,HOU Chunlin,YAN Lisheng. Diagnosis and treatment of common peroneal nerve injury induced by sprain of ankle[J]. Zhongguo Gu Shang[China J Orthop Trauma(Article in Chinese;Abstract in Chinese and English)],2005,18(9):538-539. DOI:CNKI:SUN:ZGGU.0.2005-09-012.}

[21427] 邱康宁，高苏宁，段文江．腘窝手术失误致腓总神经损伤 [J]．临床骨科杂志，2006，9（3）：272．DOI：10.3969/j.issn.1008－0287.2006.03.037．{QIU Kangning,GAO Suning,DUAN Wenjiang. Fibular nerve damage during popliteal fossa operation[J]. Lin Chuang Gu Ke Za Zhi[J Clin Orthop(Article in Chinese;Abstract in Chinese)],2006,9(3):272. DOI:10.3969/j.issn.1008-0287.2006.03.037.}

[21428] 陈维波，缪道一．胫神经肌支转位治疗高位腓总神经损伤的解剖学研究 [J]．第二军医大学学报，2012，33（9）：982－985．DOI：10.3724/SP.J.1008.2012.00982．{CHEN Weibo,MIAO Daoyi. Transferring motor branches from proximal tibial nerve for treatment of high fibular nerve injuries:an anatomical study[J]. Di Er Jun Yi Da Xue Xue Bao[Acad J Sec Mil Med Univ(Article in Chinese;Abstract in Chinese and English)],2012,33(9):982-985. DOI:10.3724/SP.J.1008.2012.00982.}

[21429] 周莉萍，张文浩，张志华．热水泥烧伤并发腓总神经损伤一例 [J]．中华烧伤杂志，2014，30（6）：539－540．DOI：10.3760/cma.j.issn.1009－2587.2014.06.019．{ZHOU Liping,ZHANG Wenhao,ZHANG Zhihua. Hot cement burn complicated with common peroneal nerve injury:a case report[J]. Zhonghua Shao Shang Za Zhi[Chin J Burns(Article in Chinese;No abstract available)],2014,30(6):539-540. DOI:10.3760/cma.j.issn.1009-2587.2014.06.019.}

[21430] 姚建忠，刘齐贵，窦坤，曹伟，王跃力，周庆余，赵谦．膀胱截石位致腓总神经损伤 2 例分析 [J]．创伤外科杂志，2015，17（3）：285．DOI：CNKI：SUN：CXWK.0.2015－03－040．{YAO Jianzhong,LIU Qigui,DOU Kun,CAO Wei,WANG Yueli,ZHOU Qingyu,ZHAO Qian. Clinical analysis of iatrogenic peroneal nerve injury by lithotomy position[J]. Chuang Shang Wai Ke Za Zhi[J Traum Surg(Article in Chinese;Abstract in Chinese)],2015,17(3):285. DOI:CNKI:SUN:CXWK.0.2015-03-040.}

[21431] 沈骏杰，金鸿宾，刘艳成．体重急速下降致腓总神经损伤一例 [J]．中华医学杂志，2016，96（1）：64－65．DOI：10.3760/cma.j.issn.0376－2491.2016.01.016．{SHEN Junjie,JIN Hongbin,LIU Yancheng. Common peroneal nerve injury caused by rapid weight loss:a case report[J]. Zhonghua Yi Xue Za Zhi[Natl Med J China(Article in Chinese;No abstract available)],2016,96(1):64-65. DOI:10.3760/cma.j.issn.0376-2491.2016.01.016.}

[21432] 张申申，王磊，郭卫中．超声检查在外伤性腓总神经损伤诊断中的临床应用 [J]．中华手外科杂志，2018，34（6）：421－422．DOI：10.3760/cma.j.issn.1005－054X.2018.06.008．{ZHANG Shenshen,WANG Lei,GUO Weizhong. Clinical application of ultrasonography in the diagnosis of traumatic common peroneal nerve injury[J]. Zhonghua Shou Wai Ke Za Zhi[Chin J Hand Surg(Article in Chinese;Abstract in Chinese)],2018,34(6):421-422. DOI:10.3760/cma.j.issn.1005-054X.2018.06.008.}

[21433] 温晓东，赵宏谋，鹿军，李毅，张言，梁景棋，常鑫，梁晓军．胫后肌腱转位治疗腓总神经损伤源性足下垂畸形 [J]．中国修复重建外科杂志，2020，34（5）：591－595．DOI：10.7507/1002－1892.201909105．{WEN Xiaodong,ZHAO Hongmou,LU Jun,LI Yi,ZHANG Yan,LIANG Jingqi,CHANG Xin,LIANG Xiaojun. Effectiveness of tibialis posterior tendon transfer for foot drop secondary to peroneal nerve palsy[J]. Zhongguo Xiu Fu Chong Jian Wai Ke Za Zhi[Chin J Repar Reconstr Surg(Article in Chinese;Abstract in Chinese and English)],2020,34(5):591-595. DOI:10.7507/1002-1892.201909105.}

6.4.16.6 下肢神经卡压综合征
lowerlimb nerve entrapment syndrome

[21434] Zhou Y,Zheng WJ,Wang J,Chu TW,Li CQ,Zhang ZF,Wang WD. The clinical features of,and microendoscopic decompression for,extraforaminal entrapment of the L5 spinal nerve[J]. Orthop Surg,2009,1(1):74-77. doi:10.1111/j.2757-7861.2008.00013.x.

[21435] 杨迪生，袁中兴，严世贵，范顺武，潘志军，杨泉森，陈世益．隐神经卡压症的诊断和治疗 [J]．中华外科杂志，1988，26（8）：464－465．{YANG Disheng,YUAN Zhongxing,YAN Shigui,FAN Shunwu,PAN Zhijun,YANG Quansen,CHEN Shiyi. Diagnosis and treatment of saphenous nerve entrapment[J]. Zhonghua Wai Ke Za Zhi[Chin J Surg(Article in Chinese;Abstract in Chinese)],1988,26(8):464-465.}

[21436] 翟饶生，周成福，王日光，范遗恩．骨盆出口坐骨神经卡压症的显微外科治疗 [J]．中华显微外科杂志，1995，18（3）：229．DOI：10.3760/cma.j.issn.1001－2036.1995.03.140．{ZHAI Raosheng,ZHOU Chengfu,WANG Riguang,FAN Yien. Microsurgical treatment of sciatic nerve entrapment at pelvic outlet[J]. Zhonghua Xian Wei Wai Ke Za Zhi[Chin J Microsurg(Article in Chinese;No abstract available)],1995,18(3):229. DOI:10.3760/cma.j.issn.1001-2036.1995.03.140.}

[21437] 陶树青，陶树林，赵法章，陶天遵．足背外侧皮神经卡压征（症）三例报告 [J]．中华显微外科杂志，1996，19（3）：239．DOI：CNKI：SUN：ZHXW.0.1996－03－046．{TAO Shuqing,TAO Shulin,ZHAO Fazhang,TAO Tianzun. Lateral dorsalis pedis cuta neous nerve entrapment syndrome:a report of 3 cases[J]. Zhonghua Xian Wei Wai Ke Za Zhi[Chin J Microsurg(Article in Chinese;Abstract in Chinese)],1996,19(3):239. DOI:CNKI:SUN:ZHXW.0.1996-03-046.}

[21438] 黄忠敏．坐骨神经卡压综合征的治疗概况及评价 [J]．中国骨伤，1997，10（6）：61－62．DOI：CNKI：SUN：ZGGU.0.1997－01－053．{HUANG Zhongmin. Overview and evaluation of treatment of sciatic nerve entrapment syndrome[J]. Zhongguo Gu Shang[China J Orthop Trauma(Article in Chinese;Abstract in Chinese)],1997,10(6):61-62. DOI:CNKI:SUN:ZGGU.0.1997-01-053.}

[21439] 陈德松，陈德荣，蔡佩琴，顾玉东，李建伟．股外侧皮神经卡压综合征 [J]．中国修复重建外科杂志，1998，12（1）：59．DOI：10.3969/j.issn.1008－5572.2003.06.014．{CHEN Desong,CHEN Derong,CAI Peiqin,GU Yudong,LI Jianwei. Lateral femoral cutaneous nerve entrapment syndrome[J]. Zhongguo Xiu Fu Chong Jian Wai Ke Za Zhi[Chin J Repar Reconstr Surg(Article in Chinese;No abstract available)],1998,12(1):59. DOI:10.3969/j.issn.1008-5572.2003.06.014.}

[21440] 陈君生．嵌压性内侧臀上神经神经病 [J]．中国矫形外科杂志，1998，5（3）：70．DOI：CNKI：SUN：ZJXS.0.1998－03－056．{CHEN Junsheng. Entrapment medial superior gluteal neuropathy[J]. Zhongguo Jiao Xing Wai Ke Za Zhi[Orthop J China(Article in Chinese;No abstract available)],1998,5(3):70. DOI:CNKI:SUN:ZJXS.0.1998-03-056.}

[21441] 牛春雨，霍钧力，郝建伟．闭孔神经卡压综合征 [J]．中华骨科杂志，2000，20（9）：569．DOI：10.3760/j.issn：0253－2352.2000.09.016．{NIU Chunyu,HUO Junli,HAO Jianwei. Obturator nerve entrapment syndrome[J]. Zhonghua Gu Ke Za Zhi[Chin J Orthop(Article in Chinese;No abstract available)],2000,20(9):569. DOI:10.3760/j.issn:0253-2352.2000.09.016.}

[21442] 刘兴炎，葛宝丰，甄平，文益民，高秋明，李旭升，付晨．神经膜内迟发性受压综合征的外科处理 [J]．中国骨伤，2000，13（2）：67－69．DOI：10.3969/j.issn.1003－0034.2000.02.001．{LIU Xingyan,GE Baofeng,ZHEN Ping,WEN Yimin,GAO Qiuming,LI Xusheng,FU Chen. The treatment of delayed nerve intramembranous compression syndromes[J]. Zhongguo Gu Shang[China J Orthop Trauma(Article in Chinese;Abstract in Chinese and English)],2000,13(2):67-69. DOI:10.3969/j.issn.1003-0034.2000.02.001.}

[21443] 赵凤东，范顺武，蒋红，赵凯，尹庆锋，王坤正．股外侧皮神经卡压综合征的诊治 [J]．临床骨科杂志，2000，3（4）：275－276．DOI：10.3969/j.issn.1008－0287.2000.04.015．{ZHAO Fengdong,FAN Shunwu,JIANG Hong,ZHAO Kai,YIN Qingfeng,WANG Kunzheng. Diagnosis and treatment for entrapment syndrome of lateral femoral cutanous nerve[J]. Lin Chuang Gu Ke Za Zhi[J Clin Orthop(Article in Chinese;Abstract in Chinese and English)],2000,3(4):275-276. DOI:10.3969/j.issn.1008-0287.2000.04.015.}

[21444] 毕曙光，郭效东．封闭加手法治疗隐神经卡压综合征 20 例疗效观察 [J]．中国骨伤，2001，14（3）：175．DOI：10.3969/j.issn.1003－0034.2001.03.029．{BI Shuguang,GUO Xiaodong. Clinical observation of 20 cases on the efficacy of blocking and manipulation in the treatment of saphenous nerve entrapment syndrome[J]. Zhongguo Gu Shang[China J Orthop Trauma(Article in Chinese;No abstract available)],2001,14(3):175. DOI:10.3969/j.issn.1003-0034.2001.03.029.}

[21445] 崔言举，盖一峰．正中神经返支及隐神经卡压征（症）[J]．中国骨伤，2001，14（6）：358－359．DOI：10.3969/j.issn.1003－0034.2001.06.023．{CUI Yanju,GAI Yifeng. Median recurrent branch and saphenous nerve entrapment sign[J]. Zhongguo Gu Shang[China J Orthop Trauma(Article in Chinese;No abstract available)],2001,14(6):358-359. DOI:10.3969/j.issn.1003-0034.2001.06.023.}

[21446] 黄沪，张建宝，郭效东，陈卫衡，吴夏勃，倪凌．手法为主治疗隐神经卡压综合征 24 例 [J]．中国骨伤，2001，14（8）：501．DOI：10.3969/j.issn.1003－0034.2001.08.036．{HUANG Hu,ZHANG Jian Bao,GUO Xiao Dong,CHEN Wei Heng,WU Xia Bo,NI Ling. Saphenous nerve entrapment syndrome were mainly treated by manipulation:a report of 24 cases[J]. Zhongguo Gu Shang[China J Orthop Trauma(Article in Chinese;Abstract in Chinese)],2001,14(8):501. DOI:10.3969/j.issn.1003-0034.2001.08.036.}

[21447] 冀振亮，谢红梅，陈清海．腓肠神经卡压综合征（附 1 例报告）[J]．中国矫形外科杂志，2002，10（11）：1142．DOI：10.3969/j.issn.1005－8478.2002.11.050．{JI Zhenliang,XIE Hongmei,CHEN Qinghai. Sural nerve entrapment syndrome:a case report[J]. Zhongguo Jiao Xing Wai Ke Za Zhi[Orthop J China(Article in Chinese;No abstract available)],2002,10(11):1142. DOI:10.3969/j.issn.1005-8478.2002.11.050.}

[21448] 张天宏，祝元鼎，李青，孙天威．股外侧皮神经卡压综合征的诊治 [J]．中国骨伤，2002，15（10）：593－594．DOI：10.3969/j.issn.1003－0034.2002.10.006．{ZHANG Tianhong,ZHU Yuanding,LI Qing,SUN Tianwei. Diagnosis and treatment for entrapment syndrome of lateral femoral cutanous nerve[J]. Zhongguo Gu Shang[China J Orthop Trauma(Article in Chinese;Abstract in Chinese and English)],2002,15(10):593-594. DOI:10.3969/j.issn.1003-0034.2002.10.006.}

[21449] 谢利军，全仁夫，王建岳，徐润龙，范顺武．股外侧皮神经卡压综合征诊治 21 例 [J]．中国骨伤，2002，15（11）：692－693．DOI：10.3969/j.issn.1003－0034.2002.11.024．{XIE Lijun,QUAN Renfu,WANG Jianyue,XU Runlong,FAN Shunwu. Experience of diagnosis and treatment for entrapement syndrome of lateral femoral cu-tanous nerve-a report of 21 cases[J]. Zhongguo Gu Shang[China J Orthop Trauma(Article in Chinese;No abstract available)],2002,15(11):692-693. DOI:10.3969/j.issn.1003-0034.2002.11.024.}

[21450] 梁朝，林新晓，闫立，董福慧，温建民，刘劲松，程程，吴夏勃．铍针治疗隐神经髌下支卡压症 86 例 [J]．中国骨伤，2003，16（10）：595－596．DOI：10.3969/j.issn.1003－0034.2003.10.007．{LIANG Chao,LIN Xinxiao,YAN Li,DONG Fuhui,WEN Jianmin,LIU Jinsong,CHENG Ting,WU Xiabo. Treatment on entrapment of infra-patellar branch of saplenous nerve with Pi-

zhen[J]. Zhongguo Gu Shang[China J Orthop Trauma(Article in Chinese;Abstract in Chinese and English)],2003,16(10):595-596. DOI:10.3969/j.issn.1003-0034.2003.10.007.}

[21451] 董福慧. 皮神经卡压综合征的病因病机 [J]. 中国骨伤，2003，16（2）：117–119. DOI：10.3969/j.issn.1003–0034.2003.02.024. {DONG Fuhui. Etiological factor and pathogenesis of cutaneous nerve entrapment syndrome[J]. Zhongguo Gu Shang[China J Orthop Trauma(Article in Chinese;No abstract available)],2003,16(2):117-119. DOI:10.3969/j.issn.1003-0034.2003.02.024.}

[21452] 董福慧. 皮神经卡压综合征的临床表现 [J]. 中国骨伤，2003，16（3）：183–186. DOI：10.3969/j.issn.1003–0034.2003.03.033. {DONG Fuhui. Clinical manifestation of cutaneous nerve entrapment syndrome[J]. Zhongguo Gu Shang[China J Orthop Trauma(Article in Chinese;No abstract available)],2003,16(3):183-186. DOI:10.3969/j.issn.1003-0034.2003.03.033.}

[21453] 董福慧. 皮神经卡压综合征的诊断和鉴别诊断 [J]. 中国骨伤，2003，16（4）：244–247. DOI：10.3969/j.issn.1003–0034.2003.04.022. {DONG Fuhui. Diagnosis and differential diagnosis of cutaneous nerve entrapment syndrome[J]. Zhongguo Gu Shang[China J Orthop Trauma(Article in Chinese;No abstract available)],2003,16(4):244-247. DOI:10.3969/j.issn.1003-0034.2003.04.022.}

[21454] 董福慧. 皮神经卡压综合征的治疗 [J]. 中国骨伤，2003，16（5）：308–312. DOI：10.3969/j.issn.1003–0034.2003.05.025. {DONG Fuhui. Treatment of cutaneous nerve entrapment syndrome[J]. Zhongguo Gu Shang[China J Orthop Trauma(Article in Chinese;No abstract available)],2003,16(5):308-312. DOI:10.3969/j.issn.1003-0034.2003.05.025.}

[21455] 戴彬，吴胜林，吕涛. 股外侧皮神经卡压症的手术治疗 [J]. 中国矫形外科杂志，2003，11（1）：44. DOI：10.3969/j.issn.1005–8478.2003.01.037. {DAI Bin,WU Shenglin,LV Tao. Surgical treatment of lateral femoral cutaneous nerve entrapment[J]. Zhongguo Jiao Xing Wai Ke Za Zhi[Orthop J China(Article in Chinese;Abstract in Chinese)],2003,11(1):44. DOI:10.3969/j.issn.1005-8478.2003.01.037.}

[21456] 高林山. 局部封闭治疗隐神经卡压征 58 例 [J]. 中国骨伤，2004，17（12）：750. DOI：10.3969/j.issn.1003–0034.2004.12.025. {GAO Linshan. Treatment of saphenous nerve compression with local locking blockage in 58 patients[J]. Zhongguo Gu Shang[China J Orthop Trauma(Article in Chinese;Abstract in Chinese)],2004,17(12):750. DOI:10.3969/j.issn.1003-0034.2004.12.025.}

[21457] 王兆星，董福慧. 铍针治疗臀中皮神经卡压综合征 [J]. 中国骨伤，2004，17（2）：90–91. DOI：10.3969/j.issn.1003–0034.2004.02.009. {WANG Zhaoxing,DONG Fuhui. Pizhen treatment of pygal middle cutaneous nerve entrapment syndrome[J]. Zhongguo Gu Shang[China J Orthop Trauma(Article in Chinese;Abstract in Chinese and English)],2004,17(2):90-91. DOI:10.3969/j.issn.1003-0034.2004.02.009.}

[21458] 秦泗河，焦绍锋. 股外侧皮神经卡压综合征长期误诊及误治 1 例 [J]. 中国骨伤，2004，17（6）：345. DOI：10.3969/j.issn.1003–0034.2004.06.031. {QIN Sihe,JIAO Shaofeng. Misdiagnosis and wrong treatment of 1 patient with lateral femoral cutaneous nerve entrapment syndrome[J]. Zhongguo Gu Shang[China J Orthop Trauma(Article in Chinese;No abstract available)],2004,17(6):345. DOI:10.3969/j.issn.1003-0034.2004.06.031.}

[21459] 黄枢，马金鼎，田佩洲，王维刚. 髂腹下神经外侧皮支嵌压症的针法微型手术治疗 [J]. 中国矫形外科杂志，2004，12(9)：715. DOI：10.3969/j.issn.1005–8478.2004.09.030. {HUANG Shu,MA Jinding,TIAN Peizhou,WANG Weigang. Acupuncture microsurgical treatment of entrapment of lateral cutaneous branch of inferior ilioabdominal nerve[J]. Zhongguo Jiao Xing Wai Ke Za Zhi[Orthop J China(Article in Chinese;No abstract available)],2004,12(9):715. DOI:10.3969/j.issn.1005-8478.2004.09.030.}

[21460] 林浩东，熊克仁，陈德松. 隐神经髌下支卡压症 [J]. 实用骨科杂志，2005，11（3）：204–205. DOI：10.3969/j.issn.1008–5572.2005.03.005. {LIN Haodong,XIONG Keren,CHEN Desong. Entrapment neuropathy of the infrapatellar branch of the saphenous nerve[J]. Shi Yong Gu Ke Za Zhi[J Pract Orthop(Article in Chinese;Abstract in Chinese and English)],2005,11(3):204-205. DOI:10.3969/j.issn.1008-5572.2005.03.005.}

[21461] 刘斌，张立岩，王济纬. 股外侧皮神经卡压综合征的临床诊治 [J]. 中国骨伤，2005，18（3）：185–186. DOI：10.3969/j.issn.1003–0034.2005.03.030. {LIU Bin,ZHANG Liyan,WANG Jiwei. Clinical diagnosis and treatment of lateral femoral cutaneous nerve entrapment syndrome[J]. Zhongguo Gu Shang[China J Orthop Trauma(Article in Chinese;Abstract in Chinese)],2005,18(3):185-186. DOI:10.3969/j.issn.1003-0034.2005.03.030.}

[21462] 陈旭辉，孙捷，王西迅，何建军，董福慧，郭振芳. 铍针治疗股外侧皮神经卡压综合征 [J]. 中国骨伤，2005，18（5）：290. DOI：10.3969/j.issn.1003–0034.2005.05.032. {CHEN Xuhui,SUN Jie,WANG Xixun,HE Jianjun,DONG Fuhui,GUO Zhenfang. Beryllium acupuncture in the treatment of lateral femoral cutaneous nerve entrapment syndrome[J]. Zhongguo Gu Shang[China J Orthop Trauma(Article in Chinese;No abstract available)],2005,18(5):290. DOI:10.3969/j.issn.1003-0034.2005.05.032.}

[21463] 杨文彬，杨珂. 坐骨神经盆腔出口处卡压症的外科治疗 [J]. 临床骨科杂志，2005，8（2）：179. DOI：10.3969/j.issn.1008–0287.2005.02.036. {YANG Wenbin,YANG Ke. Surgical treatment of sciatic nerve entrapment syndrome in the outlet of pelvic cavity[J]. Lin Chuang Gu Ke Za Zhi[J Clin Orthop(Article in Chinese;Abstract in Chinese)],2005,8(2):179. DOI:10.3969/j.issn.1008-0287.2005.02.036.}

[21464] 张功林，章鸣. 神经根型颈椎病与神经卡压综合征的鉴别 [J]. 中国骨伤，2006，19（8）：510–512. DOI：10.3969/j.issn.1003–0034.2006.08.037. {ZHANG Gonglin,ZHANG Ming. Cervicalspondylosis radiculopathy and nerve entrapment syndrome:how to differentiate?[J]. Zhongguo Gu Shang[China J Orthop Trauma(Article in Chinese;Abstract in Chinese)],2006,19(8):510-512. DOI:10.3969/j.issn.1003-0034.2006.08.037.}

[21465] 谭旭昌，朱易凡，刘景臣，李云兴，曾惠忠，曹锐铃. 高频超声在坐骨神经卡压损伤诊断中的应用 [J]. 中华显微外科杂志，2006，29（5）：368–370，插图 5–6. DOI：10.3760/cma.j.issn.1001–2036.2006.05.017. {TAN Xuchang,ZHU Yifan,LIU Jingchen,LI Yunxing,CENG Huizhong,CAO Ruiling. Application of high frequency ultrasound in the diagnosis of sciatic nerve compression injury[J]. Zhonghua Xian Wei Wai Ke Za Zhi[Chin J Microsurg(Article in Chinese;Abstract in Chinese)],2006,29(5):368-370,insert figure 5-6. DOI:10.3760/cma.j.issn.1001-2036.2006.05.017.}

[21466] 王正义. 跟内侧皮神经卡压一例报告 [J]. 中华骨科杂志，2008，28（7）：608–609. DOI：10.3321/j.issn：0253–2352.2008.07.018. {WANG Zhengyi. Compression of medial calcaneal cutaneous nerve:a case report[J]. Zhonghua Gu Ke Za Zhi[Chin J Orthop(Article in Chinese;No abstract available)],2008,28(7):608-609. DOI:10.3321/j.issn:0253-2352.2008.07.018.}

[21467] 印飞，孙振中，顾三军，李海峰，刘剑. 右髂前上棘骨折后骨痂压迫致股外侧皮神经卡压综合症 1 例 [J]. 中国临床解剖学杂志，2015，33（6）：725. DOI：10.13418/j.issn.1001–165x.2015.06.023. {YIN Fei,SUN Zhenzhong,GU Sanjun,LI Haifeng,LIU Jian. Cutaneous nerve entrapment syndrome of lateral femoral caused by osteotylus of the right anterior superior iliac spine fracture:a case report[J]. Zhongguo Lin Chuang Jie Pou Xue Za Zhi[Chin J Clin Anat(Article in Chinese;No abstract available)],2015,33(6):725. DOI:10.13418/j.issn.1001-165x.2015.06.023.}

[21468] 董福慧，雷仲民，杨海韵，孙捷，陈力劣，杨中兴. 铍针治疗皮神经卡压性腰臀部疼痛的病例对照研究 [J]. 中国骨伤，2018，31(6)：510–513. DOI：10.3969/j.issn.1003–0034.2018.06.005. {DONG Fuhui,LEI Zhonmin,YANG Haiyun,SUN Jie,CHEN Lilie,YANG Zhongxing. Case control study on Pi needle for the treatment of the cutaneous nerve entrapment low back pain[J]. Zhongguo Gu Shang[China J Orthop Trauma(Article in Chinese;Abstract in Chinese and English)],2018,31(6):510-513. DOI:10.3969/j.issn.1003-0034.2018.06.005.}

6.4.16.6.1 梨状肌综合征
piriformis syndrome

[21469] 苗华，黄恭康. 梨状肌综合征的病因探讨 [J]. 中华外科杂志，1983，21（3）：163–164. {MIAO Hua,HUANG Gongkang. Etiology of piriformis syndrome[J]. Zhonghua Wai Ke Za Zhi[Chin J Surg(Article in Chinese;No abstract available)],1983,21(3):163-164.}

[21470] 高苏宁，沈晓秋. 腰椎间盘突出症合并梨状肌综合征 1 例报告 [J]. 中国脊柱脊髓杂志，1998，8（4）：12. DOI：10.3969/j.issn.1004–406X.1998.04.026. {GAO Suning,SHEN Xiaoqiu. Lumbar disc herniation complicated with piriformis syndrome:a case report[J]. Zhongguo Ji Zhu Ji Sui Za Zhi[Chin J Spine Spinal Cord(Article in Chinese;No abstract available)],1998,8(4):12. DOI:10.3969/j.issn.1004-406X.1998.04.026.}

[21471] 杨国夫，王毅，刘新华，纪青. 股骨颈骨软骨瘤致梨状肌综合征 1 例报告 [J]. 中国矫形外科杂志，2001，8（7）：653. DOI：10.3969/j.issn.1005–8478.2001.07.052. {YANG Guofu,WANG Yi,LIU Xinhua,JI Qing. Piriformis syndrome caused by osteochondroma of femoral neck:a case report[J]. Zhongguo Jiao Xing Wai Ke Za Zhi[Orthop J China(Article in Chinese;Abstract in Chinese and English)],2001,8(7):653. DOI:10.3969/j.issn.1005-8478.2001.07.052.}

[21472] 张海波. 梨状肌综合征 29 例手术治疗分析 [J]. 中国矫形外科杂志，2004，12（5）：388–389. DOI：10.3969/j.issn.1005–8478.2004.05.024. {ZHANG Haibo. Surgical treatment of musculi piriformis syndrome(Analysis of 29 cases)[J]. Zhongguo Jiao Xing Wai Ke Za Zhi[Orthop J China(Article in Chinese;Abstract in Chinese)],2004,12(5):388-389. DOI:10.3969/j.issn.1005-8478.2004.05.024.}

[21473] 桂柯科，尹望平. 梨状肌综合征的诊治进展 [J]. 上海医学，2011，34（12）：977–979. DOI：CNKI：SUN：SHYX.0.2011–12–030. {GUI Keke,YIN Wangping. Progress in diagnosis and treatment of piriformis syndrome[J]. Shang Hai Yi Xue[Shanghai Med J(Article in Chinese;No abstract available)],2011,34(12):977-979. DOI:CNKI:SUN:SHYX.0.2011-12-030.}

[21474] 黄志发，杨德盛，史占军，肖军. 梨状肌出口综合征的病因学研究 [J]. 中华医学杂志，2018，98（1）：42–45. DOI：10.3760/cma.j.issn.0376–2491.2018.01.009. {HUANG Zhifa,YANG Desheng,SHI Zhanjun,XIAO Jun. Pathogenesis of piriformis syndrome:a magnetic resonance imaging-based comparison study[J]. Zhonghua Yi Xue Za Zhi[Natl Med J China(Article in Chinese;Abstract in Chinese and English)],2018,98(1):42-45. DOI:10.3760/cma.j.issn.0376-2491.2018.01.009.}

6.4.16.6.2 股神经卡压综合征
femoral nerve entrapment syndrome

[21475] 郭涛，何尚宽. 股神经比邻关系与嵌压症的显微外科神经松解术 [J]. 中国临床解剖学杂志，1996，14（1）：58–60. DOI：10.1007/BF02951625. {GUO Tao,HE Shangkuan. Microsurgical neurolysis of the relationship between femoral nerve and entrapment[J]. Zhongguo Lin Chuang Jie Pou Xue Za Zhi[Chin J Clin Anat(Article in Chinese;Abstract in Chinese)],1996,14(1):58-60. DOI:10.1007/BF02951625.}

[21476] 李传夫. 股神经嵌压症的应用解剖 [J]. 中国临床解剖学杂志，1997，15（4）：61–63. DOI：CNKI：SUN：ZLJZ.0.1997–04–025. {LI Chuanfu. Applied anatomy of compression syndrome of femoral nerve[J]. Zhongguo Lin Chuang Jie Pou Xue Za Zhi[Chin J Clin Anat(Article in Chinese;Abstract in Chinese and English)],1997,15(4):61-63. DOI:CNKI:SUN:ZLJZ.0.1997-04-025.}

[21477] 李伟，高成贤. 股神经卡压症 [J]. 中国矫形外科杂志，1998，5（3）：227–228. {LI Wei,GAO Chengxian. Compression syndrome of femoral nerve[J]. Zhongguo Jiao Xing Wai Ke Za Zhi[Orthop J China(Article in Chinese;Abstract in Chinese)],1998,5(3):227-228.}

[21478] 李洪，马俊. 股神经嵌压症的诊断与治疗（附 7 例报告）[J]. 中国矫形外科杂志，2001，8（10）：1033–1034. DOI：10.3969/j.issn.1005–8478.2001.10.038. {LI Hong,MA Jun. Diagnose and therapy of femoral nerve press syndrome(with 7 cases report)[J]. Zhongguo Jiao Xing Wai Ke Za Zhi[Orthop J China(Article in Chinese;Abstract in Chinese)],2001,8(10):1033-1034. DOI:10.3969/j.issn.1005-8478.2001.10.038.}

[21479] 李杰，宋修竹，谭江威. 股神经嵌压症 2 例报告 [J]. 中国矫形外科杂志，2001，8（12）：1165. DOI：10.3969/j.issn.1005–8478.2001.12.042. {LI Jie,SONG Xiuzhu,TAN Jiangwei. Femoral nerve entrapment:a report of 2 cases[J]. Zhongguo Jiao Xing Wai Ke Za Zhi[Orthop J China(Article in Chinese;No abstract available)],2001,8(12):1165. DOI:10.3969/j.issn.1005-8478.2001.12.042.}

[21480] 杨立成，侯宜刚，黄儒收，崔刚成. 股神经卡压症 6 例 [J]. 中国矫形外科杂志，2003，11（15）：1016. DOI：10.3969/j.issn.1005–8478.2003.15.026. {YANG Licheng,HOU Yigang,HUANG Rushou,CUI Gangcheng. Femoral nerve entrapment:a report of 6 cases[J]. Zhongguo Jiao Xing Wai Ke Za Zhi[Orthop J China(Article in Chinese;No abstract available)],2003,11(15):1016. DOI:10.3969/j.issn.1005-8478.2003.15.026.}

6.4.16.6.3 腓总神经卡压综合征
common peroneal nerve entrapment syndrome

[21481] 魏锡云，林元问，黄国海，花菊兰，卢希寅. 腓总神经压迫综合征的解剖学研究 [J]. 临床解剖学杂志，1987，5（4）：196–198，246. DOI：10.13418/j.issn.1001–165x.1987.04.003. {WEI Xiyun,LIN Yuanwen,HUANG Guohai,HUA Julan,LU Xiyin. Anatomical study on compression syndrome of common peroneal nerve[J]. Lin Chuang Jie Pou Xue Za Zhi[Chin J Clin Anat(Article in Chinese;Abstract in Chinese and English)],1987,5(4):196-198,246. DOI:10.13418/j.issn.1001-165x.1987.04.003.}

[21482] 王增堂. 双侧腓总神经卡压征一例 [J]. 中华外科杂志，1990，28（9）：548. {WANG Zengtang. Bilateral common peroneal nerve entrapment syndrome:a case report[J]. Zhonghua Wai Ke Za Zhi[Chin J Surg(Article in Chinese;Abstract in Chinese)],1990,28(9):548.}

[21483] 王正红，楚道裕，许文. 腱鞘囊肿压迫致腓总神经麻痹二例 [J]. 修复重建外科杂志，1991，5（3）：130. {WANG Zhenghong,CHU Daoyu,XU Wen. Common peroneal nerve paralysis caused by tendon sheath cyst compression:a report of 2 cases[J]. Zhongguo Xiu Fu Chong Jian Wai Ke Za Zhi[Chin J Repar Reconstr Surg(Article in Chinese;No abstract available)],1991,5(3):130.}

[21484] 林其仁，王文怀，姚学东，吴文华，吕俊忠. 腓总神经卡压症的显微外科治疗 [J]. 中华显微外科杂志，1995，18（3）：228–229. DOI：10.3760/cma.j.issn.1001–2036.1995.03.139. {LIN Qiren,WANG Wenhuai,YAO Xuedong,WU Wenhua,LV Junzhong. Microsurgical treatment of common peroneal nerve compression syndrome[J]. Zhonghua Xian Wei Wai Ke Za Zhi[Chin J Microsurg(Article in Chinese;No abstract available)],1995,18(3):228-229. DOI:10.3760/cma.j.issn.1001-2036.1995.03.139.}

[21485] 马伟，孙涛，吴觉民. 股二头肌腱囊肿压迫腓总神经一例 [J]. 中华显微外科杂志，1996，19（3）：235. {MA Wei,SUN Tao,WU Jiaomin. Compression of common peroneal nerve by tendon cyst of biceps femoris:a case report[J]. Zhonghua Xian Wei Wai Ke Za Zhi[Chin J Microsurg(Article in Chinese;No abstract available)],1996,19(3):235.}

[21486] 张志良，张峰，孟宝贵，汪云轩，张伟，孙晓旭. 腓总神经压迫综合征10例报告[J]. 中国矫形外科杂志，1996，3(1): 49-50. DOI: CNKI: SUN: ZJXS.0.1996-01-035. {ZHANG Zhiliang,ZHANG Feng,MENG Baogui,WANG Yunxuan,ZHANG Wei,SUN Xiaoxu. Common peroneal nerve compression syndrome:a report of 10 cases[J]. Zhongguo Jiao Xing Wai Ke Za Zhi[Orthop J China(Article in Chinese;No abstract available)],1996,3(1):49-50. DOI:CNKI:SUN:ZJXS.0.1996-01-035.}

[21487] 郭振河，郑晓明. 下肢牵引致腓总神经卡压伤15例[J]. 中华骨科杂志，1997，17(1): 26. DOI: CNKI: SUN: ZJXS.0.1997-04-034. {GUO Zhenhe,ZHENG Xiaoming. Compression injury of common peroneal nerve caused by lower limb traction:a report of 15 cases[J]. Zhonghua Gu Ke Za Zhi[Chin J Orthop(Article in Chinese;No abstract available)],1997,17(1):26. DOI:CNKI:SUN:ZJXS.0.1997-04-034.}

[21488] 李锦永，翟福英，刘士同，张传生，刘恒敬. 腓总神经嵌压综合征[J]. 中华骨科杂志，1997，17(9): 33-35. DOI: CNKI: SUN: ZHGK.0.1997-06-011. {LI Jinyong,ZHAI Fuying,LIU Shitong,ZHANG Chuansheng,LIU Hengjing. Common peroneal nerve compression syndrome[J]. Zhonghua Gu Ke Za Zhi[Chin J Orthop(Article in Chinese;Abstract in Chinese and English)],1997,17(9):33-35. DOI:CNKI:SUN:ZHGK.0.1997-06-011.}

[21489] 倪松，卓小为. 腓骨颈部腱鞘囊肿压迫腓总神经一例[J]. 中华显微外科杂志，1998，21(4): 313. DOI: 10.3760/cma.j.issn.1001-2036.1998.04.049. {NI Song,ZHUO Xiaowei. Compression of common peroneal nerve by tendon sheath cyst in peroneal neck:a case report[J]. Zhonghua Xian Wei Wai Ke Za Zhi[Chin J Microsurg(Article in Chinese;No abstract available)],1998,21(4):313. DOI:10.3760/cma.j.issn.1001-2036.1998.04.049.}

[21490] 林金矿，傅小杯. 坐骨神经损伤后的腓总神经嵌压综合征[J]. 中华显微外科杂志，1999，22(S1): 3-5. DOI: CNKI: SUN: ZHXW.0.1999-S1-001. {LIN Jinkuang,FU Xiaobei. Common peroneal nerve entrapment syndrome after sciatic nerve injury[J]. Zhonghua Xian Wei Wai Ke Za Zhi[Chin J Microsurg(Article in Chinese;No abstract available)],1999,22(S1):3-5. DOI:CNKI:SUN:ZHXW.0.1999-S1-001.}

[21491] 冯宪发，崔凯，张跃忠. 双腓总神经急性卡压征1例[J]. 临床骨科杂志，2000，3(2): 136-137. DOI: 10.3969/j.issn.1008-0287.2000.02.044. {FENG Xianfa,CUI Kai,ZHANG Yuezhong. A case of acute compression syndrome of double common peroneal nerves[J]. Lin Chuang Gu Ke Za Zhi[J Clin Orthop(Article in Chinese;No abstract available)],2000,3(2):136-137. DOI:10.3969/j.issn.1008-0287.2000.02.044.}

[21492] 王诗波，陈爱民，侯春林. 髌骨固定带压迫致腓总神经损伤1例报告[J]. 中国矫形外科杂志，2001，8(8): 756. DOI: 10.3969/j.issn.1005-8478.2001.08.047. {WANG Shibo,CHEN Aimin,HOU Chunlin. Common peroneal nerve injury caused by compression of patellar fixation:a case report[J]. Zhongguo Jiao Xing Wai Ke Za Zhi[Orthop J China(Article in Chinese;No abstract available)],2001,8(8):756. DOI:10.3969/j.issn.1005-8478.2001.08.047.}

[21493] 艾兴龙，沈福成. 腓总神经卡压综合征的显微外科治疗[J]. 中华显微外科杂志，2002，25(2): 155-156. DOI: 10.3760/cma.j.issn.1001-2036.2002.02.037. {AI Xinglong,SHEN Fucheng. Microsurgical treatment of common peroneal nerve entrapment syndrome[J]. Zhonghua Xian Wei Wai Ke Za Zhi[Chin J Microsurg(Article in Chinese;Abstract in Chinese)],2002,25(2):155-156. DOI:10.3760/cma.j.issn.1001-2036.2002.02.037.}

[21494] 王于治，马广文，刘其明. 腓总神经继发性卡压的治疗[J]. 中国修复重建外科杂志，2002，16(3): 166-167. DOI: CNKI: SUN: ZXCW.0.2002-03-008. {WANG Yuzhi,MA Guangwen,LIU Qiming. Treatment of common fibular nerve secondary compression syndrome[J]. Zhongguo Xiu Fu Chong Jian Wai Ke Za Zhi[Chin J Repar Reconstr Surg(Article in Chinese;Abstract in Chinese and English)],2002,16(3):166-167. DOI:CNKI:SUN:ZXCW.0.2002-03-008.}

[21495] 林平，陈中，曹扬，汪志明，邢进峰. 外伤性腓总神经卡压征（症）的手术疗效[J]. 中华手外科杂志，2004，20(2): 12-13. DOI: 10.3760/cma.j.issn.1005-054X.2004.02.004. {LIN Ping,CHEN Zhong,CAO Yang,WANG Zhiming,XING Jinfeng. Treatment outcome of traumatic common fibular nerve compression syndrome[J]. Zhonghua Shou Wai Ke Za Zhi[Chin J Hand Surg(Article in Chinese;Abstract in Chinese and English)],2004,20(2):12-13. DOI:10.3760/cma.j.issn.1005-054X.2004.02.004.}

[21496] 韩宁，尹望平. 腓总神经卡压综合征的诊治进展[J]. 中国矫形外科杂志，2005，13(17): 1345-1346. DOI: 10.3969/j.issn.1005-8478.2005.17.022. {HAN Ning,YIN Wangping. Progress in diagnosis and treatment of common peroneal nerve entrapment syndrome[J]. Zhongguo Jiao Xing Wai Ke Za Zhi[Orthop J China(Article in Chinese;No abstract available)],2005,13(17):1345-1346. DOI:10.3969/j.issn.1005-8478.2005.17.022.}

[21497] 洪建军，高伟阳，池永龙. 内窥镜治疗腓总神经卡压综合征[J]. 中华外科杂志，2007，45(18): 1290-1291. DOI: 10.3760/j.issn: 0529-5815.2007.18.023. {HONG Jianjun,GAO Weiyang,CHI Yonglong. Endoscopic decompression for the treatment of common peroneal nerve entrapment syndrome[J]. Zhonghua Wai Ke Za Zhi[Chin J Surg(Article in Chinese;Abstract in Chinese)],2007,45(18):1290-1291. DOI:10.3760/j.issn:0529-5815.2007.18.023.}

[21498] 孙廓，邵钦，张峰，张键，陈统一. 腘窝囊肿压迫致腓总神经损伤一例[J]. 中华外科杂志，2007，45(24): 1730. DOI: 10.3760/j.issn: 0529-5815.2007.24.029. {SUN Kuo,SHAO Qin,ZHANG Feng,ZHANG Jian,CHEN Tongyi. Common peroneal nerve injury caused by popliteal cyst compression:a case report[J]. Zhonghua Wai Ke Za Zhi[Chin J Surg(Article in Chinese;No abstract available)],2007,45(24):1730. DOI:10.3760/j.issn:0529-5815.2007.24.029.}

[21499] 丛锐，赵睿，张航，臧成五. 上胫腓关节液流注性囊肿致腓总神经卡压的外科治疗[J]. 中华手外科杂志，2012，28(1): 26-28. DOI: 10.3760/cma.j.issn.1005-054X.2012.01.009. {CONG Rui,ZHAO Rui,ZHANG Hang,ZANG Chengwu. The surgical treatment of common peroneal nerve compression by cyst arising from the proximal tibiofibular joint[J]. Zhonghua Shou Wai Ke Za Zhi[Chin J Hand Surg(Article in Chinese;Abstract in Chinese and English)],2012,28(1):26-28. DOI:10.3760/cma.j.issn.1005-054X.2012.01.009.}

[21500] 祁连港，王培吉，赵家举，张勇，苏冠龙. 显微外科手术治疗腓总神经卡压综合征26例[J]. 中华显微外科杂志，2013，36(1): 89-91. DOI: 10.3760/cma.j.issn.1001-2036.2013.01.031. {QI Liangang,WANG Peiji,ZHAO Jiaju,ZHANG Yong,SU Guanlong. Microsurgical treatment of common peroneal nerve entrapment syndrome:a report of 26 cases[J]. Zhonghua Xian Wei Wai Ke Za Zhi[Chin J Microsurg(Article in Chinese;Abstract in Chinese)],2013,36(1):89-91. DOI:10.3760/cma.j.issn.1001-2036.2013.01.031.}

[21501] 徐龙，黄富国. 腓总神经鞘囊肿伴卡压一例[J]. 中国修复重建外科杂志，2015，29(3): 390. DOI: 10.7507/1002-1892.20150082. {XU Long,HUANG Fuguo. Common peroneal nerve sheath cyst with entrapment:a case report[J]. Zhongguo Xiu Fu Chong Jian Wai Ke Za Zhi[Chin J Repar Reconstr Surg(Article in Chinese;No abstract available)],2015,29(3):390. DOI:10.7507/1002-1892.20150082.}

6.4.16.6.4 踝跗管综合征
tarsal tunnel syndrome

[21502] Liu Z,Zhou J,Zhao L. Anterior tarsal tunnel syndrome[J]. J Bone Joint Surg Br,1991,73(3):470-473. doi:10.1302/0301-620X.73B3.1670452.

[21503] Lee MF,Chan PT,Chau LF,Yu KS. Tarsal tunnel syndrome caused by talocalcaneal coalition[J]. Clin Imaging,2002,26(2):140-143. doi:10.1016/s0899-7071(01)00355-2.

[21504] Chan LK,Lui TH,Chan KB. Anatomy of the portal tract for endoscopic decompression of the first branch of the lateral plantar nerve[J]. Arthroscopy,2008,24(11):1284-1288. doi:10.1016/j.arthro.2008.06.017.

[21505] Kwok KB,Lui TH,Lo WN. Neurilemmoma of the first branch of the lateral plantar nerve causing tarsal tunnel syndrome[J]. Foot Ankle Spec,2009,2(6):287-290. doi:10.1177/1938640009349868.

[21506] Lui TH. Acute posterior tarsal tunnel syndrome caused by gouty tophus[J]. Foot Ankle Spec,2015,8(4):320-323. doi:10.1177/1938640014548318.

[21507] Zheng C,Zhu Y,Jiang J,Ma X,Lu F,Jin X,Weber R. The prevalence of tarsal tunnel syndrome in patients with lumbosacral radiculopathy[J]. Eur Spine J,2016,25(3):895-905. doi:10.1007/s00586-015-4246-x.

[21508] Lui TH. Endoscopic resection of the tarsal tunnel ganglion[J]. Arthrosc Tech,2016,5(5):e1173-e1177. doi:10.1016/j.eats.2016.07.004.

[21509] Yang Y,Du ML,Fu YS,Liu W,Xu Q,Chen X,Hao YJ,Liu Z,Gao MJ. Fine dissection of the tarsal tunnel in 60 cases[J]. Sci Rep,2017,7:46351. doi:10.1038/srep46351.

[21510] Sun X,Zhou Q,Shi C,Lan Y,Jia Y,Qiu Z,Shen Y,Li S. Acupotomy for patients with tarsal tunnel syndrome:a protocol for systematic review and meta analysis[J]. Medicine(Baltimore),2020,99(39):e22369. doi:10.1097/MD.0000000000022369.

[21511] Yu X,Jiang Z,Pang L,Liu P. Surgical efficacy analysis of tarsal tunnel syndrome:a retrospective study of 107 patients[J]. Cell Tissue Bank,2021,22(1):115-122. doi:10.1007/s10561-020-09871-y.

[21512] 李洪恩，杜胜，张源亮，王可读，赵炳章，李克赞. 踝管综合征的解剖与临床分析[J]. 中华外科杂志，1987，25(4): 218-220. {LI Hongen,DU Sheng,ZHANG Yuanliang,WANG Kedu,ZHAO Bingzhang,LI Kezan. Anatomical study and clinical analysis of tarsal tunnel syndrome[J]. Zhonghua Wai Ke Za Zhi[Chin J Surg(Article in Chinese;Abstract in Chinese)],1987,25(4):218-220.}

[21513] 韩凤山，许辉，杨柏泉，周卫东. 伴足趾血循环障碍的跗管综合征一例[J]. 中国修复重建外科杂志，1994，8(1): 60. DOI: CNKI: SUN: ZXCW.0.1994-01-045. {HAN Fengshan,XU Hui,YANG Baiquan,ZHOU Weidong. Tarsal canal syndrome with disturbance of blood circulation of toe:a case report[J]. Zhongguo Xiu Fu Chong Jian Wai Ke Za Zhi[Chin J Repar Reconstr Surg(Article in Chinese;No abstract available)],1994,8(1):60. DOI:CNKI:SUN:ZXCW.0.1994-01-045.}

[21514] 纪青，黄捷，张信英，于钟毓. 前跗管卡压综合征[J]. 中国修复重建外科杂志，1998，12(6): 344. DOI: CNKI: SUN: ZXCW.0.1998-06-010. {JI Qing,HUANG Jie,ZHANG Xinying,YU Zhongyu. Anterior tarsal canal entrapment syndrome[J]. Zhongguo Xiu Fu Chong Jian Wai Ke Za Zhi[Chin J Repar Reconstr Surg(Article in Chinese;No abstract available)],1998,12(6):344. DOI:CNKI:SUN:ZXCW.0.1998-06-010.}

[21515] 傅天苗，蔡明，陈天国. 外固定钉安置不当致医源性前跗管综合征[J]. 中国骨伤，1999，12(2): 46. DOI: 10.3969/j.issn.1003-0034.1999.02.024. {FU Tianmiao,CAI Ming,CHEN Tianguo. Iatrogenic anterior tarsal canal syndrome caused by improper placement of external fixation nails[J]. Zhongguo Gu Shang[China J Orthop Trauma(Article in Chinese;No abstract available)],1999,12(2):46. DOI:10.3969/j.issn.1003-0034.1999.02.024.}

[21516] 党馥珍. 踝管高压综合征的诊断与治疗[J]. 中国骨伤，2000，13(10): 630-631. DOI: 10.3969/j.issn.1003-0034.2000.10.052. {DANG Fuzhen. Diagnosis and treatment of tarsal canal hypertension syndrome[J]. Zhongguo Gu Shang[China J Orthop Trauma(Article in Chinese;No abstract available)],2000,13(10):630-631. DOI:10.3969/j.issn.1003-0034.2000.10.052.}

[21517] 白靖平，富学禹，锡林宝勒日. 前跗管综合征发病机制、诊断及治疗研究[J]. 中华骨科杂志，2000，20(6): 338. DOI: 10.3760/j.issn: 0253-2352.2000.06.004. {BAI Jingping,FU Xueyu,XI Linbaoleri. The diagnosis and treatment of anterior tarsal tunnel syndrome with an investigation of pathogenesis[J]. Zhonghua Gu Ke Za Zhi[Chin J Orthop(Article in Chinese;Abstract in Chinese and English)],2000,20(6):338. DOI:10.3760/j.issn:0253-2352.2000.06.004.}

[21518] 宫旭，路来金，丰波，张晓杰. 踝管综合征的诊断和治疗[J]. 中国修复重建外科杂志，2002，16(6): 418-419. {GONG Xu,LU Laijin,FENG Bo,ZHANG Xiaojie. Diagnosis and treatment of tarsal tunnel syndrome in 10 cases[J]. Zhongguo Xiu Fu Chong Jian Wai Ke Za Zhi[Chin J Repar Reconstr Surg(Article in Chinese;Abstract in Chinese and English)],2002,16(6):418-419.}

[21519] 辛健，关家文，孙海涛，于文卿，贾逢爽. 背屈外翻试验诊断踝管综合征[J]. 中华骨科杂志，2004，24(1): 38-39. DOI: 10.3760/j.issn: 0253-2352.2004.01.012. {XIN Jian,GUAN Jiawen,SUN Haitao,YU Wenqing,JIA Fengshuang. The dorsiflexion-eversion test in diagnosis of tarsal tunnel syndrome[J]. Zhonghua Gu Ke Za Zhi[Chin J Orthop(Article in Chinese;No abstract available)],2004,24(1):38-39. DOI:10.3760/j.issn:0253-2352.2004.01.012.}

[21520] 李之斌，陈明，赵小平，陈滔. 显微外科治疗踝管综合征八例[J]. 中华显微外科杂志，2004，27(2): 116. DOI: 10.3760/cma.j.issn.1001-2036.2004.02.037. {LI Zhibin,CHEN Ming,ZHAO Xiaoping,CHEN Tao. Microsurgical treatment of tarsal tunnel syndrome:a report of 8 cases[J]. Zhonghua Xian Wei Wai Ke Za Zhi[Chin J Microsurg(Article in Chinese;Abstract in Chinese)],2004,27(2):116. DOI:10.3760/cma.j.issn.1001-2036.2004.02.037.}

[21521] 周风金，胡万华，周建兴. 趾长屈肌低位肌腹致踝管综合征1例[J]. 中国骨伤，2004，17(7): 395. DOI: 10.3969/j.issn.1003-0034.2004.07.029. {ZHOU Fengjin,HU Wanhua,ZHOU Jianxing. Tarsal tunnel syndrome cause by compression of muscle belly of flexor digitorum longus:a case report[J]. Zhongguo Gu Shang[China J Orthop Trauma(Article in Chinese;No abstract available)],2004,17(7):395-395. DOI:10.3969/j.issn.1003-0034.2004.07.029.}

[21522] 刘志刚，于光，林泉. 踝管综合征的诊治分析[J]. 中华创伤骨科杂志，2006，8(11): 1095-1096. DOI: 10.3760/cma.j.issn.1671-7600.2006.11.028. {LIU Zhigang,YU Guang,LIN Quan. Diagnosis and treatment of tarsal tunnel syndrome[J]. Zhonghua Chuang Shang Gu Ke Za Zhi[Chin J Orthop Trauma(Article in Chinese;Abstract in Chinese)],2006,8(11):1095-1096. DOI:10.3760/cma.j.issn.1671-7600.2006.11.028.}

[21523] 孙吉文，刘志刚. 内镜治疗踝管综合征的解剖学研究[J]. 中华显微外科杂志，2007，30(2): 129-131，插图2-5. DOI: 10.3760/cma.j.issn.1001-2036.2007.02.016. {SUN Jiwen,LIU Zhigang. Endoscopic study and evaluation of anatomy related tarsal tunnel syndrome[J]. Zhonghua Xian Wei Wai Ke Za Zhi[Chin J Microsurg(Article in Chinese;Abstract in Chinese and English)],2007,30(2):129-131,insert figure 2-5. DOI:10.3760/cma.j.issn.1001-2036.2007.02.016.}

[21524] 李桂石，孙军军，李黎明，徐林，林国栋，杨光诗，张咸中，王军. 显微外科手术治疗占位性踝管综合征的疗效分析[J]. 实用手外科杂志，2010，24(4): 253-255. DOI: 10.3969/j.issn.1671-2722.2010.04.004. {LI Guishi,SUN Junjun,LI LIming,XU Lin,LIN Guodong,YANG Guangshi,ZHANG Xianzhong,WANG Jun. Treatment of tarsal tunnel syndrome due to space-occupying lesions with microsurgical technique[J]. Shi Yong Shou Wai Ke Za Zhi[Chin J Pract Hand Surg(Article in Chinese;Abstract in Chinese and English)],2010,24(4):253-255. DOI:10.3969/j.issn.1671-2722.2010.04.004.}

[21525] 舒武斌，张杰彪，包学迅. 手术治疗前跗管综合征8例[J]. 临床骨科杂志，2010，13(5): 491-492. DOI: 10.3969/j.issn.1008-0287.2010.05.005. {SHU Wubin,ZHANG Jiebiao,BAO Xuexun. Treatment of anterior tarsal tunnel syndrome by operation in 8 cases[J]. Lin Chuang Gu Ke Za Zhi[J Clin Orthop(Article in Chinese;No abstract available)],2010,13(5):491-492. DOI:10.3969/j.issn.1008-0287.2010.05.005.}

[21526] 米琨，刘武，刘鹏飞，惠桂生. 内镜下治疗踝管综合征的临床体会[J]. 中华显微外科杂志，2011，34(2): 172. DOI: 10.3760/cma.j.issn.1001-2036.2011.02.040. {MI

Kun,LIU Wu,LIU Pengfei,HUI Guisheng. Clinical experience of endoscopic treatment of tarsal tunnel syndrome[J]. Zhonghua Xian Wei Wai Ke Za Zhi[Chin J Microsurg(Article in Chinese;Abstract in Chinese)],2011,34(2):172. DOI:10.3760/cma.j.issn.1001-2036.2011.02.040.}

[21527] 王刚祥，竺湘江，周海东，赵勇，谢建新. 距骨骨折术后异位骨化致踝管综合征1例[J]. 中国骨伤，2011，24(7)：573-574. DOI：10.3969/j.issn.1003-0034.2011.07.011. {WANG Gangxiang,ZHU Xiangjiang,ZHOU Haidong,ZHAO Yong,XIE Jianxin. Malleolus tunnel syndrome caused by heterotopic ossification from postoperation of left talus fracture:a case report[J]. Zhongguo Gu Shang[China J Orthop Trauma(Article in Chinese;No abstract available)],2011,24(7):573-574. DOI:10.3969/j.issn.1003-0034.2011.07.011.}

[21528] 钱源源，王培吉，江波，赵家举. 踝管综合征的显微外科治疗[J]. 中华显微外科杂志，2012，35(3)：219-220. DOI：10.3760/cma.j.issn.1001-2036.2012.03.014. {QIAN Yuanyuan,WANG Peiji,JIANG Bo,ZHAO Jiaju. Microsurgical treatment of tarsal tunnel syndrome[J]. Zhonghua Xian Wei Wai Ke Za Zhi[Chin J Microsurg(Article in Chinese;Abstract in Chinese)],2012,35(3):219-220. DOI:10.3760/cma.j.issn.1001-2036.2012.03.014.}

[21529] 杨庸. 踝管的精细解剖与踝管综合征研究进展[J]. 中国临床解剖学杂志，2017，35(3)：352-354，358. DOI：10.13418/j.issn.1001-165x.2017.03.025. {YANG Yong. Research progress in fine dissection of tarsal tunnel and tarsal tunnel syndrome[J]. Zhongguo Lin Chuang Jie Pou Xue Za Zhi[Chin J Clin Anat(Article in Chinese;Abstract in Chinese)],2017,35(3):352-354,358. DOI:10.13418/j.issn.1001-165x.2017.03.025.}

[21530] 冯仕明，徐柯烽，李成坤，王爱国，张在轶. 全踝关节镜下神经松解术治疗踝管综合征[J]. 中华医学杂志，2018，98(37)：2995-2998. DOI：10.3760/cma.j.issn.0376-2491.2018.37.009. {FENG Shiming,XU Kefeng,LI Chengkun,WANG Aiguo,ZHANG Zaiyi. Clinical analysis of ankle arthroscopy technique for treatment of tarsal tunnel syndrome[J]. Zhonghua Yi Xue Za Zhi[Natl Med J China(Article in Chinese;Abstract in Chinese and English)],2018,98(37):2995-2998. DOI:10.3760/cma.j.issn.0376-2491.2018.37.009.}

[21531] 孟非凡，秦入结，徐刚，邱良，陆向君. 踝关节内翻型骨关节炎致踝管综合征1例[J]. 中国矫形外科杂志，2020，28(3)：287-288. DOI：10.3977/j.issn.1005-8478.2020.03.21. {MENG Feifan,QIN Rujie,XU Gang,QIU Liang,LU Xiangjun. Tarsal tunnel syndrome caused by ankle varus osteoarthritis:a case report[J]. Zhongguo Jiao Xing Wai Ke Za Zhi[Orthop J China(Article in Chinese;No abstract available)],2020,28(3):287-288. DOI:10.3977/j.issn.1005-8478.2020.03.21.}

6.4.16.6.5 趾总神经卡压综合征
common plantar digital nerve entrapment syndrome

[21532] 李明祚，崔明，吴林康. 第三趾底总神经卡压综合征[J]. 中国骨伤，2001，14(3)：141-142. DOI：10.3969/j.issn.1003-0034.2001.03.005. {LI Mingzuo,CUI Ming,WU Linkang. The compression syndrome of the third common plantar digital nerves[J]. Zhongguo Gu Shang[China J Orthop Trauma(Article in Chinese;Abstract in Chinese and English)],2001,14(3):141-142. DOI:10.3969/j.issn.1003-0034.2001.03.005.}

6.4.16.6.6 腓浅神经卡压综合征
superficial peroneal nerve entrapment syndrome

[21533] 刘丰春，姜成瑛. 腓浅神经皮支卡压的解剖学观测[J]. 中国临床解剖学杂志，1998，16(3)：256-257. {LIU Fengchun,JIANG Chengying. Anatomic observation of the compressed cutaneous branch of superficial peroneal nerve[J]. Zhongguo Lin Chuang Jie Pou Xue Za Zhi[Chin J Clin Anat(Article in Chinese;Abstract in Chinese and English)],1998,16(3):256-257.}

[21534] 纪青，张信英，张波. 腓浅神经皮支卡压症的显微外科治疗[J]. 中国矫形外科杂志，2000，7(4)：336. DOI：10.3969/j.issn.1005-8478.2000.04.043. {JI Qing,ZHANG Xinying,ZHANG Bo. Microsurgical treatment of superficial peroneal nerve cutaneous branch entrapment[J]. Zhongguo Jiao Xing Wai Ke Za Zhi[Orthop J Chin(Article in Chinese;Abstract in Chinese)],2000,7(4):336. DOI:10.3969/j.issn.1005-8478.2000.04.043.}

6.4.17 功能性肌肉移植
functioning muscle transplantation ,FMT

[21535] Research Laboratory for Replantation of Severed Limbs,Shanghai Sixth People's Hospital,Shanghai. Free muscle transplantation by microsurgical neurovascular anastomoses. Report of a case[J]. Chin Med J. 1976,2(1):47-50.

[21536] Jiang LB,Yin XQ,Wu JM. Muscle transfer for paralysis of gluteus muscles after poliomyelitis[J]. Chin Med J,1986,99(2):87-90.

[21537] JIANG Hua,GUO En-tan. Effect of postoperative treatment with a combination of chuangxiong and electret on functional recovery of muscle grafts:an experimental study in the dog[J]. Plast Reconstr Surg,1996,98(5):851-855. doi:10.1097/00006534-199610000-00016.

[21538] Wei W,Zuoliang Q,Xiaoxi L,Jiasheng D,Chuan Y,Hussain K,Hongtai H,Gontur S,Li Z,Hua M,Tisheng C. Free split and segmental latissimus dorsi muscle transfer in one stage for facial reanimation[J]. Plast Reconstr Surg,1999,103(2):473-480;discussion 481-482. doi:10.1097/00006534-199902000-00016.

[21539] Liu X,Zeng B. Functioning free muscle transplantation for restoring upper extremity function[J]. Saudi Med J,2007,28(4):508-513.

[21540] Chen G,Jiang H,Liu AT,Zhang JL,Lin ZH,Dang RS,Yu DZ,Li WP,Liu BL. Neurovascular details about forearm muscles:applications in their clinical use in functional muscular transfer[J]. Surg Radiol Anat,2010,32(1):3-8. doi:10.1007/s00276-009-0514-y.

[21541] Liu AT,Lin Q,Jiang H,Sun MQ,Zhang JL,Zhang YF,Zhao YZ,Zhang WJ,Nagasao T. Facial reanimation by one-stage microneurovascular free abductor hallucis muscle transplantation:personal experience and long-term outcomes[J]. Plast Reconstr Surg,2012,130(2):325-335. doi:10.1097/PRS.0b013e3182589d27.

[21542] Liu H,Shao Y,Zhao Z,Zhang D. One-stage correction of blepharophimosis-ptosis-epicanthus inversus syndrome using a frontalis muscle transfer technique[J]. J Plast Surg Hand Surg,2014,48(1):74-79. doi:10.3109/2000656X.2013.819004.

[21543] Hou Y,Yang J,Yang Y,Qin B,Fu G,Li X,Gu L,Liu X,Zhu Q,Qi J. Flow-through anastomosis using a T-shaped vascular pedicle for gracilis functioning free muscle transplantation in brachial plexus injury[J]. Clinics(Sao Paulo),2015,70(8):544-549. doi:10.6061/clinics/2015(08)03.

[21544] Liu HP,Shao Y,Li B,Yu X,Zhang D. Frontalis muscle transfer technique for correction of severe congenital blepharoptosis in Chinese patients:an analysis of surgical outcomes related to frontalis muscle function[J]. J Plast Reconstr Aesthet Surg,2015,68(12):1667-1674. doi:10.1016/j.bjps.2015.08.003.

[21545] Yu D,Yin H,Han T,Jiang H,Cao X. Intramuscular innervations of lower leg skeletal muscles:applications in their clinical use in functional muscular transfer[J]. Surg Radiol Anat,2016,38(6):675-685. doi:10.1007/s00276-015-1601-x.

[21546] Yang Y,Yang JT,Fu G,Li XM,Qin BG,Hou Y,Qi J,Li P,Liu XL,Gu LQ. Functioning free gracilis transfer to reconstruct elbow flexion and quality of life in global brachial plexus injured patients[J]. Sci Rep,2016,6:22479. doi:10.1038/srep22479.

[21547] Hou Y,Qin B,Yang J,Li X,Yang Y,Fu G,Gu L,Qi J. Restoration of finger and thumb movement using one-stage free muscle transplantation[J]. J Plast Surg Hand Surg,2016,50(3):130-134. doi:10.3109/2000656X.2015.1120216.

[21548] Yang Y,Zou XJ,Fu G,Qin BG,Yang JT,Li XM,Hou Y,Qi J,Li P,Liu XL,Gu LQ. Neurotization of free gracilis transfer with the brachialis branch of the musculocutaneous nerve to restore finger and thumb flexion in lower trunk brachial plexus injury:an anatomical study and case report[J]. Clinics (Sao Paulo),2016,71(4):193-198. doi:10.6061/clinics/2016(04)03.

[21549] Wang T,Regmi S,Liu H,Pan J,Hou R. Free lateral tarsal artery perforator flap with functioning extensor digitorum brevis muscle for thenar reconstruction:a case report[J]. Arch Orthop Trauma Surg,2017,137(2):273-276. doi:10.1007/s00402-016-2615-5.

[21550] Yang HJ,Li YW,Zhang ZX. Modified gracilis muscle transposition for fecal incontinence[J]. Tech Coloproctol,2020,24(6):609. doi:10.1007/s10151-020-02181-1.

[21551] Liang H,Chen S,Yang Z,Ma N,Wang W,Liu Q,Wu Q,Ji X,Li Y. Facial animation with free functional gracilis transfer innervated by the cross-facial nerve graft[J]. J Craniofac Surg,2020 Nov 19. doi:10.1097/SCS.0000000000007251. Online ahead of print.

[21552] Hou Y,Yang J,Qin B,Gu L,Zheng J. Ultrasonic evaluation of muscle functional recovery following free functioning gracilis transfer,a preliminary study[J]. Eur J Med Res,2021,26(1):17. doi:10.1186/s40001-020-00473-8.

[21553] Zhu M,Chen G,Yang Y,Yang J,Qin B,Gu L. miR-217-5p regulates myogenesis in skeletal muscle stem cells by targeting FGFR2[J]. Mol Med Rep,2020,22(2):850-858. doi:10.3892/mmr.2020.11133.

[21554] 孟宪玉，钟世镇，陈子华，刘万胜，沈杯亮，谭文榜，徐开河. 股薄肌半游离移植改进对侧股四头肌功能的应用解剖学[J]. 临床应用解剖学杂志，1984，2(4)：213-216. {MENG Xianyu,ZHONG Shizhen,CHEN Zihua,LIU Wansheng,SHEN Beiliang,TAN Wenbang,XU Kaihe. Applied anatomy of semi-free gracilis muscle transplantation to improve the function of contralateral quadriceps femoris[J]. Lin Chuang Ying Yong Jie Pou Xue Za Zhi[J Clin Appl Anat(Article in Chinese;Abstract in Chinese)],1984,2(4):213-216.}

[21555] 黄渭清，李森恺，李养群，马晓冰，凌诒淳. 恒河猴去神经骨骼肌游离移植的研究[J]. 中华整形烧伤外科杂志，1998，14(2)：281-282. DOI：10.3760/j.issn：1009-4598.1998.04.012. {HUANG Weiqing,LI Senkai,LI Yangqun,MA Xiaobing,LING yichun. Experimental study on denervated skeletal muscle autotransplantation in the rhesus monkey[J]. Zhonghua Zheng Xing Shao Shang Wai Ke Za Zhi[Chin J Plast Surg Burns(Article in Chinese;Abstract in Chinese and English)],1998,14(2):281-282. DOI:10.3760/j.issn:1009-4598.1998.04.012.}

[21556] 江华，刘安堂，张盈帆，吴包金. 吻合血管神经的肌肉游离移植后运动终板形态的演变[J]. 中华显微外科杂志，2005，28(3)：235-238. DOI：10.3760/cma.j.issn.1001-2036.2005.03.016. {JIANG Hua,LIU Antang,ZHANG Yingfan,WU Baojin. Morphological changes at the motor end-plate following free muscle transfer[J]. Zhonghua Xian Wei Wai Ke Za Zhi[Chin J Microsurg(Article in Chinese;Abstract in Chinese and English)],2005,28(3):235-238. DOI:10.3760/cma.j.issn.1001-2036.2005.03.016.}

[21557] 刘旭东，曾炳芳. 功能性游离肌肉移植在上肢功能重建中的研究进展[J]. 中华显微外科杂志，2006，29(1)：77-78. DOI：10.3760/cma.j.issn.1001-2036.2006.01.041. {LIU Xudong,ZENG Bingfang. Research situation of functional free muscle transplantation in upper limb functional reconstruction[J]. Zhonghua Xian Wei Wai Ke Za Zhi[Chin J Microsurg(Article in Chinese;Abstract in Chinese)],2006,29(1):77-78. DOI:10.3760/cma.j.issn.1001-2036.2006.01.041.}

[21558] 刘安堂，江华，张盈帆，于大志，任安经，袁文俊. 大鼠股薄肌原位游离移植模型的建立及相关肌萎缩指标的检测[J]. 组织工程与重建外科杂志，2007，3(4)：200-204，221. DOI：10.3969/j.issn.1673-0364.2007.04.006. {LIU Antang,JIANG Hua,ZHANG Yingfan,YU Dazhi,REN Anjing,YUAN Wenjun. Establishing an experimental animal model of free muscle transfer with rat gracilis muscles[J]. Zu Zhi Gong Cheng Yu Chong Jian Wai Ke Za Zhi[J Tissue Eng Reconstr Surg(Article in Chinese;Abstract in Chinese and English)],2007,3(4):200-204,221. DOI:10.3969/j.issn.1673-0364.2007.04.006.}

[21559] 薛云皓，王树锋，陈山林，栗鹏程，李文军，杨勇. 游离股薄肌移植重建上肢部分功能24例报告[J]. 中国骨与关节杂志，2017，6(4)：262-265. DOI：10.3969/j.issn.2095-252X.2017.04.006. {XUE Yunhao,WANG Shufeng,CHEN Shanlin,LI Pengcheng,LI Wenjun,YANG Yong. Free functioning gracilis transfers for upper limb function reconstruction:report of 24 cases[J]. Zhongguo Gu Yu Guan Jie Za Zhi[Chin J Bone Joint(Article in Chinese;Abstract in Chinese and English)],2017,6(4):262-265. DOI:10.3969/j.issn.2095-252X.2017.04.006.}

[21560] 侯毅，杨建涛，秦本刚，顾立强. 股薄肌功能性肌肉移植术后肌肉恢复的B超评价[J]. 中华显微外科杂志，2019，42(2)：105-109. DOI：10.3760/cma.j.issn.1001-2036.2019.02.001. {HOU Yi,YANG Jiantao,QIN Bengang,GU Liqiang. A preliminary study on B-mode ultrasonic evaluation of muscle recovery after functional gracilis muscle transplantation[J]. Zhonghua Xian Wei Wai Ke Za Zhi[Chin J Microsurg(Article in Chinese;Abstract in Chinese and English)],2019,42(2):105-109. DOI:10.3760/cma.j.issn.1001-2036.2019.02.001.}

[21561] 陈超杰，任高宏. 游离股薄肌移植在创伤后肢体功能重建中的应用[J]. 中华创伤骨科杂志，2019，21(1)：85-89. DOI：10.3760/cma.j.issn.1671-7600.2019.01.016. {CHEN Chaojie,REN Gaohong. Application of free gracilis transplantation in reconstruction of traumatic limb[J]. Zhonghua Chuang Shang Gu Ke Za Zhi[Chin J Orthop Trauma(Article in Chinese;Abstract in Chinese and English)],2019,21(1):85-89. DOI:10.3760/cma.j.issn.1671-7600.2019.01.016.}

6.4.17.1 屈指功能重建术
functional reconstruction of finger flexion

[21562] Zhu SX,Lu SB,Zhang BX,Wang JF,Yao JX,Kong XX. Reconstruction of finger flexion function with latissimus dorsi myocutaneous free flap and microneurovascular surgery[J]. Chin Med J,1982,95(10):731-736.

[21563] 朱盛修，卢世璧，张伯勋，王继芳，姚建祥，孔祥星. 吻合血管神经的背阔肌皮瓣移植重建屈指功能[J]. 中华外科杂志，1983，21(5)：268-271. {ZHU Shengxiu,LU Shibi,ZHANG Boxun,WANG Jifang,YAO Jianxiang,KONG Xiangxing. Transplantation of latissimus dorsi myocutaneous flap anastomosed with blood vessels and nerves to reconstruct the function of finger flexion[J]. Zhonghua Wai Ke Za Zhi[Chin J Surg(Article in Chinese;No abstract available)],1983,21(5):268-271.}

[21564] 李淳，韦加宁，杨克非，赵俊会，常万绅，张长青，张友乐，田文，田光磊，谢启粦. 屈指

肌腱损伤的早期修复及功能锻炼 28 例报告 [J]. 中华外科杂志，1992，30（11）：662. {LI Chun,WEI Jianing,YANG Kefei,ZHAO Junhui,CHANG Wanshen,ZHANG Changqing,ZHANG Youle,TIAN Wen,TIAN Guanglei,XIE Qihu. Early repair and functional exercise of flexor tendon injury:a report of 28 cases[J]. Zhonghua Wai Ke Za Zhi[Chin J Surg(Article in Chinese;Abstract in Chinese)],1992,30(11):662.}

[21565] 郑文忠，马国棣. 吻合血管神经的背阔肌皮瓣移植重建伸屈指功能 [J]. 中华显微外科杂志，1995，18（2）：121-122. {ZHENG Wenzhong,MA Guoli. Transplantation of latissimus dorsi myocutaneous flap anastomosed with blood vessels and nerves for reconstruction of finger extension and flexion[J]. Zhonghua Xian Wei Wai Ke Za Zhi[Chin J Microsurg(Article in Chinese;No abstract available)],1995,18(2):121-122.}

[21566] 于建农，黄宗坚，吴煜，陈勤，李大伟. 吻合血管肌腱移植重建屈指功能 [J]. 中华显微外科杂志，2002，25(1)：17-19. DOI：10.3760/cma.j.issn.1001-2036.2002.01.007. {YU Jiannong,HUANG Zongjian,WU Yu,CHEN Qin,LI Dawei. Vascular tendon graft reconstructed flexor tendon function after hand injury[J]. Zhonghua Xian Wei Wai Ke Za Zhi[Chin J Microsurg(Article in Chinese;Abstract in Chinese and English)],2002,25(1):17-19. DOI:10.3760/cma.j.issn.1001-2036.2002.01.007.}

[21567] 顾玉东，张丽银，王涛，张凯莉，朱艺. 肱肌肌支移位重建屈指功能的远期疗效 [J]. 中华手外科杂志，2005，21（5）：18-19. {GU Yudong,ZHANG Liyin,WANG Tao,ZHANG Kaili,ZHU Yi. Long-term effect of brachial muscle branch transfer for reconstruction of finger flexion function[J]. Zhonghua Shou Wai Ke Za Zhi[Chin J Hand Surg(Article in Chinese;Abstract in Chinese and English)],2005,21(5):18-19.}

[21568] 谭军，汤锦波，陈婧，祝斌. V 区屈指肌腱修复后的功能评价及影响因素分析 [J]. 中华创伤杂志，2012，28（3）：250-254. DOI：10.3760/cma.j.issn.1001-8050.2012.03.014. {TAN Jun,TANG Jinbo,CHEN Jing,ZHU Bin. Functional evaluation and influencing factor analysis after repair of zone V flexor tendon injury[J]. Zhonghua Chuang Shang Za Zhi[Chin J Trauma(Article in Chinese;Abstract in Chinese and English)],2012,28(3):250-254. DOI:10.3760/cma.j.issn.1001-8050.2012.03.014.}

[21569] 陈山林，童德迪，王树锋，栗鹏程，薛云皓，刘波，荣艳波，王志新. 游离股薄肌移植重建前臂屈指功能 [J]. 骨科临床与研究杂志，2016，1（1）：39-44. DOI：10.3969/j.issn.2096-269X.2016.01.008. {CHEN Shanlin,TONG Dedi,WANG Shufeng,LI Pengcheng,XUE Yunhao,LIU Bo,RONG Yanbo,WANG Zhixin. Free gracilis muscle transplantation for digital flexion function reconstruction[J]. Gu Ke Lin Chuang Yu Yan Jiu Za Zhi[J Clin Orthop Res(Article in Chinese;Abstract in Chinese and English)],2016,1(1):39-44. DOI:10.3969/j.issn.2096-269X.2016.01.008.}

[21570] 邱世宇，邱燕华，沙轲，谭桢，薛明强，王静威，廖世杰. 输液渗漏致屈指功能障碍的临床研究 [J]. 中华手外科杂志，2017，33（3）：235-236. {QIU Shiyu,QIU Yanhua,SHA Ke,TAN Zhen,XUE Mingqiang,WANG Jingwei,LIAO Shijie. Clinical study on finger flexion dysfunction caused by infusion leakage[J]. Zhonghua Shou Wai Ke Za Zhi[Chin J Hand Surg(Article in Chinese;Abstract in Chinese)],2017,33(3):235-236.}

6.4.17.2 屈肘功能重建术
functional reconstruction of elbow flexion

[21571] Shen YD,Zheng MX,Hua XY,Qiu YQ,Hu KJ,Xu WD. Brachialis muscle transfer for reconstructing digital flexion after brachial plexus injury or forearm injury[J]. J Hand Surg Eur Vol,2018,43(3):259-268. doi:10.1177/1753193417730656.

[21572] 王洪业，贾淑兰. 背阔肌皮瓣移位重建屈肘功能八例报告 [J]. 中华显微外科杂志，1993，16（2）：108-109. {WANG Hongye,JIA Shulan. Reconstruction of elbow flexion function with latissimus dorsi myocutaneous flap[J]. Zhonghua Xian Wei Wai Ke Za Zhi[Chin J Microsurg(Article in Chinese;Abstract in Chinese)],1993,16(2):108-109.}

[21573] 郭进学，徐达传，钟世镇. 带蒂尺侧腕屈肌转位重建屈肘功能的应用解剖 [J]. 中国临床解剖学杂志，1994，12（3）：203-205. {GUO Jinxue,XU Dachuan,ZHONG Shizhen. Applied anatomy of flexor carpi ulnaris transposition for elbow flexion restoration[J]. Zhongguo Lin Chuang Jie Pou Xue Za Zhi[Chin J Clin Anat(Article in Chinese;Abstract in Chinese and English)],1994,12(3):203-205.}

[21574] 张少少，康凡，张成立，李贵存. 胸内侧神经移位吻接肌皮神经重建屈肘功能 [J]. 中华外科杂志，1994，32（9）：531. {ZHANG Shaoshao,KANG Fan,ZHANG Chengli,LI Guicun. Medial thoracic nerve tranfer to musculocutaneous nerve for reconstruction of elbow flexion[J]. Zhonghua Wai Ke Za Zhi[Chin J Surg(Article in Chinese;Abstract in Chinese)],1994,32(9):531.}

[21575] 张少成，康一凡，张成立. 胸内侧神经移位吻接肌皮神经重建屈肘功能 [J]. 中华手外科杂志，1994，10（1）：7-9. {ZHANG Shaocheng,KANG Yifan,ZHANG Chengli. Medial thoracic nerve tranfer to musculocutaneous nerve for reconstruction of elbow flexion[J]. Zhonghua Shou Wai Ke Za Zhi[Chin J Hand Surg(Article in Chinese;Abstract in Chinese)],1994,10(1):7-9.}

[21576] 施洪，洪发兰. 带蒂肱桡肌转位重建屈肘功能的应用解剖 [J]. 中国临床解剖学杂志，1996，14（2）：15-17. {SHI Hong,HONG Falan. APplied anatomy of pedicled branchioradialis transposition for elbow flexion function restoration[J]. Zhongguo Lin Chuang Jie Pou Xue Za Zhi[Chin J Clin Anat(Article in Chinese;Abstract in Chinese)],1996,14(2):15-17.}

[21577] 张文惠，刘会仁，陈杰，周自贵，阚利民，王立新. 背阔肌肌皮瓣双极移位重建屈肘屈指功能 [J]. 中华手外科杂志，1996，12（4）：125. {ZHANG Wenhui,LIU Huiren,CHEN Jie,ZHOU Zigui,KAN Limin,WANG Lixin. Reconstruction of elbow and finger flexion function by bipolar transfer of latissimus dorsi myocutaneous flap[J]. Zhonghua Shou Wai Ke Za Zhi[Chin J Hand Surg(Article in Chinese;No abstract available)],1996,12(4):125.}

[21578] 姜广良，顾玉东，佟刚. 屈肘功能重建供肌所需滑行长度的测定 [J]. 中华手外科杂志，1996，12（4）：93-95. {JIANG Guangliang,GU Yudong,TONG Gang. The excursion of transferred muscles needed for reconstructing elbow flexion[J]. Zhonghua Shou Wai Ke Za Zhi[Chin J Hand Surg(Article in Chinese;Abstract in Chinese and English)],1996,12(4):93-95.}

[21579] 姜广良，顾玉东，佟刚. 肘前滑车对屈肘功能重建的力学影响 [J]. 中国矫形外科杂志，1997，4（1）：58-60. {JIANG Guangliang,GU Yudong,TONG Gang. Mechanical effect of anterior elbow pulley on elbow flexion function reconstruction[J]. Zhongguo Jiao Xing Wai Ke Za Zhi[Orthop J Chin(Article in Chinese;No abstract available)],1997,4(1):58-60.}

[21580] 李建伟，张金柱，王志刚，吕东望. 背阔肌移位重建屈肘功能 [J]. 中华手外科杂志，1997，13（4）：195. DOI：10.3760/cma.j.issn.1005-054X.1997.04.021. {LI Jianwei,ZHANG Jinzhu,WANG Zhigang,LV Dongwang. Reconstruction of elbow flexion function by latissimus dorsi muscle transfer[J]. Zhonghua Shou Wai Ke Za Zhi[Chin J Hand Surg(Article in Chinese;No abstract available)],1997,13(4):195. DOI:10.3760/cma.j.issn.1005-054X.1997.04.021.}

[21581] 李祥明，段朝周，李其训，李春晓，丁晶，王铁丹，曹启迪，肖应东. 109HH 人工腱的实验研究及在屈肘抬肩功能重建的临床应用 [J]. 中国矫形外科杂志，1998，5（1）：68-69. {LI Xiangming,DONG Chaozhou,LI Qixun,LI Chunxiao,DING Jing,WANG Tiedan,CAO Qidi,XIAO Yingdong. Experimental study of 109HH artificial tendon and its clinical application in functional reconstruction of elbow flexion and shoulder lifting[J]. Zhongguo Jiao Xing Wai Ke Za Zhi[Orthop J Chin(Article in Chinese;No abstract available)],1998,5(1):68-69.}

[21582] 赵俊会，韦加宁，李淳. 指浅屈肌移位重建屈肘功能 [J]. 中华手外科杂志，1998，14（4）：225. DOI：10.3760/cma.j.issn.1005-054X.1998.04.014. {ZHAO Junhui,WEI Jianing,LI Chun. Upturning the superficial digital flexor to reconstruct the elbow flexation[J]. Zhonghua Shou Wai Ke Za Zhi[Chin J Hand Surg(Article in Chinese;Abstract in Chinese and English)],1998,14(4):225. DOI:10.3760/cma.j.issn.1005-054X.1998.04.014.}

[21583] 王珊，于涯涛，徐达传，顾立强，杜建平. 斜方肌下部肌瓣转位重建屈肘屈指功能的应用解剖 [J]. 中国临床解剖学杂志，1999，17（2）：20-21. {WANG Shan,YU Yatao,XU Dachuan,GU Liqiang,DONG Jianping. Applied anatomy of lower trapezius flap transferred to reconstruct flexional functions of elbow and phalanges[J]. Zhongguo Lin Chuang Jie Pou Xue Za Zhi[Chin J Clin Anat(Article in Chinese;Abstract in Chinese and English)],1999,17(2):20-21.}

[21584] 马金柱，顾树明，王大伟. 指浅屈肌翻转移位重建屈肘功能 [J]. 实用手外科杂志，1999，13（2）：217-218. {MA Jinzhu,GU Shuming,WANG Dawei. Upturning the superficial digital flexor to reconstruct the elbow flexation[J]. Shi Yong Shou Wai Ke Za Zhi[Chin J Pract Hand Surg(Article in Chinese;Abstract in Chinese and English)],1999,13(2):217-218.}

[21585] 赵东升，李坤德，周明武，杨润功. 上臂再植术后屈肘功能重建二例 [J]. 中华显微外科杂志，2001，24（3）：169. DOI：10.3760/cma.j.issn.1001-2036.2001.03.045. {ZHAO Dongsheng,LI Kunde,ZHOU Mingwu,YANG Rungong. Two cases of elbow flexion reconstruction after upper arm replantation[J]. Zhonghua Xian Wei Wai Ke Za Zhi[Chin J Microsurg(Article in Chinese;Abstract in Chinese)],2001,24(3):169. DOI:10.3760/cma.j.issn.1001-2036.2001.03.045.}

[21586] 常万绅，诸寅，李玉成，沈成，张云涛，王海华. 神经束移位重建屈肘功能 [J]. 中华显微外科杂志，2001，24（3）：180-182. DOI：10.3760/cma.j.issn.1001-2036.2001.03.007. {CHANG Wanshen,ZHU Yin,LI Yucheng,SHEN Cheng,ZHANG Yuntao,WANG Haihua. Function reconstruction of flexor elbow by fascicle nerve[J]. Zhonghua Xian Wei Wai Ke Za Zhi[Chin J Microsurg(Article in Chinese;Abstract in Chinese and English)],2001,24(3):180-182. DOI:10.3760/cma.j.issn.1001-2036.2001.03.007.}

[21587] 顾立强，裴国献. 神经损伤后屈肘功能重建术 [J]. 中国创伤骨科杂志，2001，3（1）：73-77. DOI：10.3760/cma.j.issn.1671-7600.2001.01.038. {GU Liqiang,PEI Guoxian. Reconstruction of elbow flexion after nerve injury[J]. Zhongguo Chuang Shang Gu Ke Za Zhi[Chin J Orthop Trauma(Article in Chinese;No abstract available)],2001,3(1):73-77. DOI:10.3760/cma.j.issn.1671-7600.2001.01.038.}

[21588] 贾继峰，张震宇，张殿毅，贺君. 胸大肌转位重建屈肘功能 [J]. 实用手外科杂志，2001，15（2）：80，82. DOI：10.3969/j.issn.1671-2722.2001.02.005. {JIA Jifeng,ZHANG Zhenyu,ZHANG Dianyi,HE Jun. Reconstruction of elbow flexion by musculus pectoralis major transfer[J]. Shi Yong Shou Wai Ke Za Zhi[Chin J Pract Hand Surg(Article in Chinese;Abstract in Chinese and English)],2001,15(2):80,82. DOI:10.3969/j.issn.1671-2722.2001.02.005.}

[21589] 刘强，陈德松. 屈肘功能重建和肘关节功能评定 [J]. 中国矫形外科杂志，2002，9（5）：501-502. DOI：10.3969/j.issn.1005-8478.2002.05.027. {LIU Qiang,CHEN Desong. Reconstruction of elbow flexion function and evaluation of elbow joint function[J]. Zhongguo Jiao Xing Wai Ke Za Zhi[Orthop J Chin(Article in Chinese;No abstract available)],2002,9(5):501-502. DOI:10.3969/j.issn.1005-8478.2002.05.027.}

[21590] 张振伟，廖坚文，卓浩，古纪欢，林冷，周可，陈泽华，庄加川，张家俊，詹伟鹏. 胸背神经移位与肱二头肌肌支吻接重建屈肘功能的应用解剖 [J]. 中国临床解剖学杂志，2003，21（6）：583-585. DOI：10.3969/j.issn.1001-165X.2003.06.018. {ZHANG Zhenwei,LIAO Jianwen,ZHUO Hao,GU Jihuan,LIN Leng,ZHOU Ke,CHEN Zehua,ZHUANG Jiachuan,ZHANG Jiajun,ZHAN Weipeng. Applied anatomy of reconstructing the elbow bending function by anastomosising the thoracodorsal nerve with the biceps branch of musculocutaneous nerve[J]. Zhongguo Lin Chuang Jie Pou Xue Za Zhi[Chin J Clin Anat(Article in Chinese;Abstract in Chinese and English)],2003,21(6):583-585. DOI:10.3969/j.issn.1001-165X.2003.06.018.}

[21591] 顾章平，赫荣国，王燕，李浩宇，王浩，许瑞江，卢强. 背阔肌双极移位重建产瘫儿童屈肘功能 [J]. 中国矫形外科杂志，2003，11（13）：895-897. DOI：10.3969/j.issn.1005-8478.2003.13.009. {GU Zhangping,HE Rongguo,WANG Yan,LI Haoyu,WANG Hao,XU Ruijiang,LU Qiang. Bipolar transfer of the pedicled latissimus dorsi muscle flap for reconstruction of elbow flexion after brachial plexus birth palsy[J]. Zhongguo Jiao Xing Wai Ke Za Zhi[Orthop J Chin(Article in Chinese;Abstract in Chinese and English)],2003,11(13):895-897. DOI:10.3969/j.issn.1005-8478.2003.13.009.}

[21592] 常万绅，李玉成，诸寅，张云涛，李忠哲，王丹. 神经束支移位重建屈肘功能 80 例随访分析 [J]. 中华显微外科杂志，2004，27（4）：247-248. DOI：10.3760/cma.j.issn.1001-2036.2004.04.004. {CHANG Wanshen,LI Yucheng,ZHU Yin,ZHANG Yuntao,LI Zhongzhe,WANG Dan. Function reconstruction of flexor elbow by nerve fascicle transfer:an analysis of 80 cases follow-up[J]. Zhonghua Xian Wei Wai Ke Za Zhi[Chin J Microsurg(Article in Chinese;Abstract in Chinese and English)],2004,27(4):247-248. DOI:10.3760/cma.j.issn.1001-2036.2004.04.004.}

[21593] 田文，赵俊会，田光磊，李庆泰，韦加宁. 尺侧腕屈肌移位重建屈肘功能 [J]. 中华手外科杂志，2005，21（5）：30-32. {TIAN Wen,ZHAO Junhui,TIAN Guanglei,LI Qingtai,WEI Jianing. The transposition of flexor carpi ulnaris tendon for reconstructing the elbow flexion function[J]. Zhonghua Shou Wai Ke Za Zhi[Chin J Hand Surg(Article in Chinese;Abstract in Chinese and English)],2005,21(5):30-32.}

[21594] 林浩东，方有生，陈德松. 背阔肌功能恢复后再移位重建屈肘屈指功能 [J]. 中国矫形外科杂志，2006，14(16)：1204-1206. DOI：10.3969/j.issn.1005-8478.2006.16.002. {LIN Haodong,FANG Yousheng,CHEN Desong. Recovered latissimus dorsi musculocutaneous flap for reconstruction of flexor of elbow or digits[J]. Zhongguo Jiao Xing Wai Ke Za Zhi[Orthop J Chin(Article in Chinese;No abstract available)],2006,14(16):1204-1206. DOI:10.3969/j.issn.1005-8478.2006.16.002.}

[21595] 许永武，夏剑，万爱国，高勇，丁健. 组合肌移位重建屈肘功能 [J]. 中华手外科杂志，2007，23（3）：165-167. DOI：10.3760/cma.j.issn.1005-054X.2007.03.021. {XU Yongwu,XIA Jian,WAN Aiguo,GAO Yong,DING Jian. Reconstruction of elbow flexion by combined muscle transfer[J]. Zhonghua Shou Wai Ke Za Zhi[Chin J Hand Surg(Article in Chinese;Abstract in Chinese and English)],2007,23(3):165-167. DOI:10.3760/cma.j.issn.1005-054X.2007.03.021.}

[21596] 曹文宏，刘新阁，王德芬，祁庆彬，常万绅，许会敏，张伟，扬杰. 正中神经束支移位重建屈肘功能 [J]. 中国骨与关节损伤杂志，2007，22（7）：541-543. DOI：10.3969/j.issn.1672-9935.2007.07.005. {CAO Wenhong,LIU Xinge,WANG Defen,QI Qingbin,CHANG Wanshen,XU Huimin,ZHANG Wei,YANG Jie. Median nerve partial transfer for restoration of elbow flexion[J]. Zhongguo Gu Yu Guan Jie Sun Shang Za Zhi[Chin J Bone Joint Injury(Article in Chinese;Abstract in Chinese and English)],2007,22(7):541-543. DOI:10.3969/j.issn.1672-9935.2007.07.005.}

[21597] 韦平欧，谭海涛，江建中，陆俭军，杨克勤，罗翔，林汉. 背阔肌皮瓣移植重建屈肘屈指功能 11 例 [J]. 中华显微外科杂志，2011，34（6）：494-495. DOI：10.3760/cma.j.issn.1001-2036.2011.06.023. {WEI Pingou,TAN Haitao,JIANG Jianzhong,LU Jianjun,YANG Keqin,LUO Xiang,LIN Han. Reconstruction of elbow and finger flexion function with latissimus dorsi myocutaneous flap in 11 cases[J]. Zhonghua Xian Wei Wai Ke Za Zhi[Chin J Microsurg(Article in Chinese;Abstract in Chinese)],2011,34(6):494-495. DOI:10.3760/cma.j.issn.1001-2036.2011.06.023.}

[21598] 李雷，侯瑞兴，巨积辉，崔龙杰. 尺侧腕屈肌腱转位重建屈肘功能 [J]. 实用手外科杂志，2012，26（3）：252-254. DOI：10.3969/j.issn.1671-2722.2012.03.017. {LI Lei,HOU Ruixing,JU Jihui,CUI Longjie. The transposition of flexor carpi ulnaris tendon for reconstructing the elbow flexion function[J]. Shi Yong Shou Wai Ke Za Zhi[Chin J Pract Hand Surg(Article in Chinese;Abstract in Chinese and English)],2012,26(3):252-254. DOI:10.3969/j.issn.1671-2722.2012.03.017.}

[21599] 刘燕，洪兴宇，桑秋凌，刘飙．背阔肌肌皮瓣重建断臂再植肢体屈肘屈指功能 [J]．中国矫形外科杂志，2013，21（12）：1255-1257．DOI：10.3977/j.issn.1005-8478.2013.12.21．{LIU Yan,HONG Xingyu,SANG Qiuling,LIU Biao. Reconstruction of elbow and finger flexion function of replantation limbs with latissimus dorsi myocutaneous flap[J]. Zhongguo Jiao Xing Wai Ke Za Zhi[Orthop J Chin(Article in Chinese;Abstract in Chinese)],2013,21(12):1255-1257. DOI:10.3977/j.issn.1005-8478.2013.12.21.}

6.4.17.3 屈肘-伸指功能重建术

functional reconstruction of elbow flexion and finger extension

[21600] 陈德松，崔大勇，顾玉东．晚期桡神经损伤的伸腕伸指功能重建 [J]．中华手外科杂志，1994，10（1）：55-56．{CHEN Desong,CUI Dayong,GU Yudong. Reconstruction of wrist and finger extension function in patients with late radial nerve injury[J]. Zhonghua Shou Wai Ke Za Zhi[Chin J Hand Surg(Article in Chinese;No abstract available)],1994,10(1):55-56.}

[21601] 王彦生，辛畅泰，翟希，沈勇，富玲，许惠．部分背阔肌皮瓣游离移植修复前臂背侧组织缺损并重建伸指功能 [J]．中华手外科杂志，2009，25（5）：291-293．DOI：10.3760/cma.j.issn.1005-054X.2009.05.021．{WANG Yansheng,XIN Changtai,DI Xi,SHEN Yong,FU Ling,XU Hui. Free transfer of part of the latissimus dorsi flap coverage of dorsal forearm composite tissue defects and reconstruction of extensor function[J]. Zhonghua Shou Wai Ke Za Zhi[Chin J Hand Surg(Article in Chinese;Abstract in Chinese and English)],2009,25(5):291-293. DOI:10.3760/cma.j.issn.1005-054X.2009.05.021.}

[21602] 钱俊，芮永军，张全荣，张志海，吴权．桡侧腕长伸肌腱转位重建再植拇指伸指功能的临床应用 [J]．中华手外科杂志，2015，31（2）：92-93．{QIAN Jun,RUI Yongjun,ZHANG Quanrong,ZHANG Zhihai,WU Quan. Translation of extensor carpi radians loagus tendon in reconstruction of replantation thumb[J]. Zhonghua Shou Wai Ke Za Zhi[Chin J Hand Surg(Article in Chinese;Abstract in Chinese and English)],2015,31(2):92-93.}

[21603] 张伟平，吴亮，林君，唐贤翱，赵志林，尚超，杜维卫．改良肌腱编织缝合法在伸指功能重建中的应用 [J]．中华手外科杂志，2015，31（3）：228-229．{ZHANG Weiping,WU Liang,LIN Jun,TANG Xianao,ZHAO Zhilin,SHANG Chao,DONG Weiwei. Application of modified tendon braided suture in reconstruction of extensive finger function[J]. Zhonghua Shou Wai Ke Za Zhi[Chin J Hand Surg(Article in Chinese;Abstract in Chinese)],2015,31(3):228-229.}

[21604] 孙玉福，王炳祺，胡茂忠，姜文学．利用残留伸肌腱治疗伸肌腱撕脱伤一期重建伸拇伸指功能一例报道 [J]．中华创伤骨科杂志，2015，17（10）：909-910．DOI：10.3760/cma.j.issn.1671-7600.2015.10.019．{SUN Yufu,WANG Bingqi,HU Maozhong,JIANG Wenxue. One-stage reconstruction of thumb extension and finger extension function by using residual extensor tendon for extensor tendon avulsion injury:a case report[J]. Zhonghua Chuang Shang Gu Ke Za Zhi[Chin J Orthop Trauma(Article in Chinese;No abstract available)],2015,17(10):909-910. DOI:10.3760/cma.j.issn.1671-7600.2015.10.019.}

[21605] 姚智广．局麻下改良术式重建伸指伸腕功能 [J]．临床骨科杂志，2017，20（4）：472．DOI：10.3969/j.issn.1008-0287.2017.04.031．{YAO Zhiguang. Modified surgical reconstruction of finger and wrist extension function under local anaesthetic[J]. Lin Chuang Gu Ke Za Zhi[J Clin Orthop(Article in Chinese;Abstract in Chinese)],2017,20(4):472. DOI:10.3969/j.issn.1008-0287.2017.04.031.}

[21606] 李王，杨蓊勃，蒋纯志，尹昭伟，涂祖波．骨间后神经分支损伤Ⅰ期行肌腱转位重建伸拇功能 [J]．实用手外科杂志，2017，31（4）：430-432．DOI：10.3969/j.issn.1671-2722.2017.04.009．{LI Wang,YANG Wengbo,JIANG Chunzhi,YIN Zhaowei,TU Zubo. One-stage tendon transfer for thumb extending reconstruction in the cases of posterior interosseous nerve branch injury[J]. Shi Yong Shou Wai Ke Za Zhi[Chin J Pract Hand Surg(Article in Chinese;Abstract in Chinese and English)],2017,31(4):430-432. DOI:10.3969/j.issn.1671-2722.2017.04.009.}

6.4.17.4 伸肘功能重建术

functional reconstruction of elbow extension

[21607] 卢世璧，朱盛修，王继方，张伯勋，陈景云．用背阔肌移位术恢复屈伸肘及屈指功能 [J]．中华外科杂志，1980，18（5）：409-412．{LU Shibi,ZHU Shengxiu,WANG Jifang,ZHANG Boxun,CHEN Jingyun. Recovery of elbow flexion and extension and finger flexion by latissimus dorsi muscle transfer[J]. Zhonghua Wai Ke Za Zhi[Chin J Surg(Article in Chinese;No abstract available)],1980,18(5):409-412.}

6.4.17.5 拇指对掌功能重建术

functional reconstruction of thumb opposition

[21608] Zhu W,Wang S,Zhang Y,Yang K,Hu Q,Wang H. Transposition of flexor pollicis brevis muscle for reconstruction of thumb opposition. Anatomical study and clinical application[J]. Chin Med J,1996,109(6):437-440.

[21609] Zhu S,Song S,Li J. Reconstructing opposition of thumb with microsurgical technique[J]. Chin J Traumatol,1998,1(1):61-62.

[21610] Zhu W,Wang SH,Zhang YL,Wei JN,Tian GL. Restoration of thumb opposition by transposing the flexsor pollicis brevis muscle:thirteen-year clinical application[J]. Chin Med J,2006,119(3):207-210.

[21611] Zhuang YQ,Xiong HT,Fu Q,Jiang HL,Fu XK,Du D,Tong J,Hung LK. Functional pectoralis minor muscle flap transplantation for reconstruction of thumb opposition:an anatomic study and clinical applications[J]. Microsurgery,2011,31(5):365-370. doi:10.1002/micr.20878.

[21612] Zhuang YQ,Xiong HT,Fu Q,Zhang X,Jiang HL,Fang XC. Functional pectoralis minor myocutaneous flap transplantation for reconstruction of thumb opposition:an anatomic study with clinical applications[J]. Asian J Surg,2018,41(4):389-395. doi:10.1016/j.asjsur.2017.05.004.

[21613] 朱盛修，张伯勋，姚建祥，李主一，王钖琏，傅祖国．吻合血管神经的趾短伸肌皮瓣移植重建拇对掌内收功能 [J]．中华外科杂志，1982，20（12）：716-718．{ZHU Shengxiu,ZHANG Boxun,YAO Jianxiang,LI Zhuyi,WANG Yanglian,FU Zuguo. Transplantation of extensor digitorum brevis myocutaneous flap with anastomosed vessels and nerves for reconstruction of the function of thumb palm opposition and adduction[J]. Zhonghua Wai Ke Za Zhi[Chin J Surg(Article in Chinese;No abstract available)],1982,20(12):716-718.}

[21614] 侯明钟，黄燮青，缪勇，蔡燕娴，黄硕麟．影响对掌功能重建手术疗效的因素 [J]．修复重建外科杂志，1990，4（1）：9-11，62．{HOU Mingzhong,HUANG Xieqing,MIU Yong,CAI Yanxian,HUANG Shuolin. Factors affecting the curative effect of opposite palm function reconstruction surgery[J]. Zhongguo Xiu Fu Chong Jian Wai Ke Za Zhi[Chin J Repar Reconstr Surg(Article in Chinese;Abstract in Chinese)],1990,4(1):9-11,62.}

[21615] 姚远志，李康仁，等．骨融合术重建拇对掌功能 [J]．手外科杂志，1992，8（3）：167-167．{YAO Yuanzhi,LI Kangren,DENG. Reconstruction of thumb opposition function by bone fusion[J]. Shou Wai Ke Za Zhi[J Hand Surg(Article in Chinese;No abstract available)],1992,8(3):167-167.}

[21616] 虞渝生，马奇，张茂其．带蹈短伸肌的足背游离复合皮瓣移植重建拇指对掌功能 [J]．中华整形烧伤外科杂志，1993，9（5）：328-329．DOI：10.3760/j.issn：1009-4598.1993.05.015．{YU Yusheng,MA Qi,ZHANG Maoqi. Reconstruction of thumb opposite palm function by transplantation of dorsal foot free composite flap with extensor pollicis brevis[J]. Zhonghua Zheng Xing Shao Shang Wai Ke Za Zhi[Chin J Plast Surg Burns(Article in Chinese;Abstract in Chinese)],1993,9(5):328-329. DOI:10.3760/j.issn:1009-4598.1993.05.015.}

[21617] 李炳万，刘云江，赵世伟，吴绍君，李中檀，李大村，李基哲．拇指对掌功能重建术的改进 [J]．中华手外科杂志，1994，10（4）：212-213．{LI Bingwan,LIU Yunjiang,ZHAO Shiwei,WU Shaojun,LI Zhongtan,LI Dacun,LI Jizhe. A modification of thumb opposition reconstruction method[J]. Zhonghua Shou Wai Ke Za Zhi[Chin J Hand Surg(Article in Chinese;Abstract in Chinese and English)],1994,10(4):212-213.}

[21618] 朱伟，王澍寰，张友乐，杨克非，胡琪，王海华．拇短屈肌移位重建拇对掌功能的解剖学研究与临床应用 [J]．中华外科杂志，1995，33（11）：536-538．{ZHU Wei,WANG Shuhuan,ZHANG Youle,YANG Kefei,HU Qi,WANG Haihua. Transposition of flexor pollicis brevis muscle for re-construction of opposition function of the thumb:anatomical study and cllnical application[J]. Zhonghua Wai Ke Za Zhi[Chin J Surg(Article in Chinese;Abstract in Chinese)],1995,33(11):536-538.}

[21619] 高雁卿，吴强，陈跃军．拇短伸肌直接移位重建拇对掌功能 [J]．中华手外科杂志，1996，12（2）：79．{GAO Yanqing,WU Qiang,CHEN Yuejun. Reconstruction of thumb opposition function by direct displacement of extensor pollicis brevis[J]. Zhonghua Shou Wai Ke Za Zhi[Chin J Hand Surg(Article in Chinese;No abstract available)],1996,12(2):79.}

[21620] 刘毅，刘刚．小指外展肌移位重建拇指对掌功能 24 例 [J]．中华手外科杂志，1996，12（4）：257．{LIU Yi,LIU Gang. Reconstruction of thumb opposite palm function by transfer of abductor muscle of little finger in 24 cases[J]. Zhonghua Shou Wai Ke Za Zhi[Chin J Hand Surg(Article in Chinese;Abstract in Chinese)],1996,12(4):257.}

[21621] 朱盛修，李静东，王岩，宋守礼，黄钢，李主一．显微外科技术重建拇指对掌功能 [J]．中华显微外科杂志，1997，20（1）：15-16．{ZHU Shengxiu,LI Jingdong,WANG Yan,SONG Shouli,HUANG Gang,LI Zhuyi. Reconstruction of opposite palm function of thumb by microsurgery[J]. Zhonghua Xian Wei Wai Ke Za Zhi[Chin J Microsurg(Article in Chinese;Abstract in Chinese and English)],1997,20(1):15-16.}

[21622] 周晓波，姜佩珠，刘芳．尺神经掌短肌支移位重建拇对掌功能二例 [J]．中国修复重建外科杂志，2000，14（5）：封三．{ZHOU Xiaobo,JIANG Peizhu,LIU Fang. Reconstruction of thumb opposition function by transposition of short palmar muscle branch of ulnar nerve:two cases report[J]. Zhongguo Xiu Fu Chong Jian Wai Ke Za Zhi[Chin J Repar Reconstr Surg(Article in Chinese;No abstract available)],2000,14(5):cover 3.}

[21623] 王玉发，金成万，李乃奚，李军．拇短伸肌腱移位重建拇对掌功能的应用解剖和临床经验 [J]．中华手外科杂志，2002，18（4）：200-202．DOI：10.3760/cma.j.issn.1005-054X.2002.04.003．{WANG Yufa,JIN Chengwan,LI Naixi,LI Jun. Anatomical and clinical study for reconstruction of thumb oppsition with transfer of extensor pollicis brevis tendon[J]. Zhonghua Shou Wai Ke Za Zhi[Chin J Hand Surg(Article in Chinese;Abstract in Chinese and English)],2002,18(4):200-202. DOI:10.3760/cma.j.issn.1005-054X.2002.04.003.}

[21624] 刘晓峰，王立胜，隋强，赵杰林．正中神经损伤后动力性对掌功能重建 [J]．中国修复重建外科杂志，2002，16（3）：151．{LIU Xiaofeng,WANG Lisheng,SUI Qiang,ZHAO Jielin. Dynamic reconstruction of palmar opposition function after median nerve injury[J]. Zhongguo Xiu Fu Chong Jian Wai Ke Za Zhi[Chin J Repar Reconstr Surg(Article in Chinese;No abstract available)],2002,16(3):151.}

[21625] 朱伟，王澍寰，张友乐，韦加宁，胡琪，张云涛，刘春玲，张春林．拇短屈肌移位重建拇对掌功能的临床报告 [J]．中华骨科杂志，2003，23（3）：143-145．DOI：10.3760/j.issn：0253-2352.2003.03.004．{ZHU Wei,WANG Shuhuan,ZHANG Youle,WEI Jianing,HU Qi,ZHANG Yuntao,LIU Chunling,ZHANG Chunlin. Transposition of flexor pollicis brevis muscle for reconstruction of thumb opposition:a clinical report[J]. Zhonghua Gu Ke Za Zhi[Chin J Orthop(Article in Chinese;Abstract in Chinese and English)],2003,23(3):143-145. DOI:10.3760/j.issn:0253-2352.2003.03.004.}

[21626] 朱伟，王澍寰，张友乐，韦加宁，田光磊，胡琪，肖克来提．拇短屈肌重建拇对掌功能在断腕再植术后的应用 [J]．中华显微外科杂志，2003，26（3）：174-175．DOI：10.3760/cma.j.issn.1001-2036.2003.03.005．{ZHU Wei,WANG Shuhuan,ZHANG Youle,WEI Jianing,TIAN Guanglei,HU Qi,XIAO Kelaiti. Application of transposition of flexor pollicis brevis muscle for functional reconstruction of thumb opposition following wrist replantation[J]. Zhonghua Xian Wei Wai Ke Za Zhi[Chin J Microsurg(Article in Chinese;Abstract in Chinese and English)],2003,26(3):174-175. DOI:10.3760/cma.j.issn.1001-2036.2003.03.005.}

[21627] 成效敏，董震，顾玉东．拇对掌功能重建的新方法 [J]．中华手外科杂志，2003，19（4）：216-218．DOI：10.3760/cma.j.issn.1005-054X.2003.04.012．{CHENG Xiaomin,DONG Zhen,GU Yudong. A new procedure for restoration of thumb opposition[J]. Zhonghua Shou Wai Ke Za Zhi[Chin J Hand Surg(Article in Chinese;Abstract in Chinese and English)],2003,19(4):216-218. DOI:10.3760/cma.j.issn.1005-054X.2003.04.012.}

[21628] 黄潮桐，孙永建，谢广中，李敬矿．小指外展肌重建拇指对掌功能 [J]．中国矫形外科杂志，2004，12（10）：794-795．DOI：10.3969/j.issn.1005-8478.2004.10.026．{HUANG Chaotong,SUN Yongjian,XIE Guangzhong,LI Jingkuang. Study the reconstruction of thumb opposing function with abductor of little finger[J]. Zhongguo Jiao Xing Wai Ke Za Zhi[Orthop J Chin(Article in Chinese;Abstract in Chinese)],2004,12(10):794-795. DOI:10.3969/j.issn.1005-8478.2004.10.026.}

[21629] 刘会仁，项力源，张艳茂，李瑞国，于占勇，曹磊．关节融合在拇指对掌功能重建中的应用 [J]．中华手外科杂志，2004，20（4）：236．DOI：10.3760/cma.j.issn.1005-054X.2004.04.027．{LIU Huiren,XIANG Liyuan,ZHANG Yanmao,LI Ruiguo,YU Zhanyong,CAO Lei. Application of joint fusion in reconstruction of thumb opposite function[J]. Zhonghua Shou Wai Ke Za Zhi[Chin J Hand Surg(Article in Chinese;No abstract available)],2004,20(4):236. DOI:10.3760/cma.j.issn.1005-054X.2004.04.027.}

[21630] 刘志刚，李大为．拇指对掌功能重建的临床应用 [J]．中华手外科杂志，2005，21（5）：286-287．{ LIU Zhigang,LI Dawei. Anatomical model of opponensplasty and its clinical application[J]. Zhonghua Shou Wai Ke Za Zhi[Chin J Hand Surg(Article in Chinese;Abstract in Chinese and English)],2005,21(5):286-287.}

[21631] 李大为，刘志刚．尺侧腕伸肌-拇短伸肌腱移位重建拇对掌功能的应用解剖 [J]．中国临床解剖学杂志，2006，24（1）：57-59．DOI：10.3969/j.issn.1001-165X.2006.01.015．{LI Dawei,LIU Zhigang. Anatomical study for reconstruction of thumb opposition by transferring extensor carpi ulnaris to extensor pollicis brevis tendon[J]. Zhongguo Lin Chuang Jie Pou Xue Za Zhi[Chin J Clin Anat(Article in Chinese;Abstract in Chinese and English)],2006,24(1):57-59. DOI:10.3969/j.issn.1001-165X.2006.01.015.}

[21632] 邵新中，李建峰，曲宪芳，姚晓光．重度虎口挛缩的显微外科修复与一期拇对掌功能重建 [J]．中华手外科杂志，2006，22（3）：146-148．{SHAO Xinzhong,LI Jianfeng,QU Xianfang,YAO Xiaoguang. Microsurgical reconstruction of severe contracture of the first web space and one stage thumb opponensplasty[J]. Zhonghua Shou Wai Ke Za Zhi[Chin J Hand Surg(Article in Chinese;Abstract in Chinese and English)],2006,22(3):146-148.}

[21633] 熊洪涛，庄永青，傅小宽，杜冬，童静，姜浩力，付强．胸小肌移植重建拇对掌功能的临床解剖研究 [J]．中国临床解剖学杂志，2007，25（1）：10-13．DOI：10.3969/

j.issn.1001-165X.2007.01.004. {XIONG Hongtao,ZHUANG Yongqing,FU Xiaokuan,DONG Dong,TONG Jing,JIANG Haoli,FU Qiang. Clinical anatomic study on partial pectoralis minor muscle transplantation for reconstructing thumb opposition function[J]. Zhongguo Lin Chuang Jie Pou Xue Za Zhi[Chin J Clin Anat(Article in Chinese;Abstract in Chinese and English)],2007,25(1):10-13. DOI:10.3969/j.issn.1001-165X.2007.01.004.}

[21634] 付强，庄永青. 显微外科方法重建拇对掌功能的研究进展 [J]. 中国临床解剖学杂志，2007，25（2）：224-226. DOI：10.3969/j.issn.1001-165X.2007.02.033. {FU Qiang,ZHUANG Yongqing. Research progression on reconstructing thumb opposition function with microsurgory methods[J]. Zhongguo Lin Chuang Jie Pou Xue Za Zhi[Chin J Clin Anat(Article in Chinese;No abstract available)],2007,25(2):224-226. DOI:10.3969/j.issn.1001-165X.2007.02.033.}

[21635] 庄永青，熊洪涛，付强，姜浩力，傅小宽，杜冬，童静. 胸小肌移植重建拇对掌功能的解剖与临床研究 [J]. 中华显微外科杂志，2007，30（5）：323-327，插 1. DOI：10.3760/cma.j.issn.1001-2036.2007.05.002. {ZHUANG Yongqing,XIONG Hongtao,FU Qiang,JIANG Haoli,FU Xiaokuan,DONG Dong,TONG Jing. Anatomical and clinical study on partial pectoralis minor transplantation for reconstruction of the opposition of the thumb[J]. Zhonghua Xian Wei Wai Ke Za Zhi[Chin J Microsurg(Article in Chinese;Abstract in Chinese and English)],2007,30(5):323-327,insert 1. DOI:10.3760/cma.j.issn.1001-2036.2007.05.002.}

[21636] 童德迪，田伟，李庆泰. 拇对掌功能重建术的对比性研究 [J]. 中华手外科杂志，2007，23（3）：176-179. DOI：10.3760/cma.j.issn.1005-054X.2007.03.025. {TONG Dedi,TIAN Wei,LI Qingtai. Comparative study of various procedures of opponensplasty[J]. Zhonghua Shou Wai Ke Za Zhi[Chin J Hand Surg(Article in Chinese;Abstract in Chinese and English)],2007,23(3):176-179. DOI:10.3760/cma.j.issn.1005-054X.2007.03.025.}

[21637] 张宝贵，阚世廉，李瑞华，詹海华，周强. 小指固有伸肌腱转移重建拇指对掌功能 [J]. 中华手外科杂志，2007，23（4）：203-204. {ZHANG Baogui,KAN Shilian,LI Ruihua,ZHAN Haihua,ZHOU Qiang. Transfer of extensor digiti quinti proprius for thumb opponensplasty[J]. Zhonghua Shou Wai Ke Za Zhi[Chin J Hand Surg(Article in Chinese;Abstract in Chinese and English)],2007,23(4):203-204.}

[21638] 竺枫，薛建波，王扬剑，陈宏. 小指固有伸肌腱重建拇对掌功能与一期开大虎口 [J]. 实用手外科杂志，2007，21（4）：208-209. DOI：10.3969/j.issn.1671-2722.2007.04.006. {ZHU Feng,XUE Jianbo,WANG Yangjian,CHEN Hong. Reconstruction of opponent pollicis with extensor minimi digiti translocation combined with the thumb web widing for the disturbance of opponens pollicis[J]. Shi Yong Shou Wai Ke Za Zhi[Chin J Pract Hand Surg(Article in Chinese;Abstract in Chinese and English)],2007,21(4):208-209. DOI:10.3969/j.issn.1671-2722.2007.04.006.}

[21639] 韩金豹，高宏阳，杨磊，姚黎明，孔令伟. 髂腹股沟骨皮瓣修复虎口挛缩及一期拇对掌功能重建 [J]. 中国修复重建外科杂志，2007，21（4）：346-348. {HAN Jinbao,GAO Hongyang,YANG Lei,YAO Liming,KONG Lingwei. Clinical application of groin skin and iliac bone composite graft in contracture of first web space and reconstruction of pollicis opponens function[J]. Zhongguo Xiu Fu Chong Jian Wai Ke Za Zhi[Chin J Repar Reconstr Surg(Article in Chinese;Abstract in Chinese and English)],2007,21(4):346-348.}

[21640] 付强，庄永青，傅小宽，熊洪涛，杜冬，童静，姜浩力. 携带皮瓣的胸小肌移植重建拇对掌功能的应用解剖研究 [J]. 中国临床解剖学杂志，2008，26（6）：598-600. DOI：10.3969/j.issn.1001-165X.2008.06.004. {FU Qiang,ZHUANG Yongqing,FU Xiaokuan,XIONG Hongtao,DONG Dong,TONG Jing,JIANG Haoli. The reconstruction of thumb opposition tunction using pectoralis minor taking along flap:applied anatomic study[J]. Zhongguo Lin Chuang Jie Pou Xue Za Zhi[Chin J Clin Anat(Article in Chinese;Abstract in Chinese)],2008,26(6):598-600. DOI:10.3969/j.issn.1001-165X.2008.06.004.}

[21641] 侯致典，王增涛，陶文强，李向明，章明星，周星星，丁自海. 第 1 骨间背侧肌支神经肌蒂转移修复拇对掌肌功能应用解剖 [J]. 中国临床解剖学杂志，2010，28（2）：135-137，141. {HOU Zhidian,WANG Zengtao,TAO Wenqiang,LI Xiangming,ZHANG Mingxing,ZHOU Xingxing,DING Zihai. Neuromuscular pedicle of the first dorsal interosseous muscle branch transfer to renovate opponens pollicis:an applied anatomy study[J]. Zhongguo Lin Chuang Jie Pou Xue Za Zhi[Chin J Clin Anat(Article in Chinese;Abstract in Chinese and English)],2010,28(2):135-137,141.}

[21642] 常丽鹏，庄永青，熊洪涛，付强，姜浩力，方锡池. 胸小肌移植重建拇对掌功能的神经解剖学研究 [J]. 中国临床解剖学杂志，2010，28（4）：363-365. {CHANG Lipeng,ZHUANG Yongqing,XIONG Hongtao,FU Qiang,JIANG Haoli,FANG Xichi. The reconstruction of opposition function by partial pectoralis minor transplantation:neuroanatomic study[J]. Zhongguo Lin Chuang Jie Pou Xue Za Zhi[Chin J Clin Anat(Article in Chinese;Abstract in Chinese and English)],2010,28(4):363-365.}

[21643] 顾玉东. 拇指对掌功能的定义与检测 [J]. 中华手外科杂志，2011，27（5）：258. DOI：10.3760/cma.j.issn.1005-054X.2011.05.002. {GU Yudong. Definition and detection of thumb oppsition[J]. Zhonghua Shou Wai Ke Za Zhi[Chin J Hand Surg(Article in Chinese;No abstract available)],2011,27(5):258. DOI:10.3760/cma.j.issn.1005-054X.2011.05.002.}

[21644] 朱春雷，李炳万，赵世伟，李光，田东. 高位正中神经麻痹改良津下法重建拇对掌功能 [J]. 中华手外科杂志，2012，28（1）：31-33. {ZHU Chunlei,LI Bingwan,ZHAO Shiwei,LI Guang,TIAN Dong. Modified Tajima technique for reconstruction of thumb opposition after median nerve palsy[J]. Zhonghua Shou Wai Ke Za Zhi[Chin J Hand Surg(Article in Chinese;Abstract in Chinese and English)],2012,28(1):31-33.}

[21645] 庄永青，付强，常丽鹏，熊洪涛，姜浩力，方锡池，魏瑞鸿，郭泉. 携带皮瓣的胸小肌移植重建拇对掌功能的解剖与临床研究 [J]. 中华手外科杂志，2013，29（3）：139-142. {ZHUANG Yongqing,FU Qiang,CHANG Lipeng,XIONG Hongtao,JIANG Haoli,FANG Xichi,WEI Ruihong,GUO Quan. Anatomical and clinical study on thumb opponenplasty using partial pectoralis minor muscle transfer along with a skin flap[J]. Zhonghua Shou Wai Ke Za Zhi[Chin J Hand Surg(Article in Chinese;Abstract in Chinese and English)],2013,29(3):139-142.}

[21646] 崔满意，田恒进，王志勇，盛辉，张志家，王培吉，沙震兴. 小指展肌联合小指短屈肌转移重建拇指对掌功能 [J]. 中华手外科杂志，2016，32（4）：312-313. DOI：10.3760/cma.j.issn.1005-054X.2016.04.030. {CUI Manyi,TIAN Hengjin,WANG Zhiyong,SHENG Hui,ZHANG Zhijia,WANG Peiji,SHA Zhenxing. Reconstruction of thumb opposition by transfer of abductor digitorum minimi and flexor digitorum brevis[J]. Zhonghua Shou Wai Ke Za Zhi[Chin J Hand Surg(Article in Chinese;Abstract in Chinese)],2016,32(4):312-313. DOI:10.3760/cma.j.issn.1005-054X.2016.04.030.}

[21647] 顾凡彬，邢云龙，张巨，吴广智，张展，焦原，崔树森，于维. 环指指浅屈肌腱移位重建拇对掌功能的长期随访观察 [J]. 中华显微外科杂志，2017，40（1）：50-52. DOI：10.3760/cma.j.issn.1001-2036.2017.01.014. {GU Fanbin,XING Yunlong,ZHANG Ju,WU Guangzhi,ZHANG Zhan,JIAO Yuan,CUI Shusen,YU Wei. Superficial flexor tendon of ring transfer to reconstruct thumb opponensplasty:a long-term following up[J]. Zhonghua Xian Wei Wai Ke Za Zhi[Chin J Microsurg(Article in Chinese;Abstract in Chinese and English)],2017,40(1):50-52. DOI:10.3760/cma.j.issn.1001-2036.2017.01.014.}

[21648] 贾赛雄，吴迪，利春叶，陈金仁，喻林波，龙海泉，杨钦泰. 改良尺侧腕伸肌腱联合拇短伸肌腱转位重建拇对掌功能的临床应用 [J]. 中华手外科杂志，2017，33（1）：47-49. {JIA Saixiong,WU Di,LI Chunye,CHEN Jinren,YU Linbo,LONG Haiquan,YANG Qintai. The clinical application of thumb opposition reconstruction by modified extensor carpi ulnaris tendon and extensor pollicis brevis tendon combined transfer[J]. Zhonghua Shou Wai Ke Za Zhi[Chin J Hand Surg(Article in Chinese;Abstract in Chinese and English)],2017,33(1):47-49.}

[21649] 宿晓雷，朱伟，张友乐，杨辰. 正中神经尺神经合并损伤后拇对掌功能重建术式改良的临床研究 [J]. 中华手外科杂志，2017，33（1）：65-66. DOI：10.3760/cma.j.issn.1005-054X.2017.01.029. {SU Xiaolei,ZHU Wei,ZHANG Youle,YANG Chen. Clinical study on modified reconstruction of thumb opposition after median nerve and ulnar nerve injury[J]. Zhonghua Shou Wai Ke Za Zhi[Chin J Hand Surg(Article in Chinese;Abstract in Chinese)],2017,33(1):65-66. DOI:10.3760/cma.j.issn.1005-054X.2017.01.029.}

[21650] 高文静，史紫境，韩轶锴，孙宣锋，张铮，徐高磊，张振华. 肘肌游离肌瓣重建拇指对掌功能的解剖 [J]. 解剖学报，2018，49（3）：355-360. DOI：10.16098/j.issn.0529-1356.2018.03.014. {GAO Wenjing,SHI Ziyu,HAN Yikai,SUN Xuanfeng,ZHANG Zheng,XU Gaolei,ZHANG Zhenhua. Anatomy of anconeus free muscle flap for restoration of thumb oppositional function[J]. Jie Pou Xue Bao[Acta Anat Sin(Article in Chinese;Abstract in Chinese and English)],2018,49(3):355-360. DOI:10.16098/j.issn.0529-1356.2018.03.014.}

[21651] 程贺云，巨积辉，赵强，杜伟伟，王金晶. 转位尺侧腕伸肌腱重建屈拇功能术后同时恢复部分拇对掌功能一例 [J]. 中华手外科杂志，2019，35（6）：435-436. {CHENG Heyun,JU Jihui,ZHAO Qiang,DONG Weiwei,WANG Jinjing. A case of simultaneous recovery of partial thumb opposition after reconstruction of flexor by transposition of extensor carpi ulnaris tendon[J]. Zhonghua Shou Wai Ke Za Zhi[Chin J Hand Surg(Article in Chinese;No abstract available)],2019,35(6):435-436.}

[21652] 沈小芳，印飞，薛明宇，余炯，林伟枫，芮永军. 一期拇对掌功能重建结合多边形皮瓣治疗先天性铲状手畸形 [J]. 中国修复重建外科杂志，2019，33（2）：199-202. DOI：10.7507/1002-1892.201804111. {SHEN Xiaofang,YIN Fei,XUE Mingyu,YU Jiong,LIN Weifeng,RUI Yongjun. One-stage thumb opponensplasty and polygonal flap in congenital spade hand reconstruction[J]. Zhongguo Xiu Fu Chong Jian Wai Ke Za Zhi[Chin J Repar Reconstr Surg(Article in Chinese;Abstract in Chinese and English)],2019,33(2):199-202. DOI:10.7507/1002-1892.201804111.}

[21653] 印飞，芮永军，沈小芳，余炯，薛明宇，林伟枫. 一期拇对掌功能重建结合多边形皮瓣治疗先天性铲状手畸形 [J]. 中华手外科杂志，2019，35（2）：115-117. {YIN Fei,RUI Yongjun,SHEN Xiaofang,YU Jiong,XUE Mingyu,LIN Weifeng. One stage thumb opponensplasty and polygonal flap in congenital spade hand reconstruction[J]. Zhonghua Shou Wai Ke Za Zhi[Chin J Hand Surg(Article in Chinese;Abstract in Chinese and English)],2019,35(2):115-117.}

6.4.17.6 手握持功能重建术
functional reconstruction of hand prehension

[21654] 张经纬，朱文杰，崔勇，冯建翔. 组合皮瓣与骨移植再造拇指 [J]. 中华显微外科杂志，2000，23（3）：240. DOI：10.3760/cma.j.issn.1001-2036.2000.03.057. {ZHANG Jingwei,ZHU Wenjie,CUI Yong,FENG Jianxiang. Reconstruction of thumb with combined flap and bone transplantation[J]. Zhonghua Xian Wei Wai Ke Za Zhi[Chin J Microsurg(Article in Chinese;Abstract in Chinese and English)],2000,23(3):240. DOI:10.3760/cma.j.issn.1001-2036.2000.03.057.}

[21655] 邱旭东，赵维彦，赵世伟，李炳万，史洪峰. 骨间背侧动脉皮瓣修复严重虎口挛缩的临床应用 [J]. 中华显微外科杂志，2009，32（2）：169. DOI：10.3760/cma.j.issn.1001-2036.2009.02.038. {QIU Xudong,ZHAO Weiyan,ZHAO Shiwei,LI Bingwan,SHI Hongfeng. Clinical application of dorsal interosseous artery flap in repairing severe contracture of thum-index web[J]. Zhonghua Xian Wei Wai Ke Za Zhi[Chin J Microsurg(Article in Chinese;No abstract available)],2009,32(2):169. DOI:10.3760/cma.j.issn.1001-2036.2009.02.038.}

6.4.17.7 踝足背伸功能重建术
functional reconstruction of ankle dorsal extension

[21656] 陈秋生，余斌，杨建成，江浩，陈霞，竺筠雯. 小腿中段离断再植后重建足跖屈背伸功能 [J]. 临床骨科杂志，2001，4（1）：35-37. DOI：10.3969/j.issn.1008-0287.2001.01.014. {CHEN Qiusheng,YU Bin,YANG Jiancheng,JIANG Hao,CHEN Xia,ZHU Yunwen. Reconstruction of foot flexion-extension function after replantation of amputated leg[J]. Lin Chuang Gu Ke Za Zhi[J Clin Orthop(Article in Chinese;Abstract in Chinese and English)],2001,4(1):35-37. DOI:10.3969/j.issn.1008-0287.2001.01.014.}

[21657] 陈秋生，杨建成，陈霞. 小腿中段断肢再植后期足背伸跖屈功能重建 [J]. 创伤外科杂志，2002，4（2）：112. DOI：10.3969/j.issn.1009-4237.2002.02.017. {CHEN Qiusheng,YANG Jiancheng,CHEN Xia. Reconstruction of extensive and flexsion function of foot after leg replantation[J]. Chuang Shang Wai Ke Za Zhi[J Traum Surg(Article in Chinese;Abstract in Chinese)],2002,4(2):112. DOI:10.3969/j.issn.1009-4237.2002.02.017.}

6.5 头颈部周围神经显微外科
microsurgery of peripheral nerves of head and neck

6.5.1 三叉神经
trigeminal nerve

[21658] Zhou L,Ren L,Li S,Guo H. Surgical treatment of trigeminal neurinomas[J]. Chin Med J,1999,112(3):269-272.

[21659] 武顺，孟广远. 关于三叉神经脊束切断术的某些基本问题 [J]. 中华外科杂志，1963，11（5）：355-359. {WU Shun,MENG Guangyuan. Some basic problems of trigeminal spinal tract transection[J]. Zhonghua Wai Ke Za Zhi[Chin J Surg(Article in Chinese;No abstract available)],1963,11(5):355-359.}（非显微修复 Non-microsurgical repair）

[21660] 姚肇康，蒋先惠. 三叉神经纤维瘤 [J]. 中华外科杂志，1963，11（5）：370-371. {YAO Zhaokang,JIANG Xianhui. Trigeminal neurofibroma[J]. Zhonghua Wai Ke Za Zhi[Chin J Surg(Article in Chinese;No abstract available)],1963,11(5):370-371.}（非显微修复 Non-microsurgical repair）

[21661] 陈泽寰. 半月神经节及三叉神经根的肿瘤（三例报告）[J]. 中华外科杂志，1964，12（6）：574-575. {CHEN Zehuan. Microsurgical treatment of trigeminal neurilemmoma[J]. Zhonghua Wai Ke Za Zhi[Chin J Surg(Article in Chinese;No abstract available)],1964,12(6):574-575.}（非显微修复 Non-microsurgical repair）

[21662] 涂通今，曾广义，易声禹，陈柏林. 三叉神经神经纤维瘤 [J]. 中华外科杂志，1966，14（1）：31-33. {TU Tongjin,ZENG Guangyi,YI Shengyu,CHEN Bailin. Microsurgical treatment of giant dumbbell trigeminal neurilemmoma[J]. Zhonghua Wai Ke Za Zhi[Chin J Surg(Article in Chinese;No abstract available)],1966,14(1):31-33.}（非显微修复 Non-microsurgical repair）

[21663] 温志大，叶如陵. 巨大三叉神经神经鞘瘤一例报告 [J]. 中华外科杂志，1988，26（1）：12. {WEN Zhida,YE Ruling. Microanatomy and clinical significance of blood supply of trigeminal nerve root[J]. Zhonghua Wai Ke Za Zhi[Chin J Surg(Article in Chinese;No abstract available)],1988,26(1):12.}

[21664] 吕福林，陈援朝，郑鲁，段作峰，谭林琼，高进喜，徐振安. 桥脑旁三叉神经微血管与临床关系的研究[J]. 中华神经外科杂志，1997，13(3)：39-41. {LV Fulin,CHEN Yuanchao,ZHENG Lu,DONG Zuofeng,TAN Linqiong,GAO Jinxi,XU Zhenan. Clinical relationship between trigeminal nerve and parapontine microvessels[J]. Zhonghua Shen Jing Wai Ke Za Zhi[Chin J Neurosurg(Article in Chinese;Abstract in Chinese and English)],1997,13(3):39-41.}

[21665] 柏根基，王鹤鸣，韩群颖，姜平，童鑫康，方实邦. 三叉神经桥池段的断层解剖及其临床意义[J]. 中国临床解剖学杂志，1999，17(4)：13-14. {BAI Genji,WANG Heming,HAN Qunying,JIANG Ping,TONG Xinkang,FANG Shibang. Sectional anatomy and its clinical significance of pontine cistern segment of trigeminal nerve[J]. Zhongguo Lin Chuang Jie Pou Xue Za Zhi[Chin J Clin Anat(Article in Chinese;Abstract in Chinese and English)],1999,17(4):13-14.}

[21666] 祝斐，史继新，王汉东. 显微手术治疗三叉神经鞘瘤[J]. 中华显微外科杂志，1999，22(2)：95. DOI：10.3760/cma.j.issn.1001-2036.1999.02.006. {ZHU Fei,SHI Jixin,WANG Handong. Microsurgical treatment of trigeminal neurilemmoma[J]. Zhonghua Xian Wei Wai Ke Za Zhi[Chin J Microsurg(Article in Chinese;Abstract in Chinese and English)],1999,22(2):95. DOI:10.3760/cma.j.issn.1001-2036.1999.02.006.}

[21667] 杨卫忠，陈阵，何曦，倪天瑞，张国良，刘才兴，石松生，陈建屏. 显微手术治疗巨大哑铃型三叉神经鞘瘤[J]. 中华显微外科杂志，2000，23(1)：76-77. DOI：10.3760/cma.j.issn.1001-2036.2000.01.036. {YANG Weizhong,CHEN Zhen,HE Xi,NI Tianrui,ZHANG Guoliang,LIU Caixing,SHI Songsheng,CHEN Jianping. Microsurgical treatment of giant dumbbell trigeminal neurilemmoma[J]. Zhonghua Xian Wei Wai Ke Za Zhi[Chin J Microsurg(Article in Chinese;No abstract available)],2000,23(1):76-77. DOI:10.3760/cma.j.issn.1001-2036.2000.01.036.}

[21668] 蒋吉英，窦寰宇，高培福，朱世杰，杨培花. 三叉神经根血液供应的显微解剖及临床意义[J]. 中华显微外科杂志，2000，23(3)：216-217. DOI：10.3760/cma.j.issn.1001-2036.2000.03.021. {JIANG Jiying,DOU Huanyu,GAO Peifu,ZHU Shijie,YANG Peihua. Microanatomy and clinical significance of blood supply of trigeminal nerve root[J]. Zhonghua Xian Wei Wai Ke Za Zhi[Chin J Microsurg(Article in Chinese;No abstract available)],2000,23(3):216-217. DOI:10.3760/cma.j.issn.1001-2036.2000.03.021.}

[21669] 周良辅，毛颖. 哑铃状三叉神经鞘瘤的外科治疗[J]. 中华外科杂志，2002，40(2)：81-83. DOI：10.3760/j：issn：0529-5815.2002.02.001. {ZHOU Liangfu,MAO Ying. Surgical management of dumbbell-shaped trigeminal neurinomas[J]. Zhonghua Wai Ke Za Zhi[Chin J Surg(Article in Chinese;Abstract in Chinese and English)],2002,40(2):81-83. DOI:10.3760/j:issn:0529-5815.2002.02.001.}

[21670] 张晓东，李长元，江涛. 三叉神经鞘瘤的显微手术治疗[J]. 中华神经外科杂志，2002，18(2)：77-78. DOI：10.3760/j.issn：1001-2346.2002.02.003. {ZHANG Xiaodong,LI Changyuan,JIANG Tao. Microsurgical treatment of trigeminal neurinomas[J]. Zhonghua Shen Jing Wai Ke Za Zhi[Chin J Neurosurg(Article in Chinese;Abstract in Chinese and English)],2002,18(2):77-78. DOI:10.3760/j.issn:1001-2346.2002.02.003.}

[21671] 万经海，李长元，冯春国，李汉杰. 经中颅底硬膜外入路显微手术切除三叉神经鞘瘤[J]. 中华神经外科杂志，2003，19(2)：142-143. DOI：10.3760/j.issn：1001-2346.2003.02.024. {WAN Jinghai,LI Changyuan,FENG Chunguo,LI Hanjie. Microsurgical resection of trigeminal neurilemmoma through epidural approach of middle skull base[J]. Zhonghua Shen Jing Wai Ke Za Zhi[Chin J Neurosurg(Article in Chinese;No abstract available)],2003,19(2):142-143. DOI:10.3760/j.issn:1001-2346.2003.02.024.}

[21672] 王渭君，朱亚文，谢康民. 三叉神经与小脑上动脉的解剖学研究[J]. 中国微创外科杂志，2004，4(2)：169-170. DOI：10.3969/j.issn.1009-6604.2004.02.048. {WANG Weijun,ZHU Yawen,XIE Kangmin. Trigeminal nerve and superior cerebellar artery:An anatomic study[J]. Zhongguo Wei Chuang Wai Ke Za Zhi[Chin J Minim Inva Surg(Article in Chinese;Abstract in Chinese and English)],2004,4(2):169-170. DOI:10.3969/j.issn.1009-6604.2004.02.048.}

[21673] 朱亚文，乔威. 三叉神经根与周围血管关系及其临床意义[J]. 中国临床解剖学杂志，2006，24(6)：600-604. DOI：10.3969/j.issn.1001-165X.2006.06.002. {ZHU Yawen,QIAO Wei. The relationship between root of trigeminal nerve and adjacent vessels and its clinical significance[J]. Zhongguo Lin Chuang Jie Pou Xue Za Zhi[Chin J Clin Anat(Article in Chinese;Abstract in Chinese and English)],2006,24(6):600-604. DOI:10.3969/j.issn.1001-165X.2006.06.002.}

[21674] 徐淑军，李新钢，张文华，陈腾，王磊，周茂德. 采用中颅窝底硬膜外入路显微手术切除三叉神经鞘瘤[J]. 中华医学杂志，2006，86(41)：2908-2910. DOI：10.3760/j：issn：0376-2491.2006.41.009. {XU Shujun,LI Xingang,ZHANG Wenhua,CHEN Teng,WANG Lei,ZHOU Maode. Microsurgical treatment of trigeminal neurinomas with middle Fossa extradural approach[J]. Zhonghua Yi Xue Za Zhi[Natl Med J China(Article in Chinese;Abstract in Chinese and English)],2006,86(41):2908-2910. DOI:10.3760/j:issn:0376-2491.2006.41.009.}

[21675] 张智峰，刘献志，宋来君，杨波，孙剑瑞，徐滨. 巨大三叉神经鞘瘤的显微外科治疗[J]. 中华神经外科杂志，2007，23(9)：657-658. DOI：10.3760/j.issn：1001-2346.2007.09.006. {ZHANG Zhifeng,LIU Xianzhi,SONG Laijun,YANG Bo,SUN Jianrui,XU Bin. Microsurgical treatment of giant trigeminal neurilemmoma[J]. Zhonghua Shen Jing Wai Ke Za Zhi[Chin J Neurosurg(Article in Chinese;No abstract available)],2007,23(9):657-658. DOI:10.3760/j.issn:1001-2346.2007.09.006.}

[21676] 陈利锋，余新光，周定标，许百男，张远征，魏少波. 三叉神经鞘瘤的诊断与治疗[J]. 中华神经外科杂志，2009，25(2)：152-154. DOI：10.3760/cma.j.issn.1001-2346.2009.02.022. {CHEN Lifeng,YU Xinguang,ZHOU Dingbiao,XU Bainan,ZHANG Yuanzheng,WEI Shaobo. Diagnosis and treatment of trigeminal Schwannoma[J]. Zhonghua Shen Jing Wai Ke Za Zhi[Chin J Neurosurg(Article in Chinese;Abstract in Chinese and English)],2009,25(2):152-154. DOI:10.3760/cma.j.issn.1001-2346.2009.02.022.}

[21677] 张占英，张方成. 岩静脉与三叉神经根关系的显微解剖研究[J]. 中华神经外科杂志，2009，25(9)：856. DOI：10.3760/cma.j.issn.1001-2346.2009.09.036. {ZHANG Zhanying,ZHANG Fangcheng. Microanatomical study on the relationship between petrosal vein and trigeminal nerve root[J]. Zhonghua Shen Jing Wai Ke Za Zhi[Chin J Neurosurg(Article in Chinese;No abstract available)],2009,25(9):856. DOI:10.3760/cma.j.issn.1001-2346.2009.09.036.}

[21678] 崔勇，吴震，郝淑煜，张力伟，贾桂军，张俊廷. 三叉神经鞘瘤的分型及手术入路的选择[J]. 中华神经外科杂志，2009，25(12)：1068-1071. DOI：10.3760/cma.j.issn.1001-2346.2009.012.007. {CUI Yong,WU Zhen,HAO Shuyu,ZHANG Liwei,JIA Guijun,ZHANG Junting. Classification and surgical approaches of trigeminal Schwannomas[J]. Zhonghua Shen Jing Wai Ke Za Zhi[Chin J Neurosurg(Article in Chinese;Abstract in Chinese and English)],2009,25(12):1068-1071. DOI:10.3760/cma.j.issn.1001-2346.2009.012.007.}

[21679] 陈敏洁，杨驰，张伟杰，董敏俊，顾力栩，沈琦，赵晶. 三叉神经半月神经节MRI成像方法及测量[J]. 中国口腔颌面外科杂志，2009，7(2)：111-115. {CHEN Minjie,YANG Chi,ZHANG Weijie,DONG Minjun,GU Liyi,SHEN Qi,ZHAO Jing. Comparison of four MRI sequences of trigeminal ganglion appearance and measurement of the trigeminal ganglion[J]. Zhongguo Kou Qiang He Mian Wai Ke Za Zhi[Chin J Oral Maxillofac Surg(Article in Chinese;Abstract in Chinese and English)],2009,7(2):111-115.}

[21680] 张秋航，陈革，孔锋，郭宏川，李茗初. 单纯内镜经鼻入路治疗颞下窝三叉神经鞘瘤[J]. 中华外科杂志，2010，48(19)：1454-1458. DOI：10.3760/cma.j.issn.0529-5815.2010.19.005. {ZHANG Qiuhang,CHEN Ge,KONG Feng,GUO Hongchuan,LI Mingchu. Endoscopic endonasal surgery of trigeminal schawnnoma extending into the infratemporal fossa[J]. Zhonghua Wai Ke Za Zhi[Chin J Surg(Article in Chinese;Abstract in Chinese and English)],2010,48(19):1454-1458. DOI:10.3760/cma.j.issn.0529-5815.2010.19.005.}

[21681] 冯保会，郑学胜，应婷婷，王旭辉，李心远，孟佑强，李世亭. 电生理监测对三叉神经后根纤维的解剖学定位研究[J]. 中华神经外科杂志，2010，26(12)：1074-1077. DOI：10.3760/cma.j.issn.1001-2346.2010.12.008. {FENG Baohui,ZHENG Xuesheng,YING Tingting,WANG Xuhui,LI Xinyuan,MENG Youqiang,LI Shiting. Anatomical study on posterior root fibers of trigeminal nerve using electrophysiological monitoring[J]. Zhonghua Shen Jing Wai Ke Za Zhi[Chin J Neurosurg(Article in Chinese;Abstract in Chinese and English)],2010,26(12):1074-1077. DOI:10.3760/cma.j.issn.1001-2346.2010.12.008.}

[21682] 杨李轩，柯春龙，张弩，黄正松. 颅中后窝哑铃型三叉神经鞘瘤的显微外科治疗[J]. 中华显微外科杂志，2011，34(4)：333-334. DOI：10.3760/cma.j.issn.1001-2036.2011.04.030. {YANG Lixuan,KE Chunlong,ZHANG Nu,HUANG Zhengsong. Microsurgical treatment of dumbbell-shaped trigeminal neurilemmoma in the middle and posterior cranial fossa[J]. Zhonghua Xian Wei Wai Ke Za Zhi[Chin J Microsurg(Article in Chinese;Abstract in Chinese)],2011,34(4):333-334. DOI:10.3760/cma.j.issn.1001-2036.2011.04.030.}

[21683] 肖绍文，张超元，罗昱，周全，阮玉山，余良，廖兴胜. 扩大中颅底硬膜外入路经岩骨窗切除哑铃型三叉神经鞘瘤[J]. 中华神经外科杂志，2011，27(10)：1006-1009. DOI：10.3760/cma.j.issn.1001-2346.2011.10.011. {XIAO Shaowen,ZHANG Chaoyuan,LUO Yu,ZHOU Quan,RUAN Yushan,YU Liang,LIAO Xingsheng. Extended middle cranial fossa extradural approach to dumbbell shaped trigeminal neurinomas using the petrous window[J]. Zhonghua Shen Jing Wai Ke Za Zhi[Chin J Neurosurg(Article in Chinese;Abstract in Chinese and English)],2011,27(10):1006-1009. DOI:10.3760/cma.j.issn.1001-2346.2011.10.011.}

[21684] 张建鹤，郑兆聪，王如密，荆俊杰，王守森，钟群. 三叉神经-血管复合体虚拟磁共振成像方法探讨[J]. 中华神经外科杂志，2011，27(11)：1106-1110. DOI：10.3760/cma.j.issn.1001-2346.2011.11.010. {ZHANG Jianhe,ZHENG Zhaocong,WANG Rumi,JING Junjie,WANG Shousen,ZHONG Qun. Study on magnetic resonance image sequence on virtual anatomy of trigeminal neurovascular complex[J]. Zhonghua Shen Jing Wai Ke Za Zhi[Chin J Neurosurg(Article in Chinese;Abstract in Chinese and English)],2011,27(11):1106-1110. DOI:10.3760/cma.j.issn.1001-2346.2011.11.010.}

[21685] 田维东，王孝文，姜明旭，安月勇，辛玲，彭龙锋，纪宇明. 岩静脉及其与三叉神经关系的应用解剖[J]. 局解手术学杂志，2011，20(3)：249-251. DOI：10.3969/j.issn.1672-5042.2011.03.009. {TIAN Weidong,WANG Xiaowen,JIANG Mingxu,AN Yueyong,XIN Ling,PENG Longfeng,JI Yuming. Applied anatomy of petrosal vein and its relationship with trigeminal nerve[J]. Ju Jie Shou Shu Xue Za Zhi[J Reg Anat Oper Surg(Article in Chinese;Abstract in Chinese and English)],2011,20(3):249-251. DOI:10.3969/j.issn.1672-5042.2011.03.009.}

[21686] 杜小铭，孙树平，段明丽，许振起，韩荣红，李洪梅. 经上颌窦后壁入路手术治疗三叉神经第Ⅱ支痛的临床观察[J]. 现代口腔医学杂志，2011，25(2)：103-105. DOI：10.3969/j.issn.1003-7632.2011.02.007. {DONG Xiaoming,SUN Shuping,DONG Mingli,XU Zhenqi,HAN Ronghong,LI Hongmei. Application of operative therapy of trigeminal neuralgia Ⅱ through posterior wall of the maxillary sinus[J]. Xian Dai Kou Qiang Yi Xue Za Zhi[J Mod Stomatol(Article in Chinese;Abstract in Chinese and English)],2011,25(2):103-105. DOI:10.3969/j.issn.1003-7632.2011.02.007.}

[21687] 徐佳鸣，漆松涛，张喜安，石瑾，陆云涛，潘军. 三叉神经移行区的显微解剖学研究及其临床意义[J]. 中国临床解剖学杂志，2012，30(4)：367-370. {XU Jiaming,QI Songtao,ZHANG Xian,SHI Jin,LU Yuntao,PAN Jun. Microanatomy of the transition zone of the trigeminal nerve and related clinical issues[J]. Zhongguo Lin Chuang Jie Pou Xue Za Zhi[Chin J Clin Anat(Article in Chinese;Abstract in Chinese and English)],2012,30(4):367-370.}

[21688] 冯世宇，卜博，余新光，陈晓雷，张艳阳，赵然，任贺成，孟祥辉，周涛. 硬膜外入路处理中颅窝-海绵窦区三叉神经鞘瘤[J]. 中华外科杂志，2013，51(12)：1099-1103. DOI：10.3760/cma.j.issn.0529-5815.2013.12.010. {FENG Shiyu,BO Bo,YU Xinguang,CHEN Xiaolei,ZHANG Yanyang,ZHAO Ran,REN Hecheng,MENG Xianghui,ZHOU Tao. Trans-extradural approach to resect trigeminal Schwannomas involving the cavernous sinus region[J]. Zhonghua Wai Ke Za Zhi[Chin J Surg(Article in Chinese;Abstract in Chinese and English)],2013,51(12):1099-1103. DOI:10.3760/cma.j.issn.0529-5815.2013.12.010.}

[21689] 肖群，刘庆. 三叉神经鞘瘤的外科治疗进展[J]. 中华外科杂志，2020，58(8)：653-656. DOI：10.3760/cma.j.cn112139-20200118-00041. {XIAO Qun,LIU Qing. Progress in the surgical treatment of trigeminal Schwannoma[J]. Zhonghua Wai Ke Za Zhi[Chin J Surg(Article in Chinese;Abstract in Chinese and English)],2020,58(8):653-656. DOI:10.3760/cma.j.cn112139-20200118-00041.}

6.5.2 舌神经
lingual nerve

[21690] Dong Z,Bao H,Zhang L,Hua Z. Eagle's syndrome associated with lingual nerve paresthesia:a case report[J]. J Oral Maxillofac Surg,2014,72(5):886.e1-4. doi:10.1016/j.joms.2014.02.011.

[21691] Zhan C,Yuan Z,Qu R,Zou L,He S,Li Z,Liu C,Xiao Z,Ouyang J,Dai J. Should we pay attention to the aberrant nerve communication between the lingual and mylohyoid nerves?[J]. Br J Oral Maxillofac Surg,2019,57(4):317-322. doi:10.1016/j.bjoms.2019.03.003.

[21692] 孙坚，王英，邱蔚六，林国础. 猕猴舌下-舌神经移位移植的病理学研究[J]. 现代口腔医学杂志，1999，13(2)：81-83. {SUN Jian,WANG Ying,QIU Weiliu,LIN Guochu. Pathological study of hypoglossal-lingual nerve transfer of Macaca Mulatta [J]. Xian Dai Kou Qiang Yi Xue Za Zhi[J Mod Stomatol(Article in Chinese;Abstract in Chinese and English)],1999,13(2):81-83.}

[21693] 陈宁，赵士芳，谷志远，张念光. 舌神经切断吻合后菌状乳头味蕾再生的实验研究[J]. 上海口腔医学，2004，13(6)：519-522. DOI：10.3969/j.issn.1006-7248.2004.06.013. {CHEN Ning,ZHAO Shifang,GU Zhiyuan,ZHANG Nianguang. Experimental study of the fungiform papilla and taste bud regeneration following microsurgical repair of lingual nerve in rat[J]. Shang Hai Kou Qiang Yi Xue[Shanghai J Stom(Article in Chinese;Abstract in Chinese and English)],2004,13(6):519-522. DOI:10.3969/j.issn.1006-7248.2004.06.013.}

[21694] 王典日，汪宇昊，潘剑. 舌神经的解剖及临床应用[J]. 中国临床解剖学杂志，2018，36(1)：108-110. DOI：10.13418/j.issn.1001-165x.2018.01.025. {WANG Dianri,WANG Yuhao,PAN Jian. Anatomy and clinical application of the lingual nerve[J]. Zhongguo Lin Chuang Jie Pou Xue Za Zhi[Chin J Clin Anat(Article in Chinese;Abstract in Chinese and English)],2018,36(1):108-110. DOI:10.13418/j.issn.1001-165x.2018.01.025.}

6.5.3 面神经
facial nerve

[21695] Fan Z. Intracranial longitudinal splitting of facial nerve:a new approach for hemifacial spasm[J]. Ann Otol Rhinol Laryngol,1993,102(2):108-109. doi:10.1177/000348949310200205.

[21696] Ren Z,Hui L. Clinical and experimental studies of large amplitude action potential of the suffered facial muscles in intratemporal facial nerve paralysis[J]. Chin Med Sci J,1999,14(3):180-184.

[21697] Yu GY. Superficial parotidectomy through retrograde facial nerve dissection[J]. J R Coll Surg Edinb,2001,46(2):104-107.

[21698] Ren Z,Ma X,Shi Y. Clinical and experimental study on facial paralysis in temporal bone fracture[J]. Chin J Traumatol,2001,4(2):116-119.

[21699] Dai P,Zhang T,Wang K,Song J,Qian W,Wang Z. Positional relationship between the facial nerve and other structures of the temporal bone[J]. J Laryngol Otol,2004,118(2):106-111. doi:10.1258/002221504772784540.

[21700] Chen B,Yuan YS,Wang DH,Chi FL,Wang ZM. A correlation study of endoneurial fluid pressure and electroneurography of the facial nerve[J]. ORL J Otorhinolaryngol Relat Spec,2005,67(2):113-118. doi:10.1159/000085028.

[21701] Ng RW,Koh AJ,Ho WK. Endoscopic sural nerve harvesting for facial nerve reconstruction[J]. Laryngoscope,2005,115(5):925-927. doi:10.1097/01.MLG.0000159204.88467.44.

[21702] Zhang X,Fei Z,Chen YJ,Fu LA,Zhang JN,Liu WP,He XS,Jiang XF. Facial nerve function after excision of large acoustic neuromas via the suboccipital retrosigmoid approach[J]. J Clin Neurosci,2005,12(4):405-408. doi:10.1016/j.jocn.2004.03.042.

[21703] Han D,Zhao S,Wang D,Guo J,Dai H. Vestibulotomy above a severely displaced facial nerve[J]. Acta Otolaryngol,2005,125(9):962-965. doi:10.1080/00016480510035403.

[21704] Liu L,Yang S,Han D,Huang D,Yang W. Primary tumours of the facial nerve:diagnostic and surgical treatment experience in Chinese PLA General Hospital[J]. Acta Otolaryngol,2007,127(9):993-999. doi:10.1080/00016480601110246.

[21705] CHEN Bing,ZHUANG Pei-Yun,YUAN Ya-Sheng,DENG Yue,WANG Zheng-Min. The significance of assessing the perineural vascular plexus for locating the facial nerve in microsurgery of the ear[J]. Acta Otolaryngol,2007,127(9):1000-1004. doi:10.1080/00016480601120435.

[21706] Sai K,Chen ZP. Schwannoma of the facial nerve involving the middle cranial fossa:case report[J]. Chin Med J,2007,120(24):2334-2336.

[21707] Ni Y,Sha Y,Dai P,Li H. Quantitative morphology of facial nerve based on three-dimensional reconstruction of temporal bone[J]. Otolaryngol Head Neck Surg,2008,138(1):23-29. doi:10.1016/j.otohns.2007.10.011.

[21708] Yu Z,Han D,Gong S,Wang Z,Dai H,Zhao S,Zheng Y,Leng T. Facial nerve course in congenital aural atresia--identified by preoperative CT scanning and surgical findings[J]. Acta Otolaryngol,2008,128(12):1375-1380. doi:10.1080/00016480801953064.

[21709] Chen L,Chen L,Liu L,Ling F,Yuan X,Fang J,Liu Y. Vestibular Schwannoma microsurgery with special reference to facial nerve preservation[J]. Clin Neurol Neurosurg,2009,111(1):47-53. doi:10.1016/j.clineuro.2008.07.012.

[21710] Xu X,Tong Y,Jin J,Zhan R,Zhou Y. A giant facial nerve Schwannoma extending from the middle cranial fossa to the mastoid region:case report[J]. J Int Med Res,2009,37(1):247-252. doi:10.1177/147323000903700130.

[21711] Cai YR,Xu J,Chen LH,Chi FL. Electromyographic monitoring of facial nerve under different levels of neuromuscular blockade during middle ear microsurgery[J]. Chin Med J,2009,122(3):311-314.

[21712] Ma Q,Song H,Zhang P,Hou R,Cheng X,Lei D. Diagnosis and management of intraparotid facial nerve Schwannoma[J]. J Craniomaxillofac Surg,2010,38(4):271-273. doi:10.1016/j.jcms.2009.07.005.

[21713] Chen L,Chen LH,Ling F,Liu YS,Samii M,Samii A. Removal of vestibular Schwannoma and facial nerve preservation using small suboccipital retrosigmoid craniotomy[J]. Chin Med J,2010,123(3):274-280.

[21714] Zhang B,Yang C,Wang W,Li W. Repair of ocular-oral synkinesis of postfacial paralysis using cross-facial nerve grafting[J]. J Reconstr Microsurg,2010,26(6):375-380. doi:10.1055/s-0030-1249603.

[21715] Ye XD,Li CY,Wang C,Yu YS. Superficial temporal fascial flap plus lipofilling for facial contour reconstruction in bilateral progressive facial hemiatrophy[J]. Aesthetic Plast Surg,2010,34(4):534-537. doi:10.1007/s00266-010-9480-3.

[21716] Zhao X,Wang Z,Ji Y,Wang C,Yu R,Ding X,Wei S. Long-term facial nerve function evaluation following surgery for large acoustic neuromas via retrosigmoid transmeatal approach[J]. Acta Neurochir (Wien),2010,152(10):1647-1652. doi:10.1007/s00701-010-0705-7.

[21717] Zhong LP,Wang LZ,Ji T,Yang WJ,Zhang CP. Management of facial nerve Schwannoma in the accessory parotid region[J]. J Oral Maxillofac Surg,2011,69(5):1390-1397. doi:10.1016/j.joms.2010.04.022.

[21718] Yu Z,Wang Z,Yang B,Han D,Zhang L. The value of preoperative CT scan of tympanic facial nerve canal in tympanomastoid surgery[J]. Acta Otolaryngol,2011,131(7):774-778. doi:10.3109/00016489.2011.554439.

[21719] Guo YX,Guo CB. Relation between a first branchial cleft anomaly and the facial nerve[J]. Br J Oral Maxillofac Surg,2012,50(3):259-263. doi:10.1016/j.bjoms.2011.03.002.

[21720] ZHANG Wenhao,CHEN Minjie,YANG Chi,ZHANG Weijie. Prognostic value of facial nerve antidromic evoked potentials in bell palsy:a preliminary study[J]. Int J Otolaryngol,2012,2012:960469. doi:10.1155/2012/960469.

[21721] Feng Y,Zhang YQ,Liu M,Jin L,Huangfu M,Liu Z,Hua P,Liu Y,Hou R,Sun Y,Li YQ,Wang YF,Feng JC. Sectional anatomy aid for improvement of decompression surgery approach to vertical segment of facial nerve[J]. J Craniofac Surg,2012,23(3):906-908. doi:10.1097/SCS.0b013e31824ddf3c.

[21722] Li Y,Jiang H,Chen X,Wu H,Feng G,Cha Y,Ding X,Gao Z. Management options for intraparotid facial nerve Schwannoma[J]. Acta Otolaryngol,2012,132(11):1232-1238. doi:10.3109/00016489.2012.694472.

[21723] Si L,Zeng A,Qiao Q,Liu Z,Zhao R,Wang Y,Zhu L,Wang X. Microsurgical correction of progressive facial hemiatrophy using free anterolateral thigh adipofascial flap[J]. J Craniofac Surg,2012,23(7 Suppl 1):2051-2056. doi:10.1097/SCS.0b013e318256662d.

[21724] Yi H,Liu P,Yang S. Geniculate ganglion decompression of facial nerve by transmastoid-epitympanum approach[J]. Acta Otolaryngol,2013,133(6):656-661. doi:10.3109/00016489.2013.764468.

[21725] Wang M,Jia D,Shen J,Zhang J,Li G. Facial nerve function after large cystic vestibular Schwannomas surgery via the retrosigmoid approach[J]. Turk Neurosurg,2013,23(2):161-169. doi:10.5137/1019-5149.JTN.5910-12.1.

[21726] Zhang SS,Ma DQ,Guo CB,Huang MX,Peng X,Yu GY. Conservation of salivary secretion and facial nerve function in partial superficial parotidectomy[J]. Int J Oral Maxillofac Surg,2013,42(7):868-873. doi:10.1016/j.ijom.2013.03.014.

[21727] Dai C,Li J,Guo L,Song Z. Surgical experience of intratemporal facial nerve neurofibromas[J]. Acta Otolaryngol,2013,133(8):893-896. doi:10.3109/00016489.2013.782508.

[21728] Dai C,Li J,Zhao L,Liu Y,Li Y,Song Z,Feng S,Lu J. Lateral hump anomaly of pyramid segment of facial nerve in living patients[J]. Acta Otolaryngol,2013,133(9):1006-1008. doi:10.3109/00016489.2013.794472.

[21729] Fu Y,Dai P,Zhang T. The location of the mastoid portion of the facial nerve in patients with congenital aural atresia[J]. Eur Arch Otorhinolaryngol,2014,271(6):1451-1455. doi:10.1007/s00405-013-2480-6.

[21730] Liu H,Wen W,Huang H,Liang Y,Tan X,Liu S,Liu C,Hu M. Recurrent pleomorphic adenoma of the parotid gland:intraoperative facial nerve monitoring during parotidectomy[J]. Otolaryngol Head Neck Surg,2014,151(1):87-91. doi:10.1177/0194599814528098.

[21731] Chen Z,Prasad SC,Di Lella F,Medina M,Piccirillo E,Taibah A,Russo A,Yin S,Sanna M. The behavior of residual tumors and facial nerve outcomes after incomplete excision of vestibular Schwannomas[J]. J Neurosurg,2014,120(6):1278-1287. doi:10.3171/2014.2.JNS131497.

[21732] Sun S,Tian FB,Huang SQ,Zhang J,Liang WM. Different effects of tetanic stimulation of facial nerve and ulnar nerve on transcranial electrical stimulation motor-evoked potentials[J]. Int J Clin Exp Med,2014,7(3):622-630.

[21733] Wang D,Zhao S,Zhao Y,Chen S,Yang L. Congenital bifurcation of tympanic segment of facial nerve[J]. Chin Med J,2014,127(9):1788-1790.

[21734] Huang B,Zhou ZL,Wang LL,Zuo C,Lu Y,Chen Y. Electrical response grading versus House-Brackmann scale for evaluation of facial nerve injury after Bell's palsy:a comparative study[J]. J Integr Med,2014,12(4):367-371. doi:10.1016/S2095-4964(14)60036-4.

[21735] Wang W,Yang C,Li Q,Li W,Yang X,Zhang YX. Masseter-to-facial nerve transfer:a highly effective technique for facial reanimation after acoustic neuroma resection[J]. Ann Plast Surg,2014,73 Suppl 1:S63-69. doi:10.1097/SAP.0000000000000246.

[21736] Li Y,Li Z,Yan C,Hui L. The effect of total facial nerve decompression in preventing further recurrence of idiopathic recurrent facial palsy[J]. Eur Arch Otorhinolaryngol,2015,272(5):1087-1090. doi:10.1007/s00405-014-2891-z.

[21737] Wang Z,Chen H,Huang Q,Zhang Z,Yang J,Wu H. Facial and lower cranial nerve function preservation in lateral approach for craniocervical Schwannomas[J]. Eur Arch Otorhinolaryngol,2015,272(9):2207-2212. doi:10.1007/s00405-014-3127-y.

[21738] Sun D,Shi Z,Li P,Shi S,Cai Y. Psychological status and quality of life in acoustic neuroma patients with facial palsy after microsurgery:a 1-year postoperative follow-up study[J]. Acta Neurol Belg,2015,115(3):311-316. doi:10.1007/s13760-014-0382-z.

[21739] Shi D,Patil PM,Gupta R. Facial nerve injuries associated with the retromandibular transparotid approach for reduction and fixation of mandibular condyle fractures[J]. J Craniomaxillofac Surg,2015,43(3):402-407. doi:10.1016/j.jcms.2014.12.009.

[21740] Li P,Liu Y,Wu T,Qiao H. Reference value of f-wave latency in the facial nerve based on human subjects[J]. J Clin Neurophysiol,2015,32(1):75-78. doi:10.1097/WNP.0000000000000085.

[21741] Lu R,Li S,Zhang L,Li Y,Sun Q. Stripping surgery in intratemporal facial nerve Schwannomas with poor facial nerve function[J]. Am J Otolaryngol,2015,36(3):338-341. doi:10.1016/j.amjoto.2014.12.003.

[21742] Lin B,Lu X,Shan X,Zhang L,Cai Z. Preoperative percutaneous nerve mapping of the mandibular marginal branch of the facial nerve[J]. J Craniofac Surg,2015,26(2):411-414. doi:10.1097/SCS.0000000000001408.

[21743] Liu SW,Jiang W,Zhang HQ,Li XP,Wan XY,Emmanuel B,Shu K,Chen JC,Chen J,Lei T. Intraoperative neuromonitoring for removal of large vestibular Schwannoma:Facial nerve outcome and predictive factors[J]. Clin Neurol Neurosurg,2015,133:83-89. doi:10.1016/j.clineuro.2015.03.016.

[21744] Feng BH,Zheng XS,Wang XH,Ying TT,Yang M,Tang YD,Li ST. Management of vessels passing through the facial nerve in the treatment of hemifacial spasm[J]. Acta Neurochir(Wien),2015,157(11):1935-1940;discussion 1940. doi:10.1007/s00701-015-2562-x.

[21745] Xiao FL,Gao PY,Sui BB,Wan H,Lin Y,Xue J,Zhou J,Qian TY,Wang S,Li D,Liu S. Time-course of changes in activation among facial nerve injury:a functional imaging study[J]. Medicine(Baltimore),2015,94(43):e1582. doi:10.1097/MD.0000000000001582.

[21746] Zhao S,Han D,Wang Z,Li J,Qian Y,Ren Y,Dong J. An imaging study of the facial nerve canal in congenital aural atresia[J]. Ear Nose Throat J,2015,94(10-11):E6-13.

[21747] Chen K,Lyu H,Xie Y,Yang L,Zhang T,Dai P. The positional relationship between facial nerve and round window niche in patients with congenital aural atresia and stenosis[J]. Eur Arch Otorhinolaryngol,2016,273(3):587-591. doi:10.1007/s00405-015-3592-y.

[21748] Song F,Hou Y,Sun G,Chen X,Xu B,Huang JH,Zhang J. In vivo visualization of the facial nerve in patients with acoustic neuroma using diffusion tensor imaging-based fiber tracking[J]. J Neurosurg,2016,125(4):787-794. doi:10.3171/2015.7.JNS142922.

[21749] Li H,Zhang G,Cui J,Liu W,Dilxat D,Liu L. A modified preauricular approach for treating intracapsular condylar fractures to prevent facial nerve injury:the supratemporalis approach[J]. J Oral Maxillofac Surg,2016,74(5):1013-1022. doi:10.1016/j.joms.2015.12.013.

[21750] Zhang GZ,Su T,Xu JM,Cheng ZQ. Clinical retrospective analysis of 9 cases of intraparotid facial nerve Schwannoma[J]. J Oral Maxillofac Surg,2016,74(8):1695-1705. doi:10.1016/j.joms.2016.02.002.

[21751] Li S,Feng B,Xie C,You C,Wei X,Zheng X. Good surgical outcomes of hemifacial spasm patients with obvious facial nerve indentation and color change[J]. World Neurosurg,2016,92:218-222. doi:10.1016/j.wneu.2016.05.012.

[21752] Jin S,Ma H,He Y. Preservation of facial nerve with adjuvant radiotherapy

for recurrent mammary analogue secretory carcinoma of parotid gland[J]. J Craniofac Surg,2016,27(4):e364-366. doi:10.1097/SCS.0000000000002622.
[21753] Sun D,Zhou R,Dong A,Sun W,Zhang H,Tang L. Nicotine effects on muscarinic receptor-mediated free Ca++ level changes in the facial nucleus following facial nerve injury[J]. J Integr Neurosci,2016,15(2):175-190. doi:10.1142/S0219635216500114.
[21754] Zhang S,Liu W,Hui X,You C. Surgical treatment of giant vestibular Schwannomas:facial nerve outcome and tumor control[J]. World Neurosurg,2016,94:137-144. doi:10.1016/j.wneu.2016.06.119.
[21755] Hu X,Bogari M,Tan A,Gao X,Gao Y,Chen H,Li W,Jin Y,Ma G,Lin X. Initial exploration on temporal branch of facial nerve function preservation in plexiform neurofibroma resection[J]. J Craniofac Surg,2016,27(6):1589-1592. doi:10.1097/SCS.0000000000002842.
[21756] Zheng Z,Li J,Shen Y,Xu L,Sun J. Radical intracapsular microenucleation technique for exclusively intraparotid facial nerve Schwannoma:Long-term follow-up review[J]. J Craniomaxillofac Surg,2016,44(12):1963-1969. doi:10.1016/j.jcms.2016.09.012.
[21757] Xu F,Pan S,Alonso F,Dekker SE,Bambakidis NC. Intracranial facial nerve Schwannomas:current management and review of literature[J]. World Neurosurg,2017,100:444-449. doi:10.1016/j.wneu.2016.09.082.
[21758] Zhang Y,Mao Z,Wei P,Jin Y,Ma L,Zhang J,Yu X. Preoperative prediction of location and shape of facial nerve in patients with large vestibular Schwannomas using diffusion tensor imaging-based fiber tracking[J]. World Neurosurg,2017,99:70-78. doi:10.1016/j.wneu.2016.11.110.
[21759] Zhu Y,Xu W,Zhang C,Yang W. Facial nerve preservation during giant mandibular tumor surgery[J]. J Craniofac Surg,2017,28(2):e115-e117. doi:10.1097/SCS.0000000000003295.
[21760] Yi H,Hu B,Yin G,Li X,Xu J,Ye J,Yang SM. Primary tumors of the facial nerve misdiagnosed:a case series and review of the literature[J]. Acta Otolaryngol,2017,137(6):651-655. doi:10.1080/00016489.2016.1267405.
[21761] Chen G,Wang W,Wang W,Ding W,Yang X. Symmetry restoration at rest after masseter-to-facial nerve transfer:is it as efficient as smile reanimation?[J]. Plast Reconstr Surg,2017,140(4):793-801. doi:10.1097/PRS.0000000000003698.
[21762] Xu X,Liang H,Zhang X,Ma L,Zhao C,Sun L. Intraoperative neurophysiological monitoring to protect the facial nerve during microsurgery for large vestibular Schwannomas[J]. Neuro Endocrinol Lett,2017,38(2):91-97.
[21763] Zhu J,Zhang X,Zhao H,Tang YD,Ying TT,Li ST. Surgical Treatment of Hemifacial Spasm Caused by the Compression of Internal Auditory Canal of Facial Nerve[J]. J Craniofac Surg,2017,28(6):e564-e566. doi:10.1097/SCS.0000000000003872.
[21764] Li H,Wang L,Hao S,Li D,Wu Z,Zhang L,Zhang J. Identification of the facial nerve in relation to vestibular Schwannoma using preoperative diffusion tensor tractography and intraoperative tractography-integrated neuronavigation system[J]. World Neurosurg,2017,107:669-677. doi:10.1016/j.wneu.2017.08.048.
[21765] Liu X,Wang H,Cheng K,Li Y. Relative Location of fundus meatus acustici interni via porus acusticus internus in facial nerve decompression[J]. J Craniofac Surg,2017,28(6):1586-1588. doi:10.1097/SCS.0000000000003498.
[21766] Li J,Zhao S,Yang L,Li Y,Ma X,Wang D,Ren R,Li Y. Preoperative evaluation and intraoperative protection of the facial nerve in congenital aural atresia[J]. Ear Nose Throat J,2017,96(12):E38-E43. doi:10.1177/014556131709601209.
[21767] Wang JJ,Feng YM,Wang H,Wu YQ,Shi HB,Chen ZN,Yin SK. Postoperative efficacy analysis of patients with facial nerve palsy associated with cholesteatoma otitis media:Our experience with 32 patients[J]. Clin Otolaryngol,2018,43(2):732-735. doi:10.1111/coa.13035.
[21768] Zhao F,Wang B,Yang Z,Zhou Q,Li P,Wang X,Zhang J,Zhang J,Liu P. Surgical treatment of large vestibular Schwannomas in patients with neurofibromatosis type 2:outcomes on facial nerve function and hearing preservation[J]. J Neurooncol,2018,138(2):417-424. doi:10.1007/s11060-018-2812-x.
[21769] Liu M,Wang SJ,Benet A,Meybodi AT,Tabani H,Ei-Sayed IH. Posterior auricular artery as a novel anatomic landmark for identification of the facial nerve:a cadaveric study[J]. Head Neck,2018,40(7):1461-1465. doi:10.1002/hed.25127.
[21770] Chen JQ,Tan HY,Wang ZY,Zhu WD,Chai YC,Jia H,Wu H. Strategy for facial nerve management during surgical removal of benign jugular foramen tumors:Outcomes and indications[J]. Eur Ann Otorhinolaryngol Head Neck Dis,2019,136(3S):S21-S25. doi:10.1016/j.anorl.2018.08.016.
[21771] Zhang Y,Zhao L,Li J,Wang J,Yu H. Microcirculation evaluation of facial nerve palsy using laser speckle contrast imaging:a prospective study[J]. Eur Arch Otorhinolaryngol,2019,276(3):685-692. doi:10.1007/s00405-019-05281-3.
[21772] Li S,Lu X,Xie S,Li Z,Shan X,Cai Z. Intraparotid facial nerve Schwannoma:a 17-year,single-institution experience of diagnosis and management[J]. Acta Otolaryngol,2019,139(5):444-450. doi:10.1080/00016489.2019.1574983.
[21773] Han X,Li H,Du L,Wang X,Zhu Y,Yu H,Song T,Sun S,Guo R,Liu J,Shi S,Fu C,Gao W,Zhang L,Yan R,Ma G. Differences in functional brain alterations driven by right or left facial nerve efferent dysfunction:Evidence from early Bell's palsy[J]. Quant Imaging Med Surg,2019,9(3):427-439. doi:10.21037/qims.2019.02.13.
[21774] Zhang J,Zhao Z,Shao C,Fu Y,Ding X,Cao Y,Zhu X,Wu X,Wang W,Fan X,Li J. Degeneration of corneal sensation and innervation in patients with facial paralysis:a cross-sectional study using in vivo confocal microscopy[J]. Curr Eye Res,2019,44(11):1209-1215. doi:10.1080/02713683.2019.1628280.
[21775] Xing F,Ouyang Y,Li X. Total facial nerve decompression in severe idiopathic recurrent facial palsy:its long-term follow-up results[J]. Acta Otolaryngol,2019,139(11):1049-1051. doi:10.1080/00016489.2019.1663364.
[21776] Zhao Y,Feng G,Wu H,Aodeng S,Tian X,Volk GF,Guntinas-Lichius O,Gao Z. Prognostic value of a three-dimensional dynamic quantitative analysis system to measure facial motion in acute facial paralysis patients[J]. Head Face Med,2020,16(1):15. doi:10.1186/s13005-020-00230-6.
[21777] Li L,Fan Z,Wang H,Han Y. Efficacy of surgical repair for the functional restoration of injured facial nerve[J]. BMC Surg,2021,21(1):32. doi:10.1186/s12893-021-01049-x.
[21778] 孙鸿泉，田珍．面神经神经纤维瘤 [J]．中华耳鼻咽喉科杂志，1955，3（1）：4-7．{SUN Hongquan,TIAN Zhen. Facial nerve neurofibroma[J]. Zhonghua Er Bi Yan Hou Ke Za Zhi[Chin J Otorhinolaryngol(Article in Chinese;No abstract available)],1955,3(1):4-7.}
[21779] 张涤生．晚期面神经麻痹的整复外科治疗 [J]．中华医学杂志，1965，51（4）：238．{ZHANG Disheng. Reconstructive surgical treatment of late facial paralysis[J]. Zhonghua Yi Xue Za Zhi[Natl Med J China(Article in Chinese;Abstract in Chinese and English)],1965,51(4):238.}（非显微修复 Non-microsurgical repair)
[21780] 陆学纲．腮腺肿瘤切除误断面神经再植一例 [J]．中华耳鼻咽喉科杂志，1978，13（2）：125．{LU Xuegang. One case of missection and replantation of facial nerve in the resection of parotid tumor[J]. Zhonghua Er Bi Yan Hou Ke Za Zhi[Chin J Otorhinolaryngol(Article in Chinese;No abstract available)],1978,13(2):125.}
[21781] 李哲生．面神经麻痹的外科治疗 [J]．中华耳鼻咽喉科杂志，1978，13（2）：69-72．{LI Zhesheng. Surgical treatment of facial paralysis[J]. Zhonghua Er Bi Yan Hou Ke Za Zhi[Chin J Otorhinolaryngol(Article in Chinese;No abstract available)],1978,13(2):69-72.}
[21782] 柴万兴，陈克福，邓永年．巨大听神经瘤全切除，同时保全面神经及听神经一例报告 [J]．中华医学杂志，1981，61（5）：290-292．{CHAI Wanxing,CHEN Kefu,DENG Yongnian. Total resection of giant acoustic neuroma while preserving total nerve and acoustic nerve:a case report[J]. Zhonghua Yi Xue Za Zhi[Natl Med J China(Article in Chinese;No abstract available)],1981,61(5):290-292.}
[21783] 郭敏．面神经神经鞘膜瘤 [J]．中华耳鼻咽喉科杂志，1983，18（4）：236-237．{GUO Min. Neurinoma of the facial nerve[J]. Zhonghua Er Bi Yan Hou Ke Za Zhi[Chin J Otorhinolaryngol(Article in Chinese;Abstract in Chinese and English)],1983,18(4):236-237.}
[21784] 李龄．大型听神经瘤显微手术全切除保全面神经功能的尝试 [J]．中华外科杂志，1987，25（7）：430-432．{LI Ling. Prevention of facial nerve injury in microsurgery of acoustic neuroma[J]. Zhonghua Wai Ke Za Zhi[Chin J Surg(Article in Chinese;Abstract in Chinese)],1987,25(7):430-432.}
[21785] 韩杰，樊忠．面神经与小脑前下动脉的显微解剖关系 [J]．中华耳鼻咽喉科杂志，1990，25（3）：133-134．{HAN Jie,FAN Zhong. Microanatomical relationships of the anterior inferior cerebellar artery and the facial nerve[J]. Zhonghua Er Bi Yan Hou Ke Za Zhi[Chin J Otorhinolaryngol(Article in Chinese;Abstract in Chinese and English)],1990,25(3):133-134.}
[21786] 陈光晔，张志光．用自制神经刺激器对面神经下颌缘支手术跟踪观察 [J]．中山医科大学学报，1991，12（3）：227-230．{CHEN Guangye,ZHANG Zhiguang. Follow-up observation of mandibular marginal branch of facial nerve operation with self-made nerve stimulator[J]. Zhong Shan Yi Ke Da Xue Xue Bao[Acad J SUMS(Article in Chinese;Abstract in Chinese)],1991,12(3):227-230.}
[21787] 王正敏．断离面神经远段交通支的再生现象 [J]．中华耳鼻咽喉科杂志，1991，26（3）：156-157．{WANG Zhengmin. Regeneration of the severed facial nerve[J]. Zhonghua Er Bi Yan Hou Ke Za Zhi[Chin J Otorhinolaryngol(Article in Chinese;Abstract in Chinese)],1991,26(3):156-157.}
[21788] 樊忠，刘章进．面神经鞘瘤 [J]．中华耳鼻咽喉科杂志，1991，26（4）：217-218．{FAN Zhong,LIU Zhangjin. Neurinoma of the facial nerve[J]. Zhonghua Er Bi Yan Hou Ke Za Zhi[Chin J Otorhinolaryngol(Article in Chinese;Abstract in Chinese)],1991,26(4):217-218.}
[21789] 冷同嘉．颞骨内面神经瘤 [J]．中华耳鼻咽喉科杂志，1991，26（4）：219-221．{LENG Tongjia. The medial facial nerve of the temporal bone[J]. Zhonghua Er Bi Yan Hou Ke Za Zhi[Chin J Otorhinolaryngol(Article in Chinese;Abstract in Chinese)],1991,26(4):219-221.}
[21790] 李曦光，张亚州，陈玉秀，杨松．电场促进面神经生长的实验研究 [J]．修复重建外科杂志，1991，5（4）：235-236，251．{LI Xiguang,ZHANG Yazhou,CHEN Yuxiu,YANG Song. Experimental study on electric field promoting facial nerve growth[J]. Zhongguo Xiu Fu Chong Jian Wai Ke Za Zhi[Chin J Repar Reconstr Surg(Article in Chinese;No abstract available)],1991,5(4):235-236,251.}
[21791] 陆平，宿明光．血管化神经移植修复面神经损伤动物实验研究 [J]．中华显微外科杂志，1992，15（2）：111-112．{LU Ping,SU Mingguang. Decompression of geniculate ganglion and facial nerve through tympanic approach[J]. Zhonghua Xian Wei Wai Ke Za Zhi[Chin J Microsurg(Article in Chinese;No abstract available)],1992,15(2):111-112.}
[21792] 王炜，张涤生，杨川，胡鸿泰，邹永华，苗华，赵丽．超长蒂节段肌瓣移植 I 期治疗晚期面神经瘫痪 [J]．中华医学杂志，1992，72（11）：680-682．{WANG Wei,ZHANG Disheng,YANG Chuan,HU Hongtai,ZOU Yonghua,MIAO Hua,ZHAO Li. Transplantation of super-long pedicle segmental muscle flap for the treatment of advanced facial nerve paralysis[J]. Zhonghua Yi Xue Za Zhi[Natl Med J China(Article in Chinese;Abstract in Chinese)],1992,72(11):680-682.}
[21793] 王毅彪，王志军，高景恒．面神经颞支在额肌内分布应用解剖学观察 [J]．中国修复重建外科杂志，1992，6（3）：169-170，191-192．{WANG Yibiao,WANG Zhijun,GAO Jingheng. Applied anatomy observation on distribution of temporal branches of facial nerve in frontalis muscle[J]. Zhongguo Xiu Fu Chong Jian Wai Ke Za Zhi[Chin J Repar Reconstr Surg(Article in Chinese;Abstract in Chinese)],1992,6(3):169-170,191-192.}
[21794] 李曦光，尚德志，张亚州，陈玉秀，何志航，张文秀．音乐促进面神经生长的实验研究 [J]．中国修复重建外科杂志，1993，7（4）：251-252，269-275．{LI Xiguang,SHANG Dezhi,ZHANG Yazhou,CHEN Yuxiu,HE Zhihang,ZHANG Wenxiu. Experimental study on music promoting facial nerve growth[J]. Zhongguo Xiu Fu Chong Jian Wai Ke Za Zhi[Chin J Repar Reconstr Surg(Article in Chinese;Abstract in Chinese)],1993,7(4):251-252,269-275.}
[21795] 杨振祥，刘志斌，孔吉明，钟世镇．神经组织匀浆对面神经再生影响的实验研究 [J]．中国临床解剖学杂志，1994，12（2）：214-217．{ YANG Zhenxiang,LIU Zhibin,KONG Jiming,ZHONG Shizhen. Effects of nervous homogenates on facial nerve regeneration in rabbits[J]. Zhongguo Lin Chuang Jie Pou Xue Za Zhi[Chin J Clin Anat(Article in Chinese;Abstract in Chinese and English)],1994,12(2):214-217.}
[21796] 波津雁．面神经损伤修复的进展 [J]．中华显微外科杂志，1994，17（3）：231-234．{BO Jinyan. Microsurgical treatment of facial nerve injury[J]. Zhonghua Xian Wei Wai Ke Za Zhi[Chin J Microsurg(Article in Chinese;No abstract available)],1994,17(3):231-234.}
[21797] 杨振祥，王胜朝．面神经损伤及修复的实验研究进展 [J]．中国临床解剖学杂志，1995，13（5）：313-315．{YANG Zhenxiang,WANG Shengchao. Progress in Experimental research on facial nerve injury and repair[J]. Zhongguo Lin Chuang Jie Pou Xue Za Zhi[Chin J Clin Anat(Article in Chinese;No abstract available)],1995,13(5):313-315.}
[21798] 胡继云，张家雄．面神经鼓室段区域的应用解剖 [J]．上海医学，1995，18（12）：683-685．{ HU Jiyun,ZHANG Jiaxiong. Applied anatomy of the areas of tympani segments of the faclal nerve[J]. Shang Hai Yi Xue[Shanghai Med J(Article in Chinese;Abstract in Chinese and English)],1995,18(12):683-685.}
[21799] 许家军，赵云富，周洁，陈必胜．静脉套接引导面神经定向再生实验研究 [J]．中国临床解剖学杂志，1996，14（1）：51-54．{XU Jiajun,ZHAO Yunfu,ZHOU Jie,CHEN Bisheng. Orientational regeneration of rat facial nerve through a venous graft[J]. Zhongguo Lin Chuang Jie Pou Xue Za Zhi[Chin J Clin Anat(Article in Chinese;Abstract in Chinese and English)],1996,14(1):51-54.}
[21800] 姜平，童鑫康，赵明利．面神经颞支的层次特点及临床意义 [J]．中国临床解剖学杂志，1997，15（6）：3-5．{JIANG Ping,TONG Xinkang,ZHAO Mingli. The course and clinical significance of the temporal branches of the facial nerve[J]. Zhongguo Lin Chuang Jie Pou Xue Za Zhi[Chin J Clin Anat(Article in Chinese;Abstract in Chinese)],1997,15(6):3-5.}
[21801] 姜燕平，王正国，朱佩芳，刘宝松，周元国，王国强．家兔面神经撞击伤后生长相关蛋白的变化及丙酸睾丸酮治疗的影响 [J]．中华创伤杂志，1997，13（6）：38-40．{JIANG

Yanping,WANG Zhengguo,ZHU Peifang,LIU Baosong,ZHOU Yuanguo,WANG Guoqiang. Effect of testosterone propionate on changes of growth associated protein in facial nucleus after right facial nerves impacted in rabbits[J]. Zhonghua Chuang Shang Za Zhi[Chin J Trauma(Article in Chinese;Abstract in Chinese and English)],1997,13(6):38-40.}

[21802] 蔡志刚，俞光岩，马大权，谭京，杨朝辉．创伤性面瘫的临床神经电图研究 [J]．现代口腔医学杂志，1997，11（3）：179–183．{ CAI Zhigang,YU Guangyan,MA Daquan,TAN Jing,YANG Chaohui. Clinical electroneurographic study on traumatic facial nerve injury[J]. Xian Dai Kou Qiang Yi Xue Za Zhi[J Mod Stomatol(Article in Chinese;Abstract in Chinese and English)],1997,11(3):179-183.}

[21803] 蔡志刚，俞光岩，马大权，邸平，孙开华，王晶．家兔创伤性面神经损伤的超微结构研究 [J]．现代口腔医学杂志，1997，11（2）：90–94．{CAI Zhigang,YU Guangyan,MA Daquan,DI Ping,SUN Kaihua,WANG Jing. Ultrastructural study on traumatic facial nerve injury in the rabbits[J]. Xian Dai Kou Qiang Yi Xue Za Zhi[J Mod Stomatol(Article in Chinese;Abstract in Chinese and English)],1997,11(2):90-94.}

[21804] 赵云富，许家军，周洁，陈必胜．静脉与神经移植体内再生面神经的形态比较 [J]．第二军医大学学报，1997，18（1）：35–37．{ZHAO Yunfu,XU Jiajun,ZHOU Jie,CHEN Bisheng. Morphological comparison of regenerating facial nerves between two kinds within vein and nerve graft[J]. Di Er Jun Yi Da Xue Xue Bao[Acad J Sec Mil Med Univ(Article in Chinese;Abstract in Chinese and English)],1997,18(1):35-37.}

[21805] 武淳秋，彭玉田，周中华，汪华．插入式微波辐射对面神经的损伤 [J]．第二军医大学学报，1997，18（3）：64–66．{WU Chunqiu,PENG Yutian,ZHOU Zhonghua,WANG Hua. Experimental study of facial nerve injury induced by inserted microwave radiation[J]. Di Er Jun Yi Da Xue Xue Bao[Acad J Sec Mil Med Univ(Article in Chinese;Abstract in Chinese and English)],1997,18(3):64-66.}

[21806] 宋业光，谢洋春．现代面中除皱术的面神经解剖学研究 [J]．中华整形烧伤外科杂志，1999，15（1）：5–7．{SONG Yeguang,XIE Yangchun. Anatomical study of facial nerve in modern facial rhytidectomy[J]. Zhonghua Zheng Xing Shao Shang Wai Ke Za Zhi[Chin J Plast Surg Burns(Article in Chinese;Abstract in Chinese and English)],1999,15(1):5-7.}

[21807] 谢洋春，宋业光，严义坪．面神经额支的分布与面部上提术的关系 [J]．中华整形烧伤外科杂志，1999，15（2）：8–10，81．{ XIE Yangchun,SONG Yeguang,YAN Yiping. The distribution of the frontal branch of the facial nerve and its significance in facelift[J]. Zhonghua Zheng Xing Shao Shang Wai Ke Za Zhi[Chin J Plast Surg Burns(Article in Chinese;Abstract in Chinese and English)],1999,15(2):8-10,81.}

[21808] 马训，俞光岩，张震康，杨宝林，李盛琳，章魁华．碳化青和固蓝逆行标记新生大鼠面神经核的比较研究 [J]．现代口腔医学杂志，1999，13（4）：241–243，322．{ MA Xun,YU Guangyan,ZHANG Zhenkang,YANG Baolin,LI Shenglin,ZHANG Kuihua. A comparison of carbocyanine dii and fast blue in retrograde labeling of neonatal rat's facial nucleus[J]. Xian Dai Kou Qiang Yi Xue Za Zhi[J Mod Stomatol(Article in Chinese;Abstract in Chinese and English)],1999,13(4):241-243,322.}

[21809] 蔡志刚，俞光岩，马大权，邸萍，谭京，杨朝晖．家兔创伤性面神经损伤的神经电图研究 [J]．现代口腔医学杂志，1999，13（1）：4–7．{ CAI Zhigang,YU Guangyan,MA Daquan,DI Ping,TAN Jing,YANG Zhaohui. A study on electroreurography(ENOG) of traumatic facial nerve injure in the rabbits[J]. Xian Dai Kou Qiang Yi Xue Za Zhi[J Mod Stomatol(Article in Chinese;Abstract in Chinese and English)],1999,13(1):4-7.}

[21810] 施晓健，俞光岩，张笑明，杨朝晖，柳登高．不同疗程直流电治疗创伤性面神经损伤的实验研究 [J]．现代口腔医学杂志，2000，14（2）：73–75．DOI：10.3969/j.issn.1003–7632.2000.02.001．{ SHI Xiaojian,YU Guangyan,ZHANG Xiaoming,YANG Zhaohui,LIU Denggao. An experimental study on different course of electrotherapy for traumatic facial nerve injury[J]. Xian Dai Kou Qiang Yi Xue Za Zhi[J Mod Stomatol(Article in Chinese;Abstract in Chinese and English)],2000,14(2):73-75. DOI:10.3969/j.issn.1003-7632.2000.02.001.}

[21811] 王勇，蔡志刚．计算机化临床面神经功能评价指数系统 [J]．现代口腔医学杂志，2000，14（5）：313–314．DOI：10.3969/j.issn.1003–7632.2000.05.011．{ WANG Yong,CAI Zhigang. Computerized clinical quantitative facial nerve functional estimate system[J]. Xian Dai Kou Qiang Yi Xue Za Zhi[J Mod Stomatol(Article in Chinese;Abstract in Chinese and English)],2000,14(5):313-314. DOI:10.3969/j.issn.1003-7632.2000.05.011.}

[21812] 吴皓，周卫东，周水淼，李兆基，张速勤．面神经监护在巨大听神经瘤手术中的应用 [J]．第二军医大学学报，2000，21（12）：1193–1194．DOI：10.3321/j.issn：0258–879X.2000.12.034．{ WU Hao,ZHOU Weidong,ZHOU Shuimiao,LI Zhaoji,ZHANG Suqin. The intraoperative facial nerve monitoring in large acoustic neuroma surgery[J]. Di Er Jun Yi Da Xue Xue Bao[Acad J Sec Mil Med Univ(Article in Chinese;Abstract in Chinese and English)],2000,21(12):1193-1194. DOI:10.3321/j.issn:0258-879X.2000.12.034.}

[21813] 葛平江，高志强，曹克利．微波变性自体骨骼肌和异体神经修复面神经缺损的实验研究 [J]．中华耳鼻咽喉科杂志，2000，35（6）：425．DOI：10.3760/j.issn：1673–0860.2000.06.007．{GE Pingjiang,GAO Zhiqiang,CAO Keli. The use of muscle autograft or nerve allograft denatured by microwave for repair of gaps in rat facial nerve[J]. Zhonghua Er Bi Yan Hou Ke Za Zhi[Chin J Otorhinolaryngol(Article in Chinese;Abstract in Chinese and English)],2000,35(6):425. DOI:10.3760/j.issn:1673-0860.2000.06.007.}

[21814] 徐欣，马跃，李茜，王力，王继同．膜引导组织再生术与硅胶管桥接法修复兔面神经缺损 [J]．上海口腔医学，2000，9（3）：156–157，182．DOI：10.3969/j.issn.1006–7248.2000.03.012．{XU Xin,MA Yue,LI Qian,WANG Li,WANG Jitong. Experimental study on using mGTR and silicone gel tube connection to repair facial nerve defect in rabbits[J]. Shang Hai Kou Qiang Yi Xue[Shanghai J Stom(Article in Chinese;Abstract in Chinese and English)],2000,9(3):156-157,182. DOI:10.3969/j.issn.1006-7248.2000.03.012.}

[21815] 张森林，孟昭业，马捷，周楠，兰俊，蒋勇，王秦，王弘．含神经生长因子的几丁质管桥接兔面神经缺损的实验研究 [J]．中国修复重建外科杂志，2000，14（6）：340–342．{ZHANG Senlin,MENG Zhaoye,MA Jie,ZHOU Nan,LAN Jun,JIANG Yong,WANG Qin,WANG Hong. Experimental studies on rabbit facial nerve regeneration in chitin tubes containing Nerve Growth Factor[J]. Zhongguo Xiu Fu Chong Jian Wai Ke Za Zhi[Chin J Repair Reconstr Surg(Article in Chinese;Abstract in Chinese and English)],2000,14(6):340-342.}

[21816] 马训，俞光岩，张震康，李盛琳，傅嘉，章魁华．大鼠沃勒变性面神经施万细胞纯化培养实验研究 [J]．解剖学报，2001，32（3）：205–208．DOI：10.3321/j.issn：0529–1356.2001.03.004．{ MA Xun,YU Guangyan,ZHANG Zhenkang,LI Shenglin,FU Jia,ZHANG Kuihua. Purification of cultured Schwann cells derived from wallerian degenerating facial nerves in rats[J]. Jie Pou Xue Bao[Acta Anat Sin(Article in Chinese;Abstract in Chinese and English)],2001,32(3):205-208. DOI:10.3321/j.issn:0529-1356.2001.03.004.}

[21817] 于春江，王忠诚，关树深，江涛．听神经瘤切除面神经保留技术探讨 [J]．中华神经外科杂志，2001，17（3）：174–177．DOI：10.3760/j.issn：1001–2346.2001.03.014．{YU Chunjiang,WANG Zhongcheng,GUAN Shushen,JIANG Tao. Facial nerve reservation in acoustic neuroma surgery[J]. Zhonghua Shen Jing Wai Ke Za Zhi[Chin J Neurosurg(Article in Chinese;Abstract in Chinese and English)],2001,17(3):174-177. DOI:10.3760/j.issn:1001-2346.2001.03.014.}

[21818] 王彦亮，雷德林，金岩，周树夏．BMP–2 对面神经再生过程中 Tau 蛋白表达的影响 [J]．中华创伤杂志，2001，17（9）：554–555．DOI：10.3760/j：issn：1001–8050.2001.09.013．{WANG Yanliang,LEI Delin,JIN Yan,ZHOU Shuxia. Effect of bmp-2 on tau protein expression in facial nerve regeneration[J]. Zhonghua Chuang Shang Za Zhi[Chin J Trauma(Article in Chinese;No abstract available)],2001,17(9):554-555. DOI:10.3760/j:issn:1001-8050.2001.09.013.}

[21819] 卜博，周定标，许百男，余新光，张远征，魏少波，韩东一．大型听神经瘤术中面神经功能监测及其预后评估——110 例临床研究 [J]．中国微创外科杂志，2001，1（6）：347–348．DOI：10.3969/j.issn.1009–6604.2001.06.012．{ BU Bo,ZHOU Dingbiao,XU Bainan,YU Xinguang,ZHANG Yuanzheng,WEI Shaobo,HAN Dongyi. Clinical investigations on 110 large acoustic neuromas with multimodality intraoperative monitoring of facial nerves[J]. Zhongguo Wei Chuang Wai Ke Za Zhi[Chin J Minim Inva Surg(Article in Chinese;Abstract in Chinese and English)],2001,1(6):347-348. DOI:10.3969/j.issn.1009-6604.2001.06.012.}

[21820] 王彦亮，雷德林，金岩，周树夏．外源性 BMP–2 对家兔面神经创伤愈合过程中神经干传导速度作用的实验观察 [J]．现代口腔医学杂志，2001，15（1）：11–13．DOI：10.3969/j.issn.1003–7632.2001.01.005．{ WANG Yanliang,LEI Delin,JIN Yan,ZHOU Shuxia. The experimental study of BMP-2 effect on the nerve conduction velocity during rabbit's facial wound healing[J]. Xian Dai Kou Qiang Yi Xue Za Zhi[J Mod Stomatol(Article in Chinese;Abstract in Chinese and English)],2001,15(1):11-13. DOI:10.3969/j.issn.1003-7632.2001.01.005.}

[21821] 朱正宏，俞光岩，章魁华，蔡志刚，杨朝晖．正常人面部表情肌双侧面神经交叉支配神经电图研究 [J]．现代口腔医学杂志，2001，15（4）：256–258．DOI：10.3969/j.issn.1003–7632.2001.04.007．{ ZHU Zhenghong,YU Guangyan,ZHANG Kuihua,CAI Zhigang,YANG Zhaohui. An EN0G study on facial nerve cross innervation of normal people[J]. Xian Dai Kou Qiang Yi Xue Za Zhi[J Mod Stomatol(Article in Chinese;Abstract in Chinese and English)],2001,15(4):256-258. DOI:10.3969/j.issn.1003-7632.2001.04.007.}

[21822] 戴培东，张天宇，王克强，贾剑国．乙状窦、颈静脉球及面神经位置变化的相关性分析 [J]．中国局解手术学杂志，2001，10（4）：345–348．DOI：10.3969/j.issn.1672–5042.2001.04.002．{ DAI Peidong,ZHANG Tianyu,WANG Keqiang,JIA Jianguo. Linear correlative analysis of the displacement of sigmoid sinus,jugular bulb and facial nerve[J]. Ju Jie Shou Shu Xue Za Zhi[J Reg Anat Oper Surg(Article in Chinese;Abstract in Chinese and English)],2001,10(4):345-348. DOI:10.3969/j.issn.1672-5042.2001.04.002.}

[21823] 江涛，于春江，郭尔安，关树森，闫长祥．大型前庭神经雪旺细胞瘤与面神经病理解剖关系的临床研究 [J]．中华医学杂志，2001，81（9）：536–537．DOI：10.3760/j：issn：0376–2491.2001.09.007．{ JIANG Tao,YU Chunjiang,GUO Er'an,GUAN Shusen,YAN Changxiang. Anatomicpathological relation between faical nerve and large vestibular Schwannoma[J]. Zhonghua Yi Xue Za Zhi[Natl Med J China(Article in Chinese;Abstract in Chinese and English)],2001,81(9):536-537. DOI:10.3760/j:issn:0376-2491.2001.09.007.}

[21824] 贾旺，于春江，王凤梅，陈菲．面神经颅内段的显微外科解剖学研究 [J]．中华医学杂志，2001，81（19）：1202–1205．DOI：10.3760/j：issn：0376–2491.2001.19.013．{JIA Wang,YU Chunjiang,WANG Fengmei,CHEN Fei. Microsurgical anatomy of intracranial segment of facial nerve[J]. Zhonghua Yi Xue Za Zhi[Natl Med J China(Article in Chinese;Abstract in Chinese and English)],2001,81(19):1202-1205. DOI:10.3760/j:issn:0376-2491.2001.19.013.}

[21825] 许志强，蒋晓江，陈曼娥．弥可保在面神经麻痹神经再塑中的作用 [J]．第三军医大学学报，2001，23（1）：121．DOI：10.3321/j.issn：1000–5404.2001.01.057．{XU Zhiqiang,JIANG Xiaojiang,CHEN Mandong. Effect of methycobal on nerve regeneration in facial nerve paralysis[J]. Di San Jun Yi Da Xue Xue Bao[Acta Acad Med Mil Tert(Article in Chinese;No abstract available)],2001,23(1):121. DOI:10.3321/j.issn:1000-5404.2001.01.057.}

[21826] 王彦亮，周树夏，雷德林，李兵仓，赖西南，张良潮．犬颌面部模拟爆炸条件下面神经损伤的病理变化 [J]．解放军医学杂志，2001，26（12）：899–901．DOI：10.3321/j.issn：0577–7402.2001.12.013．{ WANG Yanliang,ZHOU Shuxia,LEI Delin,LI Bingcang,LAI Xinan,ZHANG Liangchao. The pathology of dogs′ facial nerve after simulated explosive wound of maxillofacial region[J]. Jie Fang Jun Yi Xue Za Zhi[Med J Chin PLA(Article in Chinese;Abstract in Chinese and English)],2001,26(12):899-901. DOI:10.3321/j.issn:0577-7402.2001.12.013.}

[21827] 李建荣，卢亦成．听神经瘤手术保留面神经的显微外科解剖 [J]．第二军医大学学报，2001，22（8）：747–749．DOI：10.3321/j.issn：0258–879X.2001.08.017．{LI Jianrong,LU Yicheng. Microsurgical anatomy study on acoustic neurinoma operation preserving facial nerve[J]. Di Er Jun Yi Da Xue Xue Bao[Acad J Sec Mil Med Univ(Article in Chinese;Abstract in Chinese and English)],2001,22(8):747-749. DOI:10.3321/j.issn:0258-879X.2001.08.017.}

[21828] 蔡萍，刘公汉，华清泉，吴展元，肖伯奎．颞骨内面神经缺损几丁质室修复的实验研究 [J]．中华耳鼻咽喉科杂志，2001，36（2）：97–100．DOI：10.3760/j.issn：1673–0860.2001.02.006．{ CAI Ping,LIU Gonghan,HUA Qingquan,WU Zhanyuan,XIAO Bokui. The experimental study of intratemporal facial nerve regeneration in chitin chamber[J]. Zhonghua Er Bi Yan Hou Ke Za Zhi[Chin J Otorhinolaryngol(Article in Chinese;Abstract in Chinese and English)],2001,36(2):97-100. DOI:10.3760/j.issn:1673-0860.2001.02.006.}

[21829] 雷涛，徐达传，高建华，陈兵，崔林．除皱术中以颞浅动脉额支定位面神经颞支的解剖学基础 [J]．中国临床解剖学杂志，2002，20（3）：169–171．DOI：10.3969/j.issn.1001–165X.2002.03.003．{LEI Tao,XU Dachuan,GAO Jianhua,CHEN Bing,CUI Lin. Anatomical division of the frontal branch of the superficial temporal artery and its clinical significance[J]. Zhongguo Lin Chuang Jie Pou Xue Za Zhi[Chin J Clin Anat(Article in Chinese;Abstract in Chinese and English)],2002,20(3):169-171. DOI:10.3969/j.issn.1001-165X.2002.03.003.}

[21830] 李志宏，金岩，聂鑫，周峻，GL，Tipoe．小 GTP 结合蛋白 TC10 在面神经元再生中的表达及其意义 [J]．中华创伤杂志，2002，18（2）：94–96．DOI：10.3760/j：issn：1001–8050.2002.02.009．{LI Zhihong,JIN Yan,NIE Xin,ZHOU Jun,G L,T Ipoe. Expression of small GTP binding protein TC10 in facial motoneuron regeneration[J]. Zhonghua Chuang Shang Za Zhi[Chin J Trauma(Article in Chinese;Abstract in Chinese and English)],2002,18(2):94-96. DOI:10.3760/j:issn:1001-8050.2002.02.009.}

[21831] 王彦亮，雷德林，周树夏，白振西，李兵仓，赖西南，张良潮．早期皮瓣修复创面对面神经爆炸性损伤恢复过程的影响 [J]．创伤外科杂志，2002，4（1）：13–15．DOI：10.3969/j.issn.1009–4237.2002.01.005．{WANG Yanliang,LEI Delin,ZHOU Shuxia,BAI Zhenxi,LI Bingcang,LAI Xinan,ZHANG Liangchao. Influence of early repair of the explosive wound on the recovery of the facial nerves[J]. Chuang Shang Wai Ke Za Zhi[J Traum Surg(Article in Chinese;Abstract in Chinese and English)],2002,4(1):13-15. DOI:10.3969/j.issn.1009-4237.2002.01.005.}

[21832] 佟仲伟，王绪凯．睫状神经营养因子神经生长因子对面神经再生影响的比较研究 [J]．现代口腔医学杂志，2002，16（1）：14–16．DOI：10.3969/j.issn.1003–7632.2002.01.005．{ TONG Zhongwei,WANG Xukai. A comparative study of the infuence of CNTF and NGF on facial nerve regeneration[J]. Xian Dai Kou Qiang Yi Xue Za Zhi[J Mod Stomatol(Article in Chinese;Abstract in Chinese and English)],2002,16(1):14-16. DOI:10.3969/j.issn.1003-7632.2002.01.005.}

[21833] 高志强，张连山，葛平江，何林，吕威，韩张．非神经材料（干热变性骨骼肌）修复面神经缺损：附一例报告 [J]．中国医学科学院学报，2002，24（2）：211–214．{GAO Zhiqiang,ZHANG Lianshan,GE Pingjiang,HE Lin,LV Wei,HAN Zhang. The use of muscle autograft denatured by microwave for repair of gap in removal of facial neuroma[J]. Zhongguo Yi Xue Ke Xue Yuan Xue Bao[Acta Acad Med Sin(Article in Chinese;Abstract in Chinese and English)],2002,24(2):211-214.}

[21834] 蔡萍，刘公汉，华清泉，吴展元，肖伯奎．α–氰基丙烯酸酯医用胶在几丁质室修复兔颞骨内面神经缺损中的应用 [J]．中国修复重建外科杂志，2002，16（3）：158–160．{CAI Ping,LIU Gonghan,HUA Qingquan,WU Zhanyuan,XIAO Bokui. Application of α-cyanoacrylate medical adhesive in fixation of intratemporal facial nerve within chitin chamber[J]. Zhongguo Xiu Fu Chong Jian Wai Ke Za Zhi[Chin J Repair Reconstr Surg(Article in Chinese;Abstract in Chinese and

English)],2002,16(3):158-160.}

[21835] 姜平，钟世镇，徐达传，高建华. 面神经额支的颧弓上定位测量及其临床意义 [J]. 中国临床解剖学杂志，2003，21(1)：10-12. DOI：10.3969/j.issn.1001-165X.2003.01.003. {JIANG Ping,ZHONG Shizhen,XU Dachuan,GAO Jianhua. Applied anatomy of the frontal branch of facial nerve:path across the zygomatic arch[J]. Zhongguo Lin Chuang Jie Pou Xue Za Zhi[Chin J Clin Anat(Article in Chinese;Abstract in Chinese and English)],2003,21(1):10-12. DOI:10.3969/j.issn.1001-165X.2003.01.003.}

[21836] 蔡萍，刘公汉，华清泉，吴展元，肖伯奎. 颞肌筋膜瓣促进几丁质室内面神经再生的实验研究 [J]. 中国临床解剖学杂志，2003，21(1)：63-66. DOI：10.3969/j.issn.1001-165X.2003.01.021. {CAI Ping,LIU Gonghan,HUA Qingquan,WU Zhanyuan,XIAO Bokui. Experimental study on the regeneration enhancement of facial nerve within chitin chamber wrapped in temporoparietal fascial flap[J]. Zhongguo Lin Chuang Jie Pou Xue Za Zhi[Chin J Clin Anat(Article in Chinese;Abstract in Chinese and English)],2003,21(1):63-66. DOI:10.3969/j.issn.1001-165X.2003.01.021.}

[21837] 姜平，钟世镇，徐达传，高建华. 面神经额支的定义及与颞部软组织层次关系 [J]. 中国临床解剖学杂志，2003，21(2)：118-120，142. DOI：10.3969/j.issn.1001-165X.2003.02.007. {JIANG Ping,ZHONG Shizhen,XU Dachuan,GAO Jianhua. Applied anatomy of the frontal branch of facial nerve:definition and its location in temporal soft-tissue layers[J]. Zhongguo Lin Chuang Jie Pou Xue Za Zhi[Chin J Clin Anat(Article in Chinese;Abstract in Chinese and English)],2003,21(2):118-120,142. DOI:10.3969/j.issn.1001-165X.2003.02.007.}

[21838] 姜平，钟世镇，徐达传，高建华. 面神经额支的体表平面定位 [J]. 中国临床解剖学杂志，2003，21(3)：219-220. DOI：10.3969/j.issn.1001-165X.2003.03.009. {JIANG Ping,ZHONG Shizhen,XU Dachuan,GAO Jianhua. Applied anatomy of the frontal branch of facial nerve:orientation with reference to surface landmarks[J]. Zhongguo Lin Chuang Jie Pou Xue Za Zhi[Chin J Clin Anat(Article in Chinese;Abstract in Chinese and English)],2003,21(3):219-220. DOI:10.3969/j.issn.1001-165X.2003.03.009.}

[21839] 王绪凯，王玉新，卢利，韩恩源. 面神经损伤的显微外科治疗 [J]. 中华显微外科杂志，2003，26(3)：178. DOI：10.3760/cma.j.issn.1001-2036.2003.03.041. {WANG Xukai,WANG Yuxin,LU Li,HAN Dongyuan. Microsurgical resection of acoustic neuroma by facial nerve potential monitoring in 16 cases[J]. Zhonghua Xian Wei Wai Ke Za Zhi[Chin J Microsurg(Article in Chinese;No abstract available)],2003,26(3):178. DOI:10.3760/cma.j.issn.1001-2036.2003.03.041.}

[21840] 朱风仪，刘宁，胡卫星，耿晓增，傅震. 听神经瘤显微手术保留面神经的经验 [J]. 中华显微外科杂志，2003，26(4)：244-246. DOI：10.3760/cma.j.issn.1001-2036.2003.04.001. {ZHU Fengyi,LIU Ning,HU Weixing,GENG Xiaozeng,FU Zhen. Facial nerve preservation in acoustic neuroma microsurgery[J]. Zhonghua Xian Wei Wai Ke Za Zhi[Chin J Microsurg(Article in Chinese;Abstract in Chinese and English)],2003,26(4):244-246. DOI:10.3760/cma.j.issn.1001-2036.2003.04.001.}

[21841] 卜博，周定标，许百男，余新光，张远征，魏少波. 听神经瘤术中面神经功能监测 120 例临床研究 [J]. 中华神经外科杂志，2003，19(4)：277-280. DOI：10.3760/j.issn：1001-2346.2003.04.010. {BO Bo,ZHOU Dingbiao,XU Bainan,YU Xinguang,ZHANG Yuanzheng,WEI Shaobo. Clinical investigations on 120 acoustic neuromas with multimodality intraoperative monitoring of facial nerves[J]. Zhonghua Shen Jing Wai Ke Za Zhi[Chin J Neurosurg(Article in Chinese;Abstract in Chinese and English)],2003,19(4):277-280. DOI:10.3760/j.issn:1001-2346.2003.04.010.}

[21842] 齐向东，胡志奇，高建华，乔群. 面神经分支在颞区的显微解剖学研究 [J]. 中华整形外科杂志，2003，19(3)：217-219. DOI：10.3760/j.issn：1009-4598.2003.03.020. {QI Xiangdong,HU Zhiqi,GAO Jianhua,QIAO Qun. Microanatomy study of facial nerve distribution at the temporal region for safe facelifting[J]. Zhonghua Zheng Xing Wai Ke Za Zhi[Chin J Plast Surg(Article in Chinese;Abstract in Chinese and English)],2003,19(3):217-219. DOI:10.3760/j.issn:1009-4598.2003.03.020.}

[21843] 韩思源，郭永峰，王玉新，孙长伏. 应用自体静脉套和脑细胞生长肽对面神经损伤恢复影响的临床研究 [J]. 中华整形外科杂志，2003，19(6)：420-422. DOI：10.3760/j.issn：1009-4598.2003.06.007. {HAN Siyuan,GUO Yongfeng,WANG Yuxin,SUN Changfu. The effect of autogenous vein cuff and injection of cerebral cell growth peptide on the recovery of injured facial nerve[J]. Zhonghua Zheng Xing Wai Ke Za Zhi[Chin J Plast Surg(Article in Chinese;Abstract in Chinese and English)],2003,19(6):420-422. DOI:10.3760/j.issn:1009-4598.2003.06.007.}

[21844] 田磊，何黎升，周树夏，王翔，李建虎，张明，李彦. 兔面神经爆炸性损伤的病理学变化 [J]. 创伤外科杂志，2003，5(2)：97-99. DOI：10.3969/j.issn.1009-4237.2003.02.007. {TIAN Lei,HE Lisheng,ZHOU Shuxia,WANG Xiang,LI Jianhu,ZHANG Ming,LI Yan. Pathology of the facial nerves after maxillofacial blast injury in rabbit[J]. Chuang Shang Wai Ke Za Zhi[J Traum Surg(Article in Chinese;Abstract in Chinese and English)],2003,5(2):97-99. DOI:10.3969/j.issn.1009-4237.2003.02.007.}

[21845] 雷德林，王彦亮，刘彦普，周树夏. 爆炸伤对犬面神经影响的实验研究 [J]. 中国口腔颌面外科杂志，2003，1(4)：239-242. DOI：10.3969/j.issn.1672-3244.2003.04.014. {LEI Delin,WANG Yanliang,LIU Yanpu,ZHOU Shuxia. The experimental study of the effect of the blast injury on the dog’s facial nerve[J]. Zhongguo Kou Qiang He Mian Wai Ke Za Zhi[Chin J Oral Maxillofac Surg(Article in Chinese;Abstract in Chinese and English)],2003,1(4):239-242. DOI:10.3969/j.issn.1672-3244.2003.04.014.}

[21846] 雷涛，徐达传，高建华. 除皱术中防止面神经颧支损伤的解剖学研究 [J]. 第一军医大学学报，2003，23(8)：847-848，851. DOI：10.3321/j.issn：1673-4254.2003.08.026. { LEI Tao,XU Dachuan,GAO Jianhua. Prevention of the zygomatic branch of the facial nerve in rhytidectomy:an anatomical study[J]. Di Yi Jun Yi Da Xue Xue Bao[J First Mil Med Univ(Article in Chinese;Abstract in Chinese and English)],2003,23(8):847-848,851. DOI:10.3321/j.issn:1673-4254.2003.08.026.}

[21847] 高志强，张连山，葛平江，李豫鲁，王辉，刘稳，李奉荣. 骨骼肌束一期修复面神经缺损 [J]. 中华耳鼻咽喉科杂志，2003，38(6)：465-467. DOI：10.3760/j.issn：1673-0860.2003.06.019. {GAO Zhiqiang,ZHANG Lianshan,GE Pingjiang,LI Yulu,WANG Hui,LIU Wen,LI Fengrong. The use of muscle autograft denatured by microwave for repair of gaps in removal of facial neuromas[J]. Zhonghua Er Bi Yan Hou Ke Za Zhi[Chin J Otorhinolaryngol(Article in Chinese;Abstract in Chinese and English)],2003,38(6):465-467. DOI:10.3760/j.issn:1673-0860.2003.06.019.}

[21848] 马跃，徐欣，辛宁宁，王继同，黄海云. 膜引导组织再生术与自体静脉桥接法修复面神经缺损的实验研究 [J]. 上海口腔医学，2003，12(1)：38-40. DOI：10.3969/j.issn.1006-7248.2003.01.014. {MA Yue,XU Xin,XIN Ningning,WANG Jitong,HUANG Haiyun. Experimental study on using mGTR and venous autografts to repair facial nerve defects in rabbits[J]. Shang Hai Kou Qiang Yi Xue[Shanghai J Stom(Article in Chinese;Abstract in Chinese and English)],2003,12(1):38-40. DOI:10.3969/j.issn.1006-7248.2003.01.014.}

[21849] 廖进民，陈海芳，徐达传，李忠华，钟世镇. 颈横和锁骨上神经移植修复面神经缺损的应用解剖 [J]. 中国临床解剖学杂志，2004，22(1)：46-48. DOI：10.3969/j.issn.1001-165X.2004.01.016. {LIAO Jinmin,CHEN Haifang,XU Dachuan,LI Zhonghua,ZHONG Shizhen. The applied anatomy on facial nerve defect repaired by the graft of transverse cervical and surpraclavicular cutaneous sensory nerves[J]. Zhongguo Lin Chuang Jie Pou Xue Za Zhi[Chin J Clin Anat(Article in Chinese;Abstract in Chinese and English)],2004,22(1):46-48. DOI:10.3969/j.issn.1001-165X.2004.01.016.}

[21850] 廖进民，徐达传，钟世镇. 面神经缺损修复供体的研究进展 [J]. 中国临床解剖学杂志，2004，22(2)：222-223. DOI：10.3969/j.issn.1001-165X.2004.02.035. {LIAO Jinmin,XU Dachuan,ZHONG Shizhen. Research progress on repair donors of the facial nerve defects[J]. Zhongguo Lin Chuang Jie Pou Xue Za Zhi[Chin J Clin Anat(Article in Chinese;No abstract available)],2004,22(2):222-223. DOI:10.3969/j.issn.1001-165X.2004.02.035.}

[21851] 段菊如，林敏，熊俊平，李明智，魏江平，鲁纯纠. 面神经颞骨内段在横断薄层和 CT 上的定位及临床意义 [J]. 中国临床解剖学杂志，2004，22(3)：257-260. DOI：10.3969/j.issn.1001-165X.2004.03.010. { DUAN Juru,LIN Min,XIONG Junping,LI Mingzhi,WEI Jiangping,LU Chunjiu. Thin sectional anatomy and the CT location on the internal part of facial nerve in temporal bone[J]. Zhongguo Lin Chuang Jie Pou Xue Za Zhi[Chin J Clin Anat(Article in Chinese;Abstract in Chinese and English)],2004,22(3):257-260. DOI:10.3969/j.issn.1001-165X.2004.03.010.}

[21852] 刘安堂，江华. 面神经颞支的解剖及临床应用研究进展 [J]. 中国临床解剖学杂志，2004，22(3)：332-334. DOI：10.3969/j.issn.1001-165X.2004.03.035. {LIU Antang,JIANG Hua. Temporal branch of the facial nerve:the anatomy and clinical significance[J]. Zhongguo Lin Chuang Jie Pou Xue Za Zhi[Chin J Clin Anat(Article in Chinese;No abstract available)],2004,22(3):332-334. DOI:10.3969/j.issn.1001-165X.2004.03.035.}

[21853] 刘靖，张秋红，张春瑞，李伟. 腮腺区面神经的解剖及临床意义 [J]. 中国临床解剖学杂志，2004，22(5)：539-541. DOI：10.3969/j.issn.1001-165X.2004.05.024. {LIU Jing,ZHANG Qiuhong,ZHANG Chunrui,LI Wei. Anatomy of facial nerve in parotid region and its clinical significance[J]. Zhongguo Lin Chuang Jie Pou Xue Za Zhi[Chin J Clin Anat(Article in Chinese;Abstract in Chinese and English)],2004,22(5):539-541. DOI:10.3969/j.issn.1001-165X.2004.05.024.}

[21854] 田继辉，孙涛，于春江，张庆华，刘仲涛. 额颞及额颞颧入路中面神经额颞支的保护 [J]. 中华神经外科杂志，2004，20(4)：331-333. DOI：10.3760/j.issn：1001-2346.2004.04.017. {TIAN Jihui,SUN Tao,YU Chunjiang,ZHANG Qinghua,LIU Zhongtao. Preservation of the frontotemporal branch of the facial nerve in frontotemporal and frontotemporal and transzygomatic craniotomy[J]. Zhonghua Shen Jing Wai Ke Za Zhi[Chin J Neurosurg(Article in Chinese;Abstract in Chinese and English)],2004,20(4):331-333. DOI:10.3760/j.issn:1001-2346.2004.04.017.}

[21855] 赵阳，赵立伟，王海东. 面肌功能训练促进面神经功能的恢复 [J]. 局解手术学杂志，2004，13(5)：319-320. DOI：10.3969/j.issn.1672-5042.2004.05.016. { ZHAO Yang,ZHAO Liwei,WANG Haidong. Recovery of neural function facilitated by training facial muscles[J]. Ju Jie Shou Shu Xue Za Zhi[J Reg Anat Oper Surg(Article in Chinese;Abstract in Chinese and English)],2004,13(5):319-320. DOI:10.3969/j.issn.1672-5042.2004.05.016.}

[21856] 林爱龙，秦尚振，龚杰，徐国政，李俊，姚国杰. 神经导航下经岩骨幕上下联合入路中面神经管的解剖研究 [J]. 第一军医大学学报，2004，24(6)：659-661. DOI：10.3321/j.issn：1673-4254.2004.06.010. { LIN Ailong,QIN Shangzhen,GONG Jie,XU Guozheng,LI Jun,YAO Guojie. Neuronavigation-assisted microanatomical study of the facial nerve canal through the transpetrosal approach[J]. Di Yi Jun Yi Da Xue Xue Bao[J First Mil Med Univ(Article in Chinese;Abstract in Chinese and English)],2004,24(6):659-661. DOI:10.3321/j.issn:1673-4254.2004.06.010.}

[21857] 徐欣，魏魁杰，马跃，黄海云，王继同. 自体神经组织匀浆修复面神经缺损的实验研究 [J]. 上海口腔医学，2004，13(6)：523-527. DOI：10.3969/j.issn.1006-7248.2004.06.014. {XU Xin,WEI Kuijie,MA Yue,HUANG Haiyun,WANG Jitong. The experimental study of facial nerve regeneration through E-PTFE tube with nervous homogenates[J]. Shang Hai Kou Qiang Yi Xue[Shanghai J Stom(Article in Chinese;Abstract in Chinese and English)],2004,13(6):523-527. DOI:10.3969/j.issn.1006-7248.2004.06.014.}

[21858] 廖进民，王兴海，李忠华，刘畅，徐达传，丁自海，原林，钟世镇. 面神经颅外段血供的应用解剖学研究 [J]. 中国修复重建外科杂志，2004，18(2)：131-134. {LIAO Jinmin,WANG Xinghai,LI Zhonghua,LIU Chang,XU Dachuan,DING Zihai,YUAN Lin,ZHONG Shizhen. Applied anatomic study on blood supply for extracranial segment of facial nerve[J]. Zhongguo Xiu Fu Chong Jian Wai Ke Za Zhi[Chin J Repar Reconstr Surg(Article in Chinese;Abstract in Chinese and English)],2004,18(2):131-134.}

[21859] 黄煜伦，周岱，王中，周幽心，张世明，朱凤清. 听神经瘤术中面神经功能监护的应用 [J]. 中华神经外科杂志，2005，21(4)：194. DOI：10.3760/j.issn：1001-2346.2005.04.018. {HUANG Yulun,ZHOU Dai,WANG Zhong,ZHOU Youxin,ZHANG Shiming,ZHU Fengqing. Application of facial nerve function monitoring in acoustic neuroma surgery[J]. Zhonghua Shen Jing Wai Ke Za Zhi[Chin J Neurosurg(Article in Chinese;No abstract available)],2005,21(4):194. DOI:10.3760/j.issn:1001-2346.2005.04.018.}

[21860] 闫长祥，于春江，乔慧，刘淑玲，刘海，王忠诚. 大、中型听神经瘤术中面神经保护及其功能评价 [J]. 中华神经外科杂志，2005，21(4)：220-223. DOI：10.3760/j.issn：1001-2346.2005.04.010. { YAN Changxiang,YU Chunjiang,QIAO Hui,LIU Shuling,LIU Hai,WANG Zhongcheng. Facial nerve protection and its function evaluation during operation for large and medium acoustic neuroma[J]. Zhonghua Shen Jing Wai Ke Za Zhi[Chin J Neurosurg(Article in Chinese;Abstract in Chinese and English)],2005,21(4):220-223. DOI:10.3760/j.issn:1001-2346.2005.04.010.}

[21861] 朱国臣，肖大江，娄卫华. 去细胞异体神经桥接面神经缺损的实验研究 [J]. 中华创伤杂志，2005，21(11)：849-851. DOI：10.3760/j：issn：1001-8050.2005.11.013. {ZHU Guochen,XIAO Dajiang,LOU Weihua. Repair of facial nerve defects with acellular nerve allograft in rats[J]. Zhonghua Chuang Shang Za Zhi[Chin J Trauma(Article in Chinese;Abstract in Chinese and English)],2005,21(11):849-851. DOI:10.3760/j:issn:1001-8050.2005.11.013.}

[21862] 邹苑斌，黄健男，刘庆好，郭梦和，张学辉，赖晃文，李坚. 外源性睫状神经营养因子对离断面神经修复的实验研究 [J]. 第一军医大学学报，2005，25(8)：979-982. DOI：10.3321/j.issn：1673-4254.2005.08.013. {ZOU Yuanbin,HUANG Jiannan,LIU Qinghao,GUO Menghe,ZHANG Xuehui,LAI Huangwen,LI Jian. Role of ciliary neurotrophic factor in regeneration of severed facial nerve of cats[J]. Di Yi Jun Yi Da Xue Xue Bao[J First Mil Med Univ(Article in Chinese;Abstract in Chinese and English)],2005,25(8):979-982. DOI:10.3321/j.issn:1673-4254.2005.08.013.}

[21863] 朱国臣，肖大江，娄卫华，庞刚，韩卉. 内窥镜下迷路后入路面神经解剖学研究 [J]. 中国临床解剖学杂志，2006，24(1)：25-26. DOI：10.3969/j.issn.1001-165X.2006.01.006. {ZHU Guochen,XIAO Dajiang,LOU Weihua,PANG Gang,HAN Hui. Endoscopic anatomic study on facial nerve through retrolabyrithine approach[J]. Zhongguo Lin Chuang Jie Pou Xue Za Zhi[Chin J Clin Anat(Article in Chinese;Abstract in Chinese and English)],2006,24(1):25-26. DOI:10.3969/j.issn.1001-165X.2006.01.006.}

[21864] 曹鹏宇，范静平，廖建春，孙爱华，吴建，杨毓梅. 内镜下鼓室窦和面神经隐窝的应用解剖学 [J]. 中国临床解剖学杂志，2006，24(2)：115-118. DOI：10.3969/j.issn.1001-165X.2006.02.001. {CAO Pengyu,FAN Jingping,LIAO Jianchun,SUN Aihua,WU Jian,YANG Yumei. Applied anatomy of sinus tympani and facial recess under endoscope[J]. Zhongguo Lin Chuang Jie Pou Xue Za Zhi[Chin J Clin Anat(Article in Chinese;Abstract in Chinese and English)],2006,24(2):115-118. DOI:10.3969/j.issn.1001-165X.2006.02.001.}

[21865] 赵莉，陈传好，单增强，王小标，承泽农. GDNF 基因体内转染对大鼠面神经运动神经元的保护作用 [J]. 中国临床解剖学杂志，2006，24(4)：413-415. { ZHAO Li,CHEN Chuanhao,SHAN Zengqiang,WANG Xiaobiao,CHENG Zenong. Protective effects of GDNF gene transfection in vivo on motor neurons of facial nerve in rats[J]. Zhongguo Lin Chuang Jie Pou Xue Za Zhi[Chin J Clin Anat(Article in Chinese;Abstract in Chinese and English)],2006,24(4):413-415.}

[21866] 李学雷，钟世镇，刘晓军，彭田红，王兴海，刘畅. 面神经主要分支的体表投影及其临床意义 [J]. 中国临床解剖学杂志，2006，24（5）：522-523，527. DOI：10.3969/j.issn.1001-165X.2006.05.012. {LI Xuelei,ZHONG Shizhen,LIU Xiaojun,PENG Tianhong,WANG Xinghai,LIU Chang. The surface projection of facial nerve and its clinical significance[J]. Zhongguo Lin Chuang Jie Pou Xue Za Zhi[Chin J Clin Anat(Article in Chinese;Abstract in Chinese and English)],2006,24(5):522 - 523,527. DOI:10.3969/j.issn.1001 - 165X.2006.05.012.}

[21867] 夏志民，谭占国，吴举，王新华，宣改丽. 面神经电位监测显微手术切除听神经瘤 16 例 [J]. 中华显微外科杂志，2006，29(4)：320. DOI：10.3760/cma.j.issn.1001-2036.2006.04.039. {XIA Zhimin,TAN Zhanguo,WU Ju,WANG Xinhua,XUAN Gaili. Microanatomy of horizontal segment of facial nerve in temporal bone[J]. Zhonghua Xian Wei Wai Ke Za Zhi[Chin J Microsurg(Article in Chinese;No abstract available)],2006,29(4):320. DOI:10.3760/cma.j.issn.1001 - 2036.2006.04.039.}

[21868] 焦庆芳，刘展，游潮，蔡博文，邬正贵，周良学. 大型听神经瘤术中面神经保护 [J]. 中华外科杂志，2006，44（18）：1280-1281. DOI：10.3760/j：issn：0529-5815.2006.18.021. {JIAO Qingfang,LIU Zhan,YOU Chao,CAI Bowen,WU Zhenggui,ZHOU Liangxue. Preservation of facial nerve function in large acoustic neuroma surgery[J]. Zhonghua Wai Ke Za Zhi[Chin J Surg(Article in Chinese;Abstract in Chinese)],2006,44(18):1280 - 1281. DOI:10.3760/j:issn:0529 - 5815.2006.18.021.}

[21869] 韩杰，韩乃刚，王海波，樊兆民，樊忠. 颞骨骨折性面神经瘫痪的手术治疗 [J]. 中华创伤杂志，2006，22（2）：118-120. DOI：10.3760/j：issn：1001-8050.2006.02.010. {HAN Jie,HAN Naigang,WANG Haibo,FAN Zhaomin,FAN Zhong. Surgical treatment of facial paralysis resulted from temporal bone fractures[J]. Zhonghua Chuang Shang Za Zhi[Chin J Trauma(Article in Chinese;Abstract in Chinese and English)],2006,22(2):118 - 120. DOI:10.3760/j:issn:1001 - 8050.2006.02.010.}

[21870] 李大伟，张庆丰，陈东，仝屹峰. 经岩斜入路面神经管减压术治疗外伤后面神经麻痹 [J]. 中华创伤杂志，2006，22（11）：833-835. DOI：10.3760/j：issn：1001-8050.2006.11.010. {LI Dawei,ZHANG Qingfeng,CHEN Dong,TONG Yifeng. Modified parapetrosal presigmoid approach to facial nerve canal decompression of facial nerve palsy[J]. Zhonghua Chuang Shang Za Zhi[Chin J Trauma(Article in Chinese;Abstract in Chinese and English)],2006,22(11):833 - 835. DOI:10.3760/j:issn:1001 - 8050.2006.11.010.}

[21871] 孟秀丽，王军，张利萍. 阿曲库铵对耳外科手术面神经监测的影响 [J]. 中国微创外科杂志，2006，6（2）：137-138，141. DOI：10.3969/j.issn.1009-6604.2006.02.023. { MENG Xiuli,WANG Jun,ZHANG Liping. Effects of atracurium on facial nerve monitoring during otologic operations[J]. Zhongguo Wei Chuang Wai Ke Za Zhi[Chin J Minim Inva Surg(Article in Chinese;Abstract in Chinese and English)],2006,6(2):137 - 138,141. DOI:10.3969/j.issn.1009 - 6604.2006.02.023.}

[21872] 王志军，王娜，胡刚，张晨，王江宁，高景恒. 面神经腮腺外分支的解剖学研究及其临床意义 [J]. 组织工程与重建外科杂志，2006，2（1）：31-34. DOI：10.3969/j.issn.1673-0364.2006.01.010. {WANG Zhijun,WANG Na,HU Gang,ZHANG Chen,WANG Jiangning,GAO Jingheng. The anatomy study and clinical signification of the branches of the facial nerve out of the parotid gland[J]. Zu Zhi Gong Cheng Yu Chong Jian Wai Ke Za Zhi[J Tissue Eng Reconstr Surg(Article in Chinese;Abstract in Chinese and English)],2006,2(1):31 - 34. DOI:10.3969/j.issn.1673 - 0364.2006.01.010.}

[21873] 张新华，张志光，苏凯. 兔面神经冷冻损伤与其神经传导功能恢复的研究 [J]. 中山大学学报（医学科学版），2006，23（z1）：88-90. DOI：10.3321/j.issn：1672-3554.2006.z1.030. {ZHANG Xinhua,ZHANG Zhiguang,SU Kai. Study on freezing injury of rabbit facial nerve and restoration of nerve conduction[J]. Zhong Shan Da Xue Xue Bao(Yi Xue Ke Xue Ban)[J Sun Yat - Sen Univ(Med Sci)(Article in Chinese;Abstract in Chinese)],2006,23(z1):88 - 90. DOI:10.3321/j.issn:1672 - 3554.2006.z1.030.}

[21874] 汪灏，李森恺，杨明勇，李养群，黄渭清，周晓东，李强，陈文，王永前. 动静结合的面神经瘫痪综合治疗 [J]. 中国修复重建外科杂志，2006，20（12）：1189-1192. {WANG Hao,LI Senkai,YANG Mingyong,LI Yangqun,HUANG Weiqing,ZHOU Xiaodong,LI Qiang,CHEN Wen,WANG Yongqian. Synthetical treatment for facial paralysis using static and dynamic techniques[J]. Zhongguo Xiu Fu Chong Jian Wai Ke Za Zhi[Chin J Repar Reconstr Surg(Article in Chinese;Abstract in Chinese and English)],2006,20(12):1189 - 1192.}

[21875] 刘安堂，江华. 面神经颊支和下颌缘支的解剖及临床应用研究进展 [J]. 中国临床解剖学杂志，2007，25（1）：106-108. DOI：10.3969/j.issn.1001-165X.2007.01.034. {LIU Antang,JIANG Hua. Buccal and marginal mandibular branches of facial nerve:the anatomy and clinical significance[J]. Zhongguo Lin Chuang Jie Pou Xue Za Zhi[Chin J Clin Anat(Article in Chinese;No abstract available)],2007,25(1):106 - 108. DOI:10.3969/j.issn.1001 - 165X.2007.01.034.}

[21876] 李学雷，彭田红，刘晓军，李严斌，石小田，王兴海，钟世镇. 面神经颞支在眼轮匝肌上部的分布特点及临床意义 [J]. 中国临床解剖学杂志，2007，25（1）：14-16. DOI：10.3969/j.issn.1001-165X.2007.01.005. {LI Xuelei,PENG Tianhong,LIU Xiaojun,LI Yanbin,SHI Xiaotian,WANG Xinghai,ZHONG Shizhen. The distribution of temporal branches of facial nerve at the upper part of orbicularis oculi muscle and its clinical significance[J]. Zhongguo Lin Chuang Jie Pou Xue Za Zhi[Chin J Clin Anat(Article in Chinese;Abstract in Chinese and English)],2007,25(1):14 - 16. DOI:10.3969/j.issn.1001 - 165X.2007.01.005.}

[21877] 金建华，余汝堂，陈成春，倪丽艳，邵华信. 幼儿人工耳蜗植入面神经隐窝的应用解剖学 [J]. 中国临床解剖学杂志，2007，25（2）：166-168. DOI：10.3969/j.issn.1001-165X.2007.02.015. {JIN Jianhua,YU Rutang,CHEN Chengchun,NI Liyan,SHAO Huaxin. Applied anatomy of facial recess for cochlear implantation in children[J]. Zhongguo Lin Chuang Jie Pou Xue Za Zhi[Chin J Clin Anat(Article in Chinese;Abstract in Chinese and English)],2007,25(2):166 - 168. DOI:10.3969/j.issn.1001 - 165X.2007.02.015.}

[21878] 李立新，段菊如，张丰收，曹小明. 面神经隐窝及其周围结构在耳的横断薄层和 HRCT 上的定位及毗邻关系 [J]. 解剖学报，2007，38（5）：621-624. DOI：10.3321/j.issn：0529-1356.2007.05.027. { LI Lixin,DUAN Juru,ZHANG Fengshou,CAO Xiaoming. Thin sectional anatomy and hrct of facial recess and its adjacent structures[J]. Jie Pou Xue Bao[Acta Anat Sin(Article in Chinese;Abstract in Chinese and English)],2007,38(5):621 - 624. DOI:10.3321/j.issn:0529 - 1356.2007.05.027.}

[21879] 杨军，于春江，许兴，齐震，张宏伟，闫长祥，孙炜. 大型听神经瘤的显微手术治疗与面神经保护 [J]. 中华神经外科杂志，2007，23（5）：360-363. DOI：10.3760/j.issn：1001-2346.2007.05.013. {YANG Jun,YU Chunjiang,XU Xing,QI Zhen,ZHANG Hongwei,YAN Changxiang,SUN Wei. Investigation of the microsurgical treatment of large acoustic neuromas and the preservation of facial nerves[J]. Zhonghua Shen Jing Wai Ke Za Zhi[Chin J Neurosurg(Article in Chinese;Abstract in Chinese and English)],2007,23(5):360 - 363. DOI:10.3760/j.issn:1001 - 2346.2007.05.013.}

[21880] 刘安堂，江华，赵耀忠，于大志，党瑞山，张盈帆，章建林. 面神经颊支和下颌缘支的解剖学研究及应用 [J]. 中华整形外科杂志，2007，23（5）：434-437. DOI：10.3760/j.issn：1009-4598.2007.05.024. { LIU Antang,JIANG Hua,ZHAO Yaozhong,YU Dazhi,DANG Ruishan,ZHANG Yingfan,ZHANG Jianlin. Anatomy of buccal and marginal mandibular branches of facial nerve and its clinical significance[J]. Zhonghua Zheng Xing Wai Ke Za Zhi[Chin J Plast Surg(Article in Chinese;Abstract in Chinese and English)],2007,23(5):434 - 437. DOI:10.3760/j.issn:1009 - 4598.2007.05.024.}

[21881] 冼珊，陈健梅，区翠玲. 面神经电图和瞬目反射在面神经炎中的应用 [J]. 神经损伤与功能重建，2007，2（2）：105-106. DOI：10.3870/j.issn.1001-117X.2007.02.010. { XIAN Shan,CHEN Jianmei,QU Cuiling. Application of electroneurography and blink reflex in patients with facial paralysis[J]. Shen Jing Sun Shang Yu Gong Neng Chong Jian[Neural Injury Funct Reconstr(Article in Chinese;Abstract in Chinese and English)],2007,2(2):105 - 106. DOI:10.3870/j.issn.1001 - 117X.2007.02.010.}

[21882] 许耀东，陈穗俊，郑亿庆，刘伟，区永康，刘翔，张少燕，徐秀娟，邓跃飞. 面神经实时监测在侧颅底外科手术中的初步应用 [J]. 中山大学学报（医学科学版），2007，28（z1）：125-126. DOI：10.3321/j.issn：1672-3554.2007.z1.049. {XU Yaodong,CHEN Suijun,ZHENG Yiqing,LIU Wei,QU Yongkang,LIU Xiang,ZHANG Shaoyan,XU Xiujuan,DENG Yuefei. Preliminary application of facial nerve real - time monitoring in lateral skull base surgery[J]. Zhong Shan Da Xue Xue Bao(Yi Xue Ke Xue Ban)[J Sun Yat - Sen Univ(Med Sci)(Article in Chinese;Abstract in Chinese)],2007,28(z1):125 - 126. DOI:10.3321/j.issn:1672 - 3554.2007.z1.049.}

[21883] 梅凌云，冯永，贺楚峰. 面神经膝神经节手术入路的显微解剖研究 [J]. 中国临床解剖学杂志，2008，26（2）：121-123. DOI：10.3969/j.issn.1001-165X.2008.02.003. {MEI Lingyun,FENG Yong,HE Chufeng. Microsurgical anatomy and operative approaches of the geniculate ganglion of the facial nerve[J]. Zhongguo Lin Chuang Jie Pou Xue Za Zhi[Chin J Clin Anat(Article in Chinese;Abstract in Chinese and English)],2008,26(2):121 - 123. DOI:10.3969/j.issn.1001 - 165X.2008.02.003.}

[21884] 段菊如，张博，钟斌，李明智，魏江平，熊俊平，鲁纯纠. 面神经垂直段在横、冠状断层和 CT 上的定位及临床意义 [J]. 中国临床解剖学杂志，2008，26（2）：124-126. DOI：10.3969/j.issn.1001-165X.2008.02.004. {DONG Juru,ZHANG Bo,ZHONG Bin,LI Mingzhi,WEI Jiangping,XIONG Junping,LU Chunjiu. Thin transverse and coronal sectional anatomy and CT location of the vertical facial nerve and its clinical significance[J]. Zhongguo Lin Chuang Jie Pou Xue Za Zhi[Chin J Clin Anat(Article in Chinese;Abstract in Chinese and English)],2008,26(2):124 - 126. DOI:10.3969/j.issn.1001 - 165X.2008.02.004.}

[21885] 韩跃峰，马士奎，张明洁，李磊，李慧. 颞骨内面神经水平段的显微解剖 [J]. 中华显微外科杂志，2008，31（4）：278-280. DOI：10.3760/cma.j.issn.1001-2036.2008.04.013. {HAN Yuefeng,MA Shikui,ZHANG Mingjie,LI Lei,LI Hui. Microanatomical study of the horizontal segment of facial nerve in temporal bone[J]. Zhonghua Xian Wei Wai Ke Za Zhi[Chin J Microsurg(Article in Chinese;Abstract in Chinese and English)],2008,31(4):278 - 280. DOI:10.3760/cma.j.issn.1001 - 2036.2008.04.013.}

[21886] 雷霆，李龄. 听神经瘤显微手术面神经损伤的预防 [J]. 中华外科杂志，2008，46（1）：58-60. DOI：10.3321/j.issn：0529-5815.2008.01.020. {LEI Ting,LI Ling. Prevention of facial nerve injury in acoustic neuroma microsurgery[J]. Zhonghua Wai Ke Za Zhi[Chin J Surg(Article in Chinese;Abstract in Chinese and English)],2008,46(1):58 - 60. DOI:10.3321/j.issn:0529 - 5815.2008.01.020.}

[21887] 张铭文，沈晓黎，赖贤良. 面神经与前庭神经鞘瘤的病理解剖及意义 [J]. 中华神经外科杂志，2008，24（2）：158-159. DOI：10.3321/j.issn：1001-2346.2008.02.033. { ZHANG Mingwen,SHEN Xiaoli,LAI Xianliang. Clinical significance of facial nerve monitoring during acoustic neuroma surgery[J]. Zhonghua Shen Jing Wai Ke Za Zhi[Chin J Neurosurg(Article in Chinese;Abstract in Chinese and English)],2008,24(2):158 - 159. DOI:10.3321/j.issn:1001 - 2346.2008.02.033.}

[21888] 朱权，袁贤瑞，范益民，黄军，李昌琪，刘尚明. F 波监测面神经功能评估价值实验研究 [J]. 中华神经外科杂志，2008，24（7）：550-552. DOI：10.3321/j.issn：1001-2346.2008.07.025. {ZHU Quan,YUAN Xianrui,FAN Yimin,HUANG Jun,LI Changqi,LIU Shangming. Experimental study on the value of F wave recording in evaluating the Integrity of facial nerve function[J]. Zhonghua Shen Jing Wai Ke Za Zhi[Chin J Neurosurg(Article in Chinese;Abstract in Chinese and English)],2008,24(7):550 - 552. DOI:10.3321/j.issn:1001 - 2346.2008.07.025.}

[21889] 张冰，李吉辰，王巍，毛立民，孙秀玲. 面侧部损伤伴面神经损伤的诊治分析 [J]. 创伤外科杂志，2008，10（4）：363. DOI：10.3969/j.issn.1009-4237.2008.04.025. {ZHANG Bing,LI Jichen,WANG Wei,MAO Limin,SUN Xiuling. Diagnosis and treatment of the wound in lateral face with facial nerve injury[J]. Chuang Shang Wai Ke Za Zhi[J Traum Surg(Article in Chinese;Abstract in Chinese)],2008,10(4):363. DOI:10.3969/j.issn.1009 - 4237.2008.04.025.}

[21890] 张引成，张淋坤，张建伟，任文豪，余秋丽. GM1 介导 NGF 对大鼠面神经核 p75NGFR 表达影响的研究 [J]. 现代口腔医学杂志，2008，22（2）：180-183. DOI：10.3969/j.issn.1003-7632.2008.02.022. { ZHANG Yincheng,ZHANG Lingkun,ZHANG Jianwei,REN Wenhao,YU Qiuli. Effect of NGF and GM1 on expression of p75NGFR in neurons of nucleus of facial nerve[J]. Xian Dai Kou Qiang Yi Xue Za Zhi[J Mod Stomatol(Article in Chinese;Abstract in Chinese and English)],2008,22(2):180 - 183. DOI:10.3969/j.issn.1003 - 7632.2008.02.022.}

[21891] 崔穗晶，陈惠灵，刘红英，邱金华. 瞬目反射与面神经电图在儿童面神经炎中的应用 [J]. 神经损伤与功能重建，2008，3（1）：38-40. DOI：10.3870/j.issn.1001-117X.2008.01.013. { CUI Suijing,CHEN Huiling,LIU Hongying,QIU Jinhua. Application of blink reflex and facial electroneurogram to children with bell paralysis[J]. Shen Jing Sun Shang Yu Gong Neng Chong Jian[Neural Injury Funct Reconstr(Article in Chinese;Abstract in Chinese and English)],2008,3(1):38 - 40. DOI:10.3870/j.issn.1001 - 117X.2008.01.013.}

[21892] 董博，王学东. 面神经下颌缘支的应用解剖 [J]. 局解手术学杂志，2008，17（3）：177-178. DOI：10.3969/j.issn.1672-5042.2008.03.014. { DONG Bo,WANG Xuedong. Applied anatomy of the marginal mandibular branch of the facial nerve[J]. Ju Jie Shou Shu Xue Za Zhi[J Reg Anat Oper Surg(Article in Chinese;Abstract in Chinese and English)],2008,17(3):177 - 178. DOI:10.3969/j.issn.1672 - 5042.2008.03.014.}

[21893] 张洁，张军，顾雁浩，梁伟民. 全凭静脉麻醉中使用非去极化肌松剂对患者面神经监测的影响 [J]. 中华医学杂志，2008，88（9）：591-593. DOI：10.3321/j.issn：0376-2491.2008.09.005. { ZHANG Jie,ZHANG Jun,GU Yanhao,LIANG Weimin. Influence of non - depolarizing relaxant on facial nerve monitoring during total intravenous anesthesia[J]. Zhonghua Yi Xue Za Zhi[Natl Med J China(Article in Chinese;Abstract in Chinese and English)],2008,88(9):591 - 593. DOI:10.3321/j.issn:0376 - 2491.2008.09.005.}

[21894] 金海，侯立军. 外伤性面神经损伤的研究进展 [J]. 第二军医大学学报，2008，29（10）：1248-1250. DOI：10.3321/j.issn：0258-879X.2008.10.025. {JIN Hai,HOU Lijun. Study on traumatic facial nerve injury:recent progress[J]. Di Er Jun Yi Da Xue Xue Bao[Acad J Sec Mil Med Univ(Article in Chinese;Abstract in Chinese)],2008,29(10):1248 - 1250. DOI:10.3321/j.issn:0258 - 879X.2008.10.025.}

[21895] 许明. 双向双层分离法对除皱术中面神经颞支的保护作用 [J]. 第二军医大学学报，2008，29（12）：1534-1535. DOI：10.3724/SP.J.1008.2008.01534. {XU Ming. Bidirection and bilayer isolation protects frontal branch of facial nerve in orbitofrontal rhytidectomy[J]. Di Er Jun Yi Da Xue Xue Bao[Acad J Sec Mil Med Univ(Article in Chinese;Abstract in Chinese and English)],2008,29(12):1534 - 1535. DOI:10.3724/SP.J.1008.2008.01534.}

[21896] 史志东，刘明旺，王琴梅，秦忠宗，郭英，何海勇，喻中和. 去抗原同种异体静脉套接修复兔面神经损伤 [J]. 中山大学学报（医学科学版），2008，29（5）：546-549，561. DOI：10.3321/j.issn：1672-3554.2008.05.010. {SHI Zhidong,LIU Mingwang,WANG Qinmei,QIN Zhongzong,GUO Ying,HE Haiyong,YU Zhonghe. Experiment with a venous conduit of allogeneic and de - antigen vein to repair rabbit facial nerve injury[J]. Zhong Shan Da Xue Xue Bao(Yi Xue Ke Xue Ban)[J Sun Yat - Sen Univ(Med Sci)(Article in Chinese;Abstract in Chinese and English)],2008,29(5):546 - 549,561. DOI:10.3321/j.issn:1672 - 3554.2008.05.010.}

[21897] 黄循镭，李森恺，李养群，李强，唐勇，周传德，陈文. 面神经耳支的解剖及应用研究 [J]. 中国临床解剖学杂志，2009，27（3）：260-262. {HUANG Xunlei,LI Senkai,LI Yangqun,LI Qiang,TANG Yong,ZHOU Chuande,CHEN Wen. Anatomy and clinical application of the

posterior auricular nerve[J]. Zhongguo Lin Chuang Jie Pou Xue Za Zhi[Chin J Clin Anat(Article in Chinese;Abstract in Chinese and English)],2009,27(3):260-262.}

[21898] 吕亚萍，唐光健，兰永树，胡兴宇，唐光才，辛页，张富强. 面神经管垂直部与颈静脉窝之间距离的MSCT测量[J]. 中国临床解剖学杂志，2009，27(4)：423-425. {LV Yaping,TANG Guangjian,LAN Yongshu,HU Xingyu,TANG Guangcai,XIN Ye,ZHANG Fuqiang. MSCT measurement of the distance between the vertical facial canal and the jugular fossa[J]. Zhongguo Lin Chuang Jie Pou Xue Za Zhi[Chin J Clin Anat(Article in Chinese;Abstract in Chinese and English)],2009,27(4):423-425.}

[21899] 吕亚萍，唐光健，胡兴宇，兰永树，唐光才，辛页，张富强. 正常人面神经管垂直部与外耳道解剖位置关系的影像与临床研究[J]. 解剖学报，2009，40(6)：992-996. DOI: 10.3969/j.issn.0529-1356.2009.06.029. { LV Yaping,TANG Guangjian,HU Xingyu,LAN Yongshu,TANG Guangcai,XIN Ye,ZHANG Fuqiang. Imaging and clinical study of the location relation between vertical facial nerve canal and external acoustic meatus in normal people[J]. Jie Pou Xue Bao[Acta Anat Sin(Article in Chinese;Abstract in Chinese and English)],2009,40(6):992-996. DOI:10.3969/j.issn.0529-1356.2009.06.029.}

[21900] 沈晨，郭智霖，欧阳火牛. 兔面神经外伤性损伤后恢复的实验研究[J]. 组织工程与重建外科杂志，2009，5(3)：150-152. DOI: 10.3969/j.issn.1673-0364.2009.06.009. {SHEN Chen,GUO Zhilin,OU Yanghuoniu. Experimental study on compression facial nerve injury in rabbits[J]. Zu Zhi Gong Cheng Yu Chong Jian Wai Ke Za Zhi[J Tissue Eng Reconstr Surg(Article in Chinese;Abstract in Chinese and English)],2009,5(3):150-152. DOI:10.3969/j.issn.1673-0364.2009.06.009.}

[21901] 卢旭光，蔡志刚，于国霞，俞光岩. 面神经功能3种评价方法的相关性研究[J]. 中国口腔颌面外科杂志，2009，7(1)：18-22. { LU Xuguang,CAI Zhigang,YU Guoxia,YU Guangyan. A study on the correlations of three facial nerve grading systems[J]. Zhongguo Kou Qiang He Mian Wai Ke Za Zhi[Chin J Oral Maxillofac Surg(Article in Chinese;Abstract in Chinese and English)],2009,7(1):18-22.}

[21902] 王卫红，许彪，朱谨，夏斌. 面神经损伤后神经元中BCL-2、P53表达的实验研究[J]. 现代口腔医学杂志，2009，23(2)：155-158. DOI: 10.3969/j.issn.1003-7632.2009.02.014. { WANG Weihong,XU Biao,ZHU Jin,XIA Bin. Expressions of BCL-2 and P53 in neurons following facial nerve injury[J]. Xian Dai Kou Qiang Yi Xue Za Zhi[J Mod Stomatol(Article in Chinese;Abstract in Chinese and English)],2009,23(2):155-158. DOI:10.3969/j.issn.1003-7632.2009.02.014.}

[21903] 姜吉良，吴斌，刘冬强，曹妍群. 面神经下颌缘支的走行层次及分段定位[J]. 局解手术学杂志，2009，18(2)：87-88. DOI: 10.3969/j.issn.1672-5042.2009.02.006. { JIANG Jiliang,WU Bin,LIU Dongqiang,CAO Yanqun. Applied anatomy of marginal mandibular branch of the facial nerve:distribution in different strata and positioning section by section[J]. Ju Jie Shou Shu Xue Za Zhi[J Reg Anat Oper Surg(Article in Chinese;Abstract in Chinese and English)],2009,18(2):87-88. DOI:10.3969/j.issn.1672-5042.2009.02.006.}

[21904] 姜吉良，吴斌，刘冬强，曹妍群. 面神经腮腺段的定位解剖[J]. 局解手术学杂志，2009，18(4)：242-244. DOI: 10.3969/j.issn.1672-5042.2009.04.010. { JIANG Jiliang,WU Bin,LIU Dongqiang,CAO Yanqun. Addressable anatomy of the parotid segment of facial nerve[J]. Ju Jie Shou Shu Xue Za Zhi[J Reg Anat Oper Surg(Article in Chinese;Abstract in Chinese and English)],2009,18(4):242-244. DOI:10.3969/j.issn.1672-5042.2009.04.010.}

[21905] 王绪凯，韩思源，谭学新，卢利，王玉新. 应用面神经次要分支修复重要分支的效果观察[J]. 上海口腔医学，2009，18(1)：109-110. {WANG Xukai,HAN Siyuan,TAN Xuexin,LU Li,WANG Yuxin. Clinical application of unimportant branches of facial nerve to repair important ones[J]. Shang Hai Kou Qiang Yi Xue[Shanghai J Stom(Article in Chinese;Abstract in Chinese and English)],2009,18(1):109-110.}

[21906] 李超，姜晓钟，赵云富. 三叉神经-面神经交通支及其临床意义[J]. 上海口腔医学，2009，18(5)：545-550. { LI Chao,JIANG Xiaozhong,ZHAO Yunfu. Connection of trigeminal nerve and facial nerve branches and its clinical significance[J]. Shang Hai Kou Qiang Yi Xue[Shanghai J Stom(Article in Chinese;Abstract in Chinese and English)],2009,18(5):545-550.}

[21907] 李金星，刘如恩. 面神经根出脑干区的显微解剖研究进展[J]. 中国临床解剖学杂志，2010，28(1)：111-113. {LI Jinxing,LIU Rudong. The microanatomy of root exit zone of facial nevers(review)[J]. Zhongguo Lin Chuang Jie Pou Xue Za Zhi[Chin J Clin Anat(Article in Chinese;No abstract available)],2010,28(1):111-113.}

[21908] 张博，杨景武，王航辉，段菊如，张建国，董伟家. 面神经颞骨内段斜矢状断层切片与HRCT图像对照研究[J]. 中国临床解剖学杂志，2010，28(1)：34-36. {ZHANG Bo,YANG Jingwu,WANG Hanghui,DUAN Juru,ZHANG Jianguo,DONG Weijia. Comparison of the sagittal slices with HRCT image of the inner segment facial nerve in the temporal bone[J]. Zhongguo Lin Chuang Jie Pou Xue Za Zhi[Chin J Clin Anat(Article in Chinese;Abstract in Chinese and English)],2010,28(1):34-36.}

[21909] 杜长生，王社军，王建祯，吴建广. 面神经颞骨内段显微解剖及其临床意义[J]. 中国临床解剖学杂志，2010，28(2)：119-122. {DONG Changsheng,WANG Shejun,WANG Jianzhen,WU Jianguang. Microsurgical anatomy and clinical application of sclerotin segment of facial nave[J]. Zhongguo Lin Chuang Jie Pou Xue Za Zhi[Chin J Clin Anat(Article in Chinese;Abstract in Chinese and English)],2010,28(2):119-122.}

[21910] 陈志宏，马泉，谢利德，颜勇，薛景凤. 面神经局部缺血对面神经及面神经核的影响[J]. 中国临床解剖学杂志，2010，28(3)：317-320. {CHEN Zhihong,MA Quan,XIE Lide,YAN Yong,XUE Jingfeng. Effects of facial nerve ischemia on facial nerve and facial nucleus[J]. Zhongguo Lin Chuang Jie Pou Xue Za Zhi[Chin J Clin Anat(Article in Chinese;Abstract in Chinese and English)],2010,28(3):317-320.}

[21911] 吴彩琴，戴培东，杨琳，张天宇，王克强，张红旗. 兔面神经乳突段神经纤维的空间构筑及其意义[J]. 中国临床解剖学杂志，2010，28(5)：514-517. {WU Caiqin,DAI Peidong,YANG Lin,ZHANG Tianyu,WANG Keqiang,ZHANG Hongqi. The spatial configuration and significance of mastoid segment of rabbit facial nerve[J]. Zhongguo Lin Chuang Jie Pou Xue Za Zhi[Chin J Clin Anat(Article in Chinese;Abstract in Chinese and English)],2010,28(5):514-517.}

[21912] 田广永，段永畅，石小田，黄美贤，徐达传. 颞骨手术相关的面神经临床解剖学研究[J]. 中国临床解剖学杂志，2010，28(6)：593-597. {TIAN Guangyong,DONG Yongchang,SHI Xiaotian,HUANG Meixian,XU Dachuan. The clinical anatomy of the facial nerve correlated with the temporal bone surgery[J]. Zhongguo Lin Chuang Jie Pou Xue Za Zhi[Chin J Clin Anat(Article in Chinese;Abstract in Chinese and English)],2010,28(6):593-597.}

[21913] 关键，苏娟娟，王健平，李德超，朱丽萍，王心彧，戴辛鹏，尹翰文. 耳脑胶联合生物蛋白海绵修复大鼠面神经损伤的实验研究[J]. 中华显微外科杂志，2010，33(5)：392-394. DOI: 10.3760/cma.j.issn.1001-2036.2010.05.013. {GUAN Jian,SU Juanjuan,WANG Jianping,LI Dechao,ZHU Liping,WANG Xinyu,DAI Xinpeng,YIN Hanwen. Discussion on microsurgery for traumatic facial nerve injury[J]. Zhonghua Xian Wei Wai Ke Za Zhi[Chin J Microsurg(Article in Chinese;Abstract in Chinese)],2010,33(5):392-394. DOI:10.3760/cma.j.issn.1001-2036.2010.05.013.}

[21914] 杨昱，彭江，杨启友，王玉，赵斌，眭翔，张莉，王鑫，许文静，卢世璧. 采用多重标记物示踪化学去细胞异体神经修复大鼠面神经缺损[J]. 中国矫形外科杂志，2010，18(8)：659-662. {YANG Yu,PENG Jiang,YANG Qiyou,WANG Yu,ZHAO Bin,SUI Xiang,ZHANG Li,WANG Xin,XU Wenjing,LU Shibi. Evaluation of the regeneration of chemically extracted acellular facial nerve allograft for the whole facial nerve defect in rat with multiple retrograde tracing[J]. Zhongguo Jiao Xing Wai Ke Za Zhi[Orthop J Chin(Article in Chinese;Abstract in Chinese and English)],2010,18(8):659-662.}

[21915] 杜郭佳，汪永新，朱国华，巴吐鲁呼，汪庆森，游旭，王丙乾，党木仁. 听神经瘤术中面神经监测的临床意义[J]. 中华神经外科杂志，2010，26(1)：68-71. DOI: 10.3760/cma.j.issn.1001-2346.2010.01.026. {DONG Guojia,WANG Yongxin,ZHU Guohua,BA Tuluhu,WANG Qingsen,YOU Xu,WANG Bingqian,DANG Muren. Clinical significance of facial nerve monitoring in acoustic neuroma operation[J]. Zhonghua Shen Jing Wai Ke Za Zhi[Chin J Neurosurg(Article in Chinese;Abstract in Chinese and English)],2010,26(1):68-71. DOI:10.3760/cma.j.issn.1001-2346.2010.01.026.}

[21916] 孟伟，漆松涛，欧阳辉，樊俊，黄广龙，张永明，刘晓军. 面神经在大型听神经瘤中的分布变化规律[J]. 中华神经外科杂志，2010，26(3)：239-242. DOI: 10.3760/cma.j.issn.1001-2346.2010.03.015. {MENG Wei,QI Songtao,OU Yanghui,FAN Jun,HUANG Guanglong,ZHANG Yongming,LIU Xiaojun. Anatomic location of facial nerve in large vestibular Schwannomas[J]. Zhonghua Shen Jing Wai Ke Za Zhi[Chin J Neurosurg(Article in Chinese;Abstract in Chinese and English)],2010,26(3):239-242. DOI:10.3760/cma.j.issn.1001-2346.2010.03.015.}

[21917] 胡尚伟，张铭文，赖贤良. 面神经颅内段解剖及其在听神经瘤时的病理解剖变化[J]. 中华神经外科杂志，2010，26(6)：574-576. DOI: 10.3760/cma.j.issn.1001-2346.2010.06.035. {HU Shangwei,ZHANG Mingwen,LAI Xianliang. Anatomy of intracranial segment of facial nerve and its pathological changes in acoustic neuroma[J]. Zhonghua Shen Jing Wai Ke Za Zhi[Chin J Neurosurg(Article in Chinese;Abstract in Chinese and English)],2010,26(6):574-576. DOI:10.3760/cma.j.issn.1001-2346.2010.06.035.}

[21918] 王芸，张军，徐振东，顾华华，梁伟民. 部分肌松条件下术中面神经运动诱发电位监护的临床应用[J]. 中华神经外科杂志，2010，26(12)：1082-1085. DOI: 10.3760/cma.j.issn.1001-2346.2010.12.011. {WANG Yun,ZHANG Jun,XU Zhendong,GU Huahua,LIANG Weimin. Clinical study on intraoperative facial nerve motor evoked potentials monitoring under partial neuromuscular blockade[J]. Zhonghua Shen Jing Wai Ke Za Zhi[Chin J Neurosurg(Article in Chinese;Abstract in Chinese and English)],2010,26(12):1082-1085. DOI:10.3760/cma.j.issn.1001-2346.2010.12.011.}

[21919] 杨柠泽，王滨，王志军，张晨，马晓凯，马岩，李昊. 面神经的角神经解剖学研究[J]. 中华整形外科杂志，2010，26(3)：221-225. DOI: 10.3760/cma.j.issn.1009-4598.2010.03.016. {YANG Ningze,WANG Bin,WANG Zhijun,ZHANG Chen,MA Xiaokai,MA Yan,LI Hao. Angular nerve of facial nerve:anatomic research[J]. Zhonghua Zheng Xing Wai Ke Za Zhi[Chin J Plast Surg(Article in Chinese;Abstract in Chinese and English)],2010,26(3):221-225. DOI:10.3760/cma.j.issn.1009-4598.2010.03.016.}

[21920] 张文豪，陈敏洁，张伟杰，杨驰. 逆行诱发电位诊断面神经病变的研究现状[J]. 中国口腔颌面外科杂志，2010，8(1)：85-88. { ZHANG Wenhao,CHEN Minjie,ZHANG Weijie,YANG Chi. Advances in researches of antidromical evoked potentials in the lesion of facial nerve[J]. Zhongguo Kou Qiang He Mian Wai Ke Za Zhi[Chin J Oral Maxillofac Surg(Article in Chinese;Abstract in Chinese and English)],2010,8(1):85-88.}

[21921] 袁伟，孙建军，李进让，郭红光. 腮腺手术中面神经实时监测的应用与意义[J]. 中华医学杂志，2010，90(6)：397-399. DOI: 10.3760/cma.j.issn.0376-2491.2010.06.011. {YUAN Wei,SUN Jianjun,LI Jinrang,GUO Hongguang. Intraoperative facial nerve monitoring in parotid gland surgery[J]. Zhonghua Yi Xue Za Zhi[Natl Med J China(Article in Chinese;Abstract in Chinese and English)],2010,90(6):397-399. DOI:10.3760/cma.j.issn.0376-2491.2010.06.011.}

[21922] 吴任国，唐秉航，李良才，何亚奇，黄德成，黄晖，王振常. 中耳乳突手术相关面神经管解剖的多层螺旋CT测量[J]. 中华医学杂志，2010，90(22)：1551-1555. DOI: 10.3760/cma.j.issn.0376-2491.2010.22.011. { WU Renguo,TANG Binghang,LI Liangcai,HE Yaqi,HUANG Decheng,HUANG Hui,WANG Zhenchang. Measurement of anatomical relationships of facial nerve canal related to middle ear and mastoid surgery on multi-slice computed tomography-multiplanar reformation images[J]. Zhonghua Yi Xue Za Zhi[Natl Med J China(Article in Chinese;Abstract in Chinese and English)],2010,90(22):1551-1555. DOI:10.3760/cma.j.issn.0376-2491.2010.22.011.}

[21923] 杜立新，元建鹏，徐化剑，杜恒峰，梁碧玲. MRI在面神经腮腺段的显示作用探讨[J]. 南方医科大学学报，2010，30(7)：1639-1641. DOI: 10.12122/j.issn.1673-4254.2010.07.042. { DU Lixin,YUAN Jianpeng,XU Huajian,DU Hengfeng,LIANG Biling. Value of magnetic resonance imaging in displaying the parotid gland segments of the facial nerve[J]. Nan Fang Yi Ke Da Xue Xue Bao[J South Med Univ(Article in Chinese;Abstract in Chinese and English)],2010,30(7):1639-1641. DOI:10.12122/j.issn.1673-4254.2010.07.042.}

[21924] 杨昱，赵喆，詹胜锋，卢世璧，彭江，王玉，杨启友，赵斌，眭翔，张莉，王鑫，许文静. 化学去细胞法处理犬面神经后的组织形态学观察[J]. 中国修复重建外科杂志，2010，24(6)：735-738. {YANG Yu,ZHAO Zhe,ZHAN Shengfeng,LU Shibi,PENG Jiang,WANG Yu,YANG Qiyou,ZHAO Bin,SUI Xiang,ZHANG Li,WANG Xin,XU Wenjing. Histomorphology observation of canine whole facial nerve treated with chemically extracted acellular methods[J]. Zhongguo Xiu Fu Chong Jian Wai Ke Za Zhi[Chin J Repar Reconstr Surg(Article in Chinese;Abstract in Chinese and English)],2010,24(6):735-738.}

[21925] 李健东，李娟，汪学勇，赵亮，刘永亮. 面神经减压术中鼓索解剖观察及临床意义[J]. 中国临床解剖学杂志，2011，29(1)：7-9. {LI Jiandong,LI Juan,WANG Xueyong,ZHAO Liang,LIU Yongliang. The chorda tympani anatomical observation in facial nerve decompression surgery[J]. Zhongguo Lin Chuang Jie Pou Xue Za Zhi[Chin J Clin Anat(Article in Chinese;Abstract in Chinese and English)],2011,29(1):7-9.}

[21926] 王君玉，党瑞山，卢亦成，廖建春. 面神经乳突段的应用解剖[J]. 中国临床解剖学杂志，2011，29(2)：131-134. {WANG Junyu,DANG Ruishan,LU Yicheng,LIAO Jianchun. Applied anatomy of the mastoid segment of facial nerve[J]. Zhongguo Lin Chuang Jie Pou Xue Za Zhi[Chin J Clin Anat(Article in Chinese;Abstract in Chinese and English)],2011,29(2):131-134.}

[21927] 段永畅，田广永，于巧莲，郑伟. 家兔面神经颅外段的显微解剖[J]. 中国临床解剖学杂志，2011，29(4)：450-451，455. {DONG Yongchang,TIAN Guangyong,YU Qiaolian,ZHENG Wei. Anatomy of the extacranial facial nerve of rabbit[J]. Zhongguo Lin Chuang Jie Pou Xue Za Zhi[Chin J Clin Anat(Article in Chinese;Abstract in Chinese and English)],2011,29(4):450-451,455.}

[21928] 韩跃峰，张明洁，陈德尚，李慧，周兰柱. 乳突手术中面神经易损伤区的显微解剖[J]. 中华显微外科杂志，2011，34(3)：211-214. DOI: 10.3760/cma.j.issn.1001-2036.2011.03.013. {HAN Yuefeng,ZHANG Mingjie,CHEN Deshang,LI Hui,ZHOU Lanzhu. Microanatomical study of the area in which the facial nerve being easy to damage in mastoid surgery[J]. Zhonghua Xian Wei Wai Ke Za Zhi[Chin J Microsurg(Article in Chinese;Abstract in Chinese and English)],2011,34(3):211-214. DOI:10.3760/cma.j.issn.1001-2036.2011.03.013.}

[21929] 孙明磊，乔永明，尚君兰，谢卫红，王海斌，赵军方. 显微外科手术治疗创伤性面神经损伤的探讨[J]. 中华显微外科杂志，2011，34(3)：244-246. DOI: 10.3760/cma.j.issn.1001-2036.2011.03.031. {SUN Minglei,QIAO Yongming,SHANG Junlan,XIE Weihong,WANG Haibin,ZHAO Junfang. How to locate and identify facial nerve easily injured segment in mastoid surgery[J]. Zhonghua Xian Wei Wai Ke Za Zhi[Chin J Microsurg(Article in Chinese;Abstract in Chinese)],2011,34(3):244-246. DOI:10.3760/cma.j.issn.1001-2036.2011.03.031.}

[21930] 孙胜玉，夏鹤春，马辉，黄伟. 大型听神经瘤显微手术全程面神经保护探讨[J]. 中华显微外科杂志，2011，34(5)：428-430. DOI: 10.3760/cma.j.issn.1001-2036.2011.05.033. {SUN Shengyu,XIA Hechun,MA Hui,HUANG Wei. Establishment and evaluation of facial nerve ischemia model through mastoid vesicle[J]. Zhonghua Xian Wei Wai Ke Za Zhi[Chin J Microsurg(Article in Chinese;Abstract in Chinese)],2011,34(5):428-430. DOI:10.3760/cma.j.issn.1001-2036.2011.05.033.}

[21931] 李嘉明，袁贤瑞，刘庆，丁锡平，彭泽峰. 大型听神经瘤手术面神经功能的保留 [J]. 中华外科杂志，2011，49(3)：240-244. DOI：10.3760/cma.j.issn.0529-5815.2011.03.012. {LI Jiaming,YUAN Xianrui,LIU Qing,DING Xiping,PENG Zefeng. Facial nerve preservation following microsurgical removal of large and huge acoustic neuroma[J]. Zhonghua Wai Ke Za Zhi[Chin J Surg(Article in Chinese;Abstract in Chinese and English)],2011,49(3):240-244. DOI:10.3760/cma.j.issn.0529-5815.2011.03.012.}

[21932] 任杰，袁越，张黎，张思迅，李锐，贾靖，于炎冰. 面神经远端血管压迫对面肌痉挛手术疗效的影响 [J]. 中华神经外科杂志，2011，27(1)：48-51. DOI：10.3760/cma.j.issn.1001-2346.2011.01.015. {REN Jie,YUAN Yue,ZHANG Li,ZHANG Sixun,LI Rui,JIA Jing,YU Yanbing. Influence of distal portion compression of the facial nerve in hemifacial spasm surgery[J]. Zhonghua Shen Jing Wai Ke Za Zhi[Chin J Neurosurg(Article in Chinese;Abstract in Chinese and English)],2011,27(1):48-51. DOI:10.3760/cma.j.issn.1001-2346.2011.01.015.}

[21933] 王炜，杨川. 面神经修复手术中影响疗效的相关因素分析 [J]. 组织工程与重建外科杂志，2011，7(5)：266-270. DOI：10.3969/j.issn.1673-0364.2011.05.007. {WANG Wei,YANG Chuan. Factors load on functional outcomes of facial nerve surgery[J]. Zu Zhi Gong Cheng Yu Chong Jian Wai Ke Za Zhi[J Tissue Eng Reconstr Surg(Article in Chinese;Abstract in Chinese and English)],2011,7(5):266-270. DOI:10.3969/j.issn.1673-0364.2011.05.007.}

[21934] 黄绍辉，于洋，王绪凯. MnTBAP 对鼠面神经元损伤后凋亡的抑制作用 [J]. 中国口腔颌面外科杂志，2011，9(4)：276-280. {HUANG Shaohui,YU Yang,WANG Xukai. The inhibitive effect of MnTBAP on apoptosis of facial neurons following transection of facial nerve[J]. Zhongguo Kou Qiang He Mian Wai Ke Za Zhi[Chin J Oral Maxillofac Surg(Article in Chinese;Abstract in Chinese and English)],2011,9(4):276-280.}

[21935] 石钿印，彭歆，蔡志刚，俞光岩. 术中液氮冷冻加术后放疗在治疗腮腺癌保留面神经中的应用 [J]. 现代口腔医学杂志，2011，25(1)：7-11. DOI：10.3969/j.issn.1003-7632.2011.01.003. {SHI Dianyin,PENG Xin,CAI Zhigang,YU Guangyan. Cryotherapy and postoperative radiotherapy-assisted surgery with preservation of the facial nerve for treatment of malignant parotid gland tumors[J]. Xian Dai Kou Qiang Yi Xue Za Zhi[J Mod Stomatol(Article in Chinese;Abstract in Chinese and English)],2011,25(1):7-11. DOI:10.3969/j.issn.1003-7632.2011.01.003.}

[21936] 钟斌，李清锋，周曼，段菊如，吴英宁，黄昌盛. 面神经鼓乳段在斜矢状断面与 HRCT 上的定位及临床意义 [J]. 中国临床解剖学杂志，2012，30(3)：295-298. {ZHONG Bin,LI Qingfeng,ZHOU Man,DONG Juru,WU Yingning,HUANG Changsheng. The tympanic and mastoid segments of facial nerve:the location on the oblique sagittal section and HRCT and clinical significance[J]. Zhongguo Lin Chuang Jie Pou Xue Za Zhi[Chin J Clin Anat(Article in Chinese;Abstract in Chinese and English)],2012,30(3):295-298.}

[21937] 吴文艺，张丽婷，王朝阳，朱世泽. 沿下颌缘支逆向解剖面神经在腮腺肿瘤手术中的临床意义 [J]. 中国临床解剖学杂志，2012，30(4)：466-468. {WU Wenyi,ZHANG Liting,WANG Chaoyang,ZHU Shize. Clinical significance of the retrograde facial nerve striping along marginal mandibular branch on parotid tumour resection[J]. Zhongguo Lin Chuang Jie Pou Xue Za Zhi[Chin J Clin Anat(Article in Chinese;Abstract in Chinese and English)],2012,30(4):466-468.}

[21938] 李健东，汪学勇，赵亮，刘永亮，郭良蓉，戴传福，宋之瑶，李杨. 中国人面神经椎曲段外凸畸形 [J]. 中国临床解剖学杂志，2012，30(5)：560-563. {LI Jiandong,WANG Xueyong,ZHAO Liang,LIU Yongliang,GUO Liangrong,DAI Chuanfu,SONG Zhiyao,LI Yang. Extrusion abnormality at pyramid segment of facial nerve in Chinese[J]. Zhongguo Lin Chuang Jie Pou Xue Za Zhi[Chin J Clin Anat(Article in Chinese;Abstract in Chinese and English)],2012,30(5):560-563.}

[21939] 李志海，沈剑敏，吕静瑶，蔡志毅，温西，夏贤武，林叶青. 面神经隐窝径路手术剖面观察及多层螺旋 CT 双斜矢状位多平面重建 [J]. 解剖学报，2012，43(1)：77-82. DOI：10.3969/j.issn.0529-1356.2012.01.015. {LI Zhihai,SHEN Jianmin,LV Jingyao,CAI Zhiyi,WEN Xi,XIA Xianwu,LIN Yeqing. Reconstruction of the main sections of the facial nerve recess approach using double oblique multi-planer in multi-slice CT[J]. Jie Pou Xue Bao[Acta Anat Sin(Article in Chinese;Abstract in Chinese and English)],2012,43(1):77-82. DOI:10.3969/j.issn.0529-1356.2012.01.015.}

[21940] 吕波，冯春国，程宏伟，高鹏，沈军，黄永胜. 枕下乙状窦后入路下脑池段及内听道段面神经的显微解剖观察 [J]. 中华神经外科杂志，2012，28(7)：731-732. DOI：10.3760/cma.j.issn.1001-2346.2012.07.027. {LV Bo,FENG Chunguo,CHENG Hongwei,GAO Peng,SHEN Jun,HUANG Yongsheng. Microanatomical Observation of Facial Nerve in Lower Cistern Segment and Internal Auditory Canal Segment through Suboccipital Retrosigmoid Approach[J]. Zhonghua Shen Jing Wai Ke Za Zhi[Chin J Neurosurg(Article in Chinese;No abstract available)],2012,28(7):731-732. DOI:10.3760/cma.j.issn.1001-2346.2012.07.027.}

[21941] 杨柠泽，苏晓玮，王志军，王滨，吕宁. 面神经的角神经三维可视化研究 [J]. 中华整形外科杂志，2012，28(5)：366-368. DOI：10.3760/cma.j.issn.1009-4598.2012.05.014. {YANG Ningze,SU Xiaowei,WANG Zhijun,WANG Bin,LV Ning. 3-Dimensional visualization study of angle nerve of facial nerve[J]. Zhonghua Zheng Xing Wai Ke Za Zhi[Chin J Plast Surg(Article in Chinese;Abstract in Chinese and English)],2012,28(5):366-368. DOI:10.3760/cma.j.issn.1009-4598.2012.05.014.}

[21942] 臧光辉，孟祥虎，樊龙昌，李新华，刘继红，张传汉，罗爱林，田玉科. 全麻下顺式阿曲库铵对大鼠面神经复合肌肉动作电位的影响 [J]. 神经损伤与功能重建，2012，7(5)：321-323，384. DOI：10.3870/sjsscj.2012.05.003. {ZANG Guanghui,MENG Xianghu,FAN Longchang,LI Xinhua,LIU Jihong,ZHANG Chuanhan,LUO Ailin,TIAN Yuke. Effects of cisatracurium on compound muscle action potentials of facial nerves in rats under general anesthesia[J]. Shen Jing Sun Shang Yu Gong Neng Chong Jian[Neural Injury Funct Reconstr(Article in Chinese;Abstract in Chinese and English)],2012,7(5):321-323,384. DOI:10.3870/sjsscj.2012.05.003.}

[21943] 戴穹，常能彬，范光碧，曾维成. 利用多层螺旋 CT 进行面神经管迷路段与面神经膝定位 [J]. 局解手术学杂志，2012，21(5)：470-472. {DAI Qiong,CHANG Nengbin,FAN Guangbi,ZENG Weicheng. Application of multislice spiral CT in locating the labyrinthine segment of facial canal and the genu nervi facialis[J]. Ju Jie Shou Shu Xue Za Zhi[J Reg Anat Oper Surg(Article in Chinese;Abstract in Chinese and English)],2012,21(5):470-472.}

[21944] 黄广龙，漆松涛，张喜安，石瑾，潘军，邱晓瑜. 听神经瘤安全切除及术中面神经保护解剖学基础 [J]. 中国临床解剖学杂志，2013，31(4)：467-471. {HUANG Guanglong,QI Songtao,ZHANG Xian,SHI Jin,PAN Jun,QIU Xiaoyu. Microanatomy of the relationship between acoustic neuroma and the arachnoid[J]. Zhongguo Lin Chuang Jie Pou Xue Za Zhi[Chin J Clin Anat(Article in Chinese;Abstract in Chinese and English)],2013,31(4):467-471.}

[21945] 蔡志毅，李志海，陶宝鸿，金巧智，储洪娟，叶华富. 中耳显微解剖标志与面神经定位 [J]. 解剖学报，2013，44(5)：665-669. DOI：10.3969/j.issn.0529-1356.2013.05.016. {CAI Zhiyi,LI Zhihai,TAO Baohong,JIN Qiaozhi,CHU Hongjuan,YE Huafu. Microscopic anatomical landmarks of the middle ear for the localization of the facial nerve[J]. Jie Pou Xue Bao[Acta Anat Sin(Article in Chinese;Abstract in Chinese and English)],2013,44(5):665-669. DOI:10.3969/j.issn.0529-1356.2013.05.016.}

[21946] 韩跃峰，张明洁，陈德尚，李慧，王晓敏，周兰柱. 乳突手术中如何定位与辨认面神经易损伤段的探讨 [J]. 中华显微外科杂志，2013，36(3)：245-248. DOI：10.3760/cma.j.issn.1001-2036.2013.03.010. {HAN Yuefeng,ZHANG Mingjie,CHEN Deshang,LI Hui,WANG Xiaomin,ZHOU Lanzhu. Research on location of the segment of the facial nerve being easy to damage in mastoid surgery in clinical[J]. Zhonghua Xian Wei Wai Ke Za Zhi[Chin J Microsurg(Article in Chinese;Abstract in Chinese and English)],2013,36(3):245-248. DOI:10.3760/cma.j.issn.1001-2036.2013.03.010.}

[21947] 王志兴，欧阳火牛，程志华，郭智霖. 局部缺血对面神经损伤后雪旺细胞增殖的影响 [J]. 组织工程与重建外科杂志，2013，9(2)：93-97，119. DOI：10.3969/j.issn.1673-0364.2013.02.008. {WANG Zhixing,OU Yanghuoniu,CHENG Zhihua,GUO Zhilin. The impact of ischemic on the proliferation of Schwann cells after facial nerve injury[J]. Zu Zhi Gong Cheng Yu Chong Jian Wai Ke Za Zhi[J Tissue Eng Reconstr Surg(Article in Chinese;Abstract in Chinese and English)],2013,9(2):93-97,119. DOI:10.3969/j.issn.1673-0364.2013.02.008.}

[21948] 王强，张竹，张士岩，苏学艳，李文博，陈世润. bFGF 复合降解膜对面神经离断 3 周后神经再生的作用 [J]. 中国口腔颌面外科杂志，2013，11(1)：24-28. {WANG Qiang,ZHANG Zhu,ZHANG Shiyan,SU Xueyan,LI Wenbo,CHEN Shirun. Influence of bFGF combined with degradable membrane on nerve regeneration following delayed facial nerve injury[J]. Zhongguo Kou Qiang He Mian Wai Ke Za Zhi[Chin J Oral Maxillofac Surg(Article in Chinese;Abstract in Chinese and English)],2013,11(1):24-28.}

[21949] 何慧媛，赵昱，陈晓栋，王军. 面神经监护在复杂第一鳃裂瘘切除术中的应用 [J]. 现代口腔医学杂志，2013，27(4)：196-199. {HE Huiyuan,ZHAO Yu,CHEN Xiaodong,WANG Jun. Facial nerve monitoring in complex first banchial fistula resection[J]. Xian Dai Kou Qiang Yi Xue Za Zhi[J Mod Stomatol(Article in Chinese;Abstract in Chinese and English)],2013,27(4):196-199.}

[21950] 罗特坚，曹妍群，刘冬强，易德保. 腮腺浅部第 1 叶间导管与面神经颧支的解剖学关系 [J]. 局解手术学杂志，2013，22(6)：613-614. DOI：10.11659/jjssx.1672-5042.201306013. {LUO Tejian,CAO Yanqun,LIU Dongqiang,YI Debao. Anatomic relationship between first interlobar duct of superficial parotid and zygomatic branch of facial nerve[J]. Ju Jie Shou Shu Xue Za Zhi[J Reg Anat Oper Surg(Article in Chinese;Abstract in Chinese and English)],2013,22(6):613-614. DOI:10.11659/jjssx.1672-5042.201306013.}

[21951] 林群久，史俊. 腮腺内面神经鞘瘤 19 例临床分析 [J]. 上海口腔医学，2013，22(1)：99-103. {LIN Qunjiu,SHI Jun. Clinical retrospective analysis of 19 cases of intraparotid facial nerve Schwannoma[J]. Shang Hai Kou Qiang Yi Xue[Shanghai J Stom(Article in Chinese;Abstract in Chinese and English)],2013,22(1):99-103.}

[21952] 马思远，乔慧，贾桂军，贾旺，王明然，刘莉. 经颅电刺激面神经运动诱发电位在小脑脑桥角区肿瘤手术中的应用 [J]. 中华神经外科杂志，2014，30(4)：356-359. DOI：10.3760/cma.j.issn.1001-2346.2014.04.010. {MA Siyuan,QIAO Hui,JIA Guijun,JIA Wang,WANG Mingran,LIU Li. Intraoperative facial motor evoked potential monitoring with transcranial electrical stimulation during cerebellopontine angel area tumor sugery[J]. Zhonghua Shen Jing Wai Ke Za Zhi[Chin J Neurosurg(Article in Chinese;Abstract in Chinese and English)],2014,30(4):356-359. DOI:10.3760/cma.j.issn.1001-2346.2014.04.010.}

[21953] 张玉海，邹元杰，刘翔，章文斌，张锐，陈永严，黄庆玖，肖朝勇，刘文. 面神经结构与功能可视化技术在大型听神经瘤手术中的初步应用 [J]. 中华神经外科杂志，2014，30(11)：1149-1152. DOI：10.3760/cma.j.issn.1001-2346.2014.11.018. {ZHANG Yuhai,ZOU Yuanjie,LIU Xiang,ZHANG Wenbin,ZHANG Rui,CHEN Yongyan,HUANG Qingjiu,XIAO Chaoyong,LIU Wen. Preliminary application of structural and functional visualization of facial nerve in large vestibular Schwannoma surgery[J]. Zhonghua Shen Jing Wai Ke Za Zhi[Chin J Neurosurg(Article in Chinese;Abstract in Chinese and English)],2014,30(11):1149-1152. DOI:10.3760/cma.j.issn.1001-2346.2014.11.018.}

[21954] 郝冬月，刘超华，何林，孙峰，宋保强，夏文森. 腮腺及面神经急性损伤的急诊治疗体会 [J]. 组织工程与重建外科杂志，2014，10(4)：215-217. DOI：10.3969/j.issn.1673-0364.2014.04.012. {HAO Dongyue,LIU Chaohua,HE Lin,SUN Feng,SONG Baoqiang,XIA Wensen. Treatment experience for acute injuries of parotid gland and facial nerve[J]. Zu Zhi Gong Cheng Yu Chong Jian Wai Ke Za Zhi[J Tissue Eng Reconstr Surg(Article in Chinese;Abstract in Chinese and English)],2014,10(4):215-217. DOI:10.3969/j.issn.1673-0364.2014.04.012.}

[21955] 刘群会，朱祖欣. 鼠神经生长因子联合高压氧治疗慢性期面神经炎疗效观察 [J]. 神经损伤与功能重建，2014，9(3)：225，252. DOI：10.3870/sjsscj.2014.03.016. {LIU Qunhui,ZHU Zuxin. Clinical effect of mouse Nerve Growth Factor combined with hyperbaric oxygen therapy on the patients with chronic facial neuritis[J]. Shen Jing Sun Shang Yu Gong Neng Chong Jian[Neural Injury Funct Reconstr(Article in Chinese;Abstract in Chinese and English)],2014,9(3):225,252. DOI:10.3870/sjsscj.2014.03.016.}

[21956] 胡弘毅，严敏，俞丽娜，胡晨璐，赵莉，张娟. 颈交感神经阻滞对大鼠面神经损伤修复的影响 [J]. 中华医学杂志，2014，94(36)：2847-2851. DOI：10.3760/cma.j.issn.0376-2491.2014.36.012. {HU Hongyi,YAN Min,YU Lina,HU Chenlu,ZHAO Li,ZHANG Juan. Experimental role of cervical sympathetic block during facial nerve injury and regeneration in rats[J]. Zhonghua Yi Xue Za Zhi[Natl Med J China(Article in Chinese;Abstract in Chinese and English)],2014,94(36):2847-2851. DOI:10.3760/cma.j.issn.0376-2491.2014.36.012.}

[21957] 杨翔，张跃康，刘雪松，任艳明. 400 例巨大型听神经瘤的显微外科治疗及面神经保护 [J]. 中国修复重建外科杂志，2014，28(1)：79-84. DOI：10.7507/1002-1892.20140018. {YANG Xiang,ZHANG Yuekang,LIU Xuesong,REN Yanming. Microsurgical treatment and facial nerve preservation in 400 cases of giant acoustic neuromas[J]. Zhongguo Xiu Fu Chong Jian Wai Ke Za Zhi[Chin J Repar Reconstr Surg(Article in Chinese;Abstract in Chinese and English)],2014,28(1):79-84. DOI:10.7507/1002-1892.20140018.}

[21958] 任善玲，高永哲，蔡琪. 生物肌电反馈结合药物加功能训练治疗Ⅱ～Ⅲ级急性特发性面神经麻痹的效果观察 [J]. 神经损伤与功能重建，2015，10(6)：503-505. DOI：10.3870/sjsscj.2015.06.011. {REN Shanling,GAO Yongzhe,CAI Qi. Effects of biological electrical feedback combined with drugs and functional training treat-ment on patients with Ⅱ～Ⅲ level of acute idiopathic facial palsy[J]. Shen Jing Sun Shang Yu Gong Neng Chong Jian[Neural Injury Funct Reconstr(Article in Chinese;Abstract in Chinese and English)],2015,10(6):503-505. DOI:10.3870/sjsscj.2015.06.011.}

[21959] 魏海刚，李曙光，陈玉婷，蔡超雄，许彪. 神经损伤诱导面神经运动神经元死亡及 caspase 相关蛋白的表达 [J]. 上海口腔医学，2015，24(1)：23-29. {WEI Haigang,LI Shuguang,CHEN Yuting,CAI Chaoxiong,XU Biao. Facial motoneurons death and caspase regulatory gene expression following facial nerve injury[J]. Shang Hai Kou Qiang Yi Xue[Shanghai J Stom(Article in Chinese;Abstract in Chinese and English)],2015,24(1):23-29.}

[21960] 岳树源. 前庭神经鞘瘤手术的术前预警——面神经成像技术 [J]. 中华神经外科杂志，2016，32(5)：433-435. DOI：10.3760/cma.j.issn.1001-2346.2016.05.001. {YUE Shuyuan. Preoperative early warning of vestibular neurilemmoma surgery-facial nerve imaging technology[J]. Zhonghua Shen Jing Wai Ke Za Zhi[Chin J Neurosurg(Article in Chinese;No abstract available)],2016,32(5):433-435. DOI:10.3760/cma.j.issn.1001-2346.2016.05.001.}

[21961] 郭煜，欧阳火牛，程志华，罗聪，郭智霖. 大鼠面神经挤压缺血损伤对巨噬细胞募集的影响 [J]. 组织工程与重建外科杂志，2016，12(2)：102-106. DOI：10.3969/j.issn.1673-0364.2016.02.004. {GUO Yu,OU Yanghuoniu,CHENG Zhihua,LUO Cong,GUO Zhilin. The effect of facial nerve crush injury and ischemia on the recruitment of macrophages in rats[J]. Zu Zhi Gong Cheng Yu Chong Jian Wai Ke Za Zhi[J Tissue Eng Reconstr Surg(Article in Chinese;Abstract in Chinese and English)],2016,12(2):102-106. DOI:10.3969/j.issn.1673-0364.2016.02.004.}

[21962] 陈沛，宋俊，李春丽，张鄂，罗凌惠，肖红俊，龚树生. 大鼠面神经损伤修复晚期面神经核的基因表达谱 [J]. 神经损伤与功能重建，2016，11(4)：288-292. DOI：10.16780/j.cnki.sjssgncj.2016.04.002. {CHEN Pei,SONG Jun,LI Chunli,ZHANG E,LUO Linghui,XIAO Hongjun,GONG Shusheng. Late gene expression profiles of facial nucleus in rat following facial-facial anastomosis[J]. Shen Jing Sun Shang Yu Gong Neng Chong Jian[Neural

Injury Funct Reconstr(Article in Chinese;Abstract in Chinese and English)],2016,11(4):288-292. DOI:10.16780/j.cnki.sjssgncj.2016.04.002.}

[21963] 范文峰，龚士平，邓波．鼠神经生长因子联合穴位注射治疗特发性面神经麻痹临床疗效分析[J]．神经损伤与功能重建，2016，11(5)：407-408．DOI：10.16780/j.cnki.sjssgncj.2016.05.011．{FAN Wenfeng,GONG Shiping,DENG Bo. Effects of Nerve Growth Factor combined with acupoint injection on patients with idiopathic facial paralysis[J]. Shen Jing Sun Shang Yu Gong Neng Chong Jian[Neural Injury Funct Reconstr(Article in Chinese;Abstract in Chinese and English)],2016,11(5):407-408. DOI:10.16780/j.cnki.sjssgncj.2016.05.011.}

[21964] 车子刚，孟玮，彭新桂，储成凤，葛洪，张庆宇，龚单春，张庆翔，于振坤．多层螺旋CT容积扫描在先天性外中耳畸形面神经管影像测量中的对照研究[J]．中华解剖与临床杂志，2016，21(1)：1-5．DOI：10.3760/cma.j.issn.2095-7041.2016.01.001．{CHE Zigang,MENG Wei,PENG Xingui,CHU Chengfeng,GE Hong,ZHANG Qingyu,GONG Chanchun,ZHANG Qingxiang,YU Zhenkun. Evaluation of facial nerve canal in congenital abnormalities of external and middle ear based on volume scanning of multi-slice CT[J]. Zhonghua Jie Pou Yu Lin Chuang Za Zhi[Chin J Anat Clin(Article in Chinese;Abstract in Chinese and English)],2016,21(1):1-5. DOI:10.3760/cma.j.issn.2095-7041.2016.01.001.}

[21965] 李秋焕，常青林，于子龙．鼓环平面与面神经垂直段位置关系的显微解剖与影像学对比观察[J]．中华解剖与临床杂志，2016，21(1)：26-30．DOI：10.3760/cma.j.issn.2095-7041.2016.01.006．{LI Qiuhuan,CHANG Qinglin,YU Zilong. Anatomy and radiology observation of spatial relationship between tympanic annulus plane and vertical segment facial nerve[J]. Zhonghua Jie Pou Yu Lin Chuang Za Zhi[Chin J Anat Clin(Article in Chinese;Abstract in Chinese and English)],2016,21(1):26-30. DOI:10.3760/cma.j.issn.2095-7041.2016.01.006.}

[21966] 卓洋，李爱民，刘希光，李清斌，纪子腾，陈慧珍．经乳突小泡面神经缺血模型的建立与评价[J]．中华显微外科杂志，2017，40(1)：53-57．DOI：10.3760/cma.j.issn.1001-2036.2017.01.015．{ZHUO Yang,LI Aimin,LIU Xiguang,LI Qingbin,JI Ziteng,CHEN Huizhen. Establishment and assessment of a facial nerve ischemic model in rats via the mastoid process approach[J]. Zhonghua Xian Wei Wai Ke Za Zhi[Chin J Microsurg(Article in Chinese;Abstract in Chinese and English)],2017,40(1):53-57. DOI:10.3760/cma.j.issn.1001-2036.2017.01.015.}

[21967] 谢谢，孙勤国，郭乃燕，江波，徐鸿婕，张贤梅，谢萍，李婵，姚雪婷．甘露醇联合糖皮质激素治疗周围性面神经麻痹的疗效观察[J]．神经损伤与功能重建，2017，12(6)：523-525．DOI：10.16780/j.cnki.sjssgncj.2017.06.016．{XIE Xie,SUN Qinguo,GUO Naiyan,JIANG Bo,XU Hongjie,ZHANG XianMei,XIE Ping,LI Chan,YAO Xueting. The effect of treating peripheral facial paralysis patients with mannitol combined with glucocorticoid[J]. Shen Jing Sun Shang Yu Gong Neng Chong Jian[Neural Injury Funct Reconstr(Article in Chinese;Abstract in Chinese and English)],2017,12(6):523-525. DOI:10.16780/j.cnki.sjssgncj.2017.06.016.}

[21968] 朱义江，马国林，宋天彬，杜雷，郭润财，孙士龙，李慧，孙连桂．成人周围性面神经麻痹的静息态功能磁共振成像比率低频振幅的价值[J]．中华医学杂志，2017，97(27)：2081-2086．DOI：10.3760/cma.j.issn.0376-2491.2017.27.001．{ZHU Yijiang,MA Guolin,SONG Tianbin,DU Lei,GUO Runcai,SUN Shilong,LI Hui,SUN Liangui. Study of fraction amplitude of low frequency fluctuation on resting-state functional magnetic resonance imaging in adultperipheral facial paralysis[J]. Zhonghua Yi Xue Za Zhi[Natl Med J China(Article in Chinese;Abstract in Chinese and English)],2017,97(27):2081-2086. DOI:10.3760/cma.j.issn.0376-2491.2017.27.001.}

[21969] 苗莹莹，吕方，侯明月，赵俊强，付升旗．面神经脑池段与其周围血管的MRI重建观测及临床应用[J]．中国临床解剖学杂志，2018，36(1)：17-21．DOI：10.13418/j.issn.1001-165x.2018.01.005．{MIAO Yingying,LV Fang,HOU Mingyue,ZHAO Junqiang,FU Shengqi. MRI reconstruction observation and clinical application of the cisternal segment of facial nerve with its surrounding vessels[J]. Zhongguo Lin Chuang Jie Pou Xue Za Zhi[Chin J Clin Anat(Article in Chinese;Abstract in Chinese and English)],2018,36(1):17-21. DOI:10.13418/j.issn.1001-165x.2018.01.005.}

[21970] 张征宇，尹红霞，王振常，王争，李静．锥形束CT面神经管成像的可行性分析[J]．中华医学杂志，2018，98(23)：1832-1836．DOI：10.3760/cma.j.issn.0376-2491.2018.23.005．{ZHANG Zhengyu,YIN Hongxia,WANG Zhenchang,WANG Zheng,LI Jing. Feasibility study of cone-beam CT in displaying facial nerve canal[J]. Zhonghua Yi Xue Za Zhi[Natl Med J China(Article in Chinese;Abstract in Chinese and English)],2018,98(23):1832-1836. DOI:10.3760/cma.j.issn.0376-2491.2018.23.005.}

[21971] 孙妍娜，张荣明，毛旭，张孟姝．复合脂肪来源干细胞的脱细胞异种神经联合富血小板血浆修复兔面神经损伤的实验研究[J]．中国修复重建外科杂志，2018，32(6)：736-744．DOI：10.7507/1002-1892.201711079．{SUN Yanna,ZHANG Rongming,MAO Xu,ZHANG Mengshu. Research of acellular xenogeneic nerve combined with adipose-derived stem cells and platelet rich plasma in repair of rabbit facial nerve injury[J]. Zhongguo Xiu Fu Chong Jian Wai Ke Za Zhi[Chin J Repar Reconstr Surg(Article in Chinese;Abstract in Chinese and English)],2018,32(6):736-744. DOI:10.7507/1002-1892.201711079.}

[21972] 凤麟飞，吴江恩，薛浩伟，后军．肌电学方法在面神经功能评价中的应用效果评价[J]．中国口腔颌面外科杂志，2019，17(6)：522-525．DOI：10.19438/j.cjoms.2019.06.008．{FENG Linfei,WU Jiangen,XUE Haowei,HOU Jun. Application of electromyography to evaluating facial nerve function[J]. Zhongguo Kou Qiang He Mian Wai Ke Za Zhi[Chin J Oral Maxillofac Surg(Article in Chinese;Abstract in Chinese and English)],2019,17(6):522-525. DOI:10.19438/j.cjoms.2019.06.008.}

[21973] 庄园，王彬彬，张绍东，历俊华，万虹，冯洁，李德志，刘松．面神经保留程度对神经再生及重建眼轮匝肌功能影响的实验研究[J]．中华神经外科杂志，2020，36(2)：188-193．DOI：10.3760/cma.j.issn.1001-2346.2020.02.017．{ZHUANG Yuan,WANG Binbin,ZHANG Shaodong,LI Junhua,WAN Hong,FENG Jie,LI Dezhi,LIU Song. Experimental study on the effect of facial nerve retention on nerve regeneration and reconstruction of orbicularis muscle function[J]. Zhonghua Shen Jing Wai Ke Za Zhi[Chin J Neurosurg(Article in Chinese;Abstract in Chinese and English)],2020,36(2):188-193. DOI:10.3760/cma.j.issn.1001-2346.2020.02.017.}

[21974] 方媛，刘文科，惠旭辉．听神经瘤术中面神经监测的研究进展[J]．中华神经外科杂志，2020，36(5)：526-529．DOI：10.3760/cma.j.cn112050-20191227-00545．{FANG Yuan,LIU Wenke,HUI Xuhui. Application of multimodal facial nerve monitoring in surgery of large acoustic neuroma[J]. Zhonghua Shen Jing Wai Ke Za Zhi[Chin J Neurosurg(Article in Chinese;Abstract in Chinese)],2020,36(5):526-529. DOI:10.3760/cma.j.cn112050-20191227-00545.}

[21975] 洪健，韩璐，陈步东，姚鑫，杨玉山．面神经运动诱发电位监测对听神经瘤术后面神经功能的预测作用[J]．中华医学杂志，2020，100(16)：1245-1248．DOI：10.3760/cma.j.cn112137-20191104-02390．{HONG Jian,HAN Lu,CHEN Budong,YAO Xin,YANG Yushan. The role of facial nerve motor evoked potentials in predicting facial nerve function in vestibular Schwannoma surgery[J]. Zhonghua Yi Xue Za Zhi[Natl Med J China(Article in Chinese;Abstract in Chinese and English)],2020,100(16):1245-1248. DOI:10.3760/cma.j.cn112137-20191104-02390.}

6.5.3.1 面神经吻合术
facial nerve anastomosis

[21976] 韩震，钟世镇，孙博，刘牧之．面—面神经吻合的应用解剖学[J]．临床应用解剖学杂志，1984，2(3)：181-183，186．{HAN Zhen,ZHONG Shizhen,SUN Bo,LIU Muzhi. Applied anatomy of facial-facial nerve anastomosis[J]. Lin Chuang Ying Yong Jie Pou Xue Za Zhi[J Clin Appl Anat(Article in Chinese;Abstract in Chinese)],1984,2(3):181-183,186.}

[21977] 文经伦，史庆丰，宋全忠，张安福．舌下－面神经显微吻合术治疗外伤性面神经瘫[J]．中华显微外科杂志，1994，17(1)：174-175，237．{WEN Jinglun,SHI Qingfeng,SONG Quanzhong,ZHANG Anfu. Treatment of traumatic facial ner paralysis by hypoglossal-facial nerve microsurgical anastomosis[J]. Zhonghua Xian Wei Wai Ke Za Zhi[Chin J Microsurg(Article in Chinese;Abstract in Chinese)],1994,17(1):174-175,237.}

[21978] 李大村，李炳万，陈亮．不同断面神经束组吻合对周围神经再生影响的实验研究[J]．中国实用手外科杂志，2000，14：223-224．{LI Dacun,LI Bingwan,CHEN Liang. An experimental study of effect of different cross-section anastomosis of nervetract on peripheral nerve regeneration[J]. Shi Yong Shou Wai Ke Za Zhi[Chin J Pract Hand Surg(Article in Chinese;Abstract in Chinese and English)],2000,14:223-224.}

[21979] 彭田红，徐达传，廖华，李学雷，欧阳四新，范松青，张心宽．舌下神经与面神经吻合术中部位选择的解剖学研究[J]．南方医科大学学报，2006，26(5)：659-660，663．DOI：10.3321/j.issn：1673-4254.2006.05.029．{PENG Tianhong,XU Dachuan,LIAO Hua,LI Xuelei,OU Yangsixin,FAN Songqing,ZHANG Xinkuan. Anatomic study of the hypoglossal nerve in hypoglossal-facial nerve anastomosis[J]. Nan Fang Yi Ke Da Xue Xue Bao[J South Med Univ(Article in Chinese;Abstract in Chinese and English)],2006,26(5):659-660,663. DOI:10.3321/j.issn:1673-4254.2006.05.029.}

[21980] 李学雷，钟世镇，刘晓军，彭田红，李严斌．面神经－舌下神经吻合术面神经干的显微解剖研究[J]．中国修复重建外科杂志，2006，20(9)：884-886．{LI Xuelei,ZHONG Shizhen,LIU Xiaojun,PENG Tianhong,LI Yanbin. Microsurgical anatomy of the facial nerve trunk in facial-hypoglossal nerve anastomosis[J]. Zhongguo Xiu Fu Chong Jian Wai Ke Za Zhi[Chin J Repar Reconstr Surg(Article in Chinese;Abstract in Chinese and English)],2006,20(9):884-886.}

[21981] 金华伟，余振华，柯春龙，陈志生，赖英荣，黄正松．纤维蛋白胶粘合和显微手术吻合兔面神经的实验研究[J]．中华显微外科杂志，2007，30(3)：210-211，插3-6．DOI：10.3760/cma.j.issn.1001-2036.2007.03.016．{JIN Huawei,YU Zhenhua,KE Chunlong,CHEN Zhisheng,LAI Yingrong,HUANG Zhengsong. Experimental study on fibrin glue adhesion and microsurgical anastomosis of rabbit facial nerve[J]. Zhonghua Xian Wei Wai Ke Za Zhi[Chin J Microsurg(Article in Chinese;Abstract in Chinese)],2007,30(3):210-211,insert 3-6. DOI:10.3760/cma.j.issn.1001-2036.2007.03.016.}

6.5.3.2 面神经移植术
facial nerve transplantation

[21982] 徐维城，陈海燕，章忠校，张世奎，杨凤鸣．面神经移植两例报告[J]．中华耳鼻咽喉科杂志，1987，22(2)：115-116．{XU Weicheng,CHEN Haiyan,ZHANG Zhongxiao,ZHANG Shikui,YANG Fengming. Two cases of facial nerve transplantation[J]. Zhonghua Er Bi Yan Hou Ke Za Zhi[Chin J Otorhinolaryngol(Article in Chinese;No abstract available)],1987,22(2):115-116.}

[21983] 华泽权，陈志洪，王王琴，宋福林，李超，赵玉尧，宋九余．两种不同方法断离面神经原位移植的比较研究[J]．中华显微外科杂志，1995，18(4)：282-283．{HUA Zequan,CHEN Zhihong,WANG Wangqin,SONG Fulin,LI Chao,ZHAO Yuyao,SONG Jiuyu. Comparative study of two different methods of facial nerve rupture orthotopic transplantation[J]. Zhonghua Xian Wei Wai Ke Za Zhi[Chin J Microsurg(Article in Chinese;No abstract available)],1995,18(4):282-283.}

[21984] 朱云，刘胜文，李光辉，田臻，张陈平，杨雯君．兔血管化面神经移植动物模型的建立[J]．中国口腔颌面外科杂志，2014，12(1)：20-24．{ZHU Yun,LIU Shengwen,LI Guanghui,TIAN Zhen,ZHANG Chenping,YANG Wenjun. A model of vascularized nerve graft for facial nerve repair in rabbit[J]. Zhongguo Kou Qiang He Mian Wai Ke Za Zhi[Chin J Oral Maxillofac Surg(Article in Chinese;Abstract in Chinese and English)],2014,12(1):20-24.}

6.5.3.3 其他运动神经桥接术矫治面瘫
suture of other motor nerve in facial paralysis therapy

[21985] Zhao L,Miao H,Wang W,Zhang D. The anatomy of the segmental latissimus dorsi flap for reconstruction of facial paralysis[J]. Surg Radiol Anat,1994,16(3):239-243. doi:10.1007/BF01627677.

[21986] Jiang H,Guo ET,Ji ZL,Zhang ML,Lu V. One-stage microneurovascular free abductor hallucis muscle transplantation for reanimation of facial paralysis[J]. Plast Reconstr Surg,1995,96(1):78-85.

[21987] Huang WQ,Fang BR,Fang XQ,Wang CJ. Extensor digitorum brevis and extensor hallusis brevis transplantation for treatment of long-standing facial paralysis[J]. Chin J Traumatol,2009,12(1):3-9.

[21988] Wan H,Zhang L,Blanchard S,Bigou S,Bohl D,Wang C,Liu S. Combination of hypoglossal-facial nerve surgical reconstruction and neurotrophin-3 gene therapy for facial palsy[J]. J Neurosurg,2013,119(3):739-750. doi:10.3171/2013.1.JNS121176.

[21989] Liu Y,Han J,Zhou X,Gao K,Luan D,Xie F,Wang X,Zong G,Ding L. Surgical management of facial paralysis resulting from temporal bone fractures[J]. Acta Otolaryngol,2014,134(6):656-660. doi:10.3109/00016489.2014.892214.

[21990] Wu SH,Chen X,Wang J,Liu H,Qian XZ,Pan XL. Subtotal facial nerve decompression in preventing further recurrence and promoting facial nerve recovery of severe idiopathic recurrent facial palsy[J]. Eur Arch Otorhinolaryngol,2015,272(11):3295-3298. doi:10.1007/s00405-014-2991-9.

[21991] Chen G,Yang X,Wang W,Li Q. Mini-temporalis transposition:a less invasive procedure of smile restoration for long-standing incomplete facial paralysis[J]. J Craniofac Surg,2015,26(2):518-521. doi:10.1097/SCS.0000000000001522.

[21992] Yan C,He B,Wang X,Qin Z,Li Y,Peng Y. Accuracy of high-resolution computed tomography in revealing fallopian canal fracture of patients with traumatic facial paralysis[J]. Auris Nasus Larynx,2015,42(5):374-376. doi:10.1016/j.anl.2015.03.003.

[21993] Wu J,Li Z,Liu J,Cen Y,Chen J. Reconstruction of corner of mouth for elder facial paralysis by suspension nasolabial fold dermal tissue flap:a modified method[J]. Aesthetic Plast Surg,2015,39(4):578-581. doi:10.1007/s00266-015-0496-6.

[21994] Chen J. Recurrent facial paralysis for 12 years[J]. Neurol India,2015,63(5):803. doi:10.4103/0028-3886.166560.

[21995] Xu P,Liu W,Zuo W,Wang D,Wang H. Delayed facial palsy after tympanomastoid surgery:a report of 15 cases[J]. Am J Otolaryngol,2015,36(6):805-807. doi:10.1016/j.amjoto.2015.07.004.

[21996] Wen HJ,Yang JS,Li YQ. Transient unilateral facial paralysis induced by perimesencephalic non-aneurysmal subarachnoid hemorrhage:a case

report and review of the literature[J]. Exp Ther Med,2015,10(4):1541-1543. doi:10.3892/etm.2015.2709.

[21997] Gao H,Xu J,Cheng S,Chen J. Case of auricular herpes zoster associated with contralateral facial paralysis[J]. J Dermatol,2016,43(1):110-111. doi:10.1111/1346-8138.13144.

[21998] Li Q,Jia Y,Feng Q,Tang B,Wei N,Zhang Y,Li Y,Zhang X. Clinical features and outcomes of delayed facial palsy after head trauma[J]. Auris Nasus Larynx,2016,43(5):514-517. doi:10.1016/j.anl.2015.12.017.

[21999] Xie S,Wu X,Zhang Y,Xu Z,Yang T,Sun H. The timing of surgical treatment of traumatic facial paralysis:a systematic review[J]. Acta Otolaryngol,2016,136(12):1197-1200. doi:10.1080/00016489.2016.1201862.

[22000] Xu P,Jin A,Dai B,Li R,Li Y. Surgical timing for facial paralysis after temporal bone trauma[J]. Am J Otolaryngol,2017,38(3):269-271. doi:10.1016/j.amjoto.2017.01.002.

[22001] Li L,Xu P,Jin A,Zuo W,Su X,Wang H,Li Y,Jiang X. Outcomes of pediatric delayed facial palsy after head trauma[J]. Auris Nasus Larynx,2018,45(3):461-464. doi:10.1016/j.anl.2017.09.012.

[22002] Chen Y,Zhang K,Xu Y,Che Y,Guan L,Li Y. Reliability of temporal bone high-resolution CT in patients with facial paralysis in temporal bone fracture[J]. Am J Otolaryngol,2018,39(2):150-152. doi:10.1016/j.amjoto.2017.12.003.

[22003] Su D,Li D,Wang S,Qiao H,Li P,Wang B,Wan H,Schumacher M,Liu S. Hypoglossal-facial nerve "side-to-side" neurorrhaphy for facial paralysis resulting from closed temporal bone fractures[J]. Restor Neurol Neurosci,2018,36(4):443-457. doi:10.3233/RNN-170794.

[22004] 上海市第六人民医院耳鼻咽喉科. 外伤性面瘫的手术治疗 [J]. 中华耳鼻咽喉科杂志，1978，13（2）：73-77. {Department of Otolaryngology,The Shanghai Sixth People's hospital. Surgical treatment of traumatic facial palsy[J]. Zhonghua Er Bi Yan Hou Ke Za Zhi[Chin J Otorhinolaryngol(Article in Chinese;No abstract available)],1978,13(2):73-77.}

[22005] 克力. 与面瘫修复有关的解剖学研究 [J]. 临床应用解剖学杂志，1984，2(1)：18-21. {KE Li. Anatomical study on facial paralysis repair[J]. Lin Chuang Ying Yong Jie Pou Xue Za Zhi[J Clin Appl Anat(Article in Chinese;Abstract in Chinese)],1984,2(1):18-21.}

[22006] 柯国欣，鲁文莺，葛贤锡. 面瘫的外科治疗 [J]. 中华耳鼻咽喉科杂志，1989，24（1）：12-14. {KE Guoxin,LU Wenying,GE Xianxi. Surgical treatment of facial palsy[J]. Zhonghua Er Bi Yan Hou Ke Za Zhi[Chin J Otorhinolaryngol(Article in Chinese;Abstract in Chinese)],1989,24(1):12-14.}

[22007] 赵云富，孙弘，陈必胜. 骨骼肌移植治疗面瘫 [J]. 修复重建外科杂志，1991，5（1）：51-53. {ZHAO Yunfu,SUN Hong,CHEN Bisheng. Skeletal muscle transplantation for facial paralysis[J]. Zhongguo Xiu Fu Chong Jian Wai Ke Za Zhi[Chin J Repar Reconstr Surg(Article in Chinese;No abstract available)],1991,5(1):51-53.}

[22008] 江华，郭恩覃，季正伦，张明利，卢范，罗玲玲. 吻合血管神经的游离翘展肌移植一期修复晚期面瘫 [J]. 中华外科杂志，1992，30（7）：420-422. {JIANG Hua,GUO Dongqin,JI Zhenglun,ZHANG Mingli,LU Fan,LUO Lingling. Free abductor muscle graft with vascular and nerve anastomosis for one-stage repair of advanced facial paralysis[J]. Zhonghua Wai Ke Za Zhi[Chin J Surg(Article in Chinese;Abstract in Chinese)],1992,30(7):420-422.}

[22009] 樊忠. 周围性面瘫的诊断和治疗 [J]. 中华耳鼻咽喉科杂志，1993，28（1）：52-54. {FAN Zhong. Diagnosis and treatment of peripheral facial palsy[J]. Zhonghua Er Bi Yan Hou Ke Za Zhi[Chin J Otorhinolaryngol(Article in Chinese;No abstract available)],1993,28(1):52-54.}

[22010] 罗少军，郝新光. 跨面神经结构胸小肌游离移植修复晚期面瘫畸形 [J]. 中华显微外科杂志，1994，17（3）：167-170. {LUO Shaojun,HAO Xinguang. Free transplantation of pectoralis minor muscle across facial nerve structure for repair of late facial paralysis deformity[J]. Zhonghua Xian Wei Wai Ke Za Zhi[Chin J Microsurg(Article in Chinese;Abstract in Chinese)],1994,17(3):167-170.}

[22011] 杨川，蔡佩佩，董佳生. 带神经血管肌束移植术在晚期面瘫修复中的应用 [J]. 中国修复重建外科杂志，1995，9（2）：84-87. {YANG Chuan,CAI Peipei,DONG Jiasheng. Application of neurovascular muscle bundle transplantation in the repair of advanced facial paralysis[J]. Zhongguo Xiu Fu Chong Jian Wai Ke Za Zhi[Chin J Repar Reconstr Surg(Article in Chinese;Abstract in Chinese)],1995,9(2):84-87.}

[22012] 邬江，钟世镇，徐达传，李主一. 前锯肌和背阔肌联合肌瓣修复晚期面瘫的应用解剖 [J]. 中国临床解剖学杂志，1996，14（4）：173-176. {WU Jiang,ZHONG Shizhen,XU Dachuan,LI Zhuyi. Applied anatomy of the combined muscle flap of serratus anterior mus-cle and latissimus dorsal muscle for the treatment of late facial palsy[J]. Zhongguo Lin Chuang Jie Pou Xue Za Zhi[Chin J Clin Anat(Article in Chinese;Abstract in Chinese)],1996,14(4):173-176.}

[22013] 邬江，徐达传，钟世镇. 多神经蒂的腹直肌瓣移植修复晚期面瘫的应用解剖 [J]. 中国临床解剖学杂志，1996，14：252-254. {WU Jiang,XU Dachuan,ZHONG Shizhen. Applied anatomy of the neurovascuhlized free rectum abdominis trans-fer for the treatment of late facial palsy[J]. Zhongguo Lin Chuang Jie Pou Xue Za Zhi[Chin J Clin Anat(Article in Chinese;Abstract in Chinese)],1996,14:252-254.}

[22014] 王燕楢，张淑香，许华，何凡，李永琳. Bell 面瘫 164 例观察 [J]. 中华耳鼻咽喉科杂志，1996，31（6）：334-337. {WANG Yan,ZHANG Shuxiang,XU Hua,HE Fan,LI Yonglin. A report of 164 cases of Bell's palsy[J]. Zhonghua Er Bi Yan Hou Ke Za Zhi[Chin J Otorhinolaryngol(Article in Chinese;Abstract in Chinese and English)],1996,31(6):334-337.}

[22015] 黄金中，龚新茹，黄以乐. 颞骨创伤性面瘫的手术指征 [J]. 中华显微外科杂志，1997，20（2）：67-68. {HUANG Jinzhong,GONG Xinru,HUANG Yile. Surgical indications for temporal bone traumatic facial paralysis[J]. Zhonghua Xian Wei Wai Ke Za Zhi[Chin J Microsurg(Article in Chinese;No abstract available)],1997,20(2):67-68.}

[22016] 董人禾，鲁飞，胡正清，韩洁英. 外伤性面瘫的手术治疗 [J]. 中华耳鼻咽喉科杂志，1997，32（3）：171-173. {DONG Renhe,LU Fei,HU Zhengqing,HAN Jieying. Surg ical treatment of traumatic facial paralysis[J]. Zhonghua Er Bi Yan Hou Ke Za Zhi[Chin J Otorhinolaryngol(Article in Chinese;Abstract in Chinese and English)],1997,32(3):171-173.}

[22017] 黄渭清，李森恺，凌诒淳. 晚期面瘫整形外科治疗的历史回顾 [J]. 中华整形烧伤外科杂志，1998，14（1）：59-61. {HUANG Weiqing,LI Senkai,LING Yichun. Historical review of plastic surgery for late facial paralysis[J]. Zhonghua Zheng Xing Shao Shang Wai Ke Za Zhi[Chin J Plast Surg Burns(Article in Chinese;No abstract available)],1998,14(1):59-61.}

[22018] 孙百强，金理正. 带蒂展肌移植修复晚期面瘫的应用解剖研究 [J]. 中国临床解剖学杂志，1999，17（2）：138-139. {SUN Baiqiang,JIN Lizheng. Applied anatomy of pedicled abductor muscle transplantation in the treatment of advanced facial paralysis[J]. Zhongguo Lin Chuang Jie Pou Xue Za Zhi[Chin J Clin Anat(Article in Chinese;Abstract in Chinese and English)],1999,17(2):138-139.}

[22019] 许耀东，郑亿庆，龙桦，陈洁珠. 外伤性面瘫的手术治疗 [J]. 中山医科大学学报，1999，20（S1）：3-5. {XU Yaodong,ZHENG Yiqing,LONG Hua,CHEN Jiezhu. Surgical treatment of traumatic facial paralysis[J]. Zhong Shan Yi Ke Da Xue Xue Bao[Acad J SUMS(Article in Chinese;Abstract in Chinese and English)],1999,20(S1):3-5.}

[22020] 樊忠，樊兆民. 外伤性面瘫的外科治疗 [J]. 中华耳鼻咽喉科杂志，1999，34（1）：52. DOI：10.3760/j.issn：1673-0860.1999.01.032. {FAN Zhong,FAN Zhaomin. Surg ical treatment of traumatic facial paralysis[J]. Zhonghua Er Bi Yan Hou Ke Za Zhi[Chin J Otorhinolaryngol(Article in Chinese;No abstract available)],1999,34(1):52. DOI:10.3760/j.issn:1673-0860.1999.01.032.}

[22021] 黄新生，戴春富，王正敏. 面神经减压术治疗颞骨外伤性面瘫的临床分析 [J]. 中华耳鼻咽喉科杂志，2001，36（1）：34-37. DOI：10.3760/j.issn：1673-0860.2001.01.012. {HUANG Xinsheng,DAI Chunfu,WANG Zhengmin. Facial paralysis in temporal bone trauma[J]. Zhonghua Er Bi Yan Hou Ke Za Zhi[Chin J Otorhinolaryngol(Article in Chinese;Abstract in Chinese and English)],2001,36(1):34-37. DOI:10.3760/j.issn:1673-0860.2001.01.012.}

[22022] 许扬滨，刘均墀，李平，徐晖，赖伟文，朱家恺. 膈神经为受区神经源的背阔肌游离移植治疗面瘫 [J]. 中华显微外科杂志，2002，25（4）：244-246. DOI：10.3760/cma.j.issn.1001-2036.2002.04.001. {XU Yangbin,LIU JunXi,LI Ping,XU Hui,LAI Weiwen,ZHU Jiakai. Latissimus dorsi muscle transplantation for the treatment of facial paralysis with phrenic nerve as a recipient moor nerve source[J]. Zhonghua Xian Wei Wai Ke Za Zhi[Chin J Microsurg(Article in Chinese;Abstract in Chinese)],2002,25(4):244-246. DOI:10.3760/cma.j.issn.1001-2036.2002.04.001.}

[22023] 杨川，崔磊，王炜，刘清. 带蒂胸锁乳突肌移位术修复晚期面瘫 [J]. 中国修复重建外科杂志，2002，16（1）：48-50. {YANG Chuan,CUI Lei,WANG Wei,LIU Qing. Transposition of pedicled sternocleidomastoid muscle for repair of fa cial paraly sis in late stage[J]. Zhongguo Xiu Fu Chong Jian Wai Ke Za Zhi[Chin J Repar Reconstr Surg(Article in Chinese;Abstract in Chinese and English)],2002,16(1):48-50.}

[22024] 齐向东，胡志奇. 颞肌与帽状腱膜复合组织瓣修复晚期面瘫的应用解剖 [J]. 中国临床解剖学杂志，2002，20（6）：424-426. DOI：10.3969/j.issn.1001-165X.2002.06.007. {QI Xiangdong,HU Zhiqi. Applied anatomy of the compound tissue flap consisting of temporal muscle and galea aponeurotica to repair late facial palsy[J]. Zhongguo Lin Chuang Jie Pou Xue Za Zhi[Chin J Clin Anat(Article in Chinese;Abstract in Chinese and English)],2002,20(6):424-426. DOI:10.3969/j.issn.1001-165X.2002.06.007.}

[22025] 胡志奇，齐向东. 颞肌血管神经束修复晚期面瘫的局部显微解剖研究 [J]. 中华显微外科杂志，2002，25（1）：49-51. DOI：10.3760/cma.j.issn.1001-2036.2002.01.018. {HU Zhiqi,QI Xiangdong. Anatomy study of blood vessel and nerve bunch of temporal muscle to repair the deformed of later facial paralysis[J]. Zhonghua Xian Wei Wai Ke Za Zhi[Chin J Microsurg(Article in Chinese;Abstract in Chinese and English)],2002,25(1):49-51. DOI:10.3760/cma.j.issn.1001-2036.2002.01.018.}

[22026] 陈锡辉，缪绮川，余达德. 外伤性面瘫的原因和显微手术治疗疗效分析 [J]. 中华显微外科杂志，2002，25（1）：57-59. DOI：10.3760/cma.j.issn.1001-2036.2002.01.023. {CHEN Xihui,MIU qichuan,YU Dade. Analysis of causes and microsurgical treatment of traumatic facial paralysis[J]. Zhonghua Xian Wei Wai Ke Za Zhi[Chin J Microsurg(Article in Chinese;Abstract in Chinese)],2002,25(1):57-59. DOI:10.3760/cma.j.issn.1001-2036.2002.01.023.}

[22027] 鲁飞，董人禾，周为群，陆艳. 选择性面神经减压术治疗外伤性周围性面瘫 [J]. 中华创伤杂志，2002，18（7）：418-419. DOI：10.3760/j：issn：1001-8050.2002.07.011. {LU Fei,DONG Renhe,ZHOU Weiqun,LU Yan. Selective facial nerve decompression in treatment of traumatic peripheral facial paralysis[J]. Zhonghua Chuang Shang Za Zhi[Chin J Trauma(Article in Chinese;Abstract in Chinese and English)],2002,18(7):418-419. DOI:10.3760/j:issn:1001-8050.2002.07.011.}

[22028] 杨大平，关德宏，徐学武，郭铁芳，韩雪峰. 吻合神经血管的股直肌肌瓣游离移植治疗晚期面瘫的改进 [J]. 中华整形外科杂志，2003，19（2）：101-103. DOI：10.3760/j.issn：1009-4598.2003.02.007. {YANG Daping,GUAN Dehong,XU Xuewu,GUO Tiefang,HAN Xuefeng. Transferring neurovascular rectus femoris muscle segment for treatment of facial paralysis[J]. Zhonghua Zheng Xing Wai Ke Za Zhi[Chin J Plast Surg(Article in Chinese;Abstract in Chinese and English)],2003,19(2):101-103. DOI:10.3760/j.issn:1009-4598.2003.02.007.}

[22029] 刘开俊，郑国寿，刘谨文，李龄. 面神经与副神经移植吻合修复损伤性面瘫 [J]. 创伤外科杂志，2003，5(6)：419. DOI：10.3969/j.issn.1009-4237.2003.06.034. {LIU Kaijun,ZHENG Guoshou,LIU Jinwen,LI Ling. Prothesis of traumatic facial palsy with facial and accessory nerve transplantation and anastomosis[J]. Chuang Shang Wai Ke Za Zhi[J Traum Surg(Article in Chinese;Abstract in Chinese)],2003,5(6):419. DOI:10.3969/j.issn.1009-4237.2003.06.034.}

[22030] 杨川，王炜，张群. 改进的胸锁乳突肌移位法修复晚期面瘫 [J]. 中华整形外科杂志，2005，21（2）：104-106. DOI：10.3760/j.issn：1009-4598.2005.02.007. {YANG Chuan,WANG Wei,ZHANG Qun. The restoration of chronic facial paralysis with a modified technique of sternocleidomastoid muscle transposition[J]. Zhonghua Zheng Xing Wai Ke Za Zhi[Chin J Plast Surg(Article in Chinese;Abstract in Chinese and English)],2005,21(2):104-106. DOI:10.3760/j.issn:1009-4598.2005.02.007.}

[22031] 江华，赵耀忠，吴宏，章建林，孙美庆，郭恩覃，张明利，季正伦. 吻合血管神经的踇展肌移植修复晚期面瘫 [J]. 组织工程与重建外科杂志，2005，1(1)：47-50. DOI：10.3969/j.issn.1673-0364.2005.01.013. {JIANG Hua,ZHAO Yaozhong,WU Hong,ZHANG Jianlin,SUN Meiqing,GUO Dongqin,ZHANG Mingli,JI Zhenglun. Microneurovascular free abducor hallucis muscle transplantation for reanimation of facial paralysis[J]. Zu Zhi Gong Cheng Yu Chong Jian Wai Ke Za Zhi[J Tissue Eng Reconstr Surg(Article in Chinese;No abstract available)],2005,1(1):47-50. DOI:10.3969/j.issn.1673-0364.2005.01.013.}

[22032] 罗定安，何宜新，昝涛，龙道畴，余墨声，李爱林，赵月强. 颞肌、颞筋膜、颅骨骨膜复合组织瓣转位悬吊法矫治晚期面瘫 [J]. 中华整形外科杂志，2005，21（5）：345-347. DOI：10.3760/j.issn：1009-4598.2005.05.007. {LUO Dingan,HE Yixin,ZAN Tao,LONG Daochou,YU Mosheng,LI Ailin,ZHAO Yueqiang. Suspending of M. temporal,temporal fascia and parietal periosteum to corret late facial palsy[J]. Zhonghua Zheng Xing Wai Ke Za Zhi[Chin J Plast Surg(Article in Chinese;Abstract in Chinese and English)],2005,21(5):345-347. DOI:10.3760/j.issn:1009-4598.2005.05.007.}

[22033] 杨川，王炜，李伟. 面瘫的临床分类及个性化治疗的研究 [J]. 组织工程与重建外科杂志，2005，1（4）：189-191. DOI：10.3969/j.issn.1673-0364.2005.04.003. {YANG Chuan,WANG Wei,LI Wei. Clinical classification and treatment of personality for facial palsy[J]. Zu Zhi Gong Cheng Yu Chong Jian Wai Ke Za Zhi[J Tissue Eng Reconstr Surg(Article in Chinese;Abstract in Chinese and English)],2005,1(4):189-191. DOI:10.3969/j.issn.1673-0364.2005.04.003.}

[22034] 黄渭清，王先成，乔群，赵玉明，杨红岩，王丛峰，闫迎军，宋可新，冯锐，曾昂，白明. 吻合血管的踇和趾短伸肌移植修复晚期面瘫 [J]. 中国修复重建外科杂志，2006，20（5）：522-525. {HUANG Weiqing,WANG Xiancheng,QIAO Qun,ZHAO Yuming,YANG Hongyan,WANG Congfeng,YAN Yingjun,SONG Kexin,FENG Rui,ZENG Ang,BAI Ming. Free micro-vascular muscle transplantation for the treatment of late facial paralysis using extensor digitorum brevis and extensor halluces brevis[J]. Zhongguo Xiu Fu Chong Jian Wai Ke Za Zhi[Chin J Repar Reconstr Surg(Article in Chinese;Abstract in Chinese and English)],2006,20(5):522-525.}

[22035] 骆泉丰，祁佐良，王炜，王兴. 不同神经损伤方式对面瘫后肌纤维亚型病变影响的实验研究 [J]. 中华整形外科杂志，2006，22（1）：12-15. DOI：10.3760/j.issn：1009-4598.2006.01.003. {LUO Quanfeng,QI Zuoliang,WANG Wei,WANG Xing. The changes of the muscular fiber phynotype at different condition of nerve injury[J]. Zhonghua Zheng Xing Wai Ke Za Zhi[Chin J Plast Surg(Article in Chinese;Abstract in Chinese and English)],2006,22(1):12-15. DOI:10.3760/j.issn:1009-4598.2006.01.003.}

[22036] 杨川，王炜，李伟，林晓曦. 面神经调控术修复面瘫后面肌联动的初步报告 [J]. 组织工程与重建外科杂志，2006，2（1）：35-37. DOI：10.3969/j.issn.1673-0364.2006.01.011.

{YANG Chuan,WANG Wei,LI Wei,LIN Xiaoxi. Selecting cross face nerve grafting for the treatment of ocular to oral synkinesis after paralyzed face[J]. Zu Zhi Gong Cheng Yu Chong Jian Wai Ke Za Zhi[J Tissue Eng Reconstr Surg(Article in Chinese;Abstract in Chinese and English)],2006,2(1):35-37. DOI:10.3969/j.issn.1673-0364.2006.01.011.}

[22037] 林顺涨，孙爱华，范静平，彭玉成，廖建春，赵舒薇. 12 例外耳道胆脂瘤所致面瘫的临床表现及处理 [J]. 第二军医大学学报，2006，27 (8)：927-928. DOI：10.3321/j.issn:0258-879X.2006.08.035. {LIN Shunzhang,SUN Aihua,FAN Jingping,PENG Yucheng,LIAO Jianchun,ZHAO Shuwei. Clinical manifestation and treatment of facial paralysis caused by cholesteatoma of external auditory canal:a report of 12 cases[J]. Di Er Jun Yi Da Xue Xue Bao[Acad J Sec Mil Med Univ(Article in Chinese;Abstract in Chinese and English)],2006,27(8):927-928. DOI:10.3321/j.issn:0258-879X.2006.08.035.}

[22038] 李强，李森恺，李养群，杨明勇，黄渭清，周晓东，汪灏. 应用去神经足踇短、趾短伸肌游离移植结合埋没导引缝合技术治疗晚期面瘫 [J]. 中华整形外科杂志，2007，23 (6)：473-476. DOI：10.3760/j.issn：1009-4598.2007.06.006. {LI Qiang,LI Senkai,LI Yangqun,YANG Mingyong,HUANG Weiqing,ZHOU Xiaodong,WANG Hao. Treating later facial nerve palsy with the method of combining free graft of de-nerve short extensor muscle of toe with the technique of inducted undermined suture[J]. Zhonghua Zheng Xing Wai Ke Za Zhi[Chin J Plast Surg(Article in Chinese;Abstract in Chinese and English)],2007,23(6):473-476. DOI:10.3760/j.issn:1009-4598.2007.06.006.}

[22039] 林泉，江华. 吻合血管神经足踇展肌游离移植治疗晚期面瘫的远期疗效评价 [J]. 第二军医大学学报，2008，29 (8)：958-962. DOI：10.3321/j.issn：0258-879X.2008.08.025. {LIN Quan,JIANG Hua. Free transfer of abductor hallucis combined with anastomosis of blood vessels and nerves for established facial paralysis:assessment of long term effectiveness[J]. Di Er Jun Yi Da Xue Xue Bao[Acad J Sec Mil Med Univ(Article in Chinese;Abstract in Chinese and English)],2008,29(8):958-962. DOI:10.3321/j.issn:0258-879X.2008.08.025.}

[22040] 陈沛，薛秋红，付勇，谢静，李欣，王国鹏，龚树生. 面神经核内塑形变化在面瘫后遗症发生中的作用 [J]. 解剖学报，2008，39 (3)：360-364. DOI：10.3321/j.issn:0529-1356.2008.03.014. {CHEN Pei,XUE Qiuhong,FU Yong,XIE Jing,LI Xin,WANG Guopeng,GONG Shusheng. Observation of the role of facial nucleus remodeling in the genesis of post-palsy sequela[J]. Jie Pou Xue Bao[Acta Anat Sin(Article in Chinese;Abstract in Chinese and English)],2008,39(3):360-364. DOI:10.3321/j.issn:0529-1356.2008.03.014.}

[22041] 沈俊，许扬滨. 背阔肌节段肌瓣一期修复晚期面瘫的应用解剖 [J]. 中华显微外科杂志，2008，31 (5)：362-365，406. DOI：10.3760/cma.j.issn.1001-2036.2008.05.013. {SHEN Jun,XU Yangbin. Applied anatomy of latissimus dorsi segmental muscle flaps for one-stage full reanimation of late facial palsy[J]. Zhonghua Xian Wei Wai Ke Za Zhi[Chin J Microsurg(Article in Chinese;Abstract in Chinese and English)],2008,31(5):362-365,406. DOI:10.3760/cma.j.issn.1001-2036.2008.05.013.}

[22042] 冯春蕾，王汴云，侯晓旭. 面神经显微减压术治疗面瘫 25 例 [J]. 中华显微外科杂志，2010，33 (5)：429-430. DOI：10.3760/cma.j.issn.1001-2036.2010.05.032. {FENG Chunlei,WANG Bianyun,HOU Xiaoxu. Treatment of 25 cases of facial paralysis by microdecompression of facial nerve[J]. Zhonghua Xian Wei Wai Ke Za Zhi[Chin J Microsurg(Article in Chinese;Abstract in Chinese)],2010,33(5):429-430. DOI:10.3760/cma.j.issn.1001-2036.2010.05.032.}

[22043] 李艮平，陈继川，余林，张民，姬长友. 颞骨骨折致面瘫及听力损失的诊治 [J]. 创伤外科杂志，2010，12 (3)：203-205. DOI：10.3969/j.issn.1009-4237.2010.03.004. {LI Genping,CHEN Jichuan,YU Lin,ZHANG Min,JI Changyou. Diagnosis and treatment of facial paralysis and hearing loss following temporal bone fracture[J]. Chuang Shang Wai Ke Za Zhi[J Traum Surg(Article in Chinese;Abstract in Chinese and English)],2010,12(3):203-205. DOI:10.3969/j.issn.1009-4237.2010.03.004.}

[22044] 王侠，宋建京，于晓伟，王学海，韩丽，王培成，张宇. 手术治疗周围性面瘫 40 例疗效分析 [J]. 中华损伤与修复杂志（电子版），2010，5 (4)：501-506. DOI：10.3969/cma.j.issn.1673-9450.2010.04.014. {WANG Xia,SONG Jianjing,YU Xiaowei,WANG Xuehai,HAN Li,WANG Peicheng,ZHANG Yu. Surgical treatment of peripheral facial paralysis:analysis of 40 cases[J]. Zhonghua Sun Shang Yu Xiu Fu Za Zhi Dian Zi Ban[Chin J Injury Repair Wound Healing(Electr Ed)(Article in Chinese;Abstract in Chinese and English)],2010,5(4):501-506. DOI:10.3969/cma.j.issn.1673-9450.2010.04.014.}

[22045] 王炜，杨川. 颞肌瓣前移术——一种微创的晚期面瘫治疗方法 [J]. 组织工程与重建外科杂志，2010，6 (1)：24-27. DOI：10.3969/j.issn.1673-0364.2010.01.007. {WANG Wei,YANG Chuan. Orthodromic temporalis flap transfer for late facial palsy reanimation:a minimal invasive procedure[J]. Zu Zhi Gong Cheng Yu Chong Jian Wai Ke Za Zhi[J Tissue Eng Reconstr Surg(Article in Chinese;Abstract in Chinese and English)],2010,6(1):24-27. DOI:10.3969/j.issn.1673-0364.2010.01.007.}

[22046] 苏少波，岳树源，张建宁. 舌下－面神经吻合术治疗前庭神经鞘瘤术后面瘫 [J]. 中华神经外科杂志，2013，29(4)：354-357. DOI：10.3760/cma.j.issn.1001-2346.2013.04.011. {SU Shaobo,YUE Shuyuan,ZHANG Jianning. Hypoglossal-facial nerve anastomosis for facial paralysis resulting from vestibular Schwannoma surgery[J]. Zhonghua Shen Jing Wai Ke Za Zhi[Chin J Neurosurg(Article in Chinese;Abstract in Chinese and English)],2013,29(4):354-357. DOI:10.3760/cma.j.issn.1001-2346.2013.04.011.}

[22047] 杨娴娴，杨川，王炜，李伟，李青峰. 咬肌神经－面神经转位术治疗听神经瘤术后面瘫 [J]. 中华神经外科杂志，2014，30(4)：331-334. DOI：10.3760/cma.j.issn.1001-2346.2014.04.003. {YANG Xianxian,YANG Chuan,WANG Wei,LI Wei,LI Qingfeng. Masseter-to-facial nerve transfer:a novel effective technique for facial functional reconstruction after acoustic neuroma resection[J]. Zhonghua Shen Jing Wai Ke Za Zhi[Chin J Neurosurg(Article in Chinese;Abstract in Chinese and English)],2014,30(4):331-334. DOI:10.3760/cma.j.issn.1001-2346.2014.04.003.}

[22048] 郝淑煜，王世炜，马俊艳，历俊华，万虹，刘松. 腓浅神经预变性桥接面神经和舌下神经治疗不完全性面瘫的实验研究 [J]. 中华神经外科杂志，2014，30 (4)：344-347. DOI：10.3760/cma.j.issn.1001-2346.2014.04.007. {HAO Shuyu,WANG Shiwei,MA Junyan,LI Junhua,WAN Hong,LIU Song. Hypoglossal-facial nerve neurorrhaphy with predegenerated sural nerve graft for incomplete facial palsy in rats[J]. Zhonghua Shen Jing Wai Ke Za Zhi[Chin J Neurosurg(Article in Chinese;Abstract in Chinese and English)],2014,30(4):344-347. DOI:10.3760/cma.j.issn.1001-2346.2014.04.007.}

[22049] 邵旭，于炎冰，张黎. 面－副神经吻合术治疗周围性面瘫 [J]. 中华神经外科杂志，2014，30 (4)：348-351. DOI：10.3760/cma.j.issn.1001-2346.2014.04.008. {SHAO Xu,YU Yanbing,ZHANG Li. Facial-accessory nerve neurorrhaphy for treatment of peripheral facial paralysis[J]. Zhonghua Shen Jing Wai Ke Za Zhi[Chin J Neurosurg(Article in Chinese;Abstract in Chinese and English)],2014,30(4):348-351. DOI:10.3760/cma.j.issn.1001-2346.2014.04.008.}

[22050] 张明山，张宏伟，王浩然，谷春雨，任铭，夏雷，曲彦明，韩一仙，于春江. 面神经吻合术治疗小脑脑桥角区肿瘤术后面瘫 [J]. 中华神经外科杂志，2014，30 (4)：352-355. DOI：10.3760/cma.j.issn.1001-2346.2014.04.009. {ZHANG Mingshan,ZHANG Hongwei,WANG Haoran,GU Chunyu,REN Ming,XIA Lei,QU Yanming,HAN Yixian,YU Chunjiang. Facial nerve anastomosis for facial paralysis resulting from surgery of cerebellopontine angle tumors[J]. Zhonghua Shen Jing Wai Ke Za Zhi[Chin J Neurosurg(Article in Chinese;Abstract in Chinese and English)],2014,30(4):352-355. DOI:10.3760/cma.j.issn.1001-2346.2014.04.009.}

[22051] 冯洁，苏迪娅，历俊华，李德志，万虹，刘松. 利用预变性神经移植物行舌下神经－面神经吻合术治疗完全性面瘫的实验研究 [J]. 中华神经外科杂志，2014，30 (4)：360-363. DOI：10.3760/cma.j.issn.1001-2346.2014.04.012. {FENG Jie,SU Diya,LI Junhua,LI Dezhi,WAN Hong,LIU Song. Hypoglossal-facial nerve reconstruction with predegenerated nerve graft for treatment of complete facial palsy[J]. Zhonghua Shen Jing Wai Ke Za Zhi[Chin J Neurosurg(Article in Chinese;Abstract in Chinese and English)],2014,30(4):360-363. DOI:10.3760/cma.j.issn.1001-2346.2014.04.012.}

[22052] 赵小晖. 单侧下面部面瘫的动力性修复治疗 [J]. 组织工程与重建外科杂志，2014，10 (5)：289-291. DOI：10.3969/j.issn.1673-0364.2014.05.016. {ZHAO Xiaohui. Dynamic reanimation for the unilateral paralysis of the lower face[J]. Zu Zhi Gong Cheng Yu Chong Jian Wai Ke Za Zhi[J Tissue Eng Reconstr Surg(Article in Chinese;Abstract in Chinese and English)],2014,10(5):289-291. DOI:10.3969/j.issn.1673-0364.2014.05.016.}

[22053] 陶晓蓉，李萍，万虹，刘松，刘洋，乔慧. 利用 F 波评价舌下－面神经吻合术治疗面瘫的疗效 [J]. 中华医学杂志，2015，95 (21)：1648-1650. DOI：10.3760/cma.j.issn.0376-2491.2015.21.007. {TAO Xiaorong,LI Ping,WAN Hong,LIU Song,LIU Yang,QIAO Hui. Preliminary study of facial nerve F wave evaluation hypoglossal-facial nerve reconstruction with predegenerated nerve graft for peripheral facial palsy[J]. Zhonghua Yi Xue Za Zhi[Natl Med J China(Article in Chinese;Abstract in Chinese and English)],2015,95(21):1648-1650. DOI:10.3760/cma.j.issn.0376-2491.2015.21.007.}

[22054] 梁建涛，李茗初，陈革，郭宏川，张秋航，鲍遇海. 改良的面神经吻合术治疗听神经瘤术后重度面瘫的疗效评价 [J]. 中华医学杂志，2015，95 (47)：3856-3858. DOI：10.3760/cma.j.issn.0376-2491.2015.47.013. {LIANG Jiantao,LI Mingchu,CHEN Ge,GUO Hongchuan,ZHANG Qiuhang,BAO Yuhai. Descending hypoglossal branch-facial nerve anastomosis in treating unilateral facial palsy after acoustic neuroma resection[J]. Zhonghua Yi Xue Za Zhi[Natl Med J China(Article in Chinese;Abstract in Chinese and English)],2015,95(47):3856-3858. DOI:10.3760/cma.j.issn.0376-2491.2015.47.013.}

[22055] 梁建涛，李茗初，陈革，郭宏川，张秋航，鲍遇海. 面神经－舌下神经降支吻合术治疗小脑脑桥角区肿瘤术后重度面瘫 [J]. 中华神经外科杂志，2016，32 (5)：491-494. DOI：10.3760/cma.j.issn.1001-2346.2016.05.016. {LIANG Jiantao,LI Mingchu,CHEN Ge,GUO Hongchuan,ZHANG Qiuhang,BAO Yuhai. Descending hypoglossal branch-facial nerve anastomosis for severe facial paralysis after cerebellopontine angle tumor surgery[J]. Zhonghua Shen Jing Wai Ke Za Zhi[Chin J Neurosurg(Article in Chinese;Abstract in Chinese and English)],2016,32(5):491-494. DOI:10.3760/cma.j.issn.1001-2346.2016.05.016.}

[22056] 马赛，单小峰，李仕骏，李梓萌，蔡志刚. 咬肌神经－面神经吻合治疗面瘫的临床疗效观察 [J]. 中华显微外科杂志，2017，40 (5)：441-444. DOI：10.3760/cma.j.issn.1001-2036.2017.05.007. {MA Sai,DAN Xiaofeng,LI Shijun,LI Zimeng,CAI Zhigang. Clinical observation of masseter-to-facial nerve anastomosis for treatment of facial paralysis[J]. Zhonghua Xian Wei Wai Ke Za Zhi[Chin J Microsurg(Article in Chinese;Abstract in Chinese and English)],2017,40(5):441-444. DOI:10.3760/cma.j.issn.1001-2036.2017.05.007.}

[22057] 王彬彬，李德志，乔慧，王世炜，苏迪娅，李萍，凌苗，刘松，万虹. 预变性自体神经移植桥接舌下神经－面神经治疗周围性面瘫的疗效分析 [J]. 中华神经外科杂志，2017，33 (6)：564-568. DOI：10.3760/cma.j.issn.1001-2346.2017.06.006. {WANG Binbin,LI Dezhi,QIAO Hui,WANG Shiwei,SU Diya,LI Ping,LING Miao,LIU Song,WAN Hong. Effect analysis of hypoglossal-facial neurorrhaphy using a predegenerated sural nerve autograft for peripheral facial paralysis[J]. Zhonghua Shen Jing Wai Ke Za Zhi[Chin J Neurosurg(Article in Chinese;Abstract in Chinese and English)],2017,33(6):564-568. DOI:10.3760/cma.j.issn.1001-2346.2017.06.006.}

[22058] 王庭阔，刘荣，聂智樱，张伟强，杨党卫，李建兴. 面神经减压术治疗早期颞骨外伤性周围性面瘫 [J]. 局解手术学杂志，2017，26 (5)：334-336. DOI：10.11659/jjssx.01E017036. {WANG Tingkuo,LIU Rong,NIE Zhiying,ZHANG Weiqiang,YANG Dangwei,LI Jianxing. Facial nerve decompression in treatment of patients with early peripheral traumatic facial paralysis[J]. Ju Jie Shou Shu Xue Za Zhi[J Reg Anat Oper Surg(Article in Chinese;Abstract in Chinese and English)],2017,26(5):334-336. DOI:10.11659/jjssx.01E017036.}

[22059] 程艳杰，李晓华，张帆，秦兆冰. 外伤或中耳胆脂瘤合并面瘫手术治疗结果分析 [J]. 中华显微外科杂志，2018，41 (4)：398-400. DOI：10.3760/cma.j.issn.1001-2036.2018.04.025. {CHENG Yanjie,LI Xiaohua,ZHANG Fan,QIN Zhaobing. Surgical treatment of traumatic or middle ear cholesteatoma with facial paralysis[J]. Zhonghua Xian Wei Wai Ke Za Zhi[Chin J Microsurg(Article in Chinese;Abstract in Chinese)],2018,41(4):398-400. DOI:10.3760/cma.j.issn.1001-2036.2018.04.025.}

[22060] 刘洋，柴奇，李萍，乔慧. 面神经 F 波对听神经瘤术后面瘫的预测价值 [J]. 中华神经外科杂志，2019，35 (8)：829-832. DOI：10.3760/cma.j.issn.1001-2346.2019.08.015. {LIU Yang,CHAI Qi,LI Ping,QIAO Hui. Predictive value of facial nerve F wave in facial paralysis after acoustic neuroma surgery[J]. Zhonghua Shen Jing Wai Ke Za Zhi[Chin J Neurosurg(Article in Chinese;Abstract in Chinese and English)],2019,35(8):829-832. DOI:10.3760/cma.j.issn.1001-2346.2019.08.015.}

6.5.3.4 面神经移植植入术
facial nerve transplantation and implantation

[22061] 邓芳成，陈日亭，杨连甲，刘宝林，毛天球. 面神经直接植入和移植神经植入的比较研究 [J]. 中华整形烧伤外科杂志，1987，3 (2)：138-141，158-159，161. {DENG Fangcheng,CHEN Riting,YANG Lianjia,LIU Baolin,MAO Tianqiu. Comparative study of direct facial nerve implantation and transplanted nerve implantation[J]. Zhonghua Zheng Xing Shao Shang Wai Ke Za Zhi[Chin J Plast Surg Burns(Article in Chinese;Abstract in Chinese)],1987,3(2):138-141,158-159,161.}

6.5.3.5 跨面神经移植术
trans facial nerve transplantation

[22062] 王炜，杨川. 咬肌神经－面神经吻合：跨面神经移植手术的有效补充 [J]. 组织工程与重建外科杂志，2011，7 (4)：207-210. DOI：10.3969/j.issn.1673-0364.2011.04.006. {WANG Wei,YANG Chuan. Masseter-facial nerve coaptation:an supplemental technique for facial nerve reconstruction[J]. Zu Zhi Gong Cheng Yu Chong Jian Wai Ke Za Zhi[J Tissue Eng Reconstr Surg(Article in Chinese;Abstract in Chinese and English)],2011,7(4):207-210. DOI:10.3969/j.issn.1673-0364.2011.04.006.}

6.5.4 舌下神经损伤的显微外科治疗
microsurgical treatment of hypoglossal nerve injury

[22063] Li X,Wang Y. Lateral medullary infarction with ipsilateral hemiparesis,lemniscal sensation loss and hypoglossal nerve palsy[J]. Neurol Sci,2014,35(4):633-634. doi:10.1007/s10072-014-1636-5.

[22064] Fan LY,Wang ZC,Wang P,Lan YY,Tu L. Exogenous Nerve Growth Factor protects the hypoglossal nerve against crush injury[J]. Neural Regen Res,2015,10(12):1982-1988. doi:10.4103/1673-5374.172316.

[22065] Geng C,Lu Z,Xuan L,Yin H,Yang X,Xia X,Chu W. Hypoglossal nerve

lesions:the role of a 3D IR-prepped fast SPGR high-resolution 3T MRI sequence[J]. J Neuroimaging,2021,31(1):180-185. doi:10.1111/jon.12762.

[22066] 林瑞祥，叶圣诞．舌下神经纤维瘤[J]．中华外科杂志，1959，7（7）：724．{LIN Ruixiang,YE Shengdan. Sublingual neurofibroma[J]. Zhonghua Wai Ke Za Zhi[Chin J Surg(Article in Chinese;No abstract available)],1959,7(7):724.}

[22067] 孙正辉，张远征，周定标．舌下神经鞘瘤三例[J]．中华神经外科杂志，1998，14（6）：366．DOI：10.3760/j.issn：1001-2346.1998.06.030．{SUN Zhenghui,ZHANG Yuanzheng,ZHOU Dingbiao. Three cases of hypoglossal neurilemmoma[J]. Zhonghua Shen Jing Wai Ke Za Zhi[Chin J Neurosurg(Article in Chinese;No abstract available)],1998,14(6):366. DOI:10.3760/j.issn:1001-2346.1998.06.030.}

[22068] 周定标，程东源，许百男．舌下神经鞘瘤[J]．中华神经外科杂志，1999，15（1）：42．DOI：10.3760/j.issn：1001-2346.1999.01.015．{ZHOU Dingbiao,CHENG Dongyuan,XU Bainan. Hypoglossal Schwannoma[J]. Zhonghua Shen Jing Wai Ke Za Zhi[Chin J Neurosurg(Article in Chinese;Abstract in Chinese and English)],1999,15(1):42. DOI:10.3760/j.issn:1001-2346.1999.01.015.}

[22069] 贾桂军，王忠诚，张俊廷，吴震．舌下神经孔区神经鞘瘤的诊断与显微外科治疗[J]．中华医学杂志，2001，81（20）：1264-1265．DOI：10.3760/j：issn：0376-2491.2001.20.015．{JIA Guijun,WANG Zhongcheng,ZHANG Junting,WU Zhen. Diagnosis and treatment of hypoglossal neurinoma[J]. Zhonghua Yi Xue Za Zhi[Natl Med J China(Article in Chinese;Abstract in Chinese and English)],2001,81(20):1264-1265. DOI:10.3760/j:issn:0376-2491.2001.20.015.}

[22070] 安月勇，曲永松，韩文祥．迷走神经与舌下神经、C2 前支交通 1 例[J]．中国临床解剖学杂志，2002，20（6）：475．DOI：10.3969/j.issn.1001-165X.2002.06.042．{AN Yueyong,QU Yongsong,HAN Wenxiang. A case of vagus nerve communicating with hypoglossal nerve and c2 anterior branch[J]. Zhongguo Lin Chuang Jie Pou Xue Za Zhi[Chin J Clin Anat(Article in Chinese;No abstract available)],2002,20(6):475. DOI:10.3969/j.issn.1001-165X.2002.06.042.}

[22071] 吴震，张俊廷，贾桂军．耳后经髁上入路切除颈静脉孔区及舌下神经孔区肿瘤 32 例[J]．中华外科杂志，2004，42（3）：173-176．DOI：10.3760/j：issn：0529-5815.2004.03.013．{WU Zhen,ZHANG Junting,JIA Guijun. Postauricular tran-supracondylar approach removed jugular foramen and hypoglossal canal tumors[J]. Zhonghua Wai Ke Za Zhi[Chin J Surg(Article in Chinese;Abstract in Chinese and English)],2004,42(3):173-176. DOI:10.3760/j:issn:0529-5815.2004.03.013.}

[22072] 杨百春，周良辅，毛颖，张荣，朱巍．舌下神经鞘瘤的诊断和治疗[J]．中华外科杂志，2004，42（22）：1384-1388．DOI：10.3760/j：issn：0529-5815.2004.22.010．{YANG Baichun,ZHOU Liangfu,MAO Ying,ZHANG Rong,ZHU Wei. Hypoglossal neurilemmoma:current experience in diagnosis and treatment[J]. Zhonghua Wai Ke Za Zhi[Chin J Surg(Article in Chinese;Abstract in Chinese and English)],2004,42(22):1384-1388. DOI:10.3760/j.issn:0529-5815.2004.22.010.}

[22073] 蒋珏，卢晓峰，唐友盛．成年男性舌下神经在舌根部的定位研究[J]．上海口腔医学，2004，13（4）：301-304．DOI：10.3969/j.issn.1006-7248.2004.04.018．{JIANG Jue,LU Xiaofeng,TANG Yousheng. Study of the anatomical location of hypoglossal nerve at tongue base of male adults[J]. Shang Hai Kou Qiang Yi Xue[Shanghai J Stom(Article in Chinese;Abstract in Chinese and English)],2004,13(4):301-304. DOI:10.3969/j.issn.1006-7248.2004.04.018.}

6.5.5 副神经损伤的显微外科治疗
microsurgical treatment of accessory nerve injury

[22074] Pu YM,Tang EY,Yang XD. Trapezius muscle innervation from the spinal accessory nerve and branches of the cervical plexus[J]. Int J Oral Maxillofac Surg,2008,37(6):567-572. doi:10.1016/j.ijom.2008.02.002.

[22075] Jang M,Liu H,Dai C. The Application of sigmoid sinus tunnel-packing or push-packing of the inferior petrous sinus in the microsurgical management of jugular paragangliomas[J]. Otol Neurotol,2018,39(2):e166-e172. doi:10.1097/MAO.0000000000001683.

[22076] Kumar JI,Ma S,Agarwalla P,Shimony N,Liu SS. Anatomic Alert:Spinal accessory nerve traversing a fenestrated internal jugular vein[J]. Br J Neurosurg,2019,33(6):673-674. doi:10.1080/02688697.2019.1661969.

[22077] Qin H,Xia J,Ma T. The sensory collateral nerve-pull technique:a viable maneuver to aid harvesting the pedicle of the moschella flap[J]. Plast Reconstr Surg,2021,147(3):571e-572e. doi:10.1097/PRS.0000000000007663.

[22078] 陈信康．头夹肌切除及副神经切断术治疗痉挛性斜颈[J]．中华医学杂志，1979，59（5）：314．{CHEN Xinkang. Treatment of spastic torticollis by resection of head clip muscle and accessory nerve transection[J]. Zhonghua Yi Xue Za Zhi[Natl Med J China(Article in Chinese;No abstract available)],1979,59(5):314.}

[22079] 刘阳，赵卫东，姜楠，张美超，王军，钟世镇．副神经的定位及其临床意义[J]．中国临床解剖学杂志，2007，25（2）：163-165．DOI：10.3969/j.issn.1001-165X.2007.02.014．{LIU Yang,ZHAO Weidong,JIANG Nan,ZHANG Meichao,WANG Jun,ZHONG Shizhen. Anatomic location of accessory nerve and its clinical significance[J]. Zhongguo Lin Chuang Jie Pou Xue Za Zhi[Chin J Clin Anat(Article in Chinese;Abstract in Chinese and English)],2007,25(2):163-165. DOI:10.3969/j.issn.1001-165X.2007.02.014.}

[22080] 周许辉，张咏，滕红林，严望军，贾连顺，袁文．大鼠副神经及其分支和膈神经主干运动纤维含量的研究[J]．中国临床解剖学杂志，2007，25（2）：184-186．DOI：10.3969/j.issn.1001-165X.2007.02.021．{ZHOU Xuhui,ZHANG Yong,TENG Honglin,YAN Wangjun,JIA Lianshun,YUAN Wen. The study of the motor fiber amounts of accessory nerve and its branches and the main trunk of phrenic nerve[J]. Zhongguo Lin Chuang Jie Pou Xue Za Zhi[Chin J Clin Anat(Article in Chinese;Abstract in Chinese and English)],2007,25(2):184-186. DOI:10.3969/j.issn.1001-165X.2007.02.021.}

[22081] 王寅，陈尧，李龙江．副神经的应用解剖与临床研究进展[J]．中国临床解剖学杂志，2008，26（5）：577-579．DOI：10.3969/j.issn.1001-165X.2008.05.034．{WANG Yin,CHEN Yao,LI Longjiang. Application anatomy of accessory nerve and its clinical research progress[J]. Zhongguo Lin Chuang Jie Pou Xue Za Zhi[Chin J Clin Anat(Article in Chinese;No abstract available)],2008,26(5):577-579. DOI:10.3969/j.issn.1001-165X.2008.05.034.}

[22082] 葛娜，郭传瑸，俞光岩．家兔副神经缺损模型的建立[J]．现代口腔医学杂志，2008，22（5）：521-523．DOI：10.3969/j.issn.1003-7632.2008.05.022．{GE Na,GUO Chuanbin,YU Guangyan. Establishment of a rabbit spinal accessory nerve defect model[J]. Xian Dai Kou Qiang Yi Xue Za Zhi[J Mod Stomatol(Article in Chinese;Abstract in Chinese and English)],2008,22(5):521-523. DOI:10.3969/j.issn.1003-7632.2008.05.022.}

[22083] 彭福森，杜友红，张欣，张艳红，陈飞，石小田．副神经血供的解剖学研究及临床意义[J]．中国临床解剖学杂志，2015，33（1）：1-4．DOI：10.13418/j.issn.1001-165x.2015.01.001．{PENG Fusen,DONG Youhong,ZHANG Xin,ZHANG Yanhong,CHEN Fei,SHI Xiaotian. Applied anatomy and significance of blood supply of accessory nerve[J]. Zhongguo Lin Chuang Jie Pou Xue Za Zhi[Chin J Clin Anat(Article in Chinese;Abstract in Chinese and English)],2015,33(1):1-4. DOI:10.13418/j.issn.1001-165x.2015.01.001.}

[22084] 薛明强，沙轲，谭桢，王静威，龚平．颈丛至副神经分支的应用解剖研究[J]．中华显微外科杂志，2015，38（5）：461-463．DOI：10.3760/cma.j.issn.1001-2036.2015.05.014．{XUE Mingqiang,SHA Ke,TAN Zhen,WANG Jingwei,GONG Ping. An anatomic study of the branch from cervical plexus into the accessory nerve[J]. Zhonghua Xian Wei Wai Ke Za Zhi[Chin J Microsurg(Article in Chinese;Abstract in Chinese and English)],2015,38(5):461-463. DOI:10.3760/cma.j.issn.1001-2036.2015.05.014.}

6.5.6 耳大神经损伤的显微外科治疗
microsurgical treatment of greater auricular nerve injury

[22085] Li Y,Zhang J,Yang K. Evaluation of the efficacy of a novel radical neck dissection preserving the external jugular vein,greater auricular nerve,and deep branches of the cervical nerve[J]. Onco Targets Ther,2013,6:361-367. doi:10.2147/OTT.S43073.

[22086] 殷之平，徐贤寅，杨代茂，龚中坚．耳大神经营养血管岛状皮瓣修复口腔颌面部软组织缺损二例[J]．中华整形外科杂志，2004，20（5）：399-400．DOI：10.3760/j.issn：1009-4598.2004.05.029．{YIN Zhiping,XU Xianyin,YANG Daimao,GONG Zhongjian. Repair of oral and maxillofacial soft tissue defects with great auricular nerve nutrient vessel island flap:a report of 2 cases[J]. Zhonghua Zheng Xing Wai Ke Za Zhi[Chin J Plast Surg(Article in Chinese;No abstract available)],2004,20(5):399-400. DOI:10.3760/j.issn:1009-4598.2004.05.029.}

[22087] 韩思源，宋涛，王玉新，王绪凯．带耳大神经的胸锁乳突肌肌瓣在腮腺癌手术修复中的应用[J]．中华整形外科杂志，2004，20（6）：425-427．DOI：10.3760/j.issn：1009-4598.2004.06.008．{HAN Siyuan,SONG Tao,WANG Yuxin,WANG Xukai. Application the sternocleidomastoid muscle-great auricular nerve flap in radical parotidectomy[J]. Zhonghua Zheng Xing Wai Ke Za Zhi[Chin J Plast Surg(Article in Chinese;Abstract in Chinese and English)],2004,20(6):425-427. DOI:10.3760/j.issn:1009-4598.2004.06.008.}

[22088] 牙祖蒙，张纲，王建华，谭颖徽．耳大神经及腮腺筋膜解剖的再认识与腮腺切除手术的改良[J]．中国临床解剖学杂志，2006，24（2）：212-214．DOI：10.3969/j.issn.1001-165X.2006.02.030．{YA Zumeng,ZHANG Gang,WANG Jianhua,TAN Yinghui. Modified parotidectomy based on anatomical re-observation of the great auricular nerve and parotid gland fasciae[J]. Zhongguo Lin Chuang Jie Pou Xue Za Zhi[Chin J Clin Anat(Article in Chinese;Abstract in Chinese and English)],2006,24(2):212-214. DOI:10.3969/j.issn.1001-165X.2006.02.030.}

[22089] 殷之平，徐贤寅，杨代茂，杨亚安．远端蒂耳大神经营养血管筋膜皮瓣的应用解剖与临床应用[J]．中国临床解剖学杂志，2006，24（5）：573-576．DOI：10.3969/j.issn.1001-165X.2006.05.026．{YIN Zhiping,XU Xianyin,YANG Daimao,YANG Yaan. Applied anatomy and clinical application of distally based greater auricular neurocutaneous fascia flap[J]. Zhongguo Lin Chuang Jie Pou Xue Za Zhi[Chin J Clin Anat(Article in Chinese;Abstract in Chinese and English)],2006,24(5):573-576. DOI:10.3969/j.issn.1001-165X.2006.05.026.}

[22090] 王朝晖，李春华，陈锦，王薇．用带胸锁乳突肌瓣的耳大神经重建腮腺癌根治术缺损的面神经[J]．中华显微外科杂志，2007，30（5）：356-358．DOI：10.3760/cma.j.issn.1001-2036.2007.05.012．{WANG Chaohui,LI Chunhua,CHEN Jin,WANG Wei. Reconstruction of facial nerve defect in parotidectomy of parotid carcinoma using sternocleidomastoid muscle-great auricular nerve flap[J]. Zhonghua Xian Wei Wai Ke Za Zhi[Chin J Microsurg(Article in Chinese;Abstract in Chinese and English)],2007,30(5):356-358. DOI:10.3760/cma.j.issn.1001-2036.2007.05.012.}

[22091] 叶学红，高力，李华，谢磊，胡莹，卜迟斌．腮腺手术中耳大神经后支保留的临床意义[J]．中华整形外科杂志，2007，23（5）：385-388．DOI：10.3760/j.issn：1009-4598.2007.05.008．{YE Xuehong,GAO Li,LI Hua,XIE Lei,HU Ying,BO Chibin. Significance of preserving the posterior branch of the great auricular nerve in parotid surgery[J]. Zhonghua Zheng Xing Wai Ke Za Zhi[Chin J Plast Surg(Article in Chinese;Abstract in Chinese and English)],2007,23(5):385-388. DOI:10.3760/j.issn:1009-4598.2007.05.008.}

[22092] 李明月，张伟，刘宁，陈方文．腮腺筋膜和耳大神经保留的改良方法[J]．中国口腔颌面外科杂志，2009，7（4）：366-369．{LI Mingyue,ZHANG Wei,LIU Ning,CHEN Fangwen. A modified approach to remain major auricular nerve and parotid fascia in parotidectomy[J]. Zhongguo Kou Qiang He Mian Wai Ke Za Zhi[Chin J Oral Maxillofac Surg(Article in Chinese;Abstract in Chinese and English)],2009,7(4):366-369.}

[22093] 李亦凡，刘业海，赵益，吴静．颈腮区手术中耳大神经的临床解剖学观察[J]．中华解剖与临床杂志，2014，19(6)：470-473．DOI：10.3760/cma.j.issn.2095-7041.2014.06.008．{LI Yifan,LIU Yehai,ZHAO Yi,WU Jing. The observation of clinical anatomy of great auricular nerve in neck and parotid region surgery[J]. Zhonghua Jie Pou Yu Lin Chuang Za Zhi[Chin J Anat Clin(Article in Chinese;Abstract in Chinese and English)],2014,19(6):470-473. DOI:10.3760/cma.j.issn.2095-7041.2014.06.008.}

6.5.7 喉上神经损伤的显微外科治疗
microsurgical treatment of superior laryngeal nerve injury

[22094] Sun SQ,Chang RW. The superior laryngeal nerve loop and its surgical implications[J]. Surg Radiol Anat,1991,13(3):175-180. doi:10.1007/BF01627981.

[22095] Sun SQ,Dong JP. An applied anatomical study of the superior laryngeal nerve loop[J]. Surg Radiol Anat,1997,19(3):169-173. doi:10.1007/BF01627968.

[22096] Huang HX,Sun SQ,Ren ZQ,Wang XL,Tang WJ,Sun YX,Wang KJ. Superior laryngeal nerve loop:patterns and surgical implications[J]. Surg Radiol Anat,2012,34(10):977-985. doi:10.1007/s00276-012-0981-4.

[22097] Wang K,Cai H,Kong D,Cui Q,Zhang D,Wu G. The identification,preservation and classification of the external branch of the superior laryngeal nerve in thyroidectomy[J]. World J Surg,2017,41(10):2521-2529. doi:10.1007/s00268-017-4046-z.

[22098] Zhou B,Zhai Y,Hei H,Zhang S,Li C,Wang C,Gong W,Zhang R,Zheng C,Qin J. The strap intermuscular approach can significantly increase the exposure rate of the external branch of the superior laryngeal nerve during thyroid surgery[J]. Surg Oncol,2020,35:56-61. doi:10.1016/j.suronc.2020.08.004.

[22099] Lu KN,Ding JW,Zhang Y,Shi JJ,Zhou L,Peng Y,Shen J,Lu S,Sun SH,Ni YQ,Cui HR,Luo DC. The anatomical and clinical significance of the superior laryngeal nerve[J]. Otolaryngol Head Neck Surg,2021 Feb 23. 194599821989622. doi:10.1177/0194599821989622. Online ahead of print.

[22100] Zhao Y,Zhao Z,Wang T,Zhang D,Dionigi G,Sun H. The area under the waveform of electromyography for monitoring the external branches of the superior laryngeal nerve during thyroid surgery[J]. Gland Surg,2021,10(1):143-153. doi:10.21037/gs-20-570.

[22101] Zhang GL,Zhang GL,Lin YM,Li B,Gao J,Chen YJ. Endoscopic thyroidectomy versus traditional open thyroidectomy for identification of the external branch of the superior laryngeal nerve[J]. Surg Endosc,2021,35(6):2831-2837.

doi:10.1007/s00464-020-07718-x.
[22102] Ng SK,Li HN,Chan JY,Wong EWY,Vlantis AC. A useful landmark to locate the external branch of the superior laryngeal nerve during thyroidectomy[J]. Gland Surg,2020,9(3):647-652. doi:10.21037/gs.2020.03.25.
[22103] 孙善全，董剑平. 喉上神经袢的应用解剖 [J]. 中国临床解剖学杂志，1995，13（1）：258-262.｛SUN Shanquan,DONG Jianping. An applied anatomical study on the superior laryngeal nerve loop[J]. Zhongguo Lin Chuang Jie Pou Xue Za Zhi[Chin J Clin Anat(Article in Chinese;Abstract in Chinese and English)],1995,13(1):258-262.｝
[22104] 曾志成，杨科球，王淼，漆光平，邓晓华，姚良权. 喉上神经的应用解剖 [J]. 中国临床解剖学杂志，1996，14（1）：38-40.｛ZENG Zhicheng,YANG Keqiu,WANG Miao,QI Guangping,DENG Xiaohua,YAO Liangquan. Clinical anatomy of superior laryngeal nerve[J]. Zhongguo Lin Chuang Jie Pou Xue Za Zhi[Chin J Clin Anat(Article in Chinese;Abstract in Chinese and English)],1996,14(1):38-40.｝
[22105] 孙俊，何晓光，张德芳，俞志成. 喉上神经喉内支的分支分布及其临床意义 [J]. 中国临床解剖学杂志，2000，18（4）：294-295，298. DOI：10.3969/j.issn.1001-165X.2000.04.002.｛SUN Jun,HE Xiaoguang,ZHANG Defang,YU Zhicheng. Applied anatomy of the internal laryngeal branch of the superior laryngeal nerve[J]. Zhongguo Lin Chuang Jie Pou Xue Za Zhi[Chin J Clin Anat(Article in Chinese;Abstract in Chinese and English)],2000,18(4):294-295,298. DOI:10.3969/j.issn.1001-165X.2000.04.002.｝
[22106] 王深明，黄勇. 甲状腺手术与喉上神经损伤 [J]. 中国实用外科杂志，2004，24（10）：625-627. DOI：10.3321/j.issn：1005-2208.2004.10.021.｛WANG Shenming,HUANG Yong. Thyroid surgery and superior laryngeal nerve injury[J]. Zhongguo Shi Yong Wai Ke Za Zhi[Chin J Pract Surg(Article in Chinese;No abstract available)],2004,24(10):625-627. DOI:10.3321/j.issn:1005-2208.2004.10.021.｝
[22107] 陈阳，韦力，陈婷婷. 喉上神经外支变异 1 例 [J]. 中国临床解剖学杂志，2011，29（6）：676.｛CHEN Yang,WEI Li,CHEN Tingting. The variation of external bracch superior laryngeal nerve:one case report[J]. Zhongguo Lin Chuang Jie Pou Xue Za Zhi[Chin J Clin Anat(Article in Chinese;Abstract in Chinese and English)],2011,29(6):676.｝
[22108] 许士叶，董剑平，孙善全，Ramnarayan，Kannaiyan Vijesh，Sengupta，Joyeeta. 人与狗迷走 / 交感干的比较解剖及其喉上神经外支纤维成分 [J]. 中国临床解剖学杂志，2012，30（4）：431-434.｛XU Shiye,DONG Jianping,SUN Shanquan,R Amnarayan,K AnnaiyanV Ijesh,S Engupta,J Oyeeta. Cervical vagus and sympathetic trunk and fiber components of external laryngeal nerve:comparative anatomy between human and dog[J]. Zhongguo Lin Chuang Jie Pou Xue Za Zhi[Chin J Clin Anat(Article in Chinese;Abstract in Chinese and English)],2012,30(4):431-434.｝
[22109] 王占龙，宋晓飞，吴干勋，赵岩，石健，刘胜辉，李双成，赵瑞力. 喉上神经外支在环甲间隙的应用解剖学研究 [J]. 中国临床解剖学杂志，2014，32（6）：633-636. DOI：10.13418/j.issn.1001-165x.2014.06.001.｛WANG Zhanlong,SONG Xiaofei,WU Ganxun,ZHAO Yan,SHI Jian,LIU Shenghui,LI Shuangcheng,ZHAO Ruili. Applied anatomy of the lateral branch of the superior laryngeal nerve in the avascular space[J]. Zhongguo Lin Chuang Jie Pou Xue Za Zhi[Chin J Clin Anat(Article in Chinese;Abstract in Chinese and English)],2014,32(6):633-636. DOI:10.13418/j.issn.1001-165x.2014.06.001.｝
[22110] 钟源，孙善全，龚睿，张威. 喉上神经外支和甲状腺上动脉的应用解剖 [J]. 中国临床解剖学杂志，2016，34（3）：241-244. DOI：10.13418/j.issn.1001-165x.2016.03.001.｛ZHONG Yuan,SUN Shanquan,GONG Rui,ZHANG Wei. Applied anatomy of the external laryngeal nerve and superior thyroid artery[J]. Zhongguo Lin Chuang Jie Pou Xue Za Zhi[Chin J Clin Anat(Article in Chinese;Abstract in Chinese and English)],2016,34(3):241-244. DOI:10.13418/j.issn.1001-165x.2016.03.001.｝
[22111] 孙辉，刘晓莉，赵诣深. 2013 年国际神经监测学组甲状腺及甲状旁腺术中喉上神经外支监测指南解读 [J]. 中国实用外科杂志，2016，36（11）：1171-1174. DOI：10.7504/CJPS.ISSN1005-2208.2016.11.09.｛SUN Hui,LIU Xiaoli,ZHAO Yishen. The interpretation of International Neural Monitoring Study Group guideline on external branch of the superior laryngeal nerve monitoring during thyroid and parathyroid surgery(version 2013)[J]. Zhongguo Shi Yong Wai Ke Za Zhi[Chin J Pract Surg(Article in Chinese;Abstract in Chinese and English)],2016,36(11):1171-1174. DOI:10.7504/CJPS.ISSN1005-2208.2016.11.09.｝
[22112] 中国医师协会外科医师分会甲状腺外科医师委员会，中国研究型医院学会甲状腺疾病专业委员会，中国医学装备协会外科装备分会甲状腺外科装备委员会. 甲状腺及甲状旁腺术中喉上神经外支保护与监测专家共识（2017 版）[J]. 中国实用外科杂志，2017，37（11）：1243-1249. DOI：10.19538/j.cjps.issn1005-2208.2017.11.14.｛Thyroid Surgeons Committee of the Surgeons Branch of the Chinese Medical Doctor Association,Thyroid Diseases Committee of the Chinese Research Hospital Association,Thyroid Surgery Equipment Committee of the Surgical Equipment Branch of the Chinese Medical Equipment Association. Expert consensus on protection and monitoring of external branches of superior laryngeal nerve during thyroid and parathyroid surgery(2017 Edition)[J]. Zhongguo Shi Yong Wai Ke Za Zhi[Chin J Pract Surg(Article in Chinese;No abstract available)],2017,37(11):1243-1249. DOI:10.19538/j.cjps.issn1005-2208.2017.11.14.｝
[22113] 张立功，钱军，李志祥，谢波，钱立宇，喻大军，朱超. 不同手术入路显露甲状腺喉上神经对比研究 [J]. 中国实用外科杂志，2019，39（3）：240-242. DOI：10.19538/j.cjps.issn1005-2208.2019.03.13.｛ZHANG Ligong,QIAN Jun,LI Zhixiang,XIE Bo,QIAN Liyu,YU Dajun,ZHU Chao. Comparative study of different operative approachs for the treatment of upper thyroid gland[J]. Zhongguo Shi Yong Wai Ke Za Zhi[Chin J Pract Surg(Article in Chinese;Abstract in Chinese and English)],2019,39(3):240-242. DOI:10.19538/j.cjps.issn1005-2208.2019.03.13.｝

6.5.8 喉返神经损伤的显微外科治疗
microsurgical treatment of recurrent laryngeal nerve injury

[22114] Lo CY,Kwok KF,Yuen PW. A prospective evaluation of recurrent laryngeal nerve paralysis during thyroidectomy[J]. Arch Surg,2000,135(2):204-207. doi:10.1001/archsurg.135.2.204.
[22115] Sun SQ,Zhao J,Lu H,He GQ,Ran JH,Peng XH. An anatomical study of the recurrent laryngeal nerve:its branching patterns and relationship to the inferior thyroid artery[J]. Surg Radiol Anat,2001,23(6):363-369. doi:10.1007/s00276-001-0363-9.
[22116] Chan WF,Lo CY. Pitfalls of intraoperative neuromonitoring for predicting postoperative recurrent laryngeal nerve function during thyroidectomy[J]. World J Surg,2006,30(5):806-812. doi:10.1007/s00268-005-0355-8.
[22117] Chan WF,Lang BH,Lo CY. The role of intraoperative neuromonitoring of recurrent laryngeal nerve during thyroidectomy:a comparative study on 1000 nerves at risk[J]. Surgery,2006,140(6):866-72;discussion 872-873. doi:10.1016/j.surg.2006.07.017.
[22118] Zhang J,Zhao Z,Chen Y,Zhang X. New insights into the mechanism of injury to the recurrent laryngeal nerve associated with the laryngeal mask airway[J]. Med Sci Monit,2010,16(5):HY7-9.
[22119] Li X,Wang Z,Lu X,Li J,Huang Y,Huang J,Long X. Non-recurrent laryngeal nerve related to thyroid surgery:a report of 5 cases and literature review[J]. Med Sci Monit,2010,16(6):CS71-75.
[22120] Jiang H,Shen H,Jiang D,Zheng X,Zhang W,Lu L,Jiang Z,Qiu M. Evaluating the safety of the harmonic scalpel around the recurrent laryngeal nerve[J]. ANZ J Surg,2010,80(11):822-826. doi:10.1111/j.1445-2197.2010.05436.x.
[22121] Shao T,Yang W,Zhang T,Wang Y,Jin X,Li Q,Kuang J,Qiu W,Chu PG,Yen Y. A newly identified variation at the entry of the recurrent laryngeal nerve into the larynx[J]. J Invest Surg,2010,23(6):314-320. doi:10.3109/08941939.2010.509465.
[22122] Tang WJ,Sun SQ,Wang XL,Sun YX,Huang HX. An applied anatomical study on the recurrent laryngeal nerve and inferior thyroid artery[J]. Surg Radiol Anat,2012,34(4):325-332. doi:10.1007/s00276-011-0905-8.
[22123] Chang S,Tang HH,Wang CC,Zhou LD,Li JD,Huang Y,Zeng QJ,Wang ZM. A standard approach to expose the recurrent laryngeal nerve during endoscopic thyroidectomy[J]. J Laparoendosc Adv Surg Tech A,2012,22(3):259-263. doi:10.1089/lap.2011.0320.
[22124] Li M,Liu F,Shi S,Chen S,Chen D,Zheng H. Bridging gaps between the recurrent laryngeal nerve and ansa cervicalis using autologous nerve grafts[J]. J Voice,2013,27(3):381-387. doi:10.1016/j.jvoice.2013.01.009.
[22125] Shen C,Xiang M,Wu H,Ma Y,Chen L,Cheng L. Routine exposure of recurrent laryngeal nerve in thyroid surgery can prevent nerve injury[J]. Neural Regen Res,2013,8(17):1568-1575. doi:10.3969/j.issn.1673-5374.2013.17.004.
[22126] Zhong D,Zhou Y,Li Y,Wang Y,Zhou W,Cheng Q,Chen L,Zhao J,Li X,Yan X. Intraoperative recurrent laryngeal nerve monitoring:a useful method for patients with esophageal cancer[J]. Dis Esophagus,2014,27(5):444-451. doi:10.1111/j.1442-2050.2012.01414.x.
[22127] Jiang Y,Gao B,Zhang X,Zhao J,Chen J,Zhang S,Luo D. Prevention and treatment of recurrent laryngeal nerve injury in thyroid surgery[J]. Int J Clin Exp Med,2014,7(1):101-107.
[22128] Wang Z,Zhang H,Zhang P,He L,Dong W. Preoperative diagnosis and intraoperative protection of nonrecurrent laryngeal nerve:a review of 5 cases[J]. Med Sci Monit,2014,20:233-237. doi:10.12659/MSM.889942.
[22129] Shao TL,Qiu WH,Shen BY,Yang WP. New variation of right recurrent laryngeal nerve:cases report[J]. Indian J Surg,2015,77(Suppl 1):38-39. doi:10.1007/s12262-014-1094-6.
[22130] Shao T,Qiu W,Yang W. Confirmation of an anatomic variation of the recurrent laryngeal nerve at site of entry into the larynx in Chinese population[J]. Am J Otolaryngol,2016,37(4):351-355. doi:10.1016/j.amjoto.2015.10.011.
[22131] Shao T,Qiu W,Yang W. Anatomical variations of the recurrent laryngeal nerve in Chinese patients:a prospective study of 2,404 patients[J]. Sci Rep,2016,6:25475. doi:10.1038/srep25475.
[22132] Shan J,Jiang H,Ren D,Wang C. Anatomic relationship between right recurrent laryngeal nerve and cervical fascia and its application significance in anterior cervical spine surgical approach[J]. Spine,2017,42(8):E443-E447. doi:10.1097/BRS.0000000000001881.
[22133] Wu G,Wang K. A novel variation of the recurrent laryngeal nerve[J]. BMC Surg,2017,17(1):66. doi:10.1186/s12893-017-0263-5.
[22134] Sun W,Liu J,Zhang H,Zhang P,Wang Z,Dong W,He L,Zhang T. A meta-analysis of intraoperative neuromonitoring of recurrent laryngeal nerve palsy during thyroid reoperations[J]. Clin Endocrinol,2017,87(5):572-580. doi:10.1111/cen.13379.
[22135] HUANG Kai,LIN Xixia,LONG Miaoyun,CHEN Qinchang,PENG Xinzhi,LUO Dingyuan,LI Honghao. Intraoperative nerve monitoring reduces recurrent laryngeal nerve injury in geriatric patients undergoing thyroid surgery[J]. Acta Otolaryngol,2017,137(12):1275-1280. doi:10.1080/00016489.2017.1354397.
[22136] Chen JY,Shen Q. A new technique for identifying the recurrent laryngeal nerve:our experience in 71 patients[J]. Chin Med J,2018,131(7):871-872. doi:10.4103/0366-6999.228241.
[22137] Yu T,Wang FL,Meng LB,Li JK,Miao G. Early detection of recurrent laryngeal nerve damage using intraoperative nerve monitoring during thyroidectomy[J]. J Int Med Res,2020,48(1):300060519889452. doi:10.1177/0300060519889452.
[22138] Yin C,Song B,Wang X. Anatomical variations in recurrent laryngeal nerves in thyroid surgery[J]. Ear Nose Throat J,2020 Jun 4. 145561320927565. doi:10.1177/0145561320927565. Online ahead of print.
[22139] Ling Y,Zhao J,Zhao Y,Li K,Wang Y,Kang H. Role of intraoperative neuromonitoring of recurrent laryngeal nerve in thyroid and parathyroid surgery[J]. J Int Med Res,2020,48(9):300060520952646. doi:10.1177/0300060520952646.
[22140] 上海市第六人民医院耳鼻咽喉科外科. 喉返神经修补术治疗声带麻痹 [J]. 中华耳鼻咽喉科杂志，1979，14（1）：42-44.｛Department of Otolaryngology,Shanghai Sixth People's Hospital. Repair of recurrent laryngeal nerve for vocal cord paralysis[J]. Zhonghua Er Bi Yan Hou Ke Za Zhi[Chin J Otorhinolaryngol(Article in Chinese;No abstract available)],1979,14(1):42-44.｝
[22141] 王锦玲，陈文弦，刘顺利，刘乾初. 神经肌蒂移植治疗喉返神经麻痹 [J]. 中华耳鼻咽喉科杂志，1982，17（3）：180-182.｛WANG Jinling,CHEN Wenxian,LIU Shunli,LIU Qianchu. Neuromuscular pedicle transplantation for recurrent laryngeal nerve paralysis[J]. Zhonghua Er Bi Yan Hou Ke Za Zhi[Chin J Otorhinolaryngol(Article in Chinese;No abstract available)],1982,17(3):180-182.｝
[22142] 吴树强. 一期缝接治疗甲状腺手术时喉返神经断伤 [J]. 中华外科杂志，1983，21（8）：476.｛WU Shuqiang. Treatment of recurrent laryngeal nerve injury during thyroid surgery by one-stage suture[J]. Zhonghua Wai Ke Za Zhi[Chin J Surg(Article in Chinese;No abstract available)],1983,21(8):476.｝
[22143] 吕新生. 自体静脉移植桥接修复喉返神经缺损 [J]. 中华外科杂志，1993，31（1）：40-42.｛LV Xinsheng. Repair of recurrent laryngeal nerve defect with autogenous vein graft[J]. Zhonghua Wai Ke Za Zhi[Chin J Surg(Article in Chinese;Abstract in Chinese)],1993,31(1):40-42.｝
[22144] 钱月楼，胡松林，龙洪清，胡振武，吴立连，余海元. 喉返神经血管植入变性骨骼肌桥接的研究 [J]. 中华耳鼻咽喉科杂志，1995，30（1）：30-32.｛QIAN Yuelou,HU Songlin,LONG Hongqing,HU Zhenwu,WU Lilian,YU Haiyuan. A study on recovery of recurrent laryngeal nerve defect by degenerative skeletal muscle bridge with vascular implantation[J]. Zhonghua Er Bi Yan Hou Ke Za Zhi[Chin J Otorhinolaryngol(Article in Chinese;Abstract in Chinese and English)],1995,30(1):30-32.｝
[22145] 陈玲珑，何为慧，杨飞凤. 手术中对喉返神经定位的应用解剖 [J]. 中国临床解剖学杂志，1996，14（3）：271-273.｛CHEN Linglong,HE Weihui,YANG Feifeng. Localiztion of recurrent laryngeai nerve in operation[J]. Zhongguo Lin Chuang Jie Pou Xue Za Zhi[Chin J Clin Anat(Article in Chinese;Abstract in Chinese and English)],1996,14(3):271-273.｝
[22146] 温武，周水淼，李兆基，黄海，耿丽萍，崔义. 甲状腺手术致喉返神经损伤的修复 [J]. 中国修

复重建外科杂志，1999，13（4）：217-220. {WEN Wu,ZHOU Shuimiao,LI Zhaoji,HUANG Hai,GENG Liping,CUI Yi. Repair of recurrent laryngeal nerve injuries after thyroidectomy[J]. Zhongguo Xiu Fu Chong Jian Wai Ke Za Zhi[Chin J Repar Reconstr Surg(Article in Chinese;Abstract in Chinese and English)],1999,13(4):217 - 220.}

[22147] 温武，周水淼，李兆基，耿丽萍，崔义. 喉返神经修复手术治疗声带麻痹 [J]. 中华显微外科杂志，2000，23（1）：37-38. DOI：10.3760/cma.j.issn.1001-2036.2000.01.014. { WEN Wu,ZHOU Shuimiao,LI Zhaoji,GENG Liping,CUI Yi. Repair of recurrent laryngeal nerve injuries or reinnervation for laryngeal paralysis[J]. Zhonghua Xian Wei Wai Ke Za Zhi[Chin J Microsurg(Article in Chinese;Abstract in Chinese and English)],2000,23(1):37 - 38. DOI:10.3760/cma.j.issn.1001 - 2036.2000.01.014.}

[22148] 郑宏良，周水淼，由振东. 运动神经元睫状神经营养因子在喉返神经运动神经元中的表达 [J]. 中华显微外科杂志，2000，23(4)：296. DOI：10.3760/cma.j.issn.1001-2036.2000.04.024. {ZHENG Hongliang,ZHOU Shuimiao,YOU Zhendong. Expression of ciliary neurotrophic factor in motor neurons of recurrent laryngeal nerve[J]. Zhonghua Xian Wei Wai Ke Za Zhi[Chin J Microsurg(Article in Chinese;No abstract available)],2000,23(4):296. DOI:10.3760/cma.j.issn.1001 - 2036.2000.04.024.}

[22149] 赵俊，孙善全. 甲状腺手术区喉返神经及其分支的应用解剖研究 [J]. 中华外科杂志，2001，39（4）：317-319. DOI：10.3760/j：issn：0529-5815.2001.04.021. {ZHAO Jun,SUN Shanquan. The recurrent laryngeal nerve and its branches in the region of thyroid surgery:an applied anatomical study[J]. Zhonghua Wai Ke Za Zhi[Chin J Surg(Article in Chinese;Abstract in Chinese and English)],2001,39(4):317 - 319. DOI:10.3760/j:issn:0529 - 5815.2001.04.021.}

[22150] 郑宏良，周水淼，李兆基. 膈神经与喉返神经前支吻合治疗双侧声带麻痹（附一例报告）[J]. 第二军医大学学报，2001，22（4）：388-389. {ZHENG Hongliang,ZHOU Shuimiao,LI Zhaoji. Anastomosis of phrenic nerve and reccurent nerve for bilateral vocal cord paralysis[J]. Di Er Jun Yi Da Xue Xue Bao[Acad J Sec Mil Med Univ(Article in Chinese;No abstract available)],2001,22(4):388 - 389.}

[22151] 郑宏良，周水淼，陈世彩，李兆基，黄益灯，张速勤，温武，崔毅，沈小华，刘锋. 甲状腺手术单侧喉返神经损伤的神经修复治疗 [J]. 中华医学杂志，2002，82（15）：1042-1045. DOI：10.3760/j：issn：0376-2491.2002.15.009. { ZHENG Hongliang,ZHOU Shuimiao,CHEN Shicai,LI Zhaoji,HUANG Yideng,ZHANG Suqin,WEN Wu,CUI Yi,SHEN Xiaohua,LIU Feng. Laryngeal reinnervation for unilateral recurrent laryngeal nerve injuries caused by thyroid surgery[J]. Zhonghua Yi Xue Za Zhi[Natl Med J China(Article in Chinese;Abstract in Chinese and English)],2002,82(15):1042 - 1045. DOI:10.3760/j:issn:0376 - 2491.2002.15.009.}

[22152] 柴丽萍，苏振忠，文卫平，雷文斌，冼志雄，罗广裕. 联合桥接修复犬喉返神经缺损 [J]. 中山医科大学学报，2002，23（6）：427-429. DOI：10.3321/j.issn：1672-3554.2002.06.008. {CHAI Li ping,SU Zhenzhong,WEN Weiping,LEI Wenbin,XIAN Zhixiong,LUO Guangyu. Repair of recurrent laryngeal nerve defect with unite bridge connection on mogrel[J]. Zhong Shan Yi Ke Da Xue Xue Bao[Acad J SUMS(Article in Chinese;Abstract in Chinese and English)],2002,23(6):427 - 429. DOI:10.3321/j.issn:1672 - 3554.2002.06.008.}

[22153] 柴丽萍，苏振忠，冼志雄，文卫平，罗广裕. 联合桥接修复喉返神经缺损肌电图的观察 [J]. 中山医科大学学报，2002，23（S1）：37-38. {CHAI Liping,SU Zhenzhong,XIAN Zhixiong,WEN Weiping,LUO Guangyu. Electromyogram observation of combined bridging repair of recurrent laryngeal nerve defect[J]. Zhong Shan Yi Ke Da Xue Xue Bao[Acad J SUMS(Article in Chinese;Abstract in Chinese)],2002,23(S1):37 - 38.}

[22154] 陈世彩，郑宏良，周水淼，李兆基，张速勤，姜宗来. 膈神经替代喉返神经修复治疗双侧声带麻痹的应用解剖 [J]. 中华耳鼻咽喉科杂志，2002，37（1）：15-18. DOI：10.3760/j.issn：1673-0860.2002.01.005. {CHEN Shicai,ZHENG Hongliang,ZHOU Shuimiao,LI Zhaoji,ZHANG Suqin,JIANG Zonglai. Applied anatomy for the reinnervation of posterior cricoarytenoid muscle by phrenic nerve for bilateral vocal cord paralysis[J]. Zhonghua Er Bi Yan Hou Ke Za Zhi[Chin J Otorhinolaryngol(Article in Chinese;Abstract in Chinese and English)],2002,37(1):15 - 18. DOI:10.3760/j.issn:1673 - 0860.2002.01.005.}

[22155] 郑宏良，周水淼，李兆基，陈世彩，张速勤，黄益灯，温武，沈小华，吴皓，周蓉珏，崔毅，耿丽萍. 膈神经替代喉返神经修复治疗双侧声带麻痹 [J]. 中华耳鼻咽喉科杂志，2002，37（3）：210-214. DOI：10.3760/j.issn：1673-0860.2002.03.015. {ZHENG Hongliang,ZHOU Shuimiao,LI Zhaoji,CHEN Shicai,ZHANG Suqin,HUANG Yideng,WEN Wu,SHEN Xiaohua,WU Hao,ZHOU Rongjue,CUI Yi,GENG Liping. Reinnervation of the posterior cricoarytenoid muscle by the phrenic nerve for bilateral vocal cord paralysis in humans[J]. Zhonghua Er Bi Yan Hou Ke Za Zhi[Chin J Otorhinolaryngol(Article in Chinese;Abstract in Chinese and English)],2002,37(3):210 - 214. DOI:10.3760/j.issn:1673 - 0860.2002.03.015.}

[22156] 崔哲洙，金兰姬，姜宪. 喉返神经甲杓肌分支与颈神经襻分支吻合术治疗痉挛性发声障碍一例 [J]. 中华耳鼻咽喉科杂志，2002，37（4）：303. DOI：10.3760/j.issn：1673-0860.2002.04.027. {CUI Zhezhu,JIN Lanji,JIANG Xian. Anastomosis of thyroarytenoid branch of recurrent laryngeal nerve and cervical nerve loop branch for spastic vocal disorder:a case report[J]. Zhonghua Er Bi Yan Hou Ke Za Zhi[Chin J Otorhinolaryngol(Article in Chinese;No abstract available)],2002,37(4):303. DOI:10.3760/j.issn:1673 - 0860.2002.04.027.}

[22157] 郑宏良，周水淼，李兆基，陈世彩，张速勤，温武，沈小华，刘锋，黄益灯，崔毅，耿丽萍. 单侧喉返神经损伤神经修复术式探讨 [J]. 中华耳鼻咽喉科杂志，2002，37（4）：291-295. DOI：10.3760/j.issn：1673-0860.2002.04.015. {ZHENG Hongliang,ZHOU Shuimiao,LI Zhaoji,CHEN Shicai,ZHANG Suqin,WEN Wu,SHEN Xiaohua,LIU Feng,HUANG Yideng,CUI Yi,GENG Liping. Laryngeal reinnervation for unilateral traumatic recurrent laryngeal nerve injuries[J]. Zhonghua Er Bi Yan Hou Ke Za Zhi[Chin J Otorhinolaryngol(Article in Chinese;Abstract in Chinese and English)],2002,37(4):291 - 295. DOI:10.3760/j.issn:1673 - 0860.2002.04.015.}

[22158] 冉建华，孙善全，赵俊，彭雪华. 与颈部手术相关的喉返神经的应用解剖 [J]. 中国临床解剖学杂志，2003，21(5)：460-463. DOI：10.3969/j.issn.1001-165X.2003.05.017. { RAN Jianhua,SUN Shanquan,ZHAO Jun,PENG Xuehua. An applied anatomical study on the recurrent laryngeal nerve and its branches in the region of neck surgery[J]. Zhongguo Lin Chuang Jie Pou Xue Za Zhi[Chin J Clin Anat(Article in Chinese;Abstract in Chinese and English)],2003,21(5):460 - 463. DOI:10.3969/j.issn.1001 - 165X.2003.05.017.}

[22159] 郭兴，王岐本. 喉返神经在颈部的应用解剖研究 [J]. 局解手术学杂志，2004，13（4）：223-224. DOI：10.3969/j.issn.1672-5042.2004.04.004. { GUO Xing,WANG Qiben. Applied anatomy of recurrent laryngeal nerves in the cervical part[J]. Ju Jie Shou Shu Xue Za Zhi[J Reg Anat Oper Surg(Article in Chinese;Abstract in Chinese and English)],2004,13(4):223 - 224. DOI:10.3969/j.issn.1672 - 5042.2004.04.004.}

[22160] 陈世彩，郑宏良，周水淼，李兆基，张速勤，黄益灯，温武，崔毅. 神经肌电检测对单侧喉返神经损伤预后的评价 [J]. 中华耳鼻咽喉科杂志，2004，39（7）：410-414. DOI：10.3760/j.issn：1673-0860.2004.07.007. { CHEN Shicai,ZHENG Hongliang,ZHOU Shuimiao,LI Zhaoji,ZHANG Suqin,HUANG Yideng,WEN Wu,CUI Yi. Comprehensive prognostic value of spontaneous and evoked electromyography in laryngeal paralysis[J]. Zhonghua Er Bi Yan Hou Ke Za Zhi[Chin J Otorhinolaryngol(Article in Chinese;Abstract in Chinese and English)],2004,39(7):410 - 414. DOI:10.3760/j.issn:1673 - 0860.2004.07.007.}

[22161] 李新营，吕新生，王志明，黄建华，李劲东. 非返性喉返神经损伤的预防 [J]. 中华耳鼻咽喉科杂志，2004，39（7）：415-418. DOI：10.3760/j.issn：1673-0860.2004.07.008. { LI Xinying,LV Xinsheng,WANG Zhiming,HUANG Jianhua,LI Jindong. Non - recurrent laryngeal nerve during thyroid surgery:a report of 4 cases and literature review[J]. Zhonghua Er Bi Yan Hou Ke Za Zhi[Chin J Otorhinolaryngol(Article in Chinese;Abstract in Chinese and English)],2004,39(7):415 - 418. DOI:10.3760/j.issn:1673 - 0860.2004.07.008.}

[22162] 陈世彩，郑宏良，周水淼，李兆基，黄益灯，张速勤，沈小华，温武，刘锋，陈刚. 甲状腺手术喉返神经损伤规律及治疗的探讨 [J]. 中华耳鼻咽喉科杂志，2004，39（8）：464-468. DOI：10.3760/j.issn：1673-0860.2004.08.005. { CHEN Shicai,ZHENG Hongliang,ZHOU Shuimiao,LI Zhaoji,HUANG Yideng,ZHANG Suqin,SHEN Xiaohua,WEN Wu,LIU Feng,CHEN Gang. Nerve exploration and decompression for traumatic recurrent laryngeal nerve injuries induced by thyroid gland surgery[J]. Zhonghua Er Bi Yan Hou Ke Za Zhi[Chin J Otorhinolaryngol(Article in Chinese;Abstract in Chinese and English)],2004,39(8):464 - 468. DOI:10.3760/j.issn:1673 - 0860.2004.08.005.}

[22163] 赵俊，孙善全. 狗喉返神经袢的形态及纤维性质的鉴别 [J]. 中国临床解剖学杂志，2005，23（5）：509-512. DOI：10.3969/j.issn.1001-165X.2005.05.018. { ZHAO Jun,SUN Shanquan. Morphology and hitochemical identification of the nerve fiber components in the recurrent laryngeal nerve loop[J]. Zhongguo Lin Chuang Jie Pou Xue Za Zhi[Chin J Clin Anat(Article in Chinese;Abstract in Chinese and English)],2005,23(5):509 - 512. DOI:10.3969/j.issn.1001 - 165X.2005.05.018.}

[22164] 赵俊，孙善全. 喉返神经及其分支的变异与临床意义 [J]. 中国临床解剖学杂志，2005，23（6）：609-611. DOI：10.3969/j.issn.1001-165X.2005.06.014. { ZHAO Jun,SUN Shanquan. Variation and clinical significance of the recurrent laryngeal nerve and its branches[J]. Zhongguo Lin Chuang Jie Pou Xue Za Zhi[Chin J Clin Anat(Article in Chinese;Abstract in Chinese and English)],2005,23(6):609 - 611. DOI:10.3969/j.issn.1001 - 165X.2005.06.014.}

[22165] 吕新生，李新营，王志明，周乐杜，李劲东. 甲状腺手术所致喉返神经损伤的手术治疗 [J]. 中华外科杂志，2005，43（5）：301-303. DOI：10.3760/j：issn：0529-5815.2005.05.010. { LV Xinsheng,LI Xinying,WANG Zhiming,ZHOU Ledu,LI Jindong. Surgical treatment of recurrent laryngeal nerve injury caused by thyroid operation[J]. Zhonghua Wai Ke Za Zhi[Chin J Surg(Article in Chinese;Abstract in Chinese and English)],2005,43(5):301 - 303. DOI:10.3760/j:issn:0529 - 5815.2005.05.010.}

[22166] 陈世彩，郑宏良，周水淼，李兆基，张速勤，黄益灯，陈刚，沈小华，刘锋，温武，崔毅. 喉返神经损伤早中期神经减压和神经吻合的对照研究 [J]. 中华创伤杂志，2005，21（3）：178-182. DOI：10.3760/j：issn：1001-8050.2005.03.008. {CHEN Shicai,ZHENG Hongliang,ZHOU Shuimiao,LI Zhaoji,ZHANG Suqin,HUANG Yideng,CHEN Gang,SHEN Xiaohua,LIU Feng,WEN Wu,CUI Yi. Comparative analysis of early and mid - stage nerve decompression and nerve anastomosis for traumatic recurrent laryngeal nerve injuries[J]. Zhonghua Chuang Shang Za Zhi[Chin J Trauma(Article in Chinese;Abstract in Chinese and English)],2005,21(3):178 - 182. DOI:10.3760/j:issn:1001 - 8050.2005.03.008.}

[22167] 郭兴，孟共林. 甲状腺手术中识别喉返神经的解剖标志 [J]. 局解手术学杂志，2005，14（4）：227-228. DOI：10.3969/j.issn.1672-5042.2005.04.006. { GUO Xing,MENG Gonglin. The anatomical landmark for recognizing recurrent laryngeal nerve in thyroid operation[J]. Ju Jie Shou Shu Xue Za Zhi[J Reg Anat Oper Surg(Article in Chinese;Abstract in Chinese and English)],2005,14(4):227 - 228. DOI:10.3969/j.issn.1672 - 5042.2005.04.006.}

[22168] 孔凡民，王春声，李航宇，李昱骥，隋春阳，周建平，董明，田雨霖，郭克建，郭仁宣. 甲状腺良性病变术中损伤喉返神经的原因及预防（附 2 266 例分析）[J]. 中国实用外科杂志，2006，26（3）：209-210. DOI：10.3321/j.issn：1005-2208.2006.03.022. { KONG Fanmin,WANG Chunsheng,LI Hangyu,LI Yuji,SUI Chunyang,ZHOU Jianping,DONG Ming,TIAN Yulin,GUO Kejian,GUO Renxuan. The reason and the prevention of recurrent laryngeal nerve injury during operation on benign thyroid neoplasm[J]. Zhongguo Shi Yong Wai Ke Za Zhi[Chin J Pract Surg(Article in Chinese;Abstract in Chinese and English)],2006,26(3):209 - 210. DOI:10.3321/j.issn:1005 - 2208.2006.03.022.}

[22169] 李进义，王存川，潘运龙，陈鼛，胡友主，许朋. 腔镜甲状腺手术中喉返神经损伤预防 [J]. 中国实用外科杂志，2007，27（9）：711-712. DOI：10.3321/j.issn：1005-2208.2007.09.018. { LI Jinyi,WANG Cunchuan,PAN Yunlong,CHEN Gu,HU Youzhu,XU Peng. Prevention of recurrent laryngeal nerve injury at endoscopic thyroidectomy[J]. Zhongguo Shi Yong Wai Ke Za Zhi[Chin J Pract Surg(Article in Chinese;Abstract in Chinese and English)],2007,27(9):711 - 712. DOI:10.3321/j.issn:1005 - 2208.2007.09.018.}

[22170] 石岚，程波，屈新才，刘春萍，黄韬. 甲手术中喉返神经损伤原因及预防 [J]. 中国实用外科杂志，2007，27（11）：897-899. DOI：10.3321/j.issn：1005-2208.2007.11.019. {SHI Lan,CHEN Bo,QU Xincai,LIU Chunping,HUANG Tao.Reasons and preventions for damage of recurrent laryngeal nerve in thyroid surgery[J]. Zhongguo Shi Yong Wai Ke Za Zhi[Chin J Pract Surg(Article in Chinese;Abstract in Chinese and English)],2007,27(11):897 - 899. DOI:10.3321/j.issn:1005 - 2208.2007.11.019.}

[22171] 汪宏，吴立胜，涂从银，邹兵兵. 腔镜下甲状腺手术喉返神经损伤原因分析及预防（附 3 例报告）[J]. 中国微创外科杂志，2007，7（4）：358-359. DOI：10.3969/j.issn.1009-6604.2007.04.032. { WANG Hong,WU Lisheng,TU Congyin,ZOU Bingbing. On causes and preventive measures of recurrent laryngeal nerve injury during endoscopic thyroidectomy:Report of 3 cases[J]. Zhongguo Wei Chuang Wai Ke Za Zhi[Chin J Minim Inva Surg(Article in Chinese;Abstract in Chinese and English)],2007,7(4):358 - 359. DOI:10.3969/j.issn.1009 - 6604.2007.04.032.}

[22172] 王志颐，郑宏良，陈世彩，朱敏辉，刘菲. 神经修复术治疗单侧喉返神经损伤的疗效分析 [J]. 第二军医大学学报，2007，28（8）：909-912. DOI：10.3321/j.issn：0258-879x.2007.08.024. {WANG Zhiyi,ZHENG Hongliang,CHEN Shicai,ZHU Minhui,LIU Fei. Laryngeal reinnervation in treatment of unilateral traumatic recurrent laryngeal nerve injuries:analysis of outcome[J]. Di Er Jun Yi Da Xue Xue Bao[Acad J Sec Mil Med Univ(Article in Chinese;Abstract in Chinese)],2007,28(8):909 - 912. DOI:10.3321/j.issn:0258 - 879x.2007.08.024.}

[22173] 刘屹林，王利民，宋跃明. 颈胸段前路手术中喉返神经的应用解剖 [J]. 中国脊柱脊髓杂志，2008，18（2）：130-133，Ⅱ. DOI：10.3969/j.issn.1004-406X.2008.02.012. {LIU Yilin,WANG Limin,SONG Yueming. An practical anatomy research of recurrent laryngeal nerve in the anterior approach of the cervicothoracic junction[J]. Zhongguo Ji Zhu Ji Sui Za Zhi[Chin J Spine Spinal Cord(Article in Chinese;Abstract in Chinese and English)],2008,18(2):130 - 133，Ⅱ. DOI:10.3969/j.issn.1004 - 406X.2008.02.012.}

[22174] 刘仁斌，Randolph，Gregory W，吕伟明，吴壮宏. 喉肌电活动实时监测喉返神经在甲状腺手术中的应用 [J]. 中山大学学报（医学科学版），2008，29（6）：724-727，732. DOI：10.3321/j.issn：1672-3554.2008.06.019. {LIU Renbin,R Andolph,G RegoryW ,LV Weiming,WU Zhuanghong. Real - time laryngeal electromyographic monitoring of recurrent laryngeal nerve during thyroid surgery[J]. Zhong Shan Da Xue Xue Bao(Yi Xue Ke Xue Ban)[J Sun Yat - Sen Univ(Med Sci)(Article in Chinese;Abstract in Chinese and English)],2008,29(6):724 - 727,732. DOI:10.3321/j.issn:1672 - 3554.2008.06.019.}

[22175] 樊留博，孙云廷，刘宝华. 喉肌电图与喉肌诱发电位在颈前路术后喉返神经麻痹中的评价作用 [J]. 中国骨伤，2009，22(1)：4-5. DOI：10.3969/j.issn.1003-0034.2009.01.002. { FAN Liubo,SUN Yunting,LIU Baohua. Clinical application value of laryngeal electromyography and laryngeal somatosensory evoked potential in patients with recurrent laryngeal nerve paralysis by anterior elective cervical surgery[J]. Zhongguo Gu Shang[China J Orthop Trauma(Article in Chinese;Abstract in Chinese and English)],2009,22(1):4 - 5. DOI:10.3969/j.issn.1003 - 0034.2009.01.002.}

[22176] 杜心如，骆辉，刘端. 同时具有喉不返神经和喉返神经1例[J]. 中国临床解剖学杂志，2010，28（6）：705-706. { DU Xinru,LUO Hui,LIU Duan. Nonrecurrent and recurrent laryngeal nerve coexistence:a surgical pitfall in cervical operation[J]. Zhongguo Lin Chuang Jie Pou Xue Za Zhi[Chin J Clin Anat(Article in Chinese;Abstract in Chinese and English)],2010,28(6):705-706.}

[22177] 邵堂雷，邱伟华，汪洋，李军，杨卫平，蔡伟耀，李宏为. 一种喉返神经入喉处的变异探讨[J]. 中华外科杂志，2010，48（21）：1625-1627. DOI：10.3760/cma.j.issn.0529-5815.2010.21.009. { SHAO Tanglei,QIU Weihua,WANG Yang,LI Jun,YANG Weiping,CAI Weiyao,LI Hongwei. A variation of the recurrent laryngeal nerve at its entry to larynx found in the thyroid surgery[J]. Zhonghua Wai Ke Za Zhi[Chin J Surg(Article in Chinese;Abstract in Chinese and English)],2010,48(21):1625-1627. DOI:10.3760/cma.j.issn.0529-5815.2010.21.009.}

[22178] 张平，张浩，李璇，丁奎，罗英伟，马文峰，辛世杰. 非返性喉返神经的术前判定及术中处理[J]. 中国实用外科杂志，2010，30（8）：680-683. { ZHANG Ping,ZHANG Hao,LI Xuan,DING Kui,LUO Yingwei,MA Wenfeng,XIN Shijie. Preoperative prediction and intraoperative treatment of nonrecurrent laryngeal nerve[J]. Zhongguo Shi Yong Wai Ke Za Zhi[Chin J Pract Surg(Article in Chinese;Abstract in Chinese and English)],2010,30(8):680-683.}

[22179] 朱运海，赵杰. 甲状腺手术喉返神经损伤显微修复的临床价值[J]. 中华显微外科杂志，2011，34（1）：70-71. DOI：10.3760/cma.j.issn.1001-2036.2011.01.031. { ZHU Yunhai,ZHAO Jie. Clinical value of microsurgical repair of recurrent laryngeal nerve injury during thyroid surgery[J]. Zhonghua Xian Wei Wai Ke Za Zhi[Chin J Microsurg(Article in Chinese;Abstract in Chinese)],2011,34(1):70-71. DOI:10.3760/cma.j.issn.1001-2036.2011.01.031.}

[22180] 孙辉，刘晓莉. 甲状腺手术中喉返神经和喉上神经的保护[J]. 中国实用外科杂志，2012，32（5）：356-359. { SUN Hui,LIU Xiaoli. The preservation method of the recurrent laryngeal nerve and superior laryngeal nerve in the thyroid surgery[J]. Zhongguo Shi Yong Wai Ke Za Zhi[Chin J Pract Surg(Article in Chinese;Abstract in Chinese and English)],2012,32(5):356-359.}

[22181] 李孟，郑宏良. 甲状腺手术单侧喉返神经损伤手术探查与修复[J]. 中国实用外科杂志，2012，32（5）：364-367. { LI Meng,ZHENG Hongliang. Exploration and reinnervation of recurrent laryngeal nerve injury in thyroid surgery[J]. Zhongguo Shi Yong Wai Ke Za Zhi[Chin J Pract Surg(Article in Chinese;Abstract in Chinese and English)],2012,32(5):364-367.}

[22182] 钱军，苏艳军，张建明，刁畅，马云海，李洋，程若川. 甲状腺术中喉返神经喉外分支观察及其临床意义探讨[J]. 中国实用外科杂志，2013，33（3）：221-223. { QIAN Jun,SU Yanjun,ZHANG Jianming,DIAO Chang,MA Yunhai,LI Yang,CHENG Ruochuan. Intraoperative investigation and the significance of extralaryngeal division of recurrent laryngeal nerve[J]. Zhongguo Shi Yong Wai Ke Za Zhi[Chin J Pract Surg(Article in Chinese;Abstract in Chinese and English)],2013,33(3):221-223.}

[22183] 邵堂雷，黄河，王海，蒋晓，王振乾，吴志浩，丁昊，殷佳晗，杨卫平. 探讨一种新的喉返神经变异[J]. 中国实用外科杂志，2013，33（6）：509-510，514. {SHAO Tanglei,HUANG He,WANG Hai,JIANG Xiao,WANG Zhenqian,WU Zhihao,DING Hao,YIN Jiahan,YANG Weiping. A new variation of the recurrent laryngeal nerve[J]. Zhongguo Shi Yong Wai Ke Za Zhi[Chin J Pract Surg(Article in Chinese;Abstract in Chinese and English)],2013,33(6):509-510,514.}

[22184] 王波，徐旭东，刘宁，沈汉斌. 腔镜甲状腺切除术中喉返神经的显露[J]. 中国微创外科杂志，2013，13（6）：560-562. DOI：10.3969/j.issn.1009-6604.2013.06.026. { WANG Bo,XU Xudong,LIU Ning,SHEN Hanbin. Exposure of the Recurrent Laryngeal Nerve during Endoscopic Thyroidectomy[J]. Zhongguo Wei Chuang Wai Ke Za Zhi[Chin J Minim Inva Surg(Article in Chinese;Abstract in Chinese and English)],2013,13(6):560-562. DOI:10.3969/j.issn.1009-6604.2013.06.026.}

[22185] 陈曦，马立，方静，徐洁. 35例腔镜甲状腺手术喉返神经显露的技巧与体会[J]. 中国微创外科杂志，2013，13（11）：988-991. { CHEN Xi,MA Li,FANG Jing,XU Jie. Techniques and experiences in exposing recurrent laryngeal nerve in endoscopic thyroidectomy:a report of 35 cases[J]. Zhongguo Wei Chuang Wai Ke Za Zhi[Chin J Minim Inva Surg(Article in Chinese;Abstract in Chinese and English)],2013,13(11):988-991.}

[22186] 王琴，胡国勤，徐胜春. 喉返神经喉外分支的显微解剖及临床意义[J]. 解剖学报，2014，45（1）：80-83. DOI：10.3969/j.issn.0529-1356.2014.01.015. {WANG Qin,HU Guoqin,XU Shengchun. Microanatomical and clinical significance of the recurrent laryngeal nerve in the thyroid region[J]. Jie Pou Xue Bao[Acta Anat Sin(Article in Chinese;Abstract in Chinese and English)],2014,45(1):80-83. DOI:10.3969/j.issn.0529-1356.2014.01.015.}

[22187] 邵堂雷，蒋晓，王振乾，黄河，郭建强，吴志浩，丁昊，殷佳晗，杨卫平. 甲状腺术中喉返神经入喉处变异临床研究（附2404例报告）[J]. 中国实用外科杂志，2014，34（9）：880-882. DOI：10.7504/CJPS.ISSN1005-2208.2014.09.24. { SHAO Tanglei,JIANG Xiao,WANG Zhenqian,HUANG He,GUO Jianqiang,WU Zhihao,DING Hao,YIN Jiahan,YANG Weiping. Variation at the entry of the recurrent laryngeal nerve into the larynx in thyroidectomies:a report of 2404 cases[J]. Zhongguo Shi Yong Wai Ke Za Zhi[Chin J Pract Surg(Article in Chinese;Abstract in Chinese and English)],2014,34(9):880-882. DOI:10.7504/CJPS.ISSN1005-2208.2014.09.24.}

[22188] 韩阳东，赵岩，屈昊，陈鹏，梁枫，李龙云，赵国庆. 1倍ED95顺式阿曲库铵用于麻醉诱导对甲状腺手术患者术中喉返神经监测的影响[J]. 中华实验外科杂志，2014，31（9）：2009-2011. DOI：10.3760/cma.j.issn.1001-9030.2014.09.059. {HAN Yangdong,ZHAO Yan,QU Hao,CHEN Peng,LIANG Feng,LI Longyun,ZHAO Guoqing. The effect on introperative recurrent laryngeal nerve monitoring:1 ¡Á ED95 of cisatracurium or relaxation-free anesthesia induction[J]. Zhonghua Shi Yan Wai Ke Za Zhi[Chin J Exp Surg(Article in Chinese;Abstract in Chinese and English)],2014,31(9):2009-2011. DOI:10.3760/cma.j.issn.1001-9030.2014.09.059.}

[22189] 邱万寿，刘威，吴珏堃，李玺，龙梅珺. 高风险甲状腺手术中显露喉返神经技术的价值[J]. 中华实验外科杂志，2014，31（11）：2551-2553. DOI：10.3760/cma.j.issn.1001-9030.2014.11.062. { QIU Wanshou,LIU Wei,WU Juekun,LI Xi,LONG Meijun. Value of exposure of recurrent laryngeal nerve during high-risk thyroid operation[J]. Zhonghua Shi Yan Wai Ke Za Zhi[Chin J Exp Surg(Article in Chinese;Abstract in Chinese and English)],2014,31(11):2551-2553. DOI:10.3760/cma.j.issn.1001-9030.2014.11.062.}

[22190] 蔡丽生，蔡铭智，高金辉，陈秋贤，徐立. 腔镜辅助锁骨下途径甲状腺手术中喉返神经的显露及保护[J]. 中国微创外科杂志，2014，14（7）：621-623. DOI：10.3969/j.issn.1009-6604.2014.07.014. { CAI Lisheng,CAI Mingzhi,GAO Jinhui,CHEN Qiuxian,XU Li. Experience of exposure of recurrent laryngeal nerve during infraclavicular approach endoscopic thyroidectomy[J]. Zhongguo Wei Chuang Wai Ke Za Zhi[Chin J Minim Inva Surg(Article in Chinese;Abstract in Chinese and English)],2014,14(7):621-623. DOI:10.3969/j.issn.1009-6604.2014.07.014.}

[22191] 杨海瑞，董庆申. 精细被膜解剖法在甲状腺手术中预防喉返神经与甲状旁腺损伤的应用[J]. 中国微创外科杂志，2014，14（9）：802-804. DOI：10.3969/j.issn.1009-6604.2014.09.010. { YANG Hairui,DONG Qingshen. Application of meticulous capsular dissection technique in the prevention of recurrent laryngeal nerve and parathyroid injuries in thyroid operations[J]. Zhongguo Wei Chuang Wai Ke Za Zhi[Chin J Minim Inva Surg(Article in Chinese;Abstract in Chinese and English)],2014,14(9):802-804. DOI:10.3969/j.issn.1009-6604.2014.09.010.}

[22192] 邵堂雷，王振乾，蒋晓，黄河，伍承天，吴志浩，丁昊，殷佳晗，杨卫平. 甲状腺再次手术中喉返神经保护研究（附163例分析）[J]. 中国实用外科杂志，2015，35（6）：656-658. DOI：10.7504/CJPS.ISSN1005-2208.2015.06.19. { SHAO Tanglei,WANG Zhenqian,JIANG Xiao,HUANG He,WU Chengtian,WU Zhihao,DING Hao,YIN Jiahan,YANG Weiping. Protection of the recurrent laryngeal nerve in reoperation of thyroid:a analysis of 163 cases[J]. Zhongguo Shi Yong Wai Ke Za Zhi[Chin J Pract Surg(Article in Chinese;Abstract in Chinese and English)],2015,35(6):656-658. DOI:10.7504/CJPS.ISSN1005-2208.2015.06.19.}

[22193] 李三荣，刘仁胜，张燕，朱碧荣. 腔镜甲状腺手术中喉返神经的显露与保护[J]. 中国微创外科杂志，2015，15(9)：846-848. DOI：10.3969/j.issn.1009-6604.2015.09.023. { LI Sanrong,LIU Rensheng,ZHANG Yan,ZHU Birong. Exposure and protection of recurrent laryngeal nerve in endoscopic thyroidectomy[J]. Zhongguo Wei Chuang Wai Ke Za Zhi[Chin J Minim Inva Surg(Article in Chinese;Abstract in Chinese and English)],2015,15(9):846-848. DOI:10.3969/j.issn.1009-6604.2015.09.023.}

[22194] 靳浩综述，周少波审校. 腔镜甲状腺手术中喉返神经的显露及损伤的预防[J]. 中国微创外科杂志，2015，15(12)：1129-1132. DOI：10.3969/j.issn.1009-6604.2015.12.021. { JIN Hao,ZHOU Shaobo. Exposure and protection of recurrent laryngeal nerve in endoscopic thyroidectomy[J]. Zhongguo Wei Chuang Wai Ke Za Zhi[Chin J Minim Inva Surg(Article in Chinese;Abstract in Chinese and English)],2015,15(12):1129-1132. DOI:10.3969/j.issn.1009-6604.2015.12.021.}

[22195] 张波涛，蔡婵艳. 甲状腺手术中显露喉返神经对预防喉返神经损伤的研究[J]. 局解手术学杂志，2015，24（5）：539-541. DOI：10.11659/jjssx.03E015004. { ZHANG Botao,CAI Chanyan. Study on exposure of recurrent laryngeal nerve in thyroid operation for the prevention of recurrent laryngeal nerve injury[J]. Ju Jie Shou Shu Xue Za Zhi[J Reg Anat Oper Surg(Article in Chinese;Abstract in Chinese and English)],2015,24(5):539-541. DOI:10.11659/jjssx.03E015004.}

[22196] 张利，李想. 喉返神经低位喉外分支1例[J]. 中国临床解剖学杂志，2016，34（4）：365. DOI：10.13418/j.issn.1001-165x.2016.04.027. { ZHANG Li,LI Xiang. The lower branch of recurrent laryngeal nerve outside the laryngeal:a case report[J]. Zhongguo Lin Chuang Jie Pou Xue Za Zhi[Chin J Clin Anat(Article in Chinese;Abstract in Chinese and English)],2016,34(4):365. DOI:10.13418/j.issn.1001-165x.2016.04.027.}

[22197] 王勇，王平，俞星. 甲状腺手术中迷走神经显露及喉返神经的持续性术中神经监测[J]. 中华外科杂志，2016，54(11)：828-832. DOI：10.3760/cma.j.issn.0529-5815.2016.11.008. {WANG Yong,WANG Ping,YU Xing. The exposure of vagus nerve and continuous intraoperative neural monitoring in thyroid surgery[J]. Zhonghua Wai Ke Za Zhi[Chin J Surg(Article in Chinese;Abstract in Chinese and English)],2016,54(11):828-832. DOI:10.3760/cma.j.issn.0529-5815.2016.11.008.}

[22198] 胡继盛，孔瑞，杨刚，乔娜，王续，孙备，武林枫. 甲状腺全切除术中显露喉返神经入路随机对照研究[J]. 中国实用外科杂志，2016，36（2）：230-233. DOI：10.7504/CJPS.ISSN1005-2208.2016.02.29. { HU Jisheng,KONG Rui,YANG Gang,QIAO Na,WANG Xu,SUN Bei,WU Linfeng. Approaches of exposing recurrent laryngeal nerve in total thyroidectomy:a randomized controlled study[J]. Zhongguo Shi Yong Wai Ke Za Zhi[Chin J Pract Surg(Article in Chinese;Abstract in Chinese and English)],2016,36(2):230-233. DOI:10.7504/CJPS.ISSN1005-2208.2016.02.29.}

[22199] 柳麓崙，王培松，王硕，薛帅，陈光. 非返性喉返神经解剖特征及术中保护策略（附22例报告）[J]. 中国实用外科杂志，2016，36（8）：901-903. DOI：10.7504/CJPS.ISSN1005-2208.2016.08.21. { LIU LuLun,WANG Peisong,WANG Shuo,XUE Shuai,CHEN Guang. Anatomy characteristics and intraoperative protection of non recurrent laryngeal nerve:22 cases experience sharing[J]. Zhongguo Shi Yong Wai Ke Za Zhi[Chin J Pract Surg(Article in Chinese;Abstract in Chinese and English)],2016,36(8):901-903. DOI:10.7504/CJPS.ISSN1005-2208.2016.08.21.}

[22200] 刘昆鹏，代文杰. 甲状腺再次手术中喉返神经实时监测与常规显露临床对比研究[J]. 中国实用外科杂志，2016，36（12）：1322-1326. DOI：10.7504/CJPS.ISSN1005-2208.2016.12.18. { LIU Kunpeng,DAI Wenjie. A clinical comparative study of real-time recurrent laryngeal nerve moniroring versus conventional exposure during reoperation of thyroid gland[J]. Zhongguo Shi Yong Wai Ke Za Zhi[Chin J Pract Surg(Article in Chinese;Abstract in Chinese and English)],2016,36(12):1322-1326. DOI:10.7504/CJPS.ISSN1005-2208.2016.12.18.}

[22201] 贾高磊，田志龙，高新宝，奚海林，冯苏，王小凯. 腔镜甲状腺腺叶切除术喉返神经的保护体会[J]. 中国微创外科杂志，2016，16（11）：1006-1008，1012. DOI：10.3969/j.issn.1009-6604.2016.11.013. { JIA Gaolei,TIAN Zhilong,GAO Xinbao,XI Hailin,FENG Su,WANG Xiaokai. Experience of protecting recurrent laryngeal nerve in endoscopic thyroidectomy[J]. Zhongguo Wei Chuang Wai Ke Za Zhi[Chin J Minim Inva Surg(Article in Chinese;Abstract in Chinese and English)],2016,16(11):1006-1008,1012. DOI:10.3969/j.issn.1009-6604.2016.11.013.}

[22202] 贺建业，贺晨宇. U型拉钩降低腔镜辅助甲状腺腺叶切除术的喉返神经牵拉损伤[J]. 中国微创外科杂志，2016，16（12）：1100-1102. DOI：10.3969/j.issn.1009-6604.2016.12.010. { HE Jianye,HE Chenyu. Use of u-shaped retractor to reduce traction injury of recurrent laryngeal nerve in video-assisted thyroidectomy[J]. Zhongguo Wei Chuang Wai Ke Za Zhi[Chin J Minim Inva Surg(Article in Chinese;Abstract in Chinese and English)],2016,16(12):1100-1102. DOI:10.3969/j.issn.1009-6604.2016.12.010.}

[22203] 吴宝强，江勇，刘胜勇，杨雨，朱峰，孙冬林. 腹腔镜甲状腺手术中喉返神经显露的临床体会[J]. 中华解剖与临床杂志，2016，21(1)：72-74. DOI：10.3760/cma.j.issn.2095-7041.2016.01.017. { WU Baoqiang,JIANG Yong,LIU Shengyong,YANG Yu,ZHU Feng,SUN Donglin. Clinical experience of exposing recurrent laryngeal nerve in endoscopic thyroidectomy[J]. Zhonghua Jie Pou Yu Lin Chuang Za Zhi[Chin J Anat Clin(Article in Chinese;Abstract in Chinese and English)],2016,21(1):72-74. DOI:10.3760/cma.j.issn.2095-7041.2016.01.017.}

[22204] 张海东，龚单春，刘亚群，张庆翔，何双八，于振坤. 甲状腺手术中对喉返神经和喉上神经保护的临床研究[J]. 中华解剖与临床杂志，2016，21（2）：142-146. DOI：10.3760/cma.j.issn.2095-7041.2016.02.011. { ZHANG Haidong,GONG Chanchun,LIU Yaqun,ZHANG Qingxiang,HE Shuangba,YU Zhenkun. Protection of the recurrent laryngeal nerve and the superior laryngeal nerve in the thyroidectomy[J]. Zhonghua Jie Pou Yu Lin Chuang Za Zhi[Chin J Anat Clin(Article in Chinese;Abstract in Chinese and English)],2016,21(2):142-146. DOI:10.3760/cma.j.issn.2095-7041.2016.02.011.}

[22205] 刘晓莉，李长霖，赵诣深，孙辉. 甲状腺术中不同肌电阈值下喉返神经损伤后功能恢复的比较[J]. 中华外科杂志，2017，55（11）：853-856. DOI：10.3760/cma.j.issn.0529-5815.2017.11.007. { LIU Xiaoli,LI Changlin,ZHAO Yishen,SUN Hui. Functional recovery after recurrent laryngeal nerve injury on different electromyography thresholds during thyroid surgery[J]. Zhonghua Wai Ke Za Zhi[Chin J Surg(Article in Chinese;Abstract in Chinese and English)],2017,55(11):853-856. DOI:10.3760/cma.j.issn.0529-5815.2017.11.007.}

[22206] 朱一鸣，刘绍严. 再谈甲状腺手术喉返神经损伤的相关因素[J]. 中国实用外科杂志，2018，38（6）：607-612. DOI：10.19538/j.cjps.issn1005-2208.2018.06.05. { ZHU Yiming,LIU Shaoyan. Further discussion on relative factors of recurrent laryngeal nerve injury during thyroid operations[J]. Zhongguo Shi Yong Wai Ke Za Zhi[Chin J Pract Surg(Article in Chinese;Abstract in Chinese and English)],2018,38(6):607-612. DOI:10.19538/j.cjps.issn1005-2208.2018.06.05.}

[22207] 李孟，郑宏良. 甲状腺手术中喉返神经损伤修复术要点与技巧[J]. 中国实用外科杂志，2018，38（6）：613-615. DOI：10.19538/j.cjps.issn1005-2208.2018.06.06. { LI Meng,ZHENG Hongliang. Techniques and tips in reinnervation surgery for unilateral recurrent laryngeal nerve injury in thyroid surgery[J]. Zhongguo Shi Yong Wai Ke Za Zhi[Chin J Pract Surg(Article in Chinese;Abstract in Chinese and English)],2018,38(6):613-615. DOI:10.19538/j.cjps.issn1005-2208.2018.06.06.}

[22208] 侯迎晨，贺晨宇，贺建业，闫斌斌．颈段喉返神经顺行解剖在甲状腺微小乳头状癌手术中应用的随机对照研究[J]．中国微创外科杂志，2018，18（12）：1057-1061．DOI：10.3969/j.issn.1009-6604.2018.12.001．{HOU Yingchen,HE Chenyu,HE Jianye,YAN Binbin. Anterograde dissection of cervical part of recurrent laryngeal nerve in operation of papilary thyroid microcarcinoma:a randomized controlled trial[J]. Zhongguo Wei Chuang Wai Ke Za Zhi[Chin J Minim Inva Surg(Article in Chinese;Abstract in Chinese and English)],2018,18(12):1057-1061. DOI:10.3969/j.issn.1009-6604.2018.12.001.}

[22209] 吴涛，沈叶，王文杰，黄忠明，王时光，瞿军．大鼠喉返神经挤压伤后喉肌及神经变化的初步研究[J]．神经损伤与功能重建，2018，13(3)：127-129，152．DOI：10.16780/j.cnki.sjssgncj.2018.03.007．{WU Tao,SHEN Ye,WANG Wenjie,HUANG Zhongming,WANG Shiguang,QU Jun. Preliminary research in response to recurrent laryngeal nerve crush injury of rats[J]. Shen Jing Sun Shang Yu Gong Neng Chong Jian[Neural Injury Funct Reconstr(Article in Chinese;Abstract in Chinese and English)],2018,13(3):127-129,152. DOI:10.16780/j.cnki.sjssgncj.2018.03.007.}

[22210] 韦岑，吴训，农光耀，韦红妹，韦显福，黄正泉．Berry 韧带与喉返神经的解剖及临床意义[J]．局解手术学杂志，2020，29(4)：329-333．DOI：10.11659/jjssx.08E019079．{WEI Cen,WU Xun,NONG Guangyao,WEI Hongmei,WEI Xianfu,HUANG Zhengquan. Anatomical and clinical significance of Berry ligament and recurrent laryngeal nerve[J]. Ju Jie Shou Shu Xue Za Zhi[J Reg Anat Oper Surg(Article in Chinese;Abstract in Chinese and English)],2020,29(4):329-333. DOI:10.11659/jjssx.08E019079.}

6.6 脑瘫的显微外科治疗
microsurgical treatment of cerebral palsy

[22211] Wang SW,Li JF. Cerebral palsy in neonates[J]. Chin Med J. 1982,95(10):741-745.

[22212] Gu Y,Wang T,Cai P,Shen L. Division of C8 nerve root for treatment of spastic cerebral palsy in the upper limbs:a preliminary report[J]. Chin Med J,1998,111(10):874-876.

[22213] Li Z,Zhu J,Liu X. Deformity of lumbar spine after selective dorsal rhizotomy for spastic cerebral palsy[J]. Microsurgery,2008,28(1):10-12. doi:10.1002/micr.20444.

[22214] Lin H,Hou C,Chen A,Xu Z. Long-term outcome of division of the C8 nerve root for spasticity of the hand in cerebral palsy[J]. J Hand Surg Eur,2010,35(7):558-562. doi:10.1177/1753193410368200.

[22215] Chen L,Huang H,Xi H,Xie Z,Liu R,Jiang Z,Zhang F,Liu Y,Chen D,Wang Q,Wang H,Ren Y,Zhou C. Intracranial transplant of olfactory ensheathing cells in children and adolescents with cerebral palsy:a randomized controlled clinical trial[J]. Cell Transplant,2010,19(2):185-191. doi:10.3727/096368910X492652.

[22216] Xu WD,Hua XY,Zheng MX,Xu JG,Gu YD. Contralateral C7 nerve root transfer in treatment of cerebral palsy in a child:case report[J]. Microsurgery,2011,31(5):404-408. doi:10.1002/micr.20877.

[22217] Wang S,Miao S,Zhuang P,Chen Y,Liu H,Zuo H. Assessment of surface electromyographic clinical analysis of selective femoral neurotomy on cerebral palsy with stiff knee[J]. J Neurosci Methods,2011,199(1):98-102. doi:10.1016/j.jneumeth.2011.04.031.

[22218] Luan Z,Liu W,Qu S,Du K,He S,Wang Z,Yang Y,Wang C,Gong X. Effects of neural progenitor cell transplantation in children with severe cerebral palsy[J]. Cell Transplant,2012,21(Suppl 1):S91-98. doi:10.3727/096368912X633806.

[22219] Li M,Yu A,Zhang F,Dai G,Cheng H,Wang X,An Y. Treatment of one case of cerebral palsy combined with posterior visual pathway injury using autologous bone marrow mesenchymal stem cells[J]. J Transl Med,2012,10:100. doi:10.1186/1479-5876-10-100.

[22220] He S,Luan Z,Qu S,Qiu X,Xin D,Jia W,Shen Y,Yu Z,Xu T. Ultrasound guided neural stem cell transplantation through the lateral ventricle for treatment of cerebral palsy in children[J]. Neural Regen Res,2012,7(32):2529-2535. doi:10.3969/j.issn.1673-5374.2012.32.007.

[22221] Chen G,Wang Y,Xu Z,Fang F,Xu R,Wang Y,Hu X,Fan L,Liu H. Neural stem cell-like cells derived from autologous bone mesenchymal stem cells for the treatment of patients with cerebral palsy[J]. J Transl Med,2013,11:21. doi:10.1186/1479-5876-11-21.

[22222] Wang L,Ji H,Zhou J,Xie J,Zhong Z,Li M,Bai W,Li N,Zhang Z,Wang X,Zhu D,Liu Y,Wu M. Therapeutic potential of umbilical cord mesenchymal stromal cells transplantation for cerebral palsy:a case report[J]. Case Rep Transplant,2013,2013:146347. doi:10.1155/2013/146347.

[22223] Wang X,Cheng H,Hua R,Yang J,Dai G,Zhang Z,Wang R,Qin C,An Y. Effects of bone marrow mesenchymal stromal cells on gross motor function measure scores of children with cerebral palsy:a preliminary clinical study[J]. Cytotherapy, 2013,15(12):1549-1562. doi:10.1016/j.jcyt.2013.06.001.

[22224] Chiu PK,Yam KY,Lam TY,Cheng CH,Yu C,Li ML,Chu PS,Man CW. Does selective dorsal rhizotomy improve bladder function in children with cerebral palsy?[J]. Int Urol Nephrol,2014,46(10):1929-1933. doi:10.1007/s11255-014-0770-6.

[22225] Duan Y,Gao X,Luo X,Sun C. Evaluation of the efficacy of cervical perivascular sympathectomy on drooling in children with athetoid cerebral palsy[J]. Eur J Paediatr Neurol,2015,19(3):280-285. doi:10.1016/j.ejpn.2015.01.007.

[22226] Feng M,Lu A,Gao H,Qian C,Zhang J,Lin T,Zhao Y. Safety of allogeneic umbilical cord blood stem cells therapy in patients with severe cerebral palsy:a retrospective study[J]. Stem Cells Int,2015,2015:325652. doi:10.1155/2015/325652.

[22227] Zhang C,Huang L,Gu J,Zhou X. Therapy for cerebral palsy by human umbilical cord blood mesenchymal stem cells transplantation combined with basic rehabilitation treatment:a case report[J]. Glob Pediatr Health,2015,2:2333794X15574091. doi:10.1177/2333794X15574091.

[22228] Dong H,Li G,Shang C,Yin H,Luo Y,Meng H,Li X,Wang Y,Lin L,Zhao M. Umbilical cord mesenchymal stem cell (UC-MSC) transplantations for cerebral palsy[J]. Am J Transl Res,2018,10(3):901-906.

[22229] Zhan Q,Tang L,Wang Y,Xiao B,Shen M,Jiang S,Mei R,Lyu Z. Feasibility and effectiveness of a newly modified protocol-guided selective dorsal rhizotomy via single-level approach to treat spastic hemiplegia in pediatric cases with cerebral palsy[J]. Childs Nerv Syst,2019,35(11):2171-2178. doi:10.1007/s00381-019-04194-0.

[22230] Xie B,Chen M,Hu R,Han W,Ding S. Therapeutic evidence of human mesenchymal stem cell transplantation for cerebral palsy:a meta-analysis of randomized controlled trials[J]. Stem Cells Int,2020,2020:5701920. doi:10.1155/2020/5701920.

[22231] Lv ZY,Li Y,Liu J. Progress in clinical trials of stem cell therapy for cerebral palsy[J]. Neural Regen Res,2021,16(7):1377-1382. doi:10.4103/1673-5374.300979.

[22232] 姚明龙．脑性瘫手术治疗体会[J]．修复重建外科杂志，1991，5（2）：97．{YAO Minglong. Experience of surgical treatment of cerebral palsy[j]. Zhongguo Xiu Fu Chong Jian Wai Ke Za Zhi[Chin J Repar Reconstr Surg(Article in Chinese;No abstract available)],1991,5(2):97.}

[22233] 孟建国．脑瘫治疗进展[J]．中国矫形外科杂志，1994，1（4）：225-228．{MENG Jianguo. Progress in treatment of cerebral palsy[J]. Zhongguo Jiao Xing Wai Ke Za Zhi[Orthop J Chin(Article in Chinese;No abstract available)],1994,1(4):225-228.}

[22234] 侯希敏，郭新生，于晓江，刘永辉，张守平，王新民，张学先．脑性瘫痪手部畸形的矫治与功能重建（附38例报告）[J]．中国矫形外科杂志，1994，1（6）：193-195，254．{HOU Ximin,GUO Xinsheng,YU Xiaojiang,LIU Yonghui,ZHANG Shouping,WANG Xinmin,ZHANG Xuexian. The orthopaedic treatment and function rebuild with hand malformation of cerebral paralysis[J]. Zhongguo Jiao Xing Wai Ke Za Zhi[Orthop J Chin(Article in Chinese;Abstract in Chinese)],1994,1(6):193-195,254.}

[22235] 刘小林，朱家恺，程钢，刘均墀，王志鹰，刘正清．选择性脊神经后根切断术治疗痉挛性脑瘫的疗效评价标准[J]．中华显微外科杂志，1995，18（2）：134-137，159．{LIU Xiaolin,ZHU Jiakai,CHENG Gang,LIU Junxi,WANG Zhiying,LIU Zhengqing. The assessment about the clinical result of selective posterior rhizotomyfor spastic cerebral palsy[J]. Zhonghua Xian Wei Wai Ke Za Zhi[Chin J Microsurg(Article in Chinese;Abstract in Chinese)],1995,18(2):134-137,159.}

[22236] 谢国均，李建提，余捷强，劳维蔼，唐国瑜．选择性脊神经后根切断术治疗痉挛性脑瘫[J]．中华显微外科杂志，1995，18（2）：138-139，159．{XIE Guojun,LI Jianti,YU Jieqiang,LAO Weiai,TANG Guoyu. High selective posterior rhizotomy[J]. Zhonghua Xian Wei Wai Ke Za Zhi[Chin J Microsurg(Article in Chinese;No abstract available)],1995,18(2):138-139,159.}

[22237] 徐林．关于开展脑瘫SPR的若干问题[J]．中国矫形外科杂志，1995，2（2）：141-142，117．{XU Lin. Problems on developing SPR for cerebral palsy[J]. Zhongguo Jiao Xing Wai Ke Za Zhi[Orthop J Chin(Article in Chinese;No abstract available)],1995,2(2):141-142,117.}

[22238] 张建立，范丁安，郭源，王承武．选择性脊神经后根切断术治疗脑瘫的适应证[J]．中华骨科杂志，1996，16（5）：6-8．{ZHANG Jianli,FAN Dingan,GUO Yuan,WANG Chengwu. Indications of selective posterior rhizotomy for cerebral palsy in children[J]. Zhonghua Gu Ke Za Zhi[Chin J Orthop(Article in Chinese;Abstract in Chinese and English)],1996,16(5):6-8.}

[22239] 廖可国，宁志杰，孙磊，李贵涛，胡宏伟，李雷，赵汉平，罗永忠，田敏．选择性腰骶脊神经后根切断结合Ⅱ期矫形手术治疗下肢痉挛性脑瘫[J]．中华骨科杂志，1996，16（1）：11-13．{LIAO Keguo,NING Zhijie,SUN Lei,LI Guitao,HU Hongwei,LI Lei,ZHAO Hanping,LUO Yongzhong,TIAN Min. Selective lumbosacral posterior rhizotomy combined with secondary corrective operations for treatment of spastic paralysis of the lower limb due to cerebral palsy[J]. Zhonghua Gu Ke Za Zhi[Chin J Orthop(Article in Chinese;Abstract in Chinese and English)],1996,16(1):11-13.}

[22240] 卢一生，黄宏前，杨永续，王云波，王宝虎．选择性脊神经后根切断术治疗脑痉挛（附40例报告）[J]．中国脊柱脊髓杂志，1996，6（2）：227-228．{LU Yisheng,HUANG Hongqian,YANG Yongkui,WANG Yunbo,WANG Baohu. Selective posterior rhizotomy for cerebral palsy spasm (report of 40 cases)[J]. Zhongguo Ji Zhu Ji Sui Za Zhi[Chin J Spine Spinal Cord(Article in Chinese;No abstract available)],1996,6(2):227-228.}

[22241] 王汉林，梁秋瑾．小儿痉挛性脑瘫治疗新进展[J]．中国脊柱脊髓杂志，1996，6（6）：234-236．{WANG Hanlin,LIANG Qiujin. New progress in treatment of spastic cerebral palsy in children[J]. Zhongguo Ji Zhu Ji Sui Za Zhi[Chin J Spine Spinal Cord(Article in Chinese;No abstract available)],1996,6(6):234-236.}

[22242] 方沁元，王银喜，兰林，殷湛，李关兴，洪全明，孙春华，严家生．单开门式脊神经后根切断术治疗痉挛性脑瘫[J]．中华显微外科杂志，1997，20（2）：32-34．{FANG Qinyuan,WANG Yinxi,LAN Lin,YIN Zhan,LI Guanxing,HONG Quanming,SUN Chunhua,YAN Jiasheng. Single-door posterior rhizotomy for spastic cerebral palsy[J]. Zhonghua Xian Wei Wai Ke Za Zhi[Chin J Microsurg(Article in Chinese;Abstract in Chinese and English)],1997,20(2):32-34.}

[22243] 陈艺新，张云强，陈克洲，贾湘谦，肖杰，彭少英，王兰，张汇林，袁平．选择性脊神经后根切断术配合软组织松解术治疗痉挛性脑瘫[J]．中华显微外科杂志，1997，20（4）：21-24．{CHEN Yixin,ZHANG Yunqiang,CHEN Kezhou,JIA Xiangqian,XIAO Jie,PENG Shaoying,WANG Lan,ZHANG Huilin,YUAN Ping. Selective posterior rhizotomy combined with soft tissue release for spastic cerebral palsy[J]. Zhonghua Xian Wei Wai Ke Za Zhi[Chin J Microsurg(Article in Chinese;Abstract in Chinese and English)],1997,20(4):21-24.}

[22244] 周薇莉，张印霞，孙立宝．应用三项"选择"的原则行SPR治疗痉挛性脑瘫（附46例报告）[J]．中国矫形外科杂志，1997，4（7）：11-12，96．{ZHOU Weili,ZHANG Yinxia,SUN Libao. Three rules for spr to treat cerebral palsy in children (with 46 cases reports)[J]. Zhongguo Jiao Xing Wai Ke Za Zhi[Orthop J Chin(Article in Chinese;Abstract in Chinese)],1997,4(7):11-12,96.}

[22245] 陈哨军，徐开河，张东印，徐庆中．颈总动脉周围交感神经网剥脱术治疗脑瘫34例分析[J]．中国矫形外科杂志，1997，4（11）：44-45．{CHEN Shaojun,XU Kaihe,ZHANG Dongyin,XU Qingzhong. Analysis of 34 cases of cerebral palsy treated by exfoliation of sympathetic neural network around common carotid artery[J]. Zhongguo Jiao Xing Wai Ke Za Zhi[Orthop J Chin(Article in Chinese;No abstract available)],1997,4(11):44-45.}

[22246] 张平，顾雄华，王怀云，闵春年，孙洪体，叶益进，方大标，王鹏．高选择性腰骶神经后根切断术治疗痉挛性脑瘫[J]．中国矫形外科杂志，1997，4（1）：13-14，96．{ZHANG Ping,GU Xionghua,WANG Huaiyun,MIN Chunnian,SUN Hongti,YE Yijin,FANG Dabiao,WANG Peng. High selective lumbosacral posterior rhizotomy for treatment of spasticity of cerebral palsy[J]. Zhongguo Jiao Xing Wai Ke Za Zhi[Orthop J Chin(Article in Chinese;Abstract in Chinese)],1997,4(1):13-14,96.}

[22247] 孙启刚，谭金月，廖可国，刘光亮，谭宝利，张芳．选择性脊神经后根切断结合矫形手术治疗脑瘫所致肢体痉挛[J]．中国矫形外科杂志，1997，4（1）：15-16，96．{SUN Qigang,TAN Jinyue,LIAO Keguo,LIU Guangliang,TAN Baoli,ZHANG Fang. Selective posterior rhizotomy combined with orthopaedic surgery for treatment of spasticity of cerebral palsy in the limbs[J]. Zhongguo Jiao Xing Wai Ke Za Zhi[Orthop J Chin(Article in Chinese;Abstract in Chinese)],1997,4(1):15-16,96.}

[22248] 王吉波，张守亮，石宗义，程建高，张建军，赵亮，修先伦，罗明玉．改良椎管显露选择性脊神经后根切断治疗儿童脑瘫[J]．中国矫形外科杂志，1997，4（1）：33-34．{WANG Jibo,ZHANG Shouliang,SHI Zongyi,CHENG Jiangao,ZHANG Jianjun,ZHAO Liang,XIU Xianlun,LUO Mingyu. Modified spinal canal exposure and selective posterior rhizotomy for cerebral palsy in children[J]. Zhongguo Jiao Xing Wai Ke Za Zhi[Orthop J Chin(Article in Chinese;No abstract available)],1997,4(1):33-34.}

[22249] 顾玉东．关于脑瘫与颈肩痛诊治的几点看法[J]．中华手外科杂志，1997，13（3）：129．DOI：10.3760/cma.j.issn.1005-054X.1997.03.001．{GU Yudong. Views on diagnosis and treatment of cerebral palsy and neck and shoulder pain[J]. Zhonghua Shou Wai Ke Za Zhi[Chin J Hand Surg(Article in Chinese;No abstract available)],1997,13(3):129. DOI:10.3760/cma.j.issn.1005-

054X.1997.03.001.}

[22250] 顾玉东，蔡佩琴. C8 神经根切断治疗上肢脑瘫 [J]. 中华手外科杂志，1997，13（3）: 130-132. {GU Yudong,CAI Peiqin. Treatment of cerebral palsy spasticity of the upper extremities by C8 nerve root resection[J]. Zhonghua Shou Wai Ke Za Zhi[Chin J Hand Surg(Article in Chinese;Abstract in Chinese and English)],1997,13(3):130-132.}

[22251] 张长青，侯春林，匡勇. 实验性痉挛性脑瘫的臂丛神经根切断治疗 [J]. 中华手外科杂志，1997，13（3）: 133-135. {ZHANG Changqing,HOU Chunlin,KUANG Yong. Experimental rhizotomy of brachial plexus for treatment of cerebral palsy spasticity[J]. Zhonghua Shou Wai Ke Za Zhi[Chin J Hand Surg(Article in Chinese;Abstract in Chinese and English)],1997,13(3):133-135.}

[22252] 侯春林，张长青. 选择性臂丛神经根切断术治疗上肢痉挛性脑瘫的初步报告 [J]. 第二军医大学学报，1997，18（2）: 6-8. {HOU Chunlin,ZHANG Changqing. The treatment of upper extremity spasticity by selective brachial plexus nerve root rhizotomy-a primary report[J]. Di Er Jun Yi Da Xue Xue Bao[Acad J Sec Mil Med Univ(Article in Chinese;Abstract in Chinese and English)],1997,18(2):6-8.}

[22253] 陈鸿辉. 前臂屈肌起点剥离术治疗脑性瘫痪手 [J]. 中华骨科杂志，1997，17（12）: 773-774. {CHEN Honghui. Dissection of forearm flexor muscle origin for cerebral palsy hands[J]. Zhonghua Gu Ke Za Zhi[Chin J Orthop(Article in Chinese;No abstract available)],1997,17(12):773-774.}

[22254] 王秋根，章祖成. 选择性颈神经后根切断术治疗上肢痉挛性脑瘫 [J]. 中华显微外科杂志，1998，21（2）: 93. DOI: 10.3760/cma.j.issn.1001-2036.1998.02.005. {WANG Qiugen,ZHANG Zucheng. Selective posterior cervical rhizotomy for spastic cerebral palsy of upper limb[J]. Zhonghua Xian Wei Wai Ke Za Zhi[Chin J Microsurg(Article in Chinese;Abstract in Chinese and English)],1998,21(2):93. DOI:10.3760/cma.j.issn.1001-2036.1998.02.005.}

[22255] 朱庆棠，劳镇国，朱家恺. 选择性脊神经根切断术治疗痉挛性脑瘫 3 年随访分析 [J]. 中华显微外科杂志，1998，21（4）: 306. DOI: 10.3760/cma.j.issn.1001-2036.1998.04.035. {ZHU Qingtang,LAO Zhenguo,ZHU Jiakai. Selective rhizotomy for spastic cerebral palsy:a 3-year follow-up analysis[J]. Zhonghua Xian Wei Wai Ke Za Zhi[Chin J Microsurg(Article in Chinese;No abstract available)],1998,21(4):306. DOI:10.3760/cma.j.issn.1001-2036.1998.04.035.}

[22256] 王秋根，侯铁胜，张春才. 选择性脊神经后根切断术治疗痉挛性脑瘫远期随访 [J]. 中华外科杂志，1998，36（11）: 674. DOI: 10.3760/j: issn: 0529-5815.1998.11.011. {WANG Qiugen,HOU Tiesheng,ZHANG Chuncai. Long term follow-up of selective posterior rhizotomy for spastic cerebral palsy[J]. Zhonghua Wai Ke Za Zhi[Chin J Surg(Article in Chinese;Abstract in Chinese and English)],1998,36(11):674. DOI:10.3760/j:issn:0529-5815.1998.11.011.}

[22257] 郑久生，贺学军，陈良龙. 脑瘫合并足部畸形的一期 SPR 及足矫形治疗 [J]. 中国脊柱脊髓杂志，1998，8（2）: 99-100. DOI: 10.3969/j.issn.1004-406X.1998.02.012. {ZHENG Jiusheng,HE Xuejun,CHEN Lianglong. One-stage spr and foot correction for cerebral palsy complicated with foot deformity[J]. Zhongguo Ji Zhu Ji Sui Za Zhi[Chin J Spine Spinal Cord(Article in Chinese;No abstract available)],1998,8(2):99-100. DOI:10.3969/j.issn.1004-406X.1998.02.012.}

[22258] 陈哨军，徐庆中，李建新. 选择性脊神经前根切除的动物实验及治疗痉挛性脑瘫的瞻望 [J]. 中国脊柱脊髓杂志，1998，8（3）: 142-145. DOI: 10.3969/j.issn.1004-406X.1998.03.007. {CHEN Shaojun,XU Qingzhong,LI Jianxin. Animal experiment of selective anterior root resection of spinal nerve and prospect of treatment for spastic cerebral palsy[J]. Zhongguo Ji Zhu Ji Sui Za Zhi[Chin J Spine Spinal Cord(Article in Chinese;Abstract in Chinese and English)],1998,8(3):142-145. DOI:10.3969/j.issn.1004-406X.1998.03.007.}

[22259] 焦郭堂，高宏，李书品. 痉挛性脑瘫脊神经后根超微结构改变与脊神经后根切断术 [J]. 中国脊柱脊髓杂志，1998，8（6）: 339-340. DOI: 10.3969/j.issn.1004-406X.1998.06.012. {JIAO Guotang,GAO Hong,LI Shupin. Ultrastructural changes of posterior rhizotomy of spastic cerebral palsy and posterior rhizotomy of spinal nerve[J]. Zhongguo Ji Zhu Ji Sui Za Zhi[Chin J Spine Spinal Cord(Article in Chinese;No abstract available)],1998,8(6):339-340. DOI:10.3969/j.issn.1004-406X.1998.06.012.}

[22260] 刘毅，杨建安，张连仲. 选择性腰骶神经后根切断术治疗痉挛型脑瘫 27 例 [J]. 中华神经外科杂志，1998，14（2）: 113. DOI: 10.3760/j.issn: 1001-2346.1998.02.031. {LIU Yi,YANG Jianan,ZHANG Lianzhong. Selective lumbosacral posterior rhizotomy for 27 cases of spastic cerebral palsy[J]. Zhonghua Shen Jing Wai Ke Za Zhi[Chin J Neurosurg(Article in Chinese;No abstract available)],1998,14(2):113. DOI:10.3760/j.issn:1001-2346.1998.02.031.}

[22261] 张长青，侯春林. 选择性臂丛神经根切断术治疗痉挛性脑瘫二例 [J]. 中华医学杂志，1998，78（4）: 289. DOI: 10.3760/j: issn: 0376-2491.1998.04.035. {ZHANG Changqing,HOU Chunlin. Selective brachial plexus rhizotomy for two cases of spastic cerebral palsy[J]. Zhonghua Yi Xue Za Zhi[Natl Med J China(Article in Chinese;No abstract available)],1998,78(4):289. DOI:10.3760/j:issn:0376-2491.1998.04.035.}

[22262] 王秋根，吴岳嵩，年申生，杨锡铭，顾雄华，张春才，康一凡，陈舰，王家林. 选择性脊神经后根切断术治疗痉挛性脑瘫 [J]. 第二军医大学学报，1998，19（6）: 554-556. {WANG Qiugen,WU Yuesong,NIAN Shensheng,YANG Ximing,GU Xionghua,ZHANG Chuncai,KANG Yifan,CHEN Jian,WANG Jialin. Selective posterior rhizotomy for the treatment of spastic cerebral palsy[J]. Di Er Jun Yi Da Xue Xue Bao[Acad J Sec Mil Med Univ(Article in Chinese;Abstract in Chinese)],1998,19(6):554-556.}

[22263] 武钢. 椎管外选择性神经切断痉挛性脑瘫的解剖学研究进展 [J]. 中国临床解剖学杂志，1999，17（3）: 272-274. {WU Gang. Anatomical research progress of spastic cerebral palsy caused by selective neurotomy outside spinal canal[J]. Zhongguo Lin Chuang Jie Pou Xue Za Zhi[Chin J Clin Anat(Article in Chinese;No abstract available)],1999,17(3):272-274.}

[22264] 尹庆水，权日，昌耘冰. 脊髓圆锥部选择性脊神经前、后根切断术治疗痉挛性脑瘫 [J]. 中华骨科杂志，1999，19（3）: 133. DOI: 10.3760/j.issn: 0253-2352.1999.03.001. {YIN Qingshui,QUAN Ri,CHANG Yunbing. Selective posterior and anterior rhizotomy at the level of conus medullaris for treatment of spastic cerebral palsy[J]. Zhonghua Gu Ke Za Zhi[Chin J Orthop(Article in Chinese;Abstract in Chinese and English)],1999,19(3):133. DOI:10.3760/j.issn:0253-2352.1999.03.001.}

[22265] 侯春林，张长青，匡勇. 神经根切断术治疗痉挛性脑瘫 [J]. 中华显微外科杂志，1999，22（1）: 35. DOI: 10.3760/cma.j.issn.1001-2036.1999.01.013. {HOU Chunlin,ZHANG Changqing,KUANG Yong. Rhizotomy for spastic cerebral palsy[J]. Zhonghua Xian Wei Wai Ke Za Zhi[Chin J Microsurg(Article in Chinese;Abstract in Chinese and English)],1999,22(1):35. DOI:10.3760/cma.j.issn.1001-2036.1999.01.013.}

[22266] 熊革，罗永湘. 股动脉外膜剥离加坐骨神经松解治疗下肢痉挛性脑瘫的疗效分析 [J]. 中华显微外科杂志，1999，22（1）: 57. DOI: 10.3760/cma.j.issn.1001-2036.1999.01.024. {XIONG Ge,LUO Yongxiang. Analysis of therapeutic effect of femoral artery adventitia dissection combined with sciatic nerve release on spastic cerebral palsy of lower limbs[J]. Zhonghua Xian Wei Wai Ke Za Zhi[Chin J Microsurg(Article in Chinese;No abstract available)],1999,22(1):57. DOI:10.3760/cma.j.issn.1001-2036.1999.01.024.}

[22267] 王正雷，姜洪和，包双青. 胸腰段脊神经后根选择性切断术治疗脑瘫下肢痉挛 [J]. 中华显微外科杂志，1999，22（1）: 71. DOI: 10.3760/cma.j.issn.1001-2036.1999.01.038. {WANG Zhenglei,JIANG Honghe,BAO Shuangqing. Selective posterior root resection of thoracolumbar spinal nerve for lower limb spasm of cerebral palsy[J]. Zhonghua Xian Wei Wai Ke Za Zhi[Chin J Microsurg(Article in Chinese;No abstract available)],1999,22(1):71. DOI:10.3760/cma.j.issn.1001-2036.1999.01.038.}

[22268] 高晓群，赵保平，王延芬. 腰骶部脊神经后根选择性切断术治疗痉挛性脑瘫的应用解剖及临床疗效观察 [J]. 中华显微外科杂志，1999，22（3）: 183. DOI: 10.3760/cma.j.issn.1001-2036.1999.03.009. {GAO Xiaoqun,ZHAO Baoping,WANG Yanfen. Applied anatomy and clinical observation of selective lumbosacral posterior root resection for spastic cerebral palsy[J]. Zhonghua Xian Wei Wai Ke Za Zhi[Chin J Microsurg(Article in Chinese;Abstract in Chinese and English)],1999,22(3):183. DOI:10.3760/cma.j.issn.1001-2036.1999.03.009.}

[22269] 付庆斌，王福成，隋治荣，范遗恩. 胫神经肌支选择性阻断术治疗脑瘫肌痉挛性垂足 [J]. 中华显微外科杂志，1999，22（4）: 3-5. {FU Qingbin,WANG Fucheng,SUI Zhirong,FAN Yidong. Selective blocking of muscular branches of tibial nerve in treatment of spastic foot of cerebral palsy[J]. Zhonghua Xian Wei Wai Ke Za Zhi[Chin J Microsurg(Article in Chinese;No abstract available)],1999,22(4):3-5.}

[22270] 王正雷，徐林，李树春，姜洪和. SPR 治疗痉挛型脑瘫及其诱发电位研究 [J]. 中国脊柱脊髓杂志，1999，9（6）: 331-333. DOI: 10.3969/j.issn.1004-406X.1999.06.010. {WANG Zhenglei,XU Lin,LI Shuchun,JIANG Honghe. Treatment of spastic cerebral plasy with selective posterior rhizotomy and evoked potential study[J]. Zhongguo Ji Zhu Ji Sui Za Zhi[Chin J Spine Spinal Cord(Article in Chinese;No abstract available)],1999,9(6):331-333. DOI:10.3969/j.issn.1004-406X.1999.06.010.}

[22271] 姚建祥，杜明奎，白晓东，王明新，李禾，匡正达，黄瑞良，邢更彦，王振宇，姜川. 痉挛性脑瘫手术治疗的探讨（附 81 例报告）[J]. 中国矫形外科杂志，1999，6（4）: 42. {YAO Jianxiang,DONG Mingkui,BAI Xiaodong,WANG Mingxin,LI He,KUANG Zhengda,HUANG Ruiliang,XING Gengyan,WANG Zhenyu,JIANG Chuan. Surgical treatment of spastic cerebral palsy(report of 81 cases)[J]. Zhongguo Jiao Xing Wai Ke Za Zhi[Orthop J Chin(Article in Chinese;No abstract available)],1999,6(4):42.}

[22272] 赵海波，付新生，张绍堂，周友华，谢国瑞. 旋前圆肌移位术治疗脑瘫前臂旋前畸形 [J]. 中国矫形外科杂志，1999，6（1）: 57-58. {ZHAO Haibo,FU Xinsheng,ZHANG Shaotang,ZHOU Youhua,XIE Guorui. Muscle pronator teres transfer treatment of forearm pronated in cerebral palsy[J]. Zhongguo Jiao Xing Wai Ke Za Zhi[Orthop J Chin(Article in Chinese;Abstract in Chinese)],1999,6(1):57-58.}

[22273] 吴珊鹏，罗永湘. 颈交感神经阻断后脑瘫大鼠上肢肌肉酶学研究 [J]. 中华实验外科杂志，1999，16（4）: 361. DOI: 10.3760/j.issn: 1001-9030.1999.04.057. {WU Shanpeng,LUO Yongxiang. Enzymatic study on upper limb muscle of cerebral palsy rats after block of cervical sympathetic nerve[J]. Zhonghua Shi Yan Wai Ke Za Zhi[Chin J Exp Surg(Article in Chinese;No abstract available)],1999,16(4):361. DOI:10.3760/j.issn:1001-9030.1999.04.057.}

[22274] 田洪李，刘丽华，张继香，侯秀玲. 颈总动脉周围交感神经网剥脱切除术治疗脑瘫 [J]. 中国局解手术学杂志，1999，8（2）: 14-15. {TIAN Hongxiao,LIU Lihua,ZHANG Jixiang,HOU Xiuling. Sympathetic plexus stripping of pericommon carotid artery for treating cerebral palsy[J]. Ju Jie Shou Shu Xue Za Zhi[J Reg Anat Oper Surg(Article in Chinese;Abstract in Chinese and English)],1999,8(2):14-15.}

[22275] 王秋根，吴岳嵩，年申生. 选择性脊神经后根切断术治疗痉挛性脑瘫 [J]. 上海医学，1999，22（10）: 636. DOI: 10.3969/j.issn.0253-9934.1999.10.024. {WANG Qiugen,WU Yuesong,NIAN Shensheng. Selective posterior rhizotomy for spastic cerebral palsy[J]. Shang Hai Yi Xue[Shanghai Med J(Article in Chinese;No abstract available)],1999,22(10):636. DOI:10.3969/j.issn.0253-9934.1999.10.024.}

[22276] 刘敏，胡廷泽，韦福康. 选择性脊神经后根切断术治疗痉挛性脑瘫的综述 [J]. 中国修复重建外科杂志，1999，13（3）: 183-185. {LIU Min,HU Tingze,WEI Fukang. A review on the treatment of spastic cerebral palsy with selective posterior rhizotomy[J]. Zhongguo Xiu Fu Chong Jian Wai Ke Za Zhi[Chin J Repar Reconstr Surg(Article in Chinese;Abstract in Chinese and English)],1999,13(3):183-185.}

[22277] 周玉江，孟纯阳，王小雨，郭桂雯. 脑性瘫痪的显微外科治疗与术式改进 [J]. 中华显微外科杂志，1999，22（S1）: 3-5. {ZHOU Yujiang,MENG Chunyang,WANG Xiaoyu,GUO Guiwen. Microsurgical treatment and improvement of cerebral palsy[J]. Zhonghua Xian Wei Wai Ke Za Zhi[Chin J Microsurg(Article in Chinese;No abstract available)],1999,22(S1):3-5.}

[22278] 王秋根，侯铁胜，张春才. 脊神经后根小范围选择性切断术治疗痉挛性脑瘫 [J]. 中华显微外科杂志，2000，23（4）: 260. DOI: 10.3760/cma.j.issn.1001-2036.2000.04.008. {WANG Qiugen,HOU Tiesheng,ZHANG Chuncai. Small-scale selective posterior root transection for spastic cerebral palsy[J]. Zhonghua Xian Wei Wai Ke Za Zhi[Chin J Microsurg(Article in Chinese;Abstract in Chinese and English)],2000,23(4):260. DOI:10.3760/cma.j.issn.1001-2036.2000.04.008.}

[22279] 王正雷，姜洪和，徐林. 双侧连续开窗式选择性脊神经后根切断治疗脑瘫下肢痉挛 [J]. 中华显微外科杂志，2000，23（4）: 310. DOI: 10.3760/cma.j.issn.1001-2036.2000.04.039. {WANG Zhenglei,JIANG Honghe,XU Lin. Bilateral continuous window selective posterior rhizotomy for lower limb spasm of cerebral palsy[J]. Zhonghua Xian Wei Wai Ke Za Zhi[Chin J Microsurg(Article in Chinese;No abstract available)],2000,23(4):310. DOI:10.3760/cma.j.issn.1001-2036.2000.04.039.}

[22280] 陈哨军，张东印，李继海. 脊神经前根选择性切断治疗痉挛性脑瘫 [J]. 中华显微外科杂志，2000，23（4）: 315. DOI: 10.3760/cma.j.issn.1001-2036.2000.04.053. {CHEN Shaojun,ZHANG Dongyin,LI Jihai. Selective anterior root transection of spinal nerve for spastic cerebral palsy[J]. Zhonghua Xian Wei Wai Ke Za Zhi[Chin J Microsurg(Article in Chinese;Abstract in Chinese and English)],2000,23(4):315. DOI:10.3760/cma.j.issn.1001-2036.2000.04.053.}

[22281] 李玉晶，王廷华，姜惠儒. 脑瘫与脊柱裂致足部畸形12例报告 [J]. 中国矫形外科杂志，2000，7（2）: 142-143. DOI: 10.3969/j.issn.1005-8478.2000.02.013. {LI Yujing,WANG Tinghua,JIANG Huiru. Foot deformity caused by cerebral palsy and bifid spine together(with 12 cases reports)[J]. Zhongguo Jiao Xing Wai Ke Za Zhi[Orthop J Chin(Article in Chinese;Abstract in Chinese and English)],2000,7(2):142-143. DOI:10.3969/j.issn.1005-8478.2000.02.013.}

[22282] 徐宾，蒋玉红，姜先敏，齐继红. 脑瘫 SPR 手术前后微循环变化的观察 [J]. 中国矫形外科杂志，2000，7（9）: 872-874. DOI: 10.3969/j.issn.1005-8478.2000.09.012. {XU Bin,JIANG Yuhong,JIANG Xianmin,QI Jihong. Obeserving the changes of microcirculation before and after selective posterior rhizotomy(SPR) in children with cerebral palsy[J]. Zhongguo Jiao Xing Wai Ke Za Zhi[Orthop J Chin(Article in Chinese;Abstract in Chinese and English)],2000,7(9):872-874. DOI:10.3969/j.issn.1005-8478.2000.09.012.}

[22283] 张少成，禹宝庆，石志才，修先伦，赵永江，黄平，姚一平. 周围神经侧侧吻合治疗痉挛性脑瘫初步报告 [J]. 中国矫形外科杂志，2000，7（11）: 1056-1058. DOI: 10.3969/j.issn.1005-8478.2000.11.004. {ZHANG Shaocheng,YU Baoqing,SHI Zhicai,XIU Xianlun,ZHAO Yongjiang,HUANG Ping,YAO Yiping. The treatment of cerebral palsy by side-to-side perepheral nerve anastomosis[J]. Zhongguo Jiao Xing Wai Ke Za Zhi[Orthop J Chin(Article in Chinese;Abstract in Chinese and English)],2000,7(11):1056-1058. DOI:10.3969/j.issn.1005-8478.2000.11.004.}

[22284] 傅晓辉，侯春林，匡勇. 选择性臂丛神经根切断术治疗痉挛性脑瘫的实验研究 [J]. 中华手外科杂志，2000，16（4）: 252. DOI: 10.3760/cma.j.issn.1005-054X.2000.04.019. {FU Xiaohui,HOU Chunlin,KUANG Yong. Experimental study of selective rhizotomy of brachial plexus for treatment of spastic cerebral palsy[J]. Zhonghua Shou Wai Ke Za Zhi[Chin J Hand Surg(Article in Chinese;Abstract in Chinese and English)],2000,16(4):252. DOI:10.3760/cma.j.issn.1005-054X.2000.04.019.}

[22285] 周其荫，刘瑾，赵武，朱锋，杨世祥，谈敬忠. 选择性周围神经切断术治疗痉挛性脑瘫 [J]. 临床骨科杂志，2000，3（2）: 104-105. DOI: 10.3969/j.issn.1008-0287.2000.02.011. { ZHOU Qiyin,LIU Jin,ZHAO Wu,ZHU Feng,YANG Shixiang,TAN Jingzhong. Treatment of cerebral palsy by selective peripheroneural rhizotomy[J]. Lin Chuang Gu Ke Za Zhi[J Clin Orthop(Article in Chinese;Abstract in Chinese and English)],2000,3(2):104-105. DOI:10.3969/

j.issn.1008 - 0287.2000.02.011.}

[22286] 张少成，修先伦，黄平. 神经束间侧侧吻合治疗局限性痉挛性脑瘫 [J]. 第二军医大学学报，2000，21（4）: 395. DOI: 10.3321/j.issn: 0258－879X.2000.04.030. {ZHANG Shaocheng,XIU Xianlun,HUANG Ping. Treatment of spastic cerebral palsy by side to side neurorrhaphy[J]. Di Er Jun Yi Da Xue Xue Bao[Acad J Sec Mil Med Univ(Article in Chinese;No abstract available)],2000,21(4):395. DOI:10.3321/j.issn:0258 - 879X.2000.04.030.}

[22287] 刘小林. 脑性瘫痪显微外科治疗的回顾与进展 [J]. 中华显微外科杂志，2000，23（1）: 23－25. DOI: 10.3760/cma.j.issn.1001－2036.2000.01.009. {LIU Xiaolin. Review and progress of microsurgical treatment of cerebral palsy[J]. Zhonghua Xian Wei Wai Ke Za Zhi[Chin J Microsurg(Article in Chinese;No abstract available)],2000,23(1):23 - 25. DOI:10.3760/cma.j.issn.1001 - 2036.2000.01.009.}

[22288] 陈哨军. 脑性瘫痪周围神经及骨骼肌亚显微病变研究 [J]. 中华外科杂志，2000，38（8）: 613. DOI: 10.3760/j: issn: 0529－5815.2000.08.015. {CHEN Shaojun. Ultrastructural study on the peripheral nerve and skeletal muscle of patients with spastic cerebral palsy[J]. Zhonghua Wai Ke Za Zhi[Chin J Surg(Article in Chinese;Abstract in Chinese and English)],2000,38(8):613. DOI:10.3760/j:issn:0529 - 5815.2000.08.015.}

[22289] 俞兴，徐林，易斌，张小东，洪毅. 选择性脊神经后根切断术对脑瘫患儿膀胱功能的影响 [J]. 中华外科杂志，2001，39（5）: 371－374. DOI: 10.3760/j: issn: 0529－5815.2001.05.012. {YU Xing,XU Lin,YI Bin,ZHANG Xiaodong,HONG Yi. Bladder function before and after functional selective posterior rhizotomy in children with cerebral palsy[J]. Zhonghua Wai Ke Za Zhi[Chin J Surg(Article in Chinese;Abstract in Chinese and English)],2001,39(5):371 - 374. DOI:10.3760/j:issn:0529 - 5815.2001.05.012.}

[22290] 徐林，洪毅，易斌，周钧. 痉挛性脑瘫选择性脊神经后根切断术的10年回顾（附825例随访结果分析）[J]. 中国矫形外科杂志，2001，8（1）: 42－44. DOI: 10.3969/j.issn.1005－8478.2001.01.013. {XU Lin,HONG Yi,YI Bin,ZHOU Jun. A ten - year retrospective analysis of selective posterior rhizotomy(SPR) in treatment of spastic cerebral palsy (follow - up of 825 cases)[J]. Zhongguo Jiao Xing Wai Ke Za Zhi[Orthop J Chin(Article in Chinese;Abstract in Chinese and English)],2001,8(1):42 - 44. DOI:10.3969/j.issn.1005 - 8478.2001.01.013.}

[22291] 王波，徐林，洪毅，王业华，周均，王海军. 影响痉挛性脑瘫 SPR 术后行走能力的因素及其意义分析 [J]. 中国矫形外科杂志，2001，8（3）: 237－239. DOI: 10.3969/j.issn.1005－8478.2001.03.009. {WANG Bo,XU Lin,HONG Yi,WANG Yehua,ZHOU Jun,WANG Haijun. Influential factors of walking ability after selective posterior rhizotomy(SPR) in children with spastic cerebral palsy and their significance[J]. Zhongguo Jiao Xing Wai Ke Za Zhi[Orthop J Chin(Article in Chinese;Abstract in Chinese and English)],2001,8(3):237 - 239. DOI:10.3969/j.issn.1005 - 8478.2001.03.009.}

[22292] 贺申武，姚传龙. 旋前肌切断肌腱移位治疗大脑瘫后遗症 [J]. 中国矫形外科杂志，2001，8（10）: 945. DOI: 10.3969/j.issn.1005－8478.2001.10.040. {HE Shenwu,YAO Chuanlong. Treatment of sequelae of cerebral palsy with pronator muscle transection and tendon transfer[J]. Zhongguo Jiao Xing Wai Ke Za Zhi[Orthop J Chin(Article in Chinese;No abstract available)],2001,8(10):945. DOI:10.3969/j.issn.1005 - 8478.2001.10.040.}

[22293] 杨璇，王晓林. 选择性脊神经后根切断术治疗儿童脑瘫下肢痉挛 [J]. 中国矫形外科杂志，2001，8（12）: 1239－1240. DOI: 10.3969/j.issn.1005－8478.2001.12.040. {YANG Xuan,WANG Xiaolin. Selective posterior rhizotomy for treatment limbs spasticity in children with cerebal palsy[J]. Zhongguo Jiao Xing Wai Ke Za Zhi[Orthop J Chin(Article in Chinese;Abstract in Chinese)],2001,8(12):1239 - 1240. DOI:10.3969/j.issn.1005 - 8478.2001.12.040.}

[22294] 赵丽君，宋修爱. 选择性脊神经后根切断治疗下肢痉挛性脑瘫的手术配合 [J]. 中国骨伤，2001，14（5）: 316. DOI: 10.3969/j.issn.1003－0034.2001.05.041. {ZHAO Lijun,SONG Xiuai. Surgical cooperation of selective posterior spinal root amputation in the treatment of lower limb spastic cerebral palsy[J]. Zhongguo Gu Shang[China J Orthop Trauma(Article in Chinese;No abstract available)],2001,14(5):316. DOI:10.3969/j.issn.1003 - 0034.2001.05.041.}

[22295] 易斌，徐林，洪毅，俞兴，王兵，曹旭，汪利合. 儿童脑瘫选择性脊神经后根切断术后腰椎结构的变化 [J]. 中华医学杂志，2001，81（16）: 983－987. DOI: 10.3760/j: issn: 0376－2491.2001.16.008. { YI Bin,XU Lin,HONG Yi,YU Xing,WANG Bing,CAO Xu,WANG Lihe. Lumbar structural observation of children with cerebral palsy after selective posterior rhizotomy[J]. Zhonghua Yi Xue Za Zhi[Natl Med J China(Article in Chinese;Abstract in Chinese and English)],2001,81(16):983 - 987. DOI:10.3760/j:issn:0376 - 2491.2001.16.008.}

[22296] 王秋根，吴岳嵩，年申生，沈洪兴，侯铁胜，张春才，张秋林，褚卫韬. 选择性腰骶神经后根切断术治疗痉挛性脑瘫的并发症分析 [J]. 第二军医大学学报，2001，22（10）: 970－972. DOI: 10.3321/j.issn: 0258－879X.2001.10.024. {WANG Qiugen,WU Yuesong,NIAN Shensheng,SHEN Hongxing,HOU Tiesheng,ZHANG Chuncai,ZHANG Qiulin,CHU Weitao. Analysis of complications after selective posterior rhizotomy in treatment of spastic cerebral palsy[J]. Di Er Jun Yi Da Xue Xue Bao[Acad J Sec Mil Med Univ(Article in Chinese;Abstract in Chinese and English)],2001,22(10):970 - 972. DOI:10.3321/j.issn:0258 - 879X.2001.10.024.}

[22297] 郑建河，陈克平，魏伟明，林惠华. Bridle 手术治疗儿童轻度痉挛性脑瘫足畸形 [J]. 中国修复重建外科杂志，2001，15（2）: 101－103. {ZHENG Jianhe,CHEN Keping,WEI Weiming,LIN Huihua. The bridle procedure in treatment of foot deformity in children with slight cerebral spastic paralysis[J]. Zhongguo Xiu Fu Chong Jian Wai Ke Za Zhi[Chin J Repar Reconstr Surg(Article in Chinese;Abstract in Chinese and English)],2001,15(2):101 - 103.}

[22298] 辛健，牛其昌，于文卿，贾逢爽，耿爱芹. 坐骨神经肌支选择性切断术治疗脑瘫（月国）绳肌痉挛 [J]. 中国矫形外科杂志，2002，9(6): 562. DOI: 10.3969/j.issn.1005－8478.2002.06.035. {XIN Jian,NIU Qichang,YU Wenqing,JIA Fengshuang,GENG Aiqin. Selective amputation of sciatic nerve and muscular branches in the treatment of hamstring spasm in cerebral palsy[J]. Zhongguo Jiao Xing Wai Ke Za Zhi[Orthop J Chin(Article in Chinese;No abstract available)],2002,9(6):562. DOI:10.3969/j.issn.1005 - 8478.2002.06.035.}

[22299] 修先伦，王吉波，张少成，王季，祝玉玺. 胫－腓总神经侧侧缝合治疗下肢痉挛性脑瘫近期效果观察 [J]. 中国矫形外科杂志，2002，10（12）: 1187－1188. DOI: 10.3969/j.issn.1005－8478.2002.12.014. {XIU Xianlun,WANG Jibo,ZHANG Shaocheng,WANG Ji,ZHU Yuxi. Treatment of spastic cerebral palsy by side - to - side neurorrhaphy of peroneal and tibial nerves[J]. Zhongguo Jiao Xing Wai Ke Za Zhi[Orthop J Chin(Article in Chinese;Abstract in Chinese and English)],2002,10(12):1187 - 1188. DOI:10.3969/j.issn.1005 - 8478.2002.12.014.}

[22300] 徐林，刘小林，俞兴. 第三届脑瘫外科与康复研讨会纪要 [J]. 中国矫形外科杂志，2002，10（z2）: 1357－1358. DOI: 10.3969/j.issn.1005－8478.2002.z2.001. {XU Lin,LIU Xiaolin,YU Xing. Summary of the 3rd symposium on cerebral palsy surgery and rehabilitation[J]. Zhongguo Jiao Xing Wai Ke Za Zhi[Orthop J Chin(Article in Chinese;No abstract available)],2002,10(z2):1357 - 1358. DOI:10.3969/j.issn.1005 - 8478.2002.z2.001.}

[22301] 陈彤春，李智勇，严凤娇，徐伟，何翠环. 脑瘫患者选择性脊神经后根切断术后康复训练效果观察 [J]. 中华创伤骨科杂志，2002，4（4）: 301－303. DOI: 10.3760/cma.j.issn.1671－7600.2002.04.019. {CHEN Tongchun,LI Zhiyong,YAN Fengjiao,XU Wei,HE Cuihuan. The rehabilitation training for patients with cerebral palsy after selective posterior rhizotomy[J]. Zhonghua Chuang Shang Gu Ke Za Zhi[Chin J Orthop Trauma(Article in Chinese;Abstract in Chinese and English)],2002,4(4):301 - 303. DOI:10.3760/cma.j.issn.1671 - 7600.2002.04.019.}

[22302] 贾湘谦，陈艺新，赵滨，栾波. 高选择性周围神经切断治疗成人脑瘫手 [J]. 实用骨科杂志，2002，8（2）: 102－104. DOI: 10.3969/j.issn.1008－5572.2002.02.011. {JIA Xiangqian,CHEN Yixin,ZHAO Bin,LUAN Bo. Selective peripheral neurectomy for treatment of adults with the clubhand of cerebral palsy[J]. Shi Yong Gu Ke Za Zhi[J Pract Orthop(Article in Chinese;Abstract in Chinese and English)],2002,8(2):102 - 104. DOI:10.3969/j.issn.1008 - 5572.2002.02.011.}

[22303] 李智勇，朱家恺，刘均墀，劳镇国，刘小林，许扬滨，程钢. 选择性脊神经后根切断术对痉挛性脑瘫运动功能中远期随访疗效分析 [J]. 中华显微外科杂志，2003，26（3）: 239－240. DOI: 10.3760/cma.j.issn.1001－2036.2003.03.039. {LI Zhiyong,ZHU Jiakai,LIU Junxi,LAO Zhenguo,LIU Xiaolin,XU Yangbin,CHENG Gang. Selective posterior rhizotomy for mid - and long - term follow - up of motor function in spastic cerebral palsy[J]. Zhonghua Xian Wei Wai Ke Za Zhi[Chin J Microsurg(Article in Chinese;Abstract in Chinese)],2003,26(3):239 - 240. DOI:10.3760/cma.j.issn.1001 - 2036.2003.03.039.}

[22304] 孙启刚，马占山，李广，景少鹏，冯春利，郑强，谭宝利. 改良腰骶 SPR 治疗痉挛性脑瘫 [J]. 中国脊柱脊髓杂志，2003，13（6）: 368－369. DOI: 10.3969/j.issn.1004－406X.2003.06.014. {SUN Qigang,MA Zhanshan,LI Guang,JING Shaopeng,FENG Chunli,ZHENG Qiang,TAN Baoli. Reformations for selective lumbosacral posterior rhizotomy for treatment of spasticity of cerebral palsy[J]. Zhongguo Ji Zhu Ji Sui Za Zhi[Chin J Spine Spinal Cord(Article in Chinese;Abstract in Chinese)],2003,13(6):368 - 369. DOI:10.3969/j.issn.1004 - 406X.2003.06.014.}

[22305] 王伟，王少波，刘桂君. 痉挛性脑瘫患者合并颈脊髓病的诊断与治疗 [J]. 中国矫形外科杂志，2003，11(8): 518－520. DOI: 10.3969/j.issn.1005－8478.2003.08.004. {WANG Wei,WANG Shaobo,LIU Guijun. Diagnosis and treatment of cervical myelopathy secondary to athetoid cerebral palsy[J]. Zhongguo Jiao Xing Wai Ke Za Zhi[Orthop J Chin(Article in Chinese;Abstract in Chinese and English)],2003,11(8):518 - 520. DOI:10.3969/j.issn.1005 - 8478.2003.08.004.}

[22306] 杨超，唐昊，王秋根. 鞘内注射氯苯氯丁酸治疗痉挛型脑瘫 [J]. 中国矫形外科杂志，2003，11（9）: 632－634. DOI: 10.3969/j.issn.1005－8478.2003.09.020. {YANG Chao,TANG Hao,WANG Qiugen. Spastic cerebral palsy treated with the intrathecal injection of chlorphenylchlorobutyric acid[J]. Zhongguo Jiao Xing Wai Ke Za Zhi[Orthop J Chin(Article in Chinese;No abstract available)],2003,11(9):632 - 634. DOI:10.3969/j.issn.1005 - 8478.2003.09.020.}

[22307] 尹彪中，李如求，张兰亭，孟国成，何飞平，柴志勇. 选择性脊神经后根切断术联合足部矫形术治疗脑瘫足 [J]. 中国矫形外科杂志，2003，11（12）: 857－858. DOI: 10.3969/j.issn.1005－8478.2003.12.023. {YIN Biaozhong,LI Ruqiu,ZHANG Lanting,MENG Guocheng,HE Feiping,CHAI Zhiyong. Clubfoot of cerebral palsy treated with selective posterior rhizotomy and orthomorphia[J]. Zhongguo Jiao Xing Wai Ke Za Zhi[Orthop J Chin(Article in Chinese;Abstract in Chinese)],2003,11(12):857 - 858. DOI:10.3969/j.issn.1005 - 8478.2003.12.023.}

[22308] 于炎冰，张黎，左焕琮. 选择性坐骨神经分支部分切断术治疗脑瘫患儿膝部屈曲痉挛 [J]. 中华神经外科杂志，2003，19（5）: 388－390. DOI: 10.3760/j.issn: 1001－2346.2003.05.017. {YU Yanbing,ZHANG Li,ZUO Huancong. Selective sciatic neurotomy for relief of spasticity focalized to the knees in children with cerebral palsy[J]. Zhonghua Shen Jing Wai Ke Za Zhi[Chin J Neurosurg(Article in Chinese;Abstract in Chinese and English)],2003,19(5):388 - 390. DOI:10.3760/j.issn:1001 - 2346.2003.05.017.}

[22309] 陈建文，秦泗河. 颈动脉外膜剥离治疗脑性瘫痪 [J]. 中国矫形外科杂志，2003，11（15）: 1068－1069. DOI: 10.3969/j.issn.1005－8478.2003.15.019. {CHEN Jianwen,QIN Sihe. Treatment of cerebral palsy with carotid adventitia dissection[J]. Zhongguo Jiao Xing Wai Ke Za Zhi[Orthop J Chin(Article in Chinese;No abstract available)],2003,11(15):1068 - 1069. DOI:10.3969/j.issn.1005 - 8478.2003.15.019.}

[22310] 傅中国，姜保国，张殿英，薛峰，王天兵，徐峰，李兵. 半椎板显露选择性脊神经后根机械灭活治疗痉挛性脑瘫 [J]. 中华显微外科杂志，2004，27（1）: 32－34. DOI: 10.3760/cma.j.issn.1001－2036.2004.01.012. {FU Zhongguo,JIANG Baoguo,ZHANG Dianying,XUE Feng,WANG Tianbing,XU Feng,LI Bing. Treatment of spasm cerebra1 palsy applying selective posterior mechanic inactivation by semi - lamina approach[J]. Zhonghua Xian Wei Wai Ke Za Zhi[Chin J Microsurg(Article in Chinese;Abstract in Chinese and English)],2004,27(1):32 - 34. DOI:10.3760/cma.j.issn.1001 - 2036.2004.01.012.}

[22311] 李新志. 儿童痉挛型脑瘫的治疗进展 [J]. 中国脊柱脊髓杂志，2004，14（6）: 380－382. DOI: 10.3969/j.issn.1004－406X.2004.06.021. {LI Xinzhi. Progress in treatment of spastic cerebral palsy in children[J]. Zhongguo Ji Zhu Ji Sui Za Zhi[Chin J Spine Spinal Cord(Article in Chinese;No abstract available)],2004,14(6):380 - 382. DOI:10.3969/j.issn.1004 - 406X.2004.06.021.}

[22312] 俞兴，徐林. 选择性脊神经后根切断术治疗儿童痉挛型脑瘫进展 [J]. 中国矫形外科杂志，2004，12（1）: 104－106. DOI: 10.3969/j.issn.1005－8478.2004.01.034. {YU Xing,XU Lin. Progress of selective posterior radicotomy in the treatment of children with spastic cerebral palsy[J]. Zhongguo Jiao Xing Wai Ke Za Zhi[Orthop J Chin(Article in Chinese;No abstract available)],2004,12(1):104 - 106. DOI:10.3969/j.issn.1005 - 8478.2004.01.034.}

[22313] 马若飞，刘春华，赵丽杰，齐有为. 中西医综合治疗小儿痉挛型脑瘫的临床观察（附200例病例分析）[J]. 中国矫形外科杂志，2004，12（5）: 384－385. DOI: 10.3969/j.issn.1005－8478.2004.05.021. {MA Ruofei,LIU Chunhua,ZHAO Lijie,QI Youwei. Clinical analysis of spastic cerebral palsy treated by combination of Chinese traditional and western medicine[J]. Zhongguo Jiao Xing Wai Ke Za Zhi[Orthop J Chin(Article in Chinese;Abstract in Chinese and English)],2004,12(5):384 - 385. DOI:10.3969/j.issn.1005 - 8478.2004.05.021.}

[22314] 邹勇，吴许清，朱立新，黎云青，龚葵，肖小兵，熊小兵. 旋前肌止点剥离术治疗脑瘫后遗前臂旋前畸形 [J]. 中国矫形外科杂志，2004，12（17）: 1315－1316. DOI: 10.3969/j.issn.1005－8478.2004.17.011. {ZOU Yong,WU Xuqing,ZHU Lixin,LI Yunqing,GONG Kui,XIAO Xiaobing,XIONG Xiaobing. Exfoliation of pronator insertion to treat on forearm pronated in cerebral plasy[J]. Zhongguo Jiao Xing Wai Ke Za Zhi[Orthop J Chin(Article in Chinese;Abstract in Chinese and English)],2004,12(17):1315 - 1316. DOI:10.3969/j.issn.1005 - 8478.2004.17.011.}

[22315] 徐宾，蒋玉红，范希文，姜先敏，王千，张晋绥. SPR 治疗脑瘫手术前后上肢微循环变化的观测 [J]. 中国矫形外科杂志，2004，12（19）: 1468－1470. DOI: 10.3969/j.issn.1005－8478.2004.19.007. {XU Bin,JIANG Yuhong,FAN Xiwen,JIANG Xianmin,WANG Qian,ZHANG Jinsui. Observing the microcirculation changes of the upper limbs before and after lumbosacral selective posterior rhizotomy(SPR) in children with cerebral palsy[J]. Zhongguo Jiao Xing Wai Ke Za Zhi[Orthop J Chin(Article in Chinese;Abstract in Chinese and English)],2004,12(19):1468 - 1470. DOI:10.3969/j.issn.1005 - 8478.2004.19.007.}

[22316] 于炎冰，张黎，伍成奇，李伟，马延山，张文伟，郭京，左焕琮. 显微神经外科手术治疗痉挛型脑瘫738例临床观察 [J]. 中华神经外科杂志，2004，20（1）: 59－62. DOI: 10.3760/j.issn: 1001－2346.2004.01.016. {YU Yanbing,ZHANG Li,WU Chengqi,LI Wei,MA Yanshan,ZHANG Wenwei,GUO Jing,ZUO Huancong. Microneurosurgical treatment for relief of spasticity of cerebral palsy patients(738 Cases)[J]. Zhonghua Shen Jing Wai Ke Za Zhi[Chin J Neurosurg(Article in Chinese;Abstract in Chinese and English)],2004,20(1):59 - 62. DOI:10.3760/j.issn:1001 - 2346.2004.01.016.}

[22317] 李智勇，朱家恺，刘小林，刘均墀，劳镇国，许扬滨，程钢. 脑瘫髋发育畸形及选择性脊神经后根切断术对脑瘫髋关节的影响 [J]. 中山大学学报（医学科学版），2004，25（2）: 177－179. DOI: 10.3321/j.issn: 1672－3554.2004.02.022. {LI Zhiyong,ZHU Jiakai,LIU Xiaolin,LIU Junxi,LAO Zhenguo,XU Yangbin,CHENG Gang. Hip deformity and the effect of spr on hip joint of cerebral palsy[J]. Zhong Shan Da Xue Xue Bao(Yi Xue Ke Xue Ban)[J Sun Yat - Sen Univ(Med Sci)(Article in Chinese;Abstract in Chinese and English)],2004,25(2):177 - 179.

DOI:10.3321/j.issn:1672-3554.2004.02.022.}

[22318] 杨超，王秋根，张秋林，唐昊. 选择性限制性脊神经后根切断术后脑瘫患儿腰椎稳定性的变化[J]. 中华骨科杂志，2005，25(4)：218-222. DOI：10.3760/j.issn：0253-2352.2005.04.008. {YANG Chao,ZHANG Qiulin,TANG Hao. Lumbar stability observation of children with cerebral palsy after limited selective posterior rhizotomy[J]. Zhonghua Gu Ke Za Zhi[Chin J Orthop(Article in Chinese;Abstract in Chinese and English)],2005,25(4):218-222. DOI:10.3760/j.issn:0253-2352.2005.04.008.}

[22319] 马善军，周天健. 盆腔内闭孔神经切断治疗脑瘫髋内收痉挛畸形近期疗效观察[J]. 中国矫形外科杂志，2005，13(9)：716，718. DOI：10.3969/j.issn.1005-8478.2005.09.027. {MA Shanjun,ZHOU Tianjian. Pelvini obturoria neurotomy to treat spastic cerebral palsy with hip adduction deformity[J]. Zhongguo Jiao Xing Wai Ke Za Zhi[Orthop J Chin(Article in Chinese;Abstract in Chinese)],2005,13(9):716,718. DOI:10.3969/j.issn.1005-8478.2005.09.027.}

[22320] 顾玉东，陈亮，王涛，蔡佩琴. C8神经根切断治疗上肢脑瘫的重新评价[J]. 中华手外科杂志，2005，21(6)：350-352. DOI：10.3760/cma.j.issn.1005-054X.2005.06.013. {GU Yudong,CHEN Liang,WANG Tao,CAI Peiqin. Reassessment of C8 rhizotomy for treatment of the spastic upper extremity in cerebral palsy[J]. Zhonghua Shou Wai Ke Za Zhi[Chin J Hand Surg(Article in Chinese;Abstract in Chinese and English)],2005,21(6):350-352. DOI:10.3760/cma.j.issn.1005-054X.2005.06.013.}

[22321] 田洪孝，张广国，尹燕新，倪风云. 颈总动脉周围交感神经网剥脱术治疗脑瘫近期随访[J]. 中国矫形外科杂志，2006，14(13)：1025-1026. DOI：10.3969/j.issn.1005-8478.2006.13.021. {TIAN Hongxiao,ZHANG Guangguo,YI Yanxin,NI Fengyun.Clinical study for sympathetic plexus stripping of pericommon carotid artery in treating cerebral palsy[J]. Zhongguo Jiao Xing Wai Ke Za Zhi[Orthop J Chin(Article in Chinese;Abstract in Chinese and English)],2006,14(13):1025-1026. DOI:10.3969/j.issn.1005-8478.2006.13.021.}

[22322] 王世杰，崔志强，殷天樵，左焕琮. 周围神经缩窄术在治疗脑瘫痉挛肢体中的应用[J]. 中华神经外科杂志，2006，22(5)：293-295. DOI：10.3760/j.issn：1001-2346.2006.05.011. {WANG Shijie,CUI Zhiqiang,YIN Tianqiao,ZUO Huancong. Peripheral neurotomies in the treatment of spastic limbs in cerebral palsy[J]. Zhonghua Shen Jing Wai Ke Za Zhi[Chin J Neurosurg(Article in Chinese;Abstract in Chinese and English)],2006,22(5):293-295. DOI:10.3760/j.issn:1001-2346.2006.05.011.}

[22323] 李福如. 高选择性腰脊神经后根定量切断治疗痉挛性脑瘫[J]. 中国骨伤，2006，19(1)：14-15. DOI：10.3969/j.issn.1003-0034.2006.01.015. {LI Furu. Treatment of convulsionary brain paralysis with high alternative rhizotomy[J]. Zhongguo Gu Shang[China J Orthop Trauma(Article in Chinese;Abstract in Chinese and English)],2006,19(1):14-15. DOI:10.3969/j.issn.1003-0034.2006.01.015.}

[22324] 马善军，冯永凯，周天健. 选择性胫神经肌支切断加跟腱皮下滑行延长术治疗脑瘫马蹄足痉挛[J]. 中国骨伤，2006，19(2)：106-107. DOI：10.3969/j.issn.1003-0034.2006.02.022. {MA Shanjun,FENG Yongkai,ZHOU Tianjian. Selective microsurgical tibial neurotomy combined with subcutaneous Achilles tendon slipping andlengthening for the treatment of spastic cerebral palsy with equines[J]. Zhongguo Gu Shang[China J Orthop Trauma(Article in Chinese;No abstract available)],2006,19(2):106-107. DOI:10.3969/j.issn.1003-0034.2006.02.022.}

[22325] 敖青华，张新民，朱晶，潘国秋，丁洁岚，夏东云，舒敬华，陈皆锋. 选择性腰脊神经后根切断治疗痉挛性脑瘫术的麻醉选择[J]. 上海医学，2006，29(11)：805-806. DOI：10.3969/j.issn.0253-9934.2006.11.015. {AO Qinghua,ZHANG Xinmin,ZHU Jing,PAN Guoqiu,DING Jielan,XIA Dongyun,SHU Jinghua,CHEN Jiefeng. Anesthesia selection of selective posterior rhizotomy for spastic cerebral palsy[J]. Shang Hai Yi Xue[Shanghai Med J(Article in Chinese;No abstract available)],2006,29(11):805-806. DOI:10.3969/j.issn.0253-9934.2006.11.015.}

[22326] 李贵涛，陈锡然，陈造宏，罗狄鑫，陈为坚，徐汪洋. 脑瘫多种手术治疗研究[J]. 中国矫形外科杂志，2007，15(15)：1143-1145. DOI：10.3969/j.issn.1005-8478.2007.15.007. {LI Guitao,CHEN Xiran,CHEN Zaohong,LUO Dixin,CHEN Weijian,XU Wangyang. Research combined surgery of spastic cerebral palsy[J]. Zhongguo Jiao Xing Wai Ke Za Zhi[Orthop J Chin(Article in Chinese;Abstract in Chinese and English)],2007,15(15):1143-1145. DOI:10.3969/j.issn.1005-8478.2007.15.007.}

[22327] 丁浩，杜谦，黄彧翰，陈忠益. 选择性腰骶神经后根切断术治疗痉挛型脑瘫82例随访观察[J]. 中国矫形外科杂志，2007，15(21)：1669-1670. DOI：10.3969/j.issn.1005-8478.2007.21.024. {DING Hao,DONG Qian,HUANG Yuhan,CHEN Zhongyi. Observation of treatment of selective posterior rhizotomy for 82 patients of spastic cerebral palsy[J]. Zhongguo Jiao Xing Wai Ke Za Zhi[Orthop J Chin(Article in Chinese;Abstract in Chinese)],2007,15(21):1669-1670. DOI:10.3969/j.issn.1005-8478.2007.21.024.}

[22328] 王万宏，侯春林，夏平光，郑宪友，钟贵彬，徐镇，王剑火. 选择性臂丛神经根切断治疗上肢痉挛脑瘫的远期疗效评价[J]. 中华手外科杂志，2007，23(6)：358-360. DOI：10.3760/cma.j.issn.1005-054X.2007.06.012. {WANG Wanhong,HOU Chunlin,XIA Pingguang,ZHENG Xianyou,ZHONG Guibin,XU Zhen,WANG Jianhuo. Assessment of the long-term effect of selective brachial plexus rhizotomy in the treatment of spastic cerebral palsy[J]. Zhonghua Shou Wai Ke Za Zhi[Chin J Hand Surg(Article in Chinese;Abstract in Chinese and English)],2007,23(6):358-360. DOI:10.3760/cma.j.issn.1005-054X.2007.06.012.}

[22329] 马凯，李勇杰，庄平，胡永生. 肛门括约肌肌电图监测下双侧L2~S2选择性脊神经后根切断术治疗痉挛性脑瘫[J]. 中华神经外科杂志，2007，23(1)：35-38. DOI：10.3760/j.issn：1001-2346.2007.01.013. {MA Kai,LI Yongjie,ZHUANG Ping,HU Yongsheng. Bilateral L2 ~ S2 selective posterior rhizotomy for spastic cerebral palsy with intraoperative electromyography monitoring of anal sphincter[J]. Zhonghua Shen Jing Wai Ke Za Zhi[Chin J Neurosurg(Article in Chinese;Abstract in Chinese and English)],2007,23(1):35-38. DOI:10.3760/j.issn:1001-2346.2007.01.013.}

[22330] 张黎，张继武，于炎冰，徐晓利，许骏，李放，刘江. 改良选择性腰骶段脊神经后根部分切断术治疗脑瘫性下肢痉挛状态[J]. 中华神经外科杂志，2007，23(12)：886-888. DOI：10.3760/j.issn：1001-2346.2007.12.003. {ZHANG Li,ZHANG Jiwu,YU Yanbing,XU Xiaoli,XU Jun,LI Fang,LIU Jiang. Modified selective posterior rhizotomy of lumbosacrral region for relief of spasticity of lower limbs of cerebral palsy[J]. Zhonghua Shen Jing Wai Ke Za Zhi[Chin J Neurosurg(Article in Chinese;Abstract in Chinese and English)],2007,23(12):886-888. DOI:10.3760/j.issn:1001-2346.2007.12.003.}

[22331] 李岩峰，马逸，李付勇，黄海韬，王斌，邹建军. 选择性周围神经部分切断术治疗脑瘫性肢体痉挛[J]. 中华神经外科杂志，2007，23(12)：889-890. DOI：10.3760/j.issn：1001-2346.2007.12.004. {LI Yanfeng,MA Yi,LI Fuyong,HUANG Haitao,WANG Bin,ZOU Jianjun. Treatment of spastic cerebral palsy by selective peripheral partial neurotomy[J]. Zhonghua Shen Jing Wai Ke Za Zhi[Chin J Neurosurg(Article in Chinese;Abstract in Chinese and English)],2007,23(12):889-890. DOI:10.3760/j.issn:1001-2346.2007.12.004.}

[22332] 徐晓利，于炎冰，许骏，李放，刘江，张黎. 改良颈动脉外膜交感神经切除术治疗混合型脑瘫[J]. 中华神经外科杂志，2007，23(12)：891-893. DOI：10.3760/j.issn：1001-2346.2007.12.005. {XU Xiaoli,YU Yanbing,XU Jun,LI Fang,LIU Jiang,ZHANG Li. Modified cervical sympathectomy for treatment of cerebral palsy of mixed type[J]. Zhonghua Shen Jing Wai Ke Za Zhi[Chin J Neurosurg(Article in Chinese;Abstract in Chinese and English)],2007,23(12):891-893. DOI:10.3760/j.issn:1001-2346.2007.12.005.}

[22333] 马凯，李勇杰，庄平，胡永生. 术中电生理监测在选择性脊神经后根切断术治疗痉挛型脑瘫中的应用[J]. 中华神经外科杂志，2007，23(12)：894-897. DOI：10.3760/j.issn：1001-2346.2007.12.006. {MA Kai,LI Yongjie,ZHUANG Ping,HU Yongsheng. Intraoperative electrophysiological monitoring in selective posterior rhizotomy for spastic cerebral palsy[J]. Zhonghua Shen Jing Wai Ke Za Zhi[Chin J Neurosurg(Article in Chinese;Abstract in Chinese and English)],2007,23(12):894-897. DOI:10.3760/j.issn:1001-2346.2007.12.006.}

[22334] 王汉林，杨永焱，李亚洲，罗军忠. 改良手术治疗脑瘫痉挛性双侧下肢瘫[J]. 中国矫形外科杂志，2008，16(1)：34-38. {WANG Hanlin,YANG Yongyan,LI Yazhou,LUO Junzhong. Modified surgery for cerebral palsy of both lower extremities with spastic diplegia[J]. Zhongguo Jiao Xing Wai Ke Za Zhi[Orthop J Chin(Article in Chinese;Abstract in Chinese and English)],2008,16(1):34-38.}

[22335] 徐宏文，马瑞雪，吉士俊. 内侧腘绳肌延长术对双侧痉挛性脑瘫下肢肌肉长度的影响[J]. 中华实验外科杂志，2008，25(5)：661-663. DOI：10.3321/j.issn：1001-9030.2008.05.043. {XU Hongwen,MA Ruixue,JI Shijun. Gait analysis for medial hamstring lengthening in spastic diplegia[J]. Zhonghua Shi Yan Wai Ke Za Zhi[Chin J Exp Surg(Article in Chinese;Abstract in Chinese and English)],2008,25(5):661-663. DOI:10.3321/j.issn:1001-9030.2008.05.043.}

[22336] 陈刚，李江，李建新，迟广明，杨小朋，孙振柱. 新生乳鼠脑瘫模型制作及评价[J]. 中华实验外科杂志，2008，25(11)：1525. DOI：10.3321/j.issn：1001-9030.2008.11.066. {CHEN Gang,LI Jiang,LI Jianxin,CHI Guangming,YANG Xiaopeng,SUN Zhenzhu. Establishment and evaluation of cerebral palsy model in newborn neonatal rats[J]. Zhonghua Shi Yan Wai Ke Za Zhi[Chin J Exp Surg(Article in Chinese;No abstract available)],2008,25(11):1525. DOI:10.3321/j.issn:1001-9030.2008.11.066.}

[22337] 陈刚，汤旭东，刘伟，温林豹，李江，李建新，杨小朋，朱沂，孙振柱. 孕鼠腹腔注射脂多糖合并缺氧脑瘫动物模型制作及评价[J]. 中华实验外科杂志，2009，26(4)：532. DOI：10.3760/cma.j.issn.1001-9030.2009.04.050. {CHEN Gang,TANG Xudong,LIU Wei,WEN Linbao,LI Jiang,LI Jianxin,YANG Xiaopeng,ZHU Yi,SUN Zhenzhu. Establishment and evaluation of animal model of pregnant rats intraperitoneal injection of lipopolysaccharide[J]. Zhonghua Shi Yan Wai Ke Za Zhi[Chin J Exp Surg(Article in Chinese;No abstract available)],2009,26(4):532. DOI:10.3760/cma.j.issn.1001-9030.2009.04.050.}

[22338] 穆晓红，徐林，许世刚，曹旭，张鹏，郑晨颖，陈江，李小平. 胫神经肌支切断术治疗脑瘫痉挛性马蹄内翻足[J]. 中国骨伤，2009，22(1)：31-32. DOI：10.3969/j.issn.1003-0034.2009.01.012. {MU Xiaohong,XU Lin,XU Shigang,CAO Xu,ZHANG Peng,ZHENG Chenying,CHEN Jiang,LI Xiaoping. Treatment of equinovarus caused by cerebral palsy with neurotomy of muscular branch of tibial nerve[J]. Zhongguo Gu Shang[China J Orthop Trauma(Article in Chinese;Abstract in Chinese and English)],2009,22(1):31-32. DOI:10.3969/j.issn.1003-0034.2009.01.012.}

[22339] 穆晓红，徐林，许世刚，曹旭，张鹏，郑晨颖，周莉，李小平，陈江. 运动疗法在脑瘫儿童选择性脊神经后根切断术后康复中的应用[J]. 中国骨伤，2009，22(9)：674-676. DOI：10.3969/j.issn.1003-0034.2009.09.012. {MU Xiaohong,XU Lin,XU Shigang,CAO Xu,ZHANG Peng,ZHENG Chenying,ZHOU Li,LI Xiaoping,CHEN Jiang. Application of exercise therapy on rehabilitation after selective posterior rhizotomy (SPR) in children with cerebral palsy[J]. Zhongguo Gu Shang[China J Orthop Trauma(Article in Chinese;Abstract in Chinese and English)],2009,22(9):674-676. DOI:10.3969/j.issn.1003-0034.2009.09.012.}

[22340] 许世刚，徐林，曹旭，焦勇. 颈动脉鞘交感神经网剥离术治疗手足徐动型脑瘫[J]. 中国骨伤，2010，23(4)：291-293. DOI：10.3969/j.issn.1003-0034.2010.04.017. {XU Shigang,XU Lin,CAO Xu,JIAO Yong. Cervical perivascular sympathectomy for the treatment of athetoid cerebral palsy[J]. Zhongguo Gu Shang[China J Orthop Trauma(Article in Chinese;Abstract in Chinese and English)],2010,23(4):291-293. DOI:10.3969/j.issn.1003-0034.2010.04.017.}

[22341] 李智勇，易建华，黎建文，顾立强，刘小林，劳镇国，朱庆棠，向剑平，戚剑，王洪刚，王东，秦本刚. 脑瘫尖足内翻畸形的功能重建及A型肉毒毒素配合治疗的临床分析[J]. 中华显微外科杂志，2011，34(2)：122-124. DOI：10.3760/cma.j.issn.1001-2036.2011.02.014. {LI Zhiyong,YI Jianhua,LI Jianwen,GU Liqiang,LIU Xiaolin,LAO Zhenguo,ZHU Qingtang,XIANG Jianping,QI Jian,WANG Honggang,WANG Dong,QIN Bengang. Clinical research of functional reconstruction with BTA for treatment on equinovarus foot of spasitic cerebral palsy[J]. Zhonghua Xian Wei Wai Ke Za Zhi[Chin J Microsurg(Article in Chinese;Abstract in Chinese and English)],2011,34(2):122-124. DOI:10.3760/cma.j.issn.1001-2036.2011.02.014.}

[22342] 杨建成，刘宁富，刘成龙. 肉毒素A注射结合跟腱延长治疗痉挛型脑瘫马蹄畸形[J]. 中国矫形外科杂志，2011，19(5)：431-433. DOI：10.3977/j.issn.1005-8478.2011.05.22. {YANG Jiancheng,LIU Ningfu,LIU Chenglong. Botox A injection combined with Achilles tendon extension in the treatment of spastic cerebral palsy horseshoe deformity[J]. Zhongguo Jiao Xing Wai Ke Za Zhi[Orthop J Chin(Article in Chinese;Abstract in Chinese)],2011,19(5):431-433. DOI:10.3977/j.issn.1005-8478.2011.05.22.}

[22343] 常青松，詹金华. 患肢畸形矫正术颈总动脉周围交感神经网剥离术治疗混合性脑瘫疗效比较[J]. 中国矫形外科杂志，2011，19(15)：1261-1263. DOI：10.3977/j.issn.1005-8478.2011.15.09. {CHANG Qingsong,ZHAN Jinhua. A study of deformity surgery and moving tenderness around the carotid dissection sympathectomy used in the surgical treatment of mixed type cerebral palsy[J]. Zhongguo Jiao Xing Wai Ke Za Zhi[Orthop J Chin(Article in Chinese;Abstract in Chinese and English)],2011,19(15):1261-1263. DOI:10.3977/j.issn.1005-8478.2011.15.09.}

[22344] 王逢贤，徐林，曹旭，俞兴，穆晓红，吴坤懂. 选择性腰骶脊神经后根+前根切断术治疗混合型脑瘫[J]. 中国脊柱脊髓杂志，2012，22(4)：335-338. DOI：10.3969/j.issn.1004-406X.2012.04.10. {WANG Fengxian,XU Lin,CAO Xu,YU Xing,MU Xiaohong,WU Kundong. Selective lumbosacral posterior and anterior rhizotomy for mixed cerebral palsy[J]. Zhongguo Ji Zhu Ji Sui Za Zhi[Chin J Spine Spinal Cord(Article in Chinese;Abstract in Chinese and English)],2012,22(4):335-338. DOI:10.3969/j.issn.1004-406X.2012.04.10.}

[22345] 张雪非，刘宗良，任中杰. 腰方肌腰髂肋肌痉挛型脑瘫的临床征候及手术治疗[J]. 中国矫形外科杂志，2012，20(7)：668-671. DOI：10.3977/j.issn.1005-8478.2012.07.29. {ZHANG Xuefei,LIU Zongliang,REN Zhongjie. Clinical signs and surgical treatment of quadratus lumbar muscle and lumbar iliocostal muscle spastic cerebral palsy[J]. Zhongguo Jiao Xing Wai Ke Za Zhi[Orthop J Chin(Article in Chinese;No abstract available)],2012,20(7):668-671. DOI:10.3977/j.issn.1005-8478.2012.07.29.}

[22346] 曹旭，俞兴，徐林，王逢贤，穆晓红. 胫前肌紧缩、止点原位重建术治疗痉挛型脑瘫足下垂32例疗效分析[J]. 中国矫形外科杂志，2012，20(9)：854-855. DOI：10.3977/j.issn.1005-8478.2012.09.28. {CAO Xu,YU Xing,XU Lin,WANG Fengxian,MU Xiaohong. Spastic cerebral palsy clubfoot treated with tibialis anterior muscle contraction and in situ reconstruction of termination point and report of 32 cases[J]. Zhongguo Jiao Xing Wai Ke Za Zhi[Orthop J Chin(Article in Chinese;Abstract in Chinese)],2012,20(9):854-855. DOI:10.3977/j.issn.1005-8478.2012.09.28.}

[22347] 陈业涛，杨华清，苗素华，王云朋，刘海生，王世杰. 儿童痉挛性脑瘫马蹄足的外科手术治疗策略[J]. 中国矫形外科杂志，2013，21(18)：1833-1836，1847. DOI：10.3977/j.issn.1005-8478.2013.18.07. {CHEN Yetao,YANG Huaqing,MIAO Suhua,WANG Yunpeng,LIU Haisheng,WANG Shijie. The surgical strategies for spastic cerebral palsy clubfoot in children[J]. Zhongguo Jiao Xing Wai Ke Za Zhi[Orthop J Chin(Article in Chinese;Abstract in Chinese)],2013,21(18):1833-1836,1847. DOI:10.3977/j.issn.1005-8478.2013.18.07.}

[22348] 邵旭，于炎冰，张黎. 选择性脊神经后根切断术治疗痉挛型脑瘫术后并发症[J]. 中华神经外科杂志，2014，30(7)：746-749. DOI：10.3760/cma.j.issn.1001-2346.2014.07.028. {SHAO Xu,YU Yanbing,ZHANG Li. Selective posterior rhizotomy for postoperative complications of

spastic cerebral palsy[J]. Zhonghua Shen Jing Wai Ke Za Zhi[Chin J Neurosurg(Article in Chinese;No abstract available)],2014,30(7):746-749. DOI:10.3760/cma.j.issn.1001-2346.2014.07.028.}

[22349] 邵旭，于炎冰，张黎．腰骶段选择性脊神经后根切断术治疗脑瘫性下肢痉挛状态的远期疗效分析 [J]．中华神经外科杂志，2014，30（9）：912-916．DOI：10.3760/cma.j.issn.1001-2346.2014.09.015．{SHAO Xu,YU Yanbing,ZHANG Li. Analysis of long-term effect of selective posterior rhizotomy for treatment of spasticity of lower limbs in cerebral palsy patients[J]. Zhonghua Shen Jing Wai Ke Za Zhi[Chin J Neurosurg(Article in Chinese;Abstract in Chinese and English)],2014,30(9):912-916. DOI:10.3760/cma.j.issn.1001-2346.2014.09.015.}

[22350] 苗素华，马羽，陈业涛，陈莹，王世杰，张玉琪．表面肌电图在脑瘫手术中的应用 [J]．中华神经外科杂志，2014，30（11）：1157-1160．DOI：10.3760/cma.j.issn.1001-2346.2014.11.020．{MIAO Suhua,MA Yu,CHEN Yetao,CHEN Ying,WANG Shijie,ZHANG Yuqi. Application of surface electromyography in evaluation effectiveness on spastic cerebral palsy[J]. Zhonghua Shen Jing Wai Ke Za Zhi[Chin J Neurosurg(Article in Chinese;Abstract in Chinese and English)],2014,30(11):1157-1160. DOI:10.3760/cma.j.issn.1001-2346.2014.11.020.}

[22351] 陈建设，王迎宾，刘义宾，杨永飞，马云富，王世杰．痉挛性脑瘫的神经外科个性化手术治疗 [J]．中华医学杂志，2014，94(5)：376-378．DOI：10.3760/cma.j.issn.0376-2491.2014.05.017．{CHEN Jianshe,WANG Yingbin,LIU Yibin,YANG Yongfei,MA Yunfu,WANG Shijie. Individualized neurosurgical treatments of spastic cerebral palsy[J]. Zhonghua Yi Xue Za Zhi[Natl Med J China(Article in Chinese;Abstract in Chinese and English)],2014,94(5):376-378. DOI:10.3760/cma.j.issn.0376-2491.2014.05.017.}

[22352] 马善军，周天健．正中神经缩窄术结合肌腱转移治疗痉挛性脑瘫手畸形 [J]．中国修复重建外科杂志，2014，28（5）：606-609．DOI：10.7507/1002-1892.20140135．{MA Shanjun,ZHOU Tianjian. Median nerve constrictive operation combined with tendon transfer to treat brain paralysis convulsive deformity of hand[J]. Zhongguo Xiu Fu Chong Jian Wai Ke Za Zhi[Chin J Repair Reconstr Surg(Article in Chinese;Abstract in Chinese and English)],2014,28(5):606-609. DOI:10.7507/1002-1892.20140135.}

[22353] 李军，刘宏炜，杜良杰，高峰，高连军，周天健，杨明亮，陈亮，杨德刚．显微镜下选择性胫神经肌支切断术治疗成人和儿童脑瘫患者痉挛足的疗效对比 [J]．中国矫形外科杂志，2015，23（7）：663-666．DOI：10.3977/j.issn.1005-8478.2015.07.18．{LI Jun,LIU Hongwei,DONG Liangjie,GAO Feng,GAO Lianjun,ZHOU Tianjian,YANG Mingliang,CHEN Liang,YANG Degang. Comparison of therapeutic effects of selective tibial nerve myotomy under microscope for spastic foot in adults and children with cerebral palsy[J]. Zhongguo Jiao Xing Wai Ke Za Zhi[Orthop J Chin(Article in Chinese;Abstract in Chinese)],2015,23(7):663-666. DOI:10.3977/j.issn.1005-8478.2015.07.18.}

[22354] 于江龙，买尔阿芭，木塔力甫・努热合买提，艾克拜尔・哈力克，刘亮，栾新平．双侧痉挛型脑瘫患儿选择性脊神经后根切断术术前及术后步态特征 [J]．中华实验外科杂志，2015，32（5）：1165-1167．DOI：10.3760/cma.j.issn.1001-9030.2015.05.078．{YU Jianglong,MAI Dongaba,MU Talifu · Nurehemaiti,AI Kebaidong · Halike,LIU Liang,LUAN Xinping. Preoperative and postoperative gait characteristics analysis on bilateral spastic cerebral palsy children after selective posterior rhizotomy[J]. Zhonghua Shi Yan Wai Ke Za Zhi[Chin J Exp Surg(Article in Chinese;Abstract in Chinese and English)],2015,32(5):1165-1167. DOI:10.3760/cma.j.issn.1001-9030.2015.05.078.}

[22355] 王树，王加宽，盛春勇，李俊，陈智博，王玉欢，顾加祥．同步多平面手术治疗痉挛性脑瘫手近期随访 [J]．中华手外科杂志，2015，31（2）：132-135．DOI：10.3760/cma.j.issn.1005-054X.2015.02.021．{WANG Shu,WANG Jiakuan,SHENG Chunyong,LI Jun,CHEN Zhibo,WANG Yuhuan,GU Jiaxiang. Simultaneous multilevel surgery in the treatment of spastic cerebral palsy hand:a short-term follow up[J]. Zhonghua Shou Wai Ke Za Zhi[Chin J Hand Surg(Article in Chinese;Abstract in Chinese and English)],2015,31(2):132-135. DOI:10.3760/cma.j.issn.1005-054X.2015.02.021.}

[22356] 于江龙，买尔阿芭，木塔力甫・努热合买提，艾克拜尔・哈力克，刘亮，栾新平．颈总动脉周围交感神经网剥脱切除术对学龄前脑瘫患儿头部血供及认知情况的影响 [J]．中华神经外科杂志，2015，31(3)：277-280．DOI：10.3760/cma.j.issn.1001-2346.2015.03.017．{YU Jianglong,Maier Aba,MAI Dongaba,MU Talifu · Nurehemaiti,AI Kebaidong · Halike,LIU Liang,RUAN Xinping. Effects of sympathectomy of carotid artery on cognitive conditions and brain blood supply in preschool children with cerebral palsy[J]. Zhonghua Shen Jing Wai Ke Za Zhi[Chin J Neurosurg(Article in Chinese;Abstract in Chinese and English)],2015,31(3):277-280. DOI:10.3760/cma.j.issn.1001-2346.2015.03.017.}

[22357] 张哲，于炎冰，张黎，袁越，赵奎明．选择性腰骶段脊神经后根切断术治疗脑瘫性下肢痉挛的长期疗效 [J]．中华神经外科杂志，2015，31（10）：1027-1029．DOI：10.3760/cma.j.issn.1001-2346.2015.10.016．{ZHANG Zhe,YU Yanbing,ZHANG Li,YUAN Yue,ZHAO Kuiming. Treatment of spasticity of lower limbs in cerebral palsy with the selective lumbosacral posterior rhizotomy:an accompanying long-term efficacy[J]. Zhonghua Shen Jing Wai Ke Za Zhi[Chin J Neurosurg(Article in Chinese;Abstract in Chinese and English)],2015,31(10):1027-1029. DOI:10.3760/cma.j.issn.1001-2346.2015.10.016.}

[22358] 邓博文，徐林，李筱叶，徐杰，任敬佩，胡传宇，穆晓红．腰骶段 SPR 术对痉挛型脑瘫患儿腰椎稳定性影响的长期观察 [J]．中国矫形外科杂志，2019，27（21）：1959-1964．DOI：10.3977/j.issn.1005-8478.2019.21.09．{DENG Bowen,XU Lin,LI Youye,XU Jie,REN Jinpei,HU Chuanyu,MU Xiaohong. Long-term effect of lumbosacral selective posterior rhizotomy on lumbar stability for spastic cerebral palsy in children[J]. Zhongguo Jiao Xing Wai Ke Za Zhi[Orthop J Chin(Article in Chinese;Abstract in Chinese and English)],2019,27(21):1959-1964. DOI:10.3977/j.issn.1005-8478.2019.21.09.}

[22359] 徐杰，徐林，曾杰，杨兴奎，李召辉，邵高凯，李筱叶，邓博文，穆晓红．选择性脊神经后根切断术改善脑瘫患者痉挛及粗大运动的临床观察 [J]．中国骨伤，2019，32（9）：815-819．DOI：10.3969/j.issn.1003-0034.2019.09.008．{XU Jie,XU Lin,ZENG Jie,YANG Xingkui,LI Zhaohui,SHAO Gaokai,LI Xiaoye,DENG Bowen,MU Xiaohong. Clinical observation of selective posterior rhizotomy for improving spasticity and gross movement in patients with cerebral palsy[J]. Zhongguo Gu Shang[China J Orthop Trauma(Article in Chinese;Abstract in Chinese and English)],2019,32(9):815-819. DOI:10.3969/j.issn.1003-0034.2019.09.008.}

[22360] 何晓清，徐永清，杨曦．痉挛性脑性瘫痪的精细化诊疗 [J]．中国修复重建外科杂志，2019，33（12）：1584-1588．DOI：10.7507/1002-1892.201903072．{HE Xiaoqing,XU Yongqing,YANG Xi. Precise diagnosis and treatment of spastic cerebral palsy[J]. Zhongguo Xiu Fu Chong Jian Wai Ke Za Zhi[Chin J Repair Reconstr Surg(Article in Chinese;Abstract in Chinese and English)],2019,33(12):1584-1588. DOI:10.7507/1002-1892.201903072.}

[22361] 徐杰，徐林，曾杰，胡传宇，任敬佩，赵毅，汪乐，赵亚林，穆晓红．选择性脊神经后根切断术改善脑瘫患者下肢功能的研究进展 [J]．中国骨伤，2020，33（5）：489-492．DOI：10.12200/j.issn.1003-0034.2020.05.020．{XU Jie,XU Lin,ZENG Jie,HU Chuanyu,REN Jingpei,ZHAO Yi,WANG Le,ZHAO Yalin,MU Xiaohong. Advances on selective posterior rhizotomy for lower limb function in patients with cerebral palsy[J]. Zhongguo Gu Shang[China J Orthop Trauma(Article in Chinese;Abstract in Chinese and English)],2020,33(5):489-492. DOI:10.12200/j.issn.1003-0034.2020.05.020.}

[22362] 中国康复医学会骨与关节专业委员会，中国脑瘫多学科协作联盟．痉挛型脑性瘫痪外科治疗专家共识 [J]．中国矫形外科杂志，2020，28（1）：77-81．DOI：10.3977/j.issn.1005-8478.2020.01.15．{ Professional Committee of Bone and Joint,Chinese Association of Rehabilitation Medicine;Chinese Multidisciplinary Alliance of Cerebral Palsy. Expert consensus on the surgical treatment of spastic cerebral palsy[J]. Zhongguo Jiao Xing Wai Ke Za Zhi[Orthop J Chin(Article in Chinese;Abstract in Chinese and English)],2020,28(1):77-81. DOI:10.3977/j.issn.1005-8478.2020.01.15.}

6.6.1 选择性脊神经后根切断术
selective posterior rhizotomy,SPR

[22363] Xu L,Hong Y,Wang AQ,Wang ZX,Tang T. Hyperselective posterior rhizotomy in treatment of spasticity of paralytic limbs[J]. Chin Med J,1993,106(9):671-673.

[22364] Meng FG,Wu CY,Liu YG,Liu L. Virtual reality imaging technique in percutaneous radiofrequency rhizotomy for intractable trigeminal neuralgia[J]. J Clin Neurosci,2009,16(3):449-451. doi:10.1016/j.jocn.2008.03.019.

[22365] Xu-Hui W,Chun Z,Guang-Jian S,Min-Hui X,Guang-Xin C,Yong-Wen Z,Lun-Shan X. Long-term outcomes of percutaneous retrogasserian glycerol rhizotomy in 3370 patients with trigeminal neuralgia[J]. Turk Neurosurg,2011,21(1):48-52.

[22366] Zhang W,Chen M,Zhang W,Chai Y. Use of electrophysiological monitoring in selective rhizotomy treating glossopharyngeal neuralgia[J]. J Craniomaxillofac Surg,2014,42(5):e182-185. doi:10.1016/j.jcms.2013.08.004.

[22367] Kai M,Yongjie L,Ping Z. Long-term results of selective dorsal rhizotomy for hereditary spastic paraparesis[J]. J Clin Neurosci,2014,21(1):116-120. doi:10.1016/j.jocn.2013.04.020.

[22368] Zong Q,Zhang K,Han G,Yang S,Wang L,Li H. Rhizotomy targeting the intermediate nerve,the glossopharyngeal nerve and the upper 1st to 2nd rootlets of the vagus nerve for the treatment of laryngeal neuralgia combined with intermediate nerve neuralgia--a case report[J]. BMC Surg,2014,14:60. doi:10.1186/1471-2482-14-60.

[22369] Li ZZ,Hou SX,Shang WL,Song KR,Wu WW. Evaluation of endoscopic dorsal ramus rhizotomy in managing facetogenic chronic low back pain[J]. Clin Neurol Neurosurg,2014,126:11-17. doi:10.1016/j.clineuro.2014.08.014.

[22370] Zhu G,Zhou M,Wang W,Zeng F. Neurogenic bladder:Highly selective rhizotomy of specific dorsal rootlets maybe a better choice[J]. Med Hypotheses,2016,87:87-89. doi:10.1016/j.mehy.2015.11.013.

[22371] Hua C,Pu B,Liu K,Huang Z,Li C,Zhao C,Li X. New rhizotomy procedure for primary spasmodic torticollis[J]. J Craniofac Surg,2018,29(5):1338-1340. doi:10.1097/SCS.0000000000004578.

[22372] Wang J,Yu R,Qu C,Jiang J,Wang C,Meng Q,Wei S. Does glossopharyngeal neuralgia need rhizotomy in neurovascular decompression surgery?[J]. J Craniofac Surg,2018,29(8):2192-2194. doi:10.1097/SCS.0000000000004856.

[22373] Xiao B,Constatntini S,Browd SR,Zhan Q,Jiang W,Mei R. The role of intra-operative neuroelectrophysiological monitoring in single-level approach selective dorsal rhizotomy[J]. Childs Nerv Syst,2020,36(9):1925-1933. doi:10.1007/s00381-019-04408-5.

[22374] Xue Y,Ding T,Wang D,Zhao J,Yang H,Gu X,Feng D,Zhang Y,Liu H,Tang F,Wang W,Lu M,Wu C. Endoscopic rhizotomy for chronic lumbar zygapophysial joint pain[J]. J Orthop Surg Res,2020,15(1):4. doi:10.1186/s13018-019-1533-y.

[22375] Liu Y,Yu Y,Wang Z,Deng Z,Liu R,Luo N,Zhang L. Value of partial sensory rhizotomy in the microsurgical treatment of trigeminal neuralgia through retrosigmoid approach[J]. J Pain Res,2020,13:3207-3215. doi:10.2147/JPR.S279674.

[22376] 徐林，崔寿昌，等．高选择性脊神经后根切断术 14 例初步报告 [J]．中华显微外科杂志，1991，14（4）：193-195．{XU Lin,CUI Shouchang,et al. Selective posterior rhizotomy of spinal nerve:a preliminary report of 14 cases[J]. Zhonghua Xian Wei Wai Ke Za Zhi[Chin J Microsurg(Article in Chinese;Abstract in Chinese)],1991,14(4):193-195.}

[22377] 刘小林．选择性脊神经后根切断术治疗痉挛性脑性瘫痪 [J]．中华显微外科杂志，1993，16（4）：305-307．{LIU Xiaolin. Selective posterior rhizotomy for spastic cerebral palsy[J]. Zhonghua Xian Wei Wai Ke Za Zhi[Chin J Microsurg(Article in Chinese;No abstract available)],1993,16(4):305-307.}

[22378] 徐林，洪毅，王安庆，张建立，王子旭，唐涛．高选择性脊神经后根切断术治疗肢体痉挛 [J]．中华医学杂志，1993，73（5）：292-294．{XU Lin,HONG Yi,WANG Anqing,ZHANG Jianli,WANG Zixu,TANG Tao. Highly selective posterior rhizotomy for limb spasm[J]. Zhonghua Yi Xue Za Zhi[Natl Med J China(Article in Chinese;Abstract in Chinese)],1993,73(5):292-294.}

[22379] 徐林，蒋化龙，唐涛，洪毅，王安庆．选择性颈神经后根切断治疗手与上肢痉挛 [J]．中华显微外科杂志，1994，17（3）：171-173，236-237．{XU Lin,JIANG Hualong,TANG Tao,HONG Yi,WANG Anqing. Cervical selective posterior rhizotomy in treatment of spastic cerebrai paisy of upper limb[J]. Zhonghua Xian Wei Wai Ke Za Zhi[Chin J Microsurg(Article in Chinese;Abstract in Chinese and English)],1994,17(3):171-173,236-237.}

[22380] 崔泓，王承武．脊神经后根切断术 [J]．中华骨科杂志，1995，15（6）：466-469．{CUI Hong,WANG Chengwu. Posterior rhizotomy of spinal nerve[J]. Zhonghua Gu Ke Za Zhi[Chin J Orthop(Article in Chinese;No abstract available)],1995,15(6):466-469.}

[22381] 刘小林，朱家恺，程钢，刘均墀，劳镇国，于国中，庞水发，张自杰，许杨滨，曾路平．选择性脊神经后根切断术 50 例临床报告 [J]．中华显微外科杂志，1995，18（1）：13-15，76．{LIU Xiaolin,ZHU Jiakai,CHENG Gang,LIU Junxi,LAO Zhenguo,YU Guozhong,PANG Shuifa,ZHANG Zijie,XU Yangbin,ZENG Luping. Selective posterir rhizotomy for spastic cerebral palsy-a clinical report of 50 cases[J]. Zhonghua Xian Wei Wai Ke Za Zhi[Chin J Microsurg(Article in Chinese;Abstract in Chinese)],1995,18(1):13-15,76.}

[22382] 程钢，朱家恺，刘小林，刘均墀，劳镇国．选择性脊神经后根切断术早期并发症分析 [J]．中华显微外科杂志，1995，18（1）：16-18，76．{CHENG Gang,ZHU Jiakai,LIU Xiaolin,LIU Junxi,LAO Zhenguo. The early complications of selective posterior rhizotomy[J]. Zhonghua Xian Wei Wai Ke Za Zhi[Chin J Microsurg(Article in Chinese;Abstract in Chinese)],1995,18(1):16-18,76.}

[22383] 黄文起，何东升，陈秉学．选择性脊神经后根切断术的临床麻醉处理 [J]．中华显微外科杂志，1995，18（2）：140-142，159．{HUANG Wenqi,HE Dongsheng,CHEN Bingxue. Anesthetic management for selectiveposterior rhizotomy[J]. Zhonghua Xian Wei Wai Ke Za Zhi[Chin J Microsurg(Article in Chinese;Abstract in Chinese)],1995,18(2):140-142,159.}

[22384] 刘小林，朱家恺，程钢，刘均墀，劳镇国．选择性脊神经后根切断术 30 例随访分析 [J]．中华显微外科杂志，1995，18（4）：261-262，318-319．{LIU Xiaolin,ZHU Jiakai,CHENG Gang,LIU Junxi,LAO Zhenguo. Follow-up evaluation of 30 caseschildren with cerebral palsy treatedby selective posterior rhizotomy[J]. Zhonghua Xian Wei Wai Ke Za Zhi[Chin J Microsurg(Article in Chinese;Abstract in Chinese)],1995,18(4):261-262,318-319.}

[22385] 王汉林，武树新，梁秋瑾，陈静歧，钱宏，林振福．选择性脊神经后根切断术治疗肌痉挛 [J]．中国脊柱脊髓杂志，1995，5（5）：25-26．{WANG Hanlin,WU Shuxin,LIANG

Qiujin,CHEN Jingqi,QIAN Hong,LIN Zhenfu. Selective posterior rhizotomy for muscle spasm[J]. Zhongguo Ji Zhu Ji Sui Za Zhi[Chin J Spine Spinal Cord(Article in Chinese;No abstract available)],1995,5(5):25-26.}

[22386] 徐庆中. 选择性脊神经后根切断术的回顾与展望[J]. 中国矫形外科杂志，1995，2(4)：270-272. {XU Qingzhong. Review and prospect of selective posterior radicotomy of spinal nerves[J]. Zhongguo Jiao Xing Wai Ke Za Zhi[Orthop J Chin(Article in Chinese;No abstract available)],1995,2(4):270-272.}

[22387] 严尚诚，马杰. 改良式选择性脊神经后根切断术（初步报告）[J]. 中华骨科杂志，1996，16(6)：14-16，66. {YAN Shangcheng,MA Jie. A modified procedure of selective posteriorrhizotomy:a preliminary report[J]. Zhonghua Gu Ke Za Zhi[Chin J Orthop(Article in Chinese;Abstract in Chinese and English)],1996,16(6):14-16,66.}

[22388] 秦枚才，丁慎茂，赵宝泉，尹玉军，孟祥海，赵强元，卜桂英. 选择性颈神经后根切断术[J]. 中华骨科杂志，1996，16(7)：9-10. {QIN Meicai,DING Shenmao,ZHAO Baoquan,YIN Yujun,MENG Xianghai,ZHAO Qiangyuan,BO Guiying. Selective posterior rhizotomy for the treatment of cerebral palsy[J]. Zhonghua Gu Ke Za Zhi[Chin J Orthop(Article in Chinese;Abstract in Chinese and English)],1996,16(7):9-10.}

[22389] 洪曼杰，杨力军，关权生，冯振华，郭洲，巫培康. 选择性脊神经后根切断术临床应用及随访分析[J]. 中华显微外科杂志，1996，19(2)：146-148. {HONG Manjie,YANG Lijun,GUAN Quansheng,FENG Zhenhua,GUO Zhou,WU Peikang. Clinical application and follow-up analysis of selective posterior rhizotomy[J]. Zhonghua Xian Wei Wai Ke Za Zhi[Chin J Microsurg(Article in Chinese;No abstract available)],1996,19(2):146-148.}

[22390] 王汉林，戴定，郑淑慧. 选择性脊神经后根切断术治疗肌痉挛方法的改进[J]. 中国脊柱脊髓杂志，1996，6(8)：225-226. {WANG Hanlin,DAI Ding,ZHENG Shuhui. Improvement of selective posterior rhizotomy for muscle spasm[J]. Zhongguo Ji Zhu Ji Sui Za Zhi[Chin J Spine Spinal Cord(Article in Chinese;No abstract available)],1996,6(8):225-226.}

[22391] 刘小林，程钢，朱家恺，郑剑文. 选择性脊神经后根切断术中神经小束电刺激阈值的临床分析[J]. 中国修复重建外科杂志，1996，10(3)：22-24. {LIU Xiaolin,CHENG Gang,ZHU Jiakai,ZHENG Jianwen. Clinical analysis of threshold of nerve bundle electrical stimulation in selective posterior rhizotomy[J]. Zhongguo Xiu Fu Chong Jian Wai Ke Za Zhi[Chin J Repar Reconstr Surg(Article in Chinese;Abstract in Chinese)],1996,10(3):22-24.}

[22392] 王承武. 正确评估合理应用SPR技术[J]. 中华骨科杂志，1996，16(9)：4. {WANG Chengwu. Evaluation and reasonable application of spr technology[J]. Zhonghua Gu Ke Za Zhi[Chin J Orthop(Article in Chinese;No abstract available)],1996,16(9):4.}

[22393] 徐朋. 选择性脊神经后根切断术解剖学研究进展[J]. 中国临床解剖学杂志，1997，15(1)：75-77. {XU Peng. Advances in anatomy of selective posterior rhizotomy[J]. Zhongguo Lin Chuang Jie Pou Xue Za Zhi[Chin J Clin Anat(Article in Chinese;No abstract available)],1997,15(1):75-77.}

[22394] 毛宾尧，应忠追，陆勇，王霧，史文骥. 预防选择性脊神经后根切断术并发症探讨[J]. 中国矫形外科杂志，1997，4(2)：17-18，96-97. {MAO Binyao,YING Zhongzhui,LU Yong,WANG Cui,SHI Wenji. Prevention of complications for spastic cerebral palsy by high selective posterior rhizotomy[J]. Zhongguo Jiao Xing Wai Ke Za Zhi[Orthop J Chin(Article in Chinese;Abstract in Chinese)],1997,4(2):17-18,96-97.}

[22395] 邬春虎，裴仁模，金才益，徐阿炳，张玉良，陆金荣，徐跃根. 选择性脊神经后根切断术早期并发症的原因分析[J]. 中国矫形外科杂志，1997，4(5)：41. {WU Chunhu,PEI Renmo,JIN Caiyi,XU Abing,ZHANG Yuliang,LU Jinrong,XU Yuegen. Cause analysis of early complications of selective posterior rhizotomy[J]. Zhongguo Jiao Xing Wai Ke Za Zhi[Orthop J Chin(Article in Chinese;No abstract available)],1997,4(5):41.}

[22396] 宁志杰. 积极慎重地开展选择性脊神经后根切断术(SPR)[J]. 中国矫形外科杂志，1997，4(1)：5. {NING Zhijie. Actively and prudently carry out selective posterior rhizotomy(SPR)[J]. Zhongguo Jiao Xing Wai Ke Za Zhi[Orthop J Chin(Article in Chinese;No abstract available)],1997,4(1):5.}

[22397] 王秋根，王建华，年申生，丁祖泉，杨国标，卢太生，李文军. SPR跳跃式椎板切除术及其生物力学评价[J]. 中国矫形外科杂志，1997，4(1)：9-10，96. {WANG Qiugen,WANG Jianhua,NIAN Shensheng,DING Zuquan,YANG Guobiao,LU Taisheng,LI Wenjun. SPR leaped-iaminectomy and biomechanic evaluation[J]. Zhongguo Jiao Xing Wai Ke Za Zhi[Orthop J Chin(Article in Chinese;Abstract in Chinese and English)],1997,4(1):9-10,96.}

[22398] 朱庆棠，劳镇国，朱家恺. 选择性脊神经后根切断术中远期并发症及其防治[J]. 中华显微外科杂志，1998，21(2)：155. DOI：10.3760/cma.j.issn.1001-2036.1998.02.040. {ZHU Qingtang,LAO Zhenguo,ZHU Jiakai. Long-term complications of selective posterior rhizotomy and its prevention and treatment[J]. Zhonghua Xian Wei Wai Ke Za Zhi[Chin J Microsurg(Article in Chinese;No abstract available)],1998,21(2):155. DOI:10.3760/cma.j.issn.1001-2036.1998.02.040.}

[22399] 王秋根，项耀钧，侯春林. 选择性脊神经后根切除术椎板切除后硬膜外防粘连的实验研究[J]. 中华外科杂志，1998，36(6)：379-381. DOI：10.3760/j：issn：0529-5815.1998.06.021. {WANG Qiugen,XIANG Yaojun,HOU Chunlin. The effect of chitosan in prevention of fibrous scar tissue formation after laminectomy[J]. Zhonghua Wai Ke Za Zhi[Chin J Surg(Article in Chinese;Abstract in Chinese and English)],1998,36(6):379-381. DOI:10.3760/j:issn:0529-5815.1998.06.021.}

[22400] 齐秋长，贺文，谭绪云，汪枚初，李圣华. 选择性脊神经后根切断术中神经根定位经验（附55例报告）[J]. 中国矫形外科杂志，1998，5(1)：40. {QI Qiuchang,HE Wen,TAN Xuyun,WANG Meichu,LI Shenghua. Experience of nerve root localization in selective posterior rhizotomy of spinal nerve (report of 55 cases)[J]. Zhongguo Jiao Xing Wai Ke Za Zhi[Orthop J Chin(Article in Chinese;No abstract available)],1998,5(1):40.}

[22401] 常巍，刘仁寿，温国宏. 采用SPR治疗胸腰段骨折并痉挛性瘫痪[J]. 中华显微外科杂志，1998，21(3)：227. DOI：10.3760/cma.j.issn.1001-2036.1998.03.030. {CHANG Wei,LIU Renshou,WEN Guohong. SPR for thoracolumbar fracture complicated with spastic paralysis[J]. Zhonghua Xian Wei Wai Ke Za Zhi[Chin J Microsurg(Article in Chinese;No abstract available)],1998,21(3):227. DOI:10.3760/cma.j.issn.1001-2036.1998.03.030.}

[22402] 程钢，朱家恺，刘小林. 改良式选择性脊神经后根切断术十例报告[J]. 中华显微外科杂志，1999，22(2)：111. DOI：10.3760/cma.j.issn.1001-2036.1999.02.012. {CHENG Gang,ZHU Jiakai,LIU Xiaolin. Modiried selective posterior rhizotomy:10 cases report[J]. Zhonghua Xian Wei Wai Ke Za Zhi[Chin J Microsurg(Article in Chinese;Abstract in Chinese and English)],1999,22(2):111. DOI:10.3760/cma.j.issn.1001-2036.1999.02.012.}

[22403] 周玉江，李兴平，赵晓伟，王小雨. 选择性颈段脊神经后根部分切断术治疗脑性瘫引起的上肢痉挛型瘫[J]. 中国矫形外科杂志，1999，6(1)：13-15. {ZHOU Yujiang,LI Xingping,ZHAO Xiaowei,WANG Xiaoyu. Selective partial cervical posterior rhizotomy for treatment of spastic cerebral paralysis in upper limbs[J]. Zhongguo Jiao Xing Wai Ke Za Zhi[Orthop J Chin(Article in Chinese;Abstract in Chinese and English)],1999,6(1):13-15.}

[22404] 刘光东. 选择性脊神经后根切断术治疗肢体痉挛[J]. 中国矫形外科杂志，1999，6(7)：545-546. {LIU Guangdong. Selective posterior rhizotomy for limb spasm[J]. Zhongguo Jiao Xing Wai Ke Za Zhi[Orthop J Chin(Article in Chinese;No abstract available)],1999,6(7):545-546.}

[22405] 徐朋，徐达传，高道海，钟世镇. 腰骶部SPR术中脊神经前后根定位的应用解剖[J]. 中国临床解剖学杂志，1999，17(3)：3-5. {XU Peng,XU Dachuan,GAO Daohai,ZHONG Shizhen. Identification of the lumboscral spinal anterior and posterior roots for selective posterior rhizotomy[J]. Zhongguo Lin Chuang Jie Pou Xue Za Zhi[Chin J Clin Anat(Article in Chinese;Abstract in Chinese and English)],1999,17(3):3-5.}

[22406] 徐朋，徐达传，张维彬，钟世镇. 马尾近端SPR的临床应用解剖学[J]. 中国临床解剖学杂志，1999，17(4)：6-9. {XU Peng,XU Dachuan,ZHANG Weibin,ZHONG Shizhen. Clinical anatomy of limited selective posterior rhizotomy at the caudal of medullary cone[J]. Zhongguo Lin Chuang Jie Pou Xue Za Zhi[Chin J Clin Anat(Article in Chinese;Abstract in Chinese and English)],1999,17(4):6-9.}

[22407] 刘衡，赵金来，刘鸣，郭万宝. 关于SPR术中几个问题的临床探讨[J]. 中国矫形外科杂志，1999，6(1)：46-47. {LIU Heng,ZHAO Jinlai,LIU Ming,GUO Wanbao. Clinical discussion on several problems in SPR[J]. Zhongguo Jiao Xing Wai Ke Za Zhi[Orthop J Chin(Article in Chinese;No abstract available)],1999,6(1):46-47.}

[22408] 毛宾尧，应忠追，范大来，陆勇，王霧. SPR手术中椎板后移回植技术的应用[J]. 临床骨科杂志，1999，2(2)：103-104. DOI：10.3969/j.issn.1008-0287.1999.02.008. {MAO Binyao,YING Zhongzhui,FAN Dalai,LU Yong,WANG Chen. Application of posterior regrafting of laminae for SPR[J]. Lin Chuang Gu Ke Za Zhi[J Clin Orthop(Article in Chinese;Abstract in Chinese and English)],1999,2(2):103-104. DOI:10.3969/j.issn.1008-0287.1999.02.008.}

[22409] 李智勇，程钢，刘小林. 选择性脊神经后根切除节段和比例对解痉疗效的影响[J]. 中华显微外科杂志，2000，23(2)：132. DOI：10.3760/cma.j.issn.1001-2036.2000.02.021. {LI Zhiyong,CHENG Gang,LIU Xiaolin. Effect of selective posterior root resection segment and proportion on spasmolysis effect[J]. Zhonghua Xian Wei Wai Ke Za Zhi[Chin J Microsurg(Article in Chinese;No abstract available)],2000,23(2):132. DOI:10.3760/cma.j.issn.1001-2036.2000.02.021.}

[22410] 王正雷，徐林，姜洪和，包双清，巩怀征. 选择性脊神经后根切断术治疗成人脑外伤后肢体痉挛[J]. 中国脊柱脊髓杂志，2000，10(2)：90-92. DOI：10.3969/j.issn.1004-406X.2000.02.007. {WANG Zhenglei,XU Lin,JIANG Honghe,BAO Shuangqing,GONG Huaizheng. Treatment of spastic limbs after brain injury in adults with selective posterior rhizotomy[J]. Zhongguo Ji Zhu Ji Sui Za Zhi[Chin J Spine Spinal Cord(Article in Chinese;Abstract in Chinese and English)],2000,10(2):90-92. DOI:10.3969/j.issn.1004-406X.2000.02.007.}

[22411] 王正雷，姜洪和，徐林. 双侧连续开窗式选择性脊神经后根切断术[J]. 中国脊柱脊髓杂志，2000，10(4)：235-236. DOI：10.3969/j.issn.1004-406X.2000.04.014. {WANG Zhenglei,JIANG Honghe,XU Lin. Double continuative fenestrate selective posterior rhizotomy[J]. Zhongguo Ji Zhu Ji Sui Za Zhi[Chin J Spine Spinal Cord(Article in Chinese;Abstract in Chinese)],2000,10(4):235-236. DOI:10.3969/j.issn.1004-406X.2000.04.014.}

[22412] 徐朋，徐达传，李忠华，钟世镇. 颈部SPR术中脊神经后根节段定位的临床解剖学研究[J]. 中国临床解剖学杂志，2000，18(1)：11-13. DOI：10.3969/j.issn.1001-165X.2000.01.004. {XU Peng,XU Dachuan,LI Zhonghua,ZHONG Shizhen. Applied anatomy of segmental identification of posterior roots in SPR[J]. Zhongguo Lin Chuang Jie Pou Xue Za Zhi[Chin J Clin Anat(Article in Chinese;Abstract in Chinese and English)],2000,18(1):11-13. DOI:10.3969/j.issn.1001-165X.2000.01.004.}

[22413] 徐朋，徐达传，李义凯，钟世镇. 颈部SPR术中前后根定位的应用解剖学研究[J]. 中国临床解剖学杂志，2000，18(4)：302-304. DOI：10.3969/j.issn.1001-165X.2000.04.005. {XU Peng,XU Dachuan,LI Yikai,ZHONG Shizhen. Applied anatomy of identification of anterior and posterior roots in SPR[J]. Zhongguo Lin Chuang Jie Pou Xue Za Zhi[Chin J Clin Anat(Article in Chinese;Abstract in Chinese and English)],2000,18(4):302-304. DOI:10.3969/j.issn.1001-165X.2000.04.005.}

[22414] 王秋根，张秋林，赵杰，侯铁胜，张春才，沈洪兴，王家林，陆晴友. 选择性颈神经后根切断术治疗上肢痉挛性瘫痪[J]. 第二军医大学学报，2001，22(10)：994-995. DOI：10.3321/j.issn：0258-879X.2001.10.036. {WANG Qiugen,ZHANG Qiulin,ZHAO Jie,HOU Tiesheng,ZHANG Chuncai,SHEN Hongxing,WANG Jialin,LU Qingyou. Selective posterior cervical rhizotomy for spastic paralysis of upper limb[J]. Di Er Jun Yi Da Xue Xue Bao[Acad J Sec Mil Med Univ(Article in Chinese;No abstract available)],2001,22(10):994-995. DOI:10.3321/j.issn:0258-879X.2001.10.036.}

[22415] 陆晴友，王秋根，张秋林. 选择性脊神经后根切断术的临床应用[J]. 实用骨科杂志，2002，8(4)：256-257. DOI：10.3969/j.issn.1008-5572.2002.04.009. {LU Qingyou,WANG Qiugen,ZHANG Qiulin. Selective posterior rhizotomy for spastic cerebral palsy in clinical application[J]. Shi Yong Gu Ke Za Zhi[J Pract Orthop(Article in Chinese;Abstract in Chinese and English)],2002,8(4):256-257. DOI:10.3969/j.issn.1008-5572.2002.04.009.}

[22416] 陈立民，王长纯，姚猛，王正雷，董华. SPR治疗成人脊髓损伤后肢体痉挛的临床及电生理观测[J]. 中国脊柱脊髓杂志，2002，12(4)：267-269. DOI：10.3969/j.issn.1004-406X.2002.04.011. {CHEN Limin,WANG Changchun,YAO Meng,WANG Zhenglei,DONG Hua. Clinical and electronic physiology observation about the treatment of spastic limbs of spinal cord injury with selective posterior rhizotomy[J]. Zhongguo Ji Zhu Ji Sui Za Zhi[Chin J Spine Spinal Cord(Article in Chinese;Abstract in Chinese and English)],2002,12(4):267-269. DOI:10.3969/j.issn.1004-406X.2002.04.011.}

[22417] 王正雷，高吉昌，徐林，张承敏，王仑，晁民. SPR治疗脊髓损伤后下肢痉挛的临床观察[J]. 中国脊柱脊髓杂志，2002，12(6)：424-426. DOI：10.3969/j.issn.1004-406X.2002.06.006. {WANG Zhenglei,GAO Jichang,XU Lin,ZHANG Chengmin,WANG Lun,ZHAO Min. The study of treatment of spastic limbs after spinal cord injury with selective posterior rhizotomy[J]. Zhongguo Ji Zhu Ji Sui Za Zhi[Chin J Spine Spinal Cord(Article in Chinese;Abstract in Chinese and English)],2002,12(6):424-426. DOI:10.3969/j.issn.1004-406X.2002.06.006.}

[22418] 王正雷，徐林，姜洪和，高吉昌，贾丹兵，陈庆贺，吴方强，陈利民，袁梅. SPR治疗成人脑外伤后下肢痉挛的步态分析及诱发电位研究（附47例术后6年随访分析）[J]. 中国矫形外科杂志，2002，9(3)：247-250. DOI：10.3969/j.issn.1005-8478.2002.03.012. {WANG Zhenglei,XU Lin,JIANG Honghe,GAO Jichang,JIA Danbing,CHEN Qinghe,WU Fangqiang,CHEN Limin,YUAN Mei. The study of evoked potential and gait analysis of treatment of spastic limbs of adult post-traumatic brain with selective posterior rhizotomy[J]. Zhongguo Jiao Xing Wai Ke Za Zhi[Orthop J Chin(Article in Chinese;Abstract in Chinese and English)],2002,9(3):247-250. DOI:10.3969/j.issn.1005-8478.2002.03.012.}

[22419] 王正雷，徐林，姜洪和，高吉昌，张承敏，陈庆贺，晁民，孙宏伟，贾全章，胡乃武. SPR治疗成人脑外伤后下肢痉挛的步态分析及诱发电位研究（附47例术后6年随访分析）[J]. 解放军医学杂志，2002，27(2)：181-182. DOI：10.3321/j.issn：0577-7402.2002.02.034. {WANG Zhenglei,XU Lin,JIANG Honghe,GAO Jichang,ZHANG Chengmin,CHEN Qinghe,CHAO Min,SUN Hongwei,JIA Quanzhang,HU Naiwu. A study of evoked potential and gait analysis of spastic limbs selective posterior rhizotomy in patients with cerebral injury[J]. Jie Fang Jun Yi Xue Za Zhi[Med J Chin PLA(Article in Chinese;Abstract in Chinese and English)],2002,27(2):181-182. DOI:10.3321/j.issn:0577-7402.2002.02.034.}

[22420] 王正雷，徐林，姜洪和，高吉昌，张承敏，陈庆贺，袁梅，晁民，王仑. SPR治疗脊髓损伤后肢体痉挛及神经根的组织化学研究[J]. 解放军医学杂志，2002，27(5)：445-446. DOI：10.3321/j.issn：0577-7402.2002.05.027. {WANG Zhenglei,XU Lin,JIANG Honghe,GAO Jichang,ZHANG Chengmin,CHEN Qinghe,YUAN Mei,CHAO Min,WANG Lun. Treatment of spastic limbs after spinal cord injury and the histochemistry of nerve roots[J]. Jie Fang Jun Yi Xue Za Zhi[Med J Chin PLA(Article in Chinese;Abstract in Chinese and English)],2002,27(5):445-446. DOI:10.3321/j.issn:0577-7402.2002.05.027.}

[22421] 王正雷，姜洪和，高吉昌，张承敏，姜杰，晁民，王仑. 选择性脊神经后根切断术治疗脊髓损伤后下肢痉挛的疗效观察[J]. 中华骨科杂志，2003，23(1)：57-58. DOI：10.3760/j.issn：0253-2352.2003.01.013. {WANG Zhenglei,JIANG Honghe,GAO Jichang,ZHANG Chengmin,JIANG Jie,CHAO Min,WANG Lun. Selective posterior rhizotomy for lower limb spasm

after spinal cord injury[J]. Zhonghua Gu Ke Za Zhi[Chin J Orthop(Article in Chinese;No abstract available)],2003,23(1):57-58. DOI:10.3760/j.issn:0253-2352.2003.01.013.}

[22422] 李智勇，朱家恺，刘均墀，劳镇国，刘小林，许扬滨，程钢．选择性脊神经后根切断术对腰椎稳定性影响的临床分析 [J]．中国矫形外科杂志，2003，11（24）：1684-1686．DOI：10.3969/j.issn.1005-8478.2003.24.008．{LI Zhiyong,ZHU Jiakai,LIU Junxi,LAO Zhenguo,LIU Xiaolin,XU Yangbin,CHENG Gang. The effect of selective posterior rhizotomy(spr) on the deformity of lumbar spine[J]. Zhongguo Jiao Xing Wai Ke Za Zhi[Orthop J Chin(Article in Chinese;Abstract in Chinese and English)],2003,11(24):1684-1686. DOI:10.3969/j.issn.1005-8478.2003.24.008.}

[22423] 王贵怀，张冰克，乔慧，孙梅珍，杨俊，王忠诚．痉挛性瘫痪的神经外科治疗：功能性选择性神经后根切断术 [J]．中华神经外科杂志，2003，19(6)：436-439．DOI：10.3760/j.issn:1001-2346.2003.06.010．{WANG Guihuai,ZHANG Bingke,QIAO Hui,SUN Meizhen,YANG Jun,WANG Zhongcheng. A neurosurgical approach to spasticity:functional selective posterior rhizotomy[J]. Zhonghua Shen Jing Wai Ke Za Zhi[Chin J Neurosurg(Article in Chinese;Abstract in Chinese and English)],2003,19(6):436-439. DOI:10.3760/j.issn:1001-2346.2003.06.010.}

[22424] 李正维，孙刚，何大为．限制性椎板切除后根切断治疗创伤性痉挛瘫 [J]．骨与关节损伤杂志，2003，18（5）：294-295．DOI：10.3969/j.issn.1672-9935.2003.05.003．{LI Zhengwei,SUN Gang,HE Dawei. Posterior rhizotomy through a limited exposure for treatment of traumatic spasticity[J]. Gu Yu Guan Jie Sun Shang Za Zhi[J Bone Joint Injury(Article in Chinese;Abstract in Chinese and English)],2003,18(5):294-295. DOI:10.3969/j.issn.1672-9935.2003.05.003.}

[22425] 王正雷，高吉昌，张承敏，王仑，晁民，迟志勇，孙宏伟，胡乃武．成人脊髓损伤后肢体痉挛的 SPR 手术及程序化治疗 [J]．解放军医学杂志，2003，28（5）：462-463．DOI：10.3321/j.issn：0577-7402.2003.05.034．{WANG Zhenglei,GAO Jichang,ZHANG Chengmin,WANG Lun,CHAO Min,CHI Zhiyong,SUN Hongwei,HU Naiwu. Selective posterior rhizotomy(SPR) and programmed treatment for spastic limbs after spinal cord injury[J]. Jie Fang Jun Yi Xue Za Zhi[Med J Chin PLA(Article in Chinese;Abstract in Chinese and English)],2003,28(5):462-463. DOI:10.3321/j.issn:0577-7402.2003.05.034.}

[22426] 徐峰，付中国，张殿英，褚亚明，姜保国．腰神经后根切断对下肢骨生长影响的实验研究 [J]．中华显微外科杂志，2006，29（3）：202-205．DOI：10.3760/cma.j.issn.1001-2036.2006.03.014．{XU Feng,FU Zhongguo,ZHANG Dianying,CHU Yaming,JIANG Baoguo. Effect of lumbar nerve dorsal roots section on the rat bone structural changes of lower limb[J]. Zhonghua Xian Wei Wai Ke Za Zhi[Chin J Microsurg(Article in Chinese;Abstract in Chinese and English)],2006,29(3):202-205. DOI:10.3760/cma.j.issn.1001-2036.2006.03.014.}

[22427] 薛峰，姜保国，付中国，张殿英．不同比例脊神经后根切断后大鼠肌肉收缩力和组织结构变化 [J]．中华外科杂志，2008，46（6）：451-452．DOI：10.3321/j.issn：0529-5815.2008.06.018．{XUE Feng,JIANG Baoguo,FU Zhongguo,ZHANG Dianying. Changes of muscle contraction force and tissue structure in rats after posterior rhizotomy of different proportion of spinal nerve[J]. Zhonghua Wai Ke Za Zhi[Chin J Surg(Article in Chinese;No abstract available)],2008,46(6):451-452. DOI:10.3321/j.issn:0529-5815.2008.06.018.}

[22428] 李强，唐成林，李春雨，孙鸿斌，王悦书，王振中，崔树森．选择性脊神经后根切断术治疗顽固性疼痛的临床分析 [J]．中华显微外科杂志，2009，32（5）：433-434．DOI：10.3760/cma.j.issn.1001-2036.2009.05.041．{LI Qiang,TANG Chenglin,LI Chunyu,SUN Hongbin,WANG Yueshu,WANG Zhenzhong,CUI Shusen. Clinical analysis of selective posterior rhizotomy for refractory pain[J]. Zhonghua Xian Wei Wai Ke Za Zhi[Chin J Microsurg(Article in Chinese;Abstract in Chinese)],2009,32(5):433-434. DOI:10.3760/cma.j.issn.1001-2036.2009.05.041.}

[22429] 张鹏，胡炜，曹旭，许世刚，李德魁，徐林．选择性颈段脊神经后根部分切断椎体侧块内固定配合运动疗法治疗脑性瘫引起的上肢痉挛型瘫 [J]．中国骨伤，2009，22（10）：763-765．DOI：10.3969/j.issn.1003-0034.2009.10.013．{ZHANG Peng,HU Wei,CAO Xu,XU Shigang,LI Dekui,XU Lin. Selective cervical dorsal root cutting off part of the vertebral lateral mass fixation combined with exercise therapy for treating spastic cerebral paralysis of the upper limbs caused by cerebral palsy[J]. Zhongguo Gu Shang[China J Orthop Trauma(Article in Chinese;Abstract in Chinese and English)],2009,22(10):763-765. DOI:10.3969/j.issn.1003-0034.2009.10.013.}

[22430] 丁洁岚，陈皆锋，潘国秋，邱国美，冯娟．听觉诱发电位监测在选择性脊神经后根切断术中的应用 [J]．上海医学，2009，32（1）：70-71．{DING Jielan,CHEN Jiefeng,PAN Guoqiu,QIU Guomei,FENG Juan. Application of auditory evoked potential monitoring in selective posterior rhizotomy[J]. Shang Hai Yi Xue[Shanghai Med J(Article in Chinese;No abstract available)],2009,32(1):70-71.}

[22431] 唐晓军，李贵涛，何骁，金励杰，徐汪洋，齐勇，罗狄鑫．大鼠脊神经后根部分切断吻合轴突再生的初步研究 [J]．中国矫形外科杂志，2010，18（15）：1294-1299．{TANG Xiaojun,LI Guitao,HE Xiao,JIN Xunjie,XU Wangyang,QI Yong,LUO Dixin. Preliminary study on the axonal regeneration after the partial section of dorsal root in rats[J]. Zhongguo Jiao Xing Wai Ke Za Zhi[Orthop J Chin(Article in Chinese;Abstract in Chinese and English)],2010,18(15):1294-1299.}

[22432] 白金柱，洪毅，王一昕，张军卫，唐和虎，姜树东，李想，王方永．腰椎管成形在儿童选择性脊神经后根切断术中的应用及临床转归 [J]．中国矫形外科杂志，2012，20（13）：1178-1181．DOI：10.3977/j.issn.1005-8478.2012.13.07．{BAI Jinzhu,HONG Yi,WANG Yixin,ZHANG Junwei,TANG Hehu,JIANG Shudong,LI Xiang,WANG Fangyong. Lumbar laminoplasty for selective posterior rhizotomy in children[J]. Zhongguo Jiao Xing Wai Ke Za Zhi[Orthop J Chin(Article in Chinese;Abstract in Chinese and English)],2012,20(13):1178-1181. DOI:10.3977/j.issn.1005-8478.2012.13.07.}

[22433] 曾瑞曦，张毅，郭栋，刘祥厦，程钢．选择性脊神经后根切断术对下肢感觉功能的近期影响 [J]．中华显微外科杂志，2014，37（6）：564-568．DOI：10.3760/cma.j.issn.1001-2036.2014.06.012．{ZENG Ruixi,ZHANG Yi,GUO Dong,LIU Xiangxia,CHENG Gang. Clinic research into the effects of SPR on the sensory function of lower extremities[J]. Zhonghua Xian Wei Wai Ke Za Zhi[Chin J Microsurg(Article in Chinese;Abstract in Chinese and English)],2014,37(6):564-568. DOI:10.3760/cma.j.issn.1001-2036.2014.06.012.}

[22434] 尹婧宇，王健，张宗红，陈熙慧．选择性脊神经后根切断术中电生理监测的研究 [J]．中国矫形外科杂志，2017，25（3）：214-217．DOI：10.3977/j.issn.1005-8478.2017.03.05．{YIN Jingyu,WANG Jian,ZHANG Zonghong,CHEN Xihui. Electrophysiological monitoring in selective posterior rhizotomy[J]. Zhongguo Jiao Xing Wai Ke Za Zhi[Orthop J Chin(Article in Chinese;Abstract in Chinese and English)],2017,25(3):214-217. DOI:10.3977/j.issn.1005-8478.2017.03.05.}

[22435] 张传鹏，张黎，于炎冰．选择性脊神经后根切断术治疗痉挛型脑性瘫痪的研究现状 [J]．中华神经外科杂志，2018，34（12）：1291-1293．DOI：10.3760/cma.j.issn.1001-2346.2018.12.023．{ZHANG Chuanpeng,ZHANG Li,YU Yanbing. Research status of selective posterior rhizotomy for spastic cerebral palsy[J]. Zhonghua Shen Jing Wai Ke Za Zhi[Chin J Neurosurg(Article in Chinese;No abstract available)],2018,34(12):1291-1293. DOI:10.3760/cma.j.issn.1001-2346.2018.12.023.}

[22436] 田向阳，于炎冰，张岭，孙来广，郭武军，薛艺红．神经内镜下选择性脊神经后根切断术治疗脑损伤后肢体肌痉挛 [J]．中华神经外科杂志，2019，35（4）：343-346．DOI：10.3760/cma.j.issn.1001-2346.2019.04.005．{TIAN Xiangyang,YU Yanbing,ZHANG Ling,SUN Laiguang,GUO Wujun,XUE Yihong. Application of endoscopic selective posterior rhizotomy in the treatment of limb spasticity following brain injury[J]. Zhonghua Shen Jing Wai Ke Za Zhi[Chin J Neurosurg(Article in Chinese;Abstract in Chinese and English)],2019,35(4):343-346. DOI:10.3760/cma.j.issn.1001-2346.2019.04.005.}

[22437] 方铁，徐金山，解自行．颈段选择性脊神经后根切断并椎板复位术治疗痉挛型脑性瘫痪 [J]．中华神经外科杂志，2019，35（4）：373-377．DOI：10.3760/cma.j.issn.1001-2346.2019.04.012．{FANG Tie,XU Jinshan,JIE Zixing. The clinical exploration of cervical selective posterior rhizotomy and replacement laminoplasty for treatment of spastic cerebral palsy[J]. Zhonghua Shen Jing Wai Ke Za Zhi[Chin J Neurosurg(Article in Chinese;Abstract in Chinese and English)],2019,35(4):373-377. DOI:10.3760/cma.j.issn.1001-2346.2019.04.012.}

6.6.2 选择性脊神经前根切断术
selective anterior rhizotomy,SAR

[22438] 郑婧华，解志杰，孙宝香．对选择性脊神经根切断术的疗效评价 [J]．中国矫形外科杂志，1999，6（3）：59-60．{ZHENG Jinghua,JIE Zhijie,SUN Baoxiang. Evaluation of therapeutic effect of selective spinal rhizotomy[J]. Zhongguo Jiao Xing Wai Ke Za Zhi[Orthop J Chin(Article in Chinese;No abstract available)],1999,6(3):59-60.}

[22439] 陈哨军，徐庆中，徐开河，李建新，卢开柏，张东印，张纯，武林善．脊神经前根选择性切断治疗痉挛性脑性瘫痪 [J]．中国修复重建外科杂志，1999，13（2）：79-82．{CHEN Shaojun,XU Qingzhong,XU Kaihe,LI Jianxin,LU Kaibai,ZHANG Dongyin,ZHANG Chun,WU Linshan. Selective ventral rhizotomy for the treatment of spastic cerebral palsy[J]. Zhongguo Xiu Fu Chong Jian Wai Ke Za Zhi[Chin J Repar Reconstr Surg(Article in Chinese;Abstract in Chinese and English)],1999,13(2):79-82.}

[22440] 尹庆水，张余，李忠华，石瑾．脊髓圆锥部 SPR 和 SAR 手术脊神经根辨认的应用解剖学 [J]．中国临床解剖学杂志，2000，18（4）：308-309．DOI：10.3969/j.issn.1001-165X.2000.04.007．{YIN Qingshui,ZHANG Yu,LI Zhonghua,SHI Jin. Applied anatomy of the identification of spinal radix at medullar conus[J]. Zhongguo Lin Chuang Jie Pou Xue Za Zhi[Chin J Clin Anat(Article in Chinese;Abstract in Chinese and English)],2000,18(4):308-309. DOI:10.3969/j.issn.1001-165X.2000.04.007.}

[22441] 王乾坤，刘永国．选择性颈 8 神经根分束切断治疗手部痉挛 [J]．创伤外科杂志，2000，2（3）：169．DOI：10.3969/j.issn.1009-4237.2000.03.015．{WANG Qiankun,LIU Yongguo. The treatment of the hand spasticity by C8 nerve root rhizomy[J]. Chuang Shang Wai Ke Za Zhi[J Traum Surg(Article in Chinese;Abstract in Chinese)],2000,2(3):169. DOI:10.3969/j.issn.1009-4237.2000.03.015.}

[22442] 梁庆元，王小健，苏云星，范亚龙．选择性脊神经根切断对大鼠骨折愈合的影响 [J]．中华实验外科杂志，2008，25（4）：539．DOI：10.3321/j.issn：1001-9030.2008.04.056．{LIANG Qingyuan,WANG Xiaojian,SU Yunxing,FAN Yalong. Effect of selective rhizotomy on fracture healing in rats[J]. Zhonghua Shi Yan Wai Ke Za Zhi[Chin J Exp Surg(Article in Chinese;No abstract available)],2008,25(4):539. DOI:10.3321/j.issn:1001-9030.2008.04.056.}

6.6.3 选择性周围神经切断术
selective peripheral neurotomy

[22443] Wang HB,Lin SQ,Xu DC,Sun ZS,Xu X,Wen GM,Luo SK. Anatomic study of selective neurectomy of gastrocnemius muscle for calf reduction in Chinese[J]. J Plast Reconstr Aesthet Surg,2013,66(6):e162-165. doi:10.1016/j.bjps.2013.02.001.

[22444] Wang H,Xu X,Sun Z,Luo S. Safety and efficacy of selective neurectomy of the gastrocnemius muscle for calf reduction in 300 cases[J]. Aesthetic Plast Surg,2015,39(5):674-679. doi:10.1007/s00266-015-0535-3.

[22445] Zhong S,Li G,Yang L,Yan Q,Wang Y,Zhao G,Li Y. Anatomic and ultrasonic study based on selective tibial neurotomy[J]. World Neurosurg,2017,99:214-225. doi:10.1016/j.wneu.2016.11.023.

[22446] Wang Y,Meng D,Zhang J,Jiang L,Xu Q,Chen Z,Zhang F,Lineaweaver WC. Efficacy and safety of the babysitter procedure with different percentages of partial neurectomy[J]. Ann Plast Surg,2017,79(3):286-292. doi:10.1097/SAP.0000000000001103.

[22447] Lui TH. Endoscopic interdigital neurectomy of the foot[J]. Arthrosc Tech,2017,6(4):e959-e965. doi:10.1016/j.eats.2017.05.002.

[22448] Bing N,Tao D,Wei S,Guang L,Hongwei Z. Percutaneous endoscopic c2-c3 medial branches neurotomy for cervicogenic headache[J]. World Neurosurg,2019,126:498-501. doi:10.1016/j.wneu.2019.03.072.

[22449] Liu Q,Li S,Zhang Y,Cheng Y,Fan J,Jiang L,Li S,Tang Y,Zeng H,Wang J,Zhu Z. Anatomic basis and clinical effect of selective dorsal neurectomy for patients with lifelong premature ejaculation:a randomized controlled trial[J]. J Sex Med,2019,16(4):522-530. doi:10.1016/j.jsxm.2019.01.319.

[22450] Li G,Chang D,Chen D,Zhang P,You Y,Huang X,Cai J. Selective dorsal neurotomy in the treatment of premature ejaculation:a protocol for systematic review and meta-analysis[J]. Medicine(Baltimore),2020,99(34):e21866. doi:10.1097/MD.0000000000021866.

[22451] Yu A,Shen Y,Qiu Y,Jiang S,Yu Y,Yin H,Xu W. Hyperselective neurectomy in the treatment of elbow and wrist spasticity:an anatomical study and incision design[J]. Br J Neurosurg,2020 Sep 21. 1-6. doi:10.1080/02688697.2020.1823939. Online ahead of print.

[22452] 刘小林，朱家恺，程钢，刘均墀．选择性周围神经肌梭传入 IA 类纤维切断治疗痉挛性脑性瘫痪的实验研究 -1 家兔胫神经小束乙酰胆碱酯酶组织化学与电生理学的相关实验研究 [J]．中国矫形外科杂志，1997，4（5）：61-62．{LIU Xiaolin,ZHU Jiakai,CHENG Gang,LIU Junxi. Experimental study on selective peripheral nerve muscle spindle afferent class ia fiber cutting for spastic cerebral palsy-1 experimental study on histochemistry and electrophysiology of acetylcholinesterase in rabbit tibial nerve bundle[J]. Zhongguo Jiao Xing Wai Ke Za Zhi[Orthop J Chin(Article in Chinese;No abstract available)],1997,4(5):61-62.}

[22453] 李贵涛，宁志杰，黄彦杰．周围神经选择性切断术治疗肢体痉挛性瘫痪 [J]．中华显微外科杂志，1998，21（3）：226．DOI：10.3760/cma.j.issn.1001-2036.1998.03.029．{LI Guitao,NING Zhijie,HUANG Yanjie. Selective peripheral neurotomy for spastic paralysis of limbs[J]. Zhonghua Xian Wei Wai Ke Za Zhi[Chin J Microsurg(Article in Chinese;No abstract available)],1998,21(3):226. DOI:10.3760/cma.j.issn.1001-2036.1998.03.029.}

[22454] 刘小林．选择性周转神经肌梭传入 Ia 类纤维切断治疗痉挛性脑性瘫痪的实验研究：Ⅱ家兔胫后神经选择性切断后肌力变化的实验研究 [J]．中国矫形外科杂志，1998，5（1）：54-56．{LIU Xiaolin. Experimental study on the treatment of spastic cerebral palsy by selective afferent type Ia fiber transection of epicyclic nerve muscle spindle: Ⅱ Experimental study on the changes of muscle strength after selective amputation of posterior tibial nerve in rabbits[J]. Zhongguo Jiao Xing Wai Ke Za Zhi[Orthop J Chin(Article in Chinese;No abstract available)],1998,5(1):54-56.}

[22455] 谈敬忠，周其荫，刘瑾，杨世祥，赵武．胫神经选择性部分切断术治疗小儿痉挛性马蹄内翻足 [J]．中国矫形外科杂志，2002，9（7）：722-723．DOI：10.3969/j.issn.1005-8478.2002.07.036．{TAN Jingzhong,ZHOU Qiyin,LIU Jin,YANG Shixiang,ZHAO Wu. Selective partly

neurotomy of tibial nerve for treatment of spastic club foot[J]. Zhongguo Jiao Xing Wai Ke Za Zhi[Orthop J Chin(Article in Chinese;Abstract in Chinese)],2002,9(7):722-723. DOI:10.3969/j.issn.1005-8478.2002.07.036.}

[22456] 马善军，冯永凯，张宏. 选择性胫神经肌支切断结合跟腱延长术治疗痉挛性马蹄足 [J]. 中国矫形外科杂志，2002，10(11): 1122-1123. DOI: 10.3969/j.issn.1005-8478.2002.11.032. {MA Shanjun,FENG Yongkai,ZHANG Hong. Selective microsurgical tibial neurotomy and procedure in lengthening of achillis's tendon to treat spastic cerebral palsy with equinus deformity[J]. Zhongguo Jiao Xing Wai Ke Za Zhi[Orthop J Chin(Article in Chinese;Abstract in Chinese)],2002,10(11):1122-1123. DOI:10.3969/j.issn.1005-8478.2002.11.032.}

[22457] 于炎冰，左焕琮，张黎，赵奎明，郭京，周忠蜀. 选择性胫神经分支部分切断术治疗踝部痉挛状态 [J]. 中华神经外科杂志，2002，18(5): 306-308. DOI: 10.3760/j.issn: 1001-2346.2002.05.010. {YU Yanbing,ZUO Huancong,ZHANG Li,ZHAO Kuiming,GUO Jing,ZHOU Zhongshu. Selective tibial neurotomy for relief of spasticity focalized to the ankle[J]. Zhonghua Shen Jing Wai Ke Za Zhi[Chin J Neurosurg(Article in Chinese;Abstract in Chinese and English)],2002,18(5):306-308. DOI:10.3760/j.issn:1001-2346.2002.05.010.}

[22458] 陈信康，林少华，马安保，黄汉添，林菲，廖巍，胡子慧，梁健，李亮明. 选择性周围神经切断和肌切断治疗痉挛性斜颈 400 例结果 [J]. 中华神经外科杂志，2005，21(1): 30-34. DOI: 10.3760/j.issn: 1001-2346.2005.01.008. {CHEN Xinkang,LIN Shaohua,MA Anbao,HUANG Hantian,LIN Fei,LIAO Wei,HU Zihui,LIANG Jian,LI Liangming. Selective peripheral denervation and myotomy for spasmodic torticollis,with results of 400 cases[J]. Zhonghua Shen Jing Wai Ke Za Zhi[Chin J Neurosurg(Article in Chinese;Abstract in Chinese and English)],2005,21(1):30-34. DOI:10.3760/j.issn:1001-2346.2005.01.008.}

[22459] 王世杰，陈业涛，苗素华，王云朋，张玉琪. 周围神经选择性部分切断术治疗脑性瘫痪肢体痉挛 [J]. 中华神经外科杂志，2019，35(1): 25-29. DOI: 10.3760/cma.j.issn.1001-2346.2019.01.007. {WANG Shijie,CHEN Yetao,MIAO Suhua,WANG Yunpeng,ZHANG Yuqi. Selective peripheral neurotomy for limb spasticity in cerebral palsy[J]. Zhonghua Shen Jing Wai Ke Za Zhi[Chin J Neurosurg(Article in Chinese;Abstract in Chinese and English)],2019,35(1):25-29. DOI:10.3760/cma.j.issn.1001-2346.2019.01.007.}

[22460] 王明鑫，宗强，韩光良，徐冬云，高秀琴，栾红，李超，张黎. 周围神经选择性部分切断术治疗成人脑源性痉挛状态 [J]. 中华神经外科杂志，2019，35(1): 43-46. DOI: 10.3760/cma.j.issn.1001-2346.2019.01.011. {WANG Mingxin,ZONG Qiang,HAN Guangliang,XU Dongyun,GAO Xiuqin,LUAN Hong,LI Chao,ZHANG Li. The efficacy of selective peripheral neurotomy in treating cerebral spasticity in adults[J]. Zhonghua Shen Jing Wai Ke Za Zhi[Chin J Neurosurg(Article in Chinese;Abstract in Chinese and English)],2019,35(1):43-46. DOI:10.3760/cma.j.issn.1001-2346.2019.01.011.}

[22461] 杨培中，刘向东，刘永博，刘学来，宋振宇，李纪森，张黎. 联合式周围神经选择性部分切断术治疗儿童脑性瘫痪下肢痉挛 [J]. 中华神经外科杂志，2019，35(1): 47-50. DOI: 10.3760/cma.j.issn.1001-2346.2019.01.012. {YANG Peizhong,LIU Xiangdong,LIU Yongbo,LIU Xuelai,SONG Zhenyu,LI Jisen,ZHANG Li. Combined selective peripheral neurotomy for treatment of spasticity in lower limbs of cerebral palsy patients[J]. Zhonghua Shen Jing Wai Ke Za Zhi[Chin J Neurosurg(Article in Chinese;Abstract in Chinese and English)],2019,35(1):47-50. DOI:10.3760/cma.j.issn.1001-2346.2019.01.012.}

6.6.4 患侧第 7 颈椎切断 - 健侧第 7 颈椎移位术

ipsilateral c7 spinal nerve cut off-contralateral c7 spinal nerve transfer

[22462] 沈丽英，顾玉东. 颈 7 神经根切断术后的肌电电生理改变 [J]. 中华显微外科杂志，1992，15(4): 193-195. {SHEN Liying,GU Yudong. Electromyography and electrophysiological changes after cervical 7 nerve rhizotomy[J]. Zhonghua Xian Wei Wai Ke Za Zhi[Chin J Microsurg(Article in Chinese;Abstract in Chinese)],1992,15(4):193-195.}

[22463] 沈丽英，顾玉东. 颈 7 神经根切断术后的肌电电生理改变（II）[J]. 中华手外科杂志，1995，11(2): 81-83. {SHEN Liying,GU Yudong. Electrophysiological changes after cervical nerve root 7 severance (II)[J]. Zhonghua Shou Wai Ke Za Zhi[Chin J Hand Surg(Article in Chinese;Abstract in Chinese and English)],1995,11(2):81-83.}

[22464] 徐建光，顾玉东. 颈 7 神经根选择性束组移位术后感觉影响的比较研究 [J]. 中华手外科杂志，1996，12(1): 24-26. {XU Jianguang,GU Yudong. Comparative study on sensory change after selective C7 root transfer[J]. Zhonghua Shou Wai Ke Za Zhi[Chin J Hand Surg(Article in Chinese;Abstract in Chinese and English)],1996,12(1):24-26.}

[22465] 徐建光，顾玉东，胡韶楠，王欢. 颈 _7 神经根选择性束组移位术后感觉影响的比较研究 [J]. 中华手外科杂志，1996，12(S1): 26-28. {XU Jianguang,GU Yudong,HU Shaonan,WANG Huan. Comparative study on sensory change after selective C7 root transfer[J]. Zhonghua Shou Wai Ke Za Zhi[Chin J Hand Surg(Article in Chinese;Abstract in Chinese and English)],1996,12(S1):26-28.}

[22466] 徐建光，胡韶楠，王欢，顾玉东. 颈 7 神经根的组化研究及其临床意义 [J]. 中国临床解剖学杂志，1996，14(2): 243-245. {XU Jianguang,HU Shaonan,WANG Huan,GU Yudong. Histochemical study on C7 roots and its clinical significance[J]. Zhongguo Lin Chuang Jie Pou Xue Za Zhi[Chin J Clin Anat(Article in Chinese;Abstract in Chinese)],1996,14(2):243-245.}

[22467] 徐建光，沈丽英，胡韶楠. 不同术式切断 C7 神经根后对神经支配肌影响的实验研究 [J]. 中华手外科杂志，1999，15(4): 245. DOI: 10.3760/cma.j.issn.1005-054X.1999.04.020. {XU Jianguang,SHEN Liying,HU Shaonan. An experimental study of the influence on the C7 innervating muscles after transection of different C7 fascicles[J]. Zhonghua Shou Wai Ke Za Zhi[Chin J Hand Surg(Article in Chinese;Abstract in Chinese and English)],1999,15(4):245. DOI:10.3760/cma.j.issn.1005-054X.1999.04.020.}

[22468] 徐建光，顾玉东，胡韶楠. 选择性颈 7 神经根移位与膈神经移位术疗效比较的实验研究 [J]. 中华显微外科杂志，2000，23(2): 119. DOI: 10.3760/cma.j.issn.1001-2036.2000.02.016. {XU Jianguang,GU Yudong,HU Shaonan. Experimental study on the effect of selective C7 nerve root transfer and phrenic nerve transfer[J]. Zhonghua Xian Wei Wai Ke Za Zhi[Chin J Microsurg(Article in Chinese;Abstract in Chinese)],2000,23(2):119. DOI:10.3760/cma.j.issn.1001-2036.2000.02.016.}

[22469] 徐建光，胡韶楠，顾玉东. 颈 7 神经根与桥接尺神经缝合断面的解剖学研究 [J]. 中国临床解剖学杂志，2000，18(1): 14-15. DOI: 10.3969/j.issn.1001-165X.2000.01.005. {XU Jianguang,HU Shaonan,GU Yudong. Anatomic observation of human C7 nerve root and bridging ulnar nerve[J]. Zhongguo Lin Chuang Jie Pou Xue Za Zhi[Chin J Clin Anat(Article in Chinese;Abstract in Chinese and English)],2000,18(1):14-15. DOI:10.3969/j.issn.1001-165X.2000.01.005.}

[22470] 任乐夫，向铁城，曾纳新，杨美玉，谢金瑞. 颈 7 选择性束组移位术治疗臂丛神经损伤 [J]. 中华手外科杂志，2001，17(4): 211. DOI: 10.3760/cma.j.issn.1005-054X.2001.04.023. {REN Lefu,XIANG Tiecheng,ZENG Naxin,YANG Meiyu,XIE Jinrui. Treatment of brachial plexus injury by selective C7 root transfer[J]. Zhonghua Shou Wai Ke Za Zhi[Chin J Hand Surg(Article in Chinese;No abstract available)],2001,17(4):211. DOI:10.3760/cma.j.issn.1005-054X.2001.04.023.}

[22471] 张少成，张燕溪，侯海春，马玉海，潘永太，王连江，柳顺发，年申生. 神经移植端侧缝合颈 5/7 神经根与上干桥接治疗产瘫 [J]. 第二军医大学学报，2001，22(10): 967-969. DOI: 10.3321/j.issn: 0258-879X.2001.10.023. {ZHANG Shaocheng,ZHANG Yanxi,HOU Haichun,MA Yuhai,PAN Yongtai,WANG Lianjiang,LIU Shunfa,NIAN Shensheng. Bridging C5/C7 nerve root and upper trunk with end-to-side neurorrhaphy of grafted nerves in treatment of obstetric palsy[J]. Di Er Jun Yi Da Xue Xue Bao[Acad J Sec Mil Med Univ(Article in Chinese;Abstract in Chinese and English)],2001,22(10):967-969. DOI:10.3321/j.issn:0258-879X.2001.10.023.}

[22472] 王树锋，周忠水，吕站辉，张高孟，路培法，王明山，张克民，孔令贵. C7 神经移位重建截瘫双下肢功能的实验研究及初步临床应用 [J]. 中华骨科杂志，2003，23(8): 479-482. DOI: 10.3760/j.issn: 0253-2352.2003.08.009. {WANG Shufeng,ZHOU Zhongshui,LV Zhanhui,ZHANG Gaomeng,LU Peifa,WANG Mingshan,ZHANG Kemin,KONG Linggui. The experimental study and preliminary clinical application of C7 nerve transfer to restore the lower limb function of paraplegia[J]. Zhonghua Gu Ke Za Zhi[Chin J Orthop(Article in Chinese;Abstract in Chinese and English)],2003,23(8):479-482. DOI:10.3760/j.issn:0253-2352.2003.08.009.}

[22473] 陆伟，徐建光，顾玉东. 大鼠臂丛 C7 神经功能定位的显微解剖研究 [J]. 中华手外科杂志，2003，19(1): 46-48. DOI: 10.3760/cma.j.issn.1005-054X.2003.01.019. {LU Wei,XU Jianguang,GU Yudong. The microanatomical study of the functional orientation of the C7 nerve roots in rats[J]. Zhonghua Shou Wai Ke Za Zhi[Chin J Hand Surg(Article in Chinese;Abstract in Chinese and English)],2003,19(1):46-48. DOI:10.3760/cma.j.issn.1005-054X.2003.01.019.}

[22474] 顾玉东. C7 神经移位术的几个问题 [J]. 中华手外科杂志，2003，19(2): 65. DOI: 10.3760/cma.j.issn.1005-054X.2003.02.001. {GU Yudong. Some problems of C7 nerve transfer[J]. Zhonghua Shou Wai Ke Za Zhi[Chin J Hand Surg(Article in Chinese;Abstract in Chinese and English)],2003,19(2):65. DOI:10.3760/cma.j.issn.1005-054X.2003.02.001.}

[22475] 高飞，石宁跃，王明君，宁旗军. 颈 7 神经根移位术治疗颈段哑铃型神经鞘瘤一例 [J]. 中华神经外科杂志，2003，19(1): 9. DOI: 10.3760/j.issn: 1001-2346.2003.01.032. {GAO Fei,SHI Ningyue,WANG Mingjun,NING Qijun. Cervical 7 nerve root transfer for dumbbell Schwannoma of cervical segment:a case report[J]. Zhonghua Shen Jing Wai Ke Za Zhi[Chin J Neurosurg(Article in Chinese;No abstract available)],2003,19(1):9. DOI:10.3760/j.issn:1001-2346.2003.01.032.}

[22476] 陆伟，徐建光，肖建德，李继峰，胡韶楠，徐文东，徐雷，姜浩，王大平，顾玉东. 人颈 7 神经根干股束支运动纤维含量及其临床意义 [J]. 中国临床解剖学杂志，2004，22(5): 518-521. DOI: 10.3969/j.issn.1001-165X.2004.05.017. {LU Wei,XU Jianguang,XIAO Jiande,LI Jifeng,HU Shaonan,XU Wendong,XU Lei,JIANG Hao,WANG Daping,GU Yudong. A study of the motor fiber counts of the human 7th cervical nerve root and its branches[J]. Zhongguo Lin Chuang Jie Pou Xue Za Zhi[Chin J Clin Anat(Article in Chinese;Abstract in Chinese and English)],2004,22(5):518-521. DOI:10.3969/j.issn.1001-165X.2004.05.017.}

[22477] 陆伟，徐建光，肖建德，李继峰，胡韶楠，徐文东，徐雷，姜浩，王大平，顾玉东. 人类颈 7 干股交界处神经束支定位的显微解剖学研究 [J]. 中华实验外科杂志，2004，21(8): 1007-1008. DOI: 10.3760/j.issn: 1001-9030.2004.08.042. {LU Wei,XU Jianguang,XIAO Jiande,LI Jifeng,HU Shaonan,XU Wendong,XU Lei,JIANG Hao,WANG Daping,GU Yudong. Orientations of the fascicles on the trunk-division section on the human 7th cervical nerve root[J]. Zhonghua Shi Yan Wai Ke Za Zhi[Chin J Exp Surg(Article in Chinese;Abstract in Chinese and English)],2004,21(8):1007-1008. DOI:10.3760/j.issn:1001-9030.2004.08.042.}

[22478] 张发惠，郑和平，陈秀清，王树锋. 坐骨神经桥接颈 7 神经根二期移位重建截瘫下肢功能的应用解剖 [J]. 中国临床解剖学杂志，2005，23(5): 481-483. DOI: 10.3969/j.issn.1001-165X.2005.05.009. {ZHANG Fahui,ZHENG Heping,CHEN Xiuqing,WANG Shufeng. Applied anatomy of the sciatic nerve bridging C7 root transfer to reconstruct the lower limber function of paraplegia[J]. Zhongguo Lin Chuang Jie Pou Xue Za Zhi[Chin J Clin Anat(Article in Chinese;Abstract in Chinese and English)],2005,23(5):481-483. DOI:10.3969/j.issn.1001-165X.2005.05.009.}

[22479] 张成钢，沈燕国，糜菁熠，徐建光，顾玉东. 改良颈 7 神经移位术后支配肌功能恢复的实验研究 [J]. 中华手外科杂志，2005，21(5): 307-310. {ZHANG Chenggang,SHEN Yanguo,MI Jingyi,XU Jianguang,GU Yudong. Modified C7 neurotization in the treatment of total brachial plexus avulsion:an experimental study[J]. Zhonghua Shou Wai Ke Za Zhi[Chin J Hand Surg(Article in Chinese;Abstract in Chinese and English)],2005,21(5):307-310.}

[22480] 陆伟，肖建德，徐建光，何倩雯，李继峰，王大平，顾玉东. 大鼠颈 7 神经根及其束支运动纤维含量与分布特点的研究 [J]. 中国修复重建外科杂志，2005，19(11): 857-859. {LU Wei,XIAO Jiande,XU Jianguang,HE Qianwen,LI Jifeng,WANG Daping,GU Yudong. Study on the quantity and distribution of motor fiber of rat's C7 nerve root[J]. Zhongguo Xiu Fu Chong Jian Wai Ke Za Zhi[Chin J Repar Reconstr Surg(Article in Chinese;Abstract in Chinese and English)],2005,19(11):857-859.}

[22481] 孙坚，李军，蒋继党，邱蔚六. 颈 7 神经根后股与副神经移位吻合重建斜方肌功能 [J]. 中国修复重建外科杂志，2005，19(11): 890-893. {SUN Jian,LI Jun,JIANG Jidang,QIU Weiliu. Transpositional anastomosis of C7 posterior root and spinal accessory nerve to reconstruct the trapezius muscle function[J]. Zhongguo Xiu Fu Chong Jian Wai Ke Za Zhi[Chin J Repar Reconstr Surg(Article in Chinese;Abstract in Chinese and English)],2005,19(11):890-893.}

[22482] 张成钢，沈燕国，糜菁熠，徐建光，顾玉东. 大鼠改良颈 7 移位术的电生理研究 [J]. 中华手外科杂志，2006，22(3): 177-179. {ZHANG Chenggang,SHEN Yanguo,MI Jingyi,XU Jianguang,GU Yudong. An electrophysiological study of modified C7 neurotization in rats[J]. Zhonghua Shou Wai Ke Za Zhi[Chin J Hand Surg(Article in Chinese;Abstract in Chinese and English)],2006,22(3):177-179.}

[22483] 吕占辉，王树锋，孙今占，王学丽，蔡长马，高鹏飞. C7 神经移位椎管内吻合腰神经前根重建截瘫屈髋伸膝功能的应用解剖 [J]. 中国临床解剖学杂志，2008，26(5): 488-490. DOI: 10.3969/j.issn.1001-165X.2008.05.006. {LV Zhanhui,WANG Shufeng,SUN Jinzhan,WANG Xueli,CAI Changma,GAO Pengfei. Applied anatomy of C7 nerve transfer and anterior lumbar spinal roots anastomosis in vertebral canal to restore the lower limb function of paraplegia[J]. Zhongguo Lin Chuang Jie Pou Xue Za Zhi[Chin J Clin Anat(Article in Chinese;Abstract in Chinese and English)],2008,26(5):488-490. DOI:10.3969/j.issn.1001-165X.2008.05.006.}

[22484] 张成钢，沈燕国，糜菁熠，董震，徐建光，顾玉东. 颈 7 神经移位修复臂丛撕脱伤两根受损神经实验研究 [J]. 中华显微外科杂志，2008，31(6): 420-423. DOI: 10.3760/cma.j.issn.1001-2036.2008.06.007. {ZHANG Chenggang,SHEN Yanguo,MI Jingyi,DONG Zhen,XU Jianguang,GU Yudong. C7 nerve double-neurotization in the treatment of total brachial plexus avulsion:an experimental study[J]. Zhonghua Xian Wei Wai Ke Za Zhi[Chin J Microsurg(Article in Chinese;Abstract in Chinese and English)],2008,31(6):420-423. DOI:10.3760/cma.j.issn.1001-2036.2008.06.007.}

[22485] 田东，徐雷，张凯莉，顾玉东. 臂丛颈 7 神经根支配主要代表肌的电生理研究 [J]. 中华手外科杂志，2008，24(5): 280-282. DOI: 10.3760/cma.j.issn.1005-054X.2008.05.008. {TIAN Dong,XU Lei,ZHANG Kaili,GU Yudong. Electrophysiologic study of C7 nerve root innervated muscles[J]. Zhonghua Shou Wai Ke Za Zhi[Chin J Hand Surg(Article in Chinese;Abstract in Chinese and English)],2008,24(5):280-282. DOI:10.3760/cma.j.issn.1005-054X.2008.05.008.}

[22486] 胡昊，蔡林，王建平，金伟，魏坦军，王冶. C7 神经根移位重建截瘫大鼠股四头肌功能的实验研究 [J]. 中国修复重建外科杂志，2008，22(11): 1334-1338. {HU Hao,CAI Lin,WANG Jianping,JIN Wei,WEI Tanjun,WANG Ye. Experimental research on reconstructing quadriceps femoris function in paraplegina rats by C7 nerve root transposition[J]. Zhongguo Xiu Fu Chong Jian Wai Ke Za Zhi[Chin J Repar Reconstr Surg(Article in Chinese;Abstract in Chinese and English)],2008,22(11):1334-1338.}

[22487] 李清，李晖，王沛，冯世庆，于泳浩. 颈 7 神经根切断后大鼠不同颈脊髓节段内 C-fos 和 c-jun 基因的表达 [J]. 中华实验外科杂志，2009，26(12): 1764-1765. DOI: 10.3760/cma.j.issn.1001-9030.2009.12.081. {LI Qing,LI Hui,WANG Pei,FENG Shiqing,YU Yonghao. Expression of C-fos and c-jun genes in different cervical spinal cord

segments of rats after cervical 7 radiculotomy[J]. Zhonghua Shi Yan Wai Ke Za Zhi[Chin J Exp Surg(Article in Chinese;No abstract available)],2009,26(12):1764-1765. DOI:10.3760/cma.j.issn.1001-9030.2009.12.081.}

[22488] 顾玉东．如何判断颈7神经根的功能质量[J]．中华手外科杂志，2009，25(3)：129．DOI：10.3760/cma.j.issn.1005-054X.2009.03.001．{GU Yudong. How to judge the functional quality of severed C7 nerve root[J]. Zhonghua Shou Wai Ke Za Zhi[Chin J Hand Surg(Article in Chinese;No abstract available)],2009,25(3):129. DOI:10.3760/cma.j.issn.1005-054X.2009.03.001.}

[22489] 秦本刚，顾立强，劳镇国，刘小林，李平，朱庆棠，傅国，朱家恺．颈7神经可分离长度的显微解剖研究[J]．中华显微外科杂志，2010，33(4)：305-307，后插五．DOI：10.3760/cma.j.issn.1001-2036.2010.04.016．{QIN Bengang,GU Liqiang,LAO Zhenguo,LIU Xiaolin,LI Ping,ZHU Qingtang,FU Guo,ZHU Jiakai. Applied microanatomical study of availible length of C7 nerve[J]. Zhonghua Xian Wei Wai Ke Za Zhi[Chin J Microsurg(Article in Chinese;Abstract in Chinese and English)],2010,33(4):305-307,insert 5. DOI:10.3760/cma.j.issn.1001-2036.2010.04.016.}

[22490] 顾玉东．再论如何判断颈7神经根的功能质量[J]．中华手外科杂志，2010，26(2)：65．{GU Yudong. How to judge the functional quality of C7 nerve root:a second visit[J]. Zhonghua Shou Wai Ke Za Zhi[Chin J Hand Surg(Article in Chinese;No abstract available)],2010,26(2):65.}

[22491] 朱艺，徐雷，张凯莉，田东，顾雁浩，黄霄云，韩峰．颈5-7神经根性撕脱后神经电生理表现及临床意义[J]．中华手外科杂志，2010，26(3)：145-147．DOI：10.3760/cma.j.issn.1005-054X.2010.03.007．{ZHU Yi,XU Lei,ZHANG Kaili,TIAN Dong,GU Yanhao,HUANG Xiaoyun,HAN Feng. The electrophysiological features of C5-7 nerve root avulsions and its clinical significance[J]. Zhonghua Shou Wai Ke Za Zhi[Chin J Hand Surg(Article in Chinese;Abstract in Chinese and English)],2010,26(3):145-147. DOI:10.3760/cma.j.issn.1005-054X.2010.03.007.}

[22492] 姜宗圆，陈立，蒋军建，徐雷，徐建光．颈7神经根切断后靶肌肉内乙酰胆碱受体 γ/ε 亚基的表达变化[J]．中华手外科杂志，2011，27(2)：65-68．DOI：10.3760/cma.j.issn.1005-054X.2011.02.001．{JIANG Zongyuan,CHEN Li,JIANG Junjian,XU Lei,XU Jianguang. An experimental study of γ-and ε-AchR subunits mRNA expression in target muscles after transection of C7 nerve root[J]. Zhonghua Shou Wai Ke Za Zhi[Chin J Hand Surg(Article in Chinese;Abstract in Chinese and English)],2011,27(2):65-68. DOI:10.3760/cma.j.issn.1005-054X.2011.02.001.}

[22493] 吕占辉，王树锋，张磊，蔡长马，孙保国．C7神经移位经椎管外坐骨神经桥接吻合腰神经前根重建截瘫患者屈髋伸膝功能1例报告[J]．中国脊柱脊髓杂志，2011，21(11)：958-960．DOI：10.3969/j.issn.1004-406X.2011.11.17．{LV Zhanhui,WANG Shufeng,ZHANG Lei,CAI Changma,SUN Baoguo. Reconstruction of hip flexion and knee extension function in paraplegic patients by C7 nerve transfer and lumbar nerve anterior root anastomosis via extraspinal scientific nerve bridge:a case report[J]. Zhongguo Ji Zhu Ji Sui Za Zhi[Chin J Spine Spinal Cord(Article in Chinese;No abstract available)],2011,21(11):958-960. DOI:10.3969/j.issn.1004-406X.2011.11.17.}

[22494] 吕占辉，王树锋，孔令贵，孙金占，蔡长马，高鹏飞．C7神经移位重建截瘫双下肢功能的临床疗效分析[J]．中华创伤杂志，2011，27(5)：434-436．DOI：10.3760/cma.j.issn.1001-8050.2011.05.015．{LV Zhanhui,WANG Shufeng,KONG Linggui,SUN Jinzhan,CAI Changma,GAO Pengfei. Analysis of clinical efficacy of C7 nerve transfer in reconstruction of paraplegic lower limb function[J]. Zhonghua Chuang Shang Za Zhi[Chin J Trauma(Article in Chinese;No abstract available)],2011,27(5):434-436. DOI:10.3760/cma.j.issn.1001-8050.2011.05.015.}

[22495] 姜宗圆，朱艺，陈立，黄亚福，徐雷，徐建光，顾玉东．单纤维肌电图用于第7颈神经根切断后运动终板功能变化的实验研究[J]．中华显微外科杂志，2012，35(6)：479-481，后插8．DOI：10.3760/cma.j.issn.1001-2036.2012.06.012．{JIANG Zongyuan,ZHU Yi,CHEN Li,HUANG Yafu,XU Lei,XU Jianguang,GU Yudong. Single fiber electromyography for the functional changes of motor endplate after the 7th cervical nerve root transection[J]. Zhonghua Xian Wei Wai Ke Za Zhi[Chin J Microsurg(Article in Chinese;Abstract in Chinese)],2012,35(6):479-481,后插8. DOI:10.3760/cma.j.issn.1001-2036.2012.06.012.}

[22496] 黄亚福，徐雷，侯展瑞，徐建光．大鼠颈7神经根切断后肱三头肌蛋白质组学研究[J]．中华手外科杂志，2012，28(3)：169-172．DOI：10.3760/cma.j.issn.1005-054X.2012.03.020．{HUANG Yafu,XU Lei,HOU Zhanrui,XU Jianguang. Proteomics analysis of triceps muscle after C7 nerve root rhizotomy in rats[J]. Zhonghua Shou Wai Ke Za Zhi[Chin J Hand Surg(Article in Chinese;Abstract in Chinese and English)],2012,28(3):169-172. DOI:10.3760/cma.j.issn.1005-054X.2012.03.020.}

[22497] 张雁，糜菁熠，芮永军，沈小芳，李继峰．颈7神经不同平面切断对神经元影响的实验研究[J]．中华手外科杂志，2012，28(6)：366-369．{ZHANG Yan,MI Jingyi,RUI Yongjun,SHEN Xiaofang,LI Jifeng. Effects of C7 nerve transection at different levels and at different time on motoneurons and sensory neurons:an experimental study[J]. Zhonghua Shou Wai Ke Za Zhi[Chin J Hand Surg(Article in Chinese;Abstract in Chinese and English)],2012,28(6):366-369.}

[22498] 姜宗圆，顾施辉，徐雷，徐建光，顾玉东．颈7神经根切断后靶肌肉运动终板的形态变化[J]．中华手外科杂志，2014，30(1)：5-9．DOI：10.3760/cma.j.issn.1005-054X.2014.01.002．{JIANG Zongyuan,GU Shihui,XU Lei,XU Jianguang,GU Yudong. The morphological changes of motor end-plate in target muscles after C7 nerve root transection[J]. Zhonghua Shou Wai Ke Za Zhi[Chin J Hand Surg(Article in Chinese;Abstract in Chinese and English)],2014,30(1):5-9. DOI:10.3760/cma.j.issn.1005-054X.2014.01.002.}

[22499] 张凡亮，鲜航，梁超，罗层，丛锐．颈7根性撕脱诱发神经病理性痛小鼠模型的研究[J]．中华手外科杂志，2020，36(3)：216-220．DOI：10.3760/cma.j.cn311653-20191016-00286．{ZHANG Fanliang,XIAN Hang,LIANG Chao,LUO Ceng,CONG Rui. A study on the model of neuropathic pain in mice induced by C7 root avulsion[J]. Zhonghua Shou Wai Ke Za Zhi[Chin J Hand Surg(Article in Chinese;Abstract in Chinese and English)],2020,36(3):216-220. DOI:10.3760/cma.j.cn311653-20191016-00286.}

6.7 神经源性膀胱

neurogenic bladder

[22500] Zhang YH,Shao QA,Wang JM. Enveloping the bladder with displacement of flap of the rectus abdominis muscle for the treatment of neurogenic bladder[J]. J Urol,1990,144(5):1194-1195.

[22501] Dai CF,Xiao CG. Electrophysiological monitoring and identification of neural roots during somatic-autonomic reflex pathway procedure for neurogenic bladder[J]. Chin J Traumatol,2005,8(2):74-76.

[22502] Xiao CG. Reinnervation for neurogenic bladder:historic review and introduction of a somatic-autonomic reflex pathway procedure for patients with spinal cord injury or spina bifida[J]. Eur Urol,2006,49(1):22-8;discussion 28-29. doi:10.1016/j.eururo.2005.10.004.

[22503] Chen G,Liao L,Miao D. Electrical stimulation of somatic afferent nerves in the foot increases bladder capacity in neurogenic bladder patients after sigmoid cystoplasty[J]. BMC Urol,2015,15:26. doi:10.1186/s12894-015-0023-8.

[22504] Yang K,Chen H,Tang J,Ge D,Zhang S,Sui T,Cao X. Anatomical feasibility of extradural transferring s2 and s3 ventral roots to s1 ventral root for restoring neurogenic bladder in spinal cord injury[J]. Spine,2018,43(18):E1046-E1052. doi:10.1097/BRS.0000000000002613.

[22505] 刘志坚，易超然，蒋健，卫中庆．脊髓栓系伴神经源性膀胱的治疗[J]．中华外科杂志，2007，45(4)：272-273．DOI：10.3760/j.issn：0529-5815.2007.04.019．{LIU Zhijian,YI Chaoran,JIANG Jian,WEI Zhongqing. Treatment of tethered spinal cord with neurogenic bladder[J]. Zhonghua Wai Ke Za Zhi[Chin J Surg(Article in Chinese;No abstract available)],2007,45(4):272-273. DOI:10.3760/j.issn:0529-5815.2007.04.019.}

[22506] 鞠彦合，廖利民，李东，付光，梁文立，熊宗胜，吴娟，史文博，韩春生．神经源性膀胱尿道功能障碍患者的影像尿动力学研究[J]．中华外科杂志，2008，46(20)：1525-1528．DOI：10.3321/j.issn：0529-5815.2008.20.003．{JU Yanhe,LIAO Limin,LI Dong,FU Guang,LIANG Wenli,XIONG Zongsheng,WU Juan,SHI Wenbo,HAN Chunsheng. Video-urodynamic studies on 1800 patients with neurogenic bladder[J]. Zhonghua Wai Ke Za Zhi[Chin J Surg(Article in Chinese;Abstract in Chinese and English)],2008,46(20):1525-1528. DOI:10.3321/j.issn:0529-5815.2008.20.003.}

[22507] 王剑火，侯春林，张伟，郑宪友，徐镇，王万宏，林浩东．一种神经源性膀胱排尿报警装置的设计[J]．中国修复重建外科杂志，2008，22(5)：597-601．{WANG Jianhuo,HOU Chunlin,ZHANG Wei,ZHENG Xianyou,XU Zhen,WANG Wanhong,LIN Haodong. Micturition alert device dedicated to neurogenic bladders[J]. Zhongguo Xiu Fu Chong Jian Wai Ke Za Zhi[Chin J Repar Reconstr Surg(Article in Chinese;Abstract in Chinese and English)],2008,22(5):597-601.}

[22508] 王剑火，侯春林，郑宪友，徐镇，王万宏，林浩东．影响神经源性膀胱排尿报警装置的主要因素[J]．中国修复重建外科杂志，2008，22(8)：964-968．{WANG Jianhuo,HOU Chunlin,ZHENG Xianyou,XU Zhen,WANG Wanhong,LIN Haodong. Major influential factors of the micturition alert device dedicated to neurogenic bladders[J]. Zhongguo Xiu Fu Chong Jian Wai Ke Za Zhi[Chin J Repar Reconstr Surg(Article in Chinese;Abstract in Chinese and English)],2008,22(8):964-968.}

[22509] 王剑火，侯春林，王万宏，郑宪友，徐镇．神经源性膀胱排尿报警装置的生物相容性研究[J]．中国修复重建外科杂志，2008，22(9)：1108-1112．{WANG Jianhuo,HOU Chunlin,WANG Wanhong,ZHENG Xianyou,XU Zhen. BIocompatibility of micturition alert device dedicated to neurogenic bladder[J]. Zhongguo Xiu Fu Chong Jian Wai Ke Za Zhi[Chin J Repar Reconstr Surg(Article in Chinese;Abstract in Chinese and English)],2008,22(9):1108-1112.}

[22510] 王剑火，侯春林．一种神经原性膀胱排尿报警装置[J]．中华泌尿外科杂志，2009，30(4)：282．DOI：10.3760/cma.j.issn.1000-6702.2009.04.028．{WANG Jianhuo,HOU Chunlin. An alarm device for neurogenic bladder urination[J]. Zhonghua Mi Niao Wai Ke Za Zhi[Chin J Urol(Article in Chinese;Abstract in Chinese)],2009,30(4):282. DOI:10.3760/cma.j.issn.1000-6702.2009.04.028.}

[22511] 吴娟，廖利民，万里，付光，李丹，梁文立，熊宗胜，刘丽岩．电刺激治疗神经源性膀胱感觉功能障碍的疗效观察[J]．中国脊柱脊髓杂志，2012，22(12)：1059-1062．DOI：10.3969/j.issn.1004-406X.2012.12.02．{WU Juan,LIAO Limin,WAN Li,FU Guang,LI Dan,LIANG Wenli,XIONG Zongsheng,LIU Liyan. Electric stimulation for neurogenic bladder sensory dysfunction[J]. Zhongguo Ji Zhu Ji Sui Za Zhi[Chin J Spine Spinal Cord(Article in Chinese;Abstract in Chinese and English)],2012,22(12):1059-1062. DOI:10.3969/j.issn.1004-406X.2012.12.02.}

6.7.1 脊髓损伤后膀胱功能重建实验研究与临床应用

experimental study and clinical application of bladder function reconstruction after spinal cord injury

[22512] Chang SM,Hou CL. The frequency and efficacy of differential sacral roots innervation to bladder detrusor in Asian people[J]. Spinal Cord,2000,38(12):773. doi:10.1038/sj.sc.3100998.

[22513] Wang J,Hou C,Jiang J,Li Q,Zhang F. Selection of the sacral nerve posterior roots to establish skin-CNS-bladder reflex pathway:an experimental study in rats[J]. Microsurgery,2007,27(2):118-124. doi:10.1002/micr.20316.

[22514] Zheng XY,Hou CL,Chen AM,Li JF,Xu Z,Wang JH. Optimal timing of operation for repairing atonic bladder after medullary cone injury:an experimental study in rats[J]. Spinal Cord,2008,46(8):574-581. doi:10.1038/sc.2008.39.

[22515] Lin H,Hou C,Zhen X. Bypassing spinal cord injury:surgical reconstruction of afferent and efferent pathways to the urinary bladder after conus medullaris injury in a rat model[J]. J Reconstr Microsurg,2008,24(8):575-581. doi:10.1055/s-0028-1090599.

[22516] Lin H,Hou C,Chen A,Xu Z. Reinnervation of atonic bladder after conus medullaris injury using a modified nerve crossover technique in canines[J]. World Neurosurg,2010,73(5):582-586. doi:10.1016/j.wneu.2010.02.020.

[22517] Wang JW,Zhao YW,Hou CL,Ni WF,Rui BY,Guo SC,Zheng XY,Dai KR. An experimental study of artificial murine bladder reflex arc established by abdominal reflex[J]. Chin Med J,2011,124(3):413-418.

[22518] Lin H,Hou CL,Zhong G,Xie Q,Wang S. Reconstruction of reflex pathways to the atonic bladder after conus medullaris injury:preliminary clinical results[J]. Microsurgery,2008,28(6):429-435. doi:10.1002/micr.20504.

[22519] Zheng XY,Hou CL,Zhong HB,Xu RS,Chen AM,Xu Z,Wang JH. Reconstructed bladder innervation below the level of spinal cord injury:the knee-tendon to bladder artificial reflex arc[J]. J Spinal Cord Med,2009,32(1):79-85. doi:10.1080/10790268.2009.11760756.

[22520] Lin H,Hou C,Zhen X,Xu Z. Clinical study of reconstructed bladder innervation below the level of spinal cord injury to produce urination by Achilles tendon-to-bladder reflex contractions[J]. J Neurosurg Spine,2009,10(5):452-457. doi:10.3171/2009.1.SPINE08540.

[22521] Lin H,Hou C,Chen A,Xu Z. Innervation of reconstructed bladder above the level of spinal cord injury for inducing micturition by contractions of the abdomen-to-bladder reflex arc[J]. Neurosurgery,2010,66(5):948-952;discussion 952.

[22522] Lin H,Hou C,Chen A. Reconstructed bladder innervation above the level of spinal cord injury to produce urination by abdomen-to-bladder reflex contractions[J]. J Neurosurg Spine,2011,14(6):799-802. doi:10.3171/2011.2.SPINE10685.

[22523] Ma J,Sui T,Zhu Y,Zhu A,Wei Z,Cao XJ. Micturition reflex arc reconstruction including sensory and motor nerves after spinal cord injury:urodynamic and electrophysiological responses[J]. J Spinal Cord Med,2011,34(5):510-517. doi:10.1179/2045772311Y.0000000030.

[22524] Shi P,Zhao X,Wang J,Lan N. Effects of acute sacral neuromodulation on bladder reflex in complete spinal cord injury rats[J]. Neuromodulation,2013,16(6):583-589;discussion 589. doi:10.1111/j.1525-1403.2012.00528.x.

[22525] Lin H,Hou C. Transfer of normal S1 nerve root to reinnervate atonic bladder due to conus medullaris injury[J]. Muscle Nerve,2013,47(2):241-245.

doi:10.1002/mus.23507.
[22526] Zhou X,Liu Y,Ma J,Sui T,Ge Y,Cao X. Extradural nerve anastomosis technique for bladder reinnervation in spinal cord injury:anatomical feasibility study in human cadavers[J]. Spine,2014,39(8):635-641. doi:10.1097/BRS.0000000000000208.
[22527] Ju YH,Liao LM. Electrical stimulation of dog pudendal nerve regulates the excitatory pudendal-to-bladder reflex[J]. Neural Regen Res,2016,11(4):676-681. doi:10.4103/1673-5374.180757.
[22528] Tang J,Ma J,Yang L,Huang X,Ge Y,Sui T,Wei Z,Cao X. The feasibility study of extradural nerve anastomosis technique for canine bladder reinnervation after spinal cord injury[J]. J Spinal Cord Med,2016,39(6):679-685. doi:10.1080/10790268.2016.1209889.
[22529] Wang Z,Deng H,Liao L,Lu T,Li X. Excitatory and inhibitory effects of stimulation of sacral dorsal root ganglion on bladder reflex in cats[J]. Int Urol Nephrol,2018,50(12):2179-2186. doi:10.1007/s11255-018-2004-9.
[22530] Yu R,Yin G,Zhao J,Chen H,Meng D,Zhang J,Lin Y,Xie Z,Hou C,Lin H. Reducing neuron apoptosis in the pontine micturition center by nerve root transfer for restoration of micturition function after spinal cord injury[J]. Biomed Res Int,2020,2020:5615097. doi:10.1155/2020/5615097.
[22531] Wan X,Liang Y,Li X,Liao L. Inhibitory effects of a minimally invasive implanted tibial nerve stimulation device on non-nociceptive bladder reflexes in cats[J]. Int Urol Nephrol,2021,53(3):431-438. doi:10.1007/s11255-020-02666-w.
[22532] Li X,Wan X,Wang Z,Liang Y,Jia Z,Zhang X,Liao L. Frequency dependent effects on bladder reflex by saphenous nerve stimulation and a possible action mechanism of tibial nerve stimulation in cats[J]. Int Neurourol J,2021,25(2):128-136. doi:10.5213/inj.2040304.152.
[22533] 刘俊敏，薛健，王俊生，李青，庄红雨，关骅，熊宗胜，戴凤君. 选择性括约肌切断术治疗脊髓损伤性膀胱尿道功能障碍 [J]. 中华泌尿外科杂志，1994，15(5)：443-445，470-471. {LIU Junmin,XUE Jian,WANG Junsheng,LI Qing,ZHUANG Hongyu,GUAN Hua,XIONG Zongsheng,DAI Fengjun. Selected transurethral sphincterotomy for the management of bladder and sphincter dysfunction in patient with spinal cord injury[J]. Zhonghua Mi Niao Wai Ke Za Zhi[Chin J Urol(Article in Chinese;Abstract in Chinese and English)],1994,15(5):443-445,470-471.}
[22534] 刘智，胥少汀. 修复马尾神经恢复膀胱功能的实验观察 [J]. 中华外科杂志，1995，33(12)：719-722. {LIU Zhi,XU Shaoting. Experimental observation on restoring bladder function by repairing cauda equina nerve[J]. Zhonghua Wai Ke Za Zhi[Chin J Surg(Article in Chinese;Abstract in Chinese)],1995,33(12):719-722.}
[22535] 刘智，胥少汀，李贵存. 脊髓损伤后膀胱功能的评价与修复 [J]. 中华外科杂志，1997，35(3)：189-191. {LIU Zhi,XU Shaoting,LI Guicun. Evaluation and repair of bladder function after spinal cord injury[J]. Zhonghua Wai Ke Za Zhi[Chin J Surg(Article in Chinese;No abstract available)],1997,35(3):189-191.}
[22536] 李忠华，石瑾，尹庆水，钟世镇. 椎管内手术恢复截瘫后膀胱控制功能的应用解剖 [J]. 中国临床解剖学杂志，2000，18(4)：312-313，316. DOI：10.3969/j.issn.1001-165X.2000.04.009. {LI Zhonghua,SHI Jin,YIN Qingshui,ZHONG Shizhen. Applied anatomy of operation in vertebral canal to restore urocystic control function after paraplegia[J]. Zhongguo Lin Chuang Jie Pou Xue Za Zhi[Chin J Clin Anat(Article in Chinese;Abstract in Chinese and English)],2000,18(4):312-313,316. DOI:10.3969/j.issn.1001-165X.2000.04.009.}
[22537] 侯春林. 脊髓损伤后的膀胱功能重建 [J]. 中国创伤骨科杂志，2000，2(1)：10-13. {HOU Chunlin. Reconstruction of bladder function after spinal cord injury[J]. Zhongguo Chuang Shang Gu Ke Za Zhi[Chin J Orthop Trauma(Article in Chinese;No abstract available)],2000,2(1):10-13.}
[22538] 徐瑞生，侯春林，张世民，陈爱民，刘明轩，衷鸿宾. 利用膝腱反射重建膀胱功能的应用解剖研究 [J]. 中国临床解剖学杂志，2001，19(4)：305-307. DOI：10.3969/j.issn.1001-165X.2001.04.005. {XU Ruisheng,HOU Chunlin,ZHANG Shimin,CHEN Aimin,LIU Mingxuan,ZHONG Hongbin. Applied anatomical study for the operation of bladder functional reconstruction using knee jerk reflex[J]. Zhongguo Lin Chuang Jie Pou Xue Za Zhi[Chin J Clin Anat(Article in Chinese;Abstract in Chinese and English)],2001,19(4):305-307. DOI:10.3969/j.issn.1001-165X.2001.04.005.}
[22539] 徐瑞生，侯春林，张世民，王诗波，王金武，刘明轩，衷鸿宾. 利用下腹壁反射重建膀胱功能的应用解剖学研究 [J]. 中国临床解剖学杂志，2002，20(4)：275-276. DOI：10.3969/j.issn.1001-165X.2002.04.012. {XU Ruisheng,HOU Chunlin,ZHANG Shimin,WANG Shibo,WANG Jinwu,LIU Mingxuan,ZHONG Hongbin. Applied anatomic study on the operation of bladder functional reconstruction with lower abdominal reflexes[J]. Zhongguo Lin Chuang Jie Pou Xue Za Zhi[Chin J Clin Anat(Article in Chinese;Abstract in Chinese and English)],2002,20(4):275-276. DOI:10.3969/j.issn.1001-165X.2002.04.012.}
[22540] 徐瑞生，侯春林，张世民，王金武，王诗波，刘明轩，陈爱民. 不同动力神经根在膀胱功能重建时作用的比较 [J]. 中华骨科杂志，2002，22(4)：226-228. DOI：10.3760/j.issn:0253-2352.2002.04.011. {XU Ruisheng,HOU Chunlin,ZHANG Shimin,WANG Jinwu,WANG Shibo,LIU Mingxuan,CHEN Aimin. Comparison of different dynamic anterior roots on bladder functional reconstruction[J]. Zhonghua Gu Ke Za Zhi[Chin J Orthop(Article in Chinese;Abstract in Chinese and English)],2002,22(4):226-228. DOI:10.3760/j.issn:0253-2352.2002.04.011.}
[22541] 王诗波，侯春林，陈爱民，张世民，刁颖敏，尹承慧，王金武，徐瑞生，张伟，张梦杰. 自制膀胱控制器对截瘫犬膀胱功能的重建作用 [J]. 中华外科杂志，2002，40(10)：780-782. DOI：10.3760/j：issn：0529-5815.2002.10.019. {WANG Shibo,HOU Chunlin,CHEN Aimin,ZHANG Shimin,DIAO Yingmin,YIN Chenghui,WANG Jinwu,XU Ruisheng,ZHANG Wei,ZHANG Mengjie. Bladder controller in bladder function reconstruction of paraplegic dogs[J]. Zhonghua Wai Ke Za Zhi[Chin J Surg(Article in Chinese;Abstract in Chinese and English)],2002,40(10):780-782. DOI:10.3760/j:issn:0529-5815.2002.10.019.}
[22542] 王诗波，侯春林，张世民，陈爱民，瞿创予，刁颖敏，尹承慧，张伟. 膀胱控制器恢复截瘫犬膀胱功能的尿流动力学观察 [J]. 中国脊柱脊髓杂志，2002，12(3)：187-190. DOI：10.3969/j.issn.1004-406X.2002.03.017. {WANG Shibo,HOU Chunlin,ZHANG Shimin,CHEN Aimin,QU Chuangyu,DIAO Yingmin,YIN Chenghui,ZHANG Wei. Urodynamic testing of bladder controller to restore bladder function in paraplegic dogs[J]. Zhongguo Ji Zhu Ji Sui Za Zhi[Chin J Spine Spinal Cord(Article in Chinese;Abstract in Chinese and English)],2002,12(3):187-190. DOI:10.3969/j.issn.1004-406X.2002.03.017.}
[22543] 徐瑞生，侯春林，王立邦，丁涛，王刊石，沈小松，包聚良. 妙纳治疗脊髓损伤后痉挛性膀胱功能障碍的临床观察 [J]. 中国矫形外科杂志，2002，10(12)：1178-1180. DOI：10.3969/j.issn.1005-8478.2002.12.010. {XU Ruisheng,HOU Chunlin,WANG Libang,DING Tao,WANG Kanshi,SHEN Xiaosong,BAO Juliang. Clinical study of myonal on the treatment of spastic bladder dysfunction after spinal cord injury(SCI)[J]. Zhongguo Jiao Xing Wai Ke Za Zhi[Orthop J Chin(Article in Chinese;Abstract in Chinese and English)],2002,10(12):1178-1180. DOI:10.3969/j.issn.1005-8478.2002.12.010.}
[22544] 徐瑞生，侯春林，张世民，王诗波，王金武，刘明轩，衷鸿宾. 利用跟腱反射重建膀胱功能的应用解剖学研究 [J]. 中国临床解剖学杂志，2003，21(1)：16-18. DOI：10.3969/j.issn.1001-165X.2003.01.005. {XU Ruisheng,HOU Chunlin,ZHANG Shimin,WANG Shibo,WANG Jinwu,LIU Mingxuan,ZHONG Hongbin. Operation of bladder functional reconstruction with Achilles tendon reflex:applied anatomic study[J]. Zhongguo Lin Chuang Jie Pou Xue Za Zhi[Chin J Clin Anat(Article in Chinese;Abstract in Chinese and English)],2003,21(1):16-18. DOI:10.3969/j.issn.1001-165X.2003.01.005.}
[22545] 侯春林. 脊髓损伤后膀胱功能重建 [J]. 解放军医学杂志，2003，28(8)：663-665. DOI：10.3321/j.issn：0577-7402.2003.08.001. {HOU Chunlin. Reconstruction of bladder function after spinal cord injury[J]. Jie Fang Jun Yi Xue Za Zhi[Med J Chin PLA(Article in Chinese;Abstract in Chinese and English)],2003,28(8):663-665. DOI:10.3321/j.issn:0577-7402.2003.08.001.}
[22546] 周谋望，杨延砚，黄红拾，陈亚萍. Brindley技术重建脊髓损伤后膀胱功能的应用现状及其进展 [J]. 中国脊柱脊髓杂志，2004，14(9)：566-568. DOI：10.3969/j.issn.1004-406X.2004.09.016. {ZHOU Mouwang,YANG Yanyan,HUANG Hongshi,CHEN Yaping. Application status and progress of brindley technique in reconstruction of bladder function after spinal cord injury[J]. Zhongguo Ji Zhu Ji Sui Za Zhi[Chin J Spine Spinal Cord(Article in Chinese;No abstract available)],2004,14(9):566-568. DOI:10.3969/j.issn.1004-406X.2004.09.016.}
[22547] 王诗波，侯春林. 带血管神经蒂肌瓣重建脊髓损伤后膀胱功能的研究进展 [J]. 中华显微外科杂志，2005，28(1)：93-94. DOI：10.3760/cma.j.issn.1001-2036.2005.01.057. {WANG Shibo,HOU Chunlin. Research progress of vascular nerve pedicled muscle flap for reconstruction of bladder function after spinal cord injury[J]. Zhonghua Xian Wei Wai Ke Za Zhi[Chin J Microsurg(Article in Chinese;No abstract available)],2005,28(1):93-94. DOI:10.3760/cma.j.issn.1001-2036.2005.01.057.}
[22548] 钟贵彬，侯春林. 磁刺激重建脊髓损伤后排尿功能障碍的治疗进展 [J]. 中国脊柱脊髓杂志，2005，15(12)：756-758. DOI：10.3969/j.issn.1004-406X.2005.12.014. {ZHONG Guibin,HOU Chunlin. Progress in treatment of micturition dysfunction after magnetic stimulation reconstruction of spinal cord injury[J]. Zhongguo Ji Zhu Ji Sui Za Zhi[Chin J Spine Spinal Cord(Article in Chinese;No abstract available)],2005,15(12):756-758. DOI:10.3969/j.issn.1004-406X.2005.12.014.}
[22549] 罗小娟，曾兢. 脊髓损伤后膀胱功能重建方法研究新进展 [J]. 局解手术学杂志，2012，21(3)：313-315. DOI：10.3969/j.issn.1672-5042.2012.03.037. {LUO Xiaojuan,ZENG Jing. Research on methods to reconstruct bladder function after spinal cord injury[J]. Ju Jie Shou Shu Xue Za Zhi[J Reg Anat Oper Surg(Article in Chinese;Abstract in Chinese and English)],2012,21(3):313-315. DOI:10.3969/j.issn.1672-5042.2012.03.037.}
[22550] 谭俊铭，来津，王金鑫，张颉峰，申练兵，王朝阳，邢顺民，陈德纯，时国华，廖腾，苏加向，何翔. L1椎体爆裂骨折合并脊髓圆锥损伤术后患者膀胱逼尿肌功能恢复的相关因素 [J]. 中国矫形外科杂志，2013，21(4)：346-349. DOI：10.3977/j.issn.1005-8478.2013.04.07. {TAN Junming,LAI Jin,WANG Jinxin,ZHANG Jiefeng,SHEN Lianbing,WANG Chaoyang,XING Shunmin,CHEN Dechun,SHI Guohua,LIAO Teng,SU Jiaxiang,HE Xiang. Related factors of patient between the L1 burst fracture complicating conus medullaris injury with preoperative and postoperative detrusor muscle of bladder function recovery[J]. Zhongguo Jiao Xing Wai Ke Za Zhi[Orthop J Chin(Article in Chinese;Abstract in Chinese and English)],2013,21(4):346-349. DOI:10.3977/j.issn.1005-8478.2013.04.07.}
[22551] 张月雷，盛珺，侯春林，林浩东. 脊髓圆锥损伤膀胱功能重建术后大鼠逼尿肌显微结构变化研究 [J]. 中国修复重建外科杂志，2013，27(7)：836-842. DOI：10.7507/1002-1892.20130183. {ZHANG Yuelei,SHENG Jun,HOU Chunlin,LIN Haodong. Microstructural study on detrusor muscle after bladder functional reconstruction for atonic bladder caused by medullary cone injury in rats[J]. Zhongguo Xiu Fu Chong Jian Wai Ke Za Zhi[Chin J Repar Reconstr Surg(Article in Chinese;Abstract in Chinese and English)],2013,27(7):836-842. DOI:10.7507/1002-1892.20130183.}
[22552] 刘秀梅，黎婷. 脊髓损伤患者出院后膀胱功能支持现状的研究进展 [J]. 中国骨与关节杂志，2016，5(6)：444-448. DOI：10.3969/j.issn.2095-252X.2016.06.009. {LIU Xiumei,LI Ting. Present situation and prospect of post-discharge bladder function support of patients with spinal cord injury[J]. Zhongguo Gu Yu Guan Jie Za Zhi[Chin J Bone Joint(Article in Chinese;Abstract in Chinese and English)],2016,5(6):444-448. DOI:10.3969/j.issn.2095-252X.2016.06.009.}
[22553] 高宛生，李云龙，何翔飞，文建国. FK1706 对脊髓损伤大鼠神经再生和膀胱功能的修复作用 [J]. 中华实验外科杂志，2017，34(9)：1526-1528. DOI：10.3760/cma.j.issn.1001-9030.2017.09.027. {GAO Wansheng,LI Yunlong,HE Xiangfei,WEN Jianguo. Effects of FK1706 on nerve regeneration and bladder recovery after spinal cord injury[J]. Zhonghua Shi Yan Wai Ke Za Zhi[Chin J Exp Surg(Article in Chinese;Abstract in Chinese and English)],2017,34(9):1526-1528. DOI:10.3760/cma.j.issn.1001-9030.2017.09.027.}
[22554] 王利辉，李云龙，张一帆，乔保平，文建国. 神经吻合促进大鼠膀胱功能恢复的研究 [J]. 中华实验外科杂志，2019，36(2)：286-288. DOI：10.3760/cma.j.issn.1001-9030.2019.02.029. {WANG Lihui,LI Yunlong,ZHANG Yifan,QIAO Baoping,WEN Jianguo. Nerve coaptation on bladder function recovery in rats with end-to-side neurorrhaphy[J]. Zhonghua Shi Yan Wai Ke Za Zhi[Chin J Exp Surg(Article in Chinese;Abstract in Chinese and English)],2019,36(2):286-288. DOI:10.3760/cma.j.issn.1001-9030.2019.02.029.}

6.7.1.1 选择性骶神经根切断术
selective sacral nerve neurotomy

[22555] Lin H,Xu Z,Liu Y,Chen A,Hou C. The effect of severing L6 nerve root of the sacral plexus on lower extremity function:an experimental study in rhesus monkeys[J]. Neurosurgery,2012,70(1):170-177;discussion 177. doi:10.1227/NEU.0b013e31822c4b39.
[22556] Lin H,Chen A,Hou C. Contralateral L-6 nerve root transfer to repair lumbosacral plexus root avulsion:experimental study in rhesus monkeys[J]. J Neurosurg,2013,119(3):714-719. doi:10.3171/2013.5.JNS121218.
[22557] Zhu L,F Zhang,Yang D,Chen A. The effect of severing a normal S1 nerve root to use for reconstruction of an avulsed contralateral lumbosacral plexus:a pilot study[J]. Bone Joint J,2015,97-B(3):358-365. doi:10.1302/0301-620X.97B3.34330.
[22558] 徐林，蒋化龙，傅中国，易斌. 选择性腰骶神经后根切断术及其方法改进 [J]. 中国脊柱脊髓杂志，1996，6(4)：203-205. {XU Lin,JIANG Hualong,FU Zhongguo,YI Bin. Selective lumbosacral posterior rhizotomy and its modification[J]. Zhongguo Ji Zhu Ji Sui Za Zhi[Chin J Spine Spinal Cord(Article in Chinese;Abstract in Chinese and English)],1996,6(4):203-205.}
[22559] 易斌，徐林. 选择性腰骶神经后根切断术的电生理研究 [J]. 中华骨科杂志，1999，19(10)：28-30. {YI Bin,XU Lin. Electrophysiological study of selective posterior rhizotomy[J]. Zhonghua Gu Ke Za Zhi[Chin J Orthop(Article in Chinese;Abstract in Chinese and English)],1999,19(10):28-30.}
[22560] 徐朋，徐达传，钟世镇. 腰骶部选择性脊神经后根切断术术中脊神经后根节段定位的应用解剖 [J]. 中华显微外科杂志，1999，22(3)：212. DOI：10.3760/cma.j.issn.1001-2036.1999.03.019. {XU Peng,XU Dachuan,ZHONG Shizhen. Applioed anatomy of indentieaton of segments of dorsal roots in spinal posterior roots rhizotomy[J]. Zhonghua Xian Wei Wai Ke Za Zhi[Chin J Microsurg(Article in Chinese;Abstract in Chinese and English)],1999,22(3):212. DOI:10.3760/cma.j.issn.1001-2036.1999.03.019.}
[22561] 刘明轩，侯春林，衷鸿宾. 选择性骶神经根切断治疗脊髓损伤后痉挛性膀胱的实验研究

[J]. 中国脊柱脊髓杂志，1999，9(6)：317-320. DOI：10.3969/j.issn.1004-406X.1999.06.006. {LIU Mingxuan,HOU Chunlin,ZHONG Hongbin. Experimental study on selective sacral rhizotomy for the treatment of spastic bladder after spinal cord injury[J]. Zhongguo Ji Zhu Ji Sui Za Zhi[Chin J Spine Spinal Cord(Article in Chinese;Abstract in Chinese and English)],1999,9(6):317-320. DOI:10.3969/j.issn.1004-406X.1999.06.006.}

[22562] 我校长征医院选择性骶神经前根切断术治疗痉挛性膀胱获成功 [J]. 第二军医大学学报，1999，20(1)：8. DOI：10.3321/j.issn：0258-879X.1999.01.037. {A successful treatment of spastic bladder by selective anterior sacral root amputation in Changzheng Hospital of our university[J]. Di Er Jun Yi Da Xue Xue Bao[Acad J Sec Mil Med Univ(Article in Chinese;No abstract available)],1999,20(1):8. DOI:10.3321/j.issn:0258-879X.1999.01.037.}

[22563] 王秋根，吴岳嵩，年申生，孙庆斌，杨锡铭，顾雄华，张春才，王家林，陈舰. 选择性腰骶脊神经后根切断术并发症分析 [J]. 第二军医大学学报，1999，20(2)：135. DOI：10.3321/j.issn：0258-879X.1999.02.031. {WANG Qiugen,WU Yuesong,NIAN Shensheng,SUN Qingbin,YANG Ximing,GU Xionghua,ZHANG Chuncai,WANG Jialin,CHEN Jian. Complications after selective posterior rhizotomy[J]. Di Er Jun Yi Da Xue Xue Bao[Acad J Sec Mil Med Univ(Article in Chinese;No abstract available)],1999,20(2):135. DOI:10.3321/j.issn:0258-879X.1999.02.031.}

[22564] 侯春林，刘明轩，衷鸿宾，陈爱民. 选择性骶神经前根切断术治疗脊髓损伤后痉挛性膀胱的初步报告 [J]. 第二军医大学学报，1999，20(5)：277-279. DOI：10.3321/j.issn：0258-879X.1999.05.002. {HOU Chunlin,LIU Mingxuan,ZHONG Hongbin,CHEN Aimin. The treatment of spastic bladder after spinal cord injury by differential sacral nerve anterior rhizotomy:a primary report[J]. Di Er Jun Yi Da Xue Xue Bao[Acad J Sec Mil Med Univ(Article in Chinese;Abstract in Chinese and English)],1999,20(5):277-279. DOI:10.3321/j.issn:0258-879X.1999.05.002.}

[22565] 张世民，侯春林，徐瑞生，傅晓辉. 选择性骶神经前后根组合切断恢复脊髓损伤后膀胱功能的实验研究 [J]. 中国修复重建外科杂志，2001，15(2)：69-73. {ZHANG Shimin,HOU Chunlin,XU Ruisheng,FU Xiaohui. Experimental study on combining selective rhizotomy of different anterior and posterior sacral roots for restoration of bladder function after spinal cord injury[J]. Zhongguo Xiu Fu Chong Jian Wai Ke Za Zhi[Chin J Repar Reconstr Surg(Article in Chinese;Abstract in Chinese and English)],2001,15(2):69-73.}

[22566] 李如求，张兰亭，尹彪中，孟国成，何飞平. 腰骶脊神经后根选择性切断术后疗效评估 [J]. 中国脊柱脊髓杂志，2002，12(4)：300-301. DOI：10.3969/j.issn.1004-406X.2002.04.022. {LI Ruqiu,ZHANG Lanting,YIN Biaozhong,MENG Guocheng,HE Feiping. Evaluation of curative effect of selective posterior rhizotomy of lumbosacral nerve[J]. Zhongguo Ji Zhu Ji Sui Za Zhi[Chin J Spine Spinal Cord(Article in Chinese;Abstract in Chinese)],2002,12(4):300-301. DOI:10.3969/j.issn.1004-406X.2002.04.022.}

[22567] 刘明轩，侯春林，陈爱民，曹成福，张启宽，丁浩，樊海峰. 选择性骶神经前根切断术治疗脊髓损伤后痉挛性膀胱的临床研究（附9例报道）[J]. 上海医学，2002，25(z1)：23-25. DOI：10.3969/j.issn.0253-9934.2002.z1.009. {LIU Mingxuan,HOU Chunlin,CHEN Aimin,CAO Chengfu,ZHANG Qikuan,DING Hao,FAN Haifeng. A clinical study on the treatment of spastic urinary bladder after spinal cord injury by differential sacral nerve anterior root rhizotomy[J]. Shang Hai Yi Xue[Shanghai Med J(Article in Chinese;Abstract in Chinese and English)],2002,25(z1):23-25. DOI:10.3969/j.issn.0253-9934.2002.z1.009.}

[22568] 王正雷，高吉昌，徐林，张承敏，王仑，晁民. 选择性腰5、骶1脊神经后根切断术加内收肌切断术治疗下肢痉挛的研究 [J]. 解放军医学杂志，2003，28(9)：833-834. DOI：10.3321/j.issn：0577-7402.2003.09.032. {WANG Zhenglei,GAO Jichang,XU Lin,ZHANG Chengmin,WANG Lun,CHAO Min. Gait analysis of spastic limbs after treatment with selective posterior rhizotomy of l5-s1 combined with severance of adductor muscle[J]. Jie Fang Jun Yi Xue Za Zhi[Med J Chin PLA(Article in Chinese;Abstract in Chinese and English)],2003,28(9):833-834. DOI:10.3321/j.issn:0577-7402.2003.09.032.}

[22569] 刘明轩，侯春林，丁浩，樊海峰，唐童生，陈贤奇，仲继勇. 骶神经根选择性切断治疗截瘫后痉挛性膀胱的实验及临床研究 [J]. 中国修复重建外科杂志，2004，18(5)：402-405. {LIU Mingxuan,HOU Chunlin,DING Hao,FAN Haifeng,TANG Tongsheng,CHEN Xianqi,ZHONG Jiyong. Experimental and clinical studies on selective sacral rhizotomy in treatment of spastic bladder after spinal cord injury[J]. Zhongguo Xiu Fu Chong Jian Wai Ke Za Zhi[Chin J Repar Reconstr Surg(Article in Chinese;Abstract in Chinese and English)],2004,18(5):402-405.}

[22570] 徐峰，曹旭，赵子义，张鹏，许世刚，徐林. 选择性腰骶神经后根切断术中肌电监测的应用研究 [J]. 中华外科杂志，2009，47(14)：1088-1091. DOI：10.3760/cma.j.issn.0529-5815.2009.14.014. {XU Feng,CAO Xu,ZHAO Ziyi,ZHANG Peng,XU Shigang,XU Lin. Application of intraoperative electrophysiological monitoring in lumbosacral selective posterior rhizotomy for spastic cerebral palsy[J]. Zhonghua Wai Ke Za Zhi[Chin J Surg(Article in Chinese;Abstract in Chinese and English)],2009,47(14):1088-1091. DOI:10.3760/cma.j.issn.0529-5815.2009.14.014.}

[22571] 于炎冰，张黎，徐晓利，许骏，任鸿翔，刘江，李放. 改良选择性腰骶段脊神经后根部分切断术治疗痉挛性截瘫的初步疗效报告 [J]. 中华神经外科杂志，2009，25(7)：601-603. DOI：10.3760/cma.j.issn.1001-2346.2009.07.011. {YU Yanbing,ZHANG Li,XU Xiaoli,XU Jun,REN Hongxiang,LIU Jiang,LI Fang. The preliminary report of modified selective posterior rhizotomy of lumbosacral region for relief of spasticity of lower limbs of spasmodic paraplegia[J]. Zhonghua Shen Jing Wai Ke Za Zhi[Chin J Neurosurg(Article in Chinese;Abstract in Chinese and English)],2009,25(7):601-603. DOI:10.3760/cma.j.issn.1001-2346.2009.07.011.}

[22572] 贾拥政，肖玉周，杨文彬. 腰骶部选择性脊神经后根切断术治疗下肢痉挛性大脑性瘫痪中远期疗效评估 [J]. 中国修复重建外科杂志，2013，27(11)：1345-1349. DOI：10.7507/1002-1892.20130292. {JIA Yongzheng,XIAO Yuzhou,YANG Wenbin. Analysis of medium-and long-term effectiveness of selective posterior rhizotomy for spastic cerebral palsy[J]. Zhongguo Xiu Fu Chong Jian Wai Ke Za Zhi[Chin J Repar Reconstr Surg(Article in Chinese;Abstract in Chinese and English)],2013,27(11):1345-1349. DOI:10.7507/1002-1892.20130292.}

[22573] 桑林，郑重，解飞，葛留锁，周峰，马延山. 痉挛型脑性瘫痪患者腰骶段选择性脊神经后根部分切断术的并发症分析 [J]. 中华神经外科杂志，2019，35(1)：16-19. DOI：10.3760/cma.j.issn.1001-2346.2019.01.005. {SANG Lin,ZHENG Zhong,JIE Fei,GE Liusuo,ZHOU Feng,MA Yanshan. Clinical analysis of postoperative complications of lumbosacral selective posterior rhizotomy for the treatment of spastic cerebral palsy[J]. Zhonghua Shen Jing Wai Ke Za Zhi[Chin J Neurosurg(Article in Chinese;Abstract in Chinese and English)],2019,35(1):16-19. DOI:10.3760/cma.j.issn.1001-2346.2019.01.005.}

[22574] 黄海韬，李岩峰，徐杨熙，马逸，王斌，王全才，董经宇，周建波. 腰骶段选择性脊神经后根切断术治疗脑性瘫痪下肢痉挛的疗效分析 [J]. 中华神经外科杂志，2019，35(1)：39-42. DOI：10.3760/cma.j.issn.1001-2346.2019.01.010. {HUANG Haitao,LI Yanfeng,XU Yangxi,MA Yi,WANG Bin,WANG Quancai,DONG Jingyu,ZHOU Jianbo. Selective posterior rhizotomy of lumbosacral region for relief of spasticity of lower limbs of cerebral palsy[J]. Zhonghua Shen Jing Wai Ke Za Zhi[Chin J Neurosurg(Article in Chinese;Abstract in Chinese and English)],2019,35(1):39-42. DOI:10.3760/cma.j.issn.1001-2346.2019.01.010.}

6.7.1.2 骶神经前根电刺激排尿术
sacral anterior root stimulated micturition

[22575] Zhang P,Zhang JZ,Wu LY,Zhang XD. Effects of appropriate prolonged sacral neuromodulation testing in improving implantation rate of a permanent implantable pulse generator in patients with refractory lower urinary tract dysfunctions in mainland China[J]. Chin Med J,2017,130(4):439-444. doi:10.4103/0366-6999.199831.

[22576] Chen S,Wang S,Gao Y,Lu X,Yan J,Xuan L,Wang S. Bilateral electrical pudendal nerve stimulation as additional therapy for lower urinary tract dysfunction when stage II sacral neuromodulator fails:a case report[J]. BMC Urol,2021,21(1):37. doi:10.1186/s12894-021-00808-5.

[22577] 张攀树，刘正确，侯金镐，彭长平. 第三骶神经切断术治疗无抑制性神经性膀胱 [J]. 中华外科杂志，1965，13(8)：726-727. {ZHANG Panshu,LIU Zhengque,HOU Jingao,PENG Changping. Third sacral neurotomy for non-inhibitory neurological bladder[J]. Zhonghua Wai Ke Za Zhi[Chin J Surg(Article in Chinese;No abstract available)],1965,13(8):726-727.}

[22578] 刘智，胥少汀，姜金卫，张立仁，陈迎朝，李增州. 修复骶神经恢复排尿功能的尿流动力学观察 [J]. 解放军医学杂志，1997，22(1)：60-61. {LIU Zhi,XU Shaoting,JIANG Jinwei,ZHANG Liren,CHEN Yingchao,LI Zengzhou. Urodynamic observation of repairing sacral nerve to restore urination function[J]. Jie Fang Jun Yi Xue Za Zhi[Med J Chin PLA(Article in Chinese;No abstract available)],1997,22(1):60-61.}

[22579] 衷鸿宾，侯春林，刘明轩. 建立人工膀胱反射弧的实验研究 [J]. 第二军医大学学报，1998，19(3)：266-268. DOI：10.3321/j.issn：0258-879X.1998.03.022. {ZHONG Hongbin,HOU Chunlin,LIU Mingxuan. Establishment of artificial bladder reflex arc after spinal cord injury:a canine study[J]. Di Er Jun Yi Da Xue Xue Bao[Acad J Sec Mil Med Univ(Article in Chinese;Abstract in Chinese and English)],1998,19(3):266-268. DOI:10.3321/j.issn:0258-879X.1998.03.022.}

[22580] 刘明轩，侯春林，衷鸿宾，陈爱民. 骶神经对下尿路的支配及功能影响的实验研究 [J]. 第二军医大学学报，1999，20(5)：298-300. DOI：10.3321/j.issn：0258-879X.1999.05.009. {LIU Mingxuan,HOU Chunlin,ZHONG Hongbin,CHEN Aimin. Experimental study of sacral nerve distribution and its influence on lower urinary tract function[J]. Di Er Jun Yi Da Xue Xue Bao[Acad J Sec Mil Med Univ(Article in Chinese;Abstract in Chinese and English)],1999,20(5):298-300. DOI:10.3321/j.issn:0258-879X.1999.05.009.}

[22581] 衷鸿宾，侯春林，刘明轩，徐莹. 人工膀胱反射弧的远期功能观察 [J]. 中国矫形外科杂志，1999，6(1)：45-47. {ZHONG Hongbin,HOU Chunlin,LIU Mingxuan,XU Ying. Establishment of artificial reflex arc after spinal cord injuryi:long term observation and final function test[J]. Zhongguo Jiao Xing Wai Ke Za Zhi[Orthop J Chin(Article in Chinese;Abstract in Chinese and English)],1999,6(1):45-47.}

[22582] 张世民，侯春林，徐瑞生，傅晓辉. 骶神经根电刺激排尿中完全性后根去传入的替代方法 [J]. 中华实验外科杂志，2000，17(2)：173-175. {ZHANG Shimin,HOU Chunlin,XU Ruisheng,FU Xiaohui. An alternative procedure to complete posterior deafferentation in sacral anterior root stimulation for controlled micturition in spinal cord injuries[J]. Zhonghua Shi Yan Wai Ke Za Zhi[Chin J Exp Surg(Article in Chinese;Abstract in Chinese and English)],2000,17(2):173-175.}

[22583] 衷鸿宾，侯春林，刘明轩. 人工膀胱反射弧的实验与临床研究 [J]. 中华显微外科杂志，2000，23(3)：193-195. DOI：10.3760/cma.j.issn.1001-2036.2000.03.011. {ZHONG Hongbin,HOU Chunlin,LIU Mingxuan. Experimental and clinical studies on artificial bladder reflex arc after spinal cord injury[J]. Zhonghua Xian Wei Wai Ke Za Zhi[Chin J Microsurg(Article in Chinese;Abstract in Chinese and English)],2000,23(3):193-195. DOI:10.3760/cma.j.issn.1001-2036.2000.03.011.}

[22584] 衷鸿宾，徐莹，侯春林. 膀胱人工反射弧的建立 [J]. 中国矫形外科杂志，2000，7(8)：776-779. DOI：10.3969/j.issn.1005-8478.2000.08.015. {ZHONG Hongbin,XU Ying,HOU Chunlin. Establishment of artificial bladder reflex arc after spinal cord injury[J]. Zhongguo Jiao Xing Wai Ke Za Zhi[Orthop J Chin(Article in Chinese;Abstract in Chinese and English)],2000,7(8):776-779. DOI:10.3969/j.issn.1005-8478.2000.08.015.}

[22585] 衷鸿宾，侯春林，朱云杰，徐莹. 人工膀胱反射弧建立术1例初步报告 [J]. 中国矫形外科杂志，2000，7(9)：915-916. DOI：10.3969/j.issn.1005-8478.2000.09.034. {ZHONG Hongbin,HOU Chunlin,ZHU Yunjie,XU Ying. Establishment of artificial bladder reflex arc:a case report[J]. Zhongguo Jiao Xing Wai Ke Za Zhi[Orthop J Chin(Article in Chinese;Abstract in Chinese)],2000,7(9):915-916. DOI:10.3969/j.issn.1005-8478.2000.09.034.}

[22586] 侯春林，衷鸿宾，张世民，陈爱民，刘祖德，刘明轩，徐瑞生，王永胜，尹承慧. 建立人工膀胱反射弧恢复脊髓损伤患者排尿功能的初步报告 [J]. 第二军医大学学报，2000，21(1)：87-89. DOI：10.3321/j.issn：0258-879X.2000.01.028. {HOU Chunlin,ZHONG Hongbin,ZHANG Shimin,CHEN Aimin,LIU Zude,LIU Mingxuan,XU Ruisheng,WANG Yongsheng,YIN Chenghui. Establishing an artificial somato-CNS-bladder reflex arc to restore controlled mic-turition in spinal cord injuries:a preliminary report[J]. Di Er Jun Yi Da Xue Xue Bao[Acad J Sec Mil Med Univ(Article in Chinese;Abstract in Chinese and English)],2000,21(1):87-89. DOI:10.3321/j.issn:0258-879X.2000.01.028.}

[22587] 侯春林，衷鸿宾，刘明轩. 脊髓损伤后膀胱人工反射弧建立的实验研究 [J]. 中国修复重建外科杂志，2000，14(1)：10-13. {HOU Chunlin,ZHONG Hongbin,LIU Mingxuan. Experimental study on establishment of artificial bladder reflex arc after spinal cord injury[J]. Zhongguo Xiu Fu Chong Jian Wai Ke Za Zhi[Chin J Repar Reconstr Surg(Article in Chinese;Abstract in Chinese and English)],2000,14(1):10-13.}

[22588] 廖利民，石炳毅，谢克基，van Kerrebroeck，PEV，Weil，EHJ. 应用骶神经刺激术治疗排尿功能障碍 [J]. 解放军医学杂志，2001，26(7)：497-499. DOI：10.3321/j.issn：0577-7402.2001.07.011. {LIAO Limin,SHI Bingyi,XIE Keji,Van Krrebroeck,P Ev,W Eil,E Hj. Sacral nerve stimulation for the treatment for voiding dysfunction[J]. Jie Fang Jun Yi Xue Za Zhi[Med J Chin PLA(Article in Chinese;Abstract in Chinese and English)],2001,26(7):497-499. DOI:10.3321/j.issn:0577-7402.2001.07.011.}

[22589] 马虎升，孙正义，王颢. 腰骶神经吻合后影响膀胱神经修复的因素 [J]. 中国脊柱脊髓杂志，2001，11(1)：52-54. DOI：10.3969/j.issn.1004-406X.2001.01.018. {MA Husheng,SUN Zhengyi,WANG Hao. Factors affecting bladder nerve repair after lumbosacral nerve anastomosis[J]. Zhongguo Ji Zhu Ji Sui Za Zhi[Chin J Spine Spinal Cord(Article in Chinese;No abstract available)],2001,11(1):52-54. DOI:10.3969/j.issn.1004-406X.2001.01.018.}

[22590] 何舜发. 骶神经电刺激系统植入术治疗特发性尿道括约肌痉挛症 [J]. 中华外科杂志，2002，40(2)：115. DOI：10.3760/j：issn：0529-5815.2002.02.029. {HE Shunfa. Treatment of idiopathic urethral sphincter spasm by implantation of sacral nerve electrical stimulation system[J]. Zhonghua Wai Ke Za Zhi[Chin J Surg(Article in Chinese;No abstract available)],2002,40(2):115. DOI:10.3760/j:issn:0529-5815.2002.02.029.}

[22591] 廖利民，石炳毅. 骶神经刺激和神经调节治疗排尿功能障碍 [J]. 中华泌尿外科杂志，2002，23(10)：637-639. DOI：10.3760/j：issn：1000-6702.2002.10.020. {LIAO Limin,SHI Bingyi. Sacral nerve stimulation and neuroregulation for urination dysfunction[J]. Zhonghua Mi Niao Wai Ke Za Zhi[Chin J Urol(Article in Chinese;No abstract available)],2002,23(10):637-639. DOI:10.3760/j:issn:1000-6702.2002.10.020.}

[22592] 王金武，侯春林，卢宁，曹银祥. 利用腹壁反射重建膀胱反射弧的远期功能性研究 [J]. 中华显微外科杂志，2002，25(4)：280-284. DOI：10.3760/cma.j.issn.1001-2036.2002.04.014. {WANG Jinwu,HOU Chunlin,LU Ning,CAO Yinxiang. Long-term functional study on the artificial bladder reflex arc established by abdominal reflex after spinal cord injury[J]. Zhonghua Xian Wei Wai Ke Za Zhi[Chin J Microsurg(Article in Chinese;Abstract in Chinese and English)],2002,25(4):280-284. DOI:10.3760/cma.j.issn.1001-2036.2002.04.014.}

[22593] 徐瑞生，侯春林，张世民，王金武，王诗波，刘明轩，陈爱民．人工反射弧重建膀胱功能动物模型的建立[J]．中国脊柱脊髓杂志，2002，12（2）：102－104．DOI：10.3969/j.issn.1004－406X.2002.02.007．{XU Ruisheng,HOU Chunlin,ZHANG Shimin,WANG Jinwu,WANG Shibo,LIU Mingxuan,CHEN Aimin. An animal model establishment of bladder functional reconstruction with artificial bladder reflex arc[J]. Zhongguo Ji Zhu Ji Sui Za Zhi[Chin J Spine Spinal Cord(Article in Chinese;Abstract in Chinese and English)],2002,12(2):102-104. DOI:10.3969/j.issn.1004-406X.2002.02.007.}

[22594] 徐瑞生，侯春林，张世民，王金武，王诗波，刘明轩，陈爱民．"膝腱－脊髓－膀胱"反射弧的形态学观察[J]．中国脊柱脊髓杂志，2002，12（4）：273－276．DOI：10.3969/j.issn.1004－406X.2002.04.013．{XU Ruisheng,HOU Chunlin,ZHANG Shimin,WANG Jinwu,WANG Shibo,LIU Mingxuan,CHEN Aimin. Morphological study on "knee tendon-spinal cord-bladder" reflex arc[J]. Zhongguo Ji Zhu Ji Sui Za Zhi[Chin J Spine Spinal Cord(Article in Chinese;Abstract in Chinese and English)],2002,12(4):273-276. DOI:10.3969/j.issn.1004-406X.2002.04.013.}

[22595] 徐瑞生，侯春林，张世民，王立邦，丁涛，王刊石，包聚良．"膝腱－脊髓－膀胱"反射弧重建膀胱功能的解剖与临床[J]．中国矫形外科杂志，2002，10（9）：869－871．DOI：10.3969/j.issn.1005－8478.2002.09.011．{XU Ruisheng,HOU Chunlin,ZHANG Shimin,WANG Libang,DING Tao,WANG Kanshi,BAO Juliang. Applied anatomical and clinical study on bladder functional reconstruction with 'knee-spinal cord-bladder' after spinal cord injury[J]. Zhongguo Jiao Xing Wai Ke Za Zhi[Orthop J Chin(Article in Chinese;Abstract in Chinese and English)],2002,10(9):869-871. DOI:10.3969/j.issn.1005-8478.2002.09.011.}

[22596] 侯春林，陈爱民，张世民，王诗波，张伟，衷鸿宾，刘明轩．骶神经前根电刺激恢复脊髓损伤后的排尿功能[J]．中华骨科杂志，2003，23（5）：313－314．DOI：10.3760/j.issn：0253－2352.2003.05.014．{HOU Chunlin,CHEN Aimin,ZHANG Shimin,WANG Shibo,ZHANG Wei,ZHONG Hongbin,LIU Mingxuan. Recovery of micturition function after spinal cord injury by electrical stimulation of anterior sacral nerve root[J]. Zhonghua Gu Ke Za Zhi[Chin J Orthop(Article in Chinese;No abstract available)],2003,23(5):313-314. DOI:10.3760/j.issn:0253-2352.2003.05.014.}

[22597] 王诗波，侯春林．骶神经前根电刺激中逼尿肌－括约肌协同失调的治疗进展[J]．中华泌尿外科杂志，2003，24（5）：355－356．DOI：10.3760/j：issn：1000－6702.2003.05.022．{WANG Chunbo,HOU Chunlin. Progress in the treatment of detrusor-sphincter dysfunction during electrical stimulation of anterior sacral nerve roots[J]. Zhonghua Mi Niao Wai Ke Za Zhi[Chin J Urol(Article in Chinese;No abstract available)],2003,24(5):355-356. DOI:10.3760/j:issn:1000-6702.2003.05.022.}

[22598] 沈国球，刘志敏，潘铁军，文瀚东，郭骏，钱卫红．骶神经电刺激治疗顽固性排尿功能障碍疗效[J]．第三军医大学学报，2003，25（9）：806－808．DOI：10.3321/j.issn：1000－5404.2003.09.018．{SHEN Guoqiu,LIU Zhimin,PAN Tiejun,WEN Handong,GUO Jun,QIAN Weihong. Effect of sacral nerve electrostimulation on the management of refractory voiding dysfunction[J]. Di San Jun Yi Da Xue Xue Bao[Acta Acad Med Mil Tert(Article in Chinese;Abstract in Chinese and English)],2003,25(9):806-808. DOI:10.3321/j.issn:1000-5404.2003.09.018.}

[22599] 张世民，侯春林，徐瑞生，刁迎敏，傅晓辉，王诗波，陈爱民．骶神经前根电刺激排尿的简化与改良[J]．解放军医学杂志，2003，28（8）：670－672．DOI：10.3321/j.issn：0577－7402.2003.08.005．{ZHANG Shimin,HOU Chunlin,XU Ruisheng,DIAO Yingmin,FU Xiaohui,WANG Shibo,CHEN Aimin. Sacral anterior root stimulated micturition in chinese spinal cord injured patients:simplification and modification[J]. Jie Fang Jun Yi Xue Za Zhi[Med J Chin PLA(Article in Chinese;Abstract in Chinese and English)],2003,28(8):670-672. DOI:10.3321/j.issn:0577-7402.2003.08.005.}

[22600] 张世民，侯春林，徐瑞生．骶神经前后根交叉组合切断治疗脊髓损伤后痉挛性膀胱[J]．中华泌尿外科杂志，2003，24（10）：662．DOI：10.3760/j：issn：1000－6702.2003.10.031．{ZHANG Shimin,HOU Chunlin,XU Ruisheng. Treatment of spastic bladder after spinal cord injury by combined sacral nerve anterior and posterior root[J]. Zhonghua Mi Niao Wai Ke Za Zhi[Chin J Urol(Article in Chinese;No abstract available)],2003,24(10):662. DOI:10.3760/j:issn:1000-6702.2003.10.031.}

[22601] 王诗波，侯春林，刁颖敏，陈爱民，雷波，尹承慧，张伟，匡勇．骶神经前根电刺激器恢复脊髓损伤后膀胱功能的远期疗效[J]．解放军医学杂志，2003，28（8）：673－674．DOI：10.3321/j.issn：0577－7402.2003.08.006．{WANG Shibo,HOU Chunlin,DIAO Yingmin,CHEN Aimin,LEI Bo,YIN Chenghui,ZHANG Wei,KUANG Yong. Long-term effect of stimulator of anterior root of sacral nerve in restoration of bladder function in spinal cord injuries[J]. Jie Fang Jun Yi Xue Za Zhi[Med J Chin PLA(Article in Chinese;Abstract in Chinese and English)],2003,28(8):673-674. DOI:10.3321/j.issn:0577-7402.2003.08.006.}

[22602] 肖传国，李兵．人工体神经－内脏神经反射弧传出通路神经追踪研究[J]．中华实验外科杂志，2003，20（1）：59－60．DOI：10.3760/j.issn：1001－9030.2003.01.024．{XIAO Chuanguo,LI Bing. Neural tracing study of efferent pathway of the artificial somatic-autonomic reflex arc[J]. Zhonghua Shi Yan Wai Ke Za Zhi[Chin J Exp Surg(Article in Chinese;Abstract in Chinese and English)],2003,20(1):59-60. DOI:10.3760/j.issn:1001-9030.2003.01.024.}

[22603] 李方，肖传国．体神经－内脏神经反射弧建立后脊髓损伤鼠排尿功能的改变以及可能机制[J]．中华实验外科杂志，2003，20（12）：1075－1076．DOI：10.3760/j.issn：1001－9030.2003.12.007．{LI Fang,XIAO Chuanguo. Effect of artifical somatic-autonomic reflex arc on micturition after spinal cord injury and its underlying mechanisms[J]. Zhonghua Shi Yan Wai Ke Za Zhi[Chin J Exp Surg(Article in Chinese;Abstract in Chinese and English)],2003,20(12):1075-1076. DOI:10.3760/j.issn:1001-9030.2003.12.007.}

[22604] 王金武，侯春林，钟慈声，李继峰，朱静珍，陈爱民，张伟．利用腹壁反射建立人工膀胱反射弧的实验形态学研究[J]．解放军医学杂志，2003，28（8）：666－667．DOI：10.3321/j.issn：0577－7402.2003.08.003．{WANG Jinwu,HOU Chunlin,ZHONG Cisheng,LI Jifeng,ZHU Jingzhen,CHEN Aimin,ZHANG Wei. Experimental morphologic study on the artificial bladder reflex arc established by abdominal reflex after spinal cord injury[J]. Jie Fang Jun Yi Xue Za Zhi[Med J Chin PLA(Article in Chinese;Abstract in Chinese and English)],2003,28(8):666-667. DOI:10.3321/j.issn:0577-7402.2003.08.003.}

[22605] 侯春林，王诗波，陈爱民，徐瑞生，衷鸿宾，张世民，张伟，匡勇，尹承慧．利用跟腱反射建立人工膀胱反射弧的临床研究[J]．解放军医学杂志，2003，28（8）：668－669．DOI：10.3321/j.issn：0577－7402.2003.08.004．{HOU Chunlin,WANG Shibo,CHEN Aimin,XU Ruisheng,ZHONG Hongbin,ZHANG Shimin,ZHANG Wei,KUANG Yong,YIN Chenghui. Clinical study of artificial bladder reflex arc established by achilles tendon reflex[J]. Jie Fang Jun Yi Xue Za Zhi[Med J Chin PLA(Article in Chinese;Abstract in Chinese and English)],2003,28(8):668-669. DOI:10.3321/j.issn:0577-7402.2003.08.004.}

[22606] 侯春林，王金武，陈爱民，张伟，卢宁，曹银祥．利用腹壁反射重建人工膀胱反射弧的实验研究[J]．上海医学，2003，26（2）：102－104．DOI：10.3969/j.issn.0253－9934.2003.02.007．{HOU Chunlin,WANG Jinwu,CHEN Aimin,ZHANG Wei,LU Ning,CAO Yinxiang. An experimental study on the artificial bladder reflex arc established by abdominal wall pathway reflex[J]. Shang Hai Yi Xue[Shanghai Med J(Article in Chinese;Abstract in Chinese and English)],2003,26(2):102-104. DOI:10.3969/j.issn.0253-9934.2003.02.007.}

[22607] 谢克基，姜少军，汤平，廖利民，杨勇，魏鸿蔼，王良圣，胡建波，钟惟德．骶神经调节治疗慢性排尿功能障碍二例报告[J]．中华泌尿外科杂志，2004，25（9）：606－608．DOI：10.3760/j：issn：1000－6702.2004.09.009．{XIE Keji,JIANG Shaojun,TANG Ping,LIAO Limin,YANG Yong,WEI Hongai,WANG Liangsheng,HU Jianbo,ZHONG Weide. Preliminary experience in the treatment of chronic voiding dysfunction by sacral nerve neuromodulation(report of 2 cases)[J]. Zhonghua Mi Niao Wai Ke Za Zhi[Chin J Urol(Article in Chinese;Abstract in Chinese and English)],2004,25(9):606-608. DOI:10.3760/j:issn:1000-6702.2004.09.009.}

[22608] 程平，肖传国．人工体神经－内脏神经反射弧恢复截瘫后直肠功能的神经追踪研究[J]．中华实验外科杂志，2004，21（8）：961－963．DOI：10.3760/j.issn：1001－9030.2004.08.023．{CHENG Ping,XIAO Chuanguo. Neural tracing study of restoring defecation reflex of the artifical somatic-autonomic reflex arc[J]. Zhonghua Shi Yan Wai Ke Za Zhi[Chin J Exp Surg(Article in Chinese;Abstract in Chinese and English)],2004,21(8):961-963. DOI:10.3760/j.issn:1001-9030.2004.08.023.}

[22609] 李兵，杜茂信，何林生，肖传国．人工体神经－内脏神经反射弧传出神经元递质研究[J]．中华实验外科杂志，2004，21（12）：1529－1530．DOI：10.3760/j.issn：1001－9030.2004.12.045．{LI Bing,DONG Maoxin,HE Linsheng,XIAO Chuanguo. Efferent neurotransmitter study of the artificial somatic-autonomic reflex arc[J]. Zhonghua Shi Yan Wai Ke Za Zhi[Chin J Exp Surg(Article in Chinese;Abstract in Chinese and English)],2004,21(12):1529-1530. DOI:10.3760/j.issn:1001-9030.2004.12.045.}

[22610] 王金武，侯春林，李继峰，陈爱民，张伟，王诗波．利用腹壁反射建立人工膀胱反射弧的辣根过氧化物酶逆行示踪研究[J]．中华创伤骨科杂志，2004，6（4）：414－417．DOI：10.3760/cma.j.issn.1671－7600.2004.04.016．{WANG Jinwu,HOU Chunlin,LI Jifeng,CHEN Aimin,ZHANG Wei,WANG Shibo. Experimental study on the artificial bladder reflex arc established by abdominal reflex after spinal cord injury with the HRP retrograde tracing method[J]. Zhonghua Chuang Shang Gu Ke Za Zhi[Chin J Orthop Trauma(Article in Chinese;Abstract in Chinese and English)],2004,6(4):414-417. DOI:10.3760/cma.j.issn.1671-7600.2004.04.016.}

[22611] 刘洋，伍亚民，刘媛，龙在云，曾琳，李应玉，杨恒文．人工反射弧建立后脊髓功能及形态改变的实验研究[J]．中国脊柱脊髓杂志，2005，15（12）：744－748．DOI：10.3969/j.issn.1004－406X.2005.12.011．{LIU Yang,WU Yamin,LIU Yuan,LONG Zaiyun,ZENG Lin,LI Yingyu,YANG Hengwen. Change of the function and morphology of spinal cord in rat after the establishment of reflex pathway[J]. Zhongguo Ji Zhu Ji Sui Za Zhi[Chin J Spine Spinal Cord(Article in Chinese;Abstract in Chinese and English)],2005,15(12):744-748. DOI:10.3969/j.issn.1004-406X.2005.12.011.}

[22612] 刘钊，刘长金，胡新武，杜茂信，肖传国．人工体神经－内脏神经反射弧的神经电生理研究[J]．中华医学杂志，2005，85（19）：1315－1318．DOI：10.3760/j：issn：0376－2491.2005.19.005．{LIU Zhao,LIU Changjin,HU Xinwu,DONG Maoxin,XIAO Chuanguo. An electrophysiological study on the artificial somato-autonomic pathway for inducing voiding[J]. Zhonghua Yi Xue Za Zhi[Natl Med J China(Article in Chinese;Abstract in Chinese and English)],2005,85(19):1315-1318. DOI:10.3760/j:issn:0376-2491.2005.19.005.}

[22613] 程平，肖传国．人工体神经－内脏神经反射弧控制下大鼠盆底横纹肌运动神经元的定位分布[J]．中国修复重建外科杂志，2005，19（11）：853－856．{CHENG Ping,XIAO Chuanguo. Distribution of rats' pelvic muscles motoneurons innervated by artifical somatic-autonomic reflex arc[J]. Zhongguo Xiu Fu Chong Jian Wai Ke Za Zhi[Chin J Repar Reconstr Surg(Article in Chinese;Abstract in Chinese and English)],2005,19(11):853-856.}

[22614] 侯春林，钟贵彬，谢庆平，王诗波．人工反射弧重建脊髓损伤后弛缓性膀胱排尿功能的临床初步报告[J]．中华显微外科杂志，2006，29（2）：92－94．DOI：10.3760/cma.j.issn.1001－2036.2006.02.005．{HOU Chunlin,ZHONG Guibin,XIE Qingping,WANG Shibo. Establishing an artificial reflex arc restore controlled micturition of flaccid bladder after spinal cord injury:a preliminary report[J]. Zhonghua Xian Wei Wai Ke Za Zhi[Chin J Microsurg(Article in Chinese;Abstract in Chinese and English)],2006,29(2):92-94. DOI:10.3760/cma.j.issn.1001-2036.2006.02.005.}

[22615] 钟贵彬，侯春林，王诗波，周晖，瞿创予，刘亚平．建立人工膀胱反射弧治疗脊髓损伤后弛缓性膀胱的实验研究[J]．中国修复重建外科杂志，2006，20（8）：812－815．{ZHONG Guibin,HOU Chunlin,WANG Shibo,ZHOU Hui,QU Chuangyu,LIU Yaping. Experimental study on the artificial bladder reflex arc established in therapy of flaccid bladder after spinal cored injury[J]. Zhongguo Xiu Fu Chong Jian Wai Ke Za Zhi[Chin J Repar Reconstr Surg(Article in Chinese;Abstract in Chinese and English)],2006,20(8):812-815.}

[22616] 钟贵彬，侯春林，王诗波，周晖，瞿创予，谢庆平，刘亚平．人工膀胱反射弧重建治疗脊髓损伤后弛缓性膀胱[J]．中国脊柱脊髓杂志，2007，17（10）：781－784，Ⅳ．DOI：10.3969/j.issn.1004－406X.2007.10.019．{ZHONG Guibin,HOU Chunlin,WANG Shibo,ZHOU Hui,Qu Chuangyu,XIE Qingping,LIU Yaping. Experimental and clinical study on the artificial bladder reflex arc re-establishment in therapy of flaccid bladder after spinal cord injury[J]. Zhongguo Ji Zhu Ji Sui Za Zhi[Chin J Spine Spinal Cord(Article in Chinese;Abstract in Chinese and English)],2007,17(10):781-784, Ⅳ. DOI:10.3969/j.issn.1004-406X.2007.10.019.}

[22617] 田晓军，周谋望，赵磊，谷红雨．骶神经前根电刺激治疗脊髓损伤患者排尿功能障碍[J]．中华泌尿外科杂志，2008，29（1）：57－60．DOI：10.3321/j.issn：1000－6702.2008.01.014．{TIAN Xiaojun,ZHOU Mouwang,ZHAO Lei,GU Hongyu. Electrostimulation of anterior sacral nerve roots in the treatment of neurogenic bladder because of spinal cord injury[J]. Zhonghua Mi Niao Wai Ke Za Zhi[Chin J Urol(Article in Chinese;Abstract in Chinese and English)],2008,29(1):57-60. DOI:10.3321/j.issn:1000-6702.2008.01.014.}

[22618] 徐镇，侯春林，张伟，陈爱民，郑宪友，王剑火．利用正常腰骶神经根重建膀胱反射弧对下肢功能影响的临床观察[J]．中华外科杂志，2008，46（3）：221－223．DOI：10.3321/j.issn：0529－5815.2008.03.020．{XU Zhen,HOU Chunlin,ZHANG Wei,CHEN Aimin,ZHENG Xianyou,WANG Jianhuo. Clinical observations of the effects on the lower limb function after lumbar or sacral nerve root transferring to reconstruct urination function[J]. Zhonghua Wai Ke Za Zhi[Chin J Surg(Article in Chinese;Abstract in Chinese and English)],2008,46(3):221-223. DOI:10.3321/j.issn:0529-5815.2008.03.020.}

[22619] 郑宪友，侯春林，陈爱民，徐镇，王剑火，林浩东．大鼠脊髓损伤后膀胱生理反射弧重建动物模型的实验研究[J]．中国修复重建外科杂志，2008，22（4）：426－430．{ZHENG Xianyou,HOU Chunlin,CHEN Aimin,XU Zhen,WANG Jianhuo,LIN Haodong. Experimental study on reconstruction of physiological reflex arc after medullary cone injury in rats[J]. Zhongguo Xiu Fu Chong Jian Wai Ke Za Zhi[Chin J Repar Reconstr Surg(Article in Chinese;Abstract in Chinese and English)],2008,22(4):426-430.}

[22620] 林浩东，侯春林，郑宪友，徐镇，王剑火．大鼠脊髓损伤后膀胱生理反射弧重建的实验研究[J]．中国修复重建外科杂志，2008，22（6）：719－723．{LIN Haodong,HOU Chunlin,ZHENG Xianyou,XU Zhen,WANG Jianhuo. An experimental study of establishment of physiological reflex arc after conus medullary injury in rats[J]. Zhongguo Xiu Fu Chong Jian Wai Ke Za Zhi[Chin J Repar Reconstr Surg(Article in Chinese;Abstract in Chinese and English)],2008,22(6):719-723.}

[22621] 马虎升，孙正义，王栓科，夏亚一，张俊，李志伟．腰骶神经吻合对自主性神经原性膀胱排尿功能影响的实验研究[J]．中国脊柱脊髓杂志，2009，19（11）：859－862．DOI：10.3969/j.issn.1004－406X.2009.11.15．{MA Husheng,SUN Zhengyi,WANG Shuanke,XIA Yayi,ZHANG Jun,LI Zhiwei. Effect of lumbarsacral nerve root inosculation on the function of autonomous neurogenic bladder:an experimental study[J]. Zhongguo Ji Zhu Ji Sui Za Zhi[Chin J Spine Spinal Cord(Article in Chinese;Abstract in Chinese and English)],2009,19(11):859-862. DOI:10.3969/j.issn.1004-406X.2009.11.15.}

[22622] 刘杰，梁耿祺，周兴．构建犬"腹壁反射－脊髓中枢－膀胱"人工反射弧功能基础的实验研究[J]．实用医学杂志，2009，25（21）：3574－3577．DOI：10.3969/j.issn.1006－5725.2009.21.013．{LIU Jie,LIANG Gengqi,ZHOU Xing. Construction of a reflex arc of abdominal reflex-spinal cord-bladder in canines[J]. Shi Yong Yi Xue Za Zhi[J Pract Med(Article in Chinese;Abstract in Chinese and English)],2009,25(21):3574-3577. DOI:10.3969/j.issn.1006-5725.2009.21.013.}

[22623] 卫中庆，宋涛．骶神经调控技术治疗膀胱过度活动症[J]．中华外科杂志，2010，48

(23): 1790-1793. DOI: 10.3760/cma.j.issn.0529-5815.2010.23.009. {WEI Zhongqing,SONG Tao. Sacral nerve regulation technology in treatment of overactive bladder[J]. Zhonghua Wai Ke Za Zhi[Chin J Surg(Article in Chinese;No abstract available)],2010,48(23):1790-1793. DOI:10.3760/cma.j.issn.0529-5815.2010.23.009.}

[22624] 李兵，肖传国．人工体神经 - 内脏神经反射弧建立后大鼠盆神经节 - 膀胱神经通路和递质研究 [J]．中华实验外科杂志，2010，27 (7): 956-957，封 3. DOI: 10.3760/cma.j.issn.1001-9030.2010.07.041. {LI Bing,XIAO Chuanguo. Immunohistochemical characterization of pelvic neurons projecting to the bladder in rats with the artificial somatic-autonomic reflex arc[J]. Zhonghua Shi Yan Wai Ke Za Zhi[Chin J Exp Surg(Article in Chinese;Abstract in Chinese and English)],2010,27(7):956-957,cover 3. DOI:10.3760/cma.j.issn.1001-9030.2010.07.041.}

[22625] 马军，朱裕成，朱爱祥，卫中庆，曹晓建．脊髓损伤后弛缓性膀胱生理排尿反射弧重建的实验研究 [J]．中国修复重建外科杂志，2010，24 (11): 1361-1366. {MA Jun,ZHU Yucheng,ZHU Aixiang,WEI Zhongqing,CAO Xiaojian. Experimental study on establishment of physiological micturition reflex arc for atonic bladder after spinal cord injury[J]. Zhongguo Xiu Fu Chong Jian Wai Ke Za Zhi[Chin J Repar Reconstr Surg(Article in Chinese;Abstract in Chinese and English)],2010,24(11):1361-1366.}

[22626] 徐瑞生，张怀兵，吴洁石，王雪松，伍亚菊，李一奇，侯春林．硬膜内型骶神经前根电刺激器治疗脊髓损伤后排尿功能障碍一例 [J]．中华创伤杂志，2011，27 (2): 179-180. DOI: 10.3760/cma.j.issn.1001-8050.2011.02.021. {XU Ruisheng,ZHANG Huaibing,WU Jieshi,WANG Xuesong,WU Yaju,LI Yiqi,HOU Chunlin. Intradural sacral anterior root electrical stimulator for urination dysfunction after spinal cord injury:a case report[J]. Zhonghua Chuang Shang Za Zhi[Chin J Trauma(Article in Chinese;No abstract available)],2011,27(2):179-180. DOI:10.3760/cma.j.issn.1001-8050.2011.02.021.}

[22627] 何俊，金勋杰，李贵涛，孙鸿涛，李奕奕．具有感觉传入通路的膀胱反射弧治疗脊髓损伤后弛缓性膀胱的实验研究 [J]．中华骨科杂志，2012，32 (9): 876-882. DOI: 10.3760/cma.j.issn.0253-2352.2012.09.013. {HE Jun,JIN Xunjie,LI Guitao,SUN Hongtao,LI Yiyi. An experimental study on effect of bladder reflex arc with sensory afferent pathway in the treatment of atonic bladder after spinal cord injury[J]. Zhonghua Gu Ke Za Zhi[Chin J Orthop(Article in Chinese;Abstract in Chinese and English)],2012,32(9):876-882. DOI:10.3760/cma.j.issn.0253-2352.2012.09.013.}

[22628] 武富明，牛浩，李江涛，宋连新．建立人工膀胱反射弧治疗脊髓损伤后神经原性膀胱的临床研究 [J]．中国脊柱脊髓杂志，2013，23 (11): 961-965. DOI: 10.3969/j.issn.1004-406X.2013.11.01. {WU Fuming,NIU Hao,LI Jiangtao,SONG Lianxin. Reestablishment of artificial bladder reflex arc for the treatment of neurogenic bladder after spinal cord injury,a clinical study[J]. Zhongguo Ji Zhu Ji Sui Za Zhi[Chin J Spine Spinal Cord(Article in Chinese;Abstract in Chinese and English)],2013,23(11):961-965. DOI:10.3969/j.issn.1004-406X.2013.11.01.}

[22629] 秦江，赵亚杰，任能，唐家广，任东风，石秀秀，曹峥，于宁，唐金树．骶神经电针刺激对马尾神经损伤患者神经源性膀胱排尿功能重建的意义 [J]．中国骨与关节杂志，2014，3 (9): 665-669. DOI: 10.3969/j.issn.2095-252X.2014.09.007. {QIN Jiang,ZHAO Yajie,REN Neng,TANG Jiaguang,REN Dongfeng,SHI Xiuxiu,CAO Zheng,YU Ning,TANG Jinshu. Significance of sacral nerve electro-acupuncture stimulation on the urinary function reconstruction of neurogenic bladder in the patients with cauda equina injury[J]. Zhongguo Gu Yu Guan Jie Za Zhi[Chin J Bone Joint(Article in Chinese;Abstract in Chinese and English)],2014,3(9):665-669. DOI:10.3969/j.issn.2095-252X.2014.09.007.}

[22630] 杜广辉，徐磊，李小辉，许盛飞，陈忠，杨为民，叶章群．骶神经根病变致神经源性膀胱的诊断和治疗 [J]．中华泌尿外科杂志，2015，36 (2): 100-103. DOI: 10.3760/cma.j.issn.1000-6702.2015.02.006. { DU Guanghui,XU Lei,LI Xiaohui,XU Shengfei,CHEN Zhong,YANG Weimin,YE Zhangqun. Diagnosis and treatment of patients with neurogenic bladder caused by sacral nerve root lesions[J]. Zhonghua Mi Niao Wai Ke Za Zhi[Chin J Urol(Article in Chinese;Abstract in Chinese and English)],2015,36(2):100-103. DOI:10.3760/cma.j.issn.1000-6702.2015.02.006.}

[22631] 陈国庆，廖利民，史文博，鞠彦合，吴娟，付光，熊宗胜，韩春生，李东．骶神经调节治疗神经源性膀胱患者大小便功能障碍的疗效评估 [J]．中华泌尿外科杂志，2015，36 (2): 87-90. DOI: 10.3760/cma.j.issn.1000-6702.2015.02.003. {CHEN Guoqing,LIAO Limin,SHI Wenbo,JU Yanhe,WU Juan,FU Guang,XIONG Zongsheng,HAN Chunsheng,LI Dong. Evaluation of sacral neuromodulation for neurogenic bladder and bowel dysfunction[J]. Zhonghua Mi Niao Wai Ke Za Zhi[Chin J Urol(Article in Chinese;Abstract in Chinese and English)],2015,36(2):87-90. DOI:10.3760/cma.j.issn.1000-6702.2015.02.003.}

[22632] 张耀光，王建业，张大磊，田子健，张志鹏，王萱，万奔，魏东，刘明．骶神经调节治疗膀胱疼痛综合征 / 间质性膀胱炎患者的初步临床结果 [J]．中华泌尿外科杂志，2015，36 (2): 91-94. DOI: 10.3760/cma.j.issn.1000-6702.2015.02.004. {ZHANG Yaoguang,WANG Jianye,ZHANG Dalei,TIAN Zijian,ZHANG Zhipeng,WANG Xuan,WAN Ben,WEI Dong,LIU Ming. Sacral neuromodulation for the treatment of painful bladder syndrome/interstitial cystitis:preliminary results[J]. Zhonghua Mi Niao Wai Ke Za Zhi[Chin J Urol(Article in Chinese;Abstract in Chinese and English)],2015,36(2):91-94. DOI:10.3760/cma.j.issn.1000-6702.2015.02.004.}

[22633] 马军，唐剑，黄鑫鹏，曹晓建，卫中庆，朱裕成．硬膜外神经根吻合重建人工排尿反射弧的实验研究 [J]．中国脊柱脊髓杂志，2015，25 (12): 1126-1128. DOI: 10.3969/j.issn.1004-406X.2015.12.15. {MA Jun,TANG Jian,HUANG Xinpeng,CAO Xiaojian,WEI Zhongqing,ZHU Yucheng. Experimental study of reconstruction of artificial micturition reflex arc by extradural nerve root anastomosis technique[J]. Zhongguo Ji Zhu Ji Sui Za Zhi[Chin J Spine Spinal Cord(Article in Chinese;No abstract available)],2015,25(12):1126-1128. DOI:10.3969/j.issn.1004-406X.2015.12.15.}

[22634] 眭涛，曹晓建．肖氏反射弧研究进展 [J]．中华实验外科杂志，2015，32 (2): 235-237. DOI: 10.3760/cma.j.issn.1001-9030.2015.02.007. {SUI Tao,CAO Xiaojian. Research progress of Xiao procedure[J]. Zhonghua Shi Yan Wai Ke Za Zhi[Chin J Exp Surg(Article in Chinese;No abstract available)],2015,32(2):235-237. DOI:10.3760/cma.j.issn.1001-9030.2015.02.007.}

[22635] 张鹏，张建忠，吴栗洋，牛会清，杨云波，张小东．骶神经调节治疗顽固性间质性膀胱炎 / 盆底疼痛综合征短期随访观察 [J]．中华医学杂志，2016，96 (48): 3875-3878. DOI: 10.3760/cma.j.issn.0376-2491.2016.48.005. {ZHANG Peng,ZHANG Jianzhong,WU Liyang,NIU Huiqing,YANG Yunbo,ZHANG Xiaodong. Short-term outcome of sacral neuromodulation on refractory interstitial cystitis/pelvic pain syndrome[J]. Zhonghua Yi Xue Za Zhi[Natl Med J China(Article in Chinese;Abstract in Chinese and English)],2016,96(48):3875-3878. DOI:10.3760/cma.j.issn.0376-2491.2016.48.005.}

[22636] 张鹏，张建忠，吴栗洋，张朝华，张小东．骶神经调节治疗非神经源性、非机械梗阻性排尿困难的临床研究 [J]．中华泌尿外科杂志，2017，38 (11): 806-810. DOI: 10.3760/cma.j.issn.1000-6702.2017.11.002. { ZHANG Peng,ZHANG Jianzhong,WU Liyang,ZHANG Chaohua,ZHANG Xiaodong. Clinical study of sacral neuromodulation on non-neurogenic,non-obstructive dysuria[J]. Zhonghua Mi Niao Wai Ke Za Zhi[Chin J Urol(Article in Chinese;Abstract in Chinese and English)],2017,38(11):806-810. DOI:10.3760/cma.j.issn.1000-6702.2017.11.002.}

[22637] 王磊，宋奇翔，程欣，高雅，朴曙光，刘智勇．骶神经调节术治疗女性膀胱过度活动症及间质性膀胱炎 / 膀胱疼痛综合征的疗效分析 [J]．中华泌尿外科杂志，2017，38 (10): 751-754. DOI: 10.3760/cma.j.issn.1000-6702.2017.10.008. {WANG Lei,SONG Qixiang,CHENG Xin,GAO Ya,PU Shuguang,LIU Zhiyong. A retrospective analysis of sacral neuromodulation for female overactive bladder and interstitial cystitis/painful blader syndrome[J]. Zhonghua Mi Niao Wai Ke Za Zhi[Chin J Urol(Article in Chinese;Abstract in Chinese and English)],2017,38(10):751-754. DOI:10.3760/cma.j.issn.1000-6702.2017.10.008.}

[22638] 刘茁，田晓军，马潞林，刘可，邓绍晖，庞林涛，鞠文龙，王云．骶神经刺激治疗难治性膀胱过度活动症 9 例报告 [J]．中国微创外科杂志，2017，17 (4): 322-324，328. DOI: 10.3969/j.issn.1009-6604.2017.04.009. {LIU Zhuo,TIAN Xiaojun,MA Lulin,LIU Ke,DENG Shaohui,PANG Lintao,JU Wenlong,WANG Yun. Sacral nerve stimulation for the treatment of refractory overactive bladder:preliminary results of 9 cases[J]. Zhongguo Wei Chuang Wai Ke Za Zhi[Chin J Minim Inva Surg(Article in Chinese;Abstract in Chinese and English)],2017,17(4):322-324,328. DOI:10.3969/j.issn.1009-6604.2017.04.009.}

[22639] 连冠，肖远松，胡卫列．第 2 代骶神经调节治疗难治性下尿路症状（附 45 例报告）[J]．中国微创外科杂志，2018，18(10): 895-898. DOI: 10.3969/j.issn.1009-6604.2018.10.009. {LIAN Guan,XIAO Yuansong,HU Weilie. Second generation sacral neuromodulation for refractory lower urinary tract symptoms:report of 45 cases[J]. Zhongguo Wei Chuang Wai Ke Za Zhi[Chin J Minim Inva Surg(Article in Chinese;Abstract in Chinese and English)],2018,18(10):895-898. DOI:10.3969/j.issn.1009-6604.2018.10.009.}

[22640] 眭涛，唐健，曹晓建．肖氏反射弧临床研究现状及展望 [J]．中华实验外科杂志，2018，35 (1): 1-4. DOI: 10.3760/cma.j.issn.1001-9030.2018.01.001. {SUI Tao,TANG Jian,CAO Xiaojian. Present status and perspective of Xiao procedure in clinical practive[J]. Zhonghua Shi Yan Wai Ke Za Zhi[Chin J Exp Surg(Article in Chinese;Abstract in Chinese and English)],2018,35(1):1-4. DOI:10.3760/cma.j.issn.1001-9030.2018.01.001.}

[22641] 孟令峰，张威，张耀光，王建业，廖利民，陈国庆，凌青，张鹏，卫中庆，陈琦．骶神经调控术治疗男性特发性排尿困难的初步临床结果 [J]．中华医学杂志，2019，99 (34): 2675-2680. DOI: 10.3760/cma.j.issn.0376-2491.2019.34.008. {MENG Lingfeng,ZHANG Wei,ZHANG Yaoguang,WANG Jianye,LIAO Limin,CHEN Guoqing,LING Qing,ZHANG Peng,WEI Zhongqing,CHEN Qi. Sacral neuromodulation preliminary outcomes in male patients with idiopathic dysuria[J]. Zhonghua Yi Xue Za Zhi[Natl Med J China(Article in Chinese;Abstract in Chinese and English)],2019,99(34):2675-2680. DOI:10.3760/cma.j.issn.0376-2491.2019.34.008.}

[22642] 宋志明，安恒远，张华，李鹏．骶神经根功能性磁刺激对脊髓损伤后神经源性膀胱过度活动症的作用 [J]．中国脊柱脊髓杂志，2019，29 (6): 544-548. DOI: 10.3969/j.issn.1004-406X.2019.06.10. {SONG Zhiming,AN Hengyuan,ZHANG Hua,LI Peng. The effects of functional magnetic stimulation in patients with neurogenic overactive bladder[J]. Zhongguo Ji Zhu Ji Sui Za Zhi[Chin J Spine Spinal Cord(Article in Chinese;Abstract in Chinese and English)],2019,29(6):544-548. DOI:10.3969/j.issn.1004-406X.2019.06.10.}

[22643] 李士强，尚爱加，王玉，陶本章，高海浩．大鼠骶神经钳夹伤致神经源性膀胱模型的建立及评估 [J]．局解手术学杂志，2020，29 (5): 343-347. DOI: 10.11659/jjssx.08E019136. {LI Shiqiang,SHANG Aijia,WANG Yu,TAO Benzhang,GAO Haihao. Establishment and evaluation of a neurogenic bladder model through sacral nerve crush injury in rats[J]. Ju Jie Shou Shu Xue Za Zhi[J Reg Anat Oper Surg(Article in Chinese;Abstract in Chinese and English)],2020,29(5):343-347. DOI:10.11659/jjssx.08E019136.}

6.7.1.3 膀胱神经再支配术
bladder nerve reinnervation

[22644] 张世民，侯春林．骶神经对盆底器官的选择性支配 [J]．中国临床解剖学杂志，2000，18 (1): 85-86. DOI: 10.3969/j.issn.1001-165X.2000.01.038. {ZHANG Shimin,HOU Chunlin. The sacral nerve selective domination of pelvic floor organs[J]. Zhongguo Lin Chuang Jie Pou Xue Za Zhi[Chin J Clin Anat(Article in Chinese;No abstract available)],2000,18(1):85-86. DOI:10.3969/j.issn.1001-165X.2000.01.038.}

[22645] 侯春林，张世民，徐瑞生，傅晓辉．骶神经根对盆底器官的选择性支配电刺激实验研究 [J]．中国临床解剖学杂志，2000，18 (3): 244-247. DOI: 10.3969/j.issn.1001-165X.2000.03.023. {HOU Chunlin,ZHANG Shimin,XU Ruisheng,FU Xiaohui. Functional selective innervation of sacral roots to pelvic detrusors and sphincters:a canine electrositmulation study[J]. Zhongguo Lin Chuang Jie Pou Xue Za Zhi[Chin J Clin Anat(Article in Chinese;Abstract in Chinese and English)],2000,18(3):244-247. DOI:10.3969/j.issn.1001-165X.2000.03.023.}

[22646] 张世民，侯春林，徐瑞生．骶神经根对直肠肛门功能选择性支配的实验研究 [J]．第二军医大学学报，2000，21 (2): 131\r\n-133. DOI: 10.3321/j.issn: 0258-879X.2000.02.010. {ZHANG Shimin,HOU Chunlin,XU Ruisheng. Selective innervation of the rectum and anal sphincter by sacral roots:a canine electrostimulation study[J]. Di Er Jun Yi Da Xue Xue Bao[Acad J Sec Mil Med Univ(Article in Chinese;Abstract in Chinese and English)],2000,21(2):131\r\n-133. DOI:10.3321/j.issn:0258-879X.2000.02.010.}

[22647] 张世民，侯春林，徐瑞生．骶神经根对膀胱尿道功能选择性支配的实验研究 [J]．第二军医大学学报，2000，21 (2): 134\r\n-136. DOI: 10.3321/j.issn: 0258-879X.2000.02.011. {ZHANG Shimin,HOU Chunlin,XU Ruisheng. Selective innervation of urinary bladder and sphincter by sacral roots:a canine electrostimulation study[J]. Di Er Jun Yi Da Xue Xue Bao[Acad J Sec Mil Med Univ(Article in Chinese;Abstract in Chinese and English)],2000,21(2):134\r\n-136. DOI:10.3321/j.issn:0258-879X.2000.02.011.}

[22648] 张世民，侯春林，陈爱民．不同骶神经根对膀胱逼尿肌的支配作用及临床意义 [J]．中国临床解剖学杂志，2002，20 (4): 277-278. DOI: 10.3969/j.issn.1001-165X.2002.04.013. {ZHANG Shimin,HOU Chunlin,CHEN Aimin. Innervation to bladder detrusor of different sacral roots and its clinical significance[J]. Zhongguo Lin Chuang Jie Pou Xue Za Zhi[Chin J Clin Anat(Article in Chinese;Abstract in Chinese and English)],2002,20(4):277-278. DOI:10.3969/j.issn.1001-165X.2002.04.013.}

[22649] 王金武，侯春林，卢宁，王诗波，王永胜，曹银祥．大鼠骶神经根对膀胱功能选择性支配的实验研究 [J]．中国脊柱脊髓杂志，2003，13 (6): 347-350. DOI: 10.3969/j.issn.1004-406X.2003.06.007. {WANG Jinwu,HOU Chunlin,LU Ning,WANG Shibo,WANG Yongsheng,CAO Yinxiang. Experimental study on selective innervation of bladder by sacral roots in SD rat[J]. Zhongguo Ji Zhu Ji Sui Za Zhi[Chin J Spine Spinal Cord(Article in Chinese;Abstract in Chinese and English)],2003,13(6):347-350. DOI:10.3969/j.issn.1004-406X.2003.06.007.}

6.8 截瘫肢体功能重建技术
functional reconstruction technique of paraplegic limb

[22650] Chengqi W,Jinfang C,Qishen F. Anterolateral decompression for spinal fractures complicated by paraplegia[J]. Chin Med J. 1979,92(3):149-154.

[22651] Zhao DL,Zhang WM. Subtotal circumferential decompression for late thoracolumbar fracture-dislocation complicated by paraplegia[J]. Chin Med J. 1984,97(6):419-424.

[22652] Zhan MS,Ji QY,Xu Z,Li HD,Liu JW,Zhang JP,Huo WY,Liu JH. Paraplegia caused by local spinal cord ischemia. An animal spinal cord ischemia

model[J]. Chin Med J,1989,102(1):28-33.

[22653] Zhan MS,Ji QY,Xu Z,You YC,He Y,Liu JW,Lu GH,Liu JH. The effect of transposition of pedicled omentum to spinal cord ischemia segments. An animal experiment[J]. Chin Med J,1989,102(3):214-218.

[22654] Dai L,Hou C. Double cortical line in the acetabular roof of paraplegic patients[J]. Chin Med J,1995,108(1):63-65.

[22655] Wang SB,Hou CL,Diao YM,Chen AM,Zhang SM,Lei B,Yin CH,Zhang W. Use of a self-designed bladder controller for restoring bladder function in paraplegic dogs[J]. Chin J Traumatol,2003,6(4):195-198.

[22656] Zhang S,Johnston L,Zhang Z,Ma Y,Hu Y,Wang J,Huang P,Wang S. Restoration of stepping-forward and ambulatory function in patients with paraplegia:rerouting of vascularized intercostal nerves to lumbar nerve roots using selected interfascicular anastomosis[J]. Surg Technol Int,2003,11:244-248.

[22657] Qiu YQ,Du MX,Yu BF,Jiang S,Feng JT,Shen YD,Xu WD. Contralateral lumbar to sacral nerve rerouting for hemiplegic patients after stroke:a clinical pilot study[J]. World Neurosurg,2019,121:12-18. doi:10.1016/j.wneu.2018.09.118.

[22658] Yu BF,Qiu YQ,Du MX,Yin HW,Shen J,Ye X,Cai ZY,Xu WD. Contralateral hemi-fifth-lumbar nerve transfer for unilateral lower limb dysfunction due to incomplete traumatic spinal cord injury:a report of two cases[J]. Microsurgery,2020,40(2):234-240. doi:10.1002/micr.30470.

[22659] 张少成，禹宝庆，王新伟，纪荣明，党瑞山，姚一平，柳顺发，杨海林，闫国章，陈建芳. 带血管肋间神经转位重建截瘫患者的部分感觉功能 [J]. 第二军医大学学报，1998，19(3)：264-265. DOI：10.3321/j.issn：0258-879X.1998.03.021. {ZHANG Shaocheng,YU Baoqing,WANG Xinwei,JI Rongming,DANG Ruishan,YAO Yiping,LIU Shunfa,YANG Hailin,YAN Guozhang,CHEN Jianfang. Paraplegia treatment by anestosis of lateral cutaneous nerve of thigh and ilioinguinal nerve with vascularized intercostal nerve for sensation reconstruction[J]. Di Er Jun Yi Da Xue Xue Bao[Acad J Sec Mil Med Univ(Article in Chinese;Abstract in Chinese and English)],1998,19(3):264-265. DOI:10.3321/j.issn:0258-879X.1998.03.021.}

[22660] 夏平光，Brunelli GA，Brunelli GR. 尺神经移位重建截瘫患者的行走功能 [J]. 中国创伤骨科杂志，2000，2(1)：86. {XIA Pingguang,Brunelli G A,B Runelli GR. Restoration of walking in paraplegia by tranaferring the ulnar nerve to the hip:a report on the first patient[J]. Zhongguo Chuang Shang Gu Ke Za Zhi[Chin J Orthop Trauma(Article in Chinese;No abstract available)],2000,2(1):86.}

[22661] 梁进，陈景明，蔡锦方. 神经转位重建截瘫平面以下部分神经功能 [J]. 中国矫形外科杂志，2003，11(15)：1070-1072. DOI：10.3969/j.issn.1005-8478.2003.15.020. {LIANG Jin,CHEN Jingming,CAI Jinfang. Reconstruction of neurological function below paraplegia plane by nerve transposition[J]. Zhongguo Jiao Xing Wai Ke Za Zhi[Orthop J Chin(Article in Chinese;No abstract available)],2003,11(15):1070-1072. DOI:10.3969/j.issn.1005-8478.2003.15.020.}

[22662] 梁红英，侯树勋. 应用往复式截瘫步行器重建完全性截瘫病人的步行功能 [J]. 中华创伤骨科杂志，2004，6(3)：319-322. DOI：10.3760/cma.j.issn.1671-7600.2004.03.025. {LIANG Hongying,HOU Shuxun. Application of reciprocating gait orthosis in restoration of functional gait for paraplegic patients[J]. Zhonghua Chuang Shang Gu Ke Za Zhi[Chin J Orthop Trauma(Article in Chinese;Abstract in Chinese and English)],2004,6(3):319-322. DOI:10.3760/cma.j.issn.1671-7600.2004.03.025.}

[22663] 王岩，张国强，张雪松，张少成，黄鹏，柴伟，唐佩福. 带血供尺神经转位重建截瘫患者下肢功能 [J]. 中国脊柱脊髓杂志，2007，17(4)：290-293. DOI：10.3969/j.issn.1004-406X.2007.04.022. {WANG Yan,ZHANG Guoqiang,ZHANG Xuesong,ZHANG Shaocheng,HUANG Peng,CHAI Wei,TANG Peifu. Reconstruction of ambulance in patients with paraplegia by the ulnar nerve rerouted with anastomosed vessels[J]. Zhongguo Ji Zhu Ji Sui Za Zhi[Chin J Spine Spinal Cord(Article in Chinese;Abstract in Chinese and English)],2007,17(4):290-293. DOI:10.3969/j.issn.1004-406X.2007.04.022.}

[22664] 刘俊建，范存义. 神经移位在脊髓损伤截瘫后期功能重建中的应用 [J]. 中华创伤骨科杂志，2008，10(4)：384-387. DOI：10.3760/cma.j.issn.1671-7600.2008.04.022. {LIU Junjian,FAN Cunyi. Application of nerve transfer in functional reconstruction of paraplegia after spinal cord injury[J]. Zhonghua Chuang Shang Gu Ke Za Zhi[Chin J Orthop Trauma(Article in Chinese;No abstract available)],2008,10(4):384-387. DOI:10.3760/cma.j.issn.1671-7600.2008.04.022.}

6.9 其他肢体功能重建技术

functional reconstruction technique of other limb

[22665] 龚庆生，刘继仁，胡优威. 带血管神经背阔肌皮瓣移位重建肱三头肌功能 [J]. 修复重建外科杂志，1988，2(4)：13. {GONG Qingsheng,LIU Jiren,HU Youwei. Reconstruction of triceps brachii function with vascularized latissimus dorsi flap[J]. Zhongguo Xiu Fu Chong Jian Wai Ke Za Zhi[Chin J Repar Reconstr Surg(Article in Chinese;No abstract available)],1988,2(4):13.}

[22666] 黄钢，朱盛修，王岩华，刘斌，廖显康. 应用骨间前神经转位重建手内肌功能的实验研究 [J]. 中华医学杂志，1992，72(5)：269-272. {HUANG Gang,ZHU Shengxiu,WANG Yanhua,LIU Bin,LIAO Xiankang. Experimental Study on Reconstruction of Hand Internal Muscle Function by Transposition of Anterior Interosseous Nerve[J]. Zhonghua Yi Xue Za Zhi[Natl Med J China(Article in Chinese;Abstract in Chinese)],1992,72(5):269-272.}

[22667] 黄汉伟，田峰，李崇杰，辛畅泰，蔡林方，梁小旭，吴迪，李志宏. 带血管神经蒂小指短屈肌重建拇指外展功能的应用解剖 [J]. 中华显微外科杂志，1999，22(S1)：3-5. {HUANG Hanwei,TIAN Feng,LI Chongjie,XIN Changtai,CAI Linfang,LIANG Xiaoxu,WU Di,LI Zhihong. Applied anatomy of vascular and nerve pedicled flexor digitorum brevis muscle for reconstruction of thumb abduction function[J]. Zhonghua Xian Wei Wai Ke Za Zhi[Chin J Microsurg(Article in Chinese;No abstract available)],1999,22(S1):3-5.}

[22668] 鲁毅军，阚世廉，宫可同，詹海华，韩力，费起礼. 正中神经高位损伤的功能重建 [J]. 实用手外科杂志，2002，16(1)：18-19. DOI：10.3969/j.issn.1671-2722.2002.01.007. {LU Yijun,KAN Shilian,GONG Ketong,ZHAN Haihua,HAN Li,FEI Qili. The functional reconstruction of median nerve injury on high level[J]. Shi Yong Shou Wai Ke Za Zhi[Chin J Pract Hand Surg(Article in Chinese;Abstract in Chinese and English)],2002,16(1):18-19. DOI:10.3969/j.issn.1671-2722.2002.01.007.}

[22669] 麻文谦，张少成，张传森，党瑞山，黄会龙. 带血管肋间神经与髂腰肌支吻接重建屈髋功能应用解剖 [J]. 中国临床解剖学杂志，2004，22(6)：602-604. DOI：10.3969/j.issn.1001-165X.2004.06.012. {MA Wenqian,ZHANG Shaocheng,ZHANG Chuansen,DANG Ruishan,HUANG Huilong. Applied anatomic study on functional reconstruction of stepping forward with vascularized intercostal nerves suturing to iliopsoas nerve[J]. Zhongguo Lin Chuang Jie Pou Xue Za Zhi[Chin J Clin Anat(Article in Chinese;Abstract in Chinese and English)],2004,22(6):602-604. DOI:10.3969/j.issn.1001-165X.2004.06.012.}

[22670] 韦世友，王炎林，杨小华，管萍. 早期康复治疗对脑卒中神经功能重建的影响 [J]. 神经损伤与功能重建，2006，1(4)：219-220. DOI：10.3870/j.issn.1001-117X.2006.04.009. {WEI Shiyou,WANG Yanlin,YANG Xiaohua,GUAN Ping. Effect of Early Rehabilitation Training on Neurol Functional Reconstruction in Patients with Acute Strokes[J]. Shen Jing Sun Shang Yu Gong Neng Chong Jian[Neural Injury Funct Reconstr(Article in Chinese;Abstract in Chinese and English)],2006,1(4):219-220. DOI:10.3870/j.issn.1001-117X.2006.04.009.}

[22671] 刘明，张国强，王岩，张少成，张雪松，黄鹏，柴伟，王秀丽，唐佩福. 应用神经转位重建足底感觉功能 [J]. 中国矫形外科杂志，2008，16(8)：591-593. {LIU Ming,ZHANG Guoqiang,WANG Yan,ZHANG Shaocheng,ZHANG Xuesong,HUANG Peng,CHAI Wei,WANG Xiuli,TANG Peifu. Reconstruction of the sensory function of the sole by nerve transfer[J]. Zhongguo Jiao Xing Wai Ke Za Zhi[Orthop J Chin(Article in Chinese;Abstract in Chinese and English)],2008,16(8):591-593.}

[22672] 巨积辉，李雷，金光哲，赵强，刘跃飞，魏诚，李建宁，侯瑞兴. 前臂神经肌腱损伤的晚期治疗与功能重建 [J]. 中华手外科杂志，2008，24(1)：39-40. {JU Jihui,LI Lei,JIN Guangzhe,ZHAO Qiang,LIU Yuefei,WEI Cheng,LI Jianning,HOU Ruixing. Late treatment and functional reconstruction for injuries of forearm nerves and tendons[J]. Zhonghua Shou Wai Ke Za Zhi[Chin J Hand Surg(Article in Chinese;Abstract in Chinese and English)],2008,24(1):39-40.}

[22673] 李启朝，张双喜，陈振喜，刘章民，朱广明. 指固有神经背侧支移位重建指腹感觉功能 [J]. 中华手外科杂志，2011，27(1)：33-34. {LI Qichao,ZHANG Shuangxi,CHEN Zhenxi,LIU Zhangmin,ZHU Guangming. Transferring dorsal branch of the proper digital nerve to restore sensation of the pulp[J]. Zhonghua Shou Wai Ke Za Zhi[Chin J Hand Surg(Article in Chinese;Abstract in Chinese and English)],2011,27(1):33-34.}

[22674] 张成林，周许辉，贾连顺，袁文. 神经移位技术在高位颈脊髓损伤后膈肌功能重建中的应用 [J]. 中国矫形外科杂志，2015，23(8)：718-722. DOI：10.3977/j.issn.1005-8478.2015.08.11. {ZHANG Chenglin,ZHOU Xuhui,JIA Lianshun,YUAN Wen. The application of nerve transfer technique for reconstructing diaphragm function in high cervical spinal cord injury[J]. Zhongguo Jiao Xing Wai Ke Za Zhi[Orthop J Chin(Article in Chinese;Abstract in Chinese and English)],2015,23(8):718-722. DOI:10.3977/j.issn.1005-8478.2015.08.11.}

[22675] 胡春鹤，金驰，徐屹，张晓，张栋栋，杨庆健. 前交叉韧带重建术中隐神经髌下支损伤不影响膝关节功能 [J]. 中华关节外科杂志(电子版)，2019，13(1)：43-46. DOI：10.3877/cma.j.issn.1674-134X.2019.01.009. {HU Chunhe,JIN Chi,XU Yi,ZHANG Xiao,ZHANG Dongdong,YANG Qingjian. Injury of infrapatellar branch of saphenous nerve during anterior cruciate ligament reconstruction does not affect knee function[J]. Zhonghua Guan Jie Wai Ke Za Zhi Dian Zi Ban[Chin J Joint Surg(Electr Ed)(Article in Chinese;Abstract in Chinese and English)],2019,13(1):43-46. DOI:10.3877/cma.j.issn.1674-134X.2019.01.009.}

[22676] 王萍，李沅衡，李大宇，吕莹，叶生琴，杨琳. 上肢感觉神经功能重建技术研究现状 [J]. 中国临床解剖学杂志，2020，38(3)：359-362，366. DOI：10.13418/j.issn.1001-165x.2020.03.024. {WANG Ping,LI Yuanheng,LI Dayu,LV Ying,YE Shengqin,YANG Lin. Research status of sensory nerve function reconstruction in upper limbs[J]. Zhongguo Lin Chuang Jie Pou Xue Za Zhi[Chin J Clin Anat(Article in Chinese;No abstract available)],2020,38(3):359-362,366. DOI:10.13418/j.issn.1001-165x.2020.03.024.}

7 淋巴、小器官、小管道显微外科
microsurgery in lymphatics,small organs and small duct

7.1 淋巴显微外科
microlymphatic surgery

[22677] Sheng YM,Xiu RJ. Automated method for tracking vasomotion of intravital microvascular and microlymphatic vessels[J]. Clin Hemorheol Microcirc,2012,52(1):37-48. doi:10.3233/CH-2012-1543.

[22678] Chen WF,Zhao H. Transit-time ultrasound technology-assisted lymphatic supermicrosurgery[J]. J Plast Reconstr Aesthet Surg,2015,68(11):1627-1628. doi:10.1016/j.bjps.2015.07.020.

[22679] Chen WF,Zhao H,Yamamoto T,Hara H,Ding J. Indocyanine green lymphographic evidence of surgical efficacy following microsurgical and supermicrosurgical lymphedema reconstructions[J]. J Reconstr Microsurg,2016,32(9):688-698. doi:10.1055/s-0036-1586254.

[22680] Tang JB,Land í n L,Cavadas PC,Thione A,Chen J,Pons G,Masià J. Unique techniques or approaches in microvascular and microlymphatic surgery[J]. Clin Plast Surg,2017,44(2):403-414. doi:10.1016/j.cps.2016.11.007.

[22681] Mu L,Liu Y,Bi Y,Zang H,Cao S,Yang K,Tang H,Chen K,Reshetov IV,Sinelnikov MY. Primary clinical application of microsurgical arterial,venous and supermicrosurgical lymphovenous anastomoses performed using three-dimensional on-screen visualization[J]. J Plast Reconstr Aesthet Surg,2020,73(2):391-407. doi:10.1016/j.bjps.2019.08.013.

[22682] Tang JB,Land í n L,Cavadas PC,Thione A,Chen J,Pons G,Masià J. Unique techniques or approaches in microvascular and microlymphatic surgery[J]. Clin Plast Surg,2020,47(4):649-661. doi:10.1016/j.cps.2020.06.012.

[22683] 张涤生，高学书，王飞鹏，林树华. 下肢象皮肿外科治疗的初步报告：33例分析[J]. 中华外科杂志，1958，6（2）：139-143. {ZHANG Disheng,GAO Shuxue,WANG Feipeng,LIN Shuhua. Initial report on surgical treatment of elephantiasis of lower extremities:33 cases analysis[J]. Zhonghua Wai Ke Za Zhi[Chin J Surg(Article in Chinese;Abstract in Chinese)],1958,6(2):139-143.}

[22684] 尹惠罗. 阴囊象皮肿伴有两侧巨大腹股沟疝引起诊断错误[J]. 中华外科杂志，1958，6（11）：1290-1291. {YIN Huiluo. Scrotal elephantiasis with huge inguinal hernias on both sides causes mistanken diagnosis[J]. Zhonghua Wai Ke Za Zhi[Chin J Surg(Article in Chinese;No abstract available)],1958,6(11):1290-1291.}

[22685] 张涤生，李殿柱. 下肢象皮肿外科治疗的初步报告（33病例）[J]. 中华医学杂志，1958，44（3）：309. {ZHANG Disheng,LI Dianzhu. Initial report on surgical treatment of lower extremity elephantiasis:33 cases[J]. Zhonghua Yi Xue Za Zhi[Natl Med J China(Article in Chinese;No abstract available)],1958,44(3):309.}

[22686] 黎磊石，徐化民，沈君明. 丝虫病所致腹膜后淋巴囊肿一例[J]. 中华医学杂志，1958，44（9）：913-914. {LI Leishi,XU Huamin,SHEN Junming. A case of retroperitoneal lymphatic cyst caused by filariasis[J]. Zhonghua Yi Xue Za Zhi[Natl Med J China(Article in Chinese;Abstract in Chinese)],1958,44(9):913-914.}

[22687] 夏之侠，刘心机. 马来丝虫病象皮肿的临床分析[J]. 中华医学杂志，1960，46（4）：253-259. {XIA Zhixia,LIU Xinji. Clinical analysis of malay filariasis elephantiasis[J]. Zhonghua Yi Xue Za Zhi[Natl Med J China(Article in Chinese;Abstract in Chinese)],1960,46(4):253-259.}

[22688] 高学书，张长水，张涤生，吴伯刚，乌家美. 阴茎阴囊象皮肿的整复手术[J]. 中华外科杂志，1961，9（2）：129-131. {GAO Xueshu,ZHANG Changshui,ZHANG Disheng,WU Bogang,WU Jiamei. Plastic surgery of penis and scrotum elephantiasis[J]. Zhonghua Wai Ke Za Zhi[Chin J Surg(Article in Chinese;No abstract available)],1961,9(2):129-131.}

[22689] 高学书，张涤生，何清濂，王德昭. 象皮肿外科治疗的远期疗效观察[J]. 中华外科杂志，1962，10（9）：564-566. {GAO Xueshu,ZHANG Disheng,HE Qinglian,WANG Dezhao. Long-term effect of surgical treatment of elephantiasis[J]. Zhonghua Wai Ke Za Zhi[Chin J Surg(Article in Chinese;No abstract available)],1962,10(9):564-566.}

[22690] 陈凤仪. 辐射热治疗下肢象皮肿的疗效及其机制的探讨[J]. 中华外科杂志，1964，12（1）：1-4. {CHENG Fengyi. The effect and mechanism of radiant heat on elephantiasis of lower limbs[J]. Zhonghua Wai Ke Za Zhi[Chin J Surg(Article in Chinese;No abstract available)],1964,12(1):1-4.}

[22691] 吴伯刚. 用游离植皮治疗下肢象皮肿[J]. 中华外科杂志，1964，12（1）：69-70. {WU Bogang. Free skin grafting to treat elephantiasis of lower limbs[J]. Zhonghua Wai Ke Za Zhi[Chin J Surg(Article in Chinese;No abstract available)],1964,12(1):69-70.}

[22692] 吴经邦. 下肢象皮肿外科治疗的远期疗效观察[J]. 中华外科杂志，1965，13（12）：1073-1075. {WU Jingbang. Long-term effect of surgical treatment of elephantiasis of lower extremities[J]. Zhonghua Wai Ke Za Zhi[Chin J Surg(Article in Chinese;No abstract available)],1965,13(12):1073-1075.}

[22693] 刘士怡，段友俊. 班氏丝虫性下肢象皮肿淋巴管造影32例的观察[J]. 中华医学杂志，1966，52（1）：35-39. {LIU Shiyi,DUAN Youjun. Observation of lymphangiography in 32 cases of bancroft's filariasis[J]. Zhonghua Yi Xue Za Zhi[Natl Med J China(Article in Chinese;No abstract available)],1966,52(1):35-39.}

[22694] 周志耀，林吉成，Suleiman，J. 巨大阴囊象皮肿的手术治疗[J]. 中华外科杂志，1980，18（4）：358-360. {ZHOU Zhiyao,LIN Jicheng,Suleiman,J. Surgical treatment on giant scrotal elephantia[J]. Zhonghua Wai Ke Za Zhi[Chin J Surg(Article in Chinese;No abstract available)],1980,18(4):358-360.}

[22695] 陈柏寒，钱增喜，王伦堂，宁承训，周业龙. 丝虫成虫致大阴唇巨型象皮肿一例报告[J]. 中华医学杂志，1982，62（1）：26. {CHEN Bohan,QIAN Zengxi,WANG Luntang,NING Chengxun,ZHOU Yelong. A case report of giant labia major elephantia caused by filariasis[J]. Zhonghua Yi Xue Za Zhi[Natl Med J China(Article in Chinese;No abstract available)],1982,62(1):26.}

[22696] 魏茂湘. 巨大阴囊象皮肿的治疗探讨[J]. 中华泌尿外科杂志，1983，4（3）：176-177. {WEI Maoxiang. Discussion on treatment of gaint scrotal elephantia[J]. Zhonghua Mi Niao Wai Ke Za Zhi[Chin J Urol(Article in Chinese;No abstract available)],1983,4(3):176-177.}

[22697] 侯连泉，孙庆兰，王新国，邱国英，罗传灼. 班氏丝虫病患者淋巴管造影观察[J]. 中华医学杂志，1983，63（6）：349-352. {HOU Lianquan,SUN Qinglan,WANG Xinguo,QIU Guoying,LUO Chuanzhuo. Observation of lymphangiography in patients with bancroft's filariasis[J]. Zhonghua Yi Xue Za Zhi[Natl Med J China(Article in Chinese;Abstract in Chinese)],1983,63(6):349-352.}

[22698] 李连信. 淋巴丝虫病免疫发病机理研究进展[J]. 中华医学杂志，1986，66（12）：756-758. {LI Lianxin. Research progress on immune pathogenesis of lymphatic filariasis[J]. Zhonghua Yi Xue Za Zhi[Natl Med J China(Article in Chinese;No abstract available)],1986,66(12):756-758.}

[22699] 张成友. 淋巴管静脉内植入术的临床观察应用[J]. 中华外科杂志，1986，24（3）：162. {ZHANG Chengyou. Clinical observation and application of intravenous implantation of lymphatic vessels[J]. Zhonghua Wai Ke Za Zhi[Chin J Surg(Article in Chinese;No abstract available)],1986,24(3):162.}

[22700] 柳玉惠，倪少杰，刘培新，姜欣. 应用自体皮游离移植治疗象皮肿[J]. 修复重建外科杂志，1987，1（1）：37. {LIU Yuhui,NI Shaojie,LIU Peixin,JIANG Xin. Treatment of elephantiasis with free autologous skin transplantation[J]. Zhongguo Xiu Fu Chong Jian Wai Ke Za Zhi[Chin J Repar Reconstr Surg(Article in Chinese;No abstract available)],1987,1(1):37.}

[22701] 刘金超. 肢体再植患者的淋巴回流[J]. 修复重建外科杂志，1988，2（1）：27. {LIU Jinchao. Lymphatic drainage in limb replanted patients[J]. Zhongguo Xiu Fu Chong Jian Wai Ke Za Zhi[Chin J Repar Reconstr Surg(Article in Chinese;No abstract available)],1988,2(1):27.}

[22702] 干季良，张涤生，傅凯丁. 显微淋巴外科在肢体慢性淋巴水肿中的应用[J]. 修复重建外科杂志，1990，4（1）：53-55. {GAN Jiliang,ZHANG Disheng,FU Kaiding. Application of microlymphatic surgery in chronic lymphedema of upper-limb and lower-limb[J]. Zhongguo Xiu Fu Chong Jian Wai Ke Za Zhi[Chin J Repar Reconstr Surg(Article in Chinese;No abstract available)],1990,4(1):53-55.}

[22703] 张成友，陈榕，张振山，胡安琦. 显微集束淋巴管静脉内植入术治疗淋巴性疾病166例[J]. 中华显微外科杂志，1990，13（2）：83-84. {ZHANG Chengyou,CHENG Rong,ZHANG Zhenshan,HU Anqi. Treatment of 166 cases of lymphatic diseases by intravenous implantation of micro-bundled lymphatic vessels[J]. Zhonghua Xian Wei Wai Ke Za Zhi[Chin J Microsurg(Article in Chinese;No abstract available)],1990,13(2):83-84.}

[22704] 谢兴斌，罗力生. 大网膜游离移植治疗下肢象皮肿一例[J]. 中国修复重建外科杂志，1992，6（2）：75. {XIE Xingbin,LUO Lisheng. A case of treatment of elephantiasis of lower limb with free omentum transplantation[J]. Zhongguo Xiu Fu Chong Jian Wai Ke Za Zhi[Chin J Repar Reconstr Surg(Article in Chinese;No abstract available)],1992,6(2):75.}

[22705] 朱家恺. 淋巴显微外科手术的实验和临床研究[J]. 中山医科大学学报，1993，14（3）：239. {ZHU Jiakai. Experimental and clinical research on lymphatic microsurgery[J]. Zhong Shan Yi Ke Da Xue Xue Bao[Acad J SUMS(Article in Chinese;No abstract available)],1993,14(3):239.}

[22706] 曹卫刚，黄文义. 显微淋巴外科技术治疗肢体淋巴水肿的进展[J]. 中国修复重建外科杂志，1993，7（2）：118-120. {CAO Weigang,HUANG Wenyi. Progress in the treatment of lymphedema of limbs with microlymphatic surgery[J]. Zhongguo Xiu Fu Chong Jian Wai Ke Za Zhi[Chin J Repar Reconstr Surg(Article in Chinese;Abstract in Chinese)],1993,7(2):118-120.}

[22707] 干季良，张涤生，刘伟. 非离子型造影剂在间接淋巴管造影中的临床应用[J]. 中国修复重建外科杂志，1994，8（11）：36-37. {GAN Jilang,ZHANG Disheng,LIU Wei. Clinical application of non-ionic contrast agent in indirect lymphangiography[J]. Zhongguo Xiu Fu Chong Jian Wai Ke Za Zhi[Chin J Repar Reconstr Surg(Article in Chinese;Abstract in Chinese)],1994,8(11):36-37.}

[22708] 刘宁飞，何清濂. 淋巴管再生－细胞因子的调控作用研究[J]. 中国修复重建外科杂志，1996，10（4）：250-254. {LIU Ningfei,HE Qinglian. Study on the regulatory effect of cytokines of lymphatic vessel regeneration[J]. Zhongguo Xiu Fu Chong Jian Wai Ke Za Zhi[Chin J Repar Reconstr Surg(Article in Chinese;Abstract in Chinese)],1996,10(4):250-254.}

[22709] 陈福真. 淋巴流动力学改变与外科疾病[J]. 中国实用外科杂志，1996，16（5）：269-270. {CHEN Fuzhen. Lymphatic flow dynamics and surgical diseases[J]. Zhongguo Shi Yong Wai Ke Za Zhi[Chin J Pract Surg(Article in Chinese;Abstract in Chinese)],1996,16(5):269-270.}

[22710] 毛顿，姜均建，伍海翔，陈萍，刘劲松. 先天性黑色素痣合并阴囊假性象皮肿一例[J]. 中华医学杂志，1997，77（8）：600. {MAO Dun,JIANG Junjian,WU Haixaing,CHEN Ping,LIU Jinsong. A case of congenital melanocytic nevus combined with scrotal pseudo elephantiasis[J]. Zhonghua Yi Xue Za Zhi[Natl Med J China(Article in Chinese;No abstract available)],1997,77(8):600.}

[22711] 宋慧锋，刘宁飞，林子豪，陈敏亮，朱晓海，赵耀中，张玲珍. 淋巴管内皮细胞的分离培养及生物学特性的观察[J]. 第二军医大学学报，2001，22（z1）：92-94. DOI：10.3321/j.issn：0258-879X.2001.z1.037. {SONG Huifeng,LIU Ningfei,LIN Zihao,CHEN Minliang,ZHU Xiaohai,ZHAO Yaozhong,ZHANG Lingzhen. Isolation and culture of lymphatic endothelial cells and observation of their biological characteristics[J]. Di Er Jun Yi Da Xue Xue Bao[Acad J Sec Mil Med Univ(Article in Chinese;No abstract available)],2001,22(z1):92-94. DOI:10.3321/j.issn:0258-879X.2001.z1.037.}

[22712] 陈怀宇，吴绿波，王晓怀，李荔霞. 应用显微外科技术经淋巴管途径进行过继性免疫治疗[J]. 中华显微外科杂志，2003，26（2）：159-160. DOI：10.3760/cma.j.issn.1001-2036.2003.02.036. {CHEN Huaiyu,WU Lvbo,WANG Xiaohuai,LI Lixia. Applying microsurgical techniques for adoptive immunotherapy via lymphatic approach[J]. Zhonghua Xian Wei Wai Ke Za Zhi[Chin J Microsurg(Article in Chinese;Abstract in Chinese)],2003,26(2):159-160. DOI:10.3760/cma.j.issn.1001-2036.2003.02.036.}

[22713] 胡学庆，刘宁飞，曹谊林. 淋巴管新生机制与调节的研究进展[J]. 中华外科杂志，2006，44（3）：208-210. DOI：10.3760/j：issn：0529-5815.2006.03.020. {HU Xueqing,LIU Ningfei,CAO Yilin. Research progress on the mechanism and regulation of lymphangiogenesis[J]. Zhonghua Wai Ke Za Zhi[Chin J Surg(Article in Chinese;Abstract in Chinese)],2006,44(3):208-210. DOI:10.3760/j:issn:0529-5815.2006.03.020.}

[22714] 郭建斌，贾学民. 医源性淋巴管漏的治疗[J]. 中国修复重建外科杂志，2006，20（9）：958-959. {GUO Jianbin,JIA Xuemin. Treatment of iatrogenic lymphatic leakage[J]. Zhongguo Xiu Fu Chong Jian Wai Ke Za Zhi[Chin J Repar Reconstr Surg(Article in Chinese;No abstract available)],2006,20(9):958-959.}

[22715] 胡学庆，蒋朝华，刘宁飞. 人真皮微淋巴管内皮细胞的分离培养和鉴定[J]. 中华实验外科杂志，2007，24（3）：336-338. DOI：10.3760/j.issn：1001-9030.2007.03.029. {HU Xueqing,JIANG Chaohua,LIU Ningfei. Isolation and characterization of human dermal capillary lymphatic endothelial cells[J]. Zhonghua Shi Yan Wai Ke Za Zhi[Chin J Exp Surg(Article in Chinese;Abstract in Chinese and English)],2007,24(3):336-338. DOI:10.3760/j.issn:1001-9030.2007.03.029.}

[22716] 章必成，王俊，赵勇，郭燕，饶智国，高建飞. VEGF-C在替代性活化的巨噬细胞转分化为淋巴管内皮细胞中的作用[J]. 解放军医学杂志，2007，32（11）：1130-1133. DOI：10.3321/j.issn：0577-7402.2007.11.011. {ZHANG Bicheng,WANG Jun,ZHAO Yong,GUO Yan,RAO Zhiguo,GAO Jianfei. Transdifferentiation of alternatively activated macrophages into lymphatic endothelial cells induced by vegf-c[J]. Jie Fang Jun Yi Xue Za Zhi[Med J Chin

PLA(Article in Chinese;Abstract in Chinese and English)],2007,32(11):1130-1133. DOI:10.3321/j.issn:0577-7402.2007.11.011.}

[22717] 蒋朝华，胡学庆，刘宁飞. 人真皮来源淋巴管内皮细胞的流式细胞仪分选和生物学特点[J]. 组织工程与重建外科杂志，2009，5(5)：267-271. DOI：10.3969/j.issn.1673-0364.2009.05.008. {JIANG Chaohua,HU Xueqing,LIU Ningfei. Flow cytometer sorting and biological characteristics of lymphatic endothelial cells from human dermis:an experimental study[J]. Zu Zhi Gong Cheng Yu Chong Jian Wai Ke Za Zhi[J Tissue Eng Reconstr Surg(Article in Chinese;Abstract in Chinese and English)],2009,5(5):267-271. DOI:10.3969/j.issn.1673-0364.2009.05.008.}

[22718] 周琪，梁后杰，阎晓初，彭秋平，周进明，吴峰，高俊勇，吕仁明. 抑制NRP2表达对淋巴管内皮细胞小管成型的影响[J]. 解放军医学杂志，2009，34(11)：1311-1314. DOI：10.3321/j.issn：0577-7402.2009.11.012. {ZHOU Qi,LIANG Houjie,YAN Xiaochu,PENG Qiuping,GUO Jinming,WU Feng,GAO Junyong,LV Renming. Effects of inhibiting the neuropilins-2 expression on the tubular formation of lymphatic tube endothelial cells[J]. Jie Fang Jun Yi Xue Za Zhi[Med J Chin PLA(Article in Chinese;Abstract in Chinese and English)],2009,34(11):1311-1314. DOI:10.3321/j.issn:0577-7402.2009.11.012.}

[22719] 栗恒，李宏彬，叶云林，卞军，陆伟，夏钢. 阴茎手术致阴茎包皮象皮肿的再手术治疗[J]. 中华泌尿外科杂志，2010，31(11)：781. DOI：10.3760/cma.j.issn.1000-6702.2010.11.017. {LI Heng,LI Hongbin,YE Yunlin,BIAN Jun,LU Wei,XIA Gang. Reoperation of foreskin elephantiasis caused by penile surgery[J]. Zhonghua Mi Niao Wai Ke Za Zhi[Chin J Urol(Article in Chinese;No abstract available)],2010,31(11):781. DOI:10.3760/cma.j.issn.1000-6702.2010.11.017.}

[22720] 戴婷婷，蒋朝华，周广东，刘伟，李圣利. 淋巴管内皮细胞与PGA的相容性研究[J]. 组织工程与重建外科杂志，2010，6(2)：75-77. DOI：10.3969/j.issn.1673-0364.2010.02.004. {DAI Tingting,JIANG Chaohua,ZHOU Guangdong,LIU Wei,LI Shengli. Experimental research on cell biocompatibility of polyglycolic acids with lymphatic endothelial cells[J]. Zu Zhi Gong Cheng Yu Chong Jian Wai Ke Za Zhi[J Tissue Eng Reconstr Surg(Article in Chinese;Abstract in Chinese and English)],2010,6(2):75-77. DOI:10.3969/j.issn.1673-0364.2010.02.004.}

[22721] 严志新，刘宁飞. 炎性淋巴管生长的研究进展[J]. 中华整形外科杂志，2011，27(5)：394-398. DOI：10.3760/cma.j.issn.1009-4598.2011.05.022. {YAN Zhinxin,LIU Ningfei. Progress on the growth of inflammatory lymphatic vessels[J]. Zhonghua Zheng Xing Wai Ke Za Zhi[Chin J Plast Surg(Article in Chinese;Abstract in Chinese)],2011,27(5):394-398. DOI:10.3760/cma.j.issn.1009-4598.2011.05.022.}

[22722] 张晓忠，杨青山，贺飞，邬绍文，梅骅. 先天性阴茎、阴囊象皮肿的临床特征(附1例报告)[J]. 中华男科学杂志，2012，18(8)：761-763. {ZHANG Xiaozhong,YANG Qingshan,HE Fei,WU Shaowen,MEI Hua. Clinical features of congenital penile and scrotal elephantiasis (a report of 1 case)[J]. Zhonghua Nan Ke Xue Za Zhi[Natl J Androl(Article in Chinese;No abstract available)],2012,18(8):761-763.}

[22723] 吴秀凤，刘宁飞. 毛细淋巴管形态学研究方法进展[J]. 中华实验外科杂志，2012，29(1)：150-151. DOI：10.3760/cma.j.issn.1001-9030.2012.01.062. {WU Xiufeng,LIU Ningfei. Progress in research methods of lymphatic capillary morphology[J]. Zhonghua Shi Yan Wai Ke Za Zhi[Chin J Exp Surg(Article in Chinese;Abstract in Chinese)],2012,29(1):150-151. DOI:10.3760/cma.j.issn.1001-9030.2012.01.062.}

[22724] 葛敏，戴婷婷. 促淋巴管生成因子的研究进展[J]. 组织工程与重建外科杂志，2013，9(1)：50-52. DOI：10.3969/j.issn.1673-0364.2013.01.016. {GE Min,DAI Tingitng. The role of growth factors in lymhangiogenesis[J]. Zu Zhi Gong Cheng Yu Chong Jian Wai Ke Za Zhi[J Tissue Eng Reconstr Surg(Article in Chinese;Abstract in Chinese and English)],2013,9(1):50-52. DOI:10.3969/j.issn.1673-0364.2013.01.016.}

[22725] 葛敏，蒋朝华，戴婷婷，程佳，李圣利. 不同血清浓度对淋巴管内皮细胞培养的影响[J]. 组织工程与重建外科杂志，2013，9(3)：121-124. DOI：10.3969/j.issn.1673-0364.2013.03.001. {GE Min,JIANG Chaohua,DAI Tingitng,CHENG Jia,LI Shengli. The effects of serum concentration on the culture of lymphatic endothelial cells[J]. Zu Zhi Gong Cheng Yu Chong Jian Wai Ke Za Zhi[J Tissue Eng Reconstr Surg(Article in Chinese;Abstract in Chinese and English)],2013,9(3):121-124. DOI:10.3969/j.issn.1673-0364.2013.03.001.}

[22726] 陈小虎，李付贵，杨羿，罗鹏，陈运贤，朱家恺，陈嘉榆，李平. 脂肪干细胞诱导分化成淋巴管内皮样细胞的初步研究[J]. 中华显微外科杂志，2013，36(1)：40-45. DOI：10.3760/cma.j.issn.1001-2036.2013.01.011. {CHEN Xiaohu,LI Fugui,YANG Yi,LUO Peng,CHEN Yunxian,ZHU Jiakai,CHEN Jiayu,LI Ping. Preliminary study of induction of adipose-derived stem cells into lymphatic endothelial-like cells[J]. Zhonghua Xian Wei Wai Ke Za Zhi[Chin J Microsurg(Article in Chinese;Abstract in Chinese and English)],2013,36(1):40-45. DOI:10.3760/cma.j.issn.1001-2036.2013.01.011.}

[22727] 陆南杭，张勇，冯自豪，亓发芝. VEGF-C基因修饰的淋巴结移植促进淋巴内皮细胞再生的初步研究[J]. 中国修复重建外科杂志，2013，27(5)：619-623. DOI：10.7507/1002-1892.20130136. {LU Nnanhang,ZHANG Yong,FENG Zihao,QI Fazhi. A preliminary study on Vascular Endothelial Growth Factor C gene modified lymph node transplantation in promoting proliferation of lymphatic endothelial cells[J]. Zhongguo Xiu Fu Chong Jian Wai Ke Za Zhi[Chin J Repar Reconstr Surg(Article in Chinese;Abstract in Chinese and English)],2013,27(5):619-623. DOI:10.7507/1002-1892.20130136.}

[22728] 崔春晓，戴婷婷，周淑彦，蒋朝华，窦红静，周广东，李圣利. 葡聚糖纳米凝胶与淋巴管内皮细胞相容性研究[J]. 中华实验外科杂志，2015，32(9)：2126-2129. DOI：10.3760/cma.j.issn.1001-9030.2015.09.031. {CUI Chunxiao,DAI Tingting,ZHOU Shuyan,JIANG Chaohua,DOU Hongjing,ZHOU Guangdong,LI Shengli. Experimental research on cell biocompatibility of dextran-based fluorescent nanogel acids with lymphatic endothelial cells[J]. Zhonghua Shi Yan Wai Ke Za Zhi[Chin J Exp Surg(Article in Chinese;Abstract in Chinese and English)],2015,32(9):2126-2129. DOI:10.3760/cma.j.issn.1001-9030.2015.09.031.}

[22729] 信建峰，孙宇光，夏松，常鲲，朱研，刘昕，安然，苏万春，沈文彬. 原发性面部淋巴水肿淋巴干病变的研究分析[J]. 中华整形外科杂志，2019，35(8)：772-778. DOI：10.3760/cma.j.issn.1009-4598.2019.08.010. {CHENG Jianfeng,SUN Yuguang,XIA Song,CHANG Kun,ZHU Yan,LIU Xin,AN Ran,SU Wanchun,SHEN Wenbin. The clinical value of lymphatic trunk lesions in primary facial lymphedema[J]. Zhonghua Zheng Xing Wai Ke Za Zhi[Chin J Plast Surg(Article in Chinese;Abstract in Chinese and English)],2019,35(8):772-778. DOI:10.3760/cma.j.issn.1009-4598.2019.08.010.}

[22730] 外周淋巴水肿诊疗的中国专家共识[J]. 中华整形外科杂志，2020，36(4)：355-360. DOI：10.3760/cma.j.cn114453-20191126-00354. {The chinese consensus of the diagnosis and treatment of peripheral lymphedema[J]. Zhonghua Zheng Xing Wai Ke Za Zhi[Chin J Plast Surg(Article in Chinese;Abstract in Chinese and English)],2020,36(4):355-360. DOI:10.3760/cma.j.cn114453-20191126-00354.}

7.1.1 基础研究
basic research

[22731] Yang Y,Chen XH,Li FG,Chen YX,Gu LQ,Zhu JK,Li P. In vitro induction of human adipose-derived stem cells into lymphatic endothelial-like cells[J]. Cell Reprogram,2015,17(1):69-76. doi:10.1089/cell.2014.0043.

[22732] Yang Y,Yang JT,Chen XH,Qin BG,Li FG,Chen YX,Gu LQ,Zhu JK,Li P. Construction of tissue-engineered lymphatic vessel using human adipose derived stem cells differentiated lymphatic endothelial like cells and decellularized arterial scaffold:a preliminary study[J]. Biotechnol Appl Biochem,2018,65(3):428-434. doi:10.1002/bab.1618.

[22733] 黄恭康. 显微淋巴管外科[J]. 国外医学参考资料. 外科学分册，1978，(5)：272-274. {HUANG Gongkang.Microsurgery of lymphatics[J].Guo Wai Yi Xue-Wai Ke Xue Feng Ce[Foreign Med Surg Div(Article in Chinese;No abstract available)],1978,(5):272-274.}

[22734] 编辑室. 进一步开展淋巴系统的理论研究和实践[J]. 显微外科，1982，16(1-2)：1. {Editorial office. Further study on theoretical research and practice of lymphatic system[J]. Xian Wei Wai Ke[Chin J Microsurg(Article in Chinese;No abstract available)],1982,16(1-2):1.}

[22735] 王炜，张涤生，程开祥. 肢体淋巴水肿的病因及分类(附511例肢体淋巴水肿病因分析)[J]. 上海第二医学院学报，1982(S1)：43-46. {WANG Wei,ZHANG DIsheng,CHENG Kaixiang. Etiology and classification of lymphedema in extremities (an analysis of 511 cases)[J]. Shang Hai Di Er Yi Xue Yuan Xue Bao (J Shanghai Second Med Coll(Article in Chinese;Abstract in Chinese and English)],1982(S1):43-46.}

[22736] 编辑室. 当前显微淋巴外科的形势[J]. 显微外科，1983，6(3-4)：58. {Editorial office. Current situation of microlymphatic surgery[J]. Xian Wei Wai Ke[Chin J Microsurg(Article in Chinese;No abstract available)],1983,6(3-4):58.}

[22737] 朱家恺. 我国显微淋巴外科的新进展和综述[J]. 显微外科，1983，6(3-4)：94. {ZHU Jiakai. New progress and review of microlymphatic surgery in China[J]. Xian Wei Wai Ke[Chin J Microsurg(Article in Chinese;No abstract available)],1983,6(3-4):94.}

[22738] 王国英，钟士镇，刘牧之. 淋巴管的研究与淋巴水肿的治疗[J]. 显微外科，1983，06(01-02)：32-39. {WANG Guoying,ZHONG Shizhen,LIU Muzhi. Study on lymphatic vessels and treatment of lymphedema[J]. Xian Wei Wai Ke[Chin J Microsurg(Article in Chinese;No abstract available)],1983,06(01-02):32-39.}

[22739] 张涤生，黄文义，韩良愉. 静脉和淋巴管移植重建淋巴通路的实验研究[J]. 中华外科杂志，1984，22(11)：666-668. {ZHANG Disheng,HUANG Wenyi,HAN Liangyu. Study on reconstruction of lymphatic access by vein and lymphatic vessel transplantation[J]. Zhonghua Wai Ke Za Zhi[Chin J Surg(Article in Chinese;No abstract available)],1984,22(11):666-668.}

[22740] 汤海云，朱家恺，于国中，刘均墀，劳振国，庞水发. 静脉段移植重建淋巴通路的实验研究[J]. 中华外科杂志，1985，23(1)：6-8. {TANG Haiyun,ZHU Jiakai,YU Guozhong,LIU Junchi,LAO Zhenguo,PANG Shuifa. Experimental on reconstruction of lymphatic access by vein segment transplantation[J]. Zhonghua Wai Ke Za Zhi[Chin J Surg(Article in Chinese;No abstract available)],1985,23(1):6-8.}

[22741] 王国英，钟世镇，刘牧之. 大白鼠肢体淋巴水肿模型的实验研究. 中华实验外科杂志，1985，02(03)：116-118，C9. {WANG Guoying,ZHONG Shizhen,LIU Muzhi. Experimental study of limb lymphedema model in rats[J]. Zhonghua Shi Yan Wai Ke Za Zhi(Chin J Exp Surg(Article in Chinese;No abstract available)],1985,02(03):116-118,C9.}

[22742] 周建来，袁琏，杨士豪，李宗山，彭宣林，陈要武. 狗自体淋巴结移植的实验研究[J]. 临床解剖学杂志，1986，4(2)：69-72，124. {ZHOU Jianlai,YUAN Lian,YANG Shihao,LI Zongshan,PENG Xuanlin,CHEN Yaowu. Experimental study of autologous lymph node transplantation in dogs[J]. Lin Chuang Jie Pou Xue Za Zhi[Chin J Clin Anat(Article in Chinese;No abstract available)],1986,4(2):69-72,124.}

[22743] 周建来，袁琏. 吻合血管的狗自体腹股沟淋巴结移植的研究[J]. 临床解剖学杂志，1986，4(4)：227-229，254. DOI：10.13418/j.issn.1001-165x.1986.04.016. {ZHOU Jianlai,YUAN Lian. Study on autologous inguinal lymph node transplantation in dogs with vascular anastomosis[J]. Lin Chuang Jie Pou Xue Za Zhi[Chin J Clin Anat(Article in Chinese;Abstract in Chinese)],1986,4(4):227-229,254. DOI:10.13418/j.issn.1001-165x.1986.04.016.}

[22744] 程钢，朱家恺，于国中，刘均墀，劳镇国，冯应潮，庞水发. 肢体淋巴管结构及在淋巴水肿时的病理学研究[J]. 中华显微外科杂志，1989，12(2)：84-86. {CHENG Gang,ZHU Jiakai,YU Guozhong,LIU Junchi,LAO Zhenguo,FENG Yingchao,PANG Shuifa. Study of structure and pathological of lymphatic vessel in lymphedema extremities[J]. Zhonghua Xian Wei Wai Ke Za Zhi[Chin J Microsurg(Article in Chinese;Abstract in Chinese)],1989,12(2):84-86.}

[22745] 刘宁飞，Jagoda Maldik，Waldermar L. Olszewski，张涤生. 大白鼠淋巴结移植——功能结构和细胞学的变化以及影响其再生的因素[J]. 中国修复重建外科杂志，1992，6(1)：44-47，65-69. {LIU Ningfei,Jagoda Maldik,Waldermar L. Olszewski,ZHANG Disheng. Lymph node transplantation in rats:changes cellular architecture and possible influence on its histological and functional restoration[J]. Zhongguo Xiu Fu Chong Jian Wai Ke Za Zhi[Chin J Repar Reconstr Surg(Article in Chinese;Abstract in Chinese and English)],1992,6(1):44-47,65-69.}

[22746] 干季良，蔡仁祥，关文祥，石学耕. 微波热调节肢体慢性淋巴水肿免疫紊乱的实验研究[J]. 中国修复重建外科杂志，1995，9(2)：88-90. {GAN Jiliang,CAI Renxaing,GUAN Wenxiang,SHI Xuegeng. Experimental study on microwave regulation immunological disorder in chronic lymphedema patients[J]. Zhongguo Xiu Fu Chong Jian Wai Ke Za Zhi[Chin J Repar Reconstr Surg(Article in Chinese;Abstract in Chinese and English)],1995,9(2):88-90.}

[22747] 蔡仁祥，关文祥，干季良，李圣利，张涤生，陈勇龙. 淋巴结移植的实验研究[J]. 中华显微外科杂志，1996，19(1)：37-40. {CAI Renxiang,GUAN Wenxiang,GAN Jilaing,LI Shengli,ZHANG Disheng,CHEN Yonglong. Experimental study of lymph nodes autotransplantation in rats[J]. Zhonghua Xian Wei Wai Ke Za Zhi[Chin J Microsurg(Article in Chinese;Abstract in Chinese and English)],1996,19(1):37-40.}

[22748] 梁炳生，冯勇，常文凯，贾英伟. 慢性肢体淋巴水肿模型的比较研究[J]. 实用骨科杂志，2004，10(3)：216-218. DOI：10.3969/j.issn.1008-5572.2004.03.012. {LIANG Bingsheng,FENG Yong,CHANG Wenkai,JIA Yingwei. Comparative study of four different methods for making forelimb lymphedema models in rabbits[J]. Shi Yong Gu Ke Za Zhi[J Pract Orthop(Article in Chinese;Abstract in Chinese and English)],2004,10(3):216-218. DOI:10.3969/j.issn.1008-5572.2004.03.012.}

[22749] 周剑国，胡学庆，曹卫刚，李圣利，程开祥，刘宁飞，张涤生，吴娟娟，殷利民，刘德莉. 人血管内皮生长因子-C基因治疗淋巴水肿的实验研究[J]. 中华整形外科杂志，2007，23(6)：519-521. DOI：10.3760/j.issn：1009-4598.2007.06.019. {ZHOU Jianguo,HU Xueqing,CAO Weigang,LI Shengli,CHENG Kaixiang,LIU Ningfei,ZHANG Disheng,WU Juanjuan,YIN Limin,LIU Deli. Experimental study of gene therapy with human vascular endothelial growth factor-c in lymphedem[J]. Zhonghua Zheng Xing Wai Ke Za Zhi[Chin J Plast Surg(Article in Chinese;Abstract in Chinese and English)],2007,23(6):519-521. DOI:10.3760/j.issn:1009-4598.2007.06.019.}

[22750] 胡学庆，蒋朝华，刘宁飞. VEGF-C局部注射治疗阻塞性淋巴水肿的实验研究[J]. 中华整形外科杂志，2008，24(3)：207-211. DOI：10.3760/j.issn：1009-4598.2008.03.012. {HU Xueqing,JIANG Chaohua,LIU Ningfei. Experimental studies of vegf-c gene for the treatment of chronic obstructive lymphedema in mouse tail model[J]. Zhonghua Zheng Xing Wai Ke Za Zhi[Chin J Plast Surg(Article in Chinese;Abstract in Chinese and English)],2008,24(3):207-211. DOI:10.3760/j.issn:1009-4598.2008.03.012.}

[22751] 王刚，周广东，蒋朝华，曹卫刚. 脂肪间充质干细胞参与鼠尾淋巴水肿阻塞区淋巴管再生的研究[J]. 组织工程与重建外科杂志，2011，7(1)：16-19. DOI：10.3969/

j.issn.1673-0364.2011.01.004. {WANG Gang,ZHOU Guangdong,JIANG Chaohua,CAO Weigang. A study of adipose derived stem cells in promoting lymphatic regeneration of lymphedematous mice tail[J]. Zu Zhi Gong Cheng Yu Chong Jian Wai Ke Za Zhi[J Tissue Eng Reconstr Surg(Article in Chinese;Abstract in Chinese and English)],2011,7(1):16-19. DOI:10.3969/j.issn.1673-0364.2011.01.004.}

[22752] 曲恩泽，戴志飞，王淑敏，梁晓龙，柯亨特，王金锐. 自制超声/荧光双功能造影剂在兔正常淋巴结中的显像[J]. 中国医学科学院学报，2013，35（4）：411-415. DOI: 10.3881/j.issn.1000-503X.2013.04.010. {QU Enze,DAI Zhifei,WANG Shumin,LIANG Xiaolong,KE Hengte,WANG Jinrui. Self-made ultrasound/fluorescent bi-functional contrast agent for rabbit's normal lymph node imaging[J]. Zhongguo Yi Xue Ke Xue Yuan Xue Bao[Acta Acad Med Sin(Article in Chinese;Abstract in Chinese and English)],2013,35(4):411-415. DOI:10.3881/j.issn.1000-503X.2013.04.010.}

[22753] 朱晨芳，聂鑫，何柳，杨志，顾岩. Sulf2促进淋巴管生成的实验研究[J]. 组织工程与重建外科杂志，2015，11（3）：128-132. DOI: 10.3969/j.issn.1673-0364.2015.03.003. {ZHU Chenfang,NIE Xin,HE Liu,YANG Zhi,GU Yan. Role of sulf2 in promoting lymphangiogenesis[J]. Zu Zhi Gong Cheng Yu Chong Jian Wai Ke Za Zhi[J Tissue Eng Reconstr Surg(Article in Chinese;Abstract in Chinese and English)],2015,11(3):128-132. DOI:10.3969/j.issn.1673-0364.2015.03.003.}

[22754] 孙一宇，崔春晓，戴婷婷，蒋朝华，曹卫刚，李圣利. 改良小鼠后肢淋巴水肿模型的构建[J]. 组织工程与重建外科杂志，2016，12（6）：349-352. DOI: 10.3969/j.issn.1673-0364.2016.06.005. {SUN Yiyu,CUI Chunxiao,DAI Tingting,JIANG Chaohua,CAO Weigang,LI Shengli. An improvement model of secondary lymphedema in hind limb of mouse[J]. Zu Zhi Gong Cheng Yu Chong Jian Wai Ke Za Zhi[J Tissue Eng Reconstr Surg(Article in Chinese;Abstract in Chinese and English)],2016,12(6):349-352. DOI:10.3969/j.issn.1673-0364.2016.06.005.}

[22755] 孙笛，于子优，陈佳佳，汪立，韩凌华，刘宁飞. 淋巴水肿皮肤组织中肥大细胞及其释放的蛋白酶和转化生长因子-β1之间的相关病理研究[J]. 中华整形外科杂志，2019，35（1）：68-75. DOI: 10.3760/cma.j.issn.1009-4598.2019.01.016. {SUN Di,YU Ziyou,CHEN Jiajia,WANG Li,HAN Linghua,LIU Ningfei. Pathological study on mast cells and their released protease and transforming growth factor-β1 in lymphedema skin tissue[J]. Zhonghua Zheng Xing Wai Ke Za Zhi[Chin J Plast Surg(Article in Chinese;Abstract in Chinese and English)],2019,35(1):68-75. DOI:10.3760/cma.j.issn.1009-4598.2019.01.016.}

[22756] 崔蕾，林娜，杨峥，杨晨，董文芳，顾勤浩，冯验军，张晔，王洲冰，何乐人. 联合VEGF-C非血管化淋巴结移植免疫缺陷动物模型的研究[J]. 中华整形外科杂志，2019，35（6）：607-613. DOI: 10.3760/cma.j.issn.1009-4598.2019.06.017. {CUI Lei,LIN Na,YANG Zheng,YANG Chen,DONG Wenfang,GU Qinhao,FENG Yanjun,ZHANG Ye,WANG Zhoubing,HE Leren. Experimental research in athymic nude mice for autologous lymph nodes fragmentary transplantation combined with vegf-c[J]. Zhonghua Zheng Xing Wai Ke Za Zhi[Chin J Plast Surg(Article in Chinese;Abstract in Chinese and English)],2019,35(6):607-613. DOI:10.3760/cma.j.issn.1009-4598.2019.06.017.}

[22757] 孙笛，袁兆琪，赵蒙蒙，倪涛，于子尤，刘宁飞，杨军. 全组织包埋免疫荧光染色技术在小鼠淋巴管形态研究中的应用[J]. 中华整形外科杂志，2019，35（7）：681-685. DOI: 10.3760/cma.j.issn.1009-4598.2019.07.014. {SUN Di,YUAN Zhaoqi,ZHAO Mengmeng,NI Tao,YU Ziyou,LIU Ninhfei,YANG Jun. The application of whole-mount immuno fluorescence staining technique in the study of lymphatic morphology in mice[J]. Zhonghua Zheng Xing Wai Ke Za Zhi[Chin J Plast Surg(Article in Chinese;Abstract in Chinese and English)],2019,35(7):681-685. DOI:10.3760/cma.j.issn.1009-4598.2019.07.014.}

[22758] 崔蕾，杨峥，林娜，杨晨，董文芳，顾勤浩，冯验军，张晔，何乐人. 血管内皮生长因子-C对裸小鼠再生淋巴结免疫微环境的影响[J]. 中华整形外科杂志，2020，36（6）：672-678. DOI: 10.3760/cma.j.cn114453-20190515-00160. {CUI Lei,YANG Zheng,LIN Na,YANG Chen,DONG Wenfang,GU Qinhao,FENG Yanjun,ZHANG Ye,HE Leren. The immune microenvironment of regenerated lymph nodes treated with vegf-c[J]. Zhonghua Zheng Xing Wai Ke Za Zhi[Chin J Plast Surg(Article in Chinese;Abstract in Chinese and English)],2020,36(6):672-678. DOI:10.3760/cma.j.cn114453-20190515-00160.}

7.1.2 应用解剖
applied anatomy

[22759] Liu NF,Lu Q,Jiang ZH,Wang CG,Zhou JG. Anatomic and functional evaluation of the lymphatics and lymph nodes in diagnosis of lymphatic circulation disorders with contrast magnetic resonance lymphangiography[J]. J Vasc Surg,2009,49(4):980-987. doi:10.1016/j.jvs.2008.11.029.

[22760] Pan WR,Wang DG,Levy SM,Chen Y. Superficial lymphatic drainage of the lower extremity:anatomical study and clinical implications[J]. Plast Reconstr Surg,2013,132(3):696-707. doi:10.1097/PRS.0b013e31829ad12e.

[22761] Pan WR,Levy SM,Wang DG. Divergent lymphatic drainage routes from the heel to the inguinal region:anatomic study and clinical implications[J]. Lymphat Res Biol,2014,12(3):169-174. doi:10.1089/lrb.2014.0004.

[22762] Pan WR,Zeng FQ,Wang D,Qiu ZQ. A method for making a lymphatic specimen of the dorsum of the hand[J]. Lymphat Res Biol,2015,13(4):275-278. doi:10.1089/lrb.2014.0041.

[22763] Pan WR,Zeng FQ,Wang DG,Qiu ZQ. Perforating and deep lymphatic vessels in the knee region:an anatomical study and clinical implications[J]. ANZ J Surg,2017,87(5):404-410. doi:10.1111/ans.13893.

[22764] Ma CX,Pan WR,Liu ZA,Zeng FQ,Qiu ZQ. The deep lymphatic anatomy of the hand[J]. Ann Anat,2018,218:105-109. doi:10.1016/j.aanat.2018.03.001.

[22765] Ma CX,Pan WR,Liu ZA,Zeng FQ,Qiu ZQ,Liu MY. Deep lymphatic anatomy of the upper limb:an anatomical study and clinical implications[J]. Ann Anat,2019,223:32-42. doi:10.1016/j.aanat.2019.01.005.

[22766] Cao Y,Li F,Li S,Zhou Y,Li Q. A preliminary observational study on the vascular,nerve,and lymphatic anatomy and histology of the labia minora from cadaveric and surgical samples[J]. Int Urogynecol J,2021,32(5):1169-1176. doi:10.1007/s00192-020-04551-7.

[22767] 王俊侯，邱经权. 下肢浅淋巴管的观察[J]. 中华外科杂志，1979，17（6）：449-450. {WANG Junhou,QIU Jingquan. Observation of the superficial lymphatic vessels of lower limbs[J]. Zhonghua Wai Ke Za Zhi[Chin J Surg(Article in Chinese;No abstract available)],1979,17(6):449-450.}

[22768] 刘牧之. 上肢淋巴系显微外科应用解剖[J]. 显微外科，1979，2（4）：152. {LIU Muzhi. Applied anatomy of upper limb lymphatic microsurgery[J]. Xian Wei Wai Ke[Chin J Microsug(Article in Chinese;Abstract in Chinese and English)],1979,2(4):152.}

[22769] 刘牧之，钟世镇. 下肢淋巴系的应用解剖[J]. 显微外科，1979，2（3）：85. {LIU Muzhi,ZHONG Shizhen. Applied anatomy of lower limb lymphatic system[J]. Xian Wei Wai Ke[Chin J Microsug(Article in Chinese;Abstract in Chinese and English)],1979,2(3):85.}

[22770] 宋增仁. 末梢淋巴管的形态学研究（文摘）[J]. 哈尔滨医科大学学报，1980，14（4）：82. {SONG Zengren. Morphological study of peripheral lymphatic vessels (Abstracts)[J]. Ha Er Bing Yi Ke Da Xue Xue Bao[J Harbin Med Univ(Article in Chinese;No abstract available)],1980,14(4):82.}

[22771] 刘牧之，钟世镇. 下肢深淋巴系的显微外科解剖学[J]. 显微外科，1982，5（1-2）：14. {LIU Muzhi,ZHONG Shizhen. Microsurgical anatomy of deep lymphatics of the lower limbs[J]. Xian Wei Wai Ke[Chin J Microsug(Article in Chinese;Abstract in Chinese and English)],1982,5(1-2):14.}

[22772] 刘牧之，钟世镇. 腹股沟淋巴结的显微外科解剖学研究[J]. 显微外科，1982，5（1-2）：22. {LIU Muzhi,ZHONG Shizhen. Microsurgical anatomy of inguinal lymph nodes[J]. Xian Wei Wai Ke[Chin J Microsug(Article in Chinese;Abstract in Chinese and English)],1982,5(1-2):22.}

[22773] 钟世镇，刘牧之. 显微淋巴外科及其应用解剖学的进展[J]. 解剖学通报，1982，5（4）：721. {ZHONG Shizhen,LIU Muzhi. Advances in microlymphatic surgery and its applied anatomy[J]. Jie Pou Xue Tong Bao[Chin J Anat(Article in Chinese;Abstract in Chinese)],1982,5(4):721.}

[22774] 刘牧之，钟世镇，朱家恺. 四肢浅淋巴管的显微外科解剖学研究[J]. 解剖学报，1982，13（4）：345. {LIU Muzhi,ZHONG Shizhen,ZHU Jiakai. Microsurgical anatomy of lymphatics in limbs[J]. Jie Pou Xue Bao[Acta Anat Sinica(Article in Chinese;Abstract in Chinese)],1982,13(4):345.}

[22775] 汤海云. 大白鼠四肢淋巴管观察[J]. 显微外科，1982，5（1-2）：32. {TANG Haiyun. Observation of lymph vessel in limbs of rat[J]. Xian Wei Wai Ke[Chin J Microsug(Article in Chinese;Abstract in Chinese and English)],1982,5(1-2):32.}

[22776] 刘牧之，钟世镇，徐达传，陶永松，陈子华，李忠华. 胸导管颈段显微外科解剖学的研究[J]. 广东解剖学通报，1982，4（1）：29. {LIU Muzhi,ZHONG Shizhen,XU Dachuan,TAO Yongsong,CHEN Zihua,LI Zhonghua. Thoracic catheter cervical microsurgical study[J]. Guangdong Jie Pou Xue Tong Bao Za Zi[Anat Res(Article in Chinese;No abstract available)],1982,4(1):29.}

[22777] 刘牧之，钟世镇，陶永松，徐达传，陈子华，李忠华. 胸导管显微外科解剖学的研究Ⅰ：胸导管类型及其应用[J]. 广东解剖学通报，1982，4（2）：148. {LIU Muzhi,ZHONG Shizhen,TAO Yongsong,XU Dachuan,CHEN Zihua,LI Zhonghua. Anatomical study of thoracic ducts with marked emblem I:types of thoracic ducts and their application[J]. Guangdong Jie Pou Xue Tong Bao Za Zi[Anat Res(Article in Chinese;No abstract available)],1982,4(2):148.}

[22778] 刘牧之，钟世镇. 男性生殖器淋巴显微外科解剖学研究[J]. 显微外科，1982，5（1-2）：26. {LIU Muzhi,ZHONG Shizhen. Anatomical research on male genital lymphatic microsurgery[J]. Xian Wei Wai Ke[Chin J Microsug(Article in Chinese;Abstract in Chinese and English)],1982,5(1-2):26.}

[22779] 刘牧之，等. 阴囊淋巴管的应用解剖[J]. 解剖学通报，1982，5（增刊1）：59. {LIU Muzhi,et al. Anatomical study of thoracic ducts with marked emblem I:types of thoracic ducts and their applications[J]. Jie Pou Xue Tong Bao[Chin J Anat(Article in Chinese;Abstract in Chinese)],1982,5(S1):59.}

[22780] 刘牧之，等. 精索内的淋巴管显微外科解剖[J]. 解剖学报，1982，5（增刊1）：60. {LIU Muzhi,et al. Lymphatic microsurgical anatomy in spermatic cord[J]. Jie Pou Xue Bao[Acta Anat Sinica(Article in Chinese;Abstract in Chinese)],1982,5(S1):60.}

[22781] 刘牧之，等. 阴茎浅淋巴管的显微外科解剖[J]. 解剖学通报，1982，5(增刊1)：58. {LIU Muzhi,et al. Microsurgical anatomy of the superficial lymphatics of the penis[J]. Jie Pou Xue Tong Bao[Chin J Anat(Article in Chinese;Abstract in Chinese)],1982,(S1):58.}

[22782] 刘牧之，钟世镇. 女性外阴部淋巴管应用解剖学的研究[J]. 显微外科，1982，5（1-2）：30. {LIU Muzhi,ZHONG Shizhen. Applied anatomy of lymphatic vessels in women[J]. Xian Wei Wai Ke[Chin J Microsug(Article in Chinese;Abstract in Chinese and English)],1982,5(1-2):30.}

[22783] 刘牧之，钟世镇. 右淋巴导管的应用解学[J]. 显微外科，1983;6（3-4）：92. {LIU Muzhi,ZHONG Shizhen. Applied anatomy of lower limb lymphatic system[J]. Xian Wei Wai Ke[Chin J Microsug(Article in Chinese;Abstract in Chinese and English)],1979,2(3):85.}

[22784] 刘牧之，钟世镇. 生殖系统淋巴系显微外科解剖学研究[J]. 解剖学通报，1983，6（1）：28. {LIU Muzhi,ZHONG Shizhen. Microsurgical anatomy of lymphatic reproductive system[J]. Jie Pou Xue Tong Bao[Chin J Anat(Article in Chinese;Abstract in Chinese)],1983,6(1):28.}

[22785] 刘牧之，钟世镇. 淋巴管移植的应用解剖学[J]. 临床应用解剖学杂志，1984，2（4）：236-238. DOI: 10.13418/j.issn.1001-165x.1984.04.014. {LIU Muzhi,ZHONG Shizhen. Applied anatomy of lymphatic vessel transplantation[J]. Lin Chuang Ying Yong Jie Pou Xue Za Zhi[J Clin Appl Anat(Article in Chinese;Abstract in Chinese)],1984,2(4):236-238. DOI:10.13418/j.issn.1001-165x.1984.04.014.}

[22786] 刘牧之，钟世镇. 右淋巴导管显微外科解剖学的研究[J]. 临床应用解剖学杂志，1984，2（4）：239-241. DOI: 10.13418/j.issn.1001-165x.1984.04.015. {LIU Muzhi,ZHONG Shizhen. Microsurgical anatomy of the right lymphatic duct[J]. Lin Chuang Ying Yong Jie Pou Xue Za Zhi[J Clin Appl Anat(Article in Chinese;Abstract in Chinese)],1984,2(4):239-241. DOI:10.13418/j.issn.1001-165x.1984.04.015.}

[22787] 邵旭建，曹献廷. 头皮的淋巴管[J]. 临床解剖学杂志，1987，5（2）：80-84，124. DOI: 10.13418/j.issn.1001-165x.1987.02.008. {SHAO Xujian,CAO Xianting. Lymphatic vessels of the scalp[J]. Lin Chuang Jie Pou Xue Za Zhi[Chin J Clin Anat(Article in Chinese;Abstract in Chinese and English)],1987,5(2):80-84,124. DOI:10.13418/j.issn.1001-165x.1987.02.008.}

[22788] 李慧有，卢万发，李桂兰，吴维启，桂国成. 腹股沟浅淋巴结移植的应用解剖[J]. 临床解剖学杂志，1987，5（2）：85-86，124-125. DOI: 10.13418/j.issn.1001-165x.1987.02.010. {LI Huiyou,LU Wanfa,LI Guilan,WU Weiqi,GUI Guocheng. Applied anatomy of the transplantation of inguinal superficial lymph nodes[J]. Lin Chuang Jie Pou Xue Za Zhi[Chin J Clin Anat(Article in Chinese;Abstract in Chinese and English)],1987,5(2):85-86,124-125. DOI:10.13418/j.issn.1001-165x.1987.02.010.}

[22789] 邵旭建，曹献廷. 面部浅淋巴管的观察[J]. 临床解剖学杂志，1987，5（3）：167-170，191. DOI: 10.13418/j.issn.1001-165x.1987.03.019. {SHAO Xujian,CAO Xianting. Observation of superficial lymphatic vessels of face[J]. Lin Chuang Jie Pou Xue Za Zhi[Chin J Clin Anat(Article in Chinese;Abstract in Chinese and English)],1987,5(3):167-170,191. DOI:10.13418/j.issn.1001-165x.1987.03.019.}

[22790] 邵旭建，曹献廷. 颈部浅淋巴管的观察[J]. 临床解剖学杂志，1987，5（4）：211-213，247. DOI: 10.13418/j.issn.1001-165x.1987.04.010. {SHAO Xujian,CAO Xianting. Observation of superficial lymphatic vessels of neck[J]. Lin Chuang Jie Pou Xue Za Zhi[Chin J Clin Anat(Article in Chinese;Abstract in Chinese and English)],1987,5(4):211-213,247. DOI:10.13418/j.issn.1001-165x.1987.04.010.}

[22791] 曾水林，林元问. 腹股沟浅淋巴结移植的应用解剖学[J]. 临床解剖学杂志，1987，5（4）：221-222，248. DOI: 10.13418/j.issn.1001-165x.1987.04.016. {ZENG Shuilin,LIN Yuanwen. Applied anatomical study of transplantation of the superficial inguinal lymph nodes[J]. Lin Chuang Jie Pou Xue Za Zhi[Chin J Clin Anat(Article in Chinese;Abstract in Chinese and English)],1987,5(4):221-222,248. DOI:10.13418/j.issn.1001-165x.1987.04.016.}

[22792] 丁自海，曹献廷. 头静脉伴随淋巴管的解剖学研究[J]. 中华外科杂志，1988，26（1）：48-49. {DING Zihai,CAO Xainting. Anatomical study of lymphatic vessels accompanied with cephalic vein[J]. Zhonghua Wai Ke Za Zhi[Chin J Surg(Article in Chinese;Abstract in Chinese)],1988,26(1):48-49.}

[22793] 靳升荣，代生富，但林芝. 下颌骨磨牙区淋巴流向的应用解剖[J]. 中国临床解剖学杂志，1996，14（3）：209-211. {JIN Shengrong,DAI Shengfu,DAN Linzhi. Applied anatomy of the lymph drainage of the motar teeth region in mandible[J]. Zhongguo Lin Chuang Jie Pou Xue Za

Zhi[Chin J Clin Anat(Article in Chinese;Abstract in Chinese and English)],1996,14(3):209-211.}

[22794] 杨成．淋巴管与淋巴流动研究进展[J]．中国临床解剖学杂志，1997，15(1)：74-76．{YANG Cheng. Research progress of lymphatic vessels and lymphatic flow[J]. Zhongguo Lin Chuang Jie Pou Xue Za Zhi[Chin J Clin Anat(Article in Chinese;No abstract available)],1997,15(1):74-76.}

[22795] 赵士杰，陈钢，汪亚晴．下颌下淋巴结的解剖学研究[J]．中国临床解剖学杂志，2002，20(6)：444-446．DOI：10.3969/j.issn.1001-165X.2002.06.014．{ZHAO Shijie,CHEN Gang,WANG Yaqing. Anatomic study of submandibular lymphatic nodes[J]. Zhongguo Lin Chuang Jie Pou Xue Za Zhi[Chin J Clin Anat(Article in Chinese;Abstract in Chinese and English)],2002,20(6):444-446. DOI:10.3969/j.issn.1001-165X.2002.06.014.}

[22796] 杨宏梅，柏树令，王志军，孙桂媛．鼻端软组织层次和淋巴管构筑的研究及其临床应用[J]．中国临床解剖学杂志，2004，22(4)：414-416．DOI：10.3969/j.issn.1001-165X.2004.04.024．{YANG Hongmei,BAI Shengling,WANG Zhijun,SUN Guiyuan. A study on the layers and the distributions of the lymph of nasal soft tissue and their clinical application[J]. Zhongguo Lin Chuang Jie Pou Xue Za Zhi[Chin J Clin Anat(Article in Chinese;Abstract in Chinese and English)],2004,22(4):414-416. DOI:10.3969/j.issn.1001-165X.2004.04.024.}

[22797] 骆成玉，周永桥，林华，杨齐，张键，丁毅，薛镭，张勇智，潘邦杰，李国华．乳腔镜腋窝淋巴结切除手术的解剖与技术（附291例次手术经验）[J]．中国实用外科杂志，2004，24(11)：685-687．DOI：10.3321/j.issn：1005-2208.2004.11.018．{LUO Chengyu,ZHOU Yongqiao,LIN Hua,YANG Qi,ZHANG Jian,XUE Lei,ZHANG Zhiyong,PAN Bangjie,LI Guohua. The axillary anatomy and technique of mastoscopic axillary lymph node dissection[J]. Zhongguo Shi Yong Wai Ke Za Zhi[Chin J Pract Surg(Article in Chinese;Abstract in Chinese and English)],2004,24(11):685-687. DOI:10.3321/j.issn:1005-2208.2004.11.018.}

[22798] 殷初阳，李圣利．携带淋巴管的游离皮瓣移植治疗肢体阻塞性淋巴水肿的应用解剖学研究[J]．组织工程与重建外科杂志，2008，4(3)：154-156．DOI：10.3969/j.issn.1673-0364.2008.03.009．{YIN Chuyang,LI Shengli. Applied anatomy of transfering \"lymphatic baring\" free flap to treat obstructive lymphedema of extremities[J]. Zu Zhi Gong Cheng Yu Chong Jian Wai Ke Za Zhi[J Tissue Eng Reconstr Surg(Article in Chinese;Abstract in Chinese and English)],2008,4(3):154-156. DOI:10.3969/j.issn.1673-0364.2008.03.009.}

[22799] 尉承泽．乳腺癌腋窝淋巴结外科处理及其解剖学基础[J]．中华外科杂志，2009，47(7)：491-493．DOI：10.3760/cma.j.issn.0529-5815.2009.07.004．{WEI Chengze. Axillary lymph nodes in breast cancer:anatomical basis and surgical management[J]. Zhonghua Wai Ke Za Zhi[Chin J Surg(Article in Chinese;No abstract available)],2009,47(7):491-493. DOI:10.3760/cma.j.issn.0529-5815.2009.07.004.}

[22800] 蔡昌平，谢兴国，李成军，张小明，赵琼慧，曾南林，黄小华．腹腔淋巴结影像断层解剖学的研究[J]．局解手术学杂志，2010，19(4)：261-262．DOI：10.3969/j.issn.1672-5042.2010.04.004．{CAI Changping,XIE Xingguo,LI Chengjun,ZHANG Xiaoming,ZHAO Qionghui,ZENG Nnanlin,HUANG Xiaohua. Sectional anatomy of the celiac lymph node and its application in medical imaging[J]. Ju Jie Shou Shu Xue Za Zhi[J Reg Anat Oper Surg(Article in Chinese;Abstract in Chinese and English)],2010,19(4):261-262. DOI:10.3969/j.issn.1672-5042.2010.04.004.}

[22801] 杨亚益，李圣利，蒋朝华，曹卫刚．眼睑淋巴管分布的显微解剖研究[J]．组织工程与重建外科杂志，2011，7(2)：100-103．DOI：10.3969/j.issn.1673-0364.2011.02.010．{YANG Yayi,LI Shengli,JIANG Chaohua,CAO Weigang. Micro-anatomic study of the lymphatic vessels in the eyelids[J]. Zu Zhi Gong Cheng Yu Chong Jian Wai Ke Za Zhi[J Tissue Eng Reconstr Surg(Article in Chinese;Abstract in Chinese and English)],2011,7(2):100-103. DOI:10.3969/j.issn.1673-0364.2011.02.010.}

[22802] 潘伟人，王德广，陈渊，曾凡强．大隐静脉旁淋巴管的应用解剖[J]．中国临床解剖学杂志，2014，32(3)：269-274．DOI：10.13418/j.issn.1001-165x.2014.03.008．{PAN Weiren,WANG Deguang,CHEN Yuan,ZENG Fanqiang. The applied anatomy of lymphatics around the great saphenous vein[J]. Zhongguo Lin Chuang Jie Pou Xue Za Zhi[Chin J Clin Anat(Article in Chinese;Abstract in Chinese and English)],2014,32(3):269-274. DOI:10.13418/j.issn.1001-165x.2014.03.008.}

[22803] 陈渊，潘伟人，王德广，曾凡强．小隐静脉旁淋巴管的应用解剖[J]．中国临床解剖学杂志，2014，32(4)：412-415．DOI：10.13418/j.issn.1001-165x.2014.04.010．{CHEN Yuan,PAN Weiren,WANG Deguang,ZENG Fanqiang. Applied anatomy of the lymphatic vessels alongside the small saphenous vein[J]. Zhongguo Lin Chuang Jie Pou Xue Za Zhi[Chin J Clin Anat(Article in Chinese;Abstract in Chinese and English)],2014,32(4):412-415. DOI:10.13418/j.issn.1001-165x.2014.04.010.}

[22804] 曾凡强，潘伟人，王德广，陈渊．手指淋巴管的应用解剖[J]．中国临床解剖学杂志，2014，32(5)：548-552．DOI：10.13418/j.issn.1001-165x.2014.05.010．{ZENG Fanqiang,PAN Weiren,WANG Deguang,PAN Weiren. Applied anatomy of digital lymphatic vessels[J]. Zhongguo Lin Chuang Jie Pou Xue Za Zhi[Chin J Clin Anat(Article in Chinese;Abstract in Chinese and English)],2014,32(5):548-552. DOI:10.13418/j.issn.1001-165x.2014.05.010.}

[22805] 曾凡强，潘伟人，王德广．趾足部浅淋巴管分布及其临床意义[J]．中国临床解剖学杂志，2014，32(6)：655-658．DOI：10.13418/j.issn.1001-165x.2014.06.007．{ZENG Fanqiang,PAN Weiren,WANG Deguang. Applied anatomy of superficial lymphatic distribution of the foot and toes[J]. Zhongguo Lin Chuang Jie Pou Xue Za Zhi[Chin J Clin Anat(Article in Chinese;Abstract in Chinese and English)],2014,32(6):655-658. DOI:10.13418/j.issn.1001-165x.2014.06.007.}

[22806] 潘伟人，马传响，刘志安．上肢淋巴系统解剖学教学[J]．中华整形外科杂志，2018，34(4)：319-323．DOI：10.3760/cma.j.issn.1009-4598.2018.04.018．{PAN Weiren,MA Chuanxiang,LIU Zhian. Advances in lymphatic study of the upper extremity[J]. Zhonghua Zheng Xing Wai Ke Za Zhi[Chin J Plast Surg(Article in Chinese;Abstract in Chinese and English)],2018,34(4):319-323. DOI:10.3760/cma.j.issn.1009-4598.2018.04.018.}

7.1.3 诊断技术
diagnostic techniques

[22807] Gan JL,Zhang DS,Fu KD,Luo JC,Chen H. Indirect lymphography with Isovist-300 in various forms of lymphedema[J]. Chin Med J,1991,104(1):49-53.

[22808] 任树桥，等．淋巴系造影术临床应用初步报告[J]．中华放射学杂志，1964，9(1)：56．{REN Shuqiao,et al. Preliminary report of clinical application of lymphangiography[J]. Zhonghua Fang She Xue Za Zhi[Chin J Radiol(Article in Chinese;No abstract available)],1964,9(1):56.}

[22809] 陈振龙，郑主恩，柯汝器．淋巴造影术临床应用初步报告[J]．中华外科杂志，1964，12(1)：42．{CHEN Zhenlong,ZHENG Zhuen,KE Ruqi. Preliminary report on clinical application of lymphangiography[J]. Zhonghua Wai Ke Za Zhi(Chin J Surg (Article in Chinese;No abstract available)],1964,12(1):42.}

[22810] 张保罗，等．淋巴造影的临床应用[J]．中华放射学杂志，1964，9：151．{Zhang Baoluo et al. Clinical application of lymphography[J]. Zhonghua Fang She Xue Za Zhi[Chin J Radiol(Article in Chinese;No abstract available)],1964,9:151.}

[22811] 孙德建，干远忠，薛志生．马来丝虫病下肢淋巴管造影的观察[J]．中华放射学杂志，1964，9(02)：154-155．{SUN Dejian,GAN Yuanzhong,XUE Zhisheng. Observation of lower limb lymphography of malaria infection[J]. Zhonghua Fang She Xue Za Zhi[Chin J Radiol(Article in Chinese;No abstract available)],1964,9(2):154.}

[22812] 李效忠，等．淋巴系造影术在泌尿外科方面的应用[J]．上海第一医学院学报，1964，2(4)：446．{LI Xiaozhong et al. Application of lymphography in urology. Shanghai Di Yi Yi Xue Yuan Xue Bao[J Shanghai First Med Coll(Article in Chinese;No abstract available)],1964,2(4):446.}

[22813] 郑绍先，等．淋巴管造影术在诊断乳糜（血）尿中的价值[J]．第二军医大学学报，1980，1(1)：67．{ZHENG Shaoxian,et al. The value of lymphangiography in the diagnosis of chylous (hematomic) urine. Di Er Jun Yi Da Xue Bao[J Second Milit Med Univ(Article in Chinese;No abstract available)],1980,1(1):67.}

[22814] 杜光祖，等．淋巴管造影在恶性淋巴瘤分期中的应用[J]．天津医药肿瘤学附刊，1981，8(3)：160．{DU Guangzu,et al. Application of lymphangiography in staging of malignant lymphoma[J]. Tianjin Yi Yao Zhong Liu Xue Fu Kan[Tianjin Med Oncol Suppl(Article in Chinese;No abstract available)],1981,8(3):160.}

[22815] 郑韶先，贺宗理．淋巴管造影术在诊断乳糜（血）尿中的价值[J]．中华泌尿外科杂志，1982，3(3)：235-236．DOI：10.16781/j.0258-879x.1980.01.016．{ZHENG Shaoxian,HE Zongli. The value of lymphangiography in the diagnosis of chyluria[J]. Zhonghua Mi Niao Wai Ke Za Zhi[Chin J Urol(Article in Chinese;Abstract in Chinese)],1982,3(3):235-236. DOI:10.16781/j.0258-879x.1980.01.016.}

[22816] 何汝器，等．淋巴造影102例小结[J]．福建医药杂志，1982，(1)：2．{HE Ruqi,et al. Summary of 102 cases of lymphography[J]. Fujian Yi Yao Za Zhi[Fujian Med J(Article in Chinese;No abstract available)],1982,(1):2.}

[22817] 田文琴，等．淋巴造影检查在妇癌领域的应用—附135例总结[J]．中华肿瘤杂志，1982，4(1)：32．{TIAN Wenqin,et al. Application of lymphography in women's cancer leadership—a summary of 135 cases[J]. Zhonghua Zhong Liu Za Zhi(Chin J Oncol(Article in Chinese;No abstract available)],1982,4(1):32.}

[22818] 刘定益，等．淋巴管造影在乳糜尿的应用[J]．江苏医药，1982，8(4)：13．{LIU Dingyi,et al. Application of Lymphangiography in Chyluria[J]. Jiangsu Yi Yao[Jiangsu Med(Article in Chinese;No abstract available)],1982,8(4):13.}

[22819] 朱家恺，赵美鸾，Buncke Harry J．同位素淋巴造影在显微淋巴外科的应用[J]．显微外科，1983，6(3-4)：68．{ZHU Jiakai,ZHAO Meiluan,Buncke Harry J. Application of isotope lymphangiography in microlymphatic surgery[J]. Xian Wei Wai Ke[Chin J Microsug (Article in Chinese;No abstract available)],1983,6(3-4):68.}

[22820] 蒋寿宁，陈春和．淋巴管造影术后乳糜腹、胸腔积液及下肢淋巴淤积痊愈一例报道[J]．上海医学，1984，7(4)：206．{JIANG Shouning,CHEN Chunhe. Cases of chylotomy abdomen,pleural effusion,and lower limb lymphatic stasis after lymphangiography are reported[J]. Shanghai Yi Xue[Shanghai Med(Article in Chinese;No abstract available)],1984,7(4):206.}

[22821] 冼美生，杨侃，涂莲英，徐世麟，苏祖兰．淋巴结的病理诊断[J]．中华医学杂志，1985，65(5)：304-312．{XIAN Meisheng,YANG Kan,TU Lianying,XU Shilin,SU Zulan. Pathological diagnosis of lymph nodes[J]. Zhonghua Yi Xue Za Zhi[Natl Med J China(Article in Chinese;No abstract available)],1985,65(5):304-312.}

[22822] 张涤生，干季良，黄文义．间接荧光抗体试验对肢体慢性淋巴水肿的辅助诊断价值[J]．中华医学杂志，1988，68(6)：344-345．{ZHANG Disheng,GAN Jiliang,HUANG Wenyi. The diagnostic value of indirect fluorescent antibody test for chronic lymphedema of limbs[J]. Zhonghua Yi Xue Za Zhi[Natl Med J China(Article in Chinese;No abstract available)],1988,68(6):344-345.}

[22823] 刘伟，干季良，张涤生，马寄晓，黄文义．核医学技术在肢体淋巴水肿中的应用[J]．修复重建外科杂志，1990，4(3)：180-183．{LIU Wei,GAN Jiliang,ZHANG Disheng,MA Jixiao,HAUNG Wenyi. Application of nuclear medicine technology in lymphedema of limbs[J]. Zhongguo Xiu Fu Chong Jian Wai Ke Za Zhi[Chin J Repar Reconstr Surg(Article in Chinese;No abstract available)],1990,4(3):180-183.}

[22824] 刘宁飞，王晨光，丁一意．下肢慢性淋巴水肿的MRI表现与淋巴闪烁造影的比较[J]．中华整形烧伤外科杂志，1999，15(6)：447-449，483．{LIU Ningfei,WANG Chenguang,DING Yiyi. Mri features of lymphedema of the lower extremity:comparison with lymphangioscintigraphy[J]. Zhonghua Zheng Xing Shao Shang Wai Ke Za Zhi[Chin J Plast Surg Burns(Article in Chinese;Abstract in Chinese and English)],1999,15(6):447-449,483.}

[22825] 李新颖，石卫东，宋军，何艳慧．四肢淋巴水肿的超声诊断[J]．吉林大学学报（医学版），2006，32(3)：435．DOI：10.3969/j.issn.1671-587X.2006.03.066．{LI Xinying,SHI Weidong,SONG Jun,HE Yanhui. Ultrasonic diagnosis of lymphedema of limbs[J]. Ji Lin Da Xue Xue Bao(Yi Xue Ban)[J Jilin Univ Med Ed(Article in Chinese;No abstract available)],2006,32(3):435. DOI:10.3969/j.issn.1671-587X.2006.03.066.}

[22826] 刘宁飞，路青，蒋朝华，王晨光，周建国．MR淋巴造影术诊断肢体淋巴水肿[J]．中华整形外科杂志，2010，26(3)：190-194．DOI：10.3760/cma.j.issn.1009-4598.2010.03.009．{LIU Ningfei,LU Qing,JAING Chaohua,WANG Chenguang,ZHOU Jianguo. Diagnosis of peripheral lymph circulation disorders with contrast mr lymphangiography[J]. Zhonghua Zheng Xing Wai Ke Za Zhi[Chin J Plast Surg(Article in Chinese;Abstract in Chinese and English)],2010,26(3):190-194. DOI:10.3760/cma.j.issn.1009-4598.2010.03.009.}

[22827] 刘宁飞，路青，刘平安，严志新，吴秀凤．核素淋巴造影和动态磁共振淋巴造影诊断肢体淋巴水肿的比较研究[J]．中华整形外科杂志，2011，27(4)：241-245．DOI：10.3760/cma.j.issn.1009-4598.2011.04.001．{LIU Ningfei,LU Qing,LIU Pingan,YAN Zhixin,WU Xiufeng. Comparison study of radionuclide lymphoscintigraphy and dynamic magnetic resonance lymphangiography for the diagnosis of extremity lymphedema[J]. Zhonghua Zheng Xing Wai Ke Za Zhi[Chin J Plast Surg(Article in Chinese;Abstract in Chinese and English)],2011,27(4):241-245. DOI:10.3760/cma.j.issn.1009-4598.2011.04.001.}

[22828] 罗毅，严志新，汪立，陈佳佳，刘宁飞．多频生物电阻抗分析仪与接触式水份测量仪对继发性上肢淋巴水肿检测的准确性比较[J]．组织工程与重建外科杂志，2014，10(3)：164-167．DOI：10.3969/j.issn.1673-0364.2014.03.011．{LUO Yi,YAN Zhixin,WANG Li,CHEN Jiajia,LIU Ningfei. The comparison of multi-frequency bioelectrical impedance analysis and the moisturemeterd compact on detecting tissue edema in secondary lymphedema of upper limb[J]. Zu Zhi Gong Cheng Yu Chong Jian Wai Ke Za Zhi[J Tissue Eng Reconstr Surg(Article in Chinese;Abstract in Chinese and English)],2014,10(3):164-167. DOI:10.3969/j.issn.1673-0364.2014.03.011.}

[22829] 韩凌华，刘宁飞，于子优，汪立，陈佳佳．皮肤纤维化测量仪对淋巴水肿疾病的诊断价值[J]．组织工程与重建外科杂志，2015，11(1)：23-25．DOI：10.3969/j.issn.1673-0364.2015.01.006．{HAN Linghua,LIU Ningfei,YU Ziyou,WANG Li,CHEN Jiajia. The value of skin fibro meter in the diagnosis of lymphedema disease[J]. Zu Zhi Gong Cheng Yu Chong Jian Wai Ke Za Zhi[J Tissue Eng Reconstr Surg(Article in Chinese;Abstract in Chinese and English)],2015,11(1):23-25. DOI:10.3969/j.issn.1673-0364.2015.01.006.}

[22830] 刘定益，夏维木，唐崎，王健，王名伟，张翀宇，周文龙，施建新，周谦君．足背淋巴管造影在乳糜漏定位诊断和治疗中的应用[J]．中华外科杂志，2016，54(4)：281-285．DOI：10.3760/cma.j.issn.0529-5815.2016.04.008．{LIU Dingyi,XIA Weimu,TANG Qi,WANG Jian,WANG Mingwei,ZHANG Chongyu,ZHOU Wenlong,SHI Jianxin,ZHOU Qianjun. Application of lymphography in the location and treatment decision of chyle leakage:an analysis of 177 cases[J]. Zhonghua Wai Ke Za Zhi[Chin J Surg(Article in Chinese;Abstract in Chinese and English)],2016,54(4):281-285. DOI:10.3760/cma.j.issn.0529-5815.2016.04.008.}

[22831] 于子优，孙笛，汪立，陈佳佳，韩凌华，刘宁飞．吲哚菁绿淋巴造影诊断原发性肢体淋巴水肿[J]．中华整形外科杂志，2018，34(4)：256-260．DOI：10.3760/cma.j.issn.1009-4598.2018.04.003．{YU Ziyou,SUN Di,WANG Li,CHEN Jiajia,HAN

Linghua,LIU Ningfei. Diagnosis of primary lymphedema with indocyanine green lymphography[J]. Zhonghua Zheng Xing Wai Ke Za Zhi[Chin J Plast Surg(Article in Chinese;Abstract in Chinese and English)],2018,34(4):256-260. DOI:10.3760/cma.j.issn.1009-4598.2018.04.003.}

[22832] 关竞红，刘颖，龙笑. 局部组织水分检测在乳腺癌术后淋巴水肿诊断中的应用 [J]. 中华整形外科杂志，2018，34（4）：267-270. DOI：10.3760/cma.j.issn.1009-4598.2018.04.005. {GUAN Jinghong,LIU Ying,LONG Xiao. Measurement of local tissue water in the diagnosis of breast cancer related lymphedema[J]. Zhonghua Zheng Xing Wai Ke Za Zhi[Chin J Plast Surg(Article in Chinese;Abstract in Chinese and English)],2018,34(4):267-270. DOI:10.3760/cma.j.issn.1009-4598.2018.04.005.}

[22833] 刘士榕，谭石，崔立刚，贾建文，刘昊. 手动粗针与全自动活检浅表淋巴结的诊断价值比较 [J]. 中国微创外科杂志，2019，19（1）：22-25. DOI：10.3969/j.issn.1009-6604.2019.01.007. {LIU Shirong,TAN Shi,CUI Ligang,JIA Jianwen,LIU Hao. Value of ultrasound-guided core needle biopsy of superficial lymph nodes:comparison between manual and automatic manner[J]. Zhongguo Wei Chuang Wai Ke Za Zhi[Chin J Minim Inva Surg(Article in Chinese;Abstract in Chinese and English)],2019,19(1):22-25. DOI:10.3969/j.issn.1009-6604.2019.01.007.}

[22834] 陈玉杰，穆籣. 吲哚菁绿造影在淋巴水肿中的应用进展 [J]. 中国修复重建外科杂志，2019，33（12）：1589-1592. DOI：10.7507/1002-1892.201904104. {CHEN Yujie,MU Lan. Application progress of indocyanine green angiography in lymphedema[J]. Zhongguo Xiu Fu Chong Jian Wai Ke Za Zhi[Chin J Repar Reconstr Surg(Article in Chinese;Abstract in Chinese and English)],2019,33(12):1589-1592. DOI:10.7507/1002-1892.201904104.}

7.1.4 肢体淋巴水肿

lymphedema of upper-limb and lower-limb

[22835] Zhang TS,Huang WY,Han LY,Liu WY. Heat and bandage treatment for chronic lymphedema of extremities. Report of 1,045 patients[J]. Chin Med J,1984,97(8):567-577.

[22836] Liu XY,Ge BF. Lymphatic venous shunt in the treatment of postmastectomy lymphedema[J]. Chin Med J,1985,98(1):65-66.

[22837] Zhang DS,Han LY,Gan JL,Huang WY. Micro-wave:an alternative to electric heating in the treatment of chronic lymphedema of extremities[J]. Chin Med J,1986,99(11):866-870.

[22838] Chang TS,Han LY,Gan JL,Huang WY. Microwave:an alternative to electric heating in the treatment of peripheral lymphedema[J]. Lymphology,1989,22(1):20-24.

[22839] Liu NF,Olszewski W. Use of tonometry to assess lower extremity lymphedema[J]. Lymphology,1992,25(4):155-158.

[22840] Liu NF,Olszewski W. The influence of local hyperthermia on lymphedema and lymphedematous skin of the human leg[J]. Lymphology,1993,26(1):28-37.

[22841] Liu NF,Zhang LR. Changes of tissue fluid hyaluronan (hyaluronic acid) in peripheral lymphedema[J]. Lymphology,1998,31(4):173-179.

[22842] Yuan Z,Chen L,Luo Q,Zhu J,Lu H,Zhu R. The role of radionuclide lymphoscintigraphy in extremity lymphedema[J]. Ann Nucl Med,2006,20(5):341-344. doi:10.1007/BF02987244.

[22843] Liu NF. Lymphedema in China—experiences and prospects[J]. Lymphology,2007,40(4):153-156.

[22844] Li S,Cao W,Cheng K,Chang TS. Microvascular transfer of a "lymphatic-bearing" flap in the treatment of obstructive lymphedema[J]. Plast Reconstr Surg,2008,121(3):150e-152e. doi:10.1097/01.prs.0000300216.00324.9e.

[22845] Liu Y,Fang Y,Dong P,Gao J,Liu R,Hhahbaz M,Bi Y,Ding Z,Tian H,Liu Z. Effect of vascular endothelial growth factor C (VEGF-C) gene transfer in rat model of secondary lymphedema[J]. Vascul Pharmacol,2008,48(4-6):150-156. doi:10.1016/j.vph.2008.01.010.

[22846] Liu Y,Fang Y,Dong P,Gao J,Liu R,Tian H,Ding Z,Bi Y,Liu Z. Effect of vascular endothelial growth factor C (VEGF-C) gene transfer in rat model of secondary lymphedema[J]. Vascul Pharmacol,2008,49(1):44-50. doi:10.1016/j.vph.2008.05.003.

[22847] Hou C,Wu X,Jin X. Autologous bone marrow stromal cells transplantation for the treatment of secondary arm lymphedema:a prospective controlled study in patients with breast cancer related lymphedema[J]. Jpn J Clin Oncol,2008,38(10):670-674. doi:10.1093/jjco/hyn090.

[22848] Qi F,Gu J,Shi Y,Yang Y. Treatment of upper limb lymphedema with combination of liposuction,myocutaneous flap transfer,and lymph-fascia grafting:a preliminary study[J]. Microsurgery,2009,29(1):29-34. doi:10.1002/micr.20567.

[22849] Lu Q,Xu J,Liu N. Chronic lower extremity lymphedema:a comparative study of high-resolution interstitial MR lymphangiography and heavily T2-weighted MRI[J]. Eur J Radiol,2010,73(2):365-373. doi:10.1016/j.ejrad.2008.10.041.

[22850] Liu NF,Lu Q,Liu PA,Wu XF,Wang BS. Comparison of radionuclide lymphoscintigraphy and dynamic magnetic resonance lymphangiography for investigating extremity lymphoedema[J]. Br J Surg,2010,97(3):359-365. doi:10.1002/bjs.6893.

[22851] Jiang Z,Lu Q,Kretlow JD,Hu X,Zhou G,Liu N. Evaluation of lymphatic function by means of dynamic Gd-BOPTA-enhanced MRL in experimental rabbit limb lymphedema[J]. Med Sci Monit,2010,16(9):BR313-319.

[22852] Zhou H,Wang M,Hou C,Jin X,Wu X. Exogenous VEGF-C augments the efficacy of therapeutic lymphangiogenesis induced by allogenic bone marrow stromal cells in a rabbit model of limb secondary lymphedema[J]. Jpn J Clin Oncol,2011,41(7):841-846. doi:10.1093/jjco/hyr055.

[22853] Liu NF,Yan ZX,Wu XF. Classification of lymphatic-system malformations in primary lymphoedema based on MR lymphangiography[J]. Eur J Vasc Endovasc Surg,2012,44(3):345-349. doi:10.1016/j.ejvs.2012.06.019.

[22854] Liu NF,Yan ZX,Wu XF,Luo Y. Magnetic resonance lymphography demonstrates spontaneous lymphatic disruption and regeneration in obstructive lymphedema[J]. Lymphology,2013,46(2):56-63.

[22855] Zhou GX,Chen X,Zhang JH,Zhu JQ,Wang YB,Wang ZQ. MR lymphangiography at 3.0 Tesla to assess the function of inguinal lymph node in low extremity lymphedema[J]. J Magn Reson Imaging,2014,40(6):1430-1436. doi:10.1002/jmri.24499.

[22856] Jiang Z,Cao W,Kretlow JD,Li S. MR lymphangiography for the assessment of the lymphatic system in a primary penoscrotal lymphedema patient undergoing surgical management[J]. J Plast Reconstr Aesthet Surg,2014,67(6):e173-175. doi:10.1016/j.bjps.2014.02.018.

[22857] Chen R,Mu L,Zhang H,Xin M,Luan J,Mu D,Liu C,Ji K,Hu J,Sun J,Xuan L,Rong Y,Zheng L,Tang P,Zhong X,Wu H,Zou T,Yang Z,Becker C. Simultaneous breast reconstruction and treatment of breast cancer-related upper arm lymphedema with lymphatic lower abdominal flap[J]. Ann Plast Surg,2014,73 Suppl 1:S12-17. doi:10.1097/SAP.0000000000000322.

[22858] Zhu YQ,Xie YH,Liu FH,Guo Q,Shen PP,Tian Y. Systemic analysis on risk factors for breast cancer related lymphedema[J]. Asian Pac J Cancer Prev,2014,15(16):6535-6541. doi:10.7314/apjcp.2014.15.16.6535.

[22859] Wu G,Xu H,Zhou W,Yuan X,Yang Z,Yang Q,Ding F,Meng Z,Liang W,Geng C,Gao L,Tian X. Rhesus monkey is a new model of secondary lymphedema in the upper limb[J]. Int J Clin Exp Pathol,2014,7(9):5665-5673.

[22860] Liu N,Zhang Y. Magnetic resonance lymphangiography for the study of lymphatic system in lymphedema[J]. J Reconstr Microsurg,2016,32(1):66-71. doi:10.1055/s-0034-1384213.

[22861] Mu L,Peng Z,Zang H,Yang K,Liu Y,Li G,Wang S,Cheng L,Guo J. Operating microscope with near infrared imaging function for indocyanine green lymphography in prevention of lymphedema with lymphaticovenous anastomosis immediately after mastectomy and axillary dissection[J]. Microsurgery,2017,37(4):354-355. doi:10.1002/micr.22528.

[22862] Yang Z,Huang S,Wang J,Xi Y,Yang X,Tang Q,Du J,Nie J,Zou T,Zhou S,Tang X,Chen D. A retrospective study of lymphatic transverse rectus abdominis myocutaneous/deep inferior epigastric perforator flaps for breast cancer treatment-induced upper-limb lymphoedema[J]. Sci Rep,2017,7(1):80. doi:10.1038/s41598-017-00164-1.

[22863] Long X,Zhang J,Zhang D,Gao C,Chi C,Yang E,Xue H,Lang L,Niu G,Zhu Z,Li F,Chen X. Microsurgery guided by sequential preoperative lymphography using (68)Ga-NEB PET and MRI in patients with lower-limb lymphedema[J]. Eur J Nucl Med Mol Imaging,2017,44(9):1501-1510. doi:10.1007/s00259-017-3676-6.

[22864] Wang C,Xin M,Luan J. Establishment of an acquired lymphedema model in the mouse hindlimb:technical refinement and molecular characteristics[J]. Plast Reconstr Surg,2017,140(5):759e-760e. doi:10.1097/PRS.0000000000003819.

[22865] Wang C,Luan J,Xin M. Adipose-derived stem cells and vascularized lymph node transfers successfully treat mouse hindlimb secondary lymphedema by early reconnection of the lymphatic system and lymphangiogenesis[J]. Plast Reconstr Surg,2017,140(5):761e-762e. doi:10.1097/PRS.0000000000003794.

[22866] Liu HL,Pang SY,Lee CC,Wong MM,Chung HP,Chan YW. Orthotopic transfer of vascularized groin lymph node flap in the treatment of breast cancer-related lymphedema:Clinical results,lymphoscintigraphy findings,and proposed mechanism[J]. J Plast Reconstr Aesthet Surg,2018,71(7):1033-1040. doi:10.1016/j.bjps.2018.02.015.

[22867] Liu HL,Pang SY,Lee CC. Donor limb assessment after vascularized groin lymph node transfer for the treatment of breast cancer-related lymphedema:Clinical and lymphoscintigraphy findings[J]. J Plast Reconstr Aesthet Surg,2019,72(2):216-224. doi:10.1016/j.bjps.2018.10.013.

[22868] Zhang X,Tang B,Zou D,Yang H,Qiao E,He X,Yu F. Discussion of relationships among changes of pathological indicators,postoperative lymphedema of the upper limb,and prognosis of patients with breast cancer[J]. Biosci Rep,2019,39(4):BSR20190231. doi:10.1042/BSR20190231.

[22869] Hou G,Hou B,Jiang Y,Zhu Z,Long X,Chen X,Cheng W. 68Ga-NOTA-evans blue TOF PET/MR lymphoscintigraphy evaluation of the severity of lower limb lymphedema[J]. Clin Nucl Med,2019,44(6):439-445. doi:10.1097/RLU.0000000000002584.

[22870] Wu R,Huang X,Dong X,Zhang H,Zhuang L. Obese patients have higher risk of breast cancer-related lymphedema than overweight patients after breast cancer:a meta-analysis[J]. Ann Transl Med,2019,7(8):172. doi:10.21037/atm.2019.03.44.

[22871] Li F,Lu Q,Jin S,Zhao Q,Qin X,Jin S,Zhang L. A scoring system for predicting the risk of breast cancer-related lymphedema[J]. Int J Nurs Sci,2019,7(1):21-28. doi:10.1016/j.ijnss.2019.12.007.

[22872] Sheng L,Zhang G,Li S,Jiang Z,Cao W. Magnetic resonance lymphography of lymphatic vessels in upper extremity with breast cancer-related lymphedema[J]. Ann Plast Surg,2020,84(1):100-105. doi:10.1097/SAP.0000000000001994.

[22873] Zhou C,Su W,Han H,Li N,Ma G,Cui L. Mouse tail models of secondary lymphedema:fibrosis gradually worsens and is irreversible[J]. Int J Clin Exp Pathol,2020,13(1):54-64.

[22874] Yoon SH,Kim KY,Wang Z,Park JH,Bae SM,Kim SY,Song HY,Jeon JY. EW-7197,a transforming growth factor-beta type i receptor kinase inhibitor,ameliorates acquired lymphedema in a mouse tail model[J]. Lymphat Res Biol,2020,18(5):433-438. doi:10.1089/lrb.2018.0070.

[22875] Du X,Liu C. Application of imaging in lymphedema surgical therapies[J]. Gland Surg,2020,9(2):582-588. doi:10.21037/gs.2020.03.24.

[22876] Jin S,Zhang C,Gao M,Wang T,Li L,Yang G,Ou Y,Li Y,Li S. Validation of laser scanning confocal microscopy as a diagnostic method for lymphedema using a rat model[J]. Lasers Med Sci,2021,36(4):811-819. doi:10.1007/s10103-020-03106-y.

[22877] Hu LR,Pan J. Adipose-derived stem cell therapy shows promising results for secondary lymphedema[J]. World J Stem Cells,2020,12(7):612-620. doi:10.4252/wjsc.v12.i7.612.

[22878] Li ZJ,Yang E,Li YZ,Liang ZY,Huang JZ,Yu NZ,Long X. Application and prospect of adipose stem cell transplantation in treating lymphedema[J]. World J Stem Cells,2020,12(7):676-687. doi:10.4252/wjsc.v12.i7.676.

[22879] Li B,Yang J,Wang R,Li J,Li X,Zhou X,Qiu S,Weng R,Wu Z,Tang C,Li P. Delivery of vascular endothelial growth factor (VEGFC) via engineered exosomes improves lymphedema[J]. Ann Transl Med,2020,8(22):1498. doi:10.21037/atm-20-6605.

[22880] Chen K,Sinelnikov MY,Shchedrina MA,Mu L,Lu P. Surgical management of postmastectomy lymphedema and review of the literature[J]. Ann Plast Surg,2021,86(3S Suppl 2):S173-S176. doi:10.1097/SAP.0000000000002642.

[22881] Chen K,Sinelnikov MY,Reshetov IV,Timashev P,Gu Y,Mu L,Lu P,Zhang Y. Therapeutic potential of mesenchymal stem cells for postmastectomy lymphedema:a literature review[J]. Clin Transl Sci,2021,14(1):54-61.

doi:10.1111/cts.12864.

[22882] Yang D,Li S,Wu J. A simple and quick method for decalcification using mouse tail as a model for preparation of lymphedema study[J]. Appl Immunohistochem Mol Morphol,2021 Mar 12. doi:10.1097/PAI.0000000000000927. Online ahead of print.

[22883] Dai T,Li B,He B,Yan L,Gu L,Liu X,Qi J,Li P,Zhou X. A novel mutation in the conserved sequence of vascular endothelial growth factor receptor 3 leads to primary lymphoedema[J]. J Int Med Res,2018,46(8):3162-3171. doi:10.1177/0300060518773264.

[22884] 张振湘，亓天伟. 阴囊淋巴水肿 [J]. 中华外科杂志，1958，6（5）：572-575. {ZHANG Zhenxiang,QI Tianwei. Scrotal lymphedema[J]. Zhonghua Wai Ke Za Zhi[Chin J Surg(Article in Chinese;Abstract in Chinese)],1958,6(5):572-575.}

[22885] 编辑室 . 淋巴管静脉吻合术的开展 [J]. 显微外科，1979，2（3）：77. {Editing Room. Development of lymphatic vein anastomosis[J]. Xian Wei Wai Ke[Chin J Microsurg(Article in Chinese;No abstract available)],1979,2(3):77.}

[22886] 朱家恺，于国中，刘均墀，庞水发，黄承达. 显微淋巴外科治疗四肢淋巴水肿——淋巴管静脉吻合术 [J]. 显微外科，1979，2（3）：80. {ZHU Jiakai,YU Guozhong,LIU Junchi,PANG Shuifa,HUANG Chengda. Micro-lymphatic surgery for anastomosis of lymphatic water feet and lymphatic veins of the limbs[J]. Xian Wei Wai Ke[Chin J Microsurg(Article in Chinese;No abstract available)],1979,2(3):80.}

[22887] 朱家恺，于国中，刘均墀，庞水发，黄承达 . 显微淋巴外科治疗四肢淋巴水肿—淋巴管静脉吻合术（附 3 例报告）. 新医学，1980，11（3）：121. {ZHU Jiakai,YU Guozhong,LIU Junchi,PANG Shuifa,HUANG Chengda. Microlymphatic surgery for lymphedema of the extremities and lymphatic vein anastomosis (report of 3 cases)[J]. Xin Yi Xue[New Med (Article in Chinese;No abstract available)],1980;11 (3):121.}

[22888] 罗永湘，徐新六，曹代成. 左下肢巨大先天性淋巴水肿一例报告 [J]. 中华外科杂志，1981，19（2）：69. {LUO Yongxiang,XU Xinliu,CAO Daicheng. A case report of huge congenital lymphedema of the left lower limb[J]. Zhonghua Wai Ke Za Zhi[Chin J Surg(Article in Chinese;No abstract available)],1981,19(2):69.}

[22889] 于国中，朱家恺，庞水发，刘均墀. 四肢淋巴水肿的手术治疗——淋巴管静脉吻合术与病变组织切除植皮术的探讨 [J]. 显微外科，1981，4（1-2）：2. {YU Guozhong,ZHU Jiakai,PANG Shuifa,LIU Junchi. Surgical treatment of lymphedema in the extremities— Discussion of lymphatic vein anastomosis and skin grafting and excision of diseased tissue[J]. Xian Wei Wai Ke[Chin J Microsurg(Article in Chinese;No abstract available)],1981,4(1-2):2.}

[22890] 梅中奎. 小儿原发性淋巴水肿治疗的探讨 [J]. 中华小儿外科杂志，1982，3（1）：40. {MEI Zhongkui. Discussion on the treatment of primary lymphedema in children[J]. Zhong Hua Xiao Er Wai Ke Za Zhi[Chin J Pediat Surg(Article in Chinese;No abstract available)],1982,3(1):40.}

[22891] 辛时林，等. 淋巴管静脉吻合术治疗下肢淋巴水肿 [J]. 武汉医学院学报，1982，11（1）：89. {XIN Shilin,et al. Lymphatic Vein anastomosis for lower limb lymphedema[J]. Wu Han Yi Xue Yuan Xue Bao[J Wuhan Med Coll(Article in Chinese;No abstract available)],1982,11(1):89.}

[22892] 朱家恺，于国中，刘均墀，庞水发，汤海云，劳振国. 深淋巴管静脉吻合术治疗先天性四肢淋巴水肿的初步观察 [J]. 显微外科，1982，5（1-2）：2. {ZHU Jiakai,YU Guozhong,LIU Junchi,PANG Shuifa,TANG Haiyun,LAO Zhenguo. Preliminary observation of deep lymphatic venous anastomosis for congenital lymphedema of extremities[J]. Xian Wei Wai Ke[Chin J Microsurg(Article in Chinese;No abstract available)],1982,5(1-2):2.}[中文题目]

[22893] 黄恭康，胡汝麒，刘宗昭，兰铁德，潘功平，沈耀良. 显微淋巴管静脉吻合治疗阻塞性淋巴水肿（附 8 例报告）[J]. 中华骨科杂志，1982，2（3）：144. {HUANG Gongkang,HU Ruqi,LIU Zongzhao,LAN Tiede,PAN Gongping,SHEN Yaoliang. Microvascular lymphatic vein anastomosis for obstructive lymphedema (report of 8 cases)[J]. Zhong Hua Gu Ke Za Zhi[Chin J Orthop(Article in Chinese;No abstract available)],1982;2 (3):144.}

[22894] 王国英，钟世镇，刘牧之. 淋巴管的研究与淋巴水肿的治疗 [J]. 临床应用解剖学杂志，1983，1（2）：145-150. DOI：10.13418/j.issn.1001-165x.1983.02.026. {WANG Guoying,ZHONG Shizhen,LIU Muzhi. Lymphatic research and treatment of lymphedema[J]. Lin Chuang Ying Yong Jie Pou Xue Za Zhi[J Clin Appl Anat(Article in Chinese;No abstract available)],1983,1(2):145-150. DOI:10.13418/j.issn.1001-165x.1983.02.026.}

[22895] 于国中，朱家恺，庞水发，刘均墀. 四肢淋巴水肿的手术治疗 [J]. 中华外科杂志，1983，21（5）：265-267. {YU Guozhong,ZHU Jiakai,PANG Shuifa,LIU Junchi. Surgical treatment of lymphedema of limbs[J]. Zhonghua Wai Ke Za Zhi[Chin J Surg(Article in Chinese;No abstract available)],1983,21(5):265-267.}

[22896] 陈振光，何同群，何泽霖，顾洁夫，张明元，李义贵. 深、浅淋巴管静脉吻合术治疗四肢淋巴水肿（附 24 例报告）[J]. 显微外科，1983，6（3-4）：77. {CHEN Zhenguang,HE Tongqun,HE Zelin,GU Jiefu,ZHANG Mingyuan,LI Yigui. Deep and superficial lymphatic venous anastomosis for the treatment of lymphedema in the extremities[J]. Xian Wei Wai Ke[Chin J Microsurg(Article in Chinese;No abstract available)],1983,6(3-4):77.}

[22897] 邓莲芳，郭雄虎，王德本，吴仲麟，李来昌. 显微淋巴管静脉吻合治疗下肢象皮肿初步报告 [J]. 显微外科，1983，6（3-4）：82. {DENG Lianfang,GUO Xionghu,WANG Deben,WU Zhonglin,LI Laichang. Preliminary report of microlymphatic vein anastomosis for lower extremity rubber edema[J]. Xian Wei Wai Ke[Chin J Microsurg(Article in Chinese;No abstract available)],1983,6(3-4):82.}

[22898] 韩良愉，张涤生，黄文义. 下肢淋巴水肿动物模型及其淋巴管、静脉压力测定 [J]. 中华外科杂志，1984，22（10）：602-605. {HAN Liangyu,ZHANG Disheng,GAN Jilaing,HUANG Wenyi. An animal model of lower limb lymphedema and its lymphatic and venous pressure measurement[J]. Zhonghua Wai Ke Za Zhi[Chin J Surg(Article in Chinese;No abstract available)],1984,22(10):602-605.}

[22899] 王国英，钟世镇，刘牧之. 淋巴水肿时淋巴管收缩的实验研究及其临床意义 [J]. 临床应用解剖学杂志，1985，3（2）：67-70. DOI：10.13418/j.issn.1001-165x.1985.02.001. {WANG Guoying,ZHONG Shizhen,LIU Muzhi. Experimental study of lymphatic contractility in lymphedema and its clinical significance[J]. Lin Chuang Ying Yong Jie Pou Xue Za Zhi[J Clin Appl Anat(Article in Chinese;Abstract in Chinese)],1985,3(2):67-70. DOI:10.13418/j.issn.1001-165x.1985.02.001.}

[22900] 张涤生，黄文义，韩良愉，刘五一，徐碧云. 慢性肢体淋巴水肿的烘绑治疗 1，045 例报告 [J]. 中华外科杂志，1985，23（1）：13-16. {ZHANG Disheng,HUANG Wenyi,HAN Liangyu,LIU Wuyi,XU Biyun. A report of 1,045 patients with heating and bandage treatment of chronic lymphedema of limbs[J]. Zhonghua Wai Ke Za Zhi[Chin J Surg(Article in Chinese;No abstract available)],1985,23(1):13-16.}

[22901] 黄声峦，郭玉才，焦敬荣，刘广胜. 遗传性淋巴水肿一例报告 [J]. 中华医学杂志，1985，65（4）：249. {HUANG Shengluan,GUO Yucai,JIAO Jingrong,LIU Guangsheng. A case report of hereditary lymphedema[J]. Zhonghua Yi Xue Za Zhi[Natl Med J China(Article in Chinese;No abstract available)],1985,65(4):249.}

[22902] 黄恭康，胡汝麒，刘宗昭，沈耀良，蓝铁德，潘功平. 应用显微淋巴管静脉吻合术治疗四肢淋巴水肿 75 例报告 [J]. 显微医学杂志，1985，8（2）：75. {HUANG Gongkang,HU Ruqi,LIU Zongzhao,SHEN Yaoliang,LAN Tiede,PAN Gongping.Application of microlymphatic vein anastomosis in the treatment of lymphedema in extremities:a report of 75 cases[J]. Xian Wei Yi Xue Za Zhi[Chin J Microsurg(Article in Chinese;No abstract available)],1985,8(2):75.}

[22903] 陈振光. 淋巴管静脉吻合治疗乳癌根治术后上肢淋巴水肿的几点体会 [J]. 显微医学杂志，1985，8（2）：78. {CHEN Zhenguang. Experiences of lymphatic vein anastomosis in the treatment of upper limb lymphedema after radical mastectomy[J]. Xian Wei Yi Xue Za Zhi[Chin J Microsurg(Article in Chinese;No abstract available)],1985,8(2):78.}

[22904] 汤海云，朱家恺，于国中，刘均墀，庞水发，劳镇国. 关于四肢淋巴水肿病人术后复查标准的商榷 [J]. 显微医学杂志，1985，8（2）：111. {TANG Haiyun,ZHU Jiakai,YU Guozhong,LIU Junchi,PANG Shuifa,LAO Zhenguo. Discussion on postoperative review criteria for patients with lymphedema in the extremities[J]. Xian Wei Yi Xue Za Zhi[Chin J Microsurg(Article in Chinese;No abstract available)],1985,8(2):111.}

[22905] 黄恭康，胡汝麒，刘宗昭，潘功平. 显微淋巴管静脉吻合术治疗阴囊象皮肿 [J]. 显微医学杂志，1985，8（4）：221. {HUANG Gongkang,HU Ruqi,LIU Zongzhao,PAN Gongping. Micro-lymphatic-venous anastomosis for the treatment of scrotal elephantiasis[J]. Xian Wei Yi Xue Za Zhi[Chin J Microsurg(Article in Chinese;No abstract available)],1985,8(4):221.}

[22906] 冯忠堂，等. 淋巴管静脉吻合术治疗肢体淋巴水肿三例报告 [J]. 显微医学杂志，1985，8（4）：243. {FENG Zhongtang,et al. Three cases of lymphatic vein anastomosis in the treatment of limb lymphedema[J]. Xian Wei Yi Xue Za Zhi[Chin J Microsurg(Article in Chinese;No abstract available)],1985,8(4):243.}

[22907] 辛时林，易传勋，王玉荣，阎发红. 淋巴管静脉吻合术治疗下肢淋巴水肿疗效观察 [J]. 中华显微外科杂志，1986，9（1）：29-30. DOI：10.3760/cma.j.issn.1001-2036.1986.01.116. {XIN Shilin,YI Chuanxun,WANG Yurong,YAN Fahong. Observation on the efficacy of lymphatic vein anastomosis in the treatment of lower extremity lymphedema. Zhonghua Xian Wei Wai Ke Za Zhi[Chin J Microsurg(Article in Chinese;No Abstract available)],1986,9(1):29-30. DOI:10.3760/cma.j.issn.1001-2036.1986.01.116.}

[22908] 刘均墀，朱家恺，于国中，庞水发，汤海云，劳镇国. 淋巴管静脉吻合术治疗淋巴管疾病 100 例报告 [J]. 中华显微外科杂志，1986，9（2）：89-90. DOI：10.3760/cma.j.issn.1001-2036.1986.02.112. {LIU Junchi,ZHU Jiakai,YU Guozhong,PANG Shuifa,TANG Haiyun,LAO Zhenguo. Report of 100 cases of lymphatic disease treated by lymphatic and venous anastomosis[J]. Zhonghua Xian Wei Wai Ke Za Zhi[Chin J Microsurg(Article in Chinese;No Abstract available)],1986,9(2):89-90. DOI:10.3760/cma.j.issn.1001-2036.1986.02.112.}

[22909] 赵启明，张元龙，朱毓琪，朱唯力，潘勇. 淋巴管静脉吻合术治疗下肢淋巴水肿 [J]. 中华显微外科杂志，1986，9（2）：112-112. DOI：10.3760/cma.j.issn.1001-2036.1986.02.124. {ZHAO Qiming,ZHANG Yuanlong,ZHU Yuqi,ZHU Weili,PAN Yong. Lymphatic Vein Anastomosis for Lower Limb Lymphedema[J]. Zhonghua Xian Wei Wai Ke Za Zhi[Chin J Microsurg(Article in Chinese;No Abstract available)],1986,9(2):112-112. DOI:10.3760/cma.j.issn.1001-2036.1986.02.124.}

[22910] 陈振光，彭建强 . 读《关于四肢淋巴水肿病人术后复查标准的商榷》一文后几点补充意见 [J]. 中华显微外科杂志，1986，9（4）：244. {CHEN Zhenguang,PENG Jianqiang. Several supplementary opinions after reading the article "Discussion on Postoperative Review Standards for Patients with Extremity Lymphedema" [J]. Zhonghua Xian Wei Wai Ke Za Zh[Chin J Microsurg(Article in Chinese;No abstract available)],1986,9(4):244.}

[22911] 张成友 . 淋巴管静脉内植入术的临床观察应用 [J]. 中华外科杂志，1986，24（3）：162. {ZHANG Chengyou. Clinical observation and application of lymphatic vein implantation[J]. Zhong Hua Wai Ke Za Zhi(Chin J Surg(Article in Chinese;No Abstract available)],1986,24(3):162.}

[22912] 沈祖尧. 治愈一例电烧伤后手部严重淋巴水肿 [J]. 中华外科杂志，1987，25（1）：F02. {SHEN Zurao. A case of treatment of severe lymphedema of the hand after electric burn[J]. Zhonghua Wai Ke Za Zhi[Chin J Surg(Article in Chinese;No abstract available)],1987,25(1):F02.}

[22913] 张涤生，韩良愉，干季良，黄文义. 微波烘疗用于慢性肢体淋巴水肿 98 例报告 [J]. 中华外科杂志，1987，25（8）：481-482. {ZHANG Disheng,HAN Liangyu,GAN Jilaing,HUANG Wenyi. Microwave baking treatment for 98 cases of chronic lymphedema of limbs[J]. Zhonghua Wai Ke Za Zhi[Chin J Surg(Article in Chinese;Abstract in Chinese)],1987,25(8):481-482.}

[22914] 楼齐正，宣祥林，邓珊珊，刘克洲，燕君棣，侯连泉. 一个遗传性下肢淋巴水肿家系的调查报告 [J]. 中华医学杂志，1987，67（9）：518-519. {LOU Qizheng,XUAN Xianglin,DENG Shanshan,LIU Kezhou,YAN Jundi,HOU Lianjun. A report of a family with hereditary lower limb lymphedema[J]. Zhonghua Yi Xue Za Zhi[Natl Med J China(Article in Chinese;No abstract available)],1987,67(9):518-519.}

[22915] 傅凯丁，张涤生. 静脉移植治疗实验性肢体淋巴水肿 [J]. 中华显微外科杂志，1990，13（2）：81-82. {FU Kaiding,ZHANG Disheng. Vein transplantation for experimental lymphedema of limbs[J]. Zhonghua Xian Wei Wai Ke Za Zhi[Chin J Microsurg(Article in Chinese;Abstract in Chinese)],1990,13(2):81-82.}

[22916] 干季良，张涤生，傅凯丁，陈杭，罗济程. 间接淋巴管造影术在肢体淋巴水肿诊断中的应用（20 例临床分析）[J]. 中华外科杂志，1990，28（6）：362-364. {GAN Jiliang,ZHANG Disheng,FU Kaiding,CHEN Hang,LUO Jicheng. 20 cases of application of indirect lymphangiography in the diagnosis of lymphedema of limbs[J]. Zhonghua Wai Ke Za Zhi[Chin J Surg(Article in Chinese;Abstract in Chinese)],1990,28(6):362-364.}

[22917] 张涤生，干季良，傅凯丁，黄文义，刘伟. 苯吡喃酮类药物治疗肢体慢性淋巴水肿的疗效观察 [J]. 中华医学杂志，1990，70（11）：655-656. {ZHANG Disheng,GAN Jiliang,FU Kaiding,HUANG Wenyi,LIU Wei. Observation of the curative effect of benzo-pyrone drugs on chronic lymphedema of limbs[J]. Zhonghua Yi Xue Za Zhi[Natl Med J China(Article in Chinese;Abstract in Chinese)],1990,70(11):655-656.}

[22918] 刘伟，张涤生，黄文义，干季良，马寄晓，俞志昌. 烘绑治疗后水肿肢体淋巴循环的改变 [J]. 修复重建外科杂志，1990，4（2）：86-88，127-130. {LIU Wei,ZHANG Disheng,HUANG Wenyi,GAN Jiliang,MA Jixiao,YU Zhichang. Changes of lymphatic circulation in the edema limbs after baking treatment[J]. Zhongguo Xiu Fu Chong Jian Wai Ke Za Zhi[Chin J Repar Reconstr Surg(Article in Chinese;Abstract in Chinese)],1990,4(2):86-88,127-130.}

[22919] 张涤生，干季良，黄文义，傅凯丁，刘伟. 改良型大功率微波机在肢体慢性淋巴水肿治疗中的应用 [J]. 修复重建外科杂志，1991，5（2）：99-101，132. {ZHANG Disheng,GAN Jiliang,HUANG Wenyi,FU Kaiding,LIU Wei. Application of modified high-power microwave machine in the treatment of chronic lymphedema of limbs[J]. Zhongguo Xiu Fu Chong Jian Wai Ke Za Zhi[Chin J Repar Reconstr Surg(Article in Chinese;Abstract in Chinese)],1991,5(2):99-101,132.}

[22920] 刘宁飞，W.Olszewski，张涤生. 局部高温对下肢淋巴水肿皮肤的影响 [J]. 修复重建外科杂志，1991，5（4）：195-198，249-258. {LIU Ningfei,W.Olszewski,ZHANG Disheng. The influence of local hyperthermia on the lymphedematous skin of lower limbs[J]. Zhongguo Xiu Fu Chong Jian Wai Ke Za Zhi[Chin J Repar Reconstr Surg(Article in Chinese;Abstract in Chinese)],1991,5(4):195-198,249-258.}

[22921] 黄渭清. 动物肢体淋巴水肿模型制备的进展 [J]. 中华显微外科杂志，1992，15（2）：118-119. {HUANG Weiqing. Progress of animal limb lymphedema model[J]. Zhonghua Xian Wei Wai Ke Za Zhi[Chin J Microsurg(Article in Chinese;Abstract in Chinese)],1992,15(2):118-119.}

[22922] 于国中，刘均墀. 淋巴管移植治疗下肢淋巴水肿 [J]. 中华显微外科杂志，1992，15（4）：200-203. {YU Guozhong,LIU Junchi. Lymphatic vessel transplantation for treatment of lower limb lymphedema[J]. Zhonghua Xian Wei Wai Ke Za Zhi[Chin J Microsurg(Article in Chinese;Abstract in Chinese)],1992,15(4):200-203.}

[22923] 张如鸿，黄文义. 慢性肢体淋巴水肿的非手术疗法进展 [J]. 中国修复重建外科杂志，1993，7（3）：181-183. {ZHANG Ruhong,HUANG Wenyi,GAN Jiliang,ZHANG Disheng,ZHANG

Mei,SU Yongxin,FU Aifen. Progress in non-surgical treatment of chronic limb lymphedema[J]. Zhongguo Xiu Fu Chong Jian Wai Ke Za Zhi[Chin J Repar Reconstr Surg(Article in Chinese;No abstract available)],1993,7(3):181-183.}

[22924] 干季良，张涤生．应用循环式肢体压力机治疗慢性淋巴水肿（初步报告）[J]．中国修复重建外科杂志，1993，7（4）：201-202．{GAN Jiliang,ZHANG Disheng. Preliminary report of treatment of chronic lymphedema with circulating limb press[J]. Zhongguo Xiu Fu Chong Jian Wai Ke Za Zhi[Chin J Repar Reconstr Surg(Article in Chinese;Abstract in Chinese)],1993,7(4):201-202.}

[22925] 谈恩青，曹献廷，毕于顺，刑成名．兔耳淋巴水肿模型制作方法的比较研究[J]．中国临床解剖学杂志，1994，12（5）：57-59．DOI：10.13418/j.issn.1001-165x.1994.01.027．{TAN Enqing,CAO Xianting,BI Yushun,XING Chengming. A comparative study on the techniques in lymphedema model of rabbit ear[J]. Zhongguo Lin Chuang Jie Pou Xue Za Zhi[Chin J Clin Anat(Article in Chinese;Abstract in Chinese)],1994,12(5):57-59. DOI:10.13418/j.issn.1001-165x.1994.01.027.}

[22926] 张如鸿，黄文义，干季良，张涤生，张梅，苏永新，付爱芬．烘绑治疗后淋巴水肿皮肤纤维化程度的变化[J]．中国修复重建外科杂志，1995，9（3）：165-168．{ZHANG Ruhong,HUANG Wenyi,GAN Jiliang,ZHANG Disheng,ZHANG Mei,SU Yongxin,FU Aifen. The changes of degree of fibrosis of skin in lymphedema following heating and bandage therapy[J]. Zhongguo Xiu Fu Chong Jian Wai Ke Za Zhi[Chin J Repar Reconstr Surg(Article in Chinese;Abstract in Chinese and English)],1995,9(3):165-168.}

[22927] 陈勇龙，干季良，张涤生．乳癌术后上肢淋巴水肿的微波治疗[J]．中国修复重建外科杂志，1996，10（4）：228-230．{CHEN Yonglong,GAN Jiliang,ZHANG Disheng. Microwave therapy of upper limb lymphedema of upper limb following radical operation of carcinoma of breast[J]. Zhongguo Xiu Fu Chong Jian Wai Ke Za Zhi[Chin J Repar Reconstr Surg(Article in Chinese;Abstract in Chinese and English)],1996,10(4):228-230.}

[22928] 耿万德，吴国富，沈文彬，张立军．肢体淋巴水肿的诊断及手术治疗120例分析[J]．中国实用外科杂志，1997，17（3）：28-29．{GENG Wande,WU Guofu,SHEN Wenbin,ZHANG Lijun. Diagnosis and surgical treatment of limb lymphedema in 120 cases[J]. Zhongguo Shi Yong Wai Ke Za Zhi[Chin J Pract Surg(Article in Chinese;No abstract available)],1997,17(3):28-29.}

[22929] 刘宁飞．肢体慢性淋巴水肿的淋巴闪烁造影表现[J]．中华整形烧伤外科杂志，1998，14（5）：385-386，403．{LIU Ningfei. The manifestations of lymphoscintigraphy in chronic lymphedema of limbs[J]. Zhonghua Zheng Xing Shao Shang Wai Ke Za Zhi[Chin J Plast Surg Burns(Article in Chinese;No abstract available)],1998,14(5):385-386,403.}

[22930] 曹卫刚，张涤生，干季良．微波烘疗对原发性淋巴水肿免疫细胞的影响[J]．中华整形烧伤外科杂志，1999，15（3）：357-359．{CAO Weigang,ZHANG Disheng,GAN Jiliang. Effects of microwave baking on the immunological cells in primary lymphedema patients[J]. Zhonghua Zheng Xing Shao Shang Wai Ke Za Zhi[Chin J Plast Surg Burns(Article in Chinese;Abstract in Chinese and English)],1999,15(3):357-359.}

[22931] 肖能坎，鲁开化，沈绍勇．背阔肌肌皮瓣移转治疗乳癌根治术后上肢淋巴水肿[J]．中华整形外科杂志，2000，16（1）：7．DOI：10.3760/j.issn：1009-4598.2000.01.003．{XIAO Nengkan,LU Kaihua,SHEN Shaoyong. Transposiyion of pedicled latissimus dorsi myocutaneous flap for treatment of lymphedema of the upper limb after radical mastectomy[J]. Zhonghua Zheng Xing Wai Ke Za Zhi[Chin J Plast Surg(Article in Chinese;Abstract in Chinese and English)],2000,16(1):7. DOI:10.3760/j.issn:1009-4598.2000.01.003.}

[22932] 蔡仁祥，李圣利，干季良，关文祥．淋巴结复合皮瓣治疗实验性肢体淋巴水肿的研究[J]．中华整形外科杂志，2000，16（2）：94．DOI：10.3760/j.issn：1009-4598.2000.02.009．{CAI Renxiang,LI Shengli,GAN Jiliang,GUAN Wenxiang. Experienmental study of the lymph node flap transplantation for treatment of lymphedema[J]. Zhonghua Zheng Xing Wai Ke Za Zhi[Chin J Plast Surg(Article in Chinese;Abstract in Chinese and English)],2000,16(2):94. DOI:10.3760/j.issn:1009-4598.2000.02.009.}

[22933] 曹卫刚，张涤生，干季良．微波调节肢体慢性淋巴水肿纤维化机理的研究[J]．中华整形外科杂志，2000，16(6)：354．DOI：10.3760/j.issn：1009-4598.2000.06.010．{CAO Weigang,ZHANG Disheng,GAN Jiliang. Microwave heating modulation of skin fibrosis in chronic extremity lymphedema[J]. Zhonghua Zheng Xing Wai Ke Za Zhi[Chin J Plast Surg(Article in Chinese;Abstract in Chinese and English)],2000,16(6):354. DOI:10.3760/j.issn:1009-4598.2000.06.010.}

[22934] 李圣利，陈守正，王善良，曹卫刚，王炜，张涤生．带瓣膜的静脉移植代替淋巴管治疗乳腺癌根治术后上肢淋巴水肿[J]．上海医学，2000，23（7）：393-395．DOI：10.3969/j.issn.0253-9934.2000.07.004．{LI Shengli,CHEN Shouzheng,WANG Shanliang,CAO Weigang,WANG Wei,ZHANG Disheng. Treatment of post-mastectomy upper limb lymphedema by transplantation of potent valvular vein[J]. Shang Hai Yi Xue[Shanghai Med J(Article in Chinese;Abstract in Chinese and English)],2000,23(7):393-395. DOI:10.3969/j.issn.0253-9934.2000.07.004.}

[22935] 曹卫刚，张涤生，干季良．微波烘疗调节肢体慢性淋巴水肿免疫的研究[J]．中国修复重建外科杂志，2000，14（2）：105-109．{CAO Weigang,ZHANG Disheng,GAN Jiliang. Microwave effect on immunological response of chronic limb lymphedema[J]. Zhongguo Xiu Fu Chong Jian Wai Ke Za Zhi[Chin J Repar Reconstr Surg(Article in Chinese;Abstract in Chinese and English)],2000,14(2):105-109.}

[22936] 段世荣，程国梁，韩俊杰．肿胀抽吸法治疗上肢淋巴水肿[J]．中华整形外科杂志，2001，17（5）：320271．DOI：10.3760/j.issn：1009-4598.2001.05.026．{DUAN Shirong,CHENG Guoliang,HAN Junjie. Treatment of upper limb lymphedema with swelling suction[J]. Zhonghua Zheng Xing Wai Ke Za Zhi[Chin J Plast Surg(Article in Chinese;No abstract available)],2001,17(5):320271. DOI:10.3760/j.issn:1009-4598.2001.05.026.}

[22937] 蔡振鑫，周竹超，蔡端，倪泉兴，张延龄．重型四肢淋巴水肿18例手术治疗方法探讨[J]．中国实用外科杂志，2002，22（12）：743-744．DOI：10.3321/j.issn：1005-2208.2002.12.018．{CAI Zhenxin,ZHOU Zhuchao,CAI Duan,NI Quanxing,ZHANG Yanling. Discussion of operative therapy for 18 cases of severe extremity lymphedema[J]. Zhongguo Shi Yong Wai Ke Za Zhi[Chin J Pract Surg(Article in Chinese;Abstract in Chinese and English)],2002,22(12):743-744. DOI:10.3321/j.issn:1005-2208.2002.12.018.}

[22938] 孙沣，张涤生，曹卫刚，李圣利，王善良，谢峰．静脉-淋巴管-脂肪筋膜瓣移植治疗阻塞性淋巴水肿的实验研究[J]．中华显微外科杂志，2003，26（3）：201-203．DOI：10.3760/cma.j.issn.1001-2036.2003.03.015．{SUN Feng,ZHANG Disheng,CAO Weigang,LI Shengli,WANG Shanliang,XIE Feng. Experimental study of the treatment for obstructive lymphedema by transplantation of vein-lymph vessels-fatty fascial flap[J]. Zhonghua Xian Wei Wai Ke Za Zhi[Chin J Microsurg(Article in Chinese;Abstract in Chinese and English)],2003,26(3):201-203. DOI:10.3760/cma.j.issn.1001-2036.2003.03.015.}

[22939] 朱力，牛星焘，马勇光，秦荣生，薛宏宇，陈曼，李健宁．应用皮瓣桥接治疗阴囊及下肢淋巴水肿的疗效观察[J]．中国微创外科杂志，2003，3（2）：128-130．DOI：10.3969/j.issn.1009-6604.2003.02.017．{ZHU Li,NIU Xingdao,MA Yongguang,QIN Rongsheng,XUE Hongyu,CHEN Man,LI Jianning. Use of flap bridging in the treatment of lymphedema of scrotum and lower extremities[J]. Zhongguo Wei Chuang Wai Ke Za Zhi[Chin J Minim Inva Surg(Article in Chinese;Abstract in Chinese and English)],2003,3(2):128-130. DOI:10.3969/j.issn.1009-6604.2003.02.017.}

[22940] 施越冬，亓发芝，张学军，顾建英，吴坤南．皮瓣转移结合负压抽吸治疗乳腺癌术后上肢淋巴水肿[J]．中华整形外科杂志，2003，19（6）：430-432．DOI：10.3760/j.issn：1009-4598.2003.06.010．{SHI Yuedong,QI Fazhi,ZHANG Xuejun,GU Jianying,WU Kunnan. Flap transplantation combined with liposuction to treat upper limb lymphedema after mastectomy[J]. Zhonghua Zheng Xing Wai Ke Za Zhi[Chin J Plast Surg(Article in Chinese;Abstract in Chinese and English)],2003,19(6):430-432. DOI:10.3760/j.issn:1009-4598.2003.06.010.}

[22941] 孟令军，谢爱玲．外伤性阴茎淋巴水肿治疗一例[J]．中国修复重建外科杂志，2003，17（4）：317．{MENG Lingjun,XIE Ailing. A case of treatment of traumatic penile lymphedema[J]. Zhongguo Xiu Fu Chong Jian Wai Ke Za Zhi[Chin J Repar Reconstr Surg(Article in Chinese;No abstract available)],2003,17(4):317.}

[22942] 刘宁飞，张鲁榕，李圣利，曹卫刚，张涤生，曹谊林．肢体淋巴水肿和透明质酸代谢[J]．中华整形外科杂志，2004，20（2）：113-116．DOI：10.3760/j.issn：1009-4598.2004.02.011．{LIU Ningfei,ZHANG Lurong,LI Shengli,CAO Weigang,ZHANG Disheng,CAO Yilin. Metabolism of hyaluronic acid and extremity lymphedema[J]. Zhonghua Zheng Xing Wai Ke Za Zhi[Chin J Plast Surg(Article in Chinese;Abstract in Chinese and English)],2004,20(2):113-116. DOI:10.3760/j.issn:1009-4598.2004.02.011.}

[22943] 刘庆丰，周翔，韦强，陈石海，黎冻，殷国前，莫海雁，廖明德．皮下组织抽吸加弹力压迫治疗乳腺癌术后上肢淋巴水肿[J]．中国修复重建外科杂志，2005，19(5)：344-345．{LIU Qingfeng,ZHOU Xiang,WEI Qiang,CHEN Shihai,LI Dong,YIN Guoqian,MO Haiyan,LIAO Mingde. Treatment of upper limb lymphedema after radical mastectomy with liposuction technique and pressure therapy[J]. Zhongguo Xiu Fu Chong Jian Wai Ke Za Zhi[Chin J Repar Reconstr Surg(Article in Chinese;Abstract in Chinese and English)],2005,19(5):344-345.}

[22944] 曹卫刚，李圣利，周剑国，程开祥，刘宁飞，张涤生．超声抽吸法治疗下肢原发性淋巴水肿[J]．中华整形外科杂志，2006，22（4）：290-291．DOI：10.3760/j.issn：1009-4598.2006.04.014．{CAO Weigang,LI Shengli,ZHOU Jianguo,CHENG Kaixiang,LIU Ningfei,ZHANG Disheng. Treatment of primary lower limb lymphedema with ultrasonic assisted liposuction[J]. Zhonghua Zheng Xing Wai Ke Za Zhi[Chin J Plast Surg(Article in Chinese;Abstract in Chinese and English)],2006,22(4):290-291. DOI:10.3760/j.issn:1009-4598.2006.04.014.}

[22945] 张涤生．肢体淋巴水肿的诊断和治疗[J]．组织工程与重建外科杂志，2006，2（5）：241-244．DOI：10.3969/j.issn.1673-0364.2006.05.001．{ZHANG Disheng. Diagnosis and treatment of lymphedema of extremities[J]. Zu Zhi Gong Cheng Yu Chong Jian Wai Ke Za Zhi[J Tissue Eng Reconstr Surg(Article in Chinese;No abstract available)],2006,2(5):241-244. DOI:10.3969/j.issn.1673-0364.2006.05.001.}

[22946] 朴美玉，王英凯．肝硬化并发下肢淋巴水肿2例报告[J]．吉林大学学报（医学版），2006，32（4）：710．DOI：10.3969/j.issn.1671-587X.2006.04.082．{PIAO Meiyu,WANG Yingkai. Two cases of liver cirrhosis complicated with lymphedema of lower limbs[J]. Ji Lin Da Xue Xue Bao(Yi Xue Ban)[J Jilin Univ Med Ed(Article in Chinese;No abstract available)],2006,32(4):710. DOI:10.3969/j.issn.1671-587X.2006.04.082.}

[22947] 安彩霞，马少林．乳腺癌术后上肢淋巴水肿的治疗研究进展[J]．实用医学杂志，2007，23（18）：2816-2818．DOI：10.3969/j.issn.1006-5725.2007.18.011．{AN Caixia,MA Shaolin. Research progress in treatment of upper limb lymphedema after breast cancer surgery[J]. Shi Yong Yi Xue Za Zhi[J Pract Med(Article in Chinese;No abstract available)],2007,23(18):2816-2818. DOI:10.3969/j.issn.1006-5725.2007.18.011.}

[22948] 陈维安，金华伟，余振华，李纬明，张祥松，梁宏，胡平．淋巴显像检测对四肢淋巴水肿诊断的应用价值[J]．中华显微外科杂志，2008，31（5）：384-386．DOI：10.3760/cma.j.issn.1001-2036.2008.05.025．{CHEN Weian,JIN Huawei,YU Zhenhua,LI Weiming,ZHANG Xiangsong,LIANG Hong,HU Ping. Application value of lymphoscintigraphy in the diagnosis of lymphedema of extremities[J]. Zhonghua Xian Wei Wai Ke Za Zhi[Chin J Microsurg(Article in Chinese;Abstract in Chinese)],2008,31(5):384-386. DOI:10.3760/cma.j.issn.1001-2036.2008.05.025.}

[22949] 潘钢，吴伟．乳腺癌术后上肢淋巴水肿因素分析与外科治疗进展[J]．中国微创外科杂志，2008，8（6）：556-558．DOI：10.3969/j.issn.1009-6604.2008.06.030．{PAN Gang,WU Wei. Analysis of factors of upper limb lymphedema after breast cancer surgery and progress in surgical treatment[J]. Zhongguo Wei Chuang Wai Ke Za Zhi[Chin J Minim Inva Surg(Article in Chinese;No abstract available)],2008,8(6):556-558. DOI:10.3969/j.issn.1009-6604.2008.06.030.}

[22950] 蒋朝华，路青，胡学庆，刘宁飞．高分辨率磁共振淋巴管造影评价兔肢体淋巴水肿淋巴管功能[J]．中华实验外科杂志，2009，26（3）：303-305．DOI：10.3760/cma.j.issn.1001-9030.2009.03.012．{JIANG Chaohua,LU Qing,HU Xueqing,LIU Ningfei. High-resolution mr lymphangiography to evaluate lymphatic function in experimental rabbit limb lymphedema[J]. Zhonghua Shi Yan Wai Ke Za Zhi[Chin J Exp Surg(Article in Chinese;Abstract in Chinese and English)],2009,26(3):303-305. DOI:10.3760/cma.j.issn.1001-9030.2009.03.012.}

[22951] 任永强，路青，曹卫刚．间质磁共振淋巴造影技术在下肢淋巴水肿中的临床应用[J]．中华整形外科杂志，2009，25（6）：433-436．DOI：10.3760/cma.j.issn.1009-4598.2009.06.011．{REN Yongqiang,LU Qing,CAO Weigang. Interstitial high-resolution mr lymphangiography in patients with lower extremity lymphedema[J]. Zhonghua Zheng Xing Wai Ke Za Zhi[Chin J Plast Surg(Article in Chinese;Abstract in Chinese and English)],2009,25(6):433-436. DOI:10.3760/cma.j.issn.1009-4598.2009.06.011.}

[22952] 周剑国，刘宁飞，蒋朝华，李圣利，曹卫刚，张涤生．手法淋巴引流治疗亚临床感染性淋巴水肿的临床应用[J]．组织工程与重建外科杂志，2009，5（2）：97-98．DOI：10.3969/j.issn.1673-0364.2009.04.011．{ZHOU Jianguo,LIU Ningfei,JIANG Chaohua,LI Shengli,CAO Weigang,ZHANG Disheng. Clinical application of manual lymph drainage on patients of lymphedema with subclinical infection[J]. Zu Zhi Gong Cheng Yu Chong Jian Wai Ke Za Zhi[J Tissue Eng Reconstr Surg(Article in Chinese;Abstract in Chinese and English)],2009,5(2):97-98. DOI:10.3969/j.issn.1673-0364.2009.04.011.}

[22953] 周剑国，刘宁飞，李圣利，曹卫刚．不同绑带材料对淋巴水肿烘绑疗法疗效影响[J]．组织工程与重建外科杂志，2009，5(4)：229-230．DOI：10.3969/j.issn.1673-0364.2009.08.015．{ZHOU Jianguo,LIU Ningfei,LI Shengli,CAO Weigang. Effect of different materials of bandages on heat and bandage treatment for lymphedema[J]. Zu Zhi Gong Cheng Yu Chong Jian Wai Ke Za Zhi[J Tissue Eng Reconstr Surg(Article in Chinese;Abstract in Chinese and English)],2009,5(4):229-230. DOI:10.3969/j.issn.1673-0364.2009.08.015.}

[22954] 张秀红．限制性重量锻炼对乳腺癌患者淋巴结水肿的影响[J]．中华医学杂志，2009，89（38）：2689．DOI：10.3760/cma.j.issn.0376-2491.2009.38.008．{ZHANG Xiuhong. Effect of restrictive weight exercise on lyphedema in patients with breast cancer[J]. Zhonghua Yi Xue Za Zhi[Natl Med J China(Article in Chinese;No abstract available)],2009,89(38):2689. DOI:10.3760/cma.j.issn.0376-2491.2009.38.008.}

[22955] 刘宁飞，汪立，陈佳佳，周剑国，吴秀凤，严志新，蒋朝华．手法淋巴引流综合治疗肢体慢性淋巴水肿[J]．中华整形外科杂志，2010，26（5）：337-339．DOI：10.3760/cma.j.issn.1009-4598.2010.05.005．{LIU Ningfei,WANG Li,CHEN Jiajia,ZHOU Jianguo,WU Xiufeng,YAN Zhixin,JAING Chaohua. Treatment of chronic extremity lymphedema with manual lymph drainage[J]. Zhonghua Zheng Xing Wai Ke Za Zhi[Chin J Plast Surg(Article in Chinese;Abstract in Chinese and English)],2010,26(5):337-339. DOI:10.3760/cma.j.issn.1009-4598.2010.05.005.}

[22956] 路潜，LIN Feng，刘宇，FU R. Mei．乳腺癌术后淋巴水肿的风险因素、评估与管理[J]．中华外科杂志，2013，51（5）：458-460．DOI：10.3760/cma.j.issn.0529-5815.2013.05.020．{LU Qian,LIN Feng,LIU Yu,FU R. Mei. Risk factors,evaluation and management of lymphedema after breast cancer surgery[J]. Zhonghua Wai Ke Za Zhi[Chin J Surg(Article in Chinese;Abstract in Chinese)],2013,51(5):458-460. DOI:10.3760/cma.j.issn.0529-5815.2013.05.020.}

[22957] 马建勋. 乳腺癌术后上肢淋巴水肿的治疗 [J]. 中国微创外科杂志，2013，13（4）：363-367. DOI：10.3969/j.issn.1009-6604.2013.04.023. {MA Jianxun. Treatment of upper limb lymphedema after breast cancer surgery[J]. Zhongguo Wei Chuang Wai Ke Za Zhi[Chin J Minim Inva Surg(Article in Chinese;No abstract available)],2013,13(4):363-367. DOI:10.3969/j.issn.1009-6604.2013.04.023.}

[22958] 王常珺，林燕，沈松杰，潘博，孙强. 上肢淋巴逆向示踪技术的研究进展 [J]. 中华外科杂志，2013，51（2）：176-178. DOI：10.3760/cma.j.issn.0529-5815.2013.02.021. {WANG Changjun,LIN Yan,SHEN Songjie,PAN Bo,SUN Qiang. Research progress of axillary reverse mapping[J]. Zhonghua Wai Ke Za Zhi[Chin J Surg(Article in Chinese;No abstract available)],2013,51(2):176-178. DOI:10.3760/cma.j.issn.0529-5815.2013.02.021.}

[22959] 刘大海，杜建时，张东宾，马鹰，韩冬梅. 降纤酶在肢体重度淋巴水肿综合治疗中的抗纤维化作用 [J]. 中华实验外科杂志，2014，31（4）：729-730. DOI：10.3760/cma.j.issn.1001-9030.2014.04.012. {LIU Dahai,DU Jianshi,ZHANG Dongbin,MA Ying,HAN Dongmei. Anti-fibrosis effect of defibrase in comprehensive treatment of severe limb lymphedema[J]. Zhonghua Shi Yan Wai Ke Za Zhi[Chin J Exp Surg(Article in Chinese;Abstract in Chinese and English)],2014,31(4):729-730. DOI:10.3760/cma.j.issn.1001-9030.2014.04.012.}

[22960] 胡国华，符伟国. 淋巴水肿与干细胞移植治疗 [J]. 中华实验外科杂志，2014，31（4）：920-922. DOI：10.3760/cma.j.issn.1001-9030.2014.04.096. {HU Guohua,FU Weiguo. Lymphedema and stem cell transplantation treatment[J]. Zhonghua Shi Yan Wai Ke Za Zhi[Chin J Exp Surg(Article in Chinese;No abstract available)],2014,31(4):920-922. DOI:10.3760/cma.j.issn.1001-9030.2014.04.096.}

[22961] 李科，刘宁飞，付兰芬，汪立，陈佳佳，梁辰，章一新. 烘绑疗法治疗肢体慢性淋巴水肿 [J]. 组织工程与重建外科杂志，2014，10（2）：92-95. DOI：10.3969/j.issn.1673-0364.2014.02.008. {LI Ke,LIU Ningfei,FU Lanfen,WANG Li,CHEN Jiajia,LIANG Chen,ZHANG Yixin. Heating and bandage treatment on patients with chronic lymphedema of extremities[J]. Zu Zhi Gong Cheng Yu Chong Jian Wai Ke Za Zhi[J Tissue Eng Reconstr Surg(Article in Chinese;Abstract in Chinese and English)],2014,10(2):92-95. DOI:10.3969/j.issn.1673-0364.2014.02.008.}

[22962] 张保宁. 乳腺癌术后上肢淋巴水肿预防措施及治疗原则 [J]. 中国实用外科杂志，2015，35（7）：723-727. DOI：10.7504/CJPS.ISSN1005-2208.2015.07.09. {ZHANG Baoning. Prevention strategies and treatment principles of upper limb lymphedema after breast cancer operation[J]. Zhongguo Shi Yong Wai Ke Za Zhi[Chin J Pract Surg(Article in Chinese;Abstract in Chinese and English)],2015,35(7):723-727. DOI:10.7504/CJPS.ISSN1005-2208.2015.07.09.}

[22963] 李科，刘宁飞，付兰芬，汪立，陈佳佳，梁辰，章一新. 烘绑疗法控制肢体慢性淋巴水肿伴发丹毒 80 例疗效分析 [J]. 中华整形外科杂志，2015，31（1）：39-42. DOI：10.3760/cma.j.issn.1009-4598.2015.01.012. {LI Ke,LIU Ningfei,FU Lanfen,WANG Li,CHEN Jiajia,LIANG Chen,ZHANG Yixin. Therapeutic effect of heating and bandage treatment for chronic lymphedema of extremities accompanied with erysipelas:a report of 80 cases[J]. Zhonghua Zheng Xing Wai Ke Za Zhi[Chin J Plast Surg(Article in Chinese;Abstract in Chinese and English)],2015,31(1):39-42. DOI:10.3760/cma.j.issn.1009-4598.2015.01.012.}

[22964] 罗毅，汪立，陈佳佳，刘宁飞. 复方中药组方淋巴方治疗肢体慢性淋巴水肿的疗效研究 [J]. 组织工程与重建外科杂志，2015，11（3）：185-188. DOI：10.3969/j.issn.1673-0364.2015.03.019. {LUO Yi,WANG Li,CHEN Jiajia,LIU Ningfei. Clinical efficacy of compound prescription of traditional chinese medicine-lymph fang on the treatment of chronic extremity lymphedema[J]. Zu Zhi Gong Cheng Yu Chong Jian Wai Ke Za Zhi[J Tissue Eng Reconstr Surg(Article in Chinese;Abstract in Chinese and English)],2015,11(3):185-188. DOI:10.3969/j.issn.1673-0364.2015.03.019.}

[22965] 陈佳佳，汪立，于子优，韩凌华，罗毅，刘宁飞. 手法淋巴引流治疗乳腺癌术后上肢淋巴水肿 [J]. 组织工程与重建外科杂志，2015，11（5）：310-312. DOI：10.3969/j.issn.1673-0364.2015.05.006. {CHEN Jiajia,WANG Li,YU Ziyou,HAN Linghua,LUO Yi,LIU Ningfei. Manual lymph drainage for the treatment of upper limb lymphedema after breast cancer treatment[J]. Zu Zhi Gong Cheng Yu Chong Jian Wai Ke Za Zhi[J Tissue Eng Reconstr Surg(Article in Chinese;Abstract in Chinese and English)],2015,11(5):310-312. DOI:10.3969/j.issn.1673-0364.2015.05.006.}

[22966] 王颖，陈飞，孙鹤庆，路选. 胸大肌肌瓣转移术预防乳腺癌术后上肢淋巴水肿的临床研究 [J]. 组织工程与重建外科杂志，2015，11（5）：313-315. DOI：10.3969/j.issn.1673-0364.2015.05.007. {WANG Ying,CHEN Fei,SUN Heqing,LU Xuan. Clinical research of the pectoralis major myocutaneous flap transfer in the prevention of breast cancer-related lymphedema after modified radical mastectomy[J]. Zu Zhi Gong Cheng Yu Chong Jian Wai Ke Za Zhi[J Tissue Eng Reconstr Surg(Article in Chinese;Abstract in Chinese and English)],2015,11(5):313-315. DOI:10.3969/j.issn.1673-0364.2015.05.007.}

[22967] 张雪，陈茹，曹谊林，穆兰花. 上肢静脉淋巴管搭桥治疗乳腺癌术后淋巴水肿的最新进展 [J]. 组织工程与重建外科杂志，2015，11（5）：343-345. DOI：10.3969/j.issn.1673-0364.2015.05.015. {ZHANG Xue,CHEN Ru,CAO Yilin,MU Lanhua. Research progress of lymphaticovenular bypass in the treatment of breast cancer related lymphedema[J]. Zu Zhi Gong Cheng Yu Chong Jian Wai Ke Za Zhi[J Tissue Eng Reconstr Surg(Article in Chinese;Abstract in Chinese and English)],2015,11(5):343-345. DOI:10.3969/j.issn.1673-0364.2015.05.015.}

[22968] 程越，林方才，孙欣. 乳腺癌相关上肢淋巴水肿诊疗现状 [J]. 中国微创外科杂志，2016，16（4）：370-376. DOI：10.3969/j.issn.1009-6604.2016.04.022. {CHENG Yue,LIN Fangcai,SUN Xin. Diagnostic and therapeutical progress of breast cancer related lymphedema[J]. Zhongguo Wei Chuang Wai Ke Za Zhi[Chin J Minim Inva Surg(Article in Chinese;Abstract in Chinese and English)],2016,16(4):370-376. DOI:10.3969/j.issn.1009-6604.2016.04.022.}

[22969] 邓景成，戴婷婷. 淋巴水肿治疗的进展 [J]. 组织工程与重建外科杂志，2016，12（1）：52-55. DOI：10.3969/j.issn.1673-0364.2016.01.014. {DENG Jingcheng,DAI Tingting. Research progress of clinical therapy for lymphedema[J]. Zu Zhi Gong Cheng Yu Chong Jian Wai Ke Za Zhi[J Tissue Eng Reconstr Surg(Article in Chinese;Abstract in Chinese and English)],2016,12(1):52-55. DOI:10.3969/j.issn.1673-0364.2016.01.014.}

[22970] 汪立，陈佳佳，于子优，韩凌华，孙笛，罗毅，刘宁飞. 手法淋巴引流综合消肿疗法治疗盆腔恶性肿瘤根治术后下肢淋巴水肿 [J]. 组织工程与重建外科杂志，2016，12（3）：186-188. DOI：10.3969/j.issn.1673-0364.2016.03.012. {WANG Li,CHEN Jiajia,YU Ziyou,HAN Linghua,SUN Di,LUO Yi,LIU Ningfei. Complex decongestion therapy in treating lower limb lymphedema after radical operation of pelvic malignant ;tumor[J]. Zu Zhi Gong Cheng Yu Chong Jian Wai Ke Za Zhi[J Tissue Eng Reconstr Surg(Article in Chinese;Abstract in Chinese and English)],2016,12(3):186-188. DOI:10.3969/j.issn.1673-0364.2016.03.012.}

[22971] 于子优，孙笛，罗毅，刘宁飞. 慢性肢体淋巴水肿皮肤微淋巴管病理性肌化 [J]. 组织工程与重建外科杂志，2016，12（4）：243-247，261. DOI：10.3969/j.issn.1673-0364.2016.04.009. {YU Ziyou,SUN Di,LUO Yi,LIU Ningfei. Myogenesis of lymphatic capillaries in chronic lymphoedematous skin[J]. Zu Zhi Gong Cheng Yu Chong Jian Wai Ke Za Zhi[J Tissue Eng Reconstr Surg(Article in Chinese;Abstract in Chinese and English)],2016,12(4):243-247,261. DOI:10.3969/j.issn.1673-0364.2016.04.009.}

[22972] 臧荟然，毕晔，穆籣. 乳腺癌术后上肢淋巴水肿的治疗与预防进展 [J]. 中国修复重建外科杂志，2016，30（12）：1567-1570. DOI：10.7507/1002-1892.20160322. {ZANG Huiran,BI Ye,MU Lan. Progress of treatment and prevention of breast cancer related lymphedema[J]. Zhongguo Xiu Fu Chong Jian Wai Ke Za Zhi[Chin J Repar Reconstr Surg(Article in Chinese;Abstract in Chinese and English)],2016,30(12):1567-1570. DOI:10.7507/1002-1892.20160322.}

[22973] 陈佳佳，汪立，韩凌华，孙笛，高敏哲，刘宁飞. 应用手法淋巴引流综合消肿疗法治疗肢体淋巴水肿的效果观察 [J]. 组织工程与重建外科杂志，2017，13（6）：322-324，327. DOI：10.3969/j.issn.1673-0364.2017.06.005. {CHEN Jiajia,WANG Li,HAN Linghua,SUN Di,GAO Minzhe,LIU Ningfei. Effects of complex decongestive therapy combined with manual lymphatic drainage in the treatment of lymphedema of limbs[J]. Zu Zhi Gong Cheng Yu Chong Jian Wai Ke Za Zhi[J Tissue Eng Reconstr Surg(Article in Chinese;Abstract in Chinese and English)],2017,13(6):322-324,327. DOI:10.3969/j.issn.1673-0364.2017.06.005.}

[22974] 孙宇光，沈文彬. 积极应对乳腺癌术后淋巴水肿 [J]. 中国实用外科杂志，2018，38（11）：1276-1280. DOI：10.19538/j.cjps.issn1005-2208.2018.11.13. {SUN Yugaung,SHEN Wenbin. Actively dealing with lymphedema after breast cancer operation[J]. Zhongguo Shi Yong Wai Ke Za Zhi[Chin J Pract Surg(Article in Chinese;Abstract in Chinese and English)],2018,38(11):1276-1280. DOI:10.19538/j.cjps.issn1005-2208.2018.11.13.}

[22975] 穆籣. 乳房再造同期上肢淋巴水肿治疗和预防的现状及趋势 [J]. 中华整形外科杂志，2018，34（4）：247-251. DOI：10.3760/cma.j.issn.1009-4598.2018.04.001. {MU Lan. Current status and trends of breast reconstruction with simultaneously treatment and prevention of upper limb lymphedema[J]. Zhonghua Zheng Xing Wai Ke Za Zhi[Chin J Plast Surg(Article in Chinese;Abstract in Chinese and English)],2018,34(4):247-251. DOI:10.3760/cma.j.issn.1009-4598.2018.04.001.}

[22976] 刘宁飞. 外周淋巴水肿的治疗 [J]. 中华整形外科杂志，2018，34（4）：252-255. DOI：10.3760/cma.j.issn.1009-4598.2018.04.002. {LIU Ningfei. The treatment of peripheral lymphedema[J]. Zhonghua Zheng Xing Wai Ke Za Zhi[Chin J Plast Surg(Article in Chinese;Abstract in Chinese and English)],2018,34(4):252-255. DOI:10.3760/cma.j.issn.1009-4598.2018.04.002.}

[22977] 崔蕾，何乐人. 血管化淋巴结移植治疗继发性淋巴水肿的研究进展 [J]. 中华整形外科杂志，2018，34（4）：311-314. DOI：10.3760/cma.j.issn.1009-4598.2018.04.016. {CUI Lei,HE Leren. Recent progress in the vascularized lymph node transfer for the treatment of lymphedema[J]. Zhonghua Zheng Xing Wai Ke Za Zhi[Chin J Plast Surg(Article in Chinese;Abstract in Chinese and English)],2018,34(4):311-314. DOI:10.3760/cma.j.issn.1009-4598.2018.04.016.}

[22978] 王成龙，栾杰，穆大力，辛敏强. 乳腺癌术后上肢淋巴水肿的治疗进展 [J]. 中华整形外科杂志，2018，34（7）：578-582. DOI：10.3760/cma.j.issn.1009-4598.2018.07.021. {WANG Chenglong,LUAN Jie,MU Dali,XIN Minqiang. Recent advances on the treatment of breast cancer-related lymphedema[J]. Zhonghua Zheng Xing Wai Ke Za Zhi[Chin J Plast Surg(Article in Chinese;Abstract in Chinese and English)],2018,34(7):578-582. DOI:10.3760/cma.j.issn.1009-4598.2018.07.021.}

[22979] 陈佳佳，汪立，于子优，韩凌华，刘宁飞. 肢体淋巴水肿 CDT 疗法治疗周期的初步探讨 [J]. 中华整形外科杂志，2018，34（10）：844-847. DOI：10.3760/cma.j.issn.1009-4598.2018.10.014. {CHEN Jiajia,WANG Li,YU Ziyou,HAN Linghua,LIU Ningfei. Preliminary study on the period of cdt therapy for limb lymphedema[J]. Zhonghua Zheng Xing Wai Ke Za Zhi[Chin J Plast Surg(Article in Chinese;Abstract in Chinese and English)],2018,34(10):844-847. DOI:10.3760/cma.j.issn.1009-4598.2018.10.014.}

[22980] 钱幼蕾，杨锴，穆籣. 带血运淋巴结移植治疗肢体淋巴水肿的研究进展 [J]. 中国修复重建外科杂志，2018，32（8）：979-983. DOI：10.7507/1002-1892.201801069. {QIAN Youlei,YANG Kai,MU Lan. Research progress of vascularized lymph node transfer for extremity lymphedema[J]. Zhongguo Xiu Fu Chong Jian Wai Ke Za Zhi[Chin J Repar Reconstr Surg(Article in Chinese;Abstract in Chinese and English)],2018,32(8):979-983. DOI:10.7507/1002-1892.201801069.}

[22981] 刘士强，马显杰. 淋巴水肿的显微外科治疗进展 [J]. 中国修复重建外科杂志，2018，32（9）：1223-1226. DOI：10.7507/1002-1892.201803018. {LIU Shiqaing,MA Xianjie. Clinical progress of microsurgical management for lymphedema[J]. Zhongguo Xiu Fu Chong Jian Wai Ke Za Zhi[Chin J Repar Reconstr Surg(Article in Chinese;Abstract in Chinese and English)],2018,32(9):1223-1226. DOI:10.7507/1002-1892.201803018.}

[22982] 林燕，徐颖，张晓辉，王常珺，孙强. 腋窝处理方式与上肢淋巴水肿相关性的比较分析 [J]. 中华外科杂志，2019，57（9）：713-716. DOI：10.3760/cma.j.issn.0529?5815.2019.09.014. {LIN Yan,XU Ying,ZHANG Xiaohui,WANG Changjun,SUN Qiang. Comparative analysis of the correlation between axillary treatment and upper limb lymphedema[J]. Zhonghua Wai Ke Za Zhi[Chin J Surg(Article in Chinese;Abstract in Chinese and English)],2019,57(9):713-716. DOI:10.3760/cma.j.issn.0529?5815.2019.09.014.}

[22983] 宋达疆，彭文，李赞，周晓，章一新，冯光，彭小伟，周波，吕春柳，欧延，毛煌兴，柳泽洋，李慧. 携带髂腹股沟淋巴组织瓣的游离腹壁下动脉穿支皮瓣治疗乳腺癌根治术后并发上肢淋巴水肿并再造乳房的临床效果 [J]. 中华烧伤杂志，2019，35（4）：277-283. DOI：10.3760/cma.j.issn.1009-2587.2019.04.007. {SONG Dajiang,PENG Wen,LI Zan,ZHOU Xiao,ZHANG Yixin,FENG Guang,PENG Xiaowei,ZHOU Bo,LV Chunliu,OU Yan,MAO Huangxing,LIU Zeyang,LI Hui. Clinical effects of free deep inferior epigastric perforator flap carrying lymphatic groin flap for treatment of upper limb lymphedema after radical mastectomy and breast reconstruction[J]. Zhonghua Shao Shang Za Zhi[Chin J Burns(Article in Chinese;Abstract in Chinese and English)],2019,35(4):277-283. DOI:10.3760/cma.j.issn.1009-2587.2019.04.007.}

[22984] 信建峰，孙宇光，夏松，常鲲，沈文彬. 淋巴脂肪抽吸减容术在下肢原发性淋巴水肿中的治疗及分析 [J]. 中华整形外科杂志，2019，35（2）：142-147. DOI：10.3760/cma.j.issn.1009-4598.2019.02.009. {XIN Jianfeng,SUN Yuguang,XIA Song,CHANG Kun,SHEN Wenbin. Application of liposuction in treating the primary end-stage lymphedema of lower extremities[J]. Zhonghua Zheng Xing Wai Ke Za Zhi[Chin J Plast Surg(Article in Chinese;Abstract in Chinese and English)],2019,35(2):142-147. DOI:10.3760/cma.j.issn.1009-4598.2019.02.009.}

[22985] 李丹，楼寒梅. 妇科恶性肿瘤相关的下肢淋巴水肿的防治 [J]. 中华整形外科杂志，2019，35（7）：710-713. DOI：10.3760/cma.j.issn.1009-4598.2019.07.019. {LI Dan,LOU Hanmei. Prevention and treatment of lower limb lymphedema associated with gynecological malignancy[J]. Zhonghua Zheng Xing Wai Ke Za Zhi[Chin J Plast Surg(Article in Chinese;Abstract in Chinese and English)],2019,35(7):710-713. DOI:10.3760/cma.j.issn.1009-4598.2019.07.019.}

[22986] 王海蓉，杨佳菲，卞薇薇，陆玮. 家属同步教育对术后肢体淋巴水肿 CDT 治疗患者疾病不确定感的影响 [J]. 组织工程与重建外科杂志，2019，15（5）：356-358. DOI：10.3969/j.issn.1673-0364.2019.05.012. {WANG Hairong,YANG Jiafei,BIAN Weiwei,LU Wei. The influence of family members' synchronous instruction on uncertainty in illness among patients with postoperative limb lymphedema treated with complex decongestion therapy[J]. Zu Zhi Gong Cheng Yu Chong Jian Wai Ke Za Zhi[J Tissue Eng Reconstr Surg(Article in Chinese;Abstract in Chinese and English)],2019,15(5):356-358. DOI:10.3969/j.issn.1673-0364.2019.05.012.}

[22987] 肖文天，李科，张铮，喜雯婧，刘宁飞，章一新. 远红外线治疗慢性肢体淋巴水肿的疗效观察及机制研究 [J]. 组织工程与重建外科杂志，2019，15（6）：408-412. DOI：10.3969/j.issn.1673-0364.2019.06.008. {XIAO Wentain,LI Ke,ZHANG Zheng,XI Wenjing,LIU Ningfei,ZHANG Yixin. Clinical efficiency and mechanism research of far infrared radiation in the treatment of chronic lymphedema of extremities[J]. Zu Zhi Gong Cheng Yu Chong Jian Wai Ke Za Zhi[J Tissue Eng Reconstr Surg(Article in Chinese;Abstract in Chinese and English)],2019,15(6):408-412. DOI:10.3969/j.issn.1673-0364.2019.06.008.}

[22988] 宋达疆，李赞，章一新，冯光，彭小伟，周波，吕春柳，彭文，欧延，毛煌兴，李慧. 带蒂腹直肌肌皮瓣联合游离腹壁下动脉穿支皮瓣及携带髂腹股沟淋巴组织瓣行乳腺癌根治术后乳房再造及上肢淋巴水肿治疗的效果 [J]. 中华烧伤杂志，2020，36（4）：297-303. DOI：10.3760/cma.j.cn501120-20190117-00011. {SONG Dajiang,LI Zan,ZHANG Yixin,FENG Guang,PENG Xiaowei,ZHOU Bo,LV Chunliu,PENG Wen,OU Yan,MAO Huangxin,LI Hui. Effects of pedicled rectus abdominis myocutaneous flap combined with free deep inferior

epigastric artery perforator flap carrying inguinal lymphatic flap in breast reconstruction and upper limb lymphedema treatment post radical mastectomy[J]. Zhonghua Shao Shang Za Zhi[Chin J Burns(Article in Chinese;Abstract in Chinese and English)],2020,36(4):297-303. DOI:10.3760/cma.j.cn501120-20190117-00011.}

7.1.5 乳糜尿
chyluria

[22989] Hou LQ,Liu QY,Kong QY,Luo CZ,Kong QA,Li LX,Li GJ. Lymphonodovenous anastomosis in the treatment of chyluria[J]. Chin Med J,1991,104(5):392-394.

[22990] Zhao WP,Hou LQ,Shen JL. Summary and prospects of fourteen years' experience with treatment of chyluria by microsurgery[J]. Eur Urol,1988,15(3-4):219-222.

[22991] Xu YM,Ji RJ,Chen ZD,Qiao Y,Jin NT. Microsurgical treatment of chyluria:a preliminary report[J]. J Urol,1991,145(6):1184-1185. doi:10.1016/s0022-5347(17)38569-5.

[22992] Ji YZ,Zheng JH,Chen JN,Wu ZD. Microsurgery in the treatment of chyluria and scrotal lymphangial fistula[J]. Br J Urol,1993,72(6):952-954. doi:10.1111/j.1464-410x.1993.tb16307.x.

[22993] Zhang S,Cheng F,Webber R. A successful control programme for lymphatic filariasis in Hubei,China[J]. Trans R Soc Trop Med Hyg,1994,88(5):510-512. doi:10.1016/0035-9203(94)90140-6.

[22994] Pui MH,Yueh TC. Lymphoscintigraphy in chyluria,chyloperitoneum and chylothorax[J]. J Nucl Med,1998,39(7):1292-1296.

[22995] Liu DY,He HC,Zhou WL,Chao ZF,Wang J,Wang MW,He XZ,Xia WM,Zhang CY. The advantages of unilateral pedal lymphography in the diagnosis of chyluria[J]. Urol Int,2015,94(2):215-219. doi:10.1159/000360140.

[22996] Wang L,Chi J,Li S,Hua X,Tang H,Lu Q. Magnetic resonance lymphangiography in recurrent chylous ascites and chyluria[J]. Kidney Int,2017,91(6):1522. doi:10.1016/j.kint.2016.12.026.

[22997] Xiao J,Sun T,Zhang S,Ma M,Yang X,Zhou J,Zhu J,Wang F. HIFU,a noninvasive and effective treatment for chyluria:15 years of experience[J]. Surg Endosc,2018,32(7):3064-3069. doi:10.1007/s00464-017-6017-8.

[22998] Dong J,Xin J,Shen W,Chen X,Wen T,Zhang C,Wang R. Unipedal diagnostic lymphangiography followed by sequential ct examinations in patients with idiopathic chyluria:a retrospective study[J]. AJR Am J Roentgenol,2018,210(4):792-798. doi:10.2214/AJR.17.18936.

[22999] 陆鸿钟，郑康桥，骆传荣，曹晨涛. 荠菜治疗乳糜尿的初步报告 [J]. 中华外科杂志，1956，4（12）：948-949. {LU Hongzhong,ZHENG Kangqiao,LUO Chuanrong,CAO Chentao. Preliminary report of pickpurse in the treatment of chyluria[J]. Zhonghua Wai Ke Za Zhi[Chin J Surg(Article in Chinese;No abstract available)],1956,4(12):948-949.}

[23000] 何尚志，曹裕丰，安世源. 应用肾周围淋巴管结扎术治疗乳糜尿的初步报告 [J]. 中华外科杂志，1958，6（3）：300-303. {HE Shangzhi,CAO Yufeng,AN Shiyuan. A preliminary report on the treatment of chyluria by ligation of perirenal lymphatic vessels[J]. Zhonghua Wai Ke Za Zhi[Chin J Surg(Article in Chinese;No abstract available)],1958,6(3):300-303.}

[23001] 夏其昌，盛兴标，袁以凡. 肾蒂周围淋巴剥离结扎术治疗肾源性乳糜尿 [J]. 中华外科杂志，1958，6（7）：770-773. {XIA Qichang,SHENG Xingbiao,YUAN Yifan. Treatment of nephrogenic chyluria by ligation of lymphatic dissection around renal pedicle[J]. Zhonghua Wai Ke Za Zhi[Chin J Surg(Article in Chinese;No abstract available)],1958,6(7):770-773.}

[23002] 陈自钊，吴国顺. 丝虫病引起乳糜性胸腹腔积液一例报告 [J]. 中华医学杂志，1958，44（2）：196-197. {CHEN Zizhao,WU Guoshun. A case report of chylous ascites caused by filariasis[J]. Zhonghua Yi Xue Za Zhi[Natl Med J China(Article in Chinese;No abstract available)],1958,44(2):196-197.}

[23003] 马永清，沈家立，邓学瑑. 乳糜尿 [J]. 中华外科杂志，1961，9（8）：553-556. {MA Yongqing,SHEN Jiali,DENG Xuezhuan. Chylous urine[J]. Zhonghua Wai Ke Za Zhi[Chin J Surg(Article in Chinese;No abstract available)],1961,9(8):553-556.}

[23004] 马永清. 关于乳糜尿治疗问题的讨论 [J]. 中华外科杂志，1961，9（8）：608-611. {MA Yongqing,SHEN Jiali,DENG Xuezhuan. Discussion on the treatment of chyluria[J]. Zhonghua Wai Ke Za Zhi[Chin J Surg(Article in Chinese;No abstract available)],1961,9(8):608-611.}

[23005] 谢桐，黄正，徐秋鑫，徐世明. 肾蒂淋巴管结扎治疗乳糜尿的远期疗效 [J]. 中华外科杂志，1963，11（5）：397-398. {XIE Tong,HUANG Zheng,XU Qiuxin,XU Shiming. The long-term effect of renal pedicle lymphatic ligation in the treatment of chyluria[J]. Zhonghua Wai Ke Za Zhi[Chin J Surg(Article in Chinese;No abstract available)],1963,11(5):397-398.}

[23006] 贺宗理，张长水. 肾蒂淋巴管结扎术治疗乳糜尿 [J]. 中华外科杂志，1963，11（5）：399-400. {HE Zongli,ZHANG Changshui. Ligation of renal pedicle lymphatic vessels in the treatment of chyluria[J]. Zhonghua Wai Ke Za Zhi[Chin J Surg(Article in Chinese;No abstract available)],1963,11(5):399-400.}

[23007] 沈家立，李效忠. 胸导管奇静脉吻合术治疗顽固性乳糜尿初步报告 [J]. 中华外科杂志，1964，12（增刊1）：296-299. {SHEN Jiali,LI Xiaozhong. Preliminary report on the treatment of anastomosis of azygos vein with thoracic catheter[J]. Zhonghua Wai Ke Za Zhi[Chin J Surg(Article in Chinese;No abstract available)],1964,12(S1):296-299.}

[23008] 郑康桥，李海昌，范广信，余建中，吴汉钦. 腰干淋巴管精索内（卵巢）静脉吻合术治疗乳糜尿初步报告 [J]. 中华外科杂志，1965，13（4）：315-317. {ZHENG Kangqiao,LI Haichang,FAN Guangxin,YU Jianzhong,WU Hanqin. Preliminary report on the treatment of chyluria by intravenous anastomosis of intraspermatic cord (ovarian) vein with lumbar stem lymphatic vessels[J]. Zhonghua Wai Ke Za Zhi[Chin J Surg(Article in Chinese;No abstract available)],1965,13(4):315-317.}

[23009] 樊苏培，秦韶华，陆先育. 淋巴系造影术对乳糜尿的诊断价值 [J]. 中华外科杂志，1966，14（6）：395. {FAN Supei,QIN Shaohua,LU Xianyu. The diagnostic value of lymphangiography in chyluria[J]. Zhonghua Wai Ke Za Zhi[Chin J Surg(Article in Chinese;No abstract available)],1966,14(6):395.}

[23010] 上海第一医学院华山医院泌尿科和放射科. 乳糜尿淋巴系造影的研究 [J]. 中华外科杂志，1966，14（6）：392-394. {Department of Urology and Radiology, Huashan Hospital, Shanghai First Medical College. Study of lymphangiography in chyluria[J]. Zhonghua Wai Ke Za Zhi[Chin J Surg(Article in Chinese;No abstract available)],1966,14(6):392-394.}

[23011] 胡锡猷，彭轼平，熊礼生，王道仁，杨禄生，尹敬璧，祝化远. 淋巴系造影对乳糜尿诊断价值的初步探讨 [J]. 中华外科杂志，1966，14（7）：473-474. {HU Xiqiu,PENG Shiping,XIONG Lisheng,WANG Daoren,YANG Lusheng,YIN Jingbi,ZHU Huayun. Preliminary study on the diagnostic value of lymphography in chyluria[J]. Zhonghua Wai Ke Za Zhi[Chin J Surg(Article in Chinese;No abstract available)],1966,14(7):473-474.}

[23012] 任树桥，邹仲，杨承荣，孙素钏，杨伯铭，李书勤，李维昌，谢公才，张树魁，张慕亮. 淋巴系造影对乳糜尿的诊断（附52例分析）[J]. 中华医学杂志，1966，52（2）：97-101. {REN Shuqiao,ZOU Zhong,YANG Chengrong,SUN Suzhao,YANG Boming,LI Shuqin,LI Weichang,XIE Gongcai,ZHANG Shukui,ZHANG Muliang. The diagnosis of chyluria by lymphography of 52 cases[J]. Zhonghua Yi Xue Za Zhi[Natl Med J China(Article in Chinese;No abstract available)],1966,52(2):97-101.}

[23013] 彭轼平，熊礼生，王道仁，梅真葆，谢平. 单侧淋巴造影对乳糜尿诊断的观察 [J]. 中华外科杂志，1979，17（5）：375. {PENG Shiping,XIONG Lisheng,WANG Daoren,MEI Zhenbao,XIE Ping. Observation of unilateral lymphography in the diagnosis of chyluria[J]. Zhonghua Wai Ke Za Zhi[Chin J Surg(Article in Chinese;No abstract available)],1979,17(5):375.}

[23014] 赵伟鹏. 经腹股沟部精索内淋巴管 - 静脉吻合术治疗乳糜尿 [J]. 中华外科杂志，1980，18（3）：234. {ZHAO Weipeng. Treatment of chyluria by transinguinal endospermic lymphatic-venous anastomosis[J]. Zhonghua Wai Ke Za Zhi[Chin J Surg(Article in Chinese;No abstract available)],1980,18(3):234.}

[23015] 金锡御，郭迺勉，刘志平，帅学焱，杨俊贤. 重症乳糜尿六例报告 [J]. 中华外科杂志，1980，18（5）：459-460. {JIN Xiyu,GUO Naiyi,LIU Zhiping,SHUAI Xueyan,YANG Junxian. Report of six cases of severe chyluria[J]. Zhonghua Wai Ke Za Zhi[Chin J Surg(Article in Chinese;No abstract available)],1980,18(5):459-460.}

[23016] 彭轼平，熊礼生，王道仁，梅真葆，谢平. 手术治疗丝虫性乳糜尿 272 例的体会 [J]. 中华泌尿外科杂志，1980，1（1）：50-53. {PENG Shiping,XIONG Lisheng,WANG Daoren,MEI Zhenbao,XIE Ping. Experience in surgical treatment of 272 cases of filariasis chyluria[J]. Zhonghua Mi Niao Wai Ke Za Zhi[Chin J Urol(Article in Chinese;Abstract in Chinese)],1980,1(1):50-53.}

[23017] 刘士怡，许纯孝，胡永光，曹铭溪，杨心良，连世海. 澄清丝虫性乳糜尿的发病学说（否定胸导管阻塞论）[J]. 中华泌尿外科杂志，1980，1（2）：65-66. {LIU Shiyi,XU Chunxiao,HU Yongguang,CAO Mingxi,YANG Xinliang,LIAN Shihai. Clarify the pathogenesis theory of filariasis chyluria:negate the theory of thoracic duct obstruction[J]. Zhonghua Mi Niao Wai Ke Za Zhi[Chin J Urol(Article in Chinese;Abstract in Chinese)],1980,1(2):65-66.}

[23018] 刘义兴，郭寄石，高志仁. 外伤性胸导管破裂并发大量乳糜腹水一例 [J]. 中华外科杂志，1980，18（4）：313. {LIU Yixing,GUO Jishi,GAO Zhiren. A case of traumatic thoracic duct rupture complicated with massive chyloascites[J]. Zhonghua Wai Ke Za Zhi[Chin J Surg(Article in Chinese;No abstract available)],1980,18(4):313.}

[23019] 汪忠镐，于宗河. 返流性淋巴管瘤性乳糜瘘 [J]. 中华泌尿外科杂志，1980，1（2）：76-77. {WANG Zhonggao,YU Zonghe. Reflux lymphangioma chylofistula[J]. Zhonghua Mi Niao Wai Ke Za Zhi[Chin J Urol(Article in Chinese;Abstract in Chinese)],1980,1(2):76-77.}

[23020] 侯连泉，曹仰臣，孙庆兰，刘国进. 较大剂量肾盂灌注治疗乳糜尿的初步观察 [J]. 中华外科杂志，1981，19（2）：96-97. {HOU Lianquan,CAO Yangchen,SUN Qinglan,LIU Guojin. Preliminary observation on the treatment of chyluria with larger dose of renal pelvis perfusion[J]. Zhonghua Wai Ke Za Zhi[Chin J Surg(Article in Chinese;No abstract available)],1981,19(2):96-97.}

[23021] 赵伟鹏，沈家立. 经腹股沟或足背途径淋巴管静脉吻合术治疗乳糜尿 [J]. 中华外科杂志，1981，19（11）：657-658. {ZHAO Weipeng,SHEN Jiali. Lymphatic venous anastomosis via inguinal or dorsal approach for the treatment of chyluria[J]. Zhonghua Wai Ke Za Zhi[Chin J Surg(Article in Chinese;No abstract available)],1981,19(11):657-658.}

[23022] 巢志复，刘定益，黄伯华，车文骏，庄培运. 乳糜尿的显微外科手术治疗 [J]. 中华外科杂志，1981，19（11）：659-660. {CHAO Zhifu,LIU Dingyi,HUANG Bohua,CHE Wenjun,ZHUANG Peiyun. Microsugery treatment of the chyluria[J]. Zhonghua Wai Ke Za Zhi[Chin J Surg(Article in Chinese;No abstract available)],1981,19(11):659-660.}

[23023] 赵伟鹏，沈家立. 经腹股沟和足背途径淋巴管静脉吻合术治疗乳糜尿 [J]. 中华泌尿外科杂志，1982，3（1）：45. {ZHAO Weipeng,SHEN Jiali. Lymphatic venous anastomosis via the inguinal and dorsal approach for the treatment of chyluria[J]. Zhonghua Mi Niao Wai Ke Za Zhi[Chin J Urol(Article in Chinese;Abstract in Chinese)],1982,3(1):45.}

[23024] 江鱼，吴家骏. 30 例腰干淋巴管精索内（卵巢）静脉吻合术治疗乳糜尿的远期疗效 [J]. 中华泌尿外科杂志，1982，3（2）：139-140. {JIANG Yu,WU Jiajun. Long-term effect of 30 cases of intravenous anastomosis of lumbar stem lymphatic vessels in the spermatic cord (ovarian) in the treatment of chyluria[J]. Zhonghua Mi Niao Wai Ke Za Zhi[Chin J Urol(Article in Chinese;Abstract in Chinese)],1982,3(2):139-140.}

[23025] 江鱼，等. 腰干淋巴管丛或淋巴结静脉分流术治疗乳糜尿 [J]. 上海第二医学院学报，1982，2（3）：23. {JIANG Yu et al. Lumbar stem lymphatic plexus or lymph node venous shunt for chyluria[J]. Shanghai Di Er Yi Xue Yuan Xue Bao[J Shanghai Second Med Coll(Article in Chinese;Abstract in Chinese)],1982,2(3):23.}

[23026] 刘均墀，朱家恺，汤海云，劳镇国. 腹股沟韧带下深淋巴管静脉吻合治疗乳糜尿——初步报告 [J]. 显微外科，1982，5（1-2）：6. {LIU Junchi,ZHU Jiakai,TANG Haiyun,LAO Zhenguo. Deep lymph vein anastomosis under inguinal ligament for chyluria—preliminary report[J]. Xian Wei Wai Ke[Chin J Microsurg(Article in Chinese;No abstract available)],1982,5(1-2):6.}

[23027] 徐治中，苏怀庆，陈德喜. 经小腿途径淋巴管静脉吻合术治疗乳糜尿 [J]. 中华外科杂志，1983，21（12）：760. {XU Zhizhong,SU Huaiqing,CHEN Dexi. Treatment of chyluria by anastomosis of lymphatic vessels through lower leg[J]. Zhonghua Wai Ke Za Zhi[Chin J Surg(Article in Chinese;No abstract available)],1983,21(12):760.}

[23028] 张其纯. 快速肾盂灌注治疗乳糜尿 82 例分析 [J]. 中华泌尿外科杂志，1983，4（3）：142-143. {ZHANG Qichun. Analysis of 82 cases of chyluria treated by rapid renal pelvic perfusion[J]. Zhonghua Mi Niao Wai Ke Za Zhi[Chin J Urol(Article in Chinese;Abstract in Chinese)],1983,4(3):142-143.}

[23029] 姚正子，陈友辉，沈法林，诸禹平，吴智衡，杨以阶. 石莲子汤治疗乳糜尿 534 例临床分析 [J]. 中华泌尿外科杂志，1983，4（3）：144-145. {YAO Zhengzi,CHEN Youhui,SHEN Falin,ZHU Yuping,WU Zhiheng,YANG Yijie. Clinical analysis of shilianzi decoction in treating 534 cases of chyluria[J]. Zhonghua Mi Niao Wai Ke Za Zhi[Chin J Urol(Article in Chinese;Abstract in Chinese)],1983,4(3):144-145.}

[23030] 王化，吴翠仙. 尿细胞学检查诊断乳糜尿 [J]. 中华泌尿外科杂志，1983，4（6）：335-336. {WANG Hua,WU Cuixian. Urine cytology to diagnose chyluria[J]. Zhonghua Mi Niao Wai Ke Za Zhi[Chin J Urol(Article in Chinese;Abstract in Chinese)],1983,4(6):335-336.}

[23031] 鲁成功，等. 显微外科技术在乳糜尿中的应用（附腹股沟浅淋巴结大隐静脉吻合术）[J]. 武汉医学院学报，1983，12（1）：65. {LU Chenggong,et al. Application of microsurgical technique in chyluria (superficial anastomosis of the saphenous vein with superficial inguinal lymph nodes)[J]. Wu Han Yi Xue Yuan Xue Bao[J Wuhan Med Coll(Article in Chinese;No abstract available)],1983,12(1):65.}

[23032] 鲁功成，熊旭林，邵明忠，张润清，张齐钧，陈晓春，曾甫清，肖传国. 乳糜尿电视淋巴造影的研究 [J]. 中华外科杂志，1984，22（7）：415-416. {LU Gongcheng,XIONG Xulin,SHAO Mingzhong,ZHANG Runqing,ZHANG Qijun,CHEN Xiaochun,ZENG Fuqing,XIAO Chuanguo. Study on chyluria video lymphangiography[J]. Zhonghua Wai Ke Za Zhi[Chin J Surg(Article in Chinese;No abstract available)],1984,22(7):415-416.}

[23033] 江鱼，印志良，姚建国，袁济民，朱志仁. 应用碘 131 白蛋白对淋巴静脉分流术治疗乳糜尿的疗效观察 [J]. 中华泌尿外科杂志，1984，5（4）：233-235. {JIANG Yu,YIN Zhiliang,YAO Jianguo,YUAN Jimin,ZHU Zhiren. The effect of iodine 131 albumin on the treatment of chyluria by lymphatic venous bypass[J]. Zhonghua Mi Niao Wai Ke Za Zhi[Chin J Urol(Article in Chinese;Abstract in Chinese)],1984,5(4):233-235.}

[23034] 谢桐，凌桂明. 乳糜尿发病的主要原理是淋巴系动力学的改变 [J]. 中华泌尿外科杂志，

1984，5(5)：257-258. {XIE Tong,LING Guiming. The main principle of chyluria is the change of lymphatic system dynamics[J]. Zhonghua Mi Niao Wai Ke Za Zhi[Chin J Urol(Article in Chinese;Abstract in Chinese)],1984,5(5):257-258.}

[23035] 巢志复，刘定益，黄伯华，车文骏，经浩，庄培运. 显微外科在隐睾、乳糜尿及阴囊淋巴瘘的应用[J]. 中华泌尿外科杂志，1984，5(5)：259-260. {CHAO Zhifu,LIU Dingyi,HUANG Bohua,CHE Wenjun,JING Hao,ZHUANG Peiyun. Application of microsurgery in cryptorchidism,chyluria and scrotal lymphatic fistula[J]. Zhonghua Mi Niao Wai Ke Za Zhi[Chin J Urol(Article in Chinese;Abstract in Chinese)],1984,5(5):259-260.}

[23036] 李著义. 腹股沟淋巴结大隐静脉吻合术治疗乳糜尿（附2例报告）[J]. 中华泌尿外科杂志，1984，5(5)：261-262. {LI Zhuyi. 2 cases of inguinal lymph node anastomosis of great saphenous vein for chyluria[J]. Zhonghua Mi Niao Wai Ke Za Zhi[Chin J Urol(Article in Chinese;Abstract in Chinese)],1984,5(5):261-262.}

[23037] 张成友，褚大由，李德群，纪美英. 显微淋巴管－静脉内植入术治疗乳糜尿及阴囊象皮肿[J]. 中华泌尿外科杂志，1984，5(5)：263-264. {ZHANG Chengyou,ZHU Dayou,LI Dequn,JI Meiying. Treatment of chyluria and scrotal elephantia by micro-lymphatic-intravenous implantation[J]. Zhonghua Mi Niao Wai Ke Za Zhi[Chin J Urol(Article in Chinese;Abstract in Chinese)],1984,5(5):263-264.}

[23038] 马大任，马联山，丁在民，陈万青，冀荣俊. 经精索内淋巴管静脉吻合术治疗乳糜尿（附8例报告）[J]. 中华泌尿外科杂志，1984，5(5)：265-266. {MA Daren,MA Lianshan,DING Zaimin,CHEN Wanqing,JI Rongjun. Treatment of chyluria by endolymphatic vein anastomosis via spermatic cord (report of 8 cases)[J]. Zhonghua Mi Niao Wai Ke Za Zhi[Chin J Urol(Article in Chinese;Abstract in Chinese)],1984,5(5):265-266.}

[23039] 陈敬亭. 丝虫性乳糜尿研究的进展[J]. 中华医学杂志，1984，64(7)：457-459. {ZHANG Jingting. Research progress of filariasis chyluria[J]. Zhonghua Yi Xue Za Zhi[Natl Med J China(Article in Chinese;No abstract available)],1984,64(7):457-459.}

[23040] 赵伟鹏，吴敏明，李汝松，侯连泉，沈家立，陈炳龙，宋建达，刘俊，唐来坤. 经腹股沟与下肢淋巴管静脉吻合术治疗乳糜尿[J]. 显微医学杂志，1985，8(2)：72. {ZHAO Weipeng,WU Minming,LI Rusong,HOU Lianquan,SHEN Jiali,CHEN Binglong,SONG Jianda,LIU Jun,TANG Laikun. Treatment of chyluria through inguinal and lower limb lymphatic vein anastomosis[J]. Xian Wei Yi Xue Za Zhi[Chin J Microsurg(Article in Chinese;No abstract available)],1985,8(2):72.}

[23041] 邹世民，刘为安，黄柏忠，叶向权，谢崇绰，黄维庶，郭志祥. 腹股沟淋巴结、淋巴管大隐静脉分流术治疗乳糜尿[J]. 中华外科杂志，1986，24(3)：181. {ZOU Shimin,LIU Weian,HUANG Baizhong,YE Xiangquan,XIE Chongchuo,HUANG Weishu,GUO Zhixiang. Treatment of chyluria by inguinal lymph nodes,lymphatic vessels and saphenous vein bypass[J]. Zhonghua Wai Ke Za Zhi[Chin J Surg(Article in Chinese;No abstract available)],1986,24(3):181.}

[23042] 张成友. 显微淋巴管静脉内插入术治疗乳房及阴囊象皮肿各一例[J]. 中华显微外科杂志，1986，9(1)：56. {ZHANG Chengyou. Intravenous microlymphatic catheterization for one case of breast and scrotal elephantiasis[J]. Zhonghua Xian Wei Wai Ke Za Zhi[Chin J Microsurg(Article in Chinese;No abstract available)],1986,9(1):56.}

[23043] 谌章庆. 腹股沟浅淋巴结－大隐静脉吻合术治疗乳糜尿（附8例报告）[J]. 中华泌尿外科杂志，1987，8(6)：F03. {SHEN Zhangqing. A report of 8 cases of superficial inguinal lymph node-great saphenous vein anastomosis for the treatment of chyluria[J]. Zhonghua Mi Niao Wai Ke Za Zhi[Chin J Urol(Article in Chinese;No abstract available)],1987,8(6):F03.}

[23044] 金洪海. 大隐静脉属支一腹股沟浅淋巴结吻合术治疗乳糜尿（附13例报告）[J]. 中华泌尿外科杂志，1989，10(6)：376. {JIN Honghai. A report of 13 cases anastomosis of the branch of the great saphenous vein to superficial inguinal lymph node anastomosis for the treatment of chyluria[J]. Zhonghua Mi Niao Wai Ke Za Zhi[Chin J Urol(Article in Chinese;No abstract available)],1989,10(6):376.}

[23045] 卢永德，陈忠，谭子环，李十灵，谢鼎华. 特发性外淋巴瘘[J]. 中华耳鼻咽喉科杂志，1989，24(1)：15-16. {LU Yongde,CHEN Zhong,TAN Zihuan,LI Shiling,XIE Dinghua. Idiopathic perilymph fistula[J]. Zhonghua Er Bi Yan Hou Ke Za Zhi[Chin J Otorhinolaryngol(Article in Chinese;Abstract in Chinese)],1989,24(1):15-16.}

[23046] 徐利华，钟诚. 淋巴管小静脉加淋巴结大隐静脉吻合术治疗乳糜尿一例[J]. 修复重建外科杂志，1990，4(1)：57. {XU Lihua,ZHONG Cheng. One case of chyluria treated by anastomosis of lymphatic venules and great saphenous veins of lymph nodes[J]. Zhongguo Xiu Fu Chong Jian Wai Ke Za Zhi[Chin J Repar Reconstr Surg(Article in Chinese;No abstract available)],1990,4(1):57.}

[23047] 欧阳华，叶绪龙，邱启裕，邢怡刚. 髂窝集束淋巴管腹壁下静脉植入术治疗乳糜尿[J]. 中华显微外科杂志，1991，14(4)：234-235. DOI：10.3760/cma.j.issn.1001-2036.1991.04.130. {OU Yanghua,YE Xulong,QIU Qiyu,XING Yigang. Iliac fossa cluster lymphatic vessel inferior abdominal vein implantation for the treatment of chyluria[J]. Zhonghua Xian Wei Wai Ke Za Zhi[Chin J Microsurg(Article in Chinese;No abstract available)],1991,14(4):234-235. DOI:10.3760/cma.j.issn.1001-2036.1991.04.130.}

[23048] 李光昭，李星洪. 显微淋巴静脉吻合术治疗乳糜尿[J]. 中华显微外科杂志，1992，15(4)：231-232. {LI Guangzhao,LI Xinghong. Lymphatic venous anastomosis for the treatment of chyluria[J]. Zhonghua Xian Wei Wai Ke Za Zhi[Chin J Microsurg(Article in Chinese;No abstract available)],1992,15(4):231-232.}

[23049] 徐月敏，陈曾德，冀荣俊. 乳糜尿外科治疗方法探讨[J]. 中华泌尿外科杂志，1992，13(4)：299-301. {XU Yuemin,CHEN Zengde,JI Rongjun. Surgical treatment of chyluria[J]. Zhonghua Mi Niao Wai Ke Za Zhi[Chin J Urol(Article in Chinese;Abstract in Chinese and English)],1992,13(4):299-301.}

[23050] 李澄棣，杨亦荣，黄学峰. 外伤性腰淋巴干梗阻致睾丸鞘膜乳糜积液一例[J]. 中华外科杂志，1993，31(9)：541. {LI Dengdi,YANG Yirong,HAUNG Xuefeng. A case of testicular hydrocele chyle due to traumatic lumbar lymphatic obstruction[J]. Zhonghua Wai Ke Za Zhi[Chin J Surg(Article in Chinese;No abstract available)],1993,31(9):541.}

[23051] 林武延，张萍，贺敏，赵育新，许冬生，赵云坤，姜加维. 颈廓清术后颈部乳糜肿三例[J]. 中华耳鼻咽喉科杂志，1994，29(1)：62. {LIN Wuyan,ZHANG Ping,HE Min,ZHAO Yuxin,XU Dongsheng,ZHAO Yunkun,JIANG Jiawei. Three cases of cervical chylus after neck dissection[J]. Zhonghua Er Bi Yan Hou Ke Za Zhi[Chin J Otorhinolaryngol(Article in Chinese;No abstract available)],1994,29(1):62.}

[23052] 耿万德，张立军，吴国富. 显微外科治疗乳糜腹四例报告[J]. 中华外科杂志，1995，33(8)：462. {GENG Wande,ZHANG Lijun,WU Guofu. A report of four cases of chyloabdomen treated by microsurgery[J]. Zhonghua Wai Ke Za Zhi[Chin J Surg(Article in Chinese;No abstract available)],1995,33(8):462.}

[23053] 曹林升，缪思满，罗义麒. 手术治疗阴囊淋巴瘘[J]. 中国修复重建外科杂志，1996，10(4)：231-233. {CAO Linsheng,MIAO Siman,LUO Yilin. Surgical treatment of scrotal lymphatic fistula[J]. Zhongguo Xiu Fu Chong Jian Wai Ke Za Zhi[Chin J Repar Reconstr Surg(Article in Chinese;Abstract in Chinese)],1996,10(4):231-233.}

[23054] 余玲，金百祥. 小儿乳糜腹的病因和诊治进展[J]. 上海医学，1998，21(2)：123-125. {YU Ling,JIN Baixiang. The etiology,diagnosis and treatment progress of chylous abdomen in children[J]. Shang Hai Yi Xue[Shanghai Med J(Article in Chinese;No abstract available)],1998,21(2):123-125.}

[23055] 李正江，唐平章. 颈廓清术后乳糜瘘的治疗及预防[J]. 中华耳鼻咽喉科杂志，1998，33(4)：244-246. DOI：10.3760/j.issn：1673-0860.1998.04.018. {LI Zhengjiang,TANG Pingzhang. Prevention and management of chylous fistula after neck dissection[J]. Zhonghua Er Bi Yan Hou Ke Za Zhi[Chin J Otorhinolaryngol(Article in Chinese;Abstract in Chinese and English)],1998,33(4):244-246. DOI:10.3760/j.issn:1673-0860.1998.04.018.}

[23056] 倪之嘉，付志仁，丁国善，李先兴，徐冠南，徐学俊，王强，王元和. 淋巴管缝扎加DTH胶局部注射治愈乳糜腹1例报告[J]. 中国实用外科杂志，2000，20(11)：703. DOI：10.3321/j.issn：1005-2208.2000.11.027. {NI Zhijia,FU Zhiren,DING Guoshan,LI Xianxing,XU Guannan,XU Xuejun,WANG Qiang,WANG Yuanhe. A case report of chyloabdomen cured by ligation of lymphatic vessels and local injection of dth glue[J]. Zhongguo Shi Yong Wai Ke Za Zhi[Chin J Pract Surg(Article in Chinese;No abstract available)],2000,20(11):703. DOI:10.3321/j.issn:1005-2208.2000.11.027.}

[23057] 孙庭，胡峰，崔苏萍，陈卫民，冯亮，曹润福，彭轼平，张青，杨晓青. 放射性核素淋巴显像定位诊断乳糜尿[J]. 中华医学杂志，2002，82(4)：247-248. DOI：10.3760/j：issn：0376-2491.2002.04.010. {SUN Ting,HU Feng,CUI Suping,CHEN Weimin,FENG Liang,CAO Runfu,PENG Shiping,ZHANG Qing,YANG Xaioqing. Localization diagnosis of chyluria by radionuclide lymphoscintigraphy[J]. Zhonghua Yi Xue Za Zhi[Natl Med J China(Article in Chinese;Abstract in Chinese and English)],2002,82(4):247-248. DOI:10.3760/j:issn:0376-2491.2002.04.010.}

[23058] 孙迎宪，沈文彬，耿万德，吴国富，孙宇光，夏松. 腹膜后淋巴管结扎加静脉分流治疗乳糜外瘘六例[J]. 中华外科杂志，2002，40(7)：508-510. DOI：10.3760/j：issn：0529-5815.2002.07.009. {SUN Yingxian,SHEN Wenbin,GENG Wande,WU Guofu,SUN Yuguang,XIA Song. Treating external chylous fistula with retroperitoneal lymphangiectomy plus lymph-vein shunting[J]. Zhonghua Wai Ke Za Zhi[Chin J Surg(Article in Chinese;Abstract in Chinese and English)],2002,40(7):508-510. DOI:10.3760/j:issn:0529-5815.2002.07.009.}

[23059] 戴玉姣，吴雨雷，梁冬梅，李丽贞，张丁香. 颈部手术乳糜瘘的处理和预防[J]. 现代口腔医学杂志，2002，16(3)：262-263. DOI：10.3969/j.issn.1003-7632.2002.03.031. {DAI Yujiao,WU Yulei,LIANG Dongmei,LI Lizhen,ZHANG Dingxiang. Management and prevention of chylorrhea in neck operation[J]. Xian Dai Kou Qiang Yi Xue Za Zhi[J Mod Stomatol(Article in Chinese;Abstract in Chinese and English)],2002,16(3):262-263. DOI:10.3969/j.issn.1003-7632.2002.03.031.}

[23060] 孙迎宪，耿万德，吴国富，沈文彬，夏松，孙宇光. 髂外淋巴管与腹壁下静脉吻合治疗乳糜尿14例[J]. 中华显微外科杂志，2003，26(1)：73. DOI：10.3760/cma.j.issn.1001-2036.2003.01.035. {SUN Yingxian,GENG Wande,WU Guofu,SHEN Wenbin,XIA Song,SUN Yuguang. Treatment of 14 cases of chyluria by anastomosis of periiliac lymphatic vessel and inferior abdominal vein[J]. Zhonghua Xian Wei Wai Ke Za Zhi[Chin J Microsurg(Article in Chinese;Abstract in Chinese)],2003,26(1):73. DOI:10.3760/cma.j.issn.1001-2036.2003.01.035.}

[23061] 王雪峰. 颈部电击伤合并胸导管破损反复乳糜渗漏一例[J]. 中华烧伤杂志，2003，19(4)：212. DOI：10.3760/cma.j.issn.1009-2587.2003.04.026. {WANG Xuefeng. A case of recurrent chyle leakage caused by electric shock of neck and thoracic duct damage[J]. Zhonghua Shao Shang Za Zhi[Chin J Burns(Article in Chinese;No abstract available)],2003,19(4):212. DOI:10.3760/cma.j.issn.1009-2587.2003.04.026.}

[23062] 朱生云. 双侧腹股沟淋巴结与大隐静脉或分支显微吻合术治疗乳糜尿[J]. 中华显微外科杂志，2004，27(3)：231-232. DOI：10.3760/cma.j.issn.1001-2036.2004.03.035. {ZHU Shengyun. Treatment of chyluria by microscopic anastomosis of bilateral inguinal lymph nodes with great saphenous vein or branches[J]. Zhonghua Xian Wei Wai Ke Za Zhi[Chin J Microsurg(Article in Chinese;Abstract in Chinese)],2004,27(3):231-232. DOI:10.3760/cma.j.issn.1001-2036.2004.03.035.}

[23063] 纪荣明，蒋尔鹏，申晓军，熊绍虎，林宁，刘芳，李玉泉，刘艳春，马立业. 腹部手术致乳糜漏解剖学基础的研究[J]. 中华外科杂志，2004，42(14)：857-860. DOI：10.3760/j：issn：0529-5815.2004.14.008. {JI Rongming,JIANG Erpeng,SHEN Xiaojun,XIONG Shaohu,LIN Ning,LIU Fang,LIU Fang,LI Yuquan,LIU Yanchun,MA Liye. The anatomic study of chyli leakage due to operation on abdominal region[J]. Zhonghua Wai Ke Za Zhi[Chin J Surg(Article in Chinese;Abstract in Chinese and English)],2004,42(14):857-860. DOI:10.3760/j:issn:0529-5815.2004.14.008.}

[23064] 张明，殷全忠，贾玉清，陆林. 创伤性乳糜腹的临床处理[J]. 中华创伤杂志，2004，20(1)：50-51. DOI：10.3760/j：issn：1001-8050.2004.01.016. {ZHANG Ming,YIN Quanzhong,JIA Yuqing,LU Lin. Clinical treatment of traumatic chyloabdomen[J]. Zhonghua Chuang Shang Za Zhi[Chin J Trauma(Article in Chinese;No abstract available)],2004,20(1):50-51. DOI:10.3760/j:issn:1001-8050.2004.01.016.}

[23065] 何治军，吴涛，周子成. 12例乳糜腹水的病因分析[J]. 第三军医大学学报，2004，26(1)：14，17. DOI：10.3321/j.issn：1000-5404.2004.01.029. {HE Zhijun,WU Tao,ZHOU Zicheng. Analysis of the causes of chylous ascites in 12 cases[J]. Di San Jun Yi Da Xue Xue Bao[Acta Acad Med Mil Tert(Article in Chinese;Abstract in Chinese and English)],2004,26(1):14,17. DOI:10.3321/j.issn:1000-5404.2004.01.029.}

[23066] 朱庆国，张旭，马鑫，郑涛，李宏召，阮黎，何延瑜，叶章群. 后腹腔镜与开放手术行肾蒂淋巴管结扎治疗乳糜尿[J]. 中华泌尿外科杂志，2005，26(3)：180-183. DOI：10.3760/j：issn：1000-6702.2005.03.011. {ZHU Qingguo,ZHANG Xu,MA Xin,ZHENG Tao,LI Hongzhao,RUAN Li,HE Yanyu,YE Zhangqun. Renal pedicle lymphatic disconnection for chyluria:retroperitoneoscopy vs open surgery[J]. Zhonghua Mi Niao Wai Ke Za Zhi[Chin J Urol(Article in Chinese;Abstract in Chinese and English)],2005,26(3):180-183. DOI:10.3760/j:issn:1000-6702.2005.03.011.}

[23067] 沈文彬，孙宇光，夏松，吴国富，耿万德，孙迎宪，常鲲. 乳糜腹的诊断与治疗[J]. 中华外科杂志，2005，43(1)：25-28. DOI：10.3760/j：issn：0529-5815.2005.01.009. {SHEN Wenbin,SUN Yuguang,XIA Song,WU Guofu,GENG Wande,SUN Yingxian,WANG Qiang,WANG Yuanhe. The diagnosis and therapy of chylous ascites[J]. Zhonghua Wai Ke Za Zhi[Chin J Surg(Article in Chinese;Abstract in Chinese and English)],2005,43(1):25-28. DOI:10.3760/j:issn:0529-5815.2005.01.009.}

[23068] 陈先锋，龚建平，李旭宏，游海波，刘海忠. 腹腔镜治疗乳糜性腹水1例[J]. 中国微创外科杂志，2005，5(7)：600. DOI：10.3969/j.issn.1009-6604.2005.07.047. {CHEN Xianfeng,LONG Jianping,LI Xuhong,YOU Haibo,LIU Haizhong. A case of laparoscopic treatment of chylous ascites[J]. Zhongguo Wei Chuang Wai Ke Za Zhi[Chin J Minim Inva Surg(Article in Chinese;Abstract in Chinese)],2005,5(7):600. DOI:10.3969/j.issn.1009-6604.2005.07.047.}

[23069] 何建军，任予，刘德纯，王珂，陈武科. 专利蓝示踪预防腹股沟淋巴结清扫术后淋巴漏的体会[J]. 中国实用外科杂志，2005，25(6)：372. DOI：10.3321/j.issn：1005-2208.2005.06.024. {HE Jianjun,REN Yu,LIU Dechun,WANG Ke,CHEN Wuke. Experience in preventing lymphatic leakage after inguinal lymph node dissection with patent blue tracer[J]. Zhongguo Shi Yong Wai Ke Za Zhi[Chin J Pract Surg(Article in Chinese;Abstract in Chinese)],2005,25(6):372. DOI:10.3321/j.issn:1005-2208.2005.06.024.}

[23070] 李沙丹，李黔生，靳风烁，江军，朱方强，张勇，徐序广，聂志林，马强，黄绍宽. 开放手术与经后腹腔镜肾蒂淋巴管结扎术治疗乳糜尿的疗效比较[J]. 中华泌尿外科杂志，2006，27(2)：111-113. DOI：10.3760/j：issn：1000-6702.2006.02.011. {LI Shadan,LI Qiansheng,JIN Fengshuo,JIANG Jun,ZHU Fangqiang,ZHANG Yong,XU Xuguang,NIE Zhilin,MA Qiang,HUANG Shaokuan. Retroperitoneoscopic renal pedicle

lymphatic disconnection vs open surgery for management of chyluria[J]. Zhonghua Mi Niao Wai Ke Za Zhi[Chin J Urol(Article in Chinese;Abstract in Chinese and English)],2006,27(2):111-113. DOI:10.3760/j:issn:1000-6702.2006.02.011.}

[23071] 宋世德，韩英，万修伟，丁波，王纪三，申永璋，滕兆礼. 腹股沟区淋巴静脉分流加硝酸银肾盂灌注治疗乳糜尿的临床疗效[J]. 中华泌尿外科杂志，2006，27(8)：544-545. DOI：10.3760/j：issn：1000-6702.2006.08.011. {SONG Shide,HAN Ying,WAN Xiuwei,DING Bo,WANG Jisan,SHEN Yongzhang,TENG Zhaoli. Treatment of chyluria with silver nitrate irrigation of the renal pelvis and anastomosis of inguinal lymph nodes and great saphenous veins[J]. Zhonghua Mi Niao Wai Ke Za Zhi[Chin J Urol(Article in Chinese;Abstract in Chinese and English)],2006,27(8):544-545. DOI:10.3760/j:issn:1000-6702.2006.08.011.}

[23072] 谢敏，饶南燕，胡小云，曹家庆，廖瑞荣. 自体大隐静脉移植胸导管颈内静脉吻合术治疗乳糜漏1例[J]. 中国实用外科杂志，2006，26(10)：790. DOI：10.3321/j.issn：1005-2208.2006.10.031. {XIE Min,RAO Nanyan,HU Xiaoyun,CAO Jiaqing,LIAO Ruirong. A case of anastomosis of internal jugular vein and thoracic catheter with autologous great saphenous vein transplantation[J]. Zhongguo Shi Yong Wai Ke Za Zhi[Chin J Pract Surg(Article in Chinese;No abstract available)],2006,26(10):790. DOI:10.3321/j.issn:1005-2208.2006.10.031.}

[23073] 刘占宏，李薇薇，刘芝慧，葛宝丰，文益民. 四肢动脉损伤修复导致淋巴漏13例分析[J]. 中国骨伤，2006，19(4)：247. DOI：10.3969/j.issn.1003-0034.2006.04.025. {LIU Zhanhong,LI Weiwei,LIU Zhihui,GE Baofeng,WEN Yimin. Analysis of postoperative complications (lymphatic leak) caused by treatment of injury of artery of extremity:a report of 13 cases[J]. Zhongguo Gu Shang[China J Orthop Trauma(Article in Chinese;Abstract in Chinese and English)],2006,19(4):247. DOI:10.3969/j.issn.1003-0034.2006.04.025.}

[23074] 朱生云，李建华. 应用显微外科技术三种术式治疗乳糜尿的远期疗效比较[J]. 中华显微外科杂志，2007，30(1)：74-75. DOI：10.3760/cma.j.issn.1001-2036.2007.01.030. {ZHU Shengyun,LI Jianhua. Comparison of the long-term curative effect of three microsurgical methods for chyluria[J]. Zhonghua Xian Wei Wai Ke Za Zhi[Chin J Microsurg(Article in Chinese;Abstract in Chinese)],2007,30(1):74-75. DOI:10.3760/cma.j.issn.1001-2036.2007.01.030.}

[23075] 李永廉，王雷，邱晓东. 四种术式治疗乳糜尿的疗效对比[J]. 中华显微外科杂志，2007，30(3)：236-238. DOI：10.3760/cma.j.issn.1001-2036.2007.03.032. {LI Yonglian,WANG Lei,QIU Xiaodong. Comparison of the efficacy of four surgical treatments for chyluria[J]. Zhonghua Xian Wei Wai Ke Za Zhi[Chin J Microsurg(Article in Chinese;Abstract in Chinese)],2007,30(3):236-238. DOI:10.3760/cma.j.issn.1001-2036.2007.03.032.}

[23076] 张春阳，杨兴东. 创伤性乳糜腹水保守治疗1例报告[J]. 中国实用外科杂志，2007，27(6)：491. DOI：10.3321/j.issn：1005-2208.2007.06.031. {ZHANG Chunyang,YANG Xingdong. A case report of conservative treatment of traumatic chyloascites[J]. Zhongguo Shi Yong Wai Ke Za Zhi[Chin J Pract Surg(Article in Chinese;No abstract available)],2007,27(6):491. DOI:10.3321/j.issn:1005-2208.2007.06.031.}

[23077] 高振利，孙德康，赵俊杰，王琳，吴吉涛，刘庆祚，王建明. 60%泛影葡胺皮下注射治疗家兔淋巴漏[J]. 中华实验外科杂志，2007，24(12)：1570-1572. DOI：10.3760/j.issn：1001-9030.2007.12.043. {GAO Zhenli,SUN Dekang,ZHAO Junjie,WANG Lin,WU Jitao,LIU Qingzuo,WANG Jianming. Experimental studies of the treatment for lymphatic fistulas experimental animal model by 60% meglumine diatrizoate subcutaneous injection[J]. Zhonghua Shi Yan Wai Ke Za Zhi[Chin J Exp Surg(Article in Chinese;Abstract in Chinese and English)],2007,24(12):1570-1572. DOI:10.3760/j.issn:1001-9030.2007.12.043.}

[23078] 高振利，孙德康，赵俊杰，王琳，吴吉涛，刘庆祚，王建明. 60%泛影葡胺皮下注射治疗家兔淋巴瘘病理形态计量研究[J]. 中华泌尿外科杂志，2007，28(11)：773-777. DOI：10.3760/j.issn：1000-6702.2007.11.014. {GAO Zhenli,SUN Dekang,ZHAO Junjie,WANG Lin,WU Jitao,LIU Qingzuo,WANG Jianming. Treatment for lymphatic fistulas by 60% meglumine diatrizoate subcutaneous injection in rabbits[J]. Zhonghua Mi Niao Wai Ke Za Zhi[Chin J Urol(Article in Chinese;Abstract in Chinese and English)],2007,28(11):773-777. DOI:10.3760/j.issn:1000-6702.2007.11.014.}

[23079] 郑晓兵，冉峰，刘长建. 泛影葡胺胶缓释剂预防腹股沟区血管手术后切口淋巴瘘[J]. 第二军医大学学报，2007，28(9)：1024-1025. DOI：10.3321/j.issn：0258-879x.2007.09.025. {ZHENG Xiaobing,RAN Feng,LIU Changjian. Compound diatrzoatc meglumlne fibrin glue retarder in prevention of lymph leakage of iliac region vessel at surgical incision[J]. Di Er Jun Yi Da Xue Xue Bao[Acad J Sec Mil Med Univ(Article in Chinese;Abstract in Chinese and English)],2007,28(9):1024-1025. DOI:10.3321/j.issn:0258-879x.2007.09.025.}

[23080] 耿中利，马斌林，王进. 肩胛舌骨肌填塞防治颈淋巴结清扫并发乳糜漏12例体会[J]. 中国实用外科杂志，2008，28(6)：485，512. DOI：10.3321/j.issn：1005-2208.2008.06.023. {GENG Zhongli,MA Binlin,WANG Jin. 12 cases of treating chyle leakage after cervical lymph node dissection by scapulohyoid muscle packing[J]. Zhongguo Shi Yong Wai Ke Za Zhi[Chin J Pract Surg(Article in Chinese;No abstract available)],2008,28(6):485,512. DOI:10.3321/j.issn:1005-2208.2008.06.023.}

[23081] 田兴松，丛明华，周文红. 腋淋巴结清扫术后并发乳糜漏11例临床分析[J]. 中华医学杂志，2008，88(38)：2728-2729. DOI：10.3321/j.issn：0376-2491.2008.38.017. {TIAN Xingsong,CONG Minghua,ZHOU Wenhong. Clinical analysis of 11 cases of chyle leakage after axillary lymph node dissection[J]. Zhonghua Yi Xue Za Zhi[Natl Med J China(Article in Chinese;Abstract in Chinese)],2008,88(38):2728-2729. DOI:10.3321/j.issn:0376-2491.2008.38.017.}

[23082] 李亦工，高明. 锐性分离颈静脉角预防颈淋巴结清扫术后乳糜瘘52例分析[J]. 中国实用外科杂志，2009，29(2)：169-170. {LI Yigong,GAO Ming. Analysis of 52 cases of sharp separation of jugular vein angle to prevent chyle fistula after cervical lymph node dissection[J]. Zhongguo Shi Yong Wai Ke Za Zhi[Chin J Pract Surg(Article in Chinese;No abstract available)],2009,29(2):169-170.}

[23083] 王冬，李勇，范立侨，赵群，刘羽. 大鼠颈部胸导管淋巴瘘动物模型的建立[J]. 中华实验外科杂志，2009，26(2)：250-252. DOI：10.3760/cma.j.issn.1001-9030.2009.02.044. {WANG Dong,LI Yong,FAN Liqiao,ZHAO Qun,LIU Yu. Establishment of lymphatic fistula of cervical chyliferous duct in rats[J]. Zhonghua Shi Yan Wai Ke Za Zhi[Chin J Exp Surg(Article in Chinese;Abstract in Chinese and English)],2009,26(2):250-252. DOI:10.3760/cma.j.issn.1001-9030.2009.02.044.}

[23084] 王雷，杨营利. 应用显微外科技术治疗乳糜尿102例疗效分析[J]. 中华显微外科杂志，2010，33(5)：427-428. DOI：10.3760/cma.j.issn.1001-2036.2010.05.031. {WANG Lei,YANG Yingli. Analysis of the curative effect of 102 cases of chyluria by microsurgery[J]. Zhonghua Xian Wei Wai Ke Za Zhi[Chin J Microsurg(Article in Chinese;Abstract in Chinese)],2010,33(5):427-428. DOI:10.3760/cma.j.issn.1001-2036.2010.05.031.}

[23085] 马丹，刘敏，李红，杨桦. 颈段胸导管的应用解剖与颈廓清术并发乳糜漏的防治[J]. 局解手术学杂志，2010，19(6)：471-472. DOI：10.3969/j.issn.1672-5042.2010.06.010. {MA Dan,LIU Min,LI Hong,YANG Hua. Applied anatomy of thoracic duct at cervical part and treatment for chylous fistula after radical neck dissection[J]. Ju Jie Shou Shu Xue Za Zhi[J Reg Anat Oper Surg(Article in Chinese;Abstract in Chinese and English)],2010,19(6):471-472. DOI:10.3969/j.issn.1672-5042.2010.06.010.}

[23086] 李建华，朱生云. 双腹股沟深淋巴管静脉吻合术治疗乳糜尿的临床疗效观察[J]. 中华显微外科杂志，2011，34(6)：515-516. DOI：10.3760/cma.j.issn.1001-2036.2011.06.036. {LI Jianhua,ZHU Shengyun. Clinical observation of double inguinal deep lymphatic venous anastomosis in the treatment of chyluria[J]. Zhonghua Xian Wei Wai Ke Za Zhi[Chin J Microsurg(Article in Chinese;Abstract in Chinese)],2011,34(6):515-516. DOI:10.3760/cma.j.issn.1001-2036.2011.06.036.}

[23087] 徐凯峰，胡晓文，田欣伦，桂耀松，王岚，李龙芸，朱元珏. 乳糜性浆膜腔积液123例临床分析[J]. 中华医学杂志，2011，91(7)：464-468. DOI：10.3760/cma.j.issn.0376-2491.2011.07.010. {XU Kaifeng,HU Xiaowen,TIAN Xinlun,GUI Yaosong,WANG Lan,LI Longyun,LI Yuanyu. Clinical analysis of 123 cases of chylous effusion[J]. Zhonghua Yi Xue Za Zhi[Natl Med J China(Article in Chinese;Abstract in Chinese and English)],2011,91(7):464-468. DOI:10.3760/cma.j.issn.0376-2491.2011.07.010.}

[23088] 李崇敏，刘国辉，姚永华. 4例乳糜腹的诊治体会[J]. 吉林大学学报(医学版)，2011，37(4)：625. {LI Chongmin,LIU Guohui,YAO Yonghua. Diagnosis and treatment of 4 cases of chyloabdomen[J]. Ji Lin Da Xue Xue Bao(Yi Xue Ban)[J Jilin Univ Med Ed(Article in Chinese;Abstract in Chinese)],2011,37(4):625.}

[23089] 关清，李信晓，任超，周涛，马琳璐，付升旗. 乳糜池位置变异1例[J]. 中国临床解剖学杂志，2012，30(5)：563. {GUAN Qing,LI Xinxiao,REN Chao,ZHOU Tao,MA Linlu,FU Shengqi. A case of cisterna chyli with positional variation[J]. Zhongguo Lin Chuang Jie Pou Xue Za Zhi[Chin J Clin Anat(Article in Chinese;No abstract available)],2012,30(5):563.}

[23090] 张居文，陈萍，杨牟，孙林，车海杰，勇俊，李鲁滨，宋富波. 淋巴显像及术中γ探测结合专利蓝Ⅴ染色预防腹股沟区切口淋巴瘘[J]. 中华实验外科杂志，2012，29(10)：2073-2075. DOI：10.3760/cma.j.issn.1001-9030.2012.10.069. {ZHANG Juwen,CHEN Ping,YANG Mou,SUN Lin,CHE Haijie,YONG Jun,LI Lubin,SONG Fubo. The clinical analysis of radioclide imaging and patent blue Ⅴ in prevention of lymphorrhea after operations in fold inguen's space prospective randomized trial[J]. Zhonghua Shi Yan Wai Ke Za Zhi[Chin J Exp Surg(Article in Chinese;Abstract in Chinese and English)],2012,29(10):2073-2075. DOI:10.3760/cma.j.issn.1001-9030.2012.10.069.}

[23091] 信建峰，孙宇光，夏松，常鲲，朱研，刘昕，安然，沈文彬. 直接淋巴管造影术在原发性乳糜尿诊断中的应用[J]. 中华医学杂志，2013，93(28)：2212-2214. DOI：10.3760/cma.j.issn.0376-2491.2013.28.010. {XIN Jianfeng,SUN Yuguang,XIA Song,CHANG Kun,ZHU Yan,LIU Xin,AN Ran,SHEN Wenbin. Application of direct lymphangiography in the diagnosis of primary chyluria[J]. Zhonghua Yi Xue Za Zhi[Natl Med J China(Article in Chinese;Abstract in Chinese and English)],2013,93(28):2212-2214. DOI:10.3760/cma.j.issn.0376-2491.2013.28.010.}

[23092] 张银高，王行环，曾俊，罗仪，黄静宇，谭大清. 乳糜尿肾周淋巴管分布规律及临床意义[J]. 中华实验外科杂志，2014，31(7)：1597-1600. DOI：10.3760/cma.j.issn.1001-9030.2014.07.073. {ZHANG Yingao,WANG Xinghuan,ZENG Jun,LUO Yi,HUANG Jingyu,TAN Daqing. The distribution and clinic relevance of lymphatic vessels in the perinephric space of patients with chyluria[J]. Zhonghua Shi Yan Wai Ke Za Zhi[Chin J Exp Surg(Article in Chinese;Abstract in Chinese and English)],2014,31(7):1597-1600. DOI:10.3760/cma.j.issn.1001-9030.2014.07.073.}

[23093] 汪凯，王明刚，赵李平，钟晓红，褚燕军，杜晓扬. 持续负压封闭引流预防腹股沟淋巴结清扫术后淋巴漏[J]. 中华整形外科杂志，2014，30(4)：262-264. DOI：10.3760/cma.j.issn.1009-4598.2014.04.007. {WANG Kai,WANG Minggang,ZHAO Liping,ZHONG Xiaohong,CHU Yanjun,DU Xiaoyang. The role of continuous vacuum sealing drainage in the prevention of lymph leakage after inguinal lymph nodes dissection[J]. Zhonghua Zheng Xing Wai Ke Za Zhi[Chin J Plast Surg(Article in Chinese;Abstract in Chinese and English)],2014,30(4):262-264. DOI:10.3760/cma.j.issn.1009-4598.2014.04.007.}

[23094] 南琳，王江，张永久，史衍辉. 分化型甲状腺癌颈淋巴结清扫术后淋巴漏治疗体会[J]. 中国实用外科杂志，2015，35(5)：556-556. DOI：10.7504/CJPS.ISSN1005-2208.2015.05.30. {NAN Lin,WANG Jiang,ZHANG Yongjiu,SHI Yanhui. Treatment experience of lymphatic leakage after cervical lymph node dissection for differentiated thyroid cancer[J]. Zhongguo Shi Yong Wai Ke Za Zhi[Chin J Pract Surg(Article in Chinese;No abstract available)],2015,35(5):556-556. DOI:10.7504/CJPS.ISSN1005-2208.2015.05.30.}

[23095] 周锦鸽，马建军，孙茹茹，徐思源，张冰玉，潘少游，许益超，平杰铭. 右位型胸导管伴网状乳糜池1例[J]. 中国临床解剖学杂志，2016，34(1)：95. DOI：10.13418/j.issn.1001-165x.2016.01.031. {ZHOU Jinge,MA Jianjun,SUN Ruru,XU Siyuan,ZHANG Bingyu,PAN Shaoyou,XU Yichao,PING Jieming. A case of right thoracic duct with riticular cisterna chyli[J]. Zhongguo Lin Chuang Jie Pou Xue Za Zhi[Chin J Clin Anat(Article in Chinese;No abstract available)],2016,34(1):95. DOI:10.13418/j.issn.1001-165x.2016.01.031.}

[23096] 刘兰涛，张超，朱瑜洁，周跃. 腰椎前路手术致乳糜漏1例[J]. 局解手术学杂志，2017，26(4)：308-309. DOI：10.11659/jjssx.11E016035. {LIU Lantao,ZHANG Chao,ZHU Yujie,ZHOU Yue. Chylous leakage following anterior lumbar spinal surgery:a case report[J]. Ju Jie Shou Shu Xue Za Zhi[J Reg Anat Oper Surg(Article in Chinese;Abstract in Chinese and English)],2017,26(4):308-309. DOI:10.11659/jjssx.11E016035.}

[23097] 刘定益，夏维木，王健，黄海栋，唐崎，周燕峰，俞家顺，李文敏，王名伟，夏宇，周文龙. 足背淋巴管造影在乳糜尿患者诊断和治疗中的作用[J]. 中华泌尿外科杂志，2018，39(6)：446-450. DOI：10.3760/cma.j.issn.1000-6702.2018.06.011. {LIU Dingyi,XIA Weimu,WANG Jian,HUANG Haidong,TANG Qi,ZHOU Yanfeng,YU Jiashun,LI Wenmin,WANG Mingwei,XIA Yu,ZHOU Wenlong. The role of lymphography in diagnosis and treatment of chyluria[J]. Zhonghua Mi Niao Wai Ke Za Zhi[Chin J Urol(Article in Chinese;Abstract in Chinese and English)],2018,39(6):446-450. DOI:10.3760/cma.j.issn.1000-6702.2018.06.011.}

[23098] 孙团起. 甲状腺手术后颈部乳糜漏的预防及处理[J]. 中国实用外科杂志，2018，38(6)：628-630. DOI：10.19538/j.cjps.issn1005-2208.2018.06.10. {SUN Tuanqi,WU Yi. Management of chyle leakage after thyroidectomy[J]. Zhongguo Shi Yong Wai Ke Za Zhi[Chin J Pract Surg(Article in Chinese;Abstract in Chinese and English)],2018,38(6):628-630. DOI:10.19538/j.cjps.issn1005-2208.2018.06.10.}

[23099] 董凌翔，贺亮，张浩，张平，董文武，王志宏，张大林，吕承洲. 甲状腺癌中央区淋巴结清扫术后并发乳糜漏14例临床分析[J]. 中国实用外科杂志，2019，39(2)：173-177. DOI：10.19538/j.cjps.issn1005-2208.2019.02.16. {DONG Lingxiang,HE Liang,ZHANG Hao,ZHANG Ping,DONG Wenwu,WANG Zhihong,ZHANG Dalin,LV Chengzhou. Chylous leakage after thyroid cancer surgery with central lymph node dissection:a clinical analysis of 14 cases[J]. Zhongguo Shi Yong Wai Ke Za Zhi[Chin J Pract Surg(Article in Chinese;Abstract in Chinese and English)],2019,39(2):173-177. DOI:10.19538/j.cjps.issn1005-2208.2019.02.16.}

[23100] 吴丹媚，黄磊，刘法鑫，白植宝. 左颈根部乳糜囊肿的诊断与治疗：附1例报告[J]. 中国口腔颌面外科杂志，2019，17(5)：478-480. DOI：10.19438/j.cjoms.2019.05.019. {WU Danmei,HUANG Lei,LIU Faxin,BAI Zhibao. Diagnosis and treatment of chylous cyst of the left cervical root:report of one case[J]. Zhongguo Kou Qiang He Mian Wai Ke Za Zhi[Chin J Oral Maxillofac Surg(Article in Chinese;Abstract in Chinese and English)],2019,17(5):478-480. DOI:10.19438/j.cjoms.2019.05.019.}

[23101] 王勇飞，殷德涛. 高渗糖局部注射治疗甲状腺癌颈部淋巴结清扫术后淋巴漏疗效分析[J]. 中国实用外科杂志，2019，39(6)：615-618. DOI：10.19538/j.cjps.issn1005-2208.2019.06.21. {WANG Yongfei,YIN Detao. Analysis on the efficacy of hypertonic sugar local injection in the treatment of lymphatic leakage after cervical lymph node dissection for thyroid cancer[J]. Zhongguo Shi Yong Wai Ke Za Zhi[Chin J Pract Surg(Article in Chinese;Abstract in Chinese and English)],2019,39(6):615-618. DOI:10.19538/j.cjps.issn1005-2208.2019.06.21.}

7.1.6 淋巴管－静脉吻合术
lymphatic-venous anastomosis

[23102] Yuan Y,Chen LQ,Zhao Y. Anastomosis between thoracic duct and azygos vein during esophagectomy:a novel technique with 3-year follow-up[J]. World J Surg,2016,40(12):2984-2987. doi:10.1007/s00268-016-3666-z.

[23103] Tang H,Bai Y,Shen W,Zhao J. Anastomosis of the thoracic duct and the azygos vein for the treatment of recurrent chylothoraxes[J]. Eur J Cardiothorac Surg,2018,53(5):1093-1094. doi:10.1093/ejcts/ezx443.

[23104] 朱家恺，于国中，刘均墀，庞水发，黄承达. 淋巴管静脉吻合术治疗四肢淋巴水肿 [J]. 中华外科杂志，1980，18（5）：416-417. {ZHU Jiakai,YU Guozhong,LIU Junchi,PANG Shuifa,HUANG Chengda. Lymphatic-venous anastomosis for treatment of lymphedema of limbs[J]. Zhonghua Wai Ke Za Zhi[Chin J Surg(Article in Chinese;No abstract available)],1980,18(5):416-417.}

[23105] 朱家恺，于国中，刘均墀，庞水发，黄承达. 淋巴静脉吻合术治疗淋巴道阻塞性疾病 [J]. 中山医学院学报，1980，1（1）：111-114. {ZHU Jiakai,YU Guozhong,LIU Junchi,PANG Shuifa,HUANG Chengda. Lymphatic venous anastomosis for treatment of obstructive lymphatic diseases[J]. Zhong Shan Yi Xue Yuan Xue Bao[Acta Acad Med Zhong Shan(Article in Chinese;Abstract in Chinese)],1980,1(1):111-114.}

[23106] 刘五一，张涤生. 淋巴管静脉分流术 [J]. 上海医学，1981，4（8）：46-47. {LIU Wuyi,ZHANG Disheng. Lymphatic vein shunt[J]. Shanghai Yi Xue[Shanghai Med J(Article in Chinese;No abstract available)],1981,4(8):46-47.}

[23107] 辛时林，易传勋. 淋巴静脉吻合术治疗下肢淋巴水肿 [J]. 中华外科杂志，1982，20（10）：627-628. {XIN Shilin,YI Chuanxun. Lymphatic-venous anastomosis for treatment of lymphedema of lower limbs[J]. Zhonghua Wai Ke Za Zhi[Chin J Surg(Article in Chinese;No abstract available)],1982,20(10):627-628.}

[23108] 朱家恺，于国中，刘均墀，庞水发，汤海云，劳镇国. 深淋巴管静脉吻合术治疗先天性四肢淋巴水肿的初步观察 [J]. 中山医学院学报，1982，3（2）：805-808. {ZHU Jiakai,YU Guozhong,LIU Junchi,PANG Shuifa,TANG Haiyun,LAO Zhenguo. Deep lymphatico-venous anastomoses for treatment of congenital lymphoedema of limbs-a preliminary report[J]. Zhong Shan Yi Xue Yuan Xue Bao[Acta Acad Med Zhong Shan(Article in Chinese;No abstract available)],1982,3(2):805-808.}

[23109] 刘牧之，钟世镇. 淋巴管移植的显微外科解剖学研究 [J]. 显微外科，1983，6（3-4）：85. {LIU Muzhi,ZHONG Shizhen. Microsurgical anatomy of lymphatic transplantation[J]. Xian Wei Wai Ke[Chin J Microsurg(Article in Chinese;Abstract in Chinese)],1983,6(3-4):85.}

[23110] 朱家恺，汤海云，于国中，刘均墀，庞水发，劳振国. 静脉段移植桥接淋巴管的动物实验观察 [J]. 显微外科，1983，6（3-4）：59. {ZHU Jiakai,TANG Haiyun,YU Guozhong,LIU Junchi,PANG Shuifa,LAO Zhenguo. Animal experimental observation of venous segment grafting of lymphatic vessels[J]. Xian Wei Wai Ke[Chin J Microsurg (Article in Chinese;Abstract in Chinese)],1983,6(3-4):59.}

[23111] 黄伯华，巢志复，刘定益. 淋巴管静脉吻合术治疗阴囊皮肤淋巴瘘 1 例报告 [J]. 中华泌尿外科杂志，1985，6（1）：19. {HUANG Bohua,CHAO Zhifu,LIU Dingyi. A case report of lymphatic venous anastomosis for treatment of scrotal skin lymphatic fistula[J]. Zhonghua Mi Niao Wai Ke Za Zhi[Chin J Urol(Article in Chinese;No abstract available)],1985,6(1):19.}

[23112] 周建来，袁琏. 淋巴管移植的回顾与展望 [J]. 临床应用解剖学杂志，1985，3（4）：247. {ZHOU Jianlai,YUAN Lian. Review and prospect of lymphatic transplantation[J]. Lin Chuang Ying Yong Jie Pou Xue Za Zhi[J Clin Appl Anat(Article in Chinese;No abstract available)],1985,3(4):247.}

[23113] 王国英，钟世镇，刘牧之. 淋巴管收缩的实验研究及其临床意义 [J]. 显微医学杂志，1985，8（1）：30. {WANG Guoying,ZHONG Shizhen,LIU Muzhi. Experimental study of lymphatic contraction and its clinical significance[J]. Xian Wei Yi Xue Za Zhi[Chin J Microsurg (Article in Chinese;Abstract in Chinese)],1985,8(1):30.}

[23114] 鲁功成，熊旭林，邵明忠，张润清，张齐钧，陈晓春，曾甫清，肖传国. 腹股沟浅淋巴结大隐静脉吻合术 [J]. 中华外科杂志，1986，24（2）：82-83. {LU Gongcheng,XIONG Xulin,SHAO Mingzhong,ZHANG Runqing,ZHANG Qijun,CHEN Xiaochun,ZENG Fuqing,XIAO Chuanguo. Superficial inguinal lymph node great saphenous vein anastomosis[J]. Zhonghua Wai Ke Za Zhi[Chin J Surg(Article in Chinese;No abstract available)],1986,24(2):82-83.}

[23115] 张成友. 显微淋巴管静脉内插入术治疗淋巴性疾病 55 例临床观察 [J]. 中华显微外科杂志，1986，9（3）：156. {ZAHNG Chengyou. Clinical observation on 55 cases of lymphatic disease treated by microlymphatic vein insertion[J]. Zhonghua Xian Wei Wai Ke Za Zhi[Chin J Microsurg (Article in Chinese;Abstract in Chinese)],1986;9 (3):156.}

[23116] 王金堂，张小卫，毛晓岗，耿介. 显微淋巴管静脉吻合套入术治疗下肢淋巴水肿 [J]. 中华显微外科杂志，1994，17（4）：262-263，318. {WANG Jintang,ZHANG Xiaowei,MAO Xiaolan,GENG Jie. Treatment of lymphedema of the lower extremty by using the techni-que of inserting in lymphacticoven-ous anastomosis[J]. Zhonghua Xian Wei Wai Ke Za Zhi[Chin J Microsurg(Article in Chinese;Abstract in Chinese and English)],1994,17(4):262-263,318.}

[23117] 林伟龙，范永前，李连生. 淋巴管静脉吻合治疗四肢淋巴水肿远期疗效观察－附 32 例报告 [J]. 上海医学，1998，21：385-386. {LIN Weilong,FAN Yongqian,LI Liansheng. The long-term effect of in treating microlymphatico-venous anastomosis,patients with lymphedema of extremities analysis of 32 cases[J]. Shang Hai Yi Xue[Shanghai Med J(Article in Chinese;Abstract in Chinese and English)],1998,21:385-386.}

[23118] 曾伟锋，童致虹，Wei F.Chen，赵海东. 超显微淋巴管－静脉吻合术治疗乳腺癌术后上肢淋巴水肿 2 例 [J]. 实用手外科杂志，2015，29（3）：247-249. DOI：10.3969/j.issn.1671-2722.2015.03.005. {ZENG Weifeng,TONG Zhihong,Wei F.Chen,ZHAO Haidong. Supermicrosurgical lymphaticovenular anastomosis for the treatment of lymphedema in the upper extremities lymphedema secondary to breast cancer surgery:2 case reports[J]. Shi Yong Shou Wai Ke Za Zhi[Chin J Pract Hand Surg(Article in Chinese;Abstract in Chinese and English)],2015,29(3):247-249. DOI:10.3969/j.issn.1671-2722.2015.03.005.}

[23119] 侍朋举，张文龙，赵刚，李亮，蔡海峰. 改良静脉淋巴管吻合技术治疗乳腺癌术后上肢淋巴水肿 [J]. 中国修复重建外科杂志，2015，29（3）：339-342. DOI：10.7507/1002-1892.20150072. {SHI Pengju,ZHANG Wenlong,ZHAO Gang,LI Liang,CAI Haifeng. Treatment of post-mastectomy upper limb lymphedema by modified side-to-end lymphaticovenular anastomosis[J]. Zhongguo Xiu Fu Chong Jian Wai Ke Za Zhi[Chin J Repar Reconstr Surg(Article in Chinese;Abstract in Chinese and English)],2015,29(3):339-342. DOI:10.7507/1002-1892.20150072.}

[23120] 常鲲，夏松，孙宇光，信建峰，沈文彬. 联合应用抽吸减容术与淋巴静脉吻合术治疗下肢继发性淋巴水肿的临床效果 [J]. 中华外科杂志，2017，55（4）：274-278. DOI：10.3760/cma.j.issn.0529-5815.2017.04.008. {CHANG Kun,XIA Song,SUN Yuguang,XIN Jianfeng,SHEN Wenbin. Liposuction combined with lymphatico-venous anastomosis for treatment of secondary lymphedema of the lower limbs:a report of 49 cases[J]. Zhonghua Wai Ke Za Zhi[Chin J Surg(Article in Chinese;No abstract available)],2017,55(4):274-278. DOI:10.3760/cma.j.issn.0529-5815.2017.04.008.}

[23121] 盛崴宣，关雷. 罗哌卡因与氟比洛芬酯用于淋巴静脉吻合术后镇痛效果的比较 [J]. 中国微创外科杂志，2017，17（3）：245-248. DOI：10.3969/j.issn.1009-6604.2017.03.015. {SHENG Weixuan,GUAN Lei. Comparison between ropivacaine and flurbiprofen for postoperative analgesia of lymphatic venous anastomosis[J]. Zhongguo Wei Chuang Wai Ke Za Zhi[Chin J Minim Inva Surg(Article in Chinese;Abstract in Chinese and English)],2017,17(3):245-248. DOI:10.3969/j.issn.1009-6604.2017.03.015.}

[23122] 穆阑，毕晔，彭喆，李广学，刘岩，杨锴，王殊，洪楠，王茜，栾杰，穆大力，辛敏强，刘元波，宣立学，李明，钟晓杰，吴煌福，郑立平，杨庄青，张风华，刘新梅. 自体组织乳房再造及胸壁修复同期行吻合血管淋巴结组织移植及淋巴管静脉吻合治疗乳腺癌术后腋窝凹陷畸形及上肢淋巴水肿 [J]. 中华整形外科杂志，2017，33（增刊 1）：54-60. DOI：10.3760/cma.j.issn.1009-4598.2017.s1.012. {MU Lan,BI Ye,PENG Zhe,LI Guangxue,LIU Yan,YANG Kai,WANG Shu,HONG Nan,WANG Qian,LUAN Jie,MU Dali,XIN Minqiang,LIU Yuanbo,XUAN Lixue,LI Ming,ZHONG Xiaojie,WU Huangfu,ZHENG Liping,YANG Zhuangqing,ZHANG Fenghua,LIU Xinmei. Autologous tissue breast reconstructionand thoracic wall repair with microsurgical lymph node transfers and lymphatic-venous anastomoses for the treatment of mastectomy related axillary cavity deformation and upper extremity lymphedema[J]. Zhonghua Zheng Xing Wai Ke Za Zhi[Chin J Plast Surg(Article in Chinese;Abstract in Chinese and English)],2017,33(S1):54-60. DOI:10.3760/cma.j.issn.1009-4598.2017.s1.012.}

[23123] 李广学，穆阑，刘岩，彭喆，毕晔，杨锴，朱怡，王偲，臧荟然，曹赛赛，张沛阳. 吲哚菁绿淋巴造影在超显微淋巴管静脉吻合中的应用 [J]. 中华整形外科杂志，2018，34（4）：271-273. DOI：10.3760/cma.j.issn.1009-4598.2018.04.006. {LI Guangxue,MU Lan,LIU Yan,PENG Zhe,BI Ye,YANG Kai,ZHU Yi,WANG Si,ZANG Huiran,CAO Saisai,ZHANG Peiyang. Experince of supermicrosurgical lymphaticovenular anastomosis with intraoperative indocyanine green lymphangiography[J]. Zhonghua Zheng Xing Wai Ke Za Zhi[Chin J Plast Surg(Article in Chinese;Abstract in Chinese and English)],2018,34(4):271-273. DOI:10.3760/cma.j.issn.1009-4598.2018.04.006.}

[23124] 朱哲，林佳慧，黄超，徐洪亮，梅冰，李锐. 无淋巴造影的超显微淋巴管－静脉吻合术治疗肢体淋巴水肿三例 [J]. 中华显微外科杂志，2019，42（2）：193-195. DOI：10.3760/cma.j.issn.1001-2036.2019.02.025. {ZHU Zhe,LIN Jiahui,CHANG Chao,XU Hongliang,MEI Bing,LI Rui. Three cases of lymphedema of limbs treated by ultramicro lymphaticovenular anastomosis without lymphography[J]. Zhonghua Xian Wei Wai Ke Za Zhi[Chin J Microsurg(Article in Chinese;Abstract in Chinese)],2019,42(2):193-195. DOI:10.3760/cma.j.issn.1001-2036.2019.02.025.}

[23125] 姜静雯，盛崴宣，关雷. 右美托咪定在淋巴静脉吻合术臂丛神经阻滞中的应用 [J]. 中国微创外科杂志，2019，19（3）：248-250，255. DOI：10.3969/j.issn.1009-6604.2019.03.014. {JIANG Jingwen,SHENG Weixuan,GUAN Lei. Application of dexmedetomidine in brachial plexus block in lymphatic venous anastomosis[J]. Zhongguo Wei Chuang Wai Ke Za Zhi[Chin J Minim Inva Surg(Article in Chinese;Abstract in Chinese and English)],2019,19(3):248-250,255. DOI:10.3969/j.issn.1009-6604.2019.03.014.}

7.1.7 淋巴结皮瓣移植术
transplantation of lymph node flap

[23126] Can J,Cai R,Li S,Zhang D. Experimental study of lymph node auto-transplantation in rats[J]. Chin Med J,1998,111(3):239-241.

[23127] Zhang H,Chen W,Mu L,Chen R,Luan J,Mu D,Liu C,Xin M. The distribution of lymph nodes and their nutrient vessels in the groin region:an anatomic study for design of the lymph node flap[J]. Microsurgery,2014,34(7):558-561. doi:10.1002/micr.22261.

[23128] Liu HL,Chung JC. The lymph node content of supraclavicular lymph node flap:a histological study on fresh human specimens[J]. Lymphat Res Biol,2019,17(5):537-542. doi:10.1089/lrb.2018.0056.

[23129] 李平，何波，杨羿，王洪刚，秦本刚，朱庆棠，刘小林，顾立强. 血管化锁骨上窝淋巴结皮瓣移植治疗肢体淋巴水肿近期疗效 [J]. 中华显微外科杂志，2017，40（3）：218-221. DOI：10.3760/cma.j.issn.1001-2036.2017.03.003. {LI Ping,HE Bo,YANG Yi,WANG Honggang,QIAN Bengang,ZHU Qingtang,LIU Xiaolin,GU Liqiang. Short-term outcome of vascularized supraclavicular lymph nodes flap transplantation to treat the lower extremity lymphedema[J]. Zhonghua Xian Wei Wai Ke Za Zhi[Chin J Microsurg(Article in Chinese;Abstract in Chinese and English)],2017,40(3):218-221. DOI:10.3760/cma.j.issn.1001-2036.2017.03.003.}

[23130] 戴巧艳，何翠环，黄小芬，胡蓉，彭明霞，李春艳，李平，杨羿. 血管化锁骨上窝淋巴结皮瓣移植治疗下肢淋巴水肿的围手术期护理 [J]. 中华显微外科杂志，2019，42（2）：196-198. DOI：10.3760/cma.j.issn.1001-2036.2019.02.026. {DAI Qiaoyan,HE Cuihuan,HUANG Xiaofen,HU Rong,PENG Mingxia,LI Chunyan,LI Ping,YANG Yi. Perioperative nursing care of vascularized supraclavicular lymph nodes flap transplantation to treat the lower extremity lymphedema[J]. Zhonghua Xian Wei Wai Ke Za Zhi[Chin J Microsurg(Article in Chinese;Abstract in Chinese)],2019,42(2):196-198. DOI:10.3760/cma.j.issn.1001-2036.2019.02.026.}

7.2 小器官移植显微外科
microsurgical transplantation of small organs

[23131] 黄念君，方珍，张华远，吴惠英. 抗胸腺细胞血清应用于异种移植的实验研究 [J]. 中华医学杂志，1979，59（11）：665-669. {HUANG Nianjun,FANG Zhen,ZHANG Huayuan,WU Huiying. Experimental study of antithymus cell serum in allotransplantation[J]. Zhong Hua Yi Xue Za Zhi[Chin Med J(Article in Chinese;Abstract in Chinese)],1979,59(11):665.}

[23132] 编辑室. 显微外科促进了器官移植的发展 [J]. 显微外科，1980，3（4）：195. {Editorial room. Microsurgery promotes the development of organ transplantation[J]. Xian Wei Wai Ke[Chin J Microsurg(Article in Chinese;No abstract available)],1980,3(4):195.}

[23133] 夏穗生，裘法祖. 器官移植学术会议座谈会在武汉召开 [J]. 中华医学杂志，1981，61（10）：647. {XIA Suisheng,QIU Fazu. Symposium on organ transplantation in wuhan[J]. Zhong Hua Yi Xue Za Zhi[Chin Med J(Article in Chinese;No abstract available)],1981,61(10):647.}

[23134] 董方中. 为进一步提高我国器官移植工作的水平而努力 [J]. 中华器官移植杂志，1981，2（2）：65. {DONG Fangzhong. Efforts to further improve the level of organ transplantation in China[J]. Zhong HUa Qi Guan Yi Zhi Za Zhi[Chin J Organ Transplant(Article in Chinese;No abstract available)],1981,2(2):65.}

[23135] 夏穗生，章咏裳，刘恭植. 器官移植学术座谈会学术小结 [J]. 中华器官移植杂志，1981，2（2）：66-69. DOI：10.3760/cma.j.issn.0254-1785.1981.02.002. {XIA Suisheng,ZHANG Yongshang,LIU Gongzhi. Summary of academic symposium on organ and organ transplantation[J]. Zhonghua Qi Guan Yi Zhi Za Zhi[Chin J Organ Transplant (Article in Chinese;No Abstract available)],1981,2(2):66-69. DOI:10.3760/cma.j.issn.0254-1785.1981.02.002.}

[23136] 郭峰，虞紫茜，邬玉婵，胡萍. 器官移植病人排斥反应的免疫学观察 [J]. 解放军医学杂志，1982，7（3）：173. {GUO Feng,XU Ziqian,WU Yuchan,HU Ping. Immunological observation of organ transplant rejection in patients[J]. Jie Fang Jun Yi Xue Za Zhi[J Chin PLA(Article in Chinese;No

abstract available)],1982,7(3):173.}

[23137] 柏乃庆．器官冻保存的进展 [J]．中华外科杂志，1984，22（5）：310．{BAI Naiqing. Advances in organ cryopreservation[J]. Zhong Hua Wai Ke Za Zhi[Chin J Surg(Article in Chinese;No abstract available)],1984,22(5):310.}

[23138] 器官移植专题讨论会记要．中华医学杂志，1984，64（6）：338．{Notes of symposium on organ transplantation[J]. Zhong Hua Yi Xue Za Zhi[Chin Med J(Article in Chinese;No abstract available)],1984,64(6):338.}

7.2.1 甲状腺、甲状旁腺移植术
thyroid or parathyroid transplantation

[23139] CHEN Yuxin,LV Fangqi,WANG Xiaoping,MA Yulin. Parathyroid-thyroid transplantation without flushing or perfusion[J]. Transplant Proc,1998,30(7):2931-2932. doi:10.1016/s0041-1345(98)00874-4.

[23140] 陈国锐，林勇杰，刘奕山，占世光，王成恩．吻合血管的全甲状腺、甲状旁腺移植 [J]．显微外科，1979，2（4）：132．{CHEN Guorui,LIN Yongjie,LIU Yishan,ZHAN Shiguang,WANG Chengen. Total thyroid and parathyroid allograft with vascular anastomosis[J]. Xian Wei Wai Ke[Chin J Microsurg(Article in Chinese;No abstract available)],1979,2(4):132.}

[23141] 陈国锐，林勇杰，刘奕山，占世光．带血管的甲状腺甲状旁腺同种异体移植治疗甲状旁腺缺如症一例成功报告 [J]．中华器官移植杂志，1980，1（1）：46-48．DOI：10.3760/cma.j.issn.0254-1785.1980.01.017．{CHEN Guorui,LIN Yongjie,LIU Yishan,ZHAN Shiguang. Allotransplantation of thyroid and parathyroid glands with its vessels in the treatment of aparathyroidism,report of a sucessful case[J]. Zhonghua Qi Guan Yi Zhi Za Zhi[Chin J Organ Transplant(Article in Chinese;Abstract in Chinese and English)],1980,1(1):46 - 48. DOI:10.3760/cma.j.issn.0254 - 1785.1980.01.017.}

[23142] 陈国锐，林勇杰，刘奕山，占世光，曾琪华，王成恩．带血管甲状旁腺异体移植术六例报告 [J]．中华外科杂志，1981，19（8）：470-473．{CHEN Guorui,LIN Yongjie,LIU Yishan,ZHAN Shiguang,ZENG Qihua,WANG Chengen. Six cases of vascularized parathyroid allotransplantation[J]. Zhonghua Wai Ke Za Zhi[Chin J Surg(Article in Chinese;No abstract available)],1981,19(8):470-473.}

[23143] 徐达传，钟世镇，刘牧之，陶永松．用胎儿或新生儿为供体的甲状腺、甲状旁腺移植的显微外科解剖学研究．显微外科，1981，4（3-4）：100．{XU Dachuan,ZHONG Shizhen,LIU Muzhi,TAO Yongsong. Microsurgical anatomy of thyroid and parathyroid gland transplantation using fetal or neonatal donors[J]. Xian Wei Wai Ke[Chin J Microsurg(Article in Chinese;No abstract available)],1981,4(3-4):100.}

[23144] 林超鸿，王荣升，徐佑章．甲状旁腺移植（文献综述附一例报道）[J]．上海医学，1981，4（9）：46-48．{LIN Chaohong,WANG Rongsheng,XU Youzhang. Parathyroid gland transplantation[J]. Shanghai Yi Xue[Shanghai Med(Article in Chinese;No abstract available)],1981,4(9):46-48.}

[23145] 巩恩厚，卢业懋，陈其猛，严际慎．甲状旁腺移植术（附六例分析）[J]．中华外科杂志，1982，20（12）：742-743．{GONG Enhou,LU Yemao,CHEN Qimeng,YAN Jishen. Six cases of parathyroid transplantation[J]. Zhonghua Wai Ke Za Zhi[Chin J Surg(Article in Chinese;No abstract available)],1982,20(12):742 - 743.}

[23146] 蔡全忠，马玉林，韩良，王玲山，姜学海，李佩清．甲状旁腺同种异体移植（附2例报告）[J]．中华器官移植杂志，1982，3（2）：77-78．DOI：10.3760/cma.j.issn.0254-1785.1982.02.012．{CAI Quanzhong,MA Yulin,HAN Liang,WANG Lingshan,JIANG Xuehai,LI Peiqing. Allotransplantation of parathyroid glands:report of 2 cases[J]. Zhonghua Qi Guan Yi Zhi Za Zhi[Chin J Organ Transplant(Article in Chinese;Abstract in Chinese and English)],1982,3(2):77 - 78. DOI:10.3760/cma.j.issn.0254 - 1785.1982.02.012.}

[23147] 徐达传，等．用胎或新生儿为供体的甲状腺、甲状旁腺移植的显微外科解剖学研究 [J]．解剖学通报，1982，(增刊)：64．{XU Dachuan,et al. Microsurgical anatomy of thyroid and parathyroid gland transplantation using fetal or neonatal donors[J]. Jie Pou Xue Tong Bao[Chin J Anat(Article in Chinese;Abstract in Chinese)],1982,5(S1):64.}

[23148] 徐达传，钟世镇，刘牧之，陶永松．用死胎或死婴为供体的甲状腺、甲状旁腺移植的应用解剖学研究 [J]．中华器官移植杂志，1982，3（4）：173-175．DOI：10.3760/cma.j.issn.0254-1785.1982.04.011．{XU Dachuan,ZHONG Shizhen,LIU Muzhi,TAO Yongsong. Applied anatomy of thyroid and parathyroid glands from stillborn or stillborn donors[J]. Zhonghua Qi Guan Yi Zhi Za Zhi[Chin J Organ Transplant (Article in Chinese;No Abstract available)],1982,3(4):173 - 175. DOI:10.3760/cma.j.issn.0254 - 1785.1982.04.011.}

[23149] 钱允庆，林擎天，牛妞，韩蕴华，钮家森．同种甲状旁腺移植5例报告 [J]．中华器官移植杂志，1983，4（3）：134．DOI：10.3760/cma.j.issn.0254-1785.1983.03.018．{QIAN Yunqing,LIN Qingtian,NIU Niu,HAN Yunhua,NIU Jiasen. Homo - heter parathyroid transplantation:report of 5 cases[J]. Zhonghua Qi Guan Yi Zhi Za Zhi[Chin J Organ Transplant(Article in Chinese;Abstract in Chinese and English)],1983,4(3):134. DOI:10.3760/cma.j.issn.0254 - 1785.1983.03.018.}

[23150] 钱允庆．同种甲状旁腺移植五例报告 [J]．中华器官移植杂志，1983，4（3）：134．{QIAN Yunqing. Report of five parathyroid gland transplantation[J]. Zhong HUa Qi Guan Yi Zhi Za Zhi[Chin J Organ Transplant(Article in Chinese;No abstract available)],1983,4(3):134.}

[23151] 陈国锐，林勇杰，王深明．国内外甲状旁腺移植的概况 [J]．中华器官移植杂志，1984，5（4）：160-162．DOI：10.3760/cma.j.issn.0254-1785.1984.04.006．{CHEN Guorui,LIN Yongjie,WANG Shenmin. Tranplantation in parathyroid gland in china and foreign countries[J]. Zhonghua Qi Guan Yi Zhi Za Zhi[Chin J Organ Transplant(Article in Chinese;Abstract in Chinese and English)],1984,5(4):160 - 162. DOI:10.3760/cma.j.issn.0254 - 1785.1984.04.006.}

[23152] 秦兆寅，宋汝哲，李笃山，王立民，纪宗正，张强，张时．带血管甲状腺－甲状旁腺腹腔移植（附18例报告）[J]．中华器官移植杂志，1985，6（2）：67-69．DOI：10.3760/cma.j.issn.0254-1785.1985.02.010．{QIN Zhaoyan,SONG Ruzhe,LI Dushan,WANG Limin,JI Zongzheng,ZHANG Qiang,ZHANG Shi. Allotransplantation of thyrold - farathyroid glands with vascular anastomosis in abdominal cavity:report of 18 cases[J]. Zhonghua Qi Guan Yi Zhi Za Zhi[Chin J Organ Transplant(Article in Chinese;Abstract in Chinese and English)],1985,6(2):67 - 69. DOI:10.3760/cma.j.issn.0254 - 1785.1985.02.010.}

[23153] 黄凤瑞，刘拱喜，朱士俊．带血管甲状旁腺同种异体移植治疗特发性甲状旁腺功能低下症（附2例报告）[J]．中华器官移植杂志，1985，6（2）：72-73．DOI：10.3760/cma.j.issn.0254-1785.1985.02.012．{HUANG Fengrui,LIU Gongxi,ZHU Shijun. Allotransplantation of parathyroid gland with its vessels in the treatment of hypoparathyreosis:report of 2 cases[J]. Zhonghua Qi Guan Yi Zhi Za Zhi[Chin J Organ Transplant(Article in Chinese;Abstract in Chinese and English)],1985,6(2):72 - 73. DOI:10.3760/cma.j.issn.0254 - 1785.1985.02.012.}

[23154] 陈国锐，林勇杰，占世光，刘奕山，曾琪华，蓝开淦，王健，黄灿之．影响带血管甲状旁腺移植成败的因素 [J]．中华器官移植杂志，1985，6（3）：138-139．DOI：10.3760/cma.j.issn.0254-1785.1985.03.020．{CHEN Guorui,LIN Yongjie,ZHAN Shiguang,LIU Yishan,ZENG Qihua,LAN Kaigan,WANG Jian,HUANG Canzhi. The factors influencing success and failure of allotransplantation of parathyroid gland with vascular anastomosis[J]. Zhonghua Qi Guan Yi Zhi Za Zhi[Chin J Organ Transplant(Article in Chinese;Abstract in Chinese and English)],1985,6(3):138 - 139. DOI:10.3760/cma.j.issn.0254 - 1785.1985.03.020.}

[23155] 冯友贤，施群．带血管全甲状腺连同甲状旁腺异体移植治疗甲状旁腺功能低下症 [J]．中华器官移植杂志，1985，6（4）：165-166．DOI：10.3760/cma.j.issn.0254-1785.1985.04.008．{FENG Youxian,SHI Qun. Allotransplantation of total thyroid - parathyroid gland with vascular anastomosis for the treatment of hypoparathyroidism[J]. Zhonghua Qi Guan Yi Zhi Za Zhi[Chin J Organ Transplant(Article in Chinese;Abstract in Chinese and English)],1985,6(4):165 - 166. DOI:10.3760/cma.j.issn.0254 - 1785.1985.04.008.}

[23156] 王桂英，等．同种异体甲状旁腺移植治疗甲旁低（附13例报告）[J]．山东医科大学学报，1986，24（3）：71．{WANG Guiying et al.Treatment of parathyroid allograft for parathyroid hypothermia (report of 13 cases)[J]. Shandong Yi Ke Da Xue Xue Bao[J Shandong Med Univ(Article in Chinese;No abstract available)],1986,24(3):71.}

[23157] 王桂兰，张宝珠，郑宝钟，徐祇顺，李守纯，张春岑，刘云川，张鲁男，亣天伟，周显腾．同种异体甲状旁腺移植治疗甲状旁腺功能低下症13例报告 [J]．中华器官移植杂志，1987，8（1）：20-21．DOI：10.3760/cma.j.issn.0254-1785.1987.01.008．{WANG Guilan,ZHANG Baozhu,ZHENG Guozhong,XU Zhishun,LI Shouchun,ZHANG Chuncen,LIU Yunchuan,ZHANG Lunan,DA Tianwei,ZHOU Xianteng. Allotransplantation of parathyroid treating hypoparathyroidism:report of 13 cases[J]. Zhonghua Qi Guan Yi Zhi Za Zhi[Chin J Organ Transplant(Article in Chinese;Abstract in Chinese and English)],1987,8(1):20 - 21. DOI:10.3760/cma.j.issn.0254 - 1785.1987.01.008.}

[23158] 罗江明．甲状旁腺同种异体移植 [J]．中华器官移植杂志，1987，8（1）：45-48．DOI：10.3760/cma.j.issn.0254-1785.1987.01.018．{LUO Jiangming. Parathyroid allograft[J]. Zhonghua Qi Guan Yi Zhi Za Zhi[Chin J Organ Transplant(Article in Chinese;No abstract available)],1987,8(1):45 - 48. DOI:10.3760/cma.j.issn.0254 - 1785.1987.01.018.}

[23159] 马玉林，刘向红，赫英洲，杨惠滨，赵素丽．应用不灌洗法行带血管甲状腺－甲状旁腺异体异位移植治疗甲状旁腺功能低下症 [J]．中华器官移植杂志，1988，9（2）：70-72．DOI：10.3760/cma.j.issn.0254-1785.1988.02.012．{MA Yulin,LIU Xianghong,HAO Yingzhou,YANG Huibin,ZHAO Suli. Heterotopic transplantation of thyroid - parathyroid glands with its vessels without perfusion in the treatment of hypoparathyroidism[J]. Zhonghua Qi Guan Yi Zhi Za Zhi[Chin J Organ Transplant(Article in Chinese;Abstract in Chinese)],1988,9(2):70 - 72. DOI:10.3760/cma.j.issn.0254 - 1785.1988.02.012.}

[23160] 秦兆寅，李笃山，纪宗正，黎一鸣．再论带血管胎儿甲状腺－甲状旁腺腹腔移植治疗甲状旁腺功能低下症 [J]．中华器官移植杂志，1988，9（3）：108-110．DOI：10.3760/cma.j.issn.0254-1785.1988.03.006．{QIN Zhaoyin,LI Dushan,JI Zongzheng,LI Yiming. Hypoparathyroidism treated by fetal thyroidparathyroid transplantation with blood vessel[J]. Zhonghua Qi Guan Yi Zhi Za Zhi[Chin J Organ Transplant(Article in Chinese;Abstract in Chinese)],1988,9(3):108 - 110. DOI:10.3760/cma.j.issn.0254 - 1785.1988.03.006.}

[23161] 陈国锐，李晓曦，林勇杰，占世光，吴状宏．以大鼠子宫为移植区的同种甲状旁腺移植实验研究 [J]．中华器官移植杂志，1988，9（4）：165-168．DOI：10.3760/cma.j.issn.0254-1785.1988.04.011．{CHEN Guorui,LI Xiaoxi,LIN Yongjie,ZHAN Shiguang,WU Zhuanghong. Use of csa in parathyroid transplantation of wistar rats[J]. Zhonghua Qi Guan Yi Zhi Za Zhi[Chin J Organ Transplant(Article in Chinese;Abstract in Chinese)],1988,9(4):165 - 168. DOI:10.3760/cma.j.issn.0254 - 1785.1988.04.011.}

[23162] 唐世懋．带血管甲状旁腺异体移植1例 [J]．修复重建外科杂志，1988，2（2）：32．{TANG Shimao. A case of vascularized parathyroid allograft[J]. Zhongguo Xiu Fu Chong Jian Wai Ke Za Zhi[Chin J Repar Reconstr Surg(Article in Chinese;No abstract available)],1988,2(2):32.}

[23163] 罗江明，朱预，盛宏森，孔燕国，李德春．经裸鼠中间过渡的大鼠同种甲状旁腺移植 [J]．中华器官移植杂志，1989，10（3）：98-99．DOI：10.3760/cma.j.issn.0254-1785.1989.03.002．{LUO Jiangming,ZHU Yu,SHENG Hongsen,KONG Yanguo,LI Dechun. Parathyroid allograft of rats after nude mouse interim host[J]. Zhonghua Qi Guan Yi Zhi Za Zhi[Chin J Organ Transplant(Article in Chinese;Abstract in Chinese)],1989,10(3):98 - 99. DOI:10.3760/cma.j.issn.0254 - 1785.1989.03.002.}

[23164] 黄建梅，文家福，刘武红，李主一，李其训．带血管甲状旁腺异体移植二例报告 [J]．修复重建外科杂志，1989，3（2）：58．{HUANG Jianmei,WEN Jiafu,LIU Wuhong,LI Zhuyi,LI Qixun. Two case of vascularized parathyroid allograft[J]. Zhongguo Xiu Fu Chong Jian Wai Ke Za Zhi[Chin J Repar Reconstr Surg(Article in Chinese;No abstract available)],1989,3(2):58.}

[23165] 韩秀，吴树森，闻博，裴庆双，李针红，蔡林芳，辛畅太．带血管蒂的胎儿甲状腺－甲状旁腺移植治疗甲状旁腺功能减退症七例报告 [J]．中华器官移植杂志，1990，11（3）：105．DOI：10.3760/cma.j.issn.0254-1785.1990.03.005．{HAN Xiu,WU Shusen,WEN Bo,PEI Qingshuang,LI Zhenhong,CAI Linfang,XIN Changtai. Report of seven cases of hypoparathyroidism treated by vascularized fetal thyroid - parathyroid transplantation[J]. Zhonghua Qi Guan Yi Zhi Za Zhi[Chin J Organ Transplant(Article in Chinese;No abstract available)],1990,11(3):105. DOI:10.3760/cma.j.issn.0254 - 1785.1990.03.005.}

[23166] 吴剑彪，陈国锐，林勇杰，詹世光，刘奕山，黄灿之，黄雪玲，周汉城．大鼠甲状旁腺移植前的培养对移植物存活期的影响 [J]．中华器官移植杂志，1991，12（1）：8-10．DOI：10.3760/cma.j.issn.0254-1785.1991.01.005．{WU Jianbiao,CHEN Guorui,LIN Yongjie,ZHAN Shiguang,LIU Yishan,HUANG Canzhi,HUANG Xueling,ZHOU Hancheng. Influence ef culture on parathyroid gland allografting in rat[J]. Zhonghua Qi Guan Yi Zhi Za Zhi[Chin J Organ Transplant(Article in Chinese;Abstract in Chinese and English)],1991,12(1):8 - 10. DOI:10.3760/cma.j.issn.0254 - 1785.1991.01.005.}

[23167] 王桂兰，王颜刚，蒋玲，任建民，王永刚．同种异体甲状旁腺移植治疗甲状旁腺机能减退性心肌病三例报告 [J]．中华器官移植杂志，1994，15（4）：176-178．DOI：10.3760/cma.j.issn.0254-1785.1994.04.020．{WANG Guilan,WANG Yangang,JIANG Ling,REN Jianmin,WANG Yonggang. Parathyroid allograft for the treatment of hypoparathyroidic cardiopathy(3 cases report)[J]. Zhonghua Qi Guan Yi Zhi Za Zhi[Chin J Organ Transplant(Article in Chinese;Abstract in Chinese and English)],1994,15(4):176 - 178. DOI:10.3760/cma.j.issn.0254 - 1785.1994.04.020.}

[23168] 沈文律，罗义刚，李波，张锐敏，王学，吴言涛，吴和光，过韫辉，梁尽忠．先灌后切供体器官带血管胚胎甲状腺及甲状旁腺移植（附六例报告）[J]．中华器官移植杂志，1994，15（4）：179-180．DOI：10.3760/cma.j.issn.0254-1785.1994.04.021．{SHEN Wenlv,LUO Yigang,LI Bo,ZHANG Ruimin,WANG Xue,WU Yantao,WU Heguang,GUO Yunhui,LIANG Jinzhong. Transplantation of the fetal thyroid - parathyroid gland flushed before harvesting six cases report[J]. Zhonghua Qi Guan Yi Zhi Za Zhi[Chin J Organ Transplant(Article in Chinese;Abstract in Chinese and English)],1994,15(4):179 - 180. DOI:10.3760/cma.j.issn.0254 - 1785.1994.04.021.}

[23169] 熊志刚，张守竹，曹天锡，刘绍明，么崇正，万选才．异体甲状旁腺脑室内移植治疗甲状旁腺机能减退症 [J]．中华器官移植杂志，1995，16（2）：83-84．DOI：10.3760/cma.j.issn.0254-1785.1995.02.018．{XIONG Zhigang,ZHANG Shouzhu,CAO Tianxi,LIU Shaoming,YAO Chongzheng,WAN Xuancai. Intracerebroventricular transplantation of allo - parathyroid glands for the treatment of hypoparathyroidism[J]. Zhonghua Qi Guan Yi Zhi Za Zhi[Chin J Organ Transplant(Article in Chinese;Abstract in Chinese and English)],1995,16(2):83 - 84. DOI:10.3760/cma.j.issn.0254 - 1785.1995.02.018.}

[23170] 王笑云，吴宏飞，胡建民，徐兆强，应峰，睦元庚．甲状旁腺全切加前臂移植术治疗继发性甲状旁腺功能亢进 [J]．中华医学杂志，1997，77（11）：873-874．{WANG Xiaoyun,WU Hongfei,HU Jianmin,XU Zhaoqiang,YING Feng,MU Yuangeng. Total parathyroidectomy and forearm transplantation for the treatment of secondary hyperparathyroidism[J]. Zhonghua Yi Xue Za Zhi[Natl Med J China(Article in Chinese;No abstract available)],1997,77(11):873 - 874.}

[23171] 秦有，陈国锐．大鼠甲状旁腺胸腺内移植 [J]．中山医科大学学报，1997，18（S1）：53-55．{QIN You,CHEN Guorui. Intrathymic transplantation of parathyroid glands in rats[J]. Zhong Shan

Yi Ke Da Xue Xue Bao[Acad J SUMS(Article in Chinese;Abstract in Chinese)],1997,18(S1):53-55.}

[23172] 宋纯，宋一民，武林枫．人胚甲状旁腺细胞移植治疗甲状旁腺功能低下症 [J]．中华外科杂志，2000，38（9）：690．DOI：10.3760/j：issn：0529-5815.2000.09.015．{SONG Chun,SONG Yimin,WU Linfeng. Allotransplantation of cultured fetal parathyroid gland cells in treating patients with hypoparathyroidism[J]. Zhonghua Wai Ke Za Zhi[Chin J Surg(Article in Chinese;Abstract in Chinese and English)],2000,38(9):690. DOI:10.3760/j:issn:0529-5815.2000.09.015.}

[23173] 王劲松，王深明，黄灿之，詹世光，林勇杰，陈国锐．甲状旁腺瘤组织同种移植治疗甲状旁腺功能低下症初步报告 [J]．中华显微外科杂志，2002，25（2）：108-110．DOI：10.3760/cma.j.issn.1001-2036.2002.02.011．{WANG Jinsong,WANG Shenming,HUANG Canzhi ,ZHn shiguang,LIN Yongjie,CHEN Guorui. Preliminary report of the treatment of hypoparathyroidism with the allotransplantation of human parathyroid adenoma fragments[J]. Zhonghua Xian Wei Wai Ke Za Zhi[Chin J Microsurg(Article in Chinese;Abstract in Chinese)],2002,25(2):108-110. DOI:10.3760/cma.j.issn.1001-2036.2002.02.011.}

[23174] 吴宏飞，王笑云，张炜，钱立新，殷长军，胡建民，眭元庚，徐正铨．甲状旁腺全切加前臂移植术治疗肾衰继发重症甲状旁腺功能亢进（附九例报告）[J]．中华泌尿外科杂志，2002，23（3）：140-142．DOI：10.3760/j：issn：1000-6702.2002.03.004．{WU Hongfei,WANG Xiaoyun,ZHANG Wei,QIAN Lixin,YIN Changjun,HU Jianmin,SUI Yuankang,XU Zhengshuan. Surgery management of severe secondary hyperparathyroidism by parathyroidectomy combined with parathyroid tissue transplantation in forearm(report of 9 cases)[J]. Zhonghua Mi Niao Wai Ke Za Zhi[Chin J Urol(Article in Chinese;Abstract in Chinese and English)],2002,23(3):140-142. DOI:10.3760/j:issn:1000-6702.2002.03.004.}

[23175] 林乐岷，宋一民，宋纯，许评，宋春芳．微囊化新生猪甲状旁腺细胞异种移植的实验研究 [J]．中华器官移植杂志，2002，23(3)：170-172. DOI：10.3760/cma.j.issn.0254-1785.2002.03.014．{LIN Lemin,SONG Yimin,SONG Chun,XU Ping,SONG Chunfang. Successful xenotransplantation of microencapsulated newborn porcine parathyroid cells in treatment of hypoparathyroidism in rats[J]. Zhonghua Qi Guan Yi Zhi Za Zhi[Chin J Organ Transplant(Article in Chinese;Abstract in Chinese and English)],2002,23(3):170-172. DOI:10.3760/cma.j.issn.0254-1785.2002.03.014.}

[23176] 段秀庆，宋纯，许评，宋春芳．甲状旁腺细胞与睾丸 Sertoli 细胞共同移植产生免疫赦免的研究 [J]．中华器官移植杂志，2004，25（4）：215-217．DOI：10.3760/cma.j.issn.0254-1785.2004.04.008．{DUAN Xiuqing,SONG Chun,XU Ping,SONG Chunfang. Cotransplantation of parathyroid cell and allogeneic testicular sertoli cell induced immune privilege[J]. Zhonghua Qi Guan Yi Zhi Za Zhi[Chin J Organ Transplant(Article in Chinese;Abstract in Chinese and English)],2004,25(4):215-217. DOI:10.3760/cma.j.issn.0254-1785.2004.04.008.}

[23177] 凌亚非，贝抗胜，吴义方，黄幸青，陈汉钦，钟延东，黄晓云．裸鼠过渡异体甲状旁腺移植的初步报道 [J]．中华显微外科杂志，2005，28（1）：56-57．DOI：10.3760/cma.j.issn.1001-2036.2005.01.022．{LING Yafei,BEI Kangsheng,WU Yifang,HAUNG Xingqing,CHEN Hanqin,ZHONG Yandong,HUANG Xiaoyun. Preliminary report of transitional allogeneic parathyroid transplantation in nude mice[J]. Zhonghua Xian Wei Wai Ke Za Zhi[Chin J Microsurg(Article in Chinese;Abstract in Chinese)],2005,28(1):56-57. DOI:10.3760/cma.j.issn.1001-2036.2005.01.022.}

[23178] 周毅，林乐岷，宋纯，许评，宋春芳．转基因造血干细胞移植治疗小鼠甲状旁腺功能低下症的研究 [J]．中华器官移植杂志，2005，26（3）：167-170．DOI：10.3760/cma.j.issn.0254-1785.2005.03.012．{ZHOU Yi,LIN Lemin,SONG Chun,XU Ping,SONG Chunfang. Treatment of murine hypoparathyroidism with transgenetic hemopoietic stem cell transplantation[J]. Zhonghua Qi Guan Yi Zhi Za Zhi[Chin J Organ Transplant(Article in Chinese;Abstract in Chinese and English)],2005,26(3):167-170. DOI:10.3760/cma.j.issn.0254-1785.2005.03.012.}

[23179] 林辉，曹利平．微囊化甲状旁腺移植现存问题及进展 [J]．中华器官移植杂志，2005，26（7）：442-445．DOI：10.3760/cma.j.issn.0254-1785.2005.07.022．{LIN Hui,CAO Limin. Problems and progress of microencapsulated parathyroid transplantation[J]. Zhonghua Qi Guan Yi Zhi Za Zhi[Chin J Organ Transplant(Article in Chinese;No abstract available)],2005,26(7):442-445. DOI:10.3760/cma.j.issn.0254-1785.2005.07.022.}

[23180] 曹利平，汪亮．甲状旁腺移植现状及趋势 [J]．中国实用外科杂志，2008，28（3）：227-229．DOI：10.3321/j.issn：1005-2208.2008.03.030．{CAO Liping,WANG Liang. Current status and trend of parathyroid transplantation[J]. Zhongguo Shi Yong Wai Ke Za Zhi[Chin J Pract Surg(Article in Chinese;Abstract in Chinese)],2008,28(3):227-229. DOI:10.3321/j.issn:1005-2208.2008.03.030.}

[23181] 薛双峰，赵大江，段秀庆．模拟微重力下三维培养的大鼠甲状旁腺细胞与睾丸塞尔托利细胞联合移植 [J]．中华器官移植杂志，2011，32（6）：367-371．DOI：10.3760/cma.j.issn.0254-1785.2011.06.012．{XUE Shungfeng,ZAHO Dajiang,DUAN Xiuqing. Cotransplanation of parathyroid cell cultured under simulated microgravity condition and allogeneic testicular sertoli cell[J]. Zhonghua Qi Guan Yi Zhi Za Zhi[Chin J Organ Transplant(Article in Chinese;Abstract in Chinese and English)],2011,32(6):367-371. DOI:10.3760/cma.j.issn.0254-1785.2011.06.012.}

[23182] 王志宏，张浩．异体甲状旁腺移植现状与展望 [J]．中国实用外科杂志，2012，32（5）：412-414．{WANG Zhihong,ZHANG Hao. Current status and prospects of allogeneic parathyroid transplantation[J]. Zhongguo Shi Yong Wai Ke Za Zhi[Chin J Pract Surg(Article in Chinese;Abstract in Chinese)],2012,32(5):412-414.}

[23183] 王平，王勇，曹利平．甲状旁腺自体移植手术方式与功能判断 [J]．中国实用外科杂志，2012，32（5）：420-422．{WANG Ping,WANG Yong,CAO Liping. Judgment of surgical methods and functions of parathyroid autotransplantation[J]. Zhongguo Shi Yong Wai Ke Za Zhi[Chin J Pract Surg(Article in Chinese;Abstract in Chinese)],2012,32(5):420-422.}

[23184] 徐涵，袁亮，王德光，郝丽．甲状旁腺全切加前臂移植术对甲状旁腺功能亢进患者血压的影响 [J]．肾脏病与透析肾移植杂志，2014，23（2）：136-139．{XU Han,YUAN Liang,WANG Deguang,HAO Li. Effect of total parathyroidectomy with forearm autograft on blood pressure in uremic patients with secondary hyperparathyroidism[J]. Shen Zang Bing Yu Tou Xi Shen Yi Zhi Za Zhi[Chin J Nephrol,Dial Transpl(Article in Chinese;Abstract in Chinese and English)],2014,23(2):136-139.}

[23185] 陈峰，王瑞娟，游振辉．甲状腺全切除术中损伤甲状旁腺行自体移植的应用 [J]．中华实验外科杂志，2015，32(12)：3144-3146. DOI：10.3760/cma.j.issn.1001-9030.2015.12.072．{CHEN Feng,WANG Ruijuan,YOU Zhenhui. Applied value of autologous transplantation of parathyroid in the total resection of thyroid[J]. Zhonghua Shi Yan Wai Ke Za Zhi[Chin J Exp Surg(Article in Chinese;Abstract in Chinese and English)],2015,32(12):3144-3146. DOI:10.3760/cma.j.issn.1001-9030.2015.12.072.}

[23186] 朱精强，苏安平．甲状旁腺自体移植的现状及思考 [J]．中华外科杂志，2017，55（8）：566-569．DOI：10.3760/cma.j.issn.0529-5815.2017.08.002．{ZHU Jingqiang,SU Anping. Current status and consideration of parathyroid autotransplantation[J]. Zhonghua Wai Ke Za Zhi[Chin J Surg(Article in Chinese;Abstract in Chinese and English)],2017,55(8):566-569. DOI:10.3760/cma.j.issn.0529-5815.2017.08.002.}

[23187] 司丽，张森，刘桂凌，谢胜学，余立权，郝丽．甲状旁腺全切加自体移植在继发性甲状旁腺功能亢进患者中的疗效观察 [J]．肾脏病与透析肾移植杂志，2017，26（5）：426-431．DOI：10.3969/cndt.j.issn.1006-298X.2017.05.006．{SI Li,ZHANG Sen,LIU Guiling,XIE Shengxue,YU Liquan,HAO Li. Total parathyroidectomy with auto-transplantation on prognosis and quality of life in maintenance hemodialysis patients with hyperparathyroidism[J]. Shen Zang Bing Yu Tou Xi Shen Yi Zhi Za Zhi[Chin J Nephrol,Dial Transpl(Article in Chinese;Abstract in Chinese and English)],2017,26(5):426-431. DOI:10.3969/cndt.j.issn.1006-298X.2017.05.006.}

[23188] 向俊．甲状旁腺自体移植术发展历程及展望 [J]．中国实用外科杂志，2018，38（6）：687-689，700．DOI：10.19538/j.cjps.issn1005-2208.2018.06.25．{XIANG Jun. Development course and prospect of parathyroid autotransplantation[J]. Zhongguo Shi Yong Wai Ke Za Zhi[Chin J Pract Surg(Article in Chinese;Abstract in Chinese)],2018,38(6):687-689,700. DOI:10.19538/j.cjps.issn1005-2208.2018.06.25.}

[23189] 陶林波，章建全，蒋霞，蒋小燕，沈浩．微波消融治疗前臂甲状旁腺移植组织功能亢进 2 例并文献复习 [J]．第二军医大学学报，2018，39（11）：1240-1245．DOI：10.16781/j.0258-879x.2018.11.1240．{TAO Linbo,ZHANG Jianquan,JIANG Xia,JIANG Xiaoyan,SHEN Hao. Microwave ablation for hyperparathyroidism of forearm transplanted autograft:a report of two cases and review of literature[J]. Di Er Jun Yi Da Xue Xue Bao[Acad J Sec Mil Med Univ(Article in Chinese;Abstract in Chinese and English)],2018,39(11):1240-1245. DOI:10.16781/j.0258-879x.2018.11.1240.}

[23190] 乔楠，付庆锋，李鸿博，边学海．继发性甲状旁腺功能亢进外科治疗中甲状旁腺自体移植现状 [J]．中国实用外科杂志，2019，39（4）：379-381．DOI：10.19538/j.cjps.issn1005-2208.2019.04.23．{QIAO Nan,FU Qingfeng,LI Hongbo,BIAN Xuehai. Current status of autotransplantation of parathyroid glands in surgical treatment of secondary hyperparathyroidism[J]. Zhongguo Shi Yong Wai Ke Za Zhi[Chin J Pract Surg(Article in Chinese;Abstract in Chinese)],2019,39(4):379-381. DOI:10.19538/j.cjps.issn1005-2208.2019.04.23.}

[23191] 李国庆，孙文聪，丁超，张济，苏自杰．甲状旁腺原位保留与即刻主动自体移植术后甲状旁腺激素水平的比较 [J]．中华实验外科杂志，2019，36（4）：734-736．DOI：10.3760/cma.j.issn.1001-9030.2019.04.044．{LI Guoqing,SUN Wencong,DING Chao,ZHANG Ji,SU Zijie. Comparison of parathyroid hormone levels between orthotopic preservation of parathyroid gland and immediate active autotransplantation[J]. Zhonghua Shi Yan Wai Ke Za Zhi[Chin J Exp Surg(Article in Chinese;Abstract in Chinese and English)],2019,36(4):734-736. DOI:10.3760/cma.j.issn.1001-9030.2019.04.044.}

[23192] 陈则君，邵清，黄钱焕，周斌．甲状旁腺全切加自体移植术后复发异位甲状旁腺功能亢进 99 Tcm-MIBI SPECT/CT 双时相显像一例 [J]．中华解剖与临床杂志，2019，24（5）：505-506．DOI：10.3760/cma.j.issn.2095-7041.2019.05.017．{CHEN Zejun,SHAO Qing,HUANG Qianhuan,ZHOU Bin. 99 tcm-mibi spect/ct dual phase imaging in recurrent ectopic hyperparathyroidism after parathyroidectomy and autotransplatation:a case report[J]. Zhonghua Jie Pou Yu Lin Chuang Za Zhi[Chin J Anat Clin(Article in Chinese;Abstract in Chinese and English)],2019,24(5):505-506. DOI:10.3760/cma.j.issn.2095-7041.2019.05.017.}

[23193] 侯建忠，郭伯敏，康杰，邓先兆，盛晓华，汪年松，伍波，樊友本．甲状旁腺全切除术联合甲状旁腺自体前臂移植术治疗继发性甲状旁腺功能亢进的临床疗效 [J]．上海医学，2019，42（1）：16-20．{HOU Jianzhong,GUO Bomin,KANG Jie,DENG Xianzhao,SHENG Xiaohao,WANG Niansong,WU Bo,FAN Youben. Clinical effect of total parathyroidectomy combined with forearm autograft in uremic patients with secondary hyperparathyroidism[J]. Shang Hai Yi Xue[Shanghai Med J(Article in Chinese;Abstract in Chinese and English)],2019,42(1):16-20.}

7.2.2 肾上腺移植术
adrenal transplantation

[23194] Yu XC,Yu TL,Zhang SZ,Liu DF,Jia JH. Homotransplantation of adrenal gland[J]. Chin Med J,1991,104(6):487-490.

[23195] Miao YZ,Zhao GX,Yang TS,Gao JG,Chen YT. Adrenal autotransplantation with A-V anastomosis for treatment of Cushing's disease. A follow-up study of 31 cases[J]. Chin Med J,1991,104(7):539-542.

[23196] Xu YM,Qiao Y,Wu P,Chen ZD,Jin NT. Adrenal autotransplantation with attached blood vessels for treatment of Cushing's disease[J],J Urol,1989,141(1):6-8. doi:10.1016/s0022-5347(17)40569-6.

[23197] Xu YM,Chen ZD,Qiao Y,Jin NT. The value of adrenal autotransplantation with attached blood vessels for the treatment of Cushing's disease:a preliminary report[J]. J Urol,1992,147(5):1209-1211. doi:10.1016/s0022-5347(17)37518-3.

[23198] 张永起．肾上腺动脉的观察 [J]．广东解剖学通报，1979，1（1）：50．{ZHANG Yongqi. Observation of adrenal artery[J]. Guang Dong Jie Pou Xe Tong Bao[Anat Res(Article in Chinese;No abstract available)],1979,1(1):50.}

[23199] 徐达传，钟世镇，陶永松，刘牧之，陈子华．肾上腺移植的显微外科解剖学研究 [J]．显微外科，1981，4（3-4）：94．{XU Dachuan,ZHONG Shizhen,TAO Yongsong,LIU Muzhi,CHEN Zihua. Microsurgical anatomy of adrenal transplantation[J]. Xian Wei Wai Ke[Chin J Microsurg(Article in Chinese;No abstract available)],1981,4(3-4):94.}

[23200] 王植柔，陈坚，刘天长，陈联珊，陈红平，甘俊常，庞立，韦黄度，林碧霞，黄瑞衡．同种肾上腺移植 1 例报告 [J]．中华器官移植杂志，1982，3（3）：122-125．DOI：10.3760/cma.j.issn.0254-1785.1982.03.010．{YANG Hui,ZHANG Kecheng,CAI Wenqin. Adrenal homotransplantation:report of 1 case[J]. Zhonghua Qi Guan Yi Zhi Za Zhi[Chin J Organ Transplant(Article in Chinese;No abstract available)],1982,3(3):122-125. DOI:10.3760/cma.j.issn.0254-1785.1982.03.010.}

[23201] 徐达传，钟世镇，陶永松，刘牧之，陈子华．肾上腺移植的显微外科解剖学研究 [J]．解剖学通报，1982，5（1-2）：91．{XU Dachuan,ZHONG Shizhen,TAO Yongsong,LIU Muzhi,CHEN Zihua. Microsurgical anatomy of adrenal transplantation[J]. Jie Pou Xe Tong Bao[Chin J Anat(Article in Chinese;Abstract in Chinese)],1982,5(1-2):91.}

[23202] 沈家立，宋建达，陈炳龙，赵伟鹏，刘俊，康泰赛，李汝松．双侧肾上腺全切除术后肾上腺自体种植初步报告 [J]．中华外科杂志，1982，20（9）：556．{SHEN Jiali,SONG Jianda,CHEN Binglong,ZHAO Weipeng,LIU Jun,KANG Taisai,LI Rusong. Preliminary report of adrenal autograft after total adrenal gland resection[J]. Zhonghua Wai Ke Za Zhi[Chin J Surg(Article in Chinese;Abstract in Chinese)],1982,20(9):556.}

[23203] 徐峰拟，吴德诚．肾上腺自体种植在增生型皮质醇增多症治疗中的应用 [J]．中华外科杂志，1983，21（5）：288．{XU Fengji,WU Decheng. Application of adrenal autograft in the treatment of hypertrophic hypercortisolism[J]. Zhonghua Wai Ke Za Zhi[Chin J Surg(Article in Chinese;Abstract in Chinese)],1983,21(5):288.}

[23204] 南勋义，冯学亮．同种异体肾上腺种植治疗 Addison 氏病 [J]．中华外科杂志，1983，21（9）：523．{NAN Xunyi,FENG Xueliang. Treatment of Addison's disease by allograft adrenal transplantation[J]. Zhonghua Wai Ke Za Zhi[Chin J Surg(Article in Chinese;Abstract in Chinese)],1983,21(9):523.}

[23205] 程继义，刘士怡．肾上腺全切除并自体组织移植术治疗柯兴氏病 [J]．中华泌尿外科杂志，1984，5（3）：146-148．{CHENG Jiyi,LIU Shiyi. Total adrenalectomy and autologous tissue transplantation for cushing's disease[J]. Zhonghua Mi Niao Wai Ke Za Zhi[Chin J Urol(Article in Chinese;Abstract in Chinese)],1984,5(3):146-148.}

[23206] 虞湘才，俞天麟，刘德福．同种异体肾上腺移植 2 例报告 [J]．中华器官移植杂志，1984，5（4）：167-169．DOI：10.3760/cma.j.issn.0254-1785.1984.04.008．{YU

Xiangcai,YU Tianlin,LIU Defu. Adrenal homotransplantation:report of 2 cases[J]. Zhonghua Qi Guan Yi Zhi Za Zhi[Chin J Organ Transplant(Article in Chinese;No abstract available)],1984,5(4):167-169. DOI:10.3760/cma.j.issn.0254-1785.1984.04.008.}

[23207] **苗延宗，赵高贤，李俊卿，杨太森，陈言汤. 动脉与静脉吻合自体肾上腺移植初步报告[J]. 中华外科杂志，1985，23（6）：370-371.** {MIAO Yanzong,ZHAO Gaoxian,LI Junqing,YANG Taisen,CHEN Yantang. Preliminary report on arterial and vein anastomosis autologous adrenal transplantation[J]. Zhonghua Wai Ke Za Zhi[Chin J Surg(Article in Chinese;No abstract available)],1985,23(6):370-371.}

[23208] **张孝斌，詹炳炎，王玲珑，万瑞钦，吴漾光，吴荣扬，彭善友. 胎儿肾上腺应用解剖及采用双侧肾上腺整块移植治疗成人 Addison 氏病[J]. 中华器官移植杂志，1986，7（2）：73-74. DOI：10.3760/cma.j.issn.0254-1785.1986.02.012.** {ZHANG Xiaobin,ZHAN Bingyan,WANG Linglong,WAN Ruiqin,WU Yangguang,WU Rongyang,PENG Shanyou. Practical anatomy of fetal adrenal and transplantation of bilateral en bloc adrenals for treatment of adult addison's disease[J]. Zhonghua Qi Guan Yi Zhi Za Zhi[Chin J Organ Transplant(Article in Chinese;No abstract available)],1986,7(2):73-74. DOI:10.3760/cma.j.issn.0254-1785.1986.02.012.}

[23209] **张孝斌，詹炳炎，王玲珑，万瑞钦，吴荣扬，吴漾光，彭善友. 显微外科技术在肾上腺移植中的应用[J]. 中华显微外科杂志，1986，09（2）：80-81，117. DOI：10.3760/cma.j.issn.1001-2036.1986.02.108.** {ZHANG Xiaobin,ZHAN Bingyan,WANG Longling,WAN Ruiqin,WU Rongyang,WU Yangguang,PENG Shanyou. Application of microsurgical technique in adrenal transplantation[J]. Zhong Hua Xian Wei Wai Ke Za Zhi[Chin J Microsurg(Article in Chinese;No Abstract available)],1986,9(2):80-81,117. DOI:10.3760/cma.j.issn.1001-2036.1986.02.108.}

[23210] **李继光，徐恩多，高克明，张雪峰. 新生儿左肾上腺静脉动脉化异体移植的外科解剖[J]. 临床解剖学杂志，1987，5（2）：77-79，124. DOI：10.13418/j.issn.1001-165x.1987.02.007.** {LI Jiguang,XU Enduo,GAO Keming,ZHANG Xuefeng. Surgical anatomy of neonatal left adrenal vein arterialization allograft[J]. Lin Chuang Jie Pou Xue Za Zhi[Chin J Clin Anat(Article in Chinese;No abstract available)],1987,5(2):77-79,124. DOI:10.13418/j.issn.1001-165x.1987.02.007.}

[23211] **丁自海，魏灿. 用胎儿为供体的肾上腺移植的应用解剖学[J]. 临床解剖学杂志，1987，5（3）：148-149，189. DOI：10.13418/j.issn.1001-165x.1987.03.009.** {DING Zihai,WEI Can. Applied anatomy of adrenal gland transplantation using fetus as donor[J]. Lin Chuang Jie Pou Xue Za Zhi[Chin J Clin Anat(Article in Chinese;No abstract available)],1987,5(3):148-149,189. DOI:10.13418/j.issn.1001-165x.1987.03.009.}

[23212] **詹炳炎，张孝斌，吴荣扬，王玲珑，吴洋光，万瑞钦，金化民，高新，刘运初，张杰. 胎儿肾上腺移植治疗 Addison 氏病（附 13 例报告）[J]. 中华泌尿外科杂志，1987，8（6）：345-347.** {ZHAN Bingyan,ZHANG Xiaobin,WU Rongyang,WANG Linglong,WU Yangguang,WAN Ruixin,JIN Huamin,GAO Xin,LIU Yunchu,ZHANG Jie. Fetal adrenal gland transplantation for addison's disease[J]. Zhonghua Mi Niao Wai Ke Za Zhi[Chin J Urol(Article in Chinese;Abstract in Chinese)],1987,8(6):345-347.}

[23213] **苗延宗，赵高贤，杨太森，郑子楷，魏金星，陈言汤. 带血管的胎儿肾上腺移植二例报告[J]. 中华器官移植杂志，1987，8（2）：73-74. DOI：10.3760/cma.j.issn.0254-1785.1987.02.011.** {MIAO Yanzong,ZHAO Gaoxian,YANG Taisen,ZHENG Zikai,WEI Jinxing,CHEN Yantang. Allotransplantation of fetal adrenal gland with vascularization:a report of 2 cases[J]. Zhonghua Qi Guan Yi Zhi Za Zhi[Chin J Organ Transplant(Article in Chinese;Abstract in Chinese)],1987,8(2):73-74. DOI:10.3760/cma.j.issn.0254-1785.1987.02.011.}

[23214] **李俊卿，郝斌，朱国鸿，杨圣喜，朱景超，王福同，傅玉坤. 自体肾上腺移植治疗皮质醇症九例报告[J]. 中华外科杂志，1988，26（8）：501-502.** {LI Junqing,HAO Bin,ZHU Guohong,YANG Shengxi,ZHU Jingchao,WANG Futong,FU Yukun. A report of nine cases of treatment of cortisol with autologous adrenal transplantation[J]. Zhonghua Wai Ke Za Zhi[Chin J Surg(Article in Chinese;No abstract available)],1988,26(8):501-502.}

[23215] **俞天麟，虞湘才. 同种异体肾上腺移植（附 6 例随访观察）[J]. 中华器官移植杂志，1988，9（2）：65-67. DOI：10.3760/cma.j.issn.0254-1785.1988.02.010.** {YU Tianlin,YU Xiangcai. Transplantation of adrenal gland:a preliminary report of 6 followed-up cases[J]. Zhonghua Qi Guan Yi Zhi Za Zhi[Chin J Organ Transplant(Article in Chinese;Abstract in Chinese)],1988,9(2):65-67. DOI:10.3760/cma.j.issn.0254-1785.1988.02.010.}

[23216] **徐达传，钟世镇. 静脉动脉化肾上腺移植的应用解剖学[J]. 中华器官移植杂志，1988，9（2）：68-69. DOI：10.3760/cma.j.issn.0254-1785.1988.02.011.** {XU Dachuan,ZHONG Shizhen,LIU Muzhi,TAO Yongsong. Applied-anatomy of the adrenal transplantation with simultaneous arterized vein[J]. Zhonghua Qi Guan Yi Zhi Za Zhi[Chin J Organ Transplant(Article in Chinese;Abstract in Chinese)],1988,9(2):68-69. DOI:10.3760/cma.j.issn.0254-1785.1988.02.011.}

[23217] **徐达传，钟世镇. 静脉动脉化肾上腺移植的应用解剖学[J]. 修复重建外科杂志，1988，2（2）：234.** {XU Dachuan,ZHONG Shizhen. Applied anatomy of venous arterialized adrenal transplantation[J]. Zhongguo Xiu Fu Chong Jian Wai Ke Za Zhi[Chin J Repar Reconstr Surg(Article in Chinese;No abstract available)],1988,2(2):234.}

[23218] **苗延宗，赵高贤，杨太森，高建光，陈言汤. 动静脉吻合自体肾上腺移植 22 例远期观察[J]. 中华外科杂志，1989，27（10）：614-616.** {MIAO Yanzong,ZHAO Gaoxian,YANG Taisen,GAO Jianguang,CHEN Yantang. 22 cases report on arterial and vein anastomosis autologous adrenal transplantation[J]. Zhonghua Wai Ke Za Zhi[Chin J Surg(Article in Chinese;No abstract available)],1989,27(10):614-616.}

[23219] **徐月敏. 带血管自体肾上腺移植治疗柯兴氏病[J]. 中华泌尿外科杂志，1989，10（5）：314.** {XU Yuemin,CHEN Zengde,JI Rongjun. Allotransplantation of adrenal gland with vascularization for cushing's disease[J]. Zhonghua Mi Niao Wai Ke Za Zhi[Chin J Urol(Article in Chinese;Abstract in Chinese)],1989,10(5):314.}

[23220] **贾继浩，张绍增，刘德福，单玉喜. 采用受体腹壁下动静脉吻合的同种异体肾上腺移植（附二例报告）[J]. 中华器官移植杂志，1989，10（3）：108-109. DOI：10.3760/cma.j.issn.0254-1785.1989.03.006.** {JIA Jihao,ZHANG Shaozeng,WU Ping,CHEN Zengde,CHAN Yuxi. Adrenal transplantation with vascularity from arteria vein epigastrica inferior:report of 2 cases[J]. Zhonghua Qi Guan Yi Zhi Za Zhi[Chin J Organ Transplant(Article in Chinese;Abstract in Chinese)],1989,10(3):108-109. DOI:10.3760/cma.j.issn.0254-1785.1989.03.006.}

[23221] **徐月敏，乔勇，吴平，陈曾德，金宁恬. 肾上腺带血管自体移植治疗柯兴氏病（附一例报告）[J]. 中华器官移植杂志，1989，10（3）：110-111. DOI：10.3760/cma.j.issn.0254-1785.1989.03.008.** {XU Yuemin,QIAO Yong,WU Ping,CHEN Zengde,JIN Ningtian. Treatment of cushing's disease by adrenal autotransplantation with attached blood vessels[J]. Zhonghua Qi Guan Yi Zhi Za Zhi[Chin J Organ Transplant(Article in Chinese;Abstract in Chinese)],1989,10(3):110-111. DOI:10.3760/cma.j.issn.0254-1785.1989.03.008.}

[23222] **虞湘才，俞天麟，张绍增，刘德福，贾继浩. 同种异体肾上腺移植及其显微外科技术[J]. 中华外科杂志，1990，28（5）：268-271.** {XU Xiangcai,YU Tianlin,ZHANG Shaozeng,LIU Defu,JIA Jihao. Allogeneic adrenal gland transplantation and its microsurgical techniques[J]. Zhonghua Wai Ke Za Zhi[Chin J Surg(Article in Chinese;Abstract in Chinese)],1990,28(5):268-271.}

[23223] **徐月敏，乔勇，吴平，陈曾德，金宁恬. 肾上腺带血管自体移植治疗柯兴氏病（附 3 例报告）[J]. 中华泌尿外科杂志，1990，11（3）：136-139;179.** {XU Yuemin,QIAO Yong,WU Ping,CHEN Zengde,JIN Ningtian. Treatment of cushing's disease with autotransplantation of vascularized adrenal glands (report of 3 cases)[J]. Zhonghua Mi Niao Wai Ke Za Zhi[Chin J Urol(Article in Chinese;Abstract in Chinese)],1990,11(3):136-139;179.}

[23224] **尹明，高治忠. 同种异体肾上腺移植[J]. 中华器官移植杂志，1991，12（1）：46-48. DOI：10.3760/cma.j.issn.0254-1785.1991.01.019.** {YIN Ming,GAO Zhizhong. Allogeneic adrenal transplantation[J]. Zhonghua Qi Guan Yi Zhi Za Zhi[Chin J Organ Transplant(Article in Chinese;No abstract available)],1991,12(1):46-48. DOI:10.3760/cma.j.issn.0254-1785.1991.01.019.}

[23225] **林碧霞，冼苏，赵灼英，黄瑞衡，王植柔，陈坚，甘俊常，刘天长. 带血管肾上腺移植术后长期随访观察[J]. 中华器官移植杂志，1991，12（4）：179-181. DOI：10.3760/cma.j.issn.0254-1785.1991.04.017.** {LIN Bixia,XIAN Su,ZHAO Zhuoying,HUANG Ruiheng,WANG Zhirou,CHEN Jian,GAN Junchang,LIU Tianchang. Long term follow up of the patients with vascularized adrenal gland allografting[J]. Zhonghua Qi Guan Yi Zhi Za Zhi[Chin J Organ Transplant(Article in Chinese;Abstract in Chinese)],1991,12(4):179-181. DOI:10.3760/cma.j.issn.0254-1785.1991.04.017.}

[23226] **贾继浩，张绍增，张磊. 异体肾上腺移植选用精索静脉吻合一例[J]. 中华器官移植杂志，1992，13（3）：108. DOI：10.3760/cma.j.issn.0254-1785.1992.03.007.** {JIA Jihao,ZHANG Shaozeng,ZHANG Lei. One case of spermatic vein anastomosis for allogeneic adrenal transplantation[J]. Zhonghua Qi Guan Yi Zhi Za Zhi[Chin J Organ Transplant(Article in Chinese;No abstract available)],1992,13(3):108. DOI:10.3760/cma.j.issn.0254-1785.1992.03.007.}

[23227] **杨锦建，高建光，张卫星，苗延宗. 大鼠肾上腺自体肾被膜下移植的研究[J]. 中华实验外科杂志，1994，11（6）：201-202，258.** {YANG Jinjian,GAO Jianguang,ZHANG Weixing,MIAO Yanzong. An experimental study on autotrans-plantation of rat adrenal gland tissue to thesubrenal capsule[J]. Zhonghua Shi Yan Wai Ke Za Zhi[Chin J Exp Surg(Article in Chinese;Abstract in Chinese)],1994,11(6):201-202,258.}

[23228] **吕军，谭尚恒，苗延宗. 同种胎鼠肾上腺组织移植的实验研究[J]. 中华器官移植杂志，1994，15（2）：52-54. DOI：10.3760/cma.j.issn.0254-1785.1994.02.002.** {LV Jun,TAN Shangheng,MIAO Yanzong. Experimental study of fetal adrenal tissue allotransplantation in rats[J]. Zhonghua Qi Guan Yi Zhi Za Zhi[Chin J Organ Transplant(Article in Chinese;Abstract in Chinese)],1994,15(2):52-54. DOI:10.3760/cma.j.issn.0254-1785.1994.02.002.}

[23229] **刘天长，黄伟华，冼苏，甘俊常，杨占斌，罗佐杰. 带血管去髓质肾上腺自体移植一例报告[J]. 中华泌尿外科杂志，1995，16（11）：697.** {LIU Tianchang,HUANG Weihua,XIAN Su,GAN Junchang,YANG Zhanbin,LUO Zuojie. A case report of autotransplantation of vascularized demedullated adrenal glands[J]. Zhonghua Mi Niao Wai Ke Za Zhi[Chin J Urol(Article in Chinese;Abstract in Chinese)],1995,16(11):697.}

[23230] **刘定益，齐世杰，徐大生，陈惠方. 鼠带蒂肾上腺自体移植术的研究[J]. 中华实验外科杂志，2000，17（6）：546-547. DOI：10.3760/j.issn：1001-9030.2000.06.027.** {LIU Dingyi,QI Shijie,XU Dasheng,CHEN Huifang. Adrenal allotransplantation with vessel anastomosis in rat[J]. Zhonghua Shi Yan Wai Ke Za Zhi[Chin J Exp Surg(Article in Chinese;Abstract in Chinese)],2000,17(6):546-547. DOI:10.3760/j.issn:1001-9030.2000.06.027.}

[23231] **刘定益，QI，Shijie，XU，Dasheng，CHEN，Huifang. 大鼠肾上腺移植的实验研究[J]. 中华器官移植杂志，2001，22（4）：241-243. DOI：10.3760/cma.j.issn.0254-1785.2001.04.018.** {LIU Dingyi,QI,Shijie,XU,Dasheng,CHEN,Huifang. Experimental study of adrenal allotransplantation in rats[J]. Zhonghua Qi Guan Yi Zhi Za Zhi[Chin J Organ Transplant(Article in Chinese;Abstract in Chinese and English)],2001,22(4):241-243. DOI:10.3760/cma.j.issn.0254-1785.2001.04.018.}

[23232] **刘定益，齐世杰，徐大生，陈惠方. 雷帕霉素延长大鼠同种异体肾上腺移植物存活的作用[J]. 中华实验外科杂志，2002，19（1）：66-67. DOI：10.3760/j.issn：1001-9030.2002.01.030.** {LIU Dingyi,QI Shijie,XU Dasheng,CHEN Huifang. The effect of rapamycin in prologation of adrenal allograft survival in the rat[J]. Zhonghua Shi Yan Wai Ke Za Zhi[Chin J Exp Surg(Article in Chinese;Abstract in Chinese)],2002,19(1):66-67. DOI:10.3760/j.issn:1001-9030.2002.01.030.}

[23233] **王平贤. 肾上腺移植[J]. 中华泌尿外科杂志，2003，24(9)：642-644. DOI：10.3760/j：issn：1000-6702.2003.09.021.** {WANG Pingxian. Adrenal transplantation[J]. Zhonghua Mi Niao Wai Ke Za Zhi[Chin J Urol(Article in Chinese;Abstract in Chinese)],2003,24(9):642-644. DOI:10.3760/j:issn:1000-6702.2003.09.021.}

[23234] **吴天鹏，张孝斌，程帆，詹炳炎. 同种肾上腺移植治疗 Addison 病 15 年回顾（附九例报告）[J]. 中华器官移植杂志，2003，24（6）：373-374. DOI：10.3760/cma.j.issn.0254-1785.2003.06.018.** {WU Tianpeng,ZHANG Xiaobin,CHENG Fan,ZHAN Bingyan. A review of transplantation of adrenals for the treatment of addison's disease in the past 15 years[J]. Zhonghua Qi Guan Yi Zhi Za Zhi[Chin J Organ Transplant(Article in Chinese;Abstract in Chinese and English)],2003,24(6):373-374. DOI:10.3760/cma.j.issn.0254-1785.2003.06.018.}

[23235] **董德鑫，李汉忠，严维刚. 自体肾上腺移植治疗难治性库欣病临床疗效分析[J]. 中华泌尿外科杂志，2010，31(3)：149-152. DOI：10.3760/cma.j.issn.1000-6702.2010.03.001.** {DONG Dexin,LI Hanzhong,YAN Weigang. Evaluation of adrenal autotransplantation for the treatment of persistent cushing's disease[J]. Zhonghua Mi Niao Wai Ke Za Zhi[Chin J Urol(Article in Chinese;Abstract in Chinese and English)],2010,31(3):149-152. DOI:10.3760/cma.j.issn.1000-6702.2010.03.001.}

7.2.3 生殖腺移植术
genital gland transfer

[23236] Zhan B,Wang L,Zhang X,Sun Y,Chen M. Homotransplantation of testis:experimental study and clinical practice (13 case reports)[J]. Transplant Proc,1988,20(1 Suppl 1):918-921.

[23237] Zhan BY,Wang LL,Zhang XB,Zhang J,Gao X. Advances of homotransplantation of testes in China[J]. Chin Med J,1993,106(7):486-488.

[23238] Zhao GX,Bai YX,Yang TS,He CQ,Chen YT,Qiao BP,Jiang HY. Homotransplantation of testis. A report of 11 cases[J]. Chin Med J,1993,106(12):907-910.

[23239] **朱家恺，黄承达，于国中，刘均墀，张志英，方悦行，庄广伦. 吻合血管的卵巢异体移植[J]. 显微外科，1980，3（4）：200-203. DOI：10.3760/cma.j.issn.1001-2036.1980.04.105.** {ZHU Jiakai,HUANG Chengda,YU Guozhong,LIU Junchi,ZHANG Zhiying,FANG Yuexing,ZHUANG Guanglun. Anastomosed ovarian allograft[J]. Xian Wei Wai Ke[Chin J Microsurg(Article in Chinese;No abstract available)],1980,3(4):200-203. DOI:10.3760/cma.j.issn.1001-2036.1980.04.105.}

[23240] **于德昌. 微血管吻合技术在睾丸自体移植中的应用（文摘）[J]. 中华小儿外科杂志，1981，2（1）：63.** {YU Dechang. Application of microvascular anastomosis in testicular autotransplantation (Abstract)[J]. Zhong Hua Xiao Er Wai Ke Za Zhi[Chin J Pediat Surg (Article in Chinese;No abstract available)],1981,2(1):63.}

[23241] **赵伟鹏，刘俊，沈家立. 睾丸自体移植术一例报告[J]. 中华外科杂志，1982，20（6）：351.** {ZHAO Pengwei,LIU Jun,SHEN Jiali. A case report of testicular autotransplantation[J]. Zhonghua Wai Ke Za Zhi[Chin J Surg(Article in Chinese;No abstract available)],1982,20(6):351.}

[23242] 巢志复，刘定益，黄伯华，车文骏. 自体睾丸移植[J]. 中华外科杂志，1982，20(6)：368. {CHAO Zhifu,LIU Dingyi,HUANG Bohua,CHE Wenjun. Autologous testicular transplantation[J]. Zhonghua Wai Ke Za Zhi[Chin J Surg(Article in Chinese;No abstract available)],1982,20(6):368.}

[23243] 王益鑫，吴家骏，戴胜国. 睾丸移植[J]. 中华器官移植杂志，1982，3(4)：188-190. DOI：10.3760/cma.j.issn.0254-1785.1982.04.016. {WANG Yixin,WU Jiajun,DAI Shenghuo. Testis transplantation[J]. Zhonghua Qi Guan Yi Zhi Za Zhi[Chin J Organ Transplant(Article in Chinese;No abstract available)],1982,3(4):188-190. DOI:10.3760/cma.j.issn.0254-1785.1982.04.016.}

[23244] 徐达传，钟世镇，刘牧之，陶永松，陈子华. 性腺移植的显微外科解剖学研究[J]. 显微外科，1982，5(3-4)：100. {XU Dachuan,ZHONG Shizhen,LIU Muzhi,TAO Yongsong,CHEN Zihua. Microsurgical anatomy of gonad transplantation[J]. Xian Wei Wai Ke[Chin J Microsurg(Article in Chinese;No abstract available)],1982,5(3-4):100.}

[23245] 陈立章，于德昌，刘人晨，侯薇. 双侧睾丸自体移植治疗腹腔内隐睾[J]. 中华外科杂志，1983，21(5)：277. {CHEN Lizhang,YU Dechang,LIU Renchen,HOU Wei. Bilateral testicular autotransplantation for the treatment of cryptorchidism in abdominal cavity[J]. Zhonghua Wai Ke Za Zhi[Chin J Surg(Article in Chinese;No abstract available)],1983,21(5):277.}

[23246] 巢志复，刘定益，黄伯华，车文骏，经浩，庄培运. 睾丸自体移植(附六例报告)[J]. 中华医学杂志，1983，63(12)：757-759. {CHAO Zhifu,LIU Dingyi,HUANG Bohua,CHE Wenjun,JING Hao,ZHUANG Peiyun. Testicular autotransplantation (a report of six cases)[J]. Zhonghua Yi Xue Za Zhi[Natl Med J China(Article in Chinese;Abstract in Chinese)],1983,63(12):757-759.}

[23247] 叶一泉，林鸿侠，俞长爱，庄建良，陈丽燕. 睾丸自体移植一例报告[J]. 中华泌尿外科杂志，1983，4(1)：56. {YE Yiquan,LIN Hongxia,YU Changai,ZHUANG Jianliang,CHEN Liyan. A case report of testicle autotransplantation[J]. Zhong Hua Mi Niao Wai Ke Za Zhi[Chin J Urol(Article in Chinese;No abstract available)],1983,4(1):56.}

[23248] 王玲珑，詹炳炎. 同种异体睾丸移植一例报告[J]. 中华外科杂志，1984，22(9)：515. {WANG Linglong,ZHAN Bingyan. A case report of allogeneic testis transplantation[J]. Zhonghua Wai Ke Za Zhi[Chin J Surg(Article in Chinese;No abstract available)],1984,22(9):515.}

[23249] 曹泽贵. 自体睾丸移植治疗小儿隐睾七例报告[J]. 中华外科杂志，1984，22(9)：536. {CAO Zegui. Report of seven cases of infantile cryptorchidism treated by autologous testis transplantation[J]. Zhonghua Wai Ke Za Zhi[Chin J Surg(Article in Chinese;No abstract available)],1984,22(9):536.}

[23250] 杨育超，任宏造. 自体睾丸移植术——附5例报告[J]. 中华泌尿外科杂志，1984，5(2)：113. {YANG Yuchao,REN Hongzao. Autologous testicular transplantation-report of 5 cases[J]. Zhonghua Mi Niao Wai Ke Za Zhi[Chin J Urol(Article in Chinese;Abstract in Chinese)],1984,5(2):113.}

[23251] 王玲珑，詹炳炎，万瑞钦，吴漾光，吴荣杨，刘世清. 同种睾丸移植(附4例报告)[J]. 中华器官移植杂志，1984，5(4)：176-178. DOI：10.3760/cma.j.issn.0254-1785.1984.04.011. {WANG Linglong,ZHAN Bingyan,WAN Ruiqin,WU Yangguang,WU Rongyang,LIU Shiqing. Homotransplantation of the testis:report of 4 cases[J]. Zhonghua Qi Guan Yi Zhi Za Zhi[Chin J Organ Transplant(Article in Chinese;No abstract available)],1984,5(4):176-178. DOI:10.3760/cma.j.issn.0254-1785.1984.04.011.}

[23252] 王玲珑，詹炳炎，张孝斌. 显微外科技术应用于睾丸自体移植术[J]. 中华外科杂志，1985，23(3)：146-147. {WANG Linglong,ZHAN Bingyan,ZHANG Xiaobin. Application of microsurgery technique in testicular autotransplantation[J]. Zhonghua Wai Ke Za Zhi[Chin J Surg(Article in Chinese;No abstract available)],1985,23(3):146-147.}

[23253] 黄继锋，艾寿坤，严桂民，吴先国. 睾丸自体移植受体血管的选择[J]. 临床解剖学杂志，1986，4(1)：20-21. {HAUNG Jifeng,AI Shoukun,YAN Guimin,WU Xianguo. Selection of recipient blood vessels for testicular autotransplantation[J]. Lin Chuang Jie Pou Xue Za Zhi[Chin J Clin Anat(Article in Chinese;Abstract in Chinese)],1986,4(1):20-21.}

[23254] 王玲珑，詹炳炎，张孝斌，吴漾光，吴荣扬，万瑞钦，孙瑜，陈敏诲. 同种睾丸移植的实验与临床研究[J]. 中华外科杂志，1986，24(7)：416-418. {WANG Linglong,ZHAN Bingyan,ZHANG Xiaobin,WU Yangguang,WU Rongyang,WAN Ruiqinm SUN Yu,CHEN Minhui. Experimental and clinical research on homologous testicular transplantation[J]. Zhonghua Wai Ke Za Zhi[Chin J Surg(Article in Chinese;No abstract available)],1986,24(7):416-418.}

[23255] 唐炳炎，王玲珑，吴漾光，万瑞钦，吴荣扬，张孝斌，金化民. 显微外科技术应用于同种睾丸移植术[J]. 中华显微外科杂志，1986，9(2)：77-79. DOI：10.3760/cma.j.issn.1001-2036.1986.02.106. {ZHAN Bingyan,WANG Linglong,WU Yangguang,WAN Ruixin,WU Rongyang,ZHANG Xiaobin,JIN Huamin. Application of microsurgical techniques in testicular transplantation[J]. Zhong Hua Xian Wei Wai Ke Za Zhi[Chinese journal of microsurgery(Article in Chinese;No Abstract available)],1986,9(2):77-79. DOI:10.3760/cma.j.issn.1001-2036.1986.02.106.}

[23256] 刘昌荣，王勉刚，黄继锋，吴先国. 显微外科技术在小儿睾丸自体移植的应用[J]. 中华显微外科杂志，1986，9(4)：212-213. DOI：10.3760/cma.j.issn.1001-2036.1986.04.111. {LIU Changrong,WANG Miangang,HUANG Jifeng,WU Xianguo. Application of microsurgical technique in autotransplantation of testis in children[J].Zhong Hua Xian Wei Wai Ke Za Zhi[Chin J Microsurg(Article in Chinese;No Abstract available)],1986,9(4):212-213. DOI:10.3760/cma.j.issn.1001-2036.1986.04.111.}

[23257] 赵建军，胡仁昭，罗永湘. 睾丸及其血管的应用解剖[J]. 中华显微外科杂志，1986，9(3)：168-170. DOI：10.3760/cma.j.issn.1001-2036.1986.03.122. {ZHAO Jianjun,HU Renzhao,LUO Yongxiang. Applied anatomy of testicles and their blood vessels[J]. Zhong Hua Xian Wei Wai Ke Za Zhi[Chinese journal of microsurgery(Article in Chinese;No Abstract available)].1986,9(3):168-170. DOI:10.3760/cma.j.issn.1001-2036.1986.03.122.}

[23258] 周名流，詹炳炎，王玲珑. 睾丸移植受者血管的选择及其临床意义[J]. 中华泌尿外科杂志，1987，8(1)：11. {ZHOU Mingliu,ZHAN Bingyan,WANG Linglong. Selection of blood vessels in testicular transplant recipients and its clinical significance[J]. Zhonghua Mi Niao Wai Ke Za Zhi[Chin J Urol(Article in Chinese;No abstract available)],1987,8(1):11.}

[23259] 詹炳炎，王玲珑，吴洋光，吴荣扬，万瑞钦，张孝斌，金化民. 睾丸保存与尸体睾丸移植术(附5例报告)[J]. 中华泌尿外科杂志，1988，9(1)：44-46. {ZHAN Bingyan,WANG Linglong,WU Yangguang,WU Rongyang,WAN Ruiqi,ZHANG Xiaobin,JIN Huamin. Testicular preservation and cadaveric testicular transplantation (report of 5 cases)[J]. Zhonghua Mi Niao Wai Ke Za Zhi[Chin J Urol(Article in Chinese;Abstract in Chinese and English)],1988,9(1):44-46.}

[23260] 纪维德，裴继云，潘达山，程国良. 睾丸自体移植与显微外科的应用[J]. 修复重建外科杂志，1988，2(2)：172. {JI Weide,PEI Jiyun,PAN Dashan,CHENG Guoliang. Testicular autotransplantation and application of microsurgery[J]. Zhongguo Xiu Fu Chong Jian Wai Ke Za Zhi[Chin J Repar Reconstr Surg(Article in Chinese;No abstract available)],1988,2(2):172.}

[23261] 林秋华. 吻合血管的卵巢移植[J]. 修复重建外科杂志，1988，2(2)：157. {LIN Qiuhua. Vascular anastomosed ovarian transplantation[J]. Zhongguo Xiu Fu Chong Jian Wai Ke Za Zhi[Chin J Repar Reconstr Surg(Article in Chinese;No abstract available)],1988,2(2):157.}

[23262] 王玲珑，詹炳炎. 同种睾丸移植术后远期疗效观察[J]. 中华外科杂志，1989，27(11)：647-649. {WANG Linglong,ZHAN Bingyan. Observation of long-term curative effect after homologous testicular transplantation[J]. Zhonghua Wai Ke Za Zhi[Chin J Surg(Article in Chinese;No abstract available)],1989,27(11):647-649.}

[23263] 陈友辉. 双侧自体睾丸移植一例报告[J]. 中华器官移植杂志，1989，10(4)：148. DOI：10.3760/cma.j.issn.0254-1785.1989.04.003. {CHEN Youhui. A case report of bilateral autologous testis transplantation[J]. Zhonghua Qi Guan Yi Zhi Za Zhi[Chin J Organ Transplant(Article in Chinese;No abstract available)],1989,10(4):148. DOI:10.3760/cma.j.issn.0254-1785.1989.04.003.}

[23264] 曾庆有，蔡林芳，冯士民，李崇杰，赵长林，郭启振. 睾丸移植疗效观察[J]. 修复重建外科杂志，1989，3(2)：56-57. {ZENG Qingyou,CAI Linfang,FENG Shimin,LI Chongjie,ZHAO Changlin,GUO Qizhen. Observation of curative effect of testicular transplantation[J]. Zhongguo Xiu Fu Chong Jian Wai Ke Za Zhi[Chin J Repar Reconstr Surg(Article in Chinese;No abstract available)],1989,3(2):56-57.}

[23265] 朱虎义，候维华. 胎儿睾丸移植治疗原发性阳萎三例报告[J]. 中华显微外科杂志，1990，13(3)：134-135. {ZHU Huyi,HOU Weihua. Three cases of fetal testis transplantation for primary impotence[J]. Zhonghua Xian Wei Wai Ke Za Zhi[Chin J Microsurg(Article in Chinese;No abstract available)],1990,13(3):134-135.}

[23266] 宋岩峰，俞圣琦，林瑞芝，符臣学. 卵巢移植(附三例报告)[J]. 中华器官移植杂志，1990，11(1)：9-10. DOI：10.3760/cma.j.issn.0254-1785.1990.01.005. {SONG Yanfeng,YU Shengqi,LIN Ruizhi,FU Chenxue. Ovary transplantation :report of 3 cases[J]. Zhonghua Qi Guan Yi Zhi Za Zhi[Chin J Organ Transplant(Article in Chinese;No abstract available)],1990,11(1):9-10. DOI:10.3760/cma.j.issn.0254-1785.1990.01.005.}

[23267] 郑英，王美贞，孙玉珍，孟跃进，陈风苞，张书桧，付玉坤. 卵巢移植二例报告[J]. 中华器官移植杂志，1990，11(1)：11-12. DOI：10.3760/cma.j.issn.0254-1785.1990.01.006. {ZHENG Ying,WANG Meizhen,SUN Yuzhen,MENG Yuejin,CHEN Fengbao,ZHANG Shuhui,FU Yukun. Ovary transplantation:report of 2 cases[J]. Zhonghua Qi Guan Yi Zhi Za Zhi[Chin J Organ Transplant(Article in Chinese;No abstract available)],1990,11(1):11-12. DOI:10.3760/cma.j.issn.0254-1785.1990.01.006.}

[23268] 赵高贤，白悦心，等. 同种异体睾丸移植临床体会[J]. 中华显微外科杂志，1991，14(4)：196-197. {ZHAO Gaoxian,BAI Yuexin. Clinical experience of allogeneic testis transplantation[J]. Zhonghua Xian Wei Wai Ke Za Zhi[Chin J Microsurg(Article in Chinese;No abstract available)],1991,14(4):196-197.}

[23269] 王玲珑. 自体睾丸移植术治疗隐睾的远期疗效观察[J]. 中华外科杂志，1991，29(10)：637-639. {WANG Linglong. Observation on the long-term curative effect of autologous testis transplantation in the treatment of cryptorchidism[J]. Zhonghua Wai Ke Za Zhi[Chin J Surg(Article in Chinese;No abstract available)],1991,29(10):637-639.}

[23270] 于昌玉，张咸中. 吻合精索内血管的自体睾丸移植七例报告[J]. 中华显微外科杂志，1992，15(1)：25-26. {YU Chngyu,ZHANG Xianzhong. Seven cases report of autologous testis transplantation with internal spermatic cord anastomosis[J]. Zhonghua Xian Wei Wai Ke Za Zhi[Chin J Microsurg(Article in Chinese;No abstract available)],1992,15(1):25-26.}

[23271] 徐友和，吴培泉，田万成，王家琛，陈艳，于永山，赵堂海，程述德，李培富. 睾丸移植治疗外伤性双侧睾丸缺如一例[J]. 中华器官移植杂志，1992，13(4)：172. DOI：10.3760/cma.j.issn.0254-1785.1992.04.017. {XU Youhe,WU Peiquan,TIAN Wancheng,WANG Jiachen,CHEN Yan,YU Yongshan,ZHAO Tanghai,CHENG Shude,LI Peifu. Testis transplantation for treatment of traumatic bilateral testis[J]. Zhonghua Qi Guan Yi Zhi Za Zhi[Chin J Organ Transplant(Article in Chinese;No abstract available)],1992,13(4):172. DOI:10.3760/cma.j.issn.0254-1785.1992.04.017.}

[23272] 周力学，邝健全，吕超. 兔胚胎卵巢细胞团同种异体移植研究[J]. 中山医科大学学报，1992，13(4)：41-45. {ZHOU Lixue,KUANG Jianquan,LV Chao. Study on allogeneic transplantation of rabbit embryo ovary cell mass[J]. Zhong Shan Yi Ke Da Xue Xue Bao[Acad J SUMS(Article in Chinese;Abstract in Chinese)],1992,13(4):41-45.}

[23273] 王金堂，南勋义. 显微外科技术应用于同种睾丸移植术[J]. 中华显微外科杂志，1993，16(3)：175-176. {WANG Jintang,NAN Xunyi. Application of microsurgery technique in homologous testicular transplantation[J]. Zhonghua Xian Wei Wai Ke Za Zhi[Chin J Microsurg(Article in Chinese;No abstract available)],1993,16(3):175-176.}

[23274] 鲁波，詹炳炎. 同种新生大鼠睾丸组织移植的实验研究[J]. 中华外科杂志，1993，31(2)：91-93. {LU Bo,ZHAN Bingyan. Experimental study on transplantation of testis tissue in homogeneous newborn rats[J]. Zhonghua Wai Ke Za Zhi[Chin J Surg(Article in Chinese;Abstract in Chinese)],1993,31(2):91-93.}

[23275] 邹永康，杨荣明，肖民辉，齐书武，刘乔保，熊守保，杨晓华，杨华，张连元，曹坚. 同种睾丸移植二例报告[J]. 中华泌尿外科杂志，1993，14(1)：66. {ZOU Yongkong,YANG Rongming,XIAO Minhui,QI Shuwu,LIU Qiaobao,XIONG Shoubao,YANG Xiaohua,ZHANG Lianyuan,CAO Jian. Two cases report of homologous testis transplantation[J]. Zhonghua Mi Niao Wai Ke Za Zhi[Chin J Urol(Article in Chinese;No abstract available)],1993,14(1):66.}

[23276] 张云山，罗丽兰，陈实，夏文家. 大鼠卵巢输卵管移植的实验研究[J]. 中华器官移植杂志，1993，14(3)：106-108. DOI：10.3760/cma.j.issn.0254-1785.1993.03.005. {ZHANG Yunshan,LUO Lilan,CHEN Shi,XIA Wenjia. Experimental study of ovariotubal transplantation in rat[J]. Zhonghua Qi Guan Yi Zhi Za Zhi[Chin J Organ Transplant(Article in Chinese;Abstract in Chinese)],1993,14(3):106-108. DOI:10.3760/cma.j.issn.0254-1785.1993.03.005.}

[23277] 宋伯来，苏继东，卢靖荣. 早期宫颈癌自体卵巢移植及转位术后的远期随访[J]. 中华显微外科杂志，1994，17(2)：88. {SONG Bolai,SU Jidong,LU Jingrong. Long-term follow-up after autologous ovarian transplantation and transposition for early cervical cancer[J]. Zhonghua Xian Wei Wai Ke Za Zhi[Chin J Microsurg(Article in Chinese;No abstract available)],1994,17(2):88.}

[23278] 周文锋，李锦荣. 双侧隐睾行左侧睾丸下降固定右侧睾丸自体移植术一例[J]. 中华显微外科杂志，1996，19(3)：182. {ZHOU Wenfeng,LI Jinrong. A case of bilateral cryptorchidism with left testis descending and fixing right testis autotransplantation[J]. Zhonghua Xian Wei Wai Ke Za Zhi[Chin J Microsurg(Article in Chinese;No abstract available)],1996,19(3):182.}

[23279] 钱有辉，王玲珑. 睾丸移植的新进展[J]. 中华实验外科杂志，1996，13(8)：381-382. {QIAN Youhui,WANG Linglong. New progress in testicular transplantation[J]. Zhonghua Shi Yan Wai Ke Za Zhi[Chin J Exp Surg(Article in Chinese;No abstract available)],1996,13(8):381-382.}

[23280] 张祖明，陈友辉. 同种睾丸移植(附2例报告)[J]. 中华器官移植杂志，1996，17(4)：157. DOI：10.3760/cma.j.issn.0254-1785.1996.04.008. {ZHANG Zuming,CHEN Youhui. Homogeneous testicular transplantation (report of 2 cases)[J]. Zhonghua Qi Guan Yi Zhi Za Zhi[Chin J Organ Transplant(Article in Chinese;No abstract available)],1996,17(4):157. DOI:10.3760/cma.j.issn.0254-1785.1996.04.008.}

[23281] 陈诵芬，张舒，周宁，尹格平. 同种异体卵巢移植一例[J]. 中华器官移植杂志，1996，17(3)：103-104. DOI：10.3760/cma.j.issn.0254-1785.1996.03.004. {CHEN Songfen,ZHANG Shu,ZHOU Ning,YIN Geping. Allografting of ovary[J]. Zhonghua Qi Guan Yi Zhi Za Zhi[Chin J Organ Transplant(Article in Chinese;Abstract in Chinese and English)],1996,17(3):103-104. DOI:10.3760/cma.j.issn.0254-1785.1996.03.004.}

[23282] 王美祯，符远征，姜中娟，吉兆勇，刘玉珠，郑英，华海红，陈丽华. 卵巢自体移植六例[J]. 中华器官移植杂志，1997，18(4)：252. DOI：10.3760/cma.j.issn.0254-1785.1997.04.034. {WANG Meizhen,FU Yuanzheng,JIANG Zhongjuan,JI Zhaoyong,LIU Yuzhu,ZHENG Ying,HUA Haihong,CHEN Lihua. Six cases of ovarian autotransplantation[J]. Zhonghua Qi Guan Yi Zhi Za Zhi[Chin J Organ Transplant(Article in Chinese;No abstract available)],1997,18(4):252. DOI:10.3760/cma.j.issn.0254-1785.1997.04.034.}

[23283] 王忠，张元芳，刘本春. 自体睾丸移植术治疗腹腔型隐睾的远期疗效 [J]. 中华显微外科杂志，1998，21(4)：259. DOI：10.3760/cma.j.issn.1001-2036.1998.04.007.｛WANG Zhong,ZHANG Yuanfang,LIU Benchun. Long-term effect of autologous testicular transplantation in the treatment of abdominal cryptorchidism[J]. Zhonghua Xian Wei Wai Ke Za Zhi[Chin J Microsurg(Article in Chinese;Abstract in Chinese and English)],1998,21(4):259. DOI:10.3760/cma.j.issn.1001-2036.1998.04.007.｝

[23284] 李吾川，周文隆，蒋长林. 胎儿卵巢组织移植治疗卵巢早衰一例 [J]. 中华器官移植杂志，1998，19(2)：105. DOI：10.3760/cma.j.issn.0254-1785.1998.02.032.｛LI Wuchuan,ZHOU Wenlong,JIANG Changlin. A case of fetal ovarian tissue transplantation for premature ovarian failure[J]. Zhonghua Qi Guan Yi Zhi Za Zhi[Chin J Organ Transplant(Article in Chinese;No abstract available)],1998,19(2):105. DOI:10.3760/cma.j.issn.0254-1785.1998.02.032.｝

[23285] 曹金燕，史小林，诸定寿. 大鼠胚胎卵巢移植的形态与功能研究 [J]. 中华器官移植杂志，2000，21(4)：231-233. DOI：10.3760/cma.j.issn.0254-1785.2000.04.015.｛CAO Jinyan,SHI Xiaolin,ZHU Dingshou. A study on the morphology and function of fetal ovary allotransplant in rats[J]. Zhonghua Qi Guan Yi Zhi Za Zhi[Chin J Organ Transplant(Article in Chinese;Abstract in Chinese and English)],2000,21(4):231-233. DOI:10.3760/cma.j.issn.0254-1785.2000.04.015.｝

[23286] 史小林，路欣，翁静，许晴，曹金燕，诸定寿. 大鼠胚胎睾丸异体异位移植的研究 [J]. 中华器官移植杂志，2002，23(1)：26-28. DOI：10.3760/cma.j.issn.0254-1785.2002.01.009.｛SHI Xiaolin,LU Xin,WENG Jing,XU Qing,CAO Jinyan,ZHU Dingtao. The study of heterotopic allograft in fetal test is of rat[J]. Zhonghua Qi Guan Yi Zhi Za Zhi[Chin J Organ Transplant(Article in Chinese;Abstract in Chinese and English)],2002,23(1):26-28. DOI:10.3760/cma.j.issn.0254-1785.2002.01.009.｝

[23287] 谭付清，陈昭典，蒋国平，李建辉. 大鼠原位异体睾丸移植模型的建立 [J]. 中华显微外科杂志，2003，26(1)：48-49. DOI：10.3760/cma.j.issn.1001-2036.2003.01.017.｛TAN Fuqing,CHEN Zhaodian,JIANG Guoping,LI Jianhui. Establishment of rat orthotopic testis transplantation model[J]. Zhonghua Xian Wei Wai Ke Za Zhi[Chin J Microsurg(Article in Chinese;Abstract in Chinese)],2003,26(1):48-49. DOI:10.3760/cma.j.issn.1001-2036.2003.01.017.｝

[23288] 胡云飞，王玲珑，杨嗣星，刘修恒，张孝斌，詹炳炎. 带主干血管段胎儿睾丸移植术的临床应用 [J]. 中华显微外科杂志，2003，26(1)：31-32. DOI：10.3760/cma.j.issn.1001-2036.2003.01.011.｛HU Yunfei,WANG Linglong,YANG Sixing,LIU Xiuheng,ZHANG Xiaobin,ZHANG Bingyan. Clinic application of fetal testis transplantation with main vessel segment[J]. Zhonghua Xian Wei Wai Ke Za Zhi[Chin J Microsurg(Article in Chinese;Abstract in Chinese and English)],2003,26(1):31-32. DOI:10.3760/cma.j.issn.1001-2036.2003.01.011.｝

[23289] 刘风华，杨冬梓，王沂峰，梁晓萍，彭文明，曹长安，黎青，马芸，陈系古，郭忠敏. 小鼠骨髓间充质干细胞移植异体睾丸的研究 [J]. 中华男科学杂志，2005，11(7)：499-502. DOI：10.3969/j.issn.1009-3591.2005.07.005.｛LIU Fenghua,YANG Dongzi,WANG Qifeng,LIANG Xiaoping,PENG Wenming,CAO Changan,LI Qing,MA Yun,CHEN Xigu,GUO Zhongmin. Transplantation of mouse bone marrow mesenchymal stem cells into the xenogeneic testis[J]. Zhonghua Nan Ke Xue Za Zhi[Natl J Androl(Article in Chinese;Abstract in Chinese and English)],2005,11(7):499-502. DOI:10.3969/j.issn.1009-3591.2005.07.005.｝

[23290] 谭付清，陈昭典，李建辉. cuff 管套入法建立大鼠同种异体睾丸移植模型 [J]. 中华男科学杂志，2005，11(8)：594-597. DOI：10.3969/j.issn.1009-3591.2005.08.010.｛TAN Fuqing,CHEN Zhaodian,LI Jianhui. Three-cuff method for establishing an allogeneic testis transplantation model in the rat[J]. Zhonghua Nan Ke Xue Za Zhi[Natl J Androl(Article in Chinese;Abstract in Chinese and English)],2005,11(8):594-597. DOI:10.3969/j.issn.1009-3591.2005.08.010.｝

[23291] 张炜，张杰，王玲珑. 睾丸移植研究进展 [J]. 中华男科学杂志，2005，11(1)：60-63. DOI：10.3969/j.issn.1009-3591.2005.01.015.｛ZHANG Wei,ZHANG Jie,WANG Linglong. Advances in testis transplantation[J]. Zhonghua Nan Ke Xue Za Zhi[Natl J Androl(Article in Chinese;Abstract in Chinese and English)],2005,11(1):60-63. DOI:10.3969/j.issn.1009-3591.2005.01.015.｝

[23292] 张炜，王玲珑，张杰，张茨. 犬自体睾丸移植模型术式的改进 [J]. 中华男科学杂志，2005，11(5)：362-364. DOI：10.3969/j.issn.1009-3591.2005.05.010.｛ZHANG Wei,WANG Linglong,ZHANG Jie,ZHANG Ci. Modified technique of testis autotransplantation in dogs[J]. Zhonghua Nan Ke Xue Za Zhi[Natl J Androl(Article in Chinese;Abstract in Chinese and English)],2005,11(5):362-364. DOI:10.3969/j.issn.1009-3591.2005.05.010.｝

[23293] 张炜，王玲珑，张杰，张茨. 犬自体睾丸移植术式的改进 [J]. 中国修复重建外科杂志，2005，19(9)：729-732.｛ZHANG Wei,WANG Linglong,ZHANG Jie,ZHANG Ci. Modified technique of testicular autotransplantation in dogs[J]. Zhongguo Xiu Fu Chong Jian Wai Ke Za Zhi[Chin J Repar Reconstr Surg(Article in Chinese;Abstract in Chinese and English)],2005,19(9):729-732.｝

[23294] 于洁，张芳婷，蔡志明，房家智. 睾丸组织异体异位移植研究进展 [J]. 中华男科学杂志，2006，12(9)：822-825，831. DOI：10.3969/j.issn.1009-3591.2006.09.015.｛YU Jie,ZHANG Fangting,CAI Zhiming,FANG Jiazhi. Research progress in ectopic grafting of testicular tissues[J]. Zhonghua Nan Ke Xue Za Zhi[Natl J Androl(Article in Chinese;Abstract in Chinese and English)],2006,12(9):822-825,831. DOI:10.3969/j.issn.1009-3591.2006.09.015.｝

[23295] 沈芸，王增涛，陈子江，刘新民，孙文海，王利红. Beagle 犬自体子宫卵巢移植动物模型的构建 [J]. 中华显微外科杂志，2006，29(6)：450-452，插 5. DOI：10.3760/cma.j.issn.1001-2036.2006.06.017.｛SHEN Yun,WANG Zengtao,CHEN Zijiang,LIU Xinmin,SUN Wenhai,WANG Lihong. Construction of an animal model of autologous uterine and ovary transplantation in beagle dogs[J]. Zhonghua Xian Wei Wai Ke Za Zhi[Chin J Microsurg(Article in Chinese;Abstract in Chinese)],2006,29(6):450-452,insert 5. DOI:10.3760/cma.j.issn.1001-2036.2006.06.017.｝

[23296] 张勇，靳风烁，李黔生，孙红振，朱方强，张克勤. 同种异体睾丸移植术（附 12 例报告）[J]. 中华男科学杂志，2008，14(3)：248-250. DOI：10.3969/j.issn.1009-3591.2008.03.014.｛ZHANG Yong,JIN Fengshuo,LI Qiansheng,SONG Hongzhen,ZHU Fangqiang,ZHANG Keqin. Testis homotransplantation:a report of 12 cases[J]. Zhonghua Nan Ke Xue Za Zhi[Natl J Androl(Article in Chinese;Abstract in Chinese and English)],2008,14(3):248-250. DOI:10.3969/j.issn.1009-3591.2008.03.014.｝

[23297] 周玉春，黄宇烽. 睾丸移植的发展与现状 [J]. 中华男科学杂志，2008，14(11)：1035-1039.｛ZHOU Yuchun,HUANG Yufeng. Development and status quo of testis transplantation[J]. Zhonghua Nan Ke Xue Za Zhi[Natl J Androl(Article in Chinese;Abstract in Chinese and English)],2008,14(11):1035-1039.｝

[23298] 许培箴，虞斌，王秋伟，刘春玲. 兔卵巢组织移植模型的建立 [J]. 中华器官移植杂志，2008，29(4)：215-217. DOI：10.3760/cma.j.issn.0254-1785.2008.04.006.｛XU Peijian,YU Bin,WANG Qiuwei,LIU Chunling. Ovarian transplantation without vascular pedicle in rabbits:hormonal function and histological features after subcutaneous implants[J]. Zhonghua Qi Guan Yi Zhi Za Zhi[Chin J Organ Transplant(Article in Chinese;Abstract in Chinese and English)],2008,29(4):215-217. DOI:10.3760/cma.j.issn.0254-1785.2008.04.006.｝

[23299] 晁岚，姜爱芳，邓晓惠，于红玲，甄军晖. 人胎儿卵巢组织异种移植后卵母细胞的发育及成熟能力 [J]. 中国医学科学院学报，2008，30(5)：583-588，后插 4. DOI：10.3321/j.issn：1000-503X.2008.05.016.｛CHAO Gang,JIANG Aifang,DENG Xiaohui,YU Hongling,ZHEN Junhui. Capability of oocyte maturation in human cryopreserved ovarian tissue following xenografting[J]. Zhongguo Yi Xue Ke Xue Yuan Xue Bao[Acta Acad Med Sin(Article in Chinese;Abstract in Chinese and English)],2008,30(5):583-588,insert 4. DOI:10.3321/j.issn:1000-503X.2008.05.016.｝

[23300] 徐大宝，许俊磊，韩雪莹，周赛，叶启发. 大鼠胚胎卵巢原位移植的生殖内分泌功能研究 [J]. 南方医科大学学报，2011，31(10)：1757-1760. DOI：44-1627/R.20111010.1141.001.｛XU Dabao,XU Junlei,HAN Xueying,ZHOU Sai,YE Qifa. Recovery of reproductive endocrine function after orthotopic fetal ovarian allotransplantation in rats[J]. Nan Fang Yi Ke Da Xue Xue Bao[J South Med Univ(Article in Chinese;Abstract in Chinese and English)],2011,31(10):1757-1760. DOI:44-1627/R.20111010.1141.001.｝

[23301] 于璇，邓晓惠，晁岗，于红玲. 玻璃化冷冻兔卵巢组织自体移植后卵巢功能观察 [J]. 第二军医大学学报，2012，33(4)：421-424. DOI：10.3724/SP.J.1008.2012.00421.｛YU Xuan,DENG Xiaohui,CHAO Gang,YU Hongling. Observation of ovarian function after autologous implantation of vitrified ovarian tissues in female rabbits[J]. Di Er Jun Yi Da Xue Xue Bao[Acad J Sec Mil Med Univ(Article in Chinese;No abstract available)],2012,33(4):421-424. DOI:10.3724/SP.J.1008.2012.00421.｝

[23302] 李宇彬，麦庆云，李涛，周灿权. 宿主状态对人卵巢组织异种皮下移植的影响 [J]. 中山大学学报（医学科学版），2013，34(5)：681-687.｛LI Yubin,JIANG Qingyun,LI Tao,ZHOU Canquan. Influence of host state on the human ovarian tissue subcutaneous xenotransplantation[J]. Zhong Shan Da Xue Xue Bao(Yi Xue Ke Xue Ban)[J Sun Yat-Sen Univ(Med Sci)(Article in Chinese;Abstract in Chinese and English)],2013,34(5):681-687.｝

[23303] 梁晓燕，方丛，李满超，廖彩韵，黄睿，孙德娟，李俐琳，张进，Silber，Sherman Jay. 单合子双胎间部分卵巢组织原位移植及冷冻保存 [J]. 中山大学学报（医学科学版），2013，34(5)：718-721.｛LIANG Xiaoyan,FANG Cong,LI Manchao,LIAO Caiyun,HUANG Rui,SUN Dejuan,LI Lilin,ZHANG Jin,Silber,Sherman Jay. Ovarian transplantation between monozygotic twins discordant for premature ovarian failure[J]. Zhong Shan Da Xue Xue Bao(Yi Xue Ke Xue Ban)[J Sun Yat-Sen Univ(Med Sci)(Article in Chinese;Abstract in Chinese and English)],2013,34(5):718-721.｝

[23304] 李青，陈元诗，杨丽，孙愚，汪燕，朱江. 卵巢新型玻璃化冷冻保存与移植重建化疗后大鼠卵巢功能的实验研究 [J]. 中国修复重建外科杂志，2013，27(9)：1116-1121. DOI：10.7507/1002-1892.20130244.｛LI Qing,CHEN Yuanshi,YANG Li,SUN Yu,WANG Yan,ZHU Jiang. Ovarian function reconstruction by orthotopic transplantation of novel vitrification cryopreserved ovaries in chemotherapy-induced ovary damage rat model[J]. Zhongguo Xiu Fu Chong Jian Wai Ke Za Zhi[Chin J Repar Reconstr Surg(Article in Chinese;Abstract in Chinese and English)],2013,27(9):1116-1121. DOI:10.7507/1002-1892.20130244.｝

[23305] 丁岩，王翔，华克勤. 完整卵巢移植的研究进展 [J]. 上海医学，2016，39(7)：441-446.｛DING Yan,WANG Xiang,HUA Keqin[J]. Shang Hai Yi Xue[Shanghai Med J(Article in Chinese;No abstract available)],2016,39(7):441-446.｝

7.2.4 胸腺移植术
thymus transplantation

[23306] 周士福，黄承楣，际云峰，翟根娣，荣惠娟，李鸿祥. 14 例肿瘤患者胸腺移植的临床研究 [J]. 中华器官移植杂志，1985，6(2)：62-63. DOI：10.3760/cma.j.issn.0254-1785.1985.02.008.｛ZHOU Shifu,HUANG Chengmei,JI Yunfeng,QU Genti,RONG Huijuan,LI Hongxiang. Clinical investigation of thymus transplantation in tumor patients in 14 cases[J]. Zhonghua Qi Guan Yi Zhi Za Zhi[Chin J Organ Transplant(Article in Chinese;No abstract available)],1985,6(2):62-63. DOI:10.3760/cma.j.issn.0254-1785.1985.02.008.｝

[23307] 宋汝哲，王立民，张强，苗七娴，康仓均，郭润燕. 同种胸腺移植治疗晚期恶性肿瘤十例报告 [J]. 中华器官移植杂志，1985，6(2)：64-66. DOI：10.3760/cma.j.issn.0254-1785.1985.02.009.｛SONG Ruzhe,WANG Limin,ZHANG Qiang,MIAO Qixian,KANG Cangjun,GUO Runyan. Alloimplantation of thymus for advanced mallgnant tumours:report of 10 cases[J]. Zhonghua Qi Guan Yi Zhi Za Zhi[Chin J Organ Transplant(Article in Chinese;No abstract available)],1985,6(2):64-66. DOI:10.3760/cma.j.issn.0254-1785.1985.02.009.｝

[23308] 周士福，黄承楣，陈百芳. 胚胎胸腺移植治疗因胸腺瘤切除后局部放疗引起的免疫缺陷症（附一例报告）[J]. 中华器官移植杂志，1985，6(3)：129-130. DOI：10.3760/cma.j.issn.0254-1785.1985.03.016.｛ZHOU Shifu,HUANG Chengmei,CHEN Baifang. Fetal thymus transplantation for immunodeficiency resulting from thymectomy and local irradiation[J]. Zhonghua Qi Guan Yi Zhi Za Zhi[Chin J Organ Transplant(Article in Chinese;No abstract available)],1985,6(3):129-130. DOI:10.3760/cma.j.issn.0254-1785.1985.03.016.｝

[23309] 曹美菊，冯学亮，匡延龄，陈小燕，王惠芳. 胚胎胸腺移植治疗支气管哮喘（30 例临床研究报告）[J]. 中华器官移植杂志，1988，9(2)：79-80. DOI：10.3760/cma.j.issn.0254-1785.1988.02.015.｛CAO Meiju,FENG Xuelaing,KUANG Yanling,CHEN Xiaoyan,WANG Huifang. Therapy with embryo thymus transplantation for bronchial asthma:report of 30 clinic cases[J]. Zhonghua Qi Guan Yi Zhi Za Zhi[Chin J Organ Transplant(Article in Chinese;Abstract in Chinese)],1988,9(2):79-80. DOI:10.3760/cma.j.issn.0254-1785.1988.02.015.｝

[23310] 张卫，张志民，陈声远，徐公良，刘道功，刘长江，裴好勤，吴桂芳，张万银. 吻合血管的胚胎胸腺移植 [J]. 中华器官移植杂志，1989，10(3)：102-104. DOI：10.3760/cma.j.issn.0254-1785.1989.03.004.｛ZHANG Wei,ZHANG Zhimin,CHEN Shengyuan,XU Gongliang,LIU Daogong,LIU Changjiang,PEI Haoqin,WU Guifang,ZHANG Wanxi. Fetal thymus vascularized transplantation[J]. Zhonghua Qi Guan Yi Zhi Za Zhi[Chin J Organ Transplant(Article in Chinese;No abstract available)],1989,10(3):102-104. DOI:10.3760/cma.j.issn.0254-1785.1989.03.004.｝

[23311] 郭武印，周泉，李有富，梁振安，冯泽鳌，赵惠仁. 带血管胎胸腺移植治疗多发性骨髓瘤一例报告 [J]. 中华器官移植杂志，1989，10(4)：156. DOI：10.3760/cma.j.issn.0254-1785.1989.04.008.｛GUO Wuyin,ZHOU Quan,LI Fuyou,LIANG Zhenan,FENG Zeao,ZHAO Huiren. A case report of vascularized fetal thymus transplantation for multiple myeloma[J]. Zhonghua Qi Guan Yi Zhi Za Zhi[Chin J Organ Transplant(Article in Chinese;No abstract available)],1989,10(4):156. DOI:10.3760/cma.j.issn.0254-1785.1989.04.008.｝

[23312] 俞张尧，王元，陈伟，王永珍，鲍继鹏. 胸腺切除并胎儿胸腺移植治疗重症肌无力三例报告 [J]. 中华器官移植杂志，1990，11(4)：147. DOI：10.3760/cma.j.issn.0254-1785.1990.04.003.｛YU Zhangyao,WANG Yuan,CHEN Wei,WANG Yongzhen,BAO Jipeng. Three cases report of thymectomy and fetal thymus transplantation for myasthenia gravis[J]. Zhonghua Qi Guan Yi Zhi Za Zhi[Chin J Organ Transplant(Article in Chinese;No abstract available)],1990,11(4):147. DOI:10.3760/cma.j.issn.0254-1785.1990.04.003.｝

[23313] 王维娜，薛勤，等. 胎儿胰腺及胸腺联合移植治疗重度Ⅰ型糖尿病临床研究 [J]. 中华显微外科杂志，1991，14(4)：198-201.｛WANG Weina,XUE Qin. Clinical study of combined transplantation of fetal pancreas and thymus for treatment of severe type 1 diabetes[J]. Zhonghua Xian Wei Wai Ke Za Zhi[Chin J Microsurg(Article in Chinese;Abstract in Chinese)],1991,14(4):198-201.｝

[23314] 李世德，赵劲民. 吻合血管胎儿胸腺移植治疗恶性晚期骨肿瘤六例报告 [J]. 中华显微外科杂志，1993，16(3)：215-216.｛LI Shide,ZHAO Jinmin. Anastomosed vascular fetal thymus transplantation for treatment of 6 cases of malignant advanced bone tumor[J]. Zhonghua Xian Wei Wai Ke Za Zhi[Chin J Microsurg(Article in Chinese;No abstract available)],1993,16(3):215-216.｝

[23315] 李艳，于加平，曾金銮，王江. 胎儿胸腺移植有关组织学及应用解剖 [J]. 中华显微外科杂志，1994，17(1)：131-133，159.｛LI Yan,YU Jiaping,ZENG Jinjian,WANG Jiang. Appling anatomic and

histology study of vascular thymus transplantationfrom fetal donor[J]. Zhonghua Xian Wei Wai Ke Za Zhi[Chin J Microsurg(Article in Chinese;No abstract available)],1994,17(1):131-133,159.}

[23316] 孙东辉，赵光程，谭毓铨．几种胸腺移植方法对肿瘤的治疗作用 [J]．中华实验外科杂志，1995，12（3）：233–234．{SUN Donghui,ZHAO Guangcheng,TAN Yushuan. The therapeutic effect of several thymus transplantation methods on tumor[J]. Zhonghua Shi Yan Wai Ke Za Zhi[Chin J Exp Surg(Article in Chinese;Abstract in Chinese)],1995,12(3):233-234.}

[23317] 杨尔麟，陈从云，陈荣喜，何平，谢怀平，唐正芬，施丽斌．人胎胸腺移植治疗重症肌无力五例报告 [J]．中华器官移植杂志，1997，18（4）：240．DOI：10.3760/cma.j.issn.0254–1785.1997.04.025．{YANG Erlin,CHEN Congyun,CHEN Rongxi,HE Ping,XIE Huaiping,TANG Zhengfen,SHI Libin. Five cases of human fetal thymus transplantation for treatment of myasthenia gravis[J]. Zhonghua Qi Guan Yi Zhi Za Zhi[Chin J Organ Transplant(Article in Chinese;No abstract available)],1997,18(4):240. DOI:10.3760/cma.j.issn.0254-1785.1997.04.025.}

[23318] 王胜发，王凯，杨成，王巨，王柏春，张铁娃．带血管胎胸腺移植治疗重症肌无力的研究 [J]．中华器官移植杂志，2001，22(5)：296–297．DOI：10.3760/cma.j.issn.0254–1785.2001.05.015．{WANG Sheng,WANG Kai,YANG Cheng,WANG Ju,WANG Bochun,ZHANG Tiewa. Study on the treatment of myasthenia gravis with transplantation of blood pedicle fetus thymus[J]. Zhonghua Qi Guan Yi Zhi Za Zhi[Chin J Organ Transplant(Article in Chinese;Abstract in Chinese and English)],2001,22(5):296-297. DOI:10.3760/cma.j.issn.0254-1785.2001.05.015.}

[23319] 王维娜，陆光生，方惠民，邵广州，薛勤东．带血管胎胰及胸腺联合移植的远期疗效观察 [J]．中华显微外科杂志，2002，25(4)：311–312．DOI：10.3760/cma.j.issn.1001–2036.2002.04.034．{WANG Weina,LU Guangsheng,FANG Huimin,SHAO Guangzhou,XUE Qindong. Observation on the long-term effect of combined transplantation of fetal pancreas and thymus[J]. Zhonghua Xian Wei Wai Ke Za Zhi[Chin J Microsurg(Article in Chinese;Abstract in Chinese)],2002,25(4):311-312. DOI:10.3760/cma.j.issn.1001-2036.2002.04.034.}

[23320] 孙大强，王胜发，王巨，禹亮．带血管的大鼠胸腺移植动物模型的建立 [J]．中华实验外科杂志，2004，21（2）：170．DOI：10.3760/j.issn：1001–9030.2004.02.040．{SUN Daqiang,WANG Shengfa,WANG Ju,YU Liang. Establishment of an animal model of rat thymus transplantation with blood vessels[J]. Zhonghua Shi Yan Wai Ke Za Zhi[Chin J Exp Surg(Article in Chinese;No abstract available)],2004,21(2):170. DOI:10.3760/j.issn:1001-9030.2004.02.040.}

[23321] 孙大强，林雪峰，王胜发．肝素对大鼠胸腺移植物缺血再灌注损伤的影响 [J]．中华实验外科杂志，2006，23（9）：1139．DOI：10.3760/j.issn：1001–9030.2006.09.045．{SUN Daqiang,LIN Xuefeng,WANG Shengfa. Effects of heparin on ischemia-reperfusion injury of rat thymic grafts[J]. Zhonghua Shi Yan Wai Ke Za Zhi[Chin J Exp Surg(Article in Chinese;No abstract available)],2006,23(9):1139. DOI:10.3760/j.issn:1001-9030.2006.09.045.}

[23322] 赵大强．胸腺移植在诱导免疫耐受中的应用 [J]．中华器官移植杂志，2008，29（1）：60–61．DOI：10.3760/cma.j.issn.0254–1785.2008.01.021．{ZHAO Daqiang,QIU Jiang,LI Jun,CHEN Guodong,HUANG Gang,CHEN Lizhong. Application of thymus transplantation in inducing immune tolerance[J]. Zhonghua Qi Guan Yi Zhi Za Zhi[Chin J Organ Transplant(Article in Chinese;No abstract available)],2008,29(1):60-61. DOI:10.3760/cma.j.issn.0254-1785.2008.01.021.}

[23323] 赵大强，邱江，李军，陈国栋，黄刚，陈立中．带血管的大鼠全胸腺移植模型的建立 [J]．中华实验外科杂志，2009，26（12）：1737．DOI：10.3760/cma.j.issn.1001–9030.2009.12.060．{ZHAO Daqiang,QIU Jiang,LI Jun,CHEN Guodong,HUANG Gang,CHEN Lizhong. Establishment of rat model of full thymus transplantation with blood vessels[J]. Zhonghua Shi Yan Wai Ke Za Zhi[Chin J Exp Surg(Article in Chinese;No abstract available)],2009,26(12):1737. DOI:10.3760/cma.j.issn.1001-9030.2009.12.060.}

[23324] 梁惠，张玉明．构造可移植性胸腺的策略及其研究进展 [J]．中华器官移植杂志，2017，38（5）：316–319．DOI：10.3760/cma.j.issn.0254–1785.2017.05.014．{LIANG Hui,ZHANG Yuming[J]. Zhonghua Qi Guan Yi Zhi Za Zhi[Chin J Organ Transplant(Article in Chinese;No abstract available)],2017,38(5):316-319. DOI:10.3760/cma.j.issn.0254-1785.2017.05.014.}

[23325] 徐剑，黄业宁，孙亚辉，徐春岳，李仲洋，洪良杰，万云乐．大鼠胸腺联合后肾原基环磷酰胺预处理移植研究 [J]．中华实验外科杂志，2019，36（9）：1638–1642．DOI：10.3760/cma.j.issn.1001–9030.2019.09.033．{XU Jian,HUANG Yening,SUN Yahui,XU Chunyue,LI Zhongyang,HONG Liangjie,WAN Yunle. Preliminary study on tolerance induction by combined of rat thymus and metanephros anlages transplantation preconditioned with cyclophosphamide protocol[J]. Zhonghua Shi Yan Wai Ke Za Zhi[Chin J Exp Surg(Article in Chinese;Abstract in Chinese and English)],2019,36(9):1638-1642. DOI:10.3760/cma.j.issn.1001-9030.2019.09.033.}

7.2.5 下颌下腺移植术
submandibular gland transfer

[23326] Yu GY,Zhu ZH,Mao C,Cai ZG,Zou LH,Lu L,Zhang L,Peng X,Li N,Huang Z. Microvascular autologous submandibular gland transfer in severe cases of keratoconjunctivitis sicca[J]. Int J Oral Maxillofac Surg,2004,33(3):235–239. doi:10.1006/ijom.2002.0438.

[23327] Ge XY,Yu GY,Cai ZG,Mao C. Long–term survival of an allografted submandibular gland in a miniature swine model given immunosuppressant drugs[J]. Br J Oral Maxillofac Surg,2006,44(2):146–151. doi:10.1016/j.bjoms.2005.04.004.

[23328] Ge XY,Yu GY,Cai ZG,Mao C. Establishment of submandibular gland allotransplantation model in miniature swine[J]. Chin Med J,2006,119(6):482–487.

[23329] Zhang L,Zhu ZH,Dai HJ,Cai ZG,Mao C,Peng X,Yu GY. Application of 99 mTc–pertechnetate scintigraphy to microvascular autologous transplantation of the submandibular gland in patients with severe keratoconjunctivitis sicca[J]. J Nucl Med,2007,48(9):1431–1435. doi:10.2967/jnumed.106.037705.

[23330] Qin J,Zhang L,Cai ZG,Mao C,Liu XJ,Lv L,Zou LH,Peng X,Su JZ,Wu J,Yu GY. Microvascular autologous transplantation of partial submandibular gland for severe keratoconjunctivitis sicca[J]. Br J Ophthalmol,2013,97(9):1123–1128. doi:10.1136/bjophthalmol–2013–303280.

[23331] Su JZ,Yang NY,Liu XJ,Cai ZG,Lv L,Zhang L,Wu LL,Liu DG,Ren WG,Gao Y,Yu GY. Obstructive sialadenitis of a transplanted submandibular gland:chronic inflammation secondary to ductal obstruction[J]. Br J Ophthalmol,2014,98(12):1672–1677. doi:10.1136/bjophthalmol–2014–305117.

[23332] Su JZ,Cai ZG,Yu GY. Microvascular autologous submandibular gland transplantation in severe cases of keratoconjunctivitis sicca[J]. Maxillofac Plast Reconstr Surg,2015,37(1):5. doi:10.1186/s40902–015–0006–4.

[23333] Su JZ,Liu XJ,Wang Y,Cai ZG,Zhang L,Lv L,Wang Z,Hong X,Yu GY. Effects of capsaicin and carbachol on secretion from transplanted submandibular glands and prevention of duct obstruction[J]. Cornea,2016,35(4):494–500. doi:10.1097/ICO.0000000000000752.

[23334] Su JZ,Yu HK,Sun ZP,Liu XJ,Cai ZG,Lv L,Yu GY. Effect of computed tomographic venography on donor selection in submandibular gland transplantation in patients with severe dry eye[J]. J Craniomaxillofac Surg,2017,45(10):1692–1697. doi:10.1016/j.jcms.2017.07.019.

[23335] Su JZ,Cai ZG,Liu XJ,Lv L,Yu GY. Management of duct obstruction in transplanted submandibular glands[J]. J Craniomaxillofac Surg,2018,46(5):825–830. doi:10.1016/j.jcms.2018.03.006.

[23336] Zhang L,Su JZ,Cai ZG,Lv L,Zou LH,Liu XJ,Wu J,Zhu ZH,Mao C,Wang Y,Peng X,Song B,Li XX,Yu GY. Factors influencing the long–term results of autologous microvascular submandibular gland transplantation for severe dry eye disease[J]. Int J Oral Maxillofac Surg,2019,48(1):40–47. doi:10.1016/j.ijom.2018.07.006.

[23337] Su JZ,Zheng B,Liu XJ,Xie Z,Sun D,Cai ZG,Lv L,Yu GY. Quality of life and patient satisfaction after submandibular gland transplantation in patients with severe dry eye disease[J]. Ocul Surf,2019,17(3):470–475. doi:10.1016/j.jtos.2019.04.007.

[23338] 贾广学，王玉新，卢力，李中林．颌下腺游离移植治疗重症干眼症一例 [J]．中华显微外科杂志，1997，20（1）：74．{JIA Guangxue,WANG Yuxin,LU Li,LI Zhonglin. Free submandibular gland transplantation in the treatment of a case of severe dry eye[J]. Zhonghua Xian Wei Wai Ke Za Zhi[Chin J Microsurg(Article in Chinese;No abstract available)],1997,20(1):74.}

[23339] 朱正宏，俞光岩，柳登高，蔡志刚，邹留河．自体颌下腺移植治疗角结膜干燥症实验研究 [J]．现代口腔医学杂志，2001，15(3)：179–181．DOI：10.3969/j.issn.1003–7632.2001.03.008．{ZHU Zhenghong,YU Guangyan,LIU Denggao,CAI Zhigang,ZOU Liuhe. Autologous submandibular gland transfer for the mangement of xerophthalmia:an experimental study[J]. Xian Dai Kou Qiang Yi Xue Za Zhi[J Mod Stomatol(Article in Chinese;Abstract in Chinese and English)],2001,15(3):179-181. DOI:10.3969/j.issn.1003-7632.2001.03.008.}

[23340] 李晓新，朱正宏，俞光岩，张雷，彭科凤．自体颌下腺移植治疗角结膜干燥症术后泪液成份分析 [J]．现代口腔医学杂志，2002，16（3）：240–242．DOI：10.3969/j.issn.1003–7632.2002.03.021．{LI Xiaoxin,ZHU Zhenghong,YU Guangyan,ZHANG Lei,PENG Kefeng. Analysis of tears components in submaxillary gland autotransplated patients with kerato-conjunctivitis[J]. Xian Dai Kou Qiang Yi Xue Za Zhi[J Mod Stomatol(Article in Chinese;Abstract in Chinese and English)],2002,16(3):240-242. DOI:10.3969/j.issn.1003-7632.2002.03.021.}

[23341] 俞光岩，毛驰，蔡志刚，邹留和，吕岚，彭歆，张雷，李纳．自体血管化颌下腺移植治疗角结膜干燥症 [J]．中华医学杂志，2002，82（4）：244–246．DOI：10.3760/j：issn：0376–2491.2002.04.009．{YU Guangyan,MAO Chi,CAI Zhigang,ZOU Liuhe,LV Lan,PENG Xin,ZHANG Lei,LI Na. Treatment of xerophthalmia by transplantation of autologous vascularized submandibular gland[J]. Zhonghua Yi Xue Za Zhi[Natl Med J China(Article in Chinese;Abstract in Chinese and English)],2002,82(4):244-246. DOI:10.3760/j:issn:0376-2491.2002.04.009.}

[23342] 张雷，俞光岩，毛驰，蔡志刚，彭歆，黄湛，朱正宏，吕岚．血管化自体下颌下腺移植术后腺体功能的变化及干预 [J]．中国口腔颌面外科杂志，2003，1（2）：67–69．DOI：10.3969/j.issn.1672–3244.2003.02.003．{ZHANG Lei,YU Guangyan,MAO Chi,CAI Zhigang,PENG Xin,HUANG Zhan,ZHU Zhenghong,LV Lan. The secretion changes of transferred gland after microvascular autologous submandibular gland transfer and intervention[J]. Zhongguo Kou Qiang He Mian Wai Ke Za Zhi[Chin J Oral Maxillofac Surg(Article in Chinese;Abstract in Chinese and English)],2003,1(2):67-69. DOI:10.3969/j.issn.1672-3244.2003.02.003.}

[23343] 许扬滨，向剑平，沙翔垠，陈家祺，廖贵清．自体下颌下腺游离移植治疗干眼症的显微外科问题探讨 [J]．中华显微外科杂志，2004，27（3）：180–182．DOI：10.3760/cma.j.issn.1001–2036.2004.03.008．{XU Yangbin,XIANG Jianping,SHA Xiangken,CHEN Jiaqi,LIAO Guiqing. Vascularized submandibular gland autologuous for xerophthalmia-discussions on microsurgical technical management[J]. Zhonghua Xian Wei Wai Ke Za Zhi[Chin J Microsurg(Article in Chinese;Abstract in Chinese and English)],2004,27(3):180-182. DOI:10.3760/cma.j.issn.1001-2036.2004.03.008.}

[23344] 廖贵清，苏宇雄，沙翔垠，陈家祺，许扬滨，向剑平．自体下颌下腺移植治疗重症干眼症的供体制备 [J]．中国口腔颌面外科杂志，2004，2（4）：318–320．DOI：10.3969/j.issn.1672–3244.2004.04.026．{LIAO Guiqing,SU Yuxiong,SHA Xiangken,CHEN Jiaqi,XU Yangbin,XIANG Jianping. Discussion on the transfer of autologous submandibular gland in the treatment of severe cases of xerophthalmia[J]. Zhongguo Kou Qiang He Mian Wai Ke Za Zhi[Chin J Oral Maxillofac Surg(Article in Chinese;Abstract in Chinese and English)],2004,2(4):318-320. DOI:10.3969/j.issn.1672-3244.2004.04.026.}

[23345] 王伯钧，秦小云，周思，韦青松．自体下颌下腺部分移植治疗干眼病的应用解剖学 [J]．中国临床解剖学杂志，2009，27（3）：267–269．{WANG Bojun,QIN Xiaoyun,ZHOU Si,WEI Qingsong. Applied anatomy of microvascular submandibular gland transfer for severe keratoconjunctivitis sicca[J]. Zhongguo Lin Chuang Jie Pou Xue Za Zhi[Chin J Clin Anat(Article in Chinese;Abstract in Chinese and English)],2009,27(3):267-269.}

[23346] 陈伟良，廖隽琨，刘生，李海刚．逆行面动脉为蒂的下颌下腺移植的实验研究 [J]．中国口腔颌面外科杂志，2010，8（3）：250–253．{CHEN Weiliang,LIAO Juankun,LIU Sheng,LI Haigang. Transplantation of a reverse facial artery pedicled submandibular gland in a dog[J]. Zhongguo Kou Qiang He Mian Wai Ke Za Zhi[Chin J Oral Maxillofac Surg(Article in Chinese;Abstract in Chinese and English)],2010,8(3):250-253.}

[23347] 廖贵清，张思恩，苏宇雄，郑广森，梁玉洁．下颌下腺游离移植中的供区和受区静脉的选择 [J]．中华显微外科杂志，2014，37(5)：440–443．DOI：10.3760/cma.j.issn.1001–2036.2014.05.006．{LIAO Guiqing,ZHANG Sien,SU Yuwei,ZHENG Guangsen,LIANG Yujie. Management of donor and recipient veins in the vascularied autogeneous submandibular gland transfer[J]. Zhonghua Xian Wei Wai Ke Za Zhi[Chin J Microsurg(Article in Chinese;Abstract in Chinese and English)],2014,37(5):440-443. DOI:10.3760/cma.j.issn.1001-2036.2014.05.006.}

7.2.6 其他器官移植
other organ transplantation

[23348] 徐达传，钟世镇，刘牧之，陶永松．胰腺移植的显微外科应用解剖学研究 [J]．显微外科，1980，3（4）：204 {XU Dachuan,ZHONG Shizhen,LIU Muzhi,TAO Yongsong. Applied anatomy of microsurgery for pancreas transplantation[J]. Xian Wei Wai Ke[Chin J Microsurg(Article in Chinese;Abstract in Chinese)],1980,3(4):204.}

[23349] 陈实，等．狗自体异位胰节段移植 [J]．中华器官移植杂志，1981，2（2）：82．{CHEN Shi et al. Autotopic pancreatic segmental transplantation in dogs[J]. Zhong HUa Qi Guan Yi Zhi Za Zhi[Chin J Organ Transplant(Article in Chinese;Abstract in Chinese)],1981,2(2):82.}

[23350] 武汉医学院器官移植所．狗胰腺移植获得初步成功 [J]．武汉医学院学报，1981，10（4）：54．{Institute of organ transplantation. Dog pancreas transplantation is a preliminary success[J]. Wuhan Yi Xue Yuan Xue Bao[J Wuhan Med Coll(Article in Chinese;No abstract available)],1981,10(4):54.}

[23351] 泰兆寅．异体胰腺移植的现状 [J]．国外医学外科学分册，1982（1）：31．{TAI Zhaoyin. status of allogeneic pancreas transplantation[J]. Guo Wai Yi Xue Wai Xue Feng Ce[Foreign Med Surg Issue(Article in Chinese;No abstract available)],1982(1):31.}

[23352] 徐达传，等．用胎儿或新生儿为供体的胰腺移植的显微外科解剖学 [J]．解剖学通报，1982，5（增刊1）：65．{XU Dachuan,et al. Microsurgical anatomy for pancreas transplantation using fetal

or neonatal donors[J]. Jie Pou Xue Tong Bao[Chin J Anat 解剖学杂志 (Article in Chinese;Abstract in Chinese)],1982,5(S1):65.}

[23353] 秦兆寅，李笃山，纪宗正，黎一鸣，曹靖国，丁汉伦，程秦娣，罗经伦．同种胎胰节段移植（附五例报告）[J]．中华器官移植杂志，1985，6（3）：103-106．{QIN Zhaoyin,LI Dushan,JI Zongzheng,LI Yiwu,CAO Jingguo,DING Hanlun,CHENG Qindi,LUO Jinglun. Segmental transplantation of fetal pancreas:5 cases report[J]. Zhonghua Qi Guan Yi Zhi Za Zhi [Chin J Organ Transplant(Article in Chinese;No abstract available)],1985,6(3):103-106.}

[23354] 江启俊．小儿胰腺移植[J]．中华小儿外科杂志，1986，7（3）：186．{JIANG Qijun. Pancreas transplantation in children[J]. Zhong Hua Xiao Er Wai Ke Za Zhi[Chin J Pediat Surg(Article in Chinese;No abstract available)],1986,7(3):186.}.}

[23355] 胡卫列，吕军，张利朝，吴文，聂海波，朱云松，邓志雄，赵永斌，沈文，曹启友，邱晓拂，杨菁华，白莹．异体阴茎移植一例初步临床研究报告[J]．中华医学杂志，2006，86（34）：2433-2434．DOI：10.3760/j：issn：0376-2491.2006.34.016．{HU Weilie,LV Jun,ZHANG Lichao,WU Wen,NIE Haibo,ZHU Yuansong,DENG Zhixiong,ZHAO Yongbin,SHEN Wen,CAO Qiyou,QIU Xiaofu,YANG Jinghua,BAI Ying. A preliminary clinical research report on a case of allogeneic penile transplantation[J]. Zhonghua Yi Xue Za Zhi[Natl Med J China(Article in Chinese;No abstract available)],2006,86(34):2433-2434. DOI:10.3760/j:issn:0376-2491.2006.34.016.}

[23356] 赵永斌，胡卫列，张利朝，刘俊，张长征，汪帮琦，肖远松，胡辉，应敏．比格犬阴茎移植模型建立的初步探讨[J]．中华男科学杂志，2017，23（8）：680-686．DOI：10.13263/j.cnki.nja.2017.08.002．{ZHAO Yongbin,HU Weilie,ZHANG Lichao,LIU Jun,ZHANG Changzheng,WANG Bangqi,XIAO Yuansong,HU Hui,YING Min. Establishment of a penile transplantation model in beagle dogs[J]. Zhonghua Nan Ke Xue Za Zhi[Natl J Androl(Article in Chinese;Abstract in Chinese and English)],2017,23(8):680-686. DOI:10.13263/j.cnki.nja.2017.08.002.}

7.2.7 动物小器官移植
animal small organ transplantation

[23357] Zhao D,Qiu J,Wang C,Liu L,Li J,Chen L. Vascularized whole thymus transplantation in Rowett nude rats:effect of thymus allograft volume on tolerance induction[J]. Transpl Immunol,2010,23(1-2):40-44. doi:10.1016/j.trim.2010.03.007.

[23358] Jiang Y,Dong P,Li N,Li X,Xu H. Laryngeal allotransplantation by stages in beagles:an initial study[J]. Transplant Proc,2011,43(7):2733-2736. doi:10.1016/j.transproceed.2011.04.019.

[23359] Zhao Y,Hu W,Zhang L,Guo F,Wang W,Wang B,Zhang C. Penis allotransplantation in beagle dog[J]. Biomed Res Int,2016,2016:1489204. doi:10.1155/2016/1489204.

[23360] 于国中．小动物器官移植[J]．显微外科，1980，3（4）：211．{Yu Guozhong. Organ transplantation of small animals[J]. Xian Wei Wai Ke[Chin J Microsurg(Article in Chinese;No abstract available)],1980,3(4):211.}

[23361] 器官移植研究所．大白鼠异体肾移植获得成功[J]．武汉医学院学报，1981，10(3)：80．{QI GUAN YAN JIU SUO(Organ Institute). Successful renal allograft transplantation in rats[J]. Wuhan Yi Xue Yuan Xue Bao[J Wuhan Med Coll(Article in Chinese;No abstract available)],1981,10(3):80.}

[23362] 陈金芝，夏穗生．大白鼠异体肾移植术[J]．中华器官移植杂志，1981，2（2）：73．{CHEN Jinzhi,XIA Suisheng. Kidney allograft in rats[J]. Zhonghua Qi Guan Yi Zhi Za Zhi[Chin J Organ Transplant (Article in Chinese;No Abstract available)],1981,2(2):73.}

[23363] 尹胜廷．70只兔耳全断再植实验[J]．中华显微外科杂志，1986，9（4）：222．{YIN Shengting. Replantation experiment of 70 totally severed rabbit ears[J]. Zhong Hua Xian Wei Wai Ke Za Zhi[Chin J Microsurg(Article in Chinese;Abstract in Chinese)],1986,9(4):222.}

[23364] 强逸之，武春敏，王树行．150只兔耳再植动物实验研究[J]．中华骨科杂志，1986，6（1）：69．{QIANG Yizhi,WU Chunmin,WANG Shuxing. Experimental study on replantation of 150 rabbit ears[J]. Zhong Hua Gu Ke Za Zhi[Chin J Orthop(Article in Chinese;Abstract in Chinese)],1986,6(1):69.}

7.3 小管道显微外科
microsurgery of small duct

[23365] 编辑组．积极开拓小管道显微外科[J]．显微外科，1980，3（3）：143．{Editor board. Actively explore microsurgery of small tubes[J]. Xian Wei Wai Ke[Chin J Microsurg(Article in Chinese;No abstract available)],1980,3(3):143.}

[23366] 张兆武，王希文，郑金荣．自体带血管阑尾移植尿道形成术：附一例报告[J]．显微外科，1980，3（3）：153 {ZHANG Zhaowu,WANG Xiwen,ZHENG Jinrong. Urethroplasty with autograft vascular appendix[J]. Xian Wei Wai Ke[Chin J Microsurg(Article in Chinese;No abstract available)],1980,3(3):153.}

[23367] 钟世镇，陶永松．阑尾移植代尿道的应用解剖研究[J]．显微外科，1980，3（3）：149．{ZHONG Shizhen,tao yongsong. Applied anatomy of urethra replacement for appendix transplantation[J]. Xian Wei Wai Ke[Chin J Microsurg(Article in Chinese;No abstract available)],1980,3(3):149.}

[23368] 钟世镇，陶永松．应用阑尾修补尿道的解剖学研究[J]．中华泌尿外科杂志，1981，2（3）：129．{ZHONG Shizhen,tao yongsong. Anatomic study of urethra repair by appendix[J]. Zhong Hua Mi Niao Wai Ke Za Zhi[Chin J Urol(Article in Chinese;Abstract in Chinese)],1981,2(3):129.}

[23369] 张兆武．应用显微外科技术以阑尾修复尿道（附2例报告）[J]．中华泌尿外科杂志，1981，2（3）：132．{ZHANG Zhaowu. Repair of urethra by microsurgical technique with appendix (report of 2 cases)[J]. Zhong Hua Mi Niao Wai Ke Za Zhi(Chin J Urol(Article in Chinese;No abstract available)],1981,2(3):132.}

[23370] 史玉林，史玉树，吴绍玺，陈玺，李桂兰，王路明．小管腔吻合内支架的实验研究及临床应用[J]．中华医学杂志，1990，70（4）：232-233．{SHI Yulin,SHU Yushu,WU Shaoxi,CHEN Xi,LI Guilan,WANG Luming. Experimental study and clinical application of internal stent for small-lumen anastomosis[J]. Zhonghua Yi Xue Za Zhi[Natl Med J China(Article in Chinese;No abstract available)], 1990,70(4):232-233.}

[23371] 史玉林，史玉树，郑义，孙晓良，李焕臣，马桂英，谷永秀，张志佐，王连发，曹树怀．可溶性小管腔吻合内支架的实验研究及临床应用[J]．中华医学杂志，1994，74（10）：632．{SHI Yulin,SHU Yushu,ZHENG Yi,SUN Xaioliang,LI Huanchen,MA Guiying,GU Yongxiu,ZHANG Zhizuo,WANG Lianfa,CAO Shuhuai. Experimental study and clinical application of soluble small tube lumen anastomosis stent[J]. Zhonghua Yi Xue Za Zhi[Natl Med J China(Article in Chinese;No abstract available)],1994,74(10):632.}

[23372] 张古田，周强，徐新运，刘广月，哈惠馨，郭玉琴，成功，孙则禹．大鼠肾脏移植输尿管吻合方法的改进[J]．中华显微外科杂志，2008，31（2）：125-126．DOI：10.3760/cma.j.issn.1001-2036.2008.02.016．{ZHANG Gutian,ZHOU Qiang,XU Xinyun,LIU Guangyue,HA Huixin,GUO Yuqin,CHENG Fong,SUN Zeyu. Improvement of ureteral anastomosis in rat kidney transplantation[J]. Zhonghua Xian Wei Wai Ke Za Zhi[Chin J Microsurg(Article in Chinese;Abstract in Chinese)],2008,31(2):125-126. DOI:10.3760/cma.j.issn.1001-2036.2008.02.016.}

7.3.1 输精管吻合术
vasovasotomy

[23373] Zhu XY,Shi YX. Vasovasostomy with use of medical needle as a support[J]. J Urol,1988,139(1):53-54.

[23374] Wen RQ,Lie MY,Tian P,Yang N,Jiang YJ,Chen AP. Sperm function tests after vasovasostomy[J]. Asian J Androl,2000,2(2):111-114.

[23375] Peng J,Yuan Y,Zhang Z,Gao B,Song W,Xin Z,Jin J,Liu W,Guo Y. Patency rates of microsurgical vasoepididymostomy for patients with idiopathic obstructive azoospermia:a prospective analysis of factors associated with patency--single-center experience[J]. Urology,2012,79(1):119-122. doi:10.1016/j.urology.2011.09.034.

[23376] Zhao L,Deng CH,Sun XZ,Chen Y,Wang WW,Zhao LY,Zeng LY,Tu XA. A modified single-armed technique for microsurgical vasoepididymostomy[J]. Asian J Androl,2013,15(1):79-82. doi:10.1038/aja.2012.100.

[23377] Tu XA,Zhao L,Zhao LY,Zhou CM,Zhuang JT,Zhao JQ,Lv KL,Sun XZ,Qiu SP,Deng CH. Microsurgical vasovasostomy for the treatment of intractable chronic scrotal pain after vasectomy[J]. Asian J Androl,2013,15(6):850-851. doi:10.1038/aja.2013.76.

[23378] Zhang H,Huang WT,Ruan XX,Li LY,DI JM,Liu XP,Xiao HJ,Gao X,Zhang Y. Microsurgical transverse 2-suture intussusception vasoepididymostomy: effectiveness and rationality[J]. Chin Med J,2013,126(24):4670-4673.

[23379] Li B,Chen G,Wang X. Treatment of failed vasectomy reversal using a microsurgical two-layer anastomosis technique[J]. Transl Androl Urol,2013,2(2):94-98. doi:10.3978/j.issn.2223-4683.2013.06.02.

[23380] Peng J,Yuan Y,Zhang Z,Cui W,Song W,Gao B. Microsurgical vasoepididymostomy is an effective treatment for azoospermic patients with epididymal obstruction and prior failure to achieve pregnancy by sperm retrieval with intracytoplasmic sperm injection[J]. Hum Reprod,2014,29(1):1-7. doi:10.1093/humrep/det385.

[23381] Zhao L,Tu XA,Zhuang JT,Chen Y,Wang WW,Zeng LY,Deng CH. Retrospective analysis of early outcomes after a single-armed suture technique for microsurgical intussusception vasoepididymostomy[J]. Andrology,2015,3(6):1150-1153. doi:10.1111/andr.12111.

[23382] Hong K,Zhao LM,Xu SX,Tang WH,Mao JM,Liu DF,Jiang H,Ma LL,Qiao J. Multiple factors affecting surgical outcomes and patency rates in use of single-armed two-suture microsurgical vasoepididymostomy:a single surgeon's experience with 81 patients[J]. Asian J Androl,2016,18(1):129-133. doi:10.4103/1008-682X.159718.

[23383] Zhang Y,Wu X,Yang XJ,Zhang H,Zhang B. Vasal vessels preserving microsurgical vasoepididymostomy in cases of previous varicocelectomy:a case report and literature review[J]. Asian J Androl,2016,18(1):154-156. doi:10.4103/1008-682X.166432.

[23384] Chen XF,Chen B,Liu W,Huang YP,Wang HX,Huang YR,Ping P. Microsurgical vasoepididymostomy for patients with infectious obstructive azoospermia:cause,outcome,and associated factors[J]. Asian J Androl,2016,18(5):759-762. doi:10.4103/1008-682X.175095.

[23385] Peng J,Zhang Z,Yuan Y,Cui W,Song W. Pregnancy and live birth rates after microsurgical vasoepididymostomy for azoospermic patients with epididymal obstruction[J]. Hum Reprod,2017,32(2):284-289. doi:10.1093/humrep/dew331.

[23386] Lyu KL,Zhuang JT,Li PS,Gao Y,Zhao L,Zhang YD,Zhou MK,Yu JW,Feng X,Sun XZ,Deng CH,Tu XA. A novel experience of deferential vessel-sparing microsurgical vasoepididymostomy[J]. Asian J Androl,2018,20(6):576-580. doi:10.4103/aja.aja_46_18.

[23387] Li JP,Zhang XZ,Wu JG,Liang ZY,Tian YH,Chen C,Tang YG,Zhang FB. Seminal plasma neutral alpha-glucosidase activity as an early predictor of patency and natural pregnancy after microsurgical vasoepididymostomy[J]. Andrologia,2019,51(5):e13235. doi:10.1111/and.13235.

[23388] Liang ZY,Zhang FB,Li LJ,Li JP,Wu JG,Chen C,Zhu YM. Clinical application of cross microsurgical vasovasostomy in scrotum for atypical obstructive azoospermia[J]. J Zhejiang Univ Sci B,2019,20(3):282-286. doi:10.1631/jzus.B1800303.

[23389] Wang B,Liu Z,Jiang H. Comparison of low-power magnification one-layer vasovasostomy with stent and microscopic two-layer vasovasostomy for vasectomy reversal[J]. Int J Impot Res,2020,32(6):617-622. doi:10.1038/s41443-019-0216-x.

[23390] Liu N,Li P,Zhi E,Yao C,Yang C,Zhao L,Tian R,Chen H,Huang Y,Yu Y,Li Z. A modified single-armed microsurgical vasoepididymostomy for epididymal obstructive azoospermia:intraoperative choice and postoperative consideration[J]. BMC Urol,2020,20(1):121. doi:10.1186/s12894-020-00692-5.

[23391] Li P,Zhi EL,Yao CC,Xia SJ,Li Z. A novel approach:successful management of vasectomy reversal with a three-dimensional digital image microscope system[J]. Asian J Androl,2021,23(1):118-119. doi:10.4103/aja.aja_15_20.

[23392] Yuan Y,Fang D,Lei H,Li M,Cheng W,Gao B,Peng J,Zhang Z,Xin Z,Guo Y. Rat model and validation of a modified single-armed suture technique for microsurgical vasoepididymostomy:Guo's SA-LIVE[J]. Andrology,2021,9(1):361-367. doi:10.1111/andr.12885.

[23393] Li P,Liu NC,Zhi EL,Yao CC,Zhao ZL,Yu ZY,Li QM,Huang YH,Ju JC,Huang WB,Rozi H,Ji ZY,Guo SW,Tian RH,Li Z. 3D digital image microscope system-assisted vasovasostomy and vasoepididymostomy in rats[J]. Asian J Androl,2021;23(4):396-399. doi:10.4103/aja.aja_94_20.

[23394] 刘猷枋．输精管吻合术[J]．中华外科杂志，1959，7（5）：525-526．{LIU Youfang. Vasovasostomy[J]. Zhonghua Wai Ke Za Zhi[Chin J Surg(Article in Chinese;No abstract available)],1959,7(5):525-526.}

[23395] 袁政朝．输精管吻合术[J]．中华外科杂志，1964，12（2）：183-184．{YUAN Zhengchao. Vasovasostomy[J]. Zhonghua Wai Ke Za Zhi[Chin J Surg(Article in Chinese;No abstract

available)],1964,12(2):183-184.}

[23396] 唐孝达. 输精管吻合术[J]. 中华外科杂志，1965，13(5)：465-466. {TANG Xiaoda. Vasovasostomy[J]. Zhonghua Wai Ke Za Zhi[Chin J Surg(Article in Chinese;No abstract available)],1965,13(5):465-466.}

[23397] 李凤琴. 输精管吻合术58例分析[J]. 中华外科杂志，1981，19(10)：605-606. {LI Fengqin. 58 cases of vasovasostomy[J]. Zhonghua Wai Ke Za Zhi[Chin J Surg(Article in Chinese;No abstract available)],1981,19(10):605-606.}

[23398] 高永华. 输精管吻合术58例分析[J]. 中华外科杂志，1981，19(10)：605. {Translated by GAO Yonghua. Analysis of 58 cases of vasostomy[J]. Zhong Hua Wai Ke Za Zhi[Chin J Surg(Article in Chinese;No abstract available)],1981,19(10):605.}

[23399] 庞水发，朱家恺，于国中，刘均墀. 输精管显微外科吻合术(附8例报告)[J]. 显微外科，1982，5(1-2)：48. {PANG shuifa,ZHU Jiakai,YU Guozhong,LIU Junchi. Vasectomy with microsurgical anastomosis (report of 8 cases)[J]. Xian Wei Wai Ke[Chin J Microsurg(Article in Chinese;No Abstract available)],1982,5(1,2):48.}

[23400] 李汛，曹泽贵，李运康，谢鑫运，张祖根. 显微输精管吻合术七例报告[J]. 中华外科杂志，1983，21(3)：180. {LI Xun,CAO Zegui,LI Yunkang,XIE Xinyun,ZHANG Zugen. 7 cases of microsurgical vasovasostomy[J]. Zhonghua Wai Ke Za Zhi[Chin J Surg(Article in Chinese;No abstract available)],1983,21(3):180.}

[23401] 庞水发，朱家恺，于国中，刘均墀. 输精管显微外科吻合术[J]. 中山医科大学学报，1986，7(2)：79-82. {PANG Shuifa,ZHU Jiakai,YU Guozhong,LIU Junchi. Microsurgical anastomosis of vas deferens[J]. Zhong Shan Yi Ke Da Xue Xue Bao[Acad J SUMS(Article in Chinese;No abstract available)],1986,7(2):79-82.}

[23402] 庞水发，朱家恺，于国中，刘均墀. 输精管显微外科吻合术[J]. 中山医科大学学报，1986，7(2)：79. {PANG Shuifa,ZHU Jiakai,YU Guozhong,LIU Junchi. Microsurgical anastomosis of vas deferens[J]. Zhong Shan Yi Ke Da Xue Xue Bao[J Sun Yat-sen Med Univ(Article in Chinese;No Abstract available)],1986,7(2):79.}

[23403] 杨国才. 显微外科输精管吻合1例[J]. 中华显微外科杂志，1986，9(2)：122. {Yang Guocai. A case of microsurgical vas deferens anastomosis[J]. Zhong Hua Xian Wei Wai Ke Za Zhi[Chin J Microsurg(Article in Chinese;No Abstract available)],1986,9(2):122.}

[23404] 周荣祥. 显微外科输精管吻合术[J]. 中华显微外科杂志，1986，9(3)：187. {Zhou Rongxiang. Microsurgical vasostomy[J]. Zhong Hua Xian Wei Wai Ke Za Zhi[Chin J Microsurg(Article in Chinese;No Abstract available)],1986,9(3):187.}

[23405] 李汛，曹泽贵，张祖根，谢鑫运. 显微输精管吻合术42例报告[J]. 中华泌尿外科杂志，1987，8(2)：77. {LI Xun,CAO Zegui,ZHANG Zugen,XIE Xinyun. Analysis of 42 cases of microsurgical vas deferens anastomosis[J]. Zhonghua Mi Niao Wai Ke Za Zhi[Chin J Urol(Article in Chinese;No abstract available)],1987,8(2):77.}

[23406] 刘武荣. 输精管吻合术——单切口针灸针支架法[J]. 修复重建外科杂志，1988，2(2)：172. {LIU Wurong. Vas deferens anastomosis-single incision acupuncture needle scaffold method[J]. Zhongguo Xiu Fu Chong Jian Wai Ke Za Zhi[Chin J Repar Reconstr Surg(Article in Chinese;No abstract available)],1988,2(2):172.}

[23407] 张审谓. 显微输精管吻合10例[J]. 修复重建外科杂志，1988，2(2)：173. {ZHANG Shenwei. 10 cases of microscopic vas deferens anastomosis[J]. Zhongguo Xiu Fu Chong Jian Wai Ke Za Zhi[Chin J Repar Reconstr Surg(Article in Chinese;No abstract available)],1988,2(2):173.}

[23408] 马全福，田义忠. 输精管显微两层吻合术[J]. 修复重建外科杂志，1988，2(3)：35. {MA Quanfa,TIAN Yizhong. Vas deferens micro two-layer anastomosis[J]. Zhongguo Xiu Fu Chong Jian Wai Ke Za Zhi[Chin J Repar Reconstr Surg(Article in Chinese;No abstract available)],1988,2(3):35.}

[23409] 吴小庆，黄明孔. 显微外科输精管吻合术进展[J]. 中华显微外科杂志，1990，13(4)：238-240. {WU Xiaoqing,HUANG Mingkong. Progress of microsurgical vas deferens anastomosis[J]. Zhonghua Xian Wei Wai Ke Za Zhi[Chin J Microsurg(Article in Chinese;No abstract available)],1990,13(4):238-240.}

[23410] 刘泽战. 显微输精管吻合三十五例报告[J]. 修复重建外科杂志，1990，4(4)：249. {LIU Zezhan. A report of 35 cases of microscopic deferens anastomosis[J]. Zhongguo Xiu Fu Chong Jian Wai Ke Za Zhi[Chin J Repar Reconstr Surg(Article in Chinese;No abstract available)],1990,4(4):249.}

[23411] 庞水发，朱云生. 显微外科输精管吻合术调查报告[J]. 中华显微外科杂志，1992，15(4)：210-212. { FANG Shuifa,ZHU Yunsheng. Investigation report on microsurgical vas deferens anastomosis[J]. Zhonghua Xian Wei Wai Ke Za Zhi[Chin J Microsurg(Article in Chinese;No abstract available)],1992,15(4):210-212.}

[23412] 黄明孔，邹平，徐辉，张震，吴小庆，孟衍建，安劬. 显微外科施行再次和多次输精管吻合15例分析[J]. 中华泌尿外科杂志，1992，13(2)：130-132. {HUANG Mingkong,ZOU Ping,XU Hui,ZHANG Zhen,WU Xiaoqing,MENG Yanjian,AN Qu. Revasovasostomy with microsurgical technique (report of 15 cases)[J]. Zhonghua Mi Niao Wai Ke Za Zhi[Chin J Urol(Article in Chinese;Abstract in Chinese and English)],1992,13(2):130-132.}

[23413] 徐友和，刘拱喜，王家琛，赵堂海，于仲剑. 输精管显微外科吻合改进44例报告[J]. 中华显微外科杂志，1994，17(1)：224-225. {XU Youhe,LIU Gongxi,WANG Jiachen,ZHAO Tanghai,YU Zhongjian. Improvement of 44 cases of microsurgical anastomosis of vas deferens[J]. Zhonghua Xian Wei Wai Ke Za Zhi[Chin J Microsurg(Article in Chinese;No abstract available)],1994,17(1):224-225.}

[23414] 黄明孔，吴晓庆，傅成善，安劬，邹平，高晓平，黄强. 影响显微外科输精管吻合术后复孕的多因素研究[J]. 中华显微外科杂志，1996，19(3)：189-192. {HUANG Mingkong,WU Xiaoqing,FU Chengshan,AN Qu,zhou Ping,GAO Xiaoping,HUANG Qiang. Multifactorial study of affecting repregnancy after microsurgical vasovasostomy[J]. Zhonghua Xian Wei Wai Ke Za Zhi[Chin J Microsurg(Article in Chinese;Abstract in Chinese and English)],1996,19(3):189-192.}

[23415] 张孝斌，詹炳炎，王玲珑，吴荣扬，金化民. 附睾管输精管吻合术治疗附睾阻塞性无精子症[J]. 中华外科杂志，1996，34(10)：623-625. {ZHANG Xiaobin,ZHAN Bingyan,WANG Linglong,WU Yangguang,JIN Huamin. Aspermia of epididymal blockage treated with epididymal tubule vasostomy[J]. Zhonghua Wai Ke Za Zhi[Chin J Surg(Article in Chinese;Abstract in Chinese and English)],1996,34(10):623-625.}

[23416] 庞水发，于国中，程钢. 输精管显微外科吻合术后复通效果临床研究[J]. 中华显微外科杂志，1999，22(3)：186. DOI：10.3760/cma.j.issn.1001-2036.1999.03.010. {PANG Shuifa,YU Guozhong,CHENG Gang. Clinical research on effect of reversal of deferent duct with microsurgical techniques[J]. Zhonghua Xian Wei Wai Ke Za Zhi[Chin J Microsurg(Article in Chinese;Abstract in Chinese and English)],1999,22(3):186. DOI:10.3760/cma.j.issn.1001-2036.1999.03.010.}

[23417] 董强，杨宇如，张卫东，李虹，魏强，官鹏，黄明孔. 输精管复通后大鼠睾丸生精细胞凋亡状况的研究[J]. 中国修复重建外科杂志，2000，14(5)：298-300. {DONG Qiang,YANG Yuru,ZHANG Weidong,LI Hong,WEI Qiang,GUAN Peng,HUANG Mingkong. Study of apoptosis in the male rat spermatogenic cells after vaso stomy[J]. Zhongguo Xiu Fu Chong Jian Wai Ke Za Zhi[Chin J Repar Reconstr Surg(Article in Chinese;Abstract in Chinese and English)],2000,14(5):298-300.}

[23418] 黄健初，郑厚斌，文任乾，余森泉，唐立新，姚晓涛. 显微外科输精管吻合术的临床评价[J]. 中华显微外科杂志，2004，27(3)：230-231. DOI：10.3760/cma.j.issn.1001-2036.2004.03.034. { HUANG Jianchu,ZHENG Houbin,WEN Renqian,YU Senquan,TANG Lixin,YAO Xiaotao. Clinical evaluation of microsurgical vas deferens anastomosis[J]. Zhonghua Xian Wei Wai Ke Za Zhi[Chin J Microsurg(Article in Chinese;Abstract in Chinese)],2004,27(3):230-231. DOI:10.3760/cma.j.issn.1001-2036.2004.03.034.}

[23419] 邓春华，臧志军，佘盛飞，郑彬，黄健初，许扬滨，李平. 附睾输精管吻合术治疗梗阻性无精子症[J]. 中华泌尿外科杂志，2005，26(5)：340-342. DOI：10.3760/j：issn：1000-6702.2005.05.017. {DENG Chunhua,ZANG Zhijun,SHE Shengfei,ZHENG Bin,HUANG Jianchu,XU yangbin,LI Ping. Vasoepididymostomy for the treatment of obstructive azoospermia[J]. Zhonghua Mi Niao Wai Ke Za Zhi[Chin J Urol(Article in Chinese;Abstract in Chinese and English)],2005,26(5):340-342. DOI:10.3760/j:issn:1000-6702.2005.05.017.}

[23420] 郭骏，王兆庆. 显微外科输精管吻合术7例分析[J]. 中华男科学杂志，2005，11(11)：869，872. DOI：10.3969/j.issn.1009-3591.2005.11.025. {GUO Jun,WANG Zhaoqing. Analysis of 7 cases of microsurgical vas deferens anastomosis[J]. Zhonghua Nan Ke Xue Za Zhi[Natl J Androl(Article in Chinese;No abstract available)],2005,11(11):869,872. DOI:10.3969/j.issn.1009-3591.2005.11.025.}

[23421] 朱生云，王雷. 输精管附睾管改良式端侧吻合治疗附睾梗阻性无精子症[J]. 中华显微外科杂志，2006，29(4)：318. DOI：10.3760/cma.j.issn.1001-2036.2006.04.036. {ZHU Shengyun,WANG Lei. Modified end-to-side anastomosis of vas deferens and epididymal tube for treatment of obstructive azoospermia of epididymis[J]. Zhonghua Xian Wei Wai Ke Za Zhi[Chin J Microsurg(Article in Chinese;Abstract in Chinese)],2006,29(4):318. DOI:10.3760/cma.j.issn.1001-2036.2006.04.036.}

[23422] 李彤，吴俊勇，刘凡. 输精管吻合术27例临床分析[J]. 中华男科学杂志，2006，12(12)：1133-1134. DOI：10.3969/j.issn.1009-3591.2006.12.025. {LI Tong,WU Junyong,LIU Fan. Clinical analysis of 27 cases of vas deferens anastomosis[J]. Zhonghua Nan Ke Xue Za Zhi[Natl J Androl(Article in Chinese;No abstract available)],2006,12(12):1133-1134. DOI:10.3969/j.issn.1009-3591.2006.12.025.}

[23423] 郑天贵，张玉兰. 聚四氟乙烯中空导管行输精管复通术42例报告[J]. 中华泌尿外科杂志，2006，27(2)：134. DOI：10.3760/j：issn：1000-6702.2006.02.027. {ZHENG TAINGUI,zhang Yulan. A report of 42 cases of vasectomy with hollow polytetrafluoroethylene catheter[J]. Zhonghua Mi Niao Wai Ke Za Zhi[Chin J Urol(Article in Chinese;No abstract available)],2006,27(2):134. DOI:10.3760/j:issn:1000-6702.2006.02.027.}

[23424] 杜贤进，张茨，田龙，熊云鹤，廖文彪，申复进，王玲珑. 纵向两针套叠输精管附睾吻合术治疗梗阻性无精子症[J]. 中华显微外科杂志，2007，30(6)：472-473. DOI：10.3760/cma.j.issn.1001-2036.2007.06.031. {DU Xianjin,ZHANG Ci,TIAN Long,XIONG Yunhe,LIAO Wenbiao,SHEN Fujin,WANG Linglong. Treatment of obstructive azoospermia with longitudinal two-needle intussusception of vas deferens and epididymis[J]. Zhonghua Xian Wei Wai Ke Za Zhi[Chin J Microsurg(Article in Chinese;Abstract in Chinese)],2007,30(6):472-473. DOI:10.3760/cma.j.issn.1001-2036.2007.06.031.}

[23425] 郑天贵，吴荣国，李永财，陈德明. 显微外科输精管附睾端侧吻合术治疗附睾淤积症21例报告[J]. 中华泌尿外科杂志，2007，28(10)：715. DOI：10.3760/j.issn：1000-6702.2007.10.029. {ZHENG Tiangui,WU Rongguo,LI Yongcai,CHEN Deming. Microsurgical end-to-side anastomosis of the vas deferens and epididymis for 21 cases of epididymal stasis[J]. Zhonghua Mi Niao Wai Ke Za Zhi[Chin J Urol(Article in Chinese;No abstract available)],2007,28(10):715. DOI:10.3760/j.issn:1000-6702.2007.10.029.}

[23426] 刘汉昌，张益生，赖建华. 附睾成形输精管吻合术治疗附睾阻塞性无精子症17例疗效分析[J]. 中华男科学杂志，2007，13(9)：844-846. DOI：10.3969/j.issn.1009-3591.2007.09.022. {LIU Hanchang,ZHANG Yisheng,LAN Jianhua. Analysis of curative effect of epididymal anastomosis of vasectomy in 17 cases of obstructive azoospermia of epididymis[J]. Zhonghua Nan Ke Xue Za Zhi[Natl J Androl(Article in Chinese;No abstract available)],2007,13(9):844-846. DOI:10.3969/j.issn.1009-3591.2007.09.022.}

[23427] 郑天贵，张玉兰. 远近睾端输精管单管交叉吻合术的临床应用[J]. 中华泌尿外科杂志，2008，29(4)：282. DOI：10.3321/j.issn：1000-6702.2008.04.022. {ZHENG Tiangui,ZHANG Yulan. Clinical application of single tube cross anastomosis of far and near testis[J]. Zhonghua Mi Niao Wai Ke Za Zhi[Chin J Urol(Article in Chinese;No abstract available)],2008,29(4):282. DOI:10.3321/j.issn:1000-6702.2008.04.022.}

[23428] 郑天贵，谢俊芳，田向旗，吴荣国. 静脉输液针在显微外科输精管吻合中的应用[J]. 中华泌尿外科杂志，2008，29(8)：552. DOI：10.3321/j.issn：1000-6702.2008.08.023. {ZHENG Tiangui,XIE Junfang,TIAN Xingqi,WU Rongguo. Application of intravenous infusion needle in microsurgical vas deferens anastomosis[J]. Zhonghua Mi Niao Wai Ke Za Zhi[Chin J Urol(Article in Chinese;No abstract available)],2008,29(8):552. DOI:10.3321/j.issn:1000-6702.2008.08.023.}

[23429] 张孝斌，饶婷，程帆，葛名欢. 输精管转位附睾吻合术治疗特殊梗阻性无精子症[J]. 中华显微外科杂志，2009，32(1)：81-82. DOI：10.3760/cma.j.issn.1001-2036.2009.01.039. {ZHANG Xiaobin,RAO Ting,CHENG Fan,GE Minghuan. Treatment of special obstructive azoospermia with transposition of vas deferens and epididymal anastomosis[J]. Zhonghua Xian Wei Wai Ke Za Zhi[Chin J Microsurg(Article in Chinese;Abstract in Chinese)],2009,32(1):81-82. DOI:10.3760/cma.j.issn.1001-2036.2009.01.039.}

[23430] 李育斌，高兴成，陈家胜，钟剑峰，黄伟佳，刘平，余锡鸾，邹自灏. 输精管附睾显微吻合术治疗梗阻性无精子症疗效分析[J]. 中华显微外科杂志，2010，33(4)：347-348. DOI：10.3760/cma.j.issn.1001-2036.2010.04.037. {LI Yubin,GAO Xingcheng,CHEN Jiasheng,ZHONG Jianfeng,HUANG Weijia,LIU Ping,YU Xiluan,ZOU Zihao. Analysis of curative effect of vas deferens and epididymis microstomach on obstructive azoospermia[J]. Zhonghua Xian Wei Wai Ke Za Zhi[Chin J Microsurg(Article in Chinese;Abstract in Chinese)],2010,33(4):347-348. DOI:10.3760/cma.j.issn.1001-2036.2010.04.037.}

[23431] 左书强，张卫红. 输精管吻合失败的原因分析及显微外科治疗[J]. 中华显微外科杂志，2011，34(1)：73-74. DOI：10.3760/cma.j.issn.1001-2036.2011.01.033. {ZUO Shuqiang,ZHANG Weihong. Analysis of causes of failure of vas deferens anastomosis and microsurgical treatment[J]. Zhonghua Xian Wei Wai Ke Za Zhi[Chin J Microsurg(Article in Chinese;Abstract in Chinese)],2011,34(1):73-74. DOI:10.3760/cma.j.issn.1001-2036.2011.01.033.}

[23432] 许刚，王文友. 显微外科输精管再通术与常规输精管再通术疗效对比[J]. 局解手术学杂志，2012，21(6)：655-656. {XU Gang,WANG Wenyou. The curative effect comparison of the micro-vasovasostomy and traditional vasovasostomy[J]. Ju Jie Shou Shu Xue Za Zhi[J Reg Anat Oper Surg(Article in Chinese;Abstract in Chinese and English)],2012,21(6):655-656.}

[23433] 赵亮，涂响安，陈羽，赵良运，王文卫，曾令友，邓春华. 单针缝线纵向两针套叠显微输精管附睾吻合术17例分析[J]. 中华显微外科杂志，2013，36(3)：281-283. DOI：10.3760/cma.j.issn.1001-2036.2013.03.021. {ZHAO Liang,TU Xiangan,CHEN Yu,ZHAO Liangyun,WANG Wenwei,ZENG Lingyou,DENG Chunhua. Analysis of 17 cases of single-needle suture and longitudinal two-needle intrusion microscopic vas deferens anastomosis[J]. Zhonghua Xian Wei Wai Ke Za Zhi[Chin J Microsurg(Article in Chinese;Abstract in Chinese)],2013,36(3):281-283. DOI:10.3760/cma.j.issn.1001-2036.2013.03.021.}

[23434] 赫志强，邱晓东，李永廉. 显微外科输精管附睾吻合治疗附睾梗阻性无精子症[J]. 中华显微外科杂志，2014，37(2)：195-196. DOI：10.3760/cma.j.issn.1001-2036.2014.02.034. {HAO Zhiqiang,QIU Xiaodong,LI Yonglian. Microsurgical vas deferens anastomosis for the treatment of obstructive azoospermia of the epididymis[J]. Zhonghua Xian Wei Wai Ke Za Zhi[Chin J Microsurg(Article in Chinese;Abstract in Chinese)],2014,37(2):195-196. DOI:10.3760/cma.j.issn.1001-2036.2014.02.034.}

[23435] 王明松，孙中义，张勇，周波，罗勇，李珂，张克勤，靳风烁，李彦锋. 输精管附睾显微吻合

术治疗梗阻性无精症 44 例分析 [J]. 第三军医大学学报，2014，36（24）：2481-2484. {WANG Mingsong,SUN Zhongyi,ZHANG Yong,ZHOU Bo,LUO Yong,LI Ke,ZHANG Keqin,JIN Fengshuo,LI Yanfeng. Microsurgical vasoepididymostomy in treatment of obstructive azoospermia:44 cases report[J]. Di San Jun Yi Da Xue Xue Bao[Acta Acad Med Mil Tert(Article in Chinese;Abstract in Chinese and English)],2014,36(24):2481-2484.}

[23436] 洪锴，赵连明，唐文豪，毛加明，刘德风，叶剑飞，刘余庆，姜辉，乔杰，马潞林. 显微输精管交叉吻合术治疗复杂性梗阻性无精子症 [J]. 中国微创外科杂志，2015，15（3）：228-231. DOI：10.3969/j.issn.1009-6604.2015.03.009. {HONG Kai,ZHAO Lianming,TANG Wenhao,MAO Jiaming,LIU Defeng,YE Jianfei,LIU Yuqing,JIANG Hui,QIAO Jie,MA Lulin. Microsurgical crossed vasovasostomy for complicated obstructive azoospermia[J]. Zhongguo Wei Chuang Wai Ke Za Zhi[Chin J Minim Inva Surg(Article in Chinese;Abstract in Chinese and English)],2015,15(3):228-231. DOI:10.3969/j.issn.1009-6604.2015.03.009.}

[23437] 钱海宁，李朋，智二磊，田汝辉，刘宇飞，王俊龙，平萍，黄翼然，李铮. 输精管附睾管显微吻合术术中附睾吻合部位的选择策略（附 56 例报告）[J]. 中华男科学杂志，2015，21（5）：424-427. DOI：10.13263/j.cnki.nja.2015.05.008. {QIAN Haining,LI Peng,ZHI Erlei,TIAN Ruhui,LIU Yufei,WANG Junlong,PING Ping,HUANG Yiran,LI Zheng. Selection of the sites for microsurgical vasoepididymostomy:a report of 56 cases of epididymal obstructive azoospermia[J]. Zhonghua Nan Ke Xue Za Zhi[Natl J Androl(Article in Chinese;Abstract in Chinese and English)],2015,21(5):424-427. DOI:10.13263/j.cnki.nja.2015.05.008.}

[23438] 赵亮，涂响安，庄锦涛，王文卫，陈羽，邓春华，曾令友. 改良单针缝线纵向套叠显微输精管附睾吻合术后一年结果分析 [J]. 中华显微外科杂志，2016，39（2）：135-137. DOI：10.3760/cma.j.issn.1001-2036.2016.02.008. {ZHAO Liang,TU Xiangan ZHUANG Jintao,WANG Wenwei,CHEN Yu,DENG Chunhua,ZENG Lingyou. Retrospective analysis of one-year outcomes after modified single-armed suture technique for microsurgical intussusception vasoepididymostomy[J]. Zhonghua Xian Wei Wai Ke Za Zhi[Chin J Microsurg(Article in Chinese;Abstract in Chinese and English)],2016,39(2):135-137. DOI:10.3760/cma.j.issn.1001-2036.2016.02.008.}

[23439] 江专新，黄健，覃云凌，于建红，王晓东，奎泽宏，陈锐，沈明. 交叉输精管附睾显微吻合术治疗复杂梗阻性无精子症 [J]. 中华男科学杂志，2016，22（4）：373-375. DOI：10.13263/j.cnki.nja.2016.04.019. {JIANG Zhuanxin,HUANG Jian,QIN Yunling,YU Jianhong,WANG Xiaodong,KUI Zehong,CHEN Rui,SHEN Ming. Treatment of complex obstructive azoospermia with crossed vas deferens and epididymis[J]. Zhonghua Nan Ke Xue Za Zhi[Natl J Androl(Article in Chinese;No abstract available)],2016,22(4):373-375. DOI:10.13263/j.cnki.nja.2016.04.019.}

[23440] 李朋，陈慧兴，黄煜华，智二磊，田汝辉，赵唤，杨菲，孙红芳，公跃华. 显微交叉吻合术治疗复杂性梗阻性无精子症的效果 [J]. 中华医学杂志，2016，96（36）：2868-2871. DOI：10.3760/cma.j.issn.0376-2491.2016.36.004. {LI Peng,CHEN Huixing,HUANG Yuhua,ZHI Erlei,TIAN Ruhui,ZHAO Huan,YANG Fei,SUN Hongfang,GONG Yuehua. Effectiveness of microsurgical crossover anastomosis in treating complicated obstructive azoospermia[J]. Zhonghua Yi Xue Za Zhi[Natl Med J China(Article in Chinese;Abstract in Chinese and English)],2016,96(36):2868-2871. DOI:10.3760/cma.j.issn.0376-2491.2016.36.004.}

[23441] 郝建伟，石红林，徐豪，刘洁，朱晓博，皇甫雪军，师晨阳. 显微外科分层和全层输精管吻合两种方法的比较 [J]. 中华显微外科杂志，2017，40（2）：181-182. DOI：10.3760/cma.j.issn.1001-2036.2017.02.021. {HAO Jianwei,SHI Honglin,XU Hao,LIU Jie,ZHU Xiaobo,HUANGFU Xuejun,SHI Chenyang. Comparison of two methods of microsurgery delamination and full-thickness vas deferens anastomosis[J]. Zhonghua Xian Wei Wai Ke Za Zhi[Chin J Microsurg(Article in Chinese;Abstract in Chinese)],2017,40(2):181-182. DOI:10.3760/cma.j.issn.1001-2036.2017.02.021.}

[23442] 王首洋，洪锴，田雨，郝一昌，赵连明，毛加明，刘德风，林浩成，唐文豪，姜辉，马潞林，乔杰. 显微输精管附睾吻合术后复通的影响因素分析 [J]. 中华泌尿外科杂志，2018，39（6）：441-445. DOI：10.3760/cma.j.issn.1000-6702.2018.06.010. {WANG Shouyang,HONG Kai,TIAN Yu,HAO Yichang,ZHAO Lianming,MAI Jiaming,LIU Defeng,LIN Haocheng,TANG Wenhao,JIANG Hui,MA Lujin,QIAO Jie. Multifactor analysis of postoperative patency of microsurgical vasoepididymostomy[J]. Zhonghua Mi Niao Wai Ke Za Zhi[Chin J Urol(Article in Chinese;Abstract in Chinese and English)],2018,39(6):441-445. DOI:10.3760/cma.j.issn.1000-6702.2018.06.010.}

7.3.2 输卵管吻合术
anastomosis of tube

[23443] Zhang YJ,Fan HM,Huang XM,Zhang JH. Microsurgical recanalization of fallopian tubes after tubosterilization and its related factors. Report of 278 cases[J]. Chin Med J,1993,106(6):433-436.

[23444] Ai J,Zhang P,Jin L,Li Y,Yue J,Ma D,Zhang H. Fertility outcome analysis after modified laparoscopic microsurgical tubal anastomosis[J]. Front Med,2011,5(3):310-314. doi:10.1007/s11684-011-0152-8.

[23445] Feng Y,Zhao H,Xu H,Ai Y,Su L,Zou L,Yang L,Yang D,Yan X,Ma N,Dong W. Analysis of pregnancy outcome after anastomosis of oviduct and its influencing factors[J]. BMC Pregnancy Childbirth,2019,19(1):393. doi:10.1186/s12884-019-2469-2.

[23446] 曹昱，邝国璧，刘润兰，吴春光. 输卵管显微外科的解剖研究 [J]. 中华显微外科杂志，1980，3（3）：146-149. {CAO Yu,KUANG Guobi,LIU Runlan,WU Chunguang. Anatomy of tubal microsurgery[J]. Xian Wei Wai Ke[Chin J Microsurg(Article in Chinese;Abstract in Chinese)],1980,3(3):146.}

[23447] 于国中，朱家恺，庞水发，高永华. 大白鼠管状子宫吻合的动物实验 [J]. 显微外科，1980，3（3）：155. {YU Guozhong,ZHU Jiakai,PANG Shuifa,GAO Yonghua. Experimental study on rat tubular uterine anastomosi[J]. Xian Wei Wai Ke[Chin J Microsurg(Article in Chinese;Abstract in Chinese)],1980,3(3):155.}

[23448] 曹昱，邝国璧，刘润兰，吴春光 . 输卵管显微外科的解剖研究 [J]. 中山医学院学报，1980，1（4）：360. {CAO Yu,KUANG Guobi,LIU Runlan,WU Chunguang. Anatomy of tubal microsurgery[J]. Zhong Shan Yi Xue Yuan Bao[J Zhongshan Med Coll(Article in Chinese;Abstract in Chinese)],1980,1(4):360.}

[23449] 田开穗. 显微外科技术用于输卵管再通研究的进展 [J]. 生殖与避孕，1982，2（4）：7. {TIAN Kaisui. Progress of microsurgical technique in the study of fallopian tube recanalization[J]. Sheng Zhi Yu Bi Yun[Reproduct Contracept(Article in Chinese;No abstract available)],1982,2(4):7.}

[23450] 张颖杰，等. 应用显微外科技术吻合输卵管一例 [J]. 北京医学，1983，5(1)：63. {ZHANG Yingjie,et al. A case of microsurgical anastomosis of fallopian tube[J]. Beijing Yi Xue[Beijing Med(Article in Chinese;No abstract available)],1983,(1):63.}

[23451] 陈欲昌. 输卵管显微外科再吻合术 [J]. 显微医学杂志，1985，8（2）：80. {CHEN Yuchang. Reanastomosis of fallopian tube microsurgery[J]. Xian Wei Yi Xue Za Zhi[Chin J Microsurg(Article in Chinese;No abstract available)],1985,8(2):80.}

[23452] 曹缵孙，董硕文，王金堂，李金欣. 显微外科技术复通输卵管 30 例临床小结 [J]. 中华显微外科杂志，1986，9（2）：95-97. DOI：10.3760/cma.j.issn.1001-2036.1986.02.115. {CAO Zuansun,DONG Shuowen,WANG Jintang,LI Jinxin. Clinical summary of 30 cases of fallopian tube retubation by microsurgical technique[J]. Zhong Hua Xian Wei Wai Ke Za Zhi[Chin J Microsurg(Article in Chinese;No abstract available)],1986,9(2):95-97. DOI:10.3760/cma.j.issn.1001-2036.1986.02.115.}

[23453] 杨敏杰. 输卵管显微外科吻合术三例 [J]. 中华显微外科杂志，1986，9（2）：122. {YANG Minjie. Three cases of microsurgical anastomosis of fallopian tube[J]. Zhong Hua Xian Wei Wai Ke Za Zhi[Chin J Microsurg(Article in Chinese;No abstract available)],1986,9(2):122.}

[23454] 林秋华. 积极推广显微技术输卵管复通术 [J]. 中华显微外科杂志，1986，9(3)：170. {LIN Qiuhua.Promoting the microsurgical technique of tubal recanalization[J]. Zhong Hua Xian Wei Wai Ke Za Zhi[Chin J Microsurg(Article in Chinese;No abstract available)],1986,9(3):170.}

[23455] 王民芝，张秀俊，黄建昭. 显微外科技术进行输卵管吻合 86 例 [J]. 中华显微外科杂志，1986，9（4）：199-201. DOI：10.3760/cma.j.issn.1001-2036.1986.04.104. {WANG Minzhi,ZHANG Xiujun,HUANG Jianzhao. Oviduct anastomosis by microsurgical technique in 86 cases[J]. Zhong Hua Xian Wei Wai Ke Za Zhi[Chin J Microsurg(Article in Chinese;Abstract in Chinese)],1986,9(4):199-201. DOI:10.3760/cma.j.issn.1001-2036.1986.04.104.}

[23456] 郭运保. 裸眼直视下输卵管吻合术 23 例分析 [J]. 修复重建外科杂志，1988，2（2）：171-172. {GUO Yunbao. Analysis of 23 cases of tubal anastomosis under naked eyes[J]. Zhongguo Xiu Fu Chong Jian Wai Ke Za Zhi[Chin J Repar Reconstr Surg(Article in Chinese;No abstract available)],1988,2(2):171-172.}

[23457] 边爱平，孟昭炘. 显微外科与直视操作吻合输卵管的疗效比较 [J]. 中华显微外科杂志，1991，14（1）：29-30. {BIAN Aiping,MENG Zhaoxin. Comparison of effect on tubal anastomosis by microsurgical or gross surgical techniques[J]. Zhonghua Xian Wei Wai Ke Za Zhi[Chin J Microsurg(Article in Chinese;Abstract in Chinese and English)],1991,14(1):29-30.}

[23458] 汪春兰，宁金龙，等. 从显微输卵管复通术探讨绝育术式的选择 [J]. 中华显微外科杂志，1991，14（4）：202-204. {WANG Chunlan,NING Jinlong. Study of technical selection of female sterilization from microsurgical reversal of fallopian tube[J]. Zhonghua Xian Wei Wai Ke Za Zhi[Chin J Microsurg(Article in Chinese;Abstract in Chinese and English)],1991,14(4):202-204.}

[23459] 谭素珍. 输卵管吻合术 29 例诊治体会 [J]. 实用医学杂志，1994，10：549-550. {TAN Suzhen. Experience in diagnosis and treatment of 29 cases of tubal anastomosis[J]. Shi Yong Yi Xue Za Zhi[J Pract Med(Article in Chinese;No abstract available)],1994,10:549-550.}

[23460] 李素英. 输卵管端端吻合修复再通术 [J]. 中国修复重建外科杂志，1994，8（4）：229. {LI Suying. Tubal end-to-end anastomosis repair and recanalization[J]. Zhongguo Xiu Fu Chong Jian Wai Ke Za Zhi[Chin J Repar Reconstr Surg(Article in Chinese;No abstract available)],1994,8(4):229.}

[23461] 周顺东，廖银华，周佑姣. 显微外科输卵管复通术 96 例临床体会 [J]. 中华显微外科杂志，1994，17（4）：301. {ZHOU Shundong,LIAO Yinhua,ZHOU Youjiao. Clinical experience of 96 cases of tubal recanalization in microsurgery[J]. Zhonghua Xian Wei Wai Ke Za Zhi[Chin J Microsurg(Article in Chinese;No abstract available)],1994,17(4):301.}

[23462] 方琳，蒋汉琼，周明珠. 显微外科输卵管吻合术 48 例临床分析 [J]. 中华显微外科杂志，1995，18（2）：154-155. {FANG Lin,JIANG Hanqiong,ZHOU Mingzhu. Clinical analysis of 48 cases of microsurgical tubal anastomosis[J]. Zhonghua Xian Wei Wai Ke Za Zhi[Chin J Microsurg(Article in Chinese;No abstract available)],1995,18(2):154-155.}

[23463] 郑国华，范岐华. 显微输卵管吻合100例 [J]. 中国修复重建外科杂志，1995，9(2)：126. {ZHENG Guohua,FAN Qihua. 100 cases of microtubal anastomosis[J]. Zhongguo Xiu Fu Chong Jian Wai Ke Za Zhi[Chin J Repar Reconstr Surg(Article in Chinese;No abstract available)],1995,9(2):126.}

[23464] 万轩金. 显微外科输卵管复通术 146 例分析 [J]. 中华显微外科杂志，1995，18（3）：203-204，239. {WAN Xuanjin. Evaluation of microsurgical salpingos-tomy -report of 146cases[J]. Zhonghua Xian Wei Wai Ke Za Zhi[Chin J Microsurg(Article in Chinese;Abstract in Chinese and English)],1995,18(3):203-204,239.}

[23465] 黄薇，梁占光. 输卵管复通术 38 例临床分析 [J]. 中国修复重建外科杂志，1995，9（2）：119. {HUANG Wei,LIANG Zhangaung. Clinical analysis of 38 cases of fallopian tube recanalization[J]. Zhongguo Xiu Fu Chong Jian Wai Ke Za Zhi[Chin J Repar Reconstr Surg(Article in Chinese;No abstract available)],1995,9(2):119.}

[23466] 雷良敏，黄侠春，刘英玲，王庆玲，赵德欣. 输卵管显微复通术 32 例体会 [J]. 中华显微外科杂志，1997，20（3）：75-76. {LEI Liangmin,HUANG Xiachun,LIU Yingling,WANG Qingling,ZHAO Dexin. Experience of 32 cases of microscopic recanalization of fallopian tube[J]. Zhonghua Xian Wei Wai Ke Za Zhi[Chin J Microsurg(Article in Chinese;No abstract available)],1997,20(3):75-76.}

[23467] 刘建华，法韫玉，罗冬英. 显微输卵管复通手术与异位妊娠关系的探讨 [J]. 中华医学杂志，1997，77（6）：13-15. {LIU Jianhua,FA Yunyu,LUO Dongying. Relationship between microsurgical tubal reversal and ectopic pregnancy[J]. Zhonghua Yi Xue Za Zhi[Natl Med J China(Article in Chinese;Abstract in Chinese and English)],1997,77(6):13-15.}

[23468] 王斌，魏利，马洪涛. 绝育术后输卵管显微复通术二针缝合法的研究 [J]. 中华显微外科杂志，1998，21（2）：151. DOI：10.3760/cma.j.issn.1001-2036.1998.02.035. {WANG Bin,WEI Li,MA Hongtao. Study on the two-needle suture method of tubal recanalization after sterilization[J]. Zhonghua Xian Wei Wai Ke Za Zhi[Chin J Microsurg(Article in Chinese;No abstract available)],1998,21(2):151. DOI:10.3760/cma.j.issn.1001-2036.1998.02.035.}

[23469] 王民芝，王琼，郭浩然. 显微技术输卵管复通效果及影响因素探讨 [J]. 中华显微外科杂志，1998，21（3）：198. DOI：10.3760/cma.j.issn.1001-2036.1998.03.014. {WANG Minzhi,WANG Qiong,GUO Haoran. Effect and influence factors of microsurgical fallopian tube anastomosis[J]. Zhonghua Xian Wei Wai Ke Za Zhi[Chin J Microsurg(Article in Chinese;Abstract in Chinese and English)],1998,21(3):198. DOI:10.3760/cma.j.issn.1001-2036.1998.03.014.}

[23470] 刘珍，穆荣肖. 适当增加输卵管吻合针数可提高成功率 [J]. 中华显微外科杂志，2000，23（4）：315. DOI：10.3760/cma.j.issn.1001-2036.2000.04.052. {LIU Zhen,MU Rongxiao. Appropriately increasing the number of tubal anastomoses can increase the success rate[J]. Zhonghua Xian Wei Wai Ke Za Zhi[Chin J Microsurg(Article in Chinese;No abstract available)],2000,23(4):315. DOI:10.3760/cma.j.issn.1001-2036.2000.04.052.}

[23471] 康旻，王庆一，马治富. 腹腔镜显微手术在输卵管复通应用二例 [J]. 中华显微外科杂志，2006，29（5）：388-389. DOI：10.3760/cma.j.issn.1001-2036.2006.05.029. {KANG Min,WANG Qingyi,MA Zhifu. Two cases of laparoscopic microsurgery in fallopian tube recanalization[J]. Zhonghua Xian Wei Wai Ke Za Zhi[Chin J Microsurg(Article in Chinese;Abstract in Chinese)],2006,29(5):388-389. DOI:10.3760/cma.j.issn.1001-2036.2006.05.029.}

[23472] 方小玲，张玮，魏颖颖. 结扎术后输卵管二次吻合术六例临床分析 [J]. 中国修复重建外科杂志，2007，21（3）：321-322. {FANG Xiaoling,ZHANG Wei,WEI Yingying. Clinical analysis of six cases of secondary fallopian tube anastomosis after ligation[J]. Zhongguo Xiu Fu Chong Jian Wai Ke Za Zhi[Chin J Repar Reconstr Surg(Article in Chinese;Abstract in Chinese)],2007,21(3):321-322.}

[23473] 周志林，汪春兰，赵宇，曹东升，丁浩，王帮河. 输卵管显微复通术中较大面积浆膜缺损的整形修复 [J]. 安徽医科大学学报，2008，43（2）：234-235. DOI：10.3969/j.issn.1000-1492.2008.02.034. {ZHOU Zhijie,WANG Chunlan,ZHAO Yu,CAO Dongsheng,DING Hao,WANG Banghe. Plastic repair of large area serosal defect in fallopian tube recanalization with microsurgery[J]. An Hui Yi Ke Da Xue Xue Bao[Acta Univ Med Anhui(Article in Chinese;Abstract in Chinese)],2008,43(2):234-235. DOI:10.3969/j.issn.1000-1492.2008.02.034.}

[23474] 胡玉莲，郑星梅，王玮，李玉，金惠芳，周红爱. 输卵管妊娠显微吻合输卵管 32 例临床体会 [J]. 中华显微外科杂志，2009，32（5）：424-425. DOI：10.3760/cma.

j.issn.1001-2036.2009.05.036. {HU Yulian,ZHENG Xingmei,WANG Wei,LI Yu,JIN Huifang,ZHOU Hongai. Clinical experience of 32 cases of tubal pregnancy microanastomosis[J]. Zhonghua Xian Wei Wai Ke Za Zhi[Chin J Microsurg(Article in Chinese;Abstract in Chinese)],2009,32(5):424-425. DOI:10.3760/cma.j.issn.1001-2036.2009.05.036.}

[23475] 朱国平，韦成厚，李艳秋，钟兴明，伍园园，何小红，陈进，李玉华. 改良式输卵管吻合术疗效观察[J]. 中国修复重建外科杂志，2012，26(7)：895-896. {ZHU Guoping,WEI Chenghou,LI Yanqiu,ZHONG Xingming,WU Yuanyuan,HE Xiaohong,CHEN Jin,LI Yuhua. Observation on the effect of modified tubal anastomosis[J]. Zhongguo Xiu Fu Chong Jian Wai Ke Za Zhi[Chin J Repair Reconstr Surg(Article in Chinese;Abstract in Chinese)],2012,26(7):895-896.}

[23476] 王静静，刘雅红，应小燕. 腹腔镜与开腹输卵管吻合术后妊娠率的比较[J]. 中国微创外科杂志，2014，14(8)：673-676. DOI：10.3969/j.issn.1009-6604.2014.08.001. {WANG Jingjing,LIU Yahong,YING Xiaoyan. Comparison of fertility rates between laparoscopic and open oviduct anastomosis[J]. Zhongguo Wei Chuang Wai Ke Za Zhi[Chin J Minim Inva Surg(Article in Chinese;Abstract in Chinese and English)],2014,14(8):673-676. DOI:10.3969/j.issn.1009-6604.2014.08.001.}

[23477] 孙擎擎，曹义娟，顾娟，祁玉娟，尹倩倩，冯仕明. 输卵管结扎术后显微输卵管复通术疗效分析[J]. 中华显微外科杂志，2016，39(6)：602-604. DOI：10.3760/cma.j.issn.1001-2036.2016.06.027. {SUN Qingqing,CAO Yijuan,GU Juan,QI Yujuan,YIN Qianqian,FENG Shiming. Analysis of the effect of fallopian tube recanalization after tubal ligation with microsurgery[J]. Zhonghua Xian Wei Wai Ke Za Zhi[Chin J Microsurg(Article in Chinese;Abstract in Chinese)],2016,39(6):602-604. DOI:10.3760/cma.j.issn.1001-2036.2016.06.027.}

7.3.3 泪小管吻合术
anastomosis of lacrimal canaliculus

[23478] Wang ZJ,Kong QL,Xie YB,Li T. Therapeutic effects of two anastomoses of lacrimal passage on canalicular laceration[J]. Chin J Traumatol,2008,11(6):347-351. doi:10.1016/s1008-1275(08)60070-x.

[23479] Guo T,Qin X,Wang H,Lu Y,Xu L,Ji J,Xiao C,Zhang Z. Eiology and prognosis of canalicular laceration repair using canalicular anastomosis combined with bicanalicular stent intubation[J]. BMC Ophthalmol,2020,20(1):246. doi:10.1186/s12886-020-01506-w.

[23480] 王国华. 泪囊泪小管侧端吻合术[J]. 中华医学杂志，1975，55(6)：424-426. {WANG Guohua. Lateral anastomosis of lacrimal canaliculus[J]. Zhonghua Yi Xue Za Zhi[Natl] Med J China(Article in Chinese;No abstract available)],1975,55(6):424-426.}

[23481] 张涤生，刘根娣. 应用显微外科技术及泪道插管法治疗泪小管外伤性断裂[J]. 上海医学，1978，1(8)：6. {ZHANG Disheng,LIU Gendi. Treatment of traumatic rupture of lacrimal canaliculi by microsurgical technique and lacrimal duct intubation[J]. Shanghai Yi Xue[Shanghai Med(Article in Chinese;No abstract available)],1978,1(8):6.}

[23482] 李伟，曹书杰. 显微吻合术治疗外伤泪小管断裂36例报告[J]. 中级医刊，1997，32(6)：42. {LI Wei,CAO Shujie. Report of 36 cases of traumatic tear duct rupture treated by microanastomosis[J]. Zhong Ji Yi Kan[Chin J Med(Article in Chinese;No abstract available)],1997,32(6):42.}

[23483] 刘少勤，姚大庆，汪华侨. 泪小管断裂显微吻合28例分析[J]. 中华显微外科杂志，1998，21(1)：3-5. {LIU Shaoqin,YAO Daqiao,WANG Huaqiao. Analysis of 28 cases of microanastomosis of lacrimal canaliculus rupture[J]. Zhonghua Xian Wei Wai Ke Za Zhi[Chin J Microsurg(Article in Chinese;No abstract available)],1998,21(1):3-5.}

[23484] 邓仁政. 逆行插管的泪小管断裂吻合术[J]. 创伤外科杂志，2003，5(2)：132. DOI：10.3969/j.issn.1009-4237.2003.02.021. {DENG Renzheng. Reverse intubation for anastomosis of canalicular laceration[J]. Chuang Shang Wai Ke Za Zhi[J Traum Surg(Article in Chinese;Abstract in Chinese)],2003,5(2):132. DOI:10.3969/j.issn.1009-4237.2003.02.021.}

[23485] 李虹霓，黄梓材，黄奕霞，张君敏，林静君，李洪龙，陈华. 泪小管断裂显微吻合术中支架的改良[J]. 中华显微外科杂志，2004，27(4)：256-257. DOI：10.3760/cma.j.issn.1001-2036.2004.04.008. {LI Hongni,HUANG Zicai,HAUNG Yixia,ZHANG Junmin,LIN Jingjun,LI Honglong,CHEN Hua. Improvement of upholder placement in microanastomosis of lacrimal canal(microcanaliculoplasty)[J]. Zhonghua Xian Wei Wai Ke Za Zhi[Chin J Microsurg(Article in Chinese;Abstract in Chinese and English)],2004,27(4):256-257. DOI:10.3760/cma.j.issn.1001-2036.2004.04.008.}

[23486] 谭英，付卓虹，李朝伟，谢阳，刘毅. 粘弹剂在泪小管断裂吻合手术中的应用[J]. 组织工程与重建外科杂志，2006，2(4)：221-222. DOI：10.3969/j.issn.1673-0364.2006.04.015. {TAN Ying,FU Zhuohong,LI Chaowei,XIE Yang,LIU Yi. Application of adhesive in anastomosis of ruptured tear tunnel[J]. Zu Zhi Gong Cheng Yu Chong Jian Wai Ke Za Zhi[J Tissue Eng Reconstr Surg(Article in Chinese;Abstract in Chinese and English)],2006,2(4):221-222. DOI:10.3969/j.issn.1673-0364.2006.04.015.}

[23487] 高昌卫，沈肇萌. 硬膜外导管支撑行泪小管断裂吻合术的效果分析[J]. 实用医学杂志，2010，26(17)：3147. DOI：10.3969/j.issn.1006-5725.2010.17.030. {GAO Changwei,SHEN Zhaomeng. Analysis of the effect of anastomosis of lacrimal canaliculus with support of epidural catheter[J]. Shi Yong Yi Xue Za Zhi[J Pract Med(Article in Chinese;No abstract available)],2010,26(17):3147. DOI:10.3969/j.issn.1006-5725.2010.17.030.}

[23488] 王学红，田霞，王荣华，岳淑玲，李彩萍，刘静，岳珊珊，曹芬. 儿童泪小管断裂U型置管法的吻合治疗体会[J]. 中华显微外科杂志，2018，41(2)：205-206. DOI：10.3760/cma.j.issn.1001-2036.2018.02.032. {WANG Xuehong,TIAN Xia,WANG Roghua,YUE Shuling,LI Caiping,LIU Jing,YUE Shanshan,CAO Fen. Anastomotic treatment of lacrimal canaliculus rupture in children with U-shaped catheterization [J]. Zhonghua Xian Wei Wai Ke Za Zhi[Chin J Microsurg(Article in Chinese;Abstract in Chinese)],2018,41(2):205-206. DOI:10.3760/cma.j.issn.1001-2036.2018.02.032.}

7.3.4 腮腺导管吻合术
parotid duct anastomosis

[23489] Qiao X,Li C,Liu H,Han B,Li Y,Gao N,Liu Z,Li L. Reconstruction of parotid duct defect with autologous vein graft and vascular coupler after buccal mucosa cancer resection[J]. J Stomatol Oral Maxillofac Surg,2020 Dec 14:S2468-7855(20)30299-8. doi:10.1016/j.jormas.2020.12.002. Online ahead of print.

[23490] 程瑞修，王润求，王成琪，付兴茂，王剑利，何玉宏，黄良平. 腮腺导管离断的显微外科修复[J]. 中华显微外科杂志，2005，28(4)：370-371. DOI：10.3760/cma.j.issn.1001-2036.2005.04.039. {CHENG Ruixiu,WANG Runqiu,WANG Chengqi,FU Xingmao,WANG Jianli,HE Yuhong,HUANG Liangping. Microsurgical repair of broken parotid duct[J]. Zhonghua Xian Wei Wai Ke Za Zhi[Chin J Microsurg(Article in Chinese;Abstract in Chinese)],2005,28(4):370-371. DOI:10.3760/cma.j.issn.1001-2036.2005.04.039.}

7.3.5 下颌下腺导管吻合术
submandibular gland duct anastomosis

[23491] Lu R,Xiao Z,Guo X,Gan P. Preliminary application and evaluation of autograft reconstruction of parotid duct defect with submandibular gland duct for buccal cancer[J]. Acta Otolaryngol,2020,140(5):427-432. doi:10.1080/00016489.2020.1718750.

8 显微外科技术在临床外科的应用
application of microsurgical technique in clinical surgery

[23492] 肖海鹏，陈国锐，凌启波．显微测量 Graves 病腺体血管口径提高介入治疗的疗效 [J]．中华显微外科杂志，2000，23(3)：202-204．DOI：10.3760/cma.j.issn.1001-2036.2000.03.014．{XIAO Haipeng,CHEN Guorui,LING Qibo. Measuring diameters of thyroid arteries in Graves disease by improving theurapentic effect of intervention radiology[J]. Zhonghua Xian Wei Wai Ke Za Zhi[Chin J Microsurg(Article in Chinese;Abstract in Chinese and English)],2000,23(3):202-204. DOI:10.3760/cma.j.issn.1001-2036.2000.03.014.}

8.1 口腔颌面外科
oral and maxillofacial surgery

[23493] Fang W,Ma W,Ma WG,Li DH,Liu BL. A new submerged split-thickness skin graft technique to rebuild peri-implant keratinized soft tissue in composite flap reconstructed mandible or maxilla[J]. Oral Surg Oral Med Oral Pathol Oral Radiol,2012,113(3):e4-9. doi:10.1016/j.tripleo.2011.06.026.

[23494] Liu X,Liu S,Liu S,Cui W. Evaluation of oriented electrospun fibers for periosteal flap regeneration in biomimetic triphasic osteochondral implant[J]. J Biomed Mater Res B Appl Biomater,2014,102(7):1407-1414. doi:10.1002/jbm.b.33119.

[23495] Li R,Meng Z,Zhang Y,Shan X,Wang Y,He Y. Soft tissue management:a critical part of implant rehabilitation after vascularized free-flap reconstruction[J]. J Oral Maxillofac Surg,2021,79(3):560-574. doi:10.1016/j.joms.2020.11.006.

[23496] 吴滨，王伯钧，韦进，玉铭，郑晟．显微外科技术在腭裂整复中的应用 [J]．中华显微外科杂志，2010，33（1）：76-78．DOI：10.3760/cma.j.issn.1001-2036.2010.01.035．{WU Bin,WANG Bojun,WEI Jin,YU Ming,ZHENG Sheng. Application of microsurgical technique in cleft palate reconstruction[J]. Zhonghua Xian Wei Wai Ke Za Zhi[Chin J Microsurg(Article in Chinese;Abstract in Chinese)],2010,33(1):76-78. DOI:10.3760/cma.j.issn.1001-2036.2010.01.035.}

[23497] 蔡志刚，孙坚．显微外科技术在口腔颌面及头颈部修复与重建中的应用 [J]．中华显微外科杂志，2014，37(5)：417-420. DOI：10.3760/cma.j.issn.1001-2036.2014.05.001．{CAI Zhigang,SUN Jian. Application of Microsurgery in Oral and Maxillofacial and Head and Neck Repair and Reconstruction[J]. Zhonghua Xian Wei Wai Ke Za Zhi[Chin J Microsurg(Article in Chinese;No abstract available)],2014,37(5):417-420. DOI:10.3760/cma.j.issn.1001-2036.2014.05.001.}

[23498] 毛驰，俞光岩，彭歆，孙勇刚，张益，郭传瑸．游离组织瓣移植同期修复下颌骨放射性骨坏死术后缺损．华西口腔医学杂志，2004，22（4）：305-308．{MAO Chi,YU Guangyan,PENG Xin,SUN Yonggang,ZHANG Yi,GUO Chuanbin. A Review of 11 Cases of Immediate Free Flap Transfer for Treating the Advanced Osteoradionecrosis of Mandible[J]. Hua Xi Kou Qiang Yi Xue Za Zhi [West China Journal of Stomatology,(Article in Chinese;Abstract in Chinese)] 2004,22(4):305-308.}

[23499] 胡敏，张震康，张熙恩，孙勇刚，王兴，陈波．下颌复合组织移植实验的显微外科解剖学基础研究．现代口腔医学杂志，1998，12（2）：81-84．{HU Min,ZHANG Zhenkang,ZHANG Xien,SUN Yonggang,WANG Xing,CHEN Bo. Study on Microsurgery Anatomy Basic for the Experiment of Composite Mandibular Transplantation[J]. Xian Dai Kou Qiang Yi Xue Za Zhi [Journal of Modern Stomatology,(Article in Chinese;Abstract in Chinese)] 1998,12(2):81-84.}

[23500] 胡敏，张震康，张熙恩，孙勇刚，王兴，陈波．犬下颌复合器官同种异体移植模型的建立．现代口腔医学杂志，1998，12（3）：161-162．{HU Min,ZHANG Zhenkang,ZHANG Xien,SUN Yonggang,WANG Xing,CHEN Bo. Establishment of composite mandibular allografts model in canine [J]. Xian Dai Kou Qiang Yi Xue Za Zhi [Journal of Modern Stomatology,(Article in Chinese;Abstract in Chinese)] 1998,12(3):161-162.}

[23501] 朱正宏，俞光岩，毛驰，蔡志刚，邹留和，吕岚，彭歆，张雷，李纳．自体血管化颌下腺移植治疗角结膜干燥症 [J]．中华医学杂志．2002，82（4）：244-246．{Zhu Z,Yu G,Mao C,Cai Z,Zou L,LV L,Peng X,Zhang L,Li N. Treatment of xerophthalmia by transplantation of autologous vascularized submandibular gland[J]. Zhonghua Yi Xue Za Zhi [Natl Med J China Article in Chinese;Abstract in Chinese and English)]2002;82:244-246.}

[23502] 毛驰，张雷，俞光岩，朱正宏，蔡志刚，邹留河．治疗角结膜干燥症自体颌下腺移植的血管处理 [J]．中华口腔医学杂志．2005，40（5）：370-372．{Mao C,Zhang L,Yu GY,Zhu ZH,Cai ZG,Zou LH. Management of blood vessels in the vascularized autogenous submandibular gland transfer for severe keratoconjunctivitis sicca[J]. Zhonghua Kou Qiang Yi Xue Za Zhi [Chin J Stomatol(Article in Chinese;Abstract in Chinese and English)]2005;40:370-372.}

[23503] 毛驰，俞光岩，张雷，蔡志刚，王洋，彭歆．面动脉伴行静脉作为自体颌下腺移植回流静脉的可靠性探讨 [J]．中华口腔医学杂志．2009，44（3）：147-149．{Mao C,Yu GY,Zhang L,Cai ZG,Wang Y,Peng X. Reliability of venae comitant of facial artery as the donor vein in microvascular autologous submandibular gland transfer[J]. Zhonghua Kou Qiang Yi Xue Za Zhi [Chin J Stomatol(Article in Chinese;Abstract in Chinese and English)]2009;44:147-149.}

[23504] Yu GY,Wu LL,Liu XJ. Microvascular autologous submandibular gland transfer in severe cases of keratoconjunctivitis sicca:a 10-year experience[J]. Chin J Dent Res. 2009,12(2):79-82.

[23505] 俞光岩．提高自体颌下腺移植术的成功率 [J]．中华口腔医学杂志．2010，45（7）：389-390．{Yu GY. Establishing the guideline to improve the success rate of autologous submandibular gland transfer[J]. Zhonghua Kou Qiang Yi Xue Za Zhi [Chin J Stomatol(Article in Chinese;Abstract in Chinese and English)]2010;45:389-390.}

[23506] 血管化自体颌下腺移植治疗重症角结膜干燥症研究项目组．血管化自体颌下腺移植治疗重症角结膜干燥症指南 [J]．中华口腔医学杂志．2010，45（7）：391-393．{The guideline for microvascular autologous submandibular gland transfer for severe cases of keratoconjunctivitis sicca[J]. Zhonghua Kou Qiang Yi Xue Za Zhi [Chin J Stomatol(Article in Chinese;Abstract in Chinese and English)]2010;45:391-393.}

[23507] Ge XY,Yu GY,Fu J,Wu DC,Zhang XX,Wang YX,Li SL. An experimental study of the management of severe keratoconjunctivitis sicca with autologous reduced-sized submandibular gland transplantation[J]. Br J Oral Maxillofac Surg. 2012,50(6):562-566. DOI:10.1016/j.bjoms.2011.10.004

[23508] Su JZ,Cai ZG,Yu GY. Microvascular autovascular autologous submandibular gland transplantation in severe cases of keratoconjunctivitis sicca[J]. Maxillofac Plast Resconstr Surg. 2015,37(1):5. DOI:10.1186/s40902-015-0006-4

[23509] 俞光岩，吴立玲，蔡志刚，吕岚，丛馨．血管化自体下颌下腺移植治疗重症干眼 20 年研究 [J]．北京大学学报（医学版），2018，50（1）：1-4．{Yu GY,Wu LL,Cai ZG,Lv L,Cong X. A 20-year study on microvascular autologous transplantation of submandibular gland for treatment of severe dry eye[J]. Beijing Da Xue Xue Bao Yi Xue Ban [J Peking Univ Health Sci(Article in Chinese;Abstract in Chinese and English)]2018;50:1-4.}

[23510] 郭玉兴，王佃灿，王洋，彭歆，郭传瑸，毛驰．血管化腓骨瓣修复二膦酸盐颌骨骨坏死导致的下颌骨缺损：病例报告及文献复习 [J]．中国口腔颌面外科杂志，2015，13（5）：474-477．{GUO Yuxing,WANG Diancan,Wang Yang,PENG Xin,GUO Chuanbin,MAO Chi. Vascularized fibula flap reconstruction of the mandible defect resulting from bisphosphonate-related osteonecrosis of the jaws:case report and literature review[J]. Zhongguo Kou Qiang He Mian Wai Ke Za Zhi [China Journal of Oral & Maxillofacial Surgery(Article in Chinese;Abstract in Chinese and English)],2015,13(5):474-477.}

[23511] Y-X Guo，G Misra，C-B Guo，J-G An. Reconstruction of a mandibular defect after bisphosphonate-related osteonecrosis of the jaw[J]. The British journal of oral & maxillofacial surgery，2016,54 (8)：962-964. DOI:10.1016/j.bjoms.2016.06.023.

[23512] 毛驰，竺涵光，张志愿．改良的游离腓骨瓣制备方法 [J]．口腔医学，2000，03：131-132．DOI：10.3969/j.issn.1003-9872.2000.03.009．{MAO Chi,ZHU Hanguang,ZHANG Zhiyuan. A Modified Technique for Harvesting Fibula Free Flap[J]. Kou Qiang Yi Xue [Stomatology(Article in Chinese;Abstract in Chinese and English)],2000,03:131-132. DOI:10.3969/j.issn.1003-9872.2000.03.009.}

[23513] 毛驰，俞光岩，郭传瑸，黄敏娴，彭歆．应用游离腓骨复合瓣行上颌骨缺损修复的初步研究 [J]．口腔颌面外科杂志，2001，01：11-14. DOI：10.3969/j.issn.1005-4979.2001.01.004．{MAO Chi,YU Guangyan,GUO Chuanbin,HUANG Minxian,PENG Xin. A Preliminary Study Of Maxiliary Reconstruction Using Free Fibula Composite flap[J]. Kou Qiang He Mian Wai Ke Za Zhi [Chinese Journal Of Oral And Maxillofacial Surgery(Article in Chinese;Abstract in Chinese and English)],2001,01:11-14. DOI:10.3969/j.issn.1005-4979.2001.01.004.}

[23514] 毛驰，俞光岩，张震康．头颈肿瘤缺损的显微外科重建 [J]．现代口腔医学杂志，2001，03：219-222．DOI：10.3969/j.issn.1003-7632.2001.03.023．{MAO Chi,YU Guangyan,ZHANG Zhen-kang. Microsurgical Reconstruction of Head and Neck Defect after Tumor Resection[J]. Xian Dai Kou Qiang Yi Xue Za Zhi [Journal Of Modern Stomatology(Article in Chinese;Abstract in Chinese)],2001,03:219-222. DOI:10.3969/j.issn.1003-7632.2001.03.023.}

[23515] 毛驰，彭歆，俞光岩，郭传瑸，黄敏娴，张益．100 例口腔颌面部游离组织移植的临床分析 [J]．现代口腔医学杂志，2001，04：294-296. DOI：10.3969/j.issn.1003-7632.2001.04.022．{MAO Chi,YU Guangyan,PENG Xin,GUO Chuanbin,HUANG Minxian,Zhang Yi. A review of 100 consecutive free flap transfer for head and neck reco nstruction[J]. Xian Dai Kou Qiang Yi Xue Za Zhi [Journal Of Modern Stomatology(Article in Chinese;Abstract in Chinese and English)],2001,04:294-296. DOI:10.3969/j.issn.1003-7632.2001.04.022.}

[23516] 毛驰，俞光岩，彭歆，郭传瑸，黄敏娴，张益．应用游离组织瓣行上颌骨缺损修复的临床研究 [J]．现代口腔医学杂志，2001，05：352-354．DOI：10.3969/j.issn.1003-7632.2001.05.014．{MAO Chi,YU Guangyan,PENG Xin,GUO Chuanbin,HUANG Minxian,Zhang Yi. A prelininary study of maxillary reconstruction using free flaps:a review of 20 consecutive cases[J]. Xian Dai Kou Qiang Yi Xue Za Zhi [Journal Of Modern Stomatology(Article in Chinese;Abstract in Chinese and English)]. 2001,05:352-354. DOI:10.3969/j.issn.1003-7632.2001.05.014.}

[23517] 毛驰，彭歆，俞光岩，郭传瑸，黄敏娴，张益．超声多普勒血流仪在游离腓骨瓣皮岛设计中的应用 [J]．现代口腔医学杂志，2001，06：442-444．DOI：10.3969/j.issn.1003-7632.2001.06.018．{MAO Chi,YU Guangyan,PENG Xin,GUO Chuanbin,HUANG Minxian,Zhang Yi. The value of preoperative Doppler ultrasonography for planning skin paddles of free fibula flap[J]. Xian Dai Kou Qiang Yi Xue Za Zhi [Journal Of Modern Stomatology(Article in Chinese;Abstract in Chinese and English)],2001,06:442-444. DOI:10.3969/j.issn.1003-7632.2001.06.018.}

[23518] 毛驰，俞光岩，彭歆，郭传瑸，黄敏娴，张益．上颌骨及面中份缺损的显微外科修复 [J]．肿瘤学杂志，2001，03：136-138．DOI：10.3969/j.issn.1671-170X.2001.03.003．{MAO Chi,YU Guangyan,PENG Xin,GUO Chuanbin,HUANG Minxian,Zhang Yi. Preliminary Study on Microsurgical Reconstruction of Maxillary and Midfacial Defect[J]. Zhong Liu Xue Za Zhi [Journal Of Oncology(Article in Chinese;Abstract in Chinese and English)],2001,03:136-138. DOI:10.3969/j.issn.1671-170X.2001.03.003.}

[23519] 毛驰，彭歆，曲军，张晔，刘林，何冬梅，郭传瑸，俞光岩．聚丙烯补片预防游离腹直肌皮瓣术后切口疝的作用 [J]．中国修复重建外科杂志，2001，06：335-337．DOI：10.3321/j.issn：1002-1892.2001.06.006．{MAO Chi,PENG Xin,QU Jun,ZHANG Ye,LIU Lin,HE Dongmei,GUO Chuanbin,YU Guangyan. The effectiveness of prolene patch in hernia prevention following harvesting rectus abdominis myocutaneous flap[J]. Zhongguo Xiu Fu Chong Jian Wai Ke Za Zhi [Chinese Journal Of Reparative And Reconstructive Surgery(Article in Chinese;Abstract in Chinese and English)],2001,06:335-337. DOI:10.3321/j.issn:1002-1892.2001.06.006.}

[23520] 毛驰，蔡志刚，彭歆，柳登高，俞光岩．游离腓骨瓣移植术前常规下肢血管造影的必要性探讨 [J]．中华口腔医学杂志，2002，37（1）：15-17．DOI：10.3760/j.issn：1002-0098.2002.01.005．{MAO Chi,CAI Zhigang,PENG Xin,LIU Denggao,YU Guangyan. The value of preoperative routine donor leg angiography in free fibula flaps[J]. Zhonghua Kou Qiang Yi Xue Za Zhi [Chinese Journal Of Stomatology(Article in Chinese;Abstract in Chinese and English)],2002,37(1):15-17. DOI:10.3760/j.issn:1002-0098.2002.01.005.}

[23521] 毛驰，俞光岩，彭歆，郭传瑸，黄敏娴，张益．192 例头颈部游离组织瓣移植的临床分析 [J]．中华整形外科杂志，2002，18（2）：104-106．DOI：10.3760/j.issn：1009-4598.2002.02.014．{MAO Chi,YU Guangyan,PENG Xin,GUO Chuanbin,HUANG Minxian,Zhang Yi. A review of 204 consecutive free flap transfers for head and neck reconstruction[J]. Zhonghua Zheng Xin Wai Ke Za Zhi [Chinese Journal Of Plastic Surgery(Article in Chinese;Abstract in Chinese and English)],2002,18(2):104-106. DOI:10.3760/j.issn:1009-4598.2002.02.014.}

[23522] 毛驰，俞光岩，彭歆，郭传瑸，黄敏娴，张益．46 例口腔颌面部游离腓骨瓣移植的临床分析 [J]．现代口腔医学杂志，2002，16(1)：51-53. DOI：10.3969/j.issn.1003-7632.2002.01.019．{MAO Chi,YU Guangyan,PENG Xin,GUO Chuanbin,HUANG Minxian,Zhang Yi. A review of 46 consecutive free fibula flap transfers for head and neck reconstruction[J]. Xian Dai Kou Qiang

Yi Xue Za Zhi [Journal Of Modern Stomatology(Article in Chinese;Abstract in Chinese and English)],2002,16(1):51-53. DOI:10.3969/j.issn.1003-7632.2002.01.019.}

[23523] 毛驰，俞光岩，彭歆，郭传瑸，黄敏娴，张益.50 例口腔颌面部游离前臂皮瓣移植的临床分析 [J]. 现代口腔医学杂志，2002，16(2)：138–140. DOI：10.3969/j.issn.1003–7632.2002.02.015. {MAO Chi,YU Guangyan,PENG Xin,GUO Chuanbin,HUANG Minxian,Zhang Yi. A review of 50 consecutive free radial forearm flap transfers for head and neck reconstruction[J]. Xian Dai Kou Qiang Yi Xue Za Zhi [Journal Of Modern Stomatology(Article in Chinese;Abstract in Chinese and English)],2002,16(2):138-140. DOI:10.3969/j.issn.1003-7632.2002.02.015.}

[23524] 毛驰，俞光岩.游离腹直肌皮瓣在头颈肿瘤缺损修复中的应用 [J]. 现代口腔医学杂志，2002，03：279–281. DOI：10.3969/j.issn.1003–7632.2002.03.039. {MAO Chi,YU Guangyan. Application of Free Rectus Abdominis Musculocutaneous Flap in Reconstruction ofHead and neck defect after Tumor Resection[J]. Xian Dai Kou Qiang Yi Xue Za Zhi [Journal Of Modern Stomatology(Article in Chinese;Abstract in Chinese)],2002,03:279-281. . DOI:10.3969/j.issn.1003-7632.2002.03.039.}

[23525] 毛驰，俞光岩.游离腓骨瓣在口腔下颌骨功能性重建中的应用 [J]. 现代口腔医学杂志，2002，04：376–378. DOI：10.3969/j.issn.1003–7632.2002.04.036. {MAO Chi,YU Guangyan. Application of Free Fibula Osteocutaneous Free Flap in Mandibular Functional Reconstruction[J]. Xian Dai Kou Qiang Yi Xue Za Zhi [Journal Of Modern Stomatology(Article in Chinese;Abstract in Chinese)],2002,04:376-378. DOI:10.3969/j.issn.1003-7632.2002.04.036.}

[23526] 毛驰，俞光岩.游离上臂外侧皮瓣在头颈肿瘤缺损修复中的应用 [J]. 现代口腔医学杂志，2002，05：456–458. DOI：10.3969/j.issn.1003–7632.2002.05.030. {MAO Chi,YU Guangyan. Application of Free Forarm Flap in Head and Neck Reconstruction after Tumor Resection[J]. Xian Dai Kou Qiang Yi Xue Za Zhi [Journal Of Modern Stomatology(Article in Chinese;Abstract in Chinese)],2002,05:456-458. DOI:10.3969/j.issn.1003-7632.2002.05.030.}

[23527] 毛驰，俞光岩.游离肩胛瓣在头颈部软组织缺损修复中的应用 [J]. 现代口腔医学杂志，2002，06：555–557. DOI：10.3969/j.issn.1003–7632.2002.06.029. {MAO Chi,YU Guangyan. Application of Free Scapular Flap in Head and Neck Soft Tissues Reconstruction after Tumor Resection[J]. Xian Dai Kou Qiang Yi Xue Za Zhi [Journal Of Modern Stomatology(Article in Chinese;Abstract in Chinese)],2002,06:555-557. DOI:10.3969/j.issn.1003-7632.2002.06.029.}

[23528] 毛驰，俞光岩，彭歆，郭传瑸，黄敏娴，张益，马大权.腓骨复合瓣游离移植修复下颌骨缺损 [J]. 中国修复重建外科杂志，2002，16(2)：114–116. DOI：10.3321/j.issn：1002–1892.2002.02.013. {MAO Chi,YU Guangyan,PENG Xin,GUO Chuanbin,HUANG Minxian,Zhang Yi,MA Daquan. PRIMARY STUDY ON REPAIR OF MANDIBULAR DEFECT USING FREE FIBULAR COMPOSITE FLAP[J]. Zhongguo Xiu Fu Chong Jian Wai Ke Za Zhi [Chinese Journal Of Reparative And Reconstructive Surgery(Article in Chinese;Abstract in Chinese and English)],2002,16(2):114-116. DOI:10.3321/j.issn:1002-1892.2002.02.013.}

[23529] 毛驰，彭歆，俞光岩，郭传滨，张益，黄敏娴，马大权.带皮岛游离腓骨骨皮瓣修复颌面部缺损 [J]. 华西口腔医学杂志，2002，01：30–32. DOI：10.3321/j.issn：1000–1182.2002.01.009. {MAO Chi,YU Guangyan,PENG Xin,GUO Chuanbin,HUANG Minxian,Zhang Yi,MA Daquan. The Effectiveness and Reliability of Skin Paddles of Free Fibula Flaps in Reconstruction of Maxillofacial Defects[J]. Hua Xi Kou Qiang Yi Xue Za Zhi [West China Journal Of Stomatology(Article in Chinese;Abstract in Chinese and English)],2002,01:30-32. DOI:10.3321/j.issn:1000-1182.2002.01.009.}

[23530] 毛驰，俞光岩，彭歆，郭传瑸，黄敏娴，张益.144 例头颈部游离组织瓣移植患者的临床分析 [J]. 华西口腔医学杂志，2002，06：423–425. DOI：10.3321/j.issn：1000–1182.2002.06.010. {MAO Chi,YU Guangyan,PENG Xin,GUO Chuanbin,HUANG Minxian,Zhang Yi. A Review of 144 Patients in Head and Neck Reconstruction by Consecutive Free Flap Transfers[J]. Hua Xi Kou Qiang Yi Xue Za Zhi [West China Journal Of Stomatology],2002,06:423-425. DOI:10.3321/j.issn:1000-1182.2002.06.010.}

[23531] 毛驰，俞光岩，彭歆，郭传瑸，黄敏娴，张益.联合应用游离腓骨瓣和前臂皮瓣修复口腔下颌骨复合缺损 [J]. 实用口腔医学杂志，2003，05：428–431. DOI：10.3969/j.issn.1001–3733.2003.05.008. {MAO Chi,YU Guangyan,PENG Xin,GUO Chuanbin,HUANG Minxian,ZHANG Yi. Combined free fibula flap and radial forearm flap in the reconstruction of extensive composite oromandibular defects[J]. Shi Yong Kou Qiang Yi Xue Za Zhi [Journal Of Practical Stomatology(Article in Chinese;Abstract in Chinese and English)],2003,05:428-431. DOI:10.3969/j.issn.1001-3733.2003.05.008.}

[23532] 毛驰，俞光岩，彭歆，郭传瑸，黄敏娴，张益.545 块头颈部游离组织瓣移植的临床分析 [J]. 中华耳鼻咽喉科杂志，2003，01：6–9. DOI：10.3760/j.issn：1673–0860.2003.01.002. {MAO Chi,YU Guangyan,PENG Xin,GUO Chuanbin,HUANG Minxian,ZHANG Yi. A review of 545 consecutive free flap transfers for head and neck reconstruction in a new microsurgery unit[J]. Zhonghua Er Bi Hou Ke Za Zhi [Chinese Journal Of Otorhinolaryngology(Article in Chinese;Abstract in Chinese and English)],2003,01:6-9. DOI:10.3760/j.issn:1673-0860.2003.01.002.}

[23533] 毛驰，俞光岩，彭歆，郭传瑸，黄敏娴，张益.吻合血管的双游离瓣技术在大型头颈部缺损修复中的应用 [J]. 中华耳鼻咽喉科杂志，2003，02：52–55. DOI：10.3760/j.issn：1673–0860.2003.02.016. {MAO Chi,YU Guangyan,PENG Xin,GUO Chuanbin,HUANG Minxian,ZHANG Yi. Simultaneous double free flap transfer for extensive defects in head and neck region:a review of 33 consecutive cases[J]. Zhonghua Er Bi Yan Hou Ke Za Zhi [Chinese Journal Of Otorhinolaryngology(Article in Chinese;Abstract in Chinese and English)],2003,02:52-55. DOI:10.3760/j.issn:1673-0860.2003.02.016.}

[23534] 毛驰，彭歆，俞光岩，郭传瑸，黄敏娴. 应用游离腓骨–踇长屈肌筋膜瓣修复上颌骨缺损 [J]. 中华口腔医学杂志，2003，38(6)：401–404. DOI：10. 3760/j. issn：1002–0098. 2003. 06. 001{MAO Chi,YU Guangyan,PENG Xin,GUO Chuanbin,HUANG Minxian. A preliminary study of maxillary reconstruction using free fibula-flexor hallucis longus myofascial flap[J]. Zhonghua Kou Qiang Yi Xue Za Zhi [Chinese Journal Of Stomatology(Article in Chinese;Abstract in Chinese and English)],2003,38(6):401-404. DOI:10.3760/j.issn:1002-0098.2003.06.001}

[23535] 毛驰，俞光岩.游离大腿前外侧皮瓣在头颈肿瘤缺损修复中的应用 [J]. 现代口腔医学杂志，2003，02：162–164. DOI：10.3969/j.issn.1003–7632.2003.02.023. {MAO Chi,YU Guangyan. The Application of Free Anterolateral Thigh Flap in oral-maxillofacial defects in head and neck after tumor resection[J]. Xian Dai Kou Qiang Yi Xue Za Zhi [Journal Of Modern Stomatology(Article in Chinese;Abstract in Chinese)],2003,02:162-164. DOI:10.3969/j.issn.1003-7632.2003.02.023.}

[23536] 毛驰，俞光岩，彭歆，竺涵光，张志愿.改良的胸大肌皮瓣制备技术及其临床应用 [J]. 现代口腔医学杂志，2003，03：227–229. DOI：10.3969/j.issn.1003–7632.2003.03.012. {MAO Chi,YU Guangyan,PENG Xin,ZHU Hanguang,ZHANG Zhiyuan. A modified technique for harvesting pectoralis major myocutaneous flap and its clinical application[J]. Xian Dai Kou Qiang Yi Xue Za Zhi [Journal Of Modern Stomatology(Article in Chinese;Abstract in Chinese and English)],2003,03:227-229. DOI:10.3969/j.issn.1003-7632.2003.03.012.}

[23537] 毛驰，俞光岩，彭歆，郭传瑸，黄敏娴，张益.老年患者头颈部游离组织瓣移植的临床分析 [J]. 现代口腔医学杂志，2004，03：227–230. DOI：10.3969/j.issn.1003–7632.2004.03.012. {MAO Chi,YU Guanyan,Peng Xin,GUO Chuan-bin,HUANG Min-xian,ZHANG Yi,A review of 89 consecutive free flap transfers for head and neck reconstruction in the elderly patients[J]. Xian Dai Kou Qiang Yi Xue Za Zhi [Journal Of Modern Stomatology(Article in Chinese;Abstract in Chinese and English)],2004,03:227-230. DOI:10.3969/j.issn.1003-7632.2004.03.012.}

[23538] 毛驰，俞光岩，彭歆，孙勇刚，张益，郭传瑸.游离组织瓣移植同期修复下颌骨放射性骨坏死术后缺损 [J]. 华西口腔医学杂志，2004，04：305–308. DOI：10.3321/j.issn：1000–1182.2004.04.013. {MAO Chi,YU Guangyan,PENG Xin,SUN Yonggang,ZHANG Yi,GUO Chuanbin. A Review of 11 Cases of Immediate Free Flap Transfer for Treating the Advanced Osteoradionecrosis of Mandible[J]. Hua Xi Kou Qiang Yi Xue Za Zhi [West China Journal Of Stomatology(Article in Chinese;Abstract in Chinese and English)],2004,04:305-308. DOI:10.3321/j.issn:1000-1182.2004.04.013.}

[23539] 毛驰，俞光岩，彭歆，郭传瑸，黄敏娴.双侧上颌骨缺损的显微外科修复 [J]. 中华显微外科杂志，2004，03：14–16. DOI：10.3760/cma.j.issn.1001–2036.2004.03.005. {MAO Chi,YU Guangyan,PENG Xin,GUO Chuanbin,HUANG Minxian. Microsurgical reconstruction of bilateral maxillary defect[J]. Zhonghua Xian Wei Wai Ke Za Zhi[Chinese Journal Of Microsurgery(Article in Chinese;Abstract in Chinese and English)]2004,03:14-16.DOI:10.3760/cma.j.issn.1001-2036.2004.03.005.}

[23540] 毛驰，俞光岩，彭歆，郭传瑸，黄敏娴，张益.游离腓骨瓣皮岛的血供来源及其可靠性探讨 [J]. 现代口腔医学杂志，2004，04：324–326. DOI：10.3969/j.issn.1003–7632.2004.04.012. {MAO Chi,YU Guangyan,PENG Xin,GUO Chuanbin,HUANG Minxian,ZHANG Yi. The reliability of blood supply of skin paddles of free fibula flaps[J]. Xian Dai Kou Qiang Yi Xue Za Zhi [Journal Of Modern Stomatology(Article in Chinese;Abstract in Chinese and English)],2004,04:324-326. DOI:10.3969/j.issn.1003-7632.2004.04.012.}

[23541] 毛驰，俞光岩，彭歆，郭传瑸，黄敏娴，张益.双皮岛游离腓骨瓣修复口腔颌面部复合缺损 [J]. 现代口腔医学杂志，2004，05：424–427. DOI：10.3969/j.issn.1003–7632.2004.05.013. { MAO Chi,YU Guangyan,PENG Xin,GUO Chuanbin,HUANG Minxian,ZHANG Yi. A review of 12 cases of double-skin paddle free fibula flap transfers for head and neck reconstruction[J]. Xian Dai Kou Qiang Yi Xue Za Zhi [Journal Of Modern Stomatology(Article in Chinese;Abstract in Chinese and English)],2004,05:424-427. DOI:10.3969/j.issn.1003-7632.2004.05.013.}

[23542] 毛驰，俞光岩，彭歆，郭传瑸，黄敏娴，张益.应用折叠的双皮岛游离前臂皮瓣修复口腔颌面部缺损 [J]. 现代口腔医学杂志，2004，06：520–522. DOI：10.3969/j.issn.1003–7632.2004.06.013. {MAO Chi,YU Guangyan,PENG Xin,GUO Chuanbin,HUANG Minxian,ZHANG Yi. A review of 33 folded double-paddle free radial forearm flap transfers for head and neck reconstruction[J]. Xian Dai Kou Qiang Yi Xue Za Zhi [Journal Of Modern Stomatology(Article in Chinese;Abstract in Chinese and English)],2004,06:520-522. DOI:10.3969/j.issn.1003-7632.2004.06.013.}

[23543] 毛驰，俞光岩，彭歆，郭传瑸，黄敏娴，张益.儿童患者头颈部游离组织瓣移植的临床分析 [J]. 华西口腔医学杂志，2004，06：477–480. DOI：10.3321/j.issn：1000–1182.2004.06.010. {MAO Chi,YU Guangyan,PENG Xin,GUO Chuanbin,HUANG Minxian,ZHANG Yi. Analysis of 30 Consecutive Free Flap Transplantation for Head and Neck Reconstruction in Paediatric Patients[J]. Hua Xi Kou Qiang Yi Xue Za Zhi [West China Journal Of Stomatology(Article in Chinese;Abstract in Chinese and English)],2004,06:477-480. DOI:10.3321/j.issn:1000-1182.2004.06.010.}

[23544] 毛驰，俞光岩.游离组织瓣移植应用于头颈肿瘤缺损修复的现状 [J]. 中华耳鼻咽喉科杂志，2004，12：64–68. DOI：10.3760/j.issn：1673–0860.2004.12.021. {MAO Chi,YU Guangyan. The Status of Free Flap in the Reconstruction of the Head and Neck Reconstruction after the Resection of the Tumor[J]. Zhongguo Er Bi Yan Hou Tou Za Zhi [CHIN J OTORHINOLARYNGAL(Article in Chinese;Abstract in Chinese)],2004,12:64-68. DOI:10.3760/j.issn:1673-0860.2004.12.021.}

[23545] 毛驰，彭歆，俞光岩，郭传瑸，黄敏娴，陈传俊.对提高头颈部游离组织瓣移植成功率的探讨 [J]. 中国口腔颌面外科杂志，2005，02：134–138. DOI：10.3969/j.issn.1672–3244.2005.02.012. {MAO Chi,PENG Xin,YU Guang-yan,GUO Chuan-bin,HUANG Min-xian,CHEN Chuan-jun. How to improve the success rate of free flap reconstruction in head and neck surgery[J]. Zhong Guo Kou Qiang He Mian Wai Ke Za Zhi [China Journal Of Oral And Maxillofacial Surgery(Article in Chinese;Abstract in Chinese and English)],2005,02:134-138. DOI:10.3969/j.issn.1672-3244.2005.02.012.}

[23546] 毛驰，俞光岩.口腔颌面部肿瘤切除术后的颌骨功能性重建 [J]. 现代口腔医学杂志，2005，04：414–418. DOI：10.3969/j.issn.1003–7632.2005.04.026. {MAO Chi,YU Guang-yan. Functional reconstruction of jaw after tumor resection of oral and maxillofacial region[J]. Xian Dai Kou Qiang Yi Xue Za Zhi [J Modern Stomatol (Article in Chinese;Abstract in Chinese and English)],2005,04:414-418. DOI:10.3969/j.issn.1003-7632.2005.04.026.}

[23547] 张铁柱，毛驰.感觉性游离皮瓣修复口腔颌面部缺损的临床评价及研究进展 [J]. 现代口腔医学杂志，2005，05：522–524. DOI：10.3969/j.issn.1003–7632.2005.05.026. {ZHANG Tie-zhu,MAO Chi. Clinical Evaluation and Research Progress of innervated Free Flap in Oral and Maxillofacial Reconstruction[J]. Xian Dai Kou Qiang Yi Xue Za Zhi [J Modern Stomatol (Article in Chinese;Abstract in Chinese and English)],2005,05:522-524. DOI:10.3969/j.issn.1003-7632.2005.05.026.}

[23548] 毛驰，张雷，俞光岩，朱正宏，蔡志刚，邹留河.治疗角结膜干燥症自体颌下腺移植的血管处理 [J]. 中华口腔医学杂志，2005，05：23–25. DOI：10.3760/j.issn：1002–0098.2005.05.007. {MAO Chi,ZHANG Lei,YU Guang-yan,ZHU Zheng-hong,CAI Zhi-gang,ZOU Liu-he. Management of blood vessels in the vascularized autogeneous submandibular gland transfer for severe keratoconjunctivitis sicca[J]. Zhong Hua Kou Qiang Yi Xue Za Zhi [Chinese Journal Of Stomatology(Article in Chinese;Abstract in Chinese and English)],2005,05:23-25. DOI:10.3760/j.issn:1002-0098.2005.05.007.}

[23549] 毛驰，彭歆，俞光岩.不携带肌袖的游离腓骨瓣制备技术 [J]. 现代口腔医学杂志，2005，02：132–134. DOI：10.3969/j.issn.1003–7632.2005.02.007. {MAO Chi,Peng Xin,YU Guanyan. A modified technique for harvesting the free fibula flap without a muscle cuff[J]. Xian Dai Kou Qiang Yi Xue Za Zhi [Journal Of Modern Stomatology(Article in Chinese;Abstract in Chinese and English)],2005,02:132-134. DOI:10.3969/j.issn.1003-7632.2005.02.007.}

[23550] 葛兮源，俞光岩，蔡志刚，毛驰.小型猪颌下腺自体再植的实验研究 [J]. 现代口腔医学杂志，2005，02：172–176. DOI：10.3969/j.issn.1003–7632.2005.02.020. {GE Xiyuan,YU Guanyan,CAI Zhigang,MAO Chi. Establishment of submandibular gland autotransplantation model in miniature swine and the histological changes of the transplanted gland[J]. Xian Dai Kou Qiang Yi Xue Za Zhi [Journal Of Modern Stomatology(Article in Chinese;Abstract in Chinese and English)],2005,02:172-176. DOI:10.3969/j.issn.1003-7632.2005.02.020.}

[23551] 毛驰，俞光岩，彭歆，郭传瑸，黄敏娴.头颈部游离组织瓣移植术后的血管危象及其处理 [J]. 中华耳鼻咽喉头颈外科杂志，2005，40(6)：415–418. DOI：10.3760/j.issn：1673–0860.2005.06.005. {MAO Chi,YU Guan-yan,Peng Xin,GUO Chuan-bin,HUANG Min-xian. Postoperative vessel thrombosis and its management after free flap transfers in head and neck region[J]. Zhonghua Er Bi Yan Hou Tou Jing Wai Ke Za Zhi [Chinese Journal Of Otorhinolaryngology Head And Neck Surgery(Article in Chinese;Abstract in Chinese and English)],2005,40(6):415-418. DOI:10.3760/j.issn:1673-0860.2005.06.005.}

[23552] 毛驰，俞光岩，彭歆，郭传瑸，黄敏娴.吻合双静脉的游离腓骨瓣移植 206 例 [J]. 中华显微外科杂志，2006，02：131–132. DOI：10.3760/cma.j.issn.1001–2036.2006.02.018. {MAO Chi,YU Guan-yan,Peng Xin,GUO Chuan-bin,HUANG Min-xian. 206 Cases of Double Vein Anastomoses for Free Vascularized Fibular Grafting [J]. Zhonghua Xian Wei Wai Ke Za Zhi [CHINESE JOURNAL OF MICROSURGERY(Article in Chinese;Abstract in Chinese and English)],2006,02:131-132. DOI:10.3760/cma.j.issn.1001-2036.2006.02.018.}

[23553] 毛驰，俞光岩.下斜方肌皮瓣和肩胛背动脉皮瓣在头颈重建中的应用 [J]. 现代口腔医学杂志，2006，06：648–650. DOI：10.3969/j.issn.1003–7632.2006.06.029. {MAO Chi,YU Guan-yan. The Application of Lower Trapezius Myocutaneous Flap and Dorsal

Scapular Artery Flap in head and neck application[J]. Xian Dai Kou Qiang Yi Xue Za Zhi [J Modern Stomatol (Article in Chinese;Abstract in Chinese and English)],2006,06:648 - 650. DOI:10.3969/j.issn.1003 - 7632.2006.06.029.}

[23554] **毛驰，俞光岩，彭歆，张雷，郭传瑸，黄敏娴．吻合两条静脉的头颈部游离组织瓣移植 [J]. 华西口腔医学杂志，2006，06：530－532. DOI：10.3321/j.issn：1000－1182.2006.06.013.** {MAO Chi,YU Guang - yan,PENG Xin,ZHANG Lei,GUO Chuan - bin,HUANG Min - xian. 168 Cases of Free Flap Transplantation with Double Vein Anastomoses for Reconstruction of Head and Neck Defects[J]. Hua Xi Kou Qiang Yi Xue Za Zhi [WEST CHINA JOURNAL OF STOMATOLOGY(Article in Chinese;Abstract in Chinese and English)],2006,06:530 - 532. DOI:10.3321/j.issn:1000 - 1182.2006.06.013.}

[23555] **毛驰，俞光岩，彭歆，张雷，郭传瑸，黄敏娴．游离组织瓣联合胸大肌皮瓣移植修复大型头颈部缺损 [J]. 华西口腔医学杂志，2006，01：53－56. DOI：10.3321/j.issn：1000－1182.2006.01.016.** {MAO Chi,YU Guang - yan,PENG Xin,ZHANG Lei,GUO Chuan - bin,HUANG Min - xian. Combined Free Flap and Pedicled Pectoralis Major Myocutaneous Flap in Reconstruction of Extensive Composite Defects in Head and Neck Region:a Review of 9 Consecutive Cases[J]. Hua Xi Kou Qiang Yi Xue Za Zhi [WEST CHINA JOURNAL OF STOMATOLOGY(Article in Chinese;Abstract in Chinese and English)],2006,01:53 - 56. DOI:10.3321/j.issn:1000 - 1182.2006.01.016.}

[23556] **李玉增，王力敏，毛驰. 游离组织瓣移植修复口腔颌面部缺损（附 12 例报告）[J]. 北京医学，2007，03：151－153. DOI：10. 15932/j. 0253－9713. 2007. 03. 011** {LI Yu - zeng,WANG Li - min,MAO Chi. The assessment of free flap reconstruction for oral and maxillofacial defects (report of 12 cases)[J]. Bei Jing Yi Xue [BEIJING MEDICAL JOURNAL(Article in Chinese;Abstract in Chinese and English)],2007,03:151 - 153. DOI:10.15932/j.0253 - 9713.2007.03.011}

[23557] **毛驰，俞光岩．游离桡侧前臂皮瓣及桡侧前臂骨皮瓣在头颈缺损修复中的应用 [J]. 现代口腔医学杂志，2007，04：420－423. DOI：10.3969/j.issn.1003－7632.2007.04.026.** {MAO Chi,YU Guan - yan. The application of radical forearm free flap and bone - skin flap in the head and neck reconstruction[J]. Xian Dai Kou Qiang Yi Xue Za Zhi [J Modern Stomatol (Article in Chinese;Abstract in Chinese and English)],2007,04:420 - 423. DOI:10.3969/j.issn.1003 - 7632.2007.04.026.}

[23558] **毛驰，俞光岩．游离髂嵴 － 腹内斜肌瓣在口腔下颌骨缺损修复中的应用 [J]. 现代口腔医学杂志，2007，03：318－321. DOI：10.3969/j.issn.1003－7632.2007.03.030.** {MAO Chi,YU Guan - yan. The application of iliac crest composite flap for mandibular reconstruction[J]. Xian Dai Kou Qiang Yi Xue Za Zhi [J Modern Stomatol (Article in Chinese;Abstract in Chinese and English)],2007,03:318 - 321. DOI:10.3969/j.issn.1003 - 7632.2007.03.030.}

[23559] **毛驰，彭歆，张雷，俞光岩，郭传瑸，黄敏娴．术前放射治疗对头颈部游离组织瓣移植的影响 [J]. 中华口腔医学杂志，2007，4202：67－69. DOI：10.3760/j.issn：1002－0098.2007.02.002.** {MAO Chi,PENG Xin,ZHANG Lei,YU Guang - yan,GUO Chuan - bin,HUANG Min - xian. Influence of prior radiotherapy on free tissue transfer in head and neck region[J]. Zhonghua Kou Qiang Yi Xue Za Zhi [CHINESE JOURNAL OF STOMATOLOGY(Article in Chinese;Abstract in Chinese and English)],2007,4202:67 - 69. DOI:10.3760/j.issn:1002 - 0098.2007.02.002.}

[23560] **毛驰，俞光岩，彭歆，张雷，郭传瑸，黄敏娴．头颈部组织缺损显微外科重建的临床效果 [J]. 中华显微外科杂志，2007，3003：176－178. DOI：10.3760/cma.j.issn.1001－2036.2007.03.005.** {MAO Chi,YU Guang - yan,PENG Xin,ZHANG Lei,GUO Chuan - bin,HUANG Min - xian. Clinical effect of head and neck reconstruction using microsurgical free flap transfer techniques[J]. Zhonghua Xian Wei Wai Ke Za Zhi [CHINESE JOURNAL OF MICROSURGERY(Article in Chinese;Abstract in Chinese and English)],2007,3003:176 - 178. DOI:10.3760/cma.j.issn.1001 - 2036.2007.03.005.}

[23561] **毛驰，彭歆，张雷，俞光岩，郭传瑸，黄敏娴．颈内静脉残端作为头颈部游离瓣移植受区静脉的可靠性探讨 [J]. 中华口腔医学杂志，2007，4208：487－488. DOI：10.3760/j.issn：1002－0098.2007.08.011.** {MAO Chi,PENG Xin,ZHANG Lei,YU Guang - yan,GUO Chuan - bin,HUANG Min - xian. Reliability of residual internal jugular vein as the receipt vein in free flap transfer in head and neck region[J]. Zhong Hua Kou Qiang Yi Xue Za Zhi [CHINESE JOURNAL OF STOMATOLOGY(Article in Chinese;Abstract in Chinese and English)],2007,4208:487 - 488. DOI:10.3760/j.issn:1002 - 0098.2007.08.011.}

[23562] **毛驰，柳新华，彭歆，张雷，俞光岩，郭传瑸．游离大腿前外侧皮瓣修复头颈部缺损的初步观察 [J]. 中华口腔医学杂志，2007，4201：10－14. DOI：10.3760/j.issn：1002－0098.2007.01.004.** {MAO Chi,LIU Xin - hua,PENG Xin,ZHANG Lei,YU Guang - yan,GUO Chuan - bin. A preliminary study of head and neck reconstruction using free anterolateral thigh flap[J]. Zhong Hua Kou Qiang Yi Xue Za Zhi [CHINESE JOURNAL OF STOMATOLOGY(Article in Chinese;Abstract in Chinese and English)],2007,4201:10 - 14. DOI:10.3760/j.issn:1002 - 0098.2007.01.004.}

[23563] **毛驰，俞光岩，彭歆，张雷，郭传瑸，黄敏娴．游离腓骨复合瓣下颌骨重建时供区侧下肢的选择 [J]. 中华口腔医学杂志，2007，4211：684－686. DOI：10.3760/j.issn：1002－0098.2007.11.013.** {MAO Chi,YU Guang - yan,PENG Xin,ZHANG Lei,GUO Chuan - bin,HUANG Min - xian. Donor side selection in mandibular reconstruction using the free fibular osteocutaneous flap[J]. Zhong Hua Kou Qiang Yi Xue Za Zhi [CHINESE JOURNAL OF STOMATOLOGY(Article in Chinese;Abstract in Chinese and English)],2007,4211:684 - 686. DOI:10.3760/j.issn:1002 - 0098.2007.11.013.}

[23564] **毛驰，俞光岩，彭歆，张雷，郭传瑸，黄敏娴，张益，马大权．头颈部游离复合组织瓣移植的临床研究 [J]. 北京大学学报（医学版），2008，01：64－67. DOI：10.3321/j.issn：1671－167X.2008.01.016.** {MAO Chi,YU Guan - yan,PENG Xin,ZHANG Lei,GUO Chuan - bin,HUANG Min - xian,ZHANG Yi,MA Da - quan. Free composite flap transfers in the head and neck region:an 8 - year experience[J]. Bei Jing Da Xue Xue Bao [JOURNAL OF PEKING UNIVERSITY(HEALTH SCIENCES) (Article in Chinese;Abstract in Chinese and English)],2008,01:64 - 67. DOI:10.3321/j.issn:1671 - 167X.2008.01.016.}

[23565] **毛驰，俞光岩．游离背阔肌皮瓣及胸背动脉穿支皮瓣在头颈缺损修复中的应用 [J]. 现代口腔医学杂志，2008，03：316－318. DOI：10.3969/j.issn.1003－7632.2008.03.027.** {MAO Chi,YU Guan - yan. The application of free latissimus dorsi flap and thoracodorsal artery perforator flap in head and neck reconstruction[J]. Xian Dai Kou Qiang Yi Xue Za Zhi [J Modern Stomatol (Article in Chinese;Abstract in Chinese and English)],2008,03:316 - 318. DOI:10.3969/j.issn.1003 - 7632.2008.03.027.}

[23566] **毛驰，俞光岩，张雷，蔡志刚，王洋，彭歆．面动脉伴行静脉作为自体颌下腺移植回流静脉的可靠性探讨 [J]. 中华口腔医学杂志，2009，44（3）：147－149. DOI：10.3760/cma.j.issn.1002－0098.2009.03.007.** {MAO Chi,YU Guang - yan,ZHANG Lei,CAI Zhi - gang,WANG Yang,PENG Xin. Reliability of venae comitant of facial artery as the donor vein in microvascular autologous submandibular gland transfer[J]. Zhonghua Kou Qiang Yi Xue Za Zhi [CHINESE JOURNAL OF STOMATOLOGY(Article in Chinese;Abstract in Chinese and English)],2009,44(3):147 - 149. DOI:10.3760/cma.j.issn.1002 - 0098.2009.03.007.}

[23567] **毛驰，俞光岩，彭歆，张雷，郭传瑸，黄敏娴．头颈部游离组织瓣移植术中的血管危象及处理 [J]. 中华口腔医学杂志，2009，44（5）：304－305. DOI：10.3760/cma.j.issn.1002－0098.2009.05.014.** {MAO Chi,YU Guangyan,PENG Xin,ZHANG LeI,GUO Chuanbin,HUANG Minxian. Intraoperative vessel thrombosis and its management in free flap transfers in head and neck region[J]. Zhonghua Kou Qiang Yi Xue Za Zhi [CHINESE JOURNAL OF STOMATOLOGY(Article in Chinese;Abstract in Chinese and English)],2009,44(5):304 - 305. DOI:10.3760/cma.j.issn.1002 - 0098.2009.05.014.}

[23568] **毛驰，俞光岩，彭歆，张雷，郭传瑸，黄敏娴．颞浅动脉及静脉作为头颈部游离瓣移植受区血管的可靠性探讨 [J]. 中华口腔医学杂志，2009，44（2）：94－96. DOI：10.3760/cma.j.issn.1002－0098.2009.02.010.** {MAO Chi,YU guangyan,PENG Xin,ZHANG LeI,GUO Chuanbin,HUANG Minxian. Reliability of superficial temporal artery and vein as the recipient vessels in free flap transfers in head and neck region[J]. Zhonghua Kou Qiang Yi Xue Za Zhi [CHINESE JOURNAL OF STOMATOLOGY(Article in Chinese;Abstract in Chinese and English)],2009,44(2):94 - 96. DOI:10.3760/cma.j.issn.1002 - 0098.2009.02.010.}

[23569] **王玉龙，韩龙，毛驰．下颌骨缺损的修复重建 [J]. 口腔颌面修复学杂志，2011，1202：126－128. DOI：10.3969/j.issn.1009－3761.2011.02.020.** {WANG Yu - long,HAN Long,MAO Chi. The reconstruction and rehabilitation of mandibular defects[J]. Kou Qiang He Mian Xiu Fu Xue Za Zhi [CHINESE JOURNAL OF PROSTHODONTICS(Article in Chinese;Abstract in Chinese and English)],2011,1202:126 - 128. DOI:10.3969/j.issn.1009 - 3761.2011.02.020.}

[23570] **陈志远，刘静明，李冬梅，毛驰. 游离皮瓣在眶窝重建中的应用 [J]，北京医学，2012，34（5）：371－373. DOI：10.15932/j.0253－9713.2012.05.042.** {CHENG Zhiyuan,LIU Jinming,LI Dongmei,MAO Chi,Eye socket reconstruction with free flap[J]. Bei Jing Yi Xue [Beijing Medical Journal(Article in Chinese;Abstract in Chinese and English)],2012,34(5):371 - 373. DOI:10.15932/j.0253 - 9713.2012.05.042.}

[23571] **林勇，毛驰．颏下岛状皮瓣同期修复口腔癌术后缺损的临床应用 [J]. 国际口腔医学杂志，2014，4106：639－642. DOI：10.7518/gjkq.2014.06.005.** {LIN Yong ,MAO Chi. Clinical application of submental island flap to repair the defect during the same period after oral cancer surgery[J]. Guo Ji Kou Qiang Yi Xue Za Zhi [International Journal of Stomatology(Article in Chinese;Abstract in Chinese and English)],2014,4106:639 - 642. DOI:10.7518/gjkq.2014.06.005.}

[23572] **郭玉兴，王佃灿，王洋，彭歆，郭传瑸，毛驰．血管化腓骨瓣修复二膦酸盐颌骨骨坏死导致的下颌骨缺损：病例报告及文献复习 [J]. 中国口腔颌面外科杂志，2015，1305：474－477.** {GUO Yuxin,WANG Diancan,WANG Yang,PENG Xin,GUO Chuanbin,MAO Chi. Vascularized fibula flap reconstruction of the mandible defect resulting from bisphosphonate - related osteonecrosis of the jaws:case report and literature review[J]. Zhongguo Kou Qiang He Mian Wai Ke Za Zhi [China Journal of Oral and Maxillofacial Surgery(Article in Chinese;Abstract in Chinese and English)],2015,1305:474 - 477.}

[23573] **毛驰，彭歆，张雷，王洋. 简化的头颈显微重建外科技术及其临床应用 [J]. 中国耳鼻咽喉头颈外科，2016，2303：127－130. DOI：10. 16066/j. 1672－7002. 2016. 03. 002** {MAO Chi,PENG Xin,ZHANG Lei,WANG Yang. Simplified head and neck reconstructive microsurgical techniques and their clinical applications[J]. Zhongguo Er Bi Yan Hou Tou Jin Wai Ke [CHIN ARCH OTOLARYNGOL HEAD NECK SURG(Article in Chinese;Abstract in Chinese and English)],2016,2303:127 - 130.}

[23574] **彭歆，毛驰，俞光岩，郭传瑸，黄敏娴，张益. 游离组织瓣修复上颌骨缺损 65 例临床分析 [J]. 中国口腔颌面外科杂志，2003，1：9－13. DOI：10.3969/j.issn.1672－3244.2003.01.004.** {PENG Xin,MAO Chi,YU Guangyan,GUO Chuanbin,HUANG Minxian,ZHANG Yi. Maxillary Reconstruction with Free Flaps:a Review of 65 Consecutive Cases[J]. Zhongguo Kou Qiang He Mian Wai Ke Za Zhi [CHINA JOURNAL OF ORAL AND MAXILLOFACIAL SURGERY(Article in Chinese;Abstract in Chinese and English)] ,2003,1:9 - 13. DOI:10.3969/j.issn.1672 - 3244.2003.01.004.}

[23575] **彭歆，马莲，毛驰，俞光岩，郭传滨，李晓京. 游离腓骨复合组织瓣上颌骨重建患者的语音功能评价 [J]. 中华口腔医学杂志，2003，38：411－413. DOI：10.3760/j.issn：1002－0098.2003.06.004.** {PENG Xin,MA Lian,MAO Chi,YU Guangyan,GUO Chuanbin,LI Xiaojing. Speech outcomes in patients of maxillary reconstruction with free fibula composite flap[J]. Zhonghua Kou Qiang Yi Xue Za Zhi [CHINESE JOURNAL OF STOMATOLOGY(Article in Chinese;Abstract in Chinese and English)],2003,38:411 - 413. DOI:10.3760/j.issn:1002 - 0098.2003.06.004.}

[23576] **邓旭亮，彭歆，孟兆强，毛驰，胡晓阳，俞光岩. 外科模板在游离腓骨瓣修复上颌骨缺损术中的应用 [J]. 现代口腔医学杂志，2004，18：50－51. DOI：10.3969/j.issn.1003－7632.2004.01.015.** {DENG Xuliang,PENG Xin,MENG Zhaoqiang,MAO Chi,HU Xiaoyang,YU Guangyan. The effect of surgical template for maxillary reconstruction with free fibula flap[J]. Xian Dai Kou Qiang Yi Xue Za Zhi [JOURNAL OF MODERN STOMATOLOGY (Article in Chinese;Abstract in Chinese and English)],2004,18:50 - 51. DOI:10.3969/j.issn.1003 - 7632.2004.01.015.}

[23577] **彭歆，毛驰，王兴，林野，俞光岩，伊彪，李自力，梁成. 游离腓骨复合组织瓣同期修复上下颌骨缺损：1 例报告 [J]. 中国口腔颌面外科杂志，2004，2：225－227. DOI：10.3969/j.issn.1672－3244.2004.03.029.** {PENG Xin,MAO Chi,WANG Xing,LIN Ye,YU Guangyan,YI Biao,LI Zili,LIANG Cheng. Simultaneous maxillary and mandibular reconstruction with a single free fibula composite flap:a case report[J]. Zhongguo Kou Qiang He Mian Wai Ke Za Zhi [CHINA JOURNAL OF ORAL AND MAXILLOFACIAL SURGERY(Article in Chinese;Abstract in Chinese and English)],2004,2:225 - 227. DOI:10.3969/j.issn.1672 - 3244.2004.03.029.}

[23578] **彭歆，毛驰，俞光岩，郭传瑸，黄敏娴，张益，马大权. 游离腓骨复合组织瓣上颌骨重建患者的术后生存质量评价 [J]. 中国耳鼻咽喉头颈外科，2004，11：279－284. DOI：10.3969/j.issn.1672－7002.2004.05.004.** {PENG Xin,MAO Chi,YU Guangyan,GUO Chuanbin,HUANG Minxian,ZHANG Yi,MA Daquan. Quality - of - Life outcomes in patients of maxillary reconstruction with free fibula composite flap[J]. Zhongguo Er Bi Yan Hou Tou Jing Wai Ke [CHIN ARCH OTOLARYNGOL HEAD NECK SURG(Article in Chinese;Abstract in Chinese and English)],2004,11:279 - 284. DOI:10.3969/j.issn.1672 - 7002.2004.05.004.}

[23579] **彭歆，毛驰，俞光岩，郭传瑸，朱恒山. 游离腓骨复合组织瓣上颌骨重建的三维有限元分析 [J]. 现代口腔医学杂志 2005;19：590－592. DOI：10.3969/j.issn.1003－7632.2005.06.010.** {PENG Xin,MAO Chi,YU Guangyan,GUO Chuanbin,ZHU Hengshan. Three - dimensional finite element analysis on the maxilla reconstructed by free fibula composite flap[J]. Xian Dai Kou Qiang Yi Xue Za Zhi [JOURNAL OF MODERN STOMATOLOGY (Article in Chinese;Abstract in Chinese and English)],2005;19:590 - 592. DOI:10.3969/j.issn.1003 - 7632.2005.06.010.}

[23580] **彭歆，毛驰，张益，张雷，安金刚，俞光岩. 游离组织瓣修复口腔颌面部创伤性组织缺损 [J]. 中华口腔医学杂，2008;43（11）：650－652. DOI：10.3321/j.issn：1002－0098.2008.11.003.** {PENG Xin,MAO Chi,ZHANG Yi,ZHANG Lei,AN Jingang,YU Guangyan. Ora - maxillofacial traumatic defects reconstruction with free flaps[J]. Zhonghua Kou Qiang Yi Xue Za Zhi [CHINESE JOURNAL OF STOMATOLOGY(Article in Chinese;Abstract in Chinese and English)],2008;43(11):650 - 652. DOI:10.3321/j.issn:1002 - 0098.2008.11.003.}

[23581] **杨悦，彭歆，张芳，李楠，崔洁，赵春燕. 游离腓骨瓣术后术肢康复训练的效果研究 [J]. 中华口腔医学杂志，2010;45（6）：363－366. DOI：10.3760/cma.j.issn.1002－0098.2010.06.011.** {YANG Yue,PENG Xin,ZHANG Fang,LI Nan,CUI Jie,ZHAO Chunyan. Evaluation of lower limb rehabilitation training effects in the patients with free fibula flap[J]. Zhonghua Kou Qiang Yi Xue Za Zhi [CHINESE JOURNAL OF STOMATOLOGY(Article in Chinese;Abstract in Chinese and English)],2010;45(6):363 - 366. DOI:10.3760/cma.j.issn.1002 - 0098.2010.06.011.}

[23582] **王玉丽，彭歆，罗奕. 前臂皮瓣修复舌癌术后舌缺损患者的生存质量评价 [J]. 中华口腔医学杂志，2011;46（1）：27－30. DOI：10.3760/cma.j.issn.1002－0098.2011.01.010.** {WANG Yuli,PENG Xin,LUO Yi. Quality - of - life outcomes of the patients with tongue cancer following reconstruction with free forearm flap[J]. Zhonghua Kou Qiang Yi Xue Za Zhi [CHINESE JOURNAL OF STOMATOLOGY(Article in Chinese;Abstract in Chinese and

English)],2011,46(1):27-30. DOI:10.3760/cma.j.issn.1002-0098.2011.01.010.}

[23583] 彭歆，毛驰，俞光岩，郭传瑸，黄敏娴，张益，马莲，邓旭亮，林野，马大权，孟兆强，张雷. 应用游离腓骨复合组织瓣行功能性重建上颌骨缺损 [J]. 北京大学学报（医学版），2011，43（1）：18-21. DOI：10.3969/j.issn.1671-167X.2011.01.004. {PENG Xin,MAO Chi,YU Guangyan,GUO Chuanbin,HUANG Minxian,ZHANG Yi,MA Lian,DENG Xuliang,LIN Ye,MA Daquan,MENG Zhaoqiang,ZHANG Lei. Functional maxillary reconstruction with free composite fibula flap[J]. Beijing Da Xue Xue Bao (Yi Xue Ban) [JOURNAL OF PEKING UNIVERSITY(HEALTH SCIENCES)(Article in Chinese;Abstract in Chinese and English)],2011,43(1):18-21. DOI:10.3969/j.issn.1671-167X.2011.01.004. }

[23584] 彭歆，毛驰，王洋，郭传瑸，俞光岩，黄敏娴，张雷，张益. 上臂外侧皮瓣和前臂皮瓣修复口腔癌术后组织缺损的比较研究 [J]. 中华耳鼻咽喉头颈外科杂志，2011，46（10）：836-838. DOI：10.3760/cma.j.issn.1673-0860.2011.10.009. {PENG Xin,MAO Chi,WANG Yang,GUO Chuanbin,YU Guangyan,HUANG Minxian,ZHANG Lei,ZHANG Yi. Comparison of lateral arm flap and radial forearm flap in reconstruction after oral cancer ablation[J]. Zhongguo Er Bi Yan Hou Tou Jing Wai Ke [CHIN ARCH OTOLARYNGOL HEAD NECK SURG(Article in Chinese;Abstract in Chinese and English)],2011;46(10):836-838. DOI:10.3760/cma.j.issn.1673-0860.2011.10.009.}

[23585] Ling Xiaofeng,Peng Xin,Samman Nabil. Donorsite morbidity of free fibula and DCIA flaps[J]. J Oral Maxillofacial Surg. 2013,71(9):1604-1612. DOI:10.1016/j.joms.2013.03.006.

[23586] 黄良斌，毛驰，王洋，张雷，郭传瑸，黄敏娴，俞光岩，彭歆. 全舌及近全舌缺损的显微外科修复 [J]. 中华显微外科杂志，2014，37（5）：432-435. DOI：10.3760/cma.j.issn.1001-2036.2014.05.004. {HUANG Liangbin,MAO Chi,WANG Yang,ZHANG Lei. GUO Chuanbin,HUANG Minxian,YU Guangyan,PENG Xin. Microsurgical reconstruction for total and subtotal glossectomy defects[J]. Zhonghua Xian Wei Wai Ke Za Zhi[Chin J Microsurg(Article in Chinese;Abstract in Chinese and English)],2014,37(5):432-435. DOI:10.3760/cma.j.issn.1001-2036.2014.05.004.}

[23587] 刘堃，彭歆，毛驰. 应用游离颏下皮瓣修复口腔癌术后组织缺损 [J]. 中华显微外科杂志，2015;38（1）：8-11. DOI：10.3760/cma.j.issn.1001-2036.2015.01.003. {LIU Kun,PENG Xin,MAO Chi. Free submental flap for defects reconstruction after oral cancer ablation[J]. Zhonghua Xian Wei Wai Ke Za Zhi[Chin J Microsurg(Article in Chinese;Abstract in Chinese and English)],2015;38(1):8-11. DOI:10.3760/cma.j.issn.1001-2036.2015.01.003. }

[23588] 于森，王洋，毛驰，郭传瑸，俞光岩，彭歆. 1107 例上颌骨缺损的临床分类及修复方法分析 [J]. 北京大学学报（医学版），2015，47（3）：509-513. DOI：10.3969/j.issn.1671-167X.2015.03.026. {YU Sen,WANG Yang,MAO Chi,GUO Chuanbin,YU Guangyan,PENG Xin. Classification and reconstruction of 1 107 cases of maxillary defects[J]. Beijing Da Xue Xue Bao (Yi Xue Ban) [JOURNAL OF PEKING UNIVERSITY(HEALTH SCIENCES)(Article in Chinese;Abstract in Chinese and English)],2015,47(3):509-513. DOI:10.3969/j.issn.1671-167X.2015.03.026.}

[23589] Zhang Wenbo,Mao Chi,Liu Xiaojing,Guo Chuanbin,Yu Guangyan,Peng Xin. Outcomes of orbital floor reconstruction after extensive maxillectomy using the computer-assisted fabricated individual titanium mesh technique[J]. J Oral Maxillofac Surg. 2015,73(10):2065.e1-2065.e15. DOI:10.1016/j.joms.2015.06.171.

[23590] 章文博，于尧，王洋，刘筱菁，毛驰，郭传瑸，俞光岩，彭歆. 数字化外科技术在上颌骨缺损重建中的应用 [J]. 北京大学学报（医学版），2017;49（1）：1-5. DOI：10.3969/j.issn.1671-167X.2017.01.001. {ZHANG Wenbo,YU Yao,WANG Yang,LIU Xiaojing,MAO Chi,GUO Chuanbin,YU Guangyan,PENG Xin. Surgical reconstruction of maxillary defects using computer-assisted techniques[J]. Beijing Da Xue Xue Bao (Yi Xue Ban) [JOURNAL OF PEKING UNIVERSITY(HEALTH SCIENCES)(Article in Chinese;Abstract in Chinese and English)],2017,49(1):1-5. DOI:10.3969/j.issn.1671-167X.2017.01.001.}

[23591] Yu Yao,Zhang Wenbo,Liu Xiaojing,Guo Chuanbin,Yu Guangyan,Peng Xin. Three-dimensional image fusion of 18F-fluorodeoxyglucose-positron emission tomography/computed tomography and contrast-enhanced computed tomography for computer-assisted planning of maxillectomy of recurrent maxillary squamous cell carcinoma and defect reconstruction[J]. J Oral Maxillofac Surg. 2017,75(6):1301.e1-1301.e15. DOI:10.1016/j.joms.2017.02.013.

[23592] 彭歆，章文博. 数字化外科技术在下颌骨缺损重建中的应用 [J]. 口腔疾病防治，2017;25（9）：545-553. DOI：10.12016/j.issn.2096-1456.2017.09.001. {PENG Xin,ZHANG Wenbo. Application of digital surgical techniques in mandibular reconstruction[J]. Kou Qiang Ji Bing Fang Zhi [Journal of Dental Prevention & Treatment(Article in Chinese;Abstract in Chinese and English)],2017;25(9):545-553. DOI:10.12016/j.issn.2096-1456.2017.09.001.}

[23593] 彭歆，章文博. 腹壁下动脉穿支皮瓣在口腔颌面部修复中的应用 [J]. 中国实用口腔科杂志，2017;10（11）：652-656. DOI：10.19538/j.kq.2017.11.002. {PENG Xin,ZHANG Wenbo. Oral and maxillofaciai defects reconstruction with deep inferior epigastric perforator flap[J]. Zhongguo Shi Yong Kou Qiang Ke Za Zhi[Chinese Journal of Practical Stomatology(Article in Chinese;Abstract in Chinese and English)],2017;10(11):652-656. DOI:10.19538/j.kq.2017.11.002.}

[23594] 刘志荣，彭歆，章文博. 游离腓骨瓣和股前外侧穿支皮瓣修复单侧上颌骨缺损患者的生存质量问卷调查研究 [J]. 中华整形外科杂志，2018;34（8）：644-647. DOI：10.3760/cma.j.issn.1009-4598.2018.08.014. {LIU Zhirong,PENG Xin,ZHANG Wenbo. Study on comparative questionnaire of quality of life of unilateral maxillary defect patients after reconstruction with free anterolateral thigh perforator flap and free fibula flap[J]. Zhonghua Zheng Xing Wai Ke Za Zhi[Chinese Journal of Plastic Surgery(Article in Chinese;Abstract in Chinese and English)],2018;34(8):644-647. DOI:10.3760/cma.j.issn.1009-4598.2018.08.014.}

[23595] Zhou Wei,Zhang Wenbo,Yu Yao,Wang Yang,Mao Chi,Guo Chuanbin,Yu Guangyan,Peng Xin. Are antithrombotic agents necessary for head and neck microvascular surgery?[J] Int J Oral Maxillofac Surg. 2019,48(7):869-874. DOI:10.1016/j.ijom.2018.10.022.

[23596] Zhang Wenbo,Yu Yao,Mao Chi,Wang Yang,Guo Chuanbin,Yu Guangyan,Peng Xin. Outcomes of zygomatic complex reconstruction with patient-specific titanium mesh using computer-assisted techniques[J]. J Oral Maxillofac Surg, 2019,77(9):1915-1927. DOI:10.1016/j.joms.2019.03.014.

[23597] 王顺吉，彭歆. 口腔颌面部组织缺损皮瓣修复术后皮瓣体积变化的研究进展 [J]. 中华显微外科杂志，2019;42（4）：415-418. DOI：10.3760/cma.j.issn.1001-2036.2019.04.030. {WANG Shunji,PENG Xin. The postoperative volume change of free flap after oral and maxillofacial defects reconstruction[J]. Zhonghua Xian Wei Wai Ke Za Zhi[Chin J Microsurg(Article in Chinese;Abstract in Chinese)],2019;42(4):415-418. DOI:10.3760/cma.j.issn.1001-2036.2019.04.030.}

[23598] 王顺吉，章文博，于尧，谢晓艳，杨宏宇，彭歆. 术前虚拟设计在股前外侧皮瓣修复口腔颌面部缺损中的应用 [J]. 北京大学学报（医学版），2020，51（1）：119-123. DOI：10.19723/j.issn.1671-167X.2020.01.019. {WANG Shunji,ZHANG Wenbo,YU Yao,XIE Xiaoyan,YANG Hongyu,PENG Xin. Application of computer-assisted design for anterolateral thigh flap in oral and maxillofacial reconstruction[J]. Beijing Da Xue Xue Bao (Yi Xue Ban) [JOURNAL OF PEKING UNIVERSITY(HEALTH SCIENCES)(Article in Chinese;Abstract in Chinese and English)],2020,51(1):119-123. DOI:10.19723/j.issn.1671-167X.2020.01.019. }

[23599] 张雷，俞光岩，毛驰，蔡志刚，彭歆，黄湛，朱正宏，吕岚. 血管化自体下颌下腺移植术后腺体功能的变化及干预. 中国口腔颌面外科杂志，2003，1（2）：67-69. {Zhang Lei,Yu Guangyan,Mao Chi,Cai Zhigang,Peng Xin,Huang Zhan,Zhu Zhenghong,Lv Lan. The Secretion Changes of Transferred Gland after Microvascular Autologous Submandibular Gland Transfer and Intervention.Chin J Oral Maxillifac Surg. (Article in Chinese;Abstract in Chinese)2003,1(2):67-69.}

[23600] Lei Zhang,Heng Xu,Zhi-gang Cai,Chi Mao,Yang Wang,Xin Peng,Zheng-hong Zhu,Guang-yan Yu. Clinical and Anatomic Study on the Ducts of the Submandibular and Sublingual Glands. J Oral Maxillofac Surg. 2010,68(3):606-610.

[23601] 毛驰，张雷（通讯作者），崔秋菊，彭歆，王洋，俞光岩. 游离腓肠内侧动脉穿支皮瓣修复头颈部缺损的初步研究. 中华口腔医学杂志. 2011，46（12）：742 - 745. {Mao Chi,Zhang Lei,Cui Qiuju,Peng Xin,Wang Yang,Yu Guangyan. A preliminary study on free medial sural artery perforator flap for head and neck reconstruction following tumor ablation. Chin J Stomatol. (Article in Chinese;Abstract in Chinese)2011,46(12) 742-745.}

[23602] 谭石，李敬府，白志勇，崔秋菊，毛驰，张雷（通讯作者）. 彩色多普勒超声在腓肠内侧动脉穿支皮瓣术前评估中的应用. 中国临床医学影像学杂志. 2012，23（7）：488 - 491. {Tan Shi,Li Jingfu,Bai Zhiyong,Cui Qiuju,Mao Chi,Zhang Lei. Preoperative assessment of medial sural artery perforator flap by color Doppler flow imaging. J Chin Med Imaging. (Article in Chinese;Abstract in Chinese)2012,23(7):488-491.}

[23603] 张雷，黄秀玲，单晓峰，卢旭光，蔡志刚，俞光岩. 微血管吻合器在头颈部缺损修复重建中的初步应用. 中华显微外科杂志 2014，37（5）：427-431. {ZHANG Lei,HUANG Xiu-ling,SHAN Xiao-feng,LU Xu-guang,CAI Zhi-gang,YU Guang-yan.Application of Microvascular Anastomotic Coupling Device in Head and Neck Reconstruction.{Chinese Journal of Microsurgery,(Article in Chinese;Abstract in Chinese)2014,37(5):427-431.}

[23604] 崔秋菊，毛驰，彭歆，张雷. 腓肠内侧动脉穿支皮瓣的解剖学研究. 中国实用口腔科杂志，2017，10（11）：662-665. {Cui Qiuju,Mao Chi,Peng Xin,Zhang Lei. Anatomic study of medial sural artery perforator flap. Chin J Practical Stomatology. (Article in Chinese;Abstract in Chinese) 2017,10(11):662-665.}

[23605] 何筝，张雷. 下肢穿支皮瓣在口腔颌面部缺损修复中的应用. 中国实用口腔科杂志，2017，10（12）：705-709. {He Zheng,Zhang Lei. Application of lower limb perforator flap in reconstruction of oral and maxillofacial defects. Chin J Practical Stomatology. (Article in Chinese;Abstract in Chinese)2017,10(12):705-709.}

[23606] 蔡志刚，俞光岩，马大权，谭京，杨朝晖. 面神经神经电图正常值的研究. 北京医科大学学报，1995，27（4）：253-255. {CAI Zhigang,YU Guangyan,MA Daquan,TAN Jing,YANG Zhaohui. Study on electroneurography (ENoG) in normal facial nerve[J]. Bei Jing Yi Ke Da Xue Xue Bao [Journal of Beijing Medical University,(Article in Chinese;Abstract in Chinese)] 1995,27(4):253-255.}

[23607] 蔡志刚，俞光岩，马大权. 医源性面神经损伤的临床资料分析. 口腔颌面外科杂志，1995，5（4）：199-202. {CAI Zhigang,YU Guangyan,MA Daquan. Analysis of clinical data of iatrogenic facial nerve injury [J]. Kou Qiang He Mian Wai Ke Za Zhi [Journal of Oral and Maxillofacial Surgery,(Article in Chinese;Abstract in Chinese)] 1995,5(4):199-202.}

[23608] 蔡志刚，俞光岩，马大权. 创伤性面神经损伤临床功能评价. 华西口腔医学杂志，1995，13（3）：183-186. {CAI Zhigang,YU Guangyan,MA Daquan. Study on Clinical Facial Nerve Function Estimate After Traumatic Injury[J]. Hua Xi Kou Qiang Yi Xue Za Zhi [West China Journal of Stomatology,(Article in Chinese;Abstract in Chinese)] 1995,13(3):183-186.}

[23609] 蔡志刚，俞光岩，马大权，吴美娟，邸平，张笑明. 家兔创伤性面神经损伤的计量病理学研究. 中华口腔医学杂志，1996，31（5）：307-310. {CAI Zhigang,YU Guangyan,MA Daquan,WU Meijuan,DI Ping,ZHANG Xiaoming. Traumatic facial nerve injury in rabbits:a quantitative pathologic study [J]. Zhong Hua Kou Qiang Yi Xue Za Zhi [Chinese Journal of Stomatology,(Article in Chinese;Abstract in Chinese)] 1996,31(5):307-310.}

[23610] 蔡志刚，俞光岩，马大权，邸平，张笑明. 家兔创伤性面神经损伤的组织病理学研究. 中华口腔医学杂志，1997，32（4）：236-238. {CAI Zhigang,YU Guangyan,MA Daquan,DI Ping,ZHANG Xiaoming. Histopathological study on traumatic facial nerve injury in the rabbits [J]. Zhong Hua Kou Qiang Yi Xue Za Zhi [Chinese Journal of Stomatology,(Article in Chinese;Abstract in Chinese)] 1997,32(4):236-238.}

[23611] 蔡志刚，俞光岩，马大权，邸平，孙开华，王晶. 家兔创伤性面神经损伤的超微结构研究. 现代口腔医学杂志，1997，11（2）：90-94. {CAI Zhigang,YU Guangyan,MA Daquan,DI Ping,SUN Kaihua,WANG Jing. Ultrastructural Study on Traumatic Facial Nerve Injury in the Rabbits [J]. Xian Dai Kou Qiang Yi Xue Za Zhi [Journal of Modern Stomatology,(Article in Chinese;Abstract in Chinese)] 1997,11(2):90-94.}

[23612] 蔡志刚，俞光岩，马大权，谭京，杨朝晖. 创伤性面神经损伤的临床神经电图研究. 现代口腔医学杂志，1997，11（3）：179-183. {CAI Zhigang,YU Guangyan,MA Daquan,TAN Jing,YANG Zhaohui. Clinical Electroneurographic Study on Traumatic Facial Nerve Injury [J]. Xian Dai Kou Qiang Yi Xue Za Zhi [Journal of Modern Stomatology,(Article in Chinese;Abstract in Chinese)] 1997,11(3):179-183.}

[23613] Zhigang Cai,Guangyan Yu,Daquan Ma,Jing Tan,Zhaohui Yang,Xiaoming Zhang. Experimental Study on the Traumatic Facial Nerve Injury[J]. Journal of Larynology and Otology. 1998,112(3):243-247.

[23614] 蔡志刚，俞光岩，马大权，邸平，谭京，杨朝晖. 家兔创伤性面神经损伤的神经电图研究. 现代口腔医学杂志，1999，13（1）：4-7. {CAI Zhigang,YU Guangyan,MA Daquan,DI Ping,TAN Jing,YANG Zhaohui. A study on electroneurography(ENoG) of traumatic facial nerve injury in the rabbits [J]. Xian Dai Kou Qiang Yi Xue Za Zhi [Journal of Modern Stomatology,(Article in Chinese;Abstract in Chinese)] 1999,13(1):4-7.}

[23615] 蔡志刚，俞光岩，王勇，施晓健，胡晓宏. 计算机化临床量化面神经功能评价系统的应用研究. 中华口腔医学杂志，2001，36（6）：454-456. {CAI Zhigang,YU Guangyan,WANG Yong,SHI Xiaojian,HU Xiaohong. Applied study on computerized quantitative facial nerve functional estimating system [J]. Zhong Hua Kou Qiang Yi Xue Za Zhi [Chinese Journal of Stomatology,(Article in Chinese;Abstract in Chinese)] 2001,36(6):454-456.}

[23616] 蔡志刚，田丰华，赵福运，丁海曙，王晓霞. 近红外光谱系统在游离皮瓣微循环血氧检测中的应用研究. 中华显微外科杂志，2002，25（3）：207-208. {CAI Zhigang,TIAN Fenghua,ZHAO Fuyun,DING Haishu,Wang Xiaoxia. Application of Near Infrared Spectroscopy System in Detection of Microcirculation Blood Oxygen of Free Skin Flap [J]. Zhong Hua Xian Wei Wai Ke Za Zhi [Chinese Journal of Microsurgery,(Article in Chinese;Abstract in Chinese)] 2002,25(3):207-208.}

[23617] 蔡志刚，张杰，张建国，赵福运，林野，郭传瑸，于国霞，钱三楼. 下颌骨缺损的修复与重建. 中国耳鼻咽喉头颈外科，2004，11（5）：285-287. {CAI Zhigang,ZHANG Jie,ZHANG Jianguo,ZHAO Fuyun,LIN Ye,GUO Chuanbin,YU Guoxia,QIAN Sanlou. Restore and reconstruction of the mandibular defects [J]. Zhong Guo Er Bi Yan Hou Tou Jing Wai Ke [Chinese Archives of Otolaryngology-Head and Neck Surgery,(Article in Chinese;Abstract in Chinese)] 2004,11(5):285-287.}

[23618] 单小峰，蔡志刚，俞光岩，李岳，丁海曙. 近红外光谱检测系统用于检测腓骨瓣血氧饱和度的研究. 中华口腔医学杂志，2008，43（7）：398-401. {SHAN Xiaofeng,CAI Zhigang,YU Guangyan,LI Yue,DING Haishu. Application of near infrared spectroscopy in monitoring blood oxygen saturation of fibula flaps [J]. Zhong Hua Kou Qiang Yi Xue Za Zhi [Chinese Journal of Stomatology,(Article in Chinese;Abstract in Chinese)] 2008,43(7):398-401.}

[23619] 于国霞，蔡志刚，卢旭光，施晓健，彭歆，俞光岩．面神经损伤182例临床资料回顾性分析．中华口腔医学杂志，2008，43（10）：579-583．{YU Guoxia,CAI Zhigang,LU Xuguang,SHI Xiaojian,PENG Xin,YU Guangyan. Clinical analysis of 182 cases wim fadal nerve injury [J]. Zhong Hua Kou Qiang Yi Xue Za Zhi [Chinese Journal of Stomatology,(Article in Chinese;Abstract in Chinese)] 2008,43(10):579-583.}

[23620] 蔡志刚，俞光岩．创伤性面神经损伤的手术与康复治疗．中华口腔医学杂志，2008，43（11）：653-657．{CAI Zhigang,YU Guangyan. Surgery and rehabilitation of the traumatic facial nerve injury [J]. Zhong Hua Kou Qiang Yi Xue Za Zhi [Chinese Journal of Stomatology,(Article in Chinese;Abstract in Chinese)] 2008,43(11):653-657.}

[23621] 卢旭光，蔡志刚，于国霞，俞光岩．面神经功能3种评价方法的相关性研究．中国口腔颌面外科杂志，2009，7（1）：18-22．{LU Xuguang,CAI Zhigang,YU Guoxia,YU Guangyan. A study on the correlations of three facial nerve grading systems [J]. Zhong Guo Kou Qiang He Mian Wai Ke Za Zhi [China Journal of Oral and Maxillofacial Surgery,(Article in Chinese;Abstract in Chinese)] 2009,7(1):18-22.}

[23622] Xiao-feng Shan,Zhi-gang Cai,Jie Zhang,Jian-guo Zhang. Bimaxillary reconstruction with vascularized and no-vascularized fibula[J]. JPRAS, 2009,62(9):e1-e5.

[23623] Xiao-Feng Shan,Zhi-Gang Cai,Jian-Guo Zhang,Jie Zhang,Yan Gao,Guang-Yan Yu. Management of Sialoblastoma With Surgery and Brachytherapy[J]. Pediatr Blood Cancer,2010;55:1427-1430.

[23624] 蔡志刚，郭传瑸．口腔颌面部缺损修复与重建30年回顾．中华耳鼻咽喉头颈外科杂志，2011，46（5）：358-361．{CAI Zhigang,GUO Chuanbin. Reconstruction of oral and maxillofacial defects in the last three decades [J]. Zhong Hua Er Bi Yan Hou Tou Jing Wai Ke Za Zhi [Chinese Journal of Otorhinolaryngology Head and Neck Surgery,(Article in Chinese;Abstract in Chinese)] 2011,46(5):358-361.}

[23625] 卢旭光，蔡志刚，彭歆，俞光岩．周围性面神经断裂伤的外科治疗．北京大学学报（医学版），2011，43（1）：155-161．{LU Xuguang,CAI Zhigang,PENG Xin,YU Guangyan. Surgical treatment of transected peripheral facial nerve injury[J]. Bei Jing Da Xue Xue Bao(Yi Xue Ban)[Journal of Peking University(Health Sciences) ,(Article in Chinese;Abstract in Chinese)] 2011,43(1):155-161.}

[23626] 李儒煌，蔡志刚，毛驰，郭传瑸，张建国，张益，张杰．颌骨放射性骨坏死93例治疗分析．中华耳鼻咽喉头颈外科杂志，2012，47（6）：458-461．{LI Ruhuang,CAI Zhigang,MAO Chi,GUO Chuanbin,ZHANG Jianguo,ZHANG Yi,ZHANG Jie. Retrospective study of 93 patients with jaw osteoradionecrosis [J]. Zhong Hua Er Bi Yan Hou Tou Jing Wai Ke Za Zhi [Chinese Journal of Otorhinolaryngology Head and Neck Surgery,(Article in Chinese;Abstract in Chinese)] 2012,47(6):458-461.}

[23627] 蔡志刚．数字化外科技术在下颌骨缺损修复重建中的应用．中华口腔医学杂志，2012，47（8）：474-478．{CAI Zhigang. Application of Digital Surgical Technology in Repair and Reconstruction of Mandibular Defect [J]. Zhong Hua Kou Qiang Yi Xue Za Zhi [Chinese Journal of Stomatology,(Article in Chinese;Abstract in Chinese)] 2012,47(8):474-478.}

[23628] 欧阳思远，单小峰，蔡志刚．应用近红外光谱监测前臂皮瓣供区术后血运变化．中国口腔颌面外科杂志，2012，10（5）：403-407．{OUYANG Siyuan,SHAN Xiaofeng,CAI Zhigang. Preliminary study of blood flow changes in the donor site of radial forearm flap with near-infrared spectroscopy [J]. Zhong Guo Kou Qiang He Mian Wai Ke Za Zhi [China Journal of Oral and Maxillofacial Surgery,(Article in Chinese;Abstract in Chinese)] 2012,10(5):403-407.}

[23629] 刘尚萍，蔡志刚，张杰，张建国，张益．下颌骨缺损重建术后钛板相关并发症-97例临床回顾研究．中华口腔医学杂志，2013，48（10）：586-590．{LIU Shangping,CAI Zhigang,ZHANG Jie,ZHANG Jianguo,ZHANG Yi. Plate related complication after mandibular reconstruction [J]. Zhong Hua Kou Qiang Yi Xue Za Zhi [Chinese Journal of Stomatology,(Article in Chinese;Abstract in Chinese)] 2013,48(10):586-590.}

[23630] 蔡志刚，张雷，单小峰，卢旭光，梁节，张杰．口腔颅颌面及头颈部肿瘤切除术后缺损的修复与重建．日中医学，2014，29（5）：3-9（日文）;26-31（中文）．{CAI Zhigang,ZHANG Lei,SHAN Xiaofeng,LU Xuguang,LIANG Jie,ZHANG Jie. Craniomaxillofacial and head neck reconstruction after ablative surgery [J]. Ri Zhong Yi Xue [Japan China Medical,(Article in Japanese and Chinese;Abstract in Japanese and Chinese)] 2014,29(5):3-9(Japanese);26-31(Chinese).}

[23631] 梁节，单小峰，黄进伟，卢旭光，张雷，张杰，郭传瑸，蔡志刚．数字化外科技术辅助游离组织皮瓣在颌骨缺损重建中的应用．中华显微外科杂志，2014，37（4）：316-322．{LIANG Jie,SHAN Xiaofeng,HUANG Jinwei,LU Xuguang,ZHANG Lei,ZHANG Jie,GUO Chuanbin,CAI Zhigang. Application of computer aided surgery technique in free flaps reconstruction of jaw defect [J]. Zhong Hua Xian Wei Wai Ke Za Zhi [Chinese Journal of Microsurgery,(Article in Chinese;Abstract in Chinese)] 2014,37(4):316-322.}

[23632] 蔡志刚，孙坚．显微外科技术在口腔颌面及头颈部修复与重建中的应用．中华显微外科杂志，2014，37（5）：417-420．{CAI Zhigang,SUN Jian. Application of microsurgical technology in the restoration and reconstruction of craniomaxillofacial and head neck [J]. Zhong Hua Xian Wei Wai Ke Za Zhi [Chinese Journal of Microsurgery,(Article in Chinese;Abstract in Chinese)] 2014,37(5):417-420.}

[23633] Xiaofeng Shan,Huimin Chen,Jie Liang,Jinwei Huang,Zhigang Cai. Surgical reconstruction of maxillary and mandibular defect using a printed titanium mesh. Journal of oral and maxillofacial surgery 2015;73(7):1437.e1-9.

[23634] 马赛，单小峰，李仕骏，李梓萌，蔡志刚．咬肌神经－面神经吻合治疗面瘫的临床疗效观察．中华显微外科杂志，2017，40（5）：441-444．{MA Sai,SHAN Xiaofeng,LI Shijun,LI Zimeng,CAI Zhigang. Clinical observation of masseter-to-facial nerve anastomosis for treatment of facial paralysis [J]. Zhong Hua Xian Wei Wai Ke Za Zhi [Chinese Journal of Microsurgery,(Article in Chinese;Abstract in Chinese)] 2017,40(5):441-444.}

[23635] 欧阳思远，单小峰，蔡志刚．近红外光谱技术对恒河猴腓骨瓣血管栓塞模型血运监测的实验研究．中华显微外科杂志，2018，41（4）：360-364．{OUYANG Siyuan,SHAN Xiaofeng,CAI Zhigang. Study on the reliability of NIRS to monitor fibular flaps on Rhesus monkeys [J]. Zhong Hua Xian Wei Wai Ke Za Zhi [Chinese Journal of Microsurgery,(Article in Chinese;Abstract in Chinese)] 2018,41(4):360-364.}

[23636] Houwei Zhu,Lei Zhang,Zhigang Cai,Xiaofeng Shan. Dental implant rehabilitation after jaw reconstruction assisted by virtual surgical planning[J]. The international journal of oral and maxillofacial implants,2019,34:1223-1230.

[23637] Yi-Fan Kang,Jie Liang,Zheng He,Lei Zhang,Xiao-Feng Shan,Zhi-Gang Cai. Orbital floor symmetry after maxillectomy and orbital floor reconstruction with individual titanium mesh using computer-assisted navigation[J]. JPRAS,2020 73:337-343.

[23638] 王勇，蔡志刚．计算机化临床面神经功能评价指数系统．现代口腔医学杂志，2000，14（5）：313-314．{WANG Yong,CAI Zhigang. Computerized clinical quantitative facial nerve functional estimate system [J]. Xian Dai Kou Qiang Yi Xue Za Zhi [Journal of Modern Stomatology,(Article in Chinese;Abstract in Chinese)] 2000,14(5):313-314.}

[23639] 朱正宏，俞光岩，章魁华，蔡志刚，杨朝晖．正常人面部表情肌双侧面神经交叉支配神经电图研究．现代口腔医学杂志，2001，15（4）：256-258．{ZHU Zhenghong,YU Guangyan,ZHANG Kuihua,CAI Zhigang,YANG Zhaohui. An EN0G study on facial nerve cross innervation of normal people [J]. Xian Dai Kou Qiang Yi Xue Za Zhi [Journal of Modern Stomatology,(Article in Chinese;Abstract in Chinese)] 2001,15(4):256-258.}

[23640] 朱正宏，俞光岩，邹留河，柳登高，蔡志刚．自体颌下腺移植治疗角结膜干燥症实验研究．现代口腔医学杂志，2001，15（3）：179-181．{ZHU Zhenghong,YU Guangyan,ZOU Liuhe,LIU Denggao,CAI Zhigang. Autologous submandibular gland transfer for the mangement of xerophthalmia:An experimental study [J]. Xian Dai Kou Qiang Yi Xue Za Zhi [Journal of Modern Stomatology,(Article in Chinese;Abstract in Chinese)] 2001,15(3):179-181.}

[23641] 田丰华，丁海曙，王广志，蔡志刚．近红外光谱法用于移植手术后的组织成活度评估．世界医疗器械，2001，6（12）：45-48．{TIAN Fenghua,DING Haishu,WANG Guangzhi,CAI Zhigang. Near-infrared spectroscopy for tissue survival assessment after transplantation [J]. Shi Jie Yi Liao Qi Xie [International Medical Devices,(Article in Chinese;Abstract in Chinese)] 2001,6(12):45-48.}

[23642] 毛驰，蔡志刚，俞光岩，柳登高，彭歆．游离腓骨瓣移植术前常规下肢血管造影的必要性探讨．中华口腔医学杂志，2002，37（1）：454-456．{MAO Chi,CAI Zhigang,YU Guangyan,LIU Denggao,PENG Xin. The value of preoperative routine donor leg angiography in free fibula flaps [J]. Zhong Hua Kou Qiang Yi Xue Za Zhi [Chinese Journal of Stomatology,(Article in Chinese;Abstract in Chinese)] 2002,37(1):454-456.}

[23643] Tian F H,Ding H S,Cai Z G,et al. Near-infrared spectroscopic assessment of oxygen delivery to free flaps on monkeys following vascular occlusions and inhalation of pure oxygen[J]. Proceedings of SPIE,2002,4536:28:32.

[23644] 田丰华，丁海曙，王广志，蔡志刚，赵福运．利用近红外光谱监测皮肤血氧输运．光谱学与光谱分析，2002，22：209-212．{TIAN Fenghua,DING Haishu,WANG Guangzhi,CAI Zhigang,ZHAO Fuyun. The use of near infrared spectroscopy for monitoring perfusion and oxygen of skin [J]. Guang Pu Xue Yu Guang Pu Fen Xi [Spectroscopy and Spectral Analysis,(Article in Chinese;Abstract in Chinese)] 2002,22:209 — 212.}

[23645] 田丰华，丁海曙，蔡志刚，王广志，赵福运．利用近红外稳态光谱评估恒河猴皮瓣的血氧供应．科学通报，2002，47（16）：1250-1255．{TIAN Fenghua,DING Haishu,CAI Zhigang,WANG Guangzhi,ZHAO Fuyun. Evaluation of Blood Oxygen Supply in Rhesus Skin Flap Using Near Infrared Steady-State Spectroscopy [J]. Ke Xue Tong Bao [Chinese Science Bulletin,(Article in Chinese;Abstract in Chinese)] 2002,47(16):1250-1255.}

[23646] Tian Fenghua,Ding Haishu,Cai Zhigang et al. Assessment of blood and oxygen delivery to flaps of rhesus using near infrared steady-state spectroscopy. Chinese Science Bulletin 2002;47(21):1797-1802

[23647] 俞光岩，朱正宏，毛驰，蔡志刚，邹留河，吕岚．颌下腺移植治疗角结膜干燥症的手术要点及并发症处理．中华口腔医学杂志，2002，37（5）：353-355．{YU Guangyan,ZHU Zhenghong,MAO Chi,CAI Zhigang,ZOU Liuhe,LYU Lan. Microvascular submandibular gland transfer for severe keratoconjunctivitis sicca:operation key points,prevention and management of complications [J]. Zhong Hua Kou Qiang Yi Xue Za Zhi [Chinese Journal of Stomatology,(Article in Chinese;Abstract in Chinese)] 2002,37(5):353-355.}

[23648] 朱正宏，俞光岩，毛驰，蔡志刚，邹留和，吕岚，彭歆，张雷，李纳．自体血管化颌下腺移植治疗角结膜干燥症．中华医学杂志，2002，82（4）：244-246．{ZHU Zhenghong,YU Guangyan,MAO Chi,CAI Zhigang,ZOU Liuhe,LYU Lan,PENG Xin,ZHANG Lei,LI Na. Treatment of xerophthalmia by transplantation of autologous vascularized submandibular gland [J]. Zhong Hua Yi Xue Za Zhi [National Medical Journal of China,(Article in Chinese;Abstract in Chinese)] 2002,82(4):244-246.}

[23649] 杨朝晖，蔡志刚，俞光岩．周围性面神经损伤患者对侧神经支配的研究．中华口腔医学杂志，2004，39：425-427．{YANG Zhaohui,CAI Zhigang,YU Guangyan. A study of 108 cases on facial nerve contralateral innervation after facial nerve injury [J]. Zhong Hua Kou Qiang Yi Xue Za Zhi [Chinese Journal of Stomatology,(Article in Chinese;Abstract in Chinese)] 2004,39:425-427.}

[23650] 张雷，俞光岩，毛驰，蔡志刚，彭歆，黄湛，朱正宏，吕岚．血管化自体下颌下腺移植术后腺体功能的变化及干预．中国口腔颌面外科杂志，2003，1：67-69．{ZHANG Lei,YU Guangyan,MAO Chi,CAI Zhigang,PENG Xin,HUANG Zhan,ZHU Zhenghong,LYU Lan. The Secretion Changes of Transferred Gland after Microvascular Autologous Submandibular Gland Transfer and Intervention [J]. Zhong Guo Kou Qiang He Mian Wai Ke Za Zhi [China Journal of Oral and Maxillofacial Surgery,(Article in Chinese;Abstract in Chinese)] 2003,1:67-69.}

[23651] 李岳，丁海曙，黄岚，田丰华，蔡志刚．近红外光谱方法在颌面外科皮瓣移植术后监测中的应用．光谱学与光谱分析，2005，25（3）：377-380．{LI Yue,DING Haishu,HUANG Lan,TIAN Fenghua,CAI Zhigang. Application of Near-Infrared Spectroscopy to Postoperative Monitoring of Flap in Plastic Surgery [J]. Guang Pu Xue Yu Guang Pu Fen Xi [Spectroscopy and Spectral Analysis,(Article in Chinese;Abstract in Chinese)] 2005,25(3):377-380.}

[23652] Li Y,Ding HS,Huang L,Tian FH,Cai ZG. Application of near-infrared spectroscopy to postoperative monitoring of flap in plastic surgery SPECTROSCOPY AND SPECTRAL ANALYSIS 2005;25 (3):377-380.

[23653] 葛兮源，俞光岩，蔡志刚，毛驰．小型猪自体颌下腺再植的实验研究．现代口腔医学杂志，2005，19（2）：172-176．{GE Xiyuan,YU Guangyan,CAI Zhigang,MAO Chi. Establishment of submandibular gland autotransplantation model in miniature swine and the histological changes of the transplanted gland [J]. Xian Dai Kou Qiang Yi Xue Za Zhi [Journal of Modern Stomatology,(Article in Chinese;Abstract in Chinese)] 2005,19(2):172-176.}

[23654] 杨朝晖，蔡志刚，谢秋菲．面神经临床神经电图测试方法的研究．实用口腔医学杂志，2002，18（1）：23-25．{YANG Zhaohui,CAI Zhigang,XIE Qiufei. A electroneurographic technique of the facial nerve [J]. Shi Yong Kou Qiang Yi Xue Za Zhi [Journal of Practical Stomatology,(Article in Chinese;Abstract in Chinese)] 2002,18(1):23-25.}

[23655] 毛驰，张雷，俞光岩，朱正宏，蔡志刚，邹留河．治疗角结膜干燥症自体颌下腺移植的血管处理．中华口腔医学杂志，2005，40：370-372．{MAO Chi,ZHANG Lei,YU Guangyan,ZHU Zhenghong,CAI Zhigang,ZOU Liuhe. Management of blood vessels in the vascularized autogeneous submandibular gland transfer for severe keratoconjunctivitis sicca [J]. Zhong Hua Kou Qiang Yi Xue Za Zhi [Chinese Journal of Stomatology,(Article in Chinese;Abstract in Chinese)] 2005,40:370-372.}

[23656] 林野，王兴，毛驰，蔡志刚，李健慧，邱立新，胡秀莲，陈波，邸萍，王莺．功能性颌骨重建61例临床分析．中国口腔颌面外科杂志，2006，4（1）：14-19．{LIN Ye,WANG Xing,MAO Chi,CAI Zhigang,LI Jianhui,QIU Lixin,HU Xiulian,CHEN Bo,DI Ping,WANG Ying. Functional reconstruction of the maxilla and mandible:Report of 61 consecutive cases [J]. Zhong Guo Kou Qiang He Mian Wai Ke Za Zhi [China Journal of Oral and Maxillofacial Surgery,(Article in Chinese;Abstract in Chinese)] 2006,4(1):14-19.}

[23657] 俞光岩，蔡志刚．周围性面神经损伤的诊断和治疗．国际耳鼻喉头颈外科杂志，2006，30（4）：275-278．{YU Guangyan,CAI Zhigang. Diagnosis and treatment of peripheral facial nerve injury [J]. Guo Ji Er Bi Hou Tou Jing Wai Ke Za Zhi [International Journal of Otolaryngology-Head and Neck Surgery,(Article in Chinese;Abstract in Chinese)] 2006,30(4):275-278.}

[23658] Tian FH,Ding HS,Wang GZ,Cai ZG,Zhao FY. The use of near infrared spectroscopy for monitoring perfusion and oxygen of skin SPECTROSCOPY AND SPECTRAL ANALYSIS 2002;22 (2):209-212

[23659] 毛驰，俞光岩，张雷，蔡志刚，王洋，彭歆．面动脉伴行静脉作为自体颌下腺移植回流静脉的可靠性探讨．中华口腔医学杂志，2009，44（3）：147-149．{MAO Chi,YU Guangyan,ZHANG Lei,CAI Zhigang,WANG Yang,PENG Xin. Reliability of venae comitant of facial artery as the donor vein in microvascular autologous submandibular gland transfer [J]. Zhong Hua Kou Qiang Yi Xue Za Zhi [Chinese Journal of Stomatology,(Article in Chinese;Abstract in Chinese)] 2009,44(3):147-149.}

[23660] Zhang L,Xu H,Cai ZG,Mao C,Wang Y,Peng X,Zhu ZH,Yu GY. Clinical and anatomic study on the ducts of submandibular and sublingual glands[J]. J Oral Maxillofac Surg. 2010;68:606-610.

[23661] 陈全，蔡志刚，彭歆，王洋，刘慧远，郭传瑸．下颌骨大范围缺损修复重建设计可变形模型的建立．中华口腔医学杂志，2014，49（7）：414-419．{CHEN Quan,CAI Zhigang,PENG Xin,WANG Yang,LIU Huiyuan,GUO Chuanbin. A virtual deformable mandible model used for reconstruction computer aided design of large mandibular defects [J]. Zhong Hua Kou Qiang Yi Xue Za Zhi [Chinese Journal of Stomatology,(Article in Chinese;Abstract in Chinese)] 2014,49(7):414-419.}

[23662] 俞光岩，吴立玲，蔡志刚，吕岚，丛馨．血管化自体下颌下腺移植治疗重症干眼 20 年研究 [J]．北京大学学报（医学版），2018，50（1）：1-4．{YU Guangyan,WU Liling,CAI Zhigang,LYU Lan,CONG Xin. A 20-year study on microvascular autologous transplantation of submandibular gland for treatment of severe dry eye [J]. Bei Jing Da Xue Xue Bao(Yi Xue Ban)[Journal of Peking University(Health Sciences) ,(Article in Chinese;Abstract in Chinese)] 2018,50(1):1-4.}

[23663] 过筠，何优雅，陈一铭，唐妍毅，季彤 .21 例儿童头颈部恶性肿瘤患者游离皮瓣修复临床分析 [J]. 中国口腔颌面外科杂志，2019，17（06）：545-549．{GUO Yun,HE Youya,CHEN Yiming,TANG Yanyi,JI Tong. Clinical analysis of free flap repair in 21 children with head and neck cancer [J]. Zhong Guo Kou Qiang He Mian Wai Ke Za Zhi [Chin J Oral Maxil Surg (Article in Chinese;Abstract in Chinese and English)],2019,17 (06):545-549. DOI:10.19438/j.cjoms.2019.06.013.}

[23664] 王健，何优雅，陈一铭，杨溪，季彤 .172 例下颌骨缺损腓骨肌皮瓣修复远期效果评价 [J]. 中国口腔颌面外科杂志，2019，17（04）：337-341．{WANG Jian,HE Youya,CHEN Yiming,YANG Xi,JI Tong. Evaluation of the long-term effect of repairing mandible defect with fibular myocutaneous flap [J]. Zhong Guo Kou Qiang He Mian Wai Ke Za Zhi [Chin J Oral Maxil Surg (Article in Chinese;Abstract in Chinese and English)],2019,17 (04):337-341. DOI:10.19438/j.cjoms.2019.04.011.}

[23665] 王悦平，陈一铭，季彤，洪淑文．超高龄头颈肿瘤患者游离皮瓣修复术术后并发症的回顾研究及护理对策 [J]. 上海口腔医学，2018，27（02）：216-220．{WANG Yueping,CHEN Yiming,JI Tong,HONG Shuwen. Retrospective study and nursing strategies of postoperative complications of free flap repair for super old patients with head and neck tumor [J]. Shang Hai Kou Qiang Yi Xue [Shanghai J Stomatol(Article in Chinese;Abstract in Chinese and English)],2018,27 (02):216-220. DOI:10.19439/j.sjos.2018.02.020.}

[23666] 孙坚，沈毅，吕明明，李锋，王慧珊，白石柱，王良，杨鑫，李军．经口内入路切除下颌骨良性肿瘤及同期血管化腓骨肌瓣精确重建下颌骨 [J]. 中国口腔颌面外科杂志，2018，16（03）：193-198．{SUN Jian,SHEN Yi,LV Mingming,LI Feng,WANG Huishan,BAI Shizhu,WANG Liang,YANG Xin,LI Jun. Intraoral resection of benign tumor of mandible and precise reconstruction of mandible with vascularized fibular muscle flap at the same time [J]. Zhong Guo Kou Qiang He Mian Wai Ke Za Zhi [Chin J Oral Maxil Surg (Article in Chinese;Abstract in Chinese and English)],2018,16 (03):193-198. DOI:10.19438/j.cjoms.2018.03.001.}

[23667] 沈毅，孙坚．旋股外侧动脉系统穿支皮瓣在口腔颌面部缺损重建中的应用及选择 [J]. 中国实用口腔科杂志，2017，10（11）：641-647．{SHEN Yi,SUN Jian. Application and selection of perforator flap of lateral circumflex femoral artery system in reconstruction of oral and maxillofacial defects [J]. Zhong Guo Shi Yong Kou Qiang Ke Za Zhi [Chin J Prect Stomatol (Article in Chinese;Abstract in Chinese)],2017,10 (11):641-647. DOI:10.19538/j.kq.2017.11.001.}

[23668] 于淼，王慧珊，韩婧，胡龙威，刘剑楠，王洋，张陈平，徐立群．应用两亚单元塑形血管化髂骨—腹内斜肌瓣行全上颌骨重建 [J]. 中国口腔颌面外科杂志，2016，14（05）：430-434．{YU Miao,WANG Huishan,HAN Jing,HU Longwei,LIU Jiannan,WANG Yang,ZHANG Chenping,XU Liqun. Reconstruction of the whole maxilla with two subunits of vascularized iliac bone abdominal oblique muscle flap [J]. Zhong Guo Kou Qiang He Mian Wai Ke Za Zhi [Chin J Oral Maxil Surg (Article in Chinese;Abstract in Chinese and English)],2016,14 (05):430-434. }

[23669] 何悦，金淑芳，方早，田卓炜，邱蔚六，章一新，冯少清，陶晓峰，周辉红，张志愿．旋髂浅动脉穿支皮瓣在口腔癌术后修复中的应用研究 [J]. 上海交通大学学报（医学版），2016，36（08）：1175-1180．{HE Yue,JIN Shufang,FANG Zao,TIAN Zhuowei,QIU Weiliu,ZHANG Yixin,FENG Shaoqing,TAO Xiaofeng,ZHOU Huihong,ZHANG Zhiyuan. The application of the skin flap of the superficial circumflex iliac artery perforator in the postoperative repair of oral cancer [J]. Shang Hai Jiao Tong Da Xue Xue Bao (Yi Xue Ban) [J Shanghai Jiaotong Univ (Med Sci) (Article in Chinese;Abstract in Chinese and English)],2016,36 (08):1175-1180. DOI:10.3969/j.issn.1674-8115.2016.08.013.}

[23670] 沈毅，李军，王良，吕明明，孙坚．虚拟手术辅助的腓骨肌（皮）瓣在上颌骨精确重建中的应用 [J]. 中国耳鼻咽喉颅底外科杂志，2016，22（02）：114-119．{SHEN Yi,LI Jun,WANG Liang,LV Mingming,SUN Jian. Application of fibular muscle (skin) flap assisted by virtual surgery in the accurate reconstruction of maxilla [J]. Zhong Guo Er Bi Hou Lu Di Wai Ke Za Zhi [Chin J Otorhinolaryngol-skull Base Surg (Article in Chinese;Abstract in Chinese and English)],2016,22 (02):114-119. DOI:CNKI:SUN:ZEBY.0.2016-02-013.}

[23671] 李军，沈毅，孙坚．虚拟手术辅助的血管化髂骨肌瓣行下颌骨精确重建 [J]. 实用肿瘤杂志，2015，30（01）：12-17．{LI Jun,SHEN Yi,SUN Jian. Precise reconstruction of mandible with vascularized iliac muscle flap assisted by virtual surgery [J].Shi Yong Zhong Liu Za Zhi [J Prect Oncol (Article in Chinese;Abstract in Chinese and English)],2015,30 (01):12-17.DOI:10.13267/j.cnki.syzlzz.2015.01.004.}

[23672] 徐立群，张陈平，张志愿，孙坚，竺涵光，唐友盛，沈国芳，季彤，杨雯君，何悦，胡永杰，叶为民，李军．血管化游离组织瓣在口腔颌面—头颈部缺损修复中的应用（4640 例临床分析）[J]. 实用肿瘤杂志，2015，30（01）：18-21．{XU Liqun,ZHANG Chenping,ZHANG Zhiyuan,SUN Jian,ZHU Hanguang,TANG Yousheng,SHEN Guofang,JI Tong,YANG Wenjun,HE Yue,HU Yongjie,YE Weimin,LI Jun. Application of vascularized free tissue flap in the repair of oral,maxillofacial and head and neck defects (clinical analysis of 4640 cases) [J]. Shi Yong Zhong Liu Za Zhi [J Prect Oncol (Article in Chinese;Abstract in Chinese and English)],2015,30(01):18-21. DOI:10.13267/j.cnki.syzlzz.2015.01.005.}

[23673] 于淼，秦兴军，刘剑楠，张陈平，徐立群．冠突颞肌瓣联合血管化腓骨肌皮瓣修复全上颌骨缺损 [J]. 中国口腔颌面外科杂志，2014，12（05）：462-466．{YU Miao,QIN Xingjun,LIU Jiannan,ZHANG Chenping,XU Liqun. Reconstruction of maxilla defect with temporalis coronalis flap and vascularized fibula flap [J]. Zhong Guo Kou Qiang He Mian Wai Ke Za Zhi [Chin J Oral Maxil Surg (Article in Chinese;Abstract in Chinese and English)],12 (05):462-466. DOI:}

[23674] 黄健，孙坚．影像学技术在术前评估穿支皮瓣血供构型中的价值 [J]. 中国口腔颌面外科杂志，2014，12（01）：82-86．{HUANG Jian,SUN Jian. The value of imaging technology in preoperative evaluation of blood supply configuration of perforator flap [J]. Zhong Guo Kou Qiang He Mian Wai Ke Za Zhi [Chin J Oral Maxil Surg (Article in Chinese;Abstract in Chinese and English)],2014,12 (01):82-86.}

[23675] 朱云，刘胜文，李光辉，田臻，张陈平，杨雯君．兔血管化面神经移植动物模型的建立 [J]. 中国口腔颌面外科杂志，2014，12（01）：20-24．{ZHU Yun,LIU Shengwen,LI Guanghui,TIAN Zhen,ZHANG Chenping,YANG Wenjun. Establishment of animal model of vascularized facial nerve transplantation in rabbits [J]. Zhong Guo Kou Qiang He Mian Wai Ke Za Zhi [Chin J Oral Maxil Surg (Article in Chinese;Abstract in Chinese and English)],2014,12 (01):20-24.}

[23676] 曲行舟，胡永杰，阮敏，刘浏，张陈平．上臂头静脉在口腔颌面部缺损修复重建中的应用 [J]. 口腔颌面外科杂志，2013，23（03）：197-200．{QU Xingzhou,HU Yongjie,RUAN min,LIU Liu,ZHANG Chenping. Application of cephalic vein of upper arm in reconstruction of oral and maxillofacial defects [J]. Kou Qiang He Mian Wai Ke Za Zhi [J Oral Maxil Surg (Article in Chinese;Abstract in Chinese and English)],2013,23 (03):197-200. DOI:CNKI:SUN:KQHM.0.2013-03-012.}

[23677] 徐立群，范秦寅，张宝亮，张罗莲，张陈平，胡广洪．桡静脉吻合方式对前臂皮瓣血液流场影响的计算流体力学分析 [J]. 上海口腔医学，2011，20（03）：246-250．{XU Liqun,FAN Qinyin,ZHANG Baoliang,ZHANG Luolian,ZHANG Chenping,HU Guanghong. Computational fluid dynamics analysis of the influence of radial vein anastomosis on the blood flow field of forearm flap [J]. Shang Hai Kou Qiang Yi Xue [Shanghai J Stomatol(Article in Chinese;Abstract in Chinese and English)],2011,20 (03):246-250. DOI:CNKI:SUN:SHKY.0.2011-03-004.}

[23678] 徐立群，范秦寅，张宝亮，张华，张陈平，胡广洪．前臂桡侧皮瓣血流动力学模型的建立 [J]. 上海口腔医学，2011，20（02）：136-140．{XU Liqun,FAN Qinyin,ZHANG Baoliang,ZHANG Hua,ZHANG Chenping,HU Guanghong. Establishment of hemodynamic model of radial forearm flap [J]. Shang Hai Kou Qiang Yi Xue [Shanghai J Stomatol(Article in Chinese;Abstract in Chinese and English)],20 (02):136-140.}

[23679] 肖灿，张陈平．组织瓣移植在口腔颌面部软组织缺损修复中的应用 [J]. 苏州大学学报（医学版），2010，30（02）：380-383．{XIAO Can,ZHANG Chenping. Application of tissue flap transplantation in the repair of oral and maxillofacial soft tissue defects [J]. Su Zhou Da Xue Xue Bao (Yi Xue Ban) [Suzhou Univ J Med Sci(Article in Chinese;Abstract in Chinese and English)],2010,30 (02):380-383. DOI:CNKI:SUN:SYXU.0.2010-02-045.}

[23680] 汤建平，张陈平．游离背阔肌肌皮瓣在颌面部大型缺损修复中的应用 [J]. 口腔医学，2009，29（12）：669-671．{TANG Jianping,ZHANG Chenping. Application of free latissimus dorsi myocutaneous flap in the repair of maxillofacial large defects [J]. Kou Qiang Yi Xue [Stomatology,(Article in Chinese;Abstract in Chinese and English)],2009,29 (12):669-671. DOI:CNKI:SUN:KQYX.0.2009-12-023.}

[23681] 季彤，铁英，王冬梅，张陈平．下颌骨缺损腓骨重建的三维有限元应力分析 [J]. 华西口腔医学杂志，2009，27（02）：143-146．{JI Tong,TIE Ying,WANG Dongmei,ZHANG Chenping. Three dimensional finite element stress analysis of reconstruction of mandible defect fibula [J]. Huaxi Kou Qiang Yi Xue Za Zhi [West Chin J Stomatol(Article in Chinese;Abstract in Chinese and English)],2009,27 (02):143-146.}

[23682] 韩正学，张陈平，季彤，马继壮．口腔颌面外科医师显微外科培训方法的探讨 [J]. 北京口腔医学，2008（05）：293-294．{HAN Zhengxue,ZHANG Chenping,JI Tong,MA Jizhuang. Discussion on microsurgery training methods for oral and maxillofacial surgeons [J]. Bei Jing Kou Qiang Yi Xue [Beijing J Stom (Article in Chinese;Abstract in Chinese and English)],2008 (05):293-294. DOI:10.3969/j.issn.1006-673X.2008.05.021.}

[23683] 胡永杰，曲行舟，郑家伟，张志愿，唐友盛，张陈平，竺涵光，孙坚，沈国芳，叶为民，李军，邱蔚六．游离组织瓣在口腔颌面 - 头颈肿瘤缺损修复中的应用：2549 例临床分析 [J]. 中国口腔颌面外科杂志，2007（05）：335-339．{HU Yongjie,QU Xingzhou,ZHENG Jiawei,ZHANG Zhiyuan,TANG Yousheng,ZHANG Chenping,ZHU Hanguang,SUN Jian,SHEN Guofang,YE Weimin,LI Jun,QIU Weiliu. The application of free tissue flap in the reconstruction of oral maxillofacial head and neck tumor defect:2549 cases clinical analysis [J]. Zhong Guo Kou Qiang He Mian Wai Ke Za Zhi [Chin J Oral Maxil Surg (Article in Chinese;Abstract in Chinese and English)],2007 (05):335-339. DOI:10.3969/j.issn.1672-3244.2007.05.004.}

[23684] 孙坚，沈毅，李军，翁雁秋，黄伟．腓骨肌（皮）瓣平行折叠结合人工关节重建下颌骨缺损 [J]. 中国口腔颌面外科杂志，2007（04）：248-253．{SUN Jian,SHEN Yi,LI Jun,WENG Yanqiu,HUANG Wei. Reconstruction of mandibular defects by parallel folding of fibular muscle (skin) flap and artificial joint [J]. Zhong Guo Kou Qiang He Mian Wai Ke Za Zhi [Chin J Oral Maxil Surg (Article in Chinese;Abstract in Chinese and English)],2007 (04):248-253. DOI:10.3969/j.issn.1672-3244.2007.04.003.}

[23685] 徐兵，沈国芳，史俊，王旭东，唐友盛．侧胸皮瓣在颌面部缺损修复中的应用 [J]. 中国口腔颌面外科杂志，2007（04）：257-260．{XU Bing,SHEN Guofang,SHI Jun,WANG Xudong,TANG Yousheng. Application of lateral thoracic flap in the repair of maxillofacial defects [J]. Zhong Guo Kou Qiang He Mian Wai Ke Za Zhi [Chin J Oral Maxil Surg (Article in Chinese;Abstract in Chinese and English)],2007 (04):257-260. DOI:10.3969/j.issn.1672-3244.2007.04.005.}

[23686] 邱蔚六．口腔颌面修复重建外科近况 [J]. 中国修复重建外科杂志，2006（04）：339-343．{QIU Weiliu. Current situation of oral and maxillofacial repair and reconstruction surgery [J]. Zhong Guo Xiu Fu Chong Jian Wai Ke Za Zhi[Chin J Repar Reconstr Surg (Article in Chinese;Abstract in Chinese and English)],2006 (04):339-343.}

[23687] 孙坚，李军，蒋继党，邱蔚六．颈 7 神经根后股与副神经移位吻合重建斜方肌功能 [J]. 中国修复重建外科杂志，2005（11）：45-48．{SUN Jian,LI Jun,JIANG Jidang,QIU Weiliu. Reconstruction of trapezius muscle function by transposition and anastomosis of posterior femoral and accessory nerve of cervical 7 nerve root [J]. Zhong Guo Xiu Fu Chong Jian Wai Ke Za Zhi[Chin J Repar Reconstr Surg (Article in Chinese;Abstract in Chinese and English)],2005 (11):45-48.}

[23688] 邱蔚六．口腔颌面部缺损修复重建的现状和展望 [J]. 中国修复重建外科杂志，2005（10）：769-772．{QIU Weiliu. Current situation and Prospect of reconstruction of oral and maxillofacial defects [J]. Zhong Guo Xiu Fu Chong Jian Wai Ke Za Zhi[Chin J Repar Reconstr Surg (Article in Chinese;Abstract in Chinese and English)],2005 (10):769-772.}

[23689] 胡永杰，李思毅，张志愿，徐立群，曲行舟，A. Hardianto，吴轶群，张陈平．复合髂骨肌皮瓣同期颧种植重建上颌骨缺损一例 [J]. 中国修复重建外科杂志，2005（10）：807-810．{HU Yongjie,LI Siyi,ZHANG Zhiyuan,XU Liqun,QU Xingzhou,A. Hardianto,WU Yiqun,ZHANG Chenping. A case of maxillary defect reconstruction by zygomatic implantation with composite ilium myocutaneous flap [J]. Zhong Guo Xiu Fu Chong Jian Wai Ke Za Zhi[Chin J Repar Reconstr Surg (Article in Chinese;Abstract in Chinese and English)],2005 (10):807-810.}

[23690] 陈传俊，郑家伟，张志愿，董佳生．预制皮瓣在口腔颌面部缺损修复中的应用 [J]. 中国口腔颌面外科杂志，2005（03）：242-245．{CHEN Chuanjun,ZHENG Jiawei,ZHANG Zhiyuan,DONG Jiasheng. Application of prefabricated flap in the repair of oral and maxillofacial defects [J]. Zhong Guo Kou Qiang He Mian Wai Ke Za Zhi [Chin J Oral Maxil Surg (Article in Chinese;Abstract in Chinese and English)],2005 (03):242-245. DOI:10.3969/j.issn.1672-3244.2005.03.016.}

[23691] 徐兵，史俊，唐友盛，张志愿，沈国芳，王旭东，卢晓峰，张诗雷．肩胛骨及邻近瓣在颌面复合缺损修复重建中的应用 [J]. 中国口腔颌面外科杂志，2005（02）：108-112．{XU Bing,SHI Jun,TANG Yousheng,ZHANG Zhiyuanr,SHEN Guofang,WANG Xudong,LU Xiaofeng,ZHANG Shilei. The application of scapula and adjacent flap in the reconstruction of maxillofacial composite defect [J]. Zhong Guo Kou Qiang He Mian Wai Ke Za Zhi [Chin J Oral Maxil Surg (Article in Chinese;Abstract in Chinese and English)],2005 (02):108-112. DOI:10.3969/j.issn.1672-3244.2005.02.006.}

[23692] 张志愿．口腔颌面部肿瘤术后缺损的功能重建 [J]. 上海第二医科大学学报，2005（04）：325-329．{ZHANG Zhiyuan. Functional reconstruction of postoperative defects of oral and maxillofacial tumors [J]. Shang Hai Di Er Yi Ke Da Xue Xue Bao [Acta Univ Med Second Shanghai (Article in Chinese;Abstract in Chinese)],2005 (04):325-329. DOI:10.3969/j.issn.1674-8115.2005.04.002.}

[23693] 胡永杰，曲行舟，李思毅，徐立群，A.Hardianto，张陈平．筋膜悬吊联合前臂皮瓣修复唇或口角缺损 10 例报道 [J]. 上海口腔医学，2005（02）：117-119．{HU Yongjie,QU Xingzhou,LI Siyi,XU Liqun,A. Hardianto,ZHANG Chenping. Fascia suspension combined with forearm flap for the repair of lip or angle defects in 10 cases [J]. Shang Hai Kou Qiang Yi Xue [Shanghai

J Stomatol(Article in Chinese;Abstract in Chinese and English)],2005 (02):117-119. DOI:CNKI:SUN:SHKY.0.2005-02-005.}

[23694] 殷学民，邱蔚六，张陈平，竺涵光．应用吻合血管的骨肌皮瓣修复下颌骨放射性骨坏死 [J]. 中华显微外科杂志，2005（01）：18–20. {YIN Xuemin,QIU Weiliu,ZHANG Chenping,ZHU Hanguang. Repair of osteonecrosis of mandible with vascularized osteomyocutaneous flap [J]. Zhonghua Xian Wei Wai Ke Za Zhi [Chin J Microsurg(Article in Chinese;Abstract in Chinese and English)],2005 (01):18-20. DOI:10.3760/cma.j.issn.1001-2036.2005.01.006.}

[23695] 张陈平，张志愿，季彤，胡永杰，韩正学，徐立群，吴轶群，马继壮．腓骨肌瓣结合牙种植牵引器在下颌骨功能性重建中的应用 [J]. 中国耳鼻咽喉头颈外科，2004（05）：281–284. {ZHANG Chenping,ZHANG Zhiyuan,JI Tong,HU Yongjie,HAN Zhengxue,XU Liqun,WU Yiqun,MA Jizhuang. Application of fibula muscle flap combined with dental implant traction device in functional reconstruction of mandible [J]. Chinese Archives of Otolaryngology-Head and Neck Surgery,2004 (05):281-284. DOI:10.3969/j.issn.1672-7002.2004.05.005.}

[23696] 胡永杰，李思毅，徐立群，吴轶群，张陈平．血管化髂骨肌瓣同期牙种植体修复下颌骨体部缺损 [J]. 中国耳鼻咽喉头颈外科，2004（05）：289–292. {HU Yongjie,LI Siyi,XU Liqun,WU Yiqun,ZHANG Chenping. Vascularized ilium muscle flap and simultaneous dental implant repair of mandibular body defects [J]. Chinese Archives of Otolaryngology-Head and Neck Surgery,2004 (05):289-292. DOI:10.3969/j.issn.1672-7002.2004.05.007.}

[23697] 竺涵光，张陈平，孙坚，张志愿，何悦，叶为民．腓骨肌皮瓣重建下颌骨的方法和经验 [J]. 口腔颌面外科杂志，2003（02）：158–161. { ZHU Hanguang,ZHANG Chenping,SUN Jian,ZHANG Zhiyuan,He Yue,YE Weimin. Methods and experience of reconstruction of mandible with fibular myocutaneous flap [J]. Kou Qiang He Mian Wai Ke Za Zhi [J Oral Maxil Surg (Article in Chinese;Abstract in Chinese and English)],2003 (02):158-161. DOI:10.3969/j.issn.1005-4979.2003.02.021.}

[23698] 孙坚，李军，张志愿，邱蔚六．上颌骨大型缺损的个体化三维闭合式功能性重建 [J]. 中国口腔颌面外科杂志，2003（01）：9–13. {SUN Jian,LI Jun,ZHANG Zhiyuan,Qiu Weiliu. Individualized three-dimensional closed functional reconstruction of large maxillary defects [J]. Zhong Guo Kou Qiang He Mian Wai Ke Za Zhi [Chin J Oral Maxil Surg (Article in Chinese;Abstract in Chinese and English)],2003 (01):9-13. DOI:10.3969/j.issn.1672-3244.2003.01.003.}

[23699] 南欣荣，令狐清溪，唐友盛，沈国芳．吻合血管的髂骨复合瓣重建下颌骨缺损的临床评价 [J]. 山西医科大学学报，2002（05）：451–453. {NAN Xinrong,LING HU Qingxi,TANG Yousheng,SHEN Guofang. Clinical evaluation of reconstruction of mandibular defects with iliac composite flap anastomosing blood vessels [J]. Shan Xi Yi Ke Da Xue Xue Bao [J Shanxi Med Univ (Article in Chinese;Abstract in Chinese)],2002 (05):451-453. DOI:10.3969/j.issn.1007-6611.2002.05.034.}

[23700] 孙坚，李军，何悦，顾章愉，竺涵光，叶为民．骨肌瓣重建下颌骨术后超声监测血供的应用价值 [J]. 现代口腔医学杂志，2002（02）：136–137. {SUN Jian,LI Jun,HE Yue,GU Zhangyu,ZHU Hanguang,YE Weimin. The value of ultrasound monitoring blood supply after reconstruction of mandible with bone muscle flap [J]. Xian Dai Kou Qiang Yi Xue Za Zhi [J Mod Stomatol (Article in Chinese;Abstract in Chinese and English)],2002 (02):136-137. DOI:CNKI:SUN:XDKY.0.2002-02-021.}

[23701] 孙坚，张志愿，叶为民，李军，邱蔚六．头颈癌累及颈动脉的切除与重建[J]. 华西口腔医学杂志，2002（01）：24–26. {SUN Jian,ZHANG Zhiyuan,YE Weimin,LI Jun,QIU Weiliu. Resection and reconstruction of carotid artery involved in head and neck cancer [J]. Huaxi Kou Qiang Yi Xue Za Zhi [West Chin J Stomatol(Article in Chinese;Abstract in Chinese and English)],2002 (01):24-26. DOI:CNKI:SUN:HXKQ.0.2002-01-007.}

[23702] 郑家伟，邱蔚六，张志愿，林国础，竺涵光．应用冻干异体动脉重建颈总动脉的实验研究 [J]. 上海口腔医学，2001（04）：353–356. {ZHENG Jiawei,QIU Weiliu,ZHANG Zhiyuan,LIN Guochu,ZHU Hanguang. Experimental study on reconstruction of common carotid artery with lyophilized allografts [J]. Shang Hai Kou Qiang Yi Xue [Shanghai J Stomatol(Article in Chinese;Abstract in Chinese and English)],2001 (04):353-356. DOI:10.3969/j.issn.1006-7248.2001.04.021.}

[23703] 王晓卫，郑家伟，竺涵光，张志愿．前臂尺侧游离皮瓣在舌再造中的应用 [J]. 现代口腔医学杂志，2001（04）：299–300. {WANG Xiaowei,ZHENG Jiawei,ZHU Hanguang,ZHANG Zhiyuan. Application of ulnar forearm free flap in tongue reconstruction [J]. Xian Dai Kou Qiang Yi Xue Za Zhi [J Mod Stomatol (Article in Chinese;Abstract in Chinese and English)],2001 (04):299-300. DOI:10.3969/j.issn.1003-7632.2001.04.024.}

[23704] 孙坚，张志愿，李军，叶为民．背阔肌、前锯肌单蒂双岛肌皮瓣修复上颌骨大型缺损 [J]. 口腔医学纵横，2001（02）：130–131. {SUN Jian,ZHANG Zhiyuan,LI Jun,YE Weimin. Single pedicled double island myocutaneous flap of latissimus dorsi and serratus anterior to repair large maxillary defects [J]. Kou Qiang Yi Xue Zong Heng [J Comprehensive Stomatol (Article in Chinese;Abstract in Chinese and English)],2001 (02):130-131. DOI:10.3969/j.issn.1671-7651.2001.02.017.}

[23705] 毛驰，竺涵光，张志愿．改良的游离腓骨瓣制备方法 [J]. 口腔医学，2000（03）：131–132. {MAO Chi,ZHU Hanguang,ZHANG Zhiyuan. Improved preparation method of free fibular flap [J]. Kou Qiang Yi Xue [Stomatology,(Article in Chinese;Abstract in Chinese and English)],2000 (03):131-132. DOI:10.3969/j.issn.1003-9872.2000.03.009.}

[23706] 唐友盛，邱蔚六，袁文化，张志愿，竺函光，林国础．面颊部缺损畸形整复的经验总结 [J]. 中华整形外科杂志，2000（04）：56–58. {TANG Yousheng,QIU Weiliu,YUAN Wenhua,ZHANG Zhiyuan,ZHU Hanguang,LIN Guoji. Summary of experience in the reconstruction of cheek defects [J]. Zhong Hua Zheng Xing Wai Ke Za Zhi [Chin J Plast Surg (Article in Chinese;Abstract in Chinese and English)],2000 (04):56-58. DOI:10.3760/j.issn:1009-4598.2000.04.021.}

[23707] 郑家伟，邱蔚六，张志愿，林国础，竺涵光．应用自体颈外静脉重建颈总动脉的实验研究 [J]. 中华口腔医学杂志，2000（03）：77. {ZHENG Jiawei,QIU Weiliu,ZHANG Zhiyuan,LIN Guoji,ZHU Hanguang. Experimental study on reconstruction of common carotid artery with autogenous external jugular vein [J].Zhong Hua Kou Qiang Yi Xue Za Zhi [Chin J Stomatol (Article in Chinese;Abstract in Chinese and English)],2000 (03):77. DOI:10.3760/j.issn:1002-0098.2000.03.031.}

[23708] 竺涵光，张志愿，顾章愉，马玉中，郑家伟，王旭伟，林国础，邱蔚六．腓骨游离瓣重建口腔下颌骨缺损 [J]. 中华显微外科杂志，1999（S1）：10–12. {ZHU Hanguang,ZHANG Zhiyuan,GU Zhangyu,MA Yuzhong,ZHENG Jiawei,WANG Xuwei,LIN Guoji,QIU Weiliu. Reconstruction of oral and mandibular defects with fibula free flap [J]. Zhonghua Xian Wei Wai Ke Za Zhi [Chin J Microsurg(Article in Chinese;Abstract in Chinese and English)],1999 (S1):10-12.}

[23709] 张彬，唐友盛．前臂桡侧皮瓣移植供区手臂功能的回顾性研究 [J]. 徐州医学院学报，1999（05）：363–365. {ZHANG Bin,TANG Yousheng. Retrospective study on the function of the arm in the donor area of radial forearm flap transplantation [J]. Xu Zhou Yi Xue Yuan Xue Bao [J Xuzhou Med Coll (Article in Chinese;Abstract in Chinese)],1999 (05):363-365. }

[23710] 唐友盛，沈国芳，南欣荣，邱蔚六，杨育生，高益鸣．吻合血管的髂骨复合组织瓣移植修复下颌骨缺损的经验 [J]. 中华显微外科杂志，1999（03）：7–8. {TANG Yousheng,SHEN Guofang,NAN Xinrong,QIU Weiliu,YANG Yusheng,GAO Yiming. The experience of vascularized iliac composite tissue flap transplantation in the repair of mandibular defects [J]. Zhonghua Xian Wei Wai Ke Za Zhi [Chin J Microsurg(Article in Chinese;Abstract in Chinese and English)],1999 (03):7-8. DOI:10.3760/cma.j.issn.1001-2036.1999.03.002. }

[23711] 张志愿，郑家伟，竺涵光．口腔颌面部游离组织移植病人的围术期处理 [J]. 现代口腔医学杂志，1999（03）：210–212. {ZHANG Zhiyuan,ZHENG Jiawei,ZHU Hanguang. Perioperative management of patients with oral and maxillofacial free tissue transplantation [J]. Xian Dai Kou Qiang Yi Xue Za Zhi [J Mod Stomatol (Article in Chinese;Abstract in Chinese and English)],1999 (03):210-212. }

[23712] 张志愿，郑家伟．口腔颌面部游离组织移植时受区血管的选择与吻合技术 [J]. 口腔颌面外科杂志，1999（02）：65–69. {ZHANG Zhiyuan,ZHENG Jiawei. Selection and anastomotic technique of blood vessels in the recipient area of free tissue transplantation in oral and maxillofacial region [J]. Kou Qiang He Mian Wai Ke Za Zhi [J Oral Maxil Surg (Article in Chinese;Abstract in Chinese and English)],1999 (02):65-69. DOI:CNKI:SUN:KQHM.0.1999-02-023. }

[23713] 王中和，邱蔚六，黄光斌．放射治疗对口腔颌面部组织移植瓣修复影响的临床观察 [J]. 中华耳鼻咽喉科杂志，1999（03）：48–50. {WANG Zhong,QIU Wei Liu,HUANG Guang bin. Clinical observation of the effect of radiotherapy on the repair of oral and maxillofacial tissue flap [J]. Chinese Journal of Otolaryngology,1999 (03):48-50. DOI:CNKI:SUN:ZHEB.0.1999-03-023. }

[23714] 唐友盛，邱蔚六，沈国芳，袁文化，竺涵光，张志愿，林国础．前臂皮瓣与胸大肌皮瓣联合在口腔颌面大面积洞穿性缺损中的应用 [J]. 中华显微外科杂志，1999（02）：61. {TANG Yousheng,QIU Weiliu,SHEN Guofang,YUAN Wenhua,ZHU Hanguang,ZHANG Zhiyuan,LIN Guoji. Application of forearm flap combined with pectoralis major myocutaneous flap in large area of oral and maxillofacial perforative defect [J]. Zhonghua Xian Wei Wai Ke Za Zhi[Chin J Microsurg(Article in Chinese;Abstract in Chinese and English)],1999 (02):61. DOI:10.3760/cma.j.issn.1001-2036.1999.02.028.}

[23715] 张彬，唐友盛，沈国芳．48 例前臂桡侧皮瓣移植供区术前与术后功能的对比研究 [J]. 徐州医学院学报，1999（03）：14–17. {ZHANG Bin,TANG Yousheng,SHEN Guofang. A comparative study on the preoperative and postoperative functions of the donor area of radial forearm flap transplantation [J]. Xu Zhou Yi Xue Yuan Xue Bao [J Xuzhou Med Coll (Article in Chinese;Abstract in Chinese)],1999 (03):14-17. }

[23716] 南欣荣，唐友盛，沈国芳，张念光．髂骨复合瓣移植肢体运动障碍的临床研究 [J]. 山西医药杂志，1999（02）：16–18. {NAN Xinrong,TANG Yousheng,SHEN Guofang,ZHANG Nianguang. Clinical study on limb dyskinesia after iliac composite flap transplantation [J]. Shanxi Medical Journal,1999 (02):16-18. DOI:CNKI:SUN:SXYY.0.1999-02-005.}

[23717] 南欣荣，唐友盛，沈国芳，张念光．髂骨复合瓣移植供区并发症的临床研究 [J]. 口腔颌面外科杂志，1999（01）：5–8. {NAN Xinrong,TANG Yousheng,SHEN Guofang,ZHANG Nianguang. Clinical study of complications in the donor site of iliac composite flap transplantation [J]. Kou Qiang He Mian Wai Ke Za Zhi [J Oral Maxil Surg (Article in Chinese;Abstract in Chinese and English)],1999 (01):5-8. DOI:CNKI:SUN:KQHM.0.1999-01-000.}

[23718] 张志愿，竺涵光，郑家伟，顾章愉．腓骨游离组织瓣在口腔颌面外科的应用 [J]. 口腔颌面外科杂志，1999（01）：46–49+53. {ZHANG Zhiyuan,ZHU Hanguang,ZHENG Jiawei,GU Zhangyu. Application of fibula free tissue flap in oral and maxillofacial surgery [J]. Kou Qiang He Mian Wai Ke Za Zhi [J Oral Maxil Surg (Article in Chinese;Abstract in Chinese and English)],1999 (01):46-49+53. DOI:CNKI:SUN:KQHM.0.1999-01-014.}

[23719] 竺涵光，马玉中，顾章愉，郑家伟，张志愿，邱蔚六．腓骨游离瓣重建下颌骨的骨段塑形与固定方法 [J]. 口腔颌面外科杂志，1999（01）：50–53. {ZHU Hanguang,MA Yuzhong,GU Zhangyu,ZHENG Jiawei,ZHANG Zhiyuan,QIU Weiliu. Methods of bone segment shaping and fixation for reconstruction of mandible with fibula free flap [J]. Kou Qiang He Mian Wai Ke Za Zhi [J Oral Maxil Surg (Article in Chinese;Abstract in Chinese and English)],1999 (01):50-53. DOI:CNKI:SUN:KQHM.0.1999-01-015. }

[23720] 郑家伟，竺涵光，张志愿，顾章愉，邱蔚六．应用逆行腓骨游离瓣修复口腔下颌骨缺损：3例报道（英文）[J]. 口腔颌面外科杂志，1999（01）：54–57. {ZHENG Jiawei,ZHU Hanguang,ZHANG Zhiyuan,GU Zhangyu,QIU Weiliu. Application of retrograde fibula free flap in the repair of oral and mandibular defects:a report of 3 cases [J]. Kou Qiang He Mian Wai Ke Za Zhi [J Oral Maxil Surg (Article in English;Abstract in Chinese and English)],1999 (01):54-57. }

[23721] 张志勇，邱蔚六，黄伟．髂骨移植与种植体的临床研究 [J]. 中国口腔种植学杂志，1999（01）：34–36+45. {ZHANG Zhiyong,QIU Weiliu,HUANG Wei. Clinical study of iliac bone transplantation and implants [J]. Chinese Journal of Oral Implantology,1999 (01):34-36+45. }

[23722] 张志愿，张陈平，郑家伟．口腔颌面部游离皮瓣危象的预防和处理 [J]. 口腔医学纵横，1999（01）：4–7. {ZHANG Zhiyuan,ZHANG Chen Ping,ZHENG Jia Wei. Prevention and treatment of the crisis of free flap in oral and maxillofacial region [J]. Kou Qiang Yi Xue Zong Heng [J Comprehensive Stomatol (Article in Chinese;Abstract in Chinese and English)],1999 (01):4-7. DOI:CNKI:SUN:KQYZ.0.1999-01-002. }

[23723] 竺涵光，张志愿，顾章愉，马玉中，郑家伟，王旭东，林国础．腓骨游离瓣重建口腔下颌骨缺损——26 例临床分析 [J]. 耳鼻咽喉头颈外科，1998（S1）：40–43+36. {ZHU Hanguang,ZHANG Zhiyuan,GU Zhangyu,MA Yuzhong,ZHENG Jiawei,WANG Xudong,LIN Guochu. Reconstruction of oral and mandibular defects with fibula free flap:a clinical analysis of 26 cases [J]. Otorhinolaryngology head and neck surgery,1998 (S1):40-43+36. }

[23724] 竺涵光，郑家伟，顾章愉，马玉中，张志愿，林国础．腓骨瓣再造下颌骨时血管蒂的位置及吻合方法 [J]. 口腔颌面外科杂志，1998（04）：5–8. {ZHU Hanguang,ZHENG Jiawei,GU Zhangyu,MA Yuzhong,ZHANG Zhiyuan,LIN Guoji. Location and anastomosis of vascular pedicle in reconstruction of mandible with fibula flap [J] Kou Qiang He Mian Wai Ke Za Zhi [J Oral Maxil Surg (Article in English;Abstract in Chinese and English)],1998 (04):5-8. DOI:CNKI:SUN:KQHM.0.1998-04-000.}

[23725] 张陈平，解雪涛，张霖，胡海生．术前放疗对游离皮瓣影响的实验研究 [J]. 口腔医学，1998（03）：9–11. {ZHANG Chenping,XIE Xuetao,ZHANG Lin,HU Haisheng. Experimental study on the effect of preoperative radiotherapy on free flap [J]. Kou Qiang Yi Xue [Stomatology,(Article in Chinese;Abstract in Chinese and English)],1998 (03):9-11. DOI:CNKI:SUN:KQYX.0.1998-03-003. }

[23726] 竺涵光，郑家伟，马玉中，顾章愉，张志愿，邱蔚六．小腿外侧皮瓣在口腔内缺损修复中的应用（附 9 例报道）[J]. 上海口腔医学，1998（02）：17–20. {ZHU Hanguang,ZHENG Jiawei,MA Yuzhong,GU Zhangyu,ZHANG Zhiyuan,QIU Weiliu. Application of lateral leg flap in the repair of oral defects (report of 9 cases) [J]. Shang Hai Kou Qiang Yi Xue [Shanghai J Stomatol(Article in Chinese;Abstract in Chinese and English)],1998 (02):17-20. DOI:CNKI:SUN:SHKY.0.1998-02-005.}

[23727] 张志愿，唐友盛，竺涵光，张陈平，孙坚，沈国芳．前臂桡侧游离皮瓣在口腔颌面外科的应用——附 725 例临床分析 [J]. 口腔颌面外科杂志，1998（01）：29–32. {ZHANG Zhiyuan,TANG Yousheng,ZHU Han Guang,ZHANG Chen Ping,SUN Jian,SHEN Guo Fang. Application of radial forearm free flap in oral and maxillofacial surgery:clinical analysis of 725 cases [J]. Kou Qiang He Mian Wai Ke Za Zhi [J Oral Maxil Surg (Article in English;Abstract in Chinese and English)],1998 (01):29-32. }

[23728] 张志愿，唐友盛，竺涵光，张陈平，孙坚，沈国芳．前臂尺侧游离皮瓣在口腔颌面外科的应用——附 30 例临床报道 [J]. 口腔颌面外科杂志，1998（01）：33–35+32. {ZHANG Zhiyuan,TANG Yousheng,ZHU Han Guang,ZHANG Chen Ping,SUN Jian,SHEN Guo Fang. Application of ulnar forearm free flap in oral and maxillofacial surgery:a clinical report of 30 cases [J]. Kou Qiang He Mian Wai Ke Za Zhi [J Oral Maxil Surg (Article in English;Abstract in Chinese and English)],1998 (01):33-35+32. DOI:CNKI:SUN:KQHM.0.1998-01-010.}

[23729] 张志愿，唐友盛，竺涵光，张陈平，孙坚，沈国芳．肩胛区游离瓣在口腔颌面外科的应用——附 21 例临床报道 [J]. 口腔颌面外科杂志，1998（01）：36–40. {ZHANG Zhiyuan,TANG Yousheng,ZHU Han Guang,ZHANG Chen Ping,SUN Jian,SHEN Guo Fang. Application of scapular free flap in oral and maxillofacial surgery:a clinical report of 21 cases [J]. Kou Qiang He Mian Wai Ke Za Zhi [J Oral Maxil Surg (Article in English;Abstract in Chinese and English)],1998 (01):36-40. DOI:CNKI:SUN:KQHM.0.1998-01-011. }

[23730] 南欣荣，唐友盛，沈国芳，杨育生，王英．髂骨复合瓣与前臂皮瓣串联重建大型下颌骨复

合缺损[J]. 上海口腔医学，1998（01）：30-32.｛Nan Xinrong,TANG Yousheng,SHEN Guofang,YANG Yusheng,WANG Ying. Reconstruction of large mandibular composite defect by iliac composite flap and forearm flap in series [J]. Shang Hai Kou Qiang Yi Xue [Shanghai J Stomatol(Article in Chinese;Abstract in Chinese and English)],1998 (01):30-32. DOI:CNKI:SUN:SHKY.0.1998-01-008.｝

[23731] 张陈平，解雪涛，张霖，胡海生．兔耳游离皮瓣血循环重建的微血管铸型观察[J]. 上海口腔医学，1997（04）：187-190.｛ZHANG Chenping,XIE Xuetao,ZHANG Lin,HU Haisheng. Observation on microvascular casting of blood circulation reconstruction of rabbit ear free flap [J]. Shang Hai Kou Qiang Yi Xue [Shanghai J Stomatol(Article in Chinese;Abstract in Chinese and English)],1997 (04):187-190.｝

[23732] 张彬，唐友盛，叶为民．前臂皮瓣串联髂骨肌瓣一期重建面下1/3大型复合缺损[J]. 中华显微外科杂志，1997（04）：6-8.｛ZHANG Bin,TANG Yousheng,YE Weimin. Reconstruction of 1/3 large composite defect under the face with forearm flap in series with iliac muscle flap [J]. Zhonghua Xian Wei Wai Ke Za Zhi [Chin J Microsurg(Article in Chinese;Abstract in Chinese and English)],1997 (04):6-8.｝

[23733] 张陈平，解雪涛，张霖，胡海生．术后放疗对游离皮瓣影响的实验研究[J]. 口腔颌面外科杂志，1997（03）：24-27.｛ZHANG Chenping,XIE Xuetao,ZHANG Lin,HU Haisheng. Experimental study on the effect of postoperative radiotherapy on free flap [J]. Kou Qiang He Mian Wai Ke Za Zhi [J Oral Maxil Surg (Article in English;Abstract in Chinese and English)],1997 (03):24-27.｝

[23734] 竺涵光，邱蔚六，林国础，张志愿，张志勇，郭伟．组织瓣串联立即整复口腔癌术后洞穿性缺损[J]. 口腔医学纵横，1997（03）：151-153.｛ZHU Hanguang,QIU Weiliu,LIN Guochu,ZHANG Zhiyuan,ZHANG Zhiyong,GUO Wei. Immediate reconstruction of perforating defect after operation of oral cancer with tissue flap in series [J]. Kou Qiang Yi Xue Zong Heng [J Comprehensive Stomatol (Article in Chinese;Abstract in Chinese and English)],1997 (03):151-153.｝

[23735] 郭伟，张陈平，张志愿，林国础．前臂尺侧游离皮瓣临床应用的评价[J]. 上海口腔医学，1997（02）：105-108.｛GUO Wei,ZHANG Chenping,ZHANG Zhiyuan,LIN Guochu. Evaluation of clinical application of ulnar forearm free flap [J]. Shang Hai Kou Qiang Yi Xue [Shanghai J Stomatol(Article in Chinese;Abstract in Chinese and English)],1997 (02):105-108.｝

[23736] 朱丰海，端木利荣，章启夫，竺涵光，张志愿．折叠前臂桡侧游离皮瓣整复口腔颌面部大面积缺损1例[J]. 口腔颌面外科杂志，1995（04）：241.｛ZHU Fenghai,DUANMU Lirong,ZHANG Qifu,ZHU Hanguang,ZHANG Zhiyuan. Folding radial forearm free flap to repair a large area of oral and maxillofacial defects [J]. Kou Qiang He Mian Wai Ke Za Zhi [J Oral Maxil Surg (Article in English;Abstract in Chinese and English)],1995 (04):241.｝

[23737] 王中和，邱蔚六，蔡以理，胡海生．口腔颌面部修复皮瓣对放射治疗的耐受性[J]. 中华口腔医学杂志，1995（03）：134-136+191.｛WANG Zhonghe,QIU Weiliu,CAI Yili,HU Haisheng. The tolerance of oral and maxillofacial flap to radiotherapy [J]. Zhong Hua Kou Qiang Yi Xue Za Zhi [Chin J Stomatol (Article in Chinese;Abstract in Chinese and English)],1995 (03):134-136 + 191. DOI:10.1007/BF02007173.｝

[23738] 金行晴，邱蔚六，林国础．血管化和非血管化植骨骨外形和无机成分含量的比较研究[J]. 上海口腔医学，1994（04）：216-218.｛JIN Xingqing,QIU Weiliu,LIN Guochu. A comparative study on the shape and inorganic content of vascularized and non vascularized bone grafts [J]. Shang Hai Kou Qiang Yi Xue [Shanghai J Stomatol(Article in Chinese;Abstract in Chinese)],1994 (04):216-218. DOI:CNKI:SUN:SHKY.0.1994-04-011.｝

[23739] 竺涵光，邱蔚六，顾章愉．改良前臂皮瓣舌成形术——6例初步报告[J]. 上海口腔医学，1993（04）：187-189+239.｛ZHU Hanguang,QIU Weiliu,GU Zhangyu. Modified forearm flap tongue plasty:a preliminary report of 6 cases [J]. Shang Hai Kou Qiang Yi Xue [Shanghai J Stomatol(Article in Chinese;Abstract in Chinese)],1993 (04):187-189 + 239.｝

[23740] 唐友盛，邱蔚六，刘世勋，袁文化，林国础，张志愿．颌面大型洞穿性缺损立即吻合血管的组织瓣整复[J]. 上海口腔医学，1993（03）：125-127+184.｛TANG Yousheng,QIU Weiliu,LIU Shixun,YUAN Wenhua,LIN Guochu,ZHANG Zhiyuan. Tissue flap repair of maxillofacial large perforating defect with immediate vascular anastomosis [J]. Shang Hai Kou Qiang Yi Xue [Shanghai J Stomatol(Article in Chinese;Abstract in Chinese)],1993 (03):125-127 + 184.｝

[23741] 沈国芳，邱蔚六．下颌骨缺损骨移植修复后的牙列重建[J]. 口腔颌面外科杂志，1993（03）：164-168.｛SHEN Guofang,QIU Weiliu. Reconstruction of dentition after mandible defect bone transplantation [J]. Kou Qiang Yi Xue Zong Heng [J Comprehensive Stomatol (Article in Chinese;Abstract in Chinese)],1993 (03):164-168.｝

[23742] 李士忠，邱蔚六，刘善学，李捷，王国华，周伟．41例前臂游离皮瓣修复口腔颌面部缺损[J]. 口腔医学，1992（02）：99-100.｛LI Shizhong,QIU Yu six,LIU Shanxue,LI Jie,WANG Guohua,ZHOU Wei.41 cases of free forearm flap for oral and maxillofacial defects [J]. Kou Qiang Yi Xue [Stomatology,(Article in Chinese;Abstract in Chinese)],1992 (02):99-100.｝

[23743] 吴煜农，邱蔚六，林国础，王中和．术后放疗对面神经移植再生影响的实验研究[J]. 中国放射肿瘤学，1991（04）：53-55.｛WU Yunong,QIU Weiliu,LIN Guoji,WANG Zhonghe. Experimental study on the effect of postoperative radiotherapy on facial nerve transplantation and regeneration [J]. Zhong Guo Fang She Zhong Liu Xue[Chin J Radia Oncol(Article in Chinese;Abstract in Chinese)],1991 (04):53-55.｝

[23744] 林国础，邱蔚六，张志愿，潘根长，王瑞萍．全舌口底喉切除和双侧颈清同期口咽腔重建术[J]. 实用口腔医学杂志，1990（04）：281-283.｛LIN Guoji,QIU Weiliu,ZHANG Zhiyuan,PAN Genchang,WANG Ruiping. Total tongue,oropharyngeal resection and simultaneous reconstruction of oropharyngeal cavity with bilateral neck dissection [J]. Shi Yong Kou Qiang Yi Xue Za Zhi [J Prect Stomatol (Article in Chinese;Abstract in Chinese)],1990 (04):281-283.｝

[23745] 唐友盛，袁文化，邱蔚六，刘世勋，林国础，张志愿，张志勇．舌—口底大部或全部缺损立即采用肌皮瓣的修复[J]. 口腔医学，1990（02）：71-72.｛TANG Yousheng,YUAN Wenhua,QIU Weiliu,LIU Shixun,LIN Guochu,ZHANG Zhiyuan,ZHANG Zhiyong. The large or complete defect of tongue and floor of mouth should be repaired immediately with myocutaneous flap [J]. Kou Qiang Yi Xue [Stomatology,(Article in Chinese;Abstract in Chinese)],1990 (02):71-72.｝

[23746] 唐友盛，邱蔚六．肩胛区组织瓣在口腔颌面缺损整复中的应用[J]. 修复重建外科杂志，1988（02）：22-23.｛TANG Yousheng,QIU Weiliu. The application of scapular tissue flap in the reconstruction of oral and maxillofacial defects [J]. Xiu Fu Chong Jian Wai Ke Za Zhi [J Repar Reconstr Surg (Article in Chinese;Abstract in Chinese],1988 (02):22-23.｝

[23747] 张志愿．174例颊部恶性肿瘤切除后缺损的即期重建结果的评价[J]. 修复重建外科杂志，1988（02）：30-31.｛ZHANG Zhiyuan. Evaluation of immediate reconstruction results of 174 cases of buccal cancer after resection [J]. Xiu Fu Chong Jian Wai Ke Za Zhi [J Repar Reconstr Surg (Article in Chinese;Abstract in Chinese],1988 (02):30-31.｝

[23748] 宋伯铮，邱蔚六，刘世勋，唐友盛.Clinical observation of 74 revascularized osteomyocutaneous flap grafts to reconstruct the mandibular defects[J].Journal of Shanghai Second Medical University，1988（01）：56-62.｛SONG Bozheng,QIU Weiliu,LIU Shixun,TANG Yousheng. Clinical observation of 74 revaluated osteomyocutaneous flap graphs to reconfigure the manager devices [J]. Journal of Shanghai Second Medical University,1988 (01):56-62.｝

[23749] 王国民，邱蔚六，刘世勋，袁文化，唐友盛．小血管吻合游离组织移植失败原因的探讨（附22例分析）[J]. 口腔医学，1987（01）：23-25.｛WANG Guomin,QIU Weiliu,LIU shixun,YUAN Wenhua,TANG Yousheng. Discussion on the failure of free tissue transplantation with small vessel anastomosis (analysis of 22 cases) [J]. Kou Qiang Yi Xue [Stomatology,(Article in Chinese;Abstract in Chinese)],1987 (01):23-25.｝

[23750] 周正炎，邱蔚六，刘世勋，唐友盛，张志勇．进行性半侧颜面萎缩畸形及其整复（附大网膜与真皮脂肪组织瓣游离移植术）[J]. 临床口腔医学杂志，1986（02）：79-81+89.｛ZHOU Zhengyan,QIU Weiliu,LIU Shixun,TANG Yousheng,ZHANG Zhiyong. Progressive hemifacial atrophy and its reconstruction (with free transplantation of greater omentum and dermal fat tissue flap) [J]. Lin Chuang Kou Qiang Yi Xue Za Zhi [J Clin Stomatol (Article in Chinese;Abstract in Chinese)],1986 (02):79-81 + 89.｝

[23751] 唐友盛，刘世勋，袁文化，哈綦，潘可风．唇组织瓣游离移植20例报告[J]. 口腔医学，1984（03）：142-143+168.｛TANG Yousheng,LIU Shizhe,YUAN Wenhua,HA Qian,PAN Kefeng. Report of 20 cases of free lip flap transplantation [J]. Kou Qiang Yi Xue [Stomatology,(Article in Chinese;Abstract in Chinese)],1984 (03):142-143 + 168.｝

[23752] 唐友盛，邱蔚六．肩胛区游离皮瓣[J]. 国外医学．口腔医学分册，1984（03）：144-146.｛TANG Yousheng,QIU Weiliu. Scapular free flap [J]. Guo Wai Yi Xue. Kou Qiang Yi Xue Fen Ce [Int J Stom,(Article in Chinese;Abstract in Chinese)],1984 (03):144-146.｝

[23753] 唐友盛，袁文化，潘可风，邱蔚六，刘世勋，刘善学，周正炎，林国础，王国民，张志勇．带血管髂骨－肌－皮瓣游离移植[J]. 口腔医学，1983（01）：26-29.｛TANG Yousheng,YUAN Wenhua,PAN Kefeng,QIU Weiliu,LIU Shixun,LIU Shanxue,ZHOU Zhengyan,LIN Guochu,WANG Guomin,ZHANG Zhiyong. Vascularized ilium muscle flap free transplantation [J]. Kou Qiang Yi Xue [Stomatology,(Article in Chinese;Abstract in Chinese)],1983 (01):26-29.｝

[23754] 唐友盛，邱蔚六．颌面部癌瘤放疗、手术后缺损的立即游离组织移植[J]. 华西口腔医学杂志，1986（01）：62-63.｛TANG Yousheng,QIU Weiliu. Immediate free tissue transplantation of maxillofacial cancer after radiotherapy and operation [J]. Huaxi Kou Qiang Yi Xue Za Zhi [West Chin J Stomatol(Article in Chinese;Abstract in Chinese)],1986 (01):62-63｝

[23755] 丁祖鑫，张涤生，王德昭，王炜，冯胜之，石重明，曹谊林．应用带血管蒂踱趾关节移植治疗颞颌关节强直10例初步报告[J]. 上海医学，1986（04）：187-189.｛DING Zuxin,ZHANG Disheng,WANG Dezhao,WANG Wei,FENG Shengzhi,SHI Chongming,CAO Yilin. Preliminary report of 10 cases of temporomandibular joint ankylosis treated with vascularized interphalangeal joint transplantation [J]. Shang Hai Yi Xue [Shanghai Med J (Article in Chinese;Abstract in Chinese)],1986 (04):187-189｝

[23756] 邹永华，王炜．上臂外侧小型皮瓣游离移植在手外科应用[J]. 中国修复重建外科杂志，1988（03）：3-4+49.｛ZOU Yonghua,WANG Wei. Application of free transplantation of small lateral upper arm flap in hand surgery [J]. Zhong Guo Xiu Fu Chong Jian Wai Ke Za Zhi[Chin J Repar Reconstr Surg (Article in Chinese;Abstract in Chinese)],1988 (03):3-4 + 49｝

[23757] 张涤生，王炜，关文祥，金一涛，黄文义．前臂皮瓣的进展[J]. 中国修复重建外科杂志，1988（01）：2-4+49-52.｛ZHANG Disheng,WANG Wei,GUAN Wenxiang,JIN Yitao,HUANG Wenyi. The progress of forearm flap [J]. Zhong Guo Xiu Fu Chong Jian Wai Ke Za Zhi[Chin J Repar Reconstr Surg (Article in Chinese;Abstract in Chinese)],1988 (01):2-4 + 49-52｝

[23758] 宋伯铮，邱蔚六．四种重建下颌骨骨移植方法的临床效果比较[J]. 中国修复重建外科杂志，1988（02）：23.｛SONG bozheng,QIU Weiliu. Comparison of clinical effects of four methods for reconstruction of mandible [J]. Zhong Guo Xiu Fu Chong Jian Wai Ke Za Zhi[Chin J Repar Reconstr Surg (Article in Chinese;Abstract in Chinese)],1988 (02):23｝

[23759] 曹谊林，周丽云，陈守正，韩凯．肩峰游离皮瓣的临床应用（附5例报告）[J]. 中华整形烧伤外科杂志，1989（03）：167-168.｛CAO Yilin,ZHOU Liyun,CHEN Shouzheng,HAN Kai. Clinical application of acromial free flap (report of 5 cases) [J]. Zhong Hua Zheng Xing Shao Shang Wai Ke Za Zhi [Chin J Plast Surg Burns (Article in Chinese;Abstract in Chinese)],1989 (03):167-168｝

[23760] 周曼丽，黄拔瑞，谢党赐．静脉网状皮瓣游离移植治疗手部疤痕挛缩畸形五例报告[J]. 中华整形烧伤外科杂志，1989（02）：144-145.｛ZHOU Manli,HUANG Barui,XIE Dangci. Free vein net flap transplantation in the treatment of hand scar contracture [J]. Zhong Hua Zheng Xing Shao Shang Wai Ke Za Zhi [Chin J Plast Surg Burns (Article in Chinese;Abstract in Chinese)],1989 (02):144-145｝

[23761] 金一涛，曹惠萍，张涤生．游离肩胛筋膜瓣的临床应用[J]. 中华整形烧伤外科杂志，1989（01）：13-14+75.｛JIN Yitao,CAO Huiping,ZHANG Disheng. Clinical application of free scapular fascial flap [J]. Zhong Hua Zheng Xing Shao Shang Wai Ke Za Zhi [Chin J Plast Surg Burns (Article in Chinese;Abstract in Chinese)],1989 (01):13-14 + 75｝

[23762] 金行晴，邱蔚六，林国础．血管化和非血管化骨移植骨强度的比较研究[J]. 口腔颌面外科杂志，1993（04）：212-214.｛JIN Xingqing,QIU Weiliu,LIN Guochu. Comparative study on bone strength of vascularized and non vascularized bone grafts [J]. Kou Qiang He Mian Wai Ke Za Zhi [J Oral Maxil Surg (Article in Chinese;Abstract in Chinese)],1993 (04):212-214｝

[23763] 金行晴，邱蔚六，林国础．血管化和非血管化骨移植种植体与骨结合的比较研究[J]. 华西口腔医学杂志，1993（03）：163-166+233.｛JIN Xingqing,QIU Weiliu,LIN Guochu. A comparative study on the combination of vascularized and non vascularized bone grafts and bone [J]. Huaxi Kou Qiang Yi Xue Za Zhi [West Chin J Stomatol (Article in Chinese;Abstract in Chinese)],1993 (03):163-166 + 233｝

[23764] 程开祥，傅凯丁，董佳生，曹卫刚，汤海萍，黄文义．全头皮撕脱再植术——三例报告[J]. 上海第二医科大学学报，1992（03）：241-243.｛CHENG Kaixiang,FU kaiding,DONG Jiasheng,CAO Weigang,TANG Haiping,HUANG Wenyi. Total scalp avulsion replantation:three cases report [J]. Shang Hai Di Er Yi Ke Da Xue Xue Bao [Acta Univ Med Second Shanghai (Article in Chinese;Abstract in Chinese)],1992 (03):241-243｝

[23765] 张志勇，张锡泽，林国础，竺涵光．双前臂皮瓣二级串联游离移植整复口腔颌面部缺损[J]. 口腔颌面外科杂志，1991（01）：1-4.｛ZHANG Zhiyong,ZHANG Xize,LIN Guochu,ZHU Hanguang. Reconstruction of oral and maxillofacial defects with double forearm flap by two-stage serial free transplantation [J]. Kou Qiang He Mian Wai Ke Za Zhi [J Oral Maxil Surg (Article in Chinese;Abstract in Chinese)],1991 (01):1-4｝

[23766] 丁祖鑫，张涤生，周丽云，曹谊林．应用耳后游离皮瓣修复鼻尖和部分鼻翼鼻小柱缺损[J]. 中国修复重建外科杂志，1991（04）：215-216+251-259.｛DING Zuxin,ZHANG Disheng,ZHOU Liyun,CAO Yilin. Reconstruction of defects of nasal tip and part of alar and columella with free flap behind the ear [J]. Zhong Guo Xiu Fu Chong Jian Wai Ke Za Zhi[Chin J Repar Reconstr Surg (Article in Chinese;Abstract in Chinese)],1991 (04):215-216 + 251-259｝

[23767] 吕杰强，薛培．兔输卵管壶腹部两种显微外科缝合法的实验研究[J]. 生殖与避孕，1991（03）：54-59+85+87.｛LU Jieqiang,XUE Pei. Experimental study on two kinds of microsurgical suture methods of rabbit oviduct ampulla [J]. Sheng Zhi Yu Bi Yun [Reprod Contracept (Article in Chinese;Abstract in Chinese)],1991 (03):54-59 + 85 + 87｝

[23768] 钱云良，关文祥．前臂逆行背侧骨间血管蒂岛状皮瓣在手烧伤晚期修复中的应用[J]. 中华整形烧伤外科杂志，1990（02）：81-82+155+161.｛QIAN Yunliang,GUAN Wenxiang. The application of the forearm reverse interosseous vascular pedicle island flap in the late stage of hand burn [J]. Zhong Hua Zheng Xing Shao Shang Wai Ke Za Zhi [Chin J Plast Surg Burns (Article in Chinese;Abstract in Chinese)],1990 (02):81-82 + 155 + 161｝

[23769] 王炜，张涤生．显微外科在整形外科中应用的回顾及展望[J]. 中华整形烧伤外科杂志，1995（02）：83-86.｛WANG Wei,ZHANG Disheng. Review and Prospect of microsurgery in plastic surgery [J]. Zhong Hua Zheng Xing Shao Shang Wai Ke Za Zhi [Chin J Plast Surg Burns (Article in Chinese;Abstract in Chinese)],1995 (02):83-86｝

[23770] 陈守正，黄文义，程开祥，王善良．小腿内侧皮瓣修复手部创伤47例[J]. 中国修复重建外科杂志，1995（04）：237-238.｛CHEN Shouzheng,HUANG Wenyi,CHENG Kaixiang,WANG Shanliang. 47 cases of hand trauma repaired by medial leg flap [J]. Zhong Guo Xiu Fu Chong Jian Wai Ke Za Zhi[Chin J

Repair Reconstr Surg (Article in Chinese;Abstract in Chinese)],1995 (04):237-238}

[23771] 杨川，蔡佩佩，董佳生．带神经血管肌束移植术在晚期面瘫修复中的应用 [J]. 中国修复重建外科杂志，1995（02）：84-87. {YANG Chuan,CAI Peipei,DONG Jiasheng. Application of neurovascular muscle bundle transplantation in the repair of advanced facial paralysis [J]. C Zhong Guo Xiu Fu Chong Jian Wai Ke Za Zhi[Chin J Repar Reconstr Surg (Article in Chinese;Abstract in Chinese)],1995 (02):84-87}

[23772] 王海宁，马迎春，王陈，竺涵光，张陈平．前臂桡侧游离皮瓣在颌面部应用的体会 [J]. 口腔医学，1995（04）：212. {WANG Haining,MA Yingchun,WANG Chen,ZHU Hanguang,ZHANG Chenping. Experience in the application of radial forearm free flap in maxillofacial region [J]. Kou Qiang Yi Xue [Stomatology,(Article in Chinese;Abstract in Chinese)],1995 (04):212}

[23773] 张志勇，黄伟，孙坚，徐侃．血管化与非血管化移植骨同期种植的比较研究 [J]. 中国口腔种植学杂志，1997（03）：123-125. {ZHANG Zhiyong,HUANG Wei,SUN Jian,XU Kan. A comparative study of vascularized and non vascularized bone grafts at the same time [J]. Chinese Journal of Oral Implantology,1997 (03):123-125}

[23774] 南欣荣，唐友盛，沈国芳，叶为民．吻合血管的双侧髂骨复合瓣重建下颌骨缺损 [J]. 中华显微外科杂志，1997（04）：57-58. {NAN Xinrong,TANG Yousheng,SHENG Guofang,YE Weimin. Reconstruction of mandibular defects with double iliac composite flaps anastomosing blood vessels [J]. Zhonghua Xian Wei Wai Ke Za Zhi [Chin J Microsurg(Article in Chinese;Abstract in Chinese and English)],1997 (04):57-58}

[23775] 张忠润，金一涛．游离肩胛筋膜瓣的临床应用 [J]. 上海第二医科大学学报，1998（02）：135-137. {ZHANG Zhongrun,JIN Yitao. Clinical application of free scapular fascial flap [J]. Shang Hai Di Er Yi Ke Da Xue Xue Bao [Acta Univ Med Second Shanghai (Article in Chinese;Abstract in Chinese)],1998 (02):135-137}

[23776] 郑家伟．口腔颌面部常用游离组织瓣的选择 [J]. 国外医学．口腔医学分册，1998（05）：280-283. {ZHENG Jiawei. Selection of free tissue flap commonly used in oral and maxillofacial region [J]. Int J Stom,1998 (05):280-283}

[23777] 张志愿，张陈平，竺涵光，孙坚，郭伟，郑家伟，顾章愉，解雪涛，胡永杰，张俭国．应用髂嵴游离复合瓣修复口腔下颌骨缺损 [J]. 口腔颌面外科杂志，1999（02）：5-9. {ZHANG Zhiyuan,ZHANG Chenping,ZHU Hanguang,SUN Jian,GUO Wei,ZHENG Jiawei,GU Zhangyu,XIE Xuetao,HU Yongjie,ZHANG Jianguo. The application of free iliac crest composite flap in the repair of oral and mandibular defects [J]. Kou Qiang He Mian Wai Ke Za Zhi [J Oral Maxil Surg (Article in Chinese;Abstract in Chinese and English)],1999 (02):5-9}

[23778] 张志愿，唐友盛，竺涵光，张陈平，孙坚．游离背阔肌肌皮瓣在口腔颌面外科的应用 [J]. 口腔颌面外科杂志，1999（04）：4-7. {ZHANG Zhiyuan,TANG Yousheng,ZHU Hanguang,ZHANG Chenping,SUN Jian. Application of free latissimus dorsi myocutaneous flap in oral and maxillofacial surgery [J]. Kou Qiang He Mian Wai Ke Za Zhi [J Oral Maxil Surg (Article in Chinese;Abstract in Chinese and English)],1999 (04):4-7. DOI:10.3969/j.issn.1005-4979.1999.04.001.}

[23779] 王炜，林晓曦，祁佐良，邱蔚六，董佳生，戴传昌，张杏梅，顾海峰．面部神经纤维瘤的整形和显微外科治疗 [J]. 上海医学，2000（07）：387-389. {WANG Wei,LIN Xiaoxi,QI Zuoliang,QIU Weiliu,DONG Jiasheng,DAI Chuanchang,ZHANG Xingmei,GU Haifeng. Plastic and microsurgical treatment of facial neurofibroma [J]. Shang Hai Yi Xue [Shanghai Med J (Article in Chinese;Abstract in Chinese and English)],2000 (07):387-389. DOI:10.3969/j.issn.0253-9934.2000.07.002.}

[23780] 孙坚，张志愿，邱蔚六，林国础，唐友盛，竺涵光．颅颌面联合切除术后大型缺损的游离组织瓣修复 [J]. 中国耳鼻咽喉颅底外科杂志，2001（01）：36-38. {SUN Jian,Zhang Zhiyuan,QIU Weiliu,LIN Guochu,TANG Yousheng,ZHU Hanguang. Free tissue flap repair of large defects after craniomaxillofacial resection [J]. Zhong Guo Er Bi Hou Lu Di Wai Ke Za Zhi [Chin J Otorhinolaryngol-skull Base Surg (Article in Chinese;Abstract in Chinese)],2001 (01):36-38. DOI:10.3969/j.issn.1007-1520.2001.01.012.}

[23781] 孙坚，李军，张志愿，叶为民，何悦．钛网与前臂游离皮瓣闭合式三维重建上颌骨缺损 [J]. 实用口腔医学杂志，2002（04）：291-293. {SUN Jian,LI Jun,ZHANG Zhiyuan,YE Weimin,HE Yue. Closed three-dimensional reconstruction of maxillary defects with titanium mesh and forearm free flap [J]. Shi Yong Kou Qiang Yi Xue Za Zhi [J Prect Stomatol (Article in Chinese;Abstract in Chinese)],2002 (04):291-293. DOI:10.3969/j.issn.1001-3733.2002.04.001.}

[23782] 张陈平，张志愿．颌骨内置式牵引种植体在腓骨游离皮瓣重建下颌骨中的应用（英文）[J]. Chinese Medical Journal，2002（12）：118-121+155. {ZHANG Chenping,Zhang Zhiyuan. Application of internal traction implant in reconstruction of mandible with fibula free flap [J]. Chinese medical journal,2002 (12):118-121 + 155. DOI:10.3760/j.issn:0366-6999.2002.12.025.}

[23783] 李政康，朱捷．陈旧性泪小管断裂的显微再通 [J]. 中国微循环，2003（02）：123-124. {LI Zhengkang,ZHU Jie. Micro recanalization of old lacrimal canaliculus fracture [J]. Zhong Guo Wei Xun Huan [J Chin Microcircul,(Article in Chinese;Abstract in Chinese and English)],2003 (02):123-124}

[23784] 孙沣，张涤生，曹卫刚，李圣利，王善良，谢峰．静脉－淋巴管－脂肪筋膜瓣移植治疗阻塞性淋巴水肿的实验研究 [J]. 中华显微外科杂志，2003（03）：41-43. {SUN Feng,ZHANG Disheng,CAO Weigang,LI Shengli,WANG Shanliang,XIE Feng. Experimental study on the treatment of obstructive lymphedema by vein lymphatics adipofascial flap transplantation [J]. Zhonghua Xian Wei Wai Ke Za Zhi[Chin J Microsurg(Article in Chinese;Abstract in Chinese and English)],2003 (03):41-43. DOI:10.3760/cma.j.issn.1001-2036.2003.03.015.}

[23785] 钱云良，章一新，张余光，王丹茹．显微移植耳廓复合组织瓣再造鼻翼 [J]. 中华耳鼻咽喉科杂志，2004（11）：39-41. {QIAN Yunliang,ZHANG Yixin,ZHANG Yuguang,WANG Danru. Microtransplantation of auricle composite tissue flap to reconstruct alar of nose [J]. Zhong Hua Er Bi Yan Hou Za Zhi [Chin J Otolaryngol ,Article in Chinese;Abstract in Chinese)],2004 (11):39-41. DOI:10.3760/j.issn:1673-0860.2004.11.009. DOI:10.3760/j.issn:1673-0860.2004.11.009.}

[23786] 叶为民，张志愿，竺涵光，孙坚，张陈平．口腔颌面部游离组织瓣危象的观察和处理：附44例报告 [J]. 上海口腔医学，2004（02）：91-94. {YE Weimin,ZHANG Zhiyuan,ZHU Hanguang,SUN Jian,ZHANG Chenping. Observation and management of the crisis of free tissue flap in oral and maxillofacial region:a report of 44 cases [J]. Shang Hai Kou Qiang Yi Xue [Shanghai J Stomatol(Article in Chinese;Abstract in Chinese and English)],2004 (02):91-94. DOI:CNKI:SUN:SHKY.0.2004-02-005.}

[23787] 钱云良，章一新，杨军，王丹茹，张余光．鼻部分缺损畸形的显微外科技术修复 [J]. 中华整形外科杂志，2005（06）：56-59. {QIAN Yunliang,ZHANG Yixin,YANG Jun,WANG Danru,ZHANG Yuguang. Microsurgical repair of nasal defects [J]. Zhong Hua Zheng Xing Wai Ke Za Zhi [Chin J Plast Surg (Article in Chinese;Abstract in Chinese and English)],2005 (06):56-59. DOI:10.3760/j.issn:1009-4598.2005.06.016.}

[23788] 王炜．上世纪 70 年代~80 年代原创的几种皮瓣——颞浅筋膜瓣、前臂骨间背皮瓣等 [J]. 组织工程与重建外科杂志，2005（06）：303-304. {WANG Wei. Several kinds of original flaps from 1970 s to 1980 s:superficial temporal fascial flap and forearm interosseous dorsal flap [J]. Journal of tissue engineering and reconstruction surgery,Zu Zhi Gong Cheng Yu Chong Jian Wai Ke Za Zhi [J Tissue Engine Reconstr Surg (Article in Chinese;Abstract in Chinese and English)],2005 (06):303-304. DOI:10.3969/j.issn.1673-0364.2005.06.002.}

[23789] 张陈平，张志愿，邱蔚六，林国础，竺涵光，唐友盛，孙坚，沈国芳，胡永杰，叶为民，李军，季彤，徐立群．口腔颌面部缺损的修复重建——1973 例临床分析 [J]. 中国修复重建外科杂志，2005（10）：773-776. {ZHANG Chenping,ZHANG Zhiyuan,QIU Weiliu,LIN Guochu,ZHU Hanguang,TANG Yousheng,SUN Jian,SHENG Guofang,HU Yongjie,YE Weimin,LI Jun,JI Tong,XU Liqun. Reconstruction of oral and maxillofacial defects:a clinical analysis of 1973 cases [J]. Zhong Guo Xiu Fu Chong Jian Wai Ke Za Zhi[Chin J Repar Reconstr Surg (Article in Chinese;Abstract in Chinese and English)],2005 (10):773-776}

[23790] 李军，孙坚，何悦，翁雁秋，蒋继党，毛驰．游离腓骨瓣轴向截骨术在下颌角重建中的应用 [J]. 上海口腔医学，2005（04）：355-358+369. {LI Jun,SUN Jian,HE Yue,WENG Yanqiu,JIANG Jidang,MAO Chi. Application of free fibular flap axial osteotomy in mandibular angle reconstruction [J]. Shang Hai Kou Qiang Yi Xue [Shanghai J Stomatol(Article in Chinese;Abstract in Chinese)],2005 (04):355-358 + 369.DOI:10.3969/j.issn.1006-7248.2005.04.009.}

[23791] 顾斌，姜浩，李青峰．游离复合皮瓣一期修复腕晚期电烧伤畸形 [J]. 中华整形外科杂志，2006（01）：31-33. {GU Bin,JIANG Hao,LI Qingfeng. One stage repair of late wrist electrical burn deformity with free composite flap [J]. Zhong Hua Zheng Xing Wai Ke Za ZhiChin J Plast Surg[(Article in Chinese;Abstract in Chinese and English)],2006 (01):31-33. DOI:10.3760/j.issn:1009-4598.2006.01.008.}

[23792] 陈传俊，董佳生，李志来，吴晓亮，葛婷．预构前臂皮瓣唇再造的适形设计和外科操作 [J]. 口腔医学，2008（03）：120-122. {CHEN Chuanjun,DONG Jiasheng,LI zhilai,WU Xiaoliang,GE Ting. Conformal design and surgical operation of lip reconstruction with prefabricated forearm flap [J]. Kou Qiang Yi Xue [Stomatology,(Article in Chinese;Abstract in Chinese and English)],2008 (03):120-122. DOI:CNKI:SUN:KQYX.0.2008-03-009.}

[23793] 赵运流，高志，牙祖蒙，王旭东．个体化前臂皮瓣Ⅰ期修复口腔颌面部软组织缺损 [J]. 肿瘤防治研究，2008（05）：347-349. {ZHAO Yunliu,GAO Zhi,YA Zumeng,WANG Xudong. Stage I repair of oral and maxillofacial soft tissue defects with individualized forearm flap [J]. Zhong Liu Fang Zhi Yan Jiu [Canc Res Prev Treat(Article in Chinese;Abstract in Chinese and English)],2008 (05):347-349. DOI:10.3971/j.issn.1000-8578.2836.}

[23794] 顾加祥，田恒，张乃臣，刘宏君，潘俊博，董佳生．游离皮瓣移植术中血液循环判断 [J]. 实用临床医药杂志，2012，16（03）：45-46. {GU Jiaxiang,TIAN Heng,ZHANG naichen,LIU Hongjun,PAN Junbo,DONG Jiasheng. Judgment of blood circulation in free flap transplantation [J]. Shi Yong Lin Chuang Yi Yao Za Zhi [J Clin Med Pract,(Article in Chinese;Abstract in Chinese and English)],2012,16 (03):45-46. DOI:CNKI:SUN:XYZL.0.2012-03-013.}

[23795] 田皞，李赞，喻建军，宋波，周晓，王珏，章一新．CTA 并三维重建技术在指导游离股前外侧皮瓣制备中的应用 [J]. 现代肿瘤医学，2016，24（03）：375-379. {TIAN Hao,LI Zan,YU Jianjun,SONG Bo,ZHOU Xiao,WANG Jue,ZHANG Yixin. Application of CTA and 3D reconstruction technology in guiding the preparation of free anterolateral femoral flap [J].Xian Dai Zhong Liu Yi Xue[J Mod Oncol,(Article in Chinese;Abstract in Chinese and English)],2016,24 (03):375-379. DOI:CNKI:SUN:SXZL.0.2016-03-011.}

[23796] QIU Weiliu,LIU Shixun,YUAN Wenhua,LIN Guochu,ZHOU Xiaojian,PAN Kefeng,WANG Guomin,TANG Yousheng,ZHOU Zhengyan,XU Xiuiqi. Evaluation of free flaps transferred by microvascular anastomosis in oral and maxillofacial surgery[J]. Journal of reconstructive microsurgery [J RECONSTR MICROSURG,(Article in English;Abstract in English)],1984,1(01):75-80. DOI:10.1055/s-2007-1007058.

[23797] WANG ZH,ZHANG Zhiyuan,WM Mendenhall. Postoperative radiotherapy after titanium plate mandibular reconstruction for oral cavity cancer[J]. American journal of clinical oncology [J CLIN ONCOL,(Article in English;Abstract in English)],2005,28(5):460-463. DOI:10.1097/01.coc.0000178836.68782.b5.

[23798] SUN Jian,SHEN Yi,WENG YQ ,LI Jiang,ZHANG Zhiyuan. Maxillary reconstruction after total maxillectomy with vascularised fibula osteomyocutaneous flap and titanium mesh[J]. International Journal of Oral and Maxillofacial Surgery [INT J ORAL MAX SURG,(Article in English;Abstract in English)],2009,38(5):502. DOI:10.1016/j.ijom.2009.03.378.

[23799] JI Tong,ZHANG Chenping,SUN Jian,ZHU Hanguang. Free flap transfer in elderly patients with oral cancer[J]. International Journal of Oral and Maxillofacial Surgery [INT J ORAL MAX SURG,(Article in English;Abstract in English)],2009,38(5):509-510. DOI:10.1016/j.ijom.2009.03.404.

[23800] Hui Shan Ong,Sandhya Gokavarapu,Laith Al-Qamachi,YIN Minyi,SU Lixin,JI Tong,ZHANG Chenping. Justification of routine venous thromboembolism prophylaxis in head and neck cancer reconstructive surgery[J]. Head &neck [J OTOLARYNGOL-HEAD N,(Article in English;Abstract in English)],2017,39(12):2450-2458. DOI:10.1002/hed.24914.

[23801] 张志愿，唐友盛，竺涵光，张陈平，孙坚，沈国芳．前臂桡侧游离皮瓣在口腔颌面外科的应用——附 725 例临床分析 [J]. 口腔颌面外科杂志，1998，8（1）：26-29. {ZHANG Zhiyuan,TANG Yousheng,ZHU Hanguang,ZHANG Chenping,SUN Jian,SHEN Guofang. Radial forearm free flap for oral and maxillofacial reconstruction-clinical analysis of 725 cases[J]. Journal of Oral and Maxillofacial Surgery1998,8(1):26-29.}

[23802] 张志愿，唐友盛，竺涵光，张陈平，孙坚，沈国芳．前臂尺侧游离皮瓣在口腔颌面外科的应用——附 30 例临床报道 [J]. 口腔颌面外科杂志，1998,（1）：30-32. {ZHANG Zhiyuan,TANG Yousheng,ZHU Hanguang,ZHANG Chenping,SUN Jian,SHEN Guofang. Use of ulnar artery forearm free flap in oral and maxillofacial surgery-report of 30 cases[J]. Journal of Oral and Maxillofacial Surgery,1998,8(1):30-32.}

[23803] 张志愿，唐友盛，竺涵光，张陈平，孙坚，沈国芳．肩胛区游离瓣在口腔颌面外科的应用——附 21 例临床报道 [J]. 口腔颌面外科杂志，1998，8（1）：33-37. {ZHANG Zhiyuan,TANG Yousheng,ZHU Hanguang,ZHANG Chenping,SUN Jian,SHEN Guofang. Use of scapular free flaps in oral and maxillofacial surgery-report of 21 cases[J]. Journal of Oral and Maxillofacial Surgery,1998,8(1):33-37.}

[23804] 张志愿，张陈平，竺涵光，孙坚，郭伟，郑家伟，顾章愉，解雪涛，胡永杰，张俭国．应用髂嵴游离复合瓣修复口腔下颌骨缺损 [J]. 口腔颌面外科杂志，1999，9（2）：95-99. {ZHANG Zhiyuan,ZHANG Chenping,ZHU Hanguang,SUN Jian,GUO Wei,ZHENG Jiawei,GU Zhangyu,JIE Xuetao,HU Yongjie,ZHANG Jianguo. Reconstruction of oromandibular defect with revascularized iliac crest flap[J]. Journal of Oral and Maxillofacial Surgery,1999,9(2):95-99.}

[23805] 张志愿，唐友盛，竺涵光，张陈平，孙坚．游离背阔肌肌皮瓣在口腔颌面外科的应用 [J]. 口腔颌面外科杂志，1999，9（4）：283-286. {ZHANG Zhiyuan,TANG Yousheng,ZHU Hanguang,ZHANG Chenping,SUN Jian.The use of latissimus dorsi myocutaneous flap in oral and maxillofacial reconstruction[J]. Journal of Oral and Maxillofacial Surgery,1999,9(4):283-286.}

[23806] 孙坚，张志愿，邱蔚六，林国础，唐友盛，竺涵光．颅颌面联合切除术后大型缺损的游离组织瓣修复 [J]. 中国耳鼻咽喉颅底外科杂志，2001，7（1）：36-38. {SUN Jian,ZHANG Zhiyuan,QIU Weiliu,LIN Guochu,TANG Yousheng,ZHU Hanguang. Free flap reconstruction of giant defects after cranial-facial combined resection[J]. Chinese Journal of Otorhinolaryngology-skull Base Surgery,2001,7(1):36-38.}

[23807] 孙坚，张志愿，李军，叶为民．背阔肌、前锯肌单蒂双岛肌皮瓣修复上颌骨大型缺损 [J]. 口腔医学纵横，2001，17（2）：130-131. {SUN Jian,ZHANG Zhiyuan,LI Jun,YE Weimin. Compound maxilla defects reconstruction by one pedicel double islands myocutanous flaps of musculus latissimus dorsi and musculus serratus anterior[J]. Journal of Oral Science Research,2001,17(2):130-131.}

[23808] 孙坚，李军，张志愿，叶为民，何悦．钛网与前臂游离皮瓣闭合式三维重建上颌骨缺损 [J].

实用口腔医学杂志，2002，18（4）：291-293. {SUN Jian,LI Jun,ZHANG Zhiyuan,YE Weimin,HE Yue. Closed and three-dimensional reconstruction of maxillary defects with titanium mesh and free forearm flap[J]. Journal of Practical Stomatology,2002,18(4):291-293.}

[23809] 孙坚，李军，张志愿，邱蔚六．上颌骨大型缺损的个体化三维闭合式功能性重建 [J]. 中国口腔颌面外科杂志，2003，1（1）：3-7. {SUN Jian,LI Jun,ZHANG Zhiyuan,QIU Weiliu. Closed three-dimensional reconstruction of large maxillary defects with titanium mesh and myocutanous fibular flap and Chinese flap[J]. China Journal of Oral and Maxillofacial Surgery,2003,1(1):3-7.}

[23810] 竺涵光，张陈平，孙坚，张志愿，何悦，叶为民．腓骨肌皮瓣重建下颌骨的方法和经验 [J]. 口腔颌面外科杂志，2003,13(2):158-161. {ZHU Hanguang,ZHANG Chenping,SUN Jian,ZHANG Zhiyuan,HE Yue,YE Weimin.The method and experience of reconstructing the mandible with fibular myocutaneous flap[J].Journal of Oral and Maxillofacial Surgery,2003,13(2):158-161.}

[23811] 叶为民，张志愿，竺涵光，孙坚，张陈平．口腔颌面部游离组织瓣危象的观察和处理：附 44 例报告 [J]. 上海口腔医学，2004，13,（2）：91-94. {YE Weimin,ZHANG Zhiyuan,ZHU Hanguang,SUN Jian,ZHANG Chenping. Clinical observation and treatment of failing flaps in oral and maxillofacial surgery:a report of 44 cases[J]. Shanghai Journal of Stomatology,2004,13,(2):91-94.}

[23812] 李军，孙坚，何悦，翁雁秋，蒋继党，毛驰．游离腓骨瓣轴向截骨术在下颌角重建中的应用 [J]. 上海口腔医学，2005，14（4）：355-358. {LI Jun,SUN Jian,HE Yue,WONG Yanqiu,JIANG Jidang,MAO Chi. Axial split osteotomy of free fibular flap for mandibular angle reconstruction:a clinical study[J]. Shanghai Journal of Stomatology,2005,14(4):355-358.}

[23813] 张陈平，张志愿，邱蔚六，林国础，竺涵光，唐友盛，孙坚，沈国芳，胡永杰，叶为民，李军，季彤，徐立群．口腔颌面部缺损的修复重建——1973 例临床分析 [J]. 中国修复重建外科杂志，2005，19（10）：773-776. {ZHANG Chenping,ZHANG Zhiyuan,QIU Weiliu,LIN Gguoji,ZHU Hanguang,TANG Yousheng,SUN Jian,SHEN Guofang,HU Yongjie,YE Weimin,LI Jun,JI Tong,XU Liqun.Repair and reconstruction of oral and maxillofacial defect—clinical analysis of 1 973 cases[J]. Chinese Journal of Reparative and Reconstructive Surgery,2005,19(10):773-776.}

[23814] 孙坚，李军，蒋继党，邱蔚六．颈 7 神经根后股与副神经移位吻合重建斜方肌功能 [J]. 中国修复重建外科杂志，2005，19（11）：890-893. {SUN Jian,LI Jun,JIANG Jidang,QIU Weiliu. Transpositional anastomosis of c7 posterior root and spinal accessory nerve to reconstruct the trapezius muscle function[J].Chinese Journal of Reparative and Reconstructive Surgery,2005,19(11):890-893. }

[23815] 孙坚，沈毅，李军，翁雁秋，黄伟．腓骨肌（皮）瓣平行折叠结合人工关节重建下颌骨缺损 [J]. 中国口腔颌面外科杂志，2007，5（4）：248-253. {SUN Jian,SHEN Yi,LI Jun,WONG Yanqiu,HUANG Wei. Reconstruction of mandibular defect with double barrel fibular osteocutaneous graft and condylar prosthesis[J]. China Journal of Oral and Maxillofacial Surgery,2007,5(4):248-253.}

[23816] 胡永杰，曲行舟，郑家伟，张志愿，唐友盛，张陈平，竺涵光，孙坚，沈国芳，叶为民，李军，邱蔚六．游离组织瓣在口腔颌面 - 头颈肿瘤缺损修复中的应用：2549 例临床分析 [J]. 中国口腔颌面外科杂志，2007，5（5）：335-339. {HUANG Yongjie,QU Xingzhou,ZHENG Jiawei,ZHANG Zhiyuan,TANG Yousheng,ZHANG Chenping,ZHU Hanguang,SUN Jian,SHEN Guofang,YE Weimin,LI Jun,QIU Weiliu. Free flap for reconstruction of oral maxillofacial and head neck defects:Clinical analysis of 2549 cases[J]. China Journal of Oral and Maxillofacial Surgery,2007,5(5):335-339.}

[23817] 徐立群，张陈平，张志愿，孙坚，竺涵光，唐友盛，沈国芳，季彤，杨雯君，何悦，胡永杰，叶为民，李军．血管化游离组织瓣在口腔颌面—头颈部缺损修复中的应用（4640 例临床分析）. 实用肿瘤杂志，2015，30（1）：18-21. {XU Liqun,ZHANG Chenping,ZHANG Zhiyuan,SUN Jian,ZHU Hanguang,TANG Yousheng,SHEN Guofang,JI Tong,YANG Wenjun,HE Yue,HU Yongjie,YE Weimin,LI Jun. Application of vascularized free flap in reconstruction of oral and maxillofacial-head and neck defect:a clinical analysis of 4 640 cases[J]. Journal of Practical Oncology,2015,30(1):18-21.}

[23818] 黄健，沈毅，陆林国，黄冠兰，周辉红，陈倩倩，李军，孙坚．应用高频彩超进行股前外侧穿支血管的术前定位与选择．中国口腔颌面外科杂志，2015，13（1）：42-47. {HUANG Jian,SHEN Yi,LU Linguo,HUANG Guanlan,ZHOU Huihong,CHEN Qianqian,LI Jun,SUN Jian. Application of high-frequency color ultrasound in preoperative identification and selection of perforator for anterolateral thigh flap grafts[J]. China Journal of Oral and Maxillofacial Surgery,2015,13(1):42-47.}

[23819] 王良，李军，沈毅，吕明明，孙坚．虚拟手术辅助的血管化腓骨肌（皮）瓣行下颌骨精确重建．中国耳鼻咽喉颅底外科杂志，2016，22（3）：220-224. {WANG Liang,LI Jun,SHEN Yi,LV Mingming,SUN Jian. Using virtual surgery for accurate mandibular reconstruction with vascularized fibula osteomyocutaneous flap[J],Chinese Journal of Otorhinolaryngology-skull Base Surgery,2016,22(3):220-224.}

[23820] Shen Y,Ma C,Wang L,Li J,Wu Y,Sun J. Surgical Management of Giant Cell Tumors in Temporomandibular Joint Region Involving Lateral Skull Base:a Multidisciplinary Approach[J]. J Oral Maxillofac Surg,2016 Nov;74(11):2295-2311. doi:10.1016/j.joms.2016.04.009.

[23821] Lv M,Li J,Shen Y,Wang L,Sun J. The "Drawer-Like" Resection and Reconstruction With Titanium Mesh:a Novel Surgical Technique for Treatment of Giant Ossifying Fibroma in the Maxilla[J]. J Oral Maxillofac Surg,2017 Aug;75(8):1752-1761. doi:10.1016/j.joms.2016.12.031.

[23822] Ma C,Li J,Shen Y,Wu Y,Shi R,Sun J. Is There a Role for Craniofacial Surgery in the Treatment of Extensive or Recurrent Head and Neck Tumors Involving the Cranial Base[J]. J Oral Maxillofac Surg,2017 Sep;75(9):2006-2019. doi:10.1016/j.joms.2017.01.043.

[23823] 沈毅，孙坚．旋股外侧动脉系统穿支皮瓣在口腔颌面部缺损重建中的应用及选择．中国实用口腔科杂志，2017，10（11）：641-647. {SHEN Yi,SUN Jian. Application and option of lateral femoral circumflex artery system perforator flaps in reconstruction of oral and maxillofacial defect. Chinese Journal of Practical Stomatology,2017,10(11):641-647}

[23824] 孙坚，沈毅，吕明明，李锋，王慧珊，白石柱，王良，杨鑫，李军．经口内入路切除下颌骨良性肿瘤及同期血管化腓骨肌瓣精确重建．下颌骨中国口腔颌面外科杂志，2018，16（3）：193-198. {SUN Jian,SHEN Yi,LV Mingming,LI Feng,WANG Huishan,BAI Shizhu,WANG Liang,YANG Xin,LI Jun. Resection of mandibular benign tumors by transoral approach and use of intraoral microvascular anastomosis for segmental mandibular reconstruction with vascularized fibula osseous flap:a pilot study in 4 consecutive patients[J]. China Journal of Oral and Maxillofacial Surgery,2018,16(3):193-198.}

[23825] 陈必胜，孙弘，王文崔，姜晓钟．用前臂游离皮瓣移植进行舌缺损的再造与修复（附 7 例报告）[J]. 第二军医大学学报，1982，3（4）：281-283. {CHEN Bisheng,SUN Hong,WANG Wencui,JIANG Xiaozhong.Reconstruction and repair of tongue defects using forearm free flap transplantation(report of seven cases) [J].Di Er Jun Yi Da Xue Xue Bao [J Second Milit Med Univ(Article in Chinese;Abstract in Chinese)],1982,3(4):281-283.}

[23826] 孙弘，陈必胜，王文崔，姜晓钟．游离组织瓣移植在口腔颌面部的应用（附 35 例分析）[J]. 解放军医学杂志，1984，9（4）：284-286. {SUN Hong,CHEN Bisheng,WANG Wencui,JIANG Xiaozhong.The application of free tissue flap transplantation in oral and maxillofacial regions(analysis of 35 cases) [J].Jie Fang Jun Yi Xue Za Zhi [PLA Med J(Article in Chinese;Abstract in Chinese)],1984,9(4):284-286.}

[23827] 孙弘，陈必胜，姜晓钟．肿瘤术后面颊洞穿缺损瓦合皮瓣整复术 [J]. 口腔医学，1984，4（3）：149-150. {SUN Hong,CHEN Bisheng,JIANG Xiaozhong.Postoperative reconstruction of cheek perforation defect with tiled skin flap after tumor surgery[J].Kou Qiang Yi Xue [Stomatology(Article in Chinese;Abstract in Chinese)],1984,4(3):149-150.}

[23828] 陈必胜，孙弘，王文崔，姜晓钟，马顺清，李玉莉，区士欢，沈鉴清．狗下颌骨缺损带与不带血管的骨块游离移植 [J]. 第二军医大学学报，1986，7（5）：342-344. {CHEN Bisheng,SUN Hong,WANG Wencui,JIANG Xiaozhong,MA Shunqing,LI Yuli,QU Shihuan,SHEN Jianqing.Free transplantation of dog mandibular defects with and without blood vessels[J].Di Er Jun Yi Da Xue Xue Bao [J Second Milit Med Univ(Article in Chinese;Abstract in Chinese)],1986,7(5):342-344.}

[23829] 孙弘．用显微外科修复面颌部组织缺损的适应证问题 [J]. 第二军医大学学报，1988，9（4）：372. {SUN Hong.Indications for microsurgical repair of facial and maxillofacial tissue defects[J].Di Er Jun Yi Da Xue Xue Bao [J Second Milit Med Univ(Article in Chinese;Abstract in Chinese)],1988,9(4):372.}

[23830] 孙弘，孙璐．前臂双皮岛皮瓣整复面颊洞穿缺损 [J]. 中华显微外科杂志，1990，2（4）：72-74 {SUN Hong,SUN Lu.Repair of cheek perforation defect with forearm double skin island flap[J].Zhonghua Xian Wei Wai Ke Za Zhi [Chin J Microsurg(Article in Chinese;Abstract in Chinese)],1990,2(4):72-74}

[23831] 孙弘．吻合血管法增加颈阔肌肌皮瓣的长度 [J]. 中华显微外科杂志，1990，2（4）：227-228 {SUN Hong.The method of anastomosing blood vessels increases the length of the platysma myocutaneous flap[J].Zhonghua Xian Wei Wai Ke Za Zhi [Chin J Microsurg(Article in Chinese;Abstract in Chinese)],1990,2(4):227-228}

[23832] 李伟忠，孙弘，陈必胜，姜晓钟，区士欢．吻合血管的复合髂骨瓣移植早期修复火器性犬下颌骨缺损的实验研究 [J]. 临床口腔医学杂志，1993，9（1）：5-8 {LI Weizhong,SUN Hong,CHEN Bisheng,JIANG Xiaozhong,QU Shihuan.Early repair of gunshot defects of the mandible using a compound iliac bone graft by microvascular anastomosis:an experiment study in dogs[J]. Lin Chuang Kou Qiang Yi Xue Za Zhi[Clin Stomatol(Article in Chinese;Abstract in Chinese and English)],1993,9(1):5-8}

[23833] 孙弘，姜晓钟，王勇，赵云富，袁相斌，皮瓣肌皮瓣在颌面部组织缺损中的应用 [J]. 口腔颌面外科杂志，1994，4（1）：9-11 {SUN Hong,JIANG Xiaozhong,WANG Yong,ZHAO Yunfu,YUAN Xiangbin,The application of skin flap and myocutaneous flap in maxillofacial tissue defects[J].Kou Qiang He Mian Wai Ke Za Zhi [J Oral Maxillofac Surg(Article in Chinese;Abstract in Chinese)],1994,4(1):9-11}

[23834] 赵云富，姜晓钟，刘渊，苗林，孙弘，陈必胜．前臂桡侧游离皮瓣修复口腔颌面软组织缺损的体会—附 92 例报告．口腔医学纵横，2000，10（3）：200-202. {ZHAO Yunfu,JIANG Xiaozhong,LIU Yuan,MIAO Lin,SUN Hong,CHEN Bisheng. Experience of repairing oral and maxillofacial defects by radial forearm free flap-92 cases report[J]. Journal of Comprehensive Stomatology,2000,10(3):200-202.}

[23835] 姜晓钟，赵云富，陈必胜，孙弘，刘渊，吴洋，前臂游离皮瓣行颌面部组织缺损修复术 110 例．实用口腔医学杂志，2004,（1）：73-75. {JIANG Xiaozhong,ZHAO Yunfu,CHEN Bisheng,SUN Hong,LIU Yuan,WU Yang. Repairing of oral and maxillofacial defects with radial forearm free flap (report of 110 cases)[J]. J Pract Stomatol,2004,(1):73-75.}

[23836] Zeng L,Jiang C,Li N,Liu W,Wang F,Guo F. Vascularized Fascia Lata for Prevention of Postoperative Parotid Fistula Arising From Partial Parotidectomy During Neck Dissection[J]. J Oral Maxillofac Surg,2017, 75(5):1071-1080. doi:10.1016/j.joms.2016.10.023.

[23837] Jiang Canhua,Guo Feng,Li Ning,Liu Wen,Su Tong,Chen Xinqun,Zheng Lian,Jian Xinchun. Multipaddled anterolateral thigh chimeric flap for reconstruction of complex defects in head and neck[J]. PLoS One,2014,9(9):e106326.

[23838] 王菲，李宁，蒋灿华，郭峰，陈新群，苏彤．筋膜上股前外侧皮瓣微创制备法在口腔颌面部软组织缺损修复重建中应用研究 [J]. 中国实用口腔科杂志，2017，10（12）：720-723. {WANG Fei,LI Ning,GUO Feng,CHEN Xinqun,SU Tong. Application of minimally invasive preparation of fascial superior anterolateral femoral flap in repair and reconstruction of oral and maxillofacial soft tissue defects[J]. Zhongguo Shiyong Kouqiangke Zazhi.(Article in Chinese;Abstract in Chinese and English),2017,10(12):720-723.}

[23839] 李再晔，蒋灿华，陈洁，毛小荷，李宁，郭峰，黄龙，翦新春．带蒂穿支皮瓣修复口腔颌面部软组织缺损临床研究 [J]. 中国实用口腔科杂志，2017，10（11）：657-661. {LI Zaiye,JIANG Canhua,CHEN Jie,MAO Xiaohe,LI Ning,GUO Feng,HUANG Long,JIAN Xinchun. Clinical study of pedicled perforator flap in repairing oral and maxillofacial soft tissue defects[J]. Zhongguo Shiyong Kouqiangke Zazhi.(Article in Chinese;Abstract in Chinese and English),2017,10(11):657-661.}

[23840] 黄龙，翦新春，陈新群，苏彤，蒋灿华．肌蒂型颈阔肌肌皮瓣在颊黏膜缺损修复中的应用 [J]. 华西口腔医学杂志，2017，35（02）：162-166. {HUANG Long,JIAN Xinchun,CHEN Xinqun,SU Tong,JIANG Canhua. Of pedicle-type platysma myocutaneous flap in the repair of buccal mucosa defect[J]. West China Journal of Stomatology. (Article in Chinese;Abstract in Chinese and English),2017,35(02):162-166.}

[23841] 黄龙，郭峰，陈新群，蒋灿华，翦新春．围裙式颈阔肌肌皮瓣在口腔颌面部缺损修复中的应用 [J]. 实用口腔医学杂志，2017，33（01）：45-48. {HUANG Long,GUO Feng,CHEN Xinqun,JIANG Canhua,JIAN Xinchun. Application of apron-type latissimus musculocutaneous flap in repair of oral and maxillofacial defects[J]. Journal of Practical Stomatology. (Article in Chinese;Abstract in Chinese and English),2017,33(01):45-48.}

[23842] 高政阳，蒋灿华，陈洁，吴立萌，任辉，龙富强，贺春瑞，翦新春．桡侧蒂旋转推进筋膜皮瓣修复前臂皮瓣供区缺损 [J]. 华西口腔医学杂志，2016，34（05）：478-482. {GAO Zhengyang,JIANG Canhua,CHEN Jie,WU Limeng,REN Hui,LONG Fuqiang,HE Chunrui,JIAN Xinchun. Radial pedicle rotation advancing fascial flap for repair of forearm flap donor site defect[J]. Journal of Practical Stomatology.(Article in Chinese;Abstract in Chinese and English),2016,34(05):478-482.}

[23843] 陈洁，蒋灿华，李宁，高政阳，陈立纯，吴晓珊，陈新群，翦新春．劈裂式双岛胸大肌皮瓣修复复发性口腔癌切除术后口内及颈部缺损 [J]. 中国修复重建外科杂志，2015，29（07）：793-798. {CHEN Jie,JIANG Canhua,LI Ning,GAO Zhengyang,CHEN Lichun,WU Xiaoshan,CHEN Xinqun,JIAN Xinchun. Split double island pectoralis major myocutaneous flap for repair of intraoral and neck defects after recurrent oral cancer resection[J]. Chiinese Journal of Reparative And Reconstructive Surgery.(Article in Chinese;Abstract in Chinese and English),2015,29(07):793-798.}

[23844] 陈洁，蒋灿华，闵安杰，任辉，高政阳，翦新春．旋髂深动脉穿支嵌合髂骨皮瓣修复下颌骨复合性缺损 [J]. 华西口腔医学杂志，2015，33（03）：276-280. {CHEN Jie,JIAN Xinchun,MIN Anjie,REN Hui,GAO Zhengyang,JIAN Xinchun. Repair of mandibular composite defect with chimeric iliac skin flap withdeep circumflex arterial perforating branch[J]. Journal of Practical Stomatology.(Article in Chinese;Abstract in Chinese and English),2015,33(03):276-280.}

[23845] 郭峰，闵安杰，蒋灿华，翦新春，陈新群，苏彤，唐瞻贵．应用游离股前外侧皮瓣修复口腔颌面部恶性肿瘤术后缺损 [J]. 上海口腔医学，2011，20（01）：62-65. {GUO Feng,MIN Anjie,JIANG Canhua,JIAN Xinchun,CHEN Xinqun,SU Tong,TANG Zhangui. Repair of postoperative defect of oral and maxillofacial malignant tumor with free anterolateral femoral skin flap[J]. Shanghai Kou Qiang Yi Xue.(Article in Chinese;Abstract in Chinese and English),2011,20(01):62-65.}

[23846] 刘志敏，翦新春，粟红兵，唐瞻贵，陈新群，蒋灿华．带蒂皮瓣修复口底缺损失败原因

分析[J]. 中国医师杂志，2003（10）：1354-1355. {LIU Zhimin,JIAN Xinchun,SU Hongbing,TANG Zhangui,CHEN Xinqun,JIANG Canhua. Failure analysis of pedicled skin flap in repairing floor defect[J].Zhongguo Yishi Zazhi.(Article in Chinese;Abstract in Chinese and English),2003(10):1354-1355.}

[23847] 翦新春，黄晓元，王承兴，粟红兵，黄立勋，陈新群，苏彤，尹乒，唐瞻贵. 游离下腹直肌肌皮瓣全舌再造术[J]. 临床口腔医学杂志，2001（02）：99-101. {JIAN Xinchun,HUANG Xiaoyuan,WANG Chengxing,SU Hongbing,HUANG Lixun,CHEN Xinqun,SU Tong,YIN Ping,TANG Zhangui. Total tongue reconstruction with free rectus abdominis myocutaneous flap[J].Journal of Clinical Stomatology. (Article in Chinese;Abstract in Chinese and English),2001(02):99-101.}

[23848] Gong Zhaojian,Ren Zhenhu,Wang Kai,Tan Hongyu,Zhang Sheng,Wu Hanjiang. Reconstruction design before tumour resection:a new concept of through-and-through cheek defect reconstruction[J]. Oral Oncol,2017,74:123-129. DOI: 10.1016/j.oraloncology.2017.09.023

[23849] Ren Zhenhu,Wu Hanjiang,Zhang Sheng,Wang Kai,Gong Zhaojian,He Zhijing,Peng Jie. A new surgical strategy for treatment of tongue squamous cell carcinoma based on anatomic study with preliminary clinical evaluation[J]. J Craniomaxillofac Surg,2015,43(8):1577-1582. DOI:10.1016/j.jcms.2015.07.034

[23850] Gong Zhaojian,Wu Hanjiang. Measurement for Subcutaneous Fat and Clinical Applied Anatomic Studies on Perforators in the Anterior Thigh Region[J]. J Oral Maxillofac Surg,2013,71(5):951-959. DOI: 10.1016/j.joms.2012.12.003

[23851] 任振虎，吴汉江，谭宏宇，王铠，龚朝建，张胜. 35例股前外侧游离皮瓣血管危象临床分析[J]. 上海口腔医学. 2016，25（1）：112-116. {Ren Zhenhu,Wu Hanjiang,Tan Hongyu,Wang Kai,Gong Zhaojian,Zhang Sheng. Clinical analysis of 35 flap crisis in anterolateral thigh free flaps[J]. Shanghai Kou Qiang Yi Xue [Shanghai Journal of Stomatology (Article in Chinese;Abstract in Chinese and English)],2016,25(1):112-116.}

[23852] 李波，任振虎，王铠，陈梅，吴汉江. 股前外侧肌皮瓣909块在口腔颌面缺损修复中的应用[J]. 中华口腔医学杂志. 2015，50(3)：169-172. DOI: 10.3760/cma.j.issn.1002-0098.2015.03.011. {Li Bo,Ren Zhenhu,Wang Kai,Chen Mei,Wu Hanjiang. Application of 909 anterolateral thigh myocutaneous flaps in the reconstruction of oral and maxillofacial defects[J]. Zhonghua Kou Qiang Yi Xue Za Zhi [Chin J Stomatol (Article in Chinese;Abstract in Chinese and English)],2015,50(3):169-172. DOI:10.3760/cma.j.issn.1002-0098.2015.03.011}

[23853] 任振虎，吴汉江，谭宏宇，王铠，龚朝建，张胜. 游离股前外侧皮瓣用于口腔癌老年患者的探讨[J]. 中华口腔医学杂志，2015，50（10）：607-610. DOI: 10.3760/cma.j.issn.1002-0098.2015.10.008. {Ren Zhenhu,Wu Hanjiang,Tan Hongyu,Wang Kai,Gong Zhaojian,Zhang Sheng. Whether free anterolateral thigh flaps are suitable for the elderly patients with oral cancer[J]. Zhonghua Kou Qiang Yi Xue Za Zhi [Chin J Stomatol (Article in Chinese;Abstract in Chinese and English)],2015,50(10):607-610. DOI:10.3760/cma.j.issn.1002-0098.2015.10.008}

[23854] 任振虎，吴汉江，谭宏宇，王铠，龚朝建，张胜，刘金兵，朱兆夫. 1212块股前外侧肌皮瓣在口腔颌面缺损修复中的应用[J]. 华西口腔医学杂志. 2015，33（3）：281-285. DOI: 10.7518/hxkq.2015.03.014. {Ren Zhenhu,Wu Hanjiang,Tan Hongyu,Wang Kai,Gong Zhaojian,Zhang Sheng,Liu Jinbing,Zhu Zhaofu. Application of 1212 anterolateral thigh myocutaneous flaps in the repair of oral and maxillofacial defects[J]. Hua Xi Kou Qiang Yi Xue Za Zhi [West China Journal of Stomatology (Article in Chinese;Abstract in Chinese and English)],2015,(3):281-285. DOI:10.7518/hxkq.2015.03.014}

[23855] 任振虎，吴汉江，张胜，谭宏宇，王铠，龚朝建. 股前外侧一蒂双岛皮瓣的临床分型探讨[J]. 中华口腔医学杂志. 2014，49(8)：491-494. DOI: 10.3760/cma.j.issn.1002-0098.2014.08.010. {Ren Zhenhu,Wu Hanjiang,Zhang Sheng,Tan Hongyu,Wang Kai,Gong Zhaojian. The clinical classification of sigle pedicled double island free anterolateral thigh flaps[J]. Zhonghua Kou Qiang Yi Xue Za Zhi [Chin J Stomatol(Article in Chinese;Abstract in Chinese and English)],2014,49(8):491-494. DOI:10.3760/cma.j.issn.1002-0098.2014.08.010}

[23856] 任振虎，范腾飞，吴汉江，龚朝建，谭宏宇，王铠，刘金兵. 血管纵向缩缝联合显微外科血管缝合技术重建颈内静脉[J]. 华西口腔医学杂志. 2014，32（5）：1-4. DOI: 10.7518/hxkq.2014.05.0. {Ren Zhenhu,Fan Tengfei,Wu Hanjiang,Gong Zhaojian Tan Hongyu,Wang Kai,Liu Jinbing. Jugular vein reconstruction by longitudinal constriction suture venoplasty and microvascular suture[J]. Hua Xi Kou Qiang Yi Xue Za Zhi [West China Journal of Stomatology(Article in Chinese;Abstract in Chinese and English)],2014,32(5):1-4. DOI:10.7518/hxkq.2014.05.0}

[23857] 龚朝建，王铠，张胜，谭宏宇，朱兆夫，刘金兵，任振虎，吴汉江. 旋股外侧血管嵌合皮瓣的解剖学基础及在口腔颌面部缺损重建中的应用[J]. 中华显微外科杂志. 2014，37（5）：436-439. DOI: 10.3760/cma.j.issn.1001-2036.2014.05.005. {Gong Zhaojian,Wang Kai,Zhang Sheng,Tan Hongyu,Zhu Zhaofu,Liu Jinbing,Ren Zhenhu,Wu Hanjiang. Anatomy on chimeric flaps of lateral circumflex femoral vessel and application for the reconstruction of complex oral and maxillofacial defects[J]. Zhonghua Xian Wei Wai Ke Za Zhi [Chin J Microsurg (Article in Chinese;Abstract in Chinese and English)],2014,37(5):436-439. DOI:10.3760/cma.j.issn.1001-2036.2014.05.005}

[23858] 任振虎，吴汉江，朱兆夫，张胜，谭宏宇，王铠. 应用血管吻合新方法109例回顾性研究[J]. 中华口腔医学杂志. 2013，48(12)：708-710. DOI: 10.3760/cma.j.issn.1002-0098.2013.12.002. {Ren Zhenhu,Wu Hanjiang. Zhu Zhaofu,Zhang Sheng,Tan Hongyu,Wang Kai. The application of a new method of microvascular anastomosis:a review of 109 microvascular anastomosis surgery[J]. Zhonghua Kou Qiang Yi Xue Za Zhi [Chin J Stomatol (Article in Chinese;Abstract in Chinese and English)],2013,48(12):708-710. DOI:10.3760/cma.j.issn.1002-0098.2013.12.002}

[23859] 王铠，谭宏宇，吴汉江，朱兆夫，刘金兵，龚朝建. 游离股前外侧单叶（肌）皮瓣制备的外科技术[J]. 中华口腔医学杂志. 2010，45（8）：490-493. DOI: 10.3760/cma.j.issn.1002-0098.2010.08.012. {Wang Kai,Tan Hongyu,Wu Hanjiang. Zhu Zhaofu,Liu Jinbing,Gong Zhaojian. Preparative technique of anterolateral thigh flap[J]. Zhonghua Kou Qiang Yi Xue Za Zhi [Chin J Stomatol (Article in Chinese;Abstract in Chinese and English)],2010,45(8):490-493. DOI:10.3760/cma.j.issn.1002-0098.2010.08.012}

[23860] 刘金兵，吴汉江，朱兆夫，吴湘卿，谭宏宇，王铠. 游离股前外侧肌皮瓣修复舌癌连续整块切除术后缺损[J]. 中国修复重建外科杂志. 2010，24（1）：82-86. {Liu Jinbing,Wu Hanjiang. Zhu Zhaofu,Wu Xiangqing,Tan Hongyu,Wang Kai. Free anterolateral thigh myocutaneous Flap For reconstruction of soft tissue defects following en block resection of tongue cancer[J]. Zhonghua Xiu Fu Chong Jian Wai Ke Za Zhi [Chinese Journal of Reparative and Reconstructive Surgery (Article in Chinese;Abstract in Chinese and English)],2010,24(1):82-86.}

[23861] 王铠，谭宏宇，吴汉江，朱兆夫，刘金兵，龚朝建. 以旋股外侧动脉降支为蒂的穿支嵌合皮瓣修复口腔颌面部缺损[J]. 中华整形外科杂志. 2009，25（6）：422-424. DOI: 10.3760/cma.j.issn.1009-4598.2009.06.007. {Wang Kai,Tan Hongyu,Wu Hanjiang,Zhu Zhaofu,Liu Jinbing,Gong Zhaojian. The chimeric perforator flap pedicled with descending branch of lateral circumflex femoral artery for reconstruction of oromaxillary soft tissue defect[J]. Zhonghua Zheng Xing Wai Ke Za Zhi [Chin J Plast Surg (Article in Chinese;Abstract in Chinese and English)],2009,25(6):422-424. DOI:10.3760/cma.j.issn.1009-4598.2009.06.007}

[23862] 王铠，谭宏宇，吴汉江，朱兆夫，刘金兵，龚朝建. 股前外侧皮瓣在口腔颌面部缺损修复中的应用[J]. 中华耳鼻咽喉头颈外科杂志. 2009，44（9）：753-757. DOI: 10.3760/cma.j.issn.1673-0860.2009.09.012. {Wang Kai,Tan Hongyu,Wu Hanjiang,Zhu Zhaofu,Liu Jinbing,Gong Zhaojian. Clinical application of free anterolateral thigh flap in the reconstruction of oromaxillo-facial defects[J]. Zhonghua Er Bi Yan Hou Tou Jing Wai Ke Za Zhi [Chin J Otorhinolaryngol Head Neck Surg (Article in Chinese;Abstract in Chinese and English)],2009,44(9):753-757. DOI:10.3760/cma.j.issn.1673-0860.2009.09.012}

[23863] 端莉梅. 前臂皮瓣－舌颌颈联合根治术的手术护理[J]. 中国实用医药，2007，2（36）：208.DOI: 10.3969/j.issn.1673-7555.2007.36.157. {DUAN Limei. Nursing care of patients undergoing combined radical resection of forearm flap and tongue,jaw and neck [J]. Zhongguo Shi Yong Yi Yao [China Practical Medicine(Article in Chinese;Abstract in Chinese and English)],2007,2(36):208.DOI:10.3969/j.issn.1673-7555.2007.36.157.}

[23864] 王增香，方秀华，刘巧红. 前臂游离皮瓣修复口腔颌面缺损的围手术期护理[J]. 医学理论与实践（12）：1470-1471. DOI: 10. 3969/j. issn. 1001-7585. 2007. 12. 090 {WANG Zengxiang,FANG Xiuhua,LIU Qiaohong. Perioperative nursing care of patients with oral and maxillofacial defects repaired with forearm free skin flap [J].Yi Xue Li Lun Yu Shi Jian [THE JOURNAL OF MEDICAL THEORY AND PRACTICE(Article in Chinese;Abstract in Chinese and English)],(12):1470-1471.DOI:10.3969/j.issn.1001-7585.2007.12.090}

[23865] 马晓明，汪明. 1例腓骨肌皮瓣术后造成骨筋膜室综合征的护理[J]. 护理实践与研究，2008，005(021)：124-125. DOI: 10. 3969/j. issn. 1672-9676. 2008. 21. 065 {MA Xiaoming,WANG Ming. Nursing care of a case of osteofascial compartment syndrome caused by fibula myocutaneous flap[J].Hu Li Shi Jian Yu Yan Jiu[Unrsing Prac Res(Article in Chinese;Abstract in Chinese and English)],2008,005(021):124-125.DOI:10.3969/j.issn.1672-9676.2008.21.065}

[23866] 孙国文，杨旭东，胡勤刚，徐明耀，文建民，卢明星，邓润智，唐恩溢. 应用钛网支架及前臂游离皮瓣修复上颌部肿瘤切除后洞穿缺损[J]. 中华整形外科杂志，2009，25（4），251-254.DOI: 10.3760/cma.j.issn.1009-4598.2009.04.005. {SUN Guowen,YANG Xudong,HU Qingang,XU Mingyao,WEN Jianmin,LU Mingxing,DENG Runzhi,TANG Enyi. Application of titanium mesh and free forearm flap for reconstruction of maxillary defect resulted from tumor resection[J].Zhonghua Zheng Xing Wai Ke Za Zhi [Chin J Plast Surg(Article in Chinese;Abstract in Chinese and English)],2009,25(4),251-254.DOI:10.3760/cma.j.issn.1009-4598.2009.04.005.}

[23867] 文建民，朱锋，唐恩溢，杨旭东，孙国文. 腓骨肌皮瓣供区发生小腿筋膜间室综合征组织缺损的修复[J]. 口腔医学研究，2009，25（6）. {WEN Jianmin,ZHU Fen,TANG Enyi,YANG Xudong,SUN Guowen. Repair of Donor Site Tissue Defect for Fibular Osteomyocutaneous Flap by Osteofascial Compartment Syndrome[J].Kou Qiang Yi Xue Yan Jiu[J Oral Sci Res(Article in Chinese Abstract in Chinese and English)],2009,25(6).}

[23868] 胡晓琳. 带蒂前臂皮瓣移植口腔颌面外科恶性肿瘤术中的护理配合[J]. 中国实用医药，2009，4（31）：189-190. DOI: 10. 3969/j. issn. 1673-7555. 2009. 31. 163{HU Xiaolin. Nursing cooperation during transplantation of malignant tumor in oral and maxillofacial surgery with pedicled forearm flap[J].Zhongguo Shi Yong Yi Yao[China Practical Medicine(Article in Chinese Abstract in Chinese and English)],2009,4(31):189-190.DOI:10.3969/j.issn.1673-7555.2009.31.163}

[23869] 卢明星，杨旭东，王育新，唐恩溢，文建民. 头颈部游离组织瓣血管危象的预防和处理[J]. 口腔医学研究，2010，26（02）：243-245. {LU Mingxing,YANG Xudong,WANG Yuxin,TANG Enyi,WEN Jianmin. Postoperative Vessel Thrombosis and Its Management after Free Flap Transfers in Head and Neck Region[J]. Kou Qiang Yi Xue Yan Jiu[J Oral Sci Res(Article in Chinese Abstract in Chinese and English)],2010,26(02):243-245.}

[23870] 刘小娜. 游离股前外侧皮瓣修复口腔癌术后软组织缺损的围手术期护理[J]. 实用临床医药杂志，2010，14(20)：21-22. DOI: 10. 3969/j. issn. 1672-2353. 2010. 20. 011 {LIU Xiaona. Perioperative nursing care of patients with soft tissue defect after operation of oral cancer repaired with free anterolateral thigh flap[J].Shi Yong Lin Chuang Yi Yao Za Zhi[Journal of Clinical Medicine in Practice Article in Chinese Abstract in Chinese and English)],1.2010,14(20):21-22. DOI:10.3969/j.issn.1672-2353.2010.20.011}

[23871] 孙国文，卢明星，吴蔚媚，胡勤刚 杨旭东 王志勇 文建民 唐恩溢. 游离股前外侧皮瓣修复口腔软组织缺损[J]. 中华整形外科杂志，2011（5）：323-326.DOI: 10.3760/cma.j.issn.1009-4598.2011.05.002. {SUN Guowen,LU Minxing,WU Weimei,HU Qingang,YANG Xudong,WANG Zhiyong,WEN Jianmin,TANG Enyi. Reconstruction of oral soft tissue defects with free anteriolateral thigh flap[J]. Zhonghua Zheng Xing Wai Ke Za Zhi [Chin J Plast Surg(Article in Chinese;Abstract in Chinese and English)],2011(5):323-326.DOI:10.3760/cma.j.issn.1009-4598.2011.05.002.}

[23872] 陈勇，杨旭东，李威，胡勤刚. 游离延展上臂外侧皮瓣修复洞穿性颊部缺损一例[J]. 中国修复重建外科杂志，2012，26（4）：508-510.DOI: CNKI: SUN: ZXCW.0.2012-04-034. {CHEN Yong,YANG Xudong,LI Wei,HU Qingang. Repair of penetrating buccal defect with free extended lateral upper arm flap:a case report[J]. Zhongguo Xiu Fu Chong Jian Wai Ke Za Zhi[Chin J Repar Reconstr Surg(Article in Chinese;Abstract in Chinese and English)],2012,26(4):508-510. DOI:CNKI:SUN:ZXCW.0.2012-04-034.}

[23873] 赵苏峰，唐恩溢，蒲玉梅，杨旭东 文建民 孙国文 王育新. 削薄“L”型股前外侧皮瓣修复舌癌术后缺损[J]. 口腔医学研究，2012（10）：1053-1055. {ZHAO Sufeng,TANG Enyi,PU Yumei,YANG Xudong,WEN Jianmin,SUN Guowen,WANG Yuxin. Repair of postoperative defect of tongue carcinoma with thinned “L” anterolateral thigh flap[J]. Kou Qiang Yi Xue Yan Jiu[J Oral Sci Res(Article in Chinese Abstract in Chinese and English)],2012(10):1053-1055.}

[23874] 陈勇，杨旭东，李威，胡勤刚. 后桡侧副动脉穿支嵌合瓣修复舌癌术后缺损的早期疗效[J]. 中国修复重建外科杂志，2012，26（11）：1336-1339. {CHEN Yong,YANG Xudong,LI Wei,HU Qingang.Early effectiveness of posterior radial collateral artery perforator compound flap for reconstruction of tongue defects after tumor excision[J]. Zhongguo Xiu Fu Chong Jian Wai Ke Za Zhi[Chin J Repar Reconstr Surg(Article in Chinese;Abstract in Chinese and English)],2012,26(11):1336-1339.}

[23875] Sun Guowen,Lu Mingxing,Hu Qingang.Reconstruction of extensive lip and perioral defects after tumor excision[J].J Craniofac Surg,2013,24:360-362. DOI:10.1097/SCS.0b013e318267bb98.

[23876] 陈勇，杨旭东，李威，陈修娟，胡勤刚. 游离延展上臂外侧皮瓣修复颊癌术后软组织缺损[J]. 中华整形外科杂志，2013，29（1）：22-25. DOI: 10. 3760/cma. j. issn. 1009-4598. 2013. 01. 007 {CHEN Yong,YANG Xudong,LI Wei,CHEN Xiujuan,HU Qingang. Repair of postoperative soft tissue defect of buccal carcinoma with free extended lateral upper arm flap[J]. Zhonghua Zheng Xing Wai Ke Za Zhi [Chin J Plast Sur(Article in Chinese;Abstract in Chinese and English)],2013,29(1):2225.DOI:10.3760/cma.j.issn.1009-4598.2013.01.007}

[23877] 孙国文，卢明星，吴蔚媚，杨旭东，王志勇，胡勤刚，唐恩溢. 薄型股前外侧皮瓣修复口腔软组织缺损[J]. 中华整形外科杂志，2013，29（5）：321-324. DOI: 10. 3760/cma. j. issn. 1009-4598. 2013. 05. 001 {SUN Guowen,LU Mingxing,WU Weimei,YANG Xudong,WANG Zhiyong,HU Qingang,TANG Enyi. Repair of oral soft tissue defect with thin anterolateral thigh flap[J]. Zhonghua Zheng Xing Wai Ke Za Zhi [Chin J Plast Sur(Article in Chinese;Abstract in Chinese and English)],2013,29(5):321-324.DOI:10.3760/cma.j.issn.1009-4598.2013.05.001}

[23878] 陈勇，杨旭东，韦元，胡勤刚. 旋股外侧动脉降支嵌合皮瓣修复舌癌术后缺损[J]. 实用口腔医学杂志，2013，29（6）：825-828. DOI: 10. 3969/j. issn. 1001-3733. 2013. 06. 016. {CHEN Yong,YANG Xudong,WEI Yuan,HU Qingang. Branch-based chimeric flap sourced from descending branch of lateral circumflex femoral artery for restoration of tongue defects after excision of tongue carcinoma[J].Shi Yong Kou Qiang Yi Xue Za Zhi[JOURNAL OF PRACTICAL STOMATOLOGY(Article in Chinese;Abstract in Chinese and English)],2013,29(6):825-828. DOI:10.3969/j.issn.1001-3733.2013.06.016. }

[23879] 陈勇，杨旭东，李威，王铁梅，张银凯，唐恩溢，乔光伟. 计算机辅助三维可视化技术在腓

骨瓣修复下颌骨缺损中的应用 [J]. 中华显微外科杂志，2013，36（1）：19−23. DOI：10. 3760/cma. j. issn. 1001−2036. 2013. 01. 006 {CHEN Yong,YANG Xudong,LI Wei,WANG Tiemei,YANG Kaiyin,TANG Enyi,QIAO Guangwei. Application of computer-aided three-dimensional visualization technique in the repair of mandibular defect with fibula flap[J]. Zhonghua Xian Wei Wai Ke Za Zhi[Chin J Microsurg(Article in Chinese;Abstract in Chinese and English)],2013,36(1):19-23.DOI:10.3760/cma.j.issn.1001-2036.2013.01.006}

[23880] 卢明星，唐恩溢，孙国文，杨旭东，邓润智，文建民，王志勇，胡勤刚. 薄型股前外侧皮瓣与前臂皮瓣修复舌体缺损的对比性研究 [J]. 中华整形外科杂志，2014，030（003）：164−167. DOI：10. 3760/cma. j. issn. 1009−4598. 2014. 03. 002 {LU Mingxing,TANG Enyi,SUN Guowen,YANG Xudong,DENG Runzhi,WEN Jianmin,WANG Zhiyong,HU Qingang. Comparative study in reconstruction of tongue defect with thin anterolateral flap and forearm flap[J]. Zhonghua Zheng Xing Wai Ke Za Zhi [Chin J Plast Surg(Article in Chinese;Abstract in Chinese and English)],2014,030(003):164-167.DOI:10.3760/cma.j.issn.1009-4598.2014.03.002}

[23881] 王璐，鲁勇，苏秋葆. 削薄股前外侧皮瓣修复舌癌术后缺损对患者语音功能的影响 [J]. 现代医学，2015，043（010）：13071309.DOI：CNKI：SUN：TDYX.0.2015−10−032. {WANG Lu,LU Yong,SU Qiubao. Effect of thinned anterolateral thigh flap on speech function in patients with tongue carcinoma after operation[J]. Xian Dai Yi Xue[Modern Medical Journal(Article in Chinese;Abstract in Chinese and English)],2015,043(010):13071309.DOI:CNKI:SUN:TDYX.0.2015-10-032.}

[23882] 孙国文，卢明星，杨旭东，王志勇，胡勤刚，唐恩溢. 游离股前外侧皮瓣修复面颊部大面积洞穿性缺损 [J]. 中华显微外科杂志，2015（38）：15. DOI：10. 3760/cma. j. issn. 1001−2036. 2015. 01. 004 {SUN Guowen,LU Mingxing,YANG Xudong,WANG Zhiyong,HU Qingang,TANG Enyi. Reconstruction of extensive full thickness cheek defects with free anterolateral thigh flap[J]. Zhonghua Xian Wei Wai Ke Za Zhi[Chin J Microsurg(Article in Chinese;Abstract in Chinese and English)],2015(38):15.DOI:10.3760/cma.j.issn.1001-2036.2015.01.004}

[23883] 李丽，唐恩溢，姚志清，王增香，梁青，陆晓欣. 系统化语音功能训练在舌癌术后软组织缺损游离皮瓣修复患者中的应用 [J]. 江苏医药，2016，42（24）：2670−2673. {LI Li,TANG Enyi,YAO Zhiqing,WANG Zengxiang,LIANG Qing,LU Xiaoxin.Application of systematic speech function training in patients with soft tissue defect repaired by free skin flap after operation of tongue cancer[J].Jiang Su Yi Yao[Jinagsu Medical Journal(Article in Chinese;Abstract in Chinese and English)],2016(24).}

[23884] 周婷，孙国文，张磊，陈欣，曹俊. 游离股前外侧皮瓣修复颌面部复杂缺损 [J]. 中华显微外科杂志，2017，40（1）:21−24.DOI：10.3760/cma.j.issn.1001−2036.2016.05.008. {ZHOU Ting,SUN Guowen,ZHANG Lei,CHEN Xin,CAO Jun. Repair of complex maxillofacial defects with free anterolateral thigh flap[J]. Zhonghua Xian Wei Wai Ke Za Zhi[Chin J Microsurg(Article in Chinese;Abstract in Chinese and English)],2017(1).DOI:10.3760/cma.j.issn.1001-2036.2016.05.008.}

[23885] 周婷，孙国文，卢明星，文健民，陈欣，曹俊. 游离股前外侧皮瓣在颊癌根治术后缺损修复中的应用 [J]. 中华整形外科杂志，2017，33（01）：30−33.DOI：10.3760/cma.j.issn.1009−4598.2017.01.008. {ZHOU Ting,SUN Guowen,LU Mingxing,WEN Jianming,CHEN Xin,CAO Jun. Reconstruction of buccal defect using free anterolateral thigh flaps after radical resection of buccal cancer[J].Zhonghua Zheng Xing Wai Ke Za Zhi [Chin J Plast Surg(Article in Chinese;Abstract in Chinese and English)],2017,33(01):30-33.DOI:10.3760/cma.j.issn.1009-4598.2017.01.008.}

[23886] 王育新，王志勇，卢明星，韩伟，卢晓林 . 系列数字化导板在腓骨肌皮瓣修复下颌骨缺损中的初步应用 [J]. 口腔医学研究，2017，33（5）：542−545. DOI：10.13701/j.cnki.kqyxyj.2017.05.019. {WANG Yuxin,WANG Zhiyong,LU Mingxing,HAN Wei,LU Xiaolin. Primary Application of Serial Digital Guide to Reconstruct Mandibular Defect with Fibular Osteo-myocutaneous Flap[J]. Kou Qiang Yi Xue Yan Jiu[J Oral Sci Res(Article in Chinese Abstract in Chinese and English)],2017,33(5):542-545. DOI:10.13701/j.cnki.kqyxyj.2017.05.019.}

[23887] 周婷，孙国文，文建民 . 股前外侧皮瓣与前臂皮瓣修复颊癌术后缺损的临床效果观察 [J]. 口腔颌面外科杂志，2017，27(5)：358−361. DOI：10.3969/j.issn.1005−4979.2017.05.011. {ZHOU Ting,SUN Guowen,WEN Jianmin. Comparison of Forearm Skin Flap and Lateral Femoral Skin Flap in Buccal Defects Restoration[J].Kou Qiang He Mian Wai Ke Za Zhi [J Oral Maxil Surg(Article in Chinese Abstract in Chinese and English)],2017,27(5):358-361. DOI:10.3969/j.issn.1005-4979.2017.05.011.}

[23888] 章爱丽，卢晓林. 早期活动对口腔癌根治性切除加皮瓣移植术后患者康复的影响 [J]. 中外医疗，2017（09）：146−148. DOI：CNKI：SUN：HZZZ. 0. 2017−09−053 {ZHANG Aili,LU Xiaolin. Effect of early activity on rehabilitation of patients with oral cancer after radical resection and skin flap transplantation[J].Zhong Wai Yi Liao[China Foreign Medical Treatment(Article in Chinese Abstract in Chinese and English)],2017(09):146-148.DOI:CNKI:SUN:HZZZ.0.2017-09-053}

[23889] 杨旭，孙国文 . 薄型股前外侧皮瓣与前臂皮瓣修复颊癌软组织缺损后患者的生活质量比较 [J]. 现代医学，2018，46（3）：321−326. DOI：10.3969/j.issn.1671−7562.2018.03.021. {YANG Xu,SUN Guowen. Thinning anterolateral thigh flap versus forearm flap for reconstruction after resection of buccal carcinoma:comparison of quality of life[J]. Xian Dai Yi Xue[Modern Medical Journal(Article in Chinese;Abstract in Chinese and English)],2018,46(3):321-326. DOI:10.3969/j.issn.1671-7562.2018.03.021}

[23890] 孙秋望月，高鹏飞，王晨星，宋晓萌，丁旭，李怀奇，武和明，吴煜农，袁冶，叶金海，李中连 . 腓肠内侧动脉穿支皮瓣的应用解剖及临床研究 [J]. 中国口腔颌面外科杂志，2018，16(6)：505−510. DOI：10.19438/j.cjoms.2018.06.005. {Sunqiu Wangyue,Gao Pengfei,Wang Chenxin,Song Xiaomeng,Ding Xu,Li Huaiqi,Wu Heming,Wu Yunong,Yuan Ye,Ye Jinhai,Li Zhonglian. Applied anatomic study and clinical application of medial sural artery perforator flap [J]. Zhongguo Kou Qiang He Mian Wai Ke Za Zhi [China J Oral Maxillofac Surg (Article in Chinese;Abstract in Chinese and English)],2018,16(6):505-510. DOI:10.19438/j.cjoms.2018.06.005.}

[23891] 宋晓萌，陈洁，丁旭，袁冶，吴煜农，武和明 . 微血管吻合器在皮瓣修复颌面缺损的应用体会 [J]. 实用口腔医学杂志，2018，34（1）：53−56. DOI：10.3969/j.issn.1001−3733.2018.01.011. {Song Xiaomeng,Chen Jie,Ding Xu,Yuan Ye,Wu Yunong,Wu Heming. The application of microvascular coupler during repairing oral and maxillofacial defects via free flaps [J]. Shi Yong Kou Qiang Yi Xue Za Zhi [J Pract Stomatol (Article in Chinese;Abstract in Chinese and English)],2018,34(1):53-56. DOI:10.3969/j.issn.1001-3733.2018.01.011.}

[23892] 徐镭，高鹏飞，徐万林，程杰，李怀奇，吴煜农，叶金海 . 股前外侧穿支皮瓣的应用解剖研究及临床应用 [J]. 中国口腔颌面外科杂志，2015，13（6）：502−507. {Xu Lei,Gao Pengfei,Xu Wanlin,Cheng Jie,Li Huaiqi,Wu Yunong,Ye Jinhai. Applied anatomic study and clinical application of anterolateral thigh perforator flap [J]. Zhongguo Kou Qiang He Mian Wai Ke Za Zhi [China J Oral Maxillofac Surg (Article in Chinese;Abstract in Chinese and English)],2015,13(6):502-507.}

[23893] 宋晓萌，张玮，武和明，叶金海，陈洁，丁旭，吴煜农，袁冶 . 腓肠内侧动脉穿支皮瓣修复颊癌术后缺损的初步应用 [J]. 组织工程与重建外科杂志，2014，10（5）：269−271. DOI：10.3969/j.issn.1673−0364.2014.05.009. {Song Xiaomeng,Zhang Wei,Wu Heming,Ye Jinhai,Chen Jie,Ding Xu,Wu Yunong,Yuan Ye. Application of Medial Sural Artery Perforator Flap in Repair of Defects After Buccal Carcinoma Ablation [J]. Zu Zhi Gong Cheng Yu Chong Jian Wai Ke Za Zhi [Journal of Tissue Engineering and Reconstructive Surgery,(Article in Chinese;Abstract in Chinese and English)],2014,10(5):269-271. DOI:10.3969/j.issn.1673-0364.2014.05.009.}

[23894] 宋晓萌，袁冶，施星辉，江宏兵，邢树忠，陈宁，叶金海，汤春波，武和明，王东苗，丁旭，万林忠，袁华，陶震江，吴煜农 . 部分去皮化前臂皮瓣修复舌癌和口底癌 [J]. 中华整形外科杂志，2012，28（1）：62−64. DOI：10.3760/cma.j.issn.1009−4598.2012.01.016. {Song Xiaomeng,Yuan Ye,Shi Xinghui,Jiang Hongbing,Xing Shuzhong,Chen Ning,Ye Jinhai,Tang Chunbo,Wu Heming,Wang Dongmiao,Ding Xu,Wan Linzhong,Yuan Hua,Tao Zhenjiang,Wu Yunong. Partial exfoliated forearm flap for tongue and floor of mouth cancer [J]. Zhonghua Zheng Xing Wai Ke Za Zhi [Chin J Plast Surg,(Article in Chinese;No Abstract)],2012,28(1):62-64. DOI:10.3760/cma.j.issn.1009-4598.2012.01.016.}

[23895] 王涛 . 游离腓骨肌皮瓣修复下颌骨复合缺损 [J]. 中华实用诊断与治疗杂志，2010，24（1）：22−23. {Wang Tao. Reconstruction of oromandibular composite defects with vascularized fibular osteomyocutaneous flap [J]. Zhonghua Shi Yong Zhen Duan Yu Zhi Liao Za Zhi,[J Chin Pract Diagn Ther,(Article in Chinese;Abstract in Chinese and English)],2010,24(1):22-23.}

[23896] 万林忠，邢树忠，朱志军，陶震江，吴煜农，叶金海，袁冶，武和明 . 不同类型胸大肌皮瓣修复颅颌面缺损 [J]. 口腔医学，2009，29（1）：35−37. {Wan Linzhong,Xing Shuzhong,Zhu Zhijun,Tao Zhenjiang,Wu Yunong,Ye Jinhai,Yuan Ye,Wu Heming.Reconstruction of craniomaxillofacial defects with different type major myocutaneous flaps [J]. Kou Qiang Yi Xue [Stomatology,(Article in Chinese;Abstract in Chinese and English)],2009,29(1):35-37.}

[23897] 袁冶，陶震江，吴煜农，刘杰，王涛，邢树忠 . 上臂外侧皮瓣在口腔癌术后缺损修复中的初步应用 [J]. 中华口腔医学杂志，2006，41（10）：593−595. DOI：10.3760/j.issn：1002−0098.2006.10.007. {Yuan Ye,Tao Zhenjiang,Wu Yunong,Liu Jie,Wang Tao,Xing Shuzhong. Application of the free vascularized lateral upper arm flap in intraoral reconstruction following ablative tumour surgery [J]. Zhonghua Kou Qiang Yi Xue Za Zhi [Chin J Stomatol,(Article in Chinese;Abstract in Chinese and English)],2006,41(10):593-595. DOI:10.3760/j.issn:1002-0098.2006.10.007.}

[23898] 李惠娟，邢树忠，万林忠，朱志军 . 前臂游离皮瓣修复口腔软组织缺损 46 例 [J]. 蚌埠医学院学报，2005，30（1）：60−61. DOI：10.3969/j.issn.1000−2200.2005.01.029. {Li Huijuan,Xing Shuzhong,Wan Linzhong,Zhu Zhijun. 46 cases of oral soft tissue defect repaired by forearm free flap [J]. Beng Bu Yi Xue Yuan Xue Bao [J Bengbu Med Coll,(Article in Chinese;Abstract in Chinese)],2005,30(1):60-61. DOI:10.3969/j.issn.1000-2200.2005.01.029.}

[23899] 李家锋，邢树忠，万林忠，朱志军 . 应用游离双皮岛腓骨复合瓣修复下颌区洞穿性缺损 [J]. 中华显微外科杂志，2004，27（1）：52−53. DOI：10.3760/cma.j.issn.1001−2036.2004.01.020. {Li Jiafeng,Xing Shuzhong,Wan Linzhong,Zhu Zhijun. Application of free double skin island fibula composite flap in the repair of mandibular perforating defect[J]. Zhonghua Xian Wei Wai Ke Za Zhi [Chin J Microsurg,(Article in Chinese;Abstract in Chinese)],2004,27(1):52-53. DOI:10.3760/cma.j.issn.1001-2036.2004.01.020.}

[23900] 邢树忠，万林忠，吴煜农，陶震江，朱志军，王来杰 . 吻合血管腓骨肌皮瓣修复口腔下颌骨复合缺损 15 例分析 [J]. 南京医科大学学报（自然科学版），2002，22（5）：395−397. DOI：10.3969/j.issn.1007−4368.2002.05.014. {Xing Shuzhong,Wan Linzhong,Wu Yunong,Tao Zhenjiang,Zhu Zhijun,Wang Laijie. Reconstruction of Oromandibular Composite Defects with Vascularized Fibular Osteocutaneous Flap[J]. Nanjing Yi Ke Da Xue Xue Bao [ACTA UNIVERSITATIS MEDICINALIS NANJING (Natural Science),(Article in Chinese;Abstract in Chinese and English)],2002,22(5):395-397. DOI:10.3969/j.issn.1007-4368.2002.05.014.}

[23901] 陶震江，邢树忠，万林忠，王来杰，袁冶 . 口腔及口咽癌术后咽腔侧壁软组织缺损的修复 [J]. 南京医科大学学报，2000，20(5)：382−383. DOI：10.3969/j.issn.1007−4368.2000.05.019. {Tao Zhenjiang,Xing Shuzhong,Wan Linzhong,Wang Laijie,Yuan Ye. The Repair of the Postoperative Soft Tissue Defects in Oral Cavity and Oropharyneal Cancer [J]. Nanjing Yi Ke Da Xue Xue Bao [ACTA UNIVERSITATIS MEDICINALIS NANJING,(Article in Chinese;Abstract in Chinese and English)],2000,20(5):382-383. DOI:10.3969/j.issn.1007-4368.2000.05.019.}

[23902] 陈宁，陶震江，张道珍，万林忠 . 全软腭缺损的前臂皮瓣游离移植再造 [J]. 南京医科大学学报，1997：53−55. {Chen Ning,Tao Zhenjiang,Zhang Daozhen,Wan Linzhong. CONSTRUCTION THE WHOLE SOFT PALATE WITH THE FOREARM FREE FLAP [J]. Nanjing Yi Ke Da Xue Xue Bao [ACTA UNIVERSITATIS MEDICINALIS NANJING,(Article in Chinese;Abstract in Chinese)],1997:53-55.}

[23903] 杨艺农，邢树忠 . 四种肌皮瓣在舌缺损修复中的应用 [J]. 中国校医，1995：382−383. {Yang Yinong,Xing Shuzhong. Application of four kinds of myocutaneous flaps in the repair of tongue defects [J]. Zhongguo Xiao Yi [Chin J School Doctor,(Article in Chinese;Abstract in Chinese)],1995:382-383}

[23904] GU Jianjun,ZHAI Jiajie,LIAO Guiqing,CHEN Jiaqi.Boston type i keratoprosthesis implantation following autologous submandibular gland transplantation for end stage ocular surface disorders[J]. Ocular Immunology Inflammation,2018, 26 (3):452−455. DOI:10.1080/09273948.2016.1234624.

[23905] Wang Di-Kan,Zhang Si-En,Su Yu-Xiong,Zheng Guang-Sen,Yang Wei-Fa,Liao Gui-Qing.Microvascular submandibular gland transplantation for severe keratoconjunctivitis sicca:a single-institution experience of 61 grafts[J].Journal Oral Maxillofacial Surgeons,2018, 76 (11),pp. 2443−2452. DOI:10.1016/j.joms.2018.05.008.

[23906] 郑燕娜，梁玉洁，杨乐，卢涣滋，廖贵清. 流体力学分析说话瓣膜对下颌骨缺损重建患者气管切开后功能恢复的影响 [J]. 中华口腔医学研究杂志（电子版），2018，12（04）：227−233 {Zheng Yanna,Liang Yujie,Yang Le,Lu Huanzi,Liao Guiqing. The effect of speaking valve on functional restoration in tracheostomised patients after reconstruction of mandibular defects based on the fluid dynamics analysis[J]. Chinese Journal of Stomatological Research(Electronic Edition),(Article in Chinese;Abstract in Chinese and English) 2018,12(04):227-233}

[23907] 卢涣滋，梁玉洁，杨乐，肖育栋，廖贵清 . 口腔癌及口咽癌术后伴舌缺损患者吞咽功能的相关因素分析 [J]. 中国实用口腔科杂志，2018，11（09）：534−537. {Lu Huanzi,Liang Yujie,Yang Le Xiao Yudong,Liao Guiqing. Evaluation on the related factors of swallowing functions in patients with tongue defects after surgery for oral cancer or oropharyngeal cancer [J]. Chinese Journal of Practical Stomatology,(Article in Chinese;Abstract in Chinese and English) 2018,11(09):534-537}

[23908] 张国润，苏宇雄，梁玉洁，郑广森，廖贵清 . 口腔颌面部游离组织瓣血管危象危险因素分析 [J]. 中国实用口腔科杂志，2014，7（03）：160−163+167. {Zhang Guorun,Su Yuxiong,Liang Yujie,Zheng Guangsen,Liao Guiqing. Risk factors for vascular crisis in free flaps reconstruction of oral and maxillofacial defects [J]. Chinese Journal of Practical Stomatology (Article in Chinese;Abstract in Chinese and English),2014,7(03):160-163+167.}

[23909] 廖贵清，张思恩，苏宇雄，郑广森，梁玉洁. 下颌下腺游离移植中的供区和受区静脉的选择. [J] 中华显微外科杂志，2014，（05）：440−443 {Liao Guiqing,Zhang Si’en,Su Yuxiong,Zheng Guangsen,Liang Yujie. Management of donor and recipient veins in the vascularied autogeneous submandibular gland transfer [J]. Chinese Journal of Microsurgery,(Article in Chinese;Abstract in Chinese and English) 2014,(05):440-443}

[23910] 廖贵清，郑广森 . 计算机辅助颌骨肿瘤切除与重建 [J]. 中国医学文摘（耳鼻咽喉科学）,2014,29(03):137−141.

[23911] Wang L,Su Y-X,Zheng G-S,Liao G-Q,Zhang W-h.Healing masseter entheses of mandibular reconstruction with autograft--Raman spectroscopic and histological study[J].In International journal of oral and maxillofacial surgery,2013,42 (7):915−922.DOI:10.1016/j.ijom.2012.12.010.

[23912] Zheng Guang-Sen,Su Yu-Xiong,Liao Gui-Qing.Triple template method of CAD/CAM assisted mandibular reconstruction[J].In Oral

Oncology,2013,49:S145-S146.DOI:10.1016/j.oraloncology.2013.03.395.

[23913] Su Yu-Xiong,Zheng Guang-Sen,Liao Gui-Qing.Microsurgical reconstruction of maxilla defects after maxillectomy[J].In Oral Oncology,2013,49:S18. DOI:10.1016/j.oraloncology.2013.03.046.

[23914] 陈凯，廖贵清，钟奇帜．前臂游离皮瓣修复舌癌术后缺损 26 例临床疗效分析 [J]. 中国实用口腔科杂志，2011，4（04）：242-243．{Chen Kai,Liao Guiqing,Zhong Qizhi. Clinical application of the free radial forearm flap to the functional reconstruction of tongue with defects from tongue cancer [J]. Chinese Journal of Practical Stomatology,(Article in Chinese;Abstract in Chinese and English) 2011,4(04):242-243.}

[23915] 何杏芳，周志欢，黄秋雨，廖贵清．口腔颌面部组织瓣移植术后血循环障碍的观察与护理 [J]. 现代医院，2010，10（03）：92-93．{HE Xingfang,ZHOU Zhihuan,HUANG Qiuyu,LIAO Guiqing. Nursing of hemocirculatory disorder after oral and maxillofacial tissue flap transplantation[J].Xian Dai Yi Yuan [Modern Hospit(Article in Chinese;Abstract in Chinese and English)],2010,10(03):92-93. }

[23916] 廖贵清．颈阔肌皮瓣的应用 [J]. 中华口腔医学研究杂志（电子版），2011，5（02）：205．{LIAO Guiqing.The application of platysma myocutaneous flap [J].Zhonghua Kou Qiang Yi Xue Yan Jiu Za Zhi(Dian Zi Ban)[Chin J Stomatol Res(Electronic Edition)(Article in Chinese;Abstract in Chinese)],2011,5(02):205.}

[23917] 廖贵清，郑广森，苏宇雄．口腔颌面部组织缺损的修复重建 [J]. 现代口腔医学杂志，2010，24（03）：161-164．{LIAO Guiqing,ZHENG Guangsen,SU Yuxiong.Repair and reconstruction of oral and maxillofacial tissue defects [J].Xian Dai Kou Qiang Yi Xue Za Zhi [J Modern Stomatol(Article in Chinese;Abstract in Chinese)],2010,24(03):161-164.}

[23918] 廖贵清，苏宇雄．牙源性肿瘤术后颌骨缺损的修复重建 [J]. 中国实用口腔科杂志，2009，2（02）：79-81．{Liao Guiqing,Su Yuxiong. Reconstruction of jaw defects after operation for odontogenic tumors [J]. Chinese Journal of Practical Stomatology,(Article in Chinese;Abstract in Chinese and English) ,2009,2(02):79-81}

[23919] 陈卓凡，廖贵清．下颌骨节段性缺损的功能重建：折叠腓骨瓣行种植修复的临床应用探讨 [J]. 中国口腔种植学杂志，2008（03）：142．{CHEN Zhuofan,LIAO Guiqing.Functional Reconstruction of Segmental Mandibular Defects:Clinical Application of Folded Fibula Flap Implant Repair [J].Zhongguo Kou Qiang Zhong Zhi Xue Za Zhi [Chin J Dental Implant(Article in Chinese;Abstract in Chinese)],2008(03):142.}

[23920] 廖贵清，陈巨峰，杨宏宇，李劲松，冯崇锦，刘曙光．口腔颌面部缺损修复与重建 [J]. 广东牙病防治，2008（05）：195-200．{LIAO Guiqing,CHEN Jufeng,YANG Hongyu,LI Jinsong,FENG Chongjin,LIU Shuguang.Repair and reconstruction of oral and maxillofacial defects [J].Guangdong Ya Bing Fang Zhi [Guangdong Dental Dis Prevent Control(Article in Chinese;Abstract in Chinese)],2008(05):195-200.}

[23921] 廖贵清，苏宇雄．下颌骨缺损的修复重建 [J]. 广东牙病防治，2008（03）：99-102．{Liao Guiqing,Su Yuxiong. The Reconstruction and Rehabilitation of Mandibular Defects [J]. Journal of Dental Prevention and Treatment,(Article in Chinese;Abstract in Chinese and English) ,2008(03):99-102}

[23922] 黄秋雨，陈佩珠，梁彦，杨冬叶，廖贵清，苏宇雄．游离上臂外侧皮瓣修复口腔癌术后缺损的护理 [J]. 护理研究，2007（36）：3341-3342．{HUANG Qiuyu,CHEN Peizhu,LIANG Yan,YANG Dongye,LIAO Guiqing,SU Yuxiong.Nursing care of postoperative defect of mouth cancer patients repaired with upper arm free skin flap[J].Hu Li Yan Jiu [Nurs Res(Article in Chinese;Abstract in Chinese and English)],2007(36):3341-3342.}

[23923] 杨冬叶，廖贵清，苏宇雄，陈佩珠，黄秋雨，梁彦．股前外侧皮瓣修复舌癌术后舌再造的护理 [J]. 中华老年口腔医学杂志，2007（04）：217-219．{Yang Dongye,Liao Guiqing,Su Yuxiong,Chen Peizhu,Huang Qiuyu,Liang Yan. The nursing of patients with advanced tongue cancer after tongue reconstruction with anterolateral al thigh flap [J]. Chinese Journal of Geriatric Dentistry,(Article in Chinese;Abstract in Chinese and English) ,2007(04):217-219}

[23924] 杨冬叶，廖贵清，苏宇雄，陈佩珠，黄秋雨，梁彦．腹直肌－腹膜瓣移植修复舌缺损的围手术期护理 [J]. 中华护理杂志，2007（10）：890-891．{YANG Dongye,LIAO Guiqing,SU Yuxiong,CHEN Peizhu,HUANG Qiuyu,LIANG Yan.Perioperative nursing of the tongue reconstruction with rectus abdominis musculoperitoneal flap[J].Zhonghua Hu Li Za Zhi [Chin J Nurs(Article in Chinese;Abstract in Chinese and English)],2007(10):890-891.}

[23925] 黄秋雨，廖贵清，苏宇雄，陈佩珠，梁彦，杨冬叶．4 例血管化自体骨移植同期种植体植入术的围手术期护理 [J]. 中华护理杂志，2007（09）：793-794．{HUANG Qiuyu,LIAO Guiqing,SU Yuxiong,CHEN Peizhu,LIANG Yan,YANG Dongye.Periperative care of 4 patients receiving reconstruction of defects with vascularized iliac crest simultaneously embedded with osseointegrated implants[J].Zhonghua Hu Li Za Zhi [Chin J Nurs(Article in Chinese;Abstract in Chinese and English)],2007(09):793-794.}

[23926] 魏远坚，胡顺广，林楚红，廖贵清．双侧带蒂鼻唇沟岛状肌皮瓣在口底癌根治术中的应用 [J]. 中国医师杂志，2006（S1）：109-110．{WEI Yuanjian,HU Shunguang,LIN Chuhong,LIAO Guiqing.The application of bilateral pedicled nasolabial sulcus island myocutaneous flap in radical surgery for oral floor cancer [J].Zhongguo Yi Shi Za Zhi [J Chin Physician(Article in Chinese;Abstract in Chinese)],2006(S1):109-110. }

[23927] 侯劲松，廖贵清，黄洪章，苏宇雄，杨小平，张志光，曾融生．放射性下颌骨坏死术后缺损的游离腓骨肌皮瓣重建 [J]. 中华显微外科杂志，2006（05）：341-343．{Hou Jingsong;Liao Guiqing;Su Yuxiong;Yang Xiaoping;Zhang Zhiguang;Zeng Rongsheng;Huang Hongzhang. Reconstruction of mandible detect in osteoratlionecrosis patients with free fibula osteomyocutaneous flap [J] Chinese Journal of Microsurgery,(Article in Chinese;Abstract in Chinese and English),2006 (05):341-343}

[23928] 廖贵清，苏宇雄，杨小平，李唐新，侯劲松，苏凯，余东升．折叠腓骨瓣一期修复下颌骨放射性骨坏死 [J]. 中华显微外科杂志，2006（01）：17-19．{Liao Guiqing,Su Yuxiong,Yang Xiaoping,Li Tangxin,Hou Jingsong,Su Kai,Yu Dongsheng. Simultaneous reconstruction of postoperative defects of mandibular osteoradionecrosis with double barrel fibula osteocutaneous flap [J] Chinese Journal of Microsurgery,(Article in Chinese;Abstract in Chinese and English) ,2006 (01):17-19}

[23929] 廖贵清，苏宇雄，张金明，侯劲松，陈亦阳，马莉．腹直肌－腹膜瓣修复舌缺损的临床研究 [J]. 中华口腔医学杂志，2005（06）：13-15．{Liao Guiqing,Su Yuxiong,Zhang Jinming,Hou Jingsong,Chen Yiyang,Ma Li. Reconstruction of the tongue with rectus abdominis musculoperitoneal flap [J] Chinese Journal of Stomatology,(Article in Chinese;Abstract in Chinese and English),2005 (06):13-15}

[23930] 郑有华，廖贵清，张志光，杨小平，曾融生，陈亦阳．胸大肌肌皮瓣在头颈部组织缺损修复中的应用 [J]. 中国耳鼻咽喉颅底外科杂志，2005（01）：31-33．{Zheng Youhua,Liao Guiqing,Zhang Zhiguang,Yang Xiaoping,Zeng Rongsheng,Chen Yiyang. Application of pectoralis major myocutaneous flap to reconstruction of defects in head and neck region [J] Chinese Journal of Otorhinolaryngology-skull Base Surgery,(Article in Chinese;Abstract in Chinese and English),2005 (01):31-33}

[23931] 廖贵清，苏宇雄，沙翔垠，陈家祺，许扬滨，向剑平．自体下颌下腺移植治疗重症干眼症的供体制备 [J]. 中国口腔颌面外科杂志，2004（04）：93-95．{Liao Guiqing,Su Yuxiong,Sha Xiangken,Chen Jiaqi,Xu Yangbin,Xiang Jianping. Discussion on the transfer of autologous submandibular gland in the treatment of severe cases of xerophthalmia [J] China Journal of Oral and Maxillofacial Surgery,(Article in Chinese;Abstract in Chinese and English) ,2004 (04):93-95.}

[23932] 廖贵清，苏宇雄，曾融生，张志光，郑有华，邓飞龙，陈卓凡，侯劲松．血管化髂骨移植同期种植体植入重建上颌骨的初步报道 [J]. 中华整形外科杂志，2004（06）：56-59．{Liao Guiqing,Su Yuxiong,Zeng Rongsheng,Zhang Zhiguang,Zheng Youhua,Deng Feilong,Chen Zhuofan,Hou Jingsong. Maxilla reconstruction with the free iliac osteomuscular flap and simultaneous osseointegrated implant embedding [J] Chinese Journal of Plastic Surgery and Burns (Article in Chinese;Abstract in Chinese and English) ,2004 (06):56-59}

[23933] 何庆银，侯劲松（通讯作者）．异位预成血管化骨在下颌骨缺损修复重建中的应用 [J]，国际口腔医学杂志，2010，37（3）：298-301．{HE Qingyin,HOU Jinsong. The application of ectopic pre vascularized bone in the repair and reconstruction of mandibular defects [J].Guo Ji Kou Qiang Yi Xue Za Zhi [Int J Stomatol(Article in Chinese;Abstract in Chinese)],2010,37(3):298-301.}

[23934] 侯劲松，汪淼，唐海阔，陶谦，潘朝斌，陈沐，王成，廖贵清，杨小平，黄洪章（通讯作者）．预成钛网联合自体髂骨及松质骨游离移植二期修复单侧下颌骨缺损．中华口腔医学研究杂志（电子版），2010，4（6）：40-43．{HOU Jinsong,WANG Miao,TANG Haikuo,TAO Qian,PAN Chaobin,CHEN Mu,WANG Cheng,LIAO Guiqing,YANG Xiaoping,HUANG Hongzhang. Secondary reconstruction of unilateral mandible defect using cad/cam-prefabricated titanium mesh combined with autogenous iliac cancellous bone grafts[J].Zhonghua Kou Qiang Yi Xue Yan Jiu Za Zhi(Dian Zi Ban)[Chin J Stomatol Res(Electronic Edition)(Article in Chinese;Abstract in Chinese and English)],2010,4(6):40-43.}

[23935] Hou JS,Chen M,Pan CB,Wang M,Wang JG,Zhang B,Tao Q,Wang C,Huang HZ(Corresponding author). Application of CAD/CAM-assisted technique with surgical treatment in reconstruction of the mandible[J]. J Craniomaxillofac Surg,2012,40(8):e432-437.(IF:1.643).

[23936] 宾志文，王成，吴晓林，侯劲松（通讯作者）．两种骨肌皮瓣修复放射性下颌骨坏死术后缺损的临床评价 [J]. 实用口腔医学杂志，2015，31（31）：408-412．{BIN Zhiwen,WANG Cheng,WU Xiaolin,HOU Jinsong. Clinical evaluation of two types of osteomyocutaneous flaps for repairing defects after radiation induced mandibular necrosis surgery[J].Shi Yong Kou Qiang Yi Xue Za Zhi [J Pract Stomatol(Article in Chinese;Abstract in Chinese)],2015,31(31):408-412.}

[23937] 侯劲松，张亚东．放射性颌骨坏死手术难点与严重并发症的预防和处理（专家论坛）[J]．口腔疾病防治，2019，27（7）：409-416．{HOU Jinsong,ZHANG Yadong. Difficulties and prevention and management of serious complications in surgical treatment of osteoradionecro-sis of jaw[J].Kou Qiang Ji Bing Fang Zhi [Prevent Treat Oral Dis(Article in Chinese;Abstract in Chinese and English)],2019,27(7):409-416.}

[23938] 夏海斌，施斌，刘冰，尚政军．血管化骨移植修复颌骨严重缺损并种植义齿修复 [J]. 中国口腔种植学杂志 ,2011,16(01):24{XIA Haibin,SHI Bin,LIU Bing,SHANG Zhengjun. Vascularized bone graft for reconstruction of jaws with serious defects and dental implant rehabilitation[J].Zhongguo Kou Qiang Zhong Zhi Xue ZA Zhi. [(Article in Chinese;Abstract in Chinese)],2011,16(01):24.}

[23939] 王翔，邵喆，张含中，朱飞，沈卉，尚政军．应用自体肋骨异位预构血管化下颌骨的实验研究 [J]. 中华口腔医学杂志，2012，47（9）：544-546．{WANG Xiang,SHAO Zhe,ZHANG Hanzhong,ZHU Fei,SHEN Hui,SHANG Zhengjun. Experimental study on ectopic prefabrication of vascularized mandible graft with autogenous ribs[J]. Zhonghua Kou Qiang Yi Xue Za Zhi [Chin J Stomatol,(Article in Chinese;Abstract in Chinese and English)],2012,47(9):544-546. }

[23940] 邵喆，王希乾，张文峰，尚政军，夏海斌，刘冰．血管化腓骨肌皮瓣修复失位性下颌骨缺损一例 [J]. 中华临床医师杂志（电子版），2013，7（16）．DOI：CNKI：SUN：ZLYD.0.2013-16-103．{SHAO Zhe,WANG Xiqian,ZHANG Wenfeng,SHANG Zhengjun,XIA Haibin,LIU Bing. Zhonghua Lin Chuang Yi Shi Za Zhi[Chin J Clinicians(ElectronicEdition)(Article in Chinese;Abstract in Chinese)],2013,7(16).DOI:CNKI:SUN:ZLYD.0.2013-16-103.}

[23941] 刘冰，贾俊，熊学鹏，邵喆，张文峰，赵怡芳．快速原型及种植导板辅助血管化骨移植在下颌骨节段性缺损重建中的作用 [J]. 中华临床医师杂志（电子版），2013，7（14）：6530-6534．{LIU Bing,JIA Jun,XIONG Xuepeng,SHAO Zhe,ZHANG Wenfeng,ZHAO Yifang.Mandibular segmental defect reconstruction by vascularized bone graft based on rapid prototyping and implant-guide plate[J].Zhonghua Lin Chuang Yi Shi Za Zhi[ChinJClinicians(ElectronicEdition)(Article in Chinese;Abstract in Chinese)],2013,7(14):6530-6534.}

[23942] Li Yusang,Shao Zhe,Zhu Yuxi,Liu Bing,Wu Tianfu. Virtual Surgical Planning for Successful Second-Stage Mandibular Defect Reconstruction Using Vascularized Iliac Crest Bone Flap:a Valid and Reliable Method[J]. Ann Plast Surg. 2019.84 (2),183-187,DOI:10.1097/SAP.0000000000002102.

[23943] 鲁婷玮，刘朝明，吴添福，邵喆，孙艳芳，孙志军，刘冰．个性化原位塑形导板在血管化髂骨肌瓣修复下颌骨缺损中的应用 [J]．口腔医学研究．2019;35（08）：766-771．{LU Tingwei,LIU Zhaoming,WU Tianfu,SHAO Zhe,SUN Yanfang,SUN Zhijun,LIU Bing.Application of Individualized in-situ Moulding Guide Plate in Mandibular Reconstruction using a Vascularized Iliac Muscle Flap[J].Kou Qiang Yi Xue Yan Jiu[(Article in Chinese;Abstract in Chinese and English)],2019;35(08):766-771.}

[23944] 袁荣涛，贾暮云，李宁毅，祝为桥，赵保东．吻合血管的腓骨复合瓣移植重建下颌骨缺损 [J]．中华显微外科杂志，1999（S1）：62-63．{Yuan Rongtao,Jia Muyun,Li Ningyi,Zhu Weiqiao,Zhao Baodong. Reconstruction of mandibular defects with fibula composite flap transplantation of anastomotic vessels [J]. Zhonghua Xian Wei Wai Ke Za Zhi [Chin J Microsurg(Article in Chinese;No Abstract available)],1999 (S1):62-63.}

[23945] 杨小琛，高策，徐豪越，冯元勇，宋凯，尚伟．多种胸锁乳突肌瓣与游离皮瓣修复口腔癌缺损的效果比较 [J]．上海口腔医学，2019，28（02）：69-72．DOI：10．19439/j．sjos．2019．02．012{Yang Xiaochen,Gao Ce,Xu Haoyue,Feng Yuanyong,Song Kai,Shang Wei. Comparative study on using multiple kinds of sternocleidomastoid flaps or free flaps to repair defects in oral cancer surgery[J]. Shanghai kou qiang yi xue [Shanghai J Stomatol,(Article in Chinese;Abstract in Chinese and English)]2019,28 (02):69-72. DOI:10.19439 / j.sjos.2019.02.012 }

[23946] 薛娇，邱建忠，杨绍滨，庞宝兴，夏楠，贾暮云，尚伟，袁荣涛．数字三维重建联合 3D 打印在血管化腓骨移植精准修复下颌骨缺损手术中的临床应用 [J]．精准医学杂志，2018（1）：45-50．{Xue Jiao,Qiu Jianzhong,Yang Shaobin,Pang Baoxing,Xia Nan,Jia Muyun,Shang Wei,Yuan Rongtao.CLINICAL APPLICATION OF DIGITAL THREE-DIMENSIONAL RECONSTRUCTION COMBINED WITH 3D PRINTING IN PRECISE RECONSTRUCTION OF MANDIBULAR DEFECTS WITH VASCULARIZED FIBULA TRANSPLANTATION[J]. jing zhun yi xue za zhi [J Precis Med,(Article in Chinese;Abstract in Chinese and English)]2018(1):45-50.}

[23947] 李凤梅，冯元勇，金晓明，尚伟．颏下岛状皮瓣在口咽癌术后缺损修复中的应用 [J]．上海口腔医学，2014，023（004）：477-480．{Li Fengmei,Feng Yuanyong,Jin Xiaoming,Shang Wei. Clinical application of submental island flap in repairing oropharynx defects after cancer ablation[J]. Shanghai kou qiang yi xue [Shanghai J Stomatol,(Article in Chinese;Abstract in Chinese and English)]2014,023(004):477-480. }

[23948] 李宁毅，贾暮云，袁荣涛，祝为桥，樊功力．吻合血管的游离复合皮瓣修复下颌骨及软组织缺损 [J]．中华整形外科杂志，2000（01）：21-22+67．{ Li Ningyi,Jia Muyun,Yuan Rongtao,Zhu Weiqiao,Fan Gongli. Reconstruction of the mandible and soft tissue defects with the osteomyocutaneous free fibula flap[J].zhong hua zheng xing wai ke za zhi [Chin J Plast Surg,(Article in Chinese;Abstract in Chinese and English)]2000(01):21-22+67 }

[23949] 贾暮云，李宁毅，袁荣涛，祝为桥，樊功力．腓骨肌皮复合组织瓣的临床手术解剖研究 [J]．现代口腔医学杂志，1999（01）：39-41．{Jia Muyun,Li Ningyi,Yuan Rongtao,Zhu Weiqiao,Fan Gongli . The reconstruction of mandible and soft tissue defect with the osteocutaneous free fibula flap [J]. xian dai kou qiang yi xue za zhi[J Modern Stomatol,(Article in Chinese;Abstract in Chinese and English)]1999 (01):39-41.}

[23950] 李宁毅，贾暮云，袁荣涛，樊功力，赵保东，祝为桥．游离腓骨肌皮复合组织瓣一期修复下颌

骨及软组织缺损 [J]. 中华口腔医学杂志，1998（6）. {Li Ningyi,Jia Muyun,Yuan Rongtao,Fan Gongli,Zhao Baodong,Zhu Weiqiao. The reconstruction of mandible and soft tissue defect with the osteocutaneous free fibula flap [J]. zhong hua kou qiang yi xue za zhi [Chin J S tomat ol,(Article in Chinese;Abstract in Chinese and English)],1998(6).}

[23951] 毛广文，辛俊彤，刘延山，贾暮云，袁荣涛. 双层腓骨移植联合牙种植重建下颌咬合功能 [J]. 现代口腔医学杂志，2016，030（004）：221–224. {Mao Guangwen,Xin Juntong,Liu Yanshan,Jia Muyun,Yuan Rongtao. Application of implant and two layers fibular flap in the reconstruction of mandibular occlusal function [J]. xian dai kou qiang yi xue za zhi[J Modern Stomatol,(Article in Chinese;Abstract in Chinese and English)],2016,030(004):221-224.}

[23952] 马凯，冯元勇，孙阳，尚伟，刘杰，柏娜. 下颌骨腓骨移植联合牙种植术后的覆盖义齿修复 1 例 [J]. 华西口腔医学杂志，37（3）. DOI: 10.7518/hxkq.2019.03.021）. {Ma Kai,Feng Yuanyong,Sun Yang,Shang Wei,Liu jie,Bai na. Overdenture restoration after mandibular fibular graft combined with dental implant surgery:a case report [J] hua xi kou qiang yi xue za zhi[West China Journal of Stomatology,(Article in Chinese;Abstract in Chinese and English)],37(3). DOI:10.7518 / hxkq.2019.03.021}

[23953] 贾暮云，李宁毅，袁荣涛，樊功力，赵保东，祝为桥. 下颌骨及其软组织缺损的腓骨肌皮复合组织瓣一期修复 [J]. 青岛医药卫生，1999（4）：252–253. {Jia Muyun,Li Ningyi,Yuan Rongtao,Fan Gongli,Zhao Baodong,Zhu Weiqiao . The reconstruction of mandible and soft tissue defect with the osteocutaneous free fibula flap[J]. qing dao yi yao wei sheng [Qingdao Med J,(Article in Chinese;Abstract in Chinese and English)],1999 (4):252-253.}

[23954] Xu Haoyue ,Gao Ce ,Tao Yueqin ,Yang Xiaochen,Shang Wei,Song Kai. Reconstruction of Anterior Mandible and Mouth Floor Using the Myofascial Iliac Crest Free Flap After Tumor Resection[J]. Ann plast surg,2019,82(4):411-414.DOI:10.1097/SAP.0000000000001649.

[23955] 韩正学，张陈平，季彤，马继壮. 口腔颌面外科医师显微外科培训方法的探讨 [J]. 北京口腔医学，2008，16（5）：293–294. {HAN Zhengxue,ZHANG Chenping,JI Tong,MA Jizhuang. Discussion on microsurgical training methods for oral and maxillofacial surgeons[J]. Beijing Kou Qiang Yi Xue [Beijing J Stom(Article in Chinese;Abstract in Chinese and English)],2008,16(5):293-294.}

[23956] 韩正学，李华，李金忠，邢汝东. 腓骨瓣联合小腿外侧皮瓣修复颌面缺损 [J]. 中华整形外科杂志，2008，24（6）：430–433. {HAN Zhengxue,LI Hua,LI Jinzhong,XING Rudong. Fibular flap combined with lateral calf flap to repair maxillofacial defects[J]. Zhonghua Zheng Xing Wai Ke Za Zhi [Chin J Plast Surg(Article in Chinese;Abstract in Chinese and English)],2008,24(6):430-433.}

[23957] 韩正学，李华，李金忠，李建华，邢汝东. 口腔颌面缺损游离组织移植修复 138 例临床分析 [J]. 北京口腔医学，2010，18（4）：225–227. {HAN Zhengxue,LI Hua,LI Jinzhong,LI Jianhua,XING Rudong. Microvascular free flaps in oral and maxillofacial reconstruction:a report of 138 cases[J]. Beijing Kou Qiang Yi Xue [Beijing J Stom(Article in Chinese;Abstract in Chinese and English)],2010,18(4):225-227.}

[23958] 韩正学，李金忠，李华，苏明，张力伟，吴震，张俊廷. 游离组织瓣移植重建颅内外沟通性缺损的临床研究 [J]. 中华神经外科杂志，2012，28（8）：772–774. {HAN Zhengxue,LI Jinzhong,LI Hua,SU Ming,ZHANG Liwei,WU Zhen,ZHANG Junting. Reconstruction of combined intra-extracranial defects by mycutaneous free flap[J]. Zhonghua Shen Jing Wai Ke Za Zhi [Chin J Neurosurg(Article in Chinese;Abstract in Chinese and English)],2012,28(8):772-774.}

[23959] 韩正学，哈琪. 颞肌筋膜瓣的研究进展 [J]. 国际口腔医学杂志，1997，24（4）：207–209. {HAN Zhengxue,HA Qi. Research progress of temporal muscle fascia flap[J]. Guoji Kou Qiang Yi Xue Za Zhi [Int J Stom(Article in Chinese;Abstract in Chinese and English)],1997,24(4):207-209.}

[23960] 冯芝恩，Kyojin，李博，秦力铮，李华，李建华，邢汝东，韩正学. 累及前颅底肿瘤切除术后的修复重建 [J]. 北京口腔医学，2019，27（01）：32–36. {FENG Zhien,Kyojin,LI Bo,QIN Lizheng,LI Hua,LI Jianhua,XING Rudong,HAN Zhengxue. Reconstruction of the anterior cranial base after resection of the anterior skull base tumor[J]. Beijing Kou Qiang Yi Xue [Beijing J Stom(Article in Chinese;Abstract in Chinese and English)],2019,27(01):32-36.}

[23961] 韩正学，季彤. 上颌骨缺损整复的研究进展 [J]. 国际口腔医学杂志，2003（03）：220–222. {HAN Zhengxue,JI Tong. Research progress on reconstruction of maxillary defects[J]. Guoji Kou Qiang Yi Xue Za Zhi [Int J Stom(Article in Chinese;Abstract in Chinese and English)],2003(03):220-222.}

[23962] 韩正学，季彤，张陈平. 钛下颌骨重建假体修复下颌骨缺损的初步实验研究 [J]. 上海口腔医学，2004（04）：282–285. {HAN Zhengxue,JI Tong,ZHANG Chenping. Reconstruction of mandibular defect by using titanium mandibular prosthesis:a preliminary experimental study[J]. Shanghai Kou Qiang Yi Xue [Shanghai J Stom(Article in Chinese;Abstract in Chinese and English)],2004(04):282-285.}

[23963] 欧阳嘉杰，牛其芳，韩正学. 非酶源一氧化氮及其在游离皮瓣低血再灌注损伤中的作用 [J]. 国际口腔医学杂志，2015，42（01）：106–110. {OUYANG Jiajie,NIU Qifang,HAN Zhengxue. The nitric oxide of nonenzymatic pathway and its role in ischemia-reperfusion injury of free skin flap[J]. Guoji Kou Qiang Yi Xue Za Zhi [Int J Stom(Article in Chinese;Abstract in Chinese and English)],2015,42(01):106-110.}

[23964] 王晓林，苏明，韩正学. 腓骨折叠技术修复下颌骨缺损的临床研究 [J]. 北京口腔医学，2015，23（04）：205–208. {WANG Xiaolin,SU Ming,HAN Zhengxue. Use of double-barrel technique for the reconstruction of mandibular defect[J]. Beijing Kou Qiang Yi Xue [Beijing J Stom(Article in Chinese;Abstract in Chinese and English)],2015,23(04):205-208.}

[23965] 张姝，韩正学. 血管化腓骨移植后供区并发症及功能评价 [J]. 北京口腔医学，2015，23(06)：325–328. {ZHANG Shu,HAN Zhengxue. Evaluation of donor site complications and function after transplantation of vascularized fibula[J]. Beijing Kou Qiang Yi Xue [Beijing J Stom(Article in Chinese;Abstract in Chinese and English)],2015,23(06):325-328.}

[23966] 欧阳嘉杰，李德龙，韩正学. 游离组织瓣缺血再灌注损伤实验动物模型的建立 [J]. 北京口腔医学，2016，24（01）：10–13. {OUYANG Jiajie,LI Delong,HAN Zhengxue. The establishment of animal model of free flap ischemia reperfusion injury in rat[J]. Beijing Kou Qiang Yi Xue [Beijing J Stom(Article in Chinese;Abstract in Chinese and English)],2016,24(01):10-13.}

[23967] 欧阳嘉杰，苏明，李德龙，牛其芳，杨扬，韩正学. 硝酸盐转运蛋白 Sialin 与游离组织瓣缺血再灌注损伤的相关性研究 [J]. 中华显微外科杂志，2017，40（3）：252–256. {OUYANG Jiajie,SU Ming,LI Delong,NIU Qifang,YANG Yang,HAN Zhengxue. Research for relevance between nitrate transporters (Sialin) and ischemia-reperfusion injury in free flaps[J]. Zhonghua Xian Wei Wai Ke Za Zhi [Chin J Microsurg(Article in Chinese;Abstract in Chinese and English)],2017,40(3):252-256.}

[23968] 曲艺，韩正学. 游离组织瓣缺血再灌注后血管形成调节机制的研究进展 [J]. 北京口腔医学，2017，25（06）：355–358. {QU Yi,HAN Zhengxue. Research progress on the regulatory mechanism of vascularization after ischemia-reperfusion of free tissue flap[J]. Beijing Kou Qiang Yi Xue [Beijing J Stom(Article in Chinese;Abstract in Chinese and English)],2017,25(06):355-358.}

[23969] 杨扬，韩正学. 血管内皮细胞在组织缺血再灌注损伤中作用机制的研究进展 [J]. 北京口腔医学，2017，25（05）：294–296. {YANG Yang,HAN Zhengxue. Research progress on the mechanism of vascular endothelial cells in tissue ischemia-reperfusion injury[J]. Beijing Kou Qiang Yi Xue [Beijing J Stom(Article in Chinese;Abstract in Chinese and English)],2017,25(05):294-296.}

[23970] 冯芝恩，王翀，秦力铮，李华，李建华，邢汝东，韩正学. 侧颅底肿瘤的手术入路和修复重建 [J]. 北京口腔医学，2019，27（03）：147–150. {FENG Zhien,WANG Chong,QIN Linzheng,LI Hua,LI Jianhua,XING Rudong,HAN Zhengxue. Surgical approach and reconstruction of tumors in lateral skull base[J]. Beijing Kou Qiang Yi Xue [Beijing J Stom(Article in Chinese;Abstract in Chinese and English)],2019,27(03):147-150.}

[23971] 李德龙，牛其芳，冯芝恩，苏明，欧阳嘉杰，杨扬，李金忠，徐桥石，韩正学 .Notch 信号通路中 HIF–1α 及 Notch–1 在组织瓣缺血再灌注损伤后的表达变化 [J]. 中国口腔颌面外科杂志，2018，16（03）：209–214. {LI Delong,NIU Qifang,FENG Zhien,SU Ming,OUYANG Jiajie,YANG Yang,LI Jinzhong,XU Qiaoshi,HAN Zhengxue. Expression of HIF-1α and Notch-1 induced by hypoxia after ischemia reperfusion injury in tissue flap[J]. Zhongguo Kou Qiang He Mian Wai Ke Za Zhi [China Journal of Oral and Maxillofacial Surgery(Article in Chinese;Abstract in Chinese and English)],2018,16(03):209-214.}

[23972] Li H,Li J,Yang B,Su M,Xing R,Han Z. Mandibular lingual release versus mandibular lip-split approach for expanded resection of middle-late tongue cancer:a case-control study[J]. Journal of cranio-maxillo-facial surgery,2015,43:1054-1058. DOI:10.1016/j.jcms.2015.05.008.

[23973] Li J,Li H,Liu X,Han Z. Surgical treatment of polyostotic craniomaxillofacial fibrous dysplasia in adult:a case report and review of the literature[J]. International journal of clinical and experimental medicine,2015,8:16756-16764.

[23974] Feng Z,Xu QS,Qin LZ,Li H,Li JZ,Su M,Han Z. Risk factors for relapse of middle-stage squamous cell carcinoma of the submandibular region and floor of mouth:the importance of en bloc resection[J]. The British journal of oral & maxillofacial surgery,2016,54:88-93. DOI:10.1016/j.bjoms.2015.09.024.

[23975] Feng Z,Xu QS,Wang C,Li B,Li JZ,Mao MH,Li H,Qin LZ,Han Z. Clinicopathological features,management and outcome of patients with poorly-differentiated oral and oropharyngeal squamous cell carcinoma[J]. Journal of cranio-maxillo-facial surgery,2017,45:1478-1485. DOI:10.1016/j.jcms.2017.06.013.

[23976] Feng Z,Wang C,Li B,Cheng A,Mao M,Han Z. Surgical Management of Giant Cell Tumor Involving the Lateral Skull Base[J]. The Journal of craniofacial surgery,2019,30:1794-1797. DOI:10.1097/SCS.0000000000005519.

[23977] Li B,Wang C,Cheng A,Kim K,Liu H,Li M,Mao M,Han Z,Feng Z. Modified in-continuity resection is advantageous for prognosis and as a new surgical strategy for management of oral tongue cancer[J]. Oral surgery,oral medicine,oral pathology and oral radiology,2019. DOI:10.1016/j.oooo.2019.09.016.

[23978] Wang C,Mao M,Li B,Kim K,Han Z,Feng Z. Surgery Alone Is Effective in the Management of Pediatric Salivary Gland Acinic Cell Carcinoma[J]. Journal of oral and maxillofacial surgery,2019,77:1713-1723. DOI:10.1016/j.joms.2019.01.044.

[23979] 曲延征，戴宏，陈乃俊，陈树华，郑杰. 吻合血管游离髌骨瓣修复下颌骨缺损 [J]. 福建医学院学报，1989，02. {Qu Yanzheng,Dai Hong,Chen Naijun,Chen Shuhua,Zheng Jie. Anastomotic free patella flap for repairing mandibular defects[J].Journal of Fujian Medical College,1989,02.}

[23980] 陈乃俊，戴宏，林李嵩，陈树华，郑杰. 舌癌广泛切除后即刻舌再造 [J]. 福建医学院学报，1993，27（2）：141–143. {Chen Naijun,Dai Hong,Lin Lisong,Chen Shuhua,Zheng Jie. Tongue reconstruction immediately after extensive resection of tongue cancer[J].Journal of Fujian Medical College,1993,27(2):141-143.}

[23981] 戴宏，林李嵩，郑杰，陈乃俊，陈树华，曲延征. 游离组织瓣移植修复口腔颌面部缺损（附 38 例报告）[J]. 福建医学院学报，1994，28（3）：300–301. {Dai Hong,Lin Lisong,Zheng Jie,Chen Naijun,Chen Shuhua,Qu Yanzheng. Free tissue flap transplantation for oral and maxillofacial defects(report of 38 cases) [J]. Journal of Fujian Medical College 1994,28(3):300-301.}

[23982] 陈乃俊，戴宏，林李嵩，施斌. 前臂尺侧游离皮瓣在口腔颌面外科的应用和改进 [J]. 口腔颌面外科杂志 1996，6（2）：93–94. {Chen Naijun,Dai Hong,Lin Lisong,Shi Bin. Application and improvement of forearm ulnar free flap in oral and maxillofacial surgery[J]. Journal of oral and maxillofacial surgery,1996,6(2):93-94.}

[23983] 陈树华，林李嵩，等. 前臂尺侧游离皮瓣在口腔颌面外科的应用和改进 [J]. 口腔颌面外科杂志，1996，6（2）：2.DOI：CNKI：SUN：KQHM.0.1996–02–004. {Chen Shuhua,Lin Lisong et al. Application and improvement of forearm ulnar free flap in oral and maxillofacial surgery,[J].Journal of Oral and Maxillofacial Surgery,1996,6(2):2.DOI:CNKI:SUN:KQHM.0.1996-02-004. }

[23984] 陈乃俊，林李嵩，等. 舌癌的治疗和远期随访 [J]. 口腔颌面外科杂志，1997，7（增）：13–15. {Chen Naijun,Lin Lisong et al. Treatment and long-term follow-up of tongue cancer[J]. Journal of Oral and Maxillofacial Surgery,1997,7(Supplement):13-15. }

[23985] 陈树华，陈乃俊，林李嵩，等. 前臂掌侧正中皮瓣修复口腔颌面部缺损 5 例报告 [J]. 福建医科大学学报，1998，32（1）：82–83. {Chen Shuhua Chen Naijun Lin Lisong et al. Report of 5 cases of forearm palmar median skin flap repairing oral and maxillofacial defects[J].Journal of Fujian Medical University,1998,32(1):82-83.}

[23986] 林李嵩，竺涵光，施斌，许卫红，陈乃俊，黄晓红. 游离腓骨肌（皮）瓣在下颌骨重建中的应用 [J]. 福建医科大学学报，1999，33（1）：66–68. {Lin Lisong,Zhu Hanguang,Shi Bin,Xu Weihong,Chen Naijun,Huang Xiaohong. Application of free fibula(cutaneous) flap in mandible reconstruction[J].Journal of Fujian Medical University,1999,33(1):66-68.}

[23987] 江灿洋，黄立，李军，邱宇，高炳菊，林李嵩. 腓骨肌皮瓣修复 6 岁儿童创伤性口腔颌面部缺损：1 例报告及文献复习 [J]. 中国口腔颌面外科杂志，2018，16（05）：475–477. {Jiang Canyang,Huang Li,Li Jun,Qiu Yu,Gao Bingju,Lin Lisong. Oral and maxillofacial reconstruction with a fibular osteocutaneous free flap in a 6-year-old child with trauma:report of a case and literature review[J]. Chinese Journal of Oral and Maxillofacial Surgery,2018,16(05):475-477.}

[23988] 林李嵩，黄立，连晓妹，郭海啸，王铁生，倪成亮. 兔同种异体颜面复合软组织瓣移植及组织瓣再血管化的研究 [J]. 中国口腔颌面外科杂志，2010，08（06）：536–541. {Lin Lisong,Huang Li,Lian Xiaomei,Guo Haixiao,Wang Tiesheng,Ni Chengliang. Composite tissue allotransplantation and revascularization of the flap composite in rabbits[J].Chinese Journal of Oral and Maxillofacial Surgery,2010,08(06):536-541.}

[23989] 林李嵩，黄立，王铁生，倪成亮，廖云阳. 犬同种异体颜面复合组织移植模型的建立及面神经再生的初步研究 [J]. 福建医科大学学报，2010，44（06）：393–398. {Lin Lisong,Huang Li,Wang Tiesheng,Ni Chengliang,Liao Yunyang. The Mode Building of Dog Facial Composite Tissue Allograft and the Preliminary Study of Facial Nerve Regeneration[J].Journal of Fujian Medical University,2010,44(06):393-398}

[23990] 王铁生，黄立，施斌，朱小峰，林耿冰，林李嵩. 兔同种异体颜面移植皮肤及附属器变化的实验研究 [J]. 福建医科大学学报，2010，44（06）：399–402. {Wang Tiesheng,Huang Li,Shi Bin,Zhu Xiaofeng,Lin Gengbing,Lin Lisong. Study on Changes of Hemifacial Composite Tissue and its Appendages after Allotransplantation in Rabbits[J].Journal of Fujian Medical University,2010,44(06):399-402.}

[23991] 黄立，王铁生，连晓妹，倪成亮，廖云阳，林李嵩. 兔同种异体颜面复合组织移植后免疫抑制剂的应用研究 [J]. 福建医科大学学报，2010，44（06）：403–407. {Huang Li,Wang Tiesheng,Lian Xiaomei,Ni Chengliang,Liao Yunyang,Lin Lisong. The Application Research of Immunosuppressant of Rabbit Facial Composite Tissue Allograft after Transplantation[J].Journal of Fujian Medical University,2010,44(06):403-407.}

[23992] 黄立，王铁生，施斌，黄跃，倪成亮，林李嵩．兔同种异体颜面复合组织移植后面神经再生的初步研究[J]. 中国美容整形外科杂志，2011，22（03）：168-172. {Huang Li,Wang Tiesheng,Shi Bin,Huang Yue,Ni Chengliang,Lin Lisong. Regeneration of facial nerve in hemifacial composite tissue allotransplantation in rabbits[J].Chinese Journal of Aesthetic and Plastic Surgery,2011,22(03):168-172.}

[23993] 王铁生，黄立，施斌，朱小峰，林耿冰，林李嵩．犬颜面复合组织移植及皮肤附属器变化的观察[J]. 福建医药杂志，2011，02：1-4. {Wang Tiesheng,Huang Li,Shi Bin,Zhu Xiaofeng,Lin Gengbing,Lin Lisong. Study on the changes of skin and appendages of hemifacial composite tissue allotransplantation in canines[J].Fujian Medical Journal,2011,02:1-4.}

[23994] 邱宇，林李嵩，施斌，朱小峰，黄立，黄跃，廖云阳．分叶股前外侧皮瓣在口腔颌面部缺损中的修复应用[J]. 福建医科大学学报，2015，49（05）：326-329．{Qiu Yu,Lin Lisong,Shi Bin,Zhu Xiaofeng,Huang Li,Huang Yue,Liao Yunyang,The Ramified Musculocutaneous Flaps of Anterolateral Thigh Flap for Reconstruction of Complicated Oral and Maxillofacial Defect[J].Journal of Fujian Medical University,2015,49(05):326.}

[23995] 江灿洋，施斌，黄建平，江燕，朱小峰，黄立，林李嵩．游离血管化复合组织瓣在口腔颌面部严重创伤性缺损畸形整复中的应用：11 例临床分析[J]. 中国口腔颌面外科杂志，2020，18（2）：5.DOI:10.19438/j.cjoms.2020.02.014. {Jiang Canyang，Shi Bin，Huang Jianping，Jiang Yan，Zhu Xiaofeng，Huang Li，Lin Lisong，Reconstructing severe traumatic oro-maxillofacial defects and deformities with free vascularized composite tissue flaps: clinical analysis of 11 consecutive cases[J]. Chinese Oral and Maxillofacial Surgery，2020，18（2）：5.DOI:10.19438/j.cjoms.2020.02.014. }

[23996] 高宁，付坤，何巍，娄卫华．折叠腓骨复合瓣修复下颌骨成釉细胞瘤术后缺损的序列治疗[J]. 中华显微外科杂志，2017，40（3）：265-268. DOI：10.3760/cma.j.issn.1001—2036.201703.016 {GAO Ning,FU Kun,HE Wei,LOU Weihua.Sequential treatment of mandibular ameloblastoma after folding fibula composite flap[J]. Zhonghua Xian Wei Ke Za Zhi[Chin J Microsurg(Article in Chinese;Abstract in Chinese)]2017,40(3):265-268. DOI:10.3760/cma.j.issn.1001-2036.2017.03.016}

[23997] 高宁，刘颖蒙，付坤，何巍．折叠腓骨瓣修复下颌骨缺损后种植修复的疗效观察[J]. 中华口腔医学杂志，2018，53（1）：26-29. DOI：10. 3760/cma. j. issn. 1002-0098. 2018. 01. 006 {GAO Ning,LIU Yingmeng,FU Kun,HE Wei.Implant restoration on folded fibular graft for the repair of mandibular defect[J].Zhonghua Kou Qiang Yi Xue Za Zhi[Chinese Journal of Stomatology(Article in Chinese;Abstract in Chinese and English)],2018,53(1):26-29.DOI:10.3760/cma.j.issn.1002-0098.2018.01.006}

[23998] 李锐，何巍，刘一鸣，李文鹿，王茜，付坤．游离股前外侧皮瓣在口腔颌面部缺损修复中的应用效果分析[J]. 河南医学研究，2016，25（12）：2143-2145. DOI：10. 3969/j.issn.1004-437X.2016.12.011 {LI Rui,HE Wei,LIU Yiming,LI Wenlu,WANG Xian,FU Kun.Application of free anterolateral femoral skin flap in the repair of oral and maxillofacial defects[J]. Henan Yi Xue Yan Jiu[Henan Medical Research(Article in Chinese;Abstract in Chinese)],2016,25(12):2143-2145. DOI:10.3969/j.issn.1004-437X.2016.12.011}

[23999] 秦帅华，李新明，李文鹿．游离腓骨肌皮瓣修复下颌骨成釉细胞瘤术后患者生存质量及其医学特征相关性研究[J]. 临床口腔医学杂志，2018，34（3）：153-156. DOI：10.3969/j.issn.1003.1634.2018.03007 {QIN Shuaihua,LI Xinming,LI Wenlu. Study on the relationship between the quality Of life and the medical characteristics of patients with ameloblastoma treated by free fibulamyocutaneous flap[J]. Lin Chuang Kou Qiang Yi Xue Za Zhi[Journal of Clinical Stomatology(Article in Chinese;Abstract in Chinese and English)],2018,34(3):153-156. DOI:10.3969/j.issn.1003.1634.2018.03007}

[24000] 刘学军，韩新光，陈薇．游离不同部位皮瓣在舌癌术后缺损修复中的应用[J]. 现代诊断与治疗，2018，29（10）：1605-1606. DOI：1011-8174（2018）10-1605-02 {LIU Xuejun,HAN Xinguang,CHEN Wei.Application of free flaps in different parts in postoperative defect repair of tongue cancer[J].Xian Dai Zhen Duan Yu Zhi Liao [Mod Diagn Treat (Article in Chinese;Abstract in Chinese)]2018,29(10):1605-1606.DOI:1011-8174(2018)10-1605-02}

[24001] 李新明，何伟，何巍，王海斌．应用额瓣整复老年颊癌患者术后缺损[J]. 现代肿瘤医学，2004，12（3）：208-209. DOI：1672-4992（2004）03-208-02 {LI Xinming,HE Wei,HE Wei,Wang Haibin. Reconstruction of cheek with forehead flap in elders with oral cancer[J]. Xian Dai Zhong Liu Yi Xue[Modern oncology(Article in Chinese;Abstract in Chinese and English)],2004,12(3):208-209.DOI:1672-4992(2004)03-208-02}

[24002] 李星，高宁，林楠，何巍．血管化腓骨瓣修复下颌骨缺损患者的生命质量调查[J]. 中华显微外科杂志，2018，41（2）：174-176. DOI：37360/ema.j.issn.1001-2036.2018.02.019 {LI Xing,GAO Ning,LIN Nan,HE Wei. Quality of life in patients with mandibular defects repaired by vascularized fibula flap[J].Zhonghua Xian Wei Ke Za Zhi[Chin J Microsurg(Article in Chinese;Abstract in Chinese)],2018,41(2):174-176.DOI:3760 / ema. j. issn. 1001-2036. 2018. 02. 019}

[24003] 杨彩玲，韩新光．胸锁乳突肌肌皮瓣修复口腔癌术后组织缺损 22 例疗效分析[J]. 郑州大学学报（医学版），2007（04）：774-776 {YANG Cailing,HAN Xinguang.Efficacy analysis of 22 cases of sternocleidomastoid muscle skin flap repairing tissue defects after oral cancer [J] . Zhengzhou Da Xue Xue Bao (Yi Xue Ban)[Journal of Zhengzhou University (Medical Edition),(Article in Chinese;Abstract in Chinese)]2007 (04):774-776}

[24004] 孙明磊，乔永明，尚君兰，谢卫红，王海斌，赵军方．显微外科手术治疗创伤性面神经损伤的探讨[J]. 中华显微外科杂志，2011，34（3）：244-246. {SUN Minglei,QIAO Yongming,Shang Junlan,Xie Weihong,Wang Haibin,Zhao Junfang. Discussion on microsurgical treatment of traumatic facial nerve injury [J]. Zhonghua Xian Wei Ke Za Zhi[Chinese Journal of Microsurgery,(Article in Chinese;Abstract in Chinese)]2011,34 (3):244-246.}

[24005] 李新明，李峰，崔文光，龚建民，刘学杰，何巍，姜国城．细针吸取活检对腮腺肿瘤的诊断价值[J]. 上海口腔医学，2001，10（4）：374-375. {LI Xinming,LI Feng,CUI Wenguang,GONG Jianmin,LIU Xuejie,HE Wei,JIANG Guocheng. Preliminary Assessment of Fine Needle Aspiration Biopsy in the Diagnosis of Parotid Tumors[J].Shanghai Journal of Stomatology(Article in Chinese;Abstract in Chinese)2001,10 (4):374-375.}

[24006] 付坤，高宁，李文鹿，李锐，裴飞，谢卫红，乔永明，何巍．微血管吻合器在口腔颌面部游离皮瓣修复重建中的应用[J]. 中华显微外科杂志，2016，39（1）：66-69. {FU Kun,GAO Ning,LI Wenlu,LI Rui,PEI Fei,XIE Weihong,QIAO Yongming,HE Wei. Application of microvascular stapler in repair and reconstruction of oral and maxillofacial free skin flap [J] .Zhonghua Xian Wei Ke Za Zhi[Chinese Journal of Microsurgery ,(Article in Chinese;Abstract in Chinese)]2016,39 (1):66-69.}

[24007] 李文鹿，乔永明，李锐，付坤，何巍．数字化与 3D 打印技术辅助腓骨皮瓣修复重建上颌骨缺损八例[J]. 中华显微外科杂志，2018，41（3）：273-275. {LI Wenlu,QIAO Yongming,LI Rui,FU Kun,HE Wei. Digital and 3D printing technology assisted fibula skin flap in reconstruction and reconstruction of maxillary defects [J]. Zhonghua Xian Wei Ke Za Zhi[Chinese Journal of Microsurgery,(Article in Chinese;Abstract in Chinese)]2018,41 (3):273-275.}

[24008] 付坤，高宁，裴飞，张文，何巍．数字化技术在游离腓骨瓣功能重建下颌骨中的应用[J]. 中华显微外科杂志，2015，38（5）：489-491. {FU Kun,GAO Ning,PEI Fei,ZHANG Wen,HE Wei. Application of digital technology in the reconstruction of mandible with free fibula flap function [J]. Zhonghua Xian Wei Ke Za Zhi[Chinese Journal of Microsurgery,(Article in Chinese;Abstract in Chinese)] 2015,38 (5):489-491.}

[24009] 李青川，李新明，赵军方，谢卫红，方政．舌鳞癌中微淋巴管密度与淋巴结转移之间的关系[J]. 中国实用医刊，2009，36（6）：13-15. {LI Qingchuan,LI Xinming,ZHAO Junfang,XIE Weihong,FANG Zheng. Relationship between microlymphatic vessel density and lymph node metastasis in tongue squamous cell carcinoma [J]. Chinese Journal of Practical Medicine,(Article in Chinese;Abstract in Chinese and English)2009,36 (6):13-15.}

[24010] 冯燕平，傅红，李静，孙明磊．舌癌联合根治并同期前臂皮瓣修复术的手术室护理配合[J]. 临床医学，2018，38（10）：126-128. {FENG Yanping,FU Hong,LI Jing,SUN Minglei. Nursing cooperation in the operating room with tongue cancer combined with radical forearm flap repair [J] .Clinical Medicine,(Article in Chinese;Abstract in Chinese and English)2018,38 (10):126-128.}

[24011] 王烨华，何巍，朱青．驱血带在游离腓骨肌皮瓣修复下颌骨缺损手术中的应用价值[J]. 郑州大学学报（医学版），2019，54（5）：783-785. {WANG Yihua,HE Wei,ZHU Qing. Application value of blood transfusion band in repairing mandibular defect with free fibula myocutaneous flap [J].Zhengzhou Da Xue Xue Bao (Yi Xue Ban)[Journal of Zhengzhou University (Medical Edition),(Article in Chinese;Abstract in Chinese)]2019,54 (5):783-785.}

[24012] 乔永明，刘一鸣，李锐，等．颞下颌关节脱位手术治疗的回顾性研究[J]. 华西口腔医学杂志，2018，36（3）：262-266. DOI：10. 7518/hxkq. 2018. 03. 006 {QIAO Yongming,LIU Yiming,LI Rui,et al. Retrospective study on surgical treatment of temporomandibular joint dislocation [J] .West China Journal of Stomatology,(Article in Chinese;Abstract in Chinese)2018,36 (3):262-266. DOI:10.7518 / hxkq.2018.03.006}

[24013] 杨彩玲，韩新光．邻近带蒂肌皮瓣整复口腔癌术后组织缺损[J]. 医药论坛杂志，2007，28（11）：11-12. DOI：10.3969/j.issn.1672-3422.2007.11.005. {YANG Cailing,HAN Xinguang. Adjacent pedicled musculocutaneous flap for tissue defects after oral cancer surgery [J]. Journal of Medical Forum,(Article in Chinese;Abstract in Chinese) 2007,28 (11):11-12. DOI:10.3969/j.issn.1672-3422.2007. 11.005.}

[24014] 李新明，王海斌，何巍，何伟，孙明磊，韩新光，宋忠臣，赵军方．口腔癌术后组织缺损胸大肌肌皮瓣移植修复 4 例体会[J]. 郑州大学学报（医学版），2007，42（1）：171-172. {LI Xinming,WANG Haibin,HE Wei,HE Wei,SUN Minglei,HAN Xinguang,SONG Zhongchen,ZHAO Junfang. Four Cases of Tissue Defect Pectoralis Major Myocutaneous Flap Graft Repair for Postoperative Oral Cancer [J] .Zhengzhou Da Xue Xue Bao (Yi Xue Ban)[Journal of Zhengzhou University (Medical Edition) ,(Article in Chinese;Abstract in Chinese)]2007,42 (1):171-172.}

[24015] 韩新光．颈部淋巴结窦腔结构观察[J]. 郑州大学学报（医学版），2007，42（3）：518-520. {HAN Xinguang. Observation of lymph nodal sinus of neck[J]. Zhengzhou Da Xue Xue Bao (Yi Xue Ban)[Journal of Zhengzhou University(Medical Sciences)(Article in Chinese;Abstract in Chinese and English)],2007,42(3):518-520.DOI:10.3969/j.issn.1671-6825.2007.03.047}

[24016] 王宏伟，何晨辉，李兰兰，何龙，张卫，艾艳秋，杨建军，何巍．喉上神经阻滞联合环甲膜穿刺气道表面麻醉用于 Pierre Robin 综合征患儿气管插管术的效果[J]. 中华麻醉学杂志，2018，38（9）：1111-1113. {WANG Hongwei,HE Chenhui,LI Lanlan,HE Long,ZHANG Wei,AI Yanqiu,YANG Jianjun,HE Wei. Efficacy of airway topical anesthesia with combination of superior laryngeal nerve block and thyrocricoid membrane puncture for tracheal intubation in pediatric patients with Pierre Robin Sequence[J]. Zhonghua Ma Zui Xue Za Zhi [Chinese Journal of Anesthesiology (Article in Chinese;Abstract in Chinese and English)],2018,38(9):1111-1113. DOI:10.3760/cma.j.issn.0254-1416.2018.09.022}

[24017] 高宁，付坤，何巍．股前外侧皮瓣修复舌根癌的生活质量调查[J]. 中华耳鼻咽喉头颈外科杂志，2018，53（3）：214-218. {GAO Ning,FU Kun,HE Wei. Assessment of the quality of life of tongue base cancer patients after reconstruction with anterolateral thigh perforator flap [J]. Zhonghua Er Bi Yan Hou Tou Jing Wai Ke Za Zhi [Chinese Journal of Otorhinolaryngology Head and Neck Surgery(Article in Chinese;Abstract in Chinese and English)],2018,53(3):214-218.DOI:10.3760/cma.j.issn.1673-0860.2018.03.009}

[24018] 邓娜，何巍，李锐，李文鹿，高宁，张文．股前外侧穿支皮瓣修复口腔癌术后缺损患者的生活质量评估[J]. 华西口腔医学杂志，2015，(2)：197-200. {DENG Na,HE Wei,LI Rui,LI Wenlu,GAO Ning,ZHANG Wen. Assessment of the quality of life of oral cancer patients after reconstruction with free anterolateral thigh perforator flaps[J]. Huaxi Kou Qiang Yi Xue Za Zhi [West China Journal of Stomatology(Article in Chinese;Abstract in Chinese and English)],12015,(2):197-200.DOI:10.7518/hxkq.2015.02.019}

[24019] 高宁，付坤，何巍，娄卫华．腓骨瓣重建治疗外伤性上颌骨缺损[J]. 中华创伤杂志，2016，32（12）：1105-1107. {GAO Ning,FU Kun,HE Wei,LOU Weihua. Fibula flap reconstruction for traumatic maxillary defect[J]. Zhonghua Chuang Shang Za Zhi [Chinese Journal of Trauma],2016,32(12):1105-1107. DOI:10.3760/cma.j.issn.1001-8050.2016.12.011}

[24020] 高宁，付坤，何巍．腓骨瓣修复下颌骨缺损患者的生命质量调查[J]. 中华口腔医学杂志，2018，53（6）：408-412. {GAO Ning,FU Kun,HE Wei. Assessment of the quality of life of mandible defect after reconstruction with fibula flap [J]. Zhonghua Koa Qiang Yi Xue Za Zhi [Chinese Journal of Stomatology (Article in Chinese;Abstract in Chinese and English)],2018,53(6):408-412. DOI:10.3760/cma.j.issn.1002-0098.2018.06.009}

[24021] 杨彩玲，韩新光．带血管蒂的上斜方肌皮瓣的临床应用[J]. 医药论坛杂志，2007，28（3）：19-20. {YANG Cailing,HAN Xinguang. Application of Superior Trapezius Myocutaneous Flap with Vascular Pedicle [J]. Yi Yao Lun Tan Za Zhi [Journal of Medical Forum(Article in Chinese;Abstract in Chinese and English)],2007,28(3):19-20. DOI:10.3969/j.issn.1672-3422.2007.03.008}

[24022] 王海斌，李新明，韩新光，何巍，孙明磊，赵军方，谢卫红．带蒂肌皮瓣移植在口腔颌面部肿瘤术后缺损整复中的临床应用[J]. 中原医刊，2008，35（2）：1-3. {WANG Haibin,LI Xinming,HAN Xinguang,HE Wei,SUN Minglei,ZHAO Junfang,XIE Weihong .Pedicled myocutaneous flap for reconstruction of oral and maxillofacial defect after ablative surgery of neoplasm[J]. Zhongyuan Yi Kan [Zhongyuan Medical Journal(Article in Chinese;Abstract in Chinese and English)],2008,35(2):1-3.DOI:10.3760/cma.j.issn.1674-4756.2008.02.001}

[24023] 王海斌，李新明，韩新光，何巍，孙明磊，赵军方．带蒂肌皮瓣修复口腔颌面部缺损 63 例[J]. 郑州大学学报（医学版），2009，44（4）：881-882. {WANG Haibin,LI Xinming,HAN Xinguang,HE Wei,SUNn Minglei,ZHAO Junfang .Construction of Oral and Maxillofacial Defect after operation with Massive Pedicle Myocutaneous Flap[J].Zhengzhou Da Xue Xue Bao (Yi Xue Ban)[Journal of Zhengzhou University(Medical Sciences)(Article in Chinese;Abstract in Chinese and English)],2009,44(4):881-882.DOI:10.3969/j.issn.1671-6825.2009.04.074}

[24024] 李新明，王海斌，何巍，赵军方，孙明磊．大型带蒂肌皮瓣修复口腔颌面肿瘤术后缺损[J]. 医药论坛杂志，2007，28（23）：14-16. {LI Xinming,WANG Haibin,HE Wei,ZHAO Junfang,SUN Minglei.Repair of 63 cases of oral and maxillofacial defects with pedicled myocutaneous flap[J]. Yi Yao Lun Tan Za Zhi [Journal of Medical Forum(Article in Chinese;Abstract in Chinese and English)],2007,28(23):14-16.DOI:10.3969/j.issn.1672-3422.2007.23.006}

[24025] 陈传俊，王祎，王来平，周瑜，朱伟政，彭晖，项先旺，章礼玉．前臂 Kiss 皮瓣设计及其应用价值探讨[J]. 中国口腔颌面外科杂志，2019，17（4）：359-531. {CHEN Chuanjun,WANG Yi,WANG Laiping,ZHOU Yu,ZHU Weizhen,PENG Hui,XIANG Xianwang,ZHANG Liyu. Kiss flap design of radial forearm flap for primary closure of donorsite without skin-grafting[J]. Zhongguo Kou Qiang He Mian Wai Ke Za Zhi [China Journal of Oral and Maxillofacial Surgery,(Article in Chinese;Abstract in English and Chinese)],2019,17(4):359-531. }

[24026] 陈传俊，吴晓亮，朱祖武，李志来，李容新，王来平．延迟打结全程单线双针显微血管吻合法的临床价值及其可行性[J]. 安徽医学，2008，29（2）：103-105. {CHEN Chuanjun,WU Xiaoliang,ZHU Zuwu,LI Zhilai,LI Rongxin,WANG Laiping. The clinical significance of delayed knotting with single-thread double needle anastomosis over the entire mirocr-vascular anastomotic period and its feasibility[J]. An Hui Yi Xue [(Article in Chinese;Abstract in English and Chinese)],2008,29(2):103-105. }

[24027] 陈传俊，董佳生，李志来，吴晓亮，葛婷．预构前臂皮瓣唇再造的适形设计和外科操作[J]. 口

腔医学，2008，28（3）：120-122. {CHEN Chuanjun,DONG Jiasheng,LI Zhilai,WU Xiaoliang,GE Ting. Conformal prelamination and surgical procedures of prefabricated radical forearm flaps for construction of lips [J]. Kou Qiang Yi Xue [Stomatology,(Article in Chinese;Abstract in English and Chinese)],2008,28(3):120-122.}

[24028] 陈传俊，郑家伟，张志愿，董佳生. 预制皮瓣在口腔颌面部缺损修复中的应用 [J]. 中国口腔颌面外科杂志，2005，3（3）：242-245. {CHEN Chuanjun,ZHENG Jiawei,ZHANG Zhiyuan,DONG Jiasheng. Application of prefabricated flaps for reconstrution of oral and maxillofacial defects[J]. Zhongguo Kou Qiang He Mian Wai Ke Za Zhi [China Journal of Oral and Maxillofacial Surgery,(Article in Chinese;Abstract in English and Chinese)],2005,3(3):242-245.}

[24029] 陈志方，陈传俊. 穿支皮瓣及其在口腔颌面部的应用 [J]. 国外医学口腔医学分册，2005，32（4）：303-304.310. {CHEN Zhifang,CHEN Chuanjun. Perforator flap and its application in oral and maxillofacial region[J]. Guo Wai Yi Xue Kou Qiang Yi Xue Fen Ce [(Article in Chinese;Abstract in Chinese)],2005,32(4):303-304.310.}

[24030] Bikash Chaudhary,ZhongCheng Gong(通讯作者),Zhaoquan Lin,Keremu Abbas,Bin Ling,Liu H. Reconstruction of intraoral maxillary defect with buccal fat pad[J]. J Cranio-fac Surg, November,2014,25(6):2174-2177. doi:10.1097/SCS.0000000000001075.

[24031] Bin Ling,Yanyan Wang,Zhongcheng Gong,Zhaoquan Lin. The submental island flap in lingual cancer reconstruction[J]. Int J Clin Exp Med, 2016,9(7):14376-14382.

[24032] 龚忠诚，林兆全，阿地力．莫明，凌彬，扈梅，刘慧，王玲，龙星. 应用前额皮瓣修复鼻和睑部眶下区基底细胞癌切除术后缺损 [J]. 中华医学美学美容杂志，2010，16（2）：361-363. {Gong Zhongcheng,Lin Zhaoquan,Adili.Momin,Ling Bin,Hu Mei,Liu Hui,Wang Ling,Long Xing. Application of frontal flap for reconstruction of the defects in the nosal and inferior orbital region after resection of the basal cell carcinoma[J]. Zhonghua Yi Xue Mei Xue Mei Rong Za ZHi [Chinese Journal of Medical Aesthetics and Cosmetology,(Article in Chinese;Abstract in Chinese)] 2010,16(2):361-363.}

[24033] 龚忠诚，凌彬，克热木. 阿巴司，尹小朋，刘慧，夏辉，林兆全. 胸锁乳突肌瓣在腮腺良性肿瘤切除术中的应用 [J]. 国际口腔医学杂志，2013，40（1）：37-39. {GONG Zhongcheng1,LING Bin1,KEREMU Abass1,YIN Xiaopeng1,LIU Hui1,SHAO Bo1,WANG Bing1,XIA Hui2,LIN Zhaoquan. Reconstruction after parotidectomy using sternocleidomastoid flap[J]. Guo Ji Kou Qiang Yi Xue Za Zhi [International Journal of Stomatology,(Article in Chinese;Abstract in Chinese)]2013,40(1):37-39.}

[24034] 龚忠诚，贺多敏，凌彬，克热木. 阿巴司，刘慧，尹小朋，夏辉，林兆全. 颏下岛状瓣修复口腔癌术后缺损的临床应用 [J]. 中国美容医学杂志，2012，21（9）：1501-1504. {GONG Zhongcheng1,HE Duoming1,LING Bin1,KEREMU Abass1,LIU Hui1,YIN Xiaopeng1,XIA Hui2,LIN Zhaoquan. The submental island flap for reconstruction of intraoral defects in oral cancer patients[J]. Zhong Guo Mei Rong Yi Xue Za Zhi [Chinese Journal of Aesthetic Medicine,(Article in Chinese;Abstract in Chinese)]2012,21(9):1501-1504.}

[24035] 凌彬，克热木·阿巴斯，扈梅，尹小朋，胡露露，林兆全，龚忠诚（通讯作者）. 双叶瓣在颧面部皮肤癌术后缺损修复中的应用 [J]. 中国修复重建外科杂志，2013，27（1）：94-96. {Ling Bin,Keremu.Abass,Hu Mei,Yin Xiaopeng,Hu Lulu,Lin Zhaoquan,Gong Zhongcheng. Reconstruction of zygomatic-facial massive defect using modified bilobed flap after resection of skin cancer[J]. Zhong Guo Xiu Fu Chong Jian Wai Ke Za Zh [Chinese Journal of Reparative and Reconstructive Surgery,(Article in Chinese;Abstract in Chinese)]2013,27(1):94-96.}

[24036] 克热木. 阿巴司，赵莉，刘慧，林兆全，龚忠诚（通讯作者）. 游离组织皮瓣修复口腔颌面部恶性肿瘤切除术后组织缺损疗效及并发症观察 [J]. 中国美容医学，2016，25（12）：39-42. {Keremu Abasi,Zhao Li,Liu Hui,Lin Zhaoquan,Gong Zhongcheng. Clinical effect and complication of free tissue flap for reconstruction of tissue defects after oral and maxillofacial malignant tumor resection[J]. Zhong Guo Mei Rong Yi Xue Za Zhi [Chinese Journal of Aesthetic Medicine. (Article in Chinese;Abstract in Chinese)] 2016,25(12):39-42.}

[24037] 克热木·阿巴司，赵莉，刘慧，林兆全，龚忠诚（通讯作者）. 游离组织皮瓣移植修复口腔颌面部恶性肿瘤切除术后组织缺损疗效及并发症观察 [J]. 中国美容医学，2016，25（12）：39-42. {ABASI Keremu,ZHAO Li,LIU Hui,LIN Zhao-quan,GONG Zhong-cheng. Clinical effect and complication of free tissue flap for reconstruction of tissue defects after oral and maxillofacial malignant tumor resection[J]. Zhong Guo Mei Rong Yi Xue Za Zhi [Chinese journal of aesthetic medicine,(Article in Chinese;Abstract in Chinese)] 2016,25(12):39-42.}

[24038] 尹小朋，许慧芬，刘慧，胡露露，凌彬，王冰，邵博，龚忠诚（通讯作者）. 带蒂颊脂垫瓣与碘仿纱条在腭裂松弛切口处理中的对比分析 [J]. 中国美容医学，2018，27（7）：108-111. {YIN Xiao-peng,XU Hui-fen ,LIU Hui,LING Bin,WANG Bing,SHAO Bo,GONG Zhong-cheng. Comparative analysis of pedicled buccal fat pad flap and iodoform gauze in cleft palate relaxation incision[J]. Zhong Guo Mei Rong Yi Xue Za Zhi [Chinese journal aesthetic medicine,(Article in Chinese;Abstract in Chinese)] 2018,27(7):108-111.}

[24039] B. Yu,L.S. He,Y.P. Liu. Application of different flaps in immediate reconstruction of maxillary defect[J]. Zhongguo Xiu Fu Chong Jian Wai Ke Za Zhi,2013,17:478-479.

[24040] L. Wang,Y. Zhao,X. Cheng,Y. Yang,G. Liu,Q. Ma,H. Shang,L. Tian,D. Lei. Effects of locally applied Nerve Growth Factor to the inferior alveolar nerve histology in a rabbit model of mandibular distraction osteogenesis[J]. Int J Oral Maxillofac Surg,2009,38:64-69. DOI:10.1016/j.ijom.2008.11.010.

[24041] L.L. Ren,D.Y. Ma,X. Feng,T.Q. Mao,Y.P. Liu,Y. Ding. A novel strategy for prefabrication of large and axially vascularized tissue engineered bone by using an arteriovenous loop[J]. Med Hypotheses,2008,71:737-740. DOI:10.1016/j.mehy.2008.06.032.

[24042] W. Fang,Y.P. Liu,Q. Ma,B.L. Liu,Y. Zhao. Long-term results of mandibular reconstruction of continuity defects with fibula free flap and implant-borne dental rehabilitation[J]. Int J Oral Maxillofac Implants,2015,30:169-178. DOI:10.11607/jomi.360610.11607/jomi.3691.

[24043] W. Fang,Y.P. Liu,Q. Ma,B.L. Liu,Y. Zhao.Long-term results of mandibular reconstruction of continuity defects with fibula free flap and implant-borne dental rehabilitation[J].int j oral maxillofac implants,2014.DOI:10.11607/jomi.3606.

[24044] X.B. Cheng,D.L. Lei,Y.P. Li,L. Tian,Y.P. Liu,X.H. Feng,X.G. Hu,M.Y. Sun,Q. Ma,T.Q. Mao,B.L. Liu,Y.M. Zhao,Z.H. Feng,L.X. Xu,H. Zhang,T.C. Zhang,R. Liu,L. Shen. Surgical treatment of a giant neurofibroma[J]. J Craniofac Surg,2011,22:2244-2246. DOI:10.1097/SCS.0b013e31823270cb.

[24045] Y. Liu,Q. Ma,J. Zhao,L. Tian,S. Bai,B. Liu,Y. Zhao,A comprehensive strategy for reconstruction of a missing midface[J]. Plast Reconstr Surg Glob Open,2015,3:e446. 10.1097/gox.0000000000000376.

[24046] 白石柱，马秦，雷德林，毕云鹏，王博 .CAD/CAM 技术在游离腓骨瓣移植重建下颌骨中的应用 [J]. 实用口腔医学杂志，2010，26（04）：486-490. {BAI Shizhu,MA Qin,LEI Delin,BI Yunpeng,WANG Bo.Application of CAD/CAM in mandibular defects reconstruction with free fibular flap[J].Shi Yong Kou Qiang Yi Xue Za Zhi [J Pract Stomatol(Article in Chinese;Abstract in Chinese and English)],2010,26(04):486-490.}

[24047] 白振西，顾晓明，雷德林，刘彦普，程晓兵，张俊睿. 背阔肌组织瓣在口腔颌面外科中的应用 [J]. 第四军医大学学报，2002（03）：204-206. {BAI Zhenxi,GU Xiaoming,LEI Delin,LIU Yanpu,CHENG Xiaobing,ZHANG Junrui.Use of latissimus dorsi tissues flap in oral and maxillofacial reconstruction[J].Di Si Jun Yi Da Xue Xue Bao [J Fourth Milit Med Univ(Article in Chinese;Abstract in Chinese and English)],2002(03):204-206.}

[24048] 白振西，顾晓明，雷德林，刘彦普，刘宝林. 前臂桡侧皮瓣在口腔颌面外科的应用——附 57 例临床分析 [J]. 口腔医学研究，2002（03）：198-200. {BAI Zhenxi,GU Xiaoming,LEI Delin,LIU Yanpu,LIU Baolin.Radial forearm flap transfer for oral and maxillofacial reconstruction-clinical analysis of 57 cases[J].Kou Qiang Yi Xue Yan Jiu [Dental Res(Article in Chinese;Abstract in Chinese and English)],2002(03):198-200.}

[24049] 白振西，顾晓明，李兵仓，王昭领，周树夏，雷德林，刘彦普. 颌面部爆炸伤软组织缺损早期修复的实验研究 [J]. 实用口腔医学杂志，2002（03）：223-225. {BAI Zhenxi,GU Xiaoming,LI Bingcang,WANG Zhaoling,ZHOU Shuxia,LEI Delin,LIU Yanpu.Early reconstruction for soft tissue defect in maxillofacial explosive injury[J].Shi Yong Kou Qiang Yi Xue Za Zhi [J Pract Stomatol(Article in Chinese;Abstract in Chinese and English)],2002(03):223-225.}

[24050] 白振西，刘宝林，顾晓明，雷德林，刘彦普. 前臂皮瓣即刻修复上颌骨硬软腭术后缺损 [J]. 口腔颌面外科杂志，2001（04）：313-315. {BAI Zhenxi,LIU Baolin,GU Xiaoming,LEI Delin,LIU Yanpu.Immediate reconstruction of maxilla and palate by forearm free flap[J].Kou Qiang He Mian Wai Ke Za Zhi [J Oral Maxillofac Surg(Article in Chinese;Abstract in Chinese and English)],2001(04):313-315.}

[24051] 白振西，刘彦普，彭品祥，雷德林，张俊睿，程晓兵. 带皮管蒂前臂皮瓣移植修复颌面部软组织缺损 [J]. 中国美容医学，2001（06）：498-500. {BAI Zhenxi,LIU Yanpu,PENG Pinxiang,LEI Delin,ZHANG Junrui,CHENG Xiaobing.Clinical application of forearm flap with skin-tube pedicle for soft tissue defect reconstruction in maxillofacial region[J].Zhongguo Mei Rong Yi Xue [Chin J Aesthetic Med(Article in Chinese;Abstract in Chinese and English)],2001(06):498-500.}

[24052] 白振西，彭品祥，刘彦普，雷德林，张俊睿，程晓兵. 前臂皮瓣带蒂移植临床应用 [J]. 实用口腔医学杂志，2001（04）：324. {BAI Zhenxi,PENG Pinxiang,LIU Yanpu,LEI Delin,ZHANG Junrui,CHENG Xiaobing.Clinical application of forearm flap pedicled transplantation [J].Shi Yong Kou Qiang Yi Xue Za Zhi [J Pract Stomatol(Article in Chinese;Abstract in Chinese)],2001(04):324.}

[24053] 程晓兵，马秦，杨耀武，田磊，李云鹏，胡晓光，雷德林. 改良式颈阔肌肌皮瓣在口腔内软组织缺损修复中的应用探讨 [J]. 口腔医学研究，2010，26（02）：253-255. {CHENG Xiaobing,MA Qin,YANG Yaowu,TIAN Lei,LI Yunpeng,HU Xiaoguang,LEI Delin.Study of the improved platysma myocutaneous flap to reconstruct oral defect[J].Kou Qiang Yi Xue Yan Jiu [Dental Res(Article in Chinese;Abstract in Chinese and English)],2010,26(02):253-255.}

[24054] 程晓兵，田磊. 颈动脉损伤后的修复与重建 [J]. 实用口腔医学杂志，2007（04）：601-602. {CHENG Xiaobing,TIAN Lei.Repair and reconstruction after carotid artery injury [J].Shi Yong Kou Qiang Yi Xue Za Zhi [J Pract Stomatol(Article in Chinese;Abstract in Chinese)],2007(04):601-602.}

[24055] 洪咏龙，封兴华，雷德林，魏建华，马威. 背阔肌肌皮瓣修复头颈部软组织缺损 [J]. 中国美容医学,2001(06):500-502. {HONG Yonglong,FENG Xinghua,LEI Delin,WEI Jianhua,MA Wei. Restoration of head and neck by latissimus dorsi myocutaneous flap[J].Zhongguo Mei Rong Yi Xue [Chin J Aesthetic Med(Article in Chinese;Abstract in Chinese and English)],2001(06):500-502.}

[24056] 胡晓光，雷德林，孙沫逸，李建虎，程晓兵，杨耀武. 钛网填以松质骨修复上颌骨的临床探讨 [J]. 口腔颌面外科杂志，2003（04）：302-304. {HU Xiaoguang,LEI Delin,SUN Moyi,LI Jianhu,CHENG Xiaobing,YANG Yaowu.Reconstruction of the maxillary defects with titanium mesh filled with cancellous bone[J].Kou Qiang He Mian Wai Ke Za Zhi [J Oral Maxillofac Surg(Article in Chinese;Abstract in Chinese and English)],2003(04):302-304.}

[24057] 胡晓光，杨耀武，李建虎，程晓兵，雷德林. 上颌骨缺损修复 10 例报告 [J]. 临床口腔医学杂志，2004（09）：562-563. {HU Xiaoguang,YANG Yaowu,LI Jianhu,CHENG Xiaobing,LEI Delin.Report of 10 cases of maxillary defect repair [J].Lin Chuang Kou Qiang Yi Xue Za Zhi [J Clin Stomatol(Article in Chinese;Abstract in Chinese)],2004(09):562-563.}

[24058] 胡晓光，李德伦，毛天球，顾晓明. 胸大肌肌皮瓣在舌缺损修复中的应用（附 31 例修复结果）[J]. 陕西医学杂志，1997（06）：373-374. {HU Xiaoguang,LI Delun,MAO Tianqiu,GU Xiaoming.The application of pectoralis major myocutaneous flap in the repair of tongue defects(with 31 repair results) [J].Shan Xi Yi Xue Za Zhi [Shaanxi Med J(Article in Chinese;Abstract in Chinese)],1997(06):373-374.}

[24059] 胡晓光，毛天球，顾晓明，李德伦. 舌缺损的不同修复方法及其预后（附 40 例修复结果）[J]. 临床口腔医学杂志，1997（01）：39. {HU Xiaoguang,MAO Tianqiu,GU Xiaoming,LI Delun. Different repair methods for tongue defects and their prognosis(with 40 repair results) [J].Lin Chuang Kou Qiang Yi Xue Za Zhi [J Clin Stomatol(Article in Chinese;Abstract in Chinese)],1997(01):39.}

[24060] 雷德林，王昭领，白振西，周树夏，李兵仓，张良潮，吴国萍. 颌面部爆炸伤病理特点及早期修复研究 [J]. 中国急救医学，2003（01）：8-9. {LEI Delin,WANG Zhaoling,BAI Zhenxi,ZHOU Shuxia,LI Bingcang,ZHANG Liangchao,WU Guoping.Pathological characteristics of maxillofacial explosive injury and the early reconstruction of soft tissue defects[J]. Zhongguo Ji Jiu Yi Xue [Chin Emerg Med(Article in Chinese; Abstract in Chinese and English)],2003(01):8-9.}

[24061] 李建虎，孙沫逸，郑军，金伟，张圃，程晓兵，雷德林. 改良前臂皮瓣在舌和口底联合缺损修复中的应用 [J]. 中国美容医学，2010，19（10）：1476-1478. {LI Jianhu,SUN Moyi,ZHENG Jun,JIN Wei,ZHANG Pu,CHENG Xiaobing,LEI Delin.Modified free forearm flap for tongue and oral floor reconstruction[J].Zhongguo Mei Rong Yi Xue [Chin J Aesthetic Med（Article in Chinese; Abstract in Chinese and English）],2010,19（10）：1476-1478.}

[24062] 马戈，杨丹，赵晋龙，王瑞，刘彦普. 游离皮片骨面埋置后骨 - 皮重附着的实验研究 [J]. 中国美容医学，2011，20（03）：438-442. {MA Ge,YANG Dan,ZHAO Jinlong,WANG Rui,LIU Yanpu.Experiment of new attchment between bone and skin after free skin flap on the bone[J].Zhongguo Mei Rong Yi Xue [Chin J Aesthetic Med(Article in Chinese;Abstract in Chinese and English)],2011,20(03):438-442.}

[24063] 马秦，张圃，程晓兵，杨新杰，雷德林，刘彦普. 隧道式颈阔肌瓣修复颊部黏膜大面积缺损的临床分析 [J]. 实用口腔医学杂志，2010，26（04）：499-501. {MA Qin,ZHANG Pu,CHENG Xiaobing,YANG Xinjie,LEI Delin,LIU Yanpu.A clinical analysis of buccal mucosa defects repaired with tunnel style platysma myocutaneous flaps[J].Shi Yong Kou Qiang Yi Xue Za Zhi [J Pract Stomatol(Article in Chinese; Abstract in Chinese and English)],2010,26(04):499-501.}

[24064] 商洪涛，雷德林，刘彦普，何黎升，赵金龙，孙沫逸. 颞肌瓣加预制钛网复合松质骨Ⅰ期重建上颌骨缺损 [J]. 中国美容医学，2004，13（01）：58-59+134. {SHANG Hongtao,LEI Delin,LIU Yanpu,HE Lisheng,ZHAO Jinlong,SUN Moyi.The immediate and functional maxillary reconstruction with temporalis muscle flap and prefabricated titanium mesh combined with iliac cancellous bone[J].Zhongguo Mei Rong Yi Xue [Chin J Aesthetic Med(Article in Chinese; Abstract in Chinese and English)],2004,13(01):58-59+134.}

[24065] 魏建华，雷德林. 腓动脉穿支皮瓣在口腔癌切除后缺损修复中的应用 [J]. 中国实用口腔科杂志，2017，10（12）：711-714. {WEI Jianhua,LEI Delin.Application of peroneal artery perforator flap in reconstruction of soft tissue defects after oral cancer ablation[J].Zhongguo Shi Yong Kou Qiang Ke Za Zhi [Chin J Pract Stomatol(Article in Chinese; Abstract in Chinese and English)],2017,10(12):711-714.}

[24066] 王绍杰，张瑞，杨涛，王维戚，魏建华. 头颈部肿瘤皮瓣修复术后上消化道出血死亡病例 2

例分析[J]. 中国口腔颌面外科杂志，2020，18（01）：91-93.｛WANG Shaojie,ZHANG Rui,YANG Tao,WANG Weiqi,WEI Jianhua.Analysis of 2 dead cases due to upper gastrointestinal bleeding after flap reconstruction of defects resulting from resection of head and neck tumor[J]. Zhongguo Kou Qiang He Mian Wai Ke Za Zhi [Chin J Oral Maxillofac Surg(Article in Chinese; Abstract in Chinese and English)],2020,18(01):91-93.｝

[24067] 韦彦锋，曹建广. 不同皮瓣对口腔颌面部肿瘤根治术后缺损的修复效果比较[J]. 实用癌症杂志，2018，33（10）：1635-1637.｛WEI Yanfeng,CAO Jianguang.The efficacy of two flaps for repair of defects after radical resection of oral and maxillofacial tumors[J].Shi Yong Ai Zheng Za Zhi [J Pract Cancer(Article in Chinese; Abstract in Chinese and English)],2018,33(10):1635-1637.｝

[24068] 张浚睿，程晓兵，刘彦普，胡晓光，彭品祥. 游离前臂桡侧真皮筋膜瓣填充矫正面部塌陷畸形[J]. 中国美容医学，2002，11（02）：131-133.｛ZHANG Xunrui,CHENG Xiaobing,LIU Yanpu,HU Xiaoguang,PENG Pinxiang.To repair facial subside distortion with radial forearm free dermis fascial flap[J].Zhongguo Mei Rong Yi Xue [Chin J Aesthetic Med(Article in Chinese; Abstract in Chinese and English)],2002,11(02):131-133.｝

[24069] 谭颖徽，周树夏. 激光多普勒技术在显微再造外科中的应用[J]. 国外医学：外科学分册，1989（06）：324-326.｛TAN Yinghui,ZHOU Shuxia.The application of laser Doppler technology in micro reconstructive surgery [J].Guo Wai Yi Xue:Wai Ke Xue Fen Ce [Foreign Med Surg Divis(Article in Chinese; Abstract in Chinese)],1989(06):324-326.｝

[24070] 谭颖徽，周树夏，刘宝林. 损伤对小血管吻合的影响（文献综述）[J]. 国外医学：外科学分册，1989（02）：80-83.｛TAN Yinghui,ZHOU Shuxia,LIU Baolin.The effect of injury on small vessel anastomosis(literature review)[J].Guo Wai Yi Xue:Wai Ke Xue Fen Ce [Foreign Med Surg Divis(Article in Chinese; Abstract in Chinese)],1989(02):80-83.｝

[24071] 谭颖徽，周树夏. 静脉血滋养的游离静脉皮瓣（文献综述）[J]. 国外医学：外科学分册，1988（06）：341-343.｛TAN Yinghui,ZHOU Shuxia.Free venous flap nourished by venous blood(literature review)[J].Guo Wai Yi Xue:Wai Ke Xue Fen Ce [Foreign Med Surg Divis(Article in Chinese; Abstract in Chinese)],1988(06):341-343.｝

[24072] 吕春堂，毛天球，陈日亭，顾晓明，沈宁江. 额部岛状皮瓣的临床应用[J]. 华西口腔医学杂志，1988（01）：51-54.｛LU Chuntang,MAO Tianqiu,CHEN Riting,GU Xiaoming,SHEN Ningjiang.Clinical application of frontal island flap [J].Hua Xi Kou Qiang Yi Xue Za Zhi [West China J Stomatol(Article in Chinese; Abstract in Chinese)],1988(01):51-54.｝

[24073] 吕春堂，周树夏，陈日亭，刘宝林，毛天球，李德伦，刘志斌，顾晓明. 舌大部切除及全舌切除后的修复与再造[J]. 华西口腔医学杂志，1986（02）：96-99.｛LU Chuntang,ZHOU Shuxia,CHEN Riting,LIU Baolin,MAO Tianqiu,LI Delun,LIU Zhibin,GU Xiaoming.Repair and reconstruction of the defects after partial and total excision of the tongue[J].Hua Xi Kou Qiang Yi Xue Za Zhi [West China J Stomatol(Article in Chinese; Abstract in Chinese and English)],1986(02):96-99.｝

[24074] 刘彦君. 颌面部游离皮瓣移植术后的护理[J]. 实用口腔医学杂志，1987（01）：39-40.｛LIU Yanjun.Nursing care after free flap transplantation in the maxillofacial region [J].Shi Yong Kou Qiang Yi Xue Za Zhi [J Pract Stomatol(Article in Chinese; Abstract in Chinese)],1987(01):39-40.｝

[24075] 李德伦，周树夏，陈日亭，刘宝林，斯方杰，梁河清，刘志斌，曹建广，王永海. 应用胸大肌肌皮瓣修复口腔颌面部组织缺损[J]. 第四军医大学学报，1983（03）：221-224.｛LI Delun,ZHOU Shuxia,CHEN Riting,LIU Baolin,SI Fangjie,LIANG Heqing,LIU Zhibin,CAO Jianguang,WANG Yonghai.Application of pectoralis major myocutaneous flap for repairing oral and maxillofacial tissue defects [J].Di Si Jun Yi Da Xue Xue Bao [J Fourth Milit Med Univ(Article in Chinese; Abstract in Chinese)],1983(03):221-224.｝

[24076] 柳大烈，陈日亭. 额瓣的应用[J]. 国外医学. 口腔医学分册，1982（03）：17-21.｛LIU Dalie,CHEN Riting.The application of frontal valve [J].Guo Wai Yi Xue.Kou Qiang Yi Xue Fen Ce [Foreign Med. Stomatol Divis(Article in Chinese; Abstract in Chinese)],1982(03):17-21.｝

[24077] 薛振恂，程晓兵，刘彦普，张俊睿，杨耀武. 鼻唇沟瓣法修复鼻翼缺损[J]. 中国美容医学，2002，11（02）：158-159.｛XUE Zhenxun,CHENG Xiaobing,LIU Yanpu,ZHANG Junrui,YANG Yaowu.Repairing ala nasi defect by local nasolabial sulcus flap[J].Zhongguo Mei Rong Yi Xue [Chin J Aesthetic Med(Article in Chinese; Abstract in Chinese and English)],2002,11(02):158-159.｝

[24078] 杨成，吴继聪，雷德林. 唇粘膜瓣矫治口角畸形的临床应用[J]. 中国美容医学，2001，10（06）：523-524.｛YANG Cheng,WU Jicong,LEI Delin.Clinical application of lip mucosal flap for correction of angular deformities [J].Zhongguo Mei Rong Yi Xue[Chin J Aesthetic Med(Article in Chinese;Abstract in Chinese)],2001,10(06):523-524.｝

[24079] 于擘，何黎升，刘彦普，雷德林. 上颌缺损即刻重建中不同组织瓣的应用[J]. 中国修复重建外科杂志，2003，17（06）：478-479.｛YU Bo,HE Lisheng,LIU Yanpu,LEI Delin. Application of different flaps in immediate reconstruction of maxillary defect[J].Zhongguo Xiu Fu Zhong Jian Wai Ke Za Zhi [Chin J Reparat Reconstr Surg(Article in Chinese; Abstract in Chinese and English)],2003,17(06):478-479.｝

[24080] 张圃，李建虎，孙沫逸，马秦，雷德林，杨耀武，胡晓光. 颈阔肌肌皮瓣局部转移术的临床应用研究[J]. 中国美容医学，2011，20（11）：1714-1717.｛ZHANG Pu,LI Jianhu,SUN Moyi,MA Qin,LEI Delin,YANG Yaowu,HU Xiaoguang.Clinical application research of platysmav myocutaneous flap local transfer[J].Zhongguo Mei Rong Yi Xue [Chin J Aesthetic Med(Article in Chinese; Abstract in Chinese and English)],2011,20(11):1714-1717.｝

[24081] 陈亚萍，魏建华. 股前外侧皮瓣修复术对口腔肿瘤患者术后生活质量的影响[J]. 中国肿瘤临床与康复，2018，25（12）：1485-1487.｛CHEN Yaping,WEI Jianhua.Effect of anterior thigh flap reconstruction on the postoperative quality of life in patients with oral tumors[J].Zhongguo Zhong Liu Lin Chuang Yu Kang Fu [Chin J Clin Oncol Rehabil(Article in Chinese; Abstract in Chinese and English)],2018,25(12):1485-1487.｝

[24082] 刘蕊，支福娜，沈蕾，栗茜. 6例股前外侧皮瓣移植修复颌面部缺损手术的护理配合[J]. 中华护理杂志，2008，43（10）：889-890.｛LIU Rui,ZHI Funa,SHEN Lei,LI Qian.Perioperative nursing of 6 patients undergoing reconstruction of maxillofacial injuries with anterolateral thigh flap implants[J].Zhonghua Hu Li Za Zhi [Chin J Nurs(Article in Chinese; Abstract in Chinese and English)],2008,43(10):889-890.｝

[24083] 何亚会，代艳然，宋向阳，陈巧玲，王海茸. 1例颌骨畸形二期腓骨瓣移植上颌重建术患者的护理[J]. 护理学杂志，2008，23（10）：77-78.｛HE Yahui,DAI Yanran,SONG Xiangyang,CHEN Qiaoling,WANG Hairong.Nursing care for the second-stage reconstruction of maxilla by using fibular flap for maxillary deformity——a case report[J].Hu Li Xue Za Zhi [J Nurs(Article in Chinese; Abstract in Chinese and English)],2008,23(10):77-78.｝

[24084] 刘蕊，李变熔，杨瑾茹. 血管化腓骨肌皮瓣一期修复颌骨缺损的围术期护理[J]. 解放军护理杂志，2006，23（08）：91-92.｛LIU Rui,LI Bianrong,YANG Jinru.Perioperative care of vascularized fibular myocutaneous flap for one-stage repair of jawbone defects [J].Jie Fang Jun Hu Li Za Zhi [PLA Nurs J(Article in Chinese; Abstract in Chinese)],2006,23(08):91-92.｝

[24085] 郑春梅，李秀娟. 皮瓣移植修复口内缺损156例的术后护理[J]. 解放军护理杂志，1999，16（02）：27-28.｛ZHENG Chunmei,LI Xiujuan.Postoperative nursing care of 156 cases of flap transplantation for repairing intraoral defects [J].Jie Fang Jun Hu Li Za Zhi [PLA Nurs J(Article in Chinese; Abstract in Chinese)],1999,16(02):27-28.｝

[24086] 王萍，居云. 颞顶筋膜颅骨瓣一次修复上颌骨缺损的护理[J]. 中国实用护理杂志，1989，5（07）：22.｛WANG Ping,JU Yun. Nursing care for one-stage repair of maxilla defects with temporoparietal fascia skull flap [J]. Zhongguo Shi Yong Hu Li Za Zhi [Chin J Pract Nurs(Article in Chinese; Abstract in Chinese)],1989,5(07):22.｝

[24087] 李龙江，韩波. 常用游离软组织瓣在口腔颌面部缺损中的应用[J]. 口腔疾病防治，2018，26（03）：137-142.｛LI Long-jiang,HAN Bo. Optimized reconstruction of oral and maxillofacial defects with common soft-tissue free flaps [J]. Journal of Prevention and Treatment for Stomatological Diseases (Article in Chinese;Abstract in Chinese and English),2018,26(03):137-142.｝

[24088] 孙海滨，李博，李春洁，门乙，夏辉，李龙江．侧胸部皮瓣修复腮腺区巨大肿瘤1例[J]. 华西口腔医学杂志，2014，32（6）：618-620.｛SUN Hai-bin,LI Bo,LI Chun-jie,MEN Yi,XIA Hui,LI Long-jiang. A Case Report of a Parotid Giant Tumor Repaired by Lateral Thoracic Flap [J],Hua Xi Kou Qiang Yi Xue Za Zhi (Article in Chinese;Abstract in Chinese and English),2014;32(6):618-620.｝

[24089] 于淼，陈占伟，黄圣运，张东升. 微血管吻合器在头颈部游离皮瓣移植动脉吻合中的初步应用[J]. 上海口腔医学，2019，28（4）：435-438.｛CHEN Miao,CHEN Zhanwei,HUANG Shengyun,ZHANG Dongsheng. Application of microvascular coupling device for arterial anastomosis in head and neck reconstruction[J]. Shanghai Kou Qiang Yi Xue[Shanghai Journal of Stomatology(Article in Chinese;Abstract in Chinese and English)],2019,28(4):435-438. DOI:10.19439/j.sjos.2019.04.020.｝

[24090] 黄圣运，李文刚，张世周，郑培惠，陈占伟，李胜锋，张东升．腓骨肌皮瓣重建颌骨缺损中微血管吻合器的应用[J]. 中国口腔颌面外科杂志，2015，13（04）：348-351.｛HUANG Shengyun,LI Wengang,ZHANG Shizhou,ZHENG Peihui,CHEN Zhanwei,LI Shengfeng,ZHANG Dongsheng.Application of microvascular anastomotic device for fibular flap transfer in reconstruction of oral and maxillofacialdefects [J].Zhonghua Kou Qiang He Mian Wai Ke Za Zhi [China Journal of Oral and Maxillofacial Surgery (Article in Chinese;Abstract in Chinese and English)],2015,13(04):348-351. DOI:CNKI:SUN:ZGKQ.0.2015-04-016｝

[24091] 李胜锋，刘振兴，张世周，李文刚，黄圣运，张东升．微血管吻合器在游离前臂皮瓣修复口腔颌面缺损中的应用[J]. 口腔颌面外科杂志，2015，25（02）：121-124.｛LI Shengfeng,LIU Zhenxing,ZHANG Shizhou,LI Wengang,HUANG Shengyun,ZHANG Dongsheng. The Clinical Value of Microvascular Anastomotic Devices in Repairing Oral and Maxillofacial Defects by Free Flap[J].Kouqiang He Mian Wai Ke Za Zhi[Journal of Oral and Maxillofacial Surgery (Article in Chinese;Abstract in Chinese and English)] 2015,25(02):121-124.DOI:10.3969/j.issn.1005-4979.2015.008｝

[24092] 郑培惠，李文刚，张东升，于殿神．口腔颌面部游离组织瓣移植91例临床分析[J]. 口腔颌面外科杂志，2006（01）：45-47.｛ZHENG Peihui,LI Wengang,ZHANG Dongsheng,YU Dianshen. The Clinical analysis of 91 cases of free flap transplantations in oral and maxillofacial regions[J].Kouqiang He Mian Wai Ke Za Zhi[Journal of Oral and Maxillofacial Surgery(Article in Chinese;Abstract in Chinese)]2006(01):45-47. DOI:10.3969/j.issn.1005-4979.2006.01.012｝

[24093] 李文刚，郑培惠，张东升，孙树征，于殿神，袁锡兰．个体化设计前臂皮瓣修复口腔缺损的临床观察[J]. 口腔颌面外科杂志，2006（02）：132-133.｛LI Wengang,ZHENG Peihui,ZHANG Dongsheng,SUN Shuzheng,YU Dianshen,YUAN Xilan. Custom-made For earm Flap in the Restor ation of Or al Defects[J].Kouqiang He Mian Wai Ke Za Zhi [Journal of Oral and Maxillofacial Surgery(Article in Chinese;Abstract in Chinese and English)] 2006(02):132-133. DOI:10.3969/j.issn.1005-4979.2006.02.011｝

[24094] 王守一，张东升，张世周．口腔皮瓣修复术后保留气管插管ICU监护效果观察[J]. 山东医药，2010，50（19）：85-86.｛WANG Shou-yi,ZHANG Dong-sheng,ZHANG Shi-zhou. Observation on the effect of ICU monitoring after tracheal intubation preservation after oral flap repair[J].Shandong Yi Yao [Shandong Medical Journal(Article in Chinese;Abstract in Chinese)]2010,50(19):85-86. DOI:10.3969/j.issn.1002-266X.2010.19.039｝

[24095] 赵文权，刘建华，刘超，李志勇. 腓肠内侧动脉穿支皮瓣修复舌癌术后缺损. 中国修复重建外科杂志. 2015，29（3）：45-48. DOI：10. 7507/1002-1892. 20150070｛ZHAO Wenquan,LIU Jianhua,LIU Chao,LI Zhiyong. Medial sural artery perforator free flap for repair of defect tongue cancer ablation[J]. Zhongguo Xiu Fu Chong Jian Wai Ke Za Zhi[Chin J Repar Reconstr Surg(Article in Chinese;Abstract in Chinese and English)],2015,29(3):45-48. DOI:10.7507/1002-1892.20150070｝

[24096] 余丹，刘建华，朱慧勇，李志勇，黄旭，魏栋，林轶，何剑锋，赵文权. 3-D打印技术在颌面骨缺损修复重建的应用[J]. 中国修复重建外科杂志，2014，28（3）：292-295. DOI：10. 7507/1002-1892. 20140066｛YU Dan,LIU Jianhua,ZHU Huiyong,LI Zhiyong,HUANG Xu,WEI Dong,LIN Yi,HE Jianfeng,ZHAO Wenquan. Application of three-dimensions printing technique in repair and reconstruction of maxillofacial bone defect[J]. Zhongguo Xiu Fu Chong Jian Wai Ke Za Zhi[Chin J Repar Reconstr Surg(Article in Chinese;Abstract in Chinese and English)],2014,28(3):292-295. DOI:10.7507/1002-1892.20140066｝

[24097] 黄旭，刘建华，王慧明，朱慧勇，李志勇，滕理送. 口内入路下颌骨良性肿瘤切除同期自体骨移植修复重建术的临床研究[J]. 中国修复重建外科杂志，2014（2）：192-196. DOI：10. 7507/1002-1892. 20140041｛HUANG Xu,LIU Jianhua1,WANG Huiming,ZHU Huiyong,LI Zhiyong,TENG Lisong. Clinical research of mandibular benign tumors and primary reconstruction with autogenous bone graft via an intra oral approach [J]. Zhongguo Xiu Fu Chong Jian Wai Ke Za Zhi[Chin J Repar Reconstr Surg(Article in Chinese;Abstract in Chinese and English)],2014(2):192-196. DOI:10.7507/1002-1892.20140041｝

[24098] 赵文权，朱慧勇，徐俊华，王慧明. 胸锁乳突肌－锁骨复合肌骨皮瓣修复口腔癌术后复合缺损[J]. 华西口腔医学杂志，2011，29（5）：537-541. DOI：10. 3969/j. issn. 1000-1182. 2011. 05. 023｛Zhao Wenquan,Zhu Huiyong,Xu Junhua,Wang Huiming. Using sternocleidomastoid-clavicle myocutaneous flap to reconstruct compound operative defect of oral carcinoma[J]. Hua Xi Kou Qiang Yi Xue Za Zhi [West China Journal of Stomatology(Article in Chinese;Abstract in Chinese and English)],2011,29(5):537-541.DOI:10.3969/j.issn.1000-1182.2011.05.023｝

[24099] 林轶，朱慧勇，刘建华，王慧明．改良胸锁乳突肌皮瓣修复口腔颌面部肿瘤切除术后软组织缺损[J]. 中国修复重建外科杂志，2010，24（4）：452-454.｛LIN Yi,ZHU huiyong,LIU Jianhua,WANG huiming. Modified sternocleidomastoid myocutaneous flap for reconstruction of soft tissue defects following tumorectomy of maxillofacial region[J]. Zhongguo Xiu Fu Chong Jian Wai Ke Za Zhi[Chin J Repar Reconstr Surg(Article in Chinese;Abstract in Chinese and English)],2010,24(4):452-454.｝

[24100] 陈诚，张琳梅，任文豪，高岭，李少明，程政，郅克谦. 个性化重建板辅助游离腓骨重建上颌骨半侧缺损的优化设计[J]. 上海口腔医学，2018，27（05）：455-460. DOI：10.19439/j.sjos.2018.05.002.｛CHEN Cheng,ZHANG Linmei,REN Wenhao,GAO Ling,LI Shaoming,CHENG Zheng,ZHI Keqian. Optimal design by customized plate on reconstruction of maxillary unilateral defect via free fibula flap[J]. Shanghai Kou Qiang Yi Xue[Shanghai Journal of Stomatology(Article in Chinese;Abstract in Chinese and English)],2018,27(05):455-460. DOI:10.19439/j.sjos.2018.05.002.｝

[24101] 宋建忠，任文豪，李少明，薛令法，许尧祥，王启博，窦志超，高岭，郅克谦. 80岁以上高龄口腔颌面部恶性肿瘤患者手术治疗的回顾性分析[J]. 中国癌症杂志，2018，28（04）：276-281. DOI：10.19401/j.cnki.1007-3639.2018.04.006.｛SONG Jianzhong,REN Wenhao,LI Shaoming,XUE Lingfa,XU Yaoxiang,WANG Qibo,DOU Zhichao,GAO Ling,ZHI Keqian. Retrospective analysis of surgical treatment in elderly patients (> 80 years) with oral and maxillofacial cancers[J]. Zhongguo Ai Zheng Za Zhi[China Oncology(Article in Chinese;Abstract in Chinese and English)],2018,28(04):276-281. DOI:10.19401/j.cnki.1007-3639.2018.04.006.｝

[24102] Bai Shuang,Xu Zhongfei,Duan Weiyi,Liu Fayu,Huang DH,Sun Changfu（通讯作者）. Single Superficial versus Dual Systems Venous Anastomoses in Radial Forearm Free Flap:a Meta-Analysis[J]. PLoS One, 2015,10(8):e0134805.

[24103] Fang Hui,Liu Fayu,Sun Changfu（通讯作者）,Pang Pai. Impact of wound closure

on fibular donorsite morbidity:a meta-analysis[J]. BMC Surg,2019,19(1):81.

[24104] 徐中飞，段维轶，张恩礁，代炜，刘法昱，戚忠政，谭学新，黄绍辉，孙长伏（通讯作者）. 股前内侧穿支皮瓣解剖及临床应用 [J]. 上海口腔医学，2013，22（6）：690-694. {XU Zhongfei,DUAN Weiyi,ZHANG Enjiao,DAI Wei,LIU Fayu,QI Zhongzheng,TAN Xuexin,HUANG Shaohui,SUN Changfu. Anatomy and clinical application of anteromedial thigh perforator flap[J]. Shanghai Kou Qiang Yi Xue,(Article in Chinese;Abstract in Chinese),2013,22(6):690-694.}

[24105] 成雨生，李文鹿，许磊，徐中飞，刘法昱，孙长伏（通讯作者）. 前臂游离瓣修复口腔癌术后组织缺损患者的生活质量评估 [J]. 中华口腔医学杂志，2013，48（3）：161-164. {CHENG Yusheng,LI Wenlu,XU Lei,XU Zhongfei,LIU Fayu,SUN Changfu.Quality of life assessment of patients with oral cancer repaired by forearm free flap after tumor resection [J]. Zhonghua Kou Qiang Yi Xue Za Zhi,(Article in Chinese;Abstract in Chinese),2013,48(3):161-164.}

[24106] 段维轶，李瑞武，徐中飞，张恩礁，代炜，孙长伏（通讯作者）. 两种以颈横动脉系统为蒂的皮瓣在头颈部组织缺损修复中的应用 [J]. 中华口腔医学杂志，2013，48（8）：502-504. {DUAN Weiyi,LI Ruiwu,XU Zhongfei,ZHANG Enjiao,DAI Wei,SUN Changfu.Application of two kinds of flaps pedicled with transverse carotid artery system in the reconstruction of head and neck tissue defects [J]. Zhonghua Kou Qiang Yi Xue Za Zhi,(Article in Chinese;Abstract in Chinese),2013,48(8):502-504.}

[24107] 吴红，方其根，孙长伏（通讯作者）. 游离皮瓣重建和非游离皮瓣重建在治疗老年人晚期口腔癌中的功能性结果 [J]. 中国保健营养，2014，3（中）：1163-1164. {WU Hong,FANG Qigen,SUN Changfu. Functional results of free-flap reconstruction and non-free-flap reconstruction in the treatment of advanced oral cancer in the elderly [J]. Zhongguo Bao Jian Ying Yang,(Article in Chinese;Abstract in Chinese),2014,3(中):1163-1164.}

[24108] 段维轶，徐中飞，刘法昱，张恩礁，代炜，戚忠政，谭学新，黄绍辉，孙长伏（通讯作者）. 游离组织瓣修复口腔颌面 - 头颈部缺损 244 例 [J]. 中华显微外科杂志，2014，37（5）：444-448. {DUAN Weiyi,XU Zhongfei,LIU Fayu,ZHANG Enjiao,DAI Wei,QI Zhongzheng,TAN Xuexin,HUANG Shaohui,SUN Changfu. 244 Cases of oral maxillofacial head and neck defects repaired by free tissue flap [J]. Chinese Journal of Microsurgery,(Article in Chinese;Abstract in Chinese),2014,37(5):444-448.}

[24109] 王佳，白爽，孙长伏（通讯作者），刘法昱，徐中飞 .273 例口腔颌面部游离皮瓣中 14 例皮瓣危象的相关因素分析 [J]. 中国口腔颌面外科杂志，2016，14（6）：538-541. {WANG Jia,BAI Shuang,SUN Changfu,LIU Fayu,XU Zhongfei. Analysis of the risk factors of 14 cases of flap crisis in 273 cases of oral and maxillofacial free flap [J]. Zhongguo Kou Qiang He Mian Wai Ke Za Zhi [China Journal of Oral and Maxillofacial Surgery (Article in Chinese;Abstract in Chinese)],2016,14(6):538-541.}

[24110] 孙长伏（通讯作者），尚德浩，谭学新 . 应用股前外侧皮瓣行口底舌癌切除后缺损的修复重建 [J]. 中国医科大学学报，2007，36（6）：735-736. {SUN Changfu,SHANG Dehao,TAN Xuexin. Reconstruction of the defect after resection of the carcinoma of the tongue and the floor of the mouth with the anterolateral thigh flap [J]. Zhongguo Yi Ke Da Xue Xue Bao (Article in Chinese;Abstract in Chinese),2007,36(6):735-736.}

[24111] 徐中飞，谭学新，秦兴军，尚德浩，黄绍辉，孙长伏（通讯作者）. 影响头颈部游离皮瓣移植成活的因素分析 [J]. 中国口腔颌面外科杂志，2010，8（3）：265-268. {XU Zhongfei,TAN Xuexin,QIN Xingjun,SHANG Dehao,HUANG Shaohui,SUN Changfu. Analysis of factors influencing the survival of head and neck free flap transplantation [J]. Zhongguo Kou Qiang He Mian Wai Ke Za Zhi [China Journal of Oral and Maxillofacial Surgery (Article in Chinese;Abstract in Chinese)],2010,8(3):265-268.}

[24112] 徐中飞，刘法昱，谭学新，孙长伏（通讯作者）. 股前内侧穿支皮瓣：一个理想的股前外侧皮瓣补救皮瓣 [J]. 上海口腔医学，2011，20（5）：535-539. {XU Zhongfei,LIU Fayu,TAN Xuexin,SUN Changfu. Anteromedial thigh perforator flap:an ideal anterolateral thigh flap remedial flap [J]. Shanghai Kou Qiang Yi Xue,(Article in Chinese;Abstract in Chinese),2011,20(5):535-539.}

[24113] 尚德浩，王雪梅，于艳凤，徐中飞，孙长伏（通讯作者）. 应用快速原型技术指导腓骨平行折叠重建下颌骨的探讨 [J]. 中国口腔颌面外科杂志，2011，9（3）：230-233. {SHANG Dehao,WANG Xuemei,YU Yanfeng,XU Zhongfei,SUN Changfu. Application of rapid prototyping technology to guide fibula parallel folding reconstruction of mandible [J]. Zhongguo Kou Qiang He Mian Wai Ke Za Zhi [China Journal of Oral and Maxillofacial Surgery (Article in Chinese;Abstract in Chinese)],2011,9(3):230-233.}

[24114] 徐中飞，段维轶，尚德浩，代炜，郑晓姣，孙长伏（通讯作者）. 游离股前外侧穿支皮瓣制取中多普勒的应用价值 [J]. 中华口腔医学杂志，2011，46（5）：290-292. {XU Zhongfei,DUAN Weiyi,SHANG Dehao,DAI Wei,ZHENG Xiaojiao,SUN Changfu. The value of Doppler in the manufacture of free anterolateral femoral perforator flap [J]. Zhonghua Kou Qiang Yi Xue Za Zhi,(Article in Chinese;Abstract in Chinese),2011,46(5):290-292.}

[24115] 李文鹿，徐中飞，成雨生，许磊，朱伟，孙长伏（通讯作者）. 应用游离股前外侧穿支皮瓣修复头颈肿瘤根治术后缺损 [J]. 口腔医学，2012，32（5）：286-289. {LI Wenlu,XU Zhongfei,CHENG Yusheng,XU Lei,ZHU Wei,SUN Changfu. Application of free anterolateral thigh perforator flap to repair the defect after radical operation of head and neck tumor [J]. Kou Qiang Yi Xue (Article in Chinese;Abstract in Chinese),2012,32(5):286-289.}

[24116] 徐中飞，代炜，张恩礁，段维轶，刘法昱，谭学新，黄绍辉，秦兴军，孙长伏（通讯作者）. 股前外侧穿支嵌合皮瓣修复头颈肿瘤根治术后缺损 [J]. 上海口腔医学，2012，21（1）：107-112. {XU Zhongfei,DAI Wei,ZHANG Enjiao,DUAN Weiyi,LIU Fayu,TAN Xuexin,HUANG Shaohui,QIN Xingjun,SUN Changfu. Reconstruction of head and neck defects after radical operation with anterolateral thigh perforator flap [J]. Shanghai Kou Qiang Yi Xue,(Article in Chinese;Abstract in Chinese),2012,21(1):107-112.}

[24117] 徐中飞，段维轶，白爽，田雨，谭学新，孙长伏（通讯作者），刘法昱，代炜 . 外科术后进行或不进行放疗的头颈部缺损显微重建策略探讨 [J]. 中国口腔颌面外科杂志，2016，23（1）. {XU Zhongfei,DUAN Weiyi,BAI Shuang,TIAN Yu,TAN Xuexin,SUN Changfu,LIU Fayu,DAI Wei.Discussion on microscopic reconstruction strategies of head and neck defects with or without radiotherapy after surgery [J]. Zhongguo Kou Qiang He Mian Wai Ke Za Zhi [China Journal of Oral and Maxillofacial Surgery (Article in Chinese;Abstract in Chinese)],2016,23(1).}

[24118] 李越霄，谭学新（通讯作者），吴海丽. 微血管吻合器在口腔颌面部缺损重建中的应用 [J]. 中华显微外科杂志，2015,（4）：412. {LI Yuexiao,TAN Xuexin,WU Haili. Application of microvascular anastomotic device in reconstruction of oral and maxillofacial defects[J]. Chinese Journal of Microsurgery (Article in Chinese;Abstract in Chinese),2015,(4):412.}

[24119] 李越霄，谭学新（通讯作者）. 电动取皮刀在前臂皮瓣供区缺损修复中的应用 [J]. 解剖科学进展. 2018,（3）：238-240，246. {LI Yuexiao,TAN Xuexin. Application of electric dermatome in skin graft for forearm flap donor site[J]. Progress of Anatomical Sciences,(Article in Chinese;Abstract in Chinese and English),2018,(3):238-240,246.}

[24120] 才越，谭学新（通讯作者）. 颈阔肌皮瓣在口底癌手术中的应用 [J]. 中国现代医生，2015，30：51-54. {CAI Yue,TAN Xuexin. The use of platsma myocutaneous flap in the surgery of the mouth floor carcimoma[J]. China Modern Doctor,(Article in Chinese;Abstract in Chinese and English),2015,30:51-54.}

[24121] 才越，谭学新（通讯作者）. 大范围下唇癌的术式探讨 [J]. 中国医学创新，2016，08：38-42. {CAI Yue,TAN Xuexin. Study on the Operation Method of Large Scale Lower Lip Carcinoma[J]. Medical Innovation of China ,(Article in Chinese;Abstract in Chinese and English),2016,08:38-42.}

[24122] 关博宇，谭学新（通讯作者），谢知君 . 李越霄 . 白晓峰 . 李思思 . 魏薪莉 . 金雅婷 . 孙长伏 . 显微外科技术辅助下腮腺良性病变手术的优化 [J]. 肿瘤预防与治疗，2019，32.（7）：601-606. DOI：10.3969/ j .issn.1674-0904.2019.07.005. {GUAN Boyu. TAN Xuexin. XIE Zhijun. LI Yuexiao. BAI Xiaofeng. LI Sisi. WEI Xinli. JIN Yating. SUN Changfu. Optimized benign parotid gland lesions surgery by microsurgical-assisted technique[J]. Zhong Liu Yu Fang Yu Zhi Liao [J Cancer Control Treat(Article in Chinese;Abstract in Chinese and English)],2019,32(7):601-606.DOI:10.3969/ j .issn.1674-0904.2019.07.005}

[24123] 徐大朋，薛雷，孙宁宁，李刚，刘子玫，王绪凯（通讯作者）. 游离组织瓣修复全下唇及颏部大范围缺损临床研究 [J]. 中国实用口腔科杂志，2014,（11），44-47. {XU Dapeng,XUE Lei,SUN Ningning,LI Gang,LIU Zimei,WANG Xukai. Clinical study of free tissue flap in the repair of large-scale defects of the whole lower lip and mental region [J]. Zhongguo Shi Yong Kou Qiang Ke Za Zhi (Article in Chinese;Abstract in Chinese),2014,(11),44-47.}

[24124] 颜光启，王雪，谭学新，王绪凯（通讯作者），杨鸣良，卢利. 应用 surgicase 软件指导游离腓骨皮瓣修复下颌骨缺损的研究 [J]. 中国修复重建外科杂志，2013,（08），115-118. {YAN Guangqi,WANG Xue,TAN Xuexin,WANG Xukai,YANG Mingliang,LU Li. Application of surgicase software to guide free fibular flap in the reconstruction of mandible defects [J]. Zhongguo Xiu Fu Chong Jian Wai Ke Za Zhi (Article in Chinese;Abstract in Chinese),2013,(08),115-118.}

[24125] 翟沁凯，王大为，王绪凯（通讯作者），卢利. 应用前臂皮瓣修复全鼻缺损 2 例 [J]. 中国实用口腔科杂志，2004,（4），255-256. {ZHAI Qinkai,WANG Dawei,WANG Xukai,LU Li. Application of free radial forearm flap to the repair of nose defect in 2 cases [J]. Zhongguo Shi Yong Kou Qiang Ke Za Zhi (Article in Chinese;Abstract in Chinese),2004,(4),255-256.}

[24126] 翟沁凯，王绪凯（通讯作者），卢利，孙长伏，谭学新，秦兴军. 游离皮瓣移植修复口腔颌面部缺损的临床效果观察 [J]. 口腔医学，2011,（03），40-43. {ZHAI Qinkai,WANG Xukai,LU Li,SUN Changfu,TAN Xuexin,QIN Xingjun. Clinical effect of free flap transplantation in the reconstruction of oral and maxillofacial defects [J]. Kou Qiang Yi Xue (Article in Chinese;Abstract in Chinese),2011,(03),40-43.}

[24127] 翟沁凯，薛雷，王绪凯（通讯作者），卢利，孙长伏，谭学新. 应用血管化游离组织瓣修复口腔颌面部缺损 168 例临床分析 [J]. 中国口腔颌面外科杂志，2011，9(2)，160-163. {ZHAI Qinkai,XUE Lei,WANG Xukai,LU Li,SUN Changfu,TAN Xuexin. Clinical analysis of 168 cases of oral and maxillofacial defects repaired by vascularized free tissue flap [J]. Zhongguo Kou Qiang He Mian Wai Ke Za Zhi [China Journal of Oral and Maxillofacial Surgery (Article in Chinese;Abstract in Chinese)],2011,9(2),160-163.}

[24128] 翟沁凯，王绪凯（通讯作者），卢利，孙长伏，谭学新，秦兴军. 舌癌术后缺损 6 种皮瓣修复方法的临床疗效分析 [J]. 口腔颌面外科杂志，2011,（01），33-35. {ZHAI Qinkai,WANG Xukai,LU Li,SUN Changfu,TAN Xuexin,QIN Xingjun. Clinical analysis of six flap repair methods for tongue cancer postoperative defect [J]. Kou Qiang He Mian Wai Ke Za Zhi (Article in Chinese;Abstract in Chinese),2011,(01),33-35.}

[24129] 王绪凯（通讯作者），韩思源，谭学新，卢利，王玉新. 应用面神经次要分支修复重要分支的效果观察 [J]. 上海口腔医学，2009,（01），118-119. {WANG Xukai,HAN Siyuan,TAN Xuexin,LU Li,WANG Yuxin. The effect of repairing important branches with less important branches of facial nerve [J]. Shanghai Kou Qiang Yi Xue,(Article in Chinese;Abstract in Chinese),2009,(01),118-119.}

[24130] 王绪凯，王玉新，卢利，韩思源. 面神经损伤的显微外科治疗 [J]. 中华显微外科杂志，2003，26（3），178. {WANG Xukai,WANG Yuxin,LU Li,HAN Siyuan. Microsurgical treatment of facial nerve injury [J]. Chinese Journal of Microsurgery,(Article in Chinese;Abstract in Chinese),2003,26(3),178.}

[24131] 王绪凯，兰行简（通讯作者）. 两个新游离皮瓣在口腔颌面外科的应用 [J]. 中国医科大学学报，1986. {WANG Xukai,LAN Xingjian. Application of two new free flaps in oral and maxillofacial surgery [J]. Zhongguo Yi Ke Da Xue Xue Bao (Article in Chinese;Abstract in Chinese),1986.}

[24132] 李劲松，陈伟良，潘朝斌，黄洪章，王建广，& 杨朝晖. 带蒂肌（皮）瓣修复口腔颌面部组织缺损 123 例临床分析 [J]. 临床口腔医学杂志，2004，20（7）：415-416. {LI Jinsong,CHEN Wei liang,PAN Chaobin,HUANG Hongzhang,WANG Jianguang,YANG Zhaohui. An analysis of 123 cases of defect repair with pedical muscle(skin)flap in oral and maxillofacial region[J]. Lin Chuang Yi Xue Kou Qiang Za Zhi.[Journal of Clinical Stomatology(Article in Chinese;Abstract in Chinese and English)],2004,20(7):415-416.}

[24133] 李劲松，潘朝斌，陈伟良，黄洪章，王建广，陈绍维，杨朝晖 . 全舌癌根治术后岛状胸大肌肌皮瓣全舌再造 [J]. 中华医学杂志，2004，084（005）：409-410. {LI Jinsong,PAN Chaobin,CHEN Weiliang,HUANG Hongzhang,WANG Jianguang,CHEN Shaowei,YANG Zhaohui. Analysis of 43 Free Flaps Transfer in Oral and Maxillofacial Region[J]. Zhonghua Yi Xue Za Zhi[National Medical Journal of China(Article in Chinese;Abstract in Chinese)] ,2004,084(005):409-410. DOI:10.3760/j:issn:0376-2491.2004.05.016}

[24134] 李劲松，陈伟良，潘朝斌，黄洪章，杨朝晖，何璇凌 . 胸大肌皮瓣在老年人口腔口咽晚期癌手术中的应用 [J]. 中华老年口腔医学杂志，2004（02）：22-24. {LI Jinsong,CHEN Weiliang,PAN Chaobin,HUANG Hongzhang,YANG Zhaohui,HE Xuanling. The application of pectoralis major myocutaneous flap in sugery of advanced cancer in oral and oral-pharyngeal region in the aged[J]. Zhonghua Lao Nian Kou Qiang Yi Xue Za Zhi[National Medical Journal of China(Article in Chinese;Abstract in Chinese and English)],2004(02):22-24.}

[24135] 李劲松，陈伟良，潘朝斌，王建广，杨朝晖，黄志权. 胸大肌岛状肌皮瓣一期整复口腔颌面部大型组织缺损 [J]. 中华显微外科杂志，2004，27（1）：51-52. {LI Jinsong,CHEN Weiliang,PAN Chaobin,WANG Jianguang,YANG Zhaohui,HUANG Zhiquan. One stage reconstruction of large oral and maxillofacial tissue defects with pectoralis major island myocutaneous flap[J]. Zhonghua Xian Wei Wai Ke Za Zhi[Chin J Microsurg(Article in Chinese;Abstract in Chinese)],2004,27(1):51-52.}

[24136] 李劲松，陈伟良，潘朝斌，黄洪章，王建广，杨朝晖. 舌癌根治术后游离前臂皮瓣一期舌再造术的改进 [J]. 癌症，2004，23（1）：60-62. {LI Jinsong,CHEN Weiliang,PAN Chaobin,HUANG Hongzhang,WANG Jianguang,YANG Zhaohui. Modification for primary tongue reconstruction with free forearm flap after radical operation of tongue carcinoma[J]. Ai Zheng[Chinese Journal of Cancer(Article in Chinese;Abstract in Chinese and English)],2004,23(1):60-62.}

[24137] 李劲松，陈伟良，潘朝斌，黄洪章，王建广，杨朝晖. 口腔颌面部 43 例吻合血管的游离组织瓣应用分析 [J]. 广东牙病防治，2005，13（1）：41-42. {LI Jinsong,CHEN Weiliang,PAN Chaobin,HUANG Hongzhang,WANG Jianguang,YANG Zhaohui. Analysis of 43 Free Flaps Transfer in Oral and Maxillofacial Region[J]. Guang Dong Ya Bing Fang Zhi[Journal of Dental Prevention and Treatment(Article in Chinese;Abstract in Chinese and English)],2005,13(1):41-42. DOI:10.3969/j.issn.1006-5245.2005.01.014}

[24138] 李劲松，陈伟良，潘朝斌，王建广，陈绍维，黄洪章，杨朝晖. 吻合血管的腓骨瓣移植一期重建双侧下颌骨 [J]. 中华外科杂志，2004，042（018）：1139-1141. {LI Jinsong,CHEN Weiliang,PAN Chaobin,WANG Jianguang,CHEN Weixiong,HUANG Hongzhang,YANG Chaohui. One-stage reconstruction of bilateral mandibular with free fibula flap[J]. Zhonghua Wai Ke Za Zhi [Chinese Journal of Surgery(Article in Chinese;Abstract in Chinese and English)],2004,042(018):1139-1141.}

[24139] 李劲松，潘朝斌，陈伟良，王建广，黄洪章，杨朝晖，张彬 . 应用胸大肌岛状肌皮瓣重建全舌体、口底的初步报告 [J]. 中华整形外科杂志，2005（02）：31-33. {LI Jinsong,PAN Chaobin,CHEN Weiliang,WANG Jianguang,HUANG Hongzhang,YANG Zhaohui,ZHANG Bin. An island pectoralis major myocutaneousflap for the reconstruction of tongue and floor of mouth[J]. Zhonghua Zheng Xing Wai Ke Za Zhi[Chinese Journal of Plastic Surgery and Burns(Article in Chinese;Abstract in Chinese and English)],2005(02):31-33.}

[24140] 李劲松，潘朝斌，王建广，黄洪章，杨朝晖，张彬，黄志权. 改良游离腓骨瓣塑形方法修复双侧下颌骨缺损 [J]. 中山大学学报：医学科学版，2004，25（2）：171-173. {LI Jinsong,PAN Chaobin,WANG Jianguang,HUANG Hongzhang,YANG Zhaohui,ZHANG

Bin,HUANG Zhiquan. The modified reshaping method for reconstruction of bilateral mandibular defect with free fibula osteomyocutaneous flap[J]. Zhong Shan Da Xue Xue Bao:Yi Xue Ke Xue Ban[Journal of Sun Yat-sen University (Medical Sciences)(Article in Chinese;Abstract in Chinese and English)],2004,25(2):171-173.}

[24141] 李劲松，陈伟良，潘朝斌，王建广，杨朝晖，叶华山，黄志权．游离皮瓣血管危象的监测和处理 [J]. 岭南急诊医学杂志，2003（02）：106-107. {LI Jinsong,CHEN Weiliang,PAN Chaobin,WANG Jianguang,YANG Chaohui,YE Huashan,HUANG Zhiquan. Montoring and management of vascular crisis of free skin flap[J]. Lin Nan Ji Zhen Yi Xue Za Zhi[Lingnan Journal of Emergency Medicine(Article in Chinese;Abstract in Chinese and English)],2003(02):106-107.}

[24142] 李劲松，潘朝斌，陈伟良，王建广，杨朝晖，叶华山，张胜．游离前臂皮瓣舌再造的临床经验 [J]. 中华显微外科杂志，2003（04）：22-23. {LI Jinsong,PAN Chaobin,CHEN Weiliang,WANG Jianguang,YANG Chaohui,YE Huashan,ZHANG Sheng. The clinical experience in tongue reconstruction with free forearm flap[J]. Zhonghua Xian Wei Wai Ke Za Zhi [Chin J Microsurg(Article in Chinese;Abstract in Chinese and English)],2003(04):22-23.}

[24143] 陈伟良，张大明．以颈横动脉供血的延长锁骨上岛状皮瓣修复头颈部恶性肿瘤术后缺损 [J]. 中国实用口腔科杂志，2011，4（12）：708-712. {CHEN Weiliang,ZHANG Daming. Extended supraclavicular fasciocutaneous island flapbased on the transverse cervical artery for head and neck reconstruction following cancer ablation[J]. Zhongguo Shi Yong Kou Qiang Ke Za Zhi[Chinese Journal of Practical Stomatology(Article in Chinese;Abstract in Chinese and English)],2011,4(12):708-712.}

[24144] 陈伟良，邓跃飞，彭国光，杨朝晖，白植宝，王建广，李劲松，张彬．延长垂直下斜方肌岛状肌皮瓣修复颅颌面软组织缺损 [J]. 中国口腔颌面外科杂志，2006（04）：258-262. {CHEN Weiliang,DENG Yuefei,PENG Guoguang,YANG Zhaohui,BAI Zhibao,WANG Jianguang,LI Jinsong,ZHANG Bin. Extended vertical lower trapezius island myocutaneous flap in repairing large cranio-maxillofacial soft tissue defects[J]. Zhongguo Kou Qiang He Mian Wai Ke Za Zhi[China Journal of Oral and Maxillofacial Surgery(Article in Chinese;Abstract in Chinese and English)],2006(04):258-262.}

[24145] 潘朝斌，叶剑涛，黄洪章，陈伟良，李劲松．舌癌根治术同期胸锁乳突肌肌皮瓣修复舌缺损 [J]. 广东医学，2002，023（003）：270-271. {PAN Chaobin,YAN Jiantao,HUANG Hongzhang,CHEN Weiliang,LI Jinsong. Reconstruction of tongue defect with sternocleidomastoid myocutaneous flap[J]. Guangdong Yi Xue[Guangdong Medical Journal(Article in Chinese;Abstract in Chinese)],2002,023(003):270-271.}

[24146] 潘朝斌，赵小朋，黄洪章，李劲松，王建广，张彬．半舌缺损患者前臂皮瓣修复后舌尖辅音及元音的语音评价 [J]. 中华口腔医学研究杂志（电子版），2008（05）：79-83. {PAN Chaobin,ZHAO Xiaopeng,HUANG Hongzhang,LI Jinsong,WANG Jianguang,ZHANG Bin. Evaluation of the tip tongue consonants and vowels in the hemi-tongue defect patients after reconstruction with forearm flap[J]. Zhonghua Yi Xue Kou Qiang Za Zhi[Chin J Stomatol Res (Electronic Version)(Article in Chinese;Abstract in Chinese and English)],2008(05):79-83.}

[24147] 潘朝斌，李劲松，黄洪章，黄志权，赵小朋，张彬，杨朝晖，王永洁．带肋胸膜的肋骨－胸大肌复合瓣修复晚期舌癌根治术后缺损 [J]. 中华外科杂志，2006，44（13）：911-914. {PAN Chaobin,LI Jinsong,HUANG Hongzhang,HUANG Zhiquan,ZHAO Xiaopeng,ZHANG Bin,YANG Zhaohui,WANG Yongjie. Combined Repair of Large Defect Caused by Radical Surgery of Advanced Tongue Cancer With Rib-Major Pectoralis Myocutaneous Flap Carrying Costal Parietal Pleura[J].Zhonghua Wai Ke Za Zhi. [Chinese Journal of Surgery.(Article in Chinese;Abstract in Chinese and English)],2006;44(13):911–914.}

[24148] 潘朝斌，赵小朋，李劲松，王建广，张彬．带血管蒂游离组织瓣同期修复舌癌术后缺损及临床评价 [J]. 口腔疾病防治，2006，14（4）：268-270. {PAN Chaobin,ZHAO Xiaopeng,LI Jinsong,WANG Jianguang,ZHANG Bin. Instant Reconstruction of Tongue Defect with Vascularized Free Flap after Radical Tongue Cancer Resection and its Clinical Evaluation[J]. Kou Qiang Ji Bing Fang Zhi[Journal of Dental Prevention and Treatment(Article in Chinese;Abstract in Chinese and English)],2006,14(4):268-270.}

[24149] 潘朝斌，陈伟良，黄洪章，李劲松，任材年．组织瓣修复半侧舌缺损 21 例 [J]. 广东牙病防治，2000（01）：50-51. {PAN Chaobin,CHEN Weiliang,HUANG Hongzhang,LI Jinsong,REN Cainian. Repair of half tongue defect with tissue flap:a report of 21 cases[J]. Guang Dong Ya Bing Fang Zhi[Journal of dental prevention and treatment(Article in Chinese;Abstract in Chinese)],2000(01):50-51.}

[24150] 黄志权，王友元，张丽萍，程蔚琪，陈伟良，游云华，梁军．以颈横动静脉为蒂的延长锁骨上岛状瓣折叠修复口咽瘘 [J]. 中国口腔颌面外科杂志，2013，11（04）：329-333. {HUANG Zhiquan,WANG Youyuan,ZHANG Liping,CHEGN Weiqi,CHEN Weiliang,YOU Yunhua,LIANG Jun. Closure of large oropharyngocutaneous fistulas using a folded extensive supraclavicular fasciocutaneous islandflap [J]. Zhongguo Kou Qiang He Mian Wai Ke Za Zhi[China Journal of Oral and Maxillofacial Surgery(Article in Chinese;Abstract in Chinese and English)],2013,11(04):329-333.}

[24151] 张大明，王友元，梁启祥，林钊宇，陈伟良，张彬．负压封闭引流技术在游离前臂皮瓣修复术后供区植皮中的应用 [J]. 中国口腔颌面外科杂志，2015（04）：92-94. {ZHANG Daming,WANG Youyuan,LIANG Qixiang,LIN Zhaoyu,CHEN Weiliang,ZHANG Bin. Application of vacuum sealing drainage in reconstruction of radial forearm flap donorsite defects with full-thickness skin graft [J]. Zhongguo Kou Qiang He Mian Wai Ke Za Zhi[China Journal of Oral and Maxillofacial Surgery(Article in Chinese;Abstract in Chinese and English)],2015(04):92-94.}

[24152] 王友元，张大明，钟江龙，范松，林钊宇，房思炼，陈伟良．延长下斜方肌肌皮瓣修复下颌骨钛板外露的疗效观察 [J]. 中国口腔颌面外科杂志，2016，14（02）：167-171. {WANG Youyuan,ZHANG Daming,ZHONG Jianglong,FAN Song,LIN Zhaoyu,FANG Silian,CHEN Weiliang. Use of extended vertical lower trapezius island myocutaneous flaps to cover exposed reconstructive mandibularplates [J]. Zhongguo Kou Qiang He Mian Wai Ke Za Zhi[China Journal of Oral and Maxillofacial Surgery(Article in Chinese;Abstract in Chinese and English)],2016,14(02):167-171.}

[24153] 范松，王友元，张汉卿，林钊宇，钟江龙，陈伟雄，李群星，郁鑫，李劲松．游离腓骨肌筋膜瓣修复肿瘤切除后颌骨和口腔黏膜缺损 [J]. 中国口腔颌面外科杂志，2015，13（06）：545-549. {FAN Song,WANG Youyuan,ZHANG Hanqing,Lin Zhaoyu,ZHONG Jianglong,CHEN Weixiong,LI Qunxing,YU Xin,LI Jinsong. Reconstruction of jaw and oral mucosal defects with fibular osteomyofascial flap after oncological ablation [J]. Zhongguo Kou Qiang He Mian Wai Ke Za Zhi[China Journal of Oral and Maxillofacial Surgery(Article in Chinese;Abstract in Chinese and English)],2015,13(06):545-549.}

[24154] 王友元，李群星，张大明，钟江龙，范松，林钊宇，叶剑涛，陈伟良．延长下斜方肌皮瓣和胸大肌皮瓣修复复发口腔、口咽癌术后缺损的效果比较 [J]. 中国口腔颌面外科杂志，2016，14（04）：352-356. {WANG Youyuan,LI Qunxing,ZHANG Daming,ZHONG Jianglong,FAN Song,LIN Zhaoyu,YE Jiantao,CHEN Weiliang. Extended vertical lower trapezius island myocutaneous flap and pectoralis major myocutaneous flap used forreconstruction of patients with recurrent oral and oropharyngeal cancer[J]. Zhongguo Kou Qiang He Mian Wai Ke Za Zhi[China Journal of Oral and Maxillofacial Surgery(Article in Chinese;Abstract in Chinese and English)],2016,14(04):352-356.}

[24155] 杨朝晖，潘朝斌，李劲松，陈伟良，黄洪章，张彬，王建广．带蒂胸大肌皮瓣修复颌面部洞穿缺损的应用 [J]. 口腔医学研究，2007，23（5）：547-549. {YANG Zhaohui,PAN Chaobin,LI Jinsong,CHEN Wei liang,HUANG Hongzhang,ZHANG Bin,WANG Jianguang. Application of Pectoral Major Myocutanous Flapinthe Maxillofacial Penetrating Defect [J]. Kou Qiang Yi Xue Yan Jiu.[Journal of Oral Science Research(Article in Chinese;Abstract in Chinese and English)],2007,23(5):547-549.}

[24156] 杨朝晖，陈伟良，李劲松，黄志权，王友元．应用面动脉－颏下动脉岛状肌皮瓣修复舌癌术后缺损 [J]. 中国口腔颌面外科杂志，2009，7（01）：15-17. {YANG Zhaohui,CHEN Weiliang,LI Jinsong,HUANG Zhiquan,WANG Youyuan. Application of facial artery-submental artery island flap after radical resection of tongue cancer[J]. Zhongguo Kou Qiang He Mian Wai Ke Za Zhi[China Journal of Oral and Maxillofacial Surgery(Article in Chinese;Abstract in Chinese and English)],2009,7(01):15-17.}

[24157] 杨朝晖，陈伟良，潘朝斌，李劲松，黄志权，张大明．逆行颏下动脉岛状肌皮瓣修复腭部恶性肿瘤术后缺损 [J]. 口腔疾病防治，2008（11）. {YANG Zhaohui,CHEN Weiliang,PAN Chaobin,LI Jinsong,HUANG Zhiquan,ZHANG Daming. Application of submental artery island flap after radical Resection for carcinoma on plate[J]. Kou Qiang Ji Bing Fang Zhi [Journal of Dental Prevention and Treatment(Article in Chinese;Abstract in Chinese and English)],2008(11).}

[24158] 周斌，庄秀妹，陈伟良，张大明，王勋明，周家敏．经腋前线进路的延长节段性胸大肌肌皮瓣与常规方法修复口腔口咽癌缺损的疗效比较 [J]. 中国口腔颌面外科杂志，2018，16（05）：40-43. {ZHOU Bin,ZHUANG Xiumei,CHEN Weiliang,ZHANG Daming,WANG Xunming,ZHOU Jiamin. Comparison of the outcomes of an extensive segmental pectoralis major myocutaneous flap via the anterioraxillary line and the conventional technique for reconstruction of defects after ablative surgery of oral andoropharyngeal cancers[J].Zhongguo Kou Qiang He Mian Wai Ke Za Zhi[China Journal of Oral and Maxillofacial Surgery(Article in Chinese;Abstract in Chinese and English)],2018,16(05):40-43. DOI:10.19438/j.cjoms.2018.05.006}

[24159] 周斌，庄秀妹，陈伟良，钟江龙，陈睿，王勋明．折叠延长下斜方肌岛状皮瓣修复全喉切除术后巨大咽皮瘘 8 例报道 [J]. 中国口腔颌面外科杂志，2019，17（02）：166-170. {ZHOU Bin,ZHUANG Xiumei,CHEN Weiliang,ZHONG Jianglong,CHEN Rui,WANG Xunming. Use of a folded extended vertical lower trapezius island myocutaneous flap to repair large pharyngocutaneousfistulae after salvage total laryngectomy in 8 consecutive cases[J]. Zhongguo Kou Qiang He Mian Wai Ke Za Zhi[China Journal of Oral and Maxillofacial Surgery(Article in Chinese;Abstract in Chinese and English)] ,2019,17(02):166-170. DOI:10.19438/j.cjoms.2019.02.014}

[24160] 袁开放，陈伟良，周斌，张大明．面颏下动脉岛状皮瓣在口腔与口咽鳞状细胞癌切除术后重建的临床效果比较 [J]. 口腔疾病防治，2020，28（2）：84-87. {YUAN Kaifang,CHEN Weiliang,ZHOU Bin,ZHANG Daming. Comparison of the clinical effect of a facial-submental artery island flap in reconstruction after resection oforal cavity and oropharyngeal squamous cell carcinoma[J]. Kou Qiang Ji Bing Fang Zhi[Journal of Prevention and Treatment for Stomatological Diseases(Article in Chinese;Abstract in Chinese and English)],2020,28(2):84-87. DOI:10.12016/j.issn.2096-1456.2020.02.004}

[24161] 廖隽琨，陈伟良，张大明，范松．逆行面动脉－颏下动脉岛状肌瓣修复良性肿瘤切除后面部畸形 [J]. 中国口腔颌面外科杂志，2012，010（001）：57-61. {LIAO Junkun,CHEN Weiliang,ZHANG Daming,FAN Song. Facial contour reconstruction following benign tumor ablation using reverse facial artery-submental artery deepithelialized submental island flaps [J].Zhongguo Kou Qiang He Mian Wai Ke Za Zhi[China Journal of Oral and Maxillofacial Surgery(Article in Chinese;Abstract in Chinese and English)],2012,010(001):57-61.}

[24162] 赵新，伍虹，陈伟良，王建广，张翠翠，潘朝斌，黄志权，赵小朋．去上皮逆行面动脉－颏下动脉颏下岛状瓣修复上颌术后缺损 [J]. 中国口腔颌面外科杂志，2014，12（1）：61-64. {ZHAO Xin,WU Hong,CHEN Weiliang,WANG Jianguang,ZHANG Cuicui,PAN Chaobin,HUANG Zhiquan,ZHAO Xiaopeng. Reverse facial artery-submental artery deepithelialised submental island flap to reconstruct maxillary defectsfollowing cancer ablation[J].Zhongguo Kou Qiang He Mian Wai Ke Za Zhi[China Journal of Oral and Maxillofacial Surgery(Article in Chinese;Abstract in Chinese and English)],2014,12(1):61-64. }

[24163] 李群星，王友元，范松，李劲松．同侧小腿邻近全厚皮片移植修复腓骨肌皮复合瓣供区创面缺损 [J]. 中国口腔颌面外科杂志，2017（2）. {LI Qunxing,WANG Youyuan,FAN Song,LI Jinsong. Repairing fibular osteocutaneous flap donor site with full-thickness skin graft from adjacent low extremity [J]. Zhongguo Kou Qiang He Mian Wai Ke Za Zhi[China Journal of Oral and Maxillofacial Surgery(Article in Chinese;Abstract in Chinese and English)],2017(2).}

[24164] 麦潋曦，Mubarak Mashrah，严凌健，万全，林钊宇，潘朝斌．游离胫后动脉皮瓣修复 80 例口腔颌面部软组织缺损效果评价 [J]. 中国口腔颌面外科杂志，2019，17（03）：275-279. {MAI Lianxi,Mubarak Mashrah,YAN Lingjian,WAN Quan,LIN Zhaoyu,PAN Chaobin. Application of posterior tibial artery flap in the reconstruction of oral and maxillofacial defects:Clinical analysisof 80 consecutive cases[J]. Zhongguo Kou Qiang He Mian Wai Ke Za Zhi[China Journal of Oral and Maxillofacial Surgery(Article in Chinese;Abstract in Chinese and English)],2019,17(03):275-279.}

[24165] Zhang Daming,Yang Zhaohui,Zhuang Peilin,Wang Youyuan Chen Weiliang,Zhang Bin. Role of Negative-Pressure Wound Therapy in the Management of Submandibular Fistula After Reconstruction for Osteoradionecrosis[J]. Oral Maxillofac Surg,2016,74(2):401-405. DOI:10.1016/j.joms.2015.09.012.

[24166] Mashrah Mubarak Ahmed,Mai Lianxi,Wan Quan,Huang Zhiquan,Wang Jianguang,Lin Zhaoyu Fan Song,Pan Chaobin. Posterior tibial artery flap with an adipofascial extension:clinical application in head and neck reconstruction with detailed insight into septocutaneous perforators and donorsite morbidity[J]. Plast Reconstr Surg,2020,145(1):142e-152e. DOI:10.1097/PRS.0000000000006396.

[24167] 张韬，史也，邵晓琳，等．上颌骨及面中份缺损的修复重建 [J]. 中华临床医师杂志（电子版），2013，7（15）：6978-6982. DOI: 10.3877/cma.j.issn.1647-0785.2013.15.045. {ZHANG Tao,SHI Ye,SHAO Xiao-lin,et al. Reconstruction of the defect in maxilla and midface. Chin J Clinicians(Electronic Edition),August 1,2013,V ol.7,No.15. DOI:10.3877/cma.j.issn.1647-0785.2013.15.045.}

[24168] 张韬，陈永宁，赵继志，等．应用前臂游离皮瓣折叠法修复大型腭部洞穿性缺损 [J]. 中华整形外科杂志，2008，24（6）：444-446. DOI: 10. 3760/j. issn: 1009-4598. 2008. 06. 009 {ZHANG Tao,CHENYong-ning,ZHAO Ji-zhi,et al. Reconstruction of large through-and-through palate defects with folded free forearm flap. Chin J Plast Surg,Nov. 2008 Vol. 24 No. 6. DOI:10.3760/j.issn:1009-4598.2008.06.009.}

[24169] 张韬，毛驰，彭歆，等．血管化腓骨肌瓣下颌骨重建中髁突不同处理方法对颞下颌关节功能的影响评价 [J].《中华口腔医学杂志》2008，43（1）. 10.3321/j.issn: 1002-0098.2008.01.008. {ZHANG Tao,MAO Chi,PENG Xin,et al. Evaluation of patients' temporomandibular joint function after mandible reconstruction with free fibula flap. Chin J Stomatol, January 2008,Vol . 43,No. 1. 10.3321/j.issn:1002-0098.2008.01.008.}

[24170] 张韬，彭歆，毛驰，等．血管化游离腓骨瓣下颌骨缺损重建的供区并发症及功能评价 [J]. 临床口腔医学杂志，2007（12）：746-748. DOI: 10. 3969/j. issn. 1003-1634. 2007. 12. 019 {ZHANG Too,PENG Xin,MAO Chi,et al. Evaluation of donor site morbidity and lower limb function after mandible reconstruction with free fibula flap[J]. ClinStomawl,Dec,2007. V01. 23,No,12. DOI:10.3969/j.issn.1003-1634.2007.12.019.}

[24171] 张韬，毛驰，彭歆，等．血管化腓骨瓣修复涉及髁突下颌骨缺损的临床应用 [J]. 口腔颌面外科杂志，2007(01):56-60. DOI:0.3969/j.issn.1005-4979.2007.01.013.

[24172] ZHANG Tao,MAO Chi,PENG Xin,et al. Clinical Application of Free Flap in Reconstruction of Different Mandible Defects[J]. Journal of Oral and Maxillofical Surgery Vol.17.No.1 March,2007.

[24173] 张韬，张燕，李彦生，等．CTA及CAD\CAM技术在吻合血管的游离腓骨瓣下颌骨重建中的应用[J]．中华整形外科杂志，2006（05）：325-327．DOI：10．3760/j．issn：1009-4598．2006．05．001 {ZHANG Tao,ZHANG Yan,LI Yan-sheng,et al. Application of CTA and CAD CAM techniques in mandible reconstruction with free fibula flap[J]. Chin J Plast Surg,Spe. 2006 Vol. 22 No. 5.DOI:10.3760/j.issn:1009-4598.2006.05.001.}

[24174] 张韬，赖钦声，陈永宁，等．游离皮瓣移植即时修复中晚期舌癌根治性切除后的舌缺损[J]．《整形再造外科杂志》2004，1（3）．{ZHANG Tao,LAI Qin—sheng,CHEN Yong—ning, et a1. Simutaneous Tongue Reconstruction with Free Tissue Flap after Radical Resection of Advanced Tongue Carcinoma. Journal of Plastic Reconstruction Surgery,September 2004,Vol 1,No.2. }

[24175] 王成元，陈剑，李俊锋．咬肌神经联合颞骨内面神经转位治疗听神经瘤术后面瘫[J]．中国耳鼻咽喉颅底外科杂志，2020，26（01）：24-27．{WANG Cheng-yuan,CHEN Jian,LI Jun-feng.Combination of masseter nerve with the temporal segment of facial nerve transposition for the treatment of facial paralysis after acoustic neuroma resection[J]. Chinese Journal of Otorhinolaryngology-Skull Base Surgery (Article in Chinese;Abstract in Chinese). 2020,26(01),24-27 DOI:10.11798/j.issn.1007-1520.202001006.}

[24176] Wang C,Kundaria S,Fernandez-Miranda J,Duvvuri U. A description of arterial variants in the transoral approach to the parapharyngeal space [J]. Clin Anat,2014,27:1016-1022.

[24177] 王成元，杨大章，李石伟．鼻整形术后感染导致局部组织缺损的早期皮瓣修复[J]．临床耳鼻咽喉头颈外科杂志，2009，23（12）：549-552．{Wang Chengyuan,Yang Dazhang,Li Shiwei. Early local flap reconstruction in nasal defect due to severe infection after rhinoplasty[J]. Linchuang er bi yan hou tou jing wai ke za zhi [Journal of Clinical Otorhinolaryngology Head and Neck Surgery (Article in Chinese;Abstract in Chinese)],2009,23(12):549-552.}

[24178] 麦华明，羊良慧．影响头颈部游离皮瓣移植的危险因素及术后监测技术研究进展[J]．中国癌症防治杂志，2017，9（4）：338-342．{Mai Huaming,Yang Lianghui. Research progress on risk factors and postoperative monitoring technology of head and neck free flap transplantation [J]. Chinese Journal of cancer prevention and treatment,2017,9 (4):338-342.}

[24179] 巫家晓，周诺，林毅，蒙宁．应用髂嵴游离骨组织修复下颌骨缺损[J]．广西医学院学报，2000，17（6）：1068-1069．{Wu Jiaxiao,Zhou Nuo,Lin Yi,Meng Ning. Reconstruction of mandibular defects with free iliac crest [J]. Journal of Guangxi Medical College,2000,17 (6):1068-1069.}

[24180] 巫家晓．前臂游离皮瓣在舌癌切除术后舌再造中的应用[J]．医学文选，2002，21（6）：777-779．{Wu Jiaxiao. Application of forearm free flap in tongue reconstruction after resection of tongue cancer [J]. Selected medical papers,2002,21 (6):777-779.}

[24181] 巫家晓，庞芳河，王代友，韦山良，于大海．血管化腓骨皮瓣移植修复下颌骨缺损[J]．广西医学，2004，26（12）：1807-1808．{Wu Jiaxiao,pangfanghe,Wang daiyou,Wei Shanliang,Yu Dahai. Vascularized fibular flap transplantation for mandibular defect[J]. Guangxi Medical Journal,2004,26 (12):1807-1808.}

[24182] 黄旋平，周诺，蒙宁，巫家晓，王代友，梁飞新．18例颌面大型缺损Ⅰ期修复体会[J]．广西医学，2006，28（12）：1960-1961．{Huang Xiaoping,Zhou Nuo,Meng Ning,Wu Jiaxiao,Wang daiyou,Liang Feixin. Experience of 18 cases of large maxillofacial defects repaired in phase I [J]. Guangxi Medical Journal,2006,28 (12):1960-1961.}

[24183] 黄旋平，周诺，巫家晓，蒙宁，王代友．游离腹直肌皮瓣在口腔颌面大型缺损Ⅰ期修复中的应用[J]．临床口腔医学杂志，2006，22（12）：730-731．{Huang Xiaoping,Zhou Nuo,Wu Jiaxiao,Meng Ning,Wang daiyou. Application of free rectus abdominis flap in the first stage of oral and maxillofacial defects [J]. Journal of clinical dentistry,2006,22 (12):730-731.}

[24184] 黄旋平，周诺，蒙宁，巫家晓，王代友．134例颌面组织缺损Ⅰ期修复临床分析[J]．广西医学，2006，28（6）：839-840．{Huang Xiaoping,Zhou Nuo,Meng Ning,Wu Jiaxiao,Wang daiyou. Clinical analysis of 134 cases of maxillofacial tissue defect in phase I [J]. Guangxi Medical Journal,2006,28 (6):839-840.}

[24185] 巫家晓，庞芳河，王代友，韦山良，伍曼曼．82例游离组织瓣移植修复口腔颌面组织缺损的临床分析[J]．现代口腔医学杂志，2006，20（5）：457-458．{Wu Jiaxiao,pangfanghe,Wang daiyou,Wei Shanliang,Wu Manman. Clinical analysis of 82 cases of free tissue flap transplantation to repair oral and maxillofacial tissue defects [J]. Journal of Modern Stomatology,2006,20 (5):457-458.}

[24186] 黄旋平，周诺，巫家晓，蒙宁，王代友．下颌骨放射性骨坏死术后缺损同期修复16例[J]．广西医学，2007，29（1）：91-92．{Huang RPG,Zhou Nuo,Wu Jiaxiao,Meng Ning,Wang daiyou. Simultaneous repair of defects after osteonecrosis of mandible [J]. Guangxi Medical Journal,2007,29 (1):91-92.}

[24187] 黄旋平，巫家晓，周诺，蒙宁，王代友，梁飞新．43例前臂游离皮瓣在颌面软组织缺损Ⅰ期修复中的应用[J]．口腔医学，2007，27（4）：220-221．{Huang Xiaoping,Wu Jiaxiao,Zhou Nuo,Meng Ning,Wang daiyou,Liang Feixin. Application of forearm free flap in the first stage repair of maxillofacial soft tissue defect [J]. Stomatology,2007,27 (4):220-221.}

[24188] 李帅，周诺，蒙宁，巫家晓，王代友，麦华明，黄旋平，韦山良，伍曼曼．游离股前外侧瓣在口腔颌面部软组织缺损修复中的应用[J]．口腔医学研究，2014，30（11）：1103．{Li Shuai,Zhou Nuo,Meng Ning,Wu Jiaxiao,Wang daiyou,Mai Huaming,Huang Xuanping,Wei Shanliang,Wu Manman. Application of free anterolateral femoral flap in the repair of oral and maxillofacial soft tissue defects [J]. Stomatological Research,2014,30 (11):1103.}

[24189] 羊良慧，麦华明，巫家晓，李帅，陈国生，刘诗奇．血清生化因素与口腔颌面部游离组织瓣血管危象的相关分析[J]．中国口腔颌面外科杂志，2017，15（5）：431-434．{Yang Lianghui,Mai Huaming,Wu Jiaxiao,Li Shuai,Chen Guosheng,Liu Shiqi. Correlation analysis between serum biochemical factors and vascular crisis of free tissue flap in oral and maxillofacial region [J]. Chinese Journal of oral and maxillofacial surgery,2017,15 (5):431-434.}

[24190] 白岫峰，阿里木江·吾守，郑军，李刚．单队列回顾性研究：软组织游离皮瓣修复重建口腔颌面部缺损41例[J]．中国美容医学，2013，22（11）：1131-1136．{BAI Xiufeng,Alimujiang,ZHENG Jun,LI Gang. Oral and maxillofacial-head and neck reconstruction with soft tissue free flaps of 41 cases:a single team's experience[J].CHINESEJOURNAL OF AESTHETIC MEDICINE,2013,22(11):1131-1136.}

[24191] 何三虎，李刚，白岫峰．前臂游离皮瓣修复口腔颌面部软组织缺损体会[J]．现代肿瘤医学，2006（02）：150-151．{HE Sanhu,LI Gang,BAI Xiufeng,Experience of repairing oral and maxillofacial soft tissue defect with free forearm flap[J].JOURANL OF MODERN ONCOLOGY,2006(02):150-151.}

[24192] 阿里木江·吾守，白岫峰，祁红，徐哲，郑军，李刚．颌骨血管外皮细胞瘤[J]．颅颌面外科杂志：欧洲颅颌面外科协会官方出版物，2014，42（5）．{Wu Shou Alimujiang,Bai Xiufeng,Qi Hong,Xu Zhe,Zheng Jun,Li Gang. Haemangiopericytoma of the jaw[J]. Journal of cranio-maxillo-facial surgery :official publication of the European Association for Cranio-Maxillo-Facial Surgery,2014,42(5).}

[24193] Chi Feng,Tian Zheng,Ping Ji ,Ping Liu ,Yong Li ,Hong-Wei Zhao. Reversed vascular nasolabial flap pedicled with superior labial artery:safe and easy method for paranasal and infraorbital reconstruction[J]. Int J Clin Exp Med,2016,9(11):22444-22450.

[24194] 陈姚地 刘平 李勇 赵洪伟．上斜方肌肌皮瓣即刻修复舌鳞癌缺损的初步探索．重庆医学，2018，46（35）：4943-4945 {CHEN yaodi ,LIU ping,LI yong ,ZHAO hongwei. Clinical application of superior trapezius myocutaneous flap for immediate restoration of tongue defect after the operation of tongue squamous carcinoma. Chongqing medicine,2018,2018,46(35):4943-4945}

[24195] 刘平 李勇 郑田 季平 邱丽华 李颖 张碧 鲁琦 赵洪伟．以上唇动脉为蒂的逆行鼻唇沟瓣修复鼻眶下区缺损的临床研究．重庆医学，2014，43（7）：793-795 {LIU ping,LI yong,ZHENG tian,JI ping,QIU lihua,LI ying,ZHANG bi,LU qi,ZHAO hongwei. The clinical effect of reversed nasolabial flap pedicled with superior labial artery for the reconstruction of nasal and infraorbital defect[J]. Chongqing medicine,2014,43(7):793-795.}

8.2 神经外科：微血管减压术

neurosurgery:microvacular decompression

[24196] Sun SY,Yin JZ,Qiu LL. Microvascular decompression for trigeminal neuralgia[J]. Chin Med J,1994,107(4):286-288.

[24197] Zhang KW,Zhao YH,Shun ZT,Li P. Microvascular decompression by retrosigmoid approach for trigeminal neuralgia:experience in 200 patients[J]. Ann Otol Rhinol Laryngol,1990,99(2 Pt 1):129-130. doi:10.1177/000348949009900210.

[24198] Zhang KW,Shun ZT. Microvascular decompression by the retrosigmoid approach for idiopathic hemifacial spasm:experience with 300 cases[J]. Ann Otol Rhinol Laryngol,1995,104(8):610-612. doi:10.1177/000348949510400804.

[24199] Li ST,Pan Q,Liu N,Shen F,Liu Z,Guan Y. Trigeminal neuralgia:what are the important factors for good operative outcomes with microvascular decompression[J]. Surg Neurol,2004,62(5):400-404;discussion 404-405. doi:10.1016/j.surneu.2004.02.028.

[24200] Li ST,Wang X,Pan Q,Hai J,Liu N,Shen F,Liu Z,Guan Y. Studies on the operative outcomes and mechanisms of microvascular decompression in treating typical and atypical trigeminal neuralgia[J]. Clin J Pain,2005,21(4):311-316. doi:10.1097/01.ajp.0000120790.69705.5b.

[24201] Yuan Y,Wang Y,Zhang SX,Zhang L,Li R,Guo J. Microvascular decompression in patients with hemifacial spasm:report of 1200 cases[J]. Chin Med J,2005,118(10):833-836.

[24202] Li N,Zhao WG,Pu CH,Shen JK. Clinical application of artificial dura mater to avoid cerebrospinal fluid leaks after microvascular decompression surgery[J]. Minim Invasive Neurosurg,2005,48(6):369-372. doi:10.1055/s-2005-915629.

[24203] Hai J,Li ST,Pan QG. Treatment of atypical trigeminal neuralgia with microvascular decompression[J]. Neurol India,2006,54(1):53-56;discussion 57. doi:10.4103/0028-3886.24706.

[24204] Chen MJ,Zhang WJ,Yang C,Wu YQ,Zhang ZY,Wang Y. Endoscopic neurovascular perspective in microvascular decompression of trigeminal neuralgia[J]. J Craniomaxillofac Surg,2008,36(8):456-461. doi:10.1016/j.jcms.2008.05.002.

[24205] Zhong J,Li ST,Xu SQ,Wan L,Wang X. Management of petrosal veins during microvascular decompression for trigeminal neuralgia[J]. Neurol Res,2008,30(7):697-700. doi:10.1179/174313208X289624.

[24206] Sun K,Lu Y,Hu G,Luo C,Hou L,Chen J,Wu X,Mei Q. Microvascular decompression of the accessory nerve for treatment of spasmodic torticollis:early results in 12 cases[J]. Acta Neurochir(Wien),2009,151(10):1251-1257. doi:10.1007/s00701-009-0455-6.

[24207] Han-Bing S,Wei-Guo Z,Jun Z,Ning L,Jian-Kang S,Yu C. Predicting the outcome of microvascular decompression for trigeminal neuralgia using magnetic resonance tomographic angiography[J]. J Neuroimaging,2010,20(4):345-349. doi:10.1111/j.1552-6569.2009.00378.x.

[24208] Du ZY,Gao X,Zhang XL,Wang ZQ,Tang WJ. Preoperative evaluation of neurovascular relationships for microvascular decompression in the cerebellopontine angle in a virtual reality environment[J]. J Neurosurg,2010,113(3):479-485. doi:10.3171/2009.9.JNS091012.

[24209] Li S,Hong W,Tang Y,Ying T,Zhang W,Li X,Zhu J,Zhong J,Hua X,Xu S,Wan L,Wang X,Yang M,Li Y,Zheng X. Re-operation for persistent hemifacial spasm after microvascular decompression with the aid of intraoperative monitoring of abnormal muscle response[J]. Acta Neurochir(Wien),2010,152(12):2113-2118. doi:10.1007/s00701-010-0837-9.

[24210] Zhong J,Zhu J,Li ST,Li XY,Wang XH,Yang M,Wan L,Guan HX. An analysis of failed microvascular decompression in patients with hemifacial spasm:focused on the early reoperative findings[J]. Acta Neurochir (Wien),2010,152(12):2119-2123. doi:10.1007/s00701-010-0794-3.

[24211] Zhong J,Zhu J,Li ST,Guan HX. Microvascular decompressions in patients with coexistent hemifacial spasm and trigeminal neuralgia[J]. Neurosurgery,2011,68(4):916-920;discussion 920. doi:10.1227/NEU.0b013e318208f5ac.

[24212] An J,Fang Q,Huang C,Qian X,Fan T,Lin Y,Guo Q. Deeper total intravenous anesthesia reduced the incidence of early postoperative cognitive dysfunction after microvascular decompression for facial spasm[J]. J Neurosurg Anesthesiol,2011,23(1):12-17. doi:10.1097/ANA.0b013e3181f59db4.

[24213] Ying TT,Li ST,Zhong J,Li XY,Wang XH,Zhu J. The value of abnormal muscle response monitoring during microvascular decompression surgery for hemifacial spasm[J]. Int J Surg,2011,9(4):347-351. doi:10.1016/j.ijsu.2011.02.010.

[24214] Zhang LW,Liu YG,Wu CY,Xu SJ,Zhu SG. Radiofrequency thermocoagulation rhizotomy for recurrent trigeminal neuralgia after microvascular decompression[J]. Chin Med J,2011,124(22):3726-3730.

[24215] Zheng X,Feng B,Hong W,Zhang W,Yang M,Tang Y,Zhong J,Hua X,Li S. Management of intraneural vessels during microvascular decompression surgery for trigeminal neuralgia[J]. World Neurosurg,2012,77(5-6):771-774. doi:10.1016/j.wneu.2011.08.031.

[24216] Li J,Zhang Y,Zhu H,Li Y. Prognostic value of intra-operative abnormal muscle response monitoring during microvascular decompression for long-term outcome of hemifacial spasm[J]. J Clin Neurosci,2012,19(1):44-48. doi:10.1016/j.jocn.2011.04.023.

[24217] Xiong NX,Zhao HY,Zhang FC,Liu RE. Vagoglossopharyngeal neuralgia treated by microvascular decompression and glossopharyngeal rhizotomy:clinical results of 21 cases[J]. Stereotact Funct Neurosurg,2012,90(1):45-50. doi:10.1159/000333828.

[24218] Zhu J,Li ST,Zhong J,Guan HX,Ying TT,Yang M,Yang X,Zhou Q,Jiao W. Role of arterioles in management of microvascular decompression in patients with hemifacial spasm[J]. J Clin Neurosci,2012,19(3):375-379. doi:10.1016/j.jocn.2011.04.046.

[24219] Zhong J,Li ST,Zhu J,Guan HX,Zhou QM,Jiao W,Ying TT,Yang XS,Zhan WC,Hua XM. A clinical analysis on microvascular decompression surgery in a series of 3000 cases[J]. Clin Neurol Neurosurg,2012,114(7):846-51. doi:10.1016/j.clineuro.2012.01.021.

[24220] Yang XS,Li ST,Zhong J,Zhu J,Du Q,Zhou QM,Jiao W,Guan HX. Microvascular decompression on patients with trigeminal neuralgia caused by ectatic vertebrobasilar artery complex:technique notes[J]. Acta Neurochir(Wien),2012,154(5):793-797;discussion 797. doi:10.1007/s00701-012-1320-6.

[24221] Liang Q,Shi X,Wang Y,Sun Y,Wang R,Li S. Microvascular decompression for hemifacial spasm:technical notes on pontomedullary sulcus decompression[J]. Acta Neurochir(Wien),2012,154(9):1621-1626. doi:10.1007/s00701-012-1387-0.

[24222] Li F,Ma Y,Zou J,Li Y,Wang B,Huang H,Wang Q,Li L. Microsurgical decompression for greater occipital neuralgia[J]. Turk Neurosurg,2012,22(4):427-429. doi:10.5137/1019-5149.JTN.5234-11.1.

[24223] Zhu J,Li ST,Zhong J,Ying TT,Guan HX,Yang XS,Zhou QM,Jiao W. Microvascular decompression for hemifacial spasm[J]. J Craniofac Surg,2012,23(5):1385-1387. doi:10.1097/SCS.0b013e31825433d6.

[24224] Zhang L,Yu Y,Yuan Y,Xu J,Xu X,Zhang J. Microvascular decompression of cochleovestibular nerve in patients with tinnitus and vertigo[J]. Neurol India,2012,60(5):495-497. doi:10.4103/0028-3886.103194.

[24225] Zhang H,Lei D,You C,Mao BY,Wu B,Fang Y. The long-term outcome predictors of pure microvascular decompression for primary trigeminal neuralgia[J]. World Neurosurg,2013,79(5-6):756-762. doi:10.1016/j.wneu.2012.01.040.

[24226] Li X,Zheng X,Wang X,Li B,Ying T,Li Y,Li S. Microvascular decompression treatment for post-Bell's palsy hemifacial spasm[J]. Neurol Res,2013,35(2):187-92. doi:10.1179/1743132812Y.0000000132.

[24227] Ying T,Thirumala P,Shah A,Nikonow T,Wichman K,Holmes M,Hirsch B,Chang Y,Gardner P,Habeych M,Crammond DJ,Burkhart L,Horowitz M,Balzer J. Incidence of high-frequency hearing loss after microvascular decompression for hemifacial spasm[J]. J Neurosurg,2013,118(4):719-724. doi:10.3171/2013.1.JNS121153.

[24228] Wang X,Thirumala PD,Shah A,Gardner P,Habeych M,Crammond DJ,Balzer J,Horowitz M. Effect of previous botulinum neurotoxin treatment on microvascular decompression for hemifacial spasm[J]. Neurosurg Focus,2013,34(3):E3. doi:10.3171/2012.11.FOCUS12373.

[24229] Jia Y,Wenhua W,Quanbin Z. A single microvascular decompression surgery cures a patient with trigeminal neuralgia,hemifacial spasm,tinnitus,hypertension,and paroxysmal supraventricular tachycardia caused by the compression of a vertebral artery[J]. Neurol India,2013,61(1):73-75. doi:10.4103/0028-3886.108016.

[24230] Wang X,Thirumala PD,Shah A,Gardner P,Habeych M,Crammond D,Balzer J,Burkhart L,Horowitz M. The role of vein in microvascular decompression for hemifacial spasm:a clinical analysis of 15 cases[J]. Neurol Res,2013,35(4):389-394. doi:10.1179/1743132812Y.0000000153.

[24231] Jiao W,Zhong J,Sun H,Zhu J,Zhou QM,Yang XS,Li ST. Microvascular decompression for the patient with painful tic convulsif after Bell palsy[J]. J Craniofac Surg,2013,24(3):e286-289. doi:10.1097/SCS.0b013e31828f2b39.

[24232] Wang X,Thirumala PD,Shah A,Gardner P,Habeych M,Crammond D,Balzer J,Burkhart L,Horowitz M. Microvascular decompression for hemifacial spasm:focus on late reoperation[J]. Neurosurg Rev,2013,36(4):637-643;discussion 643-644. doi:10.1007/s10143-013-0480-z.

[24233] Chai Y,Chen M,Zhang W,Zhang W. Predicting the outcome of microvascular decompression for primary trigeminal neuralgia by the use of magnetic resonance tomographic angiography[J]. J Craniofac Surg,2013,24(5):1699-1702. doi:10.1097/SCS.0b013e3182801b64.

[24234] Wang YN,Dou NN,Zhou QM,Jiao W,Zhu J,Zhong J,Li ST. Treatment of hemimasticatory spasm with microvascular decompression[J]. J Craniofac Surg,2013,24(5):1753-1755. doi:10.1097/SCS.0b013e318295025a.

[24235] Ying T,Thirumala P,Chang Y,Habeych M,Crammond D,Balzer J. Emprical factors associated with Brainstem auditory evoked potential monitoring during microvascular decompression for hemifacial spasm and its correlation to hearing loss[J]. Acta Neurochir(Wien),2014,156(3):571-575. doi:10.1007/s00701-013-1957-9.

[24236] Wang YN,Zhong J,Zhu J,Dou NN,Xia L,Visocchi M,Li ST. Microvascular decompression in patients with coexistent trigeminal neuralgia,hemifacial spasm and glossopharyngeal neuralgia[J]. Acta Neurochir (Wien),2014,156(6):1167-1171. doi:10.1007/s00701-014-2034-8.

[24237] Sun H,Li ST,Zhong J,Zhang WC,Hua XM,Wan L,Zheng XS. The strategy of microvascular decompression for hemifacial spasm:how to decide the endpoint of an MVD surgery[J]. Acta Neurochir(Wien),2014,156(6):1155-1159. doi:10.1007/s00701-014-2055-3.

[24238] Dou NN,Zhong J,Zhou QM,Zhu J,Wang YN,Li ST. Microvascular decompression of trigeminal nerve root for treatment of a patient with hemimasticatory spasm[J]. J Craniofac Surg,2014,25(3):916-918. doi:10.1097/SCS.0000000000000662.

[24239] Zhang H,Fu WM,Chen P,Shi J. Intraoperative indocyanine green angiography during microvascular decompression surgery:report of 30 cases[J]. Acta Neurochir(Wien),2014,156(8):1561-1564. doi:10.1007/s00701-014-2105-x.

[24240] Yang DB,Wang ZM,Jiang DY,Chen HC. The efficacy and safety of microvascular decompression for idiopathic trigeminal neuralgia in patients older than 65 years[J]. J Craniofac Surg,2014,25(4):1393-1396. doi:10.1097/SCS.0000000000000869.

[24241] Mei Q,Zhang C,Jiang Y,Sun K,Lu Y,Sui M,Hou L. Microvascular decompression surgery is effective for the laterocollis subtype of spasmodic torticollis:a long-term follow-up result[J]. Acta Neurochir(Wien),2014,156(8):1551-1556. doi:10.1007/s00701-014-2120-y.

[24242] Gu W,Zhao W. Microvascular decompression for recurrent trigeminal neuralgia[J]. J Clin Neurosci,2014,21(9):1549-1553. doi:10.1016/j.jocn.2013.11.042.

[24243] Xia L,Zhong J,Zhu J,Wang YN,Dou NN,Liu MX,Visocchi M,Li ST. Effectiveness and safety of microvascular decompression surgery for treatment of trigeminal neuralgia:a systematic review[J]. J Craniofac Surg,2014,;25(4):1413-1417. doi:10.1097/SCS.0000000000000984.

[24244] Chen Y,Song Z,Wan Y,Lin W,Hu X,Wang Y,Imai H. Intermediate nerve neuralgia can be diagnosed and cured by microvascular decompression[J]. J Craniofac Surg,2014,25(4):1187-1189. doi:10.1097/SCS.0000000000000837.

[24245] Zhu J,Zhong J,Jiao W,Zhou QM,Guan HX,Dou NN,Wang YN,Xia L,Li ST. Via-cerebellar-fissures approach for microvascular decompression of trigeminal nerve[J]. J Craniofac Surg,2014,25(4):1438-1440. doi:10.1097/SCS.0000000000000780.

[24246] Chen MJ,Zhang WJ,Guo ZL,Yang C,Zhang WH,Dong MJ,Chai Y,Zhang ZY. Preoperative evaluation of the neurovascular compression using magnetic resonance tomographic angiography:our radiologic indications for microvascular decompression to treat trigeminal neuralgia[J]. J Craniofac Surg,2014,25(4):e384-388. doi:10.1097/SCS.0000000000000969.

[24247] Fang Q,Qian X,An J,Wen H,Wu J,Cope DK,Williams JP. Pre-induction dexamethasone does not decrease postoperative nausea and vomiting after microvascular decompression for facial spasm[J]. Chin Med J,2014,127(14):2711-2712.

[24248] Ma Q,Zhang W,Li G,Zhong W,Yang M,Zheng X,Yang X,Li S. Analysis of therapeutic effect of microvascular decompression surgery on idiopathic hemifacial spasm[J]. J Craniofac Surg,2014,25(5):1810-1813. doi:10.1097/SCS.0000000000000990.

[24249] Du Y,Yang D,Dong X,Du Q,Wang H,Yu W. Percutaneous balloon compression (PBC) of trigeminal ganglion for recurrent trigeminal neuralgia after microvascular decompression (MVD)[J]. Ir J Med Sci,2015,184(4):745-751. doi:10.1007/s11845-014-1163-7.

[24250] Zhong J,Xia L,Dou NN,Ying TT,Zhu J,Liu MX,Li ST. Delayed relief of hemifacial spasm after microvascular decompression:can it be avoided?[J]. Acta Neurochir(Wien),2015,157(1):93-98;discussion 98-99. doi:10.1007/s00701-014-2247-x.

[24251] Dou NN,Xia L,Liu MX,Zhong J. Bilateral hemifacial spasm might be cured by unilateral microvascular decompression[J]. Acta Neurochir(Wien),2015,157(3):467-468. doi:10.1007/s00701-015-2343-6.

[24252] Xia L,Zhong J,Zhu J,Dou NN,Liu MX,Li ST. Delayed relief of hemifacial spasm after microvascular decompression[J]. J Craniofac Surg,2015,26(2):408-410. doi:10.1097/SCS.0000000000001406.

[24253] Yang DB,Jiang DY,Chen HC,Wang ZM. Second microvascular decompression for trigeminal neuralgia in recurrent cases after microvascular decompression[J]. J Craniofac Surg,2015,26(2):491-494. doi:10.1097/SCS.0000000000001523.

[24254] Jin Y,Zhao C,Su S,Zhang X,Qiu Y,Jiang J. Residual hemifacial spasm after microvascular decompression:prognostic factors with emphasis on preoperative psychological state[J]. Neurosurg Rev,2015,38(3):567-572;discussion 572. doi:10.1007/s10143-015-0622-6.

[24255] Thirumala PD,Wang X,Shah A,Habeych M,Crammond D,Balzer JR,Sekula R. Clinical impact of residual lateral spread response after adequate microvascular decompression for hemifacial spasm:a retrospective analysis[J]. Br J Neurosurg,2015,29(6):818-822. doi:10.3109/02688697.2015.1054351.

[24256] Feng BH,Zheng XS,Liu M,Wang XQ,Wang XH,Ying TT,Li ST. Microvascular decompression for trigeminal neuralgia:zone exploration and decompression techniques[J]. J Craniofac Surg,2015,26(8):2381-2384. doi:10.1097/SCS.0000000000002147.

[24257] Ying T,Wang X,Sun H,Tang Y,Yuan Y,Li S. Clinical usefulness of somatosensory evoked potentials for detection of peripheral nerve and brachial plexus injury secondary to malpositioning in microvascular decompression[J]. J Clin Neurophysiol,2015,32(6):512-555. doi:10.1097/WNP.0000000000000212.

[24258] Ying T,Thirumala P,Gardner P,Habeych M,Crammond D,Balzer J. The incidence of early postoperative conductive hearing loss after microvascular decompression of hemifacial spasm[J]. J Neurol Surg B Skull Base,2015,76(6):411-415. doi:10.1055/s-0034-1390402.

[24259] Feng B,Zheng X,Wang X,Wang X,Ying T,Li S. Management of different kinds of veins during microvascular decompression for trigeminal neuralgia:technique notes[J]. Neurol Res,2015,37(12):1090-1095. doi:10.1080/01616412.2015.1115588.

[24260] Cui Z,Ling Z. Advances in microvascular decompression for hemifacial spasm[J]. J Otol,2015,10(1):1-6. doi:10.1016/j.joto.2015.06.002.

[24261] Wang C,Ji H,Chen S,Zhang G,Jia G. Clinical significance of lesser occipital nerve preservation during micro-vascular decompression for hemi-facial spasm[J]. Ir J Med Sci,2016,185(1):139-143. doi:10.1007/s11845-014-1241-x.

[24262] XIONG Nan-Xiang,CHEN Lv-An,CHEN Zhi-Jun,ZHAO Hong-Yang. Placement of teflon sponges in microvascular decompression procedure for treatment of hemifacial spasm[J]. J Neurol Surg A Cent Eur Neurosurg,2016,77(4):321-325. doi:10.1055/s-0034-1543957.

[24263] Dai Y,Ni H,Xu W,Lu T,Liang W. Clinical analysis of hemifacial spasm patients with delay symptom relief after microvascular decompression of distinct offending vessels[J]. Acta Neurol Belg,2016,116(1):53-56. doi:10.1007/s13760-015-0471-7.

[24264] Liu J,Yuan Y,Fang Y,Zhang L,Xu XL,Liu HJ,Zhang Z,Yu YB. Microvascular decompression for atypical hemifacial spasm:lessons learned from a retrospective study of 12 cases[J]. J Neurosurg,2016,124(2):397-402. doi:10.3171/2015.3.JNS142501.

[24265] Dou NN,Zhong J,Liu MX,Xia L,Sun H,Li B,Li ST. Management of bilateral hemifacial spasm with microvascular decompression[J]. World Neurosurg,2016,87:640-645. doi:10.1016/j.wneu.2015.10.091.

[24266] Liu LX,Zhang CW,Ren PW,Xiang SW,Xu D,Xie XD,Zhang H. Prognosis research of delayed facial palsy after microvascular decompression for hemifacial spasm[J]. Acta Neurochir(Wien),2016,158(2):379-385. doi:10.1007/

s00701-015-2652-9.
[24267] Qi H,Zhang W,Zhang X,Zhao C. Microvascular decompression surgery for hemifacial spasm[J]. J Craniofac Surg,2016,27(1):124-127. doi:10.1097/SCS.0000000000002306.
[24268] Sun H,Wei Z,Wang Y,Liu C,Chen M,Diao Y. Microvascular decompression for hemimasticatory spasm:a case report and review of the literature[J]. World Neurosurg,2016,90:703.e5-703.e10. doi:10.1016/j.wneu.2016.02.088.
[24269] Hua Z,Da TY,Hui WX,Tingting Y,Jin Z,Yan Y,Shiting L. Delayed facial palsy after microvascular decompression for hemifacial spasm[J]. J Craniofac Surg,2016,27(3):781-783. doi:10.1097/SCS.0000000000002521.
[24270] Liao C,Zhang W,Yang M,Zhong W,Liu P,Li S. Microvascular decompression for trigeminal neuralgia:the role of mechanical allodynia[J]. World Neurosurg,2016,91:468-472. doi:10.1016/j.wneu.2016.04.092.
[24271] Dou NN,Zhong J,Liu MX,Xia L,Sun H,Li B,Li ST. Teflon might be a factor accounting for a failed microvascular decompression in hemifacial spasm:a technical note[J]. Stereotact Funct Neurosurg,2016,94(3):154-158. doi:10.1159/000446192.
[24272] Zhao H,Tang Y,Zhang X,Li S. Microvascular decompression for idiopathic primary trigeminal neuralgia in patients over 75 years of age[J]. J Craniofac Surg,2016,27(5):1295-1297. doi:10.1097/SCS.0000000000002787.
[24273] Xia L,Liu MX,Zhong J,Dou NN,Li B,Sun H,Li ST. Fatal complications following microvascular decompression:could it be avoided and salvaged?[J]. Neurosurg Rev,2017,40(3):389-396. doi:10.1007/s10143-016-0791-y.
[24274] Jia G,Zhang L,Ren H,Xu J,Xu X,Yu Y. What range of stimulus intensities should we apply to elicit abnormal muscle response in microvascular decompression for hemifacial spasm?[J]. Acta Neurochir(Wien),2017,159(2):251-257. doi:10.1007/s00701-016-2999-6.
[24275] Jiang C,Xu W,Dai Y,Lu T,Jin W,Liang W. Failed microvascular decompression surgery for hemifacial spasm:a retrospective clinical study of reoperations[J]. Acta Neurochir(Wien),2017,159(2):259-263. doi:10.1007/s00701-016-3006-y.
[24276] Zhao H,Zhang X,Tang YD,Zhu J,Ying TT,Yan Y,Li S. Factors promoting a good outcome in a second microvascular decompression operation when hemifacial spasm is not relieved after the initial operation[J]. World Neurosurg,2017,98:872.e11-872.e19. doi:10.1016/j.wneu.2016.11.127.
[24277] Jiang C,Xu W,Dai Y,Lu T,Jin W,Liang W. Early permanent disappearance of abnormal muscle response during microvascular decompression for hemifacial spasm:a retrospective clinical study[J]. Neurosurg Rev,2017,40(3):479-484. doi:10.1007/s10143-016-0805-9.
[24278] Liu MX,Zhong J,Xia L,Dou NN,Sun H,Li B,Visocchi M,Li ST. The significance of abnormal muscle response monitoring during microvascular decompression for hemifacial spasm[J]. Acta Neurochir Suppl,2017,124:297-301. doi:10.1007/978-3-319-39546-3_43.
[24279] Shi L,Gu X,Sun G,Guo J,Lin X,Zhang S,Qian C. After microvascular decompression to treat trigeminal neuralgia,both immediate pain relief and recurrence rates are higher in patients with arterial compression than with venous compression[J]. Oncotarget,2017,8(27):44819-44823. doi:10.18632/oncotarget.14765.
[24280] Zhang X,Zhao H,Ying TT,Tang YD,Zhu J,Li ST. The effects of dual abnormal muscle response monitoring on microvascular decompression in patients with hemifacial spasm[J]. World Neurosurg,2017,101:93-98. doi:10.1016/j.wneu.2017.01.074.
[24281] Zhang X,Zhao H,Zhu J,Tang YD,Ying TT,Yuan Y,Li ST. Electromyographically guided nerve combing makes microvascular decompression more successful in hemifacial spasm with persistent abnormal muscle response[J]. World Neurosurg,2017,102:85-90. doi:10.1016/j.wneu.2017.02.091.
[24282] Zhao H,Zhang X,Zhu J,Tang YD,Li ST. Microvascular decompression for glossopharyngeal neuralgia:long-term follow-up[J]. World Neurosurg,2017,102:151-156. doi:10.1016/j.wneu.2017.02.106.
[24283] Li N,Zhao WG,Pu CH,Yang WL. Correlation between cerebellar retraction and hearing loss after microvascular decompression for hemifacial spasm:a prospective study[J]. World Neurosurg,2017,102:97-101. doi:10.1016/j.wneu.2017.02.137.
[24284] Lv MY,Deng SL,Long XF,Liu ZL. Long-term outcome of microvascular decompression for hemifacial spasm[J]. Br J Neurosurg,2017,31(3):322-326. doi:10.1080/02688697.2017.1297368.
[24285] Yang DB,Wang ZM. Microvascular decompression for hemifacial spasm associated with the vertebral artery[J]. Acta Neurol Belg,2017,117(3):713-717. doi:10.1007/s13760-017-0766-y.
[24286] Zhang X,Zhao H,Zhu J,Tang Y,Ying T,Yuan Y,Li S. Outcome of biomedical glue sling technique in microvascular decompression for hemifacial spasm involving the vertebral artery[J]. World Neurosurg,2017,104:186-191. doi:10.1016/j.wneu.2017.04.048.
[24287] Gao J,Fu Y,Guo SK,Li B,Xu ZX. Efficacy and prognostic value of partial sensory rhizotomy and microvascular decompression for primary trigeminal neuralgia:a comparative study[J]. Med Sci Monit,2017,23:2284-2291. doi:10.12659/msm.901510.
[24288] Yan KK,Wei JB,Lin W,Zhang YH,Zhang M,Li M. Hemimasticatory spasm with a single venous compression treated with microvascular decompression of the trigeminal motor rootlet[J]. World Neurosurg,2017,104:1050.e19-1050.e22. doi:10.1016/j.wneu.2017.05.140.
[24289] Zhao H,Zhang X,Zhang Y,Tang YD,Zhu J,Wang XH,Ying TT,Li ST. Results of atypical hemifacial spasm with microvascular decompression:14 case reports and literature review[J]. World Neurosurg,2017,105:605-611. doi:10.1016/j.wneu.2017.06.030.
[24290] Cheng J,Meng J,Liu W,Zhang H,Hui X,Lei D. Nerve atrophy in trigeminal neuralgia due to neurovascular compression and its association with surgical outcomes after microvascular decompression[J]. Acta Neurochir (Wien),2017,159(9):1699-1705. doi:10.1007/s00701-017-3250-9.
[24291] Zhu J,Zhang X,Zhao H,Tang YD,Ying TT,Li ST. Utility of brainstem trigeminal evoked potentials in patients with primary trigeminal neuralgia treated by microvascular decompression[J]. J Craniofac Surg,2017,28(6):e571-e577. doi:10.1097/SCS.0000000000003882.
[24292] Zhang X,Xu L,Zhao H,Tang Y,Zhu J,Li S. The effect of microvascular decompression on hemifacial spasm with atherosclerosis of vertebral artery[J]. J Craniofac Surg,2017,28(6):e579-e582. doi:10.1097/SCS.0000000000003900.
[24293] Zhao H,Zhang X,Tang YD,Zhang Y,Ying TT,Zhu J,Li ST. Operative complications of microvascular decompression for hemifacial spasm:experience of 1548 cases[J]. World Neurosurg,2017,107:559-564. doi:10.1016/j.wneu.2017.08.028.
[24294] Cheng J,Lei D,Hui X,Zhang H. Improvement of quality of life in patients with hemifacial spasm after microvascular decompression:a prospective study[J]. World Neurosurg,2017,107:549-553. doi:10.1016/j.wneu.2017.08.044.
[24295] Cheng J,Long J,Hui X,Lei D,Zhang H. Effects of microvascular decompression on depression and anxiety in trigeminal neuralgia:a prospective cohort study focused on risk factors and prognosis[J]. Clin Neurol Neurosurg,2017,161:59-64. doi:10.1016/j.clineuro.2017.08.011.
[24296] Wei X,Zheng X,Li S,Zhong W,Chen Z. Treatment of posterior inferior cerebellar artery adhesion on petrous bone during microvascular decompression procedure for hemifacial spasm:technique note[J]. J Craniofac Surg,2017,28(6):e551-e554. doi:10.1097/SCS.0000000000003846.
[24297] Cheng J,Liu W,Hui X,Lei D,Zhang H. Microvascular decompression for trigeminal neuralgia in patients with failed gamma knife surgery:Analysis of efficacy and safety[J]. Clin Neurol Neurosurg,2017,161:88-92. doi:10.1016/j.clineuro.2017.08.017.
[24298] Ren J,Sun H,Diao Y,Niu X,Wang H,Wei Z,Yuan F. Successful treatment with microvascular decompression surgery of a patient with hemiparesis caused by vertebral artery compression of the medulla oblongata:case report and review of the literature[J]. World Neurosurg,2017,108:994.e11-994.e19. doi:10.1016/j.wneu.2017.09.016.
[24299] Dai Y,Liang W. Guillain-Barré syndrome after microvascular decompression for the treatment of cranial nerve diseases:a case report[J]. Int J Clin Exp Pathol,2017,10(8):8777-8779.
[24300] Wei Y,Pu C,Li N,Cai Y,Shang H,Zhao W. Long-term therapeutic effect of microvascular decompression for trigeminal neuralgia:kaplan-meier analysis in a consecutive series of 425 patients[J]. Turk Neurosurg,2018,28(1):88-93. doi:10.5137/1019-5149.JTN.18322-16.1.
[24301] Jiao Y,Yan Z,Che S,Wang C,Wang J,Wang X,Wang H,Qi W,Feng Y. Improved microvascular decompression in treating trigeminal neuralgia:application of nest-shaped teflon fibers[J]. World Neurosurg,2018,110:e1-e5. doi:10.1016/j.wneu.2017.09.138.
[24302] Wang H,Ying X,Yu WH,Zhu Q,Dong XQ,Sheng YF,Wang D. Suprafloccular approach via the petrosal fissure and venous corridors for microvascular decompression of the trigeminal nerve:technique notes and clinical outcomes[J]. J Neurosurg,2018,129(2):324-333. doi:10.3171/2017.5.JNS17515.
[24303] Zhao H,Wang XH,Zhang Y,Zhang X,Tang YD,Zhou P,Zhu J,Li ST. Management of primary bilateral trigeminal neuralgia with microvascular decompression:13-case series[J]. World Neurosurg,2018,109:e724-e730. doi:10.1016/j.wneu.2017.10.072.
[24304] Zhao H,Li GF,Zhang X,Tang YD,Zhou P,Zhu J,Li ST. Long-term efficacy of initial microvascular decompression versus subsequent microvascular decompression for idiopathic hemifacial spasm[J]. World Neurosurg,2018,109:e778-e782. doi:10.1016/j.wneu.2017.10.079.
[24305] Li N,Zhao WG,Pu CH,Yang WL. Quantitative study of the correlation between cerebellar retraction factors and hearing loss following microvascular decompression for hemifacial spasm[J]. Acta Neurochir (Wien),2018,160(1):145-150. doi:10.1007/s00701-017-3368-9.
[24306] Xia L,Li YS,Liu MX,Zhong J,Dou NN,Li B,Li ST. Microvascular decompression for glossopharyngeal neuralgia:a retrospective analysis of 228 cases[J]. Acta Neurochir(Wien),2018,160(1):117-123. doi:10.1007/s00701-017-3347-1.
[24307] Xu W,Jiang C,Yu C,Liang W. Percutaneous balloon compression for persistent or recurrent trigeminal neuralgia after microvascular decompression:personal experience of 28 patients[J]. Acta Neurol Belg,2018,118(4):561-566. doi:10.1007/s13760-017-0858-8.
[24308] Zhang X,Kang X,Jiang Q,Zhao H,Tang Y,Zhu J,Zhou P,Yuan Y,Li S. Efficacy of biomedical glue sling technique versus traditional technique for microvascular decompression for hemifacial spasm with refractory hypertension[J]. World Neurosurg,2018,110:e473-e478. doi:10.1016/j.wneu.2017.11.022.
[24309] Liu MX,Xia L,Zhong J,Li B,Dou NN,Li ST. What should we do for those hemifacial spasm patients without efficacy following microvascular decompression:expectation of delayed relief or early reoperation?[J]. World Neurosurg,2018,110:e897-e900. doi:10.1016/j.wneu.2017.11.118.
[24310] Xu XL,Zhen XK,Yuan Y,Liu HJ,Liu J,Xu J,Li XB,Zhang L,Yu YB. Long-term outcome of repeat microvascular decompression for hemifacial spasm[J]. World Neurosurg,2018,110:e989-e997. doi:10.1016/j.wneu.2017.11.144.
[24311] Xiang H,Wu G,Ouyang J,Liu R. Prospective study of neuroendoscopy versus microscopy:213 cases of microvascular decompression for trigeminal neuralgia performed by one neurosurgeon[J]. World Neurosurg,2018,111:e335-e339. doi:10.1016/j.wneu.2017.12.051.
[24312] Zhao Y,Zhang X,Yao J,Li H,Jiang Y. Microvascular decompression for trigeminal neuralgia due to venous compression alone[J]. J Craniofac Surg,2018,29(1):178-181. doi:10.1097/SCS.0000000000004174.
[24313] Wu M,Fu X,Ji Y,Ding W,Deng D,Wang Y,Jiang X,Niu C. Microvascular decompression for classical trigeminal neuralgia caused by venous compression:novel anatomic classifications and surgical strategy[J]. World Neurosurg,2018,113:e707-e713. doi:10.1016/j.wneu.2018.02.130.
[24314] Zhao X,Hao S,Wang M,Han C,Xing D,Wang C. Management of veins during microvascular decompression for idiopathic trigeminal neuralgia[J]. Br J Neurosurg,2018,32(5):484-488. doi:10.1080/02688697.2018.1476674.
[24315] Zhao H,Fan SQ,Wang XH,Zhang X,Tang YD,Zhu J,Zhou P,Li ST. Evaluation of microvascular decompression as rescue therapy for trigeminal neuralgia in patients with failed gamma knife surgery[J]. World Neurosurg,2018,116:e86-e91. doi:10.1016/j.wneu.2018.04.063.
[24316] Liu LX,Ren YM,Ren PW,Yang MM,You JZ,Zhou LX,Zhang H. Prognosis of symptoms and complications after microvascular decompression

for hemifacial spasm:a single-center experience[J]. World Neurosurg,2018,118:e557-e561. doi:10.1016/j.wneu.2018.06.238.
[24317] Yang D,Tao C,Zhou S,Wang Z. The outcome of sling retraction technique in microvascular decompression for hemifacial spasm[J]. J Craniofac Surg,2018,29(8):e764-e767. doi:10.1097/SCS.0000000000004727.
[24318] Zhao H,Zhu J,Zhang X,Tang YD,Zhou P,Wang XH,Li S. Involved small arteries in patients who underwent microvascular decompression for hemifacial spasm[J]. World Neurosurg,2018,118:e646-e650. doi:10.1016/j.wneu.2018.07.012.
[24319] Lu T,Xu Y,Xu W,Dai Y,Liang W,Jin W. A multivariate analysis for delayed healing of facial muscle spasm after microvascular decompression[J]. Pak J Med Sci,2018,34(3):671-675. doi:10.12669/pjms.343.15015.
[24320] Chen JN,Yu WH,Du HG,Jiang L,Dong XQ,Cao J. Prospective comparison of redo microvascular decompression and percutaneous balloon compression as primary surgery for recurrent trigeminal neuralgia[J]. J Korean Neurosurg Soc,2018,61(6):747-752. doi:10.3340/jkns.2017.0196.
[24321] Jiang X,Wu M,Fu X,Niu C,He F,Sun K,Zhuang H. Microvascular decompression for hemifacial spasm associated with vertebral artery:biomedical glue-coated teflon sling transposition technique[J]. World Neurosurg,2018,120:e342-e348. doi:10.1016/j.wneu.2018.08.073.
[24322] Li Z,Gao J,Wang T,Li Y. Retrospective clinical analysis of 320 cases of microvascular decompression for hemifacial spasm[J]. Medicine(Baltimore), 2018,97(41):e11825. doi:10.1097/MD.0000000000011825.
[24323] Ma S,Agarwalla PK,van Loveren HR,Agazzi S. Successful microvascular decompression for trigeminal neuralgia secondary to a persistent trigeminal artery[J]. Oper Neurosurg(Hagerstown),2019,16(1):18-22. doi:10.1093/ons/opy043.
[24324] Yu R,Wang C,Qu C,Jiang J,Meng Q,Wang J,Wei S. Study on the therapeutic effects of trigeminal neuralgia with microvascular decompression and stereotactic gamma knife surgery in the elderly[J]. J Craniofac Surg,2019,30(1):e77-e80. doi:10.1097/SCS.0000000000004999.
[24325] Cong L,Zhihua C,Zhilin G,Huoniu OY. Effects of microvascular decompression plus longitudinal nerve sectioning on recurrent trigeminal neuralgia and investigations of postoperative recurrence causes[J]. Turk Neurosurg,2019,29(3):369-376. doi:10.5137/1019-5149.JTN.23513-18.1.
[24326] Li Y,Mao F,Cheng F,Peng C,Guo D,Wang B. A Meta-analysis of endoscopic microvascular decompression versus microscopic microvascular decompression for the treatment for cranial nerve syndrome caused by vascular compression[J]. World Neurosurg,2019,126:647-655.e7. doi:10.1016/j.wneu.2019.01.220.
[24327] Rui Y,Ji W,Chuncheng Q,Shengcheng W. Efficacy comparison of microvascular decompression and rhizotomy in the treatment of glossopharyngeal neuralgia:a retrospective analysis of 37 cases[J]. Turk Neurosurg,2019,29(4):493-496. doi:10.5137/1019-5149.JTN.23690-18.1.
[24328] Liu J,Chen Z,Feng T,Jiang B,Yuan Y,Yu Y. Biomedical glue sling technique in microvascular decompression for trigeminal neuralgia caused by atherosclerotic vertebrobasilar artery:a description of operative technique and clinical outcomes[J]. World Neurosurg,2019,128:e74-e80. doi:10.1016/j.wneu.2019.03.289.
[24329] Shu W,Zhu H,Li Y,Liu R. Clinical analysis of repeat microvascular decompression for recurrent hemifacial spasm[J]. Acta Neurol Belg,2019,119(3):453-459. doi:10.1007/s13760-019-01103-9.
[24330] Zhao H,Tang Y,Zhang X,Zhu J,Yuan Y,Zhou P,Li S. Long-term outcomes of microvascular decompression in the treatment of hemifacial spasm based on different offending vessels[J]. J Neurol Surg A Cent Eur Neurosurg,2019,80(4):285-290. doi:10.1055/s-0039-1685199.
[24331] Chang B,Zhu W,Li S. Effects of depression and anxiety on microvascular decompression outcome for trigeminal neuralgia patients[J]. World Neurosurg,2019,128:e556-e561. doi:10.1016/j.wneu.2019.04.194.
[24332] Li J,Wang Y,Lian Z,Liu R,Liang Z,Song C,Song Q,Wei Z. The value of three-dimensional brain volume combined with time-of-flight mra in microvascular decompression[J]. Stereotact Funct Neurosurg,2019,97(2):120-126. doi:10.1159/000500995.
[24333] Wei X,Zheng X,Chen Z,Yuan Y,Li S. Treatment of venous hemorrhage between vestibulocochlear nerve and hypertrophic flocculus during microvascular decompression procedure for hemifacial spasm[J]. J Craniofac Surg,2019,30(5):1572-1575. doi:10.1097/SCS.0000000000005558.
[24334] Wang X,Wang H,Chen S,Liang H,Wang H,Xu M,Xu L. The long-term clinical outcomes of microvascular decompression for treatment of trigeminal neuralgia compressed by the vertebra-basilar artery:a case series review[J]. BMC Neurol,2019,19(1):217. doi:10.1186/s12883-019-1450-z.
[24335] Niu X,Sun H,Yuan F,Chen X,Wei Z,Wang H,Ren J,Zhang J,Li W. Microvascular decompression in patients with hemifacial spasm[J]. Brain Behav,2019,9(11):e01432. doi:10.1002/brb3.1432.
[24336] Lu W,Wang H,Yan Z,Wang Y,Che H. Microvascular decompression for the treatment of neurogenic hypertension with trigeminal neuralgia[J]. BMC Neurol,2019,19(1):341. doi:10.1186/s12883-019-1569-y.
[24337] Chen L. Microvascular decompression of trigeminal motor root:a considerable surgical cure for hemimasticatory spasm[J]. J Neurosurg Sci,2020,64(5):488-489. doi:10.23736/S0390-5616.17.04233-3.
[24338] Liu J,Shen Y,Jiang B,Yuan Y,Yu Y. Ameliorating effect of microvascular decompression on patients with coexistence of hemifacial spasm and glossopharyngeal neuralgia:a retrospective study[J]. World Neurosurg,2020,133:e62-e67. doi:10.1016/j.wneu.2019.08.069.
[24339] Kong CC,Guo ZL,Xu XL,Yu YB,Yang WQ,Wang Q,Zhang L. Delayed facial palsy after microvascular decompression for hemifacial spasm[J]. World Neurosurg,2020,134:e12-e15. doi:10.1016/j.wneu.2019.08.105.
[24340] Li MW,Jiang XF,Wu M,He F,Niu C. Clinical research on delayed cure after microvascular decompression for hemifacial spasm[J]. J Neurol Surg A Cent Eur Neurosurg,2020,81(3):195-199. doi:10.1055/s-0039-1698461.
[24341] Miao S,Chen Y,Hu X,Zhou R,Ma Y. An intraoperative multibranch abnormal muscle response monitoring method during microvascular decompression for hemifacial spasm[J]. World Neurosurg,2020,134:1-5. doi:10.1016/j.wneu.2019.10.073.
[24342] Zhu W,Sun C,Zhang Y,Xu J,Wu S. AMR monitoring in microvascular decompression for hemifacial spasm:115 cases report[J]. J Clin Neurosci,2020,73:187-194. doi:10.1016/j.jocn.2019.10.008.
[24343] Tian C,Wang X,Wu S,Liu Y,Luo R. Letter:Pain outcomes following microvascular decompression for drug-resistant trigeminal neuralgia:a systematic review and meta-analysis[J]. Neurosurgery,2020,86(3):E353-E354. doi:10.1093/neuros/nyz461.
[24344] Zhang J,Li ZH,Wang JF,Chen YH,Wang N,Wang Y. Prognostic value of abnormal muscle response during microvascular decompression for hemifacial spasm:a meta-analysis[J]. World Neurosurg,2020,137:8-17. doi:10.1016/j.wneu.2020.01.166.
[24345] Jiao Y,Wang X,Cai L,Ceccato GHW,Chen G. Combined application of arachnoid membrane and petrosal dura to transpose dual offending arteries in microvascular decompression for trigeminal neuralgia:two-dimensional operative video[J]. World Neurosurg,2020,137:415. doi:10.1016/j.wneu.2020.02.029.
[24346] Liu F,Wei C,Huang W. Clinical long-term observation of the keyhole microvascular decompression with local anesthesia on diagnosis and treatment of vestibular paroxysmia[J]. Acta Otolaryngol,2020,140(5):378-382. doi:10.1080/00016489.2020.1723808.
[24347] Zheng X,Wei XY,Zhu J,Yuan Y,Ying TT,Li ST. Microvascular decompression alone without rhizotomy is an effective way of treating glossopharyngeal neuralgia:clinical analysis of 46 cases[J]. Stereotact Funct Neurosurg,2020,98(2):129-135. doi:10.1159/000505712.
[24348] Liu R,Deng Z,Zhang L,Liu Y,Wang Z,Yu Y. The long-term outcomes and predictors of microvascular decompression with or without partial sensory rhizotomy for trigeminal neuralgia[J]. J Pain Res,2020,13:301-312. doi:10.2147/JPR.S225188.
[24349] Feng BH,Zhong WX,Li ST,Wang XH. Fully endoscopic microvascular decompression of the hemifacial spasm:our experience[J]. Acta Neurochir (Wien),2020,162(5):1081-1087. doi:10.1007/s00701-020-04245-5.
[24350] Li F,Liu R. Clinical analysis of microvascular decompression in patients with hemifacial spasm:a retrospective study[J]. Ann Palliat Med,2020,9(2):318-323. doi:10.21037/apm.2020.01.11.
[24351] Tian W,Meng X,Zou J. Delayed facial palsy after microvascular decompression for trigeminal neuralgia[J]. J Coll Physicians Surg Pak,2020,30(3):344-345. doi:10.29271/jcpsp.2020.03.344.
[24352] Song HD,Yang FJ,Liu RE. Efficacy of microvascular decompression on the vascular compression type of neurogenic hypertension:a meta-analysis[J]. Rev Neurol (Paris),2020,176(10):763-769. doi:10.1016/j.neurol.2020.02.002.
[24353] Ni B,Hu Y,Du T,Zhang X,Zhu H. Reoperation after failed microvascular decompression for glossopharyngeal neuralgia[J]. Acta Neurochir (Wien),2020,162(11):2783-2789. doi:10.1007/s00701-020-04383-w.
[24354] Jiang C,Liang W,Wang J,Dai Y,Jin W,Sun X,Xu W. Microvascular decompression for hemifacial spasm associated with distinct offending vessels:a retrospective clinical study[J]. Clin Neurol Neurosurg,2020,194:105876. doi:10.1016/j.clineuro.2020.105876.
[24355] Ni H,Wang Y,Chen X,Gu W. Outcomes of treatment for elderly patients with trigeminal neuralgia:percutaneous balloon compression versus microvascular decompression[J]. J Craniofac Surg,2020,31(7):e685-e688. doi:10.1097/SCS.0000000000006544.
[24356] Wei SC,Yu R,Meng Q,Qu C. Efficacy of microvascular decompression in patients with trigeminal neuralgia with negative neurovascular relationship shown by magnetic resonance tomography[J]. Clin Neurol Neurosurg,2020,197:106063. doi:10.1016/j.clineuro.2020.106063.
[24357] Huang Z,Pu B,Li F,Liu K,Hua C,Li C,Zhao C,Li J,Li X. Analysis of failed microvascular decompression in patients with trigeminal neuralgia[J]. J Neurol Surg B Skull Base,2020,81(5):567-571. doi:10.1055/s-0039-1692683.
[24358] Wei W,Liu Z,Zhang W,Wang Y,Chen M. Application of virtual endoscopy in microvascular decompression of trigeminal neuralgia[J]. J Craniofac Surg,2020 Dec 16. doi:10.1097/SCS.0000000000007347. Online ahead of print.
[24359] Liu J,Wu G,Xiang H,Liu R,Li F,Hei B,Qian W,Song H,Liu Z. Long-term retrospective analysis of microvascular decompression in patients with recurrent trigeminal neuralgia[J]. Front Neurol,2020,11:584224. doi:10.3389/fneur.2020.584224.
[24360] Jiao Y,Cai L,Ceccato GHW,Chen G,Wang X. Use of superior petrosal venous complex to transpose the superior cerebellar artery in microvascular decompression for trigeminal neuralgia:2-dimensional operative video[J]. World Neurosurg,2021,145:107. doi:10.1016/j.wneu.2020.08.056.
[24361] Han S,Li Y,Li Z,Wang X,Gao J. Two-dimensional structure analysis of hemifacial spasms and surgical outcomes of microvascular decompression[J]. Neurol Res,2021,43(3):173-180. doi:10.1080/01616412.2020.1833158.
[24362] Liu Y,Yang J,Zhang X,Chen F,Zhang L,Huang G. A pacemaker-assisted microvascular decompression for a patient with left primary facial spasm and arrhythmia:a case report[J]. BMC Surg,2021,21(1):27. doi:10.1186/s12893-020-01025-x.
[24363] Cai Q,Li Z,Guo Q,Wang W,Ji B,Chen Z,Dong H,Mao S. Microvascular decompression using a fully transcranial neuroendoscopic approach[J]. Br J Neurosurg,2021 Jan 25. 1-4. doi:10.1080/02688697.2020.1820943. Online ahead of print.
[24364] Sun Q,Li B,Kang X,Bai P,Zhou H,Zhang W,Sun H,Wang X. Efficacy of second operation for hemifacial spasm within 1 week after ineffective microvascular decompression[J]. J Craniofac Surg,2021 Jan 25. doi:10.1097/SCS.0000000000007470. Online ahead of print.
[24365] Bai R,Jiang S,Sun H,Yang Y,Li G. Deep neural network-based semantic segmentation of microvascular decompression images[J]. Sensors (Basel),2021,21(4):1167. doi:10.3390/s21041167.
[24366] Zhong J. The simpler the better:a personal philosophy of microvascular decompression surgery[J]. Chin Med J,2021,134(4):410-412. doi:10.1097/CM9.0000000000001233.
[24367] Wang D,Fang J,Liu J,Hao Q,Ding H,Liu B,Liu Z,Song H,Ouyang J,Liu R.

Improving recovery after microvascular decompression surgery for hemifacial spasm:experience from 530 cases with enhanced recovery after surgery (ERAS) protocol[J]. Br J Neurosurg,2021 Mar 2. 1-6. doi:10.1080/02688697.2021.1888876. Online ahead of print.

[24368] 曹作为. 显微血管减压术治疗三叉神经痛 [J]. 中华外科杂志，1986，24（12）：755-756. {CAO Zuowei. Microvascular decompression for trigeminal neuralgia[J]. Zhonghua Wai Ke Za Zhi[Chin J Surg(Article in Chinese;No abstract available)],1986,24(12):755-756.}

[24369] 吕福林，陈援朝，段作锋，李剑明，梁亚联. 显微血管减压术治疗三叉神经痛 [J]. 中华外科杂志，1991，29（6）：375-376. {LV Fulin,CHEN Yuanchao,DONG Zuofeng,LI Jianming,LIANG Yalian. Microvascular decompression for trigeminal neuralgia[J]. Zhonghua Wai Ke Za Zhi[Chin J Surg(Article in Chinese;Abstract in Chinese)],1991,29(6):375-376.}

[24370] 种衍军，段德义，张志强，邵启节，程启龙，邵彤，刘学宽，吕志新. 神经血管减压术治疗面肌痉挛 [J]. 中华外科杂志，1992，30（8）：483-484. {ZHONG Yanjun,DONG Deyi,ZHANG Zhiqiang,SHAO Qijie,CHENG Qilong,SHAO Tong,LIU Xuekuan,LV Zhixin. Neurovascular Decompression for Hemifacial Spasm[J]. Zhonghua Wai Ke Za Zhi[Chin J Surg(Article in Chinese;Abstract in Chinese)],1992,30(8):483-484.}

[24371] 张开文，孙志庭，赵永宏，李萍. 神经血管减压术治疗半面痉挛的长期疗效（摘要）[J]. 中华耳鼻咽喉科杂志，1993，28（6）：369. {ZHANG Kaiwen,SUN Zhiting,ZHAO Yonghong,LI Ping. Long-term effect of neurovascular decompression for hemifacial spasm (Abstract)[J]. Zhonghua Er Bi Yan Hou Ke Za Zhi[Chin J Otorhinolaryngol(Article in Chinese;No abstract available)],1993,28(6):369.}

[24372] 张开文. 神经血管减压术治疗原发性三叉神经痛的长期疗效 [J]. 解放军医学杂志，1994，19（5）：399-401. {ZHANG Kaiwen. Long-term efficacy of neurovascular decompression in the treatment of primary trigeminal neuralgia[J]. Jie Fang Jun Yi Xue Za Zhi[Med J Chin PLA(Article in Chinese;No abstract available)],1994,19(5):399-401.}

[24373] 樊忠. 显微血管减压术并迟发性脑血管意外 [J]. 中华耳鼻咽喉科杂志，1994，29（4）：204-205. {FAN Zhong. Microvascular decompression combined with delayed cerebrovascular accident[J]. Zhonghua Er Bi Yan Hou Ke Za Zhi[Chin J Otorhinolaryngol(Article in Chinese;Abstract in Chinese and English)],1994,29(4):204-205.}

[24374] 张开文. 显微外科神经血管减压术治疗原发性三叉神经痛 [J]. 中华显微外科杂志，1995，18（1）：10-12，75-76. {ZHANG Kaiwen. Microsurgical neurovascular decom-pression for primary trigeminal neu-ralgia-analysis of406 cases[J]. Zhonghua Xian Wei Wai Ke Za Zhi[Chin J Microsurg(Article in Chinese;Abstract in Chinese)],1995,18(1):10-12,75-76.}

[24375] 张开文. 面神经根显微神经血管减压梳理牵拉术治疗特发性半面痉挛 [J]. 中华显微外科杂志，1997，20（2）：7-9. {ZHANG Kaiwen. Microneurovascular decompression carding traction draw of facial nerve root for idiopathic hemifacial spasm:analysis of 438 cases[J]. Zhonghua Xian Wei Wai Ke Za Zhi[Chin J Microsurg(Article in Chinese;Abstract in Chinese and English)],1997,20(2):7-9.}

[24376] 傅林，李云璋，朱强. 显微血管减压术治疗原发性三叉神经痛 [J]. 中华显微外科杂志，1997，20（3）：77-78. {FU Lin,LI Yunzhang,ZHU Qiang. Microvascular decompression for primary trigeminal neuralgia[J]. Zhonghua Xian Wei Wai Ke Za Zhi[Chin J Microsurg(Article in Chinese;No abstract available)],1997,20(3):77-78.}

[24377] 涂通今. 微血管减压术的治疗与病因探讨 [J]. 中华神经外科杂志，1997，13（3）：54-56. {TU Tongjin. Treatment and etiology of microvascular decompression[J]. Zhonghua Shen Jing Wai Ke Za Zhi[Chin J Neurosurg(Article in Chinese;No abstract available)],1997,13(3):54-56.}

[24378] 种衍军，张志强. 面肌痉挛微血管减压术 232 例分析 [J]. 中华神经外科杂志，1997，13（4）：225. {ZHONG Yanjun,ZHANG Zhiqiang. Microvascular decompression of hemifacial spasm in 232 cases[J]. Zhonghua Shen Jing Wai Ke Za Zhi[Chin J Neurosurg(Article in Chinese;No abstract available)],1997,13(4):225.}

[24379] 孙涛，齐滕伸二郎，徐军. 三叉神经痛显微血管减压术的远期疗效观察 [J]. 中华神经外科杂志，1998，14（6）：364. DOI: 10.3760/j.issn: 1001-2346.1998.06.012. {SUN Tao,QI tengshendonglang,XU Jun. Long-term effect of microvascular decompression for trigeminal neuralgia[J]. Zhonghua Shen Jing Wai Ke Za Zhi[Chin J Neurosurg(Article in Chinese;Abstract in Chinese and English)],1998,14(6):364. DOI:10.3760/j.issn:1001-2346.1998.06.012.}

[24380] 张开文. 脑桥显微血管减压术治疗特发性半面痉挛及其机理探讨 [J]. 中华耳鼻咽喉科杂志，1998，33（6）：344. DOI: 10.3760/j.issn: 1673-0860.1998.06.008. {ZHANG Kaiwen. Pontine microvascular decompression for idiopathic hemifacial spasm and its mechanism[J]. Zhonghua Er Bi Yan Hou Ke Za Zhi[Chin J Otorhinolaryngol(Article in Chinese;Abstract in Chinese and English)],1998,33(6):344. DOI:10.3760/j.issn:1673-0860.1998.06.008.}

[24381] 种衍军，张志强，邵启节，段德义，程启龙. 显微血管减压术治疗舌咽神经痛 [J]. 中华显微外科杂志，2000，23(1)：48. DOI: 10.3760/cma.j.issn.1001-2036.2000.01.048. {ZHOGN Yanjun,ZHANG Zhiqiang,SHAO Qijie,DUAN Deyi,CHENG Qilong. Microvascular decompression for glossopharyngeal neuralgia[J]. Zhonghua Xian Wei Wai Ke Za Zhi[Chin J Microsurg(Article in Chinese;No abstract available)],2000,23(1):48. DOI:10.3760/cma.j.issn.1001-2036.2000.01.048.}

[24382] 种衍军，张志强，陈剑，段德义，程启龙，邵启节. 微血管减压术治疗面肌痉挛的远期效果 [J]. 中华外科杂志，2001，39（5）：349-351. DOI: 10.3760/j: issn: 0529-5815.2001.05.005. {ZHONG Yanjun,ZHANG Zhiqiang,CHEN Jian,DONG Deyi,CHENG Qilong,SHAO Qijie. Long-term result of microvascular decompression in the treatment of hemifacial spasm[J]. Zhonghua Wai Ke Za Zhi[Chin J Surg(Article in Chinese;Abstract in Chinese and English)],2001,39(5):349-351. DOI:10.3760/j:issn:0529-5815.2001.05.005.}

[24383] 赵卫国，沈建康，濮春华，王健，占世坤，孙青芳，胡锦清. 面肌痉挛的显微血管减压手术治疗 [J]. 中华医学杂志，2001，81（18）：1121-1123. DOI: 10.3760/j: issn: 0376-2491.2001.18.010. {ZHAO Weiguo,SHEN Jiankang,Pu Chunhua,WANG Jian,ZHAN Shikun,SUN Qingfang,HU Jinqing. Microvascular decompression for hemifacial spasm:experience of 215 cases[J]. Zhonghua Yi Xue Za Zhi[Natl Med J China(Article in Chinese;Abstract in Chinese and English)],2001,81(18):1121-1123. DOI:10.3760/j:issn:0376-2491.2001.18.010.}

[24384] 种衍军，李占华，程启龙，段德义，邵启节. 显微血管减压术治疗老年人神经性高血压的疗效分析 [J]. 中华显微外科杂志，2002，25（1）：20-22. DOI: 10.3760/cma.j.issn.1001-2036.2002.01.008. {ZHONG Yanjun,LI Zhanhua,CHENG Qilong,DONG Deyi,SHAO Qijie. Therapeutic evaluation of senior neurogenic hypertension with microvascular decompression[J]. Zhonghua Xian Wei Wai Ke Za Zhi[Chin J Microsurg(Article in Chinese;Abstract in Chinese and English)],2002,25(1):20-22. DOI:10.3760/cma.j.issn.1001-2036.2002.01.008.}

[24385] 郑鲁，陈援朝，吕福林，谭林琼，孔令学，段国升，张远征，魏少波，郑瑛，吕学明，田洪梓，高进喜，段作峰. 围套式微血管减压术治疗颅神经疾病 1174 例 [J]. 中华外科杂志，2002，40（10）：800. DOI: 10.3760/j: issn: 0529-5815.2002.10.031. {ZHENG Lu,CHEN Yuanchao,LV Fulin,TAN Linqiong,KONG Lingxue,DONG Guosheng,ZHANG Yuanzheng,WEI Shaobo,ZHENG Ying,LV Xueming,TIAN Hongzi,GAO Jinxi,DONG Zuofeng. Treatment of 1174 cases of cranial nerve diseases by perimeter microvascular decompression[J]. Zhonghua Wai Ke Za Zhi[Chin J Surg(Article in Chinese;No abstract available)],2002,40(10):800. DOI:10.3760/j:issn:0529-5815.2002.10.031.}

[24386] 朱强，许培源，付林，李云漳，陆庸民，张祖勇，陈锋，江林涌. 显微血管减压治疗原发性三叉神经痛 126 例临床分析 [J]. 中国微创外科杂志，2002，2（6）：388-389. DOI: 10.3969/j.issn.1009-6604.2002.06.012. {ZHU Qiang,XU Peiyuan,FU Lin,LI Yunzhang,LU Yongmin,ZHANG Zuyong,CHEN Feng,JIANG Linyong. Clinical study of effectiveness of microvascular decompression in the treatment of trigeminal neuralgia[J]. Zhongguo Wei Chuang Wai Ke Za Zhi[Chin J Minim Inva Surg(Article in Chinese;Abstract in Chinese and English)],2002,2(6):388-389. DOI:10.3969/j.issn.1009-6604.2002.06.012.}

[24387] 漆松涛，邱炳辉. 颅内显微血管减压术的技术改进及临床应用 [J]. 中华显微外科杂志，2003，26（1）：66-67. DOI: 10.3760/cma.j.issn.1001-2036.2003.01.030. {QI Songtao,QIU Binghui. Technical improvement and clinical application of intracranial microvascular decompression[J]. Zhonghua Xian Wei Wai Ke Za Zhi[Chin J Microsurg(Article in Chinese;Abstract in Chinese)],2003,26(1):66-67. DOI:10.3760/cma.j.issn.1001-2036.2003.01.030.}

[24388] 袁越，张黎，张思迅，于炎冰，陈国强，赵奎明，郭京，左焕琮. 显微血管减压术治疗面肌痉挛无效的原因 [J]. 中华外科杂志，2003，41（5）：362-364. DOI: 10.3760/j: issn: 0529-5815.2003.05.013. {YUAN Yue,ZHANG Li,ZHANG Sixun,YU Yanbing,CHEN Guoqiang,ZHAO Kuiming,GUO Jing,ZUO Huancong. Causes of ineffectiveness of microvascular decompression for hemifacial spasm[J]. Zhonghua Wai Ke Za Zhi[Chin J Surg(Article in Chinese;Abstract in Chinese and English)],2003,41(5):362-364. DOI:10.3760/j:issn:0529-5815.2003.05.013.}

[24389] 廖毅超，蒋广元，梁新强，宋星智，张征军，黄航. 三叉神经根微血管减压术临床探讨 [J]. 中华神经外科杂志，2003，19（4）：295. DOI: 10.3760/j.issn: 1001-2346.2003.04.027. {LIAO Yichao,JIANG Guangyuan,LIANG Xinqiang,SONG Xingzhi,ZHANG Zhengjun,HUANG Hang. Clinical study on microvascular decompression of trigeminal nerve root[J]. Zhonghua Shen Jing Wai Ke Za Zhi[Chin J Neurosurg(Article in Chinese;No abstract available)],2003,19(4):295. DOI:10.3760/j.issn:1001-2346.2003.04.027.}

[24390] 洪波，周晓平，刘建民，王文仲，王莉，龚建国，金爱国，曾浩，陆建平. 微血管减压术治疗三叉神经痛 [J]. 中国微创外科杂志，2003，3（5）：429-430. DOI: 10.3969/j.issn.1009-6604.2003.05.019. {HONG Bo,ZHOU Xiaoping,LIU Jianmin,WANG Wenzhong,WANG Li,GONG Jianguo,JIN Aiguo,ZENG Hao,LU Jianping. Microvascular decompression for primary trigeminal neuralgia[J]. Zhongguo Wei Chuang Wai Ke Za Zhi[Chin J Minim Inva Surg(Article in Chinese;Abstract in Chinese and English)],2003,3(5):429-430. DOI:10.3969/j.issn.1009-6604.2003.05.019.}

[24391] 张黎，于炎冰，冯利东，马延山，郭京. 显微血管减压术治疗多根颅神经疾患 [J]. 中华神经外科杂志，2004，20(4)：299-302. DOI: 10.3760/j.issn: 1001-2346.2004.04.009. {ZHANG Li,YU Yanbing,FENG Lidong,MA Yanshan,GUO Jing. The treatment of multiple cranial neuropathy by microvascular decompression[J]. Zhonghua Shen Jing Wai Ke Za Zhi[Chin J Neurosurg(Article in Chinese;Abstract in Chinese and English)],2004,20(4):299-302. DOI:10.3760/j.issn:1001-2346.2004.04.009.}

[24392] 隋昕，李铎，夏文斌，代岩. 显微神经血管减压术治疗原发性舌咽神经痛三例 [J]. 中华显微外科杂志，2005，28（1）：8. DOI: 10.3760/cma.j.issn.1001-2036.2005.01.044. {SUI Xin,LI Duo,XIA Wenbin,DAI Yan. Microvascular decompression for primary glossopharyngeal neuralgia:a report of three cases[J]. Zhonghua Xian Wei Wai Ke Za Zhi[Chin J Microsurg(Article in Chinese;No abstract available)],2005,28(1):8. DOI:10.3760/cma.j.issn.1001-2036.2005.01.044.}

[24393] 种衍军，陈剑，朱广廷，段德义，程启龙，邵启节. 微血管减压术治疗三叉神经痛并发高血压的疗效分析 [J]. 中华外科杂志，2005，43（5）：331-333. DOI: 10.3760/j: issn: 0529-5815.2005.05.019. {ZHONG Yanjun,CHEN Jian,ZHU Guangting,DONG Deyi,CHENG Qilong,SHAO Qijie. Therapeutic evaluation of microvascular decompression in patients with trigeminal neuralgia associated with hypertension[J]. Zhonghua Wai Ke Za Zhi[Chin J Surg(Article in Chinese;Abstract in Chinese and English)],2005,43(5):331-333. DOI:10.3760/j:issn:0529-5815.2005.05.019.}

[24394] 种衍军，朱广庭，段德义，宋国红，程启龙. 微血管减压术治疗三叉神经痛 2643 例临床分析 [J]. 中华外科杂志，2005，43（21）：1407-1409. DOI: 10.3760/j: issn: 0529-5815.2005.21.014. {ZHONG Yanjun,ZHU Guangting,DONG Deyi,SONG Guohong,CHENG Qilong. Clinical analysis of 2643 cases of trigeminal neuralgia treated by microvascular decompression[J]. Zhonghua Wai Ke Za Zhi[Chin J Surg(Article in Chinese;Abstract in Chinese and English)],2005,43(21):1407-1409. DOI:10.3760/j:issn:0529-5815.2005.21.014.}

[24395] 张庆华，孙涛，腾伸二郎齐，徐军，田继辉. 三叉神经痛显微血管减压术后的远期疗效观察 [J]. 中华医学杂志，2005，85（16）：1137-1138. DOI: 10.3760/j: issn: 0376-2491.2005.16.016. {ZHANG Qinghua,SUN Tao,TENG Shendonglangqi,XU Jun,TIAN Jihui. Long-term effect of microvascular decompression for trigeminal neuralgia[J]. Zhonghua Yi Xue Za Zhi[Natl Med J China(Article in Chinese;No abstract available)],2005,85(16):1137-1138. DOI:10.3760/j:issn:0376-2491.2005.16.016.}

[24396] 周忆频. 微血管减压治疗三叉神经痛 [J]. 解放军医学杂志，2005，30（10）：872. DOI: 10.3321/j.issn: 0577-7402.2005.10.033. {ZHOU Yipin. Microvascular Decompression for Trigeminal Neuralgia[J]. Jie Fang Jun Yi Xue Za Zhi[Med J Chin PLA(Article in Chinese;No abstract available)],2005,30(10):872. DOI:10.3321/j.issn:0577-7402.2005.10.033.}

[24397] 王义宝，公茂青，王勇，刘云会，王运杰. 脑神经血管压迫综合征的诊断与治疗 [J]. 中华显微外科杂志，2006，29(5)：389-391. DOI: 10.3760/cma.j.issn.1001-2036.2006.05.030. {WANG Yibao,GONG Maoqing,WANG Yong,LIU Yunhui,WANG Yunjie. Diagnosis and Treatment of Cranial Nerve and Vascular Compression Syndrome[J]. Zhonghua Xian Wei Wai Ke Za Zhi[Chin J Microsurg(Article in Chinese;Abstract in Chinese)],2006,29(5):389-391. DOI:10.3760/cma.j.issn.1001-2036.2006.05.030.}

[24398] 秦怀洲，赵振伟，高波，王樑，曲友直，赵继培，邓剑平，高国栋. 微血管减压术治疗原发性三叉神经痛 97 例 [J]. 中华显微外科杂志，2006，29（6）：467-468. DOI: 10.3760/cma.j.issn.1001-2036.2006.06.027. {QIN Huaizhou,ZHAO Zhenwei,GAO Bo,WANG Liang,QU Youzhi,ZHAO Jipei,DENG Jianping,GAO Guodong. Microvascular decompression for 97 cases of primary trigeminal neuralgia[J]. Zhonghua Xian Wei Wai Ke Za Zhi[Chin J Microsurg(Article in Chinese;Abstract in Chinese)],2006,29(6):467-468. DOI:10.3760/cma.j.issn.1001-2036.2006.06.027.}

[24399] 海舰，李世亭，潘庆刚. 微血管减压术治疗非典型三叉神经痛 [J]. 中华神经外科杂志，2006，22（1）：61-62. DOI: 10.3760/j.issn: 1001-2346.2006.01.021. {HAI Jian,LI Shiting,PAN Qinggang. Microvascular decompression for atypical trigeminal neuralgia[J]. Zhonghua Shen Jing Wai Ke Za Zhi[Chin J Neurosurg(Article in Chinese;No abstract available)],2006,22(1):61-62. DOI:10.3760/j.issn:1001-2346.2006.01.021.}

[24400] 王世杰，陈国强，左焕琮. 面肌痉挛显微神经血管减压术中诱发肌电图监测的意义 [J]. 中华神经外科杂志，2006，22（2）：101-104. DOI: 10.3760/j.issn: 1001-2346.2006.02.011. {WANG Shijie,CHEN Guoqiang,ZUO Huancong. Intraoperative monitoring of facial aberrant responses during microvascular decompression for hemifacial spasm[J]. Zhonghua Shen Jing Wai Ke Za Zhi[Chin J Neurosurg(Article in Chinese;Abstract in Chinese and English)],2006,22(2):101-104. DOI:10.3760/j.issn:1001-2346.2006.02.011.}

[24401] 于炎冰，张黎，徐晓利，马延山. 显微血管减压术后复发三叉神经痛的手术治疗 [J]. 中华神经外科杂志，2006，22（9）：538-540. DOI: 10.3760/j.issn: 1001-2346.2006.09.009. {YU Yanbing,ZHANG Li,XU Xiaoli,MA Yanshan. The microsurgical management of patients with recurrent trigeminal neuralgia after microvascular decompression[J]. Zhonghua Shen Jing Wai Ke Za Zhi[Chin J Neurosurg(Article in Chinese;Abstract in Chinese and English)],2006,22(9):538-540. DOI:10.3760/j.issn:1001-2346.2006.09.009.}

[24402] 高宝山，段云平，黄坤，钱盛伟，常庆勇，丛建军，张继志，金点石，曲凯. 显微血管减压及神经松解手术治疗颅神经疾病 1956 例 [J]. 中华神经外科杂志，2006，22（10）：606-608. DOI: 10.3760/j.issn: 1001-2346.2006.10.010. {GAO Baoshan,DONG

Yunping,HUANG Kun,QIAN Shengwei,CHANG Qingyong,CONG Jianjun,ZHANG Jizhi,JIN Dianshi,QU Kai. Microvascular decompression and nerves relax for 1956 cases of cranial nerves diseases[J]. Zhonghua Shen Jing Wai Ke Za Zhi[Chin J Neurosurg(Article in Chinese;Abstract in Chinese and English)],2006,22(10):606-608. DOI:10.3760/j.issn:1001-2346.2006.10.010.}

[24403] **左焕琮，陈国强，袁越，韩宏彦，王世杰，王岩，王晓松. 显微血管减压术治疗面肌痉挛 20 年回顾（附 4260 例报告）[J]. 中华神经外科杂志，2006，22（11）：684-687. DOI：10.3760/j.issn：1001-2346.2006.11.013.** {ZUO Huancong,CHEN Guoqiang,YUAN Yue,HAN Hongyan,WANG Shijie,WANG Yan,WANG Xiaosong. Microvascular decompression to treat hemifacial spasm:a review of 4260 operations performed during the past 20 years[J]. Zhonghua Shen Jing Wai Ke Za Zhi[Chin J Neurosurg(Article in Chinese;Abstract in Chinese and English)],2006,22(11):684-687. DOI:10.3760/j.issn:1001-2346.2006.11.013.}

[24404] **于炎冰，张黎，徐晓利，马延山. 责任动脉悬吊法在显微血管减压术中的应用 [J]. 中华神经外科杂志，2006，22（12）：726-728. DOI：10.3760/j.issn：1001-2346.2006.12.007.** {YU Yanbing,ZHANG Li,XU Xiaoli,MA Yanshan. The application of offending artery suspension method in microvascular decompression[J]. Zhonghua Shen Jing Wai Ke Za Zhi[Chin J Neurosurg(Article in Chinese;Abstract in Chinese and English)],2006,22(12):726-728. DOI:10.3760/j.issn:1001-2346.2006.12.007.}

[24405] **陈敏洁，张伟杰，杨驰，张志愿，汪涌. 三叉神经痛微血管减压术中的内镜评价 [J]. 中国口腔颌面外科杂志，2006，4（6）：416-419. DOI：10.3969/j.issn.1672-3244.2006.06.005.** {CHEN Minjie,ZHANG Weijie,YANG Chi,ZHANG Zhiyuan,WANG Yong. Endoscopic evaluation in microvascular decompression of trigeminal neuralgia[J]. Zhongguo Kou Qiang He Mian Wai Ke Za Zhi[Chin J Oral Maxillofac Surg(Article in Chinese;Abstract in Chinese and English)],2006,4(6):416-419. DOI:10.3969/j.issn.1672-3244.2006.06.005.}

[24406] **黄冠斌. 显微血管减压术治疗三叉神经痛 22 例 [J]. 中华显微外科杂志，2007，30（1）：16. DOI：10.3760/cma.j.issn.1001-2036.2007.01.032.** {HUANG Guanbin. Microvascular decompression for 22 cases of trigeminal neuralgia[J]. Zhonghua Xian Wei Wai Ke Za Zhi[Chin J Microsurg(Article in Chinese;No abstract available)],2007,30(1):16.DOI:10.3760/cma.j.issn.1001-2036.2007.01.032.}

[24407] **孙永峰，袁俊，翟卫东，钟建卫，王涛，尚传强. 显微血管减压术治疗面肌痉挛的临床体会 [J]. 中华显微外科杂志，2007，30（6）：405. DOI：10.3760/cma.j.issn.1001-2036.2007.06.032.** {SUN Yongfeng,YUAN Jun,DI Weidong,ZHONG Jianwei,WANG Tao,SHANG Chuanqiang. Clinical experience of microvascular decompression in treatment of hemifacial spasm[J]. Zhonghua Xian Wei Wai Ke Za Zhi[Chin J Microsurg(Article in Chinese;No abstract available)],2007,30(6):405. DOI:10.3760/cma.j.issn.1001-2036.2007.06.032.}

[24408] **陈剑，种衍军，程启龙，李新钢. 神经内镜在神经血管减压手术中的应用 [J]. 中华神经外科杂志，2007，23（3）：184-186. DOI：10.3760/j.issn：1001-2346.2007.03.009.** {CHEN Jian,ZHONG Yanjun,CHENG Qilong,LI Xingang. Application of neuroendoscope in neurovascular decompression surgery[J]. Zhonghua Shen Jing Wai Ke Za Zhi[Chin J Neurosurg(Article in Chinese;No abstract available)],2007,23(3):184-186. DOI:10.3760/j.issn:1001-2346.2007.03.009.}

[24409] **陈成雨. 显微血管减压术致 Wallenberg 综合征一例 [J]. 中华神经外科杂志，2007，23（5）：328. DOI：10.3760/j.issn：1001-2346.2007.05.028.** {Chen Chengyu. Wallenberg syndrome caused by microvascular decompression:a case report[J]. Zhonghua Shen Jing Wai Ke Za Zhi[Chin J Neurosurg(Article in Chinese;No abstract available)],2007,23(5):328. DOI:10.3760/j.issn:1001-2346.2007.05.028.}

[24410] **于炎冰. 显微血管减压术治疗颅神经疾病的现状与发展 [J]. 中华神经外科杂志，2007，23（10）：721-723. DOI：10.3760/j.issn：1001-2346.2007.10.001.** {YU Yanbing. Current situation and development of microvascular decompression for cranial nerve diseases[J]. Zhonghua Shen Jing Wai Ke Za Zhi[Chin J Neurosurg(Article in Chinese;No abstract available)],2007,23(10):721-723. DOI:10.3760/j.issn:1001-2346.2007.10.001.}

[24411] **常庆勇，段云平，高宝山，张继志，钱盛伟，金点石，黄坤，曲凯. 显微血管减压术治疗三叉神经痛的解剖学发现 [J]. 中华神经外科杂志，2007，23（10）：746-748. DOI：10.3760/j.issn：1001-2346.2007.10.009.** {CHANG Qingyong,DONG Yunping,GAO Baoshan,ZHANG Jizhi,QIAN Shengwei,JIN Dianshi,HUANG Kun,QU Kai. Anatomical findings of microvascular decompression in the treatment of trigeminal neuralgia[J]. Zhonghua Shen Jing Wai Ke Za Zhi[Chin J Neurosurg(Article in Chinese;No abstract available)],2007,23(10):746-748. DOI:10.3760/j.issn:1001-2346.2007.10.009.}

[24412] **吴卫华，赵艳丽，李良民. 微血管减压术治疗原发性三叉神经痛手术体会 [J]. 中华神经外科杂志，2007，23（12）：952. DOI：10.3760/j.issn：1001-2346.2007.12.031.** {WU Weihua,ZHAO Yanli,LI Liangmin. Microvascular decompression for primary trigeminal neuralgia[J]. Zhonghua Shen Jing Wai Ke Za Zhi[Chin J Neurosurg(Article in Chinese;No abstract available)],2007,23(12):952. DOI:10.3760/j.issn:1001-2346.2007.12.031.}

[24413] **漆松涛，朱蔚林，张喜安. 全程围套式与常规微血管减压术治疗面肌痉挛的对比研究 [J]. 南方医科大学学报，2007，27（12）：1896-1900. DOI：10.3321/j.issn：1673-4254.2007.12.036.** {QI Songtao,ZHU Weilin,ZHANG Xian. Whole-range encirclement method versus conventional method for microvascular decompression for treatment of hemifacial spasm[J]. Nan Fang Yi Ke Da Xue Xue Bao[J South Med Univ(Article in Chinese;Abstract in Chinese and English)],2007,27(12):1896-1900. DOI:10.3321/j.issn:1673-4254.2007.12.036.}

[24414] **倪石磊，苏万东，李新钢，曾庆师，刘玉光，朱树干，吴承远. 强化三维损毁梯度回波序列在三叉神经痛微血管减压术前评价中的作用 [J]. 中华外科杂志，2008，46（23）：1812-1815. DOI：10.3321/j.issn：0529-5815.2008.23.018.** { NI Shilei,SU Wandong,LI Xingang,ZENG Qingshi,LIU Yuguang,ZHU Shugan,WU Chengyuan. Preoperative enhanced three-dimensional spoiled gradient-recalled imaging for microvascular decompression of trigeminal neuralgia[J]. Zhonghua Wai Ke Za Zhi[Chin J Surg(Article in Chinese;Abstract in Chinese and English)],2008,46(23):1812-1815. DOI:10.3321/j.issn:0529-5815.2008.23.018.}

[24415] **何勇，王辉，朱安凯，王先锋，王平. 面肌痉挛微血管减压术无效早期再手术的体会 [J]. 中华神经外科杂志，2008，24（1）：31. DOI：10.3321/j.issn：1001-2346.2008.01.027.** {HE Yong,WANG Hui,ZHU Ankai,WANG Xianfeng,WANG Ping. Experience of early reoperation for hemifacial spasm after microvascular decompression is ineffective[J]. Zhonghua Shen Jing Wai Ke Za Zhi[Chin J Neurosurg(Article in Chinese;No abstract available)],2008,24(1):31. DOI:10.3321/j.issn:1001-2346.2008.01.027.}

[24416] **张浩，邵彤，李龄，雷霆. 三叉神经痛微血管减压术中责任血管的特点 [J]. 中华神经外科杂志，2008，24（3）：235-236. DOI：10.3321/j.issn：1001-2346.2008.03.029.** {ZHANG Hao,SHAO Tong,LI Ling,LEI Ting. Characteristics of responsible vessels in microvascular decompression of trigeminal neuralgia[J]. Zhonghua Shen Jing Wai Ke Za Zhi[Chin J Neurosurg(Article in Chinese;No abstract available)],2008,24(3):235-236. DOI:10.3321/j.issn:1001-2346.2008.03.029.}

[24417] **王斌，马逸，邹建军，李岩峰，黄海韬，李付勇. 显微血管减压术治疗血管性偏头痛 35 例临床体会 [J]. 中华神经外科杂志，2008，24（11）：853. DOI：10.3321/j.issn：1001-2346.2008.11.032.** {WANG Bin,MA Yi,ZOU Jianjun,LI Yanfeng,HUANG Haitao,LI Fuyong. Clinical experience of microvascular decompression in treatment of 35 cases of vascular migraine[J]. Zhonghua Shen Jing Wai Ke Za Zhi[Chin J Neurosurg(Article in Chinese;No abstract available)],2008,24(11):853. DOI:10.3321/j.issn:1001-2346.2008.11.032.}

[24418] **张黎，于炎冰，徐晓利，许骏，李放，任鸿翔，刘江. 面肌痉挛显微血管减压术中的面神经根解剖变异 [J]. 中华神经外科杂志，2008，24（12）：887-889. DOI：10.3321/j.issn：1001-2346.2008.12.003.** {ZHANG Li,YU Yanbing,XU Xiaoli,XU Jun,LI Fang,REN Hongxiang,LIU Jiang. Anatomical variation of facial nerve in cerebellopontine angle in microvuscular decompression for treatment of idiopathic hemifaciai spasm[J]. Zhonghua Shen Jing Wai Ke Za Zhi[Chin J Neurosurg(Article in Chinese;Abstract in Chinese and English)],2008,24(12):887-889. DOI:10.3321/j.issn:1001-2346.2008.12.003.}

[24419] **朱宏伟，李勇杰，庄平，李继平，马凯. 异常肌反应监测在显微血管减压手术治疗面肌痉挛中的应用 [J]. 中华医学杂志，2008，88（39）：2767-2770. DOI：10.3321/j.issn：0376-2491.2008.39.009.** {ZHU Hongwei,LI Yongjie,ZHUANG Ping,LI Jiping,MA Kai. Abnormal muscle response monitoring as a guide during microvascular decompression for hemifacial spasm[J]. Zhonghua Yi Xue Za Zhi[Natl Med J China(Article in Chinese;Abstract in Chinese and English)],2008,88(39):2767-2770. DOI:10.3321/j.issn:0376-2491.2008.39.009.}

[24420] **尹浩，雷町，游潮，丁昊，李强. 微血管减压术治疗颅神经功能亢进性疾患 [J]. 中国修复重建外科杂志，2008，22（9）：1092-1095.** {YIN Hao,LEI Ding,YOU Chao,DING Hao,LI Qiang. Microvascular decompression for cranial nerve hyperactive dysfunction[J]. Zhongguo Xiu Fu Chong Jian Wai Ke Za Zhi[Chin J Repar Reconstr Surg(Article in Chinese;Abstract in Chinese and English)],2008,22(9):1092-1095.}

[24421] **黄建军，马东，伊志强，白永文，武日富，马喜，殷凤义，鲍圣德. 三叉神经痛与面肌痉挛显微血管减压的显微解剖 [J]. 中华神经外科杂志，2009，25（3）：232-234. DOI：10.3760/cma.j.issn.1001-2346.2009.03.018.** {HUANG Jianjun,MA Dong,YI Zhiqiang,BAI Yongwen,WU Rifu,MA Xi,YIN Fengyi,BAO Shengde. Microdissection study of CPA for the functional neuprosurgery[J]. Zhonghua Shen Jing Wai Ke Za Zhi[Chin J Neurosurg(Article in Chinese;Abstract in Chinese and English)],2009,25(3):232-234. DOI:10.3760/cma.j.issn.1001-2346.2009.03.018.}

[24422] **万亮，华续明，仲骏，李心远，王旭辉，李世亭. 显微血管减压术治疗原发性三叉神经痛的临床分析（附 110 例报告）[J]. 中华神经外科杂志，2009，25（3）：252-254. DOI：10.3760/cma.j.issn.1001-2346.2009.03.026.** {WAN Liang,HUA Xuming,ZHONG Jun,LI Xinyuan,WANG Xuhui,LI Shiting. The clinical analysis of the treatment by microvascular decompression of idiopathic trigeminal neuralgia[J]. Zhonghua Shen Jing Wai Ke Za Zhi[Chin J Neurosurg(Article in Chinese;Abstract in Chinese and English)],2009,25(3):252-254. DOI:10.3760/cma.j.issn.1001-2346.2009.03.026.}

[24423] **种衍军，陈剑，程启龙，段德义，朱广廷. 显微血管减压术治疗舌咽神经痛的探讨 [J]. 中华神经外科杂志，2009，25（11）：1031-1033. DOI：10.3760/cma.j.issn.1001-2346.2009.011.027.** {ZHONG Yanjun,CHEN Jian,CHENG Qilong,DONG Deyi,ZHU Guangting. Microvascular decompression for glossopharyngeal neuralgia[J]. Zhonghua Shen Jing Wai Ke Za Zhi[Chin J Neurosurg(Article in Chinese;No abstract available)],2009,25(11):1031-1033. DOI:10.3760/cma.j.issn.1001-2346.2009.011.027.}

[24424] **倪红斌，梁维邦，姚亮，徐武，韦永祥. 微血管减压术治疗面肌痉挛术后并发症分析 [J]. 中国微创外科杂志，2009，9（10）：937-939. DOI：10.3969/j.issn.1009-6604.2009.10.028.** {NI Hongbin,LIANG Weibang,YAO Liang,XU Wu,WEI Yongxiang. Analysis of postoperative complications of microvascular decompression for hemifacial spasm[J]. Zhongguo Wei Chuang Wai Ke Za Zhi[Chin J Minim Inva Surg(Article in Chinese;Abstract in Chinese and English)],2009,9(10):937-939. DOI:10.3969/j.issn.1009-6604.2009.10.028.}

[24425] **孙克华，卢亦成，胡国汉，骆纯，侯立军，陈菊祥，周健. 副神经血管减压、肌肉切断和肉毒素治疗痉挛性斜颈的比较 [J]. 中华医学杂志，2009，89（1）：21-24. DOI：10.3760/cma.j.issn.0376-2491.2009.01.006.** {SUN Kehua,LU Yicheng,HU Guohan,LUO Chun,HOU Lijun,CHEN Juxiang,ZHOU Jian. Effects of treatment of spasmodic torticollis by neurovascular decompression,myotomy,and botulinum toxin type A:a comparative study[J]. Zhonghua Yi Xue Za Zhi[Natl Med J China(Article in Chinese;Abstract in Chinese and English)],2009,89(1):21-24. DOI:10.3760/cma.j.issn.0376-2491.2009.01.006.}

[24426] **舒航，陈光忠，李昭杰，詹升全，曾少建，林晓风，周东，唐凯. 神经内镜辅助下面肌痉挛微血管减压疗效分析 [J]. 南方医科大学学报，2009，29（11）：2297-2299. DOI：10.3321/j.issn：1673-4254.2009.11.047.** {SHU Hang,CHEN Guangzhong,LI Zhaojie,ZHAN Shengquan,ZENG Shaojian,LIN Xiaofeng,ZHOU Dong,TANG Kai. Analysis of therapeutic effect of microvascular decompression assisted by neuroendoscope on inferior muscle spasm[J]. Nan Fang Yi Ke Da Xue Xue Bao[J South Med Univ(Article in Chinese;Abstract in Chinese)],2009,29(11):2297-2299. DOI:10.3321/j.issn:1673-4254.2009.11.047.}

[24427] **李江安，严正村，李兵，鲁晓杰. 神经内镜协助锁孔微血管减压术治疗原发性三叉神经痛 [J]. 中华外科杂志，2010，48（14）：1113-1114. DOI：10.3760/cma.j.issn.0529-5815.2010.14.017.** {LI Jiangan,YAN Zhengcun,LI Bing,LU Xiaojie. Neuroendoscopic assisted keyhole microvascular decompression for primary trigeminal neuralgia[J]. Zhonghua Wai Ke Za Zhi[Chin J Surg(Article in Chinese;No abstract available)],2010,48(14):1113-1114. DOI:10.3760/cma.j.issn.0529-5815.2010.14.017.}

[24428] **石鑫，姜梅，买买提江，姜磊，郝玉军，刘波，柳琛. 第Ⅷ脑神经显微血管减压术治疗耳鸣六例报告及文献复习 [J]. 中华神经外科杂志，2010，26（3）：209-211. DOI：10.3760/cma.j.issn.1001-2346.2010.03.006.** {SHI Xin,JIANG Mei,MAI Maitijiang,JIANG Lei,HAO Yujun,LIU Bo,LIU Chen. Microvascular decompression of vestibuocochlear nerve for tinnitus:six cases report and review of literature[J]. Zhonghua Shen Jing Wai Ke Za Zhi[Chin J Neurosurg(Article in Chinese;Abstract in Chinese and English)],2010,26(3):209-211. DOI:10.3760/cma.j.issn.1001-2346.2010.03.006.}

[24429] **梁维邦，庄敏杰，倪红斌，韦永祥，徐立. 瞬目反射对微血管减压术后迟发性面神经麻痹的预测价值 [J]. 中华神经外科杂志，2010，26（5）：454-456. DOI：10.3760/cma.j.issn.1001-2346.2010.05.025.** { LIANG Weibang,ZHUANG Minjie,NI Hongbin,WEI Yongxiang,XU Li. The value of BR in evaluating the occurrence of DFP after MVD for HFS and the mechanism of DFP[J]. Zhonghua Shen Jing Wai Ke Za Zhi[Chin J Neurosurg(Article in Chinese;Abstract in Chinese and English)],2010,26(5):454-456. DOI:10.3760/cma.j.issn.1001-2346.2010.05.025.}

[24430] **张岚，贾婧，周同亮，付桂香，张黎，袁越，于炎冰. 面肌痉挛显微血管减压术中脑干听觉诱发电位监测的应用 [J]. 中华神经外科杂志，2010，26（12）：1078-1081. DOI：10.3760/cma.j.issn.1001-2346.2010.12.010.** {ZHANG Lan,JIA Jing,ZHOU Tongliang,FU Guixiang,ZHANG Li,YUAN Yue,YU Yanbing. Application of brain stem evoked potential monitoring in microvascular decompression for hemifacial spasm[J]. Zhonghua Shen Jing Wai Ke Za Zhi[Chin J Neurosurg(Article in Chinese;Abstract in Chinese and English)],2010,26(12):1078-1081. DOI:10.3760/cma.j.issn.1001-2346.2010.12.010.}

[24431] **吴国庆，吴国宏，王蕾，尹卫宁，刘玉光. 面肌痉挛微血管减压术中隐匿性责任血管的辨别及处理 [J]. 中华医学杂志，2010，90（23）：1625-1627. DOI：10.3760/cma.j.issn.0376-2491.2010.23.012.** {WU Guoqing,WU Guohong,WANG Lei,YIN Weining,LIU Yuguang. Recognition and management of hidden related vessel during the operation of microvascular decompression for hemifacial spssm[J]. Zhonghua Yi Xue Za Zhi[Natl Med J China(Article in Chinese;Abstract in Chinese and English)],2010,90(23):1625-1627. DOI:10.3760/cma.j.issn.0376-2491.2010.23.012.}

[24432] **李兵，鲁晓杰，季卫阳，王清，陈开来. 神经内镜辅助下微血管减压术治疗三叉神经痛 [J]. 第二军医大学学报，2010，31（11）：1275-1276. DOI：10.3724/SP.J.1008.2010.01275.** {LI Bing,LU Xiaojie,JI Weiyang,WANG Qing,CHEN Kailai. Endoscope-assisted microvascular decompression in treatment of trigeminal neuralgia[J]. Di Er Jun Yi Da Xue Xue Bao[Acad J Sec Mil Med Univ(Article in Chinese;Abstract in Chinese)],2010,31(11):1275-1276. DOI:10.3724/

SP.J.1008.2010.01275.}

[24433] 张卫峰，赵卫国，蔡瑜，濮春华．脑神经微血管减压术治疗面肌痉挛合并耳鸣一例 [J]．中华显微外科杂志，2011，34(3)：214．DOI：10.3760/cma.j.issn.1001－2036.2011.03.014．{ZHANG Weifeng,ZHAO Weiguo,CAI Yu,PU Chunhua. Cranial nerve microvascular decompression for hemifacial spasm complicated with tinnitus:a case report[J]. Zhonghua Xian Wei Wai Ke Za Zhi[Chin J Microsurg(Article in Chinese;Abstract in Chinese and English)],2011,34(3):214. DOI:10.3760/cma.j.issn.1001-2036.2011.03.014.}

[24434] 杨超，刘金龙，张弩，柯春龙，叶小帆．三叉神经痛微血管减压术中保留骨瓣的临床研究 [J]．中华显微外科杂志，2011，34 (4)：339－340．DOI：10.3760/cma.j.issn.1001－2036.2011.04.033．{YANG Chao,LIU Jinlong,ZHANG Nu,KE Chunlong,YE Xiaofan. Clinical study on preserving bone flap in microvascular decompression of trigeminal neuralgia[J]. Zhonghua Xian Wei Wai Ke Za Zhi[Chin J Microsurg(Article in Chinese;Abstract in Chinese)],2011,34(4):339-340. DOI:10.3760/cma.j.issn.1001-2036.2011.04.033.}

[24435] 刘金龙，杨超，叶小帆，柯春龙，黄正松．岩静脉处理对三叉神经痛显微血管减压术并发症的影响 [J]．中华显微外科杂志，2011，34 (6)：511－513．DOI：10.3760/cma.j.issn.1001－2036.2011.06.034．{LIU Jinlong,YANG Chao,YE Xiaofan,KE Chunlong,HUANG Zhengsong. Effect of petrosal vein management on complications of microvascular decompression for trigeminal neuralgia[J]. Zhonghua Xian Wei Wai Ke Za Zhi[Chin J Microsurg(Article in Chinese;Abstract in Chinese)],2011,34(6):511-513. DOI:10.3760/cma.j.issn.1001-2036.2011.06.034.}

[24436] 应婷婷，李心远，李世亭，仲俊，张文川，华续明．异常肌反应在面神经显微血管减压术中的应用 [J]．中华神经外科杂志，2011，27 (5)：444－448．DOI：10.3760/cma.j.issn.1001－2346.2011.05.004．{YING Tingting,LI Xinyuan,LI Shiting,ZHONG Jun,ZHANG Wenchuan,HUA Xuming. The value of abnormal muscle response monitoring during microvascular decompression surgery for hemifacial spasm[J]. Zhonghua Shen Jing Wai Ke Za Zhi[Chin J Neurosurg(Article in Chinese;Abstract in Chinese and English)],2011,27(5):444-448. DOI:10.3760/cma.j.issn.1001-2346.2011.05.004.}

[24437] 种衍军，陈剑，王召平，段德义，刘菊，郭新，朱广庭．三叉神经痛显微血管减压术后长期疗效及复发因素分析 [J]．中华神经外科杂志，2011，27 (5)：449－453．DOI：10.3760/cma.j.issn.1001－2346.2011.05.006．{ZHONG Yanjun,CHEN Jian,WANG Zhaoping,DONG Deyi,LIU Ju,GUO Xin,ZHU Guangting. Long-term efficacy of trigeminal neuralgia after microvascular decompression and multi-factor research of recurrence[J]. Zhonghua Shen Jing Wai Ke Za Zhi[Chin J Neurosurg(Article in Chinese;Abstract in Chinese)],2011,27(5):449-453. DOI:10.3760/cma.j.issn.1001-2346.2011.05.006.}

[24438] 张良文，王萍，杨扬，刘玉光，朱树干．微血管减压或并感觉根部分切断术治疗三叉神经痛 [J]．中华神经外科杂志，2011，27(6)：610－612. DOI：10.3760/cma.j.issn.1001－2346.2011.06.023．{ZHANG Liangwen,WANG Ping,YANG Yang,LIU Yuguang,ZHU Shugan. Surgical treatment of primary trigeminal neuralgia by MVD or MVD + PSR[J]. Zhonghua Shen Jing Wai Ke Za Zhi[Chin J Neurosurg(Article in Chinese;Abstract in Chinese and English)],2011,27(6):610-612. DOI:10.3760/cma.j.issn.1001-2346.2011.06.023.}

[24439] 黄辉，胡志强，朱广通，关峰，戴缤，毛贝贝，王部恒，任乐宁，康庄．神经内镜微血管减压术治疗三叉神经痛 [J]．中华医学杂志，2011，91 (35)：2491－2493．DOI：10.3760/cma.j.issn.0376－2491.2011.35.013．{HUANG Hui,HU Zhiqiang,ZHU Guangtong,GUAN Feng,DAI Bin,MAO Beibei,WANG Shaoheng,REN Lening,KANG Zhuang. Endoscopic microvacular decompression for trigeminal neuralgia[J]. Zhonghua Yi Xue Za Zhi[Natl Med J China(Article in Chinese;Abstract in Chinese and English)],2011,91(35):2491-2493. DOI:10.3760/cma.j.issn.0376-2491.2011.35.013.}

[24440] 高俊，李宽正，郭毅，窦万臣，李永宁，王任直．微血管减压术辅以异常肌反应电生理监测治疗面肌痉挛 [J]．中华医学杂志，2011，91 (41)：2920－2922．DOI：10.3760/cma.j.issn.0376－2491.2011.41.012．{GAO Jun,LI Kuanzheng,GUO Yi,DOU Wanchen,LI Yongning,WANG Renzhi. Clinical efficacy of microvascular decompression plus intraoperative monitoring of abnormal muscle response in the treatment of hemifacial spasm[J]. Zhonghua Yi Xue Za Zhi[Natl Med J China(Article in Chinese;Abstract in Chinese and English)],2011,91(41):2920-2922. DOI:10.3760/cma.j.issn.0376-2491.2011.41.012.}

[24441] 梁庆华，史锡文，张佳栋，孙勇，王瑞星，王勇．面肌痉挛显微血管减压术中后组脑神经间隙的应用分析 [J]．中华显微外科杂志，2012，35 (3)：241－243．DOI：10.3760/cma.j.issn.1001－2036.2012.03.027．{LIANG Qinghua,SHI Xiwen,ZHANG Jiadong,SUN Yong,WANG Ruixing,WANG Yong. Application analysis of posterior cranial nerve space during microvascular decompression for hemifacial spasm[J]. Zhonghua Xian Wei Wai Ke Za Zhi[Chin J Microsurg(Article in Chinese;Abstract in Chinese)],2012,35(3):241-243. DOI:10.3760/cma.j.issn.1001-2036.2012.03.027.}

[24442] 邓跃飞，张锦祥，郑眉光，吴锦铨．显微血管减压术联合纤维蛋白胶固定治疗原发性三叉神经痛 [J]．中华显微外科杂志，2012，35 (5)：429－430．DOI：10.3760/cma.j.issn.1001－2036.2012.05.030．{DENG Yuefei,ZHANG Jinxiang,ZHENG Meiguang,WU Jinquan. Microvascular decompression combined with fibrin glue fixation for primary trigeminal neuralgia[J]. Zhonghua Xian Wei Wai Ke Za Zhi[Chin J Microsurg(Article in Chinese;Abstract in Chinese)],2012,35(5):429-430. DOI:10.3760/cma.j.issn.1001-2036.2012.05.030.}

[24443] 金永健，冯增伟，李丹，肖庆，王林，陈国强．显微血管减压术治疗偏头痛及预后分析 [J]．中华神经外科杂志，2012，28(2)：186－188. DOI：10.3760/cma.j.issn.1001－2346.2012.02.024．{JIN Yongjian,FENG Zengwei,LI Dan,XIAO Qing,WANG Lin,CHEN Guoqiang. Microscopic nerve decompression for migraines and its prognostic analysis[J]. Zhonghua Shen Jing Wai Ke Za Zhi[Chin J Neurosurg(Article in Chinese;Abstract in Chinese and English)],2012,28(2):186-188. DOI:10.3760/cma.j.issn.1001-2346.2012.02.024.}

[24444] 李江安，鲁晓杰，王清，李兵，苗增利，季卫阳．神经内镜在显微血管减压术中的应用 [J]．中华神经外科杂志，2012，28 (3)：235－239．DOI：10.3760/cma.j.issn.1001－2346.2012.03.008．{LI Jiangan,LU Xiaojie,WANG Qing,LI Bing,MIAO Zengli,JI Weiyang. Application of neuroendoscope in microvascular decompression[J]. Zhonghua Shen Jing Wai Ke Za Zhi[Chin J Neurosurg(Article in Chinese;Abstract in Chinese)],2012,28(3):235-239. DOI:10.3760/cma.j.issn.1001-2346.2012.03.008.}

[24445] 于炎冰，张黎．经乙状窦后入路显微血管减压术治疗面肌痉挛的手术技巧 [J]．中华神经外科杂志，2012，28 (3)：322－323．DOI：10.3760/cma.j.issn.1001－2346.2012.03.031．{YU Yanbing,ZHANG Li. Surgical techniques of microvascular decompression via retrosigmoid approach for hemifacial spasm[J]. Zhonghua Shen Jing Wai Ke Za Zhi[Chin J Neurosurg(Article in Chinese;No abstract available)],2012,28(3):322-323. DOI:10.3760/cma.j.issn.1001-2346.2012.03.031.}

[24446] 黄辉，胡志强，朱广通，关峰，戴缤，肖智勇，毛贝贝，康庄．神经内镜在面神经显微血管减压术中的应用 [J]．中华神经外科杂志，2012，28 (8)：810－812．DOI：10.3760/cma.j.issn.1001－2346.2012.08.020．{HUANG Hui,HU Zhiqiang,ZHU Guangtong,GUAN Feng,DAI Bin,XIAO Zhiyong,MAO Beibei,KANG Zhuang. Clinical application of neuroendoscopy in microvascular decompression for hemifacial spasm[J]. Zhonghua Shen Jing Wai Ke Za Zhi[Chin J Neurosurg(Article in Chinese;Abstract in Chinese and English)],2012,28(8):810-812. DOI:10.3760/cma.j.issn.1001-2346.2012.08.020.}

[24447] 刘永博，杨培中，王恩兴，韩良波，刘江，张黎．显微血管减压术治疗原发性面肌痉挛 292 例临床分析 [J]．中华神经外科杂志，2012，28 (11)：1168－1170．DOI：10.3760/cma.j.issn.1001－2346.2012.11.029．{LIU Yongbo,YANG Peizhong,WANG Dongxing,HAN Liangbo,LIU Jiang,ZHANG Li. Clinical analysis of 292 cases of primary hemifacial spasm treated by microvascular decompression[J]. Zhonghua Shen Jing Wai Ke Za Zhi[Chin J Neurosurg(Article in Chinese;No abstract available)],2012,28(11):1168-1170. DOI:10.3760/cma.j.issn.1001-2346.2012.11.029.}

[24448] 柴盈，陈敏洁，张伟杰，张文豪．MRTA 对三叉神经痛患者微血管减压术后疗效的预测 [J]．中国口腔颌面外科杂志，2012，10 (6)：505－510．{ CHAI Ying,CHEN Minjie,ZHANG Weijie,ZHANG Wenhao. Predicting the outcome of microvascular decompression for patients with trigeminal neuralgia by the use of MRTA[J]. Zhongguo Kou Qiang He Mian Wai Ke Za Zhi[Chin J Oral Maxillofac Surg(Article in Chinese;Abstract in Chinese and English)],2012,10(6):505-510.}

[24449] 黄安宁，刘丽萍，丁莉莉，胡彬．静脉应用地塞米松可缓解面神经微血管减压术后疼痛 [J]．第二军医大学学报，2012，33 (6)：679－680．DOI：10.3724/SP.J.1008.2012.00679．{HUANG Anning,LIU Liping,DING Lili,HU Shan. Intravenous dexamethasone relieving postoperative pain of microvascular decompression[J]. Di Er Jun Yi Da Xue Xue Bao[Acad J Sec Mil Med Univ(Article in Chinese;Abstract in Chinese and English)],2012,33(6):679-680. DOI:10.3724/SP.J.1008.2012.00679.}

[24450] 庞明志，鲁晓杰，王鹏，李兵，王清．神经内镜辅助锁孔入路微血管减压术治疗面肌痉挛 34 例分析 [J]．中华显微外科杂志，2013，36 (2)：185－187．DOI：10.3760/cma.j.issn.1001－2036.2013.02.030．{PANG Mingzhi,LU Xiaojie,WANG Peng,LI Bing,WANG Qing. Analysis of 34 cases of hemifacial spasm treated by neuroendoscope-assisted keyhole approach microvascular decompression[J]. Zhonghua Xian Wei Wai Ke Za Zhi[Chin J Microsurg(Article in Chinese;Abstract in Chinese)],2013,36(2):185-187. DOI:10.3760/cma.j.issn.1001-2036.2013.02.030.}

[24451] 石鑫，姜梅，买买提江 · 卡斯木，姜磊，郝玉军．显微血管减压术治疗神经性高血压的疗效分析 [J]．中华显微外科杂志，2013，36 (4)：348－351．DOI：10.3760/cma.j.issn.1001－2036.2013.06.009．{SHI Xin,JIANG Mei,MAI Maitijiang · Kasimu,JIANG Lei,HAO Yujun. Therapeutic evaluation of left medullary microvascular decompression on neurogenic hypertension[J]. Zhonghua Xian Wei Wai Ke Za Zhi[Chin J Microsurg(Article in Chinese;Abstract in Chinese and English)],2013,36(4):348-351. DOI:10.3760/cma.j.issn.1001-2036.2013.06.009.}

[24452] 倪红斌，徐武，金伟，梁维邦，明兴．不同责任血管显微血管减压术治疗面肌痉挛疗效分析 [J]．中华神经外科杂志，2013，29 (9)：939－941．DOI：10.3760/cma.j.issn.1001－2346.2013.09.022．{NI Hongbin,XU Wu,JIN Wei,LIANG Weibang,MING Xing. Analysis of curative effect of microvascular decompression with different responsible vessels on hemifacial spasm[J]. Zhonghua Shen Jing Wai Ke Za Zhi[Chin J Neurosurg(Article in Chinese;No abstract available)],2013,29(9):939-941. DOI:10.3760/cma.j.issn.1001-2346.2013.09.022.}

[24453] 陆川，孙军，陈献东．内窥镜配合显微镜微血管减压治疗三叉神经痛 [J]．中国微创外科杂志，2013，13 (1)：53－55．DOI：10.3969/j.issn.1009－6604.2013.01.015．{LU Chuan,SUN Jun,CHEN Xiandong. Endoscopic-assisted microvascular decompression for trigeminal neuralgia[J]. Zhongguo Wei Chuang Wai Ke Za Zhi[Chin J Minim Inva Surg(Article in Chinese;Abstract in Chinese and English)],2013,13(1):53-55. DOI:10.3969/j.issn.1009-6604.2013.01.015.}

[24454] 向晖，刘如恩，冷景兴．显微血管减压术治疗原发性面肌痉挛临床疗效分析 [J]．第二军医大学学报，2013，34(4)：462－463．DOI：10.3724/SP.J.1008.2013.00462．{XIANG Hui,LIU Rudong,LENG Jingxing. Microvascular decompression in treatment of hemifacial spasm:an analysis of clinical efficacy[J]. Di Er Jun Yi Da Xue Xue Bao[Acad J Sec Mil Med Univ(Article in Chinese;No abstract available)],2013,34(4):462-463. DOI:10.3724/SP.J.1008.2013.00462.}

[24455] 徐文龙，朱卫，戴正寿．颅神经微血管减压术相关显微解剖研究 [J]．第二军医大学学报，2013，34 (10)：1093－1096．DOI：10.3724/SP.J.1008.2013.01093．{XU Wenlong,ZHU Wei,DAI Zhengshou. Microanatomical study of cranial nerve microvascular decompression[J]. Di Er Jun Yi Da Xue Xue Bao[Acad J Sec Mil Med Univ(Article in Chinese;Abstract in Chinese and English)],2013,34(10):1093-1096. DOI:10.3724/SP.J.1008.2013.01093.}

[24456] 叶小帆，刘金龙，柯春龙，杨超，徐彬．面肌痉挛患者显微血管减压术疗效分析 [J]．中华显微外科杂志，2014，37(4)：399－402．DOI：10.3760/cma.j.issn.1001－2036.2014.04.028．{YE Xiaofan,LIU Jinlong,KE Chunlong,YANG Chao,XU Bin. Analysis of curative effect of microvascular decompression in patients with hemifacial spasm[J]. Zhonghua Xian Wei Wai Ke Za Zhi[Chin J Microsurg(Article in Chinese;Abstract in Chinese)],2014,37(4):399-402. DOI:10.3760/cma.j.issn.1001-2036.2014.04.028.}

[24457] 舒凯，程立冬，王元星，陈旭，蒋伟，韩林，陈劲草，陈坚，雷霆．显微血管减压术治疗单纯静脉压迫性三叉神经痛 [J]．中华神经外科杂志，2014，30 (5)：508－510．DOI：10.3760/cma.j.issn.1001－2346.2014.05.020．{SHU Kai,CHENG Lidong,WANG Yuanxing,CHEN Xu,JIANG Wei,HAN Lin,CHEN Jincao,CHEN Jian,LEI Ting. Microvascular decompression for simple venous compression trigeminal neuralgia[J]. Zhonghua Shen Jing Wai Ke Za Zhi[Chin J Neurosurg(Article in Chinese;Abstract in Chinese)],2014,30(5):508-510. DOI:10.3760/cma.j.issn.1001-2346.2014.05.020.}

[24458] 黄辉，胡志强，朱广通，关峰，戴缤，肖智勇，毛贝贝，康庄．神经内镜在显微血管减压术中的应用 [J]．中华神经外科杂志，2014，30 (5)：510－512．DOI：10.3760/cma.j.issn.1001－2346.2014.05.021．{HUANG Hui,HU Zhiqiang,ZHU Guangtong,GUAN Feng,DAI bin,XIAO Zhiyong,MAO Beibei,KANG Zhuang. Application of neuroendoscope in microvascular decompression[J]. Zhonghua Shen Jing Wai Ke Za Zhi[Chin J Neurosurg(Article in Chinese;Abstract in Chinese)],2014,30(5):510-512. DOI:10.3760/cma.j.issn.1001-2346.2014.05.021.}

[24459] 姜晓峰，牛朝诗，傅先明，计颖，丁宛海，汪业汉．悬吊法在面肌痉挛显微血管减压术中的应用 [J]．中华神经外科杂志，2014，30 (9)：925－928．DOI：10.3760/cma.j.issn.1001－2346.2014.09.018．{JIANG Xiaofeng,NIU Chaoshi,FU Xianming,JI ying,DING Wanhai,WANG Yehan. The application of the hanging techniques in microvascular decompression of hemifacial spasm caused by the complex vasculature[J]. Zhonghua Shen Jing Wai Ke Za Zhi[Chin J Neurosurg(Article in Chinese;Abstract in Chinese and English)],2014,30(9):925-928. DOI:10.3760/cma.j.issn.1001-2346.2014.09.018.}

[24460] 中国医师协会神经外科医师分会功能神经外科专家委员会，北京中华医学会神经外科学分会，中国显微血管减压术治疗脑神经疾患协作组．中国显微血管减压术治疗面肌痉挛专家共识 (2014)[J]．中华神经外科杂志，2014，30 (9)：949－952．DOI：10.3760/cma.j.issn.1001－2346.2014.09.026．{ The expert committee of functional neurosurgery of the branch of neurosurgeons of the Chinese Medical Association,the branch of Neurosurgery of the Chinese Medical Association in Beijing,and the Chinese cooperative group of microvascular decompression for the treatment of cerebral nerve diseases. Chinese Expert Consensus on Microvascular Decompression for Hemifacial Spasm (2014)[J]. Zhonghua Shen Jing Wai Ke Za Zhi[Chin J Neurosurg(Article in Chinese;No abstract available)],2014,30(9):949-952. DOI:10.3760/cma.j.issn.1001-2346.2014.09.026.}

[24461] 杨冬，于炎冰，张黎，任鸿翔，张思迅，李放，张哲，赵奎明，袁越．显微血管减压术治疗中间神经痛 18 例报告并文献复习 [J]．中华神经外科杂志，2014，30 (10)：1043－1045．DOI：10.3760/cma.j.issn.1001－2346.2014.10.020．{YANG Dong,YU Yanbing,ZHANG Li,REN Hongxiang,ZHANG Sixun,LI Fang,ZHANG Zhe,ZHAO Kuiming,YUAN Yue. Microvascular decompression for treatment of nervus intermedius neuralgia:report of 18 cases and literatures review[J]. Zhonghua Shen Jing Wai Ke Za Zhi[Chin J Neurosurg(Article in Chinese;Abstract in Chinese and English)],2014,30(10):1043-1045. DOI:10.3760/cma.j.issn.1001-2346.2014.10.020.}

[24462] 唐四强，漆松涛，刘忆，陈铭，张喜安，潘军，曹永福．原发性三叉神经痛显微血管减

压术后复发相关因素的研究 [J]. 中华神经外科杂志，2014，30（10）：1046-1049. DOI：10.3760/cma.j.issn.1001-2346.2014.10.021. {TANG Siqiang,QI Songtao,LIU Yi,CHEN Ming,ZHANG Xian,PAN Jun,CAO Yongfu. Related factors of recurrence of primary trigeminal neuralgia after microvascular decompression[J]. Zhonghua Shen Jing Wai Ke Za Zhi[Chin J Neurosurg(Article in Chinese;Abstract in Chinese and English)],2014,30(10):1046-1049. DOI:10.3760/cma.j.issn.1001-2346.2014.10.021.}

[24463] 唐四强，漆松涛，刘忆，陈铭，张喜安，潘军，石瑾，黄广龙，彭四维. 三叉神经痛影像学因素与显微血管减压术后复发的相关性研究 [J]. 中华神经外科杂志，2014，30（11）：1130-1135. DOI：10.3760/cma.j.issn.1001-2346.2014.11.014. {TANG Siqiang,QI Songtao,LIU Yi,CHEN Ming,ZHANG Xian,PAN Jun,SHI Jin,HUANG Guanglong,PENG Siwei. The relationship between postoperative recurrence of microvascular decompression and the radiological factors of trigeminal neuralgia[J]. Zhonghua Shen Jing Wai Ke Za Zhi[Chin J Neurosurg(Article in Chinese;Abstract in Chinese and English)],2014,30(11):1130-1135. DOI:10.3760/cma.j.issn.1001-2346.2014.11.014.}

[24464] 柴盈，陈敏洁，张伟杰，张文豪，王轶雯，魏文斌. 三叉神经痛患者微血管减压术后卡马西平戒断反应的临床表现和原因分析 [J]. 中国口腔颌面外科杂志，2014，12（5）：412-415. {CHAI Ying,CHEN Minjie,ZHANG Weijie,ZHANG Wenhao,WANG Yiwen,WEI Wenbin. Carbamazepine withdrawal reactions after neurovascular decompression for trigeminal neuralgia :the study of clinical presentation and possible etiology[J]. Zhongguo Kou Qiang He Mian Wai Ke Za Zhi[Chin J Oral Maxillofac Surg(Article in Chinese;Abstract in Chinese and English)],2014,12(5):412-415.}

[24465] 陈琦，朱哲，邓小明. 艾司洛尔用于面神经微血管减压术中改善脑搏动的处理体会 [J]. 第二军医大学学报，2014，35（3）：325-328. DOI：10.3724/SP.J.1008.2014.00325. {CHEN Qi,ZHU Zhe,DENG Xiaoming. Experience on esmolol improving brain beat during microvascular decompression surgery for hemifacial spasm[J]. Di Er Jun Yi Da Xue Xue Bao[Acad J Sec Mil Med Univ(Article in Chinese;Abstract in Chinese and English)],2014,35(3):325-328. DOI:10.3724/SP.J.1008.2014.00325.}

[24466] 陈琦，邓小明，施君. 不同剂量肌肉松弛药静脉维持对面肌痉挛微血管减压术中面神经复合肌肉动作电位的影响 [J]. 上海医学，2014，37（2）：128-130. {CHEN Qi,DENG Xiaoming,SHI Jun. Effects of different doses of muscle relaxant in intravenous maintenance anesthesia on compound muscle action potential in microvascular decompression for facial spasm[J]. Shang Hai Yi Xue[Shanghai Med J(Article in Chinese;Abstract in Chinese and English)],2014,37(2):128-130.}

[24467] 汪挺舰，杨治权，王延金，杨转移，刘定阳. 显微血管减压术治疗舌咽神经痛 22 例 [J]. 中华实验外科杂志，2015，32(10)：2426. DOI：10.3760/cma.j.issn.1001-9030.2015.10.032. {WANG Tingjian,YANG Zhiquan,WANG Yanjin,YANG Zhuanyi,LIU Dingyang. Microvascular decompression for 22 cases of glossopharyngeal neuralgia[J]. Zhonghua Shi Yan Wai Ke Za Zhi[Chin J Exp Surg(Article in Chinese;No abstract available)],2015,32(10):2426. DOI:10.3760/cma.j.issn.1001-9030.2015.10.032.}

[24468] 马凯，李勇杰，胡永生，陶蔚. 三叉神经痛显微血管减压术中岩静脉处理策略的研究 [J]. 中华神经外科杂志，2015，31(1)：44-47. DOI：10.3760/cma.j.issn.1001-2346.2015.01.013. {MA Kai,LI Yongjie,HU Yongsheng,TAO Wei. The management of superior petrosal vein in microvascualr decompression for trigeminal neuralgia[J]. Zhonghua Shen Jing Wai Ke Za Zhi[Chin J Neurosurg(Article in Chinese;Abstract in Chinese and English)],2015,31(1):44-47. DOI:10.3760/cma.j.issn.1001-2346.2015.01.013.}

[24469] 中华医学会神经外科学分会功能神经外科学组，中国医师协会神经外科医师分会功能神经外科专家委员会，北京医学会神经外科学分会，中国显微血管减压术治疗颅神经疾患协作组. 中国显微血管减压术治疗三叉神经痛和舌咽神经痛专家共识（2015）[J]. 中华神经外科杂志，2015，31（3）：217-220. DOI：10.3760/cma.j.issn.1001-2346.2015.03.001. { Functional neurosurgery group of Neurosurgery Branch of Chinese Medical Association,expert committee of Functional Neurosurgery Branch of neurosurgeon branch of Chinese Medical Association,Neurosurgery Branch of Beijing Medical Association,China microvascular decompression cooperation group for the treatment of cranial nerve diseases. Expert Consensus on Treatment of Trigeminal Neuralgia and Glossopharyngeal Neuralgia by Microvascular Decompression in China (2015)[J]. Zhonghua Shen Jing Wai Ke Za Zhi[Chin J Neurosurg(Article in Chinese;No abstract available)],2015,31(3):217-220. DOI:10.3760/cma.j.issn.1001-2346.2015.03.001.}

[24470] 姜成荣，倪红斌，戴宇翔，徐武，梁维邦. 青年面肌痉挛患者的临床特征及显微血管减压术疗效分析 [J]. 中华神经外科杂志，2015，31（3）：259-263. DOI：10.3760/cma.j.issn.1001-2346.2015.03.013. {JIANG Chengrong,NI Hongbin,DAI Yuxiang,XU Wu,LIANG Weibang. Clinical characteristics and efficacy of microvascular decompression for young onset hemifacial spasm patients[J]. Zhonghua Shen Jing Wai Ke Za Zhi[Chin J Neurosurg(Article in Chinese;Abstract in Chinese and English)],2015,31(3):259-263. DOI:10.3760/cma.j.issn.1001-2346.2015.03.013.}

[24471] 尹港峰，王希瑞，胡长伟，任宝文，韩晓勇，张文高，刘运超，白庆岭，李亚斌. 显微血管减压术治疗面肌痉挛的临床疗效分析 [J]. 中华神经外科杂志，2015，31（10）：1034-1036. DOI：10.3760/cma.j.issn.1001-2346.2015.10.018. {YIN Gangfeng,WANG Xirui,HU Changwei,REN Baowen,HAN Xiaoyong,ZHANG Wengao,LIU Yunchao,BAI Qingling,LI Yabin. Microvascular decompression for hemifacial spasm and analysis of prognosis[J]. Zhonghua Shen Jing Wai Ke Za Zhi[Chin J Neurosurg(Article in Chinese;Abstract in Chinese and English)],2015,31(10):1034-1036. DOI:10.3760/cma.j.issn.1001-2346.2015.10.018.}

[24472] 贺晓生，李娜，梁景文，王彦景，曹卫东，屈延，高大宽，姬西团，蒋晓帆. 神经电生理监测在三叉神经微血管减压术中的警示作用 [J]. 中华医学杂志，2015，95（21）：1651-1654. DOI：10.3760/cma.j.issn.0376-2491.2015.21.008. {HE Xiaosheng,LI Na,LIANG Jingwen,WANG Yangang,CAO Weidong,QU Yan,GAO Dakuan,JI Xituan,JIANG Xiaofan. Alarming effect of intraoperative neuroelectrophysiological monitoring in microvascular decompression for primary trigeminal neuralgia[J]. Zhonghua Yi Xue Za Zhi[Natl Med J China(Article in Chinese;Abstract in Chinese and English)],2015,95(21):1651-1654. DOI:10.3760/cma.j.issn.0376-2491.2015.21.008.}

[24473] 苏忠周，周跃，沈健，闫仁福，马旭东，颜艾，王威，徐杰，邱晟. 微骨孔枕下乙状窦后入路显微血管减压术治疗 45 例三叉神经痛 [J]. 中华显微外科杂志，2016，39（5）：481-483. DOI：10.3760/cma.j.issn.1001-2036.2016.05.017. {SU Zhongzhou,ZHOU Yue,SHEN Jian,YAN Renfu,MA Xudong,YAN Ai,WANG Wei,XU Jie,QIU Sheng. 45 cases of trigeminal neuralgia treated by microvascular decompression via suboccipital retrosigmoid approach with microbial foramen[J]. Zhonghua Xian Wei Wai Ke Za Zhi[Chin J Microsurg(Article in Chinese;Abstract in Chinese)],2016,39(5):481-483. DOI:10.3760/cma.j.issn.1001-2036.2016.05.017.}

[24474] 黄凯敏，张勇，张阳，林劲芝，胡燕霞. 肉毒素对面神经显微血管减压术中电生理监测侧方扩散的影响 [J]. 中华神经外科杂志，2016，32（3）：256-260. DOI：10.3760/cma.j.issn.1001-2346.2016.03.008. {HUANG Kaimin,ZHANG Yong,ZHANG Yang,LIN Jinzhi,HU Yanxia. Effects of botulinum toxin on electrophysiological monitoring the lateral spread response in the facial nerve microvascular decompression surgery[J]. Zhonghua Shen Jing Wai Ke Za Zhi[Chin J Neurosurg(Article in Chinese;Abstract in Chinese and English)],2016,32(3):256-260. DOI:10.3760/cma.j.issn.1001-2346.2016.03.008.}

[24475] 甄雪克，张黎，于炎冰. 面肌痉挛显微血管减压术后听力障碍的预后及影响因素分析 [J]. 中华神经外科杂志，2016，32(8)：806-809. DOI：10.3760/cma.j.issn.1001-2346.2016.08.011. { ZHEN Xueke,ZHANG Li,YU Yanbing. Analysis of prognosis and influencing factors for hearing impairment after microvascular decompression for hemifacial spasm[J]. Zhonghua Shen Jing Wai Ke Za Zhi[Chin J Neurosurg(Article in Chinese;Abstract in Chinese and English)],2016,32(8):806-809. DOI:10.3760/cma.j.issn.1001-2346.2016.08.011.}

[24476] 苏忠周，沈健，周跃，闫仁福，徐杰，邱晟，陈钟樑. 磁共振仿真内镜技术在三叉神经痛显微血管减压术中的应用 [J]. 中华神经外科杂志，2016，32（10）：1003-1006. DOI：10.3760/cma.j.issn.1001-2346.2016.10.008. {SU Zhongzhou,SHEN Jian,ZHOU Yue,YAN Renfu,XU Jie,QIU Sheng,CHEN Zhongliang. Application of magnetic resonance virtual endoscopy in microvascular decompression of trigeminal neuralgia[J]. Zhonghua Shen Jing Wai Ke Za Zhi[Chin J Neurosurg(Article in Chinese;Abstract in Chinese and English)],2016,32(10):1003-1006. DOI:10.3760/cma.j.issn.1001-2346.2016.10.008.}

[24477] 中华医学会神经外科学分会功能神经外科学组，中国医师协会神经外科医师分会功能神经外科专家委员会，北京医学会神经外科学分会，中国显微血管减压术治疗脑神经疾患协作组. 中国显微血管减压术治疗脑神经疾患术中减压植入物专家共识（2016）[J]. 中华神经外科杂志，2016，32（10）：976-977. DOI：10.3760/cma.j.issn.1001-2346.2016.10.002. { Functional neurosurgery group of Neurosurgery Branch of Chinese Medical Association,expert committee of functional neurosurgery of neurosurgeon branch of Chinese Medical Association,Neurosurgery Branch of Beijing Medical Association,and China microvascular decompression cooperation group for the treatment of cerebral nerve diseases. Chinese Expert Consensus On Intraoperative Decompression Implants For Treatment Of Cranial Nerve Diseases By Microvascular Decompression (2016)[J]. Zhonghua Shen Jing Wai Ke Za Zhi[Chin J Neurosurg(Article in Chinese;No abstract available)],2016,32(10):976-977. DOI:10.3760/cma.j.issn.1001-2346.2016.10.002.}

[24478] 甄雪克，张黎，于炎冰. 显微血管减压术治疗贝尔麻痹后面肌痉挛的临床研究 [J]. 中华神经外科杂志，2016，32（10）：989-991. DOI：10.3760/cma.j.issn.1001-2346.2016.10.005. {ZHEN Xueke,ZHANG Li,YU Yanbing. Microvascular decompression for hemifacial spasm after Bell's palsy:a clinical study[J]. Zhonghua Shen Jing Wai Ke Za Zhi[Chin J Neurosurg(Article in Chinese;Abstract in Chinese and English)],2016,32(10):989-991. DOI:10.3760/cma.j.issn.1001-2346.2016.10.005.}

[24479] 甄雪克，于炎冰. 面肌痉挛显微血管减压术后听力障碍的临床研究进展 [J]. 中华神经外科杂志，2016，32（12）：1294-1296. DOI：10.3760/cma.j.issn.1001-2346.2016.12.024. {ZHEN Xueke,YU Yanbing. Clinical research progress of hearing impairment after microvascular decompression for hemifacial spasm[J]. Zhonghua Shen Jing Wai Ke Za Zhi[Chin J Neurosurg(Article in Chinese;No abstract available)],2016,32(12):1294-1296. DOI:10.3760/cma.j.issn.1001-2346.2016.12.024.}

[24480] 刘海云，高进喜，陈渊，罗明枝，王守森. 神经电生理监测异常肌肉反应在面神经微血管减压术中的应用 [J]. 中国微创外科杂志，2016，16（6）：532-534. DOI：10.3969/j.issn.1009-6604.2016.06.015. {LIU Haiyun,GAO Jinxi,CHEN Yuan,LUO Mingzhi,WANG Shousen. Intraoperative neural electrophysiological monitoring of abnormal muscle responses during microvascular decompression surgery for hemifacial spasm[J]. Zhongguo Wei Chuang Wai Ke Za Zhi[Chin J Minim Inva Surg(Article in Chinese;Abstract in Chinese and English)],2016,16(6):532-534. DOI:10.3969/j.issn.1009-6604.2016.06.015.}

[24481] 邓大丽，牛朝诗，刘会林，喻廉，李冬雪，丁宛海，姜晓峰. 异常肌肉反应与面神经运动诱发电位监测在面肌痉挛微血管减压术中的应用价值 [J]. 中华解剖与临床杂志，2016，21（1）：42-45. DOI：10.3760/cma.j.issn.2095-7041.2016.01.009. {DENG Dali,NIU Chaoshi,LIU Huilin,YU Lian,LI Dongxue,DING Wanhai,JIANG Xiaofeng. The value of abnormal muscle reaction and facial-motor evoked potentials in the microvascular ;decompression for hemifacial spasm[J]. Zhonghua Jie Pou Yu Lin Chuang Za Zhi[Chin J Anat Clin(Article in Chinese;Abstract in Chinese and English)],2016,21(1):42-45. DOI:10.3760/cma.j.issn.2095-7041.2016.01.009.}

[24482] 中华医学会神经外科学分会功能神经外科学组，中国医师协会神经外科医师分会功能神经外科专家委员会. 显微血管减压术围手术期电生理评估中国专家共识 [J]. 中华外科杂志，2017，55（10）：725-733. DOI：10.3760/cma.j.issn.0529-5815.2017.10.002. { Functional neurosurgery group of Neurosurgery Branch of Chinese Medical Association,expert committee of functional neurosurgery of neurosurgeon branch of Chinese Medical Association. A Chinese experts consensus of neurophysiological evaluating for microvascular decompression[J]. Zhonghua Wai Ke Za Zhi[Chin J Surg(Article in Chinese;Abstract in Chinese and English)],2017,55(10):725-733. DOI:10.3760/cma.j.issn.0529-5815.2017.10.002.}

[24483] 赵有让，于炎冰，张黎，袁越，张思迅，李锐，张保建，郝杨，敖日格勒. 显微血管减压术后的死亡原因及危险因素分析 [J]. 中华神经外科杂志，2017，33（2）：154-159. DOI：10.3760/cma.j.issn.1001-2346.2017.02.011. { ZHAO Yourang,YU Yanbing,ZHANG Li,YUAN Yue,ZHANG Sixun,LI Rui,ZHANG Baojian,HAO Yang,Aori Gele. Causes and risk factors of postoperative mortality after microvascular decompression[J]. Zhonghua Shen Jing Wai Ke Za Zhi[Chin J Neurosurg(Article in Chinese;Abstract in Chinese and English)],2017,33(2):154-159. DOI:10.3760/cma.j.issn.1001-2346.2017.02.011.}

[24484] 姜成荣，王晶，徐武，戴宇翔，陆天宇，梁维邦. 面肌痉挛显微血管减压术中异常肌反应提前消失的研究 [J]. 中华神经外科杂志，2017，33（4）：372-376. DOI：10.3760/cma.j.issn.1001-2346.2017.04.014. {JIANG Chengrong,WANG Jing,XU Wu,DAI Yuxiang,LU Tianyu,LIANG Weibang. Clinical study of early disappearance of abnormal muscle response during microvascular decompression for hemifacial spasm[J]. Zhonghua Shen Jing Wai Ke Za Zhi[Chin J Neurosurg(Article in Chinese;Abstract in Chinese and English)],2017,33(4):372-376. DOI:10.3760/cma.j.issn.1001-2346.2017.04.014.}

[24485] 林贵湖，张黎，于炎冰. 显微血管减压术治疗青少年脑神经疾患 [J]. 中华神经外科杂志，2017，33（9）：878-882. DOI：10.3760/cma.j.issn.1001-2346.2017.09.003. {LIN Guihu,ZHANG Li,YU Yanbing. Microvascular decompression for adolescent-onset cranial neuropathies[J]. Zhonghua Shen Jing Wai Ke Za Zhi[Chin J Neurosurg(Article in Chinese;No abstract available)],2017,33(9):878-882. DOI:10.3760/cma.j.issn.1001-2346.2017.09.003.}

[24486] 孙洪涛，赵万勇，刁云锋，王延民，魏正军，王航，任吉滨，牛学刚，张赛. 显微血管减压术治疗 1576 例脑神经疾患的疗效分析 [J]. 中华神经外科杂志，2017，33（9）：883-886. DOI：10.3760/cma.j.issn.1001-2346.2017.09.004. {SUN Hongtao,ZHAO Wanyong,DIAO Yunfeng,WANG Yanmin,WEI Zhengjun,WANG Hang,REN Jibin,NIU Xuegang,ZHANG Sai. Therapeutic effect of microvascular decompression on cranial nerve disorders:a report of 1 576 cases[J]. Zhonghua Shen Jing Wai Ke Za Zhi[Chin J Neurosurg(Article in Chinese;Abstract in Chinese and English)],2017,33(9):883-886. DOI:10.3760/cma.j.issn.1001-2346.2017.09.004.}

[24487] 郝杨，于炎冰，王琦，赵有让，张保建，敖日格勒，张黎. 显微血管减压术治疗面肌痉挛 [J]. 中华神经外科杂志，2017，33（9）：887-891. DOI：10.3760/cma.j.issn.1001-2346.2017.09.005. {HAO Yang,YU Yanbing,WANG Qi,ZHAO Yourang,ZHANG Baojian,Aori Gele,ZHANG Li. Microvascular decompression for treatment of hemifacial spasm[J]. Zhonghua Shen Jing Wai Ke Za Zhi[Chin J Neurosurg(Article in Chinese;Abstract in Chinese and English)],2017,33(9):887-891. DOI:10.3760/cma.j.issn.1001-2346.2017.09.005.}

[24488] 张瑜廉，张黎，贾戈，赵有让，张保建，许骏，任鸿翔，刘江，于炎冰. 显微血管减压术治疗家族性脑神经疾患的临床研究 [J]. 中华神经外科杂志，2017，33（9）：897-901. DOI：10.3760/cma.j.issn.1001-2346.2017.09.007. {ZHANG Yulian,ZHANG Li,JIA Ge,ZHAO Yourang,ZHANG Baojian,XU Jun,REN Hongxiang,LIU Jiang,YU Yanbing. Clinical study of microvascular decompression for treatment of familial cranial neuropathy[J]. Zhonghua Shen Jing Wai Ke Za Zhi[Chin J Neurosurg(Article in Chinese;Abstract in Chinese and

English)],2017,33(9):897-901. DOI:10.3760/cma.j.issn.1001-2346.2017.09.007.}

[24489] **王昊，俞文华，应翔，王鼎，朱强，杜权. 经小脑岩裂及静脉间隙入路在三叉神经痛显微血管减压术中的应用 [J]. 中华神经外科杂志，2017，33（9）：902-906. DOI：10.3760/cma.j.issn.1001-2346.2017.09.008.** {WANG Hao,YU Wenhua,YING Xiang,WANG Ding,ZHU Qiang,DU Quan. Trans-cerebellar-fissure approach and via-venous corridor in microvascular decompression for trigeminal neuralgia[J]. Zhonghua Shen Jing Wai Ke Za Zhi[Chin J Neurosurg(Article in Chinese;Abstract in Chinese and English)],2017,33(9):902-906. DOI:10.3760/cma.j.issn.1001-2346.2017.09.008.}

[24490] **林军，许峰，袁冠前，王俊和，杨兴旺，孙霄，王宇，徐梦婷，谭俊，吴东阳，季文伟，陶英群. 异常肌反应刺激阈值变化在面肌痉挛显微血管减压术中的意义 [J]. 中华神经外科杂志，2017，33（9）：907-910. DOI：10.3760/cma.j.issn.1001-2346.2017.09.009.** {LIN Jun,XU Feng,YUAN Guanqian,WANG Junhe,YANG Xingwang,SUN Xiao,WANG Yu,XU Mengting,TAN Jun,WU Dongyang,JI Wenwei,TAO Yingqun. Significance of threshold change of abnormal muscle response in microvascular decompression for hemifacial spasm[J]. Zhonghua Shen Jing Wai Ke Za Zhi[Chin J Neurosurg(Article in Chinese;Abstract in Chinese and English)],2017,33(9):907-910. DOI:10.3760/cma.j.issn.1001-2346.2017.09.009.}

[24491] **彭里磊，陈义天，明扬，付洁，张苓，酉建，周杰，陈礼刚. 显微血管减压术关颅方法的改良及效果分析 [J]. 中华神经外科杂志，2017，33（9）：916-919. DOI：10.3760/cma.j.issn.1001-2346.2017.09.011.** {PENG Lilei,CHEN Yitian,MING Yang,FU Jie,ZHANG Ling,YOU Jian,ZHOU Jie,CHEN Ligang. Effect of modified method of skull closing in microvascular decompression[J]. Zhonghua Shen Jing Wai Ke Za Zhi[Chin J Neurosurg(Article in Chinese;Abstract in Chinese and English)],2017,33(9):916-919. DOI:10.3760/cma.j.issn.1001-2346.2017.09.011.}

[24492] **宗强，刘贻哲，张凯，李红星，韩光良，王明鑫，张黎. 显微血管减压术治疗难治性高血压一例并文献复习 [J]. 中华神经外科杂志，2017，33（9）：959-960. DOI：10.3760/cma.j.issn.1001-2346.2017.09.021.** {ZONG Qiang,LIU Yizhe,ZHANG Kai,LI Hongxing,HAN Guangliang,WANG Mingxin,ZHANG Li. Microvascular Decompression for Refractory Hypertension:a case report and Literature Review[J]. Zhonghua Shen Jing Wai Ke Za Zhi[Chin J Neurosurg(Article in Chinese;No abstract available)],2017,33(9):959-960. DOI:10.3760/cma.j.issn.1001-2346.2017.09.021.}

[24493] **林晓宁，张峰林，田新华，李泉清，魏峰，黄延林，杨芳裕，孙瑾，黄志纯. 神经内镜下显微血管减压术治疗三叉神经痛和面肌痉挛 [J]. 中华神经外科杂志，2017，33（10）：996-999. DOI：10.3760/cma.j.issn.1001-2346.2017.10.006.** {LIN Xiaoning,ZHANG Fenglin,TIAN Xinhua,LI Quanqing,WEI Feng,HUANG Yanlin,YANG Fangyu,SUN Jin,HUANG Zhichun. Fully neuroendoscopic microvascular decompression for the treatment of trigeminal neuralgia and hemifacial spasm[J]. Zhonghua Shen Jing Wai Ke Za Zhi[Chin J Neurosurg(Article in Chinese;Abstract in Chinese and English)],2017,33(10):996-999. DOI:10.3760/cma.j.issn.1001-2346.2017.10.006.}

[24494] **向晖，冷景兴，刘如恩. 显微血管减压治疗椎基底动脉相关性三叉神经痛 [J]. 中国微创外科杂志，2017，17（10）：930-932. DOI：10.3969/j.issn.1009-6604.2017.10.019.** {XIANG Hui,LENG Jingxing,LIU Rudong. Microvascular decompression treatment of vertebrobasilar related trigeminal neuralgia[J]. Zhongguo Wei Chuang Wai Ke Za Zhi[Chin J Minim Inva Surg(Article in Chinese;Abstract in Chinese and English)],2017,17(10):930-932. DOI:10.3969/j.issn.1009-6604.2017.10.019.}

[24495] **杨玉明，王作伟，崔壮，姜宏志，沙成，袁庆国，谢红雯，王大明. 三叉神经微血管减压术岩静脉特点及处理方法探讨 [J]. 中华医学杂志，2017，97（7）：522-524. DOI：10.3760/cma.j.issn.0376-2491.2017.07.010.** {YANG Yuming,WANG Zuowei,CUI Zhuang,JIANG Hongzhi,SHA Cheng,YUAN Qingguo,XIE Hongwen,WANG Daming. Anatomy and management of superior petrosal vein in microvascular decompression for trigeminal neuralgia[J]. Zhonghua Yi Xue Za Zhi[Natl Med J China(Article in Chinese;Abstract in Chinese and English)],2017,97(7):522-524. DOI:10.3760/cma.j.issn.0376-2491.2017.07.010.}

[24496] **邢亚洲，王新军，梁庆华. 降低面神经微血管减压术后听力丧失发生率的相关性分析 [J]. 中华医学杂志，2017，97（31）：2451-2453. DOI：10.3760/cma.j.issn.0376-2491.2017.31.014.** {XING Yazhou,WANG Xinjun,LIANG Qinghua. The study of hearing loss after microvascular decompression for hemifacial spasm[J]. Zhonghua Yi Xue Za Zhi[Natl Med J China(Article in Chinese;Abstract in Chinese and English)],2017,97(31):2451-2453. DOI:10.3760/cma.j.issn.0376-2491.2017.31.014.}

[24497] **张聪，王丰，林元相，余良宏，康德智，魏书山. 面肌痉挛微血管减压术后短期缓解作为长期疗效预测因素的探讨 [J]. 中华医学杂志，2017，97（39）：3085-3088. DOI：10.3760/cma.j.issn.0376-2491.2017.39.009.** {ZHANG Cong,WANG Feng,LIN Yuanxiang,YU Lianghong,KANG Dezhi,WEI Shushan. Investigation of short-term resolution as a predictor of long-term cure of microvascular decompression in hemifacial spasm[J]. Zhonghua Yi Xue Za Zhi[Natl Med J China(Article in Chinese;Abstract in Chinese and English)],2017,97(39):3085-3088. DOI:10.3760/cma.j.issn.0376-2491.2017.39.009.}

[24498] **向晖，冷景兴，刘如恩. 完全神经内镜与显微镜下显微血管减压术治疗脑神经疾病的临床疗效的分析 [J]. 中华显微外科杂志，2018，41（2）：113-115. DOI：10.3760/cma.j.issn.1001-2036.2018.02.003.** {XIANG Hui,LENG Jingxing,LIU Rudong. Analysis of curative effect of microvascular decompression in treating cranial nerve diseases under endoscope and microscope[J]. Zhonghua Xian Wei Wai Ke Za Zhi[Chin J Microsurg(Article in Chinese;Abstract in Chinese and English)],2018,41(2):113-115. DOI:10.3760/cma.j.issn.1001-2036.2018.02.003.}

[24499] **王亚，岳树源. 面肌痉挛显微血管减压术后面瘫的恢复时限及其应对措施的研究进展 [J]. 中华神经外科杂志，2018，34（1）：98-100. DOI：10.3760/cma.j.issn.1001-2346.2018.01.023.** {WANG Ya,YUE Shuyuan. Research Progress on recovery time and Countermeasures of facial paralysis after microvascular decompression for hemifacial spasm[J]. Zhonghua Shen Jing Wai Ke Za Zhi[Chin J Neurosurg(Article in Chinese;Abstract in Chinese)],2018,34(1):98-100. DOI:10.3760/cma.j.issn.1001-2346.2018.01.023.}

[24500] **李宁，关锋，赵卫国，濮春华，杨文磊. 小脑牵拉程度与面肌痉挛显微血管减压术后听力障碍相关性的临床研究 [J]. 中华神经外科杂志，2018，34（6）：615-618. DOI：10.3760/cma.j.issn.1001-2346.2018.06.017.** {LI Ning,GUAN Feng,ZHAO Weiguo,PU Chunhua,YANG Wenlei. Correlation between cerebellar retraction and hearing loss following microvascular decompression for hemifacial spasm[J]. Zhonghua Shen Jing Wai Ke Za Zhi[Chin J Neurosurg(Article in Chinese;Abstract in Chinese and English)],2018,34(6):615-618. DOI:10.3760/cma.j.issn.1001-2346.2018.06.017.}

[24501] **彭里磊，明扬，陈义天，付洁，张苓，陆笑非，酉建，周杰，陈礼刚. 显微血管减压术对脑神经疾患合并高血压的降压疗效分析 [J]. 中华神经外科杂志，2018，34（9）：931-936. DOI：10.3760/cma.j.issn.1001-2346.2018.09.014.** {PENG Lilei,MING Yang,CHEN Yitian,FU Jie,ZHANG Ling,LU Xiaofei,YOU Jian,ZHOU Jie,CHEN Ligang. Effect of microvascular decompression on blood pressure in the treatment of hypertensive patients with cerebral nerve disorders[J]. Zhonghua Shen Jing Wai Ke Za Zhi[Chin J Neurosurg(Article in Chinese;Abstract in Chinese and English)],2018,34(9):931-936. DOI:10.3760/cma.j.issn.1001-2346.2018.09.014.}

[24502] **许骏，杨燕，郭静，杨添淞，石天宇，屈媛媛，李超然，王德龙，王月，田洪昭，王玉琳. 针刺联合药物治疗三叉神经痛显微血管减压术后面部麻木的疗效评价 [J]. 神经损伤与功能重建，2018，13（12）：616-617，632. DOI：10.16780/j.cnki.sjssgncj.2018.12.007.** {XU Jun,YANG Yan,GUO Jing,YANG Tiansong,SHI Tianyu,QU Yuanyuan,LI Chaoran,WANG Delong,WANG Yue,TIAN Hongzhao,WANG Yulin. Effect of acupuncture combined with drug therapy in treating facial numbness in patients after microvascular decompression for trigeminal neuralgia[J]. Shen Jing Sun Shang Yu Gong Neng Chong Jian[Neural Injury Funct Reconstr(Article in Chinese;Abstract in Chinese and English)],2018,13(12):616-617,632. DOI:10.16780/j.cnki.sjssgncj.2018.12.007.}

[24503] **刘宇，庞长河，白亚辉，郝海涛，周辉. 面神经与听神经之间走行的责任血管所致面肌痉挛显微血管减压术的疗效分析 [J]. 中华显微外科杂志，2019，42（1）：69-71. DOI：10.3760/cma.j.issn.1001-2036.2019.01.020.** {LIU Yu,PANG Changhe,BAI Yahui,HAO Haitao,ZHOU Hui. Analysis of curative effect of microvascular decompression for hemifacial spasm caused by responsible blood vessels running between facial nerve and auditory nerve[J]. Zhonghua Xian Wei Wai Ke Za Zhi[Chin J Microsurg(Article in Chinese;Abstract in Chinese)],2019,42(1):69-71. DOI:10.3760/cma.j.issn.1001-2036.2019.01.020.}

[24504] **李宗豪，张洁，陈永汉，王毅，贾林伟，田耀辉. 显微血管减压术治疗舌咽神经痛有效性和安全性的 Meta 分析 [J]. 中华神经外科杂志，2019，35（2）：197-203. DOI：10.3760/cma.j.issn.1001-2346.2019.02.021.** {LI Zonghao,ZHANG Jie,CHEN Yonghan,WANG Yi,JIA Linwei,TIAN Yaohui. Efficacy and safety of microvascular decompression for glossopharyngeal neuralgia:a meta-analysis study[J]. Zhonghua Shen Jing Wai Ke Za Zhi[Chin J Neurosurg(Article in Chinese;Abstract in Chinese and English)],2019,35(2):197-203. DOI:10.3760/cma.j.issn.1001-2346.2019.02.021.}

[24505] **徐晓利，赵有让，袁越，刘红举，许骏，杨文强，张黎，于炎冰. 显微血管减压术后幕上硬膜下血肿的临床特点和预后 [J]. 中华神经外科杂志，2019，35（3）：269-272. DOI：10.3760/cma.j.issn.1001-2346.2019.03.008.** {XU Xiaoli,ZHAO Yourang,YUAN Yue,LIU Hongju,XU Jun,YANG Wenqiang,ZHANG Li,YU Yanbing. Clinical characteristics and outcomes of supratentorial subdural hematoma following microvascular decompression[J]. Zhonghua Shen Jing Wai Ke Za Zhi[Chin J Neurosurg(Article in Chinese;Abstract in Chinese and English)],2019,35(3):269-272. DOI:10.3760/cma.j.issn.1001-2346.2019.03.008.}

[24506] **孔晨晨，于炎冰，张黎. 显微血管减压术治疗面肌痉挛术后面瘫的研究进展 [J]. 中华神经外科杂志，2019，35(4)：419-421. DOI：10.3760/cma.j.issn.1001-2346.2019.04.023.** {KONG Chenchen,YU Yanbing,ZHANG Li. Research progress of microvascular decompression for facial paralysis after hemifacial spasm[J]. Zhonghua Shen Jing Wai Ke Za Zhi[Chin J Neurosurg(Article in Chinese;Abstract in Chinese)],2019,35(4):419-421. DOI:10.3760/cma.j.issn.1001-2346.2019.04.023.}

[24507] **陈泽，张黎，于炎冰. 面肌痉挛显微血管减压术后延迟治愈的研究进展 [J]. 中华神经外科杂志，2019，35（4）：422-424. DOI：10.3760/cma.j.issn.1001-2346.2019.04.024.** {CHEN Ze,ZHANG Li,YU Yanbing. Research progress of delayed cure after microvascular decompression for hemifacial spasm[J]. Zhonghua Shen Jing Wai Ke Za Zhi[Chin J Neurosurg(Article in Chinese;Abstract in Chinese)],2019,35(4):422-424. DOI:10.3760/cma.j.issn.1001-2346.2019.04.024.}

[24508] **焦迎斌，薄勇力，段峰，王俊红，马俊伟，林强，闫志勇，孟庆海. 三叉神经显微血管减压术前多模态图像融合三维重建的神经血管关系与术中一致性研究 [J]. 中华神经外科杂志，2019，35(12)：1221-1225. DOI：10.3760/ema.j.issn.1001-2346.2019.12.007.** {JIAO Yingbin,BAO Yongli,DONG Feng,WANG Junhong,MA Junwei,LIN Qiang,YAN Zhiyong,MENG Qinghai. Consistency of neurovascular relationship between multimodal image fusion 3D reconstruction and intraoperative findings of microvascular decompression for primary trigeminal neuralgia[J]. Zhonghua Shen Jing Wai Ke Za Zhi[Chin J Neurosurg(Article in Chinese;Abstract in Chinese and English)],2019,35(12):1221-1225. DOI:10.3760/ema.j.issn.1001-2346.2019.12.007.}

[24509] **李计成，沈嘉威，戴如飞，嵇道飞，杨华. 改良锁孔入路在三叉神经痛微血管减压术中的应用 [J]. 局解手术学杂志，2019，28（12）：960-963. DOI：10.11659/jjssx.08E019177.** {LI Jicheng,SHEN Jiawei,DAI Rufei,Ji Daofei,YANG Hua. Application of modified keyhole approach in microvascular decompression of trigeminal neuralgia[J]. Ju Jie Shou Shu Xue Za Zhi[J Reg Anat Oper Surg(Article in Chinese;Abstract in Chinese and English)],2019,28(12):960-963. DOI:10.11659/jjssx.08E019177.}

[24510] **泮双军，胡小铭，侯勇，阮善平，汪杰，范莉莉，臧贻征. 微血管减压术治疗面肌痉挛的术前评估与手术及预后的关系研究 [J]. 中华医学杂志，2019，99（17）：1328-1331. DOI：10.3760/cma.j.issn.0376-2491.2019.17.011.** {PAN Shuangjun,HU Xiaoming,HOU Yong,RUAN Shanping,WANG Jie,FAN Lili,ZANG Yizheng. Study on the relationship between preoperative evaluation,operation and prognosis of microvascular decompression for the treatment of hemifacial spasm[J]. Zhonghua Yi Xue Za Zhi[Natl Med J China(Article in Chinese;Abstract in Chinese and English)],2019,99(17):1328-1331. DOI:10.3760/cma.j.issn.0376-2491.2019.17.011.}

[24511] **李海洋，邢亚洲，赖生龙，王琳，梁庆华. 微血管减压术治疗面肌痉挛合并同侧三叉神经痛的临床研究 [J]. 中华医学杂志，2019，99（23）：1805-1808. DOI：10.3760/cma.j.issn.0376-2491.2019.23.011.** {LI Haiyang,XING Yazhou,LAI Shenglong,WANG Lin,LIANG Qinghua. Clinical study of microvascular decompression in patients with coexistent hemifacial spasm and ipsilateral trigeminal neuralgia[J]. Zhonghua Yi Xue Za Zhi[Natl Med J China(Article in Chinese;Abstract in Chinese and English)],2019,99(23):1805-1808. DOI:10.3760/cma.j.issn.0376-2491.2019.23.011.}

[24512] **朱广通，胡志强，黄辉，戴缤，关峰，肖智勇，毛贝贝. 全程神经内镜技术在椎 - 基底动脉压迫型显微血管减压术中的应用 [J]. 中华医学杂志，2019，99（33）：2597-2601. DOI：10.3760/cma.j.issn.0376-2491.2019.33.008.** {ZHU Guangtong,HU Zhiqiang,HUANG Hui,DAI Bin,GUAN Feng,XIAO Zhiyong,MAO Beibei. Application of complete endoscopic technique in microvascular decompression related tovertebrobasilar artery compression[J]. Zhonghua Yi Xue Za Zhi[Natl Med J China(Article in Chinese;Abstract in Chinese and English)],2019,99(33):2597-2601. DOI:10.3760/cma.j.issn.0376-2491.2019.33.008.}

[24513] **张恺，刘定阳，杨转移，王延金，陈晓宇，蔡宇翔，刘涧，杨治权. 不同分支三叉神经痛患者显微血管减压术后的疗效分析（附 200 例报告）[J]. 中华神经外科杂志，2020，36（4）：357-360. DOI：10.3760/cma.j.cn112050-20191118-00488.** {ZHANG Kai,LIU Dingyang,YANG Zhuanyi,WANG Yanjin,CHEN Xiaoyu,CAI Yuxiang,LIU Jian,YANG Zhiquan. Outcome analysis of microvascular decompression in patients with trigeminal neuralgia involving different branches:a report of 200 cases[J]. Zhonghua Shen Jing Wai Ke Za Zhi[Chin J Neurosurg(Article in Chinese;Abstract in Chinese and English)],2020,36(4):357-360. DOI:10.3760/cma.j.cn112050-20191118-00488.}

[24514] **朱佳琳，张黎，于炎冰. 神经内镜在显微血管减压术中的应用进展 [J]. 中华神经外科杂志，2020，36（6）：645-648. DOI：10.3760/cma.j.cn112050-20190624-00275.** {ZHU Jialin,ZHANG Li,YU Yanbing. Application progress of neuroendoscope in microvascular decompression[J]. Zhonghua Shen Jing Wai Ke Za Zhi[Chin J Neurosurg(Article in Chinese;Abstract in Chinese and English)],2020,36(6):645-648. DOI:10.3760/cma.j.cn112050-20190624-00275.}

[24515] **罗志程，邓新源，梁菊香，李春梅. 3D-FIESTA 联合 3D-TOF 序列评估在三叉神经痛患者微血管减压术前的应用 [J]. 局解手术学杂志，2020，29（3）：227-230. DOI：10.11659/jjssx.12E019008.** {LUO Zhicheng,DENG Xinyuan,LIANG Juxiang,LI Chunmei. Application of 3D-FIESTA combined with 3D-TOF sequence evaluation in patients with trigeminal neuralgia before microvascular decompression[J]. Ju Jie Shou Shu Xue Za Zhi[J Reg Anat Oper Surg(Article in Chinese;Abstract in Chinese and English)],2020,29(3):227-230. DOI:10.11659/jjssx.12E019008.}

8.3 眼科
ophthalmology

[24516] Xie H,Chen J,Wang Z,Yang B,Gong X,Feng C,Chen L,Lin Y. Microsurgical treatment of Mooren's corneal ulcer[J]. Microsurgery,2003,23(1):27-31. doi:10.1002/micr.10091.

[24517] Luo Y,Lu Y,Lu G,Wang M. Primary posterior capsulorhexis with anterior vitrectomy in preventing posterior capsule opacification in pediatric cataract microsurgery[J]. Microsurgery,2008,28(2):113-116. doi:10.1002/micr.20460.

[24518] Xiahou L,Liu C,Zhou W,Yang S. Microsurgical scleral drainage and trabeculectomy-scleral flap adjustable suture combination technique in the treatment of primary glaucoma[J]. Pak J Med Sci,2020,36(2):234-239. doi:10.12669/pjms.36.2.1439.

[24519] 宁金龙，袁中华，高学宏. 应用显微外科技术进行眶睑重建一例 [J]. 中华眼科杂志，1989，25（3）：183-184. {NING Jinlong,YUAN Zhonghua,GAO Xuehong. A case of orbital eyelid reconstruction was performed by microsurgical technique[J]. Zhonghua Yan Ke Za Zhi[Chin J Ophthalmol(Article in Chinese;No abstract available)],1989,25(3):183-184.}

[24520] 李虹霓，黄梓材，黄奕霞，林静君，张君敏. 显微外科技术切除翼状胬肉的临床效果分析 [J]. 中华显微外科杂志，2005，28（1）：78-79. DOI：10.3760/cma.j.issn.1001-2036.2005.01.038. {LI Hongni,HUANG Zicai,HUANG Yixia,LIN Jingjun,ZHANG Junmin. Analysis of clinical effect of microsurgical excision of pterygium[J]. Zhonghua Xian Wei Wai Ke Za Zhi[Chin J Microsurg(Article in Chinese;Abstract in Chinese)],2005,28(1):78-79. DOI:10.3760/cma.j.issn.1001-2036.2005.01.038.}

[24521] 戚朝秀，李奇根，王涛，朱春兰，董丽洁. 显微外科技术在外路视网膜脱离手术中的应用 [J]. 中华显微外科杂志，2008，31（3）：236-238. DOI：10.3760/cma.j.issn.1001-2036.2008.03.030. {QI Chaoxiu,LI Qigen,WANG Tao,ZHU Chunlan,DONG Lijie. Application of microsurgical technique in external retinal detachment surgery[J]. Zhonghua Xian Wei Wai Ke Za Zhi[Chin J Microsurg(Article in Chinese;Abstract in Chinese)],2008,31(3):236-238. DOI:10.3760/cma.j.issn.1001-2036.2008.03.030.}

[24522] 冀哲，崔月娥. 显微外科技术二联法治疗复发性翼状胬肉的疗效观察 [J]. 中华显微外科杂志，2011，34（2）：166-167. DOI：10.3760/cma.j.issn.1001-2036.2011.02.037. {JI Zhe,CUI Yuee. Observation on the curative effect of microsurgical technique in the treatment of recurrent pterygium[J]. Zhonghua Xian Wei Wai Ke Za Zhi[Chin J Microsurg(Article in Chinese;Abstract in Chinese)],2011,34(2):166-167. DOI:10.3760/cma.j.issn.1001-2036.2011.02.037.}

8.4 耳鼻喉科
otolaryngology

[24523] 许立军，戴一华. 应用显微外科技术寻找泪小管断端和阻塞部位 [J]. 中华显微外科杂志，1995，18（1）：68-69. DOI：10.3760/cma.j.issn.1001-2036.1995.01.141. {XU Lijun,DAI Yihua. Microsurgical techniques were used to find the broken ends and obstructions of lacrimal canaliculi[J]. Zhonghua Xian Wei Wai Ke Za Zhi[Chin J Microsurg(Article in Chinese;No abstract available)],1995,18(1):68-69. DOI:10.3760/cma.j.issn.1001-2036.1995.01.141.}

[24524] 郑友才，汤立新，罗玲娅，马世雄. 应用显微外科技术治疗创伤性视神经病 [J]. 中华显微外科杂志，1995，18（1）：7-9，75. DOI：10.3760/cma.j.issn.1001-2036.1995.01.105. {ZHENG Youcai,TANG Lixin,LUO Lingya,MA Shixiong. Traumatic optic neuropathy treated with microsurgical technique[J]. Zhonghua Xian Wei Wai Ke Za Zhi[Chin J Microsurg(Article in Chinese;Abstract in Chinese and English)],1995,18(1):7-9,75. DOI:10.3760/cma.j.issn.1001-2036.1995.01.105.}

[24525] 李风池，李安富，段振泉，石济明，黄金林，孙强，杨力. 应用显微外科技术对颈段食管癌及术后并发狭窄和瘘的治疗 [J]. 中华显微外科杂志，1996，19（3）：213-214. {LI Fengchi,LI Anfu,DUAN Zhengquan,SHI Jiming,HUANG Jinlin,SUN Qiang,YANG Li. Microsurgical technique was used to treat cervical esophageal carcinoma and postoperative stenosis and fistula[J]. Zhonghua Xian Wei Wai Ke Za Zhi[Chin J Microsurg(Article in Chinese;No abstract available)],1996,19(3):213-214.}

[24526] 张小伯，杨大章，王娜亚，刘丹丹，程靖宁. 嗓音显微外科技术的临床应用 [J]. 中华耳鼻咽喉科杂志，2002，37（4）：296-299. DOI：10.3760/j.issn：1673-0860.2002.04.016. {ZHANG Xiaobo,YANG Dazhang,WANG Naya,LIU Dandan,CHENG Jingning. Phonomicrosurgical management of the disease of vocal fold[J]. Zhonghua Er Bi Yan Hou Ke Za Zhi[Chin J Otorhinolaryngol(Article in Chinese;Abstract in Chinese and English)],2002,37(4):296-299. DOI:10.3760/j.issn:1673-0860.2002.04.016.}

8.5 妇产科
obstetrics and gynecology

[24527] Xue P,Fa YY. Microsurgical reversal of female sterilization. Long-term follow-up of 117 cases[J]. J Reprod Med,1989,34(7):451-455.

[24528] 路志英，粟绍群，余乾萍，陈亚芬. 绝育术后显微外科输卵管复通 246 例分析 [J]. 中华妇产科杂志，1989，24（4）：203-205. {LU Zhiying,SU Shaoqun,YU Qianping,CHEN Yafen. Analysis of 246 cases of microsurgical fallopian tube reoperation after sterilization[J]. Zhonghua Fu Chan Ke Za Zhi[Chin J Obstet Gynecol(Article in Chinese;Abstract in Chinese)],1989,24(4):203-205.}

[24529] 张代时. 显微外科处理输卵管复通与不孕症 98 例分析 [J]. 中华妇产科杂志，1989，24（4）：245-246. {ZHANG Daishi. Microsurgical treatment of tubal recanalization and sterility:a report of 98 cases[J]. Zhonghua Fu Chan Ke Za Zhi[Chin J Obstet Gynecol(Article in Chinese;No abstract available)],1989,24(4):245-246.}

[24530] 汪彩仙. 显微外科技术在输卵管复通术中的应用 [J]. 中国修复重建外科杂志，1995，9（1）：63. {WANG Caixian. Application of microsurgical technique in fallopian tube reoperation[J]. Zhongguo Xiu Fu Chong Jian Wai Ke Za Zhi[Chin J Repar Reconstr Surg(Article in Chinese;No abstract available)],1995,9(1):63.}

[24531] 周灿荣. 显微外科技术输卵管吻合 23 例报告 [J]. 中华显微外科杂志，1996，19（2）：93. {ZHOU Canrong. Microsurgical technique of tubal ligation:a report of 23 cases[J]. Zhonghua Xian Wei Wai Ke Za Zhi[Chin J Microsurg(Article in Chinese;No abstract available)],1996,19(2):93.}

[24532] 尹春艳，张翠琼，吕小燕，周敬珍. 显微外科技术输卵管复通效果及其相关影响因素分析 [J]. 中华显微外科杂志，2003，26（2）：109-111. DOI：10.3760/cma.j.issn.1001-2036.2003.02.010. {YIN Chunyan,ZHANG Cuiqiong,LV Xiaoyan,ZHOU Jingzhen. An analysis of the effect of microsurgical salpingostomy and its relevant factors[J]. Zhonghua Xian Wei Wai Ke Za Zhi[Chin J Microsurg(Article in Chinese;Abstract in Chinese and English)],2003,26(2):109-111. DOI:10.3760/cma.j.issn.1001-2036.2003.02.010.}

[24533] 古健，李小毛，张睿，谌小卫，周水生. 显微外科技术在不孕症输卵管阻塞重建术中的应用 [J]. 中华显微外科杂志，2005，28（3）：285-286. DOI：10.3760/cma.j.issn.1001-2036.2005.03.046. {GU Jian,LI Xiaomao,ZHANG Rui,CHEN Xiaowei,ZHOU Shuisheng. Application of microsurgical technique in reconstruction of fallopian tube obstruction in infertility[J]. Zhonghua Xian Wei Wai Ke Za Zhi[Chin J Microsurg(Article in Chinese;Abstract in Chinese)],2005,28(3):285-286. DOI:10.3760/cma.j.issn.1001-2036.2005.03.046.}

8.6 泌尿外科：显微精索静脉分流术
urology:microsurgical varicocele shunt

[24534] Gong XY,Zheng W,Du H,Lei Y,Xue YH,Xue CH,An XC,Zheng G. Treatment of nutcracker syndrome with spermatic vein ligation and iliac vein anastomosis:case report of three cases[J]. Asian Pac J Trop Med,2012,5(11):923-924. doi:10.1016/S1995-7645(12)60174-6.

[24535] Pan F,Pan L,Zhang A,Liu Y,Zhang F,Dai Y. Comparison of two approaches in microsurgical varicocelectomy in Chinese infertile males[J]. Urol Int,2013,90(4):443-448. doi:10.1159/000345606.

[24536] Li H,Zhang M,Jiang Y,Zhang Z,Na W. Microsurgical spermatic-inferior epigastric vein anastomosis for treating nutcracker syndrome-associated varicocele in infertile men:a preliminary experience[J]. Urology,2014,83(1):94-99. doi:10.1016/j.urology.2013.08.050.

[24537] Zhang M,Du L,Liu Z,Qi H,Chu Q. The effects of varicocelectomy on testicular arterial blood flow:laparoscopic surgery versus microsurgery[J]. Urol J,2014,11(5):1900-1906.

[24538] Lv KL,Zhuang JT,Zhao L,Wan Z,Zhang YD,Gao Y,Sun XZ,Qiu SP,Deng CH,Tu XA. Varicocele anatomy during subinguinal microsurgical varicocelectomy in Chinese men[J]. Andrologia,2015,47(10):1190-1195. doi:10.1111/and.12402.

[24539] Zhang Y,Yang X,Wu X,Zhang H,Chen S,Gao X. Microsurgical varicocelectomy with transfixing of the difficult-to-isolate periarterial vein using microsutures[J]. Urology,2015,85(4):948-952. doi:10.1016/j.urology.2014.12.043.

[24540] Zhang H,Li H,Hou Y,Jin J,Gu X,Zhang M,Huo W,Li H. Microscopic retroperitoneal varicocelectomy with artery and lymphatic sparing:an alternative treatment for varicocele in infertile men[J]. Urology,2015,86(3):511-515. doi:10.1016/j.urology.2015.06.033.

[24541] Hou Y,Zhang Y,Zhang Y,Huo W,Li H. Comparison between microsurgical subinguinal varicocelectomy with and without testicular delivery for infertile men:is testicular delivery an unnecessary procedure[J]. Urol J,2015,12(4):2261-2266.

[24542] Zhang JW,Xu QQ,Kuang YL,Wang Y,Xu F,Tian YD. Predictors for spontaneous pregnancy after microsurgical subinguinal varicocelectomy:a prospective cohort study[J]. Int Urol Nephrol,2017,49(6):955-960. doi:10.1007/s11255-017-1564-4.

[24543] Wan X,Wang H,Ji Z. Microsurgical varicocelectomy for clinical varicocele:a review for potential new indications[J]. Andrologia,2017,49(10). doi:10.1111/and.12827.

[24544] Tian RH,Zhao LY,Chen HX,Yang C,Li P,Huang YH,Wan Z,Zhi EL,Yao CC,Li Z. Microsurgical subinguinal varicocelectomy with spermatic cord double traction and vein stripping[J]. Asian J Androl,2020,22(2):208-212. doi:10.4103/aja.aja_118_19.

[24545] Li YT,Yang Q,Yao JC,Lv Q,Liu SQ,Dou K. Microsurgical gonadal-inferior epigastric vein anastomosis to treat the nutcracker phenomenon with left gonadal vein varices with reflux[J]. Int Urol Nephrol,2020,52(9):1629-1635. doi:10.1007/s11255-020-02478-y.

[24546] Jin L,Yao Q,Wu S,Dai G,Xiang H,Liu X,Xue B. Evaluation of clinical effects of microsurgical subinguinal varicocelectomy with and without testicular delivery[J]. Andrologia,2020,52(6):e13605. doi:10.1111/and.13605.

[24547] 孟宪玉，钟世镇，刘万胜，孟石合，彭义森，沈怀亮，张兆武，王希文，张凤林，吴碧芝. 精索内静脉与腹壁下静脉吻合术治疗精索静脉曲张的应用解剖学 [J]. 临床应用解剖学杂志，1984，2（3）：132-134. DOI：10.13418/j.issn.1001-165x.1984.03.002. {MENG Xianyu,ZHONG Shizhen,LIU Wansheng,MENG Shihe,PENG Yisen,SHEN Huailiang,ZHANG Zhaowu,WANG Xiwen,ZHANG Fenglin,WU Bizhi. Applied anatomy of internal spermatic vein anastomosis with subabdominal vein in the treatment of varicocele[J]. Lin Chuang Ying Yong Jie Pou Xue Za Zhi[J Clin Appl Anat(Article in Chinese;Abstract in Chinese)],1984,2(3):132-134. DOI:10.13418/j.issn.1001-165x.1984.03.002.}

[24548] 王炳春，马久鸣，李光禄. 精索－腹壁下静脉转流治疗精索静脉曲张 [J]. 中华外科杂志，1984，22（12）：762-763. {WANG Bingchun,MA Jiuming,LI Guanglu. Treatment of varicocele by turning the spermatic cord to the subabdominal vein[J]. Zhonghua Wai Ke Za Zhi[Chin J Surg(Article in Chinese;No abstract available)],1984,22(12):762-763.}

[24549] 王炳春，马久鸣. 精索静脉－腹壁下静脉转流术治疗精索静脉曲张 [J]. 中华泌尿外科杂志，1984，5（3）：170-172. {WANG Binghcun,MA Jiuming. Spermatic vein-subabdominal vein diversion for varicocele[J]. Zhonghua Mi Niao Wai Ke Za Zhi[Chin J Urol(Article in Chinese;Abstract in Chinese)],1984,5(3):170-172.}

[24550] 王希文，张兆武，张凤林，吴碧芝，孟宪玉. 睾丸静脉与腹壁下静脉吻合术治疗精索静脉曲张的解剖学研究和临床应用 [J]. 临床应用解剖学杂志，1985，3（1）：39-40. DOI：10.13418/j.issn.1001-165x.1985.01.018. {WANG Xiwen,ZHANG Zhaowu,ZHANG Fenglin,WU Bizhi,MENG Xianyu. Anatomic study and clinical application of anastomosis of testicular vein and subabdominal vein in the treatment of varicocele[J]. Lin Chuang Ying Yong Jie Pou Xue Za Zhi[J Clin Appl Anat(Article in Chinese;Abstract in Chinese)],1985,3(1):39-40. DOI:10.13418/j.issn.1001-165x.1985.01.018.}

[24551] 孟宪玉，陈子华. 睾丸静脉与大隐静脉属支吻合术治疗精索静脉曲张的应用解剖学 [J]. 临床应用解剖学杂志，1985，3（3）：156-158. DOI：10.13418/j.issn.1001-165x.1985.03.015. {MNEG Xianyu,CHEN Zihua. Applied anatomy of the spermatic vein in the treatment of varicocele by anastomosis between the testicular vein and the great saphenous vein[J]. Lin Chuang Ying Yong Jie Pou Xue Za Zhi[J Clin Appl Anat(Article in Chinese;Abstract in Chinese)],1985,3(3):156-158. DOI:10.13418/j.issn.1001-165x.1985.03.015.}

[24552] 黄显华，李国宝，谢育明. 精索内静脉与腹壁下静脉吻合治疗精索静脉曲张症十例报告 [J]. 上海医学，1985，8（9）：500. {HUANG Xianhua,LI Guobao,XIE Yuming. Varicocele treated by anastomosis of internal spermatic vein and inferior epigastric vein:a report of ten cases[J]. Shanghai

Yi Xue[Shanghai Med J(Article in Chinese;No abstract available)],1985,8(9):500.}

[24553] 唐涌志，孟荟，张仁国，魏鸿蔼，吴腾斐，余安迪. 精索内－髂外静脉转流术的临床应用[J]. 中华外科杂志，1986，24(7)：412. {TANG Yongzhi,MENG Hui,ZHANG Renguo,WEI Hongai,WU Tengfei,YU Andi. Clinical application of intra-spermatic-external iliac venous diversion[J]. Zhonghua Wai Ke Za Zhi[Chin J Surg(Article in Chinese;No abstract available)],1986,24(7):412.}

[24554] 张天申，王全兵，王东文，胡孝菽，韩见知. 精索内静脉结扎加腹壁下静脉转流治疗精索静脉曲张[J]. 中华泌尿外科杂志，1986，7(3)：175-176. {ZHANG Tianshen,WANG Quanbing,WANG Dongwen,HU Xiaoshu,HAN Jianzhi. Treatment of varicocele by ligation of internal spermatic vein and subabdominal venous diversion[J]. Zhonghua Mi Niao Wai Ke Za Zhi[Chin J Urol(Article in Chinese;Abstract in Chinese)],1986,7(3):175-176.}

[24555] 王炳春，李松山，赖启新. 复发或持续性精索静脉曲张的机制研究[J]. 中华泌尿外科杂志，1986，7(5)：304-305. {WANG Binghcun,LI Songshan,LAI Qixin. Study on the mechanism of recurrent or persistent varicocele[J]. Zhonghua Mi Niao Wai Ke Za Zhi[Chin J Urol(Article in Chinese;Abstract in Chinese)],1986,7(5):304-305.}

[24556] 赵伟鹏，宋建达，刘俊，李晓圃，沈家立，陈炳龙，奚金成，王哲才，钱善良，严建钢. 精索静脉腹壁下静脉吻合术治疗精索静脉曲张[J]. 中华显微外科杂志，1986，9(4)：246. DOI：10.3760/cma.j.issn.1001-2036.1986.04.133. {ZHAO Weipeng,SONG Jianda,LIU Jun,LI Xiaopu,SHEN Jiali,CHEN Binglong,XI Jincheng,WANG Zhecai,QIAN Shanliang,YAN Jiangang. Anastomosis of spermatic vein and inferior epigastric vein in treating varicocele[J]. Zhonghua Xian Wei Wai Ke Za Zhi[Chin J Microsurg,(Article in Chinese;Abstract in Chinese)],1986,9(4):245. DOI:10.3760/cma.j.issn.1001-2036.1986.04.133.}

[24557] 王炳春，李松山，赖启新. 精索静脉高位结扎术后睾丸血液回流的研究[J]. 中华外科杂志，1987，25(7)：433-434. {WANG Bingchun,LI Songshan,LAI Qixin. Study on testicular blood reflux after high ligation of spermatic vein[J]. Zhonghua Wai Ke Za Zhi[Chin J Surg(Article in Chinese;Abstract in Chinese)],1987,25(7):433-434.}

[24558] 张天申，王全兵，王东文，潘传虎，郑士伟. 精索内静脉截断加分流治疗精索静脉曲张[J]. 中华外科杂志，1987，25(12)：721. {ZHANG Tianshen,WANG Quanbing,WANG Dongwen,PAN Chuanhu,ZHENG Shiwei. Treatment of varicocele by internal spermatic vein interception and shunt[J]. Zhonghua Wai Ke Za Zhi[Chin J Surg(Article in Chinese;Abstract in Chinese)],1987,25(12):721.}

[24559] 邹永康，刘乔保，张连元. 精索内静脉转流术治疗精索静脉曲张[J]. 中华泌尿外科杂志，1987，8(5)：302. {ZOU Yongkang,LIU Qiaobao,ZHANG Lianyuan. Internal spermatic vein diversion for varicocele[J]. Zhonghua Mi Niao Wai Ke Za Zhi[Chin J Urol(Article in Chinese;Abstract in Chinese and English)],1987,8(5):302.}

[24560] 唐爱华. 精索内静脉结扎加腹壁下静脉转流术前后血气分析[J]. 中华泌尿外科杂志，1987，8(5)：298-299. {TANG Aihua. Blood gas analysis before and after ligation of internal spermatic vein and diversion of inferior abdominal wall vein[J]. Zhonghua Mi Niao Wai Ke Za Zhi[Chin J Urol(Article in Chinese;Abstract in Chinese)],1987,8(5):298-299.}

[24561] 穆广志，曹建伟. 精索内静脉腹壁下静脉吻合术治疗精索静脉曲张临床应用初步报告[J]. 修复重建外科杂志，1988，2(2)：174. {MU Guangtai,CAO Jianwei. A preliminary report on the clinical application of intra-spermatic vein subabdominal vein anastomosis in the treatment of varicocele[J]. Zhongguo Xiu Fu Chong Jian Wai Ke Za Zhi[Chin J Repar Reconstr Surg(Article in Chinese;No abstract available)],1988,2(2):174.}

[24562] 黄加启. 静脉转流术治疗精索静脉曲张[J]. 修复重建外科杂志，1988，2(2)：181. {HUANG Jianqi. Venous diversion for varicocele[J]. Zhongguo Xiu Fu Chong Jian Wai Ke Za Zhi[Chin J Repar Reconstr Surg(Article in Chinese;No abstract available)],1988,2(2):181.}

[24563] 张天申. 精索内静脉切断加分流治疗精索静脉曲张160例分析[J]. 修复重建外科杂志，1988，2(2)：185. {ZHANG Tianshen. Analysis of 160 cases of varicocele treated by internal spermatic vein cutting and shunt[J]. Zhongguo Xiu Fu Chong Jian Wai Ke Za Zhi[Chin J Repar Reconstr Surg(Article in Chinese;No abstract available)],1988,2(2):185.}

[24564] 马全福. 精索静脉高位结扎加旋髂浅静脉转流治疗精索静脉曲张症[J]. 修复重建外科杂志，1988，2(2)：187. {MA Quanfu. Treatment of varicocele by high ligation of the spermatic vein and rotation of the superficial iliac vein[J]. Zhongguo Xiu Fu Chong Jian Wai Ke Za Zhi[Chin J Repar Reconstr Surg(Article in Chinese;No abstract available)],1988,2(2):187.}

[24565] 刘亚国. 睾丸静脉与旋髂深静脉吻合治疗精索静脉曲张的应用解剖[J]. 修复重建外科杂志，1988，2(2)：234-235. {LIU Yaguo. Applied anatomy of testicular vein and deep circumflex iliac vein anastomosis in the treatment of varicocele[J]. Zhongguo Xiu Fu Chong Jian Wai Ke Za Zhi[Chin J Repar Reconstr Surg(Article in Chinese;No abstract available)],1988,2(2):234-235.}

[24566] 严成浩，张天申，王东文，王全兵，潘传虎，韩见知，唐爱华. 精索静脉曲张患者局部静脉血气分析[J]. 中华外科杂志，1989，27(1)：37-38. {YAN Chenghao,WANG Dongwen,WANG Quanbing,PAN Chuanhu,HAN Jianzhi,TANG Aihua. Analysis of local venous blood gas in varicocele patients[J]. Zhonghua Wai Ke Za Zhi[Chin J Surg(Article in Chinese;Abstract in Chinese)],1989,27(1):37-38.}

[24567] 刘亚国，徐达传，钟世镇，龚奉璋，黄诗存，李明义. 睾丸静脉与旋髂深静脉吻合术治疗精索静脉曲张的应用解剖[J]. 修复重建外科杂志，1989，3(2)：90-91. {LIU Yaguo,XU Chuanda,ZHONG Shizhen,GONG Fengzhang,HUANG Shicun,LI Mingyi. Applied anatomy of testicular vein and deep circumflex iliac vein anastomosis in the treatment of varicocele[J]. Zhongguo Xiu Fu Chong Jian Wai Ke Za Zhi[Chin J Repar Reconstr Surg(Article in Chinese;No abstract available)],1989,3(2):90-91.}

[24568] 龚奉璋，黄诗存，李明义. 睾丸静脉旋髂深静脉吻合治疗精索静脉曲张[J]. 修复重建外科杂志，1990，4(1)：26-27，64. {GONG Fengzhang,HUANG Shicun,LI Mingyi. Testicular vein circumflex iliac deep vein anastomosis for varicocele[J]. Zhongguo Xiu Fu Chong Jian Wai Ke Za Zhi[Chin J Repar Reconstr Surg(Article in Chinese;No abstract available)],1990,4(1):26-27,64.}

[24569] 王炳春，姚长乐，赖启新. 腹直肌袢对抗精索静脉返流治疗精索静脉曲张[J]. 中华外科杂志，1992，30(1)：17. {WANG Bingchun,YAO Changle,LAI Qixin. Rectus abdominis loop against spermatic vein reflux treatment of varicocele[J]. Zhonghua Wai Ke Za Zhi[Chin J Surg(Article in Chinese;No abstract available)],1992,30(1):17.}

[24570] 孙英魁，于景江，刘相彬，唐秀泉，裴振东，张铁辉，付继承，刘惠恩. 精索内静脉高位结扎加大隐静脉转流术治疗精索静脉曲张(附16例报告)[J]. 中华泌尿外科杂志，1992，13(1)：37. {SUN Yingkui,YU Jingjiang,LIU Xiangbin,TANG Xiuquan,PEI Zhendong,ZHANG Tiehui,FU Jicheng,LIU Huien. Treatment of Varicocele by high Ligation of internal Spermatic vein and diversion of saphenous vein (Report of 16 cases)[J]. Zhonghua Mi Niao Wai Ke Za Zhi[Chin J Urol(Article in Chinese;No abstract available)],1992,13(1):37.}

[24571] 马全福，王庆德，袁延年，张文革，陈湘龙，贾永忠. 腹腔镜二孔法行双侧精索静脉结扎术[J]. 中华实验外科杂志，1994，11(4)：59-60，73. {MA Quanfu,WANG Qingde,YUAN Yannian,ZHANG Wenge,CHEN Xianglong,JIA Yongzhong. Laparoscopic high clip ligation on bilateral internal spermatic veins with two trocars method[J]. Zhonghua Shi Yan Wai Ke Za Zhi[Chin J Exp Surg(Article in Chinese;Abstract in Chinese and English)],1994,11(4):59-60,73.}

[24572] 李祥鹏，彭东，庞玉田，奚林，王建武，刘杰，奚卫红. 睾丸静脉与腹壁浅静脉分流治疗小儿精索静脉曲张的应用解剖[J]. 中国临床解剖学杂志，1997，15(4)：294-295. {LI Xiangpeng,PENG Dong,PANG Yutian,XI Lin,WANG Jianwu,LIU Jie,XI Weihong. Applied anatomy of shunt testicular vein to superficial epigastric vein for treatment of the child varicocele[J]. Zhongguo Lin Chuang Jie Pou Xue Za Zhi[Chin J Clin Anat(Article in Chinese;Abstract in Chinese and English)],1997,15(4):294-295.}

[24573] 黄东平，庄凯，彭毅，赵磊，陈泽波. 显微血管转流术治疗精索静脉曲张合并少精子症[J]. 中华显微外科杂志，2000，23(3)：185-187. DOI：10.3760/cma.j.issn.1001-2036.2000.03.008. {HUANG Dongping,ZHUANG Kai,PNEG Yi,ZHAO Lei,CHEN Zebo. Clinical application of microsurgical shunt in treatment of varicocele with oligospermia[J]. Zhonghua Xian Wei Wai Ke Za Zhi[Chin J Microsurg(Article in Chinese;Abstract in Chinese and English)],2000,23(3):185-187. DOI:10.3760/cma.j.issn.1001-2036.2000.03.008.}

[24574] 丁强，孙长华，黄永刚，于雷，刘国斌，史东民. 精索静脉曲张患者精索内静脉－腹壁下静脉转流术疗效观察[J]. 中华男科学杂志，2006，12(2)：181-182. DOI：10.3969/j.issn.1009-3591.2006.02.025. {DING Qiang,SUN Changhua,HUANG Yonggang,YU Lei,LIU Guobin,SHI Dongmin. Clinical observation of internal spermatic vein-subabdominal vein diversion in patients with varicocele[J]. Zhonghua Nan Ke Xue Za Zhi[Natl J Androl(Article in Chinese;No abstract available)],2006,12(2):181-182. DOI:10.3969/j.issn.1009-3591.2006.02.025.}

[24575] 侯明亮，李永廉. 显微技术精索静脉曲张大隐静脉转流术143例[J]. 中华显微外科杂志，2008，31(2)：155-156. DOI：10.3760/cma.j.issn.1001-2036.2008.02.033. {HOU Mingliang,LI Yonglian. Microtechnique for varicocele diversion of the great saphenous vein:143 cases[J]. Zhonghua Xian Wei Wai Ke Za Zhi[Chin J Microsurg(Article in Chinese;Abstract in Chinese)],2008,31(2):155-156. DOI:10.3760/cma.j.issn.1001-2036.2008.02.033.}

[24576] 邱晓东，李永廉，李建华，杨占峰，杨营利. 精索静脉曲张显微手术与腹腔镜手术术后并发症的对比分析[J]. 中华显微外科杂志，2019，42(2)：177-178. DOI：10.3760/cma.j.issn.1001-2036.2019.02.019. {QIU Xiaodong,LI Yonglian,LI Jianhua,YANG Zhanfeng,YANG Yingli. Comparative analysis of postoperative complications of varicocele microsurgery and laparoscopic surgery[J]. Zhonghua Xian Wei Wai Ke Za Zhi[Chin J Microsurg(Article in Chinese;Abstract in Chinese)],2019,42(2):177-178. DOI:10.3760/cma.j.issn.1001-2036.2019.02.019.}

8.7 普通外科

general surgery

[24577] YANG Jianjun,TONG Tong,SONG Wenzhu,SUN Shanzhen,TAN Jianguo,WEI Fengcai,CAI Xianliang. Use of a parotid fascia flap to prevent postoperative fistula[J]. Oral Surg Oral Med Oral Pathol Oral Radiol Endod,1999,87(6):673-675. doi:10.1016/s1079-2104(99)70159-9.

[24578] Wang R,Jiang Y,Fan S,Chen J,Wu X,Zhao Y. Repair of stricture of cervical esophagus with platysma myocutaneous flaps[J]. Chin Med J,1999,112(2):132-135.

[24579] Jinming Z,Xiaoxuan C,Jieren P,Shujuan P. The rectus abdominis musculoperitoneal (RAMP) flap for the reconstruction of complicated pharyngoesophageal defects[J]. Br J Plast Surg,2005,58(5):608-613. doi:10.1016/j.bjps.2005.02.003.

[24580] Xu Z,Fu Q. Bulbocavernosus muscle flap in the repair of complicated vesicovaginal fistula[J]. Int J Urol,2005,12(12):1037-1040. doi:10.1111/j.1442-2042.2005.01200.x.

[24581] Lin YD,Jiang YG,Wang RW,Gong TQ,Zhou JH. Platysma myocutaneous flap for patch stricturoplasty in relieving short and benign cervical esophageal stricture[J]. Ann Thorac Surg,2006,81(3):1090-1094. doi:10.1016/j.athoracsur.2005.09.005.

[24582] Li Zhengjiang,Thiraviam Sabesan,Tang Pingzhang,Velupillai Ilankovan. Omohyoid muscle flap in prevention of chyle fistula[J]. J Oral Maxillofac Surg,2007,65(7):1430-1432. doi:10.1016/j.joms.2005.10.061.

[24583] Chen G,Shi WJ. Lung tissue flap repairs esophagus defection with an inner chitosan tube stent[J]. World J Gastroenterol,2009,15(12):1512-1517. doi:10.3748/wjg.15.1512.

[24584] Fu Q,Bian W,Lv J. Bulbocavernosus muscle flap for the repair of vesicovaginal fistula. Anatomic study and clinical results[J]. Urol Int,2009,82(4):416-419. doi:10.1159/000218530.

[24585] Guo W,Wang RW,Jiang YG,Zhao YP,Zhou JH,Gong TQ. Reconstruction of hypopharyngeal and cervical esophageal defect after resection of hypopharyngeal carcinoma:a new technique based on the use of bilateral platysma myocutaneous flaps[J]. Dis Esophagus,2011,24(6):404-410. doi:10.1111/j.1442-2050.2010.01162.x.

[24586] Fang L,Yang M,Wang C,Ma T,Zhao Z,Yin N,Wei L,Yin J. A clinical study of various buccinator musculomucosal flaps for palatal fistulae closure after cleft palate surgery[J]. J Craniofac Surg,2014,25(2):e197-202. doi:10.1097/SCS.0000000000000411.

[24587] Liu QX,Deng XF,Wang JS,Hou B,Li JM,Min JX,Dai JG. Use of oesophageal flap valvuloplasty and wrapping suturing technique in preventing postoperative complications after oesophagectomy for oesophageal cancer[J]. Eur J Surg Oncol,2014,40(10):1355-1360. doi:10.1016/j.ejso.2014.04.003.

[24588] Zhou Y,Li Q,Zhou C,Li F,Xie L,Li S. Three-layer reconstruction of large urethrocutaneous fistulas using scrotal-septal flaps[J]. Can Urol Assoc J,2014,8(11-12):E828-831. doi:10.5489/cuaj.1983.

[24589] Yin D,Tang Q,Wang S,Li S,He X,Liu J,Liu B,Yang M,Yang X. Xenogeneic acellular dermal matrix in combination with pectoralis major myocutaneous flap reconstructs hypopharynx and cervical esophagus[J]. Eur Arch Otorhinolaryngol, 2015,272(11):3457-3461. doi:10.1007/s00405-014-3355-1.

[24590] Yin K,Xu H,Cooke DT,Pu LL. Successful management of oesophageal conduit necrosis by a single-stage reconstruction with the pedicled pectoralis major myocutaneous flap[J]. Interact Cardiovasc Thorac Surg,2015,21(1):124-126. doi:10.1093/icvts/ivv093.

[24591] Huang QL,Liu HP,Lü SQ. A simple skin flap plasty to repair tracheocutaneous fistula after tracheotomy[J]. Chin J Traumatol,2015,18(1):46-47. doi:10.1016/j.cjtee.2014.09.002.

[24592] Chen Y,Yu W,Yang Y,Jin J,Wu S,Xiao Y. Repair of complex vesicovaginal fistulas by combining a rotational bladder flap and full thick vascular peritoneal interposition[J]. Neurourol Urodyn,2016,35(8):934-938. doi:10.1002/nau.22828.

[24593] Lu C,Feng Z,Ge D,Yuan Y,Zhang Y,Qi F,Gu J,Xu F. Pedicle muscle flap transposition for chronic empyema with persistent bronchopleural fistula:experience of a single clinical center in China[J]. Surg Today,2016,46(10):1132-1137. doi:10.1007/s00595-015-1288-y.

[24594] Shen H,Shen XQ,Lv Y,Xu JH,Lu H. Pharyngoesophageal reconstruction with the medial sural artery perforator flap after total laryngopharyngectomy:a

new method[J]. Ann Plast Surg,2017,78(2):191-194. doi:10.1097/SAP.0000000000000794.

[24595] Jiang D,Chen Z,He L,Lin H,Jin L,Xu M,Xu G,Fang X,Geng H. Repair of urethrovaginal fistula secondary to pelvic fracture with a labia minora skin flap in young girls[J]. Urology,2017,103:227-229. doi:10.1016/j.urology.2017.01.002.

[24596] Song D,Pafitanis G,Pont LEP,Yang P,Koshima I,Zhang Y,Iida T,Zhou X,Li Z. Chimeric thoracoacromial artery perforator flap for one-staged reconstruction of complex pharyngoesophageal defects:a single unit experience[J]. Head Neck,2018,40(2):302-311. doi:10.1002/hed.24962.

[24597] Huang ZQ,Zhou B,Chen WL,Zhong JL,Wang Y. Use of a folded extended vertical lower trapezius island myocutaneous flap to repair large pharyngocutaneous fistulae developing after salvage total laryngectomy[J]. Int J Oral Maxillofac Surg,2018,47(10):1268-1273. doi:10.1016/j.ijom.2018.05.019.

[24598] Liu J,Ren J,Lv D,Wang J,Deng D,Li L,Wang H,Chen F. Simultaneous tracheal and esophageal reconstruction for thyroid cancer involving trachea and esophagus using a free bipaddled posterior tibial artery perforator flap[J]. Head Neck,2019,41(9):3472-3477. doi:10.1002/hed.25850.

[24599] Zhou X,Ma L. Double tongue flaps for anterior huge palatal fistula closure[J]. Plast Reconstr Surg Glob Open,2019,7(5):e2246. doi:10.1097/GOX.0000000000002246.

[24600] Yang ZH,Zhong JL,Chen WL. Reconstruction of large anterior palatal fistulae using anteriorly based dorsal tongue flaps[J]. J Craniofac Surg,2020,31(1):62-63. doi:10.1097/SCS.0000000000005844.

[24601] Yang L,Wei J,Wang W,He M,Huang L,Su T. Use of a submandibular gland flap for closure of oral cutaneous fistula[J]. Oral Oncol,2020,104:104583. doi:10.1016/j.oraloncology.2020.104583.

[24602] Liu X,Li Q,Huang W,Liu M,Xu X,Jiang G. Use of a pedicled sternocleidomastoid musculocutaneous flap in a large tracheoesophageal fistula[J]. Ann Thorac Surg,2020,110(3):e233-e236. doi:10.1016/j.athoracsur.2020.03.072.

[24603] Zhang YH,Du J,Li CH,Hu B. Endoscopic pedicle flap grafting in the treatment of esophageal fistulas:a case report[J]. World J Clin Cases,2020,8(11):2359-2363. doi:10.12998/wjcc.v8.i11.2359.

[24604] Deng L,Li Y,Li W,Liu M,Xu S,Peng H. Management of refractory cervical anastomotic fistula after esophagectomy using the pectoralis major myocutaneous flap[J]. Braz J Otorhinolaryngol,2020 Jun 15. S1808-8694(20)30067-7. doi:10.1016/j.bjorl.2020.05.009. Online ahead of print.

[24605] Li HH,Zhao N,Lu JW,Tang RR,Liang CN,Hou G. Large tracheocutaneous fistula successfully treated with bronchoscopic intervention and flap grafting:a case report and literature review[J]. Front Med (Lausanne),2020,7:278. doi:10.3389/fmed.2020.00278.

[24606] He Z,Shen L,Xu W,He X. Effective treatment of bronchopleural fistula with empyema by pedicled latissimus dorsi muscle flap transfer:Two case report[J]. Medicine(Baltimore),2020,99(41):e22485. doi:10.1097/MD.0000000000022485.

[24607] Liu J,Liu J,Ren J,Wang J,Lv D,Deng D,Li L,Chen F. Reconstruction of cervical and upper thoracic esophagus with a free posterior tibial artery perforator flap:a case report[J]. Medicine(Baltimore),2020,99(46):e22617. doi:10.1097/MD.0000000000022617.

[24608] Chen F,Ren J,Deng D,Pang W,Liu J,Li B,Li L,Lv D,Wang J,Xu F,Liu J. Combination of modified free anterolateral thigh skin-fascia flap and pedicled thoracoacromial artery perforator flap for entire circumferential pharyngoesophageal defect and external neck skin defect reconstructions[J]. Dysphagia,2021 Jan 3. doi:10.1007/s00455-020-10237-5. Online ahead of print.

[24609] 杜世华，张自刚，谢家声，代平均，刘文胜，刘大晗．应用显微外科带血管自体部分脾移植治疗外伤性脾破裂[J]．中国普通外科杂志，1996，5（5）：329-332，376．{DU Shihua,ZHANG Zigang,XIE Jiasheng,DAI Pingjun,LIU Wensheng,LIU Dahan. Partial spleen autotransplantation with vessels anastomosis with microsurgery for splenic injuries[J]. Zhongguo Pu Tong Wai Ke Za Zhi[Chin J Gen Surg(Article in Chinese;Abstract in Chinese and English)],1996,5(5):329-332,376.}

[24610] 李安富，杨力，段振泉，黄金林，孙强，程国良，杨志贤，马春山，常青．应用显微外科技术重建食管45例[J]．中国修复重建外科杂志，1998，12（6）：339-341．{LI Anfu,YANG Li,DUAN Zhenquan,HUANG Jinlin,SUN Qiang,CHENG Guoliang,YANG Zhixian,MA Chunshan,CHANG Qing. Reconstruction of esophagus by microsurgical technique in forty-five cases[J]. Zhongguo Xiu Fu Chong Jian Wai Ke Za Zhi[Chin J Repar Reconstr Surg(Article in Chinese;Abstract in Chinese and English)],1998,12(6):339-341.}

[24611] 郑树森，白雪莉，梁廷波，虞渝生，王伟林，沈岩，张珉．肝移植中肝动脉变异的显微外科重建[J]．中华普通外科杂志，2004，19（1）：7-9．DOI：10.3760/j.issn:1007-631X.2004.01.002．{ZHENG Shusen,BAI Xueli,LIANG Tingbo,YU Yusheng,WANG Weilin,SHEN Yan,ZHANG Min. Microsurgical reconstruction of hepatic artery with anatomical variation in liver transplantation[J]. Zhonghua Pu Tong Wai Ke Za Zhi[Chin J Gen Surg(Article in Chinese;Abstract in Chinese and English)],2004,19(1):7-9. DOI:10.3760/j.issn:1007-631X.2004.01.002.}

[24612] 李安富，侯书健，刘晓峰，李川，郑秀海，赵晓东，段振泉，张元信．应用显微外科技术重建食管远期疗效评价[J]．中华显微外科杂志，2009，32（1）：84-85．DOI：10.3760/cma.j.issn.1001-2036.2009.01.041．{LI Anfu,HOU Shujian,LIU Xiaofeng,LI Chuan,ZHENG Xiuhai,ZHAO Xiaodong,DUAN Zhenquan,ZHANG Yuanxin. Long-term efficacy evaluation of esophageal reconstruction using microsurgical technique[J]. Zhonghua Xian Wei Wai Ke Za Zhi[Chin J Microsurg(Article in Chinese;Abstract in Chinese)],2009,32(1):84-85. DOI:10.3760/cma.j.issn.1001-2036.2009.01.041.}

8.8 其他学科

other surgery

[24613] Shi YQ,Chen XC. Experience in the microsurgical treatment of intracranial arteriovenous malformations[J]. Chin Med J,1986,99(5):379-382.

[24614] Xu Q,Bao W,Mao R. Magnetic resonance imaging and microsurgical treatment of intramedullary hemangioblastoma of the spinal cord[J]. Chin Med J,1995,108(2):117-122.

[24615] Xu Q,Bao W,Mao R. Microsurgery of intramedullary cervical cord tumor[J]. Chin Med J,1996,109(10):756-761.

[24616] Yang SY,Zhu T,Zhang JN,Sun YS. Transsphenoidal microsurgical management of pituitary adenomas[J]. Microsurgery,1994,15(11):754-759. doi:10.1002/micr.1920151103.

[24617] Deng AD,Innocenti M,Arora R,Gabl M,Tang JB. Vascularized small-bone transfers for fracture nonunion and bony defects[J]. Clin Plast Surg,2020,47(4):501-520. doi:10.1016/j.cps.2020.06.005.

[24618] 汪冬生，廖中东，万荣林，陈华清，汪惠安．显微外科技术在屈指腱Ⅱ区急诊损伤修复中的应用[J]．中华显微外科杂志，1995，18（4）：298．{WANG Dongsheng,LIAO Zhongdong,WAN Ronglin,CHEN Huaqing,WANG Huian. Application of microsurgical technique in emergency repair of flexor tendon zone Ⅱ injury[J]. Zhonghua Xian Wei Wai Ke Za Zhi[Chin J Microsurg(Article in Chinese;Abstract in Chinese)],1995,18(4):298.}

[24619] 任志勇，王成琪，范启申．显微外科技术在手部严重创伤修复中的应用[J]．中国修复重建外科杂志，1995，9（2）：126．{REN Zhiyong,WANG Chengqi,FAN Qishen. Application of Microsurgery in Repair of Severe Hand Wounds[J]. Zhongguo Xiu Fu Chong Jian Wai Ke Za Zhi[Chin J Repar Reconstr Surg(Article in Chinese;Abstract in Chinese)],1995,9(2):126.}

[24620] 张魁正，黄洁平．用显微外科技术建立动静脉内瘘43例体会[J]．中华显微外科杂志，1996，19（1）：76．{ZHANG Kuizheng,HUANG Jieping. Experience of 43 Cases of Arteriovenous Fistula Established by Microsurgery technique[J]. Zhonghua Xian Wei Wai Ke Za Zhi[Chin J Microsurg(Article in Chinese;No abstract available)],1996,19(1):76.}

[24621] 陈智，沈翰．应用显微外科技术修复手大鱼际爆炸伤[J]．中华显微外科杂志，1996，19（1）：63-64．{CHEN Zhi,SHEN Han. Application of Microsurgical Technique in Repairing Explosive Injury of Thenar of Hand[J]. Zhonghua Xian Wei Wai Ke Za Zhi[Chin J Microsurg(Article in Chinese;No abstract available)],1996,19(1):63-64.}

[24622] 王富基，李贤初，崔卓，王凤华．显微外科技术一次制作两种动静脉混合瘘[J]．中华显微外科杂志，1996，19（1）：76-77．{WANG Fuji,LI Xianchu,CUI Zhuo,WANG Fenghua. Microsurgical Technique for Making Two Kinds of Arteriovenous Mixed Fistula at One Time[J]. Zhonghua Xian Wei Wai Ke Za Zhi[Chin J Microsurg(Article in Chinese;No abstract available)],1996,19(1):76-77.}

[24623] 裴福兴，杨志明，黄富国．显微外科技术治疗腕月骨缺血性坏死[J]．中华显微外科杂志，1996，19（2）：102-104．{PEI Fuxing,YANG Zhiming,HUANG Fuguo. HTREATMENT OF KIENBOCK'S DISEASE BY MICROSURGICAL TECHNIQUE[J]. Zhonghua Xian Wei Wai Ke Za Zhi[Chin J Microsurg(Article in Chinese;Abstract in Chinese and English)],1996,19(2):102-104.}

[24624] 王栓科，张风岗，刘春选，田永虎．应用显微外科技术治疗顽固性网球肘的体会[J]．中华显微外科杂志，1996，19（2）：159-160．{WANG Shuanke,ZHANG Fenggang,LIU Chunxuan,TIAN Yonghu. Experience of Microsurgical Treatment of Intractable Tennis Elbow[J]. Zhonghua Xian Wei Wai Ke Za Zhi[Chin J Microsurg(Article in Chinese;No abstract available)],1996,19(2):159-160.}

[24625] 王愉思，邱水波．应用显微外科技术治疗复发性尺神经纤维瘤三例[J]．中华显微外科杂志，1996，19（3）：211．{WANG Yusi,QIU Shuibo. Treatment of 3 Cases of Recurrent Ulnar Neurofibroma by Microsurgery[J]. Zhonghua Xian Wei Wai Ke Za Zhi[Chin J Microsurg(Article in Chinese;No abstract available)],1996,19(3):211.}

[24626] 林宏，张德纯．应用显微外科技术一期修复腕掌侧严重切割伤[J]．中国修复重建外科杂志，1996，10（3）：187．{LIN Hong,ZHANG Dechun. Application of microsurgical technique in one-stage repair of severe carpometacarpal incision injury[J]. Zhongguo Xiu Fu Chong Jian Wai Ke Za Zhi[Chin J Repar Reconstr Surg(Article in Chinese;No abstract available)],1996,10(3):187.}

[24627] 王福成，范遗恩．显微外科技术治疗骨间背侧神经损伤的体会[J]．中华显微外科杂志，1997，20（2）：68．{WANG Fucheng,FAN Yidong. Experience of Microsurgical Treatment of Dorsal Interosseous Nerve Injury[J]. Zhonghua Xian Wei Wai Ke Za Zhi[Chin J Microsurg(Article in Chinese;No abstract available)],1997,20(2):68.}

[24628] 宋基学，崔正宏，王广辉，牛雁，孟凡华，肖云辉，马秀玉．应用显微外科技术重建动静脉内瘘[J]．中国修复重建外科杂志，1997，11（3）：68．{SONG Jixue,CUI Zhenghong,WANG Guanghui,NIU Yan,MENG Fanhua,XIAO Yunhui,MA Xiuyu. Reconstruction of Arteriovenous Fistula by Microsurgery[J]. Zhongguo Xiu Fu Chong Jian Wai Ke Za Zhi[Chin J Repar Reconstr Surg(Article in Chinese;No abstract available)],1997,11(3):68.}

[24629] 黄建明，黄秋英．显微外科技术在动静脉吻合的临床应用[J]．中华显微外科杂志，1998，21（1）：3-5．{HUANG Jianming,HUANG Qiuying. Clinical Application of Microsurgical Techniques in Arteriovenous Anastomosis[J]. Zhonghua Xian Wei Wai Ke Za Zhi[Chin J Microsurg(Article in Chinese;No abstract available)],1998,21(1):3-5.}

[24630] 范启申，周祥吉，王金武，王刚．胫骨大范围裸露的显微外科技术修复[J]．中华整形烧伤外科杂志，1998，14（5）：452-453，484．{FAN Qishen,ZHOU Xiangji,WANG Jinwu,WANG Gang. Microsurgical repair of the defect with large area of bare tibia[J]. Zhonghua Zheng Xing Shao Shang Wai Ke Za Zhi[Chin J Plast Surg Burns(Article in Chinese;Abstract in Chinese)],1998,14(5):452-453,484.}

[24631] 陈青，李汉秀，李学红．显微外科技术修复趾缺损创面[J]．中华显微外科杂志，1999，22（3）：191．DOI：10.3760/cma.j.issn.1001-2036.1999.03.045．{CHEN Qing,LI Hanxiu,LI Xuehong. Repair of Toe Defect Wound by Microsurgery[J]. Zhonghua Xian Wei Wai Ke Za Zhi[Chin J Microsurg(Article in Chinese;No abstract available)],1999,22(3):191. DOI:10.3760/cma.j.issn.1001-2036.1999.03.045.}

[24632] 朱文，李汛，李作勇．用显微外科技术急诊修复肌腱损伤117例报告[J]．中华显微外科杂志，1999，22（3）：228．DOI：10.3760/cma.j.issn.1001-2036.1999.03.034．{ZHU Wen,LI Xun,LI Zuoyong. Report of 117 Cases of Emergency Repair of Tendon Injury by Microsurgery[J]. Zhonghua Xian Wei Wai Ke Za Zhi[Chin J Microsurg(Article in Chinese;No abstract available)],1999,22(3):228. DOI:10.3760/cma.j.issn.1001-2036.1999.03.034.}

[24633] 王兵，毛天敏，郑付平．显微外科技术在临床应用体会[J]．中华显微外科杂志，1999，22（3）：238．DOI：10.3760/cma.j.issn.1001-2036.1999.03.048．{WANG Bing,MAO Tianmin,ZHENG Fuping. Experience of Microsurgical Technology in Clinical Application[J]. Zhonghua Xian Wei Wai Ke Za Zhi[Chin J Microsurg(Article in Chinese;No abstract available)],1999,22(3):238. DOI:10.3760/cma.j.issn.1001-2036.1999.03.048.}

[24634] 陈青，李汉秀，李学红，隋国侠，王炳武，李忠，张益民．显微外科技术修复踇趾缺损创面[J]．中华显微外科杂志，1999，22（3）：3-5．{CHEN Qing,LI Hanxiu,LI Xuehong,SUI Guoxia,WANG Bingwu,LI Zhong,ZHANG Yimin. Repair of Toe Defect Wound by Microsurgery[J]. Zhonghua Xian Wei Wai Ke Za Zhi[Chin J Microsurg(Article in Chinese;No abstract available)],1999,22(3):3-5.}

[24635] 黄建明，陈家赣，黄秋英．显微外科技术并早期锻炼治疗屈肌腱断裂[J]．中华显微外科杂志，1999，22（S1）：3-5．{HUANG Jianming,CHEN Jiagan,HUANG Qiuying. Treatment of flexor tendon rupture with microsurgical technique and early exercise[J]. Zhonghua Xian Wei Wai Ke Za Zhi[Chin J Microsurg(Article in Chinese;No abstract available)],1999,22(S1):3-5.}

[24636] 冀振亮．显微外科技术修复骨缺损的研究进展[J]．中国矫形外科杂志，1999，6（1）：69-71．{JI Zhenliang. Research progress of bone defect repair by microsurgical technique[J]. Zhongguo Jiao Xing Wai Ke Za Zhi[Orthop J Chin(Article in Chinese;No abstract available)],1999,6(1):69-71.}

[24637] 王国君，王玉发，王国深．应用显微外科技术治疗产瘫30例[J]．中华显微外科杂志，2000，23（2）：139．DOI：10.3760/cma.j.issn.1001-2036.2000.02.027．{WANG Guojun,WANG Yufa,WANG Guoshen. Treatment of 30 cases of obstetric paralysis by microsurgical technique[J]. Zhonghua Xian Wei Wai Ke Za Zhi[Chin J Microsurg(Article in Chinese;No abstract available)],2000,23(2):139. DOI:10.3760/cma.j.issn.1001-2036.2000.02.027.}

[24638] 黄权，陈明振，王海军．导航系统辅助显微外科技术治疗脑室肿瘤15例报告[J]．中华显微外

科杂志，2000，23(4)：265. DOI：10.3760/cma.j.issn.1001-2036.2000.04.010. {HUANG Quan,CHEN Mingzhen,WANG Haijun. Treatment of the intraventricular tumors with microneurosurgical technigues assisted by the surgical microscope navigation (reported 15 cases)[J]. Zhonghua Xian Wei Wai Ke Za Zhi[Chin J Microsurg(Article in Chinese;Abstract in Chinese and English)],2000,23(4):265. DOI:10.3760/cma.j.issn.1001-2036.2000.04.010.}

[24639] 黄粹业，梁德恩，陆茂德. 应用显微外科技术修复四肢血管损伤 [J]. 中华显微外科杂志，2000，23(4)：306. DOI：10.3760/cma.j.issn.1001-2036.2000.04.034. {HUANG Cuiye,LIANG Dedong,LU Maode. Application of Microsurgery in Repairing Vascular Injury of Limbs[J]. Zhonghua Xian Wei Wai Ke Za Zhi[Chin J Microsurg(Article in Chinese;No abstract available)],2000,23(4):306. DOI:10.3760/cma.j.issn.1001-2036.2000.04.034.}

[24640] 王崇锐. 应用显微外科技术修复屈指肌腱损伤 33 例 [J]. 中华显微外科杂志，2000，23(4)：315. DOI：10.3760/cma.j.issn.1001-2036.2000.04.049. {WANG Chongrui. Thirty-three cases of flexor tendon injury were repaired by microsurgical technique[J]. Zhonghua Xian Wei Wai Ke Za Zhi[Chin J Microsurg(Article in Chinese;No abstract available)],2000,23(4):315. DOI:10.3760/cma.j.issn.1001-2036.2000.04.049.}

[24641] 杨玉明，刘树山，姜宏志. 经口咽入路显微外科技术治疗颈区畸型 [J]. 中华外科杂志，2000，38(2)：114-115. DOI：10.3760/j：issn：0529-5815.2000.02.011. {YANG Yuming,LIU Shushan,JIANG Hongzhi. Transoral microsurgical treatment of craniocervical malformation[J]. Zhonghua Wai Ke Za Zhi[Chin J Surg(Article in Chinese;Abstract in Chinese and English)],2000,38(2):114-115. DOI:10.3760/j:issn:0529-5815.2000.02.011.}

[24642] 周建国，周勇，腾海军. 外固定架联合显微外科技术治疗严重胫腓骨骨折 [J]. 中国矫形外科杂志，2000，7(12)：1157. DOI：10.3969/j.issn.1005-8478.2000.12.043. {ZHOU Jianguo,ZHOU Yong,TENG Haijun. External Fixation Combined with Microsurgery for Severe Tibia and Fibula Fractures[J]. Zhongguo Jiao Xing Wai Ke Za Zhi[Orthop J Chin(Article in Chinese;No abstract available)],2000,7(12):1157. DOI:10.3969/j.issn.1005-8478.2000.12.043.}

[24643] 吴景明，余楠生，卢伟杰. 显微外科技术修复Ⅱ区指屈肌腱断裂 [J]. 中华手外科杂志，2000，16(2)：110. DOI：10.3760/cma.j.issn.1005-054X.2000.02.012. {WU Jingming,YU Nansheng,LU Weijie. Applying of microsurgical technique to repair flexor tendon rupture in zone II[J]. Zhonghua Shou Wai Ke Za Zhi[Chin J Hand Surg(Article in Chinese;Abstract in Chinese and English)],2000,16(2):110. DOI:10.3760/cma.j.issn.1005-054X.2000.02.012.}

[24644] 朱盛修，李主一，姚建祥，宋守礼. 显微外科技术治疗战伤慢性骨髓炎 86 例 [J]. 中华创伤杂志，2000，16(5)：313. DOI：10.3760/j：issn：1001-8050.2000.05.021. {ZHU Shengxiu,LI Zhuyi,YAO Jianxiang,SONG Shouli. Treatment of 86 Cases of Chronic Osteomyelitis Injured by War with Microsurgery[J]. Zhonghua Chuang Shang Za Zhi[Chin J Trauma(Article in Chinese;No abstract available)],2000,16(5):313. DOI:10.3760/j:issn:1001-8050.2000.05.021.}

[24645] 刘兴炎，葛宝丰，甄平，高秋明，李旭升，刘占宏，王宏东. 采用显微外科技术处理胫骨多平面长骨段粉碎性骨折及其软组织损伤 [J]. 中华显微外科杂志，2001，24(1)：21-22. DOI：10.3760/cma.j.issn.1001-2036.2001.01.008. {LIU Xingyan,GE Baofeng,ZHEN Ping,GAO Qiuming,LI Xusheng,LIU Zhanhong,WANG Hongdong. Treatment of soft tissue injury and multi-placed communited fracture of tibia by using microsurgery technology[J]. Zhonghua Xian Wei Wai Ke Za Zhi[Chin J Microsurg(Article in Chinese;Abstract in Chinese and English)],2001,24(1):21-22. DOI:10.3760/cma.j.issn.1001-2036.2001.01.008.}

[24646] 贾堂宏，龚维明，杜伍岭，华永新，赵太茂，席学军，高长虹，刘士懂，李宗宝. 显微外科技术在胸腰椎骨折并截瘫中的应用 [J]. 中华显微外科杂志，2001，24(1)：66-67. DOI：10.3760/cma.j.issn.1001-2036.2001.01.033. {JIA Tanghong,GONG Weiming,DONG Wuling,HUA Yongxin,ZHAO Taimao,XI Xuejun,GAO Changhong,LIU Shidong,LI Zongbao. Application of Microsurgery in Thoracolumbar Fracture Complicated with Paraplegia[J]. Zhonghua Xian Wei Wai Ke Za Zhi[Chin J Microsurg(Article in Chinese;Abstract in Chinese)],2001,24(1):66-67. DOI:10.3760/cma.j.issn.1001-2036.2001.01.033.}

[24647] 黄粹业，梁德恩，陆茂德. 显微外科技术修复肌腱鞘管区指屈肌腱损伤 [J]. 中华显微外科杂志，2001，24(2)：150-151. DOI：10.3760/cma.j.issn.1001-2036.2001.02.032. {HUANG Cuiye,LIANG Dedong,LU Maode. Microsurgical repair of flexor tendon injury in tendon sheath area[J]. Zhonghua Xian Wei Wai Ke Za Zhi[Chin J Microsurg(Article in Chinese;Abstract in Chinese)],2001,24(2):150-151. DOI:10.3760/cma.j.issn.1001-2036.2001.02.032.}

[24648] 黄东平，庄凯，赵磊，钱卫平，韩毅冰，陈泽波. 显微外科技术在梗阻性无精子症中的诊治应用 [J]. 中华显微外科杂志，2001，24(3)：227-228. DOI：10.3760/cma.j.issn.1001-2036.2001.03.033. {HUANG Dongping,ZHUANG Kai,ZHAO Lei,QIAN Weiping,HAN Yibing,CHEN Zebo. Application of Microsurgery in Diagnosis and Treatment of Obstructive Azoospermia[J]. Zhonghua Xian Wei Wai Ke Za Zhi[Chin J Microsurg(Article in Chinese;Abstract in Chinese)],2001,24(3):227-228. DOI:10.3760/cma.j.issn.1001-2036.2001.03.033.}

[24649] 王成琪. 显微外科技术在创伤骨科应用进展 [J]. 中国矫形外科杂志，2001，8(4)：392-394. DOI：10.3969/j.issn.1005-8478.2001.04.028. {WANG Chengqi. Application Progress of Microsurgical Technology in Traumatic Orthopaedics[J]. Zhongguo Jiao Xing Wai Ke Za Zhi[Orthop J Chin(Article in Chinese;No abstract available)],2001,8(4):392-394. DOI:10.3969/j.issn.1005-8478.2001.04.028.}

[24650] 余斌兵，曹寿元，刘克斌. 应用显微外科技术修复骨肿瘤骨缺损 [J]. 实用骨科杂志，2001，7(1)：21-22. DOI：10.3969/j.issn.1008-5572.2001.01.011. {SHE Binbing,CAO Shouyuan,LIU Kebin. Repairation of the microsurgery for bone defects of bone tumor[J]. Shi Yong Gu Ke Za Zhi[J Pract Orthop(Article in Chinese;Abstract in Chinese and English)],2001,7(1):21-22. DOI:10.3969/j.issn.1008-5572.2001.01.011.}

[24651] 鲁开化，艾玉峰，郭树忠，韩岩，马显杰. 显微外科技术对整形外科学科发展的促进与展望 [J]. 中华显微外科杂志，2002，25(1)：10-11. DOI：10.3760/cma.j.issn.1001-2036.2002.01.004. {LU Kaihua,AI Yufeng,GUO Shuzhong,HAN Yan,MA Xianjie. Promotion and Prospect of Microsurgical Technology to the Development of Plastic Surgery[J]. Zhonghua Xian Wei Wai Ke Za Zhi[Chin J Microsurg(Article in Chinese;No abstract available)],2002,25(1):10-11. DOI:10.3760/cma.j.issn.1001-2036.2002.01.004.}

[24652] 康庆林，谢庆平，曹显科，卢全中，宋海涛，田万成. 应用显微外科技术原位修复手掌皮肤逆行撕脱伤 [J]. 中华显微外科杂志，2002，25(3)：216-217. DOI：10.3760/cma.j.issn.1001-2036.2002.03.024. {KANG Qinglin,XIE Qingping,CAO Xianke,LU Quanzhong,SONG Haitao,TIAN Wancheng. In situ repair of retrograde avulsion injury of palm skin by microsurgical technique[J]. Zhonghua Xian Wei Wai Ke Za Zhi[Chin J Microsurg(Article in Chinese;Abstract in Chinese)],2002,25(3):216-217. DOI:10.3760/cma.j.issn.1001-2036.2002.03.024.}

[24653] 袁元杏，曾毅军，刘康，李青，宁晔. 应用显微外科技术修复软组织缺损 83 例临床分析 [J]. 中华显微外科杂志，2002，25(3)：218-219. DOI：10.3760/cma.j.issn.1001-2036.2002.03.025. {YUAN Yuanxing,ZENG Yijun,LIU Kang,LI Qing,NING Ye. Analysis of 83 Cases of Soft Tissue Defect Repaired by Microsurgery[J]. Zhonghua Xian Wei Wai Ke Za Zhi[Chin J Microsurg(Article in Chinese;Abstract in Chinese)],2002,25(3):218-219. DOI:10.3760/cma.j.issn.1001-2036.2002.03.025.}

[24654] 贾全章，高吉昌，吴兴杰，邓庆蕊，张承敏，陈庆贺，王长纯. 应用显微外科技术行交指样编织缝合术治疗伸指肌腱松弛症 [J]. 中华显微外科杂志，2002，25(4)：257. DOI：10.3760/cma.j.issn.1001-2036.2002.04.038. {JIA Quanzhang,GAO Jichang,WU Xingjie,DENG Qingrui,ZHANG Chengmin,CHEN Qinghe,WANG Changchun. Treatment of extensor tendon relaxation by interdigitally woven suture with microsurgical techniques[J]. Zhonghua Xian Wei Wai Ke Za Zhi[Chin J Microsurg(Article in Chinese;No abstract available)],2002,25(4):257. DOI:10.3760/cma.j.issn.1001-2036.2002.04.038.}

[24655] 王正敏，王德辉，陈琦，罗道天，沈建华. 前颅底导航显微外科技术的改进与临床应用 [J]. 中华医学杂志，2002，82(13)：879-882. DOI：10.3760/j：issn：0376-2491.2002.13.005. {WANG Zhengmin,WANG Dehui,CHEN Qi,LUO Daotian,SHEN Jianhua. Modification and application of anterior skull base microsurgery with navigation system[J]. Zhonghua Yi Xue Za Zhi[Natl Med J China(Article in Chinese;Abstract in Chinese and English)],2002,82(13):879-882. DOI:10.3760/j:issn:0376-2491.2002.13.005.}

[24656] 林立，裴国献，顾立强，林昂如，金明新. 显微外科技术治疗儿童先天性并指畸形 [J]. 中华显微外科杂志，2003，26(1)：75. {LIN Li,PEI Guoxian,GU Liqiang,LIN Angru,JING Mingxin. Microsurgical treatment of congenital syndactyly in children[J]. Zhonghua Xian Wei Wai Ke Za Zhi[Chin J Microsurg(Article in Chinese;No abstract available)],2003,26(1):75.}

[24657] 林敏华，刘虹，赵洪祥. 脑室镜辅助显微外科技术治疗侧脑室肿瘤 12 例 [J]. 中华显微外科杂志，2003，26(2)：126. DOI：10.3760/cma.j.issn.1001-2036.2003.02.041. {LIN Minhua,LIU Hong,ZHAO Hongxiang. Treatment of Lateral Ventricle Tumors by Ventriculoscope Assisted Microsurgery:Report of 12 Cases[J]. Zhonghua Xian Wei Wai Ke Za Zhi[Chin J Microsurg(Article in Chinese;No abstract available)],2003,26(2):126. DOI:10.3760/cma.j.issn.1001-2036.2003.02.041.}

[24658] 杜文延，谢云川，金秀丽，范遗恩. 应用显微外科技术治疗腰骶椎管内神经鞘瘤 [J]. 中华显微外科杂志，2003，26(2)：158-159. DOI：10.3760/cma.j.issn.1001-2036.2003.02.035. {DONG Wenyan,XIE Yunchuan,JIN Xiuli,FAN Yidong. Microsurgical Treatment of Neurilemmoma in Lumbosacral Canal[J]. Zhonghua Xian Wei Wai Ke Za Zhi[Chin J Microsurg(Article in Chinese;Abstract in Chinese)],2003,26(2):158-159. DOI:10.3760/cma.j.issn.1001-2036.2003.02.035.}

[24659] 马林，牛志勇，刘敏，杜张荣，张建斌. 应用显微外科技术治疗广泛性下肢动脉硬化性闭塞 [J]. 中华显微外科杂志，2003，26(3)：234-235. DOI：10.3760/cma.j.issn.1001-2036.2003.03.035. {MA Lin,NIU Zhiyong,LIU Min,DONG Zhangrong,ZHANG Jianbin. Application of Microsurgery in Treatment of Extensive Arteriosclerotic Occlusion of Lower Extremities[J]. Zhonghua Xian Wei Wai Ke Za Zhi[Chin J Microsurg(Article in Chinese;Abstract in Chinese)],2003,26(3):234-235. DOI:10.3760/cma.j.issn.1001-2036.2003.03.035.}

[24660] 杨润功，李坤德，周明武，赵东升，幸超峰. 应用显微外科技术治疗侵袭性纤维瘤病 [J]. 中华显微外科杂志，2003，26(4)：267-269. DOI：10.3760/cma.j.issn.1001-2036.2003.04.010. {YANG Rungong,LI Kunde,ZHOU Mingwu,ZHAO Dongsheng,XING Chaofeng. Application of the technology of microsurgery to repair defect of the soft tissue owing to the aggressive fibromatosis[J]. Zhonghua Xian Wei Wai Ke Za Zhi[Chin J Microsurg(Article in Chinese;Abstract in Chinese and English)],2003,26(4):267-269. DOI:10.3760/cma.j.issn.1001-2036.2003.04.010.}

[24661] 刘定益，张翀宇，王名伟，张志伟，刘世雄，王健. 显微外科技术治疗复杂膀胱尿道阴道瘘（附五例报告）[J]. 中华泌尿外科杂志，2003，24(11)：763-765. DOI：10.3760/j：issn：1000-6702.2003.11.013. {LIU Dingyi,ZHANG Liyu,WANG Mingwei,ZHANG Zhiwei,LIU Shixiong,WANG Jian. Microsurgery for treatment of complex urethrovaginal or vesicovaginal fistula (report of 5 cases)[J]. Zhonghua Mi Niao Wai Ke Za Zhi[Chin J Urol(Article in Chinese;Abstract in Chinese and English)],2003,24(11):763-765. DOI:10.3760/j:issn:1000-6702.2003.11.013.}

[24662] 彭扬国，王明新，翁阳华，欧耀芬. 应用显微外科技术修复小腿远端皮肤组织缺损 [J]. 中华显微外科杂志，2004，27(1)：58-60. DOI：10.3760/cma.j.issn.1001-2036.2004.01.025. {PENG Yangguo,WANG Mingxin,WENG Yanghua,OU Yaofen. Application of Microsurgical Technique in Repairing Skin Tissue Defect of Distal Leg[J]. Zhonghua Xian Wei Wai Ke Za Zhi[Chin J Microsurg(Article in Chinese;Abstract in Chinese)],2004,27(1):58-60. DOI:10.3760/cma.j.issn.1001-2036.2004.01.025.}

[24663] 袁泉，董宝贵，史鹤. 儿童陈旧性桡骨小头脱位手术中显微外科技术的应用 [J]. 中华显微外科杂志，2004，27(3)：213-214. DOI：10.3760/cma.j.issn.1001-2036.2004.03.021. {YUAN Quan,DONG Baogui,SHI He. Application of Microsurgical Techniques in Children's Old Dislocation of Radial Head[J]. Zhonghua Xian Wei Wai Ke Za Zhi[Chin J Microsurg(Article in Chinese;Abstract in Chinese)],2004,27(3):213-214. DOI:10.3760/cma.j.issn.1001-2036.2004.03.021.}

[24664] 林立，黄卫东，黄作，徐基农，阮艺，李宏翠，杨敏清，杨雄，顾立强，裴国献，陈国奋，张进章. 显微外科技术在儿童手部急诊创伤修复的应用体会 [J]. 局解手术学杂志，2004，13(4)：252-253. DOI：10.3969/j.issn.1672-5042.2004.04.018. {LIN Li,HUANG Weidong,HUANG Zuo,XU Jinong,RUAN Yi,LI Hongcui,YANG Minqing,YANG Xiong,GU Liqiang,PEI Guoxian,CHEN Guofen,ZHANG Jinzhang. Experience of microsurgical technic in the treatment of emergency hand injury of children[J]. Ju Jie Shou Shu Xue Za Zhi[J Reg Anat Oper Surg(Article in Chinese;No abstract available)],2004,13(4):252-253. DOI:10.3969/j.issn.1672-5042.2004.04.018.}

[24665] 谢扬，蒋学武，李建宏，王广欢. 应用显微外科技术修复尿道下裂 [J]. 中华显微外科杂志，2005，28(1)：77-78. DOI：10.3760/cma.j.issn.1001-2036.2005.01.037. {XIE Yang,JIANG Xuewu,LI Jianhong,WANG Guanghuan. Repair of hypospadias with microsurgical technique[J]. Zhonghua Xian Wei Wai Ke Za Zhi[Chin J Microsurg(Article in Chinese;Abstract in Chinese)],2005,28(1):77-78. DOI:10.3760/cma.j.issn.1001-2036.2005.01.037.}

[24666] 钱云良，章一新，杨军，王丹茹，张余光. 鼻部分缺损畸形的显微外科技术修复 [J]. 中华整形外科杂志，2005，21(6)：457-460. DOI：10.3760/j.issn：1009-4598.2005.06.016. {QIAN Yunliang,ZHANG Yixin,YANG Jun,WANG Danru,ZHANG Yuguang. Microsurgical reconstruction of the nasal subunit defects[J]. Zhonghua Zheng Xing Wai Ke Za Zhi[Chin J Plast Surg(Article in Chinese;Abstract in Chinese and English)],2005,21(6):457-460. DOI:10.3760/j.issn:1009-4598.2005.06.016.}

[24667] 陈星隆. 显微外科技术修复Ⅱ区指屈肌腱切割性损伤 [J]. 中国骨伤，2005，18(4)：231-232. DOI：10.3969/j.issn.1003-0034.2005.04.017. {CHEN Xinglong. Repair of incised injury in zone Ⅱ of digital flexor tendon with microsurgical technique[J]. Zhongguo Gu Shang[China J Orthop Trauma(Article in Chinese;No abstract available)],2005,18(4):231-232. DOI:10.3969/j.issn.1003-0034.2005.04.017.}

[24668] 刘强，吴斗，韩树峰，韩西城. 应用显微外科技术预防青壮年股骨颈骨折后股骨头坏死 [J]. 中华显微外科杂志，2006，29(3)：170-173，插图1. DOI：10.3760/cma.j.issn.1001-2036.2006.03.004. {LIU Qiang,WU Dong,HAN Shufeng,HAN Xicheng. Management of the femoral neck fractures in younger patients and prevent the necrosis of femoral head by microsurgical techniques[J]. Zhonghua Xian Wei Wai Ke Za Zhi[Chin J Microsurg(Article in Chinese;Abstract in Chinese and English)],2006,29(3):170-173,insert 1. DOI:10.3760/cma.j.issn.1001-2036.2006.03.004.}

[24669] 谭海涛，江建中，陆俭军，覃天金，杨克勤，韦平欧，谢兆林，唐耀庭. 显微外科技术在小儿组织缺损修复中的应用 [J]. 中华显微外科杂志，2006，29(3)：229-230. DOI：10.3760/cma.j.issn.1001-2036.2006.03.027. {TAN Haitao,JIANG Jianzhong,LU Jianjun,QIN Tianjin,YANG Keqin,WEI Pingou,XIE Zhaolin,TANG Yaoting. Application of Microsurgery in Repairing Tissue Defects in Children[J]. Zhonghua Xian Wei Wai Ke Za Zhi[Chin J Microsurg(Article in Chinese;Abstract in Chinese)],2006,29(3):229-230. DOI:10.3760/cma.j.issn.1001-2036.2006.03.027.}

[24670] 朱生云，王雷. 应用显微外科技术修补尿道皮肤瘘 [J]. 中华显微外科杂志，2006，29

（5）：387-388. DOI：10.3760/cma.j.issn.1001-2036.2006.05.028.｛ZHU Shengyun,WANG Lei. Repair of urethral cutaneous fistula with microsurgical technique[J]. Zhonghua Xian Wei Wai Ke Za Zhi[Chin J Microsurg(Article in Chinese;Abstract in Chinese)],2006,29(5):387-388. DOI:10.3760/cma.j.issn.1001-2036.2006.05.028.｝

[24671] 李彬，陈锦，王薇，王少新，陈建超，樊晋川. 应用显微外科技术改良颈阔肌皮瓣的临床应用[J]. 中华显微外科杂志，2006，29（6）：426-428. DOI：10.3760/cma.j.issn.1001-2036.2006.06.009.｛LI Bin,CHEN Jin,WANG Wei,WANG Shaoxin,CHEN Jianchao,FAN Jinchuan. Clinical application of platysma flap with microsurgical procedure[J]. Zhonghua Xian Wei Wai Ke Za Zhi[Chin J Microsurg(Article in Chinese;Abstract in Chinese and English)],2006,29(6):426-428. DOI:10.3760/cma.j.issn.1001-2036.2006.06.009.｝

[24672] 林欣，宋磊，李家谋，邢汝鹏，王冰，石永常. 应用显微外科技术治疗脊髓型颈椎病疗效分析[J]. 中国脊柱脊髓杂志，2006，16（7）：505-507. DOI：10.3969/j.issn.1004-406X.2006.07.006.｛LIN Xin,SONG Lei,LI Jiamou,XING Rupeng,WANG Bing,SHI Yongchang. An efficacy evaluation of cervical spondylosis myelopathy treated by anterior approach microsurgery[J]. Zhongguo Ji Zhu Ji Sui Za Zhi[Chin J Spine Spinal Cord(Article in Chinese;Abstract in Chinese and English)],2006,16(7):505-507. DOI:10.3969/j.issn.1004-406X.2006.07.006.｝

[24673] 张涛，姜文学，胡茂忠，吴轲，刘世珑. 显微外科技术经椎间隙减压融合治疗颈椎病[J]. 中国矫形外科杂志，2006，14（23）：1769-1771，加页3. DOI：10.3969/j.issn.1005-8478.2006.23.004.｛ZHANG Tao,JIANG Wenxue,HU Maozhong,WU Ke,LIU Shilong. Anterior microsurgical decompression and fusion via cervical disc space[J]. Zhongguo Jiao Xing Wai Ke Za Zhi[Orthop J Chin(Article in Chinese;Abstract in Chinese and English)],2006,14(23):1769-1771,add 3. DOI:10.3969/j.issn.1005-8478.2006.23.004.｝

[24674] 段光琦，潘永康，张敏，浦征宇. 应用显微外科技术修复小儿尿道下裂[J]. 中国微创外科杂志，2006，6（12）：965-967. DOI：10.3969/j.issn.1009-6604.2006.12.029.｛DONG Guangqi,PAN Yongkang,ZHANG Min,PU Zhengyu. Microsurgery for the repair of pediatric hypospadias[J]. Zhongguo Wei Chuang Wai Ke Za Zhi[Chin J Minim Inva Surg(Article in Chinese;Abstract in Chinese and English)],2006,6(12):965-967. DOI:10.3969/j.issn.1009-6604.2006.12.029.｝

[24675] 王雨，王爱民，孙红振，杜全印，郭庆山，王子明，赵玉峰，吴思宇，唐颖. 显微外科技术在人工关节置换中的应用[J]. 中华显微外科杂志，2007，30（2）：102-104. DOI：10.3760/cma.j.issn.1001-2036.2007.02.008.｛WANG Yu,WANG Aimin,SUN Hongzhen,DONG Quanyin,GUO Qingshan,WANG Ziming,ZHAO Yufeng,WU Siyu,TANG Ying. Application of microsurgical technique in joint replacement[J]. Zhonghua Xian Wei Wai Ke Za Zhi[Chin J Microsurg(Article in Chinese;Abstract in Chinese and English)],2007,30(2):102-104. DOI:10.3760/cma.j.issn.1001-2036.2007.02.008.｝

[24676] 肖颖锋，万圣祥，王拥军，江长青，彭艳斌，周喆刚，张祥翊. 应用显微外科技术重建严重挤压伤手的拇指功能[J]. 中华显微外科杂志，2007，30（2）：151-153. DOI：10.3760/cma.j.issn.1001-2036.2007.02.028.｛XIAO Yingfeng,WAN Shengxiang,WANG Yongjun,JIANG Changqing,PENG Yanbin,ZHOU Zhegang,ZHANG Xiangyi. Reconstruction of thumb function of severe crush injury by microsurgery[J]. Zhonghua Xian Wei Wai Ke Za Zhi[Chin J Microsurg(Article in Chinese;Abstract in Chinese)],2007,30(2):151-153. DOI:10.3760/cma.j.issn.1001-2036.2007.02.028.｝

[24677] 李永廉，邱晓东，孟然. 显微外科技术针头支架法输精管吻合术42例分析[J]. 中华显微外科杂志，2007，30(2)：158-159. DOI：10.3760/cma.j.issn.1001-2036.2007.02.032.｛LI Yonglian,QIU Xiaodong,MENG Ran. Analysis of 42 cases of vas deferens anastomosis by microsurgical technique needle stent method[J]. Zhonghua Xian Wei Wai Ke Za Zhi[Chin J Microsurg(Article in Chinese;Abstract in Chinese)],2007,30(2):158-159. DOI:10.3760/cma.j.issn.1001-2036.2007.02.032.｝

[24678] 陈学杰，龙云，朱辉，龙道畴. 显微外科技术修复尿道下裂术后尿瘘[J]. 中华显微外科杂志，2007，30（2）：99-101，插图2-3. DOI：10.3760/cma.j.issn.1001-2036.2007.02.007.｛CHEN Xuejie,LONG Yun,ZHU Hui,LONG Daochou. Microsurgical management of urethral fistula occurred after urethroplasty in hypospadias[J]. Zhonghua Xian Wei Wai Ke Za Zhi[Chin J Microsurg(Article in Chinese;Abstract in Chinese and English)],2007,30(2):99-101,insert 2-3. DOI:10.3760/cma.j.issn.1001-2036.2007.02.007.｝

[24679] 李永廉，邱晓东. 显微外科技术在医源性输尿管损伤后狭窄修复中的应用[J]. 中华显微外科杂志，2007，30（4）：313-314. DOI：10.3760/cma.j.issn.1001-2036.2007.04.033.｛LI Yonglian,QIU Xiaodong. Application of microsurgery in repair of stenosis after iatrogenic ureteral injury[J]. Zhonghua Xian Wei Wai Ke Za Zhi[Chin J Microsurg(Article in Chinese;Abstract in Chinese)],2007,30(4):313-314. DOI:10.3760/cma.j.issn.1001-2036.2007.04.033.｝

[24680] 庄永青. 应用显微外科技术提高手功能重建水平[J]. 中华显微外科杂志，2007，30（5）：321-322. DOI：10.3760/cma.j.issn.1001-2036.2007.05.001.｛ZHUANG Yongqing. Application of microsurgical techniques to improve the level of hand function reconstruction[J]. Zhonghua Xian Wei Wai Ke Za Zhi[Chin J Microsurg(Article in Chinese;No abstract available)],2007,30(5):321-322. DOI:10.3760/cma.j.issn.1001-2036.2007.05.001.｝

[24681] 黄东，黄永军，吴伟炽，张惠茹，江奕恒，林浩，黄国英，伍庆松. 应用显微外科技术修复下肢严重创伤125例[J]. 中华显微外科杂志，2007，30（5）：385-386. DOI：10.3760/cma.j.issn.1001-2036.2007.05.024.｛HUANG Dong,HUANG Yongjun,WU Weichi,ZHANG Huiru,JIANG Yiheng,LIN Hao,HUANG Guoying,WU Qingsong. Application of microsurgery in repairing 125 cases of severe trauma of lower limbs[J]. Zhonghua Xian Wei Wai Ke Za Zhi[Chin J Microsurg(Article in Chinese;Abstract in Chinese)],2007,30(5):385-386. DOI:10.3760/cma.j.issn.1001-2036.2007.05.024.｝

[24682] 张德溪. 显微外科技术修复开放性膝关节损伤并皮肤缺损[J]. 中华显微外科杂志，2008，31（3）：183.｛ZHANG Dexi. Microsurgical repair of open knee injury with skin defect[J]. Zhonghua Xian Wei Wai Ke Za Zhi[Chin J Microsurg(Article in Chinese;No abstract available)],2008,31(3):183.｝

[24683] 滕范文，任绍东，郭奇峰，赵云芳，冯运垒. 应用显微外科技术修复小腿及足踝部创伤创面[J]. 中华显微外科杂志，2008，31（3）：227-228. DOI：10.3760/cma.j.issn.1001-2036.2008.03.025.｛TENG Fanwen,REN Shaodong,GUO Qifeng,ZHAO Yunfang,FENG Yunlei. Application of microsurgical techniques in repairing traumatic wounds of lower leg and ankle[J]. Zhonghua Xian Wei Wai Ke Za Zhi[Chin J Microsurg(Article in Chinese;Abstract in Chinese)],2008,31(3):227-228. DOI:10.3760/cma.j.issn.1001-2036.2008.03.025.｝

[24684] 刘会范，徐培元，赵高贤，魏金星，王家祥，文建国. 显微外科技术在精索静脉高位结扎术中的应用[J]. 中华显微外科杂志，2009，32（1）：82-84. DOI：10.3760/cma.j.issn.1001-2036.2009.01.040.｛LIU Huifan,XU Peiyuan,ZHAO Gaoxian,WEI Jinxing,WANG Jiaxiang,WEN Jianguo. Application of microsurgical technique in high ligation of spermatic vein[J]. Zhonghua Xian Wei Wai Ke Za Zhi[Chin J Microsurg(Article in Chinese;Abstract in Chinese)],2009,32(1):82-84. DOI:10.3760/cma.j.issn.1001-2036.2009.01.040.｝

[24685] 刘会范，左书强. 应用显微外科技术复通输精管的临床体会[J]. 中华显微外科杂志，2009，32（2）：166-167. DOI：10.3760/cma.j.issn.1001-2036.2009.02.036.｛LIU Huifan,ZUO Shuqiang. Clinical experience of recanalization of vas deferens by microsurgery[J]. Zhonghua Xian Wei Wai Ke Za Zhi[Chin J Microsurg(Article in Chinese;Abstract in Chinese)],2009,32(2):166-167. DOI:10.3760/cma.j.issn.1001-2036.2009.02.036.｝

[24686] 连继洪，邓国三，邝石峰，匡斌，赵成利，王冕，陈云瀛，张方晨. 动静脉内瘘术细小静脉分期成形以及显微外科技术的应用[J]. 中华显微外科杂志，2009，32（6）：514-516. DOI：10.3760/cma.j.issn.1001-2036.2009.06.033.｛LIAN Jihong,DENG Guosan,KUANG Shifeng,KUANG Bin,ZHAO Chengli,WANG Mian,CHEN Yunying,ZHANG Fangchen. Staging venoplasty of Arteriovenous fistula and application of microsurgical techniques[J]. Zhonghua Xian Wei Wai Ke Za Zhi[Chin J Microsurg(Article in Chinese;Abstract in Chinese)],2009,32(6):514-516. DOI:10.3760/cma.j.issn.1001-2036.2009.06.033.｝

[24687] 胡大海. 进一步重视应用显微外科技术修复毁损性烧创伤及难治性创面[J]. 中华烧伤杂志，2009，25（6）：404-406. DOI：10.3760/cma.j.issn.1009-2587.2009.06.002.｛HU Dahai. More stress should be laid on the application of microsurgical techniques in the repair of destructive burns and traumas,and intractable wounds[J]. Zhonghua Shao Shang Za Zhi[Chin J Burns(Article in Chinese;Abstract in Chinese and English)],2009,25(6):404-406. DOI:10.3760/cma.j.issn.1009-2587.2009.06.002.｝

[24688] 王朝晖，陈锦，王微，李超. 显微外科技术在头颈肿瘤术后缺损修复中的应用[J]. 中华显微外科杂志，2010，33(1)：75-76. DOI：10.3760/cma.j.issn.1001-2036.2010.01.034.｛WANG Chaohui,CHEN Jin,WANG Wei,LI Chao. Application of microsurgery in repair of postoperative defects of head and neck tumors[J]. Zhonghua Xian Wei Wai Ke Za Zhi[Chin J Microsurg(Article in Chinese;Abstract in Chinese)],2010,33(1):75-76. DOI:10.3760/cma.j.issn.1001-2036.2010.01.034.｝

[24689] 徐哲，邓高燕，陈赛，刘文旭，周李，谢家伦，李穗生，苏诚，李作青. 应用显微外科技术治疗重型尿道下裂[J]. 中华显微外科杂志，2010，33（4）：331-333. DOI：10.3760/cma.j.issn.1001-2036.2010.04.029.｛XU Zhe,DENG Gaoyan,CHEN Sai,LIU Wenxu,ZHOU Li,XIE Jialun,LI Suisheng,SU Cheng,LI Zuoqing. Microsurgical treatment of severe hypospadias[J]. Zhonghua Xian Wei Wai Ke Za Zhi[Chin J Microsurg(Article in Chinese;Abstract in Chinese)],2010,33(4):331-333. DOI:10.3760/cma.j.issn.1001-2036.2010.04.029.｝

[24690] 黎明，李建宏，林炳森，张淳，庄仁汉. 显微外科技术纵形带蒂岛状包皮瓣一期修复尿道下裂[J]. 中华泌尿外科杂志，2010，31（2）：123-124. DOI：10.3760/cma.j.issn.1000-6702.2010.02.018.｛LI Ming,LI Jianhong,LIN Bingsen,ZHANG Chun,ZHUANG Renhan. One-stage urethroplasty for hypospadias by utilization of longitudinal preputial island flaps of dorsum penis and microsurgical technique[J]. Zhonghua Mi Niao Wai Ke Za Zhi[Chin J Urol(Article in Chinese;Abstract in Chinese and English)],2010,31(2):123-124. DOI:10.3760/cma.j.issn.1000-6702.2010.02.018.｝

[24691] 罗庚，郭现辉，李燕山，江宏，王国胜，晏妮，盛名. 显微外科技术修复四肢主干血管损伤的疗效分析[J]. 中华显微外科杂志，2011，34（1）：66-67. DOI：10.3760/cma.j.issn.1001-2036.2011.01.029.｛LUO Geng,GUO Xianhui,LI Yanshan,JIANG Hong,WANG Guosheng,YAN Ni,SHENG Ming. Analysis of curative effect of microsurgical technique in repairing limb trunk vascular injury[J]. Zhonghua Xian Wei Wai Ke Za Zhi[Chin J Microsurg(Article in Chinese;Abstract in Chinese)],2011,34(1):66-67. DOI:10.3760/cma.j.issn.1001-2036.2011.01.029.｝

[24692] 李建华，朱生云. 应用显微外科技术修复尿道下裂术后复杂性尿瘘[J]. 中华显微外科杂志，2011，34（3）：252-253. DOI：10.3760/cma.j.issn.1001-2036.2011.03.035.｛LI Jianhua,ZHU Shengyun. Application of microsurgical technique in repairing complicated urinary fistula after hypospadias operation[J]. Zhonghua Xian Wei Wai Ke Za Zhi[Chin J Microsurg(Article in Chinese;Abstract in Chinese)],2011,34(3):252-253. DOI:10.3760/cma.j.issn.1001-2036.2011.03.035.｝

[24693] 王雷，朱生云. 显微外科技术一期修复尿道下裂的临床评价[J]. 中华显微外科杂志，2011，34（6）：508-509. DOI：10.3760/cma.j.issn.1001-2036.2011.06.032.｛WANG Lei,ZHU Shengyun. Clinical evaluation of one-stage microsurgical repair of hypospadias[J]. Zhonghua Xian Wei Wai Ke Za Zhi[Chin J Microsurg(Article in Chinese;Abstract in Chinese)],2011,34(6):508-509. DOI:10.3760/cma.j.issn.1001-2036.2011.06.032.｝

[24694] 武钦华. 应用显微外科技术修复手部肌腱损伤[J]. 创伤外科杂志，2011，13（4）：355. DOI：10.3969/j.issn.1009-4237.2011.04.023.｛WU Qinhua. Microsurgery technique for repairing tendon injury in hand[J]. Chuang Shang Wai Ke Za Zhi[J Traum Surg(Article in Chinese;Abstract in Chinese and English)],2011,13(4):355. DOI:10.3969/j.issn.1009-4237.2011.04.023.｝

[24695] 邱晓东，李永廉. 显微外科技术在复杂性尿道狭窄手术中的应用[J]. 中华显微外科杂志，2012，35（3）：243-245. DOI：10.3760/cma.j.issn.1001-2036.2012.03.028.｛QIU Xiaodong,LI Yonglian. Application of microsurgical technique in the operation of complex urethral stricture[J]. Zhonghua Xian Wei Wai Ke Za Zhi[Chin J Microsurg(Article in Chinese;Abstract in Chinese)],2012,35(3):243-245. DOI:10.3760/cma.j.issn.1001-2036.2012.03.028.｝

[24696] 李卫，吴建滨，王景滨，梁佳军，曲志伟，孟庆刚. 应用显微外科技术建立动－静脉瘘的临床分析[J]. 中华显微外科杂志，2012，35（5）：440. DOI：10.3760/cma.j.issn.1001-2036.2012.05.034.｛LI Wei,WU Jianbin,WANG Jingbin,LIANG Jiajun,QU Zhiwei,MENG Qinggang. Analysis of establishment of arteriovenous fistula by microsurgery[J]. Zhonghua Xian Wei Wai Ke Za Zhi[Chin J Microsurg(Article in Chinese;No abstract available)],2012,35(5):440. DOI:10.3760/cma.j.issn.1001-2036.2012.05.034.｝

[24697] 杨营利，李永廉. 应用显微外科技术治疗梗阻性无精症42例疗效分析[J]. 中华显微外科杂志，2012，35(6)：510-511. DOI：10.3760/cma.j.issn.1001-2036.2012.06.028.｛YANG Yingli,LI Yonglian. Curative effect on 42 cases of obstructive azoospermia treated by microsurgery[J]. Zhonghua Xian Wei Wai Ke Za Zhi[Chin J Microsurg(Article in Chinese;Abstract in Chinese)],2012,35(6):510-511. DOI:10.3760/cma.j.issn.1001-2036.2012.06.028.｝

[24698] 平萍，马猛，陈向锋，孙凯，刘毅东，周立新，黄翼然，李铮. 显微外科技术在男性不育症治疗中的应用及疗效分析[J]. 中华泌尿外科杂志，2012，33（11）：843-846. DOI：10.3760/cma.j.issn.1000-6702.2012.11.012.｛PING Ping,MA Meng,CHEN Xiangfeng,SUN Kai,LIU Yidong,ZHOU Lixin,HUANG Yiran,LI Zheng. Appliance of microsurgery in the treatment of male infertility[J]. Zhonghua Mi Niao Wai Ke Za Zhi[Chin J Urol(Article in Chinese;Abstract in Chinese and English)],2012,33(11):843-846. DOI:10.3760/cma.j.issn.1000-6702.2012.11.012.｝

[24699] 李学德，何庆鑫，樊胜海，江志勇，汪中兴. 显微外科技术下梗阻性无精子症术前诊断及治疗方式探讨[J]. 中华男科学杂志，2012，18（7）：611-614.｛LI Xuede,HE Qingxin,FAN Shenghai,JIANG Zhiyong,WANG Zhongxing. Diagnosis and treatment of epididymal obstructive azoospermia by microsurgery[J]. Zhonghua Nan Ke Xue Za Zhi[Natl J Androl(Article in Chinese;Abstract in Chinese and English)],2012,18(7):611-614.｝

[24700] 赫志强，李永廉，邱晓东. 显微外科技术治疗复杂性尿道狭窄的应用价值[J]. 中华显微外科杂志，2014，37（3）：301-303. DOI：10.3760/cma.j.issn.1001-2036.2014.03.035.｛HE Zhiqiang,LI Yonglian,QIU Xiaodong. Therapeutic value of microsurgery in treatment of complicated urethral stricture[J]. Zhonghua Xian Wei Wai Ke Za Zhi[Chin J Microsurg(Article in Chinese;Abstract in Chinese and English)],2014,37(3):301-303. DOI:10.3760/cma.j.issn.1001-2036.2014.03.035.｝

[24701] 王建华，肖容，曾国庆，杨志. 显微外科技术修复老年足部缺损临床分析[J]. 中国矫形外科杂志，2014，22（10）：932-934. DOI：10.3977/j.issn.1005-8478.2014.10.14.｛WANG Jianhua,XIAO Rong,ZENG Guoqing,YANG Zhi. Clinical Analysis of Microsurgical Repair of Foot Defect in Elderly Patients[J]. Zhongguo Jiao Xing Wai Ke Za Zhi[Orthop J Chin(Article in Chinese;Abstract in Chinese)],2014,22(10):932-934. DOI:10.3977/j.issn.1005-8478.2014.10.14.｝

[24702] 徐佳，汪春阳，韩培，文根，成亮，陆晟迪，钟万润，柴益民. 显微外科技术联合外固定支架在下肢严重毁损伤保肢治疗中的应用[J]. 中国骨与关节杂志，2015，4（12）：920-923. DOI：10.3969/j.issn.2095-252X.2015.12.004.｛XU Jia,WANG Chunyang,HAN Pei,WEN Gen,CHENG Liang,LU Shengdi,ZHONG Wanrun,CHAI Yimin. Combination of

microsurgical technique and external fixator in the salvage of severely mangled lower extremity[J]. Zhongguo Gu Yu Guan Jie Za Zhi[Chin J Bone Joint(Article in Chinese;Abstract in Chinese and English)],2015,4(12):920-923. DOI:10.3969/j.issn.2095-252X.2015.12.004.}

[24703] **王强，张丽君，李家庚，成德亮，吕敏，李刚，魏登科，邱武安．手指血管球瘤临床特点及显微外科技术应用 [J]．实用手外科杂志，2015，29 (4)：366-368．DOI：10.3969/j.issn.1671-2722.2015.04.008．** {WANG Qiang,ZHANG Lijun,LI Jiageng,CHENG Deliang,LV Min,LI Gang,WEI Dengke,QIU Wuan. Clinical characteristics of digital glomus tumor and application of microscopic repair[J]. Shi Yong Shou Wai Ke Za Zhi[Chin J Pract Hand Surg(Article in Chinese;Abstract in Chinese and English)],2015,29(4):366-368. DOI:10.3969/j.issn.1671-2722.2015.04.008.}

[24704] **宋鹏，荆凯，薛建华．显微外科技术治疗低龄儿先天性并指 [J]．实用手外科杂志，2015，29 (4)：401-403，411．DOI：10.3969/j.issn.1671-2722.2015.04.021．** {SONG Peng,JING Kai,XUE Jianhua. The clinical experience of microsurgical technique to treat congenital syndactyly of young infants[J]. Shi Yong Shou Wai Ke Za Zhi[Chin J Pract Hand Surg(Article in Chinese;Abstract in Chinese and English)],2015,29(4):401-403,411. DOI:10.3969/j.issn.1671-2722.2015.04.021.}

[24705] **黄荏钊，罗道升，莫志锋，梁镇锋，张增强，莫俊华，李牧．应用显微外科技术治疗青少年精索静脉曲张 83 例 [J]．中华显微外科杂志，2016，39 (6)：600-602．DOI：10.3760/cma.j.issn.1001-2036.2016.06.026．** {HUANG Renzhao,LUO Daosheng,MO Zhifeng,LIANG Zhenfeng,ZHANG Zengqiang,MO Junhua,LI Mu. 83 cases of adolescent varicocele treated by microsurgery[J]. Zhonghua Xian Wei Wai Ke Za Zhi[Chin J Microsurg(Article in Chinese;Abstract in Chinese)],2016,39(6):600-602. DOI:10.3760/cma.j.issn.1001-2036.2016.06.026.}

[24706] **苑博，杨翔龙，童致虹，梁海东．应用显微外科技术治疗甲下血管球瘤的疗效分析 [J]．实用手外科杂 志，2016，30 (3)：258-259，268．DOI：10.3969/j.issn.1671-2722.2016.03.003．** {YUAN Bo,YANG Xianglong,TONG Zhihong,LIANG Haidong. Analysis of curative effect of microsurgical treatment of subungual glomus tumor[J]. Shi Yong Shou Wai Ke Za Zhi[Chin J Pract Hand Surg(Article in Chinese;Abstract in Chinese and English)],2016,30(3):258-259,268. DOI:10.3969/j.issn.1671-2722.2016.03.003.}

[24707] **柴益民，张长青，曾炳芳．急诊显微外科技术治疗下肢严重创伤的 10 年回顾性研究 [J]．中华显微外科杂志，2018，41 (5)：459-463．DOI：10.3760/cma.j.issn.1001-2036.2018.05.011．** {CHAI Yimin,ZHANG Changqing,ZENG Bingfang. Ten years retrospective study of using primary microsurgery technology to treat patients with severe lower extremities injury[J]. Zhonghua Xian Wei Wai Ke Za Zhi[Chin J Microsurg(Article in Chinese;Abstract in Chinese and English)],2018,41(5):459-463. DOI:10.3760/cma.j.issn.1001-2036.2018.05.011.}

[24708] **史艳敏，魏洁．基于显微外科技术的儿童肝移植术后并发症护理监测要点 [J]．中华显微外科杂志，2018，41 (6)：605-606．DOI：10.3760/cma.j.issn.1001-2036.2018.06.027．** {SHI Yanmin,WEI Jie. Key points of nursing monitoring for complications after liver transplantation in children based on microsurgical techniques[J]. Zhonghua Xian Wei Wai Ke Za Zhi[Chin J Microsurg(Article in Chinese;Abstract in Chinese)],2018,41(6):605-606. DOI:10.3760/cma.j.issn.1001-2036.2018.06.027.}

[24709] **李德岭，张力伟．脑肿瘤治疗显微外科技术改进与规范化 [J]．中华医学杂志，2018，98 (17)：1281-1282．DOI：10.3760/cma.j.issn.0376-2491.2018.17.001．** {LI Deling,ZHANG Liwei. Modification and application of anterior skull base microsurgery with navigation system[J]. Zhonghua Yi Xue Za Zhi[Natl Med J China(Article in Chinese;Abstract in Chinese and English)],2018,98(17):1281-1282. DOI:10.3760/cma.j.issn.0376-2491.2018.17.001.}

[24710] **王伟，李俊明，代鹏威，张晓光，艾合买提江 · 玉素甫．早期应用显微外科技术结合改良内固定治疗手舟骨骨折 [J]．中华显微外科杂志，2019，42 (5)：501-504．DOI：10.3760/cma.j.issn.1001-2036.2019.05.022．** {WANG Wei,LI Junming,DAI Pengwei,ZHANG Xiaoguang,AI Hemaitijiang · Yusufu. Early application of microsurgical technique combined with modified internal fixation for scaphoid fracture of hand[J]. Zhonghua Xian Wei Wai Ke Za Zhi[Chin J Microsurg(Article in Chinese;Abstract in Chinese)],2019,42(5):501-504. DOI:10.3760/cma.j.issn.1001-2036.2019.05.022.}

[24711] **宋江润，马嘉琦，胡旭昌．显微外科技术治疗甲下中央区域血管球瘤 [J]．中华手外科杂志，2019，35 (2)：150-151．** {SONG Jiangrun,MA Jiaqi,HU Xuchang. Microsurgical treatment of glomus tumor in subthyroid central region[J]. Zhonghua Shou Wai Ke Za Zhi[Chin J Hand Surg(Article in Chinese;Abstract in Chinese)],2019,35(2):150-151.}

8.9 实验外科

experimental surgery

[24712] Lu SB,Sun YQ,Wang JF. Cementless fixation of pearl-surfaced hip endoprosthesis. Experimental study and preliminary clinical application[J]. Chin Med J,1988,101(5):305-10.

[24713] Sun YQ,Lu SB,Wang JF. In vitro and in vivo effects of PGE2 on cementless fixation of implant[J]. Chin Med J,1992,105(9):742-8.

[24714] Zhang XY,Sun CK,Wang RY. Combined carotid arteries-aortic arch transplantation in rats:development of a new microsurgical model[J]. Microsurgery,2001,21(7):325-8. doi:10.1002/micr.1059.

[24715] He Q,Li Q,Chen B,Wang Z. Repair of flexor tendon defects of rabbit with tissue engineering method[J]. Chin J Traumatol,2002,5(4):200-8.

[24716] Zhao M,Zhou J,Li X,Fang T,Dai W,Yin W,Dong J. Repair of bone defect with vascularized tissue engineered bone graft seeded with mesenchymal stem cells in rabbits[J]. Microsurgery,2011,31(2):130-7. doi:10.1002/micr.20854.

[24717] **马毅，何晓顺，陈规划，陈细桃，黄洁夫．应用显微外科技术建立大鼠一期肝肾联合移植模型 [J]．中华显微外科杂志，2004，27 (3)：208-209．DOI：10.3760/cma.j.issn.1001-2036.2004.03.018．** {MA Yi,HE Xiaoshun,CHEN Guihua,CHEN Xitao,HUANG Jiefu. The model of primary liver and kidney transplantation in rats was established by microsurgical technique[J]. Zhonghua Xian Wei Wai Ke Za Zhi[Chin J Microsurg(Article in Chinese;Abstract in Chinese)],2004,27(3):208-209. DOI:10.3760/cma.j.issn.1001-2036.2004.03.018.}

[24718] **万涛，贺亚东，滕龙，方周溪，朱冠保．显微外科技术在大鼠急性胰腺炎肝损伤模型建立中的应用 [J]．中华显微外科杂志，2007，30 (6)：444-446．DOI：10.3760/cma.j.issn.1001-2036.2007.06.014．** {WAN Tao,HE Yadong,TENG Long,FANG Zhouxi,ZHU Guanbao. Application of microsurgical technique in rat liver injury model of acute pancreatitis[J]. Zhonghua Xian Wei Wai Ke Za Zhi[Chin J Microsurg(Article in Chinese;Abstract in Chinese)],2007,30(6):444-446. DOI:10.3760/cma.j.issn.1001-2036.2007.06.014.}

[24719] **余思，何晓顺，马毅，胡安斌，李军．双袖套法结合显微外科技术建立大鼠肝肾联合移植模型 [J]．中国普通外科杂志，2008，17 (1)：54-56．DOI：10.3969/j.issn.1005-6947.2008.01.016．** {YU Si,HE Xiaoshun,MA Yi,HU Anbin,LI Jun. Construction of combined liver-kidney transplantation model in rats using a two-cuff microsurgery technique[J]. Zhongguo Pu Tong Wai Ke Za Zhi[Chin J Gen Surg(Article in Chinese;Abstract in Chinese and English)],2008,17(1):54-56. DOI:10.3969/j.issn.1005-6947.2008.01.016.}

9 显微外科未来发展

development of microsurgery in the future(future of microsurgery)

[24720] Zhu W,Zhai Y,Sun D,Zhao J. Telemedicine and digital management in repair and regeneration after nerve injury and in nervous system diseases[J]. Neural Regen Res,2014,9(16):1567-8. doi:10.4103/1673-5374.139484.

[24721] Gu Q,Tomaskovic-Crook E,Lozano R,Chen Y,Kapsa RM,Zhou Q,Wallace GG,Crook JM. Functional 3D neural mini-tissues from printed gel-based bioink and human neural stem cells[J]. Adv Healthc Mater,2016,5(12):1429-38. doi:10.1002/adhm.201600095.

[24722] Miao S,Cui H,Nowicki M,Xia L,Zhou X,Lee SJ,Zhu W,Sarkar K,Zhang Z,Zhang LG. Stereolithographic 4D bioprinting of multiresponsive architectures for neural engineering[J]. Adv Biosyst,2018,2(9):1800101. doi:10.1002/adbi.201800101.

[24723] Zhang J,Chen Y,Huang Y,Wu W,Deng X,Liu H,Li R,Tao J,Li X,Liu X,Gou M. A 3D-printed self-adhesive bandage with drug release for peripheral nerve repair[J]. Adv Sci (Weinh),2020,7(23):2002601. doi:10.1002/advs.202002601.

[24724] 廖有谋．显微外科的未来展望 [J]．中华显微外科杂志，1991，14（1）：19-20．DOI：10.3760/cma.j.issn.1001-2036.1991.01.110．{LIAO Youmou. Future prospects of microsurgery[J]. Zhonghua Xian Wei Wai Ke Za Zhi[Chin J Microsurg(Article in Chinese;No abstract available)],1991,14(1):19-20. DOI:10.3760/cma.j.issn.1001-2036.1991.01.110.}

[24725] 李维华．利用信息高速公路开展远程病理会诊 [J]．解放军医学杂志，1997，22(4)：72．{LI Weihua. Research on remote surveillance and positioning system of individual soldier's life state[J]. Jie Fang Jun Yi Xue Za Zhi[Med J Chin PLA(Article in Chinese;No abstract available)],1997,22(4):72.}

[24726] 陈国奋，秦煜，顾立强．因特网（INTERNET）上的创伤和矫形外科 [J]．中国创伤骨科杂志，1999，1（1）：84．{CHEN Guofen,QIN Yu,GU Liqiang. Trauma and orthopaedic surgery on the Internet[J]. Zhongguo Chuang Shang Gu Ke Za Zhi[Chin J Orthop Trauma(Article in Chinese;No abstract available)],1999,1(1):84.}

[24727] 张进军，李兵仓，张问德．国际互联网络医学资源中创伤信息的获取 [J]．中华创伤杂志，1999，15（5）：397-398．DOI：10.3760/j：issn：1001-8050.1999.05.035．{ZHANG Jinjun,LI Bingcang,ZHANG Wende. Access to trauma information from medical resources on the Internet[J]. Zhonghua Chuang Shang Za Zhi[Chin J Trauma(Article in Chinese;No abstract available)],1999,15(5):397-398. DOI:10.3760/j:issn:1001-8050.1999.05.035.}

[24728] 裴国献，陈滨．21 世纪医学发展未来 [J]．中国创伤骨科杂志，2001，3（4）：243-248．DOI：10.3760/cma.j.issn.1671-7600.2001.04.002．{PEI Guoxian,CHEN Bin. The future of medical science in 21th century[J]. Zhongguo Chuang Shang Gu Ke Za Zhi[Chin J Orthop Trauma(Article in Chinese;Abstract in Chinese and English)],2001,3(4):243-248. DOI:10.3760/cma.j.issn.1671-7600.2001.04.002.}

[24729] 董震，顾玉东，成效敏，王欢，陈大跃，赵春宇，谢国权，朱成刚．植入式人工电动智能掌指关节的设计 [J]．上海医学，2001，24（9）：517-519．DOI：10.3969/j.issn.0253-9934.2001.09.003．{DONG Zhen,GU Yudong,CHENG Xiaomin,WANG Huan,CHEN Dayue,ZHAO Chunyu,XIE Guoquan,ZHU Chenggang. Design of implanted electric artificial intelligent metacarpophalangeal joint[J]. Shang Hai Yi Xue[Shanghai Med J(Article in Chinese;Abstract in Chinese and English)],2001,24(9):517-519. DOI:10.3969/j.issn.0253-9934.2001.09.003.}

[24730] 裴国献，任高宏．21 世纪骨科领域新技术——微创外科 [J]．中华创伤骨科杂志，2002，4（2）：89-95．DOI：10.3760/cma.j.issn.1671-7600.2002.02.003．{PEI Guoxian,REN Gaohong. A new technique of orthopaedics in 21st century-minimally invasive surgery[J]. Zhonghua Chuang Shang Gu Ke Za Zhi[Chin J Orthop Trauma(Article in Chinese;Abstract in Chinese and English)],2002,4(2):89-95. DOI:10.3760/cma.j.issn.1671-7600.2002.02.003.}

[24731] 郭劲松，邓亲恺，龚剑．单兵生命状态远程监视及定位系统的研究 [J]．第一军医大学学报，2002，22（4）：320-322．DOI：10.3321/j.issn：1673-4254.2002.04.007．{GUO Jinsong,DENG Qinkai,GONG Jian. Development of apparatus for remote personal vital status monitoring and positioning[J]. Di Yi Jun Yi Da Xue Xue Bao[J First Mil Med Univ(Article in Chinese;Abstract in Chinese and English)],2002,22(4):320-322. DOI:10.3321/j.issn:1673-4254.2002.04.007.}

[24732] 裴国献，任高宏．21 世纪骨科微创技术发展的评价 [J]．中国矫形外科杂志，2003，11（3）：151-154．DOI：10.3969/j.issn.1005-8478.2003.03.001．{PEI Guoxian,REN Gaohong. Evaluation of the development of minimally invasive techniques in orthopedics in the 21st century[J]. Zhongguo Jiao Xing Wai Ke Za Zhi[Orthop J Chin(Article in Chinese;No abstract available)],2003,11(3):151-154. DOI:10.3969/j.issn.1005-8478.2003.03.001.}

[24733] 裴国献，相大勇．计算机辅助骨科技术的现状与未来 [J]．中华创伤骨科杂志，2003，5（2）：85-88．DOI：10.3760/cma.j.issn.1671-7600.2003.02.002．{PEI Guoxian,XIANG Dayong. Current development and prospects of computer assisted orthopedic surgery (CAOS)[J]. Zhonghua Chuang Shang Gu Ke Za Zhi[Chin J Orthop Trauma(Article in Chinese;Abstract in Chinese and English)],2003,5(2):85-88. DOI:10.3760/cma.j.issn.1671-7600.2003.02.002.}

[24734] 裴国献，任高宏．显微外科目前面临的困难与发展对策 [J]．中华创伤骨科杂志，2003，5（3）：161-164．DOI：10.3760/cma.j.issn.1671-7600.2003.03.001．{PEI Guoxian,REN Gaohong. Current microsurgery:its obstacles and development strategy[J]. Zhonghua Chuang Shang Gu Ke Za Zhi[Chin J Orthop Trauma(Article in Chinese;Abstract in Chinese and English)],2003,5(3):161-164. DOI:10.3760/cma.j.issn.1671-7600.2003.03.001.}

[24735] 任高宏，裴国献．虚拟技术对 21 世纪微创外科发展的影响 [J]．中华创伤骨科杂志，2004，6(8)：899-902，909．DOI：10.3760/cma.j.issn.1671-7600.2004.08.017．{REN Gaohong,PEI Guoxian. The influence of virtual reality on the development of minimally invasive surgery in 21st century[J]. Zhonghua Chuang Shang Gu Ke Za Zhi[Chin J Orthop Trauma(Article in Chinese;Abstract in Chinese and English)],2004,6(8):899-902,909. DOI:10.3760/cma.j.issn.1671-7600.2004.08.017.}

[24736] 董震，顾玉东，成效敏，王欢，陈大跃，赵春宇，谢国权，朱成刚．植入式人工电动智能掌指关节的机械设计 [J]．中华手外科杂志，2004，20（2）：83-86．DOI：10.3760/cma.j.issn.1005-054X.2004.02.009．{DONG Zhen,GU Yudong,CHENG Xiaomin,WANG Huan,CHEN Dayue,ZHAO Chunyu,XIE Guoquan,ZHU Chenggang. Mechanical design of implanted artificial electrical intelligence metacarpolphalangeal joint[J]. Zhonghua Shou Wai Ke Za Zhi[Chin J Hand Surg(Article in Chinese;Abstract in Chinese and English)],2004,20(2):83-86. DOI:10.3760/cma.j.issn.1005-054X.2004.02.009.}

[24737] 徐绍斌，端妮，张雪林，杨小燕，黄凌化，覃志颖．远程放射系统在基层医院的初步应用 [J]．第一军医大学学报，2005，25（8）：1043-1044．DOI：10.3321/j.issn：1673-4254.2005.08.050．{XU Shaobin,DONG Ni,ZHANG Xuelin,YANG Xiaoyan,HUANG Linghua,QIN Zhiying. Preliminary application of teleradiation system in primary hospitals[J]. Di Yi Jun Yi Da Xue Xue Bao[J First Mil Med Univ(Article in Chinese;Abstract in Chinese)],2005,25(8):1043-1044. DOI:10.3321/j.issn:1673-4254.2005.08.050.}

[24738] 陆晴友，吴岳嵩．人工智能专家系统及其在骨科领域中的应用 [J]．中国矫形外科杂志，2005，13（2）：141-143．DOI：10.3969/j.issn.1005-8478.2005.02.017．{LU Qingyou,WU Yuesong. Artificial intelligence expert system and its application in the field of orthopedics[J]. Zhongguo Jiao Xing Wai Ke Za Zhi[Orthop J Chin(Article in Chinese;No abstract available)],2005,13(2):141-143. DOI:10.3969/j.issn.1005-8478.2005.02.017.}

[24739] 鲁雯，韩丰谈，鲁玉来．微机控制智能型多功能肢体残疾治疗仪研制 [J]．中国矫形外科杂志，2005，13（15）：1187-1188．DOI：10.3969/j.issn.1005-8478.2005.15.022．{LU Wen,HAN Fengtan,LU Yulai. The study of multi-functional instrument based on micro-computer for treatment of disabled body[J]. Zhongguo Jiao Xing Wai Ke Za Zhi[Orthop J Chin(Article in Chinese;Abstract in Chinese and English)],2005,13(15):1187-1188. DOI:10.3969/j.issn.1005-8478.2005.15.022.}

[24740] 杨金梅，戴冬梅，张宇飞，郭丽，颜盼盼．介绍一种基于 GSM 网络的远程监护系统在矫形外科的应用 [J]．中国矫形外科杂志，2006，14（22）：1756-1757．DOI：10.3969/j.issn.1005-8478.2006.22.026．{YANG Jinmei,DAI Dongmei,ZHANG Yufei,GUO Li,YAN Panpan. This paper introduces the application of a remote monitoring system based on GSM network in orthopaedic surgery[J]. Zhongguo Jiao Xing Wai Ke Za Zhi[Orthop J Chin(Article in Chinese;No abstract available)],2006,14(22):1756-1757. DOI:10.3969/j.issn.1005-8478.2006.22.026.}

[24741] 刘松君，连平．国内外远程医学发展与展望 [J]．解放军医学杂志，2006，31（9）：845-846．DOI：10.3321/j.issn：0577-7402.2006.09.001．{LIU Songjun,LIAN Ping. Development and prospect of telemedicine at home and abroad[J]. Jie Fang Jun Yi Xue Za Zhi[Med J Chin PLA(Article in Chinese;No abstract available)],2006,31(9):845-846. DOI:10.3321/j.issn:0577-7402.2006.09.001.}

[24742] 端妮，郭文明，张雪林．基于 Web Service 的远程放射系统集成模型研究 [J]．南方医科大学学报，2007，27(8)：1203-1205．DOI：10.3321/j.issn：1673-4254.2007.08.055．{DONG Ni,GUO Wenming,ZHANG Xuelin. Research on integration model of teleradiation system based on web service[J]. Nan Fang Yi Ke Da Xue Xue Bao[J South Med Univ(Article in Chinese;No abstract available)],2007,27(8):1203-1205. DOI:10.3321/j.issn:1673-4254.2007.08.055.}

[24743] 马兴，胡蕴玉，韩一生．仿生活性人工骨的生物制造研究 [J]．中华创伤骨科杂志，2007，9（6）：577-579．DOI：10.3760/cma.j.issn.1671-7600.2007.06.022．{MA Xing,HU Yunyu,HAN Yisheng. Research on biological fabrication of biomimetic artificial bone[J]. Zhonghua Chuang Shang Gu Ke Za Zhi[Chin J Orthop Trauma(Article in Chinese;Abstract in Chinese and English)],2007,9(6):577-579. DOI:10.3760/cma.j.issn.1671-7600.2007.06.022.}

[24744] 顾冬云．数字医学与骨科临床诊疗技术的新发展 [J]．中华创伤骨科杂志，2008，10（2）：111-112．DOI：10.3760/cma.j.issn.1671-7600.2008.02.004．{GU Dongyun. Advancements in digital medicine and orthopaedics[J]. Zhonghua Chuang Shang Gu Ke Za Zhi[Chin J Orthop Trauma(Article in Chinese;Abstract in Chinese and English)],2008,10(2):111-112. DOI:10.3760/cma.j.issn.1671-7600.2008.02.004.}

[24745] 徐月华，李志清，房毅卓．低成本智能瘢痕治疗仪的研制 [J]．南方医科大学学报，2009，29（8）：1675-1676，1679．DOI：10.3321/j.issn：1673-4254.2009.08.080．{XU Yuehua,LI Zhiqing,FANG Yizhuo. Development of low cost intelligent scar treatment instrument[J]. Nan Fang Yi Ke Da Xue Xue Bao[J South Med Univ(Article in Chinese;Abstract in Chinese)],2009,29(8):1675-1676,1679. DOI:10.3321/j.issn:1673-4254.2009.08.080.}

[24746] 裴国献．创新与显微外科的可持续发展 [J]．中华显微外科杂志，2010，33（3）：177-179．DOI：10.3760/cma.j.issn.1001-2036.2010.03.001．{PEI Guoxian. Innovation and sustainable development of microsurgery[J]. Zhonghua Xian Wei Wai Ke Za Zhi[Chin J Microsurg(Article in Chinese;No abstract available)],2010,33(3):177-179. DOI:10.3760/cma.j.issn.1001-2036.2010.03.001.}

[24747] 朱兴宝，张绎，封雨，李栋平，李敏，范泉水．轻便型显微镜视屏手术模式的开发研究 [J]．中华神经外科杂志，2010，26（4）：383-384．DOI：10.3760/cma.j.issn.1001-2346.2010.04.033．{ZHU Xingbao,ZHANG Yi,FENG Yu,LI Dongping,LI Min,FAN Quanshui. Development and Research of portable microscope video operation mode[J]. Zhonghua Shen Jing Wai Ke Za Zhi[Chin J Neurosurg(Article in Chinese;No abstract available)],2010,26(4):383-384. DOI:10.3760/cma.j.issn.1001-2346.2010.04.033.}

[24748] 张成，王共先，习海波．国内外远程医疗的发展与现状 [J]．中华医学杂志，2010，90（24）：1726-1728．DOI：10.3760/cma.j.issn.0376-2491.2010.24.018．{ZHANG Cheng,WANG Gongxian,XI Haibo. The development and present situation of telemedicine at home and abroad[J]. Zhonghua Yi Xue Za Zhi[Natl Med J China(Article in Chinese;No abstract available)],2010,90(24):1726-1728. DOI:10.3760/cma.j.issn.0376-2491.2010.24.018.}

[24749] 裴国献．我国显微外科学发展走向的新思考——显微外科的昨天、今天与明天 [J]．中华显微外科杂志，2011，34(1)：1-2．DOI：10.3760/cma.j.issn.1001-2036.2011.01.001．{PEI Guoxian. New thoughts on the development trend of microsurgery in china—yesterday,today and tomorrow of microsurgery[J]. Zhonghua Xian Wei Wai Ke Za Zhi[Chin J Microsurg(Article in Chinese;No abstract available)],2011,34(1):1-2. DOI:10.3760/cma.j.issn.1001-2036.2011.01.001.}

[24750] 刘小林．仰思躬行走向未来 [J]．中华显微外科杂志，2012，35（1）：1-2．DOI：10.3760/cma.j.issn.1001-2036.2012.01.001．{LIU Xiaolin. Think and act towards the future[J]. Zhonghua Xian Wei Wai Ke Za Zhi[Chin J Microsurg(Article in Chinese;No abstract available)],2012,35(1):1-2. DOI:10.3760/cma.j.issn.1001-2036.2012.01.001.}

[24751] 张力伟，李德岭，洋长存，张鹏．神经外科与“脑科学研究”[J]．中华医学杂志，2013，93（39）：3091-3092．DOI：10.3760/cma.j.issn.0376-2491.2013.39.002．{ZHANG Liwei,LI Deling,泮 Changcun,ZHANG Peng. Neurosurgery and"Brain Science Research"[J]. Zhonghua Yi Xue Za Zhi[Natl Med J China(Article in Chinese;No abstract available)],2013,93(39):3091-3092. DOI:10.3760/cma.j.issn.0376-2491.2013.39.002.}

[24752] 谭海涛，秦豪．数字医学技术在指缺损再造中的应用 [J]．中华显微外科杂志，2013，36（4）：411-413．DOI：10.3760/cma.j.issn.1001-2036.2013.06.037．{TAN Haitao,QIN Hao. Application of digital medical technology in finger defect reconstruction[J]. Zhonghua Xian Wei Wai Ke Za Zhi[Chin J Microsurg(Article in Chinese;Abstract in Chinese and English)],2013,36(4):411-413. DOI:10.3760/cma.j.issn.1001-2036.2013.06.037.}

[24753] 韦平欧，谭海涛，杨克勤，罗翔，许林，江建中，梁妮，黄圣斌，林汉. 数字医学技术辅助单手 5 指全形再造一例 [J]. 中华显微外科杂志，2013，36（6）：619. DOI：10.3760/cma.j.issn.1001-2036.2013.06.037. {WEI Pingou,TAN Haitao,YANG Keqin,LUO Xiang,XU Lin,JIANG Jianzhong,LIANG NI,HUANG Shengbin,LIN Han. Digital medical technology assisted one-handed 5 finger full reconstruction in one case[J]. Zhonghua Xian Wei Wai Ke Za Zhi[Chin J Microsurg(Article in Chinese;Abstract in Chinese and English)],2013,36(6):619. DOI:10.3760/cma.j.issn.1001-2036.2013.06.037.}

[24754] 卢绮萍. 从数字医学实践谈转化医学理念——普通临床医生如何认识自己在数字医学 T1、T2、T3 阶段的角色 [J]. 中国实用外科杂志，2013，33（1）：21-24. {LU Qiping. A transformation from digital medicine to translational medicine:what roles should clinical doctors play in different phases(T1,T2 and T3)of digital medicine?[J]. Zhongguo Shi Yong Wai Ke Za Zhi[Chin J Pract Surg(Article in Chinese;Abstract in Chinese and English)],2013,33(1):21-24.}

[24755] 匡铭，王晔，姜春林，彭宝岗，梁力建. 数字医学技术在巨块型肝癌诊断和治疗中的应用价值 [J]. 中国实用外科杂志，2013，33（1）：30-34. {KUANG Ming,WANG Ye,JIANG Chunlin,PENG Baogang,LIANG Lijian. Diagnostic and therapeutic value of digital medical technology on giant liver cancer[J]. Zhongguo Shi Yong Wai Ke Za Zhi[Chin J Pract Surg(Article in Chinese;Abstract in Chinese and English)],2013,33(1):30-34.}

[24756] 曾俊，杨浩，江华. 创伤性休克复苏研究的挑战与机遇：大数据分析、计算机科学、系统生物学与创伤科学的融合 [J]. 创伤外科杂志，2013，15（2）：186-189. DOI：10.3969/j.issn.1009-4237.2013.02.036. {ZENG Jun,YANG Hao,JIANG Hua. Challenges and opportunities for traumatic shock resuscitation research:integration of data analysis,computational science,systems biology and trauma science[J]. Chuang Shang Wai Ke Za Zhi[J Traum Surg(Article in Chinese;Abstract in Chinese and English)],2013,15(2):186-189. DOI:10.3969/j.issn.1009-4237.2013.02.036.}

[24757] 杜娟，刘雪来. 3D 生物打印技术在皮肤创面修复中的研究进展 [J]. 中华创伤杂志，2014，30（10）：1063-1066. DOI：10.3760/cma.j.issn.1001-8050.2014.10.022. {DONG Juan,LIU Xuelai. Research progress of 3D bio-printing technology in skin wound repair[J]. Zhonghua Chuang Shang Za Zhi[Chin J Trauma(Article in Chinese;Abstract in Chinese and English)],2014,30(10):1063-1066. DOI:10.3760/cma.j.issn.1001-8050.2014.10.022.}

[24758] 付军，郭征，王臻，栗向东，范宏斌，李靖，裴延军，裴国献，李丹. 多种 3-D 打印手术导板在骨肿瘤切除重建手术中的应用 [J]. 中国修复重建外科杂志，2014，28（3）：304-308. DOI：10.7507/1002-1892.20140069. {FU Jun,GUO Zheng,WANG Zhen,LI Xiangdong,FAN Hongbin,LI Jing,PEI Yanjun,PEI Guoxian,LI Dan. Use of four kinds of three-dimensional printing guide plate in bone tumor resection and reconstruction operation[J]. Zhongguo Xiu Fu Chong Jian Wai Ke Za Zhi[Chin J Repar Reconstr Surg(Article in Chinese;Abstract in Chinese and English)],2014,28(3):304-308. DOI:10.7507/1002-1892.20140069.}

[24759] 陈冬，刘亚雄，贺健康，王振，马磊，靳忠民. 原位 3-D 打印技术的研究现状与未来 [J]. 中国修复重建外科杂志，2014，28（11）：1428-1430. DOI：10.7507/1002-1892.20140307. {CHEN Dong,LIU Yaxiong,HE Jiankang,WANG Zhen,MA Lei,JIN Zhongmin. Research status and future of in situ three-dimensional printing technique[J]. Zhongguo Xiu Fu Chong Jian Wai Ke Za Zhi[Chin J Repar Reconstr Surg(Article in Chinese;Abstract in Chinese and English)],2014,28(11):1428-1430. DOI:10.7507/1002-1892.20140307.}

[24760] 陈山林，杨德金. 数字医学——显微外科发展的机遇 [J]. 中华显微外科杂志，2014，37（4）：313-315. DOI：10.3760/cma.j.issn.1001-2036.2014.04.001. {CHEN Shanlin,YANG Dejin. Digital medicine——An opportunity for the development of microsurgery[J]. Zhonghua Xian Wei Wai Ke Za Zhi[Chin J Microsurg(Article in Chinese;Abstract in Chinese and English)],2014,37(4):313-315. DOI:10.3760/cma.j.issn.1001-2036.2014.04.001.}

[24761] 汪方，王谦，王秋根，胡小锋，王丹. 展望“大数据”时代的创伤急救 [J]. 上海医学，2014，37（3）：267-270. {WANG Fang,WANG Qian,WANG Qiugen,HU Xiaofeng,WANG Dan. Looking forward to the first aid for trauma in the era of “big data”[J]. Shang Hai Yi Xue[Shanghai Med J(;No abstract available)],2014,37(3):267-270.}

[24762] 裴国献. 3D 打印技术：骨科最新冲击波 [J]. 中华创伤骨科杂志，2015，17（1）：8-9. DOI：10.3760/cma.j.issn.1671-7600.2015.01.003. {PEI Guoxian. 3D printing technology:the latest wave in orthopedics[J]. Zhonghua Chuang Shang Gu Ke Za Zhi[Chin J Orthop Trauma(Article in Chinese;No abstract available)],2015,17(1):8-9. DOI:10.3760/cma.j.issn.1671-7600.2015.01.003.}

[24763] 杨鹏，叶添文，张帆，杨迪，朱磊，何翔，陈爱民. 3D 打印技术辅助手术治疗骶骨骨折伴骶丛神经损伤 [J]. 中华创伤骨科杂志，2015，17（1）：13-17. DOI：10.3760/cma.j.issn.1671-7600.2015.01.005. {YANG Peng,YE Tianwen,ZHANG Fan,YANG Di,ZHU Lei,HE Xiang,CHEN Aimin. Surgical treatment of sacral fractures accompanied with lumbosacral plexus avulsion assisted by 3D printing[J]. Zhonghua Chuang Shang Gu Ke Za Zhi[Chin J Orthop Trauma(Article in Chinese;Abstract in Chinese and English)],2015,17(1):13-17. DOI:10.3760/cma.j.issn.1671-7600.2015.01.005.}

[24764] 黄沙，姚斌，付小兵. 3D 打印技术在医学领域的应用与发展 [J]. 中华创伤杂志，2015，31（1）：7-9. DOI：10.3760/cma.j.issn.1001-8050.2015.01.003. {HUANG Sha,YAO Bin,FU Xiaobing. Application and development of 3D printing technology in medical field[J]. Zhonghua Chuang Shang Za Zhi[Chin J Trauma(Article in Chinese;No abstract available)],2015,31(1):7-9. DOI:10.3760/cma.j.issn.1001-8050.2015.01.003.}

[24765] 臧成五，孟泽祖，刘林峰，张文志，陈永祥，张建磊，丛锐. 3D 打印技术在拇指再造中辅助重建骨与关节的应用 [J]. 中华手外科杂志，2016，32（5）：331-333. DOI：10.3760/cma.j.issn.1005-054X.2016.05.004. {ZANG Chengwu,MENG Zezu,LIU Linfeng,ZHANG Wenzhi,CHEN Yongxiang,ZHANG Jianlei,CONG Rui. Application of 3D printing technology to assist bone and joint reconstruction in thumb reconstruction[J]. Zhonghua Shou Wai Ke Za Zhi[Chin J Hand Surg(Article in Chinese;Abstract in Chinese)],2016,32(5):331-333. DOI:10.3760/cma.j.issn.1005-054X.2016.05.004.}

[24766] 裴国献. 着力打造 3D 打印在骨科应用的技术平台 [J]. 中华创伤骨科杂志，2016，18（1）：4-5. DOI：10.3760/cma.j.issn.1671-7600.2016.01.001. {PEI Guoxian. Construct a technical platform for application of 3D printing in orthopaedics[J]. Zhonghua Chuang Shang Gu Ke Za Zhi[Chin J Orthop Trauma(Article in Chinese;Abstract in Chinese and English)],2016,18(1):4-5. DOI:10.3760/cma.j.issn.1671-7600.2016.01.001.}

[24767] 林楷丰，何树，宋岳，王铮，毕龙，裴国献. 无丝 3D 打印技术常温构建仿生人工骨支架的研究 [J]. 中华创伤骨科杂志，2016，18（5）：421-427. DOI：10.3760/cma.j.issn.1671-7600.2016.05.011. {LIN Kaifeng,HE Shu,SONG Yue,WANG Zheng,BI Long,PEI Guoxian. Fabrication of a bionic artificial bone scaffold using a room temperature three dimensional printing technique[J]. Zhonghua Chuang Shang Gu Ke Za Zhi[Chin J Orthop Trauma(Article in Chinese;Abstract in Chinese and English)],2016,18(5):421-427. DOI:10.3760/cma.j.issn.1671-7600.2016.05.011.}

[24768] 余开富，徐永清，谭洪波，何晓清，蔡第心，周田华，罗浩天，段家章. 3D 打印导航模板在带血管蒂髂骨瓣移植治疗股骨头缺血性坏死中的临床应用 [J]. 中国修复重建外科杂志，2016，30（3）：373-377. DOI：10.7507/1002-1892.20160073. {YU Kaifu,XU Yongqing,TAN Hongbo,HE Xiaoqing,CAI Dixin,ZHOU Tianhua,LUO Haotian,DONG Jiazhang. Clinical application of three dimensional printed navigation templates for treatment of osteonecrosis of femoral head with pedicled iliac bone graft[J]. Zhongguo Xiu Fu Chong Jian Wai Ke Za Zhi[Chin J Repar Reconstr Surg(Article in Chinese;Abstract in Chinese and English)],2016,30(3):373-377. DOI:10.7507/1002-1892.20160073.}

[24769] 韩波，李跃军，李靖，赵卓伟，郭波，霍君艺，徐晓丽，李学拥. 智能无线传感敷料 [J]. 中华整形外科杂志，2016，32（5）：393-395，392. DOI：10.3760/cma.j.issn.1009-4598.2016.05.020. {HAN Bo,LI Yuejun,LI Jing,ZHAO Zhuowei,GUO Bo,HUO Junyi,XU Xiaoli,LI Xueyong. Intelligent wireless sensing dressings[J]. Zhonghua Zheng Xing Wai Ke Za Zhi[Chin J Plast Surg(Article in Chinese;No abstract available)],2016,32(5):393-395,392. DOI:10.3760/cma.j.issn.1009-4598.2016.05.020.}

[24770] 王开亮，孟凡刚. 脑机接口技术在神经外科中的应用进展 [J]. 中华神经外科杂志，2016，32（2）：213-216. DOI：10.3760/cma.j.issn.1001-2346.2016.02.025. {WANG Kailiang,MENG Fangang. Advances in application of brain-computer interface technology in neurosurgery[J]. Zhonghua Shen Jing Wai Ke Za Zhi[Chin J Neurosurg(;Abstract in Chinese)],2016,32(2):213-216. DOI:10.3760/cma.j.issn.1001-2346.2016.02.025.}

[24771] 钟世镇，欧阳钧. 我国数字医学概况 [J]. 中华烧伤杂志，2016，32（1）：3-5. DOI：10.3760/cma.j.issn.1009-2587.2016.01.002. {ZHONG Shizhen,OU Yangjun. Overview of Chinese digital medicine[J]. Zhonghua Shao Shang Za Zhi[Chin J Burns(Article in Chinese;Abstract in Chinese and English)],2016,32(1):3-5. DOI:10.3760/cma.j.issn.1009-2587.2016.01.002.}

[24772] 刘军，张绍祥. 数字医学的发展与展望 [J]. 中华解剖与临床杂志，2016，21（6）：525-527. DOI：10.3760/cma.j.issn.2095-7041.2016.06.014. {LIU Jun,ZHANG Shaoxiang. The development and prospect of digital medicine[J]. Zhonghua Jie Pou Yu Lin Chuang Za Zhi[Chin J Anat Clin(Article in Chinese;Abstract in Chinese and English)],2016,21(6):525-527. DOI:10.3760/cma.j.issn.2095-7041.2016.06.014.}

[24773] 陆树良. “互联网＋创伤医学”的探索与思考 [J]. 中华创伤杂志，2016，32（3）：193-195. DOI：10.3760/cma.j.issn.1001-8050.2016.03.001. {LU Shuliang. Exploration and thinking of “Internet + Trauma medicine”[J]. Zhonghua Chuang Shang Za Zhi[Chin J Trauma(Article in Chinese;No abstract available)],2016,32(3):193-195. DOI:10.3760/cma.j.issn.1001-8050.2016.03.001.}

[24774] 钟世镇. 医用 3D 打印技术的探索 [J]. 中华创伤骨科杂志，2017，19（2）：138-139. DOI：10.3760/cma.j.issn.1671-7600.2017.02.009. {ZHONG Shizhen. Exploration of medical 3D printing technology[J]. Zhonghua Chuang Shang Gu Ke Za Zhi[Chin J Orthop Trauma(Article in Chinese;Abstract in Chinese and English)],2017,19(2):138-139. DOI:10.3760/cma.j.issn.1671-7600.2017.02.009.}

[24775] 宋岳，林楷丰，何树，张帅帅，刘斌，毕龙，裴国献. 常温 3D 打印双相磷酸钙/聚乙烯醇复合支架的制备与体外成骨分化研究 [J]. 中华创伤骨科杂志，2017，19（5）：409-416. DOI：10.3760/cma.j.issn.1671-7600.2017.05.008. {SONG Yue,LIN Kaifeng,HE Shu,ZHANG Shuaishuai,LIU Bin,BI Long,PEI Guoxian. Biphasic calcium phosphate/polyvinyl alcohol scaffolds prepared by 3D-printing at room temperature and their impact on in vitro osteogenic differentiation[J]. Zhonghua Chuang Shang Gu Ke Za Zhi[Chin J Orthop Trauma(Article in Chinese;Abstract in Chinese and English)],2017,19(5):409-416. DOI:10.3760/cma.j.issn.1671-7600.2017.05.008.}

[24776] 卢鹏，田文. 3D 打印技术在骨科及手外科领域的应用研究进展 [J]. 中国骨与关节杂志，2017，6（5）：348-351. DOI：10.3969/j.issn.2095-252X.2017.05.006. {LU Peng,TIAN Wen. Research progress of application of 3D printing technology in orthopedics and hand surgery[J]. Zhongguo Gu Yu Guan Jie Za Zhi[Chin J Bone Joint(Article in Chinese;Abstract in Chinese and English)],2017,6(5):348-351. DOI:10.3969/j.issn.2095-252X.2017.05.006.}

[24777] 孟凡刚，陈玥，陈浩，梁艳华，王慧敏，刘婷红，刘钰晔，郝红伟，李路明，张建国. 国产远程程控技术在运动障碍疾病中的临床应用研究 [J]. 中华神经外科杂志，2017，33（12）：1255-1257. DOI：10.3760/cma.j.issn.1001-2346.2017.12.016. {MENG Fangang,CHEN Yue,CHEN Hao,LIANG Yanhua,WANG Huimin,LIU Tinghong,LIU Yuye,HAO Hongwei,LI Luming,ZHANG Jianguo. Clinical study of domestically developed technology of remote programming for movement disorders[J]. Zhonghua Shen Jing Wai Ke Za Zhi[Chin J Neurosurg(Article in Chinese;Abstract in Chinese and English)],2017,33(12):1255-1257. DOI:10.3760/cma.j.issn.1001-2346.2017.12.016.}

[24778] 张英泽. 智能微创手术的概念及其在创伤骨科中的应用 [J]. 中华创伤杂志，2017，33（8）：673-674. DOI：10.3760/cma.j.issn.1001-8050.2017.08.001. {ZHANG Yingze. The concept of intelligent minimally invasive surgery and its application in orthopedics[J]. Zhonghua Chuang Shang Za Zhi[Chin J Trauma(Article in Chinese;No abstract available)],2017,33(8):673-674. DOI:10.3760/cma.j.issn.1001-8050.2017.08.001.}

[24779] 赵佳琦，徐琪，章建全，黄禾菁，刁宗平. 骨骼肌超声诊断迈向人工智能新领域：计算机辅助骨骼肌损伤超声定量诊断 [J]. 第二军医大学学报，2017，38（10）：1217-1224. DOI：10.16781/j.0258-879x.2017.10.1217. {ZHAO Jiaqi,XU Qi,ZHANG Jianquan,HUANG Hejing,DIAO Zongping. Ultrasound diagnosis of skeletal muscle promoted by artificial intelligence:a quantitative evaluation of injured skeletal muscle by computer-aided ultrasonographic texture analysis[J]. Di Er Jun Yi Da Xue Xue Bao[Acad J Sec Mil Med Univ(Article in Chinese;Abstract in Chinese and English)],2017,38(10):1217-1224. DOI:10.16781/j.0258-879x.2017.10.1217.}

[24780] 王翔宇，郑吉驷，张善勇，杨驰. 数字医学辅助下创伤性骨化肌炎的手术治疗：1 例报告及文献复习 [J]. 中国口腔颌面外科杂志，2017，15（2）：189-192. DOI：10.19438/j.cjoms.2017.02.019. {WANG Xiangyu,ZHENG Jisi,ZHANG Shanyong,YANG Chi. Application of digital medical techniques in surgical treatment of myositis ossificans traumatica:a case report and review of the literature[J]. Zhongguo Kou Qiang He Mian Wai Ke Za Zhi[Chin J Oral Maxillofac Surg(Article in Chinese;Abstract in Chinese and English)],2017,15(2):189-192. DOI:10.19438/j.cjoms.2017.02.019.}

[24781] 莫勇军，程志琳，许林，谭海涛，韦平欧，罗翔，黄国秀，林汉，梁旭权. 3D 打印技术辅助修复手桡侧严重毁损伤九例 [J]. 中华显微外科杂志，2018，41（4）：334-338. DOI：10.3760/cma.j.issn.1001-2036.2018.04.005. {MO Yongjun,CHENG Zhilin,XU Lin,TAN Haitao,WEI Pingou,LUO Xiang,HUANG Guoxiu,LIN Han,LIANG Xuquan. 3D printing technology to assist in the repair of 9 cases of severe damage to the radial side hand[J]. Zhonghua Xian Wei Wai Ke Za Zhi[Chin J Microsurg(Article in Chinese;Abstract in Chinese and English)],2018,41(4):334-338. DOI:10.3760/cma.j.issn.1001-2036.2018.04.005.}

[24782] 王金武，王黎明，左建强，许建辉，许苑晶，刘歆，张晓玉，张红桃，李晓庆，李宁，陈建良，邹波，范之劲，徐俊捷，黄亦武，谢宁，蔡万全，裴国献，戴戎. 3D 打印矫形器设计、制造、使用标准与全流程监管的专家共识 [J]. 中华创伤骨科杂志，2018，20（1）：5-9. DOI：10.3760/cma.j.issn.1671-7600.2018.01.001. {WANG Jinwu,WANG Liming,ZYI Jianqiang,XU Jianhui,XU Yuanjing,LIU Xin,ZHANG Xiaoyu,ZHANG Hongtao,LI Xiaoqing,LI Ning,CHEN Jianliang,ZOU Bo,FAN Zhijin,XU Junjie,HUANG Yiwu,XIE Neng,CAI Wanquan,PEI Guoxian,DAI Rong. Expert consensus on specifications and whole-process supervision of design,manufacture and appli-cation of 3D printing orthoses[J]. Zhonghua Chuang Shang Gu Ke Za Zhi[Chin J Orthop Trauma(Article in Chinese;Abstract in Chinese and English)],2018,20(1):5-9. DOI:10.3760/cma.j.issn.1671-7600.2018.01.001.}

[24783] 任文豪，高岭，李少明，李凡，郅远，宋建忠，王启博，薛令法，屈志刚，郅克谦. 虚拟手术计划及 3D 打印导板辅助在游离腓骨瓣精准重建下颌骨中的价值分析 [J]. 中华医学杂志，2018，98（33）：2666-2670. DOI：10.3760/cma.j.issn.0376-2491.2018.33.011. {REN Wenhao,GAO Ling,LI Shaoming,LI Fan,ZHI Yuan,SONG Jianzhong,WANG Qibo,XUE Lingfa,QU Zhigang,ZHI Keqian. Virtual planning and 3D printing modeling for mandibular reconstruction with fibula free flap[J]. Zhonghua Yi Xue Za Zhi[Natl Med J China(Article in Chinese;Abstract in Chinese and English)],2018,98(33):2666-2670. DOI:10.3760/cma.

j.issn.0376-2491.2018.33.011.}

[24784] 曹晖，顾佳毅. 人工智能医疗给外科医生带来的挑战、机遇与思考 [J]. 中国实用外科杂志，2018，38（1）：28-33. DOI：10.19538/j.cjps.issn1005-2208.2018.01.04. {CAO Hui,GU Jiayi. Artificial intelligence in medicine:challenges,opportunities and reflections for surgeons[J]. Zhongguo Shi Yong Wai Ke Za Zhi[Chin J Pract Surg(Article in Chinese;Abstract in Chinese and English)],2018,38(1):28-33. DOI:10.19538/j.cjps.issn1005-2208.2018.01.04.}

[24785] 赵志昕，温亮，郭文龙，张学东，贾斌. 智能可穿戴辅助康复与传统 TKA 术后功能康复的对比 [J]. 中国矫形外科杂志，2018，26（20）：1861-1866. DOI：10.3977/j.issn.1005-8478.2018.20.08. {ZHAO Zhixin,WEN Liang,GUO Wenlong,ZHANG Xuedong,JIA Bin. Smart wearable system aided rehabilitation versus conventional functional rehabilitation after total knee arthroplasty[J]. Zhongguo Jiao Xing Wai Ke Za Zhi[Orthop J Chin(Article in Chinese;Abstract in Chinese and English)],2018,26(20):1861-1866. DOI:10.3977/j.issn.1005-8478.2018.20.08.}

[24786] 杨勇，王启宁，许东方，麦金耿，孙丽颖，田文，陈山林，田光磊. 肌肉再分布技术在智能仿生手信号识别中的研究 [J]. 中华手外科杂志，2018，34（4）：281-284. DOI：10.3760/cma.j.issn.1005-054X.2018.04.016. {YANG Yong,WANG Qining,XU Dongfang,MAI Jingeng,SUN Liying,TIAN Wen,CHEN Shanlin,TIAN Guanglei. Study of muscle redistribution technique in signal recognition of intelligent bionic hand[J]. Zhonghua Shou Wai Ke Za Zhi[Chin J Hand Surg(Article in Chinese;Abstract in Chinese and English)],2018,34(4):281-284. DOI:10.3760/cma.j.issn.1005-054X.2018.04.016.}

[24787] 李海航，包振兴，刘晓彬，朱世辉. 人工智能在烧伤领域的应用研究进展 [J]. 中华烧伤杂志，2018，34(4)：246-248. DOI：10.3760/cma.j.issn.1009-2587.2018.04.011. {LI Haihang,BAO Zhenxing,LIU Xiaobin,ZHU Shihui. Advances in the research of application of artificial intelligence in burn field[J]. Zhonghua Shao Shang Za Zhi[Chin J Burns(Article in Chinese;Abstract in Chinese and English)],2018,34(4):246-248. DOI:10.3760/cma.j.issn.1009-2587.2018.04.011.}

[24788] 刘荣. 智能医学的概念与应用 [J]. 中华医学杂志，2018，98（34）：2697-2699. DOI：10.3760/cma.j.issn.0376-2491.2018.34.001. {LIU Rong. The concept and application of intelligent medicine[J]. Zhonghua Yi Xue Za Zhi[Natl Med J China(Article in Chinese;No abstract available)],2018,98(34):2697-2699. DOI:10.3760/cma.j.issn.0376-2491.2018.34.001.}

[24789] 于观贞，刘西洋，张彦春，杨晶东，田建辉，朱明华. 人工智能在临床医学中的应用与思考 [J]. 第二军医大学学报，2018，39（4）：358-365. DOI：10.16781/j.0258-879x.2018.04.0358. {YU Guanzhen,LIU Xiyang,ZHANG Yanchun,YANG Jingdong,TIAN Jianhui,ZHU Minghua. Artificial intelligence in clinical medicine:application and thinking[J]. Di Er Jun Yi Da Xue Xue Bao[Acad J Sec Mil Med Univ(Article in Chinese;Abstract in Chinese and English)],2018,39(4):358-365. DOI:10.16781/j.0258-879x.2018.04.0358.}

[24790] 王斐，刘荣. 智能外科：外科实践模式的变革趋势 [J]. 第二军医大学学报，2018，39（8）：830-833. DOI：10.16781/j.0258-879x.2018.08.0830. {WANG Fei,LIU Rong. Intelligent surgery:changing trend of surgical practice[J]. Di Er Jun Yi Da Xue Xue Bao[Acad J Sec Mil Med Univ(Article in Chinese;Abstract in Chinese and English)],2018,39(8):830-833. DOI:10.16781/j.0258-879x.2018.08.0830.}

[24791] 寿君妮，于观贞，余党会，李冠南. 人工智能与医学——发展历程 [J]. 第二军医大学学报，2018，39（8）：封 2. {SHOU Junni,YU Guanzhen,YU Danghui,LI Guannan. Artificial intelligence and medicine—the development of history[J]. Di Er Jun Yi Da Xue Xue Bao[Acad J Sec Mil Med Univ(Article in Chinese;No abstract available)],2018,39(8):cover2.}

[24792] 于观贞. 人工智能与医学——序言 [J]. 第二军医大学学报，2018，39（8）：前插 1. {YU Guanzhen. Artificial intelligence and medicine—preface[J]. Di Er Jun Yi Da Xue Xue Bao[Acad J Sec Mil Med Univ(Article in Chinese;No abstract available)],2018,39(8): 前插 1.}

[24793] 人工智能与医学——专家寄语 [J]. 第二军医大学学报，2018，39（8）：前插 2. {Artificial intelligence and medicine—expert message[J]. Di Er Jun Yi Da Xue Xue Bao[Acad J Sec Mil Med Univ(Article in Chinese;No abstract available)],2018,39(8):insert 2.}

[24794] 马珂，徐会友，江继鹏，段峰，牛学刚，张赛，陈旭义，涂悦. 脑机接口技术在创伤性脑损伤神经功能修复中的应用研究进展 [J]. 中华创伤杂志，2018，34（8）：754-758. DOI：10.3760/cma.j.issn.1001-8050.2018.08.015. {MA Ke,XU Huiyou,JIANG Jipeng,DONG Feng,NIU Xuegang,ZHANG Sai,CHEN Xuyi,TU Yue. Application and research progress in the role of brain computer interface technology in neural function repairment after traumatic brain injury[J]. Zhonghua Chuang Shang Za Zhi[Chin J Trauma(Article in Chinese;Abstract in Chinese and English)],2018,34(8):754-758. DOI:10.3760/cma.j.issn.1001-8050.2018.08.015.}

[24795] 齐向东，祁佐良. 数字医学技术在整形外科中的应用 [J]. 中华整形外科杂志，2018，34（6）：407-412. DOI：10.3760/cma.j.issn.1009-4598.2018.06.001. {QI Xiangdong,QI Zuoliang. The application of digital medicine in plastic and reconstructive surgery[J]. Zhonghua Zheng Xing Wai Ke Za Zhi[Chin J Plast Surg(Article in Chinese;Abstract in Chinese and English)],2018,34(6):407-412. DOI:10.3760/cma.j.issn.1009-4598.2018.06.001.}

[24796] 钟世镇. 数字医学在不同学科中的探索应用 [J]. 中华整形外科杂志，2018，34（6）：前插 2. DOI：10.3760/cma.j.issn.1009-4598.2018.06.000. {ZHONG Shizhen. The exploration and application of digital medicine in different disciplines[J]. Zhonghua Zheng Xing Wai Ke Za Zhi[Chin J Plast Surg(Article in Chinese;No abstract available)],2018,34(6): 前 插 2. DOI:10.3760/cma.j.issn.1009-4598.2018.06.000.}

[24797] 龚翼星，毛晓芬，杨波，蒋琪，尹飚. 数字医学在骨科中的应用进展 [J]. 中华关节外科杂志（电子版），2018，12（2）：266-270. DOI：10.3877/cma.j.issn.1674-134X.2018.02.021. {GONG Yixing,MAO Xiaofen,YANG Bo,JIANG Qi,YIN Biao. Application progress of digital medicine in orthopedic surgery[J]. Zhonghua Guan Jie Wai Ke Za Zhi Dian Zi Ban[Chin J Joint Surg (Electr Ed)(Article in Chinese;Abstract in Chinese and English)],2018,12(2):266-270. DOI:10.3877/cma.j.issn.1674-134X.2018.02.021.}

[24798] 周知航，赵昊明，陈旭卓，张善勇，郑吉驷，杨驰. 基于数字医学的下颌骨重建系统：模块化手术方案和标准化评估 [J]. 组织工程与重建外科杂志，2018，14（3）：127-131. DOI：10.3969/j.issn.1673-0364.2018.03.003. {ZHOU Zhihang,ZHAO Haoming,CHEN Xuzhuo,ZHANG Shanyong,ZHENG Jisi,YANG Chi. Mandibular reconstruction based on digital medicine:modularized protocol and standardization evaluation[J]. Zu Zhi Gong Cheng Yu Chong Jian Wai Ke Za Zhi[J Tissue Eng Reconstr Surg(Article in Chinese;Abstract in Chinese and English)],2018,14(3):127-131. DOI:10.3969/j.issn.1673-0364.2018.03.003.}

[24799] 穆蘭，刘岩，毕晔，臧荟然，曹赛赛，汤慧，朱怡，陈玉杰，杨锴，王偲. 脱目镜三维可视技术在两例乳腺癌根治术后乳房缺损修复中的初步应用 [J]. 中华显微外科杂志，2019，42(5)：434-437. DOI：10.3760/cma.j.issn.1001-2036.2019.05.004. {MU Lan,LIU Yan,BI Ye,ZANG Huiran,CAO Saisai,TANG Hui,ZHU Yi,CHEN Yujie,YANG Kai,WANG Si. The preliminary application of 3-dimensional visual technique without eyepiece in repairing breast defect af-ter radical mastectomy in 2 cases of breast cancer[J]. Zhonghua Xian Wei Wai Ke Za Zhi[Chin J Microsurg(Article in Chinese;Abstract in Chinese and English)],2019,42(5):434-437. DOI:10.3760/cma.j.issn.1001-2036.2019.05.004.}

[24800] 欧学海，胡雷鸣，史少岩，张丽君，魏登科，李晓旭. 3D 对比打印腓骨头复合组织瓣移植精准修复肢体组织缺损九例 [J]. 中华显微外科杂志，2019，42（2）：128-131. DOI：10.3760/cma.j.issn.1001-2036.2019.02.007. {OU Xuehai,HU Leiming,SHI Shaoyan,ZHANG Lijun,WEI Dengke,LI Xiaoxu. Precision repairing of compound tissue defect at limbs by 3-Dimentional contrast printing and fibular head compound tissue flap transplantation[J]. Zhonghua Xian Wei Wai Ke Za Zhi[Chin J Microsurg(Article in Chinese;Abstract in Chinese and English)],2019,42(2):128-131. DOI:10.3760/cma.j.issn.1001-2036.2019.02.007.}

[24801] 宗睿，徐欣，毛之奇，崔志强，谢光，张旭，潘隆盛，余新光，凌至培. 5G 通讯远程操控脑深部电刺激术治疗颅脑疾病的初步研究 [J]. 中华神经外科杂志，2019，35（12）：1200-1204. DOI：10.3760/cma.j.issn.1001-2346.2019.12.003. {ZONG Rui,XU Xin,MAO Zhiqi,CUI Zhiqiang,XIE Guang,ZHANG Xu,PAN Longsheng,YU Xinguang,LING Zhipei. Preliminary study of the treatment of brain diseases by remote manipulation of deep brain stimulation with 5G communication[J]. Zhonghua Shen Jing Wai Ke Za Zhi[Chin J Neurosurg(Article in Chinese;Abstract in Chinese and English)],2019,35(12):1200-1204. DOI:10.3760/cma.j.issn.1001-2346.2019.12.003.}

[24802] 程雨虹，王慧，刘丽红，张丽平，沈琼芬，孟美芬. 远程医疗在烧伤领域的应用现状与展望 [J]. 中华烧伤杂志，2019，35（9）：697-700. DOI：10.3760/cma.j.issn.1009-2587.2019.09.010. {CHENG Yuhong,WANG Hui,LIU Lihong,ZHANG Liping,SHEN Qiongfen,MENG Meifen. Application status and prospects of telemedicine in the field of burns[J]. Zhonghua Shao Shang Za Zhi[Chin J Burns(Article in Chinese;Abstract in Chinese and English)],2019,35(9):697-700. DOI:10.3760/cma.j.issn.1009-2587.2019.09.010.}

[24803] 田伟，张琦，李祖昌，范明星，刘亚军，王磊升，张树栋，戴加平，陈宝，张涛，尤佳，刘欣伟，王春生，廖燚，汪少波. 一站对多地 5G 远程控制骨科机器人手术的临床应用 [J]. 骨科临床与研究杂志，2019，4（6）：349-354. DOI：10.19548/j.2096-269x.2019.06.007. {TIAN Wei,ZHANG Qi,LI Zuchang,FAN Mingxing,LIU Yajun,WANG Leisheng,ZHANG Shudong,DAI Jiaping,CHEN Bao,ZHANG Tao,YOU Jia,LIU Xinwei,WANG Chunsheng,LIAO Yi,WANG Shaobo. Clinical application of "one to many" 5G remote orthopedic robot-assisted surgery[J]. Gu Ke Lin Chuang Yu Yan Jiu Za Zhi[J Clin Orthop Res(Article in Chinese;Abstract in Chinese and English)],2019,4(6):349-354. DOI:10.19548/j.2096-269x.2019.06.007.}

[24804] 余梦，张伟涛，张鹏，李浩旭. 智能手术刀执刀训练教学模型设计与实验 [J]. 解剖学报，2019，50（2）：264-268. DOI：10.16098/j.issn.0529-1356.2019.02.021. {YU Meng,ZHANG Weitao,ZHANG Peng,LI Haoxu. Teaching model design and experimental study of intelligent scalpel holding training[J]. Jie Pou Xue Bao[Acta Anat Sin(Article in Chinese;Abstract in Chinese and English)],2019,50(2):264-268. DOI:10.16098/j.issn.0529-1356.2019.02.021.}

[24805] 高峻青，詹晓欢，付记乐，黄昭华，张家盛. 智能化手部背伸牵引支具在手掌皮肤撕脱伤的应用 [J]. 中国矫形外科杂志，2019，27（6）：520-524. DOI：10.3977/j.issn.1005-8478.2019.06.09. {GAO Junqing,ZHAN Xiaohuan,FU Jile,HUANG Zhaohua,ZHANG Jiasheng. Intelligent hand stretching brace for the skin reversed avulsion of the hand palm[J]. Zhongguo Jiao Xing Wai Ke Za Zhi[Orthop J Chin(Article in Chinese;Abstract in Chinese and English)],2019,27(6):520-524. DOI:10.3977/j.issn.1005-8478.2019.06.09.}

[24806] 潘泽平，韩波，陈孝强，赵雨千，秦丹莹，庞楠，李学拥. 智能传感敷料的研究进展 [J]. 中华烧伤杂志，2019，35（7）：552-556. DOI：10.3760/cma.j.issn.1009-2587.2019.07.016. {PAN Zeping,HAN Bo,CHEN Xiaoqiang,ZHAO Yuqian,QIN Danying,PANG Nan,LI Xueyong. Advances in the research of smart dressings[J]. Zhonghua Shao Shang Za Zhi[Chin J Burns(Article in Chinese;Abstract in Chinese and English)],2019,35(7):552-556. DOI:10.3760/cma.j.issn.1009-2587.2019.07.016.}

[24807] 张勤. 人工智能决策系统在烧伤领域应用的主要瓶颈与解决途径 [J]. 中华损伤与修复杂志（电子版），2019，14（6）：406-409. DOI：10.3877/cma.j.issn.1673-9450.2019.06.002. {ZHANG Qin. Main bottlenecks and solutions of artificial intelligence decision system in burn field[J]. Zhonghua Sun Shang Yu Xiu Fu Za Zhi Dian Zi Ban[Chin J Injury Repair Wound Healing(Electr Ed)(Article in Chinese;Abstract in Chinese and English)],2019,14(6):406-409. DOI:10.3877/cma.j.issn.1673-9450.2019.06.002.}

[24808] 莫勇军. 数字医学技术在股前外侧穿支皮瓣应用的进展 [J]. 中华显微外科杂志，2019，42（3）：308-311. DOI：10.3760/cma.j.issn.1001-2036.2019.03.031. {MO Yongjun. Development of digital medical technology in the application of anterolateral femoral perforator flap[J]. Zhonghua Xian Wei Wai Ke Za Zhi[Chin J Microsurg(Article in Chinese;Abstract in Chinese and English)],2019,42(3):308-311. DOI:10.3760/cma.j.issn.1001-2036.2019.03.031.}

[24809] 王炜尔，魏芳强，宫海波，俞图南，成剑，唐建明，杨瑾，王知非. 5G 技术在 3D 打印技术外科领域的应用前景 [J]. 中华实验外科杂志，2020，37（4）：597-599. DOI：10.3760/cma.j.cn421213-20190929-01406. {WANG Weidong,WEI Fangqiang,GONG Haibo,YU Tunan,CHENG Jian,TANG Jianming,YANG Jin,WANG Zhifei. Applied prospect of 5G technique in the field of 3D printing surgery[J]. Zhonghua Shi Yan Wai Ke Za Zhi[Chin J Exp Surg(Article in Chinese;Abstract in Chinese and English)],2020,37(4):597-599. DOI:10.3760/cma.j.cn421213-20190929-01406.}

[24810] 苏浩，金光哲，乐颖影，巨积辉，张广亮，张苹，唐林峰，侯瑞兴. 单一微挤压一次性 3D 打印皮肤组织方法的初步研究 [J]. 中华手外科杂志，2020，36（1）：28-32. DOI：10.3760/cma.j.issn.1005-054X.2020.01.008. {SU Hao,JIN Guangzhe,LE Yingying,JU Jihui,ZHANG Guangliang,ZHANG Ping,TANG Linfeng,HOU Ruixing. A preliminary study on the method of single micro extrusion-based 3D printing of skin tissue[J]. Zhonghua Shou Wai Ke Za Zhi[Chin J Hand Surg(Article in Chinese;Abstract in Chinese and English)],2020,36(1):28-32. DOI:10.3760/cma.j.issn.1005-054X.2020.01.008.}

[24811] 田伟. 5G 技术应用于远程医疗的探索与展望 [J]. 中华外科杂志，2020，58（1）：1-4. DOI：10.3760/cma.j.issn.0529-5815.2020.01.001. {TIAN Wei. Exploration and prospect of 5G application in telemedicine[J]. Zhonghua Wai Ke Za Zhi[Chin J Surg(Article in Chinese;Abstract in Chinese and English)],2020,58(1):1-4. DOI:10.3760/cma.j.issn.0529-5815.2020.01.001.}

[24812] 王凌伟，陈荣昌，钟南山. 让医疗插上 5G 的翅膀 [J]. 中华医学杂志，2020，100（16）：1201-1204. DOI：10.3760/cma.j.cn112137-20200107-00038. {WANG Lingwei,CHEN Rongchang,ZHONG Nanshan. Let medicine take on the wings of 5G[J]. Zhonghua Yi Xue Za Zhi[Natl Med J China(Article in Chinese;Abstract in Chinese and English)],2020,100(16):1201-1204. DOI:10.3760/cma.j.cn112137-20200107-00038.}

[24813] 陆林，张加尧，谢卯，邵增务，刘国辉，郭晓东，郭征，季国忠，冯世庆，刘蟠，董为人，周跃，侯志勇，徐波，吕国华，周东生，桑宏勋，王黎明，邱冰，叶川，张元智，海涌，尹宗生，曹晓建，陈学明，黄伟，王俊文，雷青，汤欣，朴成哲，吴星火，刘融，段昱宇，胡建中，吕红斌，陆声，董健，朱悦，何欣，向荣，艾合买提江 · 玉素甫，高飞，黄玮，谢毅，徐松，刘松相，刘娟，钟胜，杨帆，胡勇，陈惟蒨，孟祥飞，丁焕文，陈孝平，裴国献. 新型冠状病毒肺炎疫情防控期间智能医学共识 [J]. 中华实验外科杂志，2020，37（2）：393-398. DOI：10.3760/cma.j.issn.1001-9030.2020.02.058. {LU Lin,ZHANG Jiayao,XIE Mao,SHAO Zengwu,LIU Guohui,GUO Xiaodong,GUO Zheng,JI Guozhong,FENG Shiqing,LIU Fan,DONG Weiren,ZHOU Yue,HOU Zhiyong,XU Bo,LV Guohua,ZHOU Dongsheng,SANG Hongxun,WANG Liming,QIU Bing,YE Chuan,ZHANG Yuanzhi,HAI Yong,YIN Zongsheng,CAO Xiaojian,CHEN Xueming,HUANG Wei,WANG Junwen,LEI Qing,TANG Xin,PU Chengzhe,WU Xinghuo,LIU Rong,DONG Yuyu,HU Jianzhong,LV Hongbin,LU Sheng,DONG Jian,ZHU Yue,HE Qing,XIANG Rong,AI Hemaitijiang · Yusufu,GAO Fei,HUANG Wei,XIE Yi,XU Song,LIU Songxiang,LIU Juan,ZHONG Sheng,YANG Fan,HU Yong,CHEN Weisan,MENG Xiangfei,DING Huanwen,CHEN Xiaoping,PEI Guoxian. A consensus among experts on intelligent medicine during the prevention and control of Corona Virus Disease 2019[J]. Zhonghua Shi Yan Wai Ke Za Zhi[Chin J Exp Surg(Article in Chinese;Abstract in Chinese and English)],2020,37(2):393-398. DOI:10.3760/cma.j.issn.1001-9030.2020.02.058.}

[24814] 裴国献. 智能赋能医学：开启智能骨科新时代 [J]. 中华创伤骨科杂志，2020，22（1）：3-5. DOI：10.3760/cma.j.issn.1671-7600.2020.01.102. {PEI Guoxian. Intelligence energizes medicine:a new era of intelligent orthopaedics[J]. Zhonghua Chuang Shang Gu Ke Za

Zhi[Chin J Orthop Trauma(Article in Chinese;Abstract in Chinese and English)],2020,22(1):3-5. DOI:10.3760/cma.j.issn.1671-7600.2020.01.102.}
[24815] 贲驰，李海航，刘彤，王泽京，程大胜，朱世辉. 人工智能技术辅助烧伤深度诊断的研究进展[J]. 中华烧伤杂志，2020，36(3)：244-246. DOI：10.3760/cma.j.cn501120-20190403-00162. {BEN Chi,LI Haihang,LIU Tong,WANG Zejing,CHENG Dasheng,ZHU Shihui. Advances in the research of artificial intelligence technology assisting the diagnosis of burn depth[J]. Zhonghua Shao Shang Za Zhi[Chin J Burns(Article in Chinese;Abstract in Chinese and English)],2020,36(3):244-246. DOI:10.3760/cma.j.cn501120-20190403-00162.}
[24816] 余艳琴，徐慧芳，郝金奇，乔友林. 医学人工智能引发的相关伦理问题分析[J]. 中国医学科学院学报，2020，42(1)：128-131. DOI：10.3881/j.issn.1000-503X.10961. {YU Yanqin,XU Huifang,HAO Jinqi,QIAO Youlin. Ethical Issues of Medical Artificial Intelligence[J]. Zhongguo Yi Xue Ke Xue Yuan Xue Bao[Acta Acad Med Sin(Article in Chinese;Abstract in Chinese and English)],2020,42(1):128-131. DOI:10.3881/j.issn.1000-503X.10961.}

9.1 机器人辅助显微外科

robot assisted mic rosurgery

[24817] Liu Y,Wang S,Hu SJ,Qiu W. Mechanical analysis of end-to-end silk-sutured anastomosis for robot-assisted surgery[J]. Int J Med Robot,2009,5(4):444-51. doi:10.1002/rcs.276.
[24818] Liu Y,Wang S,Hu SJ. Multi-objective optimization of end-to-end sutured anastomosis for robot-assisted surgery[J]. Int J Med Robot,2010,6(3):368-75. doi:10.1002/rcs.347.
[24819] 沈杰，宋迪煜，王晓宇，王长江，张树明. 达芬奇机器人辅助下周围神经手术的研究现状及进展[J]. 中国修复重建外科杂志，2016，30(2)：258-261. DOI：10.7507/1002-1892.20160051. {SHEN Jie,SONG Diyu,WANG Xiaoyu,WANG Changjiang,ZHANG Shuming. Research progress of peripheral nerve surgery assisted by da vinci robotic system[J]. Zhongguo Xiu Fu Chong Jian Wai Ke Za Zhi[Chin J Repar Reconstr Surg(Article in Chinese;Abstract in Chinese and English)],2016,30(2):258-261. DOI:10.7507/1002-1892.20160051.}
[24820] 柳琪，朱孜冠，程刚，谢庆平. 达芬奇机器人手术系统辅助游离腓骨瓣修复下颌骨及口底缺损一例报告并文献复习[J]. 中华显微外科杂志，2017，40(4)：320-323. DOI：10.3760/cma.j.issn.1001-2036.2017.04.003. {LIU Qi,ZHU Ziguan,CHENG Gang,XIE Qingping. A preliminary experience of Da Vinci robot-assisted free fibula flap for the management of mandibular and mouth segmental defect:a case report and review of literature[J]. Zhonghua Xian Wei Wai Ke Za Zhi[Chin J Microsurg(Article in Chinese;Abstract in Chinese and English)],2017,40(4):320-323. DOI:10.3760/cma.j.issn.1001-2036.2017.04.003.}
[24821] 陈显春，阎文婷，吴秀娟，王姝姝，胡保全，张孔涌，范林军，张毅. 达芬奇机器人辅助下乳腺癌带蒂大网膜乳房填充重建术[J]. 局解手术学杂志，2017，26(11)：823-826. DOI：10.11659/jjssx.09E017070. {CHEN Xianchun,YAN Wenting,WU Xiujuan,WANG Shushu,HU Baoquan,ZHANG Kongyong,FAN Linjun,ZHANG yi. Da Vinci robot-assisted filling with pedicled omental flap for breast reconstruction[J]. Ju Jie Shou Shu Xue Za Zhi[J Reg Anat Oper Surg(Article in Chinese;Abstract in Chinese and English)],2017,26(11):823-826. DOI:10.11659/jjssx.09E017070.}
[24822] 陈山林，荣艳波，苗荷佳，刘路，薛云皓，栗鹏程，武竞衡，童德迪，王志新. 骨科机器人辅助游离腓骨移植治疗股骨头缺血性坏死[J]. 中华显微外科杂志，2019，42(5)：423-428. DOI：10.3760/cma.j.issn.1001-2036.2019.05.002. {CHEN Shanlin,RONG Yanbo,MIAO Hejia,LIU Lu,XUE Yunhao,LI Chengpeng,WU Jingheng,TONG Dedi,WANG Zhixin. Orthopaedic robot-assisted free vascularised fibular grafting for the treatment of avascular necrosis of the femoral head[J]. Zhonghua Xian Wei Wai Ke Za Zhi[Chin J Microsurg(Article in Chinese;Abstract in Chinese and English)],2019,42(5):423-428. DOI:10.3760/cma.j.issn.1001-2036.2019.05.002.}
[24823] 杨杪，王行环，雷红，陈志桥，杨琨. 显微外科训练对手术机器人缝合技巧的强化效应研究[J]. 中华显微外科杂志，2019，42(6)：593-596. DOI：10.3760/cma.j.issn.1001-2036.2019.06.021. {YANG Miao,WANG Xinghuan,LEI Hong,CHEN Zhiqiao,YANG Kun. Study on strengthening effect of microsurgical training on suture Skills of surgical robot[J]. Zhonghua Xian Wei Wai Ke Za Zhi[Chin J Microsurg(Article in Chinese;Abstract in Chinese)],2019,42(6):593-596. DOI:10.3760/cma.j.issn.1001-2036.2019.06.021.}

9.2 显微外科与脑可塑性

microsurgery and brain plasticity

[24824] Lou L,Shou T,Li Z,Li W,Gu Y. Transhemispheric functional reorganization of the motor cortex induced by the peripheral contralateral nerve transfer to the injured arm[J]. Neuroscience,2006,138(4):1225-1231. doi:10.1016/j.neuroscience.2005.11.062.
[24825] Jiang S,Li ZY,Hua XY,Xu WD,Xu JG,Gu YD. Reorganization in motor cortex after brachial plexus avulsion injury and repair with the contralateral C7 root transfer in rats[J]. Microsurgery,2010,30(4):314-320. doi:10.1002/micr.20747.
[24826] Zuo CT,Hua XY,Guan YH,Xu WD,Xu JG,Gu YD. Long-range plasticity between intact hemispheres after contralateral cervical nerve transfer in humans[J]. J Neurosurg,2010,113(1):133-140. doi:10.3171/2010.1.JNS09448.
[24827] Li J,Zhao H,Luo P,Gu Y. Functional cooperation of of IL-1β and RGS4 in the brachial plexus avulsion mediated brain reorganization[J]. J Brachial Plex Peripher Nerve Inj,2010,5:18. doi:10.1186/1749-7221-5-18.
[24828] Wei HF,Zeng BF,Chen YF,Chen L,Gu YD. BDNF and GAP43 contribute to dynamic transhemispheric functional reorganization in rat brain after contralateral C7 root transfer following brachial plexus avulsion injuries[J]. Neurosci Lett,2011,500(3):187-191. doi:10.1016/j.neulet.2011.06.029.
[24829] Hua XY,Li ZY,Xu WD,Zheng MX,Xu JG,Gu YD. Interhemispheric functional reorganization after cross nerve transfer:via cortical or subcortical connectivity?[J]. Brain Res,2012,1471:93-101. doi:10.1016/j.brainres.2012.06.016.
[24830] Pan F,Wei HF,Chen L,Gu YD. Different functional reorganization of motor cortex after transfer of the contralateral C7 to different recipient nerves in young rats with total brachial plexus root avulsion[J]. Neurosci Lett,2012,531(2):188-192. doi:10.1016/j.neulet.2012.10.047.
[24831] Hua XY,Liu B,Qiu YQ,Tang WJ,Xu WD,Liu HQ,Xu JG,Gu YD. Long-term ongoing cortical remodeling after contralateral C7 nerve transfer[J]. J Neurosurg,2013,118(4):725-729. doi:10.3171/2012.12.JNS12207.
[24832] Yin D,Yan X,Fan M,Hu Y,Men W,Sun L,Song F. Secondary degeneration detected by combining voxel-based morphometry and tract-based spatial statistics in subcortical strokes with different outcomes in hand function[J]. AJNR Am J Neuroradiol,2013,34(7):1341-1347. doi:10.3174/ajnr.A3410.
[24833] Yin D,Luo Y,Song F,Xu D,Peterson BS,Sun L,Men W,Yan X,Fan M. Functional reorganization associated with outcome in hand function after stroke revealed by regional homogeneity[J]. Neuroradiology,2013,55(6):761-770. doi:10.1007/s00234-013-1146-9.
[24834] Liu B,Li T,Tang WJ,Zhang JH,Sun HP,Xu WD,Liu HQ,Feng XY. Changes of inter-hemispheric functional connectivity between motor cortices after brachial plexuses injury:a resting-state fMRI study[J]. Neuroscience,2013,243:33-39. doi:10.1016/j.neuroscience.2013.03.048.
[24835] Sun G,Wu Z,Wang X,Tan X,Gu Y. Nerve transfer helps repair brachial plexus injury by increasing cerebral cortical plasticity[J]. Neural Regen Res,2014,9(23):2111-2114. doi:10.4103/1673-5374.147939.
[24836] Feng JT,Liu HQ,Xu JG,Gu YD,Shen YD. Differences in brain adaptive functional reorganization in right and left total brachial plexus injury patients[J]. World Neurosurg,2015,84(3):702-708. doi:10.1016/j.wneu.2015.04.046.
[24837] Li T,Hua XY,Zheng MX,Wang WW,Xu JG,Gu YD,Xu WD. Different cerebral plasticity of intrinsic and extrinsic hand muscles after peripheral neurotization in a patient with brachial plexus injury:a TMS and fMRI study[J]. Neurosci Lett,2015,604:140-144. doi:10.1016/j.neulet.2015.07.015.
[24838] Zhang J,Chen L,Gu YD. Influence of contralateral homologous cortices on motor cortical reorganization after brachial plexus injuries in rats[J]. Neurosci Lett,2015,606:18-23. doi:10.1016/j.neulet.2015.08.035.
[24839] Lu Y,Liu H,Hua X,Xu JG,Gu YD,Shen Y. Attenuation of brain grey matter volume in brachial plexus injury patients[J]. Neurol Sci,2016,37(1):51-56. doi:10.1007/s10072-015-2356-1.
[24840] Wang XH,Li LJ,Sun GX,Wu ZP,Li JF,Gu YD. Expressions of miR-132,miR-134,and miR-485 in rat primary motor cortex during transhemispheric functional reorganization after contralateral seventh cervical spinal nerve root transfer following brachial plexus avulsion injuries[J]. Neuroreport,2016,27(1):12-17. doi:10.1097/WNR.0000000000000485.
[24841] Feng JT,Liu HQ,Hua XY,Gu YD,Xu JG,Xu WD. Brain functional network abnormality extends beyond the sensorimotor network in brachial plexus injury patients[J]. Brain Imaging Behav,2016,10(4):1198-1205. doi:10.1007/s11682-015-9484-3.
[24842] Lu Y,Liu H,Hua X,Xu WD,Xu JG,Gu YD. Supplementary motor cortical changes explored by resting-state functional connectivity in brachial plexus injury[J]. World Neurosurg,2016,88:300-305. doi:10.1016/j.wneu.2015.12.036.
[24843] Lu YC,Liu HQ,Hua XY,Shen YD,Xu WD,Xu JG,Gu YD. Supplementary motor area deactivation impacts the recovery of hand function from severe peripheral nerve injury[J]. Neural Regen Res,2016,11(4):670-675. doi:10.4103/1673-5374.180756.67
[24844] Zhang J,Chen L,Gu YD. Changes in expressions of major histocompatibility complex class i,paired-immunoglobulin-like receptor b,and cluster of differentiation 3ς in motor cortical representations of the brachial plexus after avulsion in rats[J]. World Neurosurg,2017,106:211-218. doi:10.1016/j.wneu.2017.06.133.
[24845] Li T,Hua XY,Zheng MX,Zhu YL,Qiu YQ,Shen YD,Xu JG,Gu YD,Xu WD. Electrophysiological evidence for pre-attention information processing improvement in patients with central hemiplegic after peripheral nerve rewiring:a pilot study[J]. Sci Rep,2017,7(1):6888. doi:10.1038/s41598-017-07263-z.
[24846] Zheng MX,Shen YD,Hua XY,Hou AL,Zhu Y,Xu WD. Cortical reorganization in dual innervation by single peripheral nerve[J]. Neurosurgery,2018,83(4):819-826. doi:10.1093/neuros/nyx474.
[24847] Ma H,Zheng M,Lu Y,Hua X,Xu W. Cerebral plasticity after contralateral cervical nerve transfer in human by longitudinal PET evaluation[J]. J Clin Neurosci,2018,48:95-99. doi:10.1016/j.jocn.2017.10.085.
[24848] Zheng MX,Hua XY,Feng JT,Li T,Lu YC,Shen YD,Cao XH,Zhao NQ,Lyu JY,Xu JG,Gu YD,Xu WD. Trial of contralateral seventh cervical nerve transfer for spastic arm paralysis[J]. N Engl J Med,2018,378(1):22-34. doi:10.1056/NEJMoa1615208.
[24849] Gao KM,Lao J,Guan WJ,Hu JJ. Is it necessary to use the entire root as a donor when transferring contralateral C7 nerve to repair median nerve?[J]. Neural Regen Res,2018,13(1):94-99. doi:10.4103/1673-5374.224376.
[24850] Yuan Y,Xu XY,Lao J,Zhao X. Proteomic analysis of trans-hemispheric motor cortex reorganization following contralateral C7 nerve transfer[J]. Neural Regen Res,2018,13(2):331-339. doi:10.4103/1673-5374.226429.
[24851] Wang WW,Lu YC,Tang WJ,Zhang JH,Sun HP,Feng XY,Liu HQ. Small-worldness of brain networks after brachial plexus injury:a resting-state functional magnetic resonance imaging study[J]. Neural Regen Res,2018,13(6):1061-1065. doi:10.4103/1673-5374.233450.
[24852] Wang S,Ma ZZ,Lu YC,Wu JJ,Hua XY,Zheng MX,Xu JG. The localization research of brain plasticity changes after brachial plexus pain:sensory regions or cognitive regions?[J]. Neural Plast,2019,2019:7381609. doi:10.1155/2019/7381609.
[24853] Xu WD. Surgical Technique of Xu's CC7 Procedure "Contralateral C7 to C7 cross nerve transfer through a trans longus colli,prespinal route for treating spastic arm"[J]. Oper Neurosurg(Hagerstown),2020,20(1):61-68. doi:10.1093/ons/opaa325.
[24854] Su F,Xu W. Enhancing brain plasticity to promote stroke recovery[J]. Front Neurol,2020,11:554089. doi:10.3389/fneur.2020.554089.
[24855] Xing XX,Zheng MX,Hua XY,Ma SJ,Ma ZZ,Xu JG. Brain plasticity after peripheral nerve injury treatment with massage therapy based on resting-state functional magnetic resonance imaging[J]. Neural Regen Res,2021,16(2):388-393. doi:10.4103/1673-5374.290912.
[24856] Li C,Liu SY,Pi W,Zhang PX. Cortical plasticity and nerve regeneration after peripheral nerve injury[J]. Neural Regen Res,2021,16(8):1518-1523. doi:10.4103/1673-5374.303008.
[24857] Guo J,Zhao X,Lao J,Gao K. Why it is necessary to use the entire root rather than partial root when doing contralateral C7 nerve transfer:cortical

plasticity also matters besides the amount of nerve fibers[J]. Neural Plast,2021,2021:8819380. doi:10.1155/2021/8819380.

[24858] Cai Z,Lei G,Li J,Shen Y,Gu Y,Feng J,Xu W. Aberrant central plasticity underlying synchronous sensory phenomena in brachial plexus injuries after contralateral cervical seventh nerve transfer[J]. Brain Behav,2021,11(4):e02064. doi:10.1002/brb3.2064.

[24859] Wan H,An YH,Sun MZ,Zhang YZ,Wang ZC. Schwann cells transplantation promoted and the repair of brain stem injury in rats[J]. Biomed Environ Sci,2003,16(3):212-218.

[24860] Chen G,Hu YR,Wan H,Xia L,Li JH,Yang F,Qu X,Wang SG,Wang ZC. Functional recovery following traumatic spinal cord injury mediated by a unique polymer scaffold seeded with neural stem cells and Schwann cells[J]. Chin Med J,2010,123(17):2424-2431.

[24861] 王忠诚，范涛. 脊髓内肿瘤的显微外科手术治疗[J]. 中华神经外科杂志，1997，13（3）：172-173. DOI：10.3760/cma.j.issn.1001-2346.1997.03.126.｛WANG Chungcheng,FAN Tao. Microsurgical treatment of spinal cord tumors[J]. Zhonghua Shen Jing Wai Ke Za Zhi[Chin J Neurosurg(Article in Chinese;No Abstract available)],1997,13(3):172-173. DOI:10.3760/cma.j.issn.1001-2346.1997.03.126.｝

[24862] 王忠诚，张俊廷，刘阿力. 延颈部胶质瘤及其显微外科治疗（附34例报告）[J]. 中华神经外科杂志，1998，14（5）：261-265. DOI：10.3760/j.issn：1001-2346.1998.05.001.｛WANG Chungcheng,ZHANG Junting,LIU Ali. Gliomas of the medullocervical junction and its microsurgical treatment:report of 34 cases[J]. Zhonghua Shen Jing Wai Ke Za Zhi[Chin J Neurosurg(Article in Chinese;Abstract in Chinese and English)],1998,14(5):261-265. DOI:10.3760/j.issn:1001-2346.1998.05.001.｝

[24863] 王忠诚，石祥恩. 应重视显微神经外科解剖学研究[J]. 中华神经外科杂志，1999，15（4）：195. DOI：10.3760/j.issn：1001-2346.1999.04.001.｛WANG Chungcheng,SHI Xiangen. Attention to the study of microsurgical anatomy[J]. Zhonghua Shen Jing Wai Ke Za Zhi[Chin J Neurosurg(Article in Chinese;No Abstract available)],1999,15(4):195. DOI:10.3760/j.issn:1001-2346.1999.04.001.｝

[24864] 毛秦雯，张立藩，马进，张远强，黄威权. 模拟失重大鼠脑血管周围肽能神经支配的可塑性变化[J]. 解剖学报，2000，31（2）：124-128，插图6.｛MAO Qinwen,ZHANG Lifan,MA Jin,ZHANG Yuanqiang,HUANG Weiquan. Plastic change in density of perivascular peptidergic nerve fibers around the cerebral arteries of rats during simulated weightlessness and its reversal[J]. Jie Pou Xue Bao[Acta Anat Sin(Article in Chinese;Abstract in Chinese and English)],2000,31(2):124-128,insert 6.｝

[24865] 李文军，顾玉东，徐文东，刘含秋，孙贵新，郑宪友，李继峰. 用麦芽凝集素-辣根过氧化物酶逆行示踪法研究大鼠C7神经根运动皮层的定位[J]. 中华手外科杂志，2004，20（1）：47-50. DOI：10.3760/cma.j.issn.1005-054X.2004.01.020.｛LI Wenjun,GU Yudong,XU Wendong,LIU Hanqiu,SUN Guixin,ZHENG Xianyou,LI Jifeng. Locating corticospinal neurons of C7 nerve root by retrograde axonal transportation method of WGA-HRP:a preliminary report[J]. Zhonghua Shou Wai Ke Za Zhi[Chin J Hand Surg(Article in Chinese;Abstract in Chinese and English)],2004,20(1):47-50. DOI:10.3760/cma.j.issn.1005-054X.2004.01.020.｝

[24866] 李文军，顾玉东，刘含秋，徐文东，李继峰. 大鼠健侧C7移位后大脑皮层可塑性变化的fMRI研究[J]. 中华手外科杂志，2005，21（4）：252-255. DOI：10.3760/cma.j.issn.1005-054X.2005.04.021.｛LI Wenjun,GU Yudong,LIU Hanqiu,XU Wendong,LI Jifeng. Functional MRI study on changes of cross-hemispherical brain plasticity following contralateral C7 transfer[J]. Zhonghua Shou Wai Ke Za Zhi[Chin J Hand Surg(Article in Chinese;Abstract in Chinese and English)],2005,21(4):252-255. DOI:10.3760/cma.j.issn.1005-054X.2005.04.021.｝

[24867] 李占玉，徐建光，徐文东，顾玉东. 成年大鼠全臂丛根性撕脱伤后初级体感皮层可塑性变化的脑电生理研究[J]. 中华手外科杂志，2005，21（6）：362-364. DOI：10.3760/cma.j.issn.1005-054X.2005.06.017.｛LI Zhanyu,XU Jianguang,XU Wendong,GU Yudong. Electrophysiological study on changes of plasticity of bilateral primary somatosensory cortex following total brachial plexus root avulsion injuries in adult rats[J]. Zhonghua Shou Wai Ke Za Zhi[Chin J Hand Surg(Article in Chinese;Abstract in Chinese and English)],2005,21(6):362-364. DOI:10.3760/cma.j.issn.1005-054X.2005.06.017.｝

[24868] 高歌军，冯晓源，徐文东，顾玉东，汤伟军，李克，黎元，耿道影. 外周神经损伤后大脑运动皮层局部调整的功能磁共振研究[J]. 中华医学杂志，2005，85（25）：1752-1756. DOI：10.3760/j：issn：0376-2491.2005.25.007.｛GAO Gejun,FENG Xiaoyuan,XU Wendong,GU Yudong,TANG Weijun,LI Ke,LI Yuan,GENG Daoying. Regional modulation of primary motor cortex after peripheral nerve injury:a functional magnetic resonance imaging study[J]. Zhonghua Yi Xue Za Zhi[Natl Med J China(Article in Chinese;Abstract in Chinese and English)],2005,85(25):1752-1756. DOI:10.3760/j:issn:0376-2491.2005.25.007.｝

[24869] 李占玉，徐建光，徐文东，顾玉东. 成年大鼠健侧颈7移位术后跨大脑两半球功能重组的脑电生理研究[J]. 中华手外科杂志，2007，23（1）：11-15. DOI：10.3760/cma.j.issn.1005-054X.2007.01.004.｛LI Zhanyu,XU Jianguang,XU Wendong,GU Yudong. Electrophysiological study on the transhemispheric reorganization in primary motor cortex following contralateral C7 nerve root transfer in adult rats[J]. Zhonghua Shou Wai Ke Za Zhi[Chin J Hand Surg(Article in Chinese;Abstract in Chinese and English)],2007,23(1):11-15. DOI:10.3760/cma.j.issn.1005-054X.2007.01.004.｝

[24870] 李占玉，徐建光，徐文东，顾玉东. 胼胝体切断对健侧C7移位术后跨大脑两半球功能重组影响的实验研究[J]. 中国矫形外科杂志，2008，16（9）：663-665.｛LI Zhanyu,XU Jianguang,XU Wendong,GU Yudong. Effect of callosotomy on transhemispheric functional reorganization following contralateral C7 nerve root transfer:an experimental study in adult rats[J]. Zhongguo Jiao Xing Wai Ke Za Zhi[Orthop J Chin(Article in Chinese;Abstract in Chinese and English)],2008,16(9):663-665.｝

[24871] 魏海峰，陈亮，顾玉东. 跨突触病毒示踪法研究大鼠C7神经根中枢神经系统支配回路组成[J]. 中华手外科杂志，2008，24（2）：111-114.｛WEI Haifeng,CHEN Liang,GU Yudong. Identification of centrum neural circuitry involved in innervation of the C7 nerve root:a viral transsynaptic tracing study[J]. Zhonghua Shou Wai Ke Za Zhi[Chin J Hand Surg(Article in Chinese;Abstract in Chinese and English)],2008,24(2):111-114.｝

[24872] 李文军，顾玉东，李继峰，徐文东. 正中神经损伤修复后大脑运动皮层可塑性变化的实验研究[J]. 中华手外科杂志，2008，24（2）：118-121.｛LI Wenjun,GU Yudong,LI Jifeng,XU Wendong. Experimental study on the plasticity change of cerebral motor cortex after repair of median nerve injury[J]. Zhonghua Shou Wai Ke Za Zhi[Chin J Hand Surg(Article in Chinese;Abstract in Chinese and English)],2008,24(2):118-121.｝

[24873] 魏海峰，陈亮，顾玉东. 周围神经损伤后脑功能重塑研究进展[J]. 国际骨科学杂志，2008，29（5）：286-288. DOI：10.3969/j.issn.1673-7083.2008.05.001.｛WEI Haifeng,CHEN Liang,GU Yudong. Research progress on brain functional reorganization after peripheral nerve injury[J]. Guo Ji Gu Ke Xue Za Zhi[Int J Orthop(Article in Chinese;Abstract in Chinese and English)],2008,29(5):286-288. DOI:10.3969/j.issn.1673-7083.2008.05.001.｝

[24874] 魏海峰，陈亮，顾玉东. 健侧C7神经根移位对修复全臂丛根性撕脱伤术后运动皮层重塑的影响[J]. 中华骨科杂志，2009，29（6）：576-581. DOI：10.3760/cma.j.issn.0253-2352.2009.06.014.｛WEI Haifeng,CHEN Liang,GU Yudong. An electrophysiological study on brain functional reorganization of different operative modes of contralateral C7 transference treating total brachiai plexus avuision in young rats[J]. Zhonghua Gu Ke Za Zhi[Chin J Orthop(Article in Chinese;Abstract in Chinese and English)],2009,29(6):576-581. DOI:10.3760/cma.j.issn.0253-2352.2009.06.014.｝

[24875] 刘源，曲金荣，李少武，徐宇伦. 大脑半球切除术后患者上肢运动功能定位及神经功能重塑性研究[J]. 中华外科杂志，2009，47（7）：548-552. DOI：10.3760/cma.j.issn.0529-5815.2009.07.021.｛LIU Yuan,QU Jinrong,LI Shaowu,XU Yulun. Upper limbs motor maps in cortex and plasticity after the anatomical hemispherectomy[J]. Zhonghua Wai Ke Za Zhi[Chin J Surg(Article in Chinese;Abstract in Chinese and English)],2009,47(7):548-552. DOI:10.3760/cma.j.issn.0529-5815.2009.07.021.｝

[24876] 华续赟，左传涛，徐文东，徐建光，顾玉东. 健侧颈7移位正中神经后的脑功能重组改变[J]. 中华手外科杂志，2009，25（2）：103-106.｛HUA Xuyun,ZUO Chuantao,XU Wendong,XU Jianguang,GU Yudong. The recombination of brain function after transposition of median nerve of C7 in the healthy side[J]. Zhonghua Shou Wai Ke Za Zhi[Chin J Hand Surg(Article in Chinese;Abstract in Chinese and English)],2009,25(2):103-106.｝

[24877] 贺亚龙，贺晓生，章翔，刘文博，王江. 候选可塑性相关基因15在大鼠脑弥漫性轴索损伤中的表达[J]. 中华神经外科杂志，2010，26（2）：186-188. DOI：10.3760/cma.j.issn.1001-2346.2010.02.031.｛HE Yalong,HE Xiaosheng,ZHANG Xiang,LIU Wenbo,WANG Jiang. Expression of candidate plasticity related gene 15 in diffuse axonal injury in rat brain[J]. Zhonghua Shen Jing Wai Ke Za Zhi[Chin J Neurosurg(Article in Chinese;No abstract available)],2010,26(2):186-188. DOI:10.3760/cma.j.issn.1001-2346.2010.02.031.｝

[24878] 李鑫，秦新月，郭振委，吴小慧. 缺血后处理对全脑缺血损伤后神经元结构可塑性及记忆的影响[J]. 中华创伤杂志，2010，26（8）：757-760. DOI：10.3760/cma.j.issn.1001-8050.2010.08.029.｛LI Xin,QIN Xinyue,GUO Zhenwei,WU Xiaohui. Effects of ischemic postconditioning on neuron structure plasticity and memory after global cerebral ischemia injury in rats[J]. Zhonghua Chuang Shang Za Zhi[Chin J Trauma(Article in Chinese;Abstract in Chinese and English)],2010,26(8):757-760. DOI:10.3760/cma.j.issn.1001-8050.2010.08.029.｝

[24879] 金铂，苏亦兵，张岩，王波，王汉斌，王科大，阎涛. 脊髓损伤患者大脑重塑性变化的功能磁共振观察[J]. 中华医学杂志，2014，94（39）：3082-3084. DOI：10.3760/cma.j.issn.0376-2491.2014.39.012.｛JIN Bo,SU Yibing,ZHANG Yan,WANG Bo,WANG Hanbin,WANG Keda,YAN Tao. Reorganization of brain cortex after spinal cord injury based on functional magnetic resonance imaging techniques[J]. Zhonghua Yi Xue Za Zhi[Natl Med J China(Article in Chinese;Abstract in Chinese and English)],2014,94(39):3082-3084. DOI:10.3760/cma.j.issn.0376-2491.2014.39.012.｝

[24880] 朱晓中，付凯，郑宪友. 脊髓损伤后脑功能重塑监测的研究进展[J]. 上海医学，2015，38（3）：263-265.｛ZHU Xiaozhong,FU Kai,ZHENG Xianyou. Advances in the monitoring of brain function remodeling after spinal cord injury[J]. Shang Hai Yi Xue[Shanghai Med J(Article in Chinese;No abstract available)],2015,38(3):263-265.｝

[24881] 郭金鼎，赵新，劳杰，高凯鸣. miR-124和miR-138参与调控健侧颈7移位术后脑功能重塑的研究[J]. 中华手外科杂志，2019，35（2）：139-142.｛GUO Jinding,ZHAO Xin,LAO Jie,GAO Kaiming. Experiment study of the miR-124 and miR-138 expression in rat primary motor cortex during the trans-hemispheric functional reorganization after the contralateral C7 nerve transfer[J]. Zhonghua Shou Wai Ke Za Zhi[Chin J Hand Surg(Article in Chinese;Abstract in Chinese and English)],2019,35(2):139-142.｝

9.3 复合组织异体移植
composite tissue allotransplantation

9.3.1 异体肢体移植
limb allograft

[24882] Ma ZL,Pei GX,Zhu LJ,Shi YS,Chen LH,Zheng JL,Wang K,Chen B,Wei KH. Effect of X-ray irradiation on limb allograft rejection in adult rats[J]. Di Yi Jun Yi Da Xue Xue Bao,2002,22(6):509-511.

[24883] Zheng XF,Pei GX,Qiu YR,Zhu LJ,Gu LQ. Early monitoring of lymphocyte subsets in patients with hand allotransplantation[J]. Transplant Proc,2002,34(8):3401-3404. doi:10.1016/s0041-1345(02)03582-0.

[24884] Zheng X,Pei G,Qiu Y,Zhu L,Gu L. Dynamic observation of serum cytokines in the patients with hand transplantation[J]. Transplant Proc,2002,34(8):3405-3409. doi:10.1016/s0041-1345(02)03583-2.

[24885] Zhu L,Pei G,Gu L,Hong J. Psychological consequences derived during process of human hand allograft[J]. Chin Med J,2002,115(11):1660-1663.

[24886] Wang HJ,Ding YQ,Pei GX,Gu LQ,Zhu LJ. A preliminary pathological study on human allotransplantation[J]. Chin J Traumatol,2003,6(5):284-287.

[24887] Xiang DY,Pei GX,Qiu YR,Gu LQ,Zhu LJ,Wang G. Monitoring of T lymphocyte subset during ATG induction therapy in hand allograft with report of 3 cases[J]. Di Yi Jun Yi Da Xue Xue Bao,2004,24(2):195-197.

[24888] Zheng XF,Pei GX,Qiu YR,Zhu LJ,Gu LQ. Serial monitoring of immunological parameters following human hand transplant[J]. Clin Transplant,2004,18(2):119-123. doi:10.1046/j.1399-0012.2003.00075.x.

[24889] Pan H,Wang L,Zhang X,Zhang G,Mai H,Han Y,Guo S. Rapamycin,mycophenolate mofetil,methylprednisolone,and cytotoxic T-lymphocyte-associated antigen 4 immunoglobulin-based conditioning regimen to induce partial tolerance to hind limb allografts without cytoreductive conditioning[J]. Transplant Proc,2008,40(5):1714-1721. doi:10.1016/j.transproceed.2008.03.152.

[24890] Nie C,Yang D,Liu G,Dong D,Ma Z,Fu H,Zhao Z,Sun Z. Statins induce immunosuppressive effect on heterotopic limb allografts in rat through inhibiting T cell activation and proliferation[J]. Eur J Pharmacol,2009,602(1):168-175. doi:10.1016/j.ejphar.2008.11.022.

[24891] Xiang DY,Pei GX. Serial monitoring of co-stimulating signals in double hand allograft:a case report[J]. Transplant Proc,2009,41(2):554-556. doi:10.1016/j.transproceed.2009.01.017.

[24892] Li W,Yue WJ,Yue Q,Yang DW,Meng QG. Immunotolerance reaction for allograft-limb in rats induced by gene-modified cell transfusion[J]. Panminerva Med,2010,52(4):289-295.

[24893] Zhang Z,Dong H,Meng L,Chen Z,Wu Y,Song R,Li F,Feng Y,Bi Z. A modified rat model of acute limb allograft rejection[J]. Transplant Proc,2011,43(10):3987-3993. doi:10.1016/j.transproceed.2011.09.019.

[24894] Pei G,Xiang D,Gu L,Wang G,Zhu L,Yu L,Wang H,Zhang X,Zhao J,Jiang C,Wang Z,Liu W. A report of 15 hand allotransplantations in 12 patients and their outcomes in China[J]. Transplantation,2012,94(10):1052-1059. doi:10.1097/TP.0b013e31826c3915.

[24895] Song Y,Wang Z,Wang Z,Zhang H,Li X,Chen B. Use of FK506 and bone

marrow mesenchymal stem cells for rat hind limb allografts[J]. Neural Regen Res,2012,7(34):2681-1688. doi:10.3969/j.issn.1673-5374.2012.34.005.

[24896] Zhu H,Xie F,Sheng L,Yu Q,Li Q. Rat model of heterotopic toe allotransplantation[J]. J Surg Res,2015,199(2):707-717. doi:10.1016/j.jss.2015.02.075.

[24897] Zhang ZY,Li FC,Shao M,Yang C,Shang J,Bi ZG. Allogeneic hand transplantation and rehabilitation of hand function:a 10-year follow-up study[J]. Int Wound J,2016,13(6):1303-1308. doi:10.1111/iwj.12520.

[24898] Zhu H,Xie F,Luo X,Qin L,Sherry Liu X,Scott Levin L,Li Q. Orthotopic forelimb allotransplantation in the rat model[J]. Microsurgery,2016,36(8):672-675. doi:10.1002/micr.22530.

[24899] Yu FZ,Wen X,Ding WL,Zhu JY,Du SH,Shen QF,Ni X,Wang J. L6H21 prolonged rats survival after limb allotransplantation by inhibiting acute rejection[J]. Eur Rev Med Pharmacol Sci,2017,21(8):1891-1903.

[24900] Xu H,Dahiya S,Wang L,Akimova T,Han R,Zhang T,Zhang Y,Qin L,Levine MH,Hancock WW,Levin LS. Utility of IL-2 complexes in promoting the survival of murine orthotopic forelimb vascularized composite allografts[J]. Transplantation, 2018,102(1):70-78. doi:10.1097/TP.0000000000001852.

[24901] Wang Y,Wang S,Gu C,Xiong Y,Shen H,Liu F,Yang J. Ex-vivo treatment of allografts using adipose-derived stem cells induced prolonged rejection-free survival in an allogenic hind-limb transplantation model[J]. Ann Transl Med,2020,8(14):867. doi:10.21037/atm-19-4730.

[24902] Jean-Michel Dubernard，Xavier Martin，Marwan Dawhara，Guillaume Herzberg，Earl Owen Hari Kapila，Nadey S Hakim，Marco Lanzetta（郑小飞译）. 异体手移植1例：法国里昂经验[J]. 中国创伤骨科杂志，2000，2（2）：90-95.｛JEAN-MICHEL DUBERNARD,XAVIER MARTIN,MARWAN DAWHARA,GUILLAUME HERZBERG,EARL OWEN HARI KAPILA,NADEY S HAKIM,MARCO LANZETTA(ZHENG Xiaofei). Allogeneic hand transplantation:a case study from Lyon,France[J]. Zhongguo Chuang Shang Gu Ke Za Zhi[Chin J Orthop Trauma(Article in Chinese;No abstract available)],2000,2(2):90-95.｝

[24903] Jone S，Jon W，Barker，John H，Breidenbach，Warren C，Gruber，Scott A（相大勇译）. 异体手移植1例：美国路易斯威尔经验[J]. 中国创伤骨科杂志，2000，2（1）：22-26.｛JONES,JON W,BARKER,JOHN H,BREIDENBACH,WARREN C,GRUBER,SCOTT A(XIANG Dayong). Successful hand transplantation:one-year follow-up[J]. Zhongguo Chuang Shang Gu Ke Za Zhi[Chin J Orthop Trauma(Article in Chinese;Abstract in Chinese and English)],2000,2(1):22-26.｝

[24904] Jones NF，Voegelin（陈国奋译）. FK506免疫抑制下异体肢体移植的长期存活[J]. 中国创伤骨科杂志，2000，2（1）：97-98.｛JONES NF, VOEGELIN E(CHEN Guofen). Long-term survival of FK506 immunosuppressed allograft limbs[J]. Zhongguo Chuang Shang Gu Ke Za Zhi[Chin J Orthop Trauma(Article in Chinese;Abstract in Chinese and English)],2000,2(1):97-98.｝

[24905] Mark A.Randolph，Lee WPA（夏平光译）. 异体肢体移植物成分的相对抗原性与不同排斥反应[J]. 中国创伤骨科杂志，2000，2（4）：93-94.｛MARK A.RANDOLPH, LEE WPA(XIA Pingguang). Relative antigenicity and different rejection reactions of allograft components of limbs[J]. Zhongguo Chuang Shang Gu Ke Za Zhi[Chin J Orthop Trauma(Article in Chinese;No abstract available)],2000,2(4):93-94.｝

[24906] Talmor M，Steinman RM，Hoffman LA（相大勇译）. 异体肢体移植中树突状细胞与嵌合体[J]. 中国创伤骨科杂志，2000，2（2）：169-171.｛TALMOR M,STEINMAN RM,HOFFMAN LA(XIANG Dayong). Dendritic cells and chimeras in allogeneic limb transplantation[J]. Zhongguo Chuang Shang Gu Ke Za Zhi[Chin J Orthop Trauma(Article in Chinese;No abstract available)],2000,2(2):169-171.｝

[24907] 陈中伟，于仲嘉，张玲，黄慕洁. 狗肢体异体移植存活的延长——注射淋巴细胞或脾细胞的作用[J]. 中华医学杂志，1981，61（2）：86-88.｛CHEN Zhongwei,YU Zhongjia,ZHANG Ling,HUANG Mujie. Prolongation of limb allograft survival in dogs:effect of injection of lymphocytes or splenocytes[J]. Zhonghua Yi Xue Za Zhi[Natl Med J China(Article in Chinese;No abstract available)],1981,61(2):86-88.｝

[24908] 陈中伟，于仲加，张玲，黄慕洁. 60钴照射和脾切除对犬肢体异体移植的影响[J]. 中华器官移植杂志，1982，3（2）：84-86. DOI：10.3760/cma.j.issn.0254-1785.1982.02.015.｛CHEN Zhongwei,YU Zhongjia,ZHANG Ling,HUANG Mujie. The effects of 60Co irradiation and splenectomy on homotransplantation of canine limb[J]. Zhonghua Qi Guan Yi Zhi Za Zhi[Chin J Organ Transplant(Article in Chinese;Abstract in Chinese and English)],1982,3(2):84-86. DOI:10.3760/cma.j.issn.0254-1785.1982.02.015.｝

[24909] 夏霆，裴国献，郑小飞，顾立强，王钢，朱立军，胡罢生，屠燕. CARROLL法评价异体移植手功能[J]. 中国创伤骨科杂志，2000，2（1）：29-30.｛XIA Ting,PEI Guoxian,ZHENG Xiaofei,GU Liqiang,WANG Gang,ZHU Lijun,HU Basheng,TU Yan. Evaluated two allohands by CARROLL's test[J]. Zhongguo Chuang Shang Gu Ke Za Zhi[Chin J Orthop Trauma(Article in Chinese;Abstract in Chinese and English)],2000,2(1):29-30.｝

[24910] 于立新，裴国献，顾立强，朱立军. 异体手移植的免疫抑制治疗[J]. 中国创伤骨科杂志，2000，2（1）：43-45.｛YU Lixin,PEI Guoxian,GU Liqiang,ZHU Lijun. Therapy experience of two cases of human hand allograft[J]. Zhongguo Chuang Shang Gu Ke Za Zhi[Chin J Orthop Trauma(Article in Chinese;Abstract in Chinese and English)],2000,2(1):43-45.｝

[24911] 王慧君，丁彦青，丁云川，顾立强，裴国献，朱立军. 异体手移植的组织病理学研究[J]. 中国创伤骨科杂志，2000，2（1）：46-48.｛WANG Huijun,DING Yanqing,DING Yunchuan,GU Liqiang,PEI Guoxian,ZHU Lijun. A preliminary pathological study on human hand allotransplantation[J]. Zhongguo Chuang Shang Gu Ke Za Zhi[Chin J Orthop Trauma(Article in Chinese;Abstract in Chinese and English)],2000,2(1):46-48.｝

[24912] 朱立军，裴国献，顾立强，王钢，洪军. 异体手移植的心理学问题初步探讨[J]. 中国创伤骨科杂志，2000，2（1）：49-52.｛ZHU Lijun,PEI Guoxian,GU Liqiang,WANG Gang,HONG Jun. Psychology during the process of human hand allograft[J]. Zhongguo Chuang Shang Gu Ke Za Zhi[Chin J Orthop Trauma(Article in Chinese;Abstract in Chinese and English)],2000,2(1):49-52.｝

[24913] 郑小飞，裴国献，顾立强，朱立军，裘宇蓉. 异体手移植术后淋巴细胞亚群的早期监测[J]. 中国创伤骨科杂志，2000，2（1）：56-60.｛ZHENG Xiaofei,PEI Guoxian,GU Liqiang,ZHU Lijun,QIU Yurong. Determination of lymphocyte subsets in the peripheral blood of the patients with hand transplantation[J]. Zhongguo Chuang Shang Gu Ke Za Zhi[Chin J Orthop Trauma(Article in Chinese;Abstract in Chinese and English)],2000,2(1):56-60.｝

[24914] 郑小飞，裴国献，顾立强，朱立军，裘宇蓉. 异体手移植术后细胞因子的动态观察[J]. 中国创伤骨科杂志，2000，2（1）：61-63，60.｛ZHENG Xiaofei,PEI Guoxian,GU Liqiang,ZHU Lijun,QIU Yurong. Dynamic observation of serum cytokines in the patients with hand transplantation[J]. Zhongguo Chuang Shang Gu Ke Za Zhi[Chin J Orthop Trauma(Article in Chinese;Abstract in Chinese and English)],2000,2(1):61-63,60.｝

[24915] 顾立强，裴国献. 第2届国际复合组织异体移植专题研讨会纪要[J]. 中国创伤骨科杂志，2000，2（1）：68-71.｛GU Liqiang,PEI Guoxian. Proceedings of the 2nd international symposium on composite tissue allotransplantation[J]. Zhongguo Chuang Shang Gu Ke Za Zhi[Chin J Orthop Trauma(Article in Chinese;No abstract available)],2000,2(1):68-71.｝

[24916] 裴国献，顾立强，林昂如，王钢，王前，朱立军，陈丽光，缪东梅，汤陵宁，夏霆，林立，于立新，兰炯彩，丁彦青，刘世霆，洪军，陈龙华. 异体手移植2例：中国广州经验[J]. 中国创伤骨科杂志，2000，2（4）：27-32.｛PEI Guoxian,GU Liqiang,LIN Angru,WANG Gang,WANG Qian,ZHU Lijun,CHEN Liguang,MIAO Dongmei,TANG Lingning,XIA Ting,LIN Li,YU Lixin,LAN Jiongcai,DING Yanqing,LIU Shiting,HONG Jun,CHEN Longhua. A preliminary report of two cases of human hand allograft[J]. Zhongguo Chuang Shang Gu Ke Za Zhi[Chin J Orthop Trauma(Article in Chinese;Abstract in Chinese and English)],2000,2(4):27-32.｝

[24917] 顾立强，裴国献，林昂如，王钢，朱立军. 异体手移植的手术设计与操作[J]. 中国创伤骨科杂志，2000，2（4）：36-39.｛GU Liqiang,PEI Guoxian,LIN Angru,WANG Gang,ZHU Lijun. Operative design and technique of human hand allotransplantation[J]. Zhongguo Chuang Shang Gu Ke Za Zhi[Chin J Orthop Trauma(Article in Chinese;Abstract in Chinese and English)],2000,2(4):36-39.｝

[24918] 朱立军，裴国献，顾立强，于立新. 异体手移植的组织配型初步探讨[J]. 中国创伤骨科杂志，2000，2（4）：40-42. DOI：10.3760/j：issn：0529-5815.2001.03.022.｛ZHU Lijun,PEI Guoxian,GU Liqiang,YU Lixin. Study of tissue typing in human hand allograft[J]. Zhongguo Chuang Shang Gu Ke Za Zhi[Chin J Orthop Trauma(Article in Chinese;Abstract in Chinese and English)],2000,2(4):40-42. DOI:10.3760/j:issn:0529-5815.2001.03.022.｝

[24919] 朱立军，裴国献，顾立强，王钢. 有关异体肢体移植的伦理道德问题[J]. 中国创伤骨科杂志，2000，2（4）：74-75.｛ZHU Lijun,PEI Guoxian,GU Liqiang,WANG Gang. Ethical issues related to allogeneic limb transplantation[J]. Zhongguo Chuang Shang Gu Ke Za Zhi[Chin J Orthop Trauma(Article in Chinese;No abstract available)],2000,2(4):74-75.｝

[24920] 裴国献. 异体肢体移植的研究、现状与展望[J]. 中国创伤骨科杂志，2000，2（1）：9-15.｛PEI Guoxian. Research,status and prospect of allograft limb transplantation[J]. Zhongguo Chuang Shang Gu Ke Za Zhi[Chin J Orthop Trauma(Article in Chinese;No abstract available)],2000,2(1):9-15.｝

[24921] 王钢，朱立军，杨运平，裴国献，顾立强. 异体手移植的供手切取与保存[J]. 中国创伤骨科杂志，2000，2（1）：33-35.｛WANG Gang,ZHU Lijun,YANG Yunping,PEI Guoxian,GU Liqiang. Obtaining and preservation of the donor arms in human hand allograft[J]. Zhongguo Chuang Shang Gu Ke Za Zhi[Chin J Orthop Trauma(Article in Chinese;Abstract in Chinese and English)],2000,2(1):33-35.｝

[24922] 顾立强，裴国献，陈国奋，朱立军. 异体手移植的神经再生问题探讨[J]. 中国创伤骨科杂志，2000，2（1）：53-55.｛GU Liqiang,PEI Guoxian,CHEN Guofen,ZHU Lijun. Nerve regeneration in human hand allotransplantation[J]. Zhongguo Chuang Shang Gu Ke Za Zhi[Chin J Orthop Trauma(Article in Chinese;Abstract in Chinese and English)],2000,2(1):53-55.｝

[24923] 彭道波，兰炯采，王梁平，裴国献. 异体手移植的输血[J]. 中国创伤骨科杂志，2000，2（1）：66-67.｛PENG Daobo,LAN Jiongcai,WANG Liangping,PEI Guoxian. Transfusion of human hand allograft[J]. Zhongguo Chuang Shang Gu Ke Za Zhi[Chin J Orthop Trauma(Article in Chinese;Abstract in Chinese and English)],2000,2(1):66-67.｝

[24924] 于立新，裴国献，顾立强，朱立军. 异体手移植术及其免疫抑制治疗（附2例报告）[J]. 第一军医大学学报，2000，20（5）：451-452. DOI：10.3321/j.issn：1673-4254.2000.05.022.｛YU Lixin,PEI Guoxian,GU Liqiang,ZHU Lijun. Human hand allograft and the immunosuppression regimen (report of 2 cases)[J]. Di Yi Jun Yi Da Xue Xue Bao[J First Mil Med Univ(Article in Chinese;Abstract in Chinese and English)],2000,20(5):451-452. DOI:10.3321/j.issn:1673-4254.2000.05.022.｝

[24925] 陈中伟. 对异体手移植的几点看法[J]. 中国创伤骨科杂志，2000，2（1）：7-8.｛CHEN Zhongwei. Some views on allogeneic hand transplantation[J]. Zhongguo Chuang Shang Gu Ke Za Zhi[Chin J Orthop Trauma(Article in Chinese;No abstract available)],2000,2(1):7-8.｝

[24926] 王明君，王增星. 异体肢体移植的实验研究进展[J]. 中国创伤骨科杂志，2000，2（1）：90-92.｛WANG Mingjun,WANG Zengxing. Advances in experimental research on allograft of limbs[J]. Zhongguo Chuang Shang Gu Ke Za Zhi[Chin J Orthop Trauma(Article in Chinese;No abstract available)],2000,2(1):90-92.｝

[24927] 洪军，马文龙. 异体手移植的心理学问题[J]. 中国创伤骨科杂志，2000，2（1）：72-74.｛HONG Jun,MA Wenlong. Psychological issues of allogeneic hand transplantation[J]. Zhongguo Chuang Shang Gu Ke Za Zhi[Chin J Orthop Trauma(Article in Chinese;No abstract available)],2000,2(1):72-74.｝

[24928] 裴国献，顾立强，于立新，林昂如，王钢，王前，朱立军，陈丽光，缪东梅，汤陵宁，夏霆，林立，蓝炯彩，丁彦青，刘世廷，洪军，陈龙华. 异体手移植二例报告[J]. 中华医学杂志，2000，80（6）：417. DOI：10.3760/j：issn：0376-2491.2000.06.005.｛PEI Guoxian,GU Liqiang,YU Lixin,LIN Angru,Wang Gang,WANG Qian,ZHU Lijun,CHEN Liguang,MIAO Dongmei,TANG Lingning,XIA Ting,LIN Li,LAN Jiongcai,DING Yanqing,LIU Shiting,HONG Jun,CHEN Longhua. Two cases of allogeneic hand transplantation[J]. Zhonghua Yi Xue Za Zhi[Natl Med J China(Article in Chinese;No abstract available)],2000,80(6):417. DOI:10.3760/j:issn:0376-2491.2000.06.005.｝

[24929] 南方医院完成亚洲首例双前臂异体移植术[J]. 第一军医大学学报，2000，20（5）：410.｛South Hospital completed the first double forearm allograft in Asia[J]. Di Yi Jun Yi Da Xue Xue Bao[J First Mil Med Univ(Article in Chinese;No abstract available)],2000,20(5):410.｝

[24930] 裴国献，朱立军，顾立强，陈丽光，缪东梅. 两例异体移植手功能康复早期报告[J]. 中华骨科杂志，2001，21（1）：6-10. DOI：10.3760/j.issn：0253-2352.2001.01.003.｛PEI Guoxian,ZHU Lijun,GU Liqiang,CHEN Liguang,MIAO Dongmei. Recovery of hand function in two patients undergone human hand allograft[J]. Zhonghua Gu Ke Za Zhi[Chin J Orthop(Article in Chinese;Abstract in Chinese and English)],2001,21(1):6-10. DOI:10.3760/j.issn:0253-2352.2001.01.003.｝

[24931] 朱立军，裴国献，顾立强，于立新. 同种异体肢体移植配型的初步探讨[J]. 中华外科杂志，2001，39（3）：238-240. DOI：10.3760/j：issn：0529-5815.2001.03.022.｛ZHU Lijun,PEI Guoxian,GU Liqiang,YU Lixin. Tissue typing in human limb allograft[J]. Zhonghua Wai Ke Za Zhi[Chin J Surg(Article in Chinese;Abstract in Chinese and English)],2001,39(3):238-240. DOI:10.3760/j:issn:0529-5815.2001.03.022.｝

[24932] 朱立军，裴国献，顾立强，王钢，扬哲，缪东梅. 两例异体手移植患者的功能康复治疗[J]. 中国矫形外科杂志，2001，8（2）：205-206. DOI：10.3969/j.issn.1005-8478.2001.02.039.｛ZHU Lijun,PEI Guoxian,GU Liqiang,WANG Gang,YANG Zhe,MIAO Dongmei. Rehabilitation of two cases of human hand allograft[J]. Zhongguo Jiao Xing Wai Ke Za Zhi[Orthop J Chin(Article in Chinese;Abstract in Chinese and English)],2001,8(2):205-206. DOI:10.3969/j.issn.1005-8478.2001.02.039.｝

[24933] 郑小飞，裴国献. 同种异体肢体移植的免疫学监测[J]. 中国矫形外科杂志，2001，8（11）：1107-1109. DOI：10.3969/j.issn.1005-8478.2001.11.021.｛ZHENG Xiaofei,PEI Guoxian. Immunological monitoring of allogeneic limb transplantation[J]. Zhongguo Jiao Xing Wai Ke Za Zhi[Orthop J Chin(Article in Chinese;No abstract available)],2001,8(11):1107-1109. DOI:10.3969/j.issn.1005-8478.2001.11.021.｝

[24934] 裴国献，郑小飞. 异体手移植[J]. 中华手外科杂志，2001，17（1）：61-64. DOI：10.3760/cma.j.issn.1005-054X.2001.01.022.｛PEI Guoxian,ZHENG Xiaofei. Hand allograft[J]. Zhonghua Shou Wai Ke Za Zhi[Chin J Hand Surg(Article in Chinese;No abstract available)],2001,17(1):61-64. DOI:10.3760/cma.j.issn.1005-054X.2001.01.022.｝

[24935] 郑小飞，裴国献，裘宇蓉，顾立强，朱立军. 异体手移植术后淋巴细胞亚群的早期监测[J]. 中华手外科杂志，2001，17（2）：13-15. DOI：10.3760/cma.j.issn.1005-054X.2001.02.004.｛ZHENG Xiaofei,PEI Guoxian,QIU Yurong,GU Liqiang,ZHU Lijun. Early monitoring of lymphocyte subsets in patients with hand allotransplantation[J]. Zhonghua Shou Wai

Ke Za Zhi[Chin J Hand Surg(Article in Chinese;Abstract in Chinese and English)],2001,17(2):13-15. DOI:10.3760/cma.j.issn.1005-054X.2001.02.004.}

[24936] 顾立强，裴国献，林昂如，王钢，朱立平．异体手移植的手术设计与操作 [J]．中华手外科杂志，2001，17（2）：67-71．DOI：10.3760/cma.j.issn.1005-054X.2001.02.002．{GU Liqiang,PEI Guoxian,LIN Angru,WANG Gang,ZHU Lijun. Operative design and technique of human hand allotransplantation[J]. Zhonghua Shou Wai Ke Za Zhi[Chin J Hand Surg(Article in Chinese;Abstract in Chinese and English)],2001,17(2):67-71. DOI:10.3760/cma.j.issn.1005-054X.2001.02.002.}

[24937] 王钢，朱立军，杨运平，裴国献，顾立强．异体手移植供手的获取和保存 [J]．中华手外科杂志，2001，17（2）：72-74．DOI：10.3760/cma.j.issn.1005-054X.2001.02.003．{WANG Gang,ZHU Lijun,YANG Yunping,PEI Guoxian,GU Liqiang. Obtaining and preservation of the donor hands in human hand allotransplantation[J]. Zhonghua Shou Wai Ke Za Zhi[Chin J Hand Surg(Article in Chinese;Abstract in Chinese and English)],2001,17(2):72-74. DOI:10.3760/cma.j.issn.1005-054X.2001.02.003.}

[24938] 夏霆，郑小飞，裴国献，顾立强，王钢，朱立军．用 Carroll 法评价异体移植手的功能 [J]．中华手外科杂志，2001，17（z1）：44-45．DOI：10.3760/cma.j.issn.1005-054X.2001.z1.020．{XIA Ting,ZHENG Xiaofei,PEI Guoxian,GU Liqiang,WANG Gang,ZHU Lijun. Function evaluation by Carroll method in human hand allotransplantation[J]. Zhonghua Shou Wai Ke Za Zhi[Chin J Hand Surg(Article in Chinese;Abstract in Chinese and English)],2001,17(z1):44-45. DOI:10.3760/cma.j.issn.1005-054X.2001.z1.020.}

[24939] 于立新，裴国献，顾立强，贾英斌，朱力军．新型免疫抑制剂用于异体手移植的近期效果评价（附 2 例报告）[J]．第一军医大学学报，2001，21（9）：679-681．DOI：10.3321/j.issn：1673-4254.2001.09.015．{YU Lixin,PEI Guoxian,GU Liqiang,JIA Yingbin,ZHU Lijun. Evaluation of the short-term effect of new immunosuppressive drugs in human hand allotransplantation:report of 2 cases[J]. Di Yi Jun Yi Da Xue Xue Bao[J First Mil Med Univ(Article in Chinese;Abstract in Chinese and English)],2001,21(9):679-681. DOI:10.3321/j.issn:1673-4254.2001.09.015.}

[24940] 郑小飞，裴国献，裘宇蓉，顾立强，武大林．异体手移植术后测定外周血 CD3/HLA-DR 及 CD3/CD（16+56）的临床意义 [J]．解放军医学杂志，2001，26（12）：913-915．DOI：10.3321/j.issn：0577-7402.2001.12.018．{ZHENG Xiaofei,PEI Guoxian,QIU Yurong,GU Liqiang,WU Dalin. Determination of lymphocyte subsets in the peripheral blood of the patients with allogencic hand transplantation[J]. Jie Fang Jun Yi Xue Za Zhi[Med J Chin PLA(Article in Chinese;Abstract in Chinese and English)],2001,26(12):913-915. DOI:10.3321/j.issn:0577-7402.2001.12.018.}

[24941] 朱立军，裴国献，顾立强，洪军．异体手移植手术涉及的心理问题 [J]．中国修复重建外科杂志，2001，15（6）：382-384．{ZHU Lijun,PEI Guoxian,GU Liqiang,HONG Jun. Psychology during the process of human hand allograft[J]. Zhongguo Xiu Fu Chong Jian Wai Ke Za Zhi[Chin J Repar Reconstr Surg(Article in Chinese;Abstract in Chinese and English)],2001,15(6):382-384.}

[24942] 郑小飞，裘宇蓉．同种异体手移植术后细胞因子的动态观察 [J]．中华外科杂志，2001，39（10）：789-791．DOI：10.3760/j：issn：0529-5815.2001.10.017．{ZHENG Xiaofei,QIU Yurong. Dynamic observation of serum cytokines in patients receving hand transplantation[J]. Zhonghua Wai Ke Za Zhi[Chin J Surg(Article in Chinese;Abstract in Chinese and English)],2001,39(10):789-791. DOI:10.3760/j:issn:0529-5815.2001.10.017.}

[24943] 王英博，辛畅泰．同种异体肢体移植的 HLA 配型及免疫耐受的研究进展 [J]．中华手外科杂志，2001，17（S1）：48-49．DOI：10.3760/cma.j.issn.1005-054X.2001.z1.021．{WANG Yingbo,XIN Changtai. Research progress of HLA matching and immune tolerance in limb allograft[J]. Zhonghua Shou Wai Ke Za Zhi[Chin J Hand Surg(Article in Chinese;No abstract available)],2001,17(S1):48-49. DOI:10.3760/cma.j.issn.1005-054X.2001.z1.021.}

[24944] 马忠立，裴国献，张敬良，朱立军，王珂，陈滨，魏宽海，胡罢生．大鼠同种异体肢体移植急性排斥反应动物模型的制作 [J]．中华显微外科杂志，2002，25（3）：208-209．DOI：10.3760/cma.j.issn.1001-2036.2002.03.018．{MA Zhongli,PEI Guoxian,ZHANG Jingliang,ZHU Lijun,WANG Ke,CHEN Bin,WEI Kuanhai,HU Basheng. Establishment of an animal model of acute rejection of limb allograft in rats[J]. Zhonghua Xian Wei Wai Ke Za Zhi[Chin J Microsurg(Article in Chinese;Abstract in Chinese)],2002,25(3):208-209. DOI:10.3760/cma.j.issn.1001-2036.2002.03.018.}

[24945] 马忠立，裴国献，顾立强，于立新，朱立军，王钢，林昂如，相大勇，郑小飞，魏宽海，陈滨．异体手移植急性移植物抗宿主病的预防与治疗 [J]．中华外科杂志，2002，40（11）：874-874．DOI：10.3760/j：issn：0529-5815.2002.11.026．{MA Zhongli,PEI Guoxian,GU Liqiang,YU Lixin,ZHU Lijun,WANG Gang,LIN Angru,XIANG Dayong,ZHENG Xiaofei,WEI Kuanhai,CHEN Bin. Prevention and treatment of acute graft-versus-host disease in allograft hand transplantation[J]. Zhonghua Wai Ke Za Zhi[Chin J Surg(Article in Chinese;No abstract available)],2002,40(11):874-874. DOI:10.3760/j:issn:0529-5815.2002.11.026.}

[24946] 马忠立，裴国献，朱立军，石玉生，陈龙华，张敬良，王珂，陈滨，魏宽海．X 线照射对同种异体肢体移植排斥反应的影响 [J]．第一军医大学学报，2002，22（6）：509-511．DOI：10.3321/j.issn：1673-4254.2002.06.008．{MA Zhongli,PEI Guoxian,ZHU Lijun,SHI Yusheng,CHEN Longhua,ZHANG Jingliang,WANG Ke,CHEN Bin,WEI Kuanhai. Effect of X-ray irradiation on limb allograft rejection in adult rats[J]. Di Yi Jun Yi Da Xue Xue Bao[J First Mil Med Univ(Article in Chinese;Abstract in Chinese and English)],2002,22(6):509-511. DOI:10.3321/j.issn:1673-4254.2002.06.008.}

[24947] 邵明，张震宇，杨群，张信英，于钟毓，毕郑钢，贾继峰，尚剑，张军，曹阳，杨成林，韩成龙，于方堤，富帛，孙闯．异体手移植的组织配型探讨 [J]．中国矫形外科杂志，2002，10（10）：971-973．DOI：10.3969/j.issn.1005-8478.2002.10.011．{SHAO Ming,ZHANG Zhenyu,YANG Qun,ZHANG Xinying,YU Zhongyu,BI Zhenggang,JIA Jifeng,SHANG Jian,ZHANG Jun,CAO Yang,YANG Chenglin,HAN Chenglong,YU Fangdi,FU Bo,SUN Chuang. Discussion of tissue typing in hand allograft[J]. Zhongguo Jiao Xing Wai Ke Za Zhi[Orthop J Chin(Article in Chinese;Abstract in Chinese and English)],2002,10(10):971-973. DOI:10.3969/j.issn.1005-8478.2002.10.011.}

[24948] 赵劲民，杨志，苏伟，韦庆军，花奇凯，阳富春，丁晓飞，白鹤，苏方荣，毕剑恒，李秀霞，郑小敏．同种异体手、拇指移植临床报告 [J]．中华创伤骨科杂志，2002，4（1）：15-19．DOI：10.3760/cma.j.issn.1671-7600.2002.01.005．{ZHAO Jinmin,YANG Zhi,SU Wei,WEI Qingjun,HUA Qikai,YANG Fuchun,DING Xiaofei,BAI He,SU Fangrong,BI Jianheng,LI Xiuxia,ZHENG Xiaomin. A clinical report of human hand and thumb allograft[J]. Zhonghua Chuang Shang Gu Ke Za Zhi[Chin J Orthop Trauma(Article in Chinese;Abstract in Chinese and English)],2002,4(1):15-19. DOI:10.3760/cma.j.issn.1671-7600.2002.01.005.}

[24949] 张信英，于钟毓，毕郑钢，杨群，张震宇，贾继峰，尚剑，张军，曹阳，韩成龙，杨成林，于方堤，孙闯，付勇．同种异体双手移植一例报告 [J]．中华创伤骨科杂志，2002，4（1）：20-24．DOI：10.3760/cma.j.issn.1671-7600.2002.01.006．{ZHANG Xinying,YU Zhongyu,BI Zhenggang,YANG Qun,ZHANG Zhenyu,JIA Jifeng,SHANG Jian,ZHANG Jun,CAO Yang,HAN Chenglong,YANG Chenglin,YU Fangdi,SUN Chuang,FU Yong. One case report of double hand allograft[J]. Zhonghua Chuang Shang Gu Ke Za Zhi[Chin J Orthop Trauma(Article in Chinese;Abstract in Chinese and English)],2002,4(1):20-24. DOI:10.3760/cma.j.issn.1671-7600.2002.01.006.}

[24950] 杨志，赵劲民，苏伟，韦庆军，花奇凯，丁晓飞，白鹤．异体肢体移植应用 FK506 免疫抑制治疗的临床观察 [J]．中华创伤骨科杂志，2002，4（2）：120-122．DOI：10.3760/cma.j.issn.1671-7600.2002.02.012．{YANG Zhi,ZHAO Jinmin,SU Wei,WEI Qingjun,HUA Qikai,DING Xiaofei,BAI He. Clinical application of FK506 in human extremity allograft[J]. Zhonghua Chuang Shang Gu Ke Za Zhi[Chin J Orthop Trauma(Article in Chinese;Abstract in Chinese and English)],2002,4(2):120-122. DOI:10.3760/cma.j.issn.1671-7600.2002.02.012.}

[24951] 赵劲民，杨志，苏伟，韦庆军，花奇凯，阳富春，丁晓飞，白鹤，苏方荣，毕剑恒，李秀霞，郑小敏．同种异体手、拇指移植临床报告 [J]．中华创伤杂志，2002，18（6）：353-356．DOI：10.3760/j：issn：1001-8050.2002.06.009．{ZHAO Jinmin,YANG Zhi,SU Wei,WEI Qingjun,HUA Qikai,YANG Fuchun,DING Xiaofei,BAI He,SU Fangrong,BI Jianheng,LI Xiuxia,ZHENG Xiaomin. Human hand and thumb allografts——a cases report[J]. Zhonghua Chuang Shang Za Zhi[Chin J Trauma(Article in Chinese;Abstract in Chinese and English)],2002,18(6):353-356. DOI:10.3760/j:issn:1001-8050.2002.06.009.}

[24952] 裴国献，魏宽海．异体手移植的现状与趋势 [J]．上海医学，2003，26（2）：91-94．DOI：10.3969/j.issn.0253-9934.2003.02.004．{PEI Guoxian,WEI Kuanhai. Current status and trend of hand heterotransplantation[J]. Shanghai Yi Xue[Shanghai Med J(Article in Chinese;No abstract available)],2003,26(2):91-94. DOI:10.3969/j.issn.0253-9934.2003.02.004.}

[24953] 郑晓勇，裴国献．异体肢体移植研究进展 [J]．中国矫形外科杂志，2003，11（14）：977-979．DOI：10.3969/j.issn.1005-8478.2003.14.015．{ZHENG Xiaoyong,PEI Guoxian. Research progress of allogeneic limb transplantation[J]. Zhongguo Jiao Xing Wai Ke Za Zhi[Orthop J Chin(Article in Chinese;No abstract available)],2003,11(14):977-979. DOI:10.3969/j.issn.1005-8478.2003.14.015.}

[24954] 相大勇，裴国献，顾立强，朱立军，王钢，郭刚，裘宇容．共刺激信号的动态监测在异体双手移植中的临床意义 [J]．中华创伤骨科杂志，2003，5（1）：52-54．DOI：10.3760/cma.j.issn.1671-7600.2003.01.015．{XIANG Dayong,PEI Guoxian,GU Liqiang,ZHU Lijun,WANG Gang,GUO Gang,QIU Yurong. The significance of serial monitoring of co-stimulating signal following human double hand transplantation[J]. Zhonghua Chuang Shang Gu Ke Za Zhi[Chin J Orthop Trauma(Article in Chinese;Abstract in Chinese and English)],2003,5(1):52-54. DOI:10.3760/cma.j.issn.1671-7600.2003.01.015.}

[24955] 张信英，于钟毓，毕郑钢，杨群，张震宇，尚剑，张军，曹阳，杨成林，韩成龙．同种异体全前臂移植一例初期报告 [J]．中华骨科杂志，2003，23（11）：699-700．DOI：10.3760/j.issn：0253-2352.2003.11.017．{ZHANG Xinying,YU Zhongyu,BI Zhenggang,YANG Qun,ZHANG Zhenyu,SHANG Jian,ZHANG Jun,CAO Yang,YANG Chenglin,HAN Chenglong. Preliminary report of a case of allogeneic total forearm transplantation[J]. Zhonghua Gu Ke Za Zhi[Chin J Orthop(Abstract in Chinese;No abstract available)],2003,23(11):699-700. DOI:10.3760/j.issn:0253-2352.2003.11.017.}

[24956] 康皓，洪光祥，王发斌，陈振兵，黄启顺，翁雨雄．大鼠同种异体肢体移植急性排斥反应的实验研究 [J]．中华显微外科杂志，2003，26（2）：130-131．DOI：10.3760/cma.j.issn.1001-2036.2003.02.016．{KANG Hao,HONG Guangxiang,WANG Fabin,CHEN Zhenbing,HUANG Qishun,WENG Yuxiong. Experimental study on acute rejection of limb allograft in rats[J]. Zhonghua Xian Wei Wai Ke Za Zhi[Chin J Microsurg(Abstract in Chinese;Abstract in Chinese)],2003,26(2):130-131. DOI:10.3760/cma.j.issn.1001-2036.2003.02.016.}

[24957] 康皓，洪光祥，王发斌，陈振兵，黄启顺，翁雨雄．大鼠同种异体肢体移植中 T 淋巴细胞亚群的变化及其意义 [J]．中华实验外科杂志，2003，20（5）：444-445．DOI：10.3760/j.issn：1001-9030.2003.05.025．{KANG Hao,HONG Guangxiang,WANG Fabin,CHEN Zhenbing,HUANG Qishun,WENG Yuxiong. Changes and significance of T lymphocyte subsets in rat limb allotransplantation[J]. Zhonghua Shi Yan Wai Ke Za Zhi[Chin J Exp Surg(Article in Chinese;Abstract in Chinese and English)],2003,20(5):444-445. DOI:10.3760/j.issn:1001-9030.2003.05.025.}

[24958] 邓荣建，史永胜，徐建设．异体手移植术的麻醉管理与术后镇痛 [J]．中华创伤骨科杂志，2003，5（4）：390-391．DOI：10.3760/cma.j.issn.1671-7600.2003.04.037．{DENG Rongjian,SHI Yongsheng,XU Jianshe. Anesthesia and postoperative analgesia for hand allograft[J]. Zhonghua Chuang Shang Gu Ke Za Zhi[Chin J Orthop Trauma(Article in Chinese;Abstract in Chinese and English)],2003,5(4):390-391. DOI:10.3760/cma.j.issn.1671-7600.2003.04.037.}

[24959] 张信英，于钟毓，毕郑刚，张震宇，尚剑，邵明，张军，杨成林，杜劲松．同种异体肢体移植临床报告 [J]．中华医学杂志，2003，83（21）：1917-1918．DOI：10.3760/j：issn：0376-2491.2003.21.021．{ZHANG Xinying,YU Zhongyu,BI Zhenggang,ZHANG Zhenyu,SHANG Jian,SHAO Ming,ZHANG Jun,YANG Chenglin,DONG Jinsong. Clinical report of limb allograft[J]. Zhonghua Yi Xue Za Zhi[Natl Med J China(Article in Chinese;No abstract available)],2003,83(21):1917-1918. DOI:10.3760/j:issn:0376-2491.2003.21.021.}

[24960] 曾炳芳．断肢再植－自体足趾移植－异体手移植 [J]．上海医学，2003，26（2）：81-82．DOI：10.3969/j.issn.0253-9934.2003.02.001．{ZENG Bingfang. Replantation,antogenous toe transplantation and hand autograft[J]. Shang Hai Yi Xue[Shanghai Med J(Article in Chinese;Abstract in Chinese and English)],2003,26(2):81-82. DOI:10.3969/j.issn.0253-9934.2003.02.001.}

[24961] 康皓，洪光祥，王发斌，陈振兵，黄启顺，翁雨雄．FK506 和 RS-61443 对大鼠异体肢体移植的联合免疫抑制作用 [J]．中国修复重建外科杂志，2003，17（3）：264-267．{KANG Hao,HONG Guangxiang,WANG Fabin,CHEN Zhenbing,HUANG Qishun,WENG Yuxiong. Combined immunosuppression of FK506 and RS-16443 in rat limb allotransplantation[J]. Zhongguo Xiu Fu Chong Jian Wai Ke Za Zhi[Chin J Repar Reconstr Surg(Article in Chinese;Abstract in Chinese and English)],2003,17(3):264-267.}

[24962] 相大勇，裴国献，裘宇容，顾立强，朱立军，王刚．异体手移植术后 ATG 治疗过程中 T 淋巴细胞亚群的监测（附 3 例报告）[J]．第一军医大学学报，2004，24（2）：195-197．DOI：10.3321/j.issn：1673-4254.2004.02.023．{XIANG Dayong,PEI Guoxian,QIU Yurong,GU Liqiang,ZHU Lijun,WANG Gang. Monitoring of T lymphocyte subset during ATG induction therapy in hand allograft with report of 3 cases[J]. Di Yi Jun Yi Da Xue Xue Bao[J First Mil Med Univ(Article in Chinese;Abstract in Chinese and English)],2004,24(2):195-197. DOI:10.3321/j.issn:1673-4254.2004.02.023.}

[24963] 相大勇，裴国献，裘宇容，顾立强，朱立军，王钢．同种异体双手移植术细胞因子的动态监测 [J]．中国修复重建外科杂志，2004，18（3）：232-235．{XIANG Dayong,PEI Guoxian,QIU Yurong,GU Liqiang,ZHU Lijun,WANG Gang. Dynamic monitoring of sIL-2r,IL-2 and IL-6 levels of serum after double-hand transplantation[J]. Zhongguo Xiu Fu Chong Jian Wai Ke Za Zhi[Chin J Repar Reconstr Surg(Article in Chinese;Abstract in Chinese and English)],2004,18(3):232-235.}

[24964] 杨成林，毕郑钢，张信英，于钟毓，邵明，张震宇，张军，曹杨，付春江．两例异体手移植临床随访 [J]．中国矫形外科杂志，2004，12（23）：1839-1841．DOI：10.3969/j.issn.1005-8478.2004.23.023．{YANG Chenglin,BI Zhenggang,ZHANG Xinying,YU Zhongyu,SHAO Ming,ZHANG Zhenyu,ZHANG Jun,CAO Yang,FU Chunjiang. Following-up report of the curative effects of 2 cases of both hands allotransplantation[J]. Zhongguo Jiao Xing Wai Ke Za Zhi[Orthop J Chin(Article in Chinese;Abstract in Chinese and English)],2004,12(23):1839-1841. DOI:10.3969/j.issn.1005-8478.2004.23.023.}

[24965] 顾立强．亚太地区断指再植、手指再造与异体手移植治疗进展 [J]．中华创伤骨科杂志，2005，7（2）：162-165．DOI：10.3760/cma.j.issn.1671-7600.2005.02.018．{GU Liqiang. Progress in finger replantation,toe-to-hand transfer,and hand allotransplantation in Asian-Pacific region[J]. Zhonghua Chuang Shang Gu Ke Za Zhi[Chin J Orthop Trauma(Article in Chinese;No abstract available)],2005,7(2):162-165. DOI:10.3760/cma.j.issn.1671-7600.2005.02.018.}

[24966] 康皓，洪光祥，王发斌，陈振兵，黄启顺，翁雨雄．小剂量环孢素 A 对大鼠同种异体肢体移植

的免疫抑制作用[J]. 中华手外科杂志，2005，21(2)：86-88. DOI：10.3760/cma.j.issn.1005-054X.2005.02.007. {KANG Hao,HONG Guangxiang,WANG Fabin,CHEN Zhenbing,HUANG Qishun,WENG Yuxiong. Immunosuppression by low dose cyclosporin A in rat limb allotransplantation:an experimental study[J]. Zhonghua Shou Wai Ke Za Zhi[Chin J Hand Surg(Article in Chinese;Abstract in Chinese and English)],2005,21(2):86-88. DOI:10.3760/cma.j.issn.1005-054X.2005.02.007.}

[24967] 杨成林，邵明，张信英，毕郑钢，于钟毓，张震宇，张军，曹杨，付春江. 异体手移植骨骼支架构建的临床应用[J]. 中国修复重建外科杂志，2005，19(8)：662-665. {YANG Chenglin,SHAO Ming,ZHANG Xinying,BI Zhenggang,YU Zhongyu,ZHANG Zhenyu,ZHANG Jun,CAO Yang,FU Chunjiang. Clinical application of skeleton reconstruction in human hand allograft[J]. Zhongguo Xiu Fu Chong Jian Wai Ke Za Zhi[Chin J Repar Reconstr Surg(Article in Chinese;Abstract in Chinese and English)],2005,19(8):662-665.}

[24968] 王鲲鹏，张信英，石作为. T细胞疫苗诱导大鼠同种异体肢体移植免疫耐受的实验研究[J]. 中华显微外科杂志，2006，29(1)：50-52. DOI：10.3760/cma.j.issn.1001-2036.2006.01.017. {WANG Kunpeng,ZHANG Xinying,SHI Zuowei. Experimental study on immune tolerance induced by T cell vaccine in rat limb allograft[J]. Zhonghua Xian Wei Wai Ke Za Zhi[Chin J Microsurg(Abstract in Chinese;Abstract in Chinese)],2006,29(1):50-52. DOI:10.3760/cma.j.issn.1001-2036.2006.01.017.}

[24969] 张涛，张信英，崔勇. 调节性树突状细胞对大鼠异体肢体移植存活时间的影响[J]. 中华显微外科杂志，2006，29(6)：446-448. DOI：10.3760/cma.j.issn.1001-2036.2006.06.015. {ZHANG Tao,ZHANG Xinying,CUI Yong. Effect of regulatory dendritic cells on survival time of limb allograft in rats[J]. Zhonghua Xian Wei Wai Ke Za Zhi[Chin J Microsurg(Abstract in Chinese;Abstract in Chinese)],2006,29(6):446-448. DOI:10.3760/cma.j.issn.1001-2036.2006.06.015.}

[24970] 王健，杨胜武，王玉发，崔树森. 大鼠异体肢体移植术后急性排斥反应阶段血管内皮细胞免疫损伤及凋亡的初步研究[J]. 中华手外科杂志，2006，22(3)：186-188. DOI：10.3760/cma.j.issn.1005-054X.2006.03.024. {WANG Jian,YANG Shengwu,WANG Yufa,CUI Shusen. The proteomics study on the endothelial-cell immunologic injury and apoptosis during hindlimb allograft acute rejection in rats[J]. Zhonghua Shou Wai Ke Za Zhi[Chin J Hand Surg(Article in Chinese;Abstract in Chinese and English)],2006,22(3):186-188. DOI:10.3760/cma.j.issn.1005-054X.2006.03.024.}

[24971] 毕郑钢，邵明，郭清阳，于钟毓. 异体双前臂移植四年康复一例报告[J]. 中华创伤骨科杂志，2006，8(12)：1109-1112. DOI：10.3760/cma.j.issn.1671-7600.2006.12.003. {BI Zhenggang,SHAO Ming,GUO Qingyang,YU Zhongyu. A 4-year follow-up of functional rehabilitation in a patient with allografted forearms[J]. Zhonghua Chuang Shang Gu Ke Za Zhi[Chin J Orthop Trauma(Article in Chinese;Abstract in Chinese and English)],2006,8(12):1109-1112. DOI:10.3760/cma.j.issn.1671-7600.2006.12.003.}

[24972] 马忠立，裴国献，张敬良，朱立军，陈滨，魏宽海. 大鼠异体肢体移植实验技术[J]. 中华创伤骨科杂志，2007，9(11)：1050-1052. DOI：10.3760/cma.j.issn.1671-7600.2007.11.014. {MA Zhongli,PEI Guoxian,ZHANG Jingliang,ZHU Lijun,CHEN Bin,WEI Kuanhai. The technique of limb allograft in adult rats[J]. Zhonghua Chuang Shang Gu Ke Za Zhi[Chin J Orthop Trauma(Article in Chinese;Abstract in Chinese and English)],2007,9(11):1050-1052. DOI:10.3760/cma.j.issn.1671-7600.2007.11.014.}

[24973] 郑小飞，尹庆水，黄华扬，吴文，刁松，章莹. 大鼠异体肢体移植中淋巴细胞亚群的动态观察[J]. 中华实验外科杂志，2007，24(4)：429-431. DOI：10.3760/j.issn:1001-9030.2007.04.015. {ZHENG Xiaofei,YIN Qingshui,HUANG Huayang,WU Wen,XI Song,ZHANG Ying. Dynamic monitoring of T lymphocyte subsets and activated T cells in rat limb allotransplantation[J]. Zhonghua Shi Yan Wai Ke Za Zhi[Chin J Exp Surg(Article in Chinese;Abstract in Chinese and English)],2007,24(4):429-431. DOI:10.3760/j.issn:1001-9030.2007.04.015.}

[24974] 石作为，张信英，崔勇. 同种异体肢体移植后免疫耐受的研究进展[J]. 中华创伤骨科杂志，2007，9(1)：78-80. DOI：10.3760/cma.j.issn.1671-7600.2007.01.020. {SHI zuowei,ZHANG Xinying,CUI Yong. Current research into the immunological tolerance after allograft of limbs[J]. Zhonghua Chuang Shang Gu Ke Za Zhi[Chin J Orthop Trauma(Article in Chinese;Abstract in Chinese and English)],2007,9(1):78-80. DOI:10.3760/cma.j.issn.1671-7600.2007.01.020.}

[24975] 张震宇，刘伟，毕郑钢，董清平. 靶向CD40的shRNA干扰抗大鼠异体肢体移植急性排斥反应的实验研究[J]. 中华创伤骨科杂志，2008，10(12)：1161-1165. DOI：10.3760/cma.j.issn.1671-7600.2008.12.017. {ZHANG Zhenyu,LIU Wei,BI Zhenggang,DONG Qingping. Resistance to acute rejection by shRNA interference from CD40 costimulatory molecule in limb allo-transplantation in rats[J]. Zhonghua Chuang Shang Gu Ke Za Zhi[Chin J Orthop Trauma(Article in Chinese;Abstract in Chinese and English)],2008,10(12):1161-1165. DOI:10.3760/cma.j.issn.1671-7600.2008.12.017.}

[24976] 王健，朱雄白，滕红林，罗鹏波，陈雷. 大鼠异体肢体移植术后急性排斥反应阶段血管内皮细胞ICAM-1表达的动态变化[J]. 中华手外科杂志，2009，25(3)：185-187. DOI：10.3760/cma.j.issn.1005-054X.2009.03.028. {WANG Jian,ZHU Xiongbai,TENG Honglin,LUO Pengbo,CHEN Lei. Dynamic changes of ICAM-1 expression in vascular endothelial cells during acute rejection after limb allograft in rats[J]. Zhonghua Shou Wai Ke Za Zhi[Chin J Hand Surg(Article in Chinese;No abstract available)],2009,25(3):185-187. DOI:10.3760/cma.j.issn.1005-054X.2009.03.028.}

9.3.2 全面部移植术

full facial transplantation

[24977] ZHENG Shengwu,LI Qingfeng,JIANG Hao,JAMES Banich,FU Kaiding,CHEN Benson,WANG Huiyong,ZHENG Danning,GU Bing,LIU Qinxiu,TANG Lujia,ZAN Tao,LI Yuping,ZHANG Tisheng. Developing a canine model of composite facial/scalp allograft transplantation[J]. Ann Plast Surg,2007,59(2):185-194. doi:10.1097/SAP.0b013e31802c79a5.

[24978] Wang HY,Li QF,Zheng SW,Chen B,Li YP,Tang LJ,Chang TS. Cadaveric comparison of two facial flap-harvesting techniques for alloplastic facial transplantation[J]. J Plast Reconstr Aesthet Surg,2007,60(11):1175-1181. doi:10.1016/j.bjps.2007.06.027.

[24979] Guo S,Han Y,Zhang X,Lu B,Yi C,Zhang H,Ma X,Wang D,Yang L,Fan X,Liu Y,Lu K,Li H. Human facial allotransplantation:a 2-year follow-up study[J]. Lancet,2008,372(9639):631-638. doi:10.1016/S0140-6736(08)61276-3.

[24980] YI Chenggang,HAN Yan,ZHANG Xudong,LU Binglun,ZHANG Hui,MA Xianjie,YANG Li,FAN Xing,LIU Yunjing,LU Kaihua,LI Huiyuan,ZHENG Yan,ZHANG Guoyou,GUO Shuzhong. Some issues in facial transplantation[J]. Am J Transplant,2008,8(10):2169-2172. doi:10.1111/j.1600-6143.2008.02352.x.

[24981] Yi C,Guo S. Facial transplantation:lessons so far[J]. Lancet,2009,374(9685):177-178. doi:10.1016/S0140-6736(09)61292-7.

[24982] Yu D,Li Q,Zheng S,Wang H,Liu Q. Some results of our research on composite facial allograft transplantation in dogs[J]. Transplant Proc,2010,42(5):1953-1995. doi:10.1016/j.transproceed.2009.01.009.

[24983] Liu X,Langsdon S,Holloway W,Xu S,Tang Q,Xu Y,Velamuri SR,Hickerson W. The Ethics of Facial Allotransplantation:a Systematic Review[J]. Plast Reconstr Surg Glob Open,2019,7(10):e2425. doi:10.1097/GOX.0000000000002425.

[24984] 易成刚，郭树忠，韩岩. 同种异体全颜面复合组织移植进展[J]. 中华整形外科杂志，2005，21(3)：222-224. DOI：10.3760/j.issn：1009-4598.2005.03.021. {YI Chenggang,GUO Shuzhong,HAN Yan. Progress of whole-face allograft composite tissue transplantation[J]. Zhonghua Zheng Xing Wai Ke Za Zhi[Chin J Plast Surg(Article in Chinese;No abstract available)],2005,21(3):222-224. DOI:10.3760/j.issn:1009-4598.2005.03.021.}

[24985] 李青峰，张涤生. 重视同种异体体表器官移植的指征问题[J]. 中华外科杂志，2006，44(15)：1009-1010. DOI：10.3760/j：issn：0529-5815.2006.15.001. {LI Qingfeng,ZHANG Disheng. Care about the indications of allograft organ transplantations on body surface[J]. Zhonghua Wai Ke Za Zhi[Chin J Surg(Article in Chinese;Abstract in Chinese and English)],2006,44(15):1009-1010. DOI:10.3760/j:issn:0529-5815.2006.15.001.}

[24986] 张旭东，郭树忠，韩岩，王大太，倪云志，张琳西. 兔半侧颜面移植模型[J]. 中华整形外科杂志，2006，22(3)：204-207. DOI：10.3760/j.issn：1009-4598.2006.03.013. {ZHANG Xudong,GUO Shuzhong,HAN Yan,WANG Datai,NI Yunzhi,ZHANG Linxi. A hemifacial transplantation model in hares[J]. Zhonghua Zheng Xing Wai Ke Za Zhi[Chin J Plast Surg(Article in Chinese;Abstract in Chinese and English)],2006,22(3):204-207. DOI:10.3760/j.issn:1009-4598.2006.03.013.}

[24987] 李青峰，张涤生. 异体脸面移植研究的现状与问题[J]. 中华整形外科杂志，2006，22(4)：245-247. DOI：10.3760/j.issn：1009-4598.2006.04.001. {LI Qingfeng,ZHANG Disheng. Research status and problems of allograft face transplantation[J]. Zhonghua Zheng Xing Wai Ke Za Zhi[Chin J Plast Surg(Article in Chinese;No abstract available)],2006,22(4):245-247. DOI:10.3760/j.issn:1009-4598.2006.04.001.}

[24988] 郑胜武，李青峰，姜浩，顾斌，王会勇，郑丹宁，刘琴秀，昝涛，汤璐佳，李玉萍，谢芸，陈瑜，张涤生. 犬头面部复合组织同种异体移植模型的建立[J]. 中华整形外科杂志，2006，22(4)：298-302. DOI：10.3760/j.issn：1009-4598.2006.04.017. {ZHENG Shengwu,LI Qingfeng,JIANG Hao,GU Bin,WANG Huiyong,ZHENG Danning,LIU Qinxiu,ZAN Tao,TANG Lujia,LI Yuping,XIE Yun,CHEN Yu,ZHANG Disheng. Establishment of composite facial and scalp allograft transplantation model in canine[J]. Zhonghua Zheng Xing Wai Ke Za Zhi[Chin J Plast Surg(Article in Chinese;Abstract in Chinese and English)],2006,22(4):298-302. DOI:10.3760/j.issn:1009-4598.2006.04.017.}

[24989] 王会勇，李青峰，郑胜武，李玉萍，汤璐佳，张涤生. 同种异体全脸面移植供体切取和供体选择的策略研究[J]. 中华整形外科杂志，2006，22(5)：331-334. DOI：10.3760/j.issn：1009-4598.2006.05.003. {WANG Huiyong,LI Qingfeng,ZHENG Shengwu,LI Yuping,TANG Lujia,ZHANG Disheng. Strategy study of harvesting total facial flap and donor choice for allograft transplantation in cadaver[J]. Zhonghua Zheng Xing Wai Ke Za Zhi[Chin J Plast Surg(Article in Chinese;Abstract in Chinese and English)],2006,22(5):331-334. DOI:10.3760/j.issn:1009-4598.2006.05.003.}

[24990] 刘琴秀，李青峰，郑胜武，王会勇，姜浩，李江，郑丹宁，汤璐佳，李玉萍，张涤生. 异体脸面复合组织移植供体保存的研究[J]. 中华整形外科杂志，2006，22(5)：334-338. DOI：10.3760/j.issn：1009-4598.2006.05.004. {LIU Qinxiu,LI Qingfeng,ZHENG Shengwu,WANG Huiyong,JIANG Hao,LI Jiang,ZHENG Danning,TANG Lujia,LI Yuping,ZHANG Disheng. Research of the preservation of the composite facial allograft[J]. Zhonghua Zheng Xing Wai Ke Za Zhi[Chin J Plast Surg(Article in Chinese;Abstract in Chinese and English)],2006,22(5):334-338. DOI:10.3760/j.issn:1009-4598.2006.05.004.}

[24991] 李玉萍，李青峰，张涤生. 异体脸面移植的研究进展[J]. 中国修复重建外科杂志，2006，20(12)：1262-1265. {LI Yuping,LI Qingfeng,ZHANG Disheng. Review on progress of facial allotransplantation[J]. Zhongguo Xiu Fu Chong Jian Wai Ke Za Zhi[Chin J Repar Reconstr Surg(Article in Chinese;Abstract in Chinese and English)],2006,20(12):1262-1265.}

[24992] 张旭东，郭树忠，韩岩. 复合组织同种异体移植的治疗进展[J]. 中华整形外科杂志，2006，22(1)：68-71. DOI：10.3760/j.issn：1009-4598.2006.01.019. {ZHANG Xudong,GUO Shuzhong,HAN Yan. Progress in the treatment of compound tissue allograft[J]. Zhonghua Zheng Xing Wai Ke Za Zhi[Chin J Plast Surg(Article in Chinese;Abstract in Chinese)],2006,22(1):68-71. DOI:10.3760/j.issn:1009-4598.2006.01.019.}【建议移至全脸移植术，对否？】

[24993] 张旭东，郭树忠，韩岩，卢丙仑，文爱东，杨力，张辉，王大太，刘云景，樊星. 一例同种异体部分颜面移植围手术期免疫抑制治疗方案[J]. 中华整形外科杂志，2007，23(3)：183-186. DOI：10.3760/j.issn：1009-4598.2007.03.002. {ZHANG Xudong,GUO Shuzhong,HAN Yan,LU Binglun,WEN Aidong,YANG Li,ZHANG Hui,WANG Datai,LIU Yunjing,FAN Xing. Immunosuppressive treatment about the patient operated facial allotransplantation in perioperative period[J]. Zhonghua Zheng Xing Wai Ke Za Zhi[Chin J Plast Surg(Article in Chinese;Abstract in Chinese and English)],2007,23(3):183-186. DOI:10.3760/j.issn:1009-4598.2007.03.002.}

[24994] 张旭东，郭树忠，李荟元，王大太. 雷帕霉素局部用药在异体复合组织移植中的应用[J]. 中华实验外科杂志，2007，24(3)：370. DOI：10.3760/j.issn：1001-9030.2007.03.048. {ZHANG Xudong,GUO Shuzhong,LI Huiyuan,WANG Datai. Application of topical administration of rapamycin in allogeneic composite tissue transplantation[J]. Zhonghua Shi Yan Wai Ke Za Zhi[Chin J Exp Surg(Article in Chinese;No abstract available)],2007,24(3):370. DOI:10.3760/j.issn:1001-9030.2007.03.048.}【建议移至全脸移植术，对否？】

[24995] 韩新鸣，张海明. 同种异体颜面移植的研究进展[J]. 中华整形外科杂志，2009，25(1)：77-80. DOI：10.3760/cma.j.issn.1009-4598.2009.01.029. {HAN Xinming,ZHANG Haiming. Progress in the research of allogeneic facial transplantation[J]. Zhonghua Zheng Xing Wai Ke Za Zhi[Chin J Plast Surg(Article in Chinese;No abstract available)],2009,25(1):77-80. DOI:10.3760/cma.j.issn.1009-4598.2009.01.029.}

[24996] 杨阳，卢丙，张辉，夏炜，易成刚，郭树忠. 同种异体复合组织移植的优势与风险[J]. 中国修复重建外科杂志，2009，23(12)：1497-1501. {YANG Yang,LU Bing,ZHANG Hui,XIA Wei,YI Chenggang,GUO Shuzhong. Advantages and disadvantages of composite tissue allotransplantation[J]. Zhongguo Xiu Fu Chong Jian Wai Ke Za Zhi[Chin J Repar Reconstr Surg(Article in Chinese;Abstract in Chinese and English)],2009,23(12):1497-1501.}【建议移至全脸移植术，对否？】

[24997] 杨阳，李媛，韩岩，鲁开化，庄然，夏炜，易成刚，樊星，郭树忠. CD4+CD25+调节性T细胞诱导同种异体复合组织移植免疫耐受功能的研究[J]. 中华外科杂志，2010，48(1)：62-65. DOI：10.3760/cma.j.issn.0529-5815.2010.01.015. {YANG Yang,LI Yuan,HAN Yan,LU Kaihua,ZHUANG Ran,XIA Wei,YI Chenggang,FAN Xing,GUO Shuzhong. Study on the effect of CD4+ CD25+ regulatory T cell adoptive transfusion on humoral immune function in rat composite tissue allotransplantation model[J]. Zhonghua Wai Ke Za Zhi[Chin J Surg(Article in Chinese;Abstract in Chinese and English)],2010,48(1):62-65. DOI:10.3760/cma.j.issn.0529-5815.2010.01.015.}

[24998] 杨阳，李媛，韩岩，郭树忠. 同种异体复合组织移植排斥反应的防治进展[J]. 中华外科杂志，2010，48(2)：149-151. DOI：10.3760/cma.j.issn.0529-5815.2010.02.018. {YANG Yang,LI Yuan,HAN Yan,GUO Shuzhong. Advances in the prevention and treatment of allogeneic composite tissue graft rejection[J]. Zhonghua Wai Ke Za Zhi[Chin J Surg(Article in Chinese;No abstract available)],2010,48(2):149-151. DOI:10.3760/cma.j.issn.0529-5815.2010.02.018.}

[24999] 肖博，张金，刘蓓，郭树忠．大鼠异体皮瓣移植后不用免疫抑制剂情况下移植物坏死的主要原因 [J]．中华器官移植杂志，2010，31（12）：724-727．DOI：10.3760/cma.j.issn.0254-1785.2010.12.004．{XIAO Bo,ZHANG Jin,LIU Bei,GUO Shuzhong. Capillary embolism is the main cause of grafts necrosis in a vascularized skin flap allotransplantation model in rats[J]. Zhonghua Qi Guan Yi Zhi Za Zhi[Chin J Organ Transplant(Article in Chinese;Abstract in Chinese and English)],2010,31(12):724-727. DOI:10.3760/cma.j.issn.0254-1785.2010.12.004.}

[25000] 杨阳，岳波，韩岩，顾建儒，郭树忠．维持树突状细胞未成熟状态诱导同种异体组织移植免疫耐受的研究进展 [J]．中华外科杂志，2011，49（1）：87-90．DOI：10.3760/cma.j.issn.0529-5815.2011.01.039．{YANG Yang,YUE Bo,HAN Yan,GU Jianru,GUO Shuzhong. Research progress on immune tolerance induced by allograft tissue transplantation by maintaining immature dendritic cells[J]. Zhonghua Wai Ke Za Zhi[Chin J Surg(Article in Chinese;No abstract available)],2011,49(1):87-90. DOI:10.3760/cma.j.issn.0529-5815.2011.01.039.}

[25001] 肖博，黎鸿章，殷悦，郭树忠．常温下不同时长的缺血对大鼠皮瓣异体移植后排斥反应的影响 [J]．中华器官移植杂志，2011，32（10）：622-625．DOI：10.3760/cma.j.issn.0254-1785.2011.10.012．{XIAO Bo,LI Hongzhang,YIN Yue,GUO Shuzhong. Effect of prolonged ischemic time in normal temperature on acute rejection in a rat allotransplantation model[J]. Zhonghua Qi Guan Yi Zhi Za Zhi[Chin J Organ Transplant(Article in Chinese;Abstract in Chinese and English)],2011,32(10):622-625. DOI:10.3760/cma.j.issn.0254-1785.2011.10.012.}

[25002] 肖博，郭树忠．同种异体复合组织移植的免疫研究进展 [J]．中国修复重建外科杂志，2011，25（10）：1261-1265．{XIAO Bo,GUO Shuzhong. Research progress in immune of composite tissue allotransplantation[J]. Zhongguo Xiu Fu Chong Jian Wai Ke Za Zhi[Chin J Repar Reconstr Surg(Article in Chinese;Abstract in Chinese and English)],2011,25(10):1261-1265.}【建议移至全脸移植术，对否？】

[25003] 杨丽嫦，王先成．全面部同种异体移植技术的进展 [J]．中华整形外科杂志，2012，28（1）：74-77．DOI：10.3760/cma.j.issn.1009-4598.2012.01.022．{YANG Lichang,WANG Xiancheng. Advances in the technique of global allotransplantation[J]. Zhonghua Zheng Xing Wai Ke Za Zhi[Chin J Plast Surg(Article in Chinese;No abstract available)],2012,28(1):74-77. DOI:10.3760/cma.j.issn.1009-4598.2012.01.022.}

[25004] 荣向科，易成刚．异体面部移植的现状分析 [J]．中华整形外科杂志，2020，36（3）：327-336．DOI：10.3760/cma.j.cn114453-20190812-00245．{RONG Xiangke,YI Chenggang. Analysis of the status of facial allotransplantation[J]. Zhonghua Zheng Xing Wai Ke Za Zhi[Chin J Plast Surg(Article in Chinese;Abstract in Chinese and English)],2020,36(3):327-336. DOI:10.3760/cma.j.cn114453-20190812-00245.}

9.3.3 神经异体移植 nerve allograft

[25005] 劳镇国，朱家恺，于国中，刘均墀，汤海云，庞水发．同种异体神经束间移植动物实验的电生理学观察 [J]．中华外科杂志，1985，23（11）：672-675．{LAO Zhenguo,ZHU Jiakai,YU Guozhong,LIU Junqi,TANG Haiyun,PANG Shuifa. Electrophysiological observation of interfascicular allograft in animals[J]. Zhonghua Wai Ke Za Zhi[Chin J Surg(Article in Chinese;No abstract available)],1985,23(11):672-675.}

[25006] 高永华．液态氮冷冻保存对异体神经移植的影响 [J]．中华显微外科杂志，1989，12（2）：101-102．{GAO Yonghua. Effect of liquid nitrogen cryopreservation on nerve allograft[J]. Zhonghua Xian Wei Wai Ke Za Zhi[Chin J Microsurg(Article in Chinese;No abstract available)],1989,12(2):101-102.}

[25007] 曾志诚，帅建中，任力锋，谢嘉平，刘嘉林，谭维．异体神经移植后再生神经的荧光逆行标记 [J]．局解手术学杂志，1994，3（1）：4-6．{ZENG Zhicheng,SHUAI Jianzhong,REN Lifeng,XIE Jiaping,LIU Xilin,TAN Wei. Nerve regeneration through nerve homograft was trunsposed with a methoc of fluorescence labelling technige[J]. Ju Jie Shou Shu Xue Za Zhi[J Reg Anat Oper Surg(Article in Chinese;Abstract in Chinese and English)],1994,3(1):4-6.}

[25008] 王秋根，应明，鲁树荣．不同温度时间保存异体神经移植后病理变化 [J]．中华骨科杂志，1995，15（11）：736-738．{WANG Qiugen,YING Ming,LU Shurong. Regeneration of allogenic nerve graft following cryopreservation in different temperatures and periods:an experimental observation in rats[J]. Zhonghua Gu Ke Za Zhi[Chin J Orthop(Article in Chinese;Abstract in Chinese and English)],1995,15(11):736-738.}

[25009] 王勇，刘兴炎，葛宝丰，陈东安，杨小鸿，何杨．同种异体神经移植实验研究初步报告 [J]．中华显微外科杂志，1995，18（4）：281．{WANG Yong,LIU Xingyan,GE Baofeng,CHEN Dongan,Yang Xiaohong,HE Yang. Preliminary report on experimental study of allogeneic nerve transplantation[J]. Zhonghua Xian Wei Wai Ke Za Zhi[Chin J Microsurg(Article in Chinese;Abstract in Chinese and English)],1995,18(4):281.}

[25010] 刘强，孟庆水，韩西城，王树党．胎兔周围神经同种异体移植修复神经缺损的研究 [J]．中华实验外科杂志，1995，12（2）：103-104，134．{LIU Qiang,MENG Qingshui,HAN Xicheng,WANG Shudang. A experiment study of the fetal nerve al-lografting for bridging the defect of peripher-al nerve[J]. Zhonghua Shi Yan Wai Ke Za Zhi[Chin J Exp Surg(Article in Chinese;Abstract in Chinese and English)],1995,12(2):103-104,134.}

[25011] 刘强，孟庆水，韩西城，王树党．胎兔周围神经同种异体移植的实验研究 [J]．中华手外科杂志，1996，12（2）：113-115，130．{LIU Qiang,MENG Qingshui,HAN Xicheng,WANG Shudang. Experimental study of peripheral nerve allograft in fetal rabbits[J]. Zhonghua Shou Wai Ke Za Zhi[Chin J Hand Surg(Article in Chinese;Abstract in Chinese)],1996,12(2):113-115,130.}

[25012] 刘强，孟庆水，韩西城，王树党．同种异体移植神经再生能力的实验研究 [J]．中华创伤杂志，1996，12（5）：315-316．{LIU Qiang,MENG Qingshui,HAN Xicheng,WANG Shudang. Nerve regenerative potential of nerve allografts after cryomanagement in fetal rabbits[J]. Zhonghua Chuang Shang Za Zhi[Chin J Trauma(Article in Chinese;Abstract in Chinese and English)],1996,12(5):315-316.}

[25013] 刘金慕，张波，文卫平．甘油保存鼠坐骨神经异体移植诱导神经再生的研究 [J]．中华实验外科杂志，1997，14（2）：46．{LIU Jinmu,ZHANG Bo,WEN Weiping. Study on nerve regeneration induced by glycerol preserved rat sciatic nerve allograft[J]. Zhonghua Shi Yan Wai Ke Za Zhi[Chin J Exp Surg(Article in Chinese;No abstract available)],1997,14(2):46.}

[25014] 王秋根，崔义，应明，鲁树荣．冷冻保存同种鼠异体神经移植的实验研究 [J]．中华显微外科杂志，1998，21（1）：3-5．{WANG Qiugen,CUI Yi,Ying Ming,LU Shurong. Experimental study on cryopreservation of rat allogeneic nerve transplantation[J]. Zhonghua Xian Wei Wai Ke Za Zhi[Chin J Microsurg(Article in Chinese;Abstract in Chinese)],1998,21(1):3-5.}

[25015] 宋修竹，贺长清，顾玉东．酒精处理的同种异体周围神经移植的研究 [J]．中华实验外科杂志，1998，15（3）：263-264．{SONG Xiuzhu,HE Changqing,GU Yudong. Study of ethanol-treated peripheral nerve allograft[J]. Zhonghua Shi Yan Wai Ke Za Zhi[Chin J Exp Surg(Article in Chinese;Abstract in Chinese and English)],1998,15(3):263-264.}

[25016] 王秋根，应明，鲁树荣，崔义．不同冷冻温度和保存时间对同种异体神经移植后神经功能影响的研究 [J]．中华手外科杂志，1998，14（1）：3-5．{WANG Qiugen,YING Ming,LU Shurong,CUI Yi. Effect of different freezing temperature and storage time on nerve function after allograft[J]. Zhonghua Shou Wai Ke Za Zhi[Chin J Hand Surg(Article in Chinese;Abstract in Chinese)],1998,14(1):3-5.}

[25017] 王秋根，项耀均，崔义，应明，鲁树荣．不同温度和时间保存异体神经移植后对鼠轴突再生的影响 [J]．第二军医大学学报，1998，19（1）：66-69．DOI：10.3321/j.issn:0258-879X.1998.01.021．{WANG Qiugen,XIANG Yaojun,CUI Yi,YING Ming,LU Shurong. Regeneration of rat axons following allogenic nerve graft cryopreser vation in different temperatures and periods:an experimental observation in rats[J]. Di Er Jun Yi Da Xue Xue Bao[Acad J Sec Mil Med Univ(Article in Chinese;Abstract in Chinese and English)],1998,19(1):66-69. DOI:10.3321/j.issn:0258-879X.1998.01.021.}

[25018] 黄慕洁，蒋智铭，陈洁晴，于仲嘉．狗神经异体移植实验 [J]．中华显微外科杂志，1999，22（S1）：3-5．{HUANG Mujie,JIANG Zhiming,Chen Jieqing,YU Zhongjia. Nerve allotransplantation in dogs[J]. Zhonghua Xian Wei Wai Ke Za Zhi[Chin J Microsurg(Article in Chinese;Abstract in Chinese)],1999,22(S1):3-5.}

[25019] 王秋根，崔义，应明，鲁树荣，徐卫东，年申生．冷冻保存神经后自体和异体移植的实验研究 [J]．第二军医大学学报，1999，20（10）：786-788．DOI：10.3321/j.issn：0258-879X.1999.10.025．{WANG Qiugen,CUI Yi,YING Ming,LU Shurong,XU Weidong,NIAN Shensheng. Regeneration of allogenic nerve graft following cryopreservation:an experimental observation in rats[J]. Di Er Jun Yi Da Xue Xue Bao[Acad J Sec Mil Med Univ(Article in Chinese;Abstract in Chinese and English)],1999,20(10):786-788. DOI:10.3321/j.issn:0258-879X.1999.10.025.}

[25020] 郭庆山，王爱民，蒋祖言，孙红振，杜全印．自体和异体神经组织联合移植修复脊髓损伤的实验研究 [J]．中国矫形外科杂志，2000，7（6）：559-561．DOI：10.3969/j.issn.1005-8478.2000.06.012．{GUO Qingshan,WANG Aimin,JIANG Zuyan,SUN Hongzhen,DU Quanyin. The combination of vascularized peripheral nerve autograft and fetal spinal cord allograft to repair spinal cord injury:a study in the adult rats[J]. Zhongguo Jiao Xing Wai Ke Za Zhi[Orthop J Chin(Article in Chinese;Abstract in Chinese and English)],2000,7(6):559-561. DOI:10.3969/j.issn.1005-8478.2000.06.012.}

[25021] 顾玉荣，蒋电明．同种异体神经移植的影响因素 [J]．创伤外科杂志，2000，2（3）：186-188．DOI：10.3969/j.issn.1009-4237.2000.03.031．{GU Yurong,JIANG Dianming. The effecting factor of peripheral nerve allograft[J]. Chuang Shang Wai Ke Za Zhi[J Traum Surg(Article in Chinese;Abstract in Chinese and English)],2000,2(3):186-188. DOI:10.3969/j.issn.1009-4237.2000.03.031.}

[25022] 衷鸿宾，卢世璧，侯树勋，赵庆．犬化学去细胞神经同种异体移植的早期观察 [J]．中国矫形外科杂志，2002，10（12）：1192-1194．DOI：10.3969/j.issn.1005-8478.2002.12.016．{ZHONG Hongbin,LU Shibi,HOU Shuxun,Zhao Qing. The early nerve regeneration and functional recovery after canine sciatic nerve gap repaired by chemical acellular nerve allograft[J]. Zhongguo Jiao Xing Wai Ke Za Zhi[Orthop J Chin(Article in Chinese;Abstract in Chinese and English)],2002,10(12):1192-1194. DOI:10.3969/j.issn.1005-8478.2002.12.016.}

[25023] 衷鸿宾，卢世璧，侯树勋，赵庆．同种异体神经移植研究的历史与现状 [J]．中国矫形外科杂志，2002，10（12）：1217-1218．DOI：10.3969/j.issn.1005-8478.2002.12.024．{ZHONG Hongbin,LU Shibi,HOU Shuxun,Zhao Qing. The history and current status of allograft nerve transplantation[J]. Zhongguo Jiao Xing Wai Ke Za Zhi[Orthop J Chin(Article in Chinese;No abstract available)],2002,10(12):1217-1218. DOI:10.3969/j.issn.1005-8478.2002.12.024.}

[25024] 衷鸿宾，卢世璧，侯树勋，赵庆．化学去细胞同种异体神经移植物储存方法的初步研究 [J]．中国矫形外科杂志，2002，10（z2）：1405-1407．DOI：10.3969/j.issn.1005-8478.2002.z2.018．{ZHONG Hongbin,LU Shibi,HOU Shuxun,Zhao Qing. The storage of chemical acellular nerve allograft of canine sciatic nerve[J]. Zhongguo Jiao Xing Wai Ke Za Zhi[Orthop J Chin(Article in Chinese;Abstract in Chinese and English)],2002,10(z2):1405-1407. DOI:10.3969/j.issn.1005-8478.2002.z2.018.}

[25025] 瞿玉兴，董天华，张志霖，何双华，项炜．超低温冷冻保存后同种异体神经移植的实验研究 [J]．中华手外科杂志，2002，18（1）：59-62．{QU Yuxing,DONG Tianhua,ZHANG Zhilin,HE Shuanghua,XIANG Wei. An experimental study of homologous nerve transplantation after ultra deep cryopreservation [J]. Zhonghua Shou Wai Ke Za Zhi[Chin J Hand Surg(Article in Chinese;Abstract in Chinese)],2002,18(1):59-62.}

[25026] 衷鸿宾，卢世璧，侯树勋，赵庆．犬化学去细胞神经同种异体移植的神经再生研究 [J]．中华手外科杂志，2002，18（3）：131-133．DOI：10.3760/cma.j.issn.1005-054X.2002.03.002．{ZHONG Hongbin,LU Shibi,HOU Shuxun,ZHAO Qing. Study of nerve regeneration after transfer of acellular allografting nerve by chemical extraction at canines[J]. Zhonghua Shou Wai Ke Za Zhi[Chin J Hand Surg(Article in Chinese;Abstract in Chinese and English)],2002,18(3):131-133. DOI:10.3760/cma.j.issn.1005-054X.2002.03.002.}

[25027] 衷鸿宾，卢世璧，侯树勋，赵庆．去细胞神经同种异体移植的运动功能恢复 [J]．中华创伤杂志，2002，18（9）：533-535．DOI：10.3760/j：issn：1001-8050.2002.09.006．{ZHONG Hongbin,LU Shibi,HOU Shuxun,ZHAO Qing. Motor functional recovery after sciatic nerve gap repair by acellular nerve allograft through chemical extraction in canines[J]. Zhonghua Chuang Shang Za Zhi[Chin J Trauma(Article in Chinese;Abstract in Chinese and English)],2002,18(9):533-535. DOI:10.3760/j:issn:1001-8050.2002.09.006.}

[25028] 顾玉荣，蒋电明，朱天亮．低温冷冻和酒精处理的同种异体周围神经移植的效果比较 [J]．创伤外科杂志，2002，4（1）：31-34．DOI：10.3969/j.issn.1009-4237.2002.01.011．{GU Yurong,JIANG Dianming,ZHU Tianliang. Evaluation of cryo-preserved and ethanol-treated peripheral allogeneic nerve grafting[J]. Chuang Shang Wai Ke Za Zhi[J Traum Surg(Article in Chinese;Abstract in Chinese and English)],2002,4(1):31-34. DOI:10.3969/j.issn.1009-4237.2002.01.011.}

[25029] 肖立军，黄小英．低温保存结合免疫抑制剂应用于异体神经移植的研究 [J]．中华显微外科杂志，2003，26（2）：132-133．DOI：10.3760/cma.j.issn.1001-2036.2003.02.017．{XIAO Lijun,HUANG Xiaoying. Study on the application of low temperature preservation combined with immunosuppressive agents in allogeneic nerve transplantation[J]. Zhonghua Xian Wei Wai Ke Za Zhi[Chin J Microsurg(Article in Chinese;Abstract in Chinese)],2003,26(2):132-133. DOI:10.3760/cma.j.issn.1001-2036.2003.02.017.}

[25030] 衷鸿宾，卢世璧，侯树勋，赵庆．人类去细胞同种异体神经移植物化学萃取方法的研究 [J]．中华外科杂志，2003，41（1）：60-63．{ZHONG Hongbin,LU Shibi,HOU Shuxun,ZHAO Qing. Acellular nerve allograft by chemical extraction in humans[J]. Zhonghua Wai Ke Za Zhi[Chin J Surg(Article in Chinese;Abstract in Chinese and English)],2003,41(1):60-63.}

[25031] 衷鸿宾，卢世璧，侯树勋，赵庆．犬化学去细胞神经同种异体移植的神经电生理研究 [J]．骨与关节损伤杂志，2003，18(1)：30-32．DOI：10.3969/j.issn.1672-9935.2003.01.012．{ZHONG Hongbin,LU Shibi,HOU Shuxun,ZHAO Qing. Electrophysiological experiments on canines after a sciatic nerve gap repaired by an acellular nerve allograft made through chemical exraction[J]. Gu Yu Guan Jie Sun Shang Za Zhi[J Bone Joint Injury(Article in Chinese;Abstract in Chinese and English)],2003,18(1):30-32. DOI:10.3969/j.issn.1672-9935.2003.01.012.}

[25032] 石强，任明奎，尚宇阳，王春渤，辛畅泰，杨晓霞，李晓军．血浆冷存的异体神经移植对神经再生影响的实验研究 [J]．中国局解手术学杂志，2003，12（1）：35-37．DOI：10.3969/j.issn.1672-5042.2003.01.017．{SHI Qiang,REN Mingkui,SHANG Yuyang,WANG Chunbo,XIN Changtai,YANG Xiaoxia,LI Xiaojun. Experimental study of the effect of pre-freezing treatment with immersed heterogenous transplant in recipient blood plasma on regeneration of allogenic nerve graft[J]. Ju Jie Shou Shu Xue Za Zhi[J Reg Anat Oper Surg(Article in Chinese;Abstract in Chinese and English)],2003,12(1):35-37. DOI:10.3969/j.issn.1672-5042.2003.01.017.}

[25033] 佟晓杰，刘承吉，张彩顺，曹德寿，于频．脱细胞同种异体神经移植物修复大鼠坐骨神

经缺损的实验研究[J]. 解剖学报，2004，35(3)：230-233. DOI：10.3321/j.issn：0529-1356.2004.03.002. {Tong Xiaojie,LIU Chengji,ZHANG Caishun,CAO Deshou,YU Pin. Experimental study of the repairing effect of acellular nerve allografts on the sciatic nerve gap of rat[J]. Jie Pou Xue Bao[Acta Anat Sin(Article in Chinese;Abstract in Chinese and English)],2004,35(3):230-233. DOI:10.3321/j.issn:0529-1356.2004.03.002.}

[25034] 孟庆刚，钱贵宾，岳琦，张凤蕴，岳伟杰，王立峰，孙立国. 小鼠胸腺内注射异基因抗原对异体神经移植免疫反应的影响[J]. 中华显微外科杂志，2004，27(1)：43-45. DOI：10.3760/cma.j.issn.1001-2036.2004.01.016. {MENG Qinggang,QIAN Guibin,YUE Qi,ZHANG Fengyun,YUE Weijie,WANG Lifeng,SUN Liguo. Effection of transplantated immunological reaction for allograft nerve in mice induced by intrathymic injection of allogenic antigen[J]. Zhonghua Xian Wei Wai Ke Za Zhi[Chin J Microsurg(Article in Chinese;Abstract in Chinese and English)],2004,27(1):43-45. DOI:10.3760/cma.j.issn.1001-2036.2004.01.016.}

[25035] 张桂生，苗存良，邵新中，张克亮，于亚东，许娅丽. FK506应用于冷藏保存同种异体神经移植的作用[J]. 中华手外科杂志，2004，20(3)：137-139. DOI：10.3760/cma.j.issn.1005-054X.2004.03.005. {ZHANG Guisheng,MIAO Cunliang,SHAO Xinzhong,ZHANG Keliang,YU Yadong,XU Yali. Effects of FK506 on cold preservation of nerve allografts[J]. Zhonghua Shou Wai Ke Za Zhi[Chin J Hand Surg(Article in Chinese;Abstract in Chinese and English)],2004,20(3):137-139. DOI:10.3760/cma.j.issn.1005-054X.2004.03.005.}

[25036] 衷鸿宾，侯树勋，陈秉耀. 犬化学去细胞神经同种异体移植的实验研究[J]. 中华创伤骨科杂志，2004，6(4)：418-422. DOI：10.3760/cma.j.issn.1671-7600.2004.04.017. {ZHONG Hongbin,HOU Shuxun,CHEN Bingyao. Nerve regeneration and functional recovery after a sciatic nerve gap repaired by an acellular nerve allograft made through chemical extraction[J]. Zhonghua Chuang Shang Gu Ke Za Zhi[Chin J Orthop Trauma(Article in Chinese;Abstract in Chinese and English)],2004,6(4):418-422. DOI:10.3760/cma.j.issn.1671-7600.2004.04.017.}

[25037] 衷鸿宾，侯树勋，陈秉耀. 灵长类去细胞神经的萃取制备及异体移植后早期神经再生观察[J]. 中华创伤骨科杂志，2004，6(6)：657-660. DOI：10.3760/cma.j.issn.1671-7600.2004.06.017. {ZHONG Hongbin,HOU Shuxun,CHEN Bingyao. Early regeneration of monkey nerve after acellular allografting made by chemical extraction[J]. Zhonghua Chuang Shang Gu Ke Za Zhi[Chin J Orthop Trauma(Article in Chinese;Abstract in Chinese and English)],2004,6(6):657-660. DOI:10.3760/cma.j.issn.1671-7600.2004.06.017.}

[25038] 张岩峰，王建荣，文伯元，赵志明，王玉召. 同种异体跟骨移植、腓肠神经营养血管皮瓣修复足跟骨缺损1例[J]. 创伤外科杂志，2004，6(6)：415-415. DOI：10.3969/j.issn.1009-4237.2004.06.039. {ZHANG Yanfeng,WANG Jianrong,WEN Boyuan,ZHAO Zhiming,WANG Yuzhao. Repair of bone and skin defects of heel by allograft and sural neurovascular flap in 1 case[J]. Chuang Shang Wai Ke Za Zhi[J Traum Surg(Article in Chinese;Abstract in Chinese and English)],2004,6(6):415-415. DOI:10.3969/j.issn.1009-4237.2004.06.039.}

[25039] 梁勇，蒋电明. 异体周围神经移植研究进展[J]. 中国修复重建外科杂志，2004，18(4)：338-340. {LIANG Yong,JIANG Dianming. Advances in peripheral nerve allograft[J]. Zhongguo Xiu Fu Chong Jian Wai Ke Za Zhi[Chin J Repar Reconstr Surg(Article in Chinese;Abstract in Chinese and English)],2004,18(4):338-340.}

[25040] 翁雨雄，陈振斌，黄启顺，康浩，王发斌，洪光祥. 冷冻异体神经移植应用转化生长因子β1质粒的研究[J]. 中国修复重建外科杂志，2004，18(6)：494-496. {WENG Yuxiong,CHEN Zhenbin,HUANG Qishun,KANG Hao,WANG Fabin,HONG Guangxiang. Effect of transforming growth factor β1 plasmid on frosted allogenic nerve transplantation[J]. Zhongguo Xiu Fu Chong Jian Wai Ke Za Zhi[Chin J Repar Reconstr Surg(Article in Chinese;Abstract in Chinese and English)],2004,18(6):494-496.}

[25041] 佟晓杰，张彩顺，曹德寿，刘承吉，于频. 脱细胞异体神经移植物桥接大鼠坐骨神经缺损促进神经－肌结构重建和功能恢复的实验研究[J]. 解剖学报，2005，36(1)：1-5. DOI：10.3321/j.issn：0529-1356.2005.01.001. {Tong Xiaojie,ZHANG Caishun,CAO Deshou,LIU Chengji,YU Pin. Experimental study on the reconstruction of the nerve-muscle structure and functional recovery of the sciatic nerve gap by acellular allografts in rat[J]. Jie Pou Xue Bao[Acta Anat Sin(Article in Chinese;Abstract in Chinese and English)],2005,36(1):1-5. DOI:10.3321/j.issn:0529-1356.2005.01.001.}

[25042] 李贵涛，徐如祥，姜晓丹，代广辉，徐洪璋. 异体和自体骨髓源神经干细胞周围神经移植实验研究[J]. 中国矫形外科杂志，2005，13(14)：1087-1089. DOI：10.3969/j.issn.1005-8478.2005.14.016. {LI Guitao,XU Ruxiang,JIANG Xiaodan,DAI Guanghui,XU Hongzhang. Experimental investigation of peripheral nerve repaired by neural stem cells from allo-and self-body bone marrow[J]. Zhongguo Jiao Xing Wai Ke Za Zhi[Orthop J Chin(Article in Chinese;Abstract in Chinese and English)],2005,13(14):1087-1089. DOI:10.3969/j.issn.1005-8478.2005.14.016.}

[25043] 翁雨雄，康皓，黄启顺，陈振兵，王发斌，洪光祥. 新鲜同种异体神经移植基因治疗的实验研究[J]. 中华手外科杂志，2005，21(2)：83-85. DOI：10.3760/cma.j.issn.1005-054X.2005.02.006. {WENG Yuxiong,KANG Hao,HUANG Qishun,CHEN Zhenbing,WANG Fabin,HONG Guangxiang. Effect of transforming growth factor β1 on fresh nerve allograft transplantation[J]. Zhonghua Shou Wai Ke Za Zhi[Chin J Hand Surg(Article in Chinese;Abstract in Chinese and English)],2005,21(2):83-85. DOI:10.3760/cma.j.issn.1005-054X.2005.02.006.}

[25044] 何睿，蒋电明. 他克莫司和雷帕霉素在异体神经移植中的研究近况[J]. 创伤外科杂志，2005，7(3)：228-230. DOI：10.3969/j.issn.1009-4237.2005.03.029. {HE Rui,JIANG Dianming. Role of Tacrolimus and rapamycin in peripheral nerve allograft[J]. Chuang Shang Wai Ke Za Zhi[J Traum Surg(Article in Chinese;Abstract in Chinese and English)],2005,7(3):228-230. DOI:10.3969/j.issn.1009-4237.2005.03.029.}

[25045] 吴锦生，辛畅泰，杨晓霞，徐媛，魏侃，安贵林，曹阳. 同种异体神经移植处置入bFGF复合降解膜的实验研究[J]. 局解手术学杂志，2005，14(2)：76-78. DOI：10.3969/j.issn.1672-5042.2005.02.003. {WU Jinsheng,XIN Changtai,YANG Xiaoxia,XU Yuan,WEI Kan,AN Guilin,CAO Yang. Effects of bFGF complex degradation membrane on allograft of nerves[J]. Ju Jie Shou Shu Xue Za Zhi[J Reg Anat Oper Surg(Article in Chinese;Abstract in Chinese and English)],2005,14(2):76-78. DOI:10.3969/j.issn.1672-5042.2005.02.003.}

[25046] 孙明学，唐金树，许文静，王鑫，赵斌，卢世璧. 化学去细胞同种异体神经移植的实验研究[J]. 中华骨科杂志，2006，26(4)：267-271. DOI：10.3760/j.issn：0253-2352.2006.04.011. {SUN Mingxue,TANG Jinshu,XU Wenjing,WANG Xin,ZHAO Bin,LU Shibi. Experimental study of chemically extracted acellular nerve allograft[J]. Zhonghua Gu Ke Za Zhi[Chin J Orthop(Article in Chinese;Abstract in Chinese and English)],2006,26(4):267-271. DOI:10.3760/j.issn:0253-2352.2006.04.011.}

[25047] 王军，李书忠，孙磊. 环孢素A对同种异体移植神经再生的影响[J]. 中国矫形外科杂志，2006，14(12)：923-925. DOI：10.3969/j.issn.1005-8478.2006.12.014. {WANG Jun,LI Shuzhong,SUN Lei. Effects of cyclosporine-A immunosupression on allograft nerve regeneration[J]. Zhongguo Jiao Xing Wai Ke Za Zhi[Orthop J Chin(Article in Chinese;Abstract in Chinese and English)],2006,14(12):923-925. DOI:10.3969/j.issn.1005-8478.2006.12.014.}

[25048] 杨俊，张振伟，朴英杰，钟世镇，秦建强. FK506在异体神经移植过程中对雪旺细胞和巨噬细胞的影响[J]. 中华创伤骨科杂志，2006，8(5)：448-452. DOI：10.3760/cma.j.issn.1671-7600.2006.05.013. {YANG Jun,ZHANG Zhenwei,PU Yingjie,ZHONG Shizhen,QIN Jianqiang. Effect of immunosuppressive drugs FK506 on allogenic nerve transplantation after peripheral nerve injury[J]. Zhonghua Chuang Shang Gu Ke Za Zhi[Chin J Orthop Trauma(Article in Chinese;Abstract in Chinese and English)],2006,8(5):448-452. DOI:10.3760/cma.j.issn.1671-7600.2006.05.013.}

[25049] 邵智，蒋电明. 同种异体神经移植体预处理方法研究进展[J]. 创伤外科杂志，2006，8(4)：377-379. DOI：10.3969/j.issn.1009-4237.2006.04.033. {SHAO Zhi,JIANG Dianming. Pretreatment of allograft nerve[J]. Chuang Shang Wai Ke Za Zhi[J Traum Surg(Article in Chinese;Abstract in Chinese and English)],2006,8(4):377-379. DOI:10.3969/j.issn.1009-4237.2006.04.033.}

[25050] 杨小祥，冷震，钱塘，薛惠祥，周建生，承泽农. 超低温冷冻保存的吻合血管异体神经移植实验研究[J]. 中国修复重建外科杂志，2006，20(3)：295-299. {YANG Xiaoxiang,LENG Zhen,QIAN Tang,XUE Huixiang,ZHOU Jiansheng,CHENG Zenong. An experimental study on homologous vascularized nerve transplantation after ultra deep cryopreservation[J]. Zhongguo Xiu Fu Chong Jian Wai Ke Za Zhi[Chin J Repar Reconstr Surg(Article in Chinese;Abstract in Chinese and English)],2006,20(3):295-299.}

[25051] 陈冠军，朱庆生，徐新智，吕荣，王军，张大伟. 优化法去细胞大鼠神经同种异体移植修复坐骨神经缺损[J]. 中国矫形外科杂志，2007，15(7)：541-544，加页4. DOI：10.3969/j.issn.1005-8478.2007.07.020. {CHEN Guanjun,ZHU Qingsheng,XU Xinzhi,LV Rong,WANG Jun,ZHANG Dawei. Repair of rat sciatic nerve defect with optimized acellular rat nerve[J]. Zhongguo Jiao Xing Wai Ke Za Zhi[Orthop J Chin(Article in Chinese;Abstract in Chinese and English)],2007,15(7):541-544, 加页4. DOI:10.3969/j.issn.1005-8478.2007.07.020.}

[25052] 张桂生，于晋辉，邵新中，张利民. FK506缓释膜应用于同种异体神经移植的实验研究[J]. 中华手外科杂志，2007，23(1)：8-10. {ZHANG Guisheng,YU Jinhui,SHAO Xinzhong,ZHANG Limin. Experimental study on the application of FK506 sustained-release membrane in nerve allograft[J]. Zhonghua Shou Wai Ke Za Zhi[Chin J Hand Surg(Article in Chinese;Abstract in Chinese)],2007,23(1):8-10.}

[25053] 管树军，王伟. 异体神经结构性移植影响因素及预处理方法[J]. 国际骨科学杂志，2007，28(3)：188-191. DOI：10.3969/j.issn.1673-7083.2007.03.019. {GUAN Shujun,WANG Wei. Influencing factor and pretreatment of homogeneity variant nerve structural transplanting[J]. Guo Ji Gu Ke Xue Za Zhi[Int J Orthop(Article in Chinese;Abstract in Chinese and English)],2007,28(3):188-191. DOI:10.3969/j.issn.1673-7083.2007.03.019.}

[25054] 王雷，蒋电明. 脱细胞异体神经移植在周围神经缺损修复中的应用研究进展[J]. 中国修复重建外科杂志，2007，21(6)：611-613. {WANG Lei,JIANG Dianming. Research advance in repair of peripheral nerve defect with acellular nerve allograft[J]. Zhongguo Xiu Fu Chong Jian Wai Ke Za Zhi[Chin J Repar Reconstr Surg(Article in Chinese;Abstract in Chinese and English)],2007,21(6):611-613.}

[25055] 孔凡宾，陈克明，刘兴炎. 同种异体神经移植研究中降低免疫排斥反应的进展[J]. 中国矫形外科杂志，2008，16(16)：1240-1242. {KONG Fanbin,CHEN Keming,LIU Xingyan. Progress in reducing immune rejection in allograft research[J]. Zhongguo Jiao Xing Wai Ke Za Zhi[Orthop J Chin(Article in Chinese;No abstract available)],2008,16(16):1240-1242.}

[25056] 李威，衷鸿宾，林星石，侯树勋，吴闻文，阮狄克. 去细胞异体神经移植后T细胞亚群及细胞内细胞因子的实验研究[J]. 中华创伤骨科杂志，2008，10(5)：450-454. DOI：10.3760/cma.j.issn.1671-7600.2008.05.013. {LI Wei,ZHONG Hongbin,LIN Xingshi,HOU Shuxun,WU Wenwen,RUAN Dike. T lymphocyte subsets and intracellular cytokines after transfer of chemical acellular nerve allograft[J]. Zhonghua Chuang Shang Gu Ke Za Zhi[Chin J Orthop Trauma(Article in Chinese;Abstract in Chinese and English)],2008,10(5):450-454. DOI:10.3760/cma.j.issn.1671-7600.2008.05.013.}

[25057] 郭义柱，王岩，孙明学，陶笙，唐佩福，梁雨田，卢世璧. 化学去细胞同种异体神经移植的临床研究[J]. 中华神经外科杂志，2008，24(12)：916-918. DOI：10.3321/j.issn：1001-2346.2008.12.012. {GUO Yizhu,WANG Yan,SUN Mingxue,TAO Sheng,TANG Peifu,LIANG Yutian,LU Shibi. Clinical study on chemically extracted nerve allograft[J]. Zhonghua Shen Jing Wai Ke Za Zhi[Chin J Neurosurg(Article in Chinese;Abstract in Chinese and English)],2008,24(12):916-918. DOI:10.3321/j.issn:1001-2346.2008.12.012.}

[25058] 蒋华，蒋电明. 雷公藤免疫调节机制及其在异体神经移植方面的应用[J]. 中华创伤杂志，2008，24(12)：1034-1036. DOI：10.3321/j.issn：1001-8050.2008.12.026. {JIANG Hua,JIANG Dianming. Immunoregulation mecbanism of genus Tripterygium and its application in heterogenous neural transplantation[J]. Zhonghua Chuang Shang Za Zhi[Chin J Trauma(Article in Chinese;Abstract in Chinese and English)],2008,24(12):1034-1036. DOI:10.3321/j.issn:1001-8050.2008.12.026.}

[25059] 邹永根，蒋电明，邵智. 不同低温冷冻预处理对异体神经移植再生影响的实验研究[J]. 创伤外科杂志，2008，10(6)：519-522. DOI：10.3969/j.issn.1009-4237.2008.06.017. {ZOU Yonggen,JIANG Dianming,SHAO Zhi. Study of allogeneic neural transplantation after deep freeze pretreatment[J]. Chuang Shang Wai Ke Za Zhi[J Traum Surg(Article in Chinese;Abstract in Chinese and English)],2008,10(6):519-522. DOI:10.3969/j.issn.1009-4237.2008.06.017.}

[25060] 牛宇，胡敏，鄂玲玲，梁军，孙明学，高俊明. 去细胞异体面神经移植修复兔面神经缺损的实验研究[J]. 中国口腔颌面外科杂志，2008，6(2)：114-118. DOI：10.3969/j.issn.1672-3244.2008.02.008. {NIU Yu,HU Min,DONG Lingling,LIANG Jun,SUN Mingxue,GAO Junming. Experimental studies of the conductivity recovery of the facial nerve repaired by acellular allografts in rabbits[J]. Zhongguo Kou Qiang He Mian Wai Ke Za Zhi[Chin J Oral Maxillofac Surg(Article in Chinese;Abstract in Chinese and English)],2008,6(2):114-118. DOI:10.3969/j.issn.1672-3244.2008.02.008.}

[25061] 蒋华，蒋电明，黄英如，常山. 经雷公藤预处理大鼠异体神经移植后早期组织形态及免疫学观察[J]. 中国修复重建外科杂志，2008，22(11)：1378-1383. {JIANG Hua,JIANG Dianming,HUANG Yingru,CHANG Shan. Experimental study on demyelination and immunologlcal rejection of rats'sciatic nerve allograft with tripterygium wilfordii's pretreatment[J]. Zhongguo Xiu Fu Chong Jian Wai Ke Za Zhi[Chin J Repar Reconstr Surg(Article in Chinese;Abstract in Chinese and English)],2008,22(11):1378-1383.}

[25062] 征华勇，黄继锋，陈庄洪，李世普，严琼娇，李德中，王伟莉. 复合FK506/NGF/RGD缓释膜应用于同种异体神经移植的实验研究[J]. 中国临床解剖学杂志，2009，27(2)：212-215. {ZHENG Huayong,HUANG Jifeng,CHEN Zhuanghong,LI Shipu,YAN Qiangjiao,LI Dezhong,WANG Weili. Experimental rarely of nerve allograft through the application of slow-releasing film with FKS06/NGF/RGD composites[J]. Zhongguo Lin Chuang Jie Pou Xue Za Zhi[Chin J Clin Anat(Article in Chinese;Abstract in Chinese and English)],2009,27(2):212-215.}

[25063] 刘夫海，陈统一，张键，陈增淦. 同种异体移植嗅黏膜胶质细胞修复鼠神经缺损[J]. 中华外科杂志，2009，47(16)：1253-1256. DOI：10.3760/cma.j.issn.0529-5815.2009.16.016. {LIU Fuhai,CHEN Tong,ZHANG Jian,CHEN Zenggan. Allografted olfactory mucosa gliacytes repair Wistar rats' sciatic nerve long defect[J]. Zhonghua Wai Ke Za Zhi[Chin J Surg(Article in Chinese;Abstract in Chinese and English)],2009,47(16):1253-1256. DOI:10.3760/cma.j.issn.0529-5815.2009.16.016.}

[25064] 黄英如，蒋电明，陈路，蒋华. 供体神经雷公藤预处理对异体移植后神经再生的影响[J]. 中国矫形外科杂志，2009，17(4)：293-296. {HUANG Yingru,JIANG Dianming,CHEN Lu,JIANG Hua. Effects of donor nerve pretreated with tripterygium wilfordii on neural regeneration after allograft[J]. Zhongguo Jiao Xing Wai Ke Za Zhi[Orthop J Chin(Article in Chinese;Abstract in Chinese and English)],2009,17(4):293-296.}

[25065] 孔凡宾，葛宝丰，刘兴炎，陈克明，王勇，张晓红，王娟. 绿茶多酚保存同种异体神经移植体的实验研究[J]. 中国矫形外科杂志，2009，17(10)：777-781. {KONG Fanbin,GE Baofeng,LIU Xingyan,CHEN Keming,WANG Yong,ZHANG Xiaohong,WANG Juan. Experimental

study on nerve allografts stored in green tea polyphenol solution[J]. Zhongguo Jiao Xing Wai Ke Za Zhi[Orthop J Chin(Article in Chinese;Abstract in Chinese and English)],2009,17(10):777-781.}

[25066] 黄英如，蒋电明，陈路，蒋华．雷公藤多甙对大鼠异体神经移植后骨骼肌细胞凋亡的影响[J]．中国修复重建外科杂志，2009，23(1)：101-105．{HUANG Yingru,JIANG Dianming,CHEN Lu,JIANG Hua. Effects of tripterygium glycoside on apoptosis of the skeletal muscle after nerve allograft[J]. Zhongguo Xiu Fu Chong Jian Wai Ke Za Zhi[Chin J Repar Reconstr Surg(Article in Chinese;Abstract in Chinese and English)],2009,23(1):101-105.}

[25067] 李晓光．首例同种异体神经移植术[J]．中国矫形外科杂志，2010，18(10)：872．{LI Xiaoguang. The first case of nerve allograft[J]. Zhongguo Jiao Xing Wai Ke Za Zhi[Orthop J Chin(Article in Chinese;No abstract available)],2010,18(10):872.}

[25068] 孟庆刚，杨琪，李卫，洪光祥．转化生长因子β1质粒对新鲜异体神经移植排斥反应的影响[J]．中华实验外科杂志，2010，27(10)：1549-1550．DOI：10.3760/cma.j.issn.1001-9030.2010.10.069．{MENG Qinggang,YANG Qi,LI Wei,HONG Guangxiang. Effect of transforming growth factor β 1 plasmid on rejection of fresh allograft nerve[J]. Zhonghua Shi Yan Wai Ke Za Zhi[Chin J Exp Surg(Article in Chinese;No abstract available)],2010,27(10):1549-1550. DOI:10.3760/cma.j.issn.1001-9030.2010.10.069.}

[25069] 柯于海，张振伟，冯登殿，廖坚文，李征，庄加川．不同时段应用他克莫司纳米微球缓释颗粒促进同种异体神经移植再生的实验研究[J]．中华手外科杂志，2010，26(4)：230-233．DOI：10.3760/cma.j.issn.1005-054X.2010.04.016．{KE Yuhai,ZHANG Zhenwei,FENG Dengdian,LIAO Jianwen,LI Zheng,ZHUANG Jiachuan. Effects of controlled release of FK506 by P(DLLA-co-TMC) microspheres at different intervals on regeneration after allogenic nerve graft in a rodent model[J]. Zhonghua Shou Wai Ke Za Zhi[Chin J Hand Surg(Article in Chinese;Abstract in Chinese and English)],2010,26(4):230-233. DOI:10.3760/cma.j.issn.1005-054X.2010.04.016.}

[25070] 郭义柱，卢世璧，王岩，唐佩福．化学去细胞同种异体神经移植治疗医源性副神经缺损4例报告[J]．神经损伤与功能重建，2010，5(6)：426-428．DOI：10.3870/sjsscj.2010.06.008．{GUO Yizhu,LU Shibi,WANG Yan,TANG Peifu. Efficacy of chemically extracted acellular nerve allograft in the treatment of iatrogenic accessory nerve defect:report of 4 cases[J]. Shen Jing Sun Shang Yu Gong Neng Chong Jian[Neural Injury Funct Reconstr(Article in Chinese;Abstract in Chinese and English)],2010,5(6):426-428. DOI:10.3870/sjsscj.2010.06.008.}

[25071] 江长青，向剑平，朱家恺，刘小林．猕猴去细胞同种异体神经体内移植的组织学观察[J]．实用手外科杂志，2010，24(1)：35-37，52．DOI：10.3969/j.issn.1671-2722.2010.01.012．{JIANG Changqing,XIANG Jianping,ZHU Jiakai,LIU Xiaolin. Histological examination of chemically extracted acellular nerve allografts of rhesus[J]. Shi Yong Shou Wai Ke Za Zhi[Chin J Pract Hand Surg(Article in Chinese;Article in Chinese and English)],2010,24(1):35-37,52. DOI:10.3969/j.issn.1671-2722.2010.01.012.}

[25072] 王冠军，卢世璧，匡正达，彭江，郭全义，纪慧茹．化学去细胞异体神经移植促神经趋化性再生实验研究[J]．中国修复重建外科杂志，2010，24(11)：1288-1292．{WANG Guanjun,LU Shibi,KUANG Zhengda,PENG Jiang,GUO Quanyi,JI Huiru. Experimental study on promotion of neurotropic reinnervation with chemically extracted acellular nerve allograft[J]. Zhongguo Xiu Fu Chong Jian Wai Ke Za Zhi[Chin J Repar Reconstr Surg(Article in Chinese;Abstract in Chinese and English)],2010,24(11):1288-1292.}

[25073] 马英华，宋有鑫，胡大为，陈宾，葛志华，杨宗伟．冷冻保存后不同长度异体神经移植的实验研究[J]．中国矫形外科杂志，2011，19(13)：1137-1139．DOI：10.3977/j.issn.1005-8478.2011.13.21．{MA Yinghua,SONG Youxin,HU Dawei,CHEN Bin,GE Zhihua,YANG Zongwei. Experimental study of nerve allograft of different lengths after cryopreservation[J]. Zhongguo Jiao Xing Wai Ke Za Zhi[Orthop J Chin(Article in Chinese;No abstract available)],2011,19(13):1137-1139. DOI:10.3977/j.issn.1005-8478.2011.13.21.}

[25074] 宋仁纲，张震宇．FK506对异体神经移植的促神经再生作用研究进展[J]．中国矫形外科杂志，2011，19(22)：1883-1886．DOI：10.3977/j.issn.1005-8478.2011.22.10．{SONG Rengang,ZHANG Zhenyu. Research progress of promoting nerve regeneration by FK506 on allograft nerve[J]. Zhongguo Jiao Xing Wai Ke Za Zhi[Orthop J Chin(Article in Chinese;No abstract available)],2011,19(22):1883-1886. DOI:10.3977/j.issn.1005-8478.2011.22.10.}

[25075] 李明新，阚世廉，张建国，李瑞华．FK506及神经干细胞对异体神经移植生长的作用[J]．中华实验外科杂志，2011，28(8)：1384-1386．DOI：10.3760/cma.j.issn.1001-9030.2011.08.067．{LI Mingxin,KAN Shilian,ZHANG Jianguo,LI Ruihua. Experimental study of FK506 in combination with neural stem cells improve the regeneration in nerve allografts[J]. Zhonghua Shi Yan Wai Ke Za Zhi[Chin J Exp Surg(Article in Chinese;Abstract in Chinese and English)],2011,28(8):1384-1386. DOI:10.3760/cma.j.issn.1001-9030.2011.08.067.}

[25076] 吴兵，郭义柱，王岩，卢世璧，唐佩福．化学去细胞同种异体神经移植治疗桡神经浅支缺损6例临床报告[J]．神经损伤与功能重建，2011，6(3)：187-189．DOI：10.3870/sjsscj.2011.03.008．{WU Bing,GUO Yizhu,WANG Yan,LU Shibi,TANG Peifu. Six cases with defect of superficial branch of radial nerve treated by chemically extracted acellular nerve allograft[J]. Shen Jing Sun Shang Yu Gong Neng Chong Jian[Neural Injury Funct Reconstr(Article in Chinese;Abstract in Chinese and English)],2011,6(3):187-189. DOI:10.3870/sjsscj.2011.03.008.}

[25077] 陈冠军，夏莉华，马长生，杨兴洁．优化法去细胞神经同种异体及异种移植的比较[J]．中华显微外科杂志，2012，35(1)：35-39．DOI：10.3760/cma.j.issn.1001-2036.2012.01.014．{CHEN Guanjun,XIA Lihua,MA Changsheng,YANG Xingjie. Compare of the capability of optimized acellular allograft and xenograft reparing rat sciatic nerve defect[J]. Zhonghua Xian Wei Wai Ke Za Zhi[Chin J Microsurg(Article in Chinese;Abstract in Chinese and English)],2012,35(1):35-39. DOI:10.3760/cma.j.issn.1001-2036.2012.01.014.}

[25078] 杨润功，吏鸿宾，朱加亮，左坦坦，吴克俭，侯树勋．去细胞同种异体神经移植修复周围神经缺损临床安全性研究[J]．中华外科杂志，2012，50(1)：74-76．DOI：10.3760/cma.j.issn.0529-5815.2012.01.020．{YANG Rungong,LU Hongbin,ZHU Jialiang,ZUO Tantan,WU Kejian,HOU Shuxun. Clinical safety about repairing the peripheral nerve defects with chemically extracted acellular nerve allograft[J]. Zhonghua Wai Ke Za Zhi[Chin J Surg(Article in Chinese;Abstract in Chinese and English)],2012,50(1):74-76. DOI:10.3760/cma.j.issn.0529-5815.2012.01.020.}

[25079] 周胜虎，甄平，高明暄，田琦，李旭升．辐照和绿茶多酚处理同种异体神经移植体的实验研究[J]．中国矫形外科杂志，2012，20(20)：1882-1885．DOI：10.3977/j.issn.1005-8478.2012.20.17．{ZHOU Shenghu,ZHEN Ping,GAO Mingxuan,TIAN Qi,LI Xusheng. Comparative study on nerve allografts between stored in green tea polyphenol solution and radiated nerve allografts[J]. Zhongguo Jiao Xing Wai Ke Za Zhi[Orthop J Chin(Article in Chinese;Abstract in Chinese and English)],2012,20(20):1882-1885. DOI:10.3977/j.issn.1005-8478.2012.20.17.}

[25080] 黄英如，蒋电明，冼华，黄剑，陈增刚，王雷．人参皂甙Rb1对玻璃化保存坐骨神经异体移植后神经再生的影响[J]．中国矫形外科杂志，2013，21(4)：390-396．DOI：10.3977/j.issn.1005-8478.2013.04.17．{HUANG Yingru,JIANG Dianming,XIAN Hua,HUANG Jian,CHEN Zenggang,WANG Lei. Effects of ginsenoside Rb1 on sciatic nerve preserved by vitrification and nerve regeneration after allograft[J]. Zhongguo Jiao Xing Wai Ke Za Zhi[Orthop J Chin(Article in Chinese;Abstract in Chinese and English)],2013,21(4):390-396. DOI:10.3977/j.issn.1005-8478.2013.04.17.}

[25081] 王莹，李文媛，张高坤，李智刚，冯克俭，贾桦．ChABC联合ADSC促进脱细胞同种异体神经支架移植后轴突再生的作用[J]．中国矫形外科杂志，2013，21(18)：1870-1876．DOI：10.3977/j.issn.1005-8478.2013.18.14．{WANG Ying,LI Wenyuan,ZHANG Gaokun,LI Zhigang,FENG Kejian,JIA Hua. Effects of chondroitinase ABC and adipose-derived stem cell transplantation on axon regeneration after acellular nerve allografting in rats[J]. Zhongguo Jiao Xing Wai Ke Za Zhi[Orthop J Chin(Article in Chinese;Abstract in Chinese and English)],2013,21(18):1870-1876. DOI:10.3977/j.issn.1005-8478.2013.18.14.}

[25082] 于海龙，项良碧，周大鹏，田竞，毕岩．化学去细胞同种异体神经复合神经生长因子移植后运动功能神经生理学观察[J]．神经损伤与功能重建，2013，8(1)：17-19，29．DOI：10.3870/sjsscj.2013.08.004．{YU Hailong,XIANG Liangbi,ZHOU Dapeng,TIAN Jing,BI Yan. Motor electrophysiological experiments on rate after a sciatic nerve gap repaired by a chemically extracte acellular nerve allograft with Nerve Growth Factor[J]. Shen Jing Sun Shang Yu Gong Neng Chong Jian[Neural Injury Funct Reconstr(Article in Chinese;Abstract in Chinese and English)],2013,8(1):17-19,29. DOI:10.3870/sjsscj.2013.08.004.}

[25083] 唐举玉，俞芳，吴攀峰，黄臻，梁捷予，何波，刘小林．去细胞同种异体神经移植修复桡神经和指神经缺损六例[J]．中华显微外科杂志，2014，37(5)：449-452．DOI：10.3760/cma.j.issn.1001-2036.2014.05.009．{TANG Jiuyu,YU Fang,WU Panfeng,HUANG Zhen,LIANG Jieyu,HE Bo,LIU Xiaolin. Repair of radial and digital nerve defect with human acellular nerve allograft:6 cases report[J]. Zhonghua Xian Wei Wai Ke Za Zhi[Chin J Microsurg(Article in Chinese;Abstract in Chinese and English)],2014,37(5):449-452. DOI:10.3760/cma.j.issn.1001-2036.2014.05.009.}

[25084] 徐先立，韩壮，薛海鹏，郭栋，杨震．化学法去细胞神经的制备及异体移植修复大鼠坐骨神经缺损的疗效[J]．中华创伤杂志，2016，32(5)：458-463．DOI：10.3760/cma.j.issn.1001-8050.2016.05.017．{XU Xianli,HAN Zhuang,XUE Haipeng,GUO Dong,YANG Zhen. Fabrication of acellular nerve allograft through chemical extraction and efficacy with the use of the graft in repair of rat sciatic nerve defect[J]. Zhonghua Chuang Shang Za Zhi[Chin J Trauma(Article in Chinese;Abstract in Chinese and English)],2016,32(5):458-463. DOI:10.3760/cma.j.issn.1001-8050.2016.05.017.}

[25085] 徐先立，韩壮，薛海鹏，郭栋，杨震．化学去细胞神经异体移植修复大鼠坐骨神经缺损的组织学评价[J]．中华显微外科杂志，2017，40(4)：365-368．DOI：10.3760/cma.j.issn.1001-2036.2017.04.014．{XU Xianli,HAN Zhuang,XUE Haipeng,GUO Dong,YANG Zhen. Histological evaluation of chemical acellular nerve allograft for repairing sciatic nerve defect in rats[J]. Zhonghua Xian Wei Wai Ke Za Zhi[Chin J Microsurg(Article in Chinese;Abstract in Chinese)],2017,40(4):365-368. DOI:10.3760/cma.j.issn.1001-2036.2017.04.014.}

[25086] 刘承伟，罗春山，刘福尧，彭龙，袁虹豪．去细胞同种异体神经修复材料（神桥）移植在断指再植神经缺损中的应用[J]．中华显微外科杂志，2018，41(2)：177-178．DOI：10.3760/cma.j.issn.1001-2036.2018.02.020．{LIU Chengwei,LUO Chunshan,LIU Fuyao,PENG Long,YUAN Honghao. Application of acellular allogeneic nerve repair material(Shenqiao) transplantation in nerve defect of replantation of severed finger[J]. Zhonghua Xian Wei Wai Ke Za Zhi[Chin J Microsurg(Article in Chinese;Abstract in Chinese)],2018,41(2):177-178. DOI:10.3760/cma.j.issn.1001-2036.2018.02.020.}

[25087] 徐先立，韩壮，薛海鹏，张忠文．化学去细胞神经异体移植修复大鼠坐骨神经缺损对脊髓运动神经元存活率的影响[J]．中华实验外科杂志，2018，35(10)：1969．DOI：10.3760/cma.j.issn.1001-9030.2018.10.062．{XU Xianli,HAN Zhuang,XUE Haipeng,ZHANG Zhongwen. Effect of the use of acellular nerve allograft through chemical extraction in repair of rat sciatic nerve defect on survival rate of motor neurons in spinal cord[J]. Zhonghua Shi Yan Wai Ke Za Zhi[Chin J Exp Surg(Article in Chinese;Abstract in Chinese and English)],2018,35(10):1969. DOI:10.3760/cma.j.issn.1001-9030.2018.10.062.}

9.3.4 肌腱异体移植
tendon allograft

[25088] 张友乐，杨克非，朱伟，胡琪，高新生，王澍寰，韦加宁，尹大庆．异体肌腱移植的实验研究与临床应用[J]．中华外科杂志，1995，33(7)：539-541．{ZHANG Youle,YANG Kefei,ZHU Wei,HU Qi,GAO Xinsheng,WANG Shuwan,WEI Jianning,YIN Daqing. Experimental research and clinical application of allogenic tendon graftiug[J]. Zhonghua Wai Ke Za Zhi[Chin J Surg(Article in Chinese;Abstract in Chinese and English)],1995,33(7):539-541.}

[25089] 唐林俊，陈秉礼，丁钦荣，黄朝梁，周言忠，吴祖尧．脱氧鸟苷培养处理的同种异体肌腱移植的实验研究[J]．中华骨科杂志，1996，16(10)：40-43．{TANG Linjun,CHEN Bingli,DING Qinrong,HUANG Chaoliang,ZHOU Yanzhong,WU Zuyao. Experimental study of deoxyguanosine treated tendon homograft[J]. Zhonghua Gu Ke Za Zhi[Chin J Orthop(Article in Chinese;Abstract in Chinese and English)],1996,16(10):40-43.}

[25090] 高新生，尹大庆，金瑞侠，褚为靖，张友乐，杨克非，朱伟，胡琪，孟书琴，席越．同种异体肌腱移植与肌腱库的建立[J]．中华手外科杂志，1996，12(2)：89-92．{GAO Xinsheng,YIN Daqing,JIN Ruixia,CHU Weijing,ZHANG Youle,YANG Kefei,ZHU Wei,HU Qi,MENG Shuqin,XI Yue. Tendon allografting and establishment of tendon bank[J]. Zhonghua Shou Wai Ke Za Zhi[Chin J Hand Surg(Article in Chinese;Abstract in Chinese and English)],1996,12(2):89-92.}

[25091] 张友乐，杨克非，高新生，朱伟，胡琪，王澍寰，尹大庆，韦加宁．冷冻干燥异体肌腱移植的实验研究与临床应用[J]．中华骨科杂志，1997，17(3)：60-63，84．{ZHANG Youle,YANG Kefei,GAO Xinsheng,ZHU Wei,HU Qi,WANG Shuwan,YIN Daqing,WEI Jianing. Experimental study and clinical application of freeze-drying allogeneic tendon transplantation[J]. Zhonghua Gu Ke Za Zhi[Chin J Orthop(Article in Chinese;No abstract available)],1997,17(3):60-63,84.}

[25092] 胡必寺，顾玉东．腱鞘内肌腱与异体腱鞘内肌腱移植[J]．中华手外科杂志，1997，13(2)：103-105．DOI：10.3760/cma.j.issn.1005-054X.1997.02.013．{HU Bisi,GU Yudong. Autogenous and allogenbus intrasynovial tendon grafting[J]. Zhonghua Shou Wai Ke Za Zhi[Chin J Hand Surg(Article in Chinese;Abstract in Chinese and English)],1997,13(2):103-105. DOI:10.3760/cma.j.issn.1005-054X.1997.02.013.}

[25093] 唐林俊，程国良，方光荣，林彬，陈秉礼．化学处理的冻干异体肌腱移植的实验研究[J]．中华手外科杂志，1997，13(2)：106-109．DOI：10.3760/cma.j.issn.1005-054X.1997.02.014．{TANG Linjun,CHENG Guoliang,FANG Guangrong,LIN Bin,CHEN Bingli. Experimental study of chemical and lyophilization treated tendon homograft[J]. Zhonghua Shou Wai Ke Za Zhi[Chin J Hand Surg(Article in Chinese;Abstract in Chinese and English)],1997,13(2):106-109. DOI:10.3760/cma.j.issn.1005-054X.1997.02.014.}

[25094] 杨文龙，王丹，徐旭纯，金肖强，闵继康，叶光亮．95%乙醇浸泡异体肌腱移植的实验研究[J]．中华手外科杂志，1997，13(2)：57-59．{YANG Wenlong,WANG Dan,XU Xuchun,JIN Xiaoqiang,MIN Jikang,YE Guangliang. Experimental study on allogeneic tendon transplantation by 95% ethanol immersion[J]. Zhonghua Shou Wai Ke Za Zhi[Chin J Hand Surg(Article in Chinese;Abstract in Chinese)],1997,13(2):57-59.}

[25095] 唐林俊，程国良，方光荣，陈秉礼．多聚甲醛处理异体肌腱移植的实验研究[J]．中华手外科杂志，1998，14(2)：125-126．DOI：10.3760/cma.j.issn.1005-054X.1998.02.030．{TANG Linjun,CHENG Guoliang,FANG Guangrong,CHEN Bingli. Experimental study of allograft tendon treated with paraformaldehyde[J]. Zhonghua Shou Wai Ke Za Zhi[Chin J Hand Surg(Article in Chinese;No abstract available)],1998,14(2):125-126. DOI:10.3760/cma.j.issn.1005-054X.1998.02.030.}

[25096] 杨文龙，袁永健，王丹. 95%乙醇浸泡异体肌腱移植的临床应用[J]. 中华手外科杂志，1998，14(4): 254. DOI: 10.3760/cma.j.issn.1005-054X.1998.04.029. {YANG Wenlong,YUAN Yongjian,WANG Dan. Clinical application of 95% ethanol soaked allogeneic tendon transplantation[J]. Zhonghua Shou Wai Ke Za Zhi[Chin J Hand Surg(Article in Chinese;No abstract available)],1998,14(4):254. DOI:10.3760/cma.j.issn.1005-054X.1998.04.029.}

[25097] 唐林俊，程国良，方光荣，陈秉礼，杨志贤. 反复冻融及超深低温处理的异体肌腱移植实验研究[J]. 中国修复重建外科杂志，1998，12(4): 241-245. {TANG Linjun,CHENG Guoliang,FANG Guangrong,CHEN Bingli,YANG Zhixian. Experimental study of homograft of repeated freezing-thawing treated and ultra-low-temperature treated tendon[J]. Zhongguo Xiu Fu Chong Jian Wai Ke Za Zhi[Chin J Repar Reconstr Surg(Article in Chinese;Abstract in Chinese and English)],1998,12(4):241-245.}

[25098] 宋一平，钟桂午，张正治，刘正津，糜建红. 同种异体有滑膜肌腱手部鞘内移植的临床应用[J]. 中国矫形外科杂志，1999，6(3): 27-29. {SONG Yiping,ZHONG Guiwu,ZHANG Zhengzhi,LIU Zhengjin,Mi Jianhong. Clinical application of the allogenic synovial tendon grafts within the synovial sheath[J]. Zhongguo Jiao Xing Wai Ke Za Zhi[Orthop J Chin(Article in Chinese;Abstract in Chinese and English)],1999,6(3):27-29.}

[25099] 鲁晓波，杨志明. 冷冻小鼠同种异体肌腱移植后 IL-2 生物活性水平的检测[J]. 中华手外科杂志，1999，15(1): 56-58. {LU Xiaobo,YANG Zhiming. Detection of the bioactivity level of IL-2 in frozen mice after allograft tendon transplantation[J]. Zhonghua Shou Wai Ke Za Zhi[Chin J Hand Surg(Article in Chinese;Abstract in Chinese)],1999,15(1):56-58.}

[25100] 田立杰，王彦生，战杰，蒋俊. 同种异体肌腱移植的临床应用[J]. 中华手外科杂志，1999，15(2): 3-5. {TIAN Lijie,WANG Yansheng,ZHAN Jie,JIANG Jun. Clinical application of tendon allograft[J]. Zhonghua Shou Wai Ke Za Zhi[Chin J Hand Surg(Article in Chinese;Abstract in Chinese)],1999,15(2):3-5.}

[25101] 陈祥圣，王澍寰，胡溱，张友乐，孟淑琴. 自体和异体滑膜内外肌腱移植的实验研究[J]. 中华手外科杂志，1999，15(3): 168-171. DOI: 10.3760/cma.j.issn.1005-054X.1999.03.016. {CHEN Xiangsheng,WANG Shuhuan,HU Zhen,ZHANG Youle,MENG Shuqin. An experimental study on autogenous and allogeneic intrasynovial and extrasynovial tendon grafts[J]. Zhonghua Shou Wai Ke Za Zhi[Chin J Hand Surg(Article in Chinese;Abstract in Chinese and English)],1999,15(3):168-171. DOI:10.3760/cma.j.issn.1005-054X.1999.03.016.}

[25102] 鲁晓波，杨志明，张郁馨. 冷冻同种异体肌腱小鼠移植的细胞毒、IL-2水平及组织学观察[J]. 中华创伤杂志，1999，15(4): 275. DOI: 10.3760/j: issn: 1001-8050.1999.04.011. {LU Xiaobo,YANG Zhiming,ZHANG Yuxie. Cytotoxicity,IL-2 levels and histological observation of frozen tendon allograft in mice[J]. Zhonghua Chuang Shang Za Zhi[Chin J Trauma(Article in Chinese;Abstract in Chinese)],1999,15(4):275. DOI:10.3760/j:issn:1001-8050.1999.04.011.}

[25103] 唐林俊，程国良，陈秉礼，方光荣，杨志贤，林彬. 培养处理与冷冻保存的活体异体肌腱移植的实验研究[J]. 解放军医学杂志，1999，24(3): 196-199. DOI: 10.3321/j.issn: 0577-7402.1999.03.012. {TANG Linjun,CHENG Guoliang,CHEN Bingli,FANG Guangrong,YANG Zhixian,LIN Bin. Experimental study of cultured and cryopreserved viable tendon allograft[J]. Jie Fang Jun Yi Xue Za Zhi[Med J Chin PLA(Article in Chinese;Abstract in Chinese and English)],1999,24(3):196-199. DOI:10.3321/j.issn:0577-7402.1999.03.012.}

[25104] 庄颜峰，金明新，欧阳钧，徐浩，卢森桂，符臣学. 氯仿/甲醇处理同种异体肌腱移植的生物力学变化[J]. 中国临床解剖学杂志，2000，18(4): 372-374. DOI: 10.3969/j.issn.1001-165X.2000.04.033. {ZHUANG Yanfeng,JIN Mingxin,OUYANG Jun,XU Hao,LU Sengui,FU Chenxue. Biomechanical study of transplantation of allograft tendon treated by CM[J]. Zhongguo Lin Chuang Jie Pou Xue Za Zhi[Chin J Clin Anat(Article in Chinese;Abstract in Chinese and English)],2000,18(4):372-374. DOI:10.3969/j.issn.1001-165X.2000.04.033.}

[25105] 朱伟，王澍寰，张友乐. 伸肌腱腱帽解剖与异体腱帽移植的相关性实验研究[J]. 中华手外科杂志，2001，17(1): 37-38. DOI: 10.3760/cma.j.issn.1005-054X.2001.01.014. {ZHU Wei,WANG Shuhuan,ZHANG Youle. Relativity of extensor tendon hood anatomy to allogenic tendon hood grafting:an experimental study[J]. Zhonghua Shou Wai Ke Za Zhi[Chin J Hand Surg(Article in Chinese;Abstract in Chinese and English)],2001,17(1):37-38. DOI:10.3760/cma.j.issn.1005-054X.2001.01.014.}

[25106] 袁永健，杨文龙，徐旭纯，王丹，闵继康. 95%乙醇浸泡异体肌腱移植远期疗效观察[J]. 中华手外科杂志，2001，17(3): 189-189. {YUAN Yongjian,YANG Wenlong,XU Xuchun,WANG Dan,MIN Jikang. Long-term effect of 95% ethanol-soaked allograft tendon transplantation[J]. Zhonghua Shou Wai Ke Za Zhi[Chin J Hand Surg(Article in Chinese;No abstract available)],2001,17(3):189-189.}

[25107] 尹大庆. 同种异体肌腱移植[J]. 中华手外科杂志，2001，17(3): 3-4. {YIN Daqing. Tendon allograft[J]. Zhonghua Shou Wai Ke Za Zhi[Chin J Hand Surg(Article in Chinese;No abstract available)],2001,17(3):3-4.}

[25108] 张子清，李文翠，杨延军，谌丰，袁雪光，马立峰，涂清华. 冷冻干燥同种异体肌腱移植修复手部肌腱缺损的疗效观察[J]. 中华手外科杂志，2001，17(3): 5-6. {ZHANG Ziqing,LI Wencui,YANG Yanjun,CHEN Feng,YUAN Xueguang,MA Lifeng,TU Qinghua. Effect of freeze-dried tendon allograft in repairing tendon defect of hand[J]. Zhonghua Shou Wai Ke Za Zhi[Chin J Hand Surg(Article in Chinese;No abstract available)],2001,17(3):5-6.}

[25109] 唐林俊，雷军，方光荣，程国良，杨志贤，苏骅，张新. 超深低温处理的异体肌腱移植[J]. 中华手外科杂志，2001，17(S1): 3-5. {TANG Linjun,LEI Jun,FANG Guangrong,CHENG Guoliang,YANG Zhixian,SU Hua,ZHANG Xin. Allogeneic tendon transplantation treated with ultra-deep hypothermia[J]. Zhonghua Shou Wai Ke Za Zhi[Chin J Hand Surg(Article in Chinese;Abstract in Chinese)],2001,17(S1):3-5.}

[25110] 俞婴敏，刘英彬，浦江晨，王伟杰，章，杨召娣，潘志军. 鸦胆子在异体肌腱移植中抗排异作用的实验研究[J]. 中华创伤杂志，2001，17(6): 366-367. DOI: 10.3760/j: issn: 1001-8050.2001.06.014. {YU Yingmin,LIU Yingbin,PU Jiangchen,WANG Weijie,ZHANG ,YANG Zhaodi,PAN Zhijun. Experimental study on anti-rejection effect of brucea in tendon allograft[J]. Zhonghua Chuang Shang Za Zhi[Chin J Trauma(Article in Chinese;Abstract in Chinese)],2001,17(6):366-367. DOI:10.3760/j:issn:1001-8050.2001.06.014.}

[25111] 张友乐，王澍寰，高新生，尹大庆，朱伟，胡琪，张云涛，韦加宁，杨克非，王红霞，袁润英. 带腱鞘异体肌腱移植的实验研究[J]. 中国修复重建外科杂志，2001，15(2): 92-95. {ZHANG Youle,WANG Shuhuan,GAO Xinsheng,YIN Daqing,ZHU Wei,HU Qi,ZHANG Yuntao,WEI Jianing,YANG Kefei,WANG Hongxia,YUAN Runying. Experimental study of allogenic tendon with sheath grafting in chicken[J]. Zhongguo Xiu Fu Chong Jian Wai Ke Za Zhi[Chin J Repar Reconstr Surg(Article in Chinese;Abstract in Chinese and English)],2001,15(2):92-95.}

[25112] 杨小祥. 透明质酸钠在同种异体肌腱移植中的临床应用[J]. 实用手外科杂志，2002，16(2): 85-86. DOI: 10.3969/j.issn.1671-2722.2002.02.008. {YANG Xiaoxiang. Clinical application of sodium hyaluronate product(SHP) in the allogenous tendon grafting[J]. Shi Yong Shou Wai Ke Za Zhi[Chin J Pract Hand Surg(Article in Chinese;Abstract in Chinese and English)],2002,16(2):85-86. DOI:10.3969/j.issn.1671-2722.2002.02.008.}

[25113] 余林权，谢晞衷，孟宏，陈奇鸣. 异体肌腱移植修复手部肌腱缺损疗效观察[J]. 中山大学学报(医学科学版)，2004，25(z1): 285-286. DOI: 10.3321/j.issn: 1672-3554.2004.z1.043. {YU Linquan,XIE Xizhong,MENG Hong,CHEN Qiming. Effect of tendon allograft in repairing tendon defect of hand[J]. Zhong Shan Da Xue Xue Bao(Yi Xue Ke Xue Ban)[J Sun Yat-Sen Univ(Med Sci)(Article in Chinese;Abstract in Chinese)],2004,25(z1):285-286. DOI:10.3321/j.issn:1672-3554.2004.z1.043.}

[25114] 常青，黄迅悟，关长勇，慈新，张海军. 应用同种异体肌腱移植修复陈旧性跟腱断裂[J]. 中国修复重建外科杂志，2004，18(4): 336-337. {CHANG Qing,HUANG Xunwu,GUAN Changyong,CI Xin,ZHANG Haijun. Treatment of chronic achilles tendon rupture by use of allogeneic tendon[J]. Zhongguo Xiu Fu Chong Jian Wai Ke Za Zhi[Chin J Repar Reconstr Surg(Article in Chinese;Abstract in Chinese and English)],2004,18(4):336-337.}

[25115] 刘波，王澍寰，张友乐，田光磊，孙燕琨. 同种异体肌腱移植后的细胞转归[J]. 中华手外科杂志，2005，21(3): 138-141. DOI: 10.3760/cma.j.issn.1005-054X.2005.03.006. {LIU Bo,WANG Shuhuan,ZHANG Youle,TIAN Guanglei,SUN Yankun. Fate of cell components of allogeneic tendon grafts[J]. Zhonghua Shou Wai Ke Za Zhi[Chin J Hand Surg(Article in Chinese;Abstract in Chinese and English)],2005,21(3):138-141. DOI:10.3760/cma.j.issn.1005-054X.2005.03.006.}

[25116] 邓万祥，赵胡瑞，董晖，黎苑，刘刚，麻文谦，陆永江. 异体肌腱移植在临床修复中的应用[J]. 中国修复重建外科杂志，2005，19(8): 666-668. {DENG Wanxiang,ZHAO Hurui,DONG Hui,LI Yuan,LIU Gang,MA Wenqian,LU Yongjiang. Clinical application of allogeneic tendon[J]. Zhongguo Xiu Fu Chong Jian Wai Ke Za Zhi[Chin J Repar Reconstr Surg(Article in Chinese;Abstract in Chinese and English)],2005,19(8):666-668.}

[25117] 艾合麦提·玉素甫，李靖扬，朱良，王振斌. 微孔聚已内酯膜对异体肌腱移植后粘连的预防作用[J]. 中华实验外科杂志，2006，23(2): 167-169. DOI: 10.3760/j.issn: 1001-9030.2006.02.012. {AIHEMAITI Yusufu,LI Jingyang,ZHU Liang,WANG Zhenbin. Prevention of tendon adhesion with micropore polycaprolactone membrane covering allograft after rabbit tendon allograft transplantation[J]. Zhonghua Shi Yan Wai Ke Za Zhi[Chin J Exp Surg(Article in Chinese;Abstract in Chinese and English)],2006,23(2):167-169. DOI:10.3760/j.issn:1001-9030.2006.02.012.}

[25118] 张友乐. 异体肌腱移植的研究方向与现状[J]. 中华手外科杂志，2006，22(3): 129-130. {ZHANG Youle. Current research direction and status of allogeneic tendon transplantation[J]. Zhonghua Shou Wai Ke Za Zhi[Chin J Hand Surg(Article in Chinese;No abstract available)],2006,22(3):129-130.}

[25119] 张友乐，朱伟，孙燕琨，胡琪，张云涛，陈建海，田光磊，王澍寰. 手指鞘管区异体滑膜肌腱与自体非滑膜肌腱移植的比较学研究[J]. 中华手外科杂志，2006，22(3): 131-132. {ZHANG Youle,ZHU Wei,SUN Yankun,HU Qi,ZHANG Yuntao,CHEN Jianhai,TIAN Guanglei,WANG Shuhuan. Comparative study of allograft synovial tendon and autologous non-synovial tendon transplantation in finger sheath area[J]. Zhonghua Shou Wai Ke Za Zhi[Chin J Hand Surg(Article in Chinese;Abstract in Chinese)],2006,22(3):131-132.}

[25120] 高峻青，陈逊文，杨克非，何仁荣，陈浩宇，何斌，黄志强. 手前臂复合软组织缺损修复与异体肌腱移植功能重建[J]. 组织工程与重建外科杂志，2006，2(3): 156-158. DOI: 10.3969/j.issn.1673-0364.2006.03.011. {GAO Junqing,CHEN Xunwen,YANG Kefei,HE Renrong,CHEN Haoyu,HE Bin,HUANG Zhiqiang. The repair and functional reconstruction of composite soft tissue defect on the hands and forearm with flap and allo-tendon[J]. Zu Zhi Gong Cheng Yu Chong Jian Wai Ke Za Zhi[J Tissue Eng Reconstr Surg(Article in Chinese;Abstract in Chinese and English)],2006,2(3):156-158. DOI:10.3969/j.issn.1673-0364.2006.03.011.}

[25121] 王欣，蔡林，夏志林，胡昊，王寿懿. 热预处理对溶干-γ射线消毒异体肌腱移植的影响[J]. 中华实验外科杂志，2007，24(10): 1271. DOI: 10.3760/j.issn: 1001-9030.2007.10.053. {WANG Xin,CAI Lin,XIA Zhilin,HU Hao,WANG Shouyi. Effect of thermal pretreatment on lysodry-γ-ray disinfection of tendon allograft[J]. Zhonghua Shi Yan Wai Ke Za Zhi[Chin J Exp Surg(Article in Chinese;No abstract available)],2007,24(10):1271. DOI:10.3760/j.issn:1001-9030.2007.10.053.}

[25122] 耿树岩，王宏光，张文强，窦洪磊，唐胜建. VEGF抗体对兔同种异体肌腱移植作用的实验研究[J]. 实用手外科杂志，2007，21(2): 93-95. DOI: 10.3969/j.issn.1671-2722.2007.02.010. {GENG Shuyan,WANG Hongguang,ZHANG Wenqiang,DOU Honglei,TANG Shengjian. An experimental study about effect of neutralizing antibody to VEGF on tendon allogeneil graft[J]. Shi Yong Shou Wai Ke Za Zhi[Chin J Pract Hand Surg(Article in Chinese;Article in Chinese and English)],2007,21(2):93-95. DOI:10.3969/j.issn.1671-2722.2007.02.010.}

[25123] 王玉明，程岱薇，王达利，王波，祁建平. 异体趾骨关节肌腱移植再造手指的远期随访[J]. 中华显微外科杂志，2008，31(6): 454-455. DOI: 10.3760/cma.j.issn.1001-2036.2008.06.022. {WANG Yuming,CHENG Daiwei,WANG Dali,WANG Bo,QI Jianping. Long-term follow-up of finger reconstruction with allograft phalangeal joint tendon[J]. Zhonghua Xian Wei Wai Ke Za Zhi[Chin J Microsurg(Article in Chinese;Abstract in Chinese)],2008,31(6):454-455. DOI:10.3760/cma.j.issn.1001-2036.2008.06.022.}

[25124] 徐光辉，孙康，徐强，盖鹏宙，孙洪亮. 深低温冷冻异体肌腱移植的组织学和生物力学研究[J]. 中国矫形外科杂志，2008，16(24): 1883-1886. {XU Guanghui,SUN Kang,XU Qiang,GAI Pengzhou,SUN Hongliang. Histological and biomechanical study of deep-frozen aliogenetic tendons[J]. Zhongguo Jiao Xing Wai Ke Za Zhi[Orthop J Chin(Article in Chinese;Abstract in Chinese and English)],2008,16(24):1883-1886.}

[25125] 王培吉，秦建忠，董启榕. 同种异体肌腱移植修复腕部类风湿指伸肌腱自发性断裂[J]. 中华手外科杂志，2008，24(3): 154-156. {WANG Peiji,QIN Jianzhong,DONG Qirong. Repair of rheumatoid extensor finger tendon spontaneous rupture in wrist by allograft tendon transplantation[J]. Zhonghua Shou Wai Ke Za Zhi[Chin J Hand Surg(Article in Chinese;Abstract in Chinese)],2008,24(3):154-156.}

[25126] 孙燕琨，张友乐，李祥，邓玖征. 异体肌腱移植术后粘连原因分析[J]. 中国修复重建外科杂志，2008，22(3): 346-348. {SUN Yankun,ZHANG Youle,LI Xiang,DENG Jiuzheng. Analysis of reasons of tendon adhesion post tendon allograft[J]. Zhongguo Xiu Fu Chong Jian Wai Ke Za Zhi[Chin J Repar Reconstr Surg(Article in Chinese;Abstract in Chinese and English)],2008,22(3):346-348.}

[25127] 龙显斌，陈志伟，曹盛俊. 兔自体骨膜包裹同种异体肌腱移植对腱-骨愈合的影响[J]. 中国修复重建外科杂志，2008，22(10): 1255-1258. {LONG Xianbin,CHEN Zhiwei,CAO Shengjun. Effects of autologous periosteum wrapping allogenic tendon graft on tendon-bone healing inside a bone tunnel in rabbits[J]. Zhongguo Xiu Fu Chong Jian Wai Ke Za Zhi[Chin J Repar Reconstr Surg(Article in Chinese;Abstract in Chinese and English)],2008,22(10):1255-1258.}

[25128] 吴富章，卜海富，赵刚，蔡婧宇，郭涛. 玻璃化法保存异体肌腱移植的组织学研究[J]. 中国矫形外科杂志，2009，17(20): 1573-1577. {WU Fuzhang,BU Haifu,ZHAO Gang,CAI Jingyu,GUO Tao. Morphologic study on cryopreservation of tendoh allograft by vitrification[J]. Zhongguo Jiao Xing Wai Ke Za Zhi[Orthop J Chin(Article in Chinese;Abstract in Chinese and English)],2009,17(20):1573-1577.}

[25129] 高峻青，陈逊文，陈浩宇，何斌. 肢体复合组织缺损皮瓣修复异体肌腱移植功能重建疗效分析[J]. 中国修复重建外科杂志，2009，23(1): 64-67. {GAO Junqing,CHEN Xunwen,CHEN Haoyu,HE Bin. Curative effect analysis of skin flap and allogeneic tendon in reconstructing limbs function of complex soft-tissue defect[J]. Zhongguo Xiu Fu Chong Jian Wai Ke Za Zhi[Chin J Repar Reconstr Surg(Article in Chinese;Abstract in Chinese and English)],2009,23(1):64-67.}

[25130] 孙燕琨，张友乐，诸寅，陶剑锋，李翔. 异体肌腱移植术后早期形态学观察和生物力学研究[J]. 中华手外科杂志，2010，26(2): 107-109. DOI: 10.3760/cma.j.issn.1005-054X.2010.02.022. {SUN Yankun,ZHANG Youle,ZHU Yin,TAO Jianfeng,LI Xiang. Morphology and biomechanical evaluation of flexor tendon allograft in its early healing

period[J]. Zhonghua Shou Wai Ke Za Zhi[Chin J Hand Surg(Article in Chinese;Abstract in Chinese and English)],2010,26(2):107-109. DOI:10.3760/cma.j.issn.1005-054X.2010.02.022.}

[25131] 窦勃，王江泳，张英泽，田德虎，白江博，冯建书，倪华伟. 雷公藤甲素对同种异体肌腱移植修复鸡肌腱缺损的作用 [J]. 中国修复重建外科杂志，2012，26（7）：869-873. {DOU Bo,WANG Jiangyong,ZHANG Yingze,TIAN Dehu,BAI Jiangbo,FENG Jianshu,NI Huawei. Effect of triptolide on allogenic tendon transplantation in repairing tendon defect in chicken[J]. Zhongguo Xiu Fu Chong Jian Wai Ke Za Zhi[Chin J Repar Reconstr Surg(Article in Chinese;Abstract in Chinese and English)],2012,26(7):869-873.}

[25132] 邓葵，周福临，陈伟，卢耀军. 腹部分层组织瓣结合异体肌腱移植在复杂手外伤中的应用 [J]. 中华显微外科杂志，2013，36（6）：594-595. DOI：10.3760/cma.j.issn.1001-2036.2013.06.025. {DENG Kui,ZHOU Fulin,CHEN Wei,LU Yaojun. Application of layered abdominal tissue flap combined with allograft tendon transplantation in complicated hand trauma[J]. Zhonghua Xian Wei Wai Ke Za Zhi[Chin J Microsurg(Article in Chinese;Abstract in Chinese)],2013,36(6):594-595. DOI:10.3760/cma.j.issn.1001-2036.2013.06.025.}

[25133] 郭峭峰，张春，黄凯，张展，沈立锋. 同种异体肌腱移植修复多条指伸肌腱缺损的疗效观察 [J]. 中华手外科杂志，2014，30（6）：475-476. DOI：10.3760/cma.j.issn.1005-054X.2014.06.033. {GUO Qiaofeng,ZHANG Chun,HUANG Kai,ZHANG Zhan,SHEN Lifeng. Effect of allograft tendon transplantation on repair of multiple digital-extensor tendon defects[J]. Zhonghua Shou Wai Ke Za Zhi[Chin J Hand Surg(Article in Chinese;No abstract available)],2014,30(6):475-476. DOI:10.3760/cma.j.issn.1005-054X.2014.06.033.}

[25134] 胡雷鸣，段虹昊. 同种异体肌腱移植修复手部肌腱缺损及指功能重建的疗效 [J]. 实用骨科杂志，2020，26（1）：23-26. {HU Leiming,DUAN Honghao. Therapeutic effect of allogeneic tendon transplantation on the repair of hand tendon defect and functional reconstruction[J]. Shi Yong Gu Ke Za Zhi[J Pract Orthop(Article in Chinese;Abstract in Chinese and English)],2020,26(1):23-26.}

9.3.5 其他异体移植
other allografts

[25135] Liu JY,Wang D,Cheng HH. Use of revascularized periosteal allografts for repairing bony defects:an experimental study[J]. Microsurgery,1994,15(2):93-97. doi:10.1002/micr.1920150203.

[25136] Hu M,Zhang Z,Zhang X,Sun Y,Wang X,Chen B,Yi B. Composite mandibular allografts in canines[J]. Chin J Traumatol,2000,3(1):30-33.

[25137] Zhu H,Wei X,Lineaweaver W,Li Q. Perioperative risk factors for vascularized composite allotransplantation:a systematic review and proposal of identity-defining VCA[J]. Microsurgery,2014,34(3):240-244. doi:10.1002/micr.22125.

[25138] Chen J,Zhang D,Zhang T,Chen C,Song Y,Liu S,Su Y,Guo S. Effect of the vascularized bone components on the survival of vascularized composite allografts[J]. J Surg Res,2018,224:132-138. doi:10.1016/j.jss.2017.03.050.

[25139] Ma T,Luan S,Tao R,Lu D,Guo L,Liu J,Shu J,Zhou X,Han Y,Jia Y,Li G,Zhang H,Han W,Han Y,Li H. Targeted migration of human adipose-derived stem cells to secondary lymphoid organs enhances their immunomodulatory effect and prolongs the survival of allografted vascularized composites[J]. Stem Cells,2019,37(12):1581-1594. doi:10.1002/stem.3078.

[25140] Guo Y,Messner F,Etra JW,Beck SE,Kalsi R,Furtmüller GJ,Schneeberger S,Chol Oh B,Brandacher G. Efficacy of single-agent immunosuppressive regimens in a murine model of vascularized composite allotransplantation[J]. Transpl Int,2020,33(8):948-957. doi:10.1111/tri.13618.

[25141] Xu H,Steinberger Z,Wang L,Han R,Zhang Y,Hancock WW,Levin LS. Limited efficacy of rapamycin monotherapy in vascularized composite allotransplantation[J]. Transpl Immunol,2020,61:101308. doi:10.1016/j.trim.2020.101308.

[25142] Chen Z,Xue S,Zhang S,Cheng K,Ye Q. Exosomes from donor-derived adipose mesenchymal stem cells prolong the survival of vascularized composite allografts[J]. J Cell Physiol,2021,236(8):5895-5905. doi:10.1002/jcp.30274.

[25143] GRUBER SA，SHIRBACHEH MV，JONES JW（胡巴生，魏宽海译）. 复合组织异体移植的局部免疫抑制剂治疗 [J]. 中国创伤骨科杂志，2000，2（4）：99-100. {GRUBER SA,SHIRBACHEH MV,JONES JW(HU Basheng,WEI Kuanhai). Local immunosuppressive therapy of combined tissue allograft[J]. Zhongguo Chuang Shang Gu Ke Za Zhi[Chin J Orthop Trauma(Article in Chinese;No abstract available)],2000,2(4):99-100.}

[25144] 上海第一医学院中山医院骨科. 同种异体胸骨柄及双侧胸锁关节移植一例报告 [J]. 中华医学杂志，1974，54（3）：164-165. {Department of Orthopedics,Zhongshan Hospital,Shanghai First Medical College. A case report of allograft of sternal manubrium and bilateral sternoclavicular joint[J]. Zhonghua Yi Xue Za Zhi[Natl Med J China(Article in Chinese;No abstract available)],1974,54(3):164-165.}

[25145] 许丰勋，穆学夏，方之杨，赵长生，胡宏毓，霍正录，刘潜心. 异体皮储存和移植的实验研究 [J]. 中华外科杂志，1982，20（6）：334-336. {XU Fengxun,MU Xuexia,FANG Zhi-yang,ZHAO Chang-sheng,HU Hongyu,HUO Zhenglu,LIU Qianxin. Experimental study on allogeneic skin storage and transplantation[J]. Zhonghua Wai Ke Za Zhi[Chin J Surg(Article in Chinese;No abstract available)],1982,20(6):334-336.}

[25146] 李嗣英. Cyclomunine 对同种异体移植反应性的抑制 [J]. 中华器官移植杂志，1982，3（2）：86. DOI：10.3760/cma.j.issn.0254-1785.1982.02.025. {ZHOU Liping,GE Tao,SU Weiping,ZHENG Minqing,HOU Zhiqi,XU Zhonghe. Inhibition of xenograft reactivity by Cyclomunine[J]. Zhonghua Qi Guan Yi Zhi Za Zhi[Chin J Organ Transplant(Article in Chinese;No abstract available)],1982,3(2):86. DOI:10.3760/cma.j.issn.0254-1785.1982.02.025.}

[25147] 陈中伟，于仲嘉，黄慕洁，张玲. 狗冻干血管的异体移植 [J]. 中华外科杂志，1983，21（4）：217-219. {CHEN Zhongwei,YU Zhongjia,HUANG Mujie,ZHANG Ling. Allograft of freeze-dried blood vessels in dogs[J]. Zhonghua Wai Ke Za Zhi[Chin J Surg(Article in Chinese;No abstract available)],1983,21(4):217-219.}

[25148] 范迪钧，李平，朱晓东，曹加湘，乐效翚，郭加强，宋来凤，刘秀杰，史蓉芳. 硫柳汞保存的同种异体动脉移植后的远期效果 [J]. 中华外科杂志，1985，23（5）：261-264. {FAN Diju,LI Ping,ZHU Xiaodong,CAO Jiaxiang,LE Xiaohui,GUO Jianqiang,SONG Laifeng,LIU Xiujie,SHI Rongfang. Long-term effects of thiomersal-preserved allograft arterial transplantation[J]. Zhonghua Wai Ke Za Zhi[Chin J Surg(Article in Chinese;No abstract available)],1985,23(5):261-264.}

[25149] 于钟毓，邵振恒，张信英. 七例同种异体指关节移植的长期随访报告 [J]. 中华外科杂志，1985，23（6）：334-335. {YU Zhongyu,SHAO Zhenheng,ZHANG Xinying. Long-term follow-up report of seven cases of knuckle allograft transplantation[J]. Zhonghua Wai Ke Za Zhi[Chin J Surg(Article in Chinese;No abstract available)],1985,23(6):334-335.}

[25150] 赵庆远. 毛发异体移植四例报告 [J]. 中华外科杂志，1985，23（7）：405. {ZHAO Qingyuan. Allotransplantation of hair:a report of 4 cases[J]. Zhonghua Wai Ke Za Zhi[Chin J Surg(Article in Chinese;No abstract available)],1985,23(7):405.}

[25151] 黄慕洁，于仲嘉. 狗皮瓣异体移植的实验研究 [J]. 中华器官移植杂志，1986，7（3）：129-130，后插二. DOI：10.3760/cma.j.issn.0254-1785.1986.03.017. {HUANG Mujie,YU Zhongjia. Experimental study on allotransplantation of skin flaps in dogs[J]. Zhonghua Qi Guan Yi Zhi Za Zhi[Chin J Organ Transplant(Article in Chinese;Abstract in Chinese and English)],1986,7(3):129-130,insert 2. DOI:10.3760/cma.j.issn.0254-1785.1986.03.017.}

[25152] 苑家骏. 组织器官的同种异体移植与移植物抗宿主反应 [J]. 中华器官移植杂志，1989，10（3）：142-144. DOI：10.3760/cma.j.issn.0254-1785.1989.03.026. {YUAN Jiajun. Allotransplantation of tissues and organs and graft-versus-host reactions[J]. Zhonghua Qi Guan Yi Zhi Za Zhi[Chin J Organ Transplant(Article in Chinese;No abstract available)],1989,10(3):142-144. DOI:10.3760/cma.j.issn.0254-1785.1989.03.026.}

[25153] 李约伯，赵馥丽. 中耳同种异体移植术 43 例 [J]. 中华耳鼻咽喉科杂志，1990，25（2）：78. {LI Yuebo,ZHAO Fuli. Middle ear allograft was performed in 43 cases[J]. Zhonghua Er Bi Yan Hou Ke Za Zhi[Chin J Otorhinolaryngol(Article in Chinese;No abstract available)],1990,25(2):78.}

[25154] 何楚发，夏穗生，陈金芝，李景文，苑家骏，左利群. 下颌部复合组织异体原位移植修复缺损的实验研究 [J]. 中华器官移植杂志，1993，14（2）：75-77. DOI：10.3760/cma.j.issn.0254-1785.1993.02.015. {HE Chufa,XIA Suisheng,CHEN Jinzhi,LI Jingwen,YUAN Jiajun,ZUO Liqun. Experimental study on orthotopic homotransplantation of vascularized composite tissue for repairing major defect in the mandible in rabbit[J]. Zhonghua Qi Guan Yi Zhi Za Zhi[Chin J Organ Transplant(Article in Chinese;Abstract in Chinese and English)],1993,14(2):75-77. DOI:10.3760/cma.j.issn.0254-1785.1993.02.015.}

[25155] 黄慕洁，郭瑞华，韩蕴华，于仲嘉. 药物灌注对狗皮瓣异体移植的影响 [J]. 中国修复重建外科杂志，1993，7（1）：41-43，63. {HUANG Mujie,GUO Ruihua,HAN Yunhua,YU Zhongjia. Effect of drug infusion on allograft of dog skin flap[J]. Zhongguo Xiu Fu Chong Jian Wai Ke Za Zhi[Chin J Repar Reconstr Surg(Article in Chinese;No abstract available)],1993,7(1):41-43,63.}

[25156] 刘建寅，王丹，程绪西. 吻合血管异体骨膜移植修复骨缺损能力的实验研究 [J]. 中华骨科杂志，1995，15（012）：107-109. {LIU Jianyin,WANG Dan,CHENG Xuxi. Experimental study on the ability of anastomotic vascular allogeneic periosteum transplantation to repair bone defects[J]. Zhonghua Gu Ke Za Zhi[Chin J Orthop(Article in Chinese;Abstract in Chinese and English)],1995,15(012):107-109.}

[25157] 黄慕洁，郭瑞华，于仲嘉. 同种异体动脉移植在游离皮瓣移植中应用研究 [J]. 中华显微外科杂志，1995，18（4）：272-274，320. {HUANG Mujie,GUO Ruihua,YU Zhongjia. A study of the application on arterial allograft in canine free flap[J]. Zhonghua Xian Wei Wai Ke Za Zhi[Chin J Microsurg(Article in Chinese;Abstract in Chinese and English)],1995,18(4):272-274,320.}

[25158] 张先龙，胡汝麒，周建生. 冷冻保存同种异体静脉移植实验研究 [J]. 中华显微外科杂志，1995，18（4）：284-285. {ZHANG Xianlong,HU Ruqi,ZHOU Jiansheng. Experimental study on cryopreservation allogeneic vein transplantation[J]. Zhonghua Xian Wei Wai Ke Za Zhi[Chin J Microsurg(Article in Chinese;Abstract in Chinese and English)],1995,18(4):284-285.}

[25159] 张培华，蒋米尔，陆民，黄新天，许浩. 同种异体血管移植内膜形态和功能的研究 [J]. 中华实验外科杂志，1995，12（2）：15-16，73. {ZHANG Peihua,JIANG Mier,LU Min,HUANG Xintian,XU Hao. Experimental study on histological and functional changes of endothelium of vascular homografts[J]. Zhonghua Shi Yan Wai Ke Za Zhi[Chin J Exp Surg(Article in Chinese;Abstract in Chinese and English)],1995,12(2):15-16,73.}

[25160] 张培华，蒋米尔，陆民，黄新天，田卓平. 带瓣静脉段同种异体移植的研究 [J]. 中华实验外科杂志，1995，12（6）：5-6，72. {ZHANG Peihua,JIANG Mi,LU Min,HUANG Xintian,TIAN Zhuoping. Experimental study on homogenous transplantation of valve-bearing vein segment[J]. Zhonghua Shi Yan Wai Ke Za Zhi[Chin J Exp Surg(Article in Chinese;Abstract in Chinese and English)],1995,12(6):5-6,72.}

[25161] 温树正，李文琪，郭文通，霍洪军，刘万林，李力. 同种异体血管移植的临床应用 [J]. 中华手外科杂志，1995，11（2）：21-22. {WEN Shuzheng,LI Wenqi,GUO Wentong,HUO Hongjun,LIU Wanlin,LI Li. Clinical application of allograft of blood vessels[J]. Zhonghua Shou Wai Ke Za Zhi[Chin J Hand Surg(Article in Chinese;Abstract in Chinese and English)],1995,11(2):21-22.}

[25162] 温树正，刘万林，霍洪军，李文琪，郭文通，杨勇，李力，孙慧宽，孙勤暖，杨学军. 同种异体血管移植的实验研究与临床应用 [J]. 中华骨科杂志，1996，16（3）：145-147，C1. DOI：10.3760/cma.j.issn.0253-2352.1996.03.105. {WEN Shuzheng,LIU Wanlin,HUO Hongjun,LI Wenqi,GUO Wenton,YANG Yong,LI Li,SUN Huikuan,SUN Qinnuan,YANG Xuejun. The experimental study of blood vessels allografts and clinical application[J]. Zhonghua Gu Ke Za Zhi [Chin J Orthop(Article in Chinese;Abstraact in Chinese and English)],1996,16(3) :145-147,C1. DOI:10.3760/cma.j.issn.0253-2352.1996.03.105.}

[25163] 侯明钟，黄硕麟，袁启智，黄燮青，缪勇，滕可颖，蔡燕娴，贾万新，黄一雄，章开衡. 冷冻异体手指复合组织移植再造拇指 200 指 [J]. 中华手外科杂志，1995，11（4）：207-210. {HOU Mingzhong,HUANG Shuolin,YUAN Qizhi,HUANG Xieqing,MIAO Yong,TENG Keying,CAI Yanxian,JIA Wanxin,HUANG Yixiong,ZHANG Kaiheng. Reconstruction of 200 thumb fingers by frozen allogeneic finger composite tissue transplantation[J]. Zhonghua Shou Wai Ke Za Zhi[Chin J Hand Surg(Article in Chinese;No abstract available)],1995,11(4):207-210.}

[25164] 孙磊，胡蕴玉. 不同方法处理的同种异体移植免疫学比较 [J]. 中华外科杂志，1996，34（8）：460-463. {SUN Lei,HU Yunyu. Comparison of immunology of allografts treated by different methods[J]. Zhonghua Wai Ke Za Zhi[Chin J Surg(Article in Chinese;Abstract in Chinese)],1996,34(8):460-463.}

[25165] 薛莲，张培华. 大鼠同种异体股动脉移植后的免疫学研究 [J]. 中华实验外科杂志，1996，13（3）：300-301. {XUE Lian,ZHANG Peihua. Immunological study after allograft of femoral artery in rats[J]. Zhonghua Shi Yan Wai Ke Za Zhi[Chin J Exp Surg(Article in Chinese;No abstract available)],1996,13(3):300-301.}

[25166] 周建生，胡汝麒，潘功平. 吻合血管的同种异体肋骨移植实验研究 [J]. 中国修复重建外科杂志，1996，10（4）：210-213. {ZHOU Jiansheng,HU Ruqi,PAN Gongping. Experimental study on allograft of ribs with anastomotic vessels[J]. Zhongguo Xiu Fu Chong Jian Wai Ke Za Zhi[Chin J Repar Reconstr Surg(Article in Chinese;No abstract available)],1996,10(4):210-213.}

[25167] 贝抗胜，张魁正，吴义方，黄洁平. 药物制备异体动脉移植的超微结构研究 [J]. 中华显微外科杂志，1997，20（1）：44-46. {BEI Kangsheng,ZHANG Kuizheng,Wu Yifang,HUANG Jieping. Study on ultrastructure of allogeneic artery transplantation for drug preparation[J]. Zhonghua Xian Wei Wai Ke Za Zhi[Chin J Microsurg(Article in Chinese;Abstract in Chinese)],1997,20(1):44-46.}

[25168] 王臻，梁戈，殷琦，胡蕴玉，孙磊，刘健，杜晓川，赵金康，王哲. 肢体大块骨缺损的大段同种异体骨关节移植 [J]. 中华外科杂志，1997，35（4）：200-203. {WANG Zhen,LIANG Ge,YIN Qi,HU Yunyu,SUN Lei,LIU Jian,DU Xiaochuan,ZHAO Jinkang,WANG Zhe. A large allograft bone graft with a large bone defect in the limb[J]. Zhonghua Wai Ke Za Zhi[Chin J Surg(Article in Chinese;Abstract in Chinese)],1997,35(4):200-203.}

[25169] 周建生，胡汝麒，潘功平. 冷冻保存带血管异体骨移植治疗儿童骨缺损 [J]. 中华显微外科杂志，1998，21（3）：183. DOI：10.3760/cma.j.issn.1001-2036.1998.03.009. {ZHOU Jiansheng,HU Ruqi,PAN Gongping. Cryopreservation vascularized allograft for the treatment of bone defects in children[J]. Zhonghua Xian Wei Wai Ke Za Zhi[Chin J Microsurg(Article in Chinese;Abstract in Chinese)],1998,21(3):183. DOI:10.3760/cma.j.issn.1001-2036.1998.03.009.}

[25170] 李亚非，时述山，李青，王臻，胡蕴玉，吕荣，刘新平，季新民，朱兵，丁华野. 大段异体骨关节移植后长期转归的观察 [J]. 中华外科杂志，1998，36（3）：169-171. DOI：10.3760/j：issn：0529-5815.1998.03.015. {LI Yafei,SHI Shushan,LI Qing,WANG Zhen,HU Yunyu,LV Rong,LIU Xinping,JI Xinmin,ZHU Bing,DING Huaye. Long-term outcome of large segment allograft bone and joint transplantation[J]. Zhonghua Wai Ke Za Zhi[Chin J

Surg(Article in Chinese;Abstract in Chinese and English)],1998,36(3):169-171. DOI:10.3760/j:issn:0529-5815.1998.03.015.}

[25171] 侯明钟，袁启智，黄燮青，缪勇，滕可颖，贾万新. 异体手指移植修复拇指Ⅵ°缺损[J]. 中国矫形外科杂志，1998，5(1)：18-19，96. {HOU Mingzhong,YUAN Qizhi,HUANG Xieqing,MIAO Yong,TENG Keying,JIA Wanxin. Repair Ⅳ degree thumb defect with allograft[J]. Zhongguo Jiao Xing Wai Ke Za Zhi[Orthop J Chin(Article in Chinese;Abstract in Chinese and English)],1998,5(1):18-19,96.}

[25172] 张友乐，杨克非，高新生，王澍寰，尹大庆，朱伟，胡琪，张云涛. 异体动脉移植的实验研究与临床应用[J]. 中华手外科杂志，1998，14(1)：3-5. {ZHANG Youle,YANG Kefei,GAO Xinsheng,WANG Shuhuan,YIN Daqing,ZHU Wei,HU Qi,ZHANG Yuntao. Experimental study and clinical application of allograft artery transplantation[J]. Zhonghua Shou Wai Ke Za Zhi[Chin J Hand Surg(Article in Chinese;Abstract in Chinese)],1998,14(1):3-5.}

[25173] 孙明举，唐建军，钱叶普. 吻合血管异体腓骨移植治疗小儿股骨肿瘤缺损一例[J]. 中华显微外科杂志，1999，22(1)：79. DOI：10.3760/cma.j.issn.1001-2036.1999.01.059. {SUN Mingju,TANG Jianjun,QIAN Yepu. A case of femoral tumor defect in children treated by allogeneic fibula transplantation with anastomotic blood vessel[J]. Zhonghua Xian Wei Wai Ke Za Zhi[Chin J Microsurg(Article in Chinese;Abstract in Chinese)],1999,22(1):79. DOI:10.3760/cma.j.issn.1001-2036.1999.01.059.}

[25174] 曲明，于永山，薛莲. 同种异体血管移植的实验研究与临床应用[J]. 中华显微外科杂志，1999，22(3)：216. DOI：10.3760/cma.j.issn.1001-2036.1999.03.021. {QU Ming,YU Yongshan,XUE Lian. Experimental study and clinical application of allogeneic vascular transplantation[J]. Zhonghua Xian Wei Wai Ke Za Zhi[Chin J Microsurg(Article in Chinese;No abstract available)],1999,22(3):216. DOI:10.3760/cma.j.issn.1001-2036.1999.03.021.}

[25175] 蔡嫣娴，侯明钟. 应用异体手指及第二足趾移植一次手术再造三指[J]. 中国矫形外科杂志，1999，6(012)：60-61. {CAI Yenxian,Hou MING Zhong. Three fingers were reconstructed by allogeneic finger and second toe transplantation[J]. Zhongguo Jiao Xing Wai Ke Za Zhi[Orthop J Chin(Article in Chinese;No abstract available)],1999,6(012):60-61.}

[25176] 周建生，刘岗，胡汝麒，潘功平，刘振华，马强，肖玉周，周新社. 冷冻保存对带血管异体关节移植排斥反应的影响实验研究[J]. 中华显微外科杂志，2000，23(1)：52-54. DOI：10.3760/cma.j.issn.1001-2036.2000.01.019. {ZHOU Jiansheng,LIU Gang,HU Ruqi,PAN Gongping,LIU Zhenhua,MA Qiang,XIAO Yuzhou,ZHOU Xinshe. Experimental allotransplantation of cryopreserved vascularized rat knee-joint[J]. Zhonghua Xian Wei Wai Ke Za Zhi[Chin J Microsurg(Article in Chinese;Abstract in Chinese and English)],2000,23(1):52-54. DOI:10.3760/cma.j.issn.1001-2036.2000.01.019.}

[25177] 刘继中，王臻，胡蕴玉. 异体骨关节移植修复肢体大段骨缺损的术后并发症[J]. 中华外科杂志，2000，38(5)：332. DOI：10.3760/j：issn：0529-5815.2000.05.003. {LIU Jizhong,WANG Zhen,Hu Yunyu. Postoperative complications of repairing large bone defect in limb with allograft bone and joint[J]. Zhonghua Wai Ke Za Zhi[Chin J Surg(Article in Chinese;Abstract in Chinese and English)],2000,38(5):332. DOI:10.3760/j:issn:0529-5815.2000.05.003.}

[25178] 刘强，赵广民，陈君长. TGF-β1和bFGF应用于异体半关节移植的实验研究[J]. 中华创伤杂志，2000，16(7)：430-431. DOI：10.3760/j：issn：1001-8050.2000.07.019. {LIU Qiang,ZHAO Guangmin,CHEN Junchang. Experimental study on the application of TGF-β1 and bFGF in allogenic hemiarticular transplantation[J]. Zhonghua Chuang Shang Za Zhi[Chin J Trauma(Article in Chinese;Abstract in Chinese)],2000,16(7):430-431. DOI:10.3760/j:issn:1001-8050.2000.07.019.}

[25179] 陈振光，张发惠，刘经南，喻爱喜，张宗平，郑和平. 同种异体带血供肱骨移植的解剖学研究[J]. 中国临床解剖学杂志，2001，19(2)：123-124. DOI：10.3969/j.issn.1001-165X.2001.02.009. {CHEN Zhenguang,ZHANG Fahui,LIU Jingnan,YU Aixi,ZHANG Zongping,ZHENG Heping. Anatomic study of allogeneic vascular humeral transplantation[J]. Zhongguo Lin Chuang Jie Pou Xue Za Zhi[Chin J Clin Anat(Article in Chinese;Abstract in Chinese and English)],2001,19(2):123-124. DOI:10.3969/j.issn.1001-165X.2001.02.009.}

[25180] 陈振光，谭金海，张发惠，张宗平，刘经南，郑和平，陈秀清. 吻合血管同种异体桡骨下段移植的解剖学研究[J]. 中华显微外科杂志，2001，24(2)：133-134. DOI：10.3760/cma.j.issn.1001-2036.2001.02.019. {CHEN Zhenguang,TAN Jinhai,ZHANG Fahui,ZHANG Zongping,LIU Jingnan,ZHENG Heping,CHEN Xiuqing. Anatomical study of allogeneic radia l transplantation with anastomotic vessel[J]. Zhonghua Xian Wei Wai Ke Za Zhi[Chin J Microsurg(Article in Chinese;Abstract in Chinese and English)],2001,24(2):133-134. DOI:10.3760/cma.j.issn.1001-2036.2001.02.019.}

[25181] 张发惠，陈振光. 吻合血管同种异体肱骨远段移植的解剖学研究[J]. 中国矫形外科杂志，2001，8(11)：1113-1115. DOI：10.3969/j.issn.1005-8478.2001.11.023. {ZHANG Fahui,CHEN Zhenguang. Anatomical study of allogeneic humeral distal transposition with vessel[J]. Zhongguo Jiao Xing Wai Ke Za Zhi[Orthop J Chin(Article in Chinese;Abstract in Chinese and English)],2001,8(11):1113-1115. DOI:10.3969/j.issn.1005-8478.2001.11.023.}

[25182] 陈振光，张发惠，郑和平. 吻合血管同种异体骨移植的解剖学研究[J]. 中华实验外科杂志，2001，18(1)：69-71. DOI：10.3760/j.issn：1001-9030.2001.01.032. {CHEN Zhenguang,ZHANG Fahui,ZHENG Heping. Anatomic basis of vascularized allogeneic bone transplantation[J]. Zhonghua Shi Yan Wai Ke Za Zhi[Chin J Exp Surg(Article in Chinese;Abstract in Chinese and English)],2001,18(1):69-71. DOI:10.3760/j.issn:1001-9030.2001.01.032.}

[25183] 方成，陈振光，喻爱喜. 吻合血管同种异体骨移植进展[J]. 中华显微外科杂志，2002，25(3)：236-238. DOI：10.3760/cma.j.issn.1001-2036.2002.03.038. {FANG Cheng,CHEN Zhenguang,YU Aixi. Advances in vascular allograft transplantation[J]. Zhonghua Xian Wei Wai Ke Za Zhi[Chin J Microsurg(Article in Chinese;Abstract in Chinese)],2002,25(3):236-238. DOI:10.3760/cma.j.issn.1001-2036.2002.03.038.}

[25184] 侯明钟，黄燮青，贾万新，沈尊理，蔡燕娴，王岚，黄一雄，章开衡. 自体第二足趾与异体手指复合组织移植[J]. 中华显微外科杂志，2002，25(4)：255-257. DOI：10.3760/cma.j.issn.1001-2036.2002.04.005. {HOU Mingzhong,HUANG Xieqing,JIA Wanxin,SHEN Zunli,CAI Yanxian,WANG Lan,HUANG Yixiong,ZHANG Kaiheng. Combined transplantation using frozen allogenic composite tissues of finger and autogenous second toe[J]. Zhonghua Xian Wei Wai Ke Za Zhi[Chin J Microsurg(Article in Chinese;Abstract in Chinese and English)],2002,25(4):255-257. DOI:10.3760/cma.j.issn.1001-2036.2002.04.005.}

[25185] 赵鸿，孙晓青，丁强，张元芳. 异体移植中免疫耐受的研究进展[J]. 中华外科杂志，2002，40(4)：308-310. DOI：10.3760/j：issn：0529-5815.2002.04.022. {ZHAO Hong,SUN Xiaoqing,DING Qiang,ZHANG Yuanfang. Research progress of immune tolerance in allotransplantation[J]. Zhonghua Wai Ke Za Zhi[Chin J Surg(Article in Chinese;Abstract in Chinese and English)],2002,40(4):308-310. DOI:10.3760/j:issn:0529-5815.2002.04.022.}

[25186] 周勇刚，王岩，白新明，刘郑生，肖嵩华，刘保卫，卢世璧. 异体腓骨移植在脊髓型颈椎病治疗中的应用[J]. 中华外科杂志，2002，40(5)：363-365. DOI：10.3760/j：issn：0529-5815.2002.05.014. {ZHOU Yonggang,WANG Yan,BAI Xinming,LIU Zhengsheng,XIAO Songhua,LIU Baowei,LU Shibi. Allograft fibula in treatment of cervical spondylosis[J]. Zhonghua Wai Ke Za Zhi[Chin J Surg(Article in Chinese;Abstract in Chinese and English)],2002,40(5):363-365. DOI:10.3760/j:issn:0529-5815.2002.05.014.}

[25187] 解先宽，顾洁夫，蔡林. 吻合血管的同种异体骨关节移植的免疫反应[J]. 中国矫形外科杂志，2002，9(5)：491-493. DOI：10.3969/j.issn.1005-8478.2002.05.023. {XIE Xiankuan,GU Jiefu,CAI Lin. Immune response to vascular allograft bone and joint transplantation[J]. Zhongguo Jiao Xing Wai Ke Za Zhi[Orthop J Chin(Article in Chinese;Abstract in Chinese and English)],2002,9(5):491-493. DOI:10.3969/j.issn.1005-8478.2002.05.023.}

[25188] 解先宽，顾洁夫，蔡林. 深低温冷存的吻合血管同种异体长骨移植的实验研究[J]. 中国矫形外科杂志，2002，9(7)：678-681. DOI：10.3969/j.issn.1005-8478.2002.07.018. {XIE Xiankuan,GU Jiefu,CAI Lin. Experimental study of transplantation of cryopreserved vascularized long bone allograft[J]. Zhongguo Jiao Xing Wai Ke Za Zhi[Orthop J Chin(Article in Chinese;Abstract in Chinese and English)],2002,9(7):678-681. DOI:10.3969/j.issn.1005-8478.2002.07.018.}

[25189] 瞿玉兴，董天华，张志霖，何双华，项炜. 超低温冷冻保存后同种异体动脉移植的实验研究[J]. 中华手外科杂志，2002，18(2)：122-124. DOI：10.3760/cma.j.issn.1005-054X.2002.02.024. {QU Yuxing,DONG Tianhua,ZHANG Zhilin,HE Shuanghua,XIANG Wei. An experimental study of homologous artery transplantation after ultra deep cryopreservation[J]. Zhonghua Shou Wai Ke Za Zhi[Chin J Hand Surg(Article in Chinese;Abstract in Chinese and English)],2002,18(2):122-124. DOI:10.3760/cma.j.issn.1005-054X.2002.02.024.}

[25190] 贾万新，侯明钟，沈尊理，张兆峰. 冷冻异体手指骨与关节移植后长期的X线影像学表现[J]. 中华手外科杂志，2002，18(3)：159-161. DOI：10.3760/cma.j.issn.1005-054X.2002.03.014. {JIA Wanxin,HOU Mingzhong,SHEN Zunli,ZHANG Zhaofeng. The long-term roentgenographic demonstration after transplantation of allogenic frozen phalanx and joint at hand[J]. Zhonghua Shou Wai Ke Za Zhi[Chin J Hand Surg(Article in Chinese;Abstract in Chinese and English)],2002,18(3):159-161. DOI:10.3760/cma.j.issn.1005-054X.2002.03.014.}

[25191] 孟纯阳，安洪. 同种异体关节移植的现状[J]. 创伤外科杂志，2002，4(4)：253-255. DOI：10.3969/j.issn.1009-4237.2002.04.027. {MENG Chunyang,AN Hong. Actualities of joints allotransplantation[J]. Chuang Shang Wai Ke Za Zhi[J Traum Surg(Article in Chinese;Abstract in Chinese and English)],2002,4(4):253-255. DOI:10.3969/j.issn.1009-4237.2002.04.027.}

[25192] 沈尊理，侯明钟，陈勤，武文森，黄燮青，贾万新. 冷冻异体手指复合组织移植后的骨关节病变观察[J]. 实用手外科杂志，2002，16(4)：206-208. DOI：10.3969/j.issn.1671-2722.2002.04.006. {SHEN Zunli,HOU Mingzhong,CHEN Qin,WU Wensen,HUANG Xieqing,JIA Wanxin. Observations on osteoarthropathy of transplanting frozen composite finger allografts[J]. Shi Yong Shou Wai Ke Za Zhi[Chin J Pract Hand Surg(Article in Chinese;Abstract in Chinese and English)],2002,16(4):206-208. DOI:10.3969/j.issn.1671-2722.2002.04.006.}

[25193] 佟建秋，石炳毅，莫春柏，周文强，沈瑞雄. 口服抗原对同种异体移植免疫反应的影响[J]. 解放军医学杂志，2002，27(10)：855-857. DOI：10.3321/j.issn：0577-7402.2002.10.003. {TONG Jianqiu,SHI Bingyi,MO Chunbai,ZHOU Wenqiang,SHEN Ruixiong. Study on effects of oral administration of major histocompatibility antigens on alloimmune response[J]. Jie Fang Jun Yi Xue Za Zhi[Med J Chin PLA(Article in Chinese;Abstract in Chinese and English)],2002,27(10):855-857. DOI:10.3321/j.issn:0577-7402.2002.10.003.}

[25194] 刘岗，周建生，胡汝麒，潘功平，杨春. 输血对带血管异体关节移植后排斥反应影响的实验研究[J]. 中华显微外科杂志，2003，26(2)：133-134. DOI：10.3760/cma.j.issn.1001-2036.2003.02.018. {LIU Gang,ZHOU Jiansheng,HU Ruqi,PAN Gongping,Yang Chun. Experimental study on the effect of blood transfusion on the rejection of vascularized allogeneic joint transplantation[J]. Zhonghua Xian Wei Wai Ke Za Zhi[Chin J Microsurg(Article in Chinese;Abstract in Chinese)],2003,26(2):133-134. DOI:10.3760/cma.j.issn.1001-2036.2003.02.018.}

[25195] 方成，陈振光，喻爱喜，祝少博，杨玉华. 兔同种异体异位膝关节移植模型的建立[J]. 中华显微外科杂志，2003，26(3)：211-212. DOI：10.3760/cma.j.issn.1001-2036.2003.03.019. {FANG Cheng,CHEN Zhenguang,YU Aixi,ZHU Shaobo,YANG Yuhua. Establishment of allogeneic heterotopic knee joint transplantation model in rabbits[J]. Zhonghua Xian Wei Wai Ke Za Zhi[Chin J Microsurg(Article in Chinese;Abstract in Chinese and English)],2003,26(3):211-212. DOI:10.3760/cma.j.issn.1001-2036.2003.03.019.}

[25196] 陈志强，周路纲，李黎明. 直径2 mm以下同种异体血管移植的实验研究[J]. 中国矫形外科杂志，2003，11(14)：973-974. DOI：10.3969/j.issn.1005-8478.2003.14.013. {CHAN Zhiqiang,Zhou Lugang,Li Liming. Experimental study of the Homologous Transplantation of Vessels with Diameter Less Than 2 mm[J]. Zhongguo Jiao Xing Wai Ke Za Zhi[Orthop J Chin(Article in Chinese;Abstract in Chinese and English)],2003,11(14):973-974. DOI:10.3969/j.issn.1005-8478.2003.14.013.}

[25197] 张友乐，王澍寰，尹大庆，朱伟，胡琪，张云涛，王海华，高新生. 异体动脉移植临床应用的中远期随访[J]. 中华手外科杂志，2003，19(3)：184-185. DOI：10.3760/cma.j.issn.1005-054X.2003.03.027. {ZHANG Youle,WANG Shuhuan,YIN Daqing,ZHU Wei,HU Qi,ZHANG Yuntao,WANG Haihua,GAO Xinsheng. Intermediate and long term follow-up of clinical application of artery allografting[J]. Zhonghua Shou Wai Ke Za Zhi[Chin J Hand Surg(Article in Chinese;Abstract in Chinese and English)],2003,19(3):184-185. DOI:10.3760/cma.j.issn.1005-054X.2003.03.027.}

[25198] 侯明钟，黄燮青，贾万新，沈尊理，张兆锋. 冷冻异体手指复合组织移植的免疫耐受5例[J]. 中华创伤骨科杂志，2003，5(3)：176-178. DOI：10.3760/cma.j.issn.1671-7600.2003.03.006. {HOU Mingzhong,HUANG Xieqing,JIA Wanxin,SHEN Zunli,ZHANG Zhaofeng. The immune tolerance of frozen allogeneic composite tissue of finger in 5 cases[J]. Zhonghua Chuang Shang Gu Ke Za Zhi[Chin J Orthop Trauma(Article in Chinese;Abstract in Chinese and English)],2003,5(3):176-178. DOI:10.3760/cma.j.issn.1671-7600.2003.03.006.}

[25199] 姜会庆，胡心宝，李幼生，汪涌，李元新，王军，洪志坚，解伟光，陈一飞，黎介寿. 同种异体头皮、面颈部和双耳廓复合组织移植术[J]. 中华整形外科杂志，2003，19(6)：416-419. DOI：10.3760/j.issn：1009-4598.2003.06.006. {JIANG Huiqing,HU Xinbao,LI Yousheng,WANG Yong,LI Yuanxin,WANG Jun,HONG Zhijian,JIE Weiguang,CHEN Yifei,LI Jieshou. Allograft transplantation with compound tissue of two ears and skin of head and neck:a report of 1 case,China[J]. Zhonghua Zheng Xing Wai Ke Za Zhi[Chin J Plast Surg(Article in Chinese;Abstract in Chinese and English)],2003,19(6):416-419. DOI:10.3760/j.issn:1009-4598.2003.06.006.}

[25200] 曹川，李世荣，孙志成，王珍祥，吴军. 同种异体大鼠耳廓移植模型的建立及意义[J]. 局解手术学杂志，2003，12(3)：188-190. DOI：10.3969/j.issn.1672-5042.2003.03.006. {CAO Chuan,LI Shirong,SUN Zhicheng,WANG Zhenxiang,WU Jun. Rat auricle allograft model and its significance[J]. Ju Jie Shou Shu Xue Za Zhi[J Reg Anat Oper Surg(Article in Chinese;Abstract in Chinese and English)],2003,12(3):188-190. DOI:10.3969/j.issn.1672-5042.2003.03.006.}

[25201] 钟伟强，杨铁城，余林权，刘冠贤. 同种异体血管和人造血管移植制作动静脉内瘘的临床研究[J]. 中华显微外科杂志，2004，27(2)：149-151. DOI：10.3760/cma.j.issn.1001-2036.2004.02.032. {ZHONG Weiqiang,YANG Tiecheng,YU Linquan,LIU Guanxian. Clinical study of arteriovenous fistula made by allogeneic and artificial blood vessel transplantation[J]. Zhonghua Xian Wei Wai Ke Za Zhi[Chin J Microsurg(Article in Chinese;Abstract in Chinese)],2004,27(2):149-151. DOI:10.3760/cma.j.issn.1001-2036.2004.02.032.}

[25202] 徐中和，张光明，温世锋，苏为平，黄雪萍，杨运发，王建炜. 长段同种异体骨与自体活骨复合移植的实验研究[J]. 中华显微外科杂志，2004，27(3)：189-192. DOI：10.3760/cma.j.issn.1001-2036.2004.03.011. {XU Zhonghe,ZHANG Guangming,WEN Shifeng,SU Weiping,HUANG Xueping,Yang Yunfa,WANG Jianwei. Experimental study on the transplantation of massive allograft combined with vascularized fibulr autograft[J]. Zhonghua Xian Wei Wai Ke Za Zhi[Chin J Microsurg(Article in Chinese;Abstract in Chinese and English)],2004,27(3):189-192. DOI:10.3760/cma.j.issn.1001-2036.2004.03.011.}

[25203] 方成，陈振光，喻爱喜，祝少博，杨玉华. FK506和抗淋巴细胞血清诱导兔异体膝关

节移植耐受的实验研究[J]. 中华显微外科杂志，2004，27(3)：196-199. DOI: 10.3760/cma.j.issn.1001-2036.2004.03.013. {FANG Cheng,CHEN Zhenguang,YU Aixi,ZHU Shaobo,Yang Yuhua. Induction of tolerance to knee allografts in rabbits receiving FK506 and antilymphocyte serum[J]. Zhonghua Xian Wei Wai Ke Za Zhi[Chin J Microsurg(Article in Chinese;Abstract in Chinese and English)],2004,27(3):196-199. DOI:10.3760/cma.j.issn.1001-2036.2004.03.013.}

[25204] 张旭，杨延军，涂清华，谌丰，马立峰，余英剑，张子清. 大鼠同种异体动脉移植中CD4和CD8淋巴细胞数比值的变化及意义[J]. 中华手外科杂志，2004，20(2)：114-116. DOI: 10.3760/cma.j.issn.1005-054X.2004.02.019. {ZHANG Xu,YANG Yanjun,TU Qinghua,CHEN Feng,MA Lifeng,YU Yingjian,ZHANG Ziqing. Change and significance of CD4/CD8 in artery homografting in rats[J]. Zhonghua Shou Wai Ke Za Zhi[Chin J Hand Surg(Article in Chinese;Abstract in Chinese and English)],2004,20(2):114-116. DOI:10.3760/cma.j.issn.1005-054X.2004.02.019.}

[25205] 谢昀，陈振光，陶圣祥，郑晓晖，杨玉华，潘峰. 吻合血管同种异体骨移植后存活状况研究[J]. 中华显微外科杂志，2005，28(1)：38-40. DOI: 10.3760/cma.j.issn.1001-2036.2005.01.015. {XIE Yun,CHEN Zhenguang,TAO Shengxiang,ZHENG Xiaohui,YANG Yuhua,PAN Feng. Viability of donor bone after vascularized allograft bone transplantation[J]. Zhonghua Xian Wei Wai Ke Za Zhi[Chin J Microsurg(Article in Chinese;Abstract in Chinese and English)],2005,28(1):38-40. DOI:10.3760/cma.j.issn.1001-2036.2005.01.015.}

[25206] 温世锋，张光明，苏为平，黄雪萍，杨运发，钟波夫，徐中和. 自体与同种异体复合骨移植中腓骨肌袖自然转归的实验研究[J]. 中华显微外科杂志，2005，28(4)：334-336，插图4-5. DOI: 10.3760/cma.j.issn.1001-2036.2005.04.017. {WEN Shifeng,ZHANG Guangming,SU Weiping,HUANG Xueping,YANG Yunfa,ZHONG Bofu,XU Zhonghe. Experimental study on the cuff of muscle tissue of vascularized fibular autografts in the transplantation combined with massive allograft[J]. Zhonghua Xian Wei Wai Ke Za Zhi[Chin J Microsurg(Article in Chinese;Abstract in Chinese and English)],2005,28(4):334-336,insert 4-5. DOI:10.3760/cma.j.issn.1001-2036.2005.04.017.}

[25207] 左中男，李庆生，李斌，杜学亮，杜永军，徐路生. 应用异体骨及皮瓣移植修复小腿骨和皮肤缺损[J]. 中华显微外科杂志，2005，28(4)：353-354. DOI: 10.3760/cma.j.issn.1001-2036.2005.04.026. {ZUO Zhongnan,LI Qingsheng,LI Bin,DU Xueliang,DU Yongjun,XU Lusheng. Allogeneic bone and skin flap were used to repair the defect of lower leg bone and skin[J]. Zhonghua Xian Wei Wai Ke Za Zhi[Chin J Microsurg(Article in Chinese;Abstract in Chinese)],2005,28(4):353-354. DOI:10.3760/cma.j.issn.1001-2036.2005.04.026.}

[25208] 范恒华，张伯勋，梁向党，汪爱媛，赵斌，崔雪梅，胡益云，吴迪，周华，王岩. 脱细胞血管基质制备和异体移植的实验研究[J]. 中华外科杂志，2005，43(13)：870-874. DOI: 10.3760/j: issn: 0529-5815.2005.13.011. {FAN Henghua,ZHANG Boxun,LIANG Xiangdang,WANG Aiyuan,ZHAO Bin,CUI Xuemei,HU Yiyun,WU Di,ZHOU Hua,WANG Yan. Experimental study on preparation of decellularized artery vascular graft matrix and explantation of carotid artery allografts[J]. Zhonghua Wai Ke Za Zhi[Chin J Surg(Article in Chinese;Abstract in Chinese and English)],2005,43(13):870-874. DOI:10.3760/j:issn:0529-5815.2005.13.011.}

[25209] 魏民，张伯勋，余征，袁玫，黄靖香. 玻璃化法保存血管异体移植的免疫反应[J]. 中华实验外科杂志，2005，22(9)：1100-1102. DOI: 10.3760/j.issn: 1001-9030.2005.09.028. {WEI Min,ZHANG Boxun,YU Zheng,YUAN Mei,HUANG Jingxiang. Immunologic reaction of vitrified arterial allografts[J]. Zhonghua Shi Yan Wai Ke Za Zhi[Chin J Exp Surg(Article in Chinese;Abstract in Chinese and English)],2005,22(9):1100-1102. DOI:10.3760/j.issn:1001-9030.2005.09.028.}

[25210] 丁真奇，翟文亮，康两期，程斌，郭志民，陈志伸. 异体脱脂骨板加自体腓骨移植治疗前臂节段性骨缺损[J]. 中华创伤杂志，2005，21(8)：575-577. DOI: 10.3760/j: issn: 1001-8050.2005.08.005. {DING Zhenqi,DI Wenliang,KANG Liangqi,CHENG Bin,GUO Zhimin,CHEN Zhishen. Reconstruction of segmental forearm bone defects by using allogeneic defatted bone plate plus autogenous fibula transplantation[J]. Zhonghua Chuang Shang Za Zhi[Chin J Trauma(Article in Chinese;Abstract in Chinese and English)],2005,21(8):575-577. DOI:10.3760/j:issn:1001-8050.2005.08.005.}

[25211] 谢昀，陈振光，陶圣祥，郑晓晖，杨玉华. 吻合血管同种异体骨移植术后微嵌合现象的研究[J]. 中华创伤杂志，2005，21(8)：621-624. DOI: 10.3760/j: issn: 1001-8050.2005.08.017. {XIE Yun,CHEN Zhenguang,TAO Shengxiang,ZHENG Xiaohui,YANG Yuhua. Microchimerism in recipients after vascularized allogratf bone transplantation[J]. Zhonghua Chuang Shang Za Zhi[Chin J Trauma(Article in Chinese;Abstract in Chinese and English)],2005,21(8):621-624. DOI:10.3760/j:issn:1001-8050.2005.08.017.}

[25212] 沈尊理，贾万新，张兆锋，黄一雄，钱鋆，沈华，王永春，章开衡，侯明钟. 复合自体骨髓的冷冻异体犬足趾关节移植实验研究[J]. 中国修复重建外科杂志，2006，20(1)：69-72. {SHEN Zunli,JIA Wanxin,ZHANG Zhaofeng,HUANG Yixiong,QIAN 鋆,SHEN Hua,WANG Yongchun,ZHANG Kaiheng,HOU Mingzhong. An experimental study on transplantation of frozen canine phalangeal joint allografts incorporated with autogenic bone marrow[J]. Zhongguo Xiu Fu Chong Jian Wai Ke Za Zhi[Chin J Repair Reconstr Surg(Article in Chinese;Abstract in Chinese and English)],2006,20(1):69-72.}

[25213] 陈振光，祝少博，郑晓晖. 带血管同种异体骨移植研究进展[J]. 中华显微外科杂志，2007，30(4)：249-253. DOI: 10.3760/cma.j.issn.1001-2036.2007.04.008. {CHEN Zhenguang,ZHU Shaobo,ZHENG Xiaohui. Advances in research on vascularized allograft bone transplantation[J]. Zhonghua Xian Wei Wai Ke Za Zhi[Chin J Microsurg(Article in Chinese;Abstract in Chinese)],2007,30(4):249-253. DOI:10.3760/cma.j.issn.1001-2036.2007.04.008.}

[25214] 张小宁，陈道中，郑宇辉，梁建钢，杨焕星，林小文. 大鼠同种异体移植血管病变模型的建立[J]. 中华实验外科杂志，2007，24(11)：1439. DOI: 10.3760/j.issn: 1001-9030.2007.11.065. {ZHANG Xiaoning,CHEN Daozhong,ZHENG Yuhui,LIANG Jiangang,YANG Huanxing,LIN Xiaowen. Establishment of a rat model of vascular allograft[J]. Zhonghua Shi Yan Wai Ke Za Zhi[Chin J Exp Surg(Article in Chinese;No abstract available)],2007,24(11):1439. DOI:10.3760/j.issn:1001-9030.2007.11.065.}

[25215] 刘明辉，贾继峰，侯占江，周昌伟. 异体关节移植治疗创伤性关节毁损的临床效果[J]. 中国修复重建外科杂志，2007，21(8)：797-800. {LIU Minghui,JIA Jifeng,HOU Zhanjiang,ZHOU Changwei. Clinical observation of traumatically-damaged joint after its repair with transplantation of allogenic joint[J]. Zhongguo Xiu Fu Chong Jian Wai Ke Za Zhi[Chin J Repair Reconstr Surg(Article in Chinese;Abstract in Chinese and English)],2007,21(8):797-800.}

[25216] 谢昀，陈振光，郑晓晖. 吻合血管同种异体骨移植动物模型的建立[J]. 中国临床解剖学杂志，2008，26(6)：659-662. DOI: 10.3969/j.issn.1001-165X.2008.06.019. {XIE Yun,CHEN Zhenguang,ZHENG Xiaohui. Animal model building of vascularized allograft bone transplantation[J]. Zhongguo Lin Chuang Jie Pou Xue Za Zhi[Chin J Clin Anat(Article in Chinese;Abstract in Chinese and English)],2008,26(6):659-662. DOI:10.3969/j.issn.1001-165X.2008.06.019.}

[25217] 陶圣祥，陈振光，谢昀，郑晓晖，杨玉华. 吻合血管的同种异体骨移植后移植物再血管化的研究[J]. 中华显微外科杂志，2008，31(2)：119-121，插7. DOI: 10.3760/cma.j.issn.1001-2036.2008.02.014. {Tao Shengxiang,CHEN Zhenguang,XIE Yun,ZHENG Xiaohui,YANG Yuhua. An experimental study on revascularization after vascularized bone allograft[J]. Zhonghua Xian Wei Wai Ke Za Zhi[Chin J Microsurg(Article in Chinese;Abstract in Chinese and English)],2008,31(2):119-121,insert 7. DOI:10.3760/cma.j.issn.1001-2036.2008.02.014.}

[25218] 郑宁刚，刘兴炎，陈克明，白孟海，葛宝丰，张宇，王建，邓刚. 不同长度经冷冻、冻干及辐照的同种异体动脉移植实验研究[J]. 中华显微外科杂志，2009，32(1)：53-54. DOI: 10.3760/cma.j.issn.1001-2036.2009.01.023. {ZHENG Ninggang,LIU Xingyan,CHEN Keming,BAI Menghai,GE Baofeng,ZHANG Yu,WANG Jian,DENG Gang. Experimental study on allogeneic artery transplantation with different length by freezing,freeze-drying and irradiation[J]. Zhonghua Xian Wei Wai Ke Za Zhi[Chin J Microsurg(Article in Chinese;Abstract in Chinese)],2009,32(1):53-54. DOI:10.3760/cma.j.issn.1001-2036.2009.01.023.}

[25219] 黄东，牟勇，吴伟炽，张惠茹. 吻合血管腓骨皮瓣组合异体骨移植修复下肢软组织伴大段骨缺损[J]. 中华显微外科杂志，2009，32(4)：327-329. DOI: 10.3760/cma.j.issn.1001-2036.2009.04.031. {HUANG Dong,MOU Yong,WU Weichi,ZHANG Huiru. Repair of lower extremity soft tissue with large bone defect by allogeneic bone transplantation combined with fibular flap anastomosed with blood vessel[J]. Zhonghua Xian Wei Wai Ke Za Zhi[Chin J Microsurg(Article in Chinese;Abstract in Chinese)],2009,32(4):327-329. DOI:10.3760/cma.j.issn.1001-2036.2009.04.031.}

[25220] 孟庆刚，孙丕云，岳伟杰，胡成乙，王立群. 胸腺修饰诱导同种异体静脉移植的免疫耐受研究[J]. 中华实验外科杂志，2009，26(7)：895-897. DOI: 10.3760/cma.j.issn.1001-9030.2009.07.028. {MENG Qinggang,SUN Piyun,YUE Weijie,HU Chengyi,WANG Liqun. Inducing transplantation immune tolerance to rats vein by intrathymic injection of allogenic antigen[J]. Zhonghua Shi Yan Wai Ke Za Zhi[Chin J Exp Surg(Article in Chinese;Abstract in Chinese and English)],2009,26(7):895-897. DOI:10.3760/cma.j.issn.1001-9030.2009.07.028.}

[25221] 廖贵清，李清，苏宇雄，刘海潮，李金，李传真，王勤. 犬半舌同种异体移植动物模型的建立[J]. 中国口腔颌面外科杂志，2009，7(1)：54-58. {LIAO Guiqing,LI Qing,SU Yuxiong,LIU Haichao,LI Jin,LI Chuanzhen,WANG Qin. Establishment of canine model of hemitongue allotransplantation[J]. Zhongguo Kou Qiang He Mian Wai Ke Za Zhi[Chin J Oral Maxillofac Surg(Article in Chinese;Abstract in Chinese and English)],2009,7(1):54-58.}

[25222] 陈敏，林佳俊，刘文革，莫家栋，林明锋. 深低温冷冻技术对带血管同种异体骨移植抗原性作用的实验研究[J]. 中国矫形外科杂志，2010，18(4)：324-326. {CHEN Min,LIN Jiajun,LIU Wenge,MO Jiadong,LIN Mingfeng. An experimental study on the effect of cryopreservation on vascularized bone allotransplantation[J]. Zhongguo Jiao Xing Wai Ke Za Zhi[Orthop J Chin(Article in Chinese;Abstract in Chinese and English)],2010,18(4):324-326.}

[25223] 林李嵩，黄立，连晓妹，郭海晓，王铁生，倪成亮. 兔同种异体颜面复合软组织瓣移植及组织瓣再血管化的研究[J]. 中国口腔颌面外科杂志，2010，8(6)：536-541. {LIN Lisong,HUANG Li,LIAN Xiaomei,GUO Haixiao,WANG Tiesheng,NI Chengliang. Composite tissue allotransplantation and revascularization of the flap composite in rabbits[J]. Zhongguo Kou Qiang He Mian Wai Ke Za Zhi[Chin J Oral Maxillofac Surg(Article in Chinese;Abstract in Chinese and English)],2010,8(6):536-541.}

[25224] 张大伟，田清业，刘光军，刘雪涛，王谦，杨磊. 骨膜瓣复合异体骨移植修复大段骨缺损[J]. 组织工程与重建外科杂志，2012，8(1)：26-31. DOI: 10.3969/j.issn.1673-0364.2012.01.007. {ZHANG Dawei,TIAN Qingye,LIU Guangjun,LIU Xuetao,WANG Qian,YANG Lei. Bone allograft embedded by vascularized periosteum flap for the reconstruction of segmental bone defect[J]. Zu Zhi Gong Cheng Yu Chong Jian Wai Ke Za Zhi[J Tissue Eng Reconstr Surg(Article in Chinese;Abstract in Chinese and English)],2012,8(1):26-31. DOI:10.3969/j.issn.1673-0364.2012.01.007.}

[25225] 何建平. 深低温处理在同种异体移植中对组织免疫源性研究进展[J]. 中国矫形外科杂志，2013，21(9)：900-902. DOI: 10.3977/j.issn.1005-8478.2013.09.11. {HE Jianping. Research progress of deep hypothermia treatment on tissue immunogenicity in allotransplantation[J]. Zhongguo Jiao Xing Wai Ke Za Zhi[Orthop J Chin(Article in Chinese;No abstract available)],2013,21(9):900-902. DOI:10.3977/j.issn.1005-8478.2013.09.11.}

[25226] 张友乐，李祥，邓久征. 同种异体指关节移植的基础研究与临床应用[J]. 实用手外科杂志，2013，27(1)：3-9. DOI: 10.3969/j.issn.1671-2722.2013.01.001. {ZHANG Youle,LI Xiang,DENG Jiuzheng. The study of experiment and clinical application of allogeneic joint grafting in hand surgery[J]. Shi Yong Shou Wai Ke Za Zhi[Chin J Pract Hand Surg(Article in Chinese;Abstract in Chinese and English)],2013,27(1):3-9. DOI:10.3969/j.issn.1671-2722.2013.01.001.}

[25227] 官建中，周建生，周新社，牛国旗，吴敏，张长春，王志岩，高许斌，肖玉周. 冷冻保存带血管同种异体骨移植在儿童及青少年骨肉瘤保肢手术中的应用[J]. 中国修复重建外科杂志，2015，29(10)：1189-1193. DOI: 10.7507/1002-1892.20150259. {GUAN Jianzhong,ZHOU Jiansheng,ZHOU Xinshe,NIU Guoqi,WU Min,ZHANG Changchun,WANG Zhiyan,GAO Xubin,XIAO Yuzhou. Allotransplantation of cryopreservated vascularized bone in limb salvage surgery for children and adolescents with osteosarcoma[J]. Zhongguo Xiu Fu Chong Jian Wai Ke Za Zhi[Chin J Repair Reconstr Surg(Article in Chinese;Abstract in Chinese and English)],2015,29(10):1189-1193. DOI:10.7507/1002-1892.20150259.}

[25228] 巫文强，凌素舫，杨瑛艳，王旭东，宋付芳，王文刚. 游离肱骨皮瓣结合同种异体骨移植修复手部组织缺损[J]. 中华显微外科杂志，2016，39(1)：89-91. DOI: 10.3760/cma.j.issn.1001-2036.2016.01.027. {WU Wenqiang,LING Sufang,YANG Yingyan,WANG Xudong,SONG Fufang,WANG Wengang. Free humerus flap combined with allograft to repair tissue defect of hand[J]. Zhonghua Xian Wei Wai Ke Za Zhi[Chin J Microsurg(Article in Chinese;Abstract in Chinese)],2016,39(1):89-91. DOI:10.3760/cma.j.issn.1001-2036.2016.01.027.}

[25229] 刘祥厦，许扬滨，Xu Xiaolu. 颜面部同种异体复合组织移植术十年回顾与展望[J]. 中华显微外科杂志，2016，39(4)：318-323. DOI: 10.3760/cma.j.issn.1001-2036.2016.04.002. {LIU Xiangxia,XU Yangbin,XU Xiaolu. Review and prospect of 10 years of facial allograft composite tissue transplantation[J]. Zhonghua Xian Wei Wai Ke Za Zhi[Chin J Microsurg(Article in Chinese;Abstract in Chinese)],2016,39(4):318-323. DOI:10.3760/cma.j.issn.1001-2036.2016.04.002.}

[25230] 刘斌，李亮，王春梅，李俊琴，张大伟，姬传磊，赵广跃，邹继伟，臧成五. FK506联合供体骨髓移植诱导猪同种异体复合组织移植免疫耐受的组织病理学研究[J]. 中华创伤骨科杂志，2016，18(4)：329-335. DOI: 10.3760/cma.j.issn.1671-7600.2016.04.010. {LIU Bin,LI Liang,WANG Chunmei,LI Junqin,ZHANG Dawei,JI Chuanlei,ZHAO Guangyue,ZOU Jiwei,ZANG Chengwu. Histopathological study of immune tolerance of vascularized osteomyocutaneous composite allotransplantation induced with FK506 and allo-bone marrow transplantation in a swine model[J]. Zhonghua Chuang Shang Gu Ke Za Zhi[Chin J Orthop Trauma(Article in Chinese;Abstract in Chinese and English)],2016,18(4):329-335. DOI:10.3760/cma.j.issn.1671-7600.2016.04.010.}

[25231] 胡蓉，黄悦，李红，苏敏. 小鼠同种异体造血干细胞移植后急性移植物抗宿主病模型的构建[J]. 局解手术学杂志，2016，25(8)：547-550，551. DOI: 10.11659/jjssx.07E016007. {HU Rong,HUANG Yue,LI Hong,SU Min. Establishment of murine animal model for acute graft-versus-host disease after allogeneic hematopoietic stem cell transplantation[J]. Ju Jie Shou Shu Xue Za Zhi[J Reg Anat Oper Surg(Article in Chinese;Abstract in Chinese and English)],2016,25(8):547-550,551. DOI:10.11659/jjssx.07E016007.}

[25232] 马恬，韩岩. 间充质干细胞在同种异体复合组织移植中的免疫调节作用[J]. 中华医学杂志，2016，96(14)：1150-1152. DOI: 10.3760/cma.j.issn.0376-2491.2016.14.020. {MA Tian,HAN Yan. Immune regulation of mesenchymal stem cells in allogeneic composite tissue transplantation[J]. Zhonghua Yi Xue Za Zhi[Natl Med J China(Article in Chinese;No abstract available)],2016,96(14):1150-1152. DOI:10.3760/cma.j.issn.0376-2491.2016.14.020.}

[25233] 卿黎明，符劲飞，唐举玉，吴攀峰，周征兵，俞芳. 大鼠带血管同种异体膝关节移植模型的建立[J]. 中华实验外科杂志，2017，34(11)：1985-1988. DOI: 10.3760/cma.j.issn.1001-9030.2017.11.054. {QING Liming,FU Jinfei,TANG Juyu,WU

Panfeng,ZHOU Zhengbing,YU Fang. A vascularized knee allotransplantation model in the rats[J]. Zhonghua Shi Yan Wai Ke Za Zhi[Chin J Exp Surg(Article in Chinese;Abstract in Chinese and English)],2017,34(11):1985-1988. DOI:10.3760/cma.j.issn.1001-9030.2017.11.054.}

[25234] 余方正，温新，丁伟力，朱君毅，杜胜虎，张怀保，卓高豹，王健. 新合成查尔酮类衍生物对大鼠同种异体移植术后急性排斥反应阶段 CD4+/CD8+T 细胞比值的影响 [J]. 中华手外科杂志，2017，33（3）：217-220. DOI：10.3760/cma.j.issn.1005-054X.2017.03.023. {YU Fangzheng,WEN Xin,DING Weili,ZHU Junyi,DU Shenghu,ZHANG Huaibao,ZHUO Gaobao,WANG Jian. Influence of the new synthesis of chalcones derivative L6H21 on CD4+/CD8+T cell ratio at acute rejection stage following rat limb allograft[J]. Zhonghua Shou Wai Ke Za Zhi[Chin J Hand Surg(Article in Chinese;Abstract in Chinese and English)],2017,33(3):217-220. DOI:10.3760/cma.j.issn.1005-054X.2017.03.023.}

[25235] 姬传磊，樊俊俊，胡晓帆，刘斌，朱皓东，李焕章，裴国献，王臻，李靖. β-磷酸三钙对同种异体骨与带血管自体腓骨嵌套式复合骨移植修复大段骨缺损疗效的影响 [J]. 中华创伤骨科杂志，2017，19（1）：75-80. DOI：10.3760/cma.j.issn.1671-7600.2017.01.013. {JI Chuanlei,FAN Junjun,HU Xiaofan,LIU Bin,ZHU Haodong,LI Huanzhang,PEI Guoxian,WANG Zhen,LI Jing. Influence of β-calcium phosphate on repair of large bone defects using nested composite bone graft of allogeneic bone and vascular autograft bone[J]. Zhonghua Chuang Shang Gu Ke Za Zhi[Chin J Orthop Trauma(Article in Chinese;Abstract in Chinese and English)],2017,19(1):75-80. DOI:10.3760/cma.j.issn.1671-7600.2017.01.013.}

[25236] 王尹民，王秀侠，刘菲，杨军. 脂肪干细胞在同种异体复合组织移植中的作用及其临床应用展望 [J]. 组织工程与重建外科杂志，2018，14（2）：97-100. DOI：10.3969/j.issn.1673-0364.2018.02.010. {WANG Yinmin,WANG Xiuxia,LIU Fei,YANG Jun. Effectiveness and clinical perspectives of adipose derived stem cell based therapy in vascularized composite allotransplantation[J]. Zu Zhi Gong Cheng Yu Chong Jian Wai Ke Za Zhi[J Tissue Eng Reconstr Surg(Article in Chinese;Abstract in Chinese and English)],2018,14(2):97-100. DOI:10.3969/j.issn.1673-0364.2018.02.010.}

[25237] 芦笛. 异体复合组织移植动物模型的选择 [J]. 中华显微外科杂志，2019，42（3）：312，后插1-3. DOI：10.3760/cma.j.issn.1001-2036.2019.03.032. {LU Di. Selection of animal models of allogeneic composite tissue transplantation[J]. Zhonghua Xian Wei Wai Ke Za Zhi[Chin J Microsurg(Article in Chinese;Abstract in Chinese)],2019,42(3):312,insert 1-3. DOI:10.3760/cma.j.issn.1001-2036.2019.03.032.}

[25238] 姬涛，邢志利，汤小东，杨荣利，郭卫. 游离带血管腓骨移植联合 POP 固定治疗股骨干肿瘤切除后大段异体骨重建术后骨端不愈合 [J]. 中国骨与关节杂志，2020，9（5）：324-328. DOI：10.3969/j.issn.2095-252X.2020.05.002. {JI Tao,XING Zhili,TANG Xiaodong,YANG Rongli,GUO Wei. Vascularized fibular graft combined with parallel opposed plating(POP) in the treatment of non-union after large segment intercalary allograft reconstruction following primary bone tumor removal[J]. Zhongguo Gu Yu Guan Jie Za Zhi[Chin J Bone Joint(Article in Chinese;Abstract in Chinese and English)],2020,9(5):324-328. DOI:10.3969/j.issn.2095-252X.2020.05.002.}

9.4 数字化显微外科
digital microsurgery

[25239] Wang LY,Du HM,Zhang G,Tang W,Liu L,Jing W,Long J. The application of digital surgical diagnosis and treatment technology:a promising strategy for surgical reconstruction of craniomaxillofacial defect and deformity[J]. Med Hypotheses,2011,77(6):1004-1005. doi:10.1016/j.mehy.2011.08.034.

[25240] 钟世镇，原林，黄文华. 数字化虚拟人体为临床解剖学开拓研究新领域 [J]. 中国临床解剖学杂志，2002，20（1）：3-4. DOI：10.3969/j.issn.1001-165X.2002.01.001. {ZHONG Shizhen,YUAN Lin,HUANG Wenhua. Supposifioal digit human being expand new study area for clinical anatomy[J]. Zhongguo Lin Chuang Jie Pou Xue Za Zhi[Chin J Clin Anat(Article in Chinese;Abstract in Chinese and English)],2002,20(1):3-4. DOI:10.3969/j.issn.1001-165X.2002.01.001.}

[25241] 原林，戴景兴，唐雷，王兴海，黄文华，钟世镇. 数字化人体标本的遴选 [J]. 中国临床解剖学杂志，2002，20(5)：334-335. DOI：10.3969/j.issn.1001-165X.2002.05.006. {YUAN Lin,DAI Jingxing,TANG Lei,WANG Xinghai,HUANG Wenhua,ZHONG Shizhen. Selecting specimen for digitized Virtual Chinese Human[J]. Zhongguo Lin Chuang Jie Pou Xue Za Zhi[Chin J Clin Anat(Article in Chinese;Abstract in Chinese and English)],2002,20(5):334-335. DOI:10.3969/j.issn.1001-165X.2002.05.006.}

[25242] 樊继宏，赵卫东，黄文华，吴玉鹏，唐雷，原林，钟世镇. 数字化人体表面三维重建及显示的有关问题 [J]. 中国临床解剖学杂志，2002，20（5）：338-340. DOI：10.3969/j.issn.1001-165X.2002.05.008. {FAN Jihong,ZHAO Weidong,HUANG Wenhua,WU Yupeng,TANG Lei,YUAN Lin,ZHONG Shizhen. Several problems about 3D surface reconstruction and display of digital human[J]. Zhongguo Lin Chuang Jie Pou Xue Za Zhi[Chin J Clin Anat(Article in Chinese;Abstract in Chinese and English)],2002,20(5):338-340. DOI:10.3969/j.issn.1001-165X.2002.05.008.}

[25243] 张绍祥，刘正津，谭立文，邱明国，李七渝，李恺，崔高宇，郭燕丽，杨晓萍，张伟国，陈现红，陈金华，丁仕义，陈伟，陆明，游箭，许忠信，王欲甦，邓俊辉，唐泽圣. 首例中国数字化可视人体完成 [J]. 第三军医大学学报，2002，24（10）：1231-1232. DOI：10.3321/j.issn：1000-5404.2002.10.033. {ZHANG Shaoxiang,LIU Zhengjin,TAN Liwen,QIU Mingguo,LI Qiyu,LI Kai,CUI Gaoyu,GUO Yanli,YANG Xiaoping,ZHANG Weiguo,CHEN Xianhong,CHEN Jinhua,DING Shiyi,CHEN Wei,LU Ming,YOU Jian,XU Zhongxin,WANG Yusu,DENG Junhui,TANG Zesheng. Number one of Chinese digitized visible human completed[J]. Di San Jun Yi Da Xue Xue Bao[Acta Acad Med Mil Tert(Article in Chinese;Abstract in Chinese and English)],2002,24(10):1231-1232. DOI:10.3321/j.issn:1000-5404.2002.10.033.}

[25244] 原林，黄文华，唐雷，戴景兴，李鉴轶，吴涛，刘畅，樊继宏，张美超，韩耀萱，罗述谦，李华，田捷，钟世镇. 数字化虚拟中国人女性一号数据图像处理 [J]. 中国临床解剖学杂志，2003，21(3)：193-196. DOI：10.3969/j.issn.1001-165X.2003.03.001. {YUAN Lin,HUANG Wenhua,TANG Lei,DAI Jingxing,LI Jianyi,WU Tao,LIU Chang,FAN Jihong,ZHANG Meichao,HAN Yaoxuan,LUO Shuqian,LI Hua,TIAN Jie,ZHONG Shizhen. Image processing in treatment of digitized virtual Chinese No. 1 female[J]. Zhongguo Lin Chuang Jie Pou Xue Za Zhi[Chin J Clin Anat(Article in Chinese;Abstract in Chinese and English)],2003,21(3):193-196. DOI:10.3969/j.issn.1001-165X.2003.03.001.}

[25245] 江海洪，罗长坤. 首套中国数字化可视人体数据集在第三军医大学研制成功 [J]. 中华医学杂志，2003，83(9)：761. DOI：10.3760/j：issn：0376-2491.2003.09.031. {JIANG Haihong,LUO Changkun. China's first digital visual human dataset has been successfully developed at the Third Military Medical University[J]. Zhonghua Yi Xue Za Zhi[Natl Med J China(Article in Chinese;No abstract available)],2003,83(9):761. DOI:10.3760/j:issn:0376-2491.2003.09.031.}

[25246] 钟世镇. 数字化虚拟人体的科学意义及应用前景 [J]. 第一军医大学学报，2003，23（3）：193-195. DOI：10.3321/j.issn：1673-4254.2003.03.001. {ZHONG Shizhen. Scientific significance and prospective application of digitized virtual human[J]. Di Yi Jun Yi Da Xue Xue Bao[J First Mil Med Univ(Article in Chinese;Abstract in Chinese and English)],2003,23(3):193-195. DOI:10.3321/j.issn:1673-4254.2003.03.001.}

[25247] 钟世镇，原林，唐雷，黄文华，戴景兴，李鉴轶，刘畅，王兴海，洪辉文，李华，罗述谦，秦笃烈，曾绍群，吴涛，张美超，吴坤成，焦培峰，陆云涛，陈浩，李培良，郜元，王彤，樊继宏. 数字化虚拟中国人女性一号（VCH-F1）实验数据集研究报告 [J]. 第一军医大学学报，2003，23（3）：196-200，209. DOI：10.3321/j.issn：1673-4254.2003.03.002. {ZHONG Shizhen,YUAN Lin,TANG Lei,HUANG Wenhua,DAI Jingxing,LI Jianyi,LIU Chang,WANG Xinghai,HONG Huiwen,LI Hua,LUO Shuqian,QIN Dulie,ZENG Shaoqun,WU Tao,ZHANG Meichao,WU Kuncheng,JIAO Peifeng,LU Yuntao,CHEN Hao,LI Peiliang,GAO Yuan,WANG Tong,FAN Jihong. Research report of experimental database establishment of digitized virtual Chinese No.1 female[J]. Di Yi Jun Yi Da Xue Xue Bao[J First Mil Med Univ(Article in Chinese;Abstract in Chinese and English)],2003,23(3):196-200,209. DOI:10.3321/j.issn:1673-4254.2003.03.002.}

[25248] 钟世镇，原林. 数字化虚拟人体数据获取的现状和对策 [J]. 第一军医大学学报，2003，23（6）：517-519. DOI：10.3321/j.issn：1673-4254.2003.06.001. {ZHONG Shizhen,YUAN Lin. Current problems in the data acquisition of digitized virtual human and the countermeasures[J]. Di Yi Jun Yi Da Xue Xue Bao[J First Mil Med Univ(Article in Chinese;Abstract in Chinese and English)],2003,23(6):517-519. DOI:10.3321/j.issn:1673-4254.2003.06.001.}

[25249] 钟世镇. 数字化虚拟人体研究现状和展望 [J]. 解放军医学杂志，2003，28（5）：385-388. DOI：10.3321/j.issn：0577-7402.2003.05.003. {ZHONG Shizhen. Actualities and prospects of research on digitized virtual human[J]. Jie Fang Jun Yi Xue Za Zhi[Med J Chin PLA(Article in Chinese;Abstract in Chinese and English)],2003,28(5):385-388. DOI:10.3321/j.issn:0577-7402.2003.05.003.}

[25250] 白桂有，杨博贵，张正治. 数字化虚拟人体在医学上的应用进展 [J]. 中国临床解剖学杂志，2006，24（6）：705-706. DOI：10.3969/j.issn.1001-165X.2006.06.032. {BAI Guiyou,YANG Bogui,ZHANG Zhengzhi. Applied progress of digitized virtual human in medicine[J]. Zhongguo Lin Chuang Jie Pou Xue Za Zhi[Chin J Clin Anat(Article in Chinese;Abstract in Chinese and English)],2006,24(6):705-706. DOI:10.3969/j.issn.1001-165X.2006.06.032.}

[25251] 齐向东，李勤，秦建增，钟世镇. 医学数字化在显微外科领域的应用探讨 [J]. 中华显微外科杂志，2006，29（5）：373-374. DOI：10.3760/cma.j.issn.1001-2036.2006.05.019. {QI Xiangdong,LI Qin,QIN Jianzeng,ZHONG Shizhen. Application of medical digitalization in microsurgery[J]. Zhonghua Xian Wei Wai Ke Za Zhi[Chin J Microsurg(Article in Chinese;Abstract in Chinese)],2006,29(5):373-374. DOI:10.3760/cma.j.issn.1001-2036.2006.05.019.}

[25252] 张元智，李严兵，唐茂林，裴国献. 数字化与虚拟现实技术在皮瓣移植中的应用 [J]. 中华创伤骨科杂志，2006，8（6）：501-504. DOI：10.3760/cma.j.issn.1671-7600.2006.06.001. {ZHANG Yuanzhi,LI Yanbing,TANG Maolin,PEI Guoxian. Application of digitalization and virtual reality in transplantation with anterolateral thigh flap[J]. Zhonghua Chuang Shang Gu Ke Za Zhi[Chin J Orthop Trauma(Article in Chinese;Abstract in Chinese and English)],2006,8(6):501-504. DOI:10.3760/cma.j.issn.1671-7600.2006.06.001.}

[25253] 张元智，李严兵，金丹，黎健伟，陈昊昊，李旭，裴国献. 数字化虚拟可视技术在骨科的初步应用研究 [J]. 中华创伤骨科杂志，2007，9（4）：331-335. DOI：10.3760/cma.j.issn.1671-7600.2007.04.010. {ZHANG Yuanzhi,LI Yanbing,JIN Dan,LI Jianwei,CHEN Jionghao,LI Xu,PEI Guoxian. Application of digitalized visualization technique in orthopaedics[J]. Zhonghua Chuang Shang Gu Ke Za Zhi[Chin J Orthop Trauma(Article in Chinese;Abstract in Chinese and English)],2007,9(4):331-335. DOI:10.3760/cma.j.issn.1671-7600.2007.04.010.}

[25254] 张元智，李严兵，金丹，江奕恒，陆声，唐茂林，徐达传，裴国献. 数字化三维重建技术在股前外侧皮瓣血供及其可视化中的应用 [J]. 中华创伤骨科杂志，2007，9（7）：650-653. DOI：10.3760/cma.j.issn.1671-7600.2007.07.015. {ZHANG Yuanzhi,LI Yanbing,JIN Dan,JIANG Yiheng,LU Sheng,TANG Maolin,XU Dachuan,PEI Guoxian. Three-dimensional reconstructive methods used in the visualization of anterolateral thigh flaps[J]. Zhonghua Chuang Shang Gu Ke Za Zhi[Chin J Orthop Trauma(Article in Chinese;Abstract in Chinese and English)],2007,9(7):650-653. DOI:10.3760/cma.j.issn.1671-7600.2007.07.015.}

[25255] 国冬军，潘博，郭万厚，庄洪兴，蒋海越. 先天性小耳畸形数字化三维耳廓模型的构建 [J]. 中华整形外科杂志，2007，23（4）：344. DOI：10.3760/j.issn：1009-4598.2007.04.023. {GUO Dongjun,PAN Bo,GUO Wanhou,ZHUANG Hongxing,JIANG Haiyue. Construction of digital three-dimensional auricle model of congenital microtia[J]. Zhonghua Zheng Xing Wai Ke Za Zhi[Chin J Plast Surg(Article in Chinese;No abstract available)],2007,23(4):344. DOI:10.3760/j.issn:1009-4598.2007.04.023.}

[25256] 陈华，李世荣，齐向东，覃霞，毋巨龙，曹川. 成人阴茎的三维数字化图像分析 [J]. 中华整形外科杂志，2007，23(4)：300-303. DOI：10.3760/j.issn：1009-4598.2007.04.010. {CHEN Hua,LI Shirong,QI Xiangdong,QIN Xia,WU Julong,CAO Chuan. Analysis of the adult penis 3D digitized image[J]. Zhonghua Zheng Xing Wai Ke Za Zhi[Chin J Plast Surg(Article in Chinese;Abstract in Chinese and English)],2007,23(4):300-303. DOI:10.3760/j.issn:1009-4598.2007.04.010.}

[25257] 谢叻，张绍祥，王友，唐雷，张天宇，李鉴轶，谭立文，戴培东，张美超，李严兵. 数字化制造技术在外科中的应用 [J]. 中华创伤骨科杂志，2008，10（2）：109-110. DOI：10.3760/cma.j.issn.1671-7600.2008.02.003. {XIE Le,ZHANG Shaoxiang,WANG You,TANG Lei,ZHANG Tianyu,LI Jian 轶,TAN Liwen,DAI Peidong,ZHANG Meichao,LI Yanbing. Application of digital manufacturing technology in medicine[J]. Zhonghua Chuang Shang Gu Ke Za Zhi[Chin J Orthop Trauma(Article in Chinese;Abstract in Chinese and English)],2008,10(2):109-110. DOI:10.3760/cma.j.issn.1671-7600.2008.02.003.}

[25258] 任义军，任高宏，金丹，胡罢生，魏宽海，徐凯，张元智，裴国献. 数字化股前外侧皮瓣的可视技术在临床中的初步应用 [J]. 中华创伤骨科杂志，2008，10（5）：432-435. DOI：10.3760/cma.j.issn.1671-7600.2008.05.009. {REN Yijun,REN Gaohong,JIN Dan,HU Basheng,WEI Kuanhai,XU Kai,ZHANG Yuanzhi,PEI Guoxian. Preliminary application of digital visualization of anterolateral thigh flaps in clinic[J]. Zhonghua Chuang Shang Gu Ke Za Zhi[Chin J Orthop Trauma(Article in Chinese;Abstract in Chinese and English)],2008,10(5):432-435. DOI:10.3760/cma.j.issn.1671-7600.2008.05.009.}

[25259] 任高宏，任义军，裴国献，胡罢生. 吻合血管腓骨移植的数字化设计与初步临床应用 [J]. 中华骨科杂志，2009，29（2）：128-133. DOI：10.3760/cma.j.issn.0253-2352.2009.02.007. {REN Gaohong,REN Yijun,PEI Guoxian,HU Basheng. Digital design and preliminary clinic application of vascularized fibular graft[J]. Zhonghua Gu Ke Za Zhi[Chin J Orthop(Article in Chinese;Abstract in Chinese and English)],2009,29(2):128-133. DOI:10.3760/cma.j.issn.0253-2352.2009.02.007.}

[25260] 黄潮桐，陈隆福，李敬矿，李忠华，陈冬生，谭建文，张美超. 数字化虚拟手若干关键技术的研究 [J]. 中华显微外科杂志，2009，32（2）：127-129，插6. DOI：10.3760/cma.j.issn.1001-2036.2009.02.015. {HUANG Chaotong,CHEN Longfu,LI Jingkuang,LI Zhonghua,CHEN Dongsheng,TAN Jianwen,ZHANG Meichao. A study of some key techniques of digitized virtual hand[J]. Zhonghua Xian Wei Wai Ke Za Zhi[Chin J Microsurg(Article in Chinese;Abstract in Chinese and English)],2009,32(2):127-129,insert 6. DOI:10.3760/cma.j.issn.1001-2036.2009.02.015.}

[25261] 吴志鹏，高伟阳，吴立军，王继松，严志汉，陈伟. 基于 CT 和解剖的三维数字化腕关节模型的构建 [J]. 中华手外科杂志，2009，25（5）：304-307. DOI：10.3760/cma.j.issn.1005-054X.2009.05.027. {WU Zhipeng,GAO Weiyang,WU Lijun,WANG Jisong,YAN Zhihan,CHEN Wei. Reconstruction of a 3-D digital virtual wrist model based on CT images and anatomy[J]. Zhonghua Shou Wai Ke Za Zhi[Chin J Hand Surg(Article in Chinese;Abstract in Chinese and English)],2009,25(5):304-307. DOI:10.3760/cma.j.issn.1005-054X.2009.05.027.}

[25262] 马兵. 数字化烧伤治——计算机辅助烧伤创面评估系统 [J]. 中华烧伤杂志，2010，26（6）：475. DOI：10.3760/cma.j.issn.1009-2587.2010.06.033. {MA Bing. Digital burn management—computer-aided burn wound assessment system[J]. Zhonghua Shao Shang Za Zhi[Chin J Burns(Article in Chinese;No abstract available)],2010,26(6):475. DOI:10.3760/cma.j.issn.1009-2587.2010.06.033.}

[25263] 留成胜，黄潮桐，陈隆福，李敬矿，陈冬生. 数字化前臂穿支皮瓣模型构建与解剖学研究 [J]. 中国临床解剖学杂志，2011，29（3）：243-248. {LIU Chengsheng,HUANG Chaotong,CHEN Longfu,LI Jingkuang,CHEN Dongsheng. Digital arterial perforator flap in forearm:anatomy and reconstruction[J]. Zhongguo Lin Chuang Jie Pou Xue Za Zhi[Chin J Clin Anat(Article in Chinese;Abstract in Chinese and English)],2011,29(3):243-248.}

[25264] 甘煜东，徐达传，陆声，丁晶，徐永清. 数字化导航模板辅助全膝关节置换的模拟研究 [J]. 中华骨科杂志，2011，31（9）：964-969. DOI：10.3760/cma.j.issn.0253-2352.2011.09.009. {GAN Yudong,XU Dachuan,LU Sheng,DING Jing,XU Yongqing. A computer simulation study of total knee arthroplasty assisted by digital navigation templates[J]. Zhonghua Gu Ke Za Zhi[Chin J Orthop(Article in Chinese;Abstract in Chinese and English)],2011,31(9):964-969. DOI:10.3760/cma.j.issn.0253-2352.2011.09.009.}

[25265] 齐向东，马立敏，张斌，余文林，李勤，秦建增，钟世镇. 数字化技术对半侧颜面萎缩修复皮瓣的选择应用 [J]. 中华显微外科杂志，2011，34（6）：454-456. DOI：10.3760/cma.j.issn.1001-2036.2011.06.006. {QI Xiangdong,MA Limin,ZHANG Bin,YU Wenlin,LI Qin,QIN Jianzeng,ZHONG Shizhen. Selecting flap repaire hemifacial atrophy by digital technology[J]. Zhonghua Xian Wei Wai Ke Za Zhi[Chin J Microsurg(Article in Chinese;Abstract in Chinese and English)],2011,34(6):454-456. DOI:10.3760/cma.j.issn.1001-2036.2011.06.006.}

[25266] 裴国献. 数字化技术与骨科学的融汇——数字骨科学——写在中华医学会医学工程学分会数字骨科学组成立之际 [J]. 中华创伤骨科杂志，2011，13（12）：1101-1102. DOI：10.3760/cma.j.issn.1671-7600.2011.12.001. {PEI Guoxian. The integration of digital technology and bone science—digital bone science—was written on the occasion of the establishment of digital orthopedics group of medical engineering branch of Chinese medical association[J]. Zhonghua Chuang Shang Gu Ke Za Zhi[Chin J Orthop Trauma(Article in Chinese;No abstract available)], 2011,13(12):1101-1102. DOI:10.3760/cma.j.issn.1671-7600.2011.12.001.}

[25267] 张元智，陆声，赵建民，王跃文，刘瑞，裴国献. 数字化技术在骨科的临床应用 [J]. 中华创伤骨科杂志，2011，13（12）：1161-1165. DOI：10.3760/cma.j.issn.1671-7600.2011.12.015. {ZHANG Yuanzhi,LU Sheng,ZHAO Jianmin,WANG Yuewen,LIU Rui,PEI Guoxian. Digital technologu used in orthopaedic surery[J]. Zhonghua Chuang Shang Gu Ke Za Zhi[Chin J Orthop Trauma(Article in Chinese;Abstract in Chinese and English)],2011,13(12):1161-1165. DOI:10.3760/cma.j.issn.1671-7600.2011.12.015.}

[25268] 魏晓捷，陈再丰，傅小君，许信龙，潘红松. 个体化数字化三维钛网在额颞部超低骨瓣颅骨缺损修补术中的应用 [J]. 中华创伤杂志，2011，27（5）：410-412. DOI：10.3760/cma.j.issn.1001-8050.2011.05.009. {WEI Xiaojie,CHEN Zaifeng,FU Xiaojun,XU Xinlong,PAN Hongsong. Application of individualized digital three-dimensional titanium mesh in cranial defect repair with frontotemporal ultra low bone flap[J]. Zhonghua Chuang Shang Za Zhi[Chin J Trauma(Article in Chinese;No abstract available)],2011,27(5):410-412. DOI:10.3760/cma.j.issn.1001-8050.2011.05.009.}

[25269] 宋江涛，陈玉琼，黄潮桐，陈隆福，解秉霖，陈冬生，李敬矿，李忠华，钟世镇. 数字化上肢三维构建研究 [J]. 中国临床解剖学杂志，2012，30（4）：385-388. {SONG Jiangtao,CHEN Yuqiong,HUANG Chaotong,CHEN Longfu,JIE Binglin,CHEN Dongsheng,LI Jingkuang,LI Zhonghua,ZHONG Shizhen. 3D reconstruction of human upper extremity[J]. Zhongguo Lin Chuang Jie Pou Xue Za Zhi[Chin J Clin Anat(Article in Chinese;Abstract in Chinese and English)],2012,30(4):385-388.}

[25270] 罗翔，谭海涛，杨克勤，韦平欧，江建中，陆俭军，潘愈嘉，林汉，莫勇军. 数字化技术在手指部分缺损修复中的应用 [J]. 中华显微外科杂志，2012，35（6）：495-497. DOI：10.3760/cma.j.issn.1001-2036.2012.06.020. {LUO Xiang,TAN Haitao,YANG Keqin,WEI Pingou,JIANG Jianzhong,LU Jianjun,PAN Yujia,LIN Han,MO Yongjun. Application of digital technology in repairing partial defect of finger[J]. Zhonghua Xian Wei Wai Ke Za Zhi[Chin J Microsurg(Article in Chinese;Abstract in Chinese)],2012,35(6):495-497. DOI:10.3760/cma.j.issn.1001-2036.2012.06.020.}

[25271] 魏鹏，马亮亮，方叶冬，夏伟芝，丁茂超，梅劲. 数字化解剖方法定位小腿穿支研究 [J]. 中华整形外科杂志，2012，28（2）：101-104. DOI：10.3760/cma.j.issn.1009-4598.2012.02.006. {WEI Peng,MA Liangliang,FANG Yedong,XIA Weizhi,DING Maochao,MEI Jin. Localization of perforators in the lower leg by digital antomy imaging methods[J]. Zhonghua Zheng Xing Wai Ke Za Zhi[Chin J Plast Surg(Article in Chinese;Abstract in Chinese and English)],2012,28(2):101-104. DOI:10.3760/cma.j.issn.1009-4598.2012.02.006.}

[25272] 季卫平，李浩，黄颖宝，俞淘涛，王建红，梅劲. 股部皮穿支的数字化解剖学研究 [J]. 中华整形外科杂志，2012，28（2）：96-100. DOI：10.3760/cma.j.issn.1009-4598.2012.02.005. {JI Weiping,LI Hao,HUANG Yingbao,YU Taotao,WANG Jianhong,MEI Jin. Digital anatomy of the perforator flap in the thigh[J]. Zhonghua Zheng Xing Wai Ke Za Zhi[Chin J Plast Surg(Article in Chinese;Abstract in Chinese and English)],2012,28(2):96-100. DOI:10.3760/cma.j.issn.1009-4598.2012.02.005.}

[25273] 张元智，陆声，温树正，陈向军，李志军，裴国献. 数字化技术在隐动脉皮瓣血供的可视化及其临床初步应用 [J]. 中华创伤骨科杂志，2013，15（1）：32-35. DOI：10.3760/cma.j.issn.1671-7600.2013.01.010. {ZHANG Yuanzhi,LU Sheng,WEN Shuzheng,CHEN Xiangjun,LI Zhijun,PEI Guoxian. Three-dimensional reconstruction methods in visualization and application of arteria saphena flaps[J]. Zhonghua Chuang Shang Gu Ke Za Zhi[Chin J Orthop Trauma(Article in Chinese;Abstract in Chinese and English)],2013,15(1):32-35. DOI:10.3760/cma.j.issn.1671-7600.2013.01.010.}

[25274] 刘春军，吉恺，孙晶晶，辛敏强，穆大力，穆兰花，栾杰. 乳房对称性的三维数字化分析 [J]. 中华整形外科杂志，2013，29（5）：353-356. DOI：10.3760/cma.j.issn.1009-4598.2013.05.009. {LIU Chunjun,JI Kai,SUN Jingjing,XIN Minqiang,MU Dali,MU Lanhua,LUAN Jie. Digital evaluation of breast symmetry with 3D scanning technique[J]. Zhonghua Zheng Xing Wai Ke Za Zhi[Chin J Plast Surg(Article in Chinese;Abstract in Chinese and English)],2013,29(5):353-356. DOI:10.3760/cma.j.issn.1009-4598.2013.05.009.}

[25275] 仝路，李彦林，胡猛. 三维数字化模型在膝关节修复重建中的应用进展 [J]. 中国修复重建外科杂志，2013，27（1）：50-53. {TONG Lu,LI Yanlin,HU Meng. Research progress of three-dimensional digital model for repair and reconstruction of knee joint[J]. Zhongguo Xiu Fu Chong Jian Wai Ke Za Zhi[Chin J Repar Reconstr Surg(Article in Chinese;Abstract in Chinese and English)],2013,27(1):50-53.}

[25276] 郭宇，石小田，刘蒙蒙，田丰源，刘婉婷，陈飞，汤宾燕，邱勋永. 臀腰部皮穿支及其相互关系的数字化模型 [J]. 中国临床解剖学杂志，2014，32（1）：12-15. DOI：10.13418/j.issn.1001-165x.2014.01.004. {GUO Yu,SHI Xiaotian,LIU Mengmeng,TIAN Fengyuan,LIU Wanting,CHEN Fei,TANG Binyan,QIU Xunyong. Digital model of the perforators and their relationships in the lumbar and gluteal regions[J]. Zhongguo Lin Chuang Jie Pou Xue Za Zhi[Chin J Clin Anat(Article in Chinese;Abstract in Chinese and English)],2014,32(1):12-15. DOI:10.13418/j.issn.1001-165x.2014.01.004.}

[25277] 熊然，张潇，李涛，王华，麦奇光，燕华，黄海，樊仕才. 胫骨近端后侧数字化三维形态学测量及临床意义 [J]. 中国临床解剖学杂志，2014，32（3）：284-287. DOI：10.13418/j.issn.1001-165x.2014.03.011. {XIONG Ran,ZHANG Xiao,LI Tao,WANG Hua,MAI Qiguang,YAN Hua,HUANG Hai,FAN Shicai. The three-dimensional measurements and clinical significance of the morphology of posterior proximal tibia[J]. Zhongguo Lin Chuang Jie Pou Xue Za Zhi[Chin J Clin Anat(Article in Chinese;Abstract in Chinese and English)],2014,32(3):284-287. DOI:10.13418/j.issn.1001-165x.2014.03.011.}

[25278] 梁节，单小峰，黄进伟，卢旭光，张雷，张杰，郭传瑸，蔡志刚. 数字化技术辅助游离组织皮瓣在颌骨缺损重建中的应用 [J]. 中华显微外科杂志，2014，37（4）：316-322. DOI：10.3760/cma.j.issn.1001-2036.2014.04.002. {LIANG Jie,SHAN Xiaofeng,HUANG Jinwei,LU Xuguang,ZHANG Lei,ZHANG Jie,GUO Chuanbin,CAI Zhigang. Application of computer aided surgery technique in free flaps reconstruction of jaw defect[J]. Zhonghua Xian Wei Wai Ke Za Zhi[Chin J Microsurg(Article in Chinese;Abstract in Chinese and English)],2014,37(4):316-322. DOI:10.3760/cma.j.issn.1001-2036.2014.04.002.}

[25279] 莫勇军，谭海涛，韦平欧，杨克勤，罗翔，许林，林汉，梁旭权. 数字化技术辅助多手指缺损再造的应用价值 [J]. 中华显微外科杂志，2014，37（4）：338-343. DOI：10.3760/cma.j.issn.1001-2036.2014.04.006. {MO Yongjun,TAN Haitao,WEI Pingou,YANG Keqin,LUO Xiang,XU Lin,LIN Han,LIANG Xuquan. Application value of digital technique to assist in the reconstruction of multiple fingers defect[J]. Zhonghua Xian Wei Wai Ke Za Zhi[Chin J Microsurg(Article in Chinese;Abstract in Chinese and English)],2014,37(4):338-343. DOI:10.3760/cma.j.issn.1001-2036.2014.04.006.}

[25280] 秦勉，刘亚雄，贺健康，王玲，连岑，李涤尘，靳忠民，何三虎，李刚，刘彦普，王臻. 数字化设计与 3-D 打印技术在个性化医疗中的应用 [J]. 中国修复重建外科杂志，2014，28（3）：286-291. DOI：10.7507/1002-1892.20140065. {QIN Mian,LIU Yaxiong,HE Jiankang,WANG Ling,LIAN Cen,LI Dichen,JIN Zhongmin,HE Sanhu,LI Gang,LIU Yanpu,WANG Zhen. Application of digital design and three-dimensional printing technique on individualized medical treatment[J]. Zhongguo Xiu Fu Chong Jian Wai Ke Za Zhi[Chin J Repar Reconstr Surg(Article in Chinese;Abstract in Chinese and English)],2014,28(3):286-291. DOI:10.7507/1002-1892.20140065.}

[25281] 冯家丰，杨成，崔伟. 数字化三维成型钛网颞肌下修补颅骨缺损并重建颞肌附着点的疗效观察 [J]. 中国修复重建外科杂志，2014，28（5）：597-600. DOI：10.7507/1002-1892.20140133. {FENG Jiafeng,YANG Cheng,CUI Wei. Effectiveness of digital three-dimensional titanium mesh in repairing skull defect under temporalis and reconstructing temporal muscle attachment points[J]. Zhongguo Xiu Fu Chong Jian Wai Ke Za Zhi[Chin J Repar Reconstr Surg(Article in Chinese;Abstract in Chinese and English)],2014,28(5):597-600. DOI:10.7507/1002-1892.20140133.}

[25282] 卿黎明，胡懿郃，唐举玉，吴攀峰，俞芳，梁捷予. 基于数字化技术的腓肠内侧动脉穿支皮瓣血供的三维可视化重建研究 [J]. 中国修复重建外科杂志，2014，28（6）：697-700. DOI：10.7507/1002-1892.20140154. {QING Liming,HU Yihe,TANG Juyu,WU Panfeng,YU Fang,LIANG Jieyu. Three-dimensional visualization reconstruction of medial sural artery perforator flap based on digital technology[J]. Zhongguo Xiu Fu Chong Jian Wai Ke Za Zhi[Chin J Repar Reconstr Surg(Article in Chinese;Abstract in Chinese and English)],2014,28(6):697-700. DOI:10.7507/1002-1892.20140154.}

[25283] 许靖，张国栋，谭海涛，严斌，吴章林，杨洋，黄文华. 数字化设计结合 3D 打印技术在拇指再造中的应用 [J]. 中国临床解剖学杂志，2015，33（5）：541-544. DOI：10.13418/j.issn.1001-165x.2015.05.012. {XU Jing,ZHANG Guodong,TAN Haitao,YAN Bin,WU Zhanglin,YANG Yang,HUANG Wenhua. The application of digital design combined with 3D printing technology in thumb reconstruction[J]. Zhongguo Lin Chuang Jie Pou Xue Za Zhi[Chin J Clin Anat(Article in Chinese;Abstract in Chinese and English)],2015,33(5):541-544. DOI:10.13418/j.issn.1001-165x.2015.05.012.}

[25284] 付坤，高宁，裴飞，张文，何巍. 数字化技术在游离腓骨瓣功能重建下颌骨中的应用 [J]. 中华显微外科杂志，2015，38（5）：489-491. DOI：10.3760/cma.j.issn.1001-2036.2015.05.025. {FU Kun,GAO Ning,PEI Fei,ZHANG Wen,HE Wei. Application of digital technique in functional reconstruction of mandible with free fibular flap[J]. Zhonghua Xian Wei Wai Ke Za Zhi[Chin J Microsurg(Article in Chinese;Abstract in Chinese)],2015,38(5):489-491. DOI:10.3760/cma.j.issn.1001-2036.2015.05.025.}

[25285] 莫勇军，谭海涛，杨克勤，江建中，韦平欧，罗翔，林汉，梁旭权，许林. 数字化技术辅助股前外侧皮瓣移植修复四肢软组织缺损 24 例 [J]. 中华显微外科杂志，2015，38（6）：592-595. DOI：10.3760/cma.j.issn.1001-2036.2015.06.020. {MO Yongjun,TAN Haitao,YANG Keqin,JIANG Jianzhong,WEI Pingou,LUO Xiang,LIN Han,LIANG Xuquan,XU Lin. Reconstruction of soft tissue defect of extremities with anterolateral thigh flap assisted by digital technique in 24 cases[J]. Zhonghua Xian Wei Wai Ke Za Zhi[Chin J Microsurg(Article in Chinese;Abstract in Chinese)],2015,38(6):592-595. DOI:10.3760/cma.j.issn.1001-2036.2015.06.020.}

[25286] 付军，王臻，郭征，李靖，范宏斌，栗向东，裴延军，裴国献. 数字化结合 3D 打印个体化导板的设计加工及其在骨肿瘤手术中的应用 [J]. 中华创伤骨科杂志，2015，17（1）：50-54. DOI：10.3760/cma.j.issn.1671-7600.2015.01.012. {FU Jun,WANG Zhen,GUO Zheng,LI Jing,FAN Hongbin,LI Xiangdong,PEI Yanjun,PEI Guoxian. Design and application of 3D printing guide plate in bone tumor surgery[J]. Zhonghua Chuang Shang Gu Ke Za Zhi[Chin J Orthop Trauma(Article in Chinese;Abstract in Chinese and English)],2015,17(1):50-54. DOI:10.3760/cma.j.issn.1671-7600.2015.01.012.}

[25287] 段家章，何晓清，徐永清，范新宇，罗浩天，王腾，董凯旋，余开富. 数字化技术在股前外侧皮瓣修复手足创面中的应用 [J]. 中国修复重建外科杂志，2015，29（7）：807-811. DOI：10.7507/1002-1892.20150175. {DUAN Jiazhang,HE Xiaoqing,XU Yongqing,FAN Xinyu,LUO Haotian,WANG Teng,DONG Kaixuan,YU Kaifu. Application of digital technology in anterolateral thigh flap for repairing wounds of hand and foot[J]. Zhongguo Xiu Fu Chong Jian Wai Ke Za Zhi[Chin J Repar Reconstr Surg(Article in Chinese;Abstract in Chinese and English)],2015,29(7):807-811. DOI:10.7507/1002-1892.20150175.}

[25288] 黄海龙，王刚，龚达聪. 胎儿全身动脉系统数字化三维模型的构建及意义 [J]. 中国临床解剖学杂志，2016，34（5）：588-592. DOI：10.13418/j.issn.1001-165x.2016.05.023. {HUANG Hailong,WANG Gang,GONG Dacong. Reconstruction of a digital three-dimensional model of fetal whole-body arterial system and its significance[J]. Zhongguo Lin Chuang Jie Pou Xue Za Zhi[Chin J Clin Anat(Article in Chinese;Abstract in Chinese and English)],2016,34(5):588-592. DOI:10.13418/j.issn.1001-165x.2016.05.023.}

[25289] 唐举玉，卿黎明，贺继强，吴攀峰，周征兵，梁捷予，俞芳，李文政，易小平. 数字化技术辅助旋股外侧动脉降支分叶穿支皮瓣设计的初步应用 [J]. 中华显微外科杂志，2016，39（2）：123-126. DOI：10.3760/cma.j.issn.1001-2036.2016.02.006. {TANG Juyu,QING Liming,HE Jiqiang,WU Panfeng,ZHOU Zhengbing,LIANG Jieyu,YU Fang,LI Wenzheng,YI Xiaoping. Application of computer assisted technique to desgin polyfoliate perforator flappedicled on the descending branch of the circumflex femoral lateral artery[J]. Zhonghua Xian Wei Wai Ke Za Zhi[Chin J Microsurg(Article in Chinese;Abstract in Chinese and English)],2016,39(2):123-126. DOI:10.3760/cma.j.issn.1001-2036.2016.02.006.}

[25290] 韦平欧，谭海涛，杨克勤，罗翔，林汉，莫勇军，林鑫欣，梁旭权，许林. 数字化技术辅助设计组织组合移植修复手严重损伤 11 例 [J]. 中华显微外科杂志，2016，39（3）：281-284. DOI：10.3760/cma.j.issn.1001-2036.2016.03.018. {WEI Pingou,TAN Haitao,YANG Keqin,LUO Xiang,LIN Han,MO Yongjun,LIN Xinxin,LIANG Xuquan,XU Lin. 11 cases of severe hand injury were repaired by combined tissue transplantation assisted by digital

technology[J]. Zhonghua Xian Wei Wai Ke Za Zhi[Chin J Microsurg(Article in Chinese;Abstract in Chinese and English)],2016,39(3):281-284. DOI:10.3760/cma.j.issn.1001-2036.2016.03.018.}

[25291] 吴静，高阳，王晓磊，张元智．超声测量跖筋膜的数字化评价 [J]．中国临床解剖学杂志，2017，35（5）：513-520．DOI：10.13418/j.issn.1001-165x.2017.05.008．{WU Jing,GAO Yang,WANG Xiaolei,ZHANG Yuanzhi. Digital evaluation of the reliability of plantar fascia by ultrasonography[J]. Zhongguo Lin Chuang Jie Pou Xue Za Zhi[Chin J Clin Anat(Article in Chinese;Abstract in Chinese and English)],2017,35(5):513-520. DOI:10.13418/j.issn.1001-165x.2017.05.008.}

[25292] 董凯旋，周娅，徐永清，何晓清，范新宇，罗浩天，王波，李国栋．数字化技术在设计穿支血管蒂螺旋桨皮瓣修复足踝部创面中的应用 [J]．中华显微外科杂志，2017，40（5）：424-427．DOI：10.3760/cma.j.issn.1001-2036.2017.05.003．{DONG Kaixuan,ZHOU Ya,XU Yongqing,HE Xiaoqing,FAN Xinyu,LUO Haotian,WANG Bo,LI Guodong. Application of digital technique in repair wounds of the lower leg and foot with perforator pedicled propeller flap[J]. Zhonghua Xian Wei Wai Ke Za Zhi[Chin J Microsurg(Article in Chinese;Abstract in Chinese and English)],2017,40(5):424-427. DOI:10.3760/cma.j.issn.1001-2036.2017.05.003.}

[25293] 何晓清，段家章，徐永清，朱跃良，李国栋，杨曦，冯凡哲，刘帅．数字化辅助技术在股前外侧分叶皮瓣修复前中足脱套伤中的应用 [J]．中华创伤杂志，2017，33（10）：868-872．DOI：10.3760/cma.j.issn.1001-8050.2017.10.002．{HE Xiaoqing,DONG Jiazhang,XU Yongqing,ZHU Yueliang,LI Guodong,YANG Xi,FENG Fanzhe,LIU Shuai. Application of digital assisted technology in double skin paddle anterolateral thigh flap reconstructing degloved injury of foot[J]. Zhonghua Chuang Shang Za Zhi[Chin J Trauma(Article in Chinese;Abstract in Chinese and English)],2017,33(10):868-872. DOI:10.3760/cma.j.issn.1001-8050.2017.10.002.}

[25294] 王永振，何乐人，蒋海越．数字化技术在小耳畸形治疗中的应用及进展 [J]．中华整形外科杂志，2017，33（5）：394-396．DOI：10.3760/cma.j.issn.1009-4598.2017.05.018．{WANG Yongzhen,HE Leren,JIANG Haiyue. Application and progress of digital technology in the treatment of microtia[J]. Zhonghua Zheng Xing Wai Ke Za Zhi[Chin J Plast Surg(Article in Chinese;No abstract available)],2017,33(5):394-396. DOI:10.3760/cma.j.issn.1009-4598.2017.05.018.}

[25295] 陈致勃．CT 血管造影结合数字化技术在皮瓣移植术中的应用进展 [J]．临床骨科杂志，2017，20(6)：757-760．DOI：10.3969/j.issn.1008-0287.2017.06.043．{CHEN Zhibo. Application progress of CT angiography combined with digital technology in skin flap transplantation[J]. Lin Chuang Gu Ke Za Zhi[J Clin Orthop(Article in Chinese;Abstract in Chinese and English)],2017,20(6):757-760. DOI:10.3969/j.issn.1008-0287.2017.06.043.}

[25296] 李国栋，徐永清，何晓清，罗浩天，董凯旋，王腾．数字化技术在外侧腓肠浅动脉穿支皮瓣修复手部中小创面中的应用研究 [J]．中国修复重建外科杂志，2017，31（5）：564-569．DOI：10.7507/1002-1892.201612088．{LI Guodong,XU Yongqing,HE Xiaoqing,LUO Haotian,DONG Kaixuan,WANG Teng. Application of digital technology in superficial lateral sural artery perforator flap for tiny hand wounds reconstruction[J]. Zhongguo Xiu Fu Chong Jian Wai Ke Za Zhi[Chin J Repar Reconstr Surg(Article in Chinese;Abstract in Chinese and English)],2017,31(5):564-569. DOI:10.7507/1002-1892.201612088.}

[25297] 陈召阳，罗春材，尚骁，韩岩．数字化技术在耳廓再造中的应用进展 [J]．中国修复重建外科杂志，2017，31（9）：1135-1140．DOI：10.7507/1002-1892.201701023．{CHEN Zhaoyang,LUO Chuncai,SHANG Xiao,HAN Yan. Application progress of digital technology in auricle reconstruction[J]. Zhongguo Xiu Fu Chong Jian Wai Ke Za Zhi[Chin J Repar Reconstr Surg(Article in Chinese;Abstract in Chinese and English)],2017,31(9):1135-1140. DOI:10.7507/1002-1892.201701023.}

[25298] 杨曦，徐永清，何晓清，王腾，王云娇．数字化技术制备大鼠跨区穿支皮瓣微小血管模型的实验研究 [J]．中国修复重建外科杂志，2017，31（12）：1485-1489．DOI：10.7507/1002-1892.201705006．{YANG Xi,XU Yongqing,HE Xiaoqing,WANG Teng,WANG Yunjiao. Establishment of micro-vessels model of cross-boundary perforator flap in rat via digital technology[J]. Zhongguo Xiu Fu Chong Jian Wai Ke Za Zhi[Chin J Repar Reconstr Surg(Article in Chinese;Abstract in Chinese and English)],2017,31(12):1485-1489. DOI:10.7507/1002-1892.201705006.}

[25299] 康永强，芮永军，吴永伟，马运宏，杨通，潘筱云，余炯，顾珺，惠涛涛，徐鹏．2~5 掌指关节有效关节接触面的数字化研究 [J]．中国临床解剖学杂志，2018，36（4）：375-379．DOI：10.13418/j.issn.1001-165x.2018.04.004．{KANG Yongqiang,RUI Yongjun,WU Yongwei,MA Yunhong,YANG Tong,PAN Xiaoyun,YU Jiong,GU Jun,HUI Taotao,XU Peng. The digital study of evaluating contact areas of the 2~5 metacarpophalangeal joint[J]. Zhongguo Lin Chuang Jie Pou Xue Za Zhi[Chin J Clin Anat(Article in Chinese;Abstract in Chinese and English)],2018,36(4):375-379. DOI:10.13418/j.issn.1001-165x.2018.04.004.}

[25300] 李文鹿，乔永明，李锐，付坤，何巍．数字化与 3D 打印技术辅助腓骨皮瓣修复重建上颌骨缺损八例 [J]．中华显微外科杂志，2018，41（3）：273-275．DOI：10.3760/cma.j.issn.1001-2036.2018.03.020．{LI Wenlu,QIAO Yongming,LI Rui,FU Kun,HE Wei. Digitization and 3D printing assisted fibular flap for reconstruction of maxillary defects in 8 cases[J]. Zhonghua Xian Wei Wai Ke Za Zhi[Chin J Microsurg(Article in Chinese;Abstract in Chinese and English)],2018,41(3):273-275. DOI:10.3760/cma.j.issn.1001-2036.2018.03.020.}

[25301] 刘庆华，张明英，刘春娟．数字化技术辅助下足趾组织移植修复拇指和手指软组织缺损 12 例 [J]．中华显微外科杂志，2018，41（6）：548-551．DOI：10.3760/cma.j.issn.1001-2036.2018.06.007．{LIU Qinghua,ZHANG Mingying,LIU Chunjuan. Application of digital technique to assist in the reconstruction of thumb and fingers defect[J]. Zhonghua Xian Wei Wai Ke Za Zhi[Chin J Microsurg(Article in Chinese;Abstract in Chinese and English)],2018,41(6):548-551. DOI:10.3760/cma.j.issn.1001-2036.2018.06.007.}

[25302] 王永振，何乐人，蒋海越，杨庆华，张晔，杨锦秀．数字化辅助定位及支架设计在颅面不对称患者耳廓再造中的应用 [J]．中华整形外科杂志，2018，34（6）：432-437．DOI：10.3760/cma.j.issn.1009-4598.2018.06.005．{WANG Yongzhen,HE Leren,JIANG Haiyue,YANG Qinghua,ZHANG Ye,YANG Jinxiu. Application of digital technology aided in auricle location and personalized framework design in ear reconstruction for microtia patients with craniomaxillofacial asymmetry[J]. Zhonghua Zheng Xing Wai Ke Za Zhi[Chin J Plast Surg(Article in Chinese;Abstract in Chinese and English)],2018,34(6):432-437. DOI:10.3760/cma.j.issn.1009-4598.2018.06.005.}

[25303] 秦豪，谭海涛，韦平欧，李晓，黄国秀，罗翔，许林，莫勇军，梁旭权．数字化技术辅助足背皮瓣移植修复手背软组织缺损 [J]．中华显微外科杂志，2019，42（1）：53-56．DOI：10.3760/cma.j.issn.1001-2036.2019.01.014．{QIN Hao,TAN Haitao,WEI Pingou,LI Xiao,HUANG Guoxiu,LUO Xiang,XU Lin,MO Yongjun,LIANG Xuquan. Digital technology assisted dorsal foot flap transplantation to repair soft tissue defect of dorsal hand[J]. Zhonghua Xian Wei Wai Ke Za Zhi[Chin J Microsurg(Article in Chinese;Abstract in Chinese and English)],2019,42(1):53-56. DOI:10.3760/cma.j.issn.1001-2036.2019.01.014.}

[25304] 莫勇军，许林，程志琳，韦平欧，罗翔，林汉，梁旭权，植宁喜，谭海涛．增强现实技术联合数字化设计在股前外侧穿支皮瓣的应用 [J]．中华显微外科杂志，2019，42（2）：189-192．DOI：10.3760/cma.j.issn.1001-2036.2019.02.024．{MO Yongjun,XU Lin,CHENG Zhilin,WEI Pingou,LUO Xiang,LIN Han,LIANG Xuquan,ZHI Ningxi,TAN Haitao. Application of augmented reality technology combined with digital design in anterolateral femoral perforator flap[J]. Zhonghua Xian Wei Wai Ke Za Zhi[Chin J Microsurg(Article in Chinese;Abstract in Chinese and English)],2019,42(2):189-192. DOI:10.3760/cma.j.issn.1001-2036.2019.02.024.}

[25305] 岳彩香，曹燕，冯丽娜，赵立宁．数字化技术辅助臂外侧穿支皮瓣修复手部软组织缺损 [J]．中华显微外科杂志，2019，42（4）：344-347．DOI：10.3760/cma.j.issn.1001-2036.2019.04.008．{YUE Caixiang,CAO Yan,FENG Lina,ZHAO Lining. Application of digital technology in the lateral arm perforator flap for reconstruction of soft tissue defect of hand[J]. Zhonghua Xian Wei Wai Ke Za Zhi[Chin J Microsurg(Article in Chinese;Abstract in Chinese and English)],2019,42(4):344-347. DOI:10.3760/cma.j.issn.1001-2036.2019.04.008.}

[25306] 展昭均，廖圣恺，陈永锋，高廷益，都晓英，刘亮，杨东昆，余松涛．数字化技术辅助旋髂深动脉穿支嵌合瓣在下颌骨复合组织缺损重建中的临床应用 [J]．中华显微外科杂志，2019，42（5）：429-433.DOI：10.3760/cma.j.issn.1001-2036.2019.05.003．{ZHAN Zhaojun,LIAO Shengkai,CHEN Yongfeng,GAO Tingyi,DU Xiaoying,LIU Liang,YANG Dongkun,YU Songtao. Digital assisted chimeric deep circumflex iliac artery perforator flap in the reconstruction of mandibular composite defects[J]. Zhonghua Xian Wei Wai Ke Za Zhi[Chin J Microsurg(Article in Chinese;Abstract in Chinese and English)],2019,42(5):429-433. DOI:10.3760/cma.j.issn.1001-2036.2019.05.003.}

[25307] 唐佩福，张浩，李建涛，张里程．外科 4.0：数字化智能化外科赋能时代的来临 [J]．中华创伤骨科杂志，2019，21（3）：185-188．DOI：10.3760/cma.j.issn.1671-7600.2019.03.001．{TANG Peifu,ZHANG Hao,LI Jiantao,ZHANG Licheng. Surgery 4.0:coming of the era of digital-intelligent surgery[J]. Zhonghua Chuang Shang Gu Ke Za Zhi[Chin J Orthop Trauma(Article in Chinese;Abstract in Chinese and English)],2019,21(3):185-188. DOI:10.3760/cma.j.issn.1671-7600.2019.03.001.}

[25308] 刘翔宇，刘宗辉，王璐，郭树忠．数字化技术在先天性小耳畸形整复中的应用研究 [J]．中华整形外科杂志，2019，35（4）：367-370．DOI：10.3760/cma.j.issn.1009-4598.2019.04.008．{LIU Xiangyu,LIU Zonghui,WANG Lu,GUO Shuzhong. Application of the digital technology in the reconstruction of congenital microtia[J]. Zhonghua Zheng Xing Wai Ke Za Zhi[Chin J Plast Surg(Article in Chinese;Abstract in Chinese and English)],2019,35(4):367-370. DOI:10.3760/cma.j.issn.1009-4598.2019.04.008.}

[25309] 刘宏波，朱军，董娜，王建国，窦洪磊．数字化三维 CT 血管造影重建技术辅助股前外侧穿支皮瓣修复四肢创面的研究 [J]．中华整形外科杂志，2019，35（6）：565-570．DOI：10.3760/cma.j.issn.1009-4598.2019.06.010．{LIU Hongbo,ZHU Jun,DONG Na,WANG Jianguo,DOU Honglei. Clinical research of 3D-CTA in anterolateral thigh perforator flap for reconstruction of extremities[J]. Zhonghua Zheng Xing Wai Ke Za Zhi[Chin J Plast Surg(Article in Chinese;Abstract in Chinese and English)],2019,35(6):565-570. DOI:10.3760/cma.j.issn.1009-4598.2019.06.010.}

[25310] 侯改改，吴添福，尚政军，邵喆．数字化外科及增材制造技术在血管化髂骨肌瓣重建下颌骨缺损中的应用 [J]．中华实验外科杂志，2020，37（4）：635-638．DOI：10.3760/cma.j.cn421213-20191013-01435．{HOU Gaigai,WU Tianfu,SHANG Zhengjun,SHAO Zhe. Application of digital surgery and additive manufacturing in mandibular reconstruction with vascularized iliac crest flap[J]. Zhonghua Shi Yan Wai Ke Za Zhi[Chin J Exp Surg(Article in Chinese;Abstract in Chinese and English)],2020,37(4):635-638. DOI:10.3760/cma.j.cn421213-20191013-01435.}

[25311] 赵万秋，徐永清，何晓清，罗浩天，许育健．数字化技术在腓动脉穿支蒂螺旋桨皮瓣修复足跟部创面中的临床应用 [J]．中国修复重建外科杂志，2020，34（3）：367-372．DOI：10.7507/1002-1892.201908079．{ZHAO Wanqiu,XU Yongqing,HE Xiaoqing,LUO Haotian,XU Yujian. Clinical application of digital technology in repairing of heel wound with peroneal artery perforator propeller flap[J]. Zhongguo Xiu Fu Chong Jian Wai Ke Za Zhi[Chin J Repar Reconstr Surg(Article in Chinese;Abstract in Chinese and English)],2020,34(3):367-372. DOI:10.7507/1002-1892.201908079.}

[25312] 许育健，徐永清，罗浩天，何晓清，张旭林，赵万秋，吴欢，袁礼波．基于数字化技术的豌豆骨血供及带蒂移位治疗月骨缺血性坏死可行性的解剖研究 [J]．中国修复重建外科杂志，2020，34（5）：596-601．DOI：10.7507/1002-1892.201907128．{XU Yujian,XU Yongqing,LUO Haotian,HE Xiaoqing,ZHANG Xulin,ZHAO Wanqiu,WU Huan,YUAN Libo. Anatomy of pisiform blood supply and feasibility of vascularized pisiform transfer for avascular necrosis of lunate based on digital technique[J]. Zhongguo Xiu Fu Chong Jian Wai Ke Za Zhi[Chin J Repar Reconstr Surg(Article in Chinese;Abstract in Chinese and English)],2020,34(5):596-601. DOI:10.7507/1002-1892.201907128.}

9.4.1 血管成像与定位
vascular imaging and mapping

[25313] 陈达，林晓曦，范新东，毛青，姚振威，李伟．3D-CTA 在周围动静脉畸形诊治中的初步应用 [J]．上海口腔医学，2004，13(1)：2-5．DOI：10.3969/j.issn.1006-7248.2004.01.002．{CHEN Da,LIN Xiaoxi,FAN Xindong,MAO Qing,YAO Zhenwei,LI Wei. Preliminary experience of 16-layer three-dimensional computed tomography in diagnosis and treatment of arteriovenous malformations[J]. Shang Hai Kou Qiang Yi Xue[Shanghai J Stom(Article in Chinese;Abstract in Chinese and English)],2004,13(1):2-5. DOI:10.3969/j.issn.1006-7248.2004.01.002.}

[25314] 霍然，李森恺，李养群，李强，杨明勇，黄渭清，刘元波．跨越人体中线肩胛皮瓣的微血管造影研究 [J]．中华整形外科杂志，2004，20（4）：262-264．DOI：10.3760/j.issn：1009-4598.2004.04.006．{HUO Ran,LI Senkai,LI Yangqun,LI Qiang,YANG Mingyong,HUANG Weiqing,LIU Yuanbo. Microvascular study of the transmidline scapular flap vascularized by the contralateral circumflex scapular artery[J]. Zhonghua Zheng Xing Wai Ke Za Zhi[Chin J Plast Surg(Article in Chinese;Abstract in Chinese and English)],2004,20(4):262-264. DOI:10.3760/j.issn:1009-4598.2004.04.006.}

[25315] 郝敏，刘安庆，李美才，李伟．用数字减影血管造影选择皮瓣供区修复小腿下段、足部软组织缺损 [J]．中华创伤杂志，2005，21（z1）：34-37．DOI：10.3760/j：issn：1001-8050.2005.z1.009．{HAO Min,LIU Anqing,LI Meicai,LI Wei. Treatment of soft tissue defects in lower shank and feet using reasonable flaps selected via digital substraction angiography[J]. Zhonghua Chuang Shang Za Zhi[Chin J Trauma(Article in Chinese;Abstract in Chinese and English)],2005,21(z1):34-37. DOI:10.3760/j:issn:1001-8050.2005.z1.009.}

[25316] 张韬，张燕，李彦生，归来，毛驰，陈永宁，赵继志．CTA 及 CAD\\CAM 技术在吻合血管的游离腓骨瓣下颌骨重建中的应用 [J]．中华整形外科杂志，2006，22（5）：325-327．DOI：10.3760/j.issn：1009-4598.2006.05.001．{ZHANG Tao,ZHANG Yan,LI Yansheng,GUI Lai,MAO Chi,CHEN Yongning,ZHAO Jizhi. Application of CTA and CAD \\ CAM techniques in mandible reconstruction with free fibula flap[J]. Zhonghua Zheng Xing Wai Ke Za Zhi[Chin J Plast Surg(Article in Chinese;Abstract in Chinese and English)],2006,22(5):325-327. DOI:10.3760/j.issn:1009-4598.2006.05.001.}

[25317] 贾懿，刘伟，曾昂，张海林，乔群．MDCTA 血管三维重建技术在术前组织瓣营养血管评估中的应用 [J]．中华整形外科杂志，2008，24（4）：275-278．DOI：10.3760/j.issn：1009-4598.2008.04.007．{JIA Yi,LIU Wei,ZENG Ang,ZHANG Hailin,QIAO Qun. Clinical application of mulfidetector-row CT angiography for preoperative evaluation of nourished vessels of flaps[J]. Zhonghua Zheng Xing Wai Ke Za Zhi[Chin J Plast Surg(Article in Chinese;Abstract in Chinese and English)],2008,24(4):275-278. DOI:10.3760/j.issn:1009-4598.2008.04.007.}

[25318] 王欣，袁中山，李胜华．MRA 在游离组织瓣移植术中临床应用 [J]．中国矫形外科杂志，2008，16（18）：1406-1407．{WANG Xin,YUAN Zhongshan,LI Shenghua. Clinical application of MRA in free tissue flap transplantation[J]. Zhongguo Jiao Xing Wai Ke Za Zhi[Orthop J Chin(Article in Chinese;Abstract in Chinese)],2008,16(18):1406-1407.}

[25319] 房文皓，吕发金，展群岭，张丽娟．CTA 图像后处理技术对血管管径影响的实验研究

[J]. 中国临床解剖学杂志，2009，27(3)：325-328. {FANG Wenhao,LV Fajin,ZHAN Qunling,ZHANG Lijuan. Experimental study of the influence of CT angiography post-processing on vacular caliber measurements[J]. Zhongguo Lin Chuang Jie Pou Xue Za Zhi[Chin J Clin Anat(Article in Chinese;Abstract in Chinese and English)],2009,27(3):325-328.}

[25320] 陆声，徐永清，张元智，李军，严睿，陈玉兵，郭海，孙林辉. CT血管造影及可视化研究在背阔肌肌皮瓣移植中的临床应用[J]. 中国修复重建外科杂志，2009，23(7)：818-821. {LU Sheng,XU Yongqing,ZHANG Yuanzhi,LI Jun,YAN Rui,CHEN Yubing,GUO Hai,SUN Linhui. Application of computed tomography in visualize of latissimus dorsi myocutaneous flap transplantation[J]. Zhongguo Xiu Fu Chong Jian Wai Ke Za Zhi[Chin J Repar Reconstr Surg(Article in Chinese;Abstract in Chinese and English)],2009,23(7):818-821.}

[25321] 庄跃宏. CT血管造影在皮瓣外科的研究进展[J]. 中国临床解剖学杂志，2010，28(4)：469-472. {ZHUANG Yuehong. The application of CTA in flap surgery[J]. Zhongguo Lin Chuang Jie Pou Xue Za Zhi[Chin J Clin Anat(Article in Chinese;Abstract in Chinese and English)],2010,28(4):469-472.}

[25322] 张龙，李选，董国祥，赵军. 功能性腘动脉陷迫综合征的CTA解剖特点初探[J]. 中国微创外科杂志，2012，12(2)：131-135，139. DOI: 10.3969/j.issn.1009-6604.2012.02.011. {ZHANG Long,LI Xuan,DONG Guoxiang,ZHAO Jun. Preliminary CTA Study on the Anatomical Features of Functional Popliteal Artery Entrapment Syndrome[J]. Zhongguo Wei Chuang Wai Ke Za Zhi[Chin J Minim Inva Surg(Article in Chinese;Abstract in Chinese and English)],2012,12(2):131-135,139. DOI:10.3969/j.issn.1009-6604.2012.02.011.}

[25323] 吴文，李涛，樊仕才，廖坚文，杨成亮，谢会斌. 3D-CTA辅助下第二足趾再造手指的数字化设计及初步应用[J]. 中华显微外科杂志，2013，36(5)：455-459. DOI: 10.3760/cma.j.issn.1001-2036.2013.05.011. {WU Wen,LI Tao,FAN Shicai,LIAO Jianwen,YANG Chengliang,XIE Huibin. Preliminary applications of the 3D-CTA assisted digital designing of the second toe transfers for the reconstruction of finger[J]. Zhonghua Xian Wei Wai Ke Za Zhi[Chin J Microsurg(Article in Chinese;Abstract in Chinese and English)],2013,36(5):455-459. DOI:10.3760/cma.j.issn.1001-2036.2013.05.011.}

[25324] 罗翔，江建中，谭海涛，许林，杨克勤，韦平欧，陆俭军，郑菲，林汉. CT血管造影在拇、手指再造术对足部供区血供评估与作用[J]. 中华显微外科杂志，2013，36(3)：305-307. DOI: 10.3760/cma.j.issn.1001-2036.2013.03.032. {LUO Xiang,JIANG Jianzhong,TAN Haitao,XU Lin,YANG Keqin,WEI Pingou,LU Jianjun,ZHENG Fei,LIN Han. Evaluation and effect of CT angiography on blood supply of foot donor site after hallux and finger reconstruction[J]. Zhonghua Xian Wei Wai Ke Za Zhi[Chin J Microsurg(Article in Chinese;Abstract in Chinese)],2013,36(3):305-307. DOI:10.3760/cma.j.issn.1001-2036.2013.03.032.}

[25325] 郭苓玲，刘元波. CTA与螺旋桨皮瓣技术在额部皮瓣中的应用[J]. 组织工程与重建外科杂志，2014，10(3)：177-180. DOI: 10.3969/j.issn.1673-0364.2014.03.015. {GUO Lingling,LIU Yuanbo. Applications of CTA and propeller flap techniques in forehead flap[J]. Zu Zhi Gong Cheng Yu Chong Jian Wai Ke Za Zhi[J Tissue Eng Reconstr Surg(Article in Chinese;Abstract in Chinese and English)],2014,10(3):177-180. DOI:10.3969/j.issn.1673-0364.2014.03.015.}

[25326] 何永静，王继华，朱礼昆，张景波，汤婷，黄绍丽，张颖佳，郭群，朱剑萍，刘红莉，王璐. CT血管造影在肩胛皮瓣修复面颈部瘢痕中的作用[J]. 中华整形外科杂志，2014，30(6)：457-459. DOI: 10.3760/cma.j.issn.1009-4598.2014.06.016. {HE Yongjing,WANG Jihua,ZHU Likun,ZHANG Jingbo,TANG Ting,HUANG Shaoli,ZHANG Yingjia,GUO Qun,ZHU Jianping,LIU Hongli,WANG Lu. The effect of CT angiography in scapular skin flap repairing facial and neck scar[J]. Zhonghua Zheng Xing Wai Ke Za Zhi[Chin J Plast Surg(Article in Chinese;No abstract available)],2014,30(6):457-459. DOI:10.3760/cma.j.issn.1009-4598.2014.06.016.}

[25327] 赵振华，杨建峰，王伯胤，周平，孙文东，庞飞，王挺，张雅萍，王德清. MRA、CTA与DSA在股前外侧皮瓣移植术前应用的对比研究[J]. 中华整形外科杂志，2015，31(3)：172-175. DOI: 10.3760/cma.j.issn.1009-4598.2015.03.004. {ZHAO Zhenhua,YANG Jianfeng,WANG Boyin,ZHOU Ping,SUN Wendong,PANG Fei,WANG Ting,ZHANG Yaping,WANG Deqing. Clinical application of preoperative imaging evaluation in the anterolateral thigh flap transplantation:comparison of computed tomography angiography,digital subtract angiography and magnetic resonance angiography[J]. Zhonghua Zheng Xing Wai Ke Za Zhi[Chin J Plast Surg(Article in Chinese;Abstract in Chinese and English)],2015,31(3):172-175. DOI:10.3760/cma.j.issn.1009-4598.2015.03.004.}

[25328] 蔡晓明，陈宏，王欣，邵国庆，夏华杰. CT血管造影与彩色多普勒超声成像技术在足趾移植再造拇手指中的临床应用[J]. 中华显微外科杂志，2015，38(3)：258-261. DOI: 10.3760/cma.j.issn.1001-2036.2015.03.014. {CAI Xiaoming,CHEN Hong,WANG Xin,SHAO Guoqing,XIA Huajie. Clinical application of computed tomography angiography (CTA) and color Doppler image formation technology in thumb and finger reconstruction[J]. Zhonghua Xian Wei Wai Ke Za Zhi[Chin J Microsurg(Article in Chinese;Abstract in Chinese and English)],2015,38(3):258-261. DOI:10.3760/cma.j.issn.1001-2036.2015.03.014.}

[25329] 段家章，何晓清，徐永清. CTA发现单侧腓动脉胫后动脉变异1例[J]. 中国临床解剖学杂志，2016，34(5)：599-599. DOI: 10.13418/j.issn.1001-165x.2016.05.026. {DONG Jiazhang,HE Xiaoqing,XU Yongqing. CTA revealed the variation of unilateral peroneal artery and posterior tibial artery:a case report[J]. Zhongguo Lin Chuang Jie Pou Xue Za Zhi[Chin J Clin Anat(Article in Chinese;Abstract in Chinese and English)],2016,34(5):599-599. DOI:10.13418/j.issn.1001-165x.2016.05.026.}

[25330] 莫勇军，谭海涛，杨克勤，韦平欧，罗翔，林汉，梁旭权，许林，林鑫欣. 3D-CTA技术在多指脱套伤修复中的应用[J]. 中华显微外科杂志，2016，39(5)：508-511. DOI: 10.3760/cma.j.issn.1001-2036.2016.05.029. {MO Yongjun,TAN Haitao,YANG Keqin,WEI Pingou,LUO Xiang,LIN Han,LIANG Xuquan,XU Lin,LIN Xinxin. Application of 3D-CTA in the repair of degousting injury of multiple fingers[J]. Zhonghua Xian Wei Wai Ke Za Zhi[Chin J Microsurg(Article in Chinese;Abstract in Chinese)],2016,39(5):508-511. DOI:10.3760/cma.j.issn.1001-2036.2016.05.029.}

[25331] 王成德，王爱，孙继玲，王建国. 3D-CTA技术在足趾组织移植修复拇手指缺损中的应用[J]. 中华手外科杂志，2016，32(5)：329-331. DOI: 10.3760/cma.j.issn.1005-054X.2016.05.003. {WANG Chengde,WANG Ai,SUN Jiling,WANG Jianguo. The application of 3D-CTA technology in toe-to-hand transfers[J]. Zhonghua Shou Wai Ke Za Zhi[Chin J Hand Surg(Article in Chinese;Abstract in Chinese and English)],2016,32(5):329-331. DOI:10.3760/cma.j.issn.1005-054X.2016.05.003.}

[25332] 徐业凯，袁斯明，郭遥，崔磊，汪军，洪志坚. 应用数字减影血管造影术指导皮瓣选择修复严重手外伤创面[J]. 组织工程与重建外科杂志，2016，12(6)：357-359. DOI: 10.3969/j.issn.1673-0364.2016.06.007. {XU Yekai,YUAN Siming,GUO Yao,CUI Lei,WANG Jun,HONG Zhijian. Application of digital subtraction angiography for selecting skin flap in hand trauma[J]. Zu Zhi Gong Cheng Yu Chong Jian Wai Ke Za Zhi[J Tissue Eng Reconstr Surg(Article in Chinese;Abstract in Chinese and English)],2016,12(6):357-359. DOI:10.3969/j.issn.1673-0364.2016.06.007.}

[25333] 朱珊，刘元波，童德迪，黄勇，吴乐昊，毛琦，陈博，臧梦青，Brandacher G，Lee AWP. 实时三维多普勒傅里叶频域光学相干层析成像系统指导显微外科血管吻合的实验研究[J]. 中华显微外科杂志，2016，39(3)：263-268. DOI: 10.3760/cma.j.issn.1001-2036.2016.03.013. {ZHU Shan,LIU Yuanbo,TONG Dedi,HUANG Yong,WU Lehao,MAO Qi,CHEN Bo,ZANG Mengqing,Brandacher G,Lee AWP. Assessment and guidance of microvascular anastomosis using the real-time,3D Fourier spectral domain optical coherence tomography[J]. Zhonghua Xian Wei Wai Ke Za Zhi[Chin J Microsurg(Article in Chinese;Abstract in Chinese and English)],2016,39(3):263-268. DOI:10.3760/cma.j.issn.1001-2036.2016.03.013.}

[25334] 夏成德，薛继东，狄海萍，韩大伟，曹大勇，李强，景福琴，牛希华. CT血管造影及三维重建在额部轴型扩张皮瓣修复口周及颏部瘢痕中的应用效果[J]. 中华烧伤杂志，2018，34(10)：677-682. DOI: 10.3760/cma.j.issn.1009-2587.2018.10.006. {XIA Chengde,XUE Jidong,DI Haiping,HAN Dawei,CAO Dayong,LI Qiang,JING Fuqin,NIU Xihua. Application effects of CT angiography and three-dimensional reconstruction technique in repairing scar around the mouth and chin with expanded forehead axial flap[J]. Zhonghua Shao Shang Za Zhi[Chin J Burns(Article in Chinese;Abstract in Chinese and English)],2018,34(10):677-682. DOI:10.3760/cma.j.issn.1009-2587.2018.10.006.}

[25335] 杨智斌，牛建栋，马勇，李津宁，沈江涌，姚明. CT血管造影及三维重建在组织瓣修复颈肩、腋窝及上臂高压电烧伤创面中的临床应用[J]. 中华烧伤杂志，2018，34(12)：874-880. DOI: 10.3760/cma.j.issn.1009-2587.2018.12.011. {YANG Zhibin,NIU Jiandong,MA Yong,LI Jinning,SHEN Jiangyong,YAO Ming. Clinical application of computed tomography angiography and three-dimensional reconstruction in repairing high-voltage electrical burn wounds in necks,shoulders,axillas,and upper arms with tissue flaps[J]. Zhonghua Shao Shang Za Zhi[Chin J Burns(Article in Chinese;Abstract in Chinese and English)],2018,34(12):874-880. DOI:10.3760/cma.j.issn.1009-2587.2018.12.011.}

[25336] 田振欣，窦金兰，张晓丽，窦洪磊，刘兴龙. CTA辅助联合皮瓣修复小腿和足部大范围软组织缺损[J]. 中华显微外科杂志，2019，42(5)：438-441. DOI: 10.3760/cma.j.issn.1001-2036.2019.05.005. {TIAN Zhenxin,DOU Jinlan,ZHANG Xiaoli,DOU Honglei,LIU Xinglong. Repairing massive soft tissue defects of shank and foot with combined flaps with the help of 3D-CTA technique[J]. Zhonghua Xian Wei Wai Ke Za Zhi[Chin J Microsurg(Article in Chinese;Abstract in Chinese and English)],2019,42(5):438-441. DOI:10.3760/cma.j.issn.1001-2036.2019.05.005.}

[25337] 田振欣，时丹萍，姜宁宁，王建国，刘兴龙. 三维CT血管造影辅助下游离腓骨复合组织瓣修复下肢复合组织缺损[J]. 中华手外科杂志，2019，35(5)：373-376. {TIAN Zhenxin,SHI Danping,JIANG Ningning,WANG Jianguo,LIU Xinglong. Repair of composite tissue defect of lower extremity with free fibula composite tissue flaps assisted by 3D-CT angiography[J]. Zhonghua Shou Wai Ke Za Zhi[Chin J Hand Surg(Article in Chinese;Abstract in Chinese and English)],2019,35(5):373-376.}

[25338] 马文国，王成德，王爱，王廷丽. 三维CT血管造影辅助下游离肩胛皮瓣修复肢体深度烧伤创面[J]. 中华整形外科杂志，2020，36(4)：434-436. DOI: 10.3760/cma.j.cn114453-20190219-00051. {MA Wenguo,WANG Chengde,WANG Ai,WANG Tingli. Effect of 3D-CTA assistant the post-burn limb reconstruction by free scapular flap[J]. Zhonghua Zheng Xing Wai Ke Za Zhi[Chin J Plast Surg(Article in Chinese;Abstract in Chinese and English)],2020,36(4):434-436. DOI:10.3760/cma.j.cn114453-20190219-00051.}

9.5 实验性治疗技术与显微外科
experimental treatment technology and microsurgery

9.5.1 基因技术
gene technique

9.5.1.1 实验研究
experimental research

[25339] Yue B,Lu B,Dai KR,Zhang XL,Yu CF,Lou JR,Tang TT. BMP2 gene therapy on the repair of bone defects of aged rats[J]. Calcif Tissue Int,2005,77(6):395-403. doi:10.1007/s00223-005-0180-y.

[25340] Qu D,Li J,Li Y,Gao Y,Zuo Y,Hsu Y,Hu J. Angiogenesis and osteogenesis enhanced by bFGF ex vivo gene therapy for bone tissue engineering in reconstruction of calvarial defects[J]. J Biomed Mater Res A,2011,96(3):543-551. doi:10.1002/jbm.a.33009.

[25341] Lin H,Yuan J,Ruan KH,Yang W,Zhang J,Dai Y,Wang R. COX-2-10aa-PGIS gene therapy improves erectile function in rats after cavernous nerve injury[J]. J Sex Med,2013,10(6):1476-1487. doi:10.1111/jsm.12147.

[25342] 杨水祥，李天德，张永斌，杨兴生，黄培堂. 组织型纤溶酶原激活剂基因治疗预防血管成形术后再狭窄的实验研究[J]. 解放军医学杂志，1995，20(5)：346-349. {YANG Shuixiang,LI Tiande,ZHANG Yongbin,YANG Xingsheng,HUANG peitang. t-PA gene therapy for prevention of restenosis after PTCA[J]. Jie Fang Jun Yi Xue Za Zhi[Med J Chin PLA(Article in Chinese;Abstract in Chinese and English)],1995,20(5):346-349.}

[25343] 陈敏亮，林子豪，曹雪涛，章卫平，陶群，鞠佃文，雷虹，吴宏，宋慧锋. 成纤维细胞介导的人IL-10基因疗法的实验研究[J]. 第二军医大学学报，1998，19(6)：533-535. DOI: 10.3321/j.issn: 0258-879X.1998.06.010. {CHEN Minliang,LIN Zihao,CAO Xuetao,ZHANG Weiping,TAO Qun,JU Dianwen,LEI Hong,WU Hong,SONG Huifeng. Study of experimental model of interleukin-10 gene therapy with fibroblasts[J]. Di Er Jun Yi Da Xue Xue Bao[Acad J Sec Mil Med Univ(Article in Chinese;Abstract in Chinese and English)],1998,19(6):533-535. DOI:10.3321/j.issn:0258-879X.1998.06.010.}

[25344] 顾洪，陈少萍，张电波，王官将，毛积芳. 血管内皮生长因子基因治疗兔下肢缺血的实验研究[J]. 第二军医大学学报，2000，21(5)：447-449. DOI: 10.3321/j.issn: 0258-879X.2000.05.015. {GU Hong,CHEN Shaoping,ZHANG Dianbo,WANG Guanjiang,MAO Jifang. Gene therapy of vascular endothelial growth factor in treatment of hindlimb ischemia in a rabbit model[J]. Di Er Jun Yi Da Xue Xue Bao[Acad J Sec Mil Med Univ(Article in Chinese;Abstract in Chinese and English)],2000,21(5):447-449. DOI:10.3321/j.issn:0258-879X.2000.05.015.}

[25345] 陈良万，郭加强. 尿激酶原基因疗法防治小血管吻合口血栓形成和内膜增生的实验研究[J]. 中华显微外科杂志，2001，24(3)：192-194. DOI: 10.3760/cma.j.issn.1001-2036.2001.03.012. {CHEN Liangwan,GUO Jianqiang. Preventiv effection of gene therapy with Pro-UK gene on the formation of thrombi and intimal hyperplasia of vascular anastomotic site[J]. Zhonghua Xian Wei Wai Ke Za Zhi[Chin J Microsurg(Article in Chinese;Abstract in Chinese and English)],2001,24(3):192-194. DOI:10.3760/cma.j.issn.1001-2036.2001.03.012.}

[25346] 陈良万，郭加强. 尿激酶原基因疗法预防小血管血栓形成的实验研究[J]. 中华实验外科杂志，2001，18(6)：589-590. DOI: 10.3760/j.issn: 1001-9030.2001.06.046. {CHEN Liangwan,GUO Jianqiang. Experimental study on the prevention of the formation of thrombosis by Pro-UK gene therapy in small vessels[J]. Zhonghua Shi Yan Wai Ke Za Zhi[Chin J Exp Surg(Article in Chinese;Abstract in Chinese and English)],2001,18(6):589-590. DOI:10.3760/j.issn:1001-9030.2001.06.046.}

[25347] 张海鸿，廖维宏，孙正义，伍亚民，王栓科，曾玲. 腺病毒介导的脑源性神经营养因子基因治疗大鼠神经根损伤[J]. 中国脊柱脊髓杂志，2003，13(9)：539-541. DOI: 10.3969/j.issn.1004-406X.2003.09.008. {ZHANG Haihong,LIAO Weihong,SUN Zhengyi,WU Yamin,WANG shuanke,ZENG Ling. Effects of adenovirus-mediated BDNF gene transfer into spinal cord to treat nerve root injury in rats[J]. Zhongguo Ji Zhu Ji Sui Za Zhi[Chin J Spine Spinal Cord(Article in Chinese;Abstract in Chinese and English)],2003,13(9):539-541. DOI:10.3969/j.issn.1004-406X.2003.09.008.}

[25348] 杨立文，岳东英，曾莉，张吉翔，罗忠金. 血管内皮生长因子基因治疗大鼠缺血皮瓣的实验研究[J]. 中华实验外科杂志，2003，20（4）：355-357. DOI：10.3760/j.issn：1001-9030.2003.04.030. {YANG Liwen,YUE Dongying,ZENG Li,ZHANG Jixiang,LUO Zhongjin. Direct gene transfer of naked DNA encoding vascular endothelial growth factor into ischemic skin flap in rats[J]. Zhonghua Shi Yan Wai Ke Za Zhi[Chin J Exp Surg(Article in Chinese;Abstract in Chinese and English)],2003,20(4):355-357. DOI:10.3760/j.issn:1001-9030.2003.04.030.}

[25349] 杨孔宾，胡志强，董齐，初明，程玉，戴钦舜. 载体因素对非病毒基因治疗体内实验方法的影响[J]. 中华实验外科杂志，2003，20（7）：642-643. DOI：10.3760/j.issn：1001-9030.2003.07.026. {YANG kongbin,HU Zhiqiang,DONG Qi,CHU Ming,CHENG Yu,DAI Qinshun. Effect of vector factors on hGH gene therapy in vivo[J]. Zhonghua Shi Yan Wai Ke Za Zhi[Chin J Exp Surg(Article in Chinese;Abstract in Chinese and English)],2003,20(7):642-643. DOI:10.3760/j.issn:1001-9030.2003.07.026.}

[25350] 杨孔宾，戴钦舜，胡志强，王超，初明，董齐，胡恩喜，杨富明，刘恩重. 脂质体和人工合成多聚物对人生长激素基因治疗体内实验影响的研究[J]. 中华神经外科杂志，2003，19（3）：220-222. DOI：10.3760/j.issn：1001-2346.2003.03.016. {YANG kongbin,DAI Qinshun,HU Zhiqiang,WANG Chao,CHU Ming,DONG Qi,HU Enxi,YANG fuming,LIU Enzhong. The effect of liposome and polyplexes on hGH gene therapy in vivo[J]. Zhonghua Shen Jing Wai Ke Za Zhi[Chin J Neurosurg(Article in Chinese;Abstract in Chinese and English)],2003,19(3):220-222. DOI:10.3760/j.issn:1001-2346.2003.03.016.}

[25351] 张启旭，周刚，王春梅，周爱儒. 基因治疗促进移植气管血运重建的实验研究[J]. 中华外科杂志，2004，42（10）：622-626. DOI：10.3760/j：issn：0529-5815.2004.10.014. {ZHANG Qixu,ZHOU Gang,WANG Chunmei,ZHOU Airu. Experimental research of promoting revascularization of tracheal transplantation by gene therapy[J]. Zhonghua Wai Ke Za Zhi[Chin J Surg(Article in Chinese;Abstract in Chinese and English)],2004,42(10):622-626. DOI:10.3760/j:issn:0529-5815.2004.10.014.}

[25352] 俞恒锡，崔世军，滕旭，祁雅慧，武文琦. 血管内皮生长因子-碱性成纤维细胞生长因子基因治疗家兔肢体缺血的研究[J]. 中华实验外科杂志，2004，21（4）：406-407. DOI：10.3760/j.issn：1001-9030.2004.04.007. {YU Hengxi,CUI Shijun,TENG Xu,QI Yahui,WU Wenqi. Gene therapy of vascular endothelial growth factor-basic fibroblast growth factor for hindlimb ischemia in a rabbit model[J]. Zhonghua Shi Yan Wai Ke Za Zhi[Chin J Exp Surg(Article in Chinese;Abstract in Chinese and English)],2004,21(4):406-407. DOI:10.3760/j.issn:1001-9030.2004.04.007.}

[25353] 岳冰，汤亭亭，陆斌，朱六龙，郁朝锋，楼觉人，戴尅戎. 老年大鼠骨缺损的骨形态发生蛋白-2的基因治疗[J]. 中华创伤杂志，2005，21（8）：611-616. DOI：10.3760/j：issn：1001-8050.2005.08.015. {YUE Bing,HONG Tingting,LU Bin,ZHU Liulong,YU Chaofeng,LOU juoren,DAI kirong. Engineered autologous mesenchymal stem cells repair femoral segmental defects in old rats[J]. Zhonghua Chuang Shang Za Zhi[Chin J Trauma(Article in Chinese;Abstract in Chinese and English)],2005,21(8):611-616. DOI:10.3760/j:issn:1001-8050.2005.08.015.}

[25354] 刘日光，杨述华，易诚青，刘建湘，杨操. 应用血管内皮生长因子基因治疗股骨头缺血性坏死的实验研究[J]. 中国骨伤，2005，18（10）：604-606. DOI：10.3969/j.issn.1003-0034.2005.10.011. {LIU Yangguang,YANG Shuhua,YI Chengqing,LIU Jianxiang,YANG Cao. Treatment of avascular necrosis of the femoral head with VEGF165 gene[J]. Zhongguo Gu Shang[China J Orthop Trauma(Article in Chinese;Abstract in Chinese and English)],2005,18(10):604-606. DOI:10.3969/j.issn.1003-0034.2005.10.011.}

[25355] 汤亭亭，陆斌，岳冰，郁朝峰，楼觉人，戴尅戎. 干细胞移植和BMP2基因治疗修复骨损伤和坏死的实验研究[J]. 组织工程与重建外科杂志，2005，1（1）：34-38. DOI：10.3969/j.issn.1673-0364.2005.01.010. {HONG Kingston,LU Bin,YUE Bing,YU Chaofeng,LOU Jueren,DAI Qirong. Repair of bone injury and osteonecrosis with bmp2 gene therapy and stem cell transplantation[J]. Zu Zhi Gong Cheng Yu Chong Jian Wai Ke Za Zhi[J Tissue Eng Reconstr Surg(Article in Chinese;Abstract in Chinese and English)],2005,1(1):34-38. DOI:10.3969/j.issn.1673-0364.2005.01.010.}

[25356] 王伟，汪春兰，赵宇，曹东升，王帮河，丁浩，王新宇，朱华锋. 复制缺陷型腺病毒载体介导的VEGF基因治疗大鼠缺血皮瓣的实验研究[J]. 安徽医科大学学报，2005，40（4）：302-304. DOI：10.3969/j.issn.1000-1492.2005.04.004. {WANG Wei,WANG Chunlan,ZHAO Yu,CAO Dongsheng,WANG Banghe,DING Hao,WANG Xinyu,ZHU Huafeng. The effect of adenover-mediated VEGF gene on survival of a random skin flap in the rat[J]. An Hui Yi Ke Da Xue Xue Bao[Acta Univ Med Anhui(Article in Chinese;Abstract in Chinese and English)],2005,40(4):302-304. DOI:10.3969/j.issn.1000-1492.2005.04.004.}

[25357] 李建军，赵群，孙鸿斌，韩冬，徐莘香. 骨形态发生蛋白2基因治疗在修复骨缺损中对血管化影响的实验研究[J]. 中华整形外科杂志，2006，22（4）：303-305. DOI：10.3760/j.issn：1009-4598.2006.04.018. {LI Jianjun,ZHAO Qun,SUN Hongbin,HAN Dong,XU Xinxiang. Effects of BMP-2 gene therapy on vascularization in repairing bone defects[J]. Zhonghua Zheng Xing Wai Ke Za Zhi[Chin J Plast Surg(Article in Chinese;Abstract in Chinese and English)],2006,22(4):303-305. DOI:10.3760/j.issn:1009-4598.2006.04.018.}

[25358] 宋存先，张琳华，杨菁，Stachelek，Stanley J，Levy，Robert J. 聚氨酯血管植入装置用于基因治疗的动物实验[J]. 中国医学科学院学报，2006，28（5）：682-685，插3. {SONG cunxian,ZHANG Linhua,YANG Jing,stachelek,Stanley J,levy,Robert J. Animal study of intravascular gene therapy based on polyurethane implantable devices[J]. Zhongguo Yi Xue Ke Xue Yuan Xue Bao[Acta Acad Med Sin(Article in Chinese;Abstract in Chinese and English)],2006,28(5):682-685,cover 3.}

[25359] 朱华锋，汪春兰，赵宇，曹东升，丁浩，王帮河，王伟，王兴宇，姚远. 应用碱性成纤维细胞生长因子基因治疗促进大鼠早期断蒂皮瓣的成活[J]. 安徽医科大学学报，2006，41（4）：386-388. DOI：10.3969/j.issn.1000-1492.2006.04.008. {ZHU Huafeng,WANG Chunlan,ZHAO Yu,CAO Dongsheng,DING Hao,WANG Banghe,WANG Wei,WANG Xingyu,YAO yuan. The effect of basic fibroblast growth factor gene on the survival of flaps with early pedicle division:an experimental study with rat[J]. An Hui Yi Ke Da Xue Xue Bao[Acta Univ Med Anhui(Article in Chinese;Abstract in Chinese and English)],2006,41(4):386-388. DOI:10.3969/j.issn.1000-1492.2006.04.008.}

[25360] 张琰，毛军胜，王炳臣，张凯，石恩东，林咏杰，黄抗美，蔡锦方. 血管内皮生长因子基因治疗联合外科延迟法改善大鼠腹壁超范围轴型皮瓣成活的研究[J]. 中国修复重建外科杂志，2007，21（6）：625-628. {ZHANG Yan,MAO Junsheng,WANG Bingchen,ZHANG Kai,SHI Endong,LIN Yongjie,HUANG Kangmei,CAI JinFang. Survival of rat over-area abdominal axial skin flap after application of vascular endothelial growth factor gene and surgical delay[J]. Zhongguo Xiu Fu Chong Jian Wai Ke Za Zhi[Chin J Repar Reconstr Surg(Article in Chinese;Abstract in Chinese and English)],2007,21(6):625-628.}

[25361] 张琰，毛军胜，王炳臣，张凯，石恩东，林咏杰，黄抗美，蔡锦方. 血管内皮生长因子基因治疗与皮瓣延迟术对大鼠腹壁轴型皮瓣成活的影响[J]. 中华整形外科杂志，2008，24（1）：39-41. DOI：10.3760/j.issn：1009-4598.2008.01.014. {ZHANG Yan,MAO Junsheng,WANG Bingchen,ZHANG Kai,SHI Endong,LIN Yongjie,HUANG Kangmei,CAI JinFang. Effects on the survival of rat's abdominal axial skin flap after the combination of VEGF gene therapy and skin flap delay[J]. Zhonghua Zheng Xing Wai Ke Za Zhi[Chin J Plast Surg(Article in Chinese;Abstract in Chinese and English)],2008,24(1):39-41. DOI:10.3760/j.issn:1009-4598.2008.01.014.}

[25362] 吴国平，李盛华，黎德平，杨智慧，何小川，廖毅，郭力. 电穿孔介导的基因治疗兔下颌骨牵引成骨模型的建立[J]. 中华整形外科杂志，2009，25（4）：280-283. DOI：10.3760/cma.j.issn.1009-4598.2009.04.015. {WU Guoping,LI Shenghua,LI Deping,YANG Zhizhi,HE Xiaochuan,LIAO Yi,GUO Li. Establishment of animal model for electroporation-mediated gene therapy in distraction osteogenesis of rabbit mandible[J]. Zhonghua Zheng Xing Wai Ke Za Zhi[Chin J Plast Surg(Article in Chinese;Abstract in Chinese and English)],2009,25(4):280-283. DOI:10.3760/cma.j.issn.1009-4598.2009.04.015.}

[25363] 章有才，尹宗生，张胜权，王伟. 内皮型一氧化氮合酶基因疗法防治小血管吻合口血栓形成的实验研究[J]. 安徽医科大学学报，2009，44（3）：347-350. DOI：10.3969/j.issn.1000-1492.2009.03.019. {ZHANG Youcai,YIN Zongsheng,ZHANG Shengquan,WANG Wei. Preventive effection of gene therapy with eNOS gene on the formation of thrombi of vascular anastomotic site[J]. An Hui Yi Ke Da Xue Xue Bao[Acta Univ Med Anhui(Article in Chinese;Abstract in Chinese and English)],2009,44(3):347-350. DOI:10.3969/j.issn.1000-1492.2009.03.019.}

[25364] 吕碧涛，袁文，徐盛明. 慢病毒介导RNA干扰Nogo受体基因治疗脊髓损伤的实验研究[J]. 中华外科杂志，2010，48（20）：1573-1576. DOI：10.3760/cma.j.issn.0529-5815.2010.20.014. {LV Bitao,YUAN Wen,XU Shengming. Lentiviral vector-mediated RNA interfere gene Nogo receptor to repair spinal cord injury[J]. Zhonghua Wai Ke Za Zhi[Chin J Surg(Article in Chinese;Abstract in Chinese and English)],2010,48(20):1573-1576. DOI:10.3760/cma.j.issn.0529-5815.2010.20.014.}

[25365] 吴国平，黎德平，胡纯兵，何小川，兰永树，郭力. 电穿孔介导的基因治疗对兔下颌骨牵引区新生骨骨密度与强度的影响[J]. 中华整形外科杂志，2010，26（3）：207-211. DOI：10.3760/cma.j.issn.1009-4598.2010.03.013. {WU Guoping,LI Deping,HU Chunbing,HE Xiaochuan,LAN Yongshu,GUO Li. The effect of electroporation mediated gene therapy on bone mineral density and strength of new formed bone in mandibular distraction gap in rabbit[J]. Zhonghua Zheng Xing Wai Ke Za Zhi[Chin J Plast Surg(Article in Chinese;Abstract in Chinese and English)],2010,26(3):207-211. DOI:10.3760/cma.j.issn.1009-4598.2010.03.013.}

[25366] 温小粤，卢华定，蔡道章，陈郁鲜，王昆，曾春. 壳聚糖微球转染人IL-1Ra与TGF-β1基因治疗兔骨关节炎[J]. 中华显微外科杂志，2011，34（3）：207-210，后插4. DOI：10.3760/cma.j.issn.1001-2036.2011.03.012. {WEN Xiaoyue,LU Huading,CAI Daozhang,CHEN Yuxian,WANG Kun,ZENG Chun. Transinfection of rabbit knee osteoarthritis models via chitosan microsphere as gene carriers with recombined human IL-IRa gene and TGF-β1 gene[J]. Zhonghua Xian Wei Wai Ke Za Zhi[Chin J Microsurg(Article in Chinese;Abstract in Chinese and English)],2011,34(3):207-210,cover 4. DOI:10.3760/cma.j.issn.1001-2036.2011.03.012.}

[25367] 吴国平，李绍兰，胡纯兵，刘震，高志丹，何小川，尹康，郭力. 电穿孔介导的基因治疗对兔下颌骨牵引过程中细胞周期蛋白表达的影响[J]. 中华整形外科杂志，2011，27（5）：380-385. DOI：10.3760/cma.j.issn.1009-4598.2011.05.016. {WU Guoping,LI Shaolan,HU Chunbing,LIU Zhen,GAO Zhidan,HE Xiaochuan,YIN Kang,GUO Li. Effect of electroporation-mediated gene transfect on the expression of cyclins during mandible distraction in rabbit[J]. Zhonghua Zheng Xing Wai Ke Za Zhi[Chin J Plast Surg(Article in Chinese;Abstract in Chinese and English)],2011,27(5):380-385. DOI:10.3760/cma.j.issn.1009-4598.2011.05.016.}

[25368] 张平，蔡道章，刘斌，钟志宏，潘永谦，张振山. 转IL-1Ra和TGF-β1基因治疗兔骨性关节炎的体外实验研究[J]. 中华关节外科杂志（电子版），2011，5（3）：335-342. DOI：10.3877/cma.j.issn.1674-134X.2011.03.012. {ZHANG Ping,CAI Daozhang,LIU Bin,ZHONG Zhihong,PAN Yongqian,ZHANG Zhenshan. An in vitro study on rabbit osteoarthritis gene therapy with recombined human IL-1Ra gene and TGF-β1 gene[J]. Zhonghua Guan Jie Wai Ke Za Zhi Dian Zi Ban[Chin J Joint Surg(Electr Ed)(Article in Chinese;Abstract in Chinese and English)],2011,5(3):335-342. DOI:10.3877/cma.j.issn.1674-134X.2011.03.012.}

[25369] 万虹，李德志，冯杰，马俊岩，刘松. 舌下神经-面神经吻合术结合神经营养因子-3基因治疗完全性面瘫的实验研究[J]. 中华神经外科杂志，2014，30（4）：327-330. DOI：10.3760/cma.j.issn.1001-2346.2014.04.002. {WAN Hong,LI Dezhi,FENG Jie,MA Junyan,LIU Song. Hypoglossal-facial nerve reconstruction combined with NT-3 gene therapy for complete facial palsy[J]. Zhonghua Shen Jing Wai Ke Za Zhi[Chin J Neurosurg(Article in Chinese;Abstract in Chinese and English)],2014,30(4):327-330. DOI:10.3760/cma.j.issn.1001-2346.2014.04.002.}

[25370] 赵荣兰，彭效祥，楚海荣，宋伟，刘庆. 可磷酸化短肽偶联壳聚糖介导兔关节软骨损伤修复的基因治疗[J]. 中国修复重建外科杂志，2014，28（11）：1346-1352. DOI：10.7507/1002-1892.20140292. {ZHAO Ronglan,PENG Xiaoxiang,CHU Hairong,SONG Wei,LIU Qing. Phosphorylatable short peptide conjugated chitosan mediated gene therapy for repair of articular cartilage defect in rabbits[J]. Zhongguo Xiu Fu Chong Jian Wai Ke Za Zhi[Chin J Repar Reconstr Surg(Article in Chinese;Abstract in Chinese and English)],2014,28(11):1346-1352. DOI:10.7507/1002-1892.20140292.}

9.5.1.2 临床研究
clinical study

[25371] 毛伯镛. 基因治疗脊髓损伤的研究现状及应用前景[J]. 中国修复重建外科杂志，1998，12（5）：276-279. {BO Yong MAO. Esearch status and prospects of gene therapy in spinal cord injuries[J]. Zhongguo Xiu Fu Chong Jian Wai Ke Za Zhi[Chin J Repar Reconstr Surg(Article in Chinese;Abstract in Chinese and English)],1998,12(5):276-279.}

[25372] 马文斌，陈松森，任祖渊，张劲秋，王维钧，李永宁，苏长保，王任直. RV-HSV-tK-GCV系统基因治疗中的"旁观者效应"研究[J]. 中华神经外科杂志，2000，16（1）：57-60. DOI：10.3760/j.issn：1001-2346.2000.01.017. {MA Wenbin,CHEN Songsen,REN Zuyuan,ZHANG Jinqiu,WANG Weijun,LI Yongning,SU Changbao,WANG Renzhi. The study of "Bystander Effect" in RV-HSV-tk-GCV system gene therapy for glioma[J]. Zhonghua Shen Jing Wai Ke Za Zhi[Chin J Neurosurg(Article in Chinese;Abstract in Chinese and English)],2000,16(1):57-60. DOI:10.3760/j.issn:1001-2346.2000.01.017.}

[25373] 付小兵，盛志勇. 积极审慎地开展创面愈合的基因治疗研究[J]. 中华创伤杂志，2000，16（6）：328-330. DOI：10.3760/j：issn：1001-8050.2000.06.003. {FU Xiaobing,SHENG Zhiyong. Study on wound healing with gene therapy actively and cautiously[J]. Zhonghua Chuang Shang Za Zhi[Chin J Trauma(Article in Chinese;Abstract in Chinese and English)],2000,16(6):328-330. DOI:10.3760/j.issn:1001-8050.2000.06.003.}

[25374] 鲁凯伍，陈哲宇，侯铁胜，傅强，李明，曹莉，金大地. 胶质细胞源性神经营养因子体内转基因治疗对脊髓运动神经元的保护作用[J]. 中华骨科杂志，2002，22（9）：551-555. DOI：10.3760/j.issn：0253-2352.2002.09.010. {LU Kaiwu,CHEN Zheyu,HOU Tiesheng,FU Qiang,LI Ming,CAO Li,JIN Dadi. Protective effect of liposome-mediated GDNF gene transfer in vivo on motor neurons following spinal cord injury in rats[J]. Zhonghua Gu Ke Za Zhi[Chin J Orthop(Article in Chinese;Abstract in Chinese and English)],2002,22(9):551-555. DOI:10.3760/j.issn:0253-2352.2002.09.010.}

[25375] 程飚，付小兵，盛志勇. 基因治疗在创面愈合中的应用[J]. 创伤外科杂志，2002，4（1）：48-51. DOI：10.3969/j.issn.1009-4237.2002.01.020. {CHENG Biao,FU Xiaobing,SHENG Zhiyong. Application of gene therapy in wound healing[J]. Chuang Shang Wai Ke Za Zhi[J Traum Surg(Article in Chinese;Abstract in Chinese and English)],2002,4(1):48-51. DOI:10.3969/j.issn.1009-4237.2002.01.020.}

[25376] 李培建，李兵仓. 周围神经损伤的修复及基因治疗[J]. 创伤外科杂志，2002，4（1）：59-61. DOI：10.3969/j.issn.1009-4237.2002.01.023. {LI Peijian,LI bingcang. Peripheral nerve injury repair and gene therapy[J]. Chuang Shang Wai Ke Za Zhi[J Traum Surg(Article in Chinese;Abstract in Chinese and English)],2002,4(1):59-61. DOI:10.3969/

j.issn.1009-4237.2002.01.023.}

[25377] 张泽华，阮怀珍．基因治疗在周围神经损伤修复中的应用 [J]．创伤外科杂志，2002，4(6)：377-380．DOI：10.3969/j.issn.1009-4237.2002.06.023．{ZHANG Zehua,RUAN huaizhen. Application of gene therapy in the repair of peripheral nerve injury[J]. Chuang Shang Wai Ke Za Zhi[J Traum Surg(Article in Chinese;Abstract in Chinese and English)],2002,4(6):377-380. DOI:10.3969/j.issn.1009-4237.2002.06.023.}

[25378] 张建军，李兵仓．骨折愈合的现代研究与局部基因治疗 [J]．创伤外科杂志，2003，5(3)：230-232．DOI：10.3969/j.issn.1009-4237.2003.03.031．{ZHANG Jianjun,LI bingcang. Study of fracture healing and it's local gene therapy[J]. Chuang Shang Wai Ke Za Zhi[J Traum Surg(Article in Chinese;Abstract in Chinese and English)],2003,5(3):230-232. DOI:10.3969/j.issn.1009-4237.2003.03.031.}

[25379] 刘继中，纪宗玲，胡蕴玉．腺病毒介导的基因治疗在骨创伤及骨病中的应用 [J]．中国修复重建外科杂志，2003，17(3)：215-218．{LIU Jizhong,JI zongling,HU Yunyu. Application of gene therapy mediated by adenovirus vectors for bone trauma and bone desease[J]. Zhongguo Xiu Fu Chong Jian Wai Ke Za Zhi[Chin J Repar Reconstr Surg(Article in Chinese;Abstract in Chinese and English)],2003,17(3):215-218.}

[25380] 郑振华，徐良，范西红，张小化．应用转血管内皮生长因子基因治疗肢体缺血的研究 [J]．中国修复重建外科杂志，2004，18(2)：142-145．{ZHENG Zhenhua,XU Liang,FAN Xihong,ZHANG Xiaohua. Experimental study on treatment of acute limb ischemia with vascular endothelial growth factor-121 gene transfer[J]. Zhongguo Xiu Fu Chong Jian Wai Ke Za Zhi[Chin J Repar Reconstr Surg(Article in Chinese;Abstract in Chinese and English)],2004,18(2):142-145.}

[25381] 李建军，傅永慧，孙鸿斌，韩冬，王海义，徐莘香．骨形态发生蛋白 2 基因治疗与缓释载体修复骨缺损的比较研究 [J]．中国矫形外科杂志，2005，13(17)：1334-1336．DOI：10.3969/j.issn.1005-8478.2005.17.018．{LI Jianjun,FU Yonghui,SUN Hongbin,HAN Dong,WANG Haiyi,XU Xinxiang. Comparison between gene therapy and gradual release carrier for bone morphogenetic protein-2 in repairing bone defects[J]. Zhongguo Jiao Xing Wai Ke Za Zhi[Orthop J China(Article in Chinese;Abstract in Chinese and English)],2005,13(17):1334-1336. DOI:10.3969/j.issn.1005-8478.2005.17.018.}

[25382] 瞿向阳，蒋电明．骨缺损基因治疗的研究进展 [J]．创伤外科杂志，2005，7(6)：463-465．DOI：10.3969/j.issn.1009-4237.2005.06.026．{QU Xiangyang,JIANG Dianming. Advances in gene therapy of bone defect[J]. Chuang Shang Wai Ke Za Zhi[J Traum Surg(Article in Chinese;Abstract in Chinese and English)],2005,7(6):463-465. DOI:10.3969/j.issn.1009-4237.2005.06.026.}

[25383] 徐小良，戴尅戎，汤亭亭，严孟宁，朱振安，郁朝锋，徐旻，楼觉人．腺病毒介导的人骨形成蛋白 2 基因治疗的免疫学研究 [J]．中国修复重建外科杂志，2005，19(8)：635-638．{XU Xiaoliang,DAI Qirong,HONG Tingting,YAN mengning,ZHU Zhenan,YU Chaofeng,XU Min,LOU Jueren. An immunological study on adenovirus mediated human bone morphogenetic protein 2 gene therapy[J]. Zhongguo Xiu Fu Chong Jian Wai Ke Za Zhi[Chin J Repar Reconstr Surg(Article in Chinese;Abstract in Chinese and English)],2005,19(8):635-638.}

[25384] 张海龙，黄朝梁．基因治疗韧带肌腱损伤进展 [J]．创伤外科杂志，2006，8(3)：274-277．DOI：10.3969/j.issn.1009-4237.2006.03.030．{ZHANG Hailong,HUANG Chaoliang. Advances of gene treatment for ligament and tendon injuries[J]. Chuang Shang Wai Ke Za Zhi[J Traum Surg(Article in Chinese;Abstract in Chinese and English)],2006,8(3):274-277. DOI:10.3969/j.issn.1009-4237.2006.03.030.}

[25385] 陈钢，张正治．基因治疗在肌腱愈合中的应用 [J]．局解手术学杂志，2006，15(6)：416-417．DOI：10.3969/j.issn.1672-5042.2006.06.042．{CHEN Gang,ZHANG Zhengzhi. Gene therapy in tendon healing[J]. Ju Jie Shou Shu Xue Za Zhi[J Reg Anat Oper Surg(Article in Chinese;Abstract in Chinese and English)],2006,15(6):416-417. DOI:10.3969/j.issn.1672-5042.2006.06.042.}

[25386] 宫念樵，杜敦峰，董冲，陈曦林，郭晖，肖建生，张伟杰，林正斌，陈知水，叶启发，夏穗生．腺病毒介导的血红素氧合酶 -1 基因治疗对同种移植物慢性排斥反应损伤的保护作用 [J]．中华外科杂志，2007，45(4)：254-257．DOI：10.3760/j.issn：0529-5815.2007.04.012．{GONG nianqiao,DU Dunfeng,DONG Chong,CHEN Xilin,GUO Hui,XIAO Jiansheng,ZHANG Weijie,LIN Zhengbin,CHEN Zhishui,YE Qifa,XIA Suisheng. The protective effects on allografts of adeno-associated heme-oxygenase-1 gene therapy against chronic rejection injury[J]. Zhonghua Wai Ke Za Zhi[Chin J Surg(Article in Chinese;Abstract in Chinese and English)],2007,45(4):254-257. DOI:10.3760/j.issn:0529-5815.2007.04.012.}

[25387] 陈传好，汤锦波，周友浪，曹怡，吴亚芳．基因治疗导入微小 RNA 沉默肌腱细胞转化生长因子基因的体外研究和体内应用 [J]．中华骨科杂志，2010，30(3)：293-298．DOI：10.3760/cma.j.issn.0253-2352.2010.03.014．{CHEN Chuanhao,TANG Jinbo,ZHOU Youlang,CAO Yi,WU Yafang. In vitro study and in vivo application of microRNA to silence expression of the transforming growth factor β 1 gene delivered to tenocytes[J]. Zhonghua Gu Ke Za Zhi[Chin J Orthop(Article in Chinese;Abstract in Chinese and English)],2010,30(3):293-298. DOI:10.3760/cma.j.issn.0253-2352.2010.03.014.}

[25388] 赵波，宫念樵．反义细胞外信号调节激酶 -2 基因治疗移植物动脉血管病内膜病变 [J]．中华实验外科杂志，2011，28(4)：514-516．DOI：10.3760/cma.j.issn.1001-9030.2011.04.011．{ZHAO Bo,GONG nianqiao. The effect of adenovirus-mediated anti-extracellular signal regulated kinase 2 gene therapy on intimal change in transplant arteriosclerosis[J]. Zhonghua Shi Yan Wai Ke Za Zhi[Chin J Exp Surg(Article in Chinese;Abstract in Chinese and English)],2011,28(4):514-516. DOI:10.3760/cma.j.issn.1001-9030.2011.04.011.}

[25389] 曹大勇，陈斌，付晋凤．基因治疗在创伤愈合中的应用 [J]．中华损伤与修复杂志（电子版），2011，6(6)：1012-1018．DOI：10.3877/cma.j.issn.1673-9450.2011.06.030．{CAO Dayong,CHEN Bin,FU Jinfeng. Gene therapy in wound healing applications[J]. Zhonghua Sun Shang Yu Xiu Fu Za Zhi Dian Zi Ban[Chin J Injury Repair Wound Healing(Electr Ed)(Article in Chinese;Abstract in Chinese and English)],2011,6(6):1012-1018. DOI:10.3877/cma.j.issn.1673-9450.2011.06.030.}

[25390] 赵波，宫念樵．血红素氧合酶 -1 基因治疗减缓移植物血管病及机制 [J]．中华实验外科杂志，2012，29(4)：578-580，封 3．DOI：10.3760/cma.j.issn.1001-9030.2012.04.004．{ZHAO Bo,GONG nianqiao. Adenovirus-mediated heme oxygenase -1 gene therapy ameliorates transplant arteriosclerosis and the underlying mechanisms[J]. Zhonghua Shi Yan Wai Ke Za Zhi[Chin J Exp Surg(Article in Chinese;Abstract in Chinese and English)],2012,29(4):578-580,cover 3. DOI:10.3760/cma.j.issn.1001-9030.2012.04.004.}

9.5.2 干细胞技术
stem cell technique

9.5.2.1 实验研究
experimental research

[25391] Li K,Qin J,Wang X,Xu Y,Shen Z,Lu X,Zhang G. Magnetic resonance imaging monitoring dual-labeled stem cells for treatment of mouse nerve injury[J]. Cytotherapy,2013,15(10):1275-1285. doi:10.1016/j.jcyt.2013.03.009.

[25392] Lin H,Dhanani N,Tseng H,Souza GR,Wang G,Cao Y,Ko TC,Jiang H,Wang R. Nanoparticle improved stem cell therapy for erectile dysfunction in a rat model of cavernous nerve injury[J]. J Urol,2016,195(3):788-795. doi:10.1016/j.juro.2015.10.129.

[25393] Gong L,Jiang C,Liu L,Wan S,Tan W,Ma S,Jia X,Wang M,Hu A,Shi Y,Zhang Y,Shen Y,Wang F,Chen Y. Transfection of neurotrophin-3 into neural stem cells using ultrasound with microbubbles to treat denervated muscle atrophy[J]. Exp Ther Med,2018,15(1):620-626. doi:10.3892/etm.2017.5439.

[25394] 金丹，曾位森，裴国献，胡罢生，齐凤菊，魏宽海，王珂，陈滨．转染人骨形态发生蛋白在兔骨髓间充质干细胞中的表达 [J]．中国创伤骨科杂志，2001，3(4)：249-252．DOI：10.3760/cma.j.issn.1671-7600.2001.04.003．{JIN Dan,ZENG Weisen,PEI Guoxian,HU zuosheng,QI Fengju,WEI Kuanhai,WANG Ke,CHEN Bin. Expression of human bone morphogenetic protein 7 in bone marrow stem cells transferred with retroviral vector mediated hBMP-7 gene[J]. Zhongguo Chuang Shang Gu Ke Za Zhi[Chin J Orthop Trauma(Article in Chinese;Abstract in Chinese and English)],2001,3(4):249-252. DOI:10.3760/cma.j.issn.1671-7600.2001.04.003.}

[25395] 金丹，曾位森，裴国献，齐凤菊，魏宽海，王珂，陈滨．经转染人骨形态发生蛋白 7 基因后骨髓间充质干细胞 mRNA 的表达 [J]．第一军医大学学报，2002，22(3)：222-225．DOI：10.3321/j.issn：1673-4254.2002.03.011．{JIN Dan,ZENG Weisen,PEI Guoxian,QI Fengju,WEI Kuanhai,WANG Ke,CHEN Bin. Expression of human bone morphogenetic protein 7 mRNA after the gene transfection in rabbit bone marrow-derived mesenchymal stem cells[J]. Di Yi Jun Yi Da Xue Xue Bao[J First Mil Med Univ(Article in Chinese;Abstract in Chinese and English)],2002,22(3):222-225. DOI:10.3321/j.issn:1673-4254.2002.03.011.}

[25396] 金丹，裴国献，齐凤菊，胡罢生，魏宽海，王珂，陈滨．hBMP7 基因转染对兔骨髓间充质干细胞增殖及胶原合成的影响 [J]．解放军医学杂志，2002，27(6)：475-476．DOI：10.3321/j.issn：0577-7402.2002.06.002．{JIN Dan,PEI Guoxian,QI Fengju,HU ousheng,WEI Kuanhai,WANG Ke,CHEN Bin. Human bone morphogenetic protein 7 expression,proliferation and collagen synthesis of bone marrow stem cell transferred by retroviral vector mediated hBMP7 gene[J]. Jie Fang Jun Yi Xue Za Zhi[Med J Chin PLA(Article in Chinese;Abstract in Chinese and English)],2002,27(6):475-476. DOI:10.3321/j.issn:0577-7402.2002.06.002.}

[25397] 金丹，曾位森，裴国献，胡罢生，魏宽海，王珂，陈滨．逆转录病毒介导 hBMP7 基因转染兔骨髓间充质干细胞的表达 [J]．解放军医学杂志，2002，27(6)：477-479．DOI：10.3321/j.issn：0577-7402.2002.06.003．{JIN Dan,ZENG Weisen,PEI Guoxian,HU zuosheng,WEI Kuanhai,WANG Ke,CHEN Bin. Human bone morphogenetic protein 7 expression in rabbit bone marrow stem cell transferred by retroviral vector mediated hBMP7 gene[J]. Jie Fang Jun Yi Xue Za Zhi[Med J Chin PLA(Article in Chinese;Abstract in Chinese and English)],2002,27(6):477-479. DOI:10.3321/j.issn:0577-7402.2002.06.003.}

[25398] 金丹，裴国献，王珂，魏宽海，陈滨，覃昱．hBMP-7 基因转染对骨髓间充质干细胞增殖和碱性磷酸酶合成的影响 [J]．中国医学科学院学报，2003，25(1)：22-25．{JIN Dan,PEI Guoxian,WANG Ke,WEI Kuanhai,CHEN Bin,QIN Yu. The regulatory effect of human bone morphogenetic protein 7 gene transfer on the proliferation and differentiation of rabbit bone marrow mesenchymal stem cells[J]. Zhongguo Yi Xue Ke Xue Yuan Xue Bao[Acta Acad Med Sin(Article in Chinese;Abstract in Chinese and English)],2003,25(1):22-25.}

[25399] 侯赛云，朱家恺．大鼠骨髓基质干细胞体外诱导分化为类许旺细胞 [J]．中华显微外科杂志，2003，26(1)：39-41．DOI：10.3760/cma.j.issn.1001-2036.2003.01.014．{HOU Saiyun,ZHU Jiakai. Differentiation of rat bone marrow stromal cells into Schwann cells-like in vitro[J]. Zhonghua Xian Wei Wai Ke Za Zhi[Chin J Microsurg(Article in Chinese;Abstract in Chinese and English)],2003,26(1):39-41. DOI:10.3760/cma.j.issn.1001-2036.2003.01.014.}

[25400] 金丹，周忠江，裴国献，胡罢生．血管内皮细胞生长因子（VEGF）基因转染骨髓间充质干细胞的表达 [J]．中华创伤骨科杂志，2004，6(6)：666-668．DOI：10.3760/cma.j.issn.1671-7600.2004.06.019．{JIN Dan,ZHOU Zhongjiang,PEI Guoxian,HU zuosheng. Expression of vascular endothelial growth factor(VEGF) by bone marrow stem cell transferred by VEGF165 gene[J]. Zhonghua Chuang Shang Gu Ke Za Zhi[Chin J Orthop Trauma(Article in Chinese;Abstract in Chinese and English)],2004,6(6):666-668. DOI:10.3760/cma.j.issn.1671-7600.2004.06.019.}

[25401] 汪群力，裴国献，曾宪利，金丹，魏宽海，任高宏．成年恒河猴骨髓基质干细胞的体外培养 [J]．中华创伤骨科杂志，2004，6(7)：728-730．DOI：10.3760/cma.j.issn.1671-7600.2004.07.003．{WANG Qunli,PEI Guoxian,ZENG Xianli,JIN Dan,WEI Kuanhai,REN Gaohong. Culture of the BMSCs of adult rhesus in vitro[J]. Zhonghua Chuang Shang Gu Ke Za Zhi[Chin J Orthop Trauma(Article in Chinese;Abstract in Chinese and English)],2004,6(7):728-730. DOI:10.3760/cma.j.issn.1671-7600.2004.07.003.}

[25402] 吉光荣，林欣，韩剑峰，王立春，石义刚，刘枫晨，刘建宇．腺病毒介导入 BMP-2 对骨髓间质干细胞成骨能力的影响 [J]．中华显微外科杂志，2004，27(1)：46-47．DOI：10.3760/cma.j.issn.1001-2036.2004.01.017．{JI Guangrong,LIN Xin,HAN Jianfeng,WANG Lichun,SHI Yigang,LIU FengChen,LIU Jianyu. Study on osteogenic potential of cultured mesenchymal stem cells transfected with Ad-BMP-2[J]. Zhonghua Xian Wei Wai Ke Za Zhi[Chin J Microsurg(Article in Chinese;Abstract in Chinese and English)],2004,27(1):46-47. DOI:10.3760/cma.j.issn.1001-2036.2004.01.017.}

[25403] 胡军，刘小林，朱家恺，邓宇斌，向剑平，王建云，邹一丰．猕猴骨髓基质干细胞体外培养及其生物学特性的研究 [J]．中华显微外科杂志，2004，27(2)：113-116．DOI：10.3760/cma.j.issn.1001-2036.2004.02.013．{HU Jun,LIU Xiaolin,ZHU Jiakai,DENG Yubin,XIANG Jianping,WANG Jianyun,ZOU Yifeng. Study on the culture and biological characteristics of bone marrow stromal cells form Macaca mulatta in vitro[J]. Zhonghua Xian Wei Wai Ke Za Zhi[Chin J Microsurg(Article in Chinese;Abstract in Chinese and English)],2004,27(2):113-116. DOI:10.3760/cma.j.issn.1001-2036.2004.02.013.}

[25404] 华平，熊利华，张华，陈炬，张惠忠，闵军．骨髓间充质干细胞移植重建大鼠缺血心肌的实验研究 [J]．中华显微外科杂志，2004，27(2)：117-119．DOI：10.3760/cma.j.issn.1001-2036.2004.02.014．{HUA Ping,XIONG Lihua,ZHANG Hua,CHEN Ju,ZHANG Huizhong,MIN Jun. Experimental study on the effect of repairing and reconstruction by mesenchymal stem cells transplantation into the ischemic myocardium in rat[J]. Zhonghua Xian Wei Wai Ke Za Zhi[Chin J Microsurg(Article in Chinese;Abstract in Chinese and English)],2004,27(2):117-119. DOI:10.3760/cma.j.issn.1001-2036.2004.02.014.}

[25405] 王建云，刘小林，朱家恺，邓宇斌，向剑平，李佛保．改良法体外诱导骨髓基质干细胞分化为类许旺细胞 [J]．中华显微外科杂志，2004，27(3)：186-188．DOI：10.3760/cma.j.issn.1001-2036.2004.03.010．{WANG Jianyun,LIU Xiaolin,ZHU Jiakai,DENG Yubin,XIANG Jianping,LI Fobao. Experimental study on inducing bone marrow stromal cells into Schwann-liked cells in vitro by modified method[J]. Zhonghua Xian Wei Wai Ke Za Zhi[Chin J Microsurg(Article in Chinese;Abstract in Chinese and English)],2004,27(3):186-188. DOI:10.3760/cma.j.issn.1001-2036.2004.03.010.}

[25406] 汪群力，裴国献，曾宪利，金丹，魏宽海，刘晓霞，钟世镇，欧阳钧．恒河猴骨髓基质干细胞与新型可吸收羟基磷灰石及 β-磷酸三钙体外相容性的观察 [J]．第一军医大学学报，2005，25(1)：44-47．DOI：10.3321/j.issn：1673-4254.2005.01.011．{WANG Qunli,PEI Guoxian,ZENG Xianli,JIN dan,WEI Kuanhai,LIU Xiaoxia,ZHONG Shizhen,OUYANG Jun. In vitro biocompatibility of novel absorbable hydroxyapatite and AO artificial bone β-tricalcium

phosphate with rhesus bone marrow stromal cells[J]. Di Yi Jun Yi Da Xue Xue Bao[J First Mil Med Univ(Article in Chinese;Abstract in Chinese and English)],2005,25(1):44-47. DOI:10.3321/j.issn:1673-4254.2005.01.011.}

[25407] 杨光诗，许扬滨，朱家恺，刘小林，朱庆棠．猕猴骨髓间充质干细胞与去细胞神经优化人工神经的体外构建[J]．中华显微外科杂志，2005，28（1）：35-37．DOI：10.3760/cma.j.issn.1001-2036.2005.01.014．{YANG Guangshi,XU Yangbin,ZHU Jiakai,LIU Xiaolin,ZHU Qingtang. The consturction of artificial nerves by planting rhesus maceque mesenchymal stem cells into chemically extracted allogenous accellular nerves in vitro[J]. Zhonghua Xian Wei Wai Ke Za Zhi[Chin J Microsurg(Article in Chinese;Abstract in Chinese and English)],2005,28(1):35-37. DOI:10.3760/cma.j.issn.1001-2036.2005.01.014.}

[25408] 徐栋梁，杨远良，谭本前，李佛保．Y-染色体特异性探针追踪骨髓间质干细胞移植后转归的实验研究[J]．中华显微外科杂志，2005，28（4）：331-333，插图4-3．DOI：10.3760/cma.j.issn.1001-2036.2005.04.016．{XU Dongliang,YANG Yuanliang,TAN Benqian,LI Fobao. An experimental study on the conversion of mesenchymal stem cells after transplantation followed up by Y chromosome specific probe[J]. Zhonghua Xian Wei Wai Ke Za Zhi[Chin J Microsurg(Article in Chinese;Abstract in Chinese and English)],2005,28(4):331-333,insert 4-3. DOI:10.3760/cma.j.issn.1001-2036.2005.04.016.}

[25409] 郭家松，曾园山，李海标，黄文林，陈穗君．NT-3基因修饰许旺细胞与神经干细胞联合移植促进大鼠全横断脊髓受损伤神经元的存活及其轴突再生[J]．中华显微外科杂志，2005，28（4）：337-339，插图4-5．DOI：10.3760/cma.j.issn.1001-2036.2005.04.018．{GUO Jiasong,ZENG Yuanshan,LI haibiao,HUANG Wenlin,CHEN Suijun. Combinative grafting neural stem cells and NT-3 genetically modified Schwann cells to promote the injured neurons'survival and axonal regeneration of the transected spinal cord rat[J]. Zhonghua Xian Wei Wai Ke Za Zhi[Chin J Microsurg(Article in Chinese;Abstract in Chinese and English)],2005,28(4):337-339,insert 4-5. DOI:10.3760/cma.j.issn.1001-2036.2005.04.018.}

[25410] 黎健伟，裴国献，缪旭东，陈书军，陈佳生，陈炅昊，梁双武．骨髓基质干细胞与纤维蛋白胶复合修复陈旧性关节软骨缺损的实验研究[J]．中华创伤骨科杂志，2006，8（5）：443-447．DOI：10.3760/cma.j.issn.1671-7600.2006.05.012．{LI Jianwei,PEI Guoxian,MIAO Xudong,CHEN Shujun,CHEN Jiasheng,CHEN Jihao,LIANG Shuangwu. Experimental research on repairing rabbit obsolete articular cartilage defects by bone marrow stromal cell (BMSCs) and fibrin glue (FG) compound[J]. Zhonghua Chuang Shang Gu Ke Za Zhi[Chin J Orthop Trauma(Article in Chinese;Abstract in Chinese and English)],2006,8(5):443-447. DOI:10.3760/cma.j.issn.1671-7600.2006.05.012.}

[25411] 郭刚，李旭，孙骏，侯筱魁，汤亭亭，王钢，陈炅昊，裴国献．自体骨髓基质干细胞辅助Mosaicplasty技术促进骨软骨缺损修复整合[J]．中华创伤骨科杂志，2006，8（11）：1067-1071．DOI：10.3760/cma.j.issn.1671-7600.2006.11.016．{GUO Gang,LI Xu,SUN Jun,HOU Xiaokui,HONG Tingting,WANG Gang,CHEN Jihao,PEI Guoxian. Tissue engineering combined with mosaicplasty to promote healing and integration of the osteochondral defects[J]. Zhonghua Chuang Shang Gu Ke Za Zhi[Chin J Orthop Trauma(Article in Chinese;Abstract in Chinese and English)],2006,8(11):1067-1071. DOI:10.3760/cma.j.issn.1671-7600.2006.11.016.}

[25412] 华平，陈炬，张惠忠，杨淞然，杨艳旗，熊利华，张华．血管内皮生长因子基因转染骨髓间充质干细胞移植于梗塞心肌的实验研究[J]．中华显微外科杂志，2006，29（5）：353-356，插图5-4．DOI：10.3760/cma.j.issn.1001-2036.2006.05.012．{HUA Ping,CHEN Ju,ZHANG Huizhong,YANG songran,YANG Yanqi,XIONG Lihua,ZHANG Hua. Experimental study of cell transplantation into ischemic myocardium using mesenchymal stem cells transfected by vascular endothelial growth factor[J]. Zhonghua Xian Wei Wai Ke Za Zhi[Chin J Microsurg(Article in Chinese;Abstract in Chinese and English)],2006,29(5):353-356,insert 5-4. DOI:10.3760/cma.j.issn.1001-2036.2006.05.012.}

[25413] 金丹，马骊，裴国献，鲁峰，胡稷杰，张洪涛，程文俊．携带人血管内皮细胞生长因子基因细菌内重组腺病毒转染兔骨髓基质干细胞的表达[J]．中华创伤骨科杂志，2007，9（2）：143-146．DOI：10.3760/cma.j.issn.1671-7600.2007.02.011．{JIN Dan,MA Li,PEI Guoxian,LU Feng,HU Jijie,ZHANG Hongtao,CHENG Wenjun. Expression of vascular endothelial growth factor in bone marrow stem cells transferred by recombinant adenovirus homologously recombined in bacteria[J]. Zhonghua Chuang Shang Gu Ke Za Zhi[Chin J Orthop Trauma(Article in Chinese;Abstract in Chinese and English)],2007,9(2):143-146. DOI:10.3760/cma.j.issn.1671-7600.2007.02.011.}

[25414] 程文俊，金丹，赵艳，曾宪利，徐凯，江汕，裴国献．富血小板血浆对青山羊骨髓间充质干细胞增殖分化的影响[J]．中国修复重建外科杂志，2007，21（4）：386-389．{CHENG Wenjun,JIN Dan,ZHAO Yan,ZENG Xianli,XU Kai,JIANG Shan,PEI Guoxian. Effect of platelet-rich plasma on proliferation and osteogenic differentiation of bone marrow stem cells in china goats[J]. Zhongguo Xiu Fu Chong Jian Wai Ke Za Zhi[Chin J Repar Reconstr Surg(Article in Chinese;Abstract in Chinese and English)],2007,21(4):386-389.}

[25415] 施永彦，喻爱喜，张功礼，余永桂，江良波．大鼠骨髓间充质干细胞与神经生长因子的体外构建的实验研究[J]．中华显微外科杂志，2007，30（1）：32-34，插3．DOI：10.3760/cma.j.issn.1001-2036.2007.01.011．{SHI Yongyan,YU Aixi,ZHANG Gongli,YU Yonggui,JIANG liangbo. Construction of rat mesenchymal stem cells transfected with nerve growth factor in vitro[J]. Zhonghua Xian Wei Wai Ke Za Zhi[Chin J Microsurg(Article in Chinese;Abstract in Chinese and English)],2007,30(1):32-34,insert 3. DOI:10.3760/cma.j.issn.1001-2036.2007.01.011.}

[25416] 江丽，朱家恺，刘小林，项鹏，余伟华．大鼠脂肪干细胞生物学特性的研究[J]．中华显微外科杂志，2007，30（3）：189-192，插3-2．DOI：10.3760/cma.j.issn.1001-2036.2007.03.009．{JIANG Li,ZHU Jiakai,LIU Xiaolin,XIANG Peng,YU Weihua. Study on the biological characteristics of rat adipose tissue-derived stromal cells[J]. Zhonghua Xian Wei Wai Ke Za Zhi[Chin J Microsurg(Article in Chinese;Abstract in Chinese and English)],2007,30(3):189-192, 插 3-2. DOI:10.3760/cma.j.issn.1001-2036.2007.03.009.}

[25417] 涂致远，张文明，朱维钦，郑志竑，胡建石．脊髓源性神经干细胞在臂丛撕脱伤后相应前角内分化情况观察[J]．中华显微外科杂志，2007，30（3）：193-196，插3-3．DOI：10.3760/cma.j.issn.1001-2036.2007.03.010．{TU Zhiyuan,ZHANG Wenming,ZHU Weiqin,ZHENG Zhihong,HU Jianshi. Differentiation of neural stem cells transplanted into ventral horn of spinal cord after brachial plexus avulsion[J]. Zhonghua Xian Wei Wai Ke Za Zhi[Chin J Microsurg(Article in Chinese;Abstract in Chinese and English)],2007,30(3):193-196, 插 3-3. DOI:10.3760/cma.j.issn.1001-2036.2007.03.010.}

[25418] 黄丹平，葛坚，高前应，卢蓉，郑健楔．羊膜和结膜基质诱导胚胎干细胞分化为上皮样细胞的初步研究[J]．中华显微外科杂志，2007，30（5）：363-366，插5．DOI：10.3760/cma.j.issn.1001-2036.2007.05.014．{HUANG Danping,GE Jian,GAO Qianying,LU Rong,ZHENG Jianliang. The preliminary study on differentiate into epithelial-like cells of embryonic stem cells by amniotic membrane and conjunctival stroma[J]. Zhonghua Xian Wei Wai Ke Za Zhi[Chin J Microsurg(Article in Chinese;Abstract in Chinese and English)],2007,30(5):363-366,insert 5. DOI:10.3760/cma.j.issn.1001-2036.2007.05.014.}

[25419] 江丽，朱家恺，刘小林，项鹏，胡军，余伟华．大鼠脂肪干细胞诱导分化为类许旺细胞的表型和功能特征[J]．中华显微外科杂志，2007，30（6）：430-432，插3．DOI：10.3760/cma.j.issn.1001-2036.2007.06.010．{JIANG Li,ZHU Jiakai,LIU Xiaolin,XIANG Peng,HU Jun,YU Weihua. Phenotypic and functional characteristics of rat adipose tissue-derived stromal cells differentiated into Schwann-like cells in vitro[J]. Zhonghua Xian Wei Wai Ke Za Zhi[Chin J Microsurg(Article in Chinese;Abstract in Chinese and English)],2007,30(6):430-432,insert 3. DOI:10.3760/cma.j.issn.1001-2036.2007.06.010.}

[25420] 陈滨，宋艳斌，李玉华，裴国献．腺病毒介导VEGF基因在人骨髓基质干细胞中的表达[J]．中国矫形外科杂志，2008，16（20）：1573-1575．{CHEN Bin,SONG Yanbin,LI Yuhua,PEI Guoxian. Expression of VEGF gene mediated by adenovirus in human bone marrow stromal cell[J]. Zhongguo Jiao Xing Wai Ke Za Zhi[Orthop J China(Article in Chinese;Abstract in Chinese and English)],2008,16(20):1573-1575.}

[25421] 施永彦，喻爱喜，张功礼，王小涛，赵筑．神经生长因子基因转染间充质干细胞移植对损伤脊髓保护的实验研究[J]．中华显微外科杂志，2008，31（3）：199-202，封3．DOI：10.3760/cma.j.issn.1001-2036.2008.03.013．{SHI Yongyan,YU Aixi,ZHANG Gongli,WANG Xiaotao,ZHAO Zhu. Experimental study of repairing acute spinal cord injury with transplantation of mesenchymal stem cells genetically modified by NGF in rats[J]. Zhonghua Xian Wei Wai Ke Za Zhi[Chin J Microsurg(Article in Chinese;Abstract in Chinese and English)],2008,31(3):199-202,cover3. DOI:10.3760/cma.j.issn.1001-2036.2008.03.013.}

[25422] 江丽，朱家恺，刘小林，牛晓锋，周丽华，梁英杰，戚剑，胡军．种植脂肪干细胞的去细胞神经修复坐骨神经缺损的实验研究[J]．中华显微外科杂志，2008，31（5）：350-353，405．DOI：10.3760/cma.j.issn.1001-2036.2008.05.010．{JIANG Li,ZHU Jiakai,LIU Xiaolin,NIU Xiaofeng,ZHOU Lihua,LIANG Yingjie,QI Jian,HU Jun. Study on repair of sciatic nerve lesions using acellular nerves implanted with adipose tissue-derived stromal cells[J]. Zhonghua Xian Wei Wai Ke Za Zhi[Chin J Microsurg(Article in Chinese;Abstract in Chinese and English)],2008,31(5):350-353,405. DOI:10.3760/cma.j.issn.1001-2036.2008.05.010.}

[25423] 张晓强，李旭，金丹，黎健伟，吴涛，江汕，裴国献．不同浓度5-溴脱氧尿嘧啶核苷标记山羊骨髓基质干细胞的体外研究[J]．中华创伤骨科杂志，2009，11（6）：559-563．DOI：10.3760/cma.j.issn.1671-7600.2009.06.015．{ZHANG Xiaoqiang,LI Xu,JIN Dan,LI Jianwei,WU Tao,JIANG Shan,PEI Guoxian. In vitro bromodeoxyuridine-labeled goat bone marrow mesenchymal stem cells[J]. Zhonghua Chuang Shang Gu Ke Za Zhi[Chin J Orthop Trauma(Article in Chinese;Abstract in Chinese and English)],2009,11(6):559-563. DOI:10.3760/cma.j.issn.1671-7600.2009.06.015.}

[25424] 张晓强，李旭，吴涛，黎健伟，杜浩，裴国献．山羊骨髓间充质干细胞分离培养及向软骨细胞诱导分化[J]．南方医科大学学报，2009，29（3）：419-422，427．DOI：10.3321/j.issn：1673-4254.2009.03.011．{ZHANG Xiaoqiang,LI Xu,WU Tao,LI Jianwei,DU Hao,PEI Guoxian. Isolation,culture and chondrogenic differentiation of goat bone marrow mesenchymal stem cells[J]. Nan Fang Yi Ke Da Xue Xue Bao[J South Med Univ(Article in Chinese;Abstract in Chinese and English)],2009,29(3):419-422,427. DOI:10.3321/j.issn:1673-4254.2009.03.011.}

[25425] 李伯休，程飚，张诚，出晓军，陈峥嵘．许旺细胞诱导下脂肪来源干细胞向神经细胞方向分化的研究[J]．中华显微外科杂志，2009，32（2）：119-122，插5．DOI：10.3760/cma.j.issn.1001-2036.2009.02.013．{LI Zhengrong,CHEN Bocheng,XIU Biao. Schwann cells induced neuronal differentiation of adipose-derived stem cells (ADSCs)[J]. Zhonghua Xian Wei Wai Ke Za Zhi[Chin J Microsurg(Article in Chinese;Abstract in Chinese and English)],2009,32(2):119-122, 插 5. DOI:10.3760/cma.j.issn.1001-2036.2009.02.013.}

[25426] 周佳，沈尊理，金羽青，刘伟，沈华．人脐带间充质干细胞获得和纯化及向软骨细胞分化能力的研究[J]．中华显微外科杂志，2009，32（3）：210-212，插6．DOI：10.3760/cma.j.issn.1001-2036.2009.03.015．{ZHOU Jia,SHEN Zunli,JIN Yuqing,LIU Wei,SHEN Hua. Research on the acquirement and purification of human umbilical cord mesenchymal stem cells and their differentiation abilities to chondrocytes[J]. Zhonghua Xian Wei Wai Ke Za Zhi[Chin J Microsurg(Article in Chinese;Abstract in Chinese and English)],2009,32(3):210-212,insert 6. DOI:10.3760/cma.j.issn.1001-2036.2009.03.015.}

[25427] 王忠仁，杨波，王利民，李恩．人脐血间充质干细胞修复大鼠坐骨神经损伤的实验研究[J]．中华显微外科杂志，2009，32（5）：387-389，后插6．DOI：10.3760/cma.j.issn.1001-2036.2009.05.015．{WANG Zhongren,YANG Bo,WANG Limin,LI en. Experiment research of the function of human umbilical cord blood mesenchymal stem cells in the regeneration of rat's sciatic nerve[J]. Zhonghua Xian Wei Wai Ke Za Zhi[Chin J Microsurg(Article in Chinese;Abstract in Chinese and English)],2009,32(5):387-389,insert 6. DOI:10.3760/cma.j.issn.1001-2036.2009.05.015.}

[25428] 邓许勇，闫慧博，鲁凯伍，金大地．氯化锂体外诱导人脐血间充质干细胞向神经细胞分化的实验研究[J]．中华显微外科杂志，2010，33（3）：221-223，封3．DOI：10.3760/cma.j.issn.1001-2036.2010.03.019．{DENG Xuyong,YAN Huibo,LU Kaiwu,JIN Dadi. The experimental study on differentiation of human umbilical cord blood mesenchymal stem cells into neural cells induced by lithium chloride[J]. Zhonghua Xian Wei Wai Ke Za Zhi[Chin J Microsurg(Article in Chinese;Abstract in Chinese and English)],2010,33(3):221-223,cover 3. DOI:10.3760/cma.j.issn.1001-2036.2010.03.019.}

[25429] 曹亚伟，王义生，韩枫，申子龙．骨髓间充质干细胞和伞状支撑骨移植术治疗股骨头坏死的实验研究[J]．中华显微外科杂志，2010，33（4）：293-296，后插四．DOI：10.3760/cma.j.issn.1001-2036.2010.04.012．{CAO Yawei,WANG Yisheng,HAN Feng,SHEN Zilong. Experimental study on the treatment efficacy of femoral-head osteonecrosis by umbrella strut bone grafting and bone marrow mesenchymal stem cells[J]. Zhonghua Xian Wei Wai Ke Za Zhi[Chin J Microsurg(Article in Chinese;Abstract in Chinese and English)],2010,33(4):293-296,insert 4. DOI:10.3760/cma.j.issn.1001-2036.2010.04.012.}

[25430] 陈瀛，程立明，李子荣，李中实，蔡哲，潘琳．成年犬骨髓间充质干细胞的体外SPIO标记研究[J]．中华显微外科杂志，2010，33（6）：457-460，后插6．DOI：10.3760/cma.j.issn.1001-2036.2010.06.007．{CHEN Ying,CHENG liming,LI Zirong,LI Zhongshi,CAI Zhe,PAN Lin. The SPIO labeling of mature dogs BMSCs in vitro[J]. Zhonghua Xian Wei Wai Ke Za Zhi[Chin J Microsurg(Article in Chinese;Abstract in Chinese and English)],2010,33(6):457-460,insert 6. DOI:10.3760/cma.j.issn.1001-2036.2010.06.007.}

[25431] 吴学建，何江涛，孙士强．人脐带间充质干细胞复合去细胞神经基膜管修复大鼠坐骨神经缺损[J]．中华显微外科杂志，2010，33（6）：461-464，后插7．DOI：10.3760/cma.j.issn.1001-2036.2010.06.008．{WU Xuejian,HE Jiangtao,SUN Shiqiang. An experimental study on repairing sciatic nerve defects of rats by human umbilical cord derived mesenchymal stem cells and acellular nerve basal lamina tube[J]. Zhonghua Xian Wei Wai Ke Za Zhi[Chin J Microsurg(Article in Chinese;Abstract in Chinese and English)],2010,33(6):461-464,insert 7. DOI:10.3760/cma.j.issn.1001-2036.2010.06.008.}

[25432] 李方国，王磊，张鑫鑫，姜晓锐，金丹，江汕，赵培冉，裴国献．不同血清对成人骨髓基质干细胞成骨诱导分化的影响[J]．中国矫形外科杂志，2011，19（5）：406-410．DOI：10.3977/j.issn.1005-8478.2011.05.15．{LI Fangguo,WANG Lei,ZHANG Xinxin,JIANG Xiaorui,JIN Dan,JIANG Shan,ZHAO peiran,PEI Guoxian. Effects of different serums on osteogenic induction of human bone marrow mesenchymal stromal cells in vitro[J]. Zhongguo Jiao Xing Wai Ke Za Zhi[Orthop J China(Article in Chinese;Abstract in Chinese and English)],2011,19(5):406-410. DOI:10.3977/j.issn.1005-8478.2011.05.15.}

[25433] 王磊，李方国，张鑫鑫，金丹，江汕，郭小磊，姜晓锐，裴国献．灌注培养对骨髓基质干细胞在大段材料上增殖与分布的影响[J]．中华创伤骨科杂志，2011，13（5）：448-453．DOI：10.3760/cma.j.issn.1671-7600.2011.05.010．{WANG Lei,LI Fangguo,ZHANG Xinxin,JIN Dan,JIANG Shan,GUO Xiaolei,JIANG Xiaorui,PEI Guoxian. The role of perfusion bioreactor in proliferation and distribution of bone marrow stromal cells in a large-scale scaffold[J]. Zhonghua Chuang Shang Gu Ke Za Zhi[Chin J Orthop Trauma(Article in Chinese;Abstract in Chinese and English)],2011,13(5):448-453. DOI:10.3760/cma.j.issn.1671-7600.2011.05.010.}

[25434] 吴学建，张帆，杨嵩. 淫羊藿苷诱导人脐带间充质干细胞分化为成骨细胞的实验研究[J]. 中华显微外科杂志，2011，34（1）：47-49，后插5. DOI：10.3760/cma.j.issn.1001-2036.2011.01.019. {WU Xuejian,ZHANG Fan,YANG Song. Effect of icariine on the formations of mesenchymal stem cells of umbilical cord to osteoblasts[J]. Zhonghua Xian Wei Wai Ke Za Zhi[Chin J Microsurg(Article in Chinese;Abstract in Chinese and English)],2011,34(1):47-49,insert 5. DOI:10.3760/cma.j.issn.1001-2036.2011.01.019.}

[25435] 吴学建，王军，杜盛阳. 黄芪诱导人脐带间充质干细胞分化为神经样细胞的实验研究[J]. 中华显微外科杂志，2011，34（2）：128-130，后插6. DOI：10.3760/cma.j.issn.1001-2036.2011.02.016. {WU Xuejian,WANG Jun,DU Shengyang. The research about astragalus mongholicus induce human umbilical cord derived mesenchymal stem cells into neurons[J]. Zhonghua Xian Wei Wai Ke Za Zhi[Chin J Microsurg(Article in Chinese;Abstract in Chinese and English)],2011,34(2):128-130,insert 6. DOI:10.3760/cma.j.issn.1001-2036.2011.02.016.}

[25436] 吴学建，程省，陶金刚. 1，25（OH）2VD3对人脐带间充质干细胞增殖及成骨分化的影响[J]. 中华显微外科杂志，2011，34（5）：386-389. DOI：10.3760/cma.j.issn.1001-2036.2011.05.011. {WU Xuejian,CHENG Sheng,TAO Jingang. Influence of proliferation and ostogenic differentiation of 1,25 (OH)2VD3 on hUCMSCs in vitro[J]. Zhonghua Xian Wei Wai Ke Za Zhi[Chin J Microsurg(Article in Chinese;Abstract in Chinese and English)],2011,34(5):386-389. DOI:10.3760/cma.j.issn.1001-2036.2011.05.011.}

[25437] 周志鹏，刘乐平，诸葛启钏. 可吸收明胶海绵负载大鼠神经干细胞的体外混合培养[J]. 中华显微外科杂志，2012，35（4）：285-288，后插5. DOI：10.3760/cma.j.issn.1001-2036.2012.04.007. {ZHOU Zhipeng,LIU Leping,ZHUGE Qichuan. Absorbable gelatin sponge load neural stem cells of rats and mixed cultivating in vitro[J]. Zhonghua Xian Wei Wai Ke Za Zhi[Chin J Microsurg(Article in Chinese;Abstract in Chinese and English)],2012,35(4):285-288,insert 5. DOI:10.3760/cma.j.issn.1001-2036.2012.04.007.}

[25438] 陈燕花，陈振兵，彭云龙，翁雨雄，丛晓斌. 转化生长因子-β1诱导体外失神经骨骼肌肌源性干细胞分化的研究[J]. 中华显微外科杂志，2012，35（6）：467-470，后插5. DOI：10.3760/cma.j.issn.1001-2036.2012.06.009. {CHEN Yanhua,CHEN Zhenbing,PENG Yunlong,WENG Yuxiong,CONG Xiaobin. Role of TGF-β1 in the process of differentiation of denervated skeletal muscle-derived stem cells in vitro[J]. Zhonghua Xian Wei Wai Ke Za Zhi[Chin J Microsurg(Article in Chinese;Abstract in Chinese and English)],2012,35(6):467-470,insert 5. DOI:10.3760/cma.j.issn.1001-2036.2012.06.009.}

[25439] 邹继伟，王德欣，李亮，吕敏，李丹，毕龙，裴国献. 去蛋白脱钙皮质骨基质微颗粒用于骨髓基质干细胞体外培养的相关研究[J]. 中华创伤骨科杂志，2013，15（4）：336-340. DOI：10.3760/cma.j.issn.1671-7600.2013.04.013. {ZOU Jiwei,WANG Dexin,LI Liang,LV min,LI Dan,BI long,PEI Guoxian. The potential use of granular deproteinized decalcified bone matrix for culture of bone marrow stromal stem cells[J]. Zhonghua Chuang Shang Gu Ke Za Zhi[Chin J Orthop Trauma(Article in Chinese;Abstract in Chinese and English)],2013,15(4):336-340. DOI:10.3760/cma.j.issn.1671-7600.2013.04.013.}

[25440] 吕敏，裴国献，毕龙，邹继伟，李亮，王德欣，李丹. 自体与同种异体富血小板血浆对骨髓基质干细胞增殖与分化效应的比较研究[J]. 中华创伤骨科杂志，2013，15（8）：698-703. DOI：10.3760/cma.j.issn.1671-7600.2013.08.011. {LV min,PEI Guoxian,BI long,ZOU Jiwei,LI Liang,WANG Dexin,LI Dan. A comparative study of effects of autologous versus allogeneic platelet-rich plasma on the proliferation and differentiation of bone marrow stromal stem cells in rabbits[J]. Zhonghua Chuang Shang Gu Ke Za Zhi[Chin J Orthop Trauma(Article in Chinese;Abstract in Chinese and English)],2013,15(8):698-703. DOI:10.3760/cma.j.issn.1671-7600.2013.08.011.}

[25441] 陈小虎，李付贵，杨羿，罗鹏，陈运贤，朱家恺，陈嘉榆，李平. 脂肪干细胞诱导分化成淋巴管内皮样细胞的初步研究[J]. 中华显微外科杂志，2013，36（1）：40-45. DOI：10.3760/cma.j.issn.1001-2036.2013.01.011. {CHEN Xiaohu,LI Fugui,YANG Yi,LUO Peng,CHEN Yunxian,ZHU Jiakai,CHEN Jiayu,LI Ping. Preliminary study of induction of adipose-derived stem cells into lymphatic endothelial-like cells[J]. Zhonghua Xian Wei Wai Ke Za Zhi[Chin J Microsurg(Article in Chinese;Abstract in Chinese and English)],2013,36(1):40-45. DOI:10.3760/cma.j.issn.1001-2036.2013.01.011.}

[25442] 董苑，杨瑞年，王福科，刘流. BMP2的表达对联合培养体系中骨髓间充质干细胞增殖和成骨分化的影响[J]. 中华显微外科杂志，2013，36（4）：352-355. DOI：10.3760/cma.j.issn.1001-2036.2013.04.010. {DONG Yuan,YANG ruinian,WANG Fuke,LIU Liu. BMP2 expression impacts the growth and osteogenic differentiation of BMSCs in the co-culture system[J]. Zhonghua Xian Wei Wai Ke Za Zhi[Chin J Microsurg(Article in Chinese;Abstract in Chinese and English)],2013,36(4):352-355. DOI:10.3760/cma.j.issn.1001-2036.2013.04.010.}

[25443] 李富航，靳宇飞，毕龙，樊俊俊，户刚，裴国献. P物质对骨髓基质干细胞来源的成骨细胞与内皮细胞体外联合培养体系的影响[J]. 中华创伤骨科杂志，2014，16（5）：427-432. DOI：10.3760/cma.j.issn.1671-7600.2014.05.013. {LI Fuhang,JIN Yufei,BI long,FAN Junjun,HU Gang,PEI Guoxian. Effect of substance P on co-cultured osteoblasts and vascular endothelial cells induced from bone marrow stromal cells in rabbits[J]. Zhonghua Chuang Shang Gu Ke Za Zhi[Chin J Orthop Trauma(Article in Chinese;Abstract in Chinese and English)],2014,16(5):427-432. DOI:10.3760/cma.j.issn.1671-7600.2014.05.013.}

[25444] 张晓强，李旭，金丹，裴国献. β-磷酸三钙复合骨髓间充质干细胞修复山羊骨软骨缺损的实验研究[J]. 中国骨与关节损伤杂志，2014，29（9）：910-912. DOI：10.7531/j.issn.1672-9935.2014.09.021. {ZHANG Xiaoqiang,LI Xu,JIN Dan,PEI Guoxian. β-TCP combined with BMSCs for repairing osteochondral defect of goats:a preliminary experiment study[J]. Zhongguo Gu Yu Guan Jie Sun Shang Za Zhi[Chin J Bone Joint Injury(Article in Chinese;Abstract in Chinese and English)],2014,29(9):910-912. DOI:10.7531/j.issn.1672-9935.2014.09.021.}

[25445] 黄喜军，朱庆棠，江丽，郑灿镔，朱昭炜，路庆森，许银峰，顾立强，刘小林. 复合异体脂肪干细胞的异种去细胞神经修复猕猴周围神经缺损[J]. 中华显微外科杂志，2014，37（1）：48-55. DOI：10.3760/cma.j.issn.1001-2036.2014.01.015. {HUANG Xijun,ZHU Qingtang,JIANG Li,ZHENG canbin,ZHU Zhaowei,LU Qingsen,XU Yinfeng,GU Liqiang,LIU Xiaolin. Repair of nerve defect with acellular nerve xenograft laden with allogenic adipose-derived stem cells in rhesus monkey[J]. Zhonghua Xian Wei Wai Ke Za Zhi[Chin J Microsurg(Article in Chinese;Abstract in Chinese and English)],2014,37(1):48-55. DOI:10.3760/cma.j.issn.1001-2036.2014.01.015.}

[25446] 李绍霖，杨有优，刘云江，江丽，牛晓峰，许银峰，易建华. 携带增强型绿色荧光蛋白的慢病毒载体转染大鼠脂肪干细胞[J]. 中华显微外科杂志，2014，37（2）：147-151. DOI：10.3760/cma.j.issn.1001-2036.2014.02.013. {LI shaolei,YANG Youyou,LIU Yunjiang,JIANG Li,NIU Xiaofeng,XU Yinfeng,YI Jianhua. Rat ADSCs transfected by lentivirus vector-mediated enhanced green fluorescent protein[J]. Zhonghua Xian Wei Wai Ke Za Zhi[Chin J Microsurg(Article in Chinese;Abstract in Chinese and English)],2014,37(2):147-151. DOI:10.3760/cma.j.issn.1001-2036.2014.02.013.}

[25447] 陈浩，张治金，赵德伟，郭林. 羊膜衍生膜负载骨髓间充质干细胞修复软骨缺损的可行性研究[J]. 中华显微外科杂志，2014，37（3）：254-257. DOI：10.3760/cma.j.issn.1001-2036.2014.03.015. {CHEN Hao,ZHANG Zhijin,ZHAO Dewei,GUO Lin. The feasibility study of repairment of articular cartilage defects with bone marrow-derived mesenchymal stem cells seeded on acellular amniotic membrane[J]. Zhonghua Xian Wei Wai Ke Za Zhi[Chin J Microsurg(Article in Chinese;Abstract in Chinese and English)],2014,37(3):254-257. DOI:10.3760/cma.j.issn.1001-2036.2014.03.015.}

[25448] 董苑，李彩霞，赵娴，刘流. 荧光素酶基因稳定表达的间充质干细胞系的构建[J]. 中华显微外科杂志，2014，37（6）：569-572. DOI：10.3760/cma.j.issn.1001-2036.2014.06.013. {DONG Yuan,LI Caixia,ZHAO Xian,LIU Liu. Establishment of luciferase-labeled mesenchymal stem cells[J]. Zhonghua Xian Wei Wai Ke Za Zhi[Chin J Microsurg(Article in Chinese;Abstract in Chinese and English)],2014,37(6):569-572. DOI:10.3760/cma.j.issn.1001-2036.2014.06.013.}

[25449] 郭洪刚，姚芳莲，汪涛，梁玉柱，杨少光，张其清，郑永发. 富血小板血浆联合人重组骨形态形成蛋白-2诱导羊脂肪基质干细胞成骨化趋势的研究[J]. 中华显微外科杂志，2016，39（2）：138-142. DOI：10.3760/cma.j.issn.1001-2036.2016.02.009. {GUO Honggang,YAO Fanglian,WANG Tao,LIANG Yuzhu,YANG Shaoguang,ZHANG Qiqing,ZHENG Yongfa. The experimental study on osteogenic potential of goat adipose derived stromal cells induced by PRP with rhBMP-2[J]. Zhonghua Xian Wei Wai Ke Za Zhi[Chin J Microsurg(Article in Chinese;Abstract in Chinese and English)],2016,39(2):138-142. DOI:10.3760/cma.j.issn.1001-2036.2016.02.009.}

[25450] 江慧杰，李俊琴，王继猛，李东林，程朋真，高祎，王春梅，杨柳，裴国献. 不同浓度感觉神经与运动神经匀浆提取液对大鼠骨髓基质干细胞增殖与成骨分化的影响[J]. 中华创伤骨科杂志，2017，19（2）：151-156. DOI：10.3760/cma.j.issn.1671-7600.2017.02.012. {JIANG Huijie,LI Junqin,WANG Jimeng,LI Donglin,CHENG Pengzhen,GAO Yi,WANG Chunmei,YANG Liu,PEI Guoxian. Effects of sensory and motor nerve homogenates at different concentrations on proliferation and osteogenesis differentiation of bone marrow mesenchymal stem cells[J]. Zhonghua Chuang Shang Gu Ke Za Zhi[Chin J Orthop Trauma(Article in Chinese;Abstract in Chinese and English)],2017,19(2):151-156. DOI:10.3760/cma.j.issn.1671-7600.2017.02.012.}

[25451] 吴飞，贾婷，杨越，孙志博，刘丰，张向阳. 丙戊酸诱导鼠脂肪源性干细胞向许旺细胞分化的实验研究[J]. 中华显微外科杂志，2018，41（4）：356-360. DOI：10.3760/cma.j.issn.1001-2036.2018.04.010. {WU Fei,JIA Ting ,YANG Yue,SUN Zhibo,LIU Feng,ZHANG Xiangyang. The study for induction and differentiation of rat's adipose-derived stem cells by valproic acid in vitro[J]. Zhonghua Xian Wei Wai Ke Za Zhi[Chin J Microsurg(Article in Chinese;Abstract in Chinese and English)],2018,41(4):356-360. DOI:10.3760/cma.j.issn.1001-2036.2018.04.010.}

[25452] 黄昭伟，朱昭炜，许澍治，林珣珣，韩兵，刘祥厦，许扬滨. 诱导时间对脂肪干细胞来源的类许旺细胞增殖率的影响[J]. 中华显微外科杂志，2019，42（2）：150-154. DOI：10.3760/cma.j.issn.1001-2036.2019.02.012. {HUANG Zhaowei,ZHU Zhaowei,XU shuqia,LIN Shupeng,HAN Bing,LIU xiangxia,XU Yangbin. Investigation effect of induction time on proliferation rate of induced Schwann-like cells from adipose derived stem cells[J]. Zhonghua Xian Wei Wai Ke Za Zhi[Chin J Microsurg(Article in Chinese;Abstract in Chinese and English)],2019,42(2):150-154. DOI:10.3760/cma.j.issn.1001-2036.2019.02.012.}

[25453] 王德欣，许战武，裴国献. 不同浓度ICA-nHA/PLGA复合支架对兔骨髓间充质干细胞增殖、分化的影响[J]. 中国骨与关节损伤杂志，2020，35（5）：470-472. DOI：10.7531/j.issn.1672-9935.2020.05.007. {WANG Dexin,XU Zhanwu,PEI Guoxian. Effects of different concentrations of Icariin-nHA/PLGA composite scaffold on proliferation and apoptosis of rabbit bone marrow mesenchymal stem cells[J]. Zhongguo Gu Yu Guan Jie Sun Shang Za Zhi[Chin J Bone Joint Injury(Article in Chinese;Abstract in Chinese and English)],2020,35(5):470-472. DOI:10.7531/j.issn.1672-9935.2020.05.007.}

9.5.2.2 临床研究
clinical study

[25454] Liu L,Hindieh J,Leong DJ,Sun HB. Advances of stem cell based-therapeutic approaches for tendon repair[J]. J Orthop Translat,2017,9:69-75. doi:10.1016/j.jot.2017.03.007.

[25455] 徐栋梁，李佛保，符气祯，黄纲，杨忠汉，韩士英. 骨膜间质干细胞移植时机的实验和临床研究[J]. 中华显微外科杂志，2003，26（2）：116-118. DOI：10.3760/cma.j.issn.1001-2036.2003.02.012. {XU Dongliang,LI Fobao,FU Qizhen,HUANG Gang,YANG Zhonghan,HAN Shiying. Experimental and clinical study on transplanted time of periosteal mesenchymal stem cell[J]. Zhonghua Xian Wei Wai Ke Za Zhi[Chin J Microsurg(Article in Chinese;Abstract in Chinese and English)],2003,26(2):116-118. DOI:10.3760/cma.j.issn.1001-2036.2003.02.012.}

[25456] 周青，张世忠，徐如祥，徐凯. 神经干细胞移植及术后处理：附70例报告[J]. 第一军医大学学报，2004，24（10）：1207-1209. DOI：10.3321/j.issn：1673-4254.2004.10.036. {ZHOU Qing,ZHANG Shizhong,XU Ruxiang,XU Kai. Neural stem cell transplantation and postoperative management:report of 70 cases[J]. Di Yi Jun Yi Da Xue Xue Bao[J First Mil Med Univ(Article in Chinese;Abstract in Chinese and English)],2004,24(10):1207-1209. DOI:10.3321/j.issn:1673-4254.2004.10.036.}

[25457] 张洪涛，裴国献，陈滨，魏宽海，陈昊宇，赵培冉，梁双武. 人骨髓基质干细胞体外诱导培养的新方法研究[J]. 中华创伤骨科杂志，2006，8（1）：56-58. DOI：10.3760/cma.j.issn.1671-7600.2006.01.015. {ZHANG Hongtao,PEI Guoxian,CHEN Bin,WEI Kuanhai,CHEN Jihao,ZHAO peiran,LIANG Shuangwu. A new method of inducing human bone marrow stromal cells culture in vitro[J]. Zhonghua Chuang Shang Gu Ke Za Zhi[Chin J Orthop Trauma(Article in Chinese;Abstract in Chinese and English)],2006,8(1):56-58. DOI:10.3760/cma.j.issn.1671-7600.2006.01.015.}

[25458] 程文俊，金丹，赵艳，李旭，郭刚，任义军，胡稷杰，裴国献. 人骨髓间充质干细胞经富血小板血浆诱导后的增殖与成骨的分化能力[J]. 中华显微外科杂志，2008，31（1）：39-42，插5. DOI：10.3760/cma.j.issn.1001-2036.2008.01.015. {CHENG Wenjun,JIN Dan,ZHAO Yan,LI Xu,GUO Gang,REN Yijun,HU Jijie,PEI Guoxian. Effect of platelet-rich plasma withdrawal on proliferation and osteogenic differentiation of human bone marrow mesenchymal stem cells[J]. Zhonghua Xian Wei Wai Ke Za Zhi[Chin J Microsurg(Article in Chinese;Abstract in Chinese and English)],2008,31(1):39-42,cover 5. DOI:10.3760/cma.j.issn.1001-2036.2008.01.015.}

[25459] 黄谦，吴涛，金丹，黄爱文，江汕，裴国献. 不同比例激活富血小板血浆对其生长因子浓度及人骨髓基质干细胞增殖的影响[J]. 中华创伤骨科杂志，2008，10（10）：965-969. DOI：10.3760/cma.j.issn.1671-7600.2008.10.019. {HUANG Qian,WU Tao,JIN Dan,HUANG Aiwen,JIANG Shan,PEI Guoxian. Effect of different ratio activation on concentrations of PDGF-AB and TGF-β1 in PRP and proliferation of human marrow-derived mesenchymal stem cells[J]. Zhonghua Chuang Shang Gu Ke Za Zhi[Chin J Orthop Trauma(Article in Chinese;Abstract in Chinese and English)],2008,10(10):965-969. DOI:10.3760/cma.j.issn.1671-7600.2008.10.019.}

[25460] 赵德伟，崔大平，郭林，王本杰，田丰德. 关节镜下自体干细胞体外培养回植治疗早期股骨头坏死的临床研究[J]. 中华显微外科杂志，2008，31（1）：20-22，插3. DOI：10.3760/cma.j.issn.1001-2036.2008.01.009. {ZHAO Dewei,CUI Daping,GUO Lin,WANG Benjie,TIAN Fengde. Clinical on arthroscope treatment of early osteonecrosis of femoral head by autograft of mesenchymal stem cells[J]. Zhonghua Xian Wei Wai Ke Za Zhi[Chin J Microsurg(Article in Chinese;Abstract in Chinese and English)],2008,31(1):20-22,insert 3. DOI:10.3760/cma.j.issn.1001-2036.2008.01.009.}

[25461] 程文俊，金丹，裴国献，江汕，相大勇. 富血小板血浆与地塞米松对人骨髓基质干细胞成骨分化作用的对比研究[J]. 中华创伤骨科杂志，2009，11（11）：1047-1051. DOI：10.3760/cma.j.issn.1671-7600.2009.11.012. {CHENG Wenjun,JIN Dan,PEI Guoxian,JIANG Shan,XIANG Dayong. Platelet-rich plasma versus dexamethasone in inhibiting

effect on osteogenic differentiation of human bone marrow mesenchymal stem cells[J]. Zhonghua Chuang Shang Gu Ke Za Zhi[Chin J Orthop Trauma(Article in Chinese;Abstract in Chinese and English)],2009,11(11):1047-1051. DOI:10.3760/cma.j.issn.1671-7600.2009.11.012.}

[25462] 王秀利，王义生，吴学建，赵璇，张毅，马源，李明，乔志. 自体骨髓干细胞种植骨诱导活性材料移植联合髓芯减压术治疗早期股骨头坏死 [J]. 中华显微外科杂志，2017，40（2）：142-145. DOI：10.3760/cma.j.issn.1001-2036.2017.02.010. {WANG Xiuli,WANG Yisheng,WU Xuejian,ZHAO Xuan,ZHANG Yi,MA Yuan,LI Ming,QIAO Zhi. Autologous bone marrow stem cells implantation to bone inducing active material combined with core decompression in the treatment of early femoral head osteonecrosis[J]. Zhonghua Xian Wei Wai Ke Za Zhi[Chin J Microsurg(Article in Chinese;Abstract in Chinese and English)],2017,40(2):142-145. DOI:10.3760/cma.j.issn.1001-2036.2017.02.010.}

9.5.3 组织血管化与组织工程
tissue vascularisation and tissue engineering

[25463] Zhou J,Lin H,Fang T,Li X,Dai W,Uemura T,Dong J. The repair of large segmental bone defects in the rabbit with vascularized tissue engineered bone[J]. Biomaterials,2010,31(6):1171-1179. doi:10.1016/j.biomaterials.2009.10.043.

[25464] Chen SY,Qin JJ,Wang L,Mu TW,Jin D,Jiang S,Zhao PR,Pei GX. Different effects of implanting vascular bundles and sensory nerve tracts on the expression of neuropeptide receptors in tissue-engineered bone in vivo[J]. Biomed Mater,2010,5(5):055002. doi:10.1088/1748-6041/5/5/055002.

[25465] Han D,Guan X,Wang J,Wei J,Li Q. Rabbit tibial periosteum and saphenous arteriovenous vascular bundle as an in vivo bioreactor to construct vascularized tissue-engineered bone:a feasibility study[J]. Artif Organs,2014,38(2):167-174. doi:10.1111/aor.12124.

[25466] Fan J,Bi L,Jin D,Wei K,Chen B,Zhang Z,Pei G. Microsurgical techniques used to construct the vascularized and neurotized tissue engineered bone[J]. Biomed Res Int,2014,2014:281872. doi:10.1155/2014/281872.

[25467] Liu Y,Möller B,Wiltfang J,Warnke PH,Terheyden H. Tissue engineering of a vascularized bone graft of critical size with an osteogenic and angiogenic factor-based in vivo bioreactor[J]. Tissue Eng Part A,2014,20(23-24):3189-3197. doi:10.1089/ten.TEA.2013.0653.

[25468] Fan JJ,Mu TW,Qin JJ,Bi L,Pei GX. Different effects of implanting sensory nerve or blood vessel on the vascularization,neurotization,and osteogenesis of tissue-engineered bone in vivo[J]. Biomed Res Int,2014,2014:412570. doi:10.1155/2014/412570.

[25469] Yang L,Wang Q,Peng L,Yue H,Zhang Z. Vascularization of repaired limb bone defects using chitosan-β-tricalcium phosphate composite as a tissue engineering bone scaffold[J]. Mol Med Rep,2015,12(2):2343-2347. doi:10.3892/mmr.2015.3653.

[25470] Wu Y,Jing D,Ouyang H,Li L,Zhai M,Li Y,Bi L,Guoxian P. Pre-implanted sensory nerve could enhance the neurotization in tissue-engineered bone graft[J]. Tissue Eng Part A,2015,21(15-16):2241-2249. doi:10.1089/ten.TEA.2014.0688.

[25471] Wang L,Zhu LX,Wang Z,Lou AJ,Yang YX,Guo Y,Liu S,Zhang C,Zhang Z,Hu HS,Yang B,Zhang P,Ouyang HW,Zhang ZY. Development of a centrally vascularized tissue engineering bone graft with the unique core-shell composite structure for large femoral bone defect treatment[J]. Biomaterials,2018,175:44-60. doi:10.1016/j.biomaterials.2018.05.017.

[25472] Cheng P,Li D,Gao Y,Cao T,Jiang H,Wang J,Li J,Zhang S,Song Y,Liu B,Wang C,Yang L,Pei G. Prevascularization promotes endogenous cell-mediated angiogenesis by upregulating the expression of fibrinogen and connective tissue growth factor in tissue-engineered bone grafts[J]. Stem Cell Res Ther,2018,9(1):176. doi:10.1186/s13287-018-0925-y.

[25473] Yin J,Gong G,Sun C,Yin Z,Zhu C,Wang B,Hu Q,Zhu Y,Liu X. Angiopoietin 2 promotes angiogenesis in tissue-engineered bone and improves repair of bone defects by inducing autophagy[J]. Biomed Pharmacother,2018,105:932-939. doi:10.1016/j.biopha.2018.06.078.

[25474] Li D,Cheng P,Jiang H,Cao T,Wang J,Gao Y,Lin Y,Wang C,Zhang S,Li J,Liu B,Song Y,Yang L,Pei G. Vascularization converts the lineage fate of bone mesenchymal stem cells to endothelial cells in tissue-engineered bone grafts by modulating FGF2-RhoA/ROCK signaling[J]. Cell Death Dis,2018,Sep,9(10):959. doi:10.1038/s41419-018-0999-6.

[25475] Zhao B,Zhao Z,Ma J,Ma X. Modulation of angiogenic potential of tissue-engineered peripheral nerve by covalent incorporation of heparin and loading with vascular endothelial growth factor[J]. Neurosci Lett,2019,705:259-264. doi:10.1016/j.neulet.2019.01.017.

[25476] Zhang H,Zhou Y,Yu N,Ma H,Wang K,Liu J,Zhang W,Cai Z,He Y. Construction of vascularized tissue-engineered bone with polylysine-modified coral hydroxyapatite and a double cell-sheet complex to repair a large radius bone defect in rabbits[J]. Acta Biomater,2019,91:82-98. doi:10.1016/j.actbio.2019.04.024.

[25477] Gao L,Shi T,Wang Z,Lv J,Schmull S,Sun H. A novel human-derived tissue-engineered patch for vascular reconstruction[J]. Am J Transl Res,2019,11(5):3018-3028.

[25478] Yang P,Xing J,Liu J,Luo F,Wu X,Yu B,Deng M,Xu J,Hou T. Individual tissue-engineered bone in repairing bone defects:a 10-year follow-up study[J]. Tissue Eng Part A,2020,26(15-16):896-904. doi:10.1089/ten.TEA.2019.0287.

[25479] 秦廷武，杨志明，蔡绍皙，徐世荣，吴泽志. 组织工程中细胞与材料的粘附作用 [J]. 中国修复重建外科杂志，1999，13（1）：31-37. {QIN Tingwu,YANG Zhiming,CAI Shaoxi,XU Shirong,WU Zezhi. Interaction of cell adhesion to materials in tissue engineering[J]. Zhongguo Xiu Fu Chong Jian Wai Ke Za Zhi[Chin J Repair Reconstr Surg(Article in Chinese;Abstract in Chinese and English)],1999,13(1):31-37.}

[25480] 周勇刚，卢世璧，王继芳，张永刚，黄靖香. 组织工程骺软骨用于骨骺早闭治疗的实验研究 [J]. 中华外科杂志，2000，38（10）：742-744. DOI：10.3760/j：issn：0529-5815.2000.10.006. {ZHOU Yonggang,LU Shibi,WANG Jifang,ZHANG Yonggang,HUANG Jingxiang. The treatment of premature arrest of growth plate with a novel engineered growth paate:experimental studies[J]. Zhonghua Wai Ke Za Zhi[Chin J Surg(Article in Chinese;Abstract in Chinese and English)],2000,38(10):742-744. DOI:10.3760/j:issn:0529-5815.2000.10.006.}

[25481] 戴刚，杨克虎，李起鸿. 组织工程研究文献计量学分析 [J]. 中国修复重建外科杂志，2000，14（5）：308-310. {DAI Gang,YANG Kehu,LI Qihong. Bibliometric analysis on tissue engineering research literatures[J]. Zhongguo Xiu Fu Chong Jian Wai Ke Za Zhi[Chin J Repair Reconstr Surg(Article in Chinese;Abstract in Chinese and English)],2000,14(5):308-310.}

[25482] 裴国献，陈滨. 医学临床对组织工程学的要求 [J]. 中华创伤杂志，2001，17（7）：389-391. DOI：10.3760/j：issn：1001-8050.2001.07.001. {PEI Guoxian,CHEN Bin. The use of tissue engineering in the clinic[J]. Zhonghua Chuang Shang Za Zhi[Chin J Trauma(Article in Chinese;Abstract in Chinese and English)],2001,17(7):389-391. DOI:10.3760/j:issn:1001-8050.2001.07.001.}

[25483] 杨志明，解慧琪，项舟，黄富国. 组织工程化人工肌腱修复喙锁韧带损伤及其体内检测 [J]. 中华骨科杂志，2001，21（2）：69-72. DOI：10.3760/j.issn：0253-2352.2001.02.001. {YANG Zhiming,XIE Huiqi,XIANG Zhou,HUANG Fuguo. Repair of coracoclavicular ligament injury using artificial tendon produced with tissue engineering[J]. Zhonghua Gu Ke Za Zhi[Chin J Orthop(Article in Chinese;Abstract in Chinese and English)],2001,21(2):69-72. DOI:10.3760/j.issn:0253-2352.2001.02.001.}

[25484] 黎志明，程钢，秦允，朱家恺，朱庆棠，李志勇，成少安. 运用组织工程学原理构建许旺细胞三维培养体系 [J]. 中华显微外科杂志，2001，24（1）：33-35. DOI：10.3760/cma.j.issn.1001-2036.2001.01.013. {LI Zhiming,CHENG Gang,QIN Yun,ZHU Jiakai,ZHU Qingtang,LI Zhiyong,CHENG Shaoan. Study of development of Schwann cells culture system for three-dimensional modeling with tissue engineering[J]. Zhonghua Xian Wei Wai Ke Za Zhi[Chin J Microsurg(Article in Chinese;Abstract in Chinese and English)],2001,24(1):33-35. DOI:10.3760/cma.j.issn.1001-2036.2001.01.013.}

[25485] 曹谊林，商庆新. 软骨、骨组织工程的现状与趋势 [J]. 中华创伤杂志，2001，17（1）：7-9. DOI：10.3760/j：issn：1001-8050.2001.01.002. {CAO Yilin,SHANG Qingxin. Current situation and development tendency of tissue engineering of bones and cartilages[J]. Zhonghua Chuang Shang Za Zhi[Chin J Trauma(Article in Chinese;Abstract in Chinese and English)],2001,17(1):7-9. DOI:10.3760/j:issn:1001-8050.2001.01.002.}

[25486] 刘晋宇，侯立中，颜炜群，杨同书. 组织工程化人工复合皮肤的构建 [J]. 中国修复重建外科杂志，2001，15（4）：235-239. {LIU Jinyu,HOU Lizhong,YAN Weiqun,YANG Tongshu. Fabrication of tissue engineered skin equivalent[J]. Zhongguo Xiu Fu Chong Jian Wai Ke Za Zhi[Chin J Repair Reconstr Surg(Article in Chinese;Abstract in Chinese and English)],2001,15(4):235-239.}

[25487] 裴国献. 骨组织工程研究现状与趋势 [J]. 解放军医学杂志，2002，27（6）：471-474. DOI：10.3321/j.issn：0577-7402.2002.06.001. {PEI Guoxian. The status quo and tendency of bone tissue engineering research[J]. Jie Fang Jun Yi Xue Za Zhi[Med J Chin PLA(Article in Chinese;Abstract in Chinese and English)],2002,27(6):471-474. DOI:10.3321/j.issn:0577-7402.2002.06.001.}

[25488] 陈滨，裴国献，王珂，金丹，魏宽海，任高宏. 筋膜瓣促组织工程骨体内再血管化的实验研究 [J]. 解放军医学杂志，2002，27（6）：482-484. DOI：10.3321/j.issn：0577-7402.2002.06.005. {CHEN Bin,PEI Guoxian,WANG Ke,JIN Dan,WEI Kuanhai,REN Gaohong. Accelerating the revascularization of tissue engineered bone with fascia flap in vivo:an experimental study[J]. Jie Fang Jun Yi Xue Za Zhi[Med J Chin PLA(Article in Chinese;Abstract in Chinese and English)],2002,27(6):482-484. DOI:10.3321/j.issn:0577-7402.2002.06.005.}

[25489] 杨志明，樊征夫，解慧琪，秦廷武，彭文珍. 组织工程化人工骨血管化研究 [J]. 中华显微外科杂志，2002，25(2)：119-122. DOI：10.3760/cma.j.issn.1001-2036.2002.02.015. {YANG Zhiming,FAN Zhengfu,XIE Huiqi,QIN Tingwu,PENG Wenzhen. Vascularization and its relationship to osteogenesis in transplantation of tissue engineered bone to repair seg ment defect of long bone[J]. Zhonghua Xian Wei Wai Ke Za Zhi[Chin J Microsurg(Article in Chinese;Abstract in Chinese and English)],2002,25(2):119-122. DOI:10.3760/cma.j.issn.1001-2036.2002.02.015.}

[25490] 曹谊林，蔡霞，崔磊，商庆新，刘伟，关文祥. 自体组织工程化皮肤修复全层皮肤缺损的实验研究 [J]. 中华外科杂志，2002，40（1）：24-26. DOI：10.3760/j：issn：0529-5815.2002.01.010. {CAO Yilin,CAI Xia,CUI Lei,SHANG Qingxin,LIU Wei,GUAN Wenxiang. Repair of porcine full-thickness skin defects with autologous tissue engineered skin[J]. Zhonghua Wai Ke Za Zhi[Chin J Surg(Article in Chinese;Abstract in Chinese and English)],2002,40(1):24-26. DOI:10.3760/j:issn:0529-5815.2002.01.010.}

[25491] 谈志龙，李德达，邢国胜，于顺禄，李世民. 组织工程化软骨－软骨细胞的获取 [J]. 中国骨伤，2002，15（11）：700-701. DOI：10.3969/j.issn.1003-0034.2002.11.042. {TAN Zhilong,LI Deda,XING Guosheng,YU Shunlu,LI Shimin. Procurement of cartilage and chroncytes by tissue-engeneering[J]. Zhongguo Gu Shang[China J Orthop Trauma(Article in Chinese;Abstract in Chinese and English)],2002,15(11):700-701. DOI:10.3969/j.issn.1003-0034.2002.11.042.}

[25492] 戴刚，李起鸿，周强，杨柳，唐康来. 关节软骨组织工程种子细胞的优化获取 [J]. 第三军医大学学报，2002，24（2）：129-131. DOI：10.3321/j.issn：1000-5404.2002.02.003. {DAI Gang,LI Qihong,ZHOU Qiang,YANG Liu,TANG Kanglai. Optimal accumulation of seeding cells for articular cartilage tissue engineering[J]. Di San Jun Yi Da Xue Xue Bao[Acta Acad Med Mil Tert(Article in Chinese;Abstract in Chinese and English)],2002,24(2):129-131. DOI:10.3321/j.issn:1000-5404.2002.02.003.}

[25493] 李起鸿. 以临床应用为目标加强软骨与骨组织工程基本问题研究 [J]. 第三军医大学学报，2002，24（5）：501-501. DOI：10.3321/j.issn：1000-5404.2002.05.001. {LI Qihong. Fundamental problems of cartilage and bone tissue engineering with goal of clinical application[J]. Di San Jun Yi Da Xue Xue Bao[Acta Acad Med Mil Tert(Article in Chinese;Abstract in Chinese and English)],2002,24(5):501-501. DOI:10.3321/j.issn:1000-5404.2002.05.001.}

[25494] 杨志明，黄富国，秦廷武，解慧琪，李秀群. 生物衍生组织工程骨植骨的初步临床应用 [J]. 中国修复重建外科杂志，2002，16（5）：311-314. {YANG Zhiming,HUANG Fuguo,QIN Tingwu,XIE Huiqi,LI Xiuqun. Bio-derived bone transplantation with tisue engineering technique:preliminary clinical trial[J]. Zhongguo Xiu Fu Chong Jian Wai Ke Za Zhi[Chin J Repair Reconstr Surg(Article in Chinese;Abstract in Chinese and English)],2002,16(5):311-314.}

[25495] 裴国献，金丹. 骨组织工程学种子细胞研究进展 [J]. 中华创伤骨科杂志，2003，5（1）：55-58. DOI：10.3760/cma.j.issn.1671-7600.2003.01.016. {PEI Guoxian,JIN Dan. Progress in seeding cell study of bone tissue engineering[J]. Zhonghua Chuang Shang Gu Ke Za Zhi[Chin J Orthop Trauma(Article in Chinese;Abstract in Chinese and English)],2003,5(1):55-58. DOI:10.3760/cma.j.issn.1671-7600.2003.01.016.}

[25496] 陈滨，裴国献，王珂，金丹，魏宽海，任高宏. 大动物体内促组织工程骨成骨及血管化手段的研究 [J]. 中国医学科学院学报，2003，25（1）：26-31. {CHEN Bin,PEI Guoxian,WANG Ke,JIN Dan,WEI Kuanhai,REN Gaohong. The method of accelerating osteanagenesis and revascularization of tissue engineered bone in big animal in vivo[J]. Zhongguo Yi Xue Ke Xue Yuan Xue Bao[Acta Acad Med Sin(Article in Chinese;Abstract in Chinese and English)],2003,25(1):26-31.}

[25497] 刘阳，张燕中，陈瑾君，殷德民，曹颖，许志成，刘伟，崔磊，曹谊林. 组织工程技术构建小口径血管的实验研究 [J]. 中华外科杂志，2003，41（9）：679-683. DOI：10.3760/j：issn：0529-5815.2003.09.012. {LIU Yang,ZHANG Yanzhong,CHEN Jinjun,YIN Demin,CAO Ying,XU Zhicheng,LIU Wei,CUI Lei,CAO Yilin. Experimental study on constructing small-caliber artery by tissue engineering approach[J]. Zhonghua Wai Ke Za Zhi[Chin J Surg(Article in Chinese;Abstract in Chinese and English)],2003,41(9):679-683. DOI:10.3760/j:issn:0529-5815.2003.09.012.}

[25498] 潘勇，黄蔚，艾玉峰，熊猛，张琳西，彭湃. 组织工程人工血管支架的预构 [J]. 中华整形外科杂志，2003，19（1）：44-46. DOI：10.3760/j.issn：1009-4598.2003.01.014.

{PAN Yong,HUANG Wei,AI Yufeng,XIONG Meng,ZHANG Linxi,PENG Pai. Fabrication of a blood vessel scaffold with a combined polymer for tissue engineering[J]. Zhonghua Zheng Xing Wai Ke Za Zhi[Chin J Plast Surg(Article in Chinese;Abstract in Chinese and English)],2003,19(1):44-46. DOI:10.3760/j.issn:1009-4598.2003.01.014.}

[25499] **廖素三，崔福斋，张伟. 组织工程中胶原基纳米骨复合材料的研制[J]. 中国医学科学院学报，2003，25(1)：36-38.** {LIAO Susan,CUI fuzhai,ZHANG Wei. Mineralized collagen based composite for bone tissue engineering[J]. Zhongguo Yi Xue Ke Xue Yuan Xue Bao[Acta Acad Med Sin(Article in Chinese;Abstract in Chinese and English)],2003,25(1):36-38.}

[25500] **潘勇，艾玉峰，黄蔚，赵玉峰，熊猛，张琳西. 血管内皮细胞与平滑肌细胞复合构建组织工程人工血管的实验研究[J]. 中国修复重建外科杂志，2003，17(1)：65-68.** {PAN Yong,AI Yufeng,HUANG Wei,ZHAO Yufeng,XIONG Meng,ZHANG Linxi. Experimental study of tissue engineered blood vessel with vascular endothelial cell and vascular smooth muscle cell[J]. Zhongguo Xiu Fu Chong Jian Wai Ke Za Zhi[Chin J Repar Reconstr Surg(Article in Chinese;Abstract in Chinese and English)],2003,17(1):65-68.}

[25501] **奚廷斐，陈亮，赵鹏，冯晓明，王春仁. 组织工程医疗产品监督管理与标准研究[J]. 中国修复重建外科杂志，2003，17(6)：480-487.** {XI Tingfei,CHEN Liang,ZHAO Peng,FENG Xiaoming,WANG Chunren. Supervision,administration and standard research related to tissue engineered medical products[J]. Zhongguo Xiu Fu Chong Jian Wai Ke Za Zhi[Chin J Repar Reconstr Surg(Article in Chinese;Abstract in Chinese and English)],2003,17(6):480-487.}

[25502] **刘源，金岩，王新文，赵宇，李媛. 构建含黑色素细胞组织工程皮肤的研究[J]. 中国修复重建外科杂志，2003，17(6)：501-503.** {LIU Yuan,JIN Yan,WANG Xinwen,ZHAO Yu,LI Yuan. Construction of tissue engineering skin containing melanocytes[J]. Zhongguo Xiu Fu Chong Jian Wai Ke Za Zhi[Chin J Repar Reconstr Surg(Article in Chinese;Abstract in Chinese and English)],2003,17(6):501-503.}

[25503] **方利君，付小兵，孙同柱，李建福，程飚，杨银辉，王玉新. 骨髓间充质干细胞分化为血管内皮细胞的实验研究[J]. 中华烧伤杂志，2003，19(1)：22-24. DOI：10.3760/cma.j.issn.1009-2587.2003.01.007.** {FANG Lijun,FU Xiaobing,SUN Tongzhu,LI Jianfu,CHENG Biao,YANG Yinhui,WANG Yuxin. An experimental study on the differentiation of bone marrow mesenchymal stem cells into vascular endothelial cells[J]. Zhonghua Shao Shang Za Zhi[Chin J Burns(Article in Chinese;Abstract in Chinese and English)],2003,19(1):22-24. DOI:10.3760/cma.j.issn.1009-2587.2003.01.007.}

[25504] **裴国献，金丹. 骨组织工程研究进展[J]. 中华创伤骨科杂志，2004，6(1)：38-42. DOI：10.3760/cma.j.issn.1671-7600.2004.01.010.** {PEI Guoxian,JIN Dan. Advances in tissue engineering of bone[J]. Zhonghua Chuang Shang Gu Ke Za Zhi[Chin J Orthop Trauma(Article in Chinese;Abstract in Chinese and English)],2004,6(1):38-42. DOI:10.3760/cma.j.issn.1671-7600.2004.01.010.}

[25505] **裴国献，魏宽海. 显微外科与血管化组织工程组织的构建[J]. 中华创伤骨科杂志，2004，6(4)：361-363. DOI：10.3760/cma.j.issn.1671-7600.2004.04.001.** {PEI Guoxian,WEI Kuanhai. Application of microsurgery in fabrication of vascularized engineered tissue[J]. Zhonghua Chuang Shang Gu Ke Za Zhi[Chin J Orthop Trauma(Article in Chinese;Abstract in Chinese and English)],2004,6(4):361-363. DOI:10.3760/cma.j.issn.1671-7600.2004.04.001.}

[25506] **裴国献. 面向21世纪的组织工程学研究趋势与策略[J]. 中华创伤骨科杂志，2004，6(7)：721-723. DOI：10.3760/cma.j.issn.1671-7600.2004.07.001.** {PEI Guoxian. Tendency and strategy of tissue engineering in the 21th century[J]. Zhonghua Chuang Shang Gu Ke Za Zhi[Chin J Orthop Trauma(Article in Chinese;Abstract in Chinese and English)],2004,6(7):721-723. DOI:10.3760/cma.j.issn.1671-7600.2004.07.001.}

[25507] **张宇鹏，魏宽海，裴国献. 骨骼肌组织工程研究进展[J]. 中华创伤骨科杂志，2004，6(7)：819-821. DOI：10.3760/cma.j.issn.1671-7600.2004.07.027.** {ZHANG Yupeng,WEI Kuanhai,PEI Guoxian. Progress in skeletal muscle tissue engineering[J]. Zhonghua Chuang Shang Gu Ke Za Zhi[Chin J Orthop Trauma(Article in Chinese;Abstract in Chinese and English)],2004,6(7):819-821. DOI:10.3760/cma.j.issn.1671-7600.2004.07.027.}

[25508] **王学明，裴国献. 组织工程骨血管化的监测[J]. 中华创伤骨科杂志，2004，6(7)：822-824. DOI：10.3760/cma.j.issn.1671-7600.2004.07.028.** {WANG Xueming,PEI Guoxian. Monitoring of vascularization of tissue engineered bone[J]. Zhonghua Chuang Shang Gu Ke Za Zhi[Chin J Orthop Trauma(Article in Chinese;Abstract in Chinese and English)],2004,6(7):822-824. DOI:10.3760/cma.j.issn.1671-7600.2004.07.028.}

[25509] **程光存，严中亚. 动态旋转系统构建组织工程化血管模型中血管内皮细胞分泌功能监测[J]. 中华实验外科杂志，2004，21(9)：1091-1092. DOI：10.3760/j.issn：1001-9030.2004.09.028.** {CHENG Guangcun,YAN Zhongya. The monitoring to secretory function of vascular endothelial cell experimental study by tissue engineering blood vessel approach in rotary cell culture system[J]. Zhonghua Shi Yan Wai Ke Za Zhi[Chin J Exp Surg(Article in Chinese;Abstract in Chinese and English)],2004,21(9):1091-1092. DOI:10.3760/j.issn:1001-9030.2004.09.028.}

[25510] **曹谊林，崔磊，刘伟. 组织工程在创伤骨科领域的研究进展[J]. 中华创伤骨科杂志，2004，6(7)：724-727. DOI：10.3760/cma.j.issn.1671-7600.2004.07.002.** {CAO Yilin,CUI Lei,LIU Wei. Development of tissue engineering in the field of orthopaedic trauma surgery[J]. Zhonghua Chuang Shang Gu Ke Za Zhi[Chin J Orthop Trauma(Article in Chinese;Abstract in Chinese and English)],2004,6(7):724-727. DOI:10.3760/cma.j.issn.1671-7600.2004.07.002.}

[25511] **戚超，黄富国，罗静聪，廖文波，蔡琰，祁洁，杨志明. 体外构建与体内构建组织工程骨的血管化研究[J]. 中华创伤骨科杂志，2004，6(7)：748-751. DOI：10.3760/cma.j.issn.1671-7600.2004.07.008.** {QI chao,HUANG Fuguo,LUO jingcong,LIAO Wenbo,CAI Yan,QI Jie,YANG Zhiming. A study on vascularization of tissue engineered bone constructed in vivo and in vitro[J]. Zhonghua Chuang Shang Gu Ke Za Zhi[Chin J Orthop Trauma(Article in Chinese;Abstract in Chinese and English)],2004,6(7):748-751. DOI:10.3760/cma.j.issn.1671-7600.2004.07.008.}

[25512] **李宏，魏娴，刘伟，崔磊，曹谊林. 组织工程化肌腱体外构建的环境优化及系统设计[J]. 中华创伤骨科杂志，2004，6(7)：778-780. DOI：10.3760/cma.j.issn.1671-7600.2004.07.016.** {LI Hong,WEI Xian,LIU Wei,CUI Lei,CAO Yilin. Environmental optimization and system design for tendon engineering in vitro[J]. Zhonghua Chuang Shang Gu Ke Za Zhi[Chin J Orthop Trauma(Article in Chinese;Abstract in Chinese and English)],2004,6(7):778-780. DOI:10.3760/cma.j.issn.1671-7600.2004.07.016.}

[25513] **杨志明. 组织工程在创伤修复中的应用[J]. 创伤外科杂志，2004，6(2)：81-84. DOI：10.3969/j.issn.1009-4237.2004.02.001.** {YANG Zhiming. Application of tissue engineering in trauma repair[J]. Chuang Shang Wai Ke Za Zhi[J Traum Surg(Article in Chinese;Abstract in Chinese and English)],2004,6(2):81-84. DOI:10.3969/j.issn.1009-4237.2004.02.001.}

[25514] **董为人，肖应庆，朴英杰，陈英华. 在体组织工程新概念[J]. 第一军医大学学报，2004，24(9)：969-974. DOI：10.3321/j.issn：1673-4254.2004.09.001.** {DONG Weiren,XIAO Yingqing,PARK Yingjie,CHEN Yinghua. In vivo tissue engineering:a new concept[J]. Di Yi Jun Yi Da Xue Xue Bao[J First Mil Med Univ(Article in Chinese;Abstract in Chinese and English)],2004,24(9):969-974. DOI:10.3321/j.issn:1673-4254.2004.09.001.}

[25515] **朱肖奇，杨志明，林凡，秦廷武，邓力，李秀群，解慧琪，罗静聪. 组织工程肌腱保存过程中细胞存活率研究方法初步探讨[J]. 中国修复重建外科杂志，2004，18(2)：123-126.** {ZHU Xiaoqi,YANG Zhiming,LIN fan,QIN Tingwu,DENG Li,LI Xiuqun,XIE Huiqi,LUO Jingcong. Preliminary study on research method of cell survival rate at procedure of cryopreservation of tissue engineered tendons[J]. Zhongguo Xiu Fu Chong Jian Wai Ke Za Zhi[Chin J Repar Reconstr Surg(Article in Chinese;Abstract in Chinese and English)],2004,18(2):123-126.}

[25516] **刘源，金岩，王新文，赵宇，李媛. 构建含血管结构的组织工程皮肤的研究[J]. 中国修复重建外科杂志，2004，18(6)：502-504.** {LIU Yuan,JIN Yan,WANG Xinwen,ZHAO Yu,LI Yuan. Construction of a tissue engineering skin containing capillary-like network[J]. Zhongguo Xiu Fu Chong Jian Wai Ke Za Zhi[Chin J Repar Reconstr Surg(Article in Chinese;Abstract in Chinese and English)],2004,18(6):502-504.}

[25517] **王启伟，王万山，朴英杰. 恒河猴骨髓间充质干细胞的生物学特性[J]. 解剖学报，2004，35(2)：202-205. DOI：10.3321/j.issn：0529-1356.2004.02.020.** {WANG Qiwei,WANG Wanshan,PARK Yingjie. The biological features of rhesus bone marrow mesenchymal stem cells[J]. Jie Pou Xue Bao[Acta Anat Sin(Article in Chinese;Abstract in Chinese and English)],2004,35(2):202-205. DOI:10.3321/j.issn:0529-1356.2004.02.020.}

[25518] **金丹，陈滨，裴国献，王珂，唐光辉，魏宽海. 筋膜瓣促组织工程骨再血管化及山羊长段骨缺损的修复[J]. 中华实验外科杂志，2005，22(3)：269-271. DOI：10.3760/j.issn：1001-9030.2005.03.004.** {JIN DAN,CHEN Bin,PEI Guoxian,WANG Ke,TANG Guanghui,WEI Kuanhai. Accelerating osteogenesis and revascularization of tissue engineered bone using fascia flap in Chinese goats tibia defect repairing[J]. Zhonghua Shi Yan Wai Ke Za Zhi[Chin J Exp Surg(Article in Chinese;Abstract in Chinese and English)],2005,22(3):269-271. DOI:10.3760/j.issn:1001-9030.2005.03.004.}

[25519] **张元平，崔继秀，裴国献，王永刚，金丹，泰煜，陈滨，魏宽海. 神经化组织工程骨构建的初步观察[J]. 中华创伤骨科杂志，2005，7(1)：60-65. DOI：10.3760/cma.j.issn.1671-7600.2005.01.017.** {ZHANG Yuanping,CUI Jixiu,PEI Guoxian,WANG Yonggang,JIN Dan,TAI Yu,CHEN Bin,WEI Kuanhai. A primary study on reconstruction of neurotization of tissue engineered bone[J]. Zhonghua Chuang Shang Gu Ke Za Zhi[Chin J Orthop Trauma(Article in Chinese;Abstract in Chinese and English)],2005,7(1):60-65. DOI:10.3760/cma.j.issn.1671-7600.2005.01.017.}

[25520] **曾宪利，裴国献，金丹，唐光辉，王学明，刘晓霞，曾俊岭，张文高. 血管化组织工程骨修复猕猴胫骨缺损模型的建立及初步观察[J]. 中华创伤骨科杂志，2005，7(4)：353-357. DOI：10.3760/cma.j.issn.1671-7600.2005.04.015.** {ZENG Xianli,PEI Guoxian,JIN Dan,TANG Guanghui,WANG Xueming,LIU Xiaoxia,ZENG Junling,ZHANG Wengao. An experimental pattern designed to prepare a kind of vascularized engineered-bone in vivo for repairing tibial defect in rhesus:establishment and observation[J]. Zhonghua Chuang Shang Gu Ke Za Zhi[Chin J Orthop Trauma(Article in Chinese;Abstract in Chinese and English)],2005,7(4):353-357. DOI:10.3760/cma.j.issn.1671-7600.2005.04.015.}

[25521] **汪群力，裴国献. 组织工程组织血管化研究新进展[J]. 中华创伤骨科杂志，2005，7(6)：564-567. DOI：10.3760/cma.j.issn.1671-7600.2005.06.017.** {WANG Qunli,PEI Guoxian. Advances in vascularization of tissue-engineered graft[J]. Zhonghua Chuang Shang Gu Ke Za Zhi[Chin J Orthop Trauma(Article in Chinese;Abstract in Chinese and English)],2005,7(6):564-567. DOI:10.3760/cma.j.issn.1671-7600.2005.06.017.}

[25522] **张文杰，周广东，曹谊林. 中国组织工程学研究现状与未来[J]. 组织工程与重建外科杂志，2005，1(4)：185-188. DOI：10.3969/j.issn.1673-0364.2005.04.002.** {ZHANG Wenjie,ZHOU Guangdong,CAO Yilin. The future and present condition of research about tissue engineering in China[J]. Zu Zhi Gong Cheng Yu Chong Jian Wai Ke Za Zhi[J Tissue Eng Reconstr Surg(Article in Chinese;Abstract in Chinese and English)],2005,1(4):185-188. DOI:10.3969/j.issn.1673-0364.2005.04.002.}

[25523] **朴英杰. 加强基础研究促进组织工程学协调发展[J]. 中国临床解剖学杂志，2005，23(1)：3-4. DOI：10.3969/j.issn.1001-165X.2005.01.001.** {PARK Yingjie. Strengthing fumdamental researches,promoting the harmonious development of tissue engineering sciences[J]. Zhongguo Lin Chuang Jie Pou Xue Za Zhi[Chin J Clin Anat(Article in Chinese;Abstract in Chinese and English)],2005,23(1):3-4. DOI:10.3969/j.issn.1001-165X.2005.01.001.}

[25524] **陈兵，张柏根，张建，谷涌泉，李建新，俞恒锡，汪忠镐. 组织工程化血管构建的初步实验研究[J]. 中华外科杂志，2005，43(19)：1271-1274. DOI：10.3760/j：issn：0529-5815.2005.19.012.** {CHEN Bing,ZHANG Bogen,ZHANG Jian,GU Yongquan,LI Jianxin,YU Hengxi,WANG zhongho. Primary experimental study on the construction of tissue engineering blood vessel[J]. Zhonghua Wai Ke Za Zhi[Chin J Surg(Article in Chinese;Abstract in Chinese and English)],2005,43(19):1271-1274. DOI:10.3760/j:issn:0529-5815.2005.19.012.}

[25525] **张燕忠，刘阳，曹谊林，张柏根. 组织工程学方法体外构建血管的研究[J]. 中华实验外科杂志，2005，22(1)：39-40. DOI：10.3760/j.issn：1001-9030.2005.01.015.** {ZHANG Yanzhong,LIU Yang,CAO Yilin,ZHANG Bergen. Experimental study on reconstruction of blood vessel in nude mice by tissue engineering[J]. Zhonghua Shi Yan Wai Ke Za Zhi[Chin J Exp Surg(Article in Chinese;Abstract in Chinese and English)],2005,22(1):39-40. DOI:10.3760/j.issn:1001-9030.2005.01.015.}

[25526] **李文华，周庆明，曹扬，杨凯，赵志利，苏中选，臧美孚. 组织工程学材料替代输尿管缺损的临床应用[J]. 中华泌尿外科杂志，2005，26(6)：405-407. DOI：10.3760/j：issn：1000-6702.2005.06.014.** {LI Wenhua,ZHOU Qingming,CAO Yang,YANG Kai,ZHAO Zhili,SU Zhongxuan,ZANG Meifu. Tissue-engineering material for the replacement of ureter[J]. Zhonghua Mi Niao Wai Ke Za Zhi[Chin J Urol(Article in Chinese;Abstract in Chinese and English)],2005,26(6):405-407. DOI:10.3760/j:issn:1000-6702.2005.06.014.}

[25527] **曹谊林，周广东，刘伟，崔磊. 组织工程与创伤医学[J]. 中华创伤杂志，2005，21(1)：25-28. DOI：10.3760/j：issn：1001-8050.2005.01.008.** {CAO Yilin,ZHOU Guangdong,LIU Wei,CUI Lei. Tissue engineering and traumatology[J]. Zhonghua Chuang Shang Za Zhi[Chin J Trauma(Article in Chinese;Abstract in Chinese and English)],2005,21(1):25-28. DOI:10.3760/j:issn:1001-8050.2005.01.008.}

[25528] **侯天勇，伍亚民，张玉波. 组织工程脊髓修复脊髓损伤的研究进展[J]. 中华创伤杂志，2005，21(4)：316-318. DOI：10.3760/j：issn：1001-8050.2005.04.027.** {HOU Tianyong,WU Yamin,ZHANG Yubo. Research progress in tissue-engineered spinal cord repairing spinal cord injuries[J]. Zhonghua Chuang Shang Za Zhi[Chin J Trauma(Article in Chinese;Abstract in Chinese and English)],2005,21(4):316-318. DOI:10.3760/j:issn:1001-8050.2005.04.027.}

[25529] **曹谊林. 组织工程学的建立与发展[J]. 组织工程与重建外科杂志，2005，1(1)：5-8. DOI：10.3969/j.issn.1673-0364.2005.01.003.** {CAO Yilin. The establishment and development of tissue engineering[J]. Zu Zhi Gong Cheng Yu Chong Jian Wai Ke Za Zhi[J Tissue Eng Reconstr Surg(Article in Chinese;Abstract in Chinese and English)],2005,1(1):5-8. DOI:10.3969/j.issn.1673-0364.2005.01.003.}

[25530] **王炜. 组织工程学是修复重建外科发展的里程碑[J]. 组织工程与重建外科杂志，2005，1(1)：9-11. DOI：10.3969/j.issn.1673-0364.2005.01.004.** {WANG Wei. Tissue engineering——The developmental milestone of reparative and reconstructive surgery[J]. Zu Zhi Gong Cheng Yu Chong Jian Wai Ke Za Zhi[J Tissue Eng Reconstr Surg(Article in Chinese;Abstract in Chinese and English)],2005,1(1):9-11. DOI:10.3969/j.issn.1673-0364.2005.01.004.}

[25531] **刘阳，张燕中，刘伟，崔磊，曹谊林. 组织工程技术修复犬腹主动脉缺损的初步研究[J]. 组织工程与重建外科杂志，2005，1(4)：210-213. DOI：10.3969/j.issn.1673-0364.2005.04.011.** {LIU Yang,ZHANG Yanzhong,LIU Wei,CUI Lei,CAO Yilin. The primary study on repairing abdomial aortic defect by tissue engineering approach in a canine model[J]. Zu Zhi Gong Cheng Yu Chong Jian Wai Ke Za Zhi[J Tissue Eng Reconstr Surg(Article in Chinese;Abstract in Chinese and English)],2005,1(4):210-213. DOI:10.3969/j.issn.1673-0364.2005.04.011.}

[25532] **聂鑫权，柴家科，肖厚安，胡大海，王甲汉，杨红明，刘亚玲，张勇杰，金岩. 组织工程皮肤加速烧烫伤皮肤创面愈合的多中心临床研究[J]. 组织工程与重建外科杂志，2005，1(6)：**

305-308. DOI: 10.3969/j.issn.1673-0364.2005.06.003. {NIE Xinquan,CHAI Jiake,XIAO Houan,HU Dahai,WANG Jiahan,YANG Hongming,LIU Yaling,ZHANG Yongjie,JIN Yan. Multi-center clinical study on tissue engineered skin (activskin) to accelerate the closure of skin defect wound by burn[J]. Zu Zhi Gong Cheng Yu Chong Jian Wai Ke Za Zhi[J Tissue Eng Reconstr Surg(Article in Chinese;Abstract in Chinese and English)],2005,1(6):305-308. DOI:10.3969/j.issn.1673-0364.2005.06.003.}

[25533] 李现铎，耿红全，潘骏，谢华，陈方. 羊水细胞作为组织工程种子细胞可能性的探讨 [J]. 中华医学杂志，2005，85（7）: 464-467. DOI: 10.3760/j: issn: 0376-2491.2005.07.010. {LI xianduo,GENG Hongquan,PAN Jun,XIE Hua,CHEN Fang. Amniotic fluid:a novel source for tissue engineering[J]. Zhonghua Yi Xue Za Zhi[Natl Med J China(Article in Chinese;Abstract in Chinese and English)],2005,85(7):464-467. DOI:10.3760/j:issn:0376-2491.2005.07.010.}

[25534] 温绍君，赵莉敏，李平，李京倖，刘雅，刘洁琳，陈英淳. 血管平滑肌细胞和内皮细胞联合种植生物可降解材料的组织工程血管研究 [J]. 中华医学杂志，2005，85（12）: 816-818. DOI: 10.3760/j: issn: 0376-2491.2005.12.007. {WEN Shaojun,ZHAO Limin,LI Ping,LI Jingxing,LIU Ya,LIU Jielin,CHEN Yingchun. Blood vessel tissue engineering:seeding vascular smooth muscle cells and endothelial cells sequentially on biodegradable scaffold in vitro[J]. Zhonghua Yi Xue Za Zhi[Natl Med J China(Article in Chinese;Abstract in Chinese and English)],2005,85(12):816-818. DOI:10.3760/j:issn:0376-2491.2005.12.007.}

[25535] 曹谊林，周广东. 21世纪组织工程面临的机遇与挑战 [J]. 中华医学杂志，2005，85（36）: 2523-2525. DOI: 10.3760/j: issn: 0376-2491.2005.36.003. {CAO Yilin,ZHOU Guangdong. Tissue engineering in twenty-first century-opportunity and challenge[J]. Zhonghua Yi Xue Za Zhi[Natl Med J China(Article in Chinese;Abstract in Chinese and English)],2005,85(36):2523-2525. DOI:10.3760/j:issn:0376-2491.2005.36.003.}

[25536] 程光存，严中亚. 在动态旋转系统中构建小口径组织工程化血管的实验研究 [J]. 安徽医科大学学报，2005，40(6): 532-535. DOI: 10.3969/j.issn.1000-1492.2005.06.012. {CHENG Guangcun,YAN Zhongya. Experimental study on constructing small caliber artery with tissue engineering approach in rotary cell culture system[J]. An Hui Yi Ke Da Xue Xue Bao[Acta Univ Med Anhui(Article in Chinese;Abstract in Chinese and English)],2005,40(6):532-535. DOI:10.3969/j.issn.1000-1492.2005.06.012.}

[25537] 方跃，杨志明. 复合胶原的组织工程肌腱力学性能的实验研究 [J]. 中国修复重建外科杂志，2005，19（4）: 318-321. {FANG Yue,YANG Zhiming. Experimental study on biomechanics characteristics of combined collagen tissue engineering tendon[J]. Zhongguo Xiu Fu Chong Jian Wai Ke Za Zhi[Chin J Repar Reconstr Surg(Article in Chinese;Abstract in Chinese and English)],2005,19(4):318-321.}

[25538] 孙天威，杨志明，解慧琪，邓力，罗静聪，邱琳. 兔组织工程肌的构建与研究 [J]. 中国修复重建外科杂志，2005，19（5）: 364-368. {SUN Tianwei,YANG Zhiming,XIE Huiqi,DENG Li,LUO jingcong,QIU Lin. Experimental study on constructing muscle tissue in rabbits with tissue engineering methods[J]. Zhongguo Xiu Fu Chong Jian Wai Ke Za Zhi[Chin J Repar Reconstr Surg(Article in Chinese;Abstract in Chinese and English)],2005,19(5):364-368.}

[25539] 李箭，杨志明，解慧琪，陈刚，黄富国，项舟，岑石强. 组织工程肌腱修复陈旧性跟腱断裂伴缺损的疗效观察 [J]. 中国修复重建外科杂志，2005，19（8）: 639-641. {LI Jian,YANG Zhiming,XIE Huiqi,CHEN Gang,HUANG Fuguo,XIANG Zhou,CEN Shiqiang. Therapeutic effect of tissue engineered tendon in repairing old calcaneal tendon rupture and defects[J]. Zhongguo Xiu Fu Chong Jian Wai Ke Za Zhi[Chin J Repar Reconstr Surg(Article in Chinese;Abstract in Chinese and English)],2005,19(8):639-641.}

[25540] 李海红，付小兵，周岗，白晓东，陈伟，朱国俊，蔡存良，孙同柱. 人骨髓间充质干细胞体外分离培养、鉴定及标记 [J]. 创伤外科杂志，2005，7（4）: 291-293. DOI: 10.3969/j.issn.1009-4237.2005.04.019. {LI Haihong,FU Xiaobing,ZHOU Gang,BAI Xiaodong,CHEN Wei,ZHU Guojun,CAI Cunliang,SUN Tongzhu. Isolation culture,identification and labeling of human mesenchymal stem cells in vitro[J]. Chuang Shang Wai Ke Za Zhi[J Traum Surg(Article in Chinese;Abstract in Chinese and English)],2005,7(4):291-293. DOI:10.3969/j.issn.1009-4237.2005.04.019.}

[25541] 王学明，裴国献，金丹，魏宽海，江汕，唐光辉. 磁共振灌注成像监测组织工程骨血管化的研究 [J]. 中华实验外科杂志，2006，23（12）: 1510-1512. DOI: 10.3760/j.issn: 1001-9030.2006.12.030. {WANG Xueming,PEI Guoxian,JIN Dan,WEI Kuanhai,JIANG Shan,TANG Guanghui. Preliminary experimental study of monitoring vascularization of tissue engineered bone with the perfusion weighted MR imaging[J]. Zhonghua Shi Yan Wai Ke Za Zhi[Chin J Exp Surg(Article in Chinese;Abstract in Chinese and English)],2006,23(12):1510-1512. DOI:10.3760/j.issn:1001-9030.2006.12.030.}

[25542] 裴国献. 组织工程学——21世纪面临的机遇与挑战 [J]. 中华创伤骨科杂志，2006，8（1）: 4-7. DOI: 10.3760/cma.j.issn.1671-7600.2006.01.002. {PEI Guoxian. Tissue engineering:opportunity and challenge in the 21st century[J]. Zhonghua Chuang Shang Gu Ke Za Zhi[Chin J Orthop Trauma(Article in Chinese;Abstract in Chinese and English)],2006,8(1):4-7. DOI:10.3760/cma.j.issn.1671-7600.2006.01.002.}

[25543] 王学明，裴国献，金丹，魏宽海，江汕，唐光辉. 恒河猴体内组织工程骨血管化监测的实验研究 [J]. 中华创伤骨科杂志，2006，8（6）: 544-548. DOI: 10.3760/cma.j.issn.1671-7600.2006.06.012. {WANG Xueming,PEI Guoxian,JIN Dan,WEI Kuanhai,JIANG Shan,TANG Guanghui. An experimental study of vascularization monitoring of tissue engineered bone in the rhesus[J]. Zhonghua Chuang Shang Gu Ke Za Zhi[Chin J Orthop Trauma(Article in Chinese;Abstract in Chinese and English)],2006,8(6):544-548. DOI:10.3760/cma.j.issn.1671-7600.2006.06.012.}

[25544] 裴国献. 组织工程学——21世纪面临的机遇与挑战 [J]. 国际骨科学杂志，2006，27（1）: 2-4. DOI: 10.3969/j.issn.1673-7083.2006.01.001. {PEI Guoxian. Tissue engineering:Opportunities and challenges in 21st century[J]. Guo Ji Gu Ke Xue Za Zhi[Int J Orthop(Article in Chinese;Abstract in Chinese and English)],2006,27(1):2-4. DOI:10.3969/j.issn.1673-7083.2006.01.001.}

[25545] 王学明，裴国献，金丹，魏宽海，江汕，唐光辉. 磁共振灌注成像监测组织工程骨血管化的实验研究 [J]. 南方医科大学学报，2006，26（7）: 931-935. DOI: 10.3321/j.issn: 1673-4254.2006.07.007. {WANG Xueming,PEI Guoxian,JIN Dan,WEI Kuanhai,JIANG Shan,TANG Guanghui. Perfusion-weighted magnetic resonance imaging for monitoring vascularization in tissue-engineered bone in rhesuses[J]. Nan Fang Yi Ke Da Xue Xue Bao[J South Med Univ(Article in Chinese;Abstract in Chinese and English)],2006,26(7):931-935. DOI:10.3321/j.issn:1673-4254.2006.07.007.}

[25546] 胡稷杰，金丹，全大萍，魏宽海，陈炅昊，钟世镇，裴国献. 负载不同浓度骨形态发生蛋白的组织工程骨体内成骨的量效关系 [J]. 中华骨科杂志，2006，26（3）: 196-201. DOI: 10.3760/j.issn: 0253-2352.2006.03.012. {HU Jijie,JIN Dan,QUAN Daping,WEI Kuanhai,CHEN Jihao,ZHONG Shizhen,PEI Guoxian. The dose-effect correlation between tissue engineered bone loaded BMP at different densities and new bone formation in vivo[J]. Zhonghua Gu Ke Za Zhi[Chin J Orthop(Article in Chinese;Abstract in Chinese and English)],2006,26(3):196-201. DOI:10.3760/j.issn:0253-2352.2006.03.012.}

[25547] 吴军，罗高兴，王锡华. 完美与遗憾梦想与现实——组织工程在创面修复中的现状与未来 [J]. 中华烧伤杂志，2006，22（1）: 5-7. DOI: 10.3760/cma.j.issn.1009-2587.2006.01.003. {WU Jun,LUO Xin,WANG Xihua. Perfection and regret Dream and reality—the current situation and future of tissue engineering in the field of wound repair[J]. Zhonghua Shao Shang Za Zhi[Chin J Burns(Article in Chinese;Abstract in Chinese and English)],2006,22(1):5-7. DOI:10.3760/cma.j.issn.1009-2587.2006.01.003.}

[25548] 郑诚功. 组织工程与细胞生物力学的进展 [J]. 中华创伤骨科杂志，2006，8（10）: 901-902. DOI: 10.3760/cma.j.issn.1671-7600.2006.10.001. {ZHENG Chenggong. Progress of tissue engineering and cell biomechanics[J]. Zhonghua Chuang Shang Gu Ke Za Zhi[Chin J Orthop Trauma(Article in Chinese;Abstract in Chinese and English)],2006,8(10):901-902. DOI:10.3760/cma.j.issn.1671-7600.2006.10.001.}

[25549] 侯天勇，许建中. 藻酸盐在构建组织工程骨应用研究中的进展 [J]. 中华创伤杂志，2006，22（12）: 949-951. DOI: 10.3760/j: issn: 1001-8050.2006.12.023. {HOU Tianyong,XU Jianzhong. Progress of study on role of alginate in constructing tissue engineered bone[J]. Zhonghua Chuang Shang Za Zhi[Chin J Trauma(Article in Chinese;Abstract in Chinese and English)],2006,22(12):949-951. DOI:10.3760/j:issn:1001-8050.2006.12.023.}

[25550] 段小军，杨柳，周跃，陈光兴，李忠. 纤维蛋白凝胶种植技术在组织工程软骨体外构建中的应用 [J]. 中国骨与关节损伤杂志，2006，21（11）: 897-899. DOI: 10.3969/j.issn.1672-9935.2006.11.015. {DUAN Xiaojun,YANG Liu,ZHOU Yue,CHEN Guangxing,LI Zhong. Construction of Cell-scaffold Complex in Vitro with Fibrin gel in Cartilage Tissue Engineering[J]. Zhongguo Gu Yu Guan Jie Sun Shang Za Zhi [Chin J Bone Joint Injury(Article in Chinese;Abstract in Chinese and English)],2006,21(11):897-899. DOI:10.3969/j.issn.1672-9935.2006.11.015.}

[25551] 金岩，李玉成，史俊南. 组织工程化牙齿研究：机遇与挑战 [J]. 组织工程与重建外科杂志，2006，2（1）: 1-4，44. DOI: 10.3969/j.issn.1673-0364.2006.01.001. {JIN Yan,LI Yucheng,SHI junnan. The study of tissue engineering teeth:opportunity and challenge[J]. Zu Zhi Gong Cheng Yu Chong Jian Wai Ke Za Zhi[J Tissue Eng Reconstr Surg(Article in Chinese;Abstract in Chinese and English)],2006,2(1):1-4,44. DOI:10.3969/j.issn.1673-0364.2006.01.001.}

[25552] 殷猛，刘锦纷，藤里俊哉，凑谷谦司，中谷武嗣. 超高压脱细胞组织工程血管支架的实验研究 [J]. 组织工程与重建外科杂志，2006，2（4）: 193-196. DOI: 10.3969/j.issn.1673-0364.2006.04.004. {YIN Meng,LIU Jinfen,JUN YA Fuji,KENJI makiya,TAKESHI Nakatani. Experimental study on acellular heart valves and vessels by ultrahigh pressure treatment[J]. Zu Zhi Gong Cheng Yu Chong Jian Wai Ke Za Zhi[J Tissue Eng Reconstr Surg(Article in Chinese;Abstract in Chinese and English)],2006,2(4):193-196. DOI:10.3969/j.issn.1673-0364.2006.04.004.}

[25553] 黄惠民，吴少峰，任洪. 脱细胞组织基质和自身细胞构建组织工程移植物 [J]. 上海医学，2006，29（5）: 315-318，封三. DOI: 10.3969/j.issn.0253-9934.2006.05.015. {HUANG Huimin,WU Shaofeng,REN Hong. Tissue-engineering graft constructed by autologous cells and heterogenous acellularized matrix[J]. Shang Hai Yi Xue[Shanghai Med J(Article in Chinese;Abstract in Chinese and English)],2006,29(5):315-318,cover 3. DOI:10.3969/j.issn.0253-9934.2006.05.015.}

[25554] 张超，金岩，聂鑫，刘源，雷娟，胡丹. 组织工程角膜生物材料载体制备的比较性研究 [J]. 中国修复重建外科杂志，2006，20（2）: 185-188. {ZHANG Chao,JIN Yan,NIE Xin,LIU Yuan,LEI Juan,HU Dan. A comparative study on biocompatibility of acellular corneal stroma materials prepared by serial digestion methods[J]. Zhongguo Xiu Fu Chong Jian Wai Ke Za Zhi[Chin J Repar Reconstr Surg(Article in Chinese;Abstract in Chinese and English)],2006,20(2):185-188.}

[25555] 武宇赤，张霄雁，李哲海，刘洪，翟宏利，郭永强，白雪峰. 人体不同骨骼骨膜生发层间充质细胞的计量研究及其临床意义 [J]. 中华创伤杂志，2006，22（9）: 698-701. DOI: 10.3760/j: issn: 1001-8050.2006.09.015. {WU Yuchi,ZHANG Xiaoyan,LI Zhehai,LIU Hong,ZHAI Hongli,GUO Yongqiang,BAI Xuefeng. Morphometrical study of undifferentiated mesenchymal cells of periosteum germinal layer from different parts of the body and its clinical significance[J]. Zhonghua Chuang Shang Za Zhi[Chin J Trauma(Article in Chinese;Abstract in Chinese and English)],2006,22(9):698-701. DOI:10.3760/j:issn:1001-8050.2006.09.015.}

[25556] 唐光辉，裴国献，陈滨，曾宪利，程文俊，任义军. 血管铸型方法检测组织工程骨修复羊胫骨缺损的远期血管化 [J]. 中华骨科杂志，2007，27(8): 614-618. DOI: 10.3760/j.issn: 0253-2352.2007.08.012. {TANG Guanghui,PEI Guoxian,CHEN Bin,ZENG Xianli,CHENG Wenjun,REN Yijun. Detection of long-term vascularization at the large defect of tibial diaphysis repaired with tissue engineered bone by vascular casting in goats[J]. Zhonghua Gu Ke Za Zhi[Chin J Orthop(Article in Chinese;Abstract in Chinese and English)],2007,27(8):614-618. DOI:10.3760/j.issn:0253-2352.2007.08.012.}

[25557] 肖荣冬，翁国星. 组织工程血管管状支架的制备与动态培养在血管组织工程中的应用 [J]. 中华实验外科杂志，2007，24（2）: 142-143，封3. DOI: 10.3760/j.issn: 1001-9030.2007.02.005. {XIAO Rongdong,WENG Guoxing. Preparation of tubular scaffold for tissue engineering vessel and the application of dynamic implantation and culture in vascular tissue engineering[J]. Zhonghua Shi Yan Wai Ke Za Zhi[Chin J Exp Surg(Article in Chinese;Abstract in Chinese and English)],2007,24(2):142-143,cover 3. DOI:10.3760/j.issn:1001-9030.2007.02.005.}

[25558] 吉光荣，姚猛，孙崇毅，刘建宇，王立春. 转基因修饰的组织工程骨在兔腰椎横突间融合中的应用 [J]. 中华创伤杂志，2007，23（6）: 459-461. DOI: 10.3760/j: issn: 1001-8050.2007.06.021. {JI Guangrong,YAO Meng,SUN Chongyi,LIU Jianyu,WANG Lichun. Tissue engineered bone graft substitute transfected with Ad-BMP-2 for spinal fusion of lumbar intertransverse process in rabbits[J]. Zhonghua Chuang Shang Za Zhi[Chin J Trauma(Article in Chinese;Abstract in Chinese and English)],2007,23(6):459-461. DOI:10.3760/j:issn:1001-8050.2007.06.021.}

[25559] 宋鲁杰，潘连军，徐月敏. 组织工程技术阴茎功能修复重建的研究 [J]. 中华男科学杂志，2007，13（4）: 352-355. DOI: 10.3969/j.issn.1009-3591.2007.04.017. {SONG Lujie,PAN Lianjun,XU Yuemin. Reconstruction of penile function with tissue engineering techniques[J]. Zhonghua Nan Ke Xue Za Zhi[Natl J Androl(Article in Chinese;Abstract in Chinese and English)],2007,13(4):352-355. DOI:10.3969/j.issn.1009-3591.2007.04.017.}

[25560] 李建军，赵群，王欢，杨军，原泉，崔少千，李雷. 基因修饰的组织工程骨联合带血管蒂骨膜移植修复长段骨缺损的研究 [J]. 中华整形外科杂志，2007，23（6）: 502-506. DOI: 10.3760/j.issn: 1009-4598.2007.06.015. {LI Jianjun,ZHAO Qun,WANG Huan,YANG Jun,YUAN Quan,CUI Shaoqian,LI Lei. Reconstruction of segmental bone defect by gene modified tissue engineering bone combined with vascularized periosteum[J]. Zhonghua Zheng Xing Wai Ke Za Zhi[Chin J Plast Surg(Article in Chinese;Abstract in Chinese and English)],2007,23(6):502-506. DOI:10.3760/j.issn:1009-4598.2007.06.015.}

[25561] 许建中. 骨组织工程临床研究现状与展望 [J]. 组织工程与重建外科杂志，2007，3（2）: 61-64. DOI: 10.3969/j.issn.1673-0364.2007.02.001. {XU Jianzhong. Present and future of clinical research on tissue engineering[J]. Zu Zhi Gong Cheng Yu Chong Jian Wai Ke Za Zhi[J Tissue Eng Reconstr Surg(Article in Chinese;Abstract in Chinese and English)],2007,3(2):61-64. DOI:10.3969/j.issn.1673-0364.2007.02.001.}

[25562] 李宏，周彬，安琦. 组织工程小血管摩擦力测量方法的研究与应用 [J]. 组织工程与重建外科杂志，2007，3(5): 244-246，253. DOI: 10.3969/j.issn.1673-0364.2007.05.002. {LI Hong,ZHOU Bin,AN Qi. The research on the measuring method of friction force of tissue engineered small diameter blood vessel and application[J]. Zu Zhi Gong Cheng Yu Chong Jian Wai Ke Za Zhi[J Tissue Eng Reconstr Surg(Article in Chinese;Abstract in Chinese and English)],2007,3(5):244-246,253. DOI:10.3969/j.issn.1673-0364.2007.05.002.}

[25563] 柴岗，张艳，刘伟，崔磊，胡庆夕，曹谊林. 基于Micro-CT的三维打印组织工程骨建模技术 [J]. 组织工程与重建外科杂志，2007，3（5）: 247-248，270. DOI: 10.3969/j.issn.1673-0364.2007.05.003. {CHAI Gang,ZHANG Yan,LIU Wei,CUI Lei,HU Qingxi,CAO

Yilin. Modeling technology of 3 - D printing tissue engineering bone based on micro - CT[J]. Zu Zhi Gong Cheng Yu Chong Jian Wai Ke Za Zhi[J Tissue Eng Reconstr Surg(Article in Chinese;Abstract in Chinese and English)],2007,3(5):247 - 248,270. DOI:10.3969/j.issn.1673 - 0364.2007.05.003.}

[25564] **黄惠民，马良龙，任宏，吴少峰，蒋祖明. 骨髓间质干细胞和脱细胞基质构建组织工程血管的动物实验 [J]. 中华医学杂志，2007，87（48）：3440－3442. DOI：10.3760/j.issn：0376－2491.2007.48.014.** {HUANG Huimin,MA Lianglong,REN Hong,WU Shaofeng,JIANG Zuming. Tissue - engineered graft constructed by bone marrow mononuclear cells and heterogeneous acellularized tissue matrix:an animal experiment[J]. Zhonghua Yi Xue Za Zhi[Natl Med J China(Article in Chinese;Abstract in Chinese and English)],2007,87(48):3440 - 3442. DOI:10.3760/j.issn:0376 - 2491.2007.48.014.}

[25565] **陈彦彦，陈昕，王宗良，赵雷，石毅，周余来，颜炜群. 壳多糖组织工程支架材料的制备及其应用 [J]. 吉林大学学报（医学版），2007，33（5）：867－870，封 3. DOI：10.3969/j.issn.1671－587X.2007.05.024.** {CHEN Yanyan,CHEN Xin,WANG Zongliang,ZHAO Lei,SHI Yi,ZHOU Yulai,YAN Weiqun. Preparation and application of chitosan tissue engineering scaffold[J]. Ji Lin Da Xue Xue Bao(Yi Xue Ban)[J Jilin Univ Med Ed(Article in Chinese;Abstract in Chinese and English)],2007,33(5):867 - 870,cover 3. DOI:10.3969/j.issn.1671 - 587X.2007.05.024.}

[25566] **韩本松，范存义，刘生和，曾炳芳. 不同应力环境对组织工程血管形成的影响 [J]. 中国修复重建外科杂志，2007，21（3）：302－306.** {HAN Bensong,FAN Cunyi,LIU Shenghe,ZENG Bingfang. Effects of different stress environments on growth of tissue engineering blood vessels[J]. Zhongguo Xiu Fu Chong Jian Wai Ke Za Zhi[Chin J Repar Reconstr Surg(Article in Chinese;Abstract in Chinese and English)],2007,21(3):302 - 306.}

[25567] **李涛，王靖，杨惠林，唐天驷. 活性维生素 D 促组织工程骨血管化 [J]. 中国修复重建外科杂志，2007，21（10）：1142－1146.** {LI Tao,WANG Jing,YANG Huilin,TANG Tiansi. A research on ectopic osteogenesis and vascularization of tissue engineered bone promoted by 1,25 - (OH)2D3[J]. Zhongguo Xiu Fu Chong Jian Wai Ke Za Zhi[Chin J Repar Reconstr Surg(Article in Chinese;Abstract in Chinese and English)],2007,21(10):1142 - 1146.}

[25568] **崔建德，梁双武，裴国献，江汕，戴金良，刘勇，姚旺祥，黄爱文，王秋实，赵培冉. 单纯血管束、神经束分别植入组织工程骨修复兔骨缺损对降钙素基因相关肽和神经肽 Y 表达的影响 [J]. 中华外科杂志，2008，46（16）：1249－1252. DOI：10.3321/j.issn：0529－5815.2008.16.021.** {CUI Jiande,LIANG Shuangwu,PEI Guoxian,JIANG Shan,DAI Jinliang,LIU Yong,YAO Wangxiang,HUANG Aiwen,WANG Qiushi,ZHAO Peiran. A study of the different effect on the expression of calcitonin gene related peptide and neuropeptide Y in tissue engineered bone with vascular bundle graft in vivo and that with sensory nerve tract graft in vivo[J]. Zhonghua Wai Ke Za Zhi[Chin J Surg(Article in Chinese;Abstract in Chinese and English)],2008,46(16):1249 - 1252. DOI:10.3321/j.issn:0529 - 5815.2008.16.021.}

[25569] **戴金良，裴国献，刘勇，崔建德，王秋实，姚旺祥，江汕，赵培冉，梁双武. 神经植入对大段组织工程骨成骨效果的一年观察 [J]. 中华创伤骨科杂志，2008，10（4）：354－358. DOI：10.3760/cma.j.issn.1671－7600.2008.04.014.** {DAI Jinliang,PEI Guoxian,LIU Yong,CUI Jiande,WANG Qiushi,YAO Wangxiang,JIANG Shan,ZHAO peiran,LIANG Shuangwu. Effects of nerve implantation on osteogenesis of large tissue - engineered bone:one - year observation[J]. Zhonghua Chuang Shang Gu Ke Za Zhi[Chin J Orthop Trauma(Article in Chinese;Abstract in Chinese and English)],2008,10(4):354 - 358. DOI:10.3760/cma.j.issn.1671 - 7600.2008.04.014.}

[25570] **崔建德，裴国献，金丹，江汕，戴金良，黄爱文，王秋实，赵培冉，梁双武. 带血管蒂筋膜瓣包裹组织工程骨修复兔桡骨缺损对降钙素基因相关肽和神经肽 Y 表达的影响 [J]. 解放军医学杂志，2008，33（6）：698－700，707. DOI：10.3321/j.issn：0577－7402.2008.06.021.** {CUI Jiande,PEI Guoxian,JIN Dan,JIANG Shan,DAI Jinliang,HUANG Aiwen,WANG Qiushi,ZHAO peiran,LIANG Shuangwu. Changes of CGRP and NPY expression in tissue - engineered bone with fascia flap[J]. Jie Fang Jun Yi Xue Za Zhi[Med J Chin PLA(Article in Chinese;Abstract in Chinese and English)],2008,33(6):698 - 700,707. DOI:10.3321/j.issn:0577 - 7402.2008.06.021.}

[25571] **姚旺祥，裴国献，刘勇，张洪涛，江汕，赵培冉，梁双武. 神经植入对大段组织工程骨成骨影响的早期实验研究 [J]. 中华骨科杂志，2008，28（3）：234－239. DOI：10.3321/j.issn：0253－2352.2008.03.012.** {YAO Wangxiang,PEI Guoxian,LIU Yong,ZHANG Hongtao,JIANG Shan,ZHAO peiran,LIANG Shuangwu. The early experimental study of the osteogenesis effects on nerves implantation in the large tissue engineered bone[J]. Zhonghua Gu Ke Za Zhi[Chin J Orthop(Article in Chinese;Abstract in Chinese and English)],2008,28(3):234 - 239. DOI:10.3321/j.issn:0253 - 2352.2008.03.012.}

[25572] **黄华梅，谢德明. 组织工程血管基质的制备与改性 [J]. 中国临床解剖学杂志，2008，26（1）：73－77. DOI：10.3969/j.issn.1001－165X.2008.01.021.** {HUANG Huamei,XIE Deming. The preparation and modification of acellular vascular matrix[J]. Zhongguo Lin Chuang Jie Pou Xue Za Zhi[Chin J Clin Anat(Article in Chinese;Abstract in Chinese and English)],2008,26(1):73 - 77. DOI:10.3969/j.issn.1001 - 165X.2008.01.021.}

[25573] **汪黎明，陈鑫，徐明. 组织工程血管支架材料最适孔径的研究 [J]. 中华实验外科杂志，2008，25（2）：161－162. DOI：10.3321/j.issn：1001－9030.2008.02.008.** {WANG Liming,CHEN Xin,XU Ming. Optimal pore caliber of scaffolds for tissue engineering vessel[J]. Zhonghua Shi Yan Wai Ke Za Zhi[Chin J Exp Surg(Article in Chinese;Abstract in Chinese and English)],2008,25(2):161 - 162. DOI:10.3321/j.issn:1001 - 9030.2008.02.008.}

[25574] **姜隽，范蔚林，姜睿，曾宏，何延政. 组织工程支架负载骨髓单核细胞促进大鼠下肢缺血组织血管新生 [J]. 中华实验外科杂志，2008，25（2）：163－165，封 4. DOI：10.3321/j.issn：1001－9030.2008.02.009.** {JIANG Jun,FAN Weilin,JIANG Rui,ZENG Hong,HE Yanzheng. Engineering matrices combined with bone marrow mononuclear cells promote new vessels formation in the murine ischemic lower limbs[J]. Zhonghua Shi Yan Wai Ke Za Zhi[Chin J Exp Surg(Article in Chinese;Abstract in Chinese and English)],2008,25(2):163 - 165,cover 4. DOI:10.3321/j.issn:1001 - 9030.2008.02.009.}

[25575] **郑晓晖，陈振光，陶圣祥，孔劲松，林海涛，杨玉华. 显微外科技术预构组织工程骨血管化的比较 [J]. 中华实验外科杂志，2008，25（2）：214－217. DOI：10.3321/j.issn：1001－9030.2008.02.027.** {ZHENG Xiaohui,CHEN Zhenguang,TAO Shengxiang,KONG Jinsong,LIN Haitao,YANG Yuhua. A comparative study on vascularizafion of three types of prefabricated pedicled tissue engineered bone[J]. Zhonghua Shi Yan Wai Ke Za Zhi[Chin J Exp Surg(Article in Chinese;Abstract in Chinese and English)],2008,25(2):214 - 217. DOI:10.3321/j.issn:1001 - 9030.2008.02.027.}

[25576] **夏照帆，肖仕初. 皮肤组织工程学在我国 [J]. 中华烧伤杂志，2008，24（5）：362－364. DOI：10.3760/cma.j.issn.1009－2587.2008.05.015.** {XIA Zhaofan,XIAO Shichu. Skin tissue engineering in China[J]. Zhonghua Shao Shang Za Zhi[Chin J Burns(Article in Chinese;Abstract in Chinese and English)],2008,24(5):362 - 364. DOI:10.3760/cma.j.issn.1009 - 2587.2008.05.015.}

[25577] **马辉，杨大平，郝晨光，郭铁芳，刘国锋. 利用脱细胞基质预构小口径组织工程血管的实验研究 [J]. 中华整形外科杂志，2008，24（4）：297－299. DOI：10.3760/j.issn：1009－4598.2008.04.014.** {MA Hui,YANG Daping,HAO Chenguang,GUO tiefang,LIU Guofeng. An experimental study of small - caliber tissue engineering vessels with acellularmatrix[J]. Zhonghua Zheng Xing Wai Ke Za Zhi[Chin J Plast Surg(Article in Chinese;Abstract in Chinese and English)],2008,24(4):297 - 299. DOI:10.3760/j.issn:1009 - 4598.2008.04.014.}

[25578] **肖厚安，金岩，吴周虎，聂鑫，张勇杰，鲁美茹，刘亚玲. 组织工程全层皮肤修复糖尿病性皮肤溃疡创面的临床研究 [J]. 中华损伤与修复杂志（电子版），2008，3（2）：156－161. DOI：10.3969/j.issn.1673－9450.2008.02.004.** {XIAO Houan,JIN Yan,WU Zhouhu,NIE Xin,ZHANG Yongjie,LU Meiru,LIU Yaling. The clinic application of tissue engineered active skin on the diabetic ulcer[J]. Zhonghua Sun Shang Yu Xiu Fu Za Zhi Dian Zi Ban[Chin J Injury Repair Wound Healing(Electr Ed)(Article in Chinese;Abstract in Chinese and English)],2008,3(2):156 - 161. DOI:10.3969/j.issn.1673 - 9450.2008.02.004.}

[25579] **许建中. 骨组织工程产品发展的现状与展望 [J]. 第三军医大学学报，2008，30（13）：1215－1218. DOI：10.3321/j.issn：1000－5404.2008.13.001.** {XU Jianzhong. The current situation and prospect of tissue engineered bone research and development[J]. Di San Jun Yi Da Xue Xue Bao[Acta Acad Med Mil Tert(Article in Chinese;Abstract in Chinese and English)],2008,30(13):1215 - 1218. DOI:10.3321/j.issn:1000 - 5404.2008.13.001.}

[25580] **彭鲲，项舟，杨志明，解慧琪，伍晓婧，黄富国，岑石强. 组织工程骨植骨临床应用七年随访结果 [J]. 中国修复重建外科杂志，2008，22（5）：606－609.** {PENG Kun,XIANG Zhou,YANG Zhiming,XIE Huiqi,WU Xiaojing,HUANG Fuguo,CEN Shiqiang. Clinical application of bio - derived bone transplantation with tissue engineering technique:7 year follow - up[J]. Zhongguo Xiu Fu Chong Jian Wai Ke Za Zhi[Chin J Repar Reconstr Surg(Article in Chinese;Abstract in Chinese and English)],2008,22(5):606 - 609.}

[25581] **刘勇，裴国献，江汕，姚旺祥，任高宏，孙新君. 组织工程骨神经化构建的组织学研究 [J]. 中国矫形外科杂志，2009，17（16）：1246－1249.** {LIU Yong,PEI Guoxian,JIANG Shan,YAO Wangxiang,REN Gaohong,SUN Xinjun. Histology research about nervalization of tissue engineered bones[J]. Zhongguo Jiao Xing Wai Ke Za Zhi[Orthop J China(Article in Chinese;Abstract in Chinese and English)],2009,17(16):1246 - 1249.}

[25582] **穆天旺，江汕，勒王，覃俊君，赵培冉，金丹，魏宽海，裴国献. 血管束、感觉神经束植入组织工程骨修复大段骨缺损的成骨研究 [J]. 中华创伤骨科杂志，2009，11（5）：460－463. DOI：10.3760/cma.j.issn.1671－7600.2009.05.014.** {MU Tianwang,JIANG Shan,LE Wang,QIN JUNJUN,ZHAO peiran,JIN Dan,WEI Kuanhai,PEI Guoxian. Osteogenesis of tissue - engineered bone implanted with grafts of vascular and sensory nerve bundles[J]. Zhonghua Chuang Shang Gu Ke Za Zhi[Chin J Orthop Trauma(Article in Chinese;Abstract in Chinese and English)],2009,11(5):460 - 463. DOI:10.3760/cma.j.issn.1671 - 7600.2009.05.014.}

[25583] **王鞆，覃俊君，陈思园，穆天旺，江汕，赵培冉，金丹，裴国献. 血管束植入组织工程骨修复兔股骨缺损对血管内皮生长因子表达的影响 [J]. 中华创伤骨科杂志，2009，11（6）：540－545. DOI：10.3760/cma.j.issn.1671－7600.2009.06.011.** {WANG Jian,QIN Junjun,CHEN Siyuan,MU Tianwang,JIANG Shan,ZHAO peiran,JIN Dan,PEI Guoxian. Up - regulated release of vascular endothelial growth factor in tissue engineered bone with implanted vascular bundles:a model of femoral defect in rabbits[J]. Zhonghua Chuang Shang Gu Ke Za Zhi[Chin J Orthop Trauma(Article in Chinese;Abstract in Chinese and English)],2009,11(6):540 - 545. DOI:10.3760/cma.j.issn.1671 - 7600.2009.06.011.}

[25584] **覃俊君，王鞆，陈思圆，穆天旺，李明东，金丹，江汕，赵培冉，裴国献. 血管束、感觉神经束植入组织工程骨降钙素基因相关肽和受体的时空分布 [J]. 中华创伤骨科杂志，2009，11（8）：742－746. DOI：10.3760/cma.j.issn.1671－7600.2009.08.011.** {QIN Junjun,WANG Jian,CHEN Siyuan,MU Tianwang,LI Mingdong,JIN dan,JIANG Shan,ZHAO peiran,PEI Guoxian. Temporal and spatial distribution of calcitonin gene related peptide and its receptor in tissue - engineered bone[J]. Zhonghua Chuang Shang Gu Ke Za Zhi[Chin J Orthop Trauma(Article in Chinese;Abstract in Chinese and English)],2009,11(8):742 - 746. DOI:10.3760/cma.j.issn.1671 - 7600.2009.08.011.}

[25585] **董建德，张建，谷涌泉，李春民，王春仁，陈兵，李建新，吴英锋，张淑文，孟艳，汪忠镐. 脱细胞血管基质和间充质干细胞构建组织工程血管 [J]. 中华外科杂志，2009，47（19）：1491－1494. DOI：10.3760/cma.j.issn.0529－5815.2009.19.015.** {DONG Jiande,ZHANG Jian,GU Yongquan,LI Chunmin,WANG Chunren,CHEN Bing,LI Jianxin,WU Yingfeng,ZHANG Shuwen,MENG Yan,WANG zhongho. Tissue engineering of vascular graft from decellularized arterial matrix and mesenchymal stem cells[J]. Zhonghua Wai Ke Za Zhi[Chin J Surg(Article in Chinese;Abstract in Chinese and English)],2009,47(19):1491 - 1494. DOI:10.3760/cma.j.issn.0529 - 5815.2009.19.015.}

[25586] **池一凡，许慧，林明山，孙龙，侯文明，孙忠东. 全生物化组织工程血管的体外构建 [J]. 中华实验外科杂志，2009，26（5）：565－566. DOI：10.3760/cma.j.issn.1001－9030.2009.05.007.** {CHI Yifan,XU Hui,LIN Mingshan,SUN long,HOU Wenming,SUN Zhongdong. Construction of complete biological tissue engineering blood vessel[J]. Zhonghua Shi Yan Wai Ke Za Zhi[Chin J Exp Surg(Article in Chinese;Abstract in Chinese and English)],2009,26(5):565 - 566. DOI:10.3760/cma.j.issn.1001 - 9030.2009.05.007.}

[25587] **董青山，商洪涛，张圃，马秦，杨镟凝，毛天球. 兔动静脉短路环法诱导组织工程骨支架材料血管生成的初步研究 [J]. 中华创伤骨科杂志，2009，11（6）：551－554. DOI：10.3760/cma.j.issn.1671－7600.2009.06.013.** {DONG Qingshan,SHANG Hongtao,ZHANG Pu,MA Qin,YANG laning,MAO Tianqiu. Inducing angiogenesis at tissue engineered bone scaffold by an arteriovenous loop in rabbits[J]. Zhonghua Chuang Shang Gu Ke Za Zhi[Chin J Orthop Trauma(Article in Chinese;Abstract in Chinese and English)],2009,11(6):551 - 554. DOI:10.3760/cma.j.issn.1671 - 7600.2009.06.013.}

[25588] **吴雪晖，罗飞，谢肇，许建中，曾玲，孙东. 复合血管内皮祖细胞的组织工程骨在修复大段骨缺损实验中的血管化评价 [J]. 中华创伤骨科杂志，2009，11（12）：1149－1154. DOI：10.3760/cma.j.issn.1671－7600.2009.12.013.** {WU Xuehui,LUO Fei,XIE Zhao,XU Jianzhong,ZENG Ling,SUN Dong. Vascularization of tissue engineered bone with endothelial progenitor cells in repairing large segmental defects[J]. Zhonghua Chuang Shang Gu Ke Za Zhi[Chin J Orthop Trauma(Article in Chinese;Abstract in Chinese and English)],2009,11(12):1149 - 1154. DOI:10.3760/cma.j.issn.1671 - 7600.2009.12.013.}

[25589] **刘霞，周广东，刘伟，曹谊林. 人真皮成纤维细胞体外构建组织工程化软骨的初步探索 [J]. 中华整形外科杂志，2009，25（6）：447－451. DOI：10.3760/cma.j.issn.1009－4598.2009.06.015.** {LIU Xia,ZHOU Guangdong,LIU Wei,CAO Yilin. Preliminary study on tissue - engineered cartilage with human dermal fibroblasts co - cultured with porcine chondrocytes in vitro[J]. Zhonghua Zheng Xing Wai Ke Za Zhi[Chin J Plast Surg(Article in Chinese;Abstract in Chinese and English)],2009,25(6):447 - 451. DOI:10.3760/cma.j.issn.1009 - 4598.2009.06.015.}

[25590] **许志成，张文杰，李宏，周广东，崔磊，刘伟，曹谊林. 应用生物反应器构建组织工程化血管的实验研究 [J]. 组织工程与重建外科杂志，2009，5（3）：134－137. DOI：10.3969/j.issn.1673－0364.2009.06.005.** {XU Zhicheng,ZHANG Wenjie,LI Hong,ZHOU Guangdong,CUI Lei,LIU Wei,CAO Yilin. Experimental study on tissue engineered blood vessel with bioreactor[J]. Zu Zhi Gong Cheng Yu Chong Jian Wai Ke Za Zhi[J Tissue Eng Reconstr Surg(Article in Chinese;Abstract in Chinese and English)],2009,5(3):134 - 137. DOI:10.3969/j.issn.1673 - 0364.2009.06.005.}

[25591] **杨新明，石蔚，杜雅坤，孟宪勇，阴彦林. 带蒂筋膜瓣包裹自体红骨髓接种的组织工程骨修复骨缺损的实验研究 [J]. 中国修复重建外科杂志，2009，23（10）：1254－1259.** {YANG Xinming,SHI Wei,DU Yakun,MENG Xianyong,YIN Yanlin. Experimental study of repairing bone defect with tissue engineered bone seeded with autologous red bone marrow and wrapped by pedicled fascial flap[J]. Zhongguo Xiu Fu Chong Jian Wai Ke Za Zhi[Chin J Repar Reconstr Surg(Article in Chinese;Abstract in Chinese and English)],2009,23(10):1254 - 1259.}

[25592] **庞金辉，黄煌渊，张权，纪斌，曹成福. 不同浓度地塞米松对人骨髓间充质干细胞生物学特性的影响 [J]. 创伤外科杂志，2009，11（3）：248－252. DOI：10.3969/j.issn.1009－4237.2009.03.019.** {PANG Jinhui,HUANG Huangyuan,ZHANG Quan,JI

Bin,CAO Chengfu. Effect of dexamethasone on the biological characteristics of human mesenchymal stem cells derived from bone marrow in vitro[J]. Chuang Shang Wai Ke Za Zhi[J Traum Surg(Article in Chinese;Abstract in Chinese and English)],2009,11(3):248-252. DOI:10.3969/j.issn.1009-4237.2009.03.019.}

[25593] 姚旺祥，马安，裴国献，刘勇. 神经肽在血管神经化组织工程骨中的分布 [J]. 中华实验外科杂志，2010，27(10)：1526-1528，封 4. DOI：10.3760/cma.j.issn.1001-9030.2010.10.054. {YAO Wangxiang,MA An,PEI Guoxian,LIU Yong. Distribution of neuropeptide on the vascularization or neurotization of large tissue-engineered bone[J]. Zhonghua Shi Yan Wai Ke Za Zhi[Chin J Exp Surg(Article in Chinese;Abstract in Chinese and English)],2010,27(10):1526-1528,cover 4. DOI:10.3760/cma.j.issn.1001-9030.2010.10.054.}

[25594] 张长成，张大伟，荆小伟，赵培冉，金丹，魏宽海，裴国献. 引导骨再生技术对血管化组织工程骨修复兔股骨缺损过程中骨形态发生蛋白 -2 成骨及表达的影响 [J]. 中华创伤骨科杂志，2010，12(3)：242-246. DOI：10.3760/cma.j.issn.1671-7600.2010.03.011. {ZHANG Changcheng,ZHANG Dawei,JING Xiaowei,ZHAO peiran,JIN Dan,WEI Kuanhai,PEI Guoxian. Effect of guided bone regeneration on expression level of bone morphogenetic protein-2 in repair of femoral defects with vascularized engineered-bone in rabbits[J]. Zhonghua Chuang Shang Gu Ke Za Zhi[Chin J Orthop Trauma(Article in Chinese;Abstract in Chinese and English)],2010,12(3):242-246. DOI:10.3760/cma.j.issn.1671-7600.2010.03.011.}

[25595] 王AI，裴国献，高梁斌，江汕，穆天旺，陈思园，覃俊君，金丹，娄爱菊，赵培冉. 血管化组织工程骨修复兔股骨干骨缺损 [J]. 中华医学杂志，2010，90(23)：1637-1641. DOI：10.3760/cma.j.issn.0376-2491.2010.23.016. {WANG Jian,PEI Guoxian,GAO Liangbin,JIANG Shan,MU Tianwang,CHEN Siyuan,QIN Junjun,JIN Dan,LOU Aiju,ZHAO peiran. Tissue engineering vasculrized bone repairing segmental femoral bone defects in rabbits[J]. Zhonghua Yi Xue Za Zhi[Natl Med J China(Article in Chinese;Abstract in Chinese and English)],2010,90(23):1637-1641. DOI:10.3760/cma.j.issn.0376-2491.2010.23.016.}

[25596] 陈思圆，覃俊君，穆天旺，王鉨，江汕，赵培冉，裴国献. 植入感觉神经束和血管束的组织工程骨修复兔股骨缺损对神经激肽 1 受体和血管活性肠肽受体 1 表达的影响 [J]. 中国修复重建外科杂志，2010，24(7)：785-791. {CHEN Siyuan,QIN Junjun,MU Tianwang,WANG bougainvillea,JIANG Shan,ZHAO peiran,PEI Guoxian. Effect of tissue engineered bone implantation with vascular bundle and sensory nerve bundle on expression of neurokinin 1 receptor and vasoactive intestinal peptide type 1 receptor in vivo[J]. Zhongguo Xiu Fu Chong Jian Wai Ke Za Zhi[Chin J Repar Reconstr Surg(Article in Chinese;Abstract in Chinese and English)],2010,24(7):785-791.}

[25597] 李春民，董建德，谷涌泉，邱荣鑫，冯增国，孟艳，陈晓波，汪忠镐. 小口径组织工程血管体外构建的研究 [J]. 中华实验外科杂志，2010，27(5)：561-563，后插 2. DOI：10.3760/cma.j.issn.1001-9030.2010.05.006. {LI Chunmin,DONG Jiande,GU Yongquan,QIU Rongxin,FENG Zengguo,MENG Yan,CHEN Xiaobo,WANG Zhonghao. Construction of small-caliber tissue engineered blood vessel in vitro[J]. Zhonghua Shi Yan Wai Ke Za Zhi[Chin J Exp Surg(Article in Chinese;Abstract in Chinese and English)],2010,27(5):561-563,insert 2. DOI:10.3760/cma.j.issn.1001-9030.2010.05.006.}

[25598] 赵明东，周健，马易群，尹望平，董健. 骨髓基质干细胞联合血管束植入构筑血管化组织工程骨修复兔大段骨缺损 [J]. 中华创伤骨科杂志，2010，12(2)：162-167. DOI：10.3760/cma.j.issn.1671-7600.2010.02.016. {ZHAO Mingdong,ZHOU Jian,MA Yiqun,YIN Wangping,DONG Jian. Repair of large segmental bone defects with vascularized bone in rabbits[J]. Zhonghua Chuang Shang Gu Ke Za Zhi[Chin J Orthop Trauma(Article in Chinese;Abstract in Chinese and English)],2010,12(2):162-167. DOI:10.3760/cma.j.issn.1671-7600.2010.02.016.}

[25599] 周晓，曹谊林，崔磊，喻建军，李赞，陈杰，左朝晖，刘广鹏，莫逸，胡炳强，吴胜其. 组织工程化骨修复下颌骨缺损（附 3 例报告）[J]. 组织工程与重建外科杂志，2010，6(4)：183-187. DOI：10.3969/j.issn.1673-0364.2010.04.002. {ZHOU Xiao,CAO Yilin,CUI Lei,YU Jianjun,LI Zan,CHEN Jie,ZUO Zhaohui,LIU Guangpeng,MO Yi,HU Bingqiang,WU Shengqi. Repair of mandibular defect by using tissue engineered bone:a report of 3 cases[J]. Zu Zhi Gong Cheng Yu Chong Jian Wai Ke Za Zhi[J Tissue Eng Reconstr Surg(Article in Chinese;Abstract in Chinese and English)],2010,6(4):183-187. DOI:10.3969/j.issn.1673-0364.2010.04.002.}

[25600] 李新庆，王有刚，李春和，崔磊，刘广鹏，李宇琳. 组织工程骨修复 9 例颅骨缺损畸形初步报道 [J]. 中国口腔颌面外科杂志，2010，8(5)：396-400. {LI Xinqing,WANG Yougang,LI Chunhe,CUI Lei,LIU Guangpeng,LI Yulin. The clinical application of tissue engineered bone combined with autologous human bone marrow mesenchymal stem cells and partially demineralized bone matrix to repair cranial defects[J]. Zhongguo Kou Qiang He Mian Wai Ke Za Zhi[Chin J Oral Maxillofac Surg(Article in Chinese;Abstract in Chinese and English)],2010,8(5):396-400.}

[25601] 许建中. 骨组织工程相关研究新进展 [J]. 中国修复重建外科杂志，2010，24(7)：769-773. {XU Jianzhong. New progress of related research of bone tissue engineering[J]. Zhongguo Xiu Fu Chong Jian Wai Ke Za Zhi[Chin J Repar Reconstr Surg(Article in Chinese;Abstract in Chinese and English)],2010,24(7):769-773.}

[25602] 李春民，董建德，谷涌泉，叶霖，陈晓波，卞策，冯增国，汪忠镐. ε-己内酯 /L-丙交酯聚合物组织工程血管支架材料的生物相容性研究 [J]. 中国修复重建外科杂志，2010，24(8)：988-992. {LI Chunmin,DONG Jiande,GU Yongquan,YE Lin,CHEN Xiaobo,BIAN Ce,FENG Zengguo,WANG Zhongho. Experimental study on biocompatibility of vascular tissue engineering scaffold of ε-caprolactone and l-lactide[J]. Zhongguo Xiu Fu Chong Jian Wai Ke Za Zhi[Chin J Repar Reconstr Surg(Article in Chinese;Abstract in Chinese and English)],2010,24(8):988-992.}

[25603] 段红永，武欣，谷涌泉，吴英锋，李建新，陈兵，张淑文，汪忠镐，刘增庆. 多孔脱细胞组织工程血管支架初步研究 [J]. 中国修复重建外科杂志，2010，24(9)：1052-1057. {DUAN Hongyong,WU Xin,GU Yongquan,WU Yingfeng,LI Jianxin,CHEN Bing,ZHANG Shuwen,WANG Zhonghao,LIU Zengqing. Preliminary study on porous scaffold prepared with decellularized artery[J]. Zhongguo Xiu Fu Chong Jian Wai Ke Za Zhi[Chin J Repar Reconstr Surg(Article in Chinese;Abstract in Chinese and English)],2010,24(9):1052-1057.}

[25604] 武延格，杨林，孙学峰，王正. 血管铸型技术检测组织工程多孔支架血管化的实验研究 [J]. 中国临床解剖学杂志，2011，29(1)：87-88. {WU Yange,YANG Lin,SUN Xuefeng,WANG Zheng. Experimental study on revascularization detection in tissue engineered scaffold using vascular cast technique[J]. Zhongguo Lin Chuang Jie Pou Xue Za Zhi[Chin J Clin Anat(Article in Chinese;Abstract in Chinese and English)],2011,29(1):87-88.}

[25605] 陈学忠，李志宏，郭勇，李瑞欣，刘璐，张西正. 大段组织工程骨的构建策略及存在的问题 [J]. 中华骨科杂志，2011，31(7)：811-814. DOI：10.3760/cma.j.issn.0253-2352.2011.07.016. {CHEN Xuezhong,LI Zhihong,GUO Yong,LI Ruixin,LIU Lu,ZHANG Xizheng. Tissue engineered bone:strategy and problem[J]. Zhonghua Gu Ke Za Zhi[Chin J Orthop(Article in Chinese;Abstract in Chinese and English)],2011,31(7):811-814. DOI:10.3760/cma.j.issn.0253-2352.2011.07.016.}

[25606] 孙新君，张世昌，杨再亮，刘勇，钱学江，张波，王正国，彭小燕. CT 灌注成像在组织工程骨材料修复缺损早期血液灌注及血管化检测的应用 [J]. 中国矫形外科杂志，2011，19(8)：662-666. DOI：10.3977/j.issn.1005-8478.2011.08.15. {SUN Xinjun,ZHANG Shichang,YANG zailing,LIU Yong,QIAN Xuejiang,ZHANG Bo,WANG Zhengguo,PENG Xiaoyan. Effects of CT perfusion imaging on the monitoring of hemoperfusion and vascularization in the early post-transplanted period of tissue engineered bone scaffold[J]. Zhongguo Jiao Xing Wai Ke Za Zhi[Orthop J China(Article in Chinese;Abstract in Chinese and English)],2011,19(8):662-666. DOI:10.3977/j.issn.1005-8478.2011.08.15.}

[25607] 程海兵. 人脂肪干细胞在骨组织工程中应用的研究进展 [J]. 组织工程与重建外科杂志，2011，7(4)：231-234. DOI：10.3969/j.issn.1673-0364.2011.04.014. {CHENG Haibing. The application of human adipose-derived stem cells in bone tissue engineering[J]. Zu Zhi Gong Cheng Yu Chong Jian Wai Ke Za Zhi[J Tissue Eng Reconstr Surg(Article in Chinese;Abstract in Chinese and English)],2011,7(4):231-234. DOI:10.3969/j.issn.1673-0364.2011.04.014.}

[25608] 高振华，卜令学，袁荣涛，冯元勇，王玲玲，李宁毅. 血管内皮祖细胞对组织工程骨成骨能力的影响 [J]. 上海口腔医学，2011，20(4)：342-346. {GAO Zhenhua,BU Lingxue,YUAN Rongtao,FENG Yuanyong,WANG Lingling,LI Ningyi. An experimental study of endothelial progenitor cells on bone formation in tissue-engineered bone in dogs[J]. Shang Hai Kou Qiang Yi Xue[Shanghai J Stomatol(Article in Chinese;Abstract in Chinese and English)],2011,20(4):342-346.}

[25609] 郝晓艳，易成刚，郭树忠. 体内血管化组织工程室内进行组织工程研究的进展 [J]. 中国修复重建外科杂志，2011，25(2)：193-197. {HAO Xiaoyan,YI Chenggang,GUO Shuzhong. Progress of tissue engineering research in vascularized tissue engineering chamber in vivo[J]. Zhongguo Xiu Fu Chong Jian Wai Ke Za Zhi[Chin J Repar Reconstr Surg(Article in Chinese;Abstract in Chinese and English)],2011,25(2):193-197.}

[25610] 杨新明，张磊，孟宪勇，王耀一，石蔚，杜雅坤，胡振顺，阴彦林. 比较带蒂筋膜瓣包裹接种自体红骨髓的组织工程骨修复骨缺损时促血管化成骨与膜诱导成骨作用 [J]. 中国修复重建外科杂志，2011，25(6)：729-735. {YANG Xinming,ZHANG Lei,MENG Xianyong,WANG Yaoyi,SHI Wei,DU Yakun,HU Zhenshun,YIN Yanlin. Comparison of effect between vascularization osteogenesis and membrane guided osteogenesis in bone repair by tissue engineered bone with pedicled fascial flap packing autologous red bone marrow[J]. Zhongguo Xiu Fu Chong Jian Wai Ke Za Zhi[Chin J Repar Reconstr Surg(Article in Chinese;Abstract in Chinese and English)],2011,25(6):729-735.}

[25611] 耿纪群，谢宗涛，蔡铭，李刚，韩悦，游庆军. 骨髓 CD34+ 干细胞与单核细胞应用于组织工程小血管内皮化的比较 [J]. 中华实验外科杂志，2012，29(11)：2156-2158. DOI：10.3760/cma.j.issn.1001-9030.2012.11.017. {GENG Jiqun,XIE zongtao,CAI Ming,LI Gang,HAN Yue,YOU Qingjun. A compatitive research on the application of bone marrow CD34+ stem cells vs. bone marrow mononuclear cells in small vascular endothelialization tissue engineering[J]. Zhonghua Shi Yan Wai Ke Za Zhi[Chin J Exp Surg(Article in Chinese;Abstract in Chinese and English)],2012,29(11):2156-2158. DOI:10.3760/cma.j.issn.1001-9030.2012.11.017.}

[25612] 赵明东，林红，蒋继乐，潘志宏，熊敏，尹望平，董健. 骨髓基质干细胞联合血管束植入构筑血管化组织工程骨 [J]. 中华手外科杂志，2012，28(2)：107-111. DOI：10.3760/cma.j.issn.1005-054X.2012.02.018. {ZHAO Mingdong,LIN Hong,JIANG Jile,PAN Zhihong,XIONG min,YIN Wangping,DONG Jian. Bone marrow stromal cells combined with vascular bundle implants in porous xenogeneic deproteinised cancellous bone to construct vascularized bone[J]. Zhonghua Shou Wai Ke Za Zhi Abstract in Chinese and English)],2012,28(2):107-111. DOI:10.3760/cma.j.issn.1005-054X.2012.02.018.}

[25613] 王营. 组织工程与干细胞技术在尿道重建中的应用 [J]. 中华男科学杂志，2012，18(3)：266-270. {WANG Ying. Application of tissue engineering technology and stem cells in urethral reconstruction[J]. Zhonghua Nan Ke Xue Za Zhi[Natl J Androl(Article in Chinese;Abstract in Chinese and English)],2012,18(3):266-270.}

[25614] 张攀. 组织工程血管移植在血液透析通路中的应用 [J]. 肾脏病与透析肾移植杂志，2012，21(1)：78-82. DOI：10.3969/j.issn.1006-298X.2012.01.017. {ZHANG pan. Application of tissue-engineered blood vascular as hemodialysis access[J]. Shen Zang Bing Yu Tou Xi Shen Yi Zhi Za Zhi[Chin J Nephrol Dial Transpl(Article in Chinese;Abstract in Chinese and English)],2012,21(1):78-82. DOI:10.3969/j.issn.1006-298X.2012.01.017.}

[25615] 王新刚，封占增，郭明峰，韩春茂. 组织工程促血管化策略的研究进展 [J]. 中华烧伤杂志，2012，28(5)：374-377. DOI：10.3760/cma.j.issn.1009-2587.2012.05.016. {WANG Xingang,FENG zhanzeng,GUO Mingfeng,HAN Chunmao. Advances in research of the strategies for promoting angiogenesis in tissue engineering[J]. Zhonghua Shao Shang Za Zhi[Chin J Burns(Article in Chinese;Abstract in Chinese and English)],2012,28(5):374-377. DOI:10.3760/cma.j.issn.1009-2587.2012.05.016.}

[25616] 白晓智，张战凤，陶克，石继红，李小强，朱雄翔，汤朝武. 组织工程种子细胞（HaCaT-EGF）的构建及其生物特性分析 [J]. 中华损伤与修复杂志（电子版），2012，7(4)：346-350. DOI：10.3877/cma.j.issn.1673-9450.2012.04.004. {BAI Xiaozhi,ZHANG Zhanfeng,TAO Ke,SHI Jihong,LI Xiaoqiang,ZHU xiongxiang,TANG Chaowu. Construction of the tissue engineering seed cells (HaCaT-epidermal growth factor) and analysis of its biological characteristics[J]. Zhonghua Sun Shang Yu Xiu Fu Za Zhi Dian Zi Ban[Chin J Injury Repair Wound Healing(Electr Ed)(Article in Chinese;Abstract in Chinese and English)],2012,7(4):346-350. DOI:10.3877/cma.j.issn.1673-9450.2012.04.004.}

[25617] 刘池拽，吕伟明，殷恒讳，曾晨光，全大萍，王文见，王深明. 组织工程带瓣静脉支架的制备 [J]. 中华医学杂志，2012，92(15)：1054-1057. DOI：10.3760/cma.j.issn.0376-2491.2012.15.012. {LIU Chiye,LV Weiming,YIN Henghui,ZENG Chenguang,QUAN Daping,WANG Wenjian,WANG Shenming. Fabrication of tissue engineered vein containing valve scaffolds[J]. Zhonghua Yi Xue Za Zhi[Natl Med J China(Article in Chinese;Abstract in Chinese and English)],2012,92(15):1054-1057. DOI:10.3760/cma.j.issn.0376-2491.2012.15.012.}

[25618] 姬文晨，杨佩，张越林，王春生，倪建龙，张永涛，王坤正. 脂肪干细胞及血管束植入法联合应用对组织工程支架体内血管化的影响 [J]. 中国修复重建外科杂志，2012，26(2)：129-134. {JI Wenchen,YANG Pei,ZHANG Yuelin,WANG Chunsheng,NI Jianlong,ZHANG Yongtao,WANG Kunzheng. Impact of adipose-derived stem cells combined with vascular bundle implantation on vascularized tissue engineering scaffolds in vivo[J]. Zhongguo Xiu Fu Chong Jian Wai Ke Za Zhi[Chin J Repar Reconstr Surg(Article in Chinese;Abstract in Chinese and English)],2012,26(2):129-134.}

[25619] 郝增涛，冯卫，郝廷，余斌. BMSCs 来源成骨细胞和内皮细胞复合壳聚糖 - 羟基磷灰石多孔支架构建血管化组织工程骨研究 [J]. 中国修复重建外科杂志，2012，26(4)：489-494. {HAO Zengtao,FENG Wei,HAO Ting,YU Bin. Study on bone marrow mesenchymal stem cells derived osteoblasts and endothelial cells compound with chitosan/hydroxyapatite scaffold to construct vascularized tissue engineered bone[J]. Zhongguo Xiu Fu Chong Jian Wai Ke Za Zhi[Chin J Repar Reconstr Surg(Article in Chinese;Abstract in Chinese and English)],2012,26(4):489-494.}

[25620] 韩春茂，王新刚. 组织工程皮肤与创面再生性修复 [J]. 中华烧伤杂志，2013，29(2)：122-125. DOI：10.3760/cma.j.issn.1009-2587.2013.02.008. {HAN Chunmao,WANG Xingang. Tissue engineered skin and regenerative wound repair[J]. Zhonghua Shao Shang Za Zhi[Chin J Burns(Article in Chinese;Abstract in Chinese and English)],2013,29(2):122-125. DOI:10.3760/cma.j.issn.1009-2587.2013.02.008.}

[25621] 艾文佳，李杰，李雯，刘池拽，王深明，吕伟明. 调节 ALK5 受体活化水平优化间充质干细胞的内皮分化及组织工程血管的应用 [J]. 中山大学学报（医学科学版），2013，34(2)：207-214. {AI Wenjia,LI Jie,LI Wen,LIU Chiyan,WANG Shenming,LV Weiming. Regulation of ALK5 receptor signaling promotes differentiation of endothelial cells from mesenchymal stem cells and its application to tissue engineered blood vessel[J]. Zhong Shan Da Xue Xue Bao[J Sun Yat-Sen Univ(Med Sci)(Article in Chinese;Abstract in Chinese and English)],2013,34(2):207-214.}

[25622] 闫小宾，李琼，郭志坤，齐立杰，罗欢欢，李和. 兔脂肪来源间充质干细胞的生物表型及其心肌样细胞的分化潜能 [J]. 解剖学报，2013，44(1)：55-61. DOI：10.3969/

j.issn.0529-1356.2013.01.011. {YAN Xiaobin,LI Qiong,GUO Zhikun,QI Lijie,LUO Huanhuan,LI He. Biological phenotypes of rabbit adipose-derived mesenchymal stem cells and their differentiation potentiality for myocardiocyte-like cells[J]. Jie Pou Xue Bao[Acta Anat Sin(Article in Chinese;Abstract in Chinese and English)],2013,44(1):55-61. DOI:10.3969/j.issn.0529-1356.2013.01.011.}

[25623] 李琼，杨慈清，郭志坤，左红波，李慈霞，李和. 低温保存脂肪间充质干细胞的生物学特性评价[J]. 解剖学报，2013，44(5)：646-650. DOI：10.3969/j.issn.0529-1356.2013.05.012. {LI Qiong,YANG Ciqing,GUO Zhikun,ZUO Hongbo,LI Cixia,LI He. Biological characteristics of adipose-derived mesenchymal stem cells after cryopreservation in vitro[J]. Jie Pou Xue Bao[Acta Anat Sin(Article in Chinese;Abstract in Chinese and English)],2013,44(5):646-650. DOI:10.3969/j.issn.0529-1356.2013.05.012.}

[25624] 鲁峰，詹炜卿，常强，黎小间. 组织工程室内血管化和成脂化诱导微环境对脂肪组织再生的影响[J]. 中华整形外科杂志，2014，30(6)：442-447. DOI：10.3760/cma.j.issn.1009-4598.2014.06.012. {LU Feng,ZHAN Weiqing,CHANG Qiang,LI Xiaojian. The impact of angiogenic and adipogenic microenvironment on adipose tissue regeneration in tissue engineering chamber[J]. Zhonghua Zheng Xing Wai Ke Za Zhi[Chin J Plast Surg(Article in Chinese;Abstract in Chinese and English)],2014,30(6):442-447. DOI:10.3760/cma.j.issn.1009-4598.2014.06.012.}

[25625] 谭菊，曾文，周静婷，李刚，张晓彦，朱楚洪. 小口径组织工程血管基质材料的生物学和力学评价[J]. 局解手术学杂志，2014，23(1)：30-33. DOI：10.11659/jjssx.1672-5042.201401011. {TAN Ju,ZENG Wen,ZHOU Jingting,LI Gang,ZHANG Xiaoyan,ZHU Chuhong. Biological and mechanical evaluation of the small-diameter tissue-engineered blood vessels matrix[J]. Ju Jie Shou Shu Xue Za Zhi[J Reg Anat Oper Surg(Article in Chinese;Abstract in Chinese and English)],2014,23(1):30-33. DOI:10.11659/jjssx.1672-5042.201401011.}

[25626] 付维力，项舟. 血管化组织工程骨构建中细胞共培养体系的研究进展[J]. 中国修复重建外科杂志，2014，28(2)：179-185. DOI：10.7507/1002-1892.20140039. {FU Weili,XIANG Zhou. Research progress of co-culture system for constructing vascularized tissue engineered bone[J]. Zhongguo Xiu Fu Chong Jian Wai Ke Za Zhi[Chin J Repar Reconstr Surg(Article in Chinese;Abstract in Chinese and English)],2014,28(2):179-185. DOI:10.7507/1002-1892.20140039.}

[25627] 王永成，孟昊业，袁雪凌，彭江，郭全义，卢世璧，汪爱媛. 体外模拟压应力三维动态培养构建组织工程软骨的实验研究[J]. 中国修复重建外科杂志，2014，28(9)：1145-1149. DOI：10.7507/1002-1892.20140248. {WANG Yongcheng,MENG Haoye,YUAN Xueling,PENG Jiang,GUO Quanyi,LU Shibi,WANG Aiyuan. An in vitro study on three-dimensional cultivation with dynamic compressive stimulation for cartilage tissue engineering[J]. Zhongguo Xiu Fu Chong Jian Wai Ke Za Zhi[Chin J Repar Reconstr Surg(Article in Chinese;Abstract in Chinese and English)],2014,28(9):1145-1149. DOI:10.7507/1002-1892.20140248.}

[25628] 吴岩，欧阳宏伟，毕龙，裴国献，张慧. 神经示踪技术在感觉神经化组织工程骨评价中的应用[J]. 中华创伤骨科杂志，2015，17(5)：444-448. DOI：10.3760/cma.j.issn.1671-7600.2015.05.016. {WU Yan,OUYANG Hongwei,BI long,PEI Guoxian,ZHANG Hui. Application of neural tracing technique in evaluation of sensory innervation in bone tissue engineering[J]. Zhonghua Chuang Shang Gu Ke Za Zhi[Chin J Orthop Trauma(Article in Chinese;Abstract in Chinese and English)],2015,17(5):444-448. DOI:10.3760/cma.j.issn.1671-7600.2015.05.016.}

[25629] 段红永，管强，武欣，梁宁，杨笑非，韩锋，王振峰，刘增庆，汪忠镐. 骨髓间充质干细胞诱导分化为组织工程血管用种子细胞的研究[J]. 中华实验外科杂志，2015，32(4)：748-752. DOI：10.3760/cma.j.issn.1001-9030.2015.04.029. {DUAN Hongyong,GUAN Qiang,WU Xin,LIANG Ning,YANG Xiaofei,HAN Feng,WANG Zhenfeng,LIU Zengqing,WANG zhongho. Experiment on seed cells for tissue engineered blood vessels derived from canine bone marrow mesenchymal stem cells[J]. Zhonghua Shi Yan Wai Ke Za Zhi[Chin J Exp Surg(Article in Chinese;Abstract in Chinese and English)],2015,32(4):748-752. DOI:10.3760/cma.j.issn.1001-9030.2015.04.029.}

[25630] 吕民，陈丽波，孙大军，李哲. 血管内皮祖细胞种植组织工程血管的致机体炎性反应[J]. 中华实验外科杂志，2015，32(7)：1609-1612. DOI：10.3760/cma.j.issn.1001-9030.2015.07.037. {LV min,CHEN Libo,SUN Dajun,LI Zhe. Inflammatory reaction of tissue engineered blood vessel scaffold implanted with vascular endothelial progenitor cells[J]. Zhonghua Shi Yan Wai Ke Za Zhi[Chin J Exp Surg(Article in Chinese;Abstract in Chinese and English)],2015,32(7):1609-1612. DOI:10.3760/cma.j.issn.1001-9030.2015.07.037.}

[25631] 黄峰，陈东，叶树楠. 骨组织工程血管化的研究现状与挑战[J]. 临床骨科杂志，2015，18(2)：247-250. DOI：10.3969/j.issn.1008-0287.2015.02.042. {HUANG Feng,CHEN Dong,YE Shunan. Vascularization is the key challenge in tissue engineering[J]. Lin Chuang Gu Ke Za Zhi[J Clin Orthop(Article in Chinese;Abstract in Chinese and English)],2015,18(2):247-250. DOI:10.3969/j.issn.1008-0287.2015.02.042.}

[25632] 吴骁伟，王黔，曹谊林，肖苒. 组织工程骨血管化策略的研究进展[J]. 组织工程与重建外科杂志，2015，11(5)：331-334. DOI：10.3969/j.issn.1673-0364.2015.05.012. {WU Xiaowei,WANG Qian,CAO Yilin,XIAO ran. Vascularization strategy of tissue engineered bone[J]. Zu Zhi Gong Cheng Yu Chong Jian Wai Ke Za Zhi[J Tissue Eng Reconstr Surg(Article in Chinese;Abstract in Chinese and English)],2015,11(5):331-334. DOI:10.3969/j.issn.1673-0364.2015.05.012.}

[25633] 段鑫，李伟，项舟. 组织工程骨血管生成的研究进展[J]. 中国修复重建外科杂志，2015，29(2)：239-244. DOI：10.7507/1002-1892.20150050. {DUAN Xin,LI Wei,XIANG Zhou. Research progress of angiogenesis in vascularized tissue engineered bone[J]. Zhongguo Xiu Fu Chong Jian Wai Ke Za Zhi[Chin J Repar Reconstr Surg(Article in Chinese;Abstract in Chinese and English)],2015,29(2):239-244. DOI:10.7507/1002-1892.20150050.}

[25634] 刘强. 组织工程化骨修复骨缺损的研究现状与展望[J]. 中华实验外科杂志，2016，33(11)：2442-2445. DOI：10.3760/cma.j.issn.1001-9030.2016.11.003. {LIU Qiang. Research status and prospect of repairing bone defects using tissue engineered bone[J]. Zhonghua Shi Yan Wai Ke Za Zhi[Chin J Exp Surg(Article in Chinese;Abstract in Chinese and English)],2016,33(11):2442-2445. DOI:10.3760/cma.j.issn.1001-9030.2016.11.003.}

[25635] 扈延龄，王向阳，王开，陈峰，张升波，金丹. 自体富血小板血浆凝胶双相接种法构建组织工程骨[J]. 中华骨与关节外科杂志，2016，9(2)：165-169. DOI：10.3969/j.issn.2095-9958.2016.02-16. {HU Yanling,WANG Xiangyang,WANG Kai,CHEN Feng,ZHANG Shengbo,JIN Dan. Autologous platelet-rich plasma gel used in constructing tissue-engineered bone by biphasic seeding method[J]. Zhonghua Gu Yu Guan Jie Wai Ke Za Zhi[Chin J Bone Joint Surg(Article in Chinese;Abstract in Chinese and English)],2016,9(2):165-169. DOI:10.3969/j.issn.2095-9958.2016.02-16.}

[25636] 李东林，程朋真，江慧杰，王继猛，高祎，张帅帅，曹天庆，李俊琴，王春梅，杨柳，裴国献. 血管化组织工程骨修复大鼠股骨缺损的实验研究[J]. 中华创伤骨科杂志，2017，19(4)：333-339. DOI：10.3760/cma.j.issn.1671-7600.2017.04.011. {LI Donglin,CHENG Pengzhen,JIANG Huijie,WANG Jimeng,GAO Yi,ZHANG Shuai Shuai,CAO Tianqing,LI Junqin,WANG Chunmei,YANG Liu,PEI Guoxian. Prevascularization of tissue-engineered bone grafts promotes repair of femoral bone defects in rats[J]. Zhonghua Chuang Shang Gu Ke Za Zhi[Chin J Orthop Trauma(Article in Chinese;Abstract in Chinese and English)],2017,19(4):333-339. DOI:10.3760/cma.j.issn.1671-7600.2017.04.011.}

[25637] 郭恩琪，谢庆平，朱孜冠，索岩. 严重复合组织缺损皮瓣修复术后应用自体脂肪干细胞构建组织工程骨重建骨支架[J]. 中华显微外科杂志，2017，40(3)：213-217. DOI：10.3760/cma.j.issn.1001-2036.2017.03.002. {GUO enqi,XIE Qingping,ZHU Ziguan,SUO yan. Clinical application of tissue engineering bone loaded with adipose derived stem cells after flap reconstruction in the treatment of composite tissue defects[J]. Zhonghua Xian Wei Wai Ke Za Zhi[Chin J Microsurg(Article in Chinese;Abstract in Chinese and English)],2017,40(3):213-217. DOI:10.3760/cma.j.issn.1001-2036.2017.03.002.}

[25638] 刘强. 组织工程技术修复关节软骨的研究现状与展望[J]. 中华实验外科杂志，2017，34(11)：1811-1815. DOI：10.3760/cma.j.issn.1001-9030.2017.11.001. {LIU Qiang. Tissue engineering for articular cartilage repair:research status and prospect[J]. Zhonghua Shi Yan Wai Ke Za Zhi[Chin J Exp Surg(Article in Chinese;Abstract in Chinese and English)],2017,34(11):1811-1815. DOI:10.3760/cma.j.issn.1001-9030.2017.11.001.}

[25639] 王川. 组织工程皮肤血管化研究进展[J]. 组织工程与重建外科杂志，2017，13(2)：106-108. DOI：10.3969/j.issn.1673-0364.2017.02.014. {WANG Chuan. Research advances of neovascularization in tissue engineering skin[J]. Zu Zhi Gong Cheng Yu Chong Jian Wai Ke Za Zhi[J Tissue Eng Reconstr Surg(Article in Chinese;Abstract in Chinese and English)],2017,13(2):106-108. DOI:10.3969/j.issn.1673-0364.2017.02.014.}

[25640] 姜昊，陈晓，苏佳灿. 组织工程骨血管化在大段骨缺损治疗中的应用研究进展[J]. 中华创伤杂志，2018，34(11)：1046-1050. DOI：10.3760/cma.j.issn.1001-8050.2018.11.017. {JIANG Hao,CHEN Xiao,SU Jiacan. Advances in research of tissue engineering bone vascularization in treating large bone defects[J]. Zhonghua Chuang Shang Za Zhi[Chin J Trauma(Article in Chinese;Abstract in Chinese and English)],2018,34(11):1046-1050. DOI:10.3760/cma.j.issn.1001-8050.2018.11.017.}

[25641] 方慧敏，汪振星，孙家明. 组织工程血管化新策略：组织工程室在组织再生中的应用进展[J]. 中华整形外科杂志，2018，34(12)：1080-1084. DOI：10.3760/cma.j.issn.1009-4598.2018.12.020. {FANG Huimin,WANG Zhenxing,SUN Jiaming. New strategy of vascularization in tissue engineering:application progress of tissue engineering chamber in tissue regeneration[J]. Zhonghua Zheng Xing Wai Ke Za Zhi[Chin J Plast Surg(Article in Chinese;Abstract in Chinese and English)],2018,34(12):1080-1084. DOI:10.3760/cma.j.issn.1009-4598.2018.12.020.}

[25642] 贾智明，郭海林，陈方. 组织工程组织血管化的研究进展[J]. 组织工程与重建外科杂志，2018，14(1)：39-42. DOI：10.3969/j.issn.1673-0364.2018.01.011. {JIA Zhiming,GUO Hailin,CHEN Fang. Research progress of vascularization within engineered tissues[J]. Zu Zhi Gong Cheng Yu Chong Jian Wai Ke Za Zhi[J Tissue Eng Reconstr Surg(Article in Chinese;Abstract in Chinese and English)],2018,14(1):39-42. DOI:10.3969/j.issn.1673-0364.2018.01.011.}

[25643] 陈黎，张世昌，张国英. 基因过氧化物酶体增殖物激活受体 γ 共激因子 -1α/雌激素相关受体 -α 共修饰间充质干细胞对血管化的影响[J]. 中华实验外科杂志，2018，35(7)：1203-1205. DOI：10.3760/cma.j.issn.1001-9030.2018.07.003. {CHEN Li,ZHANG Shichang,ZHANG Guoying. The effects of peroxisome-proliferator-activated receptor-γ coactivator-1α and estrogen-related receptor-α gene-modified mesenchymal stem cells on angiogenesis in vitro[J]. Zhonghua Shi Yan Wai Ke Za Zhi[Chin J Exp Surg(Article in Chinese;Abstract in Chinese and English)],2018,35(7):1203-1205. DOI:10.3760/cma.j.issn.1001-9030.2018.07.003.}

[25644] 韩焱福. 组织工程技术应用于创面修复的现状与未来[J]. 中华损伤与修复杂志（电子版），2019，14(4)：245-248. DOI：10.3877/cma.j.issn.1673-9450.2019.04.002. {HAN Yanfu. Current situation and future of tissue engineering applied in wound repair[J]. Zhonghua Sun Shang Yu Xiu Fu Za Zhi Dian Zi Ban[Chin J Injury Repair Wound Healing(Electr Ed)(Article in Chinese;Abstract in Chinese and English)],2019,14(4):245-248. DOI:10.3877/cma.j.issn.1673-9450.2019.04.002.}

[25645] 贾赤宇，鲍武，程夏霖. 创面愈合的机遇和挑战：组织工程皮肤[J]. 中华损伤与修复杂志（电子版），2019，14(6)：401-405. DOI：10.3877/cma.j.issn.1673-9450.2019.06.001. {JIA Chiyu,BAO Wu,CHENG Xialin. Opportunities and challenges in wound healing:tissue engineered skin[J]. Zhonghua Sun Shang Yu Xiu Fu Za Zhi Dian Zi Ban[Chin J Injury Repair Wound Healing(Electr Ed)(Article in Chinese;Abstract in Chinese and English)],2019,14(6):401-405. DOI:10.3877/cma.j.issn.1673-9450.2019.06.001.}

[25646] 贾立涛，姚琳，刘延群，张沛灵，刘豫，曹谊林，周广东. 软骨脱细胞基质仿生支架体外构建组织工程软骨[J]. 组织工程与重建外科杂志，2019，15(4)：222-226，244. DOI：10.3969/j.issn.1673-0364.2019.04.002. {JIA Litao,YAO Lin,LIU Yanqun,ZHANG Peiling,LIU Yu,CAO Yilin,ZHOU Guangdong. In vitro reconstruction of tissue engineering cartilage using acellular cartilage matrix biomimetic scaffolds[J]. Zu Zhi Gong Cheng Yu Chong Jian Wai Ke Za Zhi[J Tissue Eng Reconstr Surg(Article in Chinese;Abstract in Chinese and English)],2019,15(4):222-226,244. DOI:10.3969/j.issn.1673-0364.2019.04.002.}

[25647] 王远航，薛斌. 三种诱导因子在骨髓间充质干细胞向淋巴管内皮细胞分化中的作用[J]. 中华烧伤杂志，2019，35(2)：125-133. DOI：10.3760/cma.j.issn.1009-2587.2019.02.008. {WANG Yuanhang,XUE Bin. Effects of three inducing factors on differentiation of bone marrow derived mesenchymal stem cells into lymphatic endothelial cells[J]. Zhonghua Shao Shang Za Zhi[Chin J Burns(Article in Chinese;Abstract in Chinese and English)],2019,35(2):125-133. DOI:10.3760/cma.j.issn.1009-2587.2019.02.008.}

[25648] 董倩倩，唐军建，肖晗，游庆军，王峰. 去细胞心内膜/弹力层微米颗粒为材料构建小口径组织工程血管支架[J]. 中华实验外科杂志，2020，37(5)：816-819. DOI：10.3760/cma.j.cn421213-20191008-01413. {DONG Qianqian,TANG Junjian,XIAO Han,YOU Qingjun,WANG Feng. Construction of tissue engineered small caliber vascular graft using acellular endocardium/micro-particles from elastic layer[J]. Zhonghua Shi Yan Wai Ke Za Zhi[Chin J Exp Surg(Article in Chinese;Abstract in Chinese and English)],2020,37(5):816-819. DOI:10.3760/cma.j.cn421213-20191008-01413.}

[25649] 韩金霞，王峰，乔建瓯，游庆军. 去细胞心内膜作为小口径组织工程血管内膜层材料的研究[J]. 中华实验外科杂志，2020，37(5)：824-827. DOI：10.3760/cma.j.cn421213-20191219-01546. {HAN Jinxia,WANG Feng,QIAO Jianou,YOU Qingjun. Using acellular endocardium as a scaffold for the intima of small-caliber vascular grafts[J]. Zhonghua Shi Yan Wai Ke Za Zhi[Chin J Exp Surg(Article in Chinese;Abstract in Chinese and English)],2020,37(5):824-827. DOI:10.3760/cma.j.cn421213-20191219-01546.}

[25650] 肖仕初，郑勇军. 组织工程皮肤现状与挑战[J]. 中华烧伤杂志，2020，36(3)：166-170. DOI：10.3760/cma.j.cn501120-20191202-00449. {XIAO Shichu,ZHENG Yongjun. Status and challenges of tissue-engineered skin[J]. Zhonghua Shao Shang Za Zhi[Chin J Burns(Article in Chinese;Abstract in Chinese and English)],2020,36(3):166-170. DOI:10.3760/cma.j.cn501120-20191202-00449.}

[25651] 王恬然，聂志强，邹灏，霍达，许有前，朱楚洪. 人参皂苷 Rg1 促进移植大鼠的组织工程血管内皮化[J]. 第三军医大学学报，2020，42(5)：444-452. DOI：10.16016/j.1000-5404.201909178. {WANG Tianran,NIE Zhiqiang,ZOU Hao,HUO Da,XU Youqian,ZHU Chuhong. Ginsenoside Rg1 promotes endothelialization of tissue-engineered blood vessels in transplanted rats[J]. Di San Jun Yi Da Xue Xue Bao[Acta Acad Med Mil Tert(Article in Chinese;Abstract in Chinese and English)],2020,42(5):444-452. DOI:10.16016/j.1000-5404.201909178.}

[25652] 韩兵，范金财. 人脂肪来源间充质干细胞条件培养基对病理性瘢痕成纤维细胞生物学行为的影响[J]. 中华整形外科杂志，2020，36(2)：193-201. DOI：10.3760/cma.j.issn.1009-4598.2020.02.015. {HAN Bing,FAN Jincai. Study on the effects of conditioned medium of adipose-derived mesenchymal stem cell on biological phenotype of hypertrophic scar fibroblasts and keloid fibroblasts[J]. Zhonghua Zheng Xing Wai Ke Za Zhi[Chin J Plast Surg(Article in Chinese;Abstract in Chinese and English)],2020,36(2):193-201. DOI:10.3760/cma.j.issn.1009-4598.2020.02.015.}

附录 1 显微外科历史文献（1973 年以前）
Historical document of microsurgery (1973 ago)

本附录收录了 1973 年以前显微外科相关参考文献，旨在通过这些文献的展示让读者更好地了解显微外科的发展史。以下是显微外科重要历史时刻。

● 1970 年成立了国际显微外科学会（International Microsurgical Society，IMS）。

● 1972 年成立了国际重建显微外科学会（International Society of Reconstructive Microsurgery，ISRM），中国有 10 人参加了维也纳举行的第一次 ISRM 会议；同年 11 月在中国进出口商品交易会（广州）召开了中国断肢再植经验交流会。

● 1973 年在维也纳召开了第二次 ISRM 会议；同年 5 月北美再植代表团（the American Replantation Mission to China）访华（广州、上海、杭州、北京）。

历经近十年的临床实践，中国断肢（指）再植的先进技术与原则被国际同行认可。此后，显微外科技术在各外科领域广泛应用，尤其在 1973 年，吻合血管的轴型皮瓣游离移植同期在澳大利亚、中国、日本等多个国家成功开展，推动了重建显微外科的发展，以及以显微血管外科为核心的基础研究，也逐步夯实了显微外科学的基础理论。所以，1973 年是世界显微外科发展的一个分水岭。

本附录参考文献涵盖以下几方面内容：

（1）部分文献有中文注解。

（2）中文文献有英文标注。

（3）1973 年之前实践，文献可报道至 1974 年。

（4）含英文、中文、法文、德文、日文、俄文、西班牙文等文献。

1. Eck NV. Voprosn operevayazkie vorotuois voi[J]. Predvaritelnoye Sobstitjenye,Voen Med St. Petersburg,1877,130:11.（1877 年 Eck 行门脉高压“门腔静脉分流”术）

2. Jassinowski A. Die Arteriennhat:Eine experimentelle Studie[M],Inaug Diss Dorpat,1889.（显微血管手术的起源可以追溯到 19 世纪末和 20 世纪初的基本外科技术、抗凝和术中放大）

3a. Jaboulay M,Brian E. Recherches expérimentales sur la suture et la greffe artérielle[J]. Lyon Méd,1896,81:97.（《关于血管移植缝合的实验研究》首次报道完成血管吻合）

3b. Murphy JB. Resection of arteries and veins injured in continuity end-to-end suture:Experimental and clinical research[J]. Med Rec,1897,51:73-88.（富有创新性的外科医生成功进行了第一次血管吻合，端对端直接连接或塞入血管，并用细丝缝合）

4a. Carrel A. La technique des anastomoses vasculaires et la transplantation des visceres[J]. Lyon Med,1902,98:859-864.（1902 年 Alexis Carrel 首次报道血管端-端吻合三定点缝合技术，奠定了血管外科坚实基础，有关血管缝合技术在实验动物器官移植的应用以法文发表在 *Lyon Medcine*）

4b. Carrel A. La technique operatoire des anastomoses vasculaires et la transplantation des visceres[J]. Lyon Med,1964,212:1561-1568.（《器官移植和血管吻合的手术技术》最重要的技术突破发生在 1902 年，Alexis Carrel 报道了端-端吻合口的三角剖分方法，今天仍然常规使用，他后来于 1912 年被授予诺贝尔奖）

5a. Hopfner E. Uber gefassnaht,gefasstransplantationen und replantation von amputierten extremitaten[J]. Arch Klin Chir,1903,70:417.（德国 Edmund Hopfner 医生进行了断肢再植的开创性实验）

5b. Halsted WS,Reichert FL,Reid MR. Replantation of entire limbs without suture of vessels[J]. Trans Amer Surg Assoc,1922,40:160-167.（1887 年，Halsted 开始进行断肢再植实验研究，1922 年报道）

5c. Carrel A,Guthrie CC. Complete amputation of the thigh,with replantation[J]. Am J Med Sci,1906,131:297.（Carrel 和 Guthrie 于 1906 年首次完成犬肢体再植，包含血管吻合，认为肢体移植在技术上是可行的，但不具实践意义）

5d. Carrel A,Guthrie CC. Results of replantation of thigh[J]. Science,1906,23:393-394.

5e. Hall RH. Whole upper extremity transplant for human beings:general plans of procedure and operative technique[J]. Ann Surg,1944,120:12-23.（从 1903 年 Hopfner、1906 年 Carrel 和 Guthrie 到 1944 年 Hall，外科医生对再植研究的态度与技术与以前没有什么不同，甚至在第二次世界大战中期停止了再植研究）

6. Carrel A,Guthrie CC. Resultant du patching des arteries[J]. Comptes rendus de la Societe de biologie de Paris,June 22,1906. [1906—1912 年，Carrel 和 Guthrie 一起进行器官移植实验研究（心、肾、卵巢移植）。1912 年 Carrel 因对血管吻合技术的发展贡献获诺贝尔医学奖。然而，血管外科发展初期，因缝合材料与器械缘故加上血栓问题未解决，仅大血管吻合得到应用]

7a. Goyanes J. Nuevos travajos de chirurgia vascular[J]. El Siglo Med,1906,53:446-461.（1906 年 Goyanes、1907 年 Lexer 报道自体静脉移植）

7b. Lexer E. Die ideale operation des arteriellen und arteriovenosen aneurysma[J]. Arch Klin Chir,1907,83:459-477.

8. Guthrie CC. Blood Vessel Surgery and its Applications[M]. New York:Longmans,Green & Co,1912.（1912 年匹兹堡 Guthrie 和 Carrel 在没有术中抗凝或术中使用放大技术的情况下探索犬断肢再植与犬头异体移植先驱性研究，为显微血管外科的后续发展奠定了基础）

9. Tuffier M. De l’intubation dans les plaies des grosses artères[J]. Bult Acad Natl Med (Paris),1915,74:455–460.（《大动脉创口的置管》首次描述了使用吻合环和管状假体的方法实现了血管吻合）

10a. McLean J. The thromboplastic action of cephaline[J]. Am J Physiol,1916,41:250-257.（1916 年约翰霍普金斯大学医学生 Jay McLean 发现抗凝物质，能为血管外科医生提供一种防止缝合处内表面血栓形成的方法）

10b. Howell WH,Holt E. Two new factors in blood coagulation-Heparin and pro-antithrombin[J]. Am J Physiol,1918,47:328-341.（1918 年 Howell 和 Holt 也发现抗凝物质，并将其命名为肝素）

10c. Charles AF,Scott DA. Studies on heparin I. The preparation of heparin[J]. J Biol Chem,1933,102:425-429.（Charles 和 Scott 纯化了肝素，首次行肝素抗凝临床试验并安全的应用于临床，是血管外科发展的一场革命。肝素是目前临床上最古老的药物之一。控制血液凝固的能力是显微血管手术发展的关键一步）

11a. Holmgren G. Some experiences in surgery of otosclerosis[J]. Acta Otolaryngol,1923,5:460–466. [为显微外科手术奠定基础的最终创新，是瑞典（斯德哥尔摩）卡罗林斯卡医学院的 Nylen（1921）和 Holmgren（1923) 在 20 世纪 20 年代早期引入手术显微镜。1923 年斯德哥尔摩 Holmgren 首次改良双目 Zeiss 解剖显微镜成双目显微镜，行显微开窗手术处理耳硬化症，标志着进入显微操作水平阶段（切开、分离等）]

11b. Nyle,n CO. The microscope in aural surgery,its first use and later development[J]. Acta Otolaryngologica (Suppl),1954,116:226–240.（1921 年春，30 岁的耳鼻喉科助理 Nylen 改良单目 Brinell-Leitz 显微镜，并在实验室使用显微镜研究兔中耳迷宫开窗术；同年 11 月首次用于临床，镜下处理慢性中耳炎、假性瘘管形成手术。1922 年 Nylen 离职，其工作由科主任 Holmgren 接任。Nylen 有关单目手术显微镜的开拓性工作虽短暂但有划时代意义）

11c. Nylen CO. The otomicroscope and microsurgery 1921-1971[J]. Acta Otolaryngol,1972,73:453.

12a. Kunlin J. Le traitement de l’artérite oblitérante par la greffe veineuse[J]. Arch Mal Coeur,1949,42:371.（《静脉移植治疗动脉缺损》介绍了静脉移植技术，首次提出静脉移植替代动脉需掉转其近远端）

12b. Kunlin J. Le traitement de l’ischémie artéritique par la greffe veineuse longue[J]. Rev de Chir,1951,70:206–35.（《长静脉移植治疗动脉性缺血》）

13a. Perritt RA:Recent advances in corneal surgery[M]. Amer Acad Ophthul Otd,Course No. 288,1950.（1940 年代，美国 Perritt 第一个使用双目手术显微镜行角膜缝合手术，1950 年报道。标志着进入显微缝合水平阶段）

13b. Harms H. Augenoperationen unter dem binokularen mikroskop[J]. Ber dtsch Ophth Geselsch,1953,58:119-122.（1953 年德国图宾根 Harms 和阿根廷布宜诺斯艾利斯 Barraquer 在眼科手术中使用显微镜，被认为是真正意义上眼科显微手术的开始）

13c. Barraquer JI. The microscope in ocular surgery[J]. Am J Ophthalmol,1956,42:916-918.（1956 年 Barraquer 首次将裂隙灯应用于 Zeiss 手术显微镜，并为显微镜引入了顶部悬挂系统，使其更适用于眼科手术）

14a. Littmann H:Ein neues operationsmikroskop[J]. Klin Monatsbl Augenheilkd,1954,124:473-476.（1951 年德国 Carl-Zeiss 公司 Littmann 制造出了 OpMi-1 原型机，是一款配置了同轴照明并用作阴道镜和耳镜的显微镜，至今仍在使用。1953 年该机型商业化且很快就在手术室中广泛使用）

14b. Troutman RC. The operating microscope in ophthalmic surgery[J]. Trans Am Ophthalmol Soc,1965,63:335–348.（手术显微镜的技术改进，如同轴照明、电动变焦和双目显微镜的诞生，使

显微外科手术更加可靠）

14c. Troutman R. Microsurgery of ocular injuries[M]. Advances in Ophthalmology Vol 27,Basel:S. Karger,1970:5-6.（1960 年美国纽约 Troutman 率先在眼科手术显微镜上安装了电动变焦目镜）

14d. Jacobson JH. Microsurgery[J]. Curr Probl Surg,1972 Feb.

14e. O'Brien BM. A modified triploscope[J]. Br J Plast Surg,1973,26:301-303.

15a. Kurze T. Microtechniques in neurological surgery[M],IBID,pp129-177.（1957 年美国洛杉矶 Kurze 最先采用显微外科技术进行大脑手术。他发明了一种经耳道后颅窝入路进入内耳道的技术，用于完整切除听神经瘤并避免损伤面神经）

15b. Walz W. Sterilitatsoperationen an der Tukbe mit Hilfe eines Operationmikroskope 2[J]. Geburtshilfe Gynek,1959,153:49-55.（1959 年妇科医生 Walz 首次使用手术显微镜进行输卵管手术）

15c. Jacobson JH,Donaghy RMP. Microsurgery as an aid to middle cerebral artery endarterectomy[J]. J Neurosurg,1962,19:108-115.（20 世纪 50 年代末期，外科医生开始使用耳科和眼科的精细器械实施神经血管显微手术。美国佛蒙特州 Jacobson 和 Donaghy 一起合作，使用手术显微镜进行颅内血管显微手术，如动脉内膜血栓切除术或动脉瘤手术等）

15d. Malis LI. Bipolar coagulator in microsurgery[M]. In Donaghy & Yasargil (Eds). Microvascular surgery. Stuttgart:Georg Thiem Verlag,1967:126-130.（1956 年 Malis 发明的双极电凝进一步推动了显微外科的发展，因为精细的显微外科手术需要完全干净无血的视野）

15e. Chater N,et al. Microvascular bypass for occlusive cerebrovascular disease:Review of 100 cases[J]. Surg Neurol,1967,6:115.

15f. Henderson PN,O'Brien BM,Parel JM. An adjustable double microvascular clamp[J]. Med J Aust,1970,1:715.

15g. O'Brien BM,Hayhurst JW. Metallized microsutures and a new micro needle holder[J]. Plast Reconstr Surg,1973,52:673.

15h. Acland RD. Microvascular anastomosis. A device for holding stay sutures and a new vascular clamp[J]. Surgery,1974,75:185-187.（1960 年代英国格拉斯哥 Acland 发明了显微外科血管夹）

16a. Seidenberg B,Rosenak SS,Hurwitt ES,Som ML. Immediate reconstruction of the cervical esophagus by a revascularized isolated jejunal segment[J]. Ann Surg,1959,149:162-171.（1959 年，Seidenberg 等报道了第一例临床应用的游离小肠组织移植。作者认为下咽和颈段食管肿瘤切除完成后，咽食管的连续性恢复是手术的主要挑战之一，采用吻合血管的空肠重建颈部食管具有很好的临床应用前景。这实际上是人类第一例吻合血管的游离组织移植。可能由于肠黏膜对缺血的耐受性差，如断血超过 30~60 分钟就会导致坏死脱落，故未被广泛采用。后来 Acland 等采用肠腔内降温措施，延长了缺血的耐受时间才被较多地采用。对颈部食道的缺损也有采用带血管皮管重建者）

16b. Roberts RE,Douglass FM. Replacement of the cervical esophagus and hypopharynx by a revascularized free jejunal autograft. Report of a case successfully treated[J]. N Engl J Med,1961,264:342-344.

16c. Nakayama K,Yamamoto K,Tamiya T,et al. Experience with free autografts of the bowel with a new venous anastomosis apparatus[J]. Surgery,1964,55:796-802.

16d. Bakamjian VY. A two stage method for pharyngoesophageal reconstruction with a primary pectoral skin flap[J]. Plast Reconstr Surg,1965,36:173.（现代游离组织移植临床应用的开始要从 1965 年 Bakamjian 介绍了一种使用侧胸皮瓣通过两步法行咽食管重建的手术方法开始）

16e. Jurkiewicz MJ. Vascularized intestinal graft for reconstruction of the cervical esophagus and pharynx[J]. Plast Reconstr Surg,1965,36:507-509.

17a. Rogers BO. Charles Claude Guthrie,MD,PhD:a remarkable pioneer in tissue and organ transplantation[J]. Plast Reconstr Surg,1959,24:380.[从历史上看，实验性断肢再植开始于 1906 年美国芝加哥一个生理学实验室，由 Alexis Carrel 和 Guthrie CC 成功完成了一只犬后肢离断再植。其中 Guthrie 似乎已成为一个对移植特别痴迷并有天赋的人。等到论文发表时，他受聘于美国圣路易斯华盛顿大学，在此他发明体外循环技术（为当今开放性心脏手术所必需），首次成功进行了犬肾脏移植（至颈部），首次制作活体双头犬。这些研究成果于 1959 年由 Blair Rogers Jerome 和后来 P. Webster 在 *PRS* 杂志进行了介绍并引起了人们注意。基于这些工作，Guthrie 博士于 1960 年 5 月 19 日在美国密尔沃基获美国整形外科协会第一届大奖]

17b. Webster JP. Ciation of Dr. Charles Claude Guthrie,for the First Award Medal of the American Association of Plastic Surgeons[J]. Plast Reconstr Surg,1960,26:345.

17c. Lapchinsky A. Recent results of experimental transplantation of preserved limbs and kidneys and possible use of this technique in clinical practice[J]. Ann NY Acad Sci,1960,87:539-571.（Guthrie 早期再植实验研究之后，很长一段时间寂静，直至 1954 年苏联莫斯科一位杰出学者 Anastasy G. Lapchinsky 教授才重新开始研究。尽管有些零散的俄文参考文献，但大多数西方外科医生不能读懂西里尔字母。直到有几位整形外科医生于 1959 年访问了他的实验室报告，西方外科医生才认识到他的主要工作，这里有 Truman Blocker、Frank McDowell、Blair Rogers、Clifford Snyder 等。在苏联外科研究所，他们看到若干大型德国牧羊犬麻醉后运至研究所，后肢于髋部用巨斧砍断，依据不同缺血时间和不同程度冷藏与灌注方法进行再植手术。再植的成功给人留下深刻印象。多数犬在术后 8~10 个月其再植后肢体能跳跃。犬术后存活了 6 年。Rogers 于 1960 年春邀请 Lapchinsky 教授到纽约科学院作特别演讲）Lapchinsky 研究工作于 1960 年发表在 *Ann NY Acad Sci* 杂志上）

17d. Snyder CC,Knowles RP,Mayer PW,Hobbs JC II. Extremity replantation[J]. Plast Reconstr Surg,1960,26:251-163.（自从 Hopfner、Carrel 和 Guthrie 的早期工作以来，几乎没有什么进展，但是在 20 世纪 50 年代末，多个苏联、美国、中国和日本团队先后开始研究实验性肢体再植。1959 年美国 Snyder CC 等从莫斯科参观 Lapchinsky 外科研究所返回后，开始在其迈阿密大学实验室进行犬腿再植实验，做了 200 次同类实验，于 1960 年发表研究报告）

17e. 杨铁，卢学敏，李柱田，王首夫，曹玉德．自家肢体移植术．动物实验初步报告摘要 [J]．吉林医科大学学报，1960，2（3）：1-3．{YANG Tie,LU Xuemin,LI Zhutian,WANG Shoufei,CAO Yude. Home limb transplantation—Summary of preliminary report on animal experiment[J]. Ji Lin Yi Ke Da Xue Xue Bao[J Jilin Med Univ (Article in Chinese;No abstract available)],1960,2(3):1-3.}[1960 年 1 月中国吉林医科大学附属第三医院杨铁等开展中国首个犬断肢再植实验（2 只成功 /8 只），1960 年 4 月《吉林医科大学学报》摘要报道]

17f. 山东省立医院．肢体移植的动物实验 [J]．山东医刊，1960，3（8）：封 3（科研简报：各种动物脏器移植实验研究）．{Shandong Province Hospital. Animal experiments on limb transplantation[J]. Shandong Yikan[Shandong Med (Article in Chinese;No abstract available)],1960,3(8):cover 3(Scientific research briefing:Experimental study on transplantation of various animal organs).}[1960 年山东省立医院王志先开展中国首次犬肢体移植（自体 / 异体）实验，于 1960 年《山东医刊》摘要报道]

17g. 屠开元，徐印坎，赵定麟，梁铭，卢振东，曹毅，倪国坛．离断肢体再植术的动物实验 [J]．中华外科杂志，1962，10（1）：1-4．{TU Kaiyuan,XU Yinkan,ZHAO Dinglin,LIANG Min,LU Zhendong,CAO Yi,NI Guotan. Experimental study on severed limb replantation[J]. Zhonghua Wai Ke Za Zhi[Chin J Surg (Article in Chinese;No abstract available)],1962,10(1):1-4.}[1960 年 3 月第二军医大学长征医院屠开元等开展犬断肢再植实验（5 只成功 /11 只），1962 年《中华外科杂志》全文报道；该研究中的血管套接与深筋膜切开减压对以后断肢再植临床实践有积极影响]

17h. Webster JP. Obituary,Dr. Charles Claude Guthrie[J]. Plast Reconstr Surg,1963,32:482.

17i. Onji Y,Murai Y,Tamai S,Hashimoto T,Yamaguchi T,Akiyama H,Tsujimoto A. Experimental surgery on resuscitation and reunion of amputated or nearly amputated leg[J]. Plast Reconstr Surg,1963,31:151-165.（1961 年引进 Inokuchi 血管吻合器，成功行犬腿离断再植。）

17j. Onji Y,Tamai S,Akiyama H,Yamaguchi T,Hirooka Y,Mitsuhashi N:The possibility of salvaging an amputated extremity[J]. Clin Orthop,1964,32:87-92.

17k. 王涵光，郑长森，谢维泉，黄克寿，林美钗．离断肢体再植术的动物实验 [J]．福建医学院学报，1965，2（3）：7-11．{WANG Hanguang,ZHENG Changsen,XIE Weiquan,HUANG Keshou,LIN Meichai. Animal experiments on replantation of amputated limb[J]. Fu Jian Yi Xue Yuan Xue Bao[J Fujian Med Coll (Article in Chinese;Abstract in Chinese)],1965,2（3):7-11.}

18a. Jacobson JH,Suarez EL. Microsurgery in anastomosis of small vessels[J]. Surg Forum,1960,11:243-245.[1960 年 Jacobson 和 Suarez 发表一篇吻合小血管、简短的历史性文献，近 4 个月的实验研究显示：20 只犬、6 只兔的颈动脉，血管口径分别是 3.2 mm、1.4 mm，手术显微镜下血管吻合后通畅率为 100%，开启了显微血管外科的历史。Jacobson 和 Suarez 使用手术显微镜行显微血管吻合成功被认为是 1960 年的里程碑式成就。Jacobson 还与德国 Carl-Zeiss 公司 Littmann 合作，辅助研发世界首台双目双人手术显微镜 Diploscope（1959 研发；1964 定型）]

18b. Jacobson JH,Suarez EL. Microvascular surgery[J]. Dis Chest,1962,41(2):220-224.（简述显微血管外科技术，动脉、静脉，可能还有淋巴管，小到只有几分之一毫米，都可以重建）

18c. Jacobson JH. Microsurgical technic in repair of the traumatized extremity[J]. Clin Orthop,1963,29:132-145.

18d. Jacobson JH. The development of microsurgical technique[M]. In:Donaghy RMP,Yasargil MG(eds). Microvascular Surgery:Report of First Conference,October 6–7,1966,Mary Fletcher Hospital,Burlington,Vermont. Stuttgart:Thieme,1967:4–14.

18e. 崔之义，冯友贤，汤钊猷，李建明，余业勤，陈长春，陈稼．小血管吻合技术的研究．Ⅰ．外径 1.6~3.0 mm 小动脉显微镜下和肉眼下缝合法的对比观察 [J]．上海第一医学院学报，1964，2（3）：319-325．{CUI Zhiyi,FENG Youxian,TANG Zhaoyou,LI Jianming,YU Yeqin,CHEN Changchun,CHEN Jia. Anastomosis of small vessels. Ⅰ. Comparative studies in suture anastomosis of small arteries with external diameter from 1.6 to 3.0 millimeter under microscope and naked-eye[J]. Shanghai Di Yi Yi Xue Yuan Xue Bao[J Shanghai First Med Coll (Article in Chinese;Abstract in English)],1964,2(3):319-325.}

18f. 崔之义，冯友贤，汤钊猷，李建明，余业勤，陈长春，陈稼．小血管吻合技术的研究．Ⅱ．外径 1.0~2.0 mm 小动脉用丝线和尼龙单丝吻合的对比观察 [J]．中华外科杂志，1965，13（3）：268-271．{CUI Zhiyi,FENG Youxian,TANG Zhaoyou,LI Jianming,YU Yeqin,CHEN Changchun,CHEN Jia. Anastomosis of small vessels. Ⅱ. Comparative studies in suture anastomosis of small arteries with external diameter from1.0 to 2.0 mm using silk thread and nylon monofilament[J]. Zhonghua Wai Ke Za Zhi[Chin J Surg(Article in Chinese;No abstract available)],1965,13(3):268-271.}

18g. 崔之义，冯友贤，汤钊猷，余业勤，李建明，陈长春．小血管吻合技术的研究．Ⅲ．外径 1.5~5.0 mm 小血管缝合法与套管法吻合的对比观察 [J]．中华外科杂志，196，13（12）：1082-1085．{CUI Zhiyi,FENG Youxian,TANG Zhaoyou,YU Yeqin,LI Jianming,CHEN Changchun. Anastomosis of small vessels. Ⅲ. Comparative studies in suture anastomosis of small arteries with external diameter from1.5 to 5.0 mm between suture and cannula methods[J]. Zhonghua Wai Ke Za Zhi[Chin J Surg(Article in Chinese;No abstract available)],1965,13(12):1082-1085.}

18h. 崔之义，冯友贤，汤钊猷，李建明，余业勤，陈长春，石一飞，王文华，姜立本，仇红宝，马慎谨，陈稼．小血管吻合和移植的实验研究及其在创伤中的应用 [J]．上海第一医学院学报，1965，3（4）：311-318．{CUI Zhiyi,FENG Youxian,TANG Zhaoyou,LI Jianming,YU Yeqin,CHEN Changchun,SHI Yifei,WANG Wenhua,JIANG Liben,CHOU Hongbao,MA Shenjin,CHEN Jia. Experimental study of small vessel anastomosis and transplantation and its clinical application in trauma[J]. Shanghai Di Yi Yi Xue Yuan Xue Bao[J Shanghai First Med Coll(Article in Chinese;Abstract in English)],1965,3(4):311-318.}

18i. 崔之义，冯友贤，汤钊猷，余业勤，李建明，陈长春．小血管吻合技术的研究．Ⅲ．外径 1.5~5.0 mm 小血管缝合法与套管法吻合的对比观察 [J]．中华医学杂志，1966，52（1）：63.{CUI Zhiyi,FENG Youxian,TANG Zhaoyou,YU Yeqin,LI Jianming,CHEN Changchun. Study on the technique of small vessel anastomosis: Ⅲ. Comparative observation of suture and cannula anastomosis in small vessels with outer diameter of 1.5 to 5.0 mm[J]. Zhonghua Wai Ke Za Zhi[Natl Med J China(Article in Chinese;No abstract available)],1966,52(1):63.}

18j. 崔之义，冯友贤，汤钊猷，李建明，余业勤，陈稼．小血管吻合的研究．Ⅳ．右旋醣酐静脉滴注对通畅率的影响 [J]．中华外科杂志，1966，14（5）：316-317．{CUI Zhiyi,FENG Youxian,TANG Zhaoyou,LI Jianming,YU Yeqin,CHEN Jia. Studies on small vascular anastomosis IV. Effect of intravenous infusion of dextran on blood flow[J]. Zhonghua Wai Ke Za Zhi[Chin J Surg(Article in Chinese;No abstract available)],1966,14(5):316-317.}

18k. 汤钊猷，陈稼，李建明，陈长春，余业勤，冯友贤，崔之义，沈彼得．小血管外科器械用品的研究Ⅰ．小血管缝线的研究 [J]．中华外科杂志，1965，13（10）：917-920．{TANG Zhaoyou,CHEN Jia,LI Jianming,CHEN Changchun,YU Yeqin,FENG Youxian,CUI Zhiyi,SHEN Bide. Studies on instruments for small vessels surgery.Ⅰ. Study on sutures of small vessels[J]. Zhonghua Wai Ke Za Zhi[Chin J Surg(Article in Chinese;No abstract available)],1965,13（10):917-920.}

18l. 汤钊猷，李建明，余业勤，冯友贤，崔之义，沈彼得，罗野生．Ⅱ、介绍小血管手术常用器械 [J]．中华外科杂志，1965，13（10）：921-923．{TANG Zhaoyou,LI Jianming,YU Yeqin,FENG Youxian,CUI Zhiyi,SHEN Bide,LUO Ye. II. Introduce the commonly used instruments for small vessel surgery[J]. Zhonghua Wai Ke Za Zhi[Chin J Surg (Article in Chinese;No abstract available)],1965,13(10):921-923.}

18m. 崔之义，冯友贤，汤钊猷，李建明，余业勤，陈长春，石一飞，王文华，姜立本，仇红宝，马慎谨，陈稼．小血管吻合和移植的实验研究及其在创伤中的应用 [J]．上海第一医学院学报，1965，3（4）：311-318．{CUI Zhiyi,FENG Youxian,TANG Zhaoyou,LI Jianming,YU Yeqin,CHEN Changchun,SHI Yifei,WANG Wenhua,JIANG Liben,CHOU Hongbao,MA Shenjin,CHEN Jia. Experimental study of small vessel anastomosis and transplantation and its clinical application in trauma[J]. Shanghai Di Yi Yi Xue Yuan Xue Bao[J Shanghai First Med Coll(Article in Chinese;Abstract in English)],1965,3(4):311-318.}

18n. TS'UI CHIH-YI(CUI Zhiyi),FENG YU-HSIEN(FENG Youxian),T'ANG CHAO-YU(TANG Zhaoyou),LI CHIEN-MING (LI Jianming),YUEH-CH'IN(YU Yeqin),CH'EN CH'ANG-CH'UN (CHEN Changchun),SHIH YI-FEI(SHI Yifei),WANG WEN-HUA(WANG Wenhua),CHJANG LI-PEN(JIANG Liben),CH'IU HUNG-PAO(QIU Hongbao),MA SHEN-CHIN(MA Shenjin),LIN TSENG-LU(LIN Zenglu),CH'EN CHIA(CHEN Jia). Microvascular anastomosis and transplantation:experimental studies and clinical application[J]. Chin Med J(Engl),1966,85(9):610-617.[自 1962 年，中国上海第一医学院中山医院崔之义团队进行了超 200 次显微血管吻合与移植实验研究，1964 年应用于 3 例临床病例。结果显示：缝合技术是显微血管外科最佳吻合方法。缝合材料、有无辅助放大下连续或间断缝合法依据涉及血管大小与类型而定。直径 2.0~2.5 mm 以下血管最好在辅助放大下用单丝尼龙间断法缝合。然而，细致的外科技术仍是显微血管外科必要条件。只要技术得当，大于 1 mm 血管吻合的后期通畅率可达 80% 以上。在吻合小于 1 mm 血管时全身应用抗凝药有一定益处。迄今为止，自体静脉移植仍是显微血管外科最佳移植材料。这是中国首次系列显微血管吻合与移植实验研究并在临床上应用，发表于 1966 年 *Chin Med J*，稍迟于美国 Jacobson 团队的 1960—1962 年显微血管吻合实验研究（1.4~3.2 mm），但一是最小血管口径已达 1.0 mm 以下；二是针对 Jacobson 研究提出了优化显微血管缝合方法]

18o. 陆裕朴，石凯军，邵振海，潘建华，李稔生．小动脉缝合方法和缝合材料的研究 [J]．中华外科杂志增刊，1964，12（zl）：267-269．{LU Yupu,SHI Kaijun,SHAO Zhenhai,PAN Jianhua,LI Rensheng. Study on suture methods and suture materials of arterioles[J]. Zhonghua Wai Ke Za Zhi[Chin J Surg(Article in Chinese;No abstract available)],1964,12(z1):267-269.}

19a. Lee SH,Fisher B. Portacaval shunt in the rat[J]. Surgery,1961,50(4):668-672.（在显微外科实验领域，1961 年匹兹堡 Lee 和 Fisher 报道了大鼠门脉分流手术，用的是当时最细的 7-0 丝线。他们的工作为显微外科在大鼠器官移植中的应用打开了一扇窗户，是研究几种大鼠近交系移植后免疫反应的重要动物实验研究）

19b. Gonzales E,et al. A method for transplantation of rat kidneys[J]. Ann New York Acad Sci,1962,99:795.

19c. Lee S,Edgington TS. Liver transplantation in the rat[J]. Surg Forum,1966,I7:220-222.

19d. Lee S. An improved technique for renal transplantation in the rat[J]. Surgery,1967,61:771-773.

19e. Lee S,Willoughby WF,Smallwood CJ,Dawson A,Orloff MJ. Heterotopic heart and lung transplantation in the rat[J]. Am J Pathol,1970,59:279-297.（在接下来的 10 年里，Lee 搬到了拉荷亚的 Scrips 诊所和研究基金会。Lee 及其同事进行了心脏、肺脏、肾脏、肝脏、胰腺等器官的移植。他无疑是世界上最伟大的显微外科教师之一，培养了许多专业的显微外科医生。）

19f. Lee S,Tung KSK,Orloff MJ. Testicular transplantation in the rat[J]. Transpl Proc,1971,3:586-590.

19f. Lee S,Tung KSK,Koopmans H,Chandler JG,Orloff MJ. Pancreaticoduodenal transplantation in the rat[J]. Transplantation,1972,13:421-425.

19g. Lee S,Edgington TS,Smallwood CJ,Thompson AG,Chandler JG,Roren H,Orloff MJ. Secretory function and relative resistance of the gastric mucosa of the rat to allogeneic rejection[J]. Transplantation,1972,14:164-648.

19h. Lee S. Charters AC,Chandler JG,Orloff MJ. A technique for orthotopic liver transplantation in the rat[J]. Transpl,1973,16:664-669.

20a. 赵以成，臧玉淦，崔志潭. 周围神经断伤后通过断端间隙的再生 [J]. 中华外科杂志，1961，9（12）：853-856. {ZHAO Yicheng,ZANG Yugan,CUI Zhitan. Nerve regenerating through the gaps after peripheral nerve injury[J]. Zhonghua Wai Ke Za Zhi[Chin J Surg(Article in Chinese;No abstract available)], 1961,9(12):853-856.}（应用特制胎膜包裹断伤的犬坐骨神经，其近端的再生神经纤维能通过 5~15 mm 的间隙达到远端，并可见有运动机能的恢复）

20b. CHAO Yi-Ch'eng(ZHAO Yicheng),TSANG Yu-Ch'fan(TANG Yuchun),TS'UI Chih-T'an(CUI Zhitan). Nerve regeneration through a gap:an experimental study[J]. Chin Med J (Engl),1962,81（11):740-748.[应用特制胎膜包裹断伤的犬坐骨神经，其近端的再生神经纤维能通过 5~15 mm 的间隙达到远端，并可见有运动机能的恢复]

21a. Jacobson JH,et al. Microsurgery as an aid to middle cerebral artery endarterectomy[J]. J Neurosurg,1962,19:108.

21b. Chase MD,Schwartz SI. Consistent patency of 1.5 millimeter arterial anastomoses[J]. Surg Forum,1962,13:220.

21c. Healey JE Jr,et al. Non-suture repair of blood vessels[J]. Ann Surg,1962,155:817.

21e. Mozes M,et al. Small vessel anastomoses[J]. Surgery,1963,54:609.

21f. Nakayama K,et al. A new vascular anastomosing instrument and its clinical application[J]. Clin Orthop,1963,29:123.

21g. Manax WG,et al. Plastic adhensive as an adjunct in suture anastomoses of small blood vessels[J]. Surgery,1963,54:663.

21h. Hosbein DJ,Blumenstock DA. Anastomosis of small arteries using a tissue adhesive[J]. Surg Gynec Obstet,1964,118:112.

21i. Weissberg D,Goetz RH. Necrosis of arterial wall following application of methyl-2-cyanoacrylate[J]. Surg Gynec Obstet,1964,119:1248.

21j. Jacobson JH,Katsumura T. Small vein reconstruction[J]. J Cardiov Surg,1965,6:157.

21k. Goetz RH,et al. Vascular necrosis caused by application of methyl-2-cyanoacrylate(Eastman 910 Monomer):7-month follow up in dogs[J]. Ann Surg,1966,163:242.

21l. Jacobson JH,et al. The tissue reponse to a plastic adhesive used in combination with microsurgical technique in reconstruction of small arteries[J]. Surgery,1966,60:379.

22. Goldwyn RM,Lamb DL,White WL. An experimental study of large island flaps in dogs[J]. Plast Reconstr Surg,1963,31:528.

23a. Buncke HJ,Blackfield HM. The vasoplegic effects of chlorpromazine[J]. Plast Reconstr Surg,1963,31:353-362.

23b. Buncke HJ,Schulz WP. Experimental digital amputation and replantation[J]. Plast Reconstr Surg,1965,36:62-70.（双目双人手术显微镜下运用显微手术器械，针线吻合外径 1 mm 血管，行恒河猴示指与拇指离断后即刻再植。9 次再植手指中 1 次完全存活）

23c. Buncke HJ,Buncke CM,Schulz WP. Immediate Nicoladoni procedure in the Rhesus monkey for hallux to thumb transplantation utilizing microminiature anastomoses[J]. Br J Surg,1966,19:332-337.（完成 3 次踇移植。前 2 次移植踇指完全存活）

23d. Buncke HJ,Schulz WP. Total ear reimplantation in the rabbit utilizing microminiature vascular anastomoses[J]. Br J Plast Surg,1966,19:15-22. [外径小于 1 mm（0.040 英寸）血管吻合的器械与技术，运用这种显微血管结构修复成功再植兔耳。在 20 世纪 50 年代末期，美国加州圣马特奥 Buncke 尝试在显微镜下手工吻合小血管：从兔断耳再植开始做了很多显微外科实验，包括手指、足趾、大鼠或恒河猴的游离皮瓣等。为了开展实验，他将家里的一间车库改造为实验室。之后，他发表多篇实验文章和许多显微外科重要的原则和技术并培训了很多显微外科医生，被誉为"显微外科之父"]

23e. Buncke HJ,Daniller AI,Schultz WP,Chase RA. The fate of autogenous whole joints transplanted by microvascular anastomoses[J]. Plast Reconstr Surg,1967,39:333-341.

23f. Buncke HJ,Murray DE. Autogenous arterial interposition grafts of less than 1 mm. in external diameter in rats[J]. "Transactions of the Fifth International Congress on Plastic and Reconstructive Surgery",1971,pp572-575.

23g. Buncke HJ Jr,McLean DH,George PT,Greench BJ,Chater NL,Commons GW. Thumb replacement:great toe transplantation by microvascular anastomosis[J]. Br J Plast Surg,1973,26(3):194–201.

23h. 王澍寰，卢家泽. 兔耳血管吻合的动物实验 [J]. 北京医学，1965，1（1）：20-22. {WANG Shuhuan,LU Jiaze. Animal experiments of vessel anastomosis of rabbit's ears[J]. Beijing Yi Xue[Bejing Med J(Article in Chinese;No abstract available)],1965,1(1):20-22.（1964 年，中国王澍寰团队经过十几次兔耳模型实验，终于完成了第一例兔耳完全离断再植的成功实验研究）

24a. CH'EN Chung-Wei(CHEN Zhongwei),CH'IEN Yun-Ch'ing(QIAN Yunqing),PAO Yueh-Se(BAO Yuese). Salvage of the forearm following complete traumatic amputation:report of a case[J]. Chin Med J(Engl) ,1963,82(10): 632-638. [1963 年 1 月 2 日，上海市第六人民医院陈中伟、钱允庆、鲍约瑟用血管套接法成功实施世界首例完全离断前臂断肢再植，并获得良好功能，在 1963 年 9 月罗马召开的第 20 届国际外科会议上首次报道（崔之义代表发言），得到世界医学界公认，陈中伟被国际同行誉为"断肢再植之父"，从而开创了世界显微外科新纪元。1963 年 10 月中英文科技期刊首次报道]

24b. 陈中伟，鲍约瑟，钱允庆. 前臂创伤性完全截肢的再植 [J]. 中华医学杂志，1963，49（10）：615-618. {CHEN Zhongwei,BAO Yuese,QIAN Yunqing. Salvage of the forearm following complete traumatic amputation. Report of a case[J]. Zhonghua Yi Xue Za Zhi[Natl Med J China(Article in Chinese;No abstract available)],1963,49(10):615-618. }

24c. 陈中伟，鲍约瑟，钱允庆. 前臂创伤性完全截肢的再植（一例成功报道）[J]. 中华外科杂志，1963，11（10）：767-771. {CHEN Zhongwei,BAO Yuese,QIAN Yunqing. Salvage of the forearm following complete traumatic amputation:report of a case[J]. Zhonghua Wai Ke Za Zhi [Chin J Surg(Article in Chinese;No abstract available)],1963,11(10):767-771. }

24d. Malt RA. McKhann CF. Replantation of severed arms[J]. JAMA,1964,189:114-120.（1962 年 5 月 23 日，美国波士顿麻省总医院 Malt 团队成功完成世界首例断肢再植手术。30 岁的 Malt 住院总医师组织带领 12 位由外科各专科专家组成救治小组，奋战 8 小时一战成名。患者是一名 12 岁的男孩，他右肘上臂被火车碾轧造成完全离断。术后 20 个月，患者再植右上肢的肌力、感觉和活动范围都有了很大程度的恢复。另一例断臂再植病例于 1963 年 9 月 5 日手术成功。人类断肢再植的成功在医学史上具有划时代里程碑式意义）

24e. Mehl RL,Paul HA,Shorey W,Schneewind J,Beattie EJ Jr. Treatment of "toxemia" after extremity replantation[J]. Arch Surg,1964,89:871. ["Shorey WD,Schneewind J,Mehl RL. Experience with replanted hand,read before the International College of Surgeons,Rome,Italy,1963."（注：陈中伟，钱允庆. 断肢再植. 北京：人民出版社，1966：5. "……第 20 届国际外科学会在罗马举行时，美国的 Shorey 和我国代表先后报道了断肢再植的经验。我们的病例获得完全成功，而 Shorey 的病例仅获得部分成功。Shorey 的病例是一例前臂于腕关节上 7 cm 被切书机完全切断，经缝合桡动脉与一条掌静脉，手术后发生肿胀，经多处切开后，解除了肿胀，但发生了感染和组织坏死，以致不得不切除第五指与拇指基部的坏死区。5 个月后进行第二次手术，修复正中神经和前臂屈肌。术后由于关节、肌腱、小肌肉的纤维化，手的功能未获得理想的恢复，手指只有部分的伸屈功能……"）]

24f. Horn JS(洪若诗). Successful reattachment of a completely severed forearm[J]. Lancet,1964,1(7343):1152-1154. [1963 年 1 月 2 日，中国上海市第六人民医院陈中伟等成功实施世界首例完全离断前臂断肢再植手术，随访 7 个月后患者功能恢复良好。1963 年 10 月发表在 *Chin Med J*[1963，82（10）：632-638.]。中国北京积水潭医院创伤骨科 Joshua S. Horn(约书亚 · 霍恩，中文名洪若诗）教授参与了该患者术后 8 个月的随访复查，并将陈中伟等在 *Chin Med J* 发表的创新论文推荐给英国 *Lancet*（柳叶刀）杂志，转载改写发表 *Lancet*，1964，1（7343）：1152-1154. 以传播中国断肢再植创举！）

24g. CH'EN Chung-Wei(CHEN Zhongwei),CH'IEN Yun-Ch'ing(QIAN Yunqing),PAO Yueh-Se(BAO Yuese),LIN Ch'in-T'ien(LIN Qingtian). Further experiences in the restoration of amputated limbs:report of two cases[J]. Chin Med J(Engl),1965,84(4):225-231. [上海市第六人民医院陈中伟等除年初第 1 例外，1963 年底又成功行 2 例断臂 / 断掌再植，1965 年在 *Chin Med J* 报道。其中 1 例右掌完全离断，掌浅弓和第 3 指总动脉用直径 0.04 mm 卡普隆单丝缝合，血管内径小于 1.2 mm，每条血管连续贯穿缝合 12 针。这是迄今为止最早断肢再植临床报道（1965 年）中最小口径血管（内径 1.2 mm）缝合记录]

24h. HUANG Ch'eng-Ta(HUANG Chengda),LI Ping-Heng(LI Bingheng),KONG Gung-To(KUANG Gongdao). Successful restoration of a traumatic amputated leg[J]. Chin Med J(Engl),1965,84(10):641-645. [1964 年 11 月 23 日中山大学附属第一医院黄承达等成功完成 1 例踝上断腿再植手术。随访 7 个月患者能连续行走数小时，登楼梯、下蹲、踢足球而无不适，于 1965 年在 *Chin Med J* 报道，属世界首例。该病例治疗成功有赖于对失活组织充分、彻底的清创以促进伤口一期愈合。骨组织的情短缩并坚强内固定也属必要。常规对合、缝合方法用于重建动脉，这一点在下肢尤其重要。为尽早重建血循环，充分显露胫后动脉（直径 2 mm），于伤后 5 个半小时吻合完毕。动脉用 6-0 丝线间断缝合，吻合口远段动脉搏动良好。然后，分别缝合胫前动脉（直径 2.3 mm）和 2 条胫前静脉、1 条胫后静脉。直径 2~3 mm 血管吻合可在裸眼下完成，当然在手术显微镜下吻合更好。为了保证足够的回流，仔细重建、吻合（多数）离断静脉至关重要]

24i. 陈中伟，鲍约瑟，钱允庆，林擎天. 关于断肢再植的几点体会 [J]. 中华医学杂志，1965，51（6）：337-339. {CHEN Zhongwei,BAO Yuese,QIAN Yunqing,LIN Jingtian.Some experience on replantation of amputated limb[J]. Zhonghua Yi Xue Za Zhi[Natl Med J China (Article in Chinese;No abstract available)],1965,51(6):337-339.}

24j. 钱允庆，陈中伟，林擎天，鲍约瑟. 创伤性完全性断肢再植术中小血管处理的几个问题 [J]. 中华外科杂志，1965，13（10）：865-868. {QIAN Yunqing,CHEN Zhongwei,LIN Qingtian,BAO Yuese. Several problems in the management of small and medium-sized vessels in traumatic complete amputated limb replantation[J]. Zhonghua Wai Ke Za Zhi[Chin J Surg (Article in Chinese;No abstract available)],1965,13(10):865-868.}

24k. 崔之义，石一飞，汤钊猷，王文华，姜立本，仇红宝，马慎谨. 上臂完全离断再植后的近期观察（一例报告）[J]. 中华外科杂志，1965，13（10）：869-872. {CUI Zhiyi,SHI Yifei,TANG Zhaoyou,WANG Wenhua,JIANG Liben,CHOU Hongbao,MA Shenjin. Recent observations after replantation of the upper arm after complete dissection(a case report) [J]. Zhonghua Wai Ke Za Zhi[Chin J Surg(Article in Chinese;Abstract in Chinese)],1965,13(10):869-872.

24l. 时光，王仁顺，柳用墨，刘志强. 前臂创伤性大部离断修复治疗部分成功一例 [J]. 解放军医学杂志，1965，2（3）：222-223. {SHI Guang,WANG Renshun,LIU Yongmo,LIU Zhiqiang. A case report of partial successful repair of large traumatic amputated forearm[J]. Jie Fang Jun Yi Xue Za Zhi[Med J Chin PLA (Article in Chinese;No abstract available)],1965,2(3):222-223.}

24m. 杨铁，卢学敏，姜鸿志，张瑞龄，刘彦，李柱田. 前臂创伤性完全离断再植术（一例报告）[J]. 中华外科杂志，1965，13（10）：873-874. {YANG Tie,LU Xuemin,JIANG Hongzhi,ZHANG Ruiling,LIU Yan,LI ZHutian. Forearm traumatic complete replantation (a case report) [J]. Zhonghua Wai Ke Za Zhi[Chin J Surg (Article in Chinese;No abstract available)],1965,13(10):873-874.}

24n. 王澍寰，程绪西，卢家泽，曹宝珠. 前臂创伤性完全离断再植术（一例报告）[J]. 中华外科杂志，1965，13（10）：875-876. {WANG Shuhuan,CHENG Xuxi,LU Jiaze,CAO Baozhu. Forearm traumatic complete replantation (a case report) [J]. Zhonghua Wai Ke Za Zhi[Chin J Surg (Article in Chinese;No abstract available)],1965,13(10):875-876.}

24o. 天津市人民医院骨科. 创伤性肩胛带完全性离断的再植（一例报告）[J]. 中华外科杂志，1965，13（10）：877-878. {Orthopedic department of Tianjin People's Hospital. Replantation of traumatically totally severed shoulder girdle:a case report[J]. Zhonghua Wai Ke Za Zhi[Chin J Surg (Article in Chinese;No abstract available)],1965,13(10):877-878.}

24p. CH'IEN Yun-Ch'ing(QIAN Yunqing),CH'EN Chung-Wei(CHEN Zhongwei),PAO Yueh-Se(BAO Yuese),LIN Ch'in-T'ien(LIN Qingtian). Some problems concerning small vessel anastomosis in the reattachment of complete traumatic amputations[J]. Chin Med J (Engl),1966,85(2):79-86.（上海市第六人民医院钱允庆、陈中伟等，基于 4 例断肢再植成功经验，探讨"完全创伤性断肢再植中小血管吻合的几个问题"——血管清创、小血管痉挛缓解、小血管吻合、小血管移植、血管周围软组织处理、抗凝药使用、再植术后观察与处理等，于 1966 年发表在 *Chin Med J*）

24q. TS'UI Chih-Yi(CUI Zhiyi),SHIH Yi-Fei(SHI Yifei),T'ANG Chao-Yu(TANG Zhaoyou),WANG Wen-Hua(WANG Wenhua). Successful restoration of a completely amputated arm[J]. Chin Med J(Engl),1966,85(8):536-541.（1964 年 2 月 22 日，中山大学附属第一医院崔之义团队行 1 例完全断臂成功保肢，随访超过 2 年功能恢复良好）

24r. 某军医大学附属西南医院骨科. 毛泽东思想指导我们接活了断肢——我们是怎样从失败走向成功的 [J]. 中华医学杂志，1966，52（7）：451-457. {Department of Orthopedics,Southwest Hospital. The thought of Mao Zedong guides us to successfully replant the amputated limb--how do we go from failure to success? [J]. Zhonghua Yi Xue Za Zhi[Natl Med J China (Article in Chinese;No abstract available)],1966,52(7):451-457.}

24s. 重庆西南医院骨科. 创伤性肢体离断再植的经验（四例全断六例不全断）[J]. 解放军医学杂志，1966，3（3）：209-212. {Department of Orthopedics,Chongqing Southwest Hospital. The experience of replantation of traumatic severed limb:four cases of complete amputation and six cases of incomplete amputation[J]. Jie Fang Jun Yi Xue Za Zhi[Med J Chin PLA (Article in Chinese;No abstract available)],1966,3(3):209-212.}

24t. Horn JS(洪若诗). Some advances in surgery in china with special reference to the reattachment of severed limbs[J]. Proc R Soc Med,1966,59(7):587-590. [原英国伯明翰创伤医院顾问医生 Horn JS（洪若诗）教授，1954 年移居中国北京，任职于北京积水潭医院创伤骨科，中文名洪若诗。1963 年他见证了中国断肢再植的创举；1964 年后他参与了北京积水潭医院数例断肢再植临床实践与兔耳再植实验研究。1965 年 10 月 5 日，旅居中国 11 年的 Horn JS 教授回英国参加学术交流（英国骨科学会学术会议），报告中国尤其是北京积水潭医院断肢再植成果。演讲结束，放映了一部纪录片展示病例，Horn JS 教授还答疑与会代表问题，讨论断肢再植热点与难点，分享中国断肢再植尤其是北京积水潭断肢再植经验]

24u. Williams GR,Carter DR,Frank GR,Price WE. Replantation of amputated extremities[J]. Ann Surg,1966,163(5):788-794.（美国俄克拉荷马州立大学医学中心外科及骨科 Williams GR 团队，20 世纪 60 年代早中期进行了"断肢再植"基础与临床研究，其研究结果于 1965 年会议交流，1966 年 Ann Surg 发表。Williams GR 等在一组犬实验研究中，左后肢被截断后按标准外科技术再植：在 6 小时内恢复血循环再植成功率高；远期功能恢复尚不完全。仅 1 例临床经验，1964 年 11 月 1 日，根据实验室形成的再植手术流程成功再植右上肢，随访 1 年评估：再植肢体功能恢复不完全）

24v. Chen CW,Chien YC,Pao YS,Lin CT. Reattachment of traumatic amputations:A summing up of experiences[J]. China's Medicine,1967,5:392-402. [注：20 世纪 60 年代中后期受中国社会政治形势影响，*Chin Med J*（《中华医学杂志》英文版）1966 年 10 月更名为 *China's Medicine*（《中国医学》英文版）。上海市第六人民医院陈中伟团队在 1967 年 *China's Medicine* 报道：自 1963 年成功实施第 1 例完全离断前臂再植以来，现已成功再植 6 例完全离断肢体、10 例部分离断肢体（另外，还通过指动脉吻合完成 20 例完全性断指再植）。作者推荐缝合法吻合所有口径的动静脉，这是迄今为止（1960 年）中国为数不多的单个再植中心用英文报道数十例断肢（指）再植经验总结，在当时全球应属第一]

24w. Inoue T,Toyoshima Y,Fukusumi H,Uemichi A,Inui K,Harada S,Hirohashi K,Kotani T,Shiraha Y. Factors necessary for successful replantation of upper extremities[J]. Ann Surg,1967,165:225-238.（1963 年 10 月 Inoue 及其同事成功完成一例 26 岁男性断手再植，这是日本首例）

24x. Ramirz MA,et al. Reimplantation of limbs[J]. Plast Reconstr Surg,1967,40:315.（Ramirez 等完成 7 例断手再植成功报道，进一步补充了再植手能有良好功能的证据）

24y. Horn JS(洪若诗). The reattachment of severed extremities[M]. In:Recent Advances in Orthopaedics,Edited by AG Apley J & A Churchill,London,1969.

25a. HUANG CS. Progress and development of surgery in China[J]. Chin Med J(Engl),1963,82:619-31.（1963

年 1 月 2 日，上海市第六人民医院陈中伟等成功实施世界首例完全离断前臂断肢再植手术，随访 7 个月患者恢复良好功能。在 1963 年 9 月 21—29 日北京召开的中华医学会第 8 次全国外科学术大会上，中国外科泰斗、中国科学院学部委员黄家驷教授作《中国外科进展与发展》的特别演讲，高度评价了“断肢再植成功”这一壮举）

25b. 中华外科杂志编辑委员会. 祝贺前臂创伤性完全截肢再植成功 [J]. 中华外科杂志，1963，11（10）：F02. {Editorial Board of the Chinese Journal of Surgery. Congratulations on successful replantation of traumatic complete amputation of forearm[J]. Zhonghua Wai Ke Za Zhi[Chin J Surg(Article in Chinese;No abstract available)],1963,11(10):F02.}

25c. 黄家驷. 从截肢再植手术成功看外科干部培养问题 [J]. 中华医学杂志，1963，49（10）：668. {HUANG Jiasi. The training problems of surgons from the successful amputation replantation[J]. Zhonghua Yi Xue Za Zhi[Natl Med J China(Article in Chinese;No abstract available)],1963,49(10):668.}

25d. 吴英恺，崔之义，方先之. 国际外科学会第 20 届大会学术内容报道 [J]. 中华外科杂志，1964，12（1）：99-104. { WU Yingkai,CUI Zhiyi,FANG Xianzhi. Report on the academic content of the 20th Congress of the International Society of Surgery[J]. Zhonghua Wai Ke Za Zhi[Chin J Surg(Article in Chinese;No abstract available)],1964,12(1):99-104. }［本文报道了上海市第六人民医院为王存柏同志接合断手的成功经验，由于这项工作做得细致及时获得了前所未有的圆满结果，术后的处理和各种功能检查：如动脉造影、肌电图、感觉恢复的记录及手功能恢复的各项活动等，都具有高度的科学性，报告及幻灯片（彩色的）均属上乘，因而受到最热烈的欢迎，会内会外，一致赞扬，这是一项重大的科学成就，也是一项透过科学技术反映我国社会主义制度的优越性和新型医务工作者又红又专的正确方向］

25e. Leading articles. Replacing limbs[J]. Br Med J,1964,2(5413):832-833.［“人类首次断肢再植成功显然是由美国麻省总医院 Malt 和 McKhann 于 1962 年完成的（1962 年 5 月 23 日）；按年代考证，第 2 例断肢再植成功的荣誉应属于中国上海的陈中伟及其同事于 1963 年完成（1963 年 1 月 2 日）。”——这篇于 1964 年 10 月 3 日发表在 *Br Med J*，是迄今为止历史文献中最早、最客观、最准确地对“断肢再植”历史的记载（世界最早成功完成完全性断肢再植手术并最早以英文报道的两个再植中心：美国波士顿麻省总医院 2 例、中国上海市第六人民医院 3 例）］

25f. Wu YK. Progress of surgery in China[J]. Chin Med J(Engl),1965,84:351-361.［吴英恺教授于 1965 年 6 月 5—13 日在意大利都灵召开的国际内外科大会上书面交流了“中国外科进展”。其中，“严重手部与前臂损伤的外科治疗”成就：北京积水潭医院 3 例 6 指近乎完全离断经仔细手术——断裂指动脉吻合再植成功；1963 年 1 月至今中国已有 10 例完全性断肢再植成功（沪京津 + 吉林 + 云南等），计 4 例前臂离断，3 例臂部离断，2 例肩部离断，1 例手掌离断。技术上，再植成功的关键点在于断裂血管的精确吻合，直接缝合可获得血管吻合最佳结果］

25g. Leading articles. Replaced leg or prosthesis[J]. Br Med J,1966,1(5493):935. [1966 年 4 月 16 日英国医学杂志发表了一篇社论“断腿再植或义肢”：“近年来断肢再植技术在中国似乎更受关注，最近英国骨科学会学术会议上，一部励志的中国电影纪录片展示了再植手惊人的功能恢复 [Horn JS 教授（英国籍，中文名洪若诗），1963 年他见证了中国断肢再植的创举；1965 年回英国参加学术交流，用演讲、电影、答疑形式展示、分享中国经验]。来自中国广州的黄承达及其同事已报道 1 例 23 岁男性断足再植，他实际上是踝关节平面骨折脱位完全离断，结果显示令人惊喜”。这例踝上断腿再植于 1964 年 11 月 23 日手术，1965 年 *Chin Med J* 报道，属世界首例］

25h. Leading articles. Arms and the man[J]. Br J Med,1966,2(5521):1024-1025.（注：1966 年 10 月 29 日，英国医学杂志发表社论“断臂与人类”“迄今为止肯定已在断臂再植取得成功 [Malt RA,McKhann CF. J Am Med Ass,1964 / Horn JS(洪若诗). Lancet,1964/ Horn JS. Proc R Soc Med,1966]，但不能确定仅仅只有 1 例断腿再植成功 [Huang Ch'eng-Ta（黄承达），et al. Chin Med J,1965]”。表明 1960 年代英国医学界对中国断肢再植（包括世界首例断腿再植报道）的重视与认可）

25i. Engbar WD,Hardin CA. Replantation of extremities[J]. Surg Gynecol Obstet,1971,132:901.

25j. Malt RA,Remensnyder JP,Harris WH. Long-term use of replanted arms[J]. Ann Surg,1972,176:334.

25k. Buncke HJ Jr,Castleton KB,Daniel RK,et al. Replantation surgery in China[J]. Report of the American Replantation Mission to China. Plast Reconstr Surg,1973,52(5):476-489.（详见本附录文献：27n、32f、50a、50b、51b）

25l. McDowell F. Editorial. Get in there and replant[J]! Plast Reconstr Surg,1973,52(5):562-567.（详见本附录文献：27n、32f、50a、50b、51b）

25m. O'Brien BM,MacLeod AM. Replantation surgery in the upper limb[J]. Proc R Aust Coll Surg,1973,46:427.

25n. O'Brien BM. Replantation surgery in China[J]. Med J Aust,1974,2:255.（详见本附录文献：27n、32f、50a、50b、51b）

26. Kleinert HE,Kasdan ML. Salvage of devascularized upper extremities,including studies on small vessel anastomoses[J]. Clin Orthop,1963,29:28.（断指再植开始时非常困难。1963 年美国路易斯维尔 Kleinert 报道了 4 例无血运上肢外伤患者，经吻合血管成功成活，但其他 3 例完全离断手指再植失败。他承认需要行更好的显微外科技术）

27a. Kleinert HE,Kasdan ML,Romero JL. Small blood vessel anastomosis for salavage of severely injured extremity[J]. J Bone Joint Surg,1963,45A:788-796.（Kleinert HE 等最先强调：“无论何时，即使在远端很小的情况下，也要尽可能去重建血供”，1963 年报道“吻合肢体外伤断裂小血管”）

27b. Kleinert HE,Kasdan ML. Anastomosis of digital vessels[J]. J Ky Med Assoc,1965,63:106-108. [1962 年 11 月 27 日 Kleinert 和 Kasdan 成功完成 1 例近乎完全离断拇指（仅有 2 条背侧静脉和少量皮下组织相连）经显微吻合指动脉再植（“鱼口状”血管缝合）]

27c. 卢家泽，王澍寰. 指动脉吻合术的初步经验 [J]. 中华外科杂志，1965，13（2）：179-180. {LU Jiaze,WANG Shuhuan. The preliminary experience of digit artery anastomosis[J]. Zhonghua Wai Ke Za Zhi[Chin J Surg(Article in Chinese;No abstract available)],1965,13(2):179-180.（1964 年，中国王澍寰团队先后为 2 例手指不全离断的患者实施了断指再植术，术后断指成活，血管造影证实吻合的血管通畅良好）

27d. Buncke HJ,Schulz WP. Experimental digital amputation and reimplantation[J]. Plast Reconstr Surg,1965,36(1):62-70.（1965 年 Buncke 和 Schulz 报道了用显微外科技术吻合恒猴完全离断拇手指血管再植成功）

27e. Chen CW,Chien YC,Pao YS,Lin CT. Reattachment of traumatic amputations:a summing up of experiences[J]. China's Medicine(Engl),1967,5:392.［受 1960 年代中后期受中国社会政治形势影响，*Chin Med J*（《中华医学杂志》英文版）于 1966 年 10 月更名为 *China's Medicine*（《中国医学》英文版）。上海市第六人民医院陈中伟团队在 1967 年 *China's Medicine* 报道：自 1963 年成功实施第 1 例完全离断前臂再植以来，现已成功再植 6 例完全离断肢体、10 例部分离断肢体。另外，还通过指动脉吻合完成 20 例完全性断指再植（1966 年 1 月 8 日中国首例完全性断指再植成功）。作者推荐缝合法吻合所有口径的动静脉。这是迄今为止 1960 年代中国为数不多的单个再植中心用英文报道数十例断肢（指）再植经验总结，在当时全球应属第一。这也是世界首次完全离断断指再植成功以英文报道］

27f. Komatsu S,Tamai S. Successful replantation of a completely cut-off thumb[J]. Plast Reconstr Surg,1968,42:374-377.[1965 年 7 月 27 日，日本 Komatsu 和 Tamai 成功完成世界上首例显微镜下完全离断拇指（掌指关节水平）再植。患者是一位 28 岁男性工人。术前他们将离断的拇指用肝素溶液进行了灌注，术中在 Zeiss 双目显微镜下修复了 2 条掌侧动脉、2 条背侧静脉，再植手术很成功。吻合动脉用的是当时最细的 8-0 单丝尼龙缝线，还是 Tamai 已故老师 Onji 教授于 1964 年访问纽约 Mt.Sinai 医院时 Jacobson 博士所赠样品。至于吻合静脉，Komatsu 和 Tamai 用的是 Ethicon 7-0 编织丝线，也是当年最细的产品。最终再植的拇指成功愈合且无任何术后并发症。外径为 0.8 mm 的血管是作者能在手术显微镜放大下成功吻合的最小血管］

27g. Lendvay PG. Anastomosis of digital vessels[J]. Med J Australia,1968,2:723.（不完全性断指再植成功病例报道）

27h. Kutz JF,Hay EI,Kleinert HF. Fate of small blood vessel repair[J]. J Bone Joint Surg,1969,51A:79.（不完全性断指再植成功病例报道）

27i. Cobbett JR. Small vessel surgery in the hand[J]. The Hand,1969,1:56.（不完全性断指再植成功病例报道）

27j. Horn JS(洪若诗). The reattachment of severed extremities[M]. In:Recent Advances in Orthopaedics,edited by AG Apley J & A Churchill Ltd,London,1969.[Horn JS（洪若诗）综述中国再植外科，记录上海在经历 20 次失败后终于 1966 年 1 月 8 日成功完成完全性断指再植，其后 14 个月内 34 例断指中 24 例完全性断指再植成功］

27f. Lendvay PC,Owen FR. Microvascular repair of completely severed digit. Fate of digital vessels after six months[J]. Med J Australia,1970,2:818.（Lendvay 和 Owen 报道了 1 例断指再植 6 个月后指动脉的组织病理学变化）

27g. Snyder CC,Stevenson RM,Browne EZ. Successful replantation of a totally severed thumb[J]. Plast Reconstr Surg,1972,50:553-559.

27h. O'Brein BM,Miller GDH,MacLeod AM,Xewing RK. Saving the amputated digit and hand[J]. Med J Australia,1973,11:558.（O'Brein 等报道了 21 例断指再植成功，总体存活率为 77%，19 例完全离断再植成功 13 例，8 例不完全性离断再植均成功）

27i. Research Laboratory for Replantation of Severed Limbs,Sixth Peoples Hospital,Shanghai. Replantation of severed limbs and severed fingers[J]. Chin Med J(Engl),1973,(1):1-2.（1966 年 1 月至 1971 年 12 月，上海市第六人民医院完成断肢再植手术 94 例，其中成功 79 例，计成功率 84%。94 例断肢缺血时间：6 小时以内 43 例，6~10 小时 27 例，10 小时以上 24 例，94 例中 62 例随访超过 1 年以上，其中 41 例再植肢体恢复功能，重返工作岗位；15 例仅部分恢复功能，需要调整工作岗位；6 例因功能恢复差未能重返工作；1966 年 1 月至 1971 年 12 月作者完成共 151 例断手指再植，其中 85 例成功——成功率为 56.3%）

27j. 上海市第六人民医院断肢再植研究室. 断肢及断手指再植的认识和发展 [J]. 中华医学杂志，1973，53（1）：3-10，插页 1-4. {Research Laboratory for Replantation of Severed Limbs,Sixth Peoples Hospital,Shanghai. Replantation of severed limbs and severed fingers:cognition and evolution[J]. Zhonghua Yi Xue Za Zhi[Natl Med J China(Article in Chinese;Abstract in English)],1973,(1):3-10,insert 1-4.}

27k. 河北新医大学第三医院骨科. 手指完全离断及接近完全离断 12 例再植报告 [M]. // 断肢再植经验交流会资料汇编. 北京：人民卫生出版社，1973：156-160. {Department of orthopedics,the Third Hospital of Hebei New Medical University. Report of 12 cases of replantation of completely or nearly completely severed fingers[M]. See:Data collection of experience exchange meeting of severed limb replantation. Beijing:People's Health Publishing House,1973:156-160.}[中国河北医科大学第三医院凌彤团队于 1965 年 6 月 21 日对 1 例右手示、中指完全离断行再植术，创用指动脉管腔内穿针固定吻合指动脉方法，再植后中指存活、示指坏死；该病例也是目前了解到继 1964 年 7 月北京积水潭医院自制无创针线，在 2 倍放大镜下行一例示指、中环指完全离断再植术，部分（示指）存活后，又一例最早期断指再植探索、部分成功的个案病例报道。1965 年 6 月至 1972 年 10 月河北医科大学第三医院治疗适于行断指再植手术的手指完全及接近完全离断患者共 12 例，其中 11 个手指经吻合指动脉，5 个手指单纯缝合再植成活］

27l. 上海市第六人民医院. 断手指再植 [M]. // 断肢再植经验交流会资料汇编. 北京：人民卫生出版社，1973：142-149. {Shanghai Sixth People's Hospital. Replantation of severed fingers[M]. See:Data Collection of Experience Exchange Meeting on Limb Replantation. Beijing:People's Health Publishing House,1973:142-149.}（自 1966 年 1 月血管缝合法接活断指至 1971 年 12 月，共进行断手指再植手术 151 例，按手指数计共接手指 251 个，其中成活者 126 个，占 50.2%。但这是他们在不用手术显微镜、少用手术放大镜情况下获得的）

27m. 中山医学院附属第一医院外科. 断指再植实践中的一些体会（结合使用本院设计制造的小仪器操作）[M]. // 断肢再植经验交流会资料汇编. 北京：人民卫生出版社，1973：149-153. {Department of Surgery,the First Affiliated Hospital of Zhongshan Medical College. Some experience in the practice of replantation of severed fingers (combined with the operation of small instruments designed and manufactured by our hospital)[M]. See:Data Collection of Experience Exchange Meeting on Limb Replantation. Beijing:People's Health Publishing House,1973:149-153.}[中山大学附属第一医院从 1966 年 6 月开始接活断指到 1972 年 9 月，共施行断指再植 25 例计断指 46 个，成功 29 个，存活率为 63%。绝大多数是在手术显微镜（改造单人双目解剖显微镜为手术显微镜）或放大镜下显微血管缝合，定位和对合良好。这也是国内第 1 次显微外科技术应用于断指再植的大宗病例报道］

27n. Buncke HJ Jr,Castleton KB,Daniel RK,et al. Replantation surgery in China. Report of the American Replantation Mission to China[J]. Plast Reconstr Surg,1973,52(5):476-489.［注：1964 年 7 月，手指离断再植在北京首次取得部分成功。随后进行了广泛动物实验，包括兔耳再植。最终尽管经历了连续 19 次临床失败，但在 1966 年 1 月，坚持和奉献得到回报，一名示指完全离断患者（上海）最终成功再植保指并全部成活。在接下来的 7 年里，上海再植了 100 个完全断指和 100 个接近完全离断手指，总存活率为 56.3%；在广州（19/29，65%）和其他中心也报道了规模较小的可比结果］

27o. McDowell F. Editorial. Get in there and replant![J]. Plast Reconstr Surg,1973,52(5):562-567.（断指再植开始时非常困难。1963 年 Kleinert 报道了 4 例无血运上肢外伤患者，经吻合血管成功成活，但其他 3 例完全离断手指再植失败。他承认需要选择更好的显微外科技术。1965 年 Kleinert 和 Kasdant 报道了 1 例近乎完全离断拇指经显微吻合指动脉再植成功。同年，Buncke 和 Schulz 在 PRS 报告用显微外科技术吻合恒猴完全离断拇手指血管再植成功。第 1 例临床断拇再植成功是由 Komatsu 和 Tamai 1968 年在 PRS 报告。大约同一时间，陈中伟与其他中国同事开始断指再植。到现在为止，已完成数百例，总体成活率为 60%。一般说来，成活手指均有功能，无 1 例于术后 1 个月解脱）

27p. O'Brien BM,MacCleod AM,Miller GDH,Newing RK,Hayhurst JW,Morrison WA. Clinical replantation of digits[J]. Plast Reconstr Surg,1973,52(5):490-502.［本文整理的是 1972 年 9 月 20 日美国整形重建外科医生学会年会上 O'Brien 的特别演讲，其报告了 24 例 31 指完全或不完全离断再植，总体存活率 74%。更难能可贵的是，受中华医学会邀请，澳大利亚 O'Brien 教授于 1972 年 10 月 24 日至 11 月 4 日访问中国广州、上海、北京，与中国同行交流断肢（指）再植。故 1973 年本文在 *Plast Reconstr Surg* 发表时，比较完整、准确的介绍了世界断指再植与显微血管吻合的发展历史，是一篇难得的权威之作］

27q. O'Brien BM. Replantation surgery in China[J]. Med J Aust,1974,2:255-259.［受中华医学会邀请，澳大利亚 O'Brien 教授于 1972 年 10 月 24 日至 11 月 4 日访问中国广州、上海、北京，与中国同行交流断肢（指）再植，研讨再植外科，推动世界显微外科的发展。上海市第六人民医院：1966 年至 1971 年 12 月，再植 81 例 200 指，包括第 1 例成功前的 20 例，实际存活率为 45%~50%；北京积水潭医院：再植 20 例完全性断指，成功 4 例；中山大学附属第一医院也有断指再植成功。在广州黄承达医生展示了 2 例 2 个月龄婴儿左环指离断再植成功，这也是世界最早、年龄最小的断指再植被成功记录］

27r. Department of Surgery,First Teaching Hospital of Chung Shan Medical College,Kwangchow. Experience in replantation of severed fingers[J]. Chin Med J,1973,(6):71. [1966 年 6 月至 1972 年 9 月，中山医学院附属第一医院外科完成断指再植 25 例 46 指，成功 29 指（完全离断 20 例，成功 11 例）]

27s. 中山医学院附属第一医院外科. 断指再植的一些体会 [J]. 中华医学杂志，1973，(6)：335-337. {Department of Surgery,the First Affiliated Hospital of Zhongshan Medical College. Some experience in replantation of severed finger[J]. Zhonghua Yi Xue Za Zhi[Natl Med J China(Article in Chinese;Abstract in English)],1973,(6):335-337.}

27t. Research Laboratory for Replantation of Severed Limbs,Shanghai Sixth People's Hospital:Replantation of severed fingers:clinical experiences in 217 cases involving 373 severed fingers[J]. Chin Med J(Engl),1975,(3):184.

27u. 陈中伟，杨东岳，张涤生. 显微外科 [M]. 上海：上海科学技术出版社，1978. {Chen Zhongwei,Yang Dongyue,Zhang Disheng. Microsurgery. Shanghai:Shanghai Science and Technology Press,1978.}［注：“各种平面的断指 248 例计 416 个断指，存活率为 63.7%。按断指数计算：416 个断指的存活率为 57.5%，其中 1973 年以来，有 65 个断指应用显微外科技术缝合血管，存活率达 93.2%，这说明显微外科技术在断指再植中起了很大的作用”］

28a. Smith JW. Microsurgery of peripheral nerves[J]. Plast Reconstr Surg,1964,33:317-329. [1964 年美国纽约 Smith 医生首次报道周围神经显微外科：从 1962 年 4 月 1 日以来，应用显微外科技术修复周围神经损伤并进行了动物实验研究。他修复了 17 例患者 28 条神经（正中神经、尺神经），其中一期修复 9 条，二期修复 19 条，因随访复查时间尚短，无法比较其效果，仅摘要介绍了 3 个病例］

28b. Kurtze T. Microtechnique in neural surgery[J]. Clin Neurosurg,1964,11:128-137.（1964年Smith、Kurtze、Michon和Masse分别报道周围神经显微外科技术）

28c. Michon J,Masse P. Le moment optimum de la suture nerveuse dans les plaies du membre superior[J]. Revue de Chirurgie orthopedique et reparatrice de l'Appareil Moteur,1964,50:205-212.

28d. Bora FW. Peripheral nerve repair in cats:the fascicular stitch[J]. J Bone Joint Surg,1967,49A:659-666.（Bora致力于周围神经束定位和修复工作）

28e. Hakstian RW. Funicular orientation by direct stimulation:an aid to peripheral nerve repair[J]. J Bone Joint Surg,1968,50A:1178-1186.（Hakstian致力于周围神经神经束定位和修复工作）

28f. Ito J,Hirotani H,Yamamoto K. Peripheral nerve repairs by the funicular suture technique[J]. Actu Orthop Scondinuv,1976,47:283-289.（在周围神经手术方面，日本Ito曾于1964年以日文报道了基于神经内部形态结构的外周神经束缝合）

29a. Krizek TJ,Tani T,Desperez QQ,Kiohn CL. Experimental transplantation of composite grafts by microvascular anastomosis[J]. Plast Reconstr Surg,1965,36:538-546.（1965年Krizek等首次报道了以腹壁浅血管为蒂的腹部皮肤游离皮瓣移植实验。在重建外科游离组织移植领域使用轴型皮瓣是一个里程碑式的贡献）

29b. 张涤生，王德昭，杨增年，王寿禄，林熙，黄文义，卫莲郡. 大块皮肤组织瓣游离再植的实验研究[J]. 中华外科杂志，1965，13（3）：264-267. {ZHANG Disheng,WANG Dezhao,YANG Zengnian,WANG Shoulu,LIN Xi,HUANG Wenyi,WEI Lianjun. Experimental study on free replantation of large skin tissue flap[J]. Zhonghua Wai Ke Za Zhi[Chin J Surg(Article in Chinese;No abstract available)],1965,13(3):264-267.} [1964年，张涤生、王炜等进行吻合血管游离皮瓣原位再植与移植的实验研究，以家犬为实验动物，研究以腹壁后浅血管为蒂的皮瓣（即腹股沟皮瓣）游离后的原位再植。实验分为3组，手术对照组：皮瓣游离，但不切断血管蒂；缺血对照组：皮瓣游离，剥除一段血管外膜后阻断血流15分钟；实验组：皮瓣游离，动静脉切断后血管吻合，皮瓣原位缝合。实验组的血管吻合采用了缝合法和套管法两种方式，吻合的动脉直径为0.6~1.5 mm，静脉直径为1.4~2.5 mm，最终15块皮瓣成功进行了再植，成活5块。此项研究结果于1965年发表在《中华外科杂志》上（与国际上学者Krizek同一年发表），明确了皮瓣游离移植成功的关键在于：①游离皮瓣的主要血管与接受皮瓣区域的血管进行直接吻合；②根据不同管径提出了套管法（是目前血管吻合器Couple的原创发明）及缝合法两种血管吻合方法；③设计了体外循环装置，作为皮瓣移植暂时的寄养，等待血运建立以后再去除该装置]

29c. Strauch B,Murray DE. Transfer of composite graft with immediate suture anastomosis of its vascular pedicle measuring less than 1 mm. in external diameter using microsurgical techniques[J]. Plast Reconstr Surg,1967,40:325-329.

29d. Chase RA. Expanded clinical and research uses of composite tissue transfers on isolated vascular pedicles[J]. Am J Surg,1967,114:222-224.

30. 杨东岳，李鸿儒. 神经血管蒂皮瓣移植在手外伤中的应用[J]. 中华外科杂志，1965，13（3）：272-274. {YANG Dongyue,LI Hongru. Neurovascular pedicle flap transplantation in hand trauma injury[J]. Zhonghua Wai Ke Za Zhi[Chin J Surg(Article in Chinese;No abstract available)],1965,13(3):272-274.}[非显微外科技术（Non-microsurgical technique）。利用中指尺侧、环指尺侧、小指桡侧神经血管蒂皮瓣移植重建拇指、示指、中指桡侧、小指尺侧皮肤感觉19例20侧]

31a. Pool JL. New dimension in aneurysm surgery[J]. PA Quart (Columbia),18-20,Sept 1965.（1965年Pool报道了显微外科技术在颅内动脉瘤手术治疗中的应用）

31b. Lougheed WM,Gunton RW,Barnett HJM. Embolectomy of internal carotic,middle and anterior cerebral arteries[J]. J Neurosurg,1965,22:607-609.（1965年Lougheed完成颈动脉内膜血栓摘除术）

31c. Rand RW，Jannetta PJ. Microneurosurgery for aneurysms[J]. J Neurosurg,1967,27:330-335.（1967年Rand和Jannetta报道了显微外科技术在颅内动脉瘤手术治疗中的应用）

31d. Donaghy RMP,Yasargil MG. Microvascular Surgery[M]. Stuttgart. Georg Thiem Verlag,St Louis:CM Mosby Co. 1967:87-125. [1967年Donaghy和Yasargil成功为一位大脑中动脉栓塞患者实施旁路手术，将其颞浅动脉和大脑中动脉吻合起来（即STA-MC吻合术）]

31e. Swolin K. Fertilitatsoperationen. 1. Literatur und Methodik[J]. Acra Obstet Gynerol Scandinav,1967,46:234-250.（1967年妇科医生Swolin行输卵管积水显微切开术）

31f. David A,Brackett RD,Garcia CR. Effects of microsurgical removal of the rabbit uterotubal junction[J]. Fertil Steril,1969,20:250-257.（1967年David、Brackett和Garcia研究了兔子的子宫-输卵管连接处显微切除术的效果）

32a. Buncke HJ,Buncke CM,Schultz WP. Immediate Nicoladoni procedure in the Rhesus monkey,or hallux-to-hand transplantation,utilizing microminiature vascular anastomoses[J]. Br J Plast Surg,1966,19:332-337. [1966年美国Harry Buncke首次报道运用显微血管吻合法行猴第1足趾移植即刻再造拇指（即刻Nicoladoni术式）]

32b. Cobbett JR. Free digital transfer[J]. J Bone Joint Surg,1969,51B:677-679. [1968年4月17日英国Cobbett JR等成功完成西方首例趾移植、拇指再造手术，于1969年报道。事实上，该手术在6个月前美国Buncke曾尝试进行趾移植，但在手术室进行12个小时艰苦卓绝的手术后，他最终放弃了]

32c. Buncke HJ Jr,McLean DH,George PT,Greench BJ,Chater NL,Commons GW. Thumb replacement:great toe transplantation by microvascular anastomosis[J]. Br J Plast Surg 1973,26(3):194–201.

32d. Yao YT. In Daniel RK. Microvascular surgery:The Chinese connection. P & S Quarterly,1973,18:11-15. [1966年中国上海杨东岳（Yang dongyue）及其同事首次完成了足趾移植再造手指手术]

32e. 上海第一医学院附属华山医院，中山医院. 游离足趾移植再造拇指[M]. // 断肢再植经验交流会资料汇编. 北京：人民卫生出版社，1973：164-16. {Huashan Hospital and Zhongshan Hospital Affiliated to Shanghai First Medical College. Free toe transplantation for thumb reconstruction[M]. See:Data collection of experience exchange meeting on limb replantation. Beijing:People's Health Publishing House,1973:164-165.}[1966年2月13日中国上海第一医学院附属华山医院（杨东岳）、中山医院协作设计“吻合足背动静脉的第2足趾移植再造拇指”术式，这属世界首创。1966年共再造拇指5例，均成活，随访7年功能良好。作者指出再造的拇指要满足下述3个条件：①能屈、能伸，有力并能与其他手指对合；②要有一般感觉和实物感觉；③要有足够的血供。游离足趾移植再造拇指时，一期缝接血管和神经，只要经过一次手术，十几小时即能完成。再造的拇指血供佳，感觉好，能屈伸，是当前再造拇指的许多方法中比较良好的方法。1972年中国广州断肢再植经验交流会上报告5例]

32f. Buncke HJ Jr,Castleton KB,Daniel RK,et al. Replantation surgery in China. Report of the American Replantation Mission to China[J]. Plast Reconstr Surg,1973,52(5):476-489. [注第486页：“……他们（上海华山医院杨东岳团队）设计了吻合血管的足趾移植至拇指位置，利用第二足趾作为拇指再造的一种方法。自1965年以来，共完成了7例此类手术，5例存活，其中4例疗效优良……”]

32g. O'Brien BM,MacLeod AM,et al. Hallux-to-hand transfer[J]. Hand,1975,7(2):128-133.

32h. Yang dongyue,Gu Yudong. Dongyue Y,Yudong G. Thumb reconstruction utilizing second toe transplantation by microvascular anastomosis:report of 78 cases[J]. Chin Med J(Engl),1979,92(5):295–309.

33a. Smith JW. Microsurgery:review of the literature and discussion of microtechniques. Plast Reconstr Surg,1966,37:227.（应用显微外科技术可使输卵管再吻合更为准确。Smith为一个已作输卵管结扎的患者行再吻合术）

33b. Chrysospathis P. The contribution of micro-vascular surgery to esophageal replacement[J]. Bull Soc Int Chir,1966,25:157.

33c. Green GE,Som ML. Free grafting and revascularization of intestine.Ⅰ.replacement of the cervical esophagus[J]. Surgery,1966,60:1012.

34a. Cobbett JR. Microvascular surgery[J]. Surg Clin North Am,1967,47:521-542.（1967年英国Cobbett在*Surg Clin Nor Am*杂志上发表了一篇关于显微血管外科基础手术技术的文章。他特别强调了“针间距120°偏心缝合”和“两角不对称”的重要性。与传统的180°针间距缝合法相比，偏心缝合时针尖穿进血管前壁的时候不会勾住血管后壁，因为通过牵引缝合线血管腔一直保持张开状态）

34b. Cabbtt JR. Small vessel anastomosis[J]. Br J Plast Surg,1967,20:16.

34c. Goldwyn RM. Cited by Buncke HJ Jr,Cobbett JR,Smith JW,Tamai S. Techniques of Microsurgery[M]. Ethicon Inc:Somervile,NJ,USA,1967:2.

34d. Colderon G,et al. Experimental approach to the surgical creation of lymphatic venous communication[J]. Surgery,1967,61:122.

34e. Yamada Y. Studies on lymphatic venous anastomosis in lymphedema. Nagoya J Med Sci,1969,32:1.

34f. O'Brien BM,et al. Microvascular surgical technique[J]. Med J Aust,1970,1:722.

34g. Clodius L. Symposium on Microsurgery[M]. New York,1974.

35a. Buncke HJ,Daniller AI,Schultz WP,Chase RA. The fate of autogenous whole joints transplanted by microvascular anastomoses[J]. Plast Reconstr Surg,1967,39:333.

35b. Entin MA,Alger JR,Baird RM. Experimental and clinical transplantation of autogenous whole joints[J]. J Bone Joint Surg,1962,44A:1518-1536,1652.

36a. Osterholm JL,Pynesen J. Televsion magnification in surgery[J]. J Neurosurg,1967,26:442.

36b. Green GE,et al. Coronary arterial bypass grafts. Ann Thor Surg,1968,5:443.

36c. Jacobson JH. The mico-mike:a device for measurement of small structures. Surgery,1968,63:917.

37. Owen ER. Preventing the rejection of transplanted organs[J]. Ann Roy Coll Surg Engl,1969,45:63-79.（1964年澳大利亚Owen开始显微外科研究，涉及兔和大鼠肾脏移植的免疫抑制反应。此后，他将这些技术应用于新生儿外科、创伤外科、泌尿外科和妇科等专科）

38a. Yochem DE,Roach DE. Aspirin:effect on thrombus formation time and prothrombin time of human subjects[J]. Angiology,1970,22:70-76.

38b. Edwards WS,et al. Direct surgery for coronary artery disease-technique for left anterior descending coronary artery bypass[J]. JAMA,1970,211:1182.

38c. Yasargil MG,et al. Microneurosurgical arterial reconstruction[J]. Surgery,1970,67:221.

38d. Acland RD. Prevention of thrombosis in microvascular surgery by the use of magnesium sulphate[J]. Br J Plast Surg,1972,25:292-299.

38e. Acland RD. Signs of patency in small vessel anastomosis[J]. Surgery,1972,72:744-748.

38f. Creech BJ,Thorne FL. The pocket photoplethysmography[J]. Plast Reconstr Surg,1972,49:380-384.

39a. Tamai S,Komatsu S,Sakamoto H,Sano S,Sasauchi N,Hori Y,Tatsumi Y,Okuda H. Free muscle transplants in dogs,with microsurgical neurovascular anastomoses[J]. Plast Reconstr Surg,1970,46:219-225.（1968年Tamai等首次完成吻合血管神经的犬骨骼肌移植试验：将犬一侧股直肌移植到对侧大腿上并随访了1年，肌电图、光学显微镜和电子显微镜检查均证实移植成功）

39b. 上海市第六人民医院断指再植研究室. 游离肌肉移位再植一例报告[J]. 中华医学杂志，1975，（8）：562-563. {Research Laboratory for Replantation of Severed Limbs,Shanghai Sixth People's Hospital,Shanghai. Replantation of free muscle:report of a case[J]. Zhonghua Yi Xue Za Zhi[Natl Med J China(Article in Chinese;Abstract in English)],1975,(8):562-563.（1973年7月中国陈中伟开展国际首例吻合血管神经的功能性肌肉移植）

39c. Research Laboratory for Replantation of Severed Limb,Shanghai Sixth People's Hospital:Free muscle transplantation by microsurgical neurovascular anastomoses. Report of a case[J]. Chin Med J(Engl),1976,(2):47-50.

39d. Harii K,Ohmori K,Torii S. Free gracilis muscle transplantation,with microneurovascular anastomoses for the treatment of facial paralysis[J]. Plast Reconstr Surg,1976,57:133-143.（日本Harii和Ohmori于1973年完成股薄肌移植重建面瘫）

39e. Ikuta Y,Kubo T,Tsuge K. Free muscle transplantation by microsurgical technique to treat severe Volkmann's contracture[J]. Plast Reconstr Surg,1976,58:407-411.（日本Ikuta于1975年实施胸大肌移植治疗前臂Volkmann缺血性肌挛缩）

39f. Leading articles. New muscle for old[J]. Br Med J,1976,1:976.（上海市第六人民医院团队运用吻合血管神经的肌肉移植治疗前臂Volkmann缺血性肌挛缩，术后6个月肌肉获神经再支配。术后1年重建手指可屈曲，指尖至手掌距离由10 cm至2~5 cm，患者重返电焊工作）

40a. Antia NH,Buch VI. Transfer of an abdominal dermofat graft by direct anastomosis of blood vessels[J]. Br J Reconstr Surg,1971,24:15-19.（介绍了1例应用下腹壁的腹壁浅血管与颈外动脉和颈内静脉吻合，作为游离皮瓣移植，修复面颈部的皮肤缺损）

40b. Harii K,Ohmori K,Ohmori S. Hair transplantation with free scalp flap[J]. Plast Reconstr Surg,1974,53:259-270.（1972年9月20日在东京大都会医院Harri和Ohmori在已故Ohmori博士鼓励下开展了显微血管外科手术，并成功进行颞部游离皮瓣移植，日本学者认为这是世界上第一例游离皮瓣移植，但该英文文献中，未标明手术具体时间，随访为术后3个月。“手术时间1972年9月20日，出自Kiyonori Harii,Japan. In:Terzis JK. History of Microsurgery. 2009:190-197.”）

41a. Strauch B,Bloomberg AE,Lewin MC. An experimental approach to mandibular replacement:Island vascular composite rib grafts[J]. Br J Plast Surg,1971,24:334-341.

41b. Tamai S,Sasauchi N,Hori Y,Tatsumi Y,Okuda H. Microvascular surgery in orthopedics and traumatology[J]. J Bone Joint Surg,1972,54B:637-647.

42a. McGregor IA,Jackson IT. The groin flap[J]. Br J Plast Surg,1972,25(1):3-16.（1972年McGregor和Jackson首次描述了以旋髂浅动脉供血的腹股沟皮瓣，并通过对该皮瓣及胸三角皮瓣、颞部皮瓣等皮瓣的深入研究，根据皮肤直接供血血管和肌皮血管的皮肤分支血管直径、血管走行及供血范围的不同，首次提出轴型皮瓣的概念，打破了随意皮瓣的长宽比例限制）

42b. McGregor IA,Morgan G. Axial and random pattern flaps[J]. Br J Plast Surg,1973,26:202-213.（轴型皮瓣促进了利用显微血管技术进行游离组织移植的发展）

42c. Daniel RA,Willams HB. The free transfer of skin flaps by microvascular anastomoses:an experimental study and a reappraisal[J]. Plast Reconstr Surg,1973,52(1):16-31.

43a. Millesi H,Meissl G,Bergcr A:The interfascicular nerve-grafting of the median and ulnar nerves[J]. J Bone Joint Surg,1972,54A:727-750.[1972年奥地利Millesi等报道了正中、尺神经的束间神经移植，指出：①周围神经修复成功，缝合处完全无张力为最重要的因素；②手术显微镜下作神经内解剖，分离单个“大束”“小束组”；③切除瘢痕组织（至正常神经组织）；④束间神经移植（腓肠神经，一针缝合固定）；⑤束间神经移植202例，随访正中神经33例、尺神经32例，功能恢复好]

43b. Buncke HJ Jr. Digital nerve repairs[J]. Surg Clin Nor Am,1972,52:1267.

43c. Samii H,Wallenberg R. Tierexperimentelle Untersuchungen iiber den Einfluss der Spannung auf den Regenerationserfolg nach Nervennaht[J]. Acta Neuruchirurg,1972,27:87-110.

43d. Millesi H. Microsurgery of peripheral nerves[J]. Hand,1973,5(2):157-160.[在周围神经显微外科领域，Millesi（1973）、Samii（1972）等对神经束或束组吻合修复、神经移植的临床或试验工作做出了巨大贡献。显微外科有助于改善结局：①神经内松解安全；②易区分正常与病理组织；③微创技术。放大并不能解决所有问题，只有避免绝对张力才能得到益处，准确神经束对合同时最小操作、最少外用材料，必须改变理念——除了或多或少机械要素外，更要考虑生物学途径]

43e. Millesi H,et al. The interfascicular nerve-grafting of the median and ulnar nerves[J]. J Bone Joint Surg,1972,54A:727.

43f. Khodadad G. Microsurgical technique in reconstruction of peripheral nerves[J]. Surg Clin Nor Am,1972,52:1157.

44a. Fujino T,Harashina T,Mikato A. Autogenous en bloc transplantation of the mammary gland in dogs,using microsurgical technique[J]. Plast Reconstr Surg,1972,50:376-381.（1972年日本Fujino团队报道了犬功能性乳腺移植，Fujino首次利用Inokuchi的血管吻合器完成犬乳腺复合皮瓣移植手术，并观察到其成功分泌乳汁）

44b. Garcia CR. Oviductal anastomosis procedures[M]. In Richard & Prager (Eds). Springfield,Illinois:Human Sterilization,1972:1-16.（1972年Garcia首次介绍了输卵管结扎后显微吻合再通手术）

44c. McLean DH,Buncke HJ. Autotransplant of omentum to large scalp defect with microsurgical revascularization[J]. Plast Reconstr Surg,1972,49:268-273.（1972年Mclean和Buncke首次报道了应用吻合血管的游离大网膜修复头部皮肤缺损的病例，病例中大网膜血管与受区颞浅动静脉吻合，同时在游离移植的大网膜上进行薄层皮片移植。作者认为此术式可一期覆盖裸露的颅骨，同时为一期植皮提供了软组织支撑）

44d. McCullough DW,Fredrickson JM. Neurovascularized rib grafts to reconstruct mandibular defects[J]. Can J Orolaryngol,1973,2:96-100.

44e. Schulman ML. Reanastomosis of the amputated penis[J]. J Urol,1973,109:432.［涉及阴茎（血管类器官）部分离断治疗，未采用阴茎背动脉的显微吻合与阴茎主体粗略对合］

45a. Research Laboratory for Replantation of Severed Limbs,Sixth Peoples Hospital,Shanghai. Replantation of severed limbs and severed fingers[J]. Chin Med J(Engl),1973,(1):1-2.

45b. 上海市第六人民医院断肢再植研究室．断肢及断手指再植的认识和发展［J］．中华医学杂志，1973，53（1）：3-10，插页 1-4．{Research Laboratory for Replantation of Severed Limbs,Sixth Peoples Hospital,Shanghai. Replantation of severed limbs and severed fingers:cognition and evolution[J]. Zhonghua Yi Xue Za Zhi[Natl Med J China(Article in Chinese;Abstract in English)],1973,(1):3-10,insert 1-4.}

45c. 陈中伟．断肢（指）再植的进展和存在的一些问题．中华医学杂志，1973，(6)：322．{CHEN Zhongwei. Progress and problems of replantation of amputated limb(finger). Zhonghua Yi Xue Za Zhi[Natl Med J China(Article in Chinese;No abstract available)],1973,(6):322.}

45d. Department of Traumatology & Orthopaedics,Peking Chishuit'an Hospital,Peking. Replantation of severed limbs:analysis of 40 cases[J]. Chin J Med,1973,(6):67-69.

45e. 北京积水潭医院创伤骨科．断肢再植 40 例分析．中华医学杂志，1973，(6)：323-330，插页 39-40．{Department of Orthopaedic Trauma,Beijing Jishuitan Hospital. Replantation of amputated limb:an analysis of 40 cases[J]. Zhonghua Yi Xue Za Zhi [Natl Med J China(Article in Chinese;Abstract in English)],1973,(6):323-330,insert 39-40.}

45f. Department of Surgery,First Teaching Hospital of Chung Shan Medical College,Kwangchow. Replantation of severed limbs:some knowledge gained from practice. Chin Med J(Engl),1973,(6):70.

45g. 中山医学院附属第一医院外科．断肢再植的实践与认识．中华医学杂志，1973，(6)：331-334．{Department of Surgery,the First Affiliated Hospital of Zhongshan Medical College. Practice and understanding of replantation of amputated limb[J]. Zhonghua Yi Xue Za Zhi[Natl Med J China (Article in Chinese;Abstract in English)],1973,(6):331-334.}

45h. Department of Surgery,First Teaching Hospital of Chung Shan Medical College,Kwangchow. Experience in replantation of severed fingers[J]. Chin Med J(Engl),1973,(6):71.

45i. 中山医学院附属第一医院外科．断指再植的一些体会．中华医学杂志，1973，(6)：335-337．{Department of Surgery,the First Affiliated Hospital of Zhongshan Medical College. Some experience in replantation of severed finger[J]. Zhonghua Yi Xue Za Zhi[Natl Med J China(Article in Chinese;Abstract in English)],1973,(6):335-337.}

45j. Research Laboratory for Replantation of Severed Limbs,Shanghai Sixth People's Hospital. Replantation of limbs after resection of neoplasmatic segment:report of 8 cases[J]. Chin Med J(Engl),1973,(6):72.

45k. 上海市第六人民医院断肢再植研究室．肿瘤段切除远端肢体再植术（附八例报告）[J]．中华医学杂志，1973，(6)：338-340，插图 41-42．{Laboratory of amputated limb replantation,Shanghai Sixth People's hospital. Tumor segment resection and distal limb replantation(report of 8 cases)[J]. Zhonghua Yi Xue Za Zhi[Natl Med J China (Article in Chinese;Abstract in English)],1973,(6):338-340,insert figure 41-42. }

45l. Research Laboratory for Replantation of Severed Limbs,Shanghai Sixth People's Hospital:Some comments on functional recovery of limb(finger) replantation[J]. Chin Med J(Engl),1973,(6):73.

45m. 上海市第六人民医院断肢再植研究室．断肢（指）再植的功能恢复问题［J］．中华医学杂志，1973，(6)：341-343，插页 43．{Laboratory of Amputated Limb Replantation,Affiliated Shanghai Sixth People's Hospital. Functional recovery of replantation of amputated limb(finger)[J]. Zhonghua Yi Xue Za Zhi[Natl Med J China (Article in Chinese;Abstract in English)],1973,(6):341-343,insert 43.}

45n. Department of Orthopedics,Second Teaching Hospital of Chekiang Medical College,Hangchow. Replantation of severed left foot on right leg:report of a case[J]. Chin Med J(Engl),1973,(6):74.

45o. 浙江医科大学附属第二医院骨科．断足移位再植一例报告［J］．中华医学杂志，1973，53（6）：344-345．{Department of Orthopedics,the Second Affiliated Hospital of Zhejiang Medical University. A case report of severed foot shifting replantation[J]. Zhonghua Yi Xue Za Zhi[Natl Med J China (Article in Chinese;Abstract in English)],1973,53(6):344-345.}

45p. Department of Surgery,Peking Hospital of Workers,Peasants and Soldiers,and Traumatic Section of the Department of Traumatology and Orthopedics,Peking Chishueit'an Hospital,Peking. Autotransplantation of severed foot:report of a case[J]. Chin Med J(Engl),1973,(6):75.

45q. 北京工农兵医院外科，北京积水潭医院创伤骨科．断足移位再植一例报告［J］．中华医学杂志，1973，53（6）：346-347．{Department of Surgery,Beijing Gongnongbing Hospital;Department of orthopedics and traumatology,Beijing Jishuitan Hospital. Replantation of severed foot:a case report[J]. Zhonghua Yi Xue Za Zhi[Natl Med J China (Article in Chinese;Abstract in English)],1973,53(6):346-347.}

45r. Research Laboratory for Replantation of Severed Limbs,Shanghai Sixth People's Hospital:Experiments in transplantation of severed limbs[J]. Chin Med J(Engl),1973,(6):76.

45s. 上海市第六人民医院断肢再植研究室．肢体移植的实验研究［J］．中华医学杂志，1973，(6)：348-352，插页 44．{Limb Replantation Laboratory,Shanghai Sixth People's Hospital. Experimental study on of replantation limb[J]. Zhonghua Yi Xue Za Zhi[Natl Med J China (Article in Chinese;Abstract in English)],1973,(6):348-352,insert 44.}

45t. Department of Orthopedics,Lanchow General Hospital of the Chinese People's Liberation Army,Lanchow. Regeneration of veins and lymphatics after limb replantation in dogs[J]. Chin Med J(Engl),1973,(6):77-78.

45u. 兰州部队总医院．断肢再植后静脉和淋巴管再生的实验研究［J］．中华医学杂志，1973，(6)：353-354，插页 45-46．{Lanzhou Army General Hospital. Experimental study on venous and lymphatic regeneration after replantation of amputated limb[J]. Zhonghua Yi Xue Za Zhi[Natl Med J China (Article in Chinese;Abstract in English)],1973,(6):353-354,insert 45-46.}

45v. 中国医学科学院首都医院骨科．显微外科的进展［J］．中华医学杂志，1973，(6)：375-380．{Department of Orthopedics,Capital Hospital,Chinese Academy of Medical Sciences. Advances in microsurgery[J]. Zhonghua Yi Xue Za Zhi[Natl Med J China (Article in Chinese;No abstract available)],1973,(6):375-380.}

46a. Limb Replantation Research Group,Department of Surgery,First Teaching Hospital of Hunan Medical College,Changsha. Autotransplantation of an amputated finger. Chin Med J(Engl),1973,(8):110.

46b. 湖南医学院附属第一医院断肢再植研究组．断指移位再植一例报告［J］．中华医学杂志，1973，53（8）：496，插图 54．{Hunan Medicine School. Displaced replantation of severed finger:a case report[J]. Zhonghua Yi Xue Za Zhi [Natl Med J China(Article in Chinese;Abstract in English)],1973,53(8):496,insert figure 54.}

46c. Shanghai First People's Hospital,Shanghai. Complications in replantation of severed limbs and their management[J]. Chin Med J(Engl),1973,(9):122-123.

46d. 上海市第一人民医院．断肢再植的并发症及其处理［J］．中华医学杂志，1973，53（9）：547-550．{Shanghai General Hospital. Complications and management of replantation of amputated limb[J]. Zhonghua Yi Xue Za Zhi[Natl Med J China (Article in Chinese;Abstract in English)],1973,53(9):547-550.}

46e. 陕西省靖边县医院．断肢再植一例成功报告［J］．中华医学杂志，1973，53（9）：569．{Jingbian County Hospital,Shaanxi Province. Replantation of amputated limb:a successful case report[J]. Zhonghua Yi Xue Za Zhi[Natl Med J China(Article in Chinese;No abstract available)],1973,53(9):569.}

46f. 上海第一医学院中山医院外科．小血管吻合的研究：V．全身应用抗凝剂对通畅率的影响［J］．中华医学杂志，1974，54（1）：29-30．{Department of surgery,Zhongshan Hospital,Shanghai first Medical College. Study on small vascular anastomosis: V. Effect of systemic application of anticoagulant on patency[J]. Zhonghua Yi Xue Za Zhi [Natl Med J China (Article in Chinese;No abstract available)],1974,54(1):29-30.}

46g. 中山医学院附属第一医院外科．毛冬青对兔离体器官血管作用的实验及其在断肢再植中的临床应用［J］．中华医学杂志，1974，54（2）：97-100．{Department of Microsurgery,the first affiliated Hospital of Zhongshan Medical College. Experimental study on the effect of Ilex Pubescens on blood vessels of isolated rabbit organs and its clinical application in replantation of amputated limb[J]. Zhonghua Yi Xue Za Zhi[Natl Med J China (Article in Chinese;No abstract available)],1974,54(2):97-100.}

47a. 中山医学院第一附属医院外科．断指再植实践中的几点体会（结合使用本院设计制造的小仪器操作）[J]．新医学，1973，4（2）：74-76．{Department of Surgery,the First Affiliated Hospital of Zhongshan Medical College. Some experience in replantation of severed finger[J]. Xin Yi Xue[Journal of New Medicine (Article in Chinese;No abstract available)],1973,4(2):74-76.}

47b. 人民解放军第 230 医院．31 例断肢再植的初步体会［J］．新医学，1973，4（2）：84-86．{The 230th Hospital of the People's Liberation Army. Preliminary experience of replantation of severed limb:thirty-one case reports[J]. Xin Yi Xue[New Medical Journal (Article in Chinese;No abstract available)],1973,4(2):84-86.}

47c. 陈剑经．断肢再植的时限与超微结构和组织化学的改变［J］．新医学，1973，4（2）：100-103．{CHEN Jianjing. Duration and ultrastructural and histochemical changes of replantation of severed limbs[J]. Xin Yi Xue[New Medical Journal (Article in Chinese;No abstract available)],1973,4(2):100-103.}

47d. 天津市天津医院骨科．创伤性断肢再植［J］．天津医药，1973，(3)：6-13．{Tianjin Hospital. Replantation of traumatic severed limbs[J]. Tian Jin Yi Yao[Tianjin Medical Journal(Article in Chinese;No abstract available)],1973,(3):6-13.}

47e. 哈尔滨医科大学附属第二医院骨科．创伤性断肢（指）再植术（附 13 例病例分析）[J]．黑龙江医药，1973，(2)：17-20．{The Second Affiliated Hospital of Ha'erbin Medical University. Replantation of traumatic severed limb and digitals:thirteen case reports[J]. Hei Long Jiang Yi Yao[Heilongjiang Medicine Journal(Article in Chinese;No abstract available],1973,(2):17-20.}

47f. 黑龙江省人民医院骨科．断手指再植的几点初步体会［J］．黑龙江医药，1973，(2)：24-25．{Heilongjiang Provincial Hospital. Some preliminary experience in replantation of severed finger[J]. Heilongjiang Yi Yao[Heilongjiang Medicine Journal(Article in Chinese;No abstract available)],1973,(2):24-25.}

47g. 八十九医院．小儿双断臂再植成功的报告［J］．人民军医，1974，(6)：5-9．{The 89th hospital. Report on successful replantation of double severed arms in children[J]. Ren Min Jun Yi[People's Military Surgeon (Article in Chinese;No abstract available)],1974,(6):5-9.}

48a. Research Laboratory for Replantation of Severed Limbs,Shanghai Sixth People's Hospital:Replantation of limbs after resection of neoplasmatic segment:report of 8 cases[J]. Chin Med J(Engl),1973,(6):72.

48b. 上海市第六人民医院断肢再植研究室．肿瘤段切除远端肢体再植术（附八例报告）[J]．中华医学杂志，1973，(6)：338-340，插页 41-42．{Laboratory of amputated limb replantation,Shanghai Sixth People's hospital. Tumor segment resection and distal limb replantation (report of 8 cases)[J]. Zhonghua Yi Xue Za Zhi[Natl Med J China (Article in Chinese;No abstract available)],1973,(6):338-340,insert figure 41-42.}［随着显微外科技术的普及和提高，断肢（指）再植领域不断取得新的成就，1973 年上海市第六人民医院报道采用肿瘤段切除远端肢体再植术，治疗肢体恶性肿瘤患者］

48c. 上海市第六人民医院断肢再植研究室．肿瘤段切除肢体再植附 8 例报告［M］．// 断肢再植经验交流会资料汇编．北京：人民卫生出版社，1973：203-205．{Laboratory of Limb Replantation,Shanghai Sixth People's hospital. Tumor segment resection and limb replantation (report of 8 cases)[M]. See:Data Collection of Experience Exchange Meeting on Limb Replantation. Beijing:People's Health Publishing House,1973:203-205.}［1966 年上海市第六人民医院探索："既然外伤性截肢能成功，为什么对患有肿瘤肢体不能将未受肿瘤侵犯的远侧肢体再植呢？"，曾对一例肱骨上端骨肉瘤患者，行肿瘤段切除肢体再植，但于术后第 5 天血管吻合口栓塞而失败。此后相继治疗 7 例，均获成功，其中 5 例术后功能良好，3 例随访 1~3 年肿瘤未复发、可参加劳动；1 例术后 0.5 年肺转移死亡，1 例术后 2 年肿瘤复发］

48d. 上海第一医学院附属华山医院外科．肢体瘤段截除再植治疗上肢肿瘤的一种新手术方法［M］．// 断肢再植经验交流会资料汇编．北京：人民卫生出版社，1973：200-203．{Department of Surgery,Huashan Hospital Affiliated to Shanghai First Medical College. Amputation and replantation of limb tumors-a new surgical method for the treatment of upper limb tumors. See:Data Collection of Experience Exchange Meeting on Limb Replantation[M]. Beijing:People's Health Publishing House,1973:200-203.}［1969 年中国上海华山医院针对上肢肿瘤的治疗，提出了一种新的手术治疗方法——将有瘤体的一段肢体截除，然后将瘤体远端的正常肢体再接上去，称作"肢体瘤段截除再植"。1969—1972 年完成 8 例（其中 3 例与上海肿瘤医院协作），初步疗效较满意］

49a. Taylor GI,Daniel RK. The free flap:composite tissue transfer by vascular anastomosis[J]. Aust N Z J Surg,1973,43(1):1-3.［1973 年 1 月 20 日，澳大利亚 Taylor 和 Daniel 在澳大利亚墨尔本 Preston & Northcote Community 医院合作完成世界首例游离腹股沟皮瓣（轴型皮瓣）移植，成功修复一例创伤后踝关节骨外露的大面积皮肤软组织缺损（12 cm × 7 cm）。完成此例手术时，Daniel 博士正在墨尔本 St. Vincent's 医院显微外科学习（Research Fellow），其指导老师是 O'Brien BM。随后两人相继在 *Aust NZ J Surg*（1973 年 7 月）和 *Plast Reconstr Surg*（1973 年 8 月）报道此病例。论文于 1973 年 8 月发表在 PRS 杂志时，Daniel 博士已在蒙特利尔和 Entin 医生一起工作］

49b. Daniel RK,Taylor GI. Distant transfer of an island flap by microvascular anastomoses. A clinical technique[J]. Plast Reconstr Surg,1973,52(2):111-117.［该病例与本附录文献 49a 为同一病例。多数国际医学文献中将 Daniel 和 Taylor 于 1973 年进行的腹股沟皮瓣移植作为世界首例成功的皮瓣移植病例。但日本学者认为 1972 年 9 月 20 日日本 Harii 等成功开展世界首例颞部游离皮瓣移植（见本附录文献 40b）］

49c. O'Brien BM,Macleod AM,Hayhurst JW,Morrison WA. Successful transfer of a large island flap from the groin to the foot by microvascular anastomoses[J]. Plast Reconstr Surg,1973,52(3):271-278.（1973 年 3 月 28 日，澳大利亚 O'Brien 也应用游离腹股沟皮瓣成功修复 1 例足背部大面积软组织缺损，并于 1973 年 9 月在 *Plast Reconstr Surg* 杂志报道）

49d. 上海第一医学院华山医院口腔外科，上海第一医学院华山医院手外科．带血管的游离皮瓣移植修复颊部缺损一例报告［J］．中华医学杂志，1974，54（3）：163-165．{The Department of Stomatology and Hand Surgery of Huashan Hospital,Affiliated Shanghai First Medical College. Free flap transfer with vascular anastomosis for repair of a cheek defect after cancer resection. Zhonghua Yi Xue Za Zhi[Natl Med J China(Article in Chinese;No abstract available)],1974,54(3):163-165.}［1973 年 3 月 21 日中国杨东岳等成功完成世界第 2 例腹股沟皮瓣游离移植修复一例面部乳头状癌切除术后的创面缺损。1973 年 5 月，北美再植显微外科代表团第一次访华，在中美显微外科学术交流中，Daniel（代表北美，已从澳大利亚留学回到蒙特利尔）和杨东岳（代表中国）分别报道了世界第一、二例游离腹股沟皮瓣病例。北美再植显微外科代表团团长、世界显微外科之父 Harry Buncke 给予了积极评价，高度肯定此 2 例手术成功开创了组织移植、皮瓣外科历史］

49e. Harii K,Omori K,Omori S. Successful clinical transfer of ten free flaps by microvascular anastomoses[J]. Plast Reconstr Surg,1974,53(3):259-270.（1973 年日本 Harii 等成功应用游离腹股沟皮瓣移植修复一例手部烧伤后陈旧性瘢痕挛缩，1974 年报道 10 例吻合血管的皮瓣手术）

49f. Hua Shan Hospital,Shanghai. Repair of facial defect with large island flap from the groin by microvascular anastomosis[J]. Chin Med J(Engl),1975,(1):297.

49g. Harii K,Omori K,Torii S,et al. Free groin skin flaps[J]. Br J Plast Surg,1975,28(4):225-237.（日本 Harii 等于 1975 年报道 47 例应用游离腹股沟皮瓣移植修复软组织缺损病例，成功率近 80%）

50a. Buncke HJ Jr,Castleton KB,Daniel RK,et al. Replantation surgery in China. Report of the American Replantation Mission to China[J]. Plast Reconstr Surg,1973,52(5):476-489.［1973 年 5 月 15 日—6 月 3 日，应中华医学会邀请北美断肢再植医师代表团访华（The American Replantation Mission to China），先后访问广州、杭州、上海、北京，开启中外显微外科学术交流先河。近十年的临床实践、先进的中国断肢（指）再植技术与原则被国际同行认可。这是中国显微外科发展历史上，也是世界显微外科发展历史上，具有划时代里程碑意义的历史事件。北美再植访华团主要成员包括团长 Harry Buncke 教授［世界显微外科之父、世界首例兔耳离断再植者（1962 年实验，1964 年交流，1966 年报道），世界首例猴足趾移植（1964 年实验，1966 年报道）］、副团长 Frank McDowell 教授（*Plast Reconstr Surg* 杂志主编）、Harold Kleinert 教授［世界首例不完全离断指再植成功者（1962 年 5 月 23 日手术，1965 年报道）、Ronald Malt 教授［世界首例断臂再植成功者（1962 年 5 月 23 日手术，1964 年报道）、Rollin Daniel 医生［世界首例游离腹股沟皮瓣移植者（澳大利亚，1973 年 1 月 20 日与 Taylor 合作完成手术，1973 年 5 月交流，1973 年 8 月报道）］等。北美再植代表团访华后整理成《中国再植外科》（Replantation surgery in China），并于 1973 年发表在 *Plast Reconstr Surg* 杂志上（第 52 卷第 5 期），供全世界显微外科学者分享"中国经验"。北美再植代表团访华报告——中国再植外科（摘要）："在过去的十年里，中国在再植方面的丰富经验验证了新的外科技术和原则。以下技术被认为是新颖的：①动静脉比例1:2，以减少水肿；②一期神经修复；③再植时确定性肌肉-肌腱修复；④断指再植病例术中全身肝素化；⑤手指再植至近侧指间关节水平，仅使用3倍眼镜式放大镜进行放大。以下再植手术的一般原则是根据他们的经验而形成的：①在骨足够缩短的条件下，粉碎和（或）撕脱部分的再植是可行的；②如果立即低温干燥保存，即使缺血时间延长至36小时，并不排除成功的可能；③由于一期神经修复后保护性感觉的恢复，使得有价值的下肢移植成为可能；④考虑到这些细节，再植肢体出现感觉异常的情况极为罕见；⑤无论出于什么原因，他们都没有做过任何延迟一个月后的再植。这些外科手术技术的广泛采用，加上对病例手术适应证标准掌握较为宽泛，应该会导致世界各地再植手术的大量增加。最后，我们(与中国外科医生)相信，中美两国外科医生之间更好地交流，不仅会使我们两国患者得到更好的治疗，而且会迅速促进两国人民之间的友谊并增进了彼此之间的理解。这是一个良好的开端。”}

50b. McDowell F. Editorial. Get in there and replant![J]. Plast Reconstr Surg,1973,52(5):562-567. [1973年5月15日至6月3日，应中华医学会邀请，北美断肢再植医师代表团（The American Replantation Mission to China）一行11人访华，*Plast Reconstr Surg*杂志第52卷第5期特发表长篇：“编者按——去手术室，把它接上！”，予以积极评价：“1963年上海陈中伟完成东方第一例前臂断肢再植，并很快在《中华医学杂志》(英文版）发表。此后不久，在广州、北京及其他中心也再植成功——中国外科医生积累了再植手术丰富经验，远超世界各国。在再植术中，他们建立恢复功能更好的结局方法，即一期同时修复肌肉、肌腱和神经——这样允许断腿、断足再植，值得一试。他们也证实Snyder实验（缺血时间可达25小时），显示运用适宜的血管灌洗与断肢冷藏，可使离断肢体缺血时间长达36小时。”]

50c. 北美断肢再植医师代表团应邀来访[J]. 中华医学杂志，1973，53（7）：封3. {The American Replantation Mission to China[J]. Zhonghua Yi Xue Za Zhi[Natl Med J China(Article in Chinese;No abstract available)],1973,53(7):cover 3.}

50d. O'Brien BM. Replantation surgery in China[J]. Med J Aust,1974,2:255. [应中华医学会邀请，1972年10月24日—11月4日澳大利亚O'Brien教授访问了中国广州、上海、北京，与中国医生一起讨论再植外科。本文介绍中国再植外科，尤其是上海、北京、广州的工作；概述再植指征、技术与结果，显示其成功康复的高存活率。上海市第六人民医院陈中伟团队，从1963年1月至1971年12月已完成94例大肢体离断再植，包括双上肢、双下肢离断，成功率为84%；1966年1月至1971年12月，完成离断手指再植151例（超过200指），存活率56%。北京积水潭医院程西绪团队，完成40例断肢再植，27例存活（存活率68%），其中下肢4例存活3例；完成20例断指再植，成功4例（存活率20%）。广州中山医学院附属第一医院黄承达团队，完成约20例断肢再植，部分成功；现场展示2例断指再植成功病例（其中一例为2个月龄婴儿左环指，为世界最早2个月龄断指再植成功）]

51a. Department of Orthopedics,Second Teaching Hospital of Chekiang Medical College,Hangchow. Replantation of severed left foot on right leg:report of a case[J]. Chin Med J(Engl),1973,(6):74.

51b. 浙江医科大学附属第二医院骨科. 断足移位再植一例报告[J]. 中华医学杂志,1973,53(6):344-345. {Department of Orthopedics,the Second Affiliated Hospital of Zhejiang Medical University. A case report of severed foot shifting replantation[J]. Zhonghua Yi Xue Za Zhi[Natl Med J China (Article in Chinese;Abstract in English)],1973,53(6):344-345.} [1971年3月4日浙江医科大学附属第二医院吴希圣团队，1972年1月10日北京工农兵医院（现北京同仁医院）与北京积水潭医院创伤骨科，各急诊收治一例双侧下肢离断病例。由于患者双肢同时受伤，导致在两个不同水平面的离断和缺损，而肢体某一部位缺损太多不能行断肢再植，在这样的情况下，为了尽可能保存患者一个肢体的功能，将左右相反的肢体重新组合成为一个对患者有用的肢体。根据不同的创伤情况和局部解剖的条件，对整个断肢再植术进行周密的、合理的设计，以便最大程度地保存肢体的功能。其中浙江病例术后随访一年半移位再植足神经感觉已恢复，双拐帮助可单足行走2小时以上，截肢腿装配义肢后可以自己在室内活动。《中国再植外科》(Replantation Surgery in China）一文认为：该病例是全球首例双侧下肢离断、断足移位再植成功的病例报道]

51c. 浙江医科大学附属第二医院. 断足移位再植成功[M]. 北京：人民卫生出版社，1973：22-25.（见：断肢再植经验交流会资料汇编）{The Second Affiliated Hospital of Zhejiang Medical University. Successful replantation of severed foot. See:Data Collection of Experience Exchange Meeting on Limb Replantation[M]. Beijing:People's Health Publishing House,1973:22-25.}

51d. Department of Surgery,Peking Hospital of Workers,Peasants and Soldiers,and Traumatic Section of the Department of Traumatology and Orthopedics,Peking Chishueit'an Hospital,Peking. Autotransplantation of severed foot:report of a case[J]. Chin Med J(Engl),1973,(6):75.

51e. 北京工农兵医院外科，北京积水潭医院创伤骨科. 断足移位再植一例报告[J]. 中华医学杂志，1973，53（6）：346-347. {Department of Surgery,Beijing Gongnongbing Hospital;Department of orthopedics and traumatology,Beijing Jishuitan Hospital. Replantation of severed foot:a case report[J]. Zhonghua Yi Xue Za Zhi[Natl Med J China (Article in Chinese;Abstract in English)],1973,53(6):346-347.}

51f. 北京工农兵医院，北京积水潭医院创伤骨科. 同体断足移植术[M]. 北京：人民卫生出版社，1973：3-5.（见：断肢再植经验交流会资料汇编）{Beijing Gongnongbing Hospital,Beijing Jishuitan Hospital,Department of orthopedics and traumatology. Homotopic amputated foot transplantation[M]. See:Data Collection of Experience Exchange Meeting on Limb Replantation. Beijing:People's Health Publishing House,1973:3-5. }

52a. 1972年广交会对内经验交流会断肢再植经验交流会简况. 断肢再植经验交流会资料汇编[M]. 北京：人民卫生出版社，1973：261-264. {Brief introduction of the experience exchange meeting on replantation of severed limbs at the domestic experience exchange meeting of the 1972 Canton Fair. See:Data collection of experience exchange meeting on limb replantation[M]. Beijing:People's Health Publishing House,1973:261-264.}

52b. 1972年广交会对内经验交流会断肢再植交流会情况[J]. 医学研究通讯，1973，2（2）：11-14. {Domestic experience exchange meeting and replantation exchange meeting of the Canton Fair in 1972[J]. Medical Research Newsletter,1973,2(2):11-14.}

53a. 陈中伟，钱允庆. 断肢再植[M]. 北京：人民卫生出版社,1964. {Chen Zhongwei,Qiang Yunqing. Limb Replantation. Beijing:People's Health Publishing House,1964.}

53b. 断肢再植经验交流会资料汇编[M]. 北京：人民卫生出版社,1973. { Data collection of experience exchange meeting on limb replantation[M]. Beijing:People's Health Publishing House,1973.}

53c. 陈中伟. 创伤骨科与断肢再植[M]. 上海：上海人民卫生出版社，1974. {Chen Zhongwei. Orthopaedic Trauma and Limb Replantation[M]. Shanghai:Shanghai People's Health Publishing House,1974.}

53d. 陈中伟，杨东岳，张涤生. 显微外科[M]. 上海：上海科学技术出版社，1978. {Chen Zhongwei,Yang Dongyue,Zhang Disheng. Microsurgery. Shanghai:Shanghai Science and Technology Press,1978.}

附录 2 专题性参考文献分类目录
Classification catalogue of references in different topics

本附录文献选自 J. Brian Boyd、Neil F. Jones 专著的 *Operative Microsurgery* 一书（Copyright©2015 by McGraw-Hill Education，纸质版 ISBN 978-0-07-177239-6，电子版 ISBN 978-0-07-174558-1，MHID：0-07-175171-8）。

一、皮瓣解剖、显露、评价
Flap Anatomy,Exposure and Ele-vation

1. 显微血管吻合
the microvascular anastomosis

[1] Carrel A. La technique operatoire des anastomoses vasculaires et al transplantation des visceres[J]. Lyon Med,1964,212:1561-1568.
[2] Buncke HJ,Schulz WP. Total ear reimplantation in the rabbit utilising microminiature vascular anastomoses[J]. Br J Plast Surg,1966,19(1):15-22.（美国 Bunke 和 Schulz 报道了吻合外径小于 1 mm 或 1.016 mm 的血管器械和技术。使用这些微血管内吻合技术，大部分兔外耳再植成功）
[3] Cobbett JR. Free digital transfer. Report of a case of transfer of a great toe to replace an amputated thumb[J]. J Bone Joint Surg Br,1969,51(4):677-679.（1968 年 4 月 17 日英国 Cobbett JR 等西方医生成功完成首例手术）
[4] Whitworthm IH,Pickford MA. The first toe-to-hand transfer:a thirty year follow-up[J]. J Hand Surg Br,2000,25(6):608-610.（1968 年 4 月行左足趾移植再造拇指，未修复神经、肌腱，手术 15 小时。随访 30 年，再造拇指外形良好、感觉恢复，供足行走正常）
[5] Acland RD. Modified needle holder for microsurgery[J]. Br Med J,1969,1(5644):635.（介绍了一种改良显微外科持针器设计——下颚形状，使其更适合于半圆形针头的无损伤通过组织）
[6] Taylor GI,Townsend PL,Corlett RJ. Superiority of the deep circumflex iliac vessels as the supply for free groin flap[J]. Plast Reconstr Surg,1979,54:745.（描述了 11 例旋髂深血管作游离腹股沟皮瓣的优越性）
[7] Pratt GF,Rozen WM,Chubb D,et al. Modern adjuncts and technologies in microsurgery:an historical and evidence-based review[J]. Microsurgery,2010,30(8):657-666.
[8] Cho AB,Wei TH,Torres LR,et al. Fibrin glue application in microvascular anastomosis:comparative study of two free flaps series[J]. Microsurgery,2009,29(1):24-28.
[9] Katz RD,Rosson GD,Taylor JA,Singh NK. Robotics in microsurgery:use of a surgical robot to perform a free flap in a pig[J]. Microsurgery,2005,25(7):566-569.
[10] Taleb C,Nectoux E,Liverneaux P. Limb replantation with two robots:a feasibility study in a pig model[J]. Microsurgery,2009,29(3):232-235.
[11] Ueda K,Mukai T,Ichinose S,et al. Bioabsorbable device for small-caliber vessel anastomosis[J]. Microsurgery,2010,30(6):494-501.
[12] Whitaker I,Karoo R,Oliver D,et al. Current techniques in the postoperative monitoring of microvascular free-tissue transfers[J]. Eur J Plast Surg,2005,27:315-321.
[13] Whitaker IS,Gulati V,Ross GL,et al. Variations in the postoperative management of free tissue transfers to the head and neck in the United Kingdom[J]. Br J Oral Maxillofac Surg,2007,45(1):16-18.
[14] Whitaker IS,Oliver DW,Ganchi PA. Postoperative monitoring of microvascular tissue transfers:current practice in the United kingdom and Ireland[J]. Plast Reconstr Surg,2003,111(6):2118-2119.
[15] Smit JM,Whitaker IS,Liss AG,et al. Postoperative monitoring of microvascular breast reconstructions using the implantable Cook-Swartz Doppler system:a study of 145 probes & technical discussion[J]. J Plast Reconstr Aesthet Surg,2009,62(10):1286-1292.
[16] Yuen JC,Feng Z. Monitoring free flaps using the laser Doppler flowmeter:five-year experience[J]. Plast Reconstr Surg,2000,105(1):55-61.
[17] Nielsen HT,Gutberg N,Birke-Sorensen H. Monitoring of intraoral free flaps with microdialysis[J]. Br J Oral Maxillofac Surg,2011,49(7):521-526.
[18] Thorniley MS,Sinclair JS,Barnett NJ,et al. The use of near-infrared spectroscopy for assessing flap viability during reconstructive surgery[J]. Br J Plast Surg,1998,51(3):218-226.
[19] Seres L,Makula E,Morvay Z,Borbely L. Color Doppler ultrasound for monitoring free flaps in the head and neck region[J]. J Craniofac Surg,2002,13(1):75-78.
[20] Chubb D,Rozen WM,Whitaker IS,et al. The efficacy of clinical assessment in the postoperative monitoring of free flaps:a review of 1140 consecutive cases[J]. Plast Reconstr Surg,2010,125(4):1157-1166.

2. 血管体区概念
the angiosome concept

[1] Manchot C. Die Hautarterien des Menschlichen Korpers. Leipzig:F.C.W. Vogel,1889.
[2] Manchot C. The Cutaneous Arteries of the Human Body. New York:Springer-Verlag,1983.
[3] Spalteholz W. Die Vertheilung der Blutgefasse in der Haut. Arch Anat,1893.
[4] Pieri G. La Circolazione Cutanea Degli Arti e del Tronco in Rapporto alla Tecnica della Chirurgia e Plastica Cinemati-ca. Chir Organi Mov,1918,2:37.
[5] Esser JFS. Artery Flaps. Antwerp:De Vos-van Kleef,1929.
[6] Salmon M. Arteres de la Peau. Paris:Masson,1936.
[7] Salmon M,Taylor GI,Tempest M(eds). Arteries of the Skin. London:Churchill-Livingstone,1988.
[8] Taylor GI,Daniel RK. The free flap:composite tissue transfer by vascular anastomosis. Aust N Z J Surg,1973,43:1.（首次报道应用游离髂腹股沟皮瓣修复踝部皮肤缺损）
[9] Daniel RK,Taylor GI. Distant transfer of an island flap by microvascular anastomoses. Plast Reconstr Surg,1973,52:111.（首次报道应用游离髂腹股沟皮瓣修复踝部皮肤缺损，与上一篇 Taylor GI 文章为同一病例）
[10] McCraw JB,Dibbell DG,Carraway JH. Clinical definition of independent myocutaneous vascular territories. Plast Reconstr Surg,1977,60:341.
[11] Cormack GC,Lamberty BGH. The Arterial Anatomy of Skin Flaps[M]. Edinburgh:Churchill-Livingstone,1986.
[12] Ponten B. The fasciocutaneous flap:its use in soft tissue defects of the lower leg[J]. Br J Plast Surg,1982,34:215.
[13] Radovan C. Breast reconstruction after mastectomy using the temporary expander[J]. Plast Reconstr Surg,1982,69:195.
[14] Dhar SC,Taylor GI. The delay phenomenon:the story unfolds[J]. Plast Reconstr Surg,1999,104(7):2079-2091.
[15] Hallock GG. Direct and indirect perforator flaps:the history and the controversy[J]. Plast Reconstr Surg,2003,111:855.
[16] Taylor GI,McCarten G,Doyle M. The use of the Doppler probe for planning flaps:anatomical study and clinical applications[J]. Br J Plast Surg,1990,43:1.
[17] Taylor GI. The angiosomes of the body and their supply to perforator flaps[J]. Clin Plastic Surg,2003,30:331-342.
[18] Taylor GI,Corlett RJ,Dhar SC,Ashton MW. The anatomical (angiosome) and clinical territories of the cutaneous perforating arteries:what goes around comes around[J]. Plast Reconstr Surg,2011,127(4):1447-1459.
[19] McGregor IA,Morgan G. Axial and random pattern flaps[J]. Br J Plast Surg,1973,26:202.
[20] McCraw JB,Dibbell DG,Carraway JH. Clinical definition of independent mycocutaneous vascular territories[J]. Plast Reconstr Surg,1977,60:341.
[21] McCraw JB. The recent history of myocutaneous flaps[J]. Clin Plast Surg,1980,7:3.
[22] McCraw JB,Dibbell DG. Experimental definition of independent myocutaneous vascular territories[J]. Plast Reconstr Surg,1977,60:212.
[23] Mathes SJ,Nahai F. Clinical Atlas of Muscle and Musculocutaneous Flaps[J]. St. Louis:Mosby,1979.
[24] Taylor GI,Daniel RK. The anatomy of several free flap donor sites[J]. Plast Reconstr Surg,1975,56:243.（用新鲜尸体详细研究了髂腹股沟部、三角肌、腋窝和胸腹区的血管解剖；讨论了供血血管的解剖关系，并详细介绍了这些作为游离皮瓣移植供区的设计、移植方法。髂腹股沟区是大多数游离皮瓣手术的最佳供区）
[25] Taylor GI,Ham FJ. The free vascularised nerve graft[J]. Plast Reconstr Surg,1976,57:413.
[26] Taylor GI,Townsend PL,Corlett RJ. Composite free flap and tendon transfer:an anatomical study and a clinical technique[J]. Br J Plast Surg,1979,32:170.
[27] Taylor GI,Corlett RJ,Boyd JB. The extended deep inferior epigastric flap:a clinical technique[J]. Plast Reconstr Surg,1983,72:751-761.
[28] Taylor GI,Watson N. One stage repair of compound leg defects with revascularised flaps of groin skin and iliac bone[J]. Plast Reconstr Surg,1978,61:494.
[29] Taylor GI,Townsend PL,Corlett RJ. Superiority of the deep circumflex iliac vessels as the supply for free groin flaps:experimental work[J]. Plast Reconstr Surg,1979,64:595.
[30] Taylor GI,Townsend PL,Corlett RJ. Superiority of the deep circumflex iliac vessels as the supply for free groin flaps:clinical work[J]. Plast Reconstr Surg,1979,64:745.
[31] Palmar JH,Taylor GI. The vascular territories of the anterior chest wall[J]. Br J Plast Surg,1986,38:287-299.
[32] Reid CD,Taylor GI. The vascular territory of the acromiothoracic axis[J]. Br J Plast Surg,1984,37:194-212.
[33] Boyd JB,Taylor GI,Corlett RJ. The vascular territories of the superior epigastric and deep inferior epigastric systems. Plast Reconstr Surg,1984,73:1-16.
[34] Moon HK,Taylor GI. The vascular anatomy of rectus abdominis musculocutaneous flaps based on the deep superior epigastric system. Plast Reconstr Surg,1988,82:815-832.
[35] Taylor GI,Palmer JH. The vascular territories (angiosomes) of the body:experimental study and clinical applications. Br Plast Surg,1987,40:113.（血液供应不仅在皮肤内，而且在所有组织层中都是一个连续的三维血管网络。在大多数情况下，皮肤和深部组织中的源动脉的解剖区域都是对应的，由此产生了血管体区概念。皮肤的主要血液供应是由不同血管大小、长度和密度的直接皮动脉提供。这种初级供应由许多小的间接血管加强，这些血管是供应深层组织的动脉的终末支。每个标本平均绘制 374 个主要穿支，显示还有更多的潜在皮瓣。作者的动脉路线图为切口和皮瓣设计规划提供了基础）
[36] Taylor GI,Caddy CM,Watterson PA,Crock JG. The venous territories (venosomes) of the human body:experimental study and clinical implications. Plast Reconstr Surg,1990,86:85.（在表皮和深部组织中有大量无瓣膜的静脉，它们连接着相邻的带瓣静脉区域，使整个组织的流量和压力达到平衡。静脉结构是一个连续的拱形网络，沿着身体的结缔组织结构排列。血管从活动区域汇聚到固定区域，它们与神经伴行。静脉引流反映了深部组织和头部、颈部和躯干表皮大部分区域的动脉供应。本研究增加了血管体区概念，即每个血管体区都由匹配的小动脉体区和静脉体区组成）
[37] Taylor GI,Gianoutsos MP,Morris SF. The neurovascular territories of the skin and muscles:anatomic study and clinical implications. Plast Reconstr Surg,1994,94:1.
[38] Taylor GI,Minabe T. The angiosomes of the mammals and other vertebrates. Plast Reconstr Surg,1992,89:181.
[39] Taylor GI,Bates D,Newgreen DF. The developing neurovascular anatomy of the embryo:a technique of simultaneous evaluation using fluorescent labeling,confocal microscopy and three-dimensional reconstruction. Plast Reconstr Surg,2001,108:597.
[40] Bates D,Taylor GI,Newgreen D. The pattern of neurovascular development in the forelimb of the quail embryo. Dev Biol,2002,249:300-320.
[41] Suami H,Taylor GI,Pan WR. The lymphatic territories of the upper limb:anatomical study and clinical implications. Plast Reconstr Surg,2007,119:1813.
[42] Houseman ND,Taylor GI,Pan W-R. The angiosomes of the head and neck;anatomic study and clinical applications. Plast Reconstr Surg,2000,105(7):2287-2313.
[43] Taylor GI,Palmer JH,McManammy D. The vascular territories of the body (angiosomes) and their clinical applications. In McCarthy(ed)[J]. Plastic Surgery,vol. 1. Philadelphia:Saunders,1990.
[44] Morris SF,Taylor GI. The time sequence of the delay phenomenon:when is a surgical delay effective? An

experimental study[J]. Plast Reconstr Surg,1995,95:526.

[45] Taylor GI,Corlett RJ,Caddy C,Zelt RG. An anatomical review of the delay phenomenon:II. Clinical applications[J]. Plast Reconstr Surg,1992,89:408.

[46] Callegari PR,Taylor GI,Caddy CM,Minabe T. An anatomical review of the delay phenomenon:1. Experimental studies[J]. Plast Reconstr Surg,1992,89:397.

[47] Hunter JA. Treatise on the Blood,Inflammation and Gunshot Wounds[M]. London:John Richardson,1994.

[48] Rozen WM,Ashton MW,Le Roux CM,et al. The perforator angiosome:a new concept in the design of deep inferior epigastric artery perforator flaps for breast reconstruction[J]. Microsurgery,2010,30:1-7.

[49] Rozen WM,Palmer KP,Suami H,et al. The DIEA branching pattern and its relationship to perforators:the importance of preoperative CT angiography for DIEA perforator flaps[J]. Plast Reconstr Surg,2008,121(2):367-373.

[50] Bates D,Taylor GI,Minichiello J,et al. Neurovascular congruence results from a shared patterning mechanism that utilises Semaphorin 3A and Neuropilin-1[J]. Dev Biol,2003,255:77-98.

3. 游离皮瓣设计与评价原则
principles of free flap design and elevation

[1] Harvey W. An anatomical disputation concerning the movement of the heart and blood in living creatures[M]. Ox-ford:Blackwell Scientific,1976.

[2] Manchot C. Die Hautarterien des Menschlichen Korpers[M]. Leipzig:FCW Vogel,1889.

[3] Salmon M. Arteres de la Peau[M]. Paris:Mason et Cie,1936.

[4] Taylor GI,Daniel RK. The anatomy of several free flap donor sites[J]. Plast Reconstr Surg,1975,56(3):243-253.

[5] Taylor GI,Palmer JH. The vascular territories (angiosomes) of the body:experimental study and clinical applications[J]. Br J Plast Surg,1987,40(2):113-141.

[6] Saint-Cyr M,Wong C,Schaverien M,et al. The perforasome theory:vascular anatomy and clinical implications[J]. Plast Reconstr Surg,2009,124(5):1529-1544.（对单个穿支的血管解剖结构及其血管区域和血流特性的清楚了解对于皮瓣的设计和切取都是至关重要的。作者研究了一个被称为“穿支体区”的单个穿支三维和四维动脉血管区域。穿支的灌注和血管区域高度复杂多变。每个体区通过两种主要的机制与相邻的体区相连，这两种机制包括直接连接和间接连接。邻近一个关节的穿支周围大量血管来自同一个关节，而在两个关节之间的中点或躯干的中点处发现穿支具有多向流动分布）

[7] Pearl RM,Johnson D. The vascular supply to the skin:an anatomical and physiological reappraisal—part II[J]. Ann Plast Surg,1983,11(3):196-205.

[8] Ponten B. The fasciocutaneous flap:its use in soft tissue defects of the lower leg[J]. Br J Plast Surg,1981,34(2):215-220.

[9] Esser J. General rules used in simple plastic work on Austrian warwounded soldiers[J]. Surg Gynecol Obstet,1917:34.

[10] Antia NH,Buch VI. Transfer of an abdominal dermofat graft by direct anastomosis of blood vessels[J]. Br J Plast Surg,1971,24(1):15-19.（介绍了 1 例应用下腹壁的腹壁浅血管与颈外动脉和颈内静脉吻合，作为游离皮瓣移植，修复面颈部的皮肤缺损）

[11] Taylor GI,Daniel RK. The free flap:composite tissue transfer by vascular anastomosis[J]. Aust N Z J Surg,1973,43(1):1-3.

[12] McCraw JB. The recent history of myocutaneous flaps[J]. Clin Plast Surg,1980,7(1):3-7.

[13] Tanzini I. Sopra il mio nuovo processo di amputazione dell mammella.(Coverage of the anterior chest wall following mastectomy). Gazz Med Ital,1906:57.

[14] Pittet B,Mahajan AL,Alizadeh N,et al. The free serratus anterior flap and its cutaneous component for reconstruction of the face:a series of 27 cases[J]. Plast Reconstr Surg,2006,117(4):1277-1288.

[15] Koshima I,Soeda S. Inferior epigastric artery skin flaps without rectus abdominis muscle[J]. Br J Plast Surg,1989,42(6):645-648.（腹直肌肌皮瓣有许多优点，但其缺点也是众所周知的，就是腹疝的可能性。为了克服这些问题，作者在两名患者身上使用了一个没有腹直肌的腹壁下动脉皮瓣，以肌穿支和腹壁下深动脉近端为蒂，结局显示即使没有大的肌肉瓣也可以存活）

[16] Allen RJ,Treece P. Deep inferior epigastric perforator flap for breast reconstruction[J]. Ann Plast Surg,1994,32(1):32-38.

[17] Blondeel PN. One hundred free DIEP flap breast reconstructions:a personal experience[J]. Br J Plast Surg,1999,52(2):104-111.

[18] Koshima I,Yamamoto T,Narushima M,et al. Perforator flaps and supermicrosurgery[J]. Clin Plast Surg,2010,37(4):683-689,vii-iii.

[19] Wei FC,Mardini S. Free-style free flaps[J]. Plast Reconstr Surg,2004,114(4):910-916.（由于穿支皮瓣的显微外科技术的进步，使自由式切取皮瓣成为现实。手持式多普勒可识别出可作为皮瓣基础的大口径穿支。只要有一个可听见的多普勒血流信号，就可以选择一个自由的供体皮瓣。自由式游离皮瓣概念的价值在于其克服解剖变异的能力）

[20] Hallock GG. Branch-based conjoined perforator flaps[J]. Plast Reconstr Surg,2008,121(5):1642-1649.

[21] Pittet B,Quinodoz P,Alizadeh N,et al. Optimizing the arterialized venous flap[J]. Plast Reconstr Surg,2008,122(6):1681-1689.

[22] Kimura N,Saitoh M,Okamura T,et al. Concept and anatomical basis of microdissected tailoring method for free flap transfer[J]. Plast Reconstr Surg,2009,123(1):152-162.

[23] Blondeel PN,Van Landuyt KH,Monstrey SJ,et al. The “Gent” consensus on perforator flap terminology:preliminary definitions[J]. Plast Reconstr Surg,2003,112(5):1378-1383;quiz 1383,1516;discussion 1384-1387.（本文试图代表一批在穿支皮瓣外科领域的先驱者观点。这一共识是在 2001 年 9 月 29 日在比利时根特举行的第五届穿支皮瓣国际课程期间举行的术语共识会议上达成的。它不仅规定了穿支血管和穿支皮瓣的定义，而且规定了不同穿支皮瓣的正确名称。作者认为，这种共识是一个基础，将激发进一步的讨论，并鼓励未来的进一步改进）

[24] Sinna R,Boloorchi A,Mahajan AL,et al. What should define a “perforator flap”?[J]. Plast Reconstr Surg,2010,126(6):2258-2263.

[25] Mathes SJ,Nahai F. Reconstructive Surgery:Principles,Anatomy,and Technique. San Francisco:Churchill Living-stone,1997.

[26] Ethunandan M,Cole R,Flood TR. Corlett loop for microvascular reconstruction in a neck depleted of vessels[J]. Br J Oral Maxillofac Surg,2007,45(6):493-495.

[27] Seidenstuecker K,Mahajan MB,Richrath AL,et al. Morbidity of microsurgical breast reconstruction in patients with comorbid conditions. In Annual Conference of the German Society for Plastic,Reconstructive,and Aesthetic Surgery,Han-nover,2009.

[28] Serletti JM,Higgins JP,Moran S,Orlando GS. Factors affecting outcome in free-tissue transfer in the elderl[J]. Plast Reconstr Surg,2000,106(1):66-70.

[29] Upton J,Guo L. Pediatric free tissue transfer:a 29-year experience with 433 transfers[J]. Plast Reconstr Surg,2008,121(5):1725-1737.

[30] Van Landuyt K,Hamdi M,Blondeel P,et al. Free perforator flaps in children[J]. Plast Reconstr Surg,2005,116(1):159-169.

[31] Spear SL,Ducic I,Cuoco F,Hannan C. The effect of smoking on flap and donorsite complications in pedicled TRAM breast reconstruction[J]. Plast Reconstr Surg,2005,116(7):1873-1880.

[32] Miller RB,Reece G,Kroll SS,et al. Microvascular breast reconstruction in the diabetic patient[J]. Plast Reconstr Surg,2007,119(1):38-45;discussion 46-48.

[33] Gill PS,Hunt JP,Guerra AB,et al. A 10-year retrospective review of 758 DIEP flaps for breast reconstruction[J]. Plast Reconstr Surg,2004,113(4):1153-1160.

[34] Drimmer MA,Demas C,Saidi P,Kim HC. Reconstructive plastic surgery in hemophiliacs[J]. Plast Reconstr Surg,1988,81(1):91-93.

[35] Davison SP,Kessler CM,Al-Attar A. Microvascular free flap failure caused by unrecognized hypercoagulability[J]. Plast Reconstr Surg,2009,124(2):490-495.

[36] Murray DJ,Neligan PC,Novak CB,et al. Free tissue transfer and deep vein thrombosis[J]. J Plast Reconstr Aesthet Surg,2008,61(6):687-692.

[37] Moran SL,Illig KA,Green RM,Serletti JM. Free-tissue transfer in patients with peripheral vascular disease:a 10-year experience[J]. Plast Reconstr Surg,2002,109(3):999-1006.

[38] Azzawi K,Ismail A,Earl H,et al. Influence of neoadjuvant chemotherapy on outcomes of immediate breast reconstruction[J]. Plast Reconstr Surg,2010,126(1):1-11.

[39] Fosnot J,Fischer JP,Smartt JM Jr,et al. Does previous chest wall irradiation increase vascular complications in free autologous breast reconstruction?[J]. Plast Reconstr Surg,2011,127(2):496-504.

[40] Halle M,Bodin I,Tornvall P,et al. Timing of radiotherapy in head and neck free flap reconstruction—a study of postoperative complications[J]. J Plast Reconstr Aesthet Surg,2009,62(7):889-895.

[41] Baumann DP,Crosby MA,Selber JC,et al. Optimal timing of delayed free lower abdominal flap breast reconstruction after postmastectomy radiation therapy[J]. Plast Reconstr Surg,2011,127(3):1100-1116.

[42] Isenberg JS,Sherman R. Zone of injury:a valid concept in microvascular reconstruction of the traumatized lower limb? [J].Ann Plast Surg,1996,36(3):270-272.

[43] Lorenzo AR,Lin CH,Lin CH,et al. Selection of the recipient vein in microvascular flap reconstruction of the lower extremity:analysis of 362 free-tissue transfers[J]. J Plast Reconstr Aesthet Surg,2011,64(5):649-655.

[44] Leong M,Granick MS. Microvascular tissue transfer in a pregnant patient[J]. J Reconstr Microsurg,1998,14(6):411-415.

[45] Seidenstucker K,Munder B,Richrath P,et al. A prospective study using color flow duplex ultrasonography for abdominal perforator mapping in microvascular breast reconstruction[J]. Med Sci Monit,2010,16(8):MT65-MT70.

[46] Patel RS,Higgins KM,Enepekides DJ,Hamilton PA. Clinical utility of colour flow Doppler ultrasonography in planning anterolateral thigh flap harvest[J]. J Otolaryngol Head Neck Surg,2010,39(5):566-571.

[47] Uppal RS,Casaer B,Van Landuyt K,Blondeel P. The efficacy of preoperative mapping of perforators in reducing operative times and complications in perforator flap breast reconstruction[J]. J Plast Reconstr Aesthet Surg,2009,62(7):859-864.

[48] Sandhu GS,Rezaee RP,Wright K,et al. Time-resolved and bolus-chase MR angiography of the leg:branching pattern analysis and identification of septocutaneous perforators[J]. AJR Am J Roentgenol,2010,195(4):858-864.

[49] Masia J,Kosutic D,Cervelli D,et al. In search of the ideal method in perforator mapping:noncontrast magnetic resonance imaging[J]. J Reconstr Microsurg,2010,26(1):29-35.

[50] Visscher K,Boyd K,Ross DC,et al. Refining perforator selection for DIEP breast reconstruction using transit time flow volume measurements[J]. J Reconstr Microsurg,2010,26(5):285-290.

[51] Germann G,Steinau HU. The clinical reliability of vein grafts in free-flap transfer[J]. J Reconstr Microsurg,1996,12(1):11-17.

[52] Lannon DA,Novak CB,Neligan PC. Resurfacing of colour-mismatched free flaps on the face with split-thickness skin grafts from the scalp[J]. J Plast Reconstr Aesthet Surg,2009,62(11):1363-1366.

[53] Koshima I,Inagawa K,Okuyama N,Moriguchi T. Free vascularized appendix transfer for reconstruction of penile urethras with severe fibrosis[J]. Plast Reconstr Surg,1999,103(3):964-969.

[54] Houle JM,Neumeister MW. A prefabricated,tissue-engineered Integra free flap[J]. Plast Reconstr Surg,2007,120(5):1322-1325.

[55] Tsai FC. A new method:perforator-based tissue expansion for a preexpanded free cutaneous perforator flap[J]. Burns,2003,29(8):845-848.

[56] Van Landuyt K,Blondeel P,Hamdi M,et al. The versatile DIEP flap:its use in lower extremity reconstruction[J]. Br J Plast Surg,2005,58(1):2-13.

[57] Mahajan AL,Cadeneli PF,Van Waes C,et al. Bipedicled DIEP flaps for reconstruction of soft-tissue deficiencies in male patients. In British Association of Plastic,Reconstructive and Aesthetic Surgeons meeting,Sheffield,UK,2010.

[58] Blondeel PN,Hijjawi J,Depypere H,et al. Shaping the breast in aesthetic and reconstructive breast surgery:an easy three-step principle. Part II— breast reconstruction after total mastectomy[J]. Plast Reconstr Surg,2009,123(3):794-805.

[59] Ali RS,Garrido A,Ramakrishnan V. Stacked free hemi-DIEP flaps:a method of autologous breast reconstruction in a patient with midline abdominal scarring[J]. Br J Plast Surg,2002,55(4):351-353.

[60] Blondeel PN. Aesthetic breast reconstruction;state of the art of perforator flaps[M]. In Second Italian Meeting on Perforator Flaps and Aesthetic Refinements,Bologna,Italy,2010.

[61] Mahajan AL,Sinna R,Van Landuy K. Improving outcome in SGAP flap breast reconstruction. In British Association of Plastic,Reconstructive and Aesthetic Surgeons meeting,Sheffield,UK,2010.

[62] Boca R,Kuo YR,Hsieh CH,et al. A reliable parameter for primary closure of the free anterolateral thigh flap donor site[J]. Plast Reconstr Surg,2010,126(5):1558-1562.

[63] Selber JC,Nelson J,Fosnot J,et al. A prospective study comparing the functional impact of SIEA,DIEP,and muscle-sparing free TRAM flaps on the abdominal wall:part I. unilateral reconstruction[J]. Plast Reconstr Surg,2010,126(4):1142-1153.

[64] Blondeel N,Vanderstraeten GG,Monstrey SJ,et al. The donor site morbidity of free DIEP flaps and free TRAM flaps for breast reconstruction[J]. Br J Plast Surg,1997,50(5):322-330.

[65] Bonde CT,Lund H,Fridberg M,et al. Abdominal strength after breast reconstruction using a free abdominal flap[J]. J Plast Reconstr Aesthet Surg,2007,60(5):519-523.

[66] Hagau N,Longrois D. Anesthesia for free vascularized tissue transfer. Microsurgery,2009,29(2):161-167.

[67] Chen C,Nguyen MD,Bar-Meir E,et al. Effects of vasopressor administration on the outcomes of microsurgical breast reconstruction[J]. Ann Plast Surg,2010,65(1):28-31.

[68] Blondeel PN,Arnstein M,Verstraete K,et al. Venous congestion and blood flow in free transverse rectus abdominis myocutaneous and deep inferior epigastric perforator flaps[J]. Plast Reconstr Surg,2000,106(6):1295-1299.

[69] Hanasono MM,Kocak E,Ogunleye O,et al. One versus two venous anastomoses in microvascular free flap surgery[J]. Plast Reconstr Surg,2010,126(5):1548-1557.

4. 神经与血管的显露
exposure of nerves and vessels

[1] Takamatsu A,Harashina T,Inoue T. Selection of appropriate recipient vessels in difficult microsurgical head and neck reconstruction[J]. J Reconstr Microsurg,1996,12:499.（作者回顾了 327 例头颈部显微外

科重建的病例，讨论了选择合适的受区血管问题。受区血管可分为三类：邻近的小血管通常被认为是首选；主要血管；远处血管。替代血管的选择与重建区域有一定的相关性）

[2] Nahabedian MY,Sing N,Deune,EG,et al. Recipient vessel analysis for microvascular reconstruction of the head and neck[J]. Ann Plast Surg,2004,52:148.

[3] Harunobu S,von Luedinghausen M,Ohno K,et al. Anatomy of microvascular anastomosis in the neck[J]. Plast Reconstr Surg,1998,101:33-41.

[4] Yagi S,Nakayama B,Kamei Y,et al. Posterolateral cervical vein as a recipient vein in reconstructive microvascular surgery of the head and neck[J]. J Reconstr Microsurg,2007,23:19.

[5] Graham BB,Varvares MA. End-to-side venous anastomosis with the internal jugular vein stump:a preliminary report[J]. Head Neck,2004,26:537.

[6] Shimizu F,Lin MP,Ellabban M,et al. Superficial temporal vessels as a reserve recipient site for microvascular head and neck reconstruction in vessel-depleted neck[J]. Ann Plast Surg,2009,62:134.

[7] Hanasono MM,Barnea Y,Skoracki RJ. Microvascular surgery in the previously operated and irradiated neck[J]. Microsurgery,2009,29:1.

[8] Mulholland S,Boyd JB,McCabe S,et al. Recipient vessels in head and neck microsurgery:radiation effect and vessel access[J]. Plast Reconstr Surg,1993,92:628.

[9] Jacobson AS,Eloy JA,Park E,et al. Vessel-depleted neck:techniques for achieving microvascular reconstruction[J]. Head Neck,2008,30:201.

[10] Head C,Sercarz JA,Abemayor E,et al. Microvascular reconstruction after previous neck dissection[J]. Arch. Otolaryngol Head Neck Surg,2002,128:328.

[11] Yu P. The transverse cervical vessels as recipient vessels for previously treated head and neck cancer patients[J]. Plast Reconstr Surg,2005,115:1253.

[12] Horng SY,Chen MT. Reversed cephalic vein:a lifeboat in head and neck free-flap reconstruction[J]. Plast Reconstr Surg,1993,92:752.

[13] Kim KA,Chandrasekhar BS. Cephalic vein in salvage microsurgical reconstruction in the head and neck[J]. Br J Plast Surg,1998,51:2.

[14] Urken ML,Higgins KM,Lee B,et al. Internal mammary artery and vein:recipient vessels for free tissue transfer to the head and neck vesseldepleted neck[J]. Head Neck,2006,28:797.

[15] Clark CP 3rd,Rohrich RJ,Copit S,et al. An anatomic study of the internal mammary veins:clinical implications for free-tissue-transfer breast reconstruction[J]. Plast Reconstr Surg,1997,99:400.

[16] Harris JR,Lueg E,Genden E,et al. The thoracoacromial/cephalic vascular system for microvascular anastomoses in the vessel-depleted neck[J]. Arch Otolaryngol Head Neck Surg,2002,128:319.

[17] Aycock JK,Senson KM,Gottlieb LJ. The thoracoacromial trunk:alternative recipient vessels in reoperative head and neck microsurgery[J]. Plast Reconstr Surg,2008,121:88.

[18] De Gier HH,Balm AJ,Bruning PF,et al. Systematic approach to the treatment of chylous leakage after neck dissection[J]. Head Neck,1996,18:347.

[19] Babin RW,Panje WR. The incidence of vasovagal reflex activity during radical neck dissection[J]. Laryngoscope,1980,90:1321.

[20] Ninkovic MM,Schwaegger AH,Anderl H. Internal mammary vessels as a recipient site. Clin Plast Surg,1998,25:213.

[21] Moran SL,Nava G,Benham AH,et al. An outcome analysis comparing the thoracodorsal and internal mammary vessels as recipient sites for microvascular breast reconstruction:a prospective study of 100 patients[J]. Plast Reconstr Surg 2003,111:1876.

[22] Yap LH,Whiten SC,Forster A,et al. Sensory recovery in the sensate free transverse rectus abdominis myocutaneous flap[J]. Plast Reconstr Surg,2005,115:1280.

[23] Temple CL,Tse R,Bettger-Hahn M,et al. Sensibility following innervated free TRAM flap for breast reconstruction[J]. Plast Reconstr Surg,2006,117:2119.

[24] Sacks JM,Chang DW. Rib-sparing internal mammary vessel harvest for microvascular breast reconstruction in 100 consecutive cases[J]. Plast Reconstr Surg,2009,123:1403.

[25] Saint-Cyr M,Chang DW,Robb GL,et al. Internal mammary perforator recipient vessels for breast reconstruction using free TRAM,DIEP,and SIEA flaps[J]. Plast Reconstr Surg,2007,120:1769.

[26] Fisher J,Bostwick J 3rd,Powell RW. Latissimus dorsi blood supply after thoracodorsal vessel division:the serratus collateral[J]. Plast Reconstr Surg,1983,72:502.

[27] Kerr-Valentic MA,Gottlieb LJ,et al. The retrograde limb of the internal mammary vein:an additional outflow option in DIEP flap breast reconstruction[J]. Plast Reconstr Surg,2009,124:717.

[28] Johnson RK,Spinner M,Shrewsbury MM. Median nerve entrapment syndromes in the proximal forearm[J]. J Hand Surg ,1979,4(suppl A):48.

[29] Miller TT,Reinus WR. Nerve entrapment syndromes of the elbow,forearm,and wrist[J]. AJR Am J Roentgenol,2010,195:585.

[30] Palmer BA,Hughes TB. Cubital tunnel syndrome[J]. J Hand Surg Am,2010,35:153.

[31] Cobb TK,Carmichael SW,Cooney WP. Guyon's canal revisited:an anatomic study of the carpal ulnar neurovascular space[J]. J Hand Surg,1996,21(suppl A):861.

[32] Abrams RA,Ziets RJ,Lieber RL,et al. Anatomy of the radial nerve motor branches in the forearm[J]. J Hand Surg,1997,22(suppl A):232.

[33] Abrams RA,Brown RA,Botte MJ. The superficial branch of the radial nerve:an anatomic study with surgical implications[J]. J Hand Surg,1992,17(suppl A):1-37.

[34] Kim D,Orron DE,Skillman JJ. Surgical significance of popliteal artery variants:a unified angiographic classification[J]. Ann Surg,1989,210:776

[35] Park S,Han SH,Lee TJ. Algorithm for recipient vessel selection in free tissue transfer to the lower extremity[J]. Plast Reconstr Surg,1999,103:1937.（本研究的目的是找出下肢游离组织移植受体血管选择的模式和问题，并建立一个正确选择的一般准则。在选择受体血管时，最重要的两个因素是损伤部位和下肢的血管状况。次要因素包括要使用的皮瓣、方法和显微血管吻合的部位）

[36] Godina M,Arnez ZM,Lister GD. Preferential use of the posterior approach to blood vessels of the lower leg in micro-vascular surgery[J]. Plast Reconstr Surg,1991,88:287.

[37] Patil PG,Friedman AH. Surgical exposure of the sciatic nerve in the gluteal region:anatomic and historical comparison of two approaches[J]. Neurosurgery,2005,56;165.

5. 皮瓣与再植组织的显微监测

monitoring microsurgical flaps and replanted tissues

[1] Jallali N,Ridha H,Butler P. Postoperative monitoring of free flaps in UK plastic surgery units[J]. Microsurgery,2005,25:469.

[2] Whitney T,Lineaweaver W,Billy JB,et al. Improved salvage of complicated microvascular transplants monitored with quantitative fluorometry[J]. Plast Reconstr Surg,1992,90:105.（作者自 1982 年起，应用荧光定量法监测足趾移植和皮瓣的血液循环状态。研究表明这种技术对血管栓塞的假阳性率很低。因此定量荧光法可以对移植物及皮瓣术后有效监测，提高血管危象的诊断率及移植物或皮瓣的成活率）

[3] Iglher N,Eisenhardt SU,Penna V,et al. A new evaluation tool for monitoring devices and its application to evaluate the implantable Doppler probe[J]. J Reconstr Microsurg,2010,26:265.

[4] Haddock NT,Gobble RM,Levine JP. More consistent postoperative care and monitoring can reduce costs following microvascular free flap reconstruction[J]. J Reconstr Microsurg,2010,26:435.

[5] Rozen WM,Enajat M,Whitaker I,et al. Postoperative monitoring of lower limb free flaps with the Cook-Swartz implantable Doppler probe[J]. Microsurgery,2010,30:354.

[6] Buncke HJ,Lineaweaver W,Valauri F,Buncke GH. Monitoring. In Buncke HJ(ed). Microsurgery[M]. Philadelphia:Lea & Febiger,1991,pp715-721.

[7] Pratt GF,Rozen WM,Chubb D,et al. Modern adjuncts and technologies in microsurgery[J]. Microsurgery,2010,30:657.

[8] Whitaker I,Olver DW. Monitoring:The Evidence for Plastic Surgery. Stone C(ed)[M].Shrewsbury,UK:tfm Publishing,2008,pp225-234.

[9] Harrison DH,Girling M,Mott G. Methods of assessing the viability of free flap transfer during the postoperative period[J]. Clin Plast Surg,1983,10:21.

[10] Whitaker I,Cantab AB,Rozen WM,et al. Postoperative monitoring of free flaps in autologous breast reconstruction[J]. J Reconstr Microsurg,2010,26:409.

[11] McKee N. Operative complications and the management of intraoperative flow failure[J]. Microsurgery,1993,14:158.

[12] Hammer H,Bugyi I,Zellner P. Soft tissue reconstruction of the anterior surface of the lower leg[J]. Scand. J. Plast Reconstr Surg,1986,20:137.

[13] Cho BC,Shin DP,Byun JS,et al. Monitoring flap for buried free tissue transfer[J]. Plast Reconstr Surg,2002,110:1249.

[14] Chubb D,Rozen W,Whitaker I,et al. The efficacy of clinical assessment in the postoperative monitoring of free flaps:a review of 1140 consecutive cases[J]. Plast Reconstr Surg,2010,125:1157.（游离皮瓣术后监测的唯一普遍方法是临床床边监测。尽管在大量报道的游离皮瓣中应用临床监测，但在具体的临床结果衡量指标的文献中却鲜有讨论。作者总结了 1140 例游离组织移植病例的经验，并将临床监测作为唯一的监测方法，对不同受区进行了亚组分析。共有 94 例二次手术，其中 4 例假阳性，4 例假阴性。皮瓣修复率为 62.8%，假阳性率为 0.4%。本文提供了一个以结果为基础的游离皮瓣术后监测分析，为将来比较辅助监测技术提供了一个基准标准）

[15] Stirrat CR,Seaber A,Urbaniak J,et al. Temperature monitoring in digital replantation[J]. J Hand Surg ,1978,3:342.（本文对 20 例断指再植患者进行了术后皮肤温度探头监测。使用多个探针，记录再植指、同一只手上对照指和代表环境温度的敷料。根据作者的经验，表明再植手指灌注改变和可能预后不良的温度变化模式是：①再植指温度下降超过 2.5℃，而对照温度保持不变；②再植指温度低于 30.0℃持续 1 小时以上；③对照温度降至 30.0℃以下且无可纠正原因）

[16] May JW,Lukash F,Gallico G,et al. Removable thermocouple probe microvascular patency monitor[J]. Plast Reconstr Surg,1983,72:366.

[17] Reagan D,Grundberg A,George MJ. Clinical evaluation and temperature monitoring in predicting viability in replantations[J]. J Reconstr Microsurg,1983,10:1.

[18] Aihara M,Tane N,Matsuzaki K,et al. The sticker-type temperature indicator in replantation[J]. J Reconstr Microsurg,1993,9:191.

[19] Khouri R,Shaw WW. Monitoring of free flaps with surface temperature recordings[J]. Plast Reconstr Surg,1992,89:495.

[20] Solomon GA,Yaremchuk M,Manson PN. Doppler ultrasound surface monitoring of both arterial and venous flow in clinical free tissue transfers[J]. J Reconstr Microsurg,1986,3:39.

[21] Tsuzuki K,Yanai A,Bandoh Y. A contrivance for monitoring skin flaps with a Doppler flow meter[J]. J Reconstr Microsurg,1990,6:363.

[22] Disa JJ,Cordeiro P,Hidalgo D. Efficacy of conventional monitoring techniques in free tissue transfer[J]. Plast Reconstr Surg,1999,104:97.

[23] Swartz WM,Jones NF,Cherup L,et al. Direct monitoring of microvascular anastomoses with the 20-MHz ultrasonic Doppler probe[J]. Plast Reconstr Surg,1988,81:149.

[24] de la Torre J,Hedden W,Grant JW,et al. Retrospective review of the internal Doppler probe for intra-and postoperative microvascular surveillance[J]. J Reconstr Microsurg,2003,19:287.

[25] Paydar K,Hansen SL,Chang DS,et al. Implantable venous Doppler monitoring in head and neck free flap reconstruction increases the salvage rate[J]. Plast Reconstr Surg,2010,125:1129.

[26] Kind G,Buntic RF,Buncke GM,et al. The effect of an implantable Doppler probe on the salvage of microvascular tissue transplants[J]. Plast Reconstr Surg,1998,101:1268.

[27] Rozen WM,Chubb D,Whitaker J,et al. The efficacy of postoperative monitoring[J]. Microsurgery, 2010,30:105.（游离皮瓣手术取得高成功率的一个重要因素是术后使用不同的技术监测皮瓣，作为检测血管损害的手段。监测皮瓣的血管蒂可以在血管危象的情况下迅速回到手术室，有可能挽救皮瓣。与临床监测相比，植入式多普勒探头可有效提高抢救率。两组间假阳性率无统计学差异。植入式多普勒探头监测皮瓣可在不增加假阳性率的情况下提高皮瓣修复率）

[28] Smit JM,Werker PMN,Liss AG,et al. Introduction of the implantable Doppler system did not lead to an increased salvage rate of compromised flaps[J]. Plast Reconstr Surg,2010,125:1710.

[29] Hovius SER,van Andrichem LNA,Mulder HA,et al. The predictive value of the laser Doppler flow meter for postoperative microvascular monitoring[J]. Ann Plast Surg,1993,31:307.

[30] Clinton MS,Sepka RS,Bristol D,et al. Establishment of normal ranges of laser Doppler blood flow in autologous tissue transplants[J]. Plast Reconstr Surg,1991,87:299.

[31] Graham B,Paulus D,Caffee HH. Pulse oximetry for vascular monitoring in upper extremity replantation surgery[J]. J Hand Surg,1986,11(suppl A):687.（本文从实验和临床两个方面评价了脉搏血氧饱和度作为再植或血管重建术后的监测指标。血管闭塞的检测准确率为 100%，通过脉搏流入量和血氧饱和度的变化来区分动脉和静脉阻塞。血氧饱和度为 95% 以上的手指存活，低于 85% 的手指与静脉阻塞有关，而不饱和的手指则代表动脉阻塞。该方法简便、无创、连续、准确，能可靠地评估再造手指和再植部位）

[32] Menick FJ. The pulse oximeter in free muscle flap surgery[J]. J Reconstr Microsurg,1988,4:331.

[33] Keller A. A new diagnostic algorithm for early prediction of vascular compromise in 208 microsurgical flaps using tissue oxygen saturation measurements[J]. Ann Plast Surg,2009,62:538.

[34] Ferguson RH,Yu P. Techniques of monitoring buried fasciocutaneous flaps[J]. Plast Reconstr Surg,2009,123:525.

[35] Lineaweaver W. Techniques of monitoring buried fasciocutaneous flaps [letter][J]. Plast Reconstr Surg,2009,124:1729.

[36] Lineaweaver W. The implantable Doppler probe [letter][J]. Plast Reconstr Surg,1988,82:1099.

[37] Rosenberg JJ,Fornage BD,Chevray PM. Monitoring buried free flaps:limitations of the implantable Doppler and use of color duplex sonography as a confirmatory test[J]. Plast Reconstr Surg,2006,118:109.

6. 显微血管失败：避免（发现）、救助（探查）

microvascular failure:avoidance,res-cue and salvage

[1] Chen KT,Mardini S,Chuang DCC,et al. Timing of presentation of the first signs of vascular compromise dictates the salvage outcome of free flap transfers[J]. Plast Reconstr Surg,2007,120:187-195.（本文评估游离组织移植后皮瓣血运障碍的发生时间与挽救结果的相关性。皮瓣血运障碍的出现时间是皮瓣修复效果的重要预测因素。由经验丰富的护士和外科医生在特殊的显微外科重症监护病房对皮瓣进行强化监测，可以早期发现血管危象，从而获得更好的治疗结果）

[2] Khouri RK,Cooley BC,Kunselman AR,et al. A prospective study of microvascular free-flap surgery and

outcome[J]. Plast Reconstr Surg,1998,102:711-721.（一项关于显微血管游离皮瓣的前瞻性调查。每个病例记录 60 个变量的数据，包括患者特征、手术技术、药物治疗和术后结果。放疗部位的重建、植皮联合肌皮瓣的使用是皮瓣坏死且有统计学意义的预测因素、通过多变量分析，发现许多因素对皮瓣的结果没有显著影响，包括受者部位、手术适应证、年龄、吸烟或糖尿病患者的皮瓣转移、端-端吻合与端侧动脉吻合术、是否用肝素冲洗血管、广泛的抗血栓药物治疗。这些结果为游离皮瓣手术提供了一个基线，可以与将来在技术和实践上的进步和改进相比较）

[3] Lerman J. Study design in clinical research:sample size estimation and power analysis[J]. Can J Anesth,1996,43(2):184-191.

[4] Peter FW,Franken RJPM,Wang WZ,et al. Effect of low dose aspirin on thrombus formation at arterial and venous microanastomoses and on the tissue microcirculation[J]. Plast Reconstr Surg,1997,99:1112-1121.［在游离皮瓣 / 再植手术中，失败通常与微血管吻合口的血栓性闭塞有关（危险区 1），有时与转移或再植组织的微循环障碍有关（危险区 2）。本研究的目的是描述小剂量阿司匹林对显微外科手术中两个危险区血流的影响。总之，低剂量阿司匹林可抑制吻合口静脉血栓形成并改善微循环灌注。这些研究提供了定量的数据来证实和阐明小剂量阿司匹林在微血管外科手术中的有益作用］

[5] Chien W,Varvares MA,Hadlock T,et al. Effects of aspirin and low-dose heparin in head and neck reconstruction using microvascular free flaps[J]. Laryngoscope,2005,115:973-976.

[6] Ashjian P,Chen CM,Pusic A,et al. The effect of postoperative anticoagulation on microvascular thrombosis[J]. Ann Plast Surg,2007,59:36-40.

[7] Li X,Cooley BC. Effect of anticoagulation and inhibition of platelet aggregation on arterial versus venous microvascular thrombosis[J]. Ann Plast Surg,1995,35:165-169.

[8] Hanasono MM,Butler CE. Prevention and treatment of thrombosis in microvascular surgery[J]. J Reconstr Microsurg,2008,24(5):305-314. doi:10.1055/s-2008-1080530. Epub 2008 Jul 9. Review.

[9] Disa JJ,Polvora VP,Pusic AL,et al. Dextran-related complications in head and neck microsurgery:do the benefits outweigh the risks? A prospective randomized analysis[J]. Plast Reconstr Surg,2003,112:1534-1539.

[10] Cox GW,Runnels S,Hsu HSH,Das SK. A comparison of heparinized saline irrigation solutions in a model of microvascular thrombosis[J]. Br J Plast Surg,1992,45:345-347.

[11] Andresen DM,Barker JH,Hjortdal VE. Local heparin is superior to systemic heparin in preventing arterial thrombosis[J]. Microsurgery,2002,22:265-272.

[12] Khouri RK,Cooley BC,Kunselman AR,Landis JR,Yeramian P,Ingram D,Natarajan N,Benes CO,Wallemark C. A prospective study of microvascular free-flap surgery and outcome[J]. Plast Reconstr Surg,1998,102(3):711-721.

[13] Yii NW,Evans GR,Miller MJ,et al. Thrombolytic therapy:what is its role in free flap salvage? Ann Plast Surg,2001,46(6):601-604.

[14] Panchapakesan V,Addison P,Beausang E,et al. Role of thrombolysis in free-flap salvage[J]. J Reconstr Microsurg,2003,19(8):523-530.

[15] Bui DT,Cordeiro PG,Hu QY,et al. Free flap reexploration:indications treatment and outcomes in 1193 free flaps[J]. Plast Reconstr Surg,2007,119:2092-2100.（这项研究回顾作者在 11 年间对大量微血管吻合并发症的处理经验，共计 1193 个游离皮瓣，其中 6% 需要紧急血管探查，其最常见的原因是血管蒂部血栓形成和血肿 / 出血。皮瓣总成活率为 98.8%。静脉血栓形成比动脉血栓形成更常见，但有较高的挽救率。需要二次静脉移植或溶栓的皮瓣与单纯吻合口翻修术的皮瓣成活率无显著性差异。仔细监测和紧急探查是挽救血运障碍皮瓣的关键）

[16] Chen HC,Demirkan F,Wei FC,Cheng SL,Cheng MH,Chen IH. Free fibula osteoseptocutaneous-pedicled pectoralis major myocutaneous flap combination in reconstruction of extensive composite mandibular defects[J]. Plast Reconstr Surg,1999,103(3):839-845.

[17] Lin CH,Mardini S,Lin YT,Yeh JT,Wei FC,Chen HC. Sixty-five clinical cases of free tissue transfer using long arteriovenous fistulas or vein grafts[J]. J Trauma,2004,56(5):1107-1117.

[18] Ames A III,Wright L,Kowada M,et al. Cerebral ischemia,11:the no-reflow phenomenon[J]. Am J Pathol,1968,52:437-447.

[19] May JW Jr,Chait LA,O' Brien BM,Hurley JV. The no-reflow phenomenon in experimental free flaps[J]. Plast Reconstr Surg,1978,61(2):256-267.

[20] Calhoun KH,Tan L,Seikaly H. An integrated theory of the no-reflow phenomenon and the beneficial effect of vascular washout on no-reflow[J]. Laryngoscope,1999,109(4):528-535.

[21] van den Heuvel MG,Buurman WA,Bast A,et al. Review:ischaemiareperfusion injury in flap surgery[J]. J Plast Reconstr Aesthet Surg,2009,62(6):721-726.

[22] Im MJ,Manson PN,Bulkley GB,et al. Effects of superoxide dismutase and allopurinol on the survival of acute island skin flaps[J]. Ann Surg,1985,201:357-359.

[23] Zaccaria A,Weinzweig N,Yoshitake M, et al. Vitamin C reduces ischemia-reperfusion injury in a rat epigastric island skin flap model[J]. Ann Plast Surg,1994,33:620-623.

[24] Cetinkale O,Bilgic L,Bolayirli M,et al. Involvement of neutrophils in ischemia-reperfusion injury of inguinal island skin flaps in rats[J]. Plast Reconstr Surg,1998,102:153-160.

[25] Wei FC,Demirkan F,Chen HC,Chuang DC,Chen SH,Lin CH,Cheng SL,Cheng MH,Lin YT. The outcome of failed free flaps in head and neck and extremity reconstruction:what is next in the reconstructive ladder?[J]. Plast Reconstr Surg,2001,108(5):1154-1160;discussion 1161-1162.

[26] Benacquista T,Kasabian AK,Karp NS. The fate of lower extremities with failed free flaps[J]. Plast Reconstr Surg,1996,98(5):834-840;discussion 841-842.

7. 显微外科与脑可塑性

microsurgery and brain plasticity

[1] Penfield W,Boldrey E. Somatic motor and sensory representations in the cerebral cortex of man as studied by electrical stimulation[J]. Brain,1937,60:389-443.

[2] Merzenich MM,Kaas JH,Sur M,et al. Double representation of the body surface within cytoarchitectonic areas 3b and 1 in S1 in the owl monkey(Aotus trivirgatus)[J]. J Comp Neurol,1978,181:41-74.

[3] Kaas JH,Florence SL. Mechanisms of reorganization in sensory systems of primates after peripheral nerve injury[J]. Adv Neurol,1997,73:147-158.

[4] Merzenich MM,Jenkins WM. Reorganization of cortical representations of the hand following alterations of skin inputs induced by nerve injury,skin island transfers,and experience[J]. J Hand Ther,1993,6:89-104.

[5] Blankenburg F,Ruben J,Meyer R,et al. Evidence for a rostral-to-caudal somatotopic organization in human primary somatosensory cortex with mirror-reversal in areas 3b and 1[J]. Cereb Cortex,2003,13:987-993.

[6] van Westen D,Fransson P,Olsrud J,et al. Finger somatotopy in area 3b:an fMRI-study[J]. BMC Neurosci,2004,5:28.

[7] Ehrsson HH,Fagergren A,Jonsson T,et al. Cortical activity in precision-versus power-grip tasks:an fMRI study[J]. J Neurophysiol,2000,83:528-536.

[8] Schieber MH,Constraints on somatotopic organization in the primary motor cortex[J]. J Neurophysiol,2001,86:2125-2143.

[9] Roland PE,Zilles K. Functions and structures of the motor cortices in humans[J]. Curr Opin Neurobiol,1996,6:773-781.

[10] Sharrington CS. The Interactive Action of the Nervous System. Cambridge,1952.

[11] Hansson T,Brismar T. Tactile stimulation of the hand causes bilateral cortical activation:a functional magnetic resonance study in humans[J]. Neurosci Lett,1999,271:29-32.

[12] Bodegård A,Geyer S,Naito E,et al. Somatosensory areas in man activated by moving stimuli[J]. Neuroreport,2000,11:187-191.

[13] Geyer S,Schleicher A,Zilles K. Areas 3a,3b,and 1 of human primary somatosensory cortex[J]. Neuroimage,1999,10:63-83.

[14] Jones EG,Friedman DP. Projection pattern of functional components of thalamic ventrobasal complex on monkey somatosensory cortex[J]. J Neurophysiol,1982,48:521-544.

[15] Bodegård A. Functional mapping of somatosensory cortices in the human brain. Thesis. Stockholm:Division of Human Brain Research,Department of Neuroscience,Karolinska Institute,2001.

[16] Kaas J. Plasticity of sensory and motor maps in adult mammals[J]. Ann Rev Neurosci,1991,14:137-168.

[17] Donoghue JP,Hess G,Sanes JN. Motor cortical substrates and mechanisms for learning,In Bloedel JR,Ebner TJ,Wise SP(eds). Acquisition of Motor Behaviour in Vertebrates[M]. Cambridge,MA:MIT,1996, pp363-386.

[18] Purves D,Augustine GJ,Fitzpatrick D,et al. Neuroscience[M]. Sunderland,MA:Sinauer Associates,2004.

[19] Kandel ER,Schwartz JH,Jessel TM. Principles of Neural Science[M]. New York:McGraw-Hill,2000.

[20] Bach-y-Rita P. The brain beyond the synapse:a review[J]. Neuroreport,1994,5:1553-1557.

[21] Lundborg G. Brain plasticity and hand surgery:an overview[J]. J Hand Surg Br,2000,25:242-252.（手是大脑的延伸，手在运动和感觉皮层有大面积投射和代表。大脑是一个复杂的神经网络，由于感觉输入的变化而不断地重塑自身。这种突触重组变化可能依赖于活动，基于手部活动和触觉体验的改变，如神经损伤或截肢。神经修复后功能性感觉的低度恢复，以及截肢肢体的幻觉体验，都在引起大脑皮层的重塑变化。手外科手术总是伴随着大脑皮层的突触重组变化，许多外科手术的结果在很大程度上取决于大脑的可塑性）

[22] Lundborg G:Richard P. Bunge memorial lecture Nerve injury and repair—a challenge to the plastic brain[J]. J Peripher Nerv Syst,2003,8:209-226.

[23] Allard T,Clark SA,Jenkins M,et al. Reorganization of somatosensory area 3b representations in adult owl monkeys after a digital syndactyly[J]. J Neurophysiol,1991,66:1048-1058.

[24] Lundborg G. Nerve Injury and Repair. Regeneration,Reconstruction and Cortical Remodelling[M]. Philadelphia:Elsevier,2004.

[25] Chen R,Cohen LG,Hallett M. Nervous system reorganization following injury[J]. Neuroscience,2002, 111:761-773.

[26] Wall JT,Xu J,Wang X. Human brain plasticity:an emerging view of the multiple substrates and mechanisms that cause cortical changes and related sensory dysfunctions after injuries of sensory inputs from the body[J]. Brain Res Brain Res Rev,2002,39:181-215.

[27] Pascual-Leone A,Hamilton R. The metamodal organization of the brain[J]. Prog Brain Res,2001,134:427-445.

[28] Elbert T,Pantev C,Wienbruch C,et al. Increased cortical representation of the left hand in string players[J]. Science,1995,270:305-307.

[29] Pascual-Leone A,Wassermann EM,Sadato N,et al. The role of reading activity on the modulation of motor cortical out-puts to the reading hand in Braille readers[J]. Ann Neurol,1995,38:910-915.

[30] Huber R,Ghilardi MF,Massimini M,et al. Arm immobilization causes cortical plastic changes and locally decreases sleep slow wave activity[J]. Nat Neurosci,2006,9:1169-1176.

[31] Calford MB,Tweedale R. Acute changes in cutaneous receptive fields in primary somatosensory cortex after digit denervation in adult flying fox[J]. J Neurophysiol,1991,65:178-187.

[32] Rossini PM,Martino G,Narici L,et al. Short-term brain plasticity in humans:transient finger representation changes in sensory cortex somatotopy following ischemic anesthesia[J]. Brain Res,1994,642:169-177.

[33] Code RA,Eslin DE,Juliano SL. Expansion of stimulus-evoked metabolic activity in monkey somatosensory cortex after peripheral denervation[J]. Exp Brain Res,1992,88:341-344.

[34] Manger PR,Woods TM,Jones EG. Plasticity of the somatosensory cortical map in macaque monkeys after chronic partial amputation of a digit[J]. Proc R. Soc Lond B Biol Sci,1996,263:933-939.

[35] Pons T,Preston E,Garraghty K. Massive cortical reorganization after sensory deafferentiation in adult macaques[J]. Science,1991,252:1857-1860.

[36] Elbert T,Flor H,Birbaumer N,et al. Extensive reorganization of the somatosensory cortex in adult humans after nervous system injury[J]. Neuroreport,1994,5:2593-2597.

[37] Flor H,Elbert T,Wienbruch C,et al. Phantom-limb pain as a perceptual correlate of cortical organization following arm amputation[J]. Nature,1995,375:482-484.

[38] Borsook D,Becerra L,Fishman S,et al. Acute plasticity in the human somatosensory cortex following amputation[J]. Neuroreport,1998,9:1013-1017.

[39] Flor H,Nikolajsen L,Staehelin J ensen T. Phantom limb pain:a case of maladaptive CNS plasticity?[J]. Nat Rev Neurosci,2006,7:873-881.（幻觉痛是指身体某一部分被截肢后的疼痛。它常被视为一种精神障碍，或被认为是由截肢残肢区域的病理改变引起的。在过去的十年里，有证据表明，幻觉痛可能是一种中枢神经系统的现象，它与神经轴的几个层次的可塑性变化有关，尤其是皮质。此文中作者讨论了可能的病理生理机制的证据，强调了中枢，特别是皮质的变化。作者引用了动物和人类的研究，并为减轻幻觉痛的干预措施提出了建议）

[40] Wilkins KL,McGrath PJ,Finley GA,et al. Phantom limb sensations and phantom limb pain in child and adolescent amputees[J]. Pain,1998,78:7-12.

[41] Saadah ES,Melzack R. Phantom limb experiences in congenital limb deficient adults[J]. Cortex,1994,30:479-485.

[42] Lundborg G. Enhancing posttraumatic nerve regeneration[J]. J Peripher Nerv Syst,2002,7:139-140.

[43] Lundborg G,Rosen B. Hand function after nerve repair[J]. Acta Physiol（Oxf),2007,189:207-217.［创伤后神经再生是一个复杂的生物学过程，其结果取决于多种生物学和环境因素，如神经细胞的存活、轴突再生率、轴突错向程度、损伤类型、神经类型、损伤程度、患者年龄和训练依从性。一个主要的问题是由于轴突方向错误而导致的手部皮层功能重组。触觉辨别功能很少恢复——这是皮层重新映射的直接结果。手部康复的新趋势集中在中枢神经系统的调节，而不是周围因素。在神经损伤和修复的初始阶段（第 1 阶段），利用视觉 - 触觉和听觉 - 触觉交互作用的脑容量来维持手部皮层的表现。手的再神经化（第 2 阶段）开始后，选择性去传入，如对受伤手前臂进行皮肤麻醉，可以扩大神经损伤的手皮质代表区，从而增强感觉再学习的效果］

[44] Silva AC,Rasey SK,Wu X,et al. Initial cortical reactions to injury of the median and radial nerves to the hands of adult primates[J]. J Comp Neurol,1996,366:700-716.

[45] Taylor KS,Anastakis DJ,Davis KD. Cutting your nerve changes your brain[J]. Brain,2009,132:3122-3133.

[46] Witzel C,Brushart T. Morphology of peripheral axon regeneration[J]. J Periph Nerv Syst,2003,8:75-76.

[47] Hansson T,Brismar T. Loss of sensory discrimination after median nerve injury and activation in the primary somatosensory cortex on functional magnetic resonance imaging[J]. J Neurosurg,2003, 99:100-105.

[48] Dellon AL. Sensibility and Re-education of Sensation in the Hand[M]. Baltimore:Williams & Wilkins,1981.

[49] Rosén B,Balkenius C,Lundborg G. Sensory re-education today and tomorrow. Review of evolving concepts[J]. Br J Hand Ther,2003,8:48-56.

[50] Wynn-Parry CB,Salter M. Sensory re-education after median nerve lesions[J]. Hand,1976,8:250-257.

[51] Duffau H. Brain plasticity:from pathophysiological mechanisms to therapeutic applications[J]. J Clin Neurosci,2006,13:885-897.

[52] Malessy MJ,Bakker D,Dekker AJ,et al. Functional magnetic resonance imaging and control over the biceps muscle after intercostal-musculocutaneous nerve transfer[J]. J Neurosurg,2003,98:261-268.

[53] Mackinnon SE,Novak CB. Nerve transfers. New options for reconstruction following nerve injury[J].

Hand Clin,1999,15:643-666,ix.
[54] Chuang DC,Yeh MC,Wei FC. Intercostal nerve transfer of the musculocutaneous nerve in avulsed brachial plexus injuries:evaluation of 66 patients[J]. J. Hand Surg,1992,17(suppl A):822-828.[肋间神经移位术是治疗不可修复的臂丛神经撕脱伤的有效方法。获得良好疗效的重要因素是：①早期探查（创伤后不到 5 个月）；②使用三根肋间神经；③混合神经 - 混合神经联合缝合；④无移植和无张力神经修复；⑤肩关节稳定性]
[55] Mano Y,Nakamuro T,Tamura R,et al. Central motor reorganization after anastomosis of the musculocutaneous and intercostal nerves following cervical root avulsion[J]. Ann Neurol,1995,38:15-20.
[56] Bjorkman A,Waites A,Rosen B,et al. Cortical sensory and motor response in a patient whose hand has been replanted:one-year follow up with functional magnetic resonance imaging[J]. Scand J Plast Reconstr Surg Hand Surg,2007,41:70-76.
[57] Roricht S,Machetanz J,Irlbacher K,et al. Reorganization of human motor cortex after hand replantation[J]. Ann Neurol,2001,50:240-249.
[58] Lanzetta M,Perani D,Anchisi D,et al. Early use of artificial sensibility in hand transplantation[J]. Scand J Plast Reconstr Surg,2004,38:106-111.

8. 腹直肌瓣
rectus abdominis flaps

[1] Brown R,Vasconez L,Jurkiewicz M. Transverse abdominal flaps and the deep epigastric arcade[J]. Plast Reconstr Surg,1975,55:416.（作者报道了基于上腹部深部血管的横行腹部皮瓣。这种皮瓣是基于乳内动脉的胸大肌、三角肌皮瓣的延伸。横行腹部皮瓣的血运来自上腹部深部血管的穿支，在应用时不需要延迟手术。这是首次报道应用腹直肌穿支的腹部皮瓣）
[2] Drever J. The epigastric island flap[J]. Plast Reconstr Surg,1977,59:343.（作者描述一个由胸腹血管轴穿支供血的腹前壁岛状皮瓣。它是由乳突内支及其终末支、上腹部上动脉与腹壁下动脉经静脉配对吻合而成。本文认识到腹直肌下段皮瓣潜力。描述了一个基于上腹部深部血管供应的垂直方向肌皮瓣，转移修复胸壁缺损）
[3] Pennington DG,Pelly AD. The rectus abdominis myocutaneous free flap[J]. Br J Plast Surg,1980,33:277.（首次报道了基于腹壁下深动脉和静脉的腹直肌肌皮瓣游离移植，用于修复锁骨下区域的缺损）
[4] Moon H,Taylor GI. The vascular anatomy of the rectus abdominis musculocutaneous flaps based on the deep superior epigastric system[J]. Plast Reconstr Surg,1988,82:815.
[5] Gray H. Anatomy of the Human Body,29th American edition[M]. Goss C(ed). Philadelphia:Lea and Febiger,1973,pp424.
[6] Mathes S,Nahai F. Clinical Applications for Muscle and Musculocutaneous Flaps[J]. St. Louis:CV Mosby,1982,pp44.
[7] Taylor G,Palmer J. The vascular territories (angiosomes) of the body:experimental and clinical applications[J]. Br J Plast Surg,1987,40:113.
[8] Boyd JB,Taylor GI,Corlett R. The vascular territories of the superior and deep inferior epigastric systems[J]. Plast Reconstr Surg,1984,73:1.
[9] Miyamoto Y,Harada K,Kodama Y,et al. Cranial coverage involving scalp,bone and dura using free inferior epigastric flap[J]. Br J Plast Surg,1986,39:483.
[10] Sadove R,Merrell J. The split rectus abdominis free muscle transfer[J]. Ann Plast Surg,1987,18:179.
[11] Carramenha E,Costa M,Carriquiry C,et al. An anatomic study of the venous drainage of the transverse rectus abdominis musculocutaneous flap[J]. Plast Reconstr Surg,1987,79:208.
[12] Taylor GI,Corlett R,Boyd JB. The extended deep inferior epigastric flap:a clinical technique[J]. Plast Reconstr Surg,1983,72:751.

9.(用于乳房重建) 股后穿支皮瓣解剖与评价
anatomy and elevation of the posterior thigh perforator flap for breast reconstruction

[1] Hurwitz DJ. Closure of a large defect of the pelvic cavity by an extended compound myocutaneous flap based on the inferior gluteal artery[J]. Br J Plast Surg,1980,33:256-261.
[2] Angrigiani C,Grilli D,Thorne CH. The adductor flap:a new method for transferring posterior and medial thigh skin[J]. Plast Reconstr Surg,2001,107:1725-1731.
[3] Song YG,Chen GZ,Song YL. The free thigh flap:a new free flap concept based on the septocutaneous artery[J]. Br J Plast Surg,1984,37:149-159.（北京整形外科医院和北京友谊医院介绍了基于肌间隔穿支血管的大腿皮瓣的解剖学基础、手术方法和特点。它具有大而长的神经血管蒂，可作为游离皮瓣或作为岛状皮瓣替代下腹皮瓣、腹股沟皮瓣、阔筋膜张肌肌皮瓣、缝匠肌肌皮瓣或股薄肌肌皮瓣）
[4] Paletta C,Bartell T,Shehadi S. Applications of the posterior thigh flap[J]. Ann Plast Surg,1993,30:41-47.（密苏里州圣路易斯大学医院整形外科 Paletta 医生综述了大腿后侧皮瓣的特点和临床应用。大腿后皮瓣是在使用下肢肌肉皮瓣的过程中发展起来的。在 21 例患者中应用了 22 个后股皮瓣，发现它是一种可靠的血液供应的皮瓣，可以用于覆盖股骨粗隆、坐骨和一些骶部伤口的软组织。此外，大腿后皮瓣可作为带蒂皮瓣用于足跟及足部创伤的治疗）
[5] Ahmadzadeh R,Bergeron L,Tang M,et al. The posterior thigh perforator flap or profunda femoris artery perforator flap[J]. Plast Reconstr Surg,2007,119:194-200;discussion 201-192.
[6] Allen RJ,Haddock NT,Ahn CY,Sadeghi A. Breast reconstruction with the profunda artery perforator(PAP) flap[J]. Plast Reconstr Surg,2012,129(1):16e-23e.

10. 自由型 / 随意型游离皮瓣和超级显微外科
free-style free flaps and supermicrosurgery

[1] Koshima I. Harii K. Experimental study of vascularized nerve grafts:Multifactorial analyses of axonal regeneration of nerves transplanted into an acute burn wound[J]. J Hand Surg,1985,10(suppl A):64-72.[超级显微外科技术形成于 19 世纪 80 年代早期，采用大鼠坐骨神经进行游离神经移植研究。细致的解剖神经血管蒂（来自股动脉的肌穿支）促进了超级显微外科技术的发展]
[2] Koshima I,Harii K. Experimental study of vascularized nerve grafts:Morphometric study of axonal regeneration of nerves transplanted into silicone tubes[J]. Ann Plast Surg,1985,14:235-243.
[3] Yamano Y. Replantation of the amputated distal part of the fingers. J Hand Surg Am,1985,10:211-218.
[4] Koshima I,Soeda S,Moriguchi T,et al. The use of arteriovenous anastomosis for replantation of the distal phalanx of the fingers[J]. Plast Reconstr Surg,1992,89(4):710-714.
[5] Koshima I,Soeda S,Takase T,Yamasaki M. Free vascularized nail grafts[J]. J Hand Surg,1987;13 (suppl A):29-32.
[6] Koshima I,Inagawa K,Urushibara K,et al. Fingertip reconstructions using partial-toe transfers[J]. Plast Reconstr Surg,2000,105:1666-1674.
[7] Koshima I. Atypical arteriole anastomoses for fingertip replantations under digital block[J]. J Plast Reconstr Aesthet Surg,2008,61:84-87.
[8] Koshima I,Fujitsu M,Ushio S,et al. Flow-through anterior thigh flaps with a short pedicle for reconstruction of lower leg and foot defects[J]. Plast Reconstr Surg,2005,115(1):155-162.
[9] Koshima I,Inagawa K,Jitsuiki Y,et al. Scarpa›s adipofascial flap for repair of wide scalp defects[J]. Ann Plast Surg,1998,102:88-92.
[10] Koshima I,Inagawa K,Urushibara K,et al. Paraumbilical perforator flap without deep inferior epigastric vessels[J]. Plast Reconstr Surg,1998,102:1052-1057.（随着超级显微外科的发展，本研究首次描述了不带腹壁下动脉的脐旁穿支皮瓣修复小腿或足部创面的病例，共 9 例）
[11] Koshima I,Inagawa K,Yamamoto M,et al. New microsurgical breast reconstruction using free PUP (paraumbilical perforator) adiposal flaps[J]. Plast Reconstr Surg,2000,106:61-65.（随着穿支皮瓣和超级显微外科的发展，本文报道了第一例不带腹直肌的游离脐旁皮瓣重建双侧乳房）
[12] Koshima I,Inagawa K,Urushibara K,et al. Onestage facial contour augmentation with intraoral transfer of a paraumbilical perforator adiposal flap[J]. Plast Reconstr Surg,2001,108:988-994.
[13] Koshima I,Narushima M,Mihara M,et al. New thoracodorsal artery perforator（TAPcp) flap with capillary perforators for reconstruction of upper limb[J]. J Plast Reconstr Aesthet Surg,2010,63(1):140-145.
[14] Koshima I,Nanba Y,Tsutsui T,Takahashi Y. New anterolateral thigh perforator flap with a short pedicle for reconstruction of defects in the upper extremities[J]. Ann Plast Surg,2003,51:30-36.
[15] Koshima I,Urushibara K,Inagawa K,Moriguchi T. Free tensor fasciae latae perforator flap for the reconstruction of defects in the extremities[J]. Plast Reconstr Surg,2001,107:1759-1765.
[16] Koshima I,Hosoda M,Inagawa K,et al. Free medial thigh perforatorbased flaps:new definition of the pedicle vessels and versatile application[J]. Ann Plast Surg,1996,37:507-515.
[17] Koshima I,Tsutsui T,Takahashi Y,Nanba Y. Free gluteal artery perforator flap with a short,small perforator[J]. Ann Plast Surg,2003,51:200-204.
[18] Koshima I,Soeda S. Free posterior tibial perforator-based flaps[J]. Ann Plast Surg,1991,26:284-288.
[19] Inoue T,Kobayashi M,Harashima T. Finger pulp reconstruction with a free sensory medial plantar flap[J]. Br J Plast Surg,1988,41:657.
[20] Ishikura N,Heshiki T,Tsukada S. The use of a free medialis pedis flap for resurfacing skin defects of the hand and digits:results in five cases[J]. Plast Reconstr Surg,1995,95:100.
[21] Lee HB,Tark KC,Rah DK,et al. Pulp reconstruction of fingers with very small sensate medial plantar free flap[J]. Plast Reconstr Surg,1998,101:999.
[22] Koshima I,Urushibara K,Inagawa K,et al. Free medial plantar perforator flaps for the resurfacing of finger and foot defects[J]. Plast Reconstr Surg,2001,107:1753-1757.
[23] Koshima I,Nanba Y,Tsutsui T,et al. Superficial circumflex iliac artery perforator flap for reconstruction of limb defects[J]. Plast Reconstr Surg,2004,113(1):233-240.
[24] Koshima I,Urushibara K,Fukuda N,et al. Digital artery perforator flaps for fingertip reconstructions[J]. Plast Reconstr Surg,2006,118(7):1579-1584.
[25] Koshima I. Microsurgery in the Future:Introduction to Supra-microsurgery and Perforator Flaps. Presented at the First International Course on Perforator Flap and Arterialized Skin Flaps. Special invited lecture. Gent,Belgium,June 13,1997.
[26] Koshima I,Inagawa K,Okuyama N,et al. Free vascularized appendix transfer for reconstruction of penile urethra with severe fibrosis[J]. Plast Reconstr Surg,1999,103:964-969.
[27] Fujino T,Harashina T,Nakajima T. Free skin flap from the retroauricular region to the nose[J]. Plast Reconstr Surg,1976,57:338.
[28] Parkhause N,Evance D. Reconstruction of the ala of the nose using a composite free flap from the pinna[J]. Br J Plast Surg,1985,38:306-313.
[29] Shenaq SM,Dinh TA,Spira M. Nasal ala reconstruction with an ear helix free flap[J]. J Reconstr Microsurg,1989,5:63-67.
[30] Pribaz JJ,Falco N. Nasal reconstruction with auricular microvascular transplant[J]. Ann Plast Surg,1993,31:289-297.
[31] Tanaka Y,Tajima S,Tsujiguchi K,et al. Microvascular reconstruction of nose and ear defects using composite auricular free flaps[J]. Ann Plast Surg,1996,36:298-302.
[32] Koshima I,Urushibara K,Okuyama H,et al. Ear helix flap for reconstruction of total loss of the upper eyelid[J]. Br J Plast Surg,1999,52:314-316.
[33] Koshima I,Umeda N,Moriguchi T,et al. A full-thickness chondrocutaneous flap from the auricular concha for repair of tracheal defects[J]. Plast Reconstr Surg,1997,99:1887-1893.
[34] Koshima I,Inagawa K,Urushibara K,Moriguchi T. Combined submental flap with toe web for reconstruction of the lip with oral commissure[J]. Br J Plast Surg,2000,53:616-619.
[35] Koshima I,Okumoto K,Umeda N,et al. Free vascularized deep peroneal nerve grafts[J]. J Reconstr Microsurg,1996,12:131-141.
[36] Koshima I,Nanba Y,Tsutsui T,et al. Vascularized femoral nerve graft with anterolateral thigh "true" perforator flap for massive defects after cancer ablation in the upper arm[J]. J Reconstr Microsurg,2003,19:299-302.（本研究首次应用带血管蒂的游离股神经移植和基于旋股外侧血管的游离股前外侧穿支皮瓣修复肘部和重建前臂功能。可以获得超过 12 cm 的带血管蒂的股神经长移植物，也可以在同一供区获得股前外侧皮瓣）
[37] Koshima I,Narushima M,Mihara M,et al. Fascicular turnover flap for nerve gaps[J]. J Plast Reconstr Aesthet Surg,2010,63:1008-1014.
[38] Koshima I. Short pedicle superficial inferior epigastric artery adiposal flap:new anatomical findings and the use of this flap for reconstruction of facial contour[J]. Plast Reconstr Surg,2005,15:(116):1091-1097.
[39] Koshima I,Kawada S,Moriguchi T,Kajiwara Y. Ultrastructural observations of lymphatic vessels in lymphedema in human extremities[J]. Plast Reconstr Surg,1996,97(2):397-405.
[40] Koshima I,Inagawa K,Urushibara K,et al. Supermicrosurgical lymphaticovenular anastomosis for the treatment of lymphedema in the upper extremities. J Reconstr Microsurg,2000,16:437-442.
[41] Mardini S,Tsai FC,Wei FC. The thigh as a model for free style free flaps[J]. Clin Plast Surg,2003,30(3 473-480.

11. 预构皮瓣
prefabricated flaps

[1] Shen TY. Vascular implantation into skin flap. Experimental study and clinical applications. A preliminary report[J]. Plast Reconstr Surg,1981,68:404.
[2] Baudet J,Pelissier P,Martin D,et al. Prefabricated free flap transfer. Presented at the 3rd Annual meeting of the American Society for Reconstructive Microsurgery September 12 to 13,San Antonio,1987. In Swartz WM,Banis JC Jr(eds). Head and Neck Microsurgery. Baltimore:Williams & Wilkins. 1992.
[3] Pribaz JJ,Fine NA. Prelamination defining the prefabricated flap:a new case report and review[J]. Microsurgery,1994,15:618.
[4] Taylor GI,Corlett RG,Caddy CM,et al. An anatomic review of the delay phenomenon II:Clinical applications[J]. Plast Reconstr Surg,1992,89:408.（本文将动物实验研究中延迟现象的解剖学概念和数据应用于一系列临床病例。结果是观察到，在手术延迟后，皮瓣长度至少可以增加一个额外的解剖血管区域）
[5] Maitz PKM,Pribaz JJ. Hergrueter CA. Impact of tissue expansion on flap prefabrication:an experimental study in rab-bits.[J] Microsurgery,1996,1:35.
[6] Orticochea M. A new method for total reconstruction of the nose. The ears as donor area[J]. Br J Plast Surg,1991,24:225.

[7] Shen TY. Microvascular transplantation of prefabricated thigh flap (letter)[J]. Plast Reconstr Surg,1982,69:568.
[8] Hirase Y,Valauri FA,Buncke HJ. Customized prefabricated neovascularized free flaps[J]. Microsurgery,1987,8:218.
[9] Khoury RK,Ozbek MR,Hruza GJ,et al. Facial reconstruction with prefabricated induced expanded(PIE) supraclavicular flap[J]. Plast Reconstr Surg,1995,95:1007.
[10] Pribaz JJ,Fine N,Orgill DP. Flap prefabrication in the head and neck surgery. A ten years experience[J]. Plast Reconstr Surg,1999,103:808-820.
[11] Guo L,Pribaz JJ. Prefabrication and prelamination. In:Wei FC,Mardini S(eds). Plastic and Reconstructive Surgery. St.[M]. Louis:Saunders Elsevier,2009,pp103.
[12] Moran SL. Temporoparietal fascia flap,in Plastic and reconstructive surgery. In Wei FC,Mardini S(eds). Plastic and Reconstructive Surgery. St.[M]. Louis:Saunders Elsevier,2009,pp159.
[13] Tsoutos D,Gravvanis A,Ioannovich J. Prefabricated hair bearing temporal flap for two different facial aesthetic subunits reconstruction. Case report[J]. Eur J Plast Surg,2005,27:394.
[14] Upton S,Ferraro N,Healy G,Khoury RK. The use of prefabricated fascia flap for lining of the oral and nasal cavity[J]. Plast Reconstr Surg,1994,94:573.
[15] Altindas M,Yucel A,Ozturk G,et al. The prefabricated temporal island flap for eyelid and eye socket reconstruction in total orbital exenteration patients:a new method[J]. Ann Plast Surg,2010,65:177.
[16] Martin D,Pascal JF,Baudet J,et al. The submental island flap:a new donor site. Anatomy and clinical applications as a free or pedicled flap[J]. Plast Reconstr Surg,1993,92:867.
[17] Pistre V,Pelissier P,Martin D,et al. Ten years of experience with the submental flap[J]. Plast Reconstr Surg,2001,108:1576.
[18] Tan O,Kiroglu FA,Bekir A. Reconstruction of the columella using the prefabricated reverse flow submental flap[J]. Head Neck,2006,28:653.
[19] Lamberty BGH. The subclavian axial patterned flap[J]. Br J Plast Surg,1979,32:207.
[20] Baudet J,Martin D,Ferreira R,et al. The supraclavicular neurovascular free flap. Anatomy and clinical applications. In Brunelli G(ed). Textbook of Microsurgery. G . Milan:Masson,1988,pp169.
[21] Khouri RK,Ozbek MR,Hruza GJ,et al. Facial reconstruction with prefabricated induced expanded(PIE) Supraclavicular skin flaps[J]. Plast Reconstr Surg,1995,95:1007.
[22] Guo L,Pribaz JJ. Pre-expanded ultra thin supraclavicular flap for(full face) reconstruction with reduced donor site morbidity and without the need for microsurgery[J]. Plast Reconstr Surg,2005,11:1845.
[23] Dos Santos LF. The scapular flap:a new microsurgical free flap[J]. Rev Bras Cir,1980,70:133.
[24] Gilbert A,Teot L. The free scapular flap[J]. Plast Reconstr Surg,1982,69:601.
[25] Nassif TM,Vidal L,Bovet JL,et al. The parascapular flap:a new cutaneous microsurgical free flap[J]. Plast Reconstr Surg,1982,69:591.（本文报道了第一例旋肩胛皮瓣的解剖学研究和临床应用。这个皮瓣的血运来自旋肩胛动脉垂直终末支的皮支，供养范围为肩胛骨区域，供区容易闭合，可以携带肌瓣）
[26] Vinzenz KG,Holle J,Wuringer E,et al. Revascularized composite grafts with inserted implants for reconstructing the maxilla-improved flap design and flap prefabrication[J]. Br J Oral Maxillofac Surg,1998,36:346.
[27] Tansini I. Nuovo processo per l'amputation della mammaella per cancre[J]. Reform Med,1986,12:3.
[28] Olivari N. The latissimus flap. Br J Plast Surg,1976,29:126.
[29] Baudet J,Guimberteau JC,Nascimento E. Successful clinical transfer of two free thoracodorsal axillary flaps[J]. Plast Reconstr Surg,1976,58:680.
[30] Maxwell GP,Manson PM,Hoopes JE. Experience with thirteen latissimus dorsi myocutaneous flaps[J]. Plast Reconstr Surg,1979,64:1.
[31] Vergote T,Revol M,Servant JM,et al. Lambeaux musculocutanés de grand dorsal expansés microanastomosés[J]. Ann Chir Plast Esthet,1993,38:323.
[32] Hirase Y,Valauri FA,Buncke HJ. Prefabricated sensate myocutaneous and osteomyocutaneous free flap. An experimental model. Preliminary report[J]. Plast Reconstr Surg,1988,82:440.
[33] Song R,Song Y,Yu Y,Song Y. The upperarm free flap[J]. Clin Plast Surg,1982,9:27.
[34] Rivet D,Buffet M,Martin D,et al. The lateral arm flap:an anatomic study[J]. J Reconstr Microsurg,1987,3:121.
[35] Shenaq JM. Pretransfer expansion of a sensate lateral arm free flap[J]. Ann Plast Surg,1987,19:558.
[36] Yang G,Chen B,Gao Y,et al. Forearm free skin flap transplantation[J]. Natl Med J China,1981,61:139.
[37] Song R,Gao Y,Song Y,et al. The forearm flap[J]. Clin Plast Surg,1982,9:21.
[38] Biemer E,Stock W. Total thumb reconstruction. A one stage reconstruction using an osteocutaneous forearm flap[J]. Br J Plast Surg,1983,36:52.
[39] Soutar DS,Schecker LR,Tanner NSB,et al. The radial forearm flap:a versatile method for intraoral reconstruction[J]. Br J Plast Surg,1983,36:1.
[40] Chang TS,Hwang WY. Forearm flap in one stage reconstruction of the penis[J]. Plast Reconstr Surg,1984,74:251.
[41] Baudet J,Martin D. Principles of prefabricated flaps//In Strauch B,Vasconez LO,Hall-Findlay E(eds). Grabb's Encyclopedia of Flaps[M]. 2nd ed. Philadelphia:Lippincott-Raven,1998.
[42] Akin S. Burn ear reconstruction using a prefabricated free radial forearm flap[J]. J Reconstr Microsurg,2001,17:233.
[43] Orringer JS,Shaw WW,Borud LJ,et al. Total mandibular and lip reconstruction with a prefabricated osteocutaneous free lower flap[J]. Plast Reconstr Surg,1999,104:793.
[44] Wreesmann VB,Smeele LE,Hilgers FJM,et al. Closure of tracheoesophageal fistula with prefabricated revascularized bilaminar radial forearm free flap[J]. Head Neck 2009,31:838.
[45] Fujiwara T,Nishino K,Numajiri T. Tracheal reconstruction with a prefabricated and double folded radial forearm free flap[J]. J Plast Reconstr Aesthet Surg,2009,62:790.
[46] Chen HC,Kuo YR,Huang TB,et al. Microvascular prefabricated free skin flap for oesophageal reconstruction[J]. Ann Thorac Surg,1999,67:911.
[47] Ramesh S,Serjius A,Wong TB,et al. Two stage penile reconstruction with free sensate radial forearm osteocutaneous flap[J]. Med J Malaysia,2008,63:343.
[48] Song YG,Chen GZ,Song YL The free thigh flap:a new free flap concept based on the septocutaneous artery[J]. Br J Plast Surg,1984,37:149.
[49] Hallock GG. The pre-expanded anterolateral thigh flap[J]. Ann Plast Surg,2004,53:170.
[50] Taylor GI,Miller GD,Ham FJ. The free vascularized bone graft. A clinical extension of microvascular techniques[J]. Plast Reconstr Surg,1975,55:533.（对于合并有广泛皮肤及骨缺损的下肢损伤，本文介绍了一种新的可携带适量软组织的游离骨移植技术。在病例2中的应用效果令人鼓舞。这应该是首例报道通过显微血管吻合的方式成功在人体上应用游离复合腓骨移植）
[51] Chen ZW,Yan W. The study and clinical applications of osteocutaneous flap of fibula[J]. Microsurgery,1983,4:11.
[52] Baudet J,Panconi B,Caix P,et al. The composite fibula and soleus free transfer[J]. Int J Microsurg,1982,4:10.
[53] Pelissier P,Casoli V,Demiri E,et al. Fibula free transfer in the lower extremity[J]. Plast Reconstr Surg,2000,105:567.
[54] Rohner D,Jaquiery C,Kunz C,et al. Maxillofacial reconstruction with prefabricated osseous free flaps:a 3-year experience with 24 patients[J]. Plast Reconstr Surg,2003,112:748.
[55] Hage JJ,Wintres HAH,Lieshout JV. Fibula free flap phalloplasty:modification and recommendations[J]. Microsurgery,1996,17:358.
[56] Capelouto CC,Orgill DP,Louglin KR. Complete phalloplasty with a prelaminated osteocutaneous fibula flap[J]. J Urol,1997,158:2238.
[57] Houle JM,Neumeister MW. A prefabricated tissue engineered INTEGRA free Flap[J]. Plast Reconstr Surg,2007,120:1322.
[58] Akita S,Tamai N,Myoui A,et al. Capillary vessel network by inserting a vascular pedicle enhances bone formation in tissue engineered bone using interconnected porous hydroxyapatite ceramics[J]. Tissue Eng,2004,10(5-6):789-795.
[59] Li QF,Reis ED,Zhang WX,et al. Accelerated flap prefabrication with vascular endothelial growth factor[J]. J Reconstr Microsurg,2000,16:45.
[60] Haws MJ,Erdman D,Bayati S,et al. Basic fibroblast growth factor induced angiogenesis and prefabricated flap survival[J]. J Reconstr Microsurg,2001,17:39.
[61] Li H,Zan T,Li Y,et al. Transplantation of adipose-derived stem cells promotes formation of prefabricated flap in a rat model[J]. J Exp Med,2010,22:131.

12. 背阔肌皮瓣
latissimus dorsi flaps

[1] Tansini I. Sopra il nuovo mio processo di amputazione della mammilla[J]. La Gazzetta Medica,1906,12:757.（最早定义和实施背阔肌皮瓣的研究）
[2] Tansini I. Nuovo processo per l'amputazione della mammella per cancro[J]. La Riforma Medica Napoli,1896.（最早利用旋肩胛血管背阔肌皮瓣乳房重建）
[3] d'Este S. La technique de l'amputation de la mammelle pour carcinome mammaire[J]. Rev Chir,1912,45:164.
[4] Purpura F. Tansini method for cure of cancer of the breast[J]. Lancet,1908,1:634.
[5] Halstead WS. The results of radical operations for the cure of cancer of the breast Tr[J]. Am Surg A,1907,25:61.
[6] Gillies H. Plastic Surgery of the Face[M]. London:Hodder and Stoughton,1920.
[7] Olivari N. The latissimus dorsi flap[J]. Br J Plast Surg,1976,29:126.（重新将背阔肌皮瓣再造用于重建手术，用于覆盖胸壁的大面积放射性溃疡）
[8] Quillen CG,Serafin JC,Georgiade NG. Use of latissimus dorsi musculocutaneous island flap for reconstruction of the head and neck area[J]. Plast Reconstr Surg,1976,62:113.
[9] Muhlbauer W,Olbrisch R. The latissimus dorsi musculo cutaneous flap for breast reconstruction[J]. Chir Plast,1977,4:27.
[10] Bostwick J,Vasconez L,Jurkiewicz MJ. Breast reconstruction after radical mastectomy Plast Reconstr Surg,1978,61:682.（英文文献中最早用背阔肌皮瓣重建乳房的研究）
[11] Maxwell GP,Stueber K,Hoopes JE. A free latissimus dorsi musculocutaneous flap[J]. Plast Reconstr Surg,1978,62:462.（Maxwell 最早提出背阔肌皮瓣游离移植）
[12] Schneider WJ,Hill HL,Brown RG. Latissimus dorsi myocutaneous flap for breast reconstruction[J]. Br J Plast Surg,1977,30:277-281.
[13] Hokin JA. Mastectomy reconstruction without prosthetic implant[J]. Plast Reconstr Surg,1983,72:810.
[14] Marshall DR,Anstee EJ,Stapleton MJ. Soft tissue reconstruction of the breast using the extended composite latissimus dorsi myocutaneous flap[J]. Br J Plast Surg,1984,37:361.
[15] Hayashi A,Maruyama Y. The "reduced" latissimus dorsi musculocutaneous flap[J]. Plast Reconstr Surg 1989,84(2):290.
[16] Godina M. The tailored latissimus dorsi free flap[J]. Plast Reconstr Surg,1987,80:304.
[17] Angrigiani C,Grilli D,Siebert J. Latissimus dorsi flap without muscle[J]. Plast Reconstr Surg 1995,96(7):1608.
[18] Kim JT,Koo BS,Kim SK. The thin latissimus dorsi perforator-based free flap for resurfacing[J]. Plast Reconstr Surg,2001,107:374.
[19] Cavadas PC,Teran-Saavedra PP. Combined latissimus dorsi-thoracodorsal artery perforator free flap:the "razor flap"[J]. J Reconstr Microsurg,2002,18:29.
[20] Koshima I,Soeda S. Inferior epigastric artery skin flaps without rectus abdominis muscle[J]. Br J Plast Surg,1989,42:645.
[21] Geddes CR,Morris SF,Neligan PC. Perforator flaps:evolution,classification,and applications[J]. Ann Plast Surg,2003,50:90.
[22] Maruyama Y,Onishi K,Iwahira Y,et al. Free compound rib-latissimus dorsi osteomusculocutaneous flap in reconstruction of the leg[J]. J Reconstr Microsurg,1986,3:13.
[23] Bostwick J III,Scheflan M,Nahai F,Jurkiewicz MJ. The "reverse" latissimus dorsi muscle and musculocutaneous flap:anatomical and clinical considerations[J].Plast Reconstr Surg,1980,65(4):395.
[24] Thomas BP,Geddes CR,Tang M,et al. The vascular basis of the thoracodorsal artery perforator flap[J]. Plast Reconstr Surg,2005,116:819-822.
[25] De Coninck A,Boeckx W,Vanderlinden E,Claessen G. Autotransplants avec microsutures vasculaires. Anatomiedes zones donneuses[J]. Ann Chir Plast,1975,20:163-170.
[26] Baudet J,Guimberteau JC,Nascimento E. Successful clinical transfer of two free thoracodorsal axillary flaps[J]. Plast Reconstr Surg,1976,58:680.
[27] Manchot C. Die Hautarterien des Menschliches Körpers. Leipzig:FCW Vogel,1889.
[28] Salmon M. Artères de la Peau. Paris:Masson,1936.
[29] Nakajima H,Maruyama Y,Koda E. The definition of vascular skin territories with prostaglandin E:the anterior chest,abdomen and thighinguinal region[J]. Br J Plast Surg,1981,34:258-263.
[30] Cormack GC,Lamberty BGH. The Arterial Anatomy of Skin Flaps[J]. Edinburgh:Churchill Livingstone,1986.
[31] Behan FC,Wilson JSP. The Vascular Basis of Laterally Based Forehead Island Flaps and Their Clinical Applications.II Congress of the European Section of the International Confederation of Plastic and Reconstructive Surgery,Madrid,1973.
[32] Taylor GI,Palmer JH. The vascular territories (angiosomes) of the body:experimental study and clinical applications[J]. Br J Plast Surg,1987,40:113.
[33] Dubreuil-Chambardel L. Traité des variations du système artériel[M]. Paris:Masson,1925.
[34] Russell RC. Pribaz J,Zook EG,et al. Functional evaluation of latissimus dorsi donor site[J]. Plast Reconstr Surg,1986,78:336.

13. 肩胛与肩胛旁皮瓣
scapular and parascapular flaps

[1] Saijo M. The vascular territories of the dorsal trunk:a reappraisal for potential flap donor sites. Br J Plast Surg,1978,31(3):200-204.（首次描述了基于旋肩胛动脉的肩胛背部皮瓣的解剖）
[2] dos Santos LF. The vascular anatomy and dissection of the free scapular flap. Plast Reconstr

Surg,1984,73(4):599-604.（报道了游离肩胛部皮瓣的血管解剖及切取技术）
[3] Gilbert A,Teot L. The free scapular flap[J]. Plast Reconstr Surg,1982,69(4):601-604.（描述了肩胛游离皮瓣的切取范围，旋肩胛血管发出多个骨膜支，似肩胛骨的外侧缘可作为一个可靠的游离骨移植的供区）
[4] Batchelor AG,Sully L. A multiple territory free tissue transfer for reconstruction of a large scalp defect[J]. Br J Plast Surg,1984,37(1):76-79.（首次描述了将背阔肌与肩胛旁或肩胛骨皮瓣结合以修复头皮缺损）
[5] Swartz WM,Banis JC,Newton ED,et al. The osteocutaneous scapular flap for mandibular and maxillary reconstruction. Plast Reconstr Surg,1986,77(4):530-545.
[6] Coleman JJ III,Sultan MR. The bipedicled osteocutaneous scapula flap:a new subscapular system free flap[J]. Plast Reconstr Surg,1991,87(4):682-692.
[7] Siebert JW,Longaker MT,Angrigiani C. The inframammary extended circumflex scapular flap:an aesthetic improvement of the parascapular flap[J]. Plast Reconstr Surg,1997,99(1):70-77.
[8] Liu Y,Song B,Jin J,et al. A freestyle pedicled thoracodorsal artery perforator flap aiding the donorsite closure of a parascapular flap[J]. J Plast Reconstr Aesthet Surg,2010,63(3):e280-e282.
[9] Roll C,Prantl L,Feser D,et al. Functional donorsite morbidity following (osteo-) fasciocutaneous parascapular flap transfer[J]. Ann Plast Surg,2007,59(4):410-414.
[10] Cerkes N,Erer M,Sirin F. The combined scapular/parascapular flap for the treatment of extensive electrical burns of the upper extremity[J]. Br J Plast Surg,1997,50(7):501-506.
[11] Chen D,Jupiter JB,Lipton HA,Li SQ. The parascapular flap for treatment of lower extremity disorders[J]. Plast Reconstr Surg,1989,84(1):108-116.
[12] Longaker MT,Siebert JW. Microvascular free-flap correction of severe hemifacial atrophy[J]. Plast Reconstr Surg,1995,96(4):800-809.
[13] Longaker MT,Siebert JW. Microsurgical correction of facial contour in congenital craniofacial malformations:the marriage of hard and soft tissue[J]. Plast Reconstr Surg,1996,98(6):942-950.
[14] Saadeh P,Reavey PL,Siebert JW. A soft-tissue approach to midfacial hypoplasia associated with Treacher Collins syndrome. Ann Plast Surg,2006,56(5):522-525.
[15] Saadeh PB,Chang CC,Warren SM,et al. Microsurgical correction of facial contour deformities in patients with craniofacial malformations:a 15-year experience[J]. Plast Reconstr Surg,2008,121(6):368e-378e.
[16] Chiu ES,Sharma S,Siebert JW. Salvage of silicone-treated facial deformities using autogenous free tissue transfer[J]. Plast Reconstr Surg,2005,116(5):1195-1203;discussion 1204-1205.
[17] Upton J,Albin RE,Mulliken JB,Murray JE. The use of scapular and parascapular flaps for cheek reconstruction[J]. Plast Reconstr Surg,1992,90(6):959-971.
[18] Urken ML,Weinberg H,Buchbinder D,et al. Microvascular free flaps in head and neck reconstruction. Report of 200 cases and review of complications. Arch Otolaryngol Head Neck Surg,1994,120(6):633-640.
[19] Urken ML,Bridger AG,Zur KB,Genden EM. The scapular osteofasciocutaneous flap:a 12-year experience[J]. Arch Otolar-yngol Head Neck Surg,2001,127(7):862-869.
[20] Frodel JL Jr,Funk GF,Capper DT,et al. Osseointegrated implants:a comparative study of bone thickness in four vascularized bone flaps[J]. Plast Reconstr Surg,1993,92(3):449-455;discussion 456-458.
[21] Moscoso JF,Keller J,Genden E,et al. Vascularized bone flaps in oromandibular reconstruction. A comparative anatomic study of bone stock from various donor sites to assess suitability for endosseous dental implants[J]. Arch Otolaryngol Head Neck Surg,1994,120(1):36-43.

14. 腹股沟游离皮瓣
the free groin flap

[1] McGregor IA,Jackson IT. The groin flap[J]. Br J Plast Surg,1972,25:3-16.[首次报道了基于旋髂浅动脉（SCIA）和腹股沟浅静脉网的轴型皮瓣应用]
[2] McGregor IA,Morgan G. Axial and random pattern flaps[J]. Br J Plast Surg,1973,26:202-213.（轴型皮瓣促进了利用微血管技术进行游离组织移植的发展）
[3] Daniel RK,Taylor GI. Distant transfer of an island flap by microvascular anastomoses. A clinical technique[J]. Plast Reconstr Surg,1973,52:111-117.[首次转移一个基于腹壁浅下动脉（SIEA）的腹股沟皮瓣用于显微外科重建]
[4] O'Brien BM,MacLeod AM,Hayhurst JW,Morrison WA. Successful transfer of a large island flap from the groin to the foot by microvascular anastomoses[J]. Plast Reconstr Surg,1973,52:271-278.（描述了一种基于SCIA的游离腹股沟皮瓣）
[5] Ohmori K,Harii K,Sekiguchi J,Torii S. The youngest free groin flap yet?[J]Br J Plast Surg,1977,30:273-276.（报道了游离腹股沟皮瓣的血管解剖基础）
[6] Acarturk S,Ozmen E. Composite osteo-cutaneous groin flap for the reconstruction of wrist and forearm defects[J]. Br J Plast Surg,1984,37:388-393.
[7] Taylor GI,Daniel RK. The anatomy of several free flap donor sites[J]. Plast Reconstr Surg,1975,56:243-253.
[8] Baudet J,LeMaire JM,Guimberteau JC. Ten free groin flaps[J]. Plast Reconstr Surg,1976,57:577-595.
[9] Omori K,Harii K. Free groin flaps:their vascular basis[J]. Br J Plast Surg,1975,28:238-246.
[10] Penteado CV. Venous drainage of the groin flap[J]. Plast Reconstr Surg,1983,71:678-684.
[11] Goodstein WA,Buncke HJ Jr.Patterns of vascular anastomoses vs. success of free groin flap transfers[J]. Plast Reconstr Surg,1979,64:37-40.
[12] O'Brien B MW. Microvascular Reconstructive Surgery. Edinburgh:Churchill Livingstone,1977.
[13] Koshima I,Nanba Y,Tsutsui T,et al. Superficial circumflex iliac artery perforator flap for reconstruction of limb defects[J]. Plast Reconstr Surg,2004,113:233-240.
[14] Ninkovic M. Superficial Inferior Epigastric Artery Perforator Flap. St Louis:Quality Medical Publishing,2006.
[15] Karkowski J,Buncke HJ. A simplified technique for free transfer of groin flaps,by use of a Doppler Probe[J]. Plast Reconstr Surg,1975,55:682-686.
[16] Iida T,Mihara M,Narushima M,Koshima I. A sensate superficial circumflex iliac perforator flap based on lateral cutane-ous branches of the intercostal nerves[J]. J Plast Reconstr Aesthet Surg,2012,65:538-540.
[17] Winterton RI,Pinder RM,Morritt AN,et al. Long term study into surgical re-exploration of the "free flap in difficulty[J]." J Plast Reconstr Aesthet Surg,2010,63:1080-1086.
[18] Moscona AR,Hirshowitz B. Meralgia paresthetica as a complication of the groin flap[J]. Ann Plast Surg,1980,4:161-163.
[19] Harrison TJ,Quillen CG. Free osteocutaneous groin flap in the reconstruction of large mandibular defects. A case study[J]. Arch Otolaryngol,1983,109:485-488.
[20] Harii K,Iwaya T,Kawaguchi N. Combination myocutaneous flap and microvascular free flap[J]. Plast Reconstr Surg,1981,68:700-711.
[21] Dzwierzynski WW,Sanger JR,Matloub HS,Yousif NJ. Combination latissimus dorsi and groin free flap with double microvascular transfer[J]. Ann Plast Surg,1995,34:631-634.
[22] Watson AC,McGregor JC. The simultaneous use of a groin flap and a tensor fasciae latae myocutaneous flap to provide tissue cover for a completely degloved hand[J]. Br J Plast Surg,1981,34:349-352.
[23] Harii K,Ohmori K. Free groin flaps in children[J]. Plast Reconstr Surg,1975,55:588-592.
[24] Parry SW,Toth BA,Elliott LF. Microvascular free-tissue transfer in children[J]. Plast Reconstr Surg,1988,81:838-840.
[25] Devaraj VS,Kay SP,Batchelor AG,Yates A. Microvascular surgery in children[J]. Br J Plast Surg,1991,44:276-280.
[26] Hough M,Fenn C,Kay SP. The use of free groin flaps in children[J]. Plast Reconstr Surg,2004,113:1161-1166.
[27] Pinder RM,Hart A,Winterton RI,et al. Free tissue transfers in the first 2 years of life—a successful cost effective and humane option[J]. J Plast Reconstr Aesthet Surg,2010,63:616-622.

15. 股前外侧与阔筋膜张肌皮瓣
anterolateral thigh and tensor fascia lata flaps

[1] Zhou CM,Zhong SZ,Liu MZ. Anatomy of the anterolateral leg flap[J]. Chin J Appl Anat,1983,1:97-98. [The anatomy of the anterolateral thigh (ALT) flap was first described in Chinese literature in 1983 by Zhou et al.（注：原文如此，英文原版叙述有误。该篇文献无论是中文原文还是英文题目都是"小腿……leg"，应该跟股前外侧皮瓣无关系）][1983年，钟世镇团队用中文报道下肢小腿外侧皮瓣解剖学研究，开启了系列皮瓣显微外科应用解剖学研究；提出了肌间隔皮动脉的概念（1982中文；1988英文）]
[2] Xu DC,Zhong SZ,Kong JM,et al.Anatomy of the anterolateral thigh flap[J]. Chin J Appl Anat,1984,2:158-160.[注：原文如此，英文原版有误。徐达传等团队成员首次详细报道股前外侧皮瓣应用解剖学（发表时间是8月份，首先详细的侧重介绍了该皮瓣的解剖）]
[3] Gao JH,Luo LS,Chen LF,Li YN.（注：原文如此，英文原版有误）Surface location of main cutaneous vessels in the anterolateral thigh skin flap[J]. Chin J Appl Anat,1984,2:161-163.[高建华等团队成员用多普勒研究股前外侧皮瓣主要皮血管的术前体表定位，发表时间是8月份，首先详细地介绍了股前外侧皮瓣设计时体表穿支的定位）]
[4] Luo LS,Gao JH,Chen LF,Li YN. A new free skin flap-anterolateral thigh skin flap:its anatomy and clinical application[J]. Chin J Plast Surg Burns,1985,1:50-52.{1985年，罗力生等用中文报道股前外侧皮瓣的解剖基础与临床应用[注：实际上，还漏掉了罗力生团队更早的一篇中文文章（罗力生，高建华，陈林峰，关国勤，郝廷智，徐达传，钟世镇，孙博，刘牧之，赵克森，吴坤莹，朱佐江. 股前外侧皮瓣及其游离移植的应用. 第一军医大学学报，1984，4（1-2）：1-4.]其发表时间是6月份，并首次介绍了股前外侧皮瓣的设计和应用]}
[5] Song YG,Chen,GZ,Song YL. The free thigh flap:a new free flap concept based on the septocutaneous artery[J]. Br J Plast Surg,1984,37:149.[宋业光等1984年首次以英文文献报道股前外侧皮瓣（股部皮瓣：肌间隔皮动脉新皮瓣）]
[6] Xu DC,Zhong SZ,Kong JM,et al. Applied anatomy of the anterolateral thigh flap[J]. Plast Reconstr Surg,1988,82:305-310.[以42例下肢成人尸体标本对股前外侧皮瓣的血供进行了研究，认为旋股外侧动脉的降支是皮瓣理想的轴型血管。1988年，徐达传等结合1984年中文发表的两个研究，系统总结了股前外侧皮瓣的应用解剖，包括皮瓣供血动脉的体表投影、血管直径、蒂部长度、皮瓣面积、感觉神经和浅静脉，描述了该皮瓣的应用要点和优缺点，用英文的方式在*PRS*杂志发表，为该皮瓣在国际上的临床应用提供了重要的解剖学基础]
[7] Zhang GL. Clinical application and improvement of an anterolateral thigh flap[J]. Chin J Plast Surg Burns,1989,5:269-270.
[8] Koshima I,Fukuda H,Utunomiya R,Soeda S. The anterolateral thigh flap:variations in its vascular pedicle[J]. Br J Plast Surg,1989,42:260-262.（最早引入嵌合皮瓣的概念。利用基于旋股外侧动脉的嵌合皮瓣修复头颈部大范围缺损）
[9] Zhou G,Qiao Q,Chen GY,et al. Clinical experience and surgical anatomy of 32 free anterolateral thigh flap transplantations[J]. Br J Plast Surg,1991,44:91-96.
[10] Koshima I,Fukuda H,Yamamoto H,et al. Free anterolateral thigh flaps for reconstruction of head and neck defects[J]. Plast Reconstr Surg,1993,92:421.
[11] Koshima I,Hosoda M,Moriguchi T,et al. A combined anterolateral thigh flap,anteromedial thigh flap,and vascularized iliac bone graft for a fullthickness defect of the mental region[J]. Ann Plast Surg,1993,31:175.
[12] Koshima I,Yamamoto H,Hosoda M,et al. Free combined composite flaps using the lateral circumflex femoral system for repair of massive defects of the head and neck regions:an introduction to the chimeric flap principle[J]. Plast Reconstr Surg,1993,92:411.
[13] Pribaz JJ,Orgill DP,Epstein MD,et al. Anterolateral thigh free flap. Ann Plast Surg,1995,34:585-592.
[14] Kimata Y,Uchiyarna K,Ebihara S,et al. Versatility of the free anterolateral thigh flap for reconstruction of head and neck defects[J]. Arch Otolaryngol Head Neck Surg,1997,123:1325.
[15] Kimata Y,Uchiyarna K,Ebihara S,et al. Anatomic variations and technical problems of the anterolateral thigh flap:a report of 74 cases[J]. Plast Reconstr Surg,1998,102:1517-1523.
[16] Luo S,Raffoul W,Luo J,et al. Anterolateral thigh flap:a review of 168 cases[J]. Microsurgery,1999,19:232-238.
[17] Shieh SJ,Chiu HY,Yu JC,et al. Free anterolateral thigh flap for reconstruction of head and neck defects following cancer ablation[J]. Plast Reconstr Surg,2000,105:2349.
[18] Kimata Y,Uchiyama K,Ebihara S,et al. Anterolateral thigh flap donor site complications and morbidity[J]. Plast Reconstr Surg,2000,106:584.
[19] Kimura N,Satoh K,Hasumi T,Ostuka T. Clinical application of the free thin anterolateral thigh flap in 31 consecutive patients[J]. Plast Reconstr Surg,2001,108:1197.
[20] Kuo YR,Jeng SF,Kuo MH,et al. Free anterolateral thigh flap for extremity reconstruction:clinical experience and functional assessment of donor site[J]. Plast Reconstr Surg,2001,107:1766.
[21] Yu P,Sanger JR,Matloub HS,et al. Anterolateral thigh fasciocutaneous island flaps in perineoscrotal reconstruction[J]. Plast Reconstr Surg,2002,109:610.
[22] Wei FC,Celik N,Chen HC,et al. Have we found an ideal soft-tissue flap? An experience with 672 anterolateral thigh flaps[J]. Plast Reconstr Surg,2002,109:2219.
[23] Yu P. Characteristics of the anterolateral thigh flap in a Western population and its application in head and neck reconstruction[J]. Head Neck,2004,26:759-769.
[24] Yu P,Youssef A. Efficacy of the handheld Doppler in preoperative identification of the cutaneous perforators in the anterolateral thigh flap[J]. Plast Reconstr Surg,2006,118:928-933.
[25] Wong CH,Wei FC,Fu B,et al. Alternative vascular pedicle of the anterolateral thigh flap:the oblique branch of the lateral circumflex femoral artery[J]. Plast Reconstr Surg,2009,123:571-577.
[26] Nakayama B,Hyodo I,Hasegawa Y,et al. Role of the anterolateral thigh flap in head and neck reconstruction:advantages of moderate skin and subcutaneous thickness[J]. J Reconstr Microsurg,2002,18:141-146.
[27] Yu P. Reinnervated anterolateral thigh flap for tongue reconstruction[J]. Head Neck,2004,26:1038-1044.
[28] Dorafshar AH,Seitz IA,DeWolfe M,et al. Split lateral iliac crest chimera flap:utility of the ascending branch of the later-al femoral circumflex vessels[J]. Plast Reconstr Surg,2010,125:574.
[29] Hanasono MM,Skoracki RJ,Yu P. A prospective study of donor site morbidity after anterolateral thigh fasciocutaneous and myocutaneous free flap harvest in 220 patients[J]. Plast Reconstr Surg,2010,125:209-214.
[30] Yu P. One-stage reconstruction of complex pharyngoesophageal,tracheal,and anterior neck defects[J]. Plast Reconstr Surg,2005,116:949-956.
[31] Yu P,Robb GL. Reconstruction for total and near-total glossectomy defects[J]. Clin Plast Surg,2005,32:411-419.
[32] Yu P,Hanasono MM,Skoracki RJ,et al. Pharyngoesophageal reconstruction with the anterolateral thigh flap following total laryngopharyngectomy[J]. Cancer,2010,116:1718-1724.
[33] Ver Halen J,Yu P. Reconstruction of extensive groin defects with contralateral anterolateral thigh-vastus lateralis muscle flaps[J]. Plast Reconstr Surg,2010,125:130e.

[34] Wong S,Garvey P,Skibber JM,Yu P. Reconstruction of pelvic exenteration defects with the anterolateral thigh-vastus lateralis muscle flaps[J]. Plast Reconstr Surg,2009,124:1177-1185.
[35] Nahai F,Silverton J,Hill H,Vasconez L. The tensor fascia lata musculocutaneous flap[J]. Ann Plast Surg,1978,1:372.（详细介绍了阔筋膜张肌皮瓣的解剖和血供基础，并在21例患者上应用）
[36] Hill H,Nahai F,Vasconez L. The tensor fascia lata musculocutaneous free flap[J]. Plast Reconstr Surg,1978,61:517.
[37] Nahai F,Hill H,Hester TR. Experiences with the tensor fascia lata flap[J]. Plast Reconstr Surg,1979,63:788.
[38] Williams JK,Carlson GW,deChalain T,et al. Role of tensor fasciae latae in abdominal wall reconstruction[J]. Plast Reconstr Surg,1998,101:713.
[39] Foster RD,Anthony JP,Mathes SJ,Hoffman WY. Ischial pressure sore coverage:a rationale for flap selection[J]. Br J Plast Surg,1998,51:260.
[40] Lin CH,Wei FC,Lin YT,et al. Lateral circumflex femoral artery system:Warehouse for functional composite free-tissue reconstruction of the lower leg[J]. J Trauma,2006,60:1032-1036.
[41] Bulstrode NW,Kotronakis I,Baldwin MAR. Free tensor fasciae latae musculofasciocutaneous flap in reconstructive surgery:a series of 85 cases[J]. J Plast Reconstr Aesthet Surg,2006;59:130-136.
[42] Dabernig J,Shilov B,Schumacher O,et al. Functional reconstruction of Achilles tendon defects combined with overlying skin defects using a free tensor fasciae latae flap[J]. J Plast Reconstr Aesthet Surg,2006,59:142.
[43] Siddharth P,Smith NL,Mason RA,Giron F. Variational anatomy of the deep femoral artery[J]. Anat Rec,1985,212:206-209.
[44] Hubmer MG,Schwaiger N,Windisch G,et al. The vascular anatomy of the tensor fasciae latae perforator flap[J]. Plast Reconstr Surg,2009,124:181.
[45] Gosain AK,Yan JG,Aydin MA,et al. The vascular supply of the extended tensor fasciae latae flap:how far can the skin paddle extend?[J]. Plast Reconstr Surg,2002,110:1655.
[46] Wei FC,Celik N,Chen HC,et al. Have we found an ideal soft-tissue flap? An experience with 672 anterolateral thigh flaps[J]. Plast Reconstr Surg,2002,109:2219.
[47] Yu P. Characteristics of the anterolateral thigh flap in a Western population and its application in head and neck reconstruction[J]. Head Neck,2004,26:759-769.
[48] Nahai F. Discussion:the vascular supply of the extended tensor fasciae latae flap:how far can the skin paddle extend?[J]. Plast Reconstr Surg,2002,110:1662.

16. 股薄肌游离与带蒂皮瓣
the gracilis muscle free and pedicled flap

[1] Pickerell K,Broadbent TR,Masters FW,Metzger JT. Construction of a rectal sphincter and restoration of anal continence by transplanting the gracilis muscle[J]. Ann Surg,1952,135:853.（最先报道利用股薄肌皮瓣重建肛门缺损）
[2] Pickerell K,Georgiade N,Crawford H,et al. Gracilis muscle transplant for correction of urinary incontinence in male children[J]. Ann Surg,1956,143:239.
[3] Orticochea M. The musculocutaneous flap method:an immediate and heroic substitute for the method of delay[J]. Br J Plast Surg,1972,25:106.
[4] Orticochea M. A method of total reconstruction of the penis[J]. Br J Plast Surg,1972,25:347.（描述了如何用股薄肌及其覆盖的皮肤重建阴茎）
[5] Pers M,Medgyesi S. Pedicle muscle flaps and their application in the surgery of repair[J]. Br J Plast Surg,1973,26:313.（报道了股薄肌的一些用途，包括膀胱阴道瘘的修复）
[6] Bartholdson L,Hulten L. Repair of persistent perineal sinuses by means of a pedicle flap of musculus gracilis[J]. Scand J Plast Reconstr Surg,1975,9:74.
[7] McCraw JB,Massey FM,Shanklin KD,Horton CE. Vaginal reconstruction with gracilis musculocutaneous flaps[J]. Plast Reconstr Surg,1976,58:176-183.（报道了第一例股薄肌岛状皮瓣用于阴道重建）
[8] McCraw JB,Dibbell DG. Experimental definition of independent musculocutaneous vascular territories[J]. Plast Reconstr Surg,1977,60(2):212-220.
[9] Harii K,Ohmori K,Sekigughi J. The free musculocutaneous flap[J]. Plast Reconstr Surg,1976,57(3):294-303.
[10] Manktelow R,McKee N. Free muscle transplantation to provide active finger flexion[J]. J Hand Surg,1978,3(5):416-426.（用带神经支配的功能性股薄肌皮瓣游离移植重建福克曼缺血性肌挛缩后手部屈肌群的功能）
[11] Harii K,Ohmori K,Torii S. Free gracilis muscle transplantation with microneurovascular anastomoses for the treatment of facial paralysis[J]. Plast Reconstr Surg,1976,57:133.
[12] Ikuta Y,Yoshioka K,Tsuge K. Free muscle graft as applied to brachial plexus injury-case report and experimental study[J]. Ann Acad Med Singapore,1979,8(4):454-458.（报道了第一例应用股薄肌肌皮瓣重建慢性非产科臂丛神经损伤，对一个10岁的臂丛神经损伤男孩进行了肘关节功能重建）
[13] Doi K,Muramatsu K,Hattori Y,et al. Restoration of prehension with the double free muscle technique following compete avulsion of the brachial plexus. Indications and long-term results[J]. J Bone Joint Surg,2000,82(suppl A):652-666.（在臂丛神经重建中使用游离神经支配的肌皮瓣已成为恢复肘关节屈曲、握持和基本抓握的工具。Doi等人报道了在6周内将两块游离的神经支配股薄肌转移以获得这样的结果）
[14] Mathes SJ,Nahai F:Classification of the vascular anatomy of muscles:experimental and clinical correlation[J]. Plast Reconstr Surg,1981,67(2):177.
[15] Mathes SJ,Nahai F. Clinical Applications for Muscle and Musculocutaneous Flaps. St. Louis:C.V. Mosby,1982.
[16] Terzis JK,Dykes RW,Williams HB. Recovery of function in free muscle transplants using microneurovascular anastomoses[J]. J Hand Surg,1978,3:37-59.
[17] Haines R. The laws of muscle and tendon growth[J]. J Anat,1932,66:578.
[18] Pfuhl W. Anatomy for Surgeons:Back and Limbs[M]. New York:Harper & Row,1969,p23.
[19] Kuzon WM Jr,McKee NH,Fish JS,et al. The effect of intraoperative ischemia on the recovery of contractile function after free muscle transfer[J]. J Hand Surg Am,1988,13(2):263-273.
[20] Harii K,Asato H. Microneurovascular free gracilis muscle transfer for facial reanimation. In Grabb's Encyclopedia of Flaps,vol. I. 2008.
[21] Zuker R. Microneurovascular free transfer of a partial gracilis muscle to the face. In Grabb's Encyclopedia of Flaps,vol. I. 2008.
[22] Frey M. Smile reconstruction using the gracilis muscle. Operat Tech Plast Reconstr Surg,1999,6(3):180-189.
[23] Bishop AT. Functioning free-muscle transfer for brachial plexus injury[J]. Hand Clin,2005,21(1):91-102.
[24] Shin AY,Spinner RJ,Steinmann SP,Bishop AT. Adult traumatic brachial plexus injuries[J]. J Am Acad Orthop Surg,2005,13:382-396.
[25] Yousif NJ,Matloub HS,Kolachalam R,et al. The transverse gracilis musculocutaneous flap[J]. Ann Plast Surg,1992,29(6):482-490.
[26] Furnas HJ. The transverse gracilis musculocutaneous flap[J]. Ann Plast Surg,1993,30(5):480.
[27] Wechselberger G,Schoeller T. The transverse musculocutaneous gracilis flap:a valuable tissue source in autologous breast reconstruction[J]. Plast Reconstr Surg,2004,114(1):69-73.
[28] Lin CH,Wei FC,Lin YT. Conventional versus endoscopic free gracilis muscle harvest[J]. Plast Reconstr Surg,2000,105:89-93.
[29] Bannasch MA. The semi-open approach to the gracilis muscle flap:aesthetic refinements in gracilis muscle harvest[J]. J Reconstr Microsurg,2009,25(1):63-67.
[30] Cronje HS,Van Zyl JS. Resurfacing the vulva and vagina[J]. Int J Gynecol Obstet,1988,27:113.
[31] Soper JT,Larson D,Hunter VJ,et al. Short gracilis musculocutaneous flaps for vulvovaginal reconstruction after radical pelvic surgery[J]. Obstet Gynecol,1989,74(5):823.
[32] Nahai F. Muscle and musculocutaneous flaps in gynecologic surgery[J]. Clin Obstet Gynecol,1981,24:1277.
[33] Hester TR,Hill HL,Jurkiewicz MJ. One stage reconstruction of the penis[J]. Br J Plast Surg,1978,31:279.
[34] Song R,Song Y,Yu Y. Anal reconstruction by a modified Pickerell procedure[J]. Clin Plast Surg,1982,9:109.
[35] Conway H,Griffith BH. Plastic surgery for closure of decubitus ulcers in patients with paraplegia:based on experience of 1000 cases[J]. Am J Surg,1956,91:946.
[36] Foster RD,Anthony JP,Lathes SJ,et al. Flap selection as a determinant of success in pressure sore coverage[J]. Arch Surg 1997,132(8):868.

17. 旋髂深骨瓣
the deep circumflex iliac flap

[1] Taylor GI,Miller G,Ham FJ. The free vascularised bone graft[J]. Plast Reconstr Surg,1975,55:533.[1973年Taylor GI等解剖髂嵴等三块骨，研究修复一位年轻男性创伤后12.5 cm胫骨缺损、吻合血管骨移植供区。在尸体上以旋髂深动脉（DCIA）为骨瓣血管蒂，但骨瓣直线长度仅6~8 cm而放弃，故最终选择腓骨作为供区并获成功]
[2] Taylor GI,Watson N. One stage repair of compound leg defects with revascularised flaps of groin skin and iliac bone[J]. Plast Reconstr Surg,1978,61:494.（报道了2例患者成功利用腹股沟皮瓣复合髂骨瓣一期修复小腿复合缺损。同时对解剖学研究进行了初步探讨，并认为旋髂浅血管是腹股沟皮肤和髂骨的主干血管）
[3] Taylor GI,Townsend PL,Corlett RJ. Superiority of the deep circumflex iliac vessels as the supply for free groin flaps:experimental work[J]. Plast Reconstr Surg,1979,64:595.（1978年，受一例骨肿瘤切除术后巨大半骨盆缺损的挑战，Taylor GI对旋髂深血管和旋髂浅血管对髂骨的血供进行了研究）
[4] Taylor GI,Townsend PL,Corlett RJ. Superiority of the deep circumflex iliac vessels as the supply for free groin flaps:-clinical work[J]. Plast Reconstr Surg,1979,64:745.（1978年用DCIA皮肤和骨瓣成功重建了半骨盆，同年，在一个年轻人的下颌骨扩大半切除术切除骨肉瘤后，成功地用于重建下颌。通过合并各种软组织重建颞下颌关节和口底，不仅恢复了颌骨的形状，而且实现了功能重建）
[5] Taylor GI,Corlett RJ. Refinements of the free iliac osteocutaneous flap designed on the deep circumflex iliac vessels[J]. Plast Surg Forum,1980,97:185.
[6] Taylor GI. Reconstruction of the mandible with free composite iliac bone grafts[J]. Ann Plast Surg,1982,9:361.
[7] Taylor GI. microsurgical repair of hemifacial microsomia:osteocutaneous free tissue transfer. In Brent B(ed). The Artistry of Plastic Surgery. St.[m] Louis:CV Mosby,1987.
[8] Taylor GI. Keeping a head. 23rd Gillies Memorial Lecture[J]. Br J Plast Surg,2002,55:543.
[9] Taylor GI. The current status of free vascularized bone grafts[M]. Clin Plast Surg,1983,10:185.
[10] Taylor GI. Composite tissue transfer to the lower limb[M]. Recent Adv Plastic Surg,1985,3:83.
[11] Taylor GI. Free composite bone flaps. In Operative Surgery.[M].4th ed. Butterworths,1986,pp159-181.
[12] Taylor GI,Corlett RJ. Microvascular free transfer of a compound deep circumflex groin and iliac crest transfer to the upper extremity. In Strauch B,Vasconez L,Hall-Findlay B(eds). Grabb's Encyclopedia of Flaps. Little Brown,1990,pp1197.
[13] Taylor GI. Discussion of Hidalgo D and Rekow A. A review of 60 consecutive fibula free flaps[J]. Plast Reconstr Surg,1995,96(3):597-602.

18. 吻合血管的腓骨移植和游离腓骨骨皮瓣
vascularized fibular bone graft and free fib-ular osteocutaneous flap

[1] Ueba Y,Fujikawa S. Nine years follow-up of a vascularized fibular graft in neurofibromatosis;a case report and literature review[J]. Orthop Trauma Surg,1983,26:595.（Ueba和Fujikawa报道了带血管游离腓骨移植的9年随访，并被认为其是第一例游离腓骨移植的报道）
[2] Taylor GI,Miller GD,Ham FJ. The free vascularized bone graft:A clinical extension of microvascular techniques[J]. Plast Reconstr Surg,1975,55:533-544.
[3] Yoshimura M,Shimamura K,Iwai Y,et al. Free vascularized fibular transplant. A new method for monitoring circulation of the grafted fibula[J]. J Bone Joint Surg,1983,65(suppl A):1295-1301.（首次报道了在切取腓骨瓣时携带一小块皮瓣用于监测血运）
[4] Chen ZW,Yan W. The study and clinical application of the osteocutaneous flap of fibula[J]. Microsurgery,1983,4:11-16.（报道4例游离腓骨皮瓣移植。详细讨论了骨皮瓣的优点、显微外科解剖，以及骨皮瓣的设计和切取方法。4例患者术后随访均成功，功能恢复满意）
[5] Wei FC,Chen HC,Chuang CC,Noordhoff MS. Fibular osteoseptocutaneous flap:anatomic study and clinical application[J]. Plast Reconstr Surg,1986,78:191-200.（带或不带皮瓣的带血管腓骨移植已成为修复上、下肢长骨节段性缺损的首选技术）
[6] Hidalgo DA. Fibula free flap:a new method of mandible reconstruction[J]. Plast Reconstr Surg,1989,84:71-79.
[7] Hidalgo DA,Rekow A. A review of 60 consecutive fibula free flap mandible reconstructions[J]. Plast Reconstr Surg,1995,96:585-596;discussion 597-602.
[8] Beppu M,Hanel DP,Johnston GHF,et al. The osteocutaneous fibula flap:an anatomic study[J]. J Reconstr Microsurg 1992,8:215-223.
[9] Schusterman MA,Reece GP,Miller MJ,Harris S. The osteocutaneous free fibula flap:Is the skin paddle reliable?[J]. Plast Reconstr Surg,1992,90:787-793;discussion 794-798.
[10] Jones NF,Monstrey S,Gambier BA. Reliability of the fibular osteocutaneous flap for mandibular reconstruction:anatom-ical and surgical confirmation[J]. Plast Reconstr Surg,1996,97:707-716;discussion 717-718.
[11] Cho BC,Kim SY,Park JW,Baek BS. Blood supply to osteocutaneous free fibula flap and peroneus longus muscle:prospective anatomis study and clinical applications[J]. Plast Reconstr Surg,2001,108:1963-1971.
[12] Heitmann C,Khan F,Levin LS. Vasculature of the peroneal artery:an anatomic study focused on the perforator vessels[J]. J Reconstr Microsurg,2003,19:157-162.
[13] Wong CH,Tan BK,Wei FC,Song C. Use of the soleus musculocutaneous perforator for skin paddle salvage of the fibula osteoseptocutaneous flap:anatomical study and clinical confirmation[J]. Plast Reconstr Surg,2007,120:1576-1584.
[14] Yazar S,Cheng MH,Wei FC,et al. Osteomyocutaneous peroneal artery perforator flap for reconstruction of composite maxillary defects[J]. Head Neck,2006,28:297-304.
[15] Cheng MH,Saint-Cyr M,Ali RS,et al. Osteomyocutaneous peroneal artery-based combined flap for reconstruction of composite enbloc mandibular defects[J]. Head Neck,2009,31:361-370.
[16] Wei FC,Chuang SS,Yim KK. The sensate fibula osteoseptocutaneous flap:a preliminary report[J]. Br J Plast Surg,1994,47:544-547.

[17] Grewal R,Otsuka NY,Jones NF. Successful transfer of a vascularized fibular osteocutaneous bone graft harvested distal to a previously fractured fibula[J]. Plast Reconstr Surg,2007,120:2127.
[18] Young DM,Trabulsy PP,Anthony JP. The need for preoperative leg angiography in fibula free flaps[J]. J Reconstr Microsurg,1994,10:283-287.
[19] Seres L,Csaszar J,Voros E,Borbely L. Donor site angiography before mandibular reconstruction with fibula free flap[J]. J Craniofac Surg,2001,12:608-613.
[20] Jones NF. The need for preoperative leg angiography in fibular free flaps[J]. J Reconstr Microsurg,1994,10:287-289.
[21] Lutz BS,Wei FC,Ng SH,et al. Routine donor leg angiography before vascularized free fibula transplantation is not necessary:a prospective study in 120 clinical cases[J]. Plast Reconstr Surg,1999,103:121-127.
[22] Carroll WR,Esclamado R. Preoperative vascular imaging for the fibular osteocutaneous flap[J]. Arch Otolaryngol Head Neck Surg,1996,122:708-712.
[23] Whitley SP,Sandhu S,Cardozo A. Preoperative vascular assessment of the lower limb for harvest of a fibular flap:the views of vascular surgeons in the United Kingdom[J]. Br J Oral Maxillofac Surg,2004,42:307-310.
[24] Futran ND,Stack BC Jr,Zaccardi MJ. Preoperative color flow Doppler imaging for free fibula tissue transfer[J]. Ann Vasc Surg,1998,12:445-450.
[25] Smith RB,Thomas RD,Funk GF. Fibular free flaps:The role of angiography in patients with abnormal results on preoperative color flow Doppler studies[J]. Arch Otolaryngol Head Neck Surg,2003,129:712-715.
[26] Karanas YL,Antony A,Rubin G,Chang J. Preoperative CT angiography for free fibula transfer[J]. Microsurgery,2004,24:125-127.
[27] Chow LC,Napoli A,Klein MB,et al. Vascular mapping of the leg with multi-detector row CT angiography prior to free-flap transplantation[J]. Radiology,2005,237:353-360.
[28] Ribuffo D,Atzeni M,Saba L,et al. Clinical study of peroneal artery perforators with computed tomographic angiography:implications for fibular flap harvest[J]. Surg Radiol Anat,2010,32:329-334.
[29] Bretzman PA,Manaster BJ,Davis WL,Coleman DA. MR angiography for preoperative evaluation of vascularized fibular grafts[J]. J Vasc Interv Radiol,1994,5:603-610.
[30] Lorenz RR,Esclamado R. Preoperative magnetic resonance angiography in fibular-free flap reconstruction of head and neck defects[J]. Head Neck 2001,23:844-850.
[31] Kelly AM,Cronin P,Hussain HK,et al. Preoperative MR angiography in free fibula flap transfer for head and neck cancer:clinical application and influence on surgical decision making[J]. Am J Roentgenol,2007,188:268-274.
[32] Fukaya E,Saloner D,Leon P,et al. Magnetic resonance angiography to evaluate septocutaneous perforators in free fibula flap transfer[J]. J Plast Reconstr Aesthet Surg,2010,63:1099-1104.
[33] Lippert H,Pabst R. Arteries of the lower leg. In H. Lippert and R. Pabst(eds). Arterial Variations in Man:Classification and Frequency[J]. Munich:Bergmann Verlag,1985,pp63-64.
[34] Rosson GD,Singh NK. Devascularizing complications of free fibula harvest:peronea arteria magna[J]. J Reconstr Microsurg,2005,21:533-538.
[35] Astarci P,Siciliano S,Verhelst R,et al. Intra-operative acute leg ischemia after free fibular flap harvest for mandible reconstruction[J]. Acta Chir Belg,2006,106:423-426.
[36] Mureau MA,Flood SJ,Hofer SO. Total peroneal artery occlusion during fibula free flap harvesting:salvage using the venous flow-through principle[J]. Plast Reconstr Surg,2006,117:101e-106e.
[37] Gilbert A. Vascularized transfer of the fibular shaft[J]. Int J Microsurg,1979,1:100-102.
[38] Gilbert A. Free vascularized bone graft[J]. Int Surg,1981,66:27-31.
[39] Collin T,Sugden P,Ahmed O,Ragbir M. Technical consideration of fibular osteocutaneous flap dissection[J]. J Plast Reconstr Aesthet Surg,2008,61:1503-1506.
[40] Youdas JW,Wood MB,Cahalan TD,Chao EY. A quantitative analysis of donor site morbidity after vascularized fibula transfer[J]. J Orthop Res,1988,621-629.
[41] Anthony JP,Rawnsley JD,Benhaim P,et al. Donor leg morbidity and function after fibula free flap mandible reconstruction[J]. Plast Reconstr Surg,1995,96:146-152.
[42] Vail TP,Urbaniak JR. Donorsite morbidity with use of vascularized autogenous fibular grafts[J]. J Bone Joint Surg,1996,78(suppl A):204-211.
[43] Shpitzer T,Neligan P,Boyd B,et al. Leg morbidity and function following fibular free flap harvest[J]. Ann Plast Surg,1997,38:460-464.
[44] Tang CL,Mahoney JL,McKee MD,et al. Donor site morbidity following vascularized fibular grafting[J]. Microsurgery,1998,18:383-386.
[45] Babovic S,Johnson CH,Finical SJ. Free fibula donorsite morbidity:the Mayo experience with 100 consecutive harvests[J]. J Reconstr Microsurg,2000,16:107-110.
[46] Lee JH,Chung CY,Myoung H,et al. Gait analysis of donor leg after free fibular flap transfer[J]. Int J Oral Maxillofac Surg,2008,37:625-629.
[47] Momoh AO,Yu P,Skoracki RJ,et al. A prospective cohort study of fibular free flap donorsite morbidity in 157 consecutive patients[J]. Plast Reconstr Surg,2011,128:714-720.
[48] Jones NF,Swartz WM,Mears DC,et al. The “double barrel” free vascularized fibular bone graft[J]. Plast Reconstr Surg,1988,81:378-385.
[49] O'Brien BM,Gumley GJ,Dooley BJ,Pribaz JJ. Folded free vascularized fibula transfer[J]. Plast Reconstr Surg,1988,82:311-318.
[50] Yajima H,Tamai S. Twin-barrelled vascularized fibular grafting to the pelvis and lower extremity[J]. Clin Orthop Relat Res,1994,303:178-184.
[51] Sakuraba M,Kimata Y,Iida H,et al. Pelvic ring reconstruction with the double-barreled vascularized fibular free flap[J]. Plast Reconstr Surg,2005,116:1340-1345.
[52] Coulet B,Pflieger JF,Arnaud S,et al. Double-barrel fibular graft for metaphyseal areas reconstruction around the knee[J]. Orthop Traumatol Surg Res,2010,96:868-875.
[53] Guyot L,Richard O,Cheynet F,et al. “Axial split osteotomy” of free fibular flaps for mandible reconstruction:preliminary results[J]. Plast Reconstr Surg,2001,108:332-335.
[54] Chang YM,Tsai CY,Wei FC. One-stage,double barrel fibula osteoseptocutaneous flap and immediate dental implants for functional and aesthetic reconstruction of segmental mandibular defects[J]. Plast Reconstr Surg,2008,122:143-145.
[55] Jones NF,Vögelin E,Markowitz BL,Watson JP. Reconstruction of composite through-and-through mandibular defects with a double-skin paddle fibular osteocutaneous flap[J]. Plast Reconstr Surg,2003,112:758-765.
[56] Yang KC,Leung JKW,Chen JS. Double paddle peroneal tissue transfer for oromandibular reconstruction[J]. Plast Reconstr Surg,2000,106:47-55.

19. 前臂桡侧皮瓣
radial forearm flaps

[1] Song R,Gao Y,Yu Y,et al. The forearm flap[J]. Clin Plast Surg,1982,9:21-26.[注：前臂游离皮瓣，杨果凡，1979 手术，中文 1981 报道。宋儒耀等英文报道，被称为“中国皮瓣”。杨果凡，陈宝驹，高玉智，等. 前臂皮瓣游离移植术（附 56 例报告）[J]. 中华医学杂志，1981，61（3）：139-141.
[2] Yang Guofan,Chen Baoju,Gao Yuzhi,et al. Transplantation of free forearm flap:report of 56 cases[J]. Zhonghua Yi Xue Za Zhi(Natl Med J China,Chinese),1981,61(3):139-141.]
[3] Stock W,Biemer E,Mühlbauer W. Forearm flap with its various possibilities of application[J]. Handchir Mikrochir Plast Chir,1984,16:201-203.
[4] Soutar DS,Scheker LR,Tanner NS,et al. The radial forearm flap:a versatile method for intraoral reconstruction[J]. Br J Plast Surg,1983,36:1-8.（作者通过 10 个病例的分析得出结论：桡动脉前臂桡侧皮瓣用于颌内重建是很理想的。皮瓣薄，质地柔软，最重要的是无毛的皮肤可以替代口腔黏膜。此外，前臂桡侧皮瓣的血管特点还允许切取骨皮瓣，用于下颌骨的重建。同时作为游离皮瓣，前臂桡侧皮瓣的技术相对简单）
[5] Wongkerdsook W,Agthong S,Amarase C,et al. Anatomy of the lateral antebrachial cutaneous nerve in relation to the lateral epicondyle and cephalic vein[J]. Clin Anat,2011,24:56-61.（作者对 96 个上肢标本肘窝及前臂的解剖研究，发现前臂外侧皮神经在肱二头肌肌腱桡侧发出，84.4% 的标本中神经在髁间线稍远端穿过深筋膜，在髁间线水平，前臂外侧皮神经位于肱骨外上髁内侧，同时在此水平 78.7% 的前臂外侧皮神经位于头静脉内侧 1 cm 范围内。而在前臂，此神经则在内侧与头静脉伴行）
[6] Schoofs M,Bienfait B,Calteux N,et al. The forearm fascia flap. Ann Chir Main,1983,2:197-201.
[7] Lin SD,Lai CS,Chiu CC. Venous drainage in the reverse forearm flap[J]. Plast Reconstr Surg,1984,74:508-512.[作者对 3 例逆行前臂桡侧皮瓣的静脉回流进行研究，发现逆行桡侧动脉皮瓣早期肿胀，后肿胀逐渐消退，最终得以成活。采用静脉造影的方式发现在皮瓣的伴行静脉中存在交通支 - 交互方式（crossover pattern）和静脉的侧枝—旁路方式（bypass pattern）进行静脉回流，因此在手术中尽量保留伴行静脉的交通支和每条静脉的侧支]
[8] Boyd B,Mulholland S,Gullane P,et al. Reinnervated lateral antebrachial cutaneous neurosome flaps in oral reconstruc-tion:are we making sense?[J]. Plast Reconstr Surg,1994,93:1350-1359;discussion 1360-1362.
[9] Boyd JB,Kim SS,Granzow J,et al. Documenting the density of innervation in a sensate radial forearm flap based on the lateral antebrachial cutaneous nerve[J]. Plast Reconstr Surg,2009,123:216e-217e.
[10] Boutros S,Yuksel E,Weinfeld AB,et al. Neural anatomy of the radial forearm flap[J]. Ann Plast Surg,2000,44:375-380.
[11] Matthews RN,Hodge RA,Eyre J,et al. Radial forearm flap for floor of mouth reconstruction[J]. Br J Surg,1985,72:561-564.
[12] Sadove RC,Luce EA,McGrath PC. Reconstruction of the lower lip and chin with the composite radial forearm-palmaris longus free flap[J]. Plast Reconstr Surg,1991,88:209-214.
[13] Semple JL,Boyd JB,Farrow GA,et al. The “cricket bat” flap:a one-stage free forearm flap phalloplasty[J]. Plast Reconstr Surg,1991,88:514-519.
[14] Chicarilli ZN,Price GJ. Complete plantar foot coverage with the free neurosensory radial forearm flap[J]. Plast Reconstr Surg,1986,78:94-101.
[15] Swanson E,Boyd JB,Mulholland RS. The radial forearm flap:a biomechanical study of the osteotomized radius[J]. Plast Reconstr Surg,1990,85:267-272.
[16] Zenn MR,Hidalgo DA,Cordeiro PG,et al. Current role of the radial forearm free flap in mandibular reconstruction[J]. Plast Reconstr Surg,1997,99:1012-1017.
[17] Fatah MF,Nancarrow JD,Murray DS. Raising the radial artery forearm flap:the superficial ulnar artery “trap”[J]. Br J Plast Surg,1985,38:394-395.
[18] Gottlieb LJ,Tachmes L,Pielet RW. Improved venous drainage of the radial artery forearm free flap:use of the profundus cubitalis vein[J]. J Reconstr Microsurg,1993,9:281-284;discussion 284-285.
[19] Bardsley AF,Soutar DS,Elliot D,et al. Reducing morbidity in the radial forearm flap donor site[J]. Plast Reconstr Surg,1990,86:287-292;discussion 293-294.
[20] Nuñez VA,Pike J,Avery C,et al. Prophylactic plating of the donor site of osteocutaneous radial forearm flaps[J]. Br J Oral Maxillofac Surg,1999,37:210-212.
[21] Waits CA,Toby EB,Girod DA,et al. Osteocutaneous radial forearm free flap:long-term radiographic evaluation of donor site morbidity after prophylactic plating of radius[J]. J Reconstr Microsurg,2007,23:367-372.
[22] Rockwell GM,Thoma A. Should the donor radius be plated prophylactically after harvest of a radial osteocutaneous flap? A costeffectiveness analysis[J]. J Reconstr Microsurg,2004,20:297-306.
[23] Chang KP,Lai CH,Liang WL,et al. Alternative reconstruction of donor defect of free radial forearm flap in head and neck cancer[J]. Scand J Plast Reconstr Surg Hand Surg,2010,44:31-36.
[24] Smith A,Bowen VA,Boyd JB. Donor site deficit of the osteocutaneous radial forearm flap[J]. Ann Plast Surg,1994,32:372-376.
[25] Lovie MJ,Duncan GM,Glasson DW. The ulnar artery forearm free flap[J]. Br J Plast Surg,1984,37:486-492.
[26] Wei FC,Jain V,Celik N,et al. Have we found an ideal soft-tissue flap? An experience with 672 anterolateral thigh flaps[J]. Plast Reconstr Surg,2002,109:2219-2226;discussion 2227-2230.
[27] Kimura N,Satoh K. Consideration of a thin flap as an entity and clinical applications of the thin anterolateral thigh flap[J]. Plast Reconstr Surg,1996,97:985-992.
[28] Kesting MR,Hölzle F,Wales C,et al. Microsurgical reconstruction of the oral cavity with free flaps from the anterolateral thigh and the radial forearm:a comparison of perioperative data from 161 cases[J]. Ann Surg Oncol,2011,18(7):1988-1994.

20. 前臂尺侧皮瓣
ulnar forearm flap

[1] Song R,Gao Y,Song Y,et al. The forearm flap[J]. Clin Plast Surg,1982,9(1):21-26.
[2] Lovie MJ,Duncan GM,Glasson DW. The ulnar artery forearm free flap[J]. Br J Plast Surg,1984,37(4):486-492.（在桡动脉皮瓣报道 2 年后，Lovie MJ 在 1984 年报道了前臂尺动脉皮瓣。本文首次系统介绍了尺动脉皮瓣的解剖学基础及临床应用的 11 个病例。作者认为尺动脉皮瓣具备桡动脉皮瓣大多数特点，同时和桡动脉皮瓣相比更具有特别的优势：供区皮肤无毛发，更隐蔽。尤其适用于口腔内组织缺损的重建，作为 Flow-through 皮瓣可用于下肢血运的重建）
[3] Glasson DW,Lovie MJ,Duncan GM. The ulnar forearm free flap in penile reconstruction[J]. Aust N Z J Surg,1986,56(6):477-479.（在前臂尺动脉皮瓣首次报道 2 年后，Glasson 在 1986 年报道了使用前臂尺动脉皮瓣重建阴茎。文章介绍了一例应用前臂尺动脉皮瓣重建阴茎的个案报道，首次将前臂尺动脉皮瓣应用于阴茎的重建。作者认为前臂尺动脉用于阴茎重建具备诸多优点，如皮瓣更薄、不臃肿、相对更少的毛发、可携带前臂内侧皮肤神经重建感觉功能、血管蒂长且管腔直径大、更小的供区损害）
[4] Glasson DW,Lovie MJ. The ulnar island flap in hand and forearm reconstruction[J]. Br J Plast Surg,1988,41(4):349-353.（1988 年，Glasson 和 Lovie 又报道了带蒂尺动脉岛状皮瓣用于重建肘部和手部皮肤缺损。作者认为尺动脉皮瓣有很多桡动脉皮瓣没有的优点，如说操作简单供区外形损伤小）
[5] Gilbert DA,Schlossberg SM,Jordan JH. Ulnar forearm phallic construction and penile reconstruction[J]. Microsurgery,1995,16(5):314-321.
[6] Sieg P.Ulnar versus radial forearm flap in orofacial reconstruction[J]. Mund Kiefer Gesichtschir,2000,4(1):35-38.
[7] Gabr EM,Kobayashi MR,Salibian AH,et al. Role of ulnar forearm free flap in oromandibular reconstruction[J]. Microsurgery,2004,24(4):285-258.
[8] Salibian AH,Allison GR,Armstrong WB,et al. Functional hemitongue reconstruction with the microvascular ulnar forearm flap[J]. Plast Reconstr Surg,1999,104(3):654-660.
[9] Salibian AH,Allison GR,Krugman ME,et al. Reconstruction of the base of the tongue with the

microvascular ulnar forearm flap:a functional assessment[J]. Plast Reconstr Surg,1995,96(5):1081-1089;discussion 1090-1091.
[10] Li KK,Salibian AH,Allison GR,et al. Pharyngoesophageal reconstruction with the ulnar forearm flap[J]. Arch Otolaryngol Head Neck Surg,1998,124(10):1146-1151.
[11] Vergara-Amador E. Anatomical study of the ulnar dorsal artery and design of a new retrograde ulnar dorsal flap[J]. Plast Reconstr Surg,2008,121(5):1716-1724.
[12] Devansh. Superficial ulnar artery flap[J]. Plast Reconstr Surg,1996,97(2):420-426.
[13] Fadel RA,Amonoo-Kuofi HS. The superficial ulnar artery:development and surgical significance[J]. Clin Anat,1996,9(2):128-132.
[14] Sieg P,Jacobsen HC,Hakim SG,Hermes D. Superficial ulnar artery:curse or blessing in harvesting fasciocutaneous forearm flaps[J]. Head Neck,2006,28(5):447-452.
[15] Olazabal AE,Morrison WA,O'Brien BM. Immediate and short-term effect on arterial flow of clamping or stripping one vessel of a two vessel limb in a dog model[J]. Microsurgery 1994,15(10):722-725.
[16] Haerle M,Häfner HM,Dietz K,et al. Vascular dominance in the forearm[J]. Plast Reconstr Surg,2003,111(6):1891-1898.
[17] Ali SN,Srivastava S. Study of ulnar and radial arteries at wrist level in smokers[J]. Scand J Plast Reconstr Surg Hand Surg,2008,42(6):320-324.
[18] Hallock GG. Closure of the ulnar forearm free flap donor site using a local radial forearm flap[J]. Br J Plast Surg,1992,45(2):94-96.
[19] Andrews BT,Smith RB,Chang KE,et al. Management of the radial forearm free flap donor site with the vacuum-assisted closure (VAC) system[J]. Laryngoscope,2006,116(10),1918-1922.
[20] Rodriguez ED,Mithani SK,Bluebond-Langner R,Manson PN. Hand evaluation following ulnar forearm perforator flap harvest:a prospective study[J]. Plast Reconstr Surg,2007,120(6):1598-1601.
[21] Engel H,Huang JJ,Lin CY,et al. A strategic approach for tongue reconstruction to achieve predictable and improved functional and aesthetic outcomes[J]. Plast Reconstr Surg,2010,126(6):1967-1977.
[22] Jawad AS. Harrison DH. The island sensate ulnar artery flap for reconstruction around the elbow[J]. Br J Plast Surg,1990,43(6):695-698.
[23] Harashina T,Inoue T,Tanaka I,et al. Reconstruction of penis with free deltoid flap[J]. Br J Plast Surg,1990,43(2):217-222.
[24] Biemer E. Penile construction by the radial arm flap[J]. Clin Plast Surg,1988,15(3):425-430.
[25] Semple JL,Boyd JB,Farrow GA,Robinette MA. The "cricket bat" flap:a one-stage free forearm flap phalloplasty[J]. Plast Reconstr Surg Plast Reconstr Surg,1991,88(3):514-519.
[26] Huang JJ,Wu CW,Lam WL,Nguyen DH,Kao HK,Lin CY,Cheng MH. Anatomical basis and clinical application of the ulnar forearm free flap for head and neck reconstruction[J]. Laryngoscope,2012,122(12):2670-2676. doi:10.1002/lary.23565. Epub 2012 Oct 15.

21. 臂外侧皮瓣
lateral arm flap

[1] Song R,Song Y,Yu Y,Song Y. The upper arm free flap[J]. Clin Plast Surg,1982,9(1):27-35.
[2] Cormack GC,Lamberty BG. Fasciocutaneous vessels in the upper arm:application to the design of new fasciocutaneous flaps[J]. Plast Reconstr Surg,1984,74(2):244-250.
[3] Katsaros J,Schusterman M,Beppu M,et al. The lateral upper arm flap:anatomy and clinical applications[J]. Ann Plast Surg,1984,12(6):489-500.（Cormack 和 Lamberty 在 1983 年，Katsaros 等在 1984 年先后介绍了一种取自于上臂近端外侧的新的筋膜皮瓣，也被称为臂外侧皮瓣）
[4] Scheker LR,Kleinert HE,Hanel DP. Lateral arm composite tissue transfer to ipsilateral hand defects[J]. J Hand Surg Am 1987,12(5 Pt 1):665-672.（传统的臂外侧皮瓣范围从三角肌止点到肱骨外髁，由于其解剖恒定，顺行分离，既可以作为带蒂又可以游离筋膜皮瓣，故迅速得到广泛使用）
[5] Housif NJ,Warren R,Matloub HS,Sanger JR. The lateral arm fascial free flap:its anatomy and use in reconstruction[J]. Plast Reconstr Surg,1990,86(6):1138-1145;discussion 1146-1147.
[6] Moffett TR,Madison SA,Derr JW Jr,Acland RD. An extended approach for the vascular pedicle of the lateral arm free flap[J]. Plast Reconstr Surg,1992,89(2):259-267.
[7] Maruyama Y,Takeuchi S. The radial recurrent fasciocutaneous flap:reverse upper arm flap[J]. Br J Plast Surg,1986,39(4):458-461.
[8] Gosain AK,Matloub HS,Yousif NJ,Sanger JR. The composite lateral arm free flap:vascular relationship to triceps tendon and muscle[J]. Ann Plast Surg,1992,29(6):496-507.
[9] Katsaros J,Tan E,Zoltie N,et al. Further experience with the lateral arm free flap[J]. Plast Reconstr Surg,1991,87(5):902-910.
[10] Kuek LB,Chuan TL. The extended lateral arm flap:a new modification[J]. J Reconstr Microsurg,1991,7(3):167-173.
[11] Higgins JP. A reassessment of the role of the radial forearm flap in upper extremity reconstruction[J]. J Hand Surg Am,2011,36(7):1237-1240.
[12] Culbertson JH,Mutimer K. The reverse lateral upper arm flap for elbow coverage[J]. Ann Plast Surg,1987,18(1):62-68.
[13] Haas F,Rappl T,Koch H,et al. Free osteocutaneous lateral arm flap:anatomy and clinical applications[J]. Microsurgery,2003,23(2):87-95.
[14] Kuek LB. The extended lateral arm flap:a detailed anatomical study[J]. Ann Acad Med Singapore,1992,21(2):169-175.
[15] Shenaq SM. Pretransfer expansion of a sensate lateral arm free flap[J]. Ann Plast Surg,1987,19(6):558-562.
[16] Khouri RK,Young VL,Casoli VM. Long-term results of total penile reconstruction with a prefabricated lateral arm free flap[J]. J Urol,1998,160(2):383-388.
[17] Fogdestam I,Tarnow P,Kalaaji A. Extended free lateral arm flap with preservation of the posterior cutaneous nerve of the forearm[J]. Scand J Plast Reconstr Surg Hand Surg,1996,30(1):49-55.

22. 颞顶筋膜瓣
the temporoparietal fascia flap

[1] Monks G. Restoration of a lower eyelid by a new method. Boston Med J,1898,139:385-387.（颞顶部皮瓣最早由 Monks 在 1898 年用于眼睑部重建，从那开始作为带蒂皮瓣广泛用于眼睑重建、覆盖耳软骨及颞下颌关节和上颚重建）
[2] Smith RA. The free fascia scalp flap. Plast Reconstr Surg,1980,66:204.（Smith RA 最先介绍了颞顶部游离皮瓣，用于下肢损伤的修复重建。本文介绍了两例应用颞顶部游离组织瓣修复下肢皮肤缺损的病例，详细描述了手术技巧，作者认为游离颞顶筋膜瓣用于修复下肢皮肤缺损可以提供薄的、稳定的伤口覆盖，皮瓣不臃肿且供区隐蔽）
[3] Upton J,Rogers C,Durham-Smith G,Swartz W. Clinical applications of free temporoparietal flaps in hand reconstruction[J]. J Hand Surg,1986,11(suppl A):475-483.
[4] Biswas G,Dip NB,Ishwar L,Padmanabha S. The sandwich temporoparietal fascia free flap for tendon gliding[J]. Plast Reconstr Surg,2001,108(6):1639-1645.（应用深浅两层筋膜重建或修复肌腱周围组织，更有利于肌腱滑动功能的恢复。此术式更适用于肌腱滑动幅度要求高的缺损部位的修复）
[5] Yano H,Nishimura G,Kaji S,Murakami R,and Fujii A Clinical and histological comparison between free temporoparietal and scapular fascial flaps[J]. Plast Reconstr Surg,1995,95:452-462.
[6] Yano H,Fukui M,Yamada K,Nishimura G. Endoscopic harvest of a free temporoparietal fascia free flap to improve donor site morbidity[J]. Plast Reconstr Surg,2001,107:1003-1008.
[7] Chung K,Cederna P. Endoscopic harvest of temporoparietal fascia free flaps for coverage of hand wounds[J]. J Hand Surgery,2002,27(suppl A):525-533.

23. 大网膜瓣
enteric and omental flaps

[1] Seidenberg B,Rosenak SS,Hurwitt ES,Som ML. Immediate reconstruction of the cervical esophagus by a revascularized isolated jejunal segment[J]. Ann Surg,1959,149:162-171.(1959 年，Seidenberg 等报道了第一例临床应用的游离小肠组织移植。作者认为下咽和颈段食管肿瘤切除完成后，咽食管的连续性恢复是手术的主要挑战之一，采用吻合血管的空肠重建颈部食管具有很好的临床应用前景。这实际上是人类第一例游离组织移植）
[2] Bloomhardt SL,Andrews CF,Hetherington RR. Surgical research of the great omentum[J]. Surg Gynecol Obstet,1917,24:474-479.（大网膜用于外科手术最早报道于 19 世纪，用于加强小肠的修复和治疗门静脉高压）
[3] O'Shaughnessy L. Surgical treatment of cardiac ischaemia[J]. Lancet,1937,1:185.（O'Shaughnessy 在 1937 年最先报道了带蒂大网膜皮瓣的腹膜外应用，为缺血心肌提供血运）
[4] Thompson SA,Pollock B. The use free omental grafts in the thorax:An experimental study[J]. Am J Surg,1945,70:227.（Thompson and Pollock 随后报道了使用带蒂大网膜皮瓣治疗胸膜支气管瘘）
[5] McLean DH,Buncke HJ. Jr. Autotransplant of omentum to a large scalp defect,with microsurgical revascularization[J]. Plast Reconstr Surg,1972,49:268-274.（McLean 首次报道了应用吻合血管的游离大网膜修复头部皮肤缺损的病例，病例中大网膜血管与受区颞浅动静脉吻合，同时在游离移植的大网膜上进行薄层皮片移植。作者认为此术式可一期覆盖裸露的颅骨，同时为一期植皮提供了软组织支撑）
[6] Mathes SJ,Nahai F. Reconstructive Surgery:Principles,Anatomy & Technique[M]. New York:Churchill Livingstone,1997.
[7] Alday ES,Goldsmith HS. Surgical technique for omental lengthening based on arterial anatomy[J]. Surg Gynecol Obstet,1972,135:103-107.
[8] Salameh JR,Chock DA,Gonzalez JJ,et al. Laparoscopic harvest of omental flaps for reconstruction of complex mediastinal wounds[J]. JSLS,2003,7:317-322.
[9] Saltz R. Endoscopic harvest of the omental and jejunal free flaps[J]. Clin Plast Surg,1995,22:747-754.
[10] Hultman CS,Carlson GW,Losken A,et al. Utility of the omentum in the reconstruction of complex extraperitoneal wounds and defects:donorsite complications in 135 patients from 1975 to 2000[J]. Ann Surg,2002,235:782-795.
[11] Mathes DW,Thornton JF,Rohrich RJ. Management of posterior trunk defects[J]. Plast Reconstr Surg,2006,118:73e-83e.
[12] Losken A,Carlson GW,Culbertson JH,et al. Omental free flap reconstruction in complex head and neck deformities[J]. Head Neck,2002,24:326-331.
[13] Seitz IA,Williams CS,Wiedrich TA,et al. Omental free-tissue transfer for coverage of complex upper extremity and hand defects— the forgotten flap[J]. Hand (NY),2009,4:397-405.
[14] Maloney CT Jr,Wages D,Upton J,Lee WP. Free omental tissue transfer for extremity coverage and revascularization[J]. Plast Reconstr Surg,2003,111:1899-1904.
[15] Brunnelli G,Brunelli F. Surgical treatment of actinic brachial plexus lesions:free microvascular transfer of the greater omentum[J]. J Reconstr Microsurg,1985,1:197-200.
[16] Patel RS,Gilbert RW. Utility of the gastro-omental free flap in head and neck reconstruction[J]. Curr Opin Otolaryngol Head Neck Surg 2009,17:258-262.
[17] Longmire WP. A modification of the Roux technique for antethoracic esophageal reconstruction[J]. Surgery,1947,22:94-1008.
[18] Roberts RE,Douglas FM. Replacement of the cervical esophagus and hypopharynx by a revascularized free jejunal segment[J]. N Engl J Med,1961,264:342-344.
[19] Nakayama K,Yamamoto K,Tamiya T,et al. Experience with free autografts of the bowel with a new venous anastomosis apparatus[J]. Surgery,1964,55:796-802.
[20] Jurkiewicz MJ. Vascularized intestinal graft for reconstruction of the cervical esophagus and pharynx[J]. Plast Reconstr Surg,1965,36:507-509.
[21] Hester TR,McConnell FMS,Nahai F,et al. Reconstruction of cervical esophagus hypopharynx,and oral cavity using free jejunal transfer[J]. Am J Surg,1980,140:487-491.
[22] Gluckman JL,McCafferty GJ,Black RJ,et al. Complications associated with free jejunal graft reconstruction of the pharyngoesophagus:a multiinstitutional experience with 52 cases[J]. Head Neck Surg,1984,7:200-205.
[23] Coleman JJ,Searles JM,Hester TR,et al. Ten years experience with the free jejunal autograft[J]. Am J Surg,1987,154:389-393.
[24] Coleman JJ,Tan KC,Searles JM,et al. Jejunal free autograft:analysis of complications and their resolution[J]. Plast Reconstr Surg,1989,84:589-595.
[25] Schusterman MA,Shestak K,de Vries EJ,et al. Reconstruction of the cervical esophagus:free jejunal transfer versus gastric pull-up[J]. Plast Reconstr Surg,1990,85:16-21.
[26] Reece GP,Schusterman MA,Miller MJ,et al. Morbidity and functional outcome of free jejunal transfer reconstruction for circumferential defects of the pharynx and cervical esophagus[J]. Plast Reconstr Surg,1995,96:1307.
[27] Cordeiro PG,Shah K,Santamaria E,et al. Barium swallows after free jejunal transfer:Should they be performed routinely?[J]. Plast Reconstr Surg,1999,103:1167.
[28] Chang DW,Hussussian C,Lewin JS,et al. Analysis of pharyngocutaneous fistula following free jejunal transfer for total laryngopharyngectomy[J]. Plast Reconstr Surg,2002,109:1522.
[29] Disa JJ,Pusic AL,Hidalgo DA,Cordeiro PG,et al. Microvascular reconstruction of the hypopharynx:defect classification,treatment algorithm,and functional outcome based on 165 consecutive cases[J]. Plast Reconstr Surg,2003,111:652.
[30] Okazaki M,Asato H,Takushima A,et al. Secondary reconstruction of failed esophageal reconstruction[J]. Ann Plast Surg,2005,54:530-537.
[31] Dowson HMP,Strauss D,Ng R,Mason R. The acute management and surgical reconstruction following failed esophagectomy in malignant disease of the esophagus[J]. Dis Esophagus,2007,20:135-140.
[32] Chana JS,Chen HC,Sharma R,et al. Microsurgical reconstruction of the esophagus using supercharged pedicled jejunum flaps:special indications and pitfalls[J]. Plast Reconstr Surg,2002,110:742-748.
[33] Poh M,Selber JC,Skoracki R,et al. Technical challenges of total esophageal reconstruction using a supercharged jejunal flap[J]. Ann Surg,2011,253:1122-1129.
[34] Heitmiller RF,Gruber PJ,Swier P,Singh N. Long-segment substernal jejunal esophageal replacement with internal mammary vascular augmentation[J]. Dis Esophagus,2000,13:240-242.
[35] Sekido M,Yamamoto Y,Minakawa H,et al. Use of the "supercharge" technique in esophageal and pharyngeal reconstruction to augment microvascular blood flow[J]. Surgery,2003,134:420-424.
[36] Sakuraba M,Kimata Y,Hishinuma S,et al. Importance of additional microvascular anastomosis in

esophageal reconstruction after salvage esophagectomy[J]. Plast Reconstr Surg,2004,113:1934-1939.
[37] Hirabayashi S,Miyata M,Shoji M,et al. Reconstruction of the thoracic esophagus with extended jejunum used as a substitute with the aid of microvascular anastomosis[J]. Surgery,1993,113:515-519.
[38] Yu P,Robb GL. Pharyngoesophageal reconstruction with the anterolateral thigh flap:a clinical and functional outcomes study[J]. Plast Reconstr Surg,2005,116:1845-1855.
[39] Yu P,Hanasono MM,Skoracki RJ,et al. Pharyngoesophageal reconstruction with the anterolateral thigh flap after total laryngopharyngectomy[J]. Cancer,2010,116:1718-1724.
[40] Yu P,Lewin JS,Reece GP,Robb GL. Comparison of clinical and functional outcomes and hospital costs following pharyngoesophageal reconstruction with the anterolateral thigh free flap versus the jejunal flap[J]. Plast Reconstr Surg,2006,117:968-974.
[41] Yu P. The transverse cervical vessels as recipient vessels for previously treated head and neck cancer patients[J]. Plast Reconstr Surg,2005,115:1253-1258.
[42] Orringer MB,Marshall B,Chang AC,et al. Two thousand transhiatal esophagectomies—changing trends,lessons learned[J]. Ann Surg,2007,246:363-372.
[43] Young MM,Deschamps C,Trastek VF,et al. Esophageal reconstruction for benign disease:early morbidity,mortality and functional results[J]. Ann Thorac Surg,2000,70:1651-1655.
[44] DeMeester TR,Johansson KE,Franze I,et al. Indications,surgical technique,and long-term functional results of colon interposition or bypass[J]. Ann Surg,1988,208:460-474.
[45] DeMeester SR. Colon interposition following esophagectomy[J]. Dis Esophagus,2001,14:169-172.
[46] Mansour KA,Bryan FC,Carlson GW. Bowel-interposition for esophageal replacement:twenty-five year experience[J]. Ann Thorac Surg,1997,64:752-756.
[47] Cense HA,Visser MR,Van Sandick JW,et al. Quality of life after colon interposition by necessity for esophageal cancer replacement[J]. J Surg Oncol,2004,88:32-38.
[48] Klink CD,Binnebosel M,Schneider M,et al. Operative outcome of colon interposition in the treatment of esophageal cancer:a 20-year experience[J]. Surgery,2010,147:491-496.

24. 股骨内髁皮瓣
medial condylar flap

[1] Jones DB Jr,Burger H,Bishop AT,Shin AY. Treatment of scaphoid waist nonunions with an avascular proximal pole and carpal collapse. Surgical technique[J]. J Bone Joint Surg Am,2009,2:169.
[2] King KF. Periosteal pedicle grafting in dogs[J]. J Bone Joint Surg,1976,58(suppl B):117.
[3] Hertel R,Masquelet AC. The reverse flow medial knee osteoperiosteal flap for skeletal reconstruction of the leg. De-scription and anatomical basis[J]. Surg Radiol Anat,1989,11:257.（作者在 1989 年首次提出基于膝降动脉的逆行带蒂股骨内上髁骨瓣，并通过解剖学研究证实带血管蒂的骨瓣可用于修复胫骨近、中 2/3 的骨缺损和骨不连。这一发现为股骨内上髁瓣的临床应用提供了有利的解剖支持）
[4] Sakai K,Doi K,Kawai S. Free vascularized thin corticoperiosteal graft[J]. Plast Reconstr Surg,1991,87:290.
[5] Doi K,Sakai K. Vascularized periosteal bone graft from the supracondylar region of the femur[J]. Microsurgery,1994,15:305.
[6] Sammer DM,Bishop AT,Shin AY. Vascularized medial femoral condyle graft for thumb metacarpal reconstruction:case report[J]. J Hand Surg Am,2009,34:715.
[7] Choudry UH,Bakri K,Moran SL,et al. The vascularized medial femoral condyle periosteal bone flap for the treatment of recalcitrant bony nonunions[J]. Ann Plast Surg,2008,60:174.
[8] Jones DB Jr,Burger H,Bishop AT,Shin AY. Treatment of scaphoid waist nonunions with an avascular proximal pole and carpal collapse. A comparison of two vascularized bone grafts[J]. J Bone Joint Surg Am,2008,90:2616.
[9] Jones DB Jr,Moran SL,Bishop AT,Shin AY. Free-vascularized medial femoral condyle bone transfer in the treatment of scaphoid nonunions[J]. Plast Reconstr Surg,2010,125:1176.
[10] Pelzer M,Reichenberger M,Germann G. Osteo-periosteal-cutaneous flaps of the medial femoral condyle:a valuable modification for selected clinical situations[J]. J Reconstr Microsurg,2010,26:291.
[11] Fuchs B,Steinmann SP,Bishop AT. Free vascularized corticoperiosteal bone graft for the treatment of persistent non-union of the clavicle[J]. J Shoulder Elbow Surg,2005,14:264.
[12] Benlidayi ME,Gaggl A,Buerger H,et al. Comparison of vascularized osteoperiosteal femur flaps and nonvascularized femur grafts for reconstruction of mandibular defects:an experimental study[J]. J Oral Maxillofac Surg,2009,67:1174.
[13] Bakri K,Moran SL. Initial assessment and management of complex forearm defects[review][J]. Hand Clin,2007,23:255.
[14] Henry M. Genicular corticoperiosteal flap salvage of resistant atrophic non-union of the distal radius metaphysis[J]. Hand Surg,2007,12:211.
[15] Kaelicke T,Buerger H,Mueller EJ. A new vascularized cartilage-bonegraft for scaphoid nonunion with avascular necrosis of the proximal pole. Description of a new type of surgical procedure(German)[J]. Unfallchirurg,2008,111:201.
[16] Scapinelli R. Studies on the vasculature of the human knee joint[J]. Acta Anat,1968,70:305.
[17] Yamamoto H,Jones DB Jr,Moran SL,et al. The arterial anatomy of the medial femoral condyle and its clinical implications[J]. J Hand Surg Eur,2010,35:569.
[18] Sheetz KK,Bishop AT,Berger RA. The arterial blood supply of the distal radius and ulna and its potential use in vascularized pedicled bone grafts[J]. J Hand Surg Am,1995,20:902.
[19] Zaidenberg C,Siebert JW,Angrigiani C. A new vascularized bone graft for scaphoid nonunion[J]. J Hand Surg Am,1991,16:474.
[20] Chang MA,Bishop AT,Moran SL,Shin AY. The outcomes and complications of 1,2-intercompartmental supraretinacular artery pedicled vascularized bone grafting of scaphoid nonunions[J]. J Hand Surg Am,2006,31:387.

25. 静脉皮瓣
venous flaps

[1] Baek SM,Weinberg H,Song Y,et al. Experimental studies in the survival of venous island flap without arterial inflow. Plast Reconstr Surg,1985,75:88.（1985 年，Baek 首次提出静脉皮瓣的概念，并在狗的下肢设计不同静脉皮瓣模型，包括岛状皮瓣和游离皮瓣，并和传统游离皮瓣及岛状皮瓣进行对比，结果发现静脉皮瓣成活率与传统皮瓣无差异，毛发生长正常。同时文章探讨了皮瓣存活的几个机制，为显微外科移植皮瓣提供了一个新的领域）
[2] Honda T,Nomura S,Tamauchi S,et al. The possible applications of composition skin and subcutaneous vein graft in the replantation of amputated digits. Br J Plast Surg,1984,37:607.
[3] Yoshimura M,Shimada T,Imura S,et al. The venous skin graft method for repairing skin defects of the fingers[J]. Plast Reconstr Surg,1987,79:243.
[4] Chia SL,Cheng HH,Mao L. Free transplantation of venous network pattern skin flap[J]. Plast Reconstr Surg,1988,82:892.
[5] Nakayama Y,Soeda S,Kasai Y. Flaps nourished by arterial inflow through the venous system:an experimental investigation[J]. Plast Reconstr Surg,1981,67:328.（静脉系统动脉化可为静脉系统提供高压血流并携带足够的氧气和营养物质，这个概念最早由 Nakayama 在 1981 年提出。作者通过建立三种大鼠腹部的静脉皮瓣模型，验证了动脉血流通过静脉系统在岛状皮瓣和游离皮瓣中可营养皮瓣远端，动静脉吻合和回流静脉在皮瓣成活过程中是十分重要的）
[6] John CM,William RP. Creation of free flaps by arterialization of venous system[J]. Arch Otolaryngol,1984,110:221.
[7] Sasa M,Xian W,Breidenbach W,et al. Survival and blood flow evaluation of canine venous flaps[J]. Plast Reconstr Surg,1988,82:319.
[8] Germann,GK,Eriksson E,Russel RC. Effects of arteriovenous flow reversal on blood flow and metabolism in a skin flap[J]. Plast Reconstr Surg,1987,79:375.
[9] Thatte MR,Kumta SM,Purohit SK,et al. Cephalic venous flap:a series of 8 cases and a preliminary report on the use of 99 mTc labeled RBCs to study the saphenous venous flap in dogs[J]. Br J Plast Surg 1989,42:193.（作者介绍了 8 例近端静脉为蒂的皮瓣修复肘部皮肤缺损的病例，7 例患者均获得了成功）
[10] Matsushita K,Firrell JC,Ogden L,et al. Blood flow and tissue survival in the rabbit venous flap[J]. Plast Reconstr Surg,1993,91:127.
[11] Tsai TM,Matiko JD,Breidenbach W,et al. Venous flaps in digital revascularization and replantation[J]. J Reconstr Microsurg,1987,3:113.（本文报道了 15 例应用游离静脉皮瓣修复断指再植过程中存在的指背皮肤缺损，游离静脉皮瓣为静脉供血和静脉反流。术后所有静脉皮瓣完全成活，皮瓣温暖，颜色粉红，与正常反流类似）
[12] Inoue G,Maeda N,Suzuki K. Resurfacing of skin defect of the hand using the arterialised venous flap[J]. Br J Plast Surg,1990,43:135.
[13] Koshima I,Soeda Y,Nakayama Y. An arterialized venous flap using the long saphenous vein[J]. Br J Plast Surg,1991,44:23.
[14] Hisashi O,Kazuma O. A free arterialized venous loop flap[J]. Plast Reconstr Surg,1992,89:965.
[15] Inada Y,Fukui S,Tamai S,et al. The arterialised venous flap:experimental studies and clinical case[J]. Br J Plast Surg,1993,46:61.
[16] Cho BC,Lee JH,Byun JS,et al. Clinical applications of the delayed arterialized venous flap[J]. Ann Plast Surg,1997,39:145.
[17] De Lorenzi F,van der Hulst RR,den Dunnen WF,et al. Arterialized venous free flaps for soft-tissue reconstruction of digits:a 40-case series[J]. J Reconstr Microsurg,2002,18:569.
[18] Woo SH,Kim KC,Lee GJ,et al. A retrospective analysis of 154 arterialized venous flaps for hand reconstruction:an 11-year experience[J]. Plast Reconstr Surg,2007,119:1823.
[19] Kovacs AF. Comparison of two types of arterialized venous forearm flaps for oral reconstruction and proposal of a reliable procedure[J]. J Craniomaxillofac Surg,1998,26:249.
[20] Woo SH,Seul JH. Pre-expanded arterialised venous free flaps for burn contracture of the cervicofacial region[J]. Br J Plast Surg,2001,54:390.
[21] Safak T,Akyurek M. Cephalic vein-pedicled arterialized anteromedial arm venous flap for head and neck reconstruction[J]. Ann Plast Surg,2001,47:446.
[22] Nishi G,Shibata Y,Kumabe Y,et al. Arterialized venous skin flaps for the injured finger[J]. J Reconstr Microsurg,1989,5:357.
[23] Titley OG,Chester DL,Park AJ. A-a type,arterialized,venous,flowthrough,free flap for simultaneous digital revascularization and soft tissue reconstruction,revisited[J]. Ann Plast Surg,2004,53:185.
[24] Deune EG,Rodriguez E,Hatef D,et al. Arterialized venous flow-through flap for simultaneous reconstruction of a radial artery defect and palmar forearm soft-tissue loss from sarcoma resection[J]. J Reconstr Microsurg,2005,21:85.
[25] Cheng TJ,Chen YS,Tang YB. Use of a sequential two-in-one free arterialised venous flap for the simultaneous reconstruction of two separate defects on the foot[J]. Br J Plast Surg,2004,57:685.
[26] Hyza P,Vesely J,Stupka I,et al. The bilobed arterialized venous free flap for simultaneous coverage of 2 separate defects of a digit[J]. Ann Plast Surg,2005,55:679.
[27] Chen CL,Chiu HY,Lee JW,et al. Arterialized tendocutaneous venous flap for dorsal finger reconstruction[J]. Microsurgery,1994,15:886.
[28] Inoue G,Tamura Y,Suzuki K. One-stage repair of skin and tendon digital defects using the arterialized venous flap with palmaris longus tendon:an additional four cases[J]. J Reconstr Microsurg,1996,12:93.
[29] Kim JS,Woo SH,Yoon JH,et al. Arterialized venous free flap with palmaris longus tendon for the one-stage reconstruction of defect of skin and extensor tendon[J]. J Korean Orthop Assoc,2004,39:278.
[30] Takeuchi M,Sakurai H,Sasaki K,et al. Treatment of finger avulsion injuries with innervated arterialized venous flaps[J]. Plast Reconstr Surg,2000,106:881.
[31] Kayikcioglu A,Akyurek M,Safak T,et al. Arterialized venous dorsal digital island flap for fingertip reconstruction[J]. Plast Reconstr Surg,1998,102:2368.
[32] Woo SH,Jeong JH,Seul JH. Resurfacing relatively large skin defects of the hand using arterialized venous flaps[J]. J Hand Surg,1996,21(suppl B):222.
[33] Kim SE,Woo SH,Seul JH. The comparison of survival rate of the arterialized venous flaps utilizing delay procedure and number of draining veins[J]. J Korean Soc Reconstr Hand Surg,1995,1:62.
[34] Woo SH,Kim SE,Seul JH. The comparison of survival rate of the arterialized venous flaps dependant on the number of draining vein used[J]. J Korean Soc Plast Reconstr Surg,1996,23:371.
[35] Pittet B,Chang P,Cederna P,et al. The role of neovascularization in the survival of an arterialized venous flap[J]. Plast Reconstr Surg,1996,97:621.
[36] Woo SH,Kim SE,Lee TH,et al. Effects of blood flow and venous network on the survival of the arterialized venous flap[J]. Plast Reconstr Surg,1998,101:1280.
[37] Pittet B,Quinodoz P,Alizadeh N,et al. Optimizing the arterialized venous flap[J]. Plast Reconstr Surg,2008,122:1681.
[38] Hochauf S,Sternitzky R,Schellong SM. Structure and function of the peripheral venous system[J]. Herz,2007,32:3.
[39] Taylor GI,Caddy CM,Watterson PA,et al. The venous territories(venosomes) of the human body:experimental study and clinical implications[J]. Plast Reconstr Surg,1990,86:185.
[40] Hume M. Venous thrombosis:mechanisms and treatment[J]. Adv Exp Med Biol,1978,102:215.
[41] Nichter LS,Jazayeri MA. The physiologic basis for nonconventional vascular perfusion[J]. Plast Reconstr Surg,1995,95:406.
[42] Cotran RS,Kumar V,Robbins SL. Fluid and hemodynamics derangement. In Robbin's Pathologic Basis of Disease[M].4th ed. Philadelphia:Saunders,1989,pp87.
[43] Yuen QM,Leung PC. Some factors affecting the survival of venous flaps:an experimental study[J]. Microsurgery,1991,12:60.
[44] Choi BC. Effects of Intravenous Valves on the Survival of the Arterialized Venous Flap [thesis]. Department of Plastic Surgery,Graduate School of Yeungnam University,Degree of Master of Medicine,1998,pp1.
[45] Inoue G,Tamura Y. The use of afferent arteriovenous fistula in digit replantation surgery:A report of two cases. Br J Plast Surg,1991,44:230.
[46] Ozek C,Zhang F,Lineaweaver WC,et al. Arterialization of the venous system in a rat lower limb model[J]. Br J Plast Surg,1997,50:402.
[47] Takeuchi M,Sakurai H,Sasaki K,et al. Treatment of finger avulsion Injuries with innervated arterialized venous flaps[J]. Plast Reconstr Surg,2000,4:881.

[48] Lee HB,Tark KC,Rah DK,et al. Pulp reconstruction of fingers with very small sensate medial plantar free flap[J]. Plast Reconstr Surg,1998,101:999.
[49] Iwasawa M,Ohtsuka Y,Kushima H,et al. Arterialized venous flaps from the thenar and hypothenar regions for repairing finger pulp tissue losses[J]. Plast Reconstr Surg,1997,99:1765.
[50] Leighton WD,Russell RC,Marcus DE,et al. Experimental pretransfer expansion of free flap donor sites:I. Flap viability and expansion characteristics[J]. Plast Reconstr Surg,1988,82:69.
[51] Shin HJ,Woo SH,Jeong JH,et al. Survival pattern of previously expanded arterialized venous flaps[J]. J Korean Soc Plast Reconstr Surg,1997,24:459.
[52] Mutaf M,Tasaki Y,Fujii T. Expansion of venous flaps:an experimental study in rats[J]. Br J Plast Surg,1998,51:393.
[53] Byun JS,Constantinescu MA,Lee WPA,et al. Effects of delay procedures on vasculature and survival of arterialized venous flaps:an experimental study in rabbits[J]. Plast Reconstr Surg,1995,96:1650.
[54] Cho BC,Lee MS,Lee JH,et al. The effects of surgical and chemical delay procedures on the survival of arterialized venous flaps in rabbits[J]. Plast Reconstr Surg,1998,102:1134.
[55] Bardsley AF,Soutar DS,Elliot D,et al. Reducing morbidity in the radial forearm flap donor site[J]. Plast Reconstr Surg,1990,86:287.
[56] Richardson D,Fisher SE,Vaughan ED,et al. Radial forearm flap donorsite complications and morbidity:a prospective study[J]. Plast Reconstr Surg,1997,99:109.
[57] Lutz BS,Wei FC,Chang SC,et al. Donor site morbidity after suprafascial elevation of the radial forearm flap:a prospective study in 95 consecutive cases[J]. Plast Reconstr Surg,1999,103:132.
[58] Parrett BM,Bou-Merhi JS,Buntic RF. Refining outcomes in dorsal hand coverage:consideration of aesthetics and donor-site morbidity[J]. Plast Reconstr Surg,2010,126:1630.
[59] Koshima I,Yamamoto T,Narushima M,et al. Perforator flaps and supermicrosurgery[J]. Clin Plast Surg,2010,37:683.

26. 足趾与关节移植及足背皮瓣
toe and joint transfers to include dorsalis pedis flaps

[1] Huguier PC. Du remplacement du pouce par son metacarpien,par l'agrandissement du premier espace interosseux[J]. Arch Gen Med,1874,1:78.（拇指重建和尝试改善手功能可追溯到 1874 年，法国的 Huguier 通过加深虎口改善手的抓握功能）
[2] Guermonprez F. Notes sur quelques r{233}sections et restaurations dii pouce[J]. Paris:P. Asselin,1887.（1887 年，Guermoprez 做了第一例使用严重毁损手指移位重建拇指）
[3] Nicoladoni C. Daumenplastik und organischer Ersatz der Fingerspitze（Anticheiroplastik und Daktyloplstik)[J]. Arch Klin Chir,1900,61:606.（1897 年，Nicoladoni 介绍了一种拇指重建的方法，即采用骨移植和胸部皮瓣组合的方式）
[4] Noesske H.Ueber Ersatz des samt Metakarpus verlorenen Daumens durch operative Umstellung des Zeigefingers[J]. Munchener Medizinische Wochenschrift,1920,67:465.（1918 年，Noesske 做了世界第一例示指拇指化手术）
[5] Komatsu S,Tamai S. Successful replantation of a completely cut-off thumb:case report[J]. Plast Reconstr Surg,1968,42:374-377.（1965 年，Komatsu 和 Tamai 成功完成了第一例拇指断指再植）
[6] Buncke HJ Jr,Buncke CM,Schulz WP. Immediate Nicoladoni procedure in the Rhesus monkey,or hallux-to-hand transplantation,utilising microminiature vascular anastomoses[J]. Br J Plast Surg,1966,19(4):332-337.(Buncke 于 1966 年报道了在恒河猴上成功实现了足趾游离移植重建拇指）
[7] Buncke HJ Jr,Daniller AI,Schulz WP,et al. The fate of autogenous whole joints transplanted by microvascular anastomoses[J]. Plast Reconstr Surg,1967,39(4):333-341.（Buncke 于 1967 年完成了带血管的掌指关节移植修复创伤性手指损伤）
[8] Entin MA,Alger JR,Baird RM. Experimental and clinical transplantation of autogenous whole joints[J]. J Bone Joint Surg,1962,44A(8):1518-1536.
[9] Buncke HJ,Valauri F. Vascularized joint transplantation. In:Buncke HJ(ed)[J]. Microsurgery:Transplantation-Replantation. Philadelphia:Lea & Febiger,1991.
[10] Tsai TM,Ogden L,Jaeger SH,et al. Experimental vascularized total joint autografts—a primate study[J]. J Hand Surg,1982,7(suppl A):140-146.
[11] Singer DI,O'Brien BM,McLeod AM,et al. Long-term follow-up of free vascularized joint transfers to the hand in children[J]. J Hand Surg Am,1988,13(5):776-783.
[12] Cobbett JR. Free digital transfer. Report of a case of transfer of a great toe to replace an amputated thumb[J]. J Bone Joint Surg Br,1969,51(4):677-679.（Cobbett 于 1969 年在人体上完成了第一足趾移植重建拇指）
[13] Dongyue Y,Yudong G. Thumb reconstruction utilizing second toe transplantation by microvascular anastomosis:report of 78 cases[J]. Chin Med J（Engl),1979,92(5):295-309.（中国的杨东岳和顾玉东自 1966 年开展第二足趾移植再植拇指，已完成 78 例）
[14] Morrison WA,O'Brien BM,MacLeod AM. Thumb reconstruction with a free neurovascular wrap-around flap from the big toe[J]. J Hand Surg（Am),1980,5:575-583.
[15] Urbaniak JR. Wrap-around procedure for thumb reconstruction[J]. Hand Clin,1985,1(2):259-269.
[16] Wei FC,Chen HC,Chuang CC,et al. Reconstruction of the thumb with a trimmedtoe transfer technique[J]. Plast Reconstr Surg,1988,82(3):506-515.
[17] Upton J,Mutimer K. A modification of the great-toe transfer for thumb reconstruction[J]. Plast Reconstr Surg,1988,82(3):535-538.
[18] McCraw JB,Furlow LT Jr. The dorsalis pedis arterialized flap. A clinical study[J]. Plast Reconstr Surg,1975,55(2):177-185.
[19] Ohmori K,Harii K. Free dorsalis pedis sensory flap to the hand,with microneurovascular anastomoses[J]. Plast Reconstr Surg,1976,58(5):546-554.
[20] Chang TS,Wang W,Wu JB. Free transfer of the second toe combined with dorsalis pedis flap using microvascular technique for reconstruction of the thumb and other fingers[J]. Ann Acad Med Singapore,1979,8(4):404-412.
[21] Zhang YX,Wang D,Zhang Y,et al. Triple chimeric flap based on anterior tibial vessels for reconstruction of severe traumatic injuries of the hand with thumb loss[J]. Plast Reconstr Surg,2009,123(1):268-275.
[22] Eo S,Kim Y,Kim JY,Oh S. The versatility of the dorsalis pedis compound free flap in hand reconstruction[J]. Ann Plast Surg,2008,61(2):157-163.
[23] Caroli A,Adani R,Castagnetti C,et al. Dorsalis pedis flap with vascularized extensor tendons for dorsal hand reconstruction[J]. Plast Reconstr Surg,1993,92(7):1326-1330.
[24] Del Piñal F,García-Bernal FJ,Delgado J,et al. Overcoming soft-tissue deficiency in toe-to-hand transfer using a dorsalis pedis fasciosubcutaneous toe free flap:surgical technique[J]. J Hand Surg Am,2005,30(1):111-119.
[25] Greenberg BM,May JW Jr. Great toe-to-hand transfer:role of the preoperative lateral arteriogram of the foot[J]. J Hand Surg Am,1988,13:411-414.
[26] Wei FC,Santamaria E. Toe to finger reconstruction. InGreen DP,Hotchkiss RN,Pederson WC(eds). Green's Operative Hand Surgery[M]. Philadelphia:Churchill Livingstone,1993.
[27] Buncke GM,Buncke HJ,Lee CK. Great toe-to-thumb microvascular transplantation after traumatic amputation [review][J]. Hand Clin,2007,23(1):105-115.
[28] Buncke HJ. Great toe transplantation. In Buncke HJ(ed). Microsurgery:Transplantation-Replantation[J]. Philadelphia:Lea & Febiger,1991.
[29] Gu YD,Cheng DS,Zhang GM,et al. Long-term results of toe transfer:retrospective analysis[J]. J Reconstr Microsurg,1997,13:405-408.
[30] Vedder NB,Maser BM. Thumb reconstruction:microvascular methods. In Mathes SJ(ed)[J]. Plastic Surgery,vol. 7. Philadelphia:Elsevier,2006,pp253.
[31] Taghinia AH,Littler JW,Upton J. Refinements in pollicization:a 30-year experience[J]. Plast Reconstr Surg,2012,130(3):423e-433e.
[32] Doi K,Hattori Y,Dhawan V. The wrap-around flap in thumb reconstruction[J]. Tech Hand Up Extrem Surg,2002,6(3):124-132.
[33] Lee KS,Che IJ,Hahn SB. Thumb reconstruction with a free neurovascular wrap-around flap from the big toe:long-term follow up of thirty cases[J]. Microsurgery,1995,16:692-697.
[34] Doi K,Kuwata N,Kawai S. Reconstruction of the thumb with a free wrap-around flap from the big toe and an iliac bone graft[J]. J Bone Joint Surg Am,1985,67:439-445.
[35] Hierner R,Berger AK. Long-term results after vascularized joint transfer for finger joint reconstruction. In Eisenmann-Klein M,Neuhann-Lorenz C. Innovations in Plastic and Aesthetic Surgery[M]. New York:Springer,2008,pp95-103.
[36] Samson MC,Morris SF,Tweed AE. Dorsalis pedis flap donor site:acceptable or not?[J]. Plast Reconstr Surg,1998,102:1549-1554.
[37] Zuker RM,Manktelow RT. The dorsalis pedis free flap:technique of elevation,foot closure,and flap application[J]. Plast Reconst Surg,1986,77:93.
[38] Buncke GM,Buncke HJ. The dorsalis pedis flap. In Buncke HJ(ed). Microsurgery:Transplantation-Replantation[J]. Philadelphia:Lea & Febiger,1991.
[39] Ritz M,Mahendru S,Somia N,Pacifico MD. The dorsalis pedis fascial flap[J]. J Reconstr Microsurg,2009,25(5):313-317.
[40] Furlow LT. The dorsalis pedis flap. In Strauch B,Vasconez LD,HallFindlay EJ(eds). Grabb's Encyclopedia of Flaps[J]. Boston:Little Brown and Company,1990,pp1654-1660.
[41] Hallock GG. Further clarification of the nomenclature for compound flaps[J]. Plast Reconstr Surg,2006,117:151e-160e.
[42] Foucher G. Vascularized joint transfer. In Green DP(ed). Operative Hand Surgery,3rd ed,vol 2[M]. New York:Churchill Livingstone,1993,pp1201-1221.
[43] Ishida O,Tsai TM. Free vascularized whole joint transfer in children[J]. Microsurgery,1991,12:196-206.
[44] Tsai TM,Wang WZ. Vascularized joint transfers:Indications and results[review][M]. Hand Clin,1992,8(3):525-536.
[45] Barsky AJ. Congenital Anomalies of the Hands and Their Surgical Treatment[M]. Springfield,IL:Thomas,1958.
[46] Peacock EE. Reconstructive surgery of hands with injured central metacarpophalangeal joints[J]. J Bone Joint Surgery,1956,38(suppl A):291-302.
[47] Foucher G,Merle M. Transfert articulaire au niveau d'un doigt en microchirurgie[J]. G. A. M. lettre d'information du GAM,1976,7:15.
[48] Foucher G,Lenoble E,Smith D. Free and island vascularized joint transfer for proximal interphalangeal reconstruction:a series of 27 cases[J]. J Hand Surg Am,1994,19(1):8-16.
[49] Chen SH,Wei FC,Chen HC,et al. Vascularized toe joint transfer to the hand[review][J]. Plast Reconstr Surg,1996,98(7):1275-1284.
[50] Urbaniak JR. Replantation in children. In Serafin D,Georgiade N(eds). Pediatric Plastic Surgery. St[J]. Louis:CV Mosby,1984,pp1168-1185.
[51] Poppen NK,Norris TR,Buncke HJ Jr. Evaluation of sensibility and function with microsurgical free tissue transfer of the great toe to the hand for thumb reconstruction[J]. J Hand Surg Am,1983,8(5 Pt 1):516-531.
[52] Yim KK,Wei FC. Secondary procedures to improve function after toe-to-hand transfers[J]. Br J Plast Surg,1995,48(7):487-491.
[53] Rosson GD,Buncke GM,Buncke HJ. Great toe transplant versus thumb replant for isolated thumb amputation:critical analysis of functional outcome[J]. Microsurgery,2008,28(8):598-605.
[54] Lin PY,Sebastin SJ,Ono S,et al. A systematic review of outcomes of toeto-thumb transfers for isolated traumatic thumb amputation[J]. Hand（NY),2011,6(3):235-243.
[55] Mackinnon SE,Dellon AL. Surgery of the Peripheral Nerve[M]. New York:Thieme,1988.
[56] Wei FC,Ma HS. Delayed sensory reeducation after toe-to-hand transfer[J]. Microsurgery,1995,16:583-585.
[57] Woo SH,Kim JS,Seul JH. Immediate toe-to-hand transfer in acute hand injuries:overall results,compared with results for elective cases[J]. Plast Reconstr Surg,2004,113:882-892.

27. 臂丛探查
surgical exposure of the brachial plexus

[1] Shin AY,Spinner RJ. Clinically relevant surgical anatomy and exposures of the brachial plexus. In Bishop AT,Spinner RJ,Shin AY(eds). In Brachial Plexus Injuries in Adults[J]. Hand Clinics,2005,21:1-11.
[2] Bodily KD,Spinner RJ,Shin AY,Bishop AT. Clinical significance of suprascapular nerve mobilization[J]. Clin Anat,2005,18:573-579.
[3] Liverneaux PA,Diaz LC,Beaulieu JY,et al. Preliminary results of double nerve transfer to restore elbow flexion in upper type brachial plexus palsies[J]. Plast Reconstr Surg 2006,117:915-919.
[4] Oberlin C,Béal D,Leechavengvongs S,et al. Nerve transfer to biceps muscle using a part of ulnar nerve for C5-C6 avulsion of the brachial plexus:anatomical study and report of four cases[J]. J Hand Surg,1994,19(suppl A):232-237.（Oberlin 于 1994 年首先介绍应用 10% 尺神经束支移位至肱二头肌肌支重建肘关节屈曲功能的 4 个成功的病例介绍。作者认为尺神经部分术支移位重建屈肘功能有效，且对手术功能无损害）
[5] Witoonchart K,Leechavengvongs S,Uerpairojkit C,et al. Nerve transfer to deltoid muscle using the nerve to the long head of the triceps,part I:an atomic feasibility study[J]. J Hand Surg,2003,28(suppl A):628-632.（本文介绍了应用肱三头肌支移位至腋神经重建肩关节外展功能获得成功）
[6] Colbert SH,Mackinnon S. Posterior approach for double nerve transfer for restoration of shoulder function in upper brachial plexus palsy[J]. Hand,2006,1:71-77.
[7] Kline DG,Hudson AR,Kim DH. Atlas of Peripheral Nerve Surgery[M]. Philadelphia:WB Saunders,2001.

二、头颈部
Head and Neck

28. 头皮再植
scalp replantation

[1] Farmer AW. Treatment of avulsed skin flaps[J]. Ann Surg,1939,110(5):951.（1939 年，Farmer 报道了

对一例头皮伤口，于颅骨外皮层钻孔，待表面肉芽组织生长后行中厚皮片移植）
[2] Orticochea M. Four flap scalp reconstruction technique[J]. Br J Plast Surg,1967,20(2):159.（1967 年，Orticochea 报道了带蒂皮瓣在头皮撕脱修复的应用，这些方法一直用到 19 世纪 70 年代后期。直到现今，在一些再植失败或不能再植的病例中仍然有应用）
[3] Chang TS. Experiences in microsurgery in the People's Republic of China[J]. J Microsurg,1979,1(2):154.［张涤生介绍了自 1963 年以来，随着中国显微外科技术的进步，各种游离皮瓣（背阔肌皮瓣、腹直肌皮瓣、桡动脉皮瓣和股前外侧皮瓣）用于头皮重建］
[4] Furnas H,Lineaweaver WC,Alpert BS,et al. Scalp reconstruction by microvascular free tissue transfer[J]. Ann Plast Surg,1990,24(5):431.（背阔肌因其体积大、可靠的血液供应、易于切取和为受损的床层提供良好的血管供应而成为重建大面积复杂头皮创面游离皮瓣的首选）
[5] Lee B,Bickel K,Levin S,et al. Microsurgical reconstruction of extensive scalp defects[J]. J Reconstr Microsurg,1999,15:255.（作者回顾了 16 例获得性头皮缺损患者修复的经验，如何为大型、复杂的头皮缺损提供稳定覆盖，显微外科技术提供了可靠选择）
[6] Mccombe D,Donato R,Hofer S,et al. Free flaps in the treatment of locally advanced malignancy of the scalp and forehead[J]. Ann Plast Surg,2002,48:600.（本文回顾了 29 例头皮和额头皮肤恶性肿瘤的患者行 32 次游离皮瓣修复。在头皮和前额缺损重建中使用游离组织瓣转移法可以有效治疗该区域的局部晚期恶性肿瘤）
[7] Newman M,Hanasono M,Disa J,et al. Scalp reconstruction:a 15-year experience[J]. Ann Plast Surg,2004,52:501.（本文作者回顾了 15 年内所治疗的头皮缺损修复的患者，治疗成功的重要原则在于持久覆盖、病灶清除、保持血液供应和适当的伤口引流。在大多数情况下，带有皮肤的局部皮瓣和游离组织瓣仍然是缺损修复的主要手段）
[8] McLean DH,Buncke HJ Jr. Autotransplant of omentum to a large scalp defect,with microsurgical revascularization[J]. Plast Reconstr Surg,1972,49(3):268.（本文首次报道了吻合颞浅动静脉的大网膜游离移植覆盖大型头皮缺损）
[9] Browning FS,Eastwood DS,Price DJ,et al. Scalp and cranial substitution with autotransplanted greater omentum using microvascular anastomosis[J]. Br J Surg,1979,66(3):152.
[10] Sanger J,Maiman D,Matloub H,et al. Management of chronic osteomyelitis of the skull using vascularized omental transfer[J]. Surg Neurol,1982,18(4):267.
[11] Irons GB,Witzke DJ,Arnold PG,et al. Use of the omental free flap for soft-tissue reconstruction[J]. Ann Plast Surg,1983,11(6):501.
[12] Shen YM,Shen ZY. Greater omentum in reconstruction of refractory wounds[J]. Chin J Traumatol,2003,6(2):81.
[13] Miller GD,Austee EJ,Shell JA. Successful replantation of an avulsed scalp by microvascular anastomoses[J]. Plast Reconstr Surg,1976,58(2):133.
[14] Buncke HJ,Rose EH,Brownstein MJ,et al. Successful replantation of two avulsed scalps by microvascular anastomosis[J]. Plast Reconstr Surg,1978,61(5):666.
[15] Biemer E,Stock W,Wolfensberger C,et al. Successful replantation of a totally avulsed scalp[J]. Br J Plast Surg,1978,32(1):19.
[16] Nahai F,Aurteau J,Vasconez LO. Replantation of an entire scalp and ear by microvascular anastomoses of only 1 artery and 1 vein[J]. Br J Plast Surg,1978,31(4):339.
[17] Spira M,Daniel RK,Agris J. Successful replantation of totally avulsed scalp,with profuse regrowth of hair:case report[J]. Plast Reconstr Surg,1978,62(3):447.
[18] Chater NL,Buncke HJ,Brownstein M. Revascularization of the scalp by microsurgical techniques after complete avulsion[J]. Neurosurgery,1978,2(3):269.
[19] Gatti JE,La Rossa D. Scalp avulsions and review of successful replantation. Ann Plast Surg,1981,6(2):127. Hentz VR,Palma CR,Elliott E,et al. Successful replantation of a totally avulsed scalp following prolonged ischemia[J]. Ann Plast Surg,1981,7(2):145.
[20] Fogdestam I,Lilja J. Microsurgical replantation of a total scalp avulsion. Case report[J]. Scand J Plast Reconstr Surg,1986,20(3):319.
[21] Sakai S,Soeda S,Ishii Y. Avulsion of the scalp:which one is the best artery for anastomoses?[J]. Ann Plast Surg,1990,24(4):350.
[22] Eren S,Hess J,Larkin GC. Total scalp replantation based on one artery and one vein[J]. Microsurgery,1993,14:266.
[23] McCann J,O'Donoghue J,Ghazal SK,et al. Microvascular replantation of a completely avulsed scalp[J]. Microsurgery,1994,15:639.
[24] Arashiro K,Ohtsuka H,Ohtani K,et al. Entire scalp replantation:case report and review of the literature[J]. J Reconstr Microsurg,1995,11:245.
[25] Barisoni D,Lorenzini M,Governa M,et al. Two cases of scalp reimplantation based on one artery and one vein with interposed vein grafts[J]. Eur J Plast Surg,1997,20:51.
[26] Lee B,Bickel K,Levin S. Microsurgical reconstruction of extensive scalp defects[J]. J Reconstr Microsurg,1999,15(4):255-262.discussion 263.
[27] Wilhelmi BJ,Kang RH,Kiumars M,et al. First successful replantation of face and scalp with single-artery repair:model for face and scalp transplantation[J]. Ann Plast Surg,2003,50:53.
[28] Liu T,Dong J,Wang J,et al. Microsurgical replantation for child total scalp avulsion[J]. J Craniofac Surg,2009,220(1):81.
[29] Zhou S,Chang T,Guan W,et al. Microsurgical replantation of the avulsed scalp:report of six cases[J]. J Reconstr Microsurg,1993,9(2):121.
[30] Chen IC,Wan HL. Microsurgical replantation of avulsed scalps[J]. J Reconstr Microsurg,1996,12(2):105.
[31] Yin JW,Matsuo JM,Hsieh CH,et al. Replantation of total avulsed scalp with microsurgery:experience of eight cases and literature review[J]. J Trauma,2008,64(3):796.
[32] Cheng K,Zhou S,Jiang K,et al. Microsurgical replantation of the avulsed scalp:report of 20 cases.[J] Plast Reconstr Surg,1996,97:(6).

29. 耳与唇再植
ear and lip replantation

[1] Kind GM. Microvascular ear replantation[J]. Clin Plast Surg,2002,29(2):233-248.
[2] Buntic RF,Buncke HJ. Successful replantation of an amputated tongue[J]. Plast Reconstr Surg,1998,101(6):1604-1607.（Buntic 于 1998 年报道了第一例成功舌再植的病例。这例患者遭遇了车祸伤，5 cm×4 cm 的离断舌通过吻合单一左舌动脉再植，同侧舌静脉移植通过口底吻合到左侧面静脉）
[3] Buncke HJ,Schulz WP. Total ear reimplantation in the rabbit utilising microminiature vascular anastomoses[J]. Br J Plast Surg,1966,19(1):15-22.（Buncke 于 1966 年在兔身上通过显微血管吻合成功完成了第一例外耳再植）
[4] Steffen A,Katzbach R,Klaiber S. A comparison of ear reattachment methods:a review of 25 years since Pennington[J]. Plast Reconstr Surg,2006,118(6):1358-1364.
[5] Pennington DG,Lai MF,Pelly AD. Successful replantation of a completely avulsed ear by microvascular anastomosis[J]. Plast Reconstr Surg,1980,65(6):820-823.（Pennington 报道了通过微血管吻合获得耳再植的成功案例，并讨论了相关技术及优势）
[6] Akyürek M,Safak T,Kecik A. Microsurgical ear replantation without venous repair[J]. Ann Plast Surg,2001,46(4):439-442.
[7] Cavadas PC. Supramicrosurgical ear replantation:case report[J]. J Reconstr Microsurg,2002,18(5):393-395.
[8] Cho BH,Ahn HB. Microsurgical replantation of a partial ear,with leech therapy[J]. Ann Plast Surg,1999,43(4):427-429.
[9] Concannon MJ,Puckett CL. Microsurgical replantation of an ear in a child without venous repair[J]. Plast Reconstr Surg,1998,102(6):2088-2093.
[10] Elsahy N. Ear replantation. Clin Plast Surg,2002,29(2):221-231.
[11] Finical SJ,Keller KM,Lovett JE. Postoperative ramifications of total ear replantation[J]. Ann Plast Surg,1998,41(6):667-670.
[12] Horta R,Costa-Ferreira A,Costa J,et al. Ear replantation after human bite avulsion injury[J]. J Craniofac Surg,2011,22(4):1457-1459.
[13] Jung SN,Yoon S,Kwon H,Yim YM. Successful replantation of an amputated earlobe by microvascular anastomosis[J]. J Craniofac Surg,2009,20(3):822-824.
[14] Kim KS,Kim ES,Hwang JH,Lee SY. Microsurgical replantation of a partial helix of the ear[J]. Microsurgery,2009,29(7):548-551.
[15] Kind G,Buncke G. Total ear replantation[J]. Plast Reconstr Surg,1997,99(7):1858-1867.
[16] Lin PY,Chiang YC,Hsieh CH,Jeng SF. Microsurgical replantation and salvage procedures in traumatic ear amputation[J]. J Trauma,2010,69(4):E15-E19.
[17] Nath RK,Kraemer BA,Azizzadeh A. Complete ear replantation without venous anastomosis[J]. Microsurgery,1998,18(4):282-285.
[18] Shelley OP,Villafane O,Watson SB. Successful partial ear replantation after prolonged ischaemia time[J]. Br J Plast Surg,2000,53(1):76-77.
[19] Talbi M,Stussi JD,Meley M. Microsurgical replantation of a totally amputated ear without venous repair[J] J Reconstr Microsurg,2001,17(6):417-420.
[20] Trovato MJ,Agarwal JP. Successful replantation of the ear as a venous flap[J]. Ann Plast Surg,2008,61(2):164-168.
[21] Wong W,Wilson P,Savundra J. Total ear replantation using the distal radial artery perforator[J]. J Plast Reconstr Aesthet Surg,2011,64(5):677-679.
[22] James NJ. Survival of large replanted segment of upper lip and nose. Case report[J]. Plast Reconstr Surg,1976,58(5):623-625.（1976 年 James 报道了首例唇离断再植部分存活）
[23] Hirasé Y,Kojima T,Hayashi J,Nakano M. Successful upper labial replantation after 17 hours of ischemia:case report[J]. J Reconstr Microsurg,1993,9(5):327-329.
[24] Baj A,Beltramini GA,Laganà F,Giannì AB. Microsurgical upper lip replantation:a case report[J]. J Oral Maxillofac Surg,2010,68(3):664-667.
[25] Taylor H,Andrews B. Lip replantation and delayed inset after a dog bite:a case report and literature review[J]. Microsurgery,2009,29(8):657-661.
[26] Seki JT,Haugen C. Lip Reconstruction. In Weinzweig J(ed). Plastic Surgery Secrets[M]. Philadelphia: Hanley & Belfus,1999,pp211-215.
[27] Duroure F,Simon E,Fadhul S,et al. Microsurgical lip replantation:evaluation of functional and aesthetic results of three cases[J]. Microsurgery,2004,24(4):265-269.
[28] Schubert W,Kimberley B,Guzman-Stein G,Cunningham BL. Use of the labial artery for replantation of the lip and chin[J]. Ann Plast Surg,1988,20(3):256-260.
[29] Hendrick RGJ,Tiwari P. Successful replantation of upper lip avulsion injury using an arterialized venous anastomosis[J]. Plast Reconstr Surg,2012,130(4):628e-629e.
[30] Wong SS,Wang ML. Successful replantation of an bitten-off lower lip:case report[J]. J Trauma,1999,47(3):602-604.
[31] Crawford CR,Hagerty RC. Survival of an upper lip aesthetic complex using arterial reanastomosis only[J]. Ann Plast Surg,1991,27(1):77-79.
[32] Holtje WJ. Successful replantation of an amputated upper lip[J]. Plast Reconstr Surg,1984,73(4):664-668.
[33] Liliav B,Zaluzec R,Hassid VJ,et al. Lip replantation:a viable option for lower lip reconstruction after human bites,a literature review and proposed management algorithm[J]. J Plast Reconstr Aesthet Surg,2012,65(7):e197-e199.
[34] Walton RL,Beahm EK,Brown RE,et al.Microsurgical replantation of the lip:a multi-institutional experience[J]. Plast Reconstr Surg,1998,102(2):358-368.
[35] Venter TH,Duminy FJ. Microvascular replantation of avulsed tissue after a dog bite of the face[J]. South Afr Med J,1994;84(1):37-39.
[36] Jeng SF,Wei FC,Noordhoff MS. Successful replantation of a bitten-off vermilion of the lower lip by microvascular anastomosis:case report[J]. J Trauma,1992,33(6):914-916.
[37] Jeng SF,Wei FC,Noordhoff MS. Replantation of amputated facial tissues with microvascular anastomosis[J]. Microsurgery,1994,15(5):327-333.
[38] Husami TW,Cervino AL,Pennington GA,Douglas BK. Replantation of an amputated upper lip[J]. Microsurgery,1992,13(3):155-156.
[39] Davis C,Armstrong J. Replantation of an amputated tongue[J]. Plast Reconstr Surg,2001,108(5):1441-1442.
[40] Egozi E,Faulkner B,Lin KY. Successful revascularization following near-complete amputation of the tongue[J]. Ann Plast Surg,2006,56(2):190-193.
[41] Kim JS,Choi TH,Kim NG,et al.The replantation of an amputated tongue by supermicrosurgery[J]. J Plast Reconstr Aesthet Surg,2007,60(10):1152-1155.
[42] Agur AMR,Dalley AF(eds). Grant's Atlas of Anatomy[M].13th ed. Baltimore:Lippincott Williams & Wilkins,2012,pp888.
[43] Park C,Lineaweaver WC,Rumly TO,Buncke HJ. Arterial supply of the anterior ear[J]. Plast Reconstr Surg,1992,90(1):38-44.
[44] Bauer BS,Fortes P. Ear reconstruction. In Weinzweig J(ed). Plastic Surgery Secrets[J]. Philadelphia: Hanley & Belfus,1999,pp207-211.
[45] Yuksel E,Weinfeld A,Shenaq S. Reconstruction of the oral cavity. In Weinzweig J(ed). Plastic Surgery Secrets[J]. Philadelphia:Hanley & Belfus,1999,pp215-221.
[46] Buncke GM. Replantation and revascularization//In Mathes SJ(ed). Plastic Surgery,vol. 8:The Hand and Upper Limb,Part 2.2nd ed. Philadelphia:Saunders,2005,pp565-585.
[47] Baj A,Beltramini G,Lagana F,et al. Amputation trauma of the face:surgical techniques and microsurgical replantations[J]. Acta Otorhinolaryngol Ital,2009,29(2):92-96.
[48] Buntic RF,Buncke HJ. Replantation and revascularization. In Weinzweig J(ed). Plastic Surgery Secrets[M]. Philadelphia:Hanley & Belfus,1999,pp.513-516.
[49] Grabb WC,Dingman RO. The fate of amputated tissues of the head and neck following replacement[J]. Plast Reconstr Surg,1972,49(1):28-32.
[50] Jones NF. Replantation in the upper extremity. In Thorne CH,Bartlett SP,Beasley RW,et al(eds). Grabb & Smith›s Plastic Surgery,6th ed. Baltimore:Lippincott Williams & Wilkins,2007,pp868-883.
[51] Pederson WC. Principles of microvascular surgery. In Wolfe S,Hotchkiss R,Pederson W,Kozin S(eds). Green's Operative Hand Surgery[M].6th ed. Philadelphia:Elsevier,2010,pp1553-1584.
[52] Wilson GR,Jones BM. The damaging effect of smoking on digital revascularisation:two further case reports[J]. Br J Plast Surg,1984,37(4):613-614.
[53] Chang LD,Buncke G,Slezak S,Buncke HJ. Cigarette smoking,plastic surgery,and microsurgery[J]. J

Reconstr Microsurg,1996,12(7):467-474.
[54] Mladick RA,Horton CE,Adamson JE,Cohen BI. The pocket principle:a new technique for the reattachment of a severed ear part[J]. Plast Reconstr Surg,1971,48(3):219-223.
[55] Juri J,Irigaray A,Juri C,et al. Ear replantation[J]. Plast Reconstr Surg,1987,80(3):431-435.
[56] Buntic RF,Brooks D. Standardized protocol for artery-only fingertip replantation[J]. J Hand Surg Am,2010,35(9):1491-1496.
[57] Daane SP. Leeches. In Weinzweig J(ed). Plastic Surgery Secrets[M]. Philadelphia:Hanley & Belfus,1999,pp439-441.

30. 头颈部重建外科三维重建模型
three-dimensional modeling in head and neck re-constructive surgery

[1] Saigal K,Winokur RS,Finden S,et al. Use of three-dimensional computerized tomography reconstruction in complex facial trauma[J]. Facial Plast Surg,2005,21:214.（CT 的 3D 重建利于医师了解骨结构，有助于评估复杂的下颌骨和中颌骨骨折，利于术前计划）
[2] Murray DJ,Edwards G,Mainprize JG,Antonyshyn O. Advanced technology in the management of fibrous dysplasia[J]. J Plast Reconstr Aesthet Surg,2008,61:906.（Murray 描述了先进的成像技术在优化复杂颅面骨纤维结构异常手术治疗中的应用）
[3] Bell RB. Computer planning and intraoperative navigation in craniomaxillofacial surgery[J]. Oral Maxillofac Surg Clin North Am,2010,22:135.（术前计算机设计和立体光刻建模与术中导航相结合，为各种复杂的颅颌面部畸形的重建提供了有用的指导，并可能更准确地对其进行重建）
[4] Chang S,Liao YF,Hung LM,et al. Prefabricated implants or grafts with reverse models of three-dimensional mirror-image templates for reconstruction of craniofacial abnormalities[J]. Plast Reconstr Surg,1999,104:1413.（镜像技术、3D 打印技术在颅面手术中的应用，附加一例病例报告）
[5] Dean D,Min KJ,Bond A. Computer aided design of large format prefabricated cranial plates[J]. J Craniofac Surg,2003,14:819.
[6] Hanasono MM,Goel N,Demonte F. Calvarial reconstruction using polyetheretherketone(PEEK) implants[J]. Ann Plast Surg,2009,62:653.
[7] Sinn DP,Cello JE,Miles BA. Stereolithography for craniofacial surgery[J]. J Craniofac Surg,2006,17(5):869
[8] Sailer HF,Haers PE,Zollikofer CPE,et al. The value of stereolithographic models for preoperative diagnosis of craniofacial deformities and presurgical planning[J]. Int J Oral Maxillofac Surg,1998,27:327.
[9] Kermer C,Lindner A,Friede I,et al. Preoperative stereolithographic model planning for primary reconstruction in cranio-maxillofacial trauma surgery[J]. J Craniomaxillofac Surg,1998,26:136.
[10] James WJ,Slabbekoorn MK,Edgin WA,et al.Correction of congenital malar hypoplasia using stereolithography for presurgical planning[J]. J Oral Maxillofac Surg,1998,56:512.
[11] Park GC,Wiseman JB,Clark WD. Correction of congenital microtia using stereolithography for surgical planning[J]. Plast Reconstr Surg,2000,105:1444.
[12] Choi JY,Choi JH,Kim NK,et al. Analysis of errors in medical rapid prototype models[J]. Int. J Oral Maxillofac Surg,2002,31:23.
[13] Chang PS,Parker TH,Patrick CW Jr,Miller MJ. The accuracy of stereolithography in planning craniofacial bone replacement[J]. J Craniofac Surg,2003,14:164.
[14] Ueda KM,Tajima SM,Oba SM,et al. Mandibular contour reconstruction with three-dimensional computer-assisted models[J]. Ann Plast Surg,2001,46:387-393.
[15] Eckardt A,Swennen GR. Virtual planning of composite mandibular reconstruction with free fibula bone graft[J]. J Craniofac Surg,2005,16:1137-1140.
[16] Lee JW,Fang JJ,Chang LR,Yu CK. Mandibular defect reconstruction with the help of mirror imaged coupled with laser stereolithographic modeling technique[J]. J Formos Med Assoc,2007,106:244-250.
[17] Kernan BT,Wimsatt JA. Use of a stereolithography model for accurate,preoperative adaptation of a reconstruction plate[J]. J Oral Maxillofac Surg,2000,58:349.
[18] Juergens P,Krol Z,Zeilhofer HF,et al. Computer simulation and rapid prototyping for the reconstruction of the mandible[J]. J Oral Maxillofac Surg,2009,67:2167.
[19] Cohen A,Laviv A,Berman P,et al. Mandibular reconstruction using stereolithographic 3-dimensional printing modeling technology[J]. Oral Surg Oral Med Oral Pathol Oral Radiol Endod,2009,108:661.
[20] Levine JP,Hirsch DL,Bastidas JA,et al. Importance of computer-aided design and manufacturing technology in the mul-tidisciplinary approach to head and neck reconstruction[J]. J Craniofac Surg,2010,21:1277.
[21] Hirsch DL,Garfein ES,Christensen AM,et al. Use of computer-aided design and computer-aided manufacturing to produce orthognathically ideal outcomes:a paradigm shift in head and neck reconstruction[J]. J Oral Maxillofac Surg,2009,67:2115.
[22] Golfinos JC,Fitzpatrick BC,Smith LR,Spetzler RF. Clinical use of a frameless stereotactic arm:results of 325 cases[J]. J Neurosurg,1995,83:197.
[23] Roessler K,Ungersboeck K,Dietrich W,et al. Frameless stereotactic guided neurosurgery:clinical experience with an infrared based pointer device navigation system[J]. Acta Neurochir(Wien),1997,139:551.
[24] Gellrich NC,Schramm A,Hammer B,et al. Computer-assisted secondary reconstruction of unilateral posttraumatic orbital deformity[J]. Plast Reconstr Surg,2002,110:1417.
[25] Strong EB,Rafii A,Holhweg-Majert B,et al. Comparison of 3 optical navigation systems for computer-aided maxillofacial surgery[J]. Arch Otolaryngol Head Neck Surg,2008,134:1080.
[26] Hanasono MM,Jacob RF,Bidaut L,et al. Mid-facial reconstruction using virtual planning,rapid prototype modeling,and stereotactic navigation[J]. Plast Reconstr Surg,2010,126:2002-2006.
[27] Frodel JL Jr,Funk GF,Capper DT,et al. Osseointegrated implants:a comparative study of bone thickness in four vascularized bone flaps[J]. Plast Reconstr Surg,1993,92:449.
[28] Brown JS,Rogers SN,McNally DN,Boyle M. A modified classification for the maxillectomy defect[J]. Head Neck,2000,22:17.
[29] Okay DJ,Genden E,Buchbinder D,Urken M. Prosthodontic guidelines for surgical reconstruction of the maxilla:a classification system of defects[J]. J Prosthet Dent,2001,86:352.
[30] Cordeiro PG,Santamaria E,Kraus DH,et al. Reconstruction of total maxillectomy defects with preservation of the orbital contents[J]. Plast Reconstr Surg,1998,102:1874.
[31] Cordeiro PG,Santamaria E. A classification system and algorithm for reconstruction of maxillectomy and midfacial defects[J]. Plast Reconstr Surg,2000,105:2331.
[32] Genden EM,Okay D,Stepp MT,et al. Comparison of functional and quality-of-life outcomes in patients with and with-out palatomaxillary reconstruction:a preliminary report[J]. Arch Otolaryngol Head Neck Surg,2003,129:775.
[33] Moreno M,Skoracki RJ,Hanna EY,Hanasono MM. Microvascular free flap reconstruction versus palatal obturation for maxillectomy defects[J]. Head Neck,2010,32:860.
[34] Nakayama B,Matuura H,Ishihara O,et al. Function reconstruction of a bilateral maxillectomy defect using a fibula os-teocutaneous flap with osseointegrated implants[J]. Plast Reconstr Surg,1995,96:1201.
[35] Futran ND,Haller JR. Considerations for free-flap reconstruction of the hard palate[J]. Arch Otolaryngol Head Neck Surg,1999,125:665.
[36] Brown JS,Jones DC,Summerwill A,et al. Vascularized iliac crest with internal oblique muscle for immediate reconstruction after maxillectomy[J]. Br J Oral Maxillofac Surg,2002,40:183.
[37] Chang DW,Langstein HN. Use of the free fibula flap for restoration of orbital support and midfacial projection following maxillectomy[J]. J Reconstr Microsurg,2003,19:147.
[38] Genden EM,Wallace D,Buchbinder D,et al. Iliac crest internal oblique osteomusculocutaneous free flap reconstruction of the postablative palatomaxillary defect[J]. Arch Otolaryngol Head Neck Surg,2001,127:854.
[39] Hanasono MM,Skoracki RJ. The omega-shaped fibula osteocutaneous free flap for reconstruction of extensive midfacial defects[J]. Plast Reconstr Surg,2010,125:160e.
[40] Roumanas E,Markowitz BL,Lorant JA,et al. Reconstructed mandibular defects:fibula free flaps and osseointegrated implant[J]. Plast Reconstr Surg,1997,99:356.
[41] Teoh KH,Huryn JM,Patel S,et al. Implant prosthodontic rehabilitation of fibula free-flap reconstructed mandibles:a Memorial Sloan-Kettering Cancer Center review of prognostic factors and implant outcomes[J]. Int J Oral Maxillofac Implants,2005,20:738.
[42] Niimi A,Ueda M,Keller EE,Worthington P. Experience with osseointegrated implants placed in irradiated tissues in Japan and the United States[J]. Int J Oral Maxillofac Implants,1998,13:407.
[43] Brogniez V,Lejuste P,Pecheur A,Reychler H. Dental prosthetic reconstruction of osseointegrated implants placed in irradiated bone[J]. Int J Oral Maxillofac Implants,1998,13:506.
[44] Chang YM,Santamaria E,Wei FC,et al. Primary insertion of osseointegrated dental implants into fibula osteoseptocutaneous free flap for mandible reconstruction[J]. Plast Reconstr Surg,1998,102:680.

31. 上颌骨重建
maxillary reconstruction

[1] Genden EM,Okay D,Stepp MT,et al. Comparison of functional and quality-of-life outcomes in patients with and without palatomaxillary reconstruction:a preliminary report[J]. Arch Otolaryngol Head Neck Surg,2003,129:775.
[2] Gruss JS,Antonyshyn O,Phillips JH. Early definitive bone and soft-tissue reconstruction of major gunshot wounds of the face[J]. Plast Reconstr Surg,1991,87:436.
[3] Edgerton MT Jr,Zovickian A. Reconstruction of major defects of the palate[J]. Plast Reconstr Surg,1956,17:105.（本文报道了大型腭部缺损的原因、修复方法）
[4] Miller TA. The Tagliacozzi flap as a method of nasal and palatal reconstruction[J]. Plast Reconstr Surg,1985,76:870.（上臂随意皮瓣成功用于修复鼻部、腭部缺损）
[5] Campbell H. Reconstruction of the left maxilla[J]. Plast Reconstr Surg,1948,3:66.[Campbell 报道了一例左上颌缺损的修复（颞肌筋膜瓣、游离植骨、皮肤移植）]
[6] Branemark PI. Osseointegration and its experimental background[J]. J Prosthet Dent,1983,50:399.
[7] Rodriguez ED,Martin M,Bluebong-Langner R,et al. Microsurgical reconstruction of posttraumatic high-energy maxillary defects:establishing the effectiveness of early reconstruction[J]. Plast Reconstr Surg,2007,120:7.
[8] Genden EM,Higgins K,Urken ML. The role of pedicles flaps in a microvascular world[J]. Semin Plast Surg,2003,17:3.
[9] Robertson BC,Manson PN. High-energy ballistic and avulsive injuries. A management protocol for the next millennium[J]. Surg Clin North Am,1999,79:6.
[10] Muzaffar AR,Adams WP Jr,Hartog JM,et al. Maxillary reconstruction:functional and aesthetic considerations[J]. Plast Reconstr Surg,1999,104:7.
[11] Rohner D,Jaquiery C,Kunz C,et al. Maxillofacial reconstruction with prefabricated osseous free flaps:a 3-year experience with 24 patients[J]. Plast Reconstr Surg,2003,112:3.
[12] Suominen E,Tukiainen E. Close-range shotgun and rifle injuries to the face[J]. Clin Plast Surg,2001,28:2.
[13] Frodel JL Jr,Funk GF,Capper DT,et al. Osseointegrated implants:a comparative study of bone thickness in four vascularized bone flaps[J]. Plast Reconstr Surg,1993,92:449.
[14] Bartlett CS. Clinical update:gunshot wound ballistics[J]. Clin Orthop,2003,408:28.
[15] Lutz BS,Wei FC,Ng SH,et al. Routine donor leg angiography before vascularized free fibula transplantation is not necessary:a prospective study in 120 clinical cases[J]. Plast Reconstr Surg,1999,103:121.
[16] Yim KK,Wei FC. Fibula osteoseptocutaneous free flap in maxillary reconstruction[J]. Microsurgery,1994,15:353.
[17] Urken ML,Buchbinder D,Constantino PD,et al. Oromandibular reconstruction using microvascular composite flaps:report of 210 cases[J]. Arch Otolaryngol Head Neck Surg,1998,124:46.
[18] Brown JS. Deep circumflex iliac artery free flap with internal oblique muscle as a new method of immediate reconstruction of maxillectomy defect[J]. Head Neck,1996,18:412.
[19] Brown JS,Jones DC,Summerwill A,et al. Vascularized iliac crest with internal oblique muscle for immediate reconstruction after maxillectomy[J]. Br J Oral Maxillofac Surg,2002,40:183.
[20] Kakibuchi M,Fujikawa M,Hosokawa K,et al. Functional reconstruction of maxilla with free latissimus dorsi-scapular osteomusculocutaneous flap[J]. Plast Reconstr Surg,2002,109:1238.
[21] Dolin J,Scalea T,Mannor L,et al. The management of gunshot wounds to the face[J]. J Trauma,1992,33:508.
[22] Rogers SN,Lakshmiah SR,Narayan B,et al. A comparison of the long term morbidity following deep circumflex iliac and fibula free flaps for reconstruction following head and neck cancer[J]. Plast Reconstr Surg,2003,112:1517.

32. 下颌骨重建
mandibular reconstruction

[1] Boyd JB,Morris S,Rosen IB,et al. The through-and-through oromandibular defect:rationale for aggressive reconstruction[J]. Plast Reconstr Surg,1994,93:44.（38 例累及黏膜、下颌骨和皮肤的口底癌行手术切除肿瘤后，同期行微血管重建。评估微血管重建在这些姑息性重建工作中的价值）
[2] Boyd JB,Gullane PJ,Rostein LE,et al. Classification of mandibular defects[J]. Plast Reconstr Surg,1993,92:1266.（Boyd 基于下颌骨缺损节段位于前方或外侧和缺损节段是否包含髁部对下颌骨缺损的分类）
[3] Urken ML,Weinberg H,Vickery C,et al. Oromandibular reconstruction using microvascular composite free flaps. Report of 71 cases and a new classification scheme for bony,soft tissue,and neurologic defects[J]. Arch Otolaryngol Head Neck Surg,1991,117:733.（71 例下颌骨重建的病例，提出一种新的口腔综合缺陷分类方案）
[4] Yousif NJ,Matloub HS,Sanger JR,Campbell B. Soft-tissue reconstruction of the oral cavity[J]. Clin Plast Surg,1994,21:15.（口腔软组织缺损的修复，非单纯闭合伤口，需与口腔的真实视觉和功能评估相结合）
[5] Deschler DG,Day T(eds). TNM Staging of Head and Neck Cancer/ Neck Dissection Classification, 3rd ed,2008. http://www.entnet. org/mktplace/NeckDissection.cfm?CFID=40777697andCFTOKEN=73269208.
[6] Gullane PJ,Holmes. Mandibular reconstruction. New concepts. Arch Otolaryngol Head Neck Surg,1986,112:714.

[7] Boyd JB,Mulholland S,Davidson J,et al. The free flap and plate in oromandibular reconstruction:long term review and indications[J]. Plast Reconstr Surg,1995,95:1018.
[8] Mosahebi A,Chaudhry A,McCarthy CM,et al. Reconstruction of extensive composite posterolateral mandibular defects using nonosseous free tissue transfer[J]. Plast Reconstr Surg,2009,124:1571.
[9] Millard DR,Garst WP,Campbell RC,et al. Composite lower jaw reconstruction[J]. Plast Reconstr Surg,1970,46:22.
[10] Benoist M. Experience with 220 cases of mandibular reconstruction[J]. J Maxillofac Surg,1978,6:40.
[11] T erz JJ,Bear SE,Brown PW,et al. An evaluation of the wire mesh prosthesis in primary reconstruction of the mandible[J]. Am J Surg,1978,135:825.
[12] Adamo AK,Szal RL. Timing,results,and complications of mandibular reconstructive surgery:report of 32 cases[J]. J Oral Surg,1979,37:755.
[13] Lawson W,Loscalzo L,Baek SM,et al. Experience with immediate and delayed mandibular reconstruction[J]. Laryngoscope,1982,92:5.
[14] Albert TW,Smith JD,Everts EC,et al. Dacron mesh tray and cancellous bone in reconstruction of mandibular defects[J]. Arch Otolaryngol Head Neck Surg,1986,112:53.
[15] Manchester WM. Immediate reconstruction of the mandible and temporomandibular joint[J]. Br J Plast Surg,1965,18:291.
[16] Manchester WM. Some technical improvements in the reconstruction of the mandible and temporomandibular joint[J]. Plast Reconstr Surg,1972,50:249.
[17] Marx RE. Mandibular reconstruction[J]. J Oral Maxillofac Surg,1993,51:466.
[18] Carlson ER,Marx RE. Part II. Mandibular reconstruction using cancellous cellular bone grafts[J]. J Oral Maxillofac Surg,1996,54:889.
[19] Foster RD,Anthony JP,Sharma A,et al. Vascularized bone flaps versus non - vascularized bone grafts for mandibular reconstruction:an outcome analysis of primary bony union and endosseous implant success[J]. Head Neck,1999,21:66.
[20] Cuono CB,Ariyan S. Immediate reconstruction of a composite mandibular defect with a regional osteomusculocutaneous flap[J]. Plast Reconstr Surg,1980,65:477.
[21] Panje W,Cutting C. Trapezius osteomyocutaneous island flap for reconstruction of the anterior floor of the mouth and the mandible[J]. Head Neck Surg,1980,3:66.
[22] Green MF,Gibson JR,Bryson JR,et al. A one - stage correction of mandibular defects using a split sternum pectoralis major osteomusculocutaneous transfer[J]. Br J Plast Surg,1981,34:11.
[23] Barnes DR,Sisson GA,Pecaro B,et al. Immediate reconstruction of mandibular defects with a composite sternocleido - mastoid musculoclavicular graft[J]. Arch Otolaryngol,1981,107:711.
[24] Maruyama Y,Urita Y,Ohnishi K. Rib - latissimus dorsi osteomyocutaneous flap in reconstruction of a mandibular defect[J]. Br J Plast Surg,1985,38:234.
[25] Doi K,Tominaga S,Shibata T. Bone grafts with microvascular anastomoses of vascular pedicles:an experimental study in dogs[J]. J Bone Joint Surg Am,1977,59:809.
[26] Hidalgo DA. Fibula free flap:a new method of mandible reconstruction. Plast Reconstr Surg,1989,84:71.
[27] Swartz WM,Banis JC,Newton ED,et al. The osteocutaneous scapular flap for mandibular and maxillary reconstruction[J]. Plast Reconstr Surg,1986,77:530.
[28] Daniel RK. Mandibular reconstruction with free tissue transfers[J]. Ann Plast Surg,1978,1:346.
[29] Soutar DS,Widdowson WP. Immediate reconstruction of the mandible using a vascularized segment of radius[J]. Head Neck Surg,1986,8:232.
[30] Duncan MJ,Manktelow RT,Zuker RM,et al. Mandibular reconstruction in the radiated patient:the role of osteocutaneous free tissue transfers[J]. Plast Reconstr Surg,1985,76:829.
[31] Serafin D,Georgiade NG. Microsurgical composite tissue transplantation[J]. Ann Surg,1978,187:620.
[32] Boyd JB,Caton AM,Mulholland RM,et al. The sensate fibula osteocutaneous flap:neurosomal anatomy[J]. J Plast Reconstr Aesth Surg,2013,66(12):1688 - 1694.
[33] Boyd JB,Caton AM,Mulholland RM,Granzow JW. The sensate fibular osteoneurocutaneous flap in oromandibular re - construction:clinical outcomes in 31 cases[J]. J Plast Reconstr Aesth Surg,2013,66(12):1695 - 1701.
[34] Taylor GI,Townsend P,Corlett R. Superiority of the deep circumflex iliac vessels as the supply for free groin flaps[J]. Plast Reconstr Surg,1979,64:595.
[35] Taylor GI,Townsend P,Corlett R. Superiority of the deep circumflex iliac vessels as the supply for free groin flaps. Clinical work[J]. Plast Reconstr Surg,1979,64:745.
[36] Shenaq SM. Refinements in mandibular reconstruction[J]. Clin Plast Surg,1992,19:809.
[37] Urken ML,Vickery C,Weinberg H,et al. The internal oblique - iliac crest osseo - myocutaneous free flap in oromandibular reconstruction. Report of 20 cases[J]. Arch Otolaryngol Head Neck Surg,1989,115:339.
[38] Boyd JB. Mandibular reconstruction in the young adult using free vascularized iliac crest[J]. Microsurgery,1988,9:141.
[39] Sidebottom AJ,Allen PE,Hayton M,et al. Management of the radial composite donor site:an orthopedic opinion[J]. Br J Oral Maxillofac Surg,1999,37:213.
[40] Moore MH,Sinclair SW,Blake GB. The hairless osteotomized radial forearm flap[J]. Plast Reconstr Surg,1985,76:301.
[41] Mulholland RS,Tanna N,Boyd JB. Introducing the tibial - dorsalis pedis osteocutaneous shin flap:a new option for oromandibular reconstruction[J]. Plast Reconstr Surg,2013,132(4):611e - 620e.
[42] Sanger JR,Matloub HS,Yousif NJ. Sequential connection of flaps:a logical approach to customized mandibular reconstruction[J]. Am J Surg,1990,160:402.
[43] Wei FC,Celik N,Chen HC,et al. Combined anterolateral thigh flap and vascularized fibula osteoseptocutaneous flap in reconstruction of extensive composite mandibular defects[J]. Plast Reconstr Surg,2002,109:45.
[44] Kimata Y,Uchiyama K,Ebihara S,et al. Comparison of innervated and non - innervated free flaps in oral reconstruction[J]. Plast Reconstr Surg,1999,104:1307.
[45] Kimura N,Satoh K. Consideration of a thin flap as an entity and clinical applications of the thin anterolateral thigh flap[J]. Plast Reconstr Surg,1996,97:985.
[46] Timmons MJ,Missotten FE,Poole MD,et al. Complications of radial forearm flap donor sites[J]. Br J Plast Surg,1986,39:176.
[47] Granström G,Tjellström A,Brånemark PI. Osseointegrated implants in irradiated bone:a case - controlled study using adjunctive hyperbaric oxygen therapy[J]. J Oral Maxillofac Surg,1999,57:493.
[48] Boyd JB,Mulholland RS. Fixation of the vascularized bone graft in mandibular reconstruction[J]. Plast Reconstr Surg,1993,91:274.
[49] Chang YM,Wallace CG,Tsai CY,et al. Dental implant outcome after primary implantation into double - barreled fibula osteoseptocutaneous free flap - reconstructed mandible[J]. Plast Reconstr Surg,2011,128:1220.
[50] Daya M. Peroneal artery perforator chimeric flap:changing the perspective in free fibula flap use in complex oroman - dibular reconstruction[J]. J Reconstr Microsurg,2008,24(6):413 - 418.
[51] Hidalgo DA. Condyle transplantation in free flap mandible reconstruction[J]. Plast Reconstr Surg,1994,93:770.
[52] Driemel O,Braun S,Müller - Richter UD,et al. Historical development of alloplastic temporomandibular joint replacement after 1945 and state of the art[J]. Int J Oral Maxillofac Surg,2009,38:909.
[53] Mulholland S,Boyd JB,McCabe S,et al. Recipient vessels in head and neck microsurgery:radiation effect and vessel access[J]. Plast Reconstr Surg,1993,92:628.
[54] Boyd JB,Mulholland S,Gullane P,et al. Lateral antebrachial cutaneous neurosome flaps in oral reconstruction:are we making sense?[J]. Plast Reconstr Surg,1994,93:1350.
[55] Urken ML,Buchbinder D,Weinberg H,et al. Primary placement of osseointegrated implants in microvascular mandibular reconstruction[J]. Otolaryngol Head Neck Surg,1989,101:56.
[56] Takushima A,Harii K,Asato H,et al. Mandibular reconstruction using microvascular free flaps:a statistical analysis of 178 cases[J]. Plast Reconstr Surg,2001,108:1555.
[57] Haughey BH,Wilson E,Kluwe L,et al. Free flap reconstruction of the head and neck:analysis of 241 cases[J]. Otolaryngol Head Neck Surg,2001,125:10.
[58] Podrecca S,Salvatori P,Squadrelli Saraceno M,et al. Review of 346 patients with free - flap reconstruction following head and neck surgery for neoplasm[J]. J Plast Reconstr Aesthet Surg,2006,59:122.
[59] Cordeiro PG,Disa JJ,Hidalgo DA,et al. Reconstruction of the mandible with osseous free flaps:a 10 - year experience with 150 consecutive patients[J]. Plast Reconstr Surg,1999,104:1314.

33. 头皮与颅骨显微重建
microsurgical reconstruction of the scalp and skull

[1] Kim JT,Kim YH,Yang EZ,Kim JB. Total scalp replantation—salvage following prolonged ischaemia with poor prognostic factors[J]. J Plast Reconstr Aesthet Surg,2010,63(11):1917 - 1920.
[2] Labow BI,Rosen H,Pap SA,Upton J. Microsurgical reconstruction:a more conservative method of managing large scalp defects?[J]. J Reconstr Microsurg,2009,25(8):465 - 474.
[3] Lee S,Rafii AA,Sykes J. Advances in scalp reconstruction[J]. Curr Opin Otolaryngol Head Neck Surg,2006,14(4):249 - 253.
[4] Beasley NJ,Gilbert RW,Gullane PJ,et al. Scalp and forehead reconstruction using free revascularized tissue transfer[J]. Arch Facial Plast Surg,2004,6(1):16 - 20.
[5] Jensen F,Petersen NC. Repair of denuded cranial bone by bone splitting and free - skin grafting[J]. J Neurosurg,1976,44:718.（作为带蒂皮瓣修复头颅巨大缺损的替代方法，作者推荐使用暴露板障层，同期或二期植皮的简单修复方法）
[6] Raposio E,Santi P,Nordstrom REA. Effects of galeostomies on scalp flaps[J]. Ann Plast Surg,1998,41:17.（作者报道了帽状腱膜切开术在延长头皮皮瓣和在闭合头皮缺损时减少创面边缘张力方面的有效性）
[7] Orticochea M. Four - flap scalp reconstruction technique[J]. Br J Plast Surg,1967,20:159.
[8] Boyd JB. Tissue expansion in reconstruction[J]. South Med J,1987,80(4):430 - 432.（13 例患者中使用组织扩张术进行重建头颅、头颈、躯干、乳房和肢体重建）
[9] Hussussian CJ,Reece GP. Microsurgical scalp reconstruction in the patient with cancer[J]. Plast Reconstr Surg,2002,109(6):1828 - 1834.
[10] Singer JB,Gulin SP,Needham CW. Microvascular free - flap reconstruction of a large defect of the scalp. Experience in a community hospital[J]. Conn Med,1990,54(2):56 - 58.
[11] J ones NF,Hardesty RA,Swartz WM,et al. Extensive and complex defects of the scalp,middle third of the face,and pal - ate:the role of microsurgical reconstruction[J]. Plast Reconstr Surg,1988,82(6):937 - 952.
[12] Lutz BS,Wei FC,Chen HC,et al. Reconstruction of scalp defects with free flaps in 30 cases[J]. Br J Plast Surg,1998,51(3):186 - 190.
[13] Alpert BS,Buncke HJ Jr,Mathes SJ. Surgical treatment of the totally avulsed scalp[J]. Clin Plast Surg,1982,9(2):145 - 159.
[14] Buncke HJ,Hoffman WY,Alpert BS,et al. Microvascular transplant of two free scalp flaps between identical twins[J]. Plast Reconstr Surg,1982,70(5):605 - 609
[15] Hansen SL,Foster RD,Dosanjh AS,et al. Superficial temporal artery and vein as recipient vessels for facial and scalp microsurgical reconstruction[J]. Plast Reconstr Surg,2007,120(7):1879 - 1884.
[16] Elliott LF,Raffel B,Wade J. Segmental latissimus dorsi free flap:clinical applications[J]. Ann Plast Surg,1989,23:231.
[17] Aviv JE,Urken ML,Vickery C,et al. The combined latissimus dorsiscapular free flap in head and neck reconstruction[J]. Arch Otolaryngol Head Neck Surg,1991,117(11):1242 - 1250.
[18] Seitz IA,Adler N,Odessey E,et al. Latissimus dorsi/rib intercostal perforator myo - osseocutaneous free flap reconstruction in composite defects of the scalp:case series and review of literature[J]. J Reconstr Microsurg,2009,25(9):559 - 567.
[19] Lee JW,Hsueh YY,Lee JS. Composite skull and dura defect reconstruction using combined latissimus dorsi musculo - cutaneous and serratus anterior muscle - rib free flap coupled with vascularized galea transfer:a case report[J]. Microsurgery,2010,30(8):632 - 635.
[20] Wax MK,Burkey BB,Bascom D,Rosenthal EL. The role of free tissue transfer in the reconstruction of massive neglected skin cancers of the head and neck[J]. Arch Facial Plast Surg,2003,5(6):479 - 482.
[21] Jones NF,Johnson JT,Shestak KC,et al. Microsurgical reconstruction of the head and neck:interdisciplinary collaboration between head and neck surgeons and plastic surgeons in 305 cases[J]. Ann Plast Surg,1996,36(1):37 - 43.
[22] Wei FC,Jain V,Celik N,et al. Have we found an ideal soft tissue flap? An experience with 672 anterolateral thigh flap[J]. Plast Reconstr Surg,2002,109:2219 - 2226.
[23] Heller F,Hsu CM,Chuang CC,et al. Anterolateral thigh fasciocutaneous flap for simultaneous reconstruction of refracto - ry scalp and dural defects[J]. Report of two cases. J Neurosurg,2004,100:1094 - 1097.
[24] Mosahebi A,Disa JJ,Pusic AL,et al. The use of the extended anterolateral thigh flap for reconstruction of massive oncologic defects[J]. Plast Reconstr Surg,2008,122(2):492 - 496.
[25] Lutz BS. Aesthetic and functional advantages of the anterolateral thigh flap in reconstruction of tumor - related scalp defects[J]. Microsurgery,2002,22(6):258 - 264.
[26] Choi SW,Park JY,Hur MS,et al. An anatomic assessment on perforators of the lateral circumflex femoral artery for anterolateral thigh flap[J]. J Craniofac Surg,2007,18(4):866 - 871.
[27] Kobienia BJ,Migliori M,Schubert W. Preexpanded radial forearm free flap to the scalp[J]. Ann Plast Surg,1996,37(6):629 - 632.
[28] Masser MR. The preexpanded radial free flap[J]. Plast Reconstr Surg,1990,86(2):295 - 301.
[29] Lutz BS,Wei FC,Chang SC,et al. Donor site morbidity after suprafascial elevation of the radial forearm flap:a prospective study in 95 consecutive cases[J]. Plast Reconstr Surg,1999,103(1):132 - 137.
[30] Mateev MA,Beermanov KA,Subanova LK,et al. Shape - modified method using the radial forearm perforator flap for reconstruction of soft - tissue defects of the scalp[J]. J Reconstr Microsurg,2005,21(1):21 - 24.
[31] Germann G,Bickert B,Steinau HU,et al. Versatility and reliability of combined flaps of the subscapular system[J]. Plast Reconstr Surg,1999,103(5):1386 - 1399.
[32] Valentini V,Gennaro P,Torroni A,et al. Scapula free flap for complex maxillofacial reconstruction[J]. J Craniofac Surg,2009,20(4):1125 - 1131.
[33] Moukarbel RV,White JB,Fung K,et al. The scapular free flap:when versatility is needed in head and neck reconstruction[J]. J Otolaryngol Head Neck Surg,2010,39(5):572 - 578.
[34] Wehage IC,Fansa H. Complex reconstructions in head and neck cancer surgery:decision making[J]. Head Neck Oncol,2011,8;3(1):14.
[35] Dabernig J,Ong KO,McGowan R,et al. The anatomic and radiologic basis of the circumflex scapular artery perforator flap[J]. Ann Plast Surg,2010,64(6):784 - 788.

[36] Roll C,Prantl L,Feser D,et al. Functional donorsite morbidity following (osteo-) fasciocutaneous parascapular flap transfer[J]. Ann Plast Surg,2007,59:410-414.
[37] Robb GL. Free scapular flap reconstruction of the head and neck[J]. Clin Plast Surg,1994,21(1):45-58.
[38] Kucera Marcum K,Browne JD. Parascapular free flaps in skin malignancies[J]. Laryngoscope, 2011,121(3):538-540.
[39] McLean DH,Buncke HJ Jr. Autotransplant of omentum to a large scalp defect,with microsurgical revascularization[J]. Plast Reconstr Surg,1972,49(3):268-274.
[40] Hultman CS,Carlson GW,Losken A,et al. Utility of the omentum in the reconstruction of complex extraperitoneal wounds and defects:donorsite complications in 135 patients from 1975 to 2000[J]. Ann Surg,2002,235(6):782-795.
[41] Kamei Y,Torii S,Hasegawa T,et al. Endoscopic omental harvest[J]. Plast Reconstr Surg,1998,102:2450-2453.
[42] Kurpinski K,Patel S. Dura mater regeneration with a novel synthetic,bilayered nanofibrous dural substitute:an experimental study[J]. Nanomedicine(Lond),2011,6(2):325-337.
[43] McCombe D,Donato R,Hofer SO,Morrison W. Free flaps in the treatment of locally advanced malignancy of the scalp and forehead[J]. Ann Plast Surg,2002,48(6):600-606.
[44] Granthan E,Landis H. Cranioplasty and the post-traumatic syndrome[J]. J Neurosurg,1947,5:19-22.
[45] Isago T,Nozaki M,Kikuchi Y,et al. Sinking skin flap syndrome:a case of improved cerebral blood flow after cranioplasty[J]. Ann Plast Surg,2004,53(3):288-292.
[46] Tessier P,Kawamoto H,Matthews D,et al. Taking long rib grafts for facial reconstruction—tools and techniques:III. A 2900-case experience in maxillofacial and craniofacial surgery[J]. Plast Reconstr Surg,2005,116 (5 suppl):38S-46S.
[47] Baumeister S,Peek A,Friedman A,et al. Management of postneurosurgical bone flap loss caused by infection[J]. Plast Reconstr Surg,2008,122(6):195e-208e.
[48] Dean D,Min KJ,Bond A. Computer aided design of large-format prefabricated cranial plates[J]. J Craniofac Surg,2003,14(6):819-832.
[49] Thesleff T,Lehtimäki K,Niskakangas T,et al. Cranioplasty with adiposederived stem cells and biomaterial. A novel method for cranial reconstruction[J]. Neurosurgery,2011,68(6):1535-1540.
[50] Stueber K,Salcman M,Spence RJ. The combined use of the latissimus dorsi musculocutaneous free flap and splitrib grafts for cranial vault reconstruction[J]. Ann Plast Surg,1985,15(2):155-160.
[51] Ueda K,Oba S,Omiya Y,Okada M. Cranial-bone defects with depression deformity treated with ceramic implants and free-flap transfers[J]. Br J Plast Surg,2001,54(5):403-408.
[52] Chang J,Jones N. Muscle free flaps with full-thickness skin grafting:improved contour over traditional musculocutaneous free flaps[J]. Microsurgery,2001,21(2):70-73.
[53] Wooden WA,Curtsinger LJ,Jones NF. The four-poster halo vest for protection of a microvascular free-tissue transfer to the scalp[J]. Plast Recontr Surg,1995,95:166-167.
[54] Disa JJ,Pusic AL,Hidalgo DH,et al. Simplifying microvascular head and neck reconstruction:a rational approach to donor site selection[J]. Ann Plast Surg,2001,47:385-389.
[55] Shestak KC,Jones NF,Wu W,et al. Effect of advanced age and medical disease on the outcome of microvascular reconstruction for head and neck defects[J]. Head Neck,1992,14(1):14-18.

34. 颅底重建
skull base reconstruction

[1] Califano J,Cordeiro PG,Disa JJ,et al. Anterior cranial base reconstruction using free tissue transfer:changing trends[J]. Head Neck,2003,25:89-96.
[2] Mulholland RS,Boyd JB,Irish J,et al. Flap selection in cranial base reconstruction—local,pedicled or free? [J].Plast Surg Forum,1993,62:265-266.
[3] Neligan PC,Mulholland RS,Irish J,et al. Flap selection in cranial base reconstruction[J]. Plast Reconstr Surg,1996,98(7):1159-1166.
[4] Palme CE,Irish JC,Gullane PJ,et al. Quality of life analysis in patients with anterior skull base neoplasms[J]. Head Neck,2009,31:1326-1334.
[5] Teknos TN,Smith JC,Day TA,et al. Microvascular free tissue transfer in reconstructing skull base defects:lessons learned[J]. Laryngoscope,2002,112:1871-1876.
[6] Weber SM,Kim JH,Wax MK. Role of free tissue transfer in skull base reconstruction[J]. Otolaryngol Head Neck Surg,2007,136:914-919.
[7] Patel SG,Singh B,Polluri A,et al. Craniofacial surgery for malignant skull base tumors[J]. Cancer,2003,98(6):1179-1187.
[8] Ketcham AS,Hoye RC,Van Buren JM,et al. Complications of intracranial facial resections for tumors of the paranasal sinuses[J]. Am J Surg,1966,112(4):591-596.
[9] Parson H,Lewis JS. Subtotal resection of the temporal bone for cancer of the ear[J]. Cancer,1954,7:995-1001.
[10] Ward GE,Loch WE,Lawrence W. Radical operation for carcinoma of the external auditory canal and middle ear[J]. Am J Surg,1951,82:169-178.
[11] Golovine SS. Procede de cloture plastique de l'orbite apres l'exenteration[J]. Arch d'Opthalmol,1898,18:679-682.
[12] Gillies HD. Plastic Surgery of the Face[M]. London:Oxford University Press,1920.
[13] Thomson HG. Reconstruction of the orbit after radial exenteration[J]. Plast Reconstr Surg,1970,45(2):119-123.（Thomson 介绍了同侧前额皮瓣用于眼眶根治性手术后的修复）
[14] Neligan PC,Boyd JB. Reconstruction of the cranial base defect[J]. Clin Plast Surg,1995;22(1):71-77.（本文提出颅底切除和重建是头颈部肿瘤术后最新的前沿领域）
[15] Noone MC,Osguthorpe JD,Patel S. Pericranial flap for closure of paramedian anterior skull base defects[J]. Otolaryngol Head Neck Surg,2002,127(6):494-500.
[16] Price JC,Loury M,Carson B,Johns ME. The pericranial flap for reconstruction of anterior skull base defects[J]. Laryngoscope,1988,98:1159-1164.
[17] Ganly I,Patel SG,Singh B,et al. Complications of craniofacial resection for malignant tumors of the skull base:report of an International Collaborative Study[J]. Head Neck,2005,27:445-451.
[18] Irish J,Gullane PJ,Gentili F,et al. Tumors of the skull base:outcome and survival analysis of 77 cases[J]. Head Neck,1994,16(1):3-10.
[19] Jackson IT,Hide TAH. A systematic approach to tumors of the base of the skull[J]. J Maxillofac Surg,1982,10(2):92-98.
[20] Jones NF,Schramm VL,Sekhar LN. Reconstruction of the cranial base following tumour resection[J]. Br J Plast Surg,1987,40(2):155-162.
[21] Chang DW,Langstein HN,Gupta A,et al. Reconstructive management of cranial base defects after tumor ablation[J]. Plast Reconstr Surg,2001,107:1346-1355.
[22] Scher RL,Cantrell RW. Anterior skull base reconstruction with the pericranial flap after craniofacial reconstruction[J]. Ear Nose Throat J,1992,71(5):210-212.
[23] Ariyan S. The pectoralis major myocutaneous flap. A versatile flap for reconstruction of the head and neck[J]. Plast Reconstr Surg,1979,63:73-81.
[24] Ariyan S. Further experiences with the pectoralis major myocutaneous flap for the immediate repair of defects from excisions of head and neck cancers[J]. Plast Reconstr Surg,1979,64:605-612.
[25] Song YG,Chen GZ,Song YL. The free thigh flap:a new free flap concept based on the septocutaneous artery[J]. Br J Plast Surg,1984,37(2):149-159.
[26] Kimata Y,Uchiyama K,Ebihara S,et al. Anterolateral thigh flap donorsite complications and morbidity[J]. Plast Reconstr Surg,2000,106(3):584-589.
[27] Koshima I,Fukuda H,Yamamoto H,et al. Free anterolateral thigh flaps for reconstruction of head and neck defects[J]. Plast Reconstr Surg,1993,92(3):421-428.
[28] Koshima I. Free anterolateral thigh flap for reconstruction of head and neck defects following cancer ablation[J]. Plast Reconstr Surg,2000,105(7):2358-2360.
[29] Lipa JE,Novak CB,Binhammer PA. Patient-reported donor site morbidity following anterolateral thigh free flaps[J]. J Reconstr Microsurg,2005,21(6):365-370.
[30] Novak CB,Lipa JE,Noria S,et al. Comparison of anterolateral thigh and radial forearm free flap donor site morbidity[J]. Microsurgery,2007,27:651-654.
[31] Shieh SJ,Chiu HY,Yu JC,et al. Free anterolateral thigh flap for reconstruction of head and neck defects following cancer ablation[J]. Plast Reconstr Surg,2000,105:2349-2357.
[32] Wong CH,Wei FC. Anterolateral thigh flap[J]. Head Neck,2010,32:529-540.
[33] Bardsley AF,Soutar DS,Elliot D,Batchelor AG. Reducing morbidity in the radial forearm flap donor site[J]. Plast Reconstr Surg,1990,86(2):287-292.
[34] Brown MT,Couch ME,Huchton DM. Assessment of donorsite functional morbidity for radial forearm fasciocutaneous free flap harvest[J]. Arch Otolaryngol Head Neck Surg,1999,125(12):1371-1374.
[35] Evans GR,Schusterman MA,Kroll SS,et al. The radial forearm flap for head and neck reconstruction:a review[J]. Am J Surg,1994,168:446-450.
[36] Lutz BS,Wei FC,Chang S,et al. Donor site morbidity after suprafascial elevation of the radial forearm flap:a prospective study in 95 consecutive cases[J]. Plast Reconstr Surg,1999,103(1):132-137.
[37] Wong KK,Higgins KM,Enepekides DJ. Microvascular reconstruction in the vessel-depleted neck[J]. Curr Opin Otolaryn-gol Head Neck Surg,2010,18:223-226.
[38] Nahabedian MY,Singh N,Deune EG,et al. Recipient vessel analysis for microvascular reconstruction of the head and neck[J]. Ann Plast Surg,2004,52(2):148-155.
[39] Badie B,Preston JK,Hartig GK. Use of titanium mesh for reconstruction of large anterior cranial base defects[J]. J Neurosurg,2000,93:711-714.
[40] Myckatyn TM,Mackinnon SE. The surgical management of facial nerve injury[J]. Clin Plast Surg,2003,30:307-318.
[41] Brandt K,Evans GRD,Ang KK,et al. Postoperative irradiation:are there long-term effects on nerve regeneration?[J]. J Reconstr Microsurg,1999,15(6):421-425.
[42] Evans GRD,Brandt K. Peripheral nerve regeneration:the effects of postoperative irradiation[J]. Plast Reconstr Surg,2003,112:2023-2024.
[43] Gullane PJ,Havas TJ. Facial nerve grafts:effects of postoperative irradiation[J]. J Otolaryngol,1987,16:112-115.
[44] Leonetti JP,Anderson DE,Marzo SJ,et al. Intratemporal grafting of the facial nerve following lateral skull base tumor resection[J]. Skull Base,2007,17:181-186.
[45] Manktelow RT,Tomat LR,Zuker RM,Chang M. Smile reconstruction in adults with free muscle transfer innervated by the masseter motor nerve:effectiveness and cerebral adaptation[J]. Plast Reconstr Surg,2006,118:885-899.
[46] Manktelow RT. Free muscle transplantation for facial paralysis[J]. Clin Plast Surg,1984,11(1):215-220.
[47] Jackson IT,Marsh WR,Hide TAH. Treatment of tumors involving the anterior cranial fossa[J]. Head Neck,1984,6(5):901-913.
[48] Chiu ES,Kraus DH,Bui DT,et al. Anterior and middle cranial fossa skull base reconstruction using microvascular free tissue techniques. Surgical complications and functional outcomes[J]. Ann Plast Surg,2008,60:514-520.

35. 鼻显微重建
microsurgical reconstruction of the nose

[1] Whitaker IS,Karoo RO,Spyrou G,Fenton OM. The birth of plastic surgery:the story of nasal reconstruction from the Edwin Smith papyrus to the twenty-first century[J]. Plast Reconstr Surg,2007,120(1):327-336.（鼻整形手术是最古老的整形手术。自美容鼻整形的概念提出以来，鼻再造技术的发展已经达到了一个新的高度，人们不仅期望能恢复外形和功能，还期望能达到美化外观的目的。本文简要回顾了鼻部整形术的历史，以及为鼻部重建事业做出贡献的伟大人物）
[2] From the Sushruta Samita,circa 600 BC. Translated from the Sanskrit and published by K.K.L. Bhishagratna,Calcutta,1907.
[3] Gnudi MT,Webster JP. The Life and Times of Gaspare Tagliocozzi,Surgeon of Bologna,1545-1599[M]. New York:H. Reichner,1950.
[4] Gentleman's Magazine[M]. London:1794,pp891.
[5] Carpue JC. An account of two successful operations for re-storing a lost nose from the integuments of the forhead[M]. London:Longman,Hurst,Rees,Orme & Brown,1816.
[6] Keegan DF. Rhinoplastic Operations,with a Description of Recent Improvements in the Indian Method[M]. London:Bal-liere,Tindall,and Cox,1900.
[7] Millard DR Jr. Total reconstructive rhinoplasty and a missing link[J]. Plast Reconstr Surg,1966,37:167.（在鼻整形手术的三个主要阶段中，提供鼻背外覆和鼻内衬里的方法已基本成熟，效果也是稳定的。而在支撑方面，经过多年的尝试，如果在最初的修复阶段中即采用自体骨制备成细长坚固的悬臂以形成骨性支撑，这种支撑最大程度促进重建鼻而获得最佳的外形和功能）
[8] Blair VP,Byars LT. Hits,strikes and outs in the use of pedicle flaps for nasal restoration or correction[J]. Surg Gynecol Obstet,1946,82:367-385.
[9] Burget GC. Aesthetic restoration of the nose[J]. Clin Plast Surg,1985,12(3):463-480.
[10] Burget GC,Menick FJ. The subunit principle in nasal reconstruction[J]. Plast Reconstr Surg,1985,76(2):239-247.（为了取得更好的效果，在鼻亚基大部分缺损时，应根据缺损的颜色、面积和深度来设计皮瓣。最好是替换整个亚单元，而不是简单地修补缺陷。瘢痕应放置在皱纹线或沿轮廓线。蒂和供瓣部位也应进行美观的治疗）
[11] Burget GC,Menick FJ. Nasal reconstruction:seeking a fourth dimension[J]. Plast Reconstr Surg,1986,78(2):145-157.（厚衬里皮瓣鼻再造术缺乏软骨支持，常导致外视不良和气道不通畅。令人满意的鼻子重建需要组织在种类和数量上都能适应缺损。技术提供了薄而血管化的局部衬里和覆盖皮瓣，使一期软骨移植成功。这样就减少了多次雕琢修整和修薄的需要）
[12] Gilles HD,Millard DR. The Principles and Art of Plastic Surgery[J]. Boston:Little Brown & Company,1957.
[13] McCraw JB,Furlow LT. The dorsalis pedis arterialized flap:a clinical study[J]. Plast Reconstruct Surg,1975,55(2):177-185.
[14] Shaw WW. Microvascular reconstruction of the nose[J]. Clin Plast Surg,1981,8(3):471-480.
[15] Brent B,Upton J,Acland RD,et al. Experience with the temporoparietal fascial free flap[J]. Plast Reconstr Surg,1985,76(2):177-188.（本文介绍了 15 例颞顶筋膜游离皮瓣移植成功案例，该皮瓣可用于覆盖暴露的骨面和肌腱而不增加多余的体积，在主要面部重建中提供薄皮瓣覆盖或衬里，也可用于覆盖保护重要结构，如暴露的神经和血管，为受体移植物床提供新生血管，控制慢性感染，重建滑

动肌腱机制）
[16] Swartz WM. Microvascular approaches to nasal reconstruction[J]. Microsurgery,1988,9:150-153.（尽管额瓣是鼻再造的金标准，但对于不适合额瓣，或介意前额部瘢痕而不同意从此处取瓣的患者，游离皮瓣移植仍然是可选的重建方法。可选择足背皮瓣、前臂桡侧皮瓣和耳后游离皮瓣，然而，为了获得最终的美学效果，仍然需要经常进行皮瓣修薄和其他皮瓣修整）
[17] Pribaz JJ,Falco N. Nasal reconstruction with auricular microvascular transplant[J]. Ann Plast Surg,1993,31(4):289-297.
[18] Beahm EK,Walton RL,Burget GC. Free first dorsal metacarpal artery flap for nasal lining[J]. Microsurgery,2005,25(7):551-555.（本文首次应用双岛状掌骨背动脉皮瓣修复鼻中隔及前庭缺损。讨论了血管解剖、适应证，并利用手持多普勒超声对血管蒂的走行进行了简单的追踪）
[19] Walton RL,Burget GC,Beahm EK. Microsurgical reconstruction of the nasal lining[J]. Plast Reconstr Surg,2005,115(7):1813-1829.
[20] Burget GC,Walton RL. Optimal use of microvascular free flaps,cartilage grafts,and a paramedian forehead flap for aesthetic reconstruction of the nose and adjacent facial units[J]. Plast Reconstr Surg,2007,120(5):1171-1207.
[21] Menick FJ,Salibian A. Microvascular repair of heminasal,subtotal,and total nasal defects with a folded radial forearm flap and a full-thickness forehead flap[J]. Plast Reconstr Surg,2011,127(2):637-651.
[22] Burget GC,Menick FJ. Nasal support and lining:the marriage of beauty and blood supply[J]. Plast Reconstr Surg,1989,84(2):189-202.
[23] Peer LA. Cartilage grafting[J]. Br J Plast Surg,1954,7(3):250-262.
[24] Gunter JP,Clark CP,Friedman RM. Internal stabilization of autogenous rib cartilage grafts in rhinoplasty:a barrier to cartilage warping[J]. Plast Reconstr Surg,1997,100(1):161-169.
[25] Strauch B,Wallach SG. Reconstruction with irradiated homograft costal cartilage[J]. Plast Reconstr Surg,2003,111(7):2405-2411;discussion 2412-2413.
[26] Khouri RK,Ozbek MR,Hruza GJ,Young VL. Facial reconstruction with prefabricated induced expanded (PIE) supracla-vicular skin flaps[J]. Plast Reconstr Surg,1995,95(6):1007-1015.
[27] Mathy JA,Pribaz JJ. Prefabrication and prelamination applications in current aesthetic facial reconstruction[J]. Clin Plast Surg,2009,36(3):493-505.
[28] Cohn AB,Walton RL. Immediate autologous breast reconstruction using muscle sparing TRAM flap with superficial epigastric system turbocharging:a salvage option[J]. Ann Plast Surg,2006,22(3):153-156.
[29] Chick L,Walton RL,Colen L. Free flaps in the elderly[J]. Plast Reconstr Surg,1992,90:87-94.
[30] Walton RL. The Radial Forearm Flap. Expert Commentary in Reconstructive Surgery:Anatomy,Technique,and Clinical Applications. Zenn MR,Jones NF,eds. St[M]. Louis:Quality Medical Publishing,2012.
[31] Burget GL,Panje WR,Krause CJ. Nasofacial defect following fibrosarcoma excision and radiotherapy[J]. Head Neck Surg,1988,10(5):350-356.
[32] Angrigiani C,Grilli D. Total face reconstruction with one free flap[J]. Plast Reconstr Surg,1997,99(6):1566-1575.
[33] Koshima I,Hosoda M,Moriguchi T,et al. Three-dimensional combined flaps for reconstruction of complex facial defects following cancer ablation[J]. J Reconstr Microsurg,13(2):73-80;discussion 80-81,1997.
[34] Zhou LY,Cao YL. Clinical application of the free flap based on the cutaneous branch of the acromiothoracic artery[J]. Ann Plast Surg,1989,23(1):11-16.
[35] Yamamoto Y,Minakawa H,Sugihara T,et al. Facial reconstruction with free-tissue transfer[J]. Plast Reconstr Surg,1994,94(3):483-489.
[36] Pribaz JJ,Falco N. Nasal reconstruction with auricular microvascular transplant[J]. Ann Plast Surg,1993,31(4):289-297.
[37] Beahm EK,Walton RL,Burget GC:Free dorsal metacarpal artery flap for nasal lining[J]. Microsurgery, 2005,25(7):551-555.
[38] Pribaz JJ,Fine NA. Prefabricated and prelaminated flaps for head and neck reconstruction[J]. Clin Plast Surg,2001,28(2):261-272.
[39] Burget GC. Personal communication,2010.
[40] Walton,RL,Wu LC,Beahm EK:Salvage of infected cartilage grafts for nasal reconstruction with a through-and-through irrigation system[J]. Ann Plast Surg,2005,54(4):445-449.
[41] Zukav G:The Dancing Wu Li Masters:An Overview of the New Physics[M]. New York:William Morrow,HarperCollins,1979.
[42] Burget GC. Personal communication.1997.
[43] Burget GC. Personal communication.2007.

36. 口内重建
intraoral reconstruction

[1] Soutar DS,McGregor IA. The radial forearm flap in intraoral reconstruction:the experience of 60 consecutive cases[J]. Plast Reconstr Surg,1986,78:1-8.
[2] Acland RD,Flynn MB. Immediate reconstruction of oral cavity and oropharyngeal defects using microvascular free flaps[J]. Am J Surg,1978,136:419-423.
[3] Zuker RM,Rosen IB,Palmer JA,et al. Microvascular free flaps in head and neck reconstruction[J]. Can J Surg,1980,23:157-162.
[4] Urken ML,Buchbinder D,Weinberg H,et al. Functional evaluation following microvascular oromandibular reconstruction of the oral cancer patient:a comparative study of reconstructed and non-reconstructed patients[J]. Laryngoscope,1991,101:935-950.
[5] Abbe R. A new plastic operation for the relief of deformity due to double harelip[J]. Plast Reconstr Surg,1968,42(5):481-483.
[6] Estlander JA. A method of reconstructing loss of substance in one lip from the other lip[J]. Arch Klin Chir,1872,14:622-631. (Reprinted in English:Plast Reconstr Surg,1968,42:361-366.)（接近 50% 的巨大唇缺损可使用取自对侧唇的 Abbe 或 Eslander 瓣进行修复）
[7] Karapandzic M. Reconstruction of lip defects by local arterial flaps[J]. Br J Plast Surg,1974,27:93-97.（Karapandzic 技术通过旋转口轮匝肌及其表面的皮肤用于修复唇）
[8] Gillies HM. Principles and Art of Plastic Surgery[M]. Boston:Little Brown,1957,pp507-508.
[9] Webster JP. Crescentic perialar cheek excision for upper lip flap advancement with a short history of upper lip repair[J]. Plast Reconstr Surg (1946),1955,16:434-464.（回顾了上唇再造术的历史。唇瓣和面颊瓣由于相似性非常理想，而且可以向内侧推进，损伤最小。在鼻翼外周进行新月状的面颊皮肤切除有助于皮瓣的推进，且缝合后的瘢痕位于鼻翼皱襞内，更加隐蔽美观）
[10] Conley JJ,DeAmesti F,Pierce MK. The use of tongue flaps in head and neck surgery[J]. Surgery,1957,41:745-751.
[11] Thiersch C. Verschluß eines Loches im harten Gaumen durch die Weichteile der Wange[J]. Arch Heilk,1868,9:159-162.
[12] Esser JF. Deckung von Gaumendefekten mittels gestielter Naso-LabialHautlappen[J]. Dtsch Zschr Chir,1918,147:128-135.
[13] Varghese BT,Sebastian P,Cherian T,et al. Nasolabial flaps in oral reconstruction:an analysis of 224 cases[J]. Br J Plast Surg,2001,54:499-503.（鼻唇沟皮瓣是修复口腔缺损的一种简单方法。本临床分析了 224 例口腔恶性肿瘤切除后应用鼻唇沟皮瓣修复的案例。皮瓣部分或全部坏死均有报道，且作者发现保留面动脉与否对皮瓣成活有重要意义。糖尿病、术后放疗导致并发症增加。大部分患者恢复了良好的语言和吞咽功能）
[14] Pribaz J,Stephens W,Crespo L,et al. A new intraoral flap:facial artery musculomucosal(FAMM) flap[J]. Plast Reconstr Surg,1992,90:421-429.
[15] Hurwitz DJ,Rabson JA,Futrell JW. The anatomic basis for the platysma skin flap[J]. Plast Reconstr Surg,1983,72:302-314.
[16] Coleman JJ 3rd,Jurkiewicz MJ,Nahai F,et al. The platysma musculocutaneous flap:experience with 24 cases[J]. Plast Reconstr Surg,1983,72:315-323.
[17] McGregor IA. The temporal flap in intraoral cancer:its use in repairing the post-excisional defect[J]. Br J Plast Surg,1963,16:318-335.
[18] Bradley P,Brockbank J. The temporalis muscle flap in oral reconstruction[J]. J Maxillofac Surg,1981,9:139-145.（尸体解剖和应用猴子的动物实验均验证了颞肌瓣在口腔缺损重建中的可行性。随后，作者将该皮瓣成功地应用于半侧下颌骨或半侧上颌骨切除后的人类口腔重建。无论是动物实验还是临床实践，所有皮瓣在体内均存活。证明颞肌皮瓣其在轮廓修复、腭部修复、口底修复等方面有一定的应用价值）
[19] Bakamjian VY,Long M,Rigg B. Experience with the medially based deltopectoral flap in reconstructuve surgery of the head and neck[J]. Br J Plast Surg,1971,24:174-183.（本文对 53 例应用了以内侧为蒂的三角皮瓣进行头颈部缺损重建的患者进行了回顾性研究和经验总结。分别叙述皮瓣设计、皮瓣制备、临床应用、结果及并发症。作者重点突出了胸三角皮瓣多功能性和低并发症发生率，包括已知的血供基础、易于到达受区部位、不受切口或既往放疗的影响、可同时制备多个皮岛等特性）
[20] Ariyan S. The pectoralis major myocutaneous flap. A versatile flap for reconstruction in the head and neck[J]. Plast Recon-str Surg,1979,63:73-81.（胸大肌肌皮瓣的设计主要利用了一部分狭窄长条形的胸大肌，以及覆盖在该部分肌肉表面的胸前部皮肤，该部分由下方的轴型神经血管束提供营养。这种皮瓣可以为头颈部大面积缺损提供充足的复合组织。在本文中，作者已成功利用胸大肌肌皮瓣修复 4 例头颈部大面积缺损，而且该皮瓣似乎比三角皮瓣更适用）
[21] Chen WL,Zhang DM,Yang ZH,et al. Extended supraclavicular fasciocutaneous island flap based on the transverse cervical artery for head and neck reconstruction after cancer ablation[J]. J Oral Maxillofac Surg,2010,68:2422-2430.
[22] Brånemark PI,Hansson BO,Adell R,et al. Osseointegrated implants in the treatment of the edentulous jaw. Experience from a 10-year period[J]. Scand J Plast Reconstr Surg,1977,16(suppl):1-132.
[23] Urken ML,Vickery C,Weinberg H,et al. The internal obliqueiliac crest osseomyocutaneous free flap in oromandibular reconstruction. Report of 20 cases[J]. Arch Otolaryngol Head Neck Surg,1989,115:339-349.（应用髂内斜肌骨肌皮瓣修复口下颌骨缺损 20 例，效果满意，几乎没有失败的案例。内斜肌肌瓣用于修复口腔黏膜缺损，同时携带血管化的髂骨瓣进行下颌骨重建。组织支持式义齿或骨种植体支持式义齿进行口腔修复，获得满意的功能重建。随访显示供区并发症轻微）
[24] Koranda FC,McMahon MF,Jernstrom VR. The temporalis muscle flap for intraoral reconstruction[J]. Arch Otolaryngol Head Neck Surg,1987,113:740.（颞肌皮瓣用于修复 7 例患者的舌及口底缺损。此皮瓣不臃肿，柔韧性好，没有毛发生长，质地更接近口腔，不损害下颌功能。供体部位被头发覆盖，供区塌陷轻微。面神经颞支麻痹或暂时性瘫痪少见。颞肌瓣易于成活且耐用，建议将该皮瓣用于口内重建）
[25] Breidahl AF,Morrison D,Donato RR,et al. A modified surgical technique for temporalis transfer[J]. Br J Surg,1996,49:46-51.
[26] Browne JD,Holland BW. Combined intraoral and lateral temporal approach for palatal malignancies with temporalis muscle reconstruction[J]. Arch Otolaryngol Head Neck Surg,2002,128:531.
[27] Michaelidis IG,I Hatzistefanou IM. Functional and aesthetic reconstruction of extensive oral ablative defects using temporalis muscle flap:a case report and a sort review[J]. J Craniomaxillofac Surg,2011,39:200-205.
[28] Cordeiro PG,Santamaria E. A classification system and algorithm for reconstruction of maxillectomy and mid-facial defects[J]. Plast Reconstr Surg,2000,105:2331-2346;discussion 2347-2348.
[29] Earley MJ. Primary maxillary reconstruction after cancer excision[J]. Br J Plast Surg,1989,42:628-637.
[30] Gullane PJ,Lipa JE,Novak CB,et al. Reconstruction of skull base defects[J]. Clin Plast Surg,2005,32:391-399,vii.
[31] Silver CE. Gastric pull-up operation for replacement of the cervical portion of the esophagus[J]. Surg Gynecol Obstet,1976,142:243-245.
[32] Song R,Gao Y,Song Y,et al. The forearm flap[J]. Clin Plast Surg,1982,9:21-26.
[33] Lovie MJ,Duncan GM,Glasson DW. The ulnar artery forearm free flap[J]. Br J Plast Surg,1984,37:486-492.
[34] Luo LS. A new free skin flap—anterolateral femoral flap—its anatomy and clinical application[article in Chinese][J]. Zhonghua Zheng Xing Shao Shang Wai Ke Za Zhi,1985,1:50-52.
[35] Song YG,Chen GZ,Song YL. The free thigh flap:a new free flap concept based on the septocutaneous artery[J]. Br J Plast Surg,1984,37:149.
[36] Taylor GI,Corlett RJ,Boyd JB. The versatile deep inferior epigastric (inferior rectus abdominis) flap[J]. Br J Plast Surg,1984,37:330-350.
[37] McCraw JB,Furlow LT Jr. The dorsalis pedis arterialized flap. A clinical study[J]. Plast Reconstr Surg,1975,55:177-185.
[38] Leeb DC,Ben-Hur N,Mazzarella L. Reconstruction of the floor of the mouth with a free dorsalis pedis flap[J]. Plast Reconstr Surg,1977,59:379-381.
[39] Bunkis J,Mulliken JB,Upton J,et al. The evolution of techniques for reconstruction of full-thickness cheek defects[J]. Plast Reconstr Surg,1982,70:319-327.
[40] Hidalgo DA. Fibula free flap:a new method of mandible reconstruction[J]. Plast Reconstr Surg,1989,84:71-79.
[41] Peterson RA,Ellenberg AH,Carroll DB. Vermilion flap reconstruction of bilateral cleft lip deformities (a modification of the Abbé procedure)[J]. Plast Reconstr Surg,1966,38(2):109-115.
[42] Taylor GI,Townsend P,Corlett R. Superiority of the deep circumflex iliac vessels as the supply for free groin flaps. Clinical work[J]. Plast Reconstr Surg,1979,64:745-759.
[43] Swartz WM,Banis JC,Newton ED,et al. The osteocutaneous scapular flap for mandibular and maxillary reconstruction[J]. Plast Reconstr Surg,1986,77:530-545.
[44] Soutar DS,Scheker LR,Tanner NS,et al. The radial forearm flap:a versatile method for intraoral reconstruction[J]. Br J Plast Surg,1983,36:1-8.
[45] Mulholland RS,Tanna N,Boyd JB. Introducing the tibial-dorsalis pedis osteocutaneous shin flap:a new option for oromandibular reconstruction[J]. Plast Reconstr Surg,2013,132(4):611e-620e.
[46] Sadove RC,Luce EA,McGrath PC. Reconstruction of the lower lip and chin with the composite radial forearm-palmaris longus free flap[J]. Plast Reconstr Surg,1991,88:209-214.
[47] Takada K,Sugata T,Yoshiga K,et al. Total upper lip reconstruction using a free radial forearm flap incorporating the brachioradialis muscle:report of a case[J]. J Oral Maxillofac Surg,1987,45:959-962.
[48] Serletti JM,Tavin E,Moran SL,et al. Total lower lip reconstruction with a sensate composite radial forearm-palmaris longus free flap and a tongue flap[J]. Plast Reconstr Surg,1997,99(2):559-561.
[49] Loreti A,Di Lella G,Vetrano S,et al. Thinned anterolateral thigh cutaneous flap and radial fasciocutaneous forearm flap for reconstruction of oral defects:comparison of donor site morbidity. J Oral Maxillofac Surg,2008,66:1093-1098.
[50] Boyd B,Mulholland S,Gullane P,et al. Reinnervated lateral antebrachial cutaneous neurosome flaps in

oral reconstruction:are we making sense? [J].Plast Reconstr Surg,1994,93:1350-1359;discussion 1360-1362.

[51] Netscher D,Armenta AH,Meade RA,et al. Sensory recovery of innervated and non-innervated radial forearm free flaps:functional implications[J]. J Reconstr Microsurg,2000,16:179-185.

[52] Boyd JB,Kim SS,Granzow J,et al. Documenting the density of innervation in a sensate radial forearm flap based on the lateral antebrachial cutaneous nerve[J]. Plast Reconstr Surg,2009,123:216e-217e.

[53] Lyos AT,Evans GR,Perez D,et al. Tongue reconstruction:outcomes with the rectus abdominis flap[J]. Plast Reconstr Surg,1999,103(2):442-447;discussion 448-449.

[54] Howaldt HP,Bitter K. Total tongue replacement by a microsurgical latissimus dorsi transplant[J]. Fortschr Kiefer Gesichtschir,1990,35:53-54.

[55] Koshima I,Fukuda H,Yamamoto H,et al. Free anterolateral thigh flaps for reconstruction of head and neck defects[J]. Plast Reconstr Surg,1993,92:421-428;discussion 429-430.

[56] Koshima I,Hosoda M,Moriguchi T,et al. New multilobe "accordion" flaps for three-dimensional reconstruction of wide,full-thickness defects in the oral floor[J]. Ann Plast Surg,2000,45:187-192.

[57] Haughey BH. Tongue reconstruction:concepts and practice[J]. Laryngoscope,1993,103:1132-1141.

[58] Yousif NJ,Dzwierzynski WW,Sanger JR,et al. The innervated gracilis musculocutaneous flap for total tongue reconstruction[J]. Plast Reconstr Surg,1999,104:916-921.

[59] Yamamoto Y,Sugihara T,Furuta Y,et al. Functional reconstruction of the tongue and deglutition muscles following extensive resection of tongue cancer[J]. Plast Reconstr Surg,1998,102:993-998;discussion 999-1000.

[60] Yu P. Reinnervated anterolateral thigh flap for tongue reconstruction[J]. Head Neck,2004,26:1038-1044.

[61] Yu P,Robb GL. Reconstruction for total and near-total glossectomy defects[J]. Clin Plast Surg,2005,32:411-419.

[62] Weber RS,Ohlms L,Bowman J,et al. Functional results after total or near total glossectomy with laryngeal preservation[J]. Arch Otolaryngol Head Neck Surg,1991,117:512-515.

[63] Kimata Y,Uchiyama K,Ebihara S,et al. Comparison of innervated and noninnervated free flaps in oral reconstruction[J]. Plast Reconstr Surg,1999,104:1307-1313.

[64] Huelke DF. The origin of the peroneal communicating,nerve in adult man[J]. Anat Rec,1958,132:81-92.

[65] Boyd JB,Caton AM,Mulholland RM,et al. The sensate fibula osteocutaneous flap:neurosomal anatomy[J]. J Plast Reconstr Aesth Surg,2013,66(12):1688-1694.

[66] Wei FC,Chuang SS,Yim KK. The sensate fibula osteoseptocutaneous flap:a preliminary report[J]. Br J Plast Surg,1994,47:544-547.

[67] Berger A,Tizian C,Hausamen J,et al. Free jejunal graft for reconstruction of oral,oropharyngeal,and pharyngo-esophageal defects[J]. J Reconstr Microsurg,1984,1:83-94.

[68] Anthony JP,Singer MI,Mathes SJ. Pharyngoesophageal reconstruction using the tubed free radial forearm flap[J]. Clin Plast Surg,1994,21:137-147.

[69] Murray DJ,Novak CB,Neligan PC. Fasciocutaneous free flaps in pharyngolaryngo-oesophageal reconstruction:a critical review of the literature[J]. J Plast Reconstr Aesthet Surg,2008,61:1148-1156.

[70] Mulholland S,Boyd JB,McCabe S,et al. Recipient vessels in head and neck microsurgery:radiation effect and vessel access[J]. Plast Reconstr Surg,1993,92:628-632.

[71] Santamaria E,Wei FC,Chen IH,et al. Sensation recovery on innervated radial forearm flap for hemiglossectomy reconstruction by using different recipient nerves[J]. Plast Reconstr Surg,1999,103:450-457.

[72] Paydar KZ,Hansen SL,Chang DS,et al. Implantable venous Doppler monitoring in head and neck free flap reconstruction increases the salvage rate[J]. Plast Reconstr Surg,2010,125:1129-1134.

[73] Keller A. A new diagnostic algorithm for early prediction of vascular compromise in 208 microsurgical flaps using tissue oxygen saturation measurements[J]. Ann Plast Surg,2009,62:538-543.

[74] Rosen IB,Manktelow RT,Zuker RM,et al. Application of microvascular free osteocutaneous flaps in the management of postradiation recurrent oral cancer[J]. Am J Surg,1985,150:474-479.

[75] Schusterman MA,Miller MJ,Reece GP,et al. A single center's experience with 308 free flaps for repair of head and neck cancer defects[J]. Plast Reconstr Surg,1994,93:472-478;discussion 479-480.

[76] Urken ML,Weinberg H,Buchbinder D,et al. Microvascular free flaps in head and neck reconstruction. Report of 200 cases and review of complications[J]. Arch Otolaryngol Head Neck Surg,1994,120:633-640.

[77] Jones NF,Johnson JT,Shestak KC,et al. Microsurgical reconstruction of the head and neck:interdisciplinary collaboration between head and neck surgeons and plastic surgeons in 305 cases[J]. Ann Plast Surg,1996,36:37-43.

[78] O'Brien CJ,Lee KK,Stern HS,et al. Evaluation of 250 free-flap reconstructions after resection of tumours of the head and neck[J]. Aust N Z J Surg,1998,68:698-701.

[79] Hidalgo DA,Disa JJ,Cordeiro PG,et al. A review of 716 consecutive free flaps for oncologic surgical defects:refinement in donor site selection and technique[J]. Plast Reconstr Surg,1998,102:722-732;discussion 733-734.[本文对同期行缺损重建（主要来自 7 个供区的 716 个游离皮瓣）进行了回顾性分析，供区包括腹直肌（195 个）、腓骨（193 个）、前臂（133 个）、背阔肌（69 个）、空肠（55 个）、臀肌（28 个）、肩胛骨（26 个）和其他 7 个供区（17 个）。总体移植成功率为 98%。结果证明，大多数的肿瘤缺损重建问题可以通过这 7 个主要供区的游离皮瓣，以显微外科游离皮瓣移植的方法加以解决。对于特定区域重建，对应的首选皮瓣供区的演变在文中进行了解说，外科技术的改进简化了显微外科手术程序]

[80] Su WF,Hsia YJ,Chang YC,et al. Functional comparison after reconstruction with a radial forearm free flap or a pectoralis major flap for cancer of the tongue[J]. Otolaryngol Head Neck Surg,2003,128:412-418.

[81] Katou F,Shirai N,Kamakura S,et al. Intraoral reconstruction with innervated forearm flap:a comparison of sensibility and reinnervation in innervated versus noninnervated forearm flap[J]. Oral Surg Oral Med Oral Pathol Oral Radiol Endod,1995,80:638-644.

[82] Hartl DM,Dauchy S,Escande C,et al. Quality of life after free-flap tongue reconstruction[J]. J Laryngol Otol,2009,123:550-554.

37. 口咽重建
oropharyngeal reconstruction

[1] Chepeha DB,Annich G,Pynnonen MA, et al. Pectoralis major myocutaneous flap vs revascularized free tissue transfer:complications,gastrostomy tube dependence,and hospitalization[J]. Arch Otolaryngol Head Neck Surg,2004,130(2):181-186.

[2] Patel RS,Goldstein DP,Brown D,et al. Circumferential pharyngeal reconstruction:history,critical analysis of techniques,and current therapeutic recommendations[review][J]. Head Neck,2010,32(1):109-120.

[3] Bourhis J,Overgaard J,Audry H,et al. Hyperfractionated or accelerated radiotherapy in head and neck cancer:a meta-analysis[J]. Lancet,2006,368(9538):843-854.

[4] Pignon JP,Bourhis J,Domenge C,et al. Chemotherapy added to locoregional treatment for head and neck squamous-cell carcinoma:three meta-analyses of updated individual data. MACH-NC Collaborative Group. Meta-Analysis of Chemotherapy on Head and Neck Cancer[J]. Lancet,2000,355(9208):949-955.

[5] Zelefsky MJ,Kraus DH,Pfister DG,et al. Combined chemotherapy and radiotherapy versus surgery and postoperative radiotherapy for advanced hypopharyngeal cancer[J]. Head Neck,1996,18(5):405-411.

[6] Khouri RK,Cooley BC,Kunselman AR,et al. A prospective study of microvascular free-flap surgery and outcome[J]. Plast Reconstr Surg,1998,102(3):711-721.

[7] Disa JJ,Pusic AL,Hidalgo DA,et al. Microvascular reconstruction of the hypopharynx:defect classification,treatment algorithm,and functional outcome based on 165 consecutive cases[J]. Plast Reconstr Surg,2003,111(2):652-660;discussion 661-663.

[8] Jacobi I,van der Molen L,Huiskens H,et al. Voice and speech outcomes of chemoradiation for advanced head and neck cancer:a systematic review[J]. Eur Arch Otorhinolaryngol,2010,267(10):1495-1505.

[9] Carrara-de Angelis E,Feher O,et al. Voice and swallowing in patients enrolled in a larynx preservation trial[J]. Arch Otolaryngol Head Neck Surg,2003,129(7):733-738.

[10] Kadota H,Fukushima J,Nakashima T,et al. Comparison of salvage and planned pharyngolaryngectomy with jejunal transfer for hypopharyngeal carcinoma after chemoradiotherapy[J]. Laryngoscope, 2010,120(6):1103-1108.

[11] Mikulicz J. Ein fall von resection des carcinomatosen eosophagos mit plastichem ersatz des excidirten stuckes[J]. Prager Medizinische Wochenschrift,1886,11:93-97.（历史上，从 19 世纪末开始，局部皮瓣被尝试用于口咽重建。手术包括多个阶段，住院时间比较长，最终功能结果很差）

[12] Wookey H. The surgical treatment of carcinoma of the hypopharynx and the oesophagus[J]. Br J Surg,1948,35(139):249-266.（分别介绍了下咽、上食管、食管中段、食管下端恶性病变的切除与重建方法。进行这样广泛切除的手术只能在经过仔细挑选的病例中进行，这些病例均在前期已经进行了合理的诊断评估并证实了手术的可能性与可行性，否则不当的病例挑选可能造成肿瘤短期内再次复发）

[13] Bakamjian VY. A two-stage method for pharyngoesophageal reconstruction with a primary pectoral skin flap[J]. Plast Reconstr Surg,1965,36:173-184.(1965 年，Bakamjian 介绍了胸大肌、三角肌皮瓣，为口咽部重建带来了革命性的改变）

[14] Ariyan S. The pectoralis major myocutaneous flap. A versatile flap for reconstruction in the head and neck[J]. Plast Reconstr Surg,1979,63(1):73-81.（1979 年，Ariyan 报道了胸大肌肌皮瓣。这种手术技术是对分阶段手术方式的第一次重大技术突破，因为它可以通过一次手术完成）

[15] Ong GB,Lee TC. Pharyngogastric anastomosis after oesophagopharyngectomy for carcinoma of the hypopharynx and cervical oesophagus[J]. Br J Surg,1960,48:193-200.

[16] Chana JS,Chen HC,Sharma R,et al. Microsurgical reconstruction of the esophagus using supercharged pedicled jejunum flaps:special indications and pitfalls[J]. Plast Reconstr Surg,2002,110(3):742-748.

[17] Seidenberg B,Rosenak SS,Hurwitt ES,et al. Immediate reconstruction of the cervical esophagus by a revascularized isolated jejunal segment[J]. Ann Surg,1959,149(2):162-171.

[18] Roberts RE,Douglass FM. Replacement of the cervical esophagus and hypopharynx by a revascularized free jejunal autograft. Report of a case successfully treated[J]. N Engl J Med,1961,264:342-344.

[19] Baudet J. Reconstruction of the pharyngeal wall by free transfer of the greater omentum and stomach[J]. Int J Microsurg,1979,1:53-59.

[20] Yang GF,Chen B,Gao Y,et al. Forearm free skin flap transplantation[J]. National Medical Journal of China(Chinese),1981,61:139-142.（1981 年杨果凡等报道了前臂游离皮瓣）

[21] Soutar DS,Scheker LR,Tanner NS,et al. The radial forearm flap:a versatile method for intraoral reconstruction[J]. Br J Plast Surg,1983,36(1):1-8.（1983 年 Soutar DS 等用前臂游离皮瓣做口咽部重建）

[22] Song YG,Chen GZ,Song YL. The free thigh flap:a new free flap concept based on the septocutaneous artery[J]. Br J Plast Surg,1984,37(2):149-159.

[23] Yu P,Robb GL. Pharyngoesophageal reconstruction with the anterolateral thigh flap:a clinical and functional outcomes study[J]. Plast Reconstr Surg,2005,116(7):1845-1855.

[24] Yu P,Lewin JS,Reece GP,Robb GL. Comparison of clinical and functional outcomes and hospital costs following pharyngoesophageal reconstruction with the anterolateral thigh free flap versus the jejunal flap[J]. Plast Reconstr Surg,2006,117(3):968-974.

[25] Chen HC,Tang YB,Chang MH. Reconstruction of the voice after laryngectomy[review][J]. Clin Plast Surg,2001,28(2):389-402.

[26] Chen HC,Patel H,Chen YC,et al. Talking jejunum:a new,safe technique for voice reconstruction using free-jejunum transfer[J]. Plast Reconstr Surg,2003,111(1):336-340.

[27] Chen HC,Chana JS,Chang CH,et al. A new method of subcutaneous placement of free jejunal flaps to reconstruct a diversionary conduit for swallowing in complicated pharyngoesophageal injury[J]. Plast Reconstr Surg,2003,112(6):1528-1833.

[28] Cordeiro PG,Shah K,Santamaria E,et al. Barium swallows after free jejunal transfer:should they be performed routinely?[J]. Plast Reconstr Surg,1999,103(4):1167-1175.

[29] Chang DW,Hussussian C,Lewin JS,et al. Analysis of pharyngocutaneous fistula following free jejunal transfer for total laryngopharyngectomy[J]. Plast Reconstr Surg,2002,109(5):1522-1527.

[30] Nakamura T,Inokuchi K,Sugimachi K. Use of revascularized jejunum as a free graft for cervical esophagus[J]. Jpn J Surg,1975,5(2):92-102.

[31] Spriano G,Pellini R,Roselli R. Pectoralis major myocutaneous flap for hypopharyngeal reconstruction[J]. Plast Reconstr Surg,2002,110(6):1408-1413;discussion 1414-1416.

[32] Murray DJ,Novak CB,Neligan PC. Fasciocutaneous free flaps in pharyngolaryngo-oesophageal reconstruction:a critical review of the literature[J]. J Plast Reconstr Aesthet Surg,2008,61(10):1148-1156.

[33] Robb GL,Lewin JS,Deschler DG,et al. Speech and swallowing outcomes in reconstructions of the pharynx and cervical esophagus[J]. Head Neck,2003,25(3):232-244.

[34] Ahmad I,Kumar BN,Radford K,et al. Surgical voice restoration following ablative surgery for laryngeal and hypopharyngeal carcinoma[J]. J Laryngol Otol,2000,114(7):522-525.

[35] Lewin JS,Barringer DA,May AH,et al. Functional outcomes after circumferential pharyngoesophageal reconstruction[J]. Laryngoscope,2005,115(7):1266-1271.

[36] Benazzo M,Bertino G,Lanza L,et al. Voice restoration after circumferential pharyngolaryngectomy with free jejunum repair[J]. Eur Arch Otorhinolaryngol,2001,258(4):173-176.

38. 脸部软组织重建增强
soft tissue augmentation of the face

[1] Coleman SR. Facial recontouring with lipostructure[J]. Clin Plast Surg,1997,24(2):347-367.（成功的三维面部塑形需要关注患者的术前准备、细致的手术规划、精细讲究的面部摄影评价。这种新工具在美学和重建手术中的潜在应用是深远的。脂肪充填面部雕刻是整形外科一项具有代表性且重要的技术进展：它是一种安全、可持久用自体组织重新修复面部的方法）

[2] Longaker MT,Siebert JW. Microvascular free-flap correction of severe hemifacial atrophy[J]. Plast Reconstr Surg,1995,96(4):800-809.（本文报道了 15 例重型半面萎缩患者共 16 次游离组织转移重建的经验，并至少随访 1 年的术后效果。所有皮瓣均成活，没有皮瓣坏死，但需要进行轻微的轮廓修整。术后萎缩复发的情况较为有限。所有患者均自评术后改善良好。肩胛旁皮瓣去表皮并延伸以携带大块的胸背筋膜，这种皮瓣是最佳的选择。将携带的胸背筋膜可按萎缩程度和充填需要重叠，形成可变厚度的组织，以校正细微的轮廓缺损）

[3] Inigo F,Jimenez-Murat Y,Arroyo O,et al. Restoration of facial contour in Romberg's disease and hemifacial microsomia:experience with 118 cases[J]. Microsurgery,2000,20(4):167-172.

[4] Agostini T,Agostini V. Adipofascial anterolateral thigh free flap for hemifacial atrophy[J]. Acta Otorhinolaryngol Ita,2009,29(2):103-107.

[5] Siebert JW,Anson G,Longaker MT. Microsurgical correction of facial asymmetry in 60 consecutive cases. Plast Reconstr Surg,1996,97(2):354-363.

[6] Wallace CG,Wei FC. The current status,evolution and future of facial reconstruction[J]. Chang Gung

Med J,2008,31(5):441-449.
[7] Siebert JW,Longaker MT,Angrigiani C. The inframammary extended circumflex scapular flap:an aesthetic improvement of the parascapular flap[J]. Plast Reconstr Surg,1997,99(1):70-77.
[8] Upton J,Albin RE,Mulliken JB,Murray JE. The use of scapular and parascapular flaps for cheek reconstruction[J]. Plast Reconstr Surg,1992,90(6):959-971.
[9] Saadeh PB,Chang CC,Warren SM,et al. Microsurgical correction of facial contour deformities in patients with craniofacial malformations:a 15-year experience[J]. Plast Reconstr Surg,2008,121(6):368e-378e.
[10] Longaker MT,Flynn A,Siebert JW. Microsurgical correction of bilateral facial contour deformities[J]. Plast Reconstr Surg,1996,98(6):951-957.
[11] Longaker MT,Siebert JW. Microsurgical correction of facial contour in congenital craniofacial malformations:the marriage of hard and soft tissue[J]. Plast Reconstr Surg,1996,98(6):942-950.
[12] Siebert JW,Longaker MT. Salvage reconstruction of an extensive facial deformity due to congenital giant hairy nevus[J]. Plast Reconstr Surg,1998,102(7):2414-2419.
[13] Saadeh P,Reavey PL,Siebert JW. A soft-tissue approach to midfacial hypoplasia associated with Treacher Collins syndrome[J]. Ann Plast Surg,2006,56(5):522-525.
[14] Inigo F,Rojo P,Ysunza A. Aesthetic treatment of Romberg' s disease:experience with 35 cases[J]. Br J Plast Surg,1993,46(3):194-200.
[15] Nasir S,Aydin MA,Altuntas S,et al. Soft tissue augmentation for restoration of facial contour deformities using the free SCIA/SIEA flap[J]. Microsurgery,2008,28(5):333-338.
[16] Vaienti L,Soresina M,Menozzi A. Parascapular free flap and fat grafts:combined surgical methods in morphological restoration of hemifacial progressive atrophy[J]. Plast Reconstr Surg,2005,116(3):699-711.

39. 脸与颈部烧伤后重建游离皮瓣
free flaps for burns of the face and neck

[1] Achauer BM. Reconstructing the burned face[J]. Clin Plast Surg,1992,19(3):623-636.
[2] Cole JK,Engrav LH,Heimbach DM,et al. Early excision and grafting of face and neck burns in patients over 20 years[J]. Plast Reconstr Surg,2002,109(4):1266-1273.
[3] Chai J,Song H,Sheng Z,et al. Repair and reconstruction of massively damaged burn wounds[J]. Burns,2003,29(7):726-732.
[4] Gahhos FN,Ariyan S,Cuono CB,Arons MS. Burn wound excision and local flap closure[J]. Ann Plast Surg,1985,14(6):535-540.
[5] Devauchelle B,Badet L,Lengele B,et al. First human face allograft:early report[J]. Lancet,2006,368(9531):203-209.
[6] Guo S,Han Y,Zhang X,et al. Human facial allotransplantation:a 2-year follow-up study[J]. Lancet,2008,372(9639):631-638.
[7] Lantieri L,Meningaud JP,Grimbert P,et al. Repair of the lower and middle parts of the face by composite tissue allotransplantation in a patient with massive plexiform neurofibroma:a 1-year follow-up study[J]. Lancet,2008,372(9639):639-645.
[8] Siemionow M,Papay F,Alam D,et al. Near-total human face transplantation for a severely disfigured patient in the USA[J]. Lancet,2009,374(9685):203-209.
[9] Meningaud JP,Benjoar MD,Hivelin M,et al. The procurement of total human face graft for allotransplantation:a preclinical study and the first clinical case[J]. Plast Reconstr Surg,2010,126(4):1181-1190.
[10] Harii K,Ohmori K. Free groin flaps in children[J]. Plast Reconstr Surg,1975,55(5):588-592.（Ohmori 在 1975 年首先报道了使用游离皮瓣治疗烧伤后重建。本文报道两例成功的小儿游离腹股沟皮瓣转移修复小腿的病例。作者认为该方法安全可行，可代替小儿远端带蒂皮瓣转移）
[11] Rose EH. Aesthetic restoration of the severely disfigured face in burn victims:a comprehensive strategy[J]. Plast Reconstr Surg,1995,96(7):1573-1585;discussion 1586-1577.（1995 年，Rose 报道了使用游离肩胛部皮瓣治疗烧伤。作者成功地修复了 17 个严重烧伤的面部，用微血管"预成形"复合皮瓣替换了整个美学单元。对结果影响重要的是在首次手术中采用"雕刻"来模拟正常的平面和轮廓。皮瓣的连接处置于面部各美容单位的交界处。在所有病例中，面部完整性都得到了较为美观的恢复，而且在大多数情况下，经过化妆后的面容，在普通社交场合的谈话距离是几乎正常，很难看出曾经做过手术。面部动态表情被保留了下来，且颜色匹配非常好）
[12] Angrigiani C,Grilli D. Total face reconstruction with one free flap[J]. Plast Reconstr Surg,1997,99(6):1566-1575.（1997 年，Angrigiani 报道了使用双侧游离肩胛部皮瓣进行全脸置换。对 5 例面部严重烧伤后遗症患者，除鼻部外，均采用双侧肩胛骨延长游离皮瓣进行面部完全置换。皮瓣全部成活。其中 4 例用于全脸置换，1 例用于颈部及部分脸置换。结果根据患者和外科医生的意见进行主观评价。所有患者均取得了很好到一般的结果）
[13] Latifoglu O,Ayhan S,Atabay K. Total face reconstruction:skin graft versus free flap[J]. Plast Reconstr Surg,1999,103(3):1076-1078.（作者对 Angrigiani 和 Grilli 的观点有不同意见。作者认为皮瓣会导致"面具脸"的形成、组织臃肿、缺乏面部表现力、手术过程持续时间长、供区的选择对患者的舒适度和美观效果至关重要，二期的皮瓣修整是十分必要的。所以他认为，在全脸重建中，单块全厚皮片移植可能比游离皮瓣更适合）
[14] Kroll SS,Schusterman MA,Reece GP,et al. Timing of pedicle thrombosis and flap loss after free-tissue transfer[J]. Plast Reconstr Surg,1996,98(7):1230-1233.
[15] Parrett BM,Pomahac B,Orgill DP,Pribaz JJ. The role of free-tissue transfer for head and neck burn reconstruction[J]. Plast Reconstr Surg,2007,120(7):1871-1878.
[16] Gao JH,Ogawa R,Hyakusoku H,et al. Reconstruction of the face and neck scar contractures using staged transfer of expanded "super-thin flaps"[J]. Burns,2007,33(6):760-763.
[17] Guo L,Pribaz JJ. Clinical flap prefabrication[J]. Plast Reconstr Surg,2009,124(6 suppl):e340-e350.
[18] Mathy JA,Pribaz JJ. Prefabrication and prelamination applications in current aesthetic facial reconstruction[J]. Clin Plast Surg,2009,36(3):493-505.
[19] Pribaz JJ,Fine NA. Prelamination:defining the prefabricated flap—a case report and review[J]. Microsurgery,1994,15(9):618-623.
[20] Pribaz JJ,Weiss DD,Mulliken JB,Eriksson E. Prelaminated free flap reconstruction of complex central facial defects[J]. Plast Reconstr Surg,1999,104(2):357-365;discussion 366-357.
[21] Hallock GG. Preexpansion of free flap donor sites used in reconstruction after burn injury[J]. J Burn Care Rehabil,1995,16(6):646-653.
[22] Baumeister S,Koller M,Dragu A,et al. Principles of microvascular reconstruction in burn and electrical burn injuries[J]. Burns,2005,31(1):92-98.
[23] Pribaz JJ,Pelham FR. Use of previously burned skin in local fasciocutaneous flaps for upper extremity reconstruction[J]. Ann Plast Surg,1994,33(3):272-280.
[24] Engrav LH,Heimbach DM,Walkinshaw MD,Marvin JA. Excision of burns of the face[J]. Plast Reconstr Surg,1986,77(5):744-751.
[25] Pribaz JJ,Chan R. Secondary Facial Reconstruction. In Plastic Surgery 3rd ed,Neligan P,Gurtner G,Warren R,Rodriguez E,Song D,Grotting J,Chang J,Losee J,and van Beek A (eds). Elsevier,London 2010.
[26] Erol OO. Facial autologous soft-tissue contouring by adjunction of tissue cocktail injection (micrograft and minigraft mixture of dermis,fascia,and fat)[J]. Plast Reconstr Surg 2000;106(6):1375-1387;discussion 1388-1379.
[27] Moseley TA,Zhu M,Hedrick MH. Adipose-derived stem and progenitor cells as fillers in plastic and reconstructive surgery[J]. Plast Reconstr Surg,2006,118(3 suppl):121S-128S.
[28] Ridgway E,Pribaz J. Reconstruction of male hair bearing facial regions[J]. Plast Reconstr Surg,2011,127(1):131-411.
[29] Walton RL,Cohn AB,Beahm EK. Epidermal overgrafting improves coloration in remote flaps and grafts applied to the face for reconstruction[J]. Plast Reconstr Surg,2008,121(5):1606-1613.
[30] Chan R,Bojovic B,Talbot S,Weiss D,Pribaz J. Lower lip suspension using bilateral temporalis muscle flaps and fascia lata grafts[J]. Plast Reconstr Surg,2012,129(1):119-122.

40. 儿童与成人脸部重建（复活）
facial reanimation in children and adults

[1] Westin LM,Zuker RM. A new classification system for facial paralysis in the clinical setting[J]. J Craniofac Surg,2003,14:672.（面瘫的原因很多，本文基于临床表现提出了全面分型）
[2] Falco NA,Eriksson E. Facial nerve palsy in the newborn:incidence and outcome[J]. Plast Reconstr Surg,1990,85:1.
[3] Zuker RM,Manktelow RT. A smile for the Möbius syndrome patient[J]. Ann Plast Surg,1989,22:188.
[4] Paletz JL,Manktelow RT,Chaban R. The shape of a normal smile:implications for facial paralysis reconstruction[J]. Plast Reconstr Surg,1994,93:784.
[5] Guerrissi JO. Selective myotomy for post paretic facial synkinesis[J]. Plast Reconstr Surg,1991,87:459.
[6] Neely JG. Computerized quantitative dynamic analysis of facial motion in the paralyzed and synkinetic face[J]. Am J Otol,1992,13:97.
[7] Horlock N,Sanders R,Harrison DH. The SOOF lift:its role in correcting lower facial asymmetry in patients with partial facial palsy[J]. Plast Reconstr Surg,2002,109:839.
[8] Gillies H. Experiences with fascia lata grafts in the operative treatment of facial paralysis[J]. Proc R Soc Med,1934,27:1372.（Gillies 最先报道了逆行颞肌瓣治疗面瘫，将颞肌的起点从颞窝掀起，翻过颧弓，通过一条筋膜移植物与口角连接）
[9] Baker DC,Conley J. Regional muscle transposition for rehabilitation of the paralyzed face[J]. Clin Plast Surg,1979,6:317.
[10] McLaughlin CR. Surgical support in permanent facial paralysis[J]. Plast Reconstr Surg,1953,11:302.
[11] Labbé D,Huault M. Lengthening temporalis myoplasty and lip reanimation[J]. Plast Reconstr Surg,2000,105:1289.
[12] Terzis JK,Kalantarian B. Microsurgical strategies in 74 patients for restoration of dynamic depressor muscle mecha-nism:a neglected target in facial reanimation[J]. Plast Reconstr Surg,2000,105:1917.
[13] Manktelow RT,Tomat LR,Zuker RM,et al. Smile reconstruction in adults with free muscle transfer innervated by the masseter motor nerve:effectiveness and cerebral adaptation[J]. Plast Reconstr Surg,2006,118:885.
[14] MacQuillan A,Grobbelaar A. Functional muscle transfer and the variance of reinnervating axonal load:part I. The facial nerve. Plast Reconstr Surg,2008,121:1570.
[15] Anderl H. Reconstruction of the face through cross-face nerve transplantation in facial paralysis. Eur J Plast Surg,1973,2:17.
[16] Fisch U. Facial nerve grafting[J]. Otolaryngol Clin North Am,1974,7:517.
[17] Scaramella LF. Anastomosis between two facial nerves[J]. Laryngoscope,1975,85:1359.
[18] Terzis JK,Tzafetta K. The "babysitter" procedure:minihypoglossal to facial nerve transfer and cross-facial nerve grafting[J]. Plast Reconstr Surg,2009,123:865.
[19] Zuker RM,Goldberg CS,Manktelow RT. Facial animation in children with Möbius syndrome after segmental gracilis muscle transplant[J]. Plast Reconstr Surg,2000,106:1.
[20] Bae YC,Zuker RM,Manktelow RT,Wade S. A comparison of commissure excursion following gracilis muscle transplantation for facial paralysis using a cross face nerve graft versus the motor nerve to masseter[J]. Plast Reconstr Surg,2006,117:2407.
[21] Thompson N. Autogenous free grafts of skeletal muscle. A preliminary experimental and clinical study[J]. Plast Reconstr Surg,1971,48:11.（Thompson 最先尝试使用游离肌肉移植到面部）
[22] Tamai S,Komatsu S,Sakamoto H,et al. Free muscle transplants in dogs with microsurgical neurovascular anastomoses[J]. Plast Reconstr Surg,1970,46:219.（Tamai 首次报道应用显微外科技术成功进行犬类完全离体肌肉移植）
[23] Harii K,Ohmori K,Torii D. Free gracilis muscle transplantation,with microneurovascular anastomosis for the treatment of facial paralysis[J]. Br J Plast Surg,1980,33:202.（Harii 报道了第一例使用股薄肌肉移植治疗面瘫并获得了良好的功能结果）
[24] Mackinnon SE,Dellon AL. Technical considerations of the latissimus dorsi muscle flap:a segmentally innervated muscle transfer for reanimation[J]. Microsurgery,1988,9:36.
[25] Harrison DH. The pectoralis minor vascularised muscle graft for the treatment of unilateral facial palsy[J]. Plast Reconstr Surg,1985,75:206.
[26] O'Brien BM. Microvascular Reconstructive Surgery[M]. London:Churchill Livingstone,1977.
[27] Mayou BJ,Watson SJ,Harrison DH,et al. Free microvascular and microneural transfer of the extensor digitorum brevis muscle for the treatment of unilateral facial palsy[J]. Br J Plast Surg,1981,34:362.
[28] O'Brien BM,Franklin JD,Morrison WA. Cross-face nerve grafts and microneural free muscle transfer for long established facial palsy[J]. Br J Plast Surg,1980,33:202.
[29] Woolard ACS,Harrison DH,Grobbelaar AO. An approach to bilateral facial paralysis[J]. J Plast Aesthet Reconstr Surg,2010,63:1557.
[30] Manktelow RT. The pectoralis minor vascularised muscle graft for the treatment of unilateral facial palsy. Discussion[J]. Plast Reconstr Surg,1985,75:214.
[31] MacQuillan A,Horlock N,Grobbelaar A,et al. Arterial and venous anatomical features of the pectoralis minor muscle flap pedicle[J]. Plast Reconstr Surg,2004,113:872.
[32] Manktelow RT,Zuker RM. Muscle transplantation by fascicular territory[J]. Plast Reconstr Surg,1984,73:751.
[33] Accioli de Vasconcellos JJ,Britto JA,et al. The fascial planes of the temple and face;an en bloc anatomical study and a plea for consistency[J]. Br J Plast Surg,2003,56:623.
[34] Mitz V,Peyronie M. The superficial musculoaponeurotic system(SMAS) in the parotid and cheek area[J]. Plast Reconstr Surg,1976,58:80.
[35] Davis RA,Anson BJ,Budinger JM,et al. Surgical anatomy of the facial nerve and parotid gland based upon a study of 350 cervico-facial halves[J]. Surg Gynaecol,1956,102:385.
[36] Nelson DW,Gingrass RP. Anatomy of the mandibular branches of the facial nerve[J]. Plast Reconstr Surg,1979,64:479.
[37] Moss CJ,Mendelson BC,Taylor GI. Surgical anatomy of the ligamentous attachments in the temple and periorbital regions[J]. Plast Reconstr Surg,2000,105:1475.
[38] Knize DM. An anatomically based study of the mechanism of eyebrow ptosis[J]. Plast Reconstr Surg,1996,97:1321.
[39] Muzzaffar AR,Mendelson BC,Adams WP Jr. Surgical anatomy of the ligamentous attachments of the lower lid and lateral canthus[J]. Plast Reconstr Surg,2002,110:873.
[40] Freilinger G,Gruber H,Happak W,et al. Surgical anatomy of the mimic muscle system and the facial nerve:importance for reconstructive and aesthetic surgery[J]. Plast Reconstr Surg,1987,80:686.
[41] Nicolau PJ. The orbicularis oris muscle:a functional approach to its repair in the cleft lip[J]. Br J Plast

Surg,1983,36:141.

[42] Rubin LR. The anatomy of a smile:its importance in the treatment of facial paralysis[J]. Plast Reconstr Surg,1974,53:384.

[43] Frey M,Giovanoli P,Gerber H,et al. Three-dimensional video analysis of facial movements:a new method to assess the quantity and quality of the smile[J]. Plast Reconstr Surg,1999,104:2302.

[44] Ortiguela ME,Wood MB,Cahill DR. Anatomy of the sural nerve complex[J]. J Hand Surg Am,1987,12:1119.

[45] Terzis JK,Olivares FS. Mini-temporalis transfer as an adjunct procedure for smile restoration[J]. Plast Reconstr Surg,2009,123:533.

[46] Terzis JK,Olivares FS. Secondary surgery in adult facial paralysis reanimation[J]. Plast Reconstr Surg,2009,124:1916.

[47] Lifchez SD,Matloub HS,Gosain AK. Cortical adaptation to restoration of smiling after free muscle transfer innervated by the nerve to masseter[J]. Plast Reconstr Surg,2005,115:1472.

[48] T erzis JK,Olivares FS. Long-term outcomes of free-muscle transfer for smile restoration in children[J]. Plast Reconstr Surg,2009,123:543.

[49] Terzis JK,Olivares FS. Long-term outcomes of free-muscle transfer for smile restoration in adults[J]. Plast Reconstr Surg,2009,123:877.

41. 脸异体移植
face transplantation

[1] Erol OO. The transformation of a free skin graft into a vascularized pedicled flap[J]. Plast Reconstr Surg,1976,58:470-477.

[2] Khouri RK,Upton J,Shaw WW. Prefabrication of composite free flaps through staged microvascular transfer:an experimental and clinical study[J]. Plast Reconstr Surg,1991,87:108-115.

[3] Mathy JA,Pribaz JJ. Prefabrication and prelamination applications in current aesthetic facial reconstruction[J]. Clin Plast Surg,2009,36:493-505.

[4] Menick FJ. Facial reconstruction with local and distant tissue:the interface of aesthetic and reconstructive surgery[J]. Plast Reconstr Surg,1998,102:1424-1433.

[5] Stamatopoulos C,Panayotou P,Tsirigotou S,et al. Use of free flaps in the aesthetic reconstruction of face and neck defor-mities[J]. Microsurgery,1992,13:188-191.

[6] Cheng K,Zhou S,Jiang K,et al. Microsurgical replantation of the avulsed scalp:report of 20 cases[J]. Plast Reconstr Surg,1996,97:1099-1106;discussion 1107-1098.

[7] Siemionow M,Papay F,Alam D,et al. Near-total human face transplantation for a severely disfigured patient in the USA[J]. Lancet,2009,374:203-209.

[8] Devauchelle B,Badet L,Lengele B,et al. First human face allograft:early report[J]. Lancet,2006,368:203-209.（2005年11月27日，法国医生Devauchelle和Dubernard在全球范围内第一次完成部分人脸复合组织同种异体移植术）

[9] Guo S,Han Y,Zhang X,et al. Human facial allotransplantation:a 2-year follow-up study[J]. Lancet,2008,372:631-638.（郭树忠教授完成了中国第一例面部异体移植手术）

[10] Lantieri L,Meningaud JP,Grimbert P,et al. Repair of the lower and middle parts of the face by composite tissue allotransplantation in a patient with massive plexiform neurofibroma:a 1-year follow-up study[J]. Lancet,2008,372:639-645.（法国巴黎大学Laurent Lantieri等人证明了手术切除面部大部分并用同种异体组织替代面部的可行性，2007年1月21日，一名29岁的1型神经纤维瘤病男子进行了该手术并随访了一年时间，功能效果非常好，在移植区域内成功实现了感觉和运动神经支配。心理恢复非常好，完全融入了社会）

[11] Pomahac B,Lengele B,Ridgway EB,et al. Vascular considerations in composite midfacial allotransplantation[J]. Plast Reconstr Surg,2010,125:517-522.

[12] Eaton L. Spanish doctors carry out first transplantation of a full face[J]. BMJ,2010,340:c2303.

[13] Lantieri L,Grimbert P,Meningaud JP,Bellivier F. Face transplantation outcomes:Feasibility,reproducibility and efficacy. In Paper presented at:21st Annual Meeting of the European Association of Plastic Surgeons,Manchester,UK,May 27-30,2010.

[14] Meningaud JP,Benjoar MD,Hivelin M,et al. The procurement of total human face graft for allotransplantation:a preclinical study and the first clinical case[J]. Plast Reconstr Surg,2010,126:1181-1190.

[15] MSNBC. Doctors perform face transplant with eyelids,July 8,2010. http://www.msnbc.msn.com/id/38144667

[16] Hinojosa Perez R,Porras Lopez M,Escoresca-Ortega AM,et al. Severe rhabdomyolysis after allogeneic transplantation of facial structures:a case report[J]. Transplant Proc,2010,42:3081-3082.

[17] Cavadas P. Clinical update & update on hand and face transplant outcomes. American Society for Reconstructive Transplantation 2nd Biennial Meeting[J]. Chicago,November 18-20,2010.

[18] Morelon E,Testelin S,Petruzzo P,et al. New partial face allograft transplantation:report on first six months. Paper presented at:American Society for Reconstructive Transplantation 2nd Biennial Meeting[J]. Chicago,November 18-20,2010.

[19] Gordon CR,Siemionow M,Papay F,et al. The world's experience with facial transplantation:what have we learned thus far?[J]. Ann Plast Surg,2009,63:572-578.

[20] Siemionow M,Gordon CR. Overview of guidelines for establishing a face transplant program:a work in progress[J]. Am J Transplant,2010,10:1290-1296.

[21] Siemionow MZ,Gordon CR. Institutional review board-based recommendations for medical institutions pursuing protocol approval for facial transplantation[J]. Plast Reconstr Surg,2010,126:1232-1239.

[22] Siemionow M,Papay F,Kulahci Y,et al. Coronal-posterior approach for face/scalp flap harvesting in preparation for face transplantation[J]. J Reconstr Microsurg,2006,22:399-405.

[23] Siemionow M,Agaoglu G. The issue of "facial appearance and identity transfer" after mock transplantation:a cadaver study in preparation for facial allograft transplantation in humans[J]. J Reconstr Microsurg,2006,22:329-334.

[24] Siemionow M,Unal S,Agaoglu G,et al. A cadaver study in preparation for facial allograft transplantation in humans:part I. What are alternative sources for total facial defect coverage?[J]. Plast Reconstr Surg,2006,117:864-872;discussion 873-865.

[25] Siemionow M,Agaoglu G,Unal S. A cadaver study in preparation for facial allograft transplantation in humans:part II. Mock facial transplantation[J]. Plast Reconstr Surg,2006,117:876-885;discussion 886-878.

[26] Baccarani A,Follmar KE,Baumeister SP,et al. Technical and anatomical considerations of face harvest in face transplantation[J]. Ann Plast Surg,2006,57:483-488.

[27] Baccarani A,Follmar KE,Das RR,et al. A pilot study in sub-SMAS face transplantation:defining donor compatibility and assessing outcomes in a cadaver model[J]. Plast Reconstr Surg,2007,119:121-129.

[28] Wang HY,Li QF,Zheng SW,et al. Cadaveric comparison of two facial flap-harvesting techniques for alloplastic facial transplantation[J]. J Plast Reconstr Aesthet Surg,2007,60:1175-1181.

[29] Follmar KE,Baccarani A,Das RR,et al. Osteocutaneous face transplantation[J]. J Plast Reconstr Aesthet Surg,2008,61:518-524.

[30] Banks ND,Hui-Chou HG,Tripathi S,et al. An anatomical study of external carotid artery vascular territories in face and midface flaps for transplantation[J]. Plast Reconstr Surg,2009,123:1677-1687.

[31] Meningaud JP,Paraskevas A,Ingallina F,et al. Face transplant graft procurement:a preclinical and clinical study[J]. Plast Reconstr Surg,2008,122:1383-1389.

[32] Jiang HQ,Wang Y,Hu XB,et al. Composite tissue allograft transplantation of cephalocervical skin flap and two ears[J]. Plast Reconstr Surg,2005,115:31e-35e;discussion 36e-37e.

[33] Ulusal BG,Ulusal AE,Lin JY,et al. Anatomical and technical aspects of harvesting the auricle as a neurovascular facial subunit transplant in humans[J]. Plast Reconstr Surg,2007,120:1540-1545.

[34] Hui-Chou HG,Nam AJ,Rodriguez ED. Clinical facial composite tissue allotransplantation:a review of the first four global experiences and future implications[J]. Plast Reconstr Surg,2010,125:538-546.

[35] Dubernard JM,Lengele B,Morelon E,et al. Outcomes 18 months after the first human partial face transplantation[J]. N Engl J Med,2007,357:2451-2460.

[36] Petruzzo P,Lanzetta M,Dubernard JM,et al. The international registry on hand and composite tissue transplantation[J]. Transplantation,2008,86:487-492.

[37] Kanitakis J,Jullien D,Petruzzo P,et al. Clinicopathologic features of graft rejection of the first human hand allograft[J]. Transplantation,2003,76:688-693.

[38] Lee WP,Yaremchuk MJ,Pan YC,et al. Relative antigenicity of components of a vascularized limb allograft[J]. Plast Reconstr Surg,1991,87:401-411.

[39] Vasilic D,Alloway RR,Barker JH,et al. Risk assessment of immunosuppressive therapy in facial transplantation[J]. Plast Reconstr Surg,2007,120:657-668.

[40] Pushpakumar SB,Barker JH,Soni CV,et al. Clinical considerations in face transplantation[J]. Burns,2010,36:951-958.

[41] Buncke HJ,Hoffman WY,Alpert BS,et al. Microvascular transplant of two free scalp flaps between identical twins[J]. Plast Reconstr Surg,1982,70:605-609.

[42] Alam DS,Papay F,Djohan R,et al. The technical and anatomical aspects of the world's first near-total human face and maxilla transplant[J]. Arch Facial Plast Surg,2009,11:369-377.

[43] Siemionow MZ,Papay F,Djohan R,et al. First U.S. near-total human face transplantation:a paradigm shift for massive complex injuries[J]. Plast Reconstr Surg,2010,125:111-122.

[44] Eaton L. First patient to receive complete face transplant can leave hospital[J]. BMJ,2010,341:c4088.

[45] Siemionow M,Ozturk C. An update on facial transplantation cases performed between 2005-2010[J]. Plast Reconstr Surg,2011,128(6):707e-720e.

三、躯干部
The Trunk

42. 乳房重建中血管成像与定位
vascular imaging and mapping in breast reconstruction

[1] Spear SL,Mardini S,Ganz JC. Resource cost comparison of implantbased breast reconstruction versus TRAM flap breast reconstruction[J]. Plast Reconstr Surg,2003,112:101.

[2] Rozen WM,Garcia-Tutor E,Alonso-Burgos A,et al. Planning and optimising DIEP flaps with virtual surgery:the Navarra experience[J]. J Plast Reconstr Aesthet Surg,2010,63:289-297.

[3] Blondeel PN,Beyens G,Verhaeghe R,et al. Doppler flowmetry in the planning of perforator flaps[J]. Br J Plast Surg,1998,51:202.

[4] Rozen WM,Anavekar NS,Ashton MW,et al. Does the preoperative imaging of perforators with CT angiography improve operative outcomes in breast reconstruction?[J]. Microsurgery,2008,28:516.

[5] Aoyagi F,Fujino T,Ohshiro T. Detection of small vessels for microsurgery by a Doppler flowmeter[J]. Plast Reconstr Surg,1975,55:372.（用于穿支定位最古老也是最基础的工具是手持式多普勒血流仪。这种设备使用了超过40年，在大多数整形外科医生中广泛应用）

[6] Smit JM,Klein S,Werker PM. An overview of methods for vascular mapping in the planning of free flaps[J]. J Plast Reconstr Aesthet Surg,2010,63:e674.

[7] Yu P,Youssef A. Efficacy of the handheld Doppler in preoperative identification of the cutaneous perforators in the anterolateral thigh flap[J]. Plast Reconstr Surg,2006,118:928.

[8] Giunta RE,Geisweid A,Feller AM. The value of preoperative Doppler sonography for planning free perforator flaps[J]. Plast Reconstr Surg,2000,105:2381.

[9] Mathes DW,PC. Current techniques in preoperative imaging for abdomen-based perforator flap microsurgical breast reconstruction[J]. J Reconstr Microsurg,2010,26:3.

[10] Masia J,Clavero JA,Larranaga JR,et al. Multidetector-row computed tomography in the planning of abdominal perforator flaps[J]. J Plast Reconstr Aesthet Surg,2006,59:594.（自Masia于2006年介绍了CTA这种技术后，其迅速成为最受欢迎的术前皮瓣穿支定位设备）

[11] Tsukino A,Kurachi K,Inamiya T,Tanigaki T. Preoperative color Doppler assessment in planning of anterolateral thigh flaps[J]. Plast Reconstr Surg,2004,113:241.

[12] Rozen WM,Ashton MW. Improving outcomes in autologous breast reconstruction[J]. Aesthetic Plast Surg,2009,33:327.

[13] Chidyllo SA,Jacobs JS. The application of duplex ultrasonography in the preoperative evaluation of patients prior to TRAM flap reconstruction[J]. Plast Reconstr Surg,1993,92:174.

[14] Hallock GG. Doppler sonography and color duplex imaging for planning a perforator flap[J]. Clin Plast Surg,2003,30:347.

[15] Dominici C,Pacifici A,Tinti A,et al. Preoperative and postoperative evaluation of latissimus dorsi myocutaneous flap vascularization by color flow duplex scanning[J]. Plast Reconstr Surg,1995,96:1358.

[16] Masia J,Kosutic D,Clavero JA,et al. Preoperative computed tomographic angiogram for deep inferior epigastric artery perforator flap breast reconstruction[J]. J Reconstr Microsurg,2010,26:21.

[17] Scott JR,Liu D,Said H,et al. Computed tomographic angiography in planning abdomen-based microsurgical breast reconstruction:a comparison with color duplex ultrasound[J]. Plast Reconstr Surg,2010,125:446.

[18] Rozen WM,Phillips TJ,Ashton MW,et al. Preoperative imaging for DIEA perforator flaps:a comparative study of computed tomographic angiography and Doppler ultrasound[J]. Plast Reconstr Surg,2008,121:9.

[19] Rozen WM,Stella DL,Bowden J,et al. Advances in the pre-operative planning of deep inferior epigastric artery perforator flaps:magnetic resonance angiography[J]. Microsurgery,2009,29:119.（尽管MRA是一种有效的定位技术，但其在直径小于1 mm的穿支定位中并不总是有效）

[20] Greenspun D,Vasile J,Levine JL,et al. Anatomic imaging of abdominal perforator flaps without ionizing radiation:seeing is believing with magnetic resonance imaging angiography[J]. J Reconstr Microsurg,2010,26:37.

[21] Masia J,Kosutic D,Cervelli D,et al. In search of the ideal method in perforator mapping:noncontrast magnetic resonance imaging[J]. J Reconstr Microsurg,2010,26:29.

[22] Newman TM,Vasile J,Levine JL,et al. Perforator flap magnetic resonance angiography for reconstructive breast surgery:a review of 25 deep inferior epigastric and gluteal perforator artery flap patients[J]. J Magn Reson Imaging,2010,31:1176.

[23] Chernyak V,Rozenblit AM,Greenspun DT,et al. Breast reconstruction with deep inferior epigastric artery perforator flap:3.0-T gadoliniumenhanced MR imaging for preoperative localization of abdominal wall perforators[J]. Radiolo-gy,2009,250:417.

[24] Rozen WM,Stella DL,Phillips TJ,et al. Magnetic resonance angiography in the preoperative planning of DIEA perforator flaps[J]. Plast Reconstr Surg,2008,122:222e.
[25] Alonso-Burgos A,Garcia-Tutor E,Bastarrika G,et al. Preoperative planning of DIEP and SGAP flaps:preliminary expe-rience with magnetic resonance angiography using 3-tesla equipment and blood-pool contrast medium[J]. J Plast Reconstr Aesthet Surg,2010,63:298.
[26] Holm C,Tegeler J,Mayr M,et al. Monitoring free flaps using laserinduced fluorescence of indocyanine green:a preliminary experience[J]. Microsurgery,2002,22:278.（Holm 自 2002 年开始使用 ICG 监测游离皮瓣）
[27] Pestana IA,Coan B,Erdmann D,et al. Early experience with fluorescent angiography in free-tissue transfer reconstruction[J]. Plast Reconstr Surg,2009,123:1239.
[28] Lee BT,Matsui A,Hutteman M,et al. Intraoperative near-infrared fluorescence imaging in perforator flap reconstruction:current research and early clinical experience[J]. J Reconstr Microsurg,2010,26:59.
[29] Matsui A,Lee BT,Winer JH,et al. Image-guided perforator flap design using invisible near-infrared light and validation with x-ray angiography[J]. Ann Plast Surg,2009,63:327.
[30] Newman MI,Samson MC. The application of laser-assisted indocyanine green fluorescent dye angiography in microsurgical breast reconstruction[J]. J Reconstr Microsurg,2009,25:21.
[31] Komorowska-Timek E,Gurtner GC. Intraoperative perfusion mapping with laser-assisted indocyanine green imaging can predict and prevent complications in immediate breast reconstruction[J]. Plast Reconstr Surg,2010,125:1065.
[32] Keller A. Noninvasive tissue oximetry for flap monitoring:an initial study[J]. J Reconstr Microsurg,2007, 23:189.
[33] Colwell AS,Wright L,Karanas Y. Near-infrared spectroscopy measures tissue oxygenation in free flaps for breast reconstruction[J]. Plast Reconstr Surg,2008,121:344e.
[34] Keller A. A new diagnostic algorithm for early prediction of vascular compromise in 208 microsurgical flaps using tissue oxygen saturation measurements[J]. Ann Plast Surg,2009,62:538.
[35] Repez A,Oroszy D,Arnez ZM. Continuous postoperative monitoring of cutaneous free flaps using near infrared spectroscopy[J]. J Plast Reconstr Aesthet Surg,2008,61:71.
[36] Hamdi M,Van Landuyt K,Van Hedent E,Duyck P. Advances in autogenous breast reconstruction:the role of preoperative perforator mapping[J]. Ann Plast Surg,2007,58:18.
[37] Bailey SH,Saint-Cyr M,Wong C,et al. The single dominant medial row perforator DIEP flap in breast reconstruction:three-dimensional perforasome and clinical results. Plast Reconstr Surg,2010,126:739.
[38] Hamdi M,Blondeel,PN. The superficial inferior epigastric artery flap in breast reconstruction. In Spear S(ed). Surgery of the Breast,Principles and Art[M]. Philadelphia:Lippincott Williams and Wilkins,2006,pp873.
[39] Fukaya E,Kuwatsuru R,Iimura H,et al. Imaging of the superficial inferior epigastric vascular anatomy and preoperative planning for the SIEA flap using MDCTA[J]. J Plast Reconstr Aesthet Surg,2011,64:63-68.
[40] Holm C,Mayr M,Hofter E,et al. Interindividual variability of the SIEA Angiosome:effects on operative strategies in breast reconstruction[J]. Plast Reconstr Surg,2008,122:1612.
[41] Hamdi M,Van Landuyt K,Hijjawi JB,et al. Surgical technique in pedicled thoracodorsal artery perforator flaps:a clinical experience with 99 patients[J]. Plast Reconstr Surg,2008,121:1632.
[42] Hamdi M,Van Landuyt K. Pedicled perforator flaps in breast reconstruction. In Spear S(ed). Surgery of the Breast,Principles and Art[M]. Philadelphia:Lippincott Williams and Wilkins,2006,pp833.
[43] LoTempio MM,Allen RJ. Breast reconstruction with SGAP and IGAP flaps[J]. Plast Reconstr Surg,2010,126:393-401.
[44] Fattah A,Figus A,Mathur B,Ramakrishnan V. The Transverse myocutaneous gracilis flap:technical refinements[J]. J Plast Reconstr Aesthet Surg,2010,63:305-313.
[45] Vega S,Sandeen S,Bossert R,Perrone A,Ortiz L,Herrera H. Gracilis Myocutaneous Free Flap in Autologous Breast Reconstruction[J]. Plast Reconstr Surg,2009,124:1400.

43. 乳房重建：游离横形腹直肌肌皮瓣

breast reconstruction:free transverse rectus abdominus myocutaneous flaps

[1] Hartrampf CR,Scheflan M,Black PW. Breast reconstruction with a transverse abdominal island flap[J]. Plast Reconstr Surg,1982,69:216-225.（Hartrampf 及其同事于 1982 年报道了带蒂横行腹直肌皮瓣。这项技术很快得到认可并广泛用于乳房重建）
[2] Moran SL,Serletti JM. Outcome comparison between free and pedicled tram flap breast reconstruction in the obese patient[J]. Plast Reconstr Surg,2001,108:1954-1960;discussion 1961-1952.
[3] Larson DL,Yousif NJ,Sinha RK,et al. A comparison of pedicled and free tram flaps for breast reconstruction in a single institution[J]. Plast Reconstr Surg,1999,104:674-680.
[4] Mehrara BJ,Santoro TD,Arcilla E,et al. Complications after microvascular breast reconstruction:experience with 1195 flaps[J]. Plast Reconstr Surg,2006,118:1100-1109;discussion 1110-1101.
[5] Chen CM,Halvorson EG,Disa JJ,et al. Immediate postoperative complications in diep versus free/muscle-sparing tram flaps[J]. Plast Reconstr Surg,2007,120:1477-1482.
[6] Nahabedian MY,Momen B,Galdino G,Manson PN. Breast reconstruction with the free tram or diep flap:patient selection,choice of flap,and outcome[J]. Plast Reconstr Surg,2002,110:466-475;discussion 467-476.
[7] Allen RJ,Treece P. Deep inferior epigastric perforator flap for breast reconstruction[J]. Ann Plast Surg,1994,32:32-38.（第一篇 DIEP 乳房再造文章。腹壁下动脉穿支皮瓣最早由 Allen 和 Treece 提出，此皮瓣不携带腹直肌）
[8] Mosahebi A,Da Lio A,Mehrara B. The use of a pectoralis major flap to improve internal mammary vessels exposure and reduce contour deformity in microvascular free flap breast reconstruction[J]. Ann Plast Surg,2008,61:30-34.
[9] Mehrara BJ,Santoro T,Smith A,et al. Alternative venous outflow vessels in microvascular breast reconstruction[J]. Plast Reconstr Surg,2003,112:448-455.
[10] Spector JA,Draper LB,Levine JP,Ahn CY. A technique for atraumatic microvascular arterial coupling[J]. Plast Reconstr Surg,2007,119:1968-1969.
[11] Spector JA,Draper LB,Levine JP,Ahn CY. Routine use of microvascular coupling device for arterial anastomosis in breast reconstruction[J]. Ann Plast Surg,2006,56:365-368.
[12] Khouri RK,Shaw WW. Monitoring of free flaps with surface-temperature recordings:is it reliable?[J]. Plast Reconstr Surg,1992,89:495-499;discussion 492-500.
[13] Bui DT,Cordeiro PG,Hu QY,et al. Free flap reexploration:indications,treatment,and outcomes in 1193 free flaps[J]. Plast Reconstr Surg,2007,119:2092-2100.（文章介绍了作者所在中心 11 年中 1193 个游离皮瓣出现血管危象的比例、挽救措施、成功率及作者的经验）
[14] Momeni A,Kim RY,Heier M,et al. Abdominal wall strength:a matchedpair analysis comparing muscle-sparing tram flap donorsite morbidity with the effects of abdominoplasty[J]. Plast Reconstr Surg,2010,126:1454-1459.
[15] Ascherman JA,Seruya M,Bartsich SA. Abdominal wall morbidity following unilateral and bilateral breast reconstruction with pedicled tram flaps:an outcomes analysis of 117 consecutive patients[J]. Plast Reconstr Surg,2008,121:1-8.
[16] Nahabedian MY. Secondary operations of the anterior abdominal wall following microvascular breast reconstruction with the tram and diep flaps[J]. Plast Reconstr Surg,2007,120:365-372.
[17] Kroll SS,Schusterman MA,Reece GP,et al. Abdominal wall strength,bulging,and hernia after tram flap breast reconstruction[J]. Plast Reconstr Surg,1995,96:616-619.
[18] Selber JC,Fosnot J,Nelson J,et al. A prospective study comparing the functional impact of siea,diep,and muscle-sparing free tram flaps on the abdominal wall:part II. Bilateral reconstruction[J]. Plast Reconstr Surg,2010,126:1438-1453.
[19] Chun YS,Sinha I,Turko A,et al. Outcomes and patient satisfaction following breast reconstruction with bilateral pedicled tram flaps in 105 consecutive patients[J]. Plast Reconstr Surg,2010,125:1-9.
[20] Spear SL,Hess CL,Elmaraghy MW. Evaluation of abdominal sensibility after tram flap breast reconstruction[J]. Plast Reconstr Surg,2000,106:1300-1304.
[21] Mehrara BJ,Santoro T,Smith A,et al. Improving recipient vessel exposure during microvascular breast reconstruction[J]. Ann Plast Surg,2003,51:361-365.
[22] Chang DW,Reece GP,Wang B,et al. Effect of smoking on complications in patients undergoing free tram flap breast reconstruction[J]. Plast Reconstr Surg,2000,105:2374-2380.
[23] Lemaine V,McCarthy C,Kaplan K,et al. Venous thromboembolism following microsurgical breast reconstruction:an objective analysis in 225 consecutive patients using low-molecular-weight heparin prophylaxis[J]. Plast Reconstr Surg,2011,127(4):1399-1406.

44. 乳房重建：腹壁下深动脉穿支皮瓣临床应用

breast reconstruction:clinical utilization of the deep inferior epigastric perforator flap

[1] Hartrampf CR,Scheflan M,Black PW. Breast reconstruction with a transverse abdominal island flap[J]. Plast Reconstr Surg,1982,69(2):216-225.（1982 年，Hartrampf 报道了第一例带蒂横行腹直肌肌皮瓣乳房再造）
[2] Man L-X,Selber JC,Serletti JM. Abdominal wall following free TRAM or DIEP flap reconstruction:a meta-analysis and critical review[J]. Plast Reconstr Surg,2009,124(3):752-764.（文章对比研究了 DIEP 皮瓣和 TRAM 皮瓣术后在腹壁脂肪坏死、皮肤坏死、皮瓣坏死、腹壁膨隆、松弛、强度减弱、腹壁疝等方面的差异，指出 DIEP 皮瓣手术可相对减少对腹壁的损伤，但皮瓣相关并发症等方面相对较高）
[3] Wu LC,Bajaj A,Chang DW,Chevray PM. Comparison of donorsite morbidity of SIEA,DIEP,and muscle-sparing TRAM flaps for breast reconstruction[J]. Plast Reconstr Surg,2008,122(3):702-709.（文章对比研究了 SIEP、DIEP、保留腹直肌的 TRAM 皮瓣乳房再造后供区损伤情况，指出在可能的情况的使用 SIEP 皮瓣以最大限度减少对供区的损伤）
[4] Selber JC,Kurichi JE,Vega SJ,et al. Risk factors and complications in free TRAM flap breast reconstruction[J]. Ann Plast Surg,2006,56(5):492-497.（作者回顾分析了 1992—2003 年 500 例游离 TRAM 皮瓣乳房再造患者的危险因素和手术并发症，指出吸烟、肥胖、术前放化疗、周围血管疾病、慢阻肺、高血压等危险因素可增加手术并发症）
[5] Fischer JP,Nelson JA,Sieber B,et al. Free tissue transfer in the obese patient:an outcome and cost analysis in 1258 con-secutive abdominally based reconstructions[J]. Plast Reconstr Surg,2013,131(5):681e-692e.（对利用腹部游离皮瓣乳房再造的 1258 个患者进行回顾性分析，提示肥胖可以增加围手术期并发症及更高的住院花费等，并增加了术中操作难度、皮瓣坏死、供区并发症等）
[6] Nelson JA,Fosnot J,Selber JC,et al. Age and abdominal wall strength:assessing the aging abdominal wall after autologous breast reconstruction[J]. Microsurgery,2013,33(1):14-23.
[7] Wang TY,Serletti JM,Cuker A,et al. Free tissue transfer in the hypercoagulable patient:a review of 58 flaps[J]. Plast Reconstr Surg,2012,129(2):443-453.
[8] Mirzabeigi MN,Wang T,Kovach SJ,et al. Free flap take-back following postoperative microvascular compromise:predicting salvage versus failure[J]. Plast Reconstr Surg,2012,130(3):579-589.
[9] Rogers NE,Allen RJ. Radiation effects on breast reconstruction with the deep inferior epigastric perforator flap[J]. Plast Reconstr Surg,2002,109(6):1919-1924;discussion 1925-1926. 10. Williams JK,Carlson GW,Bostwick J 3rd,et al. The effects of radiation treatment after TRAM flap breast reconstruction[J]. Plast Reconstr Surg,1997,100(5):1153-1160.
[10] Kronowitz SJMD,Robb GLMD. Radiation therapy and breast reconstruction:a critical review of the literature[J]. Plast Reconstr Surg,2009,124(2):395-408.
[11] Fosnot J,Fischer JP,Smartt JM Jr,et al. Does previous chest wall irradiation increase vascular complications in free autologous breast reconstruction? [J].Plast Reconstr Surg,2011,127(2):496-504.
[12] Masia J,Kosutic D,Clavero JA,et al. Preoperative computed tomographic angiogram for deep inferior epigastric artery perforator flap breast reconstruction[J]. J Reconstr Microsurg,2010,26(1):21-28.
[13] Giunta RE,Geisweid A,Feller AM. The value of preoperative Doppler sonography for planning free perforator flaps[J]. Plast Reconstr Surg,2000,105(7):2381-2386.
[14] Serletti JM,Moran SL,Orlando GS,Fox I. Thoracodorsal vessels as recipient vessels for the free TRAM flap in delayed breast reconstruction[J]. Plast Reconstr Surg,1999,104(6):1649-1655.
[15] Fosnot J,Jandali S,Low DW,et al. Closer to an understanding of fate:the role of vascular complications in free flap breast reconstruction[J]. Plast Reconstr Surg,2011,128(4):835-843.
[16] Mehrara BJ,Santoro TD,Arcilla E,et al. Complications after microvascular breast reconstruction:experience with 1195 flaps[J]. Plast Reconstr Surg,2006,118(5):1100-1109;discussion 1110-1111.
[17] Selber JC,Fosnot J,Nelson J,et al. A prospective study comparing the functional impact of SIEA,DIEP,and muscle-sparing free TRAM flaps on the abdominal wall:part II. Bilateral reconstruction[J]. Plast Reconstr Surg,2010,126(5):1438-1453.
[18] Selber JC,Nelson J,Fosnot J,et al. A prospective study comparing the functional impact of SIEA,DIEP,and muscle-sparing free TRAM flaps on the abdominal wall:part I. unilateral reconstruction[J]. Plast Reconstr Surg,2010,126(4):1142-1153.

45. 乳房重建：臀动脉穿支皮瓣

breast reconstruction:gluteal artery perforator flaps

[1] Fujino T,Harasina T,Aoyagi F. Reconstruction for aplasia of the breast and pectoral region by microvascular transfer of a free flap from the buttock[J]. Plast Reconstr Surg,1975,56(2):178-181.（1975 年，Fujino 等第一次介绍利用臀部组织游离移植进行乳房重建）
[2] Le Quang C. Two new flaps developed from aesthetic surgery. II. The inferior gluteal flap[J]. Aesthetic Plast Surg,1980,4:159.（1980 年，Le Quang 介绍了臀下动脉肌皮瓣的临床应用）
[3] Shaw WW. Breast reconstruction by superior gluteal microvascular free flaps without silicone implants[J]. Plast Reconstr Surg,1983,72(4):490-501.（1983 年，Shaw 介绍了 10 例利用臀上动脉肌皮瓣游离移植重建乳房的经验）
[4] Paletta CE,Bostwick J 3rd,Nahai F. The inferior gluteal free flap in breast reconstruction[J]. Plast Reconstr Surg,1989,84(6):875-883.(1989 年，Paletta 介绍了利用臀下动脉肌皮瓣游离移植乳房重建的经验）
[5] Koshima I,Moriguchi T,Soeda S,et al. The gluteal perforator-based flap for repair of sacral pressure sores[J]. Plast Recon-str Surg,1993,91(4):678-683.（1993 年，Koshima 等第一次报道了利用臀部穿支局部皮瓣修复骶骨区压力性溃疡）
[6] Allen RJ,Tucker C Jr. Superior gluteal artery perforator free flap for breast reconstruction. Plast Reconstr Surg,1995,95(7):1207-1212.[1993 年，Allen 等首次介绍了利用臀上动脉穿支皮瓣（不携带臀肌）进行乳房再造的临床应用]

[7] Allen RJ,Levine JL,Granzow JW. The in-the-crease inferior gluteal artery perforator flap for breast reconstruction[J]. Plast Reconstr Surg,2006,118(2):333-339.
[8] Guerra AB,Metzinger SE,Bidros RS,et al. Breast reconstruction with gluteal artery perforator (GAP) flaps:a critical analysis of 142 cases[J]. Ann Plast Surg,2004,52:118-125.
[9] Heitmann C,Levine JL,Allen RJ. Gluteal artery perforator flaps[J]. Clin Plast Surg,2007,34(1):123-130.
[10] Vasile JV,Newman T,Rusch DG,et al. Anatomic imaging of gluteal perforator flaps without ionizing radiation:seeing is believing with magnetic resonance angiography[J]. J Reconstr Microsurg,2010,26(1):45-58.
[11] DeFrene B,Van Landuyt K,Hamdi M,et al. Free DIEAP and SGAP flap breast reconstruction after abdominal/gluteal liposuction[J]. J Plast Reconstr Aesthet Surg,2006,59(10):1031-1036.
[12] Greenspun D,Vasile J,Levine JL,et al. Anatomic imaging of abdominal perforator flaps without ionizing radiation:seeing is believing with magnetic resonance imaging angiography[J]. J Reconstr Microsurg,2010,26(1):37-44.
[13] Gill PS,Hunt JP,Guerra AB,et al. A 10-year retrospective review of 758 DIEP flaps for breast reconstruction[J]. Plast Reconstr Surg,2004,113(4):1153-1160.
[14] Guerra AB,Metzinger SE,Bidros RS,et al. Simultaneous bilateral breast reconstruction with superior gluteal artery perforator(SGAP) flaps[J]. Ann Plast Surg,2004,53(4):305-310.
[15] Levine JL,Miller Q,Vasile J,et al. Simultaneous bilateral breast reconstruction with in-the-crease inferior gluteal artery perforator flaps[J]. Ann Plast Surg,2009,63(3):249-254.
[16] Vasile JV,Newman TM,Prince MR,et al. Contrast-enhanced magnetic resonance angiography[J]. Clin Plast Surg,2011,38(2):263-275.
[17] LoTempio MM,Allen RJ. Breast reconstruction with SGAP and IGAP flaps[J]. Plast Reconstr Surg,2010,126(2):393-401.
[18] Dellacroce FJ,Sullivan SK. Application and refinement of the superior gluteal artery perforator free flap for bilateral simultaneous breast reconstruction[J]. Plast Reconstr Surg,2005,116(1):97-103.

46. 乳房重建：腹壁下浅动脉穿支皮瓣
breast reconstruction with superficial inferior epigastric artery flaps

[1] Drever JM. Total breast reconstruction with either of two abdominal flaps[J]. Plast Reconstr Surg,1977,59:185-190.（Drever 在 19 世纪 70 年代后期最先使用腹部带蒂肌皮瓣重建乳房）
[2] Hartrampf CR,Scheflan M,Black PW. Breast reconstruction with a transverse abdominal island flap[J]. Plast Reconstr Surg,1982,69:216-225.
[3] Kroll S,Schusterman M,Reece G,et al. Abdominal wall strength,bulging,and hernia after TRAM flap breast reconstruction[J]. Plast Reconstr Surg,1995,96:616-619.
[4] Edsander-Nord A,Jurell G,Wickman M. Donorsite morbidity after pedicled or free TRAM flap surgery:a prospective and objective study[J]. Plast Reconstr Surg,1998,102:1508-1516.
[5] Feller AM. Free TRAM. Results and abdominal wall function[J]. Clin Reconstr Surg,1994,21:223-232.
[6] Fitoussi A,Laki F,Coutureau B,et al. Management of donorsite synthetic mesh infection after TRAM flap breast reconstruction[J]. Plast Reconstr Surg,2009,123:202e-203e.
[7] Kroll S,Gherardini G,Martin J,et al. Fat necrosis in free and pedicled TRAM flaps[J]. Plast Reconstr Surg,1998,102:1502-1507.
[8] Holmström H. The free abdominoplasty flap and its use in breast reconstruction:an experimental study and clinical case report[J]. Scand Plast Reconstr Surg,1979,13:423-427.
[9] Arnez ZM,Smith RW,Eder E,et al. Breast reconstruction by the free lower transverse rectus abdominis musculocutaneous flap[J]. Br J Plast Surg,1988,41:500-505.
[10] Feller AM. Free TRAM. Results and abdominal wall function[J]. Clin Reconstr Surg,1994,21:223-232.
[11] Allen RJ,Treece P. Deep inferior epigastric perforator flap for breast reconstruction[J]. Ann Reconstr Surg,1994,8:32.
[12] Antia NH,Buch VI. Transfer of an abdominal dermofat graft by direct anastomosis of blood vessels[J]. Br J Reconstr Surg,1971,24:15-19.
[13] Taylor GI,Daniel RK. The free flap:composite tissue transfer by vascular anastomosis[J]. Aust N Z J Surg,1973,43:1-3.
[14] Arnez ZM,Khan U,Pogorelec D,et al. Breast reconstruction using the free superficial inferior epigastric artery(SIEA) flap[J]. Br J Plast Surg,1999,52:276-279.（尽管最早期的游离皮瓣是基于腹壁下浅动脉，但其应用到乳房重建是比较近期的创新）
[15] Arnez ZM,Khan U,Pogorelec D,et al. Rational selection of flaps from the abdomen in breast reconstruction to reduce donor site morbidity[J]. Br J Plast Surg,1999,52:351-354.（文章介绍了如何合理选择腹部皮瓣进行乳房再造。从对腹壁功能保护来讲，SIEP>DIEP>游离 TRAM>带蒂 TRAM）
[16] Allen RJ,Tucker C Jr. Superior gluteal artery perforator free flap for breast reconstruction[J]. Plast Reconstr Surg,1995,95:1207-1212.
[17] Granzow JW,Levine JL,Chiu ES,Allen RJ. Breast reconstruction with gluteal artery perforator flaps[J]. J Plast Reconstr Aesthet Surg,2006,59:614-621.
[18] Arnez ZM,Pogorelec D,Planinsek F,Ahcan U. Breast reconstruction by the free transverse gracilis(TUG) flap[J]. Br J Plast Surg,2004,57:20-26.
[19] Schoeller T,Wechselberger G. Breast reconstruction by the free transverse gracilis(TUG) flap[J]. Br J Plast Surg,2004,57:481-482.
[20] Elliott LF,Hartrampf CR Jr. The Rubens flap:the deep circumflex iliac artery flap[J]. Clin Reconstr Surg,1998,25:283.
[21] Spiegel AJ,Khan FN. An intraoperative algorithm for use of the SIEA flap for breast reconstruction[J]. Plast Reconstr Surg,2005,120:1450-1459.
[22] Chevray PM. Breast reconstruction with superficial inferior epigastric artery flaps:a prospective comparison with TRAM and DIEP flaps[J]. Plast Reconstr Surg,2004,114:1077-1083.（文章对比了 SIEA 皮瓣乳房再造与 TRAM 和 DIEP 乳房再造，指出 SIEA 皮瓣对供区损伤小，患者恢复快，但其血管蒂口径小、血管蒂短，有时缺如，使其在临床较少应用）

47. 乳房重建：股薄肌横形上半部或肌皮瓣
breast reconstruction:transverse upper or myocutaneous gracilis flaps

[1] Bostwick J 3rd,Scheflan M. The latissimus dorsi musculocutaneous flap:a one-stage breast reconstruction[J]. Clin Plast Surg,1980,7(1):71-78.[自体组织移植重建乳房从带蒂组织移植（如背阔肌皮瓣）发展到吻合血管的游离组织移植]
[2] Hartrampf CR,Scheflan M,Black PW. Breast reconstruction with a transverse abdominal island flap[J]. Plast Reconstr Surg,1982,69(2):216-225.
[3] Tansini I. Nuovo processo per l'amputazione della mammaella per cancre[J]. Reforma Medica,1896,12:3.（1896 年，Tansini 首先报道了带蒂背阔肌皮瓣，共是乳房重建最古老的手术方式之一）
[4] Adams WP Jr,Lipschitz AH,Ansari M,et al. Functional donor site morbidity following latissimus dorsi muscle flap transfer[J]. Ann Plast Surg,2004,53(1):6-11.
[5] Holmström H. The free abdominoplasty flap and its use in breast reconstruction. An experimental study and clinical case report[J]. Scand J Plast Reconstr Surg,1979,13(3):423-427.
[6] Arnez ZM,Bajec J,Bardsley AF,et al. Experience with 50 free TRAM flap breast reconstructions[J]. Plast Reconstr Surg,1991,87(3):470-478.
[7] Koshima I,Soeda S. Inferior epigastric artery skin flaps without rectus abdominis muscle[J]. Br J Plast Surg,1989,42(6):645-648.
[8] Blondeel PN. One hundred free DIEP flap breast reconstructions:a personal experience[J]. Br J Plast Surg,1999,52(2):104-111.
[9] Gill PS,Hunt JP,Guerra AB,et al. A 10-year retrospective review of 758 DIEP flaps for breast reconstruction[J]. Plast Reconstr Surg,2004,113(4):1153-1160.
[10] Parrett BM,Caterson SA,Tobias AM,Lee BT. DIEP flaps in women with abdominal scars:are complication rates affected?[J]. Plast Reconstr Surg,2008,21(5):1527-1531.
[11] Schoeller T,Wechselberger G,Roger J,et al. Management of infraumbilical vertical scars in DIEP-flaps by crossover anastomosis[J]. J Plast Reconstr Aesthet Surg,2007,60(5):524-528.
[12] LoTempio MM,Allen RJ. Breast reconstruction with SGAP and IGAP flaps[J]. Plast Reconstr Surg,2010,126(2):393-401.
[13] Elliott LF,Hartrampf CR Jr. The Rubens flap. The deep circumflex iliac artery flap[J]. Clin Plast Surg,1998,25(2):283-291.
[14] Rosenberg JJ,Chandawarkar R,Ross MI,Chevray PM. Bilateral anterolateral thigh flaps for large-volume breast reconstruction[J]. Microsurgery,2004,24(4):281-284.
[15] Darcy CM,Smit JM,Audolfsson T,Acosta R. Surgical technique:the intercostal space approach to the internal mammary vessels in 463 microvascular breast reconstructions[J]. J Plast Reconstr Aesthet Surg,2011,64(1):58-62.
[16] Hanasono MM,Kocak E,Ogunleye O,et al. One versus two venous anastomoses in microvascular free flap surgery[J]. Plast Reconstr Surg,2010,126(5):1548-1557.
[17] Wechselberger G,Rumer A,Schoeller T,et al. Free-flap monitoring with tissue-oxygen measurement[J]. J Reconstr Microsurg,1997,13(2):125-130.
[18] Huemer GM,Dunst KM,Schoeller T. Restoration of the gluteal fold by a deepithelialized skin flap:preliminary observations[J]. Aesthetic Plast Surg,2005,29(1):13-17.
[19] Wechselberger G,Schoeller T. The transverse myocutaneous gracilis free flap:a valuable tissue source in autologous breast reconstruction[J]. Plast Reconstr Surg,2004,114(1):69-73.（文章介绍了横行股薄肌肌皮瓣用于乳房再造的临床应用，认为对于容积不大的乳房是该皮瓣一期再造很好的供区，特别是腹部供区不适用时）
[20] Schoeller T,Huemer GM,Kolehmainen M,Otto-Schoeller A,Wechselberger G. A new "Siamese" flap for breast reconstruction:the combined infragluteal-transverse myocutaneous gracilis muscle flap[J]. Plast Reconstr Surg,2005,115(4):1110-1117.
[21] Schoeller T,Huemer GM,Wechselberger G. The transverse musculocutaneous gracilis flap for breast reconstruction:guidelines for flap and patient selection[J]. Plast Reconstr Surg,2008,122(1):29-38.
[22] Fansa H,Schirmer S,Warnecke IC,et al. The transverse myocutaneous gracilis muscle flap:a fast and reliable method for breast reconstruction[J]. Plast Reconstr Surg,2008,122(5):1326-1333.
[23] Vega SJ,Sandeen SN,Bossert RP,et al. Gracilis myocutaneous free flap in autologous breast reconstruction[J]. Plast Reconstr Surg,2009,124(5):1400-1409.
[24] Saint-Cyr M,Shirvani A,Wong C. The transverse upper gracilis flap for breast reconstruction following liposuction of the thigh[J]. Microsurgery,2010,30(8):636-638.

48. 乳房重建中叠加皮瓣
stacked flaps in breast reconstruction

[1] Ishii CH,Bostwick J,Raine TJ,et al. Double-pedicle transverse rectus abdominis musculocutaneous flap for unilateral breast and chest wall reconstruction[J]. Plast Reconstr Surg,1985,76:901-907.（作者介绍了 15 例利用双蒂腹直肌肌皮瓣进行单纯乳房再造的临床应用）
[2] Wagner DS,Michelow BJ,Hartrampf CR. Double pedicle TRAM Flap for unilateral breast reconstruction[J]. Plast Reconstr Surg,1991,88:987-997.
[3] Spear SL,Travaglino-Parda RL,Stefan M. The stacked transverse rectus abdominis musculocutaneous flap revisited in breast reconstruction[J]. Ann Plast Surg,1994,32:565-571.（重叠式 TRAM 皮瓣用于单侧乳房再造，可在有限表面积情况下提供更好的乳房凸度，可用于大容量且没有明显下垂的乳房再造）
[4] Beahm EK,Walton RL. The efficacy of bilateral lower abdominal free flaps for unilateral reconstruction[J]. Plast Reconstr Surg,2007,120:41-54.
[5] Agarwal JP,Gottlieb LJ. Double pedicle deep inferior epigastric perforator/ muscle-sparing TRAM flaps for unilateral breast reconstruction[J]. Ann Plast Surg,2007,58:359-363.
[6] Tseng CY,Lang PO,Cipriani NA. Pedicle preservation technique for arterial and venous turbocharging of free DIEP and muscle-sparing TRAM flaps[J]. Plast Reconstr Surg,2007,120:851-854.
[7] DellaCroce FJ,Sullivan SK,Trahan C. Stacked deep inferior epigastric perforator flap breast reconstruction:a review of 110 flaps in 55 cases over 3 years[J]. Plast Reconstr Surg,2011,127:1093-1099.
[8] Hayakawa T,Buchel E. Maximizing Limited Abdominal Tissue in Free DIEP Breast Reconstruction. Presented at the Annual Scientific Meeting of the American Society for Reconstructive Surgery,2010.
[9] Kronowitz SJ,Robb,GL,Youssef A,et al. Optimizing autologous breast reconstruction in thin patients[J]. Plast Reconstr Surg,2003,112:1768-1778.
[10] Taylor GI,Daniel RK. The anatomy of several free flap donor sites[J]. Plast Reconstr Surg,1975,56:243-253.
[11] Boyd JB,Taylor GI,Corlett R. The vascular territories of the superior epigastric and the deep inferior epigastric systems[J]. Plast Reconstr Surg,1984,73:1-14.
[12] Elliott LF,Raffel B,Wade J. Segmental latissimus dorsi free flap:clinical considerations[J]. Ann Plast Surg,1989,23:231-238.
[13] Feller AM. Free TRAM. Results and abdominal wall function[J]. Clin Plast Surg,1994,21:232.
[14] Koshima I,Moriguchi T,Soeda S,et al. Free thin paraumbilical perforator-based flaps[J]. Ann Plast Surg,1994,32:12-17.
[15] Allen RJ,Treece P. Deep inferior epigastric perforator flap for breast reconstruction[J]. Ann Plast Surg,1994,32:32.
[16] Nahabedian MY,Momen B,Galdino G,et al. Breast reconstruction with the free TRAM or DIEP flap:patient selection,choice of flap,and outcome[J]. Plast Reconstr Surg,2002,110:466-475.
[17] De Frene B,Van Landuyt K,Hamdi M,et al. Free DIEAP and SGAP flap breast reconstruction after abdominal/gluteal liposuction[J]. J Plast Reconstr Aesthet Surg,2006,59:1031-1036.
[18] Granzow JW,Levine JL,Chiu ES,et al. Breast reconstruction with the deep inferior epigastric perforator flap:history and an update on current technique[J]. J Plast Reconstr Aesthet Surg,2006,59:571-579.
[19] Nahabedian MY,Tsangaris T,Momen B. Breast reconstruction with the DIEP flap or the muscle-sparing (MS-2) free TRAM flap:is there a difference?[J]. Plast Reconstr Surg,2005,115:436-444.
[20] Chevray PM. Breast reconstruction with superficial inferior epigastric artery flaps:a prospective comparison with TRAM and DIEP flaps[J]. Plast Reconstr Surg,2004,114:1077-1083.
[21] Spiegel AJ,Khan FN. An intraoperative algorithm for use of the SIEA flap for breast reconstruction. Plast

Reconstr Surg,2007,120:1450-1459.
[22] Guerra AB,Metzinger SE,Bidros RS,et al. Breast reconstruction with gluteal artery perforator(GAP) flaps. A critical analysis of 142 cases. Ann Plast Surg,2004,52:118-125.
[23] Granzow JW,Levine JL,Chiu ES,et al. Breast reconstruction using perforator flaps. J Surg Oncol,2006,94:441-454.
[24] Allen RJ,Tucker C. Superior gluteal artery perforator free flap for breast reconstruction. Plast Reconstr Surg,1995,95:1207-1212.
[25] Paletta CE,Bostwick J,Nahai F. The inferior gluteal free flap in breast reconstruction. Plast Reconstr Surg,1989,84:875.
[26] Fattah A,Figus A,Mathur B,Ramakrishnan VV. The transverse myocutaneous gracilis flap:technical refinements. J Plast Reconstr Aesthet Surg,2010,63:305-313.
[27] DellaCroce FJ,Sullivan SK,Trahan C,et al. Body lift perforator flap breast reconstruction:a review of 100 flaps in 25 cases. Plast Reconstr Surg,2012,129:551-561.
[28] Blondeel PN,Hijawi J,Depypere H,et al. Shaping the breast in aesthetic and reconstructive breast surgery:an easy three-step principle. Plast Reconstr Surg,2012,123:445-462.
[29] Blondeel PN,Hijawi J,Depypere H,et al. Shaping the breast in aesthetic and reconstructive breast surgery:an easy three-step principle. Part II— breast reconstruction after total mastectomy. Plast Reconstr Surg,2012,123:794-805.
[30] Hayakawa T,Buchel E. Maximizing Limited Abdominal Tissue in Free DIEP Breast Reconstruction. Presented at the Annual Scientific Meeting of the American Society for Reconstructive Surgery,Boca Raton,Florida,2010.

49. 腹壁和胸壁重建
abdominal and chest wall reconstruction

[1] Hurwitz DJ,Hollins RR. Reconstruction of the abdominal wall and groin. In Cohen M(ed). Mastery of Plastic and Re-constructive Surgery vol[M]. 2 ed. Boston:Little,Brown,1994,pp1349-1359.
[2] Mathes SJ,Steinwald PM,Foster RD,et al. Complex abdominal wall reconstruction:a comparison of flap and mesh closure[J]. Ann Surg,2000,232:586-596.
[3] Rohrich RJ,Lowe JB,Hackney FL,Bowman JL,Hobar PC. An algorithm for abdominal wall reconstruction[J]. Plast Reconstr Surg,2000,105:202-216.
[4] Hallock GG. A paradigm shift for soft-tissue coverage of the zones of the abdominal wall using perforator flaps[J]. Plast Reconstr Surg,2012,130:590-599.
[5] Din AM,Evans GRD. Chest wall reconstruction. In McCarthy JB,Galiano RD,Boutros S(eds). Current Therapy in Plastic Surgery[M]. Philadelphia:Saunders,2006,pp362.
[6] Weyant MJ,Bains MS,Venkatraman E,et al. Results of chest wall resection and reconstruction with and without rigid prosthesis[J]. Ann Thorac Surg,2006,81:279-285.
[7] Boo-Chai K. John Wood and his contributions to plastic surgery:the first groin flap[J]. Br J Plast Surg,1977,30:9-13.（尽管植皮是重建外科最早期采用的方式，但最早采用轴型皮瓣用于腹壁重建要追溯到 1864 年，Woods 介绍了使用双侧腹股沟皮瓣关闭腹壁缺损）
[8] Maxwell GP. Iginio Tansini and the origin of the latissimus dorsi musculocutaneous flap[J]. Plast Reconstr Surg,1980,65:686.（本文介绍了 Iginio Tansini 教授在 1906 年报道第一个使用背阔肌皮瓣重建胸壁）
[9] Kanavel AB. Plastic procedures for the obliteration of cavities with noncollapsible walls[J]. Surg Gynecol Obstet,1921,32:453.
[10] Wangensteen OH. Repair of recurrent and difficult hernias and other large defects of the abdominal wall employing the iliotibial tract of fascia lata as a pedicled flap[J]. Surg Gynecol Obstet,1934,59:766.
[11] Wangensteen OH. The pedicle muscle flap in the closure of persistent bronchopleural fistulas[J]. J Thorac Surg,1935,5:27.
[12] Webster JP. Thoracic-epigastric tubed pedicles[J]. Clin North Am,1937,17:145.
[13] Bakamjian VY. A two stage method for pharyngoesophageal reconstruction with a primary pectoral skin flap[J]. Plast Reconstr Surg,1965,36:173.（现代游离组织移植临床应用的开始要从 1965 年 Bakamjian 介绍的一种使用侧胸皮瓣通过两步法行咽食管重建的手术方法开始）
[14] McGregor IA,Morgan G. Axial and random pattern flaps[J]. Br J Plast Surg,1973,26:202.（McGregor and Morgan 介绍了轴型皮瓣和任意皮瓣的概念）
[15] Daniel RK,Williams HB. The free transfer of skin flaps by microvascular anastomoses[J]. Plast Reconstr Surg,1973,52:16.
[16] Daniel RK,Taylor GI. Distant transfer of an island flap by microvascular anastomoses[J]. Plast Reconstr Surg,1973,52:111.
[17] McCraw JB. The recent history of myocutaneous flaps[J]. Clin Plast Surg,1980,7:3.
[18] Mathes SJ,Nahai F,eds. Clinical Applications for Muscle and Musculocutaneous Flaps[J]. St. Louis:CV Mosby,1979.
[19] Arnold PG,Pairolero PC. Intrathoracic muscle flaps:an account of their use in the management of 100 consecutive patients[J]. Ann Surg,1990,211:656.
[20] Taylor GI,Palmer JH. The angiosomes of the body[J]. Br J Plast Surg,1987,40:130.
[21] Fujino T. Contribution of the axial and perforator vasculature in circulation of flaps[J]. Plast Reconstr Surg,1967,39(2)125-137.
[22] Koshima I,Soeda S. Inferior epigastric artery skin flaps without rectus abdominis muscle[J]. Br J Plast Surg,1989,42:645-648.
[23] Ramirez OM,Ruas E,Dellon AL. "Components separation" method for closure of abdominal-wall defects:an anatomic and clinical study[J]. Plast Reconstr Surg,1990,86:519-526.
[24] Hicks CW,Krpata DM,Blatnik JA,et al. Long-term effect on donor sites after components separation:a radiographic analysis[J]. Plast Reconstr Surg,2012,130(2):354-359.
[25] Gaertner WB,Bonsack ME,Delaney JP. Experimental evaluation of four biologic prostheses for ventral hernia repair[J]. J Gastrointest Surg,2007,11:1275-1285.
[26] Lin SJ,Butler CE. Subtotal thigh flap and bioprosthetic mesh reconstruction for large,composite abdominal wall defects[J]. Plast Reconstr Surg,2010,125(4):1146-1156.
[27] Bisgard JD,Swenson SA. Tumor of the sternum:report of a case with special operative technique[J]. Arch Surg,1948,56:570.
[28] Campbell DA. Reconstruction of the anterior thoracic wall[J]. J Thorac Surg,1950,19:456.
[29] Lampl L. Chest wall resection:a new and simple method for stabilization of extended defects[J]. Eur J Cardiothorac Surg,2001,20:669-673.
[30] Paris F,Blasco E,Tarazona V,et al. Total sternectomy for malignant disease[J]. J Thorac Cardiovasc Surg,1980,80:459-462.
[31] Coonar AS,Qureshi N,Smith I,et al. A novel titanium rib bridge system for chest wall reconstruction. Ann Thorac Surg,2009,87:e46-e48.
[32] Ariyan S,Finseth FJ. The anterior approach for obtaining free osteocutaneous rib grafts[J]. Plast Reconstr Surg,1978,62:676.
[33] Serafin D,Riefkohl R,Thomas I,Georgiade NG. Vascular Rib-periosteal and osteocutaneous reconstruction of the maxilla and mandible:an assessment[J]. Plast Reconstr Surg,1980,66:718.
[34] Richards MA,Poole MD,Godfrey AM. The serratus anterior/rib composite flap in mandibular reconstruction[J]. Br J Plast Surg,1985,38:466.
[35] Ohsumi N,Simamoto R,Tsukagoshi T. Free composite latissimus dorsi muscle-rib flap not containing the intercostals artery and vein for reconstruction of bone and soft-tissue defects[J]. Plast Reconstr Surg,1994,94:372.
[36] Maruyama Y,Urita Y,Ohnishi K. Rib-latissimus dorsi osteomyocutaneous flap in reconstruction of a mandibular defect[J]. Br J Plast Surg,1985,38:234.
[37] Hirase Y,Kojima T,Kinoshita Y,et al. Composite reconstruction for chest wall and scalp using multiple ribs-latissimus dorsi osteomyocutaneous flaps as pedicled and free flaps[J]. Plast Reconstr Surg,1991,187:555.
[38] Schlenker JD,Indresano AT,Raine T,et al. A new flap in the dog containing a vascularized rib graft—the latissimus dorsi myoosteocutaneous flap[J]. J Surg Res,1980,29:172.
[39] Schmidt DR,Robson MC. One-stage composite reconstruction using the latissimus myoosteocutaneous free flap[J]. Am J Surg,1982,144:470.
[40] Yamamoto Y,Sugihara T,Kawashima K,Qi F. An anatomic study of the latissimus dorsi-rib flap:an extension of the subscapular combined flap[J]. Plast Reconstr Surg,1996,98(5):811-816.
[41] Pelissier P,Pistre V,Casoli V,et al. Reconstruction of short lower leg stumps with the osteomusculocutaneous latissimus dorsi-rib flap[J]. Plast Reconstr Surg,2002,109:1013.
[42] Nazerani S,Motabar AR. Reintroducing the latissimus-rib free flap as a long bone substitute in the reconstruction of lower extremity injuries[J]. Med J Islam Rep Iran,2008,22:104.
[43] Seitz,IA,Adler N,Odessey E,et al. Latissimus dorsi/rib intercostals perforator myo-osseocutaneous free flap reconstruction in composite defects of the scalp:case series and review of literature[J]. J Reconstr Microsurg,2009,25:559.
[44] Cipriani R,Contedini F,Santoli M,et al. Abdominal wall transplantation with microsurgical technique[J]. Am J Transplant,2007,7:1304-1307.
[45] Levi DM,Tzakis AG,Kato T,et al. Transplantation of the abdominal wall[J]. Lancet,2003,361:2173-2176.
[46] Agarwal S,Dorafshar AH,Harland RC,et al. Liver and vascularized posterior rectus sheath fascia composite tissue allotransplantation[J]. Am J Transplant,2010,10:2712-2716.
[47] Ninkovic M,Kronberger P,Harpf C,et al. Free innervated latissimus dorsi muscle flap for reconstruction of full-thickness abdominal wall defects[J]. Plast Reconstr Surg,1998,101(4):971-978.
[48] Koshima I,Moriguchi T,Inagawa K,et al. Dynamic reconstruction of the abdominal wall using a reinnervated free rectus femoris muscle transfer[J]. Ann Plast Surg,1999,43(2):199-203.
[49] Koshima I,Nanba Y,Tutsui T,et al. Dynamic reconstruction of large abdominal defects using a free rectus femoris musculocutaneous flap with normal motor function[J]. Ann Plast Surg,2003,50(4):420-424.
[50] Taylor GI,Corlett RJ,Dhar SC,Ashton MW. The anatomical (angiosome) and clinical territories of cutaneous perforating arteries:development of the concept and designing safe flaps[J]. Plast Reconstr Surg,2011,127(4):1447-1459.
[51] Saint-Cyr M,Wong C,Schaverien M,et al. The perforasome theory:vascular anatomy and clinical implications[J]. Plast Reconstr Surg,2009,124:1529-1544.
[52] Earle AS,Feng L-J,Jordan RB. Long saphenous vein grafts as an aid to microsurgical reconstruction of the trunk[J]. J Reconstr Microsurg,1990,6:165.
[53] Reichenberger MA,Harenberg PS,Pelzer M,et al. Arteriovenous loops in microvascular free tissue transfer in reconstruction of central sternal defects[J]. J Thorac Cardiovasc Surg,2010,140(6):1277-1283.
[54] Rozen WM,Tran TMN,Ashton MW,et al. Refining the course of the thoracolumbar nerves:a new understanding of the innervation of the anterior abdominal wall[J]. Clin Anat,2008,21:325-333.

50. 会阴部（含阴道）重建
perineal reconstruction to include vaginal reconstruction

[1] Ninkovic M,Dabernig W. Flap technology for reconstructions of urogenital organs[J]. Curr Opin Urol,2003,13:483.
[2] Lohsiriwat V. Persistent perineal sinus:incidence,pathogenesis,risk factors,and management[J]. Surg Today,2009,39:189.
[3] Nisar PJ,Scott HJ. Myocutaneous flap reconstruction of the pelvis after abdominoperineal excision[J]. Colorectal Dis,2009,11:806.
[4] Butler CE,Gundeslioglu AO,Rodriguez-Bigas MA. Outcomes of immediate vertical rectus abdominis myocutaneous flap reconstruction for irradiated abdominoperineal resection defects[J]. J Am Coll Surg,2008,206:694.
[5] Skipworth RJ,Smith GH,Anderson DN. Secondary perineal hernia following open abdominoperineal excision of the rectum:report of a case and review of the literature[J]. Hernia,2007,11:541.
[6] Buck DW,Khalifeh M,Redett RJ. Plastic surgery repair of abdominal wall and pelvic floor defects[J]. Urol Oncol,2007,25:160.
[7] Shukla HS,Hughes LE. The rectus abdominis flap for perineal wounds[J]. Ann R Coll Surg Engl,1984,66:337.（1984 年，Shukla 最先报道了使用腹直肌皮瓣重建会阴部缺损）
[8] Abbott DE,Halverson AL,Wayne JD,et al. The oblique rectus abdominal myocutaneous flap for complex pelvic wound reconstruction[J]. Dis Colon Rectum,2008,51:1237.
[9] Villa M,Saint-Cyr M,Wong C,et al. Extended vertical rectus abdominis myocutaneous flap for pelvic reconstruction:three-dimensional and four-dimensional computed tomography angiographic perfusion study and clinical outcome analysis[J]. Plast Reconstr Surg,2011,127:200.
[10] Campbell C,Butler CE. Optimizing Surgical Outcome after Complex Reconstruction of Pelvic Cancer Defects with the Vertical Rectus abdominis Myocutaneous Flap. ASPS Annual Scientific Meeting. Vol 126. Toronto,Canada,2010,pp79.
[11] Weiwei L,Zhifei L,Ang Z,et al. Vaginal reconstruction with the musclesparing vertical rectus abdominis myocutaneous flap[J]. J Plast Reconstr Aesthet Surg,2009,62:335.
[12] Baumann DP,Butler CE. Component separation improves outcomes in VRAM flap donor sites with excessive fascial tension[J]. Plast Reconstr Surg,2010,126:1573.
[13] Nelson RA,Butler CE. Surgical outcomes of VRAM versus thigh flaps for immediate reconstruction of pelvic and perineal cancer resection defects[J]. Plast Reconstr Surg,2009,123:175.
[14] McCraw JB,Massey FM,Shanklin KD,et al. Vaginal reconstruction with gracilis myocutaneous flaps[J]. Plast Reconstr Surg,1976,58:176.（1976 年，McCraw 等首先报道使用股薄肌肌皮瓣重建阴道）
[15] Persichetti P,Cogliandro A,Marangi GF,et al. Pelvic and perineal reconstruction following abdominoperineal resection:the role of gracilis flap[J]. Ann Plast Surg,2007,59:168.
[16] Noack N,Spierer R. Uni-and bilateral pedicled muscular gracilis flaps for reconstruction of the scrotum in Fournier's gangrene[J]. Handchir Mikrochir Plast Chir,2009,41(4):248-251.
[17] Furst A,Schmidbauer C,Swol-Ben J,et al. Gracilis transposition for repair of recurrent anovaginal and rectovaginal fistulas in Crohn's disease[J]. Int J Colorectal Dis,2008,23:349.
[18] Ducic I,Dayan JH,Attinger CE,et al. Complex perineal and groin wound reconstruction using the extended dissection technique of the gracilis flap[J]. Plast Reconstr Surg,2008,122:472.
[19] Wee JT,Joseph VT. A new technique of vaginal reconstruction using neurovascular pudendal-thigh flaps:a preliminary report[J]. Plast Reconstr Surg,1989,83:701.（1989 年，Wee and Joseph 首先报道了

使用阴部大腿皮瓣重建阴道）
[20] Woods JE,Alter G,Meland B,et al. Experience with vaginal reconstruction utilizing the modified Singapore flap[J]. Plast Reconstr Surg,1992,90:270.
[21] Gleeson NC,Baile W,Roberts WS,et al. Pudendal thigh fasciocutaneous flaps for vaginal reconstruction in gynecologic oncology[J]. Gynecol Oncol,1994,54:269.
[22] Gleeson N,Baile W,Roberts WS,et al. Surgical and psychosexual outcome following vaginal reconstruction with pelvic exenteration[J]. Eur J Gynaecol Oncol,1994,15:89.
[23] Tham NL,Pan WR,Rozen WM,et al. The pudendal thigh flap for vaginal reconstruction:pptimising flap survival[J]. J Plast Reconstr Aesthet Surg,2009,63:826.
[24] S ong YG,Chen GZ,Song YL. The free thigh flap:a new free flap concept based on the septocutaneous artery[J]. Br J Plast Surg,1984,37:149.
[25] Ng RW,Chan JY,Mok V,et al. Clinical use of a pedicled anterolateral thigh flap[J]. J Plast Reconstr Aesthet Surg,2008,61:158.
[26] Sun BD,Wu M,Shen K,et al. Vulvar form reconstruction in extended radical vulvectomy of vulvar carcinoma[J]. Zhonghua Fu Chan Ke Za Zhi(Chinese),2006,41:540.
[27] Hurwitz DJ,Swartz WM,Mathes SJ. The gluteal thigh flap:a reliable,sensate flap for the closure of buttock and perineal wounds[J]. Plast Reconstr Surg,1981,68:521.
[28] Achauer BM,Braly P,Berman ML,et al. Immediate vaginal reconstruction following resection for malignancy using the gluteal thigh flap[J]. Gynecol Oncol,1984,19:79.（Achauer 等首次报道了以臀下动脉为血供的股后皮瓣重建阴道）
[29] Said HK,Bevers M,Butler CE. Reconstruction of the pelvic floor and perineum with human acellular dermal matrix and thigh flaps following pelvic exenteration[J]. Gynecol Oncol,2007,107:578.
[30] Rosen JM,Mo ST,Liu A. Experience with the island inferior gluteal thigh flap compared with other local flaps for the reconstruction of the pelvic area[J]. Ann Plast Surg,1990,24:498.
[31] Wagstaff MJ,Rozen WM,Whitaker IS,et al. Perineal and posterior vaginal wall reconstruction with superior and inferior gluteal artery perforator flaps[J]. Microsurgery,2009,29:626.
[32] Benito P,Garcia J,De Juan A,et al. Reconstruction of a perianal defect by means of a bilateral V-Y advancement flap based on the perforating arteries of the gluteus maximus shaped over a cicatricial area[J]. J Plast Reconstr Aesthet Surg,2009,62:412.
[33] Di Mauro D,D'Hoore A,Penninckx F,et al. V-Y Bilateral gluteus maximus myocutaneous advancement flap in the reconstruction of large perineal defects after resection of pelvic malignancies[J]. Colorectal Dis,2008,11:508.
[34] Mathes SJ,Nahai F. Reconstructive Surgery:Principles,Anatomy,and Technique,vol 1.St[J]. Louis:Churchill Livingstone and Quality Medical Publishing,1997.
[35] Petrie N,Branagan G,McGuiness C,et al. Reconstruction of the perineum following anorectal cancer excision[J]. Int J Colorectal Dis,2009,24:97.
[36] Sekido M,Yamamoto Y,Sugihara T,et al. Microsurgical reconstruction of chest-and abdominal-wall defects associated with intraperitoneal vessels[J]. J Reconstr Microsurg,1996,12:425.
[37] Clement RW,Young VL,Marsh JL. Use of the greater omentum as a vascular supply for free-flap transfer[J]. Plast Reconstr Surg,1984,74:131.
[38] Koshima I,Nanba Y,Tutsui T,et al. Dynamic reconstruction of large abdominal defects using a free rectus femoris musculocutaneous flap with normal motor function[J]. Ann Plast Surg,2003,50:420.
[39] Penington AJ,Theile DR,MacLeod AM,et al. Free tensor fasciae latae flap reconstruction of defects of the chest and abdominal wall:selection of recipient vessels[J]. Scand J Plast Reconstr Surg Hand Surg,1996,30:299.
[40] Vogt PM,Steinau HU,Spies M,et al. Outcome of simultaneous and staged microvascular free tissue transfer connected to arteriovenous loops in areas lacking recipient vessels[J]. Plast Reconstr Surg,2007,120:1568.
[41] Miles WK,Chang DW,Kroll SS,et al. Reconstruction of large sacral defects following total sacrectomy[J]. Plast Reconstr Surg,2000,105:2387.
[42] Miller MJ,Robb GL. Endoscopic technique for free flap harvesting[J]. Clin Plast Surg,1995,22:755.
[43] Lesavoy MA. Vaginal reconstruction[J]. Urol Clin North Am,1985,12:369.
[44] Cordeiro PG,Pusic AL,Disa JJ. A classification system and reconstructive algorithm for acquired vaginal defects[J]. Plast Reconstr Surg,2002,110:1058.
[45] Emiroglu M,Gultan SM,Adanali G,et al. Vaginal reconstruction with free jejunal flap[J]. Ann Plast Surg,1996,36:316.

51. 阴茎阴囊重建
penoscrotal reconstruction

[1] Jordan GH,Gilbert DA,Devine CJ Jr. Penile reconstruction following Mohs' micrographic surgery. Presented at American Urological Association 86th annual meeting,Toronto,Ontario,June 3,1991.
[2] Muecke EC. Exstrophy,epispadias and other anomalies of the bladder. In Harrison JH,Gittes RF,Perlmutter AD,et al(eds). Campbell's Urology,vol 2[M].4th ed. Philadelphia:WB Saunders,1979,pp1443-1468.
[3] Mitchell ME,Bägli DJ. Complete penile disassembly for epispadias repair:the Mitchell technique[J]. J Urol,1996,155(1):300-304.
[4] Perovic S,Scepanovic D,Sremcevic D,Vukadinovic V. Epispadias surgery Belgrade experience[J]. Br J Urol,1992,70:647.
[5] Dewan PA. Umbilical transposition in neonates with bladder exstrophy[J]. Br J Urol,1995,76(6):797-799.
[6] Feyaerts A,Mure PY,Jules JA,et al. Umbilical reconstruction in patients with exstrophy:the kangaroo pouch technique[J]. J Urol,2001,165(6 Pt 1):2026-2027;discussion 2028.
[7] Lee PA,Houk CP,Ahmed SF,Hughes IA. Consensus statement on management of intersex disorders. International Consensus Conference on Intersex[J]. Pediatrics,2006,118(2):e488-e500.
[8] Eke N. Fournier's gangrene:a review of 1726 cases[J]. Br J Surg,2000,87:718.
[9] Vick R,Carson C. Fournier's disease[J]. Urol Clin North Am,1999,26:841.
[10] Monstrey S. Personal communication.2010.
[11] McAninch JW. Management of genital skin loss[J]. Urol Clin North Am,1989,16:387.
[12] McCraw JB,Arnold PG,eds. Atlas of Muscle and Musculocutaneous Flaps[M]. Norfolk,VA,Hampton Press,1986,pp389-421.
[13] Monstrey S,Hoebeke P,Selvaggi G,et al. Penile reconstruction:is the radial forearm flap really the standard technique?[J]. Plast Reconstr Surg,2009,124:510-518.（来自比利时根特大学医院整形外科的 Monstrey S 等人综述了前臂桡侧皮瓣是阴茎重建最常用的皮瓣，被普遍认为是标准技术。作者描述了同一手术团队迄今为止最大的 287 例前臂桡侧皮瓣成形术，严格评估这种假定的标准技术能够在阴茎重建中达到理想目标的程度）
[14] Orticochea M. A new method of total reconstruction of the penis[J]. Br J Plast Surg,1972,25:347.
[15] Horton CE,McCraw JB,Devine CJ,et al. Secondary reconstruction of the genital area[J]. Urol Clin North Am,1977,4:133-141.
[16] Santanelli F,Scuderi N. Neophalloplasty in female-to-male transsexuals with the island tensor fasciae latae flap[J]. Plast Reconstr Surg,2000,105:1990.
[17] McGregor IA,Jackson IT. The groin flap[J]. Br J Plast Surg,1972,25:3.
[18] Sun G,Huang J. One-stage reconstruction of the penis with composite iliac crest and lateral groin skin flap[J]. Ann Plast Surg,1985,15:519.（北京整形外科医院和中国医学科学院的 Sun GC 和 Huang JJ 提出了一种髂嵴-腹股沟外侧皮瓣一期修复阴茎成形术的新方法。该方法以旋髂浅动脉及其伴行静脉为基础，设计了一种包括腹股沟外侧皮瓣和髂嵴骨全长的复合皮瓣。尿道由两种皮瓣之一构成。当阴囊隔区皮肤良好无毛、尿道口位于耻骨联合处时，可采用阴囊隔皮瓣。当阴囊皮肤不能使用，尿道口位于阴囊或会阴时，可选择腹壁浅下血管岛状皮瓣）
[19] Sun GC,Zhong AG,He W,et al. Reconstruction of the external genitals and repair of skin defects of the perineal region using three types of lateral groin Flap[J]. Ann Plast Surg,1990,24:328.
[20] Akoz T,Kargi E. Phalloplasty in female-to-male transsexual using a double pedicle composite groin flap[J]. Ann Plast Surg,2002,48:423.
[21] Ustuner TE,Mutaf M,Sensoz O. Anteromedial thigh:a source for phallic reconstruction[J]. Ann Plast Surg,1994,32:426.
[22] Cheng KX,Hwang WY,Eid AE,et al. Analysis of 136 cases of reconstructed penis using various methods[J]. Plast Reconstr Surg,1995,95:1070.
[23] Maltz M. Maltz reparative technic for the penis. In Maltz M :Evolution of Plastic Surgery[M]. New York,Froben Press,1946,pp278-279.
[24] Gillies H,Millard DR Jr. The Principles and Art of Plastic Surgery,vol. 2. London,Butterworth,1957, pp368-384.
[25] Woods JE,Alter G,Meland B,Podratz K. Experience with vaginal reconstruction utilizing the modified "Singapore" flap[J]. Plast Reconstr Surg,1992,90:270.
[26] Martius H,McCall J,Bolster KA,eds. Operative Gynecology. Boston,Little,Brown,1956.
[27] Monstrey S,Blondeel P,VanLanduyt K,et al. The versatility of the pudendal thigh fasciocutaneous flap used as an island flap[J]. Plast Reconstr Surg,2001,107:19.
[28] Levine JL,Miller Q,Vasile J,et al. Simultaneous bilateral breast reconstruction with in-the-crease inferior gluteal artery perforator flaps[J]. Ann Plast Surg,2009,63(3):249-254.
[29] Yii NW,Niranjan NS. Lotus petal flaps in vulvo-vaginal reconstruction[J]. Br J Plast Surg,1996,49(8):547-554.
[30] Hage JJ,Winters HA,Van Lieshout J. Fibula free flap phalloplasty:modifications and recommendations[J]. Microsurgery,1996,17:358-365.
[31] Song R,Gao Y,Song Y,et al. The forearm flap[J]. Clin Plast Surg,1982,9(1):21-26.
[32] Cheng KX,Hwang WY,Eid AE,et al. Analysis of 136 cases of reconstructed penis using various methods[J]. Plast Reconstr Surg,1995,95(6):1070-1080.
[33] Harashima T,Ionque T,Tanaka I,et al. Reconstruction of penis with free deltoid flap[J]. Br J Plast Surg,1990,43:217-222.
[34] Hage JJ,De Graaf FH. Addressing the ideal requirements by free flap phalloplasty:some reflections on refinements of technique[J]. Microsurgery,1993,14:592-598.
[35] Sadove RC,Sengezer M,McRobert JW,Wells MD. One-stage total penile reconstruction with a free sensate osteocutaneous fibula flap[J]. Plast Reconstr Surg,1993,92(7):1314-1325.
[36] Santanelli F,Scuderi N. Neophalloplasty in female-to-male transsexuals with the island tensor fascia lata flap[J]. Plast Reconstr Surg,2000,105(6):1990-1996.
[37] Felici N,Felici A. A new phalloplasty technique:the free anterolateral thigh flap phalloplasty[J]. J Plast Reconstr Aesthet Surg,2006,59:153-157.
[38] Ceulemans P. The pedicled antero-lateral thigh(ALT) perforator flap:a new technique for phallic reconstruction. XIX Biennial Symposium of the Harry Benjamin International Gender Dysphoria (HBIGDA) Association,Bologna,Italy,April 2005.
[39] Suominen S. Personal communication,1994.
[40] Sinove Y1,Kyriopoulos E,Ceulemans P,Houtmeyers P,Hoebeke P,Monstrey S. Preoperative planning of a pedicled anterolateral thigh(ALT) flap for penile reconstruction with the multidetector CT scan[J]. Handchir Mikrochir Plast Chir,2013,45(4):217-222. doi:10.1055/s-0032-1333271. Epub 2013 Mar 6.
[41] Tamai S,Nakamura Y,Motomiya Y. Microsurgical replantation of a completely amputated penis and scrotum[J]. Plast Reconstr Surg,1977,60:287.
[42] Gilbert DA,Horton CE,Terzis JK,et al. New concept in phallic reconstruction[J]. Ann Plast Surg,1987,18(2):128-136.
[43] Chang TS,Hwang WY. Forearm flap in one stage reconstruction of the penis[J]. Plast Reconstr Surg,1984,74(2):251-258.
[44] Gilbert DA,Horton CE,Terzis JK,et al. New concept in phallic reconstruction[J]. Ann Plast Surg,1987,18(2):128-136.
[45] Fang RH,Kao YS,Ma S,Lin JT. Phalloplasty in female-to-male transsexuals using free radial osteocutaneous flap:a series of 22 cases[J]. Br J Plast Surg,1999,52(3):217-222.
[46] Hage JJ,Winters HA,Kuiper IA. The super-thin peritoneum free flap:not to be used for urethra reconstruction[J]. Plast Reconstr Surg,1997,100(6):1613-1614.
[47] Weyers S,Selvaggi G,Monstrey S,et al. Two-stage versus one-stage sex reassignment surgery in female-to-male transsexual individuals[J]. Gynaecol Surg,2006,3:190-194.
[48] Hage JJ,Winters HA,Van Lieshout J. Fibula free flap phalloplasty:modifications and recommendations[J]. Microsurgery,1996,17:358-365.
[49] De Cuypere G,T'Sjoen G,Beerten R,et al. Sexual and physical health after sex reassignment surgery[J]. Arch Sex Behav,2005,36:679-690.
[50] Hage JJ,Bout CA,Bloem JJ,Megens JA. Phalloplasty in female-to-male transsexuals:what do our patients as for? [J].Ann Plast Surg,1993,30:323-326.
[51] Walton RL,Hurwitz DJ,Bunkis J. Gluteal thigh flap for reconstruction of perineal defects// In Strauch B,Vasconez LO,Hall-Findlay EJ(eds). Grabb's Encyclopedia of Flaps[M].2nd ed. Philadelphia,Lippincott-Raven,1998,pp1499.
[52] Felici N,Felici A. A new phalloplasty technique:the free anterolateral thigh flap phalloplasty[J]. J Plast Reconstr Aesthet Surg,2006,59:153-157.
[53] Matti B,Matthews R,Davies D. Phalloplasty using the free radial forearm flap[J]. Br J Plast Surg,1988,41:160-164.
[54] Hoebeke P,Selvaggi G,Ceulemans P,et al. Impact of sex reassignment surgery on lower urinary tract function[J]. Eur Urol,2005,47:398-402.
[55] Selvaggi G,Monstrey S,Hoebeke P,et al. Donor site morbidity of the radial forearm free flap after 125 phalloplasties in gender identity disorder[J]. Plast Reconstr Surg,2007,118:1171-1177.
[56] Hoebeke P,De Cuypere G,Ceulemans P,Monstrey S. Obtaining rigidity in total phalloplasty:experience with 35 patients[J]. J Urol,2003,169:221-223.
[57] Perovic SV,Djordjevic ML. Metaidoioplasty:a variant of phalloplasty in female transsexuals[J]. BJU Int,2003,92(9):981-985.
[58] Hage JJ,van Turnhout AA. Long-term outcome of metaidoioplasty in 70 female-to-male transsexuals[J]. Ann Plast Surg,2006,57(3):312-316.
[59] Duckett JW Jr. Transverse preputial island flap technique for repair of severe hypospadias[J]. Urol Clin North Am,1980,7(2):423-430.
[60] Laub DR,Eicher W,Laub DR II,Hentz VR. Penis construction in female-to-male transsexuals. In Eicher W(ed):Plastic Surgery in the Sexually Handicapped[M]. Berlin,Springer,1989,pp113-128.

[61] Biemer E. Bedeutung und Fortschritte der chirurgischen Geslechtsumwandlung[J]. Münch Med Wochenschr,1988,130:480-482.
[62] Koshima I,Tai T,Yamasaki M. One-stage reconstruction of the penis using an innervated radial forearm osteocutaneous flap[J]. J Reconstr. Microsurgery,1986,3:19-26.
[63] Hoebeke PB,Decaestecker K,Beysens M,et al. Erectile implants in female-to-male transsexuals:our experience in 129 patients[J]. Eur Urol,2009,57(2):334-340.

52. 阴茎再植
penile replantation

[1] Bhanganada K,Chayavatana T,Pongnumkul C,et al. Surgical management of an epidemic of penile amputation in Siam[J]. Am J Surg,1983,146:376-382.
[2] Ehrich WS. Two unusual penile injuries[J]. J Urol,1929,21:239-241.（Ehrich 在 1929 年首先报道了一例创伤性阴茎部分离断的病例（阴茎海绵体和尿道离断，皮肤剥脱，仅部分皮桥相连）；通过修复海绵体和尿道，阴囊的皮肤用于覆盖阴茎。最后离断阴茎存活，而且恢复排尿和射精功能）
[3] Young HH. Wounds of the urogenital tract in modern warfare[J]. J Urol,1942,47:59-108.
[4] Dodson AI. Urological Surgery[M]. St Louis,CV Mosby,1944,pp613.（Dodson 在 1944 年报道了仅通过缝合皮肤获得阴茎龟头离断存活的病例）
[5] Price KA. Accidental transaction of all corpora of the penis:repair with good results. J Urol,1952,68:620-622.
[6] Lloyd FA. War injuries of the genitourinary organs:injuries of the penis[J]. Q Bull Northwest Univ Med School,1957,31:378-382.
[7] Galleher EP Jr,Kiser WS. Injuries of the corpus cavernosum[J]. J Urol,1962,85:949-952.
[8] Best JW,Angelo JJ,Milligan B. Complete traumatic amputation of the penis[J]. J Urol,1962,87:134-138.
[9] McRoberts JW,Chapman WC,Ansell JS. Primary anastomosis of the traumatically amputated penis:case report and summary of the literature[J]. J Urol,1968,100:751-754.
[10] Park JK,Min JK,Kim HJ. Reimplantation of an amputated penis in prepubertal boys[J]. J Urol,2001,165:586-587.
[11] Aydin A,Aslan A,Tuncer S. Penile amputation due to circumcision and replantation[J].(Letter to Editor) Plast Reconstr Surg,2002,110:707-708.
[12] Tamai S,Nakamura Y,Motomiya Y. Microsurgical replantation of a completely amputated penis[J]. Plast Reconstr Surg,1977,60:287-291.（1977 年 Tamai、Cohen 等分别首次报道了通过显微外科技术成功再植完全离断的阴茎）
[13] Cohen BE,May JW,Daly JSF,Young HH II. Successful clinical replantation of an amputated penis by microneurovascular repair[J]. Plast Reconstr Surg,1977,59:276-280.（1977 年 Cohen、Tamai 等分别首次报道了通过显微外科技术成功再植完全离断的阴茎）
[14] Baumeister RG,Brandl H,Chaussey C,Schilling A. Mikro-chirurgische penisreplantation nac selbstverstummenlung[J]. Urologe（A),1985,22:235-237.
[15] Carroll PR,Lue TF,Schmidt RA,et al. Penile replantation:current concepts[J]. J Urol,1985,133:281-285.
[16] Chollet D,Rheiner P. Amputation du penis:deux methodes reconstructives[J]. Helv Chir Acta,1983,50: 247-252.
[17] Einarsson G,Goldstein M,Laungani G. Penile replantation[J]. Urology,1983,22:404-405.
[18] Frey M. Successful replantation of a completely amputated penis[J]. Int J Microsurg,1980,2:173-176.
[19] Hamann F,Sabri W,Melchoir H. [Penis replantation following autoamputation][J]. Z Urol Nephrol,1983,76:361-367.
[20] Henriksson TG,Hahne B,Hakeius L,et al. Microsurgical replantation of an amputated penis[J]. Scand J Urol Nephrol,1980,14:111-114.
[21] Heymann AD,Bell-Thompson J,Rathod DM,Heller LE. Successful reimplantation of the penis using microvascular techniques[J]. J Urol,1977,118:879-880.
[22] Strauch B,Sharzer LA,Petro J,Greenstein B. Replantation of amputated parts of the penis,nose,ear and scalp[J]. Clin Plast Surg,1977,10:115-124.
[23] Wei FC,McKee KH,Huerta FJ,Robinette MA. Microsurgical replantation of a completely amputated penis[J]. Ann Plast Surg,1983,10:317-320.
[24] Yamano Y,Tanaka H. Replantation of a completely amputated penis by microsurgical technique:a case report[J]. Microsurgery,1984,5:40-43.
[25] Kitmanee M. Penile replantation:update. Presented at IX International Congress of Plastic and Reconstructive Surgery,New Delhi,India,March 3,1987.
[26] Sanger JR,Matloub HS,Yousif NJ,Begun FP. Penile replantation after self-inflicted amputation[J]. Ann Plast Surg,1992,29:579-584.
[27] Wells MD,Boyd JB,Bulbul MA. Penile replantation[J]. Ann Plast Surg,1991,26:577-581.
[28] Becker M,Hofner K,Lassner F,et al. Replantation of the complete external genitals[J]. Plast Reconstr Surg,1997,99:1165-1168.
[29] Zenn MR,Carson CC III,Patel MP. Replantation of the penis:patient report[J]. Ann Plast Surg,2000,44: 214-220.
[30] Matloub,HS,Yousif NJ,Sanger JR. Case Report:Temporary ectopic implantation of an amputated penis[J]. Plast Reconstr Surg,1994,93:408-412.
[31] Ching W-C,Liao H-T,Ulusal BG,et al. Salvage of a complicated penis replantation using bipedicaled scrotal flap following a prolonged ischemia time[J]. J Plast Reconstr Aesthet Surg,2010,63:e639-e643.
[32] Hashem FK,Ahmed S,A-Malaq AA,AbuDaia JM. Successful replantation of penis (post-circumcision) complicated by prolonged ischemia[J]. Br J Plast Surg,1999,52:308-310.
[33] Breza J,Aboseif SR,Orvis BR,et al. Detailed anatomy of penile neurovascular structures:surgical significance[J]. J Urol,1989,141:437-443.
[34] Yachia D. Surgical anatomy of the penis and scrotum. In Text Atlas of Penile Surgery. London,UK,Informa Healthcare,2007,pp1-9.
[35] Carrera A,Gil-Vernet,Forcada P,et al. Arteries of the scrotum:a microvascular study and its application to urethral reconstruction with scrotal flaps[J]. BJU Int,2008,103:820-824.
[36] Lin C-H,Wei F-C,Chen C-T,et al. Microsurgical tissue transplantation or replantation in patients with psychoneurological impairment[J]. Plast Reconstr Surg,2001,108:1211-1217.
[37] Fan J,Eriksson M,Rosenlund AF,Nordstrom RE. An unusually avulsed penis successfully replanted by using microsurgical technique[J]. Plast Reconstr Surg,1996,98:571-573.
[38] Liu Y-P,Tang H-P,Yang Z-X,Pan D-D. Replantation of avulsed penoscrotal skin[J]. Plast Reconstr Surg,2001,107:1800-1802.
[39] Ozkan S,Gurpinar T. A serious circumcision complication:penile shaft amputation and a new reattachment technique with a successful outcome[J]. J Urol,1997,158:1946-1947.
[40] Silber SJ. Microsurgery of the male genitalia. In Silber SJ(ed). Microsurgery. Baltimore,Williams and Wilkins,1979,pp303.
[41] Volkmer BG,Maier S. Case report:successful penile replantation following autoamputation:twice![J]. In J Impot Res,2002,14:197-198.
[42] Mineo M,Jolley T,Rodriguez G. Leech therapy in penile replantation:a case of recurrent penile self-amputation[J]. Urology,2004,63:981-983.
[43] Harris,DD,Beaghler MA,Stewart SC,et al. Use of a subcutaneous tunnel following replantation of an amputated penis[J]. Urology,1996,48:628-630.
[44] Pantuck AJ,Lobis MR,Ciocca R,Weiss RE. Penile replantation using the leech Hirudo Medicinalis[J]. Urology,1996,48:953-956.
[45] Tuerk M,Weir WH Jr. Successful replantation of a traumatically amputated glans penis[J]. Plast Reconstr Surg,1971,48:499-500

53. 淋巴静脉吻合治疗淋巴水肿
lymphaticovenular anastomosis for lymphedema

[1] O'Brien BM,Chait LA,Hurwitz PJ. Microlymphatic surgery[J]. Orthop Clin North Am,1977,8:405-424.
[2] O'Brien BM,Sykes PJ,Threlfall GN,Browning FSC. Microlymphaticovenous anastomoses for obstructive lymphedema[J]. Plast Reconstr Surg,1977,60:197-211.（显微淋巴手术看起来是治疗阻塞性淋巴水肿的一种值得尝试的方法）
[3] O'Brien BM,Mellow CG,Khazanchi RK,et al. Long-term results after microlymphaticovenous anastomoses for the treatment of obstructive lymphedema[J]. Plast Reconstr Surg,1990,85:562-572.（来自圣文森特医院显微外科研究中心的 O'Brien BM 等人，证明显微淋巴静脉吻合术在阻塞性淋巴水肿的治疗中具有重要的地位）
[4] Huang GK,Hu RQ,Liu ZZ,et al. Microlymphaticovenous anastomosis in the treatment of lower limb obstructive lymphedema:analysis of 91 cases[J]. Plast Reconstr Surg,1985,76:671-677.
[5] Campisi C. Use of autologous interposition vein graft in management of lymphedema:Preliminary experimental and clinical observations[J]. Lymphology,1991,24:71-76.
[6] Koshima I,Soeda S,Moriguchi T,et al. The use of arteriovenous anastomosis for replantation of the distal phalanx of the fingers[J]. Plast Reconstr Surg,1992,89:710-714.
[7] Koshima I,Inagawa K,Urushibara K,Moriguchi T. Paraumbilical perforator flap without deep inferior epigastric vessels[J]. Plast Reconstr Surg,1998,102:1052-1057.
[8] Koshima I,Urushibara K,Inagawa K,et al. Free medial plantar perforator flaps for the resurfacing of plantar and foot defects[J]. Plast Reconstr Surg,2001,107:1753-1757.
[9] Koshima I,Kawada S,Moriguchi T,Kajiwara Y. Ultrastructural observation of lymphatic vessels in lymphedema in human extremities[J]. Plast Reconstr Surg,1996,97:397-405.（日本冈山县川崎医学院整形外科 Koshima 等人对分别接受了上肢与下肢显微外科淋巴管静脉吻合术的患者进行随访中发现，淋巴干的阻塞和平滑肌细胞的退化可能始于四肢的近端，但阻塞的时间和平滑肌细胞的退化可能与水肿的持续时间不符，提示术后改善与术前水肿持续时间和上肢或下肢的周长无关，而与剩余的具有平滑肌细胞的淋巴引流功能有关）
[10] Koshima I,Inagawa K,Urushibara K,Moriguchi T. Supermicrosurgical lymphaticovenular anastomosis for the treatment of lymphedema in the upper extremities[J]. J Reconstr Microsurg,2000,16:437-442.[在过去的 8 年中，作者对总共 27 名女性的单侧上肢阻塞性淋巴水肿进行了分析，比较了超显微淋巴管吻合术和（或）保守治疗的使用情况。结果表明，术后包扎的超微淋巴管静脉吻合术在阻塞性淋巴水肿的治疗中具有重要的地位]
[11] Koshima I,Nanba Y,Tsutsui T,et al. Long-term follow-up after lymphaticovenular anastomosis for lymphedema in the legs[J]. J Reconstr Microsurg,2003,19:209-215.
[12] Koshima I,Nanba Y,Tsutsui T,et al. Minimal invasive lymphaticovenular anastomosis under local anesthesia for leg lymphedema. Is it effective for stage III and IV?[J]. Ann Plast Surg,2004,53:1-6.
[13] Campisi C,Boccardo F,Zilli A,et al. Long-term results after lymphaticvenous anastomoses for the treatment of obstructive lymphedema[J]. Microsurgery,2001,21:135-139.（在过去的 25 年中，已经对 665 例阻塞性淋巴水肿患者进行了显微外科淋巴静脉吻合术治疗。其中，有 446 位患者可以进行长期随访研究。这些长期结果表明，淋巴静脉吻合术在阻塞性淋巴水肿的治疗中占有一席之地，应该成为对非手术治疗反应不足的患者的首选治疗方法。由于早期转诊的患者通常淋巴结改变较少，因此可以预期通过早期手术获得更好的结果）

54. 淋巴结移植治疗淋巴水肿
lymph node transfer for lymphedema

[1] Lawenda BD,Mondry TE,Johnstone PA. Lymphedema:a primer on the identification and management of a chronic condition in oncologic treatment[J]. CA Cancer J Clin,2009,59(1):8-24.（在美国，有超过 300 万的淋巴水肿患者）
[2] Lin CH,Ali R,Chen SC,et al. Vascularized groin lymph node transfer using the wrist as a recipient site for management of postmastectomy upper extremity lymphedema[J]. Plast Reconstr Surg,2009,123(4):1265-1275.（乳腺切除术后上肢淋巴水肿在乳腺癌患者中的发生率为 16%~39%，在接受了化疗和腋窝淋巴结清扫的患者中更为普遍）
[3] Hadamitzky C,Pabst R. Acquired lymphedema:an urgent need for adequate animal models[J]. Cancer Res,2008,68(2):343-345.
[4] Christenson JT,Shawa NJ,Hamad MM,Al-Hassan HK. The relationship between subcutaneous tissue pressures and intramuscular pressures in normal and edematous legs[J]. Microcirc Endothelium Lymphatics,1985,2(4):367-384.
[5] Qvarfordt P,Christenson JT,Eklöf B,et al. Intramuscular pressure,venous function and muscle blood flow in patients with lymphedema of the leg[J]. Lymphology,1983,16(3):139-142.
[6] Thompson N. The surgical treatment of chronic lymphoedema of the extremities[J]. Surg Clin North Am,1967,47(2):445-503.
[7] Kissin MW,Querci della Rovere G,Easton D,Westbury G. Risk of lymphoedema following the treatment of breast cancer[J]. Br J Surg,1986,73(7):580-584.
[8] Engel J,Kerr J,Schlesinger-Raab A,et al. Axilla surgery severely affects quality of life:results of a 5-year prospective study in breast cancer patients[J]. Breast Cancer Res Treat,2003,79(1):47-57.
[9] Rönkä RH,Pamilo MS,von Smitten KA,Leidenius MH. Breast lymphedema after breast conserving treatment[J]. Acta Oncol,2004,43(6):551-557.
[10] Meek AG. Breast radiotherapy and lymphedema[J]. Cancer 1998;83 (12 suppl American):2788-2797.
[11] Ryan M,Stainton MC,Slaytor EK,et al. Aetiology and prevalence of lower limb lymphoedema following treatment for gynaecological cancer[J]. Aust N Z J Obstet Gynaecol,2003,43(2):148-151.
[12] Chatani M,Nose T,Masaki N,Inoue T. Adjuvant radiotherapy after radical hysterectomy of the cervical cancer. Prognostic factors and complications[J]. Strahlenther Onkol,1998,174(10):504-509.
[13] Pilepich MV,Asbell SO,Mulholland GS,Pajak T. Surgical staging in carcinoma of the prostate:the RTOG experience. Radiation Therapy Oncology Group[J]. Prostate,1984,5(5):471-476.
[14] Wrone DA,Tanabe KK,Cosimi AB,et al. Lymphedema after sentinel lymph node biopsy for cutaneous melanoma:a report of 5 cases[J]. Arch Dermato,2000,136(4):511-514.
[15] Starritt EC,Joseph D,McKinnon JG,et al. Lymphedema after complete axillary node dissection for melanoma:assessment using a new,objective definition[J]. Ann Surg,2004,240(5):866-874.
[16] Sabel MS,Griffith KA,Arora A,et al. Inguinal node dissection for melanoma in the era of sentinel lymph node biopsy[J]. Surgery,2007,41(6):728-735.
[17] Brennan MJ,Weitz J. Lymphedema 30 years after radical mastectomy[J]. Am J Phys Med Rehabil,1992,71(1):12-14.

[18] Gosk J,Rutowski R,Urban M,et al. Brachial plexus injuries after radiotherapy—analysis of 6 cases. Folia Neuropathol,2007,45(1):31-35.
[19] Stanton AW,Mellor RH,Cook GJ,et al. Impairment of lymph drainage in subfascial compartment of forearm in breast cancer-related lymphedema. Lymphat Res Biol,2003,1(2):121-132.
[20] Kramer EL. Lymphoscintigraphy:defining a clinical role[J]. Lymphat Res Biol,2004,2(1):32-37.
[21] Ter SE,Alavi A,Kim CK,Merli G. Lymphoscintigraphy. A reliable test for the diagnosis of lymphedema[J]. Clin Nucl Med,1993,18(8):646-654.
[22] Gerber L,Lampert M,Wood C,et al. Comparison of pain,motion,and edema after modified radical mastectomy vs. local excision with axillary dissection and radiation[J]. Breast Cancer Res Treat,1992,21(2):139-145.
[23] Miller GE,Seale J. Lymphatic clearance during compressive loading[J]. Lymphology,1981,14(4):161-166.
[24] McNeely ML,Magee DJ,Lees AW,et al. The addition of manual lymph drainage to compression therapy for breast cancer related lymphedema:a randomized controlled trial[J]. Breast Cancer Res Treat,2004,86(2):95-106.
[25] Kligman L,Wong RK,Johnston M,Laetsch NS. The treatment of lymphedema related to breast cancer:a systematic review and evidence summary[J]. Support Care Cancer,2004,12(6):421-431.
[26] Dumanian GA,Futrell JW. Radical excision and delayed reconstruction of a lymphedematous leg with a 15 year follow-up[J]. Lymphology,1996,29(1):20-24.
[27] Karri V,Yang MC,Lee IJ,et al. Optimizing outcome of Charles procedure for chronic lower extremity lymphoedema[J]. Ann Plast Surg,2010,66(4):393-402.
[28] Qi F,Yang Y,Gu J,Shi Y. Long-term follow-up of the treatment of lower limb lymphedema with liposuction[J]. Plast Reconstr Surg,2009,123(2):86e-87e.
[29] Nielubowicz J. Olszewski W,Sokolowski J. Surgical lymphovenous shunts[J]. J Cardiovasc Surg (Torino),1968,9(3):262-267.
[30] Yamamoto Y,Horiuchi K,Sasaki S,et al. Follow-up study of upper limb lymphedema patients treated by microsurgical lymphaticovenous implantation(MLVI) combined with compression therapy[J]. Microsurgery,2003,23(1):21-26.
[31] Puckett CL. Microlymphatic surgery for lymphedema[J]. Clin Plast Surg,1983,10(1):133-138.
[32] Gilbert A,O'Brien BM,Vorrath JW,Sykes PJ. Lymphaticovenous anastomosis by microvascular technique[J]. Br J Plast Surg,1976,29(4):355-360.
[33] Koshima I,Inagawa K,Urushibara K,Moriguchi T. Supermicrosurgical lymphaticovenular anastomosis for the treatment of lymphedema in the upper extremities[J]. J Reconstr Microsurg,2000,16(6):437-442.
[34] Koshima I,Nanba Y,Tsutsui T,et al. Long-term follow-up after lymphaticovenular anastomosis for lymphedema in the leg[J]. J Reconstr Microsurg,2003,19(4):209-215.
[35] Chang DW. Lymphaticovenular bypass for lymphedema management in breast cancer patients:a prospective study[J]. Plast Reconstr Surg,2010,126(3):752-758.
[36] Cheng J. Discussion:lymphaticovenular bypass for lymphedema management in breast cancer patients:a prospective study[J]. Plast Reconstr Surg,2010,126(3):759-761.
[37] Slavin SA,Van den Abbeele AD,Losken A,et al. Return of lymphatic function after flap transfer for acute lymphedema[J]. Ann Surg,1999,229(3):421-427.
[38] Chen HC,Pribaz JJ,O'Brien BM,et al. Creation of distal canine limb lymphedema[J]. Plast Reconstr Surg 1989;83(6):1022-1026.
[39] Chen HC,O'Brien BM,Rogers IW,et al. Lymph node transfer for the treatment of obstructive lymphoedema in the canine model[J]. Br J Plast Surg,1990,43(5):578-586.（Chen 在 1990 年首先在犬模型上报道了吻合血管的腹股沟淋巴结移植）
[40] Becker C,Assouad J,Riquet M,Hidden G. Postmastectomy lymphedema:long-term results following microsurgical lymph node transplantation[J]. Ann Surg,2006,243(3):313-315.（Becker 等也报道了使用腹股沟淋巴结移植治疗乳腺切除术后上肢淋巴水肿获得显著疗效的病例）
[41] Cheng MH,Chen SC,Steven LH,Tan BK Tan,Lin CY,Huang JJ. Vascularized groin lymph node flap transfer for postmastectomy upper limb lymphedema:flap anatomy,recipient sites,and outcomes[J]. Plast Reconstr Surg,2013,131(6):1286-1298.
[42] Tobbia D,Semple J,Baker A,et al. Experimental assessment of autologous lymph node transplantation as treatment of postsurgical lymphedema[J]. Plast Reconstr Surg,2009,124(3):777-786.
[43] Becker C,Hidden G. Transfer of free lymphatic flaps. Microsurgery and anatomical study[J]. J Mal Vasc,1988,13(2):119-122.
[44] Martin D,Pascal JF,Baudet J,et al. The submental island flap:a new donor site. Anatomy and clinical applications as a free or pedicled flap[J]. Plast Reconstr Surg,1993,92(5):867-873.
[45] Ishihara T,Igata T,Masuguchi S,et al. Submental perforator flap:location and number of submental perforating vessels[J]. Scand J Plast Reconstr Surg Hand Surg,2008,42(3):127-131.
[46] Magden O,Edizer M,Tayfur V,Atabey A. Anatomic study of the vasculature of the submental artery flap[J]. Plast Reconstr Surg,2004,114(7):1719-1723.
[47] Cheng MH,Huang JJ,Nguyen DH,Saint-Cyr M,Zenn MR,Tan BK,Lee CL. A novel approach to the treatment of lower extremity lymphedema by transferring a vascularized submental lymph node flap to the ankle[J]. Gynecol Oncol,2012,126(1):93-98.
[48] Tassinari J,Orlandino G,Fabrizio T,Calabrese L. Submental flap in facial reconstructive surgery:long-term casuistry revision[J]. Plast Reconstr Surg,2010,126(3):139e-140e.
[49] Nakajima E,Nakajima R,Tsukamoto S,et al. Omental transposition for lymphedema after a breast cancer resection:report of a case[J]. Surg Today,2006,36(2):175-179.
[50] Goldsmith HS. Long term evaluation of omental transposition for chronic lymphedema[J]. Ann Surg,1974,180(6):847-849.
[51] Goldsmith HS,De los Santos R,Beattie EJ Jr. Relief of chronic lymphedema by omental transposition[J]. Ann Surg,1967,166(4):573-585.
[52] Mellor RH,Stanton AW,Menadue L,et al. Evidence for dermal angiogenesis in breast cancer related lymphedema demonstrated using dualsite fluorescence angiography[J]. Microcirculation, 2002,9(3):207-219.

四、上肢
Upper Limb

55. 断指再植
digital replantation

[1] Jacobson JH,Suarez EL. Microsurgery in anastomosis of small vessels[J]. Surg Forum ,1960,11:243.（自 1960 年 Ja-cobson 和 Suarez 介绍了在显微镜下进行微血管吻合技术之后，关于显微外科的实验研究在世界范围内开展）
[2] Malt RA,Mckhann C. Replantation of severed arms[J]. JAMA ,1964,189:716.（世界第一例成功断肢再植是 Malt 和 McKhann 在 1962 年完成）
[3] Inoue T,Toyoshima Y,Fukusumi H. et al. Factors necessary for successful replantation of upper extremities[J]. Ann Surg,1967,165:225.（Inoue、Chen 等分别和他们的同事们在 1963 年完成了断手再植）
[4] Chen ZW,Chien YC,Boa YBL. Salvage of the forearm following complete traumatic amputation. report of a case[J]. Chin MedJ,1963,82:632.（Chen 等和 Inoue 等分别和他们的同事们在 1963 年完成了断手再植）
[5] Kleinert HE,Kasdan ML. Anastomosis of digital vessels[J]. J Ky Med Assoc,1965,63:106.（关于断指再植，Kleinert 和 Kasdan 在 1962 年成功实施了一例不完全离断拇指离断的血运重建）
[6] Komatsu S,Tamai S. Successful replantation of a completely cut off thumb[J]. Plast Reconstr Surg,1968,42:374.（Komatsu 和 Tamai 在 1965 年完成了世界第一例拇指掌指关节水平的断指再植）
[7] Tamai S. History of microsurgery-from the beginning until the end of the 1970s[J]. Microsurgery,1993,14:6.
[8] Kleinert HE,Jablon M,Tsai TM. An overview of replantation and result of 347 replants in 245 patients[J]. J Trau-ma,1980,20:390.
[9] Tamai S. Twenty years' experience of limb replantation:review of 293 upper extremity replants[J]. J Hand Surg,1982,7:549.
[10] Morrison WA,O'Brien MC,MacLeod AM. Digital replantation and revascularization. A long term review of one hundred cases[J]. Hand,1978,10:125.
[11] Weiland AJ,Baskin KB. Philosophy of replantation 1976-1990[J]. Microsurgery,1990,11:223.
[12] Fukui A,Tamai S. Present status of replantation in Japan[J]. Microsurgery,1994,15:84.
[13] Cheng GL,Pan DDP,Zhang NP,et al. Digital replantation in children:a long-term follow-up study[J]. J Hand Surg,1998,23(-suppl A):635.
[14] Schlenker JD,Kleinert HE,Tsai TM. Method and result of replantation following traumatic amputation of the thumb in sixty-four patients[J]. J Hand Surg,1980,5:63.
[15] Arakaki A,Tsai TM. Thumb replantation:survival factors and re-exploration in 122 cases[J]. J Hand Surg Br,1993,18:152.
[16] Meyer VE. Hand amputations proximal but close to the wrist joint:prime candidates for reattachment (long-term functional results)[J]. J Hand Surg,1985,10(suppl A):989.
[17] Urbaniak JR,Poth JH,Nunley JA,et al. The result of replantation after amputation of single finger[J]. J Bone Joint Surg,1985,67(suppl A):611.
[18] Yamano Y. Replantation of amputated distal part of the fingers[J]. J Hand Surg,1985,10(suppl A):211.
[19] Goldner RD,Stevanovic MV,Nunley JA. Digital replantation at the level of the distal interphalangeal joint and the distal phalanx[J]. J Hand Surg,1989,14(suppl A):214.
[20] Urbaniak JR,Evans JP,Bright DS. Microvascular management of ring avulsion injuries[J]. J Hand Surg,1981,6:25.
[21] Key S,Wernetz J,Wolff TW. Ring avulsion injury:classification and prognosis[J]. J Hand Surg,1989,14 (suppl A):204.
[22] Lister G. Intraosseous wiring of the digital skeleton[J]. J Hand Surg,1978,3:427.
[23] Kusano N,Yoshizu T,Maki Y,et al. Experimental study of the new flexor tendon suture technique for postoperative early active flexion exercise[J]. J Hand Surg,1999,4(suppl B):152.
[24] Yoshizu T,Maki Y,Tajima T,et al. An in vitro evaluation of various new flexor repair techniques for early active motion exercise[J]. J Jpn Soc Surg Hand,1997,3:1135.
[25] Savage R. The mechanical effect of partial resection of the digital fibrous flexor sheath[J]. J Hand Surg,1990,5(suppl B):435.
[26] Matsuda M,Chikamatsu E,Shimizu Y. Correlation between number of anastomosed vessels and survival rate in finger replantation[J]. J Reconstr Microsurg,1993,9:1.
[27] Smith AR,Sonneveld GJ,van der Meulen JC. AV anastomosis as a solution for absent venous drainage in replantation surgery[J]. Plast Reconstr Surg,1983,71:525.
[28] Suzuki Y,Ishikawa K,Isshiki N,et al. Fingertip replantation with an efferent A.V. anastomosis for venous drainage:clinical report[J]. Br J Plast Surg,1993,46:187.
[29] Gordon L,Leitner DW,Buncke HJ,et al. Partal nail plate removal after digital replantation as an alternative method of venous drainage[J]. J Hand Surg,1985,10(suppl A):360.
[30] Sadahiro T. A Fish mouse incision for congestion in replantation of the amputated finger—experimental and clinical study[J]. J Jpn Orthop Assoc,1979,53:411.
[31] Han SK,Lee BL,Kim WK. Topical and systemic anticoagulation in treatment of absent or compromised venous out flow in replanted fingertips[J]. J Hand Surg,2000,25(suppl A):659.
[32] Mori K,Tajima T,Yoshizu T,et al. Influence of twist and tension of anastomosed vessels on blood flow (II. Circulation changes from lengthening of dissection and vein grafting)[J]. J Reconstr Microsurg,1991,7:150.
[33] Shafiroff BB,Palmer AK. Simplified technique for replantation of the thumb[J]. J Hand Surg,1981,6:623.
[34] Yoshizu T,Katsumi M,Tajima T. Replantation of untidy amputated finger,hand,and arm:experience of 99 replantations in 66 cases[J]. J Trauma,1978,18:194.
[35] Honda T,Nomura S,Yamauchi S,et al. The possible applications of a composite skin and subcutaneous vein graft in the replantation of amputated digits[J]. Br J Plast Surg ,1984,37:607.
[36] Nishi G,Shibata Y,Kumabe Y,et al. Arterialized venous skin flaps for the injured finger[J]. J Reconstr Microsurg,1989,5:357.
[37] Camacho FJ,Wood MB. Polydigit replantation[J]. Hand Clin,1992,8:409.
[38] Tonkin MA,Ames FL,Wolff TW,et al. Transmetacarpal amputation and replantation:the importance of the normal vascular anatomy[J]. J Hand Surg,1988,18(suppl B):204.
[39] Narisawa H,Katsumi M,Watanabe M,et al. Temperature monitoring in replantation and Vascularized free flap[J]. J Jpn Soc Surg Hand,1987,4:269.
[40] Stirrat CR,Seaber AV,Urbaniak JR,et al. Temperature monitoring in digital replantation[J]. J Hand Surg,1978,3:343.
[41] Noguchi M,Matsuzaki H,Yamamoto H. Intravenous bolus infusion of heparin for circulatory insufficiency after finger replantation[J]. J Reconstr Microsurg,1999,15:245.
[42] Weinstein PR,Mehdorn HM,Szabo Z. Microsurgical anastomosis:vessel injury,regeneration,and repair. In Serafin D,Buncke H(eds). Microsurgical Composite Tissue Transplantation. St[J]. Louis:Mosby,1979,pp111.
[43] Scheker LR,Chesher SP,Netscher DT,et al. Functional result of dynamic splinting after transmetacarpal,wrist,and distal forearm replantation[J]. J Hand Surg,1995,20(suppl B):584.
[44] Skirven TM,Callahan AD. Therapist's management of peripheral nerve injuries. In Mackin EJ,Callahan AD,Skirven TM,et al(eds). Rehabilitation of the Hand and Upper Extremity[J].5th ed. St. Louis:Mosby,2002,p. 599.
[45] Littler JW,Cooley SGE. Restoration of the retinacular system in hyperextension of the proximal interphalangeal joint[J]. J Bone Joint Surg,1965,47(suppl A):637.
[46] Gelberman RH,Urbaniak JR,Bright DS,et al. Digital sensibility following replantation[J]. J Hand Surg,1978,3:313.
[47] Yamauchi S,Nomura S,Yoshimura M,et al. A clinical study of the order and speed of sensory after digit replantation[J]. J Hand Surg,1983,8:549.
[48] Murakami T,Ikuta Y,Tsuge K. Relationship between the number of digital nerves sutured and sensory recovery in re-planted fingers[J]. J Reconstr Microsurg,1985,1:283.
[49] Glickman LT,Mackinnon SE. Sensory recovery following digital replantation[J]. Microsurgery,1990,11:236.

[50] Backman C,Nystrom A,Backman C. Arterial spasticity and cold intolerance in relation to time after digital replantation[J]. J Hand Surg,1993,18(suppl B):551.

56. 断肢再植
major replantation

[1] Wei FC,el-Gammal TA,Lin CH,et al. Metacarpal hand:classification and guidelines for microsurgical reconstruction with toe transfers[J]. Plast Reconstr Surg,1997,99:122-128.
[2] Mardini S,Wei FC. Unilateral and bilateral metacarpal hand injuries:classification and treatment guidelines[J]. Plast Reconstr Surg,2004,113:1756-1759.
[3] Kotkansalo T,Vilkki SK,Elo P. The functional results of post-traumatic metacarpal hand reconstruction with microvascular toe transfers[J]. J Hand Surg Eur,2009,34:730-742.
[4] Peacock K,Tsai TM. Comparison of functional results of replantation versus prosthesis in a patient with bilateral arm amputation[J]. Clin Orthop Relat Res,1987;214:153-159.
[5] Graham B,Adkins P,Tsai TM,et al. Major replantation versus revision amputation and prosthetic fitting in the upper extremity:a late functional outcomes study[J]. J Hand Surg Am,1998,23:783-791.
[6] Wright TW,Hagen AD,Wood MB. Prosthetic usage in major upper extremity amputations[J]. J Hand Surg Am,1995,20:619-622.
[7] Biddiss EA,Chau TT. Upper limb prosthesis use and abandonment:a survey of the last 25 years[J]. Prosthet Orthot Int,2007,31:236-257.
[8] Chung KC,Oda T,Saddawi-Konefka D,Shauver MJ. An economic analysis of hand transplantation in the United States[J]. Plast Reconstr Surg,2010,125:589-598.
[9] Malt RA,McKhann CF. Replantation of severed arms[J]. JAMA,1964,189:716-722.（1962 年 5 月 23 日，美国 Malt 团队成功完成世界首例断肢再植手术。患者为一位 12 岁少年，其右臂因火车车祸被撕脱离断，术后 20 个月，患者再植右上肢的肌力、感觉和活动范围都有了很大程度的恢复。另一例断臂再植病例于 1963 年 9 月 5 日手术成功 。1964 年 9 月 *JAMA* 报道）
[10] Toledo-Pereyra LH. Classics of modern surgery:the unknown man of Alexis Carrel—father of transplantation[J]. J Invest Surg,2003,16:243-246.
[11] Atkins SE,Winterton RIS,Kay SP. Upper limb amputations:where,when and how to replant[J]. Curr Orthop,2008,22:31-41.
[12] Sabapathy SR,Venkatramani H,Bharathi RR,et al. Technical considerations and functional outcome of 22 major replantations (the BSSH Douglas Lamb Lecture,2005)[J]. J Hand Surg Br,2007,32:488-501.
[13] Sabapathy SR,Venkatramani H,Bharathi RR,Bhardwaj P. Replantation surgery[J]. J Hand Surg Amm,2011,36:1104-1110.（Sabapathy 根据肢体离断的水平和从患者受伤到医院后的缺血时间制定了相应的处理指南）
[14] Dias JJ,Chung KC,Garcia-Elias M,et al. Recommendations for the improvement of hand injury care across the world[J]. Injury,2006,37:1078-1082.
[15] Belsky MR,Ruby LK. Double level amputation:should it be replanted?[J]. J Reconstr Microsurg,1986,2:159-162.
[16] Papanastasiou S,Sood M. Double-level replantation of the upper extremity with microvascular pulp transfer onto an intermediate macroreplant segment[J]. Plast Reconstr Surg,2002,110:1294-1297.
[17] Nunley JA,Koman LA,Urbaniak JR. Arterial shunting as an adjunct to major limb revascularization[J]. Ann Surg,1981,193(3):271-273.
[18] Gupta A,Shatford RA,Wolff TW,et al. Treatment of the severely injured upper extremity[J]. Instr Course Lect,2000,49:377-396.
[19] Waikakul S,Vanadurongwan V,Unnanuntana A. Prognostic factors for major limb re-implantation at both immediate and long-term follow-up[J]. J Bone Joint Surg Br,1998,80:1024-1030.
[20] Scheker LR,Chesher SP,Netscher DT,et al. Functional results of dynamic splinting after transmetacarpal,wrist,and distal forearm replantation[J]. J Hand Surg Br,1995,20:584-590.
[21] Zhong-Wei C,Meyer VE,Kleinert HE,Beasley RW. Present indications and contraindications for replantation as reflected by long-term functional results[J]. Orthop Clin North Am,1981,12:849-870. [上海市第六人民医院陈中伟等，于 1963 年 1 月 2 日成功完成世界首例完全离断前臂再植手术（世界第 2 例断肢再植成功手术），1963 年 9 月用英语首次交流，1963 年 10 月用英文首次报道]
[22] CH'EN CHUNG-WEI（CHEN Zhongwei),CH'IEN YUN-CH'ING（QIAN Yunqing),PAO YUEH-SE（BAO Yuese). Salvage of the forearm following complete traumatic amputation:report of a case[J]. Chin Med J,1963,82(10):632-638.（世界断肢再植成功首次报道。陈氏标准推荐在术后 1 年进行断肢再植的功能评价，根据术后的工作能力、关节活动度、感觉恢复情况、肌力恢复情况 4 个指标，分为优、良、可、差 4 个等级）
[23] Tamai S. Twenty years' experience of limb replantation-review of 293 upper extremity replants[J]. J Hand Surg Am,1982,7:549-556.
[24] Carroll D. A quantitative test of upper extremity function[J]. J Chron Dis,1965,18:479-494.（评估患者利用手进行日常活动和生活的能力，相较于单纯测量每个关节的活动度更为重要。文献中可用的评估标准包括陈氏标准、Tamai 标准、DASH 评分，以及改良的 Carroll 评分）
[25] Gulgonen A,Ozer K. Long-term results of major upper extremity replantations[J]. J Hand Surg Eur,2012,37:225-232.
[26] Sugun TS,Ozaksar K,Ada S,et al. Long-term results of major upper extremity replantations[J]. Acta Orthop Traumatol Turc,2009,43:206-213.
[27] Zyluk A,Walaszek I. An assessment of the results of upper limb replantation[J]. Chir Narzadow Ruchu Ortop Pol,2007,72:165-173.
[28] Patradul A,Ngarmukos C,Parkpian V. Major limb replantation:a Thai experience[J]. Ann Acad Med Singapore,1995,24(4 suppl):82-88.
[29] Daoutis NK,Gerostathopoulos N,Efstathopoulos D,et al. Major amputation of the upper extremity. Functional results after replantation/ revascularization in 47 cases[J]. Acta Orthop Scand Suppl,1995,264:7-8.

57. 再通血
revascularization

[1] Fitridge RA,Raptis S,Miller JH,Faris I. Upper extremity arterial injuries:experience at the Royal Adelaide Hospital,1969 to 1991[J]. J Vasc Surg,1994,20:941-946.
[2] Gupta R,Rao S,Sieunarine K. An epidemiological view of vascular trauma in Western Australia:a 5-year study[J]. ANZ J Surg,2001,71:461-466.（在严重肢体创伤中，手部和上肢的血管损伤比较常见。但在全部创伤中，其发生率相对较低，约为 1%）
[3] Clouse WD,Rasmussen TE,Perlstein,et al. Upper extremity vascular injury:a current in-theater wartime report from Operation Iraqi Freedom[J]. Ann Vasc Surg,2006,20:429-434.
[4] Menakuru SR,Behera A,Jindal R,et al. Extremity vascular trauma in civilian population:a seven-year review from North India[J]. Injury,2005,36:400-406.（在战伤中，大部分的血管损伤为穿透伤，而在日常场景下，大部分的动脉损伤为钝性创伤）
[5] Cakir O,Subasi M,Erdem K,Eren N. Treatment of vascular injuries associated with limb fractures[J]. Ann R Coll Surg Engl,2005,87:348-352.
[6] de Witte PB,Lozano-Calderon S,Harness N,et al. Acute vascular injury associated with fracture of the distal radius:a report of 6 cases[J]. J Orthop Trauma,2008,22:611-614.
[7] Schlickewei W,Kuner EH,Mullaji AB,Gotze B. Upper and lower limb fractures with concomitant arterial injury[J]. J Bone Joint Surg Br,1992,74:181-188.
[8] Blakey CM,Biant LC,Birch R. Ischaemia and the pink,pulseless hand complicating supracondylar fractures of the humerus in childhood:longterm follow-up[J]. J Bone Joint Surg Br,2009,91:1487-1492.
[9] Ayel JE,Bonnevialle N,Lafosse JM,et al. Acute elbow dislocation with arterial rupture. Analysis of nine cases[J]. Orthop Traumatol Surg Res,2009,95:343-351.
[10] Stein JS,Strauss E. Gunshot wounds to the upper extremity. Evaluation and management of vascular injuries[J]. Orthop Clin North Am,1995,26:29-35.
[11] Trooskin SZ,Sclafani S,Winfield J,et al. The management of vascular injuries of the extremity associated with civilian firearms[J]. Surg Gynecol Obstet,1993,176:350-354.
[12] Ball CG,Rozycki GS,Feliciano DV. Upper extremity amputations after motor vehicle rollovers[J]. J Trauma,2009,67:410-412.
[13] Elsharawy MA. Arterial reconstruction after mangled extremity:injury severity scoring systems are not predictive of limb salvage[J]. Vascular,2005,13:114-119.
[14] Padayachy V,Robbs JV,Mulaudzi TV,et al. A retrospective review of brachial artery injuries and repairs—is it still a “training artery”?[J]. Injury,2010,41:843-846.
[15] Zellweger R,Hess F,Nicol A,et al. An analysis of 124 surgically managed brachial artery injuries[J]. Am J Surg,2004,188:240-245.
[16] van der Sluis CK,Kucey DS,Brenneman FD,et al. Long-term outcomes after upper limb arterial injuries. [J] Can J Surg,1997,40:265-270.
[17] Shaw AD,Milne AA,Christie J,et al. Vascular trauma of the upper limb and associated nerve injuries[J]. Injury,1995,26:515-518.
[18] Topel I,Pfister K,Moser A,et al. Clinical outcome and quality of life after upper extremity arterial trauma[J]. Ann Vasc Surg,2009,23:317-323.
[19] Conrad MF,Patton JH Jr,Parikshak M,Kralovich KA. Evaluation of vascular injury in penetrating extremity trauma:angiographers stay home[J]. Am Surg,2002,68:269-274.
[20] Gates JD. Penetrating wounds of the extremities. Methods of identifying arterial injury[J]. Orthop Rev,1994,suppl:10-12.
[21] Gonzalez RP,Falimirski ME. The utility of physical examination in proximity penetrating extremity trauma[J]. Am Surg,1999,65:784-789.
[22] Peng PD,Spain DA,Tataria M,et al. CT angiography effectively evaluates extremity vascular trauma[J]. Am Surg,2008,74:103-107.
[23] Bynoe RP,Miles WS,Bell RM,et al. Noninvasive diagnosis of vascular trauma by duplex ultrasonography[J]. J Vasc Surg,1991,14:346-352.
[24] Ordog GJ,Balasubramanium S,Wasserberger J,et al. Extremity gunshot wounds:part one—identification and treatment of patients at high risk of vascular injury[J]. J Trauma,1994,36:358-368.
[25] Hancock H,Rasmussen TE,Walker AJ,Rich NM. History of temporary intravascular shunts in the management of vascular injury[J]. J Vasc Surg,2010,52:1405-1409.
[26] Subramanian A,Vercruysse G,Dente C,et al. A decade's experience with temporary intravascular shunts at a civilian level I trauma center[J]. J Trauma,2008,65:316-324.（临时性血管转流可为缺血肢体提供血运，可持续几个小时，同时血栓发生率较低）
[27] Taller J,Kamdar JP,Greene JA,et al. Temporary vascular shunts as initial treatment of proximal extremity vascular injuries during combat operations:the new standard of care at Echelon II facilities? [J].J Trauma,2008,65:595-603.
[28] Borut LT,Acosta CJ,Tadlock LC,et al. The use of temporary vascular shunts in military extremity wounds:a preliminary outcome analysis with 2-year follow-up[J]. J Trauma,2010,69:174-178.
[29] Feliciano DV. Heroic procedures in vascular injury management:the role of extra-anatomic bypasses[J]. Surg Clin North Am,2002,82:115-124.
[30] Diamond S,Gaspard D,Katz S. Vascular injuries to the extremities in a suburban trauma center[J]. Am Surg,2003,69:848-851.
[31] Manord JD,Garrard CL,Kline DG,et al. Management of severe proximal vascular and neural injury of the upper extremity[J]. J Vasc Surg,1998,27:43-47.
[32] Howard ER,Young AE. Control of aortic haemorrhage by balloon catheter[J]. Br Med J,1971,3:161.
[33] Sobeh MS,Westacott S,Blakeney C,Ham RJ. Balloon angioplasty catheters for endovascular tamponade after vascular trauma[J]. Injury,1993,24:355-356.
[34] Hughes K,Hamdan A,Schermerhorn M,et al. Bypass for chronic ischemia of the upper extremity:results in 20 patients[J]. J Vasc Surg,2007,46:303-307.
[35] Roddy SP,Darling RC III,Chang BB,et al. Brachial artery reconstruction for occlusive disease:a 12-year experience[J]. J Vasc Surg,2001,33:802-805.
[36] Friedrich JB,Shin AY. Management of forearm compartment syndrome[J]. Hand Clin,2007,23:245-54,vii.
[37] Morin RJ,Swan KG,Tan V. Acute forearm compartment syndrome secondary to local arterial injury after penetrating trauma.[J] J Trauma,2009,66:989-993.
[38] Gelberman RH,Nunley JA,Koman LA,et al. The results of radial and ulnar arterial repair in the forearm. Experience in three medical centers[J]. J Bone Joint Surg Am,1982,64:383-387.
[39] Gelberman RH,Blasingame JP,Fronek A,Dimick MP. Forearm arterial injuries[J]. J Hand Surg Am,1979,4:401-408.
[40] Nunley JA,Goldner RD,Koman LA,et al. Arterial stump pressure:a determinant of arterial patency? [J].J Hand Surg Am,1987,12:245-249.
[41] Kiehn M,Brooks D,Lee C,et al. Patency of radial arteries reconstructed after radial forearm flap harvest[J]. J Reconstr Microsurg,2007,23:347-349.
[42] Fox AD,Whiteley MS,Phillips-Hughes J,Roake J. Acute upper limb ischemia:a complication of coronary artery bypass grafting[J]. Ann Thorac Surg,1999,67:535-536.
[43] Brodman RF,Hirsh,LE,Frame R. Effect of radial artery harvest on collateral forearm blood flow and digital perfusion[J]. J Thorac Cardiovasc Surg,2002,123:512-516.
[44] Lee HS,Chang BC,Heo YJ. Digital blood flow after radial artery harvest for coronary artery bypass grafting[J]. Ann Thorac Surg,2004,77:2071-2074.
[45] Allen RH,Szabo RM,Chen JL. Outcome assessment of hand function after radial artery harvesting for coronary artery bypass[J]. J Hand Surg Am,2004,29:628-637.
[46] Yuen JC,Wright E,Johnson LA,Culp WC. Hypothenar hammer syndrome:an update with algorithms for diagnosis and treatment[J]. Ann Plast Surg,2011,67(4):429-438.
[47] McNamara MG,Butler TE,Sanders WE,Pederson WC. Ischaemia of the index finger and thumb secondary to thrombosis of the radial artery in the anatomical snuffbox[J]. J Hand Surg Br,1998,23:28-32.
[48] Chloros GD,Lucas RM,Li Z,et al. Post-traumatic ulnar artery thrombosis:outcome of arterial reconstruction using reverse interpositional vein grafting at 2 years minimum follow-up[J]. J Hand Surg Am,2008,33:932-940.
[49] Koman LA,Ruch DS,Aldridge M,et al. Arterial reconstruction in the ischemic hand and wrist:effects on microvascular physiology and healthrelated quality of life[J]. J Hand Surg Am,1998,23:773-782.
[50] Urbaniak JR,Evans JP,Bright DS. Microvascular management of ring avulsion injuries[J]. J Hand Surg Am,1981,6:25-30.

58. 上肢软组织覆盖
soft tissue coverage of the upper limb

[1] Blondeel PN,Morris SF,Hillock GG,Belgian PC(eds). Perforator Flaps Anatomy,Technique & Clinical Applications,vol. I. St. Louis:Quality Medical Publishing,2006.
[2] Brown DM,Upton J,Khouri RK. Free flap coverage of the hand[J]. Clin Plast Surg,1997,24:57-64.
[3] Brown RE,Wu TY. Use of "spare parts" in mutilated upper extremity injuries[J]. Hand Clin,2003,19:73-87.
[4] Chen HC,Tang YB,Mardini S,Tsai BW. Reconstruction of the hand and upper limb with free flaps based on musculocutaneous perforators[J]. Microsurgery,2004,24:270-280.
[5] Foucher G(ed). Reconstructive Surgery in Hand Mutilation[M]. St. Louis:Mosby,Martin Dunitz,1997.
[6] Fu-Chan W,Mardini S(eds). Flaps and Reconstructive Surgery[M]. St. Louis:Saunders and Elsevier,2009.
[7] Jones NF,Lister GD. Free skin and composite flaps. In Green's Operative Hand Surgery[M].6th ed, vol. 2.pp1721-1756.
[8] Koschnick M,Bruener S,Germann G. Free tissue transfer:an advanced strategy for post infection soft-tissue defects in the upper extremity[J]. Ann Plast Surg,2003,51:147-154.
[9] Levin LS,Erdmann D. Primary and secondary microvascular reconstruction of the upper extremity[J]. Hand Clin,2001,17:447-455.
[10] Millard DR Jr. Principilization of Plastic Surgery[M]. Boston:Little,Brown and Company,1986.
[11] Moran SL,Cooney WP. Soft tissue surgery. In Master Techniques in Orthopedic Surgery.St[M]. Louis:Lippincott Williams & Wilkins,2009.
[12] Neligan PC. Plastic Surgery[M].3rd ed,vol. 6.Hand and Upper Extremity. Chang J(ed). St. Louis:Elsevier Saunders,2013.
[13] Netter FH. Atlas of Human Anatomy. 2nd ed. ICON Learning Systems,1997.
[14] Neumeister M,Hegge T,Amalfi A,Sauerbier M. The reconstruction of the mutilated hand[J]. Semin Plast Surg,2010,24:77-102.
[15] Pederson WC. Upper extremity microsurgery[J]. Plast Reconstr Surg,2001,107:1524-1537;discussion 1538-1539,1540-1543.
[16] Strauch B,Vasconez L,Hall-Findlay EJ(eds). Grabb's Encyclopedia of Flaps,vol. 2:Upper Extremities[M]. Boston:Little,Brown and Company,1990.
[17] Strauch B,Yu H-L,Atlas of Microvascular Surgery[M]. New York:Thieme,1993.
[18] Weinzweig N,Weinzweig J. The Mutilated Hand[M]. Philadelphia:Elsevier Mosby,2005.

59. 急诊游离皮瓣
emergency free flaps

[1] Lister G,Scheker L. Emergency free flaps to the upper extremity[J]. J Hand Surg Am,1988,13(1):22-28.（急诊游离皮瓣是由 Lister 和 Scheker 在 1983 年印第安纳召开的 IFSSH 会上提出。这篇文章发表在 1988 年，报道了 33 例患者，年龄在 16~57 岁，皮瓣覆盖缺损范围从 13~540 cm², 平均 145 cm²）
[2] Del Piñal F,Pisani D,García-Bernal FJ,et al. Massive hand crush:the role of a free muscle flap to obliterate the dead space and to clear deep infection[J]. J Hand Surg Br,2006,31(6):588-592.
[3] Scheker LR,Ahmed O. Radical debridement,free flap coverage,and immediate reconstruction of the upper extremity[J]. Hand Clin,2007,23(1):23-36.
[4] Sundine M,Scheker LR. A comparison of immediate and staged reconstruction of the dorsum of the hand[J]. J Hand Surg Br,1996,21(2):216-221.
[5] McCabe SJ,Breidenbach WC. The role of emergency free flaps for hand trauma[J]. Hand Clin,1999,15(2):275-288.
[6] Scheker LR,Kleinert HE,Hanel DP. Lateral arm composite tissue transfer to ipsilateral hand defects[J]. J Hand Surg Am,1987,12(5 Pt 1):665-672.
[7] Levin LS,Erdmann D. Primary and secondary microvascular reconstruction of the upper extremity[J]. Hand Clin,2001,17(3):447-455.
[8] Del Piñal F. Severe mutilating injuries to the hand:guidelines for organizing the chaos[J]. J Plast Reconstr Aesthet Surg,2007,60(7):816-827.
[9] Godina M. The tailored latissimus dorsi free flap[J]. Plast Reconstr Surg,1987,80(2):304-306.
[10] Katsaros J,Schusterman M,Beppu M,et al. The lateral upper arm flap:anatomy and clinical applications[J]. Ann Plast Surg,1984,12(6):489-500.
[11] Bartlett SP,May JW,Yaremchuk M. The latissimus dorsi muscle:a fresh cadaver study of the primary neurovascular pedicle[J]. Plast Reconstr Surg,1981,67:631.
[12] Watson S,Craig P,Orton C. The free latissimus dorsi myocutaneous flap[J]. Plast Reconstr Surg,1979,64:299.
[13] Serafin D. Atlas of Microsurgical Composite Tissue Transplantation[M]. Philadelphia:WB Saunders,1996.
[14] Bailey BN,Godfrey AM. Latissimus dorsi muscle free flaps[J]. Br J Plast Surg,1982,35(1):47-52.
[15] Henry M. Latissimus dorsi free flap salvage of recurrent chronic osteomyelitis with simultaneous elbow interposition arthroplasty[J]. Hand(NY),2008,3(1):1-3.
[16] Tobin GR,Moberg AW,DuBou RH,et al. The split latissimus dorsi myocutaneous flap[J]. Ann Plast Surg,1981,7(4):272-280.
[17] Drucker CB. Ambroise Paré and the birth of the gentle art of surgery[J]. Yale J Biol Med,2008,81(4):199-202.
[18] Huntley JS. Debridement:development of the concept[J]. J Perioper Pract,2011,21(3):104-105.

60. 吻合血管骨移植：上肢
vascularized bone grafts:upper limb

[1] Kobbe P,Tarkin IS,Frink M,Pape HC. [Voluminous bone graft harvesting of the femoral marrow cavity for autologous transplantation. An indication for the "Reamer-Irrigator-Aspirator-" (RIA-) technique] [German][J]. Unfallchirurg,2008,111:469.
[2] Barth H. Histologishe Untersuchungen uber Knochen Transplantation[J]. Beitr Pathol Anat Allg Pathol,1895,17:65.（传统的骨移植依靠爬行替代的过程，Barth 首先描述了新生骨逐渐替代无活性骨这一过程）
[3] Berggren A,Weiland AJ,Dorfman A. The effect of prolonged ischemia time on osteocyte and osteoblast survival in composite bone grafts revascularized by microvascular anastomoses[J]. Plast Reconstr Surg,1982,69:19.
[4] Goldberg VM,Stevenson S. Natural history of autografts and allografts[J]. Clin Orthop,1987,225:7.
[5] Burchardt H. The biology of bone graft repair[J]. Clin Orthop,1983,Apr(174):28-42.
[6] Rinaldi E. Autografts in the treatment of osseous defects in the forearm and hand[J]. J Am Hand Surg,1987,12:282.
[7] Mankin HJ,Gebhardt MC,Tomford WW. The use of frozen cadaveric allografts in the management of patients with bone tumors of the extremities[J]. Orthop Clin North Am,1987,18:275.
[8] Gebhardt MC,Roth YF,Mankin HJ. Osteoarticular allografts for reconstruction in the proximal part of the humerus after excision of a musculoskeletal tumor[J]. J Bone Joint Surg Am,1990,72:334.
[9] Dean GS,Holliger EHT,Urbaniak JR. Elbow allograft for reconstruction of the elbow with massive bone loss. Long term results[J]. Clin Orthop Relat Res,1997,341:12.
[10] Guo W,Tang S,Yang RL,Ji T. [Total elbow arthroplasty after resection of tumors at the elbow]. Chin J Surg(Chinese)[J],2008,46:1734-1737.
[11] Damsin JP,Ghanem I. Upper limb lengthening[review][J]. Hand Clin,2000,16:685.（骨搬运或牵张成骨在上肢应用并不常见，主要用于先天性发育不良导致的肢体不等长）
[12] Huntington TW. Use of a segment of fibula to supply a defect in the tibia[J]. Ann Surg,1905,41:249.
[13] Ostrop LT,Frederickson JM. Distant transfer of a free living bone graft by microvascular anastomoses[J]. Plast Reconstr Surg,1974,54:274.
[14] McKee DM. Microvascular bone transplantation[J]. Clin Plast Surg,1978,5:283.
[15] Taylor GI,Miller GD,Ham FJ. The free vascularized bone graft. A clinical extension of microvascular techniques[J]. Plast Reconstr Surg,1975,55:533.
[16] Taylor GI,Townsend P,Corlett R. Superiority of the deep circumflex iliac vessels as the supply for free groin flaps[J]. Plast Reconstr Surg,1979,64:595.
[17] Ueba Y,Fukikawa S. Nine years follow-up of a vascularized fibular graft in neurofibromatosis:a case report and literature review[J]. Orthop Trauma Surg,1983,26:595.（吻合血管的组织移植技术促进了游离肌肉移植和筋膜瓣，同样也推动了吻和血管的骨移植实验和临床应用。包括 1970 年开始的肋骨移植实验和临床应用，以及几乎同时开展的髂骨和腓骨游离移植）
[18] Arata MA,Wood MB,Cooney WPD. Revascularized segmental diaphyseal bone transfers in the canine. An analysis of viability[J]. J Reconstr Microsurg,1985,1:11.
[19] Berggren A,Weiland AJ,Dorfman H. Free vascularized bone grafts:factors affecting their survival and ability to heal to recipient bone defects[J]. Plast Reconstr Surg,1982,69:19.
[20] de Boer HH,Wood MB. Bone changes in the vascularized fibular graft[J]. J Bone Joint Surg Br,1989,71B:374.
[21] Han CS,Wood MB,Bishop AT,Cooney WPR. Vascularized bone transfer[J]. J Bone Joint Surg Am,1992,74:1441.
[22] Siegert JJ,Wood MB. Blood flow evaluation of vascularized bone transfers in a canine model[J]. J Orthop Res,1990,8:291.
[23] Sunagawa T,Bishop AT,Muramatsu K. Role of conventional and vascularized bone grafts in scaphoid nonunion with avascular necrosis:a canine experimental study[J]. J Hand Surg Am,2000,25:849.
[24] Suzuki O,Bishop AT,Sunagawa T,et al. Augmented surgical angiogenesis in necrotic bone:correction of avascular necrosis with vascular endothelial growth factor(VEGF)[J]. J Microsurg,2002.
[25] Katsube K,Bishop AT. Gene therapy for neoangiogenesis in avascular bone[J]. J Orthop Res,2002.
[26] Moran SL,Cooney WP,Shin AY. The use of vascularized grafts from the distal radius for the treatment of Preiser's disease[J]. J Hand Surg Am,2006,31:705.
[27] Moran SL,Cooney WP,Berger RA,et al. The use of the 4 + 5 extensor compartmental vascularized bone graft for the treatment of Kienbock's disease[J]. J Hand Surg Am,2005,30:50.
[28] Yajima H,Tamai S,Ono H,Kizaki K. Vascularized bone grafts to the upper extremities[J]. Plast Reconstr Surg,1998,101:727.
[29] Kakinoki R,Ikeguchi R,Nakayama K,et al. Treatment of avascular necrosis of the capitulum of the humerus using a free vascularized osteoperiosteal graft from the medial condyle of the femur:a case report[J]. J Shoulder Elbow Surg,2008,17(1):e1-e4.
[30] Chang CC,Greenspan A,Gershwin ME. Osteonecrosis:current perspectives on pathogenesis and treatment. [Review] [222 refs][J]. Semin Arthritis Rheum,1993,23:47.
[31] Jones DB Jr,Burger H,Bishop AT,Shin AY. Treatment of scaphoid waist nonunions with an avascular proximal pole and carpal collapse. A comparison of two vascularized bone grafts[J]. J Bone Joint Surg Am,2008,90:2616.
[32] Innocenti M,Delcroix L,Manfrini M,et al. Vascularized proximal fibular epiphyseal transfer for distal radial reconstruction[J]. J Bone Joint Surg Am,2005,1:237.
[33] Bitter K,Dana T. The iliac bone or osteocutaneous transplant pedicled to the deep circumflex iliac artery. I. Anatomical and technical considerations[J]. J Maxillofac Surg,1983,11:195.
[34] Salibian AH,Anzel SH,Salyer WA. Transfer of vascularized grafts of iliac bone to the extremities[J]. J Bone Joint Surg,1987,69(suppl A):1319.
[35] Reinisch JF,Winters R,Puckett CL. The use of the osteocutaneous groin flap in gunshot wounds of the hand[J]. J Hand Surg Am,1984,9(suppl A):12.
[36] Hartman EH,Spauwen PH,Jansen JA. Donorsite complications in vascularized bone flap surgery. [Review] [100 refs][J]. J Investig Surg,2002,15:185.
[37] Werner CM,Favre P,van Lenthe HG,Dumont CE. Pedicled vascularized rib transfer for reconstruction of clavicle non-unions with bony defects:anatomical and biomechanical considerations[J]. Plast Reconstr Surg,2007,120:173.
[38] Choudry UH,Bakri K,Moran SL,et al. The vascularized medial femoral condyle periosteal bone flap for the treatment of recalcitrant bony nonunions[J]. Ann Plast Surg,2008,60:174.
[39] Fuchs B,Steinmann SP,Bishop AT. Free vascularized corticoperiosteal bone graft for the treatment of persistent non-union of the clavicle[J]. J Shoulder Elbow Surg,2005,14:264.
[40] Doi K,Sakai K. Vascularized periosteal bone graft from the supracondylar region of the femur[J]. Microsurgery,1994,15:305.
[41] Hertel R,Masquelet AC. The reverse flow medial knee osteoperiosteal flap for skeletal reconstruction of the leg. Description and anatomical basis[J]. Surg Radiol Anat,1989,11:257.
[42] Doi K,Oda T,Soo-Heong T,Nanda V. Free vascularized bone graft for nonunion of the scaphoid[J]. J Hand Surg Am,2000,25:507.
[43] Jones DB Jr,Burger H,Bishop AT,Shin AY. Treatment of scaphoid waist nonunions with an avascular proximal pole and carpal collapse. Surgical technique[J]. J Bone Joint Surg Am,2009,2:169.
[44] Larson AN,Bishop AT,Shin AY. Free medial femoral condyle bone grafting for scaphoid nonunions with humpback deformity and proximal pole avascular necrosis[J]. Tech Hand Up Extrem Surg,2007,11:246.
[45] Kaelicke T,Buerger H,Mueller EJ. [A new vascularized cartilage-bonegraft for scaphoid nonunion with avascular necrosis of the proximal pole. Description of a new type of surgical procedure] [German][J]. Unfallchirurg,2008,111:201.
[46] Doi K,Hattori Y. The use of free vascularized corticoperiosteal grafts from the femur in the treatment of scaphoid non-union. [Review] [26 refs][J]. Orthop Clin North Am,2007,38:87.
[47] Enneking WF,Gady JL,Burchardt H. Autogenous cortical bone grafts in the reconstruction of segmental skeletal defects[J]. J Bone Joint Surg,1980,62(suppl A):1039.
[48] Enneking WF,Mindell ER. Observations on massive retrieved human allografts[J]. J Bone Joint Surg Am,1991,73:1123.
[49] Eppley BL,Connolly DT,Winkelmann T,et al. Free bone graft reconstruction of irradiated facial tissue:experimental effects of basic fibroblast growth factor stimulation[J]. Plast Reconstr Surg,1991,88:319.
[50] Erbs G,Bohm E. [Long-term results of pisiform bone transposition in lunate necrosis] [German][J]. Handchir Mikrochir Plast Chir,1984,16:85.
[51] Beck E. Die Verpflanzung des Os Pisiforme am Gafasssteil zur Behandlung der Lunatummalazie[J]. Handchirurgie,1971,3:64.

[52] Bochud RC,Buchler U. Kienbock's disease,early stage 3-height reconstruction and core revascularization of the lunate[J]. J Hand Surg Br,1994,19:466.
[53] Pierer G,Steffen J,Hoflehner H. The vascular blood supply of the second metacarpal bone:anatomic basis for a new vascularized bone graft in hand surgery. An anatomical study in cadavers[J]. Surg Radiol Anat,1992,14:103.
[54] Mathoulin C,Haerle M. Vascularized bone graft from the palmar carpal artery for treatment of scaphoid nonunion[J]. J Hand Surg Br,1998,23:318.
[55] Sheetz KK,Bishop AT,Berger RA. The arterial blood supply of the distal radius and ulna and its potential use in vascularized pedicled bone grafts[J]. J Hand Surg Am,1995,20:902.
[56] Shin AY,Bishop AT. Vascular anatomy of the distal radius:implications for vascularized bone grafts [review][J]. Clin Orthop Relat Res,2001,Feb(383):60-73.
[57] Steinman SA,Bishop AT,Berger RA. Vascularized Bone Grafting for Scaphoid Non-union. Presented at American Society for Surgery of the Hand 51st Annual Meeting. Nashville,TN,1996.
[58] Guimberteau JC,Panconi B. Recalcitrant non-union of the scaphoid treated with a vascularized bone graft based on the ulnar artery[J]. J Bone Joint Surg Am,1990,72:88.
[59] Rose PS,Shin AY,Bishop AT,et al. Vascularized free fibula transfer for oncologic reconstruction of the humerus[J]. Clin Orthop Relat Res,2005,438:80.
[60] Linberg BE. Interscapulo-thoracic resection for malignant tumors of the shoulder joint region. 1928[J]. Clin Orthop Relat Res,1999,358:3.
[61] Jones NF,Swartz WM,Mears DC,et al. The "double barrel" free vascularized fibular bone graft[J]. Plast Reconstr Surg,1988,81:378.
[62] Giessler GA,Bickert B,Sauerbier M,Germann G. [Free microvascular fibula graft for skeletal reconstruction after tumor resections in the forearm—experience with five cases] [German][J]. Handchir Mikrochir Plast Chir,2004,36:301.
[63] Merrell GA,Wolfe SW,Slade JF 3rd. Treatment of scaphoid nonunions:quantitative meta-analysis of the literature [see comment][J]. J Hand Surg Am,2002,27:685.
[64] Carrozzella JC,Stern PJ,Murdock PA. The fate of failed bone graft surgery for scaphoid nonunions[J]. J Hand Surg Am,1989,14:800.
[65] Green DP. The effect of avascular necrosis on Russe bone grafting for scaphoid nonunion[J]. J Hand Surg Am,1985,10:597.
[66] Zaidenberg C,Siebert JW,Angrigiani C. A new vascularized bone graft for scaphoid nonunion[J]. J Hand Surg Am,1991,16:474.
[67] Chang MA,Bishop AT,Moran SL,Shin AY. The outcomes and complications of 1,2-intercompartmental supraretinacular artery pedicled vascularized bone grafting of scaphoid nonunions. J Hand Surg Am,2006,31:387.
[68] Kawai H,Yamamoto K. Pronator quadratus pedicled bone graft for old scaphoid fractures. J Bone Joint Surg Br,1988,70:829.
[69] Haerle M,Schaller HE,Mathoulin C. Vascular anatomy of the palmar surfaces of the distal radius and ulna:its relevance to pedicled bone grafts at the distal palmar forearm. J Hand Surg Br,2003,28:131.
[70] Hori Y,Tamai S,Okuda H,et al. Blood vessel transplantation to bone. J Hand Surg Am,1979,4:23.
[71] Sammer DM,Bishop AT,Shin AY. Vascularized medial femoral condyle graft for thumb metacarpal reconstruction:case report. J Hand Surg Am,2009,34:715.

61. 显微神经血管化功能性肌肉移植：掌握成功的要素
microneurovascular functioning muscle transfer:the factors that govern success

[1] Manktelow RT. Gracilis. Functioning muscle transplantation. In Microvascular Reconstruction:Anatomy, Applications and Surgical Techniques. Heidelberg,Germany:Springer-Verlag,1986.
[2] Manktelow RT. Functioning muscle transfer for reconstruction of the hand. In McCarthy JG,May JW Jr,Littler JW(eds). Plastic Surgery,vol. 8. Philadelphia:WB Saunders,1990,pp4966-4976.
[3] Manktelow RT. Functioning muscle transplantation. In Urbaniak J(ed). Microsurgery for Major Limb Reconstruction. St. Louis:CV Mosby,1987.
[4] Anastakis DJ. Free functioning muscle transfers. In Wolfe SW,Hotchkiss RN,Pederson WC,Kozin SH (eds) Green's Operative Hand Surgery. New York:Churchill-Livingstone,2011.
[5] Manktelow RT. Microsurgical muscle transfer for upper extremity motors. In Marsh J(ed). In Marsh JL. Current Therapy in Plastic and Reconstructive Surgery. Philadelphia:B.C. Decker,Inc,1989.
[6] Tamai S,Komatsu S,Sano S,et al. Free muscle transplants in dogs with microsurgical neurovascular anastomoses. Plast Reconstr Surg,1970,46:219-225.（1970 年，Tamai 及其同事成功在动物身上完成吻合血管的功能性骨骼肌肌肉移植）
[7] Sixth Peoples Hospital,Microvascular Service,Shanghai. Free muscle transplantation by microsurgical neurovascular anastomoses. Clin Med J,1976,2:47.（注：原文如此。*Clin Med J* 有误，应为 *Chin Med J*）（1973 年，来自上海市第六人民医院的外科医师为一例福克曼挛缩患者实施了吻合血管的胸大肌外侧部移植，这是历史上第一次功能性肌肉移植在临床应用）
[8] Harii K,Ohmori K,Torii S. Free gracilis muscle transplantation with microvascular anastomosis for the treatment of facial paralysis. Plast Reconstr Surg,1975,7:133-143.[原文如此。注：应为 1976 年 1976,57:133-143.]（1976 年，Harii 为一例 Bell's 瘫的患者使用股薄肌肌肉移植替换面部表情肌）
[9] Manktelow RT,McKee NH. Free muscle transplantation to provide active finger flexion. J Hand Surg,1978,3:416.
[10] Manktelow RT,Zuker RM,McKee NH. Functioning free muscle transplantation. J Surg Hand,1984,9 (suppl A):32.
[11] Manktelow RT,Zuker RM. The principles of functioning muscle transplantation:applications to the upper arm. Ann Plast Surg,1989,22:275-282.（1976 年，Manktelow RT 等为一例前臂创伤的患者实施了部分胸大肌游离移植重建前臂肌群。同年，他们又为类似损伤的一例患者实施了股薄肌肌肉移植。两例患者恢复了有力的自主抓握功能。这些病例的成功促进了其他手术的发展，并逐渐形成了该手术的原则）
[12] Manktelow RT,Zuker RM. Muscle transplantation by fascicular territory. Plast Reconstr Surg,1984,73:751-755.
[13] Zuker RM,Egerszegi EP,Manktelow RT,et al. Volkmann's ischemic contracture in children:the results of free vascularized muscle transplantation. Microsurgery,1991,2(5):341-345.
[14] Ikuta Y,Kubo T,Tsuge K. Free muscle transplantation by microsurgical technique to treat severe Volkmann's contracture. Plast Reconstr Surg,1976,58:407-411.
[15] Akasaka Y,Hara T,Takahashi M. Free muscle transplantation combined with intercostal nerve crossing for reconstruction of elbow flexion and wrist extension in brachial plexus injuries. Microsurgery,1991,12:346-351.
[16] Chung DC,Epstein MD,Yeh MC,et al. Functional restoration of elbow flexion in brachial plexus injuries:results in 167 patients (excluding obstetric brachial plexus injury). J Hand Surg,1993,18 (suppl A):284-291.
[17] Doi K,Sakai K,Kuwata N,et al. Reconstruction of finger and elbow function after complete avulsion of the brachial plexus[J]. J Hand Surg,1991,16(suppl A):796.
[18] Doi K,Sakai K,Kuwata N,et al. Double free-muscle transfer to restore prehension following complete brachial plexus avulsion[J]. J Hand Surg,1995,20(suppl A):408-414.
[19] Tobin GR,Shusterman M,Peterson GH,et al. The intra-muscular neurovascular anatomy of the latissimus dorsi muscle:the basis for splitting the flap[J]. Plast Reconstr Surg,1981,67:637-641.
[20] Carlson FD,Wilkie DR. Muscle Physiology[J]. Englewood Cliffs,NJ:Prentice-Hall,1974.
[21] Kuzon WM,Fish JS,Pynn BR,McKee NH. Determinants of contractile function in free muscle transfers[J]. Am Coll Surg Forum,1984,35:610.
[22] McKee NH,Fish JS,Manktelow RT,et al. Gracilis muscle anatomy as related to function of a free functioning muscle transplant[J]. Clin Anat,1990,30:522-524.
[23] Manktelow RT,Tomat LR,Zuker RM,Chang M. Smile reconstruction in adults with free muscle transfer innervated by the masseter motor nerve:effectiveness and cerebral adaptation[J].Plastic Reconstr Surgery,2006,118:885-899.
[24] Donoghue JP. Plasticity of adult sensorimotor representations[J]. Curr Opin Neurobiol,1995,5:749-754.
[25] Karni A,Meyer G,Jezzard P,et al. Functional MRI evidence for adult motor cortex plasticity during motor skill learning[J]. Nature,1995,377:155-158.
[26] Chen R,Anastakis DJ,Haywood CT,et al. Plasticity of the human motor system following muscle reconstruction:a magnetic stimulation and functional magnetic resonance imaging study[J]. Clin Neurophysiol, 2003,114(12):2434-2446.
[27] Karni A,Meyer G,Jezzard P,et al. Functional MRI evidence for adult motor cortex plasticity during motor skill learning[J]. Nature,1995,377:155-158.
[28] Pascual-Leone A,Nguyet D,Cohen LG,et al. Modulation of muscle responses evoked by transcranial magnetic stimulation during the acquisition of new fine motor skills[J]. J Neurophysiol, 1995,74: 1037-1045.
[29] Classen J,Liepert A,Wise SP,et al. Rapid plasticity in human cortical movement representation induced by practice[J]. J Neurophysiol,1998,79:1117-1123.
[30] Manktelow RT,Anastakis DJ. Long term functional assessment of 32 adult microneurovascular muscle transfers for upper extremity reconstruction[J]. Proc Fourth International Muscle Symposium,Zurich, Switzerland,1995,pp230-233.

62. 儿童吻合血管骨移植
vascularized bone reconstruction in children

[1] Ogilvie CM,Crawford EA,Hosalkar HS,et al. Long-term results for limb salvage with osteoarticular allograft reconstruction[J]. Clin Orthop Relat Res,2009,467(10):2685-2690.
[2] Raskin KA,Hornicek F. Allograft reconstruction in malignant bone tumors:indications and limits[J]. Recent Results Cancer Res,2009,179:51-58.
[3] Aro HT,Aho AJ. Clinical use of bone allografts[J]. Ann Med,1993,25(4):403-412.
[4] Delloye C,de Nayer P,Allington N,et al. Massive bone allografts in large skeletal defects after tumor surgery:a clinical and microradiographic evaluation[J]. Arch Orthop Trauma Surg,1988,107(1):31-41.
[5] Enneking WF,Campanacci DA. Retrieved human allografts:a clinicopathologic study[J]. J Bone Joint Surg Am,2001,8(7):971-986.
[6] Rödl RW,Ozaki T,Hoffmann C,et al. Osteoarticular allograft in surgery for high-grade malignant tumours of bone[J]. J Bone Joint Surg Br,2000,82B:1006-1010.
[7] Gloeckler Ries LA,Reichman ME,Riedel Lewis D,et al. Cancer survival and incidence from the Surveillance,Epidemiology,and End Results(SEER) program[J]. Oncologist,2003,8:541-552.
[8] A bed R,Grimer R. Surgical modalities in the treatment of bone sarcoma in children"[J] Cancer Treat Rev,2010,36:342-347.
[9] Capanna R,Bufalini C,Campanacci M. A new technique for reconstructions of large metadiaphyseal bone defects:a combined graft (allograft shell plus vascularized fibula)[J]. Orthop Traumatol,1993,159-177.
[10] Innocenti M,Ceruso M,Manfrini M,et al. Free vascularised growth plate transfer after bone tumor resection in children[J]. J Reconstr Microsurgery,1998,14(2):137-143.
[11] Innocenti M,Delcroix L,Manfrini M,et al. Vascularized proximal fibular epiphyseal transfer for distal radial reconstruction[J].J Bone Joint Surg Am,2004,86A(7):1504-1511.
[12] Innocenti M,Delcroix L,Balatri A. Vascularized growth plate transfer for distal radius reconstruction[J]. Semin Plast Surg,2008,22(3):186-194.（由于解剖相似性，腓骨近端骨骺移植被认为是重建肱骨近端和桡骨远端的最佳选择，包括在生长能力和关节功能上）
[13] Ohnishi I,Sato W,Matsuyama J,et al. Treatment of congenital pseudarthrosis of the tibia:a multicenter study in Japan[J]. J Pediatr Orthop,2005,25(2):219-224.
[14] Mateev M,Imanaliev A. Two-stage reconstruction in congenital pseudarthrosis of the forearm using the Ilizarov technique and vascularized osteoseptocutaneous fibula[J]. J Reconstr Microsurg,2006,22(3):143-148.
[15] Charles YP,Diméglio A,Chammas M. Congenital pseudarthrosis of the forearm. Report of two cases and review of the literature[J]. Chir Main,2009,28(1):26-32.
[16] Bae DS,Waters PM,Sampson CE. Use of free vascularized fibular graft for congenital ulnar pseudarthrosis:surgical decision making in the growing child[J]. J Pediatr Orthop,2005,25(6):755-762.
[17] Weiland AJ,Weiss AP,Moore JR,Tolo VT. Vascularized fibular grafts in the treatment of congenital pseudarthrosis of the tibia[J]. J Bone Joint Surg Am,1990,72(5):654-662.
[18] Kanaya F,Tsai TM,Harkess J. Vascularized bone grafts for congenital pseudarthrosis of the tibia[J]. Microsurgery,1996,17(8):459-469.
[19] Sakamoto A,Yoshida T,Uchida Y,et al. Long-term follow-up on the use of vascularized fibular graft for the treatment of congenital pseudarthrosis of the tibia[J]. J Orthop Surg Res,2008,3:13.
[20] Korompilias AV,Lykissas MG,Soucacos PN,et al. Vascularized free fibular bone graft in the management of congenital tibial pseudarthrosis[J]. Microsurgery,2009,29(5):346-352.
[21] Erni D,De Kerviler S,Hertel R,Slongo T. Vascularised fibula grafts for early tibia reconstruction in infants with congenital pseudarthrosis[J]. J Plast Reconstr Aesthet Surg,2010,63(10):1699-1704.
[22] Wenger HL. Transplantation of epiphyseal cartilage[J]. Arch Surg,1954,50:148-151.
[23] Wilson JN. Epiphyseal transplantation. A clinical study[J]. J Bone Joint Surg,1966,48A:245-256.
[24] Graham WC. Transplantation of joints to replace diseased or damaged articulations in hand[J]. Am J Surgery,1954,88:136-141.
[25] Bowen CVA,O'Brien BM. Experimental study of the microsurgical transfer of growth plates[J]. Can J Surg,1984,27:446.
[26] Bowen CVA. Experimental free vascularized epiphyseal transplants[J]. Orthopaedics,1986,9:893-898.
[27] Bowen CVA,Ethridge CP,O'Brien BMcC,et al. Experimental microvascular growth plate transfers. Part 1—investigation of vascularity[J]. J Bone Joint Surg Br,1988,70B:305-310.
[28] Bowen CVA,O'Brien BMcC,Gumley GJ. Experimental microvascular growth plate transfers. Part 2—investigation of feasibility[J]. J Bone Joint Surg Br,1988,70B:311-314.
[29] Donski PK,Carwell GR,Sharzer LA. Growth in revascularized bone grafts in young puppies[J]. Plast Reconstr Surg,1979,64:239-243.
[30] Donski PK,O'Brien B. Free microvascular epiphyseal transplantation:an experimental study in dogs[J]. Br J Plast Surg,1980,33:169-178.(Donski 和 O'Brien 发现在骨发育不成熟的狗身上进行尺骨远端原位移植，通过为生长板提供血运可获得尺骨成功的轴向生长，如不给生长板提供血运，则生长停止）

[31] Nettelblad H,Randolph MA,Weiland AJ. Physiologic isolation of the canine proximal fibular epiphysis on a vascular pedicle[J]. Microsurgery,1984,5:98-101.
[32] Nettelblad H,Randolph MA,Weiland AJ. Free microvascular epiphyseal plate transplantation[J]. An experimental study in dogs. J Bone Joint Surg Am,1984,66:1421-1430.（通过恢复干骺端和骨骺的血运，Bowen 和 Nettelblad 观察到可实现吻合血管的骨骺移植的存活和生长）
[33] Tsai TM,Ludwig L,Tonkin M. Vascularized fibular epiphyseal transfer:a clinical study. Clin Orthop,1986,210:228-234.（1986 年，Tsai 及其同事报道了 8 例使用腓骨近端移植重建肱骨和桡骨的患者，50% 的患者获得了移植骨的轴向生长）
[34] Pho RW,Patterson MH,Kour AK,Kumar VR. Free vascularized epiphyseal transplantation in upper extremity reconstruction[J]. J Hand Surg Am,1988,13:440-447.（1988 年，Pho 报道了 3 例基于腓动脉的腓骨近端骨骺移植的儿童病例）
[35] Zhong-Wei C,Guang-Jian Z. Epiphyseal transplantation. In Pho RW,(ed). Microsurgical Technique in Orthopaedics[M]. London:Butterworths,1988,pp121-127.（1988 年，陈中伟报道了 2 例基于腓动脉的骨骺移植）
[36] Ghert M,Colterjohn N,Manfrini M. The use of free vascularized fibular grafts in skeletal reconstruction for bone tumors in children[J]. J Am Acad Orthop Surg,2007,15(10):577-587.
[37] Jones NF,Swartz WM,Mears DC,et al. The "double-barrel" free vascularized fibular bone graft[J]. Plast Reconstr Surg,1988,81:378-385.
[38] Manfrini M,Vanel D,De Paolis M,et al. Imaging of vascularized fibula autograft placed inside a massive allograft in reconstruction of lower limb bone tumors[J]. AJR Am J Roentgenol,2004,182(4):963-970.
[39] Capanna R,Campanacci D,Belot N,et al. A new reconstructive technique for intercalary defects of long bones:the association of massive allograft with vascularized fibular autograft. Long-term results and comparison with alternative techniques[J]. Orthop Clin North Am,2007,38(1):51-60,vi.
[40] Innocenti M,Abed Y,Beltrami G,et al. Biological reconstruction after resection of bone tumors of the proximal tibia using allograft shell and intra-medullary free vascularized fibular graft:long term results[J]. Microsurgery,2009,29(5):361-372.

63. 足趾移植治疗创伤性拇指截指
toe transfer for traumatic thumb amputations

[1] Nicoladoni C. Daumenplasfik und Organischer Ersatz der Fingerspitze[M]. Arch Clin Chri,1900,61:606.（足趾具备重建手指的特点在 19 世纪末期已得到认识，Nicoladoni 通过分期手术的方式带蒂移植第 1、2 足趾用于拇指重建，但没有进行神经修复，被称为 Nicoladoni 术式）
[2] Nicoladoni C. Wien Klin Wochenschr[J]. Daumenplasfik,1897,10:663.
[3] Huemer GM. Carl Nicoladoni and the concept of toe-to-hand transfer at the turn of the nineteenth century[J]. Plast Reconstr Surg,2005,115(5):1432-1433.
[4] Clarkson P,Furlong R. Thumb reconstruction by transfer of big toe[J]. Br Med J,1949,2(4640):1332.
[5] Buncke HJ Jr,Buncke CM,Schulz WP. Immediate Nicoladoni procedure in the Rhesus monkey or hallux-to-hand transplantation,utilising microminiature vascular anastomoses[J]. Br J Plast Surg,1966,19(4):332-337.（吻合血管的第一足趾移植再造拇指最先由 Buncke 及其同事在猴子身上完成）
[6] Cobbett JR. Free digital transfer. Report of a case of transfer of a great toe to replace an amputated thumb[J]. J Bone Joint Surg Br,1969,51(4):677-679.（1968 年，Cobbett 完成首次吻合血管人第一足趾移植再造拇指）
[7] Buncke HJ Jr,McLean DH,George PT,et al. Thumb replacement:great toe transplantation by microvascular anastomosis[J]. Br J Plast Surg,1973,26(3):194-201.
[8] Yang DY. Thumb reconstruction by free second toe transplantation. Report of 40 cases[J]. Clin J Surg(注：医文有误，应为 Chin J Surg),1977,15:13.[1966 年中国的杨东岳成功开展吻合血管的第 2 足趾移植再造拇指手术，1977 年用中文报道了 40 例第二足趾移植的效果。1979 年 78 例用英文发表在：Yang Dongyue,GU Yudong G. Thumb reconstruction utilizing second toe transplantation by microvascular anastomosis:report of 78 cases[J]. Chin Med J(Engl),1979,92(5):295-309]
[9] O'Brien BM,MacLeod AM,et al. Hallux-to-hand transfer[J]. Hand,1975,7(2):128-133.（来自澳大利亚的 O'Brien 及其同事紧随其后，包括之后的 Chung 和 Wei，在中国台湾快速工作化进展的背景下，积累了大量的足趾移植的经验）
[10] Chung KC,Wei FC. An outcome study of thumb reconstruction using microvascular toe transfer[J]. J Hand Surg Am,2000,25(4):651-658.
[11] Morrison WA,O'Brien BM,MacLeod AM. Thumb reconstruction with a free neurovascular wrap-around flap from the big toe[J]. J Hand Surg Am,1980,5(6):575-583.
[12] Morrison WA,O'Brien BM,MacLeod AM. Experience with thumb reconstruction[J]. J Hand Surg,1984,9(3):223-233.
[13] Doi K,Kuwata N,Kawai S. Reconstruction of the thumb with a free wrap-around flap from the big toe and an iliac-bone graft[J]. J Bone Joint Surg Am,1985,67(3):439-445.
[14] Wei FC,Chen HC,Chuang CC,Noordhoff MS. Reconstruction of the thumb with a trimmed-toe transfer technique[J]. Plast Reconstr Surg,1988,82(3):506-515.
[15] Poppen NK,Norris TR,Buncke HJ Jr. Evaluation of sensibility and function with microsurgical free tissue transfer of the great toe to the hand for thumb reconstruction[J]. J Hand Surg Am,1983,8(5 Pt 1):516-531.
[16] Frykman GK,O'Brien BM,Morrison WA,et al. Functional evaluation of the hand and foot after one-stage toe-to-hand transfer[J]. J Hand Surg Am,1986,11(1):9-17.
[17] Gulgonen A,Gudemez E. Toe-to-hand transfers:more than 20 years follow-up of five post-traumatic cases[J]. J Hand Surg Br,2006,31(1):2-8.
[18] Buncke GM,Buncke HJ,Lee CK. Great toe-to-thumb microvascular transplant after traumatic amputation[J]. Hand Clin,2007,23(1):105-115.
[19] Kotkansalo T,Vilkki SK,Elo P,Luukkaala T. Long term functional results of microvascular toe-to-thumb reconstruction[J]. J Hand Surg Eur,2011,36(3):194-204.
[20] Maloney CT,DeJesus R,Dellon AL. Painful foot neuromas after toe-tothumb transfer[J]. J Hand Surg Am,2005,30(1):105-110.
[21] Zhao J,Tien HY,Abdullah S,Zhang Z,Aesthetic refinements in second toe-to-thumb transfer surgery[J]. Plast Reconstr Surg,2010,126(6):2052-2059.
[22] Gilbert A,Daniller A,Strauch B (eds). Composite tissue transfer from the foot:anatomic basis and surgical technique. Symposium on Microsurgery,vol. 15. St. Louis:CV Mosby,1976.
[23] Willemart G,Kane A,Morrison WA. Island dorsalis pedis skin flap in combination with toe or toe segment transfer based on the same vascular pedicle[J]. Plast Reconstr Surg,1999,104(5):1424-1429.
[24] O'Brien B,Morrison WA. Reconstructive Microsurgery[J]. St. Louis:Churchill Livingstone, 1987,294-308,359-369.
[25] May JW Jr. Aesthetic and functional thumb reconstruction:great toe to hand transfer[J]. Clin Plast Surg,1981,8(2):357-362.
[26] Krisek T. Personal communication[M].1999.
[27] Badylak. Pixie dust[M].2010.

64. 足趾－手指移植再造手指
toe-to-hand transfers for finger reconstruction

[1] Huguier P. Replacement du pouce par son metacarpien,par l'aggrandissement du premier espace interosseox[J]. Arch Gen Med,1874,23:78-82.
[2] Matev IB. The bone-lengthening method in hand reconstruction:twenty years' experience[J]. J Hand Surg Am,1989,14:376-378.
[3] Foucher G,Van Genechten F,Merle M,Michon J. Single stage thumb reconstruction by a composite forearm island flap[J]. J Hand Surg Br,1984,9:245-248.（在显微外科应用之前，一些传统的非显微外科的方法被用来尝试改善手指或手的功能，包括虎口加深术、牵张延长和使用非血管化的骨移植联合局部带蒂皮瓣重建手指）
[4] Tsai TM. 2nd & 3rd toe transplantation to a transmetacarpal amputated hand[J]. Ann Acad Med Singapore,1979,8:413-418.
[5] O'Brien BM,Brennen MD,MacLeod AM. Simultaneous double toe transfer for severely disabled hands[J]. Hand,1978,10:232-240.（随着技术的提升和经验的积累，现在在手指缺失治疗中，足趾移植重建手指已成为金标准，相对其他非显微外科技术和传统方法，其具有很大的优越性）
[6] Wei FC,Epstein MD,Chen HC,Chuang CC,Chen HT. Microsurgical reconstruction of distal digits following mutilating hand injuries:results in 121 patients[J]. Br J Plast Surg,1993,46:181-186.
[7] Dellon AL. Sensory re-education after fingertip injury and reconstruction. In Foucher G(ed). Fingertip and Nailbed Injuries[M]. New York:Churchill Livingstone,1991.
[8] Koshima I,Soeda S,Takase T,Yamasaki M. Free vascularized nail grafts[J]. J Hand Surg Am,1988,13:29-32.
[9] Cheng G,Fang G,Hou S,et al. Aesthetic reconstruction of thumb or finger partial defect with trimmed toe-flap transfer[J]. Microsurgery,2007,27:74-83.
[10] Logan A,Elliot D,Foucher G. Free toe pulp transfer to restore traumatic digital pulp loss[J]. Br J Plast Surg,1985,38:497-500.
[11] Wei FC,Chen HC,Chuang DC,Chen S,Noordhoff MS. Second toe wrap-around flap[J]. Plast Reconstr Surg,1991,88:837,843.
[12] Woo SH,Lee GJ,Kim KC,Ha SH,Kim JS. Cosmetic reconstruction of distal finger absence with partial second toe transfer[J]. J Plast Reconstr Aesthet Surg,2006,59:317-324.
[13] Boeckx W,Jacobs W,Guelinckx P,Van de Kerckhove E. Late results in replanted digits. Is replantation of a single digit worthwhile?[J]. Acta Chir Belg,1992,92:204-208.
[14] Wei FC,Colony LH. Microsurgical reconstruction of opposable digits in mutilating hand injuries[J]. Clin Plast Surg,1989,16:491-504.
[15] Wei FC,el-Gammal TA,Lin CH,Chuang CC,Chen HC,Chen SH. Metacarpal hand:classification and guidelines for microsurgical reconstruction with toe transfers[J]. Plast Reconstr Surg,1997,99:122-128.
[16] Tsai TM,Jupiter JB,Wolff TW,Atasoy E. Reconstruction of severe transmetacarpal mutilating hand injuries by combined second and third toe transfer[J]. J Hand Surg Am,1981,6:319-328.
[17] Wei FC,Chen HC,Chuang CC,Noordhoff MS. Simultaneous multiple toe transfers in hand reconstruction[J]. Plast Reconstr Surg,1988,81:366-377.
[18] Mardini S,Wei FC. Unilateral and bilateral metacarpal hand injuries:classification and treatment guidelines[J]. Plast Reconstr Surg,2004,113:1756-1759.
[19] Wei FC,Lutz BS,Cheng SL,Chuang DC. Reconstruction of bilateral metacarpal hands with multiple-toe transplantations[J]. Plast Reconstr Surg,1999,104:1698-1704.
[20] Yim KK,Wei FC. Intraosseous wiring in toe-to-hand transplantation[J]. Ann Plast Surg,1995,35:66-69.
[21] el-Gammal TA,Wei FC. Microvascular reconstruction of the distal digits by partial toe transfer[J]. Clin Plast Surg,1997,24:49-55.
[22] Yim KK,Wei FC,Lin CH. A comparison between primary and secondary toe-to-hand transplantation[J]. Plast Reconstr Surg,2004,114:107-112.
[23] Wei FC,el-Gammal TA. Toe-to-hand transfer. Current concepts,techniques,and research[J]. Clin Plast Surg,1996,23:103-116.
[24] Woo SH,Kim JS,Seul JH. Immediate toe-to-hand transfer in acute hand injuries:overall results,compared with results for elective cases[J]. Plast Reconstr Surg,2004,113:882-892.
[25] Wei FC,Chen HC,Chuang DC,et al. Aesthetic refinements in toe-tohand transfer surgery[J]. Plast Reconstr Surg,1996,98:485-490.
[26] Wilson CS,Buncke HJ,Alpert BS,Gordon L. Composite metacarpophalangeal joint reconstruction in great toe-to-hand free tissue transfers[J]. J Hand Surg Am,1984,9:645-649.
[27] Strauch RJ,Wei FC,Chen SH. Composite finger metacarpophalangeal joint reconstruction in combined second and third free toe-to-hand transfers[J]. J Hand Surg Am,1993,18:972-977.
[28] Gilbert A. Discussion in:The second toe flap. In Serafin D(ed). Atlas of Microsurgical Composite Tissue Transplantation[M]. Philadelphia:Saunders,1996,pp616-618.
[29] Cheng MH,Wei FC,Santamaria E,et al. Single versus double arterial anastomoses in combined second- and third-toe transplantation[J]. Plast Reconstr Surg,1998,102:2408-2412;discussion 2413.
[30] Jones NF. Gupta R. Postoperative monitoring of pediatric toe-to-hand transfers with differential pulse oximetry. Reconstruction of severe transmetacarpal mutilating hand injuries by combined second and third toe transfer[J]. J Hand Surg Am,2001,3:525-529.
[31] Yim KK,Wei FC. Secondary procedures to improve function after toe-tohand transfers[J]. Br J Plast Surg,1995,48:487-491.
[32] Carlsen B,Jones NF. Radical resection of a massive venous malformation of the thumb and immediate reconstruction with a microsurgical toe transfer[J]. J Hand Surg Am,2007,32:1587-1591.
[33] Wei F-C. Toe to Hand Transplantations. In D Green RH,W Pederson,S Wolfe(ed). Green's Operative Hand Surgery[J]. St. Louis:Churchill Livingstone,2005,pp1835-1863.
[34] Wei FC,Yim KK. Pulp plasty after toe-to-hand transplantation. Plast Reconstr Surg,1995,96:661-666.
[35] Foucher G,Medina J,Navarro R. Microsurgical reconstruction of the hypoplastic thumb,type IIIB[J]. J Reconstr Microsurg,2001,17:9-15.
[36] Poppen NK,Norris TR,Buncke HJ Jr. Evaluation of sensibility and function with microsurgical free tissue transfer of the great toe to the hand for thumb reconstruction[J]. J Hand Surg Am,1983,8:516-531.
[37] Gu YD,Zhang GM,Cheng DS,et al. Free toe transfer for thumb and finger reconstruction in 300 cases[J]. Plast Reconstr Surg,1993,91:693-700;discussion 1-2.
[38] Wei FC,Yim KK. Single third-toe transfer in hand reconstruction[J]. J Hand Surg Am,1995,20:388-394;discussion 95-96.
[39] Chung KC,Wei FC. An outcome study of thumb reconstruction using microvascular toe transfer[J]. J Hand Surg Am,2000,25:651-658.
[40] Fumiaki S,Wei FC,Sassu P,et al. Multiple toe transplantations to reconstruct three amputated neighbouring distal fingers by heat press injury—a case report[J]. J Plast Reconstr Aesthet Surg,2009,62:e309-e313.
[41] Wei FC,Coessens B,Ganos D. Multiple microsurgical toe-to-hand transfer in the reconstruction of the severely mutilated hand. A series of fifty-nine cases. Ann Chir Main Memb Super,1992,11:177-187.
[42] Demirkan F,Wei FC,Jeng SF,et al. Toe transplantation for isolated index finger amputations distal to the proximal inter-phalangeal joint. Plast Reconstr Surg,1999,103:499-507.
[43] Chu NS,Wei FC. Recovery of sensation and somatosensory evoked potentials following toe-to-digit transplantation in man. Muscle Nerve,1995,18:859-866.

[44] Whitworth IH,Pickford MA. The first toe-to-hand transfer:a thirty-year follow-up[J]. J Hand Surg Br,2000,25:608-610.
[45] Morrison WA,O'Brien BM,MacLeod AM. Experience with thumb reconstruction[J]. J Hand Surg Br,1984,9:223-233.
[46] Buncke G (ed). Lengthening by Toe Transfer[M]. London:Martin Dunitz,1997.

65. 足趾－手指移植治疗手部先天性畸形
toe-to-hand transfers for congenital anoma-lies of the hand

[1] Buncke HJ,Buncke CM,Schultz WP. Immediate Nicoladoni procedure in the Rhesus monkey,or hallux-to-hand transplantation,utilizing microminiature vascular anastomoses. Br J Plast Surg,1966,19:332-337.（Buncke 在 1964 年首先在猴身上完成了第一例吻合血管的足趾到手的游离移植）
[2] Cobbett JR. Free digital transfer:report of a case of transfer of a great toe to replace an amputated thumb. J Bone Joint Surg,1969,51B:677-679.
[3] Buncke HJ,McLean DH,Geroge PT,et al. Thumb replacement:great toe transplantation by microvascular anastomosis. Br J Plast Surg,1973,26:194-201.（来自中国的杨东岳在 1966 年最先报道了吻合血管的第二足趾游离移植，之后 Cobbett 报道了基于足底血管系统的第一足趾移植重建拇指，Buncke 报道了基于第一足背动脉的第一足趾移植重建拇指）
[4] Morrison WA,O'Brien BM,MacLeod AM. Thumb reconstruction with a free neurovascular wrap-around flap from the big toe. J Hand Surg,1980,5:575-583.
[5] Wei FC,Chen HC,Chuang CC,Noordhoff MS. Reconstruction of the thumb with a trimmed-toe transfer technique. Plast Reconstr Surg,1988,82:506-515.（第一足趾移植已逐渐发展到如何减少足趾组织的切取和优化重建拇指的外观，相关技术包括 Morrison 报道的甲皮瓣、Wei 的修饰性足趾游离移植，以及 Upton 改良的第一足趾移植）
[6] Upton J,Mutimer KL. A modification of the great toe transfer for thumb reconstruction. Plast Reconstr Surg,1988,82:535-538.
[7] Wei FC,Mardini S. Reevaluation of the technique of toe-to-hand transfer for traumatic digital amputations in children and adolescents. Plast Reconstr Surg,2003,112:1870-1874.
[8] Buck-Gramcko D. Pollicization of the index finger:method and results in aplasia and hypoplasia of the thumb. J Bone Joint Surg,1971,53A:1605-1617.
[9] Miyawaki T,Masuzawa G,Hirakawa M,Kurihara K. Bone-lengthening for symbrachydactyly of the hand with the technique of callus distraction. J Bone Joint Surg,2002,84A:986-991.
[10] O'Brien BM,Black MJ,Morrison WA,Macleod AM. Microvascular great toe transfer for congenital absence of the thumb. Hand,1978,10:113-124.（O'Brien 等在 1976 年最先报道了 2 例儿童患者使用足趾－拇指移植重建拇指发育不良）
[11] Nyarady JP,Szekeres,Vilmos Z. Toe-to-thumb transfer in congenital grade III thumb hypoplasia. J Hand Surg ,1983,8:898-901.（Nyarady 在 1983 年报道了第二足趾移植用于拇指发育不良的治疗）
[12] Yoshimura M. Toe-to-hand transfer. Plast Reconstr Surg,1980,66:74-83.
[13] May J,Smith RJ,Peimer C. Toe-to-hand free tissue transfer for thumb construction with multiple digit aplasia. Plast Reconstr Surg,1981,67:205-213.
[14] Meals RA,Lesavoy MA. Hallux-to-hand transfer during ankle disarticulation for multiple limb anomalies. JAMA,1983,249:72-73.
[15] Eaton CJ,Lister GD. Toe transfer for congenital hand defects. Microsurgery,1991,12:186-195.
[16] Foo IT,Malata CM,Kay SP. Free tissue transfers to the upper limb. J Hand Surg,1993,18B:279-284.
[17] Foucher G. Le transfert d'orteil dans les malformations congenitales de la main. Bull Acad Natl Med,1997,181:1737-1744;discussion 1744-1745.
[18] Foucher G,Medina J,Navarro R,Nagel D. Toe transfer in congenital hand malformations. J Reconstr Microsurg,2001,17:1-7.
[19] Gilbert A. Toe transfers for congenital hand defects. J Hand Surg,1982,7A:118-124.
[20] Gilbert A. Reconstruction of congenital hand defects with microvascular toe transfers. Hand Clin,1985,1:351-360.
[21] Jones NF,Kaplan J. Indications for microsurgical reconstruction of congenital hand anomalies by toe-to-hand transfers. Hand,2013,8:367-374.
[22] Kay SP,Wiberg M. Toe to hand transfer in children. Part 1:technical aspects. J Hand Surg,1996,21B:723-734.
[23] Kay SP,Wiberg M,Bellew M,Webb F. Toe to hand transfer in children. Part 2:functional and psychological aspects. J Hand Surg,1996,21B:735-745.
[24] Kay S,McGuiness C. Microsurgical reconstruction in abnormalities of children's hands. Hand Clin,1999,15:563-583.
[25] Lister G. Reconstruction of the hypoplastic thumb. Clin Orthop Rel Res,1985,195:52-65.
[26] Lister G. Microsurgical transfer of the second toe for congenital deficiency of the thumb. Plast Reconstr Surg,1988,82:658-665.
[27] Lister G. Toes to the hand. In Flatt A (ed). Pediatric Hand Surgery,1991,pp180-192.
[28] Richardson PWF,Johnstone BR,Coombs CJ. Toe-to-hand transfer in symbrachydactyly. Hand Surg,2004,9:11-18.
[29] Shvedovchenko IV. Toe-to-hand transfers in children. Ann Plast Surg,1993,31:251-254.
[30] Van Holder C,Giele H,Gilbert A. Double second toe transfer in congenital hand anomalies. J Hand Surg,1999,24B:471-475.
[31] Vilkki SK. Advances in microsurgical reconstruction of the congenitally adactylous hand. Clin Orthop Rel Res,1995,314:45-58.
[32] Foucher G,et al. La symbrachydactylie,classification et traitement. A propos d'une serie de 117 cas. Chirurgie de la Main,2000,19:161-168.
[33] Chang J,Jones NF. Simultaneous Toe-to-hand transfer and lower extremity amputations for severe upper and lower limb defects:the use of spare parts. J Hand Surg,2002,27B:219-223.
[34] Harashina T,Ino ue T,Fujino T,et al. Reconstruction of a floating thumb with an excess big toe. J Reconstr Microsurg,1994,10:11-15.
[35] Tu YK,Yeh WL,Sananpanich K,et al. Microsurgical second toemetatarsal bone transfer for reconstructing congenital radial deficiency with hypoplastic thumb. J Reconstr Microsurg,2004,20:215,225.
[36] Michon J,Merle M,Bouchon Y,Foucher G. Functional comparison between pollicization and toe-to-hand transfer for thumb reconstruction. J Reconstr Microsurg,1984,1:103-112.
[37] Bradbury ET,Kay SP,Tighe C,Hewison J. Decision-making by parents and children in paediatric hand surgery. Br J Plast Surg,1994,47:324-330.
[38] Bradbury ET,Kay SPJ,Hewison J,The psychological impact of microvascular free toe transfer for children and their parents. J Hand Surg,1994,19B:689-695.
[39] Bellew M,Kay SP. Psychological aspects of toe-to-hand transfer in children:comparison of views of children and their parents. J Hand Surg,1999,24B:712-718.
[40] Greenberg B,May J. Great toe-to-hand transfer:role of the preoperative lateral angiogram of foot. J Hand Surg,1988,13A:411-414.
[41] Frykman GK,O'Brien BM,Morrison WA,MacLeod AM. Functional evaluation of the hand and foot after one-stage toe-to-hand transfer. J Hand Surg,1986,11A:9-17.
[42] Inberg P,Kassila M,Vilkki S,et al. Anaesthesia for microvascular surgery in children:a combination of general anaesthesia and axillary plexus block. Acta Anaesthesiol Scand,1995,39:518-522.
[43] Spokevicius S,Radzevicius D. Late toe-to-hand transfer for the reconstruction of congenital defects of the long fingers. Scand J Plast Reconstr Surg Hand Surg,1997,31:345-350.
[44] Foucher G. The "stub" operation—modification of the Furnas and Vilkki technique in traumatic and congenital carpal hand reconstruction. Ann Acad Med Singapore,1995,24:73-76.
[45] Wei FC,Silverman RT,Hsu WM. Retrograde dissection of the vascular pedicle in toe harvest. Plast Reconstr Surg,1995,96:1211-1214.
[46] Koman LA,Weiland A,Moore JR. Toe-to-hand transfer based on the medial plantar artery. J Hand Surg,1985,10A:561-566.
[47] Jones NF,Gupta R. Postoperative monitoring of pediatric toe-to-hand transfers with differential pulse oximetry. J Hand Surg,2001,26A:525-529.
[48] Schenker M,Wiberg M,Kay SP,Johansson RS. Precision grip function after free toe transfer in children with hypoplastic digits. J Plast Reconstr Aesthet Surg,2007,60:13-23.
[49] Chang J,Jones NF. Radiographic analysis of growth in pediatric microsurgical toe-to-hand transfers. Plast Reconstr Surg,2002,109:576-582.

66. 游离关节移植
free joint transfers

[1] Foucher G,Hoang P,Citron N,et al. Joint reconstruction following trauma:comparison of microsurgical transfer and conventional methods. A report of 61 cases. J Hand Surg,1986,11-B:388.（1986 年，Foucher 等比较不同关节重建方式的效果，在掌指关节水平，他们发现吻合血管的关节移植与 Swanson 硅胶关节假体的效果类似）
[2] Buncke HJ,Daniller AI,Schultz WP,et al. The fate of autogenous whole joints transplanted by microvascular anastomoses. Plast Reconstr Surg,1967,39:333.（1967 年，Buncke 及其同事在鼠膝关节及猴拇指和手指开展关节游离移植实验研究，并报道了短期及长期移植关节的临床、影像学、组织学及荧光显微特点）
[3] Chen SHT,Wei FC,Chen HC. Vascularized toe joint transplantation. Hand Clin,1999,15:613.
[4] Foucher G,Citron N,Sammut D. Compound vascularized island joint transfer in hand surgery. French J Orthop Surg,1991,5:32.
[5] Foucher G. Vascularized joint transfers. In Green DP,Hotchkiss RN,Pederson WC,Wolffe SW. Green's Operative Hand Surgery,5th ed. Philadelphia:Elsevier Churchill Livingstone,2005,pp1813.
[6] Hurwitz PJ. Experimental transplantation of small joints by microvascular anastomoses. Plast Reconstr Surg,1979,64:221.
[7] Ishida O,Tsai TM. Free vascularized whole joint transfer in children. Microsurgery,1991,12:196.
[8] O'Brien B,Gould JS,Morrison WA,et al. Free vascularized small joint transfer to the hand. J Hand Surg,1984,9(5):634-641.
[9] Tsai TM,Ogden L,Jaeger SH,et al. Experimental vascularized total joint autografts—a primate study. J Hand Surg,1982,7:140.（吻合血管的关节移植主要用于重建拇指及手指的小关节。早期医学文献报道发现吻合血管的关节移植可有效解决临床问题，而不用接受关节置换）
[10] Tsai TM,Wang WZ. Vascularized joint transfers:indications and results. Hand Clin,1992,8:525.
[11] Hierner R,Berger AK. Long-term results after vascularized joint transfer for finger joint reconstruction. J Plast Reconstr Aesthet Surg,2008,61:1338.
[12] Pho RW. Malignant giant-cell tumor of the distal end of the radius treated by a free vascularized fibular transplant. J Bone Joint Surg,1981,63:877.
[13] Cavadas PC,Landin L,Thione A,et al. Reconstruction of massive bone losses of the elbow with vascularized bone transfers. Plast Reconstr Surg,2010,126:964.
[14] Yaremchuk MJ,Sedacca T,Schiller AL,et al. Vascular knee allograft transplantation in a rabbit model. Plast Reconstr Surg,1983,71:461.
[15] Muramatsu K,Doi K,Akino T,et al. Results of vascularized joint allograft under immunosuppression with cyclosporine. Microsurgery,1993,14:527.
[16] Morrison WA,O'Brien BM,MacLeod AM. The foot as a donor site in reconstructive microsurgery. World J Surg,1079,3:43.
[17] Rose EH. Reconstruction of central metacarpal ray defects of the hand with a free vascularized double metatarsal and metacarpophalangeal joint transfer. J Hand Surg,1984,9A(1):28-23.
[18] Mathes SJ,Buchmann R,Weeks PM. Microvascular joint transplantation with epiphyseal growth. J Hand Surg,1980,5:586.
[19] Wray RC,Mathes SM,Young VL,et al. Free vascularized whole-joint transplants with ununited epiphyses. Plast Reconstr Surg,1981,67:519.
[20] Tsai TM,Jupiter JB,Kutz JE,et al. Vascularized autogenous whole joint transfer in the hand—a clinical study. J Hand Surg,1982,7:335.
[21] Kuo ET,Zhao YC,Zhang ML. Reconstruction of metacarpophalangeal joint by free vascularized autogenous metatarsophalangeal joint transplant. J Reconstr Microsurg,1984,1:65.
[22] Smith PJ,Jones BM. Free vascularized transfer of the metatarsophalangeal joint to the hand. A technical modification. J Hand Surg,1985,10B:109.
[23] Foucher G,Sammut D,Citron N. Free vascularized toe-joint transfer in hand reconstruction:a series of 25 patients. J Reconstr Microsurg,1990,6:201.
[24] Ellis PR,Hanna D,Tsai TM. Vascularized single toe joint transfer to the hand. J Hand Surg,1991,16A:160.
[25] Foucher G,Lenoble E,Smith D. Free and island vascularized joint transfer for proximal interphalangeal reconstruction:a series of 27 cases. J Hand Surg,1994,19A:8.
[26] Chen SHT,Wei FC,Chen HC et al. Vascularized toe joint transfer to the hand. Plast Reconstr Surg,1996,98:1275.
[27] Kimori K,Ikuta Y,Ishida O,et al. Free vascularized toe joint transfer to the hand. A technique for simultaneous reconstruction of the soft tissue. J Hand Surg,2001,26B:314.
[28] Foucher G,Nagle DJ. Microsurgical reconstruction of fingers and fingertips. Hand Clin,1999,15:597.
[29] Foucher G,Lenoble E,Sammut D. Transfer of a composite island homodigital distal interphalangeal joint to replace the proximal interphalangeal joint. Ann Chir Main,1990,9:369.
[30] Wei FC,Silverman RT,Hsu WM. Retrograde dissection of the vascular pedicle in toe harvest. Plast Reconstr Surg,1995,96:1211.
[31] Manktelow RT. Microvascular Reconstruction. Anatomy,Applications and Surgical Technique. Berlin:Springer-Verlag,1986.
[32] May JW Jr,Chait LA,Cohen BE,et al. Free neurovascular flap from the first web of the foot in hand reconstruction. J Hand Surg,1977,2:387.
[33] Cavadas PC. Microvascular free on-top plasty in multidigital amputations. J Plast Reconstr Aesthet Surg,2007,60:720.
[34] Koshima I,Inagawa K,Sahara K,et al. Flow-through vascularized toejoint transfer for reconstruction of segmental loss of an amputated finger. J Reconstr Microsurg,1998,14:453.
[35] Vilkki SK,Salonen EJ. Experimental models for microsurgical joint reconstruction in the upper extremity.

Ann Acad Med Singapore,1995,24(suppl):58S.
[36] Vilkki SK,Hukki J,Nietosvaara Y,et al. Microvascular temporomandibular joint and mandibular ramus reconstruction in hemifacial microsomia. J Craniofacial Surg,2002,13:809.
[37] Vilkki SK. Distraction and microvascular epiphysis transfer for radial for radial club hand. J Hand Surg,1998,23B:445.
[38] Vilkki SK. Vascularized joint transfer for radial club hand. Tech Hand Up Extrem Surg,1998,2:126.
[39] Hekali P,Vilkki S,Solonen K. Arteriography before toe to hand free tissue transfer operation. Eur J Radiol,1981,1:285.
[40] Singer DI,O'Brien BM,McLeod AM,et al. Long-term follow-up of free vascularized joint transfers to the hand in children[J]. J Hand Surg,1988,13A:776.
[41] Chen HC,Tang YB,Chen S,et al. Improving the result of vascularized joint transfer in hand joints:two-stage reconstruction with two periods of rehabilitation[J]. Tech Hand Up Extrem Surg,1998,2:262.

67. 上肢神经修复
nerve repair in the upper extremity

[1] Birch R. Reactions to injury//In Surgical Disorders of the Peripheral Nerves[M].2nd ed. UK: Springer,2011,pp77-114.
[2] Bland-Sutton J. Injuries of the peripheral nerves. In The Story of a Surgeon[M]. Methuen,1930,pp34-37.（Bland Sutton 描述到，在 19 世纪 70 年代，JW Hulke 修复了一例女患者的正中神经和尺神经。他说这是伦敦最早进行的二期神经修复）
[3] Horsley V. On injuries to peripheral nerves[M]. In The Practitioner,vol. 10. 1899,pp131-144.
[4] Sherren J. Injuries of Nerves and their Treatment[M]. London:James Nisbet and Co,1908.
[5] Tinel J. Nerve Wounds. Revised and edited by Joll CA[M]. London:Ballière Tindall and Cox,1917.（Tinel 写到当神经损伤后断端距离太长不能满足直接缝合时，唯一可选择的方式是神经移植）
[6] Jones R. Orthopaedic Surgery of Injuries[M]. London:Oxford University Press,1921.
[7] Seddon HJ(ed). Peripheral Nerve Injuries,Medical Research Council Special Report Series No. 282. HMSO,1954.
[8] Young JZ. First evidence of axonal transport. In Dyck PJ,Thomas PK,Griffin JW,et al.(eds). Peripheral Neuropathy,3rd ed[M].
[9] Woodhall B,Beebe GW (eds). Peripheral Nerve Regeneration. VA Medical Monograph. Washington,DC:US Government Printing Office,1956.
[10] Omer GE,Eversmann WW. Peripheral nerve problems. In Burkhalter WE.(ed). Orthopaedic Surgery in Vietnam. Washington,DC:Office of the US Army Surgeon General and Center of Military History,1994.
[11] Omer GE. Peripheral nerve injuries and gunshot wounds//In Omer GE,Spinner M,Van Beek AL(eds). Peripheral Nerve Problems[M].2nd ed. Philadelphia:WB Saunders,1998,398-405.（在越南战争中，Omer 和他的同事们强调了延迟修复的危害，并认为神经移植效果不满意。带血管蒂的神经移植可获得更好的效果）
[12] Birch R. Compound nerve injuries//In Surgical Disorders of the Peripheral Nerves[M].2nd ed. UK:Springer,2011,pp303-374.
[13] Lanz U. The carpal tunnel syndrome. In Tubiana R(ed). The Hand Volume IV. St[M]. Louis:WB Saunders,1993,pp463-486.
[14] Schroeder HP,Scheker LR. Redefining the "arcade of Struthers"[J] J Hand Surg,2003,28A:1018-1021.
[15] Wilbourn AJ. Brachial plexus injuries. In Dyck PJ,Thomas PK(eds). Peripheral Neuropathy[M].4th ed. Philadelphia:Elsevier Saunders,2005,pp1339-1373.
[16] Stenning M,Drew S,Birch R. Low energy arterial injury at the shoulder with progressive or delayed nerve palsy[J]. J Bone Joint Surg,2005,87B:1102-1106.
[17] Wajcberg E,Thoppil N,Patel S,et al. Comprehensive assessment of post ischaemic vascular reactivity in Hispanic children and adults with and without diabetes mellitus[J]. Paediatr Diabetes,2006,7:329,335.
[18] Fowler TJ,Danta G,Gilliatt RW. Recovery of nerve conduction after a pneumatic tourniquet:observations in the hind limb of a baboon[J]. J Neurol Neurosurg Psychiatry,1972,35:638-647.
[19] Seddon HJ. Three types of nerve injury[J]. Brain,1943,66:237-288.
[20] Mackinnon SE,Dellon AL. Ischaemia of nerve:loss of vibration sensibility[M]. In Surgery of the Peripheral Nerve. New York:Thieme,1988,pp57.
[21] Gutmann E,Sanders FK. Recovery of fiber numbers and diameters in the regeneration of peripheral nerves[J]. J Physi-ol,1943,101:489-518.
[22] Birch R,Bonney G,Wynn Parry CB. Reactions to injury. In Surgical Disorders of the Peripheral Nerves,1st ed[M]. Lon-don:Churchill Livingstone,1998,pp37-56.
[23] O'Brian M(ed). Aids to the Examination of the Peripheral Nervous System,4th ed. London:Elsevier,2000.
[24] Cokluk C,Aydin K. Ultrasound examination in the surgical treatment for upper extremity peripheral nerve injuries:part I[J]. Turk Neurosurg,2007,17(4):277-282.
[25] Kato H,Minami A,Kobayashi M,et al. Functional results of low median and ulnar nerve repair with intraneural fascicular dissection and electrical fascicular orientation[J]. J Hand Surg,1998,23A:471-482.
[26] Brushart TM. Nerve repair and grafting:histochemical identification. In Green EP(ed). Operative Hand Surgery[M].4th ed. New York:Churchill Livingstone,1999:1388-1389.
[27] Orgell MG. Epineurial versus perineurial repair of peripheral nerves. In Tertzis JK (ed). Microreconstruction of Nerve Injuries[M]. London:WB Saunders,1987:97-100.
[28] Spinner RJ. Operative care and technique//In Kim DH,Midha R,Murovic JA,Spinner RJ(eds). Kline and Hudson's Nerve Injuries[M].2nd ed. Philadelphia:Saunders Elsevier,2008:87-106.
[29] Birch R,Raji ARM. Repair of median and ulnar nerves[J]. J Bone Joint Surg,1991,73B:154-157.
[30] Trumble TE. Overcoming defects in peripheral nerves. In Gelberman RH(ed). Operative Nerve Repair and Reconstruction[M]. Philadelphia:JB Lippincott,1991,pp507-524.
[31] Seddon HJ. The use of autogenous grafts for the repair of large gaps in peripheral nerves[J]. Br J Surg,1947,35:151-167.
[32] Lundborg G,Dahlin L,Dohi D,et al. A new type of "bioartificial" nerve graft for bridging extended defects in nerves[J]. J Hand Surg,1997,22B:299-203.
[33] Anand P,Birch R. Restoration of sensory function and lack of long-term chronic pain syndromes after brachial plexus injury in human neonates[J]. Brain,2002,125:113-122.
[34] Őzkan T,Őzer K,GülgŐnen A. Restoration of sensibility in irreparable ulnar and median nerve lesions with use of sensory nerve transfer:longterm follow up of 20 cases[J]. J Hand Surg,2001,26A:44-51.
[35] Battiston B,Blanzetta M. Repair of proximal ulnar by distal transfer-reconstruction of high nerve lesions by distal double median to ulnar nerve transfer[J]. J Hand Surg,1999,24（A):1185-1191.
[36] Birch R. Regeneration and recovery//In Surgical Disorders of the Peripheral Nerves.2nd ed. UK: Springer,2011,pp115-144.
[37] Birch R. Pain. In Surgical Disorders of the Peripheral Nerves[M].2nd ed. UK:Springer,2011,pp527-562.
[38] Birch R. Operating on nerves//In Surgical Disorders of the Peripheral Nerves[M].2nd ed. UK: Springer,2011,pp231-302.
[39] Willner C,Low PA. Pharmacologic approaches to neuropathic pain. In Dyck PJ,Thomas PK,Griffin JW,et al(eds). 1993.（原文如此。注：应为 "In Dyck P J,Thomas P K,Griffin J W,et al. Peripheral neuropathy. W B Saunders,Lon-don,1995."）
[40] Birch R,Bonney G,Wynn Parry CB. Pain. In Surgical Disorders of the Peripheral Nerves[M].1st ed. London:Churchill Livingstone,1998,pp373-404.
[41] Jebara VA,Bechir S. Causalgia:a war time experience—report of 20 treated cases[J]. J Trauma,1987,27: 519-523.
[42] Kline DG,Hudson AR. Nerve Injuries. Philadelphia:WB Saunders,1995.
[43] Seddon HJ. Common causes of nerve injury//In Surgical Disorders of Peripheral Nerves[M].2nd ed. New York:Churchill Livingstone,1975,pp67-88.
[44] Siegel DB,Gelberman RG. Peripheral nerve injuries associated with fractures and dislocations. In Gelberman RH(ed). Operative Nerve Repair and Reconstruction[M]. Philadelphia:JB Lippincott,1991,pp619-633.
[45] Birch R. Clinical aspects of nerve injury//In Surgical Disorders of the Peripheral Nerves[M].2nd ed. UK:Springer,2011,pp145-190.
[46] Blakey CM,Biant LC,Birch R. Ischaemia and the pink,pulseless hand complicating supracondylar fractures of the humerus in children[J]. J Bone Joint Surg,2009,91B:1487-1498.
[47] Gousheh J. The treatment of war injuries in the brachial plexus[J]. J Hand Surg,1995,20A:S68-S76.
[48] Roganovic Z. Missile caused complete lesions of the peroneal nerve and peroneal division of the sciatic nerve:results of 157 repairs[J]. Neurosurgery,2005,57:1201-1212.
[49] Roganovic Z,Mesovic S,Kronja G,Savic M. Peripheral nerve lesions associated with missile induced pseudo aneurysms[J]. J Neurosurg,2007,107:765-775.
[50] Goldie BS,Coates CJ,Birch R. The long term results of digital nerve repair in no man's land[J]. J Hand Surg,1992b,12B:75-77.
[51] Denmark A. An example of symptoms resembling tic douloureux produced by a wound in the radial nerve[J]. Med Chir Trans,1813,4:48.
[52] Kato N,Birch R. Peripheral nerve palsies associated with closed fractures and dislocations[J]. Injury,2006,37:507-512.
[53] Bowden REM,Scholl DH. Recovery of nerves. In Seddon HJ(ed). Peripheral Nerve Injuries,Special report series,No. 282[M]. Medical Research Council,1954,pp16-24.
[54] Shah JJ,Bhatti NA. Radial nerve paralysis associated with fractures of the humerus[J]. Clin Orthop Rel Res,1983,172:171-176.
[55] Shaw JL. Sakellarides H. Radial nerve paralysis[J]. J Bone Joint Surg,1967,49A:899-902.
[56] Ring D,Chin K,Jupiter JB,Boston MA. Radial nerve palsy associated with high-energy humeral shaft fractures[J]. J Hand Surg,2004,29A:144-147.
[57] Ekholm R,Adami J,Tidermark J,et al. Fractures of the shaft of the humerus[J]. J Bone Joint Surg,2006,88B:1469-1473.
[58] Holstein A,Lewis GR. Fractures of the humerus with radial nerve paralysis[J]. J Bone Joint Surg,1963,45A:1382-1388.
[59] S onneveld GJ,Patka P,van Mourik JC,Broere G. Treatment of fractures of the shaft of the humerus accompanied by paralysis of the radial nerve[J]. Injury,1987,18:404-406.
[60] Pollock FH,Drake D,Bovill EG,et al. Treatment of radial neuropathy associated with fractures of the humerus[J]. J Bone Joint Surg,1981,63A:239-243.
[61] Larsen LB,Barfred T. Radial nerve palsy after simple fracture of the humerus[J]. Scand J Plast Reconstr Surg Hand Surg,2000,34:363-366.
[62] Livani B,Belangero WD,Castro de Medeiros R. Fractures of the distal third of humerus with palsy of the radial nerve[J]. J Bone Joint Surg,2006,88B:1625-1628.
[63] Venouziou A,Gougoulias N,Dailiana Z,et al. Surgical treatment of radial nerve lesions associated with fractures of the humeral shaft[J]. J Hand Surg,2007,32E:43-44.
[64] Vichard P,Tropet Y,Landecy G,Briot JF. Parlaysies radiales contemporaines des fractures de la diaphyse humérale[J]. Chirurgie,1982,108:791-795.
[65] Foster RJ,Swiontkowski MF,Bach AW,Sack JT. Radial nerve palsy caused by open humeral shaft fractures[J]. J Hand Surg,1993,18A:220-222.
[66] Pollock RC,Birch R. Complete transposition of the radial nerve complicating an open fracture of the shaft of humerus[J]. Injury,1999,30:623-625.
[67] Fiolle J,Delmas J. In Cumston CG. (trans ed). The Surgical Exposure of the Deep Seated Blood Vessels[J]. London:Heinemann,1921,pp61-67.
[68] Henry AK. Extensile exposure. Upper Limb[M].4th ed. Edinburgh:Churchill Livingstone,1975.
[69] Birch R. Iatrogenous injuries//In Surgical Disorders of the Peripheral Nerves[M].2nd ed. UK:Springer,2011,pp483-526.
[70] Zachary RB. Results of nerve sutures. In Seddon HJ(ed). Peripheral Nerve Injuries. Special report series No. 282[M]. Medical Research Council,1954,pp354-387.
[71] Shergill G,Birch R,Bonney G,Munshi P. The radial and posterior interosseous nerves:results of 260 repairs[J]. J Bone Joint Surg,2001,83B:646-649.

68. 上肢神经修复与神经移植
nerve repair and nerve grafting in the upper extremity

[1] Waller A. Experiments on the section of the glossopharyngeal and hypoglossal nerves of the frog,and observations of the alterations produced thereby in the structure of their primitive fibres[J]. Philos Trans R Soc London,1850,140:423-429.（19 世纪 Augustus Waller 对加深周围神经损伤的理解做出了最大的贡献。他对神经断开后远端轴突内发生的组织学变化进行了详细描述，后来被称为 Wallerian 变性）
[2] Naff NJ,Ecklund JM. History of peripheral nerve surgery techniques[J]. Neurosurg Clin North Am,2001,12:197-209.（19 世纪见证了许多周围神经对损伤反应方面的重大发现，但直到 20 世纪的前几十年这些发现才被广泛接受。第一次世界大战的手术经验剔除了大多数不可靠的技术，为现代神经修复技术奠定了基础。第二次世界大战的手术经验使人们对神经损伤进行了合理的分类，并改进了手术干预的时机）
[3] Tinel J. Nerve Wounds[M]. New York:W Wood & Co,1918,pp317.（Tinel 在 1918 年报道了关于神经损伤和神经修复的自然进程，证明再生轴突对刺激非常敏感，而再生轴突的位置可以通过敲击神经来判断。该现象现在被称为 Tinel 征）
[4] Highet WB,Holmes W. Traction injuries to the lateral popliteal nerve and traction injuries to peripheral nerves after future[J]. Br J Surg,1943,30:212.（到第二次世界大战开始时，神经修复技术并没有发生重大变化。Highet 和 Holms 在犬类实验模型中发现直接端-端吻合修复神经后，由于术后神经被牵拉而出现大量的纤维化导致神经修复失败。由于牵拉造成的不利结果，神经移植被重新考虑用于修复有明显缺损的神经损伤）
[5] Seddon HJ. The use of autogenous grafts for the repair of large gaps in peripheral nerves[J]. Br J Surg,1947,35:151.（Seddon 于 1947 年再次提出自体神经移植作为治疗神经缺损的一种有效方法，51.9% 的患者有部分改善或恢复良好。他建议使用比缺损长约 15% 的移植物）
[6] Sunderland S. A classification of peripheral nerve injuries producing loss of function[J]. Brain,1951,74(4):491-516.(1942 年 Sunderland 根据神经损伤的程度将其分为五度：Ⅰ，传导阻滞；Ⅱ，轴突中断，但神经内膜管完整；Ⅲ，轴突和内膜管断裂，但神经束膜保持完整；Ⅳ，神经束遭到严重破坏或断裂，但神经干通过神经外膜组织保持连续；Ⅴ，神经干完全断裂）

[7] Smith JW. Microsurgery of peripheral nerves[J]. Plast Reconstr Surg,1964,33:317.（神经移植的第一个重大的发展是 Smith 在 1964 年第二次世界大战后将显微神经外科手术引入了神经修复）

[8] Millesi H,Meissl G,Berger A. The interfascicular nerve-grafting of the median and ulnar nerves[J]. J Bone Joint Surg Am,1972,54(4):727-750.（Millesi 证实了在有过度张力存在时，神经移植与端-端吻合修复相比更具优越性，由此改变了神经修复的临床实践方案）

[9] Kline DG,Hackett ER,May PR. Evaluation of nerve injuries by evoked potentials and electromyography[J]. J Neurosurg,1969,31:128.（Kline 等人 1969 年介绍了在远侧神经残端记录诱发神经动作电位的技术，并将其应用于连续性神经瘤的临床治疗）

[10] Oberlin C,Beal D,Leechavengvongs S,et al. Nerve transfer to biceps muscle using a part of ulnar nerve for C5-C6 avulsion of the brachial plexus:anatomical study and report of four cases[J]. J Hand Surg Am,1994,19:232-237.（Oberlin 等描述了从尺神经到肌皮神经的神经束移位术，并论证了它在恢复 C5~C6 或 C5~C7 臂丛麻痹患者屈肘功能方面的优越性。对 4 例 C5~C6 根性撕脱伤患者进行了神经移位至肱二头肌运动神经的治疗。切取 10% 的尺神经直接与肱二头肌运动神经缝合，手功能无明显损害）

[11] Kennedy R. On the restoration of coordinated movement after nerve crossing with interchange of function of the cere-bral cortical centers[J]. Phil Trans R Soc Lond（Biol),1901,194:127-162.

[12] May M,Sobol SM,Mester SJ. Hypoglossal-facial nerve interpositionaljump graft for facial reanimation without tongue atrophy[J]. Otolaryngol Head Neck Surg,1991,104:818-825.

[13] Viterbo F,Trindade JC,Hoshino K,Mazzoni Neto A. Latero-terminal neurorrhaphy without removal of the epineurial sheath:experimental study in rats[J]. Rev Paul Med,1992,110:267-275.（Viterbo 等人 1992 年在大鼠实验模型中采用端侧神经修复，将离断的腓神经远端与完整的胫神经一侧之间进行端侧吻合，并观察到了大鼠胫前肌的神经再支配）

[14] Oyamatsu H,Koga D,Igarashi M,et al. Morphological assessment of early axonal regeneration in end-to-side nerve coaptation models[J]. J Plast Surg Hand Surg,2012,46(5):299-307.

[15] Gaudet AD,Popovich PG,Ramer MS. Wallerian degeneration:gaining perspective on inflammatory events after peripheral nerve injury[J]. J Neuroinflammation,2011,8:110-123.

[16] Rotshenker S. Wallerian degeneration:the innate-immune response to traumatic nerve injury[J]. J Neuroinflammation,2011,8:109-113.

[17] Dahlin LB. The role of timing in nerve reconstruction[J]. Int Rev Neurobiol,2013,109:151-164.

[18] Sunderland S. The intraneural topography of the radial,median and ulnar nerves[J]. Brain,1945,68:243-298.（Sunderland 研究了周围神经的神经束内解剖特点，描述了人类前臂的神经中和神经束之间的混合现象）

[19] Jabaley ME,Wallace WH,Heckler FR. Internal topography of major nerves of the forearm and hand:a current view[J]. J Hand Surg,1980,5:1-18.

[20] Chow JA,Van Beek AL,Bilos ZJ,et al. Anatomical basis for repair of ulnar and median nerves in the distal part of the forearm by group fascicle suture and nerve-grafting[J]. J Bone Joint Surg Am,1986,68:273-280.

[21] Hasegawa J,Shibata M,Takahashi H. Nerve coaptation studies with and without a gap in rabbits[J]. J Hand Surg Am,1996,24(2):259-265.

[22] Lundborg G,Rosén B,Dahlin L,et al. Tubular repair of the median or ulnar nerve in the human forearm:a 5-year follow-up[J]. J Hand Surg Br,2004,29:100-107.

[23] Sameem M,Wood TJ,Bain JR. A systematic review on the use of fibrin glue for peripheral nerve repair[J]. Plast Reconstr Surg,2011,127:2381-2390.

[24] Isaacs JE,McDaniel CO,Owen JR,Wayne JS. Comparative analysis of biomechanical performance of available "nerve glues"[J]. J Hand Surg Am,2008,33:893-899.

[25] Nishimura MT,Mazzer N,Barbieri CH,Moro CA. Mechanical resistance of peripheral nerve repair with biological glue and with conventional suture at different postoperative times[J]. J Reconstr Microsurg,2008,24:327-332.

[26] Shibata M,Ogishyo N. Free flaps based on the anterior interosseous artery[J]. Plast Reconstr Surg,1996,97(4):746-755.

[27] Paprottka FJ,Wolf P,Harder Y,et al. Sensory recovery outcome after digital nerve repair in relation to different recon-structive techniques:meta-analysis and systematic review[J]. Plast Surg Int,2013,2013:704589.

[28] Strange FG. An operation for nerve pedicle grafting:preliminary communication[J]. Br J Surg,1947,34:423-425.

[29] Millesi H. Nerve transplantation for reconstruction of peripheral nerves injured by the use of the microsurgical technic[J]. Minerva Chir,1967,15:22(17):950-951.

[30] Millesi H,Milessi G,Berger A. Further experience with interfascicular grafting of the median,ulnar and radial nerves[J]. J Bone Joint Surg Am,1976,58:209.

[31] Taylor GI,Ham FJ. The free vascularized nerve graft. A further experimental and clinical application of microvascular techniques[J]. Plast Reconstr Surg,1976,57:413-426.（1976 年 Taylor 和 Ham 首次引入吻合血管的神经移植概念）

[32] Riedl O,Frey M. Anatomy of the sural nerve:cadaver study and literature review[J]. Plast Reconstr Surg,2013,131(4):802-810.

[33] Birch R. Green's Operative Hand Surgery,6th ed. Wolfe SW,Pederson WC,Hotchkiss RN,Kozin SH(eds)[M]. St. Louis:Elsevier,2011,p. 1052.

[34] Leclère FM,Eggli S,Mathys L,Vögelin E. Anatomic study of the superficial sural artery and its implication in the neu-rocutaneous vascularized sural nerve free flap[J]. Clin Anat,2012 Mar 29. doi:10.1002/ ca.22054. [Epub ahead of print].

[35] Greenberg BM,Cuadros CL,Panda M,May JW. St. Clair Strange procedure:indications,technique,and long-term evaluation[J]. J Hand Surg Am,1988,13A:928-935.

[36] Birch R,Dunkerton M,Bonney G,Jamieson AM. Experience with the free vascularized ulnar nerve graft in repair of supraclavicular lesions of the brachial plexus[J]. Clin Orthop Relat Res,1988,237:96-104.

[37] Terzis JK,Kostopoulos VK. Vascularized ulnar nerve graft:151 reconstructions for posttraumatic brachial plexus palsy[J]. Plast Reconstr Surg,2009,123(4):1276-1291.

[38] Settergren CR,Wood MB. Comparison of blood flow in free vascularized versus nonvascularized nerve grafts[J]. J Reconstr Microsurg,1984,1:95-101.

[39] Iwai M,Tamai S,Yajima H,et al. Experimental study of vascularized nerve graft:evaluation of nerve regeneration using choline acetyltransferase activity[J]. Microsurgery,2001,21:43-51.

[40] Shibata M,Tsai TM,Firrell J,et al. Experimental comparison of vascularized and nonvascularized nerve grafting[J]. J Hand Surg Am,1988,13:358-365.

[41] Koshima I,Harii K. Experimental study of vascularized nerve grafts:morphometric study of axonal regeneration of nerves transplanted into silicone tubes[J]. Ann Plast Surg,1985,14:235-243.

[42] Doi K,Tamaur K,Sakai K,et al. A comparison of vascularized and conventional sural nerve grafts[J]. J Hand Surg,1992,17A:670-676.

[43] Mackinnon S,Kelly L,Hunter DA. Comparison of regeneration across a vascularized versus conventional nerve graft:case report[J]. Microsurgery,1983,9:226-233.

[44] Ducic I,Mesbahi AN,Attinger CE,Graw K. The role of peripheral nerve surgery in the treatment of chronic pain associated with amputation stumps[J]. Plast Reconstr Surg,2008,121:908.

[45] Watson J,Gonzalez M,Romero A,Kerns J. Neuromas of the hand and upper extremity[J]. J Hand Surg,2010,35A:499-510.

[46] Herndon JH,Eaton RG,Littler JW. Management of painful neuromas in the hand[J]. J Bone Joint Surg,1976,58A:369-373.

[47] Mass DP,Ciano MC,Tortosa R,et al. Treatment of painful hand neuromas by their transfer into bone[J]. Plast Reconstr Surg,1984,74:182-185.

[48] Goldstein SA,Sturim HS. Intraosseous nerve transposition for treatment of painful neuromas[J]. J Hand Surg Am,1985,10(2):270-274.

[49] Teneff S. Prevention of amputation neuroma[J]. J Int Coll Surg,1949,12(1):16-20.

[50] Moszkowicz L. Zur Behandlung der schmerzhaften neuroma[J]. Zentralbl. Chir,1918,45:547.

[51] Dellon AL,Mackinnon SE. Treatment of the painful neuroma by neuroma resection and muscle implantation[J]. Plast Reconstr Surg,1986,77:427-438.

[52] Becker C,Gilbert A. The ulnar flap[J]. Handchir Mikrochir Plast Chir,1988,20(4):180-183.

69. 端－侧神经修复

end-to-side nerve repair

[1] Ballance CA,Ballance HA,Stewart P. Remarks on the operative treatment of chronic facial palsy of peripheral origin[J]. Br Med J,1903,2:1009-1013.（1895 年 Ballance 等人为一名面瘫患者进行了首例端侧神经修复，将面神经远端缝合于副神经侧方切口内。面部运动恢复，但与肩关节的活动存在联动。Ballance 等人将该技术描述为端侧 ETS 吻合术）

[2] Harris W,Low VW. On the importance of accurate muscular analysis in lesions of the brachial plexus and the treatment of Erb's palsy and infantile paralysis of the upper extremity by crossunion of the nerve roots[J]. Br Med J,1903,24:1035-1038.（1903 年 Harris 和 Low 同样描述了端侧神经缝合，不仅适用于面瘫，也用于治疗上臂丛撕脱伤）

[3] Sherren J. Some points in the surgery of the peripheral nerves[J]. Edinb Med J,1906,20:297-332.

[4] Gatta R. Sulla anastomosi latero-terminale dei tronchi nervosi[J]. Arch Ita Chir,1938,48:155-171.

[5] Krivolutskaia EG,Chumasov EI,Matina VN,et al. End-to-side type of plastic repair of the facial nerve branches[J]. Stomatologiia(Mosk),1989,68(6):35-38.

[6] May M,Sobol SM,Mester SJ. Hypoglossal-facial nerve interpositionaljump graft for facial reanimation without tongue atrophy[J]. Otolaryngol Head Neck Surg,1991,104(6):818-825.

[7] Viterbo F,Trindade JC,Hoshino K,Mazzoni A. Latero-terminal neurorrhaphy without removal of the epineural sheath:experimental study in rats[J]. São Paulo Med J,1992,110:267-275.（Viterbo 等介绍了大鼠"胫腓神经和胫骨肌"的实验模型。分离腓神经并将其远端神经残端缝合到完整胫神经的外侧，但不在供体胫神经外膜上开窗。7.7 个月后，动物接受电生理测试，取神经和肌肉进行组织学检查。75% 的动物胫骨肌有收缩反应）

[8] Viterbo F,Trindade JC,Hoshimo K,Netto AM. End-to side neurorrhaphy with removal of epineural sheath;an experimental study in rats[J]. Plast Reconstr Surg,1994,94(7):1038-1047.（本实验将 20 只大鼠的腓神经切断，远端缝合于胫神经外侧面，胫神经行神经外膜开窗口。结论认为端侧神经缝合是有效的，轴突可从健康神经的外侧表面延伸以重建离断神经的远端段）

[9] Viterbo F,Trindade JC,Hoshino K,Neto AM. Two end-to-side neurorhaphies and nerve graft whit removal of the epineural sheath:experimental study in rats[J]. Br J Plast Surg,1994,47:75-80.[Viterbo 通过电生理学研究和组织学研究观察到在供体神经进行神经外膜开窗的端侧神经吻合修复后，两个端侧神经吻合口均有电传导冲动通过，且有轴突离开健康（供体）神经的外侧表面进入受体神经]

[10] Lundborg G,Zhao Q,Kanje M,et al. Can sensory and motor collateral sprouting be induced from intact peripheral nerve by end-to-side anastomosis?[J]. J Hand Surg Br,1994,19(3):277-282.（Lundborg 等人离断了腓神经，7 天后将该神经的远端残端与胫神经侧端缝合。90 天后刺激端侧吻合口近端的胫神经引起了腓肠肌和胫骨肌收缩，提示供体神经侧方有轴突萌发至受体神经）

[11] Matsumoto M,Hirata H,Nishiyama M,et al. Schawnn cells can induce collateral sprouting from intact axons:a experimental study of end-to-side neurorrhaphy using a Y-chamber model[J]. J Reconstr Microsurg,1999,15:281-286.

[12] Akeda K,Hirata H,Matsumoto M,et al. Regenerating axons emerge far proximal to the coaptation site in end-to-side nerve coaptation without a perineurial window using a T-sharped chamber[J]. Plast Reconstr Surg,2006,117(4):1194-1203.

[13] Liao WC,Chen JR,Wang YJ,Tseng GF. The efficacy of end-to-end and end-to-side nerve repair (neurorrhaphy) in the rat brachial plexus[J]. J Anat,2009,215(5):506-521.

[14] Beris A,Lykissas M,Korompilias A,Mitsionis G. End-to-side nerve repair in peripheral nerve injury[J]. J Neurotrauma,2007,24(5):909-916.

[15] Jaberi FM,Abbas BP,Nezhad ST,Tanideh N. End-to-side neurorrhaphy:an experimental study in rabbits[J]. Microsurgery,2003,23:359-362.

[16] Mennen U. End-to-side nerve suture in primate(Chacma Baboon)[J]. Hand Surg,1998,21:1.

[17] Schmidhammer R,Redl H,Hopf R,et al. Synergistic terminal motor end-to-side nerve graft repair:investigation in a non-human primate model[J]. Acta Neurochir Suppl,2007,100:97-101.

[18] Brenner MJ,Dvali L,Hunter DA,et al. Motor neuron regeneration through end-to-side repairs is a function of donor nerve axotomy[J]. Plast Reconstr Surg,2007,120(1):215-223.

[19] Hayashi A,Yana A,Komuro Y,et al. Collateral sprouting occurs following end-to-side neurorrhaphy[J]. Plast Reconstr Surg,2004,114:129-137.

[20] Pardini AG Jr,Freitas AD,Plentz EG. Avaliaço da sensibilidade após neurorrafia término-lateral de nervos digitais:nota prévia[J]. Rev Bras Ortop,2005,40(9):543-554.

[21] Geuna S,Papalia I,Tos P. End-to-side (terminolateral) nerve regeneration:a challenge for neuroscientists coming from an intriguing nerve repair concept[J]. Brain Res Rev,2006,52(2):381-388.

[22] Samii M,Koerbel A,Safavi-Abbasi S,et al. Using an end-to-side interposed sural nerve graft for facial nerve reinforcement after vestibular schwannoma resection. Technical note[J]. J Neurosurg,2006,105(6):920-923.

[23] Battiston B,Tos P,Conforti LG,Geuna S. Alternative techniques for peripheral nerve repair:conduits and end-to-side neurorrhaphy[J]. Acta Neurochir Suppl,2007,100:43-50.

[24] Millesi H,Schmidhammer R. Nerve fiber transfer by end-to-side coaptation. Hand Clin,2008,24(4):461-483.

[25] Papalia I,Cardaci A,D'alcontre FS,et al. Selection of donor nerve for end-to-side neurorrhaphy[J]. J Neurosurg,2007,107:378-382.

[26] Yamamoto Y,Sekido M,Furukawa H,et al. Surgical rehabilitation of reversible facial palsy:facial—hypoglossal network system based on neural signal augmentation/neural supercharge concept[J]. J Plast Reconstr Aesthet Surg,2007,60(3):223-231.

[27] Kalbermatten DF,Wettstein R,von Kanel O,et al. Sensate lateral arm flap for defects of the lower leg[J]. Ann Plast Surg,2008,61(1):40-46.

[28] Pondaag W,Gilbert A. Results of end-to-side nerve coaptation in severe obstetric brachial plexus lesion[J]. Neurosurgery,2008,62(3):656-663.

[29] Amr SM,Essam AM,Abdel-Meguid AM,et al. Direct cord implantation in brachial plexus avulsions:revised technique using a single stage combined anterior (first) posterior (second) approach and end-to-side side-to-side grafting neurorrhaphy[J]. J Brachial Plex Peripher Nerve Inj,2009,19:4-8.

[30] Ray WZ,Kasukurthi R,Yee A,Mackinnon SE. Functional recovery following an end to side neurorrhaphy of the accessory nerve to the suprascapular nerve:case report[J]. Hand(NY),2009,5(3):313-317.

[31] Tos P,Artiaco S,Papalia I,et al. End-to-side nerve regeneration:from the laboratory bench to clinical applications[J]. Int Rev Neurobiol,2009,87:281-294.

[32] Viterbo F,Amr AH,Stipp EJ,Reis FJ. End-to-side neurorrhaphy:past,present,and future[J]. Plast Reconstr

Surg,2009,124(6):351e-358e.
[33] Frey M,Michaelidou M,Tzou CH,et al. Proven and innovative operative techniques for reanimation of the paralyzed face[J]. Handchir Mikrochir Plast Chir,2010,42(2):81-89.
[34] Sherif Magdi M,Amr AH. Intrinsic hand muscle reinnervation by median-ulnar end-to-side bridge nerve graft:case report[J]. J Hand Surg Am,2010,35(3):446-450.
[35] Kayikçioğlu A,Karamürsel S,Ağaoğlu G,et al. End-to-side neurorrhaphies of the ulnar and median nerves at the wrist:report of two cases without sensory or motor improvement. Ann Plast Surg,2000,45:641-643.
[36] Bertelli JA,Ghizoni MF,Nerve repair by end-to-side coaptation or fascicular transfer:a clinical study[J]. J Reconstr Microsurg,2003,19:313-318.
[37] Pannucci C,Myckatyn TM,Mackinnon SE,Hayashi A. End-to-side nerve repair:review of the literature[J]. Restor Neurol Neurosci,2007,25(1):45-63.
[38] Landwehrs GM,Brüser P. Clinical results of terminolateral neurorrhaphy in digital nerves[J]. Handchir Mikrochir Plast Chir,2008,40(5):318-321.
[39] Scaramella L. L'anastomosi tra i due nervi facciali[J]. Arch Otolaryngol,1971,82:209.
[40] Viterbo F. Cross-face termino-lateral neurorrhaphy:a new method for treatment of facial palsy[J]. Plastic Surg Fo-rum,1992,15:356-358.
[41] Viterbo F. A new method for treatment of facial palsy:the cross-face nerve transplantation with end-to-side neurorrha-phy[J]. Revista da Sociedade Brasileira de Cirurgia Plástica Estéticae Reconstrutiva, 1993,8(1,2,3):29-38.
[42] Frey M,Giovanoli P,Michaelidou M. Functional upgrading of partially recovered facial palsy by cross-face nerve graft-ing with distal end-to-side neurorrhaphy[J]. Plast Reconstr Surg,2006,117(2):597-608.
[43] Labbé D. Lengthening of temporalis myoplasty and spontaneous smile[M]. 10th International Microsurgical Symposium. Botucatu,Brazil,September 19-20,2008.
[44] Viterbo F. Orthodromic temporal flap in facial palsy[M]. 10th International Microsurgical Symposium. Botucatu,Brazil,Sep-tember 2008.
[45] Viterbo F,Franciosi LF,Palhares A. Nerve grafting and end-to-side neurorrhaphies connecting the phrenic nerve to the brachial plexus[J]. Plast Reconstruct Surg,1995,96(2):494-495.
[46] Franciosi LF,Modestti C,Mueller SF. Neurotization of the biceps muscle by end-to-side neurorrhaphy between ulnar and musculocutaneous nerves[J]. A series of five cases. Analles Chir Main(Ann Hand Surg),1998,17(4):362-367.
[47] Mennen U. End-to-side nerve suture in clinical practice[J]. Hand Surg,2003,8(1):33-42.
[48] Viterbo F. Deltoid neurotization with ETS. 10th International Microsurgical Symposium[M]. Botucatu,Brazil,September 19-20,2008.
[49] Voche P,Ouattara D. End-to-side neurorrhaphy for defects of palmar sensory digital nerves[J]. Br J Plast Surg,2005,58:239-244.
[50] Viterbo F. Restoration of sensitivity after removal of the sural nerve—a new application of lateral-terminal neurorrhaphy (case report)[J]. Revista da Sociedade Brasileira de Cirurgia Plástica Estéticae Reconstrutiva,1993,8(1,2,3):85-89.
[51] Viterbo F,Ripari,WT. Nerve grafts prevent paraplegic pressure ulcers[J]. J Reconstruct Microsurg,2008, 24(4):251-253.
[52] Slezac S,Mcgibbon B,Dellon AL. The sensational transverse rectus abdominis musculocutaneous flap (TRAM):return of sensibility after TRAM breast reconstruction[J]. Ann Plast Surg,1992,28:210.
[53] Doncatto L,Hochberg J,Caleffi M. O retalho TRAM com reinervao sensitiva para reconstruo mamária[J]. Revista Brasileira de Mastologia,1995,5(3):20-23.

70. 神经导管
nerve conduits

[1] Trumble TE,McCallister WV. Repair of peripheral nerve defects in the upper extremity[J]. Hand Clin,2000,16:37-52.（采用端-端吻合修复上肢周围神经缺损时，当神经被拉长以克服缺损时，为了避免过大的张力引起神经缺血，拉长的量应控制在原始长度的 8%~10%）
[2] Diao E,Vannuyen T. Techniques for primary nerve repair[J]. Hand Clin,2000,16:53-66.（神经修复的历史始于公元 300 年，自 Galen 将神经与肌腱区分开来开始。尽管时而进行神经修复的尝试，但截肢仍是遭受严重周围神经损伤患者的主要手术方式）
[3] Wilgis EFS. Nerve repair and grafting//In Green DP (ed). Operative Hand Surgery[M]. 2nd ed. Vol 2. New York:Churchill Livingstone,1988,pp1373-1404.（1870 年，Philipeaux 和 Vulpian 进行了一项实验，他们取舌神经的一段来修复受损的舌下神经。自体移植既提供了具有基底膜的管道结构，又保有雪旺细胞，为神经再生提供了良好的支架）
[4] Gluck T. Uber neuroplastik auf dem wege der transplantation. Arch Klin Chir,1880,25:606-616.(1880 年，Gluck 首次报道使用脱钙骨作为桥接移植物重建神经缺损）
[5] Bungner O. Uber die degenerations und regenerations—Vorgange am nerven nach verletzungen. Beitr Pathol Anal,1891,10:321.（1891 年，Bungner 首次报道使用肱动脉作为一种生物神经导管修复神经缺损）
[6] Foramitti C. Zur technic der nervennaht[J]. Arch Klin Chir,1904,73:643-648.（1904 年，Foramitti 在应用动脉作为修复神经缺损移植物的实验中观察到了最初的神经再生，以及随后移植物的降解）
[7] Nageotte J. Le processus de la cicatrisation des nerfs[J]. CR Soc Biol(Paris),1915,78:249.（1915 年，Nageotte 在应用静脉作为修复神经缺损移植物的实验中观察到神经再生和后来移植血管的降解）
[8] Millesi H. Techniques for nerve grafting[J]. Hand Clin,2000,16:73-91.（1927 年，Bunnell 报道了一例成功的自体神经移植病例；1947 年，Seddon 报道了修复神经缺损的电缆式神经移植技术。电缆式移植是将多股神经移植物连接成一个单一的单元，然后用整个单元作为移植物来重建神经间隙；这样的结构非常类似于自然的神经干）
[9] Millesi H,Meissl G,Berger A. The interfascicular nerve-grafting of the median and ulnar nerves[J]. J Bone Joint Surg Am,1972,54:727-750.（1972 年，束间神经移植由 Millesi 等人最初提出。在这项技术中，移植的神经束被插入受损神经中解剖出的一组神经束之间。这样做的好处是使每根神经移植物与周围组织都有最佳的接触，从而使移植物更好地血管化）
[10] Berger A,Millesi H. Nerve grafting[J]. Clin Orthop Relat Res,1978,133:49-55.（1978 年，Berger 和 Millesi 证明了应用神经移植进行无张力神经吻合的效果优于在有张力的情况下进行神经的一期端-端吻合）
[11] Chiu DT,Janecki I,Krizek TJ,et al. Autogenous vein graft used as a conduit for nerve regeneration[J]. Surgery,1982,91:226-233.（1982 年 Chiu 等首先在 Sprague-Dawley 大鼠 1 cm 坐骨神经缺损模型中证明了可以应用自体静脉移植修复神经缺损，组织学观察到神经再生跨越了缺损区）
[12] Chiu DT,Strauch B. A prospective clinical evaluation of autogenous vein grafts used as a nerve conduit for distal sensory nerve defects of 3 cm or less[J]. Plast Reconstr Surg,1990,86:928-934.[Chiu 等回顾 1982—1988 年 34 条神经修复，其中静脉神经管道修复 15 条、腓肠神经移植修复 4 条、其他直接修复 15 条，症状明显缓解，感觉功能恢复满意。Chiu 等认为桥接周围感觉神经上的小间隙（≤3 cm）缺损，自体静脉移植作为神经管道是有效的]
[13] Tseng CY,Hu G,Ambron RT,Chiu DT. Histologic analysis of Schwann cell migration and peripheral nerve regeneration in the autogenous venous conduit(AVNC)[J]. J Reconstr Microsurg,2003,19:331-340.（Tseng 等使用免疫组织化学技术，检测了雪旺细胞迁移和神经再生跨越静脉导管的演变，发现了四个阶段：血肿期、细胞移行期、轴突进展期和髓鞘成熟期，并发现在神经再生的整个过程中，静脉导管的管腔一直保持开放）
[14] Seddon H. Surgical Disorders of the Peripheral Nerves[M]. Baltimore:Williams & Wilkins,1972.
[15] Mackinnon S,Dellon AL. Surgery of the Peripheral Nerve[M]. New York:Thieme,1988.
[16] Sunderland S. Nerve Injuries and Their Repair:A Critical Appraisal[J]. New York:Churchill Livingstone,1991.
[17] Terzis JK,Sun DD,Thanos PK. Historical and basic science review:past,present,and future of nerve repair[J]. J Reconstr Microsurg,1997,13:215-225.（Terzis 等在本篇综述中从历史与基础科学的角度回顾了神经修复的过去、现在和未来。认为只有通过加深对神经修复过程中神经生物学的了解，才可能会实现更优的临床效果）
[18] Lundborg G. A 25-year perspective of peripheral nerve surgery:evolving neuroscientific concepts and clinical significance[J]. J Hand Surg Am,2000,25:391-414.
[19] Hall S. Nerve repair:a neurobiologist's view[J]. J Hand Surg Br,2001,26:129-136.
[20] Naff NJ,Ecklund JM. History of peripheral nerve surgery techniques[J]. Neurosurg Clin North Am,2001,12:197-209.
[21] Dvali L,Mackinnon S. Nerve repair,grafting,and nerve transfers[J]. Clin Plast Surg,2003,30:203-221.
[22] Lundborg G. Nerve Injury and Repair[M]. Edinburgh:Churchill Livingstone,1988.
[23] Choi M,Chiu DTW. Nerve physiology and repair. In Trumble TE,Budoff JE,Cornwall R(eds). Hand,Elbow & Shoul-der:Core Knowledge in Orthopaedics[M]. Philadelphia:Mosby Elsevier,2006,pp222-223.
[24] Seddon HJ. Nerve grafting[J]. J Bone Joint Surg Br,1963,45:447-461.（Seddon 早期进行的开创性工作为周围神经损伤后的重建打下了重要基础。可供选择的神经移植物有三种：异种移植物、同种异体移植物和自体移植物）
[25] Millesi H,Meissl G,Berger A. Further experience with interfascicular grafting of the median,ulnar,and radial nerves. J Bone Joint Surg Am,1976,58:209-218.[1964—1972 年，Millesi 等用束间神经移植修复 43 条正中神经、44 条尺神经和 16 条桡神经。经过至少两年的随访，在正中神经病例中，有效的运动恢复（M3 或以上）占 82%；尺神经损伤患者均有运动功能恢复（M^{2+} 以上），77% 桡神经损伤患者达到 M4 或 M5 功能水平]
[26] Evans PJ,Midha R,Mackinnon SE. The peripheral nerve allograft:a comprehensive review of regeneration and neuroim-munology[J]. Prog Neurobiol,1994,43:187-233.
[27] Mackinnon SE,Hudson AR,Bain JR,et al. The peripheral nerve allograft:an assessment of regeneration in the immuno-suppressed host[J]. Plast Reconstr Surg,1987,79:436-446.
[28] Taylor GI,Ham FJ. The free vascularized nerve graft:a further experimental and clinical application of microvascular techniques[J]. Plast Reconstr Surg,1976,57:413-426.（1976 年 Taylor 和 Ham 首创了游离血管化神经移植的技术，这种方法有一个明显的优点是为供体神经提供了固有的血液供应）
[29] Birch R,Dunkerton M,Bonney G,et al. Experience with the free vascularized ulnar nerve graft in repair of supraclavicular lesions of the brachial plexus[J]. Clin Orthop Relat Res,1988,237:96-104.（Birch 等报道了以尺动脉或尺侧副动脉为血管蒂的尺神经移植修复臂丛的经验，由于改善了每个神经束的血液供应，恢复情况比传统的神经移植要好。因此建议当有广泛的神经缺损、皮肤缺损和伤口血供较差时，应该使用带血管神经移植）
[30] Dellon AL,Seif SS. Anatomic dissections relating the posterior interosseous nerve to the carpus,and the etiology of dorsal wrist ganglion pain[J]. J Hand Surg Am,1978,3:326-332.
[31] Chiu DT,Smahel J,Chen L,Meyer V. Neurotropism revisited[J]. Neurol Res,2004,26:381-387.
[32] Chiu DT. Autogenous venous nerve conduits:a review[J]. Hand Clin,1999,15:667-671.
[33] Chiu DTW. Autogenous vein graft as a conduit for nerve regeneration[J]. Surg Forum,1980,31:550.
[34] Suematsu N,Atsuta Y,Hirayama T. Vein graft for repair of peripheral nerve gap[J]. J Reconstr Microsurg,1988,4:313-318.
[35] Strauch B,Ferder M,Lovelle-Allen S,et al. Determining the maximal length of a vein conduit used as an interposition graft for nerve regeneration[J]. J Reconstr Microsurg,1996,12:521-527.
[36] Strauch B. Use of nerve conduits in peripheral nerve repair[J]. Hand Clin,2000,16:123-130.
[37] Meek MF,Varejao AS,Geuna S. Use of skeletal muscle tissue in peripheral nerve repair:review of the literature[J]. Tissue Eng,2004,10:1027-1036.
[38] Meek MF,Coert JH. Clinical use of nerve conduits in peripheral nerve repair:review of the literature[J]. J Reconstr Microsurg,2002,18:97-109.
[39] Glasby MA,Gschmeissner SE,Huang CL,De Souza BA. Degenerated muscle grafts used for peripheral nerve repair in primates[J]. J Hand Surg Br,1986,11:347-351.
[40] Norris RW,Glasby MA,Gattuso JM,Bowden RE. Peripheral nerve repair in humans using muscle autografts:a new technique[J]. J Bone Joint Surg Br,1988,70:530-533.
[41] Pereira JH,Bowden RE,Gattuso JM,Norris RW. Comparison of results of repair of digital nerves by denatured muscle grafts and end-to-end sutures[J]. J Bone Joint Surg Br,1991,16:519-523.
[42] Pereira JH,Palande DD,Subramanian A,et al. Denatured autologous muscle graft in leprosy[J]. Lancet,1991,338:1239-1240.
[43] Haase SC,Cederna PS,Dennis RG,Kuzon WM. Peripheral nerve reconstruction using acellular nerve grafts[J] Surg Forum,2000,51:607-609.
[44] Haase SC,Rovak JM,Dennis RG,et al. Recovery of muscle contractile function following peripheral nerve gap repair with an acellularized peripheral nerve graft[J]. J Reconstruct Microsurg,2003,19:241-248.
[45] Mungara AK,Cederna PS:The CD40/CD40 ligand costimulatory pathway in nerve allograft rejection[J]. J Am Coll Surg,2003,(suppl);197:S60.
[46] Rovak JM,Bishop DK,Boxer LK,et al. Peripheral nerve transplantation:the role of chemical acellularization in eliminating allograft antigenicity[J]. J Reconstruct Microsurg,2005,21:207-213.
[47] Brown DL,Bishop DK,Wood SY,Cederna PS. Short-term anti-CD40 ligand costimulatory blockade induces tolerance to peripheral nerve allografts,resulting in improved skeletal muscle function[J]. Plast Reconstruct Surg,2006,117:2250-2259.
[48] Li ST,Archibald SJ,Krarup C,Madison RD. Peripheral nerve repair with collagen conduits[J]. Clin Mater,1992,9:195-200.
[49] Archibald SJ,Shefner J,Krarup C,Madison RD. Monkey median nerve repaired by nerve graft or collagen nerve guide tube[J]. J Neurosci,1995,15:4109-4123.
[50] Chamberlain LJ,Yannas IV,Hsu HP,et al. Collagen-GAG substrate enhances the quality of nerve regeneration through collagen tubes up to level of autograft[J]. Exp Neurol,1998,54:315-329.
[51] Keilhoff G,Stang F,Wolf G,Fansa H. Bio-compatibility of type I/III collagen matrix for peripheral nerve reconstruction[J]. Biomaterials,2003,24:2779-2787.
[52] Harley BA,Spilker MH,Wu JW,et al. Optimal degradation rate for collagen chambers used for regeneration of peripheral nerves over long gaps[J]. Cells Tissues Organs,2004,176:153-165.
[53] Lundborg G,Dahlin LB,Danielsen N. Ulnar nerve repair by the silicone chamber technique. Case report.[J] Scand J Plast Reconstr Surg Hand Surg,1991,25:79-82.
[54] Lundborg G,Rosen B,Abrahamson SO,et al. Tubular repair of the median nerve in the human forearm. Preliminary findings[J]. J Hand Surg Br,1994,19:273-276.
[55] Lundborg G,Rosén B,Dahlin L,et al. Tubular versus conventional repair of median and ulnar nerves in the human forearm:early results from a prospective,randomized,clinical study[J]. J Hand Surg Am,1997,22:99-106.
[56] Braga-Silva J. The use of silicone tubing in the late repair of the median and ulnar nerves in the forearm[J]. J Hand Surg Br,1999,24:703-706.
[57] Carbonetto ST,Gruver MM,Turner DC. Nerve fiber growth on defined hydrogel substrates[J]. Science,1982,216:897.
[58] Valentini RF,Vargo TG,Gardella JA Jr,Aebischer P. Electrically charged polymeric substrates enhance

nerve fibre outgrowth in vitro[J]. Biomaterials,1992,13:183.
[59] Midha R,Munro CA,Dalton PD,et al. Growth factor enhancement of peripheral nerve regeneration through a novel synthetic hydrogel tube[J]. J Neurosurg,2003,99:555.
[60] Rice DH,Burstein FD,Newman A. Use of polytetrafluorinated ethylene compound in peripheral nerve grafting. An experimental study[J]. Arch Otolaryngol,1985,111:259.
[61] Valentini RF,Sabatini AM,Dario P,Aebischer P. Polymer electrical guidance channels enhance peripheral nerve regeneration in mice[J]. Brain Res,1989,480:300.
[62] Stanec S,Stanec Z. Ulnar nerve reconstruction with an expanded polytetrafluoroethylene conduit[J]. Br J Plast Surg,1998,51:639.
[63] Stanec S,Stanec Z. Reconstruction of upper-extremity peripheral-nerve injuries with ePTFE conduits[J]. J Reconstr Microsurg,1998,14:227.
[64] Molander H,Olsson Y,Engkvist O,et al. Regeneration of peripheral nerve through a polyglactin tube[J]. Muscle Nerve,1982,5:54.
[65] Molander H,Engkvist O,Hagglund J,et al. Nerve repair using a polyglactin tube and nerve graft:an experimental study in the rabbit[J]. Biomaterials,1983,4:276.
[66] Mackinnon SE,Dellon AL. Clinical nerve reconstruction with a bioabsorbable polyglycolic acid tube[J]. Plast Reconstr Surg,1990,85:419.
[67] Weber RA,Breidenbach WC,Brown RE,et al. A randomized prospective study of polyglycolic acid conduits for digital nerve reconstruction in humans[J]. Plast Reconstr Surg,2000,106:1036.
[68] Widmer MS,Gupta PK,Lu L,et al. Manufacture of porous biodegradable polymer conduits by an extrusion process for guided tissue regeneration[J]. Biomaterials,1998,19:1945.
[69] Evans GR,Brandt K,Widmer MS,et al. In vivo evaluation of poly(L-lactic acid) porous conduits for peripheral nerve regeneration[J]. Biomaterials,1999,20:1109.
[70] Li J,Shi R. Fabrication of patterned multi-walled poly-l-lactic acid conduits for nerve regeneration[J]. J Neurosci Methods,2007,165:257.
[71] Sundback C,Hadlock T,Cheney M,Vacanti J. Manufacture of porous polymer nerve conduits by a novel low-pressure injection molding process[J]. Biomaterials,2003,24:819.
[72] Deister C,Schmidt CE. Optimizing neurotrophic factor combinations for neurite outgrowth[J]. J Neural Eng,2006,3:172.
[73] Lee AC,Yu VM,Lowe JB 3rd,et al. Controlled release of nerve growth factor enhances sciatic nerve regeneration[J]. Exp Neurol,2003,184:295.
[74] Mohanna PN,Terenghi G,Wiberg M. Composite PHB-GGF conduit for long nerve gap repair:a long-term evaluation[J]. Scand J Plast Reconstr Surg Hand Surg,2005,39:129.
[75] Han J,Zhang J,Zhang Y. A functional evaluation on peripheral nerve regeneration enhanced by targeted muscular injection of ciliary neurotrophic factor[J]. Zhongguo Xiu Fu Chong Jian Wai Ke Za Zhi(Chinese),2000,14:87-89.
[76] Wood MD,MacEwan MR,French AR,et al. Fibrin matrices with affinity-based delivery systems and neurotrophic factors promote functional nerve regeneration[J]. Biotech Bioeng,2010,106:970.
[77] Madduri S,di Summa P,Papaloizos M,et al. Effect of controlled co-delivery of synergistic neurotrophic factors on early nerve regeneration in rats[J]. Biomaterials,2010,31:8402.
[78] Tang JB. Group fascicular vein grafts with interposition of nerve slices for long ulnar nerve defects:report of three cas-es[J]. Microsurgery,1993,14:404.
[79] Tang JB. Vein conduits with interposition of nerve tissue for peripheral nerve defects[J]. J Reconstr Microsurg,1995,11:21.
[80] Strauch B,Rodriguez DM,Diaz J,et al. Autologous Schwann cells drive regeneration through a 6-cm autogenous venous nerve conduit[J]. J Reconstr Microsurg,2001,17:589.
[81] Safford KM,Hicok KC,Safford SD,et al. Neurogenic differentiation of murine and human adipose-derived stromal cells[J]. Biochem Biophys Re Commun,2002,294:371.
[82] Kingham PJ,Kalbermatten DF,Mahay D,et al. Adipose derived stem cells differentiate into a Schwann cell phenotype and promote neurite outgrowth in vitro[J]. Exp Neurol,2007,207:267.
[83] Xu Y,Liu L,Li Y,et al. Myelin-forming ability of Schwann cell-like cells induced from rat adipose-derived stem cells in vitro[J]. Brain Res,2008,1239:49.
[84] Di Summa PG,Kingham PJ,Raffoul W,et al. Adipose derived stem cells enhance peripheral nerve regeneration[J]. J Plast Reconstr Aesthet Surg,2010,63:1544.

71. 神经移位术
nerve transfers

[1] Al-Qattan MM. Oberlin's ulnar nerve transfer to the biceps nerve in Erb's birth palsy[J]. Plast Reconstr Surg,2002,109(1):405-407.
[2] Shigematsu K,Yajima H,Kobata Y,et al. Oberlin partial ulnar nerve transfer for restoration in obstetric brachial plexus palsy of a newborn:case report[J]. J Brachial Plex Peripher Nerve Inj,2006,1:3.
[3] Kawano K,Nagano A,Ochiai N,et al. Restoration of elbow function by intercostal nerve transfer for obstetrical paralysis with co-contraction of the biceps and the triceps[J]. J Hand Surg Eur Vol,2007,32(4):421-426.
[4] Oberlin C,Beal D,Leechavengvongs S,et al. Nerve transfer to muscle using a part of ulnar nerve for C5-C6 avulsion of the brachial plexus:anatomical study and report of 4 cases[J]. J Hand Surg,1994,19A:32-237.（4 例臂丛神经上干 C5~C6 根性撕脱伤患者接受了臂上部分正常功能神经移植到肱二头肌的运动神经的手术。取尺神经的 10%，直接缝合到肱二头肌的运动神经上，手部功能无明显损伤）
[5] Loy S,Bhatia A,Asfazadourian H,Oberlin C. Ulnar nerve fascicle transfer onto to the biceps muscle nerve in C5-C6 or C5-C6-C7 avulsions of the brachial plexus. Eighteen cases[J]. Ann Chir Main Memb Super,1997,16(4):275-284.
[6] Leechavengvongs S,Witoonchart K,Uerpairojkit C,et al. Nerve transfer to biceps muscle using a part of the ulnar nerve in brachial plexus injury (upper arm type):a report of 32 cases[J]. J Hand Surg Am,1998,23(4):711-716.[32 例继发于臂丛损伤而无肘关节屈曲的患者采用 1 束或 2 束尺神经移植至肱二头肌运动支上。26 例为 C5、C6 根撕脱伤；4 例为 C5~C7 根撕脱伤；2 例为脊髓外侧和后部损伤伴远端肌皮神经损伤。随访时间为 11~40 个月（平均为 18 个月）。30 例患者的肱二头肌强度为 M4（屈曲力范围为 0.5~7 kg），1 例的肱二头肌强度为 M3。除 1 例患者外，其余患者均表现出肱二头肌恢复的迹象，手部的功能未见明显损伤]
[7] Tung TH,Novak CB,Mackinnon SE. Nerve transfers to the biceps and brachialis branches to improve elbow flexion strength after brachial plexus injuries[J]. J Neurosurg,2003,98(2):307-312.
[8] Bertelli JA,Ghizoni MF. Reconstruction of C5 and C6 brachial plexus avulsion injury by multiple nerve transfers:spinal accessory to suprascapular,ulnar fascicles to biceps branch,and triceps long or lateral head branch to axillary nerve[J]. J Hand Surg,2004,29A:131-139.(在C5和C6臂丛神经撕脱性损伤中，需要恢复肘关节屈曲、肩关节外展和外旋。10例患者进行了多次神经移植：副神经至肩胛上神经，尺神经束至肱二头肌运动支，肱三头肌长或外侧头运动分支到腋神经。所提出的神经移植可以作为修复 C5~C6 撕脱伤的有效方法）
[9] Teboul F,Kakkar R,Ameur N,et al. Transfer of fascicle(s) from the ulnar nerve to the biceps in the treatment of upper brachial plexus palsy[J].J Bone Joint Surg Am,2004,7:485-490.
[10] Mackinnon SE,Novak CB,Myckatyn TM,Tung TH. Results of reinnervation of the biceps and brachialis muscles with a double fascicular transfer for elbow flexion[J]. J Hand Surg Am,2005,30(5):978-985.
[11] Liverneaux P,Diaz LC,Beaulieu JY,et al. Preliminary results of double nerve transfer to restore elbow flexion in upper type brachial plexus palsies[J]. Plast Reconstr Surg,2006,117(3):915-919.
[12] Papalia I,Geuna S,D'Alcontres FS,Tos P. Origin and history of end-to-side neurorrhaphy[J]. Microsurgery,2007,27(1):56-61.
[13] Viterbo F,Trindade JC,Hoshino K,Mazzoni Neto A. End-to-side neurorrhaphy with removal of the epineurial sheath:an experimental study in rats[J]. Plast Reconstr Surg,1994,94(7):1038-1047.
[14] Samii A,Carvalho GA,Samii M. Brachial plexus injury:factors affecting functional outcome in spinal accessory nerve transfer for the restoration of elbow flexion[J]. J Neurosurg,2003,98(2):307-312.（在 C7~T1 臂丛麻痹中，肩部和肘部功能得到保留，但手指运动缺失。4 例成人 C7~T1 神经根病变患者于伤后 5~7 个月接受手术治疗。他们通过转移肱肌进行手指屈曲重建，通过将旋后肌运动分支转移到骨间后神经来恢复手指和拇指的伸展，将旋后肌运动神经直接转移到骨间后神经，对于臂丛神经下干型损伤的患者，至少可以部分恢复拇指和手指的伸展）
[15] Atlan F,Durand S,Fox M,et al. Functional outcome of glenohumeral fusion in brachial plexus palsy. A report of 54 cases[J]. J Hand Surg Am,2012,37(4):683-688.
[16] Lurje A. Concerning surgical treatment of traumatic injury of the upper division of the brachial plexus (Erb's-type)[J]. Ann Surg,1948,127:317-326.
[17] Leechavengvongs S,Witoonchart K,Uerpairojkit C,et al:Nerve transfer to deltoid muscle using the nerve to the long head of the triceps. Report of 7 cases[J]. J Hand Surg,2003,28(4):633-638.
[18] Belkheyar Z,Michau H,Diverrez J-P,Oberlin C. Transfer of a part of the triceps nerve to the axillary nerve in case of deltoid palsy:Somsak procedure. Review of 40 cases with more than one year follow-up[J]. J Hand Surg Eur Vol submitted.
[19] Oberlin C,Durand S,Belheyar Z,et al. Nerve transfers in brachial plexus palsies[J]. Chir Main,2009,28(1):1-9.
[20] Stevanovic M. Nerve transfer for restoration of elbow flexion:the modified Oberlin procedure. In Slutsky D(ed). Upper Extremity Nerve Repair—Tips and Techniques:A Master Skills Publication[M]. Chicago:American Society for Surgery of the Hand,2009,pp193-205.
[21] Talby Y. Submitted.
[22] Brown JM,Tung TH,Mackinnon SE. Median to radial nerve transfer to restore wrist and finger extension:technical nuances[J]. Neurosurgery,2010,66(3 suppl):75-83;discussion 83.
[23] Bertelli JA,Ghizoni MF. Transfer of supinator motor branches to the posterior interosseous nerve in C7-T1 brachial plexus palsy[J]. J Neurosurg,2010,113(1):129-132.
[24] Battiston B,Lanzetta M. Reconstruction of high ulnar nerve lesions by distal double median to ulnar nerve transfer[J]. J Hand Surg Am,1999,24(6):1185-1191.
[25] Ustün ME,Oğün TC,Büyükmumcu M,Salbacak A. Selective restoration of motor function in the ulnar nerve by transfer of the anterior interosseous nerve. An anatomical feasibility study[J]. J Bone Joint Surg Am,2001,83A(4):549-552.
[26] Novak CB,Mackinnon SE. Distal anterior interosseous nerve transfer to the deep motor branch of the ulnar nerve for reconstruction of high ulnar nerve injuries[J]. J Reconstr Microsurg,2002,18(6):459-464.
[27] Oberlin C,Teboul F,Severin S,Beaulieu JY. Transfer of the lateral cutaneous nerve of the forearm to the dorsal branch of the ulnar nerve,for providing sensation on the ulnar aspect of the hand[J]. Plast Reconstr Surg,2003,112(5):1498-1500.
[28] Gousheh J. The treatment of war injuries of the brachial plexus[J]. J Hand Surg Am,1995,20 (3 Pt 2):S68-S76.
[29] Asfazadourian H,Tramond B,Dauge MC,Oberlin C. Morphometric study of the upper intercostals nerves:practical application for neurotizations in traumatic brachial plexus palsies[J]. Ann Chir Main,1999,18:243-253.
[30] Xu JG,Gu YD,Wang H,et al. Comparative experimental study on treatment outcome of nerve transfer,using selective C7 nerve root vs. phrenic nerve[J]. Microsurgery,2004,24(2):143-146.（在大鼠实验中比较了用 C7 神经根或膈神经进行神经移植的治疗效果。通过比较肱二头肌的电生理、组织学和肌生理学变化来评估两组的神经化结果。膈神经移位组和同侧 C7 神经移位组的参数无显著差异。这表明选择性同侧 C7 转移的治疗效果与膈神经转移相当，是治疗臂丛上干撕脱伤伴膈神经损伤的首选手术）
[31] Campbell AA,Eckhauser FE,Belzberg A,Campbell JN. Obturator nerve transfer as an option for femoral nerve repair:case report[J]. Neurosurgery,2010,66(6 suppl Operative);discussion 375.
[32] Flores LP. Proximal motor branches from the tibial nerve as direct donors to restore function of the deep fibular nerve for treatment of high sciatic nerve injuries:a cadaveric feasibility study[J]. Neurosurgery,2009,65 (6 suppl):218-224;discussion 224-225.
[33] Pirela-Cruz MA,Hansen U,Terreros DA,et al. Interosseous nerve transfers for tibialis anterior muscle paralysis (foot drop):a human cadaver-based feasibility study[J]. J Reconstr Microsurg,2009,25(3):203-211.
[34] Oberlin C,Ameur NE,Teboul F,et al. Restoration of elbow flexion in brachial plexus injury by transfer of ulnar nerve fascicles to the nerve to the biceps[J]. Tech Hand Up Extrem Surg,2002,6(2):86-90.
[35] Merrell GA,Barrie KA,Katz DL,Wolfe SW. Results of nerve transfer:techniques for restoration of shoulder and elbow function in the context of a meta-analysis of the English literature[J]. J Hand Surg,2001,26A(2):303-314.
[36] Thomeer RT,Malessy MJ. Surgical repair of brachial plexus injury[J]. Clin Neurol Neurosurg,1993;95 (suppl):65-72.
[37] Malessy MJ,de Ruiter GC,de Boer KS,Thomeer RT. Evaluation of suprascapular nerve neurotization after nerve graft or transfer in the treatment of brachial plexus traction lesions[J]. J Neurosurg,2004,101(3):377-389.
[38] Sungpet A,Suphachatwong C,Kawinwonggowit V. One-fascicle median nerve transfer to biceps muscle in C5 and C6 root avulsions of brachial plexus injury[J]. Microsurgery,2003,23(1):10-13.
[39] Nagano A,Tsuyama N,Ochiai N,et al. Direct nerve crossing with the intercostal nerve to treat avulsion injuries of the brachial plexus[J]. J Hand Surg Am,1989,14(6):980-985.
[40] Samardzic M,Grujicic D,Antunovic V. Nerve transfer in brachial plexus traction injuries[J]. J Neurosurg,1992,76:191-197.
[41] Samardzic M,Rasulic L,Grujicic D,Milicic B. Results of nerve transfers to the musculocutaneous and axillary nerves[J]. Neurosurgery,2000,46:93-101;discussion 101-103.
[42] McGuiness CN,Kay SP. The prespinal route in contralateral C7 nerve root transfer for brachial plexus avulsion injuries[J]. J Hand Surg Br,2002,27(2):159-160.
[43] Songcharoen P,Wongtrakul S,Mahaisavariya B,Spinner RJ. Hemicontralateral C7 transfer to median nerve in the treatment of root avulsion brachial plexus injury[J]. J Hand Surg Am,2001,26(6):1058-1064.
[44] Vacher C,Dauge MC,Bhatia A,et al. Is the hypoglossal nerve a reliable donor nerve for transfer in brachial plexus injuries?[J]. Plast Reconstr Surg,2003,112(2):708-710.

72. 分娩性臂丛麻痹
obstetric brachial plexus palsy

[1] Greenwald AG,Schute PC,Shiveley JL. Brachial plexus birth palsy:a 10-year report on the incidence and prognosis[J]. J Pediatr Orthop,1984,4(6):689-692.

[2] Sherburn EW,Kaplan SS,Kaufman BA,et al. Outcome of surgically treated birth-related brachial plexus injuries in twenty cases[J]. Pediatr Neurosurg,1997,27(1):19-27.
[3] Waters PM. Comparison of the natural history,the outcome of microsurgical repair,and the outcome of operative reconstruction in brachial plexus birth palsy[J]. J Bone Joint Surg Am,1999,81(5):649-659.
[4] Smellie W. A Collection of Cases and Observations in Midwifery. To Illustrate His former Treatise,or First Volume,on that Subject,4th ed,vol. II[J]. London:D. Wilson,G. Nicol,1768:446-448. [1978 年，Smellie 首次报道了分娩性臂丛神经损伤（一例双上肢瘫痪的婴儿，产程过程中使用产钳而导致双上肢瘫痪的婴儿）
[5] Duchenne GBA. De l;Électrisation localisée et de son application à la pathologie et à la thérapeutique par courants induits et par courants galvaniques interrompus et continus[J].3rd ed. Paris:Librairie J. B. Baillière et fils,1872,pp1120. (1872 年，Duchenne 首次描述了分娩性臂丛神经损伤患者的肌肉解剖特点）
[6] Erb W. Ueber eine eigenthümliche Localisation von Lähmungen im Plexus brachialis. Verhandlungen[J]. Heidelberg:Naturhistorisch-medizinischer Verein,1874,pp2:130-136.（1874 年，Erb 使用电刺激定位损伤部位到臂丛神经上干，所以之后臂丛神经上干损伤被命名为 Erb's 瘫）
[7] Klumpke A. Contribution à l'étude des paralysies radiculaires du plexus brachial[J]. Rev Med,1885,5:591-616.（在 1885 年，Klumpke 进一步描述了臂丛神经损伤的另一种亚型，主要下干被累及，这种损伤也被称为 Klumpke's 瘫）
[8] Kennedy R. Suture of the brachial plexus in birth paralysis of the upper extremity[J]. Br Med J,1903,I:298-301.（1903 年，Kennedy 首次描述了神经病变切除后直接修复，在早期认识到切除神经瘤至正常神经束结构的重要性，同时神经修复确保没有张力）
[9] Sharpe W. The operative treatment of brachial plexus paralysis[J]. JAMA,1916,66:876-881.
[10] Taylor AS. Brachial birth palsy and injuries of similar type in adults[J]. Surg Gynecol Obstet,1920,30:494-502.
[11] Taylor AS. Results from the surgical treatment of brachial birth palsy[J]. JAMA,1907,48(2):96-104.
[12] Sever JW. Obstetric paralysis. Report of eleven hundred cases[J]. JAMA,1925,85(24):1862-1865.
[13] Jepson PN. Obstetrical paralysis[J]. Ann Surg,1930,91:724-730.
[14] Seddon HJ. The use of autogenous grafts for the repair of large gaps in peripheral nerves[J]. Br J Surg,1947,35:151.（1947 年，Seddon 尝试使用腓肠神经移植修复上干神经瘫，但得到了不理想的效果）
[15] Fairbank HAT. A lecture on birth palsy:Subluxation of the shoulder-joint in infants and young children. Lancet,1913,I:1218-1223.（1913 年，Fairbanks 专注于分娩性臂丛神经损伤后肩关节内旋挛缩的处理，通过手术松解肩关节囊、肩胛下肌和冈上肌腱，以及部分冈下肌）
[16] L'Episcopo JB. Tendon transplantation in obstetrical paralysis[J]. Am J Surg,1934,25(1):122-125.
[17] Millesi H,Ganglberger J,Berger A. Erfahrungen mit der Mikrochirurgie peripherer Nerven[J]. Chir Plast Reconstruct,1967,3:47-55.（随着现代显微外科技术的发展，1967 年，Milessi 和同事们在动物实验上借助良好的显微外科技术和精细的显微外科器械观察到更好的神经恢复效果和更少的瘢痕形成）
[18] Gilbert A,Khouri N,Carlioz H. Exploration chirurgicale du plexus brachial dans la paralysie obstétricale. Constatations anatomiques chez 21 malades opérés[J]. Rev Chir Orthop Reparatrice Appar Mot,1980,66:33-42.（1980 年，Gilbert 及其同事们报道称使用腓肠神经进行显微重建臂丛损伤可获得良好效果）
[19] Taylor GI,Ham FJ. The free vascularized nerve graft:a further experimental and clinical application of microvascular techniques[J]. Plast Reconstr Surg Radiol Anat,1976,57:413.
[20] Ikuta Y,Yoshioka K,Tsuge K. Free muscle transfer[J]. Aust N Z J Surg,1980,50(4):401-405.
[21] Sjoberg I,Erichs K,Bjerre I. Cause and effect of obstetric (neonatal) brachial plexus palsy[J]. Acta Paediatr Scand,1988,77(3):357-364.
[22] Clarke HM,Al-Qattan MM,Curtis CG,Zuker RM. Obstetrical brachial plexus palsy:results following neurolysis of conducting neuromas-incontinuity[J]. Plast Reconstr Surg,1996,97(5):974-982;discussion 983-984.
[23] Clarke HM,Curtis CG. An approach to obstetrical brachial plexus injuries[J]. Hand Clin,1995,11(4):563-580;discussion 580-581.
[24] Eng GD,Koch B,Smokvina MD. Brachial plexus palsy in neonates and children[J]. Arch Phys Med Rehabil,1978,59(10):458-464.
[25] Hardy AE. Birth injuries of the brachial plexus:incidence and prognosis[J]. J Bone Joint Surg Br,1981,63-B(1):98-101.
[26] Levine MG,Holroyde J,Woods JR Jr,et al. Birth trauma:incidence and predisposing factors[J]. Obstet Gynecol,1984,63(6):792-795.
[27] Michelow BJ,Clarke HM,Curtis CG,et al. The natural history of obstetrical brachial plexus palsy[J]. Plast Reconstr Surg,1994,93(4):675-680;discussion 681.
[28] Gilbert WM,Nesbitt TS,Danielsen B. Associated factors in 1611 cases of brachial plexus injury[J]. Obstet Gynecol,1999,93(4):536-540.
[29] Al-Qattan MM,Clarke HM,Curtis CG. The prognostic value of concurrent phrenic nerve palsy in newborn children with Erb's palsy[J]. J Hand Surg Br,1998,23(2):225.
[30] Jennett RJ,Tarby TJ. Brachial plexus palsy:an old problem revisited again. II. Cases in point[J]. Am J Obstet Gynecol,1997,176(6):1354-1356;discussion 1356-1357.
[31] Jennett RJ,Tarby TJ,Kreinick CJ. Brachial plexus palsy:an old problem revisited[J]. Am J Obstet Gynecol,1992,166(6 Pt 1):1673-1676;discussion 1676-1677.
[32] Specht EE. Brachial plexus palsy in the newborn. Incidence and prognosis[J]. Clin Orthop Relat Res,1975,(110):32-34.
[33] Perlow JH,Wigton T,Hart J,et al. Birth trauma. A five-year review of incidence and associated perinatal factors[J]. J Reprod Med,1996,41(10):754-760.
[34] al-Qattan MM,Clarke HM,Curtis CG. Klumpke's birth palsy. Does it really exist?[J]. J Hand Surg Br,1995,20(1):19-23.
[35] Sever JW. Obstetric paralysis:its etiology,pathology,clinical aspects and treatment,with a report of four hundred and seventy cases[J]. Am J Dis Child 1916;12(6):541-578.
[36] Métaizeau JP,Gayet C,Plenat F. Les lésions obstétricales du plexus brachial[J]. Chir Pediatr,1979,20(3):159-163.
[37] Métaizeau JP,Prévôt J,Ligier JN. Les paralysies obstétricales(Etude expérimentale,déductions pronostiques et indications thérapeutiques)[J]. Méd Hyg,1982,40:617-624.
[38] Gilbert A. Long-term evaluation of brachial plexus surgery in obstetrical palsy[J]. Hand Clin,1995,11(4):583-594;discussion 594-595.
[39] Fattah A,Curtis CG,Agur AM,Clarke HM. Functional contribution of T1 to the brachial plexus in infants[J]. J Hand Surg Eur Vol,2012,37(3):237-243.
[40] Slooff ACJ. Obstetric brachial plexus lesions and their neurosurgical treatment[J]. Clin Neurol Neurosurg,1993,95(suppl):S73-S77.
[41] Mallet J. Paralysie obstétricale du plexus brachial. Traitement des séquelles. Primauté du traitement de l'épaule.—Méthode d'expression des résultats[J]. Rev Chir Orthop Reparatrice Appar Mot,1972,58 (suppl 1):166-168.
[42] Curtis C,Stephens D,Clarke HM,Andrews D. The active movement scale:an evaluative tool for infants with obstetrical brachial plexus palsy[J]. J Hand Surg Am,2002,27(3):470-478.
[43] Fu SY,Gordon T. The cellular and molecular basis of peripheral nerve regeneration[J]. Mol Neurobiol,1997,14(1-2):67-116.
[44] Eng GD,Binder H,Getson P,O'Donnell R. Obstetrical brachial plexus palsy(OBPP) outcome with conservative mangement[J]. Muscle Nerve,1996,19:884-891.
[45] Michelow BJ,Clarke HM,Curtis CG,et al. The natural history of obstetrical brachial plexus palsy[J]. Plast Reconstr Surg,1994,93(4):675-680.
[46] Gilbert A,Tassin JL. Obstetrical palsy:a clinical,pathologic,and surgical review. In Terzis JK(ed). Microreconstruction of Nerve Injuries[M]. Philadelphia:WB Saunders,1987,pp529-553.
[47] Gilbert A. Indication and strategies. In Gilbert A(ed). Brachial Plexus Injuries[M]. London:Martin Dunitz,2001,pp205-210.
[48] Al-Qattan MM Clarke HM,Curtis CG. The prognostic value of concurrent Horner's syndrome in total obstetric brachial plexus injury[J]. J Hand Surg Br,2000,25(2):166-167.
[49] Strömbeck C,Krumlinde-Sundholm L,Forssberg H. Functional outcome at 5 years in children with obstetrical brachial plexus palsy with and without microsurgical reconstruction[J]. Dev Med Child Neurol,2000,42(3):148-157.
[50] Chow BCL,Blaser S,Clarke HM. Predictive value of computed tomographic myelography in obstetrical brachial plexus palsy[J]. Plast Reconstr Surg,2000,106(5):971-977.
[51] Tsai PY,Chuang TY,Cheng H,et al. Concordance and discrepancy between electrodiagnosis and magnetic resonance imaging in cervical root avulsion injuries[J]. J Neurotrauma,2006,23(8):1274-1281.
[52] Dupere M,Vajsar J,Moncada M. The use of intraoperative somatosensory evoked potentials in the diagnosis of nerve root avulsion in obstetrical brachial plexus palsy. Eighth Congress of the International Federation of Societies for Surgery of the Hand,Istanbul,Turkey,2001.
[53] Murji A,Redett RJ,Hawkins CE,Clarke HM. The role of intraoperative frozen section histology in obstetrical brachial plexus reconstruction[J]. J Reconstr Microsurg,2008,4(3):203-209.
[54] Lin JC,Schwentker-Colizza A,Curtis CG,Clarke HM. Final results of grafting versus neurolysis in obstetrical brachial plexus palsy[J]. Plast Reconstr Surg,2009,123(3):939-948.
[55] Sameem M,Wood T,Bain J. A systematic review on the use of fibrin glue for peripheral nerve repair[J]. Plast Reconstr Surg,2001,127(6):2381-2390.
[56] La Scala GC,Rice SB,Clarke HM. Complications of microsurgical reconstruction of obstetrical brachial plexus palsy[J]. Plast Reconstr Surg,2003,111(4):1383-1388.

73. 创伤性臂丛重建
traumatic brachial plexus reconstruction

[1] Gray H,Goss CM. Gray's Anatomy[M].26th ed. Philadelphia,Lea & Febiger,1955,pp1038-1058.
[2] Leffert RD. Brachial Plexus Injuries[M]. New York:Churchill Livingstone,1985,pp1-38.
[3] Slingluff CL,Terzis JK,Edgerton MT. The quantitative microanatomy of the brachial plexus in man. Reconstructive relevance. In Terzis JK(ed). Microreconstruction of Nerve Injuries[M]. Philadelphia:WB Saunders,1987,pp285-324.
[4] Narakas A. Surgical treatment of traction injuries of the brachial plexus[J]. Clin Orthop,1978,133:71-90.
[5] Chuang DC,Ma HS,Wei FC. A new evaluation system to predict the sequelae of late obstetric brachial plexus palsy[J]. Plast Reconstr Surg,1998,101:673-685.
[6] Chuang DC. Adult brachial plexus injuries. In Neligan P (ed). Plastic Surgery,3rd ed,vol. VI[M]. Philadelphia:Saunders Elsevier,2011.
[7] Sunderland S. Brachial plexus injuries[J]. Clin Neurol Neurosurg,1993,95(suppl):S1-S2.
[8] Chuang DC. Adult brachial plexus injuries. In Mathes SJ,Hentz VR(eds). Plastic Surgery,2nd ed,vol. 7[M]. Philadelphia:Saunders Elsevier,2006,pp515-538.
[9] Chuang DC. Adult brachial plexus reconstruction with the level of injury:review and personal experience[J]. Plast Reconstr Surg,2009,124(suppl):359e-369e.
[10] Seddon HJ. Three types of nerve injury[J]. Brain,1943,66:238-288.
[11] Sunderland S. A classification of peripheral nerve injuries producing loss of function[J]. Brain,1951,74:491-516.
[12] Boome RS. General discussion on the brachial plexus. In Boome RS(ed). The Brachial Plexus[M]. New York:Churchill Livingstone,1997,pp1-17.
[13] Narakas A. Surgical treatment of traction injuries of the brachial plexus[J]. Clin Orthop,1978,133:71-90.
[14] Alnot JY. Traumatic paralysis of the brachial plexus:preoperative problems and therapeutic indications. In Terzis JK(eds). Microreconstruction of Nerve Injuries[M]. Philadelphia:WB Saunders,1987,pp325-345.
[15] Millesi H. Brachial plexus lesions:classification and operative technique. In Tubiana R (ed)[M].The Hand. Philadelphia:WB Saunders,1988,pp645-655.
[16] Terzis JK,Verkris MD,Soucacos P. Outcomes of brachial plexus reconstruction in 204 patients with devastating paralysis[J]. Plast Reconstr Surg,1999,104:1221-1240.（大部分臂丛外科医生推荐伤后 5 个月内进行探查，其中大部分建议伤后 3~4 个月时进行探查）
[17] Chuang DC,Yeh MC,Wei FC. Intercostal nerve transfer of the musculocutaneous nerve in avulsed brachial plexus injuries-evaluation of 66 patients[J]. J Hand Surg,1992,17A:822-828.
[18] Nordin L,Sinisi M. Brachial plexus-avulsion causing Brown-Séquard syndrome[J]. J Bone Joint Surg Br,2009,91:88-90.
[19] Lister G. The Hand[M].3rd ed. Edinburgh:Churchill Livingstone,1993,pp233-236.
[20] Yoshikawa T,Hayashi N,Yamamoto S,et al. Brachial plexus injury:clinical manifestation,conventional imaging findings,and the latest imaging techniques[J]. Radiographics,2006,26:S133-S134.
[21] Chuang DC. Nerve transfers in adult brachial plexus injuries:my methods[J]. Hand Clin,2005,21:71-82.
[22] Viterbo F,Trindade JC,Hoshino K,Mazzoni AL. End-to-side neurorrhaphy with removal of the epineurial sheath:an experimental study in rats[J]. Plast Reconstr Surg,1994,94:1038-1047.
[23] Narakas AO. Neurotization or nerve transfer in traumatic brachial plexus lesions. In Tubiana R(ed). The Hand[M]. Philadelphia:WB Saunders,1987,pp656-683.
[24] Oberlin C. Nerve transfer to biceps muscle using a part of ulnar nerve for C5-6 avulsion of the brachial plexus—anatomical studies and report of four cases[J]. J Hand Surg,1994,19A:232-237.
[25] Mackinnon SE,Novak CB,Myckatyn TM,Tung TH. Results of reinnervation of the biceps and brachialis muscles with a double fascicular transfer for elbow flexion[J]. J Hand Surg,2005,30A:978-985.
[26] Chuang DC,Wei FC. Restoration of shoulder abduction by nerve transfer in avulsed brachial plexus injuries—evaluation of 99 patients with various nerve transfers[J]. Plast Reconstr Surg,1995,96:122-128.
[27] Cardenas-Mejia A,O'Boyle,CP,Chen KT,Chuang DC. Evaluation of single-,double-,and triple-nerve transfers for shoulder abduction in 90 patients with supraclavicular brachial plexus injury[J]. Plast Reconstr Surg,2008,122:1470-1478.
[28] Doi K,Sakai K,Kuwata N,et al. Double-muscle technique for reconstruction of prehension after complete avulsion of brachial plexus[J]. J Hand Surg,1995,20A:408-414.
[29] Chuang DC. Nerve transfer with functioning free muscle transplantation[J]. Hand Clin,2008,24:377-388.

74. 双重肌肉移植
double free muscle transfers

[1] Carlstedt T. Central Nerve Plexus Injury[M]. London:Imperial College Press,2007,pp139.

[2] Chuang DCC,Ma HS,Borud LJ,et al. Surgical strategy for improving forearm and hand function in late obstetric brachial plexus palsy[J]. Plast Reconstr Surg,2002,109:1934.
[3] Liang C,Yu-Dong G,Shao-Nan Hm et al. Brachial plexus root avulsions in children—a report of 12 cases[J]. J Hand Surg,2007,32A:96.
[4] Songcharoen P,Wongtrakul S,Mahaisavariya B,et al. Hemi-contralateral C7 transfer to median nerve in the treatment of root avulsion brachial plexus injury[J]. J Hand Surg,2001,26A:1058.
[5] Doi K,Sakai K,Kuwata N,et al. Double free muscle transfer to restore prehension following complete brachial plexus avulsion[J]. J Hand Surg,1995,20A:408.
[6] Doi K,Muramatsu K,Hattori Y,et al. Restoration of prehension with the double free muscle technique following complete avulsion of the brachial plexus. Indications and long-term results[J]. J Bone Joint Surg,2000,82A:622.
[7] Doi K,Hattori Y,Ikeda K,et al. Significance of shoulder function in the reconstruction of prehension with double free muscle transfer after complete paralysis of the brachial plexus[J]. Plast Reconstr Surg,2003,112:1596.
[8] Doi K. Management of total paralysis of the brachial plexus by the double free muscle transfer technique[J]. J Hand Surg,2008,33E:240.
[9] Hentz VR,Doi K. Traumatic brachial plexus injury. In Green DP,Hotchikiss RN,Pederson RX,Wolfe SW (eds). Green's Operative Hand Surgery[M].5th ed. Philadelphia:Elsevier,2005,pp1351.
[10] Bishop AT. Functioning free muscle transfer for brachial plexus injury[J]. Hand Clin,2005,21:91.
[11] Gu LQ. Current advances in treatment of brachial plexus injury in China[J]. J Jpn Soc Reconstr Microsurg(Japanese),2005,18:87.[2004 年 10 月 14—15 日，顾立强被邀出席日本第 31 届重建显微外科年会作 2 个主题招待演讲，其中之一为“中国臂丛损伤治疗现状”。会后日本学者 Yasunori Hattori（服部泰典）帮助整理成日文发表]
[12] Shin AY,Spinner RJ,Steinmann SP,et al. Adult traumatic brachial plexus injuries[J]. J Am Acad Orthop Surg,2005,13:382.
[13] Adams JE,Kircher MF,Spinner RJ,et al. Complications and outcomes of functional free gracilis transfer in brachial plexus palsy[J]. Acta Orthop Belg,2009,75:8.
[14] Doi K,Hattori Y,Tan SH,et al. Basic science behind functioning free muscle transplantation[J]. Clin Plast Surg,2002,29:483.
[15] Doi K,Shigetomi M,Kaneko K,et al. Significance of elbow extension in reconstruction of prehension with reinnervated free muscle transfer following complete brachial plexus avulsion[J]. Plast Reconstr Surg,1997,100:364.
[16] Hattori Y,Doi K,Dhawan V,et al. Choline acetyltransferase activity and evoked spinal cord potentials for diagnosis of brachial plexus injury[J]. J Bone Joint Surg,2004,86B:70.
[17] Yamazaki H,Doi K,Hattori Y,et al. Computerized tomography myelography with coronal and oblique coronal view for diagnosis of nerve root avulsion in brachial plexus injury[J]. J Brachial Plex Peripher Nerve Inj,2007,2:16.
[18] Hattori Y,Doi K. Vascularized ulnar nerve graft[J]. Tech Hand Up Extrem Surg,2006,10:103.
[19] Hattori Y,Doi K,Toh S,et al. Surgical approach to the spinal accessory nerve for brachial plexus reconstruction[J]. J Hand Surg,2001,26A:1073.
[20] A ddosooki AI,Doi K,Hattori Y,et al. Technique of harvesting the gracilis for free functioning muscle transplantation[J]. Tech Hand Up Extrem Surg,2006,10:245.
[21] Doi K,Hattori Y,Tan SH,et al. Endoscopic harvesting of the gracilis muscle transfer for reinnervated free muscle transfer[J]. Plastic Reconstr Surg,1997,100:1817.
[22] Addosooki AI,Doi K,Hattori Y. Technique of harvesting the gracilis for free functioning muscle transplantation[J]. Tech Hand Up Extrem Surg,2006,10:245.
[23] Manktelow RT,Zuker RM,McKee NH. Functioning free muscle transplantation[J]. J Hand Surg,1984,9A:32.
[24] Wahegaonkar AL,Doi K,Hattori Y,et al. Technique of intercostal nerve harvest and transfer for various neurotization procedures in brachial plexus injuries[J]. Tech Hand Up Extrem Surg,2007,11:184.
[25] Doi K,Hattori Y,Yamazaki H,et al. Importance of Early passive mobilization following double free gracilis muscle transfer[J]. Plastic Reconstr Surg,2008,121:2037.
[26] Addosooki A,Doi K,Hattori Y,et al. Wrist arthrodesis after double free muscle transfer in traumatic total brachial plexus palsy[J]. Tech Hand Up Extrem Surg,2007,11:29.
[27] Takka S,Doi K,Hattori Y,et al. Selection of grip function in double free gracilis transfer procedures after complete paralysis of the brachial plexus[J]. Ann Plast Surg,2005,54:610.
[28] Ihara K,Doi K,Sakai K,et al. Restoration of sensibility in the hand after complete brachial plexus injury[J]. J Hand Surg,1996,21A:381.
[29] Hattori Y,Doi K,Sakamoto S,et al. Sensory recovery of the hand with intercostal nerve transfer following complete avulsion of the brachial plexus[J]. Plast Reconstr Surg,2009,123:276.

75. 神经松解术，神经瘤型连续性存在损伤和复发性神经卡压症

neurolysis,neuroma in continuity,and recurrent nerve compression syndromes

[1] Seddon HJ. A classification of nerve injuries. Br Med J,1942,2(4260):237-239. Retrieved from http://www.ncbi.nlm.nih.gov/pubmed/17676350（Seddon 于 1942 提出神经损伤的三种类型：神经失用、轴突断裂、神经断裂）
[2] Sunderland S. A classification of peripheral nerve injuries producing loss of function[J]. Brain,1951,74(4):491-516. Re-trieved from http://www.ncbi. nlm.nih.gov/pubmed/14895767（1951 年 Sunderland 根据神经损伤的程度将其分为五度：Ⅰ，传导阻滞；Ⅱ，轴突中断，但神经内膜管完整；Ⅲ，轴突和内膜管断裂，但神经束膜保持完整；Ⅳ，神经束遭到严重破坏或断裂，但神经干通过神经外膜组织保持连续；Ⅴ，神经干完全断裂）
[3] Bertelli JA,Soares dos Santos AR,Calixto JB. Effects of neurolysis during nerve regeneration:a behavioral and electro-physiologic study[J]. J Reconstr Microsurg,1998,14(3):165-170.（应用大鼠正中神经损伤模型表明在神经再生过程中，进行神经松解术对神经恢复无不良影响，且能加快神经恢复。因此作者认为早期探查手术对神经再生无不良影响）
[4] Mazal PR,Millesi H. Neurolysis:is it beneficial or harmful? [J].Acta Neurochir Suppl,2005,92:3-6.（Mazal 等认为应摒弃“内部神经松解”这种定义不明确的术语。“内部神经松解术”指的是切除神经干内的纤维组织。神经旁膜的纤维化位于神经外膜之外，但引起的后果与神经外膜纤维化相同）
[5] Millesi H,Rath T,Reihsner R,Zoch G. Microsurgical neurolysis:its anatomical and physiological basis and its classification[J]. Microsurgery,1993,14(7):430-439.（神经旁膜的存在保证了神经和其周围组织之间的滑动；束间神经外膜提供了神经内滑动的可能性。神经内松解术指当神经外膜完全离断，在神经内进行松解手术。对不同部位的纤维化应进行明确分类，以便指导在每种情况下所需进行的松解术式。神经松解术应循序渐进实施，一旦达到了神经束减压这一目的，应立即停止不进行过多松解）
[6] Sakurai M,Miyasaka Y. Neural fibrosis and the effect of neurolysis[J]. J Bone Joint Surgery Br,1986,68(3):483-488.（周围神经纤维成分的增厚可能是由反复摩擦、牵引、压迫、缺血或部分断裂引起的。纤维化可分为神经外、神经内或弥散性。本文报道了 17 例采用神经外松解术的病例，14 例满意；42 例采用神经内松解术的病例，37 例成功。8 例失败中有 7 例为弥散性纤维化）
[7] Ting J,Weiland AJ. Role of ancillary procedures in surgical management of carpal tunnel syndrome:epineurotomy,internal neurolysis,tenosynovectomy,and tendon transfers[J]. Hand Clin,2002,18(2):315-323.
[8] Tung TH,Mackinnon SE. Secondary carpal tunnel surgery[J]. Plast Reconstr Surg,2001,107(7):1830-1843;quiz 1844,1933.
[9] Wadstroem J,Nigst H. Reoperation for carpal tunnel syndrome. A retrospective analysis of forty cases[J]. Ann Chir Main,1986,5(1):54-58.
[10] Ducic I,Felder JM. Minimally invasive peripheral nerve surgery:peroneal nerve neurolysis[J]. Microsurgery,2012,32(1):26-30.
[11] Terzis JK. Microreconstruction of Nerve Injuries[M]. WB Saunders,Philadelphia,1987.
[12] Elliot D,Lloyd M,Hazari A,et al. Relief of the pain of neuromas-incontinuity and scarred median and ulnar nerves in the distal forearm and wrist by neurolysis,wrapping in vascularized forearm fascial flaps and adjunctive procedures[J]. J Hand Surg Eur Vol,2010,35(7):575-582.
[13] Jones NF,Shaw WW,Katz RG. Circumferential wrapping of a flap around a scarred peripheral nerve for salvage of end-stage traction neuritis[J]. J Hand Surg,1997,22A:527.[Jones 对 9 例因周围神经炎致慢性重度疼痛的患者，行神经松解术后用皮下脂肪组织、筋膜或肌肉组成的带蒂皮瓣或游离皮瓣对受累神经段进行包绕。7 名患者（77%）随访 1~5 年，疼痛明显缓解，2 名患者（22%）的疼痛完全没有减轻]
[14] Monacelli G,Rizzo MI,Pardi M,Spagnoli AM. Clinical and electrophysiological comparison of different methods of soft tissue coverage of the median nerve in recurrent carpal tunnel syndrom[J]e. Neurosurgery,2009,64(3):E577;author reply E577.
[15] Puckett BN,Gaston RG,Lourie GM. A novel technique for the treatment of recurrent cubital tunnel syndrome:ulnar nerve wrapping with a tissue engineered bioscaffold[J]. J Hand Surg Eur Vol,2011,36(2):130-134.
[16] Stütz NM,Gohritz A,Novotny A,et al. Clinical and electrophysiological comparison of different methods of soft tissue coverage of the median nerve in recurrent carpal tunnel syndrome[J]. Neurosurgery ,2008,62(3 suppl 1):194-199;discussion 199-200.
[17] Tollestrup T,Berg C,Netscher D. Management of distal traumatic median nerve painful neuromas and of recurrent carpal tunnel syndrome:hypothenar fat pad flap[J]. J Hand Surg,2010,35(6):1010-1014.
[18] Varitimidis SE,Vardakas DG,Goebel F,Sotereanos DG. Treatment of recurrent compressive neuropathy of peripheral nerves in the upper extremity with an autologous vein insulator[J]. J Hand Surg ,2001;26(2):296-302.
[19] Diebold PF,Daum B,Dang-Vu V,Litchinko M. True epineural neurolysis in Morton's neuroma:a 5-year follow up[J]. Orthopedics,1996,19(5):397-400.
[20] Matejcik V,Penzesova G. Follow-up evaluation of neurolysis of brachial plexus and peripheral nerves of upper extremities[J]. Bratisl Lek Listy,2004,105(12):424-427.
[21] Humphreys DB,Mackinnon SE. Nerve transfers[J]. Oper Tech Plast Reconstr Surg,2002,9(3):89-99.
[22] Barrett JP,Downey MS,Hillstrom HJ. Retrospective analysis of neurapraxia and axonotmesis injuries of select peripheral nerves of the foot and ankle and their conservative and surgical treatment (external neurolysis and neurectomy)[J]. J Foot Ankle Surg,1999,38(3):185-193.
[23] Stellini L. Interfascicular autologous grafts in the repair of peripheral nerves:eight years' experience[J]. Br J Plast Surg,1982,35(4):478-482.
[24] Donoff RB. Nerve regeneration:basic and applied aspects[J]. Crit Rev Oral Biol Med,1995,6(1):18-24.
[25] Tapadia M,Mozaffar T,Gupta R. Compressive neuropathies of the upper extremity:update on pathophysiology, classification,and electrodiagnostic findings[J]. J Hand Surg,2010,35(4):668-677.
[26] Kim DH,Kam AC,Chandika P,et al. Surgical management and outcome in patients with radial nerve lesions[J]. J Neurosurg,2001,95(4):573-583.
[27] Kline DG,Hackett ER,LeBanc HJ. The value of primary repair for bluntly transected nerve injuries:physiological documentation[J]. Surg Forum,1974,25:436-438.
[28] Van Beek AL. Electrodiagnostic evaluation of peripheral nerve injuries. Hand Clin,1986,2(4):747-760.
[29] Van Beek AL,Massac E,Smith DO. The use of the signal averaging computer for evaluation of peripheral nerve problems[J]. Clin Plast Surg,1986,13(3):407-418.
[30] Millesi H. The nerve gap. Theory and clinical practice[J]. Hand Clin,1986,2(4):651-663.
[31] Hassan NH,Sulong AF,Ng M-H,et al. Neural-differentiated mesenchymal stem cells incorporated into muscle stuffed vein scaffold forms a stable living nerve conduit[J]. J Orthop Res,2012,30(10):1674-1681.
[32] Kuffler DP,Reyes O,Sosa IJ,Santiago-Figueroa J. Neurological recovery across a 12-cm-long ulnar nerve gap repaired 3.25 years post trauma:case report[J]. Neurosurgery,2011,69(6):E1321-E1326.
[33] Rinker B,Liau JY. A prospective randomized study comparing woven polyglycolic acid and autogenous vein conduits for reconstruction of digital nerve gaps[J]. J Hand Surg,2011,36(5):775-781.
[34] Roganovic Z,Ilic S,Savic M. Radial nerve repair using an autologous denatured muscle graft:comparison with outcomes of nerve graft repair. Acta Neurochir(Wien) ,2007,149(10):1033-1038;discussion 1038-1039.
[35] Taras JS,Jacoby SM,Lincoski CJ. Reconstruction of digital nerves with collagen conduits[J]. J Hand Surg,2011,36(9):1441-1446.
[36] Takasaki Y,Noma H,Kitami T,et al. Reconstruction of the inferior alveolar nerve by autologous graft:a retrospective study of 20 cases examining donor nerve length[J]. Bull Tokyo Dent Coll,2003,44(2):9-35.
[37] Jones NF,Ahn HC,Eo S. Revision surgery for persistent and recurrent carpal tunnel syndrome and for failed carpal tunnel release[J]. Plast Reconstr Surg,2012,129(3):683-692.
[38] Cobb TK,Amadio PC. Reoperation for carpal tunnel syndrome[J]. Hand Clin ,1996,12(2):313-323.
[39] Upton ARM,McComas AJ. The double crush in nerve entrapment syndromes[J]. Lancet,1973,2(7825):359-362.
[40] Steyers CM. Recurrent carpal tunnel syndrome[J]. Hand Clin,2002,18(2):339-345.
[41] Campagna R,Pessis E,Feydy A,et al. MRI assessment of recurrent carpal tunnel syndrome after open surgical release of the median nerve[J]. AJR Am J Roentgenol,2009,193(3):644-650.
[42] Filippi R,Charalampaki P,Reisch R,et al. Recurrent cubital tunnel syndrome. Etiology and treatment. Minimally inva-sive neurosurgery[J]. Minim Invasive Neurosurg,2001,44(4):197-201.
[43] Schnabl SM,Kisslinger F,Schramm A,et al. Subjective outcome,neurophysiological investigations, postoperative complications and recurrence rate of partial medial epicondylectomy in cubital tunnel syndrome[J]. Arch Orthop Trauma Surg,2011,131(8):1027-1033.
[44] Seradge H,Owen W. Cubital tunnel release with medial epicondylectomy factors influencing the outcome[J]. J Hand Surg,1998,23(3):483-491.
[45] Dahlin LB,Salö M,Thomsen N,Stütz N. Carpal tunnel syndrome and treatment of recurrent symptoms[J]. Scand J Plast Reconstr Surg Hand Surg,2010,44(1):4-11.
[46] Teoh LC,Tan PL. Endoscopic carpal tunnel release for recurrent carpal tunnel syndrome after previous open release[J]. Hand Surg,2004,9(2):235-239.
[47] Amadio PC. Interventions for recurrent/persistent carpal tunnel syndrome after carpal tunnel release[J]. J Hand Surg,2009,34(7):1320-1322.
[48] Straub TA. Endoscopic carpal tunnel release:a prospective analysis of factors associated with unsatisfactory results[J]. Arthroscopy,1999,15(3):269-274.

76. 显微外科再血管化和交感神经切断术
microsurgical revascularization and sympa-thectomy

[1] Koman LA,Smith BP,Smith TL,et al. Vascular disorders. In Wolfe SW,Hotchkiss RN,Pederson WC,Kozin SH(eds). Green's Operative Hand Surgery[M].6th ed. Philadelphia:Elsevier,2011,pp2197-2240.

[2] Ahn HC,Jones NF. Ischemia of the hand. In Neligan PC(ed). Plastic Surgery[J].3rd ed. St. Louis:Elsevier Saunders,2013.

[3] Belch JJ,Ho M:Pharmacotherapy of Raynaud's phenomenon[J]. Drugs,1996,52(5):682-695.（血管扩张剂如烟酸肌醇和己酮可可碱在轻度雷诺病中具有重要作用，硝苯地平仍是目前治疗的"金标准"。新的具有治疗潜力的方法包括前列腺素类似物，酮舍林和降钙素基因相关肽。腰交感神经节切断术在治疗下肢雷诺病中可能会有令人满意的症状缓解）

[4] Van Beek AL,Lim PK,Gear AJ,et al. Management of vasospastic disorders with botulinum toxin A. Plast Reconstr Surg,2007,119(1):217-226.（本文报道 11 例血管痉挛性疾病产生的顽固性静息痛、指体溃疡和坏死，在动脉交感神经切除术治疗失败后，通过血管周围注射肉毒毒素 A，所有患者均报告疼痛减轻，9 例的小面积溃疡及坏死区在清创后自发愈合，仅两例需要小面积植皮）

[5] Neumeister MN,Chambers CB,Herron MS,et al. Botox therapy for ischemic digits[J]. Plast Reconstr Surg,2009,124(10):191-201.（作者对 19 例确诊为雷诺病的患者将 50~100 单位肉毒杆菌毒素注射到受累的神经血管束周围。16 例报告静息疼减轻，13 例患者报告立即缓解；3 例报告 1~2 个月内逐渐减轻。所有慢性溃疡患者均于 60 天内愈合）

[6] Jones NF. Acute and chronic ischemia of the hand:Pathophysiology,treatment and prognosis[J]. J Hand Surg Am,1991,16:1074-1083.（对 50 例患有手部缺血患者进行血管造影检查发现缺血的病理生理机制为栓塞占 6%，血管痉挛占 10%，血栓形成占 28%，闭塞性疾病占 26%，伴有血管痉挛或外压的闭塞性疾病占 30%。10 名患者行动脉内注射链激酶、静脉注射肝素或右旋糖酐 40 和连续星状神经节阻滞，3 名患者由于桡动脉血栓行显微手术血运重建。7 例患者行指交感神经切断术。18 例因终末期坏疽需要截肢。长期随访显示 20% 的指端溃疡复发）

[7] Jones NF. Ischemia of the hand in systemic disease:the potential role of microsurgical revascularization and digital sympathectomy[J]. Clin Plast Surg,1989,16:54-556.（对于患有全身系统性疾病的手部急、慢性缺血患者，明确其缺血的病理生理机制可以为治疗提供合理依据。本文讨论了针对恢复或改善缺血手的血流量，显微血管重建术和指交感神经节切断术两种技术的适应证和作用）

[8] Koman LA,Ruch DS,Aldrich M,et al. Arterial reconstruction in the ischemic hand and wrist:effects on microvascular physiology in healthrelated quality of life[J]. J Hand Surg Am,1998,23:773-782.（对手部缺血患者行动脉重建手术后，应用激光多普勒流量计和激光多普勒灌注成像检测微血管灌注情况和灌注模式以评估微血管生理学，结果显示手指温度和微血管灌注显著改善，症状减少，上肢功能和生活质量得到改善）

[9] Jones NF,Raynor SC,Medsger TA. Microsurgical revascularization of the hand in scleroderma[J]. Br J Plast Surg,1987,40:264-269.（对 4 例硬皮病患者进行了动脉造影显示腕部和掌浅弓处的桡动脉和尺动脉近端闭塞较多。其中 2 例患者接受静脉移植重建血流，术后报告疼痛立即缓解，指端溃疡亦快速愈合，术后 1 年均无疼痛复发）

[10] Pederson WC. Revascularization of the chronically ischemic hand[J]. Hand Clin,1999,15:629-642.

[11] Koman LA,Smith BP,Pollock F,et al. The microcirculatory effects of peripheral sympathectomy[J]. J Hand Surg Am,1995,5:709-717.

[12] Ruch DS,Holden M,Smith BP,et al. Periarterial sympathectomy in scleroderma patients:intermediate-term follow-up[J]. J Hand Surg Am,2002,27(2):258-264.

[13] Tomaino MM,Goitz RJ,Medsger TA. Surgery for ischemic pain and Raynaud's phenomenon in scleroderma:a description of treatment,protocol and evaluation of results[J]. Microsurgery,2001,21:75-79.

[14] King GM. Arterialization of venous system of the hand[J]. Plast Reconstr Surg,2006,118:421-428.

[15] Chloros GD,Li Z,Koman LA. Long-term successful outcome of severe hand ischemia using arterialization with reversal of venous flow:case report[J]. J Hand Surg Am,2008,33(7):1048-1051.

[16] Chloros GD,Lucas RM,Li Z,et al. Post-traumatic ulnar artery thrombosis:outcome of arterial reconstruction using reverse interpositional vein grafting at 2 years minimum follow-up[J]. J Hand Surg Am,2008,33(6):932-940.

[17] Koman LA,Urbaniak JR. Ulnar artery thrombosis[J]. Hand Clin,1985,1(2):311-325.

[18] Hughes K,Hamdan A,Schermerhorn M,et al. Bypass for chronic ischemia of the upper extremity:results in 20 patients[J]. J Vasc Surg,2007,46:303-307.

[19] Namdari S,Weiss AP,Carney WI Jr. Palmar bypass for digital ischemia[J]. J Hand Surg,2007,32A(8):1251-1258.

[20] Ruch DS,Aldridge M,Holden M,et al. Arterial reconstruction for radial artery occlusion[J]. J Hand Surg Am,2000,25(5):982-984.

[21] Zimmerman NB,Zimmerman SI,McClinton MA,et al. Long-term recovery following surgical treatment for ulnar artery occlusion[J]. J Hand Surg Am,1994,19(10):17-21.

[22] Tomaino MM. Digital arterial occlusion in scleroderma:is there a role for digital arterial reconstruction?[J]. J Hand Surg,2000,25:611-613.

[23] Flatt AE. Digital artery sympathectomy[J]. J Hand Surg Am,1980,6:550-556.

[24] Wilgis EFS. Digital sympathectomy for vascular insufficiency[J]. Hand Clin,1985,1:361-367.

[25] Egloff DV,Missud RF,Verdan D. Superselective digital sympathectomy in Raynaud's phenomenon[J]. Hand,1983,15:110-114.

[26] O'Brien BM,Kumar PA,Mellow CG,et al. Radical microarteriolysis in the treatment of vasospastic disorders of the hand,especially scleroderma[J]. J Hand Surg Br,1992,17:447.

[27] Leriche R,Fontaine R,Dupertys SM. Arterectomy with follow-up studies on 78 operations[J]. Surg Gynec Obstet,1937,64:149-155.

[28] Smith HE,Deirks M,Patterson RB. Hypothenar hammer syndrome:distal ulnar artery reconstruction with autologous inferior epigastric artery[J]. J Vasc Surg,2004,40:1238-1242.

[29] Masden DL,McClinton MA. Arterial conduits for distal upper extremity bypass[J]. J Hand Surg,2013,38A:572-577.

[30] Balogh B,Valencak J,Vesely M,et al. The nerve of Henle:an anatomic and immunohistochemical study[J]. J Hand Surg Am,1999,24(5):1103-1108.

[31] Le-Gammal TA,Blair WF. Digital periarterial sympathectomy for ischemic digital pain and ulcers[J]. J Hand Surg Br,1991,16:382-385.

[32] Ward WA,Van Moore A. Management of finger ulcers in scleroderma[J]. J Hand Surg Am,1995,20:868-872.

77. 动物和人体吻合血管复合组织异体移植的实验基础
the animal and human experimen-tal foundation of vascularized composite allotransplantation

[1] Sade RM. Transplantation at 100 years:Alexis Carrel,pioneer surgeon[J]. Ann Thorac Surg,2005,80(6):2415-2418.（1902 年 Alexis Carrel 首次报道血管端-端吻合三定点缝合技术，1905 年在实验动物模型中应用于肾脏移植，狗的肾脏被移植到颈部，血管与颈动脉和颈外静脉吻合，输尿管被植入食道，展示了器官移植的潜力）

[2] Ono S. The birth of transplantation immunology:the Billingham Medawar experiments at Birmingham University and University College London. 1951. J Exp Biol,2004,207(23):4013-4014.（20 世纪 40 年代末和 50 年代初，Medawar 和 Burne 揭开了器官排斥的原因，发现获得性免疫耐受这一现象，并于 1960 年被授予诺贝尔奖）

[3] Hewitt CW,Black KS,Dowdy SF,et al. Composite tissue (limb) allografts in rats. III. Development of donor-host lym-phoid chimeras in long-term survivors[J]. Transplantation,1986,41(1):39-43.[Hewitt 等人于 1986 年报道通过对 8 只长期存活（206~701 天）的大鼠同种异体后肢移植物进行供体 - 宿主淋巴嵌合体检测，发现来源于供体骨髓的淋巴细胞释放到循环中后导致供体 - 宿主淋巴嵌合体在造血组织中增殖，可助于移植物的长期存活]

[4] Black KS,Hewitt CW,Fraser LA,et al. Composite tissue (limb) allografts in rats. II. Indefinite survival using low-dose cyclosporine. Transplantation,1985,39(4):365-368. 5. Hewitt CW,Black KS,Fraser LA, et al. Composite tissue (limb) allografts in rats. I. Dose-dependent increase in survival with cyclosporine[J]. Transplantation,1985,39(4):360-364.{ Black 等人于 1985 年报道中低等剂量 [8 mg/（kg · d）] 的免疫抑制剂环孢素 A（Cyclosporin,CsA）可诱导大鼠同种异体后肢移植物出现免疫耐受，利于移植物的长期存活，且无明显毒副作用 }

[5] Siegler M. The future of the doctor-patient relationship in a world of managed care[J]. Medicina secoli,1998,10(1):41-56.

[6] Breidenbach WC,Gonzales NR,Kaufman CL,et al. Outcomes of the first 2 American hand transplants at 8 and 6 years posttransplant[J]. J Hand Surg,2008,33(7):1039-1047.（2008 年 Breidenbach 等人分析了两例接受单侧异体手和前臂移植的美国患者在术后 81 个月和 106 个月的随访中出现的排斥反应次数、不良事件、移植手功能，以及生活质量，发现移植成活率和生活质量远远超过最初预期，证明同种异体手移植的可行性）

[7] Egerszegi EP,Samulack DD,Daniel RK. Experimental models in primates for reconstructive surgery utilizing tissue transplants[J]. Ann Plast Surg,1984,13(5):423-430.

[8] Daniel RK,Egerszegi EP,Samulack DD,et al. Tissue transplants in primates for upper extremity reconstruction:a preliminary report[J]. J Hand Surg,1986,11(1):1-8.（1986 年 Daniel 等报道了以狒狒为动物模型进行的 4 例手移植和 7 例带神经游离皮瓣移植，应用环孢素 A 和甲泼尼龙，9 例成功长期存活。同时观察到移植皮肤受到感觉神经再支配，供体肌肉出现了受体正中神经和尺神经的再支配）

[9] Hovius SE,Stevens HP,van Nierop PW,et al. Allogeneic transplantation of the radial side of the hand in the rhesus monkey:I. Technical aspects[J]. Plast Reconstr Surg,1992,89(4):700-709.（1992 年，Hovius 等报道了 12 例恒河猴手部桡侧半移植，移植物存活时间为 21~179 天，10 例出现排斥反应，其中 2 例可逆。术后 42 天和 44 天分别检测到了感觉和运动功能的恢复。主要并发症包括脓毒症、休克、淋巴瘤等）

[10] Arai K,Hotokebuchi T,Miyahara H,et al. Limb allografts in rats immunosuppressed with FK506[J]. Transplantation,1989,48:782-786.

[11] Min Z,Jones NF. Limb transplantation in rats:immunosuppression with FK-506[J]. J Hand Surg,1995,20A:77-87.

[12] Benhaim P,Anthony JP,Ferreira L,et al. Use of combination of low-dose cyclosporine and RS-61443 in a rat hindlimb model of composite tissue allotransplantation[J]. Transplantation,1996,61(4):527-532.

[13] Barth RN,Nam AJ,Stanwix MG,et al. Prolonged survival of composite facial allografts in non-human primates associated with posttransplant lymphoproliferative disorder[J]. Transplantation, 2009,88(11):1242-1250.

[14] Schneeberger S,Gorantla VS,Brandacher G,et al. Upper-extremity transplantation using a cell-based protocol to minimize immuno suppression[J]. Ann Surg,2013,257(2):345-351.[Schneeberger 等 2013 年报道了在一种新的供体骨髓细胞治疗协议（匹兹堡协议）下进行上肢移植的成功经验。2009 年 3 月至 2010 年 9 月，接受双侧或单侧手移植的 5 例患者采用甲泼尼龙和甲基强的松龙治疗后，再用他克莫司单药治疗。14 天时患者输注从供体椎体分离骨髓细胞。该方法安全性及耐受性好，患者术后运动功能和感觉恢复持续改善]

[15] Quinlan SC,Pfeiffer RM,Morton LM,Engels EA. Risk factors for earlyonset and late-onset post-transplant lymphopro-liferative disorder in kidney recipients in the United States[J]. Am J Hematol,2011,86(2):206-209.

[16] Elhassan B,Moran SL,Bravo C,Amadio P. Factors that influence the outcome of zone I and zone II flexor tendon repairs in children[J]. J Hand Surg,2006,31(10):1661-1666.

[17] Breidenbach WC,Gonzales NR,Kaufman CL,et al. Outcomes of the first 2 American hand transplants at 8 and 6 years posttransplant[J]. J Hand Surg,2008,33(7):1039-1047.

[18] Jablecki J,Kaczmarzyk L,Domanasiewicz A,et al. First Polish forearm transplantation—final report (outcome after 4 years)[J]. Ann Transplant,2010,15(2):61-67.

[19] Frey SH,Bogdanov S,Smith JC,et al. Chronically deafferented sensory cortex recovers a grossly typical organization after allogenic hand transplantation[J]. Curr Biol,2008,18(19):1530-1534.

[20] Shores JT. Recipient screening and selection:who is the right candidate for hand transplantation[J]. Hand Clin,2011,27(4):539-543,x.

[21] Dharancy S,Giral M,Tetaz R,et al. Adherence with immunosuppressive treatment after transplantation:results from the French trial PREDICT[J]. Clin Transplant,2012,26(3):E293-E299.

[22] Dew MA,DiMartini AF,De Vito Dabbs A,et al. Rates and risk factors for nonadherence to the medical regimen after adult solid organ transplantation[J]. Transplantation,2007,83(7):858-873.

[23] Cavadas PC,Landin L,Ibanez J. Bilateral hand transplantation:result at 20 months[J]. J Hand Surg Eur Vol,2009,34(4):434-443.

[24] Chang J,Mathes DW. Ethical,financial,and policy considerations in hand transplantation[J]. Hand Clin,2011,27(4):553-560.

[25] Petruzzo P,Dubernard JM. World experience after more than a decade of clinical hand transplantation:update on the French program[J]. Hand Clin,2011,27(4):411-416,vii.

[26] Jablecki J. World experience after more than a decade of clinical hand transplantation:update on the Polish program[J]. Hand Clin,2011,27(4):433-442,viii.

[27] McDiarmid SV,Azari KK. Donor-related issues in hand transplantation[J]. Hand Clin,2011,27(4):545-552.

[28] Hautz T,Engelhardt TO,Weissenbacher A,et al. World experience after more than a decade of clinical hand transplantation:update on the Innsbruck program[J]. Hand Clin,2011,27(4):423-431.

[29] Azari KK,Imbriglia JE,Goitz RJ,et al. Technical aspects of the recipient operation in hand transplantation[J]. J Reconstr Microsurg,2012,28(1):27-34.

[30] Banegas RN,Moreno R,Duggal A,Breidenbach WC 3rd. Surgical aspects of donor hand recovery for transplantation[J]. J Reconstr Microsurg,2012,28(1):21-26.

[31] Dubernard JM,Owen E,Herzberg G,et al. Human hand allograft:report on first 6 months[J]. Lancet,1999,353(9161):1315-1320.

[32] Jones JW,Gruber SA,Barker JH,Breidenbach WC. Successful hand transplantation. One-year follow-up[J]. Louisville Hand Transplant Team. N Engl J Med,2000,343(7):468-473.

[33] Lanzetta M,Dubernard JM,Owen ER,et al. Surgical planning of human hand transplantation[J]. Transplant Proc,2001,33(1-2):683.

[34] Schuind F,Van Holder C,Mouraux D,et al. The first Belgian hand transplantation-37 month term results[J]. J Hand Surg Br,2006,31(4):371-376.

[35] Hartzell TL,Benhaim P,Imbriglia JE,et al. Surgical and technical aspects of hand transplantation:is it just another replant?[J]. Hand Clin,2011,27(4):521-530.

[36] Kaufman CL,Ouseph R,Blair B,et al. Graft vasculopathy in clinical hand transplantation[J]. Am J Transplant,2012,12(4):1004-1016.

[37] Edgell SE,McCabe SJ,Breidenbach WC,et al. Different reference frames can lead to different hand transplantation decisions by patients and physicians[J]. J Hand Surg,2001,26(2):196-200.

[38] Kaufman CL,Ouseph R,Blair B,et al. Graft vasculopathy in clinical hand transplantation[J]. Am J Transplant,2012,12(4):1004-1016.
[39] Woodle ES,Peddi VR,Tomlanovich S,et al. A prospective,randomized,multicenter study evaluating early corticosteroid withdrawal with Thymoglobulin in living-donor kidney transplantation[J]. Clin Transplant,2010,24(1):73-83.
[40] Kawai T,Sachs DH,Sykes M,Cosimi AB. HLA-mismatched renal transplantation without maintenance immunosuppression[J]. New Engl J Med,2013,368(19):1850-1852.
[41] Schneeberger S,Gorantla VS,Brandacher G,et al. Upper-extremity transplantation using a cell-based protocol to minimize immunosuppression[J]. Ann Surg,2013,257(2):345-351.
[42] Rochkind S. Phototherapy in peripheral nerve regeneration:from basic science to clinical study[J]. Neurosurg Focus,2009,26(2):E8.
[43] Poyton RO,Ball KA. Therapeutic photobiomodulation:nitric oxide and a novel function of mitochondrial cytochrome c oxidase[J]. Discov Med,2011,11(57):154-159.
[44] Spiegel J,Tintera J,Gawehn J,et al. Functional MRI of human primary somatosensory and motor cortex during median nerve stimulation[J]. Clin Neurophysiol,1999,110(1):47-52.
[45] Diers M,Christmann C,Koeppe C,et al. Mirrored,imagined and executed movements differentially activate sensorimotor cortex in amputees with and without phantom limb pain[J]. Pain,2010,149(2):296-304.
[46] International Registry on Hand and Composite Tissue Transplantation.
[47] Pei G,Xiang D,Gu L,et al. A report of 15 hand allotransplantations in 12 patients and their outcomes in China[J]. Transplantation,2012,94(10):1052-1059.
[48] Carty MJ,Hivelin M,Dumontier C,et al. Lessons learned from simultaneous face and bilateral hand allotransplantation[J]. Plast Reconstr Surg,2013,32(2):423-432.
[49] Petruzzo P,Kanitakis J,Badet L,et al. Long-term follow-up in composite tissue allotransplantation:in-depth study of five (hand and face) recipients[J]. Am J Transplant,2011,11(4):808-816.
[50] Kanitakis J,McGregor B,Badet L,et al. Absence of c4d deposition in human composite tissue (hands and face) allograft biopsies:an immunoperoxidase study[J]. Transplantation,2007,84(2):265-267.
[51] Kaufman CL,Ouseph R,Blair B,et al. Graft vasculopathy in clinical hand transplantation[J]. Am J Transplant,2012,12(4):1004-1016.
[52] Landin L,Bonastre J,Casado-Sanchez C,et al. Outcomes with respect to disabilities of the upper limb after hand allograft transplantation:a systematic review[J]. Transplant Int,2012,25(4):424-432.
[53] Carroll D. A quantitative test of upper extremity function[J]. J Chronic Dis,1965,18:479-491.
[54] Lanzetta M,Petruzzo P. A comprehensive functional score system in hand transplantation. In Lanzetta M,Dubernard J(eds). Hand Transplantation[J]. Italy:Springer-Verlag,2007,pp355.
[55] Jensen SE,Butt Z,Bill A,et al. Quality of life considerations in upper limb transplantation:review and future directions[J]. J Hand Surg Am,2012,37(10):2126-2135.
[56] Brenner MJ,Tung TH,Jensen JN,Mackinnon SE. The spectrum of complications of immunosuppression:is the time right for hand transplantation?[J]. J Bone Joint Surg Am,2002,84A(10):1861-1870.
[57] Cooney WP,Hentz VR. Hand transplantation— primum non nocere[J]. J Hand Surg Am,2002,27(1):165-168.
[58] Jones NF. Concerns about hand transplantation in the 21st century[J]. J Hand Surg,2002,27A:771-787.
[59] Baumeister S,Kleist C,Dohler B,et al. Risks of allogeneic hand transplantation[J]. Microsurgery, 2004,24(2):98-103.
[60] Schneeberger S,Gorantla VS,Brandacher G,et al. Upper-extremity transplantation using a cell-based protocol to mini-mize immunosuppression[J]. Ann Surg,2013,257(2):345-351.
[61] Gorantla VS,Brandacher G,Schneeberger S,et al. Favoring the riskbenefit balance for upper extremity transplantation— the Pittsburgh Protocol[J]. Hand Clin,2011,27(4):511-520.
[62] CNN. One year after double hand transplant,progress elusive. 2010.
[63] Spitzer TR,Sykes M,Tolkoff-Rubin N,et al. Long-term follow-up of recipients of combined human leukocyte antigen-matched bone marrow and kidney transplantation for multiple myeloma with end-stage renal disease[J]. Transplantation,2011,91(6):672-676.
[64] Leventhal J,Abecassis M,Miller J,et al. Tolerance induction in HLA disparate living donor kidney transplantation by donor stem cell infusion:durable chimerism predicts outcome[J]. Transplantation, 2013,95(1):169-176.
[65] Halloran PF,Bromberg J,Kaplan B,Vincenti F. Tolerance versus immunosuppression:a perspective[J]. Am J Trans-plant,2008,8(7):1365-1366.
[66] Sachs DH,Kawai T,Colvin RB,et al. Response to “Tolerance versus immunosuppression:a perspective”[J]. Am J Trans-plant,2008,8(8):1573-1574.
[67] Breidenbach WC,et al. Long-term survival of an extremity composite issue allograft with FK506-mycophenolate mofetil therapy[J]. Surgery,1999,126(2):384-388.
[68] Wiley Periodicals Inc. Brief communication infections following facial composite tissue allotransplantation— single center experience and review of the literature[J]. Am J Trans,2013,13:770-779.

五、下肢
Lower Limb

78. 下肢开放性骨折的游离皮瓣覆盖
free flap coverage of lower extremity open fractures

[1] Byrd HS,Spicer TE,Cierney G III. Management of open tibial fractures[J]. Plast Reconstr Surg,1985,76:719-730.（Byrd 进行了一项前瞻性研究，发现对于严重的开放骨折，6 天内进行彻底清创后创面修复其感染发生率及与骨折愈合相关的并发症为 18%，1~6 周为 50%，超过 6 周或更多为 40%）
[2] Godina M. Early microsurgical reconstruction of complex trauma of the extremities[J]. Plast Reconstr Surg,1986,78:285-292.（Godina 报道了对于严重开放性损伤，在 72 小时内进行创面皮瓣覆盖，其中 11.8% 在第一次手术就进行了游离组织移植，可获得明显较少的皮瓣失败率、术后感染发生率、骨愈合时间、住院时间和手术次数）
[3] Heller L,Levin LS. Lower extremity microsurgical reconstruction[J]. Plast Reconstr Surg,2001,108(4):1029-1041.（Heller 和 Levin 提出所有的努力都是为了尽量做到 5~7 天内完成创面的覆盖）
[4] Gustilo RB,Anderson JT. Prevention of infection in the treatment of one thousand and twenty-five open fractures of long bones:retrospective and prospective analysis[J]. J Bone Joint Surg Am,1976,58:453-458.（开放性骨折最常用的是 1976 年报道的 Gustilo 分型，他根据创面的大小将开放性骨折分为 3 型）
[5] Gustilo RB,Mendoza RM,Williams DN. Problems in the management of type III severe open fractures:a new classification of type III open fractures[J]. J Trauma,1984,24:742-746.（1984 年，Gustilo 等根据骨折的类型、损伤机制和污染的程度将Ⅲ型开放性骨折又分为 3 个亚型）
[6] Gustilo RB,Merkow RL,Templeman D. The management of open fractures[J]. J Bone Joint Surg,1990,72:299-304.（更加详细的 Gustilo 分型发表在 1990 年）
[7] Brumback RJ,Jones AL. Interobserver agreement in the classification of open fractures of the tibia. The results of a survey of two hundred and forty-five orthopedic surgeons[J]. J Bone Joint Surg Am,1994,76:1162-1166.
[8] Lutz BS,Wei F-C,Machens H-G,et al. Indications and limitations of angiography before free-flap transplantation to the distal lower leg after trauma:prospective study in 36 patients[J]. J Reconstr Microsurg,2000,16:187-191.
[9] Glass GE,Pearse MF,Nanchahal J. Improving lower limb salvage following fractures with vascular injury:a systematic review and new management algorithm[J]. J Plast Reconstr Aesthet Surg,2009,62:571-579.
[10] g of the leg with multi-detector row CT angiography prior to free-flap transplantation[J]. Radiology,2005,237:353-360.
[11] Cernic S,Mucelli FP,Pellegrin A,et al. Comparison between 64-row CT angiography and digital subtraction angiography in the lower extremities:personal experience[J]. Radiol Med,2009,114: 1115-1129.
[12] Haddock N,Garfein E,Saadeh P,et al. The lower extremity Allen Test(LEAT)[J]. J Reconstruct Microsurg,2009,25(7):399-403.
[13] Dublin,BA,Karp NS,Kasabian AK,et al. Selective use of preoperative extremity arteriography in free flap reconstruction[J]. Ann Plast Surg,1997,38:404-407.
[14] Parrett BM,Matros E,Pribaz JJ,Orgill DP. Lower extremity trauma:trends in the management of soft-tissue reconstruction of open tibiafibula fractures[J]. Plast Reconstr Surg,2006,117:1315-1322.
[15] Daigeler A,Drücke D,Tatar K,et al. The pedicled gastrocnemius muscle flap:a review of 218 cases[J]. Plast Reconstr Surg,2009,123:250-257.
[16] Swartz WM,Ramasastry SS,McGill JR,Noonan JD. Distally based vastus lateralis muscle flap for coverage of wounds about the knee[J]. Plast Reconstr Surg,1987,80:255-265.
[17] Beck JB,Stile F,Lineweaver W. Reconsidering the soleus muscle free flap for coverage of wounds of the distal third of the leg[J]. Ann Plast Surg,2003,50:593-597.
[18] Kauffman CA,Lahoda LU,Cederna PS,Kuzon WM. Use of soleus muscle flaps for coverage of distal third tibial defects[J]. J Reconstr Microsurg,2004,20:593-597.
[19] Tobin Gr. Hemisoleus and reversed hemisoleus flaps[J]. Plast Reconstr Surg,1985,76:87-96.
[20] Hallock GG. Sagittal split tibialis anterior muscle flap[J]. Ann Plast Surg,2002,49:39-43.
[21] Ono S,Chung KC,Hayashi H,et al. Application of multidetectorrow computed tomography in propeller flap planning[J]. Plast Reconstr Surg,2011,127:703-711.
[22] Koshima I,Moriguchi T,Ohta S,et al. The vasculature and clinical application of the posterior tibial perforator-based flap[J]. Plast Reconstr Surg,1992,90:643-649.
[23] Koshima I,Itoh S,Nanba Y,et al. Medial and lateral malleolar perforator flaps for repair of defects around the ankle[J]. Ann Plast Surg,2003,51:579-583.
[24] Jeng SF,Wei FC. Distally based sural island flap for foot and ankle reconstruction[J]. Plast Reconstr Surg,1997,99:744.
[25] Yazar S,Lin C-H,Lin Y-T,et al. Outcome comparison between free muscle and free fasciocutaneous flaps for reconstruction of distal third and ankle traumatic open tibial fractures[J]. Plast Reconstr Surg,2006,117:2468-2475.
[26] Calderon W,Chang N,Mathes SJ. Comparisons of the effect of bacterial inoculation in musculocutaneous and fasciocutaneous flaps[J]. Plast Reconstr Surg,1986,77:785-794.
[27] Chen H,Tang Y. Anterolateral thigh flap:an ideal soft tissue flap[J]. Clin Plast Surg,2003,30:383-401.
[28] Bostwick J,Nahai F,Wallace JG,et al. Sixty latissimus dorsi flaps[J]. Plast Reconstr Surg,1979,63(1):31-41.
[29] Redett RJ,Robertson BC,Chang B,et al. Limb salvage of lower-extremity wounds using free gracilis muscle reconstruction[J]. Plast Reconstr Surg,2000,106:1507-1513.
[30] Harii K. Vascularized muscle transplantation for the treatment of facial paralysis. In Brunelli G (ed). Textbook of Microsurgery[M]. Milano,Italy:Masson,1988.
[31] Lin CH,Lin YT,Yeh JT,Chen CT. Free functioning muscle transfer for lower extremity posttraumatic composite structure and functional defect[J]. Plast Reconstr Surg,2007,119:2118-2126.
[32] Melissinos EG,Leung T,Parks DH. The adductor magnus “back-up” free flap. Proceedings of the 5th Congress of the Word Society for Reconstructive Microsurgery,Okinawa,Japan,2009.
[33] Melissinos EG,Parks DH. Experience with the adductor magnus free flap. Proceedings of the American Society for Reconstructive Microsurgery Meeting,Maui,Hawaii,2009.
[34] Bunkis J,Walton RL,Mathes SJ. The rectus abdominis free flap for lower extremity reconstruction.[J] Ann Plast Surg,1983,11:373.
[35] Musharafieh R,Macari G,Hayek S,et al. Rectus abdominis free-tissue transfer in lower extremity wounds:review of 40 cases[J]. J Reconstr Microsurg,2000,16:341-345.
[36] Song R,Song Y,Yu Y,Song Y. The upper arm free flap[J]. Clin Plast Surg,1982:9:27-35.
[37] Wei FC,Jain V,Celik N,et al. Have we found an ideal soft-tissue flap? An experience with 672 anterolateral thigh flaps[J]. Plast Reconstr Surg,2002,109:2219-2226,discussion 2227-2230.
[38] Hui-Chou HG,Sulek J,Bluebond-Langner R,Rodriguez ED. Secondary refinements of free perforator flaps for lower extremity reconstruction[J]. Plast Reconstr Surg,2011,127(1):248-257.
[39] Yang GF,Chen PJ,Gao YZ,et al. Forearm free skin flap transplantation[J]. Chin Med J,1981,61:139-141.
[40] Richardson D,Fisher SE,Vaughan ED,Brown JS. Radial forearm flap donorsite complications and morbidity:a prospective study[J]. Plast Reconstr Surg,1997,99:109-115.
[41] Melissinos EG. Experience with “racing stripe” fasciocutaneous free flaps. Proceedings of the American Society for Reconstructive Microsurgery Meeting,Las Vegas,2012.
[42] Song YG,Chen GZ,Song YI. The free thigh flap:a new free flap concept based on the septocutaneous artery[J]. Br J Plast Surg,1984,37:149.
[43] Katsaros J,Schusterman M,Beppu M,et al. The lateral upper arm flap anatomy and clinical applications[J]. Ann Plast Surg,1984,12(6):489-500.
[44] Graham B,Adkins P,Scheker LR. Complications and morbidity of the donor and recipient sites in 123 lateral arm flaps[J]. J Hand Surg Br,1992,17:189-192.
[45] LaRossa D,Melissinos EG,Matthews,D,Hamilton R. The use of microvascular free skin-muscle flaps in management of avulsion injuries of the lower leg[J]. J Trauma,1980:545-550.
[46] Melissinos EG. The distal tensor fascia lata free flap. Proceedings of the American Society for Reconstructive Micro-surgery Meeting,San Diego,CA,2001.
[47] Deiler S,Pfadenhauer A,Widmann J,et al. Tensor fasciae latae perforator flap for reconstruction of composite Achilles tendon defects with skin and vascularized fascia[J]. Plast Reconstr Surg,2000,106:342-349.
[48] Park S,Eom JS. Selection of the recipient vessel in the free flap around the knee:the superior medial genicular vessels and the descending genicular vessels[J]. Plast Reconstr Surg,2001,107:1177-1182.
[49] Park JE,Rodriguez ED,Bluebond-Langer R,et al. The anterolateral thigh flap is highly effective for reconstruction of complex lower extremity trauma[J]. J Trauma,2007,62:162-165.
[50] Melissinos EG,Erfani S,Parks DH. The use of the medial gastrocnemius free flap for reconstruction of short below knee amputations. Proceedings of the 4th Congress of the Word Society for Reconstructive Microsurgery,Athens,Greece,2007.
[51] Melissinos EG. Post-trauma reconstruction of extremity defects with free flaps anastomosed distal to the zone of injury. Proceedings American Society for Reconstructive Microsurgery Meeting,Tucson,AZ,1995.
[52] Sherman R,Ecker J. Soft tissue coverage[M]. In Skeletal Trauma,3rd ed. Philadelphia:WB Saunders,2003,pp419-448.
[53] Isenberg JS,Sherman R. Zone of injury:a valid concept in microvascular reconstruction of the traumatized lower limb?[J]. Ann Plast Surg,1996,36:270-272.

[54] Spector JA,Levine S,Levine JP. Free tissue transfer to the lower extremity distal to the zone of injury:indications and outcomes over a 25-year experience[J]. Plast Reconstr Surg,2007,120:952-959.
[55] Benacquista T,Kasabian AK,Karp NS. The fate of lower extremities with failed free flaps[J]. Plast Reconstr Surg,1996,98(5):834-842.
[56] Culliford AT IV,Spector J,Blank A,et al. The fate of lower extremities with failed free flaps:a single institution's experience over 25 years. Ann Plast Surg,2007,59:18-21.
[57] Ohjimi H,Taniguchi Y,Kawano K,Kinoshita K. A comparison of thinning and conventional free-flap transfers to the lower extremity[J]. Plast Reconstr Surg,2000,105(2):558-566.
[58] Khouri RK,Shaw WW. Reconstruction of the Lower extremity with microvascular free flaps:a 10 year experience with 304 consecutive cases[J]. J Trauma,1989,29(8):1086-1094.
[59] Melissinos EG,Parks DH. Post-trauma reconstruction with free tissue transfer—442 consecutive cases[J]. J Trauma,1989,29(8):1095-1103.
[60] Khouri RK,Cooley BC,Kunselman MA,et al. A prospective study of microvascular free-flap surgery and outcome[J]. Plast Reconstr Surg,1998,102(3):711-721.

79. 游离皮瓣治疗慢性骨髓炎
free flaps for chronic osteomyelitis

[1] Zalavras CG,Patzakis MJ,Holtom PD,Sherman R. Management of open fractures[J]. Infect Dis Clin North Am,2005,19(4):915-929.（在广泛软组织损伤的情况下，应转移局部或游离肌瓣以达到覆盖。应采用适合骨和软组织特征的方法实现稳定的骨折固定。早期植骨适用于骨缺损、外固定治疗的不稳定骨折、延迟愈合。在上述原则指导下的治疗计划可以在大多数有挑战性的损伤中实现预防感染、骨折愈合和恢复功能的目标）
[2] Cierny G,Mader JT,Pennick JJ. A clinical staging for adult osteomyelitis[J]. Clin Orthop Relat Res,2003,414:7-24.
[3] Erdman WA,Tamburro F,Jayson HT,et al. Characteristics and pitfalls of diagnosis with MR imaging[J]. Radiology,1991,180:533-539.
[4] Gross T,Kaim AH,Regazzoni P,Widmer AF. Current concepts in posttraumatic osteomyelitis:a diagnostic challenge with new imaging options[J]. J Trauma,2002,52:1210-1210.（如果将特征性表现和缺陷诊断纳入诊断标准，磁共振成像对骨髓炎是敏感和特异性的）
[5] Tetsworth K,Cierny GC. Osteomyelitis debridement techniques[J]. Clin Orthop Relat Res,1999,360:87-96.（慢性骨髓炎的清创术技术要求高，难度大。骨髓炎的外科治疗原则包括非创伤性入路和完全切除所有失活组织和异物。尽管最近医学科学取得了进展，但手术清创的质量仍然是成功治疗慢性骨科感染的最关键因素。讨论的重要领域包括全面的术前评估、手术理念、软组织部分、骨的状态和死腔管理）
[6] Anglen J,Apostoles PS,Christensen G,et al. Removal of surface bacteria by irrigation[J]. J Orthop Res,1996,14:251-254.
[7] Anglen JO. Comparison of soap and antibiotic solutions for irrigation of lower limb open fracture wounds:a prospec-tive,randomized study[J]. J Bone Joint Surg Am,2005,87:1415-1422.（与使用非无菌肥皂溶液相比，使用抗生素溶液冲洗开放性骨折伤口并没有优势，并且可能增加伤口愈合的风险）
[8] Costerton JW,Stewart PS,Greenberg EP. Bacterial biofilms:a common cause of persistent infections[J]. Science,1999,284:1318-1322.
[9] Kobayashi M,Bauer TW,Tuohy MJ,et al. Brief ultrasonification improves detection of biofilm-formative bacteria around metal implants[J]. Clin Orthop Relat Res,2007,457:210-213.
[10] Patzakis MJ,Greene N,Holtom P,et al. Culture results in open wound treatment with muscle transfer for tibial osteomyelitis[J]. Clin Orthop Relat Res,1999,(360):66-70.
[11] Hanssen AD. Local antibiotic delivery vehicles in the treatment of musculoskeletal infection[J]. Clin Orthop Relat Res,2005,437:91-96.（复合生物材料既能同时提供多种抗生素给药模式，又能促进骨再生，是最理想的局部抗生素给药载体。对剂量有依赖关系的某种抗生素已经被证明，在高浓度时对正常的骨再生过程有不利的影响。为了确认局部给药抗生素的合理使用方法，从而在根除感染的同时又不过度抑制骨再生，还需要进行大量的研究）
[12] Zalavras CG,Patzakis MJ,Holtom P. Local antibiotic therapy in the treatment of open fractures and osteomyelitis[J]. Clin Orthop Relat Res,2004,(427):86-93.
[13] Mathes SJ,Albert BS,Chang N. Use of the muscle flap in chronic osteomyelitis:experimental and clinical correlation[J]. Plast Reconstr Surg,1982,69:815.
[14] Anthony JP,Mathes SJ,Alpert BS. The muscle flap in the treatment of chronic lower extremity osteomyelitis:results in patients over 5-years after treatment[J]. Plast Reconstr Surg,1992,88:311.[清创和即时肌瓣覆盖为慢性骨髓炎伤口提供了有效的单阶段治疗，并让抗生素可以仅在短期内使用。此外，以皮肤移植物覆盖的肌瓣既能提供持久的覆盖，还能在皮瓣下进行后续的辅助手术（即骨移植）]
[15] Fitzgerald RH Jr,Ruttle PE,Arnold PG,et al. Local muscle flaps in the treatment of chronic osteomyelitis[J]. J Bone Joint Surg,1985,67:175.（虽然并不是所有骨髓炎患者的治疗都适用局部肌瓣，但它对骨髓炎的治疗非常有用。当局部肌瓣与彻底的清创和特定的杀菌疗法相结合时，它已成为治疗慢性骨髓炎的一种成功技术）
[16] May JW Jr,Jupiter JB,Gallico GG III,et al. Treatment of chronic traumatic bone wounds,microvascular free tissue transfer:a 13-year experience in 96 patients[J]. Ann Surg,1991,214:515.
[17] Cierny G III,DiPasquale D. Treatment of chronic infection[J]. J Am Acad Orthop Surg,2006,14:S105-S110.
[18] Patzakis MJ,Abdollahi K,Sherman R,et al. Treatment of chronic osteomyelitis with muscle flaps[J]. Orthop Clin North Am,1993,24(3):505-509.
[19] Siegel HJ,Patzakis MJ,Holtom P,et al. Limb salvage for chronic tibial osteomyelitis:an outcome study[J]. J Trauma,2000,48(3):484-489.
[20] Thordarson DB,Patzakis M,Holtom P,Sherman R. Salvage of the septic ankle with concomitant tibial osteomyelitis[J]. Foot Ankle Int,1997,18(3):151-156.
[21] Zalavras CG,Patzakis MJ,Thordarson DB,et al. Infected fractures of the distal tibial metaphysics and plafond:achievement of limb salvage with free muscle flaps,bone grafting and ankle fusion[J]. Clin Orthop Rel Res,2004,(427):57-62.

80. 足部显微重建
microsurgical reconstruction of the foot

[1] Mathes SJ. Mathes Plastic Surgery. Philadelphia:Saunders Elsevier. Vol. 6,Chapter 161. 2006.
[2] Baechler MF,Groth AT,Nesti LJ,Martin BD. Soft tissue management of war wounds to the foot and ankle[J]. Foot Ankle Clin,2010,15(1):113-138.（股前外侧皮瓣、背阔肌皮瓣、腹直肌皮瓣等游离组织移植是强有力的重建方法，已广泛应用于足、踝部战伤的重建）
[3] Masquelet AC,Gilbert A. An Atlas of Flaps of the Musculoskeletal System. Boca Raton,FL:Taylor and Francis,2005,177-187,204-210,218-219.
[4] Shanahan RE,Gingrass RP. Medial plantar sensory flap for coverage of heel defects[J]. Plast Reconstr Surg,1979,64(3):295-298.
[5] Oh SJ,Moon M,Cha J,et al. Weight-bearing plantar reconstruction using versatile medial plantar sensate flap[J]. J Plast Reconstr Aesthet Surg,2011,64(2):248-254.
[6] Karanas YL,Nigriny J,Chang J. The timing of microsurgical reconstruction in lower extremity trauma[J]. Microsurgery,2008,28(8):632-634.
[7] Park S,Hoon HS,Jong LT. Algorithm for recipient vessel selection in free tissue transfer to the lower extremity[J]. Plast Reconstr Surg,1999,103(7):1937-1948.
[8] Huemer GM,Larcher L,Schoeller T,Bauer T. The free gracilis muscle flap in Achilles tendon coverage and reconstruction[J]. Plast Reconstr Surg,2012,129(4):910-919.（游离股薄肌瓣为外科医生在关键的跟腱区的重建手术提供了其他工具。无论大小缺损都适用，且可以填补肌腱下的死角，并会在几个月内变薄。因为有可用的肌腱移植材料，这种疗法可以同时进行肌腱重建的能力是另一个强大的优势）
[9] Houtmeyers P,Opsomer D,Van Landuyt K,Monstrey S. Reconstruction of the Achilles tendon and overlying soft tissue by free composite anterolateral thigh flap with vascularized fascia lata[J]. J Reconstr Microsurg,2012,28(3):205-209.（带血管蒂阔筋膜的游离复合股前外侧皮瓣是覆盖跟腱和软组织缺损的可靠选择，即使对老年患者也是如此）
[10] Rautio J. Resurfacing and sensory recovery of the sole[J]. Clin Plast Surg,1991,18:615-626.（通过目前的技术无法实现游离皮瓣转移。在新的神经重建方法未被推荐且普遍使用之前，在提高灵敏度方面应该通过使用定量实验的前瞻性研究来证明。如果发现故障减少，应采用生物力学研究来排除，这是因为足底异常压力点消除了）
[11] May JW Jr,Halls MJ,Simon SR. Free microvascular muscle flaps with skin graft reconstruction of extensive defects of the foot:a clinical and gait analysis study[J]. Plast Reconstr Surg,1985,75(5):627-641.
[12] Ducic I,Hung V,Dellon AL. Innervated free flaps for foot reconstruction:a review[J]. J Reconstr Microsurg,2006,22(6):433-442.
[13] Ulusal BG,Lin YT,Ulusal AE,et al. Reconstruction of foot defects with free lateral arm fasciocutaneous flaps:analysis of fifty patients[J]. Microsurgery,2005,25(8):581-588.
[14] Santanelli F,Tenna S,Pace A,Scuderi N. Free flap reconstruction of the sole of the foot with or without sensory nerve coaptation[J]. Plast Reconstr Surg,2002,109(7):2314-2322.
[15] Rainer C,Schwabegger AH,Bauer T,et al. Free flap reconstruction of the foot[J]. Ann Plast Surg,1999,42(6):595-606.
[16] Potparic Z,Rajacic N. Long-term results of weight-bearing foot reconstruction with non-innervated and reinnervated free flaps[J]. Br J Plast Surg,1997,50(3):176-181.（有神经支配的皮瓣与无神经支配的皮瓣之间无显著差异。无论有神经支配还是无神经支配，筋膜皮肌瓣和植皮肌瓣都可以成功地用于负重足的重建。在周围神经病变的情况下，这两种皮瓣都不能被认为是永久性的。选择合适的患者、广泛的足部护理教育和频繁的随访是维持健康、完整的皮瓣和重建足部的必要条件）
[17] Schwabegger AH,Schubert HM,Baltaci M,et al. Instep split skin grafts on muscle flaps to reconstruct pressure exposed soft tissue parts at the lower extremity[J]. Arch Orthop Trauma urg,2012,132(10):1451-1459.
[18] Song YG,Chen GZ,Song YL. The free thigh flap:a new free flap concept based on the septocutaneous artery[J]. Br J Plast Surg,1984,37(2):149-159.（基于隔皮动脉皮瓣的概念，大腿是最常见的传统皮肤移植供体部位，也可以成为皮瓣的供体区域。大腿皮瓣具有大而长的神经血管蒂，可以作为游离皮瓣或岛状皮瓣，或作为下腹部皮瓣、腹股沟皮瓣、阔筋膜张肌皮瓣、缝匠肌皮瓣或股薄肌皮瓣的替代品）
[19] Lee YC,Chiu HY,Shieh SJ. The clinical application of anterolateral thigh flap[J]. Plast Surg Int,2011,2011:127:353.（几个修改可以扩大股前外侧皮瓣的临床应用：悬带或肌腱筋膜的重建中可以使用阔筋膜，通过使用股外侧肌或进行皮瓣的表皮剥除可以做到大体积，筋膜上解剖或原发削薄可以增加可弯曲性，椎弓根长度可以通过近端血管穿支的偏心来放置、延长等。结合这些技术和概念上的进步，股前外侧皮瓣已成为从头到脚软组织重建的主力皮瓣）
[20] Lin TS,Jeng SF,Wei FC. Temporary placement of plantar heel skin in the thigh with subsequent transfer back to the heel using free anterolateral thigh myocutaneous flap as a carrier:case report[J]. J Trauma,2005,58:193-195.
[21] Demirtas Y,Neimetzade T,Kelahmetoglu O,Guneren E. Comparison of free muscle and perforator skin flaps for soft tissue reconstruction of the foot and ankle[J]. Foot Ankle Int,2010,31(1):53-58.
[22] Koski EA,Kuokkanen HO,Koskinen SK,Tukiainen EJ. Reconstruction of soft tissue after complicated calcaneal fractures[J]. Scand J Plast Reconstr Surg Hand Surg,2004,38(5):284-287.
[23] Heymans O,Verhelle N,Lahaye T. Covering small defects on the weight bearing surfaces of the foot:the free temporal fasciocutaneous flap[J]. Br J Plast Surg,2005,58:460-465.
[24] Battiston B,Antonini A,Tos P,et al. Microvascular reconstructions of traumatic-combined tissue loss at foot and ankle level[J]. Microsurgery,2011,31(3):212-217.
[25] Yazar S,Lin CH,Wei FC. One-stage reconstruction of composite bone and soft-tissue defects in traumatic lower extremities[J]. Plast Reconstr Surg,2004,114(6):1457-1466.
[26] Peek A,Giessler GA. Functional total and subtotal heel reconstruction with free composite osteofasciocutaneous groin flaps of the deep circumflex iliac vessels[J]. Ann Plast Surg,2006,56(6):628-634.（将带血管蒂的骨和软组织皮瓣适当结合通过一次性手术进行移植，可为复杂的下肢缺损带来成功的功能结果，几乎与先前报道的显微外科分期手术和传统技术相同）
[27] Lorenzetti F,Tukiainen E,Albäck A,et al. Blood flow in a pedal bypass combined with a free muscle flap[J]. Eur J Vasc Endovasc Surg,2001,22(2):161-164.
[28] Ducic I,Attinger CE. Foot and ankle reconstruction:pedicled muscle flaps versus free flaps and the role of diabetes[J]. Plast Reconstr Surg,2011,128(1):173-180.
[29] Hong JP. Reconstruction of the diabetic foot using the anterolateral thigh perforator flap[J]. Plast Reconstr Surg,200615,117(5):1599-1608.
[30] Oh TS,Lee HS,Hong JP. Diabetic foot reconstruction using free flaps increases 5-year-survival rate[J]. J Plast Reconstr Aesthet Surg,2013,66(2):243-250.
[31] Tukiainen E,Kallio M,Lepäntalo M. Advanced leg salvage of the critically ischemic leg with major tissue loss by vascular and plastic surgeon teamwork:long-term outcome[J]. Ann Surg,2006,244(6):949-957.
[32] Latt AD,Turcotte RE,Isler MH,Wong C. Soft-tissue sarcoma of the foot[J]. Can J Surg,2010,53(6):424-431.
[33] Thacker MM,Potter BK,Pitcher JD,Temple HT. Soft tissue sarcomas of the foot and ankle:impact of unplanned excision,limb salvage,and multimodality therapy[J]. Foot Ankle Int,2008,29(7):690-698.
[34] Popov P,Tukiainen E,Asko-Seljavaara S,et al. Soft tissue sarcomas of the lower extremity:surgical treatment and outcome[J]. Eur J Surg Oncol,2000,26:679-685.
[35] Steinau HU,Daigeler A,Langer S,et al. Limb salvage in malignant tumors[J]. Semin Plast Surg,2010,24(1):18-33.
[36] Abramson DL,Pribaz JJ,Orgill DP. The use of free tissue transfer in burn reconstruction[J]. J Burn Care Rehabil,1996,17(5):402-408.
[37] Fernandez-Palacios J,De Armas Diaz F,Deniz Hernandez V,et al. Radial free flaps in plantar burns[J]. Burns,1996,22(3):242-245.
[38] Lin CH,Mardini S,Wei FC,et al. Free flap reconstruction of foot and ankle defects in pediatric patients:long-term outcome in 91 cases[J]. Plast Reconstr Surg,2006,117(7):2478-2487.

81. 吻合血管骨移植治疗下肢创伤与肿瘤性骨缺损
vascularized bone grafts for trauma and tumors of the lower extremities

[1] Doi K,Tominaga S,Shibata T. Bone grafts with microvascular anastomosis of vascular pedicles:an experimental study in dogs[J]. J Bone Joint Surg Am,1977,59(6):809-815.（本研究采用显微血管吻合动脉

和静脉的方法，将带血管蒂的肋骨骨移植物植入 42 只狗的股骨以嵌入和桥接缺损区域。椎弓根移植物的骨细胞未受影响，并且移植物骨中既未发生坏死也未发生爬行取代。椎弓根骨移植物与受体床的结合时间早于非椎弓根骨移植物，且椎弓根骨移植物的不愈合率低于非椎弓根骨移植物）
[2] of resected segments of tibia in the dog[J]. J Bone Joint Surg Br,1987,60-B(2):266-269.
[3] Shaffer JW,Field GA,Goldberg VM,Davy DT. Fate of vascularized and nonvascularize autografts[J]. Clin Orthop,1985,197:32-43.
[4] Siegert JJ,Wood MB. Blood flow evaluation of vascularized bone transfers in a canine model[J]. J Orthop Res,1990,8:291-296.
[5] Zdeblick TA,Shaffer JW,Field GA. The healing of canine vascularized segmental osteotomies:the effect of retained endosteal circulation[J]. Clin Orthop,1988,236:296-302.
[6] Arata MA,Wood MB,Cooney WP 3rd. Revascularized segmental diaphyseal bone transfers in the canine. An analysis of viability[J]. J Reconstr Microsurg,1984,1:11-19.
[7] Berggren A,Weiland AJ,Dorfman H. Free vascularized bone grafts:factors affecting their survival and ability to heal recipient bone defects[J]. Plast Reconstr Surg,1982,69:19-29.
[8] Van Meekeren J. Heel-En Geneeskonstige Aanmerkingen[M]. Amsterdam:Commelyn,1668.
[9] De Boer H. Thesis. Leiden,1988.
[10] Curtis BF. Cases of bone implantation and transplantation for cyst of tibia,osteomyelitic cavities and ununited fractures[J]. Am J Med Sci,1893,106:30.
[11] Barth A. Ueber histologische befund nach knocken implantationen[J]. Arch Klin Chir,1893,46:409.
[12] Phemister DB. The fate of transplanted bone and regenerative powers of its various constituents[J]. Surg Gynecol Obstet,1914,19:303-333.
[13] Bieber EJ,Wood MB. Bone reconstruction[J]. Clin Plast Surg,1986,13:645-655.（骨缺损的重建依赖于该部位骨的重建。本文介绍了骨折愈合的基本概念，以便更好地理解骨移植的机制。传统的骨移植技术在重建骨缺损方面相当有效，包括那些长度达 25 cm 的骨缺损，只要有足够的血管床可供移植物的血管化。如果没有足够的环境，则可以使用椎弓根或游离血管骨移植术。正如皮肤和肌肉皮瓣提供了软组织缺损的治疗方案，带血管蒂骨移植也提供了应对传统方案无法治疗的大型骨缺损的技术。同种异体移植物在骨骼重建中也有一席之地，但需要适当的管理并考虑宿主免疫应答的影响）
[14] Huntington TW. Case of bone transference. Use of a segment of fibula to supply a defect in the tibia[J]. Ann Surg,1905,41:249.
[15] Baadsgaard K,Medgyesi S. Muscle pedicle bone grafts[J]. Acta Orthop Scand,1965,35:279-293.
[16] Chacha PB. Vascularised pedicular bone grafts[J]. Int Orthop,1984,8(2):117-138.
[17] Judet PR,Patel A. Muscle pedicle bone grafting of long bones by osteoperiosteal decortication[J]. Clin Orthop,1972,87:74-80.
[18] Ueba Y,Fujikawa S. Nine years follow up of a free vascularized fibular graft in neurofibromatosis—a case report and literature review[J]. Jpn J Orthop Trauma Surg,1983,26:595-600.
[19] Taylor GI,Miller GD,Ham FJ. The free vascularized bone graft. A clinical extension of microvascular techniques[J]. Plast Reconstr Surg,1975,55(5):533-544.
[20] Youdas JW,Wood MB,Cahalan TD,Chao EY. A quantitative analysis of donor site morbidity after vascularized fibula transfer[J]. J Orthop Res,1988,6(5):621-629.
[21] Strecker WB,Wood MB,Bieber EJ. Compartment syndrome masked by epidural anesthesia for postoperative pain. report of a case[J]. J Bone Joint Surg Am,1986,68(9):1447-1448.
[22] Wood MB,Cooney,WP 3rd,Irons GB. Skeletal reconstruction by vascularized bone transfer:indications and results[J]. Mayo Clin Proc,1985,60:729-734.
[23] Taylor GI,Townsend P,Corlett R. Superiority of the deep circumflex iliac vessels as the supply for free groin flaps:clinical work[J]. Plast Reconstr Surg,1979,64(6):745-759.（本文报道了 16 例腹股沟复合皮瓣游离移植的病例，其中 11 例以旋髂深血管作为主干、5 例以旋髂浅血管作为主干。我们发现深血管在很多方面都优于浅血管；它们体积更大，使吻合更容易并提供更可靠的血流。我们认为较浅血管更大的骨皮瓣或肌皮瓣可移植于深血管上，且旋髂深皮瓣在多数情况下可取代传统的游离皮瓣。这种方法是根据患者的需要而不是为了外科手术而发展的）
[24] Buncke HJ,Furnas DW,Gordon L,Achauer BM. Free osteocutaneous flap from a rib to the tibia[J]. Plast Reconstr Surg,1977,59(6):799-804.
[25] Hertel R,Masquelet AC. The reverse flow medial knee osteoperiosteal flap for skeletal reconstruction of the leg. Description and anatomical basis[J]. Surg Radiol Anat,1989,11(4):257-262.[本文提出了一种基于膝降支的两个分支的新型带蒂逆行骨性骨膜瓣。骨膜瓣和骨性骨膜瓣均可在股骨远端被抬高，并且在有利的情况下（占所有解剖体的 64%）可被运输至小腿中部的 1/3。在其他病例中，可到达胫骨近端 1/3 处。复合肌肉 - 骨性骨膜瓣也可以被抬高，包括关节骨膜。这种骨性骨膜瓣的临床应用可能包括骨不连治疗、胫骨节段缺损重建和膝关节无菌性坏死时的骨血管重建]
[26] Wood MB. Femoral reconstruction by vascularized bone transfer[J]. Microsurgery,1990,11(1):74-79.
[27] Jones NF,Swartz WM,Mears DC,et al. The “double-barrel” free vascularized fibular bone graft[J]. Plast Reconstr Surg,1988,81:378.
[28] Wood MB. Atlas of Reconstructive Microsurgery[M]. Rockville,MD:Aspen Publishers,1990.
[29] Wood,MB,Gilbert A. Microvascular Bone Reconstruction[M]. London:Martin Dunitz,1997.
[30] Han CS,Wood MB,Bishop AT,Cooney WP 3rd. Vascularized bone transfer[J]. J Bone Joint Surg Am,1992,74:1441-1449.
[31] Weiland,AJ. Clinical applications of vascularized bone grafts. In Friedlaender GE,Goldberg VM(eds). Bone and Cartilage Allografts[M]. Park Ridge,IL:American Academy of Orthopedic Surgeons,1991,pp239-245.
[32] Gilbert A. Les transfer osseux libre vascularisees dans le treatment de la pseudarthrose congenitale[M]. Paris:SOF-COT,1982,pp30-31.
[33] Moran CG,Wood MB. Vascularized bone autografts[J]. Orthop Rev,1993,22(2):187-197.
[34] DeBoer HH,Wood MB. Bone changes in the vascularized fibular graft[J]. J Bone Joint Surg Br,1989,71:374-378.

82. 下肢神经卡压症
nerve compression in the lower extremity

[1] Mackinnon SE,Dellon AL. Surgery of the Peripheral Nerve[M]. New York:Thieme,1989.
[2] Dellon AL. History of peripheral nerve surgery. In Winn HR(ed)[M]. Youman’s Neurological Surgery,5th ed. Philadelphia:WB Saunders,2004,pp3798-3808.
[3] Lundborg G,Rydevik B. Effects of stretching the tibial nerve of the rabbit,a preliminary study of the intraneural circulation and the barrier function of the perineurium[J]. J Bone Joint Surg,1973,55B:390.
[4] Rydevik B,Lundborg G,McClean WG,et al. Blockage of axonal transport induced by acute graded compression of the rabbit vagus nerve[J]. J Neurol Neurosurg Psychiatry,1980,43:690.（恢复正常传输的时间与施加在神经上的压力大小相关。结果表明，在压迫创伤后至少一天，快速轴突运输受阻后，轴突可以存活，但不发生沃勒变性）
[5] Rydevik B,Lundborg G. Effects of graded compression on intraneural blood flow[J]. J Hand Surg,1981,6A:3.（本文提示急性压迫神经可引起血管机械性损伤而造成神经内微循环的持续性损害）
[6] Lundborg G,Myers R,Powell H. Nerve compression injury and increased endoneurial fluid pressure,a “miniature compartment syndrome”[J]. J Neurol Neurosurg Psychiatry,1983,46:1119.（神经内膜液体压力的增加可能干扰筋膜内毛细血管流动，从而构成一个重要病理生理机制——神经压迫损伤）
[7] Meyers RR,Powell HC. Galactose neuropathy:impact of chronic endoneurial edema on nerve-blood flow[J]. Ann Neurol,1984,16:587.
[8] Mackinnon SE,Dellon AL,Hudson AR,Hunter D. Chronic nerve compression—an experimental model in the rat[J]. Ann Plast Surg,1984,13:112.（最早的发现是血神经屏障的改变，随后是束周围的有髓神经纤维的组织学改变和郎氏结的改变。这个模型似乎是一个有效的、以研究其他方面的病理生理学和治疗慢性神经压迫）
[9] Rydevik B,Brown MD,Lundborg G. Pathoanatomy and pathophysiology of nerve root compression[J]. Spine,1984,9:2.（本文综述了腰椎神经根复合体的解剖学和生理学，特别提到了与椎间盘突出和椎管狭窄相关的神经根机械变形的影响。神经根受压变形的生物力学方面也进行了讨论。压迫引起的功能改变可由机械性神经纤维变形引起，但也可能是神经根微循环改变的结果，导致缺血和形成神经内水肿。神经根压迫可以通过不同的神经生理学机制引起运动无力和改变的敏感性或疼痛。神经内水肿和脱髓鞘似乎是与神经根压迫有关的疼痛产生的关键因素）
[10] Mackinnon SE,Dellon AL,Hudson AR,Hunter DA. A primate model for chronic nerve compression[J]. J Reconstr Microsurg,1985,1:185.
[11] Mackinnon SE,Dellon AL. Experimental study of chronic nerve compression:clinical implications[J]. Clin Hand Surg,1986,2:639.（在实验动物模型中，结缔组织和神经纤维改变与慢性神经压迫相关。在慢性神经压迫患者标本中也有类似的发现。本文讨论了与这些组织学发现相关的临床意义）
[12] Dahlin LB,Meiri KF,McClean WG,et al. Effects of nerve compression on fast axoplasmic transport and streptozoto-cin-induced diabetes mellitus[J]. Diabetologia,1986,29:181.（本文讨论了糖尿病大鼠快速轴突转运抑制增加的可能原因。结果表明，糖尿病可能导致周围神经受压迫的易感性增加）
[13] Tassler PL,Dellon AL. Pressure perception in the normal lower extremity and in the tarsal tunnel syndrome[J]. Muscle Nerve,1996,19:285-289.
[14] Dellon AL. Clinical use of vibratory stimuli to evaluate peripheral nerve injury and compression neuropathy[J]. Plast Reconstr Surg,1980,65:466.
[15] Dellon AL. The vibrometer[J]. Plast Reconstr Surg,1983,71:427.
[16] Dellon AL. A numerical grading scale for peripheral nerve function[J].J Hand Ther,1993,4:152.
[17] Dellon AL. Somatosensory Testing and Rehabilitation. Baltimore:Institute for Peripheral Nerve Surgery,2000.
[18] Tassler PL,Dellon AL. Correlation of measurements of pressure perception using the Pressure-Specified Sensory Device with electrodiagnostic testing[J]. J Occup Med,1995,37:862.(综上所述，与 EDT 相比，PSSD 定量感觉检测在诊断周围神经卡压方面具有较高的敏感性，但特异性较低)
[19] Dellon AL. Neurosensory testing. In Slutsky D(ed). Master Skills in Nerve Repair:Tips and Techniques[J]. St. Louis:Else-vier,2008,pp575-586.
[20] Slutsky DJ. Use of nerve conduction studies and the pressure-specified sensory device in the diagnosis of carpal tunnel syndrome[J]. J Hand Surg Eur Vol,2009,34:60-65.
[21] Weber RA,Schuchmann JA,Albers JH,Ortiz J. A prospective blinded evaluation of nerve conduction velocity versus Pressure-Specified Sensory testing in carpal tunnel syndrome[J]. Ann Plast Surg,2000,45:252.
[22] Dellon AL,Keller KM. Computer-assisted quantitative sensory testing in carpal and cubital tunnel syndromes[J]. Ann Plast Surg,1997,38:493-502.[本文报道了计算机辅助感觉运动测试在 75 例慢性周围神经压迫患者中的应用。测量捏力、握力、皮压阈值。该设备重复测量的可靠性非常好（r = 0.95）。在一个点的静态刺激可以从一个点的静态刺激区别的压力阈值被发现是第一个变量成为异常的计算机辅助感觉运动测试。标准是，建议使用该设备筛查腕管综合征（和 / 或）肘管综合征]
[23] Mullick T,Dellon AL. Results of treatment of four medial ankle tunnels in tarsal tunnels syndrome[J]. J Reconstr Microsurg,2008,24:119-126.
[24] Dellon AL. The Dellon approach to neurolysis in the neuropathy patient with chronic nerve compression[J]. Handchir Mikrochir Plast Chir,2008,40:1-10.
[25] Dellon AL. Tinel or not Tinel[J]. J Hand Surg,1984,9B:216.
[26] Lifchez SD,Means KR Jr,Dunn RE,et al. Intra-and inter-examiner variability in performing Tinel’s test[J]. J Hand Surg,2010,35A:212-215.
[27] Dellon AL. The four medial ankle tunnels:a critical review of perceptions of tarsal tunnel syndrome and neuropathy[J]. Clin Neurosurg,2009,19:629-648.
[28] Dellon AL. Technique for determining when heel pain is of neural origin. Microsurgery,2008,28:403-406.
[29] Mackinnon SE,Dellon AL. Evaluation of microsurgical internal neurolysis in a primate median nerve model of chronic nerve compression[J]. J Hand Surg Am,1988,13:345-351.（虽然与单纯减压相比，神经内松解术不会引起神经内瘢痕或神经纤维损伤，但这两种治疗方法对慢性压迫神经的效果没有区别）
[30] Mackinnon SE,O’Brien JP,Dellon AL,et al. An assessment of the effects of internal neurolysis on a chronically compressed rat sciatic nerve[J]. Plast Reconstr Surg,1988,81:251-258.
[31] Dellon AL,Seiler WA 4th,Jiranek WA. Teaching the technique of microsurgical intraneural neurolysis[J]. J Reconstr Microsurg,1987,3:137-141.
[32] Kale B,Yüksel F,Celiköz B,et al. Effect of various nerve decompression procedures on the functions of distal limbs in streptozotocin-induced diabetic rats:further optimism in diabetic neuropathy[J]. Plast Reconstr Surg,2003,111:2265-2272.
[33] Aszmann OC,Dellon ES,Dellon AL. The anatomic course of the lateral femoral cutaneous nerve and its susceptibility to compression and injury[J]. Plast Reconstr Surg,1997,100:600-604.
[34] Lee CH,Dellon AL. Surgical management for groin pain of neural origin[J]. J Am Coll Surg,2000,191:137-142.[通过考虑四种不同神经中的一种或多种是否是疼痛的来源，意识到症状可以指代腹股沟以外的区域，如盆腔脏器（髂腹下神经）、膝盖（股外侧皮神经）和睾丸（生殖股神经），神经源性腹股沟疼痛可以以高度的患者满意度得到缓解，以及通过神经松解术（股外侧皮神经）或切除术来治疗适当的神经]
[35] Ducic I,Dellon AL,Taylor NS. Decompression of the lateral femoral cutaneous nerve in the treatment of meralgia pares-thetica[J]. J Reconstr Microsurg,2006,22:113-118.
[36] Ducic I,Dellon L,Larson EE. Treatment concepts for idiopathic and iatrogenic femoral nerve mononeuropathy[J]. Ann Plast Surg,2005,55:397-401.
[37] Rab M,Ebmer J,Dellon AL. Innervation of the Sinus Tarsi:implications for treating anterolateral ankle pain[J]. Ann Plast Surg,2001,47:500-504.
[38] Dellon AL,Ebmer J,Swier P. Anatomic variations related to decompression of the common peroneal nerve at the fibular head[J]. Ann Plast Surg,2002,48:30-34.（建议在手术减压腓骨头腓总神经时，外科医生应注意这些解剖变异，以便适当松解）
[39] Dellon AL. Post-arthroplasty palsy and systemic neuropathy:a peripheral nerve management algorithm[J]. Ann Plast Surg,2005,55:638-642.
[40] Prasad AR,Steck J,Dellon AL. Zone of traction injury to the common peroneal nerve[J]. Ann Plast Surg,2007,59:302-306.
[41] Ducic I,Dellon AL,Graw KS. The clinical importance of variations in the surgical anatomy of the superficial peroneal nerve in the midthird of the leg[J]. Ann Plast Surg,2006,56:635-638.
[42] Williams E,Dellon AL. Intraseptal superficial peroneal nerve[J]. Microsurgery,2007,27:477-480.
[43] Williams EH,Dellon AL. Anatomic site for proximal tibial nerve compression:a cadaver study[J]. Ann Plast Surg,2009,62:322-325.
[44] Williams EH,Williams CG,Rosson GD,Dellon AL. Combined peroneal and tibial nerve palsy[J]. Microsurgery,2009,29:259-264.
[45] Dellon AL. Entrapment of the deep peroneal nerve on the dorsum of the foot[J]. Foot

Ankle,1990,11:73-80.

[46] Rosson GD,Larson AR,Williams EH,Dellon AL. Release of medial ankle compartments reduces pressure upon tibial nerve branches in patients with diabetic neuropathy[J]. Plast Reconstr Surg,2009,124:1202-1210.

[47] Mullick T,Dellon AL. Results of treatment of four medial ankle tunnels in tarsal tunnels syndrome[J]. J Reconstr Microsurg,2008,24:119-126.

[48] Dellon AL. The Dellon approach to neurolysis in the neuropathy patient with chronic nerve compression[J]. Handchir Mikrochir Plast Chir,2008,40:1-10.

[49] Dellon AL. Treatment of Morton' s neuroma as a nerve compression:the role for neurolysis[J]. J Am Podiatr Med Assn,1992,82:399.

[50] Wolfort SF,Dellon AL. Treatment of recurrent neuroma of the interdigital nerve by implantation of the proximal nerve into muscle in the arch of the foot[J]. J Foot Ankle Surg,2001,40:404-410.

83. 下肢神经修复

nerve repair in the lower extremity

[1] Brunelli G (ed).Textbook of Microsurgery[M]. Masson,Milano et al.1988,pp1038.

[2] Brunelli GA.Direct neurotisation of muscles by presynaptic motoneurons[J]. J Reconstr Microsurg,2001,17:631-636.[由于中枢神经系统"不允许"突触前运动神经元再生的轴突发展，脊髓在分离后无法愈合。自1980年以来，作者以克服截瘫为目的，进行了广泛的实验研究，首先在大鼠，随后在猴子。其方法是切断脊髓，用外周神经移植将其头端残端与肌神经分支连接，并采用各种手术方法。通过物理、电生理和组织学检查确定功能联系。本研究证实，突触前运动神经元也能重构外周神经元的细胞骨架和运动终板。突触前运动神经元的轴突延伸到周围神经直至肌肉的可能性以前甚至没有被假设过。这种可能性现在已经得到证实，为治疗脊髓损伤的新手术技术打开大门。此外，作者利用先前动物实验的外科程序从一个单一的人类病例提出初步结果]

[3] Brunelli GA,Brunelli GR.Experimental surgery in spinal cord lesions by connecting upper motor neurons directly to peripheral targets[J]. J Peripher Nerv System,1996,1:111-118.(该研究表明，上中枢神经运动神经元有可能将神经炎过程延长至连接移植物的神经内管，直至到达周围神经（坐骨神经），并恢复相关手骼肌的功能连接]

[4] Brunelli GA,et al. Spinal cord experimental repair:CNS-PNS grafting gives functional results[M]. Brescia,Gruppo Editori-ale Delfo,1996,pp1-55.

[5] Brunelli G,Milanesi S,Bartolaminelli P,et al.Experimental grafts in spinal cord lesions (preliminary report)[J].Ital J Orthop Traumat,1983,9(suppl):53-56.

[6] Brunelli GA,Spano P,Barlati S,et al.Glutamatergic reinnervation through peripheral nerve graft dictate assembly of glutamatergic synapses at rat skeletal muscles[J].Proc Nat Acad Sci,2005,102(24):8752-8657.

[7] Pizzi M,Brunelli GA,Barlati S,Spano P.Glutamatergic innervation of rat skeletal muscles by supraspinal neurons[J].Curr Opin Neurobiol,2006,16:323-328.(这些数据表明，在适当的手术操作下，脊上神经元可以直接靶向肌纤维，并指定突触后受体来实现功能性谷氨酸能神经肌肉接头)

[8] von Wild KR,Brunelli GA.Restoration of locomotion in paraplegics with aid of autologous bypass grafts for direct neurotisation of muscles by upper motor neurons—the future surgery of the spinal cord[J].Acta Neurochir Suppl,2003,87:107-112.(需要在灵长类动物和截瘫患者中进行进一步的研究，以阐明将脊髓旁路移植到完全脊髓损伤远端肌群以恢复运动能力)

84. 下肢断肢再植

replantation in the lower extremity

[1] Datiashvili RO. Simultaneous replantation of both lower legs in a child:23 years later[J]. J Reconstr Microsurg,2009,25:23-329.(功能在断肢再植结果的评估中是最重要的决定因素。因此，断肢再植的适应证是基于对持续满意的功能结果的预测。下肢主要节段再植特别是这些手术长期结果的文献报道有限。然而，这一分析对于优化主要肢体再植术的适应证极为重要。在这篇文章中，评价了一个患者同时再植双下肢23年后的情况)[注：世界首例断腿再植由中国广州黄承达团队于1964年11月23日完成，1965年报道：Huang CT,Li PH,Kong GT. Successful replantation of traumatic amputated leg[J]. Chin Med J,1965,84:641-645.]

[2] Masuda K,Usui M,Ishi S. A 17 year follow up of replantation of a completely amputated leg in a child:case report[J]. J Reconst Mircosurg,1995,11:89-92.

[3] Jones NF,Shin EK,Mostofi A,Oppenheim W. Successful replantation of the leg in a pre-ambulatory infant[J]. J Reconstr Microsurg,2005,21:359-364.(作者报道了第一例成功的膝下断肢再植手术，这一手术发生在尚未出现站立和行走步态的7个月大的婴儿身上。术后7年，患儿表现出良好的踝关节和膝关节活动，已恢复足底感觉，并能够在没有支架的帮助下行走、奔跑和跳跃。尽管腿长有5.5 cm的差异，但伤肢的过度生长很可能会改善这种差异。考虑到再植的年龄很小，以及中枢神经系统的可塑性，这个孩子很有可能最终伤肢功能良好)

[4] Vucetic CS,Vukasinovic Z,Miric D,Tulic G. Two cases of big-toe replantation:a ten year follow up[J]. J Reconstr Microsurg,2006,22:79-85.

[5] Sabapathy SR,Mohan D,Singh SB,Venkatramani H. Replantation of great and second toes:a worthwhile effort[J]. Plast Reconstr Surg,2000,106:229-230.

[6] Magee HR,Parker WR. Replantation of the foot:results after two years[J]. Med J Aust,1972,1:751-755.

[7] Report of the American Replantation Mission to China:replantation surgery in China[J]. Plast Reconstr Surg,1973,52:476. [1973年5月15日至6月3日，应中华医学会邀请北美断肢再植医师代表团访华（The American Replantation Mission to China），先后访问广州、杭州、上海、北京，开启中外显微外科学术交流先河。近十年临床实践、先进的中国断肢（指）再植技术与原则被国际同行认可。这是中国显微外科发展历史上，也是世界显微外科发展历史上，具有划时代里程碑意义]

[8] O'Brien BM. Replantation surgery in China[J]. Med J Aust,1974,2:255.(应中华医学会邀请，1972年10月24日至11月4日澳大利亚O'Brien教授访问了中国广州、上海、北京，与中国医师一起讨论再植外科相关工作。本文介绍中国再植外科，尤其是上海、北京、广州的工作；概述再植指征、技术与结果，展示其成功康复的高存活率)

[9] Usui M,Minami M,Ishii S. Successful replantation of an amputated leg in a child[J]. Plast Reconstr Surg,1979,63:613-617.

[10] Fang CL,Yang CS,Tang HC,et al. Successful replantation of amputated bilateral lower limbs[J]. Plast Reconstr Surg,2012,129:215e-217e.

[11] Buckley JR,Dunkley P. Successful reimplantation of both feet:brief report[J]. J Bone Joint Surg Br,1988,70:667-668.

[12] Chen ZW,Zeng BF. Replantation of the lower extremity[J]. Clin Plast Surg,1983,10:103-113.

[13] Jupiter JB,Tsai TM,Kleinert HE. Salvage replantation of lower limb amputations[J]. Plast Reconstr Surg,1982,69:1-8.

[14] Yildirim S,Akoz T. Big-toe replantation in a three month old child:case report[J]. J Reconstr Microsurg,2004,20:373-375.(本病例为文献中最年轻的第一足趾再植患者。第一足趾在行走和站立中起着重要的作用。此外，对许多人来说，没有第一足趾的脚外观可能是无法接受的审美观点。即使患者只有几个月大，重建的显微外科医师应该毫不犹豫地在合适的病例中移植第一足趾)

[15] Demiri E,Bakhach J,Tsakoniatis N,et al. Bone growth after replantation in children[J]. J Reconstr Microsurg,1995,11:113-122.(虽然很难确定在软骨板生长中影响创伤后反应预后的所有参数，但是截肢平面被认为是影响再植部分骨骺生长的重要预后因素)

[16] Mamakos MS. Lower extremity replant—a preliminary report[M]. Ann Plast Surg,1980,4:48-52.

[17] Sabapathy SR,Venkatramani H,Bharathi RR,et al. Technical considerations and functional outcome of 22 major replantations.(The BSSH Douglas Lamb Lecture,,2005)[J]. J Hand Surg,2007,32E:488-501.(彻底的清创、骨缩短和制定良好的方案以减少缺血时间是手术成功的重要步骤。这里概述了我们认为对成功至关重要的操作细节。在大多数国家，这类损伤的数量在减少，因此这篇论文可以帮助外科医生在面对偶尔发生重大截肢的患者时做出正确的决定)

[18] Wickham MH,Brackley PTH,McPhail J,et al. Replantation and subsequent reconstruction strategies of a guillotine amputated foot in an 11-year-old child:a four year follow up[J]. J Plast Reconstr Aesthetic Surg,2010,63:e503-e505.

[19] Battiston B,Tos P,Pontini I,Ferrero S. Lower limb replantations:indications and a new scoring system[J]. Microsurgery,2002,22:187-192.

[20] Cavadas PC,Landin L,Ibanez J,et al. Infrapopliteal lower extremity replantation[J]. Plast Reconstr Surg,2009,124:532-539.

[21] Mirzoyan AE. Reimplantation and lengthening with use of the Ilizarov apparatus after a traumatic amputation of the leg[J]. J Bone Joint Surg,1996,78A:437-438.

[22] Lin CH,Lin CH,Sassur P,et al. Replantation of great toe:review of 20 cases[J]. Plast Reconstr Surg,2008,122:806-812.(踇趾再植的目的是保持跖趾关节的完整。作者强调，踇趾再植应限于儿童的创伤性截肢和成人的不完全截肢，特别是指间关节近端。踇趾完全切除合并外侧脚趾损伤是影响踇趾存活的不良预后因素)

[23] Wang D,Yin YS,Gao FG,et al. Cross-replantation of lower extremities in multi limbed amputation:case report and literature review in China[J]. J Trauma,1995,38:947-951.

[24] Ricketts S,De Steiger R,Breidahl A. Eleven-year follow up of cross-leg replantation for traumatic bilateral amputation[J]. J Reconstr Microsurg,2009,25:111-116.

[25] Srivastava DC. Ipsilateral replantation of foot with crossover segmental transfer in bilateral leg amputation[J]. Plast Reconstr Surg,2005,116:129e-134e.

[26] Gao YS,Ai ZS,Zhang CQ,et al. Replantation of above-knee amputation:a surviving but dysfunctional case needing secondary amputation[J]. J Reconstr Microsurg,2010,26:631-635.(膝上截肢是需要紧急再植或早期截肢的罕见损伤。虽然某些病例可以存活，但患肢的术后功能通常不尽人意，如果预后差或有严重的并发症，就必须进行晚期截肢。外科团队的经验可能在基本决策制定中发挥重要作用，因此作者报道了一例术后功能差且需要晚期截肢的膝上再植术，讨论了评分系统、基于病例的预期结果，以及关于膝上再植的简短文献回顾)

[27] Salon A,Liverneaux PA,Dubert T,et al. Long-term review of five leg replantations:emergency strategy and examples of lengthening of the leg on nerve regeneration[J]. Injury,2006,37:869-876.

[28] Cinar C,Arslan H,Ogur S,et al. Crossover replantation of the foot after bilateral traumatic lower extremity amputation[J]. Ann Plast Surg,2007,58:667-672.

[29] Sanger JR,Matloub HS. Successful replantation of the heel pad:a sevenyear follow-up[J]. Ann Plast Surg,1989,22:350-353.

[30] Kim HH,Jeong JH,Kim YH,et al. Rehabilitation after the replantation on a 2 year-old girl with both amputated legs[J]. Br J Plast Surg,2005,58:404-408.

[31] Parmaksizoglu F,Unal MB,Cansu E,et al. Functional results of limb salvage in below-knee typeⅢC open fractures or traumatic amputations[J]. J Reconstr Microsurg,2012,28:607-614.

85. 髋部骨坏死

osteonecrosis of the hip

[1] Jacobs B. Epidemiology of traumatic and nontraumatic osteonecrosis[J]. Clin Orthop Relat Res,1978,(130):51-67.(大部分病例是由于酗酒和糖皮质激素的使用，并且男性更容易双侧受累。多灶性病变证实了这种坏死的系统基础)

[2] Coventry MB,Beckenbaugh RD,Nolan DR,Ilstrup DM. 2012 total hip arthroplasties. A study of postoperative course and early complications[J]. J Bone Joint Surg Am,1974,56(2):273-284.

[3] Mont MA,Hungerford DS. Non-traumatic avascular necrosis of the femoral head[J]. J Bone Joint Surg Am,1995,77(3):459-474.

[4] Urbaniak JR,Harvey EJ. Revascularization of the femoral head in osteonecrosis[J]. J Am Acad Orthop Surg,1998,6(1):44-54.

[5] Chacha PB. Vascularised pedicular bone grafts[J]. Int Orthop,1984,8(2):117-138.

[6] Meyers MH. The treatment of osteonecrosis of the hip with fresh osteochondral allografts and with the muscle pedicle graft technique[J]. Clin Orthop Relat Res,1978,(130):202-209.

[7] Lee CK,Rehmatullah N. Muscle-pedicle bone graft and cancellous bone graft for the "silent hip" of idiopathic isch-emic necrosis of the femoral head in adults[J]. Clin Orthop Relat Res,1981,(158):185-194.(对于平均随访3.5年的一期和二期特发性缺血性坏死患者，采用松质骨刮除坏死骨、肌蒂骨移植的手术方法，效果良好)

[8] Baksi DP. Treatment of osteonecrosis of the femoral head by drilling and muscle-pedicle bone grafting[J]. J Bone Joint Surg Br,1991,73(2):241-245.

[9] Iwata H,Torii S,Hasegawa Y,et al. Indications and results of vascularized pedicle iliac bone graft in avascular necrosis of the femoral head[J]. Clin Orthop Relat Res,1993,(295):281-288.

[10] Stein H,Volpin G,Horer D. Vascularized muscle pedicle flap for osteonecrosis of the femoral head[J]. Orthope-dics,2002,25(5):485-488.(骨坏死是一种破坏性的局部进行性退行性疾病，主要影响年轻人。股骨头坏死需要生物髋关节重建。本文介绍了一种技术，即使用带血管蒂的肌肉皮瓣作为可行的骨移植来治疗这种情况)

[11] Urbaniak JR,Coogan PG,Gunneson EE,Nunley JA. Treatment of osteonecrosis of the femoral head with free vascularized fibular grafting. A long-term follow-up study of one hundred and three hips[J]. J Bone Joint Surg Am,1995,77(5):681-694.

[12] Judet H,Gilbert A. Long-term results of free vascularized fibular grafting for femoral head necrosis[J]. Clin Orthop Relat Res,2001,(386):114-119.(长期结果表明，作者所采用的带血管蒂游离腓骨移植是治疗年龄小于40岁的特发性股骨头一期或三期坏死的一种有效方法)

[13] Brunelli G,Brunelli G. Free microvascular fibular transfer for idiopathic femoral head necrosis:long-term follow-up[J]. J Reconstr Microsurg,1991,7(4):285-295.

[14] Kim SY,Kim YG,Kim PT,et al. Vascularized compared with nonvascularized fibular grafts for large osteonecrotic le-sions of the femoral head[J]. J Bone Joint Surg Am,2005,87(9):2012-2018.

[15] Yoshimura M,Shimamura K,Iwai Y,et al. Free vascularized fibular transplant. A new method for monitoring circulation of the grafted fibula[J]. J Bone Joint Surg Am,1983,65(9):1295-1301.

[16] Hungerford DS,Zizic TM. Alcoholism associated ischemic necrosis of the femoral head. Early diagnosis and treatment[J]. Clin Orthop Relat Res,1978,(130):144-153.

[17] Marchant MH Jr,Zura RD,Urbaniak JR,et al. Hip incision planning for free vascularized fibular grafting of the proximal femur:a handy tip[J]. J Surg Orthop Adv,2007,16(4):204-206.(带血管蒂游离腓骨移植手术治疗股骨头坏死已被证明是成功的。手术技术的改进大大降低了患者的发病率和手术时间。臀部切口位置的精心选择就是其中一种改进。本文描述了定位切口位置的特定骨标志和一种简单的切口定位技术。一个10~15 cm的精确定位切口可以进入股骨近端和旋股外侧动脉和静脉的升支)

[18] Ganel A,Yaffe B. Ankle instability of the donor site following removal of vascularized fibula bone graft[J]. Ann Plast Surg,1990,24(1):7 - 9.

[19] Goodacre TE,Walker CJ,Jawad AS,et al. Donor site morbidity following osteocutaneous free fibula transfer[J]. Br J Plast Surg,1990,43(4):410 - 412.（回顾了 9 例接受游离腓骨移植的患者，以确定供骨部位并发症的发生率。确定的问题包括远端水肿、冷不耐受、感觉丧失和虚弱。然而，功能缺陷并不严重，大多数患者不受其症状的困扰。提出这个皮瓣时，考虑到更严重的潜在并发症）

[20] Gore DR,Gardner GM,Sepic SB,et al. Function following partial fibulectomy[J]. Clin Orthop Relat Res,1987,(220):206 - 210.

[21] Hsu LC,Yau AC,O'Brien JP,Hodgson AR. Valgus deformity of the ankle resulting from fibular resection for a graft in subtalar fusion in children[J]. J Bone Joint Surg Am,1972,54(3):585 - 594.

[22] Lee EH,Goh JC,Helm R,Pho RW. Donor site morbidity following resection of the fibula[J]. J Bone Joint Surg Br,1990,72(1):129 - 131.

[23] Youdas JW,Wood MB,Cahalan TD,Chao EY. A quantitative analysis of donor site morbidity after vascularized fibula transfer[J]. J Orthop Res,1988,6(5):621 - 629.

[24] Vail TP,Urbaniak JR. Donorsite morbidity with use of vascularized autogenous fibular grafts[J]. J Bone Joint Surg Am,1996,78(2):204 - 211.

[25] Aluisio FV,Urbaniak JR. Proximal femur fractures after free vascularized fibular grafting to the hip[J]. Clin Orthop Rel Res,1998,(356):192 - 201.

[26] Gaskill TR,Urbaniak JR,Aldridge JM 3rd. Free vascularized fibular transfer for femoral head osteonecrosis:donor and graft site morbidity[J]. J Bone Joint Surg Am,2009,91(8):1861 - 1867.

[27] Marciniak D,Furey C,Shaffer JW. Osteonecrosis of the femoral head. A study of 101 hips treated with vascularized fibular grafting[J]. J Bone Joint Surg Am,2005,87(4):742 - 747.

[28] Atsumi T and Kuroki Y. Modified Sugioka's osteotomy:more than 130 degrees posterior rotation for osteonecrosis of the femoral head with large lesion[J]. Clin Orthop,1997,334:98 - 107.

[29] Bozic KJ,Zurakowski D,Thornhill TS. Survivorship analysis of hips treated with core decompression for nontraumatic osteonecrosis of the femoral head[J]. J Bone Joint Surg Am,1999,81:200 - 209.

[30] Berend KR,Gunneson EE,Urbaniak JR. Free vascularized fibular grafting for the treatment of postcollapse osteonecro - sis of the femoral head[J]. J Bone Joint Surg Am,2003,85(6):987 - 993.

86. 吻合血管的骨骺移植
free vascularized epiphyseal transfer

[1] Teot L,Giovannini UM,Colonna MR. Use of free scapular crest flap in pediatric epiphyseal reconstructive procedures[J]. Clin Orthop Relat Res,1999,(365):211 - 220.

[2] Gilbert A,Mathoulin C. Vascularized bone grafts in children. Specifics and indications[J]. Ann Chir Plast Es - thet,2000,45(3):309 - 322.（血管化生长板移植在儿童特殊适应证中是显微外科生长板移植，尤其是上肢的腓骨骺生长板移植和下肢的髂嵴移植）

[3] Wood MB,Gilbert A(eds). Microvascular Bone Reconstruction[M]. London:Martin Dunitz,1997,pp85 - 89.

[4] Innocenti M,Delcroix L,Manfrini M,et al. Vascularized proximal fibular epiphyseal transfer for distal radial reconstruction[J]. J Bone Joint Surg Am,2004,86A(7):1504 - 1511.（儿童体内肿瘤生长需要根治性切除桡骨远端。切除后，带有胫前动脉血管蒂的血管化近端腓骨移植可进一步进行骨骼和关节重建，且功能良好，并能最大化减小远端桡骨和尺骨长度的差距）

[5] Concannon MJ,Croll GH,Boschert MT,et al. Free fibular transfer in a growing individual (long - term results)[J]. Microsurgery,1993,14(9):624 - 627.（本文所展示的病例是一名 4 岁儿童，其远端腓骨和骺板遭受创伤性破坏。作者利用同侧近端腓骨进行游离血管化骨移植，其踝关节处展现出了较好的骨稳定性，以及良好的骨长期生长特性。展示了即时的术后结果及长达 5 年的随访信息）

[6] Rajacic N,Dashti H. Reconstruction of the lateral malleolus using a reverse - flow vascularized fibular head:a case report[J]. Microsurgery,1996,17(3):158 - 161.（本文报道一例 7 岁女童，她保留的骨骺和干骺端血供的腓骨头曾被用于重建其缺失的外侧髁。2 年随访显示其移植后的骺板具有良好的骨稳定性和生长潜力）

[7] Becker LM,Zuker RM. Vascularized fibular epiphyseal transplantation for limb salvage following bone tumor excision[J]. Can J Plast Surg,1999,7(2):65 - 73.

[8] de Gauzy JS,Kany J,Cahuzac JP. Distal fibular reconstruction with pedicled vascularized fibular head graft:a case report[J]. J Pediatr Orthop B,2002,11(2):176 - 180.（作者为肿瘤切除术后远端腓骨重建提供了一种原始技术。该病例为一名患有远端腓骨骨肉瘤的 13 岁男孩，对其进行了同侧近端腓骨血管化骨移植术。于术后 2.5 年进行了评估，发现其踝关节功能正常且具有良好的稳定性）

[9] Manfrini M,Innocenti M,Ceruso M,Mercuri M. Original biological reconstruction of the hip in a 4 - year - old girl[J]. Lancet,2003,361(9352):140 - 142.

[10] Benedetti MG,Straudi S,Berti L,et al. Gait performance in an original biologic reconstruction of proximal femur in a skeletally immature child:a case report[J]. Arch Phys Med Rehabil,2006,87(11):1534 - 1541.

[11] Taddei F,Viceconti M,Manfrini M,Toni A. Growth and remodelling of the autologous bone transplant used in pediatric femoral reconstruction[J]. Proc Inst Mech Eng H,2002,216(2):95 - 104.

[12] Amr SM,el - Mofty AO,Amin SN. Further experiences with transplantation of the head of the fibula[J]. Handchir Mikrochir Plast Chir,2001,33(3):153 - 161.

[13] Sales de Gauzy J,Accadbled F,Gomez Brouchet A,Abid A. Case report:histologic study of a human epiphyseal transplant at 3 years after implantation[J]. Clin Orthop Relat Res,2009,467(7):1915 - 1920.(一名 5 岁男童接受了近端股骨的尤文氏肉瘤切除手术后进行了利用同侧血管化骨骺移植及同种异体股骨的重建。初次手术后 3 年，由于肿瘤局部复发不得不使其髋关节脱臼，随后作者对移植物进行了组织学分析。虽然生长板在结构上仍保持正常，但其表面有丰富的血管增生层。作者还观察了关节性软骨及生长板间的桥接）

[14] Debarge R,Chotel F,Gazarian A,et al. Failed vascularised proximal fibular epiphyseal transfer for hip reconstruction following infection in children[J]. J Child Orthop,2009,3(4):325 - 330.

[15] Vilkki SK. Vascularized joint transfer for radial club hand[J]. Tech Hand Up Extrem Surg,1998,2(2):126 - 137.

[16] Vilkki SK. Distraction and microvascular epiphysis transfer for radial club hand[J]. J Hand Surg Br,1998,23(4):445 - 452.（本文提出采用显微血管关节移植来重建半缺损的腕关节以治疗 Bayne IV 型桡侧球棒手。该技术在保持腕关节纵向生长的同时可以获得更好的运动性和稳定性。此方法通过术前软组织牵张术确保在第二跖趾关节与整个跖骨移植前手和尺骨有较好的同轴度。这项治疗耗时 4 个月且最佳手术期是在婴儿出生第二年。之后婴儿的拇指化术在按照常规方法进行。自 1987 年以来，作者已经运用该新技术治疗了 12 例患者，其中前 9 例患者平均随访了 6 年。这项技术虽然看起来很有前景，但要求极高，因为显微血管关节移植仍处于早期阶段）

[17] Zhong - Wei C,Guang - Jian Z. Epiphyseal transplantation. In Pho RW(ed). Microsurgical Technique in Orthopaedics[M]. London:Butterworths,1988,pp121 - 128.

[18] Sawaizumi M,Maruyama Y,Okaiima K,Motegi M. Free vascularised epiphyseal transfer designed on the reverse anterior tibial artery[J]. Br J Plast Surg,1991,44 (1):57 - 59.

[19] Bonnel F,Lesire M,Gomis R,et al. Arterial vascularization of the fibula microsurgical transplant techniques[J]. Anat Clin,1981,3:13 - 23.

[20] Menezes - Leite MC,Dautel G,Duteille F,Lascombes P. Transplantation of the proximal fibula based on the anterior tibial artery:anatomical study and clinical application[J]. Surg Radiol Anat,2000,22:235 - 238.（本研究的目的是探讨对骨骺，以及腓骨近端部分骨干进行胫前动脉为基础的微血管移植的可行性。在 13 具未经防腐处理的成人尸体的胫前动脉内注射了印度墨汁染色液，染色后取其横断面作冷冻切片。在所有标本中，可以在腓骨的髓腔，以及骨膜水平观察到染料。从骨骺尖端开始测量，髓腔内染料可达的平均远端极限距离为 10.4 cm，骨膜上距离为 11.8 cm。基于这些解剖发现，作者对一例肱骨重建的患者进行了腓骨移植，其中包括对骨骺和骨干节段的移植，仅用胫前动脉作为供血血管）

[21] Mozaffarian K,Lascombes P,Dautel G. Vascular basis of free transfer of proximal epiphysis and diaphysis of fibula:an anatomical study[J]. Arch Orthop Trauma Surg,2009,129:183 - 187.

[22] Restrepo J,Katz D,Gilbert A. Arterial vascularization of the proximal epiphysis and the diaphysis of the fibula[J]. Int J Microsurg,1980,2:48 - 51.

[23] Taylor GI,Wilson KR,Rees MD,et al. The anterior tibial vessels and their role in epiphyseal and diaphyseal transfer of the fibula:experimental study and clinical applications[J]. Br J Plast Surg,1988,41:451 - 469.（两个成功的临床案例中描述了取出带有胫前动脉的腓骨体，以及近端腓骨生长板的技术，每个案例都随访了 4 年。移植的骨骺平均每年生长 1 cm）

[24] Pho RW,Patterson MH,Kour AK,Kumar VR. Free vascularised epiphyseal transplantation in upper extremity reconstruction[J]. J Hand Surg Am,1988,13:440 - 447.（对 3 例近端腓骨骨骺移植替代近端肱骨骨骺或远端桡骨骨骺的游离血管化移植手术的患者进行了初步观察。早期结果分析表明移植骨骺存在纵向生长、移植物肥大和骨骺适应。本术式仅吻合单纯腓动脉，12 个月仅生长 0.4 cm, 可能与腓动脉主要供养腓骨干，而非骨骺有关）

[25] Trueta J. The role of the vessels in osteogenesis[J]. J Bone Joint Surg,1963,45B:402 - 404.

[26] Papadopulos NA,Weigand C,Kovacs L,Biemer E. The free vascularized fibular epiphyseal transfer:long - term results of wrist reconstruction in young patients[J]. J Reconstr Microsurg,2009,25(1):3 - 13.

[27] Innocenti M,Ceruso M,Manfrini M,et al. Free vascularised growth plate transfer after bone tumor resection in children[J]. J Reconstr Microsurg,1998,14:137 - 143.

[28] Tsai TM,Ludwig L,Tonkin M. Vascularized fibular epiphyseal transfer:a clinical study[J]. Clin Orthop,1986,210:228 - 234.[Tsai 等行吻合血管（腓动脉联合骨骺动脉）的腓骨小头骨骺移植，但手术时间长（2 条动脉）、并发症多、骨骺早闭而停止生长]

[29] Stark RH,Matloub HS,Sanger JR,et al. Warm ischemic damage to epiphyseal growth plate:a rabbit model. J Hand Surg Am,1987,12:54 - 61.

[30] Lin SD,Lai CS,Chiu CC. Venous drainage in the reverse forearm flap. Plast Reconstr Surg,1984,74:508 - 512.

[31] Del Pinal F,Taylor GI. The deep venous system and reverse flow flaps. Br J Plast Surg,1993,46:652 - 664.

[32] Innocenti M,Delcroix L,Romano GF. Epiphyseal transplant:harvesting technique of the proximal fibula based on the anterior tibial artery. Microsurgery,2005,25(4):284 - 292.（研究对象是 24 例 11 岁以下经历过上肢骨骼重建的患者。他们接受的是带有胫前动脉的近端腓骨移植手术。本文目前旨在详细描述作者凭借十年经验不断优化和部分修改得到的血管化骨获取技术）

六、补充
Supplement

[1] Sawaizumi M,Maruyama Y,Okajima K,Motegi M.Free vascularized epiphyseal transfer designed onthereverse anterior tibial artery.Br J Plast Surg,1991,44:57 - 59.（Sawaizumi 等报道吻合胫前返动脉的腓骨小头骨骺移植重建 1 例Ⅲ型先天性桡侧纵列缺如。本术式吻合胫前返动脉，手术复杂，血管蒂较短，牺牲主干血管，腓总神经易损伤）

[2] Yang Jiantao,Qin Bengang,Li Ping,Fu Guo,Xiang Jianping,Gu Liqiang. Vascularized Proximal Fibular Epiphyseal Transfer for Bayne and Klug Type III Radial Longitudinal Deficiency in Children. Plast Reconstr Surg,2015,135(1):157 - 166. doi:10.1097/PRS.0000000000000836. [Yang 等报道了吻合血管（膝下外侧动脉）、带上胫腓关节与骨骺的腓骨上段移植重建Ⅲ型先天性桡侧纵列缺如]

附录 3 显微外科进展与未来文献目录（2010—2021）
Catalogue of references both on progress of microsurgery and microsurgery in the future (2010—2021)

本附录参考文献均来自 2010—2021 年世界显微外科英文文献，且选用学者们（包括中国学者）引用频率高，能代表显微外科进展（progress of microsurgery）与未来（microsurgery in the future）的文献。每年以 100 篇左右参考文献进行展示，其中临床研究（Clinical Research）50 篇左右，基础研究（Basic Research）20 篇左右，综述（Review）20 篇左右，教育与课程（Education and Course）10 篇左右。

2010 年

一、临床研究
Clinical Research

[1] Winterton RIS,Pinder RM,Morritt AN,Knight SL,Batchelor AG,Liddington MI,Kay SP. Long term study into surgical re-exploration of the 'free flap in difficulty'[J]. J Plast Reconstr Aesth Surg,2010,63(7):1080-1086. DOI:10.1016/j.bjps.2009.05.029.

[2] Uzel AP,Lemonne F,Casoli V. Tibial segmental bone defect reconstruction by Ilizarov type bone transport in an induced membrane[J]. Orthop Traumatol Surg Res,2010,96(2):194-198. DOI:10.1016/j.otsr.2009.10.017.

[3] Sieg P,Taner C,Hakim SG,Jacobsen HC. Long-term evaluation of donor site morbidity after free fibula transfer[J]. Br J Oral Maxillofac Surg,2010,48(4):267-270. DOI:10.1016/j.bjoms.2009.07.019.

[4] Sandooram D,Hornigold R,Grunfeld B,Thomas N,Kitchen ND,Gleeson M. The effect of observation versus microsurgical excision on quality of life in unilateral vestibular Schwannoma:a prospective study[J]. Skull Base Interdiscip Appr,2010,20(1):47-54. DOI:10.1055/s-0029-1242985.

[5] Narushima M,Mihara M,Yamamoto Y,Iida T,Koshima I,Mundinger GS. The intravascular stenting method for treatment of extremity lymphedema with multiconfiguration lymphaticovenous anastomoses[J]. Plast Reconstr Surg,2010,125(3):935-943. DOI:10.1097/PRS.0b013e3181cb64da.

[6] Namdar T,Bartscher T,Stollwerck PL,Mailander P,Lange T. Complete free flap loss due to extensive hemodilution[J]. Microsurgery,2010,30(3):214-217. DOI:10.1002/micr.20736.

[7] Lee JC,St-Hilaire H,Christy MR,Wise MW,Rodriguez ED. Anterolateral thigh flap for trauma reconstruction[J]. Ann Plast Surg,2010,64(2):164-168. DOI:10.1097/SAP.0b013e3181a20ab0.

[8] Kay S,Pinder R,Wiper J,Hart A,Jones F,Yates A. Microvascular free functioning gracilis transfer with nerve transfer to establish elbow flexion[J]. J Plast Reconstr Aesth Surg,2010,63(7):1142-1149. DOI:10.1016/j.bjps.2009.05.021.

[9] Jin XL,Teng L,Xu JJ,Lu JJ,Zhang C,Zhang B,Zhao ZM. Anterolateral thigh adipofascial flap for the restoration of facial contour deformities[J]. Microsurgery,2010,30(5):368-375. DOI:10.1002/micr.20741.

[10] Haddock NT,Gobble RM,Levine JP. More consistent postoperative care and monitoring can reduce costs following microvascular free flap reconstruction[J]. J Reconstr Microsurg,2010,26(7):435-439. DOI:10.1055/s-0030-1254232.

[11] Whitlock EL,Kasukurthi R,Yan Y,Tung TH,Hunter DA,Mackinnon SE. Fibrin glue mitigates the learning curve of microneurosurgical repair[J]. Microsurgery,2010,30(3):218-222. DOI:10.1002/micr.20754.

[12] Werdin F,Peek A,Martin NCS,Baumeister S. Superior gluteal artery perforator flap in bilateral breast reconstruction[J]. Ann Plast Surg,2010,64(1):17-21. DOI:10.1097/SAP.0b013e31819bd713.

[13] Terzis JK,Kokkalis ZT. Restoration of elbow extension after primary reconstruction in obstetric brachial plexus palsy[J]. J Pediat Orthop,2010,30(2):161-168. DOI:10.1097/BPO.0b013e3181cf2e82.

[14] Sughrue ME,Yang I,Rutkowski MJ,Aranda D,Parsa AT. Preservation of facial nerve function after resection of vestibular schwannoma[J]. Br J Neurosurg,2010,24(6):666-671. DOI:10.3109/02688697.2010.520761.

[15] Shi DH,Qi JA,Li DH,Zhu L,Jin WT,Cai DZ. Fingertip replantation at or beyond the nail base in children[J]. Microsurgery,2010,30(5):380-385. DOI:10.1002/micr.20743.

[16] Sanai N,Auguste KI,Lawton MT. Microsurgical management of pediatric intracranial aneurysms[J]. Child Nerv Sys,2010,26(10):1319-1327. DOI:10.1007/s00381-010-1210-2.

[17] Rozen WM,Enajat M,Whitaker IS,Lindkvist U,Audolfsson T,Acosta R. Postoperative monitoring of lower limb free flaps with the cook-swartz implantable doppler probe:a clinical trial[J]. Microsurgery,2010,30(5):354-360. DOI:10.1002/micr.20720.

[18] Rozen WM,Chubb D,Whitaker IS,Acosta R. The efficacy of postoperative monitoring:a single surgeon comparison of clinical monitoring and the implantable doppler probe in 547 consecutive free flaps[J]. Microsurgery,2010,30(2):105-110. DOI:10.1002/micr.20706.

[19] Park JW,Kang JW,Jeon WJ,Na HS. Postconditioning protects skeletal muscle from ischemia-reperfusion injury[J]. Microsurgery,2010,30(3):223-229. DOI:10.1002/micr.20756.

[20] Ozer K,Kramer W,Gillani S,Williams A,Smith W. Replantation versus revision of amputated fingers in patients air-transported to a level 1 trauma center[J]. J Hand Surg Am,2010,35A(6):936-940. DOI:10.1016/j.jhsa.2010.02.031.

[21] O'Neill JP,Shine N,Eadie PA,Beausang E,Timon C. Free tissue transfer versus pedicled flap reconstruction of head and neck malignancy defects[J]. Irish J Med Sci,2010,179(3):337-343. DOI:10.1007/s11845-010-0468-4.

[22] Mathes DW,Neligan PC. Preoperative imaging techniques for perforator selection in abdomen-based microsurgical breast reconstruction[J]. Clin Plast Surg,2010,37(4):581-591. DOI:10.1016/j.cps.2010.06.011.

[23] Jakubietz RG,Jakubietz DF,Gruenert JG,Schmidt K,Meffert RH,Jakubietz MG. Reconstruction of soft tissue defects of the achilles tendon with rotation flaps,pedicled propeller flaps and free perforator flaps[J]. Microsurgery,2010,30(8):608-613. DOI:10.1002/micr.20798.

[24] Holm C,Dornseifer U,Sturtz G,Basso G,Schuster T,Ninkovic M. The intrinsic transit time of free microvascular flaps:clinical and prognostic implications[J]. Microsurgery,2010,30(2):91-96. DOI:10.1002/micr.20708.

[25] Friji MT,Suri MP,Shankhdhar VK,Ahmad QG,Yadav PS. Pedicled anterolateral thigh flap a versatile flap for difficult regional soft tissue reconstruction[J]. Ann Plast Surg,2010,64(4):458-461. DOI:10.1097/SAP.0b013e3181b4bc70.

[26] Enajat M,Rozen WM,Whitaker IS,Smit JM,Acosta R. A single center comparison of one versus two venous anastomoses in 564 consecutive diep flaps:investigating the effect on venous congestion and flap survival[J]. Microsurgery,2010,30(3):185-191. DOI:10.1002/micr.20712.

[27] Demirtas Y,Kelahmetoglu O,Cifci M,Tayfur V,Demir A,Guneren E. Comparison of free anterolateral thigh flaps and free muscle-musculocutaneous flaps in soft tissue reconstruction of lower extremity[J]. Microsurgery,2010,30(1):24-31. DOI:10.1002/micr.20696.

[28] Chepeha DB,Khariwala SS,Chanowski EJP,Zumsteg JW,Malloy KM,Moyer JS,Prince ME,Sacco AG,Lee JSJ. Thoracodorsal artery scapular tip autogenous transplant vascularized bone with a long pedicle and flexible soft tissue[J]. Arch Otolaryngol Head Neck Surg,2010,136(10):958-964. DOI:10.1001/archoto.2010.166.

[29] Rad AN,Flores JI,Prucz RB,Stapleton SM,Rosson GD. Clinical experience with the lateral septocutaneous superior gluteal artery perforator flap for autologous breast reconstruction[J]. Microsurgery, 2010,30(5):339-347. DOI:10.1002/micr.20753.

[30] Pan ZH,Jiang PP,Wang JL. Posterior interosseous free flap for finger re-surfacing[J]. J Plast Reconstr Aesth Surg,2010,63(5):832-837. DOI:10.1016/j.bjps.2009.01.071.

[31] Sughrue ME,Kaur R,Kane AJ,Rutkowski MJ,Kaur G,Yang I,Pitts LH,Parsa AT. The value of intraoperative facial nerve electromyography in predicting facial nerve function after vestibular schwannoma surgery[J]. J Clin Neurosci,2010,17(7):849-852. DOI:10.1016/j.jocn.2010.02.003.

[32] Ozkan,O,Akar ME,Ozkan O,Colak T,Kayacan N,Taskin O. The use of vascularized jejunum flap for vaginal reconstruction:clinical experience and results in 22 patients[J]. Microsurgery,2010,30(2):125-131. DOI:10.1002/micr.20713.

[33] Bignell MB,Ramwell A,Evans JR,Dastur N,Simson JNL. Complications of transanal endoscopic microsurgery(TEMS):a prospective audit[J]. Colorect Dis,2010,12(7):E99-E103. DOI:10.1111/j.1463-1318.2009.02071.x.

[34] Caillet M,Vandromme J,Rozenberg S,Paesmans M,Germay O,Degueldre M. Robotically assisted laparoscopic microsurgical tubal reanastomosis:a retrospective study[J]. Fertil Steril,2010,94(5):1844-1847. DOI:10.1016/j.fertnstert.2009.10.028.

[35] Chen C,Nguyen MD,Bar-Meir E,Hess PA,Lin S,Tobias AM,Upton J,Lee BT. Effects of Vasopressor Administration on the Outcomes of Microsurgical Breast Reconstruction[J]. Ann Plast Surg,2010,65(1):28-31. DOI:10.1097/SAP.0b013e3181bda312.

[36] Cocuzza M,Pagani R,Coelho R,Srougi M,Hallak J. The systematic use of intraoperative vascular Doppler ultrasound during microsurgical subinguinal varicocelectomy improves precise identification and preservation of testicular blood supply[J]. Fertil Steril,2010,93(7):2396-2399. DOI:10.1016/j.fertnstert.2009.01.088.

[37] Bailey SH,Saint-Cyr M,Wong C,Mojallal A,Zhang K,Ouyang D,Arbique G,Trussler A,Rohrich RJ. The single dominant medial row perforator DIEP flap in breast reconstruction:three-dimensional perforasome and clinical results[J]. Plast Reconstr Surg,2010,126(3):739-51. DOI:10.1097/PRS.0b013e3181e5f844.

[38] Bartsich S,Ascherman JA. Posterior dissection of the rectus abdominis muscle during TRAM flap harvest for the preservation of medial row perforators[J]. Plast Reconstr Surg,2010,126(4):193e-195e. DOI:10.1097/PRS.0b013e3181ea928f.

[39] Boca R,Kuo YR,Hsieh CH,Huang EY,Jeng SF. A reliable parameter for primary closure of the free anterolateral thigh flap donor site[J]. Plast Reconstr Surg,2010,126(5):1558-62. DOI:10.1097/PRS.0b013e3181ef8cb7.

[40] Buck DW 2nd,Heyer K,Dumanian GA. Free flap reconstruction for the knee and for midleg amputations[J]. Plast Reconstr Surg,2010,126(1):48e-50e. DOI:10.1097/PRS.0b013e3181dab301.

[41] Capla JM,Michaels JT,Ceradini DJ,Levine JP,Saadeh PB. Treatment of metachronous lower extremity defects with delay and splitting of a previously advanced reverse sural artery flap[J]. Plast Reconstr Surg,2010,126(6):322e-323e. DOI:10.1097/PRS.0b013e3181f640ca.

[42] Carty MJ,Taghinia A,Upton J. Fascial flap reconstruction of the hand:a single surgeon's 30-year experience[J]. Plast Reconstr Surg,2010,125(3):953-62. DOI:10.1097/PRS.0b013e3181cc964c.

[43] Losken A,Abboushi NH. Late free TRAM flap vascular compromise[J]. Plast Reconstr Surg,2010,126(2):674-5. DOI:10.1097/PRS.0b013e3181de24e7.

[44] Sojitra NM,Vandevoort M,Ghali S,Fabre G. Two new techniques for correcting venous congestion in the free DIEP flap for breast reconstruction:an analysis of venous augmentation in 581 DIEP flaps[J]. Plast Reconstr Surg,2010,125(2):72e-74e. DOI:10.1097/PRS.0b013e3181c72611.

[45] Henderson J,Moses M. Radial forearm flap donorsite scars[J]. Plast Reconstr Surg,2010,126(5):1795; author reply 1795-6. DOI:10.1097/PRS.0b013e3181ef92f7.

[46] Yueh JH,Slavin SA,Adesiyun T,Nyame TT,Gautam S,Morris DJ,Tobias AM,Lee BT. Patient satisfaction in postmastectomy breast reconstruction:a comparative evaluation of DIEP,TRAM,latissimus flap,and implant techniques[J]. Plast Reconstr Surg,2010,125(6):1585-95. DOI:10.1097/PRS.0b013e3181cb6351.

[47] Vaienti L,Masetto L,Palitta G,Merle M. Lymphedematous arm as donor site for radial forearm free flap in thoracic reconstruction[J]. Plast Reconstr Surg,2010,126(3):1125-7;author reply 1127. DOI:10.1097/PRS.0b013e3181e3b819.

[48] Ueda K,Nuri T,Akamatsu J,Sugita N,Otani K. Clinical trial of delay of the venous island flap[J]. Plast Reconstr Surg,2010,126(2):104e-5e. DOI:10.1097/PRS.0b013e3181de2563.

[49] Prantl L,Fellner C,Jung ME. Evaluation of free flap perfusion with dynamic contrast-enhanced magnetic

resonance imaging[J]. Plast Reconstr Surg,2010,126(2):100e-1e. DOI:10.1097/PRS.0b013e3181df6fcc.
[50] Schaverien MV,Hamilton SA,Fairburn N,Rao P,Quaba AA. Lower limb reconstruction using the islanded posterior tibial artery perforator flap[J]. Plast Reconstr Surg,2010,125(6):1735-43. DOI:10.1097/PRS.0b013e3181ccdc08.

二、基础研究
Basic Research

[1] Trunzo JA,Delaney CP. Natural orifice proctectomy using a transanal endoscopic microsurgical technique in a porcine model[J]. Surg Innov,2010,17(1):48-52. DOI:10.1177/1553350609359516.
[2] Hori T,Nguyen JH,Zhao XD,Ogura Y,Hata T,Yagi S,Chen F,Baine AMT,Ohashi N,Eckman CB,Herdt AR,Egawa H,Takada Y,Oike F,Sakamoto S,Kasahara M,Ogawa K,Hata K,Iida T,Yonekawa Y,Sibulesky L,Kuribayashi K,Kato T,Saito K,Wang LN,Torii M,Sahara N,Kamo N,Sahara T,Yasutomi M,Uemoto S. Comprehensive and innovative techniques for liver transplantation in rats:a surgical guide[J]. World J Gastroenterol,2010,16(25):3120-3132. DOI:10.3748/wjg.v16.i25.3120.
[3] Kim PD,Hayes A,Amin F,Akelina Y,Hays AP,Rosenwasser MP. Collagen nerve protector in rat sciatic nerve repair:a morphometric and histological analysis[J]. Microsurgery,2010,30(5):392-396. DOI:10.1002/micr.20760.
[4] Jiang S,Li ZY,Hua XY,Xu WD,Xu JG,Gu YD. Reorganization in motor cortex after brachial plexus avulsion injury and repair with the contralateral c7 root transfer in rats[J]. Microsurgery,2010,30(4):314-320. DOI:10.1002/micr.20747.
[5] Gu SH,Shen YD,Xu WD,Xu L,Li XK,Zhou GM,Gu YD,Xu and JG. Application of fetal neural stem cells transplantation in delaying denervated muscle atrophy in rats with peripheral nerve injury[J]. Microsurgery,2010,30(4):266-274. DOI:10.1002/micr.20722.
[6] Samara C,Rohde CB,Gilleland CL,Norton S,Haggarty SJ,Yanik MF. Large-scale in vivo femtosecond laser neurosurgery screen reveals small-molecule enhancer of regeneration[J]. Proc Natl Acad Sci USA,2010,107(43):18342-18347. DOI:10.1073/pnas.1005372107.
[7] Veluvolu KC,Ang WT. Estimation and filtering of physiological tremor for real-time compensation in surgical robotics applications[J]. Int J Med Robot Comp Assist Surg,2010,6(3):334-342. DOI:10.1002/rcs.340.
[8] Baek SH,Lee WC,Setzer FC,Kim S. Periapical bone regeneration after endodontic microsurgery with three different root-end filling materials:amalgam,superEBA,and mineral trioxide aggregate[J]. J Endodont,2010,36(8):1323-1325. DOI:10.1016/j.joen.2010.04.008.
[9] Parrinello S,Napoli I,Ribeiro S,Wingfield Digby P,Fedorova M,Parkinson DB,Doddrell RD,Nakayama M,Adams RH,Lloyd AC. EphB signaling directs peripheral nerve regeneration through Sox2-dependent Schwann cell sorting[J]. Cell,2010,143(1):145-55. DOI:10.1016/j.cell.2010.08.039.
[10] Rumpf C,Cipak L,Schleiffer A,Pidoux A,Mechtler K,Tolic-Norrelykke IM,Gregan J. Laser microsurgery provides evidence for merotelic kinetochore attachments in fission yeast cells lacking Pcs1 or Clr4[J]. Cell Cycle,2010,9(19):3997-4004. DOI:10.4161/cc.9.19.13233.
[11] Jiang H,Grenley MO,Bravo MJ,Blumhagen RZ,Edgar BA. EGFR/Ras/MAPK signaling mediates adult midgut epithelial homeostasis and regeneration in Drosophila[J]. Cell Stem Cell,2011,8(1):84-95. DOI:10.1016/j.stem.2010.11.026.
[12] Palacios D,Mozzetta C,Consalvi S,Caretti G,Saccone V,Proserpio V,Marquez VE,Valente S,Mai A,Forcales SV,Sartorelli V,Puri PL. TNF/p38alpha/polycomb signaling to Pax7 locus in satellite cells links inflammation to the epigenetic control of muscle regeneration[J]. Cell Stem Cell,2010,7(4):455-69. DOI:10.1016/j.stem.2010.08.013.
[13] Shea KL,Xiang W,LaPorta VS,Licht JD,Keller C,Basson MA,Brack AS. Sprouty1 regulates reversible quiescence of a self-renewing adult muscle stem cell pool during regeneration[J]. Cell Stem Cell,2010,6(2):117-29. DOI:10.1016/j.stem.2009.12.015.
[14] Blanpain C. Stem cells:Skin regeneration and repair[J]. Nature,2010,464(7289):686-687. DOI:10.1038/464686a.
[15] Ding BS,Nolan DJ,Butler JM,James D,Babazadeh AO,Rosenwaks Z,Mittal V,Kobayashi H,Shido K,Lyden D,Sato TN,Rabbany SY,Rafii S. Inductive angiocrine signals from sinusoidal endothelium are required for liver regeneration[J]. Nature,2010,468(7321):310-5. DOI:10.1038/nature09493.
[16] Oshima K,Shin K,Diensthuber M,Peng AW,Ricci AJ,Heller S. Mechanosensitive hair cell-like cells from embryonic and induced pluripotent stem cells[J]. Cell,2010,141(4):704-16. DOI:10.1016/j.cell.2010.03.035.
[17] Carvajal-Vergara X,Sevilla A,D'Souza SL,Ang YS,Schaniel C,Lee DF,Yang L,Kaplan AD,Adler ED,Rozov R,Ge Y,Cohen N,Edelmann LJ,Chang B,Waghray A,Su J,Pardo S,Lichtenbelt KD,Tartaglia M,Gelb BD,Lemischka IR. Patient-specific induced pluripotent stem-cell-derived models of LEOPARD syndrome[J]. Nature,2010,465(7299):808-12. DOI:10.1038/nature09005.
[18] Liu SP,Fu RH,Huang YC,Chen SY,Chien YJ,Hsu CY,Tsai CH,Shyu WC,Lin SZ. Induced pluripotent stem (iPS) cell research overview[J]. Cell Transpl,2011,20(1):15-9. DOI:10.3727/096368910X532828.
[19] Ohgushi M,Matsumura M,Eiraku M,Murakami K,Aramaki T,Nishiyama A,Muguruma K,Nakano T,Suga H,Ueno M,Ishizaki T,Suemori H,Narumiya S,Niwa H,Sasai Y. Molecular pathway and cell state responsible for dissociation-induced apoptosis in human pluripotent stem cells[J]. Cell Stem Cell,2010,7(2):225-39. DOI:10.1016/j.stem.2010.06.018.
[20] Moretti A,Bellin M,Welling A,Jung CB,Lam JT,Bott-Flugel L,Dorn T,Goedel A,Hohnke C,Hofmann F,Seyfarth M,Sinnecker D,Schomig A,Laugwitz KL. Patient-specific induced pluripotent stem-cell models for long-QT syndrome[J]. N Engl J Med,2010,363(15):1397-409. DOI:10.1056/NEJMoa0908679.
[21] Behan FC,Lo CH,Findlay M. Anatomical basis for the keystone island flap in the upper thigh[J]. Plast Reconstr Surg,2010,125(1):421-3. DOI:10.1097/PRS.0b013e3181c2a66f.
[22] Rinker B,Fink BF,Barry NG,Fife JA,Milan ME. The effect of calcium channel blockers on smoking-induced skin flap necrosis[J]. Plast Reconstr Surg,2010,125(3):866-71. DOI:10.1097/PRS.0b013e3181ccdc60.

三、综述
Review

[1] Yan HD,Brooks D,Ladner R,Jackson WD,Gao WY,Angel MF. Arterialized venous flaps:a review of the literature[J]. Microsurgery,2010,30(6):472-478. DOI:10.1002/micr.20769.
[2] Spielmann PM,Majumdar S,Morton RP. Quality of life and functional outcomes in the management of early glottic carcinoma:a systematic review of studies comparing radiotherapy and transoral laser microsurgery[J]. Clin Otolaryngol,2010,35(5):373-382. DOI:10.1111/j.1749-4486.2010.02191.x.
[3] Siemionow M,Bozkurt M,Zor F. Regeneration and repair of peripheral nerves with different biomaterials:review[J]. Microsurgery,2010,30(7):574-588. DOI:10.1002/micr.20799.
[4] Lee BT,Matsui A,Hutteman M,Lin SJ,Winer JH,Laurence RG,Frangioni JV. Intraoperative near-infrared fluorescence imaging in perforator flap reconstruction:current research and early clinical experience[J]. J Reconstr Microsurg,2010,26(1):59-65. DOI:10.1055/s-0029-1244805.
[5] Kruse ALD,Luebbers HT,Graetz KW,Obwegeser JA. Factors influencing survival of free-flap in reconstruction for cancer of the head and neck:a literature review[J]. Microsurgery,2010,30(3):242-248. DOI:10.1002/micr.20758.
[6] Jones RHB. Repair of the trigeminal nerve:a review[J]. Austral Dent J,2010,55(2):112-119. DOI:10.1111/j.1834-7819.2010.01216.x.
[7] Hale HB,Bae DS,Waters PM. Current concepts in the management of brachial plexus birth palsy[J]. J Hand Surg Am,2010,35A(2):322-331. DOI:10.1016/j.jhsa.2009.11.026.
[8] Beris AE,Lykissas MG,Korompilias AV,Mitsionis GI,Vekris MD,Kostas-Agnantis IP. Digit and hand replantation[J]. Arch Orthop Trauma Surg,2010,130(9):1141-1147. DOI:10.1007/s00402-009-1021-7.
[9] Teo TC. The propeller flap concept[J]. Clin Plast Surg,2010,37(4):615-626. DOI:10.1016/j.cps.2010.06.003.
[10] Sampath R,Vannemreddy P,Nanda A. Microsurgical excision of colloid cyst with favorable cognitive outcomes and short operative time and hospital stay:operative techniques and analyses of outcomes with review of previous studies[J]. Neurosurgery,2010,66(2):368-374. DOI:10.1227/01.Neu.0000363858.17782.82.
[11] Rozen WM,M.W. Ashton,C.M. Le Roux,W.R. Pan,and R.J. Corlett. The perforator angiosome:a new concept in the design of deep inferior epigastric artery perforator flaps for breast reconstruction[J]. Microsurgery,2010,30(1):1-7. DOI:10.1002/micr.20684.
[12] Reiffel AJ,Kamdar MR,Kadouch DJM,Rohde CH,Spector JA. Perioperative antibiotics in the setting of microvascular free tissue transfer:current practices[J]. J Reconstr Microsurg,2010,26(6):401-407. DOI:10.1055/s-0030-1249606.
[13] Maegawa J,Mikami T,Yamamoto Y,Satake T,Kobayashi S. Types of lymphoscintigraphy and indications for lymphaticovenous anastomosis[J]. Microsurgery,2010,30(6):437-442. DOI:10.1002/micr.20772.
[14] Ito H,Sasaki K,Morioka K,Nozaki M. Fingertip amputation salvage on arterial anastomosis alone an investigation of its limitations[J]. Ann Plast Surg,2010,65(3):302-305. DOI:10.1097/SAP.0b013e3181cc0021.
[15] Hupkens P,Van Loon B,Lauret GJ,Kooloos JGM,Vehof JWM,Hartman EHM,Spauwen PHM. Anteromedial thigh flaps:an anatomical study to localize and classify anteromedial thigh perforators[J]. Microsurgery,2010,30(1):43-49. DOI:10.1002/micr.20700.
[16] El-Gammal TA,El-Sayed A,Kotb MM,Ragheb YF,Saleh WR,Elnakeeb RM,Semaya AES. Total obstetric brachial plexus palsy:results and strategy of microsurgical reconstruction[J]. Microsurgery,2010,30(3):169-178. DOI:10.1002/micr.20726.
[17] Campisi C,Bellini C,Campisi C,Accogli S,Bonioli E,Boccardo F. Microsurgery for lymphedema:clinical research and long-term results[J]. Microsurgery,2010,30(4):256-260. DOI:10.1002/micr.20737.
[18] Baechler MF,Groth AT,Nesti LJ,Martin BD. Soft Tissue Management of War Wounds to the Foot and Ankle[J]. Foot Ankle Clin,2010,15(1):113-138. DOI:10.1016/j.fcl.2009.10.006.
[19] Zhao JZ,Yu T,Wang S,Zhao YL,Yang WY. Surgical treatment of giant intracranial arteriovenous malformations[J]. Neurosurgery,2010,67(5):1359-1370. DOI:10.1227/NEU.0b013e3181eda216.
[20] Yang I,Sughrue ME,Han SJ,Aranda D,Pitts LH,Cheung SW,Parsa AT. A comprehensive analysis of hearing preservation after radiosurgery for vestibular schwannoma Clinical article[J]. J Neurosurg,2010,112(4):851-859. DOI:10.3171/2009.8.Jns0985.
[21] Winters HAH,van Engeland AE,Jiya TU,van Royen BJ. The use of free vascularised bone grafts in spinal reconstruction[J]. J Plast Reconstr Aesth Surg,2010,63(3):516-523. DOI:10.1016/j.bjps.2008.11.037.
[22] Schnabl SM,Kunz C,Unglaub F,Polykandriotis E,Horch RE,Dragu A. Acute postoperative infection with Aeromonas hydrophila after using medical leeches for treatment of venous congestion[J]. Arch Orthop Trauma Surg,2010,130(10):1323-1328. DOI:10.1007/s00402-010-1135-y.
[23] Anthony LB,Strosberg JR,Klimstra DS,Maples WJ,O'Dorisio TM,Warner RRP,Wiseman GA,Benson AB,Pommier RF. The NANETS consensus guidelines for the diagnosis and management of gastrointestinal neuroendocrine tumors(NETs) well-differentiated nets of the distal colon and rectum[J]. Pancreas,2010,39(6):767-774. DOI:10.1097/MPA.0b013e3181ec1261.
[24] Brands MT,van den Bosch SC,Dieleman FJ,Berge SJ,Merkx MAW. Prevention of thrombosis after microvascular tissue transfer in the head and neck. A review of the literature and the state of affairs in Dutch Head and Neck Cancer Centers[J]. Int J Oral Maxillofac Surg,2010,39(2):101-106. DOI:10.1016/j.ijom.2009.11.020.
[25] Chang KP,Lai CH,Chang CH,Lin CL,Lai CS,Lin SD. Free flap options for reconstruction of complicated scalp and calvarial defects:report of a series of cases and literature review[J]. Microsurgery,2010,30(1):13-18. DOI:10.1002/micr.20698.
[26] Agostini T,Agostini V. The key roles of the deep fascia of the anterolateral thigh flap[J]. Plast Reconstr Surg,2010,125(2):757-8. DOI:10.1097/PRS.0b013e3181c8310a.

四、教育与课程
Education and Course

[1] Balasundaram I,Aggarwal R,Darzi LA. Development of a training curriculum for microsurgery[J]. Br J Oral Maxillofac Surg,2010,48(8):598-606. DOI:10.1016/j.bjoms.2009.11.010.
[2] Mamelak AN,Nobuto T,Berci G. Initial clinical experience with a high-definition exoscope system for microneurosurgery[J]. Neurosurgery,2010,67(2):476-483. DOI:10.1227/01.Neu.0000372204.85227.Bf.
[3] Chan WY,Niranjan N,Ramakrishnan V. Structured assessment of microsurgery skills in the clinical setting[J]. J Plast Reconstr Aesth Surg,2010,63(8):1329-1334. DOI:10.1016/j.bjps.2009.06.024.
[4] Steinmeyer JD,Gilleland CL,Pardo-Martin C,Angel M,Rohde CB,Scott MA,Yanik MF. Construction of a femtosecond laser microsurgery system[J]. Nature Protocols,2010,5(3):395-407. DOI:10.1038/nprot.2010.4.
[5] Sinna R,Boloorchi A,Mahajan AL,Qassemyar Q,Robbe M. What should define a "perforator flap"?[J]. Plast Reconstr Surg,2010,126(6):2258-63. DOI:10.1097/PRS.0b013e3181f61824.
[6] Selber JC,Serletti JM. The deep inferior epigastric perforator flap:myth and reality[J]. Plast Reconstr Surg,2010,125(1):50-8. DOI:10.1097/PRS.0b013e3181c49770.
[7] Sader C,Hart RD,Trites JR,Rigby MH,Phillips T,Taylor SM. The communicating vein in the radial forearm free flap[J]. Plast Reconstr Surg,2010,126(2):105e-7e. DOI:10.1097/PRS.0b013e3181de25e4.
[8] Smit JM,Zeebregts CJ,Acosta R,Werker PM. Advancements in free flap monitoring in the last decade:a critical review[J]. Plast Reconstr Surg,2010,125(1):177-85. DOI:10.1097/PRS.0b013e3181c49580.

2011 年

一、临床研究
Clinical Research

[1] Abd-Almoktader MA. Nonmicrosurgical single-stage auricular replantation of amputated ear[J]. Ann

Plast Surg,2011,67(1):40-43. DOI:10.1097/SAP.0b013e3181edafb3.
[2] Andrews EJ,Royce P,Farmer KC. Transanal endoscopic microsurgery repair of rectourethral fistula after high-intensity focused ultrasound ablation of prostate cancer[J]. Colorect Dis,2011,13(3):342-343. DOI:10.1111/j.1463-1318.2010.02224.x.
[3] Arlt F,Trantakis C,Seifert V,Bootz F,Strauss G,Meixensberger J. Recurrence rate,time to progression and facial nerve function in microsurgery of vestibular schwannoma[J]. Neurol Res,2011,33(10):1032-1037. DOI:10.1179/1743132811y.0000000027.
[4] Arriaga MA,Scrantz K. Four-handed,two-surgeon microsurgery in neurotology[J]. Laryngoscope, 2011,121(7):1483-1485. DOI:10.1002/lary.21789.
[5] Aydin OE,Tan O,Kuduban SD,Barin EZ. Nerve sparing-distally based sural flap[J]. Microsurgery, 2011,31(4):276-280. DOI:10.1002/micr.20868.
[6] Battiston B,Antonini A,Tos P,Daghino W,Massazza G,Riccio M. Microvascular reconstructions of traumatic-combined tissue loss at foot and ankle level[J]. Microsurgery,2011,31(3):212-217. DOI:10.1002/micr.20863.
[7] Bayol JC,Sury F,Petraud A,Laure B,Goga D. The free anterolateral thigh flap for head and neck reconstruction:Technical particularities of the harvesting and results about six cases[J]. Annales De Chirurgie Plastique Esthetique,2011,56(6):504-511. DOI:10.1016/j.anplas.2009.12.004.
[8] Beris AE,Lykissas MG,Korompilias AV,Vekris MD,Mitsionis GI,Malizos KN,Soucacos PN. Vascularized fibula transfer for lower limb reconstruction[J]. Microsurgery,2011,31(3):205-211. DOI:10.1002/micr.20841.
[9] Bertelli JA. Upper and lower trapezius muscle transfer to restore shoulder abduction and external rotation in longstanding upper type palsies of the brachial plexus in adults[J]. Microsurgery,2011,31(4):263-267. DOI:10.1002/micr.20838.
[10] Bertelli JA,Ghizoni MF,Chaves DPL. Sensory disturbances and pain complaints after brachial plexus root injury:a prospective study involving 150 adult patients[J]. Microsurgery,2011,31(2):93-97. DOI:10.1002/micr.20832.
[11] Beumer JD,Karoo R,Caplash Y,Semmler JG,Taylor J. The medial sural artery as recipient vessel and the impact on the medial gastrocnemius[J]. Ann Plast Surg,2011,67(4):382-386. DOI:10.1097/SAP.0b013e318209a761.
[12] Bonilla G,Di Masi G,Battaglia D,Otero JM,Socolovsky M. Pain and brachial plexus lesions:evaluation of initial outcomes after reconstructive microsurgery and validation of a new pain severity scale[J]. Acta Neurochirurgica,2011,153(1):171-176. DOI:10.1007/s00701-010-0709-3.
[13] Bourquelot P,Van-Laere O,Baaldini G,Turmel-Rodrigues L,Franco G,Gaudric J,Raynaud A. Placement of wrist ulnar-basilic autogenous arteriovenous access for hemodialysis in adults and children using microsurgery[J]. J Vascul Surg,2011,53(5):1298-1302. DOI:10.1016/j.jvs.2010.10.116.
[14] Bruner TW,Hanasono MM,Skoracki RJ. Radial forearm free flap morbidity:A rare case of a normal preoperative arteriogram and acute intraoperative hand ischemia[J]. Can J Plast Surg,2011,19(3):102-104.
[15] Calabrese L,Saito A,Navach V,Bruschini R,Saito N,Zurlo V,Ostuni A,Garusi C. Tongue reconstruction with the gracilis myocutaneous free flap[J]. Microsurgery,2011,31(5):355-359. DOI:10.1002/micr.20885.
[16] Cavadas PC,Landin L,Thione A. Secondary ectopic transfer for replantation salvage after severe wound infection[J]. Microsurgery,2011,31(4):288-292. DOI:10.1002/micr.20851.
[17] Ceruse P,Lallemant B,Moriniere S,Vergez S,Benlyazid A,Ramade A,Buiret G,Mallet Y. Transoral minimally invasive robotic surgery for carcinoma of the pharynx and the larynx:a new approach[J]. Anti-Cancer Drugs,2011,22(7):591-595. DOI:10.1097/CAD.0b013e3283421868.
[18] Chai YM,Wang CY,Wen G,Zeng BF,Cai PH,Han P. Combined medialis pedis and medial plantar fasciocutaneous flaps based on the medial plantar pedicle for reconstruction of complex soft tissue defects in the hand[J]. Microsurgery,2011,31(1):45-50. DOI:10.1002/micr.20817.
[19] Chien SH,Huang CC,Hsu H,Chiu CHM,Lin CM,Tsai JP. Free tissue transfers for limb salvage in patients with end-stage renal disease on dialysis[J]. Plast Reconstr Surg,2011,127(3):1222-1228. DOI:10.1097/PRS.0b013e318205f461.
[20] Chung DW,Han CS,Lee JH. Reconstruction of composite tibial defect with free flaps and ipsilateral vascularized fibular transposition[J]. Microsurgery,2011,31(5):340-346. DOI:10.1002/micr.20884.
[21] Cortellini P,Tonetti MS. Clinical and radiographic outcomes of the modified minimally invasive surgical technique with and without regenerative materials:a randomized-controlled trial in intra-bony defects[J]. J Clin Periodontol,2011,38(4):365-373. DOI:10.1111/j.1600-051X.2011.01705.x.
[22] Davison SP,Capone AC. Scalp reconstruction with inverted myocutaneous latissimus free flap and unmeshed skin graft[J]. J Reconstr Microsurg,2011,27(4):261-266. DOI:10.1055/s-0031-1275490.
[23] Ducic I,Brown BJ,Rao SS. Lower extremity free flap reconstruction outcomes using venous coupler[J]. Microsurgery,2011,31(5):360-364. DOI:10.1002/micr.20888.
[24] Echo A,Bullocks and JM. Use of the descending branch of the lateral femoral circumflex vessels as a composite interposition graft in lower extremity reconstruction[J]. Microsurgery,2011,31(3):241-245. DOI:10.1002/micr.20859.
[25] Egozi D,Fodor L,Ullmann Y. Salvage of compromised free flaps in trauma cases with combined modalities[J]. Microsurgery,2011,31(2):109-115. DOI:10.1002/micr.20852.
[26] Elliott RM,Weinstein GS,Low DW,Wu LC. Reconstruction of complex total parotidectomy defects using the free anterolateral thigh flap a classification system and algorithm[J]. Ann Plast Surg,2011,66(5):429-437. DOI:10.1097/SAP.0b013e31820bcc2e.
[27] Enajat M,Rozen WM,Whitaker IS,Smit JM,Van Der Hulst R,Acosta R. The deep inferior epigastric artery perforator flap for autologous reconstruction of large partial mastectomy defects[J]. Microsurgery,2011,31(1):12-17. DOI:10.1002/micr.20829.
[28] Ersoy B,Sonmez A,Bayramicli M. Sternocleidomastoid region restoration with lateral hemisoleus muscle incorporatied in free fibular flap for reconstruction of radical neck dissection and hemimandibulectomy[J]. Microsurgery,2011,31(5):401-403. DOI:10.1002/micr.20908.
[29] Garcia JC,Mantovani G,Gouzou S,Liveneaux P. Telerobotic anterior translocation of the ulnar nerve[J]. J Robot Surg,2011,5(2):153-156. DOI:10.1007/s11701-010-0226-7.
[30] Georgescu AV,Ignatiadis I,Ileana M,Irina C,Filip A,Olariu R. Long-term results after muscle-rib flap transfer for reconstruction of composite limb defects[J]. Microsurgery,2011,31(3):218-222. DOI:10.1002/micr.20857.
[31] Goubier JN,Teboul F,Khalifa H. Reanimation of elbow extension with intercostal nerves transfers in total brachial plexus palsies[J]. Microsurgery,2011,31(1):7-11. DOI:10.1002/micr.20822.
[32] Gregoric M,Flis V,Milotic F,Mrda B,Stirn B,Arnez ZM. Delaying the superficial inferior epigastric artery flap:A solution to the problem of the small calibre of the donor artery[J]. J Plast Reconstr Aesth Surg,2011,64(9):1181-1186. DOI:10.1016/j.bjps.2011.04.009.
[33] Haddock MC,Creagh T,Sivarajan V. Double-free,flow-through flap reconstruction for complex scalp defects:a case report[J]. Microsurgery,2011,31(4):327-330. DOI:10.1002/micr.20874.
[34] Hivelin M,Heusse JL,Matar N,Lepage C,Lantieri L. Fibrin sealant decreases postoperative drainage in immediate breast reconstruction by deep inferior epigastric perforator flap after mastectomy with axillary dissection[J]. Microsurgery,2011,31(1):18-25. DOI:10.1002/micr.20812.
[35] Horta R,Costa-Ferreira A,Costa J,Silva P,Amarante JM,Silva A,Filipe R. Ear replantation after human bite avulsion injury[J]. J Craniofac Surg,2011,22(4):1457-1459. DOI:10.1097/SCS.0b013e31821d1879.
[36] Iwamoto Y,Kanda H,Tsujii M,Toiyama Y,Yamada Y,Soga N,Arima K,Sudo A,Kusunoki M,Sugimura Y. Pedicled vastus lateralis musculofascial flap as a new technique for repairing rectourethral fistula after radical prostatectomy[J]. Microsurgery,2011,31(7):564-567. DOI:10.1002/micr.20923.
[37] Iwasaki M,Akino M,Hida K,Yano S,Aoyama T,Saito H,Iwasaki Y. Clinical and radiographic characteristics of upper lumbar disc herniation:ten-year microsurgical experience[J]. Neurologia Medico-Chirurgica,2011,51(6):423-426. DOI:10.2176/nmc.51.423.
[38] Jeon WJ,Kang JW,Park JH,Suh DH,Bae JH,Hong JY,Park and JW. Clinical application of inside-out vein grafts for the treatment of sensory nerve segmental defect[J]. Microsurgery,2011,31(4):268-273. DOI:10.1002/micr.20850.
[39] Joseph G,Dupin CL,Wise MW,St-Hilaire H. Composite fronto-orbital reconstruction using a subscapular chimeric flap[J]. J Craniofac Surg,2011,22(6):2199-2201. DOI:10.1097/SCS.0b013e3182326f83.
[40] Kao HK,Guo LF,Cheng MH,Chen IH,Liao CT,Fang KH,Yu JS,Chang KP. Predicting postoperative morbidity and mortality by model for endstage liver disease score for patients with head and neck cancer and liver cirrhosis[J]. Head Neck J Sci Spec Head Neck,2011,33(4):529-534. DOI:10.1002/hed.21486.
[41] Karsidag S,Akcal A,Sirvan SS,Guney S,Ugurlu K. Perineoscrotal reconstruction using a medial circumflex femoral artery perforator flap[J]. Microsurgery,2011,31(2):116-121. DOI:10.1002/micr.20839.
[42] Kauffman EC,Kim HH,Tanrikut C,Goldstein M. Microsurgical spermatocelectomy:technique and outcomes of a novel surgical approach[J]. J Urol,2011,185(1):238-242. DOI:10.1016/j.juro.2010.09.017.
[43] Khansa I,Colakoglu S,Tomich DC,Nguyen MD,Lee BT. Factor v leiden associated with flap loss in microsurgical breast reconstruction[J]. Microsurgery,2011,31(5):409-412. DOI:10.1002/micr.20879.
[44] Ki SH,Hwang K,Kim DH,Hwang S,Han and SH. A toenail flap based on the fibro-osseous hiatus branch for fingernail reconstruction[J]. Microsurgery,2011,31(5):371-375. DOI:10.1002/micr.20881.
[45] Kim KS,Kim ES,Hwang JH,Lee SY. Buttock reconstruction using a pedicled deep inferior epigastric perforator flap[J]. Microsurgery,2011,31(3):237-240. DOI:10.1002/micr.20855.
[46] Kotkansalo T,Vilkki S,Elo P. Long-term results of finger reconstruction with microvascular toe transfers after trauma[J]. J Plast Reconstr Aesth Surg,2011,64(10):1291-1299. DOI:10.1016/j.bjps.2011.04.036.
[47] Kotkansalo T,Vilkki S,Elo P,Luukkaala T. Long-term functional results of microvascular toe-to-thumb reconstruction[J]. J Hand Surg Eur,2011,36E(3):194-204. DOI:10.1177/1753193410387331.
[48] Kruse ALD,Bredell MG,Lubbers HT,Jacobsen C,Gratz KW,Obwegeser JA. Clinical reliability of radial forearm free-flap procedure in reconstructive head and neck surgery[J]. J Craniofac Surg,2011,22(3):822-825. DOI:10.1097/SCS.0b013e31820f36aa.
[49] Leclere FMP,Schoofs M,Buys B,Mordon and SR. 1.9 mu m Diode Laser assisted vascular microanastomoses:experience in 40 clinical procedures[J]. Lasers Surg Med,2011,43(4):293-297. DOI:10.1002/lsm.21055.
[50] Lee BB,Laredo J,Neville R. Reconstructive surgery for chronic lymphedema:a viable option,but[J]. Vascular,2011,19(4):195-205. DOI:10.1258/vasc.2010.oa0287.
[51] Li WJ,Wang SF,Li PC,Li YC,Jin YD,Yang Y,Xue YH,Zheng W. Electrophysiological study of the dominant motor innervation to the extensor digitorum communis muscle and long head of triceps brachii at posterior divisions of brachial plexus[J]. Microsurgery,2011,31(7):535-538. DOI:10.1002/micr.20911.
[52] Lin CT,Chang SC,Chen TM,Dai NT,Fu JP,Deng SC,Tzeng YS,Chen SG. Free-flap resurfacing of tissue defects in the foot due to large gouty tophi[J]. Microsurgery,2011,31(8):610-615. DOI:10.1002/micr.20949.
[53] Murray RC,Gordin EA,Saigal K,Leventhal D,Krein H,Heffelfinger and RN. Reconstruction of the radial forearm free flap donor site using integra artificial dermis[J]. Microsurgery,2011,31(2):104-108. DOI:10.1002/micr.20833.
[54] Soucacos PN,Korompilias AV,Vekris MD,Zoubos A,Beris AE. The free vascularized fibular graft for bridging large skeletal defects of the upper extremity[J]. Microsurgery,2011,31(3):190-197. DOI:10.1002/micr.20862.
[55] Yamamoto T,Narushima M,Kikuchi K,Yoshimatsu H,Todokoro T,Mihara M,Koshima I. Lambda-shaped anastomosis with intravascular stenting method for safe and effective lymphaticovenular anastomosis[J]. Plast Reconstr Surg,2011,127(5):1987-1992. DOI:10.1097/PRS.0b013e31820cf5c6.
[56] Yamamoto T,Yamamoto N,Doi K,Oshima A,Yoshimatsu H,Todokoro T,Ogata F,Mihara M,Narushima M,Iida T,Koshima I. Indocyanine green-enhanced lymphography for upper extremity lymphedema:a novel severity staging system using dermal backflow patterns[J]. Plast Reconstr Surg,2011,128(4):941-947. DOI:10.1097/PRS.0b013e3182268cd9.

二、基础研究
Basic Research

[1] Achar RAN,Lozano PAM,Achar BN,Pereira GV,Achar E. Experimental model for learning in vascular surgery and microsurgery:esophagus and trachea of chicken[J]. Acta Cirurgica Brasileira,2011,26(2):101-106. DOI:10.1590/s0102-86502011000200005.
[2] Allaix ME,Rebecchi F,Giaccone C,Mistrangelo M,Morino M. Long-term functional results and quality of life after transanal endoscopic microsurgery[J]. Br J Surg,2011,98(11):1635-1643. DOI:10.1002/bjs.7584.
[3] Araki J,Mihara M,Narushima M,Iida T,Sato T,Koshima I. Vascularized Anal Autotransplantation Model in Rats:Preliminary Report[J]. Transpl Proc,2011,43(9):3552-3556. DOI:10.1016/j.transproceed.2011.08.042.
[4] Barmpitsioti A,Konofaos P,Ignatiadis I,Papalois A,Zoubos AB,Soucacos PN. Nerve growth factor combined with an epineural conduit for bridging a short nerve gap (10 mm). a study in rabbits[J]. Microsurgery,2011,31(7):545-550. DOI:10.1002/micr.20925.
[5] Bozkurt A,Boecker A,Van Neerven S,O'Dey DM,Oplander C,Brook G,Pallua N. A flexible,sterile,and cost-effective retractor system for microsurgery[J]. Microsurgery,2011,31(8):668-670. DOI:10.1002/micr.20934.
[6] de Boer R,Knight AM,Borntraeger A,Hebert-Blouin MN,Spinner RJ,Malessy MJA,Yaszemski MJ,Windebank AJ. Rat sciatic nerve repair with a poly-lactic-co-glycolic acid scaffold and nerve growth factor releasing microspheres[J]. Microsurgery,2011,31(4):293-302. DOI:10.1002/micr.20869.
[7] Dornseifer U,Fichter AM,Leichtle S,Wilson A,Rupp A,Rodenacker K,Ninkovic M,Biemer E,Machens HG,Matiasek K,Papadopulos and NA. Peripheral nerve reconstruction with collagen tubes filled with denatured autologous muscle tissue in the rat model[J]. Microsurgery,2011,31(8):632-641. DOI:10.1002/micr.20926.
[8] Esteves SC,Miyaoka R,Agarwal A. Surgical treatment of male infertility in the era of intracytoplasmic sperm injection-new insights[J]. Clinics,2011,66(8):1463-1477. DOI:10.1590/s1807-59322011000800026.
[9] Gravvanis A,Papalois A,Delikonstantinou I,Pentilas N,Zogogiannis I,Tsoutsos D,Karakitsos D. Changes in arterial blood flow of free flaps after the administration of sildenafil in swine[J]. Microsurgery, 2011,31(6):465-471. DOI:10.1002/micr.20909.
[10] Hiltunen P,Palve J,Setala L,Mustonen PK,Berg L,Ruokonen E,Uusaro A. The effects of hypotension and norepinephrine on microvascular flap perfusion[J]. J Reconstr Microsurg,2011,27(7):419-425. DOI:10.1055/s-0031-1281524.
[11] Hori T,Ohashi N,Chen F,Baine AMT,Gardner LB,Jermanus S,Nguyen JH. Simple and sure methodology for massive hepatectomy in the mouse[J]. Ann Gastroenterol,2011,24(4):307-318.
[12] Jacobsen C,Lubbers HT,Obwegeser J,Soltermann A,Gratz KW. Histological evaluation of microsurgical revascularized bone in the intraoral cavity:does it remain alive?[J]. Microsurgery,2011,31(2):98-103.

DOI:10.1002/micr.20858.

[13] Jialili A,Jielile J,Abudoureyimu S,Sabirhazi G,Redati D,Bai JP,Bin L,Duisabai S,Aishan J,Kasimu H. Differentially expressed proteins on postoperative 3 days healing in rabbit Achilles tendon rupture model after early kinesitherapy[J]. Chin J Traumatol,2011,14(2):84-91. DOI:10.3760/cma.j.issn.1008-1275.2011.02.004.

[14] Jielile J,Jialili A,Sabirhazi G,Shawutali N,Redati D,Chen JT,Tang B,Bai JP,Aldyarhan K. Proteomic analysis of differential protein expression of achilles tendon in a rabbit model by two-dimensional polyacrylamide gel electrophoresis at 21 days postoperation[J]. Appl Biochem Biotechnol,2011,165(3-4):1092-1106. DOI:10.1007/s12010-011-9327-7.

[15] Johnson EO,Troupis T,Soucacos PN. TIssue-engineered vascularized bone grafts:basic science and clinical relevance to trauma and reconstructive microsurgery[J]. Microsurgery,2011,31(3):176-182. DOI:10.1002/micr.20821.

[16] Kunik D,Dion C,Ozaki T,Levin LA,Costantino S. Laser-based single-axon transection for high-content axon injury and regeneration studies[J]. Plos One,2011,6(11) :e26832.. DOI:10.1371/journal.pone.0026832. Epub 2011 Nov 2.

[17] Leclere FM,Germain MA,Lewbart GA,Unglaub F,Mordon S,Louis D. Microsurgery in liver research:End-to-side portocaval microanastomoses in dogfish[J]. Clin Res Hepatol Gastroenterol,2011,35(10):650-654. DOI:10.1016/j.clinre.2011.06.016.

[18] Mantovani G,Liverneaux P,Garcia JC,Berner SH,Bednar MS,Mohr and CJ. Endoscopic exploration and repair of brachial plexus with telerobotic manipulation:a cadaver trial[J]. J Neurosurg,2011,115(3):659-664. DOI:10.3171/2011.3.Jns10931.

[19] Reid AJ,Sun M,Wiberg M,Downes S,Terenghi G,Kingham and PJ. Nerve repair with adipose-derived stem cells protects dorsal root ganglia neurons from apoptosis[J]. Neuroscience,2011,199:515-522. DOI:10.1016/j.neuroscience.2011.09.064.

[20] Yan YH,Yan JG,Matloub HS,Zhang LL,Hettinger P,Sanger J,Jaradeh SS. Helicoid end-to-side and oblique attachment technique in repair of the musculocutaneous nerve injury with the phrenic nerve as a donor:an experimental study in rats[J]. Microsurgery,2011,31(2):122-129. DOI:10.1002/micr.20840.

[21] Yang M,Zhu NX,Meng YQ,Wang XH,Zhong J,Wan LA,Zhang WC,Visocchi M,Zhu SG,Li ST. The differentiation of the newborn nerve cells in oculomotor nuclear after oculomotor nerve injury[J]. Neurol Sci,2011,32(2):281-286. DOI:10.1007/s10072-010-0463-6.

[22] Zhao Z,Wang Y,Peng J,Ren ZW,Zhan SF,Liu Y,Zhao B,Zhao Q,Zhang L,Guo QY,Xu WJ,Lu SB. Repair of nerve defect with acellular nerve graft supplemented by bone marrow stromal cells in mice[J]. Microsurgery,2011,31(5):388-394. DOI:10.1002/micr.20882.

三、综述
Review

[1] Abbas S,Seitz M. Systematic review and meta-analysis of the used surgical techniques to reduce leg lymphedema following radical inguinal nodes dissection[J]. Surg Oncol Oxf,2011,20(2):88-96. DOI:10.1016/j.suronc.2009.11.003.

[2] Abbou R,Beck M,Zemirline A,Facca S,Liverneaux P. Techniques of peripheral nerves repair:Evolution of the literature from 1950 to 2010[J]. Chirurgie De La Main,2011,30(6):363-367. DOI:10.1016/j.main.2011.09.009.

[3] Ahmed I,Paraskeva P. A clinical review of single-incision laparoscopic surgery[J]. Surg J Royal Coll Surg Edinb Irel,2011,9(6):341-351. DOI:10.1016/j.surge.2011.06.003.

[4] Alghoul MS,Gordon CR,Yetman R,Buncke GM,Siemionow M,Afifi AM,Moon WK. From simple interrupted to complex spiral:a systematic review of various suture techniques for microvascular anastomoses[J]. Microsurgery,2011,31(1):72-80. DOI:10.1002/micr.20813.

[5] Anavekar NS,Lim E,Johnston A,Findlay M,Hunter-Smith DJ. Minimally invasive late free flap salvage:Indications,efficacy and implications for reconstructive microsurgeons[J]. J Plast Reconstr Aesth Surg,2011,64(11):1517-1520. DOI:10.1016/j.bjps.2011.03.036.

[6] Angeli RD,Piccirillo E,Di Trapani G,Sequino G,Taibah A,Sanna M. Enlarged translabyrinthine approach with transapical extension in the management of giant vestibular Schwannomas:personal experience and review of literature[J]. Otol Neurotol,2011,32(1):125-131. DOI:10.1097/MAO.0b013e3181ff7562.

[7] Arthurs BJ,Fairbanks RK,Demakas JJ,Lamoreaux WT,Giddings NA,Mackay AR,Cooke BS,Elaimy AL,Lee CM. A review of treatment modalities for vestibular schwannoma[J]. Neurosurg Rev,2011,34(3):265-277. DOI:10.1007/s10143-011-0307-8.

[8] Barker JA,Hill J. Incidence,treatment and outcome of rectal stenosis following transanal endoscopic microsurgery[J]. Tech Coloproctol,2011,15(3):281-284. DOI:10.1007/s10151-011-0703-7.

[9] Campisi C,Witte MH,Fulcheri E,Campisi C,Bellini C,Villa G,Campisi C,Santi PL,Parodi A,Murdaca G,Puppo F,Boccardo F. General surgery,translational lymphology and lymphatic surgery[J]. Int Angiol,2011,30(6):504-521.

[10] Chen LZ,Chisholm AD. Axon regeneration mechanisms:insights from C. elegans[J]. Trend Cell Biol,2011,21(10):577-584. DOI:10.1016/j.tcb.2011.08.003.

[11] Deleyiannis FWB,Clavijo-Alvarez JA,Pullikkotil B,Zanoun R,Behringer T,Chong TW,Rubin JP,Johnson and JT. Development of consensus guidelines for venous thromboembolism prophylaxis in patients undergoing microvascular reconstruction of the mandible[J]. Head Neck J Sci Spec Head Neck,2011,33(7):1034-1040. DOI:10.1002/hed.21571.

[12] Di Maio S,Temkin N,Ramanathan D,Sekhar LN. Current comprehensive management of cranial base chordomas:10-year meta-analysis of observational studies Clinical article[J]. J Neurosurg,2011,115(6):1094-1105. DOI:10.3171/2011.7.Jns11355.

[13] Dogliotti AA. Current concepts in perinatal brachial plexus palsy. Part 1:Early phase[J]. Archivos Argentinos De Pediatria,2011,109(4):347-353. DOI:10.5546/aap.2011.347.

[14] Engel H,Lin CH,Wei FC. Role of microsurgery in lower extremity reconstruction[J]. Plast Reconstr Surg,2011,127(1):228S-238S. DOI:10.1097/PRS.0b013e3182008e12.

[15] Foroohar A,Elliott RM,Kim TWB,Breidenbach W,Shaked A,Levin LS. The History and evolution of hand transplantation[J]. Hand Clin,2011,27(4):405-409. DOI:10.1016/j.hcl.2011.07.005.

[16] Friedrich JB,Vedder NB. Thumb reconstruction[J]. Clin Plast Surg,2011,38(4):697-712. DOI:10.1016/j.cps.2011.08.002.

[17] Hartl DM,Ferlito A,Silver CE,Takes RP,Stoeckli SJ,Suarez C,Rodrigo JP,Sesterhenn AM,Snyderman CH,Terris DJ,Genden EM,Rinaldo A. Minimally invasive techniques for head and neck malignancies:current indications,outcomes and future directions[J]. Eur Arch Oto Rhino Laryngol,2011,268(9):1249-1257. DOI:10.1007/s00405-011-1620-0.

[18] Hollenbeck ST,Komatsu I,Woo S,Schoeman M,Yang J,Erdmann D,Levin LS. The current role of the vascularized-fibular osteocutaneous graft in the treatment of segmental defects of the upper extremity[J]. Microsurgery,2011,31(3):183-189. DOI:10.1002/micr.20703.

[19] Korompilias AV,Beris AE,Lykissas MG,Kostas-Agnantis IP,Soucacos PN. Femoral head osteonecrosis:why choose free vascularized fibula grafting[J]. Microsurgery,2011,31(3):223-228. DOI:10.1002/micr.20837.

[20] Korompilias AV,Paschos NK,Lykissas MG,Kostas-Agnantis I,Vekris MD,Beris AE. Recent updates of surgical techniques and applications of free vascularized fibular graft in extremity and trunk reconstruction[J]. Microsurgery,2011,31(3):171-175. DOI:10.1002/micr.20848.

[21] Kusza K,Siemionow M. Is the knowledge on tissue microcirculation important for microsurgeon?[J]. Microsurgery,2011,31(7):572-579. DOI:10.1002/micr.20927.

[22] Leclere FMP,Schoofs M,Mordon S. Historical review and future orientations of the conventional vascular microanastomoses[J]. Annales De Chirurgie Plastique Esthetique,2011,56(3):232-240. DOI:10.1016/j.anplas.2009.12.009.

[23] Lerman OZ,Haddock N,Elliott RM,Foroohar A,Levin LS. Microsurgery of the upper extremity[J]. J Hand Surg Am,2011,36A(6):1092-1103. DOI:10.1016/j.jhsa.2011.03.038.

[24] Nasajpour H,Steele MH. Anterolateral thigh free flap for "head-to-toe" reconstruction[J]. Ann Plast Surg,2011,66(5):530-533. DOI:10.1097/SAP.0b013e3182090a82.

[25] Raimondo S,Fornaro M,Tos P,Battiston B,Giacobini-Robecchi MG,Geuna S. Perspectives in regeneration and tissue engineering of peripheral nerves[J]. Ann Anat Anatomischer Anzeiger,2011,193(4):334-340. DOI:10.1016/j.aanat.2011.03.001.

四、教育与课程
Education and Course

[1] Albert S,Cristofari JP,Cox A,Bensimon JL,Guedon C,Barry B. Mandibular reconstruction with fibula free flap. Experience of virtual reconstruction using Osirix (R),a free and open source software for medical imagery[J]. Annales De Chirurgie Plastique Esthetique,2011,56(6):494-503. DOI:10.1016/j.anplas.2009.12.008.

[2] Barros RSM,Brito MV,Moura GP,Moura MP,Freitas LM,Silva KS,Leal RA. Is it possible to do a microvascular anastomosis with an ordinary video camera? experimental study[J]. J Reconstr Microsurg,2011,27(8):503-507. DOI:10.1055/s-0031-1284237.

[3] Douglas HE,Mackay IR. Microvascular surgical training models[J]. J Plast Reconstr Aesth Surg,2011,64(8):E210-E212. DOI:10.1016/j.bjps.2010.12.024.

[4] Dumont LA,Martinot-duquennoy V,Hubert T,Guerreschi P. The "double clock" or how to learn microsurgery without animal[J]. Annales De Chirurgie Plastique Esthetique,2011,56(6):555-557. DOI:10.1016/j.anplas.2011.08.014.

[5] Harada K,Minakawa Y,Baek Y,Kozuka Y,Sora S,Morita A,Sugita N,Mitsuishi M. Microsurgical Skill Assessment:Toward Skill-Based Surgical Robotic Control,in 2011 Annual International Conference of the Ieee Engineering in Medicine and Biology Society. 2011:6700-6703.

[6] Ibrahim AMS,Rabie AN,Lee BT,Lin and SJ. Intraoperative CT:a teaching tool for the management of complex facial fracture fixation in surgical training[J]. J Surg Edu,2011,68(5):437-441. DOI:10.1016/j.jsurg.2011.05.013.

[7] Indo M,Tsutsumi K,Shin M. The practice of knots untying technique using a 10-0 nylon suture and gauze to cope with technical difficulties of microvascular anastomosis[J]. World Neurosurg,2011,75(1):87-89. DOI:10.1016/j.wneu.2010.07.030.

[8] Jabbour N,Sidman J. Assessing instrument handling and operative consequences simultaneously a simple method for creating synced multicamera videos for endosurgical or microsurgical skills assessments[J]. Simul Healthcare,2011,6(5):299-303. DOI:10.1097/SIH.0b013e318216fce4.

[9] Kaempfen A,Daigeler A,Largo RD,Bader R,Arkudas A,Bleiziffer O,Frank J,Frick A,Huemer G,Kneser U,Scherrer D,Schwabegger A,Schaefer DJ,Pierer G,Hierner R. Report of the consensus workshop on microsurgical training at the 32(nd) annual meeting of the german-speaking group for microsurgery of the peripheral nerves and vessels in basel 2010 consensus statement on microsurgical training[J]. Handchirurgie Mikrochirurgie Plastische Chirurgie,2011,43(4):262-265. DOI:10.1055/s-0031-1284356.

[10] Kumar V,Singh AK,Faisal A,Nandini R. Awareness among medical fraternity regarding the role of plastic surgeon[J]. Ind J Plast Surg,2011,44(3):494-497. DOI:10.4103/0970-0358.90835.

[11] Matheron AS,Lequint T,Facca S,Liverneaux P. Should we keep using the heating lamp in microsurgery?[J]. Chirurgie De La Main,2011,30(5):323-326. DOI:10.1016/j.main.2011.08.003.

[12] Mofikoya BO,Ugburo AO,Bankole OB. Microvascular anastomosis of vessels less than 0.5 mm in diameter:a supermicrosurgery training model in Lagos,Nigeria[J]. J Hand Microsurg,2011,3(1):15-17. DOI:10.1007/s12593-011-0035-x.

2012 年

一、临床研究
Clinical Research

[1] Ahuja NK,Datiashvili RO. Biobrane in the management of critical microsurgical wounds of the upper extremity[J]. Microsurgery,2012,32(3):196-200. DOI:10.1002/micr.20966.

[2] Artico M,Stevanato G,Ionta B,Cesaroni A,Bianchi E,Morselli C,Grippaudo FR. Venous compressions of the nerves in the lower limbs[J]. Br J Neurosurg,2012,26(3):386-391. DOI:10.3109/02688697.2011.631616.

[3] Avashia YJ,Desrosiers AE,Flores and JI. A second superior gluteal artery perforator flap with previous liposuction to the same breast after resection of initial SGAP breast reconstruction due to cancer recurrence[J]. Microsurgery,2012,32(6):482-484. DOI:10.1002/micr.21989.

[4] Becker C,Germain M,Riquet M. Reconstruction of the breast combined with treatment of lymphoedema by microsurgical transplant[J]. E-Memoires De L Academie Nationale De Chirurgie,2012,11(1):17-21. DOI:10.14607/emem.2012.1.017.

[5] Beidas OE,Tan BK,Petersen JD. The rotational advancement of medial plantar flap for coverage of foot defect:A case report[J]. Microsurgery,2012,32(4):322-325. DOI:10.1002/micr.21956.

[6] Chen CC,Lin CH,Lin YH. Chimeric partial scapula and latissimus dorsi muscle flap for midfoot reconstruction:A case report[J]. Microsurgery,2012,32(6):485-488. DOI:10.1002/micr.22033.

[7] Chen HC,Kuo HC,Chung KP,Chen SH,Tang YB,Su S. Quality improvement of microsurgery through telecommunicationuthe postoperative care after microvascular transfer of intestine[J]. Microsurgery,2012,32(2):96-102. DOI:10.1002/micr.20965.

[8] Chen WF,Tsao CK,Cheng MH. A novel salvage approach for pedicle axial flap-free-ization of pedicle internal mammary artery perforator flap[J]. Microsurgery,2012,32(4):314-317. DOI:10.1002/micr.21962.

[9] DavasAksan A,Durusoy R,Bal E,Kayalar M,Ada S,Tanik FA. Risk factors for occupational hand injuries:Relationship between agency and finger[J]. Am J Indust Med,2012,55(5):465-473. DOI:10.1002/ajim.22016.

[10] Davis CR,Branford OA,Fabre G,Vandevoort M,Sojitra NM. Hands-free suction in microsurgery[J]. J Reconstr Microsurg,2012,28(4):283-284. DOI:10.1055/s-0032-1306378.

[11] de Wildt RP,Enajat M,Sawor JH,Fresow R,Nanhekhan LV,van der Hulst R. The unilateral deep inferior epigastric perforator flap:Comparing university to community hospital[J]. J Plast Surg Hand Surg,2012,46(3-4):159-162. DOI:10.3109/2000656x.2012.686915.

[12] Del Frari B,Schoeller T,Wechselberger G. Free gracilis muscle flap for treatment of a large

temporoparietal defect[J]. J Plast Surg Hand Surg,2012,46(3-4):204-206. DOI:10.3109/2000656x.2011.624697.
[13] del Pinal F,Guerrero-Navarro ML,Studer A,Thams C,Moraleda E. Reconstruction of the ulnar head with a vascularized second metatarsal head:case report[J]. J Hand Surg Am,2012,37A(8):1568-1573. DOI:10.1016/j.jhsa.2012.04.039.
[14] Dorsi MJ,Belzberg AJ. Nerve transfers for restoration of upper extremity motor function in a child with upper extremity motor deficits due to transverse myelitis:Case report[J]. Microsurgery,2012,32(1):64-67. DOI:10.1002/micr.20939.
[15] Ducic I,Felder andJM. Tibial nerve decompression:Reliable exposure using shorter incisions[J]. Microsurgery,2012,32(7):533-538. DOI:10.1002/micr.21987.
[16] Ducic I,Felder JM. Minimally invasive peripheral nerve surgery:Peroneal nerve neurolysis[J]. Microsurgery,2012,32(1):26-30. DOI:10.1002/micr.20959.
[17] Fagin AP,Susarla SM,Donoff RB,Kaban LB,Dodson TB. What factors are associated with functional sensory recovery following lingual nerve repair?[J]. J Oral Maxillofac Surg,2012,70(12):2907-2915. DOI:10.1016/j.joms.2012.03.019.
[18] Flores JI,Magarakis M,Venkat R,Shridharani SM,Rosson GD. Bilateral simultaneous breast reconstruction with SGAP flaps[J]. Microsurgery,2012,32(5):344-350. DOI:10.1002/micr.21953.
[19] Flores LP. The radio-radial nerve transfer for elbow extension restoration in C5 to C7 nerve root injury[J]. Microsurgery,2012,32(1):55-59. DOI:10.1002/micr.20964.
[20] Fortin AJ,Evans HB,Chu MWA. The cardiac implications of breast reconstruction using the internal mammary artery as the recipient vessel[J]. Can J Plast Surg,2012,20(1):E16-E18.
[21] Gaster RS,Bhatt KA,Shelton AA,Lee and GK. Free transverse rectus abdominis myocutaneous flap reconstruction of a massive lumbosacral defect using superior gluteal artery perforator vessels[J]. Microsurgery,2012,32(5):388-392. DOI:10.1002/micr.21981.
[22] Germain MA,Bonvalot S,Rimareix F,Missana MC. Locally advanced soft tissue sarcomas. The innovating triad:isolated limb perfusion,TNF alpha and free microsurgical flap. How to avoid amputation[J]. E-Memoires De L Academie Nationale De Chirurgie,2012,11(1):22-29. DOI:10.14607/emem.2012.1.022.
[23] Gomez MM,Casal D. Reconstruction of large defect of foot with extensive bone loss exclusively using a latissimus dorsi muscle free flap:a potential new indication for this flap[J]. J Foot Ank Surg,2012,51(2):215-217. DOI:10.1053/j.jfas.2011.07.008.
[24] Gu JH,Jeong SH. Radical resection of a venous malformation in middle finger and immediate reconstruction using medial plantar artery perforator flap:A case report[J]. Microsurgery, 2012,32(2):148-152. DOI:10.1002/micr.20969.
[25] Gudeloglu A,Brahmbhatt J,Lee D,Priola K,Parekattil S. Evolution of robotic microsurgery:single center,prospective database,692 case experience[J]. J Endourol,2012,26:A406-A407.
[26] Haddock NT,Saadeh PB,Siebert JW. Achieving aesthetic results in facial reconstructive microsurgery:planning and executing secondary refinements[J]. Plast Reconstr Surg,2012,130(6):1235-1244. DOI:10.1097/PRS.0b013e31826d16a6.
[27] Hafeez K,Siddiqui A,Haroonur R,Ch SI,Cheema and TA. The posterior tibial island flap for coverage in complex injuries of the lower extremity[J]. Microsurgery,2012,32(7):539-545. DOI:10.1002/micr.21999.
[28] Hirano T,Tateyama K,Kodama S,Takeno S,Suzuki M. Single-stage reconstruction of oral and hypopharyngeal double cancer with a free jejunal flap[J]. Microsurgery,2012,32(3):219-222. DOI:10.1002/micr.20976.
[29] Jerome JTJ,Rajmohan B. Axillary nerve neurotization with the anterior deltopectoral approach in brachial plexus injuries[J]. Microsurgery,2012,32(6):445-451. DOI:10.1002/micr.21973.
[30] Kadota H,Fukushima J,Yoshida S,Kamizono K,Kumamoto Y,Masuda M,Nakashima T,Yasumatsu R,Komune S. Microsurgical free flap transfer in previously irradiated and operated necks:Feasibility and safety[J]. Auris Nasus Larynx,2012,39(5):496-501. DOI:10.1016/j.anl.2011.09.006.
[31] Kim CY,Kim YH. Supermicrosurgical reconstruction of large defects on ischemic extremities using supercharging techniques on latissimus dorsi perforator flaps[J]. Plast Reconstr Surg,2012,130(1):135-144. DOI:10.1097/PRS.0b013e318254b128.
[32] Kim M,So H. Effects on blood flow velocity,wound healing and pain in hand microsurgery patients following heating on non-affected side[J]. J Kor Acad Nurs,2012,42(4):579-588. DOI:10.4040/jkan.2012.42.4.579.
[33] Kim SW,Hwang KT,Kim JD,Kim YH. Reconstruction of postinfected scalp defects using latissimus dorsi perforator and myocutaneous free flaps[J]. J Craniofac Surg,2012,23(6):1615-1619. DOI:10.1097/SCS.0b013e31825bd29d.
[34] Kim TG,Kim IK,Kim YH,Lee JH. Reconstruction of lower extremity complex wounds with combined free tissue transfer using the anterolateral thigh flap as a link[J]. Microsurgery,2012,32(7):575-579. DOI:10.1002/micr.22014.
[35] Koulaxouzidis G,Torio-Padron N,Momeni A,Lampert F,Zajonc H,Bannasch H,Stark GB. Soft tissue reconstruction with a temporoparietal fascial flap（TPFF)[J]. Operative Orthopadie Und Traumatologie,2012,24(1):32-42. DOI:10.1007/s00064-011-0097-8.
[36] Kreymerman P,Silverman AL,Rebecca AM,Casey WJ. Contradicting an established mantra:microsurgeon experience determines free flap outcome[J]. Plast Reconstr Surg,2012,130(4):507E-512E. DOI:10.1097/PRS.0b013e318262efdf.
[37] Kutyanov DI,Rodomanova LA. Use of technologies of plastic and reconstructive microsurgery in treatment of patients with pathology of the shoulder joint[J]. Travmatologiya I Ortopediya Rossii,2012(2):22-28.
[38] Kutyanov DI,Rodomanova LA,Kochish AY. Plastic and reconstructive microsurgery in treatment of patients with pathology of large joints of extremities[J]. Travmatologiya I Ortopediya Rossii,2012(4):33-42.
[39] Kwee MM,Rozen WM,Ting JWC,Mirkazemi M,Leong J,Baillieu C. Total scalp reconstruction with bilateral anterolateral thigh flaps[J]. Microsurgery,2012,32(5):393-396. DOI:10.1002/micr.21954.
[40] Lai CL,Ou KW,Chiu WK,Chen SG,Chen TM,Li HP,Chang SC. Reconstruction of the complete loss of upper and lower lips with a chimeric anterolateral thigh flap:A case report[J]. Microsurgery,2012,32(1):60-63. DOI:10.1002/micr.20943.
[41] Laing TA,Cassell O,O'Donovan D,Eadie P. Long term functional results from major limb replantations[J]. J Plast Reconstr Aesth Surg,2012,65(7):931-934. DOI:10.1016/j.bjps.2012.01.012.
[42] Leclere FM,Mathys L,Juon B,Franz T,Unglaub F,Vogelin E. Macroreplantations of the upper extremity:a series of 11 patients[J]. Arch Orthop Trauma Surg,2012,132(12):1797-1805. DOI:10.1007/s00402-012-1590-8.
[43] Lee JH,Chung DW,Han CS. Outcomes of anterolateral thigh-free flaps and conversion from external to internal fixation with bone grafting in gustilo type IIIB open tibial fractures[J]. Microsurgery,2012,32(6):431-437. DOI:10.1002/micr.21970.
[44] Lee JI,Park JH,Park JH,Kim YJ,Park JW. Thumb reconstruction with a wrap-around free flap in hand radiation injury[J]. Microsurgery,2012,32(5):401-405. DOI:10.1002/micr.21966.
[45] Lee NH,Pae WS,Roh SG,Oh KJ,Bae CS,Yang KM. Innervated cross-finger pulp flap for reconstruction of the fingertip[J]. Arch Plast Surg Aps,2012,39(6):637-642. DOI:10.5999/aps.2012.39.6.637.
[46] Lee SM,Rahman MF,Thirkannad S. Combination v-y advancement flap and composite graft for reconstruction of an amputated fingertip[J]. J Hand Surg Asian-Pacif,2012,17(1):145-149. DOI:10.1142/s0218810412970015.
[47] Lin PY,Kuo YR,Tsai YT. A reusable perforator-preserving gluteal artery-based rotation fasciocutaneous flap for pressure sore reconstruction[J]. Microsurgery,2012,32(3):189-195. DOI:10.1002/micr.20982.
[48] Lu JZ,Xu JG,Xu WD,Xu L,Fang YS,Chen L,Gu YD. Combined nerve transfers for repair of the upper brachial plexus injuries through a posterior approach[J]. Microsurgery,2012,32(2):111-117. DOI:10.1002/micr.20962.
[49] Maegawa J,Hosono M,Tomoeda H,Tosaki A,Kobayashi S,Iwai T. Net effect of lymphaticovenous anastomosis on volume reduction of peripheral lymphoedema after complex decongestive physiotherapy[J]. Eur J Vas Endovas Surg,2012,43(5):602-608. DOI:10.1016/j.ejvs.2011.12.032.
[50] Marinescu S,Florescu IP,Giuglea C,Lascar I. Free tissue transfer in hand surgery-essential step in hand transplantation[J]. Chirurgia,2012,107(1):79-88.
[51] Mazilu G,Budurca RA,Graur M,Stamate T. Surgical treatment of tarsal tunnel syndrome in diabetic neuropathy[J]. Medical-Surgical Journal-Revista Medico-Chirurgicala,2012,116(1):128-134.
[52] Napier RJ,Diver A,Tohill M,Herbert KJ,Lewis H. The use of the anterolateral thigh flap to reconstruct extremity defects in a paediatric population[J]. Eur J Plast Surg,2012,35(1):101-105. DOI:10.1007/s00238-010-0499-0.
[53] Noaman HH. Salvage of complete degloved digits with reversed vascularized pedicled forearm flap:a new technique[J]. J Hand Surg Am,2012,37A(4):832-836. DOI:10.1016/j.jhsa.2012.01.032.
[54] Phan TQV,Xu WG,Spilker G,Weinand C. Technique and indication of distal arterial-to-proximal venous anastomosis at an amputated distal phalanx[J]. J Hand Surg Asian-Pacif,2012,17(1):135-137. DOI:10.1142/s021881041272015x.
[55] Politi M,Toro C. Iliac flap versus fibula flap in mandibular reconstruction[J]. J Craniofac Surg,2012,23(3):774-779. DOI:10.1097/SCS.0b013e31824dbd8a.
[56] Song JW,Ben-Nakhi M,Hong JP. Reconstruction of lower extremity with perforator free flaps by free style approach in pediatric patients[J]. J Reconstr Microsurg,2012,28(9):589-594. DOI:10.1055/s-0032-1315785.
[57] Toia F,D'Arpa S,Massenti MF,Amodio E,Pirrello R,Moschella F. Perioperative antibiotic prophylaxis in plastic surgery:A prospective study of 1100 adult patients[J]. J Plast Reconstr Aesth Surg,2012,65(5):601-609. DOI:10.1016/j.bjps.2011.11.038.
[58] Tos P,Battiston B,Ciclamini D,Geuna S,Artiaco S. Primary repair of crush nerve injuries by means of biological tubulization with muscle-vein-combined grafts[J]. Microsurgery,2012,32(5):358-363. DOI:10.1002/micr.21957.
[59] Wang SF,Yiu HW,Li PC,Li YC,Wang HH,Pan YW. Contralateral C7 nerve root transfer to neurotize the upper trunk via a modified prespinal route in repair of brachial plexus avulsion injury[J]. Microsurgery, 2012,32(3):183-188. DOI:10.1002/micr.20963.

二、基础研究
Basic Research

[1] Angelini LC,Angelini FB,de Oliveira BC,Soares SA,Angelini LC,Cabral RH. Use of the tendon of the palmaris longus muscle in surgical procedures:study on cadavers[J]. Acta Ortopedica Brasileira,2012,20(4):226-229. DOI:10.1590/s1413-78522012000400007.
[2] Chang KP,Lai and CS. Micro-RNA profiling as biomarkers in flap ischemia-reperfusion injury[J]. Microsurgery,2012,32(8):642-648. DOI:10.1002/micr.22046.
[3] Chin KY,Hart AM. Temporary catheter first perfusion during hand replantation with prolonged warm ischaemia[J]. J Plast Reconstr Aesth Surg,2012,65(5):675-677. DOI:10.1016/j.bjps.2011.09.006.
[4] Chowdhury F,Haque M,Kawsar K,Ara S,Mohammod Q,Sarker M,Goel A. Transcranial microsurgical and endoscopic endonasal cavernous sinus (cs) anatomy:a cadaveric study[J]. J Neurol Surg Part a Cen Eur Neurosurg,2012,73(5):296-306. DOI:10.1055/s-0032-1322519.
[5] de Azevedo TP,Zuzarte-Luis V,Goncalves L,Marques C,Palmeirim I. Tissue regulation of somitic colloid-like1 gene expression[J]. Biochem Biophy Res Commun,2012,424(2):295-300. DOI:10.1016/j.bbrc.2012.06.110.
[6] Eric M,Ravnik D,Zic R,Dragnic N,Krivokuca D,Leksan I,Hribernik M. Deep inferior epigastric perforator flap:An anatomical study of the perforators and local vascular differences[J]. Microsurgery,2012,32(1):43-49. DOI:10.1002/micr.20944.
[7] Giusti G,Kremer T,Willems WF,Friedrich PF,Bishop AT,Shin AY. Description and validation of isometric tetanic muscle force test in rabbits[J]. Microsurgery,2012,32(1):35-42. DOI:10.1002/micr.20941.
[8] Goubier JN,Teboul F,Yeo S. Transfer of two motor branches of the anterior obturator nerve to the motor portion of the femoral nerve:An anatomical feasibility study[J]. Microsurgery,2012,32(6):463-465. DOI:10.1002/micr.22012.
[9] Gumus N,Erkan M,Ercocen AR. Vascular pressure monitorization for necessity of vascular augmentation in a rat extended abdominal perforator flap model[J]. Microsurgery,2012,32(4):303-308. DOI:10.1002/micr.21952.
[10] Guo LL,Agarwal A,George JF. Orthotopic aortic transplantation in mice for the study of vascular disease[J]. Jove-J Visual Exp,2012(69). DOI:10.3791/4338.
[11] He XC,Balicki MA,Kang JU,Gehlbach PL,Handa JT,Taylor RH,Iordachita. II,Force sensing micro-forceps with integrated fiber Bragg grating for vitreoretinal surgery,in Optical Fibers and Sensors for Medical Diagnostics and Treatment Applications Xii,I. Gannot,Editor. 2012.
[12] Holzbach T,Artunian N,Spanholtz TA,Volkmer E,Engelhardt TO,Giunta RE. Microscope-integrated intraoperative indocyanine green angiography in plastic surgery[J]. Handchirurgie Mikrochirurgie Plastische Chirurgie,2012,44(2):84-88. DOI:10.1055/s-0032-1309023.
[13] Hori T,Gardner LB,Chen F,Baine AMT,Hata T,Herdt AR,Uemoto S,Eckman CB,Nguyen JH. Hepatic arterial reconstruction for orthotopic liver transplantation in the rat[J]. J Surg Res,2012,178(2):907-914. DOI:10.1016/j.jss.2012.04.039.
[14] Hori T,Gardner LB,Chen F,Baine AMT,Hata T,Uemoto S,Nguyen JH. Impact of hepatic arterial reconstruction on orthotopic liver transplantation in the rat[J]. J Invest Surg,2012,25(4):242-252. DOI:10.3109/08941939.2011.636476.
[15] Hu W,Yang M,Chang JJ,Shen ZY,Gu TW,Deng AD,Gu XS. Laser doppler perfusion imaging of skin territory to reflect autonomic functional recovery following sciatic nerve autografting repair in rats[J]. Microsurgery,2012,32(2):136-143. DOI:10.1002/micr.20974.
[16] Huang LJ,Reese S,Djamali A. Contributing factors to complications and surgical success in mouse kidney transplantation[J]. Int Braz J Urol,2012,38(3):395-403. DOI:10.1590/s1677-55382012000300013.
[17] Jielile J,Aibai M,Sabirhazi G,Shawutali N,Tangkejie W,Badelhan A,Nuerduola Y,Satewalede T,Buranbai D,Hunapia B,Jialihasi A,Bai JP,Kizaibek M. Active Achilles tendon kinesitherapy accelerates Achilles tendon repair by promoting neurite regeneration[J]. Neu Reg Res,2012,7(35):2801-2810. DOI:10.3969/j.issn.1673-5374.2012.35.008.
[18] Kamei Y,Tanaka S,Harada K,Baek Y,Ida Y,Sora S,Morita A,Sugita N,Mitsuishi M. Study on Master Manipulator Design Parameters for Robotic Microsurgery,in 2012 4th Ieee Ras & Embs International Conference on Biomedical Robotics and Biomechatronics,J.P. Desai,L.P.S. Jay,and L. Zollo,Editors. 2012:847-852.
[19] Kremer T,Giusti G,Friedrich PF,Willems W,Bishop AT,Giessler GA. Knee joint transplantation combined with surgical angiogenesis in rabbitsuA new experimental model[J]. Microsurgery,2012,32(2):118-127.

DOI:10.1002/micr.20946.
[20] Lau DP,Chng CB,Choo JQ,Teo N,Bunte RM,Chui CK. Development of a microclip for laryngeal microsurgery:Initial animal studies[J]. Laryngoscope,2012,122(8):1809-1814. DOI:10.1002/lary.23280.
[21] Muratori L,Ronchi G,Raimondo S,Giacobini-Robecchi MG,Fornaro M,Geuna S. Can regenerated nerve fibers return to normal size? A long-term post-traumatic study of the rat median nerve crush injury model[J]. Microsurgery,2012,32(5):383-387. DOI:10.1002/micr.21969.
[22] Penna V,Stark GB,Leibig N,Boyle V,Sakalidou M. Rho-inhibition by local application of c3-toxin for enhancement of axonal sprouting in a rat end-to-side nerve repair model[J]. Microsurgery, 2012,32(3):207-212. DOI:10.1002/micr.20978.
[23] Penna V,Wewetzer K,Munder B,Stark GB,Lang EM. The long-term functional recovery of repair of sciatic nerve transection with biogenic conduits[J]. Microsurgery,2012,32(5):377-382. DOI:10.1002/micr.21974.

三、综述
Review

[1] Alfieri A,Gazzeri R,Prell J,Scheller C,Rachinger J,Strauss C,Schwarz A. Role of lumbar interspinous distraction on the neural elements[J]. Neurosurg Rev,2012,35(4):477-484. DOI:10.1007/s10143-012-0394-1.
[2] Aller MA,Arias N,Prieto I,Agudo S,Gilsanz C,Lorente L,Arias JL,Arias J. A half century (1961-2011) of applying microsurgery to experimental liver research[J]. World J Hepatol,2012,4(7):199-208. DOI:10.4254/wjh.v4.i7.199.
[3] Barbary S,Dautel G. Digital replantation in children[J]. Chirurgie De La Main,2012,31(5):221-226. DOI:10.1016/j.main.2012.08.001.
[4] Campisi C,Bellini C,Campisi C,Villa G,Campisi C,Santi PL,Parodi A,Murdaca G,Puppo F,Boccardo E. Advances in management of lymphedema. Proceedings of the 20th Eurochap European Chapter Congress of the International Union of Angiology-Iua,ed. P. Poredos. 2012:34-39.
[5] Campisi C,Boccardo F,Lavagno R,Larcher L,Campisi CA,Amore M. Lymphatic drainage of mammary gland and upper extremities:From anatomy to surgery to microsurgery[J]. J Am Coll Surg,2012,215(3):S124-S125. DOI:DOI 10.1016/j.jamcollsurg.2012.06.324.
[6] Campisi C,Larcher L,Lavagno R,Boccardo F. Lymphatic microsurgery today for the treatment of peripheral lymphedema:indications,techniques and long-term clinical outcome[J]. J Am Coll Surg,2012,215(3):S91-S91. DOI:10.1016/j.jamcollsurg.2012.06.243.
[7] Chang DW. Lymphaticovenular bypass surgery for lymphedema management in breast cancer patients[J]. Handchirurgie Mikrochirurgie Plastische Chirurgie,2012,44(6):343-347. DOI:10.1055/s-0032-1323762.
[8] Chim HWM,Salgado CJ. MICROSURGERY:GENERAL PRINCIPLES. Plastic Reconstructive and Aesthetic Surgery:The Essentials,ed. D. Dayicioglu,et al. 2012. 515-524.
[9] Chung YJ,Kim MR. Robot-assisted surgery in gynecology:indications and efficacy[J]. J Kor Med Assoc,2012,55(7):635-640. DOI:10.5124/jkma.2012.55.7.635.
[10] Collado-Vazquez S,Jimenez-Antona C,Carrillo and JM. Obstetric brachial palsy,a historical review[J]. Revista De Neurologia,2012,55(10):619-625. DOI:10.33588/rn.5510.2012485.
[11] Engelhardt TO,Rieger UM,Schwabegger AH,Pierer G. Functional resurfacing of the palm:Flap selection based on defect analysis[J]. Microsurgery,2012,32(2):158-166. DOI:10.1002/micr.20951.
[12] Galanakos SP,Zoubos AB,Johnson EO,Kanellopoulos AD,Soucacos PN. Outcome models in peripheral nerve repair:Time for a reappraisal or for a novel?[J]. Microsurgery,2012,32(4):326-333. DOI:10.1002/micr.20972.
[13] Geuna S,Raimondo S,Fornaro M,Robecchi MG. Morpho-quantitative stereological analysis of peripheral and optic nerve fibers[J]. Neuroquantology,2012,10(1):76-86.
[14] Geuna S,Tos P,Battiston B. Emerging issues in peripheral nerve repair[J]. Neu Reg Res,2012,7(29):2267-2272. DOI:10.3969/j.issn.1673-5374.2012.29.004.
[15] Goldschlager R,Rozen WM,Ting JWC,Leong J. The nomenclature of venous flow-through flaps:Updated classification and review of the literature[J]. Microsurgery,2012,32(6):497-501. DOI:10.1002/micr.21965.
[16] Hassanein AH,Mailey BA,Dobke and MK. Robot-assisted plastic surgery[J]. Clin Plast Surg,2012,39(4):419-424. DOI:10.1016/j.cps.2012.07.010.
[17] Heman-Ackah SE,Golfinos JG,Roland JT. Management of surgical complications and failures in acoustic neuroma surgery[J]. Otolaryngol Clin Nor Am,2012,45(2):455-470. DOI:10.1016/j.otc.2011.12.012.
[18] Heppert V,Kotsougiani D,Kolios L,Lehnhardt M. Curse or blessing:how much reconstruction and when amputation?[J]. Trauma Und Berufskrankheit,2012,14(2):128-136. DOI:10.1007/s10039-012-1889-2.
[19] Ibrahim AE,Sarhane KA,Baroud JS,Atiyeh BS. Robotics in plastic surgery,a review[J]. Eur J Plast Surg,2012,35(8):571-578. DOI:10.1007/s00238-012-0737-8.
[20] Kim EK,Kim SC. Total scalp replantation salvaged by changing the recipient vein[J]. J Craniofac Surg,2012,23(5):1428-1429. DOI:10.1097/SCS.0b013e31825e3a94.
[21] Lin PY,Jeng SF,Lin TS,Hsieh CH. Upper limb replantation[J]. Trauma England,2012,14(4):313-326. DOI:10.1177/1460408612440648.
[22] Liu YR,Liu Q. Meta-analysis of mNGF therapy for peripheral nerve injury:a systematic review[J]. Chin J Traumatol,2012,15(2):86-91. DOI:10.3760/cma.j.issn.1008-1275.2012.02.004.
[23] Nan JN,Hu XG,Li HX,Zhang XN,Piao RJ. Use of nerve conduits for peripheral nerve injury repair A Web of Science-based literature analysis[J]. Neu Reg Res,2012,7(35):2826-2833. DOI:10.3969/j.issn.1673-5374.2012.35.011.
[24] Ninkovic M,Voigt S,Dornseifer U,Lorenz S,Ninkovic M. Microsurgical advances in extremity salvage[J]. Clin Plast Surg,2012,39(4):491-505. DOI:10.1016/j.cps.2012.08.003.
[25] Saint-Cyr M,Wong C,Buchel EW,Colohan S,Pederson WC. Free tissue transfers and replantation[J]. Plast Reconstr Surg,2012,130(6):858E-878E. DOI:10.1097/PRS.0b013e31826da2b7.
[26] Venkat R,Lee JC,Rad AN,Manahan MA,Rosson GD. Bilateral autologous breast reconstruction with deep inferior epigastric artery perforator flaps:Review of a single surgeon's early experience[J]. Microsurgery,2012,32(4):275-280. DOI:10.1002/micr.21948.

四、教育与课程
Education and Course

[1] Abbas AH,Ghobashy WA,Moghazy and AM. Binocular single-refraction magnifying glasses for free flap surgery:a reliable method for developing countries[J]. Eur J Plast Surg,2012,35(7):521-525. DOI:10.1007/s00238-011-0675-x.
[2] Armstrong T,Yu D,Frischknecht A,Minter R,Andreatta P,Kasten S. Standardization of surgical procedures for identifying best practices and training[J]. Work-a Journal of Prevention Assessment & Rehabilitation,2012,41:4673-4679. DOI:10.3233/wor-2012-0108-4673.
[3] Avram R. Fellowship Review:Memorial sloan-kettering cancer center breast reconstruction and microsurgery fellowship[J]. Ann Plast Surg,2012,68(2):116-117. DOI:10.1097/SAP.0b013e31821d043a.
[4] Barendse RM,Dijkgraaf MG,Rolf U,Dekker E,Fockens P,Bemelman WA,de Graaf EJ. Transanal Endoscopic Microsurgery:Colorectal Surgeons' Learning Curve[J]. Gastroenterology,2012,142(5):S344-S344.
[5] Billon-Grand R,De Rose F,Katranji H. Learning curve for lumbar disc surgery[J]. Neurochirurgie, 2012,58(6):337-340. DOI:10.1016/j.neuchi.2012.03.002.
[6] Blahuta R,Stank P. The use of optical magnifying devices in periradicular microsurgery[J]. Bratislava Medical Journal-Bratislavske Lekarske Listy,2012,113(5):311-313. DOI:10.4149/bll_2012_072.
[7] Cheng HT,Ma H,Tsai CH,Hsu WL,Wang TH. A three-dimensional stereoscopic monitor system in microscopic vascular anastomosis[J]. Microsurgery,2012,32(7):571-574. DOI:10.1002/micr.22035.
[8] Domergue S,Lange F,Fassio E,Yachouh and J. Spatulated anastomosis with continuous suture in microreconstructive surgery[J]. J Craniofac Surg,2012,23(4):1140-1142. DOI:10.1097/SCS.0b013e31824e7140.
[9] Flurry M,Brooke S,Micholetti B,Natoli N,Moyer K,Mnich S,Potochny J. Nurse training with simulation an innovative approach to teach complex microsurgery patient care[J]. Ann Plast Surg,2012,69(4):459-461. DOI:10.1097/SAP.0b013e31824b3db4.
[10] Gruionu G,Munn LL. Novel laser microsurgery and imaging techniques for the longitudinal study of structural adaptation of microvascular networks[J]. Faseb Journal,2012,26.
[11] Gudeloglu A,Brahmbhatt J,Lee D,Parekattil S. Robotic assisted lego (r) construction as a model for robotic microsurgery skills training[J]. J Sex Med,2012,9:266-266.
[12] Hubert J,Perrenot C,Trand N,Felblingere J,Perez M. Surgical simulator (dV-Trainer (R)) and robotic surgery education[J]. E-Memoires De L Academie Nationale De Chirurgie,2012,11(1):80-84. DOI:10.14607/emem.2012.1.080.
[13] Kotby MN,Wahba HA,Kamal E,El-Makhzangy AMN,Bahaa N. Animal model for training and improvement of the surgical skills in endolaryngeal microsurgery[J]. J Voice,2012,26(3):351-357. DOI:10.1016/j.jvoice.2011.04.002.
[14] Lee JY,Mattar T,Parisi TJ,Carlsen BT,Bishop AT,Shin AY. Learning curve of robotic-assisted microvascular anastomosis in the rat[J]. J Reconstr Microsurg,2012,28(7):451-456. DOI:10.1055/s-0031-1289166.
[15] Noland SS,Lee GK. Plastic surgery residency graduate outcomes a 43-year experience at a single institution and the first "integrated" training program in the United States[J]. Ann Plast Surg,2012,68(4):404-409. DOI:10.1097/SAP.0b013e31823b6902.
[16] Sears ED,Larson BP,Chung KC. A national survey of program director opinions of core competencies and structure of hand surgery fellowship training[J]. J Hand Surg Am,2012,37A(10):1971-1977. DOI:10.1016/j.jhsa.2012.06.034.
[17] Selber JC,Chang EI,Liu J,Suami H,Adelman DM,Garvey P,Hanasono MM,Butler CE. Tracking the learning curve in microsurgical skill acquisition[J]. Plast Reconstr Surg,2012,130(4):551E-558E. DOI:10.1097/PRS.0b013e318262f14a.

2013 年

一、临床研究
Clinical Research

[1] Aboelatta YA,Aly HM. Free tissue transfer and replantation in pediatric patients:technical feasibility and outcome in a series of 28 patients[J]. J Hand Microsurg,2013,5(2):74-80. DOI:10.1007/s12593-013-0101-7.
[2] Adani R,Corain M,Tarallo L,Fiacchi F. Alternative method for thumb reconstruction combination of 2 techniques:metacarpal lengthening and mini wraparound transfer[J]. J Hand Surg Am,2013,38A(5):1006-1011. DOI:10.1016/j.jhsa.2013.02.030.
[3] Akita S,Mitsukawa N,Kuriyama M,Hasegawa M,Kubota Y,Koizumi T,Ishigaki T,Tokumoto H,Satoh K. External valvuloplasty for subcutaneous small veins to prevent venous reflux in lymphaticovenular anastomosis for lower extremity lymphedema[J]. Plast Reconstr Surg,2013,132(4):1008-1014. DOI:10.1097/PRS.0b013e31829fe12f.
[4] Akita,S,Mitsukawa N,Rikihisa N,Kubota Y,Omori N,Mitsuhashi A,Tate S,Shozu M,Satoh K. Early diagnosis and risk factors for lymphedema following lymph node dissection for gynecologic cancer[J]. Plast Reconstr Surg,2013,131(2):283-290. DOI:10.1097/PRS.0b013e318277870f.
[5] Bertelli JA,Ghizoni MF. Transfer of a flexor digitorum superficialis motor branch for wrist extension reconstruction in C5-C8 root injuries of the brachial plexus:A case series[J]. Microsurgery,2013,33(1):39-42. DOI:10.1002/micr.22027.
[6] Boccardo F,Fulcheri E,Villa G,Molinari L,Campisi C,Dessalvi S,Murdaca G,Campisi C,Santi PL,Parodi A,Puppo F,Campisi C. Lymphatic microsurgery to treat lymphedema techniques and indications for better results[J]. Ann Plast Surg,2013,71(2):191-195. DOI:10.1097/SAP.0b013e31824f20d4.
[7] Bodin F,Schohn T,Lutz JC,Zink S,Wilk A,Rodier CB. The transverse musculocutaneous gracilis free flap:Innovative autologous breast reconstruction[J]. Annales De Chirurgie Plastique Esthetique,2013,58(1):18-27. DOI:10.1016/j.anplas.2012.04.003.
[8] Broer PN,Weichman KE,Tanna N,Wilson S,Ng R,Ahn C,Choi M,Karp NS,Levine JP,Allen RJ. Venous coupler size in autologous breast reconstruction-does it matter?[J]. Microsurgery,2013,33(7):514-518. DOI:10.1002/micr.22169.
[9] Caliceti U,Piccin O,Sgarzani R,Negosanti L,Fernandez IJ,Nebiaj A,Contedini F,Cipriani R,Ceroni AR. Surgical strategies based on standard templates for microsurgical reconstruction of oral cavity and oropharynx soft tissue:A 20 years' experience[J]. Microsurgery,2013,33(2):90-104. DOI:10.1002/micr.22015.
[10] Canis M,Ihler F,Martin A,Wolff HA,Matthias C,Steiner W. Organ preservation in T4a laryngeal cancer:is transoral laser microsurgery an option?[J]. Eur Arch Otorhinolaryngol,2013,270(10):2719-27. DOI:10.1007/s00405-013-2382-7.
[11] Cheng MH,Chen SC,Henry SL,Tan BK,Lin MC,Huang JJ. Vascularized groin lymph node flap transfer for postmastectomy upper limb lymphedema:flap anatomy,recipient sites,and outcomes[J]. Plast Reconstr Surg,2013,131(6):1286-98. DOI:10.1097/PRS.0b013e31828bd3b3.
[12] Choe WJ,Kim JH,Park SY,Kim J. Electromyographic response of facial nerve stimulation under different levels of neuromuscular blockade during middle-ear surgery[J]. J Int Med Res,2013,41(3):762-770. DOI:10.1177/0300060513484435.
[13] Chung DW,Han CS,Lee JH,Lee SG. Outcomes of wrist arthroplasty using a free vascularized fibular head graft for Enneking stage II giant cell tumors of the distal radius[J]. Microsurgery,2013,33(2):112-118. DOI:10.1002/micr.22028.
[14] Cinpolat A,Bektas G,Coskunfirat OK. Complex partial nasal reconstruction using free prelaminated temporoparietal fascial flap[J]. Microsurgery,2013,33(2):156-159. DOI:10.1002/micr.22058.
[15] Cleveland EC,Fischer JP,Nelson JA,Sieber B,Low DW,Kovach SJ,Wu LC,Serletti JM. Optimizing the fascial closure an analysis of 1261 abdominally based free flap reconstructions[J]. Ann Plast Surg,2013,71(3):255-260. DOI:10.1097/SAP.0b013e318286380e.
[16] Cooney DS,Fletcher DR,Bonawitz SC. Successful replantation of an amputated midfacial segment technical details and lessons learned[J]. Ann Plast Surg,2013,70(6):663-665. DOI:10.1097/

SAP.0b013e3182468216.

[17] Cote M,Kalra R,Wilson T,Orlandi RR,Couldwell WT. Surgical fidelity:comparing the microscope and the endoscope[J]. Acta Neurochirurgica,2013,155(12):2299-2303. DOI:10.1007/s00701-013-1889-4.

[18] Craig ES,Walker ME,Salomon J,Fusi S. Immediate nipple reconstruction utilizing the DIEP flap in areola-sparing mastectomy[J]. Microsurgery,2013,33(2):125-129. DOI:10.1002/micr.22020.

[19] Damen THC,Morritt AN,Zhong T,Ahmad J,Hofer SOP. Improving outcomes in microsurgical breast reconstruction:Lessons learnt from 406 consecutive DIEP/TRAM flaps performed by a single surgeon[J]. J Plast Reconstr Aesth Surg,2013,66(8):1032-1038. DOI:10.1016/j.bjps.2013.04.021.

[20] de Melo PMP,Garcia JC,Montero EFD,Atik T,Robert EG,Facca S,Liverneaux and PA. Feasibility of an endoscopic approach to the axillary nerve and the nerve to the long head of the triceps brachii with the help of the Da Vinci Robot[J]. Chirurgie De La Main,2013,32(4):206-209. DOI:10.1016/j.main.2013.05.003.

[21] Demir A,Kucuker I,Keles MK,Demirtas Y. The effect of learning curve on flap selection,re-exploration,and salvage rates in free flaps;a retrospective analysis of 155 cases[J]. Microsurgery,2013,33(7):519-526. DOI:10.1002/micr.22153.

[22] Eley KA,Parker RJ,Watt-Smith SR. Low molecular weight heparin in patients undergoing free tissue transfer following head and neck ablative surgery:review of efficacy and associated complications[J]. Br J Oral Maxillofac Surg,2013,51(7):610-614. DOI:10.1016/j.bjoms.2013.01.017.

[23] Eley KA,Young JD,Watt-Smith SR. Power spectral analysis of the effects of epinephrine,norepinephrine,dobutamine and dopexamine on microcirculation following free tissue transfer[J]. Microsurgery,2013,33(4):275-281. DOI:10.1002/micr.22072.

[24] El-Gammal TA,El-Sayed A,Kotb MM,Saleh WR,Ragheb YF,El-Refai O,El Fahar MHA. Dorsal foot resurfacing using free anterolateral thigh (ALT) flap in children[J]. Microsurgery,2013,33(4):259-264. DOI:10.1002/micr.22074.

[25] Endo J,Kuniyoshi K,Mochizuki M,Shimoyama K,Koyama T,Aiba A,Kadota R,Sasaki Y. Two-staged hindfoot reconstruction with vascularized fibula graft for calcaneal osteomyelitis caused by methicillin-resistant Staphylococcus aureus:A case report[J]. Microsurgery,2013,33(3):232-235. DOI:10.1002/micr.22070.

[26] Erakat MS,Chuang SK,Shanti RM,Ziccardi VB. Interval between injury and lingual nerve repair as a prognostic factor for success using type i collagen conduit[J]. J Oral Maxillofac Surg,2013,71(5):833-838. DOI:10.1016/j.joms.2011.11.026.

[27] Esposito G,Rossi F,Matteini P,Scerrati A,Puca A,Albanese A,Rossi G,Ratto F,Maira G,Pini R. In vivo laser assisted microvascular repair and end-to-end anastomosis by means of indocyanine green-infused chitosan patches:A pilot study[J]. Lasers Surg Med,2013,45(5):318-325. DOI:10.1002/lsm.22145.

[28] Fox PM,Zeidler K,Carey J,Lee GK. White light spectroscopy for free flap monitoring[J]. Microsurgery,2013,33(3):198-202. DOI:10.1002/micr.22069.

[29] Fufa D,Calfee R,Wall L,Zeng WJ,Goldfarb C. Digit Replantation:Experience of Two US Academic Level-I Trauma Centers[J]. J Bone Joint Surg Am,2013,95A(23):2127-2134. DOI:10.2106/jbjs.L.01219.

[30] Fujiwara M,Nagata T,Matsushita Y,Fukamizu H. Free hemiback flap with surgical delay for reconstruction of extensive soft tissue defect:A case report[J]. Microsurgery,2013,33(2):152-155. DOI:10.1002/micr.22057.

[31] Fujiwara M,Nagata T,Matsushita Y,Ishikawa K, Yusuke O,Fukamizu H. Delayed distally based sural flap with temporary venous supercharging[J]. Microsurgery,2013,33(7):534-538. DOI:10.1002/micr.22154.

[32] Galanakos SP,Zoubos AB,Mourouzis I,Ignatiadis I,Bot AGJ,Soucacos PN. Prognostic scoring system for peripheral nerve repair in the upper extremity[J]. Microsurgery,2013,33(2):105-111. DOI:10.1002/micr.22000.

[33] Gan C,Fan JC,Liu LQ,Tian J,Jiao H,Chen WL,Fu SQ,Feng SY. Reconstruction of large unilateral hemi-facial scar contractures with supercharged expanded forehead flaps based on the anterofrontal superficial temporal vessels[J]. J Plast Reconstr Aesth Surg,2013,66(11):1470-1476. DOI:10.1016/j.bjps.2013.06.055.

[34] Garvey PB,Clemens MW,Rhines LD,Sacks JM. Vertical rectus abdominis musculocutaneous flow-through flap to a free fibula flap for total sacrectomy reconstruction[J]. Microsurgery,2013,33(1):32-38. DOI:10.1002/micr.21990.

[35] Han Y,He YG,Zhang HB,Lv KZ,Zhang YJ,Lin MB,Yin L. Total laparoscopic sigmoid and rectal surgery in combination with transanal endoscopic microsurgery:a preliminary evaluation in China[J]. Surg Endosc Other Intervent Tech,2013,27(2):518-524. DOI:10.1007/s00464-012-2471-5.

[36] Hasegawa T,Kida Y,Kato T,Iizuka H,Kuramitsu S,Yamamoto T. Long-term safety and efficacy of stereotactic radiosurgery for vestibular schwannomas:evaluation of 440 patients more than 10 years after treatment with Gamma Knife surgery Clinical article[J]. J Neurosurg,2013,118(3):557-565. DOI:10.3171/2012.10.Jns12523.

[37] Hill JB,Vogel JE,Sexton KW,Guillamondegui OD,Del Corral GA,Shack RB. Re-evaluating the paradigm of early free flap coverage in lower extremity trauma[J]. Microsurgery,2013,33(1):9-13. DOI:10.1002/micr.21994.

[38] Holom GH,Seland H,Strandenes E,Liavaag PG,Lybak S,Loes S,Tornes K,Vintertun HN. Head and neck reconstruction using microsurgery:a 9-year retrospective study[J]. Eur Arch Oto Rhino Laryngol,2013,270(10):2737-2743. DOI:10.1007/s00405-013-2390-7.

[39] Hwang KT,Kim SW,Kim JT,Kim and YH. Use of lateral intercostal artery perforator free flaps for resurfacing lower extremities[J]. Ann Plast Surg,2013,71(2):186-190. DOI:10.1097/SAP.0b013e3182610b2f.

[40] Jonas R,Schaal T,Krimmel M,Gulicher D,Reinert S,Hoffmann J. Monitoring in microvascular tissue transfer by measurement of oxygen partial pressure:Four years experience with 125 microsurgical transplants[J]. J Cranio-Maxillofac Surg,2013,41(4):303-309. DOI:10.1016/j.jcms.2012.10.008.

[41] Kang MJ,Chung CH,Chang YJ,Kim KH. Reconstruction of the lower extremity using free flaps[J]. Arch Plast Surg,2013,40(5):575-83. DOI:10.5999/aps.2013.40.5.575.

[42] Kekatpure VD,Manjula B.V,Mathias S,Trivedi NP,Selvam S,Kuriakose MA. Reconstruction of large composite buccal defects using single soft tissue flap-analysis of functional outcome[J]. Microsurgery,2013,33(3):184-190. DOI:10.1002/micr.22063.

[43] Kessler P,Poort L,Bockmann R,Lethaus B. Definition of quality indicators in microsurgery in head and neck reconstruction based on a 5-year follow-up without a loss[J]. J Cranio-Maxillofac Surg,2013,41(1):2-6. DOI:10.1016/j.jcms.2012.05.004.

[44] Khansa I,Chao AH,Taghizadeh M,Nagel T,Wang DE,Tiwari P. A systematic approach to emergent breast free flap takeback:clinical outcomes,algorithm,and review of the literature[J]. Microsurgery,2013,33(7):505-513. DOI:10.1002/micr.22151.

[45] Kim SW,Han SC,Hwang KT,Ahn BK,Kim JT,Kim YH. Reconstruction of infected abdominal wall defects using latissimus dorsi free flap[J]. Anz J Surg,2013,83(12):948-953. DOI:10.1111/j.1445-2197.2012.06286.x.

[46] Klein S,Van Lienden KP,Van't Veer M,Smit JM,Werker PMN. Evaluation of the lower limb vasculature before free fibula flap transfer. a prospective blinded comparison between magnetic resonance angiography and digital subtraction angiography[J]. Microsurgery,2013,33(7):539-544. DOI:10.1002/micr.22146.

[47] Kolbenschlag J,Hellmich S,Germann G,Megerle K. Free tissue transfer in patients with severe peripheral arterial disease:functional outcome in reconstruction of chronic lower extremity defects[J]. J Reconstr Microsurg,2013,29(9):607-614. DOI:10.1055/s-0033-1354739.

[48] Kulkarni AR,Sears ED,Atisha DM,Alderman AK. Use of autologous and microsurgical breast reconstruction by U.S. plastic surgeons[J]. Plast Reconstr Surg,2013,132(3):534-41. DOI:10.1097/PRS.0b013e31829ae03e.

[49] Lee KT,Mun GH. Is after-hours free-flap surgery associated with adverse outcomes?[J]. J Plast Reconstr Aesth Surg,2013,66(4):460-466. DOI:10.1016/j.bjps.2012.12.007.

[50] Lin CT,Chen SG,Chen TM,Dai NT,Chang SC. Free fasciocutaneous flaps for reconstruction of complete circumferential degloving injury of digits[J]. Microsurgery,2013,33(3):191-197. DOI:10.1002/micr.22064.

[51] Lohman RF,Langevin CJ,Bozkurt M,Kundu N,Djohan R. A prospective analysis of free flap monitoring techniques:physical examination,external doppler,implantable doppler,and tissue oximetry[J]. J Reconstr Microsurg,2013,29(1):51-56. DOI:10.1055/s-0032-1326741.

[52] Louer CR,Chang JB,Hollenbeck ST,Zenn MR. Autologous blood use for free flap breast reconstruction a comparative evaluation of a preoperative blood donation program[J]. Ann Plast Surg,2013,70(2):158-161. DOI:10.1097/SAP.0b013e3182321b17.

[53] Lu LX,Liu AT,Zhu L,Zhang J,Zhu XH,Jiang H. Cross-leg flaps:our preferred alternative to free flaps in the treatment of complex traumatic lower extremity wounds[J]. J Am Coll Surg,2013,217(3):461-471. DOI:10.1016/j.jamcollsurg.2013.03.029.

[54] Lundgren TK,Wei FC. Oversized design of the anterolateral thigh flap for head and neck reconstruction[J]. J Craniofac Surg,2013,24(1):134-135. DOI:10.1097/SCS.0b013e318268d273.

[55] Misani M,Zirak C,Hau LTT,De Mey A,Boeckx W. Release of hand burn contracture:Comparing the ALT perforator flap with the gracilis free flap with split skin graft[J]. Burns,2013,39(5):965-971. DOI:10.1016/j.burns.2012.12.007.

[56] Zhu L,Wei J,Daluvoy S,Hollenbeck ST,Chuan D,Xu H,Dong J. Free partial latissimus dorsi myocutaneous flap for coverage of severe achilles contracture in children[J]. J Plast Reconstr Aesth Surg,2013,66(1):113-119. DOI:10.1016/j.bjps.2012.08.010.

[57] Yeung JK,Harrop R,McCreary O,Leung LT,Hirani N,McKenzie D,de Haas V,Matthews TW,Nakoneshny S,Dort JC,Schrag C. Delayed mobilization after microsurgical reconstruction:an independent risk factor for pneumonia[J]. Laryngoscope,2013,123(12):2996-3000. DOI:10.1002/lary.24241.

[58] Yamamoto T,Yoshimatsu H,Narushima M,Seki Y,Yamamoto N,Shim TWH,Koshima I. A modified side-to-end lymphaticovenular anastomosis[J]. Microsurgery,2013,33(2):130-133. DOI:10.1002/micr.22040.

[59] Weichman KE,Broer PN,Tanna N,Wilson SC,Allan A,Levine JP,Ahn C,Choi M,Karp NS,Allen R. The role of autologous fat grafting in secondary microsurgical breast reconstruction[J]. Ann Plast Surg,2013,71(1):24-30. DOI:10.1097/SAP.0b013e3182920ad0.

[60] Wechselberger G,Hladik M,Reichl H,Ensat F,Edelbauer M,Haug D,Schoeller T. The transverse musculocutaneous gracilis flap for chest wall reconstruction in male patients with Poland's syndrome[J]. Microsurgery,2013,33(4):282-286. DOI:10.1002/micr.22078.

[61] Wang X,Yan GQ,Zhang GR,Li JQ,Liu JH,Zhang Y. Functional tongue reconstruction with the anterolateral thigh flap[J]. World J Surg Oncol,2013,11. DOI:10.1186/1477-7819-11-303.

二、基础研究
Basic Research

[1] Baraban SC. Forebrain electrophysiological recording in larval zebrafish[J]. Jove-J Visual Exper,2013(71). DOI:10.3791/50104.

[2] Barone AAL,Leonard DA,Torabi R,Mallard C,Glor T,Scalea JR,Randolph MA,Sachs DH,Cetrulo CL. The gracilis myocutaneous free flap in swine:An advantageous preclinical model for vascularized composite allograft transplantation research[J]. Microsurgery,2013,33(1):51-55. DOI:10.1002/micr.21997.

[3] Bozkurt M,Klimczak A,Nasir S,Zor F,Krokowicz L,Siemionow M. Composite osseomusculocutaneous sternum,ribs,thymus,pectoralis muscles,and skin allotransplantation model of bone marrow transplantation[J]. Microsurgery,2013,33(1):43-50. DOI:10.1002/micr.22023.

[4] Compton JL,Hellman AN,Venugopalan V. Hydrodynamic determinants of cell necrosis and molecular delivery produced by pulsed Laser microbeam irradiation of adherent cells[J]. Biophys J,2013,105(9):2221-2231. DOI:10.1016/j.bpj.2013.09.027.

[5] Cwykiel JM,Klimczak A,Krokowicz L,Siemionow M. Pre-and postischemic pulsed acoustic cellular expression conditioning modulates expression of inflammation factors in cremaster ischemia/reperfusion injury model[J]. Microsurgery,2013,33(2):134-140. DOI:10.1002/micr.22048.

[6] Dallan I,Seccia V,Faggioni L,Castelnuovo P,Montevecchi F,Casani AP,Tschabitscher M,Vicini C. Anatomical landmarks for transoral robotic tongue base surgery:comparison between endoscopic,external and radiological perspectives[J]. Surg Radiol Anat,2013,35(1):3-10. DOI:10.1007/s00276-012-0983-2.

[7] Deng XL,Yang ZY,Liu R,Yi MY,Lei DQ,Wang Z,Zhao HY. The maximum tolerated dose of gamma radiation to the optic nerve during gamma knife radiosurgery in an animal study[J]. Stereot Funct Neurosurg,2013,91(2):79-91. DOI:10.1159/000343212.

[8] Edmunds MC,Wigmore S,Kluth D. In situ transverse rectus abdominis myocutaneous flap:a rat model of myocutaneous ischemia reperfusion injury[J]. Jove-J Visual Exper,2013(76). DOI:10.3791/50473.

[9] Fattah AY,Ravichandiran K,Zuker RM,Agur AMR. A three-dimensional study of the musculotendinous and neurovascular architecture of the gracilis muscle:Application to functional muscle transfer[J]. J Plast Reconstr Aesth Surg,2013,66(9):1230-1237. DOI:10.1016/j.bjps.2013.05.012.

[10] Garcia-Lopez A,Fernandez E,Martinez F. Transfer of brachioradialis motor branch to the anterior interosseous nerve in C8-T1 brachial plexus palsy. An anatomic study[J]. Microsurgery,2013,33(4):297-300. DOI:10.1002/micr.22068.

[11] Haastert-Talini K, Grothe C.Electrical Stimulation for Promoting Peripheral Nerve Regeneration[J]. International Review of Neurobiology,2013,109:111-124.

[12] Huang Y,Ibrahim Z,Tong DD,Zhu S,Mao Q,Pang J,Lee WPA,Brandacher G,Kang JU. Microvascular anastomosis guidance and evaluation using real-time three-dimensional Fourier-domain Doppler optical coherence tomography[J]. J Biomed Optics,2013,18(11). DOI:10.1117/1.Jbo.18.11.111404.

[13] Ibrahim Z,Cooney DS,Shores JT,Sacks JM,Wimmers EG,Bonawitz SC,Gordon C,Ruben D,Schneeberger S,Lee WPA,Brandacher G. A modified heterotopic swine hind limb transplant model for translational vascularized composite allotransplantation(VCA) research[J]. Jove-J Visual Exper,2013(80). DOI:10.3791/50475.

[14] Il'ina IV,Ovchinnikov AV,Chefonov OV,Sitnikov DS,Agranat MB,Mikaelyan AS. Noncontact microsurgery of cell membranes using femtosecond laser pulses for optoinjection of specified substances into cells[J]. Quantum Electronics,2013,43(4):365-369. DOI:10.1070/QE2013v043n04ABEH015115.

[15] Jaminet P,Kohler D,Rahmanian-Schwarz A,Lotter O,Mager A,Fornaro M,Ronchi G,Geuna S,Rosenberger P,Schaller HE. Expression patterns and functional evaluation of the UNC5B receptor during the early phase of peripheral nerve regeneration using the mouse median nerve model[J]. Microsurgery,2013,33(3):216-222. DOI:10.1002/micr.22059.

[16] Kiermeir DM,Meoli M,Muller S,Abderhalden S,Vogelin E,Constantinescu MA. Evaluation of a porcine whole-limb heterotopic autotransplantation model[J]. Microsurgery,2013,33(2):141-147. DOI:10.1002/micr.22038.

[17] Kim GD,Yang H,Park HR,Park CS,Park YS,Lee SE. Evaluation of immunoreactivity of in vitro and in vivo models against bacterial synthesized cellulose to be used as a prosthetic biomaterial[J]. Biochip J,2013,7(3):201-209. DOI:10.1007/s13206-013-7302-9.

[18] Kobayashi J,Shidara H,Morisawa Y,Kawakami M,Tanahashi Y,Hotta K,Oka K. A method for selective ablation of neurons in C. elegans using the phototoxic fluorescent protein,KillerRed[J]. Neurosci Let,2013,548:261-264. DOI:10.1016/j.neulet.2013.05.053.

[19] Komatsu S,Wakabayashi T,Yamada K,Matsumoto K,Kimata Y,Kosaka J. Vascularized peripheral nerve grafting promotes myelination of regrowing optic nerve[J]. Neuroreport,2013,24(10):566-571. DOI:10.1097/WNR.0b013e3283625b39.

[20] Leclere FM,Eggli S,Mathys L,Vogelin E. Anatomic study of the superficial sural artery and its implication in the neurocutaneous vascularized sural nerve free flap[J]. Clin Anat,2013,26(7):903-910. DOI:10.1002/ca.22054.

[21] Lynch HE,Crews SM,Rosenthal B,Kim E,Gish R,Echiverri K,Hutson S. Cellular mechanics of germ band retraction in Drosophila[J]. Dev Biol,2013,384(2):205-213. DOI:10.1016/j.ydbio.2013.10.005.

[22] Yang DG,Li JJ,Gu R,Yang ML,Zhang X,Du LJ,Sun W,Gao F,Hu AM,Wu YY,He JG,Feng YT,Chu and HY. Optimal time window of myelotomy in rats with acute traumatic spinal cord injury:a preliminary study[J]. Spinal Cord,2013,51(9):673-678. DOI:10.1038/sc.2013.56.

[23] Wyczalkowski MA,Varner VD,Taber LA. Computational and experimental study of the mechanics of embryonic wound healing[J]. J Mechan Behav Biomed Mat,2013,28:125-146. DOI:10.1016/j.jmbbm.2013.07.018.

[24] Wu DX,Li Q,Zhu XJ,Wu GZ,Cui SS. Valproic acid protection against the brachial plexus root avulsion-induced death of motoneurons in rats[J]. Microsurgery,2013,33(7):551-559. DOI:10.1002/micr.22130.

[25] von Bomhard A,Veit J,Bermueller C,Rotter N,Staudenmaier R,Storck K,The HN. Prefabrication of 3d cartilage contructs:towards a tissue engineered auricle-a model tested in rabbits[J]. Plos One,2013,8(8). DOI:10.1371/journal.pone.0071667.

三、综述
Review

[1] Agostini T,Lazzeri D,Spinelli G. Anterolateral thigh flap:Systematic literature review of specific donorsite complications and their management[J]. J Cranio-Maxillofac Surg,2013,41(1):15-21. DOI:10.1016/j.jcms.2012.05.003.

[2] Agostini T,Lo Russo G,Zhang YX,Spinelli G,Lazzeri D. Adipofascial anterolateral thigh flap safety:applications and complications[J]. Arch Plast Surg Aps,2013,40(2):91-96. DOI:10.5999/aps.2013.40.2.91.

[3] Baccarani A,Follmar KE,Erdmann D,Levin LS. Face transplantation surgical options and open problems in cadaveric models:A review article[J]. Microsurgery,2013,33(3):239-246. DOI:10.1002/micr.22083.

[4] Baker K,Sabanegh E. Obstructive azoospermia:reconstructive techniques and results[J]. Clinics,2013,68:61-73. DOI:10.6061/clinics/2013（Sup01)07.

[5] Bakhach J,Abu-Sitta G,Dibo S. Reconstruction of blast injuries of the hand and upper limb[J]. Injury,2013,44(3):305-312. DOI:10.1016/j.injury.2013.01.024.

[6] Barbary S,Dap F,Dautel G. Finger replantation:Surgical technique and indications[J]. Chirurgie De La Main,2013,32(6):363-372. DOI:10.1016/j.main.2013.04.012.

[7] Bernie AM,Ramasamy R,Stember DS,Stahl PJ. Microsurgical epididymal sperm aspiration:indications, techniques and outcomes[J]. Asian J Androl,2013,15(1):40-43. DOI:10.1038/aja.2012.114.

[8] Bradac O,Charvat F,Benes V. Treatment for brain arteriovenous malformation in the 1998-2011 period and review of the literature[J]. Acta Neurochirurgica,2013,155(2):199-209. DOI:10.1007/s00701-012-1572-1.

[9] Brinkman JN,Derks LH,Klimek M,Mureau MAM. Perioperative fluid management and use of vasoactive and antithrombotic agents in free flap surgery:a literature review and clinical recommendations[J]. J Reconstr Microsurg,2013,29(6):357-366. DOI:10.1055/s-0033-1343955.

[10] Campisi C,Boccardo F,Campisi CC,Ryan M. Reconstructive microsurgery for lymphedema:while the early bird catches the worm,the late riser still benefits[J]. J Am Coll Surg,2013,216(3):506-507. DOI:10.1016/j.jamcollsurg.2012.11.007.

[11] Cheng A,Saint-Cyr M. Use of a pre-expanded "propeller" deep inferior epigastric perforator（DIEP) flap for a large abdominal wall defect[J]. J Plast Reconstr Aesth Surg,2013,66(6):851-854. DOI:10.1016/j.bjps.2012.09.017.

[12] Chim H,Maricevich MA,Carlsen BT,Moran SL,Salgado CJ,Wei FC,Mardini S. Challenges in replantation of complex amputations[J]. Semin Plast Surg,2013,27(4):182-189. DOI:10.1055/s-0033-1360585.

[13] Dorafshar AH,Bojovic B,Christy MR,Borsuk DE,Iliff NT,Brown EN,Shaffer CK,Kelley TN,Kukuruga DL,Barth RN,Bartlett ST,Rodriguez ED. Total face,double jaw,and tongue transplantation:an evolutionary concept[J]. Plast Reconstr Surg,2013,131(2):241-51. DOI:10.1097/PRS.0b013e3182789d38.

[14] Engel H,Hirche C,Lehnhardt M,Wei FC,Daigeler A,Gazyakan E. Aspects of microsurgical reconstruction for lower extremity defects[J]. Handchirurgie Mikrochirurgie Plastische Chirurgie,2013,45(2):59-66. DOI:10.1055/s-0033-1333744.

[15] Fattahi T,Fernandes R. Value of microvascular surgery in academic oral and maxillofacial surgery[J]. J Oral Maxillofac Surg,2013,71(1):189-191. DOI:10.1016/j.joms.2012.03.029.

[16] Froemel D,Fitzsimons SJ,Frank J,Sauerbier M,Meurer A,Barker JH. A review of thrombosis and antithrombotic therapy in microvascular surgery[J]. Eur Surg Res,2013,50(1):32-43. DOI:10.1159/000347182.

[17] Gajbhiye AS,Meshram MM,Gajaralwar RS,Kathod AP. The management of electrical burn[J]. Ind J Surg,2013,75(4):278-283. DOI:10.1007/s12262-012-0476-x.

[18] Haas EM,Volkmer E,Holzbach T,Wallmichrath J,Engelhardt TO,Giunta RE. Optimising care structures for severe hand trauma and replantation and chances of launching a national network[J]. Handchirurgie Mikrochirurgie Plastische Chirurgie,2013,45(6):318-322. DOI:10.1055/s-0033-1357197.

[19] Jazayeri L,Klausner JQ,Chang J. Distal digital replantation[J]. Plast Reconstr Surg,2013,132(5):1207-1217. DOI:10.1097/PRS.0b013e3182a3c0e7.

[20] Jeon BJ,Yang JW,Roh SY,Ki SH,Lee DC,Kim JS. Microsurgical reconstruction of soft-tissue defects in digits[J]. Injury,2013,44(3):356-360. DOI:10.1016/j.injury.2013.01.021.

[21] Koo,KOT,Tan DMK,Chong AKS. Distal radius fractures:an epidemiological review[J]. Orthop Surg,2013,5(3):209-213. DOI:10.1111/os.12045.

[22] Louis PJ,Aponte-Wesson RA,Fernandes RP,Clemow J. Autogenous and prosthetic reconstruction of the ear[J]. Oral Maxillofac Surg Clin Nor Am,2013,25(2):271-286. DOI:10.1016/j.coms.2013.02.001.

四、教育与课程
Education and Course

[1] Agrawal A,Kato Y,Sano H,Kanno T. The incorporation of neuroendoscopy in neurosurgical training programs[J]. World Neurosurg,2013,79(2). DOI:10.1016/j.wneu.2012.02.028.

[2] Bambakidis NC,Selman WR,Sloan AE. Surgical rehearsal platform:potential uses in microsurgery[J]. Neurosurgery,2013,73:122-126. DOI:10.1227/neu.0000000000000099.

[3] Bates BJ,Wimalawansa SM,Monson B,Rymer MC,Shapiro R,Johnson RM. A simple cost-effective method of microsurgical simulation training:the turkey wing model[J]. J Reconstr Microsurg,2013,29(9):615-618. DOI:10.1055/s-0033-1354740.

[4] Bernal-Sprekelsen M,Blanch JL,Caballero-Borrego M,Vilaseca I. The learning curve in transoral laser microsurgery for malignant tumors of the larynx and hypopharynx:parameters for a levelled surgical approach[J]. Eur Arch Oto Rhino Laryngol,2013,270(2):623-628. DOI:10.1007/s00405-012-2181-6.

[5] Bokhari AR,Davies MA,Diamond T. Endoscopic transsphenoidal pituitary surgery:a single surgeon experience and the learning curve[J]. Br J Neurosurg,2013,27(1):44-49. DOI:10.3109/02688697.2012.709554.

[6] El Ahmadieh TY,Aoun SG,El Tecle NE,Nanney AD,Daou MR,Harrop J,Batjer HH,Bendok BR. A didactic and hands-on module enhances resident microsurgical knowledge and technical skill[J]. Neurosurgery,2013,73:51-56. DOI:10.1227/neu.0000000000000104.

[7] Ghanem AM,Hachach-Haram N,Leung CCM,Myers SR. A systematic review of evidence for education and training interventions in microsurgery[J]. Arch Plast Surg Aps,2013,40(4):312-319. DOI:10.5999/aps.2013.40.4.312.

[8] Jeong HS,Moon MS,Kim HS,Lee HK,Yi SY. Microsurgical training with fresh chicken legs[J]. Ann Plast Surg,2013,70(1):57-61. DOI:10.1097/SAP.0b013e31822f9931.

[9] Jusue-Torres I,Sivakanthan S,Pinheiro-Neto CD,Gardner PA,Snyderman CH,Fernandez-Miranda JC. Chicken wing training model for endoscopic microsurgery[J]. J Neurol Surg Part B-Skull Base,2013,74(5):286-291. DOI:10.1055/s-0033-1348026.

[10] Komatsu S,Yamada K,Yamashita S,Sugiyama N,Tokuyama E,Matsumoto K,Takara A,Kimata Y. Evaluation of the microvascular research center training program for assessing microsurgical skills in trainee surgeons[J]. Arch Plast Surg Aps,2013,40(3):214-219. DOI:10.5999/aps.2013.40.3.214.

[11] Leclere FMP,Trelles M,Lewbart GA,Vogelin E. Is there good simulation basic training for end-to-side vascular microanastomoses?[J]. Aesth Plast Surg,2013,37(2):454-458. DOI:10.1007/s00266-012-0005-0.

[12] Leung CCM,Ghanem AM,Tos P,Ionac M,Froschauer S,Myers SR. Towards a global understanding and standardisation of education and training in microsurgery[J]. Arch Plast Surg Aps,2013,40(4):304-311. DOI:10.5999/aps.2013.40.4.304.

[13] Liverneaux PA,Hendriks S,Selber JC,Parekattil SJ. Robotically assisted microsurgery:development of basic skills course[J]. Arch Plast Surg Aps,2013,40(4):320-326. DOI:10.5999/aps.2013.40.4.320.

2014 年

一、临床研究
Clinical Research

[1] Adani R,Tarallo L,Mugnai R,Colopi S. Schwannomas of the upper extremity:analysis of 34 cases[J]. Acta Neurochirurgica,2014,156(12):2325-2330. DOI:10.1007/s00701-014-2218-2.

[2] Albornoz CR,Cordeiro PG,Mehrara BJ,Pusic AL,McCarthy CM,Disa JJ,Matros E. Economic implications of recent trends in u. s. immediate autologous breast reconstruction[J]. Plast Reconstr Surg,2014,133(3):463-470. DOI:10.1097/prs.0000000000000039.

[3] Al-Dhamin A,Bissell MB,Prasad V,Morris SF. The use of retrograde limb of internal mammary vein in autologous breast reconstruction with DIEAP flap[J]. Ann Plast Surg,2014,72(3):281-284. DOI:10.1097/SAP.0b013e3182605674.

[4] Bhadkamkar MA,Wolfswinkel EM,Hatef DA,Albright SB,Echo A,Hsu PW,Izaddoost SA. The ultra-thin,fascia-only anterolateral thigh flap[J]. J Reconstr Microsurg,2014,30(9):599-606. DOI:10.1055/s-0033-1361843.

[5] Boccardo F,Dessalvi S,Campisi C,Molinari L,Spinaci S,Talamo G,Campisi C. Microsurgery for groin lymphocele and lymphedema after oncologic surgery[J]. Microsurgery,2014,34(1):10-13. DOI:10.1002/micr.22129.

[6] Bourquelot P,Pirozzi N. Tips and tricks in creation of forearm arteriovenous fistulae[J]. J Vas Acce,2014,15:S45-S49. DOI:10.5301/jva.5000230.

[7] Checcucci G,Galeano M,Zucchini M,Zampetti PG,Ceruso M. Reverse flow first dorsal metacarpal artery flap for covering the defect of distal thumb[J]. Microsurgery,2014,34(4):283-286. DOI:10.1002/micr.22198.

[8] Cinpolat A,Bektas G,Ozkan O,Rizvanovic Z,Seyhan T,Coskunfirat OK,Ozkan O. Metatarsal artery perforator-based propeller flap[J]. Microsurgery,2014,34(4):287-291. DOI:10.1002/micr.22201.

[9] Daigeler A,Kneser U,Fansa H,Riester T,Uder M,Horch RE. Reconstruction of the vascular compromised lower extremity-report of the consensus workshop at the 35. Meeting of the DAM（Deutschsprachige Gemeinschaft fur Mikrochirurgie der peripheren Nerven und Gefasse) 2013 in Deidesheim[J]. Handchirurgie Mikrochirurgie Plastische Chirurgie,2014,46(4):248-255. DOI:10.1055/s-0034-1385851.

[10] Dalbayrak S,Yaman O,Yilmaz M,Yilmaz T. Supraclavicular surgical approach for thoracic outlet syndrome:10 years of experience[J]. Turkish Neurosurg,2014,24(6):867-872. DOI:10.5137/1019-5149.Jtn.9087-13.0.

[11] Davies AJ,O'Neill JK,Wilson SM. The superficial outside-flap shunt（SOS) technique for free deep inferior epigastric perforator flap salvage[J]. J Plast Reconstr Aesth Surg,2014,67(8):1094-1097. DOI:10.1016/j.bjps.2014.04.034.

[12] Deng ZM,Cai L,Jin W,Ping AS,Wei RX. One-stage reconstruction with open bone grafting and vacuum-assisted closure for infected tibial non-union[J]. Arch Med Sci,2014,10(4):764-772. DOI:10.5114/aoms.2013.34411.

[13] Dorfman D,Pu LL. The value of color duplex imaging for planning and performing a free anterolateral thigh perforator flap[J]. Ann Plast Surg,2014,72 Suppl 1:S6-8. DOI:10.1097/SAP.0000000000000177.

[14] Enajat M,Mohammadi MA,Debeij J,van der Hulst R,Mureau MAM. Effect of acetylsalicylic acid on microvascular thrombosis in autologous breast reconstruction[J]. J Reconstr Microsurg,2014,30(1):65-69. DOI:10.1055/s-0033-1356553.

[15] Eren G,Atilla G. Platelet-rich fibrin in the treatment of localized gingival recessions:a split-mouth randomized clinical trial[J]. Clin Oral Invest,2014,18(8):1941-1948. DOI:10.1007/s00784-013-1170-5.

[16] Fernandes RL,Lynch JC,Welling L,Goncalves M,Tragante R,Temponi V,Pereira C. Complete removal of the spinal nerve sheath tumors. Surgical technics and results from a series of 30 patients[J]. Arquivos De Neuro-Psiquiatria,2014,72(4):312-317. DOI:10.1590/0004-282x20140008.

[17] Fukunaga Y,Sakuraba M,Miyamoto S,Kayano S,Kurosawa K,Fujiki M,Sakisaka M,Yoshimoto S. One-stage reconstruction of a tracheal defect with a free radial forearm flap and free costal cartilage grafts[J]. J Plast Reconstr Aesth Surg,2014,67(6):857-859. DOI:10.1016/j.bjps.2013.12.053.

[18] Granzow JW,Soderberg JM,Dauphine C. A novel two-stage surgical approach to treat chronic lymphedema[J]. Breast J,2014,20(4):420-2. DOI:10.1111/tbj.12282.

[19] Granzow JW,Soderberg JM,Kaji AH,Dauphine C. An effective system of surgical treatment of lymphedema[J]. Ann Surg Oncol,2014,21(4):1189-94. DOI:10.1245/s10434-014-3515-y.

[20] Gravvanis A,Tsoutsos D,Papanikolaou G,Diab A,Lambropoulou P,Karakitsos D. Refining perforator

selection for deep inferior epigastric perforator flap:the impact of the dominant venous perforator[J]. Microsurgery,2014,34(3):169-176. DOI:10.1002/micr.22193.
[21] Grover R,Nelson JA,Fischer JP,Kovach SJ,Serletti JM,Wu LC. The impact of perforator number on deep inferior epigastric perforator flap breast reconstruction[J]. Arch Plast Surg,2014,41(1):63-70. DOI:10.5999/aps.2014.41.1.63.
[22] Hakim SG,Trenkle T,Sieg P,Jacobsen HC. Ulnar artery-based free forearm flap:Review of specific anatomic features in 322 cases and related literature[J]. Head Neck J Sci Spec Head Neck,2014,36(8):1224-1229. DOI:10.1002/hed.23594.
[23] Hallock GG. Abdominoplasty as the patient impetus for selection of the deep inferior epigastric artery perforator free flap for knee coverage[J]. Microsurgery,2014,34(2):102-105. DOI:10.1002/micr.22144.
[24] Hallock GG. Partial failure of a perforator free flap can be salvaged by a second perforator free flap[J]. Microsurgery,2014,34(3):177-182. DOI:10.1002/micr.22166.
[25] Hanasono MM,Corbitt CA,Yu P,Skoracki RJ. Success of sequential free flaps in head and neck reconstruction[J]. J Plast Reconstr Aesthet Surg,2014,67(9):1186-93. DOI:10.1016/j.bjps.2014.05.012.
[26] Hara H,Mihara M,Hayashi A,Kanemaru M,Todokoro T,Yamamoto T,Iida T,Hino R,Koshima I. Therapeutic strategy for lower limb lymphedema and lymphatic fistula after resection of a malignant tumor in the hip joint region:a case report[J]. Microsurgery,2014,34(3):224-228. DOI:10.1002/micr.22138.
[27] Healy C,Allen RJ. The evolution of perforator flap breast reconstruction:twenty years after the first diep flap[J]. J Reconstr Microsurg,2014,30(2):121-125. DOI:10.1055/s-0033-1357272.
[28] Hocaoglu E,Emekli U,Cizmeci O,Ucar A. Suprafascial pre-expansion of perforator flaps and the effect of pre-expansion on perforator artery diameter[J]. Microsurgery,2014,34(3):188-196. DOI:10.1002/micr.22184.
[29] Jiang ZH,Li SL,Cao WG. Emergency management of traumatic total scalp avulsion with microsurgical replantation[J]. Ulusal Travma Ve Acil Cerrahi Dergisi-Turkish Journal of Trauma & Emergency Surgery,2014,20(1):66-70. DOI:10.5505/tjtes.2014.68253.
[30] Kayalar M,Kucuk L,Sugun TS,Gurbuz Y,Savran A,Kaplan and I. Clinical applications of free arterialized venous flaps[J]. J Plast Reconstr Aesth Surg,2014,67(11):1548-1556. DOI:10.1016/j.bjps.2014.05.061.
[31] Khoo A,Rosich-Medina A,Woodham A,Jessop ZM,Di Candia M,Malata CM. The relationship between the intercostal distance,patient height and outcome in microsurgical breast reconstruction using the second interspace rib-sparing internal mammary vessel exposure[J]. Microsurgery,2014,34(6):448-453. DOI:10.1002/micr.22238.
[32] Klasson,S,K. Svensson,P. Wollmer,P. Velander,and H. Svensson. Blood flow dynamics and sensitivity in breasts after reconstruction with DIEP-flap[J]. J Plast Surg Hand Surg,2014,48(6):407-411. DOI:10.3109/2000656x.2014.903194.
[33] Kolbenschlag J,Bredenbroeker P,Daigeler A,Joneidi H,Ring A,Kapalschinski N,Lehnhardt M,Goertz O. Changes of oxygenation and hemoglobin-concentration in lower extremity free flaps during dangling[J]. J Reconstr Microsurg,2014,30(5):319-327. DOI:10.1055/s-0033-1363773.
[34] Kolbenschlag J,Daigeler A,Lauer S,Wittenberg G,Fischer S,Kapalschinski N,Lehnhardt M,Goertz O. Can rotational thromboelastometry predict thrombotic complications in reconstructive microsurgery?[J]. Microsurgery,2014,34(4):253-60. DOI:10.1002/micr.22199.
[35] Landes C,Cornea P,Teiler A,Ballon A,Sader R. Intraoral anastomosis of a prelaminated radial forearm flap in reconstruction of a large persistent cleft palate[J]. Microsurgery,2014,34(3):229-232. DOI:10.1002/micr.22200.
[36] Li L,Chen Y,Chen JY,Chen JJ,Yang BL,Li JJ,Huang XY,Shen ZZ,Shao ZM,Yu PR,Wu J. Adjuvant chemotherapy increases the prevalence of fat necrosis in immediate free abdominal flap breast reconstruction[J]. J Plast Reconstr Aesth Surg,2014,67(4):461-467. DOI:10.1016/j.bjps.2014.01.008.
[37] Liu CJ,Zhuang Y,Momeni A,Luan J,Chung MT,Wright E,Lee GK. Quality of life and patient satisfaction after microsurgical abdominal flap versus staged expander/implant breast reconstruction:a critical study of unilateral immediate breast reconstruction using patient-reported outcomes instrument BREAST-Q[J]. Breast Cancer Res Treat,2014,146(1):117-126. DOI:10.1007/s10549-014-2981-z.
[38] Liu J,Zheng HY. Free distal ulnar artery perforator flaps for the reconstruction of a volar defect in fingers[J]. J Plast Reconstr Aesth Surg,2014,67(11):1557-1563. DOI:10.1016/j.bjps.2014.05.060.
[39] Manahan MA,Basdag B,Kalmar CL,Shridharani SM,Magarakis M,Jacobs LK,Thomsen RW,Rosson GD. Risk of severe and refractory postoperative nausea and vomiting in patients undergoing diep flap breast reconstruction[J]. Microsurgery,2014,34(2):112-121. DOI:10.1002/micr.22155.
[40] Manahan MA,Prucz RB,Shridharani SM,Baltodano PA,Rosson GD. LOng-term follow-up of changing practice patterns in breast reconstruction due to increased use of tissue expanders and perforator flaps[J]. Microsurgery,2014,34(8):595-601. DOI:10.1002/micr.22245.
[41] Manoli T,Schulz L,Stahl S,Jaminet P,Schaller HE. Evaluation of sensory recovery after reconstruction of digital nerves of the hand using muscle-in-vein conduits in comparison to nerve suture or nerve autografting[J]. Microsurgery,2014,34(8):608-15. DOI:10.1002/micr.22302.
[42] Medina ND,Fischer JP,Fosnot J,Serletti JM,Wu LC,Kovach SJ. Lower extremity free flap outcomes using an anastomotic venous coupler device[J]. Ann Plast Surg,2014,72(2):176-179. DOI:10.1097/SAP.0b013e31825c07a1.
[43] Meric G,Ulusal AE,Atik A,Sargin S,Ulusal B,Sahin MS. Descending branch of the lateral circumflex femoral artery as a recipient vessel for vascularized fibular grafts:clinical case series[J]. Microsurgery,2014,34(8):633-637. DOI:10.1002/micr.22299.
[44] Miao ZL,Jiang L,Xu X,Chen KL,Lu XJ. Microsurgical treatment assisted by intraoperative ultrasound localization:A controlled trial in patients with hypertensive basal ganglia hemorrhage[J]. Br J Neurosurg,2014,28(4):478-482. DOI:10.3109/02688697.2013.869548.
[45] Mihara M,Seki Y,Hara H,Iida T,Oka A,Kikuchi K,Narushima M,Haragi M,Furniss D,Hin-Lun L,Mitsui K,Murai N,Koshima I. Predictive lymphatic mapping a method for mapping lymphatic channels in patients with advanced unilateral lymphedema using indocyanine green lymphography[J]. Ann Plast Surg,2014,72(6):706-710. DOI:10.1097/SAP.0b013e31826a18b1.
[46] Momeni A,Parrett BM,Kuri M. Using an unconventional perfusion pattern in ear replantation-arterialization of the venous system[J]. Microsurgery,2014,34(8):657-661. DOI:10.1002/micr.22308.
[47] Morrison SD,Son J,Song J,Berger A,Kirby J,Ahdoot M,Lee GK. Modification of the tube-in-tube pedicled anterolateral thigh flap for total phalloplasty:the mushroom flap[J]. Ann Plast Surg,2014,72 Suppl 1:S22-6. DOI:10.1097/SAP.0000000000000072.
[48] Nasir S,Kilic YA,Karaaltin MV,Erdem Y. Lessons learned from the first quadruple extremity transplantation in the world[J]. Ann Plast Surg,2014,73(3):336-340. DOI:10.1097/sap.0000000000000279.
[49] Ng WKY,Kaur MN,Thoma A. Long-term outcomes of major upper extremity replantations[J]. Plastic Surgery,2014,22(1):9-13.
[50] Onoda S,Todokoro T,Hara H,Azuma S,Goto A. Minimally invasive multiple lymphaticovenular anastomosis at the ankle for the prevention of lower leg lymphedema[J]. Microsurgery,2014,34(5):372-376. DOI:10.1002/micr.22204.
[51] Ozkan O,Ozkan O,Cinpolat A,Bektas G. Reconstruction of distal lower extremities defect using the free peroneal artery perforator vessel based flap[J]. Microsurgery,2014,34(8):629-632. DOI:10.1002/micr.22290.
[52] Penaud A,Besset M,Quignon R,Bahe L,Danin A,Fouquet B,Brilhault J. The free gracilis muscle flap in the foot and ankle reconstructive surgery[J]. Annales De Chirurgie Plastique Esthetique,2014,59(1):42-52. DOI:10.1016/j.anplas.2013.06.001.
[53] Piazza C,Taglietti V,Paderno A,Nicolai P. End-to-end versus end-to-side venous microanastomoses in head and neck reconstruction[J]. Eur Arch Oto Rhino Laryngol,2014,271(1):157-162. DOI:10.1007/s00405-013-2496-y.
[54] Raju A,Ooi A,Ong YS,Tan BK. Traumatic lower limb injury and microsurgical free flap reconstruction with the use of negative pressure wound therapy:is timing crucial?[J]. J Reconstr Microsurg,2014,30(6):427-430. DOI:10.1055/s-0034-1371510.
[55] Rao S,Stolle EC,Sher S,Lin CW,Momen B,Nahabedian MY. A multiple logistic regression analysis of complications following microsurgical breast reconstruction[J]. Gland Surg,2014,3(4):226-231. DOI:10.3978/j.issn.2227-684X.2014.10.03.
[56] Riccio M,Pangrazi PP,Parodi PC,Vaienti L,Marchesini A,Neuendorf AD,Bottegoni C,Tos P,Geuna S. The amnion muscle combined graft (amcg) conduits:a new alternative in the repair of wide substance loss of peripheral nerves[J]. Microsurgery,2014,34(8):616-622. DOI:10.1002/micr.22306.
[57] Zhu L,Xu QJ,Kou W,Ning B,Jia TH. Outcome of free digital artery perforator flap transfer for reconstruction of fingertip defects[J]. Ind J Orthop,2014,48(6):594-598. DOI:10.4103/0019-5413.144228.
[58] Zhu HN,Wei X,Lineaweaver W,Li QF. Perioperative risk factors for vascularized composite allotransplantation:a systematic review and proposal of identity-defining VCA[J]. Microsurgery,2014,34(3):240-244. DOI:10.1002/micr.22125.

二、基础研究
Basic Research

[1] Alekseev O,Donovan K,Limonnik V,Azizkhan-Clifford J. Nonthermal dielectric barrier discharge (DBD) plasma suppresses herpes simplex virus type 1(HSV-1) replication in corneal epithelium[J]. Transl Vision Sci Tech,2014,3(2). DOI:10.1167/tvst.3.2.2.
[2] Carey JN,Rommer E,Sheckter C,Minneti M,Talving P,Wong AK,Garner W,Urata MM. Simulation of plastic surgery and microvascular procedures using perfused fresh human cadavers[J]. J Plast Reconstr Aesth Surg,2014,67(2):E42-E48. DOI:10.1016/j.bjps.2013.09.026.
[3] de Melo PP,Miyamoto H,Serradori T,Mantovani GR,Selber J,Facca S,Xu WD,Santelmo N,Liverneaux P. Robotic phrenic nerve harvest:A feasibility study in a pig model[J]. Chirurgie De La Main,2014,33(5):356-360. DOI:10.1016/j.main.2014.07.006.
[4] Fan Y,Li R,Huang J,Zhao HC,Ding T,Sun XF,Yu Y,Qiao J. Improved efficiency of microsurgical enucleated tripronuclear zygotes development and embryonic stem cell derivation by supplementing Epidermal Growth Factor,Brain-Derived Neurotrophic Factor,and Insulin-Like Growth Factor-1[J]. Stem Cells Dev,2014,23(6):563-575. DOI:10.1089/scd.2013.0420.
[5] Fichter AM,Borgmann A,Ritschl LM,Mitchell DA,Wagenpfeil S,Dornseifer U,Wolff KD,Mucke T. Perforator flaps--how many perforators are necessary to keep a flap alive?[J]. Br J Oral Maxillofac Surg,2014,52(5):432-7. DOI:10.1016/j.bjoms.2014.02.013.
[6] Garin P,Peerbaccus Y,Mardyla N,Mullier F,Gheldof D,Dogne JM,Putz L,Van Damme JP. Platelet-Rich Fibrin (PRF):an autologous packing material for middle ear microsurgery[J]. B-Ent,2014,10(1):27-34.
[7] Giusti G,Shin RH,Lee JY,Mattar TG,Bishop AT,Shin AY. The influence of nerve conduits diameter in motor nerve recovery after segmental nerve repair[J]. Microsurgery,2014,34(8):646-652. DOI:10.1002/micr.22312.
[8] Hunter GL,Crawford JM,Genkins JZ,Kiehart DP. Ion channels contribute to the regulation of cell sheet forces during Drosophila dorsal closure[J]. Development,2014,141(2):325-334. DOI:10.1242/dev.097097.
[9] Larsen M,Willems WF,Pelzer M,Friedrich PF,Dadsetan M,Bishop AT. Fibroblast growth factor-2 and vascular endothelial growth factor mediated augmentation of angiogenesis and bone formation in vascularized bone allotransplants[J]. Microsurgery,2014,34(4):301-307. DOI:10.1002/micr.22221.
[10] Laudano MA,Osterberg EC,Sheth S,Ramasamy R,Sterling J,Mukherjee S,Robinson BD,Parekattil S,Goldstein M,Schlegel PN,Li PS. Microsurgical denervation of rat spermatic cord:safety and efficacy data[J]. Bju International,2014,113(5):795-800. DOI:10.1111/bju.12421.
[11] Liu HF,Chen ZG,Fang TL,Arnold P,Lineaweaver WC,Zhang J. Changes of the donor nerve in end-to-side neurorrhaphies with epineurial window and partial neurectomy:a long-term evaluation in the rat model[J]. Microsurgery,2014,34(2):136-144. DOI:10.1002/micr.22167.
[12] Liu JF,Chen B,Ni Y,Zhan YQ,Gao HB. Application of a three-dimensional microsurgical video system for a rat femoral vessel anastomosis[J]. Chin Med J,2014,127(2):348-352. DOI:10.3760/cma.j.issn.0366-6999.20131957.
[13] Lynch HE,Veldhuis J,Brodland GW,Hutson MS. Modeling cell elongation during germ band retraction:cell autonomy versus applied anisotropic stress[J]. New J Phys,2014,16. DOI:10.1088/1367-2630/16/5/055003.
[14] Marcus HJ,Zareinia K,Gan LS,Yang FW,Lama S,Yang GZ,Sutherland GR. Forces exerted during microneurosurgery:a cadaver study[J]. Int J Med Robot Comp Assist Surg,2014,10(2):251-256. DOI:10.1002/rcs.1568.
[15] Medrano JV,Martinez-Arroyo AM,Sukhwani M,Noguera I,Quinonero A,Martinez-Jabaloyas JM,Pellicer A,Remohi J,Orwig KE,Simon C. Germ cell transplantation into mouse testes procedure[J]. Fertil Steril,2014,102(4):E11-E12. DOI:10.1016/j.fertnstert.2014.07.669.
[16] Mishra B,Ghannad-Rezaie M,Li JX,Wang X,Hao Y,Ye B,Chronis N,Collins CA. Using microfluidics chips for live imaging and study of injury responses in drosophila larvae[J]. Jove-J Visual Exper,2014(84). DOI:10.3791/50998.
[17] Mohammadi R,Vahabzadeh B,Amini K. Sciatic nerve regeneration induced by transplantation of in vitro bone marrow stromal cells into an inside-out artery graft in rat[J]. J Cranio-Maxillofac Surg,2014,42(7):1389-1396. DOI:10.1016/j.jcms.2014.03.031.
[18] Najari BB,Li PS,Ramasamy R,Katz M,Sheth S,Robinson B,Chen HL,Zirkin B,Schlegel PN,Goldstein M. Microsurgical rat varicocele model[J]. J Urol,2014,191(2):548-553. DOI:10.1016/j.juro.2013.08.011.
[19] Odobescu A,Moubayed SP,Harris PG,Bou-Merhi J,Daniels E,Danino MA. A new microsurgical research model using Thiel-embalmed arteries and comparison of two suture techniques[J]. J Plast Reconstr Aesth Surg,2014,67(3):389-395. DOI:10.1016/j.bjps.2013.12.026.
[20] Prasetyono TOH,Bangun K,Buchari FB,Rezkini P. Practical considerations for perforator flap thinning procedures revisited[J]. Arch Plast Surg Aps,2014,41(6):693-701. DOI:10.5999/aps.2014.41.6.693.
[21] Sabri F,Erth D,Tamula GRM,Phung TCN,Lynch KJ,Boughter JD. Novel technique for repair of severed peripheral nerves in rats using polyurea crosslinked silica aerogel scaffold[J]. J Invest Surg,2014,27(5):294-303. DOI:10.3109/08941939.2014.906688.

三、综述
Review

[1] Adani R,Tarallo L,Caccese AF,Delcroix L,Cardin-Langlois E,Innocenti M. Microsurgical soft tissue and bone transfers in complex hand trauma[J]. Clin Plast Surg,2014,41(3):361-383. DOI:10.1016/j.cps.2014.03.002.

[2] Ardehali B,Morritt AN,Jain A. Systematic review:Anastomotic microvascular device[J]. J Plast Reconstr Aesth Surg,2014,67(6):752-755. DOI:10.1016/j.bjps.2014.01.038.

[3] Basta MN,Gao LL,Wu and LZC. Operative treatment of peripheral lymphedema:a systematic meta-analysis of the efficacy and safety of lymphovenous microsurgery and tissue transplantation[J]. Plast Reconstr Surg,2014,133(4):905-913. DOI:10.1097/prs.0000000000000010.

[4] Ben Amotz O,Ramirez R,Husain T,Lehrman C,Teotia S,Sammer DM. Complications related to harvest of the proximal end of the fibula:a systematic review[J]. Microsurgery,2014,34(8):666-669. DOI:10.1002/micr.22309.

[5] Doumit G,Gharb BB,Rampazzo A,Papay F,Siemionow MZ,Zins JE. Pediatric vascularized composite allotransplantation[J]. Ann Plast Surg,2014,73(4):445-450. DOI:10.1097/sap.0000000000000300.

[6] Dumestre D,Yeung JK,Temple-Oberle C. Evidence-based microsurgical skill-acquisition series part 1:validated microsurgical models-a systematic review[J]. J Surg Edu,2014,71(3):329-338. DOI:10.1016/j.jsurg.2013.09.008.

[7] Ensat F,Hladik M,Larcher L,Mattiassich G,Wechselberger G. The distally based peroneus brevis muscle flap-clinical series and review of the literature[J]. Microsurgery,2014,34(3):203-208. DOI:10.1002/micr.22172.

[8] Heidary B,Phang TP,Raval MJ,Brown CJ. Transanal endoscopic microsurgery:a review[J]. Canadian Journal of Surgery,2014,57(2):127-138. DOI:10.1503/cjs.022412.

[9] Ito R,Suami H. Overview of lymph node transfer for lymphedema treatment[J]. Plast Reconstr Surg,2014,134(3):548-556. DOI:10.1097/prs.0000000000000383.

[10] Kumnig M,Jowsey SG,DiMartini AF. Psychological aspects of hand transplantation[J]. Curr Opin Organ Transplant,2014,19(2):188-95. DOI:10.1097/MOT.0000000000000047.

[11] Lin CH,Webb K,Neumeister MW. Immediate tissue transplantation in upper limb trauma spare parts reconstruction[J]. Clin Plast Surg,2014,41(3):397-406. DOI:10.1016/j.cps.2014.04.003.

[12] Maniakas A,Saliba I. Neurofibromatosis type 2 vestibular Schwannoma treatment:a review of the literature,trends,and outcomes[J]. Otol Neurotol,2014,35(5):889-894. DOI:10.1097/mao.0000000000000272.

[13] Pederson WC. Median nerve injury and repair[J]. J Hand Surg Am,2014,39(6):1216-1222. DOI:10.1016/j.jhsa.2014.01.025.

[14] Ramakrishnan Y,Drinnan M,Kwong FNK,Grant DG,Mehanna H,Jones T,Paleri V. Oncologic outcomes of transoral laser microsurgery for radiorecurrent laryngeal carcinoma:A systematic review and meta-analysis of English-language literature[J]. Head Neck J Sci Spec Head Neck,2014,36(2):280-285. DOI:10.1002/hed.23291.

[15] Rickard RF,Hudson DA. A history of vascular and microvascular surgery[J]. Ann Plast Surg,2014,73(4):465-472. DOI:10.1097/SAP.0b013e3182710027.

[16] Sabapathy SR,Satbhai NG. Microsurgery in the urgent and emergent management of the hand[J]. Cur Rev Musculoskel Med,2014,7(1):40-46. DOI:10.1007/s12178-013-9197-4.

[17] Sajid MS,Farag S,Leung P,Sains P,Miles WFA,Baig MK. Systematic review and meta-analysis of published trials comparing the effectiveness of transanal endoscopic microsurgery and radical resection in the management of early rectal cancer[J]. Colorect Dis,2014,16(1):2-14. DOI:10.1111/codi.12474.

[18] Shipkov H,Traikova N,Voinov P,Boucher F,Braye F,Mojallal A. Vascularloops in reconstructive microsurgery:A review of the literature[J]. Annales De Chirurgie Plastique Esthetique,2014,59(1):1-8. DOI:10.1016/j.anplas.2013.06.009.

[19] Sibbel SE,Bauer AS,James MA. Late reconstruction of brachial plexus birth palsy[J]. J Pediat Orthop,2014,34:S57-S62. DOI:10.1097/bpo.0000000000000290.

[20] Velasquez M,Tanrikut C. Surgical management of male infertility:an update[J]. Transl Androl Urol,2014,3(1):64-76. DOI:10.3978/j.issn.2223-4683.2014.01.05.

[21] Vyas K,Wong L. Intraoperative management of free flaps current practice[J]. Ann Plast Surg,2014,72(6):S220-S223. DOI:10.1097/sap.0000000000000096.

四、教育与课程
Education and Course

[1] Al-Dam A,Zrnc TA,Hanken H,Riecke B,Eichhorn W,Nourwali I,Smeets R,Blessmann M,Heiland M,Grobe A. Outcome of microvascular free flaps in a high-volume training centre[J]. J Cranio-Maxillofac Surg,2014,42(7):1178-1183. DOI:10.1016/j.jcms.2014.02.005.

[2] Allouni A,Amer T,Ismail M,Ismail T. The human umbilical cord:a model for microsurgical training[J]. J Hand Microsurg,2014,6(2):110-112. DOI:10.1007/s12593-014-0142-6.

[3] Alrasheed T,Liu J,Hanasono MM,Butler CE,Selber JC. Robotic microsurgery:validating an assessment tool and plotting the learning curve[J]. Plast Reconstr Surg,2014,134(4):794-803. DOI:10.1097/prs.0000000000000550.

[4] Altunrende ME,Hamamcioglu MK,Hicdonmez T,Akcakaya MO,Birgili B,Cobanoglu S. Microsurgical training model for residents to approach to the orbit and the optic nerve in fresh cadaveric sheep cranium[J]. J Neurosci Rural Prac,2014,5(2):151-154. DOI:10.4103/0976-3147.131660.

[5] Alzakri A,Al-Rajeh M,Liverneaux PA,Facca S. Current situation of the teaching in microsurgical techniques in France and abroad[J]. Chirurgie De La Main,2014,33(3):219-223. DOI:10.1016/j.main.2014.03.006.

[6] Aurich,LA,da Silva L,Monteiro FMD,Ottoni AN,Jung GS,Ramina R. Microsurgical training model with nonliving swine head. Alternative for neurosurgical education[J]. Acta Cirurgica Brasileira,2014,29(6):405-409. DOI:10.1590/s0102-86502014000600010.

[7] Chen WF,Eid A,Yamamoto T,Keith J,Nimmons GL,Lawrence WT. A novel supermicrosurgery training model:The chicken thigh[J]. J Plast Reconstr Aesth Surg,2014,67(7):973-978. DOI:10.1016/j.bjps.2014.03.024.

[8] Gudeloglu A,Brahmbhatt JV,Parekattil SJ. Robotic-Assisted Microsurgery for an Elective Microsurgical Practice[J]. Semin Plast Surg,2014,28(1):11-19. DOI:10.1055/s-0034-1368162.

[9] Guerreschi P,Qassemyar A,Thevenet J,Hubert T,Fontaine C,Duquennoy-Martinot V. Reducing the number of animals used for microsurgery training programs by using a task-trainer simulator[J]. Laboratory Animals,2014,48(1):72-77. DOI:10.1177/0023677213514045.

[10] Joyce CW,Carroll SM. Microsurgery:the top 50 classic papers in plastic surgery:a citation analysis[J]. Arch Plast Surg Aps,2014,41(2):153-157. DOI:10.5999/aps.2014.41.2.153.

[11] Kolbenschlag J,Gehl B,Daigeler A,Kremer T,Hirche C,Vogt PM,Horch R,Lehnhardt M,Kneser U. Microsurgical training in germany-results of a survey among trainers and trainees[J]. Handchirurgie Mikrochirurgie Plastische Chirurgie,2014,46(4):234-241. DOI:10.1055/s-0034-1381996.

[12] Li Y,Chen C,Huang X,et al.Instrument tracking via online learning in retinal microsurgery[C].//Medical Image Computing and Computer-Assisted Intervention.Springer Verlag, 2014.DOI:10.1007/978-3-319-10404-1_58.

[13] Magaldi MO,Nicolato A,Godinho JV,Santos M,Prosdocimi A,Malheiros JA,Lei T,Belykh E,Almefty RO,Almefty KK,Preul MC,Spetzler RF,Nakaji P. Human placenta aneurysm model for training neurosurgeons in vascular microsurgery[J]. Oper Neurosurg,2014,10(4):592-600. DOI:10.1227/neu.0000000000000553.

[14] Maya A,Vorenberg A,Oviedo M,da Silva G,Wexner SD,Sands D. Learning curve for transanal endoscopic microsurgery:a single-center experience[J]. Surg Endosc Other Intervent Tech,2014,28(5):1407-1412. DOI:10.1007/s00464-013-3341-5.

[15] Nicholas RS,Madada-Nyakauru RN,Irri RA,Myers SR,Ghanem AM. Research priorities in light of current trends in microsurgical training:revalidation,simulation,cross-training,and standardisation[J]. Arch Plast Surg Aps,2014,41(3):218-224. DOI:10.5999/aps.2014.41.3.218.

[16] Selber JC,Alrasheed T. Robotic microsurgical training and evaluation[J]. Semin Plast Surg,2014,28(1):5-10. DOI:10.1055/s-0034-1368161.

[17] Singh M,Ziolkowski N,Ramachandran S,Myers SR,Ghanem AM. Development of a five-day basic microsurgery simulation training course:a cost analysis[J]. Arch Plast Surg Aps,2014,41(3):213-217. DOI:10.5999/aps.2014.41.3.213.

2015 年

一、临床研究
Clinical Research

[1] Acar MA,Gulec A,Aydin BK,Erkocak OF,Yilmaz G,Senaran H. Reconstruction of foot and ankle defects with a free anterolateral thigh flap in pediatric patients[J]. J Reconstr Microsurg,2015,31(3):225-232. DOI:10.1055/s-0034-1395888.

[2] Acarturk TO,Maldonado AA,Ereso A. Intraoral reconstruction with "thinned" peroneal artery perforator flaps:An alternative to classic donor areas in comorbid patients[J]. Microsurgery,2015,35(5):399-402. DOI:10.1002/micr.22366.

[3] Akita S,Mitsukawa N,Kuriyama M,Kubota Y,Hasegawa M,Tokumoto H,Ishigaki T,Togawa T,Kuyama J,Satoh K. Comparison of vascularized supraclavicular lymph node transfer and lymphaticovenular anastomosis for advanced stage lower extremity lymphedema[J]. Ann Plast Surg,2015,74(5):573-579. DOI:10.1097/sap.0000000000000513.

[4] Alrabeeah K,Wachter A,Phillips S,Cohen B,Al-Hathal N,Zini A. Sperm retrieval outcomes with microdissection testicular sperm extraction(micro-TESE) in men with cryptozoospermia[J]. Andrology,2015,3(3):462-466. DOI:10.1111/andr.12000.

[5] Ayestaray B,Bekara F. Fluorescein sodium fluorescence microscope-integrated lymphangiography for lymphatic supermicrosurgery[J]. Microsurgery,2015,35(5):407-410. DOI:10.1002/micr.22368.

[6] Ayestaray B,Proske YM. Perineal and posterior vaginal wall reconstruction with a superior gluteal artery dual perforator-pedicled propeller flap[J]. Microsurgery,2015,35(1):64-67. DOI:10.1002/micr.22279.

[7] Basta MN,Fischer JP,Kanchwala SK,Silvestre J,Wu LC,Serletti JM,Tchou JC,Kovach SJ,Fosnot J. A propensity-matched analysis of the influence of breast reconstruction on subsequent development of lymphedema[J]. Plast Reconstr Surg,2015,136(2):134E-143E. DOI:10.1097/prs.0000000000001417.

[8] Batdorf NJ,Lemaine V,Lovely JK,Ballman KV,Goede WJ,Martinez-Jorge J,Booth-Kowalczyk AL,Grubbs PL,Bungum LD,St-Cyr M. Enhanced recovery after surgery in microvascular breast reconstruction[J]. J Plast Reconstr Aesth Surg,2015,68(3):395-402. DOI:10.1016/j.bjps.2014.11.014.

[9] Bellamy JL,Mundinger GS,Flores JM,Wimmers EG,Yalanis GC,Rodriguez ED,Sacks JM. Do adjunctive flap-monitoring technologies impact clinical decision making? an analysis of microsurgeon preferences and behavior by body region[J]. Plast Reconstr Surg,2015,135(3):883-892. DOI:10.1097/prs.0000000000001064.

[10] Bertelli JA,Ghizoni MF,Tacca CP. The median nerve consistently drives flexion of the distal phalanx of the ring and little fingers:interest in finger flexion reconstruction by nerve transfers[J]. Microsurgery,2015,35(3):207-210. DOI:10.1002/micr.22333.

[11] Bianchi B,Ferri A,Ferrari S,Copelli C,Perlangeli G,Leporati M,Ferri T,Sesenna E. Reconstruction of mandibular defects using the scapular tip free flap[J]. Microsurgery,2015,35(2):101-106. DOI:10.1002/micr.22285.

[12] Bibbo C,Newman AS,Lackman RD,Levin LS,Kovach SJ. A simplified approach to reconstruction of hemipelvectomy defects with lower extremity free fillet flaps to minimize ischemia time[J]. J Plast Reconstr Aesth Surg,2015,68(12):1750-1754. DOI:10.1016/j.bjps.2015.07.006.

[13] Bjorklund KA,Venkatramani H,Venkateshwaran G,Boopathi V,Sabapathy SR. Regional anesthesia alone for pediatric free flaps[J]. J Plast Reconstr Aesth Surg,2015,68(5):705-708. DOI:10.1016/j.bjps.2015.02.019.

[14] Bodin F,Brunetti S,Dissaux C,Erik AS,Facca S,Bruant-Rodier C,Liverneaux P. Venous coupler use for free-flap breast reconstructions:Specific analyses of TMG and DIEP flaps[J]. Microsurgery,2015,35(4):295-299. DOI:10.1002/micr.22350.

[15] Bodin F,Dissaux C,Lutz JC,Hendriks S,Fiquet C,Bruant-Rodier C. The DIEP flap breast reconstruction:Starting from scratch in a university hospital[J]. Annales De Chirurgie Plastique Esthetique,2015,60(3):171-178. DOI:10.1016/j.anplas.2015.02.005.

[16] Bodin F,Schohn T,Dissaux C,Baratte A,Fiquet C,Bruant-Rodier C. Bilateral simultaneous breast reconstruction with transverse musculocutaneous gracilis flaps[J]. J Plast Reconstr Aesth Surg,2015,68(1):E1-E6. DOI:10.1016/j.bjps.2014.09.047.

[17] Brunetti B,Poccia I,Tenna S,Campa S,Persichetti P. Transversally oriented pedicled perforator flaps:a reliable alternative for lower leg reconstruction[J]. Microsurgery,2015,35(7):541-545. DOI:10.1002/micr.22465.

[18] Chao AH,Coriddi M. The impact of intraoperative microvascular compromise on outcomes in microsurgical breast reconstruction[J]. J Reconstr Microsurg,2015,31(7):493-499. DOI:10.1055/s-0035-1554939.

[19] Chao WN,Tsai CF,Wang PH,Chan KS,Lee YT,Lin DB,Chen CC,Chen SC. Freestyle groin flaps the real axial flap design and clinical application[J]. Ann Plast Surg,2015,74:S75-S79. DOI:10.1097/sap.0000000000000456.

[20] Cigna E,Mardini S,Chen HC,Ozkan O,Sassu P,Salgado CJ,Lieu YT,Ponzo I,Ribuffo D,Scuderi N. An improved method of supercharged transposed latissimus dorsi flap with the skin paddle for the management of a complicated lumbosacral defect[J]. Eur Rev Med Pharmacol Sci,2015,19(6):921-926.

[21] Contedini F,Negosanti L,Pinto V,Oranges CM,Sgarzani R,Lecce F,Cola B,Cipriani R. Reconstruction of a complex pelvic perineal defect with pedicled anterolateral thigh flap combined with bilateral lotus petal flap:a case report[J]. Microsurgery,2015,35(2):154-157. DOI:10.1002/micr.22304.

[22] Dadaci M,Ince B,Altuntas Z,Bitik O,Uzun H,Bilgen F. A novel technique for distal fingertip replantation:Polypropylene suture guided interpositional vein graft[J]. J Plast Surg Hand Surg,2015,49(5):280-283. DOI:10.3109/2000656x.2015.1041968.

[23] El-Gammal TA,El-Sayed A,Kotb MM,Saleh WR,Ragheb YF,Refai O,Morsy MM. Free functioning gracilis transplantation for reconstruction of elbow and hand functions in late obstetric brachial plexus palsy[J]. Microsurgery,2015,35(5):350-355. DOI:10.1002/micr.22373.

[24] Ensat F,Weitgasser L,Hladik M,Larcher L,Heinrich K,Skreiner A,Russe E,Fuerntrath F,Kamp J,Cotofana S,Wechselberger G. Redefining the vascular anatomy of the peroneus brevis muscle flap[J].

Microsurgery,2015,35(1):39-44. DOI:10.1002/micr.22294.
[25] Facio FN,Spessoto LC,Arruda P,Paiva CS,Arruda JG,Facio MF. Penile replantation after five hours of warm ischemia[J]. Urol Case Rep,2015,3(3):77-79. DOI:10.1016/j.eucr.2015.01.012.
[26] Frost MW,Niumsawatt V,Rozen WM,Eschen GET,Damsgaard TE,Kiil BJ. Direct comparison of postoperative monitoring of free flaps with microdialysis,implantable cook-swartz Doppler probe,and clinical monitoring in 20 consecutive patients[J]. Microsurgery,2015,35(4):262-271. DOI:10.1002/micr.22331.
[27] Fujiki M,Miyamoto S,Sakuraba M. Flow-through anastomosis for both the artery and vein in leg free flap transfer[J]. Microsurgery,2015,35(7):536-540. DOI:10.1002/micr.22476.
[28] Gentileschi S,Servillo M,Salgarello M. Supramicrosurgical lymphatic-venous anastomosis for postsurgical subcutaneous lymphocele treatment[J]. Microsurgery,2015,35(7):565-568. DOI:10.1002/micr.22478.
[29] Grammatica A,Piazza C,Paderno A,Taglietti V,Marengoni A,Nicolai and P. Free flaps in head and neck reconstruction after oncologic surgery:expected outcomes in the elderly[J]. Otolaryngol Head Neck Surg,2015,152(5):796-802. DOI:10.1177/0194599815576905.
[30] Ho ES,Curtis CG,Clarke HM. Pain in children following microsurgical reconstruction for obstetrical brachial plexus palsy[J]. J Hand Surg Am,2015,40(6):1177-1183. DOI:10.1016/j.jhsa.2015.02.003.
[31] Hompes R,Ashraf SQ,Gosselink MP,van Dongen KW,Mortensen NJ,Lindsey I,Cunningham C. Evaluation of quality of life and function at 1 year after transanal endoscopic microsurgery[J]. Colorect Dis,2015,17(2):O54-O61. DOI:10.1111/codi.12858.
[32] Hu R,Ren YJ,Yan L,Xiao ZH,Ding F,Li F,Han Q,Cheng WJ,Kan WS. A free anterolateral thigh flap and iliotibial band for reconstruction of soft tissue defects at children's feet and ankles[J]. Injury,2015,46(10):2019-2023. DOI:10.1016/j.injury.2015.06.046.
[33] Kempton SJ,Poore SO,Chen JT,Afifi AM. Free flap monitoring using an implantable anastomotic venous flow coupler:Analysis of 119 consecutive abdominal-based free flaps for breast reconstruction[J]. Microsurgery, 2015,35(5):337-344. DOI:10.1002/micr.22341.
[34] Kim BD,Ver Halen JP,Lim S,Kim JYS. Predictors of 61 unplanned readmission cases in microvascular free tissue transfer patients:multi-institutional analysis of 774 patients[J]. Microsurgery,2015,35(1):13-20. DOI:10.1002/micr.22230.
[35] Kim JT,Kim SW,Youn S,Kim YH. What is the ideal free flap for soft tissue reconstruction? a ten-year experience of microsurgical reconstruction using 334 latissimus dorsi flaps from a universal donor site[J]. Ann Plast Surg,2015,75(1):49-54. DOI:10.1097/sap.0000000000000010.
[36] Kim JT,Kim YH,Ghanem AM. Perforator chimerism for the reconstruction of complex defects:a new chimeric free flap classification system[J]. J Plast Reconstr Aesth Surg,2015,68(11):1556-1567. DOI:10.1016/j.bjps.2015.07.004.
[37] Klasson S,Svensson H,Malm K,Wasselius J,Velander P. Preoperative CT angiography versus Doppler ultrasound mapping of abdominal perforator in DIEP breast reconstructions:A randomized prospective study[J]. J Plast Reconstr Aesth Surg,2015,68(6):782-786. DOI:10.1016/j.bjps.2015.02.002.
[38] Klosterman T,Siu E,Tatum S. Free flap reconstruction experience and outcomes at a low-volume institution over 20 years[J]. Otolaryngol Head Neck Surg,2015,152(5):832-837. DOI:10.1177/0194599815573726.
[39] Li KW,Liu J,Liu MJ,Xie SL,Liu CX. Free multilobed posterior interosseous artery perforator flap for multi-finger skin defect reconstruction[J]. J Plast Reconstr Aesth Surg,2015,68(1):9-16. DOI:10.1016/j.bjps.2014.08.063.
[40] Lim SY,Yeo MSW,Nicoli F,Ciudad P,Constantinides J,Kiranantawat K,Sapountzis S,Ho ACW,Chen HC. End-to-patch anastomosis for microvascular transfer of free flaps with small pedicle[J]. J Plast Reconstr Aesth Surg,2015,68(4):559-564. DOI:10.1016/j.bjps.2014.11.020.
[41] Liu J,Song DJ,Wu S,Li JS,Deng XW,Li KW,Lv HB,Xu J. Modified chimeric radial collateral artery perforator flap for repairing hand composite defects[J]. J Reconstr Microsurg,2015,31(3):171-178. DOI:10.1055/s-0034-1390324.
[42] Miyamoto S,Fujiki M,Nakatani F,Sakisaka M,Sakuraba M. Free flow-through anterolateral thigh flap for complex knee defect including the popliteal artery[J]. Microsurgery,2015,35(6):485-488. DOI:10.1002/micr.22421.
[43] Mucke T,Rohleder NH,Rau A,Ritschl LM,Kesting M,Wolff KD,Mitchell DA,Loeffelbein DJ. The value of perioperative antibiotics on the success of oral free flap reconstructions[J]. Microsurgery,2015,35(7):507-511. DOI:10.1002/micr.22470.
[44] Nelson JA,Fischer JP,Grover R,Kovach SJ,Low DW,Kanchwala SK,Levin LS,Serletti JM,Wu LC. Vein grafting your way out of trouble:Examining the utility and efficacy of vein grafts in microsurgery[J]. J Plast Reconstr Aesth Surg,2015,68(6):830-836. DOI:10.1016/j.bjps.2015.02.008.
[45] Neto JQL,De Carli A,Nakamoto HA,Bersani G,Crepaldi BE,de Rezende MR. Prognostic factors on survival rate of fingers replantation[J]. Acta Ortopedica Brasileira,2015,23(1):16-18. DOI:10.1590/1413-78522015230101026.
[46] Nicoli F,Chilgar RM,Sapountzis S,Yeo MSW,Lazzeri D,Ciudad P,Kiranantawat K,Sonmez TT,Maruccia M,Lim SY,Constantinides J,Chen HC. Reconstruction after orbital exenteration using gracilis muscle free flap[J]. Microsurgery,2015,35(3):169-176. DOI:10.1002/micr.22339.
[47] Olivan MV,Busnardo FF,Faria JC,Coltro PS,Grillo VA,Gemperli R. Chimerical anterolateral thigh flap for plantar reconstruction[J]. Microsurgery,2015,35(7):546-552. DOI:10.1002/micr.22492.
[48] Ozturk CN,Ozturk C,Ledinh W,Bozkurt M,Schwarz G,O'Rourke C,Djohan R. Variables affecting postoperative tissue perfusion monitoring in free flap breast reconstruction[J]. Microsurgery, 2015,35(2):123-128. DOI:10.1002/micr.22276.
[49] Pannucci CJ,Basta MN,Kovach SJ,Kanchwala SK,Wu LC,Serletti JM. Loupes-only microsurgery is a safe alternative to the operating microscope:an analysis of 1,649 consecutive free flap breast reconstructions[J]. J Reconstr Microsurg,2015,31(9):636-642. DOI:10.1055/s-0035-1556053.
[50] Patel KM,Lin CY,Cheng MH. From theory to evidence:long-term evaluation of the mechanism of action and flap integration of distal vascularized lymph node transfers[J]. J Reconstr Microsurg,2015,31(1):26-30. DOI:10.1055/s-0034-1381957.
[51] Peng J,Zhang ZC,Cui WS,Yuan YM,Song WD,Gao B,Xin ZC,Zhu SN. Spontaneous pregnancy rates in Chinese men undergoing microsurgical subinguinal varicocelectomy and possible preoperative factors affecting the outcomes[J]. Fertil Steril,2015,103(3):635-639. DOI:10.1016/j.fertnstert.2014.12.091.
[52] Sacak B,Akdeniz ZD,Certel F,Kocaaslan FND,Tuncer B,Celebiler O. Risk assessment for free tissue transfers:is old age a determining factor?[J]. J Craniofac Surg,2015,26(3):856-859. DOI:10.1097/scs.0000000000001667.
[53] Sakakibara S,Onishi H,Hashikawa K,Akashi M,Sakakibara A,Nomura T,Terashi H. Three-dimensional venous visualization with phase-lag computed tomography angiography for reconstructive microsurgery[J]. J Reconstr Microsurg,2015,31(4):305-312. DOI:10.1055/s-0034-1400070.
[54] Senchenkov A,Agag RL,Lee J,Patel A,Valerio IL. Management of anterolateral thigh free Flap donor site defects with a continuous external tissue expander[J]. Microsurgery,2015,35(4):290-294. DOI:10.1002/micr.22326.
[55] Sirimahachaiyakul P,Orfaniotis G,Gesakis K,Kiranantawat K,Ciudad P,Nicoli F,Maruccia M,Sacak B,Chen HC. Keyhole anterolateral thigh flap:A special way of partition for reconstruction around a protruding structure or cavity/tunnel[J]. Microsurgery,2015,35(5):356-363. DOI:10.1002/micr.22377.
[56] Sosin M,De la Cruz C,Bojovic B,Christy MR,Rodriguez ED. Microsurgical reconstruction of complex scalp defects:an appraisal of flap selection and the timing of complications[J]. J Craniofac Surg,2015,26(4):1186-1191. DOI:10.1097/scs.0000000000001642.
[57] Tan HT,Yang KQ,Wei PG,Zhang GD,Dimitriou D,Xu L,Huang WH,Luo X. A novel preoperative planning technique using a combination of ct angiography and three-dimensional printing for complex toe-to-hand reconstruction[J]. J Reconstr Microsurg,2015,31(5):369-377. DOI:10.1055/s-0035-1546419.
[58] Tashiro K,Harima M,Kato M,Yamamoto T,Yamashita S,Narushima M,Iida T,Koshima I. Preoperative color Doppler ultrasound assessment in planning of SCIP flaps[J]. J Plast Reconstr Aesth Surg,2015,68(7):979-983. DOI:10.1016/j.bjps.2015.03.004.
[59] 59. Yang Jiantao,Qin Bengang,Li Ping,Fu Guo,Xiang Jianping,Gu Liqiang. Vascularized Proximal Fibular Epiphyseal Transfer for Bayne and Klug Type III Radial Longitudinal Deficiency in Children. Plast Reconstr Surg,2015,135(1):157-166. doi:10.1097/PRS.0000000000000836.

二、基础研究
Basic Research

[1] Agrogiannis N,Rozen S,Reddy G,Audolfsson T,Rodriguez-Lorenzo A. Vastus lateralis vascularized nerve graft in facial nerve reconstruction:an anatomical cadaveric study and clinical implications[J]. Microsurgery,2015,35(2):135-139. DOI:10.1002/micr.22311.
[2] Bambardekar K,Clement R,Blanc O,Chardes C,Lenne PF. Direct laser manipulation reveals the mechanics of cell contacts in vivo[J]. Proc Natl Acad Sci USA,2015,112(5):1416-1421. DOI:10.1073/pnas.1418732112.
[3] Busnardo FF,Coltro PS,Olivan MV,Faes JC,Lavor E,Ferreira MC,Rodrigues AJ,Gemperli R. Anatomical comparison among the anterolateral thigh,the parascapular,and the lateral arm flaps[J]. Microsurgery, 2015,35(5):387-392. DOI:10.1002/micr.22357.
[4] Catto V,Fare S,Cattaneo I,Figliuzzi M,Alessandrino A,Freddi G,Remuzzi A,aTanzi MC. Small diameter electrospun silk fibroin vascular grafts:Mechanical properties,in vitro biodegradability,and in vivo biocompatibility[J]. Mat Sci Engin C Mat Biol Appl,2015,54:101-111. DOI:10.1016/j.msec.2015.05.003.
[5] Chen I,Karabucak B,Wang C,Wang HG,Koyama E,Kohli MR,Nah HD,Kim S. Healing after root-end microsurgery by using mineral trioxide aggregate and a new calcium silicate-based bioceramic material as root-end filling materials in dogs[J]. J Endodont,2015,41(3):389-399. DOI:10.1016/j.joen.2014.11.005.
[6] Doulgeris JJ,Gonzalez-Blohm SA,Filis AK,Shea TM,Aghayev K,Vrionis FD. Robotics in neurosurgery:evolution,current challenges,and compromises[J]. Cancer Control,2015,22(3):352-359. DOI:10.1177/107327481502200314.
[7] Dumestre D,Yeung JK,Temple-Oberle C. Evidence-based microsurgical skills acquisition series part 2:validated assessment instruments-a systematic review[J]. J Surg Edu,2015,72(1):80-89. DOI:10.1016/j.jsurg.2014.06.009.
[8] Gonzalez-Perez F,Cobianchi S,Geuna S,Barwig C,Freier T,Udina E,Navarro X. Tubulization with chitosan guides for the repair of long gap peripheral nerve injury in the rat[J]. Microsurgery,2015,35(4):300-308. DOI:10.1002/micr.22362.
[9] Hoijman E,Rubbini D,Colombelli J,Alsina B. Mitotic cell rounding and epithelial thinning regulate lumen growth and shape[J]. Nature Commun,2015,6. DOI:10.1038/ncomms8355.
[10] Hupkens P,Schijns W,Van Abeelen M,Kooloos JGM,Slater NJ,Ulrich and DJO. Lateral lower leg perforator flaps:an anatomical study to localize and classify lateral lower leg perforators[J]. Microsurgery,2015,35(2):140-147. DOI:10.1002/micr.22313.
[11] Ju JH,Li JN,Hou RX. Microsurgery in 46 cases with total hand degloving injury[J]. Asian J Surg,2015,38(4):205-209. DOI:10.1016/j.asjsur.2015.01.004.
[12] Kagaya Y,Ohura N,Kurita M,Takushima A,Harii K. Examination of tissue oxygen saturation（StO(2)) changes associated with vascular pedicle occlusion in a rat Island flap model using near-Infrared spectroscopy[J]. Microsurgery,2015,35(5):393-398. DOI:10.1002/micr.22385.
[13] Koch M,Freundl AJ,Agaimy A,Kiesewetter F,Kunzel J,Cicha I,Alexiou C. Atypical fibroxanthoma-histological diagnosis,immunohistochemical markers and concepts of therapy[J]. Anticanc Res,2015,35(11):5717-5735.
[14] Kohout GD,He JN,Primus CM,Opperman LA,Woodmansey KF. Comparison of quick-set and mineral trioxide aggregate root-end fillings for the regeneration of apical tissues in dogs[J]. J Endodont,2015,41(2):248-252. DOI:10.1016/j.joen.2014.10.005.
[15] Kolbenschlag J,Sogorski A,Harati K,Daigeler A,Wiebalck A,Lehnhardt M,Kapalschinski N,Goertz O. Upper extremity ischemia is superior to lower extremity ischemia for remote ischemic conditioning of antero-lateral thigh cutaneous blood flow[J]. Microsurgery,2015,35(3):211-217. DOI:10.1002/micr.22336.
[16] Lee JT,Chen PR,Hsu H,Wu MS,Cheng LF,Huang CC,Chien SH. The proximal lateral lower leg perforator flap revisited:anatomical study and clinical applications[J]. Microsurgery,2015,35(2):115-122. DOI:10.1002/micr.22264.
[17] Li J,Cai CN,Guo H,Guan XD,Yang LK,Li YC,Zhu YH,Li PP,Liu XL,Zhang BM. Portal vein arterialization promotes liver regeneration after extended partial hepatectomy in a rat model[J]. J Biomed Res,2015,29(1):69-75. DOI:10.7555/jbr.29.20140054.
[18] Osychenko AA,Zalessky AD,Krivokharchenko AS,Shakhbazian AK,Ryabova AV,Nadtochenko VA. Fusion of blastomeres in mouse embryos under the action of femtosecond laser radiation. Efficiency of blastocyst formation and embryo development[J]. Quantum Electronics,2015,45(5):498-502. DOI:10.1070/QE2015v045n05ABEH015767.
[19] Ramirez AE,Lao WW,Wang YL,Cheng HY,Wei FC. Two-stage face transplantation:a new concept in vascularized composite allotransplantation[J]. Microsurgery,2015,35(3):218-226. DOI:10.1002/micr.22338.
[20] Ratschiller T,Deutsch MA,Calzada-Wack J,Neff F,Roesch C,Guenzinger R,Lange R,Krane M. Heterotopic cervical heart transplantation in mice[J]. Jove-J Visual Exper,2015(102). DOI:10.3791/52907.
[21] Schenck TL,Stewart J,Lin S,Aichler M,Machens HG,Giunta RE. Anatomical and histomorphometric observations on the transfer of the anterior interosseous nerve to the deep branch of the ulnar nerve[J]. J Hand Surg Eur,2015,40(6):591-596. DOI:10.1177/1753193414551909.

三、综述
Review

[1] Araujo SE,Crawshaw B,Mendes CR,Delaney CP. Transanal total mesorectal excision:a systematic review of the experimental and clinical evidence[J]. Tech Coloproctol,2015,19(2):69-82. DOI:10.1007/s10151-014-1233-x.
[2] Canis M,Ihler F,Martin A,Matthias C,Steiner W. Transoral laser microsurgery for T1a glottic cancer:Review of 404 cases[J]. Head Neck J Sci Spec Head Neck,2015,37(6):889-895. DOI:10.1002/hed.23688.
[3] Czigany Z,Iwasaki J,Yagi S,Nagai K,Szijarto A,Uemoto S,Tolba H. Improving research practice in rat orthotopic and partial orthotopic liver transplantation:a review,recommendation,and publication guide[J]. Eur Surg Res,2015,55(1-2):119-138. DOI:10.1159/000437095.

[4] Fan KL,Patel KM,Mardini S,Attinger C,Levin LS,Evans KK. Evidence to support controversy in microsurgery[J]. Plast Reconstr Surg,2015,135(3):595E-608E. DOI:10.1097/prs.0000000000000971.
[5] Greulich MT,Parker NP,Lee P,Merati AL,Misono S. Voice outcomes following radiation versus laser microsurgery for t1 glottic carcinoma:systematic review and meta-analysis[J]. Otolaryngol Head Neck Surg,2015,152(5):811-819. DOI:10.1177/0194599815577103.
[6] Herle P,Shukla L,Morrison WA,Shayan R. Preoperative radiation and free flap outcomes for head and neck reconstruction:a systematic review and meta-analysis[J]. Anz J Surg,2015,85(3):121-127. DOI:10.1111/ans.12888.
[7] Houschyar KS,Momeni A,Maan ZN,Pyles MN,Jew OS,Strathe M,Michalsen A. Medical leech therapy in plastic reconstructive surgery[J]. Wiener Medizinische Wochenschrift,2015,165(19-20):419-425. DOI:10.1007/s10354-015-0382-5.
[8] Kang M,Jung HI,Song M,Kim SY,Kim HC,Kim E. Outcome of nonsurgical retreatment and endodontic microsurgery:a meta-analysis[J]. Clin Oral Invest,2015,19(3):569-582. DOI:10.1007/s00784-015-1398-3.
[9] Kansy K,Mueller AA,Mucke T,Koersgen F,Wolff KD,Zeilhofer HF,Holzle F,Pradel W,Schneider M,Kolk A,Smeets R,Acero J,Haers P,Ghali GE,Hoffmann J. Microsurgical reconstruction of the head and neck region:Current concepts of maxillofacial surgery units worldwide[J]. J Cranio-Maxillofac Surg,2015,43(8):1364-1368. DOI:10.1016/j.jcms.2015.06.034.
[10] Kim JT,Kim SW. Perforator flap versus conventional flap[J]. J Kor Med Sci,2015,30(5):514-522. DOI:10.3346/jkms.2015.30.5.514.
[11] Markiewicz MR,Bell RB,Bui TG,Dierks EJ,Ruiz R,Gelesko S,Pirgousis P,Fernandes R. Survival of microvascular free flaps in mandibular reconstruction:A systematic review and meta-analysis[J]. Microsurgery, 2015,35(7):576-587. DOI:10.1002/micr.22471.
[12] Motakef S,Mountziaris PM,Ismail IK,Agag RL,Patel A. Perioperative management for microsurgical free tissue transfer:survey of current practices with a comparison to the literature[J]. J Reconstr Microsurg,2015,31(5):355-363. DOI:10.1055/s-0035-1546422.
[13] Nasir S,Karaaltin M,Erdem A. Total scalp replantation:surgical tricks and pitfalls[J]. J Craniofac Surg,2015,26(4):1192-1195. DOI:10.1097/scs.0000000000001646.
[14] Pastuszak AW,Wenker EP,Lipshultz LI. The history of microsurgery in urology[J]. Urology,2015,85(5): 971-974. DOI:10.1016/j.urology.2014.12.059.
[15] Patel SA,Chang EI. Principles and practice of reconstructive surgery for head and neck cancer[J]. Surg Oncol Clin Nor Am,2015,24(3):473-489. DOI:10.1016/j.soc.2015.03.005.
[16] Petr O,Brinjikji W,Thome C,Lanzino G. Safety and efficacy of microsurgical treatment of previously coiled aneurysms:a systematic review and meta-analysis[J]. Acta Neurochirurgica, 2015,157(10):1623-1632. DOI:10.1007/s00701-015-2500-y.
[17] Pluvy I,Panouilleres M,Garrido I,Pauchot J,Saboye J,Chavoin JP,Tropet Y,Grolleau JL,Chaput B. Smoking and plastic surgery,part II. Clinical implications:A systematic review with meta-analysis[J]. Annales De Chirurgie Plastique Esthetique,2015,60(1):E15-E49. DOI:10.1016/j.anplas.2014.09.011.
[18] Qassemyar Q,Delobaux A. Thin perforator flaps elevated in the plane of the superficial fascia:Principle and surgical procedure[J]. Annales De Chirurgie Plastique Esthetique,2015,60(3):214-220. DOI:10.1016/j.anplas.2014.08.009.
[19] Raju A,Chang DW. Vascularized lymph node transfer for treatment of lymphedema a comprehensive literature review[J]. Ann Surg,2015,261(5):1013-1023. DOI:10.1097/sla.0000000000000763.
[20] Saleh DB,Syed M,Kulendren D,Ramakrishnan V,Liverneaux PA. Plastic and reconstructive robotic microsurgery-a review of current practices[J]. Annales De Chirurgie Plastique Esthetique,2015,60(4):305-312. DOI:10.1016/j.anplas.2015.03.005.
[21] Serrano-Gimenez M,Sanchez-Torres A,Gay-Escoda C. Prognostic factors on periapical surgery:A systematic review[J]. Medicina Oral Patologia Oral Y Cirugia Bucal,2015,20(6):E715-E722. DOI:10.4317/medoral.20613.

四、教育与课程
Education and Course

[1] Abdelrahman M. The microsurgery fellowship at chang gung memorial hospital:blossom of caterpillars[J]. Plast Reconstr Surg Glob Open,2015,3(4):e376. DOI:10.1097/gox.0000000000000255.
[2] Aoun SG,El Ahmadieh TY,El Tecle NE,Daou MR,Adel JG,Park CS,Batjer HH,Bendok BR. A pilot study to assess the construct and face validity of the Northwestern Objective Microanastomosis Assessment Tool[J]. J Neurosurg,2015,123(1):103-109. DOI:10.3171/2014.12.Jns131814.
[3] Assersen K,Sorensen J. Intravascular stenting in microvascular anastomoses[J]. J Reconstr Microsurg,2015,31(2):113-118. DOI:10.1055/s-0034-1384812.
[4] Athanassopoulos T,Loh and CYY. The chicken foot digital replant training model[J]. J Hand Surg Asian-Pacif,2015,20(1):199-200. DOI:10.1142/s0218810415200026.
[5] Beier JP,Horch RE,Boos AM,Taeger CD,Breuer G,Arkudas A. Establishment and evaluation of a microsurgery course for medical students[J]. Handchirurgie Mikrochirurgie Plastische Chirurgie,2015,47(6):400-407. DOI:10.1055/s-0041-108196.
[6] Bodin F,Diana M,Koutsomanis A,Robert E,Marescaux J,Bruant-Rodier C. Porcine model for free-flap breast reconstruction training[J]. J Plast Reconstr Aesth Surg,2015,68(10):1402-1409. DOI:10.1016/j.bjps.2015.06.006.
[7] Christensen TJ,Anding W,Shin AY,Bishop AT,Moran and SL. The influence of microsurgical training on the practice of hand surgeons[J]. J Reconstr Microsurg,2015,31(6):442-449. DOI:10.1055/s-0035-1549443.
[8] Evgeniou E,Tsironi M,Riley D. Improving fellowship training in microsurgery:a threshold concepts perspective on the curricula of fellowship programs[J]. J Reconstr Microsurg,2015,31(8):579-589. DOI:10.1055/s-0035-1558461.
[9] Harada K,Morita A,Minakawa Y,Baek YM,Sora S,Sugita N,Kimura T,Tanikawa R,Ishikawa T,Mitsuishi M. Assessing microneurosurgical skill with medico-engineering technology[J]. World Neurosurg,2015,84(4):964-971. DOI:10.1016/j.wneu.2015.05.033.
[10] Kim DM,Kang JW,Kim JK,Youn I,Park JW. Microsurgery training using a smartphone[J]. Microsurgery,2015,35(6):500-501. DOI:10.1002/micr.22369.
[11] Ko JWK,Lorzano A,Mirarchi AJ. Effectiveness of a microvascular surgery training curriculum for orthopaedic surgery residents[J]. J Bone Joint Surg Am,2015,97A(11):950-955. DOI:10.2106/jbjs.N.00854.
[12] Laylie J,Broer PN,Saadeh PB,Crisera CA,Wu LC,Boyd JB,Serletti JM,Levine JP,Roostaeian J,Tanna N. The certificate of added qualifications in microsurgery:consideration for subspecialty certification in microvascular surgery in the United States[J]. Plast Reconstr Surg,2015,135(1):313-316. DOI:10.1097/prs.0000000000000781.
[13] Maldonado AA,Song DH. European and American microsurgery training programs:the fellowship concept difference[J]. Plast Reconstr Surg,2015,136(2):292E-293E. DOI:10.1097/prs.0000000000001441.
[14] McGoldrick RB,Davis CR,Paro J,Hui K,Nguyen D,Lee GK. Motion analysis for microsurgical training:objective measures of dexterity,economy of movement,and ability[J]. Plast Reconstr Surg,2015,136(2):231E-240E. DOI:10.1097/prs.0000000000001469.
[15] Messaoudi T,Bodin F,Diaz JJH,Ichihara S,Fikry T,Lacreuse I,Liverneaux P,Facca S. Evaluation of a new eLeaming platform for distance teaching of microsurgery[J]. Chirurgie De La Main,2015,34(3):109-112. DOI:10.1016/j.main.2015.02.002.
[16] Qassemyar Q,Boulart L. A 4-task skills examination for residents for the assessment of technical ability in hand trauma surgery[J]. J Surg Edu,2015,72(2):179-183. DOI:10.1016/j.jsurg.2014.10.006.
[17] Rehim SA,Kowalski E,Chung KC. Enhancing aesthetic outcomes of soft-tissue coverage of the hand[J]. Plast Reconstr Surg,2015,135(2):413E-428E. DOI:10.1097/prs.0000000000001069.
[18] Rieke N,Tan DJ,Alsheakhali M,Tombari F,di San Filippo CA,Belagiannis V,Eslami A,Navab N.Surgical Tool Tracking and Pose Estimation in Retinal Microsurgery[C/OL]. Medical Image Computing and Computer-Assisted Intervention-Miccai, 2015:266-273[202312-06].https://link.springer.com/chapter/10.1007/978-3-319-24553-9_33.
[19] Silvestre J,Vargas CR,Ho O,Lee BT. Evaluation of the content and accessibility of microsurgery fellowship program websites[J]. Microsurgery,2015,35(7):560-564. DOI:10.1002/micr.22445.

2016 年

一、临床研究
Clinical Research

[1] Akcal AO,Unal K,Gorgulu T,Akcal MA,Bigat Z. Reconstruction of midfoot bone and soft tissue loss with chimeric partial scapula and latissimus dorsi muscle flap and short perforator-based skin flap following gunshot injuries:Report of two cases[J]. Microsurgery,2016,36(7):598-603. DOI:10.1002/micr.30099.
[2] Arya R,Chow WT,Rozen WM,Patel NG,Griffiths M,Shah S,Ramakrishnan VV. Microsurgical reconstruction of large oncologic chest wall defects for locally advanced breast cancer or osteoradionecrosis:a retrospective review of 26 cases over a 5-year period[J]. J Reconstr Microsurg,2016,32(2):121-127. DOI:10.1055/s-0035-1563395.
[3] Aycart MA,Perry B,Alhefzi M,Bueno EM,Kueckelhaus M,Fischer S,Pomahac B. Surgical optimization of motor recovery in face transplantation[J]. J Craniofac Surg,2016,27(2):286-292. DOI:10.1097/scs.0000000000002305.
[4] Bendon CL,Giele HP. Success of free flap anastomoses performed within the zone of trauma in acute lower limb reconstruction[J]. J Plast Reconstr Aesth Surg,2016,69(7):888-893. DOI:10.1016/j.bjps.2016.02.017.
[5] Beugels J,Hoekstra LT,Tuinder SMH,Heuts EM,van der Hulst R,Piatkowski AA. Complications in unilateral versus bilateral deep inferior epigastric artery perforator flap breast reconstructions:A multicentre study[J]. J Plast Reconstr Aesth Surg,2016,69(9):1291-1298. DOI:10.1016/j.bjps.2016.04.010.
[6] Campisi CC,Ryan M,Boccardo F,Campisi C. A single-site technique of multiple lymphatic-venous anastomoses for the treatment of peripheral lymphedema:long-term clinical outcome[J]. J Reconstr Microsurg,2016,32(1):42-49. DOI:10.1055/s-0035-1549163.
[7] Cho EH,Garcia RM,Pien I,Kuchibhatla M,Levinson H,Erdmann D,Levin LS,Hollenbeck ST. Vascular considerations in foot and ankle free tissue transfer:Analysis of 231 free flaps[J]. Microsurgery,2016,36(4):276-283. DOI:10.1002/micr.22406.
[8] Citron I,Galiwango G,Hodges A. Challenges in global microsurgery:A six year review of outcomes at an East African hospital[J]. J Plast Reconstr Aesth Surg,2016,69(2):189-195. DOI:10.1016/j.bjps.2015.10.016.
[9] Ciudad P,Maruccia M,Orfaniotis G,Weng HC,Constantinescu T,Nicoli F,Cigna E,Socas J,Sirimahachaiyakul P,Sapountzis S,Kiranantawat K,Lin SP,Wang GJ,Chen HC. The combined transverse upper gracilis and profunda artery perforator（TUGPAP) flap for breast reconstruction[J]. Microsurgery,2016,36(5):359-366. DOI:10.1002/micr.22459.
[10] Crainiceanu Z,Ianes E,Matusz P,Bloanca V,Seleacu E,Narad V,Narad G,Noditi G,Bratu T. Innovative method of titanium plate use for morphological and functional human face recontruction[J]. Materiale Plastice,2016,53(3):518-521.
[11] Dionyssiou D,Demiri E,Tsimponis A,Sarafis A,Mpalaris V,Tatsidou G,Arsos G. A randomized control study of treating secondary stage II breast cancer-related lymphoedema with free lymph node transfer[J]. Breast Cancer Res Treat,2016,156(1):73-79. DOI:10.1007/s10549-016-3716-0.
[12] D'Orazi V,Panunzi A,Di Lorenzo E,Ortensi AL,Cialini M,Anichini S,Ortensi A. Use of loupes magnification and microsurgical technique in thyroid surgery:ten years experience in a single center[J]. Giornale Di Chirurgia,2016,37(3):101-107. DOI:10.11138/gchir/2016.37.3.101.
[13] Flores LP,Socolovsky M. Phrenic nerve transfer for reconstruction of elbow extension in severe brachial plexus injuries[J]. J Reconstr Microsurg,2016,32(7):546-550. DOI:10.1055/s-0036-1583302.
[14] Gencel E,Eser C,Kesiktas E,Tabakan I,Yavuz M. A cross flow-through pedicle free latissimus dorsi flap for high voltage electrical burns[J]. Burns,2016,42(4):E55-E60. DOI:10.1016/j.burns.2015.10.014.
[15] Gerety PA,Pannucci CJ,Basta MN,Wang AR,Zhang P,Mies C,Kanchwala SK. Lymph node content of supraclavicular and thoracodorsal-based axillary flaps for vascularized lymph node transfer[J]. J Vas Surg Ven Lymph Disord,2016,4(1):80-87. DOI:10.1016/j.jvsv.2015.06.004.
[16] Hakakian CS,Lockhart RA,Kulber DA,Aronowitz JA. Lateral intercostal artery perforator flap in breast reconstruction:a simplified pedicle permits an expanded role[J]. Ann Plast Surg,2016,76 Suppl 3:S184-90. DOI:10.1097/SAP.0000000000000752.
[17] Han HH,Choi EJ,Oh DY,Moon SH. The usefulness of microsurgical pedicle lengthening in free anterolateral thigh flaps[J]. Microsurgery,2016,36(7):559-566. DOI:10.1002/micr.30042.
[18] Hayashi A,Yamamoto T,Yoshimatsu H,Hayashi N,Furuya M,Harima M,Narushima M,Koshima I. Ultrasound visualization of the lymphatic vessels in the lower leg[J]. Microsurgery,2016,36(5):397-401. DOI:10.1002/micr.22414.
[19] Heidekrueger PI,Denis E,Heine-Geldern A,Ninkovic M,Broer PN. One versus two venous anastomoses in microvascular lower extremity reconstruction using gracilis muscle or anterolateral thigh flaps[J]. Injury,2016,47(12):2828-2832. DOI:10.1016/j.injury.2016.10.015.
[20] Hu WG,Henry AS,Lucas C,Ta P,Philandrianos C,Kerfant N. Microsurgical replantation of a two-segment total scalp avulsion[J]. J Craniofac Surg,2016,27(4):1068-1069. DOI:10.1097/scs.0000000000002637.
[21] Hultman CS,Kim S,Lee CN,Wu C,Dodge B,Hultman CE,Roach ST,Halvorson EG. Implementation and analysis of a lean six sigma program in microsurgery to improve operative throughput in perforator flap breast reconstruction[J]. Ann Plast Surg,2016,76:S352-S356. DOI:10.1097/sap.0000000000000786.
[22] Hunter C,Moody L,Luan A,Nazerali R,Lee GK. Superior gluteal artery perforator flap the beauty of the buttock[J]. Ann Plast Surg,2016,76:S191-S195. DOI:10.1097/sap.0000000000000723.
[23] Hwang KT,Kim SW,Sung IH,Kim JT,Kim YH. Is delayed reconstruction using the latissimus dorsi free flap a worthy option in the management of open IIIB tibial fractures?[J]. Microsurgery,2016,36(6):453-459. DOI:10.1002/micr.22428.
[24] Jacobson L,Dedhia R,Kokot N,Chalian A. Scapular osteocutaneous free flap for total lower lip and mandible reconstruction[J]. Microsurgery,2016,36(6):480-484. DOI:10.1002/micr.30040.
[25] Kadle R,Cohen J,Hambley W,Gomez-Viso A,Rifkin W,Allen R,Karp N,Saadeh P,Ceradini D,Levine J,Avraham T. A 35-year evolution of free flap-based breast reconstruction at a large urban academic

center[J]. J Reconstr Microsurg,2016,32(2):147-152. DOI:10.1055/s-0035-1563702.
[26] Klein HJ,Fuchs N,Mehra T,Schweizer R,Giesen T,Calcagni M,Huber GF,Giovanoli P,Plock JA. Extending the limits of reconstructive microsurgery in elderly patients[J]. J Plast Reconstr Aesthet Surg,2016,69(8):1017-23. DOI:10.1016/j.bjps.2016.01.020.
[27] Las DE,de Jong T,Zuidam JM,Verweij NM,Hovius SER,Mureau MAM. Identification of independent risk factors for flap failure:A retrospective analysis of 1530 free flaps for breast,head and neck and extremity reconstruction[J]. J Plast Reconstr Aesth Surg,2016,69(7):894-906. DOI:10.1016/j.bjps.2016.02.001.
[28] Lee JY,Kim HS,Heo ST,Kwon H,Jung SN. Controlled continuous systemic heparinization increases success rate of artery-only anastomosis replantation in single distal digit amputation:A retrospective cohort study[J]. Medicine,2016,95(26). DOI:10.1097/md.0000000000003979.
[29] Lin IC,Nelson JA,Wu LC,Kovach SJ,Serletti JM. Assessing surgical and medical complications in bilateral abdomen-based free flap breast reconstructions compared with unilateral free flap breast reconstructions[J]. Ann Plast Surg,2016,77(1):61-66. DOI:10.1097/sap.0000000000000343.
[30] Loos E,Meulemans J,Vranckx J,Poorten VV,Delaere P. Tracheal autotransplantation for functional reconstruction of extended hemilaryngectomy defects:a single-center experience in 30 patients[J]. Ann Surg Oncol,2016,23(5):1674-1683. DOI:10.1245/s10434-015-5033-y.
[31] Marsh D,Patel NG,Rozen WM,Chowdhry M,Sharma H,Ramakrishnan VV. Three routine free flaps per day in a single operating theatre:principles of a process mapping approach to improving surgical efficiency[J]. Gland Surg,2016,5(2):107-114. DOI:10.3978/j.issn.2227-684X.2015.07.04.
[32] Mihara M,Hara H,Tange S,Zhou HP,Kawahara M,Shimizu Y,Murai N. Multisite lymphaticovenular bypass using supermicrosurgery technique for lymphedema management in lower lymphedema cases[J]. Plast Reconstr Surg,2016,138(1):262-272. DOI:10.1097/prs.0000000000002254.
[33] Miyagi S,Kawagishi N,Kashiwadate T,Fujio A,Tokodai K,Hara Y,Nakanishi C,Kamei T,Ohuchi N,Satomi S. Relationship between bile duct reconstruction and complications in living donor liver transplantation[J]. Transpl Proc,2016,48(4):1166-1169. DOI:10.1016/j.transproceed.2015.10.073.
[34] Molina G,Bordeianou L,Shellito P,Sylla P. Transanal endoscopic resection with peritoneal entry:a word of caution[J]. Surg Endosc Other Intervent Tech,2016,30(5):1816-1825. DOI:10.1007/s00464-015-4452-y.
[35] Nikkhah D,Martin N,Pickford M. Paediatric toe-to-hand transfer:an assessment of outcomes from a single unit[J]. J Hand Surg Eur,2016,41(3):281-294. DOI:10.1177/1753193415594480.
[36] Numajiri T,Sowa Y,Nishino K,Arai A,Tsujikawa T,Ikebuchi K,Nakano H,Sakaguchi H. Use of systemic low-dose unfractionated heparin in microvascular head and neck reconstruction:Influence in free-flap outcomes[J]. J Plast Surg Hand Surg,2016,50(3):135-141. DOI:10.3109/2000656x.2015.1125359.
[37] O'Connor EF,Rozen WM,Chowdhry M,Band B,Ramakrishnan VV,Griffiths M. Preoperative computed tomography angiography for planning DIEP flap breast reconstruction reduces operative time and overall complications[J]. Gland Surg,2016,5(2):93-98. DOI:10.3978/j.issn.2227-684X.2015.05.17.
[38] O'Connor EF,Rozen WM,Chowdhry M,Patel NG,Chow WTH,Griffiths M,Ramakrishnan VV. The microvascular anastomotic coupler for venous anastomoses in free flap breast reconstruction improves outcomes[J]. Gland Surg,2016,5(2):88-92. DOI:10.3978/j.issn.2227-684X.2015.05.14.
[39] Okochi M,Ueda K,Okochi H,Asai E,Sakaba T,Kajikawa A. Facial reanimation using hypoglossal-facial neurorrhaphy with end-to-side coaptation between the jump interpositional nerve graft and hypoglossal nerve:Outcome and duration of preoperative paralysis[J]. Microsurgery,2016,36(6):460-466. DOI:10.1002/micr.22393.
[40] O'Neill AC,Bagher S,Barandun M,Hofer SO,Zhong T. Can the American College of Surgeons NSQIP surgical risk calculator identify patients at risk of complications following microsurgical breast reconstruction?[J]. J Plast Reconstr Aesthet Surg,2016,69(10):1356-62. DOI:10.1016/j.bjps.2016.05.021.
[41] O'Neill AC,Haykal S,Bagher S,Zhong TN,Hofer S. Predictors and consequences of intraoperative microvascular problems in autologous breast reconstruction[J]. J Plast Reconstr Aesth Surg,2016,69(10):1349-1355. DOI:10.1016/j.bjps.2016.07.006.
[42] O'Neill AC,Hayward V,Zhong T,Hofer SOP. Usability of the internal mammary recipient vessels in microvascular breast reconstruction[J]. J Plast Reconstr Aesth Surg,2016,69(7):907-911. DOI:10.1016/j.bjps.2016.01.030.
[43] Ozkan O,Ozkan O,Bektas G,Cinpolat A. Experiences with the flow-through radial forearm flap as a bridge in lower extremity reconstruction[J]. Microsurgery,2016,36(2):128-133. DOI:10.1002/micr.22410.
[44] Paro J,Chiou G,Sen SK. Comparing muscle and fasciocutaneous free flaps in lower extremity reconstruction--does it matter?[J]. Ann Plast Surg,2016,76 Suppl 3:S213-5. DOI:10.1097/SAP.0000000000000779.
[45] Qiu SS,Hsu CC,Hanna SA,Chen SHY,Cheong CF,Lin CH,Chang TNJ. Negative pressure wound therapy for the management of flaps with venous congestion[J]. Microsurgery,2016,36(6):467-473. DOI:10.1002/micr.30027.
[46] Ring A,Kirchhoff P,Goertz O,Behr B,Daigeler A,Lehnhardt M,Harati K. Reconstruction of soft-tissue defects at the foot and ankle after oncological resection[J]. Front Surg,2016,3. DOI:10.3389/fsurg.2016.00015.
[47] Song BQ,Chen JW,Han Y,Hu YL,Su YJ,Li Y,Zhang J,Guo SZ. The use of fabricated chimeric flap for reconstruction of extensive foot defects[J]. Microsurgery,2016,36(4):303-309. DOI:10.1002/micr.22399.
[48] Venkatramani H,Bhardwaj P,Sierakowski A,Sabapathy SR. Functional outcomes of post-traumatic metacarpal hand reconstruction with free toe-to-hand transfer[J]. Ind J Plast Surg,2016,49(1):16-25. DOI:10.4103/0970-0358.182232.
[49] Xiong LY,Gazyakan E,Wahmann M,Bigdeli A,Kremer T,Harhaus L,Sun JM,Kneser U,Hirche C. Microsurgical reconstruction for post-traumatic defects of lower leg in the elderly:A comparative study[J]. Injury,2016,47(11):2558-2564. DOI:10.1016/j.injury.2016.09.010.
[50] Yamamoto T,Yamamoto N,Giacalone G. Supermicrosurgical lymphaticovenijiar anastomosis for a breast lymphfdema secondary to vascularized axellary lymph node hap transfer[J]. Lymphology,2016,49(3):128-132.
[51] Zelken JA,Aldeek NF,Hsu CC,Chang NJ,Lin CH,Lin CH. Algorithmic approach to lower abdominal,perineal,and groin reconstruction using anterolateral thigh flaps[J]. Microsurgery,2016,36(2):104-114. DOI:10.1002/micr.22354.

二、基础研究
Basic Research

[1] Eckardt C,Paulo EB. Heads-up surgery for vitreoretinal procedures an experimental and clinical study[J]. Retina J Retina Vitr Dis,2016,36(1):137-147. DOI:10.1097/iae.0000000000000689.
[2] Eren F,Oksuz S,Kucukodaci Z,Kendirli MT,Cesur C,Alarcin E,Bektas EI,Karagoz H,Kerimoglu O,Kose GT,Ulkur E,Gorantla V. Targeted mesenchymal stem cell and vascular endothelial growth factor strategies for repair of nerve defects with nerve tissue implanted autogenous vein graft conduits[J]. Microsurgery,2016,36(7):578-585. DOI:10.1002/micr.22401.
[3] Giusti G,Lee JY,Kremer T,Friedrich P,Bishop AT,Shin AY. The influence of vascularization of transplanted processed allograft nerve on return of motor function in rats[J]. Microsurgery,2016,36(2):134-143. DOI:10.1002/micr.22371.
[4] Halvaei I,Khalili MA,Esfandiari N,Safari S,Talebi AR,Miglietta S,Nottola SA. Ultrastructure of cytoplasmic fragments in human cleavage stage embryos[J]. J Assis Reprod Genet,2016,33(12):1677-1684. DOI:10.1007/s10815-016-0806-1.
[5] Hara Y,Shagirov M,Toyama Y. Cell boundary elongation by non-autonomous contractility in cell oscillation[J]. Curr Biol,2016,26(17):2388-2396. DOI:10.1016/j.cub.2016.07.003.
[6] Haubner BJ,Schuetz T,Penninger JM. A reproducible protocol for neonatal ischemic injury and cardiac regeneration in neonatal mice[J]. Bas Res Cardiol,2016,111(6):64(pp10). DOI:10.1007/s00395-016-0580-3.
[7] Ince B,Arslan A,Dadaci M,Oltulu P,Bilgen F. The effect of different application timings of hyperbaric oxygen treatment on nerve regeneration in rats[J]. Microsurgery,2016,36(7):586-592. DOI:10.1002/micr.30023.
[8] Kaizawa Y,Kakinoki R,Ikeguchi R,Ohta S,Noguchi T,Oda H,Matsuda S. Bridging a 30 mm defect in the canine ulnar nerve using vessel-containing conduits with implantation of bone marrow stromal cells[J]. Microsurgery,2016,36(4):316-324. DOI:10.1002/micr.22391.
[9] Kotsougiani D,Hundepool CA,Bulstra LF,Shin DM,Shin AY,Bishop AT. The learning rate in three dimensional high definition video assisted microvascular anastomosis in a rat model[J]. J Plast Reconstr Aesth Surg,2016,69(11):1528-1536. DOI:10.1016/j.bjps.2016.08.001.
[10] Lin CH,Kao YC,Lin YH,Ma H,Tsay RY. A fiber-progressive-engagement model to evaluate the composition,microstructure,and nonlinear pseudoelastic behavior of porcine arteries and decellularized derivatives[J]. Acta Biomaterialia,2016,46:101-111. DOI:10.1016/j.actbio.2016.09.025.
[11] Liu WL,Dan XL,Wang T,Lu WW,Pan and HB. A bone-implant interaction mouse model for evaluating molecular mechanism of biomaterials/bone interaction[J]. Tissue Engin Part C Method,2016,22(11):1018-1027. DOI:10.1089/ten.tec.2016.0250.
[12] Lu PX,Zhou YJ,An QZ,Song PY,Chen X,Yang GY,Zhu W. Erythropoietin stimulates endothelial progenitor cells to induce endothelialization in an aneurysm neck after coil embolization by modulating vascular endothelial growth factor[J]. Stem Cells Transl Med,2016,5(9):1182-1189. DOI:10.5966/sctm.2015-0264.
[13] Mahajan AL,Van Waes C,D'Arpa S,Van Landuyt K,Blondeel PN,Monstrey S,Stillaert FB. Bipedicled DIEAP flaps for reconstruction of limb soft tissue defects in male patients[J]. J Plast Reconstr Aesth Surg,2016,69(7):920-927. DOI:10.1016/j.bjps.2016.03.015.
[14] Mani M,Wang T,Harris P,James S. Breast reconstruction with the deep inferior epigastric perforator flap is a reliable alternative in slim patients[J]. Microsurgery,2016,36(7):552-558. DOI:10.1002/micr.22524.
[15] Min HJ,Hong SC,Yang HS,Mun SK,Lee SY. Expression of CAIII and Hsp70 is increased the mucous membrane of the posterior commissure in laryngopharyngeal reflux disease[J]. Yonsei Med J,2016,57(2):469-474. DOI:10.3349/ymj.2016.57.2.469.
[16] Miyamoto H,Serradori T,Mikami Y,Selber J,Santelmo N,Facca S,Liverneaux P. Robotic intercostal nerve harvest:a feasibility study in a pig model[J]. J Neurosurg,2016,124(1):264-268. DOI:10.3171/2015.1.Jns14603.
[17] Oliveira MM,Araujo AB,Nicolato A,Prosdocimi A,Godinho JV,Valle ALM,Santos M,Reis AB,Ferreira MT,Sabbagh A,Gusmao S,Del Maestro R. Face,content,and construct validity of brain tumor microsurgery simulation using a human placenta model[J]. Oper Neurosurg,2016,12(1):61-67. DOI:10.1227/neu.0000000000001030.
[18] Reichenberger MA,Mueller W,Hartmann J,Diehm Y,Lass U,Koellensperger E,Leimer U,Germann G,Fischer S. ADSCs in a fibrin matrix enhance nerve regeneration after epineural suturing in a rat model[J]. Microsurgery,2016,36(6):491-500. DOI:10.1002/micr.30018.
[19] Sinha S,Prasad L,Lalwani S. A cadaveric microanatomical study of the fascicular topography of the brachial plexus[J]. J Neurosurg,2016,125(2):355-362. DOI:10.3171/2015.6.Jns142181.
[20] Slater NJ,Zegers HJH,Kusters B,Beune T,van Swieten HA,Ulrich DJO. Ex-vivo oxygenated perfusion of free flaps during ischemia time:a feasibility study in a porcine model and preliminary results[J]. J Surg Res,2016,205(2):292-295. DOI:10.1016/j.jss.2016.06.096.
[21] Visconti G,Brunelli C,Mule A,Franceschini G,Chen HC,Masetti R,Salgarello M. Septum-based cervical lymph-node free flap in rat:a new model[J]. J Surg Res,2016,201(1):1-12. DOI:10.1016/j.jss.2015.09.027.

三、综述
Review

[1] Abou-Foul AK,Borumandi F. Anatomical variants of lower limb vasculature and implications for free fibula flap:Systematic review and critical analysis[J]. Microsurgery,2016,36(2):165-172. DOI:10.1002/micr.30016.
[2] Allen RJ,Cheng MH. Lymphedema surgery:Patient selection and an overview of surgical techniques[J]. J Surg Oncol,2016,113(8):923-931. DOI:10.1002/jso.24170.
[3] Baumeister RGH,Mayo W,Notohamiprodjo M,Wallmichrath J,Springer S,Frick A. Microsurgical lymphatic vessel transplantation[J]. J Reconstr Microsurg,2016,32(1):34-41. DOI:10.1055/s-0035-1554934.
[4] Broyles JM,Tuffaha SH,Williams EH,Glickman L,George TA,Dellon AL. Pain after breast surgery:Etiology,diagnosis,and definitive management[J]. Microsurgery,2016,36(7):535-538. DOI:10.1002/micr.30055.
[5] Buterbaugh,KL,Shah AS. The natural history and management of brachial plexus birth palsy[J]. Cur Rev Musculoskel Med,2016,9(4):418-426. DOI:10.1007/s12178-016-9374-3.
[6] Colebunders B,Depypere B,Van Landuyt K. The dog-ear flap as an alternative for breast reconstruction in patients who have already undergone a DIEAP flap[J]. J Plast Reconstr Aesth Surg,2016,69(5):594-597. DOI:10.1016/j.bjps.2015.10.005.
[7] Devauchelle BL,Testelin SR,Davrou J,Neiva C,Lengele BG,Dubernard JM,Dakpe S. Face graft? Extrapolation of facial allotransplantation to children[J]. J Cranio-Maxillofac Surg,2016,44(8):925-933. DOI:10.1016/j.jcms.2016.03.006.
[8] El-Ghanem M,Kass-Hout T,Kass-Hout O,Alderazi YJ,Amuluru K,Al-Mufti F,Prestigiacomo CJ,Gandhi CD. Arteriovenous malformations in the pediatric population:review of the existing literature[J]. Interven Neurol,2016,5(3-4):218-225. DOI:10.1159/000447605.
[9] Esteves SC. Novel concepts in male factor infertility:clinical and laboratory perspectives[J]. J Assis Reprod Genet,2016,33(10):1319-1335. DOI:10.1007/s10815-016-0763-8.
[10] Gomel V,Koninckx PR. Microsurgical principles and postoperative adhesions:lessons from the past[J]. Fertil Steril,2016,106(5):1025-1031. DOI:10.1016/j.fertnstert.2016.08.040.
[11] Hartiala P,Saarikko AM. Lymphangiogenesis and lymphangiogenic growth factors[J]. J Reconstr Microsurg,2016,32(1):10-5. DOI:10.1055/s-0035-1544179.
[12] Jayaram SC,Muzaffar SJ,Ahmed I,Dhanda J,Paleri V,Mehanna H. Efficacy,outcomes,and complication rates of different surgical and nonsurgical treatment modalities for recurrent/residual oropharyngeal carcinoma:A systematic review and meta-analysis[J]. Head Neck J Sci Spec Head Neck,2016,38(12):1855-1861. DOI:10.1002/hed.24531.
[13] Kanevsky J,Corban J,Gaster R,Kanevsky A,Lin S,Gilardino M. Big data and machine learning in plastic surgery:a new frontier in surgical innovation[J]. Plast Reconstr Surg,2016,137(5):890e-7e. DOI:10.1097/PRS.0000000000002088.
[14] Kokosis G,Schmitz R,Powers DB,Erdmann D. Mandibular reconstruction using the free vascularized fibula graft:an overview of different modifications[J]. Arch Plast Surg Aps,2016,43(1):3-9. DOI:10.5999/

aps.2016.43.1.3.

[15] Kremer T,Bauer M,Zahn P,Wallner C,Fuchs P,Horch RE,Schaefer DJ,Bader RD,Lehnhardt M,Reichert B,Pierer G,Hirche C,Kneser U. Perioperative management in microsurgery-consensus statement of the German Speaking Society for Microsurgery of Peripheral Nerves and Vessels[J]. Handchirurgie Mikrochirurgie Plastische Chirurgie,2016,48(4):205-211. DOI:10.1055/s-0042-108806.

[16] Lopez J,Soni A,Calva D,Susarla SM,Jallo GI,Redett R. Iatrogenic surgical microscope skin burns:A systematic review of the literature and case report[J]. Burns,2016,42(4):E74-E80. DOI:10.1016/j.burns.2015.08.014.

[17] Mehanna H,Kong A,Ahmed SK. Recurrent head and neck cancer:United Kingdom National Multidisciplinary Guidelines[J]. J Laryngol Otol,2016,130:S181-S190. DOI:10.1017/s002221511600061x.

[18] Momeni A,Liu XX,Januszyk M,Wan DC,Buncke GM,Buntic RF,Parrett BM. Microsurgical ear replantation is venous repair necessary? A systematic review[J]. Microsurgery,2016,36(4):345-350. DOI:10.1002/micr.22411.

[19] Nagel TH,Hayden RE. Mayo Clinic Experience with unfavorable results after free tissue transfer to head and neck[J]. Clin Plast Surg,2016,43(4):669-682. DOI:10.1016/j.cps.2016.05.005.

[20] Ozturk CN,Ozturk C,Glasgow M,Platek M,Ashary Z,Kuhn J,Aronoff N,Lohman R,Djohan R,Gurunluoglu R. Free vascularized lymph node transfer for treatment of lymphedema:A systematic evidence based review[J]. J Plast Reconstr Aesth Surg,2016,69(9):1234-1247. DOI:10.1016/j.bjps.2016.06.022.

[21] Park JE,Chang DW. Advances and Innovations in Microsurgery[J]. Plast Reconstr Surg,2016,138(5):915E-924E. DOI:10.1097/prs.0000000000002715.

[22] Pollhammer MS,Duscher D,Schmidt M,Huemer GM. Recent advances in microvascular autologous breast reconstruction after ablative tumor surgery[J]. World J Clin Oncol,2016,7(1):114-121. DOI:10.5306/wjco.v7.i1.114.

[23] Ricci JA,Crawford K,Ho OA,Lee BT,Patel KM,Iorio ML. Practical guidelines for venous thromboembolism prophylaxis in free tissue transfer[J]. Plast Reconstr Surg,2016,138(5):1120-1131. DOI:10.1097/prs.0000000000002629.

[24] Sabino JM,Slater J,Valerio IL. Plastic surgery challenges in war wounded i:flap-based extremity reconstruction[J]. Adv Wound Care,2016,5(9):403-411. DOI:10.1089/wound.2015.0656.

[25] Tourani SS,Taylor GI,Ashton MW. Long-term patency of lymphovenous anastomoses:a systematic review[J]. Plast Reconstr Surg,2016,138(2):492-498. DOI:10.1097/prs.0000000000002395.

[26] Willand MP,Nguyen MA,Borschel GH,Gordon and T. Electrical stimulation to promote peripheral nerve regeneration[J]. Neurorehabil Neural Repair,2016,30(5):490-6. DOI:10.1177/1545968315604399.

[27] Xiong LY,Gazyakan E,Kremer T,Hernekamp FJ,Harhaus L,Saint-Cyr M,Kneser U,Hirche C. Free flaps for reconstruction of soft tissue defects in lower extremity:A meta-analysis on microsurgical outcome and safety[J]. Microsurgery,2016,36(6):511-524. DOI:10.1002/micr.30020.

[28] Zhan WQ,Marre D,Mitchell GM,Morrison WA,Lim SY. Tissue engineering by intrinsic vascularization in an in vivo tissue engineering chamber[J]. Jove-J Visual Exper,2016(111). DOI:10.3791/54099.

四、教育与课程
Education and Course

[1] Al-Bustani S,Halvorson EG. Status of microsurgical simulation training in plastic surgery:a survey of united states program directors[J]. Ann Plast Surg,2016,76(6):713-716. DOI:10.1097/sap.0000000000000636.

[2] Bauer F,Rommel N,Koerdt S,Fichter A,Wolff KD,Kesting MR. Can a one-day practical lesson in surgical skills encourage medical students to consider a surgical career?[J]. Br J Oral Maxillofac Surg,2016,54(4):405-409. DOI:10.1016/j.bjoms.2016.10.002.

[3] Chopra K,Swanson EW,Susarla S,Chang S,Stevens WG,Singh DP. A comparison of research productivity across plastic surgery fellowship directors[J]. Aesth Surg J,2016,36(6):732-736. DOI:10.1093/asj/sjv219.

[4] Ghanem AM,Al Omran Y,Shatta B,Kim E,Myers S. Anastomosis lapse index（ALI):a validated end product assessment tool for simulation microsurgery training[J]. J Reconstr Microsurg,2016,32(3):233-241. DOI:10.1055/s-0035-1568157.

[5] Grossman LB,Komatsu DE,Badalamente MA,Braunstein AM,Hurst LC. Microsurgical simulation exercise for surgical training[J]. J Surg Edu,2016,73(1):116-120. DOI:10.1016/j.jsurg.2075.09.003.

[6] Marcus HJ,Payne CJ,Kailaya-Vasa A,Griffiths S,Clark J,Yang GZ,Darzi A,Nandi D. A "smart" force-limiting instrument for microsurgery:laboratory and in vivo validation[J]. Plos One,2016,11(9). DOI:10.1371/journal.pone.0162232.

[7] Mason KA,Theodorakopoulou E,Pafitanis G,Ghanem AM,Myers SR. Twelve tips for postgraduate or undergraduate medics building a basic microsurgery simulation training course[J]. Medical Teacher,2016,38(9):872-878. DOI:10.3109/0142159x.2016.1150978.

[8] Mattos LS,Caldwell DG,Peretti G,Mora F,Guastini L,Cingolani R. Microsurgery robots:addressing the needs of high-precision surgical interventions[J]. Swiss Medical Weekly,2016,146. DOI:10.4414/smw.2016.14375.

[9] McLemore EC,Harnsberger CR,Broderick RC,Leland H,Sylla P,Coker AM,Fuchs HF,Jacobsen GR,Sandler B,Attaluri V,Tsay AT,Wexner SD,Talamini MA,Horgan S. Transanal total mesorectal excision (taTME) for rectal cancer:a training pathway[J]. Surg Endosc Other Intervent Tech,2016,30(9):4130-4135. DOI:10.1007/s00464-015-4680-1.

[10] Mendez BM,Chiodo MV,Vandevender D,Patel PA. Heads-up 3D microscopy:an ergonomic and educational approach to microsurgery[J]. Plast Reconstr Surg Glob Open,2016,4(5). DOI:10.1097/gox.0000000000000727.

[11] Moisi M,Tubbs RS,Page J,Chapman A,Burgess B,Laws T,Warren H,Oskouian RJ. Training medical novices in spinal microsurgery:does the modality matter? a pilot study comparing traditional microscopic surgery and a novel robotic optoelectronic visualization tool[J]. Cureus,2016,8(1). DOI:10.7759/cureus.469.

[12] Onoda S,Kimata Y,Sugiyama N,Tokuyama E,Matsumoto K,Ota T,Thuzar M. Analysis of 10-year training results of medical students using the microvascular research center training program[J]. J Reconstr Microsurg,2016,32(5):336-341. DOI:10.1055/s-0035-1568884.

[13] Qureshi T,Chaus F,Fogg L,Dasgupta M,Straus D,Byrne RW. Learning curve for the transsphenoidal endoscopic endonasal approach to pituitary tumors[J]. Br J Neurosurg,2016,30(6):637-642. DOI:10.1080/02688697.2016.1199786.

[14] Stewart CJ,Yusoff SKM,Widdowson D,Lam WL. Microsurgical skill acquisition in a one-day introductory course with performance evaluation using software-assisted scoring system[J]. J Plast Reconstr Aesth Surg,2016,69(6):783-788. DOI:10.1016/j.bjps.2016.03.016.

[15] Stone JP,Doherty CC,Schrag CH. Incidence and type of errors in microsurgical technique in surgical trainees[J]. J Reconstr Microsurg,2016,32(7):528-532. DOI:10.1055/s-0036-1581077.

[16] Yadav YR,Parihar V,Ratre S,Kher Y,Iqbal M. Microneurosurgical skills training[J]. J Neurol Surg Part a Cen Eur Neurosurg,2016,77(2):146-154. DOI:10.1055/s-0034-1376190.

2017 年

一、临床研究
Clinical Research

[1] Batista BN,Germain M,Faria JCM,Becker C. Lymph node flap transfer for patients with secondary lower limb lymphedema[J]. Microsurgery,2017,37(1):29-33. DOI:10.1002/micr.22404.

[2] Bonde C,Khorasani H,Hoejvig J,Kehlet H. Cyclooxygenase-2 inhibitors and free flap complications after autologous breast reconstruction:A retrospective cohort study[J]. J Plast Reconstr Aesth Surg,2017,70(11):1543-1546. DOI:10.1016/j.bjps.2017.06.007.

[3] Campagnari M,Jafelicci AS,Carneiro HA,Brechtbuhl ER,Bertolli E,Neto JPD. Dermal substitutes use in reconstructive surgery for skin tumors:a single-center experience[J]. Int J Surg Oncol,2017,2017. DOI:10.1155/2017/9805980.

[4] Chauhan S,Chavre S,Chandrashekar NH,Naveen BS. Perforator peroneal artery flap for tongue reconstruction[J]. J Maxillofac Oral Surg,2017,16(1):123-126. DOI:10.1007/s12663-016-0933-3.

[5] Cherubino M,Turri-Zanoni M,Battaglia P,Giudice M,Pellegatta I,Tamborini F,Maggiulli F,Guzzetti L,Di Giovanna D,Bignami M,Calati C,Castelnuovo P,Valdatta L. Chimeric anterolateral thigh free flap for reconstruction of complex cranio-orbito-facial defects after skull base cancers resection[J]. J Cranio-Maxillofac Surg,2017,45(1):87-92. DOI:10.1016/j.jcms.2016.10.017.

[6] Chiang IH,Tzeng YS,Chang SC. Is hyperbaric oxygen therapy indispensable for saving mutilated hand injuries?[J]. Int Wound J,2017,14(6):929-936. DOI:10.1111/iwj.12730.

[7] Ciudad P,Agko M,Manrique OJ,Date S,Kiranantawat K,Chang WL,Nicoli F,Lo Torto F,Maruccia M,Orfaniotis G,Chen HC. The retrograde transverse cervical artery as a recipient vessel for free tissue transfer in complex head and neck reconstruction with a vessel-depleted neck[J]. Microsurgery,2017,37(8):902-909. DOI:10.1002/micr.30193.

[8] Coban YK,Ocuk O,Bekircan K. Wrapping degloved fingers with a distal-based radial forearm perforator flap:A repair method for multiple digital degloving injury[J]. Ulusal Travma Ve Acil Cerrahi Dergisi-Turkish Journal of Trauma & Emergency Surgery,2017,23(6):525-527. DOI:10.5505/tjtes.2017.57227.

[9] Coskunfirat OK,Bektas G,Cinpolat A,Unal K,Coskunfirat N. Experiences with functional gracilis muscle flap in lower lip reconstruction[J]. Microsurgery,2017,37(6):487-493. DOI:10.1002/micr.22431.

[10] D'Amico RS,Banu MA,Petridis P,Bercow AS,Malone H,Praver M,Wang TJC,Isaacson SR,Sisti MB. Efficacy and outcomes of facial nerve-sparing treatment approach to cerebellopontine angle meningiomas[J]. J Neurosurg,2017,127(6):1231-1241. DOI:10.3171/2016.10.Jns161982.

[11] di Spilimbergo SS,Nordera P,Mardini S,Castiglione G,Chim H,Pinna V,Brunello M,Cusino C,Roberto S,Baciliero and U. Pedicled temporalis muscle flap for craniofacial reconstruction:a 35-year clinical experience with 366 flaps[J]. Plast Reconstr Surg,2017,139(2):468E-476E. DOI:10.1097/prs.0000000000003011.

[12] Eltorai AS,Huang CC,Lu JT,Ogura A,Caterson SA,Orgill DP. Selective intraoperative vasopressor use is not associated with increased risk of diep flap complications[J]. Plast Reconstr Surg,2017,140(1):70E-77E. DOI:10.1097/prs.0000000000003444.

[13] Ettinger KS,Arce K,Lohse CM,Peck BW,Reiland MD,Bezak BJ,Moore EJ. Higher perioperative fluid administration is associated with increased rates of complications following head and neck microvascular reconstruction with fibular free flaps[J]. Microsurgery,2017,37(2):128-136. DOI:10.1002/micr.30061.

[14] Feng SQ,Xi WJ,Zhang Z,Tremp M,Schaefer DJ,Sadigh PL,Zhang WJ,Zhang YX. A reappraisal of the surgical planning of the superficial circumflex iliac artery perforator flap[J]. J Plast Reconstr Aesth Surg,2017,70(4):469-477. DOI:10.1016/j.bjps.2016.11.025.

[15] Garg RK,Wieland AM,Poore SO,Sanchez R,Hartig and GK. The radial forearm snake flap:A novel approach to oral cavity and oropharyngeal reconstruction that reduces forearm donor site morbidity[J]. Microsurgery,2017,37(1):6-11. DOI:10.1002/micr.22425.

[16] Gentileschi S,Servillo M,Garganese G,Simona F,Scambia G,Salgarello M. Versatility of pedicled anterolateral thigh flap in gynecologic reconstruction after vulvar cancer extirpative surgery[J]. Microsurgery,2017,37(6):516-524. DOI:10.1002/micr.30077.

[17] Giladi AM,Shanmugakrishnan RR,Venkatramani H,Sekaran SR,Chung KC,Sabapathy SR. Outcomes and disability after massive proximal upper extremity reconstruction in a resource-limited setting[J]. World J Surg,2017,41(6):1420-1434. DOI:10.1007/s00268-017-3902-1.

[18] Hahn HM,Jeong YS,Hong YS,Won JH,Lim SH,Kim J,Park MC,Park DH,Lee IJ. Use of revascularized artery as a recipient in microvascular reconstruction of the lower leg:An analysis of 62 consecutive free flap transfers[J]. J Plast Reconstr Aesth Surg,2017,70(5):606-617. DOI:10.1016/j.bjps.2017.01.010.

[19] Han JH,Shin HW,Yoon KC,Kim JK. Reconstruction of the foot using a superficial inferior epigastric artery free flap[J]. Arch Plast Surg Aps,2017,44(6):545-549. DOI:10.5999/aps.2016.02033.

[20] Heidekrueger PI,Ninkovic M,Heine-Geldern A,Herter F,Broer PN. End-to-end versus end-to-side anastomoses in free flap reconstruction:single centre experiences[J]. J Plast Surg Hand Surg,2017,51(5):362-365. DOI:10.1080/2000656x.2017.1283321.

[21] Herlin C,Sinna R,Hamoui M,Canovas F,Captier G,Chaput B. Distal lower extremity coverage by distally based sural flaps:Methods to increase their vascular reliability[J]. Annales De Chirurgie Plastique Esthetique,2017,62(1):45-54. DOI:10.1016/j.anplas.2015.11.002.

[22] Hussain ON,Sabbagh MD,Carlsen BT. Complex microsurgical reconstruction after tumor resection in the trunk and extremities[J]. Clin Plast Surg,2017,44(2):299-311. DOI:10.1016/j.cps.2016.11.008.

[23] Irthum C,Fossat S,Bey E,Duhamel P,Braye F,Mojallal A. Anterolateral thigh flap for distal lower leg reconstruction[J]. Annales De Chirurgie Plastique Esthetique,2017,62(3):224-231. DOI:10.1016/j.anplas.2016.07.017.

[24] Khan I,Shamim MS. Comparison between endoscopic and microscopic approaches for surgery of pituitary tumours[J]. Journal of the Pakistan Medical Association,2017,67(11):1777-1779.

[25] Kim JT,Kim YH,Kim SW. Effect of fibrin sealant in positioning and stabilizing microvascular pedicle:A comparative study[J]. Microsurgery,2017,37(5):406-409. DOI:10.1002/micr.30094.

[26] Kim YH,Lee HE,Lee JH,Kim JT,Kim SW. Reliability of eccentric position of the pedicle instead of central position in a thoracodorsal artery perforator flap[J]. Microsurgery,2017,37(1):44-48. DOI:10.1002/micr.30004.

[27] Kolbenschlag J,Sogorski A,Timmermann C,Harati K,Daigeler A,Hirsch T,Goertz O,Lehnhardt M. Ten minutes of ischemia is superior to shorter intervals for the remote ischemic conditioning of human microcirculation[J]. Clin Hemorheol Microcircul,2017,66(3):239-248. DOI:10.3233/ch-170268.

[28] Lassus,P. and A.J. Lindford. Free temporal artery posterior auricular skin(TAPAS) flap:A new option in facial and intra-oral reconstruction[J]. Microsurgery,2017,37(6):525-530. DOI:10.1002/micr.30069.

[29] Lee KT,Park JW,Mun GH. Serial two-year follow-up after lymphaticovenular anastomosis for the treatment of lymphedema[J]. Microsurgery,2017,37(7):763-770. DOI:10.1002/micr.30200.

[30] Li PC,Thorat A,Jeng LB,Yang HR,Li ML,Yeh CC,Chen TH,Hsu SC,Poon KS. Hepatic artery reconstruction in living donor liver transplantation using surgical loupes:achieving low rate of hepatic arterial thrombosis in 741 consecutive recipients-tips and tricks to overcome the poor hepatic arterial

flow[J]. Liver Transplantation,2017,23(7):887-898. DOI:10.1002/lt.24775.

[31] Lin CT,Wang CH,Ou KW,Chang SC,Dai NT,Chen SG,Chen TM,Tzeng YS. Clinical applications of the pedicled anterolateral thigh flap in reconstruction[J]. Anz J Surg,2017,87(6):499-504. DOI:10.1111/ans.12973.

[32] Mattiassich G,Rittenschober F,Dorninger L,Rois J,Mittermayr R,Ortmaier R,Ponschab M,Katzensteiner K,Larcher L. Long-term outcome following upper extremity replantation after major traumatic amputation[J]. Bmc Musculoskeletal Disorders,2017,18. DOI:10.1186/s12891-017-1442-3.

[33] Mege D,Petrucciani N,Maggiori L,Panis Y. Peritoneal perforation is less a complication than an expected event during transanal endoscopic microsurgery:experience from 194 consecutive cases[J]. Tech Coloproctol,2017,21(9):729-736. DOI:10.1007/s10151-017-1676-y.

[34] Misra S,Wilkens SC,Chen NC,Eberlin KR. Patients transferred for upper extremity amputation:participation of regional trauma centers[J]. J Hand Surg Am,2017,42(12):987-995. DOI:10.1016/j.jhsa.2017.08.006.

[35] Nelson JA,Chung CU,Bauder AR,Wu LC. Prevention of thrombosis in hypercoagulable patients undergoing microsurgery:A novel anticoagulation protocol[J]. J Plast Reconstr Aesthet Surg,2017,70(3):307-312. DOI:10.1016/j.bjps.2016.12.001.

[36] Nicoli F,D'Ambrosia C,Lazzeri D,Orfaniotis G,Ciudad P,Maruccia M,Shiun LT,Sacak B,Chen SH,Chen HC. Microsurgical dissection of facial nerve in parotidectomy:a discussion of techniques and long-term results[J]. Gland Surg,2017,6(4):308-314. DOI:10.21037/gs.2017.03.12.

[37] Offodile AC 2nd,Aherrera A,Wenger J,Rajab TK,Guo L. Impact of increasing operative time on the incidence of early failure and complications following free tissue transfer? A risk factor analysis of 2,008 patients from the ACS-NSQIP database[J]. Microsurgery,2017,37(1):12-20. DOI:10.1002/micr.22387.

[38] Oruc M,Gursoy K,Ozer K,Colak O,Kankaya Y,Sungur N,Ulusoy GM,Kocer U. Eight years of clinical experience with digit replantation:Demographic characteristics and outcomes[J]. Ulusal Travma Ve Acil Cerrahi Dergisi-Turkish Journal of Trauma & Emergency Surgery,2017,23(4):311-316. DOI:10.5505/tjtes.2016.40040.

[39] Pallua N,Kim BS. Pre-expanded supraclavicular artery perforator flap[J]. Clin Plast Surg,2017,44(1):49-63. DOI:10.1016/j.cps.2016.08.005.

[40] Patel S,Aldowaisan A,Dawood A. A novel method for soft tissue retraction during periapical surgery using 3D technology:a case report[J]. Int Endodont J,2017,50(8):813-822. DOI:10.1111/iej.12701.

[41] Poumellec MA,Foissac R,Cegarra-Escolano M,Barranger E,Ihrai T. Surgical treatment of secondary lymphedema of the upper limb by stepped microsurgical lymphaticovenous anastomoses[J]. Breast Cancer Res Treat,2017,162(2):219-224. DOI:10.1007/s10549-017-4110-2.

[42] Puonti HK,Jaaskelainen SK,Hallikainen HK,Partanen TA. Improved sensory recovery with a novel dual neurorrhaphy technique for breast reconstruction with free muscle sparing TRAM flap technique[J]. Microsurgery,2017,37(1):21-28. DOI:10.1002/micr.30064.

[43] Qassemyar Q,Aguilar P,Temam S,Kolb F,Gorphe P. The thin ALT perforator flap for oropharyngeal robotic-assisted reconstruction[J]. Annales De Chirurgie Plastique Esthetique,2017,62(1):1-7. DOI:10.1016/j.anplas.2016.11.003.

[44] Ren QQ,He M,Zeng YH,Liu ZY,Liu H,Xu JG. Microsurgery for intracranial arteriovenous malformation:Long-term outcomes in 445 patients[J]. Plos One,2017,12(3). DOI:10.1371/journal.pone.0174325.

[45] Ricci JA,Vargas CR,Ho OA,Lin SJ,Tobias AM,Lee BT. Evaluating the use of tissue oximetry to decrease intensive unit monitoring for free flap breast reconstruction[J]. Ann Plast Surg,2017,79(1):42-46. DOI:10.1097/sap.0000000000000999.

[46] Rosa JH,Sherif RD,Torina PJ,Harmaty and MA. Use of both antegrade and retrograde internal mammary vessels in the bipedicled deep inferior epigastric perforator flap for unilateral breast reconstruction[J]. J Plast Reconstr Aesth Surg,2017,70(1):47-53. DOI:10.1016/j.bjps.2016.09.010.

[47] Rosko AJ,Ryan JT,Wizauer EJ,Ibrahim M,Srinivasan A,Stucken CL,Spector ME. Dorsal scapular artery as a recipient vessel in the vessel-depleted neck during free tissue transfer in head and neck reconstruction[J]. Head Neck J Sci Spec Head Neck,2017,39(7):E72-E76. DOI:10.1002/hed.24785.

[48] Scaglioni MF,Fakin RM,Barth AA,Giovanoli P. Bilateral pedicle anterolateral thigh（ALT）flap combined with bilateral sartorius muscle flap for reconstruction of extensive perineoscrotal and medial thigh defect because of Fournier's gangrene[J]. Microsurgery,2017,37(6):669-673. DOI:10.1002/micr.30083.

[49] Schulster ML,Cohn MR,Najari BB,Goldstein M. Microsurgically assisted inguinal hernia repair and simultaneous male fertility procedures:rationale,technique and outcomes[J]. J Urol,2017,198(5):1168-1173. DOI:10.1016/j.juro.2017.06.072.

[50] Sierakowski A,Nawar A,Parker M,Mathur and B. Free flap surgery in the elderly:Experience with 110 cases aged >= 70 years[J]. J Plast Reconstr Aesth Surg,2017,70(2):189-195. DOI:10.1016/j.bjps.2016.11.008.

[51] Singh DP,Bluebond-Langner R,Chopra K,Gowda AU. Transverse infraclavicular approach to the thoracoacromial pedicle for microsurgical breast reconstruction[J]. Ann Plast Surg,2017,78(3):299-303. DOI:10.1097/sap.0000000000000790.

[52] Steiner D,Hubertus A,Arkudas A,Taeger CD,Ludolph I,Boos AM,Schmitz M,Horch RE,Beier JP. Scalp reconstruction:A 10-year retrospective study[J]. J Cranio-Maxillofac Surg,2017,45(2):319-324. DOI:10.1016/j.jcms.2016.11.023.

[53] Toia F,Zabbia G,Roggio T,Pirrello R,D'Arpa S,Cordova A. Vascular grafts and flow-through flaps for microsurgical lower extremity reconstruction[J]. J Reconstr Microsurg,2017,33:S14-S19. DOI:10.1055/s-0037-1606560.

二、基础研究
Basic Research

[1] Cardini B,Oberhuber R,Hein SR,Eiter R,Hermann M,Kofler M,Schneeberger S,Brandacher G,Maglione M. Mouse model for pancreas transplantation using a modified cuff technique[J]. Jove-J Visual Exper,2017(130). DOI:10.3791/54998.

[2] Chen YQ,Tao JW,Li L,Mao JB,Zhu CT,Lao JM,Yang Y,Shen LJ. Feasibility study on robot-assisted retinal vascular bypass surgery in an exvivo porcine model[J]. Acta Ophthalmologica,2017,95(6):E462-E467. DOI:10.1111/aos.13457.

[3] de Barros RSM,Brito MVH,Leal RA,Teixeira RKC,Sabba MF,Yamaki VN,Lemos MVV. A low-cost high-definition video system for microsurgical hindlimb replantation in rats[J]. J Reconstr Microsurg,2017,33(3):158-162. DOI:10.1055/s-0036-1593767.

[4] de Barros RSM,Brito MVH,Teixeira RKC,Yamaki VN,Costa FLD,Sabba MF,Lemos MVV,Parente IC,Feijo DH. High-definition video system for peripheral neurorrhaphy in rats[J]. Surg Innov,2017,24(4):369-372. DOI:10.1177/1553350617704755.

[5] de Barros RSM,Leal RA,Teixeira RKC,Yamaki VN,Feijo DH,Gouveia EHH,Valente AL,Feitosa DJS,de Carvalho LTF. Continuous versus interrupted suture technique in microvascular anastomosis in rats[J]. Acta Cirurgica Brasileira,2017,32(9):691-696. DOI:10.1590/s0102-865020170090000001.

[6] Fries CA,Villamaria CY,Spencer JR,Rasmussen TE,Davis MR. C1 esterase inhibitor ameliorates ischemia reperfusion injury in a swine musculocutaneous flap model[J]. Microsurgery,2017,37(2):142-147. DOI:10.1002/micr.30053.

[7] Gilsanz C,Aller MA,Fuentes-Julian S,Prieto I,Blazquez-Martinez A,Argudo S,Fernandez-Delgado J,Belena J,Arias J,De Miguel MP. Adipose-derived mesenchymal stem cells slow disease progression of acute-on-chronic liver failure[J]. Biomedicine & Pharmacotherapy,2017,91:776-787. DOI:10.1016/j.biopha.2017.04.117.

[8] Hadrian R,Palmes D. Animal models of secondary lymphedema:new approaches in the search for therapeutic options[J]. Lymphat Res Biol,2017,15(1):2-16. DOI:10.1089/lrb.2016.0015.

[9] Han HH,Choi YS,Kim IB,Kim SH,Jun YJ. A perforator from the ulnar artery and cutaneous nerve of the hypothenar area:An anatomical study for clinical application[J]. Microsurgery,2017,37(1):49-56. DOI:10.1002/micr.22463.

[10] Koerdt S,Rommel N,Rohleder NH,Sandig S,Frohwitter G,Steiner T,Wolff KD,Kesting MR. Perioperative serum levels of procalcitonin,C-reactive protein,and leukocytes in head and neck free flaps[J]. Int J Oral Maxillofac Surg,2017,46(6):699-705. DOI:10.1016/j.ijom.2017.03.018.

[11] Krag AE,Eschen GT,Damsgaard TE,Svaerdborg M,Steiniche T,Kiil BJ. Remote ischemic perconditioning attenuates acute inflammation of experimental musculocutaneous flaps following ischemia-reperfusion injury[J]. Microsurgery,2017,37(2):148-155. DOI:10.1002/micr.30058.

[12] Lhuaire M,Hivelin M,Drame M,Abrahams P,Kianmanesh R,Fontaine C,Lantieri L. Determining the best recipient vessel site for autologous microsurgical breast reconstruction with DIEP flaps:An anatomical study[J]. J Plast Reconstr Aesth Surg,2017,70(6):781-791. DOI:10.1016/j.bjps.2017.01.008.

[13] Li XY,Xu J,Nicolescu CT,Marinelli JT,Tien JE. Generation,endothelialization,and microsurgical suture anastomosis of strong 1-mm-diameter collagen tubes[J]. Tissue Engineering Part A,2017,23(7-8):335-344. DOI:10.1089/ten.tea.2016.0339.

[14] Manrique OJ,Ciudad P,Wong A,Lo Torto F,Li YF,Chen PY,Nguyen DM,Chen HC. Early markers of angiogenesis and ischemia during bowel conduit neovascularization[J]. J Reconstr Microsurg,2017,33(9):605-611. DOI:10.1055/s-0037-1603905.

[15] Marks J,Ng S,Mak T. Robotic transanal surgery（RTAS）with utilization of a next-generation single-port system:a cadaveric feasibility study[J]. Tech Coloproctol,2017,21(7):541-545. DOI:10.1007/s10151-017-1655-3.

[16] Matsumine H,Numakura K,Climov M,Watanabe Y,Giatsidis G,Orgill DP. Facial-nerve regeneration ability of a hybrid artificial nerve conduit containing uncultured adipose-derived stromal vascular fraction:An experimental study[J]. Microsurgery,2017,37(7):808-818. DOI:10.1002/micr.30060.

[17] Meybodi AT,Lawton MT,Mokhtari P,Yousef S,Gandhi S,Benet A. Microsurgical bypass training rat model,Part 1:technical nuances of exposure of the aorta and iliac arteries[J]. World Neurosurg,2017,107:925-934. DOI:10.1016/j.wneu.2017.06.067.

[18] Murillo-Cuesta S,Vallecillo N,Cediel R,Celaya AM,Lassaletta L,Varela-Nieto I,Contreras J. A comparative study of drug delivery methods targeted to the mouse inner ear:bullostomy versus transtympanic injection[J]. Jove-J Visual Exper,2017(121). DOI:10.3791/54951.

[19] Pfeffer PL,Smith CS,Maclean P,Berg DK. Gene expression analysis of bovine embryonic disc,trophoblast and parietal hypoblast at the start of gastrulation[J]. Zygote,2017,25(3):265-278. DOI:10.1017/s0967199417000090.

[20] Rowinska Z,Gorressen S,Merx MW,Koeppel TA,Zernecke A,Liehn EA. Using the sleeve technique in a mouse model of aortic transplantation-an instructional video[J]. Jove-J Visual Exper,2017(128). DOI:10.3791/54915.

[21] Schmidt VJ,Wietbrock JO,Leibig N,Gloe T,Henn D,Hernekamp JF,Harhaus L,Kneser U. Collagen-elastin and collagen-glycosaminoglycan scaffolds promote distinct patterns of matrix maturation and axial vascularization in arteriovenous loop-based soft tissue flaps[J]. Ann Plast Surg,2017,79(1):92-100. DOI:10.1097/sap.0000000000001096.

[22] Shyu VBH,Hsu CE,Wen CJ,Wun TC,Tang R,Achilefu S,Wei FC,Cheng and HY. Novel injury site targeted fusion protein comprising annexin v and kunitz inhibitor domains ameliorates ischemia-reperfusion injury and promotes survival of ischemic rat abdominal skin flaps[J]. Ann Plast Surg,2017,78:S129-S134. DOI:10.1097/sap.0000000000001018.

[23] Tashiro K,Feng J,Wu SH,Mashiko T,Kanayama K,Narushima M,Uda H,Miyamoto S,Koshima I,Yoshimura K. Pathological changes of adipose tissue in secondary lymphoedema[J]. Br J Dermatol,2017,177(1):158-167. DOI:10.1111/bjd.15238.

[24] Teymur H,Tiftikcioglu YO,Cavusoglu T,Tiftikcioglu BI,Erbas O,Yigitturk G,Uyanikgil Y. Effect of platelet-rich plasma on reconstruction with nerve autografts[J]. Kaohsiung Journal of Medical Sciences,2017,33(2):69-77. DOI:10.1016/j.kjms.2016.11.005.

三、综述
Review

[1] Adani R,Woo SH. Microsurgical thumb repair and reconstruction[J]. J Hand Surg Eur,2017,42(8):771-788. DOI:10.1177/1753193417723310.

[2] Ahmadi I,Herle P,Miller G,Hunter-Smith DJ,Leong J,Rozen WM. End-to-end versus end-to-side microvascular anastomosis:a meta-analysis of free flap outcomes[J]. J Reconstr Microsurg,2017,33(6):402-411. DOI:10.1055/s-0037-1599099.

[3] Burnier P,Niddam J,Bosc R,Hersant B,Meningaud JP. Indocyanine green applications in plastic surgery:A review of the literature[J]. J Plast Reconstr Aesth Surg,2017,70(6):814-827. DOI:10.1016/j.bjps.2017.01.020.

[4] Chu MW,Samra F,Kanchwala SK,Momeni A. Treatment options for bilateral autologous breast reconstruction in patients with inadequate donorsite volume[J]. J Reconstr Microsurg,2017,33(5):305-311. DOI:10.1055/s-0037-1599074.

[5] del Pinal F,Urrutia E,Klich M. Severe crush injury to the forearm and hand the role of microsurgery[J]. Clin Plast Surg,2017,44(2):233-255. DOI:10.1016/j.cps.2016.11.002.

[6] Dobbs TD,Cundy O,Samarendra H,Khan K,Whitaker IS. A systematic review of the role of robotics in plastic and reconstructive surgery-from inception to the future[J]. Front Surg,2017,4. DOI:10.3389/fsurg.2017.00066.

[7] Fancello V,Nouraei SAR,Heathcote KJ. Role of reinnervation in the management of recurrent laryngeal nerve injury:current state and advances[J]. Curr Opin Otolaryngol Head Neck Surg,2017,25(6):480-485. DOI:10.1097/moo.0000000000000416.

[8] Sayad Fathi S,Zaminy A. Stem cell therapy for nerve injury[J]. World J Stem Cells,2017,9(9):144-151. DOI:10.4252/wjsc.v9.i9.144.

[9] Harhaus L,Hirche C,Giunta RE,Aszmann O,Siemers F,Kneser U,Lehnhardt M. Strategies on the treatment of nerve injuries accompanied by severe soft tissue damage Consensus statement of the German-Speaking Society for Microsurgery of Peripheral Nerves and Vessels[J]. Handchirurgie Mikrochirurgie Plastische Chirurgie,2017,49(4):257-266. DOI:10.1055/s-0043-111408.

[10] Hersant B,La Padula S,SidAhmed-Mezi M,Rodriguez AM,Meningaud JP. Use of platelet-rich plasma (PRP) in microsurgery[J]. J Stomatol Oral Maxillofac Surg,2017,118(4):236-237. DOI:10.1016/j.jormas.2017.05.009.

[11] Ibrahim AE,Sarhane KA,Selber JC. New frontiers in robotic-assisted microsurgical reconstruction[J]. Clin Plast Surg,2017,44(2):415-423. DOI:10.1016/j.cps.2016.12.003.

[12] Jessop ZM,Al-Sabah A,Gardiner MD,Combellack E,Hawkins K,Whitaker IS. 3D bioprinting

for reconstructive surgery:Principles,applications and challenges[J]. J Plast Reconstr Aesth Surg,2017,70(9):1155-1170. DOI:10.1016/j.bjps.2017.06.001.

[13] Johnson D,Sandlow J. Treatment of varicoceles:techniques and outcomes[J]. Fertil Steril,2017,108(3):378-384. DOI:10.1016/j.fertnstert.2017.07.020.

[14] Johnson M,Chen Y,Hovet S,Xu S,Wood B,Ren HL,Tokuda J,Tse ZTH. Fabricating biomedical origami:a state-of-the-art review[J]. Int J Comput Assist Radiol Surg,2017,12(11):2023-2032. DOI:10.1007/s11548-017-1545-1.

[15] Khorasani H,Lassen MH,Kuzon W,Bonde C. Scientific impact of presentations from the EURAPS and the AAPS meetings:A 10-year review[J]. J Plast Reconstr Aesth Surg,2017,70(1):31-36. DOI:10.1016/j.bjps.2016.09.022.

[16] Lee KT,Mun GH. Benefits of superdrainage using SIEV in DIEP flap breast reconstruction:A systematic review and meta-analysis[J]. Microsurgery,2017,37(1):75-83. DOI:10.1002/micr.22420.

[17] Li AJ,Liu WS,Cao PC,Zheng YH,Bu ZF,Zhou T. Endoscopic versus microscopic transsphenoidal surgery in the treatment of pituitary adenoma:a systematic review and meta-analysis[J]. World Neurosurg,2017,101:236-246. DOI:10.1016/j.wneu.2017.01.022.

[18] Lzadpanah A,Moran SL. Pediatric microsurgery:a global overview[J]. Clin Plast Surg,2017,44(2):313-324. DOI:10.1016/j.cps.2016.12.001.

[19] Mattei A,Magalon J,Bertrand B,Philandrianos C,Veran J,Giovanni A. Cell therapy and vocal fold scarring[J]. Eur Ann Otorhinolaryngol Head Neck Dis,2017,134(5):339-345. DOI:10.1016/j.anorl.2017.06.006.

[20] Pafitanis G,Raveendran M,Myers S,Ghanem AM. Flowmetry evolution in microvascular surgery:A systematic review[J]. J Plast Reconstr Aesth Surg,2017,70(9):1242-1251. DOI:10.1016/j.bjps.2017.05.010.

[21] Petr O,Coufalova L,Bradac O,Rehwald R,Glodny B,Benes V. Safety and efficacy of surgical and endovascular treatment for distal anterior cerebral artery aneurysms:a systematic review and meta-analysis[J]. World Neurosurg,2017,100:557-566. DOI:10.1016/j.wneu.2016.11.134.

[22] Sparks DS,Saleh DB,Rozen WM,Hutmacher DW,Schuetz MA,Wagels M. Vascularised bone transfer:History,blood supply and contemporary problems[J]. J Plast Reconstr Aesth Surg,2017,70(1):1-11. DOI:10.1016/j.bjps.2016.07.012.

[23] Suchyta M,Mardini S. Innovations and future directions in head and neck microsurgical reconstruction[J]. Clin Plast Surg,2017,44(2):325-344. DOI:10.1016/j.cps.2016.11.009.

四、教育与课程
Education and Course

[1] Atallah SB,DuBose AC,Burke JP,Nassif G,deBeche-Adams T,Frering T,Albert MR,Monson JRT. Uptake of transanal total mesorectal excision in north america:initial assessment of a structured training program and the experience of delegate surgeons[J]. Diseas Colon Rectum,2017,60(10):1023-1031. DOI:10.1097/dcr.0000000000000823.

[2] Camargo CP,Silva D,Maluf FC,Morais-Besteiro J,Gemperli R. A non-living,effective model for microvascular training[J]. Acta Cirurgica Brasileira,2017,32(12):1087-1092. DOI:10.1590/s0102-865020170120000010.

[3] Campisi CC,Jiga LP,Ryan M,di Summa PG,Campisi C,Ionac M. Mastering lymphatic microsurgery:a new training model in living tissue[J]. Ann Plast Surg,2017,79(3):298-303. DOI:10.1097/sap.0000000000001133.

[4] Chung SB,Ryu J,Chung Y,Lee SH,Choi SK. An affordable microsurgical training system for a beginning neurosurgeon:how to realize the self-training laboratory[J]. World Neurosurg,2017,105:369-374. DOI:10.1016/j.wneu.2017.05.174.

[5] Egro FM,Blecher NA,Gimbel ML,Nguyen VT. Microsurgery fellowship selection criteria:a national program director survey[J]. J Reconstr Microsurg,2017,33(3):206-210. DOI:10.1055/s-0036-1597569.

[6] Grant AL,Temple-Oberle C. Utility of a validated rating scale for self-assessment in microsurgical training[J]. J Surg Edu,2017,74(2):360-364. DOI:10.1016/j.jsurg.2016.08.017.

[7] Hardison SA,Pyon G,Le A,Wan W,Coelho DH. The effects of double gloving on microsurgical skills[J]. Otolaryngol Head Neck Surg,2017,157(3):419-423. DOI:10.1177/0194599817704377.

[8] Herrmann F,Pesenatto GG,Goldani E,Silva JB. The use of alternative experimental models on microsurgery technique's training for medicine undergradute students[J]. Periodico Tche Quimica,2017,14(27):117-122.

[9] Huotarinen A,Niemela M,Jahromi BR. Easy,efficient,and mobile way to train microsurgical skills during busy life of neurosurgical residency in resource-challenged environment[J]. World Neurosurg,2017,107:358-361. DOI:10.1016/j.wneu.2017.08.024.

[10] Izard SG,Mendez JAJ,Palomera PR. Virtual reality educational tool for human anatomy[J]. J Med Syst,2017,41(5). DOI:10.1007/s10916-017-0723-6.

[11] Jubbal KT,Chang D,Izaddoost SA,Pederson W,Zavlin D,Echo A. Resident involvement in microsurgery:an american college of surgeons national surgical quality improvement program analysis[J]. J Surg Edu,2017,74(6):1124-1132. DOI:10.1016/j.jsurg.2017.05.017.

[12] Kotsougiani D,Ringwald F,Hundepool CA,Neubrech F,Kremer T,Bickert B,Kneser U,Hirche C. Safety and suitability of finger replantations as a residency training procedure[J]. Ann Plast Surg,2017,78(4):431-435. DOI:10.1097/sap.0000000000000945.

[13] Krahenbuhl SM,Cvancara P,Stieglitz T,Bonvin R,Michetti M,Flahaut M,Durand S,Deghayli L,Applegate LA,Raffoul W. Return of the cadaver Key role of anatomic dissection for plastic surgery resident training[J]. Medicine,2017,96(29). DOI:10.1097/md.0000000000007528.

[14] Malik MM,Hachach-Haram N,Tahir M,Al-Musabi M,Masud D,Mohanna PN. Acquisition of basic microsurgery skills using home-based simulation training:A randomised control study[J]. J Plast Reconstr Aesth Surg,2017,70(4):478-486. DOI:10.1016/j.bjps.2016.12.011.

[15] Masud D,Haram N,Moustaki M,Chow W,Saour S,Mohanna and PN. Microsurgery simulation training system and set up:An essential system to complement every training programme[J]. J Plast Reconstr Aesth Surg,2017,70(7):893-900. DOI:10.1016/j.bjps.2017.03.009.

[16] Mattioli F,Presutti L,Caversaccio M,Bonali M,Anschuetz L. Novel dissection station for endolaryngeal microsurgery and laser surgery:development and dissection course experience[J]. Otolaryngol Head Neck Surg,2017,156(6):1136-1141. DOI:10.1177/0194599816668324.

[17] Oltean M,Sassu P,Hellstrom M,Axelsson P,Ewaldsson L,Nilsson AG,Axelsson M. The microsurgical training programme in Gothenburg,Sweden:early experiences[J]. J Plast Surg Hand Surg,2017,51(3):193-198. DOI:10.1080/2000656x.2016.1213735.

[18] Pafitanis G,Serrar Y,Raveendran M,Ghanem A,Myers S. The chicken thigh adductor profundus free muscle flap:a novel validated non-living microsurgery simulation training model[J]. Arch Plast Surg Aps,2017,44(4):293-300. DOI:10.5999/aps.2017.44.4.293.

[19] Penna M,Whiteford M,Hompes R,Sylla P. Developing and assessing a cadaveric training model for transanal total mesorectal excision:initial experience in the UK and USA[J]. Colorect Dis,2017,19(5):476-484. DOI:10.1111/codi.13525.

[20] Perez-Abadia G,Janko M,Pindur L,Sauerbier M,Barker JH,Joshua I,Marzi I,Frank J. Frankfurt microsurgery course:the first 175 trainees[J]. Eur J Trauma Emerg Surg,2017,43(3):377-386. DOI:10.1007/s00068-016-0759-1.

[21] Ruan QZ,Ricci JA,Silvestre J,Ho OA,Lee BT. Academic productivity of faculty associated with microsurgery fellowships[J]. Microsurgery,2017,37(6):641-646. DOI:10.1002/micr.30145.

[22] Sakamoto Y,Okamoto S,Shimizu K,Araki Y,Hirakawa A,Wakabayashi T. Hands-on simulation versus traditional video-learning in teaching microsurgery technique[J]. Neurologia Medico-Chirurgica,2017,57(5):238-245. DOI:10.2176/nmc.oa.2016-0317.

[23] Schoeff S,Hernandez B,Robinson DJ,Jameson MJ,Shonka DC. Microvascular anastomosis simulation using a chicken thigh model:Interval versus massed training[J]. Laryngoscope,2017,127(11):2490-2494. DOI:10.1002/lary.26586.

[24] Tatem AJ,Brannigan RE. The role of microsurgical varicocelectomy in treating male infertility[J]. Transl Androl Urol,2017,6(4):722-729. DOI:10.21037/tau.2017.07.16.

[25] Tolba RH,Czigany Z,Lujan SO,Oltean M,Axelsson M,Akelina Y,Di Cataldo A,Miko I,Furka I,Dahmen U,Kobayashi E,Ionac M,Nemeth N. Defining standards in experimental microsurgical training:recommendations of the European Society for Surgical Research(ESSR) and the International Society for Experimental Microsurgery (ISEM)[J]. Eur Surg Res,2017,58(5-6):246-262. DOI:10.1159/000479005.

[26] Trignano E,Fallico N,Zingone G,Dessy LA,Campus GV. Microsurgical training with the three-step approach[J]. J Reconstr Microsurg,2017,33(2):87-91. DOI:10.1055/s-0036-1592428.

2018 年

一、临床研究
Clinical Research

[1] Abraham M,Badhey A,Hu S,Kadakia S,Rasamny JK,Moscatello A,Ducic and Y. Thromboprophylaxis in head and neck microvascular reconstruction[J]. CranioMaxillofac Trauma Reconstr,2018,11(2):85-95. DOI:10.1055/s-0037-1607068.

[2] Akturk A,Bakx R,Oosterveld MJS,Wilde JCH,Idu MM. Microsurgery for "wrist" arteriovenous fistula creation in children:a retrospective cohort study[J]. J Vas Acce,2018,19(2):137-140. DOI:10.5301/jva.5000830.

[3] Balla A. The use of antibiotics before transanal endoscopic microsurgery[J]. J Invest Surg,2018,31(6):555-556. DOI:10.1080/08941939.2017.1382621.

[4] Beugels J,Bod L,van Kuijk SMJ,Qiu SS,Tuinder SMH,Heuts EM,Piatkowski A,van der Hulst R. Complications following immediate compared to delayed deep inferior epigastric artery perforator flap breast reconstructions[J]. Breast Cancer Res Treat,2018,169(2):349-357. DOI:10.1007/s10549-018-4695-0.

[5] Buono P,Castus P,Dubois-Ferriere V,Ruegg EM,Uckay I,Assal M,Pittet-Cuenod B,Modarressi A. Muscular versus non-muscular free flaps for soft tissue coverage of chronic tibial osteomyelitis[J]. World J Plast Surg,2018,7(3):294-300. DOI:10.29252/wjps.7.3.294.

[6] Carney MJ,Weissler JM,Tecce MG,Mirzabeigi MN,Wes AM,Koltz PF,Kanchwala SK,Low DW,Kovach SJ,Wu LC,Serletti JM,Fosnot J. 5000 free flaps and counting:a 10-year review of a single academic institution's microsurgical development and outcomes[J]. Plast Reconstr Surg,2018,141(4):855-863. DOI:10.1097/prs.0000000000004200.

[7] Chen LH,Zhang HT,Xu RX,Zhang L,Li WD,Sun K. Microsurgery for patients diagnosed with neurofibromatosis type 2 complicated by vestibular schwannomas:Clinical experience and strategy for treatments[J]. Medicine,2018,97(17). DOI:10.1097/md.0000000000010270.

[8] Chuang DCC. Distal nerve transfers:a perspective on the future of reconstructive microsurgery[J]. J Reconstr Microsurg,2018,34(9):669-671. DOI:10.1055/s-0038-1656719.

[9] Cornelissen AJM,Beugels J,Lataster A,Heuts EM,Rozen SM,Spiegel AJ,van der Hulst R,Tuinder SMH. Comparing the sensation of common donor site regions for autologous breast reconstruction to that of a healthy breast[J]. J Plast Reconstr Aesth Surg,2018,71(3):327-335. DOI:10.1016/j.bjps.2017.09.011.

[10] Dolen UC,Baltu Y,Aydin O. Subunit reconstruction of mid-facial defects with free style facial perforator flaps[J]. J Craniofac Surg,2018,29(6):1574-1577. DOI:10.1097/scs.0000000000004535.

[11] Engel H,Lin CY,Huang JJ,Cheng MH. Outcomes of lymphedema microsurgery for breast cancer-related lymphedema with or without microvascular breast reconstruction[J]. Ann Surg,2018,268(6):1076-1083. DOI:10.1097/sla.0000000000002322.

[12] Eo S,Doh G,Lim S,Hong KY. Analysis of the risk factors that determine composite graft survival for fingertip amputation[J]. J Hand Surg Eur,2018,43(10):1030-1035. DOI:10.1177/1753193418795820.

[13] Feng SY,Zhang YY,Yu XG,Chen XL,Zhou T,Bu B,Jiang JL. Microsurgical treatment of craniopharyngioma Experiences on 183 consecutive patients[J]. Medicine,2018,97(34). DOI:10.1097/md.0000000000011746.

[14] Gijbels A,Smits J,Schoevaerdts L,Willekens K,Vander Poorten EB,Stalmans P,Reynaerts D. In-Human robot-assisted retinal vein cannulation,a world first[J]. Ann Biomed Engin,2018,46(10):1676-1685. DOI:10.1007/s10439-018-2053-3.

[15] Grinsell D,Pitcher M,Wong S,Guerrieri M,Nielsen HHM. Immediate autologous breast reconstruction after neoadjuvant chemoradiotherapy for breast cancer:initial results of the first 29 patients[J]. Anz J Surg,2018,88(3):E137-E141. DOI:10.1111/ans.14079.

[16] Hayashi A,Hayashi N,Yoshimatsu H,Yamamoto T. Effective and efficient lymphaticovenular anastomosis using preoperative ultrasound detection technique of lymphatic vessels in lower extremity lymphedema[J]. J Surg Oncol,2018,117(2):290-298. DOI:10.1002/jso.24812.

[17] Head LK,McKay DR. Economic comparison of hand-sutured and coupler-assisted microvascular anastomoses[J]. J Reconstr Microsurg,2018,34(1):71-76. DOI:10.1055/s-0037-1606540.

[18] Honart JF,Leymarie N,Sarfati B,Alknashnam H,Rem K,Rimareix F,Kolb F. Lumbar artery perforator flap for breast reconstruction[J]. Annales De Chirurgie Plastique Esthetique,2018,63(1):25-30. DOI:10.1016/j.anplas.2017.07.011.

[19] Hung WY,Tung CC,Fang WY,Kao WP,Lin SL,Poon Y,Chao WN. Free flap transfer for head and neck reconstruction using local anesthesia in elderly patients[J]. Ann Plast Surg,2018,80:S30-S35. DOI:10.1097/sap.0000000000001303.

[20] Iamaguchi RB,Takemura RL,Silva GB,Alves JAD,Torres LR,Cho AB,Wei TH,de Rezende MR,Mattar R. Peri-operative risk factors for complications of free flaps in traumatic wounds-a cross-sectional study[J]. Int Orthop,2018,42(5):1149-1156. DOI:10.1007/s00264-018-3854-6.

[21] Kamarul T,Mansor A,Robson N,Albusaidi SHH,Suhaeb AM,Samsudin EZ. Replantation and revascularization of amputated upper limb appendages outcome and predicting the factors influencing the success rates of these procedures in a tertiary hospital:An 8-year retrospective,cross-sectional study[J]. Journal of Orthop Surg,2018,26(1). DOI:10.1177/2309499017749983.

[22] Lafosse T,Jehanno P,Fitoussi F. Complications and pitfalls after finger replantation in young children[J]. J Hand Microsurg,2018,10(2):74-78. DOI:10.1055/s-0038-1626684.

[23] Lardi AM,Dreier K,Junge K,Farhadi J. The use of tranexamic acid in microsurgery-is it safe?[J]. Gland Surg,2018,7:S59-S63. DOI:10.21037/gs.2018.03.10.

[24] Lenz. Y,R. Gross. V,Penna. H,Bannasch. G.B,Stark. S.U. Eisenhardt. Evaluation of the Implantable Doppler Probe for Free Flap Monitoring in Lower Limb Reconstruction[J]. J Reconstr Microsurg,2018,34(3). DOI:10.1055/s-0037-1608628.

[25] Leshikar HB,Bauer AS,Lightdale-Miric N,Molitor F,Waters PM,Grp TS. Clavicle fracture is not predictive of the need for microsurgery in brachial plexus birth palsy[J]. J Pediat Orthop,2018,38(2):128-132. DOI:10.1097/bpo.0000000000000770.

[26] Loefstrand JG,Lin CH. Reconstruction of defects in the weight-bearing plantar area using the innervated free medial plantar(Instep) flap[J]. Ann Plast Surg,2018,80(3):245-251. DOI:10.1097/sap.0000000000001274.

[27] Lofstrand J,Nyberg M,Karlsson T,Thorarinsson A,Kjeller G,Liden M,Frojd V. Quality of life after free fibula flap reconstruction of segmental mandibular defects[J]. J Reconstr Microsurg,2018,34(2):108-120. DOI:10.1055/s-0037-1606537.

[28] Mashhadinezhad H,Sarabi E,Mashhadinezhad S,Ganjeifar B. Clinical outcomes after microdiscectomy for recurrent lumbar disk herniation:a single-center study[J]. Arch Bone Joint Surg Abjs,2018,6(5):397-401.

[29] Mathieu L,Levadoux M,de Landevoisin ES,Windsor TJM,Rigal S. Digital replantation in forward surgical units:a cases study[J]. Sicot J,2018,4. DOI:10.1051/sicotj/2018004.

[30] Meschi N,Fieuws S,Vanhoenacker A,Strijbos O,Van der Veken D,Politis C,Lambrechts P. Root-end surgery with leucocyte-and platelet-rich fibrin and an occlusive membrane:a randomized controlled clinical trial on patients' quality of life[J]. Clin Oral Invest,2018,22(6):2401-2411. DOI:10.1007/s00784-018-2343-z.

[31] Momeni A,Kanchwala SK. Improved pocket control in immediate microsurgical breast reconstruction with simultaneous implant placement through the use of mesh[J]. Microsurgery,2018,38(5):450-457. DOI:10.1002/micr.30123.

[32] Mooney MA,Brigeman S,Bohl MA,Simon ED,Sheehy JP,Chang SW,Spetzler RF. Analysis of overlapping surgery in patients undergoing microsurgical aneurysm clipping:acute and long-term outcomes from the Barrow Ruptured Aneurysm Trial[J]. J Neurosurg,2018,129(3):711-717. DOI:10.3171/2017.5.Jns17394.

[33] Ooi ASH,Butz DR,Fisher SM,Collier ZJ,Gottlieb LJ. Geometric three-Dimensional end-to-side microvascular anastomosis:a simple and reproducible technique[J]. J Reconstr Microsurg,2018,34(4):258-263. DOI:10.1055/s-0037-1612603.

[34] Pabst AM,Werkmeister R,Steegmann J,Holzle F,Bartella A. Is there an ideal way to close the donor site of radial forearm free flaps?[J]. Br J Oral Maxillofac Surg,2018,56(6):444-452. DOI:10.1016/j.bjoms.2018.04.016.

[35] Pereira N,Lee YH,Suh Y,Choi DH,Suh HS,Jeon JY,Hong JP. Cumulative experience in lymphovenous anastomosis for lymphedema treatment:the learning curve effect on the overall outcome[J]. J Reconstr Microsurg,2018,34(9):735-741. DOI:10.1055/s-0038-1648220.

[36] Pomares G,Coudane H,Dap F,Dautel G. Epidemiology of traumatic upper limb amputations[J]. Orthop Traumatol Surg Res,2018,104(2):273-276. DOI:10.1016/j.otsr.2017.12.014.

[37] Qing LM,Wu PF,Yu F,Zhou ZB,Tang JY. Use of dual-skin paddle anterolateral thigh perforator flaps in the reconstruction of complex defect of the foot and ankle[J]. J Plast Reconstr Aesth Surg,2018,71(9):1231-1238. DOI:10.1016/j.bjps.2018.05.029.

[38] Schaverien MV,Liu J,Butler CE,Selber JC. Factors correlating with microsurgical performance:a clinical and experimental study[J]. J Surg Edu,2018,75(4):1045-1051. DOI:10.1016/j.jsurg.2017.11.003.

[39] Segna E,Bolzoni AR,Gianni AB,Baj A,Beltramini GA. Impact of reconstructive microsurgery on patients with cancer of the head and neck:a prospective study of quality of life,particularly in older patients[J]. Br J Oral Maxillofac Surg,2018,56(9):830-834. DOI:10.1016/j.bjoms.2018.09.003.

[40] Stranix JT,Jacoby A,Lee ZH,Anzai L,Saadeh PB,Thanik V,Levine JP. Skin paddles improve muscle flap salvage rates after microvascular compromise in lower extremity reconstruction[J]. Ann Plast Surg,2018,81(1):68-70. DOI:10.1097/sap.0000000000001425.

[41] Tartaglione G,Visconti G,Bartoletti R,Gentileschi S,Salgarello M,Rubello D,Colletti PM. Stress lymphoscintigraphy for early detection and management of secondary limb lymphedema[J]. Clin Nucl Med,2018,43(3):155-161. DOI:10.1097/rlu.0000000000001963.

[42] Veronesi BA,Rodrigues MB,de Sambuy MTC,Macedo RS,Cho AB,de Rezende MR. Use of magnetic resonance imaging to diagnose brachial plexus injuries[J]. Acta Ortopedica Brasileira,2018,26(2):131-134. DOI:10.1590/1413-785220182602187223.

[43] Visconti G,Salgarello M,Hayashi A. The recipient venule in supermicrosurgical lymphaticovenular anastomosis:flow dynamic classification and correlation with surgical outcomes[J]. J Reconstr Microsurg,2018,34(8):581-589. DOI:10.1055/s-0038-1649518.

[44] Wang AC,Shah AH,Sidani C,Gaynor BG,Dockrell S,Burks SS,Sargi ZB,Casiano RR,Morcos JJ. Volumetry in the assessment of pituitary adenoma resection:endoscopy versus microscopy[J]. J Neurol Surg Part B-Skull Base,2018,79(6):538-544. DOI:10.1055/s-0038-1639618.

[45] Weitgasser L,Bahsoun A,Amr A,Brandstetter M,Knam F,Schoeller T. A rare approach? Microsurgical breast reconstruction after severe burns[J]. Arch Plast Surg Aps,2018,45(2):180-184. DOI:10.5999/aps.2017.01039.

[46] Yang. X.K,Z.Q. Fang,M.D. Liu,Y. Zhang,Q.H. Chen,K. Tao,J.T. Han. D,H. Hu. Free vascularized fascia flap combined with skin grafting for deep toe ulcer in diabetic patients[J]. J Surg Res,2018,231:167-172. DOI:10.1016/j.jss.2018.05.051.

[47] Yazar S,Altinkaya A,Karadag EC,Kara H,Uras C. A simple flap design for the salvage of immediate implant-based breast reconstruction[J]. Ann Plast Surg,2018,80(2):109-112. DOI:10.1097/sap.0000000000001196.

[48] Zhang AG,Dayicioglu D. Outcomes of 270 consecutive deep inferior epigastric perforator flaps for breast reconstruction[J]. Ann Plast Surg,2018,80:S388-S394. DOI:10.1097/sap.0000000000001341.

[49] Zhu WD,Chen HS,Jia H,Chai YC,Yang J,Wang ZY,Wu H. Long-term hearing preservation outcomes for small vestibular schwannomas:retrosigmoid removal versus observation[J]. Otol Neurotol,2018,39(2):e158-e165. DOI:10.1097/mao.0000000000001684.

[50] Zeeshan Q,Ghodke BV,Juric-Sekhar G,Barber JK,Kim LJ,Sekhar LN. Surgery for very large and giant intracranial aneurysms:Results and complications[J]. Neurology India,2018,66(6):1741-1757. DOI:10.4103/0028-3886.246291.

二、基础研究
Basic Research

[1] Bamba R,Riley DC,Kim JS,Cardwell NL,Pollins AC,Shack B,Thayer WP. Evaluation of a nerve fusion technique with polyethylene glycol in a delayed setting after nerve injury[J]. J Hand Surg Am,2018,43(1). DOI:10.1016/j.jhsa.2017.07.014.

[2] Carlson ML,Smadbeck JB,Link MJ,Klee EW,Vasmatzis G,Schimmenti LA. Next generation sequencing of sporadic vestibular schwannoma:necessity of biallelic NF2 inactivation and implications of accessory non-NF2 variants[J]. Otol Neurotol,2018,39(9):E860-E871. DOI:10.1097/mao.0000000000001932.

[3] Clarke NS,Price J,Boyd T,Salizzoni S,Zehr KJ,Nieponice A,Bajona P. Robotic-assisted microvascular surgery:skill acquisition in a rat model[J]. J Robot Surg,2018,12(2):331-336. DOI:10.1007/s11701-017-0738-5.

[4] Farzaneh M,Attari F,Khoshnam SE,Mozdziak PE. The method of chicken whole embryo culture using the eggshell windowing,surrogate eggshell and ex ovo culture system[J]. Br Poult Sci,2018,59(2):240-244. DOI:10.1080/00071668.2017.1413234.

[5] Guillier D,Moris V,Cristofari S,Gerenton B,Hallier A,Rizzi P,Henault B,Zwetyenga N. Monitoring of myocutaneous flaps by measuring capillary glucose and lactate levels:experimental study[J]. Ann Plast Surg,2018,80(4):416-423. DOI:10.1097/sap.0000000000001313.

[6] Hasturk AE,Yilmaz ER,Hayirli N,Kayalar AE,Akyildiz S,Gokce EC,Akcay I,Evirgen O,Bakir A. Stereologic and ultrastructural comparison of human and rat amniotic membrane wrapping for rat sciatic nerve repair[J]. J Clin Neurosci,2018,57:157-161. DOI:10.1016/j.jocn.2018.08.007.

[7] Ishii D,Enmi JI,Iwai R,Kurisu K,Tatsumi E,Nakayama Y. One year rat study of ibta-induced "microbiotube" microvascular grafts with an ultra-small diameter of 0.6 mm[J]. Eur J Vas Endovas Surg,2018,55(6):882-887. DOI:10.1016/j.ejvs.2018.03.011.

[8] Kirillova A,Genikhovich G,Pukhlyakova E,Demilly A,Kraus Y,Technau U. Germ-layer commitment and axis formation in sea anemone embryonic cell aggregates[J]. Proc Natl Acad Sci USA,2018,115(8):1813-1818. DOI:10.1073/pnas.1711516115.

[9] Nonomura H,Tan BK,Tan PWW,Goh T. A surgical approach to the harvest of the vascularized submandibular and submental lymph node flap:the "through-the-gland" dissection technique[J]. Ann Plast Surg,2018,80(4):432-437. DOI:10.1097/sap.0000000000001272.

[10] Ooi ASH,Butz DR,Teven CM,Gottlieb LJ. Re-introducing the delto-acromial perforator flap:Clinical experience and cadaver dissection[J]. J Plast Reconstr Aesth Surg,2018,71(3):402-409. DOI:10.1016/j.bjps.2017.08.029.

[11] Penuela RF,Playa GP,Arazo LC,Ayala JM. An experimental lymphedema animal model for assessing the results of lymphovenous anastomosis[J]. Lymphat Res Biol,2018,16(3):234-239. DOI:10.1089/lrb.2016.0068.

[12] Piasecka-Zelga J,Zelga P,Szulc J,Wietecha J,Ciechanska D. An in vivo biocompatibility study of surgical meshes made from bacterial cellulose modified with chitosan[J]. Int J Biol Macromol,2018,116:1119-1127. DOI:10.1016/j.ijbiomac.2018.05.123.

[13] Safi AF,Safi S,Tayeh M,Timmer M,Goldbrunner R,Kauke M. A novel microsurgical anastomosis training model using gradually thawed cryopreserved microvessels of rat cadavers[J]. J Cranio-Maxillofac Surg,2018,46(7):1126-1131. DOI:10.1016/j.jcms.2018.05.018.

[14] Schmidt VJ,Wietbrock JO,Leibig N,Hernekamp JF,Henn D,Radu CA,Kneser U. Haemodynamically stimulated and in vivo generated axially vascularized soft-tissue free flaps for closure of complex defects:Evaluation in a small animal model[J]. J Tissue Engin Regen Med,2018,12(3):622-632. DOI:10.1002/term.2477.

[15] Yoo J,Chepurko V,Hajjar RJ,Jeong D. Conventional Method of Transverse Aortic Constriction in Mice,in Experimental Models of Cardiovascular Diseases:Methods and Protocols,K. Ishikawa,Editor. 2018:183-193.

[16] Zhu SW,Yang Y,Liu YG,Cao JW,Li F. Anatomical features and clinical significance of radiculomuscular artery variants involving the suboccipital segment of vertebral artery angiographic and cadaver studies[J]. Clin Neuroradiol,2018,28(1):75-80. DOI:10.1007/s00062-016-0520-5.

[17] Durney CH,Harris TJC,Feng JJ. Dynamics of PAR proteins explain the oscillation and ratcheting mechanisms in dorsal closure[J]. Biophys J,2018,115(11):2230-2241. DOI:10.1016/j.bpj.2018.10.014.

[18] Feuillet D,Keller JF,Agossa K. Interproximal tunneling with a customized connective tissue graft:a microsurgical technique for interdental papilla reconstruction[J]. Int J Periodont Restor Dentistr,2018,38(6):833-839. DOI:10.11607/prd.3549.

[19] Kwiecien GJ,Gharb BB,Tadisina KK,Madajka M,Drazba J,Zins JE,Schwarz GS. Quantity of lymph nodes in the vascularized lymph node transfer influences its lymphaticovenous drainage[J]. J Reconstr Microsurg,2018,34(1):41-46. DOI:10.1055/s-0037-1606320.

[20] Milas A,Jagric M,Martincic J,Tolic IM. Optogenetic reversible knocksideways,laser ablation,and photoactivation on the mitotic spindle in human cells,in Mitosis and Meiosis,Pt B,H. Maiato and M. Schuh,Editors. 2018:191-215.

三、综述
Review

[1] Badash I,Gould DJ,Patel KM. Supermicrosurgery:History,Applications,Training and the Future[J]. Front Surg,2018,5. DOI:10.3389/fsurg.2018.00023.

[2] Ballestin A,Casado JG,Abellan E,Vela FJ,Alvarez V,Uson A,Lopez E,Marinaro F,Blazquez R,Sanchez-Margallo FM. Ischemia-reperfusion injury in a rat microvascular skin free flap model:A histological,genetic,and blood flow study[J]. Plos One,2018,13(12). DOI:10.1371/journal.pone.0209624.

[3] Barakat-Walter I,Kraftsik R. Stimulating effect of thyroid hormones in peripheral nerve regeneration:research history and future direction toward clinical therapy[J]. Neu Reg Res,2018,13(4):599-608. DOI:10.4103/1673-5374.230274.

[4] Belykh E,Onaka NR,Abramov IT,Yagmurlu K,Byvaltsev VA,Spetzler RF,Nakaj P,Preul MC. Systematic review of factors influencing surgical performance:practical recommendations for microsurgical procedures in neurosurgery[J]. World Neurosurg,2018,112:E182-E207. DOI:10.1016/j.wneu.2018.01.005.

[5] Brown S,Yao A,Taub PJ. Antifibrinolytic agents in plastic surgery:current practices and future directions[J]. Plast Reconstr Surg,2018,141(6):937E-949E. DOI:10.1097/prs.0000000000004421.

[6] Chen WF. How to get started performing supermicrosurgical lymphaticovenular anastomosis to treat lymphedema[J]. Ann Plast Surg,2018,81:S15-S20. DOI:10.1097/sap.0000000000001610.

[7] Christianto S,Lau A,Li KY,Yang WF,Su YX. One versus two venous anastomoses in microsurgical head and neck reconstruction:a cumulative meta-analysis[J]. Int J Oral Maxillofac Surg,2018,47(5):585-594. DOI:10.1016/j.ijom.2018.01.006.

[8] Cornelissen AJM,van Mulken TJM,Graupner C,Qiu SS,Keuter XHA,van der Hulst R,Schols RM. Near-infrared fluorescence image-guidance in plastic surgery:A systematic review[J]. Eur J Plast Surg,2018,41(3):269-278. DOI:10.1007/s00238-018-1404-5.

[9] Couteau C,Rem K,Guillier D,Moris V,Revol M,Cristofari S. Improving free-flap survival using intra-operative heparin:Ritualistic practice or evidence-base medicine? A systematic review[J]. Annales De Chirurgie Plastique Esthetique,2018,63(3):E1-E5. DOI:10.1016/j.anplas.2017.06.010.

[10] Dautel G. Vascularized toe joint transfers to the hand for PIP or MCP reconstruction[J]. Hand Surg Rehabil,2018,37(6):329-336. DOI:10.1016/j.hansur.2018.03.008.

[11] Eisenhardt SU,Momeni A,von Fritschen U,Horch RE,Starks GB,Bannasch H,Harder Y,Heitmann C,Kremer T,Rieger UM,Kneser U. Breast reconstruction with the free TRAM or DIEP flap-What is the current standard? Consensus Paper of the German Working Party on the Microsurgery of Peripheral Nerves and Vessels[J]. Handchirurgie Mikrochirurgie Plastische Chirurgie,2018,50(4):248-255. DOI:10.1055/a-0631-9025.

[12] Epstein S,Tran BN,Capone AC,Ruan QZ,Lee BT,Singhal D. Work-related musculoskeletal disorders among plastic surgeons:a systematic review[J]. J Reconstr Microsurg,2018,34(8):553-562. DOI:10.1055/s-0037-1608680.

[13] Etafy M,Gudeloglu A,Brahmbhatt JV,Parekattil SJ. Review of the role of robotic surgery in male infertility[J]. Arab J Urol,2018,16(1):148-156. DOI:10.1016/j.aju.2017.11.006.

[14] Fernandes JR,Pribaz JJ,Lim AA,Guo LF. Nasal reconstruction current overview[J]. Ann Plast Surg,2018,81:S30-S34. DOI:10.1097/sap.0000000000001608.

[15] Garas G,Tolley N. Robotics in otorhinolaryngology-head and neck surgery A look at the past,present and

future[J]. Ann Roy Coll Surg Engl,2018,100:34-41. DOI:10.1308/rcsann.supp2.34.
[16] Hong JP,Song S,Suh HSP. Supermicrosurgery:Principles and applications[J]. J Surg Oncol,2018,118(5):832-839. DOI:10.1002/jso.25243.
[17] Horch RE,Weigand A,Wajant H,Groll J,Boccaccini AR,Arkudas A. Biofabrication:new approaches for tissue regeneration[J]. Handchirurgie Mikrochirurgie Plastische Chirurgie,2018,50(2):93-100. DOI:10.1055/s-0043-124674.
[18] Karinja SJ,Lee BT. Advances in flap monitoring and impact of enhanced recovery protocols[J]. J Surg Oncol,2018,118(5):758-767. DOI:10.1002/jso.25179.
[19] Kobayashi E. New trends in translational microsurgery[J]. Acta Cirurgica Brasileira,2018,33(9):862-867. DOI:10.1590/s0102-865020180090000015.
[20] Kollar B,Tasigiorgos S,Dorante MI,Carty MJ,Talbot SG,Pomahac B. Innovations in reconstructive microsurgery:Reconstructive transplantation[J]. J Surg Oncol,2018,118(5):800-806. DOI:10.1002/jso.25147.
[21] Levin LS. From autotransplantation to allotransplantation:a perspective on the future of reconstructive microsurgery[J]. J Reconstr Microsurg,2018,34(9):681-682. DOI:10.1055/s-0038-1639367.
[22] Li C,Yu J,Li KL,Hou K,Yu JL. Dural arteriovenous fistula of the lateral foramen magnum region:A review[J]. Intervent Neuroradiol,2018,24(4). DOI:10.1177/1591019918770768.
[23] Loh CYY,Wang AYL,Tiong VTY,Athanassopoulos T,Loh M,Lim P,Kao HK. Animal models in plastic and reconstructive surgery simulationd-a review[J]. J Surg Res,2018,221:232-245. DOI:10.1016/j.jss.2017.08.052.
[24] Ludolph I,Lehnhardt M,Arkudas A,Kneser U,Pierer G,Harder Y,Horch RE. Plastic reconstructive microsurgery in the elderly patient Consensus statement of the German Speaking Working Group for Microsurgery of the Peripheral Nerves and Vessels[J]. Handchirurgie Mikrochirurgie Plastische Chirurgie,2018,50(2):118-125. DOI:10.1055/s-0043-115730.
[25] Mackinnon SE. Future perspectives in the management of nerve injuries[J]. J Reconstr Microsurg,2018,34(9):672-674. DOI:10.1055/s-0038-1639353.
[26] Miyamoto S. Self-citation rate and impact factor in the field of plastic and reconstructive surgery[J]. J Plast Surg Hand Surg,2018,52(1):40-46. DOI:10.1080/2000656x.2017.1319847.
[27] Opsomer D,van Landuyt K. Indications and controversies for nonabdominally-based complete autologous tissue breast reconstruction[J]. Clin Plast Surg,2018,45(1):93-100. DOI:10.1016/j.cps.2017.08.012.
[28] Pappalardo M,Patel K,Cheng MH. Vascularized lymph node transfer for treatment of extremity lymphedema:An overview of current controversies regarding donor sites,recipient sites and outcomes[J]. J Surg Oncol,2018,117(7):1420-1431. DOI:10.1002/jso.25034.
[29] Rodi T,Geierlehner A,Mosahebi A,Tanos G,Wormald JCR. Protocol for a systematic review of venous coupler devices versus hand-sewn anastomosis for microsurgical free flap reconstruction[J]. System Rev,2018,7. DOI:10.1186/s13643-018-0871-x.
[30] Sachanandani NS,Chu SY,Ho OA,Cheong CF,Lin MCY,Cheng MH. Lymphedema and concomitant venous comorbidity in the extremity:Comprehensive evaluation,management strategy,and outcomes[J]. J Surg Oncol,2018,118(6):941-952. DOI:10.1002/jso.25237.
[31] Seth AK,Allen RJ. Modern techniques and alternative flaps in microsurgical breast reconstruction[J]. J Surg Oncol,2018,118(5):768-779. DOI:10.1002/jso.25198.
[32] Sultan SM,Jackson DS,Erhard HA,Greenspun DT,Benacquista T,Garfein ES,Weichman KE. Risk factors for postoperative venous thromboembolic complications after microsurgical breast reconstruction[J]. J Reconstr Microsurg,2018,34(4):227-234. DOI:10.1055/s-0037-1608629.
[33] Tasigiorgos S,Kollar B,Krezdorn N,Bueno EM,Tullius SG,Pomahac B. Face transplantationcurrent status and future developments[J]. Transplant Int,2018,31(7):677-688. DOI:10.1111/tri.13130.

四、教育与课程
Education and Course

[1] Akst LM,Olds KC,Balicki M,Chalasani P,Taylor RH. Robotic microlaryngeal phonosurgery:Testing of a “steady-hand” microsurgery platform[J]. Laryngoscope,2018,128(1):126-132. DOI:10.1002/lary.26621.
[2] Ali S. Basic microvascular anastomosis simulation hub microsurgery course:an innovative competency-based approach to microsurgical training for early year's plastic surgery trainees[J]. Ann Plast Surg,2018,80(4):314-315. DOI:10.1097/sap.0000000000001390.
[3] Alwadani S. Cataract surgery training using surgical simulators and wet-labs:Course description and literature review[J]. Saudi J Ophthalmol,2018,32(4):324-329. DOI:10.1016/j.sjopt.2018.01.003.
[4] Atlan M,Lellouch AG,Legagneux J,Chaouat M,Masquelet AC,Letourneur D. A new synthetic model for microvascular anastomosis training? a randomized comparative study between silicone and polyvinyl alcohol gelatin tubes[J]. J Surg Edu,2018,75(1):182-187. DOI:10.1016/j.jsurg.2017.06.008.
[5] Capkin S,Cavit A,Kaleli T. Microsurgery training with smartphone[J]. Handchirurgie Mikrochirurgie Plastische Chirurgie,2018,50(6):443-445. DOI:10.1055/a-0661-6015.
[6] Chang TNJ,Hsieh F,Wang ZT,Kwon SH,Lin JAJ,Tang and ETH. Social media mediate the education of the global microsurgeons:The experience from International Microsurgery Club[J]. Microsurgery,2018,38(5):596-597. DOI:10.1002/micr.30312.
[7] Choque-Velasquez,J,Colasanti R,Collan J,Kinnunen R,Jahromi BR,Hernesniemi J. Virtual reality glasses and “eye-hands blind technique” for microsurgical training in neurosurgery[J]. World Neurosurg,2018,112:126-130. DOI:10.1016/j.wneu.2018.01.067.
[8] Chouari TAM,Lindsay K,Bradshaw E,Parson S,Watson L,Ahmed J,Curnier A. An enhanced fresh cadaveric model for reconstructive microsurgery training[J]. Eur J Plast Surg,2018,41(4):439-446. DOI:10.1007/s00238-018-1414-3.
[9] Evgeniou E,Walker H,Gujral S. The role of simulation in microsurgical training[J]. J Surg Edu,2018,75(1):171-181. DOI:10.1016/j.jsurg.2017.06.032.
[10] Galmiche C,Diaz JJH,Vernet P,Facca S,Menu G,Liverneaux P. Learning of supermicrosurgical vascular anastomosis:MicroChirSim（R) procedural simulator versus Anastomosis Training Kit（R) procedural simulator[J]. Hand Surg Rehabil,2018,37(1):20-23. DOI:10.1016/j.hansur.2017.10.236.
[11] Gokyar A,Cokluk C. Using of fresh cadaveric cow brain in the microsurgical training model for sulcal-cisternal and fissural dissection[J]. J Neurosci Rural Prac,2018,9(1):26-29. DOI:10.4103/jnrp.jnrp_390_17.
[12] Ha Y,Song SH,Kang NH,Oh SH. Proper choice of vessels for supermicrosurgery training:an experimental animal study[J]. J Reconstr Microsurg,2018,34(9):742-748. DOI:10.1055/s-0038-1648221.
[13] Hanrahan J,Sideris M,Pasha T,Tsitsopoulos PP,Theodoulou I,Nicolaides M,Georgopoulou EM,Kombogiorgas D,Bimpis A,Papalois A. Hands train the brain-what is the role of hand tremor and anxiety in undergraduate microsurgical skills?[J]. Acta Neurochirurgica,2018,160(9):1673-1679. DOI:10.1007/s00701-018-3609-6.
[14] Karakawa R,Yoshimatsu H,Nakatsukasa S,Iida T. A new method for microsurgery training using a smartphone and a laptop computer[J]. Microsurgery,2018,38(1):124-125. DOI:10.1002/micr.30241.
[15] Karakawa R,Yoshimatsu H,Yano T,Sawaizumi M. Microsurgery training using Apple iPad Pro[J]. Microsurgery, 2018,38(8):926-927. DOI:10.1002/micr.30384.
[16] Kearns MC,Baker J,Myers S,Ghanem A. Towards standardization of training and practice of reconstructive microsurgery:an evidence-based recommendation for anastomosis thrombosis prophylaxis[J]. Eur J Plast Surg,2018,41(4):379-386. DOI:10.1007/s00238-018-1417-0.
[17] Leuzzi S,Maruccia M,Elia R,Annoscia P,Vestita M,Nacchiero E,Giudice G. Lymphatic-venous anastomosis in a rat model:A novel exercise for microsurgical training[J]. J Surg Oncol,2018,118(6):936-940. DOI:10.1002/jso.25234.
[18] Malas T,Al-Atassi T,Brandys T,Naik V,Lapierre H,Lam and BK. Impact of visualization on simulation training for vascular anastomosis[J]. J Thorac Cardiovas Surg,2018,155(4):1686-93. DOI:10.1016/j.jtcvs.2017.10.080.
[19] Pafitanis G,Narushima M,Yamamoto T,Raveendran M,Veljanoski D,Ghanem AM,Myers S,Koshima I. Evolution of an evidence-based supermicrosurgery simulation training curriculum:A systematic review[J]. J Plast Reconstr Aesth Surg,2018,71(7):976-988. DOI:10.1016/j.bjps.2018.04.005.
[20] Rostom M,Lam WL. Microsurgery fellowships development of a clinical curriculum[J]. J Reconstr Microsurg,2018,34(2):145-150. DOI:10.1055/s-0037-1607435.
[21] Sakamoto Y,Okamoto S,Shimizu K,Araki Y,Hirakawa A,Wakabayashi T. Comparative prospective study of microvascular anastomosis training by self-learning or with expert instruction[J]. World Neurosurg,2018,118:E818-E824. DOI:10.1016/j.wneu.2018.07.061.
[22] Sudario-Lumague R,Chiang YC,Lin TS. Gender comparison of medical student microsurgical skills in a laboratory model[J]. J Reconstr Microsurg,2018,34(5):359-362. DOI:10.1055/s-0038-1626694.
[23] Sundhagen HP,Almeland SK,Hansson E. Development and validation of a new assessment tool for suturing skills in medical students[J]. Eur J Plast Surg,2018,41(2):207-216. DOI:10.1007/s00238-017-1378-8.
[24] Thomson JE,Poudrier G,Stranix JT,Motosko CC,Hazen A. Current status of simulation training in plastic surgery residency programs:A review[J]. Arch Plast Surg Aps,2018,45(5):395-402. DOI:10.5999/aps.2017.01585.
[25] Zeng WF,Shulzhenko NO,Feldman CC,Dingle AM,Poore SO. "Blue-blood"-infused chicken thigh training model for microsurgery and supermicrosurgery[J]. Plast Reconstr Surg Glob Open,2018,6(4). DOI:10.1097/gox.0000000000001695.

2019 年

一、临床研究
Clinical Research

[1] Akita S,Yamaji Y,Kuriyama M,Tokumoto H,Ishigaki T,Tezuka T,Ogata H,Kubota Y,Mitsukawa N. Intraoperative detection of efferent lymphatic vessels emerging from lymph node during lymphatic microsurgery[J]. J Reconstr Microsurg,2019,35(5):372-378. DOI:10.1055/s-0038-1677039.
[2] Aljaaly HA,Fries CA,Cheng MH. Dorsal wrist placement for vascularized submental lymph node transfer significantly improves breast cancer-related lymphedema[J]. Plast Reconstr Surg Glob Open,2019,7(2). DOI:10.1097/gox.0000000000002149.
[3] Bartella AK,Flick N,Kamal M,Steegmann J,Kloss-Brandstatter A,Teichmann J,Holzle F,Lethaus B. Hand perfusion in patients with physiological or pathological allen's tests[J]. J Reconstr Microsurg,2019,35(3):182-188. DOI:10.1055/s-0038-1668159.
[4] Beugels J,Meijvogel JLW,Tuinder SMH,Tjan-Heijnen VCG,Heuts EM,Piatkowski A,van der Hulst R. The influence of neoadjuvant chemotherapy on complications of immediate DIEP flap breast reconstructions[J]. Breast Cancer Res Treat,2019,176(2):367-375. DOI:10.1007/s10549-019-05241-9.
[5] Boczar D,Forte AJ,Oliver JD,McClain RL,Murray P,Clendenen SR. Intraoperative evaluation of cervical nerve root avulsion using ultra-high-frequency ultrasound system[J]. Case Rep Plast Surg Hand Surg,2019,6(1):43-46. DOI:10.1080/23320885.2019.1583569.
[6] Burkhardt BW,Grimm M,Schwerdtfeger K,Oertel JM. The microsurgical treatment of lumbar disc herniation a report of 158 patients with a mean follow-up of more than 32 years[J]. Spine,2019,44(20):1426-1434. DOI:10.1097/brs.0000000000003113.
[7] Burusapat C. Perforator flap reconstruction for the distal third of lower extremity defects:clinical application and guideline recommendation[J]. Int J Lower Extrem Wounds,2019,18(4):376-388. DOI:10.1177/1534734619861018.
[8] Chung AH,Baek SO,Park HJ,Lee BI,Park SH,Yoon ES. Efficacy and patient satisfaction regarding lymphovenous bypass with sleeve-in anastomosis for extremity lymphedema[J]. Arch Plast Surg Aps,2019,46(1):46-56. DOI:10.5999/aps.2018.00773.
[9] Ciudad P,Manrique OJ,Bustos SS,Coca JJP,Chang CC,Shih PK,Nicoli F,Torto FL,Agko M,Huang TCT,Maruccia M,Chen HC. Comparisons in long-term clinical outcomes among patients with upper or lower extremity lymphedema treated with diverse vascularized lymph node transfer[J]. Microsurgery,2020,40(2):130-136. DOI:10.1002/micr.30508.
[10] Dadras M,Wallner C,Wagner JM,Huber J,Harati K,Lehnhardt M,Behr B. Negative pressure-induced hyperemia,a new modality in the monitoring of skin paddle containing free flaps[J]. J Plast Reconstr Aesth Surg,2019,72(12):1963-1970. DOI:10.1016/j.bjps.2019.09.008.
[11] di Summa PC,Guiotto M,Zaugg P,Van Der Gucht A,Ryan M,Campisi CC,Raffoul W. Multiple lymphatic-venous anastomoses(MLVA) for microsurgical drainage of primary peno-scrotal lymphedema:a case report[J]. Lymphology,2019,52(3):149-154.
[12] Ehrl D,Giunta R. Interdisciplinary plastic surgery-chances,conditions and barriers of reconstructive microsurgery in maximum care hospitals[J]. Handchirurgie Mikrochirurgie Plastische Chirurgie,2019,51(4):284-294. DOI:10.1055/a-0898-3669.
[13] Fried FW,Beier JP,Bohr C,Iro H,Horch RE,Arkudas A. Free latissimus dorsi myocutaneous flap in a 6-month-old child for reconstruction of a temporal fossa defect after teratoma resection[J]. Ann Plast Surg,2019,82(1):62-63. DOI:10.1097/sap.0000000000001629.
[14] Greenhill DA,Smith WR,Ramsey FV,Kozin SH,Zlotolow DA. Double versus single tendon transfers to improve shoulder function in brachial plexus birth palsy[J]. J Pediat Orthop,2019,39(6):328-334. DOI:10.1097/bpo.0000000000000965.
[15] Hayden RP,Chen HX,Goldstein M,Li and PSS. A randomized controlled animaltrial:efficacyofa 4k3d video microscope versus an optical operating microscope for urologic microsurgery[J]. Fertil Steril,2019,112(3):E93-E93. DOI:10.1016/j.fertnstert.2019.07.364.
[16] Heron A,Michot A,Menez T,Jecko V,Penchet G,Casoli V. Secondary reconstruction of calvarial defects by using free flap:report of consecutive cases and analysis of strategy[J]. J Craniofac Surg,2019,30(2):E151-E155. DOI:10.1097/scs.0000000000005099.
[17] Ho ES,Davidge K,Curtis CG,Clarke HM. Sensory outcome in children following microsurgery for brachial plexus birth injury[J]. J Hand Surg Am,2019,44(2). DOI:10.1016/j.jhsa.2018.05.009.
[18] Hosbay Z,Ozkan S,Tanriverdi M,Aydin A. Reliability and validity of the Brachial Plexus Outcome Measure in children with obstetric brachial plexus palsy[J]. J Hand Ther,2019,32(3):382-387. DOI:10.1016/j.jht.2017.10.006.
[19] Iamaguchi RB,de Moraes MA,Silva GB,Cho AB,Iwase FD,Wei TH,de Rezende MR,Mattar

R. Is obesity a risk factor for free vascularized fibular flap complications?[J]. Acta Ortopedica Brasileira,2019,27(4):192-196. DOI:10.1590/1413-785220192704217444.
[20] Innocenti M,Dell'Acqua I,Famiglietti M,Vignini L,Menichini G,Ghezzi S. Free perforator flaps vs propeller flaps in lower limb reconstruction:A cost/effectiveness analysis on a series of 179 cases[J]. Injury,2019,50:S11-S16. DOI:10.1016/j.injury.2019.10.039.
[21] Innocenti M,Santini M,Dreassi E,Martin R,Melita D,Colombini B,Innocenti A. Effects of cutaneous negative pressure application on perforator artery flow in healthy volunteers:a preliminary study[J]. J Reconstr Microsurg,2019,35(3):189-193. DOI:10.1055/s-0038-1668157.
[22] Jakubietz RG,Bernuth S,Schmidt K,Meffert RH,Jakubietz MG. The fascia-only reverse posterior interosseous artery flap[J]. J Hand Surg Am,2019,44(3). DOI:10.1016/j.jhsa.2018.06.012.
[23] Karami RA,Ghieh FM,Chalhoub RS,Saghieh SS,Lakkis SA,Ibrahim AE. Reconstruction of composite leg defects post-war injury[J]. Int Orthop,2019,43(12):2681-2690. DOI:10.1007/s00264-019-04423-w.
[24] Kong L,Shang XF,Zhang WZ,Duan LQ,Yu Y,Ni WJ,Huang Y. Percutaneous endoscopic lumbar discectomy and microsurgical laminotomy:A prospective,randomized controlled trial of patients with lumbar disc herniation and lateral recess stenosis[J]. Orthopade,2019,48(2):157-164. DOI:10.1007/s00132-018-3610-z.
[25] Kuo SCH,Kuo PJ,Yen YH,Chien PC,Hsieh HY,Hsieh CH. Association between operation-and operator-related factors and surgical complications among patients undergoing free-flap reconstruction for head and neck cancers:A propensity score-matched study of 1,865 free-flap reconstructions[J]. Microsurgery,2019,39(6):528-534. DOI:10.1002/micr.30477.
[26] Laporte J,Herlin C,Delicque J,Sauniere D,Perrot P,Duteille F. Free flaps use in chronic wounds:Retrospective study about 91 cases[J]. Annales De Chirurgie Plastique Esthetique,2019,64(3):251-258. DOI:10.1016/j.anplas.2018.07.014.
[27] Lenz Y,Kiefer J,Dietrich F,Stark GB,Eisenhardt SU. Pre-operative masseter muscle EMG activation during smile predicts synchronicity of smile development in facial palsy patients undergoing reanimation with the masseter nerve:A prospective cohort study[J]. J Plast Reconstr Aesth Surg,2019,72(3):505-512. DOI:10.1016/j.bjps.2018.11.011.
[28] Lin Y,He JF,Zhang X,Wang HM. Intraoperative factors associated with free flap failure in the head and neck region:a four-year retrospective study of 216 patients and review of the literature[J]. Int J Oral Maxillofac Surg,2019,48(4):447-451. DOI:10.1016/j.ijom.2018.08.009.
[29] Lucchina S,Fusetti C,Lazzaro L,Nistor A,Guidi M. End-to-side innervated sensate radial forearm flap in the hand:A 5-year follow-up[J]. Hand Surg Rehabil,2019,38(3):207-210. DOI:10.1016/j.hansur.2019.03.005.
[30] Ludolph I,Horch RE,Arkudas A,Schmitz M. Enhancing safety in reconstructive microsurgery using intraoperative indocyanine green angiography[J]. Front Surg,2019,6. DOI:10.3389/fsurg.2019.00039.
[31] MacArthur IR,McInnes CW,Dalke KR,Akra M,Banerji S,Buchel EW,Hayakawa TJ. Patient reported outcomes following lower extremity soft tissue sarcoma resection with microsurgical preservation of ambulation[J]. J Reconstr Microsurg,2019,35(3):168-175. DOI:10.1055/s-0038-1668116.
[32] Malagon-Lopez P,Vila J,Carrasco-Lopez C,Garcia-Senosiain O,Priego D,Ibanez JFJ,Higueras-Sune C. Intraoperative indocyanine green angiography for fat necrosis reduction in the deep inferior epigastric perforator(DIEP) flap[J]. Aesth Surg J,2019,39(4):NP45-NP54. DOI:10.1093/asj/sjy256.
[33] Mangelsdorff G,Cuevas P,Rodriguez JR,Pereira N,Ramirez E,Yanez R. Reduced anterolateral thigh flap donorsite morbidity using incisional negative pressure therapy[J]. J Reconstr Microsurg,2019,35(3):229-233. DOI:10.1055/s-0038-1672126.
[34] Moris V,Cristofari S,Stivala A,Lehre B,Gengler C,Rabuel V,Srouji A,Zwetyenga N,Guilier D. Fluorescent indocyanine green angiography:Preliminary results in microsurgery monitoring[J]. J Stomatol Oral Maxillofac Surg,2019,120(4):297-300. DOI:10.1016/j.jormas.2019.07.006.
[35] Moucharafieh RC,Nehme AH,Badra MI,Rahal MJH. Rectus abdominis free tissue transfer in lower extremity reconstruction:Long term follow up in 58 cases[J]. Injury,2019,50:S25-S28. DOI:10.1016/j.injury.2019.10.042.
[36] Nikkhah D,Miller R,Pafitanis G,Vijayan R,Sadigh P. Five simple techniques to enable rapid elevation and donor site closure of the anterolateral thigh flap[J]. J Hand Microsurg,2019,11(1):54-56. DOI:10.1055/s-0038-1672336.
[37] Pons G,Clavero JA,Alomar X,Rodriguez-Bauza E,Tom LK,Masia J. Preoperative planning of lymphaticovenous anastomosis:The use of magnetic resonance lymphangiography as a complement to indocyanine green lymphography[J]. J Plast Reconstr Aesth Surg,2019,72(6):884-891. DOI:10.1016/j.bjps.2019.02.024.
[38] Qing LM,Wu PF,Zhou ZB,Yu F,Tang JY. Customized reconstruction of complex three-dimensional defects in the extremities with individual design of vastus lateralis muscle-chimeric multilobed anterolateral thigh perforator flap[J]. J Plast Surg Hand Surg,2019,53(5):271-278. DOI:10.1080/2000656x.2019.1606004.
[39] Qing LM,Wu PF,Zhou ZB,Yu F,Tang ML,Tang JY. A design for the dual skin paddle circumflex scapular artery perforator flap for the reconstruction of complex soft-tissue defects in children anatomical study and clinical applications[J]. Ann Plast Surg,2019,83(4):439-446. DOI:10.1097/sap.0000000000001814.
[40] Rauh A,Henn D,Nagel SS,Bigdeli AK,Kneser U,Hirche C. Continuous video-rate laser speckle imaging for intra-and postoperative cutaneous perfusion imaging of free flaps[J]. J Reconstr Microsurg,2019,35(7):489-498. DOI:10.1055/s-0039-1681076.
[41] Sbitany H,Lentz R,Piper M. The "Dual-Plane" DIEP flap:measuring the effects of superficial arterial and venous flow augmentation on clinical outcomes[J]. J Reconstr Microsurg,2019,35(6):411-416. DOI:10.1055/s-0038-1677013.
[42] Serra-Aracil X,Gracia R,Mora-Lopez L,Serra-Pla S,Pallisera-Lloveras A,Labro M,Navarro-Soto S. How to deal with rectal lesions more than 15 cm from the anal verge through transanal endoscopic microsurgery[J]. Am J Surg,2019,217(1):53-58. DOI:10.1016/j.amjsurg.2018.04.014.
[43] Shang AJ,Yang CH,Cheng C,Tao BZ,Zhang YZ,Gao HH,Bai SC. Microsurgical efficacy in 326 children with tethered cord syndrome:a retrospective analysis[J]. Neu Reg Res,2019,14(1):149-155. DOI:10.4103/1673-5374.243720.
[44] Sharma HR,Rozen WM,Mathur B,Ramakrishnan V. 100 steps of a DIEP flap-a prospective comparative cohort series demonstrating the successful implementation of process mapping in microsurgery[J]. Plast Reconstr Surg Glob Open,2019,7(1). DOI:10.1097/gox.0000000000002016.
[45] Sim SE,Gunasagaran J,Goh KJ,Ahmad TS. Short-term clinical outcome of orthosis alone vs combination of orthosis,nerve,and tendon gliding exercises and ultrasound therapy for treatment of carpal tunnel syndrome[J]. J Hand Ther,2019,32(4):411-416. DOI:10.1016/j.jht.2018.01.004.
[46] Suzuki Y,Sakuma H,Ihara J,Shimizu Y. Proximal ligation after the side-to-end anastomosis recovery technique for lymphaticovenous anastomosis[J]. Arch Plast Surg Aps,2019,46(4):344-349. DOI:10.5999/aps.2018.01382.
[47] Toia F,Zabbia G,Scirpo R,Pirrello R,Nalbone L,Cordova A. Microsurgery and external fixation in orthoplastic reconstruction of tibial injuries[J]. Handchirurgie Mikrochirurgie Plastische Chirurgie,2019,51(6):484-491. DOI:10.1055/a-1017-3013.
[48] Vannadeva SV,Henry FP,Mace A,Clarke PM,Wood SH,Jallali N. Secondary free tissue transfer in head and neck reconstruction[J]. J Plast Reconstr Aesth Surg,2019,72(7):1129-1134. DOI:10.1016/j.bjps.2019.02.015.
[49] Weitgasser L,Amr A,Hladik M,Wechselberger G,Daigeler A,Schoeller T,Medved F. The impact of age on perioperative complications after extremity reconstruction with the free gracilis flap:a retrospective cohort study involving 153 patients[J]. J Reconstr Microsurg,2019,35(6):395-410. DOI:10.1055/s-0038-1677455.
[50] Zavlin D,Chegireddy V,Jubbal KT,Agrawal NA,Spiegel AJ. Management of microsurgical patients using intraoperative unfractionated heparin and thromboelastography[J]. J Reconstr Microsurg,2019,35(3):198-208. DOI:10.1055/s-0038-1670683.

二、基础
Basic Research

[1] Ackerman S,Aguilera FC,Buie JM,Glickman GN,Umorin M,Wang Q,Jalali P. Accuracy of 3-dimensional-printed endodontic surgical guide:a human cadaver study[J]. J Endodont,2019,45(5):615-618. DOI:10.1016/j.joen.2019.02.005.
[2] Arroyo-Ramos HH,Neri L,Mancini MW,Neto AND,Mauad T,Imamura R. Effects of diode laser setting for laryngeal surgery in a rabbit model[J]. Eur Arch Oto Rhino Laryngol,2019,276(5):1431-1438. DOI:10.1007/s00405-019-05344-5.
[3] Ballestin A,Casado JG,Abellan E,Vela FJ,Campos JL,Martinez-Chacon G,Bote J,Blazquez R,Sanchez-Margallo FM. A pre-clinical rat model for the study of ischemia-reperfusion injury in reconstructive microsurgery[J]. Jove-J Visual Exper,2019(153). DOI:10.3791/60292.
[4] Barbieri A,Bimonte S,Loquercio G,Rea D,Cascella M,Anniciello A,Luciano A,Palma G,Di Costanzo G,Rosa A,Giuliano P,Arra C. The effects of the use of platelet-rich plasma gel on local recurrence in an animal model of human fibrosarcoma[J]. Infect Agent Canc,2019,14(1). DOI:10.1186/s13027-019-0237-6.
[5] Bohnstedt BN,Conger AR,Edwards J,Ziemba-Davis M,Edwards G,Brom J,Shah K,Cohen-Gadol AA. Anterior communicating artery complex aneurysms:anatomic characteristics as predictors of surgical outcome in 300 cases[J]. World Neurosurg,2019,122:E896-E906. DOI:10.1016/j.wneu.2018.10.172.
[6] Ding JF,Liu WX,Sadr A,He YH,Ebihara A,Li YF. Detection of simulated periradicular lesions in porcine bone by optical coherence tomography[J]. J Endodont,2019,45(8):1024-1029. DOI:10.1016/j.joen.2019.05.007.
[7] Endo M,Iwawaki T,Yoshimura H,Ozawa T. Photocleavable cadherin inhibits cell-to-cell mechanotransduction by light[J]. Acs Chem Biol,2019,14(10):2206-2214. DOI:10.1021/acschembio.9b00460.
[8] Gul BU,Yanilmaz DK,Arslan D,Bayrannicli M,Akbulut O. Silicone-based simulation models for peripheral nerve microsurgery[J]. J Plast Reconstr Aesth Surg,2019,72(3):477-483. DOI:10.1016/j.bjps.2018.10.025.
[9] Harb A,Levi M,Kozato A,Akelina Y,Strauch RJ. Torsion does not affect early vein graft patency in the rat femoral artery model[J]. J Reconstr Microsurg,2019,35(4):299-305. DOI:10.1055/s-0038-1675224.
[10] He B,Liu JH,Pang V,Zhu L,Huang YJ,Wang ZT,Xu YB,Zhu ZW,Wang K. Anatomical and clinical comparison of small free flaps for repairing finger skin defects[J]. Ann Plast Surg,2019,83(6):664-669. DOI:10.1097/sap.0000000000001933.
[11] Idini M,Wieringa P,Rocchiccioli S,Nieddu G,Ucciferri N,Formato M,Lepedda A,Moroni L. Glycosaminoglycan functionalization of electrospun scaffolds enhances Schwann cell activity[J]. Acta Biomaterialia,2019,96:188-202. DOI:10.1016/j.actbio.2019.06.054.
[12] Ilina IV,Khramova YV,Filatov MA,Sitnikov and DS. Femtosecond laser is effective tool for zona pellucida engraving and tagging of preimplantation mammalian embryos[J]. J Assis Reprod Genet,2019,36(6):1251-1261. DOI:10.1007/s10815-019-01424-x.
[13] Ilina IV,Khramova YV,Filatov MA,Sitnikov DS. Application of femtosecond laser microsurgery in assisted reproductive technologies for preimplantation embryo tagging[J]. Biomed Opt Expr,2019,10(6):2985-2995. DOI:10.1364/boe.10.002985.
[14] Konschake M,Burger F,Zwierzina M. Peripheral nerve anatomy revisited:modern requirements for neuroimaging and microsurgery[J]. Anat Record Adv Integ Anat Evolut Biol,2019,302(8):1325-1332. DOI:10.1002/ar.24125.
[15] Laubli NF,Shamsudhin N,Vogler H,Munglani G,Grossniklaus U,Ahmed D,Nelson BJ. 3D Manipulation and imaging of plant cells using acoustically activated microbubbles[J]. Small Methods,2019,3(3). DOI:10.1002/smtd.201800527.
[16] Li D,Yin ZQ,Liu Y,Feng SQ,Liu Y,Lu FJ,Xu Y,Min PR,Hou MJ,Li K,He AJ,Zhang WJ,Liu W,Zhang YX,Zhou GD,Cao YL. Regeneration of trachea graft with cartilage support,vascularization,and epithelization[J]. Acta Biomaterialia,2019,89:206-216. DOI:10.1016/j.actbio.2019.03.003.
[17] Lu D,Chan P,Ferris S,Shayan R,Angliss M,Bruscino-Raiola F. Anatomic symmetry of anterolateral thigh flap perforators:a computed tomography angiographic study[J]. Anz J Surg,2019,89(5):584-588. DOI:10.1111/ans.15005.
[18] McCleery WT,Veldhuis J,Bennett ME,Lynch HE,Ma XY,Brodland GW,Hutson MS. Elongated cells drive morphogenesis in a surface-wrapped finite-element model of germband retraction[J]. Biophys J,2019,117(1):157-169. DOI:10.1016/j.bpj.2019.05.023.
[19] Singh G,Cordero J,Wiles B,Tembelis MN,Liang KL,Rafailovich M,Simon M,Khan SU,Bui DT,Dagum AB. Development of in vitro bioengineered vascular grafts for microsurgery and vascular surgery applications[J]. Plast Reconstr Surg Glob Open,2019,7(5). DOI:10.1097/gox.0000000000002264.
[20] Singh G,Sridharan D,Khan M,Seshagiri PB. Mouse embryonic stem cell-derived cardiomyocytes cease to beat following exposure to monochromatic light:association with increased ROS and loss of calcium transients[J]. Am J Physiol Cell Physiol,2019,317(4):C725-C736. DOI:10.1152/ajpcell.00188.2019.
[21] Teixeira RKC,Feijo DH,Valente AL,de Carvalho LTF,Brito MVH,de Barros RSM. Can smartphones be used to perform video-assisted microanastomosis? an experimental study[J]. Surg Innov,2019,26(3):371-375. DOI:10.1177/1553350618822626.
[22] Triacca V,Pisano M,Lessert C,Petit B,Bouzourene K,Nahimana A,Vozenin MC,Stergiopulos N,Swartz MA,Mazzolai L. Experimental drainage device to reduce lymphoedema in a rat model[J]. Eur J Vas Endovas Surg,2019,57(6):859-867. DOI:10.1016/j.ejvs.2018.04.014.
[23] Wang JJ,Qiu LH,Fernandez R,Yeap XY,Lin CX,Zhang ZJ. A mouse model of vascularized heterotopic spleen transplantation for studying spleen cell biology and transplant immunity[J]. Jove-J Visual Exper,2019(148). DOI:10.3791/59616.
[24] Wiinholt A,Jorgensen MG,Bucan A,Dalaei F,Sorensen JA. A revised method for inducing secondary lymphedema in the hindlimb of mice[J]. Jove-J Visual Exper,2019(153). DOI:10.3791/60578.

三、综述
Review

[1] Amin K,Moscalu R,Imere A,Murphy R,Barr S,Tan Y,Wong R,Sorooshian P,Zhang F,Stone J,Fildes J,Reid A,Wong J. The future application of nanomedicine and biomimicry in plastic and reconstructive surgery[J]. Nanomedicine,2019,14(20):2679-2696. DOI:10.2217/nnm-2019-0119.
[2] Ashammakhi N,Ahadian S,Darabi MA,El Tahchi M,Lee J,Suthiwanich K,Sheikhi A,Dokmeci MR,Oklu R,Khademhosseini A. Minimally invasive and regenerative therapeutics[J]. Adv Mat,2019,31(1). DOI:10.1002/adma.201804041.

[3] Boecker A,Daeschler SC,Kneser U,Harhaus L. Relevance and recent developments of chitosan in peripheral nerve surgery[J]. Front Cell Neurosci,2019,13. DOI:10.3389/fncel.2019.00104.
[4] Bradford BD,Lee JW. Reconstruction of the forehead and scalp[J]. Facial Plast Surg Clin Nor Am,2019,27(1):85-94. DOI:10.1016/j.fsc.2018.08.009.
[5] Brahma B,Yamamoto T. Breast cancer treatment-related lymphedema(BCRL):An overview of the literature and updates in microsurgery reconstructions[J]. Ejso,2019,45(7):1138-1145. DOI:10.1016/j.ejso.2019.01.004.
[6] Brown S,Isaacson B,Kutz W,Barnett S,Rozen SM. Facial nerve trauma:clinical evaluation and management strategies[J]. Plast Reconstr Surg,2019,143(5):1498-1512. DOI:10.1097/prs.0000000000005572.
[7] Claes KEY,Roche NA,Opsomer D,De Wolf EJ,Sommeling CE,Van Landuyt K. Free flaps for lower limb soft tissue reconstruction in children:Systematic review[J]. J Plast Reconstr Aesth Surg,2019,72(5):711-728. DOI:10.1016/j.bjps.2019.02.028.
[8] Dibbs R,Grome L,Pederson WC. Free tissue transfer for upper extremity reconstruction[J]. Semin Plast Surg,2019,33(1):17-23. DOI:10.1055/s-0039-1677702.
[9] Dibbs R,Trost J,DeGregorio V,Izaddoost S. Free tissue breast reconstruction[J]. Semin Plast Surg,2019,33(1):59-66. DOI:10.1055/s-0039-1677703.
[10] Farber SJ,Latham KP,Kantar RS,Perkins JN,Rodriguez ED. Reconstructing the face of war[J]. Milit Med,2019,184(7-8):E236-E246. DOI:10.1093/milmed/usz103.
[11] Fontanella MM,Belotti F,Fiorindi A. Microsurgery without microscope:a new generation of microsurgeons?[J]. J Neurosurg Sci,2019,63(5):495-497. DOI:10.23736/s0390-5616.19.04803-3.
[12] Forte AJ,Boczar D,Huayllani MT,Lu XN,Ciudad P. Lymphoscintigraphy for evaluation of lymphedema treatment:a systematic review[J]. Cureus,2019,11(12). DOI:10.7759/cureus.6363.
[13] Gittings DJ,Mendenhall SD,Levin LS. A decade of progress toward establishing regional hand trauma centers in the United States[J]. Hand Clin,2019,35(2):103-108. DOI:10.1016/j.hcl.2018.12.001.
[14] Goh CSL,Ng MJM,Song DH,Ooi ASH. Perioperative vasopressor use in free flap surgery:a systematic review and meta-analysis[J]. J Reconstr Microsurg,2019,35(7):529-540. DOI:10.1055/s-0039-1687914.
[15] Howarth A,Hallbeck S,Mahabir R,Lemaine V,Evans G,Noland S. Work-related musculoskeletal discomfort and injury in microsurgeons[J]. J Reconstr Microsurg,2018,35(05):322-328. DOI:10.1055/s-0038-1675177.
[16] Koduru SV,Leberfinger AN,Pasic D,Forghani A,Lince S,Hayes DJ,Ozbolat IT,Ravnic DJ. Cellular based strategies for microvascular engineering[J]. Stem Cell Rev Rep,2019,15(2):218-240. DOI:10.1007/s12015-019-09877-4.
[17] Kropp B,Cohn JE,Wang WT,Sokoya M,Ducic Y. Free tissue transfer penile reconstruction[J]. Semin Plast Surg,2019,33(1):24-29. DOI:10.1055/s-0039-1677879.
[18] Kurlander DE,Shue S,Schwarz GS,Ghaznavi AM. Vascularized fibula epiphysis transfer for pediatric extremity reconstruction a systematic review and meta-analysis[J]. Ann Plast Surg,2019,82(3):344-351. DOI:10.1097/sap.0000000000001615.
[19] Lehnhardt M,Sogorski A,Wallner C,Wagner M,Dadras M,Behr B,Harati K. Soft tissue sarcomas:limb salvage using reconstructive plastic surgery techniques[J]. Chirurg,2019,90(2):94-101. DOI:10.1007/s00104-018-0769-0.
[20] Mendenhall SD,Ben-Amotz O,Gandhi RA,Levin LS. A review on the orthoplastic approach to lower limb reconstruction[J]. Ind J Plast Surg,2019,52(1):17-25. DOI:10.1055/5-0039-1688095.
[21] Okochi M,Okochi H,Sakaba T,Ueda K. Hepatic artery reconstruction in living donor liver transplantation:strategy of the extension of graft or recipient artery[J]. J Plast Surg Hand Surg,2019,53(4):216-220. DOI:10.1080/2000656x.2019.1582426.
[22] Pederson WC,Grome L. Microsurgical reconstruction of the lower extremity[J]. Semin Plast Surg,2019,33(1):54-58. DOI:10.1055/s-0039-1677878.
[23] Perrault D,Manrique OJ,Lee G,Carre AL,Oakes DA,Wong AK. Complex reconstruction of the knee with a free vertical rectus abdominis flap after periprosthetic soft tissue necrosis[J]. Cureus,2019,11(1). DOI:10.7759/cureus.3969.
[24] Prsic A,Friedrich JB. Postoperative management and rehabilitation of the replanted or revascularized digit[J]. Hand Clin,2019,35(2):221-229. DOI:10.1016/j.hcl.2019.01.003.
[25] Rodriguez JR,Hsieh F,Huang CT,Tsai TJ,Chen C,Cheng MH. Clinical features,microbiological epidemiology and recommendations for management of cellulitis in extremity lymphedema[J]. J Surg Oncol,DOI:10.1002/jso.25525.
[26] Suh HP,Hong JP. The role of reconstructive microsurgery in treating lower-extremity chronic wounds[J]. Int Wound J,2019,16(4):951-959. DOI:10.1111/iwj.13127.
[27] Tevlin R,Wan DC,Momeni A. Should free deep inferior epigastric artery perforator flaps be considered a quality indicator in breast reconstruction?[J]. J Plast Reconstr Aesth Surg,2019,72(12):1923-1929. DOI:10.1016/j.bjps.2019.08.005.
[28] Troisi L,Berner JE,West EV,Wilson P. Medial plantar flap for hand reconstruction a systematic literature review and its application for post-sarcoma excision[J]. Ann Plast Surg,2019,82(3):337-343. DOI:10.1097/sap.0000000000001568.

四、教育与课程
Education and Course

[1] bedi ms,bhavthankar td,girijala mr,babu jk,ambati v,jonalgadda v,ogando-rivas e,konchada k, juluru cs,jvnk a. lazy glass microsurgical trainer:a frugal solution for microsurgical training[J]. World Neurosurg,2019,125:433-442. doi:10.1016/j.wneu.2019.01.141.
[2] bennion dm,dziegielewski pt,boyce bj,ducic y,sawhney r. fellowship training in microvascular surgery and post-fellowship practice patterns:a cross sectional survey of microvascular surgeons from facial plastic and reconstructive surgery programs[J]. J Otolaryngol Head Neck Surg,2019,48. doi:10.1186/s40463-019-0342-y.
[3] bergmeister kd,kneser u,kremer t,harhaus l,daeschler sc,pierer g,schaefer dj,hirche c. new concept for microsurgical education:the training academy of the german working group for microsurgery of peripheral nerves and vessels:results of a 4-year evaluation[J]. Handchirurgie Mikrochirurgie Plastische Chirurgie,2019,51(4):327-333. doi:10.1055/a-0824-7264.
[4] cooper mn,daneshgaran g,yu r,chang j,vartanian e,shamsunder m,mehrara bj,matros em,wong ak. analysis of the microsurgery match from 2014 to 2018 reveals increased competition for microsurgery fellowship positions[J]. J Reconstr Microsurg,2019,35(9):662-668. doi:10.1055/s-0039-1693408.
[5] javid p,aydin a,mohanna pn,dasgupta p,ahmed k. current status of simulation and training models in microsurgery:a systematic review[J]. Microsurgery,2019,39(7):655-668. doi:10.1002/micr.30513.
[6] kavoussi pk,harlan c,kavoussi km,kavoussi and sk. robot-assisted microsurgical vasovasostomy:the learning curve for a pure microsurgeon[J]. J Robot Surg,2019,13(3):501-504. doi:10.1007/s11701-018-0888-0.
[7] kwon sh,goh r,wang zt,tang eth,chu cf,chen yc,lu jcy,wei cy,hsu atw,chang tnj. tips for making a successful online microsurgery educational platform:the experience of international microsurgery club[J]. Plast Reconstr Surg,2019,143(1):221e-233e. doi:10.1097/prs.0000000000005109.
[8] luther g,blazar p,dyer g. achieving microsurgical competency in orthopaedic residents utilizing a self-directed microvascular training curriculum[J]. J Bone Joint Surg Am,2019,101(3). doi:10.2106/jbjs.17.01089.
[9] masia j,sanchez-porro l,vega c,farhadi j,suominem s,kolb f,garusi c,van landuyt k,santamaria e, innocentim. new paradigms in reconstructive microsurgery education[J]. Ann Plast Surg,2019,83(3):243-246. doi:10.1097/sap.0000000000001825.
[10] mueller ma,pourtaheri n,evans and grd. microsurgery training resource variation among us integrated plastic surgery residency programs[J]. J Reconstr Microsurg,2019,35(3):176-181. doi:10.1055/s-0038-1668160.
[11] pagani rl,ohlander sj,niederberger cs. microsurgical varicocele ligation:surgical methodology and associated outcomes[J]. Fertil Steril,2019,111(3):415-419. doi:10.1016/j.fertnstert.2019.01.002.
[12] plonowska ka,ha pk,ryan wr. advanced head and neck surgical techniques:a survey of us otolaryngology resident perspectives[J]. Auris Nasus Larynx,2019,46(2):272-278. doi:10.1016/j.anl.2018.08.007.
[13] safi af,safi s,tayeh m,gojowy d,timmer m,goldbrunner r,kauke m. vein graft interposition:a training model using gradually thawed cryopreserved vessels[J]. J Craniofac Surg,2019,30(3):e213-e216. doi:10.1097/scs.0000000000005197.
[14] shimizu t,yoshida a,omokawa s,tanaka y. a microsurgery training model using konjac flour noodles[J]. Microsurgery,2019,39(8):775-776. doi:10.1002/micr.30463.
[15] volovici v,dammers r,lawton mt,dirven cmf,ketelaar t,lanzino g,zamfirescu dg. the flower petal training system in microsurgery validation of a training model using a randomized controlled trial[J]. Ann Plast Surg,2019,83(6):697-701. DOI:10.1097/sap.0000000000001914.

2020 年

一、临床研究
Clinical Research

[1] Acarturk TO,Bengur FB. Analysis of selection of recipient vein,number of outflows,style and technique in head and neck venous anastomosis and a proposed algorithm[J]. J Plast Reconstr Aesth Surg,2020,73(10):1825-1833. DOI:10.1016/j.bjps.2020.05.062.
[2] Agrawal N,DeFazio MV,Bird JE,Mericli AF. Computer-aided design and computer-aided manufacturing for pelvic tumor resection and free fibula flap reconstruction[J]. Plast Reconstr Surg,2020,145(4):889e-890e. DOI:10.1097/PRS.0000000000006689.
[3] Akita S,Yamaji Y,Tokumoto H,Ogata H,Kosaka K,Kubota Y,Kuriyama M,Mitsukawa N. Correlation of the changes in physical activity and clinical results following lymphatic microsurgery[J]. Microsurgery,2020,DOI:10.1002/micr.30642.
[4] Al Deek NF. Amending the algorithm for free perforator flap selection in lower extremity reconstruction[J]. Plast Reconstr Surg,2020,145(4):881e-882e. DOI:10.1097/PRS.0000000000006669.
[5] Almujally A,Calliada F. Evaluation of magnetic resonance lymphangiography for patient's undergoing pre and post microsurgery[J]. Med Sci,2020,24(104):2267-2272.
[6] Alves HRN,de Rodriguez J,Fernandes TRR,Busnardo FF,Besteiro JM,Cernea CR,Gemperli R. Prelaminated supraclavicular island flap for total ear reconstruction:a new technique[J]. Plast Reconstr Surg Glob Open,2020,8(5). DOI:10.1097/gox.0000000000002736.
[7] Arnaout A,Hassanin S,Patel PK,Rodrigues R,Ridha H. Is it safe to use tranexamic acid in microsurgery?[J]. Br J Surg,2020,107:147-147.
[8] Asaad M,Xu Y,Chu CK,Shih YCT,Mericli AF. The impact of co-surgeons on complication rates and healthcare cost in patients undergoing microsurgical breast reconstruction:analysis of 8680 patients[J]. Breast Cancer Res Treat,2020,184(2):345-356. DOI:10.1007/s10549-020-05845-6.
[9] Asher CM,Choukairi F,Hamilton AE,Dalal M. Penis replantation-are we rising to the challenge?[J]. Eur J Plast Surg,2020,43(4):513-515. DOI:10.1007/s00238-019-01591-1.
[10] Aslan S,Buduneli N,Cortellini P. Clinical outcomes of the entire papilla preservation technique with and without biomaterials in the treatment of isolated intrabony defects:A randomized controlled clinical trial[J]. J Clin Periodontol,2020,47(4):470-478. DOI:10.1111/jcpe.13255.
[11] Bali ZU,Karatan B,Tuluy Y,Kececi Y,Yoleri L. Preserving the blood flow of the recipient artery in cross-leg free flap procedure for lower extremity reconstruction[J]. Int J Lower Extrem Wounds,2020,19(3):255-261. DOI:10.1177/1534734620913414.
[12] Barin EZ,Tan O,Cinal H,Kara M,Ozturk G,Aydinli B. Our experiences on microsurgical anastomosis of hepatic arteries,without thrombosis,in living donor liver transplantations[J]. Turkish Journal of Plastic Surgery,2020,28(3):140-145. DOI:10.4103/tjps.tjps_74_19.
[13] Bauer AS,Kalish LA,Adamczyk MJ,Bae DS,Cornwall R,James MA,Lightdale-Miric N,Peljovich AE,Waters PM, P. Treatment outcomes brachial microsurgery for brachial plexus injury before versus after 6 months of age results of the multicenter treatment and outcomes of brachial plexus injury(TOBI) study[J]. J Bone Joint Surg Am,2020,102(3):194-204. DOI:10.2106/jbjs.18.01312.
[14] Bernard KJ,Drury PK,Chan JK. Sensory recovery of the breast following innervated and noninnervated diep flap breast reconstruction[J]. Plast Reconstr Surg,2020,145(6):1099e-1100e. DOI:10.1097/PRS.0000000000006873.
[15] Black CK,Zolper EG,Economides JM,Abadeer A,Fan KL,Song DH. Comparison of the pedicled latissimus dorsi flap with immediate fat(LIFT) transfer versus abdominally-based free tissue transfer for breast reconstruction[J]. Plast Reconstr Surg,2020,DOI:10.1097/PRS.0000000000007027.
[16] Brito IM,Vaz M,Brandao C,Sanches F,Diogo C. Bilateral lower limb salvage after fourth-degree burns:subscapular axis free and chimeric flaps effectiveness in complex reconstruction[J]. Plast Reconstr Surg Glob Open,2020,8(6). DOI:10.1097/gox.0000000000002911.
[17] Budeyri A,Simsek BK,Yardimci MM,Anlatici R,Cankus MC. Management of a multi-level forearm microsurgical reconstruction and the following transfusion-related acute lung injury[J]. Cureus,2020,12(9). DOI:10.7759/cureus.10385.
[18] Bulla A,Delgove A,De Luca L,Pelissier P,Casoli V. The esthetic outcome of lower limb reconstruction[J]. Annales De Chirurgie Plastique Esthetique,2020,65(5-6):655-666. DOI:10.1016/j.anplas.2020.07.007.
[19] Carobbio ALC,Filauro M,Parrinello G,Missale F,Peretti G. Microsurgical procedures during COVID-19 pandemic:the VITOM® 3D-HD exoscopic system as alternative to the operating microscope to properly use personal protective equipment(PPE)[J]. Eur Arch Oto Rhino Laryngol,2020,DOI:10.1007/s00405-020-06239-6.
[20] Cha HG,Kim HB,Yun JY,Lee TJ,Ahn M,Maldonado AA,Kim EK. Geometric measurements of nipple position in breasts reconstructed with transverse rectus abdominis musculocutaneous flap:a 5-year prospective study[J]. Plast Reconstr Surg,2020,145(3):491e-498e. DOI:10.1097/PRS.0000000000006544.
[21] Chang EI,Liu J. Prospective comparison of donorsite morbidity following radial forearm and ulnar artery perforator flap harvest[J]. Plast Reconstr Surg,2020,145(5):1267-1274. DOI:10.1097/PRS.0000000000006790.
[22] Chen L,Chen RH,Guan Z,Lin PL,Liang FY,Han P,Yang JS,Zhu WY,Cai Q. Platysma skin flap:Laryngeal repair material to produce phonatory flap vibrational wave[J]. Head Neck J Sci Spec Head Neck,2020,42(9):2757-2763. DOI:10.1002/hed.26294.
[23] Cheng MH,Liu TTF. Lymphedema microsurgery improved outcomes of pediatric primary extremity

lymphedema[J]. Microsurgery,2020,40(7):766-775. DOI:10.1002/micr.30622.
[24] Christopoulos G,Deraje V,Mbaidjol Z,Kannan RY. The "Snail Flap":a rotation flap in scalp reconstruction[J]. Plast Reconstr Surg Glob Open,2020,8(1):e2599. DOI:10.1097/GOX.0000000000002599.
[25] Chu CK,Fang L,Kaplan J,Liu J,Hanasono MM,Yu PR. The chicken or the egg? Relationship between venous congestion and hematoma in free flaps[J]. J Plast Reconstr Aesth Surg,2020,73(8):1442-1447. DOI:10.1016/j.bjps.2020.02.031.
[26] Ciudad P,Chen HC. Collaborative anesthesia management in patients with neuropathic pain receiving microsurgery for lymphedema[J]. J Surg Oncol,2020,122(3):567-567. DOI:10.1002/jso.26040.
[27] Clamp PJ,Broomfield SJ. The challenge of performing mastoidectomy using the operating microscope with coronavirus disease 2019 personal protective equipment(PPE)[J]. J Laryngol Otol,2020,134(8):739-743. DOI:10.1017/s0022215120001607.
[28] Colakoglu S,Johnson A,Anderson J,Mathes DW,Chong TW. Changes to venous flow coupler signal during DIEP flap inset can be predictive of poor clinical outcomes in autologous breast reconstruction[J]. J Reconstr Microsurg,2020,36(6):466-470. DOI:10.1055/s-0040-1703014.
[29] Daly MC,Bauer AS,Lynch H,Bae DS,Waters PM,and P. Treatment outcomes brachial. outcomes of late microsurgical nerve reconstruction for brachial plexus birth injury[J]. J Hand Surg Am,2020,45(6). DOI:10.1016/j.jhsa.2019.10.036.
[30] Daoudi H,Lahlou G,Degos V,Sterkers O,Nguyen Y,Kalamarides M. Improving facial nerve outcome and hearing preservation by different degrees of vestibular schwannoma resection guided by intraoperative facial nerve electromyography[J]. Acta Neurochirurgica,2020,162(8):1983-1993. DOI:10.1007/s00701-020-04397-4.
[31] Das De S,Liang ZC,Cheah AEJ,Puhaindran ME,Lee EYT,Lim AYT,Chong AKS. Emergency hand and reconstructive microsurgery in the COVID-19-positive patient[J]. J Hand Surg Am,2020,45(9):869-875. DOI:10.1016/j.jhsa.2020.07.013.
[32] De Luna Gallardo D,Cardenas Salomon CM,Barrera Garcia G,Posada Torres JA,Poucel Sanchez Medal F. Bilateral fascia lata flap:an alternative for massive abdominal wall defect repair[J]. Plast Reconstr Surg Glob Open,2020,8(2):e2577. DOI:10.1097/GOX.0000000000002577.
[33] De Virgilio A,Iocca O,Di Maio P,Mercante G,Mondello T,Yiu P,Malvezzi L,Pellini R,Ferreli F,Spriano G. Free flap microvascular anastomosis in head and neck reconstruction using a 4K three-dimensional exoscope[J]. Int J Oral Maxillofac Surg,2020,49(9):1169-1173. DOI:10.1016/j.ijom.2020.01.022.
[34] Deng Y,Wang CH,Zhang YK. Risk factors for postoperative pneumonia in patients with posterior fossa meningioma after microsurgery[J]. Heliyon,2020,6(5). DOI:10.1016/j.heliyon.2020.e03880.
[35] Dutton J,Watkins A,Henderson J,Burgess FR,Tint NL,Dhillon B,Tatham AJ. Influence of stereopsis on the ability to perform simulated microsurgery[J]. J Catar Refract Surg,2020,46(4):549-554. DOI:10.1097/j.jcrs.0000000000000090.
[36] Ederer IA,Goertz O,Bosselmann T,Sogorski A,Zahn PK,Lehnhardt M,Daigeler A,Kolbenschlag J. Anesthesia of the conditioned limb does not abolish the remote ischemic conditioning stimulus on cutaneous microcirculation in humans[J]. Clin Hemorheol Microcircul,2020,74(2):155-166. DOI:10.3233/ch-190626.
[37] Falinower H,Herlin C,Laloze J,Bodin F,Kerfant N,Chaput B. Use of the propeller lumbar perforator flap:a series of 32 cases[J]. Plast Reconstr Surg Glob Open,2020,8(1):e2522. DOI:10.1097/GOX.0000000000002522.
[38] Figus A,Marongiu F,Wade RG,Razzano S. Optimizing tailored DIEP flap insetting in unilateral immediate free autologous breast reconstruction[J]. Plast Reconstr Surg,2020,145(2):443e-444e. DOI:10.1097/PRS.0000000000006499.
[39] Filipan D,Dediol E,Blivajs I,Milic M. The effects of dextran on postoperative thrombosis and hemodilution in microvascular head and neck reconstruction[J]. Ann Plast Surg,2020,85(1):38-42. DOI:10.1097/sap.0000000000002148.
[40] Frey JD,Yu JW,Cohen SM,Zhao LC,Choi M,Levine JP. Robotically assisted omentum flap harvest:a novel,minimally invasive approach for vascularized lymph node transfer[J]. Plast Reconstr Surg Glob Open,2020,8(4):e2505. DOI:10.1097/GOX.0000000000002505.
[41] Haddock NT,Suszynski TM,Teotia SS. An individualized patient-centric approach and evolution towards total autologous free flap breast reconstruction in an academic setting[J]. Plast Reconstr Surg Glob Open,2020,8(4):e2681. DOI:10.1097/GOX.0000000000002681.
[42] Haddock NT,Teotia SS. Deconstructing the reconstruction:evaluation of process and efficiency in deep inferior epigastric perforator flaps[J]. Plast Reconstr Surg,2020,145(4):717E-724E. DOI:10.1097/prs.0000000000006630.
[43] Hayashi K,Hattori Y,Sem SH,Sakamoto S,Doi K. A bilobed pedicled groin flap for reconstruction of forearm skin defects following replantation[J]. Plast Reconstr Surg Glob Open,2020,8(3):e2734. DOI:10.1097/GOX.0000000000002734.
[44] Hsu PY,Chiang YY. Collaborative anesthesia management in patients with neuropathic pain receiving microsurgery for lymphedema[J]. J Surg Oncol,2020,122(3):566-566. DOI:10.1002/jso.25991.
[45] Iwata T,Matsumine H,Shimizu M,Inui M,Takeuchi M. Venous thromboembolism after the repair of abdominal incisional hernia with a pedicled anterolateral thigh flap[J]. Plast Reconstr Surg Glob Open,2020,8(4):e2794. DOI:10.1097/GOX.0000000000002794.
[46] Janhofer DE,Lakhiani C,Kim PJ,Naz I,Black CK,Tefera EA,Akbari C,Hashmi A,Attinger CE,Evans KK. The utility of preoperative venous testing for lower extremity flap planning in patients with lower extremity wounds[J]. Plast Reconstr Surg,2020,145(1):164e-171e. DOI:10.1097/PRS.0000000000006384.
[47] Jie BM,Lv XM,Zheng L,Zhang Y,He Y. New series of surgical design for anterior maxillary reconstruction with deep circumflex iliac artery flap[J]. Head Neck J Sci Spec Head Neck,2020,42(11):3438-3445. DOI:10.1002/hed.26406.
[48] Kaplan J,Reece E,Belfort B,Winocour S. Repeated C-V flap for loss of projection in nipple reconstruction[J]. Plast Reconstr Surg,2020,145(4):884e-885e. DOI:10.1097/PRS.0000000000006690.
[49] Kim HB,Altiparmak M,Pak CJ,Suh HP,Hong JP. Reconstruction using free flaps for diabetic heel defects:outcomes and risk factor analysis[J]. J Reconstr Microsurg,2020,36(7):494-500. DOI:10.1055/s-0040-1709477.
[50] Knackstedt R,Gatherwright J. A simplified cost-utility analysis of inpatient flap monitoring after microsurgical breast reconstruction and implications for hospital length of stay[J]. Plast Reconstr Surg,2020,145(6):1097e-1098e. DOI:10.1097/PRS.0000000000006871.
[51] Koide S,Lin CY,Chen C,Cheng MH. Long-term outcome of lower extremity lymphedema treated with vascularized lymph node flap transfer with or without venous complications[J]. J Surg Oncol,2020,121(1):129-137. DOI:10.1002/jso.25602.
[52] Kozak GM,Hsu JY,Broach RB,Shakir S,Calvert C,Stranix JT,Messa Ct,Levin LS,Serletti JM,Kovach SJ,Fischer JP. Comparative effectiveness analysis of complex lower extremity reconstruction:outcomes and costs for biologically based,local tissue rearrangement,and free flap reconstruction[J]. Plast Reconstr Surg,2020,145(3):608e-616e. DOI:10.1097/PRS.0000000000006589.
[53] Lancien U,Delaveau A,Pouedras M,Fortier E,Bin K,Ghersallah S,Jeudy J,Saint-Cast Y,Fournier HD. Vein conduits used to enhance arterial microsurgical end-to-end suture repair:A randomized comparative study[J]. Hand Surg Rehabil,2020,39(5):437-441. DOI:10.1016/j.hansur.2020.04.009.
[54] Lhuaire M,Garrido I,Cladiere-Nassif V,Dumaine V,Lantieri L. Reconstructive microsurgery emergency in a patient with COVID-19[J]. Plast Reconstr Surg,2020,146(4):523E-525E. DOI:10.1097/prs.0000000000007266.
[55] Li SJ,Wang F,Chen W,Su Y. Application of three dimensional (3D) curved multi-planar reconstruction images in 3D printing mold assisted eyebrow arch keyhole microsurgery[J]. Brain Behavior,2020,10(10). DOI:10.1002/brb3.1785.
[56] Ogunleye AA,Deptula PL,Inchauste SM,Zelones JT,Walters S,Gifford K,LeCastillo C,Napel S,Fleischmann D,Nguyen DH. The utility of three-dimensional models in complex microsurgical reconstruction[J]. Arch Plast Surg Aps,2020,47(5):428-434. DOI:10.5999/aps.2020.00829.
[57] Piwnica-Worms W,Stranix JT,Othman S,Kozak GM,Moyer I,Spencer A,Azoury SC,Levin LS,Kovach SJ. Risk factors for lower extremity amputation following attempted free flap limb salvage[J]. J Reconstr Microsurg,2020,36(7):528-533. DOI:10.1055/s-0040-1710358.

二、基础研究
Basic Research

[1] Abdelfattah U,Elbanoby T,Kim EN,Park EJ,Suh HP,Hong JPJ. Effect of simvastatin use in free tissue transfer:an experimental study in a rat epigastric free flap model[J]. J Reconstr Microsurg,2020,36(4):281-288. DOI:10.1055/s-0039-1701030.
[2] de Courcey C,Macdonald C,Hardwicke JT,Skillman J. Study of lymph node vascular relationships of the inferior epigastric veins:The solve anatomical study[J]. J Plast Reconstr Aesth Surg,2020,73(3):544-547. DOI:10.1016/j.bjps.2019.09.006.
[3] Deng WS,Ma K,Liang B,Liu XY,Xu HY,Zhang J,Shi HY,Sun HT,Chen XY,Zhang S. Collagen scaffold combined with human umbilical cord-mesenchymal stem cells transplantation for acute complete spinal cord injury[J]. Neu Reg Res,2020,15(9):1686-1700. DOI:10.4103/1673-5374.276340.
[4] Dong C,Yu Z,Ma X. Visualizing the pharmacologic preconditioning effect of botulinum toxin type a by infrared thermography in a rat pedicled perforator island flap model[J]. Plast Reconstr Surg,2020,DOI:10.1097/PRS.0000000000006993.
[5] Elvan O,Aktekin M,Kayan G. Microsurgical anatomy of the spinal cord in human fetuses[J]. Surg Radiol Anat,2020,42(8):951-960. DOI:10.1007/s00276-020-02498-4.
[6] Ghali GZ,Ghali MGZ. Microneurosurgical techniques and perioperative strategies utilized to optimize experimental supracollicular decerebration in rats[J]. J Integr Neurosci,2020,19(1):137-177. DOI:10.31083/j.jin.2020.01.1153.
[7] Guevar J,Olby N. Minimally invasive microsurgical decompression of an intervertebral disc protrusion in a dog[J]. Veterin Surg,2020,49:O86-O92. DOI:10.1111/vsu.13263.
[8] Guy J,Muzaffar J,Coulson C. Comparison of microscopic and endoscopic views in cadaveric ears[J]. Eur Arch Oto Rhino Laryngol,2020,277(6):1655-1658. DOI:10.1007/s00405-020-05900-4.
[9] Hertzler JI,Simonovitch SI,Albertson RM,Weiner AT,Nye DMR,Rolls MM. Kinetochore proteins suppress neuronal microtubule dynamics and promote dendrite regeneration[J]. Mol Biol Cell,2020,31(19):2125-2138. DOI:10.1091/mbc.E20-04-0237-T.
[10] Li T,Hu Z,Wang L,Lv GY. Details determining the success in establishing a mouse orthotopic liver transplantation model[J]. World J Gastroenterol,2020,26(27):3889-3898. DOI:10.3748/wjg.v26.i27.3889.
[11] Ullah M,Liu DD,Rai S,Razavi M,Choi J,Wang J,Concepcion W,Thakor AS. A novel approach to deliver therapeutic extracellular vesicles directly into the mouse kidney via its arterial blood supply[J]. Cells,2020,9(4). DOI:10.3390/cells9040937.
[12] Xu ZQ,Chen ZX,Feng WF,Huang ML,Yang XN,Qi ZL. Grafted muscle-derived stem cells promote the therapeutic efficiency of epimysium conduits in mice with peripheral nerve gap injury[J]. Artificial Organs,2020,44(5):E214-E225. DOI:10.1111/aor.13614.
[13] Wang X,Shi H,Zhou J,Zou Q,Zhang Q,Gou S,Chen P,Mou L,Fan N,Suo Y,Ouyang Z,Lai C,Yan Q,Lai L. Generation of rat blood vasculature and hematopoietic cells in rat-mouse chimeras by blastocyst complementation[J]. J Genet Genomics,2020,DOI:10.1016/j.jgg.2020.05.002.
[14] Uchinomiya K,Yoshida K,Kondo M,Tomita M,Iwasaki T. A mathematical model for stem cell competition to maintain a cell pool injured by radiation[J]. Radiat Res,2020,194(4):379-389. DOI:10.1667/RADE-20-00034.1.
[15] Matsunari H,Watanabe M,Hasegawa K,Uchikura A,Nakano K,Umeyama K,Masaki H,Hamanaka S,Yamaguchi T,Nagaya M,Nishinakamura R,Nakauchi H,Nagashima H. Compensation of disabled organogeneses in genetically modified pig fetuses by blastocyst complementation[J]. Stem Cell Reports,2020,14(1):21-33. DOI:10.1016/j.stemcr.2019.11.008.
[16] Levin D,Tuller T. Whole cell biophysical modeling of codon-tRNA competition reveals novel insights related to translation dynamics[J]. PLoS Comput Biol,2020,16(7):e1008038. DOI:10.1371/journal.pcbi.1008038.
[17] Kitahara A,Ran Q,Oda K,Yasue A,Abe M,Ye X,Sasaoka T,Tsuchida M,Sakimura K,Ajioka Y,Saijo Y,Zhou Q. Generation of lungs by blastocyst complementation in apneumic Fgf10-deficient mice[J]. Cell Rep,2020,31(6):107626. DOI:10.1016/j.celrep.2020.107626.
[18] Hu Z,Li H,Jiang H,Ren Y,Yu X,Qiu J,Stablewski AB,Zhang B,Buck MJ,Feng J. Transient inhibition of mTOR in human pluripotent stem cells enables robust formation of mouse-human chimeric embryos[J]. Sci Adv,2020,6(20):eaaz0298. DOI:10.1126/sciadv.aaz0298.
[19] Fu R,Yu D,Ren J,Li C,Wang J,Feng G,Wang X,Wan H,Li T,Wang L,Zhang Y,Hai T,Li W,Zhou Q. Domesticated cynomolgus monkey embryonic stem cells allow the generation of neonatal interspecies chimeric pigs[J]. Protein Cell,2020,11(2):97-107. DOI:10.1007/s13238-019-00676-8.
[20] Yamaguchi T. Hurdles to generating human islets in animals via blastocyst complementation[J]. Curr Diab Rep,2019,19(8):45. DOI:10.1007/s11892-019-1167-9.

三、综述
Review

[1] Al Omran Y,Abdall-Razak A,Sohrabi C,Borg TM,Nadama H,Ghassemi N,Oo K,Ghanem AM. Use of augmented reality in reconstructive microsurgery:a systematic review and development of the augmented reality microsurgery score[J]. J Reconstr Microsurg,2020,36(4):261-270. DOI:10.1055/s-0039-3401832.
[2] Atia A,Hollins A,Shammas R,Phillips BT,Ravindra KV,Sudan DL,Giele H,Mithani SK,Erdmann D. Surgical techniques for revascularization in abdominal wall transplantation[J]. J Reconstr Microsurg,2020,36(7):522-527. DOI:10.1055/s-0040-1709481.
[3] Barac S,Jiga LP,Rata A,Sas I,Onofrei RR,Ionac M. Role of reconstructive microsurgery in tubal infertility in young women[J]. J Clin Med,2020,9(5). DOI:10.3390/jcm9051300.
[4] Baus A,Bich CS,Grosset A,de Rousiers A,Duhoux A,Brachet M,Duhamel P,Thomas M,Rogez D,Mathieu L,Bey E. Medical and surgical management of lower extremity war-related injuries. Experience of the French Military Health Service(FMHS)[J]. Annales De Chirurgie Plastique Esthetique,2020,65(5-6):447-478. DOI:10.1016/j.anplas.2020.05.008.
[5] Bouaoud J,Honart JF,Bennis Y,Leymarie N. How to manage calcified vessels for head and neck microsurgical reconstruction[J]. J Stomatol Oral Maxillofac Surg,2020,121(4):439-441. DOI:10.1016/j.jormas.2020.03.015.
[6] Bravo D,Gaston RG,Melamed E. Environmentally responsible hand surgery:past,present,and future[J]. J

Hand Surg Am,2020,45(5):444-448. DOI:10.1016/j.jhsa.2019.10.031.

[7] Burns JC,DeCoster RC,Dugan AJ,Davenport DL,Vasconez HC. Trends in the Surgical Management of Lower Extremity Gustilo Type IIIB/IIIC Injuries[J]. Plast Reconstr Surg,2020,146(1):183-189. DOI:10.1097/prs.0000000000006912.

[8] del Pinal F. An update on the management of severe crush injury to the forearm and hand[J]. Clin Plast Surg,2020,47(4):461-489. DOI:10.1016/j.cps.2020.06.003.

[9] Dias ML,Batista CMP,Secomandi VJK,Silva AC,Monteiro VRS,Faccioli LA,Goldenberg and RCS. Surgical models to explore acellular liver scaffold transplantation:step-by-step[J]. Organogenesis,2020,16(3):95-112. DOI:10.1080/15476278.2020.1801273.

[10] Georgescu AV. Reconstructive microsurgery in upper limb reconstruction:30 years' experience of a single surgeon[J]. J Hand Surg Eur,2020,45(8):787-797. DOI:10.1177/1753193420915398.

[11] Henry A,Ta P,Trimaille A,Monnerie C,Kerfant N,Hu W. Coverage of cutaneous substance loss in the leg:Techniques and indications[J]. Annales De Chirurgie Plastique Esthetique,2020,65(5-6):524-548. DOI:10.1016/j.anplas.2020.07.005.

[12] Hwee J,Chiew J,Sechachalam S. The impact of coronavirus disease 2019(COVID-19) on the practice of hand surgery in Singapore[J]. J Hand Surg Am,2020,45(6):536-541. DOI:10.1016/j.jhsa.2020.04.023.

[13] Hyakusoku H,Ono S. The history of propeller flaps[J]. Semin Plast Surg,2020,34(3):133-138. DOI:10.1055/s-0040-1715157.

[14] Izadpanah A,Moran SL. Pediatric microsurgery a global overview[J]. Clin Plast Surg,2020,47(4):561-572. DOI:10.1016/j.cps.2020.06.008.

[15] Kwon SH,Lao WWK,Hsu ATW,Lee CH,Hsu CC,Huang JJ,Qiu SS,Tilkorn D,Tang ETH,Lu JCY,Chang and TNJ. The preferred management of a single-digit distal phalanx amputation[J]. J Reconstr Microsurg,2020,36(4):301-309. DOI:10.1055/s-0039-1701013.

[16] Lee Y,Woo SH,Kim YW,Lee YH,Baek GH. Free flaps for soft tissue reconstruction of digits[J]. Hand Clin,2020,36(1):85-96. DOI:10.1016/j.hcl.2019.08.008.

[17] Mohan AT,Saint-Cyr M. Recent advances in microsurgery an update in the past 4 years[J]. Clin Plast Surg,2020,47(4):663-677. DOI:10.1016/j.cps.2020.07.002.

[18] Pons G,Tang JB. Major changes in lymphatic microsurgery and microvascular surgery in past 20 years[J]. Clin Plast Surg,2020,47(4):679-683. DOI:10.1016/j.cps.2020.07.004.

[19] Regas I,Loisel F,Haight H,Menu G,Obert L,Pluvy I. Functionalized nerve conduits for peripheral nerve regeneration:A literature review[J]. Hand Surg Rehabil,2020,39(5):343-351. DOI:10.1016/j.hansur.2020.05.007.

[20] Ziegler B,Hundeshagen G,Will PA,Bickert B,Kneser U,Hirche C. Role,management,and outcome of free flap reconstruction for acute full-thickness burns in hands[J]. Ann Plast Surg,2020,85(2):115-121. DOI:10.1097/sap.0000000000002412.

四、教育与课程
Education and Course

[1] Agrawal N,Turner A,Grome L,Abu-Ghname A,Davis MJ,Reece EM,Buchanan EP,Winocour S. Use of simulation in plastic surgery training[J]. Plast Reconstr Surg Glob Open,2020,8(7). DOI:10.1097/gox.0000000000002896.

[2] Asaad M,Rajesh A,Banuelos J,Vyas KS,Tran NV. Time from submission to publication in plastic surgery journals:The story of accepted manuscripts[J]. J Plast Reconstr Aesth Surg,2020,73(2):383-390. DOI:10.1016/j.bjps.2019.09.029.

[3] Atia A,Langdell HC,Hollins A,Shammas RL,Glener A,Marks C,Lee BT,Phillips BT. Microsurgery fellowship website and social media presence:are programs optimizing recruitment strategy?[J]. J Reconstr Microsurg,2020,DOI:10.1055/s-0040-1717152.

[4] Azoury SC,Othman S,Colen DL,Broach RB,Lin I,Zenn MR,Kovach SJ,Levin LS. The role of cadaver-based flap course in microsurgical education and practice patterns of attendees:a survey study[J]. J Reconstr Microsurg,2020,DOI:10.1055/s-0040-1716320.

[5] Beudeker N,Smits I,Spierings R,Rijntalder T,Verduijn PS,de Wit T,Mureau MA,Rakhorst HA. Starting an autologous breast reconstruction program after plastic surgical training. Is it as good as it gets?[J]. J Plast Reconstr Aesth Surg,2020,73(2):286-294. DOI:10.1016/j.bjps.2019.07.022.

[6] Joseph FJ,Weber S,Raabe A,Bervini D. Neurosurgical simulator for training aneurysm microsurgery-a user suitability study involving neurosurgeons and residents[J]. Acta Neurochirurgica, 2020,162(10):2313-2321. DOI:10.1007/s00701-020-04522-3.

[7] Di Cataldo A,Latino R,Perrotti S,Di Franco G,Gianardi D,Morelli L. Use of experimental microsurgery to improve resident autonomy and training[J]. J Am Coll Surg,2020,231(5):606-607.

[8] Geoghegan L,Kwasnicki RM,Henton JMD,Hettiaratchy S,Jain A. Investigating lower limb hemodynamics during flap training regimens and patient-led isometric contraction protocols[J]. Plast Reconstr Surg Glob Open,2020,8(3):e2731. DOI:10.1097/GOX.0000000000002731.

[9] Ghirelli M,Mattioli F,Federici G,Ferri G,Malagoli A,Trebbi M,Presutti L. Ex vivo porcine larynx model for microlaryngoscopy laryngeal surgery:proposal for a structured surgical training[J]. J Voice,2020,34(4):629-635. DOI:10.1016/j.jvoice.2019.02.007.

[10] Kania K,Chang DK,Abu-Ghname A,Reece EM,Chu CK,Maricevich M,Buchanan EP,Winocour S. Microsurgery training in plastic surgery[J]. Plast Reconstr Surg Glob Open,2020,8(7). DOI:10.1097/gox.0000000000002898.

[11] Lahiri A,Muttath SS,Yusoff SK,Chong AKS. Maintaining effective microsurgery training with reduced utilisation of live rats[J]. J Hand Surg Asian-Pacif,2020,25(2):206-213. DOI:10.1142/s2424835520500241.

[12] Margulies IG,Xu H,Henderson PW. Microsurgery training in the digital era a systematic review of accessible digital resources[J]. Ann Plast Surg,2020,85(4):337-343. DOI:10.1097/sap.0000000000002214.

[13] Meyer A,Roof S,Gray ML,Fan CJ,Barber B,Miles BA,Teng MR,Genden E,Rosenberg JD. Thermal imaging for microvascular free tissue transfer monitoring:Feasibility study using a low cost,commercially available mobile phone imaging system[J]. Head Neck J Sci Spec Head Neck,2020,42(10):2941-2947. DOI:10.1002/hed.26350.

[14] Papavasiliou T,Chatzimichail S,Pafitanis G. Three-dimensional printed microvascular clamps:a safe,cheap,and effective instrumentation for microsurgery training[J]. Plast Reconstr Surg Glob Open,2020,8(9). DOI:10.1097/gox.0000000000003107.

2021年

一、临床研究
Clinical Research

[1] Almosnino G,Sikora MJ,Farrokhi FR,Schwartz SR,Zeitler DM. Tumor-related and patient-related variables affecting length of hospital stay following vestibular Schwannoma microsurgery[J]. Ann Otol Rhinol Laryngol,2022,131(5):535-543. DOI:10.1177/00034894211029103.

[2] Azim AA,Albanyan H,Azim KA,Piasecki L. The buffalo study:outcome and associated predictors in endodontic microsurgery-a cohort study[J]. Int Endod J,2021,54(3):301-318. DOI:10.1111/iej.13419.

[3] Bach SP,Gilbert A,Brock K,Korsgen S,Geh I,Hill J,Gill T,Hainsworth P,Tutton MG,Khan J,Robinson J,Steward M,Cunningham C,Levy B,Beveridge A,Handley K,Kaur M,Marchevsky N,Magill L,Russell A,Quirke P,West NP,Sebag-Montefiore D,Collaborators T. Radical surgery versus organ preservation via short-course radiotherapy followed by transanal endoscopic microsurgery for early-stage rectal cancer (TREC):a randomised,open-label feasibility study[J]. Lancet Gastroenterol Hepatol,2021,6(2):92-105. DOI:10.1016/S2468-1253(20)30333-2.

[4] Bartella AK,Kamal M,Gerwing D,Halama D,Kloss-Brandstatter A,Pausch N,Holzle F,Lethaus B. Quality of life in patients with oral hard or soft tissue defects after reconstructive microsurgery[J]. Br J Oral Maxillofac Surg,2021,59(1):70-75. DOI:10.1016/j.bjoms.2020.08.096.

[5] Bertelli VTC,Rosifini Alves Rezende LG,Shimaoka FJ,Mandarano Filho LG,Mazzer N,Barbieri CH. Evaluation of the COVID-19 infection rate in the perioperative period of elective surgeries of the hand and microsurgery[J]. Hand(NY),2021,2021:15589447211064360. DOI:10.1177/15589447211064360.

[6] Cai Y,Xiong Z,Xin C,Chen J,Liu K. Endoscope-assisted microsurgery in pediatric cases with pineal region tumors:a study of 18 cases series[J]. Front Surg,2021,8:641196. DOI:10.3389/fsurg.2021.641196.

[7] Carlson ML,Barnes JH,Nassiri A,Patel NS,Tombers NM,Lohse CM,Van Gompel JJ,Neff BA,Driscoll CLW,Link MJ. Prospective study of disease-specific quality-of-life in sporadic vestibular schwannoma comparing observation,Radiosurgery,and Microsurgery[J]. Otol Neurotol,2021,42(2):e199-e208. DOI:10.1097/MAO.0000000000002863.

[8] Chen LH,Zhang HT,Sun K,Chen WJ,Xu RX. Microsurgery for vestibular Schwannoma via retrosigmoid transmeatal approach with intraoperative monitoring techniques[J]. Balkan Med J,2021,38(4):212-221. DOI:10.5152/balkanmedj.2021.20145.

[9] Chen YY,Pradan SP,Yang JB. A retrospective study of endodontic microsurgery about 302 patients[J]. Hua Xi Kou Qiang Yi Xue Za Zhi[Article in English,Chinese],2021,39(4):458-463. DOI:10.7518/hxkq.2021.04.013.

[10] Cordova A,Toia F,Salgarello M,Pinto V,Lucattelli E,Sgarzani R,Figus A,Cherubino M,Bassetto F,Santanelli di Pompeo F,Bonfirraro PP,Maruccia M,Faini G,Cigna E,Starnoni M,Baraziol R,Riccio M,Mazzucco W,Rubino C,Bonomi S. Safety of reconstructive microsurgery in the elderly population:a multicentric prospective study[J]. J Plast Reconstr Aesthet Surg,2021,74(12):3281-3288. DOI:10.1016/j.bjps.2021.05.048.

[11] Curran JF,Coleman H,Tikka T,Iyer A. Comparison of outcomes of endoscopic ear surgery with microsurgery for cholesteatoma:A prospective study of 91 cases with three-year follow-up[J]. Clin Otolaryngol,2022,47(1):197-202. DOI:10.1111/coa.13856.

[12] Duong HD,Pham AH,Chu HT,Le TD,Pham DT,Van Dong H. Microsurgery for intradural epidermoid cyst at cauda equina level in a 9-year-old child:A case report[J]. Int J Surg Case Rep,2021,82:105932. DOI:10.1016/j.ijscr.2021.105932.

[13] Elbatawy A,Elgammal M,Zayid T,Hamdy A,Ouf MO,Ismail H,Sholkamy K,Malik M,Zidan SM,Ayad W. Pediatric microsurgery in the reconstruction of complex posttraumatic foot and ankle defects:a long-term follow-up with a comprehensive review of the literature[J]. J Reconstr Microsurg,2021,37(3):193-200. DOI:10.1055/s-0040-1714429.

[14] Fang G,Chow MCK,Ho JDL,He Z,Wang K,Ng TC,Tsoi JKH,Chan PL,Chang HC,Chan DT,Liu YH,Holsinger FC,Chan JY,Kwok KW. Soft robotic manipulator for intraoperative MRI-guided transoral laser microsurgery[J]. Sci Robot,2021,6(57):eabg5575.. DOI:10.1126/scirobotics.abg5575.

[15] Iandolo A,Abdellatif D,Barbosa AFA,Scelza G,Gasparro R,Sammartino P,Silva E. Confocal laser scanning microscopy evaluation of roots subjected to activation protocol in endodontic microsurgery[J]. Aust Endod J,2022,48(1):77-81. DOI:10.1111/aej.12598.

[16] Lee M,Lee JM,Lee JC,Sung ES. Does perioperative antibiotic use affect surgical site infection and post-surgical inflammation after laryngeal microsurgery? [J]. Asian J Surg,2021,44(10):1320-1321. DOI:10.1016/j.asjsur.2021.06.036.

[17] Lin CH,Hsia K,Lu JH,Ma H. Cryopreserved allogenic vascular graft in free-flap reconstructive microsurgery:case report[J]. J Surg Case Rep,2021,2021(8):rjab375. DOI:10.1093/jscr/rjab375.

[18] Lupon E,Goutard M,Chaput B,Grolleau JL,Cetrulo CL Jr,Laumonerie P,Lellouch AG. The impact of microsurgery on the treatment of ring avulsion injuries[J]. Plast Reconstr Surg,2021,147(1):163e-165e. DOI:10.1097/PRS.0000000000007487.

[19] Molteni G,Nocini R,Ghirelli M,Molinari G,Fior A,Veneri A,Nocini PF,Marchioni D. Free flap head and neck microsurgery with VITOM® 3D:Surgical outcomes and surgeon's perspective[J]. Auris Nasus Larynx,2021,48(3):464-470. DOI:10.1016/j.anl.2020.09.010.

[20] Nokovitch L,Peyrachon B,Chaux-Bodard AG,Poupart M,Roux PE,Devauchelle B,Deneuve S. Reverse blood flow in cervicofacial veins after venous ligations:Potential implications in microsurgery[J]. J Plast Reconstr Aesthet Surg,2021,74(9):2042-2049. DOI:10.1016/j.bjps.2020.12.066.

[21] Oltean M,Nistor A,Hellstrom M,Axelsson M,Yagi S,Kobayashi E,Ballestin A,Akelina Y,Nemeth N. Microsurgery training during COVID-19 pandemic:Practical recommendations from the International Society for Experimental Microsurgery and International Microsurgery Simulation Society[J]. Microsurgery, 2021,41(4):398-400. DOI:10.1002/micr.30725.

[22] Sleiwah A,Din AH,See M. The use of lidocaine gel to optimize pedicle condition during microsurgery[J]. J Plast Reconstr Aesthet Surg,2021,74(9):2392-2442. DOI:10.1016/j.bjps.2021.03.095.

[23] Song G,Bai X,Wu X,Zhang X,Cheng Y,Wei P,Bao Y,Liang J. Facial nerve length influence on vestibular Schwannoma microsurgery outcomes[J]. World Neurosurg,2021,150:e400-e407. DOI:10.1016/j.wneu.2021.03.024.

[24] Tejedor Navarro A,Vendrell Jorda M,Puente Alonso C. Digital replantation/revascularization:predictive factors to microsurgery success-a single-center study[J]. Eur J Trauma Emerg Surg,2021,47(1):225-232. DOI:10.1007/s00068-019-01226-x.

[25] Teven CM,Gupta N,Yu JW,Abujbarah S,Chow NA,Casey WJ 3rd,Rebecca AM. Analysis of 20-year trends in medicare reimbursement for reconstructive microsurgery[J]. J Reconstr Microsurg,2021,37(8):662-670. DOI:10.1055/s-0041-1724128.

[26] Wang AYL,Shen HH,Lo WH,Yu WL,Liu YL,Lee CM,Loh CYY. A novel microsurgery clamp incorporating the cuff technique for ultrasmall vessel coaptation[J]. J Plast Reconstr Aesthet Surg,2021,74(12):3443-3476. DOI:10.1016/j.bjps.2021.09.006.

[27] Athey AG,Wyles CC,Carlsen BT,Perry KI,Houdek MT,Moran SL. Free flap coverage for complex primary and revision total knee arthroplasty[J]. Plast Reconstr Surg,2021,148(5):804e-810e. DOI:10.1097/PRS.0000000000008452.

[28] Beugels J,Bijkerk E,Lataster A,Heuts EM,van der Hulst R,Tuinder SMH. Nerve coaptation improves the sensory recovery of the breast in DIEP flap breast reconstruction[J]. Plast Reconstr Surg,2021,148(2):273-284. DOI:10.1097/PRS.0000000000008160.

[29] Brunetti B,Morelli Coppola M,Tenna S,Salzillo R,Ciarrocchi S,Persichetti P. Single-Stage Adipofascial turnover flap as an alternate option for large nasal defects usually requiring two-stage forehead flap[J]. Plast Reconstr Surg,2021,148(3):507e-508e. DOI:10.1097/PRS.0000000000008283.

[30] Choi JH,Song SY,Park HS,Kim CH,Kim JY,Lew DH,Roh TS,Lee DW. Robotic diep flap harvest through a totally extraperitoneal approach using a single-port surgical robotic system[J]. Plast Reconstr Surg,2021,148(2):304-307. DOI:10.1097/PRS.0000000000008181.

[31] Christensen JM,Johnson AR,Fleishman A,Cauley R,Pardo J,Lee BT,Singhal D. Lymphatic drainage reconstitution in DIEP flap procedures[J]. Plast Reconstr Surg,2021,148(5):867e-868e. DOI:10.1097/PRS.0000000000008471.

[32] De la Parra-Marquez M,Fernandez-Riera R,Romay-Chambers E,Escamilla Linaje T. Superficial thinning of the diep flap:a safe option to achieve an aesthetic reconstructed breast in the obese patient[J]. Plast Reconstr Surg,2021,148(5):715e-719e. DOI:10.1097/PRS.0000000000008481.

[33] Deskoulidi PI,Moisidis E. Bipedicled pericranial reversed galeal flap for reconstruction of a scalp defect with exposed bone[J]. Plast Reconstr Surg,2021,148(5):862e-863e. DOI:10.1097/PRS.0000000000008490.

[34] Guliyeva G,Avila FR,Torres RA,Huayllani MT,Forte AJ. Efficiency in DIEP flap breast reconstruction:the real benefit of computed tomographic angiography imaging[J]. Plast Reconstr Surg,2021,148(3):487e-488e. DOI:10.1097/PRS.0000000000008234.

[35] Hatchell AC,Schrag CH,Temple-Oberle CF,Matthews JL,McKenzie CD,Matthews TW,Chandarana SP,Dort JC,Baaqeel R. Patient-reported outcomes after fibula free flap harvest:a pilot study[J]. Plast Reconstr Surg,2021,148(6):1007e-1011e. DOI:10.1097/PRS.0000000000008588.

[36] Honeyman C,Cebron U,Bradley D,Patel V,Almas F,Eschete M,McGurk M,Bertrand B,Martin D. Increasing the reach of the submental artery island flap using the Y-V pedicle lengthening technique:video and technical considerations[J]. Plast Reconstr Surg,2021,148(5):1121-1124. DOI:10.1097/PRS.0000000000008486.

[37] Jaberi M,Abi-Rafeh J,Chocron Y,Zammit D,Al-Halabi B,Gilardino MS. SMaRT assessment tool:an innovative approach for objective assessment of flap designs[J]. Plast Reconstr Surg,2021,148(5):837e-840e. DOI:10.1097/PRS.0000000000008422.

[38] Johnson AC,King BBT,Colakoglu S,Yang JH,Chong TW,Mathes DW. The influence of closing the abdominal donorsite superficial fascial system in deep inferior epigastric perforator flap breast reconstruction[J]. Plast Reconstr Surg,2021,148(3):357e-364e. DOI:10.1097/PRS.0000000000008297.

[39] Kwon JG,Pereira N,Tonaree W,Brown E,Hong JP,Suh HP. Long pedicled superficial circumflex iliac artery flap based on a medial superficial branch[J]. Plast Reconstr Surg,2021,148(4):615e-619e. DOI:10.1097/PRS.0000000000008388.

[40] Ochoa O,Pisano S,Ledoux P,Nastala C,Arishita G,Garza R 3rd,Ketchum N,Song X,Michalek J,Chrysopoulo M. Case volume-dependent changes in operative morbidity following free flap breast reconstruction:a 15-year single-center analysis[J]. Plast Reconstr Surg,2021,148(3):365e-374e. DOI:10.1097/PRS.0000000000008209.

[41] Robinson LP,Usmani RH,Hazel A,Gupta A. Use of the antegrade posterior interosseous artery flap for coverage of complex elbow wounds[J]. Plast Reconstr Surg,2021,148(6):1316-1319. DOI:10.1097/PRS.0000000000008578.

[42] Suh YC,Kim HB,Brown E,Hong JP,Suh HP. Maximizing the flap inflow in a foot reconstruction:ultrasonographic evaluation of artery flow in accordance with the angle of the ankle[J]. Plast Reconstr Surg,2021,148(2):258e-261e. DOI:10.1097/PRS.0000000000008176.

[43] Eckhoff MD,Craft MR,Nicholson TC,Nesti LJ,Dunn JC. Lower extremity combat sustained peripheral nerve injury in us military personnel[J]. Plast Reconstr Surg Glob Open,2021,9(3):e3447. DOI:10.1097/GOX.0000000000003447.

[44] Calotta NA,Kuzon W,Dellon AL,Monstrey S,Coon D. Sensibility,sensation,and nerve regeneration after reconstructive genital surgery:evolving concepts in neurobiology[J]. Plast Reconstr Surg,2021,147(6):995e-1003e. DOI:10.1097/PRS.0000000000007969.

[45] Roberts JM,Lin IC,Levin LS. 75 years of hand and peripheral nerve surgery in plastic and reconstructive surgery:standing on the shoulders of giants[J]. Plast Reconstr Surg,2021,147(6):1473-1479. DOI:10.1097/PRS.0000000000008003.

[46] Schwarz AM,Weiglein AH,Schwarz UM,Gansslen A,Krassnig R,Grechenig P,Maier MJ,Hohenberger GM. Definition of a risk zone for the axillary nerve based on superficial landmarks[J]. Plast Reconstr Surg,2021,147(6):1361-1367. DOI:10.1097/PRS.0000000000007950.

[47] Singh GV,Harrison CJ,Geoghegan L,Rodrigues JN,Long-term outcomes after surgical treatment of radial sensory nerve neuromas:patient-reported outcomes and rate of secondary surgery[J]. Plast Reconstr Surg,2021,148(1):146e-147e. DOI:10.1097/PRS.0000000000008072.

[48] Gfrerer L,Dayan E,Austen WG Jr. Trigger-site deactivation surgery for nerve compression headaches[J]. Plast Reconstr Surg,2021,147(6):1004e-1021e. DOI:10.1097/PRS.0000000000007931.

[49] Costa AL,Titolo P,Battiston B,Galeano M,Colonna MR. Evaluation of intrinsic hand musculature reinnervation following supercharge end-to-side anterior interosseous-to-ulnar motor nerve transfer[J]. Plast Reconstr Surg,2021,148(3):499e-500e. DOI:10.1097/PRS.0000000000008247.

[50] Zubovic E,Van Handel AC,Skolnick GB,Moore AM. Insurance status and disparities in outpatient care after traumatic injuries of the hand:a retrospective cohort study[J]. Plast Reconstr Surg,2021,147(3):545-554. DOI:10.1097/PRS.0000000000007687.

二、基础研究
Basic Research

[1] Cabrera-Sarmiento JA,Vazquez-Barro JC,Gonzalez-Botas JH,Chiesa-Estomba C,Mayo-Yanez M. T1b glottic tumor and anterior commissure involvement:is the transoral CO_2 laser microsurgery a safe option?[J]. Ear Nose Throat J,2021,100(1 suppl):68S-72S. DOI:10.1177/0145561320937238.

[2] Hangai S,Nozaki T,Soma T,Miyashita H,Asoda S,Yazawa M,Sato K,Kawana H,Ohnishi K,Kobayashi E. Development of a microsurgery-assisted robot for high-precision thread traction and tension control,and confirmation of its applicability[J]. Int J Med Robot,2021,17(2):e2205. DOI:10.1002/rcs.2205.

[3] Huang YK,Wong MY,Wu CR,Cheng YZ,Lin BS. Free myocutaneous flap assessment in a rat model:verification of a wireless bioelectrical impedance assessment(BIA) system for vascular compromise following microsurgery[J]. J Pers Med,2021,11(5):373. DOI:10.3390/jpm11050373.

[4] Jeon KJ,Lee C,Choi YJ,Han SS. Anatomical analysis of mandibular posterior teeth for endodontic microsurgery:a cone-beam computed tomographic evaluation[J]. Clin Oral Investig,2021,25(4):2391-2397. DOI:10.1007/s00784-020-03562-4.

[5] Kim YJ,Kim KJ,Lee JH,Park SU,Cho SY. Effect of herbal extracts on peripheral nerve regeneration after microsurgery of the sciatic nerve in rats[J]. BMC Complement Med Ther,2021,21(1):162. DOI:10.1186/s12906-021-03335-w.

[6] Menezes Neto BF,Oliveira Neto FV,Secanho MS,Carvalho LB,Moragas WR,Fernandes MS. Submerged vascular anastomosis. A technique for vascular suturing in experimental microsurgery[J]. Acta Cir Bras,2021,36(8):e360807. DOI:10.1590/ACB360807.

[7] Xu SB,Fan RH,Qin X,Han RM. microRNA prognostic signature for postoperative success of metastatic orthopedic cancers:implications for precision microsurgery[J]. Front Cell Dev Biol,2021,9:704505. DOI:10.3389/fcell.2021.704505.

[8] Zocchi ML. Regenerative assisted microsurgery(RAM) and regenerative assisted supermicrosurgery (RASM):the future of microsurgery?[J]. Eur J Plast Surg,2021,44(3):389-391. DOI:10.1007/s00238-021-01812-6.

[9] Xun H,Yesantharao P,Musavi L,Quan A,Xiang S,Alonso-Escalante JC,Wang H,Tammia M,Cetinkaya-Fisgin A,Lee WPA,Brandacher G,Kumar A,Lopez J. The efficacy of schwann-like differentiated muscle-derived stem cells in treating rodent upper extremity peripheral nerve injury[J]. Plast Reconstr Surg,2021,148(4):787-798. DOI:10.1097/PRS.0000000000008383.

[10] Mathot F,Saffari TM,Rbia N,Nijhuis THJ,Bishop AT,Hovius SER,Shin AY. Functional outcomes of nerve allografts seeded with undifferentiated and differentiated mesenchymal stem cells in a rat sciatic nerve defect model[J]. Plast Reconstr Surg,2021,148(2):354-365. DOI:10.1097/PRS.0000000000008191.

[11] Pan D,Bichanich M,Wood IS,Hunter DA,Tintle SM,Davis TA,Wood MD,Moore AM. Long acellular nerve allografts cap transected nerve to arrest axon regeneration and alter upstream gene expression in a rat neuroma model[J]. Plast Reconstr Surg,2021,148(1):32e-41e. DOI:10.1097/PRS.0000000000008051.

[12] Saffari TM,Mathot F,Friedrich PF,Bishop AT,Shin AY. Surgical angiogenesis of decellularized nerve allografts improves early functional recovery in a rat sciatic nerve defect model[J]. Plast Reconstr Surg,2021,148(3):561-570. DOI:10.1097/PRS.0000000000008291.

[13] Zheng C,Hu Y,Sakurai M,Pinzon-Arteaga CA,Li J,Wei Y,Okamura D,Ravaux B,Barlow HR,Yu L,Sun HX,Chen EH,Gu Y,Wu J. Cell competition constitutes a barrier for interspecies chimerism[J]. Nature,2021,592(7853):272-276. DOI:10.1038/s41586-021-03273-0.

[14] Zheng C,Ballard EB,Wu J. The road to generating transplantable organs:from blastocyst complementation to interspecies chimeras[J]. Development,2021,148(12). DOI:10.1242/dev.195792.

[15] Yu L,Wei Y,Sun HX,Mahdi AK,Pinzon Arteaga CA,Sakurai M,Schmitz DA,Zheng C,Ballard ED,Li J,Tanaka N,Kohara A,Okamura D,Mutto AA,Gu Y,Ross PJ,Wu J. Derivation of intermediate pluripotent stem cells amenable to primordial germ cell specification[J]. Cell Stem Cell,2021,28(3):550-567 e12. DOI:10.1016/j.stem.2020.11.003.

[16] Masson-Meyers DS,Tayebi L. Vascularization strategies in tissue engineering approaches for soft tissue repair[J]. J Tissue Eng Regen Med,2021,15(9):747-762. DOI:10.1002/term.3225.

[17] Mazzoni E,Iaquinta MR,Lanzillotti C,Mazziotta C,Maritati M,Montesi M,Sprio S,Tampieri A,Tognon M,Martini F. Bioactive materials for soft tissue repair[J]. Front Bioeng Biotechnol,2021,9:613787. DOI:10.3389/fbioe.2021.613787.

[18] Zhou X,Du J,Qing L,Mee T,Xu X,Wang Z,Xu C,Jia X. Identification of sensory and motor nerve fascicles by immunofluorescence staining after peripheral nerve injury[J]. J Transl Med,2021,19(1):207. DOI:10.1186/s12967-021-02871-w.

[19] Wu XB,Zhu Q,Gao YJ. CCL2/CCR2 contributes to the altered excitatory-inhibitory synaptic balance in the nucleus accumbens shell following peripheral nerve injury-induced neuropathic pain[J]. Neurosci Bull,2021,37(7):921-933. DOI:10.1007/s12264-021-00697-6.

[20] Vacca V,Marinelli S,De Angelis F,Angelini DF,Piras E,Battistini L,Pavone F,Coccurello R. Sexually dimorphic immune and neuroimmune changes following peripheral nerve injury in mice:novel insights for gender medicine[J]. Int J Mol Sci,2021,22(9):4397. DOI:10.3390/ijms22094397.

三、综述
Review

[1] Akita S,Yamaji Y,Tokumoto H,Ogata H,Kosaka K,Kubota Y,Kuriyama M,Mitsukawa N. Correlation of the changes in physical activity and clinical results following lymphatic microsurgery[J]. Microsurgery,2021,41(1):44-49. DOI:10.1002/micr.30642.

[2] Alamoudi U,Ghanem T. Solution to vessels mismatch in microsurgery:Vertical arteriotomy technique[J]. Laryngoscope Investig Otolaryngol,2021,6(6):1321-1324. DOI:10.1002/lio2.650.

[3] Andersson T. How are manual skills to reach excellence in microsurgery and endovascular technique best acquired,maintained,and developed with relation to unruptured aneurysm treatment:hybrid neurosurgeons or team approach?[J]. Acta Neurochir（Wien),2021,163(5):1525-1526. DOI:10.1007/s00701-021-04747-w.

[4] Anolik RA,Sacks JM. Advances and innovations in breast microsurgery[J]. Mo Med,2021,118(2):153-155.

[5] Arezzo A,Gagliardi G. Transanal endoscopic microsurgery:is robotics the way to go?[J]. Tech Coloproctol,2021,25(11):1179-1182. DOI:10.1007/s10151-021-02514-8.

[6] Asserson DB,Sahar DE. Can Tranexamic acid be safely administered during microsurgery in the era of COVID-19?[J]. Plast Reconstr Surg,2021,147(3):573e-574e. DOI:10.1097/PRS.0000000000007665.

[7] Chandrasekhar SS,Ho S,House JW. The role for microsurgery of the ear[J]. Otolaryngol Clin North Am,2021,54(1):211-219. DOI:10.1016/j.otc.2020.09.025.

[8] Chao AH. Pushing the envelope in microsurgery:Insights from ultra-safe healthcare and systems[J]. Microsurgery,2021,41(3):302-303. DOI:10.1002/micr.30716.

[9] Chen ML,Buncke GM,Turek PJ. Narrative review of the history of microsurgery in urological practice[J]. Transl Androl Urol,2021,10(4):1780-1791. DOI:10.21037/tau-20-1441.

[10] Di Gianfilippo R,Wang IC,Steigmann L,Velasquez D,Wang HL,Chan HL. Efficacy of microsurgery and comparison to macrosurgery for gingival recession treatment:a systematic review with meta-analysis[J]. Clin Oral Investig,2021,25(7):4269-4280. DOI:10.1007/s00784-021-03954-0.

[11] Dos Reis JMC,Teixeira RKC,Santos DRD,Calvo FC,de Araujo NP,de Correa Junior WJP,Pimentel A,de Barros RSM. Novel porcine kidney-based microsurgery training model for developing basic to advanced microsurgical skills[J]. J Reconstr Microsurg,2021,37(2):119-123. DOI:10.1055/s-0040-1714428.

[12] Drobot A,Bez M,Abu Shakra I,Merei F,Khatib K,Bickel A,Ganam S,Bogouslavski G,Karra N,Mahran B,Kassis W,Kogan L,Drobot D,Weiss M,Koshima I,Kakiashvili E. Microsurgery for management of primary and secondary lymphedema[J]. J Vasc Surg Venous Lymphat Disord,2021,9(1):226-233 e1. DOI:10.1016/j.jvsv.2020.04.025.

[13] El Beltagy MA,Atteya MME. Benefits of endoscope-assisted microsurgery in the management of pediatric brain tumors[J]. Neurosurg Focus,2021,50(1):E7. DOI:10.3171/2020.10.FOCUS20620.

[14] Gao F,Wang H,Wang Z. Clinical application of microsurgery using the cerebellar medulla fissure approach in severe ventricular hemorrhage with casting of the fourth ventricle and its influence on neurological recovery[J]. Evid Based Complement Alternat Med,2021,2021:3699233. DOI:10.1155/2021/3699233.

[15] Gasteratos K,Paladino JR,Corral GD. Microsurgery at home during COVID-19 pandemic:a do-it-yourself toolkit[J]. J Reconstr Microsurg,2021,DOI:10.1055/s-0041-1727189. Online ahead of print.

[16] Goyal L,Chawla K. Efficacy of microsurgery in treatment of localized or multiple gingival recession:A systematic review[J]. J Oral Biol Craniofac Res,2021,11(2):237-244. DOI:10.1016/j.jobcr.2021.02.004.

[17] Jang SM,Kim E,Min KS. An update on endodontic microsurgery of mandibular molars:a focused review[J]. Medicina（Kaunas),2021,57(3):270. DOI:10.3390/medicina57030270.

[18] Jeong S,Tadano K. Leader manipulator with hand rest function for microsurgery[J]. Int J Med Robot,2022,18(2):e2355. DOI:10.1002/rcs.2355.

[19] Jerome JTJ. J Hand Microsurg:a new year with a beginning[J]. J Hand Microsurg,2021,13(1):1. DOI:10.1055/s-0041-1726133.

[20] Kobayashi S,Matsushima T,Sakai T,Matsushima K,Bertalanffy H,Rutka JT. Evolution of microneurosurgical anatomy with special reference to the history of anatomy,surgical anatomy,and microsurgery:historical overview[J]. Neurosurg Rev,2022,45(1):253-261. DOI:10.1007/s10143-021-01597-z.

[21] Lai CS,Chang YT,Shen CH,Tsai YC,Lu CT,Yen JH,Chen IC,Lin YL. The role of vein grafts in reconstructive head and neck microsurgery[J]. Braz J Otorhinolaryngol,2021,2021:S1808-8694(21)00175-0. DOI:10.1016/j.bjorl.2021.09.004.

[22] Lin H,Chen F,Mo J,Lin T,Wang Z,Liu W. Cervical spine microsurgery with the high-definition

3d exoscope:advantages and disadvantages[J]. World Neurosurg,2022,161:e1-e7. DOI:10.1016/j.wneu.2021.07.033.

[23] Lio F,Mampieri G,Mazzetti V,Leggeri A,Arcuri L. Guided endodontic microsurgery in apicoectomy:a review[J]. J Biol Regul Homeost Agents,2021,35(3 Suppl. 1):47-55. DOI:10.23812/21-3supp1-7.

[24] Matsui C,Banda CH,Okada Y,Shiraishi M,Shimizu K,Mitsui K,Danno K,Ishiura R,Narushima M. Shaping the future of microsurgery:Combination of exoscope and smart glasses[J]. J Plast Reconstr Aesthet Surg,2022,75(2):893-939. DOI:10.1016/j.bjps.2021.11.009.

[25] Payton JI,Wong S,Lombana NF,Saint-Cyr MS,Altman AM,Brooke SM. Microsurgery in the era of COVID-19[J]. Proc(Bayl Univ Med Cent),2021,34(2):269-273. DOI:10.1080/08998280.2020.1864982.

[26] Senes FM,Catena N. Microsurgery and infections in children[J]. J Pediatr Orthop B,2021,30(3):306-307. DOI:10.1097/BPB.0000000000000843.

[27] Shachar T,Yaacobi DS,Cohen K,Olshinka A,Ad-El DD. Reconstructive microsurgery in the covid-19 environment[J]. Plast Reconstr Surg Glob Open,2021,9(6):e3691. DOI:10.1097/GOX.0000000000003691.

[28] Thione A,Sanchez-Garcia A,Perez-Garcia A,Garcia-Vilarino E,Salmeron-Gonzalez E,Balaguer-Cambra J. A protocol for performing reconstructive microsurgery on patients with COVID-19[J]. Plast Surg Nurs,2021,41(1):36-39. DOI:10.1097/PSN.0000000000000352.

四、教育与课程
Education and Course

[1] Menezes Neto BF,Oliveira Neto FV,Secanho MS,Carvalho LB,Moragas WR,Fernandes MS. Submerged vascular anastomosis. A technique for vascular suturing in experimental microsurgery[J]. Acta Cir Bras,2021,36(8):e360807. DOI:10.1590/ACB360807.

[2] Atia A,Langdell HC,Hollins A,Shammas RL,Glener A,Marks C,Lee BT,Phillips BT. Microsurgery fellowship website and social media presence:are programs optimizing recruitment strategy? J Reconstr Microsurg[J],2021,37(4):380-384. DOI:10.1055/s-0040-1717152.

[3] Berner JE,Magdum A. The newcastle microsurgery fellowship:a truly multidisciplinary training experience[J]. Ann Plast Surg,2021,86(5):499-500. DOI:10.1097/SAP.0000000000002665.

[4] Bhandarkar AR,Jensen MA,Riviere-Cazaux C,Bauman MMJ,Wang K,Graffeo CS,Spinner RJ. Countertop microsurgery for medical students:letter to the editor regarding "lazy glass microsurgical trainer:a frugal solution for microsurgical training"[J]. World Neurosurg,2021,147:241. DOI:10.1016/j.wneu.2020.11.082.

[5] Chen J,Xun H,Abousy M,Long C,Sacks JM. No microscope? No problem:a systematic review of microscope-free microsurgery training models[J]. J Reconstr Microsurg,2022,38(2):106-114. DOI:10.1055/s-0041-1731761.

[6] Choi JY,Kim J,Shin J. Evaluation of quality and educational effect of microsurgery videos on YouTube:a randomized controlled trial[J]. J Plast Surg Hand Surg,2021:1-7. DOI:10.1080/2000656X.2021.1990936.

[7] Costa F,di Summa PG,Srinivasan J. Microsurgery arena:a new device to develop microsurgical skills[J]. Plast Reconstr Surg Glob Open,2021,9(8):e3782. DOI:10.1097/GOX.0000000000003782.

[8] Crouch G,Wong G,Hong J,Varey A,Haddad R,Wang ZZ,Wykes J,Koutalistras N,Clark JR,Solomon M,Bannon P,McBride KE,Ch'ng S. Validated specialty-specific models for multi-disciplinary microsurgery training laboratories:a systematic review[J]. ANZ J Surg,2021,91(6):1110-1116. DOI:10.1111/ans.16721.

[9] Dave A,Singhal M,Tiwari R,Chauhan S,De M. Effectiveness of a microsurgery training program using a chicken wing model[J]. J Plast Surg Hand Surg. 2021:1-7. DOI:10.1080/2000656X.2021.1953043.

[10] Franco-Gonzalez IT,Perez-Escamirosa F,Minor-Martinez A,Rosas-Barrientos JV,Hernandez-Paredes TJ. Development of a 3D motion tracking system for the analysis of skills in microsurgery[J]. J Med Syst,2021,45(12):106. DOI:10.1007/s10916-021-01787-8.

[11] Garg M,Dhanda J. Beyond the anastomosis-look before you leap into microsurgery![J]. Br J Oral Maxillofac Surg,2021,59(2):251-252. DOI:10.1016/j.bjoms.2020.10.015.

[12] Ha G,Gray R,Clappier M,Tanna N,Kasabian AK. Conflict of interest at microsurgery conferences:disclosure of its extent and nature[J]. J Reconstr Microsurg,2021,DOI:10.1055/s-0041-1735260. Online ahead of print.

[13] Hoz SS,Aljuboori Z,Al-Sharshahi ZF,Salih HR,Alrawi MA. The four-handed technique in microsurgery,a useful addition to the vascular neurosurgeon armamentarium[J]. Br J Neurosurg,2021,35(5):653-654. DOI:10.1080/02688697.2021.1895972.

[14] Jiga LP,Campisi CC,Jandali Z,Ryan M,Maruccia M,Santecchia L,Cherubino M,Georgiadis J. Role of the cadaver lab in lymphatic microsurgery education:validation of a new training model[J]. J Invest Surg,2022,35(4):758-767. DOI:10.1080/08941939.2021.1937756.

[15] Kandi LA,Struve SL,Casey WJ 3rd,Rebecca AM,Teven CM. Call to action:accreditation of microsurgery fellowship[J]. Plast Reconstr Surg Glob Open,2021,9(10):e3874. DOI:10.1097/GOX.0000000000003874.

[16] Kannan RY,Koshima I. A case-control analysis of the knight's move technique in a chicken wing microsurgery model:video article[J]. Plast Reconstr Surg Glob Open,2021,9(3):e3476. DOI:10.1097/GOX.0000000000003476.

[17] Kim E,Chawla S,Ghanem A. Mastering microsurgery:A novel benchmarking tool for microsurgical training[J]. J Plast Reconstr Aesthet Surg,2022,75(2):811-816. DOI:10.1016/j.bjps.2021.09.010.

[18] Lymperopoulos NS,Dunne J,Morgan M,Mackey S,Roblin P,Ramsey K,Nanidis T. Impact of COVID-19 pandemic on microsurgery fellowships[J]. J Plast Reconstr Aesthet Surg,2021,74(3):644-710. DOI:10.1016/j.bjps.2020.08.139.

[19] Masterson TA,Nackeeran S,Rainer Q,Hauser N,Marcovich R,Ramasamy R. Survey of microsurgery training availability in us urology residency programs[J]. World J Mens Health,2021,39(2):376-380. DOI:10.5534/wjmh.190162.

[20] Masterton G. Thinking outside the box with microsurgery[J]. Ann R Coll Surg Engl,2021,103(2):143. DOI:10.1308/rcsann.2020.7057.

[21] Morrison KA,Verzella A,Hacquebord JH. State of microsurgery training in 2020:survey of hand surgery fellowship program directors[J]. Ann Plast Surg,2021,87(2):169-178. DOI:10.1097/SAP.0000000000002586.

[22] Nguyen HN,Chen J,Nguyen TV,Le DT,Nguyen TS,Jeng SF. Training the trainers in microsurgery:a success story from vietnam's hanoi national hospital of odonto-stomatology[J]. Plast Reconstr Surg Glob Open,2021,9(6):e3637. DOI:10.1097/GOX.0000000000003637.

[23] Navia A,Tejos R,Canahuate S,Machuca E,Searle S,Cuadra A,Dagnino B. MicrosimUC:validation of a low-cost,portable,do-it-yourself microsurgery training kit[J]. J Reconstr Microsurg,2021,DOI:10.1055/s-0041-1735593. Online ahead of print.

[24] Paladino JR,Gasteratos K,Akelina Y,Marshall B,Papazoglou LG,Strauch RJ. The benefits of expert instruction in microsurgery courses[J]. J Reconstr Microsurg,2021,37(2):143-153. DOI:10.1055/s-0040-1715910.

[25] Reghunathan M,Zaldana-Flynn M,Rose J,Crisera CA,Reid CM. The ideal microsurgery fellowship:a survey of fellows and fellowship directors[J]. J Reconstr Microsurg,2021,37(2):167-173. DOI:10.1055/s-0040-1715879.

[26] Santamaria E,Nahas-Combina L,Altamirano-Arcos C,Vargas-Flores E. Seven steps to deliver a low-cost,efficient,and high-impact online plastic surgery course during COVID-19 confinement:master series microsurgery for residents' experience[J]. Arch Plast Surg,2021,48(4):462-466. DOI:10.5999/aps.2021.00360.

[27] Satkunanantham M,Sechachalam S. A hands-on microsurgery course for nurses[J]. Arch Plast Surg,2021,48(3):305-309. DOI:10.5999/aps.2020.01893.

[28] Hacquebord J,Berger A,Jones N. The role of international traveling fellowships in train the contemporary US hand surgeon[J]. J Hand Surg Am,2021,46(2):142-145. Doi:10.1016/j.jhsa.2020.07.005. Epub 2020 Aug 29.

附录 4 显微外科常用医学中文期刊英文缩写
Abbreviations for the titles of Chinese and English medical journals in microsurgery

显微外科常用医学中文期刊英文缩写见附表 4-1。

附表 4-1　显微外科常用医学中文期刊英文缩写

	期刊中文名全称	期刊英文名缩写
国内被 SCI 收录的英文版医学核心期刊		
1	中华医学杂志英文版	Chin Med J
2	中华创伤杂志英文版	Chin J Traumatol
3	中国神经再生研究英文版	Neural Regen Res
4	骨科手术学	Orthop Surg
5	烧伤与创伤	Burns Trauma
中文核心期刊要目总览（2018 年 12 月第八版）（第五编　医药、卫生）		
R3 基础医学类核心期刊		
1	中国临床心理学杂志	Chin J Clin Psychol
2	中国寄生虫学与寄生虫病杂志	Chin J Parasitol Parasit Dis
3	医用生物力学	J Med Biomech
4	中国人兽共患病学报	Chin J Zoono
5	中国心理卫生杂志	Chin Ment Health J
6	中国病理生理杂志	Chin J Pathophys
7	病毒学报	Chin J Virol
8	中国生物医学工程学报	Chin J Biomed Eng
9	细胞与分子免疫学杂志	Chin J Cell Mol Imm
10	中华微生物学和免疫学杂志	Chin J Microbiol Immunol
11	中国病原生物学杂志	J Pathog Biol
12	免疫学杂志	Immunol J
13	中国免疫学杂志	Chin J Immun
14	生理学报	Acta Physiol Sin
15	生物医学工程学杂志	J Biomedical Eng
	临床解剖学杂志	
	临床应用解剖学杂志	
16	中国临床解剖学杂志	Chin J Clin Anat
	广东解剖通报	
	广东解剖学通报	
17	解剖学研究	Anat Res
	解剖学通报	
18	解剖学杂志	Chin J Anat
19	解剖学报	Acta Anat Sin
20	中国应用生理学杂志	Chin J Appl Phys
21	生理科学进展	Prog Physiol Sci
22	现代免疫学	Curr Immunol
23	神经解剖学杂志	Chin J Neuroanat
R6 外科学类核心期刊		
	天津医药骨科附刊	
1	中华骨科杂志	Chin J Orthop
	显微外科	
	显微医学杂志	
2	中华显微外科杂志	Chin J Microsurg
3	中华外科杂志	Chin J Surg
4	中华消化外科杂志	Chin J Dig Surg
5	中国实用外科杂志	Chin J Pract Surg
6	中国脊柱脊髓杂志	Chin J Spine Spinal Cord
7	中华胃肠外科杂志	Chin J Gastrointest Surg
8	中华肝胆外科杂志	Chin J Hepatobiliary Surg
	修复重建外科杂志	
9	中国修复重建外科杂志	Chin J Repar Reconstr Surg
10	中国矫形外科杂志	Orthop J Chin
11	中华实验外科杂志	Chin J Exp Surg
	手外科杂志	
12	中华手外科杂志	Chin J Hand Surg
13	中华泌尿外科杂志	Chin J Urol
14	中华骨质疏松和骨矿盐疾病杂志	Chin J Osteoporosis & Bone Miner Res
	中国创伤骨科杂志	
15	中华创伤骨科杂志	Chin J Orthop Trauma
16	中华神经外科杂志	Chin J Neurosurg
17	中华创伤杂志	Chin J Trauma
18	中华普通外科杂志	Chin J Gen Surg
19	中国微创外科杂志	Chin J Minim Inva Surg
20	中华男科学杂志	Natl J Androl
21	中国普通外科杂志	Chin J Gen Surg
22	中华麻醉学杂志	Chin J Anesthesiol
23	临床麻醉学杂志	J Clin Anesthesiol
24	中华胸心血管外科杂志	Chin J Thorac Cardiovasc Surg
25	中华整形外科杂志	Chin J Plast Surg
26	中华烧伤杂志	Chin J Burns
27	中华器官移植杂志	Chin J Organ Transplant
28	器官移植	Organ Transplant
29	中国骨质疏松杂志	Chin J Osteopor
30	肾脏病与透析肾移植杂志	Chin J Nephrol，Dial Transpl
国内被 Medline 收录的医学期刊		
1	中国危重病急救医学	Chin Crit Care Med
2	中华消化杂志	Chin J Dig
3	中华儿科杂志	Chin J Pediatr
4	中华放射学杂志	Chin J Radiol
5	中华放射医学与防护杂志	Chin J Radiol Med Prot
6	中华结核和呼吸杂志	Chin J Tuberc Respir Dis
7	中华口腔医学杂志	Chin J Stomatol
8	中华劳动卫生职业病杂志	Chin J Ind Hyg Occup Dis
9	中华流行病学杂志	Chin J Epidemiol
10	中华内科杂志	Chin J Intern Med
11	中华烧伤杂志	Chin J Burns
12	中华神经科杂志	Chin J Neurol
13	中华神经精神科杂志	Chin J Neurol Psychiatry
14	中华实验和临床病毒学杂志	Chin J Exp Clin Virol
15	中华实验外科杂志	Chin J Exp Surg
16	中华外科杂志	Chin J Surg
17	中华微生物学和免疫学杂志	Chin J Microbiol Immunol
18	中华血液学杂志	Chin J Hematol
19	中华心血管病杂志	Chin J Cardiol
20	中华病理学杂志	Chin J Pathol
21	中华医史杂志	Chin J Med Hist
22	中华医学遗传学杂志	Chin J Med Genet
23	中华医学杂志	Natl Med J China
24	中华预防医学杂志	Chin J Prev Med
25	中华整形烧伤外科杂志	Chin J Plast Surg Burns
26	中华整形外科杂志	Chin J Plast Surg
27	中华肿瘤杂志	Chin J Oncol
28	中华眼科杂志	Chin J Ophthalmol
29	中华传染病杂志	Chin J Infect Dis
30	中华创伤杂志	Chin J Trauma
	修复重建外科杂志	
31	中国修复重建外科杂志	Chin J Repar Reconstr Surg
32	中国骨伤	China J Orthop Trauma
学术统计源期刊（ISTIC 核心版）		
1	中华骨与关节外科杂志	Chin J Bone Joint Surg
2	中国骨与关节损伤杂志	Chin J Bone Joint Injury
3	中国骨与关节杂志	Chin J Bone Joint
4	中华关节外科杂志电子版	Chin J Joint Surg (Electr Edit)
5	中华肩肘外科电子杂志	Chin J Should Elbow
6	中华老年骨科与康复电子杂志	Chin J Geriatr Orthop Rehabil (Electr Edit)
7	国际骨科学杂志	Int J Orthop
8	实用骨科杂志	J Pract Orthop
9	临床骨科杂志	J Clin Orthop
10	创伤外科杂志	J Traum Surg
11	中华损伤与修复杂志电子版	Chin J Injury Repair Wound Healing (Electr Edit)
12	组织工程与重建外科杂志	J Tissue Eng Reconstr Surg
13	中国口腔颌面外科杂志	Chin J Oral Maxillofac Surg
14	现代口腔医学杂志	J Mod Stomatol
15	神经损伤与功能重建	Neural Injury Funct Reconstr
16	中华解剖与临床杂志	Chin J Anat Clin
17	局解手术学杂志	J Reg Anat Oper Surg
潜在培育期刊		
1	骨科临床与研究杂志	J Clin Orthop Res
	中国实用手外科杂志	
2	实用手外科杂志	Chin J Pract Hand Surg
3	骨与关节研究	Bone & Joint Investigation

后 记 Afterword

中国显微外科在老一辈的带领下，艰苦创业，经过半个多世纪的发展，从断肢再植成功报道（断前臂、断腿）到显微血管吻合研究，断指再植探索成功；从游离足趾移植再造拇指到游离腹股沟皮瓣；从“中国皮瓣”“中国手”到健侧第七颈椎神经移位、十指离断再植、单手 4 指多平面 17 节段再植成功……创造了无数个世界第一，堪称医学界“中国国球”——“乒乓球”。显微外科技术作为一项颠覆性外科修复重建技术，以及随着显微基础理论体系的日渐完善，已形成了显微外科学。一些有关显微外科学的新概念、新思想、新设备、新材料不断涌现，众多的创新成果也在不断临床转化。现代显微外科技术包括超级显微外科技术，其在骨科、手外科、整形外科和颌面头颈外科等治疗中大放异彩，形成了以创伤再植、功能重建、修复再造等为主的多个领域，显微血管神经重建技术是核心的学科特色，为中国乃至全世界的医学水平提高做出了重要贡献。

2019 年 9 月 5 日在刘小林总编辑推荐下，我接任《中华显微外科杂志》第四任总编辑。2020 年初，《中华显微外科杂志》在第 43 卷第 1 期“卷首语”中提出了“传承、创新、团结、合作、国际化”的新使命。编辑部遂启动了《中国显微外科中英文文献目录索引（1960—2021）》一书的编撰，旨在全面、系统地梳理中国显微外科在发展进程中，中国学者在每个时间段发表的中英文文献（尤其是 1960—1985 年）；向国际同行传递每个时间段中国显微外科的相关工作信息，克服以往因为中文语言、中文杂志现刊、中文数据库检索等局限性而造成的信息不全面；引导国际友人客观、公正地认识中国学者对世界显微外科的贡献奠定了坚实基础。为更好地编撰《中国显微外科中英文文献目录索引（1960—2021）》一书，我们成立了编委会，中华医学会显微外科学分会委员、《中华显微外科杂志》编委也积极推荐优秀的青年志愿者加入本书青年编委会。2020 年 7 月 10 日在长沙召开了第一次编委会，同年 7 月 12 日召开了第一次青年编委会网上视频工作会议。在编辑委员会的领导下，历经 2 年多，以中山大学附属第一医院为主的工作小组已顺利完成编撰工作，目前已收集中国显微外科中英文文献近 26 000 条。2022 年 6 月本书稿已送交所有编委会成员、中华医学会显微外科学分会第十届委员会委员、《中华显微外科杂志》第十届编辑委员会委员，以征求各位专家的意见，从而更好地完善和修订本书稿内容。

最后，《中国显微外科中英文文献目录索引（1960—2021）》感谢广东省高水平科技期刊建设项目（专题二：高质量科技期刊建设项目）、西安凤城医院、郑州仁济医院对本书的出版给予的大力支持，也感谢各位编委成员对本书付出的努力。

顾立强

2022 年 7 月 17 日于广州（2023 年 6 月 13 日补充）